Erratum

Nachtrag kurz vor Drucklegung:

Am **10.6.2015** hat die Bundesregierung – auf der Grundlage des ersten Eckpunktepapiers und des Referentenentwurfs aus dem BMJV – den Entwurf eines **Gesetzes zur Neuordnung des Rechts der Syndikusanwälte** beschlossen. Damit wird die Einheit der deutschen Anwaltschaft gesichert, Syndikusanwälte sind integraler Bestandteil eines einheitlichen Anwaltsberufs. Der Gesetzgeber erkennt an, dass eine Befreiung von der Rentenversicherungspflicht, damit ein Verbleiben in den anwaltlichen Versorgungswerken, möglich ist. Der Beruf des Syndikusrechtsanwalts, betroffen sind rund 40.000 Syndikusanwälte, wird auch erstmals mit diesem Gesetz auf eine gesetzliche Grundlage gestellt und mit diesem der aktuellen Berufswirklichkeit in Verbänden und Unternehmen entsprochen. **Kernaussagen** des Regierungsentwurfs lauten: Syndikusanwälte dürfen die Berufsbezeichnung Rechtsanwalt, allerdings nur mit dem Klammerzusatz „(Syndikusrechtsanwalt)“ führen, damit auf die Syndikustätigkeit hingewiesen wird. Syndikusrechtsanwälte müssen durch die regionale Rechtsanwaltskammer zugelassen werden, deren Zulassungsentscheidung Bindungswirkung für den Rentenversicherungsträger entfaltet. Dieser erhält ein Klagerecht gegen die Zulassungsentscheidung, wird aber bereits zuvor auch im Zulassungsverfahren angehört. Bisherige Syndikusanwälte mit Vertrauensschutz aufgrund von Altbefreiungsbescheiden sollen weiterhin Vertrauensschutz genießen. Die Anforderungen an die anwaltliche Prägung des Anstellungsverhältnisses von Syndikusrechtsanwälten sind von einer anwaltlichen Tätigkeit von mehr als 50 % auf einen „eindeutigen Schwerpunkt“ reduziert worden. Patentanwälte können mögliche Arbeitgeber von angestellten Rechtsanwälten sein. Für Syndikusrechtsanwälte soll ein Vertretungsverbot für den Arbeitgeber in Fällen des zivil- und arbeitsgerichtlichen Anwaltszwangs sowie ein weitergehendes Vertretungsverbot in Straf- und Bußgeldverfahren gelten. Keine Anwendung soll das strafrechtliche Zeugnisverweigerungsrecht sowie das Beschlagnahmeverbot für Syndikusrechtsanwälte finden.

Um den Kommentar nicht bei Erscheinen möglicherweise „alt aussehen“ zu lassen, habe ich mich entschieden, den Gesetzestext des Regierungsentwurfs mit dessen Begründung in Kursivschrift nach § 46 BRAO (§§ 46–46c BRAO) und in die PAO (§§ 41a–41d) einzufügen.

Auch die BRAK hat kurz vor Drucklegung am **1.6.2015** durch Beschluss der 63. Präsidentenkonferenz als 147. Hauptversammlung noch ihre bisher vorhandene Organisationssatzung, Geschäfts- und Wahlordnung in eine neue **„Satzung der BRAK“** zusammengefasst und deutlich überarbeitet (amtliche Bekanntmachung der BRAK in BRAK-Mitt. 2015, 175–197). Die dadurch verursachten Änderungen habe ich noch eingepflegt.

Hamm, 15.7.2015 Dr. Dag Weyland

ERRATUM

Auf Grund eines bedauerlichen produktionstechnischen Versehens ist auf den Seiten V und VI der 9. Auflage nicht die aktuellste Fassung des Vorwortes wiedergegeben. Der Text der Kommentierung selbst ist nicht betroffen. Wir bitten, das Versehen zu entschuldigen. Die korrekte Fassung ist auf den folgenden Seiten abgedruckt.

Feuerich/Weyland
Bundesrechtsanwaltsordnung

Bundesrechtsanwaltsordnung

Berufsordnung · Fachanwaltsordnung
Partnerschaftsgesellschaftsgesetz
Recht für Anwälte aus dem Gebiet der Europäischen Union
Patentanwaltsordnung

Kommentar

begründet von

Wilhelm E. Feuerich
Oberstaatsanwalt a. D.

bearbeitet von

Dr. Dag Weyland
Rechtsanwalt, Geschäftsführer der Rechtsanwaltskammer Hamm

und

Rüdiger Brüggemann
Rechtsanwalt und Notar, Mitglied des Vorstands der Rechtsanwaltskammer Hamm

Elisabeth Reinhard
Rechtsanwältin, Hauptgeschäftsführerin der Patentanwaltskammer a. D.

Ralf Kilimann
Vorsitzender Richter am OLG Hamm
Mitglied des Anwaltsgerichtshofes NRW

Elisabeth Schwärzer
Rechtsanwältin, Geschäftsführerin der Rechtsanwaltskammer München

Imke Reelsen
Oberstaatsanwältin bei der Generalstaatsanwaltschaft Hamm

Monika Träger
Rechtsanwältin, Geschäftsführerin der Rechtsanwaltskammer Bamberg

Albert Vossebürger
Rechtsanwalt, Geschäftsführer der Rechtsanwaltskammer Köln

9. Auflage

Verlag Franz Vahlen München 2016

Zitiervorschlag:
Feuerich/Weyland/*Bearbeiter* BRAO § … Rn. …

www.vahlen.de

ISBN 978 3 8006 4828 3

Wilhelmstraße 9, 80801 München
Satz; Druck und Bindung: Druckerei C. H. Beck Nördlingen
(Adresse wie Verlag)
Umschlaggestaltung: Ralph Zimmermann – Bureau Parapluie

Gedruckt auf säurefreiem, alterungsbeständigem Papier
(hergestellt aus chlorfrei gebleichtem Zellstoff)

Vorwort zur neunten Auflage

In die 9. Auflage haben wir alle seit dem Erscheinen der 8. Auflage im Jahr 2012 von Gesetzgeber, Satzungsversammlung und Rechtsprechung veranlassten – teils nicht unerheblichen – Änderungen und Weiterentwicklungen des Berufsrechts eingearbeitet. Die Kommentierung ist durchgängig auf dem Stand vom 31.3.2015, so dass der Umfang seit der letzten Auflage nochmals um 45 Monate Berufsrechtsentwicklung gewachsen ist. An dem seit 1987 bewährten Konzept des Pioniers der aktuellen Kommentare zur BRAO halten wir fest; es bleibt der „Rechtsprechungskommentar".

An dieser Stelle können nur einige der inhaltlichen Änderungen im Berufsrecht angesprochen werden. Das anwaltliche Berufsbild steht aktuell aufgrund der drei Entscheidungen des BSG vom 3.4.2014 vor einer weitreichenden Umgestaltung, auch wenn gegen zwei der Urteile Verfassungsbeschwerde eingelegt worden ist. Das BMJV hat am 13.1.2015 ein Eckpunktepapier zur „Neuregelung des Rechts der Syndikusanwälte" vorgelegt, worin klargestellt wird, dass Syndikusanwälte auch anwaltlich in den Unternehmen tätig sind. Daran würden sich unter anderem folgende Änderungen knüpfen: Aufgabe der Doppelberufstheorie, Zulassungspflicht der anwaltlichen Tätigkeit im Unternehmen, Wahrung der anwaltlichen Unabhängigkeit trotz Weisungsrechts des Arbeitgebers. Weitere aktuelle höchstrichterliche Entscheidungen, wie beispielsweise zum „Wiederaufleben einer Fachanwaltschaft bei erneuter Anwaltszulassung" (BVerfG vom 22.10.2014 – 1 BvR 1815/12; BGH vom 24.2.2015 – AnwZ (Brfg) 32/14), zur partiellen Verfassungswidrigkeit von Normen aus dem Bereich des anwaltlichen RA-GmbH-Gesellschaftsrechts (§§ 59e Abs. 2 S. 1, 59f Abs. 1 S. 1, 2 BRAO und §§ 52e Abs. 2 S. 1, 52f Abs. 1 S. 1 PAO – BVerfG vom 14.1.2014 – 1 BvR 236/12), zur interprofessionellen Partnerschaft zwischen Rechtsanwalt und Arzt/Apotheker (§ 59a BRAO – BGH vom 16.5.2013 – II ZB 7/11) und die Entscheidung zum Spezialisten (BGH vom 24.7.2014 – I ZR 53/13) sind ausgewertet worden.

Großen Anklang hat die Einführung der Partnerschaftsgesellschaft mit beschränkter Berufshaftung als Antwort auf die britische LLP zum 19.7.2013 gefunden. Zum 31.12.2014 waren es von insgesamt 11.310 Partnerschaftsgesellschaften bereits 1702. Mit dem neuen Gesetz wird für Rechtsanwälte und andere Angehörige freier Berufe die Möglichkeit geschaffen, die Haftung für berufliche Fehler auf das Vermögen der Gesellschaft zu beschränken. Aber auch andere Gesetze, nahmen Einfluss auf das anwaltliche Berufsrecht, wie das Gesetz zur Förderung des elektronischen Rechtsverkehrs mit den Gerichten vom 10.10.2013 (§§ 31, 31a, 177 Abs. 2 Nr. 7 BRAO), das Gesetz gegen unseriöse Geschäftspraktiken vom 1.10.2013 (§ 43d BRAO), das 2. Kostenrechtsmodernisierungsgesetz vom 23.7.2013 durch Regelungen zum Europäischen Rechtsanwaltsverzeichnis (§ 31), die Änderung des Prozesskostenhilfe- und Beratungshilferechts zum 1.1.2014 (§§ 49a, 49b BRAO, §§ 16, 16a BORA), wodurch das bisherige Beratungsmonopol der Rechtsanwälte im Rahmen der Beratungshilfe aufgehoben und der Kreis der die Beratungshilfe erteilenden Personen auf die Angehörigen der steuer- und wirtschaftsberatenden Berufe sowie Rentenberater erweitert worden ist.

Die zahlreichen Beschlüsse der Satzungsversammlung zur BORA, aber auch und insbesondere zur FAO, haben zu Veränderungen nicht nur durch die Erweiterung der Fortbildungspflicht auf 15 Zeitstunden, sondern insbesondere durch die Einführung neuer Fachanwaltschaften (derzeit 21) geführt. Die 22. Fachanwaltschaft „für Vergaberecht" wurde soeben (Sitzung der 5. Satzungsversammlung vom 16.3.2015) beschlossen, steht aber noch unter dem Vorbehalt der Prüfung durch das BMJV. Noch zwei weitere Fachanwaltschaften sind in der Diskussion, nämlich für Migrationsrecht sowie für Opferrechte.

Es erscheint nun der erste „Feuerich" ohne Mitwirkung des Begründers dieses Werkes. Wilhelm Feuerich hat aus Altersgründen die Kommentierung eingestellt. Wir alle sind uns einig, dass in Anerkennung seiner Verdienste der Kommentar weiter den Namen Feuerich führen soll.

Unser Kommentator Rechtsanwalt Gregor Böhnlein ist im Januar 2013 verstorben, was wir alle sehr bedauern. Wir werden sein Andenken stets in Ehren halten.

Wir, Rüdiger Brüggemann, Albert Vossebürger und Dr. Dag Weyland, freuen uns über die Neugewinnung von im Berufsrecht versierten Praktikern, die wir alphabetisch kurz vorstellen, um Ihnen aufzuzeigen, wer hinter der Kommentierung steckt.

Vorwort

Ralf Kilimann, seit 2012 Vorsitzender Richter am OLG Hamm und seit 2002 Mitglied des 1. Senats des Anwaltsgerichtshofes des Landes NRW, verantwortet unter anderem die vollständige Neubearbeitung der Erstkommentierung der prozessrechtlichen Vorschriften (§§ 112a ff. BRAO) unter Auswertung der zwischenzeitlich umfangreich ergangenen Rechtsprechung des Anwaltssenats des BGH zum seit 2009 geltenden Verfahrensrecht der VwGO. Mit Imke Reelsen, seit 2007 Oberstaatsanwältin bei der Generalstaatsanwaltschaft Hamm und seit 2008 mit Anwaltssachen befasst, konnten wir eine renommierte Vertreterin der Staatsanwaltschaft gewinnen, die sich schwerpunktmäßig der Normen des anwaltsgerichtlichen Verfahrens annimmt. Beide ausgewiesenen nichtanwaltlichen Praktiker der Anwaltsgerichtsbarkeit bereichern den Kommentar.

Rechtsanwältin Elisabeth Reinhard war von 1975–2011 für die Patentanwaltskammer, dort seit 1992 als Hauptgeschäftsführerin tätig und ist Herausgeberin der Textsammlung „Berufsrecht der Patentanwälte", so dass die Patentanwaltsordnung in praxisbewährte Hände übergeben werden konnte. Das rechtliche Verhältnis des Berufs Patentanwalt, für den die PAO maßgeblich ist, zum Beruf des European Patent Attorney, der auf dem Europäischen Patentübereinkommen, einem völkerrechtlichen Vertrag, basiert, wirft immer wieder Fragen auf, zu denen die Kommentatorin ausdrücklich Stellung bezieht.

Rechtsanwältin Monika Träger ist Geschäftsführerin der RAK Bamberg, war Mitglied der 4./5. Satzungsversammlung und auch schon in der 8. Auflage zusammen mit Gregor Böhnlein Bearbeiterin gewesen. Rechtsanwältin Elisabeth Schwärzer gehört seit 1994 zur Geschäftsführung der RAK München und arbeitet in den beiden Ausschüssen der BRAK „Abwickler/Vertreter" und „Berufsbildung". Beide Kommentatorinnen können durch ihren täglichen hauptberuflichen Umgang mit allen Facetten des Berufsrechts umfangreiche Praxis in den Kommentar einbringen.

Wir bitten Sie, uns weiterhin Hinweise und kritische Anregungen zu geben und hoffen, mit diesem „Feuerich/Weyland" auch künftig die berufsrechtliche Diskussion zu beflügeln und Ihnen Antworten auf alle Fragen des Berufsrechts anbieten zu können.

Hamm, im April 2015 Dr. Dag Weyland

Bearbeiterverzeichnis

Inhalt

Verzeichnis der Abkürzungen und der abgekürzt zitierten Literatur

aA	andere Ansicht
AbgG	Gesetz über die Rechtsverhältnisse der Mitglieder des Deutschen Bundestages (Abgeordnetengesetz)
ABl.	Amtsblatt
aF	alte Fassung
AEUV	Vertrag über die Arbeitsweise der Europäischen Union
AfP	Archiv für Presserecht
AGH	Anwaltsgerichtshof
AGS	Anwaltsgebühren Spezial
AktG	Aktiengesetz
Alt.	Alternative
Altenhoff/Busch/Chemnitz	Altenhoff/Busch/Chemnitz, Rechtsberatungsgesetz, Kommentar, 11. Aufl. 1999
Anh.	Anhang
Anm.	Anmerkung
Anwalt	Anwalt, Das Magazin, Beilage zur NJW
AnwBl.	Anwaltsblatt, herausgegeben vom Deutschen Anwaltsverein
AnwG	Anwaltsgericht
AO	Abgabenordnung
ArbGG	Arbeitsgerichtsgesetz
Arndt/Lerch/Sandkühler/*Bearbeiter*	Arndt/Lerch/Sandkühler, Bundesnotarordnung, Kommentar, 8. Aufl. 2015
Art.	Artikel
Aufl.	Auflage
AV	Allgemeine Verfügung
BAnz.	Bundesanzeiger
Baumbach/*Hopt*	Baumbach/Hopt, Handelsgesetzbuch, Kommentar, 36. Aufl. 2014
Baumbach/Lauterbach/Albers/*Hartmann*	Baumbach/Lauterbach/Albers/Hartmann, Zivilprozessordnung, Kommentar, 73. Aufl. 2015
BayObLG	Bayerisches Oberstes Landesgericht
BayRiG	Bayerisches Richtergesetz
BB	Betriebs-Berater (Zeitschrift)
BBiG	Berufsbildungsgesetz
Bd.	Band
BDG	Bundesdisziplinargesetz
BDHE	Entscheidungen des Bundesdisziplinarhofes
BDO	Bundesdisziplinarordnung, aufgehoben
BeckRS	Rechtsprechungssammlung in Beck-Online (Jahr, Nummer)
Benkard	Benkard, Patentgesetz, Gebrauchsmustergesetz, Kommentar, 11. Aufl. 2015
BerG	Berufsgericht
BerGH	Berufsgerichtshof
BFB	Bundesverband der Freien Berufe
BFH	Bundesfinanzhof
BGB	Bürgerliches Gesetzbuch

Abkürzungs- und Literaturverzeichnis

BGBl. .... Bundesgesetzblatt
BGH .... Bundesgerichtshof
BGHSt .... Entscheidungen des BGH in Strafsachen
BGHZ .... Entscheidungen des BGH in Zivilsachen
Bischof/Jungbauer/
Bräuer/Curkovic/
Mathias/Uher .... Bischof/Jungbauer/Bräuer/Curkovic/Mathias/Uher, Rechtsanwaltsvergütungsgesetz, Kommentar, 6. Aufl. 2014
Bl f.PMZ .... Blatt für Patent-, Muster- und Zeichenwesen
BMJV .... Bundesminister(ium) der Justiz und für Verbraucherschutz
BNotO .... Bundesnotarordnung
BOPA .... Berufsordnung der Patentanwälte
BORA .... Berufsordnung für Rechtsanwälte
Borgmann/Jungk/
Schwaiger .... Borgmann/Jungk/Schwaiger, Anwaltshaftung, 5. Aufl. 2014
BPatG .... Bundespatentgericht
BQFG .... Gesetz zur Verbesserung der Feststellung und Anerkennung im Ausland erworbener Berufsqualifikationen
BRAGO .... Bundesgebührenordnung für Rechtsanwälte (aufgehoben)
BRAK .... Bundesrechtsanwaltskammer
BRAK-Mitt. .... BRAK-Mitteilungen, herausgegeben von der BRAK
BRAO .... Bundesrechtsanwaltsordnung
BR-Drs. .... Bundesrats-Drucksache
BT-Drs. .... Bundestags-Drucksache
Bülow .... Bülow, BRAO, Kommentar, 1959
Büttner/Wrobel-Sachs/
Gottschalk/Dürbeck .... Büttner/Wrobel-Sachs/Gottschalk/Dürbeck, Prozess- und Verfahrenskostenhilfe, Beratungshilfe, 7. Aufl. 2014
BVerfG .... Bundesverfassungsgericht
BVerfGE .... Entscheidungen des Bundesverfassungsgerichts, amtliche Sammlung
BVerfGG .... Bundesverfassungsgerichtsgesetz
BVerwG .... Bundesverwaltungsgericht
BVerwGE .... Entscheidungen des Bundesverwaltungsgerichts, amtliche Sammlung
BZRG .... Bundeszentralregistergesetz

CCBE .... Code of Conduct; Rat der Anwaltschaft der Europäischen Gemeinschaft
Claussen/Janzen .... Claussen/Janzen, Bundesdisziplinarordnung, Kommentar, 8. Aufl. 1996
CR .... Computer und Recht (Zeitschrift)

DAV .... Deutscher Anwaltverein
DB .... Der Betrieb (Zeitschrift)
Deckenbrock/
Henssler/*Bearbeiter* .... Deckenbrock/Henssler, Rechtsdienstleistungsgesetz, Kommentar, 4. Aufl. 2015
DesignG .... Designgesetz
Diller .... *Diller,* Die Berufshaftpflichtversicherung für Rechtsanwälte: AVB-RSW, Kommentar, 2009
Diss. .... Dissertation
DL-InfoV .... Verordnung über Informationspflichten für Dienstleistungserbringer (Dienstleistungs-Informationspflichten-Verordnung)
DNotZ .... Deutsche Notar-Zeitschrift
DÖV .... Die Öffentliche Verwaltung (Zeitschrift)
DPMA .... Deutsches Patent- und Markenamt
DRiG .... Deutsches Richtergesetz
DStR .... Deutsches Steuerrecht (Zeitschrift)
DtZ .... Deutsch-Deutsche Rechts-Zeitschrift
DVBl. .... Deutsches Verwaltungsblatt

EBE .... Eildienst Bundesgerichtliche Entscheidungen
EFG .... Entscheidungen der Finanzgerichte (Jahr und Seite)
EG .... Ehrengericht
EGE .... Sammlung „Ehrengerichtliche Entscheidungen", herausgegeben vom Präsidium der BRAK (Band I bis XIV)
EGH .... Ehrengerichtshof für Rechtsanwälte
EGInsO .... Einführungsgesetz zur Insolvenzordnung
EGMR .... Europäischer Gerichtshof für Menschenrechte
EGZPO .... Einführungsgesetz zur Zivilprozessordnung
EMRK .... Europäische Menschenrechtskonvention
EP .... Europäisches Parlament
EPA .... Europäisches Patentamt
EU .... Europäische Union
EuG .... Europäisches Gericht Erster Instanz
EuGH .... Gerichtshof der Europäischen Union
EuGRZ .... Europäische Grundrechte-Zeitschrift
EuRAG .... Gesetz über die Tätigkeit europäischer Rechtsanwälte in Deutschland
EuZW .... Europäische Zeitschrift für Wirtschaftsrecht
EWiR .... Entscheidungen zum Wirtschaftsrecht
Eylmann/Vaasen/
Bearbeiter .... Eylmann/Vaasen, Bundesnotarordnung und Beurkundungsgesetz, Kommentar, 3. Aufl. 2011

FamFG .... Gesetz über das Verfahren in Familiensachen und in den Angelegenheiten der freiwilligen Gerichtsbarkeit
FamRZ .... Zeitschrift für das gesamte Familienrecht
FAO .... Fachanwaltsordnung
Fischer .... Fischer, Strafgesetzbuch, Kommentar, 62. Aufl. 2015
FGO .... Finanzgerichtsordnung
FGG .... Gesetz über die Angelegenheiten der freiwilligen Gerichtsbarkeit, aufgehoben
Friedländer .... *Friedländer,* Rechtsanwaltsordnung, Kommentar, 3. Aufl. 1930

GA .... Goltdammers Archiv für Strafrecht (Zeitschrift)
Gaier/Wolf/Göcken/
Bearbeiter .... Gaier/Wolf/Göcken, Anwaltliches Berufsrecht, Kommentar, 2. Aufl. 2014
GATS .... General Agreement on Trade in Service
GATT .... General Agreement on Tariffs and Trade
GebrMG .... Gebrauchsmustergesetz
Gehre/Koslowski .... Gehre/Koslowski, Steuerberatungsgesetz, Kommentar, 6. Aufl. 2009
Gerold/Schmidt/
Bearbeiter .... Gerold/Schmidt, Rechtsanwaltsvergütungsgesetz, Kommentar, 21. Aufl. 2013
GG .... Grundgesetz für die Bundesrepublik Deutschland
GGDV .... Gemeinschaftgeschmacksmuster-Durchführungsverordnung
GGV .... Gemeinschaftsgeschmacksmusterverordnung
GKG .... Gerichtskostengesetz
GMDV .... Gemeinschaftsmarken-Durchführungsverordnung
GMV .... Gemeinschaftsmarkenverordnung
GNotKG .... Gesetz über Kosten der freiwilligen Gerichtsbarkeit für Gerichte und Notare (Gerichts- und Notarkostengesetz)
GO .... Geschäftsordnung der Satzungsversammlung
Groß .... Groß, Beratungshilfe, Prozesskostenhilfe, Verfahrenkostenhilfe, Kommentar, 12. Aufl. 2012
GRUR .... Gewerblicher Rechtsschutz und Urheberrecht (Zeitschrift)
GVBl. .... Gesetz- und Verordnungsblatt

GVG	Gerichtsverfassungsgesetz
GwG	Gesetz über das Aufspüren von Gewinnen aus schweren Straftaten (Geldwäschegesetz)
HABM	Harmonisierungsamt für den Binnenmarkt (Marken, Muster und Modelle)
HalblSchG	Gesetz über den Schutz der Topographien und mikroelektronischen Halbleitererzeugnissen (Halbleiterschutzgesetz)
Hartmann	Hartmann, Kostengesetze, Kommentar, 45. Aufl. 2015
Hartstang I	Hartstang, Der deutsche Rechtsanwalt, 1986
Hartstang II	Hartstang, Anwaltsrecht, 1991
Hartung/*Bearbeiter*	Hartung, Berufs- und Fachanwaltsordnung, Kommentar, 5. Aufl. 2012
Hartung/Römermann/Schons	Hartung/Römermann/Schons, Rechtsanwaltsvergütungsgesetz, Kommentar, 2. Aufl. 2006
Hartung/*Scharmer*	Hartung/Scharmer, Bürogemeinschaft für Rechtsanwälte, 2010
Henssler/Prütting/*Bearbeiter*	Henssler/Prütting, BRAO, Kommentar, 4. Aufl. 2014
HGB	Handelsgesetzbuch
hM	herrschende Meinung
IBRS	Immobilien- und Baurecht, Rechtsprechungssammlung in Beck-Online (zitiert nach Nr.)
InsO	Insolvenzordnung
Isele	Isele, BRAO, Kommentar, 1976
iVm	in Verbindung mit
Jäger	Jäger, Konkursordnung, Kommentar, 9. Aufl. 1997
JBl.	Justizblatt
Jessnitzer/Blumberg	Jessnitzer/Blumberg, BRAO, Kommentar, 9. Aufl. 2000
JMBl.	Justizministerialblatt
JR	Juristische Rundschau
JurBüro	Das Juristische Büro
JuS	Juristische Schulung
Justiz	Die Justiz, Amtsblatt des Justizministeriums Baden-Württemberg
JVEG	Gesetz über die Vergütung von Sachverständigen, Dolmetscherinnen, Dolmetschern, Übersetzerinnen und Übersetzern sowie die Entschädigung von ehrenamtlichen Richterinnen, ehrenamtlichen Richtern, Zeuginnen, Zeugen und Dritten (Justizvergütungs- und -entschädigungsgesetz)
JW	Juristische Wochenschrift
JZ	Juristenzeitung
Kalsbach	Kalsbach, BRAO, Kommentar, 1960
KG	Kammergericht Berlin
KK-StPO/*Bearbeiter*	Karlsruher Kommentar zur StPO, herausgegeben von Rolf Hannich, 7. Aufl. 2013
Klauer	Klauer, Patentanwaltsgesetz, Kommentar, 1933
Kleine-Cosack	Kleine-Cosack, BRAO, Kommentar, 6. Aufl. 2009
Kleine-Cosack II	Kleine-Cosack, Das Werberecht der rechts- und steuerberatenden Berufe, 1999
KO	Konkursordnung, aufgehoben
Köhler/Bornkamm/*Bearbeiter*	Köhler/Bornkamm, Gesetz gegen den unlauteren Wettbewerb, Kommentar, 33. Aufl. 2015
Kopp/*Ramsauer*	Kopp/Ramsauer, Verwaltungsverfahrensgesetz, Kommentar, 15. Aufl. 2014

Kopp/*Schenke*	Kopp/Schenke, Verwaltungsgerichtsordnung, Kommentar, 20. Aufl. 2014
Korintenberg/ *Bearbeiter*	Bengel/Otto/Reimann/Tiedtke, Gerichts- und Notarkostengesetz, Kommentar, 19. Aufl. 2015
KostO	Gesetz über die Kosten in Angelegenheiten der freiwilligen Gerichtsbarkeit, aufgehoben
KTS	Konkurs-, Treuhand- und Schiedsgerichtswesen (Zeitschrift)
Kuhls ua	Kuhls/Meurers/Maxl/Schäfer/Goez/Willerscheid, Steuerberatungsgesetz, Kommentar, 3. Aufl. 2011
LG	Landgericht
Lindemann/Trenk-Hinterberger	Lindemann/Trenk-Hinterberger, Beratungshilfegesetz, Kommentar, 1987
Lingenberg/Hummel/ Zuck/Eich/*Bearbeiter* ..	Lingenberg/Hummel/Zuck/Eich, Kommentar zu den Grundsätzen des anwaltlichen Standesrechts, 2. Aufl. 1988
lit.	litera
LMK	Lindenmaier/Möhring, kommentierte Rechtsprechung
Löwe/Rosenberg/ *Bearbeiter*	Löwe/Rosenberg, Die Strafprozessordnung und das Gerichtsverfassungsgesetz, Kommentar, 26. Aufl. 2006 ff.
Ls.	Leitsatz
v. Mangoldt/Klein/ Starck/*Bearbeiter*	v. Mangoldt/Klein/Starck, Grundgesetz, Kommentar, 6. Aufl. 2010
Maunz/Dürig/ *Bearbeiter*	Maunz/Dürig, Grundgesetz, Loseblatt-Kommentar, 72. Aufl. 2014
MarkenG	Markengesetz
MDR	Monatsschrift für Deutsches Recht
Merkt	Merkt, Syndikusanwalt und deutsches Anwaltsprivileg im US-Zivilprozess, 2013
Meyer-Goßner/ Schmitt/*Bearbeiter*	Meyer-Goßner/Schmitt, Strafprozessordnung, Kommentar, 58. Aufl. 2015
MiStra	Anordnung über Mitteilungen in Strafsachen
Mitt	Mitteilungen der deutschen Patentanwälte
MiZi	Anordnung über Mitteilungen in Zivilsachen
MüKoBGB/*Bearbeiter*	Münchener Kommentar zum BGB, 6. Aufl. 2012–2015
Musielak/Voit/ *Bearbeiter*	Musielak/Voit, Zivilprozessordnung, Kommentar, 12. Aufl. 2015
mwN	mit weiteren Nachweisen
mzN	mit zahlreichen Nachweisen
NdsRpfl.	Niedersächsische Rechtspflege
NJ	Neue Justiz
NJOZ	Neue Juristische Online Zeitschrift
NJW	Neue Juristische Wochenschrift
NJW-RR	NJW-Rechtsprechungsreport
Nr.	Nummer(n)
NStZ	Neue Zeitschrift für Strafrecht
nv	nicht veröffentlicht
NVwZ	Neue Zeitschrift für Verwaltungsrecht
NZG	Neue Zeitschrift für Gesellschaftsrecht
NZI	Neue Zeitschrift für das Recht der Insolvenz und Sanierung
NZS	Neue Zeitschrift für Sozialrecht

Offermann-Burckart	Offermann-Burckart, Anwaltsrecht in der Praxis, 2010
Ohly/Sosnitza	Ohly/Sosnitza, Gesetz gegen den unlauteren Wettbewerb, Kommentar, 6. Aufl. 2014
OLG	Oberlandesgericht
OLGR	OLG-Report (Zeitschrift)
Ostler	Ostler, Die deutschen Rechtsanwälte, 2. Aufl. 1982
OVG	Oberverwaltungsgericht
OWiG	Gesetz über Ordnungswidrigkeiten
PAK	Patentanwaltskammer
PatAnwAPO	Patentanwaltsausbildungs- und -prüfungsverordnung
Palandt/*Bearbeiter*	Palandt, Bürgerliches Gesetzbuch, Kommentar, 74. Aufl. 2015
PAO	Patentanwaltsordnung
PartGG	Partnerschaftsgesellschaftsgesetz
PatAnwG	Patentanwaltsgesetz
– 1900	vom 1.5.1900 (RGBl. I S. 233)
– 1933	vom 28.9.1933 (RGBl. I S. 669)
PatAnwRL	Richtlinien für die Berufsausübung der Patentanwälte
PatG	Patentgesetz
PAZEignPrG	Gesetz über die Eignungsprüfung für die Zulassung zur Patentanwaltschaft
PM	Pressemitteilung
pp.	perge, perge (lateinisch für usw.)
RAEigPrV	Verordnung über die Eignungsprüfung für die Zulassung zur Rechtsanwaltschaft
RAK	Rechtsanwaltskammer
Rbeistand	Der Rechtsbeistand
RBerG	Rechtsberatungsgesetz, aufgehoben
RDG	Gesetz über außergerichtliche Rechtsdienstleistungen (Rechtsdienstleistungsgesetz)
RDGEG	Einführungsgesetz zum Rechtsdienstdienstleistungsgesetz
RDV	Rechtsdienstleistungsverordnung
Rn.	Randnummer(n)
Rebmann/Uhlig	Rebmann/Uhlig, Bundeszentralregistergesetz, Kommentar, 1985
Redeker/v. Oertzen/ *Bearbeiter*	Redeker/v. Oertzen, Verwaltungsgerichtsordnung, Kommentar, 16. Aufl. 2014
Reinhard	Reinhard, Berufsrecht der Patentanwälte, Textausgabe, 6. Aufl. 2010
ReNoPatAusbV	Verordnung über die Berufsausbildung zum Rechtsanwaltsfachangestellten/zur Rechtsanwaltsfachangestellten, zum Notarfachangestellten/zur Notarfachangestellten und zum Patentanwaltsfachangestellten/zur Patentanwaltsfachangestellten (ReNoPat-Ausbildungsverordnung)
RGBl.	Reichsgesetzblatt
RichtlRA	Grundsätze des anwaltlichen Standesrechts, Richtlinien der BRAK
Riedel/Sußbauer/ *Bearbeiter*	Riedel/Sußbauer, Rechtsanwaltsvergütungsgesetz, Kommentar, 10. Aufl. 2015
RiStBV	Richtlinien für das Straf- und Bußgeldverfahren
RIW	Recht der Internationalen Wirtschaft (Zeitschrift)
rkr	rechtskräftig
Rowedder/Schmidt-Leithoff/*Bearbeiter*	Rowedder/Schmidt-Leithoff, Gesetz betreffend die Gesellschaften mit beschränkter Haftung, Kommentar, 5. Aufl. 2013
r+s	Recht und Schaden, Unabhängige monatliche Informationsschrift für Versicherungsrecht und Schadenrecht

Rom I-VO .... Verordnung (EG) Nr. 593/2008 des Europäischen Parlaments und des Rates vom 17. Juni 2008 über das auf vertragliche Schuldverhältnisse anzuwendende Recht
Rom II-VO .... Verordnung (EG) Nr. 864/2007 des Europäischen Parlaments und des Rates vom 11. Juli 2007 über das auf außervertragliche Schuldverhältnisse anzuwendende Recht
RVG .... Gesetz über die Vergütung der Rechtsanwältinnen und Rechtsanwälte (Rechtsanwaltsvergütungsgesetz)
RVGE .... Reichsverwaltungsgericht Entscheidungen
RzW .... Rechtsprechung zum Wiedergutmachungsrecht (Zeitschrift)

S. .... Satz; Seite
Schippel/Bracker/*Bearbeiter* .... Schippel/Bracker, Bundesnotarordnung, Kommentar, 9. Aufl. 2011
SchlHA .... Schleswig-Holsteinische Anzeigen
Schmidt-Bleibtreu/Hofmann/Henneke ..... Schmidt-Bleibtreu/Hofmann/Henneke, Grundgesetz, Kommentar, 13. Aufl. 2014
Schmidt-Räntsch .... Schmidt-Räntsch, Deutsches Richtergesetz, Kommentar, 6. Aufl. 2009
Slg. .... Amtliche Sammlung der Entscheidungen des EuGH
SGG .... Sozialgerichtsgesetz
SortenSchG .... Sortenschutzgesetz
Staudinger/*Bearbeiter* .. Staudinger, Bürgerliches Gesetzbuch, Kommentar, 13. Bearbeitung 1993 ff.
Stelkens/Bonk/Sachs/*Bearbeiter* .... Stelkens/Bonk/Sachs, Verwaltungsverfahrensgesetz, Kommentar, 8. Aufl. 2014
Stbg .... Die Steuerberatung
StGB .... Strafgesetzbuch
StPO .... Strafprozessordnung
StraFo .... Strafverteidiger Forum
StrEG .... Gesetz über die Entschädigung für Strafverfolgungsmaßnahmen
StV .... Strafverteidiger

Tettinger .... Tettinger, Kammerrecht, 1997 (zitiert mit vollständigem Titel)
Tettinger .... Tettinger, Zum Tätigkeitsfeld der Bundesrechtsanwaltskammer, Schriftenreihe der Bundesrechtsanwaltskammer, Band 7, 1985 (zitiert: Tettinger, Zum Tätigkeitsfeld der BRAK)

Uhlenbruck/*Bearbeiter* .... Uhlenbruck, Insolvenzordnung, Kommentar, 13. Aufl. 2010
Ulmer/Brandner/Hensen/*Bearbeiter* ..... Ulmer/Brandner/Hensen, AGB-Recht, Kommentar, 11. Aufl. 2010
UWG .... Gesetz gegen den unlauteren Wettbewerb

VAG .... Versicherungsaufsichtsgesetz
VersR .... Versicherungsrecht
VerwArch. .... Verwaltungsarchiv (Zeitschrift)
VG .... Verwaltungsgericht
VGH .... Verwaltungsgerichtshof
vgl. .... vergleiche
VO .... Verordnung
Vollkommer/Greger/Heinemann .... Vollkommer/Greger/Heinemann, Anwaltshaftungsrecht, 4. Aufl. 2014
Vorbem. .... Vorbemerkung
VVG .... Versicherungsvertragsgesetz
VwGO .... Verwaltungsgerichtsordnung

VwKostG .... Verwaltungskostengesetz
VwVfG .... Verwaltungsverfahrensgesetz
VwZG .... Verwaltungszustellungsgesetz

WIB .... Wirtschaftsrechtliche Beratung
wistra .... Zeitschrift für Wirtschaft, Steuer und Strafrecht
WRP .... Wettbewerb in Recht und Praxis
WuB .... Wirtschaft und Bankrecht
WuW .... Wirtschaft und Wettbewerb

ZAP .... Zeitschrift für die Anwaltspraxis
ZAR .... Zeitschrift für Ausländerrecht
zB .... zum Beispiel
ZBB .... Zeitschrift für Bankrecht und Bankwirtschaft
ZBR .... Zeitschrift für Beamtenrecht
ZIP .... Zeitschrift für Wirtschaftsrecht
Zöller/*Bearbeiter* .... Zöller, Zivilprozessordnung, Kommentar, 30. Aufl. 2014
ZPO .... Zivilprozessordnung
ZRP .... Zeitschrift für Rechtspolitik
Zuck .... Zuck, Anwalts-GmbH, Kommentar zu den §§ 59c–59m BRAO, 1999
Zugehör/Fischer/Sieg/Schlee .... Zugehör/Fischer/Sieg/Schlee, Handbuch der Anwaltshaftung, 2. Aufl. 2006

Teil I
Bundesrechtsanwaltsordnung

1. Bundesrechtsanwaltsordnung (BRAO)

vom 1. August 1959 (BGBl. I S. 565),

zuletzt geändert durch Verordnung
vom 31. August 2015 (BGBl. I S. 1474)

Änderungen des Gesetzes

lfd.Nr.	Paragraf	Art der Änderung	geändert durch	Datum	Fundstelle
1	130	geändert	Gesetz zur Änderung der Strafprozeßordnung und des Gerichtsverfassungsgesetzes	19.12.1964	BGBl. I S. 1067
2	49, 118	geändert	Einführungsgesetz zum Gesetz über Ordnungswidrigkeiten	24.5.1968	BGBl. I S. 503
3	172	geändert	Gesetz zur Wahrung der Einheitlichkeit der Rechtsprechung der obersten Gerichtshöfe des Bundes	19.6.1968	BGBl. I S. 661
4	7, 16, 27, 35, 43, 53, 55, 57, 65, 66, 74, 95, 100, 102, 103, 110, 112, 115, 117–119, 121–123, 125–131, 133–135, 137–139, 143, 146, 148, 149, 151, 153, 154, 156, 158–160, 163, 195–199, Überschrift des 11. Teils 204, 226	geändert	Gesetz zur Änderung der Bundesrechtsanwaltsordnung und der Patentanwaltsordnung	13.1.1969	BGBl. I S. 25
	74a, 115a, 115b, 117a–117c, 118a, 118b, 197a, 205a, 233	eingefügt			
	136, 210	aufgehoben			
5	172	geändert	Gesetz zur Entlastung des Bundesgerichtshofes in Zivilsachen	15.8.1969	BGBl. I S. 1141
6	53	geändert	Gesetz zur Änderung des Deutschen Richtergesetzes	10.9.1971	BGBl. I S. 1557
7	97, 105, 106	geändert	Gesetz zur Änderung der Bezeichnungen der Richter und ehrenamtlichen Richter und der Präsidialverfassung der Gerichte	26.5.1972	BGBl. I S. 841
8	226	geändert	Gesetz zur Änderung der Bundesrechtsanwaltsordnung der Bundesgebührenordnung für Rechtsanwälte und anderer Vorschriften	24.10.1972	BGBl. I S. 2013
	227a	eingefügt			
9	10, 33, 66, 115, 115b, 117	geändert	Einführungsgesetz zum Strafgesetzbuch	2.3.1974	BGBl. I S. 469

lfd.Nr.	Paragraf	Art der Änderung	geändert durch	Datum	Fundstelle
10	66, 69, 74, 115a, 117c wird 117b, 121, 123, 130, 133, Überschrift des 3. Abschnitts des 7. Teils, 142, 148–150, 158, 159, 196	geändert	Erstes Gesetz zur Reform des Strafverfahrensrechts	9.12.1974	BGBl. I S. 3393
	117b (alt), 124–129	aufgehoben			
11	107	geändert	Gesetz zur Ergänzung des Ersten Gesetzes zur Reform des Strafverfahrensrechts	20.12.1974	BGBl. I S. 3686
12	34, 35, 227a	geändert	Gesetz zur Änderung der Bundesrechtsanwaltsordnung und anderer Vorschriften	20.5.1975	BGBl. I S. 1117
	33a, 227b	eingefügt			
13	192, 193	geändert	Gesetz zur Änderung des Gerichtskostengesetzes, des Gesetzes über Kosten der Gerichtsvollzieher, der Bundesgebührenordnung für Rechtsanwälte und anderer Vorschriften	20.8.1975	BGBl. I S. 2189
14	114	geändert	Gesetz zur Änderung der Wirtschaftsprüferordnung und anderer Gesetze	20.8.1975	BGBl. I S. 2258
15	48	geändert	Erstes Gesetz zur Reform des Ehe- und Familienrechts	14.6.1976	BGBl. I S. 1421
16	20	geändert	Adoptionsgesetz	2.7.1976	BGBl. I S. 1749
17	66, 69, 114, 115, 115b, 145, Überschrift 5. Abschnitt des 7. Teils, 155, 204	geändert	Gesetz zur Änderung des Strafgesetzbuches, der Strafprozeßordnung, des Gerichtsverfassungsgesetzes, der Bundesrechtsanwaltsordnung und des Strafvollzugsgesetzes	18.8.1976	BGBl. I S. 2181
	114a, 159a, 159b, 161a	eingefügt			
18	7	geändert	Gesetz zur Neuregelung der Rechtsverhältnisse der Mitglieder des Deutschen Bundestages	18.2.1977	BGBl. I S. 297
19	69, 117b, 122, 161a, 196	geändert	Strafverfahrensänderungsgesetz 1979	5.10.1978	BGBl. I S. 1645
	120a, 150a	eingefügt			
20	7, 14	geändert	Zweites Gesetz zur Änderung dienstrechtlicher Vorschriften	30.7.1979	BGBl. I S. 1301
21	48	geändert	Gesetz über die Prozeßkostenhilfe	13.6.1980	BGBl. I S. 677
22	49a	eingefügt	Beratungshilfegesetz	18.6.1980	BGBl. I S. 689
23	209	geändert	Fünftes Gesetz zur Änderung der Bundesgebührenordnung für Rechtsanwälte	18.8.1980	BGBl. I S. 1503
24	49	geändert	Gesetz über die internationale Rechtshilfe in Strafsachen	23.12.1982	BGBl. I S. 2071
25	227a	geändert	Drittes Gesetz zur Änderung des Deutschen Richtergesetzes	25.7.1984	BGBl. I S. 995
26	180, 182, 190, 192, 193	geändert	Gesetz zur Änderung von Kostengesetzen	9.12.1986	BGBl. I S. 2326

lfd.Nr.	Paragraf	Art der Änderung	geändert durch	Datum	Fundstelle
27	5, 7, 9, 14–17, 20, 24, 31, 33, 34–36, 40, 42, 47, 53, 55–57, 66, 71, 72, 77, 89, 95, 103, 114, 118, 139, 140, 150, 151, 154, 161	geändert	Gesetz zur Änderung des Berufsrechts der Rechtsanwälte und der Patentanwälte	13.12.1989	BGBl. I S. 2135
	161a, 173, 184, 197, 205a, 209, 223, 227a	geändert	Gesetz zur Änderung des Berufsrechts der Rechtsanwälte und der Patentanwälte	13.12.1989	BGBl. I S. 2135
	8a, 29a, 36a, 167a, 206, 207	eingefügt			
	214, 216–220, 222	aufgehoben			
28	4, 93, 101	geändert	Gesetz zur Umsetzung der Richtlinie des Rates vom 21. Dezember 1988 über eine allgemeine Regelung zur Anerkennung der Hochschuldiplome, die eine mindestens dreijährige Berufsausbildung abschließen, für die Berufe des Rechtsanwalts und des Patentanwalts	6.7.1990	BGBl. I S. 1349
29	48	geändert	Betreuungsgesetz	12.9.1990	BGBl. I S. 2002
30	Erstreckung des Geltungsbereichs der BRAO auf den beigetretenen Teil des Landes Berlin; Gleichstellung der nach der BRAO und dem RAG zugelassenen Rechtsanwälte durch Anlage I Kap. III Sachgebiet A: Rechtspflege Abschnitt II Nr. 2 und IV Nr. 1 lit. a	Einigungsvertrag iVm Einigungsvertragsgesetz	23.9.1990	BGBl. II S. 885, 889, 938	
31	106	geändert	Rechtspflege-Vereinfachungsgesetz	17.12.1990	BGBl. I S. 2847, 2858
32	42a, 42b, 42c, 42d, 210	eingefügt	Gesetz zur Änderung des Berufsrechts der Notare und der Rechtsanwälte	29.1.1991	BGBl. I S. 150
	209	geändert			
33	42c, 42d	geändert	Gesetz über Fachanwaltsbezeichnungen nach der Bundesrechtsanwaltsordnung und zur Änderung der Bundesrechtsanwaltsordnung	27.2.1992	BGBl. I S. 369
34	206	geändert	Gesetz zur Ausführung des Abkommens vom 2. Mai 1992 über den Europäischen Wirtschaftsraum (EWR-Ausführungsgesetz)	27.4.1993	BGBl. I S. 512, 2436

lfd.Nr.	Paragraf	Art der Änderung	geändert durch	Datum	Fundstelle
35	103, 192, 193, 200	geändert	Gesetz zur Änderung von Kostengesetzen und anderen Gesetzen (Kostenrechtsänderungsgesetz 1994 – KostRÄndG 1994)	24.6.1994	BGBl. I S. 1325, 1362
36	206	geändert	Gesetz zu dem Übereinkommen vom 15. April 1994 zur Errichtung der Welthandelsorganisation und zur Änderung anderer Gesetze	30.8.1994	BGBl. II S. 1438
37	7, 12, 14, 16, 27, 29 29a, 30, 31, 34, 35, Überschrift des 3. Teils, 45, 46, 49a, 50, bisheriger 51 in 51b, 56, 89, 94, 113, 143, 177, 179, 192, 205a, 207, 209, 226	geändert[1]	Gesetz zur Neuordnung des Berufsrechts der Rechtsanwälte und der Patentanwälte	2.9.1994	BGBl. I S. 2278
	43a, 43b, 43c, 49b, 51, 51a,	eingefügt			
	59a, 59b, 172a, 191a, 191b, 191c, 191d, 191e				
	22, 24, 42a, 42b, 42c, 42d, 227a, 227b	aufgehoben			
38	7, 14, 66, 69	geändert	Art. 16 des Einführungsgesetzes zur Insolvenzordnung	5.10.1994 (Nach Art. 110 Abs. 1 tritt die Änderung am 1.1.1999 in Kraft)	BGBl. I S. 2911, 2916
39	149	geändert	Art. 2e des Dritten Gesetzes zur Änderung des Rechtspflegergesetzes und anderer Gesetze	6.8.1998	BGBl. I S. 2030, 2034
40	35, 45, 205, 215	geändert	Drittes Gesetz zur Änderung der Bundesnotarordnung und anderer Gesetze	31.8.1998	BGBl. I S. 2585, 2596
41	36a, 60, 61, 74, 74a, 84, 192, 193	geändert	Gesetz zur Änderung der Bundesrechtsanwaltsordnung, der Patentanwaltsordnung und anderer Gesetze	31.8.1998	BGBl. I S. 2600
	59c–59m, 115c, 224a	eingefügt			
42	22, 24, 227a, 227b	aufgehoben	Art. I Nr. 3 des Gesetzes zur Änderung des Gesetzes zur Neuordnung des Berufsrechts der Rechtsanwälte und der Patentanwälte	17.12.1999	BGBl. I S. 2448
	34	geändert			

[1] Soweit die Änderung lediglich in der Ersetzung der Bezeichnung Ehrengericht, Ehrengerichtshof, ehrengerichtliches pp durch die Worte Anwaltsgericht, Anwaltsgerichtshof, anwaltsgerichtliches pp. besteht, wurde von einer gesonderten Aufführung der geänderten Paragraphen abgesehen.

lfd.Nr.	Paragraf	Art der Änderung	geändert durch	Datum	Fundstelle
43	14, 16, 45	geändert	Gesetz zur Änderung des Einführungsgesetzes zur Insolvenzordnung und anderer Gesetze	19.12.1998	BGBl. I S. 3836
44	4, 27, 59a, 206, 207	geändert	Gesetz zur Umsetzung von Richtlinien der Europäischen Gemeinschaft auf dem Gebiet des Berufsrechts der Rechtsanwälte[2]	9.3.2000	BGBl. I S. 182, 190
45	20, 35, 53, 55, 114a, 170	geändert	Art. 3, § 14 des Gesetzes zur Beendigung der Diskriminierung gleichgeschlechtlicher Gemeinschaften: Lebenspartnerschaften	16.2.2001	BGBl I S. 266, 273
46	30	geändert	Art. 2 Nr. 5 des Gesetzes zur Reform des Verfahrens bei Zustellungen im gerichtlichen Verfahren (Zustellungsreformgesetz – ZustRG)	25.6.2001	BGBl. I S. 1206, 1211
47	172	geändert	Zivilprozessreformgesetz	27.7.2001	BGBl. I S. 1887, 1920
48	48	geändert	Gesetz zur Änderung der Insolvenzordnung und anderer Gesetze	26.10.2001	BGBl. I S. 2710, 2714
49	51, 57, 59j, 114, 192, 193	geändert	Gesetz zur Einführung des Euro in Rechtspflegegesetzen und in Gesetzen des Straf- und Ordnungswidrigkeitenrechts, zur Änderung der Mahnvordruckverordnungen sowie zur Änderung weiterer Gesetze	13.12.2001	BGBl. I S. 3574
50	7, 14, 15, 16, 67, 95	geändert	Art. 31 des Gesetzes zur Gleichstellung behinderter Menschen und zur Änderung anderer Gesetze	27.4.2002	BGBl. I. S. 1467, 1476
51	49	geändert	Art. 10 des Gesetzes zur Ausführung des Römischen Statuts des Internationalen Strafgerichtshofes vom 17. Juli 1998	21.6.2002	BGBl. I S. 2144, 2164
52	59, 73	geändert	Art. 2 des Gesetzes zur Reform der Juristenausbildung	11.7.2002	BGBl. I S. 2592, 2593
53	49b, 103	geändert	Art. 5 Nr. 18 des Gesetzes zur Modernisierung des Kostenrechts	5.5.2004	BGBl. I S. 718, 834
54	51b	aufgehoben	Art. 4 des Gesetzes zur Anpassung von Verjährungsvorschriften an das Gesetz zur Modernisierung des Schuldrechts	9.12.2004	BGBl. I S. 3214
	59m	geändert			
55	94, 102, 103, 107	geändert	Art. 4 des Gesetzes zur Vereinfachung und Vereinheitlichung der Verfahrungsvorschriften zur Wahl und Berufung ehrenamtlicher Richter	21.12.2004	BGBl. I S. 3599

[2] **[Amtl. Anm.:]** Dieses Gesetz setzt folgende Richtlinien um: In Artikel 1 §§ 1, 2 bis 15, 36 bis 42 die Richtlinie 98/5/EG des Europäischen Parlaments und des Rates vom 16. Februar 1998 zur Erleichterung der ständigen Ausübung des Rechtsanwaltsberufs in einem anderen Mitgliedstaat als dem, in dem die Qualifikation erworben wurde (ABl. EG Nr. L 77 S. 36); in Artikel 1 §§ 1, 16 bis 24, 36, 40 die Richtlinie 89/48/EWG des Rates der Europäischen Gemeinschaften vom 21. Dezember 1988 über eine allgemeine Regelung zur Anerkennung der Hochschuldiplome, die eine mindestens dreijährige Berufsausbildung abschließen (ABl. EG 1989 Nr. L 19 S. 16); in Artikel 1 §§ 1, 25 bis 35, 40, 42 die Richtlinie 77/249/EWG des Rates vom 22. März 1977 zur Erleichterung der tatsächlichen Ausübung des freien Dienstleistungsverkehrs der Rechtsanwälte (ABl. EG Nr. L 78 S. 17).

lfd.Nr.	Paragraf	Art der Änderung	geändert durch	Datum	Fundstelle
56	59k	geändert	Art. 42 des Ersten Gesetzes über die Bereinigung von Bundesrecht im Zuständigkeitsbereich des BMJ	13.4.2006	BGBl. I S. 866, 872
	214	eingefügt			
	221, 233	aufgehoben			
57	195, 198, 199	geändert	Art. 8 des Zweiten Justizmodernisierungsgesetzes	21.12.2006	BGBl. I S. 3416
58	6, 8, 12, 13, 14, 16, 17, 27, 29, 29a, 30, 31, 36a, 37, 40, 41, 42, 47, 51, 53, 55, 59g, 59h, 59m, 60, 65, 73, 94, 95, 103, 108, 109, 112a, 115, 160, 161, 163, 180, 182, 191b, 192, 201, 207, 209	geändert	Art. 1 des Gesetzes zur Stärkung der Selbstverwaltung der Rechtsanwaltschaft	26.3.2007	BGBl. I S. 358
	8, 9, 15, 18, 19, 20, 21, 23, 25, 26, 28, 32, 33, 33a, 34, 35, 36, 38, 39, 171, 193, 194, 213, 224a	aufgehoben			
	12a, 172b	eingefügt			
59	51	geändert	Art. 9 Abs. 3 des Gesetzes zur Reform des Versicherungsvertragsrechts	23.11.2007	BGBl. I S. 2631, 2670
60	49b, 59, 59a, 59e, 59f, 59h, 209	geändert	Art. 4 des Gesetzes zur Neuregelung des Rechtsberatungsrechts[3]	12.12.2007	BGBl. I S. 2840, 2848
	52	aufgehoben			
61	49b	geändert	Art. 1 des Gesetzes zur Neuregelung des Verbots der Vereinbarung von Erfolgshonoraren	12.6.2008	BGBl. I S. 1000
62	73a	eingefügt	Art. 5 des Vierten Gesetzes zur Neuregelung verwaltungsverfahrensrechtlicher Vorschriften[4]	11.12.2008	BGBl. I S. 2418, 2240
63	7, 14	geändert	Art. 4 Abs. 3 des Gesetzes zur Reform der Sachaufklärung in der Zwangsvollstreckung	29.7.2009	BGBl. I S. 2258, 2269
64	117b	geändert	Art. 6 Abs. 1 des Gesetzes zur Änderung des Untersuchungshaftrechts	29.7.2009	BGBl. I S. 2274, 2279
65	49	geändert	Art. 4 des Zweiten Opferrechtsreformgesetzes	29.7.2009	BGBl. I S. 2280, 2284

[3] **[Amtl. Anm.:]** Dieses Gesetz dient der Umsetzung der Richtlinie 2005/36/EG des Europäischen Parlaments und des Rates vom 7. September 2005 über die Anerkennung von Berufsqualifikationen (ABl. EU Nr. L 255 S. 22).

[4] **[Amtl. Anm.:]** Dieses Gesetz dient der Umsetzung verwaltungsverfahrensrechtlicher Bestimmungen der Richtlinie 2006/123/EG des Europäischen Parlaments und des Rates vom 12. Dezember 2006 über Dienstleistungen im Binnenmarkt (ABl. EU Nr. L 376 S. 36).

lfd.Nr.	Paragraf	Art der Änderung	geändert durch	Datum	Fundstelle
66	6, 14, 17, 27, 29, 29a, 30, 31, 32, 43c, 48, 49b, 51, 53, 55, 56, 59b, 59g, 59h, 59i, 59k, 59m, 61, 73, 74, 74a, 84, 89, 94, 95, 103, 104, 106, 108, 109, 115c, 139, 148, 160, 161, 163, 170, 172b, 174, 10. Teil 3. Abschnitt Überschrift, 197, 204, 207, 209, Anlage	geändert	Art. 1 des Gesetzes zur Modernisierung von Verfahren im anwaltlichen und notariellen Berufsrecht, zur Errichtung einer Schlichtungsstelle der Rechtsanwaltschaft sowie zur Änderung sonstiger Vorschriften[5]	30.7.2009	BGBl. I S. 2449
	15, 5. Teil 4. Abschnitt (112a, 112b, 112c, 112d, 112e, 112f), 9. Teil 3. Abschnitt (191f), 10. Teil 2. Abschnitt (193, 194)	eingefügt			
	Überschrift vor 6, 6. Teil 3. Abschnitt (32, 33, 34, 35, 36), Überschrift 5. Teil, 173, Überschrift vor 191a, Überschrift vor und 192, 208, 210, 215	neu gefasst			
	8, 11, 16, 2. Teil 4. Abschnitt (37–42), 54, 4. Teil 3. Abschnitt (90, 91), Überschrift vor und 191, 10. Teil 3. Abschnitt	aufgehoben			
	(200–203), Überschrift vor 208, 211, 212, 13. Teil 2. Abschnitt (223–237)				
67	32, 88	geändert	Art. 1 des Gesetzes zur Umsetzung der Dienstleistungsrichtlinie in der Justiz und zur Änderung weiterer Vorschriften[6]	22.12.2010	BGBl. I S. 2248, berichtigt 2011 I S. 223

5 **[Amtl. Anm.:]** Dieses Gesetz dient der Umsetzung der Richtlinie 2006/123/EG des Europäischen Parlaments und des Rates vom 12. Dezember 2006 über Dienstleistungen im Binnenmarkt (ABl. L 376 vom 27.12.2006, S. 36).

6 **[Amtl. Anm.:]** Artikel 1 Nummer 1 und 2, Artikel 2 bis 5 und 8 Nummer 1, Artikel 9 bis 11 und 15 Nummer 2 und 4 und Artikel 18 dieses Gesetzes dienen der Umsetzung der Richtlinie 2006/123/EG des Europäischen Parlaments und des Rates vom 12. Dezember 2006 über Dienstleistungen im Binnenmarkt (ABl. L 376 vom 27.12.2006, S. 36).

lfd.Nr.	Paragraf	Art der Änderung	geändert durch	Datum	Fundstelle
68	73b	eingefügt			
69	57, 74a, 116	geändert	Art. 4 des Gesetzes über den Rechtsschutz bei überlangen Gerichtsverfahren und strafrechtlichen Ermittlungsverfahren	24.11.2011	BGBl. I S. 2302
	112g	eingefügt			
70	4	geändert	Art. 8 des Gesetzes zur Verbesserung der Feststellung und Anerkennung im Ausland erworbener Berufsqualifikationen	6.12.2011	BGBl. I S. 2515
71	117a	geändert	Art. 7 Abs. 1 des Gesetzes zur Stärkung der Rechte von Opfern sexuellen Missbrauchs	26.6.2013	BGBl. I S. 1805
72.	Inhaltsübersicht, 52, 59j, 59m, 118a, 119b	geändert	Art. 2 des Gesetzes zur Einführung einer Partnerschaftsgesellschaft mit beschränkter Berufshaftung und zur Änderung des Berufsrechts der Rechtsanwälte, Patentanwälte, Steuerberater und Wirtschaftsprüfer	15.7.2013	BGBl. I S. 2386
	51a	eingefügt			
73	31	geändert	Art. 46 Zweites Kostenrechtsmodernisierungsgesetz	23.7.2013	BGBl. I S. 2586
74	192	geändert	Art. 2 Abs. 60 des Gesetzes zur Strukturreform des Gebührenrechts des Bundes	7.8.2013	BGBl. I S. 3154
75	48	geändert	Art. 4 des Gesetzes zur Änderung des Prozesskostenhilfe- und Beratungshilferechts	31.8.2013	BGBl. I S. 3533
76	Inhaltsübersicht	geändert	Art. 3 des Gesetzes gegen unseriöse Geschäftspraktiken[7]	1.10.2013	BGBl. I S. 3714
	43d	eingefügt			
77	Inhaltsübersicht, 177	geändert	Art. 7 des Gesetzes zur Förderung des elektronischen Rechtsverkehrs mit den Gerichten	10.10.2013	BGBl. I S. 3786
	31b	eingefügt			
	Inhaltsübersicht, 31	geändert			
	31a	eingefügt			
	Inhaltsübersicht	geändert			
	49c	eingefügt			
78	59e Abs. 2 S. 1, 59f Abs. 1	teilweise nichtig	Beschluss des BVerfG – 1 BvR 2998/11, 1 BvR 236/12 –	14.1.2014	BGBl. I S. 111
79	31, 31b, 33, 51, 51a, 59j, 107, 109, 112a, 163, 169, 170, 173, 176, 185, 191e, 206	geändert	Art. 139 der 10. Zuständigkeitsanpassungsverordnung	31.8.2015	BGBl. I S. 1474

[7] **[Amtl. Anm.:]** Dieses Gesetz dient der Umsetzung von Artikel 13 der Richtlinie 2002/58/EG des Europäischen Parlaments und des Rates vom 12. Juli 2002 über die Verarbeitung personenbezogener Daten und den Schutz der Privatsphäre in der elektronischen Kommunikation (Datenschutzrichtlinie für elektronische Kommunikation) (ABl. L 201 vom 31.7.2002, S. 37), die zuletzt durch Artikel 2 der Richtlinie 2009/136/EG (ABl. L 337 vom 18.12.2009, S. 11) geändert worden ist.

Einleitung

I. Quellen des anwaltlichen Berufsrechts

Die durch den **Grundsatz der freien Advokatur** (§§ 1, 2) gekennzeichnete anwaltliche Berufsausübung unterliegt der **freien und unreglementierten Selbstbestimmung** des einzelnen Rechtsanwalts, **soweit sie nicht durch verfassungsgemäße Regelungen beschränkt** ist (BVerfGE 50, 16; 76, 171; 108, 150 = NJW 2003, 2520 = MDR 2003, 1081 = BRAK-Mitt. 2003, 231 = AnwBl. 2003, 521 mit Anm. *Kleine-Cosack* AnwBl. 2003, 539). Eingriffe in die anwaltliche Berufsausübung sind gemäß Art. 12 Abs. 1 GG nur durch Gesetz oder durch eine aufgrund gesetzlicher Ermächtigung erlassene Satzung zulässig. Die wesentlichen, den Beruf des Anwalts prägenden Gebote und Verbote – die sog. statusbildenden Normen – bedürfen einer ausreichend bestimmten gesetzlichen Grundlage (BVerfGE 57, 121 = NJW 1981, 2239 = BRAK-Mitt. 1981, 47; BVerfGE 76, 171). Einschränkungen der anwaltlichen Berufsausübungsfreiheit sind nur unter strengen Voraussetzungen zum Schutz besonders wichtiger Gemeinschaftsgüter und unter strikter Wahrung und Beachtung des Grundsatzes der Verhältnismäßigkeit statthaft (BVerfGE 63, 266; 66, 337; BGH BRAK-Mitt. 2001, 41). Unter Beachtung dieser Grundsätze besteht das anwaltliche Berufsrecht aus folgenden Vorschriften: 1

1. Bundesrechtsanwaltsordnung. Als Berufsgesetz der Rechtsanwälte regelt die BRAO neben den Bestimmungen des Grundgesetzes als wichtigste Vorschriftensammlung das anwaltliche Berufsrecht. Sie regelt nicht nur die Zulassung des Rechtsanwalts (§§ 4–36), die Organisation der Rechtsanwälte in Kammern (§§ 60–89; §§ 174, 175–190), die grundsätzliche Stellung der Rechtsanwälte, ihre Rechte und Pflichten (§§ 1–3, 43–59) und ihre Möglichkeiten beruflicher Zusammenarbeit (§§ 59a, 59c–59m), sondern verleiht der Satzungsversammlung (§§ 191a–191e) die Kompetenz, das „Nähere" zu den im Grundsatz insbesondere in §§ 43a ff. geregelten beruflichen Rechten und Pflichten durch Satzung (Berufsordnung etc) zu bestimmen. Mit Gesetz vom 30.7.2009 wurde bei der Bundesrechtsanwaltskammer eine unabhängige Stelle zur Schlichtung von Streitigkeiten zwischen den Mitgliedern der RAK und deren Auftraggebern eingerichtet (§ 191f; vgl. § 73 Abs. 2 Nr. 3). Durch eine eigenständige Gerichtsbarkeit – die Anwaltsgerichte, Anwaltsgerichtshöfe und den BGH in Anwaltssachen (§§ 92–112) – werden nicht nur die Verwaltungsentscheidungen und Wahlen (§§ 57, [112a–] 112 f.), sondern auch die Rügeentscheidungen des Kammervorstandes (§§ 74, 74a) richterlich überprüft; insbesondere werden durch sie schuldhafte Berufspflichtverletzungen der in BRAO, BORA und anderen Normen aufgeführten Anwaltspflichten anwaltsgerichtlich geahndet (§§ 43, 113–161a). Dabei müssen die diversen Normen mit dem Grundgesetz vereinbar sein. So ist zB das Verbot anwaltlicher Erfolgshonorare einschließlich des Verbotes der „quota litis" (§ 49b Abs. 2 S. 1) mit Art. 12 Abs. 1 GG insoweit nicht vereinbar, als es keine Ausnahme für den Fall zulässt, dass der Rechtsanwalt mit der Vereinbarung einer erfolgsbasierten Vergütung besonderen Umständen in der Person des Auftraggebers Rechnung trägt, die diesen sonst davon abhielten, seine Rechte zu verfolgen (BVerfG NJW 2007, 979 = MDR 2007, 621 = BRAK-Mitt. 2007, 63 = AnwBl. 2007, 297 = BB 2007, 617). Die Voraussetzungen, die einer Vereinbarung eines Erfolgshonorars zugrunde liegen müssen, sind nunmehr in § 4a RVG gesetzlich normiert. 2

2. Berufs- und Fachanwaltsordnung. Die von der Satzungsversammlung aufgrund der ihr in § 59b übertragenen Ermächtigung beschlossenen Satzungen in Form der Berufsordnung (BORA) und Fachanwaltsordnung (FAO) wiederholen und konkretisieren die in der BRAO enthaltenen gesetzlichen statusbildenden Normen. Die Regelungen der BORA und der FAO sind damit eine wichtige Quelle des anwaltlichen Berufsrechts. Das zulässige Maß von Beschränkungen der Berufsfreiheit durch Satzung hängt vom Umfang und Inhalt der der Satzungsversammlung vom Gesetzgeber in § 59b erteilten Ermächtigung ab. Durch die ersatzlose Streichung der berufsrechtlichen Verbotsnorm des § 28 BRAO zum 1.7.2007 sowie der Aufhebung des zuvor aus § 59a BRAO entnommenen Verbots der Sternsozietät (ehemals § 31 BORA), also der Mitgliedschaft eines Rechtsanwalts in mehreren Berufsausübungsgesellschaften, ist es Rechtsanwälten nunmehr erlaubt, Zweigstellen ihrer Kanzleien einzurichten, auswärtige Sprechtage 3 abzuhalten und sich mit verschiedenen Rechtsanwälten oder Angehörigen anderer nach § 59a Abs. 1 BRAO sozietätsfähiger Berufe zu verbinden (*Hommerich/Kilian* BRAK-Mitt. 2010, 49). Es muss vom Gesetzgeber besonders deutlich vorgegeben werden, wenn die Berufsangehörigen in ihrer freien beruflichen Betätigung empfindlich beeinträchtigt werden (BGH BRAK-Mitt. 2001, 41). Nach der Entscheidung des EuGH vom 19.2.2002 (NJW 2002, 877 = BRAK-Mitt. 2002, 79 = AnwBl. 2002, 234) legt der Mitgliedsstaat bei der Übertragung von Rechtssetzungsbefugnissen an einen Berufsverband selbst die Kriterien des Allgemeininteresses und die wesentlichen Grundsätze fest, die bei der Normsetzung von den öffentlichen Kammern zu beachten sind. Bei Auslegung und Anwendung von Satzungsrecht ist daher auch mit Rücksicht auf Art. 12 Abs. 1 GG eine strikte Beachtung des Verhältnismäßigkeitsgrundsatzes unter konkreter Benennung der vom parlamentarischen Gesetzgeber vorgegebenen Gemeinwohlbelange gefordert (BVerfG BRAK-Mitt. 2003, 18 = AnwBl. 2003, 304). Aus dem Bestimmtheitsgebot (Art. 20, 28 Abs. 1 GG) ergibt sich zudem, dass die Bestimmungen in der Satzung einen ausreichend bestimmten Inhalt haben müssen und nicht mit höherrangigen Gesetzen in Widerspruch stehen dürfen.

4 **3. Sonstige gesetzliche Regelungen.** Die berufliche Stellung und Tätigkeit des Rechtsanwalts wird nicht nur durch das GG, die BRAO und Satzungsrecht bestimmt. Vielmehr wirken auch eine Vielzahl sonstiger gesetzlicher Pflichten auf diese ein und sind von den Rechtsanwälten zu beachten. Im allgemeinen Interesse an einer funktionsfähigen Rechtspflege, die eine vertrauensvolle Zusammenarbeit mit dem Anwalt voraussetzt, und zum Schutz des persönlichen Lebens- und Geheimbereichs des Mandanten verpflichtet § 203 Abs. 1 Nr. 3 StGB den Rechtsanwalt unter Strafandrohung zur Beachtung und Wahrung des ihm anvertrauten Privatgeheimnisses. Die §§ 352, 356 StGB stellen Gebührenüberhebung und Parteiverrat unter Strafe. Zu den Grenzen der Übertragung strafrechtlicher Normen vgl. aber BVerfGE 110, 226 = BRAK-Mitt. 2004, 126 = AnwBl. 2004, 309 = JZ 2004, 70 mit Anm. *Wohlers*; → § 43 Rn. 9). Aber auch zivil- und strafprozessuale Normen wie zB §§ 78 ff., 157 ZPO, §§ 53, 97, 137 ff. StPO regeln das Verhalten des Anwalts gegenüber Gerichten und Behörden. Hinsichtlich seiner Gebührenansprüche aus dem Mandatsvertrag hat der Rechtsanwalt das RVG (früher BRAGO) zu beachten. Für seine Pflichten aus einem Mandatsvertrag, der eine entgeltliche Geschäftsbesorgung iSv § 675 BGB beinhaltet (→ § 44 Rn. 14), gelten die Normen des Zivilrechts. Auch für das anwaltliche Binnenrecht, für Vertragsverhältnisse der im Angestelltenverhältnis oder als freie Mitarbeiter beschäftigten Anwälte gelten zivilrechtliche Normen, das Dienst- bzw. Werkvertragsrecht (→ § 2 Rn. 18 ff.; Henssler/Prütting/*Prütting* § 43 Rn. 13). Mandanten- und Konkurrenzschutzklauseln sind an §§ 74 ff. HGB zu messen (vgl. auch Gaier/Wolf/Göcken/*Wolf* § 3 Rn. 48 ff.; → § 27 Rn. 21 f.).

5 Für schuldhafte Verstöße gegen Pflichten, die nicht in der BRAO oder in der Berufsordnung benannt sind, sieht § 113 Abs. 1 allerdings keine anwaltsgerichtliche Ahndung vor, es sei denn, § 43 übertrage diese Pflichten in das anwaltliche Berufsrecht (→ § 43 Rn. 6 ff.; Henssler/Prütting/*Prütting* § 43 Rn. 14). **Vorkonstitutionelles Gewohnheitsrecht kann nicht mehr Quelle anwaltlichen Berufsrechts sein** (→ § 43 Rn. 17).

II. Geltungsbereich der BRAO

6 **1. Persönlicher Geltungsbereich.** Die **BRAO** ist das **Berufsgesetz der Rechtsanwälte,** das diese mit bestimmten Rechten versieht und ihnen besondere Pflichten auferlegt. Die BRAO gilt daher vorrangig für nach §§ 4 ff. zugelassene Rechtsanwälte. Mit Einschränkungen gilt sie auch für **Rechtsanwaltsgesellschaften** nach §§ 59c ff., Rechtsanwalts-Aktiengesellschaften und Kommanditgesellschaften aA (→ Vor § 59c Rn. 8 ff.), **Geschäftsführer von Rechtsanwaltsgesellschaften** – auch soweit sie nicht Rechtsanwälte sind (§§ 59f., 60 Abs. 1 S. 3, 115c) –, **Kammerrechtsbeistände** (§ 209), **niedergelassene Anwälte** aus anderen Staaten (§§ 206, 207), niedergelassene **europäische Rechtsanwälte** (§§ 1, 2 ff. EuRAG) und europäische Rechtsanwälte, die vorübergehend Dienstleistungen in Deutschland erbringen (§§ 25 ff. EuRAG; → § 60 Rn. 4). Die BRAO gilt nicht für den Patentanwalt. Dieser ist nicht etwa ein Fachanwalt iSd § 43c. Er übt vielmehr einen Beruf eigener Art aus, der sich nach der Patentanwaltsordnung (PAO) bestimmt.

7 Berufliche Pflichten nach der BRAO und der BORA können darüber hinaus auch für Angehörige anderer Berufe von Bedeutung sein, wenn sie mit Rechtsanwälten nach § 59a eine

Sozietät bilden oder in anderer Form mit ihnen zusammenarbeiten. Zwar gilt in einem **interprofessionellen Zusammenschluss** für dessen einzelne Mitglieder zunächst das Berufsrecht ihres eigenen Berufes, dh jedes Mitglied muss die Vorschriften seines eigenen Berufsrechts beachten. Weichen die berufsrechtlichen Pflichten der Mitglieder voneinander ab, gilt nicht generell und automatisch das strengere Berufsrecht (OLG Dresden BRAK-Mitt. 1998, 239; *Kleine-Cosack* Einl. Rn. 36–39; Gaier/Wolf/Göcken/*Bormann* § 59a Rn. 88; **aA** Henssler/Prütting/*Prütting* § 43 Rn. 40).

Vielmehr ist bei interprofessionellen Zusammenschlüssen, an denen Anwälte beteiligt sind, zu unterscheiden, an wen sich die Normen des anwaltlichen Berufsrechts wenden. Grundsätzlich richtet sich das anwaltliche Berufsrecht an die Rechtsanwälte und sonstigen Mitglieder der RAK; es berechtigt und verpflichtet diese. Um aber auch für den Fall, dass anwaltliche und nichtanwaltliche Sozien pp. in einem anwaltlichen Mandat auf dem Gebiet anwaltlicher Kerntätigkeit (§ 3) zusammenarbeiten, die Einhaltung der Normen des anwaltlichen Berufsrechts zu sichern, verpflichten die §§ 30, 33 BORA die anwaltlichen Mitglieder einer Sozietät, bei der Eingehung einer solchen beruflichen Zusammenarbeit mit ihren nicht-anwaltlichen Partnern zu vereinbaren, dass diese das anwaltliche Berufsrecht bei ihrer beruflichen Tätigkeit im Rahmen der Sozietät beachten (zu den Einzelheiten → BORA § 30 Rn. 1 ff.; → BORA § 33 Rn. 1 ff.). **8**

Teilweise richten sich Ge- und Verbote der BRAO aber auch unmittelbar an alle Mitglieder einer interprofessionellen Sozietät, gleichgültig, welchen Beruf sie in dieser ausüben. So treffen die Tätigkeitsverbote des § 45 Abs. 1 und 2 nach dessen Abs. 3 alle gegenwärtigen und früheren Sozien anderer Berufe. Entsprechendes gilt für die Verbote des § 46 Abs. 2 nach dessen Abs. 3. **9**

2. Sachlicher Geltungsbereich. a) Kernbereich der Anwaltstätigkeit. Im Kernbereich der Anwaltstätigkeit (§§ 1, 3) gelten die Berufspflichten der Anwälte für diese uneingeschränkt (BGH NJW 2005, 1057 = BRAK-Mitt. 2005, 91 = AnwBl. 2005, 149 = EBE 2005, 36). Die Anwendung aller Normen des anwaltlichen Berufsrechts ist unbestritten in den Fällen, in denen ein Rechtsanwalt als unabhängiges Organ der Rechtspflege (§ 1) freiberuflich (§ 2) rechtsberatend und/oder vertretend (§ 3) tätig wird. Soweit Rechtsanwälte diese Rechtsberatung und/oder Vertretung in den Formen wahrnehmen, die den Vorschriften der BRAO und des RVG entsprechen, sind sie andererseits auch von einer Erlaubnispflicht nach dem RDG freigestellt (§ 1 Abs. 2 RDG, früher Art. 1 § 3 Nr. 2 RBerG; Henssler/Prütting/*Weth* RDG § 1 Rn. 9). Der Tätigkeitsbereich der Rechtsanwälte, an den das Gesetz in §§ 1–3 anknüpft, ist somit der in der Rechtspflege. Diese Tätigkeit hat den Gesetzgeber gerade zur Normierung des beruflichen Spezialrechts der Rechtsanwälte, der BRAO, veranlasst mit der Folge, dass in diesem Bereich das anwaltliche Berufsrecht in vollem Umfang Geltung beansprucht (BGH NJW 2005, 1057). **10**

b) Außer- und zweitberufliche Tätigkeit. Der Rechtsanwalt unterliegt nach seinem Berufsrecht nur noch in geringem Umfang Beschränkungen bei außer- bzw. zweitberuflicher Betätigung. Nur soweit die Unvereinbarkeitsregelungen der §§ 7 Nr. 8, 10, 14 Abs. 2 Nr. 5, 8 eingreifen, ist dem Rechtsanwalt eine anderweitige Betätigung verboten. Im Übrigen sollen die Versagungsregelungen der §§ 45, 46 – ohne die anderweitige Betätigung generell zu verbieten – im Einzelfall Interessenkollisionen vermeiden. Als zulässige zweitberufliche Betätigung kommen sowohl freiberufliche Tätigkeiten – zB als Steuerberater, Wirtschaftsprüfer oder Patentanwalt – als auch andersartige nach §§ 7 Nr. 8, 14 Abs. 2 Nr. 8 vereinbare Tätigkeiten – auch gewerblicher Art – in Betracht. Für all diese Fälle, in denen Rechtsanwälte neben ihrer anwaltlichen Kerntätigkeit auch sonstige befugte und vereinbarte Tätigkeiten ausüben, stellt sich die Frage, ob und ggf. in welchem Umfang das anwaltliche Berufsrecht auf diese anwendbar ist. **11**

aa) Nichtanwaltliche Tätigkeit. Auch bei befugter und vereinbarer Tätigkeit außerhalb der Anwaltstätigkeit unterliegt der Rechtsanwalt stets seinen allgemeinen Berufspflichten aus § 43. Wie er danach auch außerhalb seiner beruflichen Tätigkeit im privaten Bereich der allgemeinen Wohlverhaltenspflicht aus § 43 zu genügen hat und unter den Voraussetzungen des § 113 Abs. 2 bei Verstößen dagegen anwaltsgerichtlich zur Verantwortung gezogen werden kann, muss der Rechtsanwalt auch bei außerberuflicher Betätigung seine allgemeinen Berufspflichten beachten (BGH NJW 2005, 1057 zur Berufspflicht der Wirtschaftsprüfer; → § 43 Rn. 9, 10; → § 113 Rn. 12 ff.). **12**

13 Hinsichtlich der **Berufspflichten in ihrer Gesamtheit** einschließlich ihrer berufsspezifischen Besonderheiten ist bezüglich ihrer Anwendbarkeit auf außer- bzw. zweitberufliche Betätigung des Rechtsanwalts folgendes zu unterscheiden:

14 **bb) Weiterer freier Beruf.** Übt ein Rechtsanwalt neben dem Rechtsanwaltsberuf einen weiteren freien Beruf aus, dann unterliegt er grundsätzlich dem **Berufsrecht aller von ihm ausgeübten Berufe.** In solchen Fällen gelten für den Rechtsanwalt die für die ausgeübten Berufe jeweils maßgeblichen Berufsgesetze, nämlich die BRAO und zusätzlich entsprechend dem jeweiligen Zweitberuf zB das StBerG, die WPO oder die PAO sowie die daraus jeweils hergeleiteten Berufsordnungen (BGH NJW 2005, 1057; Henssler/Prütting/*Prütting* § 43 Rn. 39; in Kuhls/Meurers/Maxl/Schäfer/Goez/Willerscheid/*Maxl* 3. Aufl. StBerG § 57 Rn. 11). Der mehreren Berufsgesetzen unterliegende Rechtsanwalt muss grundsätzlich den Berufsgesetzen aller von ihm ausgeübten Berufe gerecht werden.

15 Da das berufliche Handeln eines **Doppelberuflers** aber im Einzelfall in unterschiedlicher Weise mit den von ihm ausgeübten Berufen in Zusammenhang stehen kann, ist auch die konkrete Anwendbarkeit einzelner Normen der verschiedenen Berufsrechte unterschiedlich zu bewerten:

16 Ist das berufliche Verhalten des Rechtsanwalts im konkreten Fall **nur einer Berufsordnung** zuzurechnen, dann **gilt auch nur diese** (BVerfGE 112, 1; BGH NJW 2005, 1057) und zwar auch hinsichtlich des berufsgerichtlichen Verfahrens. Insoweit sperren § 118a Abs. 1 und die damit korrespondierenden Vorschriften anderer Berufsordnungen (vgl. § 83a WPO, § 110 StBerG, § 102a PAO) in verfahrensmäßiger Hinsicht die gleichzeitige Anwendung verschiedener Berufsordnungen auf den mehrfach qualifizierten Berufsangehörigen (BGH NJW 2005, 1057; → § 115b Rn. 1 ff.; → § 118 Rn. 1; → § 118a Rn. 1 ff.).

17 Ist das berufliche Verhalten des Rechtsanwalts **mehreren Berufsordnungen** zuzurechnen, **ohne** dass ein **Schwerpunkt** erkennbar ist, dann **gelten materiellrechtlich alle in Betracht kommenden Berufsordnungen;** verfahrensrechtlich werden eventuelle Pflichtverletzungen aber im anwaltsgerichtlichen Verfahren geahndet (§ 118a Abs. 1; → § 118a Rn. 7 ff.). Daraus folgt, dass ein Berufsträger, der mehreren Berufsordnungen unterliegt, damit zugleich im Einzelfall den Vorschriften der strengsten Berufsordnung zu folgen hat (BVerfGE 54, 237; 17, 371; BGHSt 42, 55). Dies ist die Kehrseite seiner die Räume beruflicher Betätigung und damit zugleich seine wirtschaftlichen Perspektiven erweiternden Mehrfachqualifikation (BGH NJW 2005, 1057).

18 **cc) Unechter Zweitberuf.** Neben echten Zweitberufen wie zB dem des Steuerberaters (§ 32 Abs. 2 StBerG) kann ein Rechtsanwalt auch Tätigkeiten ausführen, die zwar keinen echten Zweitberuf darstellen, weil sie ohnehin zur anwaltlichen Kerntätigkeit zu gehören, gleichwohl dem Beruf des Rechtsanwalts zuzuordnen sind und das **anwaltliche Berufsbild mitprägen,** obwohl sie andererseits auch von anderen Personen als Rechtsanwälten selbständig beruflich wahrgenommen werden können und deren Hauptberuf, zB als Wirtschaftsprüfer, ebenfalls mitprägen. So ist es zB, wenn sich ein Rechtsanwalt als **Insolvenzverwalter** betätigt (BGH NJW 2005, 1057 zum Wirtschaftsprüfer als Insolvenzverwalter). Es ist zweifelhaft, ob sich die Insolvenzverwaltertätigkeit zu einem Berufsbild im herkömmlichen Sinne verdichtet hat. Der Insolvenzverwalter kann grundsätzlich aus jeder Berufsgruppe kommen. Der Zugang zu dem Amt des Insolvenzverwalters ist nicht von der erfolgreichen Ablegung einer Prüfung und einer anschließenden allgemeinen Bestellung abhängig; vielmehr erfolgt die Bestellung (§ 56 Abs. 1 InsO) und die jeweilige insolvenzgerichtliche Überwachung (§ 58 Abs. 1 InsO) ausschließlich bezogen auf den jeweiligen Einzelfall. Indessen sind gerade die rechtsberatenden, wirtschaftsrechtlich ausgerichteten Berufe besonders geeignet für die Bestellung als Insolvenzverwalter, weil bei diesen Berufsgruppen regelmäßig die erforderlichen Rechtskenntnisse und betriebswirtschaftlichen Erfahrungen ohne weitere Überprüfung vorausgesetzt werden können. Folglich werden Angehörige dieser Berufsgruppen auch bevorzugt bestellt. Damit prägt diese Tätigkeit auch das Berufsbild des Rechtsanwalts mit (BGH NJW 2005, 1057 zum Wirtschaftsprüfer). Die Tätigkeit als Insolvenzverwalter beinhaltet weitgehend eine solche treuhänderischer Art und **Treuhandtätigkeit** gehört wiederum zum Berufsbild des Rechtsanwalts (BGHZ 97, 21 = NJW 1986, 1171; BGH NJW 2005, 1057). Dass § 1 Abs. 2 RVG (früher § 1 Abs. 2 BRAGO) die Tätigkeit des Rechtsanwalts als Treuhänder und Insolvenzverwalter ausdrücklich vom Geltungsbereich des RVG bzw.

der BRAGO ausnimmt, ist nicht entscheidend, zumal auch andere anwaltliche Tätigkeiten kraft Vereinbarung grundsätzlich außerhalb des RVG abgerechnet werden können.

Da **Insolvenzverwaltung** somit (auch) dem Beruf des Rechtsanwalts zuzuordnen ist, ist sie auch **nach den für Rechtsanwälte geltenden Vorschriften** zu beurteilen, soweit sie im Einzelfall **von einem Rechtsanwalt** ausgeübt wird. Der Rechtsanwalt kann sich auch nicht für den Teilbereich „Insolvenzverwaltung" seiner anwaltlichen Berufstätigkeit der anwaltlichen Berufsordnung durch einen bloßen Organisationsakt dadurch entziehen, dass er die Insolvenzverwaltung von einem selbständigen von seiner Anwaltskanzlei räumlich und organisatorisch getrennten Büro ausführt. Dies gilt umso mehr, als die Insolvenzordnung keine Berufsordnung im Sinne des anwaltlichen Berufsrechts darstellt (BGH NJW 2005, 1057; aA *Kleine-Cosack* Einl. Rn. 21, 22). 19

Da die Insolvenzverwaltung nicht zur Kerntätigkeit der Anwälte zählt (§ 3), für die alle anwaltlichen Berufspflichten uneingeschränkt gelten, ist umstritten, wie weit die grundsätzliche Geltung dieser Berufspflichten auch für den Anwalt als Insolvenzverwalter oder als sonstiger Treuhänder, dessen Tätigkeit auch von Dritten ausgeübt werden könnte, reicht. Für die vergleichbaren Vorschriften im Steuerberatungsgesetz wird die Auffassung vertreten, dass sich die Berufspflichten auf den gesamten Bereich der Berufstätigkeit unter Einschluss auch der vereinbaren Tätigkeiten erstrecken (Kuhls/Meurers/Maxl/Schäfer/Goez/Willerscheid/*Maxl* 3. Aufl. StBerG § 57 Rn. 14 ff.). Für das Berufsrecht der Wirtschaftsprüfer hat der BGH aber darauf hingewiesen, einer solch schematischen Übertragung der Berufspflichten nach der WPO auf die Tätigkeit des Wirtschaftsprüfers als Insolvenzverwalter stünden die Grundsätze der Berufsausübungsfreiheit (Art. 12 Abs. 1 S. 1 GG) und das Verhältnismäßigkeitsprinzip entgegen (BGH NJW 2005, 1057). Dies gilt entsprechend für die Tätigkeit eines Rechtsanwalts als Insolvenzverwalter. Mit dieser Beurteilung wird einerseits der Rechtsprechung des BVerfG und des BGH Rechnung getragen, die von der Tendenz gekennzeichnet ist, das Recht der freien Berufe im Bereich aufsichtsrechtlicher und anderer, – namentlich werberechtlicher – Regelungen unter maßgeblicher Betonung der Berufsausübungsfreiheit und unter Relativierung der entgegenstehenden Interessen der beteiligten Verkehrskreise aufzulockern (BVerfGE 108, 150 = NJW 2003, 2520 = MDR 2003, 1081 = BRAK-Mitt. 2003, 231 = AnwBl. 2003, 521 mit Anm. *Kleine-Cosack* AnwBl. 2003, 539; BVerfGE 110, 226 = BRAK-Mitt. 2004, 126 = AnwBl. 2040, 309 mit Anm. *Leitner* = JZ 2004, 60 mit Anm. *Wohlers*; BGH NJW 2005, 1057); andererseits wird bei der Anwendung innerstaatlicher Regelungen im Recht der freien Berufe auch auf die Gewährleistung der europäischen Wettbewerbsbestimmungen Rücksicht genommen. Die Kommission der Europäischen Gemeinschaft erkennt gerade in den branchenspezifischen Regeln über die Unternehmensstruktur, namentlich auch soweit diese die Gründung von Niederlassungen beeinträchtigen könnten, potentiell negative Auswirkungen auf die wirtschaftliche Entwicklung und den freien Wettbewerb (vgl. Nachweise bei BGH NJW 2005, 1057). 20

Jedenfalls im Bereich der **befugten und vereinbaren Tätigkeiten** müssen die Regelungen des Anwaltsrechts unter Berücksichtigung ihres jeweiligen Zwecks und mit Bedacht auf entgegenstehende Rechtspositionen und Ordnungsvorschriften für die andere befugte und vereinbare Tätigkeit **bereichsspezifisch ausgelegt** werden. Ist die vereinbare Tätigkeit nicht als solche reglementiert oder jedenfalls nicht so eng wie im Anwaltsrecht, und bestehen hinsichtlich dieser keine vernünftigen Gründe des Gemeinwohls, die die Beachtung besonderer anwaltlicher Berufspflichten im Rahmen der vereinbaren Tätigkeit erfordern, dann kann deren Beachtung von dem Rechtsanwalt nicht gefordert werden (BGH NJW 2005, 1057; aA Kuhl/Meurers/Maxl/Schäfer/Goez/Willerscheid/*Maxl* 3. Aufl. StBerG § 57 Rn. 16 ff.). So wie sich das Berufsverbot als vorläufige Maßnahme (§ 150 Abs. 1) nur auf die Kerntätigkeit als Rechtsanwalt erstreckt (§ 155 Abs. 2) und der mit einem solchen Verbot belegte Rechtsanwalt somit gleichwohl außerhalb seiner Kerntätigkeit befugter und vereinbarer Tätigkeit nachgehen darf, **so gelten die anwaltlichen Berufspflichten in ihrer Gesamtheit daher auch nur im Bereich der anwaltlichen Kerntätigkeit** (BGH NJW 2005, 1057 zu § 116 WPO). 21

Die angegebenen Grundsätze führten dazu, dass für vereinbare Tätigkeiten wie als Insolvenzverwalter zB die von der BRAO vorgesehenen Kanzleivorschriften (§ 27 aF) nicht galten, wenn der Rechtsanwalt in einem räumlich und organisatorisch selbständigen Büro lediglich seine Aufgaben als Insolvenzverwalter ausführte und dort nicht auch Kernaufgaben als Rechtsanwalt anbot oder vermittelte. Es bestehen keine vernünftigen Gründe des Gemeinwohls für die Anwendung des Kanzleirechts nach §§ 27, 28 aF auch auf die Insolvenzverwaltertätigkeit des 22

Rechtsanwalts. Dabei blieb der Rechtsanwalt aber auch hinsichtlich seiner Insolvenzverwaltertätigkeit – anders als möglicherweise bei dessen Qualifizierung als „echter" Zweitberufler wie zB als Steuerberater – uneingeschränkt der Aufsicht der RAK unterstellt. Diese konnte und kann weiter im Rahmen ihrer Prüfungen überwachen, ob der Rechtsanwalt in seinem Insolvenzverwalterbüro – nach außen und innen konsequent vollzogen – keine anwaltliche Kerntätigkeit (§ 3) vornimmt oder anbietet, die zu einer abweichenden rechtlichen Qualifizierung dieses Büros führen würde (BGH NJW 2005, 1057 zu § 47 WPO).

23 Soweit der Rechtsanwalt als Insolvenzverwalter Tätigkeiten entfaltet, die auch zum Kernbereich anwaltlicher Tätigkeit gehören, hat er dabei – unbeschadet der Frage, von welchem Büro aus er handelt – die Regeln des anwaltlichen Berufsrechts zu beachten.

24 **dd) Rechtfolgen.** Bei klarer Trennung einer Tätigkeit von der rechtsbesorgenden Tätigkeit des Rechtsanwalts gelten für dessen sonstige Tätigkeiten, die nicht das anwaltliche Berufsbild mitprägen, nur die **allgemeinen Berufspflichten** (→ Rn. 12) und nicht die Berufspflichten in ihrer Gesamtheit.

Erster Teil. Der Rechtsanwalt

§ 1 Stellung des Rechtsanwalts in der Rechtspflege

Der Rechtsanwalt ist ein unabhängiges Organ der Rechtspflege.

Übersicht

I. Rechtsanwalt als Angehöriger der „Freien Advokatur"

1. Definition. § 1 definiert iVm § 2 Abs. 1 das überlieferte und seit über einem Jahrhundert durchgesetzte Berufsbild des Rechtsanwalts als **Angehörigem der „Freien Advokatur"** (zur Geschichte der „Freien Advokatur" vgl. BVerfGE 63, 266 = NJW 1983, 1535 = BRAK-Mitt. 1983, 144 mwN; zur Herkunft dieser Kennzeichnung vgl. *Pfeiffer* BRAK-Mitt. 1987, 102). 1

Die durch den Grundsatz der Freien Advokatur gekennzeichnete anwaltliche Berufsausübung unterliegt der **freien und unreglementierten Selbstbestimmung des einzelnen Rechtsanwalts** (BVerfGE 76, 171 = NJW 1988, 191 = MDR 1988, 110 = NStZ 1988, 74 = AnwBl. 1987, 598 = BRAK-Mitt. 1988, 54 = JZ 1988, 242 = StV 1988, 27 = ZIP 1987, 1559 = DVBl. 1988, 188 = Rbeistand 1987, 212). Er übt einen Freien Beruf aus (→ § 2 Rn. 1 ff.). Anwälte streiten berufsmäßig für die Interessen ihrer Mandanten, die ihrerseits frei sind, den ihnen zusagenden Rechtsvertreter zu wählen und zu mandatieren (→ § 3 Rn. 21 ff.). Das personale Vertrags- und Vertrauensverhältnis betrifft einen Beruf, der staatliche Kontrolle und Bevormundung prinzipiell ausschließt (BVerfGE 34, 293) und unter der Herrschaft des GG der freien und unreglementierten Selbstbestimmung des Einzelnen überantwortet ist, soweit sie nicht durch verfassungsgemäße Regelungen beschränkt ist (BVerfGE 50, 16 = NJW 1979, 1159). Ihre eigenständige und unabhängige Funktion in der Durchsetzung des Rechts nehmen die Rechtsanwälte gerade in Bezug auf ihre jeweiligen Mandanten wahr (BVerfGE 108, 150 = NJW 2003, 2520 = MDR 2003, 1081 = BRAK-Mitt. 2003, 231 = AnwBl. 2003, 521 mit Anm. *Kleine-Cosack* AnwBl. 2003, 539). Sie sind daher auch nicht durch beamtenähnliche Treuepflichten gebunden. Auch zum Kammervorstand (§§ 63 ff.) steht der Rechtsanwalt nicht in einem allgemeinen Abhängigkeits- oder Unterordnungsverhältnis (BGH NJW 2003, 662 = MDR 2003, 418 = BRAK-Mitt. 2003, 82 = AnwBl. 2003, 304; → § 1 Rn. 9). Im Interesse des Rechtsstaatsgedankens und der Rechtspflege stehen damit dem Bürger **Rechtskundige** zur Seite, **die unabhängig von staatlicher Einflussnahme sind** (*Laufhütte*, FS Pfeiffer, 1988, 959; BVerfGE 63, 266). 2

Als **Organ der Rechtspflege – nicht: der Justiz** – nimmt der Rechtsanwalt im freiheitlichen Rechtsstaat als berufener Berater und Vertreter der Rechtsuchenden (§ 3 Abs. 1) neben Richtern und Staatsanwälten eine **eigenständige Funktion im „Kampf um das Recht"** wahr. Die Anwaltschaft ist Organ der Rechtspflege wegen ihrer Funktion, „dem Rechtsuchenden rechtliches Gehör zu vermitteln. Diese anwaltliche Funktion ist für die Rechtspflege zur Wahrung des Rechtes wesentlich und unverzichtbar." (Henssler/Prütting/*Koch* § 1 Rn. 79). Damit kommen ihm auch weitergehende Befugnisse und damit korrespondierende Pflichten als seinem Mandanten zu (*Pfeiffer* BRAK-Mitt. 1987, 102; *Hamacher* DRiZ 1988, 354). 3

4 Der Rechtsanwalt ist als unabhängiges Organ der Rechtspflege **zur Beratung und Vertretung in allen Rechtsangelegenheiten** berufen (BVerfGE 63, 266; 34, 293 = NJW 1973, 696 = EGE XII, 160, 165; BVerwG NJW 1985, 1234). Als **Strafverteidiger** ist der Rechtsanwalt ein unabhängiges, der Staatsanwaltschaft und dem Gericht **gleichgeordnetes Organ der Rechtspflege** (BVerfGE 34, 293 = NJW 1973, 696 = EGE XII, 160; → § 43 Rn. 12). Der Schutz des Art. 12 Abs. 1 GG umfasst auch die Strafverteidigung, die zu den wesentlichen Berufsaufgaben eines Rechtsanwalts zählt (BVerfGE 15, 226; 22, 114; 34, 293 = NJW 1973, 696; BVerfGE 39, 238; § 3; § 138 Abs. 1 StPO). Die Institution der Strafverteidigung ist durch das Rechtsstaatsprinzip des Grundgesetzes gesichert (BVerfGE 110, 226 = NJW 2004, 1305 = BRAK-Mitt. 2004, 126 = AnwBl. 2004, 309, 315 mit Anm. *Leitner* AnwBl. 2004, 308 = JZ 2004, 670 mit Anm. *Wohlers*). Strafprozessuale Maßnahmen (§§ 102 Abs. 1, 103c StPO), die geeignet sind, das Entstehen eines Vertrauensverhältnisses zwischen Strafverteidiger und Mandant, das unverzichtbare Grundlage einer effektiven Strafverteidigung ist, zu stören oder gar auszuschließen und Kollisionen zu erzeugen, die den Strafverteidiger daran hindern könnten, die Interessen seines Mandanten wirksam zu vertreten, greifen in die Berufsausübungsfreiheit des Strafverteidigers ein. Die herausgehobene Bedeutung der **unkontrollierten Berufsausübung** gebietet die besonders sorgfältige Beachtung der Eingriffsvoraussetzungen und des Grundsatzes der Verhältnismäßigkeit. Das Gewicht des Eingriffs verlangt Verdachtsmomente, die über vage Anhaltspunkte und bloß Vermutungen hinausreichen. Ein Verstoß gegen diese Anforderungen liegt vor, wenn sich sachlich zureichende plausible Gründe für eine Durchsuchung oder den schwer wiegenden Eingriff in die Berufsausübungsfreiheit eines Rechtsanwalts nicht mehr finden lassen (BVerfG BRAK-Mitt. 2006, 221; vgl. auch BVerfG NJW 2006, 3411 = AnwBl. 2006, 848; AnwBl. 2006, 850; NJW 2007, 2749 = BRAK-Mitt. 2007, 165; NJW 2007, 2752 = BRAK-Mitt. 2007, 164).

5 **2. Rechtspflege.** Rechtspflege ist die **Pflege des Rechts, seine Verwirklichung und Vollziehung.** Neben der Rechtsprechung – ein Teilaspekt der Rechtspflege – und der Mitwirkung des Rechtsanwalts an dieser tritt die **konflikt- und prozessvermeidende beratende Tätigkeit** des Rechtsanwalts sowie sein **Wirken in verschiedenen Funktionen und Ämtern,** wie zB als Testamentsvollstrecker, Treuhänder, Insolvenzverwalter, Nachlassverwalter und Nachlasspfleger. Als beauftragter Berater und Vertreter der Rechtsuchenden hat der Rechtsanwalt die Aufgabe, an der Herbeiführung einer sachgerechten Entscheidung mitzuwirken und seine Mandanten vor Fehlentscheidungen durch Gericht und Staatsanwaltschaft oder Behörden zu bewahren. Insbesondere soll er die rechtsunkundige Partei vor der Gefahr des Rechtsverlustes schützen (BVerfG NJW 1996, 3267; § 1 Abs. 3 BORA).

6 Zwar geht der Begriff „unabhängiges Organ der Rechtspflege" zunächst von einem Rechtsanwalt, dessen forensische Tätigkeit im Mittelpunkt steht (*Redeker* NJW 1987, 2610, 2612) aus, jedoch erfasst er auch den in neuerer Zeit verstärkt in Erscheinung tretenden überwiegend beratend tätigen Rechtsanwalt (*Wasilewski,* Streitverhütung durch Rechtsanwälte, 30). Die **beratende Tätigkeit,** die ebenfalls **Teil der Pflege des Rechts** ist, wird fast ausschließlich von den Rechtsanwälten und nicht von anderen Rechtspflegeorganen geleistet. Dieser Teil der Rechtspflege – insgesamt eine „originäre Staatsaufgabe" (BVerfGE 17, 376) – ist den Rechtsanwälten im Rahmen unserer Rechtsordnung zur eigenverantwortlichen Wahrnehmung zugewiesen. Damit nehmen die Rechtsanwälte auch bei ihrer beratenden Tätigkeit eine ihnen zugewiesene öffentliche Aufgabe wahr.

7 Die Tätigkeit des Rechtsanwalts muss „über den engeren Bereich seines Auftraggebers hinaus im Rahmen der Allgemeinheit gesehen werden. Deshalb muss für den Rechtsanwalt die **Aufrechterhaltung der staatlichen Rechtsordnung** die **Richtschnur seines Handelns** sein. Mit dieser Aufgabe, das Recht zu pflegen, tritt die Rechtsanwaltschaft an die Seite der Gerichte und der Staatsanwaltschaften" (amtliche Begründung; teilweise anders *Redeker* NJW 1987, 2610, 2612; AnwBl. 1988, 14, 16).

8 **3. Unmittelbare praktische Folgerungen.** Aus der Funktion des Rechtsanwalts als eines unabhängigen Organs der Rechtspflege und des berufenen **unabhängigen Beraters und Vertreters in allen Rechtsangelegenheiten** (§ 3 Abs. 1) ergibt sich, dass nach §§ 177, 178 GVG Rechtsanwälte in der Rolle der Prozessbevollmächtigten oder des Verteidigers nicht der gerichtlichen Ordnungsstrafgewalt unterliegen (BGHZ 67, 184 = NJW 1977, 437 = MDR 1977, 312; OLG Hamm BRAK-Mitt. 2003, 241; *Hartstang* II 231; → Rn. 10). Wohl aber unterliegt er dieser

im Rahmen eines gegen ihn selbst gerichteten Strafverfahrens (BerlVerfGH NJW-RR 2000, 1512) und erstrecken sich die sitzungspolizeilichen Befugnisse (§ 176 GVG) auch auf den Verteidiger, so dass bei gegebenem Anlass auch die Durchsuchung des Verteidigers vor Betreten des Sitzungssaales angeordnet werden darf (*Meyer-Goßner* GVG § 176 Rn. 10). Die §§ 177, 178 GVG sind auf den Verteidiger oder sonst vor Gericht auftretenden Rechtsanwalt nicht anwendbar. Es bleibt dem Rechtsanwalt überlassen, wie er im Rahmen der gesetzlichen Bestimmungen die Interessen seiner Mandanten wahrnimmt, also zB seine Vorbereitung auf die Hauptverhandlung, die Stellung sowie Begründung von Anträgen unter anderem. Verboten ist ihm lediglich, Anträge zu stellen, die verfahrensfremden Zwecken oder der Prozessverschleppung dienen (BGHZ 68, 46, 50 = NJW 1977, 806) oder mit denen prozessordnungsgemäße Anordnungen des Gerichtes torpediert werden sollen (*Laufhütte,* FS Pfeiffer, 1988, 971; BGH StV 1981, 133). Als Folge ihrer Stellung als „ein unabhängiges Organ der Rechtspflege" können Rechtsanwälte gemäß § 77 Abs. 4 DRiG in der Fassung des Gesetzes vom 7.6.2004 (BGBl. I S. 1054) iVm entsprechenden Landesgesetzen zu ehrenamtlichen Richtern als ständige Beisitzer in Richterdienstgerichten berufen werden (→ § 101 Rn. 1). Auch wenn ein Rechtsanwalt sich selbst vertritt (§ 78 Abs. 4 ZPO), ergibt sich unmittelbar aus § 1 ein Verbot der Lüge und Täuschung des Gerichts. Die Stellung des Rechtsanwalts als Organ der Rechtspflege verbietet die Täuschung des Gerichts durch manipulierte Beweismittel. Ein Strafverteidiger ist jedoch nicht zu einer aktiven Mitwirkung an einer fehlerfreien Verfahrensgestaltung verpflichtet; ihn trifft keine Obliegenheit zur Hinwirkung auf eine Verfahrensfehlerfreiheit (*Dornach* NStZ 1995, 57).

Die Überprüfung der Zweckmäßigkeit seines Prozessverhaltens und seiner Raterteilung findet **8a** weder im anhängigen Verfahren noch in einem anwaltsgerichtlichen Verfahren statt (*Laufhütte,* FS Pfeiffer, 1988, 971; *Jähnke* NJW 1988, 1888, 1891; OLG Düsseldorf JZ 1986, 408). Bei unzulänglicher rechtlicher Aufklärung, inhaltlich falscher Beratung und unsachgemäßer Vertretung kann er zwar unter Umständen zivilrechtlich zum Schadenersatz herangezogen werden, eine berufsrechtliche Ahndung solcher Pflichtwidrigkeiten des „unabhängigen Organs der Rechtspflege" wäre „wie der Vergleich mit den Berufen des Richters und des Notars", anderen unabhängig in der Rechtspflege Tätigen (Art. 97 Abs. 1 GG, § 1 BNotO) zeigt, aber „systemwidrig". Bei beiden Berufen erstreckt sich die Dienstaufsicht wegen der sachlichen Unabhängigkeit ihrer Angehörigen nicht auf die inhaltliche Richtigkeit oder Zweckmäßigkeit der Amtshandlung. Das kann bei dem Rechtsanwalt – der noch nicht einmal einer Dienstaufsicht untersteht – nicht anders sein. Die Verantwortung für seine freie, unbehinderte Beratung und Vertretung trägt allein der Anwalt; der Staat kann in sie auch nicht im Wege repressiver Aufsicht eingebunden werden. Ob der Verteidiger den Angeklagten gut oder schlecht verteidigt, ob die Anbringung von Anträgen schädlich oder nützlich ist, ob der Anwalt für einen Zivilprozess genügende Rechtskenntnisse mitbringt, das alles ist daher nicht anwaltsgerichtlich justiziabel, höchstens im Hinblick auf Vermögensschäden versicherbar. Nur das Überschreiten gewisser äußerster Grenzen kann eine andere Betrachtung rechtfertigen. Verlässt der Anwalt den Rahmen des erteilten Mandats, entfernt er sich völlig von seiner Funktion als Berater, darf ihn auch seine Unabhängigkeit nicht vor anwaltsgerichtlicher Ahndung bewahren. So liegt es etwa bei vorsätzlicher Schädigung des Mandanten oder bei handgreiflich sittenwidrigem Vorgehen (*Jähnke* NJW 1988, 1888, 1891; vgl. auch *Laufhütte,* FS Pfeiffer, 1988, 971). Auch als „Organe der Rechtspflege" haften die Rechtsanwälte nicht ersatzweise für Fehler der Rechtsprechung, nur weil sie haftpflichtversichert sind (BVerfG AnwBl. 2002, 655).

II. Eingriffe in die berufliche Tätigkeit des Rechtsanwalts

1. Kein Eingriffstatbestand. § 1 iVm § 3 enthalten aber keinen Eingriffstatbestand für den **9** Fall, dass ein Anwalt ihrem Leitbild nicht entspricht. Das ergibt sich schon aus § 3 Abs. 2, wonach das allgemeine **Vertretungsrecht des Anwalts nur durch ein besonderes Bundesgesetz beschränkt** werden kann (BVerfG MDR 2000, 791 = BRAK-Mitt. 2000, 139; BVerfGE 34, 293 = NJW 1973, 696 = EGE XII, 160, 165; BVerfGE 22, 114, 120; BVerfGE 63, 266 = NJW 1983, 1535 = BRAK-Mitt. 1983, 144; BVerfG NJW 1986, 1801 = MDR 1986, 555 = BRAK-Mitt. 1986, 108 = AnwBl. 1986, 202; BVerfGE 66, 337 = NJW 1984, 2341 = BRAK-Mitt. 1984, 144 = AnwBl. 1984, 367; BVerfG NJW 1986, 1802 = AnwBl. 1986, 305 = BRAK-Mitt. 1986, 173). Auch der Vorstand der Rechtsanwaltskammer darf gemäß Art. 12 Abs. 1 GG in die freie anwaltliche Berufsausübung nur aufgrund eines Gesetzes und nur durch Maßnahmen eingreifen, die materiell-rechtlich den Anforderungen einer Berufsausübungsregelung genügen (BVerfGE 50, 16 = NJW 1979, 1159 = AnwBl. 1979, 426 = EGE XIV, 322). Der Rechtsanwalt steht als unabhängiges Organ der Rechtspflege nicht in einem allgemeinen Abhängigkeits- oder Unterordnungsverhältnis zum Kammervorstand. Mangels Rechtsgrundlage ist dieser nicht befugt, festgestellte Verstöße eines Kammermitglieds gegen berufsrechtliche Bestimmungen mit einer Unterlassungsverfügung zu begegnen (BGH NJW 2003, 662).

9a Art. 12 Abs. 1 GG gewährleistet auch dem einzelnen Rechtsanwalt die **Freiheit seiner Berufsausübung** als Grundlage seiner persönlichen und wirtschaftlichen Lebensführung. Art. 12 GG konkretisiert das **Grundrecht auf freie Entfaltung der Persönlichkeit im Bereich individueller beruflicher Leistung und Existenzerhaltung** (BVerfGE 54, 301; 75, 284; 101, 331) und zielt auf eine **möglichst unreglementierte berufliche Betätigung** ab. Art. 12 GG verbürgt außerdem das Recht, für die berufliche Leistung eine angemessene Vergütung zu fordern (BVerfGE 54, 251; 88, 145; 101, 331). Der Schutz der anwaltlichen Berufsausübung vor staatlicher Kontrolle und Bevormundung liegt dabei nicht allein im individuellen Interesse des einzelnen Rechtsanwalts oder des einzelnen Rechtsuchenden. Das berufliche Tätigwerden des Anwalts liegt vielmehr im Interesse der Allgemeinheit an einer wirksamen und rechtsstaatlich geordneten Rechtspflege (BVerfGE 110, 226 = NJW 2004, 1305; BVerfG BRAK-Mitt. 2007, 122). Art. 12 Abs. 1 S. 1 GG verlangt, dass Einschränkungen der Berufsfreiheit auf gesetzlicher Grundlage beruhen, wobei dieses Gesetz seinerseits den Anforderungen der Verfassung an grundrechtsbeschränkende Gesetze genügen muss (BVerfG NJW 2003, 2816). Dieses Erfordernis folgt nach ständiger Rechtsprechung daraus, dass die folgenschwere Abwägung gegenüber welchen Gemeinschaftsinteressen und wie weit das hochrangige Grundrecht der Berufsfreiheit zurücktreten muss, in den Verantwortungsbereich des Gesetzgebers fällt (BVerfGE 41, 251, 263 f. mwN = NJW 1976, 1309). Die berufsrechtlichen Regelungen der BRAO stehen im **Spannungsverhältnis zweier verfassungsrechtlich relevanter Grundsätze,** einerseits des **Grundsatzes der freien Advokatur** und andererseits des **Allgemeininteresses an einer funktionstüchtigen Rechtspflege.** Dieses Spannungsverhältnis im Sinne eines angemessenen Ausgleiches innerhalb der von der Verfassung gesetzten Grenzen zu lösen, obliegt der Entscheidung des Gesetzgebers. Deshalb ist es unerlässlich, unter Anwendung anerkannter Auslegungsregeln sorgfältig zu prüfen, welche Entscheidungen der Gesetzgeber zur Einschränkung des Grundrechts der Berufsfreiheit getroffen hat. Damit steht die ausdrückliche Bestimmung der BRAO im Einklang, dass die Zulassung zur Rechtsanwaltschaft nur aus den in diesem Gesetz bezeichneten Gründen versagt werden darf (§ 7). Diese Gründe unterliegen zwar der Auslegung durch die Gerichte. Diesen ist es aber von Verfassungs wegen verwehrt, die gesetzgeberische Entscheidung im Wege der Auslegung zu unterlaufen und das Grundrecht über das vom Gesetzgeber vorgesehene Ausmaß hinaus einzuschränken. Solche Einschränkungen sind nach ständiger Rechtsprechung nur unter strengen Voraussetzungen zum Schutz besonders wichtiger Gemeinschaftsgüter und unter strikter Wahrung und Beachtung des Grundsatzes der Verhältnismäßigkeit statthaft (BVerfGE 100, 226 = NJW 2004, 1305; BVerfGE 63, 266 = NJW 1983, 1535 = BRAK-Mitt. 1983, 144; BVerfG AnwBl. 1986, 305 = NJW 1986, 1802 = BRAK-Mitt. 1986, 173 = MDR 1986, 995; BVerfGE 66, 337 = NJW 1984, 2341 = AnwBl. 1984, 367 = BRAK-Mitt. 1984, 144; *Tettinger* 128 ff.; *ders.* BRAK-Mitt. 1986, 54 ff.). Zur Auswirkung der Berufsfreiheit (Berufswahl und -ausübung) auf Bestimmungen der BRAO insbesondere → § 3 Rn. 12; → § 7 Rn. 9–13, 29–34; → § 14 Rn. 10; → § 27 Rn. 2; → § 45 Rn. 1 ff.; → § 49b Rn. 1–3; → § 56 Rn. 4; → § 60 Rn. 4–6; → § 113 Rn. 1.

10 **2. Gesetzliche Grundlage.** Eingriffe in die berufliche Tätigkeit des Rechtsanwalts können somit nach Art. 12 Abs. 1 GG nur **durch ein Gesetz oder aufgrund eines Gesetzes** erfolgen, das selbst den Anforderungen an grundrechtsbeschränkende Gesetze genügt. Der besondere Freiheitsraum, den das Grundrecht der Berufsfreiheit sichern will, kann auch durch Vorschriften ohne primär berufsregelnde Zielrichtung dann berührt sein, wenn ihre tatsächlichen Auswirkungen zu einer Beeinträchtigung der freien Berufsausübung, führen (BVerfGE 13, 181; 36, 47; 61, 291). Solche Gesetze sind daher stets darauf hin zu prüfen, ob ihre tatsächlichen Auswirkungen die Berufsausübungsfreiheit des Rechtsanwalts unzulässig beeinträchtigen. So beeinträchtigt das für alle am Wirtschaftsleben Teilnehmenden gleichermaßen geltende gesetzliche Verbot, sich aus bestimmten Vortaten stammende, bemakelte Vermögenswerte zu verschaffen (§ 261 StGB), beim Strafverteidiger wegen der Eigenart seiner beruflichen Tätigkeit in besonderer Weise seine Ent-

schließungsfreiheit bei der Übernahme eines Mandats. § 261 Abs. 2 Nr. 1 StGB ist daher nur dann mit Art. 12 GG vereinbar, soweit Strafverteidiger bloß dann mit Strafe bedroht werden, wenn sie schon im Zeitpunkt der Annahme ihres Honorars sichere Kenntnis von dessen Herkunft iSd § 261 Abs. 1 StGB hatten (BVerfGE 110, 226 = NJW 2004, 1305). Dabei können auch Bestimmungen der BRAO eine ausreichende Eingriffsgrundlage sein. Auch vorkonstitutionelles Gewohnheitsrecht war geeignet, die anwaltliche Berufsausübung wirksam zu regeln (BVerfGE 76, 171; 15, 226; 16, 214; 22, 114; 28, 21 = NJW 1970, 851 = EGE XI, 197; BVerfGE 34, 293 = EGE XII, 160; BVerfGE 38, 105 = EGE XIII, 228, 248; BVerfGE 63, 266 = BRAK-Mitt. 1983, 144 = NJW 1983, 1535; vgl. auch zB Anm. zu §§ 2, 3, 7, 14, 43). So war dort, wo gesetzliche Bestimmungen fehlten, die Verpflichtung des Rechtsanwalts, vor Gerichten in Amtstracht aufzutreten, gewohnheitsrechtlich begründet (BVerfGE 28, 21 = NJW 1970, 851 = EGE XI, 197; vgl. jetzt § 20 BORA). Nunmehr sind die für die Aufrechterhaltung einer funktionsfähigen Rechtspflege erforderlichen **Grundpflichten des Anwalts in der BRAO selbst geregelt** (vgl. §§ 43a ff.) und die Satzungsversammlung hat diese Pflichten in der BORA und in der FAO konkretisiert. Außerhalb dieser umfassenden Regelungen gibt es **keine als Gewohnheitsrecht zu wertende Pflichten,** da solche nicht allgemein anerkannt sind und deren Berechtigung umstritten ist (→ § 43 Rn. 2; Henssler/Prütting/*Prütting* § 43 Rn. 10). Die der ZPO für den Anwaltsprozess zu entnehmende Regelung, dass der **Prozessbevollmächtigte prozessfähig sein muss,** ist mit Art. 12 Abs. 1 GG vereinbar (BVerfGE 37, 67 = NJW 1974, 1279 = EGE XIII, 227; → § 14 Rn. 31 f.). Im Hinblick auf die Stellung des Rechtsanwalts als Organ der Rechtspflege kann gegen den Rechtsanwalt als Verteidiger, Beistand oder Vertreter des Privatklägers, des Nebenklägers oder eines sonstigen Nebenbeteiligten **nicht nach §§ 177, 178 GVG vorgegangen** werden (BGHZ 67, 184 = NJW 1977, 437 = MDR 1977, 312; *Meyer-Goßner* StPO Vor § 48 Rn. 11, GVG § 177 Rn. 3; Löwe/Rosenberg/*Wickern* GVG § 176 Rn. 16). Für den Rechtsanwalt als Beistand eines Zeugen gelten aber die rechtlichen Möglichkeiten der §§ 176 ff. GVG, solange eine andere gesetzliche Regelung fehlt (BVerfGE 38, 105 = NJW 1975, 103 = EGE XIII 238, 249; *Meyer-Goßner* StPO Vor § 48 Rn. 11, § 177 GVG Rn. 4; *Kissel/Mayer,* 6. Aufl. 2010, GVG § 177 Rn. 14; **aA** Löwe/Rosenberg/*Wickern* GVG § 176 Rn. 16; *Krekeler* NJW 1980, 980). Für den Ausschluss des Zeugenbeistandes ist eine ausdrückliche formelle gesetzliche Grundlage erforderlich. Für einen solchen Ausschluss lassen sich keine Normen aus dem Regelungszusammenhang des Rechtsanwaltsrechts oder aus übergreifenden Prinzipien der StPO gewinnen (BVerfG NJW 2000, 2660 = MDR 2000, 791).

3. Unterstellung unter ein besonderes Disziplinarrecht. Der Rechtsanwalt ist nicht nur 11
Vertreter privater Interessen, sondern zugleich unabhängiges Organ der Rechtspflege. Damit tritt die Rechtsanwaltschaft an die Seite der Gerichte und der Staatsanwaltschaft. Diese Stellung innerhalb der Rechtspflege verpflichtet den einzelnen Rechtsanwalt, bei der Ausübung des Berufes auf sie Rücksicht zu nehmen. So darf der Rechtsanwalt als Bevollmächtigter in einem Zivilprozess oder als Verteidiger in einem Strafverfahren **nicht bewusst dem Unrecht dienen oder die Rechtsfindung erschweren.** Er darf **nur rechtlich erlaubte Mittel einsetzen** und der staatlichen Rechtsordnung nicht entgegentreten (BGH BRAK-Mitt. 1985, 231; → § 43 Rn. 12). Diese besondere Aufgabe der Rechtsanwälte und der Umstand, dass die Mandanten von der Leistung und Leistungsbereitschaft der Rechtsanwälte weitgehend abhängig sind, zieht deren Verantwortung und Verantwortlichkeit nach sich. Diese Abhängigkeit „macht die Kontrolle dieser Verantwortung und Verantwortlichkeit erforderlich. Freiheit der Advokatur ist ohne solche Kontrolle nicht denkbar; vor ihr muss die Freiheit enden. Die Unterwerfung unter die Berufsaufsicht und die Pflichtmitgliedschaft in der Kammer zur Sicherstellung dieser Standesaufsicht ist eine der notwendigen Konsequenzen; dem entspricht andererseits die Monopolisierung der Tätigkeit, wie sie im Rechtsdienstleistungsgesetz … geregelt wird“ (*Redeker* NJW 1987, 2610, 2611). All dies lässt es gerechtfertigt erscheinen, die Rechtsanwälte – anders als die Angehörigen der meisten sonstigen Berufe – einem besonderen Disziplinarrecht zu unterstellen (BVerfGE 26, 186 = NJW 1969, 2192 = AnwBl. 1969, 457 = EGE X, 209). Aus diesem Grunde ist der Rechtsanwalt auch verpflichtet, die Berufspflichten eines Rechtsanwalts zu beachten.

4. Beispiele sonstiger Eingriffe. Neben der Unterstellung unter ein besonderes Disziplinar- 12
recht ergeben sich eine Reihe weiterer Eingriffe in die Berufstätigkeit des Rechtsanwalts. Hervorzuheben sind prozessuale Regelungen, die sich bestimmend und einengend auf die Berufstätigkeit auswirken (vgl. zB § 137 Abs. 1 S. 2, §§ 138a ff. StPO; *Friese* AnwBl. 1985, 602;

Laufhütte, FS Pfeiffer, 1988, 959), sowie Bindungen durch das Strafrecht und das Berufsrecht (vgl. zB §§ 43 ff. BRAO; §§ 185 ff., 356 StGB), aber auch die Vorschriften über die Versagung, Rücknahme und den Widerruf der Zulassung (§§ 7 ff.; *Laufhütte,* FS Pfeiffer, 1988, 959 ff.). Auf die Zulässigkeit der in der BRAO geregelten Eingriffsmöglichkeit wird jeweils im Zusammenhang mit der jeweiligen Regelung eingegangen.

III. Unabhängigkeit

13 **1. Definition des Unabhängigkeitsbegriffs.** § 1 bezeichnet den Rechtsanwalt als **unabhängiges Organ der Rechtspflege.** Nach § 3 Abs. 1 ist er der berufene unabhängige Berater und Vertreter in allen Rechtsangelegenheiten. **Unabhängigkeit bedeutet Freiheit,** die **nicht mit Schrankenlosigkeit zu verwechseln** ist. Wie jeder Mensch ist der Rechtsanwalt **an Recht und Gesetz sowie die staatliche Rechtsordnung gebunden** (*Isele* § 1 Anm. V A), zusätzlich unterliegt er einer Reihe von **besonderen Berufspflichten,** die weit über das Maß an Rechtstreue hinausreichen, die von jedermann erwartet wird. Treuepflichten, das Zulassungsverfahren und die Überwachung, durch spezielle Anwaltsgerichte bieten eine erhöhte Gewähr dafür, dass der Rechtsanwalt ein Berufsethos entwickelt und sich rechtstreu verhält (BVerfGE 110, 226 = NJW 2004, 1305). Der Rechtsanwalt verschreibt sich in besonderem Maße dem Dienst am Recht. Recht verlangt Wahrheit, folglich ist der Rechtsanwalt **in besonderem Maße der Wahrheit verpflichtet.** Jede Form der Unwahrheit widerspricht seiner Berufspflicht. Damit er diese Verpflichtung stets erfüllen kann, ist Unabhängigkeit des Rechtsanwalts erforderlich. Seine berufliche Stellung ist daher mit hohen Freiheitsgarantien ausgestattet.

14 **Kernstück der besonderen Stellung** des Rechtsanwalts ist seine **Unabhängigkeit.** Der Rechtsanwalt hat die **freie Verfügung über die eigene Arbeitskraft,** er kann insbesondere seine Arbeitszeit frei einteilen, er trägt aber auch das volle wirtschaftliche Risiko (BVerfGE 16, 286, 194). Die Unabhängigkeit des Rechtsanwalts bedeutet **Unabhängigkeit vom Staat** und **Freiheit von staatlichen Weisungen.** Geht seine Unabhängigkeit verloren, so kann trotz verbleibender Organstellung und seiner Teilhabe an der Rechtspflege nicht mehr von einer gleichwertigen und gleichberechtigten Partnerschaft des Rechtsanwalts mit den anderen an der Rechtspflege beteiligten Organen gesprochen werden. Neben der Unabhängigkeit vom Staat sind die **wirtschaftliche und gesellschaftliche Unabhängigkeit** sowie die **Unabhängigkeit vom eigenen Mandanten** von großer Bedeutung.

15 **a) Staatsunabhängigkeit.** Historisch bedingt wurde die **anwaltliche Unabhängigkeit** immer in erster Linie als **Unabhängigkeit** vom Staat und Freiheit **von staatlichen Weisungen** gesehen (*Pfeiffer* BRAK-Mitt. 1987, 102, 103; *Hartstang* I 61 ff., 76 ff.; *ders.* II 304 ff.; *Knapp* AnwBl. 1975, 373; Gaier/Wolf/Göcken/*Wolf* § 1 Rn. 49; Henssler/Prütting/*Koch* § 1 Rn. 46), die Forderung nach Staatsunabhängigkeit begleitet die Geschichte der deutschen Anwaltschaft seit ihren Anfängen. Bis heute ist der Anwaltsberuf herausgehalten aus beamtenähnlichen Bindungen zum Staat. Seine Anerkennung als ein vom Staat unabhängiger Freier Beruf kann als ein wesentliches Element des Bemühens um rechtsstaatliche Begrenzung der staatlichen Macht angesehen werden, das der Verfassungsgeber vorgefunden und in seinen Willen aufgenommen hat. Schon aus Gründen der Chancen- und Waffengleichheit sollen dem Bürger Rechtskundige zur Verfügung stehen, zu denen er Vertrauen hat und die seine Interessen möglichst frei und unabhängig von staatlicher Einflussnahme wahrnehmen können. Der freie und durch das Grundrecht der Berufsfreiheit geschützte Anwaltsberuf darf nicht entgegen der rechtsstaatlichen Tradition der freien Advokatur an die Staatsorganisation herangeführt, beamtenähnlichen Treuepflichten unterworfen oder berufsrechtlich der Stellung von Richtern und Staatsanwälten angeglichen werden. Ebenso wie bei anderen freiberuflich Tätigen (vgl. BVerfGE 39, 343, 373) wäre es auch im Anwaltsrecht nicht statthaft, unter Einschränkung der Freiheitsgarantie des Art. 12 Abs. 1 GG die für staatliche Bedienstete aus Art. 33 Abs. 5 GG hergeleiteten Grundsätze in irgendeiner Weise anzuwenden (BVerfGE 63, 266 = NJW 1983, 1535 = BRAK-Mitt. 1983, 144; BVerfG BRAK-Mitt. 2007, 122; vgl. auch BVerwG NJW 1987, 1657; *Laufhütte,* FS Pfeiffer, 1988, 959 ff.). Der Unabhängigkeit vom Staat steht die Einordnung des Rechtsanwalts als „unabhängiges Organ der Rechtspflege" (§ 1) und als „der berufene unabhängige Berater und Vertreter in allen Rechtsangelegenheiten" (§ 3 Abs. 1) nicht entgegen, da diese Bestimmungen **keine Eingriffstatbestände** für Fälle enthalten, in denen der Anwalt dem Leitbild der §§ 1 und 3 nicht entspricht (BVerfGE 22, 114, 120; 34, 293, 299 = EGE XII, 160; BVerfGE 63, 266 = NJW

1983, 1535 = BRAK-Mitt. 1983, 144). Diese Einordnung gewährt ihm lediglich im Interesse einer funktionierenden Rechtspflege eine unabhängige besondere Rechtsstellung und im Übrigen bestimmt § 3 Abs. 2, dass sein allgemeines Auftrittsrecht nur durch ein besonderes Bundesgesetz beschränkt werden kann (BVerfGE 34, 293 = EGE XII, 160). Aus der Staatsunabhängigkeit des Anwaltsberufes ergibt sich unter anderem, dass eine **zweitberufliche Tätigkeit im öffentlichen Dienst nur in wenigen Ausnahmefällen mit dem Beruf des Rechtsanwalts vereinbar ist** (BVerfGE 87, 287 = NJW 1993, 317 = MDR 1993, 276 = BRAK-Mitt. 1993, 50 = AnwBl. 1993, 120 = JZ 1993, 466 mit Anm. *Zuck;* → § 7 Rn. 104 ff., 150 ff.; → § 14 Rn. 48 ff., 66 ff.; → § 47 Rn. 1 ff.).

b) Gesellschafts-, Parteiunabhängigkeit sowie wirtschaftliche Unabhängigkeit. Bedeutungsvoller als die Unabhängigkeit des Anwalts vom Staat und den Gerichten, die im demokratischen Rechtsstaat nicht mehr als konkret gefährdet angesehen werden kann, ist die Frage der Gesellschaftsunabhängigkeit, der Parteiunabhängigkeit sowie der wirtschaftlichen Unabhängigkeit (*Pfeiffer* BRAK-Mitt. 1987, 102, 103). Zwar steht es auch jedem Rechtsanwalt nach Art. 4, 5 und 9 GG frei, sich entsprechend seiner subjektiven Überzeugung einer bestimmten politisch, ideologisch, religiös oder wirtschaftlich ausgerichteten Gruppe anzuschließen und sich in ihr zu betätigen – auch er lebt wie andere Staatsbürger nicht in einem gesellschaftlichen Vakuum. Es soll und darf nicht der unpolitische oder politisch meinungslose Rechtsanwalt befürwortet werden, zumal die Tätigkeit des Rechtsanwalts, sein Dienst am Recht, eine eminent wichtige Tätigkeit für die Gemeinschaft und damit letztlich auch eine politische Tätigkeit ist. Gefahr besteht jedoch dann, wenn die Stellung des Rechtsanwalts nach § 3 als berufener Vertreter in allen Rechtsangelegenheiten für jedermann nicht mehr sichergestellt ist. „Dies ist insbesondere dann der Fall, wenn die Weltanschauung nach außen hin in einer Art und Weise in Beziehung zum Beruf gebracht wird, die Zweifel an der Unabhängigkeit aufkommen lässt. Ein Praxisschild mit der Bezeichnung „sozialistisches Anwaltskollektiv" macht deutlich, dass die darin tätigen Anwälte eine bestimmte weltanschauliche, vielleicht sogar parteipolitisch geprägte Vorstellung von ihrem Aufgabenbereich und der Art seiner Verwirklichung haben. Ein solches Schild kann zumindest bei einem Teil der Bevölkerung den Anschein hervorrufen, dass die betreffenden Anwälte ihren Beruf nicht unabhängig im Sinne der Ordnung des freiheitlichen, demokratischen, sozialen Rechtsstaats ausüben wollten, sondern in einer anderen, verengten, tendenziellen, einer bestimmten Ideologie verpflichteten Zielrichtung" (*Pfeiffer* BRAK-Mitt. 1987, 102, 194; vgl. auch *Hartstang* I 90). 16

Die Gefahr, von der Gesellschaft abhängig zu werden, besteht für den Rechtsanwalt dann, „wenn er sich sozusagen mit Haut und Haaren einer einzigen der vorhandenen Strömungen verschreibt, wenn er Eiferer und Fanatiker wird, der dann schließlich auch völlig seine Berufstätigkeit und Ausübung als Anwalt – eben nicht mehr frei, unabhängig und objektiv, sondern – nur noch nach einer bestimmten Ideologie, parteipolitischen Vorgaben, religiösen oder sektiererischen Regeln etc. ausrichtet. (…) **Ein Rechtsanwalt, der nicht den Beruf als Rechtshelfer für jedermann ausübt, sondern mit seiner beruflichen Tätigkeit nur noch die Interessen einiger weniger verficht, die ihre Ideen den anderen Bürgern aufoktroyieren wollen, gehört nicht in den Berufsstand der Anwaltschaft",** so wie dieser im freiheitlich demokratischen Rechtsstaat verstanden werden muss (*Hartstang* I 90, 91). 17

c) Parteiunabhängigkeit. Eine weitere wichtige Säule der anwaltlichen Unabhängigkeit ist seine **Parteiunabhängigkeit** und eng damit verbunden, seine **wirtschaftliche und finanzielle Unabhängigkeit** (*Pfeiffer* BRAK-Mitt. 1987, 104; *Hartstang* II 329 ff.; BVerfGE 83, 1 = BRAK-Mitt. 1991, 56; VGH München NJW 1965, 650; BSGE 78, 159 = MDR 1997, 200). Beeinträchtigt werden kann die wirtschaftliche Unabhängigkeit auch durch eine anwaltliche Vereinbarung in Beitreibungssachen, indem geringere als die gesetzlichen Gebühren vereinbart werden (BGH BeckRS 1995, 31061351). Die Unabhängigkeit kann auch beeinträchtigt werden durch Verpflichtungserklärungen des Rechtsanwalts. Eine Unterlassungsvereinbarung, in der sich ein Rechtsanwalt gegenüber einem Dritten verpflichtet, als anwaltlicher Vertreter eines bestimmten Mandanten weder gerichtlich noch außergerichtlich gegen den Dritten tätig zu werden, ist nach § 138 Abs. 1 BGB iVm § 1 sittenwidrig (LG Köln AnwBl. 2004, 726). Die Wahrung dieser Unabhängigkeit ist zwar einerseits erforderlich, damit der Rechtsanwalt seiner Aufgabe als Organ der Rechtspflege gerecht werden kann, aber andererseits besonders problematisch, da sein Man- 18 dant eine erfolgreiche Vertretung seiner Interessen durch den Rechtsanwalt verlangt und ihn dafür auch bezahlt.

18a Diese **wirtschaftliche Unabhängigkeit** kann auch **gefährdet** sein durch **unzureichende Anpassungen des RVG** (*Haas* BRAK-Mitt. 1992, 65 zur BRAGO), **oder** eine **unzureichende Vergütung des angestellten Rechtsanwalts** (→ § 2 Rn. 23 ff.). Zur wirtschaftlichen Situation der deutschen Rechtsanwälte *Kilian/Dreske,* Statistisches Jahrbuch der Anwaltschaft 2013/2014, 107.

19 Neben der wirtschaftlichen Unabhängigkeit des Rechtsanwalts ist vielmehr die Unabhängigkeit von der Partei in erster Linie Ausdruck von Format und Charakterstärke sowie Marken- und Gütezeichen seiner Persönlichkeit. Hierzu ist notwendige Voraussetzung ein exzellentes juristisches Wissen und anwaltliches Können, dessen Grundstock sich der Anwalt schon an der Universität erarbeiten und danach immer weiter aufbauen muss. Er muss dieses Wissen bis zum letzten Tag seiner beruflichen Tätigkeit bewahren, stets auf den neuesten Stand bringen und erweitern (*Hartstang* I S. 34; *Pfeiffer* BRAK-Mitt. 1987, 102, 104; vgl. auch BGH NJW 1983, 1665; → § 3 Rn. 9 ff.; zur Fortbildungspflicht des Rechtsanwalts vgl. auch OLG München BRAK-Mitt. 1990, 116; → BRAO § 43a Rn. 96 ff. zu Abs. 6). Andernfalls gerät der Rechtsanwalt leicht in die Gefahr, für Fehler bei seiner Berufsausübung schadenersatzpflichtig zu werden oder von Mandanten für ihre Zwecke ausgenutzt, ja sogar missbraucht zu werden.

> *„Warnende Beispiele dafür sind unter anderem Rechtsanwälte, die für unseriöse Vertragsgestaltungen bei Vermögensanlagen und Prospekten ihren Namen hergeben und damit gegenüber solchen Auftraggebern ihre Unabhängigkeit leichtfertig aufgegeben haben. Schließlich besteht für den mit Strafverteidigungen befassten Rechtsanwalt zuweilen die konkrete Gefahr, sich in eine strafbewehrte Abhängigkeit eines Klienten zu begeben. Der Strafverteidiger muss bei seiner Tätigkeit, insbesondere im Rahmen der Hauptverhandlung, alle Umstände vorbringen, die den Angeklagten zu entlasten geeignet sind. Um Chancengleichheit herzustellen, darf und muss er einseitig zu Gunsten seines Mandanten wirken. Auf der anderen Seite ist er, dies ergibt sich aus seiner unverzichtbaren Rolle als Organ der Rechtspflege, zur Sachlichkeit und Wahrhaftigkeit verpflichtet, wie es auch das Standesrecht von ihm verlangt. Allerdings ist dem Verteidiger hierbei keine Pflicht zum aktiven Handeln auferlegt. Angesichts seiner Schutzaufgabe gegenüber dem Beschuldigten wirkt sich die Wahrheitspflicht in erster Linie als Verbot der Lüge aus. (…) Was der Anwalt sagt, muss wahr sein, er muss aber nicht alles sagen, was wahr ist. Gefährlicher als die Überschreitung der von der Rechtsordnung dem Rechtsanwalt gesteckten Grenzen seiner Betätigung ist jedoch der Verlust der inneren Unabhängigkeit vom Mandanten, der sich nicht immer bereits in einem Verstoß gegen die Berufspflichten äußern muss. Ein Rechtsanwalt, der in einer Art selbstgewähltem Rückzug seine Aufgabe nur noch darin sieht, dem ihn bezahlenden Mandanten gegen die Staatsorgane beizustehen, die diesen Mandanten bedrängen, also nur noch in der Interessenvertretung, begibt sich auf ein gefährliches Gleis, weil damit das Gefühl für die Bedeutung der inneren Unabhängigkeit verloren geht und der fast zwangsläufig nächste geistige Schritt zu einer Identifikation zwischen Anwalt und Partei führen kann. Dies läuft im Strafprozess womöglich nicht sofort auf eine Identifikation im Bereich des Tatvorgangs hinaus, sondern zunächst auf eine solche in der gewöhnlich weltanschaulichen Motivation. Dieser Weg verstellt jedoch dem Rechtsanwalt den Blick für das „Machbare“ und verhindert so den optimalen Schutz des Mandanten. Das Anliegen der reinen Interessenvertretung führt in die Sackgasse, weil mit dem Verlust der notwendigen Distanz zum eigenen Mandanten der Maßstab für erfolgreiches anwaltliches Handeln, das geltende Recht, verschwimmt“* (*Pfeiffer* BRAK-Mitt. 1987, 102, 106; vgl. auch *Hartstang* I 84 ff.; *Hartmann* AnwBl. 2002, 330).

20 **2. Pflicht zur Wahrung der Unabhängigkeit.** Der Rechtsanwalt ist verpflichtet, seine berufliche und persönliche **Unabhängigkeit nach allen Seiten zu wahren** (BGHSt 22, 157 = EGE XI, 71; § 43a Abs. 1; vgl. auch *Redeker* NJW 1987, 2610, 2613), zumal er sonst nicht mehr Mandate mit der notwendigen Sachlichkeit und Unabhängigkeit übernehmen oder ablehnen kann, die er als berufener und unabhängiger Berater und Vertreter in allen Rechtsangelegenheiten (§ 3 Abs. 1) aufweisen muss (BGHZ 68, 59 = NJW 1977, 807 = EGE XIV, 18; BGHZ 36, 71 = EGE VII, 26).

21 Im Hinblick auf das Erfordernis der Wahrung der Unabhängigkeit wurde die **gleichzeitige Ausübung bestimmter anderer Tätigkeiten** für **unvereinbar erklärt** und das Grundrecht der freien Berufswahl und -ausübung entsprechend eingeschränkt (→ § 1 Rn. 15; → § 7

Rn. 91 ff. zu Nr. 8, § 14 Abs. 2 Nr. 9, §§ 43a Abs. 4, 45, 46). Eine derartige unabhängige Tätigkeit war auch die Mitwirkung von Rechtsanwälten zum Aufbau der Vermögensämter in den neuen Bundesländern; die eingesetzten Rechtsanwälte sollten Sachbearbeiter und Dezernenten bei der Klärung materiell- und verfahrensrechtlicher Fragen juristisch anleiten, rechtlich komplizierte, exemplarische Vorgänge bearbeiten, Entscheidungen vorbereiten und formulieren, mündliche Verhandlungen und Beweisaufnahmen vorbereiten und an diesen sowie bei Vereinbarungen zur gütlichen Einigung mitwirken (EGH München BRAK-Mitt. 1993, 48 = nachfolgend BayVerfGHE 47, 203 = BayVBl. 1995, 380). Zur Bedrohung der anwaltlichen Unabhängigkeit durch Überfüllung des Anwaltsberufes vgl. *Jessnitzer/Blumberg* § 1 Rn. 2; *Pfeiffer* BRAK-Mitt. 1987, 106.

Die Unabhängigkeit der Anwaltschaft wird nicht dadurch gefährdet, dass Anwälte andere 22 Anwälte als **freie Mitarbeiter** beschäftigen oder anstellen. Ein **Verbot angestellter oder freier Mitarbeitertätigkeit** eines Rechtsanwalts bei einem anderen Rechtsanwalt ist **im Gesetz nicht enthalten** (Henssler/Prütting/*Koch* § 1 Rn. 51; Gaier/Wolf/Göcken/*Wolf* § 2 Rn. 51). Ein solches Beschäftigungsverhältnis widerspricht nicht § 1 (LAG Düsseldorf NZA-RR 2002, 567; → § 2 Rn. 18 ff.). Dem anwaltlichen Berufsrecht unterliegen sowohl der Rechtsanwalt als Arbeitgeber als auch sein angestellter oder freier Mitarbeiter (Henssler/Prütting/*Koch* § 1 Rn. 55). Der zwischen Anwälten bestehende Arbeits- und Dienstvertrag muss deshalb die Unabhängigkeit des Anwaltes gewährleisten (BGH AnwBl. 2006, 354). Dies bedeutet zum einen, dass der Anwalt als Arbeitgeber durch finanzielle Verpflichtungen gegenüber dem freien Mitarbeiter oder Angestellten nicht in seiner Unabhängigkeit, sei es wirtschaftlicher oder anderer Art, beeinträchtigt wird. Die Vereinbarung etwa einer Vergütung, die dem Anwalt als Arbeitnehmer sein Auskommen nicht gewährleistet, ist deshalb als Verstoß gegen die Unabhängigkeit des Anwaltes anzusehen (vgl. auch § 26 BORA; → § 27 Rn. 12 ff.).

Ist der Anwalt als Arbeitgeber nicht in der Lage, neben einer ausreichenden Vergütung für den 23 angestellten Anwalt oder den Anwalt als freien Mitarbeiter ein angemessenes Auskommen für sich selbst zu erarbeiten, so ist es ihm berufsrechtlich untersagt, einen anderen Anwalt anzustellen.

Ebenfalls muss jedoch gewährleistet sein, dass der angestellte Anwalt, sei es in einem abhängi- 24 gen Beschäftigungsverhältnis oder als freier Mitarbeiter, Vertragsbedingungen erhält, die seine Unabhängigkeit nicht gefährden. Deshalb statuiert § 26 BORA (BRAK-Mitt. 1996, 243), dass **Rechtsanwälte nur zu angemessenen Bedingungen beschäftigt werden dürfen.** Dass die Vertragsbedingungen zwischen anstellendem Anwalt und angestelltem Anwalt in einem Gegenseitigkeitsverhältnis bestehen, ergibt sich aus § 26 Abs. 1 lit. a, lit. b BORA. Einerseits müssen die Bedingungen die Kenntnisse und Erfahrungen des Beschäftigten berücksichtigen, andererseits müssen die Bedingungen das Haftungsrisiko des beschäftigenden Rechtsanwalts im Auge behalten; einerseits müssen die Bedingungen der Qualifikation, den Leistungen und dem Umfang der Tätigkeit des Beschäftigten entsprechen, andererseits müssen sie die Vorteile des beschäftigenden Rechtsanwalts aus dieser Tätigkeit gewährleisten.

Die Regelung, dem beschäftigten Rechtsanwalt „auf Verlangen" angemessene Zeit zur Fort- 25 bildung einzuräumen (§ 26 Abs. 1 lit. c BORA), ist als Berufspflicht eine Selbstverständlichkeit, denn da die Fortbildung eine allgemeine Berufspflicht ist, kann sie im Rahmen angemessener Vertragsbedingungen nicht vom Verlangen des beschäftigenden Rechtsanwalts abhängig gemacht werden. Die Verpflichtung, eine angemessene Ausgleichszahlung vorzusehen bei der Vereinbarung von Wettbewerbsverboten, entspricht ständiger Rechtsprechung und würde auch ohne die berufsrechtliche Sanktionierung verpflichtend sein (s. statt aller BAG AP GewO § 133f Nr. 23; AP BGB § 611 Nr. 25, 26; AP HGB § 74 Nr. 26; *Lingenberg/Hummel/Eich* RichtlRA § 81 Rn. 121 ff.).

Aus der Tatsache, dass der Anwalt ein unabhängiges Organ der Rechtspflege ist und einen 26 freien Beruf ausübt, ist das Bild des **angestellten Anwalts als Dauerzustand nicht das Bild der BRAO** (*Pfeiffer*, FS Oppenhoff, 1985, 249; *Isele* § 1 Anm. V D, 6 f.; *Lingenberg/Hummel/Eich* RichtlRA § 81 Rn. 38; OLG Celle NJW 1963, 1310, 1311). Freie Mitarbeiterverhältnisse und Anstellungsverhältnisse sollten deshalb nur eine Durchlaufstation für eine eigene selbständige Tätigkeit des Mitarbeiters oder für eine Überführung des Mitarbeiters zu einem Sozius in der Kanzlei, in der er mitarbeitet, sein (*Lingenberg/Hummel/Eich* RichtlRA § 81 Rn. 110). Angemessen sind deshalb Vertragsbedingungen nur dann, wenn sowohl bei einem angestellten Anwalt als auch bei einem freien Mitarbeiter der Vertrag eine zeitliche Begrenzung vorsieht, ihm jedenfalls eine Beendigungsmöglichkeit rechtlich offen steht, darüber hinausgehende Bindungen verstoßen gegen § 1. Die Rechtsanwaltskammer, die nunmehr gemäß § 24 Abs. 1 Nr. 5 BORA Kenntnis von dem Inhalt des Beschäftigungsverhältnisses, insbesondere dessen Ausgestaltung hat, muss bei unzulässigen Bindungen berufsrechtlich einschreiten.

27 Die Unabhängigkeit des Anwalts wird nicht dadurch gefährdet, dass er sich beruflich mit anderen Rechtsanwälten zusammenschließt (BVerfGE 108, 150 = NJW 2003, 2520 = MDR 2003, 1081 = AnwBl. 2003, 521 mit Anm. *Kleine-Cosack* = BRAK-Mitt. 2003, 231). Auch wenn die BRAO des Jahres 1959 noch vom Berufsbild des Einzelanwalts ausging, war die **Sozietät nie verboten. § 59a regelt diese nunmehr ausdrücklich.** Es ist deshalb dem Rechtsanwalt gestattet, sich sowohl in der Sozietät in der Rechtsform der BGB-Gesellschaft, als auch in einer Bürogemeinschaft oder Partnerschaft zusammenzuschließen. Der Zusammenschluss in einer Anwalts-GmbH (§§ 59c ff.) setzt allerdings voraus, dass unter anderem auch die Unabhängigkeit des Anwaltes in einem Zusammenschluss in der GmbH nicht gefährdet wird (Henssler/Prütting/*Koch* § 1 Rn. 56). Dies gilt auch für die Tätigkeit in einer Anwalts-AG.

28 Die Unabhängigkeit des Anwalts wird auch nicht dann gefährdet, wenn der Anwalt sich mit Berufsangehörigen anderer Berufe, die sozietätsfähig sind (§ 59a), zusammenschließt. **Mit anderen als in § 59a genannten Berufsangehörigen ist jedoch ein Zusammenschluss nicht möglich.** Die anwaltliche Unabhängigkeit wäre dadurch gefährdet. Zur anwaltlichen Unabhängigkeit gehört nämlich auch der Schutz des Anwalts vor Eingriffen durch den Staat. Soweit der Anwalt sich mit Berufsangehörigen zusammenschließt, die kein Zeugnisverweigerungsrecht haben und deren Akten nicht der Beschlagnahmefreiheit unterliegen, wird die anwaltliche Unabhängigkeit gefährdet.

§ 2 Beruf des Rechtsanwalts (§ 1 BORA)

(1) **Der Rechtsanwalt übt einen freien Beruf aus.**

(2) **Seine Tätigkeit ist kein Gewerbe.**

Übersicht

I. Freier Beruf

1 **1. Festschreibung der freien Advokatur.** Der Rechtsanwalt übt einen **Freien Beruf** aus, der **staatliche Kontrolle und Bevormundung prinzipiell ausschließt** und unter der Herrschaft des Grundgesetzes der **freien und unreglementierten Selbstbestimmung des Einzelnen überantwortet** ist, soweit sie nicht durch verfassungsgemäße Regelungen beschränkt ist (BVerfGE 108, 150 = NJW 2003, 2520 = MDR 2003, 1081 = BRAK-Mitt. 2003, 231 = AnwBl. 2003, 521 mit Anm. *Kleine-Cosack* AnwBl. 2003, 539; BVerfGE 110, 226 = NJW 2004, 1305 = BRAK-Mitt. 2004, 126 = AnwBl. 2004, 309 mit Anm. *Leitner* AnwBl. 2004, 308 = JZ 2004, 670 mit Anm. *Wohlers;* BVerfGE 76, 171; 34, 293, 303 = NJW 1973, 696 = EGE XII, 160, 167; BVerfGE 50, 16 = NJW 1979, 1159 = AnwBl. 1979, 426 = EGE XIV, 322, 329; BVerfGE 63, 266 = NJW 1983, 1535 = BRAK-Mitt. 1983, 144; → § 1 Rn. 1 ff.). Der Schutz der anwaltlichen Berufsausübung vor staatlicher Kontrolle und Bevormundung liegt dabei nicht allein im individuellen Interesse des einzelnen Rechtsanwalts oder des einzelnen Rechtsuchen-

den. Der Rechtsanwalt ist **„Organ der Rechtspflege"** (§§ 1, 3) und dazu berufen, die Interessen des Mandanten zu vertreten. Sein berufliches **Tätigwerden liegt damit im Interesse der Allgemeinheit an einer wirksamen und rechtsstaatlich geordneten Rechtspflege** (BVerfG NJW 2007, 2317 = BRAK-Mitt. 2007, 122; BVerfGE 110, 226 = NJW 2004, 1305; BVerfGE 15, 226; 34, 293; 37, 67; 72, 51). **§ 1 Abs. 2 PartGG beinhaltet nunmehr eine Legaldefinition des Begriffes „Freier Beruf".**

Die Definition in § 1 Abs. 2 PartGG erfolgt in enger Anlehnung an den Katalog des § 18 Abs. 1 Nr. 1 S. 2 EStG. Diese Regelungstechnik wurde gewählt, weil es sich bei dem Begriff des „freien Berufs" um eine soziologische Wortschöpfung handelt, die einer justitiablen Begriffsfassung nicht zugänglich ist (BT-Drs. 12/6152, 9). Wohl aber können sich an die Tatsache der Ausübung eines freien Berufs rechtliche Schlussfolgerungen knüpfen (*Fuhrmann,* Rechtsstellung des angestellten Rechtsanwalts, Diss. Berlin 1989). Die Anlehnung an die steuerrechtliche Begrifflichkeit bedeutet zwar nicht, dass die Einordnung als freiberuflich nur einheitlich für beide Bereiche erfolgen kann, insbesondere präjudiziert die Partnerschaftstauglichkeit nicht auch die steuerrechtliche Anerkennung der Freiberuflichkeit. Jedoch hat die Orientierung an § 18 EStG den Vorteil, dass die dazu ergangene umfangreiche Finanzrechtsprechung auch für die Einordnung nach dem PartGG im Einzelfall fruchtbar gemacht werden kann (BT-Drs. 12/6152, 10). 1a

2. Charakteristische Eigenschaften. Als **charakteristische Eigenschaften** für die Einordnung anwaltlicher Tätigkeit als Ausübung eines Freien Berufs sind vor allem anzusehen: 2

Erbringung ideeller Leistungen (BVerfGE 10, 354, 365; 46, 240; *Tettinger* 124; *ders.* BRAK-Mitt. 1986, 54), **Erbringung von persönlichen Leistungen** und Ergebnisse persönlicher Leistungen (BVerfGE 46, 240; *Tettinger* 124; *ders.* BRAK-Mitt. 1986, 54), indem der Rechtsanwalt seinem Mandanten umfassend beisteht und seine Interessen unabhängig, frei und uneigennützig wahrnimmt. Voraussetzung für die Erfüllung dieser Aufgabe ist ein besonderes Vertrauensverhältnis der Vertragspartner und insbesondere das Vertrauen in die persönliche und fachliche Qualifikation des Rechtsanwalts und die berufliche wirtschaftliche Selbständigkeit und Unabhängigkeit (BVerfGE 16, 286, 294; 63, 266 = NJW 1983, 1535 = BRAK-Mitt. 1983, 144; *Tettinger* 118 ff.). Grundbedingung dafür, dass dieses Vertrauen entstehen kann, ist das Recht und die Pflicht des Anwalts zur Verschwiegenheit. Die Verschwiegenheitspflicht, die zu den anwaltlichen Grundpflichten zählt (§ 43a Rn. 12), hat als unverzichtbare Bedingung der anwaltlichen Berufsausübung teil am Schutz des Art. 12 Abs. 1 GG (BVerfGE 110, 226 = NJW 2004, 1305). Der Rechtsanwalt erbringt vorrangig **geistige Leistungen** aufgrund einer qualifizierten akademischen Ausbildung. 3

„Entscheidendes Kriterium für den freien Beruf ist die spezifische Verantwortung für den Mandanten. (…) Er wendet sich mit Sorgen an den Berater, die existentielle Bedeutung haben können; er ist von der Beratung, Vertretung (…) durch den Freiberufler abhängig, ohne dass er zur eigenen Beurteilung der Richtigkeit dieses Rates, der Fachkompetenz und der Seriosität des Beraters hinreichend in der Lage ist. Die Abhängigkeit des Kunden von Leistung und Leistungsbereitschaft unterscheidet den Freiberufler von allen anderen selbständig ausgeübten Berufen, wie etwa den des Landwirts, des Kaufmannes oder des Handwerkers" (*Redeker* NJW 1987, 2610, 2611). Zur Abgrenzung einer freiberuflichen von einer gewerblichen Tätigkeit vgl. BFH NJW 1989, 1567; BRAK-Mitt. 2002, 94 mit Anm. *Durchlaub* BRAK-Mitt. 2002, 62 und *Olbing/Kamps* AnwBl. 2002, 168. Der Rechtsanwalt übt damit eine **gemeinwohlorientierte Tätigkeit** aus (BVerfG BRAK-Mitt. 2007, 122; *Fuhrmann,* Rechtsstellung des angestellten Rechtsanwalts, Diss. Berlin 1989, 34 ff.). 4

3. Elemente des freien Berufes. Zu dem **Wesen des freien Berufes** gehören folgende Elemente: 5

- **Kompetenz:** Freie Berufe erbringen Dienstleistungen höherer Art. Diese setzen hohe Qualifikation voraus, sie üben kein Gewerbe aus;
- **öffentliches Interesse:** Freiberufliche Leistungen beziehen sich auf existenziell notwendige Bedürfnisse des Bürgers, sie liegen deshalb stets auch im öffentlichen Interesse;
- **individuelle Leistung:** Freie Berufe erbringen höchstpersönliche Leistungen, die individuell auf den Klienten, Patienten bzw. Auftraggeber zugeschnitten und nicht standardisierbar sind;
- **Vertrauensverhältnis:** Der Freiberufler steht in einem besonderen Vertrauensverhältnis mit seinem Klienten, Patienten bzw. Auftraggeber; hieraus ergibt sich eine besondere Sorgfaltspflicht und eine Verschwiegenheitspflicht gegenüber Dritten;

– **Unabhängigkeit:** Freiberufliche Tätigkeit muss in fachlicher Unabhängigkeit erfolgen; dies bedeutet Freiheit von Weisungen und Zwängen, unabhängig davon, ob der Freiberufler selbständig oder angestellt ist;
– **ethische Ausrichtung:** Freie Berufe befassen sich mit elementaren Rechtsgütern und haben deshalb eine besondere ethische Verpflichtung;
– **Berufsrecht:** Zur Absicherung ihrer Unabhängigkeit und ihres hohen Leistungsniveaus benötigen Freie Berufe ein Berufsrecht sowie Berufsvertretungen.

II. Kein Gewerbe

6 **1. Grundsatz.** Die Tätigkeit des Anwalts ist **kein Gewerbe** (Abs. 2). *„Ein Rechtsanwalt darf allerdings bei seiner Berufsausübung nach dem Zweck, die Rechtspflege zu fördern, auch den materiellen Gewinn seiner Tätigkeit im Auge haben. Aber sein Streben nach Gewinn hat zurückzutreten hinter dem Bestreben, als „Organ der Rechtspflege" (§ 1) richtig zu handeln sowie seinen Mandanten richtig und angemessen zu beraten und zu vertreten (§ 3 Abs. 1). Er unterscheidet sich grundlegend von dem Kaufmann, der bei seiner erwerbswirtschaftlichen Tätigkeit, wenn auch im Rahmen der Gesetze und guten Sitten, sich maßgebend vom Streben nach Gewinn bestimmen lassen darf"* (BGH EGE XIII, 67, 71 = NJW 1976, 626, nur Ls.; kritisch *Redeker* NJW 1987, 2610, 2611; *Zuck* NJW 2001, 2055). Zu den Folgen, die sich aus dem Grundsatz des Abs. 2 für den Ausschluss bestimmter Tätigkeiten durch den Rechtsanwalt und seine Verbindung mit anderen zur gemeinschaftlichen Berufsausübung ergeben, → § 7 Rn. 88 ff.; → § 209 Rn. 25 ff.; vgl. auch *Laufhütte,* FS Pfeiffer, 1988, 959 ff.). Zweifelhaft ist insoweit, ob die Tätigkeit in überörtlichen Sozietäten oder in Großsozietäten nicht im Einzelfall als gewerblich anzusehen ist. Findet keine Arbeitsteilung in überörtlichen Sozietäten statt und werden Gewinn und Kosten nicht geteilt, so dient der Zusammenschluss nur der Werbung. Es liegt dann nahe, diese Tätigkeit als gewerblich einzustufen, insbesondere, wenn man bedenkt, dass in diesen Fällen die Sozien häufig nicht einmal die Mandate und deren Bearbeitungsstand in der verbundenen Sozietät kennen. Stimmt das Verhältnis von angestellten oder freien Mitarbeitern zu den Sozien in Großsozietäten nicht, kommen zB auf einen Sozius drei oder mehr volljuristisch ausgebildete Mitarbeiter, dann spricht eine Vermutung dafür, dass der Sozius die Leistung dieser Mitarbeiter nicht mehr kontrolliert, sie nicht mehr persönlich erbringen kann, die Leistung durch den Mitarbeiter somit nur der Gewinnmaximierung dient und damit gewerblich ist. Lediglich die Mithilfe fachlich vorgebildeter Mitarbeiter ist zulässig; der Freiberufler muss gegenüber den Mitarbeitern aufgrund eigener Fachkenntnisse leitend und eigenverantwortlich tätig werden (*Tipke/Lang,* Steuerrecht, 20. Aufl. 2009, § 9 G II 3).

7 Ähnliches gilt, wenn ein Mitarbeiter auf Lebenszeit als freier oder angestellter Mitarbeiter beschäftigt wird, ohne dass beabsichtigt ist, ihn in die Sozietät aufzunehmen. Nach der vom BFH zu § 18 Abs. 1 Nr. 3 EStG vertretenen „Vervielfältigungstheorie" gehört es „zu den Wesensmerkmalen der selbständigen Tätigkeit, dass sie in ihrem Kernbereich auf der eigenen persönlichen Arbeitskraft des Berufsträgers beruht. Nimmt die Tätigkeit einen Umfang an, der die ständige Beschäftigung mehrerer Angestellter oder die Einschaltung von Subunternehmern erfordert, und werden den genannten Personen nicht nur untergeordnete, insbesondere vorbereitende oder mechanische Arbeiten übertragen, so beruht sie nicht mehr im Wesentlichen auf der persönlichen Arbeitskraft des Berufsträgers und ist deshalb steuerrechtlich als eine gewerbliche zu qualifizieren" (BFH BRAK-Mitt. 2002, 94 mit Anm. *Durchlaub* BRAK-Mitt. 2002, 62 und *Olbing/Kamps* AnwBl. 2002, 168).

8 **2. Werbebeschränkung.** Aus dem Umstand, dass der Rechtsanwalt kein Gewerbe ausübt, ergibt sich auch die Werbebeschränkung (§ 43b). Als anwendbares Hilfsmittel zur Konkretisierung des § 43b bis zum Erlass der BORA (§§ 59b Abs. 2, 191a Abs. 2) konnte § 59b Abs. 2 Nr. 1 lit. d, Nr. 3 zur Konkretisierung des Umfangs des aus § 43b herleitbaren Verbots der gezielten Werbung für die Praxis und erst recht der irreführenden Werbung herangezogen werden, das als Kern des Werbeverbots seit jeher unangefochten zu den Pflichten der Freien Berufe gerechnet worden ist (BVerfGE 76, 196 = NJW 1988, 194 = MDR 1988, 111 = NStZ 1988, 74 = AnwBl. 1987, 603 = BRAK-Mitt. 1988, 58 = JZ 1988, 247; BGH BeckRS 1996, 31171318; zur Geschichte der anwaltlichen Werbebeschränkung vgl. BGHSt 26, 131 = NJW 1975, 1979; *Prinz,* Anwaltswerbung, 1986, 84 ff.; s. auch *Michalski* DZWiR 1994, 336). Nun-

mehr wird § 43b konkretisiert durch die §§ 6–10 BORA (s. Kommentierung zu §§ 6–10 BORA).

Damit ist dem Rechtsanwalt **nicht etwa jegliche Werbung untersagt, sondern nur eine berufsrechtswidrige** (zu den Einzelheiten → § 43b Rn. 9; → BORA § 6 Rn. 6; *Zuck* NJW 1988, 528; vgl. auch *Winters* NJW 1988, 521; *Weigel* BRAK-Mitt. 1988, 2, 8; *v. Westphalen* ZIP 1988, 1; *Messer,* FS Pfeiffer, 1988, 973 ff.). Die Berufsfreiheit des Art. 12 GG umfasst als Teilfreiheit grundsätzlich auch die Werbung für die berufliche Tätigkeit des den Beruf Ausübenden (*Löwe* AnwBl. 1988, 545). Sie schützt als berufsbezogene Tätigkeit auch die berufliche Außendarstellung der Grundrechtsberechtigten einschließlich der Werbung für die Inanspruchnahme ihrer Dienste (BVerfGE 85, 248; 94, 372). Verboten sind neben irreführender Werbung insbesondere aufdringliche Werbemethoden, die Ausdruck eines rein geschäftsmäßigen, ausschließlich an Gewinn orientierten Verhaltens sind (BVerfG NJW 2000, 3195; *Römermann* AnwBl. 2007, 744). 9

3. Steuerliche Folgen. Der Charakter der Berufstätigkeit sowie Stellung und Bedeutung der Freien Berufe im Sozialgefüge sind wesentliche Unterscheidungsmerkmale, die grundsätzlich eine verschiedene Behandlung ihrer Leistungen vom System des Umsatzsteuerrechts her zu rechtfertigen vermögen (BVerfGE 37, 38, 49 = NJW 1974, 939), sofern es um berufstypische Umsätze geht (zu § 12 Abs. 2 Nr. 5 UStG 1967 BFH BStBl. II 1981, 412 = DB 1981, 1070; BStBl. II 1986, 213 = DB 1986, 626; BB 1987, 1168 = UR 1987, 202 mit Anm. *Weiß* = NJW 1988, 224 = BRAK-Mitt. 1987, 142; DB 1987, 78 = BRAK-Mitt. 1987, 142 = AG 1987, 180). Die Umsatzsteuerpflicht des Rechtsanwalts folgt aus § 1 UStG. Zwischen dem Rechtsanwalt und seinem Mandanten findet ein Leistungsaustausch statt, der die **Umsatzsteuerpflicht des Rechtsanwalts** begründet. Bei geringen Umsätzen bleibt die Umsatzsteuer nach § 19 Abs. 1 UStG unerhoben (vgl. auch Nr. 7008 VV). Da Anwälte regelmäßig nicht gewerblich tätig sind (vgl. auch § 18 Abs. 1 Nr. 1 EStG), sind sie grundsätzlich auch **nicht gewerbesteuerpflichtig.** Nur in Ausnahmefällen wird der Rechtsanwalt gewerblich tätig – bspw. als Insolvenzverwalter – und muss Gewerbesteuer zahlen (BFH BStBl. 2005 II, 288 zum berufsmäßigen Betreuer nach §§ 1896 ff. BGB; BFH BStBl. 2002 II, 202 zum Insolvenzverwalter; *Olbing/Kamps* AnwBl. 2004, 241; *Olbing* AnwBl. 2006, 574; → § 2 Rn. 6 ff.). 10

Die Führung eines Prozesses in Deutschland durch einen hier niedergelassenen Anwalt für eine im EU-Ausland wohnende Prozesspartei ist eine umsatzsteuerpflichtige Leistung, wenn die Partei diesen Rechtsstreit nicht in Unternehmereigenschaft führt (§§ 1, 3a Abs. 4 Nr. 3 UStG); daher ist auf die Anwaltsgebühren angemeldete Mehrwertsteuer für diese Partei erstattungsfähig (OLG Düsseldorf NJW 1993, 1806). Der Kostenpflichtige muss die dem Prozessbevollmächtigten des Ersatzberechtigten zu zahlende Umsatzsteuer dann nicht erstatten, wenn sie der Erstattungsberechtigte als Vorsteuer abziehen kann (BFH NJW 1991, 1702 = MDR 1991, 90 mit Anm. *Giesberts* = BStBl. II 1990, 584 = BRAK-Mitt. 1990, 185 mit Anm. *Pott* = JurBüro 1990, 1452 mit Anm. *Mümmler* = Rpfleger 1990, 447 und Anm. *Claus* NJ 1993, 63 in Abänderung zu BFHE 98, 396 = BStBl. 1970 II S. 434; OLG Stuttgart NJW 1991, 572 = AnwBl. 1991, 271; OLG Düsseldorf NJW 1991, 572; OLG Hamburg NJW 1991, 575; **aA** OLG Koblenz BRAK-Mitt. 1991, 63; OLG Frankfurt NJW 1991, 571 = AnwBl. 1991, 269; KG MDR 1993, 482; NJW 1991, 573 = MDR 1991, 356 = AnwBl. 1991, 270; vgl. auch FG des Saarlands BRAK-Mitt. 1987, 142 = EFG 1987, 316 und die Aufstellung in BRAK-Mitt. 1991, 112). Nach § 104 Abs. 2 S. 3 ZPO genügt nunmehr zur Berücksichtigung von Umsatzsteuerbeträgen im Kostenfestsetzungsverfahren die Erklärung des Antragstellers, dass er die Beträge nicht als Vorsteuer abziehen könne. Danach kann die Richtigkeit einer Behauptung nur noch durch einen vom Antragsgegner zu erbringenden Beweis entkräftet werden (OLG Karlsruhe MDR 1994, 1252; OLG München MDR 1995, 102). Der sich in einem Rechtsstreit selbst vertretende Rechtsanwalt hat Anspruch gegen den unterlegenen Gegner auf Erstattung der auf seine Gebühren und Auslagen entfallenden Mehrwertsteuer, da der nach § 15 Abs. 1 UStG vorausgesetzte Leistungsaustausch zwischen zwei Unternehmern nicht stattfindet. Entfällt aber der Vorsteuerabzug, hat der in die Kosten verurteilte Prozessgegner die Mehrwertsteuer zu erstatten (OLG Düsseldorf MDR 1993, 483). 11

Wird als Gegenleistung für anwaltliche Beratungs- und Betreuungstätigkeit eine bis zum Tod des Rechtsanwalts und seiner Ehefrau zu zahlende **Leibrente vereinbart,** so gehören die Einnahmen aus dieser Rentenvereinbarung zu den Einkünften aus selbständiger Arbeit (BFH NJW 1988, 845 = BRAK-Mitt. 1988, 216 = AnwBl. 1988, 63). 12

13 Die selbständige Berufstätigkeit der Rechtsanwälte gehört zur freiberuflichen Tätigkeit nach § 18 Abs. 1 Nr. 1 EStG. Übt ein Rechtsanwalt den Anwaltsberuf aus und erzielt er daneben Einkünfte aus einer anderen selbständigen Tätigkeit, die sich wesensgemäß von der Anwaltstätigkeit unterscheidet und nicht als Ausübung des Anwaltsberufs anzusehen ist, so ist nach der Rechtsprechung des BFH regelmäßig eine **getrennte Beurteilung dieser Tätigkeiten** geboten, und zwar auch dann, wenn die Besteuerungsgrundlagen nach § 217 RAO – jetzt nach § 162 AO 1977 – geschätzt werden müssen (BFH NJW 1990, 2085; BFHE 72, 574 = BStBl. 1961 III, 210).

14 Der Tätigkeit als Freiberufler werden nur berufsübliche Tätigkeiten zugeordnet, dh solche, die zum Berufsbild eines der in § 18 Abs. 1 Nr. 1 EStG aufgeführten Berufe gehören (BFH NJW 1990, 2085; 1986, 1194; 1987, 800). Die getrennte Beurteilung ist auch dann erforderlich, wenn zwischen den verschiedenen Tätigkeiten gewisse sachliche und wirtschaftliche Berührungspunkte bestehen, also eine „gemischte Tätigkeit" vorliegt. Eine einheitliche Beurteilung der Tätigkeit ist jedoch geboten, wenn die Tätigkeitsmerkmale so miteinander verflochten sind und die Tätigkeiten sich gegenseitig so unlösbar bedingen, dass eine Trennung gegen die Verkehrsauffassung verstoßen würde (BFH NJW 1990, 2085; 1984, 1374).

15 Demgemäß gehört die Tätigkeit als Insolvenzverwalter nicht zur freiberuflichen Tätigkeit als Rechtsanwalt (§ 18 Abs. 1 Nr. 1 EStG), sondern zur sonstigen selbständigen Arbeit (§ 18 Abs. 1 Nr. 3 EStG), soweit nicht berufstypisch anwaltliche Tätigkeiten ausgeübt werden, die nach dem RVG (vgl. § 1 Abs. 2 RVG) abgerechnet werden (BFH BRAK-Mitt. 2002, 94 mit Anm. *Durchlaub* BRAK-Mitt. 2002, 62 und *Olbing/Kamps* AnwBl. 2002, 168; BFH NJW 1990, 2085; NJW 1986, 1194; 1987, 800 = BRAK-Mitt. 1987, 142 = DB 1987, 78 = AG 1987, 180; **aA** FG Bremen BeckRS 1999, 21011395 = RAK Köln Mitt. 4/1999, 330). Gleiches gilt für die Testamentsvollstreckertätigkeit (BFH NJW 1990, 2085; 1988, 224) und die als Aufsichtsratsmitglied (BFH DB 1987, 78 = BRAK-Mitt. 1987, 142 = AG 1987, 180).

16 Bei **treuhänderischer Tätigkeit eines Rechtsanwalts für Bauherrengemeinschaften** wird regelmäßig die mit der Tätigkeit verbundene Rechtsberatung nicht im Vordergrund stehen. Ist der Rechtsanwalt als Treuhänder eines Vollzugsorgans des Bauherren/der Bauherrengemeinschaft tätig, kann er sich nur im vorgegebenen Rahmen bewegen und sind ihm auch Aufgaben übertragen, die zur Anwaltstätigkeit im Regelfall keinerlei Bezug aufweisen, handelt er nicht im Rahmen seiner anwaltlichen Berufstätigkeit, tätigt damit **keine berufstypischen Umsätze;** die berufsfremden Umsätze unterliegen der Gewerbesteuer (BFH NJW 1990, 2085; FG Köln Rbeistand 1987, 210 = DB 1988, 1095; vgl. aber auch *Jacobs* BRAK-Mitt. 1986, 6; *Weigel* BRAK-Mitt. 1985, 188; Richtlinienausschuss der BRAK in BRAK-Mitt. 1986, 18).

17 Gehört zwar Anlageberatung grundsätzlich nicht zur anwaltlichen Berufstätigkeit, so ist allerdings nicht jede außerjuristische, auch nicht jede kaufmännische und verwaltende Tätigkeit mit dem Berufsbild des Rechtsanwalts unvereinbar. Die Zuständigkeit für die Besorgung von Rechtsangelegenheiten ist nicht auf die Erteilung von Rechtsrat beschränkt, sondern umfasst auch die Übernahme derjenigen Tätigkeiten für den Mandanten, die der Rechtsanwalt für richtig hält. Rechtsbesorgung in diesem Sinne ist zB auch die Einziehung von Forderungen für einen Dritten und die Kreditvermittlung, wenn der Rechtsanwalt gerade in dieser Eigenschaft damit beauftragt wurde und sich um die Klärung der rechtlichen Voraussetzungen einer Kreditgewährung kümmern muss (BGHZ 18, 340 = NJW 1955, 1921; BFHE 145, 248 = NJW 1986, 1194) und die Übernahme einer Betreuung, weil damit auch die Besorgung der Rechtsangelegenheiten des Betreuten und dessen Vertretung in zahlreichen Prozessen verbunden ist (BFH NJW 1990, 2085; 1981, 944; 1988, 224).

III. Juristische Mitarbeiter

18 **1. Angestellte.** Ein Rechtsanwalt kann sowohl einen anderen Rechtsanwalt als auch einen sonstigen Juristen als **Angestellten beschäftigen.** Die Beschäftigung eines Rechtsanwalts als Angestellten ist **zulässig.** Da der Geschäftsherr, der Arbeitgeber-Rechtsanwalt, für den Rechtsrat durch den Angestellten erteilt wird, selbst den anwaltlichen Berufspflichten unterliegt, steht die fehlende Eigenverantwortlichkeit bei einer Beschäftigung als Angestellter der Zulässigkeit dieser Beschäftigungsart nicht entgegen (BGHZ 65, 238; BGH BRAK-Mitt. 1986, 106; LAG Düsseldorf AnwBl. 2002, 600; *Wettlaufer* AnwBl. 1989, 195; Henssler/Prütting/*Koch* § 2 Rn. 18; Gaier/Wolf/Göcken/*Wolf* § 2 Rn. 51; → § 1 Rn. 22; → § 7 Rn. 89 ff.) und unterfällt

diese nicht § 46. § 46 gilt nur für Beschäftigungsverhältnisse mit nichtanwaltlichen Arbeitgebern.

a) Abgrenzung. In der Regel, vor allem auch **bei Zweifeln,** wird arbeitsrechtlich der Rechtsanwalt, der einen anderen als sog. freien Mitarbeiter bzw. Angestellten beschäftigt, als Dienstherr zu behandeln sein und sich so behandeln müssen, als habe er einen **Arbeitsvertrag** mit diesem abgeschlossen (*Hartstang* I 192; BAG BB 1974, 838; OLG Brandenburg NJW 2002, 1659; LAG Düsseldorf AnwBl. 2002, 600). Für die Abgrenzung zwischen einem **Arbeitsverhältnis bzw. einem arbeitnehmerähnlichen Verhältnis** (→ Rn. 34) und dem Rechtsverhältnis eines freien, selbständigen Mitarbeiters (→ § 2 Rn. 34 ff.) kommt es nach der ständigen Rechtsprechung und der herrschenden Lehre auf den Grad der persönlichen und wirtschaftlichen Abhängigkeit an, in dem sich der zur Dienstleistung Verpflichtete jeweils befindet. Dies ist nach dem **Gesamtbild der tatsächlichen Verhältnisse** zu beurteilen (BAG NJW 1984, 1985 = BB 1983, 1855; DB 1993, 1622; DB 1977, 2459; DB 1967, 1374; OLG München MDR 1999, 1412; ArbG Berlin AnwBl. 2004, 379; *Wettlaufer* AnwBl. 1989, 194). Die **persönliche Abhängigkeit** zeigt sich dabei vor allem in Weisungsgebundenheit, Bindung im Hinblick auf Zeit und Ort der geschuldeten Dienstleistung ähnlich wie bei einer Vollzeitbeschäftigung und Bezug des gesamten Einkommens von dieser Kanzlei (LAG Köln BRAK-Mitt. 2005, 288 = AnwBl. 2005, 719). Wichtiger Maßstab für die Beurteilung der persönlichen Abhängigkeit ist ferner sachliche Abhängigkeit durch Eingliederung in die Organisation des Auftraggebers und Abhängigkeit von Mitarbeitern und den Arbeitsmitteln des Auftraggebers. Die Entscheidung hängt von der Eigenart der jeweiligen Tätigkeit im Einzelfall ab. Zu berücksichtigen ist, dass dem Vorliegen oder Fehlen eines Merkmals nicht das gleiche Gewicht zukommen muss. In schwierigen Abgrenzungsfällen ist genau die Intensität der persönlichen Abhängigkeit zu prüfen (*Kunz/Kunz* DB 1993, 326 mzN). Eine **wirtschaftliche Abhängigkeit** ist gegeben, wenn der Verpflichtete auf die Verwertung seiner Arbeitskraft und die Einkünfte aus seiner Dienstleistung als Existenzgrundlage angewiesen ist; dies ist dann der Fall, wenn die Tätigkeit die einzige wirtschaftliche Existenzgrundlage darstellt, ohne dass es von Belang ist, ob eine vertragliche Erlaubnis vorliegt, daneben anderen Tätigkeiten nachzugehen (BAG NZA 2000, 1359). Eine vergleichbare soziale Schutzbedürftigkeit liegt vor, wenn das Maß der Abhängigkeit nach der Verkehrsanschauung einen solchen Grad erreicht, wie er im Allgemeinen nur in einem Arbeitsverhältnis vorkommt, und die geleisteten Dienste nach ihrer Typik mit denen eines Arbeitnehmers vergleichbar sind (LAG Köln BRAK-Mitt. 2005, 288 = AnwBl. 2005, 719). 19

Maßgebend für die rechtliche Einordnung des Rechtsverhältnisses (Dienstvertrag oder Arbeitsvertrag) ist dabei der **Geschäftsinhalt,** nicht die gewünschte Rechtsfolge oder eine Bezeichnung des Vertrages. Was Geschäftsinhalt ist, kann sich aus den ausdrücklichen Vereinbarungen der Parteien und aus der tatsächlichen Durchführung des Vertrages ergeben. Widersprechen sich Vereinbarung und tatsächliche Durchführung, so kommt es auf die letztere an (LAG Baden-Württemberg AnwBl. 1987, 142; LAG Frankfurt BRAK-Mitt. 1991, 61). Die **tatsächliche Ausgestaltung des Beschäftigungsverhältnisses** ist entscheidend und nicht die von den Vertragsparteien gewählte Bezeichnung (BAG DB 1977, 2459; DB 1978, 1035; NJW 1993, 2458; *Wettlaufer* AnwBl. 1989, 196), die dem tatsächlichem Geschäftsinhalt nicht entspricht. Nach Auffassung des BSG soll es allerdings entscheidend auf die gewählte Bezeichnung durch die Vertragsparteien sowie die steuerliche Behandlung der Vergütung ankommen (BSG BB 1981, 1581). Dies lässt aber das regelmäßig gegebene wirtschaftliche und soziale Ungleichgewicht der Vertragspartner völlig außer Betracht und führt häufig zu einer Umgehung der sozialen Schutzvorschriften, die an den Status als Arbeitnehmer anknüpfen (vgl. BAG BB 1974, 838; *Wettlaufer* AnwBl. 1989, 196). Ein Rechtsanwalt, der sich vertraglich einem Rechtsanwalt verpflichtet, diesem seine gesamte Arbeitskraft zur Verfügung zu stellen und andere Mandate nicht anzunehmen, dem weiter durch Vertrag ein bestimmtes Arbeitsgebiet zugewiesen ist, dem aber der andere Rechtsanwalt unabhängig davon bestimmte Mandate zuweisen oder entziehen kann, von dem ferner vertraglich erwartet wird, dass er während der üblichen Bürostunden in der Kanzlei anwesend ist und der schließlich weder am Gewinn noch am Verlust der Kanzlei beteiligt wird, ist Arbeitnehmer. Abweichende vertragliche Vereinbarungen über seinen Status sind unerheblich (LAG Köln BRAK-Mitt. 2005, 288 = AnwBl. 2005, 719; LAG Baden-Württemberg AnwBl. 1987, 142; LAG Hamm MDR 1990, 186; LAG Frankfurt BRAK-Mitt. 1991, 61). Unterliegt der Beschäftigte hinsichtlich Zeit, Dauer und Ort der Ausführung der versprochenen Dienste einem umfassenden Weisungsrecht, liegt ein Arbeitsverhältnis vor (BAG DB 1993, 1622). 20

21 **b) Folgen.** Aus der Einordnung des Vertragsverhältnisses als Angestelltenverhältnis ergeben sich eine Reihe von Konsequenzen. Der Tätigkeitsbereich, der Grad seiner Selbständigkeit in der Arbeit und seine Weisungsgebundenheit, sein Verhältnis zu den Mitarbeitern, seine Arbeitszeit und Vergütung etc. ergeben sich aus der vertraglichen Vereinbarung. Dabei hat der Arbeitgeber-Rechtsanwalt dem angestellten Rechtsanwalt **angemessene Vertragsbedingungen** zu gewähren (§ 26 BORA). Zu berücksichtigen ist, dass es sich bei dem angestellten Rechtsanwalt ebenfalls um ein unabhängiges Organ der Rechtspflege (§ 1) handelt, dessen sachliche und wirtschaftliche Freiheit durch den Beschäftigungsvertrag gewährleistet sein muss (Henssler/Prütting/*Koch* § 2 Rn. 18).

22 **aa) Vergütungsanspruch.** Aus diesem Dienstvertrag entsteht für den angestellten Rechtsanwalt der **Vergütungsanspruch** grundsätzlich mit der Leistung der entsprechenden Dienste. Deren etwaige Mangelhaftigkeit schließt anders als im Werkvertragsrecht den Honoraranspruch weder aus noch mindert sie ihn. Vielmehr hat der Dienstberechtigte lediglich die Möglichkeit, den Honoraranspruch durch Aufrechnung mit einem Schadensersatzanspruch wegen positiver Forderungsverletzung des Dienstvertrages zu Fall zu bringen. Allein seine Sache ist es, einen solchen Ersatzanspruch ordnungsgemäß zu substantiieren und nachzuweisen (OLG Koblenz MDR 1993, 85 zur Steuerberaterpraxis).

23 Aus § 620 BGB ergibt sich, dass das Arbeitsverhältnis **befristet** werden kann (vgl. näher *Wettlaufer* AnwBl. 1989, 198). Auf das Arbeitsverhältnis finden die Arbeitszeitordnung und das Bundesurlaubsgesetz Anwendung (*Wettlaufer* AnwBl. 1989, 198; *Löw* MDR 2006, 913). Der angestellte Rechtsanwalt unterliegt grundsätzlich der **Direktionsbefugnis** des Arbeitgebers bis zur Grenze der (Berufs-)Rechtswidrigkeit von dessen Weisungen (*Kleine-Cosack* Vor § 59a Rn. 59). Die Höhe der Vergütung ist zwar zwischen den Vertragspartnern frei auszuhandeln; dabei sind die Arbeitgeber-Rechtsanwälte aber berufsrechtlich gehalten, den von ihnen Beschäftigten eine **angemessene Vergütung** zu gewähren (§ 26 Abs. 1b BORA; s. *Henssler* AnwBl. 2000, 213, 216 ff.; *Hommerich,* Die Anwaltschaft unter Expansionsdruck, 95 f., 152 f.).

24 Einen minimalen gesetzlichen Schutz vor Ausbeutung gewähren dabei das **Verbot des Lohnwuchers** (§ 291 Abs. 1 Nr. 3 StGB, § 138 BGB). So ist der AGH Nordrhein-Westfalen zu dem Ergebnis gelangt, dass eine **Grundvergütung in Höhe von 1000 Euro brutto** als Einstiegsgehalt für einen anwaltlichen Berufsanfänger **unangemessen** iSd § 26 BORA und sittenwidrig nach § 138 Abs. 1 BGB ist. Unter Berücksichtigung vorliegender Studien zu anwaltlichen Einkommen und der hierzu ergangenen Rechtsprechung geht der AGH Nordrhein-Westfalen bei einer Vollzeitstelle von **mindestens 2300 Euro** brutto als Richtmaß für das Einstiegsgehalt eines Rechtsanwalts ohne besondere Spezialisierung, ohne besondere Zusatzqualifikationen und ohne Prädikatsexamina aus. Ein Gehalt von maximal 1000 Euro brutto beträgt somit weniger als die Hälfte eines angemessenen Mindestgehalts. Auch eine neben dem Grundgehalt von 1000 Euro brutto in Aussicht gestellte Umsatzbeteiligung für eigenakquirierte Mandate führt zu keiner anderen Beurteilung, da völlig offen bleibt, ob sich diese jemals verwirklicht (AGH Nordrhein-Westfalen NJW 2008, 668; vgl. auch BGH NJW 2010, 1972).

25 **bb) Sozialversicherungspflicht.** Eine der wichtigsten Folgen aus dem Bestehen eines Angestelltenverhältnisses ergibt sich für die Sozialversicherung. Der Angestellte, also auch der angestellte Rechtsanwalt oder sonstige juristische Mitarbeiter, ist grundsätzlich versicherungspflichtig in der **gesetzlichen Krankenversicherung** (§ 5 Abs. 1 Nr. 1 SGB V). Der Arbeitgeber-Rechtsanwalt hat im Falle der Pflichtversicherung die Hälfte des Beitrags zu zahlen (§ 249 Abs. 1 SGB V). Freiwillig in der gesetzlichen Krankenversicherung Versicherte, die nur wegen Überschreitens der Jahresarbeitsentgeltgrenze versicherungsfrei sind (§ 6 Abs. 1 Nr. 1 SGB V), wie wohl die meisten angestellten Rechtsanwälte, erhalten gemäß § 257 Abs. 1 SGB V von ihrem Arbeitgeber einen Beitragszuschuss (zu den Folgen fehlerhafter Einordnung eines Arbeitnehmers als freier Mitarbeiter in sozialversicherungspflichtiger Hinsicht *Kilger* AnwBl. 1992, 212; *Kunz/Kunz* DB 1993, 326 und zu Ausweichstrategien zur Vermeidung der Sozialversicherungspflicht vgl. *Henssler* AnwBl. 2000, 213, 219 ff.). Ist ein Arbeitnehmer als angestellter Jurist mindestens 28 Wochenstunden abhängig beschäftigt, ist eine gleichzeitig ausgeübte selbständige Tätigkeit als Rechtsanwalt als Nebentätigkeit anzusehen, so dass der Arbeitgeber einen Beitragszuschuss zur Kranken- und Pflegeversicherung zu leisten hat (LAG Köln BRAK-Mitt. 2006, 148).

Unabhängig von der Höhe seines Einkommens ist der Angestellte aufgrund des Beschäftigungsverhältnisses bei der Deutschen Rentenversicherung Bund **rentenpflichtversichert** (§§ 1 ff. SGB VI; → § 46 Rn. 5a). Soweit Anwaltsversorgungswerke bestehen (vgl. DAV Anwaltsverzeichnis 1996/97, 1911; → § 89 Rn. 20 ff.) und der Angestellte als Rechtsanwalt Pflichtmitglied eines solchen Versorgungswerkes ist, wird er von der DRV Bund **auf Antrag freigestellt** (BSG NJW 1992, 1717 = BRAK-Mitt. 1992, 175; *Kirchhof* AnwBl. 2005, 618). Von dem zu zahlenden Beitrag trägt der Arbeitgeber-Anwalt die Hälfte (§ 249 Abs. 1 SGB V); dies gilt grundsätzlich auch für den Beitrag zum anwaltlichen Versorgungswerk, wenn der Angestellte von der DRV Bund freigestellt wurde. Dabei ist die jeweilige Beitragsbemessungsgrenze zu beachten (*Wettlaufer* AnwBl. 1989, 199). **26**

Der Angestellte ist auch bei der Bundesagentur für Arbeit **zur Arbeitslosenversicherung pflichtversichert.** Der Arbeitgeber-Anwalt hat die Hälfte des Beitrags zu tragen (§ 249 Abs. 1 SGB V; *Wettlaufer* AnwBl. 1989, 199). Auch gegen Arbeitsunfall ist der angestellte Rechtsanwalt versichert. Die Berufsgenossenschaft der Banken, Versicherungen, Verwaltungen, Freien Berufe und besonderer Unternehmen ist dafür zuständig. Den Beitrag hat allein der Arbeitgeber zu zahlen (*Wettlaufer* AnwBl. 1989, 199). **27**

Das Einkommen des Angestellten unterliegt der **Einkommensteuerpflicht.** Im Hinblick auf die sozialen Schutzvorschriften für den Angestellten und die sich daraus für den Arbeitgeber-Anwalt ergebenden finanziellen Verpflichtungen wird immer wieder versucht, tatsächliche Angestelltenverhältnisse als freie Mitarbeit zu erklären. Die arbeitsgerichtliche Rechtsprechung hat deshalb entschieden, dass allein die tatsächliche Vertragsdurchführung über die rechtliche Einordnung entscheidet (BAG DB 1977, 2459; 1978, 1035; LAG Baden-Württemberg BB 1985, 1534 = NZA 1985, 739). Zu den steuerlichen Auswirkungen der falschen Einordnung eines Angestellten als freien Mitarbeiter *Streck* AnwBl. 1992, 309. Die **Umgehung der sozialen Schutzvorschriften wird regelmäßig als Pflichtverletzung angesehen** werden müssen (vgl. § 26 BORA). **28**

cc) Pflichten. Ist der Angestellte selbst Rechtsanwalt, hat er dieselben Rechte und Pflichten wie jeder andere Rechtsanwalt. Der Arbeitgeber hat ihm im Rahmen des Anstellungsverhältnisses die Unabhängigkeit anwaltlichen Handelns zu gestatten (*Wettlaufer* AnwBl. 1989, 200). Das setzt aber nicht voraus, dass der angestellte Anwalt uneingeschränkt **eigene Mandate** innerhalb oder außerhalb der Praxis seines Arbeitgebers annehmen und bearbeiten kann. Einem angestellten Rechtsanwalt ist es – insbesondere wenn er im Briefkopf und Praxisschild des Arbeitsgebers geführt wird – **grundsätzlich verwehrt, ohne Zustimmung des Arbeitgebers eigene Mandanten zu betreuen;** er darf anders als der freie Mitarbeiter grundsätzlich nur für den anstellenden Rechtsanwalt tätig sein. Die Treuepflicht des Dienstverpflichteten schließt es grundsätzlich aus, dass er dem Dienstberechtigten Konkurrenz macht. Dies folgt aus dem Wettbewerbsverbot des § 60 HGB (*Löw* MDR 2006, 913). Davon können und, soweit die berechtigten Interessen des Dienstherren nicht beeinträchtigt werden, müssen Ausnahmen zugelassen werden. Der Arbeitgeber darf im Hinblick auf die Verpflichtung zur Gewährung angemessener Vertragsbedingungen und zur Achtung der Stellung des Angestellten als unabhängiges Organ der Rechtspflege (§ 1) die **Genehmigung zur Annahme und Führung eigener Mandate** außerhalb der Praxis des Arbeitgebers **nur verweigern, wenn** durch diese freie Tätigkeit des Angestellten die **berechtigten Interessen des Dienstherren beeinträchtigt** werden. Ein vereinbarter Genehmigungsvorbehalt dient nämlich nur dazu, dem Dienstherrn die Überprüfung zu ermöglichen, ob berechtigte Kanzleiinteressen durch die beabsichtigte Aufnahme der Nebentätigkeit berührt werden. Ist dies objektiv nicht der Fall, muss der Dienstherr seine Zustimmung erteilen (*Löw* MDR 2006, 913; BAG NZA 2000, 723). **29**

Ein Verstoß gegen das **Konkurrenzverbot** stellt regelmäßig einen **Grund zur fristlosen Kündigung** nach § 626 BGB dar. Hat der angestellte Anwalt unerlaubt Konkurrenz gemacht, so ist er zur Rechnungslegung und zur Herausgabe des aus der Konkurrenztätigkeit Erlangten verpflichtet (OLG Düsseldorf AnwBl. 1987, 146; vgl. auch OLG Koblenz Rbeistand 1989, 103). Der Grundsatz der Berufsausübungsfreiheit oder wettbewerbs- und berufsrechtliche Gründe stehen der Vereinbarung einer Mandantenschutzklausel zwischen dem Arbeitgeber-Rechtsanwalt und dem angestellten Rechtsanwalt nicht entgegen (s. auch *Michalski/Römermann* ZIP 1994, 433). Die ihm obliegenden strafrechtlichen oder berufsrechtlichen Verschwiegenheitspflichten hindern ihn nicht, Auskunft darüber zu erteilen, mit welchen ehemaligen Mandanten er vertragswidrig Mandatsverträge abgeschlossen hat (BAG Rbeistand 1989, 100 für den Steuerberater). **30**

31 **dd) Auskunfts- und Rechenschaftspflicht.** Der angestellte Rechtsanwalt ist gegenüber seinem Arbeitgeber auskunfts- und rechenschaftspflichtig bezüglich seiner beruflichen Tätigkeit, insbesondere hinsichtlich der Bearbeitung der Mandate; diese Verpflichtung ergibt sich aus dem Anstellungsvertrag bzw. § 666 BGB. Ebenso besteht nach dem Anstellungsvertrag bzw. § 667 BGB eine Verpflichtung gegenüber dem Arbeitgeber zur Herausgabe der Handakten. Die **Handakte steht im Eigentum des Kanzleiinhabers** und kann gemäß § 985 BGB herausverlangt werden (*Hartung/Nerlich,* 3. Aufl. 2006, BORA § 26 Rn. 124). Nur für den Arbeitgeber bestehen die Verpflichtungen aus § 50 iVm § 17 BORA gegenüber dem Mandanten. Grundsätzlich hat der angestellte Anwalt gegenüber dem Arbeitgeber wegen rückständiger Vergütungsansprüche kein Zurückbehaltungsrecht gemäß § 273 BGB; ebenso fehlt ein Recht zum Besitz nach § 986 BGB. Dies gilt in jedem Fall dann, wenn der Mandant die Akte herausverlangt (*Kleine-Cosack* Vor § 59a Rn. 90; Henssler/Prütting/*Stobbe* § 50 Rn. 33).

32 **ee) Ausscheiden.** Für den Fall des Ausscheidens des Angestellten aus der Kanzlei des Arbeitgebers können aus Sicht des Arbeitgebers **Wettbewerbsverbote** wünschenswert sein. Solche Vereinbarungen sind nicht schrankenlos möglich. Sie finden ihre **Grenzen in Art. 12 GG, § 138 BGB iVm § 3 BRAO, § 26 Abs. 1 lit. d BORA und §§ 74 ff. HGB** (→ § 27 Rn. 20 ff.). Solche Vereinbarungen sind nur insoweit zulässig, wie sie von legitimen Bestandsschutzinteressen des Arbeitgebers getragen werden und geeignet, erforderlich und zumutbar sind. Im Regelfall bedürfen sie daher einer **zeitlichen, räumlichen und gegenständlichen Begrenzung** (BGH NJW 2000, 2584; *Kleine-Cosack* Vor § 59a Rn. 98; Gaier/Wolf/Göcken/*Wolf* § 3 Rn. 49). Die Interessen des ausscheidenden Rechtsanwalts sind angemessen zu beachten. **Mandantenschutzklauseln** (*Hülsmann* NZG 2001, 625; *Römermann* NJW 2002, 1399; *Löw* MDR 2006, 913) mit angestellten Rechtsanwälten, die Arbeitnehmer sind, sind nur wirksam, wenn dem angestellten Rechtsanwalt eine **Karenzentschädigung** zugesagt ist. Auf Wettbewerbsverbotsbestimmungen in Mitarbeiterverträgen sind die §§ 74 ff. HGB entsprechend anzuwenden. Dies bedeutet, dass das Wettbewerbsverbot auf **höchstens zwei Jahre** beschränkt werden kann, eine **Karenzentschädigung** gemäß § 74 Abs. 2 HGB gezahlt werden muss und die Vereinbarung der **Schriftform** bedarf. Auch die Klausel, dass Mandanten des Arbeitgeber-Rechtsanwalts nicht abgeworben werden dürfen, ist nur bei Vereinbarung einer Karenzentschädigung verbindlich (*Wettlaufer* AnwBl. 1989, 203; BAG NJW 1971, 2245; ZIP 1989, 668; BGH BRAK-Mitt. 2000, 205 für den ausscheidenden Sozius).

32a Gleiches gilt für Wettbewerbsverbote in der Form des **Niederlassungsverbotes** in einem bestimmten Gerichtsbezirk. Solche Verbote greifen am stärksten in das Grundrecht auf freie Berufswahl und -ausübung (Art. 12 GG) sowie in die private berufliche Existenz ein. Auch wenn die Vereinbarung eines Niederlassungsverbotes gegen Zahlung einer Karenzentschädigung grundsätzlich möglich ist (§ 26 Abs. 1 lit. d BORA, § 74 HGB), gelten Niederlassungsverbote, die sich auf den gesamten LG-Bezirk oder eine Großstadt erstrecken, für unzumutbar (*Löw* MDR 2006, 913; → § 27 Rn. 45 ff.). Die Gegenseitigkeit des Mandantenschutzes ersetzt eine Karenzentschädigung jedenfalls dann nicht, wenn die Zahl der geschützten Mandate offensichtlich zuungunsten des angestellten Rechtsanwalts ungleich ist. Mandantenschutzvereinbarungen unter Rechtsanwälten, in welchen sie sich verpflichten, Mandatsangebote der für den anderen Rechtsanwalt geschützten Mandanten abzulehnen und darüber hinaus auf diese einzuwirken, sich weiterhin von dem anderen Rechtsanwalt vertreten zu lassen, verstoßen gegen § 3 Abs. 3 und sind deswegen unwirksam (BAG NJW 1970, 626; LAG Baden-Württemberg AnwBl. 1987, 142; *Hartstang* I 194).

33 **ff) Kanzleipflicht.** Der angestellte Rechtsanwalt erfüllt seine Kanzleipflicht (§ 27 Abs. 1) **in der Kanzlei seines Arbeitgebers** (→ § 27 Rn. 23). Ein bei einem anderen Rechtsanwalt angestellter Rechtsanwalt kommt seiner Verpflichtung zur Kanzleieinrichtung nach, wenn er auf dem Praxisschild, den Briefbögen und Vollmachten des Arbeitgeber-Rechtsanwalts als Sozius (Scheinsozius) erscheint (BGHZ 36, 36; OLG Koblenz AnwBl. 1981, 151; *Knief* AnwBl. 1985, 58; *Wettlaufer* AnwBl. 1989, 201; vgl. §§ 8, 9, 10 Abs. 4 BORA). Dies setzt aber – schon wegen der damit verbundenen Außenhaftung – eine Vereinbarung zwischen den Parteien voraus, welche auch konkludent zustande kommen kann (§ 151 S. 1 BGB; *Löw* MDR 2006, 913). Zu dem sich daraus für beide Vertragspartner unter Umständen ergebenden Haftungsrisiko vgl. BGHZ 70, 247; *Wettlaufer* AnwBl. 1989, 202; → § 59a Rn. 6, 29 ff. Aus den vom BGH für das Bestehen einer Sozietät verlangten Mindestanforderungen, dass jedes Mitglied durch den Sozietätsvertrag

ermächtigt und grundsätzlich auch verpflichtet sein muss, den Anwaltsvertrag mit Wirkung für und gegen alle Sozietätsmitglieder abzuschließen und deren gesamtschuldnerische Haftung zu vereinbaren (BGH NJW 1991, 49 = MDR 1991, 366 = AnwBl. 1991, 97 = BB 1991, 367 = EBE 1991, 19), folgt nicht, dass der „Junior-Rechtsanwalt", der im Innenverhältnis nur Angestellter oder freier Mitarbeiter ist, nicht auf dem gemeinsamen Briefkopf aufgeführt werden darf (OLG Düsseldorf WRP 1995, 119 = EWiR 1994, 1037; vgl. jetzt § 9 Abs. 1, § 10 Abs. 1 BORA). Wenn im Auftreten nach außen die Mandantenverträge grundsätzlich im Namen der beteiligten Rechtsanwälte abgeschlossen werden und wenn dies – wie regelmäßig – von ihnen auch so gewollt ist, dann ist der Begriff der Sozietät nach Auffassung des BGH erfüllt (*Odersky* AnwBl. 1991, 238, 242). Zur Stellung des angestellten Rechtsanwalts als Prozessbevollmächtigter iSv § 85 Abs. 2 ZPO vgl. BGH JW 2004, 2901 = BRAK-Mitt. 2004, 265 mit Anm. *Grams;* BAG NJW 1987, 1355 = MDR 1987, 523 = NZA 1987, 357 = BRAK-Mitt. 1987, 162; BGH NJW 1988, 211.

2. Freie Mitarbeiter. Das Beschäftigungsverhältnis als **freier Mitarbeiter** unterscheidet sich vom Angestelltenverhältnis entscheidend dadurch, dass es an einer **persönlichen Abhängigkeit** durch die Direktionsbefugnis des Arbeitgeber-Anwalts **fehlt** (*Wettlaufer* AnwBl. 1989, 204; *Hartstang* I 192; *ders.* II 97 ff.; *Kunz/Kunz* DB 1993, 326; BAG DB 1967, 1374; LAG Frankfurt BRAK-Mitt. 1991, 61; *Bohle/Eich* 52 ff.). Dabei kommt, wie auch § 84 Abs. 1 S. 2 HGB zeigt, der eigenen Verfügungsmacht über die Arbeitszeit eine besondere Bedeutung zu. Nach § 84 Abs. 1 S. 2 HGB ist selbständig, „wer im Wesentlichen **frei seine Tätigkeit gestalten** und **seine Arbeitszeit bestimmen** kann" (vgl. *Wettlaufer* AnwBl. 1989, 204; *Knief* AnwBl. 1985, 58; BGH BRAK-Mitt. 1986, 166). Ein Rechtsanwalt, der aufgrund eines der Vorschrift des § 705 BGB entsprechenden Gesellschaftsvertrages Partner einer Anwaltssozietät ist, die auch den berufsrechtlichen Anforderungen entspricht (→ § 59a Rn. 1 ff., § 8 BORA), ist keine arbeitnehmerähnliche Person iSd § 5 Abs. 1 S. 2 ArbGG, auch wenn er von der Sozietät wirtschaftlich abhängig ist (BAG DB 1993, 1622); anders aber, wenn sein sozialer Status nach dem Gesamtbild der vertraglichen Gestaltung und der praktischen Handhabung demjenigen eines Arbeitnehmers vergleichbar ist (OLG München MDR 1999, 1412). Danach ist ein Rechtsanwalt auch als „freier Mitarbeiter" jedenfalls dann eine arbeitnehmerähnliche Person, wenn er tatsächlich sein gesamtes Einkommen von einer Kanzlei bezieht und sich den vorgegebenen Kanzleiabläufen unterordnen muss. Die bloße rechtliche Möglichkeit, eigene Mandanten zu betreuen, ist unerheblich, wenn tatsächlich die Tätigkeit für die Anstellungskanzlei die einzige wirtschaftliche Existenzgrundlage darstellt (LAG Köln AnwBl. 2005, 719 = BRAK-Mitt. 2005, 288). Die Tätigkeit für die Beschäftigungskanzlei kann in der Erstellung von Gutachten, Schriftsätzen oder in der Bearbeitung von Mandaten gemäß Vereinbarung liegen. Der freie Mitarbeiter ist befugt, neben der Tätigkeit für den Anstellungsanwalt **eigene Mandate anzunehmen und selbständig auf eigene Rechnung zu bearbeiten.** 34

Regelmäßig wird er in einer eigenen Kanzlei arbeiten. Nur **ausnahmsweise** wird er **in der Kanzlei seines Vertragspartners seiner Kanzleipflicht nachkommen** (→ § 59a Rn. 8, 9; § 8 BORA Rn. 2, 7). Dann muss er aber in die Kanzlei vergleichbar einem Sozius eingegliedert sein (vgl. §§ 8, 9, 10 Abs. 4 BORA), dem Büropersonal gegenüber weisungsbefugt sein, soweit es deren Tätigkeit für die von ihm bearbeiteten Vorgänge betrifft, und er muss seine Tätigkeit für den Mandanten eigenverantwortlich und frei von Weisungen ausüben können. Dass er sich vertraglich verpflichtet, bestimmte Mandate oder Gutachten zu bearbeiten bzw. zu erstellen, schadet nicht, wenn er dabei selbst eigenverantwortlich handelt (*Wettlaufer* AnwBl. 1989, 205). 35

Die **Vergütung** des freien Mitarbeiters muss **angemessen** (§ 26 BORA) sein und kann in einer vereinbarten **Pauschale** bestehen, die von einer bestimmten Stundenzahl ausgeht und für Mehrleistungen eine Sondervergütung vorsieht. Es kann aber auch eine **Vergütung nach Einzelabrechnung für die jeweils erbrachte Leistung** vorgesehen werden (*Wettlaufer* AnwBl. 1989, 206); zB kann ein freier Mitarbeiter für jedes Berufungs- oder Revisionsverfahren vergütet werden. Zur Frage der angemessenen Vertragsbedingungen würde es dann gehören, dass die Vergütung nicht erst am Ende der Instanz, sondern zu einem früheren Zeitpunkt – Erstellung der Berufungsbegründung oder Revisionserwiderung – fällig wird. 36

Da der freie Mitarbeiter eine selbständige Tätigkeit ausübt, besteht **keine Sozialversicherungspflicht** (zur Selbstversicherung vgl. *Wettlaufer* AnwBl. 1989, 207; *Kunz/Kunz* DB 1993, 326). Der freie Mitarbeiter ist gemäß § 2 UStG **Unternehmer und umsatzsteuerpflichtig.** 37

Zur Ausweisung der Umsatzsteuer durch den freien Mitarbeiter und zum Abzug als Vorsteuer durch den Arbeitgeber-Anwalt vgl. ebenfalls *Wettlaufer* AnwBl. 1989, 207/208.

38 Die in §§ 74 ff. HGB geregelten **Mindestbedingungen für Wettbewerbseinschränkungen** finden auf den freien Mitarbeiter **keine Anwendung** (*Hartstang* I 194; *Knief* AnwBl. 1985, 58, 61). Entsprechende Absprachen unterliegen der Prüfung nach § 138 BGB Niederlassungsverbote nach Beendigung des Vertragsverhältnisses vertragen sich nur schwer mit dem Grundsatz der Berufsfreiheit (Art. 12 Abs. 1 GG) und der Stellung des Rechtsanwalts in der Rechtspflege (§§ 1, 2 und 3); sie sind daher nur in engen Grenzen zulässig und nur dann, wenn eine Entschädigung gezahlt wird (DAV-Sozietätsrechtsausschuss AnwBl. 1984, 80). Eine Mandantenschutzklausel muss hinreichend bestimmt sein und hat nur für maximal zwei Jahre bei einer angemessenen Karenzentschädigung Gültigkeit (*Wettlaufer* AnwBl. 1989, 208, 209; im Übrigen → § 2 Rn. 31 f.). Zur Gestaltung eines Vertrages mit einem freien Mitarbeiter vgl. den Entwurf bei *Wettlaufer* AnwBl. 1989, 209 und *Bohle/Eich* 52 ff.).

39 Als **Bevollmächtigter einer Partei** ist auch ein Rechtsanwalt anzusehen, der als **Angestellter** bzw. **freier Mitarbeiter des Prozessbevollmächtigten** von diesem mit der selbständigen Bearbeitung eines Rechtsstreits betraut worden ist und der nicht als bloßer Hilfsarbeiter in untergeordneter Funktion tätig geworden ist. Wo die Grenze zwischen selbständiger Bearbeitung des Rechtsstreits und lediglich untergeordneter Hilfstätigkeit zu ziehen ist, richtet sich nach den gesamten Umständen des Einzelfalls (BGH NJW-RR 2004, 993; 1992, 1019). Die Vergütung für Tätigkeiten solcher selbständig tätigen Vertreter eines Rechtsanwalts bestimmen sich nach dem RVG (§ 5 RVG).

IV. Syndikusanwalt

40 Ein **Syndikusanwalt** ist ein **als Rechtsanwalt zugelassener Volljurist,** der **gleichzeitig aufgrund Dienstvertrages gegen feste Vergütung bei einem Unternehmen oder einem Verband als ständiger Rechtsberater tätig** ist. Das Recht des Syndikusanwalts ist bislang **nicht Gegenstand eines in sich geschlossenen, umfassenden Normenkomplexes innerhalb der BRAO.** Gesetzlich geregelt sind ausschließlich die Probleme, die aufgrund der Vereinigung der unterschiedlichen Aufgaben des angestellten Juristen und des Rechtsanwalts mit eigener Kanzlei in einer Person zu Problemen führen können. Von besonderer Bedeutung ist § 46, der in Abs. 1 ein Vertretungsverbot und in Abs. 2 ein Tätigkeitsverbot enthält.

41 Das **BSG** hat im Jahre 2014 entschieden, dass der **Syndikusanwalt grundsätzlich nicht von der Versicherungspflicht in der gesetzlichen Rentenversicherung befreit werden kann** (BSG NJW 2014, 2743 = AnwBl. 2014, 854). Damit ist die Diskussion um die berufsrechtliche Eingliederung des Syndikusanwalts in die deutsche Rechtsanwaltschaft erneut entfacht worden (*Hellwig* AnwBl. 2015, 2). Die Rechtsprechung des BSG hat eine Flut von Stellungnahmen ausgelöst. Gegen die Entscheidungen ist Ende September 2014 Verfassungsbeschwerde erhoben worden.

42 Der **Bundesjustizminister** hat im Januar 2015 ein **Eckpunktepapier für eine „Neuregelung des Rechts der Syndikusanwälte"** vorgestellt (Referentenentwurf abrufbar unter www.bmjv.de). *Prütting* fasst es in AnwBl. 2015, 199 wie folgt zusammen:

> *„Das Papier ist in 13 Punkte untergliedert. Insgesamt wird durch Änderung der BRAO eine berufsrechtliche Regelung vorgeschlagen. Dabei soll eine* ***generelle Regelung für die Tätigkeit aller angestellten Rechtsanwälte*** *geschaffen werden (Punkt 1). Der Gesetzgeber erwägt also, erstmals auch Regelungen für die bei einem Rechtsanwalt angestellten Rechtsanwälte zu schaffen (Punkt 2).*
>
> *Von zentraler Bedeutung ist der dritte Punkt des Eckpunktepapiers. In ihm wird klar ausgesprochen, dass die* ***Doppelberufstheorie aufgegeben*** *werden soll und dass auch ein bei einem Nichtanwalt angestellter Rechtsanwalt anwaltlich tätig sein kann. Dabei soll eine solche anwaltliche Tätigkeit die Beratung und Vertretung des Arbeitgebers des Rechtsanwalts voraussetzen. Als weitere Konsequenz aus dieser Grundentscheidung wird in Punkt 4 des Papiers festgelegt, dass eine solche* ***anwaltliche Tätigkeit eines Syndikus für seinen Arbeitgeber zulassungspflichtig*** *ist und die* ***Pflichtmitgliedschaft in der Rechtsanwaltskammer nach sich zieht****. Eine weitere wichtige Konsequenz aus der in Punkt 3 festgehaltenen Aufgabe der Doppelberufstheorie ist die in Punkt 5 ausgesprochene Konsequenz, dass sich die* ***Tätigkeit eines solchen Syndikus auf die Tätigkeit für seinen Arbeitgeber beschränken*** *kann. Eine* ***nebenbei ausgeübte freie Tätigkeit als niedergelassener Rechtsanwalt ist daher nicht notwendig****. Das Papier betont freilich zu Recht, dass sie weiterhin zulässig*

sein muss. Punkt 6 konkretisiert noch einmal die anwaltliche Tätigkeit eines Syndikus und knüpft insofern wiederum an Punkt 3 an. Demgegenüber wird in Punkt 7 festgehalten, dass ein ***Syndikusanwalt sowohl innerhalb als auch außerhalb seines Syndikus-Anstellungsverhältnisses nichtanwaltliche Tätigkeiten ausüben darf****. Damit wird nur die Konsequenz aus der Rechtsprechung des Bundesverfasssungsgerichts zur zweitberuflichen Tätigkeit gezogen. Punkt 8 hält fest, dass wie schon bisher jede anwaltliche Tätigkeit des Syndikus voraussetzt, dass die* ***Unabhängigkeit des Syndikus durch das Weisungsrecht des Arbeitgebers nicht beeinträchtigt werden darf****.*

Ein ***gerichtliches Vertretungsverbot des eigenen Arbeitgebers*** *soll es wie bisher in § 46 BRAO geben. Es soll sich* ***auf alle zivil- und arbeitsrechtlichen Verfahren beschränken, in denen Anwaltszwang besteht****. Damit würde künftig eine Vertretung des Arbeitgebers durch den Syndikusanwalt vor den Verwaltungsgerichten, den Finanzgerichten und den Sozialgerichten sowie in Zivilsachen beim Amtsgericht und beim Arbeitsgericht möglich. Ein* ***Vertretungsverbot des Syndikusanwalts*** *soll es* ***für den eigenen Arbeitgeber oder Mitarbeiter des Unternehmens bei einer Verteidigung in Straf- und Bußgeldverfahren*** *geben. Gemäß Punkt 12 sollen* ***für den Syndikusanwalt die allgemeinen Berufspflichten des Rechtsanwalts gelten****. Wichtige Einschränkungen bringt hier Punkt 13, wonach dem Syndikus nicht das Zeugnisverweigerungsrecht und das Beschlagnahmeverbot sowie das Verbot der Wohnraumüberwachung und der Einschränkung von Ermittlungsmaßnahmen zugutekommen."*

§ 3 Recht zur Beratung und Vertretung

(1) **Der Rechtsanwalt ist der berufene unabhängige Berater und Vertreter in allen Rechtsangelegenheiten.**

(2) **Sein Recht, in Rechtsangelegenheiten aller Art vor Gerichten, Schiedsgerichten oder Behörden aufzutreten, kann nur durch ein Bundesgesetz beschränkt werden.**

(3) **Jedermann hat im Rahmen der gesetzlichen Vorschriften das Recht, sich in Rechtsangelegenheiten aller Art durch einen Rechtsanwalt seiner Wahl beraten und vor Gerichten, Schiedsgerichten oder Behörden vertreten zu lassen.**

Übersicht

I. Wirkungskreis des Rechtsanwalts

§ 3 umschreibt den Wirkungskreis des Rechtsanwalts und sichert zugleich sein Arbeitsgebiet vor ungerechtfertigten Einengungen. Nach der geschichtlichen Entwicklung liegt das **Schwer-** 1

gewicht der anwaltlichen Tätigkeit in der **Wahrnehmung der Rechte Beteiligter vor den Gerichten.** Diese auf die Tätigkeit des „Gerichtsanwalts" beschränkte Betrachtung ist jedoch **zu eng** geworden. Nicht nur bei Gerichten, sondern vor zahlreichen Behörden und Stellen, die keine Gerichte sind, finden Verfahren statt, in denen das Bedürfnis besteht, eine rechtskundige Person zur Wahrnehmung der Interessen Beteiligter zuzulassen. Anwälte streiten **im gesamten Rechtsverkehr berufsmäßig für die Interessen ihrer Mandanten,** die ihrerseits frei sind, den ihnen zusagenden Anwalt zu wählen und zu mandatieren (BVerfGE 108, 150 = NJW 2003, 2520 = MDR 2003, 1081 = BRAK-Mitt. 2003, 231 mit Anm. *Kirchberg* und *Staehle* = AnwBl. 2003, 521). Ferner wird der Anwalt nicht nur vor den Gerichten oder Behörden sowie gegenüber Dritten tätig, sondern er **erteilt auch auf allen Rechtsgebieten Rat,** selbst wenn die einzelne Rechtssache nicht bei einer öffentlichen Stelle anhängig wird und er wird bspw. als Vermittler, Schlichter oder Mediator tätig (→ § 43a Rn. 65; §§ 7a, 18 BORA). Diese **vorsorgende Rechtspflege,** in der Streitigkeiten möglichst frühzeitig beigelegt und Prozesse vermieden werden, ist **für die Allgemeinheit von unschätzbarem Wert** (amtliche Begründung). Empirische Untersuchungen haben ergeben, dass die Anwaltschaft **70,6 % der von ihr bearbeiteten Fälle außergerichtlich erledigt** (*Wasilewski,* Streitverhütung durch Rechtsanwälte, 1990; *ders.* BRAK-Mitt. 1990, 5). Dabei ist die Tendenz steigend, nicht zuletzt aufgrund einer sich wandelnden Streitkultur (Mediation, Schlichtung etc.).

2 Nicht nur die oft öffentlichkeitswirksame Vertretungstätigkeit ist ein wesentlicher Teil der durch Art. 12 Abs. 1 GG geschützten anwaltlichen Berufsausübung (BVerfGE 108, 150 = NJW 2003, 2520 = BRAK-Mitt. 2003, 231 = AnwBl. 2003, 521), sondern in gleicher Weise charakterisiert auch die weitgehend unter Ausschluss der Öffentlichkeit sich vollziehende beratende Tätigkeit oder als Mediator die anwaltliche Tätigkeit. Auch diese nehmen teil am im Art. 12 Abs. 1 GG garantierten Recht auf freie Berufsausübung (BVerfG NJW 1973, 696; → § 1 Rn. 2 ff.).

3 Das im Rahmen des Art. 74 Nr. 1 GG einheitlich geregelte Anwaltsrecht gewährleistet zudem, dass bei einer Vertretung oder Beistandschaft vor Gerichten, Schiedsgerichten oder Behörden das **Recht der Anwaltschaft nur durch Bundesgesetz beschränkt** werden kann, das den Anforderungen von Art. 12 Abs. 1 GG genügt (Abs. 2; amtliche Begründung, BT-Drs. 3/120; BVerfG NJW 2000, 2660 = MDR 2000, 791 = BRAK-Mitt. 2000, 139). Dies gilt auch für den Eingriff in die Berufsausübungsfreiheit in Gestalt der Verpflichtung zur Beendigung eines Mandats (BVerfGE 108, 150 = NJW 2003, 2520).

4 Die Vertretung kann auch **rein wirtschaftliche Interessen zum Gegenstand** haben, wenn die dem Rechtsanwalt zustehende Aufgabe, rechtlichen Beistand zu leisten (BGH NJW 1999, 3040 = AnwBl. 2000, 130), nicht völlig in den Hintergrund tritt (*Weigel* BRAK-Mitt. 1985, 188; *Jessnitzer/Blumberg* § 3 Rn. 1; → § 44 Rn. 15, 16).

5 Dem Rechtsanwalt obliegt die **gesamte außer- bzw. vorprozessuale juristische Beratung und Vertretung einschließlich der Mediation** (→ § 43a Rn. 65, §§ 7a, 18 BORA). Diese Aufgabe war durch das RBerG (aF) auf weiten Rechtsgebieten als Monopol der Rechtsanwälte ausgestaltet und geschützt. § 1 Abs. 2 RDG lässt die sich aus der BRAO ergebenden Befugnisse der Rechtsanwälte, Rechtsdienstleistungen zu erbringen, unangetastet. Die Stellung der Rechtsanwälte als berufene unabhängige Berater und Vertreter in allen Rechtsangelegenheiten (§ 3 Abs. 1) wird durch das RDG nicht berührt (BT-Drs. 16/3655, 45). So ist zwar den Steuerberatern die allgemeine Rechtsberatung versagt (BGH NJW 1986, 1050; BSG NZS 1997, 248), aber umgekehrt dürfen die Rechtsanwälte aufgrund ihrer Stellung als Berater in allen Rechtsangelegenheiten auch **Rechtsrat in Steuersachen** erteilen. Die Bearbeitung steuerrechtlicher Fälle ist ein **Ausschnitt der dem Rechtsanwalt erlaubten Berufstätigkeit** (BVerfGE 80, 269, 280; BGH AnwBl. 2006, 354; BGHZ 83, 328 = NJW 1982, 1866; BGH AnwBl. 1988, 115; → PAO § 4 Rn. 12). Deshalb darf ein Rechtsanwalt nicht zurückgewiesen werden, wenn er als Insolvenzverwalter über das Vermögen eines ehemaligen Steuerberaters, dessen Bestellung als Steuerberater rechtskräftig widerrufen worden ist, bestellt wird und nach Maßgabe des Beschlusses der Gläubigerversammlung die Steuerberatungspraxis fortführt; die Befugnis zur Hilfeleistung in Steuersachen iSd § 80 Abs. 5 AO ergibt sich für den Rechtsanwalt aus § 3 Abs. 1 (FG Niedersachsen Beschluss vom 16.2.1993 – VI (IV) 255/90). Zur Berücksichtigung der Einnahmen aus Steuerberatung bei der Bemessung der Kammerbeiträge → § 89 Rn. 18. Die Tätigkeit als Ausübungsberechtigter einer Rechtsberatungserlaubnis nach Art. 1 § 1 Abs. 1 RBerG aF steht nicht nach § 7 Nr. 8 der Zulassung zur Rechtsanwaltschaft entgegen (§ 7 Rn. 103, 120, vgl. aber auch

BGH BRAK-Mitt. 1990, 248; BayAGH BRAK-Mitt. 1997, 41). Das RBerG verstieß nicht gegen europäisches Recht, insbesondere nicht gegen ex-Art. 59 EG-Vertrag, heute Art. 56 AEUV (freier Dienstleistungsverkehr; EuGH BRAK-Mitt. 1997, 42).

Sobald eine Auseinandersetzung unter Einschaltung der Gerichte erfolgt, haben die Anwälte im Rahmen der notwendigen anwaltlichen Vertretung (§ 78 ZPO) sowie in den strafprozessualen Fällen notwendiger Verteidigung (§ 140 StPO), insoweit mit den in der Praxis wenig bedeutsamen Einschränkungen aus §§ 138 Abs. 1, 142 Abs. 2 StPO, ein Vertretungsmonopol (*Pfeiffer* BRAK-Mitt. 1987, 102). Deshalb ist der Syndikusanwalt eines Unternehmens vor dem LAG nicht postulationsfähig, wenn er lediglich als Angestellter seines Arbeitgebers, nicht aber als Rechtsanwalt iSd §§ 1–3 auftritt (LAG Hamm ARST 1996, 190). 6

Im Hinblick auf die Mannigfaltigkeit der anwaltlichen Tätigkeit war es weder möglich noch zweckmäßig, den Wirkungskreis des Anwalts nach Sachgebieten im Einzelnen festzulegen. Deshalb bestimmt Abs. 1 allgemein, dass der Anwalt der **berufene Berater und Vertreter in allen Rechtsangelegenheiten** ist (amtliche Begründung). Damit wird aber lediglich der **Bereich des rechtlichen Dürfens anwaltlicher Tätigkeit** umschrieben. Jeder zugelassene Rechtsanwalt darf auf allen Rechtsgebieten als Berater und Vertreter tätig sein. Das besagt aber nichts über das tatsächliche Tätigkeitsfeld des einzelnen Rechtsanwalts (Henssler/Prütting/*Koch* § 3 Rn. 10; Gaier/Wolf/Göcken/*Wolf* § 3 Rn. 11). Viele Rechtsanwälte werden sich aus dem Gesamtbereich aller Rechtsangelegenheiten gezielt nach Interessenlage oder aufgrund der speziellen Umstände ihrer Kanzlei mehr oder weniger Teilgebiete als Arbeitsgebiete aussuchen, ihre Tätigkeit auf diese Teilgebiete beschränken, sich entsprechend spezialisieren. Der Umfang, die Schwierigkeit und die Komplexität unserer heutigen Rechtsordnung machen es unmöglich, dass jeder Rechtsanwalt auf jedem Teilgebiet gleichermaßen kundig und tätig ist. Aus dieser faktischen Beschränkung des Tätigkeitsbereichs des einzelnen Rechtsanwalts ergibt sich das **Bedürfnis, auf** diese **Tätigkeitsgebiete und Interessenschwerpunkte hinzuweisen** (vgl. *Feuerich* AnwBl. 1990, 184; *Kleine-Cosack* NJW 1992, 785; Anm. zu §§ 43c, 59b Abs. 2 Nr. 3 und zur FAO). **Diesem Bedürfnis kommt** nunmehr die **BORA nach, indem sie die Angabe von Teilbereichen der Berufstätigkeit** (§ 7 BORA und Kommentierung dort) **erlaubt.** Daneben ist es dem Anwalt gestattet, bestimmte **Fachanwaltsbezeichnungen** (§ 1 FAO; → FAO § 1 Rn. 1 ff.) zu führen. 7

Unter bestimmten Voraussetzungen kann ein Rechtsanwalt sich als „Spezialist für X-recht" bezeichnen (BVerfG NJW 2004, 2656 = BRAK-Mitt. 2004, 231 = AnwBl. 2004, 586 = BB 2004, 2265 = MDR 2004, 1085 mit Anm. *Römermann;* vgl. auch § 7 BORA). Das LG München I hatte dies in einer Entscheidung aus dem Jahre 2010 dann für unzulässig erklärt, wenn der Rechtsanwalt eine für dieses Rechtsgebiet existierende Fachanwaltsbezeichnung nicht vorweisen kann (LG München I NJW-Spezial 2010, 158 = BRAK-Mitt. 2010, 100). Ganz ähnlich hat das OLG Karlsruhe entschieden: Die Bezeichnung „Spezialist für Familienrecht" sei verwechslungsfähig mit der Bezeichnung „Fachanwalt für Familienrecht" und verstoße gegen § 7 Abs. 2 BORA (OLG Karlsruhe GRUR-RR 2013, 171). Auch der danach mit dieser Sache befasste **BGH** hat eine Verwechslungsgefahr im Sinne von § 7 Abs. 2 BORA bejaht; gleichwohl hält er die Werbung mit der Bezeichnung „Spezialist" auf einem von einer Fachanwaltschaft belegten Rechtsgebiet nicht zwingend für unzulässig. Es müsse vielmehr gefragt werden, ob die Fehlvorstellung des Verkehrs nicht auf einer objektiv richtigen Angabe beruhe. Sei dies der Fall, liege keine Irreführung vor. Der sich selbst als **Spezialist** bezeichnende Rechtsanwalt **trage** für die **Richtigkeit** seiner **Selbsteinschätzung** die **Darlegungs- und Beweislast** (BGH NJW 2015, 704 = BRAK-Mitt. 2015, 99). Wer sich „Spezialist" nennt, wird zukünftig mit einer Überprüfung durch die Rechtsanwaltskammer in Theorie und Praxis zu rechnen haben (*Offermann-Burckart* BRAK-Mitt. 2015, 62). 7a

II. Berufspflichten aus § 3

Zum berufenen unabhängigen Berater und Vertreter in allen Rechtsangelegenheiten wird der Rechtsanwalt im Hinblick auf seine **Befähigung zum Richteramt** oder seine nachgewiesene Eignung (§ 4) und seine Stellung als ein unabhängiges Organ der Rechtspflege (*Isele* § 3 Anm. II D), das unter der besonderen Berufspflicht einer gewissenhaften Berufsausübung steht (§ 43). Das setzt voraus, dass der Rechtsanwalt in allen Rechtsfragen bewandert ist und deshalb jedermann zur Verfügung stehen kann (*Zuck,* 25 Jahre Bundesrechtsanwaltskammer, 85; *Redeker* NJW 1982, 2761; 1987, 2610; *Busse* AnwBl. 1994, 482). Dies gilt auch für den Syndikusanwalt. 8

9 Aus dem Grundsatz der **gewissenhaften Berufsausübung** resultiert auch die **Verpflichtung** des Rechtsanwalts, **sich fortzubilden** (§ 43a Abs. 6; OLG München BRAK-Mitt. 1985, 42; *Zuck* MDR 1996, 1204; *Dahns/Eichele* BRAK-Mitt. 2002, 259). Für Fachanwälte besteht darüber hinaus eine sanktionierbare Fortbildungspflicht von 15 Zeitstunden auf dem jeweiligen Fachgebiet im Jahr (§ 15 FAO; → FAO § 15 Rn. 1 ff.). Die Pflicht zur gewissenhaften Berufsausübung verlangt, dass der Rechtsanwalt die im Verkehr erforderliche Sorgfalt beachtet. Übernimmt er also auf einem bestimmten Rechtsgebiet ein Mandat, dann muss er sich Kenntnis von der dazu veröffentlichten höchstrichterlichen Rechtsprechung, vornehmlich von den in den Entscheidungssammlungen abgedruckten Urteilen verschaffen und diese berücksichtigen (BGH NJW 1983, 1665; NJW 1989, 1155 mit Anm. *Wagner*). Das Unterlassen der gebotenen Fortbildung kann nicht nur zu Schadensersatzverpflichtungen führen, sondern ist pflichtwidrig und steht der Forderung der §§ 3, 43a Abs. 6 entgegen, nicht nur bei der Zulassung kraft seiner Rechtskenntnisse zum unabhängigen Berater und Vertreter in allen Rechtsangelegenheiten berufen gewesen zu sein, sondern dazu auch berufen zu bleiben (*Isele* § 3 Anm. II D; BGH NJW 1983, 1665; zur Fortbildungspflicht des Anwalts vgl. auch *Fischer* AnwBl. 1993, 597; *Eich* MDR 1988 177).

10 Die **Monopolstellung,** die unsere Rechtsordnung der Anwaltschaft gewährt, hat **nur dann einen Sinn,** wenn der **Rechtsanwalt** von der fachlichen Qualifikation und von der grundsätzlichen Einstellung zum Recht her **dem Gericht gegenüber ein gleichberechtigter Partner** ist. Es ist zwar legitim, wenn der Rechtsanwalt die Rechtsmeinung herausstellt, die dem Mandanten nützlich ist, er muss aber vom geltenden Recht her argumentieren. Tut er dies nicht und nutzt er seine Befugnisse ohne Rücksicht auf die anderen Verfahrensbeteiligten und deren Aufgaben einseitig zur Durchsetzung der Interessen seines Mandanten oder eigener Rechtsvorstellungen, dann wird er seiner Aufgabe als unabhängiger Berater und Vertreter in allen Rechtsangelegenheiten nicht gerecht und gefährdet die freie Advokatur. Deren Privilegien und Monopole sind mit einem solchen Verhalten unvereinbar. Der Anwalt kann allerdings bei der Prüfung der Erfolgsaussichten einer Rechtsverteidigung und der Beratung seines Mandanten hierüber nur von dem Sachverhalt ausgehen, der ihm von dem Mandanten mitgeteilt wird. Eigene Ermittlungen und die Vernehmung von Zeugen gehören nicht zum Berufsbild eines Rechtsanwalt, das geprägt ist durch die rechtliche Beratung. Ergibt erst die Beweiserhebung im Prozess durch Vernehmung angebotener Zeugen die Erfolglosigkeit der Rechtsverteidigung, hat der Rechtsanwalt nicht pflichtwidrig gehandelt, indem er seiner Partei nicht vor der Beweiserhebung von der Führung des Prozesses wegen absehbarer Erfolglosigkeit abgeraten hat (OLG München OLG-Rspr. 1997, 35; → § 44 Rn. 17).

11 Der regellose Kampf ums Recht würde notwendigerweise scharfe Abwehrmaßnahmen des Staates gegen den Missbrauch prozessualer Befugnisse bedingen. Die derzeitige Stellung des deutschen Rechtsanwalts als unabhängiges Organ der Rechtspflege setzt, wie die des Richters, die **Bindung an Recht und Gesetz (nicht an den Staat,** § 7 Nr. 6) voraus (*Pfeiffer* BRAK-Mitt. 1987, 102; kritisch *Redeker* AnwBl. 1988, 14). Das weitgehende Beratungs- und Vertretungsmonopol des Rechtsanwalts verlangt ein Verhalten, das diese Monopolstellung rechtfertigt. Der Rechtsanwalt muss, wenn er einen Auftrag nicht annehmen will, die Ablehnung unverzüglich erklären (§ 44) und in bestimmten Fällen muss er die Übernahme oder Fortführung des Mandates überhaupt ablehnen (§§ 43a Abs. 4, 45, 46, 47; § 3 BORA). In anderen Fällen wiederum kann sich eine Verpflichtung zur Mandatsübernahme ergeben (§§ 48, 49, 49a).

III. Beschränkung der Rechte durch Bundesgesetz

12 **1. Schutz des Art. 12 Abs. 1 GG.** Abs. 2 sichert von den beiden dem Rechtsanwaltsberuf wesensmäßigen Tätigkeiten der Beratung und Vertretung die Vertretung noch dadurch besonders ab, dass das Recht des Rechtsanwalts, in Rechtsangelegenheiten aller Art vor Gerichten, Schiedsgerichten oder Behörden aufzutreten, nur durch ein Bundesgesetz beschränkt werden kann. Daraus kann aber nicht geschlossen werden, dass das Recht auf umfassende Beratung in allen Rechtsangelegenheiten und damit auch das Recht zur Vermittlung, Schlichtung und Mediation ohne Bundesgesetz beschränkt werden könnte. Auch das Beratungsrecht hat als wesentlicher Teil der Berufsaufgaben des Rechtsanwalts teil am Schutz des **Art. 12 Abs. 1 GG** und könnte nur durch Bundesgesetz beschränkt werden (Art. 12 Abs. 1 S. 2 GG). Da sich in der geschichtlichen Entwicklung zu keiner Zeit Bestrebungen gezeigt haben, diese beratende Tätigkeit des Rechts-

anwalts einzuschränken, wurde davon abgesehen, dies in der BRAO besonders gesetzlich abzusichern (amtliche Begründung, BT-Drs. 3/120; *Isele* § 3 Anm. III B). Art. 12 Abs. 1 GG gewährleistet dem Rechtsanwalt die Freiheit der Berufsausübung als Grundlage seiner persönlichen und wirtschaftlichen Lebensführung. Die Norm konkretisiert das Grundrecht auf freie Entfaltung der Persönlichkeit im Bereich individueller beruflicher Leistung und Existenzerhaltung und **zielt auf** eine **möglichst unreglementierte berufliche Betätigung** ab. Sie **verbürgt** außerdem das **Recht, für eine berufliche Leistung eine angemessene Vergütung zu fordern.** Die durch den Grundsatz der freien Advokatur gekennzeichnete anwaltliche Berufsausübung unterliegt unter der Herrschaft des Grundgesetzes der freien und unreglementierten Selbstbestimmung des einzelnen Rechtsanwalts (BVerfGE 108, 150 = NJW 2003, 2520). Der **Schutz der anwaltlichen Berufsausübung vor staatlicher Kontrolle und Bevormundung** liegt dabei nicht allein im individuellen Interesse des einzelnen Rechtsanwalts oder des einzelnen Rechtsuchenden, sondern auch im Interesse der Allgemeinheit an einer wirksamen und rechtsstaatlich geordneten Rechtspflege. Der Rechtsanwalt ist „Organ der Rechtspflege" (§ 1) und dazu berufen, die Interessen seines Mandanten zu vertreten. Sein berufliches Tätigwerden liegt im Interesse der Allgemeinheit an einer wirksamen und rechtsstaatlich geordneten Rechtspflege. Unter der Geltung des Rechtsstaatsprinzips des Grundgesetzes müssen dem Bürger schon aus Gründen der Chancen- und Waffengleichheit Rechtskundige zur Seite stehen, denen er vertrauen und von denen er erwarten kann, dass sie seine **Interessen unabhängig, frei und uneigennützig wahrnehmen.** Integrität und Zuverlässigkeit des einzelnen Rechtsanwalts sowie das Recht und die Pflicht zur Verschwiegenheit sind dabei die Grundbedingungen dafür, dass dieses Vertrauen entstehen kann (BVerfGE 110, 226 = NJW 2004, 1305 = BRAK-Mitt. 2004, 126 = AnwBl. 2004, 309 mit Anm. *Leitner* AnwBl. 2004, 308 = JZ 2004, 670 mit Anm. *Wohlers;* BVerfG NJW 2007, 2317 = BRAK-Mitt. 2007, 122).

2. Beschränkung des Vertretungsrechts. a) Bundesgesetzliche Regelung. Nach Abs. 2 hat der Rechtsanwalt ein unbeschränktes allgemeines Vertretungsrecht vor allen Gerichten, Schiedsgerichten (§ 1034 ZPO; vgl. *Lachmann* BRAK-Mitt. 2005, 217) oder Behörden, das lediglich durch ein Bundesgesetz beschränkbar ist, dh die **Beschränkung erfordert eine ausdrückliche formelle gesetzliche Grundlage** (für den Ausschluss des Zeugenbeistandes: BVerfGE 38, 105; 98, 49; BVerfG NJW 2000, 2660 = MDR 2000, 791 = BRAK-Mitt. 2000, 139). Ein Rechtsanwalt kann also vor Gerichten, Schiedsgerichten und Behörden nur zurückgewiesen werden, wenn eine entsprechende bundesgesetzliche Regelung besteht, zu der die Beschränkung des Auftretens für die bei dem BGH zugelassenen Rechtsanwälte nach § 172 gehört (BVerfG NJW 2008, 1293; → § 172 Rn. 1–7). Weitere Beschränkungen können sich auch unmittelbar aus der BRAO ergeben (vgl. zB §§ 14 Abs. 4, 45, 46, 114a Abs. 1, 155). Dazu gehört auch die aus §§ 43, 43a Abs. 4, § 3 BORA wegen Interessenkollision im Einzelfall sich ergebende Verpflichtung, ein Mandat niederzulegen bzw. überhaupt gar nicht erst anzunehmen, falls der Rechtsanwalt in derselben Sache als Zeuge vernommen werden soll oder dies nach Lage des Falles wahrscheinlich ist (*Hartstang* II 234 ff.; *Meyer-Goßner* StPO Vor § 48 Rn. 18; BVerfGE 16, 214; BGH NJW 1967, 404). Auch aus der **Anstellung eines Rechtsanwalts bei einer Steuerberatungsgesellschaft** ergeben sich Beschränkungen. Ein Rechtsanwalt, der bei einer Steuerberatungsgesellschaft angestellt ist, darf in dieser Eigenschaft geschäftsmäßig nur Hilfeleistung in Steuersachen, nicht auch andere Rechtsberatung erbringen (*Schwedhelm/Kamps* AnwBl. 1998, 245, 251). Deshalb muss ein Rechtsanwalt, der als Vertretungsorgan einer Steuerberatungsgesellschaft tätig ist, dafür Sorge tragen, dass nicht der Eindruck entsteht, er werde für die Gesellschaft über den Bereich der Hilfeleistung in Steuersachen, zu der die Gesellschaft und der Rechtsanwalt befugt sind, auch in anderen Bereichen rechtsberatend tätig, wozu die Gesellschaft nicht befugt wäre (BGHZ 94, 65, 71 = NJW 1985, 1844). Eine solche Rechtsberatung darf der Rechtsanwalt nur außerhalb seines Anstellungs- oder Vertretungsverhältnisses erbringen (BGH AnwBl. 2006, 354). 13

b) Selbstbestimmungsrecht der Kirchen. Da nach Art. 140 GG iVm Art. 137 Abs. 3 WRV den Kirchen das Selbstbestimmungsrecht zur eigenständigen Ordnung ihrer inneren Angelegenheiten gewährleistet ist, und die Regelung in einem kirchlichen Verwaltungsgerichtsgesetz, nach der in Verfahren vor dem kirchlichen Verwaltungsgericht als Bevollmächtigte nur solche Rechtsanwälte zuzulassen sind, die der Kirche angehören und die kirchliche Wahlfähigkeit besitzen, eine innerkirchliche Angelegenheit betrifft, die dem staatlichen Zuständigkeitsbereich 14 entzogen ist, kann ein Rechtsanwalt, der diese Voraussetzung nicht erfüllt, bei einem Verfahren vor dem **kirchlichen Verwaltungsgericht** als Bevollmächtigter nicht zugelassen werden (BVerfG NJW 1983, 2570; BVerwG NJW 1981, 1972; 1974, 715; Gaier/Wolf/Göcken/*Wolf* § 3 Rn. 62; **aA** Henssler/Prütting/*Koch* § 3 Rn. 22). Zur besonderen Stellung und Zulassung als Rechtsanwalt im katholischen Kirchenrecht vgl. von *Weber,* Der Rechtsanwalt im katholischen Kirchenrecht, 1990 mit Anm. *Deumeland* JA 11/1993 II und IV; *Weber* AnwBl. 1994, 345; → § 12 Rn. 11.

15 **c) Vorkonstitutionelles Gewohnheitsrecht.** Neben einem Bundesgesetz konnte auch vorkonstitutionelles Gewohnheitsrecht die anwaltliche Berufsausübung wirksam regeln (BVerfGE 16, 214 = NJW 1973, 696; BVerfG NJW 1963, 1771; BVerfGE 28, 21 = NJW 1970, 851). Dies beruht darauf, dass das in Art. 12 Abs. 1 S. 2 GG enthaltene Gebot formeller Gesetzgebung das vorkonstitutionelle Recht nicht berührt. Insoweit bleibt es bei dem Grundsatz des Art. 123 Abs. 1 GG. Danach gilt Recht aus der Zeit vor dem erstmaligen Zusammentreten des Bundestages fort, soweit es dem Grundgesetz nicht widerspricht, wobei es nicht darauf ankommt, welchen Rang dieses Recht hat und aus welcher Quelle es fließt (BVerfG NJW 1973, 696). So konnte vor Einführung der §§ 138 ff. StPO aufgrund Gewohnheitsrechtes ein Ausschluss des Rechtsanwalts als Verteidiger in bestimmten Fällen in Betracht kommen (BVerfG NJW 1967, 2051). Die Verpflichtung des Rechtsanwalts, vor Gerichten in Amtstracht aufzutreten, war dort, wo gesetzliche Bestimmungen fehlten, gewohnheitsrechtlich begründet und konnte dazu führen, dass das Prozessgericht einen Rechtsanwalt, der das Auftreten in Amtstracht ablehnte, in einem bestimmten Rechtsstreit für einen einzelnen Verhandlungstermin als Prozessbevollmächtigten zurückweisen konnte (BVerfGE 28, 21; 34, 138; BGHSt 27, 34 = NJW 1977, 398, nur Ls. = EGE XIV, 155; vgl. jetzt § 59b Abs. 2 Nr. 6 lit. c). Nach § 20 BORA ist der Anwalt **nicht mehr verpflichtet, beim Amtsgericht in Zivilsachen in Robe zu erscheinen.** Sonst hat er nur noch die Robe zu tragen, soweit dies üblich ist. Mit der Einräumung der Satzungskompetenz gemäß § 59b Abs. 2 Nr. 6 lit. c wurde die Robenfrage aus dem Regelungskomplex „GVG und gerichtliches Verfahren" (BVerfGE 28, 21 = NJW 1970, 851 = EGE XI, 197) herausgelöst und im Regelungskomplex „Recht der Anwaltschaft" verankert. Zu den Einzelheiten → BORA § 20 Rn. 1 ff. Raum für Gewohnheitsrecht besteht nach Schaffung der BORA nicht mehr.

16 **d) Allgemeine, nicht berufsbezogene Vertretungsverbote.** Beschränkungen des Vertretungsrechts können sich auch aus allgemeinen Gesetzen ergeben, die bestimmten Personen in bestimmten Fällen ein **Vertretungsverbot** auferlegen, ohne dabei an die Stellung als Rechtsanwalt anzuknüpfen. Das wichtigste diesbezügliche Vertretungsverbot ist das für **Inhaber kommunaler Ehrenämter und Ratsmitglieder** (näher → § 45 Rn. 38 ff.). Dieses kommunale Vertretungsverbot regelt nicht die Amtsführung der von ihnen betroffenen Personen, sondern den privaten Lebensbereich der Amtsträger. Soweit deren Berufstätigkeit dadurch betroffen wird, greifen sie unmittelbar und zielgerichtet in deren Berufsfreiheit ein. Sie bieten eine ausreichende gesetzliche Grundlage für ein Gericht, den unter Verstoß gegen das Vertretungsverbot handelnden Rechtsanwalt zurückzuweisen. Sie genügen in einer solchermaßen prozessualen Auslegung den Erfordernissen des Rechtsstaatsprinzips an die Bestimmtheit der Norm, und sind auch von der Gesetzgebungskompetenz der Länder aus Art. 74 Nr. 1 GG gedeckt, da die bundesrechtlichen Prozessordnungen keine als abschließend anzusehenden Regelungen über die Zurückweisung eines Anwalts enthalten (*Pfeifer* BayVBl. 1994, 577).

17 In **Bayern** kann einem im Ruhestand lebenden Richter, der in einem anderen Landgerichtsbezirk als Rechtsanwalt zugelassen ist, untersagt werden, in den ersten fünf Jahren nach seinem Ausscheiden aus dem Richterdienst bei einem Rechtsanwalt als Rechtsanwalt oder Mitarbeiter Sachen zu bearbeiten, die bei dem Gericht seiner früheren richterlichen Tätigkeit anhängig waren, anhängig sind oder anhängig werden können, wobei gleichgültig ist, wo der Rechtsanwalt, für den der frühere Richter tätig werden möchte, seine Kanzlei hat. Sofern eine Anhängigkeit der Angelegenheit im Bezirk seines früheren Gerichtes also weder bestanden hat, besteht, noch jemals bestehen wird, kann der frühere Richter tätig werden (VGH München NJW 1988, 1406 = BRAK-Mitt. 1988, 216). Diese Einschränkung ist zulässig aufgrund **Art. 78 Abs. 2 BayBG iVm Art. 2 Abs. 1 BayRiG,** die der Landesjustizverwaltung die Befugnis geben, einem ehemaligen Richter, der außerhalb des öffentlichen Dienstes eine Beschäftigung oder Erwerbstätigkeit aufnimmt, die mit seiner dienstlichen Tätigkeit in den letzten fünf Jahren vor seiner Zurruhesetzung im Zusammenhang steht, zu untersagen, wenn zu besorgen ist, dass

durch sie dienstliche Interessen beeinträchtigt werden. Diese Regelung verstößt nicht gegen § 3 Abs. 2. Sie ist keine Berufsausübungsregelung für Rechtsanwälte, die Rechte des Rechtsanwalts sollen nicht eingeschränkt werden, sondern eine allgemeine **Nachwirkung des Richterstatus,** und gilt für alle mit der früheren dienstlichen Tätigkeit zusammenhängenden Berufstätigkeiten des Richters. Nach § 77a RhPfBG kann einem früheren ständigen Vertreter eines Finanzamtsvorstehers untersagt werden, innerhalb eines Zeitraumes von fünf Jahren seit seiner Versetzung in den Ruhestand als Rechtsanwalt für Steuerpflichtige im Zuständigkeitsbereich seines ehemaligen Finanzamtes steuerberatend tätig zu werden (OVG Koblenz NJW 1991, 245).

3. Recht Dritter zur Beratung und Vertretung. Der umfassende Anspruch der Rechtsanwälte nach Abs. 1 und 2, in allen Rechtsangelegenheiten Berater und Vertreter zu sein – so nunmehr auch § 1 Abs. 3 BORA als sanktionsloser Programmsatz –, schließt nicht aus, dass auch andere fremde Rechtsangelegenheiten geschäftsmäßig besorgen dürfen. Wer im Einzelnen zur **geschäftsmäßigen Besorgung fremder Rechtsangelegenheiten befugt** ist, regelt sich nunmehr nach dem **RDG und §§ 78 ff. ZPO.** Insoweit wird Bezug genommen auf die Kommentierung zur ZPO, dem RDG und dem früheren RBerG (*Deckenbrock/Henssler* RDG, 4. Aufl. 2015; *Altenhoff/Busch/Chemnitz* RBerG 10. Aufl. Rn. 10 ff.; *Schorn,* Die Rechtsberatung, 2. Aufl.; Henssler/Prütting/*Weth* RDG § 1 Rn. 1 ff.; vgl. auch *Lingenberg/Hummel/Zuck/Eich* Anm. zu § 4 und zu § 3 PAO). Zur Kooperation der Anwaltschaft mit Schuldnerberatungsstellen vgl. *Bungart* AnwBl. 1988, 40. 18

Da derjenige, der den Vorschriften der §§ 10 Abs. 1, 9 Abs. 1 oder 15 Abs. 5 bzw. 11 Abs. 4 RDG zuwider handelt, sich ordnungswidrig verhält (§ 20 RDG), kann auch ein zugelassener Rechtsanwalt, der dem Betroffenen dabei hilft, unter Umständen **Beteiligter einer solchen Ordnungswidrigkeit** sein (zum RBerG BayObLG AnwBl. 1983, 457 = NStZ 1983, 512; AnwBl. 1991, 280; vgl. auch EG Berlin EGE IV, 29; EGH Stuttgart BRAK-Mitt. 1982, 129). 19

Art. 1 § 3 Nr. 2 RBerG aF befreite einen zugelassenen Rechtsanwalt nur insoweit von dem Verbot des Art. 1 § 1 RBerG aF, als er fremde Rechtsangelegenheiten in den Formen wahrnimmt, die den Bindungen des RVG und der BRAO unterliegen. Dieser beschränkte Normbereich der Ausnahmevorschrift des Art. 1 § 3 Nr. 2 RBerG aF ergab sich aus dem Schutzzweck des Art. 1 § 1 RBerG aF, der maßgeblich durch die berufsspezifischen Vorschriften der §§ 1 und 3 mitbestimmt wird. Nunmehr gilt § 1 Abs. 2 RDG. Schließt ein Rechtsanwalt für eine Besorgung fremder Rechtsangelegenheiten iSd Art. 1 § 1 RBerG aF (§§ 2, 10 ff. RDG) ausdrücklich aus, dass er den Auftrag in seiner beruflichen Eigenschaft erhält und hat er keine behördliche Erlaubnis, dann ist der **Vertrag nach § 134 BGB nichtig** (OLG Schleswig AnwBl. 1987, 343; OLG Stuttgart DNotZ 1964, 734; LG Tübingen MDR 1978, 668). Wer fremde Rechtsangelegenheiten besorgt, muss dazu in eigener Person befugt sein; sein Tun wird nicht dadurch gerechtfertigt, dass er sich dabei der Hilfe eines Rechtsberaters als Erfüllungshilfe bedient (BGH NJW 1987, 3003 = MDR 1988, 26). 20

IV. Beratungs- und Vertretungsrecht des Bürgers

1. Verhältnis der Rechte aus Abs. 3 zu denen aus Abs. 1 und 2. Abs. 3 gewährleistet das Recht, sich in Rechtsangelegenheiten aller Art durch einen frei gewählten Rechtsanwalt beraten und vor Gerichten, Schiedsgerichten und Behörden vertreten zu lassen, nur „im Rahmen der gesetzlichen Vorschriften“. Zu den diesbezüglichen Verfassungsfragen vgl. *Hartstang* I 61 ff. Abs. 3 gewährt ein allgemeines Recht darauf, dass der **Rechtsanwalt der eigenen Wahl den Gerichtstermin auch persönlich wahrnehmen kann (aA** BSG BeckRS 1993, 30744011 = RegNr. 20801 BSG-Intern), anderenfalls wäre das Recht der freien Anwaltswahl erheblich beschränkt. 21

Dem Wahlrecht gehen abweichende gesetzliche Vorschriften vor (amtliche Begründung). So wird der nach §§ 140, 141 StPO zu bestellende Verteidiger nach § 142 Abs. 1 StPO vom Vorsitzenden des Gerichts ausgewählt. Damit wird nicht ausgeschlossen, dass bei der Auswahl berechtigten Wünschen des Angeschuldigten Rechnung getragen wird (amtliche Begründung unter Bezugnahme auf § 116b ZPO aF; BVerfGE 39, 238, 243; 68, 237, 256) und er berechtigt ist, einen eigenen Verteidiger zu mandatieren. Bestehen zwischen Beklagten keine besonderen Beziehungen, welche für die Beauftragung eines gemeinsamen Rechtsanwalts von Bedeutung sind, so besteht auch unter kostenrechtlichen Gesichtspunkten keine Verpflichtung der Streitgenossen zur gemeinsamen Beauftragung eines Rechtsanwalts (LG Göttingen AnwBl. 1987, 284). 22

23 § 3 Abs. 3 setzt die Befugnis, sich im Rahmen des Rechtsverhältnisses, in dem die Vertretung stattfinden soll, vertreten zu lassen, notwendig voraus, begründet sie jedoch nicht selbst, sondern verweist hierfür auf das jeweils maßgebliche Recht. Dabei umfasst die Gesetzgebungskompetenz des Bundes für das Recht der Rechtsanwaltschaft (Art. 74 Nr. 1 GG) nicht die Befugnis zu regeln, ob und inwieweit sich ein Bürger im Rahmen eines bestimmten Rechtsverhältnisses vertreten lassen darf (BVerwG NJW 1974, 715; BFHE 103, 18 = BeckRS 1971, 22001084). Wie sich aus dem systematischen Zusammenhang der Abs. 2 und 3 ergibt, ist das Recht des Rechtsanwalts, in Rechtsangelegenheiten aller Art vor Gerichten, Schiedsgerichten oder Behörden aufzutreten (Abs. 2), wiederum abhängig von dem Recht des Mandanten, sich durch einen Rechtsanwalt seiner Wahl beraten und vor Gerichten, Schiedsgerichten oder Behörden vertreten zu lassen (BVerwG NJW 1974, 715; OVG Münster AnwBl. 1993, 190). Dieses Recht des Bürgers ist nur im Rahmen der gesetzlichen Vorschriften gegeben (BGHZ 109, 153 = NJW 1990, 578 = MDR 1990, 313 = BRAK-Mitt. 1990, 55, = Rbeistand 1989, 211 = EBE 1990, 42), ist also seinerseits insbesondere davon abhängig, dass nach dem hierfür maßgeblichen Recht eine Vertretung überhaupt statthaft ist. Nur soweit der Bürger sich im Rahmen der gesetzlichen Bestimmungen überhaupt vertreten lassen kann, besteht das grundgesetzlich (Art. 12 GG) geschützte Auftrittsrecht des Rechtsanwalts nach Abs. 2. Auch soweit in anderen Rechtsgebieten einem Betroffenen das Recht eingeräumt oder ihm die Verpflichtung auferlegt wird, sich vertreten zu lassen (vgl. § 22 BVGG) oder auf die Bestimmungen der §§ 78 ff. ZPO (BGHZ 109, 153 = NJW 1990, 578), §§ 137 ff. StPO, § 14 VwVfG verwiesen wird (vgl. § 117a BRAO; §§ 2, 68 JGG; §§ 46, 60 OWiG) knüpft sich an das Recht des Betroffenen, sich vertreten zu lassen, das Auftrittsrecht jedes Rechtsanwalts nach Abs. 2 (BVerwG NJW 1974, 715; 1991, 2228, nur LS = NVwZ 1991, 487; OVG Münster AnwBl. 1993, 190). Das gilt auch, soweit das Europäische Gericht erster Instanz (EuG) mit Beschluss vom 5.7.2006 (Rs. T-357/05) klargestellt hat, dass alle Verfahrensbeteiligten verpflichtet sind, sich in Verfahren vor dem EuG und dem EuGH anwaltlich vertreten zu lassen. Soweit das maßgebliche kirchliche Recht die Vertretung eines Pfarrers im formlosen Verkehr mit den kirchlichen Stellen in den ihn betreffenden Angelegenheiten des Amts- und Dienstverhältnisses nicht vorsieht, ist auch eine Vertretung durch einen Rechtsanwalt nicht möglich (BVerwG NJW 1974, 715).

24 **2. Herleitung des Vertretungsrechts.** Über die Herleitung und den Schutzbereich des Rechts auf anwaltlichen Beistand bestehen sehr unterschiedliche Meinungen. Es ist in Literatur und Rechtsprechung **immer noch nicht ausgetragen, woraus das Recht des Bürgers auf anwaltlichen Beistand herzuleiten ist und wo die Grenzen dieses Rechts verlaufen** (vgl. zusammenfassende Darstellung bei *Pestke,* Der Rechtsanwalt als Mitwirkender verwaltungsrechtlicher Verfahren einschließlich solcher des Sozial- und Steuerrechts, Diss. Berlin 1986, E 34 ff.; *Pestke* BRAK-Mitt. 1988, 241).

25 Nach der Auffassung des BVerfG kann das Recht auf anwaltlichen Beistand nicht aus Art. 103 Abs. 1 GG hergeleitet werden. Art. 103 Abs. 1 GG gewährleistet nur das rechtliche Gehör als solches, nicht das rechtliche Gehör gerade durch die Vermittlung eines Rechtsanwaltes (BVerfGE 31, 297; 31, 306; 38, 105; 9, 124, 132 = NJW 1959, 715 = MDR 1959, 363; OLG Köln NVwZ 1991, 1116; *Zuck,* 25 Jahre Bundesrechtsanwaltskammer, 85, 96; **aA** Gaier/Wolf/Göcken/*Wolf* § 3 Rn. 54). So lässt sich auch dem Rechtsstaatsgebot kein Anspruch des Angeklagten entnehmen, dass das Gericht unter allen Umständen mit der Verhandlung innehalten muss, wenn der vom Angeklagten gewählte Verteidiger verhindert ist (BVerfG NJW 1984, 862). In der älteren Rechtsprechung wurde das Recht, sich vertreten zu lassen, unmittelbar aus § 3 hergeleitet (BVerwGE 46, 29; 15, 248 = MDR 1963, 439; BSG Ärztliche Mitteilungen 1963, 274; VGH Mannheim AnwBl. 1968, 264, 265; OVG Hamburg NJW 1976, 205; DVBl. 1976, 340; VG Bremen NJW 1976, 768). Auch *Pestke* betrachtet § 3 Abs. 3 nicht nur als Verweisungsnorm, sondern selbst als Rechtsgrundlage. Die Formulierung „im Rahmen der gesetzlichen Vorschriften" weise nur darauf hin, dass ein an sich bestehendes Recht durch verfassungsgemäße Gesetze eingeschränkt werden könne (*Pestke,* Der Rechtsanwalt als Mitwirkender verwaltungsrechtlicher Verfahren einschließlich solcher des Sozial- und Steuerrechts, Diss. Berlin 1986, E 34 ff.).

26 In der Rechtsprechung und Lehre wird aber überwiegend daran angeknüpft, ob die Verfahrensgesetze dem Bürger ein Recht geben, sich vertreten zu lassen (BGHZ 109, 153 = NJW 1990, 578; BFHE 103, 18, 20; BVerwGE 53, 53, 58; 53, 146, 153, 159; 62, 169 = NJW 1981,

2136, vgl. *Schoch* NJW 1982, 545; OVG Bremen NJW 1976, 770), ob eine Vertretung aus Fürsorgegesichtspunkten erforderlich ist (OVG Bremen NJW 1976, 772) oder ob ein Recht auf anwaltlichen Beistand aus dem Grundsatz der Verhältnismäßigkeit, der sich aus dem Verfassungsrecht ergibt (OVG Münster AnwBl. 1993, 190) oder aus Art. 2 Abs. 1 GG iVm dem Rechtsstaatsprinzip und Art. 1 Abs. 1 GG hergeleitet werden kann (BVerfGE 38, 105, 111, 115 = NJW 1975, 103 = MDR 1975, 290; ArbG Münster AnwBl. 1989, 349; *Zuck,* 25 Jahre Bundesrechtsanwaltskammer, 85 ff.; *Hartstang* I 62 ff.).

Allerdings gewährleistet das **Recht auf ein faires Verfahren** zB dem Zeugen im Rahmen der besonderen Ausgestaltung des durch Art. 2 Abs. 1 GG verkörperten Rechts auf freie Entfaltung der Persönlichkeit nicht schlechthin ein allgemeines Recht auf Beistand. Als gemeinschaftsbezogener und gemeinschaftsgebundener Bürger muss vielmehr jedermann staatliche Maßnahmen hinnehmen, die im überwiegenden Interesse der Allgemeinheit unter strikter Einhaltung des Verhältnismäßigkeitsgebotes getroffen werden, solange sie nicht den unantastbaren Bereich privater Lebensgestaltung beeinträchtigen. Als Belang der Allgemeinheit, der dem Recht auf anwaltliche Vertretung entgegenstehen kann, kommt zB die Funktionsfähigkeit der Rechtspflege in Betracht (BVerfGE 38, 105 = NJW 1975, 103). 27

Einen Anspruch des Bürgers auf Vertretung durch einen Rechtsanwalt, der dann ein Recht des Rechtsanwalts auf Vertretung vor dem maßgeblichen Gericht bzw. der Behörde auslöst, gewähren zB die §§ 68b, 72, 137 ff. StPO (iVm Art. 6 Abs. 3 EMRK), § 78 ZPO (BGHZ 109, 153 = NJW 1990, 578) und § 14 VwVfG. 28

a) § 137 Abs. 1 StPO. Nach § 137 Abs. 1 StPO kann sich der Beschuldigte in jeder Lage des Verfahrens, dh im Ermittlungs-, Zwischen-, Haupt- und Vollstreckungsverfahren, eines **Verteidigers** bedienen. Das Recht wird bei nicht notwendiger Verteidigung durch § 228 Abs. 2 StPO eingeschränkt (OLG Düsseldorf GA 1979, 226; OLG Stuttgart StV 1988, 145). Das Recht des Beschuldigten, sich im Strafverfahren von einem Anwalt seiner Wahl und seines Vertrauens verteidigen zu lassen, ist nicht nur durch § 137 Abs. 1 StPO und Art. 6 Abs. 3 lit. c EMRK gesetzlich garantiert, sondern zugleich durch Art. 2 Abs. 1 GG iVm dem Rechtsstaatsprinzip des Grundgesetzes verfassungsrechtlich verbürgt (vgl. BVerfGE 26, 66; 34, 293; 38, 105; 39, 156; 66, 313). Mit der Verankerung des **Rechts auf Verteidigung im Verfassungsprinzip des rechtsstaatlichen Strafverfahrens** hat das BVerfG von jeher **freie Wahl und Vertrauen** als **Voraussetzungen einer effektiven Strafverteidigung** hervorgehoben (BVerfGE 66, 313). Nur wenn der Beschuldigte auf die Verschwiegenheit seines Verteidigers zählen kann, ist die Vorbedingung für das Entstehen eines Vertrauensverhältnisses geschaffen, ohne das eine Strafverteidigung nicht wirkungsvoll sein kann (BVerfGE 110, 226 = NJW 2004, 1305). Ist dem Beschuldigten vor seiner ersten Vernehmung die von ihm gewünschte Befragung seines gewählten Verteidigers verwehrt worden, so sind seine Angaben auch dann unverwertbar, wenn er zuvor gemäß § 136 Abs. 1 S. 2 StPO belehrt worden war (BGH StV 1993, 1). Die Zahl der gewählten Verteidiger darf drei nicht überschreiten (§ 137 Abs. 1 S. 2 StPO). Nach Art. 6 Abs. 3 lit. c EMRK hat jeder Angeklagte das Recht, einen Wahlverteidiger zum Beistand heranzuziehen, und wenn er nicht über die notwendigen Mittel verfügt, den Beistand eines Pflichtverteidigers unentgeltlich zu erhalten, wenn dies im Interesse der Rechtspflege erforderlich ist. Durch das Recht der notwendigen Verteidigung (§§ 140 ff. StPO) ist dem Genüge getan. Dabei ist das Recht auf den „Rechtsanwalt seiner Wahl" (Abs. 3) abgesichert durch § 141 Abs. 1, § 143 StPO und durch die grundsätzliche Verpflichtung des bestellenden Vorsitzenden (§ 142 Abs. 1 StPO), dem Beschuldigten einen Rechtsanwalt seines Vertrauens beizuordnen (BVerfGE 9, 36 = NJW 1959, 571; OLG Stuttgart AnwBl. 1981, 288). Ob das Vertrauensverhältnis eine Abweichung von dem Grundsatz, dass der Rechtsanwalt ortsansässig sein muss, rechtfertigt, ist strittig (nein: OLG Köln NStZ 1981, 35; **aA** OLG Düsseldorf NStZ 1981, 35; zum Meinungsstand vgl. *Meyer-Goßner* StPO § 142 Rn. 11 ff.; Löwe/Rosenberg/*Lüderssen* StPO § 142 Rn. 5 ff.). Wenn Gerichtsort und Kanzlei des Rechtsanwalts nicht allzu weit (noch nicht bei 238 km: OLG Zweibrücken StV 2002, 238) voneinander entfernt sind, hat die Rücksicht auf das Vertrauensverhältnis den Vorrang vor der Ortsnähe (BGHSt 43, 153; wN bei *Meyer-Goßner* StPO § 142 Rn. 12). Der Beschuldigte hat jedoch keinen Rechtsanspruch auf Beiordnung des von ihm gewünschten Rechtsanwalts (BVerfGE 9, 36) und der Rechtsanwalt kann ebenfalls nicht verlangen, in einer bestimmten Strafsache zum Pflichtverteidiger bestellt zu werden oder bestellt zu bleiben (BVerfGE 39, 238; OLG Köln NStZ 1982, 129). 29

30 Ein Rechtsanwalt, der **selbst angeklagt** ist, kann die Revisionsbegründung und den Wiederaufnahmeantrag in eigener Sache, solange er als Rechtsanwalt zugelassen ist, selbst unterzeichnen (RGSt 69, 377; BayOLGSt 1975, 154 = VRS 50, 298; KG GA 1962, 311; Löwe/Rosenberg/*Franke* StPO § 345 Rn. 19; *Meyer-Goßner* StPO § 345 Rn. 13; KK-StPO/*Gericke* StPO § 366 Rn. 5; aber → § 155 Rn. 14). Zur Selbstvertretung eines Rechtsanwalts, der Verletzter einer Straftat ist, vgl. *Hilger* NStZ 1988, 441. Zur Wirkung einer vollziehbaren Rücknahme- oder Widerrufsverfügung und eines Berufs- und Vertretungsverbots auf die Tätigkeit in eigenen Angelegenheiten → § 14 Rn. 113 ff.; → § 155 Rn. 9 ff.

31 Einem **Nebenkläger,** der sich nach § 397 Abs. 1 iVm § 378 StPO wie ein Privatkläger eines Rechtsanwalts als Beistand bzw. Vertreter bedienen kann, ist ein RA unter Bewilligung von Prozesskostenhilfe **nicht schon deshalb beizuordnen, weil der Beschuldigte anwaltlich vertreten** ist. Wegen der eingeschränkten rechtlichen Bedeutung und Stellung des Nebenklägers ist die Erforderlichkeit der Beiordnung vielmehr nur in besonders gelagerten Ausnahmefällen zu bejahen (OLG Frankfurt NJW 1986, 2587 = NStZ 1986, 42), wie sie in § 397a StPO geregelt sind. Art. 5 Abs. 4 EMRK setzt voraus, dass das Verfahren zur Überprüfung des Freiheitsentzuges einen gerichtsförmigen Charakter hat und dem Betroffenen Garantien gewährt, die der Art des fraglichen Freiheitsentzuges angemessen sind. Eine Person, die in einer **psychiatrischen Einrichtung untergebracht** ist, weil sie Straftaten begangen hat, für die sie aufgrund ihrer Geisteskrankheit aber nicht verantwortlich war, muss daher, wenn nicht besondere Umstände vorliegen, in den nachfolgenden Verfahren zur Überprüfung ihrer Unterbringung **rechtlichen Beistand** erhalten. Dabei ist es ohne Bedeutung, ob der Untergebrachte einen entsprechenden Antrag gestellt hat (EGMR NJW 1992, 2945).

32 **b) §§ 78, 79 ZPO.** Im Zivilverfahren muss sich **im Anwaltsprozess** (§ 78 ZPO) die Partei stets durch einen bei dem Prozessgericht **vertretungsberechtigten Rechtsanwalt als Bevollmächtigten** vertreten lassen (→ § 3 Rn. 32 ff.). Nur für Behörden und juristische Personen ö. R. gelten nach § 78 Abs. 4 ZPO Besonderheiten.

33 Der Anwalt kann sich in **eigenen Angelegenheiten** in den Grenzen der §§ 45 ff. **selbst vertreten** (§ 78 Abs. 6 ZPO). Er kann sich auch als Partei kraft Amts oder als gesetzlicher Vertreter selbst vertreten. In allen diesen Fällen ist der Anwalt auch sitzungspolizeilich als Anwalt zu behandeln (KG NJW 1955, 593). § 246 ZPO ist unanwendbar (Baumbach/Lauterbach/Albers/*Hartmann* § 78 ZPO Rn. 56). Das gilt entsprechend vor dem BFH (BFH BB 1976, 728), dem BVerwG (BVerwG GrS DVBl. 1961, 738) und im arbeitsgerichtlichen Verfahren (LAG München AnwBl. 1988, 72 = JurBüro 1987, 1863). Diese Regelung ist verfassungsrechtlich unbedenklich (BVerfG NJW 1980, 1677; **aA** *Hertel,* Der Anwaltszwang, 1979, 115 ff.).

34 Im Parteiprozess (§ 79 ZPO) kann die Partei den Rechtsstreit selbst führen oder sich durch einen Rechtsanwalt bzw. durch die in § 79 Abs. 2 Nr. 1–4 ZPO aufgeführten Personen, Behörden, Verbraucherverbände pp. vertreten lassen. Auch im Zivilverfahren wird das Recht der Partei auf anwaltliche Vertretung abgesichert und zwar durch §§ 78b, 121 ZPO. Während die Partei in den Fällen des § 121 Abs. 1–4 ZPO einen Anspruch darauf hat, dass nur der Anwalt ihrer Wahl beigeordnet wird, hat sie einen solchen Anspruch im Falle des § 121 Abs. 5 ZPO nicht (Baumbach/Lauterbach/Albers/*Hartmann* ZPO § 121 Rn. 75).

35 **c) § 14 VwVfG.** § 14 VwVfG regelt das Recht **jedes an einem Verwaltungsverfahren Beteiligten,** sich durch einen **Bevollmächtigten vertreten** (Abs. 1 S. 1) oder durch einen Beistand unterstützen (Abs. 4 S. 1) zu lassen. Der am Verwaltungsverfahren beteiligte Bürger soll aufgrund der Möglichkeit, einen sachkundigen und verhandlungsgewandten Bevollmächtigten zu bestellen oder einen Beistand hinzuzuziehen, den Vorsprung, den die Behörde in Verhandlungen mit ihm häufiger aufgrund größerer Sachkenntnisse und Routine besitzt, zumindest teilweise ausgleichen können (Stelkens/Bonk/Sachs/*Schmitz* VwVfG § 14 Rn. 2; BVerwG NJW 1991, 2228, nur Ls. = NVwZ 1991, 487).

36 § 14 VwVfG gilt, soweit nichts anderes geregelt ist, nicht für die Tätigkeit der Behörden bei **Leistungs-, Eignungs- und ähnlichen Prüfungen** (§ 2 Abs. 3 Nr. 2 VwVfG). Streitig ist dabei, ob zu diesem Bereich auch Einstellungsgespräche einer Behörde mit Beamtenbewerbern gehören. Da das Gespräch mit einem Bewerber nicht der Erörterung von Rechtsfragen dient, sondern prüfungsähnlichen höchstpersönlichen Charakter hat, ist der Auffassung zuzustimmen, dass **§ 14 VwVfG dafür nicht gilt** (Stelkens/Bonk/Sachs/*Schmitz* VwVfG § 14 Rn. 4 mwN;

Jessnitzer/Blumberg § 3 Rn. 13; BVerwGE 62, 169 = NJW 1981, 2136; **aA** *Schoch* NJW 1982, 545).

37 Nach den von der Bundesregierung am 17.1.1979 beschlossenen **„Grundsätzen für die Prüfung der Verfassungstreue"** ist jedoch auf Antrag des Bewerbers die Mitwirkung eines Rechtsbeistandes insoweit zu gestatten, als sie sich auf die Beratung des Bewerbers und auf Verfahrensfragen beschränkt (Stelkens/Bonk/Sachs/*Schmitz* VwVfG § 14 Rn. 5). Anders ist es, wenn die Behörde ein Dienstgespräch mit einem im Dienst befindlichen Beamten führt, das sein Dienstverhältnis betrifft und der Aufklärung eventueller dienstlicher Verfehlungen dient. Hier besteht ein Recht auf Hinzuziehung eines Bevollmächtigten oder Beistandes (OVG Bremen NJW 1976, 772 = DÖV 1976, 67), ebenso für die Erörterung einer dienstlichen Beurteilung. Das allgemeine Persönlichkeitsrecht aus Art. 2 Abs. 1 GG iVm Art. 1 GG begründet das Recht des Arbeitnehmers auf Zulassung eines Rechtsbeistandes seiner Wahl bei dienstlichen Gesprächen über seinen Gesundheitszustand, da nur so der Eintritt von Nachteilen zu Lasten des Arbeitnehmers vermieden werden kann (ArbG Münster AnwBl. 1989, 349).

38 Bei Ausübung der **militärischen Disziplinargewalt** kann jedoch ein Vertreter zurückgewiesen werden (BVerwG NJW 1976, 2032; **aA** Gaier/Wolf/Göcken/*Wolf* § 3 Rn. 60). Grundsätzlich muss die Behörde den Bevollmächtigten über Art und Ergebnis ihrer unmittelbar mit dem Beteiligten geführten Verhandlungen unterrichten (VGH Kassel AnwBl. 1984, 557).

39 Insbesondere auch im **behördlichen Verfahren** ist die Möglichkeit, sich vertreten zu lassen, weitgehend verwirklicht. Bundesrechtlich ergibt sich dies zB aus § 14 Abs. 1 S. 1 VwVfG, § 13 Abs. 1 S. 1 SGB X, § 80 Abs. 1 S. 1 AO, §§ 120, 122 FlurbG. Auch landesrechtlich ist die Vertretungsmöglichkeit durch die Landesverwaltungsverfahrensgesetze und Landesdisziplinarordnungen vorgesehen. Soweit nach den Verwaltungsverfahrensgesetzen Vertreter zurückgewiesen werden können, gilt dies nicht für Rechtsanwälte.

40 Im Verfahren vor einer **Einigungsstelle nach § 76 des Betriebsverfassungsgesetzes** sind Rechtsanwälte zur Vertretung der Betriebspartner zuzulassen (*Bengelsdorf* NZA 1989, 489; *Jessnitzer/Blumberg* § 3 Rn. 1; *Bauer* AnwBl. 1985, 225; BAG NJW 1990, 404 = MDR 1990, 185 = BRAK-Mitt. 1990, 60; NZA 1996, 892; vgl. auch OVG Hamburg ZBR 1991, 124). Zur Honorierung vgl. BAG NJW 1991, 1846; NZA 1993, 605; BB 1996, 1937; BAGE 77, 273 = MDR 1995, 936 = NZA 1995, 545; *Bauer* NZA 1992, 433.

41 **Für bestimmte Verfahren** bzw. Handlungen ist die **Möglichkeit, sich überhaupt vertreten zu lassen, allerdings ausgeschlossen,** so zB für Prüfungsverfahren § 2 Abs. 3 Nr. 2 BVwVfG und Art. 2 Abs. 3 Nr. 2 BayVwVfG; für unvertretbare Handlungen § 79 LVwG Schleswig-Holstein, zur Beantragung von Führungszeugnissen § 30 Abs. 2 S. 3 BZRG und § 150 Abs. 2 S. 2 GewO und zur Unterzeichnung von Steuererklärungen nach § 150 Abs. 3 AO (*Pestke,* Der Rechtsanwalt als Mitwirkender verwaltungsrechtlicher Verfahren einschließlich solcher des Sozial- und Steuerrechts, Diss. Berlin 1986, E 28; *Pestke* BRAK-Mitt. 1988, 241). Die Versammlungen der Wohnungseigentümer sind nicht öffentlich. Deshalb darf dort ein Wohnungseigentümer, wenn durch Teilungserklärung oder Vereinbarung nicht anders geregelt, auch einen ihn lediglich beratenden Beistand nicht immer, sondern nur dann hinzuziehen, falls er daran ein berechtigtes Interesse hat. Dieses kann sich aus beachtlichen persönlichen Gründen oder aus dem Schwierigkeitsgrad der Angelegenheit ergeben, über die nach der Tagesordnung zu beschließen ist (BGH NJW 1993, 1329).

42 **d) Vertretungsrecht des Zeugen.** Da ein **Zeuge** ungeachtet seiner prozessualen Funktion als Beweismittel **nicht zum bloßen Objekt eines Verfahrens** gemacht werden darf (BVerfGE 38, 105 = NJW 1975, 103 = NDR 1975, 290 = EGE XIII, 238; *Hammerstein* NStZ 1981, 125; *Wagner* DRiZ 1983, 21), verstößt der Ausschluss eines Rechtsbeistandes des Zeugen von der Zeugenvernehmung im allgemeinen gegen das im Rechtsstaatsprinzip enthaltene Recht auf ein faires Verfahren. Der Ausschluss ist nur dann mit dem Rechtsstaatsprinzip vereinbar, wenn er unter Wahrung des Verhältnismäßigkeitsgebotes zur Aufrechterhaltung einer funktionsfähigen, wirksamen Rechtspflege erforderlich ist (BVerfGE 38, 105 = NJW 1975, 103). Das Recht auf Hinzuziehung eines Beistands bei der Vernehmung ist für durch die Straftat verletzte Zeugen in §§ 406f, 406g StPO geregelt. Auf andere Zeugen sind diese Vorschriften nicht entsprechend anwendbar. Unter engen Voraussetzungen sieht § 68b StPO einen Zeugenbeistand für die Dauer der Vernehmung vor (*Meyer-Goßner* StPO Vor § 48 Rn. 11).

43 Ist ein **Zeuge** danach berechtigt, einen **Rechtsanwalt** seiner Wahl hinzuzuziehen, kann dieser **nur aufgrund gesetzlicher Regelung von der Vernehmung zurückgewiesen** werden. In dieser muss geregelt sein, welche Vorkommnisse als Ausschlussgründe in Betracht kommen, mit welchem Grad des Verdachts ein Vorkommnis zur Überzeugung der Staatsanwaltschaft oder des Gerichts feststehen muss und wem die Kompetenz zum Ausschluss als Beistand zustehen soll (BVerfG NJW 2000, 2660 = MDR 2000, 791 = BRAK-Mitt. 2000, 139). Die Nichtöffentlichkeit des Verfahrens steht der Anwesenheit des Anwalts nicht entgegen (BVerfGE 38, 105 = NJW 1975, 103). Ein Zeuge kann die Aussage über den Inhalt des mit seinem anwaltlichen Beistand geführten Beratungsgespräches verweigern, das der Beantwortung einer an ihn gerichteten Frage vorausgegangen ist (LG Lübeck StV 1993, 516).

43a Der **Zeuge** kann jedoch **nicht die Beiordnung eines Rechtsanwalts auf Staatskosten** verlangen (BVerfGE 38, 105 = NJW 1975, 103; BVerfG AnwBl. 1983, 456), es sei denn, das Rechtsstaatsprinzip sowie das Gebot des fairen Verfahrens gebieten es, indem zB die Voraussetzungen des § 68b bzw. § 406g StPO vorliegen (vgl. auch *Meyer-Goßner* StPO Vor § 48 Rn. 11; OLG Stuttgart StV 1992, 262 = NStZ 1992, 340 mit Anm. *Pasker* NStZ 1993, 201; OLG Düsseldorf MDR 1993, 71; LG Verden StV 1992, 268). Auch der gerichtliche Sachverständige kann sich in diesem Umfang eines Rechtsanwalts als Rechtsbeistand bedienen (vgl. §§ 68b, 72 StPO; *Jessnitzer,* Der gerichtliche Sachverständige, 8. Aufl. 1980, 142; OLG Düsseldorf JMBl. NJW 1980, 35; *Mümmler* JurBüro 1985, 1627). Das Recht des Zeugen, einen Rechtsanwalt seines Vertrauens als Rechtsbeistand zur Vernehmung hinzuzuziehen, gewährt keine Befugnis, einem Vernehmungstermin überhaupt fernzubleiben (BGH NStZ 1989, 484 mit Anm. *Krehl* NStZ 1990, 192).

44 **e) Vertretung vor Vereinsgerichten.** In **Verfahren vor Vereinsgerichten** muss Mitgliedern in sachgerechter Weise das rechtliche Gehör gewährt werden. Daraus kann aber nicht generell das Recht eines Mitglieds abgeleitet werden, sich in jedem Falle anwaltlich vertreten zu lassen (**aA** Gaier/Wolf/Göcken/*Wolf* § 3 Rn. 59). Im allgemeinen muss vorausgesetzt werden, dass das betroffene Vereinsmitglied vor dem Ehrengericht selbst seine Interessen hinreichend vertreten kann, auch wenn es um den Vereinsausschluss geht (BGHZ 55, 381 = NJW 1971, 870). Dies ist jedenfalls dann anzunehmen, wenn es sich um einfache Vorgänge des Vereinslebens handelt und der Betroffene deshalb unzweifelhaft in der Lage gewesen wäre, zu den erhobenen Vorwürfen und den Aussagen der vernommenen Zeugen interessengemäß Stellung zu nehmen. Daran ändert auch der Umstand nichts, dass ein Rechtsanwalt Vorsitzender des Ehrengerichts ist. Die Tatsache allein, dass der Vorsitzende des Ausschließungsorgans eines Vereins Volljurist ist, ist kein zwingender Grund, die Vertretung des betroffenen Mitglieds durch einen Rechtsanwalt zuzulassen. Die Bestellung eines Volljuristen zum Vorsitzenden ist grundsätzlich keine Verschlechterung, sondern eine Verbesserung auch der Situation des betroffenen Mitgliedes (BGH NJW 1975, 160). Zu rechtlichen Grenzen von Beratertätigkeiten im Sport vgl. *Buchberger* AnwBl. 2000, 637. Da die Parteischiedsgerichte der politischen Parteien regelmäßig keine Schiedsgerichte iSv §§ 1025 ff. ZPO sind (OLG Köln NVwZ 1991, 1116 = NJW 1992, 122, nur Ls.), gilt § 1042 Abs. 2 ZPO nicht. Es verstößt nicht gegen die Rechte eines Parteimitglieds, wenn es in parteigerichtlichen Verfahren sich nicht der Hilfe eines parteifremden Rechtsanwalts bedienen kann (*Morlok* NJW 1991, 1162 mwN; **aA** Henssler/Prütting/*Koch* § 3 Rn. 23; so auch Gaier/Wolf/Göcken/*Wolf* § 3 Rn. 59). Rechtliches Gehör ist immer zu gewähren. Im schiedsrichterlichen Verfahren nach §§ 1025 ff. ZPO dürfen Rechtsanwälte als Bevollmächtigte niemals ausgeschlossen werden (§ 1042 Abs. 2 ZPO).

45 **f) Vertretung im Schlichtungsverfahren.** Der Ausschluss anwaltlicher Vertretung generell im **Schlichtungsverfahren** und der Ausschluss anwaltlichen Beistandes in **Güteverhandlungen vor dem Schlichtungsausschuss einer Kassenärztlichen Vereinigung** ist unwirksam, auch wenn die entsprechende Schlichtungsordnung dies vorsieht. Der Ausschluss anwaltlicher Mitwirkung im Schlichtungsverfahren widerspricht der im Grundrecht aus Art. 2 Abs. 1 GG enthaltenen grundsätzlichen Befugnis, rechtlichen Beistand in Anspruch zu nehmen (OVG Münster AnwBl. 1993, 190; Gaier/Wolf/Göcken/*Wolf* § 3 Rn. 55).

46 **3. Verzicht auf freie Anwaltswahl.** Auf das Recht aus Abs. 3, sich im Rahmen der gesetzlichen Vorschriften eines **Rechtsanwalts seiner Wahl** zu bedienen, kann vertraglich vorab **grundsätzlich nicht verzichtet** werden. Das Recht der freien Anwaltswahl, wie es in Abs. 3 normiert ist, hat das Gesetz dem Einzelnen um seines individuellen Schutzes willen verliehen und kann im

Hinblick darauf, dass das persönliche Vertrauen des Rechtsuchenden in den zu beauftragenden Anwalt die sachliche Grundlage des Mandatsverhältnisses bildet, grundsätzlich auch nur von dem in seinen Interessen betroffenen Rechtsuchenden selbst wahrgenommen werden. Dieses Recht hängt eng zusammen mit dem Grundsatz der freien Advokatur, der zu den tragenden Grundlagen der Rechtsordnung zählt (BVerfGE 15, 226 = JZ 1963, 363; BVerfGE 34, 293 = NJW 1973, 696). Es würde beeinträchtigt, wenn die Auswahl des Rechtsanwalts zB aufgrund von Mitgliedschaftsbedingungen eines Mietervereins nicht mehr demjenigen überlassen bliebe, dessen Interessen zu wahren sind, und auf den Verein übertragen würde, der insoweit keine eigenen Rechte verfolgt und dessen Vertrauen in den zu beauftragenden Rechtsanwalt möglicherweise sogar auf Erwägungen beruhen, die mit den Interessen des Betroffenen nicht übereinstimmen. Das Vertrauen in die persönliche und fachliche Qualifikation des Rechtsanwalts, das für die Erteilung des Auftrags zur Verfolgung der wahrzunehmenden Interessen maßgeblich ist, bliebe dann unberücksichtigt (BGHZ 109, 153 = NJW 1990, 578 = MDR 1990, 313 mit Anm. *Bauer* NJW 1991, 1335).

Aufnahmebedingungen eines **Mietervereins,** die mit dem Erwerb der Mitgliedschaft den 47
Erwerb von Wohnungsrechtsschutz nach § 29 ARB im Rahmen eines **Gruppenversicherungsvertrages** automatisch verknüpfen, **beeinträchtigen das Recht** des Einzelnen **auf freie Anwaltswahl** (§ 3 Abs. 3) in unzumutbarer Weise (§ 242 BGB) und sind mit § 3 UWG nicht zu vereinbaren, soweit sie dem Verein das Recht vorbehalten, den dem Rechtsschutzversicherer im Versicherungsfall zu benennenden Rechtsanwalt selbst auszuwählen, ohne dabei an die Benennung eines Anwalts durch das Mitglied gebunden zu sein (BGHZ 109, 153 = NJW 1990, 578; damit bestätigt: OLG Karlsruhe BRAK-Mitt. 1988, 214 = GRUR 1988, 703 mit Anm. *Feuerich* GRUR 1989, 282). Daher kann auch nicht allgemein wirksam in einem Rechtsschutzversicherungsvertrag vereinbart werden, dass der Versicherungsnehmer an den Anwalt gebunden ist, der von der Versicherungsgesellschaft ausgewählt wird. Diese Vereinbarung widerspricht dem Schutzzweck des Abs. 3 (*Isele* § 3 Anm. IV B 2b).

Zwar hat die Rechtsprechung die in **§§ 7 Abs. 2 Nr. 5 AKB, 5 Nr. 4 S. 1 AHB** vorgesehe- 48
ne **Verpflichtung** des Versicherungsnehmers, im Falle eines Rechtsstreits **dem Versicherer die Führung des Rechtsstreits zu überlassen,** wozu auch gehört, dass der Versicherungsnehmer dem vom Versicherer ausgesuchten Anwalt Vollmacht erteilt und ihn informiert, bislang als rechtmäßig angesehen, da dieser Regelung eine vertretbare Interessenabwägung zugrunde liege (BGH VersR 1991, 236; *van Bühren* AnwBl. 1987, 13 mwN). Letztlich liegt darin aber eine Beeinträchtigung des Rechtes auf freie Anwaltswahl, zumal die Interessen des regelmäßig wirtschaftlich schwächeren Versicherungsnehmers zu wenig berücksichtigt werden und es nicht zutrifft, dass der Versicherungsnehmer im Prozess über den Anspruch des Geschädigten vom Prozessergebnis wirtschaftlich nicht betroffen wird. Die Regelung kann gemessen an § 305c BGB (früher § 9 Abs. 1 und 2 Nr. 1 AGBG) keinen Bestand haben (zur näheren Begründung vgl. *Koch/Hirse* VersR 2001, 405; Gaier/Wolf/Göcken/*Wolf* § 3 Rn. 65).

Gesetzliche Beschränkungen hinsichtlich der freien Anwaltswahl gibt es in gewissen Grenzen 49
im Bereich der **Pflichtverteidigung** (→ Rn. 29), der **Prozesskostenhilfe** (Baumbach/Lauterbach/Albers/*Hartmann* ZPO § 121 Rn. 75) und des **Notanwalts** (§ 78b ZPO; Baumbach/Lauterbach/Albers/*Hartmann* ZPO § 78c Rn. 4 ff.). Zum Recht des Rechtsanwalts zur **Beratung und Vertretung im Ausland,** insbesondere im Bereich der EU vgl. *Jessnitzer* BRAK-Mitt. 1985, 78; *Dieblich* BRAK-Mitt. 1986, 128; *Schmalz* BRAK-Mitt. 1986, 1; *Gellner* BRAK-Mitt. 1986, 8; **vgl. auch § 29a**. Zur Rechtsverfolgung im Ausland als wachsende Aufgabe für die deutsche Anwaltschaft vgl. *Moecke* BRAK-Mitt. 1986, 188. Mandantenschutzvereinbarungen, in welchen Rechtsanwälte sich verpflichten, Mandatsangebote der für den anderen Rechtsanwalt geschützten Mandanten abzulehnen und darüber hinaus auf diesen einzuwirken, sich weiterhin von dem anderen vertreten zu lassen, verstoßen gegen § 3 Abs. 3 und sind deswegen unwirksam (LAG Baden-Württemberg AnwBl. 1987, 142; → § 2 Rn. 31 ff.). Durch eine Verfahrensvorschrift, die vorsieht, dass ein Schriftstück entweder an den Betroffenen selbst oder seinen Bevollmächtigten zugestellt werden kann, wird das Recht des Betroffenen, sich durch einen Rechtsbeistand vertreten zu lassen, nicht berührt (Staatsgerichtshof Hessen DÖD 1991, 279 zu § 20 Abs. 2 HDO).

V. Gleichstellung der Rechtsanwälte aus den beigetretenen Bundesländern

1. Frühere Rechtslage. Hinsichtlich der **Rechtsstellung von Rechtsanwälten aus der** 50
DDR in der Bundesrepublik Deutschland vor der Demokratisierung aufgrund der Herbstrevolu-

tion 1989 vgl. 2. Aufl. § 3 Rn. 50 ff. Danach war die Rechtsstellung der Anwälte aus der DDR durch Art. 21 des Gesetzes zu dem Vertrag vom 18.5.1990 über die Schaffung einer Währungs-, Wirtschaft- und Sozialunion zwischen der Bundesrepublik Deutschland und der Deutschen Demokratischen Republik (BGBl. II S. 518, 525) iVm der Bekanntmachung über das Inkrafttreten des Art. 21 (BGBl. 1990 II S. 787) geprägt (vgl. amtliche Begründung, BT-Drs. 11/7350, 37; BGH-Ermittlungsrichter MDR 1990, 937 = DtZ 1990, 214 = AnwBl. 1990, 461 = StrV 1990, 391; *Dörig* NJW 1990, 2117; *Schmalz* BRAK-Mitt. 1990, 61; BRAK in BRAK-Mitt. 1990, 87). Hinsichtlich der Niederlassung von Rechtsanwälten, die in der DDR zugelassen waren, wurde durch die „Erste Verordnung zur Durchführung des § 206 Abs. 2 der BRAO" vom 6.8.1990 (BGBl. I S. 1512) die Regelung der §§ 206, 207 für anwendbar erklärt (vgl. Anm. zu § 206 und *Dörig* NJW 1990, 2117; *Schmalz* BRAK-Mitt. 1990, 61; *Kaiser* AnwBl. 1991, 133; Mitteilungen der BRAK in BRAK-Mitt. 1990, 87).

51 Entsprechend ihrer Verpflichtung nach Ziffer 21h der Anlage III zu dem Vertrag vom 18.5.1990 nahm auch die DDR Änderungen zum Anwaltsrecht vor. Nach der „Verordnung über die Tätigkeit und die Zulassung von Rechtsanwälten mit eigener Praxis" vom 22.2.1990 (GBl. DDR I S. 147 = NJW 1990, 1587 vgl. *Gerstewitz* BB 1990, Beilage 23, 15) und der „Anordnung über Büros außerhalb der DDR zugelassener Rechtsanwälte" vom 17.4.1990 (GBl. DDR I S. 241 = NJW 1990, 1590 mit Anm. *Treffkorn* DtZ 1990, 72) wurde am 7.6.1990 auch eine „Anordnung über die Tätigkeit in der Bundesrepublik Deutschland zugelassener Rechtsanwälte in der DDR" erlassen (GBl. DDR I S. 664 = NJW 1990, 1897). Zu den Möglichkeiten der Betätigung bundesdeutscher Rechtsanwälte in der DDR vgl. die zusammenfassende Darstellung von *Wasmuth* MDR 1990, 760 und *Treffkorn* NJW 1990, 2116; zur Kooperation mit DDR-Anwälten *Billmann* DtZ 1990, 22; zum Standesrecht der DDR *Maiwald* DtZ 1990, 68 und zur Rechtsstellung der Justitiare in der DDR *Hannemann/Haring* DtZ 1990, 73.

52 **2. Rechtslage nach Beitritt.** Die in den beigetretenen Ländern und die im Geltungsbereich der BRAO zugelassenen Rechtsanwälte standen in dem jeweils anderen Gebiet einem dort zugelassenen Rechtsanwalt gleich (Anlage I Kapitel III Sachgebiet A Abschnitt II Ziffer 2. zum Einigungsvertrag). Das heißt, die nach der BRAO oder dem RAG zugelassenen Rechtsanwälte konnten **gleichermaßen im gesamten Bundesgebiet anwaltliche Dienstleistungen erbringen.** Nur soweit eine besondere Zulassung bei einem bestimmten Gericht erforderlich ist, konnten vor diesem nur die dort zugelassenen Rechtsanwälte tätig werden (*Odersky* AnwBl. 1991, 238, 246).

53 Die unter Rn. 51 angeführten Übergangsregelungen, insbesondere für die Tätigkeit und Niederlassung von Rechtsanwälten im jeweils anderen Gebiet, die an die damals noch bestandene deutsche Zweistaatlichkeit anknüpften, waren grundsätzlich nicht mehr anwendbar. Sie waren durch die Gleichstellungserklärung des Einigungsvertrages überholt (*Papier* BRAK-Mitt. 1991, 2, 6). Das galt auch für die „Erste Verordnung zur Durchführung des § 206 Abs. 2 der BROA" vom 6.8.1990 (BGBl. I S. 1512) und die „Anordnung über Büros außerhalb der DDR zugelassener Rechtsanwälte" vom 17.4.1990 (GBl. DDR I S. 241). Die daraus sich ergebenden Beschränkungen waren entfallen (*Wasmuth* BRAK-Mitt. 1990, 194, 197).

54 Für die von nach der BRAO zugelassenen Rechtsanwälten nach der Anordnung vom 17.4.1990 in dem Gebiet der früheren DDR begründeten **„Zweitbüros"** galten nach Art. 19 des Einigungsvertrages (BGBl. II 1990 S. 889) die von dem DDR-Justizministerium erteilten Genehmigungen zunächst weiter. Diese „Zweitbüros" waren, sofern sie nicht als „überörtliche Sozietät" fortgeführt wurden, entsprechend § 28 aF zu behandeln (*Papier* BRAK-Mitt. 1991, 2, 6). Die Rechtsanwälte waren nur Mitglieder der Rechtsanwaltskammer, in deren Bezirk sie nach § 18 aF zugelassen waren (§ 60 Abs. 1). Diese „Zweitbüros" unterlagen grundsätzlich der Widerrufsregelung des § 28 Abs. 2 aF (DAV AnwBl. 1991, 251). Von der Widerrufsmöglichkeit durfte nicht willkürlich Gebrauch gemacht werden, sondern nur dann, wenn es aus sachlichen Erwägungen geboten erschien (EGH Hamm EGE VIII, 99). Zur näheren Begründung vgl. 2. Aufl. § 3 Rn. 54. Die nach dem 3.10.1990 ohne Erlaubnis in den neuen Bundesländern gegründeten „Zweitbüros" verstießen gegen § 28 Abs. 1 S. 1 aF. Für eine Niederlassung nach der BRAO zugelassener Anwälte im Geltungsbereich des RAG bestand nunmehr keine Rechtsgrundlage mehr (*Koch/Bach* AnwBl. 1990, 596, 598; *Odersky* AnwBl. 1991, 238, 246). Die weitere Einrichtung von „Zweigstellen" in den neuen Bundesländern konnte nicht nach § 28

Abs. 1 aF gestattet werden. § 28 Abs. 1 aF betraf nur die Gestattung von Zweigstellen im Zulassungsbezirk; § 28 aF hatte keine länderübergreifende Geltung. Eine länderübergreifende Anwendung würde zu Eingriffen in die Verwaltungshoheit anderer Bundesländer führen (*Papier* BRAK-Mitt. 1991, 2, 6). Eine entsprechende Anwendung des § 28 aF für die Gestattung der Einrichtung von „Zweigstellen" in den neuen Bundesländern war auch nicht erforderlich, da neben der Bildung überörtlicher Sozietäten es auch möglich war, dass ein nach der BRAO zugelassener Rechtsanwalt unter Verzicht auf diese Zulassung nach dem RAG als Rechtsanwalt zugelassen wurde (vgl. auch DAV AnwBl. 1991, 251).

Die von Rechtsanwälten aus dem Geltungsbereich des RAG nach der „Ersten Verordnung zur Durchführung des § 206 Abs. 2 der BRAO" im Geltungsbereich der BRAO erfolgten Niederlassungen mit der beschränkten Rechtsbesorgungsbefugnis nach § 206 Abs. 2 waren schon durch die uneingeschränkte Rechtsbesorgungsbefugnis nach Anlage I Kapitel III Sachgebiet A Abschnitt II Nr. 2 des Einigungsvertrages überholt. **55**

Auch diese Rechtsanwälte konnten mit im Geltungsbereich der BRAO niedergelassenen Rechtsanwälten überörtliche Sozietäten bilden in den Grenzen, wie diese im Geltungsbereich der BRAO für zulässig erachtet wurden (vgl. 2. Aufl. § 45 Rn. 163 ff.). Der Umstand, dass nach Anlage II Kapitel III Sachgebiet A Abschnitt III Nr. 1 lit. f des Einigungsvertrages Vorschriften des RAG „über die überörtliche Sozietät ... entfallen" und sie „auch auf vor dem Wirksamwerden des Beitritts eingegangene Rechtsverhältnisse nicht anzuwenden" sind, stand dem nicht entgegen. Daraus ergab sich kein Verbot der überörtlichen Sozietät, sondern es sollte lediglich eine gesetzliche Festschreibung dieser Möglichkeit für einen Teil des Bundesgebietes vermieden werden, damit die in Rechtsprechung und Literatur andauernde diesbezügliche Reformdiskussion nicht für ein Teilgebiet abgeblockt wurde. Diese zentrale Frage der andauernden Reformdiskussion um das anwaltliche Berufsrecht sollte nicht durch partiellrechtliche Regelungen des RAG vorzeitig präjudiziert werden (Erläuterungen der Bundesregierung zu den Anlagen zum Einigungsvertrag, BR-Drs. 605/90, 61; *Kaiser* AnwBl. 1991, 133; *Odersky* AnwBl. 1991, 238, 246). Der Rechtszustand, wie er vor dem Beitritt im Geltungsbereich der BRAO bereits erreicht war, sollte fortgelten. Soweit danach eine überörtliche Sozietät mit Rechtsanwälten im Geltungsbereich der BRAO zulässig war, konnten auch Rechtsanwälte aus den beigetretenen Bundesländern solche mit ihnen eingehen. **56**

3. Jetzige Rechtslage. Durch die Übergangs- und Aufhebungsbestimmungen in Art. 21 des Gesetzes zur Neuordnung des Berufsrechts der Rechtsanwälte und Patentanwälte vom 2.9.1994 (BGBl. I S. 2278) wurde bestimmt, dass das Rechtsanwaltsgesetz vom 13.9.1990 (GBl. DDR I Nr. 61 S. 1504) aufgehoben wurde. Nach dem RAG zugelassene Rechtsanwälte sind nunmehr nach der BRAO zugelassen. Das anwaltliche Berufsrecht in der Bundesrepublik Deutschland ist seitdem in der BRAO einheitlich geregelt. Art. 21 des Gesetzes zur Neuordnung des Berufsrechts der Rechtsanwälte und der Patentanwälte vom 2.9.1994 (BGBl. I S. 2278) konnte daher durch Art. 43 des Ersten Gesetzes über die Bereinigung von Bundesrecht im Zuständigkeitsbereich des Bundesministeriums der Justiz vom 13.4.2006 (BGBl. I S. 866, 872) aufgehoben werden (vgl. auch § 214 und dort Anm.). **57**

Die BRAO galt nicht sofort in ihrer Gesamtheit. § 65 Nr. 2 war in den neuen Bundesländern erst ab dem 1.1.1997 anzuwenden. Da sich die Rechtsanwaltschaft in den neuen Ländern in der bestehenden, staatlich ungebundenen Form erst seit dem Jahre 1990 entwickelt hat, verfügten einige gewählte Mitglieder der Kammervorstände und der bisherigen Berufsgerichtsbarkeit nicht über die in § 65 Nr. 2 vorgeschriebene fünfjährige Berufserfahrung. Um diesen gewählten Rechtsanwälten die Weiterarbeit in ihrem Amt zu ermöglichen und damit für etwaige neue Wahlen ein größerer Kreis von Kandidaten zur Verfügung stand, sollte § 65 Nr. 2 erst zum 1.1.1997 anzuwenden sein. **58**

§ 93 Abs. 1 S. 3 und § 101 Abs. 1 S. 2 waren in den neuen Ländern nicht anzuwenden. Die in der früheren DDR ausgebildeten Juristen konnten die Befähigung zum Richteramt nicht erwerben. Eine Anwendung der genannten Vorschriften auch in den neuen Bundesländern hätte deshalb zur Folge, dass in der Anwaltsgerichtsbarkeit bestimmte Richterämter nur mit Rechtsanwälten, die die Befähigung zum Richteramt erworben haben, besetzt werden könnte. Dies erschien dem Gesetzgeber nicht gerechtfertigt. Der neu eingefügte § 214 Abs. 2 erweitert die Regelung auf das gesamte Bundesgebiet (→ § 214 Rn. 17 f.). **59**

60 In den neuen Bundesländern gilt auch § 60. Dies bereitete in der Praxis Probleme. Lediglich die Rechtsanwaltskammer Sachsen hat ihren Sitz am Ort des OLG. Die sich daraus ergebenden Probleme wurden durch eine Ergänzung des § 215 behoben (→ § 60 Rn. 11; → § 215 Rn. 2).

61 Im Interesse der Betroffenen wird der Zugang zur Rechtsanwaltschaft offen gehalten für Personen, die die Ausbildungsvoraussetzungen des RAG für die Zulassung erfüllen. Zu den Einzelheiten → § 214 Rn. 1 ff.

Zweiter Teil. Die Zulassung des Rechtsanwalts

Erster Abschnitt. Die Zulassung zur Rechtsanwaltschaft

Vorbemerkung (Vor § 4)

Das Recht der **„Zulassung zur Rechtsanwaltschaft"** natürlicher Personen ist abschließend im Zweiten Teil der BRAO, in deren §§ 4–36 geregelt. Dessen Erster Abschnitt (§§ 4–17) enthält Regeln über die Zulassung zur Rechtsanwaltschaft sowie deren Erlöschen, Rücknahme und Widerruf. Der Zweite Abschnitt (§§ 27–31) beinhaltet die Regelung der Kanzleipflicht sowie die der Rechtsanwaltskammer aufgegebene Pflicht zur Führung eines elektronischen Rechtsanwaltsverzeichnisses. Der Dritte Abschnitt (§§ 32–36) verweist auf die Anwendung des Verwaltungsverfahrensgesetzes, soweit diesem keine spezialgesetzliche Regelung der BRAO entgegensteht. Die Zulassung einer Rechtsanwalts-GmbH als Berufsausübungsgesellschaft bestimmt sich nach den §§ 59c ff. 1

Die Zulassungsregeln gehen von dem in Art. 12 Abs. 1 GG garantierten **Grundrecht der Freiheit der Berufswahl** aus und damit von einem **Recht auf Zulassung,** wenn die Zugangsvoraussetzungen (§ 4) vorliegen und kein Versagungsgrund (§ 7) eingreift. Ein Antrag auf Zulassung zur Rechtsanwaltschaft darf nur aus den in der BRAO bezeichneten Gründen abgelehnt werden (§ 6 Abs. 2; BVerfGE 87, 287 = NJW 1993, 317). Eine Bedarfsprüfung findet nicht statt. Im Hinblick auf Art. 12 GG darf es nicht von dem Ermessen einer Verwaltungsbehörde abhängen, ob ein Bewerber zugelassen wird oder nicht. Folglich ist der Katalog der Versagungsgründe abschließend und sind Zulassungsentscheidungen gerichtlich voll kontrollierbar. Demgemäß sind auch das Erlöschen der Zulassung (§ 13) sowie die Rücknahme und der Widerruf der Zulassung (§ 14) an bestimmte gesetzlich fixierte Tatbestände gebunden. 2

Ausgehend von der RAO von 1878 bis zu den ersten Jahrzehnten der Geltungszeit der BRAO lag die Kompetenz für Zulassungsentscheidungen stets in den Händen des Staates (vgl. zB § 8 Abs. 1 aF). Die Rechtsanwaltskammern waren an der Zulassung und deren Rücknahme oder Widerruf nur eingeschränkt beteiligt (§§ 8 Abs. 2, 9, 16 Abs. 2 aF). Als Grund für diese Regelung wurde unter anderem angesehen, da der Staat den Rechtsuchenden gebietet, sich in bestimmten Fällen vor den Gerichten durch einen Rechtsanwalt vertreten zu lassen (vgl. zB § 78 ZPO), sei dieser auch verpflichtet, dafür zu sorgen, dass nur geeignete und zuverlässige Rechtsanwälte den Beruf ausüben. 3

Mit Gesetz vom 31.8.1998 (BGBl. I S. 2600) wurde durch den damals neu eingefügten § 224a aF die Möglichkeit eingeräumt, **Kompetenzen in Zulassungssachen auf die Rechtsanwaltskammern zu übertragen,** um so das Zulassungsverfahren zu vereinfachen und die Landesjustizverwaltungen zu entlasten. Von dieser Ermächtigung haben alle Bundesländer in vollem Umfang Gebrauch gemacht (6. Aufl. § 224a Rn. 1 ff.). Nur die Übertragung der in § 26 aF geregelten Vereidigung neu zugelassener Rechtsanwälte auf die Rechtsanwaltskammern war – außer in Baden-Württemberg – nicht erfolgt, da es sich dabei – ebenso wie bei der in § 31 Abs. 1 aF geregelten Führung der Liste der Rechtsanwälte – um eine Aufgabe handelte, für die nach der BRAO unmittelbar die Gerichte zuständig waren. Diese Zuständigkeiten wurden von § 224a aF nach Wortlaut und Entstehungsgeschichte nicht erfasst (BT-Drs. 13/9610, 6; BT-Drs. 15/5223, 13; 6. Aufl. § 224a Rn. 4). 4

Die **Übertragung der Zulassung zur Rechtsanwaltschaft auf die Rechtsanwaltskammern** hat sich **bewährt.** Die eigenverantwortliche Wahrnehmung aller hiermit zusammenhängenden Aufgaben und Befugnisse durch die berufliche Selbstverwaltungskörperschaft statt durch die unmittelbare staatliche Verwaltung betont die Stellung der Anwaltschaft als unabhängiges Organ der Rechtspflege und Träger eines freien Berufs. Darüber hinaus entlastet sie den Staat von Aufgaben, die auf der Ebene des Berufsstandes selbstverantwortlich und wegen der Kenntnis der Berufssituation in der Regel auch effizienter erledigt werden können. Rechtliche, insbesondere verfassungsrechtliche Bedenken gegen die Übertragung sind nicht ersichtlich. Dies gilt insbesondere auch für die Übertragung der früher dem Gericht vorbehaltenen Abnahme des Berufseides 5 der Rechtsanwälte (§ 26 aF). Auch wenn die Vereidigung nach früherem Recht in öffentlicher Sitzung durch den Vorsitzenden des Gerichts erfolgte (§ 26 Abs. 5 S. 2 aF), handelte es sich nicht um Ausübung rechtsprechender Gewalt iSd Art. 92 GG, sondern um eine unmittelbar dem Gericht zugewiesene Justizverwaltungsaufgabe im materiellen Sinn. Der Gesetzgeber ist daher nicht gehindert, diese Aufgabe statt einem Gericht einer Behörde zuzuweisen. Nach der Rechtsprechung des BVerfG steht es dem Gesetzgeber auch frei, öffentliche Aufgaben im Bereich der beruflichen Zulassung einschließlich der Abnahme von Berufseiden mittelbar durch Körperschaften des öffentlichen Rechts erfüllen zu lassen, also staatliche Aufgaben an Selbstverwaltungskörperschaften zu delegieren (BVerfGE 15, 235 = NJW 1963, 195; BT-Drs. 15/5223, 13).

6 Durch **Gesetz zur Stärkung der Selbstverwaltung der Rechtsanwaltschaft** vom 26.3.2007 (BGBl. I S. 358) wurde daher nicht nur die Gesetzeslage dem Umstand angepasst, dass die Aufgaben und Befugnisse bezüglich der Zulassung und deren Widerruf bzw. Rücknahme tatsächlich von den Rechtsanwaltskammern und nicht wie bisher im Gesetz als Regel vorgesehen von den Landesjustizverwaltungen wahrgenommen werden, sondern es wurde den Kammern auch die bisher den Gerichten obliegende Aufgabe der **Vereidigung neu zugelassener Rechtsanwälte** übertragen (§ 12a Abs. 1).

7 Gleichzeitig wurde die **Lokalisation der Rechtsanwälte** bei einem bestimmten Gericht der ordentlichen Gerichtsbarkeit (§ 18 aF) **aufgegeben.** Seit der durch Gesetz zur Änderung des Gesetzes zur Neuordnung des Berufsrechts der Rechtsanwälte und Patentanwälte vom 17.12.1999 (BGBl. I S. 2448) zum 1.1.2000 erfolgten Änderung des § 78 ZPO ist ein Rechtsanwalt nicht mehr nur bei seinem Zulassungsgericht postulationsfähig, sondern bei allen Land- und Familiengerichten. Auf Grund der Neufassung des § 78 ZPO durch das OLG-Vertretungsänderungsgesetz vom 23.7.2002 (BGBl. I S. 2850, 4410) ist er dies seit dem 1.9.2002 auch bei allen Oberlandesgerichten, wenn er bei einem Oberlandesgericht zugelassen ist. Darüber hinaus ist das in § 25 aF statuierte Verbot der Simultanzulassung bei einem Oberlandesgericht und einem anderen Gericht seit dem 1.7.2002 auf Grund des Urteils des BVerfG vom 13.12.2000 (BGBl. I S. 891) entfallen. Damit hat die Zulassung bei einem oder mehreren Gerichten ihre bisherige berufsregelnde Funktion verloren, nämlich festzulegen, vor welchem örtlichen Gericht der ordentlichen Gerichtsbarkeit ein Rechtsanwalt vertreten darf. Die Lokalisation hat danach im Wesentlichen nur noch die Bedeutung, die zuständige Rechtsanwaltskammer (§ 60) zu bestimmen. Als Anknüpfungspunkt hierfür eignet sich aber ebenso gut der Kanzleisitz (BT-Drs. 15/5223, 13).

8 Infolge des Wechsels der Zuständigkeit von der Landesjustizverwaltung auf die Rechtsanwaltskammer und der Aufgabe der Lokalisation konnten mehrere Bestimmungen aufgehoben werden (§§ 8, 9, 19–21, 23, 25, 26, 28, 32–36 aF). Andere Bestimmungen wurden redaktionell an die veränderte Rechtslage angepasst und die Vorschriften über das Verfahren bei Anträgen auf gerichtliche Entscheidung in Zulassungssachen (§§ 37 ff. aF) wurden gestrichen.

1. Allgemeine Voraussetzung

§ 4 Zugang zum Beruf des Rechtsanwalts

[1] Zur Rechtsanwaltschaft kann nur zugelassen werden, wer die Befähigung zum Richteramt nach dem Deutschen Richtergesetz erlangt hat oder die Eingliederungsvoraussetzungen nach dem Gesetz über die Tätigkeit europäischer Rechtsanwälte in Deutschland vom 9. März 2000 (BGBl. I S. 182) erfüllt oder die Eignungsprüfung nach diesem Gesetz bestanden hat. [2] Das Berufsqualifikationsfeststellungsgesetz ist nicht anzuwenden.

Übersicht

I. Neuregelung der Zugangsvoraussetzungen

1 § 4 S. 1 bestimmt iVm §§ 6 Abs. 2, 7 ein **Recht auf Zulassung,** wenn der Bewerber die **fachlichen Grundvoraussetzungen** erfüllt und **keine gesetzlichen Versagungsgründe** vorliegen. Nachdem alle deutschen Rechtsanwaltsordnungen seit 1878 für die Zulassung zur Rechtsanwaltschaft ausnahmslos die **Befähigung zum Richteramt** verlangten und lediglich § 3 der RAO für die britische Zone auch das Recht der Hochschullehrer auf Zulassung erwähnte (Henssler/Prütting/*Henssler* § 4 Rn. 2), wurde die Zulassungsmöglichkeit nach § 4 infolge europarechtlicher Vorgaben 1990 (vgl. 2. Aufl. § 4 Rn. 1) und 2000 erweitert. Durch Art. 2 Nr. 1 des Gesetzes vom 9.3.2000 (BGBl. I S. 182, 190) wurde § 4 neu gefasst. § 4 wurde den Änderungen durch das Gesetz über die Tätigkeit europäischer Rechtsanwälte in Deutschland (EuRAG) angeglichen. Insbesondere wurde die in Umsetzung der RL 98/5/EG gesetzlich vorgesehene Eingliederung nach §§ 11–15 EuRAG als weiterer Weg zur Rechtsanwaltschaft aufgeführt. Außerdem wurde berücksichtigt, dass die Eignungsprüfung für die Zulassung zur Rechtsanwaltschaft nunmehr in §§ 16 ff. EuRAG und nicht mehr wie bisher im Gesetz über die Eignungsprüfung für die Zulassung zur Rechtsanwaltschaft vom 6.7.1990 (BGBl. I S. 1349) geregelt ist (BR-Drs. 567/99, 86). Zu den Neuregelungen im EuRAG → § 4 Rn. 26. Nunmehr muss ein Bewerber **entweder** die **Befähigung zum Richteramt** haben **oder** er muss die **Eingliederungsvoraussetzungen nach §§ 11–15 EuRAG erfüllen** (→ § 4 Rn. 26; vgl. Kommentierung zu §§ 11–15 EuRAG) **oder** die **Eignungsprüfung** nach den §§ 16–24 EuRAG (→ § 4 Rn. 26; vgl. Kommentierung zu §§ 16–24 EuRAG) **bestanden** haben. § 4 S. 2 wurde angefügt mit Wirkung vom 1.4.2012 durch das Gesetz zur Verbesserung der Feststellung und Anerkennung im Ausland erworbener Berufsqualifikationen vom 6.12.2011 (BGBl. I S. 2515). Zur Begründung vgl. BT-Drs. 17/6260, 57.

2 Zur **weiteren Zulassungsmöglichkeit** unter den Voraussetzungen des § 4 RAG aufgrund der Regelung in **§ 214 Abs. 1** (früher Art. 21 Abs. 8 des Gesetzes vom 2.9.1994, BGBl. I S. 2278) → § 214 Rn. 2 ff. Zum Ausschluss der Zulassung von Kammerrechtsbeiständen → § 209 Rn. 20; BGH BRAK-Mitt. 1995, 208 = Rbeistand 1996, 10.

II. Befähigung zum Richteramt nach dem DRiG

3 Wie bisher kann die Zulassung zur Rechtsanwaltschaft erfolgen, wenn der Bewerber die Befähigung zum Richteramt nach dem DRiG erlangt hat (§§ 5–7, 109, 112 DRiG; BGH BRAK-Mitt. 1995, 208). Wer in einem Lande der Bundesrepublik diese Befähigung nach dem DRiG erworben hat, ist im Bund und in jedem Land der Bundesrepublik zum Richteramt befähigt (§ 6 Abs. 2 DRiG). Wer am 1.7.2003 zum Richteramt befähigt war, behält diese Befähigung (§ 109 DRiG). Die **deutsche Staatsangehörigkeit ist nicht erforderlich** (*Isele* § 4 Anm. V; *Jessnitzer/Blumberg* § 4 Rn. 1). Die BRAO geht davon aus, dass die Befähigung für die Zulassung zur Rechtsanwaltschaft grundsätzlich die gleiche sein muss, wie sie für das Amt des Richters erfordert wird. Es dürfen insoweit keine geringeren, aber auch keine höheren Anforderungen gestellt werden (amtliche Begründung, BT-Drs. 3/120; BVerfGE 10, 185, 198 = NJW 1960, 139; BGH BRAK-Mitt. 1995, 208; *Isele* § 4 Anm. II C; krit. dazu *Redeker* NJW 1987, 2610, 2613; *Kleine-Cosack* § 4 Rn. 1). Der Befähigung zum Richteramt steht die Befähigung zur anwaltlichen Tätigkeit (§ 214 Abs. 1) gleich. Die Befähigung zum Richteramt ist nunmehr nur eine der drei alternativen subjektiven Zulassungsvoraussetzungen.

4 **1. Erwerb der Befähigung zum Richteramt nach § 5 DRiG.** Die grundlegenden Regelungen für die Erlangung der Befähigung zum Richteramt in §§ 5, 5a, 5b, 5d DRiG wurden mit Gesetz zur Reform der Juristenausbildung vom 11.7.2002 (BGBl. I S. 2592) geändert. Das Gesetz trat aber erst am 1.7.2003 in Kraft (Art. 4) und beinhaltet sowohl für Studierende als auch

für Referendare im Vorbereitungsdienst langfristige Übergangsregelungen. Es ist daher angezeigt, sowohl die alte als auch die neue Regelung der §§ 5 ff. DRiG kurz zu skizzieren.

5 **a) Erwerb der Befähigung zum Richteramt durch Ablegung der beiden Staatsprüfungen (§ 5 Abs. 1 DRiG aF).** Die Befähigung zum Richteramt erwirbt, wer ein rechtswissenschaftliches Studium von regelmäßig dreieinhalb Jahren (vgl. § 5a Abs. 1 DRiG aF und die dort vorgesehene Unterschreitungsmöglichkeit dieser Regelstudienzeit) an einer Universität mit der **ersten Staatsprüfung** und einen anschließenden Vorbereitungsdienst mit der **zweiten Staatsprüfung** abschließt (§ 5 Abs. 1 DRiG aF).

6 Von der dreieinhalbjährigen Studienzeit müssen mindestens vier Semester (zwei Jahre) auf ein rechtswissenschaftliches Studium an einer Universität in der Bundesrepublik Deutschland entfallen (§ 5a Abs. 1 DRiG aF). Ein Hochschulstudium in der früheren DDR mit dem Abschluss als Diplomjurist wird dem ersten Staatsexamen iSd § 5 DRiG aF gleichgestellt (Anlage 1 Kapitel III Sachgebiet A Abschnitt III Nr. 8 lit. y gg, BGBl. II S. 931 f., zum Einigungsvertrag). Der Vorbereitungsdienst nach den Vorschriften des DRiG und das zweite Staatsexamen muss von dem Diplomjuristen nachgeholt werden, um die Befähigung zum Richteramt nach dem DRiG zu erwerben (Henssler/Prütting/*Henssler* § 4 Rn. 11; *Dörig* DtZ 1990, 348). Die Tätigkeit als freier Mitarbeiter in einer Rechtsanwaltskanzlei in den neuen Bundesländern ersetzt bei einem Bürger der alten Bundesländer nicht das fehlende zweite juristische Staatsexamen (BGH BRAK-Mitt. 1994, 179). Zur Stellung der Diplom-Juristen aus dem Beitrittsgebiet vgl. § 5 RDGEG und § 214. Zur Zulassung türkischer Staatsangehöriger zum juristischen Vorbereitungsdienst vgl. VG Frankfurt NVwZ-RR 1997, 299.

7 Die Pflichtstationen (§ 5b Abs. 1 Nr. 1–4 DRiG aF) des Vorbereitungsdienstes können im Grundsatz nur bei Stellen in der Bundesrepublik abgeleistet werden, Wahlstationen auch bei einer überstaatlichen, zwischenstaatlichen oder ausländischen Station oder einem ausländischen Rechtsanwalt (§ 5b Abs. 1 Nr. 5 lit. g DRiG aF; zur Tätigkeit bei einem französischen Rechtsanwalt vgl. AnwBl. 1990, 201). Die beiden Staatsprüfungen sind vor hiesigen Prüfungsämtern abzulegen (§ 5d DRiG aF).

8 **b) Erwerb der Befähigung zum Richteramt durch Ablegung der ersten Prüfung und der zweiten Staatsprüfung (§ 5 Abs. 1 DRiG nF).** Nach § 5 Abs. 1 DRiG in der Fassung des Gesetzes vom 11.7.2002 (BGBl. I S. 2592) erwirbt die Befähigung zum Richteramt, wer ein **rechtswissenschaftliches Studium** an einer Universität mit der ersten Prüfung und einen **anschließenden Vorbereitungsdienst** mit der zweiten Staatsprüfung abschließt; die erste Prüfung besteht aus einer **universitären Schwerpunktbereichsprüfung** und einer **staatlichen Pflichtfachprüfung.** Die **Studienzeit** beträgt grundsätzlich vier Jahre; diese Zeit kann unterschritten werden, sofern die jeweils für die Zulassung zur universitären Schwerpunktbereichsprüfung und zur staatlichen Pflichtfachprüfung erforderlichen Leistungen nachgewiesen sind (§ 5a Abs. 1 DRiG nF).

9 Das **Studium wird somit künftig mit der „ersten Prüfung" abgeschlossen; sie tritt an die Stelle der bisherigen „ersten Staatsprüfung".** Die erste Prüfung setzt sich zusammen aus der universitären Prüfung der Schwerpunktbereiche mit Wahlmöglichkeiten (§ 5a Abs. 2 DRiG nF; „Wahlfachprüfung") und der staatlichen Pflichtfachprüfung. Ein Konnex zwischen universitärer und staatlicher Prüfung besteht insoweit, als beide Prüfungen nur in ihrer Summe die erste Prüfung, den ersten berufsqualifizierenden Abschluss iSd Hochschulrechts ausmachen. Das Zeugnis über die erste Prüfung weist eine Gesamtnote aus, in die die Ergebnisse der universitären und der staatlichen Prüfung einfließen. Erst wenn beide Prüfungen bestanden sind, können die Absolventen den Vorbereitungsdienst antreten. Landesrecht kann zeitliche Grenzen vorsehen, innerhalb derer beide Prüfungen abzulegen sind (BT-Drs. 14/7176, 9, 10).

10 Der **Vorbereitungsdienst dauert zwei Jahre** (§ 5b Abs. 1 DRiG nF). Dabei findet die Ausbildung bei **folgenden Pflichtstationen** statt: 1. einem ordentlichen Gericht in Zivilsachen, 2. einer Staatsanwaltschaft oder einem Gericht in Strafsachen, 3. einer Verwaltungsbehörde, 4. einem Rechtsanwalt sowie bei einer oder mehreren Wahlstationen (§ 5b Abs. 2 DRiG nF). Eine Pflichtstation dauert mindestens drei Monate, die Pflichtstation bei einem Rechtsanwalt neun Monate (§ 5b Abs. 4 DRiG nF). Damit wird die **Juristenausbildung stärker als bisher auf das Berufsbild des Rechtsanwalts ausgerichtet.** Zur Finanzierung der anwaltsbezogenen Referendarausbildung gemäß § 5 Abs. 2 Nr. 4 iVm Abs. 6 DRiG (Pflicht- bzw. Wahlpflichtarbeitsgemeinschaften sowie Erstellung von Anwaltsklausuren) kann die Rechtsanwaltskammer

unbefristete zweckgebundene Umlagen erheben (AGH Hmb NJW 2004, 1174 = BRAK-Mitt. 2004, 128). Die Pflicht der Kammern, nach § 73 Abs. 2 Nr. 9 an der Referendarausbildung mitzuwirken, umfasst auch die Befugnis, sich an deren Finanzierung angemessen zu beteiligen (BGH BRAK-Mitt. 2005, 120 mit Anm. *Dahns* = NJW 2005, 1710 = AnwBl. 2005, 501). Die Ausbildung kann in angemessenem Umfang unter anderem auch bei ausländischen Rechtsanwälten stattfinden (§ 5b Abs. 3 DRiG nF). Das Landesrecht kann das Nähere regeln (§ 5b Abs. 6 DRiG nF). Die **zweite Prüfung** ist wie bisher eine **reine Staatsprüfung** (§§ 5 Abs. 1, 5d DRiG nF).

c) Übergangsvorschriften. Art. 3 des Gesetzes vom 11.7.2002 (BGBl. I S. 2592) wahrt den Besitzstand derjenigen Studierenden, die vor dem 1.7.2003 ihr Studium aufgenommen und der Referendare, die bis zum 1.7.2005 den Vorbereitungsdienst aufgenommen haben. Für diese gilt weitgehend das bisherige Recht; das Landesrecht kann die näheren Einzelheiten bestimmen. 11

2. Erwerb der Befähigung zum Richteramt nach § 7 DRiG durch Professoren der Rechte. a) Richteramtsbefähigung. Zum Richteramt befähigt ist nach § 7 DRiG kraft seiner Lehrtätigkeit auch **jeder ordentliche Professor der Rechte an einer Universität der Bundesrepublik Deutschland,** selbst wenn er nicht zwei Staatsprüfungen abgelegt hat (BT-Drs. 3/120, 35). Der ordentliche Professor muss einen Lehrstuhl an einer Universität innehaben. Der Begriff „Universität" ist dabei im herkömmlichen Sinne zu verstehen. Denn wenn ein Professor deswegen Zugang zum Richteramt haben soll, weil er die künftigen Richter ausbildet, dann muss er Professor an einer Studieneinrichtung sein, an der ein juristisches Studium absolviert werden kann. Universität ist deshalb jede Hochschule, an der ein rechtswissenschaftliches Studium möglich ist. Dabei entscheidet nicht der Name, sondern die sachlich-inhaltliche Qualität der Einrichtung (zu den Einzelheiten vgl. *Schmidt-Räntsch* DRiG § 5 Rn. 14 ff., DRiG § 7 Rn. 4). So gilt § 7 nicht für eine „Technische Universität", die ihrer Natur nach eine technische Hochschule ist. Zu den Universitäten gehören ferner nicht die Hochschulen, an denen nur einzelne Disziplinen vertreten sind, wie Hochschulen für Politik, für Sozialwissenschaften, philosophische Hochschulen und ähnliches. Hochschullehrer, die an Fachhochschulen eine Professur für Rechtswissenschaft haben, erwerben die Befähigung zum Richteramt nicht nach § 7 DRiG (*Schmidt-Räntsch* DRiG § 7 Rn. 4; BVerfG NJW 1975 2340). Der Anwendungsbereich des § 7 DRiG ist auf die ordentlichen öffentlichen Lehrer des Rechts beschränkt. Das heißt, anknüpfend an § 43 HRG muss der Professor selbständig Aufgaben wissenschaftlicher Forschung und Lehre an einer wissenschaftlichen Hochschule wahrnehmen. Das trifft für alle Beamte der Hochschule zu, die zu **planmäßigen Professoren** ernannt sind in der Besoldungsstufe C 3 und C 4 (*Schmidt-Räntsch* DRiG § 7 Rn. 6). Andere Dozenten, wie planmäßige außerordentliche Professoren, nichtbeamtete außerordentliche Professoren, Privatdozenten oder Honorarprofessoren, erwerben die Befähigung zum Richteramt nicht kraft ihres Hochschullehreramtes, sondern sie müssen die Voraussetzung des § 5 DRiG erfüllen (*Schmidt-Räntsch* DRiG § 7 Rn. 6). Die Eigenschaft als Hochschullehrer im Ausland erfüllt nicht die Voraussetzungen für die Zulassung zur Rechtsanwaltschaft (BGH BRAK-Mitt. 1985, 226 = AnwBl. 1986, 103). Ordentliche Professoren an rechtswissenschaftlichen Fakultäten/Fachbereichen von wissenschaftlichen Hochschulen in den neuen Bundesländern, welche die Einstellungsvoraussetzungen für Professoren nach § 44 HRRG erfüllen und nach dem 3.10.1990 berufen worden sind, fallen nach dem Einigungsvertrag (Anlage I Kapitel III Sachgebiet A Abschnitt III Nr. 8 lit. y dd, BGBl. II S. 931) unter § 7 DRiG (Henssler/Prütting/*Henssler* § 4 Rn. 15). 12

Der Professor, der die Befähigung zum Richteramt nach § 7 besitzt, behält sie, auch wenn er kein Universitätsamt mehr bekleidet (*Schmidt-Räntsch* DRiG § 7 Rn. 7). Die Befähigung zum Richteramt stellt nämlich eine fachliche Qualifikation dar, die nicht dadurch verloren geht, dass der zum Richteramt Befähigte den Hochschullehrerberuf aufgibt (*Schmidt-Räntsch* DRiG § 7 Rn. 7). Wegen der in § 7 Nr. 10 verankerten **Unvereinbarkeit des Anwaltsberufs** mit der Stellung als aktiver Beamter kann der ordentliche Professor der Rechte an einer Universität allerdings erst nach seiner Entpflichtung zur Rechtsanwaltschaft zugelassen werden (BVerfG Beschluss vom 6.4.1995 – 1 BvR 721/95 nv; BGH BRAK-Mitt. 1985, 226; 1995, 125; BGHZ 60, 152 = NJW 1973, 657 = EGE XII, 51; BGH NJW 1984, 2877 = JZ 1984, 1040 mit Anm. *Tettinger;* BVerfG JZ 1984, 1042; abl. *Nachbaur,* GS Gülzow, 1999, 93 ff.; 13

Michalski/Römermann MDR 1996, 433 mit abl. Anm. *Gruber* MDR 1997, 18; → § 7 Rn. 159, 160).

14 **b) Vertretungsbefugnis. Unabhängig von der Zulassung zur Anwaltschaft** wird in verschiedenen Prozessordnungen den **Rechtslehrern** an deutschen Hochschulen auch während ihrer Tätigkeit als Hochschullehrer eine **Vertretungsbefugnis zugebilligt** (§ 138 Abs. 1 StPO, § 67 Abs. 2 VwGO, § 22 BVerfGG und § 392 AO), ohne dass sie einer Erlaubnis nach dem dem RDG (früher RBerG) bedürfen (BVerwGE 83, 315 = NJW 1988, 220 = BRAK-Mitt. 1988, 283, nur Ls. = AnwBl. 1988, 302 mit Anm. *Chemnitz* = Rbeistand 1988, 51); auf dem Gebiet des Zivilprozesses besteht keine Vertretungsbefugnis, auch auf Hochschullehrer sind §§ 78, 79 ZPO anwendbar. Ein Hochschullehrer hat kein allgemeines Recht zur berufsmäßigen Vertretung vor Gericht (BVerfG NJW 1988, 2335; BVerwGE 83, 315 = NJW 1988, 220 = AnwBl. 1988, 302; Baumbach/Lauterbach/Albers/*Hartmann* ZPO § 157 Rn. 5; Zöller/*Vollkommer* ZPO Vor § 78 Rn. 14).

15 **Zu den Rechtslehrern** in diesem Sinne **gehören** alle **ordentlichen und außerordentlichen Professoren, Honorarprofessoren und Privatdozenten,** deren Lehrgebiet sich auf ein Rechtsgebiet bezieht, gleichgültig ob sie einer Juristenfakultät oder einem das Recht umfassenden Lehrbereich angehören. Der Betroffene muss **selbständiger Rechtslehrer** sein mit der Befugnis – im Rahmen der Lehrziele und -pläne – den Inhalt seiner Vorlesungen selbst zu bestimmen und ohne Aufsicht frei zu gestalten (Löwe/Rosenberg/*Lüderssen/Jahn* StPO § 138 Rn. 8; KK-StPO/*Laufhütte* StPO § 138 Rn. 5).

16 **Nicht zu den Rechtslehrern** in diesem Sinne **gehören die Lehrbeauftragten** (BVerwG JZ 1971, 130; strittig, als zugehörig sehen die Lehrbeauftragten an: Löwe/Rosenberg/*Lüderssen/Jahn* StPO § 138 Rn. 8; KK-StPO/*Laufhütte* StPO § 138 Rn. 5, als nicht zugehörig sehen sie an: *Meyer-Goßner* StPO § 138 Rn. 4 mwN), die Fachhochschullehrer (BGHSt 34, 85, 87; BVerwG NJW 1975, 2356; Professoren an Fachhochschulen sind nicht zur Vertretung vor dem BVerwG befugt: BVerwG NJW 1997, 2399) und Fachhochschullehrer an einer Gesamthochschule (OVG Münster NJW 1980, 1590). In **Steuerstrafverfahren** können nach § 369 AO die Angehörigen steuerberatender Berufe, Wirtschaftsprüfer und vereidigte Buchprüfer bei der Finanzbehörde als Alleinverteidiger gewählt werden, soweit die Finanzbehörde das Verfahren nach § 386 Abs. 2 AO selbständig durchführt. Soweit das Verfahren von der Staatsanwaltschaft betrieben wird, können sie die Verteidigung nur in Gemeinschaft mit den in § 138 Abs. 1 StPO Genannten ohne gerichtliche Genehmigung führen (§ 392 Abs. 1 AO; *Meyer-Goßner* StPO § 138 Rn. 5; KK-StPO/*Laufhütte* StPO § 138 Rn. 6).

17 Stellt das jeweilige Prozessgesetz die Vertretung durch Rechtslehrer an deutschen Hochschulen der Vertretung durch Rechtsanwälte ausdrücklich gleich, dann bedürfen diese einer Erlaubnis nach dem aufgehobenen Rechtsberatungsgesetz bzw. nunmehr nach dem RDG nicht, auch wenn sie Vertretungen wiederholt und damit geschäftsmäßig übernehmen (BVerwGE 83, 315 = NJW 1988, 220; VGH München NJW 1987, 460 mit abl. Anm. *Ostler* NJW 1987, 281, 282; *Jessnitzer/Blumberg* § 3 Rn. 6; *Kopp* VwGO § 67 Rn. 14; *Obermayer* 1983 VwVfG § 14 Rn. 73; *Willms* NJW 1987, 1302; **aA** für den Fall der geschäftsmäßigen Besorgung *Rennen/Caliebe,* 3. Aufl. 2001, RBerG Art. 1 § 1 Rn. 63; *Altenhoff/Busch/Kampmann* Rn. 204; *Bornemann* MDR 1985, 192; *Ostler* AnwBl. 1987, 263; VGH München NJW 1988, 2553 = AnwBl. 1988, 304 = Rbeistand 1988, 53; OVG Koblenz NJW 1988, 2555 = BRAK-Mitt. 1988, 284; Erlaubniszwang auch für unentgeltlich und nur nebenberuflich ausgeübte Rechtsbesorgung Henssler/Prütting/*Henssler* § 4 Rn. 20). §§ 10 ff. RDG ist restriktiv dahin auszulegen, dass dem in ihm enthaltenen Verbot nicht solche Tätigkeiten unterfallen, die in prozessualen Vorschriften der anwaltlichen Tätigkeit ausdrücklich gleichgestellt werden. Anders als mit einer solchen harmonisierenden Auslegung ist das Spannungsverhältnis zwischen den Regelungen des RDG und den zu → § 4 Rn. 14 genannten prozessualen Vorschriften nicht aufzulösen. Im gerichtlichen Antragsverfahren nach der Wehrbeschwerdeordnung können sich Antragsteller daher vor dem BVerwG von Rechtslehrern an deutschen Hochschulen vertreten lassen (BVerwGE 83, 315 = NJW 1988, 220).

18 Im Übrigen gilt das RDG nach allgemeiner Meinung auch für Rechtslehrer an deutschen Hochschulen. Sind die Rechtslehrer nach der jeweiligen Prozessordnung nicht ausdrücklich neben den Rechtsanwälten als den eigentlichen Beratern und Vertretern in allen Rechtsangelegenheiten (§ 3 Abs. 1) als Prozessvertreter zugelassen, dann sind sie insoweit auf eine nicht

geschäftsmäßige Besorgung fremder Rechtsangelegenheiten nach § 2 Abs. 3 Nr. 1 RDG erlaubnisfreier Gutachtertätigkeiten beschränkt. So sind sie von der geschäftsmäßigen Prozessvertretung vor dem VG und VGH ausgeschlossen, da nach § 67 Abs. 1 VwGO die Tätigkeit der Professoren nur vor dem BVerwG der der Rechtsanwälte gleichgestellt ist, vor dem VG und dem OVG besteht kein Anwaltszwang (§ 67 Abs. 2 VwGO; VGH Mannheim NJW 1991, 1195; OVG Koblenz NJW 1988, 2555 = BRAK-Mitt. 1988, 284; VGH München 25. Senat NJW 1988, 2553 = AnwBl. 1988, 304 = Rbeistand 1988, 53 = BRAK-Mitt. 1984, 284; *Hartstang* II 216 ff.; **aA** VGH München 9. Senat NJW 1987, 460 und VGH München 20. Senat NJW 1988, 2554 = BRAK-Mitt. 1988, 284; *Schenke* DVBl. 1990, 1151). Gleiches gilt für Zivilverfahren (§§ 78, 79 ZPO).

Auf die Rechtslehrer an deutschen Hochschulen, die befugt sind, als **Verteidiger** in Strafverfahren aufzutreten, ist das **RVG nicht unmittelbar anwendbar** (LG Gießen AnwBl. 1987, 499 mit abl. Anm. *Herrmann*). Das gilt auch bei ihrer Tätigkeit nach anderen Verfahrensordnungen (VG München NJW 1989, 314 = NVwZ 1989, 2842; **aA** *Mußgnug* NJW 1989, 2037; Riedel/Sußbauer/*Pankatz* RVG § 1 Rn. 26; vgl. auch *Allgaier* DÖD 1989, 49). Die Aufwendungen für die Vertretung durch einen Rechtslehrer an einer deutschen Hochschule in einem Verfahren vor dem VGH (§ 162 Abs. 1 VwGO) sind aber in der Regel in Höhe der einem Rechtsanwalt nach dem RVG zustehenden Gebühren und Auslagen erstattungsfähig (VGH München NJW 1992, 853), ebenso bei Vertretung in Strafsachen (OLG Düsseldorf MDR 1995, 423 = BRAK-Mitt. 1995, 131). 19

3. Anerkennung ausländischer Prüfungen nach § 112 DRiG. Nach § 112 Abs. 1 DRiG werden die Vorschriften über die **Anerkennung von Prüfungen nach dem Bundesvertriebenengesetz** durch das DRiG nicht berührt. Mit Gesetz vom 11.7.2002 (BGBl. I S. 2592) wurde bestimmt, dass dies mit Wirkung vom 1.7.2003 auch für landesrechtliche Vorschriften über die Anerkennung der universitären Schwerpunktbereichsprüfung (§§ 5a Abs. 1 S. 1, 5d Abs. 1 und 2 DRiG nF) gilt. 20

Diese Neuregelung „ermöglicht, dass im Ausland erbrachte Leistungen auf die universitäre Wahlfachprüfung angerechnet werden können; denn nach § 20 S. 1 HRG werden ausländische Studien- und Prüfungsleistungen auf Antrag anerkannt, wenn ihre Gleichwertigkeit festgestellt ist. Die Lockerung der bisher in § 20 S. 2 HRG durch die Verweisung auf § 112 DRiG bestehenden Einschränkung stellt einen bedeutenden Schritt zur Anrechnung von im europäischen Ausland erbrachten Studienleistungen und zur Angleichung rechtswissenschaftlicher Studiengänge im Rechtsraum Europa dar. Einzelheiten bleiben der landesrechtlichen Regelung überlassen“ (Begründung des Gesetzentwurfes der Fraktionen von SPD und Grünen, BT-Drs. 14/7176, 15). 21

In allen Fällen kommt eine **Anerkennung nur** in Betracht, **wenn die Prüfungen und Befähigungen der Befähigung zum Richteramt gleichwertig** sind. Dabei ist zwischen der ersten und der zweiten Staatsprüfung zu unterscheiden. In der Praxis wird eine Gleichwertigkeit mit der ersten juristischen Staatsprüfung (ab 1.7.2003: „erste Prüfung“, § 5 Abs. 1 DRiG nF) häufig bejaht, zB für die Diplome aus Polen. So wird die in Polen abgelegte Magisterprüfung lediglich dem ersten, nicht aber dem zweiten Staatsexamen als gleichwertig anerkannt (BGH BeckRS 2001, 30212789). Ein italienischer Studienabschluss ist nicht dem ersten Staatsexamen gleichgestellt und berechtigt nicht zur Teilnahme am Referendariat (BVerwG NJW 1996, 2945 = JZ 1997, 463). In der Regel scheidet eine Gleichwertigkeit solcher Prüfungen und Befähigungsnachweise aber auch Ernennungen zum Richter im Ausland (BGH NJW 1990, 910; BVerwGE 55, 104; EGH Schleswig Beschluss vom 2.6.1987 – 1 EGH 9/86 nv, bestätigt durch BGH Beschluss vom 30.11.1987 – AnwZ (B) 42/87 nv) mit dem zweiten juristischen Staatsexamen aus (*Schmidt-Räntsch* DRiG § 112 Rn. 2–9 mwN). 22

Es ist anders als nach der früheren Rechtsprechung (BVerwGE 55, 104) nicht darauf abzustellen, ob der Antragsteller durch Studium und Prüfung pp. im Ausland die Befähigung vermittelt erhalten hat, sich erst noch in angemessener, aber nicht zu kurz bemessener Zeit in die Hauptgebiete des Rechts der Bundesrepublik einzuarbeiten. Vielmehr ist es erforderlich, dass die etwaigen Prüfungen oder Befähigungsnachweise die unmittelbare Berufsfähigkeit vermitteln, ohne sich erst einarbeiten zu müssen (VGH Mannheim NJW 1991, 3109 = AnwBl. 1992, 235; EGH Schleswig Beschluss vom 2.6.1987 – 1 EGH 9/86 nv, in Fortführung von BVerwGE 72, 141 = NJW 1986, 1511). Prüfungen oder Befähigungsnachweise in einem 23 fremden Rechtskreis wie Rumänien reichen nicht aus (EGH Schleswig Beschluss vom 2.6.1987 – 1 EGH 9/86 nv).

24 Hatte der Vertriebene am 2.10.1990 seinen ständigen Aufenthalt in der früheren DDR, muss nach § 102 lit. c BVFG (aufgehoben) zudem ein dringendes berufliches Interesse an der Anerkennung bestehen. Das wird zB fehlen, wenn der Betreffende in der DDR eine bereits nach dem Einigungsvertrag anerkannte Befähigung erworben hat und nur die Gleichwertigkeit mit dem ersten juristischen Staatsexamen in Betracht kommt. Im Übrigen wird in der Regel ein dringendes berufliches Interesse an der Anerkennung zu bejahen sein (*Schmidt-Räntsch* DRiG § 112 Rn. 10).

25 Nach § 112 Abs. 2 DRiG können juristische Prüfungen, die **Deutsche** aus der früheren DDR vor dem 3.10.1990 im Ausland abgelegt haben, als erste Staatsprüfung iSd § 5 Abs. 1 DRiG aF anerkannt werden, wenn sie in der DDR durch völkerrechtliche Vereinbarung mit der Sowjetunion oder mit Staaten in Mittel- und Osteuropa, die mit der Sowjetunion verbündet waren, oder durch Rechtsvorschrift dem Abschluss als Diplom-Jurist gleichgestellt wurden und der ersten Staatsprüfung gleichwertig sind. Diese Regelung ergänzt die Bestimmungen des Einigungsvertrages, durch die die DDR-Abschlüsse teilweise anerkannt wurden. Zu den Einzelheiten vgl. bei *Schmidt-Räntsch* DRiG § 112 Rn. 2 ff., 11 ff. und DRiG § 6 Anh. Rn. 4 ff.; Henssler/Prütting/*Henssler* § 4 Rn. 23.

III. Erfüllung der Eingliederungsvoraussetzungen nach §§ 11–15 EuRAG

26 Die RL 98/5/EG (→ Teil II Nr. 9) sieht eine **Liberalisierung der Niederlassungsmöglichkeiten für Rechtsanwälte innerhalb der EU** vor. Der deutsche Gesetzgeber hat diese Richtlinie mit Gesetz vom 9.3.2000 (BGBl. I S. 182) in nationales Recht umgesetzt. Ein niedergelassener europäischer Rechtsanwalt (§ 2 EuRAG), der unter der Berufsbezeichnung seines Herkunftsstaates (§ 2 Abs. 1 EuRAG) eine **mindestens dreijährige effektive und regelmäßige Tätigkeit als Rechtsanwalt in Deutschland auf dem Gebiet des deutschen Rechts,** einschließlich des Rechts der EU nachweist (§§ 2 Abs. 1, 11, 12 EuRAG), hat einen **Rechtsanspruch** darauf, **als Rechtsanwalt nach der BRAO** (§ 11 Abs. 1 EuRAG iVm §§ 6–42 BRAO) **zugelassen zu werden.** War der niedergelassene europäische Rechtsanwalt zwar drei Jahre und mehr in Deutschland effektiv und regelmäßig tätig, hat er dabei aber nur für kürzere Zeit sich in deutschem Recht betätigt, kann er gleichwohl zur Rechtsanwaltschaft nach der BRAO zugelassen werden, wenn er seine Fähigkeit, die Tätigkeit als Rechtsanwalt in Deutschland weiter auszuüben, gemäß §§ 14, 15 EuRAG nachweist. Insbesondere durch ein Gespräch mit der Rechtsanwaltskammer (§§ 15, 41 EuRAG) wird dann überprüft, ob der Antragsteller seine Tätigkeit in Deutschland effektiv und regelmäßig ausgeübt hat, und ob er imstande ist, diese Tätigkeit als Rechtsanwalt nach der BRAO weiterhin auszuüben (zu den Einzelheiten vgl. Kommentierung zu §§ 11–15 EuRAG). Die Zulassung nach §§ 11 ff. EuRAG iVm §§ 4, 6 ff. BRAO bewirkt im Ergebnis eine Gleichstellung mit Rechtsanwälten, die aufgrund des Erwerbs der Befähigung zum Richteramt nach dem DRiG bzw. im Wege erfolgreicher Ablegung der Eignungsprüfung nach den §§ 16 ff. EuRAG (früher RAEigPrG) zur Rechtsanwaltschaft zugelassen sind. Insbesondere wird im Falle der Zulassung nach §§ 11 ff. EuRAG gemäß §§ 11 Abs. 1, 13 Abs. 1 EuRAG iVm § 12 Abs. 3 BRAO die Befugnis begründet, die Berufsbezeichnung „Rechtsanwalt" zu führen (BR-Drs. 567/99, 74).

IV. Bestandene Eignungsprüfung

27 Die grundlegende Vorschrift des § 4 über die subjektiven Voraussetzungen für die Zulassung zur Rechtsanwaltschaft wurde durch das Gesetz zur Umsetzung der Richtlinie des Rates vom 21.12.1988 über eine allgemeine Regelung zur Anerkennung der Hochschuldiplome, die eine mindestens dreijährige Berufsausbildung abschließen, für die Berufe des Rechtsanwalts und des Patentanwalts vom 6.7.1990 (BGBl. I S. 1349) dahin ergänzt, dass neben den Erwerb der Befähigung zum Richteramt das **Bestehen der Eignungsprüfung** nach dem Gesetz über die Eignungsprüfung für die Zulassung zur Rechtsanwaltschaft (RAEigPrG) tritt. Das RAEigPrG galt aber **nur für Inhaber ausländischer juristischer Diplome** iSv § 1 RAEigPrG (BVerwG NJW 2000, 753; BGH BRAK-Mitt. 1995, 208; *Oberheim* NJW 1994, 1846; *Weil* BRAK-Mitt. 1991, 15; zum Eignungsprüfungsverfahren in Frankreich vgl. *Geiger* NJW 1997, 1297, in Schweden vgl. *Ek* NJW 1999, 3028, in Spanien vgl. *Stiff* AnwBl. 2000, 246).

Das RAEigPrG wurde zwischenzeitlich **außer Kraft gesetzt** und seine Vorschriften in die **§§ 16 ff. EuRAG übernommen** (→ EuRAG § 16 Rn. 1 ff., §§ 17–24 EuRAG). Der Bewerber, der die Eignungsprüfung bestanden hat, ist im Übrigen im Zulassungsverfahren wie ein Bewerber zu behandeln, der die erforderliche Ausbildung im Geltungsbereich der BRAO abgeschlossen hat. Soweit es bei der Prüfung von Gründen für die Versagung der Zulassung auf Bescheinigungen und Urkunden ankommt, die im Heimat- oder Herkunftsstaat erstellt wurden, ist nunmehr § 36 EuRAG zu beachten (amtliche Begründung, BT-Drs. 11/6154). Ein Rechtsanwalt, der über die Eignungsprüfung die Zulassung zur Rechtsanwaltschaft erlangt hat, hat grundsätzlich die vollen berufsrechtlichen Rechte und Pflichten wie ein Rechtsanwalt, der die Befähigung zum Richteramt hat; er kann ohne jede Einschränkung, auch ohne Hinweis auf seine ausländische Ausbildung und ohne Beschränkung auf bestimmte Rechtsgebiete (vgl. § 206), selbständig als Rechtsanwalt tätig werden (*Oberheim* NJW 1994, 1846); er kann nur nicht Vorsitzender am Anwaltsgericht und beim Anwaltsgerichtshof werden (amtliche Begründung, BT-Drs. 11/6154; vgl. Anm. zu §§ 93, 101). 28

Der **EuGH** hat im Urteil vom 7.5.1990 auf eine **Gleichwertigkeitsprüfung im Einzelfall** abgestellt (EuGH NJW 1991, 2073 = AnwBl. 1991, 406 = Rbeistand 1991, 80). Daran anknüpfend wurde mit der RL 2001/19/EG festgestellt, dass grundsätzlich zu prüfen ist, ob neben dem Diplom des Herkunftsstaates auch **praktische Erfahrungen** vorliegen, die geeignet sind, wesentliche Unterschiede hinsichtlich der vorgeschriebenen Kenntnisse und Fähigkeiten auszugleichen, so dass eine Eignungsprüfung ganz oder teilweise entfallen kann. Mit dem EuRAG-Änderungsgesetz vom 26.10.2003 (BGBl. I S. 2074) wurden das EuRAG und die frühere EigPrüfV entsprechend geändert (vgl. § 17 EuRAG). 29

§ 5 Freizügigkeit

Wer in einem deutschen Land die Befähigung zum Richteramt erlangt hat (§ 4), kann auch in jedem anderen deutschen Land die Zulassung zur Rechtsanwaltschaft beantragen.

Im Hinblick darauf, dass in allen Bundesländern die Prüfungsanforderungen und damit auch die Richteramtsprüfungen gleichwertig waren, wurde mit Einführung der BRAO die **Freizügigkeit auch für Rechtsanwälte** eingeführt (amtliche Begründung, BT-Drs. 11/6154, vgl. dort auch zu dem früheren Rechtszustand). Die Vorschrift knüpft an § 6 Abs. 2 DRiG an, wonach derjenige, der in einem Bundesland die Befähigung zum Richteramt **nach dem DRiG** (→ § 4 Rn. 3 ff.) erworben hat, im Bund und in jedem deutschen Land zum Richteramt befähigt ist und erlangt Bedeutung im Zusammenhang mit § 6 Abs. 2, wonach ein Zulassungsantrag nur aus den in der BRAO bezeichneten Gründen abgelehnt werden kann (BGH EGE X, 48; EGH München EGE IX, 159). 1

Da die in den neuen Bundesländern ursprünglich nach dem RAG zugelassenen Rechtsanwälte nunmehr nach der BRAO zugelassen sind und zudem der Zugang zur Rechtsanwaltschaft offengehalten wird für Personen, die die Ausbildungsvoraussetzungen des RAG für die Zulassung erfüllen (§ 214), stehen sie den Bewerbern mit der Befähigung zum Richteramt gleich und genießen Freizügigkeit. Gleiches gilt für Bewerber mit bestandener Eignungsprüfung. Wer in einem Bundesland die Eignungsprüfung bestanden hat (§§ 16 ff. EuRAG) oder die Eingliederungsvoraussetzungen nach §§ 11 ff. EuRAG erfüllt (§ 4), ist ebenfalls befugt, **in der gesamten Bundesrepublik den Beruf eines Rechtsanwalts auszuüben** (§ 4). Er ist demgemäß, wenn keiner der Versagungsgründe des § 7 vorliegt, zur Rechtsanwaltschaft zuzulassen. Ist er zugelassen, genießt er als Rechtsanwalt Freizügigkeit. Hinsichtlich der vorübergehenden grenzüberschreitenden anwaltlichen Tätigkeit von EU-Anwälten ohne Niederlassung und Anwaltszulassung in Deutschland gelten die §§ 25 ff. EuRAG. 2

Ein Antrag auf Zulassung dürfte nicht deshalb abgelehnt werden, weil der Bewerber in einem anderen deutschen Land die Befähigung zum Richteramt nach dem DRiG erlangt hat oder weil bei dem Gericht, bei dem er zugelassen werden wollte (jetzt: im Bezirk der Rechtsanwaltskammer, deren Mitglied er werden will), ein Bedürfnis für die Zulassung weiterer Rechtsanwälte nicht besteht (BVerfGE 63, 266 = NJW 1983, 1535 = BRAK-Mitt. 1983, 144; BGHZ 94, 364 = NJW 1985, 1842 = MDR 1985, 843 = BRAK-Mitt. 1985, 226). Entsprechendes gilt für Bewerber mit den Ausbildungsvoraussetzungen des RAG, den Eingliederungsvoraussetzungen nach §§ 11 ff. EuRAG oder mit bestandener Eignungsprüfung. 3

2. Die Zulassung zur Rechtsanwaltschaft und ihr Erlöschen

§ 6 Antrag auf Zulassung zur Rechtsanwaltschaft

(1) **Die Zulassung zur Rechtsanwaltschaft wird auf Antrag erteilt.**

(2) **Ein Antrag darf nur aus den in diesem Gesetz bezeichneten Gründen abgelehnt werden.**

Schrifttum: *Haas,* Muß der Staat zur Anwaltschaft zulassen?, BRAK-Mitt. 1996, 89; *Horn,* Stärkung der Selbstverwaltung, Ende der Zulassung bei Gericht, BRAK-Mitt. 2007, 94; *Kirchberg,* Zulassung zur Anwaltschaft durch die Anwaltschaft, BRAK-Mitt. 1996, 90; *Lörcher,* Zulassung zur Anwaltschaft durch die Anwaltschaft im europäischen Umfeld, BRAK-Mitt. 1996, 93.

Übersicht

I. Antrag (Abs. 1)

1 **1. Zulassung nur auf Antrag.** Die Zulassung zur Rechtsanwaltschaft kann nur auf Antrag erteilt werden. Der Zulassungsantrag ist jederzeit rücknehmbar. Ein zurückgenommener Zulassungsantrag kann jederzeit erneuert werden und muss von der Rechtanwaltskammer beschieden werden (BGH Beschluss vom 1.7.1985 – AnwZ (B) 8/85 nv; EGH Stuttgart EGE VII, 216). Die Gebühren für die Zulassung zur Rechtsanwaltschaft, ihre Versagung und bei Rücknahme des Antrages bestimmen sich nach der von der jeweiligen Rechtanwaltskammer bestimmten Verwaltungsgebührenordnung (§§ 89 Abs. 2 Nr. 2, 192).

2 **2. Formelle Erfordernisse.** Die Formerfordernisse und inhaltlichen Anforderungen, die an ein Zulassungsgesuch zu stellen sind, richten sich nach den **Vorschriften der jeweiligen Kammer.** Diese Vorschriften der Rechtanwaltskammern sind zwar **keine Rechtsnormen,** aber um den Vorschriften der BRAO zu genügen, muss die Rechtanwaltskammer im Justizverwaltungsverfahren von Amts wegen (§§ 32, 36 iVm §§ 24, 26 Abs. 2 VwVfG) prüfen, ob der beantragten Zulassung ein gesetzlicher Versagungsgrund entgegensteht. Zu diesem Zweck darf die Rechtanwaltskammer auf der Grundlage der BRAO die **Auskünfte von dem Bewerber** verlangen, die sie zur gebotenen Aufklärung des Sachverhalts für erforderlich erachtet (vgl. *Isele* § 8 IV A, S. 176; ferner BVerwG NJW 1977, 772) und kann sie entsprechende Vorschriften über die im Zulassungsgesuch zu machenden Angaben aufstellen (BGHZ 94, 364 = NJW 1985, 1842 = BRAK-Mitt. 1985, 226 = MDR 1985, 843). Die Rechtanwaltskammer kann zur Ermittlung des Sachverhalts in Zulassungssachen eine unbeschränkte Auskunft nach § 41 Abs. 1 Nr. 11 BZRG einholen (§ 36 Abs. 1). In § 36 Abs. 2 ist eine Mitteilungspflicht von Gerichten und Behörden gegenüber der Rechtanwaltskammer sowie der für eine in anwaltsgerichtlichen Verfahren zuständigen Stelle normiert.

II. Ablehnung eines Zulassungsantrages (Abs. 2)

3 **1. Sachliche Zurückweisungsgründe.** Der Zulassungsantrag darf nur aus den in der BRAO bezeichneten Gründen abgelehnt werden. Diese Gründe sind abschließend in § 7 aufgeführt (aber → § 7 Rn. 6), jedoch wirkt sich das Fehlen der Zugangsvoraussetzungen nach § 4 ebenfalls als Ablehnungsgrund aus. Aus der Beschränkung auf diese Gründe ergibt sich, dass der Antrag auf Zulassung zur Rechtsanwaltschaft nicht etwa deshalb abgelehnt werden darf, weil der Bewerber in einem anderen deutschen Land die Fähigkeit zum Richteramt nach dem DRiG erlangt, er dort die Eignungsprüfung bestanden, oder er (nur) die Ausbildungsvoraussetzungen des RAG für die Zulassung erfüllt (→ § 4 Rn. 26 ff.) hat oder weil in dem Kammerbezirk, in dem der Bewerber

zugelassen werden will, ein Bedürfnis für die Zulassung weiterer Rechtsanwälte nicht bestehe (*Hartstang* II 753). Entscheidungen dieser Art wären wegen Verletzung des § 5 oder des § 6 Abs. 3 fehlerhaft. Das Verbot bezieht sich aber nur auf Entscheidungen, mit denen sachlich über das Zulassungsbegehren befunden wird. Das von § 6 Abs. 2 vorausgesetzte Recht auf Zulassung dient dem Schutz des Anwaltsbewerbers vor willkürlichen Berufszugangshindernissen (Henssler/Prütting/*Henssler* § 6 Rn. 4).

2. Formale Zurückweisungsgründe. Das Verbot hindert die Rechtanwaltskammer nicht, in besonderen Fällen einen Zulassungsantrag **aus verfahrensmäßigen Gründen als unzulässig** zurückzuweisen. Zwar besteht nach §§ 32, 36 iVm §§ 24, 26 Abs. 2 VwVfG der Amtsermittlungsgrundsatz. Der Bewerber soll nach § 36a Abs. 2 aF bei der Ermittlung des Sachverhaltes mitwirken und, soweit es dessen bedarf, sein Einverständnis mit der Verwendung von Beweismitteln erklären. Kann das Vorliegen der Zulassungsvoraussetzungen nicht von Amts wegen ermittelt werden und versagt der Bewerber seine erforderliche Mitwirkung, kann der Antrag als unzulässig zurückgewiesen werden, weil der Antrag zum Beispiel so unvollständig ist, dass nicht nachgeprüft werden kann, ob einer der gesetzlichen Versagungsgründe (§ 7) vorliegt, oder wenn der Bewerber eine Ergänzung seiner Angaben trotz Aufforderung nicht vornimmt oder diese verweigert (BGHZ 94, 364 = NJW 1985, 1842; BGH NJW 1988, 1792 = nur teilweise abgedruckt in MDR 1988, 494 = BRAK-Mitt. 1988, 207; *Kleine-Cosack* § 6 Rn. 2). Verweigert der Bewerber die von ihm zulässigerweise geforderten Angaben (→ § 6 Rn. 4), „so kann er – möglicherweise auch wegen seines **Rechts auf „informationelle Selbstbestimmung“** (vgl. BVerfGE 65, 1 = NJW 1984, 419, 421, 422) – einerseits zu ihrer Erteilung nicht gezwungen werden; dazu fehlen gesetzliche Handhaben. Aus der Verweigerung erwächst ihm andererseits aber selbst unter Berücksichtigung des grundsätzlichen Rechts auf freie Zulassung jedes Bewerbers, der die Befähigung zum Richteramt erlangt hat (BVerfG NJW 1983, 1535), kein Anspruch darauf, dass ihn die Rechtanwaltskammer ohne nähere eigene Prüfung des Sachverhalts zur Rechtsanwaltschaft und bei einem Gericht zulässt“: Diese kann mangels Überprüfbarkeit der Zulassungsvoraussetzungen und Zulassungshindernisse sein Zulassungsgesuch als unzulässig zurückweisen. 4

Vor der abschließenden Entscheidung ist der Antragsteller darauf hinzuweisen, dass aus seiner Verweigerung der Vorlage vollständiger Unterlagen für ihn nachteilige Folgen eintreten können (vgl. auch BVerwGE 8, 29). „Die Achtung vor dem allgemeinen Persönlichkeitsrecht des Einzelnen (Art. 1 Abs. 1 und Art. 2 Abs. 1 GG) sowie die Bedeutung des Grundrechts der Berufsfreiheit (Art. 12 GG) gebieten es, dass die Rechtanwaltskammer das Zulassungsgesuch eines Bewerbers im Falle einer Auskunftsverweigerung **nicht vorschnell aus förmlichen Gründen** ablehnt. Vielmehr muss sie erwägen, ob ihr die von ihm erstrebte günstige Sachentscheidung – je nach dem Umfang seiner Verweigerung – nicht auch ohne seine Mitwirkung möglich ist. Dabei wird sie in der Regel allerdings davon auszugehen haben, dass ein Bewerber, der selbst zu den von ihm verlangten Angaben nicht bereit ist, aus Gründen des gewollten Persönlichkeitsschutzes erst recht keine Nachforschungen wünscht, die aus seiner Sicht seinem Geheimhaltungsinteresse zuwiderlaufen würden. 5

Ohne sein Recht auf informationelle Selbstbestimmung zu verletzen, wird die Rechtanwaltskammer zu seinen Gunsten aber jedenfalls auf Vorgänge zurückgreifen können, die ihr ohne weiteres – zB aufgrund eines früher bei ihr gestellten Zulassungsantrags – zugänglich sind“ (BGHZ 94, 364 = NJW 1985, 1842). 6

Auch **anderweitige Rechtshängigkeit** ist ein prozessualer Ablehnungsgrund, der zur Zurückweisung eines Zulassungsantrages als unzulässig führen kann. Er greift als Hindernis für ein neues Verfahren aber nur ein, solange die Rechtshängigkeit besteht (BGH Beschluss vom 1.7.1985 – AnwZ (B) 8/85 nv; → § 11 Rn. 10). 7

III. Bindung der Rechtanwaltskammer an Entscheidungen im Zulassungsverfahren

Schrifttum: *Odersky,* Bindungswirkung von Entscheidungen in Zulassungsverfahren zur Rechtsanwaltschaft, FS Sendler, 1991, 539.

Bei der Entscheidung über den Antrag auf Zulassung zur Rechtsanwaltschaft kann die Rechtanwaltskammer an vorangegangene eigene, die Zulassung des Bewerbers versagende Entschei- 8 dungen, an die einen früheren Versagungsbescheid der Landesjustizverwaltung oder der Rechtanwaltskammer bestätigende Gerichtsentscheidungen und an Entscheidungen im Rücknahme- oder Widerrufsverfahren (§§ 14, 15) gebunden sein (→ § 14 Rn. 99). Zur Bindung an Ausschließungsurteile nach § 114 Abs. 1 Nr. 5 → § 7 Rn. 25. Der Bewerber hat keinen Anspruch auf Gleichbehandlung entsprechend etwaiger Fehlentscheidungen in Zulassungsverfahren **anderer** Bewerber (AGH Hmb Beschluss vom 17.4.2000 – ZU 13/99).

9 **1. Bindung an Versagungsentscheidungen der Rechtanwaltskammer (§ 11 Abs. 1).** Hat die Rechtanwaltskammer bereits durch einen Bescheid dem Bewerber die Zulassung zur Rechtsanwaltschaft versagt und ist die Klagefrist gegen diesen Bescheid **abgelaufen,** dann kann sie sich nach einem erneuten Zulassungsgesuch des Bewerbers grundsätzlich auf die Bestandskraft des Ablehnungsbescheides aus dem ersten Zulassungsverfahren berufen (*Odersky,* FS Sendler, 1991, 544) und den Antrag als unzulässig zurückweisen. § 6 Abs. 2 steht nicht entgegen, da dieser sich nur auf Entscheidungen bezieht, mit denen sachlich über ein Zulassungsgesuch befunden wird. § 6 Abs. 2 hindert die Rechtanwaltskammer nicht, ein Zulassungsgesuch aus verfahrensmäßigen Gründen als unzulässig zurückzuweisen (BGHZ 94, 364 = NJW 1985, 1842).

10 Die Rechtanwaltskammer muss allerdings auf den erneuten Zulassungsantrag das durch den ablehnenden Bescheid abgeschlossene Verfahren wieder aufgreifen, wenn die in § 51 VwVfG für das Wiederaufgreifen des Verfahrens aufgestellten Voraussetzungen erfüllt sind (*Odersky,* FS Sendler, 1991, 544). Das setzt voraus, dass der Antragsteller darlegt, die dem Ablehnungsbescheid zugrundeliegende Sach- oder Rechtslage habe sich nachträglich zu seinen Gunsten geändert, oder bestimmte neue Beweismittel lägen vor, die eine ihm günstigere Entscheidung herbeigeführt hätten, oder es seien Wiederaufnahmegründe entsprechend § 580 ZPO gegeben (§ 51 Abs. 1 VwVfG). Der Antragsteller muss zudem darlegen, dass er ohne grobes Verschulden außerstande war, den Grund für das Wiederaufgreifen in dem früheren Zulassungsverfahren, insbesondere durch Rechtsbehelf, geltend zu machen (§ 51 Abs. 2 VwVfG).

11 Hat eine Rechtanwaltskammer einen Zulassungsantrag bestandskräftig zurückgewiesen, sind auch andere Rechtsanwaltskammern an diese Entscheidung gebunden, solange sich die Sach- und Rechtslage nicht geändert hat (BGH NJW 2009, 1822).

12 **2. Bindung an gerichtlich bestätigte Versagungsbescheide.** Wurde gegen einen Versagungsbescheid Klage erhoben und wurde diese **rechtskräftig abgewiesen,** dann liegt eine materiellrechtskräftige Gerichtsentscheidung vor. Die **Rechtskraft dieser Entscheidung ist bei der Prüfung eines erneuten Zulassungsantrages zu beachten.** Sie versperrt den Weg für eine sachliche Prüfung des Antrags, solange sich die Sachlage gegenüber dem zum Zeitpunkt der getroffenen Entscheidung gegebenen Sachverhalt nicht wesentlich geändert hat (BGHZ 102, 252 = NJW 1988, 1792; BGH BRAK-Mitt. 2003, 128). Gegenüber dem erneuten Zulassungsantrag kann sich die Behörde daher auf den rechtskräftig bestätigten Versagungsbescheid berufen (*Odersky,* FS Sendler, 1991, 545; BGHZ 34, 235 = NJW 1961, 919 = BB 1961, 497 = EGE VI, 27; *Isele* § 11 Anm. V B) und den Antrag als unzulässig zurückweisen. Erlässt die Rechtanwaltskammer entgegen eines rechtskräftig bestätigten Versagungsbescheid einen Zweitbescheid bei unveränderter Sach- und Rechtslage, so steht den Rechtsbehelfen gegen den Zweitbescheid die Rechtskraft der gerichtlichen Entscheidung entgegen (BGH NJW-RR 2009, 138).

13 Trotz der materiellen Rechtskraft der die Versagung bestätigenden Gerichtsentscheidung **muss** die Behörde aber in eine neue Sachprüfung eintreten **bei Vorliegen von Gründen für das Wiederaufgreifen des Verfahrens** (§ 51 VwVfG; → § 6 Rn. 10; *Odersky,* FS Sendler, 1991, 545). Sie hat dann nicht die Wahl, ob sie auf den Ablehnungsbescheid verweisen oder in der Sache einen Zweitbescheid erlassen will. Die materielle Rechtskraft der Entscheidungen in Zulassungssachen ist nämlich zeitlich begrenzt. Allen Versagungsgründen ist gemeinsam, dass sie infolge veränderter Umstände und Zeitablauf in Fortfall kommen können (*Isele* § 11 Anm. V B). Der rechtskräftig abgewiesene Bewerber kann daher alsbald einen neuen Zulassungsantrag stellen mit der Begründung, der bisherige Versagungsgrund sei entfallen (BGH BRAK-Mitt. 1990, 51; → § 7 Rn. 39 ff.).

14 Das Verhalten des Bewerbers, das zu seinem Ausschluss aus der Anwaltschaft oder zu seiner Nichtzulassung geführt hat, kann nach einigen Jahren durch Wohlverhalten oder andere Umstände so an Bedeutung verlieren, dass es einer Zulassung nicht mehr entgegensteht. Trägt der Bewerber neue Tatsachen vor, die in dieser Hinsicht rechtlich erheblich sein können, ist trotz der Rechtskraft der zu seinen Ungunsten ergangenen gerichtlichen Entscheidung nunmehr über sein

Zulassungsgesuch neu in der Sache zu befinden (BGH AnwBl. 2000, 627; BRAK-Mitt. 2003, 123). In Fällen der Unwürdigkeit (§ 7 Nr. 5) ist in der Regel ein zeitlicher Abstand von mindestens drei Jahren zur Beendigung des vorausgegangenen Verfahrens als wesentliche neue Tatsache anzusehen, sofern sich aus der Vorentscheidung nicht unmittelbar ergibt, dass der Betroffene eine längere Wartezeit einhalten muss, bevor er, lediglich gestützt auf den weiteren Zeitablauf und die Fortsetzung seines Wohlverhaltens, eine neue Sachprüfung verlangen kann (BGH BRAK-Mitt. 2000, 309; 2003, 128).

3. Bindung an Entscheidungen im Rücknahme- oder Widerrufsverfahren (§ 14). 15 Wurde der Antrag auf Aufhebung eines Rücknahme- oder Widerrufsbescheides rechtskräftig abgewiesen, dann steht damit fest, dass dieser Rechtsanwalt im Hinblick auf den für die Entscheidung erheblichen Sachverhalt künftig nicht weiter Rechtsanwalt sein kann (*Odersky,* FS Sendler, 1991, 550). Die Entscheidung ist der materiellen Rechtskraft fähig. Die Bindung an die rechtskräftige Entscheidung besteht, solange nicht aufgrund neuer Umstände eine andere Sachlage eingetreten ist (BGH BRAK-Mitt. 2003, 128; 1997, 124; 1998, 154). Stellt der frühere Rechtsanwalt einen Antrag auf Wiederzulassung, so ist ein solches Begehren nur statthaft mit der Behauptung, dass sich die aus der materiellen Rechtskraft ergebende Bindung erledigt habe (BGHZ 102, 252 = NJW 1988, 1792). Dabei beseitigt nicht die bloße Behauptung des Antragstellers, an der Sachlage (zB seiner Vermögenslage, seiner Gesundheit) habe sich inzwischen etwas geändert, die Sperrwirkung. Der neue Antrag ist solange unzulässig, wie keine **konkreten Anhaltspunkte für eine Änderung der Sachlage** vorhanden sind (*Odersky,* FS Sendler, 1991, 547, 550; BGH BeckRS 1989, 31179065). Ergibt sich, dass die Bindung an die rechtskräftige Vorentscheidung weggefallen ist, ist das neue Zulassungsbegehren sodann im normalen Zulassungsverfahren (§§ 6 ff.) zu prüfen. Besteht mangels neuer Umstände die Bindung an die Rücknahme- oder Widerrufsverfügung fort, weist die Behörde den Wiederzulassungsantrag sogleich als unzulässig zurück (BGHZ 102, 252 = NJW 1988, 1792; BGH NJW-RR 1997, 1558 = BRAK-Mitt. 1997, 124).

Auch wenn die letzte zum Zulassungswiderruf führende Eintragung im Schuldnerverzeichnis 16 mehr als drei Jahre zurückliegt und die Eintragung daher als gelöscht gilt (§ 915b Abs. 2 ZPO), tritt allein dadurch noch keine Veränderung ein (BGH NJW-RR 1997, 1558 = BRAK-Mitt. 1997, 124). Die Wiederzulassung eines Antragstellers und der mangels neuer Umstände fortwirkende Bestand einer rechtskräftigen Rücknahme- oder Widerrufsverfügung wegen Vermögensverfall sind nicht miteinander vereinbar; das eine schließt das andere aus. Das Wiederzulassungsbegehren setzt denknotwendig den Wegfall der Rücknahme- oder Widerrufsverfügung voraus. Ist nicht aufgrund neuer Umstände eine andere Sachlage entstanden, ist die rechtskräftige Rücknahme- oder Widerrufsverfügung für die Beteiligten weiterhin bindend. Die Rechtanwaltskammer darf sich über diese Bindung auch nicht nach Belieben hinwegsetzen, weil der Widerruf der Anwaltszulassung zB nach § 14 Abs. 2 Nr. 7 die Sicherstellung der Interessen der Rechtsuchenden bezweckt.

Für die Prüfung, ob der maßgebliche Sachverhalt sich geändert hat, gilt der Amtsermittlungs- 17 grundsatz der §§ 32, 36 iVm § 24 Abs. 1 VwVfG (*Odersky,* FS Sendler, 1991, 551). Den Betroffenen trifft aber eine Mitwirkungslast (§ 26 Abs. 2 VwVfG). Trägt er noch nicht einmal vor, dass sich seit dem Widerruf der Zulassung der maßgebliche Sachverhalt wesentlich geändert habe und sind auch sonst hierfür keine Anhaltspunkte ersichtlich, dann kann die Behörde annehmen, dass sich der Sachverhalt nicht geändert hat, kann sie von Ermittlungen absehen und dem neuen Antrag die vom Widerruf ausgehende Bindung entgegensetzen, den Antrag zurückweisen (*Odersky,* FS Sendler, 1991, 252; BGHZ 94, 364 = NJW 1985, 1842; BGHZ 102, 252 = NJW 1988, 1792). Ist die Zulassung eines Rechtsanwalts aus einem der Gründe nach § 14 Abs. 2 Nr. 1–3, 5–9 widerrufen worden, zB wegen Vermögensverfalls (§ 14 Abs. 2 Nr. 7), und hat der Rechtsanwalt gegen diesen Widerrufsbescheid Klage erhoben, dann hindert dies den Rechtsanwalt nicht, noch vor Abschluss des gerichtlichen Verfahrens auf seine Rechte aus der Zulassung zu verzichten. Die Behörde kann dann trotz der laufenden gerichtlichen Überprüfung der ersten Widerrufsverfügung eine zweite auf den Verzicht gestützte Widerrufsverfügung erlassen. Wird dieser auf den Verzicht gestützte Widerrufsbescheid vor Abschluss des gerichtlichen Verfahrens (§§ 112a ff.) bestandskräftig, dann erledigt sich das den ersten Widerrufsbescheid betreffende gerichtliche Verfahren (BGH BeckRS 1988, 31179879); der erste Widerrufsbescheid wird damit nicht bestandskräftig und kann auch gegenüber einem neuen Zulassungsantrag keine Bindungswirkung entfalten (*Odersky*, FS Sendler, 1991, 552). Zur Frage der Zulässigkeit der Rücknahme und des Widerrufs der Rücknahme- bzw. Widerrufsverfügung gemäß §§ 48, 49 VwVfG (→ § 14 Rn. 99 ff.).

§ 7 Versagung der Zulassung zur Rechtsanwaltschaft

Die Zulassung zur Rechtsanwaltschaft ist zu versagen,

1. **wenn der Bewerber nach der Entscheidung des Bundesverfassungsgerichts ein Grundrecht verwirkt hat;**
2. **wenn der Bewerber infolge strafgerichtlicher Verurteilung die Fähigkeit zur Bekleidung öffentlicher Ämter nicht besitzt;**
3. **wenn der Bewerber durch rechtskräftiges Urteil aus der Rechtsanwaltschaft ausgeschlossen ist und seit Rechtskraft des Urteils noch nicht acht Jahre verstrichen sind, Nummer 5 bleibt unberührt;**
4. **wenn gegen den Bewerber im Verfahren über die Richteranklage auf Entlassung oder im Disziplinarverfahren auf Entfernung aus dem Dienst in der Rechtspflege rechtskräftig erkannt worden ist;**
5. **wenn der Bewerber sich eines Verhaltens schuldig gemacht hat, das ihn unwürdig erscheinen läßt, den Beruf eines Rechtsanwalts auszuüben;**
6. **wenn der Bewerber die freiheitliche demokratische Grundordnung in strafbarer Weise bekämpft;**
7. **wenn der Bewerber aus gesundheitlichen Gründen nicht nur vorübergehend unfähig ist, den Beruf eines Rechtsanwalts ordnungsgemäß auszuüben;**
8. **wenn der Bewerber eine Tätigkeit ausübt, die mit dem Beruf des Rechtsanwalts, insbesondere seiner Stellung als unabhängiges Organ der Rechtspflege nicht vereinbar ist oder das Vertrauen in seine Unabhängigkeit gefährden kann;**
9. **wenn der Bewerber sich im Vermögensverfall befindet; ein Vermögensverfall wird vermutet, wenn ein Insolvenzverfahren über das Vermögen des Bewerbers eröffnet oder der Bewerber in das vom Vollstreckungsgericht zu führende Verzeichnis (§ 26 Abs. 2 der Insolvenzordnung, § 882b der Zivilprozeßordnung) eingetragen ist;**
10. **wenn der Bewerber Richter, Beamter, Berufssoldat oder Soldat auf Zeit ist, es sei denn, daß er die ihm übertragenen Aufgaben ehrenamtlich wahrnimmt oder daß seine Rechte und Pflichten auf Grund der §§ 5, 6, 8 und 36 des Abgeordnetengesetzes vom 18. Februar 1977 (BGBl. I S. 297) oder entsprechender Rechtsvorschriften ruhen.**

Allgemeines Schrifttum: *Bender,* Restriktive Tendenzen bei der Rechtsanwaltszulassung, NJW 1986, 409; *Meißner,* Grundsätze der Zulassung zur Anwaltschaft, deren Versagung, Rücknahme und Widerruf, FS zum 125-jährigen Bestehen der RAK Hamm, 2004, 219.

Übersicht

A. Grundsätzliches

I. Recht auf Zulassung

Während die früheren Versagungsgründe für die lokale Zulassung (§ 20 aF) als Sollbestimmung ausgestaltet waren, sind die Versagungsgründe für die Zulassung zur Rechtsanwaltschaft **zwingend.** Anknüpfend an das Grundrecht auf freie Berufswahl (Art. 12 Abs. 1 GG) geht die BRAO von dem Recht jedes Bewerbers auf Zulassung aus, die nur aus den in der BRAO bezeichneten Gründen abgelehnt werden kann (§ 6 Abs. 2; BVerfGE 87, 287 = NJW 1993, 317 = MDR 1993, 276 = JZ 1993, 466 mit Anm. *Zuck* = AnwBl. 1993, 120 = BRAK-Mitt. 1993, 50 = DVBl. 1993, 310; BVerfGE 63, 266, 286 = NJW 1983, 1535 = BRAK-Mitt. 1983, 144; BVerfGE 66, 337 = NJW 1984, 2341 = AnwBl. 1984, 367 = BRAK-Mitt. 1984, 144, vgl. auch BVerfG AnwBl. 1986, 305 = NJW 1986, 1802 = BRAK-Mitt. 1986, 173). Allerdings beinhaltet dieses grundsätzliche Recht keinen Anspruch darauf, dass ihn die Rechtanwaltskammer ohne nähere eigene Prüfung des Sachverhalts zur Rechtsanwaltschaft und bei einem Gericht zulässt (BGH NJW 1985, 1842 = BRAK-Mitt. 1985, 226; → § 6 Rn. 6–9). Maßgeblicher Zeitpunkt für das Vorliegen der Zulassungsvoraussetzungen ist nicht der Tag der Antragstellung (§ 6), sondern der Zeitpunkt der Zulassung durch die Rechtanwaltskammer. Dies folgt aus § 14 Abs. 1, wonach die Zulassung zurückzunehmen ist, wenn nachträglich Tatsachen bekannt werden, bei deren Kenntnis die Zulassung hätte versagt werden müssen (AGH NRW BRAK-Mitt. 2005, 237). 1

Ein Rechtsanwalt kann grundsätzlich nicht darauf vertrauen, der Zugang zum Beruf des Anwaltsnotars (§ 3 Abs. 2 BNotO) werde ihm stets nach Maßgabe der im Zeitpunkt seiner Erstzulassung als Rechtsanwalt geltenden oder nach der ihm günstigeren Regelung offenstehen (BGH DNotZ 1986, 302). Die generelle Bestimmung eines Höchstalters für die Bestellung zum Anwaltsnotar bedarf im Hinblick auf den Gesetzesvorbehalt des Art. 12 Abs. 1 S. 2 GG der 2

Entscheidung durch den Normgeber und kann nicht durch Allgemeine Verfügung der Landesjustizverwaltung geregelt werden (BVerfGE 80, 257 = NJW 1989, 2614 = AnwBl. 1989, 560). Die gesetzlichen Grundlagen der Steuerung des Zugangs zum Notaramt wurden daher durch § 6 BNotO in der Fassung des Gesetzes vom 29.1.1991 (BGBl. I S. 150) neu geregelt. Nach § 6 Abs. 1 BNotO nF können Bewerber nicht erstmals zu Notaren bestellt werden, wenn sie bei Eingang ihrer Bewerbung das sechzigste Lebensjahr vollendet haben.

II. Zweck der Regelung

3 Die Versagungsgründe des § 7 dienen dem Interesse der Allgemeinheit an einer funktionstüchtigen Rechtspflege und damit dem Schutz eines überragend wichtigen Gemeinschaftsgutes. Sie lassen sich damit rechtfertigen, dass sie das Vertrauen der Rechtsuchenden in die Integrität des Anwaltsstandes aufrechterhalten sollen (BVerfGE 66, 337 = NJW 1984, 2341). Dadurch, dass der Rechtsanwalt als ein unabhängiges Organ der Rechtspflege eine eigenständige Stellung einnimmt, dem wegen seiner Funktion besondere Befugnisse zustehen und damit korrespondierende Pflichten (BVerfGE 66, 337 = NJW 1984, 2341), wird er der Rechtspflege und damit der Allgemeinheit in besonderer Weise verpflichtet. Er darf folglich auch nicht die Belange der Allgemeinheit gefährden. Um solchen Gefährdungen vorzubeugen, muss der Allgemeinheit die Möglichkeit gegeben sein, solchen Bewerbern den Zugang zur Rechtsanwaltschaft zu versagen, die von vornherein eine solche Gefahr darstellen (*Isele* § 7 Anm. II A 1; BVerfGE 63, 266 = NJW 1983, 1535; BGH BeckRS 1986, 31182644). Wenn der Staat den Rechtsuchenden gebietet, sich in bestimmten Fällen vor den Gerichten durch einen Rechtsanwalt vertreten zu lassen, so ist er auch verpflichtet, dafür Sorge zu tragen, dass nur geeignete und zuverlässige Rechtsanwälte den Beruf ausüben (amtliche Begründung, BT-Drs. 3/120, 56).

III. Abschließende Regelung der Versagungsgründe

4 **1. Versagung aufgrund fest normierter Tatbestände.** Die Versagung der Zulassung zur Rechtsanwaltschaft ist als schwerwiegender Eingriff in die Freiheit der Berufswahl zu beurteilen und an Art. 12 Abs. 1 GG zu messen (BVerfG BRAK-Mitt. 2000, 301; NJW 1986, 1802 = AnwBl. 1986, 305; BVerfGE 44, 105 = NJW 1977, 892 = EGE XIV, 295; BVerfGE 63, 266 = NJW 1983, 1535; BVerfGE 66, 337 = NJW 1984, 2341).

5 Ein solcher Eingriff darf nur auf fest normierte Tatbestände gestützt werden, die für jeden Bewerber gleichmäßig gelten und eine Ermessensentscheidung in diesem Bereich ausschließen. Die Versagungsgründe müssen insbesondere ausreichend bestimmt sein (BVerfGE 87, 287 = NJW 1993, 317). Sie müssen den Anforderungen der Verfassung genügen. Sie sind nur zum Schutz eines besonders wichtigen Gemeinschaftsgutes und unter strikter Beachtung des Grundsatzes der Verhältnismäßigkeit statthaft (BVerfG BRAK-Mitt. 2000, 301). Im Hinblick auf das Grundrecht der freien Berufswahl und den daraus resultierenden grundsätzlichen Anspruch auf Zulassung darf es nicht von dem Ermessen einer Verwaltungsbehörde abhängen, ob ein Bewerber zugelassen wird oder nicht. Folglich ist der Katalog der Versagungsgründe in der BRAO, insbesondere in § 7 abschließend (*Isele* Anm. II A 2, III) und sind diese einschränkend zu interpretieren (NdsAGH BRAK-Mitt. 2003, 34). Mangels Beurteilungsspielraum bzw. Ermessen der Rechtanwaltskammer sind die Ablehnungsgründe gerichtlich voll kontrollierbar (*Kleine-Cosack* § 7 Rn. 3).

6 **2. Fehlen der Befähigung zum Richteramt.** Neben den in § 7 normierten Versagungsgründen gibt es nur noch den der fehlenden Befähigung zum Richteramt (§ 4; BGH NJW 1985, 1842 = BRAK-Mitt. 1985, 226; EGH Hamm Beschluss vom 24.8.1984 – 1 ZU 6/84), der **fehlenden Befreiung nach § 214,** der **fehlenden Eingliederungsvoraussetzungen** nach dem EuRAG (→ § 4 Rn. 26 ff.) bzw. der **fehlenden Eignungsprüfung** (→ § 4 Rn. 1, 27, 28). Das Fehlen dieser Befähigungen wirkt sich als Grund für die Versagung der Zulassung aus (§§ 4, 5, 6). Stellt sich erst nachträglich heraus, dass der Bewerber entgegen der Feststellung der Rechtanwaltskammer die Zugangsvoraussetzungen des § 4 nicht erfüllte und ist ihm die Zulassung erteilt worden, dann ist § 14 Abs. 1 entsprechend anwendbar (BGH BRAK-Mitt. 1996, 203; *Isele* § 7 Anm. III A 2a).

7 **3. Keine sonstigen Versagungsgründe.** Sonstige Versagungsgründe gibt es nicht (→ § 5 Rn. 1 ff.; → § 6 Rn. 1 ff.; BGHZ 94, 364 = NJW 1985, 1842 = BRAK-Mitt. 1985, 226). Eine

Bedürfnisprüfung ist unzulässig (BVerfGE 63, 266 = NJW 1983, 1535; BGH NJW 1985, 1842 = BRAK-Mitt. 1985, 226). Eine Zulassung darf auch nicht versagt werden mit der Begründung, dass der Bewerber **Ruhegehaltsempfänger** ist (*Isele* § 7 Anm. II B 4; BGH BRAK-Mitt. 1982, 173), er **vor** der Zulassung einen Beruf ausgeübt hat, der der Zulassung entgegensteht (BGH AnwBl. 1983, 479 = Rbeistand 1983, 10; *Isele* § 7 Anm. II B 5), die **juristischen Kenntnisse pp.** des Bewerbers nicht ausreichen (*Isele* § 7 Anm. II B 6), dass zu vermuten ist, der Bewerber werde sich nicht die Kenntnis der Berufspflichten aneignen und sie befolgen (*Isele* § 7 Anm. II B 6) und dass der Bewerber nach der Erlangung der Befähigung zum Richteramt über mehr als drei Jahre weder als Rechtsanwalt noch im öffentlichen Dienst tätig war (*Isele* § 7 Anm. II B 7).

IV. Verhältnis der Versagungsgründe zueinander

Die Versagungsgründe des § 7 stehen rechtlich gleichwertig nebeneinander, grundsätzlich 8
schließt keiner von ihnen den anderen aus. Es ist auch grundsätzlich möglich, dass in der Person eines Bewerbers gleichzeitig mehrere Versagungsgründe gegeben sind (*Isele* § 7 Anm. II C). Allerdings schließt es die gesetzliche Zulassungsregelung aus, im Rahmen der Nr. 5 ein aktives Eintreten für eine als verfassungsfeindlich angesehene Partei nachteilig mitzuberücksichtigen, wenn der Bewerber die freiheitliche demokratische Grundordnung **nicht** in **strafbarer Weise** iSd Nr. 6 bekämpft (BVerfGE 63, 266 = NJW 1983, 1535; zum Verhältnis der Versagungsgründe aus Nr. 5 und Nr. 6 im Übrigen → Rn. 47, 72, 73 und zum Verhältnis des Versagungsgrundes aus Nr. 4 zu den übrigen, insbesondere zu Nr. 5 → Rn. 31–34, 67.

V. Verfassungsmäßigkeit

1. Vorschriften des § 7 Nr. 1, 2, 3, 5–10. Die Vorschriften des § 7 Nr. 1, 2, 3, 5–10 sind 9
ohne Einschränkung **verfassungskonform.** Die Versagung der Zulassung zur Rechtsanwaltschaft auf der Grundlage dieser Bestimmungen und der darin liegende besonders schwerwiegende Eingriff in das Grundrecht auf freie Berufswahl ist auch bei Anlegung strenger Maßstäbe zum Schutze besonders wichtiger Gemeinschaftsgüter statthaft, wobei auch der Grundsatz der Verhältnismäßigkeit strikt beachtet wird (BVerfGE 63, 266 = NJW 1983, 1535; BGH BRAK-Mitt. 1996, 121 zu Nr. 3).

Zur Verfassungsmäßigkeit von **Nr. 5** vgl. insbesondere BVerfG BRAK-Mitt. 2000, 301 (zur 10
wortgleichen Vorschrift des § 7 Nr. 2 RAG), BGHZ 39, 110 = NJW 1963, 1007 = EGE VII, 130; BGHZ 68, 46 = NJW 1977, 806 = EGE XIV, 8; BVerfGE 66, 337 = = NJW 1984, 2341; BVerfG NJW 1986, 1802 = BRAK-Mitt. 1986, 173; BGH BRAK-Mitt. 1988, 146; 1987, 150; BGH Beschluss vom 12.12.1988 – AnwZ (B) 39/88; BVerfGE 63, 266 = NJW 1983, 1535; § 7 Nr. 5 normiert eine subjektive Zulassungsvoraussetzung (BVerfGE 7, 377, 406). Die Erfüllung derartiger subjektiver Voraussetzungen darf vom Berufsanwärter nur solange und soweit verlangt werden, als durch sie wichtige Gemeinschaftsgüter geschützt werden sollen, die der Freiheit des Einzelnen vorgehen (BVerfGE 13, 97; 69, 209). Dem wird die Auslegung des § 7 Nr. 5 durch die Rechtsprechung (→ § 7 Rn. 36 ff.) gerecht (so auch AGH Hess Beschluss vom 22.12.1994 – 2 EGH 4/94); zu **Nr. 6** vgl. BVerfGE 63, 266 = NJW 1983, 1535; zu **Nr. 7** vgl. BVerfG Beschluss vom 13.8.1986 – 1 BvR 491/86 nv; BVerfGE 37, 67, 77 ff. = NJW 1974, 1279 = MDR 1974, 820; BGH EGE XII; 23; *Hagen,* FS Pfeiffer, 1988, 929.

Zur Verfassungsmäßigkeit von **Nr. 8,** die mit Gesetz vom 2.9.1994 (BGBl. I S. 2278) neu 11
gefasst wurde, vgl. insbesondere BVerfGE 87, 287 = NJW 1993, 317 und zur früheren Regelung *Pfeiffer,* FS Oppenhoff, 1985, 249, 252, 253; BGH NJW 1986, 435 = (insoweit nicht abgedruckt) BRAK-Mitt. 1986, 48; BRAK-Mitt. 1984, 192; 1988, 271; BGH EGE XIV, 40; XII, 29, 31; VIII 19, 20; VII, 123; BGHZ 35, 119 = NJW 1961, 1468 = EGE VI, 63; BGHZ 34, 382 = NJW 1961, 1211 = nur Ls. EGE VI, 54; BRAK-Verfassungsrechtsausschuss BRAK-Mitt. 1991, 79. Soweit Nr. 8 von der Unvereinbarkeit bestimmter anderer beruflicher Tätigkeiten mit dem Beruf eines Rechtsanwalts ausgeht, verstößt dies nicht gegen Art. 12 Abs. 1 GG. Zwar umfasst die in Art. 12 Abs. 1 GG geschützte Berufsfreiheit auch das Recht, mehrere Berufe zu wählen und nebeneinander auszuüben (*Pfeiffer,* FS Oppenhoff, 1985, 249, 252, 253; BVerfGE 21, 173 = NJW 1967, 1317). Jedoch ist der Gesetzgeber befugt, Berufe rechtlich zu ordnen und ihre Berufsbilder zu fixieren. Dazu kann er auch sog. Inkompatibilitäten festlegen. Eine derartige Einschränkung der freien Berufswahl ist stets zulässig, soweit sie dem Schutz besonders wichtiger

Gemeinschaftsgüter dient und das angestrebte Ziel nicht mit weniger einschneidenden Maßnahmen zu erreichen ist. Das gilt im Falle der Inkompatibilität umso mehr, als die freie Entscheidung für zumindest einen der beiden Berufe unberührt bleibt. Es ist verfassungsrechtlich nicht zu beanstanden, wenn gefordert wird, dass der Zweitberuf ausreichenden Handlungsspielraum für eine Anwaltstätigkeit lässt. Das Gleiche gilt zu Tätigkeiten im öffentlichen Dienst, dass durch diese in den Augen der Öffentlichkeit die erforderliche Unabhängigkeit nicht beeinträchtigt scheint. Kaufmännisch-erwerbswirtschaftliche Tätigkeiten können den Ausschluss vom Beruf des Rechtsanwalts nur dann rechtfertigen, wenn sich die Gefahr einer Interessenkollision deutlich abzeichnet oder dem Berufsbewerber nicht genügend Zeit für die Ausübung des Anwaltsberufs zur Verfügung steht (BVerfGE 87, 287 = NJW 1993, 317; vgl. auch BVerfGE 21, 173 = NJW 1967, 1317; BGH EGE XII, 29). Gemessen an diesen verfassungsrechtlichen Grundsätzen verstoßen § 7 Nr. 8 und § 14 Abs. 2 Nr. 9, der die Rechtanwaltskammer unter denselben Voraussetzungen verpflichtet, eine bereits bestehende Zulassung zu widerrufen, nicht gegen Art. 12 Abs. 1 GG (BGH NJW 2006, 2488 = AnwBl. 2006, 581 = BRAK-Mitt. 2006, 222; *Pfeiffer,* FS Oppenhoff, 1985, 249, 252, 253 mwN). Durch die Neufassung dieser Bestimmungen mit Gesetz vom 2.9.1994 wurden die erforderlichen Konsequenzen aus der Entscheidung BVerfGE 87, 287 = NJW 1993, 317 gezogen. Die frühere Praxis, regelmäßig von der Unvereinbarkeit mit dem Anwaltsberuf auszugehen, wenn der Zweitberuf keine „gehobene Position" vermittelt (vgl. 2. Aufl. § 7 Rn. 120 ff.), er die geschäftsmäßige Rechtsbesorgung für Dritte im Auftrag eines dem anwaltlichen Berufsrecht nicht verpflichteten Arbeitgebers zum Gegenstand hat (vgl. 2. Aufl. § 7 Rn. 104 ff.) oder kaufmännisch-erwerbswirtschaftlich ausgerichtet ist (vgl. 6. Aufl. § 7 Rn. 98 ff.), die von BVerfG nicht gebilligt wurde (BVerfGE 87, 287 = NJW 1993, 317), wurde mit der Neufassung der §§ 7 Nr. 8, 14 Abs. 2 Nr. 9 ausgeschlossen.

12 Zur **Verfassungsmäßigkeit von Nr. 10** vgl. BVerfG JZ 1984, 1042 mit Anm. *Tettinger;* BGH EGE XII, 58; BGHZ 55, 236 = AnwBl. 1971, 186 = EGE XI, 31; bzgl. Ausschluss der Zulassung von Professoren: BGH BRAK-Mitt. 1995, 214; NJW-RR 1998, 1440; insoweit **aA** *Nachbaur,* GS Gülzow, 1999, 93 ff. Gegen die in § 7 Nr. 10 und § 14 Abs. 2 Nr. 5 enthaltenen, inhaltlich einander entsprechenden Regelungen bestehen aus verfassungsrechtlicher Sicht keine Bedenken, weil an die Voraussetzungen für den Zugang zu einem Zweitberuf und für den Verbleib in ihm nicht die gleichen hohen Anforderungen wie für einen Erstberuf zu stellen sind und es für den Ausschluss von Beamten pp. vom Anwaltsberuf rechtfertigende Gründe gibt (BGH BeckRS 1995, 06374; 1993, 31170401; NJW 1984, 2877; BGHZ 92, 1, bestätigt durch BVerfG JZ 1984, 1042). Dem Bewerber steht es frei, Beamter pp. oder Rechtsanwalt zu sein oder – im Falle des § 14 Abs. 2 Nr. 5 – zu bleiben. In dieser Wahl wird er durch die §§ 7 Nr. 10, 14 Abs. 2 Nr. 5 nicht eingeschränkt (BGH BeckRS 1995, 06374; BRAK-Mitt. 1998, 155).

13 **2. Vorschrift des § 7 Nr. 4.** Die Vorschrift der **Nr. 4,** welche die Zulassung eines aus dem Dienst in der Rechtspflege Entfernten oder Entlassenen ausnahmslos untersagt, ist wegen Verstoßes gegen Art. 12 Abs. 1 GG nichtig (→ Rn. 29–34).

B. Die einzelnen Versagungsgründe

I. Grundrechtsverwirkung

14 Die Zulassung zur Rechtsanwaltschaft ist zu versagen, wenn der Bewerber nach der Entscheidung des BVerfG ein Grundrecht verwirkt hat (Nr. 1).

15 Wer die Freiheit der Meinungsäußerung, insbesondere die Pressefreiheit (Art. 5 Abs. 1 GG), die Lehrfreiheit (Art. 5 Abs. 3 GG), die Versammlungsfreiheit (Art. 8 GG), die Vereinigungsfreiheit (Art. 9 GG), das Brief-, Post- und Fernmeldegeheimnis (Art. 10 GG), das Eigentum (Art. 14 GG) oder das Asylrecht (Art. 16 Abs. 2 GG) zum Kampfe gegen die freiheitliche demokratische Grundordnung missbraucht, verwirkt diese Grundrechte (Art. 18 S. 1 GG). Art. 18 GG dient der Bekämpfung individueller verfassungsfeindlicher Tätigkeit (*Hönig/Antori,* 10. Aufl. 2013, GG Art. 18 Rn. 3). Der Bewerber, der ein Grundrecht zum Kampfe gegen die freiheitlich demokratische Grundordnung missbraucht, ist eine Gefahr für die Rechtspflege, so dass ihm die Zulassung zur Rechtsanwaltschaft versagt werden muss (amtliche Begründung, BT-Drs. 3/120, 56).

16 Grundgesetzliche Voraussetzung für die Versagung der Zulassung aus diesem Grunde ist aber die **Entscheidung des BVerfG,** dass und in welchem Ausmaß diese Grundrechte verwirkt sind

(Art. 18 S. 2 GG). Dieser Entscheidung des BVerfG kommt **konstitutive Bedeutung** zu. Die an den Missbrauch geknüpfte Folge der Verwirkung tritt also nicht automatisch, sondern erst dann ein, wenn sie durch Feststellung des BVerfG ausgesprochen worden ist (BGHZ 12, 197). Der Vorstand der RAK und die beteiligten Gerichte sind an die Entscheidung des BVerfG gebunden. Hat das BVerfG die Verwirkung ausgesprochen, steht das für alle Beteiligten unwiderlegbar fest; hat das BVerfG eine entsprechende Feststellung nicht getroffen, liegt der Versagungsgrund der Nr. 1 nicht vor. Die Beteiligten können den Ausspruch des BVerfG nicht durch eigene Feststellungen und Beurteilungen ersetzen (*Hönig/Antori,* 10. Aufl. 2013, GG Art. 18 Rn. 5). Das BVerfG hat eine solche Grundrechtsverwirkung bisher noch nicht ausgesprochen, so dass diesem Versagungsgrund keine große Bedeutung zukommt (*Schereik/Vogels,* Schriften für die Prozesspraxis, Band 6, 115).

II. Verlust der Fähigkeit zur Bekleidung öffentlicher Ämter

Die Zulassung zur Rechtsanwaltschaft ist zu versagen, wenn der Bewerber infolge strafgerichtlicher Verurteilung die Fähigkeit zur Bekleidung öffentlicher Ämter nicht besitzt (Nr. 2). 17

1. Inländisches Strafgerichtsurteil. Nr. 2 bezieht sich nur auf Verurteilungen durch deutsche Strafgerichte. Der einer ausländischen Verurteilung zugrunde liegende Sachverhalt ist nach Nr. 5 zu prüfen (*Isele* § 7 Anm. IV B 1, 2). Wer wegen eines Verbrechens (§ 12 Abs. 1 StGB) zu Freiheitsstrafe von mindestens einem Jahr verurteilt wird, verliert für die Dauer von fünf Jahren die Fähigkeit, öffentliche Ämter zu bekleiden und Rechte aus öffentlichen Wahlen zu erlangen (§ 45 Abs. 1 StGB). In dieser Zeit kann er nach Nr. 2 nicht zur Rechtsanwaltschaft zugelassen werden (vgl. auch § 14 Abs. 2 Nr. 2). Der in der qualifizierten Form des § 356 Abs. 2 StGB begangene Parteiverrat ist ein Verbrechen; denn er ist im Mindestmaß mit einer Freiheitsstrafe von einem Jahr bedroht (BGH BRAK-Mitt. 1988, 208). 18

Nach § 45 Abs. 2 StGB kann das Gericht auch in anderen Fällen dem Verurteilten diese Fähigkeit absprechen, wenn das im Gesetz besonders vorgesehen ist (zB §§ 92a, 101, 102 Abs. 2, 108c, 109i, 129a Abs. 6, 264 Abs. 5, 358 StGB, § 375 Abs. 1 AO). 19

Der Verlust der Fähigkeiten, Rechtsstellungen und Rechte wird **mit der Rechtskraft des Urteils wirksam** (§ 45a Abs. 1 StGB). Gerechnet wird die Dauer des Verlustes ab dem in § 45a Abs. 2 StGB gen. Zeitpunkten. Die rechtskräftige Entscheidung eines deutschen Strafgerichts ist für die am Zulassungsverfahren beteiligten Behörden und Gerichte **bindend** (*Isele* § 7 Anm. IV B 2; *Jessnitzer/Blumberg* § 7 Rn. 3; BGH BRAK-Mitt. 1984, 35; 1988, 208). 20

2. Nicht zu berücksichtigende Verurteilungen. § 45 Abs. 1 und 2 StGB ordnen den Verlust der Fähigkeit zur Bekleidung öffentlicher Ämter nur für eine bestimmte Dauer an. Nach Ablauf dieser Zeit steht diese strafrechtliche Nebenfolge als solche einer Wiederzulassung zur Rechtsanwaltschaft nicht mehr nach § 7 Nr. 2 entgegen (BGH BRAK-Mitt. 1988, 208). Die Verurteilung darf von der RAK im Rahmen der Nr. 2 nicht mehr berücksichtigt werden, wenn die verlorenen Fähigkeiten und Rechte nach § 45b StGB **wiederverliehen** wurden (BGH BRAK-Mitt. 1993, 102), wenn durch rechtskräftiges Urteil im **Wiederaufnahmeverfahren** (§§ 359 ff. StPO) der Betroffene entweder freigesprochen oder nur zu einer Strafe verurteilt wurde, die eine Rechtsfolge nach § 45 StGB nicht zur Folge hat oder wenn dem Betroffenen bzgl. der Verurteilung ein **Gnadenerweis** erteilt wurde (BGHZ 46, 230 = NJW 1967, 881 = EGE IX, 46; aber → § 7 Rn. 49). Der Versagungsgrund der Unwürdigkeit des Bewerbers nach § 7 Nr. 5 ist aber unabhängig von der Wiederverleihung zu prüfen (BGHZ 39, 110; 46, 230 = NJW 1967, 881). Denn auch derjenige, dem die Bekleidung öffentlicher Ämter nicht mehr generell verboten ist, kann wegen seines strafbaren Vorverhaltens noch unwürdig sein, den verantwortungsvollen Beruf eines Rechtsanwalts als eines unabhängigen Organs der Rechtspflege auszuüben (BGH BRAK-Mitt. 1993, 102). Im Rahmen der Prüfung zu § 7 Nr. 5 ist zu beachten, dass eine Wiederzulassung im allgemeinen nicht vor Ablauf der Frist in Betracht kommt, die das Gesetz im Regelfall für die Dauer des Ämterverlustes nach einer Verurteilung wegen eines Verbrechens vorsieht; eine Abkürzung der Frist durch Wiederverleihung von Fähigkeiten und Rechten nach § 45b StGB ist grundsätzlich dabei unbeachtlich (BGH BRAK-Mitt. 1993, 102). Im Rahmen des § 7 Nr. 2 ist allein entscheidend, ob der Betroffene tatsächlich wegen eines Verbrechens zu einer Freiheitsstrafe von mindestens 1 Jahr verurteilt wurde (§ 45 Abs. 1 StGB). Wird in einem rechtskräftigen Strafurteil zwar festgestellt, dass das Gericht eine 21

Freiheitsstrafe von über einem Jahr für schuld- und tatangemessen halte, tatsächlich aber wegen des Verschlechterungsverbotes (§§ 331 Abs. 1, 358 Abs. 2 StPO) nur auf eine Freiheitsstrafe unter einem Jahr erkannt, dann greift § 7 Nr. 2 (auch § 14 Abs. 2 Nr. 2 nicht) nicht ein, sondern kann nur eine Prüfung nach § 7 Nr. 5 erfolgen.

III. Ausschluss aus der Rechtsanwaltschaft

Schrifttum: *Eckertz-Höfer,* Lebenslänglicher Ausschluss aus der Rechtsanwaltschaft?, ZRP 1986, 4.

22 Die Zulassung zur Rechtsanwaltschaft ist zu versagen, wenn der Bewerber durch rechtskräftiges Urteil aus der Rechtsanwaltschaft ausgeschlossen ist und seit Rechtskraft des Urteils noch nicht acht Jahre verstrichen sind, Nr. 5 bleibt unberührt (Nr. 3).

23 § 7 Nr. 3 wurde neu gefasst durch das Gesetz zur Änderung des Berufsrechts der Rechtsanwälte und der Patentanwälte vom 13.12.1989 (BGBl. I S. 2135). Die Änderung des § 7 Nr. 3 berücksichtigt die Entscheidungen des BVerfG (BVerfGE 66, 337 = NJW 1984, 2341; BVerfGE 72, 51 = NJW 1986, 1802 = AnwBl. 1986, 305 = BRAK-Mitt. 1986, 173), wonach die dauernde Wirkung der Ausschließung (§§ 114 Abs. 1 Nr. 5, 204 Abs. 1) die Freiheit der Berufswahl verletzt. Weil die Maßnahme der Ausschließung nur in Fällen schwerster Pflichtverletzungen mit nachhaltigen Schäden für das Ansehen des Berufs in Betracht kommt, kann auf eine – zeitlich begrenzte – Sperrwirkung für erneute Anträge nicht verzichtet werden. Die Frist wird wegen der Schwere der Pflichtverletzung und mit Rücksicht auf die Zeit, die für vergleichbare Fälle regelmäßig von der Rechtsprechung für den **Nachweis des Wohlverhaltens bei Bewerbern** vorausgesetzt wird, die einem anwaltsgerichtlichen Verfahren durch den Verzicht auf ihre Zulassung zuvorkamen (→ § 7 Rn. 39 ff.), auf acht Jahre bemessen (kritisch *Zuck* NJW 1990, 1027; Henssler/Prütting/*Henssler* § 7 Rn. 22). Nach Ablauf dieser Sperrfrist ist der Antrag auf Zulassung nach den übrigen Gesichtspunkten des § 7, insbesondere nach § 7 Nr. 5, zu prüfen (*Vetter* BRAK-Mitt. 1990, 2, 3). Die Neuregelung ist verfassungsgemäß (BGH BRAK-Mitt. 1996, 121). Sie ist auch in Fällen anwendbar, in denen die Ausschließung aus der Anwaltschaft vor dem Inkrafttreten der neuen Vorschrift erfolgt ist. Art. 103 Abs. 2 GG ist nicht verletzt, da § 7 Nr. 3 keine Strafvorschrift ist (BGH BRAK-Mitt. 1991, 100).

24 Im Einzelfall werden Schwere und Auswirkung der Pflichtverletzungen, die Anlass zu der Ausschließung gaben, gegen eine etwaige Bewährung und die Wahrscheinlichkeit künftiger einwandfreier Berufsausübung abzuwägen sein (amtliche Begründung, BT-Drs. 3/120, 57; kritisch zu dieser Neuregelung *Eckertz-Höfer* ZRP 1986, 4). Grundlage des Versagungsgrundes des § 7 Nr. 3 kann nur das **rechtskräftige Urteil eines deutschen Anwaltsgerichts** sein. Der dem Urteil eines ausländischen Standesgerichts zugrundeliegende Sachverhalt kann nur im Rahmen der Nr. 5 berücksichtigt werden (*Isele* § 7 Anm. IV C 1). Das anwaltsgerichtliche Ausschlussurteil (§§ 114 Abs. 1 Nr. 5, 139 Abs. 2) wird wirksam mit der Rechtskraft des Urteils (§ 204 Abs. 1 S. 1). Zur weiteren Verwertbarkeit des Sachverhalts, der einem Ausschlussurteil zugrundelag, nach Erteilung eines diesbezüglichen Gnadenerweises im weitesten Umfang ist BGHZ 46, 230 = NJW 1967, 881 zu beachten (→ § 7 Rn. 66).

25 Nach dem Abschluss des anwaltsgerichtlichen Verfahrens, das zum Ausschluss aus der Rechtsanwaltschaft geführt hat, ist es dem Antragsteller versagt, mit einem Wiederzulassungsantrag geltend zu machen, die Maßnahme der Ausschließung aus der Rechtsanwaltschaft sei zu Unrecht erfolgt. Einem solchen Vorbringen steht die Rechtskraft des Ausschließungsurteils entgegen. Aus demselben Grund kann der Antragsteller im Wiederzulassungsverfahren auch nicht mit Erfolg anführen, bei der Pflichtverletzung, die Grundlage des Ausschließungsurteils im anwaltsgerichtlichen Verfahren war, habe es sich nicht um einen „typischen" Ausschließungsgrund – im Sinne eines schweren Delikts – gehandelt, so dass § 7 Nr. 3 überhaupt nicht anwendbar sei. Die Vorschrift des § 7 Nr. 3 knüpft ohne eine Unterscheidung nach Art der zugrunde liegenden Verletzung beruflicher Pflichten und ohne die Möglichkeit einer erneuten Überprüfung der Schwere des Pflichtenverstoßes an die bloße Existenz eines rechtskräftigen Ausschließungsurteils an. Wegen der Rechtskraft des Ausschließungsurteils und nach dem Regelungszusammenhang zwischen § 114 Abs. 1 Nr. 5 und § 7 Nr. 3 ist vor dem Ablauf der gesetzlichen Sperrfrist von acht Jahren seit der Rechtskraft des Ausschließungsurteils grundsätzlich auch kein Raum für einen Wiederzulassungsantrag mit der Begründung, die in dem Urteil angenommene (weitere) Gefährdung der Rechtspflege sei nachträglich entfallen (BGH BRAK-Mitt. 1996, 121).

Abgesehen von der Möglichkeit eines Gnadenerweises (→ § 116 Rn. 83) kann bei einem Ausschluss im berufsgerichtlichen Verfahren wegen Nichtunterhaltung einer Berufshaftpflichtversicherung (→ § 14 Rn. 74 ff.) im Hinblick auf die Einführung des § 14 Abs. 2 Nr. 9 eine Auflockerung der an sich strikten Sperrfrist § 7 Nr. 3 geboten sein. Denn bei Widerruf der Zulassung nach § 14 Abs. 2 Nr. 9 hat der Betroffene die Chance, grundsätzlich sofort wieder die Zulassung zur Rechtsanwaltschaft zu erlangen, wenn er den Abschluss einer Haftpflichtversicherung nachweist (→ § 14 Rn. 78). Das könnte zu der Annahme führen, dass der Gesetzgeber, wenn er bei der Neuregelung die besondere Fallkonstellation bedacht hätte, in der das Ausschließungsurteil maßgeblich auf die Weigerung des Rechtsanwalts, eine Berufshaftpflichtversicherung abzuschließen, gestützt worden ist, hierfür eine Lockerung der Sperrfrist des § 7 Nr. 3 vorgesehen hätte. Die Dauer der Sperrwirkung des rechtskräftigen Ausschließungsurteils kann jedoch nicht kürzer sein als derjenige Zeitraum, während dessen der Betroffene nach dem Maßstab des § 7 Nr. 5 (→ § 7 Rn. 39 ff.) auch unter Berücksichtigung zwischenzeitlichen Wohlverhaltens als unwürdig angesehen werden müsste, den Beruf des Rechtsanwalts auszuüben (BGH NJW-RR 1996, 761 = BRAK-Mitt. 1996, 121). 25a

IV. Entlassung oder Entfernung aus dem Dienst in der Rechtspflege

Schrifttum: *Eckertz-Höfer,* Lebenslänglicher Ausschluss aus der Rechtsanwaltschaft?, ZRP 1986, 4.

Die Zulassung zur Rechtsanwaltschaft ist zu versagen, wenn gegen den Bewerber im Verfahren über die Richteranklage auf Entlassung oder im Disziplinarverfahren auf Entfernung aus dem Dienst in der Rechtspflege rechtskräftig erkannt worden ist (Nr. 4). 26

1. Anwendungsbereich. Dieser Versagungsgrund kommt in Betracht für **frühere Richter** (Art. 98 Abs. 2 und 5 GG iVm § 30 Abs. 1 Nr. 1 DRiG; §§ 30 Abs. 1 Nr. 2, 78 DRiG), **Staatsanwälte** (§§ 122 Abs. 4, 77 ff. DRiG) und **Notare** (§ 97 Abs. 1 BNotO; BGH BRAK-Mitt. 1983, 188). **Voraussetzung** ist, dass der frühere Richter im Verfahren über die Richteranklage (Art. 98 GG) rechtskräftig entlassen wurde oder dass gegen den früheren Richter, Staatsanwalt, Rechtspfleger und Notar im Disziplinarverfahren auf Entfernung aus dem Dienst rechtskräftig erkannt worden ist. Der Versagungsgrund liegt auch dann vor, wenn außerberufliche Verfehlungen zu der Entfernung aus dem Dienst in der Rechtspflege geführt haben. Auch hier sind Verurteilungen unbeachtlich, die in der Zeit vom 30.1.1933 bis zum 8.5.1945 ausschließlich oder überwiegend aus rassischen, politischen oder religiösen Gründen erfolgt sind (§ 211). Zur eingeschränkten gerichtlichen Überprüfbarkeit im Verfahren nach §§ 9 Abs. 2 aF, wenn nur der Versagungsgrund der Nr. 5 und nicht auch der Nr. 4 geltend gemacht wurde, vgl. BGH BRAK-Mitt. 1993, 104; 1983, 188; vgl. auch BVerfG NJW 1986, 1802 = MDR 1986, 995 = AnwBl. 1986, 305 = BRAK-Mitt. 1986, 173. 27

Wenn der Vorstand der RAK allein den Versagungsgrund des § 7 Nr. 5 geltend macht, kann ein Bewerber, gegen den wegen eines in seiner früheren Eigenschaft als Notar begangenen Betruges auf Entfernung aus dem Dienst in der Rechtspflege erkannt worden ist, bei nachträglichem Wohlverhalten nach Tilgung der Strafe im Bundeszentralregister zur Anwaltschaft zugelassen werden (BGH BRAK-Mitt. 1983, 188). 28

2. Verfassungswidrigkeit der Bestimmung. Gegen die uneingeschränkte lebenslange Wirksamkeit dieses Versagungsgrundes bestehen die gleichen verfassungsrechtlichen Bedenken aus Art. 12 Abs. 1 GG wie im Falle der Nr. 3 aF (*Hartstang* I 111; *Schereik/Vogels,* Schriften für die Prozesspraxis, Band 6, 117; *Ostler* NJW 1987, 282, 287; *Krämer/Kirchberg* AnwBl. 1986, 166, 170; *Zuck* BRAK-Mitt. 1985, 125, 129; *Eckertz-Höfer* ZRP 1986, 4; *Kleine-Cosack* § 7 Rn. 9). 29

Der Umstand, dass die Betroffenen ursprünglich einen anderen Beruf gewählt hatten, aus dem sie rechtskräftig entfernt wurden, ändert nichts daran, dass ihnen weiterhin das Grundrecht auf freie Berufswahl zukommt. Art. 12 GG gilt nicht etwa nur für die erste Berufswahl, sondern umfasst auch das Recht mehrere Berufe zu wählen und diese nacheinander auszuüben (BVerfGE 41, 251; Erklärung der Bundesregierung BRAK-Mitt. 1985, 93). Die Wiederzulassungssperre der Nr. 4 ist grundsätzlich irreparabel und kann allenfalls im Gnadenweg ausgeräumt werden. Auch hier verwehrt es wie bei § 7 Nr. 3 aF der besondere Rang des Grundrechtes der Berufsfreiheit, der im engen Zusammenhang mit dem Grundrecht auf freie Entfaltung der Persönlichkeit begründet ist, bei derartigen Eingriffen die Fähigkeit des Menschen zur Änderung und zur 30

Resozialisierung gänzlich außer Acht zu lassen. Wie § 7 Nr. 3 aF ist Nr. 4 wegen seiner lebenslangen Wirkung verfassungswidrig (zu § 7 Nr. 3 aF BVerfGE 66, 337 = NJW 1984, 2341; BVerfGE 72, 51 = NJW 1986, 1802 = BRAK-Mitt. 1986, 173 = AnwBl. 1986, 305).

31 **3. § 7 Nr. 5 als Lückenfüller.** Soweit im Einzelfall überwiegende Gründe des Gemeinwohls einer Wiederzulassung entgegenstehen, eröffnet bereits der Versagungsgrund der Unwürdigkeit (§ 7 Nr. 5) die Möglichkeit, nicht tragbare Bewerber weiterhin vom Anwaltsberuf fernzuhalten (BVerfGE 66, 337 = NJW 1984, 2341; BVerfGE 72, 51 = NJW 1986, 1802). Durch den Fortfall der Nr. 4 entsteht somit kein rechtliches Vakuum. Bei der Anwendung der Nr. 5 ist auf die Würdigung der Gesamtpersönlichkeit des Bewerbers im Zeitpunkt der Entscheidung abzustellen und sind dabei neben seinem Fehlverhalten auch sein früheres und späteres Wohlverhalten und seine Lebensverhältnisse im ganzen zu berücksichtigen (BVerfGE 63, 266 = NJW 1983, 1535).

32 Wenn im Einzelfall aufgrund des Verhaltens des Betroffenen, das zu seiner Entfernung aus dem Dienst in der Rechtspflege geführt hat, auch nach langer Zeit zum Schutze überragender Gemeinschaftsgüter, nämlich zur Erhaltung der Funktionstüchtigkeit der Rechtspflege, also zum Schutz der Rechtsuchenden und der übrigen Beteiligten, eine weitere Fortdauer des „Berufsverbotes" erforderlich sein sollte, kann dies ausreichend im Rahmen einer möglichen Versagung nach Nr. 5 berücksichtigt werden.

33 Der Gesetzgeber muss auch hier entscheiden, in welcher Weise diese verfassungsrechtlichen Bedenken gegen die derzeitige Regelung der Nr. 4 auszuräumen sind. Es bietet sich eine dem § 7 Nr. 3 nF entsprechende Regelung an.

34 Die Anwaltsgerichtshöfe werden nicht umhin können im Wege der **konkreten Normenkontrolle das BVerfG anzurufen,** sofern sie in einem Bewerbungsverfahren zum Ergebnis kommen, dass einer Zulassung **keine anderen Gründe** als die absolute Sperre des derzeitigen § 7 Nr. 4 entgegenstehen, also die tatsächlichen Umstände, die die frühere Entlassung bzw. Entfernung aus dem Dienst in der Rechtspflege rechtfertigen, ihn nicht weiter iSd Nr. 5 als unwürdig erscheinen lassen, den Beruf des Rechtsanwalts auszuüben (BVerfGE 66, 337 = NJW 1984, 2341 zu Nr. 3; vgl. auch BGH BRAK-Mitt. 1983, 188 und BVerfGE 72, 51 = NJW 1986, 1802).

V. Unwürdiges Verhalten

Schrifttum: *Cornelius,* Die Handhabung des § 7 Nr. 5 BRAO in der Rechtsprechung, BRAK-Mitt. 1988, 104; *Deppert/Rinne,* Die Rechtsprechung der Senate für Anwalts- und Notarsachen zur Wiedervereinigung, FS 50 Jahre BGH, 2000, 279; *Ehrig,* Darf Horst Mahler Anwalt bleiben?, BerlAnwBl. 2001, 36; *Kutzer,* Bewältigung von SED- und Stasi-Vergangenheit im Anwaltsrecht, FS Odersky, 1996, 1049; *Otten,* Ein Stück deutsche Rechtsgeschichte – Die Wiedervereinigung und ihre Folgen im Anwaltsrecht in der Rechtsprechung des Anwaltssenats, FS Geiß, 2000, 307; *Roth,* Der Weg zu einem einheitlichen anwaltlichen Berufsrecht im wiedervereinigten Deutschland in den Jahren 1990–1994, Diss. Regensburg 1999; *Starke,* Überprüfung von Rechtsanwälten auf Stasi-Vergangenheit?, ZRP 1991, 366; *Vogel,* Versagung, Rücknahme und Widerruf der Anwaltszulassung wegen Unwürdigkeit, 1994; *Will,* Die DDR-Rechtsanwälte, das Bundesverfassungsgericht und die juristische Aufarbeitung der kommunistischen Vergangenheit, NJ 1996, 177.

35 Die Zulassung zur Rechtsanwaltschaft ist zu versagen, wenn der Bewerber sich eines Verhaltens schuldig gemacht hat, das ihn unwürdig erscheinen lässt, den Beruf eines Rechtsanwalts auszuüben (Nr. 5).

36 **1. Allgemeine Grundsätze.** Der Bewerber erscheint dann unwürdig, wenn er **im Zeitpunkt der Entscheidung** über die Zulassung (BGH Beschluss vom 15.12.1980 – AnwZ (B) 9/79 nv) bei Abwägung seines schuldhaften Verhaltens und aller erheblichen Umstände wie Zeitablauf und zwischenzeitlicher Führung nach seiner **Gesamtpersönlichkeit für den Anwaltsberuf nicht mehr oder noch nicht wieder tragbar ist** (BVerfGE 63, 266 = NJW 1983, 1535; BVerfGE 72, 51 = NJW 1986, 1802; BGH NJW-RR 1999, 1219; BRAK-Mitt. 2000, 145; NJW 1994, 1730 = NJ 1994, 284 = BRAK-Mitt. 1994, 108 = AnwBl. 1994, 295; DtZ 1995, 175 = NJ 1994, 282 = BRAK-Mitt. 1994, 106 = AnwBl. 1994, 294; BRAK-Mitt. 1998, 43; 1997, 171; 1992, 106; 1993, 42; 1993, 102; 1994, 40, 179, 236; 1988, 146, 147; 1988, 271; 1987, 150; 1985, 107, 108; 1982, 25; 1982, 76; 1982, 125; 1986, 47, 165; BGH EGE VII, 1; X, 84; BGHZ 68, 46 = NJW 1977, 806 = EGE XIV, 8; BGHZ 39, 110; BGHSt 20, 73 = EGE VIII, 62; BGHZ 46, 230 = NJW 1967, 881 = EGE IX, 46; BGH bei *Zuck* BRAK-Mitt. 1989, 123). Entscheidend ist somit, ob der Antragsteller nach seiner Gesamtpersönlichkeit geeignet ist,

berufener unabhängiger Vertreter des Mandanten in allen Rechtsangelegenheiten zu sein. Bei der Beurteilung sind die gesamten Lebensverhältnisse des Bewerbers zu berücksichtigen. Sowohl berufliche als auch private Verfehlungen sind zu berücksichtigen; Unwürdigkeit setzt nicht unbedingt ein berufliches Fehlverhalten voraus.

Zwischen einem schuldhaften Fehlverhalten und der Unwürdigkeit des Bewerbers muss ein **rechtlich relevanter Zusammenhang** bestehen, aus ihm muss auf die Unwürdigkeit für den Anwaltsberuf geschlossen werden können. Werden durch ein schuldhaftes Verhalten eines Antragstellers Belange der Rechtspflege nicht gefährdet, fehlt eine solche Relevanz und kann daraus nicht die Unwürdigkeit des Bewerbers hergeleitet werden. Frühere strafgerichtliche Verurteilungen, müssen nicht notwendigerweise im Bezug zum Anwaltsberuf stehen (*Laufhütte* DRiZ 1990, 432; *Roggenbuck* NJ 1991, 206). So kann aus einer strafgerichtlichen Verurteilung wegen Verkehrsdelikten regelmäßig nicht auf Unwürdigkeit iSd § 7 Nr. 5 geschlossen werden, da damit Belange der Rechtspflege nicht gefährdet werden (Henssler/Prütting/*Henssler* § 7 Rn. 41). Gleiches gilt erst recht für rein zivilrechtliche Verfehlungen wie die Verletzung eines Mietvertrages oder ähnliches. 36a

a) Beurteilungszeitpunkt. Bei der Einschränkung des Grundrechts auf freie Berufswahl ist der Grundsatz der Verhältnismäßigkeit strikt zu wahren, die Gesamtpersönlichkeit des Bewerbers **im Zeitpunkt der Entscheidung** zu würdigen und dabei neben seinem Fehlverhalten auch sein früheres und späteres Wohlverhalten und seine Lebensverhältnisse im ganzen zu berücksichtigen (BVerfGE 63, 266 = NJW 1983, 1535; BGH NJ 1994, 282 = DtZ 1995, 175). Das vorangegangene Verhalten muss jetzt (noch) die Prognose rechtfertigen, dass der Bewerber, würde er als Anwalt zugelassen, in Zukunft eine Gefährdung für wichtige Belange der Rechtspflege darstellt. Im Rahmen der Verhaltensprognose sind alle Umstände zu berücksichtigen, insbesondere auch die, die das Fehlverhalten in einem günstigeren Licht erscheinen lassen (BVerfGE 72, 51 = NJW 1986, 1802). 37

Es kommt **allein der Zeitpunkt der Entscheidung** als Beurteilungszeitpunkt in Betracht, da die Würdigung der Gesamtpersönlichkeit keine Feststellung für die Vergangenheit darstellt, sondern ohne zeitliche Beschränkung die Grundlage für die Entscheidung über die künftige Zulassung bildet (BGH BeckRS 1997, 31168608; BRAK-Mitt. 1996, 73). Deshalb hat das Gericht alle Umstände, die in einer ergänzenden Stellungnahme der RAK gegenüber dem Gericht zu § 7 Nr. 5 geltend gemacht werden, bei seiner Entscheidung zu berücksichtigen, es sei denn, damit werde die Grundlage für den Ablehnungsbescheid geltend gemachten Versagungsgrund verlassen (zum Ergänzungsgutachten nach § 8 aF BGHZ 68, 46 = NJW 1977, 806 = EGE XIV, 8; BGH BRAK-Mitt. 1988, 271; vgl. auch BVerfGE 72, 51 = NJW 1986, 1802; *Hartstang* I 111). 38

b) Längeres Wohlverhalten. Bei der Gesamtbeurteilung (→ § 7 Rn. 36) im Zeitpunkt der Entscheidung über die Zulassung ist zu berücksichtigen, dass auch ein besonders schwerwiegendes pflichtwidriges Verhalten, selbst wenn es sich in der Begehung eines Verbrechens geäußert oder zu einer schweren Strafe geführt hat, nach einer mehr oder minder großen Reihe von Jahren durch **zwischenzeitliches Wohlverhalten** des Bewerbers (BGHZ 39, 110 = NJW 1963, 1007) und andere Umstände, so viel an Bedeutung verlieren kann, dass es der Zulassung zur Rechtsanwaltschaft nicht mehr im Wege steht (BGH AnwBl. 2000, 627; BRAK-Mitt. 2003, 128; → § 6 Rn. 17). Bei der Prüfung ob dies der Fall ist, muss stets das berechtigte Interesse des Bewerbers nach beruflicher und sozialer Wiedereingliederung abgewogen werden gegen das Interesse der Öffentlichkeit, insbesondere der Rechtsuchenden, an der Integrität des Anwaltsstandes und der Vermeidung einer Gefährdung der Rechtsuchenden (BGH BRAK-Mitt. 1992, 106; 1993, 42; 1993, 102; 1995, 122; 1996, 122; Beschluss vom 1.3.1993 – AnwZ (B) 42/92 nv; BeckRS 1994, 31170778; BGH bei *Zuck* BRAK-Mitt. 1989, 123; 1992, 66, 70). Der Grundsatz der Verhältnismäßigkeit ist zu beachten (BGH NJW-RR 1999, 1219; BeckRS 2013, 07180). 39

Bei der erforderlichen **Gesamtabwägung** fallen einerseits solche Umstände ins Gewicht, die für eine **fortdauernde Unwürdigkeit des Bewerbers** sprechen (BGH BRAK-Mitt. 1985, 107) und andererseits solche Tatsachen, die in besonderer Weise die Bewährung des Bewerbers belegen. Die bloße straffreie Führung des Bewerbers nach der Verurteilung ist dann nicht entscheidend zu seinen Gunsten zu berücksichtigen, wenn er noch unter dem Druck einer zur Bewährung ausgesetzten Freiheitsstrafe steht (BGH NJW-RR 1995, 1016; NJW 1988, 1793 = BRAK-Mitt. 1988, 147). Es bedarf daher eines längeren Zeitraums nach Ablauf der strafrecht- 40 lichen Bewährungszeit, um zuverlässig beurteilen zu können, ob dem Antragsteller die Aufgabe, unabhängiger Berater und Vertreter der Rechtsuchenden zu sein (§ 3), wieder anvertraut werden kann. Ein Jahr und fünf Monate nach dem Erlass der Freiheitsstrafe wegen Ablaufs der Bewährungszeit reichen dafür grundsätzlich nicht aus (BGH BRAK-Mitt. 1993, 102; → § 7 Rn. 21). Andererseits ist der BGH bei einer Verurteilung eines ehemaligen Finanzbeamten wegen Steuerhinterziehung in 15 Fällen und versuchter Steuerhinterziehung nach Ablauf einer Wohlverhaltensperiode von mehr als einem halben Jahr seit Straferlass und sechs Jahren seit Abgabe der letzten strafbaren Steuererklärung nicht mehr von einer Unwürdigkeit iSd § 7 Nr. 5 ausgegangen, zumal das strafrechtliche Fehlverhalten nicht im Zusammenhang mit einer anwaltlichen Berufsausübung stand und auch kein unmittelbarer Zusammenhang mit einer sonstigen juristischen Betätigung gegeben war (BGH MDR 2004, 1268 = BRAK-Mitt. 2004, 234). Entscheidend für die Annahme des Versagungsgrundes nach § 7 Nr. 5 kann auch sein, dass der Antragsteller seine Zulassung gerade für den Ort begehrt, wo er seine Verfehlungen begangen hat, die der Bevölkerung infolge der Presseberichterstattung noch in Erinnerung sind und durch die er das Ansehen der Rechtsanwaltschaft schwer geschädigt hat. Das Anliegen des Gesetzes, das Ansehen der Rechtsanwaltschaft zu wahren, kann dann Vorrang vor dem Interesse des Antragstellers nach beruflicher und sozialer Wiedereingliederung, verlangen (BGH BRAK-Mitt. 1992, 106; 1993, 102).

41 Erforderlich für eine positive Zulassungsentscheidung ist, dass der Zulassungsbewerber verlässlich gezeigt hat, dass er von seinen Verfehlungen **innerlich abgerückt ist und sich gewandelt hat.** Ein solcher Wandlungsprozess wird sich in der Regel über eine längere Reihe von Jahren dokumentieren müssen (BGHZ 39, 110 = NJW 1963, 1007; SächsAGH Beschluss vom 1.12.1995 – AGH 12/95 (II)); dabei sind auch die weiteren Straftaten zu würdigen, die dem Antragsteller nach dem Ausschluss aus der Rechtsanwaltschaft zur Last fallen (BGH BRAK-Mitt. 1997, 168). Die Wiederzulassung ist zu versagen, wenn der Betroffene aufgrund seines wiederholt strafrechtlich relevanten Verhaltens und dessen Berufsbezogenheit als unwürdig angesehen worden ist und dieser nach wie vor keinerlei Schuldeinsicht zeigt, sonder hartnäckig an den Auffassungen festhält, die zu seinen Verurteilungen geführt haben (BGH BRAK-Mitt. 2007, 77). Die Frage, wie viele Jahre zwischen einer die Unwürdigkeit begründenden Straftat und dem Zeitpunkt liegen müssen, in dem eine Wiederzulassung rechtlich möglich ist, lässt sich nicht allgemein beantworten, sondern verlangt eine einzelfallbezogene Gewichtung aller Umstände (AGH BW BeckRS 2013, 11124). Die bloße straffreie Führung nach einer Verurteilung darf nicht entscheidend zugunsten des Bewerbers berücksichtigt werden, wenn dieser noch unter dem Druck einer zur Bewährung ausgesetzten Freiheitsstrafe stand. Vielmehr muss das beanstandungsfreie Verhalten geraume Zeit nach Erlass der Freiheitsstrafe wegen Ablaufs der Bewährungsfrist fortgesetzt worden sein (AGH RhPf BRAK-Mitt. 2009, 138). Insoweit gibt es keinen festen Maßstab. Vielmehr hängt die Beantwortung der Frage von verschiedenen Faktoren ab. Bei der Abwägung sind die Gesamtumstände des Falles zu werten (BGH BRAK-Mitt. 1992, 106; 1993, 42; 1985, 108; 1986, 165; 1988, 147 = NJW 1988, 1793). Ist die Verurteilung wegen der Straftat im Bundeszentralregister nicht mehr eingetragen oder ist sie zu tilgen, so gibt das Gesetz damit selbst wesentliche Hinweise für das ihr beizulegende Gewicht (BGH BRAK-Mitt. 1988, 49; → § 7 Rn. 61 ff.). Auch die Anordnung der Sperrfrist für eine Wiederzulassung in § 7 Nr. 3 ist ein Hinweis auf die gesetzgeberische Wertung eines bestimmten Tatbestandes, die bei vergleichbaren Tatbeständen im Rahmen von § 7 Nr. 5 nicht unberücksichtigt bleiben kann (BGH BRAK-Mitt. 2000, 145; 1993, 42). Zur Bedeutung der Fünfjahresfrist des § 45 StGB → § 7 Rn. 21. Der Zeitraum beträgt nach der Rechtsprechung von **vier bis fünf Jahren in leichteren Fällen** (zB bei geringfügigem betrügerischem und steuerunehrlichem Verhalten, durch Alkoholsucht bedingten Verfehlungen oder gefährlicher Körperverletzung), **bis zu 15 oder 20 Jahren** bei Straftaten im Kernbereich der beruflichen Tätigkeit des Rechtsanwalts, (BGH BRAK-Mitt. 2010, 270) oder bei gravierenden Straftaten (BGH BRAK-Mitt. 2010, 214); bei Abgabe unzutreffender dienstlicher Äußerungen und einer falschen eidesstattlichen Versicherung oder im Falle einer von schwerwiegenden Verstößen gegen Grundsätze der Menschlichkeit im Zusammenhang einer IM-Tätigkeit – BGH BRAK-Mitt. 2003, 128 –, bzw. mehr als sechs Jahre nach der letzten Steuerhinterziehung, Verurteilung zu einer Bewährungsstrafe und Straferlass – BGH BeckRS 2004, 06975 = bei *Deppert* BRAK-Mitt. 2005, 206, 209), **ausnahmsweise sogar noch mehr** (zB bei schweren Fällen von Untreue oder Betrug; BGH BRAK-Mitt. 1995, 122; 1996, 122; 1998, 234; 1999, 187; 1999, 191), wenn der Bewerber auch danach immer wieder durch kleine Straftaten in Erscheinung getreten ist. Jedoch kann dieser Zeitraum unterschritten werden, wenn das Interesse des Bewerbers an seiner beruflichen und sozialen Eingliederung bei einer Gesamtwürdigung der Umstände es geboten erscheinen lässt. Davon ist auszugehen, wenn der Bewerber die Gewähr dafür bietet, dass er sein Leben wieder geordnet hat und deshalb nicht mehr festgestellt werden kann, er sei für den Anwaltsberuf noch untragbar (BRAK-Mitt. 2009, 242). Die Unterschreitung der anerkannten Wohlverhaltensphase ist im Einzelfall auch bei schwerwiegenden Straftaten möglich (BGH BRAK-Mitt. 2012, 31; 2010, 214). Insoweit haben die zuständigen Stellen einen **erheblichen Beurteilungsspielraum** für die Berücksichtigung aller maßgeblichen Umstände (BGH BRAK-Mitt. 1992, 106; 1993, 42; 1985, 107). Diese Zeitspannen wurden nicht im Voraus als Bewährungsfristen festgesetzt, sondern im Allgemeinen erst nach ihrem Ablauf im Zeitpunkt der Entscheidung über die Wiederzulassung im Einzelfall für ausreichend angesehen. Sie lassen sich **nicht schematisch** zugrunde legen. Es geht nicht um die Berechnung einer Frist, sondern darum, ob das die Unwürdigkeit begründende Verhalten den Bewerber für den Beruf des Rechtsanwalts derzeit noch als untragbar erscheinen lässt; das verlangt eine einzelfallbezogene Gewichtung aller für und gegen den Bewerber sprechenden Umstände (BGH BRAK-Mitt. 1998, 234; NJW-RR 1999, 1219). Bei dieser Gewichtung ist allerdings regelmäßig die Sperrfrist des § 7 Nr. 3 zu beachten, wenn der Antragsteller seine frühere Zulassung durch einen Widerruf der Zulassung nach § 14 Abs. 2 aufgrund eines Sachverhalts verloren hat, der inhaltlich einen Ausschluss aus der Rechtsanwaltschaft nach § 114 Abs. 1 Nr. 5 gerechtfertigt hätte (BRAK-Mitt. 2010, 214). Neben Art, Schwere, Dauer und Häufigkeit einer tatbestandsmäßigen Handlung, die ihren Ausdruck im Fall strafrechtlicher Ahndung in Art und Höhe der verhängten Strafe finden, ist bei der Prüfung eines Wiederzulassungsantrags von Bedeutung, aus welchen Gründen der Bewerber gefehlt hat (EGE VII, 1, 6), insbesondere ob es sich bei der Tat um eine einmalige Entgleisung oder um den Ausdruck eines Charaktermangels und einer niederen Gesinnung handelt, ferner, ob der Bewerber sie außerhalb oder innerhalb des Anwaltsberufs verübt und damit gegen die Interessen seiner Mandanten verstoßen hat (BGH BRAK-Mitt. 1993, 42; 1995, 122).

Unter Berücksichtigung der Ausstrahlung und Bedeutung des Grundrechts aus Art. 12 Abs. 1 42
GG muss auch dem **Interesse des Antragstellers an seiner beruflichen Wiedereingliederung** ein erhebliches Gewicht beigemessen werden (BGH BRAK-Mitt. 2000, 306). Soll eine beantragte Wiederzulassung unter Berücksichtigung all dieser Umstände trotz längeren Wohlverhaltens versagt werden, so darf die Versagung nicht außer Verhältnis zu der Schwere des Eingriffs in das Grundrecht der Berufsfreiheit (Art. 12 Abs. 1 GG) stehen, der mit ihr verbunden wäre (BGH BRAK-Mitt. 1988, 146; 1985, 108). Entsprechendes gilt für die Erstzulassung eines Bewerbers. Dem Antrag eines früheren Rechtsanwalts, dessen Zulassung vor ca. 13 Jahren zurückgenommen worden war, auf Wiederzulassung zur Rechtsanwaltschaft ist stattzugeben, wenn er sich aus seiner früheren Zugehörigkeit zur terroristischen Szene gelöst und von deren Gedankengut abgewendet hat. Dies gilt auch dann, wenn er wegen früherer schwerwiegender strafbarer Handlungen zu einer längeren Freiheitsstrafe verurteilt war (BGH NJW 1988, 1793 = BRAK-Mitt. 1988, 147). Andererseits kann trotz unauffälligen Verhaltens seit der Verurteilung und einer ev. Haftentlassung unter dem Druck einer Aussetzung des Strafrestes zur Bewährung bei schweren Straftaten eine Wiederzulassung zur Rechtsanwaltschaft gleichwohl weiter unzulässig sein (BGH BRAK-Mitt. 1993, 42). Wer einen Totschlag zu verantworten hat, kann in aller Regel zu einem Beruf, der ihn zu einem Organ der Rechtspflege macht (§ 1), erst dann wieder zugelassen werden, wenn seit der Tat ein Zeitraum vergangen ist, der mindestens im obersten Bereich einer Spanne von vier bis zwanzig Jahren liegt (BGH BRAK-Mitt. 2000, 145). Auch hat der BGH eine Wohlverhaltensdauer im unteren Bereich dann ausgeschlossen, wenn der Antragsteller mit mehreren Straftaten Schäden in Millionenhöhe verursacht hat und deshalb zu einer Gesamtfreiheitsstrafe von 5 Jahren verurteilt worden ist (BGH BRAK-Mitt. 2010, 214).

c) Keine Übertragung von Grundsätzen des Beamtenrechts. Auch eine **mit Geldstrafe** 43
geahndete Tat kann die Unwürdigkeit zur Ausübung des Anwaltsberufes begründen (BGH Beschlüsse vom 12.12.1988 – AnwZ (B) 39/88 nv – und 27.6.1983 – AnwZ (B) 7/83 nv; BVerfGE 66, 337, 367 = NJW 1984, 2341). Der Gleichheitssatz (Art. 3 GG) gebietet nicht, eine Berufszugangssperre erst bei der Verurteilung zu einer Freiheitsstrafe von einem Jahr anzunehmen, weil ein Ruhestandsbeamter seine Rechte erst nach einer Verurteilung zu einer solchen Strafe verliert (§ 59 BeamtVG; für aktive Beamte vgl. aber § 24 Abs. 1 BeamtStG). Diese Grenze

hindert nicht die Prüfung des Einzelfalles und ist in das Anwaltsrecht nicht übertragbar (vgl. § 14 Abs. 2 Nr. 2, § 45 StGB; BGH Beschluss vom 12.12.1988 – AnwZ (B) 39/88 nv).

43a Die Unwürdigkeit kann sich auch aus einem **nicht strafbaren Verhalten,** insbesondere einem **unehrenhaften und unsittlichen Lebenswandel** ergeben. Dabei sind aber die veränderten sittlichen Anschauungen, wie sie auch in der Liberalisierung des Sexualstrafrechts zum Ausdruck kommen, zu berücksichtigen, so dass die ältere Rechtsprechung (vgl. zB EGE VII, 74 zum Verdacht der gleichgeschlechtlichen Veranlagung und Betätigung; EGE V, 84) insoweit nicht mehr stets als heute noch gültiges Leitbild dienen kann.

44 **d) Schwierige wirtschaftliche Verhältnisse.** Schwierige wirtschaftliche Verhältnisse bei der Tatausführung entschuldigen nicht (BGH BRAK-Mitt. 1985, 107; EGH München BRAK-Mitt. 1987, 91). Dabei ist zu berücksichtigen, dass dem Rechtsanwalt die Betreuung fremder Vermögensinteressen obliegt. Diese Tätigkeiten bringen nach ihrer Art, ganz besonders wegen der dem Anwalt gesetzlich gewährten völligen Unabhängigkeit, spezifische Versuchungen mit sich. Wenn ein Bewerber solchen Versuchungen, sich bei der Verwaltung fremder Gelder zu bereichern, in der Vergangenheit – ausgelöst durch seine wirtschaftlichen Schwierigkeiten – erlegen ist, kann dies erkennen lassen, dass der Bewerber in wiederholbaren Belastungssituationen dazu neigt, seine eigenen Interessen zu Lasten der Interessen seiner Mandanten durchzusetzen (BGH BRAK-Mitt. 1982, 25).

45 **e) Gesundheitsprobleme.** Eine schlechte gesundheitliche Verfassung eines Bewerbers mag zwar sein Vergehen in etwas milderem Lichte erscheinen lassen, doch verschlechtert sie umgekehrt regelmäßig auch die Prognose einer künftigen einwandfreien Berufsausübung des Antragstellers (BGH BRAK-Mitt. 1985, 107).

46 **f) Fahrlässigkeit.** Fahrlässige Delikte können in Ermangelung erschwerender Begleitumstände grundsätzlich eine Unwürdigkeit nicht begründen (*Isele* § 7 Anm. IV E 3a), da der Bewerber nicht bewusst die Rechtsordnung verletzt. Nur wenn die Sorgfaltspflichtverletzung den Schluss zulässt, der Bewerber werde auch in seinem Beruf als Rechtsanwalt erhebliche Pflichtverletzungen begehen, kann dies im Einzelfall anders sein. Missachtet der Bewerber in grober Weise die zum Schutz fremder Rechtsgüter erforderliche Sorgfalt, ist zu befürchten, dass er auch Mandanteninteressen vernachlässigen und damit zugleich dem Ansehen der Rechtsanwaltschaft Schaden zufügen wird (Henssler/Prütting/*Henssler* § 7 Rn. 50). Auch die Erregung des „bösen Scheins" begründet **nicht** die Unwürdigkeit (*Isele* § 7 Anm. IV E 3b; vgl. aber BGH EGE VII, 74). Ein Verstoß gegen das RDG begründet nicht in jedem Fall ein Zulassungshindernis gemäß Nr. 5 (EGH München EGE XI, 121). Der Umstand, dass sich ein Richter oder Staatsanwalt nach § 116 DRiG in den Ruhestand hat versetzen lassen, steht für sich allein seiner Zulassung nicht entgegen (BGH EGE VII, 137). Äußerungen, die ein angeklagter Rechtsanwalt zu seiner Verteidigung gemacht hat, können in einem neuen Zulassungsverfahren nicht den Unwürdigkeitsvorwurf des § 7 Nr. 5 begründen (BGH BRAK-Mitt. 1986, 165). Die Verurteilung wegen Straßenverkehrsdelikten lässt nicht zwingend den Schluss auf die Unwürdigkeit des Bewerbers zu (EGH Frankfurt BRAK-Mitt. 1989, 212).

47 **g) Politische Betätigung.** Die geltende gesetzliche Zulassungsregelung schließt es aus, ein **aktives Eintreten für eine als verfassungsfeindlich angesehene Partei** nachteilig mitzuberücksichtigen, wenn der Bewerber die freiheitliche demokratische Grundordnung **nicht in strafbarer Weise** iSd § 7 Nr. 6 bekämpft (BVerfGE 63, 266 = NJW 1983, 1535 = BRAK-Mitt. 1983, 144, dadurch aufgehoben: BGHZ 77, 331 = NJW 1980, 2711 = MDR 1981, 49 = BRAK-Mitt. 1981, 29; vgl. auch BGH BRAK-Mitt. 1986, 47, 165; *Redeker* NJW 1987, 2610, 2613; *Laufhütte* DRiZ 1990, 432). Zum Verhältnis der Versagungsgründe aus Nr. 5 zu denen aus Nr. 6 im Übrigen → § 7 Rn. 72 ff.

48 **h) Bedeutung der tatsächlichen Feststellung eines Strafurteils.** Im Zulassungsverfahren gibt es bei der Feststellung der Unwürdigkeit **keine Bindung** an die tatsächlichen Feststellungen eines Strafurteils. Auch die Anwaltsgerichte sind nicht gebunden. Sie dürfen sich aber die Feststellungen in dem Strafurteil, oder Strafbefehl **aufgrund eigener Prüfung** (§ 112c Abs. 1 iVm § 86 Abs. 1 VwGO) zu eigen machen. Sie dürfen im Zulassungsverfahren die Ausführungen der im Strafverfahren ergangenen Entscheidungen berücksichtigen und an Hand dieser Entscheidungen prüfen, ob schon die darin getroffenen Feststellungen für ihre Überzeugung ausreichen, dass

sich der Bewerber eines Verhaltens schuldig gemacht hat, das ihn des Berufs eines Rechtsanwalts unwürdig erscheinen lässt. An weitergehende **Beweisanträge** der Beteiligten sind die Anwaltsgerichte dabei **nicht gebunden** (vgl. § 86 Abs. 1 VwGO); solche Anträge haben nur die Bedeutung von Anregungen, über deren Durchführung die Anwaltsgerichte nach ihrem pflichtgemäßen Ermessen zu befinden haben (BGH bei *Zuck* BRAK-Mitt. 1990, 193; BGH NJW 1966, 659 = EGE IX, 10; BGHZ 39, 110 = NJW 1963, 1007 = EGE VII 130; BGH BRAK-Mitt. 1985, 107; 1988, 49). Entsprechendes gilt für Feststellungen, die in einem rechtskräftig abgeschlossenen anwaltsgerichtlichen Verfahren getroffen worden sind (BGH BRAK-Mitt. 1988, 146; vgl. auch BGH bei *Zuck* BRAK-Mitt. 1989, 123).

i) Verwertung getilgter oder zu tilgender Verurteilungen. Wenn auch nach § 51 Abs. 1 BZRG getilgte oder zu tilgende Verurteilungen dem Betroffenen im Rechtsverkehr grundsätzlich nicht mehr vorgehalten werden dürfen, kann dies aber nach der spezielleren Regelung des § 205a möglich sein (→ § 205a Rn. 23) und kann es nach § 52 Abs. 1 Nr. 4 BZRG gleichwohl im Zulassungsverfahren geschehen, falls die Zulassung sonst zu „einer **erheblichen Gefährdung der Allgemeinheit** führen würde“ (BGH AnwBl. 1996, 52; Beschlüsse vom 3.3.1997 – AnwZ (B) 62/96 – und 12.12.1988 – AnwZ (B) 39/88; BRAK-Mitt. 1983, 188; 1984, 35; BGH EGE XI, 39; X, 55; XIV, 63; XIII, 13; 16; 97; XII, 25; 43; vgl. auch VGH Mannheim NJW 1984, 1052; → § 14 Rn. 3). Auch Art. 6 Abs. 2 EMRK steht der Verwertung des Verhaltens aus solchen früheren Strafverfahren nicht entgegen (BGH EGE XI, 39). 49

aa) Gefährdungsform. Nach ständiger Rechtsprechung des BGH setzt § 52 Abs. 1 Nr. 4 BZRG bei der Zulassung zur Rechtsanwaltschaft allerdings **nicht die Feststellung einer konkreten Gefährdung** voraus (vgl. auch *Rebmann/Uhlig* 1985 BZRG § 52 Rn. 13). Ausreichend ist vielmehr, dass eine **erhebliche Gefährdung** der Allgemeinheit **nicht ausgeschlossen werden kann;** doch müssen für die Bejahung der Gefährdung gewisse Anhaltspunkte bestehen. Solche Anhaltspunkte können Art und Schwere der Tat, das Verhalten des Bewerbers nach der Tat, seine Persönlichkeit oder die Lage bieten, in die er im Falle der Zulassung kommen würde (BGH AnwBl. 1996, 52; BRAK-Mitt. 1983, 188; EGE XII, 25; 43; XIII, 13; 16; 97). Die Anhaltspunkte sind an Hand aller Umstände des Einzelfalles zu ermitteln (BGH BRAK-Mitt. 1988, 49). Die Art der abgeurteilten Tat rechtfertigt für sich allein keine negative Prognose iSd § 52 Abs. 1 Nr. 4 BZRG. Maßgeblich ist, dass gewisse Anhaltspunkte die Erwartung rechtfertigen, die Zulassung werde noch zu einer erheblichen Gefährdung der Allgemeinheit führen (BGH BRAK-Mitt. 1988, 271). 50

bb) Beurteilungskriterien. Bei der Beurteilung der Frage, ob die Zulassung eines Bewerbers zur Rechtsanwaltschaft eine erhebliche Gefährdung der Allgemeinheit befürchten lässt, sind die Gesamtumstände, insbesondere auch der spätere Zeitablauf und das dabei gezeigte Wohlverhalten des Bewerbers zu berücksichtigen (BVerfGE 72, 51 = MDR 1986, 995 = AnwBl. 1986, 305 = NJW 1986, 1802 = BRAK-Mitt. 1986, 173; BGH BRAK-Mitt. 1983, 188; 1984, 35; 1986, 165; EGE XIII, 13, 97). 51

cc) Zeitpunkt der Prüfung. Die Prüfung, ob das Wohlverhalten es möglich macht, bei der Wiederzulassung zur Anwaltschaft frühere Verfehlungen zu vernachlässigen (→ § 7 Rn. 39 ff.), muss bezogen auf den Zeitpunkt **vor Ablauf der Fristen des Bundeszentralregistergesetzes** vorgenommen werden. Hätte das Verhalten des Zulassungsbewerbers schon vor Ablauf der Tilgungsfristen des BZRG nicht mehr die Unwürdigkeit begründen können, kann es auch über § 52 Abs. 1 Nr. 4 BZRG nicht mehr nachträglich zur Entscheidungsgrundlage gemacht werden (BGH BRAK-Mitt. 1984, 34; Henssler/Prütting/*Henssler* § 7 Rn. 47). 52

dd) Verschweigerecht. Selbst wenn die Voraussetzungen des § 52 Abs. 1 Nr. 4 BZRG vorliegen, darf der Bewerber sich aber im Zulassungsverfahren als unbestraft bezeichnen (§ 53 Abs. 1 BZRG). Das Verschweigerecht des § 53 BZRG für getilgte oder tilgungsreife Verurteilungen kann nicht eingeschränkt werden (*Rebmann/Uhlig* 1985 BZRG § 53 Rn. 16). Das Verschweigerecht ist nur insoweit eingeschränkt worden, als für Gerichte oder Behörden ein Recht auf unbeschränkte Auskunft nach §§ 41, 61 BZRG besteht (*Rebmann/Uhlig* 1985 BZRG § 53 Rn. 15); diese Einschränkung gilt zudem nur, wenn der Betroffene hierüber **belehrt** wird (§ 53 Abs. 2 BZRG). Aus dieser Regelung ergibt sich auch, dass die RAK – jedenfalls nicht ohne entsprechende Belehrung – nicht berechtigt ist, den Bewerber nach getilgten oder zu tilgenden 53

Vorstrafen zu fragen. Auch nach Belehrung liegt es in der Entscheidung des Bewerbers, ob er die Frage beantwortet oder nicht (vor Inkrafttreten des BZRG **aA** BGHZ 51, 16 = EGE X, 55, 58).

54 **j) Akteneinsichtnahme.** Die RAK darf durch Einsichtnahme in die **Personalakten** eines Bewerbers aus der Assessorenzeit (§ 58) sowie noch vorhandener **Strafakten** und **Personalakten** eines anderen früheren Dienstherrn Feststellungen treffen (vgl. Anm. zu § 58) und entscheiden, ob die Voraussetzungen des § 52 Abs. 1 Nr. 4 BZRG vorliegen. Ein **Gnadenerweis** oder eine **Amnestie** stehen der Berücksichtigung der abgeurteilten Straftat nicht entgegen (BGHZ 39, 110 = NJW 1963, 1007 = EGE VII, 130, 135; BGHZ 46, 230 = NJW 1967, 881 = EGE IX, 46).

55 **k) Übernahme der Aufgaben des § 7 Nr. 4.** Zur Übernahme der Aufgabe des nichtigen § 7 Nr. 4 durch Nr. 5 bis zur gesetzlichen Neuregelung der Folgen einer Entlassung oder Entfernung aus dem Dienst in der Rechtspflege → § 7 Rn. 31–34; BVerfGE 72, 51 = NJW 1986, 1802 = AnwBl. 1986, 305 = BRAK-Mitt. 1986, 173; *Cornelius* BRAK-Mitt. 1988, 104.

56 **2. Anwendung der Grundsätze zur Unwürdigkeit in der Praxis.** Anknüpfend an die allgemeine Definition der Unwürdigkeit (→ Rn. 36) ist in der Praxis Unwürdigkeit den Anwaltsberuf auszuüben nicht nur dann angenommen worden, wenn der Bewerber sich – zB durch Vermögensstraftaten wie Betrug oder Untreue – als so **unzuverlässig** erwiesen hat, dass es im Interesse der Rechtsuchenden nicht verantwortet werden kann, ihm die Stellung eines berufenen unabhängigen Beraters und Vertreters in allen Rechtsangelegenheiten einzuräumen. Wegen der möglichen Gefährdung wichtiger Belange der Rechtspflege ist ein Bewerber regelmäßig als Rechtsanwalt untragbar, wenn in seinem zu beurteilenden Verhalten eine rechtsfeindliche Einstellung zum Ausdruck gekommen ist, sei es, dass er selbst unmittelbar oder mittelbar durch von ihm beauftragte Dritte formal geltende Gesetze missachtet oder gegen höherrangiges, allgemein geltendes Recht – etwa gegen Grundsätze der Menschlichkeit oder der Rechtsstaatlichkeit – verstoßen oder solchen Verstößen bewusst Vorschub geleistet hat (BGH NJW 1994, 1730; BRAK-Mitt. 1994, 179), oder sich mit unzulässigen Mitteln am Kampf gegen die Bundesrepublik Deutschland oder ihre rechtliche und verfassungsmäßige Ordnung beteiligt hat (BGH BRAK-Mitt. 1985, 167; aber → § 7 Rn. 72, 73). Unwürdigkeit ergibt sich somit aus einem Verhalten, das zu einem **Ausschluss aus der Rechtsanwaltschaft** führen könnte oder tatsächlich auch dazu geführt hat. Bei der Gesamtbewertung sind auch geringere Pflichtverletzungen mitzuberücksichtigen (BGH BRAK-Mitt. 1988, 146; → § 114 Rn. 35 ff.).

57 **a) Bedeutung typischer Fallkonstellationen.** Die Rechtsprechung und Literatur haben typische Fallkonstellationen entwickelt, in denen in der Regel die Zulassung zu versagen ist. Diese sind vor allem gegeben bei Straftaten, die sich gegen Rechtsgüter richten, welche für die anwaltliche Berufsausübung von unmittelbarer Bedeutung sind (BGH BRAK-Mitt. 1998, 198). Bei der Entwicklung solch typisierender Versagungsgründe ist aber Zurückhaltung geboten (vgl. BVerfGE 87, 287 = NJW 1993, 317). Jede Form von Automatismus zwischen Fehlverhalten und Berufsversagung widerspricht dem Gebot einer einzelfallbezogenen Gewichtung aller für und gegen den Zulassungsbewerber sprechenden Umstände. Darauf ist gerade bei den Beratungen zu dem Gesetz zur Prüfung von Rechtsanwaltszulassungen, Notarbestellungen und Berufungen ehrenamtlicher Richter vom 24.7.1992 (BGBl. I S. 1386) mit Nachdruck hingewiesen worden (BGH BRAK-Mitt. 1994, 40; 1995, 76, 166, 208; DtZ 1995, 175 = NJ 1994, 282; Bericht des Rechtsausschusses, BT-Drs. 12/2670, 10). Das Vorliegen eines „typischen" Versagungsgrundes kann nur dann auch tatsächlich zur Versagung im Einzelfall führen, wenn im konkreten Einzelfall bei Abwägung des schuldhaften Verhaltens des Bewerbers und aller erheblichen Umstände (→ § 7 Rn. 36 ff.) der Bewerber nach seiner Gesamtpersönlichkeit für den Anwaltsberuf nicht tragbar ist. Auch bei Vorliegen typischer Versagungsgründe ist somit immer eine sorgfältige Einzelfallprüfung erforderlich, um jeden Automatismus zu vermeiden (BGH BRAK-Mitt. 1995, 162; 1995, 208). In diesem Sinn sind die nachfolgenden Beispiele für Versagungsgründe nur die Grundlage für die stets vorzunehmende Einzelfallprüfung:

58 **b) Beispiele für Unwürdigkeit.** Unwürdigkeit wurde namentlich angenommen, wenn ein Bewerber, insbesondere ein früherer Rechtsanwalt sich der **Untreue** schuldig gemacht hat. In diesen Fällen ist ein zeitlicher Abstand zwischen der die Unwürdigkeit begründen Straftat des Bewerbers dessen Wiederzulassung zur Rechtsanwaltschaft in der Regel 15–20 Jahre erforderlich (BGH BeckRS 2013, 11091 wegen schwerer Straftaten im Kernbereich der Tätigkeit eines

Insolvenzverwalters; Beschluss vom 17.12.1990 – AnwZ (B) 72/90 nv; BRAK-Mitt. 1997, 171 iVm Amtsanmaßung und unredlichem Verhalten bei Bewerbung um ein Notariat; 1985, 107; 1988, 271; 1982, 25; BGHSt 15, 372; EGE VI, 67 = nur teilweise Leitsatz, NJW 1961, 1469; BGH NJW 1999, 3048; EGE XI, 16; XII, 43; XIII, 13; 97; 105; EGH Frankfurt BRAK-Mitt. 1988, 52).

Aussagedelikte (§§ 153 ff. StGB) beeinträchtigen die Rechtspflege in ihrem Kern (BGH NJW-RR 1999, 1219). Deshalb ist bei entsprechender Verurteilung eines Bewerbers regelmäßig Unwürdigkeit anzunehmen (BGH BRAK-Mitt. 1982, 25; 1985, 107; NJW 1966, 659 = EGE IX, 10; BGHSt 20, 73 = EGE VIII, 62; EGH Celle BRAK-Mitt. 1982, 34; EGH München EGE VII, 211; vgl. auch BGH bei *Zuck* BRAK-Mitt. 1989, 123), insbesondere wenn tateinheitlich oder realkonkurrierend weitere Straftaten hinzukommen (BGH BRAK-Mitt. 1993, 42). Auch die **Abgabe unzutreffender dienstlicher Äußerungen, einer falschen eidesstattlichen Versicherung** (BGH BRAK-Mitt. 1988, 146) oder die Denunziation eines Mandanten mit der Folge rechtsstaatswidriger Verfolgung, zB in der NS-Zeit oder in der früheren DDR, kann die Unwürdigkeit nach sich ziehen (BGH BRAK-Mitt. 1985, 107). 59

Allgemein können unwahre Angaben gegenüber anderen oder Behörden und Gerichten, innerhalb oder außerhalb eines Verfahrens, zur Annahme von Unwürdigkeit führen, insbesondere wenn sie gemacht worden sind, um einen ungerechtfertigten Vorteil zu erlangen, und zwar auch dann, wenn die Verletzung der Wahrheitspflicht nicht mit der Begehung eines Vermögensdelikts in Verbindung steht, so zB wenn der Bewerber sich durch Täuschung gezielt Zurückstellungen vom Wehrdienst erschlichen hat, um zügig seine Berufsausbildung abzuschließen und sich der Wehrdienstverpflichtung zu entziehen (BGH BRAK-Mitt. 1987, 150). Bewusst unwahre Angaben eines Anwaltsbewerbers in seinem Zulassungsantrag sprechen für die Annahme seiner Unwürdigkeit. Allerdings ist aus einer bewusst unwahren Angabe nicht automatisch die Unwürdigkeit des Bewerbers zu folgern. Der Vorwurf der Unwürdigkeit ist nur gerechtfertigt, wenn der Bewerber ein Verhalten gezeigt hat, das ihn bei Abwägung dieses Verhaltens mit allen erheblichen Umständen des Einzelfalls – wie zB Zeitablauf, zwischenzeitliche Führung und Lebensumstände des Bewerbers – nach seiner Gesamtpersönlichkeit für den Anwaltsberuf (noch) nicht tragbar erscheinen lässt (AGH Bln BRAK-Mitt. 2010, 78). 60

Bewusst unwahre Angaben des Anwaltsbewerbers können zur Annahme seiner Unwürdigkeit führen, insbesondere wenn es sich um planmäßig über einen längeren Zeitraum geübte, arglistige Machenschaften handelt oder die unwahren Angaben im Zulassungsverfahren zwecks Täuschung der Zulassungsbehörde gemacht werden (BGH BRAK-Mitt. 1994, 107, 179; 1995, 166; 1996, 258; 1999, 38; Beschluss vom 24.10.1994 – AnwZ (B) 36/94; vgl. auch EGH Frankfurt BRAK-Mitt. 1989, 212; EGH Stuttgart EGE VII, 216) oder die Verletzung der Wahrheitspflicht im Zusammenhang mit einer strafrechtlichen Verurteilung zu sehen ist (BGH BRAK-Mitt. 1998, 43). Bezieht sich eine über 3 Jahre zurückliegende unrichtige Auskunft gegenüber dem Richterwahlausschuss auf lange zurückliegende Vorgänge von untergeordneter Bedeutung und lassen die Umstände das Verhalten des Antragstellers in einem milderen Lichte erscheinen, kann die Unwürdigkeit entfallen (BGH NJ 1994, 283 = BRAK-Mitt. 1994, 107 = AnwBl. 1994, 295 = DtZ 1994, 314; Beschluss vom 24.10.1994 – AnwZ (B) 28/94; Sächsischer BerGH NJ 1993, 527). 61

Betrügerisches Verhalten, zB als Notar, kann den Bewerber auf lange Zeit als unwürdig erscheinen lassen (BGH BRAK-Mitt. 1998, 198; 1983, 188; 1985, 107; EGE XIII, 13; 97; 105; IX, 75; VIII, 38). Führt ein Rechtsanwalt nach Rücknahme seiner Zulassung seine Kanzlei in betrügerischer Absicht fort, so steht einer erneuten Zulassung der Versagungsgrund der Nr. 5 entgegen (EGH Stuttgart BRAK-Mitt. 1982, 28). 62

Auch **steuerunehrliches Verhalten** kann zur Unwürdigkeit führen (BGH BRAK-Mitt. 1985, 107; BGHZ 46, 230 = NJW 1967, 881 = EGE IX, 46), ebenso **Urkundendelikte** (BGH bei *Deppert* BRAK-Mitt. 2006, 259, 260; BGH EGE XIV 63), **Hehlerei** (BGHZ 46, 230 = NJW 1967, 881), **Diebstahl** (BGH BRAK-Mitt. 1984, 35; BGHZ 46, 230 = NJW 1967, 881), **Vorteilsannahme** und **Bestechlichkeit** (§§ 331, 332 StGB; BGH BRAK-Mitt. 1992, 106), **unberechtigtes Führen des Doktorgrades** (BGH BRAK-Mitt. 1996, 122; EGE IX, 16) oder der Berufsbezeichnung „Rechtsanwalt“ und **unberechtigtes Auftreten und Handeln als Rechtsanwalt** (BGH BRAK-Mitt. 1996, 73; AGH BW BRAK-Mitt. 2004, 277; EGH München BRAK-Mitt. 1987, 91), **falsche Anschuldigung** (BGHSt 20, 73 = EGE VIII, 62) und **Unzucht mit Abhängigen** (BGHZ 39, 110 = EGE VII, 130) sowie **sexueller Missbrauch** 63

von Kindern (§ 176 Abs. 5 Nr. 1 StGB; SächsAGH Beschluss vom 1.12.1995 – AGH 12/95 (II)). Die Ausnutzung der Erlaubnis, als Verteidiger Mandanten in der JVA aufsuchen zu dürfen, um dabei einen Inhaftierten zur Mitwirkung an der Planung und Ausführung einer Straftat zu bewegen, wiegt im Wiederzulassungsverfahren besonders schwer (BGH BRAK-Mitt. 1995, 122).

64 Eine Mitwirkung an der rechtsstaatswidrigen Verfolgung Unschuldiger, wie insgesamt **Vergehen gegen die Grundsätze der Menschlichkeit und der Rechtsstaatlichkeit in der früheren DDR** können zur Unwürdigkeit führen (vgl. BVerfGE 93, 213 = NJW 1996, 709 = AnwBl. 1996, 104 = JZ 1996, 674 mit Anm. *Henssler;* BGH BRAK-Mitt. 2003, 128). Die Grundsätze der Menschlichkeit und der Rechtsstaatlichkeit ergeben sich aus dem Sittengesetz und den jeder Rechtsordnung vorgegebenen natürlichen Rechten der Einzelperson, die auch unter der Herrschaft des SED-Regimes in Geltung geblieben waren (BGH BRAK-Mitt. 1997, 122). Ein Verstoß gegen diese Grundsätze setzt ein **persönlich schuldhaftes Verhalten von einer gewissen Erheblichkeit** voraus (BGH NJW 1994, 1732 = NJ 1994, 283 = BRAK-Mitt. 1994, 111 = AnwBl. 1994, 293; NJW 1994, 1730 = MDR 1994, 731 = NJ 1994, 284 = BRAK-Mitt. 1994, 108 = AnwBl. 1994, 295; NJW-RR 1999, 1220). Dabei kann kein strengerer Maßstab angelegt werden, als er bei Prüfung des Widerrufs einer Zulassung nach § 1 RNPG geboten war; denn jene Vorschrift hat gerade an den Begriff der Unwürdigkeit, wie er in § 7 Nr. 5 verstanden wird, angeknüpft (BGH BRAK-Mitt. 1999, 94). Ein solcher Verstoß wird vor allem dann anzunehmen sein, wenn der frühere DDR-Richter die einschlägigen Vorschriften des DDR-StGB oder der DDR-StPO exzessiv zum Nachteil der Angeklagten ausgelegt und angewendet oder bei der Verfolgung dieser Taten Menschenverachtung an den Tag gelegt hat (BGH BRAK-Mitt. 1994, 40; 1994, 106; 1995, 162; 1999, 92), etwa wenn die von ihm angeordneten oder beantragten Rechtsfolgen auch auf der Grundlage des damals geltenden DDR-Strafrechts in grobem Missverhältnis zu der zugrundeliegenden Tat stehen. Der Annahme eines solchen groben Missverhältnisses steht nicht notwendig entgegen, dass andere DDR-Gerichte in vergleichbaren Fällen ähnlich hohe unverhältnismäßige Strafen verhängt haben mögen (BGH BRAK-Mitt. 1995, 162; 1997, 122; 1997, 204; Beschlüsse vom 9.12.1996 – AnwZ (B) 33/96 – und 4.2.1997 – AnwZ (B) 18/96; BGH bei *Deppert* BRAK-Mitt. 2000, 61). Ein Verstoß gegen die Grundsätze der Menschlichkeit oder der Rechtsstaatlichkeit durch einen mit dem politischen Strafrecht der DDR befassten Richter kann nur dann angenommen werden, wenn konkrete Umstände hinzutreten und ein Richter durch schuldhaftes Verhalten entweder selbst fundamentale Schutzgüter verletzt hat oder es für ihn absehbar gewesen ist, dass solche Verletzungen die Folge seines Handelns sein werden. Mit diesen verfassungsrechtlichen Grundsätzen verträgt es sich nicht, die Strafurteile aus der DDR nach bundesrepublikanischen Verhältnismäßigkeitsgrundsätzen zu überprüfen. Diese galten in der DDR nicht. Eine zehnjährige Bewährungszeit ist angesichts einer allenfalls geringen Schuld bei Handlungen, die innerhalb des Systems folgerichtig und der Loyalität gegenüber der sozialistischen Gesetzlichkeit geschuldet waren, unverhältnismäßig (BVerfG BRAK-Mitt. 2000, 301). Die Feststellung, dass der Betroffene sich bei seiner Tätigkeit als Richter wegen Rechtsbeugung strafbar gemacht habe, ist nicht erforderlich; hat er sich dessen aber sogar strafbar gemacht, liegt ein Verstoß gegen die Grundsätze der Menschlichkeit und Rechtsstaatlichkeit regelmäßig vor, denn eine Rechtsbeugung ist in Fällen dieser Art nur dann gegeben, wenn die Rechtswidrigkeit der Entscheidung offensichtlich war und dadurch Rechte anderer, hauptsächlich ihre Menschenwürde, derart schwerwiegend verletzt worden sind, dass die Entscheidung letztlich einen Willkürakt darstellt (BGH BRAK-Mitt. 1997, 211 und 212). An dem Grundsatz der Menschlichkeit hat sich vergangen, wer zur Stützung des repressiven Systems der ehemaligen DDR freiwillig und gezielt, insbesondere auch durch Eindringen in die Privatsphäre anderer und Missbrauch persönlichen Vertrauens Informationen über Mitbürger gesammelt, an die auch in der DDR für ihre repressive und menschenverachtende Tätigkeit bekannte Stasi weitergegeben und dabei jedenfalls in Kauf genommen hat, dass diese Informationen zum Nachteil der denunzierten Personen, namentlich zur Unterdrückung ihrer Menschen- und Freiheitsrechte benutzt würden. Gleiches gilt grundsätzlich für diejenigen die als Führungsoffiziere eine solche Tätigkeit Dritter zur Bespitzelung von Mitbürgern veranlasst, überwacht und ausgewertet haben (BGH BRAK-Mitt. 1994, 179; BeckRS 1994, 31170778). Aber auch dieser darauf gegründete Unwürdigkeitsvorwurf kann durch längeres Wohlverhalten seine Berechtigung verlieren (BGH NJW 1994, 1730; BRAK-Mitt. 2003, 128; 1995, 166; 1999, 143, 144; → § 7 Rn. 39 ff.). Auch bei Verstößen gegen die Grundsätze der Rechtsstaatlichkeit durch Weitergabe von Informationen über Mandanten an die Stasi kann die Unwürdigkeit bei einer Gesamtwürdigung entfallen, wenn es sich um wenige, lange zurückliegende Verfehlungen handelt und der Bewerber als Informant für die Stasi nur von untergeordneter Bedeutung war (BGH NJW 1994, 1732; DtZ 1996, 243). Eine Tätigkeit als Berufsoffizier für das MfS darf **nicht generalisierend** als Begründung für die Unwürdigkeit eines Bewerbers herangezogen werden. Eine solch generalisierende Betrachtungsweise verstieße gegen die Freiheitsgarantie des Art. 12 Abs. 1 GG. Aus der Tatsache der bloßen Mitarbeit im Staatssicherheitsdienst allein kann noch keine mit dem Anwaltsberuf völlig unverträgliche rechtsfeindliche Gesinnung abgeleitet werden. Sie ist allenfalls geeignet, einen Anfangsverdacht zu begründen; ein endgültiger Schluss auf eine rechtsfeindliche Gesinnung lässt sich dagegen erst aus dem konkreten Tätigkeitsfeld des einzelnen Mitarbeiters ableiten. Entscheidend ist, ob ein Antragsteller aktiv an Rechtsverletzungen des MfS mitgewirkt hat (BerGH Rostock MDR 1994, 208 = NJ 1994, 45 = DtZ 1994, 47 = AnwBl. 1994, 33, 190; NJ 1993, 429). Auch der bloße Umstand, dass ein Antragsteller in der SED in leitender Funktion tätig war, lässt ihn noch nicht als unwürdig erscheinen. Ebenso reicht seine hauptamtliche Tätigkeit in der Militärspionageabwehrabteilung des MfS einschließlich des Einsatzes von inoffiziellen Mitarbeitern zum Zwecke der nachrichtendienstlichen Aufklärung allein nicht aus. Nur wenn einem Antragsteller ein **konkretes, schuldhaftes Verhalten** nachgewiesen werden kann, das eine Verletzung der Menschenrechte darstellt, ist seine Nichtzulassung berechtigt (BGH BRAK-Mitt. 1994, 179; BeckRS 1995, 03323; BerGH Rostock MDR 1994, 209 = NJ 1993, 429 = DtZ 1994, 47 = AnwBl. 1994, 191). Eine Unwürdigkeit kann auch nicht pauschal durch die vom Antragsteller entschiedenen DDR-Strafverfahren bzw. strafverfahrensbegleitenden Maßnahmen ohne tatsächliche und rechtliche Würdigung der Entscheidungen festgestellt werden (BGH BRAK-Mitt. 1994, 40). Insgesamt begründet die bloße Mitwirkung in der politischen DDR-Strafjustiz allein nicht die Unwürdigkeit (BGH DtZ 1995, 441). Die bloße Anwendung des § 213 DDR-StGB (ungesetzlicher Grenzübertritt) uä Strafvorschriften der DDR stellt allein noch kein unwürdiges Verhalten dar (BerGH Dresden NJ 1994, 40 = DtZ 1994, 188; vgl. aber auch BGH BB 1993, 1246). Anders kann es sein, wenn ein Antragsteller bei Verurteilungen wegen Beeinträchtigung staatlicher Tätigkeit nach § 214 DDR-StGB den Tatbestand dieser Vorschrift exzessiv zum Nachteil der Angeklagten ausgelegt und auch auf der Grundlage des damals geltenden Strafrechts unverhältnismäßig hohe Strafen verhängt hat (BGH BeckRS 1995, 03323).

Unwürdigkeit liegt ferner vor, wenn der Bewerber wegen einer gegen den Bestand der Bundesrepublik Deutschland gerichteten **Tätigkeit für einen fremden Nachrichtendienst** (BGH BRAK-Mitt. 1985, 167; EGE IX, 3; *Smid* DtZ 1990, 242), wegen Widerstand gegen Vollstreckungsbeamte oder wegen **Verletzung der Unterhaltspflichten** (BGH bei *Zuck* BRAK-Mitt. 1989, 123) rechtskräftig verurteilt ist. **65**

Auch durch **Alkoholsucht** – auch infolge depressiver Verstimmungen – bedingte Verfehlungen und gefährliche Körperverletzungen können zur Unwürdigkeit führen (BGH BRAK-Mitt. 1985, 107; EGE XI, 11). **66**

Der **Vermögensfall** darf für sich genommen nur im Rahmen des § 7 Nr. 9 berücksichtigt werden. Im Rahmen der Prüfung des § 7 Nr. 5 darf aber wie bisher (BGH NJW 1988, 1792 = MDR 1988, 494 = BRAK-Mitt. 1988, 207; EGE IX, 75, 77; BGH Beschlüsse vom 15.12.1980 – AnwZ (B) 9/79 und vom 21.12.1981 – AnwZ (B) 19/81; vgl. auch BRAK-Mitt. 1987, 178) die Art und Weise der Herbeiführung des Vermögensverfalls berücksichtigt werden. Auch die schuldhafte Verzögerung der Tilgung bestehender Verbindlichkeiten kann ein negatives Urteil begründen. Allein der Umstand, dass der Bewerber es zur gerichtlichen Geltendmachung von fälligen Forderungen und Vollstreckungsmaßnahmen gegen ihn hat kommen lassen, reicht aber grundsätzlich hier nicht aus (BGH BRAK-Mitt. 1994, 236). **67**

VI. Strafbares Bekämpfen der freiheitlich demokratischen Grundordnung

Schrifttum: *Redeker,* Freiheit der Advokatur heute, NJW 1987, 2610; *Reifner,* Die freie Advokatur und das Bundesverfassungsgericht, NJW 1984, 1151; *Tettinger,* Anm. zu BVerfGE 63, 266 = NJW 1983, 1535 = BRAK-Mitt. 1983, 144 zur Anwaltszulassung trotz aktivem Eintreten für den KBW, JZ 1983, 605.

Die Zulassung zur Rechtsanwaltschaft ist zu versagen, wenn der Bewerber die freiheitliche demokratische Grundordnung in strafbarer Weise bekämpft (Nr. 6). **68**

69 **1. Tatbestandsvoraussetzungen.** Anders als von dem Bewerber um die Einstellung als Beamter wird von dem Zulassungsbewerber nicht die Gewähr des jederzeitigen Eintretens für die freiheitliche demokratische Grundordnung (§ 7 Abs. 1 Nr. 2 BBG und die entsprechend Best. der Landesbeamtengesetze) verlangt. Aus § 7 Nr. 6 ergibt sich, dass **eine solche Gewähr keine Zulassungsvoraussetzung** ist und die Bekämpfung der freiheitlich demokratischen Grundordnung nur dann einen Versagungsgrund darstellt, wenn diese in **strafbarer Weise** geschieht (BVerfGE 63, 266 = NJW 1983, 1535 = BRAK-Mitt. 1983, 144, jeweils mit Sondervotum des Richters Simon; Anm. *Brangsch,* FS Oppenhoff, 1985, 25 ff.; *Tettinger* JZ 1983, 605 und *Reifner* NJW 1984, 1151; BGH BRAK-Mitt. 1986, 165; EGH Stuttgart EGE XI, 141; *Jessnitzer/Blumberg* § 7 Rn. 9. Ziel der Bestimmung soll es sein, den Rechtsstaat davor zu schützen, dass sich jemand Zugang zur Rechtsanwaltschaft verschafft, um diese Stellung zum Kampf gegen die demokratische Freiheit auszunützen (Henssler/Prütting/*Henssler* § 7 Rn. 61). Der Begriff „freiheitlich demokratische Grundordnung" ist iSd Art. 21 Abs. 2 GG zu verstehen und ist eine Ordnung, die unter Ausschluss jeglicher Gewalt- und Willkürherrschaft eine rechtsstaatliche Herrschaftsordnung auf der Grundlage der Selbstbestimmung des Volkes nach dem Willen der jeweiligen Mehrheit und der Freiheit und Gleichheit darstellt. Zu den grundlegenden Prinzipien dieser Ordnung sind mindestens zu rechnen: die Achtung vor den im GG konkretisierten Menschenrechten, vor allem vor dem Recht der Persönlichkeit auf Leben und freie Entfaltung, die Volkssouveränität, die Gewaltenteilung, die Verantwortlichkeit der Regierung, die Gesetzmäßigkeit der Verwaltung, die Unabhängigkeit der Gerichte, das Mehrparteienprinzip und die Chancengleichheit für alle politischen Parteien mit dem Recht auf verfassungsmäßige Bildung und Ausübung einer Opposition (BVerfGE 2, 1 = NJW 1952, 1407).

70 Die Entstehungsgeschichte des § 7 Nr. 6 lässt erkennen, dass sich der Gesetzgeber am Leitbild der freien Advokatur orientiert hat und dass es zur Versagung der Zulassung nicht genügen soll, wenn der Bewerber die freiheitlich demokratische Grundordnung lediglich in strafloser Weise bekämpft. Die bloße Zugehörigkeit zu einer als verfassungsfeindlich angesehenen Partei oder eine entsprechende Gesinnung – auch wenn diese offen propagiert wird – reichen als Versagungsgrund nicht aus (BVerfGE 63, 266 = NJW 1983, 1535). Erst wenn der Bewerber diese freiheitlich demokratische Grundordnung in strafbarer Weise bekämpft, kommt der Versagungsgrund der Nr. 6 in Betracht.

71 Ein **Bekämpfen** der freiheitlich-demokratischen Grundordnung liegt vor, wenn sich der Bewerber aktiv dafür einsetzt, die bestehende Grundordnung zu ändern. Dies muss er mit strafbarem Handeln tun. Ein strafbares Bekämpfen liegt vor, wenn der Bewerber gegen die §§ 80 ff. StGB verstößt, aber auch bei Vergehen gegen die Landesverteidigung, Widerstand gegen die Staatsgewalt, Vergehen oder Verbrechen gegen die öffentliche Ordnung, oder bei Münzverbrechen oder -vergehen (Henssler/Prütting/*Henssler* § 7 Rn. 65). **Das strafbare Bekämpfen muss noch andauern und darf nicht endgültig eingestellt sein** (*Kleine-Cosack* § 7 Rn. 27). Jedoch genügt es, dass die natürliche Handlungseinheit noch nicht abgeschlossen ist, wenn auch Einzelakte vorher vorgenommen wurden (*Jessnitzer/Blumberg* § 7 Rn. 9). Eine strafgerichtliche Verurteilung des Bewerbers deswegen ist nicht Voraussetzung. Die erforderlichen **Feststellungen** können im Zulassungsverfahren von dem Vorstand der RAK selbst getroffen werden. Es kommt jedoch unter Umständen eine Aussetzung des Zulassungsverfahrens nach § 10 Abs. 1 oder 2 in Betracht (*Jessnitzer/Blumberg* § 7 Rn. 9; *Isele* § 7 Anm. IV F 4e).

72 **2. Nr. 6 als abschließende Regelung der Folgen verfassungsfeindlicher Einstellung. a) Nr. 6 geht Nr. 5 vor.** Da Nr. 6 nur ein strafbares Bekämpfen der freiheitlich demokratischen Grundordnung als Versagungsgrund anerkennt, ergibt sich daraus, dass ein nicht strafbares Bekämpfen dieser Grundordnung, die Zugehörigkeit zu einer als verfassungswidrig angesehenen Partei, das nicht strafbare Eintreten für deren Ziele auch nicht im Rahmen anderer Versagungsgründe, vor allem der Nr. 5 herangezogen werden kann. Bezüglich der verfassungswidrigen Einstellung beinhaltet Nr. 6 eine **spezielle, der Nr. 5 vorgehende Regelung.** Da in Nr. 6 der Sonderfall der Unwürdigkeit wegen Bekämpfens der Grundordnung durch einen besonderen Versagungsgrund abschließend geregelt ist, und danach ein strafloses Bekämpfen zur Versagung nicht ausreicht, darf das nicht strafbare Bekämpfen auch nicht auf dem Umweg über die Gesamtwürdigung der Persönlichkeit die Versagung aus einem der anderen Gründe des § 7, vor allem der Nr. 5 herbeiführen. Die geltende gesetzliche Zulassungsregelung schließt es aus, ein aktives Eintreten für eine als verfassungsfeindlich angesehene Partei nachteilig mitzuberücksichtigen,

wenn der Bewerber die freiheitliche demokratische Grundordnung nicht in strafbarer Weise iSd § 7 Nr. 6 bekämpft (BVerfGE 63, 266 = NJW 1983, 1535; teilweise anders BGHZ 77, 331 = NJW 1980, 2711 = MDR 1981, 49 = BRAK-Mitt. 1981, 29, aufgehoben durch die vorgenannten Entscheidungen des BVerfG; EGH Stuttgart EGE XI, 141; *Reifner* NJW 1984, 1151; *Jessnitzer/Blumberg* § 7 Rn. 9; *Redeker* NJW 1987, 2610, 2613; *Laufhütte* DRiZ 1990, 431, 432).

b) Keine Privilegierung politisch motivierten Fehlverhaltens. Diese Sonderregelung kann allerdings nicht zu einer Privilegierung politisch motivierten Fehlverhaltens führen. Hat der Bewerber sich unwürdig iSd § 7 Nr. 5 verhalten, kann er seine Zulassung nicht deshalb beanspruchen, weil dieses Fehlverhalten Ausdruck einer gegen die freiheitliche demokratische Grundordnung gerichteten politischen Einstellung ist. Reicht hingegen umgekehrt sein Verhalten nicht zur Versagung wegen Unwürdigkeit aus, darf er wegen seiner politischen Einstellung und Betätigung nicht schlechter gestellt werden als andere Bewerber (BVerfGE 63, 266 = NJW 1983, 1535). 73

VII. Unfähigkeit zur Berufsausübung

Schrifttum: *Hagen,* Zur Frage der „Schwäche der geistigen Kräfte" bei der Zulassung zur Rechtsanwaltschaft und ihrer Rücknahme, FS Pfeiffer, 1988, 929; *Heyl,* Vorschläge zur Änderung der BRAO, BRAK-Mitt. 1982, 138.

Die Zulassung zur Rechtsanwaltschaft ist zu versagen, wenn der Bewerber aus gesundheitlichen Gründen nicht nur vorübergehend unfähig ist, den Beruf eines Rechtsanwalts ordnungsgemäß auszuüben (Nr. 7). 74

1. Änderung des Gesetzes. § 7 Nr. 7 wurde durch Art. 31 Nr. 1 des Gesetzes vom 27.4.2002 (BGBl. I S. 1467, 1476) geändert. Bislang war die Zulassung zur Rechtsanwaltschaft zu versagen, wenn der Bewerber „infolge eines körperlichen Gebrechens, wegen Schwäche seiner geistigen Kräfte oder wegen einer Sucht" auf Dauer unfähig ist, den Anwaltsberuf ordnungsgemäß auszuüben. Nach der Rechtsprechung dazu müssen die im Gesetz bisher genannten Mängel solcher Art und so erheblich sein, dass der Bewerber deswegen zur ordnungsgemäßen Berufsausübung – also insbesondere zur sachgemäßen und sorgfältigen Wahrnehmung der Interessen der Rechtsuchenden – dauernd außer Stande ist (BGH BeckRS 2000, 03489; BRAK-Mitt. 1996, 74; amtliche Begründung, BT-Drs. 14/7420, 33, 34). Die Vorschrift wurde mit der Änderung, dass sich die Berufsunfähigkeit aus „gesundheitlichen Gründen" ergeben muss, in ihrem sachlichen Regelungsgehalt nicht verändert (BT-Drs. 14/7420, 34). 75

Der Änderungsvorschlag des Bundesrates, neben den gesundheitlichen Gründen auch ausdrücklich die **„Sucht"** anzuführen, weil die Neuformulierung „aus gesundheitlichen Gründen" nicht die Versagung der Berufsausübung wegen einer Sucht umfasse (BT-Drs. 14/8043, 12), wurde von der Bundesregierung zurückgewiesen. „Nach Auffassung der Bundesregierung ist die Erstreckung der Vorschriften auf Fälle einer Sucht, die nicht mit gesundheitlichen Auswirkungen verknüpft sind, nicht erforderlich. Der Rechtsbegriff „gesundheitliche Gründe" ist umfassend und weit. Eine Sucht, die Auswirkungen auf die Gesundheit des Süchtigen hat, wird von dem Begriff „gesundheitliche Gründe" erfasst. Auch nach geltendem Recht kann, eine Sucht, wie die übrigen im Gesetz genannten Mängel, aber nur dann zu einer Vertreterbestellung bzw. zur Amtsenthebung führen, wenn die betroffene Person unfähig ist, ihr Amt ordnungsgemäß auszuüben. Nach der Rechtsprechung müssen etwaige Mängel der im Gesetz genannten Art in schwerwiegender Weise auf die Fähigkeiten übergreifen, die Belange des Mandanten sachgemäß und mit der gebotenen Sorgfalt wahrzunehmen (BGH BRAK-Mitt. 2001, 231 zu § 14 Abs. 2 Nr. 3). Eine Sucht, die keinerlei Auswirkungen auf die Gesundheit hat, kann diese hohe Schwelle nicht erreichen. Auch stellte sich die praktische Frage, wie eine Sucht, die sich nicht in Gesundheitsfolgen manifestiert, nachgewiesen werden soll. Dem erforderlichen Schutz der Mandanten wird mit dem Gesetzesbegriff „gesundheitliche Gründe" umfassend Rechnung getragen. Einer Ausweitung auf die Sucht bedarf es nicht (BT-Drs. 14/8043, 18). Dem hat sich der Gesetzgeber angeschlossen, so dass die Neufassung des § 7 Nr. 7 zwar eine sprachliche aber keine sachliche Änderung gegenüber dem bisherigen Rechtszustand darstellt. Ziel der sprachlichen Neufassung ist es vielmehr, auch nur dem Anschein einer Diskriminierung entgegenzuwirken. Die drei bisher im Gesetz genannten Anknüpfungspunkte für eine Versagung der Zulassung gehen in dem Gesetzesbegriff der gesundheitlichen Gründe auf. Die neue Wortwahl stimmt überein mit den Verfahrensvorschriften über erforderliche ärztliche Gutachten über den „Ge- 76 sundheitszustand“ (§ 15). Die Reichweite des Versagungsgrundes bleibt unverändert, da weiterhin entscheidend ist, dass eine ordnungsgemäße Ausübung des Berufs eines Rechtsanwalts nicht nur vorübergehend nicht möglich ist (BT-Drs. 14/7420, 34).

76a Es bestehen keine verfassungsrechtlichen Bedenken gegen die Wirksamkeit der Bestimmung des § 7 Nr. 7 BRAO (AGH RhPf BeckRS 2013, 07424).

77 **2. Zweck der Regelung.** Die Regelung dient der Gefahrenabwehr (amtliche Begründung, BT-Drs. 3/120, 57 zu § 19 Nr. 7). Eine Person, in der die Voraussetzungen der Nr. 7 vorliegen, soll nicht zugelassen werden, weil ihre Tätigkeit als Rechtsanwalt eine Gefahr für die Rechtspflege und für die Rechtsuchenden bilden würde (BGH EGE XI, 19, 20). Entscheidend ist, „ob die dauernde, dh nicht nur vorübergehende körperliche und geistige Verfassung des Bewerbers die Gefahr begründet, die Rechtsuchenden würden bei einer anwaltlichen Vertretung durch ihn nicht mit einer sachgemäßen und sorgfältigen Wahrnehmung ihrer Interessen rechnen können. Ob diese Gefahr besteht, kann nur nach den Umständen des einzelnen Falles entschieden werden (EGE XI, 19; Senatsbeschlüsse vom 24.2.1964 – AnwZ (B) 17/63; vom 10.7.1972 – AnwZ (B) 14/70; BGH EGE XIV, 66; → § 14 Rn. 28 ff.). Die Einführung des Anwaltszwanges erfordert es, dass dem Mandanten ein Rechtsanwalt zur Seite gestellt wird, der gesundheitlich in der Lage ist, den Beruf gewissenhaft auszuüben (Henssler/Prütting/*Henssler* § 7 Rn. 69). Zur Prozessfähigkeit des Bewerbers im Zulassungsverfahren → § 14 Rn. 33 ff.; BGH BRAK-Mitt. 1992, 171.

78 Der Begriff der „dauernden“ Unfähigkeit zur ordnungsmäßigen Ausübung des Anwaltsberufs in § 7 Nr. 7 aF wurde durch das Gesetz zur Änderung des Berufsrechts der Rechtsanwälte und der Patentanwälte vom 13.12.1989 (BGBl. I S. 2135) dahin verdeutlicht, dass es sich insoweit um einen „nicht nur vorübergehenden“ Zustand handelt (amtliche Begründung, BT-Drs. 11/3253, 19; *Vetter* BRAK-Mitt. 1990, 2, 3). Es kommt darauf an, ob gesundheitliche Gründe, dh **körperliche oder geistige Mängel** des Bewerbers oder eine **Sucht** in ihrer Gesamtheit so stark sind, dass der Bewerber deswegen **nicht nur vorübergehend unfähig** ist, den Beruf eines Rechtsanwalts ordnungsgemäß auszuüben. Das ist der Fall, wenn die gesundheitlich bedingte Berufsunfähigkeit in absehbarer Zeit nicht änderbar ist, ohne dass es darauf ankäme, ob die Berufsfähigkeit unumkehrbar auf Dauer überhaupt nicht mehr wiederhergestellt werden kann (BGH DNotZ 1991, 80 zu § 50 Abs. 1 Nr. 7 BNotO; → § 14 Rn. 28). Für die Zulassung genügt nicht, dass er zu einzelnen Arbeiten der normalen Berufstätigkeit fähig ist, andere jedoch nicht auszuüben vermag. Vielmehr ist die Zulassung auch dann zu versagen, wenn nur partielle Ausfälle des Bewerbers vorliegen, diese aber gerade für den Beruf des Rechtsanwalts wichtig sind (BGH EGE XI, 19, 20; Beschluss vom 20.7.1987 – AnwZ (B) 14/87). Es reicht nicht aus, wenn nur die Gefahr besteht, dass in einem Einzelfall der Bewerber Schwierigkeiten in der Bewältigung seiner Aufgaben hat. Es ist Pflicht eines Rechtsanwalts, der an körperlichen und geistigen Mängeln leidet, sich selbst die nötige Beschränkung aufzuerlegen. Nur dann, wenn der Bewerber wegen seines gesundheitlichen Zustandes voraussichtlich nicht in der Lage ist, in Zukunft diese Selbstbeschränkung zu üben, ist die Zulassung zu versagen (NdsAGH BRAK-Mitt. 2003, 34; EGH München EGE IX, 123, 125).

79 **3. Persönliche Anhörung, Hinzuziehung eines ärztlichen Sachverständigen.** Im Rahmen der Prüfung zu Nr. 7 hat der Kammervorstand in Zweifelsfällen vor seiner Entscheidung den Antragsteller persönlich zu hören und sich einen unmittelbaren Eindruck von seiner Persönlichkeit zu verschaffen. Denn die Frage, ob der Versagungsgrund des § 7 Nr. 7 in Betracht kommt und ob zu dieser Entscheidung eine ärztliche Begutachtung erforderlich ist (§ 15), kann nur dann sachgemäß von der RAK entschieden werden, wenn die erforderlichen Grundlagen für die Beurteilung des körperlichen oder geistigen Zustandes des Bewerbers hinreichend bekannt sind und die RAK sich einen persönlichen Eindruck von dem Bewerber verschafft hat (EGH Celle EGE VIII, 83, 84). Erhärten sich dabei für die RAK die Anhaltspunkte, dass die Versagung nach Nr. 7 in Betracht kommt, wird es regelmäßig geboten sein, die Einholung eines ärztlichen Gutachtens zu veranlassen. Dabei kann in schwierigen Grenzfällen ein amtsärztliches Gutachten allein nicht ausreichen, sondern wird die Zuziehung von Fachärzten, zB von Psychiatern erforderlich sein (*Jessnitzer,* Der gerichtliche Sachverständige, 8. Aufl. 1980, 82, 196).

80 **4. Körperliche Gebrechen.** Die körperlichen Gebrechen müssen von Dauer und solcher Art sein, dass die Gefahr besteht, der Betroffene könne seinen Beruf auf ebensolche Dauer nicht ordnungsgemäß ausüben, dh dass er anwaltstypische Handlungen wie die Teilnahme an Verhand-

lungen, Plädieren vor Gericht, Besprechung mit Mandanten usw. nicht vornehmen kann. **Absolute Gehörlosigkeit** führt wegen der damit verbundenen Unfähigkeit, solche typische Anwaltstätigkeiten wahrzunehmen zur Versagung. Bei **Schwerhörigkeit** wird der Grad der Schwerhörigkeit und die Möglichkeit, diesen Mangel mit technischen Hilfsmitteln auszugleichen, eine Rolle spielen. **Blindheit** allein wird regelmäßig keinen Versagungsgrund ergeben, da dieser Mangel ausreichend ausgeglichen werden kann. Eine infolge dauernder, **über Jahre andauernde Bettlägerigkeit** zB aufgrund einer Querschnittslähmung bestehende ständige Verhinderung, vor Gericht aufzutreten, bedeutet die dauernde Unfähigkeit, den Beruf des Rechtsanwalts ordnungsmäßig auszuüben, jedenfalls insoweit, als dazu auch das Auftreten vor Gericht gehört (BGH EGE XII 23). **Querschnittslähmung** allein stellt keinen Hinderungsgrund dar, wenn der Betroffene sich mit technischen Hilfsmitteln eine gewisse persönliche Beweglichkeit verschafft (BGH EGE XII, 23, 24). Ein Bewerber, der nicht in der Lage gewesen ist, in seiner Lebensarbeit die Anforderungen zu erfüllen, die für den mittleren oder gehobenen Justizdienst notwendigerweise gestellt werden müssen, kann nach seiner wegen **Altersabbau** vorzeitig erfolgten Zurruhesetzung auch den Beruf eines Rechtsanwalts nicht ordnungsgemäß ausüben (EGH Berlin EGE VI, 171).

Die bloße Tatsache, dass ein Bewerber in seiner Eigenschaft als **Beamter wegen dauernder Dienstunfähigkeit aus gesundheitlichen Gründen vorzeitig in den Ruhestand versetzt worden ist,** kann allein nicht die Feststellung tragen, dass der Bewerber infolge eines körperlichen Gebrechens oder wegen Schwäche seiner geistigen Kräfte dauernd unfähig ist, den Beruf eines Rechtsanwalts ordnungsgemäß auszuüben (EGH Celle EGE VIII, 83). Dies ist jedenfalls dann nicht der Fall, wenn die körperlichen Beschwerden, die zur Dienstunfähigkeit und damit zur vorzeitigen Versetzung in den Ruhestand geführt haben, wesentlich mit der beruflichen Überbeanspruchung als Vorsitzender einer großen Strafkammer zusammenhingen und sich inzwischen der Allgemeinzustand des Bewerbers gebessert hat und er glaubhaft versichert, nur halbtags tätig sein zu wollen (BGH Beschluss vom 20.7.1987 – AnwZ (B) 14/87; EGE XIV, 66; NdsAGH BRAK-Mitt. 2003, 34). Die Tätigkeiten im Beamtenverhältnis erfordern je nach Art der Planstelle andere Befähigungen und Qualitäten als die anwaltliche Berufsausübung. Die Dienstunfähigkeit als Richter oder Staatsanwalt ist aber in der Regel gleichbedeutend mit der fehlenden Eignung für den Anwaltsberuf (BGH BRAK-Mitt. 1996, 74; Henssler/Prütting/*Henssler* § 7 Rn. 71). Zur Kritik an dieser Regelung und Rechtsprechung vgl. *Heyl* BRAK-Mitt. 1982, 138; *Hartstang* I 112, 116. 81

5. Schwäche der geistigen Kräfte. § 7 Nr. 7 setzt – ebenso wie § 14 Abs. 2 Nr. 3 – nicht voraus, dass der Betroffene geisteskrank oder geistesschwach iSd früheren § 6 Abs. 1 Nr. 1 BGB, geistig oder seelisch behindert iSd § 1896 Abs. 1 BGB oder schuldunfähig iSd § 20 StGB ist. Entscheidend ist vielmehr, ob geistige Mängel bei ihm vorliegen und ob sie solcher Art und so erheblich sind, dass er deswegen zur ordnungsgemäßen Ausübung des Rechtsanwaltsberufs auf Dauer außerstande ist, ob die dauernde Verfassung des Bewerbers die Gefahr begründet, Rechtsuchende würden bei einer anwaltlichen Beratung oder Vertretung durch ihn nicht mit einer sachgemäßen und sorgfältigen Wahrnehmung ihrer Interessen rechnen können (BGH BRAK-Mitt. 1996, 74; 1985, 228; *Hagen,* FS Pfeiffer, 1988, 929, 930). 82

Als Berufshindernisse sind hiernach selbstverständlich Geisteskrankheit und Geistesschwäche iSd früheren § 6 Nr. 1 BGB anzusehen, solange diese vorliegen. In Betracht kommt aber auch jede sonstige intellektuelle oder psychische Abnormität (*Hagen,* FS Pfeiffer, 1988, 929, 930). 83

Die Gewähr einer sorgfältigen und sachgemäßen Interessenwahrnehmung kann fehlen bei hochgradiger nervöser Reizbarkeit und bei auf allgemeiner Nervenschwäche beruhender starker Beeinträchtigung der Entschlusskraft (BGH EGE XI, 19, 20). Nicht jede psychopatische Veranlagung braucht aber zu einem Versagen gegenüber den Anforderungen des Rechtsanwaltsberufs zu führen. Erst recht ist hohes Alter allein kein Berufshindernis (*Hagen,* FS Pfeiffer, 1988, 929, 931). 84

Krankhafte „Sucht" zum Querulieren und das unnachsichtige Festhalten an eigenen Standpunkten und ihre Verteidigung um jeden Preis kann die Schwäche der geistigen Kräfte indizieren (Henssler/Prütting/*Henssler* § 7 Rn. 72) und kann die Versagung der Zulassung rechtfertigen (BGH Beschluss vom 20.7.1987 – AnwZ (B) 14/87). Die Abgrenzung wird im Einzelfall schwierig sein und der Verdacht darauf wird regelmäßig die Einholung eines ärztlichen Gutachtens (§ 8a) rechtfertigen. Keinesfalls darf die Bestimmung dazu missbraucht werden, unbe- 85 queme Bewerber vom Anwaltsberuf fernzuhalten oder aus ihm zu entfernen (§ 14 Abs. 2 Nr. 3; *Hagen,* FS Pfeiffer, 1988, 929, 931). Dabei ist zu berücksichtigen, dass die Unfähigkeit eines Bewerbers, sich in eigenen Angelegenheiten vernünftig oder besonnen zu verhalten, nicht ohne weiteres den Schluss auf seine Unfähigkeit rechtfertigt, fremde Angelegenheiten ordnungsmäßig zu erledigen (BGH Beschlüsse vom 8.5.1978 – AnwZ (B) 3/78 – und 15.7.1985 – AnwZ (B) 35/84; *Hagen,* FS Pfeiffer, 1988, 929, 932). Hat die querulatorische Entwicklung aber dazu geführt, dass der Betroffene von Misstrauen beherrscht und dadurch unfähig wird, zur Überprüfung der eigenen Auffassung auch nur probeweise die Wahrnehmungsperspektive eines anderen zu übernehmen, ist er außerstande, dem Gebot der Sachlichkeit zu gehorchen und dem Gegner wenigstens ein Minimum an Achtung und Schonung entgegenzubringen, hat er den Sinn für die Verhältnismäßigkeit der einzusetzenden Mittel verloren und hat die Maß- und Hemmungslosigkeit bei der Verfolgung seiner Ziele gar dazu geführt, dass Auseinandersetzungen von der Sache auf „Nebenkriegsschauplätze" wie Dienstaufsichtsbeschwerden, Strafanzeigen, ungerechtfertigte Richterablehnungen, Verfassungsbeschwerden, Privatklagen abgleiten, dann ist eine Gefährdung der Rechtspflege durch einen solchen Bewerber naheliegend. Ein solches starres Festhalten an eigenen Standpunkten und ihre Verteidigung um jeden Preis werden die Interessen der Rechtsuchenden und den geordneten Gang der Rechtspflege in nicht hinnehmbarem Maße gefährden (*Hagen,* FS Pfeiffer, 1988, 929, 932, 933).

86 **6. Sucht.** Auch eine Sucht, die mit gesundheitlichen Auswirkungen verknüpft ist, wird von dem Begriff „gesundheitliche Gründe" erfasst. Voraussetzung ist aber weiter, dass die betroffene Person infolgedessen unfähig ist, ihren Beruf ordnungsgemäß auszuüben. Dh. die Sucht muss in schwerwiegender Weise auf die Fähigkeiten des Bewerbers übergreifen, die Belange des Mandanten sachgemäß und mit der gebotenen Sorgfalt wahrzunehmen (→ § 7 Rn. 76).

87 Schon nach § 7 Nr. 7 aF konnte eine Sucht in einem fortgeschrittenen Stadium einer Zulassung entgegenstehen (*Heyl* BRAK-Mitt. 1982, 138), doch soll im Interesse der Rechtsuchenden nicht erst dieses Stadium abgewartet werden müssen. Ist der Bewerber zB **trunk-** oder **rauschgiftsüchtig,** ohne dass die Sucht bereits zu einer Schwäche der geistigen Kräfte geführt hat, was häufig erst im Endstadium der Sucht der Fall ist, dann kann gleichwohl schon die Sucht als solche eine Gefahr für die Rechtsuchenden und das Ansehen der Anwaltschaft bedeuten (*Heyl* BRAK-Mitt. 1982, 138), kann schon dadurch der Bewerber nicht nur vorübergehend unfähig sein, den Beruf eines Rechtsanwalts ordnungsmäßig auszuüben. Ob auch **Spielsucht** zu einer Versagung der Zulassung führen kann, ist fraglich. Jedenfalls im Zusammenhang mit der zerrütteten Vermögenssituation des Bewerbers (§ 7 Nr. 9) kann sie darauf Auswirkungen haben (Henssler/Prütting/*Henssler* § 7 Rn. 73).

VIII. Unvereinbare Tätigkeit

Schrifttum: *Bürkle,* Nebentätigkeitsgenehmigung für Syndikusanwälte, MDR 2005, 848; *Engels,* Der Rechtsanwalt im Zweitberuf, AnwBl. 1992, 202; *Fischer,* Berufsfreiheit bei der Zulassung des Rechtsanwalts mit Zweitberuf, AnwBl. 1994, 201; *Ganter,* Der Anwalt und sein Zweitberuf – Anwalt als Zweitberuf, FS Geiß, 2000, 257; *Hoor,* Zur Vereinbarkeit des Rechtsanwaltsberufs mit einer Tätigkeit im öffentlichen Dienst, AnwBl. 2000, 83; *Huff,* Streit um die Rentenbefreiung von Rechtsanwälten als Compliance-Mitarbeiter in Unternehmen, CCZ 2011, 101; *Junck,* Der Anwalt im Grenzbereich anwaltlicher Tätigkeit, AnwBl. 2004, 117; *Kilger,* Zweitberuf – oder was?, AnwBl. 1999, 651; *Kirchberg,* Die Unvereinbarkeitsklausel des § 7 Nr. 8 BRAO und das Recht der Fachanwaltsbezeichnungen – eine verfassungsrechtliche Standortbestimmung, BRAK-Mitt. 1992, 118; *Kleine-Cosack,* Rechtsanwalt, Syndikusanwalt und Zweitberuf – Verfassungswidrigkeit einer restriktiven Zulassungsjudikatur, ZIP 1991, 1337; *ders.,* Freiheit zum Zweitberuf; Grundsatzentscheidung des BVerfG zur Anwaltszulassung, NJW 1993, 1289; *Prütting,* Die Stellung des Syndikusanwalts aus berufsrechtlicher Sicht, ZAP Fach 23, 927.

88 Die Zulassung zur Rechtsanwaltschaft ist zu versagen, wenn der Bewerber eine Tätigkeit ausübt, die mit dem Beruf des Rechtsanwalts, insbesondere seiner Stellung als unabhängiges Organ der Rechtspflege nicht vereinbar ist oder das Vertrauen in seine Unabhängigkeit gefährden kann.

89 **1. Grund der Neufassung.** Die Bestimmung wurde durch Gesetz vom 2.9.1994 (BGBl. I S. 2278) insgesamt neu gefasst. Damit wurde für das Zulassungsrecht eines der vordringlichen Anliegen des Gesetzes verwirklicht, im Bereich des Berufsrechts der Rechtsanwälte eine verfassungskonforme Ausgestaltung aller seiner Bereiche zu erreichen. Das BVerfG hatte die frühere Praxis, gestützt auf § 7 Nr. 8 aF regelmäßig von der Unvereinbarkeit des Zweitberufes aus-

zugehen, wenn a) der Zweitberuf keine „gehobene Position" vermittelt (BGH NJW 1987, 3011 = BRAK-Mitt. 1987, 150; BRAK-Mitt. 1988, 51; vgl. 2. Aufl. § 7 Rn. 120 ff.) oder b), wenn er die geschäftsmäßige Rechtsbesorgung für Dritte im Auftrag eines dem anwaltlichen Berufsrecht nicht verpflichteten Arbeitgebers zum Gegenstand hat (BGH NJW 1991, 2289 = BRAK-Mitt. 1991, 224; BRAK-Mitt. 1990, 110; vgl. 2. Aufl. § 7 Rn. 104 ff.) oder c), wenn er kaufmännisch-erwerbswirtschaftlich ausgerichtet ist (BGH BRAK-Mitt. 1990, 50 = Rbeistand 1989, 182; BGHZ 40, 194; 68, 397; vgl. 2. Aufl. § 7 Rn. 98 ff.), als übermäßige Beschränkung der Freiheit der Berufswahl (Art. 12 GG) nicht gebilligt.

Es hat zur Abwendung von Interessenkollisionen die Versagung der Anwaltszulassung nur dann **90** für verhältnismäßig erachtet, wenn sich diese Gefahr abzeichnet und wenn ihr nicht mit Berufsausübungsregelungen (vgl. insbesondere §§ 45, 46, 47) wirksam begegnet werden kann. Gleichzeitig hat das BVerfG es für bedenklich erachtet, dass nach § 7 Nr. 8 aF die Zulassung auch davon abhängen sollte, ob ein gleichzeitig ausgeübter Beruf mit dem „Ansehen der Rechtsanwaltschaft" vereinbar ist, zumal nicht klar erkennbar sei, was das bedeuten solle und somit nicht ausreichend bestimmt sei (BVerfGE 87, 287 = NJW 1993, 317 = MDR 1993, 276 = BRAK-Mitt. 1993, 50 = AnwBl. 1993, 120 = DVBl. 1993, 310 = JZ 1993, 466 mit Anm. *Zuck;* BVerfG Beschluss vom 18.1.1993 – 1 BvR 525/92 nv; vgl. auch *Fischer* AnwBl. 1994, 201; *Kleine-Cosack* NJW 1993, 1289).

2. Grundsätze der Neuregelung. Die Neufassung des § 7 Nr. 8 trägt dieser Rechtsprechung **91** des BVerfG Rechnung, indem nunmehr die Zulassung nur zu versagen ist, wenn der Bewerber eine Tätigkeit ausübt, die **a)** mit **dem Beruf des Rechtsanwalts,** insbesondere seiner Stellung als unabhängiges Organ der Rechtspflege nicht vereinbar ist **oder b) das Vertrauen in seine Unabhängigkeit gefährden kann.** Die Inkompatibilitätsklausel des § 7 Nr. 8 dient der Sicherung der Anwaltstätigkeit als freiem und unabhängigem Beruf sowie dem Schutz der notwendigen Vertrauensgrundlage der Rechtsanwaltschaft. Zweitberufe, welche die Unabhängigkeit und Objektivität des Anwaltes beeinträchtigen oder die seine Integrität in den Augen der Rechtsuchenden in Frage stellen, wären mit diesen wichtigen Gemeinschaftsinteressen nicht zu vereinbaren (Henssler/Prütting/*Henssler* § 7 Rn. 78 ff.).

§ 7 Nr. 8 nF geht damit davon aus, dass das Grundrecht der Berufsfreiheit im Grundsatz dazu **92** berechtigt, auch mehrere Berufe zu wählen und nebeneinander auszuüben (BVerfGE 21, 173 = NJW 1967, 1317; BVerfGE 87, 287 = NJW 1993, 317; BGH NJW-RR 1999, 499; BRAK-Mitt. 2003, 129; NJW 2006, 2488 = BRAK-Mitt. 2006, 222 = AnwBl. 2006, 581; *Fischer* AnwBl. 1994, 201). Die Beschränkung dieses Grundrechts mit dem Ziel, die Verbindung bestimmter beruflicher Tätigkeiten auszuschließen, ist nur durch Gesetz oder aufgrund eines Gesetzes und nur zum Schutze eines besonders wichtigen Gemeinschaftsgutes im Rahmen der Verhältnismäßigkeit zulässig (BVerfGE 87, 287 = NJW 1993, 317).

Dabei hängen die Anforderungen, die an die Bestimmtheit einer gesetzlichen Berufswahl- **93** beschränkung zu stellen sind und die Gesichtspunkte, die die Verhältnismäßigkeitsprüfung leiten, davon ab, wie intensiv in die Freiheit der Berufswahl eingegriffen wird und kann es auf den Zweck und die Mittel des Eingriffs ankommen. Bei der Bewertung von Inkompatibilitätsregelungen kommt es vor allem darauf an, welche wirtschaftlichen Folgen eine Berufssperre für die Bewerber verursacht und welchen Aufwand es kostet, die Sperre zu übersteigen. Die Vorschriften, die die Unvereinbarkeit des Anwaltsberufs mit anderen beruflichen Tätigkeiten anordnen, müssen zudem ausreichend bestimmt sein. Der Gesetzgeber hat wenigstens seine Grundgedanken, das Ziel seines gesetzgeberischen Wollens, deutlich zu machen (BVerfGE 17, 306; 87, 287 = NJW 1993, 317). Das gilt umso mehr, je stärker auf der Grundlage der betreffenden Regelung in grundrechtlich geschützte Bereiche eingegriffen werden kann. Der Normadressat muss erkennen können, von welchen Voraussetzungen seine Berufsaufnahme abhängig gemacht wird. Auslegungs- und Anwendungsprobleme müssen zwar nicht völlig ausgeschlossen sein; bei starken Eingriffen in die Freiheit der Berufswahl ist aber zu fordern, dass mit herkömmlichen juristischen Methoden klare Ergebnisse erzielt werden können (BVerfGE 87, 287 = NJW 1993, 317).

Das BVerfG hat schon zur alten Fassung des § 7 Nr. 8 festgestellt, dass unter Berücksichtigung **94** der angeführten Grundsätze die Vorschrift, nach der die Zulassung zur Rechtsanwaltschaft verweigert werden muss, wenn ein zweiter Beruf des Bewerbers mit dem Anwaltsberuf unvereinbar ist und die Rechtsprechung dazu verfassungsrechtlich nicht zu beanstanden ist, soweit die Rechtsprechung dazu fordert, dass der Zweitberuf ausreichenden Handlungsspielraum für eine Anwaltstätigkeit lässt. Das Gleiche gilt danach für die Rechtsprechung zu Tätigkeiten im öffentlichen Dienst, soweit durch diese in den Augen der Öffentlichkeit die erforderliche Unabhängigkeit beeinträchtigt erscheint. Auch kaufmännisch-erwerbswirtschaftliche Tätigkeiten können den Ausschluss vom Beruf des Rechtsanwalts rechtfertigen, wenn sich die Gefahr einer Interessenkollision deutlich abzeichnet oder dem Berufsbewerber nicht genügend Zeit für die Ausübung des Anwaltsberufs zur Verfügung steht (BVerfGE 87, 287 = NJW 1993, 317; BVerfG Beschluss vom 18.1.1993 – 1 BvR 525/92 nv; → § 14 Rn. 72).

95 Das gilt auch zu der Neuregelung des § 7 Nr. 8. Zwar umschreibt auch diese die tatbestandsmäßigen Voraussetzungen der Unvereinbarkeit eines zweiten Berufs mit der Ausübung des Anwaltsberufs nicht genau. Auch ist nicht genau gesagt, um welche Berufe es sich dabei handelt. Aber aus der gesetzlichen Einschränkung auf Zweitberufe, die mit dem Beruf des Rechtsanwalts „insbesondere seiner Stellung als unabhängiges Organ der Rechtspflege nicht vereinbar" sind oder die „das Vertrauen in seine Unabhängigkeit gefährden" können und der eingehenden amtlichen Begründung dazu ergibt sich ein eindeutiges Ziel der neuen gesetzlichen Bestimmung und ist diese somit ausreichend bestimmt.

96 Ziel der Neuregelung ist es danach, Gefahren für die Funktionsfähigkeit der Rechtspflege oder die Stellung des Rechtsanwalts als unabhängiges Organ der Rechtspflege abzuwenden. Das Ziel besteht darin, die fachliche Kompetenz und Integrität sowie ausreichenden Handlungsspielraum der Rechtsanwälte zu sichern sowie die notwendigen Vertrauensgrundlagen der Rechtsanwaltschaft zu schützen (BVerfGE 87, 287 = NJW 1993, 317). Daher kommt es bei der Frage der Vereinbarkeit des Anwaltsberufs mit anderen Tätigkeiten nicht nur auf die Integrität des einzelnen Bewerbers und die Besonderheiten seiner beruflichen Situation an; selbst wenn diese im Einzelfall durchaus günstig beurteilt werden können, soll darüber hinausgehend berücksichtigt werden, ob die Ausübung des zweiten Berufs beim rechtsuchenden Publikum begründete Zweifel an der Unabhängigkeit und Kompetenz eines Rechtsanwalts wecken müsste und dadurch das Ansehen der Rechtsanwaltschaft insgesamt in Mitleidenschaft gezogen würde (BVerfGE 87, 287, 320 = NJW 1993, 317; BGH NJW 2006, 2488). Der Anwaltsberuf „ist ein freier und unabhängiger Beruf. Nicht vereinbar ist damit eine Tätigkeit, die die Unabhängigkeit des Anwalts in seiner Berufsausübung *als* Rechtsanwalt beeinträchtigt. Die Eigenverantwortlichkeit des Rechtsanwalts im Rahmen seiner anwaltlichen Berufsausübung muss bei anderer beruflicher Tätigkeit gewahrt bleiben.

97 Das rechtsuchende Publikum muss Vertrauen in eine unabhängige, freie Anwaltschaft haben. Damit nicht vereinbar ist eine nebenberufliche Tätigkeit eines Rechtsanwalts, wenn bei objektiv vernünftiger Betrachtungsweise von Seiten der Mandantschaft die Wahrscheinlichkeit von Pflichtenkollisionen naheliegt. Der Anwalt ist ein Organ der Rechtspflege, so dass ihm eine besondere Verantwortung und Vertrauensstellung vor der Allgemeinheit zukommt. Eine Paralleltätigkeit neben dem Anwaltsberuf muss sich mit den damit verbundenen Privilegien (zB Akteneinsichtsrecht, § 299 ZPO, § 147 StPO) vereinbaren lassen. Der Umfang einer nebenberuflichen Tätigkeit darf die Funktionsfähigkeit der Rechtspflege nicht gefährden.

98 Unabhängigkeit und Integrität eines Rechtsanwalts sowie dessen maßgebliche Orientierung am Recht und den Interessen seiner Mandanten können insbesondere bei einer erwerbswirtschaftlichen Prägung des Zweitberufs gefährdet sein; Interessenkollisionen liegen vor allem dann nahe, wenn ein kaufmännischer Beruf die Möglichkeit bietet, Informationen zu nutzen, die aus der rechtsberatenden Tätigkeit stammen (BVerfGE 87, 287 = NJW 1993, 317). Angesichts der Vielfalt kaufmännischer Betätigungen kommt es darauf an, ob sich der erwerbswirtschaftlich ausgerichtete Zweitberuf von dem Tätigkeitsfeld des Rechtsanwalts, zumindest mit Hilfe von Berufsausübungsregelungen (zB § 45) unschwer trennen lässt oder ob sich die Gefahr einer Interessenkollision deutlich abzeichnet und nicht mit Hilfe von Berufsausübungsregelungen bannen lässt (BVerfGE 87, 287 = NJW 1993, 317; BGH NJW 2006, 2488).

99 Das BVerfG gibt aber auch den Hinweis, dass eine kaufmännisch-gewerbliche Tätigkeit häufig nicht die Besorgnis der besonderen Gefahr von Interessenkollisionen mit dem Anwaltsberuf begründen kann, wenn eine klare Trennung von Anwaltstätigkeit und Zweitberuf möglich ist." Die BRAO sieht daher, insbesondere mit dem neu gefassten § 45 „besondere Pflichten des Rechtsanwalts vor, die darauf abzielen, die Trennung von Rechtsanwaltstätigkeit und anderem Beruf sicherzustellen. Dies soll in der Weise erreicht werden, dass dem Rechtsanwalt die Übernahme des Mandats untersagt ist, wenn er zuvor in anderer Eigenschaft mit der Angelegenheit befasst war. Anwaltliche Berufspflicht ist es zudem, Angelegenheiten, die bereits Gegenstand eines

Mandats waren, nicht später in anderer Eigenschaft zu betreiben. Auch die Kanzleipflicht wird im Zusammenhang mit der Trennung der unterschiedlichen beruflichen Bereiche von erheblicher Bedeutung sein (BVerfGE 87, 287 = NJW 1993, 317).

Anhand dieser Kriterien ist **im Einzelfall zu prüfen,** ob die konkrete Art einer anderen 100 beruflichen Tätigkeit und ihre rechtliche Ausgestaltung mit dem Anwaltsberuf in Einklang stehen. Es ist Aufgabe der Rechtsprechung, die denkbaren Gefahren für die Rechtspflege, die von einer erwerbswirtschaftlichen Tätigkeit des Rechtsanwalts ausgehen, zu erfassen und je nach ihrer Wahrscheinlichkeit den verschiedenen Berufsgruppen zuzuordnen (BVerfGE 87, 287 = NJW 1993, 317; BGH NJW 2006, 2488).

„Der Praxis kann überlassen bleiben, festzustellen, welche Konstellationen im Zweitberuf auch künftig 101 *mit der Zugehörigkeit zur Rechtsanwaltschaft unvereinbar sind. Das BVerfG billigt im Grundsatz die Entscheidung des Gesetzgebers in § 7 Nr. 8 aF, der Rechtsprechung die Herausarbeitung der zur Unvereinbarkeit führenden Merkmale zu überlassen. Hieran soll festgehalten werden: In aller Regel wird nur eine auf etwaige Besonderheiten des Berufsbildes ausgerichtete Prüfung, die sich Veränderungen nicht verschließt, eine Aussage treffen können, ob die Ausübung eines bestimmten Zweitberufs Gefährdungen der Rechtspflege wahrscheinlich erscheinen lässt. Vielfach wird nur eine am Einzelfall orientierte Entscheidung möglich sein. Der rasche Wandel in der Berufs- und Arbeitswelt, der alte, eingeführte Berufe aussterben, neue Berufe entstehen lässt, legt es nahe, weiterhin auf die Nennung von einzelnen unvereinbaren Berufen oder die Aufzählung von Regelbeispielen zu verzichten."* (amtliche Begründung, BT-Drs. 12/4993, 24).

Die Frage der Vereinbarkeit einer anderweitigen Tätigkeit – sei sie selbständig oder abhängig 102 – mit dem Rechtsanwaltsberuf ist nicht abstrakt nach deren Art, sondern jeweils unter Berücksichtigung ihrer konkreten Ausgestaltung zu prüfen (*Pfeiffer,* FS Oppenhoff, 1985, 248 ff.; BGH NJW 1986, 435 = BRAK-Mitt. 1986, 48; BGHZ 35, 385 = EGE VI, 90; BGHZ 63, 377 = EGE XIII, 22). Dabei kann auch Bedeutung erlangen, welchen Umfang die andere Tätigkeit hat und ob sie insgesamt oder nur in einzelnen Beziehungen Bedenken erweckt, und ob sie auf Dauer angelegt ist oder nicht. Die Ausübung einer mit dem Rechtsanwaltsberuf unvereinbaren Tätigkeit auf lange Zeit beeinträchtigt den mit dem Zulassungsverfahren verfolgten Zweck der Gewährleistung eines unabhängigen und leistungsfähigen Rechtsanwaltsstandes in nachhaltiger Weise. Dies gilt umso mehr, als nach der Zulassung keine ausreichenden Möglichkeiten bestehen, bedenkliche Nebentätigkeiten des Anwalts zu kontrollieren und Verstößen sofort wirksam zu begegnen (BGH NJW 1986, 435 = BRAK-Mitt. 1986, 48; BRAK-Mitt. 1994, 42).

Die Entscheidung über den Versagungsgrund hängt daher davon ab, was der Antragsteller 103 konkret nach seiner Zulassung als Rechtsanwalt zu tun beabsichtigt (BGHZ 49, 244 = NJW 1968, 844 = EGE X, 35). Folglich ist der Versagungsgrund der Nr. 8 dann nicht gegeben, wenn der Bewerber eine mit dem Anwaltsberuf unvereinbare Tätigkeit mit der Zulassung nachweisbar aufgeben will und kann (BGH BRAK-Mitt. 1988, 49; AnwBl. 1983, 479 = Rbeistand 1983, 10; *Jessnitzer/Blumberg* § 7 Rn. 18). Andererseits ist unerheblich, dass der Bewerber die Zulassung entgegenstehender Tätigkeit zur Zeit der Entscheidung der RAK nicht ausübt, er sie vielmehr erst aufnehmen will, sobald er zur Rechtsanwaltschaft zugelassen ist (BGHZ 94, 65 = NJW 1985, 1844 = BRAK-Mitt. 1985, 167 = MDR 1985, 760; BGHZ 49, 244 = NJW 1968, 844 = EGE X, 35). Nur die Frage, ob der Zweitberuf iSd Nr. 8 zu einer Inkompatibilität mit dem Anwaltsberuf führt, ist Regelungsgegenstand der Nr. 8. Die Frage, ob die beabsichtigte Tätigkeit zu einer eventuellen Verletzung sonstiger Vorschriften der BRAO führen würde gehört nicht zum Regelungsbereich des § 7 Nr. 8 und kann daher auch nicht mit einem Antrag gegen die RAK geklärt werden (AGH BW NJW-RR 1998, 270).

3. Anstellungsverhältnis im öffentlichen Dienst. a) Grund des Ausschlusses. Der Zu- 104 lassung von aktiven Angehörigen des öffentlichen Dienstes zur Rechtsanwaltschaft steht die BRAO grundsätzlich ablehnend gegenüber. Die Zulassung von aktiven Angehörigen des öffentlichen Dienstes zur Rechtsanwaltschaft widerspricht dem Schutzgedanken des § 7 Nr. 8 und des § 14 Abs. 2 Nr. 8. Eine deutliche Trennung des Rechtsanwaltsberufs von einer Tätigkeit im öffentlichen Dienst ist erforderlich, weil die Mittel der Berufsaufsicht Abhängigkeitsverhältnisse nicht zuverlässig ausschließen können oder jedenfalls in den Augen der Öffentlichkeit nicht gleich wirksam sind (BGH BRAK-Mitt. 2004, 38 = BGHR 2003, 1379). Nicht erfasst von § 7

Nr. 8 werden freiberufliche Tätigkeiten für eine IHK oder andere Körperschaft des öffentlichen Rechts aufgrund eines Beratervertrages (AGH BW BRAK-Mitt. 1996, 164). Da die anwaltliche Mediation (vgl. *Henssler* MDR 1997, 409; *Breidenbach/Henssler,* Mediation für Juristen, Köln 1997) im Rahmen der anwaltlichen Tätigkeit ausgeführt wird, ist sie kein (erlaubter) Zweitberuf und wird nicht von § 7 Nr. 8 erfasst (*Henssler/Deckenbrock* DB 2012, 159; *Mähler/Mähler* MDR 5/1997, R1; *dies.* NJW 1997, 1262). Nach der im Gesetz zum Ausdruck gekommenen Wertung des Gesetzgebers (§ 7 Nr. 11, § 14 Abs. 2 Nr. 5, § 47 sowie auch § 7 Nr. 10 aF) widerspricht es dem Grundsatz der freien Advokatur, wenn der Rechtsanwalt in irgendeiner Weise vom Staat abhängig ist. Ausdrückliche Regelungen hat der Gesetzgeber in den genannten Vorschriften nur in Bezug auf die aufgrund öffentlich-rechtlich begründeter Rechtsverhältnisse tätigen Angehörigen des öffentlichen Dienstes getroffen. Während etwa gemäß § 7 Nr. 10 einem im aktiven Dienst als Richter, Beamter, Berufssoldat oder Soldat auf Zeit hauptamtlich tätigen Bewerber die Zulassung zur Rechtsanwaltschaft stets zu versagen ist, fehlt eine entsprechende ausdrückliche Regelung für die aufgrund privatrechtlicher Anstellung tätigen Angehörigen des öffentlichen Dienstes mit vergleichbarem oder ähnlichem Aufgabenkreis.

105 Insoweit werden nach der Vorstellung des Gesetzgebers die erwähnten speziellen Vorschriften durch § 7 Nr. 8 ergänzt (BVerfGE 87, 287, 321 = NJW 1993, 31 unter Bezugnahme auf BT-Drs. 3/120, 78 zu § 59; BGH BRAK-Mitt. 2004, 38 = BGHR 2003, 1379; vgl. auch *Hoor* AnwBl. 2000, 83). Nach dieser Vorschrift ist die Zulassung zur Rechtsanwaltschaft zu versagen, wenn der Bewerber eine Tätigkeit ausübt, die mit dem Beruf eines Rechtsanwalts unvereinbar ist. Handelt es sich bei dem Bewerber um einen aufgrund privatrechtlicher Anstellung tätigen Angehörigen des öffentlichen Dienstes, so ist bei der Auslegung und Anwendung der Vorschrift der vom Gesetzgeber gedachte Regelungszusammenhang, insbesondere das Ziel des Gesetzgebers zu beachten, wonach das Erscheinungsbild einer von staatlichen Einflüssen freien Advokatur nicht dadurch beeinträchtigt werden soll, dass Rechtsanwälte in einem zweiten Beruf beamtenähnliche Funktionen ausüben (BVerfGE 37, 324 = NJW 1974, 1322). Zum Erreichen dieses Zieles ist eine deutliche Trennung der beruflichen Sphären erforderlich, weil die Mittel der Berufsaufsicht Abhängigkeitsverhältnisse nicht zuverlässig ausschließen können oder doch jedenfalls in den Augen der Öffentlichkeit nicht gleich wirksam sind (BGH BRAK-Mitt. 2004, 38 = BGHR 2003, 1379).

106 Für die Betroffenen ist die Beschränkung ihrer Berufswahlfreiheit allerdings nur dann zumutbar, wenn der Unvereinbarkeitsgrundsatz nicht starr gehandhabt wird. Der – gerade auch aufgrund privat-rechtlicher Anstellung ausgeübte – öffentliche Dienst ist weit gefächert, seine vielfältigen Ausformungen und Dienstleistungen verlangen eine differenzierte Bewertung. Dem wird die Rechtsprechung, die auf die Art des Aufgabenbereiches und die Bedeutung der Anstellungskörperschaft abstellt, gerecht.

107 Sie verlangt eine **Prüfung im Einzelfall aufgrund der Gestaltung des Anstellungsverhältnisses und der ausgeübten Tätigkeit,** ob die gleichzeitige Ausübung des Anwaltsberufs und eine Tätigkeit im öffentlichen Dienst die Belange der Rechtspflege gefährden kann. Eine derartige Gefahr ist gegeben, wenn der Rechtsanwalt öffentliche Aufgaben von einer Art wahrnimmt, dass das rechtsuchende Publikum den Eindruck gewinnen kann, die Unabhängigkeit des Anwalts sei durch Bindungen an den Staat beeinträchtigt. Das kann insbesondere dann der Fall sein, wenn der Rechtsanwalt in seinem Zweitberuf hoheitlich tätig wird. Die Belange der Rechtspflege sind auch dann gefährdet, wenn bei dem Rechtsuchenden die Vorstellung entstehen kann, der Rechtsanwalt könne wegen seiner „Staatsnähe" mehr als andere Rechtsanwälte für sie bewirken, oder – umgekehrt – der Gegner eines solchen Rechtsanwalts den Eindruck der Benachteiligung gewinnen kann. Ob derartige Gefahren gegeben sind, muss anhand der konkreten Ausgestaltung des Angestelltenverhältnisses und der ausgeübten Tätigkeit geprüft werden. Nicht entscheidend ist der Umstand, dass der Antragsteller nicht in der obersten Führungsebene des Verbandes pp. angestellt ist, da „beamtenähnliche Funktionen" nicht nur auf der obersten Führungsebene wahrgenommen werden, sondern auch darunter (AGH NRW Beschluss vom 21.1.2005 – 1 ZU 108/04 nv). Dabei ist sowohl der Aufgabenbereich der Behörde oder Körperschaft, deren Angestellter der Bewerber ist, als auch deren Bedeutung am Wohnsitz des Bewerbers und in der engeren und weiteren Umgebung zu berücksichtigen (ständige Rechtsprechung, vgl. BVerfGE 87, 287 = NJW 1993, 317; BGH NJW 1987, 3011 = BRAK-Mitt. 1987, 150 mwN; NJW-RR 1999, 571; NJW 2000, 3004 = MDR 2000, 1218; BRAK-Mitt. 2004, 38 = BGHR 2003, 1379).

Besteht aus der Sicht des rechtsuchenden Publikums wenigstens die Möglichkeit, die Unabhängigkeit des Rechtsanwalts sei durch Bindungen an den Staat beeinträchtigt, kann bei den Rechtsuchenden insbesondere die Vorstellung entstehen, die dienstliche Stellung könne zur Förderung privater Interessen genutzt werden, der Rechtsanwalt könne wegen seiner dienstlichen Stellung mehr als andere Rechtsanwälte für sie bewirken, so steht § 7 Nr. 8 der Zulassung zur Rechtsanwaltschaft entgegen (BGH BRAK-Mitt. 1994, 42 = NJW-RR 1994, 953). Dies gilt auch, wenn die Tätigkeit des Rechtsanwalts – beispielsweise in einem Verband – nicht auf einem öffentlich-rechtlichen, sondern auf einem privaten Rechtsverhältnis beruht und der Anwalt keine hoheitliche Funktion ausübt (AGH RhPf BRAK-Mitt. 2010, 179). **108**

Unterscheidet sich die Tätigkeit des Dauerangestellten im öffentlichen Dienst nach Art und Umfang nicht von der eines vergleichbaren Angestellten in der Privatwirtschaft, wird sich eine Gefährdung der Interessen der Rechtspflege in der Regel nicht ergeben (BGHZ 64, 294 = NJW 1975, 1514 = EGE XIII, 38; BGH EGE XIV, 54; vgl. auch BGH BRAK-Mitt. 1987, 150). **109**

b) Dauerhafte und vorübergehende Tätigkeit. Bei einer Anstellung im öffentlichen Dienst ist bei einer Prüfung zu § 7 Nr. 8 zunächst entscheidend, ob eine dauerhafte Tätigkeit im öffentlichen Dienst ausgeübt wird, ob der Bewerber als Dauerangestellter im öffentlichen Dienst oder aber als vorübergehend Beschäftigter iSv § 47 anzusehen ist. **110**

Wer Dauerangestellter im öffentlichen Dienst ist, wird von der BRAO nicht definiert. Aus § 47 ist indes herzuleiten, dass alle Personen, die nicht als vorübergehend Tätige angesehen werden können, als Dauerangestellte zu begreifen sind. Daraus folgt für den Regelfall, dass ein festes Anstellungsverhältnis, welches den Regeln des Dienstvertrages mit unter Umständen arbeitsrechtlichem Einschlag unterworfen ist, vorliegen muss (vgl. *Isele* 153). Es genügt aber auch, dass der im öffentlichen Dienst Tätige dort bereits seit längerer Zeit beschäftigt ist und keine Anhaltspunkte dafür bestehen, der Dienstherr werde das Dienstverhältnis in absehbarer Zeit kündigen (→ § 47 Rn. 10; BGH NJW-RR 1999, 570; BRAK-Mitt. 1983, 89; BGHZ 49, 141 = EGE X, 20; BGHZ 49, 238 = EGE X, 40; AGH NRW Beschluss vom 21.1.2005 – 1 ZU 108/04). **111**

Für den **vorübergehend im öffentlichen Dienst beschäftigten Angestellten ist im Zulassungsverfahren § 47 Abs. 1 entsprechend anwendbar.** Es kann im Ergebnis keinen Unterschied machen, ob ein bereits zugelassener Anwalt eine Angestelltentätigkeit im öffentlichen Dienst übernimmt, oder ob ein öffentlich Angestellter sich um die Zulassung zur Anwaltschaft erst bewirbt. Hier muss die RAK sich schon bei der Bearbeitung des Zulassungsgesuchs die Frage vorlegen, ob dem Bewerber im Fall der Zulassung entsprechend dem § 47 Abs. 1 S. 2 die Berufsausübung zu gestatten ist oder ob dem Interessen der Rechtspflege entgegenstehen. Ist das letztere zu bejahen, so besteht allerdings ein dauerndes Hindernis an der Ausübung des Anwaltsberufs, und dem Bewerber ist die Zulassung wegen Ausübung einer mit dem Anwaltsberuf unvereinbaren Tätigkeit nach § 7 Nr. 8 zu versagen (BGHZ 36, 71). Andernfalls steht der Zulassung nichts entgegen (BGHZ 49, 295 = NJW 1968, 841 = EGE X, 27, 32). Zur Berücksichtigung des § 47 Abs. 1 im Widerrufsverfahren vgl. BGH BRAK-Mitt. 1993, 219; BGHR 2003, 1379 = BRAK-Mitt. 2004, 38; → § 14 Rn. 73. **112**

c) Gefährdung der Unabhängigkeit. Eine Gefährdung der Unabhängigkeit des Rechtsanwalts durch ein Daueranstellungsverhältnis im öffentlichen Dienst hat die Rechtsprechung unter Beachtung der oben (→ Rn. 104 ff.) angeführten Grundsätze unter anderem in folgenden Fällen **bejaht:** **113**

- **Sachbearbeiterin bei einer Universitätsverwaltung,** die nach dem Organisationsplan der Universität dem Vertreter des Kanzlers zugeordnet ist mit den Aufgaben: „juristische Unterstützung in Übernahme-, Besitzstandswahrungs- und Zuordnungsverfahren (Bearbeitung von Widersprüchen im Einzelfall, Prozessführung); Prozessführung in Personalangelegenheiten nach Einzelzuweisung" und mit Zeichnungsbefugnis innerhalb ihres Aufgabengebietes (BVerfGE 87, 287 = NJW 1993, 317; vgl. auch BGH NJW 1987, 3011 = BRAK-Mitt. 1987, 150).
- Die **juristische Mitarbeiterin im Rechtsamt einer Stadt** ist mit dem Beruf eines Rechtsanwalts auch dann unvereinbar, wenn es sich hierbei um eine Halbtagstätigkeit handelt. Bei einer juristischen Mitarbeiter im rechts am besteht bereits der äußere Schein der Möglichkeit, dass die dienstliche Stellung zur Förderung privater Interessen genutzt werden kann (BGH BRAK-Mitt. 2009, 238).

– **(Haupt-)Geschäftsführer einer Kreishandwerkerschaft** (BGH BeckRS 2010, 18149; BRAK-Mitt. 1994, 42) und **einer Handwerkskammer** (BGH BRAK-Mitt. 1994, 43 = NJW-RR 1994, 954; NJW-RR 1999, 571), es sei denn im konkreten Fall ist jegliche hoheitliche Tätigkeit ausgeschlossen (NdsAGH Beschluss vom 13.2.1995 – AGH 16/94). Auch wenn die Tätigkeit nicht auf einem Anstellungsvertrag, sondern auf einem Dienstleistung – und Beratungsvertrag beruht, kann die anwaltliche Unabhängigkeit wegen der damit verbundenen Staatsnähe beeinträchtigt sein (BGH BeckRS 2009, 21 399).
– **Geschäftsführer oder stellvertretender Geschäftsführer** einer öffentlich-rechtlichen Körperschaft wie zB einer **Industrie- und Handelskammer** (BGHZ 66, 283 = NJW 1976, 1689 = EGE VII, 26; BGHZ 36, 71; 49, 238 = NJW 1968, 842 = EGE X, 40; BGHZ 68, 59 = NJW 1977, 807 = EGE XIV, 18), außer die Geschäftsführertätigkeit beschränkt sich auf die Leitung der Abteilung „Recht, Steuern, Zentrale Dienste", wo nicht alle Aufgaben hoheitlicher Natur sind (BGH BRAK-Mitt. 2011, 30; einer **Landesärztekammer** (BGH BRAK-Mitt. 2001, 44 = AnwBl. 2000, 687), bzw. **Referent der Hauptgeschäftsführung einer IHK** (AG Hamm Beschluss vom 21.1.2005 – 1 ZU 108/04), oder **Chefjustitiar einer Verwaltungsberufsgenossenschaft** (AGH Hmb Beschluss vom 17.4.2000 – ZU 13/99).
– **Geschäftsführer einer Berufskammer mit Ausnahme der Rechtsanwalts- und Patentanwaltskammer,** die den Status einer Körperschaft des öffentlichen Rechts hat und deren Aufgabe es ist, die Berufspflichten der Mitglieder in einer Berufsordnung festzulegen und die Erfüllung dieser Pflichten zu überwachen, wenn er nicht lediglich als interner Berater des Kammervorstandes wirkt, sondern auch als Repräsentant der Berufskammer nach Außen in Erscheinung tritt (BGH BRAK-Mitt. 2004, 38 = BGHR 2003, 1379; aber → Rn. 114).

114 **d) Keine Gefährdung der Unabhängigkeit.** In der Rechtsprechung wurde eine Gefährdung der Unabhängigkeit des Rechtsanwalts durch die gleichzeitige Dauertätigkeit im öffentlichen Dienst **verneint** bei

– einem **Syndikus eines öffentlich-rechtlichen Bankinstituts** (BGH EGE XIV, 54; BGHZ 71, 138 = NJW 1978, 1587; BGHZ 64, 294 = NJW 1975, 1514 = EGE XIII, 38; EGH Hamm Beschluss vom 18.12.1987 – 1 ZU 27/87),
– **ausschließlich wissenschaftlicher Tätigkeit** im öffentlichen Dienst (BVerfG NJW 1995, 951; BGH EGE XIV, 151; BRAK-Mitt. 1998, 200), bei einem **Hochschullehrer im Angestelltenverhältnis** (Henssler/Prütting/*Henssler* § 7 Rn. 106),
– einem **Leiter einer evangelischen Kirchenverwaltung** (EGH Celle BRAK-Mitt. 1983, 88; → § 7 Rn. 162; BVerfG BRAK-Mitt. 2007, 122),
– einem **Geschäftsführer einer RAK oder der Patentanwaltskammer** (BVerfG NJW 1993, 317), da diese Kammern im Gegensatz zu anderen öffentlich-rechtlichen Körperschaften im Wege der Selbstverwaltung Aufgaben der Rechtspflege erfüllen (BGH NJW 2000, 3004 = MDR 2000, 1218 = BRAK-Mitt. 2001, 44 = AnwBl. 2000, 687).
– einer Tätigkeit als „Job Coach" im Rahmen einer Anstellung beim Landkreis (AGH Hess NJW-RR 2013, 1468).

114a Die Rechtsprechung verneint auch bei Organen juristischer Personen des Privatrechts die Gefährdung der Unabhängigkeit des Rechtsanwalts und nimmt eine Vereinbarkeit mit dem Anwaltsberuf an. So ist etwa die Tätigkeit eines Geschäftsführers eines Gemeinde- und Städtebundes mit dem Beruf des Rechtsanwaltes kompatibel (BGH BRAK-Mitt. 2011, 141). Auch die Tätigkeit als geschäftsführendes Vorstandsmitglied eines kommunalen Spitzenverbandes ist mit dem Anwaltsberuf vereinbar (BGH BRAK-Mitt. 2011, 241; aA AGH RhPf BRAK-Mitt. 2010, 179).

115 **4. Kaufmännisch-gewerbliche Tätigkeit. a) Gefahr der Interessenkollision als Ausschlussgrund.** Bei einer kaufmännisch-gewerblichen Tätigkeit muss künftig der in der bisherigen Rechtsprechung entwickelte Grundsatz der generellen Unvereinbarkeit einer anwaltlichen und einer kaufmännisch-gewerblichen Tätigkeit (BGH BRAK-Mitt. 1990, 50 = Rbeistand 1989, 182; BRAK-Mitt. 1983, 189 = Rbeistand 1983, 176; BGHZ 72, 282 = NJW 1979, 430 = EGE XIV, 100) außer Acht gelassen werden (BVerfGE 87, 287 = NJW 1993, 317; BVerfG Beschluss vom 18.1.1993 – 1 BvR 525/92 nv; BGH BRAK-Mitt. 1994, 44; → § 7 Rn. 91 ff., 98, 99).

Ein Grundsatz, wonach anwaltliche und erwerbswirtschaftliche Tätigkeiten grundsätzlich unvereinbar sind, kommt in der BRAO nicht zum Ausdruck (BVerfG AnwBl. 2002, 182). Allerdings können die Unabhängigkeit und Integrität eines Rechtsanwalts sowie dessen maßgebende Orientierung am Recht und an den Interessen seiner Mandanten durch die erwerbswirtschaftliche Prägung eines Zweitberufs gefährdet werden. Interessenkollisionen, die das Vertrauen in die anwaltliche Unabhängigkeit gefährden, liegen aber nicht schon dann vor, wenn das Wissen aus der einen oder anderen Tätigkeit für die jeweils andere von Interesse und ihr vorteilhaft ist (BGH BRAK-Mitt. 2006, 225). Dass der Bewerber für den Anwaltsberuf in seinem anderen Beruf Informationen gewinnen kann, die ihm bei einer anwaltlichen Tätigkeit nützlich sind, ist bei keinem Zweitberuf auszuschließen und reicht daher nicht aus, ihm den Zugang zur Rechtsanwaltschaft zu versperren. Eine solche Beschränkung der Freiheit der Berufswahl ist erst gerechtfertigt, wenn zu erwarten ist, dass es durch den Zweitberuf in erhöhtem Maße zu Interessenkonflikten kommt, denen durch Beschränkungen der Berufsausübung nicht ausreichend begegnet werden kann (*Deppert* BRAK-Mitt. 2001, 111). Für die Berufswahlbeschränkung des § 7 Nr. 8 ist jeweils im Einzelfall darauf abzustellen, ob die zweitberufliche Tätigkeit des Rechtsanwalts bei objektiv vernünftiger Betrachtungsweise von Seiten der Mandantschaft die Wahrscheinlichkeit von Pflichtenkollisionen nahelegt (BGH NJW 1995, 1031). Erwerbswirtschaftliche Tätigkeit rechtfertigt daher nur dort den Ausschluss von der Zulassung als Rechtsanwalt, wo die Gefahr einer Interessenkollision sich deutlich abzeichnet und ihr in geeigneter Weise nur mit einer Berufswahlschranke begegnet werden kann (BGH AnwBl. 2001, 115 = BRAK-Mitt. 2001, 90). **Interessenkollisionen** liegen vor allem dann nahe, wenn der ausgeübte kaufmännische Beruf – wie etwa der eines Maklers – **in besonderer Weise** die Möglichkeit bietet, Informationen zu nutzen, die aus der rechtsberatenden Tätigkeit stammen. Solchen Gefahren zu wehren ist im Interesse der Rechtspflege und des Ansehens der Rechtsanwaltschaft geboten und auch erkennbares Ziel der berufswahlbeschränkenden gesetzlichen Regelung des § 7 Nr. 8 (BVerfGE 87, 287 = NJW 1993, 317). Aufgabe der Rechtsprechung ist es, die denkbaren Gefahren für die Rechtspflege, die von einer konkreten erwerbswirtschaftlichen Tätigkeit ausgehen können, zu erfassen und je nach ihrer Wahrscheinlichkeit der betreffenden Berufsgruppe zuzuordnen (BGH AnwBl. 2006, 581 = NJW 2006, 2488; BRAK-Mitt. 2006, 225). 116

Eine Berufswahlbeschränkung für einzelne Berufsgruppen ist allenfalls dort erforderlich und zumutbar, wo – ungeachtet der persönlichen Integrität des Betroffenen – die Gefahr einer Interessenkollision sich deutlich abzeichnet und nicht mit Hilfe von Berufsausübungsregeln beseitigt werden kann (BGH BRAK-Mitt. 1994, 43, 44). Dabei bleiben solche Pflichtenkollisionen außer Betracht, die sich ergäben, wenn der Rechtsanwalt in ein und derselben Angelegenheit sowohl als Rechtsanwalt wie auch in seinem Zweitberuf tätig würde. Denn insoweit greifen die neuen Tätigkeitsverbote des § 45 Abs. 1 Nr. 4 und Abs. 2 Nr. 2 nF sowie des § 46 nF als Berufsausübungsbeschränkungen ein. Nur wenn diese Tätigkeitsverbote nicht ausreichen, der Gefahr von Interessenkollisionen und der hieraus resultierenden Gefahr von Vertrauensverlusten wirksam zu begegnen, ist von der Unvereinbarkeit des Zweitberufs mit dem Rechtsanwaltsberuf auszugehen (BGH NJW 1995, 1031 = BRAK-Mitt. 1995, 163 = AnwBl. 1995, 191; → § 7 Rn. 91 ff.). Zur Anwendbarkeit der GewO bei nebenher gewerblich tätigem Rechtsanwalt vgl. BVerwG BRAK-Mitt. 1993, 113. 117

b) Bejahung der Gefahr einer Interessenkollision. Aufgrund einer gebotenen Einzelfallprüfung hat die Rechtsprechung die Unvereinbarkeit mit dem Anwaltsberuf wegen der Gefahr von Interessenkollisionen in folgenden Fällen **bejaht:** in der Regel bei Tätigkeiten eines Rechtsanwalts im Versicherungs-, Finanzdienstleistungs- und Maklergewerbe (BGH BRAK-Mitt. 1994, 43; 1997, 253; 2000, 43; 2004, 79; BGH BB 2007, 2593 = AnwBl. 2008, 65), so insbesondere bei einer **Tätigkeit als Versicherungsmakler** oder dessen Handlungsbevollmächtigter (BGH BRAK-Mitt. 1995, 123; 1994, 44) bzw. als Niederlassungsleiter eines Versicherungsmaklerunternehmens (BGH BRAK-Mitt. 1997, 253; nicht auch bei Tätigkeit als Versicherungsberater: BGH BRAK-Mitt. 1997, 199 = MDR 1997, 1075; **aA** BayAGH BRAK-Mitt. 1997, 41; AGH SchlH BRAK-Mitt. 2001, 94 für Schadenssachbearbeiter bei einem Versicherungsmakler). Das gilt für den Handlungsbevollmächtigten auch dann, wenn er für sich selbst keine Vermittlungsprovision verdienen kann (BGH BRAK-Mitt. 1995, 123). Der BGH hat dazu ausgeführt: Die gleichzeitige Ausübung der Berufe als Versicherungsmakler und 118 als Rechtsanwalt gefährdet die Interessen der Rechtspflege und kann das Vertrauen des rechtsuchenden Publikums in die Kompetenz und Unabhängigkeit der Rechtsanwaltschaft beeinträchtigen. Die Gefahr einer Interessenkollision beruht in erster Linie darauf, dass der Maklerberuf in besonderer Weise die Möglichkeit bietet, Informationen zu nutzen, die aus der rechtsberatenden Tätigkeit stammen. Besonders deutlich zeichnet sich diese Gefahr eines Interessenkonflikts bei der Berufsgruppe der Versicherungsmakler ab. Die anwaltliche Tätigkeit bringt es mit sich, dass dem Rechtsanwalt auch solche Sachverhalte bekannt werden, bei denen sich der Abschluss eines oder mehrerer Versicherungsverträge geradezu aufdrängt. Dies liegt nicht nur bei Rechtsschutzversicherungen auf der Hand (BGH BRAK-Mitt. 2006, 225), sondern ist auch bei den typischen Schadensversicherungen naheliegend. Ist der als Versicherungsmakler tätige Rechtsanwalt mit der Abwicklung von Schadensfällen außerhalb von Versicherungsverträgen befasst, die seine Maklerfirma vermittelt hat, so liegt die Gefahr nahe, dass er im eigenen Courtageinteresse seinen Mandanten empfiehlt – vor allem, wenn bei einer Sachversicherung die Schadensabwicklung nicht zufriedenstellend verläuft –, den Versicherungsvertrag zu kündigen und einen „besseren" Versicherungsvertrag abzuschließen, nämlich einen von seiner Versicherungsmaklerfirma vermittelten. Letztlich kann sich damit der Versicherungsmakler in sehr vielen Bereichen die anwaltliche Tätigkeit für sein Versicherungsvermittlungsgeschäft zunutze machen. Dass er dieser Versuchung unterliegen kann, ist schon angesichts des harten Wettbewerbs im Versicherungsmarkt naheliegend. Hierbei ist stets die Gefahr der Interessenkollision vorhanden. Auch ein Versicherungsmakler muss als Rechtanwalt völlig unabhängig und uneigennützig nur gegen das vereinbarte oder in dem RVG geregelte Honorar beraten und handeln. Ein der Regelung des § 46 vergleichbarer Fall liegt hierbei nicht vor. Dieser Gefahr der Interessenkollision kann auch nicht sonst wirksam mit Berufsausübungsregelungen begegnet werden (BGH BRAK-Mitt. 1994, 43, 44 = Rbeistand 1994, 51; BRAK-Mitt. 1995, 123 = NJW 1995, 2357 – für den Handlungsbevollmächtigten eines Versicherungsmaklerunternehmens; vgl. auch BGH BRAK-Mitt. 1988, 49; NJW 2004, 212 für den Immobilienmakler oder Vermittler von Finanzdienstleistungen, NdsAGH Beschluss vom 4.12.1995 – AGH 21/95 (II 15) – für einen **Account-Manager in den Bereichen Haftpflicht- und Gruppenunfallversicherung,** AGH Hess Beschluss vom 23.4.1996 – 2 AGH 24/94 – für den **Geschäftsführer einer Inkassofirma** und AGH Bln BRAK-Mitt. 2000, 94 für eine **Referentin einer Versicherung;** für die beratende und akquisitorische Tätigkeit in einer Unternehmens- und Personalberatungsgesellschaft – AGH Hess BRAK-Mitt. 2012, 125 = AGH NRW BRAK-Mitt. 2007, 33; BGH NJW-RR 2014, 500 – für die Tätigkeit als selbstständiger Personalberater). Die Zulassung ist auch dann zu versagen, wenn der Antragsteller als Geschäftsführer eines Maklerunternehmens aktuell zwar keine maklerspezifische Tätigkeit ausübt, sondern seine Tätigkeit sich auf den Bereich Personal, Verwaltung und Ausbildung beschränkt aber eine potentielle Gefahr besteht, dass Informationen über Versicherungsbedürftigkeit, die ein Anwalt in seiner Beratungstätigkeit typischerweise erhält, zur Erfüllung seiner vertraglichen Pflichten als Geschäftsführer im Zweitberuf nutzbar gemacht werden können (AGH NRW AnwBl. 1999, 697). Das gilt auch, wenn der Geschäftsführer sich eigener Vermittlungstätigkeit enthält und auch ein eigenes Provisionsinteresse nicht verfolgt (BGH BRAK-Mitt. 2000, 43 = NJW-RR 2000, 437). Einem Rechtsanwalt ist es aber nicht generell untersagt, im Einzelfall als Grundstücksmakler tätig zu werden und sich für die erfolgreiche Vermittlung eines Geschäfts eine Provision versprechen zu lassen. Zwar ist die ständige Ausübung des Maklerberufs mit dem Berufsbild des Rechtsanwalts unvereinbar (BGH NJW 2004, 212). Im Einzelfall kann jedoch ein Maklergeschäft mit einem Dritten rechtswirksam vereinbart werden (BGH NJW 2001, 1569 mwN). Auch eine **Angestelltentätigkeit im Geschäftsbereich Vermögensberatung (Private Banking) einer Bank** wird in der Regel mit dem Anwaltsberuf unvereinbar sein (BGH NJW-RR 2011, 856). Die Rechtsberatung des Bankkunden lässt sich regelmäßig vom Geschäftsinteresse der Bank nicht trennen. Zudem besteht die Gefahr, dass im Falle der Zulassung des Bankangestellten zur Rechtsanwaltschaft, dieser das Wissen, das er als Rechtsanwalt aus der Beratung seiner Mandanten auch über deren Vermögensverhältnisse erlangt, dazu nutzen könnte, seinen Mandanten eine Vermögensanlage bei der Bank zu empfehlen, die er als unabhängiger Rechtsanwalt nicht empfehlen dürfte. Berufsausübungsregelungen werden regelmäßig die aus einer solchen Tätigkeit sich ergebenden Gefahren einer Interessenkollision nicht beseitigen können (BGH NJW 2006, 2488 = AnwBl. 2006, 581 = DB 2006, 1722 = BRAK-Mitt. 2006, 222).

c) Verneinung der Gefahr einer Interessenkollision. Keine Gefahr einer Interessenkollision sah die Rechtsprechung insbesondere unter Berücksichtigung der Tätigkeitsverbote aus §§ 45, 46 im Einzelfall bei gleichzeitiger Tätigkeit des Rechtsanwalts als 119

- geschäftsführender Gesellschafter von Kapitalgesellschaften und persönlich haftender Gesellschafter von Personengesellschaften (BVerfGE 87, 287 = NJW 1993, 317),
- Leiter der Rechtsabteilung einer Aktiengesellschaft und alleiniger Geschäftsführer einer Versicherungs-Vermittlungs-GmbH (BVerfGE 87, 287 = NJW 1993, 317; vgl. auch BGH NJW-RR 1995, 949),

(1) **Mitglied der Geschäftsleitung eines Wohn- und Gewerbebauunternehmens,** das auch den An- und Verkauf von Grundstücken einschließlich der Vermittlung solcher Geschäfte betreibt, wobei der Antragsteller im Hinblick auf die Maklertätigkeit jedoch nur insoweit eingeschaltet ist, als es um die Durchsetzung der dem Unternehmen zustehenden Maklerprovisionen geht (BGH NJW 2000, 3575 = bei *Deppert* BRAK-Mitt. 2001, 111),

- **Syndikusanwalt mit Prokura eines Immobilienunternehmens,** der jedoch nicht selbst makelnd tätig ist und auch nicht mit den von der Firma getätigten Maklergeschäften in Berührung kommt, sondern dem nur die Rechtsberatung in allen Angelegenheiten der Hausverwaltung sowie in Personalsachen und darüber hinaus die Überwachung des baulichen Zustands der Wohnanlagen obliegt (BGH BRAK-Mitt. 2001, 90 = AnwBl. 2001, 115), einer von zwei **Geschäftsführern einer Verwaltungs-GmbH** (BVerfGE 87, 287 = NJW 1993, 317),
- Gesellschafter und einzelvertretungsberechtigter **Geschäftsführer einer Steuerberatungs-GmbH** (BGHZ 114, 343 = NJW 1991, 2287), ebenso nicht bei einer **Geschäftsführerin eines Arbeitgeberverbandes** (BGH NJW 1996, 2377 = BRAK-Mitt. 1996, 77) oder als **Versicherungsberater** (BGH BRAK-Mitt. 1997, 199 = MDR 1997, 1075),

(2) **Sachbearbeiter in der Rechtsschutzversicherung,** dem eine akquisitorische Tätigkeit untersagt ist (BGH NJW 1995, 1031) – anders bei Anstellung im Vertriebsteam einer Rechtsschutzversicherung (BGH NJW 2006, 3717) –, als mit Prokura versehener **Leiter der Finanzdienstleistungsdirektion einer** Zweigniederlassung der Colonia **Versicherungs AG** (BGH BRAK-Mitt. 1996, 78) und als **Leiter der Finanzdienstleistungsdirektion einer Versicherungsgesellschaft** (BGH NJW 1996, 2378; AGH Hess Beschluss vom 25.7.1995 – 2 AGH 20/94),

- **Taxiunternehmer** (BGH BRAK-Mitt. 1993, 171).
- **Personalvermittler,** wenn keine Gefahr einer abhängigen Rechtsberatung vorliegt (BGH NJW-RR 2014, 498).

5. Rechtsbesorgende Tätigkeit außerhalb des Anwaltsberufs. Nach der Neuregelung, durch die der Gefahr von Pflichtenkollisionen auf andere Weise begegnet werden soll (→ § 7 Rn. 90; → § 45 Rn. 1 ff.), darf die Zulassung nicht allein deshalb verweigert werden, weil der Bewerber in seinem Zweitberuf verpflichtet ist, Dritte im Auftrag des standesrechtlich ungebundenen Arbeitgebers rechtlich zu beraten. Dies ist nur möglich bei einem naheliegenden Risiko einer Pflichtenkollision, die nicht auf weniger einschneidende Art und Weise beseitigt werden kann (Henssler/Prütting/*Henssler* § 7 Rn. 91; BGH BRAK-Mitt. 1995, 213; 1996, 77, 78; 1998, 236). Auch eine Tätigkeit **für** Erlaubnisinhaber nach §§ 10 ff. RDG ist danach grundsätzlich nicht unvereinbar (Henssler/Prütting/*Henssler* § 7 Rn. 93; AGH BW Beschluss vom 16.11.1996 – AGH 34/96 (I)). Unvereinbar wäre aber eine Beschäftigung in einem Unternehmen, das gegen das RDG verstößt, indem es verbotene Rechtsberatung betreibt (BVerfG NJW 1993, 317). Aber auch die Tätigkeit **als** Ausübungsberechtigter einer Rechtsberatungserlaubnis selbst erfüllt nicht den Versagungsgrund des § 7 Nr. 8. Die materiellen Tätigkeitsbereiche eines Rechtsanwalts und eines Rechtsbeistandes überlagern sich und ihre Berufspflichten im Verhältnis zum jeweiligen Auftraggeber decken sich im Wesentlichen, so dass Interessen- und Pflichtenkollisionen, denen nicht mit Berufsausübungsregelungen begegnet werden könnte, keine naheliegende Gefahr bilden. Auch die staatliche Aufsicht (§ 3 der 2. AVO) über den Rechtsbeistand bildet keinen Hinderungsgrund, da sie nur dem Ziel dient, die Allgemeinheit vor Gefahren durch unzuverlässige oder unkundige Berufsausübung zu schützen und keine Weisungsgebundenheit in einzelnen Rechtssachen begründet. Damit schafft sie weder Staatsnähe, noch ist sie geeignet, das Vertrauen in die Unabhängigkeit als Rechtsanwalt zu gefährden (BGH BRAK-Mitt. 1998, 236; BGH bei *Deppert* BRAK-Mitt. 2000, 59). Zur gleichzeitigen Zulassung als Versicherungsberater 120 und Rechtsanwalt vgl. auch BGH Rbeistand 1997, 49. Unbedenklich ist die Tätigkeit als angestellter Rechtsanwalt oder freier Mitarbeiter für andere Rechtsanwälte (BGH BRAK-Mitt. 1986, 166; LAG Düsseldorf AnwBl. 2002, 600) und für Angehörige sozietätsfähiger Berufe (§ 59a). Bei einer Nebentätigkeit des Rechtsanwalts für eine **Zeitarbeitsfirma** kommt ein Arbeitsverhältnis nur mit dem Arbeitsverleiher, nicht aber auch mit dem Entleiher zustande. Deshalb muss die Zeitarbeitsfirma im Anstellungsvertrag dem Rechtsanwalt garantieren, dass sie in den Verträgen mit den Entleihern die rechtliche und tatsächliche Ausübungsmöglichkeit (→ Rn. 121 ff.) des Rechtsanwalts absichert sowie sicherstellt, dass er nicht zu Diensten eingesetzt wird, die er im Zweitberuf nicht ausüben darf (→ Rn. 91 ff.).

121 **6. Ausübungsmöglichkeit.** Nach Fortfall der generellen Unvereinbarkeit anwaltlicher und gewerblicher Tätigkeit wird nunmehr neben dem Ausschlussgrund der Gefahr von Interessenkollisionen dem vom BVerfG anerkannten Grundsatz, dass der Ausschluss vom Beruf des Rechtanwalts gerechtfertigt ist, wenn der Berufsbewerber keine ausreichende Ausübungsmöglichkeit hat, eine größere Bedeutung zukommen. Denn der Rechtsanwaltsberuf darf neben einem anderen Beruf nur gewählt und ausgeübt werden, wenn dem Rechtsanwalt der für eine Anwaltstätigkeit unentbehrliche **rechtliche und tatsächliche Handlungsspielraum** verbleibt (BVerfGE 87, 287 = NJW 1993, 317; BGH BRAK-Mitt. 2003, 129). Selbst wenn der Zweitberuf Interessenkollisionen nicht befürchten lässt (→ § 7 Rn. 91–120), kann die Zulassung zu versagen sein bei fehlender rechtlicher oder tatsächlicher Ausübungsmöglichkeit. Unter diesen Voraussetzungen kommt auch der Widerruf der Zulassung in Betracht, es sei denn, dieser würde eine unzumutbare Härte bedeuten (§ 14 Abs. 2 Nr. 8; BayAGH BRAK-Mitt. 2004, 38; → § 14 Rn. 66 ff.).

122 Voraussetzung für die Zulassung eines angestellten Bewerbers zur Rechtsanwaltschaft ist dessen rechtliche und tatsächliche Möglichkeit, den Anwaltsberuf in einem, wenn auch beschränkten, so doch irgendwie nennenswerten Umfang und jedenfalls mehr als bloß gelegentlich auszuüben. Eine nur geringfügige Möglichkeit, sich als Rechtsanwalt zu betätigen, reicht nicht aus (BGH NJW-RR 1991, 1325 = BRAK-Mitt. 1991, 101; BRAK-Mitt. 1993, 43; 1987, 150; 1982, 175; AnwBl. 1993, 536; NJW 1995, 1031; BeckRS 1991, 31172592; AGH RhPf Beschlüsse vom 19.10.1994 – 1 EGH 14/93 und 1 EGH 14/94; *Pfeiffer*, FS Oppenhoff, 1985, 253 ff.; kritisch dazu *Kleine-Cosak* NJW 1994, 2249, 2250). Den erforderlichen rechtlichen Handlungsspielraum für die Ausübung des Anwaltsberufs muss der Zulassungsbewerber durch Vorlage einer Nebentätigkeitsgenehmigung seines Dienstherrn (→ § 7 Rn. 135) nachweisen, die dieser nicht einseitig widerrufen kann (*Bürkle* MDR 2005, 848). Erforderlich ist ferner, dass der Zulassungsbewerber tatsächlich in der Lage ist, eine nennenswerte eigene anwaltliche Tätigkeit gegenüber dem Gericht auszuüben (BGHZ 71, 138 = NJW 1978, 1587 = EGE XIV, 81).

123 Maßgebend für die Beurteilung sind stets die Umstände des Einzelfalles. Dabei ist zu berücksichtigen, dass mit der Einführung des sog. Syndikusanwalts (§ 46) sich das Bild des freiberuflichen Anwalts insofern geändert hat, als der Syndikusanwalt zwei Arbeitsbereiche hat: **einen arbeitsvertraglich gebundenen und einen als freier Anwalt.** Im Rahmen des Arbeitsverhältnisses besitzt er keine Unabhängigkeit, sondern unterliegt dem Prinzip der Über- und Unterordnung (BGHZ 33, 276, 279, 280 = EGE VI, 11). Daraus ergeben sich zwangsläufig auch Beschränkungen hinsichtlich des Umfangs und der zeitlichen Gestaltung der Anwaltstätigkeit. Das war dem Gesetzgeber bekannt. Wenn er diese Möglichkeit dennoch geschaffen hat, so hat er damit anerkannt, dass die Tätigkeit als Rechtsanwalt auch im Nebenberuf ausgeübt werden kann. Voraussetzung ist allerdings, dass, wie der BGH in ständiger Rechtsprechung ausgeführt hat, der Bewerber in der Lage sein muss, den Anwaltsberuf in irgendwie nennenswertem Umfang auszuüben.

124 Als freier unabhängiger Anwalt ist der zur Rechtsanwaltschaft Zugelassene berechtigt, nach eigenem Ermessen nicht nur darüber zu befinden, wie viele und welche Aufträge er annimmt, sondern darüber, wie und wann er die zur angemessenen Erledigung der Aufträge notwendigen Arbeiten leisten will (BGH EGE VI, 41, 43; VI, 44, 46). Er kann Besprechungen in den Abendstunden abhalten, in seiner Freizeit die Akten studieren und Schriftsätze fertigstellen. Andererseits aber muss er in der Lage sein, diejenigen Geschäfte, die notwendig in den üblichen Dienststunden zu erledigen sind, innerhalb dieser Stunden auszuführen. Dazu gehören vor allem die Wahrnehmung von Terminen, die Erledigung eiliger Schriftsätze, die Führung von Telefongesprächen und andere eilige, nicht aufschiebbare Tätigkeiten (BGH EGE XIV, 48).

Das für eine ordnungsmäßige Ausübung des Anwaltsberufs (noch) **zulässige Maß dieser Beschränkungen** kann nicht schematisch, etwa in bestimmten Bruchteilen der Arbeitszeit und Arbeitskraft des Anwalts festgelegt werden. Maßgebend ist allein, ob die durch die anderweitige Inanspruchnahme bedingten Grenzen seiner Arbeitskraft im Einzelfall ihm noch eine ordnungsmäßige Betätigung als Anwalt von mehr als unerheblichem Umfang gestatten (BGHZ 71, 138 = NJW 1978, 1587 = EGE XIV, 81, 82). 125

a) Sicherung eines Mindestmaßes an Unabhängigkeit und Professionalität. Der rechtliche und tatsächliche Handlungsspielraum, der für die Ausübung des Anwaltsberufs unentbehrlich ist, wird somit von der Rechtsprechung danach bestimmt, ob dem Berufsbewerber der Freiraum für eine irgendwie nennenswerte und nicht nur gelegentliche Beratungs- und Vertretungstätigkeit bleibt (BGH NJW 2010, 1381; BGHZ 33, 266 = NJW 1961, 216; *Pfeiffer,* FS Oppenhoff, 1985, 249, 254 ff. mwN). 126

Dieser konkretisierende Grundsatz ist von dem gesetzgeberischen Ziel geleitet, ein Mindestmaß an Unabhängigkeit und Professionalität des Rechtsanwalts zu gewährleisten. Er ist dazu geeignet und auch erforderlich, um den reinen „Feierabend-Anwalt" auszuschließen und die Berufsbezeichnung des Rechtsanwalts nicht zu einem bloßen Titel werden zu lassen. Die Zumutbarkeit ergibt sich daraus, dass die betroffenen Berufsbewerber bereits über einen ausfüllenden und zeitlich belastenden Hauptberuf verfügen, in der Regel also durch den Ausschluss vom Rechtsanwaltsberuf weniger hart getroffen werden (BVerfGE 87, 287 = NJW 1993, 317; AGH RhPf Beschlüsse vom 19.10.1994 – 1 EGH 14/93 und 1 EGH 14/94; BGH NJW 2010, 1381). 127

b) Tatsächliche Möglichkeit zur anwaltlichen Tätigkeit. aa) Allgemeines. Der BGH hat die tatsächliche Möglichkeit zur ausreichenden anwaltlichen Tätigkeit in der Regel dann bejaht, wenn ein Syndikus über seine Dienstzeit hinreichend frei verfügen kann, während seiner Dienststunden nicht nur in Ausnahmefällen zur Erledigung der Anwaltsaufgaben erreichbar ist (BGH BRAK-Mitt. 1996, 76) und die zu überwindenden Entfernungen dadurch, dass er seine Anwaltspraxis am Ort seiner sonstigen Tätigkeit errichten will, zu keinen weiteren erheblichen Erschwernissen für die Ausübung des Anwaltsberufs durch ihn führen (*Pfeiffer,* FS Oppenhoff, 1985, 256; NJW 1995, 1031; BeckRS 1991, 31172592; BGHZ 71, 138 = NJW 1978, 1587; BGHZ 33, 276 = NJW 1961, 219; BGHZ 36, 71 = NJW 1962, 204 = EGE VI, 11). 128

Eine Teilzeittätigkeit kann die Versagung der Anwaltszulassung nicht ohne weiteres rechtfertigen (BVerfGE 87, 287 = NJW 1993, 317), es sei denn es bestehe ein vertragliches Verbot einer anwaltlichen Tätigkeit. Dem Anwaltsbewerber, der aber trotz Gleitzeitarbeitsregelung nicht unbeschränkt frei über seine Dienststunden zugunsten einer eventuell notwendig werdenden Anwaltstätigkeit verfügen kann, ist die Zulassung zu versagen (AGH BW BRAK-Mitt. 1996, 165). 129

Dagegen hat der BGH die tatsächliche Möglichkeit anwaltlicher Berufsausübung in nennenswertem Umfang auch bei verhältnismäßig weitgehender freier Verfügung über seine Dienstzeit verschiedentlich dann verneint, wenn sich der Zulassungsbewerber im Übrigen tagsüber in nicht nur unerheblicher Entfernung von dem Ort aufhalten musste, an dem er seine Kanzlei errichten wollte und sich auch aus der Art und dem Maß seiner dienstlichen Inanspruchnahme als Syndikus ergab, dass er vom Mittelpunkt seiner (anderweitigen) beruflichen Tätigkeit aus tagsüber zur persönlichen Erledigung, insbesondere eiliger Sachen am Ort seiner Kanzlei oder bei Gericht nicht ohne weiteres verfügbar war. Maßgebend sind insoweit immer die Umstände des Einzelfalls (BGHZ 71, 138 = NJW 1978, 1587; BGH BRAK-Mitt. 1993, 43). Übt der Bewerber einen Beruf aus, der seine Arbeitskraft und -zeit voll in Anspruch nimmt, hat er nicht die tatsächliche Möglichkeit zur anwaltlichen Tätigkeit (BGH BRAK-Mitt. 2010, 29; AGH RhPf Beschluss vom 19.10.1994 – 1 EGH 14/93 für den Hauptgeschäftsführer mehrerer Industrieverbände; Beschluss vom 19.10.1994 – 1 EGH 14/94 für den stellvertretenden Chefjustitiar eines Großunternehmens). 130

Die tatsächliche Möglichkeit zur mehr als bloß gelegentlichen Ausübung des Anwaltsberufs hat ein Syndikus, den seine Inanspruchnahme durch seinen Arbeitgeber und die Grenzen seiner Arbeitskraft an einer solchen Betätigung nicht hindern (BGHZ 33, 266 = NJW 1961, 216 = EGE VI, 1). Der in einem ständigen Dienstverhältnis stehende Rechtsanwalt braucht aber nicht so freigestellt zu sein, dass er selbst dann seinen Arbeitsplatz verlassen und anwaltlichen Geschäften nachgehen kann, wenn sein Arbeitgeber von ihm plötzlich die Erledigung dringender Dienstangelegenheiten verlangen sollte (BGHZ 33, 266 = NJW 1961, 216; BGH EGE VI, 47, 54; 131

Pfeiffer, FS Oppenhoff, 1985, 249, 258). Auf diese fernliegende Möglichkeit kann in der Entscheidung über die Zulassung nicht abgestellt werden. Beide Vertragsteile müssen die gebührende Rücksicht aufeinander nehmen. Vergleichbaren Konfliktlagen, in denen verschiedene Pflichten miteinander kollidieren, ist jeder Rechtsanwalt, nicht nur der Syndikusanwalt ausgesetzt. Ihnen gerecht zu werden, muss dem einzelnen überlassen bleiben (*Pfeiffer,* FS Oppenhoff, 1985, 249, 258). Eine Versagung der Zulassung bzw. deren Rücknahme kommt erst in Betracht, wenn der Syndikus durch seinen Arbeitgeber oder durch die in seinen abhängigen Tätigkeitsbereich fallenden Aufgaben so nachhaltig behindert wird, dass er sich nicht mehr in angemessenem Umfang als Rechtsanwalt betätigen kann (*Pfeiffer,* FS Oppenhoff, 1985, 249, 258).

132 Da der Bewerber mehr als eine bloße Absichtserklärung regelmäßig nicht wird abgeben können und es ihm nach seiner Zulassung jederzeit freisteht, seine frühere Absicht ohne nachteilige Folgen zu ändern, ist es nicht sinnvoll, von einem Zulassungsbewerber den ernsthaften Willen zur Ausübung des Anwaltsberufs zu fordern (*Pfeiffer,* FS Oppenhoff, 1985, 259). Andererseits kommt es nicht darauf an, wie der jeweilige Antragsteller seine Anwaltstätigkeit konkret gestalten will, so zB, ob er keine Mandate zur gerichtlichen Vertretung oder Beratung am Zulassungsort übernehmen will. Vielmehr darf zumindest die Möglichkeit nicht ausgeschlossen sein, Beratungen und forensische Vertretungen am Ort der Zulassung, der auch der Ort der Kanzlei ist, in nennenswertem Umfang wahrzunehmen. Eine Vertretung durch Sozien am Zulassungsort kann nur im Ausnahmefall eine Lösung sein. Es darf jedoch nicht zur Regel werden. Für die Frage der Vereinbarkeit einer anderweitigen Tätigkeit mit dem angestrebten Beruf eines Rechtsanwalts kommt es darauf an, inwieweit der Bewerber in der Lage ist, die anwaltliche Tätigkeit in nennenswertem Umfang **selbst** auszuüben (BGH BRAK-Mitt. 1993, 43). Ein Rechtsanwalt muss selbst darüber befinden können, mit welchem Arbeitsaufwand er die zur angemessenen Erledigung der Aufträge notwendigen Arbeiten leisten will. Die dem Antragsteller eingeräumte Möglichkeit zur Ausübung der anwaltlichen Nebentätigkeit im Höchstmaß von 20 Wochenstunden erlaubt ihm, einen Spielraum für unvorhersehbaren Zeitbedarf einzuplanen und bei der Annahme der Mandate eine gewisse Auswahl zu treffen (BGH BRAK-Mitt. 1998, 200).

133 **bb) Entfernung zur Kanzlei.** Die Rechtsprechung lässt zu der Frage, welche **Entfernung** zwischen Kanzlei und Beschäftigungsort bei einer „Vollzeitbeschäftigung" des Bewerbers noch hingenommen werden kann, eine sehr die Besonderheiten des Einzelfalles berücksichtigende Betrachtungsweise erkennen. Grundsätzlich sind nicht die reinen Entfernungskilometer entscheidungserheblich. Ausschlaggebend ist vielmehr, innerhalb welcher durchschnittlicher **Zeit** der Zulassungsbewerber in der Lage ist, zwischen Arbeitsort und vorgesehenem Praxisort zu wechseln und welche Zeit ihm unter Berücksichtigung des Zeitaufwandes für die Hauptberufstätigkeit, die Fahrstrecke zwischen Ort der Haupttätigkeit und vorgesehenem Kanzleiort sowie einer angemessenen durchschnittlichen Ruhezeit verbleibt, um die anwaltliche Tätigkeit mit einem Mindestmaß an Professionalität noch auszuüben (AGH RhPf BRAK-Mitt. 2005, 277; NJW-RR 2000, 1662; BGH NJW 1995, 1031 = BRAK-Mitt. 1995, 163 = AnwBl. 1995, 191). In BGHZ 33, 266, 271 = NJW 1961, 216 hat der BGH die Möglichkeit, den Anwaltsberuf in nicht nur unerheblichem Umfang auszuüben, in einem Fall angenommen, in dem der Bewerber den Ort der angestrebten Zulassung von seiner Arbeitsstätte in 20 Minuten mit dem PKW erreichen konnte, in NJW-RR 1991, 1325 = BRAK-Mitt. 1991, 101 bei ca. 30 Minuten Fahrzeit und in dem Beschluss vom 21.11.1994 wenn wegen der guten Autobahnverbindung die Fahrt etwa 25–30 Minuten und in der Hauptverkehrszeit etwa 40 Minuten dauert. In anderen Fällen hat er sie bei längeren Fahrzeiten, und zwar von 50–60 Minuten (BGHZ 34, 382, 391 f. = EGE VI 54), 40–60 Minuten (BGHZ 38, 6, 12 = NJW 1962, 2005 = EGE VII, 88), zwischen zwei und drei Stunden (BGH BRAK-Mitt. 2004, 81) und einer halben Stunde (BGHZ 71, 138, 143 = NJW 1978, 1587) oder bei einer täglichen Arbeits- und Fahrzeit von insgesamt elf Stunden (EGE X, 81, 82) ausgeschlossen (so auch AGH RhPf NJW-RR 2000, 1662). Ebenso hat er die Zulassung versagt, wenn der Bewerber zwischen seiner Arbeitsstelle bzw. seiner Wohnung und der von ihm geplanten Kanzlei eine Entfernung von 390 Kilometer zurücklegen muss (BGH BRAK-Mitt. 1993, 43). In diesen Fällen hat er aber nicht allein auf die genannten, in Fahrzeiten ausgedrückten Entfernungen, sondern zusätzlich auch auf Besonderheiten des jeweiligen Sachverhalts abgestellt, so etwa darauf, dass Kanzlei und Wohnung des Bewerbers während der üblichen Verkehrszeiten ständig unbesetzt sein würden (BGHZ 34, 382, 392 = NJW 1961, 1211); dass der Bewerber infolge einer lebhaften Reisetätigkeit an mehreren Wochentagen bei seinem Arbeitgeber unerreichbar sei und es damit während der üblichen Verkehrsstunden auch für seine Praxis sein würde (BGHZ 38, 6, 12 f. = NJW 1962, 2005); dass sich die Gerichte, bei denen er zugelassen werden wollte, an anderen Orten als sein Wohnsitz und seine Praxis befänden (BGHZ 71, 138, 143 = NJW 1978, 1587) oder dass er von Montag bis Freitag erst gegen 17.30 Uhr in der Kanzlei sein könnte (EGE X 81, 82). Nachdem der BGH erstmals in einem gemäß § 91a ZPO ergangenen Kostenbeschluss (EGE X 63, 64) die Entfernung zwischen Arbeitsstelle und Kanzleisitz eines Bewerbers bei einer möglichen Fahrzeit von (nur) 15–20 Minuten für erheblich erachtet und deswegen als Zulassungshindernis angesehen hatte, hat er in zwei weiteren Beschlüssen (BGH AnwBl. 1980, 380 f.; BRAK-Mitt. 1982, 26) bei der Entscheidung in der Hauptsache mit auf eine solche Entfernung abgestellt und deswegen die Frage verneint, ob der Bewerber in der Lage sei, den Anwaltsberuf in nennenswertem Umfang auszuüben. Dabei hat er in dem Beschluss AnwBl. 1980, 380 diese Fahrzeit sogar innerhalb derselben Gemeinde als Zulassungshindernis gewertet (BGH BRAK-Mitt. 1982, 175). Der BGH hat in diesem Beschluss an der auf den Einzelfall abstellenden Betrachtungsweise festgehalten und entschieden, ein Syndikus kann, je nach dem Umständen des Einzelfalles, auch dann zur Anwaltschaft zugelassen werden, wenn die Fahrzeit zwischen Beschäftigungsort und Kanzlei 20–25 Minuten beträgt. Andererseits hat der BGH den Umstand, dass das Krankenhaus, in dem der Antragsteller als Leitender Arzt tätig ist, etwa 280 Kilometer von seiner Kanzlei entfernt liegt, im Einzelfall nicht als Hindernis angesehen. Dabei wies er darauf hin, dass die Kanzlei des Antragstellers mit einem Sozius ständig besetzt ist und somit auch in der Zeit arbeitet, in welcher der Antragsteller sich im Krankenhaus aufhält. Der Antragsteller verfüge aufgrund seiner Weisungsbefugnis als Leitender Arzt und aufgrund der Freistellung durch seinen Dienstherrn über die erforderliche Flexibilität in seiner ärztlichen Tätigkeit, um diese so einzurichten, dass er in der Lage ist, Gerichtstermine wahrzunehmen und Gespräche mit Mandanten in seiner Kanzlei zu führen. Mandantengespräche seien auch im Dienstbüro im Krankenhaus möglich, wenn ein persönliches Gespräch keinen Aufschub bis zur Rückkehr des Antragstellers in seine Kanzlei duldet. Im Übrigen sei seine Erreichbarkeit für Mandanten und gegnerische Anwälte sowie Behörden und Gerichte mit Hilfe der modernen Telekommunikationsmittel an beiden Orten gleichermaßen gewährleistet (BGH BRAK-Mitt. 2003, 129 = AnwBl. 2003, 525).

Eine über die betrieblich festgelegte Arbeitszeit von 40 Wochenstunden hinausgehende Verpflichtung zur Leistung von durchschnittlich fünf Überstunden sowie zur beruflichen Reisetätigkeit (fünf Arbeitstage im Monat) schließt – bei einem Fahrweg von 20 Minuten zwischen Arbeitsplatz und Kanzlei – nennenswerte Anwaltstätigkeit aus (EGH Stuttgart BRAK-Mitt. 1982, 28). Eine Zulassung ist ebenfalls ausgeschlossen, wenn der Bewerber drei Tage in der Woche am Sitz des Arbeitgebers anwesend sein muss, er in der übrigen Zeit von einem Zweitbüro Tochtergesellschaften seines Arbeitgebers zu betreuen hat, die Entfernung zwischen seinem Hauptarbeitsplatz und der geplanten Kanzlei 280 km beträgt und er beabsichtigt, am Freitag Nachmittag sowie an einem weiteren Nachmittag ab 16 Uhr in seiner Kanzlei der anwaltlichen Tätigkeit nachzugehen (BGH AnwBl. 1993, 536). Auch eine Entfernung von 80 km zwischen Arbeitsort und Kanzlei schließt eine Zulassung aus (EGH Koblenz BRAK-Mitt. 1990, 113). Auch relativ geringe Entfernungen hindern die Zulassung, wenn dem um Zulassung nachsuchenden Syndikus der Verkehr mit dem Rechtsuchenden sowie die Aufbewahrung und Bearbeitung von Akten in seinen Diensträumen untersagt ist und er deshalb immer wieder den Weg zwischen Betrieb und Kanzlei überbrücken müsste (*Pfeiffer,* FS Oppenhoff, 1985, 249, 257; BGH AnwBl. 1980, 380, 382). Umgekehrt kann sich ein Syndikus trotz beträchtlicher Fahrzeiten noch ordnungsgemäß als Rechtsanwalt betätigen, wenn es ihm aus Gründen der Zeitersparnis gestattet ist, einen Teil seiner dienstlichen Pflichten von seiner Kanzlei aus zu erfüllen, anwaltliche Aufgaben an seiner Arbeitsstätte zu verrichten (*Pfeiffer,* FS Oppenhoff, 1985, 249, 257) oder wenn er seine Arbeitszeit frei gestalten kann und in der Lage ist, nötigenfalls auch ganze Tage seiner Arbeitsstelle fernzubleiben (BGH Beschluss vom 27.5.1991 – AnwZ (B) 12/91). 134

c) Rechtliche Möglichkeit zur anwaltlichen Tätigkeit. Die rechtliche Möglichkeit, sich in einem irgendwie erheblichen Umfang als Rechtsanwalt zu betätigen, hat ein Syndikus, dessen Arbeitgeber **im Anstellungsvertrag oder in einer für die Dauer berechneten Erklärung** eine anwaltliche Betätigung im Umfang der erforderlichen tatsächlichen Möglichkeiten **gestattet** hat **(Nebentätigkeitsgenehmigung, Freistellungserklärung).** Allein die Erklärung, dass der 135

Arbeitgeber mit seiner Erklärung gestattet, dass der Angestellte neben seiner Tätigkeit beim Arbeitgeber dem Beruf als Rechtsanwalt ausüben darf, reicht nicht aus. Darin liegt gerade nicht das Einverständnis des Arbeitgebers, dass der Angestellte während seiner Arbeitszeit Schriftsätze abfassen, E-Mails schreiben oder Telefonate führen darf. Die Erlaubnis, dem Beruf des Rechtsanwalts neben der Tätigkeit als Angestellter auszuüben, bedeutet gerade nicht, dass die mit dem **Anwaltsberuf verbundene Tätigkeiten während der mit seinen Arbeitgeber vereinbarten Arbeitszeit** stattfinden dürfen (BGH BRAK-Mitt. 2010, 29). Mit der Nebentätigkeitsgenehmigung muss dem Zulassungsbewerber vielmehr in diesem Sinne **ausreichender Handlungsspielraum für eine unabhängige Anwaltstätigkeit** eingeräumt werden. Das Gebot der anwaltlichen Unabhängigkeit berechtigt nicht zu der Forderung, der Syndikusanwalt müsse in allen Rechtsangelegenheiten, die ihm im Rahmen seines ständigen Dienstverhältnisses obliegen, die Entscheidungsbefugnis haben (BGHZ 33, 266 = NJW 1961, 216; BGH EGE VIII, 19; NJW 1961, 921; EGH Koblenz BRAK-Mitt. 1990, 113). Entscheidend ist, ob die von dem Dienstherrn eines Anwaltsbewerbers erteilte Zustimmung zur Ausübung der Anwaltstätigkeit Bestandteil des Dienstvertrages geworden ist in dem Sinne, dass sie **nicht einseitig vom Arbeitgeber widerrufen werden kann.** Eine Nebentätigkeitsgenehmigung für den Geschäftsführer einer GmbH genügt nur dann den Anforderungen, wenn sie aufgrund eindeutiger rechtlicher Festlegungen erteilt worden ist. Die Frage, ob und inwieweit der Geschäftsführer im Rahmen seines Geschäftsführer-Dienstvertrages Nebentätigkeiten verrichten darf, betrifft den Inhalt eben dieses Vertrages. Die Zuständigkeit für inhaltliche Änderungen auf dieser Vertragsebene liegt, was die GmbH als Dienstherrin des Geschäftsführers angeht, bei der Gesellschafterversammlung (BGH Rbeistand 1997, 50). An der erforderlichen Unabhängigkeit fehlt es, wenn der Rechtsanwalt rechtlich nicht in einer Position ist, in der ihm der Arbeitgeber nicht einseitig die Voraussetzung für seine Zulassung entziehen kann; das gilt insbesondere insofern, als der Rechtsanwalt bei seiner Entscheidung, ob und in welchem Umfang er während der Dienststunden bei seinem Arbeitgeber Gerichtstermine wahrnehmen, eilige Schriftsätze fertigen, Telefongespräche führen oder sonstige nicht aufschiebbare Tätigkeiten erledigen will, von solcher Unsicherheit frei sein muss (*Pfeiffer,* FS Oppenhoff, 1985, 254 ff.; BGH NJW-RR 1995, 949; 1996, 1148; 1991, 1325 = BRAK-Mitt. 1991, 101; BGHZ 33, 266 = NJW 1961, 216; BGHZ 49, 295 = NJW 1968, 841 = EGE X, 27; EGE XII, 34; EGH Stuttgart EGE XIV, 229; AGH RhPf Beschlüsse vom 19.10.1994 – 1 EGH 14/94 – und 25.6.1998 – 2 AGH 8/98). Eine weiterreichende Nebentätigkeitsgenehmigung, die dem Anwaltsbewerber nicht nur in dringenden und eilbedürftigen Fällen seiner Anwaltstätigkeit eine Abwesenheit vom Arbeitsplatz oder die Erledigung anwaltlicher Tätigkeiten am Arbeitsplatz gestattet, sondern darüber hinaus dies dem Anwaltsbewerber in vollem Umfang nach freien Ermessen ermöglicht, kann von dem Arbeitgeber nicht verlangt werden (LAG Hessen BeckRS 2003, 30451024 = MDR 2004, 517 = BRAK-Mitt. 2004, 196 mit Anm. *Bürkle* MDR 2005, 848). Da daher bei Verlangen einer solchen völligen Freistellung dem Bewerber dann ein Zugang zum Anwaltsberuf bei Beibehaltung seiner Anstellung nicht möglich wäre, kann im Hinblick auf Art. 12 GG die Kammer eine solche umfassende Freistellung nicht verlangen, zumal eine solche nach dem Zweck der Regelung des § 7 Nr. 8 (→ § 7 Rn. 89 ff.) nicht erforderlich ist (*Bürkle* MDR 2005, 848).

136 Eine Tätigkeit ist mit dem Beruf des Rechtsanwalts nicht vereinbar, wenn der Dienstherr des Bewerbers die Zustimmung zur Ausübung des Anwaltsberufs nur unter dem Vorbehalt jederzeitigen Widerrufs erteilt hat (*Pfeiffer,* FS Oppenhoff, 1985, 255; BGH EGE XII, 34). Ist dem Rechtsanwalt das Praktizieren als Rechtsanwalt vertraglich nicht gestattet, indem es zB in dem Geschäftsführervertrag heißt: „der Geschäftsführer widmet seiner Tätigkeit seine volle Arbeitskraft… Der Geschäftsführer wird die Zulassung als Rechtsanwalt beibehalten, jedoch nicht praktizieren …“, dann steht dies seiner Zulassung entgegen (BGH BRAK-Mitt. 1993, 104 zu § 14 Abs. 2 Nr. 9). Auch eine sehr gehobene und dadurch bedingt zeitaufwendige Tätigkeit rechtfertigt nicht zwangsläufig die Annahme, der Betroffene könne die Anwaltstätigkeit bloß gelegentlich ausüben (BGH EGE XIV, 48).

137 Wegen **fehlender rechtlicher Möglichkeit** zur ausreichenden Anwaltstätigkeit ist die Zulassung **versagt** worden, wenn der Dienstherr dem Angestellten die notwendige Genehmigung zur Ausübung des Anwaltsberufs versagt oder nur unter Vorbehalt erteilt (BGH EGE XIII 85; XII, 34; vgl. auch BGH BRAK-Mitt. 1983, 83), zB wenn er seine Genehmigung auf die „Mithilfe in einer Anwaltspraxis“ oder auf acht Wochenstunden beschränkt (BGH BRAK-Mitt. 1998, 154; 1982, 72; anders bei Beschränkung auf 20 Wochenstunden: BGH BRAK-Mitt. 1998,

200; → § 7 Rn. 132), oder sonst die Nebentätigkeitsgenehmigung zeitlich eingrenzt (BGH NJW 1987, 3011 = BRAK-Mitt. 1987, 150). Zum einen muss ein Rechtsanwalt in eigener Verantwortung entscheiden können, welchen Arbeitsaufwand er zur angemessenen Erledigung seiner anwaltlichen Aufgabe benötigt. Zum anderen darf er als Inhaber eines freien und unabhängigen Berufs nicht derart in der Gestaltung seiner Tätigkeit eingeengt sein, dass für ihn nur die Beteiligung an einer Sozietät oder an einer Bürogemeinschaft in Betracht kommt (*Pfeiffer,* FS Oppenhoff, 1985, 249, 255). Eine Bindung, die den Bewerber verpflichtet, den gewünschten Beruf eines Rechtsanwalts in einer bestimmten Weise auszuüben, steht seiner Zulassung entgegen. Weiterhin offen gelassen hat der BGH die Frage, ob der Zulassung schon die Tatsache entgegensteht, dass die Nebentätigkeitsgenehmigung durch den Hinweis auf § 73 Abs. 2 S. 2 des Landesbeamtengesetzes die Möglichkeit des Widerrufs der Genehmigung zum Ausdruck bringt (BGH NJW 1987, 3011 = BRAK-Mitt. 1987, 150; JZ 1982, 570 = BRAK-Mitt. 1982, 124 = MDR 1982 1014; BRAK-Mitt. 1982, 72). Sollen die Dauerangestellten des öffentlichen Dienstes aber, wie § 47 zu entnehmen ist, nicht generell von der Rechtsanwaltschaft ausgeschlossen bleiben, so wird man diesen Vorbehalt allein nicht als Versagungsgrund werten dürfen (*Pfeiffer,* FS Oppenhoff, 1985, 270).

d) Bejahung der Ausübungsmöglichkeit in der Rechtsprechung. In der neueren Recht- 138
sprechung wurde die tatsächliche und rechtliche Möglichkeit zur ausreichenden anwaltlichen Tätigkeit **bejaht:** bei vertraglichem Einverständnis des Dienstherrn eines innenpolitischen Redakteurs einer Tageszeitung, dass er seine anwaltliche Nebentätigkeit „im Rahmen seiner redaktionellen Pflichten gegenüber der Zeitung" ausübe (EGH Stuttgart EGE XIV, 229), bei unwiderruflicher vertraglicher Zustimmung des Arbeitgebers zur Ausübung einer anwaltlichen Tätigkeit mit Einräumung einer zeitlichen Dispositionsmöglichkeit und Befreiung von seiner Arbeits- und Anwesenheitspflicht im Betrieb trotz zeitaufwendiger Tätigkeit für den Dienstherrn (BGH EGE XIV, 48; vgl. auch BGHZ 33, 266 = NJW 1961, 216; BGH EGE XIII, 58), bei unwiderruflicher Nebentätigkeitsgenehmigung zum Zweck der Ausübung des Anwaltsberufs durch Institutsdirektor an eine wissenschaftliche Referentin an einem Institut für ausländisches und privates Recht (BGH EGE XIV, 151).

IX. Vermögensverfall

Schrifttum: *Kleine-Cosack,* Abschied vom freiberuflichen Anwaltsideal – Neue Möglichkeiten zur Vermeidung eines Zulassungswiderrufs, AnwBl. 2005, 442; *Römermann,* Anwaltszulassung trotz Vermögensverfall, AnwBl. 2005, 178; *ders.,* Keine Hoffnung (mehr) für insolvente Rechtsanwälte?, AnwBl. 2006, 237; *Schmittmann,* Vermögensverfall und Widerruf der Bestellung bei freien kammergebundenen rechts- und steuerberatenden Berufen, NJW 2002, 182.

1. Begriff. Die Zulassung zur Rechtsanwaltschaft ist zu versagen, wenn der Bewerber sich im 139
Vermögensverfall befindet; ein Vermögensverfall wird vermutet, wenn ein Insolvenzverfahren über das Vermögen des Bewerbers eröffnet oder der Bewerber in das vom Insolvenzgericht oder vom Vollstreckungsgericht zu führende Verzeichnis (§ 26 Abs. 2 InsO, § 915 ZPO, ab 1.1.2013: § 882b ZPO) eingetragen ist.

2. Grund der Regelung. Der Versagungsgrund des Vermögensverfalls wurde durch das 140
Gesetz zur Änderung des Berufsrechts der Rechtsanwälte und der Patentanwälte vom 13.12.1989 (BGBl. I S. 2135) neu in den § 7 aufgenommen und durch Art. 16 Nr. 1 des EGInsO vom 5.10.1994 (BGBl. I S. 2911, 2916) mit Wirkung zum 1.1.1999 geändert. Der rechtsuchende Bürger soll besser vor Gefahren geschützt werden, die in der wirtschaftlichen Lage eines Rechtsanwalts begründet sind.

Früher war die Zulassung nur zu versagen, wenn der Bewerber infolge gerichtlicher Anord- 141
nung in der Verfügung über sein Vermögen beschränkt ist (§ 7 Nr. 9 aF; vgl. auch § 7 Nr. 10 nF), insbesondere gegen ihn das Konkursverfahren eröffnet wurde. Nicht erfasst waren die Fälle, in denen die Eröffnung eines Konkursverfahrens mangels Masse abgelehnt wurde oder sich der Bewerber sonst, ohne dass es zu einer gerichtlichen Verfügungsbeschränkung über sein Vermögen kam, in einem Zustand des Vermögensverfalls befand (BGH NJW 1988, 1792 = MDR 1988, 494 = BRAK-Mitt. 1988, 207; EGE IX, 75, 77; Beschlüsse vom 15.12.1980 – AnwZ (B) 9/79 und vom 21.12.1981 – AnwZ (B) 19/81). Bei einem zugelassenen Rechtsanwalt konnte der Vermögensverfall zum Verlust der Zulassung führen (§ 15 Nr. 1 aF) und nach der Neuregelung ist er ein zwingender Widerrufsgrund (§ 14 Abs. 2 Nr. 7). Zum Schutz der Rechtsuchenden soll

der Vermögensverfall des Bewerbers nun auch im Zulassungsverfahren berücksichtigt werden (amtliche Begründung, BT-Drs. 11/3253, 19).

142 **3. Definition.** Ein Vermögensverfall liegt vor, wenn der Bewerber in ungeordnete, schlechte finanzielle Verhältnisse geraten ist, er sie in absehbarer Zeit nicht ordnen kann **und** außerstande ist, seinen Verpflichtungen nachzukommen (→ Rn. 148). Das Gesetz setzt dazu nicht voraus, dass ein bisher vorhandenes Vermögen des Bewerbers in Verfall geraten, sich aufgelöst haben müsse. Dass der Bewerber ein Vermögen zuvor gehabt hat, wird nicht vorausgesetzt. Es kommt vielmehr darauf an, dass der Bewerber, gleichviel auf welche Weise, in einen Zustand des Vermögensverfalls geraten ist und sich nunmehr in einem solchen befindet (BGH EGE XII, 12). **Beweisanzeichen** für einen Vermögensverfall sind zB die Erwirkung von Schuldtiteln und Vollstreckungsmaßnahmen gegen ihn (ständige Rechtsprechung, BGH BRAK-Mitt. 2006, 86 = AnwBl. 2006, 280; BGH bei *Zuck* BRAK-Mitt. 1988, 165; 1989, 122; Beschlüsse vom 13.3.2000 – AnwZ (B) 28/99; 7.10.1991 – AnwZ (B) 26/91; 13.4.1992 – AnwZ (B) 10/92; 29.10.1990 – AnwZ (B) 42/90; 30.11.1987 – AnwZ (B) 44/87; 8.2.1988 – AnwZ (B) 8/87; 25.4.1988 – AnwZ (B) 58/87 – und 3.3.1986 – AnwZ (B) 34/85; BRAK-Mitt. 1991, 102; 1984, 140; 1982, 173; EGE XIV, 22, 62, 121; XII, 12; VI, 62; EGH Celle EGE XI, 115, 130; EGH Frankfurt EGE XI, 133; EGH Schleswig Beschluss vom 14.6.1988 – 1 EGH 4/88), insbesondere die Ladung zur Abgabe der eidesstattlichen Versicherung nach § 807 ZPO und der Erlass des Haftbefehls in einem solchen Verfahren (zu § 15 Nr. 1 aF BGH Beschlüsse vom 10.11.1986 – AnwZ (B) 41/86; 20.7.1987 – AnwZ (B) 6/87; 26.6.1989 – AnwZ (B) 19/89 – und vom 26.6.1989 – AnwZ (B) 10/89; *Laufhütte* DRiZ 1990, 431, 433; → § 14 Rn. 58 ff.). Wesentliches Anzeichen für einen Vermögensverfall des Bewerbers ist seine Aufnahme in die Schuldnerverzeichnisse nach § 26 Abs. 2 InsO oder nach § 915 ZPO (ab 1.1.2013: § 882b ZPO). Deshalb soll in diesen Fällen eine **widerlegliche gesetzliche Vermutung** für den Vermögensverfall sprechen. Die insoweit begründete Vermutung entfällt, wenn der Bewerber in den genannten Verzeichnissen wieder gelöscht ist (amtliche Begründung, BT-Drs. 11/3253, 20). Andererseits kann Vermögensverfall auch ohne diese Eintragungen vorliegen.

142a Wenn die gesetzliche Vermutung feststeht, tritt eine **Beweislastumkehr** ein und es obliegt dem Anwärter der Wiederzulassung die Darlegungs- und Beweislast für den Nachweis, dass jetzt ein Vermögensverfall nicht mehr vorliegt (BGH BeckRS 2013, 00681; BeckRS 2011, 26158; AGH Bln BeckRS 2013, 03430).

143 Die gesetzliche Vermutung knüpft weiter – wie nach der bis zum 31.12.1998 geltenden Regelung – an die **Eintragung des Bewerbers in das Schuldnerverzeichnis** nach § 882b ZPO (vor 1.1.2013: § 915 ZPO) an. An die Stelle der Eintragung der Abweisung des Konkurseröffnungsantrages mangels Masse (§ 107 Abs. 1 KO) in das vom Konkursgericht nach § 107 Abs. 2 KO zu führende Verzeichnis trat ab 1.1.1999 die **Eintragung in das** vom Insolvenzgericht (§ 2 InsO) **nach § 26 Abs. 2 InsO zu führende Schuldnerverzeichnis.** Wird der Antrag auf Eröffnung des Insolvenzverfahrens mangels Masse abgewiesen (§ 26 Abs. 1 InsO), dann hat das Amtsgericht als Insolvenzgericht den Schuldner nach § 26 Abs. 2 InsO in ein Schuldnerverzeichnis einzutragen, was dann die gesetzliche Vermutung des § 7 Nr. 9 nF auslöst.

144 Daneben knüpft sich diese Vermutung nunmehr auch schon an die **Eröffnung des Insolvenzverfahrens** (§ 27 InsO) an (BGH NJW 2005, 511 = MDR 2005, 420 = NJ 2005, 191 = BRAK-Mitt. 2005, 86 = AnwBl. 2005, 216; NJW 2005, 1271 = MDR 2005, 659 = BRAK-Mitt. 2005, 132 = AnwBl. 2005, 363). Die mit der Eröffnung des Insolvenzverfahrens gemäß § 80 Abs. 1 InsO gesetzlich eintretende Beschlagnahme weist die Insolvenzmasse (§ 35 InsO) den Insolvenzgläubigern (§ 38 InsO) zu; diese unterliegt dazu der Verwaltungs- und Verfügungsbefugnis des Insolvenzverwalters (§§ 56 ff., 80 Abs. 1 InsO). Die von der Beschlagnahme zur Befriedigung der Gläubiger erfasste Masse besteht abweichend von dem bis zum 31.12.1998 geltenden § 1 KO nicht nur aus dem Vermögen des Schuldners zur Zeit der Verfahrenseröffnung; gemäß § 35 InsO wird vielmehr auch das Neuvermögen des Insolvenzschuldners erfasst. Folge dieser Beschlagnahme ist ein umfassendes Verfügungs- und Vollstreckungsverbot für den Schuldner bzw. die Insolvenzgläubiger (§§ 81 ff. InsO; vgl. aber auch § 270 InsO; → § 14 Rn. 59, 60).

144a Ohne Begründung einer gesetzlichen Vermutung können die im Eröffnungsverfahren nach der Insolvenzordnung (§§ 11 ff. InsO) vom Insolvenzgericht angeordneten Sicherungsmaßnahmen (§ 21 InsO), insbesondere die Anordnung eines allgemeinen Verfügungsverbots (§ 21 Abs. 2 Nr. 2 InsO), aber auch die sonstigen gerichtlich angeordneten Beschränkungen der Vermögensverfügungsbefugnis wichtige Beweisanzeichen (→ Rn. 142) für das Vorliegen eines Vermögensverfalls sein.

Dass der Bewerber in seine schlechte finanzielle Lage durch die Machenschaften eines Dritten geraten zu sein behauptet, ist im Zusammenhang mit der Feststellung, dass ein Vermögensverfall vorliegt, unbeachtlich. Dem Schutzzweck des § 7 Nr. 9 entsprechend kommt es nicht darauf an, aus welchem Grund ein Vermögensverfall entstanden ist, worauf die Zerrüttung der wirtschaftlichen Verhältnisse des Bewerbers beruht und ob der Bewerber den Vermögensverfall zu vertreten hat. Auch die Folgen einer Nichtzulassung für den Bewerber sind unbeachtlich. Die Zulassung ist auch zu versagen, wenn der Antragsteller aufgrund seines Vermögensverfalls außerhalb des Rechtsanwaltsberufs keine Anstellung findet (BGH BRAK-Mitt. 1995, 28). Eine Überschuldung braucht nicht vorzuliegen (zu § 15 Nr. 1 aF BGH BRAK-Mitt. 1987, 38; EGH Frankfurt Beschluss vom 31.10.1983 – 1 EGH 9/83). 145

4. Abstrakte Gefährdung. Im Gegensatz zu dem Fall, dass der Vermögensverfall Grund des Widerrufs einer bestehenden Zulassung ist (§ 14 Abs. 2 Nr. 7), braucht eine dadurch bedingte Gefährdung der Interessen der Rechtsuchenden nicht dargetan zu werden. § 7 Nr. 9 knüpft an eine abstrakte Gefährdung der Rechtspflege an (BVerfGE 103, 150, 164) und stellt – anders als der Widerrufsgrund des § 14 Abs. 2 Nr. 7 – nicht darauf ab, ob eine Gefährdung der Interessen der Rechtsuchenden durch den Vermögensverfall aufgrund besonderer Umstände des Einzelfalls abgeschlossen ist (BGH AnwBl. 2005, 503 = BRAK-Mitt. 2005, 190). Schon wegen der generellen Gefährdung sollen solche Bewerber von vornherein von dem Anwaltsstand ferngehalten werden. Der Gegenbeweis im Einzelfall ist ausgeschlossen. Der Unterschied zu § 14 Abs. 2 Nr. 7 rechtfertigt sich auch daraus, dass der Widerruf einer bestehenden Zulassung einen ungleich schwereren Eingriff in das Grundrecht der Berufsfreiheit (Art. 12 GG) darstellt, als wenn einem Bewerber von vornherein verwehrt wird, überhaupt den Beruf des Rechtsanwalts zu ergreifen. 146

5. Wiederherstellung geordneter Vermögensverhältnisse und Wiederzulassung. Auch im Falle der Eintragung in die Schuldnerverzeichnisse müssen die Voraussetzungen eines Vermögensverfalls vorliegen. Die gesetzliche Vermutung erleichtert dem Vorstand der RAK aber die Beweisführung. Ist der Bewerber in die Verzeichnisse eingetragen und wird damit der Vermögensverfall vermutet, ist es Sache des Bewerbers, im Einzelnen nachzuweisen, dass tatsächlich ein Vermögensverfall jetzt nicht mehr besteht (BGH NJW 1991, 2083). Der Nachweis der Schuldtilgung oder Stundung nur hinsichtlich der Forderungen, die zu einer Eintragung ins Schuldnerverzeichnis geführt haben genügt nicht, da diese Eintragung kein konstitutives Kriterium, sondern nur widerlegbares Indiz bildet. Der Bewerber muss vielmehr seine Vermögenssituation im Detail darlegen (BGH NJW 1991, 2083 = MDR 1991, 905; Henssler/Prütting/*Henssler* § 7 Rn. 112; vgl. BGH BeckRS 2013, 03413 zum Umfang der Darlegung einer Konsoldierung der Vermögensverhältnisse). Dies kann zB dadurch geschehen, dass der Bewerber die **Befriedigung der Gläubiger** nachweist und seine derzeitige wirtschaftliche Lage offenlegt (*Vetter* BRAK-Mitt. 1990, 3). Kommt der Bewerber den Verpflichtungen aus einer **Vergleichs- und Ratenzahlungsvereinbarung** regelmäßig nach, werden während dessen keine Vollstreckungsmaßnahmen gegen ihn eingeleitet und kann er außerdem die laufenden Kosten einschließlich der Lebenshaltungskosten aufbringen, werden die Voraussetzungen des § 7 Nr. 9 nicht zu bejahen sein (BGH BRAK-Mitt. 1995, 29; NJW 2005, 1271 = MDR 2005, 659 = BGHR 2005, 815 = BRAK-Mitt. 2005, 132 = AnwBl. 2005, 363). 147

Ebenso kann in der Regel nicht mehr von ungeordneten Vermögensverhältnissen gesprochen werden, wenn die Gläubiger einem vom Schuldner vorgelegten **Schuldenbereinigungsplan** zugestimmt haben oder deren Zustimmung vom Insolvenzgericht ersetzt worden ist. Ggf. hat dies gemäß § 308 Abs. 1 S. 2 InsO die Wirkung eines Vergleichs iSd § 794 Abs. 1 Nr. 1 ZPO (BGH BeckRS 2001, 00620; NJW 2005, 1271). Ist über das Vermögen eines früheren Rechtsanwalts ein Insolvenzverfahren durchgeführt und mit dessen Aufhebung dem Schuldner die Restschuldbefreiung angekündigt worden, kann während der so genannten Wohlverhaltensphase ein Antrag auf Wiederzulassung zur Rechtsanwaltschaft grundsätzlich nicht mit der Begründung abgelehnt werden, es seien geordnete Vermögensverhältnisse noch nicht wieder hergestellt. Während der **Wohlverhaltensphase** (Laufzeit der Abtretung nach § 287 Abs. 2 InsO) sind die Vermögensverhältnisse des Schuldners hinreichend geordnet. Der Beschluss über die **Ankündigung der Restschuldbefreiung** (§ 300 InsO) ist als Ordnungsfaktor nicht geringer zu schätzen als ein 148

Schuldenbereinigungsplan oder eine außergerichtliche Tilgungsvereinbarung. Aufgrund der Abtretung ist das pfändbare Einkommen an den vom Gericht bestellten Treuhänder abzuführen. Damit wahrt der Schuldner nicht nur die Aussicht auf die Restschuldbefreiung am Ende der Wohlverhaltensphase, sondern er schützt sich obendrein vor Zwangsvollstreckungsmaßnahmen einzelner Gläubiger (§ 294 Abs. 1 InsO). Zwar gehört zu geordneten Vermögensverhältnissen auch, dass die Gläubiger jedenfalls in absehbarer Zeit befriedigt werden (→ § 7 Rn. 142; BGH BRAK-Mitt. 2000, 144 = AnwBl. 2001, 296). Dies ist indes so zu verstehen, **dass nicht auf unabsehbare Zeit Forderungen offen bleiben dürfen.** Ein Schuldner, der ein Insolvenzverfahren und anschließend mit Erfolg ein Restschuldbefreiungsverfahren durchlaufen hat, hat – ohne dass die Gläubiger befriedigt worden sind – keine Verbindlichkeiten mehr. Dies genügt zur Wiederherstellung geordneter Vermögensverhältnisse. Andernfalls könnte der Schuldner gerade wegen der stattgefundenen Restschuldbefreiung nie mehr in finanziell geordneten Verhältnissen leben (BGH NJW 2005, 1271). Hat der Antragsteller aber erst im Insolvenzverfahren die Restschuldbefreiung gemäß §§ 286 ff. InsO beantragt, entfällt der Vermögensverfall dadurch nicht. Denn im Einzelfall ist fraglich, ob es zu einer Restschuldbefreiung kommt, und die während des laufenden **Insolvenzverfahrens** fehlende Befugnis des Schuldners, über sein Vermögen zu verfügen (§ 80 Abs. 1 InsO), steht einer Zulassung zur Rechtsanwaltschaft grundsätzlich entgegen (BGH BRAK-Mitt. 2000, 144 = AnwBl. 2001, 296). Von geordneten Vermögensverhältnissen kann deshalb nicht ausgegangen werden, bevor nicht dem Schuldner mit der Aufhebung des Insolvenzverfahrens die Restschuldbefreiung gemäß § 291 InsO angekündigt worden ist und er damit die Verfügungsbefugnis über sein Vermögen vom Insolvenzverwalter zurückerlangt hat (BGH BRAK-Mitt. 2005, 190 = AnwBl. 2005, 503; vgl. auch BGH AnwBl. 2006, 280 und 281). Ist einem Rechtsanwalt die Zulassung wegen Vermögensverfalls rechtskräftig widerrufen worden (§ 14 Abs. 2 Nr. 7), kann er, ohne dass die Bestandskraft des Widerrufsbescheides entgegensteht (→ § 6 Rn. 12), einen Antrag auf erneute Zulassung mit der Begründung stellen, der Widerrufsgrund sei nachträglich entfallen (BGH AnwBl. 2005, 503 = BRAK-Mitt. 2005, 190), zB sei der Vermögensverfall entfallen.

149 Im Hinblick darauf, dass ab 1.1.1999 nach Nr. 9 nF schon an die Eröffnung des Insolvenzverfahrens die Vermutung des Vermögensverfalls geknüpft wird, ist ab diesem Zeitpunkt die bisherige Regelung der Nr. 10 aF, die in erster Linie auf den Fall der Konkurseröffnung abstellte (vgl. 4. Aufl. § 7 Rn. 151), entbehrlich (amtliche Begründung, BT-Drs. 12/3803, 67). Deshalb wurde Nr. 10 aF mit Ablauf des 31.12.1998 aufgehoben.

X. Richter, Beamter oder Soldat

Schrifttum: *Gruber,* Noch einmal: Anwaltszulassung von Hochschullehrern, MDR 1997, 18; *Hoor,* Zur Vereinbarkeit des Rechtsanwaltsberufs mit einer Tätigkeit im öffentlichen Dienst, AnwBl. 2000, 83; *Ludewitz,* Pensionärs-Anwalt ohne Rosinen, BRAK-Mitt. 1985, 104; *Maurer,* Anwaltszulassung für Juraprofessoren, DÖD 2001, 16; *Michalski/Römermann,* Anwaltszulassung von Hochschullehrern, MDR 1996, 433; *Muckel,* Juniorprofessor – Gleichzeitige Berufstätigkeit als Zeitbeamter und Rechtsanwalt, JA 2010, 312; *Nachbaur,* Professor und Rechtsanwalt – zum Anspruch beamteter Hochschullehrer auf Zulassung zur Anwaltschaft, GS Gülzow, 1999, 93; *Zimmerling/Behren,* Rechtsprobleme der Rechtsprofessoren, RiA 2001, 82.

150 Die Zulassung zur Rechtsanwaltschaft ist zu versagen, wenn der Bewerber Richter, Beamter, Berufssoldat oder Soldat auf Zeit ist, es sei denn, dass er die ihm übertragenen Aufgaben ehrenamtlich wahrnimmt oder dass seine Rechte und Pflichten auf Grund der §§ 5, 6, 8 und 36 AbgG oder entsprechender Rechtsvorschriften ruhen.

151 **1. Neufassung des § 7 Nr. 10.** § 7 Nr. 10 entspricht weitgehend § 7 Nr. 11 aF. Die Änderung des § 7 Nr. 10 durch das Gesetz zur Änderung des Berufsrechts der Rechtsanwälte und der Patentanwälte vom 13.12.1989 (BGBl. I S. 2135) berücksichtigt, dass der Berufssoldat oder der Soldat auf Zeit in einem besonderen, gesetzlich von dem Dienstverhältnis des Richters oder Beamten unterschiedenen Dienstverhältnis steht, das jedoch im Hinblick auf die Zwecke des § 7 Nr. 10 ebenso behandelt werden muss wie das des Beamten oder Richters, die allein in § 7 Nr. 11 aF aufgeführt waren (amtliche Begründung, BT-Drs. 11/3253, 20).

152 **2. Zusammenhang mit der gesetzlichen Regelung der §§ 14 Abs. 2 Nr. 5 und 47.** § 7 Nr. 10 steht im Zusammenhang mit der Regelung der §§ 14 Abs. 2 Nr. 5 und 47. Diese Bestimmungen beruhen auf der gesetzlichen Wertung, dass sich der Beruf eines Beamten mit dem Beruf eines Rechtsanwalts grundsätzlich nicht vereinbaren lässt, wobei § 47 Abs. 1 aber bei vorübergehender Tätigkeit im öffentlichen Dienst begrenzte Ausnahmen zulässt (→ § 47 Rn. 1 ff.). Diese Wertung hat ihren Ursprung im Berufsbild des in einem freien Advokatenstand tätigen Rechtsanwalts, das besonders durch äußere und innere Unabhängigkeit geprägt wird. Unabhängigkeit schließt Weisungsgebundenheit aus. Abhängigkeit und Weisungsgebundenheit aber sind – neben der Dienstpflicht – wesentliche Merkmale des Rechtsverhältnisses eines Beamten, der sein Amt innehat. Er steht zu seinem Dienstherrn in einem öffentlich-rechtlichen Dienst- und Treueverhältnis, das ihm besondere Pflichten auferlegt. Dieser Inhalt des Beamtenverhältnisses steht nach der verbindlichen Wertung des Gesetzes nicht im Einklang mit der persönlichen und sachlichen Unabhängigkeit und Weisungsfreiheit des Anwaltsberufs. Das führt dazu, dass sich beide Berufe nicht nebeneinander ausüben lassen (BGHZ 71, 23 = NJW 1978, 1004 = EGE XIV 70; BGH BeckRS 1995, 6374; BRAK-Mitt. 1983, 86; NJW 1984, 2877 = BRAK-Mitt. 1984, 193, vgl. auch *Hartstang* I 119, 127; *Hoor* AnwBl. 2000, 83). Da jede hoheitliche Tätigkeit im Widerspruch zu der in § 3 normierten Unabhängigkeit des Rechtsanwalts steht, ist die **generelle Versagung** der Zulassung von Beamten, Richtern und Soldaten grundsätzlich geeignet, das Interesse an einer funktionsfähigen Rechtspflege zu gewährleisten. Eine deutliche Trennung der beruflichen Sphären ist erforderlich und zumutbar (BVerfG NJW 1993, 317 = MDR 1993, 276 = BRAK-Mitt. 1993, 50 = AnwBl. 1993, 120 = DVBl. 1993, 310 = JZ 1993, 466 mit Anm. *Zuck*), zumal über die Berufsaufsicht Abhängigkeitsverhältnisse nicht ausgeschlossen werden können (Henssler/Prütting/*Henssler* § 7 Rn. 117). Es kommt daher nicht darauf an, dass Fälle denkbar sind, in denen sich der Beruf des Beamten pp. mit der Stellung des Rechtsanwalts ohne Beeinträchtigung des Beamtenverhältnisses und der Stellung des Rechtsanwalts als unabhängigen Organs der Rechtspflege tatsächlich vereinbaren lassen. Ohne Bedeutung ist auch, ob durch die Stellung und Tätigkeit als Beamter ausnahmsweise die Aufgabe des Rechtsanwalts nicht Schaden nimmt. Der Gesetzgeber hat in §§ 7 Nr. 10, 14 Abs. 2 Nr. 5 aus Gründen der Klarheit und Rechtssicherheit eine generalisierende und formalisierende Regelung getroffen, die eine einfache Handhabung gewährleisten soll und die allein auf die Rechtsstellung als Lebenszeitbeamter im aktiven Dienst pp. abstellt (BGH BRAK-Mitt. 1998, 155; Beschlüsse vom 19.6.1995 – AnwZ (B) 82/94 und vom 25.3.1991 – AnwZ (B) 86/90).

3. Versagung der Zulassung. Auf dieser Beurteilungsgrundlage ist es **unerheblich,** ob der Beamte, Richter oder Soldat 153

- **beurlaubt** ist (BGHZ 55, 236 = AnwBl. 1971, 186; BGH NJW 1984, 2877); auch wenn er bis zum Beginn des Ruhestandes ohne Dienstbezüge beurlaubt ist (BGH BRAK-Mitt. 2007, 27; 2000, 255; 1998, 42 = MDR 1998, 374 = AnwBl. 1998, 211 = JR 1999, 111; AGH SchlH Beschluss vom 17.7.1998 – 2 AGH 8/98; BayAGH BRAK-Mitt. 2003, 89) und das Beamtenverhältnis mit dem Beurlaubungsbescheid **für ruhend erklärt** wurde. Dies steht nicht etwa dem Ruhen nach § 5 des Abgeordnetengesetzes (→ § 7 Rn. 163 ff.) gleich. Eine entsprechende Auswirkung kommt der beamtenrechtlichen Beurlaubung nicht zu (AGH RhPf Beschluss vom 31.1.2006 – 1 AGH 27/05). Die Zulassung eines beurlaubten Beamten zur Rechtsanwaltschaft würde dazu führen, dass die Tätigkeit als Anwalt nur befristet ausgeübt würde. Dies ist aber unerwünscht und entspricht nicht dem Berufsbild des Rechtsanwalts (BGH BRAK-Mitt. 2007, 27). 154
- seine **Versetzung in den Ruhestand eingeleitet** ist (BGH EGE XII, 58; NJW 1984, 2877), 155
- seine Versetzung in den Ruhestand schon ausgesprochen, aber noch nicht bestandskräftig ist (BGH EGE XIV, 128 = ZBR 1981, 280; NJW 1984, 2877), 156
- er nur im **Beamtenverhältnis auf Widerruf** steht (BGHZ 71, 23 = NJW 1978, 1004 = EGE XIV, 70; BGH EGE VII, 50, 53), es sich um einen **Beamten auf Zeit** handelt (BGH NJW-RR 1998, 1440; AGH RhPf BRAK-Mitt. 2006, 84); 157
- aus welchen Gründen auch immer, im Einzelfall eine entsprechende dienstliche Tätigkeit ausübt oder nicht; entscheidend ist allein, ob der Bewerber die **Rechtsstellung eines im aktiven Dienst stehenden Beamten, Richters oder Soldaten hat** (BGH EGE XII, 58; EGE IX, 31 = AnwBl. 1971, 186). 158
- Folglich kann auch ein **Professor** – auch ein Professor an einer Fachhochschule (BGH BRAK-Mitt. 2004, 35) –, der zum **Beamten auf Lebenszeit** ernannt worden ist, solange er im aktiven Dienst steht, nicht Rechtsanwalt werden oder bleiben (*Hartstang* I 127; BVerfG JZ 1984, 1042 mit Anm. *Tettinger;* AnwBl. 1988, 490; BGH BRAK-Mitt. 1991, 165; 1995, 214; NJW 1984, 2877; BGHZ 49, 295; 60, 152; 71, 23 = EGE X, 20; BGHZ 60, 152 = NJW 159

1973, 657 = EGE XII, 51; BayAGH BRAK-Mitt. 2001, 239; **aA** Henssler/Prütting/*Henssler* § 7 Rn. 126 ff.). Dies ist auch dann nicht möglich, wenn er beabsichtigt, sich im Rahmen der europäischen Dienstleistungsfreiheit im europäischen Ausland als Rechtsberater zu betätigen (BGH NJW-RR 2000, 438 = AnwBl. 2000, 369). Verfassungsrechtliche oder in Bezug auf die durch Art. 49 ff. AEUV (ex-Art. 52 ff., 59 EG-Vertrag) europarechtlich garantierte Niederlassungs- und Dienstleistungsfreiheit sich ev. ergebende Bedenken bestehen nicht (BGH NJW-RR 1998, 1440; DÖD 1998, 71; BRAK-Mitt. 2000, 44; 1995, 214; **aA** *Nachbaur,* GS Gülzow, 1999, 93 mwN). Aus der für Steuerberater abweichenden Regelung des § 57 Abs. 3 Nr. 4 StBerG für verbeamtete Fachhochschulprofessoren ergibt sich keine sachlich nicht gerechtfertigte Ungleichbehandlung. Auch wenn der Steuerberater ebenfalls einen freiberuflichen selbständigen Beruf ausübt, sind die Berufsfelder und der Mandantenkreis, den sie ansprechen, unterschiedlich. Dem Ausschluss auch nur des Anscheins jeglicher staatlicher Einflussnahme kommt bei dem Rechtsanwalt mit seinem umfassenden Wirkungsbereich ein größeres Gewicht zu als beim Steuerberater (BGH BRAK-Mitt. 2004, 35). Auch Juniorprofessoren auf Zeit ist die Zulassung zur Rechtsanwaltschaft aus diesen Gründen zu versagen (BVerfG NJW 2009, 3710; *Muckel* JA 2010, 312). Entpflichteten Professoren ist ebenso wie Ruhestandsbeamten (→ Rn. 162) die Zulassung zur Rechtsanwaltschaft zu erteilen (BGH NJW 1973, 657; Henssler/Prütting/*Henssler* § 7 Rn. 129).

160 Das Verbot der Zulassung gilt auch für einen **wissenschaftlichen Universitätsassistenten im Beamtenverhältnis auf Widerruf** (BGH BRAK-Mitt. 1998, 155; NJW 1978, 1004 = EGE XIV, 70) oder sonst wissenschaftlich tätige Beamte (BGH BeckRS 2002, 05134; BayAGH BRAK-Mitt. 2001, 239). Zu Bedenken gegen die Anwendbarkeit der Nr. 10 auf „Wissenschaftler-Beamten" vgl. *Bender* NJW 1986, 409 und Henssler/Prütting/*Henssler* § 7 Rn. 130. Zur Gestattung der gleichzeitigen Tätigkeit im Ausnahmefall → § 47 Rn. 15 ff. Zum Anspruch eines Beamten auf Erteilung einer Erlaubnis zur geschäftsmäßigen Besorgung fremder Rechtsangelegenheiten vgl. BVerwG NJW 1970, 1059 mit abl. Anm. *Chemnitz,* abl. auch *Ostler* NJW 1987, 281, 282. Art. 12 Abs. 1 GG gibt dem beamteten Hochschullehrer auch keinen verfassungsrechtlichen Anspruch darauf, die Tätigkeiten eines Rechtsanwalts ohne Zulassung ausüben zu können (BVerfG AnwBl. 1988, 490).

161 Auch einem **Beamten der EU** auf Lebenszeit ist die Zulassung zur Anwaltschaft zu versagen. Sinn und Zweck der Regelung des § 7 Nr. 10 (→ § 7 Rn. 156) treffen in gleicher Weise auf europäische Beamte wie deutsche Beamte zu. Die Beamten der EU, deren Dienstrecht dem nationalen öffentlichen Dienst der Mitgliedstaaten sehr nahe steht und in der Sache manche Übereinstimmung mit nationalem Beamtenrecht aufweist (Art. 11 EU-BeamtStat), sind ebenso wenig weisungsfrei und unabhängig wie nationale Beamte. Aus Wortlaut und Sinn von § 7 Nr. 10 ergibt sich keine Beschränkung des Versagungsgrundes auf deutsche Beamte (→ § 14 Rn. 48 ff.).

162 **4. Keine Geltung für Ruhestandsbeamte, Ehrenbeamte und Kirchenbeamte.** Nr. 10 gilt nicht für Ruhestandsbeamte (amtliche Begründung, BT-Drs. 3/120, 58; BGH MDR 1998, 374 = BRAK-Mitt. 1998, 42 = AnwBl. 1998, 211 = JR 1999, 111; NJW 1984, 2877; BGHZ 49, 295 = NJW 1968, 841 = EGE X, 27; AGH Bln BRAK-Mitt. 2002, 282) und für entpflichtete Professoren (BGHZ 60, 152 = NJW 1973, 657; → § 4 Rn. 12, 13). Diese beiden Rechtsstellungen sind dadurch gekennzeichnet, dass bei ihnen die Verpflichtung zur weiteren Amtstätigkeit und damit das wesentliche Merkmal des Rechtsverhältnisses eines aktiven Beamten fehlt, auf dem dessen Abhängigkeit und Weisungsgebundenheit beruhen (BGH NJW 1984, 2877); sie können zudem über ihre Arbeitskraft frei verfügen (BGH MDR 1998, 374). Zum Problem der Zulassung von Ruhestandsbeamten vgl. Äußerungen der Bundesregierung BRAK-Mitt. 1985, 93; 1986, 30 und *Ostler* NJW 1987, 281, 282; ZRP 1984, 257; *Heyl* BRAK-Mitt. 1982, 139; *Hartstang* II 225; *Kosmider* ZRP 1985, 71 mit Anm. *Ostler* ZRP 1985, 152; *Ludewitz* BRAK-Mitt. 1985, 104; *Warburg* NJW 1980, 1830; *Bichler* BRAK-Mitt. 1985, 94; *Michel* BRAK-Mitt. 1985, 166; Resolution des Vereins der Rechtsanwälte des LG-Bezirks Bad Kreuznach BRAK-Mitt. 1985, 34; *Schereik/Vogels,* Schriften für die Prozesspraxis, Band 6, 125 ff.; → § 20 Rn. 4, 5, 10–32. Die Regelung gilt ebenfalls nicht für **Ehrenbeamte.** Im Hinblick auf die Trennung von Kirche und Staat gemäß Art. 140 GG iVm Art. 137 WRV steht ein **Kirchenbeamter** nicht in einem Dienstverhältnis zum Staat und berührt seine Berufung zum Kirchenbeamten auf Lebenszeit nicht die Unabhängigkeit als Rechtsanwalt (BVerfG NJW 2007, 2317 =

BRAK-Mitt. 2007, 122; NJW 2006, 3706; **aA** BGH BRAK-Mitt. 2006, 224). Für Kirchenangestellte → § 7 Rn. 114.

5. Tätigkeit als Abgeordneter. Die Ausübung des Mandats eines Abgeordneten ist mit dem Beruf eines Rechtsanwalts vereinbar (BGHZ 72, 70 = NJW 1978, 2098 = MDR 1979, 53 = EGE XIV, 87; vgl. auch *Zuck* NJW 1979, 1122; → § 47 Rn. 23). Zur Zulässigkeit der Kündigung einer Rechtsanwalts-Sozietät, wenn der Sozius sich um ein Mandat als Landtagsabgeordneter bewirbt oder dieses ausübt, vgl. BGH NJW 1985, 2635. War der Abgeordnete bei seiner Wahl Beamter, Richter oder Soldat, dann ruhen vom Tage der Annahme der Wahl seine Rechte und Pflichten aus dem öffentlich-rechtlichen Dienstverhältnis und kann er, wenn sonst kein Zulassungshindernis vorliegt, zur Rechtsanwaltschaft zugelassen werden (Nr. 10, §§ 5, 6, 8 und 36 AbgG. Das gilt aber nicht für Kommunalpolitiker, so dass ihnen die Zulassung verweigert werden muss, wenn sie zum Personenkreis der Beamten, Richter und Soldaten gehören (Henssler/Prütting/*Henssler* § 7 Rn. 134). 163

Die §§ 5, 6, 8 und 36 AbgG lauten: 164

§ 5 AbgG Ruhen der Rechte und Pflichten aus einem öffentlich-rechtlichen Dienstverhältnis

(1) [1] Die Rechte und Pflichten aus dem Dienstverhältnis eines in den Bundestag gewählten Beamten mit Dienstbezügen ruhen vom Tage der Feststellung des Bundeswahlausschusses (§ 42 Abs. 2 Satz 1 des Bundeswahlgesetzes) oder der Annahme des Mandats für die Dauer der Mitgliedschaft mit Ausnahme der Pflicht zur Amtsverschwiegenheit und des Verbots der Annahme von Belohnungen und Geschenken. [2] Das gleiche gilt, wenn ein Mitglied des Bundestages in ein solches Dienstverhältnis berufen wird, von dem Tage an, mit dem seine Ernennung wirksam wird. [3] Der Beamte hat das Recht, seine Amts- oder Dienstbezeichnung mit dem Zusatz „außer Dienst" („a. D.") zu führen. [4] Bei unfallverletzten Beamten bleiben die Ansprüche auf das Heilverfahren und einen Unfallausgleich unberührt. [5] Satz 1 gilt längstens bis zum Eintritt oder bis zur Versetzung in den Ruhestand.

(2) Für den in den einstweiligen Ruhestand versetzten Beamten gilt Absatz 1 längstens bis zum Eintritt oder bis zur Versetzung in den dauernden Ruhestand sinngemäß.

(3) [1] Einem in den Bundestag gewählten Beamten auf Widerruf im Vorbereitungsdienst ist auf seinen Antrag Urlaub ohne Anwärterbezüge zu gewähren. [2] Wird der Beamte nach Bestehen der Laufbahnprüfung zum Beamten auf Probe ernannt, so ruhen seine Rechte und Pflichten aus diesem Dienstverhältnis nach Absatz 1 von dem Tage an, mit dem die Ernennung wirksam wird.

§ 6 AbgG Wiederverwendung nach Beendigung des Mandats

(1) [1] Nach der Beendigung der Mitgliedschaft im Bundestag ruhen die in dem Dienstverhältnis eines Beamten begründeten Rechte und Pflichten für längstens weitere sechs Monate. [2] Der Beamte ist auf seinen Antrag, der binnen drei Monaten seit der Beendigung der Mitgliedschaft zu stellen ist, spätestens drei Monate nach Antragstellung wieder in das frühere Dienstverhältnis zurückzuführen. [3] Das ihm zu übertragende Amt muß derselben oder einer gleichwertigen Laufbahn angehören wie das zuletzt bekleidete Amt und mit mindestens demselben Endgrundgehalt ausgestattet sein. [4] Vom Tage der Antragstellung an erhält er die Dienstbezüge des zuletzt bekleideten Amtes.

(2) [1] Stellt der Beamte nicht binnen drei Monaten seit der Beendigung der Mitgliedschaft im Bundestag einen Antrag nach Absatz 1, so ruhen die in dem Dienstverhältnis begründeten Rechte und Pflichten (§ 5 Abs. 1) weiter bis zum Eintritt oder bis zur Versetzung in den Ruhestand. [2] Die oberste Dienstbehörde kann den Beamten jedoch, wenn er weder dem Bundestag mindestens zwei Wahlperioden angehört noch bei Beendigung der Mitgliedschaft im Bundestag das 55. Lebensjahr vollendet hat, unter Übertragung eines Amtes im Sinne des Absatzes 1 Satz 3 wieder in das frühere Dienstverhältnis zurückführen; lehnt der Beamte die Rückführung ab oder folgt er ihr nicht, so ist er entlassen. [3] Satz 2 ist nicht anzuwenden, wenn der Beamte während der Dauer seiner Mitgliedschaft im Bundestag Mitglied der Bundesregierung gewesen ist.

§ 8 AbgG Beamte auf Zeit, Richter, Soldaten und Angestellte des öffentlichen Dienstes

(1) Die §§ 5 bis 7 gelten für Richter, Berufssoldaten und Soldaten auf Zeit entsprechend.

(2) Die Rechte und Pflichten aus dem Dienstverhältnis eines Soldaten auf Zeit ruhen längstens für die Dauer der Verpflichtungszeit und eines Beamten auf Zeit längstens für die Zeit, für die er in das Beamtenverhältnis berufen worden ist.

(3) [1] Absatz 2 und die Vorschriften der §§ 5, 6 und 7 Abs. 1 bis 4 gelten sinngemäß für Angestellte des öffentlichen Dienstes. [2] Öffentlicher Dienst im Sinne dieser Vorschrift ist die Tätigkeit im Dienste des Bundes, eines Landes, einer Gemeinde oder anderer Körperschaften, Anstalten oder Stiftungen des öffentlichen Rechts oder ihrer Verbände mit Ausnahme der öffentlich-rechtlichen Religionsgesellschaften und ihrer Verbände.

§ 36 AbgG Übergangsregelung für die Angehörigen des öffentlichen Dienstes

(1) [1] Der auf Grund des Gesetzes über die Rechtsstellung der in den ersten Deutschen Bundestag gewählten Angehörigen des öffentlichen Dienstes vom 11. Mai 1951 (BGBl. I S. 297) oder des Gesetzes über die Rechtsstellung der in den Deutschen Bundestag gewählten Angehörigen des öffentlichen Dienstes vom 4. August 1953 (BGBl. I S. 777), zuletzt geändert durch das Gesetz vom 21. August 1961 (BGBl. I S. 1557), sowie einer entsprechenden Regelung eines Landes in den Ruhestand getretene Beamte, der in den achten Bundestag gewählt worden ist oder in einen späteren Bundestag gewählt wird, gilt mit dem Tage der Annahme der Wahl, frühestens jedoch mit dem Inkrafttreten dieses Gesetzes, wieder als in das Beamtenverhältnis unter gleichzeitigem Ruhen der Rechte und Pflichten (§ 5 Abs. 1) berufen, sofern er die allgemeinen Voraussetzungen für die Berufung in das

Beamtenverhältnis noch erfüllt. ²Im übrigen bleiben die bis zum Inkrafttreten dieses Gesetzes nach den §§ 4 und 4a letzter Satz des Gesetzes über die Rechtsstellung der in den deutschen Bundestag gewählten Angehörigen des öffentlichen Dienstes vom 4. August 1953 begründeten Ansprüche erhalten.

(2) Absatz 1 gilt entsprechend für Richter, Berufssoldaten und Soldaten auf Zeit sowie sinngemäß für Angestellte des öffentlichen Dienstes.

(3) Für ehemalige Mitglieder des Bundestages bleiben die nach dem Gesetz über die Rechtsstellung der in den Deutschen Bundestag gewählten Angehörigen des öffentlichen Dienstes vom 4. August 1953 begründeten Rechte erhalten.

C. Rechtsbeistände

165 Auch im Verfahren auf Aufnahme eines Rechtsbeistandes in die RAK sind die Versagungsgründe des § 7 zu prüfen. Für das Verfahren gelten sinngemäß die §§ 8–11, 13–17, 37–42 (§ 209 Abs. 1 S. 3; BGH NJW 1982, 1880; EGH Hamm BRAK-Mitt. 1982, 32; Anm. zu § 209).

§ 8 *[aufgehoben]*

1 § 8 wurde durch das Gesetz zur Modernisierung von Verfahren im anwaltlichen und notariellen Berufsrecht, zur Errichtung einer Schlichtungsstelle der Rechtsanwaltschaft sowie zur Änderung sonstiger Vorschriften (RAuNOBRÄndG) vom 30.7.2009 (BGBl. I S. 2449) aufgehoben. Der Regelungsinhalt ist in § 15 übernommen worden.

§ 9 *[aufgehoben]*

1 Der bisherige § 9, der die Folgen eines ablehnenden Gutachtens der RAK regelte, wurde durch Gesetz vom 26.3.2007 (BGBl. I S. 358) aufgehoben, da die Kammer nunmehr selbst für die Zulassungsentscheidung zuständig ist (§ 6 Abs. 2 nF).

§ 10 Aussetzung des Zulassungsverfahrens

(1) **Die Entscheidung über den Antrag auf Zulassung zur Rechtsanwaltschaft kann ausgesetzt werden, wenn gegen den Bewerber wegen des Verdachts einer Straftat ein Ermittlungsverfahren oder ein strafgerichtliches Verfahren schwebt.**

(2) **Die Entscheidung über den Antrag ist auszusetzen, wenn gegen den Bewerber die öffentliche Klage wegen einer Straftat, welche die Unfähigkeit zur Bekleidung öffentlicher Ämter zur Folge haben kann, erhoben ist.**

(3) **Über den Antrag auf Zulassung zur Rechtsanwaltschaft ist jedoch zu entscheiden, wenn er bereits unbeschadet des Ergebnisses des Ermittlungsverfahrens oder des Ausganges des strafgerichtlichen Verfahrens abzulehnen ist.**

I. Die verschiedenen Aussetzungsmöglichkeiten

1 § 10 beinhaltet in **Abs. 1 einen fakultativen** Aussetzungsgrund und in **Abs. 2 einen obligatorischen.** Die Aussetzungsregelung des § 10 ist weder ausschließlich noch abschließend. Im Übrigen ist eine Aussetzung des Zulassungsverfahrens zulässig, wenn sie notwendig und sachdienlich ist (*Isele* § 10 Anm. II A 3; BGH EGE XI, 65; EGH München EGE XI, 144; zur Aussetzung des gerichtlichen Zulassungsverfahrens vgl. BGH EGE XI, 65; EGH Celle EGE XII, 101).

2 So wird die RAK das Zulassungsverfahren im Falle der Vorgreiflichkeit jedenfalls dann aussetzen können, wenn hinsichtlich der erheblichen Vorfrage bereits ein Verfahren bei der zuständigen Stelle, etwa ein verwaltungsgerichtliches Verfahren, anhängig ist (EGH München EGE XI, 144).

II. Fakultative Aussetzung nach Abs. 1

3 Die fakultative Aussetzung nach Abs. 1 ist möglich, wenn gegen den Zulassungsbewerber wegen des Verdachts einer Straftat ein Ermittlungsverfahren oder ein strafgerichtliches Verfahren

schwebt. Ein Verfahren wegen einer Ordnungswidrigkeit ergibt mangels Erheblichkeit keinen Aussetzungsgrund. Allerdings kommt eine Aussetzung im Hinblick auf die Verfahren nur in Betracht, wenn der Vorwurf, der Gegenstand dieser Verfahren ist, unterstellt er würde sich als begründet herausstellen, allein oder in Verbindung mit anderen Tatsachen einen Versagungsgrund insbesondere iSd § 7 Nr. 2, 5 oder 6 abgeben kann. Nur ein Ermittlungs- oder strafgerichtliches Verfahren, dessen Ausgang für die Zulassung von Bedeutung sein kann, berechtigt zur Aussetzung (AHG München BRAK-Mitt. 2003, 139).

Wenn feststeht, dass bei der Art der Straftat auch dann die Zulassung nicht versagt werden könnte, wenn sie in vollem Umfang nachgewiesen würde, darf das Zulassungsverfahren nicht ausgesetzt werden (*Isele* § 10 Anm. III; AGH Brem Beschluss vom 23.6.2004 – 1 AGH 6/2002; EGH München bei *Isele* § 10 Anm. VII). Letztlich muss also vorher geprüft werden, ob sich ein Versagungsgrund nach § 7 Nr. 2, 5 oder 6 ergeben könnte (→ § 7 Rn. 17 ff., 35 ff.). 4

Die RAK entscheidet nach **pflichtgemäßem Ermessen** unter Zugrundelegung des Gegenstandes des gegen den Antragsteller schwebenden Verfahrens, insbesondere der Schwere des Vorwurfs, des Verdachtsgrades und der seit der zur Last gelegten Tat verstrichenen Zeit. Aber selbst dann, wenn die dem Antragsteller zur Last gelegte Tat schon einige Zeit zurückliegt, muss der Zeitablauf auch unter Beachtung des **Grundsatzes der Verhältnismäßigkeit** nicht zwangsläufig dazu führen, dass die Aussetzung unterbleiben muss. Dies gilt insbesondere, wenn es sich bei der Tat um einen nicht unerheblichen Angriff auf die Rechtspflege handelt (BayAGH BRAK-Mitt. 2003, 139). 5

III. Obligatorische Aussetzung nach Abs. 2

Ist gegen den Bewerber bereits die öffentliche Klage wegen einer Straftat, welche die Unfähigkeit zur Bekleidung öffentlicher Ämter zur Folge haben kann (→ § 7 Rn. 18 ff.), erhoben worden (§§ 155, 156, 170 Abs. 1, 199, 200 StPO), dann **muss** das Zulassungsverfahren ausgesetzt werden. Diese Aussetzung erscheint sowohl im Interesse des Antragstellers als auch im Interesse der Allgemeinheit geboten, solange nicht geklärt ist, ob ein Versagungsgrund nach § 7 Nr. 2 gegeben sein wird. 6

Sie wird zwingend vorgeschrieben, weil vor dem Abschluss des strafgerichtlichen Verfahrens für eine Entscheidung in dem einen oder anderen Sinne keine geeignete Grundlage vorhanden ist (amtliche Begründung, BT-Drs. 3/120, 61). 7

IV. Verbot der Aussetzung

Eine Aussetzung, sei es nach Abs. 1 oder 2 scheidet aus, **wenn der Zulassungsantrag bereits unbeschadet des Ergebnisses des Ermittlungsverfahrens oder des Ausgangs** des strafgerichtlichen Verfahrens abzulehnen ist (Abs. 3). Liegt also bereits ein Grund vor, aus dem die Zulassung zur Rechtsanwaltschaft nach § 7 zu versagen ist, so ist sofort, vor Beendigung des Strafverfahrens, über den Antrag auf Erteilung der Zulassung zu entscheiden. In einem solchen entscheidungsreifen Fall fehlt es an einem inneren Grund, aus dem die Aussetzung zwingend vorzusehen wäre (amtliche Begründung, BT-Drs. 3/120, 61). 8

Bei einer Konkurrenz zwischen Aussetzung nach § 10 Abs. 1 und einem gerichtlichen Verfahren nach §§ 112a ff. nach Ablehnung eines Zulassungsantrages gemäß §§ 6 ff., 10 Abs. 3 aufgrund eines anderen Lebenssachverhaltes kann über den Zulassungsantrag nur einheitlich durch den AGH im Verfahren nach § 112a entschieden werden (BGH BRAK-Mitt. 1995, 162). 9

V. Anfechtung der Aussetzungsverfügung

Die Aussetzungsverfügung ist eine einseitige, vorübergehende verbindliche Gestaltung eines Lebenssachverhalts, durch die die subjektiven Rechte des Antragsstellers eines Verwaltungsverfahrens ausgesetzt werden. Es ist damit eine unmittelbare Rechtswirkung nach außen verbunden, die als Verwaltungsakt iSv § 35 VwVfG anzusehen ist. Diesem Verwaltungsakt einer RAK kann von dem Betroffenen selbstständig mit der Verpflichtungsklage **nach § 42 Abs. 1 VwGO** begegnet werden (AGH NRW vom 19.11.2010 – 1 AGH 31/10; **aA** Gaier/Wolf/Göcken/*Schmidt-Räntsch* § 10 Rn. 11). Bei einer Aussetzung nach Abs. 1 kann eine Anfechtung nur auf den fehlerhaften Ermessensgebrauch der RAK gestützt werden (*Isele* § 10 Anm. V C 2a). Die 10 gerichtliche Kontrolle der obligatorischen Aussetzung nach Abs. 2 erstreckt sich auf das Vorliegen der gesetzlichen Voraussetzungen des Abs. 2 (Henssler/Prütting/*Henssler* § 10 Rn. 9).

§ 11 *[aufgehoben]*

1 § 11 wurde durch das Gesetz zur Modernisierung von Verfahren im anwaltlichen und notariellen Berufsrecht, zur Errichtung einer Schlichtungsstelle der Rechtsanwaltschaft sowie zur Änderung sonstiger Vorschriften (RAuNOBRÄndG) vom 30.7.2009 (BGBl. I S. 2449) aufgehoben. Der Regelungsinhalt ist in §§ 32 ff., §§ 112a ff. übernommen worden.

§ 12 Zulassung

(1) **Die Zulassung zur Rechtsanwaltschaft wird wirksam mit der Aushändigung einer von der Rechtsanwaltskammer ausgestellten Urkunde.**

(2) **Die Urkunde darf erst ausgehändigt werden, wenn die Bewerberin oder der Bewerber vereidigt ist (§ 12a) und den Abschluss der Berufshaftpflichtversicherung (§ 51) nachgewiesen oder eine vorläufige Deckungszusage vorgelegt hat.**

(3) **Mit der Zulassung wird die Bewerberin oder der Bewerber Mitglied der zulassenden Rechtsanwaltskammer.**

(4) **Nach der Zulassung darf die Tätigkeit unter der Berufsbezeichnung „Rechtsanwältin" oder „Rechtsanwalt" ausgeübt werden.**

Übersicht

I. Neuregelung

1 Durch Gesetz vom 26.3.2007 (BGBl. I S. 358) wurde § 12 neu gefasst. § 12 Abs. 1 wurde redaktionell an die veränderte Zuständigkeit (jetzt RAK; früher Landesjustizverwaltung, § 8 Abs. 2 aF) angepasst und fasst die früher in den Abs. 1 und 2 S. 1 enthaltenen Bestimmungen zusammen. § 12 Abs. 2 nF umfasst die bisher in Abs. 2 S. 2 enthaltenen Regelungen, ergänzt um die Bestimmung, dass die Zulassungsurkunde erst nach der Vereidigung (§ 12a) ausgehändigt werden darf. Abs. 3 bestimmt, dass der Bewerber mit der Zulassung Mitglied der zulassenden RAK wird.

II. Zulassung zur Rechtsanwaltschaft durch Aushändigung der Urkunde (Abs. 1)

2 Die Zulassung zur Rechtsanwaltschaft erfolgt durch begünstigenden Verwaltungsakt der RAK in Form der Aushändigung einer von der RAK ausgestellten Urkunde.

3 **1. Form und Inhalt der Urkunde.** Seiner Bedeutung entsprechend muss der Akt der Zulassung zur Rechtsanwaltschaft in einer besonderen Form vollzogen werden. Deshalb wird in Abs. 1 vorgesehen, dass über die Zulassung zur Rechtsanwaltschaft eine Urkunde der RAK auszustellen ist. Die nach § 12 auszustellende und auszuhändigende Urkunde betrifft die allgemeine Zulassung zur Rechtsanwaltschaft und hat – nachdem die Lokalisierung entfallen ist – gemäß § 78 ZPO zur Folge, dass sich eine Partei im Anwaltsprozess von dem Zugelassenen bei allen Amts-, Land- und Oberlandesgerichten vertreten lassen kann. Außerhalb der ordentlichen Gerichtsbarkeit ist die Lokalisierung ohnehin ohne Bedeutung. Aus der Funktion der auszuhändigenden Urkunde ergibt sich ihr **Mindestinhalt.** Neben der Bezeichnung der die Zulassung

aussprechenden RAK, Ort und Datum der Zulassung, Dienstsiegel und Unterschrift sowie Namen, Geburtsort und -datum des Bewerbers enthält die Urkunde insbesondere die Erklärung, dass der Bewerber „zur Rechtsanwaltschaft zugelassen wird".

Die Urkunde wird von der RAK ausgefertigt. Sie ist von dem Präsidenten der RAK als deren rechtsgeschäftlicher Vertreter zu unterzeichnen. Seine Vertretung dabei erfolgt nach allgemeinen Grundsätzen durch den Vizepräsidenten (vgl. § 80). 4

2. Aushändigung der Urkunde als Zulassungsvoraussetzung. Die Zulassung wird wirksam mit der Aushändigung der Urkunde (BVerfGE 34, 325; BGH NJW 1992, 2706 = MDR 1992, 1179 = BRAK-Mitt. 1993, 61, nur Ls., jeweils zu § 12 aF). Dies gilt auch dann, wenn dabei gegen die Aushändigungsverbote des § 12 Abs. 2 verstoßen wurde. Der Aushändigung der Urkunde kommt konstitutive Wirkung für die Begründung des Status als Rechtsanwalt (§ 12 Abs. 1) zu. 5

Unter Aushändigung ist dem Wortsinn entsprechend zunächst die Übergabe von Hand zu Hand zu verstehen. Die Urkunde ist aber auch dann „ausgehändigt" iSd Gesetzes, wenn sie auf andere Weise mit Wissen und Wollen der RAK in die Hände des Bewerbers gelangt und dieser sie vorbehaltlos annimmt; so genügt zB die Zustellung durch die Post (*Isele* § 12 III A; *Battis* BBG § 10 Rn. 5; *Wemmer* DÖV 1964, 769; vgl. auch OVG Saarlouis ZRB 1985, 274). 6

Um über den Zeitpunkt der Aushändigung Klarheit zu schaffen, sind Empfangsbestätigungen bzw. Zustellungsnachweise erforderlich. 7

III. Aushändigungsverbote (Abs. 2)

Da schon der Aushändigung der Zulassungsurkunde konstitutive Wirkung für die Begründung des Status als Rechtsanwalt und die Erlangung der Postulationsfähigkeit im Anwaltsprozess hat, soll diese Aushändigung solange untersagt sein, als maßgebliche Voraussetzungen für die Ausübung des Anwaltsberufs nicht erfüllt sind. Dies sind nach § 12 Abs. 2 die Vereidigung (§ 12a) und wirksamer Berufshaftpflichtversicherungsschutz (§ 51). 8

1. Fehlender Berufshaftpflichtversicherungsschutz. Das Erfordernis des Nachweises des Abschlusses der Berufshaftpflichtversicherung (§ 51) oder der Vorlage einer vorläufigen Deckungszusage entspricht der bisherigen in § 12 Abs. 2 S. 2 aF enthaltenen Regelung. Schon durch Gesetz vom 2.9.1994 (BGBl. I S. 2278) wurde § 12 Abs. 2 S. 2 aF angefügt. 9

Diese Anfügung war geboten, um zu gewährleisten, dass niemand zur Rechtsanwaltschaft zugelassen wird, ohne der Verpflichtung, eine Berufshaftpflichtversicherung abzuschließen (→ § 51 Rn. 1 ff.), nachgekommen zu sein. Die Bestimmung ist damit eine notwendige Folgeregelung aus der Einführung der Pflicht zur Haltung einer Berufshaftpflichtversicherung nach § 51. Dabei soll es ausreichend sein, dass eine vorläufige Deckungszusage vorgelegt wird, da damit den Interessen geschädigter Mandanten bereits Rechnung getragen ist. Die Vorschrift ist der des § 6a BNotO nachgebildet (amtliche Begründung, BT-Drs. 12/4993, 24 = BR-Drs. 93/93, 72). 10

Nach § 51 muss jeder Rechtsanwalt eine ausreichende Haftpflichtversicherung abschließen und während der Dauer seiner Zulassung aufrechterhalten. Die bei Inkrafttreten des Gesetzes vom 2.9.1994 bereits zugelassenen Rechtsanwälte mussten zum Schutz der Mandanten nach Art. 21 Abs. 12a dieses Gesetzes binnen eines Jahres nach Inkrafttreten des Gesetzes am 9.9.1994 (Art. 22 Abs. 1) der Landesjustizverwaltung und der RAK den Abschluss der Berufshaftpflichtversicherung nachweisen. Die gesetzliche (früher standesrechtliche: BGH NJW 1994, 532 = BRAK-Mitt. 1994, 49) Verpflichtung zum Abschluss und zur Aufrechterhaltung einer Berufshaftpflichtversicherung (§ 51) besteht aber schon ab 9.9.1994 (→ § 14 Rn. 78; NdsAGH Beschluss vom 5.1.1995 – AGH 31/94 (II 25)). Für neu zuzulassende Rechtsanwälte wurde durch § 12 Abs. 2 S. 2 aF die Aushändigung der Urkunde und damit das Wirksamwerden der Zulassung (§ 12 Abs. 2 S. 1 aF von dem Nachweis einer entsprechenden Versicherung abhängig gemacht, damit ein lückenloser Versicherungsschutz besteht und die Zulassungsbehörde sich nicht erst hinterher um die Erfüllung dieser Pflicht bemühen muss (Henssler/Prütting/*Henssler* § 12 Rn. 7). 11

Ein Verstoß gegen § 12 Abs. 2 durch Aushändigung der Urkunde ohne Nachweis des Versicherungsschutzes führt nicht zur Nichtigkeit der Zulassung. Die RAK muss aber dafür sorgen, dass die Versicherung unverzüglich abgeschlossen wird (Henssler/Prütting/*Henssler* § 12 Rn. 7). Kommt der Rechtsanwalt der Aufforderung zum Abschluss der Berufshaftpflichtversicherung 12 bzw. Beibringung einer vorläufigen Deckungszusage und deren Nachweis nicht unverzüglich nach, hat die RAK – unabhängig vom Verschulden des Rechtsanwalts – nach § 14 Abs. 1 entsprechend die Zulassung zur Rechtsanwaltschaft zurückzunehmen (→ § 7 Rn. 6; → § 14 Rn. 80). Im Hinblick auf die zwingenden Regelungen der §§ 12 Abs. 2, 14 Abs. 2 Nr. 9, 16 Abs. 6 S. 3, 51 und Art. 21 Abs. 12 des Gesetzes vom 2.9.1994, die insgesamt zum Schutz der Mandanten unabdingbar erforderlich sind, ist die RAK nicht gehalten, vor der Rücknahme zunächst die Erfüllung der Pflichten aus § 51 mit schonenderen Mitteln wie dem Antrag auf Einleitung eines anwaltsgerichtlichen Verfahrens zu erreichen zu suchen. Der Rechtsanwalt durfte von vornherein nicht zugelassen werden und der Schutz der Mandanten hat Vorrang vor dem Interesse des Rechtsanwalts an der Aufrechterhaltung einer Zulassung, die gar nicht erfolgen durfte.

13 **2. Fehlen der Vereidigung.** § 12 Abs. 2 nF ergänzt den bisherigen § 12 Abs. 2 um die Bestimmung, dass die Zulassungsurkunde erst nach der Vereidigung ausgehändigt werden darf. Die Vereidigung (§ 12a) erfolgt nicht mehr – wie bisher in § 26 Abs. 1 vorgesehen – nach, sondern bereits vor der Zulassung zur Rechtsanwaltschaft. Dies entspricht den Regelungen, die für die Leistung des Berufseides der Wirtschaftsprüfer vor der Wirtschaftsprüferkammer und die Abgabe der Versicherung der Steuerberater vor der Steuerberaterkammer gelten (§ 17 Abs. 1 WPO, § 41 Abs. 2 StBerG). Die Vorverlagerung der Vereidigung führt zu einer Vereinfachung des Zulassungsverfahrens. Insbesondere konnte auch der Widerrufsgrund des nicht geleisteten Eides (§ 35 Abs. 1 Nr. 1 aF) entfallen (amtliche Begründung, BT-Drs. 15/5223, 14 und BT-Drs. 16/513, 13).

14 Auch ein Verstoß gegen das Aushändigungsverbot bei Fehlen der vorherigen Vereidigung führt nicht zur Nichtigkeit der Zulassung. Wohl aber muss die RAK auf ein Nachholen der Vereidigung hinwirken und wird diese verweigert, kommt eine Zulassungsrücknahme entsprechend § 14 Abs. 1 in Betracht.

IV. Folgen der Zulassung (Abs. 3 und 4)

15 Als eine Hauptfolge der Zulassung zur Rechtsanwaltschaft durch die Aushändigung der Zulassungsurkunde (Abs. 1) bestimmt Abs. 3, dass der Bewerber mit der Zulassung Mitglied der zulassenden RAK wird. Diese Regelung war erforderlich, da die örtliche Zulassung (Lokalisierung), an die der Erwerb und der Verlust der Mitgliedschaft in der Kammer bisher gebunden war (§§ 18, 60 aF), entfallen ist (→ Vor § 4 Rn. 7). Rechtsanwälte sind damit Pflichtmitglieder der sie zulassenden RAK bzw. nach Kanzleiverlegung und Aufnahme in die örtlich für den neuen Kanzleisitz zuständige RAK sind sie deren Pflichtmitglieder (§§ 27, 60).

16 Eine solche **Pflichtmitgliedschaft ist verfassungskonform** (→ § 60 Rn. 1 ff.; BVerfGE 10, 39; 10, 354; BGH EGE X, 108; zur Verfassungsmäßigkeit einer Pflichtmitgliedschaft in einer IHK vgl. auch BVerfG BRAK-Mitt. 2002, 40). Mit der Zulassung untersteht der Zugelassene damit der Aufsicht der ihn zulassenden Kammer (§§ 56, 57, 73 Abs. 2 Nr. 1, 2, 3, 4, §§ 74, 74a) und der Anwaltsgerichtsbarkeit (§§ 113 Abs. 3, 119 Abs. 2; 5 113 Rn. 2 ff.; amtliche Begründung, BT-Drs. 3/120, 62). Er unterliegt dem materiellen Berufsrecht und hat die Berufspflichten eines Rechtsanwalts zu erfüllen. Er hat alle Mitgliedschaftsrechte und -pflichten eines Kammermitgliedes wie zB das Wahl- und Stimmrecht (§ 88) oder die Pflicht zur Zahlung des Beitrags, der Umlagen und Verwaltungsgebühren (§ 89 Abs. 2 Nr. 2). Die in § 32 Abs. 1 aF enthaltene Beschränkung der Befugnis, die Anwaltstätigkeit tatsächlich ausüben zu dürfen auf die Zeit nach Eintragung in die Liste der zugelassenen Rechtsanwälte (6. Aufl. § 12 Rn. 6, § 32 Rn. 1 ff.; vgl. § 31 nF), konnte entfallen (→ Rn. 3). § 32 aF wurde aufgehoben.

17 Abs. 4 S. 1 S. 1 entspricht dem bisherigen § 12 Abs. 3; **nach der Zulassung** ist der Bewerber **berechtigt, die Berufsbezeichnung „Rechtsanwalt" zu führen.** S. 2 regelt die Führung der Berufsbezeichnung in der weiblichen Form. Die Befugnis zur Führung der Berufsbezeichnung erlischt nach § 17. Der Zugelassene darf im beruflichen Verkehr aber auch außerhalb, zB in der Privatsphäre, diese Berufsbezeichnung für sich in Anspruch nehmen, zB auf Briefbögen und Visitenkarten angeben. Die Angabe der Berufsbezeichnung „Rechtsanwalt" in einer politischen Anzeige ist kein Verstoß gegen die Berufspflichten (EGH Koblenz BRAK-Mitt. 1984, 197). Anders als für Steuerberater (§ 43 Abs. 1 S. 3 StBerG) besteht keine ausdrückliche gesetzliche Pflicht zum Führen der Berufsbezeichnung im beruflichen Verkehr. Aus der Kanzleipflicht (§ 27) und der daraus resultierenden Pflicht, der rechtsuchenden Öffentlichkeit und Gerichten und

Behörden kenntlich zu machen, dass und wo er seine anwaltlichen Dienste bereitstellt (BGH BRAK-Mitt. 2005, 84, 86), folgt aber auch, dass er **im beruflichen Verkehr** als Anwalt erkennbar sein und **seine Berufsbezeichnung führen muss,** um den Beteiligten seine berufliche Stellung deutlich zu machen. Trotz § 43 Abs. 1 S. 3 StBerG braucht aber ein Rechtsanwalt und Steuerberater bei der anwaltlichen Mandantenvertretung neben der Berufsbezeichnung „Rechtsanwalt" nicht auch noch die Berufsbezeichnung „Steuerberater" zu führen (OLG Dresden BRAK-Mitt. 2003, 283).

Eine Beschränkung auf die Bezeichnung „Rechtsanwalt" verlangt § 12 Abs. 4 aber nicht (OLG Stuttgart NJW 1989, 2898 = StV 1989, 443 mit Anm. *Barton* StV 1989, 452 = BRAK-Mitt. 1989, 214 = Rbeistand 1989, 106; *Kleine-Cosack* AnwBl. 1989, 536, 540). Im Hinblick auf Doppel- und Mehrfachqualifikationen und entsprechende Doppelberufe dürfen, falls der Rechtsanwalt berechtigterweise neben seinem Anwaltsberuf einen sozietätsfähigen Beruf (§ 59a) oder eine nicht nach § 7 Nr. 8, § 14 Abs. 2 Nr. 8 unvereinbare Tätigkeit ausübt, die entsprechenden Berufsbezeichnungen oder Tätigkeitshinweise neben der Berufsbezeichnung „Rechtsanwalt" geführt werden. Nur irreführende Angaben und gezielte Werbung für die Erteilung eines Auftrages im Einzelfall sind verboten. 18

Von einer gezielten Werbung um Praxis kann keine Rede sein, soweit ein Rechtsanwalt oder Kammerrechtsbeistand lediglich im Geschäftsverkehr in der allgemein üblichen Weise kenntlich macht, dass er die Berufe des Rechtsanwalts (Rechtsbeistands) und zB des Architekten nebeneinander ausübt. Von dieser zutreffenden Information wird allerdings bei Interessierten ein Werbeeffekt ausgehen. Rechtsuchende, die bei der Losung baurechtlicher Probleme Hilfe benötigen, werden bei einem Rechtsberater mit bautechnischen Kenntnissen spezielle Sachkunde erwarten. Ebenso wird ein Bauwilliger, der bei der Durchsetzung seines Bauvorhabens rechtliche Probleme befürchtet, möglicherweise einen Architekten mit Rechtskenntnissen bevorzugen. Dieser Werbeeffekt ist aber nur Folge der Hinweise auf eine zulässige doppelte Berufsausübung und die damit verbundene Doppelqualifikation. Diese Werbung ist nicht irreführend. Für das Verbot, beide Berufe nebeneinander im Rechtsverkehr zu erwähnen, fehlt es auch an vernünftigen und sachgerechten Gründen. Die Angabe rechtsförmlich erworbener fachlicher Qualifikationen ist ein herkömmliches Mittel der Ankündigung freiberuflicher Leistungen (BVerfGE 33, 125, 170; 57, 121, 133). Sie kann keinen irreführenden Eindruck hervorrufen. Im Gegenteil dient sie der sachgerechten Information der Rechtsuchenden. Soweit andere Rechtsanwälte oder Rechtsbeistände daran interessiert sind, dass Doppelqualifikationen keinen Konkurrenzvorteil vermitteln, ist dieses Interesse nicht schutzwürdig. Mit dem Verbot der Führung der Bezeichnung „Architekt" werden die Grenzen der Zumutbarkeit überschritten (BVerfGE 82, 18 = NJW 1990, 2122 = DVBl. 1990, 884 = AnwBl. 1990, 517 = BRAK-Mitt. 1990, 178 – Rbeistand 1990, 22 mit Anm. *Kleine-Cosack* ZIP 1990, 1534; *Zuck* NJW 1988, 528, 532; BRAK in BRAK-Mitt. 1988, 17). 19

Ordnungsgemäß erworbene **akademische Grade** dürfen ebenfalls neben der Berufsbezeichnung „Rechtsanwalt" geführt werden. Dies gilt nach ministerieller Genehmigung zum Führen im Inland **auch für ausländische akademische Grade** (vgl. 7. Aufl. § 12 Rn. 20; OLG München NJW-RR 1989, 1439). Zur Führung zusätzlicher Titel und Bezeichnungen durch den Rechtsanwalt vgl. zudem *Hummel* ZAP 1990, 233. Das Verbot, gleichzeitig die Berufsbezeichnungen „Rechtsanwalt und Rentenberater" zu führen, obwohl neben der Zulassung als Rechtsanwalt eine Teilerlaubnis gemäß Art. 1 § 1 Abs. 1 S. 2 Nr. 1 RBerG (vgl. § 10 RDG-E) fortbesteht (BGH BRAK-Mitt. 1990, 248; *Odersky* AnwBl. 1991, 238, 243), dürfte im Hinblick auf die Neuregelung zu § 7 Nr. 8 nicht mehr aufrechtzuerhalten sein (→ § 7 Rn. 120). 20

Die Berufsbezeichnung „Rechtsanwalt" ist strafrechtlich durch § 132a Abs. 1 Nr. 2, Abs. 2 StGB und zudem wettbewerbsrechtlich geschützt. Das gilt auch für die gleichgestellten Rechtsanwälte aus den EU-Staaten und den anderen Vertragsstaaten des EWR (§ 42 Abs. 2 EuRAG). Zum Umfang dieses Schutzes vgl. BGH NJW 1982, 2009; OLG Saarbrücken NStZ 1992, 236; BayObLG GA 1974, 151. Die Bezeichnung „Fachanwalt", „Handelsanwalt" oÄ kann unter § 132a Abs. 2 StGB fallen. Auch die Bezeichnung als Anwalt gemäß (katholische,) Kirchenrecht (→ § 3 Rn. 14) ist durch § 132a Abs. 3 StGB geschützt (*Deumeland* JA 11/1993, IV). Die Bezeichnung „Finanzanwalt" ist geeignet, den Anschein der Zugehörigkeit zur Rechtsanwaltschaft zu erwecken. Gemäß § 5 UWG kann daher von einem Nichtanwalt das Unterlassen dieser Bezeichnung im geschäftlichen Verkehr verlangt werden (LG Regensburg BRAK-Mitt. 2002, 147 = AnwBl. 2002, 366). 21

§ 12a Vereidigung

(1) **Der Bewerber hat folgenden Eid vor der Rechtsanwaltskammer zu leisten:**
„Ich schwöre bei Gott dem Allmächtigen und Allwissenden, die verfassungsmäßige Ordnung zu wahren und die Pflichten eines Rechtsanwalts gewissenhaft zu erfüllen, so wahr mir Gott helfe."

(2) **Der Eid kann auch ohne religiöse Beteuerung geleistet werden.**

(3) **Gestattet ein Gesetz den Mitgliedern einer Religionsgemeinschaft, an Stelle des Eides eine andere Beteuerungsformel zu gebrauchen, so kann, wer Mitglied einer solchen Religionsgemeinschaft ist, diese Beteuerungsformel sprechen.**

(4) **Wer aus Glaubens- oder Gewissensgründen keinen Eid leisten will, muss folgendes Gelöbnis leisten:**
„Ich gelobe, die verfassungsmäßige Ordnung zu wahren und die Pflichten eines Rechtsanwalts gewissenhaft zu erfüllen."

(5) **Leistet eine Bewerberin den Eid nach Absatz 1 oder das Gelöbnis nach Absatz 4, so treten an die Stelle der Wörter „eines Rechtsanwalts" die Wörter „einer Rechtsanwältin".**

(6) [1] **Über die Vereidigung ist ein Protokoll aufzunehmen, das auch den Wortlaut des Eides oder des Gelöbnisses zu enthalten hat.** [2] **Das Protokoll ist von dem Rechtsanwalt und einem Mitglied des Vorstands der Rechtsanwaltskammer zu unterschreiben.** [3] **Es ist zu den Personalakten des Rechtsanwalts zu nehmen.**

Übersicht

I. Grund und Bedeutung der Neuregelung

1 Der mit Gesetz vom 26.3.2007 (BGBl. I S. 358) neu eingefügte § 12a regelt die Vereidigung des Rechtsanwalts (und ersetzte den § 26 aF, der gleichzeitig aufgehoben wurde.) Nachdem die RAK die Verantwortung für alle mit der Zulassung und den Statusangelegenheiten ihrer Mitglieder zusammenhängenden Aufgaben tragen (→ Vor § 4 Rn. 4 ff.), erschien es sachgerecht, auch die Vereidigung der neu zugelassenen Rechtsanwälte in ihre Hand zu legen, zumal die Erfüllung dieser Aufgabe infolge der Verlagerung der sonstigen Zuständigkeiten auf die Kammern schon durch die räumliche Trennung von Zulassungsbehörde und Gericht umständlicher geworden war (BT-Drs. 15/5223, 13). Rechtliche, insbesondere verfassungsrechtliche Bedenken gegen Übertragung der bisher dem Gericht vorbehaltenen Abnahme des Berufseides der Rechtsanwälte bestehen nicht. Auch wenn die Vereidigung nach bisherigem Recht in öffentlicher Sitzung durch den Vorsitzende des Gerichts erfolgte (§ 26 Abs. 5 S. 2 aF), handelte es sich nicht um die Ausübung rechtsprechender Gewalt iSd Art. 92 GG, sondern um eine unmittelbar dem Gericht zugewiesene Justizverwaltungsaufgabe im materiellen Sinn (vgl. *Kissel/Mayer,* 6. Aufl. 2010, GVG § 12 Rn. 4). Der Gesetzgeber ist daher nicht daran gehindert, diese Aufgabe statt einem Gericht einer Behörde zuzuweisen oder diese Möglichkeit zu eröffnen, wie dies auch in § 38 Abs. 3 DRiG für den Dienstеid der Richter im Landesdienst geschehen ist. Nach der Rechtsprechung des BVerfG steht es dem Gesetzgeber auch frei, öffentliche Aufgaben im Bereich der beruflichen Zulassung einschließlich der Abnahme von Berufseiden mittelbar durch Körperschaften des öffentlichen Rechts erfüllen zu lassen, also staatliche Aufgaben an Selbstverwaltungskörperschaften zu delegieren (BVerfGE 15, 235, 242 für Bestellung und Vereidigung von Sachverständigen nach § 36 GewO durch die Industrie- und Handelskammern; BT-Drs. 15/5223, 13).

Mit der Neuregelung der Vereidigung hat sich deren verfahrensrechtliche Bedeutung erhöht. Die Vereidigung erfolgt nicht – wie früher in § 26 Abs. 1 aF vorgesehen – nach, sondern **bereits vor der Zulassung** zur Rechtsanwaltschaft – (§ 12 Abs. 2 nF). Dies entspricht den Regelungen anderer Berufsordnungen (→ § 12 Rn. 13). Erst nach der Vereidigung darf die Zulassungsurkunde ausgehändigt werden, sie ist nunmehr conditio sine qua non für die Zulassung zur Rechtsanwaltschaft (§ 12 Abs. 1 und 2). 2

Anders als nach der bisherigen Regelung in § 26 aF (vgl. 6. Aufl. § 26 Rn. 1) bindet der Eid nur für die Dauer der anschließenden Zulassung und muss der Bewerber – **nunmehr vor jeder Zulassung** zur Rechtsanwaltschaft den Eid leisten und nicht nur vor der ersten Zulassung. Auch dadurch wird die Bedeutung des Eides verstärkt. War der Bewerber aus der Rechtsanwaltschaft ausgeschieden und will er erneut zugelassen werden, muss er nach der zwingenden Regelung des § 12 Abs. 2, die keinen Unterschied zwischen erster und erneuter Zulassung macht, zunächst den Eid leisten, bevor ihm die Zulassungsurkunde ausgehändigt werden darf. 3

II. Zuständigkeit

Zuständig für die Abnahme des Eides ist die RAK, bei der der Bewerber den Zulassungsantrag gestellt hat und in deren Bezirk sich der Bewerber nach der Zulassung beruflich niederlassen will. Innerhalb der Kammer nimmt dessen zuständiges Handlungsorgan, der Vorstand oder das von ihm mit dieser Aufgabe betraute Mitglied (§ 73 Abs. 1 S. 2 und Abs. 3) die Vereidigung vor. 4

III. Inhalt und Zweck des Eides

Die Eidesformel entspricht § 26 Abs. 1 aF; neu ist nur die in Abs. 5 vorgesehene Berücksichtigung der weiblichen Form. 5

1. Inhalt. Der Inhalt des Eides geht dahin, dass der Schwörende gelobt, die verfassungsgemäße Ordnung zu wahren und die Pflichten eines Rechtsanwalts gewissenhaft zu erfüllen. Der Schwörende gelobt danach „feierlich, das zu halten, was er in der Eidesformel erklärt. Der Eid gehört darum in die Bereiche der Ethik und der Moral. Sein spezifischer Sinn ist, den Schwörenden im Gewissen zu binden… Die feierliche Form des Versprechens soll die Unverbrüchlichkeit der abgegebenen Versicherung sichern. Zugleich ist der promissorische Eid dazu bestimmt, die Einstellung des Schwörenden zu dem zu prüfen, was er verspricht. Das damit verlangte Bekenntnis bedeutet damit eine gewisse Gewährleistung dafür, dass es dem Betreffenden damit ernst ist. 6

Der Eid stellt damit ein psychologisches Hemmnis gegen die Verletzung der beschworenen Pflichten und Haltung dar. Der Gesetzgeber misst dem Eid nach alledem eine moralische Verstärkung bei" (EGH Stuttgart EGE XI, 113). So verstanden ist der Eid keine leere Förmelei. „Appelle an die Persönlichkeit dieser Art sind vielmehr der Ausdruck des Werts, den der Gesetzgeber der feierlichen Versicherung eines freien Menschen zumisst. Dies setzt freilich voraus, dass der Schwörende sein Gelöbnis ernst nimmt" (EGH Stuttgart EGE XI, 113). 6a

2. Bedeutung für die Berufswahl. Aus dem Inhalt der Eidesformel lässt sich aber keine weitergehende Einschränkung der freien Berufswahl herleiten als aus den speziellen Vorschriften über die Zulassung. „Wird der in der Eidesformel verwendete Begriff der ‚verfassungsgemäßen Ordnung' im gleichen Sinne verstanden wie in Art. 2 Abs. 1 GG, also die Gesamtheit der formell und materiell verfassungsgemäßen Rechtsnormen (vgl. BVerfGE 6, 32, 38; ständige Rechtsprechung), deckt sich der Eidesinhalt mit den für den Anwalt ohnehin bestehenden Pflichten. Denn unbeschadet der Freiheit, das geltende Recht zu kritisieren und für seine Änderung zu streiten, gehört es zu den selbstverständlichen Pflichten eines Rechtsanwalts, bei seiner Berufsausübung die Verfassung und mit ihr in Einklang stehende Regelungen zu beachten, insbesondere die aus den Verfahrensordnungen und dem Berufsrecht folgenden und mit den besonderen Rechten korrespondierenden Pflichten zu befolgen." Im Zulassungsverfahren lässt sich die Würdigkeit eines Bewerbers, der den eidlich zu bekräftigenden Berufspflichten noch nicht untersteht, nicht prognostisch am Inhalt der Eidesformel messen. Dem steht auch entgegen, dass das Gesetz Rechtsfolgen in Gestalt der Nichtzulassung ausschließlich an die Verweigerung des Eides bzw. der ihn nach Abs. 3 und 4 ersetzenden Beteuerungen knüpft (§ 12 Abs. 1 und 2; BVerfGE 63, 266 = NJW 1983, 1535 = BRAK-Mitt. 1983, 144, 148 zu § 26 aF). 7

Der Eid begründet keine eigenständigen Pflichten des den Eid Leistenden. Nach § 7 Nr. 6 ist es ausgeschlossen, ein aktives Eintreten für eine als verfassungsfeindlich angesehene Partei nach- 8 teilig mitzuberücksichtigen, wenn der Bewerber die freiheitliche demokratische Grundordnung nicht in strafbarer Weise bekämpft (BVerfGE 63, 266 = NJW 1983, 1535). Damit ist zugleich entschieden, dass ein Rechtsanwalt nicht verpflichtet ist, sich aktiv für die Grundwerte der Verfassung einzusetzen und kann auch der Eidesformel – trotz ihres mehrdeutigen Wortlauts – ein dahingehender Inhalt nicht beigemessen werden (Henssler/Prütting/*Henssler* § 12a Rn. 2). Der Eid dient damit nur der feierlichen Bekräftigung der Verpflichtung zur Erfüllung gesetzlich bereits anderweitig festgelegter Pflichten. Die materielle Funktion des § 12a besteht damit allein darin, der sich aus der BRAO und sonstigen Gesetzen ergebenden Pflichtenbindung des Anwalts eine moralische Verstärkung zu verleihen. Durch die feierliche Eidesleistung soll dem Anwalt seine besondere Funktion als Organ der Rechtspflege vor Augen geführt werden (Henssler/Prütting/*Henssler* § 12a Rn. 3). So gesehen ist die Eidesleistung auch verfassungsgemäß (Henssler/Prütting/*Henssler* § 12a Rn. 4; **aA** *Redecker* DVBl. 1987, 200).

9 **3. Form.** Die bisher in § 26 Abs. 3 aF vorgesehene Förmlichkeit des **Erhebens der rechten Hand** bei der Eidesleistung konnte entfallen, da sie auch für die Leistung anderer Berufs- und Amtseide nicht vorgesehen ist (vgl. § 17 WPO; § 38 DRiG; § 13 BNotO; BT-Drs. 15/5223, 15). Auch ist **nicht** mehr vorgesehen, dass die Abnahme des Eides **„öffentlich“** (vgl. § 26 Abs. 1 aF) zu geschehen habe, es ist aber auch nicht verboten. Soweit keine landesrechtlichen Vorschriften bestehen, kann die RAK – ggf. in Abstimmung mit den Bewerbern – dies selbst regeln.

10 **4. Eidesbeteuerungen, andere Beteuerungsformeln.** Der Eid kann entweder mit (Abs. 1) oder ohne (Abs. 2) religiöse Beteuerung geleistet werden.

11 Gestattet ein Gesetz den Mitgliedern einer Religionsgemeinschaft, an Stelle des Eides andere Beteuerungsformeln zu gebrauchen, so kann der Bewerber, der Mitglied einer solchen Religionsgemeinschaft ist, diese Beteuerungsformel sprechen. Diese Beteuerung muss aber wie der Eid der Verstärkung de; Versprechens dienen, darf diesem nicht widersprechen oder es gar aufheben (OLG Köln MDR 1969, 501). Die Mitgliedschaft des Bewerbers und die Üblichkeit der Beteuerungsformel prüft die RAK nicht nach. Mängel der religiösen Beteuerung berühren die Prozessordnungsmäßigkeit der Vereidigung nicht (BGH NStZ 1999, 396 zu § 66c StPO).

12 Abs. 4 enthält die Möglichkeit, den Eid durch ein Gelöbnis zu ersetzen, wenn der Bewerber angibt, aus Glaubens- oder Gewissensgründen keinen Eid leisten zu wollen. Die Einräumung dieser Möglichkeit, die auch in § 66d StPO vorgesehen ist, erscheint im Hinblick auf die Grundrechte aus den Art. 4 und 12 GG geboten (BVerfGE 33, 23 = NJW 1972, 1183 = JZ 1972, 515; BVerfGE 47, 144 = NJW 1978, 1150 mit Anm. *Friedrich* = EGE XIV, 308; BT-Drs. 15/5223, 15; 6. Aufl. § 26 Rn. 12 ff.). Damit wurde eine seit langem von der Rechtsprechung und Literatur beanstandete Gesetzeslücke (6. Aufl. § 26 Rn. 10 ff.; Henssler/Prütting/*Henssler* § 12a Rn. 10) geschlossen. Die Glaubens- oder Gewissensgründe, die der Bewerber anführt, werden von der RAK nicht nachgeprüft, sie muss sie akzeptieren und von dem Bewerber das in Abs. 4 angeführte Gelöbnis leisten lassen. Eine Belehrung über die Möglichkeit des Gelöbnisses statt eines Eides ist nur geboten, nachdem der Bewerber die Eidesleistung in jeder Form abgelehnt hat. Das Gelöbnis steht der Eidesleistung in vollem Umfang gleich. Nach der Leistung des Gelöbnisses kann also nach § 12 Abs. 2 nF die Urkunde ausgehändigt werden.

IV. Protokoll

13 Während § 26 Abs. 5 aF ein Protokoll der Vereidigung vorsah (6. Aufl. § 26 Rn. 4, 5), verzichtete der Entwurf des Bundesrates vom 7.4.2005 auf die Protokollierung des Eides oder des Gelöbnisses. § 12a Abs. 6 sieht aber auf Vorschlag der Bundesregierung die Beibehaltung der Protokollierung vor. Damit wird die Bedeutung der Vereidigung betont, die der besonderen Stellung des Rechtsanwalts als Organ der Rechtspflege entspricht (BT-Drs. 15/5223, 15, 22; BT-Drs. 16/513, 20 f.).

14 Das Protokoll muss nach Abs. 6 bestimmte formale Voraussetzungen erfüllen, daneben können („auch“) weitere Angaben in das Protokoll aufgenommen werden. Neben Datums- und Ortsangaben werden also die Namen des den Eid bzw. das Gelöbnis Leistenden und des Vorstandsmitglieds, eventuelle Belehrungen und insbesondere der Wortlaut des Eides oder des Gelöbnisses in dem Protokoll wiedergegeben sein. Sodann muss das Protokoll von dem Bewerber und einem Mitglied des Vorstandes der RAK unterschrieben werden. Wird zweckmäßigerweise die Ver-

eidigung mit der Aushändigung der Urkunde in einem Termin verbunden, kann auch diese Aushändigung in dem Protokoll festgehalten werden und der damit frisch zugelassene Rechtsanwalt (§ 12) unterschreibt das Protokoll dann schon in seiner Eigenschaft als Rechtsanwalt.

§ 13 Erlöschen der Zulassung

Die Zulassung zur Rechtsanwaltschaft erlischt, wenn durch ein rechtskräftiges Urteil auf Ausschließung aus der Rechtsanwaltschaft erkannt ist oder wenn die Rücknahme oder der Widerruf der Zulassung bestandskräftig geworden ist.

I. Erfassen aller Tatbestände, die die Zulassung zur Rechtsanwaltschaft beenden

Die BRAO verwendete den Begriff „Erlöschen der Zulassung“ bisher uneinheitlich. Während 1 § 13 aF unter dem Erlöschen der Zulassung nur die Rechtsfolge der Ausschließung aus der Rechtsanwaltschaft durch Gerichtsurteil (§§ 114 Abs. 1 Nr. 5, 204 Abs. 1) verstand, trat nach dem aufgehobenen § 34 das Erlöschen der Zulassung bei einem Gericht auch bei Rücknahme und Widerruf sowie bei anderweitiger Zulassung kraft Gesetzes ein (§§ 33a, 34, 35 aF). Darüber hinaus waren die Wirkungen des Widerrufs und der Zulassung (§§ 14, 16) in der BRAO nicht definiert, sie unterscheiden sich aber nicht von denen des Erlöschens der Zulassung iSd § 13. Da auch in anderen Gesetzen – etwa § 47 BNotO – mit dem Begriff „Erlöschen“ die Wirkung der verschiedenen Beendigungstatbestände bezeichnet wird, wurden aufgrund Änderung des § 13 durch Gesetz vom 26.3.2007 (BGBl. I S. 358) die Tatbestände, die die Zulassung zur Rechtsanwaltschaft beenden, in § 13 unter dem Begriff „Erlöschen“ zusammengefasst (BT-Drs. 15/5223, 15).

Wie bisher beendet ein rechtskräftiges anwaltsgerichtliches Urteil, in dem auf Ausschließung 2 aus der Rechtsanwaltschaft erkannt ist (§ 114 Abs. 1 Nr. 5), kraft Gesetzes (§ 204 Abs. 1) sämtliche Rechtsbeziehungen des Betroffenen zur Rechtsanwaltschaft. Er verliert seine durch die Zulassung erlangte (§ 12) Eigenschaft als Rechtsanwalt. Der Verurteilte wird aufgrund einer beglaubigten Abschrift der Urteilsformel, die mit der Bescheinigung der Rechtskraft versehen ist, in der Liste der Rechtsanwälte – nunmehr Rechtsanwaltsverzeichnis (§ 31 Abs. 4) – gelöscht (§ 204 Abs. 1 S. 2). Mit der Rechtskraft des Urteils muss daher auch die Zulassung zur Rechtsanwaltschaft ohne weiteres erlöschen. Ebenso beenden die bestandskräftige Rücknahme oder der Widerruf (§ 14) die Zulassung zur Rechtsanwaltschaft, führen sie zu deren Erlöschen.

II. Weitere Folgen des Erlöschens der Zulassung

Weitere Folgen des Erlöschens der Zulassung zur Rechtsanwaltschaft sind: die **Befugnis zur** 3 **Führung der Berufsbezeichnung „Rechtsanwalt“ erlischt.** Die Bezeichnung darf auch nicht mit einem Zusatz, der auf die frühere Berechtigung hinweist, geführt werden (§ 17 Abs. 1). Die unberechtigte Weiterführung der Berufsbezeichnung „Rechtsanwalt“ oder zum Verwechseln ähnlicher Bezeichnungen ist strafbar (§ 132a Abs. 1 Nr. 2 StGB) und wettbewerbswidrig. Von dem früheren Rechtsanwalt nach dem Verlust seiner Zulassung **im Anwaltsprozess** (§ 78 ZPO) **für die vertretene Partei vorgenommene Prozesshandlungen sind insgesamt nicht wirksam** (BGHZ 98, 325 = NJW 1987, 327). Das gilt auch für Verfahren mit ähnlich eingeschränkter Vertretungsbefugnis. Im **Parteiprozess** (§ 79 ZPO) sind Prozesshandlungen, die ein ehemaliger Rechtsanwalt für die Partei vornimmt, nicht allein wegen der beendeten Zulassung unwirksam. Offen gelassen hat der BGH, ob mit dem Ende der Zulassung auch die einem Rechtsanwalt erteilte Prozessvollmacht erlischt. Die Partei kann dessen – unterstellte vollmachtslose – weitere Prozessführung jedenfalls mit Rückwirkung genehmigen (BGH NJW 2006, 2260 = BRAK-Mitt. 2006, 234; zu den Folgen des Zulassungsverlustes im Anwaltsprozess vgl. auch BGHZ 111, 104 = NJW 1990, 1854; BGH NJW 1987, 327 = MDR 1987, 230).

Nach Erlöschen der Zulassung ist ein anhängiges **anwaltsgerichtliches oder anwalts-** 4 **gerichtliches Ermittlungsverfahren einzustellen** (§ 139 Abs. 3 Nr. 1). Hinsichtlich vorher rechtskräftig verhängter Geldbußen und der Kosten früherer anwaltsgerichtlicher Verfahren vgl. §§ 204 Abs. 4 und 205 Abs. 3. Soweit erforderlich kann auch ein **Abwickler für die Kanzlei** des früheren Rechtsanwalts bestellt werden (§ 55 Abs. 5). Dem durch rechtskräftiges Urteil aus der Rechtsanwaltschaft Ausgeschlossenen wird nach § 10 ff. RDG eine Registrierung zur Erbringung von Dienstleistungen in der Regel nicht erteilt (*Altenhoff/Busch/Kampmann* 237), zumal die Ausschließung regelmäßig wegen unehrenhaften Verhaltens erfolgt sein wird (BVerwG NJW 1959, 547 = DÖV 1959, 151 = JR 1959, 271). Beim **Anwaltsnotar** (§ 3 Abs. 2 BNotO; → § 118a Rn. 23 ff.) **erlischt** nach § 47 Nr. 3 BNotO mit dem Erlöschen der Anwaltszulassung auch **das Amt des Notars.** Eine Pflicht zur Rückgabe der Zulassungsurkunde (§ 12) besteht für den früheren Rechtsanwalt nicht (Henssler/Prütting/*Henssler* § 13 Rn. 5; **aA** *Isele* § 13 Anm. IV A; 6. Aufl. § 13 Rn. 3). Die Durchsetzung einer solchen Pflicht wäre für die RAK nicht praktikabel (BR-Drs. 341/91, 28 zu § 17 StBerG). Eventuelle Missbräuche können im Einzelfall gerichtlich bekämpft werden.

§ 14 Rücknahme und Widerruf der Zulassung

(1) [1]**Die Zulassung zur Rechtsanwaltschaft ist mit Wirkung für die Zukunft zurückzunehmen, wenn Tatsachen nachträglich bekannt werden, bei deren Kenntnis die Zulassung hätte versagt werden müssen.** [2]**Von der Rücknahme der Zulassung kann abgesehen werden, wenn die Gründe, aus denen die Zulassung hätte versagt werden müssen, nicht mehr bestehen.**

(2) **Die Zulassung zur Rechtsanwaltschaft ist zu widerrufen,**

1. **wenn der Rechtsanwalt nach der Entscheidung des Bundesverfassungsgerichts ein Grundrecht verwirkt hat;**
2. **wenn der Rechtsanwalt infolge strafgerichtlicher Verurteilung die Fähigkeit zur Bekleidung öffentlicher Ämter verloren hat;**
3. **wenn der Rechtsanwalt aus gesundheitlichen Gründen nicht nur vorübergehend unfähig ist, den Beruf eines Rechtsanwalts ordnungsgemäß auszuüben, es sei denn, dass sein Verbleiben in der Rechtsanwaltschaft die Rechtspflege nicht gefährdet;**
4. **wenn der Rechtsanwalt auf die Rechte aus der Zulassung zur Rechtsanwaltschaft der Rechtsanwaltskammer gegenüber schriftlich verzichtet hat;**
5. **wenn der Rechtsanwalt zum Richter oder Beamten auf Lebenszeit ernannt, in das Dienstverhältnis eines Berufssoldaten berufen oder nach § 6 des Abgeordnetengesetzes oder entsprechenden Rechtsvorschriften wieder in das frühere Dienstverhältnis als Richter oder Beamter auf Lebenszeit oder als Berufssoldat zurückgeführt wird und nicht auf die Rechte aus der Zulassung zur Rechtsanwaltschaft verzichtet;**
6. ***[aufgehoben]***
7. **wenn der Rechtsanwalt in Vermögensverfall geraten ist, es sei denn, daß dadurch die Interessen der Rechtsuchenden nicht gefährdet sind; ein Vermögensverfall wird vermutet, wenn ein Insolvenzverfahren über das Vermögen des Rechtsanwalts eröffnet oder der Rechtsanwalt in das vom Vollstreckungsgericht zu führende Verzeichnis (§ 26 Abs. 2 der Insolvenzordnung, § 882b der Zivilprozeßordnung) eingetragen ist;**
8. **wenn der Rechtsanwalt eine Tätigkeit ausübt, die mit seinem Beruf, insbesondere seiner Stellung als unabhängiges Organ der Rechtspflege nicht vereinbar ist oder das Vertrauen in seine Unabhängigkeit gefährden kann; dies gilt nicht, wenn der Widerruf für ihn eine unzumutbare Härte bedeuten würde;**
9. **wenn der Rechtsanwalt nicht die vorgeschriebene Berufshaftpflichtversicherung (§ 51) unterhält.**

(3) **Die Zulassung zur Rechtsanwaltschaft kann widerrufen werden, wenn der Rechtsanwalt**

1. **nicht binnen drei Monaten, nachdem die Pflicht hierzu entstanden ist, im Bezirk der Rechtsanwaltskammer eine Kanzlei einrichtet;**
2. **nicht binnen drei Monaten eine ihm bei der Befreiung nach § 29 Abs. 1 oder § 29a Abs. 2 gemachte Auflage erfüllt;**
3. **nicht binnen drei Monaten, nachdem er von der Pflicht, eine Kanzlei zu unterhalten, befreit worden (§ 29 Abs. 1, § 29a Abs. 2) oder der bisherige Zustellungsbevollmächtigte weggefallen ist, einen Zustellungsbevollmächtigten bestellt;**
4. **seine Kanzlei aufgibt, ohne dass er von der Pflicht des § 27 Abs. 1 befreit worden ist.**

(4) [1]**Ordnet die Rechtsanwaltskammer die sofortige Vollziehung der Verfügung an, sind § 155 Abs. 2, 4 und 5, § 156 Abs. 2, § 160 Abs. 1 Satz 2 und § 161 entsprechend anzuwenden.** [2]**Im Fall des Absatzes 2 Nr. 9 ist die Anordnung in der Regel zu treffen.**

Schrifttum: *Altemeier,* Kurz und bündig, AnwBl. 2010, 430; *Bürkle,* Nebentätigkeitsgenehmigung für Syndikusanwälte, MDR 2005, 848; *Heydt,* Zum Eigentumsschutz der Anwaltspraxis gegenüber Wettbewerbsverschärfungen, NJW 1974, 1229; *Leisner,* Verfassungsrechtlicher Eigentumsschutz der Anwaltspraxis, NJW 1974, 478; *Meißner,* Grundsätze der Zulassung zur Anwaltschaft, deren Versagung, Rücknahme und Widerruf, FS zum 125-jährigen Bestehen der RAK Hamm, 2004, 219; *Ostler,* Unwirksamer Verzicht auf die Rechte aus der Zulassung zur Rechtsanwaltschaft, BRAK-Mitt. 1987, 155; *Ring,* Vergleich der Berufsbilder von Syndikus-Steuerberater und Syndikus-Rechtsanwalt, DStR 2014, 28; *Schmittmann,* Vermögensverfall und Widerruf der Bestellung bei freien kammergebundenen rechts- und steuerberatenden Berufen, NJW 2002, 182.

Übersicht

I. Allgemeines zu den Bestimmungen über die Rücknahme und den Widerruf der Zulassung

1 Durch das Gesetz zur Änderung des Berufsrechts der Rechtsanwälte und der Patentanwälte vom 13.12.1989 (BGBl. I S. 2135) war das Recht der Rücknahme und des Widerrufs der Zulassung (§§ 14) teilweise neu gestaltet und die Bestimmungen neu gefasst worden. Es wurde dem neueren Sprachgebrauch des VwVfG Rechnung getragen. Zugleich wurden die Eingriffsmöglichkeiten bei Beschränkung der Verfügungsbefugnis über das Vermögen und bei Vermögensverfall des Rechtsanwalts sowie bei Ausübung von Tätigkeiten, die mit dem Beruf oder dem Ansehen der Rechtsanwaltschaft nicht zu vereinbaren sind, verstärkt (amtliche Begründung, BT-Drs. 11/3253, 20). Durch Gesetz vom 2.9.1994 (BGBl. I S. 2278) wurde Abs. 2 Nr. 9, jetzt Nr. 8 entsprechend der Neuregelung des § 7 Nr. 8 neu gefasst und der neue Widerrufsgrund des Fehlens der vorgeschriebenen Berufshaftpflichtversicherung geschaffen (§ 14 Abs. 2 Nr. 9). Mit Gesetz vom 26.3.2007 (BGBl. I S. 358) wurde Abs. 2 Nr. 6 aF (Widerruf der Zulassung zur Rechtsanwaltschaft bei Widerruf der Zulassung bei einem Gericht auf Grund des § 35 Abs. 1 aF) aufgehoben und Abs. 3 völlig neu gefasst (→ Rn. 56). Gleichzeitig wurde die bisher in Abs. 3 aF enthaltene Regelung, nach der in bestimmten Fällen von der Rücknahme der Zulassung abgesehen werden kann, dem Abs. 1 als S. 2 angefügt, wo sie systematisch hingehört (BT-Drs. 15/5223, 14).

2 Neben den Rücknahme- und Widerrufsgründen des § 14 **bestand** bis Ende Juli 1998 noch die **Rücknahme- und Widerrufsmöglichkeit nach dem RNPG** (vgl. 3. Aufl. Teil I Nr. 2). Danach konnten Juristen, die noch zu Zeiten der DDR zur Rechtsanwaltschaft zugelassen worden waren und nach den Maßstäben der BRAO unwürdig waren, den Beruf eines Rechtsanwalts weiter auszuüben (§ 7 Nr. 5), aus dem Beruf entfernt werden (vgl. 3. Aufl. Anm. zu §§ 1 ff. RNPG; zur Rechtmäßigkeit der Regelung vgl. EGMR NJW 2001, 1556, 1558). Nach § 13 Abs. 2 RNPG durften die Landesjustizverwaltung „den Widerruf oder die Rücknahme der Zulassung zur Rechtsanwaltschaft nur für die Dauer von sechs Jahren nach Inkrafttreten“ des RNPG auf dessen §§ 1 und 2 stützen. Das RNPG ist am 30.7.1992 (BGBl. I S. 1368) verkündet worden und nach dessen § 13 Abs. 1 am Tage nach der Verkündung in Kraft getreten. Damit ist diese Rücknahme- und Widerrufsmöglichkeit nach dem RNPG nunmehr entfallen. Es können aber weiterhin nach Art. 19 S. 2 des Einigungsvertrages vor dem Wirksamwerden des Beitritts ergangene Verwaltungsakte der ehemaligen DDR aufgehoben werden, wenn sie unter anderem mit rechtsstaatlichen Grundsätzen unvereinbar sind. Zu diesen gehört auch das Rechtsstaatsprinzip der **Gesetzmäßigkeit der Verwaltung** (Art. 20 Abs. 3 GG). Hat das JM der ehemaligen DDR durch die Zulassung zur Rechtsanwaltschaft gegen das Prinzip der Gesetzmäßigkeit der Verwaltung verstoßen, weil es jemanden zur Rechtsanwaltschaft zugelassen hat, der die Zulassungsvoraussetzungen des § 6 der Verordnung über die Tätigkeit und die Zulassung von Rechtsanwälten mit eigener Praxis vom 22.2.1990 nicht erfüllt hat und erfüllt der Betroffene auch die Zulassungsvoraussetzungen nach dem derzeit geltenden Recht (§ 4) nicht, ist seine Anwaltszulassung aufzuheben (BGH BRAK-Mitt. 1993, 169 = Rbeistand 1993, 48; AnwBl. 1994, 297 = BRAK-Mitt. 1994, 102). Dass die betroffenen Rechtsanwälte aus den neuen Bundesländern nach Art. 21 Abs. 2 S. 1 des Gesetzes vom 2.9.1994 (BGBl. I S. 2278), aufgehoben durch Art. 43 des Gesetzes zur Bereinigung des Bundesrechts im Zuständigkeitsbereich des BMJV vom 13.4.2006 (BGBl. I S. 855, 872) und ersetzt durch § 214 „nach der BRAO zugelassen“ sind (→ § 4 Rn. 29), lässt die Möglichkeit der Aufhebung der Zulassung nach Art. 19 Abs. 1 S. 2 Einigungsvertrag unberührt. Die Entscheidung ist eine Ermessensentscheidung, die insbesondere eine Abwägung im Blick auf das Grundrecht des Art. 12 GG und einen etwaigen Vertrauens-

schutz vornehmen muss (BGH BRAK-Mitt. 1996, 203). Diese Widerrufsvoraussetzungen sind nicht gegeben bei einem Rechtsbeistand, der in den alten Bundesländern gemäß § 209 in die RAK aufgenommen worden war und dem von dem DDR-Justizministerium 1990 wegen dessen Aufnahme in ein Kollegium der Rechtsanwälte der DDR die Zulassung zur Rechtsanwaltschaft erteilt worden war (BGH AnwBl. 1994, 297 = BRAK-Mitt. 1994, 102). Eine Aufhebung der Zulassung nach Art. 19 S. 2 Einigungsvertrag scheidet auch aus, wenn im Zeitpunkt der Zulassung die Zulassungsvoraussetzungen erfüllt waren. Spätere Verschärfungen der gesetzlichen Zulassungsvoraussetzungen berühren die schon zuvor erteilten Zulassungen nicht (BGH BRAK-Mitt. 1996, 82).

Die Vorschriften des § 14 tragen wie die Versagungsbestimmungen des § 7 dem Umstand 3 Rechnung, dass die Freiheit der Berufswahl (Art. 12 Abs. 1 GG) und der Eingriff in das Eigentumsrecht, den die Rücknahme der Rechtsanwaltszulassung darstellt (EGMR AnwBl. 2000, 747; NJW 2007, 3049 = BRAK-Mitt. 2007, 216), unter dem Gesetzesvorbehalt steht. Zum Schutz eines überragenden Gemeinschaftsgutes, der Funktionsfähigkeit der Rechtspflege, ist es verfassungsrechtlich nicht zu beanstanden, einem Rechtsanwalt unter den Voraussetzungen des § 14 die weitere Berufsausübung zu untersagen (BayAGH BRAK-Mitt. 1997, 175). Wegen der Intensität des Eingriffs in die Berufsfreiheit und das Eigentumsrecht durch Entzug der Zulassung sind bei der Auslegung und Anwendung wertungsabhängiger Begriffe des § 14 jedoch strenge Anforderungen zu erfüllen (Henssler/Prütting/*Henssler* § 14 Rn. 3; BVerfG NJ 1995, 201). Nicht nur die Kanzlei des Rechtsanwalts als solche wird durch das von Art. 14 GG gewährleistete Recht am eingerichteten und ausgeübten Gewerbebetrieb geschützt. Da der durch die Eröffnung und den Aufbau einer Anwaltskanzlei geschaffene Mandantenstamm ein Vermögensrecht und damit Eigentum darstellt, ist die Entziehung der Anwaltszulassung, die unweigerlich zu einem Verlust von Mandanten und Einkünften führt, ein Eingriff in das Eigentumsrecht. Der Umstand, dass der Betroffene seine Praxis verkaufen kann, mindert den Umfang der enteignenden Wirkung, schließt sie aber nicht völlig aus (EGMR AnwBl. 2000, 747; **aA** Henssler/Prütting/*Henssler* § 14 Rn. 41; BGHZ 97, 204 = NJW 1986, 2499 = MDR 1986, 755).

II. Rücknahme der Zulassung (Abs. 1 und 3)

1. Voraussetzungen der Rücknahme. Nach Abs. 1 S. 1 ist die Zulassung zur Rechtsanwaltschaft mit Wirkung für die Zukunft zurückzunehmen, wenn Tatsachen nachträglich bekannt werden, bei deren Kenntnis die Zulassung nach § 7 hätte versagt werden müssen. Maßgeblicher Zeitpunkt für das Vorliegen der Zulassungsvoraussetzungen ist nicht der Tag der Antragstellung, sondern der Zeitpunkt der Zulassung durch die RAK; dies folgt aus § 14 Abs. 1 (AGH NRW BRAK-Mitt. 2005, 236). Die Regelung des Abs. 1 S. 1 und 2 entspricht weitgehend der früheren Regelung in § 14 Abs. 1 Nr. 1, Abs. 2 aF. Die Generalklausel des Abs. 1 umfasst alle Fälle des § 7. Lag zur Zeit der Zulassung schon ein Grund für die Versagung der Zulassung nach § 7 Nr. 1–10 vor, wurden die diesbezüglichen Umstände aber erst nach der Zulassung bekannt, ist die Zulassung zurückzunehmen. Die Rücknahme ist gerechtfertigt, weil der Verwaltungsakt der Zulassungserteilung fehlerhaft war (amtliche Begründung zu § 14 Abs. 1 Nr. 1 aF). Bei der Entscheidung über die Rücknahme der Zulassung ist das Verwertungsverbot des § 51 Abs. 1 BZRG zu beachten; ein Fall des § 51 Abs. 2 BZRG ist nicht gegeben (OVG Koblenz NVwZ-RR 1994, 595 zu § 12 BBG). 4

Nicht erforderlich ist, dass der Bewerber im Zulassungsverfahren bewusst Falsches vorgetragen, Wesentliches verschwiegen und damit die Zulassung erschlichen hat. Ausreichend ist die Erfüllung des objektiven Tatbestandes von Abs. 1 S. 1. Der Anwalt genießt insoweit keinerlei Vertrauensschutz (kritisch dazu *Kleine-Cosack* § 14 Rn. 3; *ders.* NJ 1992, 329 ff.). Aus Gründen der Rechtssicherheit erfolgt die Rücknahme der Zulassung nur mit Wirkung für die Zukunft, obwohl die Gründe schon im Zeitpunkt der Zulassung vorlagen. Lässt die Art und Weise der Zulassungserschleichung den Rechtsanwalt als unwürdig iSd § 7 Nr. 5 erscheinen (→ § 7 Rn. 35 ff.), kommt aufgrund dieses Sachverhalts bereits eine Rücknahme der Zulassung in Betracht (Henssler/Prütting/*Henssler* § 14 Rn. 5). 5

a) Verfassungswidrigkeit des § 7 Nr. 4. Auch im Rahmen der Prüfung einer Zulassungsrücknahme nach Abs. 1 iVm § 7 Nr. 4 ist zu berücksichtigen, dass der Versagungsgrund des § 7 Nr. 4 verfassungswidrig ist (→ § 7 Rn. 29, 30). Da § 7 Nr. 4 nicht mehr zu einer Versagung der 6

Zulassung herangezogen werden kann, geht dies auch nicht über § 14 Abs. 1 für die Rücknahme der Zulassung.

7 **b) Zeitablauf.** Bei Rücknahme nach Abs. 1 iVm § 7 Nr. 5 ist zu prüfen, ob das schuldhafte Verhalten des Rechtsanwalts vor der Zulassung zu deren Zeitpunkt weder durch langen Zeitablauf (→ § 7 Rn. 39 ff.) noch durch einen möglicherweise eingetretenen inneren Wandel und andere Nachteile soweit ausgeglichen war, dass er zu dem damaligen Zeitpunkt nicht mehr als unwürdig anzusehen gewesen wäre, den Beruf des Rechtsanwalts auszuüben.

8 **c) Wohlverhalten.** Wohlverhalten des Rechtsanwalts nach der Zulassung kann nur im Rahmen des Abs. 1 S. 2 Bedeutung erlangen (BGH EGE IX, 62; *Isele* § 14 Anm. IV A 2). Bei der im Rahmen des § 14 Abs. 1 S. 1 vorzunehmenden Prüfung dürfen nicht nur die nachträglich bekanntgewordenen Tatsachen berücksichtigt werden. Entscheidend ist vielmehr, ob das Gesamtverhalten des früheren Zulassungsbewerbers unter Berücksichtigung sowohl der damals schon bekannten als auch der erst nachträglich zu Tage getretenen Umstände, die aber im Zulassungszeitpunkt objektiv schon vorlagen, ihn auf den Zeitpunkt der Zulassung bezogen, unwürdig erscheinen lässt, den Beruf eines Rechtsanwalts auszuüben (BGH EGE VII, 97). Bei unwürdigem Verhalten im Zusammenhang mit der zweiten juristischen Staatsprüfung kommt eine Zulassungsrücknahme in Betracht wegen Unwürdigkeit im Zeitpunkt der Zulassung (§ 14 Abs. 1 iVm § 7 Nr. 5; BGH BRAK-Mitt. 1982, 25).

9 **2. Absehen von der Rücknahme.** Nach Abs. 1 S. 2 kann von der Rücknahme abgesehen werden, wenn die Gründe des § 7 in dem Zeitpunkt, in dem der Sachverhalt bekannt wird, nicht mehr bestehen.

10 **a) Ermessensentscheidung.** Bei der Frage, ob nach dieser Vorschrift zu verfahren ist, handelt es sich um eine Ermessensentscheidung (BGH BRAK-Mitt. 1982, 25; EGE VII, 97; IX, 62; XII, 50) der RAK. Die Ermessensentscheidung nach Abs. 1 S. 2 ist wegen des mit der Rücknahme der Zulassung verbundenen schwerwiegenden Eingriffs in die Freiheit der Berufswahl (Art. 12 GG), die auch die Freiheit der Fortführung eines einmal gewählten Berufes beinhaltet, an der Grundentscheidung des Art. 12 GG auszurichten. Die Rücknahme ist in diesen Fällen grundsätzlich nur zulässig, wenn sie zum Schutze überragender Gemeinschaftsgüter unerlässlich ist. Die gerichtliche Überprüfung beschränkt sich darauf, ob die gesetzlichen Grenzen des Ermessens überschritten sind oder von dem Ermessen in einer dem Zweck der Ermächtigung nicht entsprechenden Weise Gebrauch gemacht worden ist (§ 37 Abs. 4; BGH BRAK-Mitt. 1982, 25). Ergibt die Prüfung, dass in dem Zeitpunkt, in dem über die Rücknahme der Zulassung zu befinden ist, unter keinem Gesichtspunkt mehr, also zusammengenommen mit dem sonstigen Verhalten des Rechtsanwalts auch nach der Zulassung, ein Grund besteht, dem Rechtsanwalt – wäre er nicht schon als solcher zugelassen – die Zulassung zu versagen, so macht die RAK von ihrem Ermessen in einer dem Zweck der gesetzlichen Vorschrift widersprechenden Weise Gebrauch, wenn sie gleichwohl die Zulassung zurücknimmt. Diese Rücknahme hätte nämlich zur Folge, dass einem von dem bisherigen Anwalt sogleich nach der Rücknahme gestellten Antrag auf Wiederzulassung alsbald stattgegeben werden müsste, weil eben keiner der Gründe vorliegt, die allein zur Versagung der Zulassung berechtigen (§ 6 Abs. 2, § 7). Eine solche Rücknahme würde einem alten Rechtsgedanken widersprechen, der auch hier berücksichtigt werden muss (schon im römischen Zivilprozess galt der Satz: „dolo facit, qui petit, quod redditurus est“). Sie hätte nur einen sinnlosen Leerlauf zur Folge, der den Anwalt und den Anwaltsstand als solchen unnötig bloßstellt und schädigt; an dem Ergebnis, dass der Gemaßregelte seinen Anwaltsberuf alsbald wieder wie bisher ausüben darf, könnte sie nichts ändern (BGH EGE XII, 50). Für eine Ermessensentscheidung nach § 14 Abs. 1 S. 2 ist allerdings dann kein Raum, wenn Umstände, die den nachträglichen Wegfall der Unwürdigkeit begründen könnten, im Klageverfahren weder vorgetragen noch sonst ersichtlich sind (Rücknahme bei unwürdigem Verhalten im Zusammenhang mit der zweiten juristischen Staatsprüfung und zahlreichen Verletzungen anwaltlicher Berufspflichten: BGH BRAK-Mitt. 1982, 25). Zum nachträglichen Entfallen des Widerrufsgrundes aus § 14 Abs. 2 Nr. 9 → § 14 Rn. 78; BGH MDR 2001, 1137 mit Anm. *Kilian* = AnwBl. 2001, 570.

11 **b) Prüfung nach Abs. 1 iVm § 7 Nr. 1.** Im Rahmen der Prüfung nach Abs. 1 iVm § 7 Nr. 1 wird eine Rücknahme folglich ausscheiden, wenn der Rechtsanwalt jetzt wieder alle

Grundrechte hat. Dann kann allenfalls noch eine Rücknahme nach Abs. 1 iVm § 7 Nr. 5 wegen Unwürdigkeit in Betracht kommen (*Isele* § 14 Anm. IV A 4a).

Gleiches gilt, wenn der Rechtsanwalt die durch strafgerichtliche Verurteilung verlorene Fähigkeit zur Bekleidung öffentlicher Ämter (§ 7 Nr. 2) wieder erlangt hat (*Isele* § 14 Anm. IV A 4b). Für die Zurücknahme wegen Unwürdigkeit (§ 7 Nr. 5) ist vor allem längeres Wohlverhalten in der Zwischenzeit (→ § 7 Rn. 39 ff.) zu beachten. 12

Auch im Rahmen der Prüfung zu Nr. 6 von § 7 (strafbares Bekämpfen der freiheitlich demokratischen Grundordnung) kann das zwischenzeitliche Wohlverhalten eine Rücknahme ausschließen. 13

Liegen das körperliche Gebrechen, die Schwäche der geistigen Kräfte oder die Sucht nicht mehr vor, die früher eine Versagung der Zulassung erforderlich gemacht hätten (§ 7 Nr. 7), kann die Zulassung nicht zurückgenommen werden (*Isele* § 14 Anm. IV A 4g). 14

Gleiches gilt, wenn der Rechtsanwalt die Tätigkeit, die mit dem Beruf eines Rechtsanwalts nicht vereinbar ist (§ 7 Nr. 8), nicht mehr ausübt, der Rechtsanwalt sich nicht mehr im Vermögensfall befindet (§ 7 Nr. 9) und der Rechtsanwalt nicht mehr Richter oder Beamter ist (§ 7 Nr. 10; *Isele* § 14 Anm. IV A 4h–k). 15

III. Widerruf der Zulassung

Nach Abs. 2 erfolgt der Widerruf der Zulassung aufgrund von Umständen, die erst nach der rechtmäßig erfolgten Zulassung eingetreten sind. Auch der Widerruf ist entsprechend § 49 Abs. 1 und 2 VwVfG nur mit Wirkung für die Zukunft möglich (SächsAGH BRAK-Mitt. 1997, 260). § 14 Abs. 2 knüpft dabei an die Versagungsgründe des § 7 an. Jedoch kennt § 14 Abs. 2 keinen Widerrufsgrund der Unwürdigkeit entsprechend § 7 Nr. 5, da insoweit die Möglichkeit, anwaltsgerichtliche Maßnahmen – einschließlich der Ausschließung aus der Rechtsanwaltschaft (§ 14 Abs. 1 Nr. 5) – zu verhängen, als ausreichend anzusehen ist (Henssler/Prütting/*Henssler* § 14 Rn. 8). Für die Beurteilung der Rechtmäßigkeit des Widerrufs ist auf den Zeitpunkt des Abschlusses des behördlichen Widerrufverfahrens abzustellen. Danach eingetretene Entwicklungen bleiben der Beurteilung in einem Wiederzulassungsverfahren vorbehalten (BGH NJW 2011, 3234). Die **Postulationsfähigkeit** eines Rechtsanwalts, dessen Zulassung widerrufen wurde endet erst, wenn der Widerruf der Zulassung bestandskräftig geworden ist, auch wenn die Zulassung sofort vollziehbar widerrufen wird (BGH NJW-RR 2012, 1336; NJW 2012, 2592). 16

1. Grundrechtsverwirkung. Die Zulassung zur Rechtsanwaltschaft ist zu widerrufen, wenn der Rechtsanwalt nach der Entscheidung des BVerfG ein Grundrecht verwirkt hat (Abs. 2 Nr. 1). Die Vorschrift ist ein Gegenstück zu § 7 Nr. 1. Es ist durch die dort angeführten Gründe (→ § 7 Rn. 14 ff.) gerechtfertigt, dass die RAK die Zulassung zur Rechtsanwaltschaft zurücknehmen muss, wenn der Rechtsanwalt nach der Zulassung ein Grundrecht verwirkt hat (amtliche Begründung, BT-Drs. 3/120, 62 zu § 14 Abs. 1 Nr. 2 aF). 17

2. Verlust der Fähigkeit zur Bekleidung öffentlicher Ämter. Die Zulassung zur Rechtsanwaltschaft ist zu widerrufen, wenn der Rechtsanwalt infolge strafgerichtlicher Verurteilung die Fähigkeit zur Bekleidung öffentlicher Ämter verloren hat (Abs. 2 Nr. 2). 18

a) Zwingender Widerrufsgrund. Die Parallelbestimmung findet sich in § 7 Nr. 2 (→ § 7 Rn. 17 ff.). Der Tatbestand ist hier erst nach der Zulassung zur Rechtsanwaltschaft eingetreten. Die Rechtsfolge des § 45 Abs. 1 StGB tritt bei einem Rechtsanwalt, anders als bei mit hoheitlichen Aufgaben betrauten Personen, nicht unmittelbar ein. Der Urteilsspruch des Strafgerichts führt zunächst zu der Pflicht der RAK, die Vorschrift des § 14 Abs. 2 Nr. 2 anzuwenden, dh die **Zurücknahme der Zulassung ist für sie zwingend,** der RAK steht insoweit kein Ermessen zur Verfügung (BGH BRAK-Mitt. 1993, 102; 1999, 185; 2000, 42). Diese Regelung über den zwingend vorgeschriebenen Widerruf ist **verfassungsgemäß** insbesondere mit Art. 12 Abs. 1 GG vereinbar (BGH BRAK-Mitt. 1988, 208; 1999, 185; 2000, 42), auch wenn das Strafurteil nicht auf berufsbezogenen Verstößen beruht (NdsAGH BRAK-Mitt. 2003, 239). Der Umstand, dass § 14 Abs. 2 Nr. 2 nicht noch eine weitere Abwägung der einzelnen Umstände der Verurteilung ermöglicht, stellt keinen Verstoß gegen den Grundsatz der Verhältnismäßigkeit dar. Mit der Verurteilung wegen eines Verbrechens zu mindestens einem Jahr Freiheitsstrafe hat der Gesetzgeber von vornherein eine so hohe Messlatte für den Widerruf der Zulassung angelegt, dass darüber hinaus eine weitere Differenzierung nicht erforderlich ist. Dass andere Berufsgruppen 19 wie beispielsweise Ärzte bei einer Verurteilung wegen eines Verbrechens nicht ohne weiteres mit dem Verlust der Approbation rechnen müssen, stellt keinen Verstoß gegen den Gleichheitsgrundsatz dar. Rechtsanwälte, die von Berufs wegen bei der Beratung und Vertretung ihrer Mandanten laufend auf die Einhaltung gesetzlicher Vorschriften zu achten haben, unterliegen mit Recht einer besonderen Verpflichtung (NdsAGH BRAK-Mitt. 2004, 236). Anders als in den Fällen, in denen der Amtsverlust mit der Rechtskraft der strafgerichtlichen Entscheidung unmittelbar eintritt und damit automatisch jegliche weitere Tätigkeit in dem bisherigen Amt unterbunden ist, kann bei einem Rechtsanwalt diese zwingende Folge des § 45 Abs. 1 StGB erst durch die Rücknahme der Zulassung nach § 14 Abs. 2 Nr. 2 erreicht werden, was die Durchführung eines eigenen Verfahrens mit Anhörungen, Erlass eines Bescheides, Klageverfahren beim AGH, ggf. mündlicher Verhandlung und mit einem Rechtsmittelzug nach der BRAO bedingt. Insofern unterscheiden sich die Fälle des § 14 Abs. 2 Nr. 2 von den meisten übrigen des § 14 Abs. 1 und 2, jedenfalls von denen des Abs. 2 Nr. 3, 4, 5, in denen jeweils nur ein einziges Verfahren stattfindet, ganz wesentlich.

20 **b) Beachtung des Zwecks des § 45 Abs. 1 StGB.** Daher darf in den Fällen des § 14 Abs. 2 Nr. 2 der gesetzgeberische Zweck des § 45 Abs. 1 StGB (der sich zB bei einem Beamten bereits mit der Rechtskraft des strafgerichtlichen Erkenntnisses unmittelbar verwirklicht) auch insoweit nicht unbeachtet bleiben, als es um die Beseitigung der aufschiebenden Wirkung geht. Wohlverhalten zwischen Tatbegehung und rechtskräftiger Bestrafung hindert nicht die Anordnung der sofortigen Vollziehung des Widerrufs der Zulassung (BGH AnwBl. 1983, 480 = BRAK-Mitt. 1983, 192).

21 **c) Kein Beurteilungsspielraum.** Der RAK ist nach entsprechend strafgerichtlicher Verurteilung ein Beurteilungsspielraum oder Ermessen nicht eingeräumt, weiterer Ermittlungen bedarf es nicht (BGH BRAK-Mitt. 1999, 185; 2000, 42). Es spielt auch keine Rolle, dass der Rechtsanwalt wegen einer Straftat im „privaten Bereich" entsprechend verurteilt wurde (NdsAGH BRAK-Mitt. 2003, 239).

22 Der in § 14 Abs. 2 Nr. 2 angeordnete Widerruf der Zulassung dient dem Interesse der Allgemeinheit an einer funktionsfähigen Rechtspflege und damit dem Schutz eines überragend wichtigen Gemeinschaftsgutes. Wenn ein Rechtsanwalt wegen eines Verbrechens zu einer Freiheitsstrafe von mindestens einem Jahr verurteilt worden ist, dann zeigt das, dass er in besonders schwerwiegender Weise gegen seine Pflichten verstoßen hat und damit eine Gefahr für eine geordnete Rechtspflege darstellt. Dass einem solchen Rechtsanwalt ohne weitere Prüfung die Ausübung seines Berufes untersagt wird, stellt keine unverhältnismäßige Maßnahme zum Schutz der Rechtsuchenden dar (BGH NJW-RR 2012, 189).

23 Dabei ist von wesentlicher Bedeutung der Umstand, dass der Widerruf der Zulassung nach Abs. 2 Nr. 2 eine spätere Wiederzulassung des Betroffenen zur Rechtsanwaltschaft nicht ausschließt. § 45 Abs. 1 StGB ordnet den Verlust der Fähigkeit zur Bekleidung öffentlicher Ämter nur für die Dauer von fünf Jahren an. Nach Ablauf dieser Zeit steht diese strafgerichtliche Nebenfolge als solche einer Wiederzulassung zur Rechtsanwalt nicht mehr nach § 7 Nr. 2 entgegen; es kann aber weiter § 7 Nr. 5 eingreifen. Die gesetzliche Regelung des § 14 Abs. 2 Nr. 2 hat also nicht zur Folge, dass der betroffene Rechtsanwalt auf Lebenszeit an der Ausübung seines Berufes gehindert wird. Ein solches letztlich nur für eine gewisse Zeit wirkendes Berufsverbot ist angesichts der Schwere der ihm zugrundeliegenden Verfehlung mit Art. 12 Abs. 1 GG vereinbar (BGH BRAK-Mitt. 1988, 208).

24 Die Richtigkeit der strafgerichtlichen Verurteilung dürfen weder der RAK noch die ihre Entscheidung nachprüfenden Gerichte in Zweifel ziehen; maßgebend ist allein die Rechtskraft (BGH BRAK-Mitt. 1988, 208; 1984, 35; BGHZ 46, 230, 235 = NJW 1967, 881; *Isele* S. 50). Das schließt es zugleich aus, die Entscheidung im gerichtlichen Verfahren von den Erfolgsaussichten eines Wiederaufnahmeverfahrens abhängig zu machen (BGH BRAK-Mitt. 1984, 35). Selbst wenn der Rechtsanwalt die Wiederaufnahme des Strafverfahrens bereits beantragt hat, ist dies kein Grund, das Widerrufsverfahren auszusetzen. Solange das Strafurteil und seine Vollstreckbarkeit nicht aufgehoben sind, müssen die mit dem Zulassungsverfahren befassten Behörden und Gerichte den rechtskräftigen Verlust der Fähigkeit des Rechtsanwalts zur Bekleidung öffentlicher Ämter beachten und dürfen ihn nicht in Frage stellen (BGH BRAK-Mitt. 1988, 208). Ein nach § 360 Abs. 2 StPO vom Strafrichter angeordneter Aufschub der Vollstreckung rechtfertigt aber die Aussetzung des Rücknahmeverfahrens.

d) Verurteilung wegen DDR-Straftaten nach dem Strafrecht der Bundesrepublik. Wird ein Rechtsanwalt zu einem Jahr Freiheitsstrafe wegen Rechtsbeugung verurteilt, die er als Richter in der DDR begangen hatte und wird dabei gemäß Art. 315 Abs. 1 S. 2 EGStGB, § 2 Abs. 3 StGB das Strafrecht der Bundesrepublik als milderes Recht angewendet, da hiernach – anders als nach dem Strafrecht der DDR – die Aussetzung der verhängten Freiheitsstrafe zur Bewährung möglich ist, führt dies nicht zwingend zum Widerruf seiner Zulassung. Der zwingende Widerrufsgrund des § 14 Abs. 2 Nr. 2 BRAO iVm § 45 Abs. 1 StGB ist dann nicht anwendbar. Aus dem Umstand, dass trotz des minderen Strafrahmens der Rechtsbeugungsnorm des § 244 StGB-DDR und der Nichterfüllung der Verbrechensvoraussetzungen in diesen Fällen gleichwohl das DDR-Strafrecht als strenger als das der Bundesrepublik gilt, weil letzteres die Strafaussetzung zur Bewährung ermöglicht (BGHSt 41, 247, 277), ergäben sich bei strikter Anwendung des Widerrufstatbestandes des § 14 Abs. 2 Nr. 2 untragbare Wertungswidersprüche. Als Handhabe für einen Widerruf von Rechtsanwaltszulassungen als Reaktion auf die Verurteilung eines Rechtsanwalts, der früher DDR-Richter oder -Staatsanwalt war, wegen Rechtsbeugung verbleibt demnach nur die Regelung des § 14 Abs. 1 BRAO iVm § 7 Nr. 5. Sie wird allenfalls bei spät abgeurteilten besonders schwerwiegenden Taten in Betracht zu ziehen sein, in denen insbesondere auch ein tragfähiger Grund für unterbliebenes früheres Eingreifen der Justizverwaltung vorliegt (BGH NJW 2001, 2407 = NJ 2001, 503 = BRAK-Mitt. 2001, 298). 25

3. Nicht nur vorübergehende Berufsunfähigkeit aus gesundheitlichen Gründen. Die Zulassung zur Rechtsanwaltschaft ist zu widerrufen, wenn der Rechtsanwalt aus gesundheitlichen Gründen nicht nur vorübergehend unfähig ist, den Beruf eines Rechtsanwalts ordnungsgemäß auszuüben, es sei denn, dass sein Verbleiben in der Rechtsanwaltschaft die Rechtspflege nicht gefährdet (Abs. 2 Nr. 3). Die Vorschrift dient dem Interesse der Allgemeinheit an einer funktionsfähigen Rechtspflege und stellt somit eine zulässige Regelung der Berufswahl dar (BVerfG Beschluss vom 23.3.1987 – 1 BvR 36/87 nv; BGH BRAK-Mitt. 1999, 39). 26

a) Parallelvorschrift zu § 7 Nr. 7. Abs. 2 Nr. 3 ist die Parallelvorschrift zu § 7 Nr. 7 (→ § 7 Rn. 74 ff.). Beide Vorschriften wurden durch das Gesetz zur Änderung des Berufsrechts der Rechtsanwälte und der Patentanwälte vom 13.12.1989 (BGBl. I S. 2135) einander angeglichen. In den Fällen des § 14 Abs. 2 Nr. 3 soll die RAK nicht mehr wie nach der bisherigen Regelung des § 14 Abs. Nr. 4 aF feststellen müssen, dass das weitere Verbleiben des Rechtsanwalts in der Rechtsanwaltschaft „die Rechtspflege gefährdet". Nunmehr ist zum Schutz der Rechtsuchenden bestimmt, dass in Fällen nicht nur vorübergehender Berufsunfähigkeit (→ § 7 Rn. 74 ff.) die Zulassung zu widerrufen ist, wenn nicht – ausnahmsweise – das Verbleiben des Rechtsanwalts in der Rechtsanwaltschaft die Rechtspflege nicht gefährdet (amtliche Begründung, BT-Drs. 11/3253, 20; *Vetter* BRAK-Mitt. 1990, 2, 4). Ferner wurde mit Gesetz vom 27.4.2002 (BGBl. I S. 1467, 1476) § 14 Abs. 2 Nr. 3 wie § 7 Nr. 7 sprachlich dahingehend geändert, dass sich die nicht nur vorübergehende Berufsunfähigkeit aus gesundheitlichen Gründen ergeben muss. Die bisherigen Anknüpfungstatsachen körperliche Gebrechen, Schwäche der geistigen Kräfte und Sucht werden damit – ohne Änderung des sachlichen Regelungsgehalts – allgemein umschrieben (amtliche Begründung, BT-Drs. 14/7420, 34; → § 7 Rn. 75). 27

b) Voraussetzungen. aa) Nicht nur vorübergehende Berufsunfähigkeit. Der Rechtsanwalt muss nicht nur vorübergehend berufsunfähig sein. Unfähigkeit zur ordnungsgemäßen Berufsausübung ist nicht erst dann anzunehmen, wenn die Verrichtung jeder anwaltlichen Berufstätigkeit unmöglich ist, sondern schon dann, wenn die gesundheitlichen Gründe die ordnungsgemäße Berufsausübung ernsthaft gefährden. Nicht erforderlich ist, dass der Rechtsanwalt auf Dauer, dh unumkehrbar nicht in der Lage ist seinen Beruf auszuüben. Seit der Gesetzesänderung vom 13.12.1989 (BGBl. I S. 2135) reicht es aus, dass die Berufsunfähigkeit nicht nur vorübergehend besteht. Dies ist der Fall, wenn sie in absehbarer Zeit nicht änderbar ist, ohne dass es darauf ankäme, ob die Berufsfähigkeit unumkehrbar auf Dauer überhaupt nicht mehr wiederhergestellt werden kann (BGH DNotZ 1991, 80, 82; Eylmann/Vaasen/*Custodis* BNotO § 50 Rn. 36, jeweils zu § 50 Abs. 1 Nr. 7 BNotO). 28

bb) Gesundheitliche Gründe. Gesundheitliche Gründe müssen die Berufsunfähigkeit hervorgerufen haben. § 14 Abs. 2 Nr. 3 setzt ebenso wie § 7 Nr. 7 nicht voraus, dass der Rechtsanwalt geisteskrank oder geistesschwach iSd früheren § 6 Abs. 1 Nr. 1 BGB, geistig oder seelisch behindert iSd § 1896 Abs. 1 BGB oder schuldunfähig iSd § 20 StGB ist; entscheidend ist 29 vielmehr, ob die geistigen Mängel pp. des Rechtsanwalts solcher Art und so erheblich sind, dass er deswegen nicht nur vorübergehend unfähig ist, den Beruf eines Rechtsanwalts ordnungsmäßig auszuüben, das heißt er zur ordnungsgemäßen und sorgfältigen **Wahrnehmung der Interessen der Mandanten dauerhaft außerstande** ist (AGH NRW BRAK-Mitt. 2010, 219; BGH BRAK-Mitt. 2001, 231 = BGHR 2001, 668; NJW-RR 2001, 1426 = BGHR 2001, 668; Beschluss vom 25.4.1988 – AnwZ (B) 54/87 nv; BRAK-Mitt. 1985, 228; 1996, 74; 1999, 39). Die Unfähigkeit des Anwalts, sich in eigenen Angelegenheiten vernünftig und besonnen zu verhalten, bedeutet nicht ohne weiteres, dass dieser zu einer Erledigung fremder Rechtsangelegenheiten – und somit zur ordnungsgemäßen Berufsausübung schlechthin – außerstande ist (BGH BRAK-Mitt. 2001, 231 = BGHR 2001, 668). Ausreichend kann eine erhebliche Persönlichkeitsstörung sein, die sich darin offenbart, dass der Rechtsanwalt seit Jahren in seinen Schriftsätzen unter anderem andere Rechtsanwälte, deren Mandanten, Staatsanwälte und Richter in unsachlicher und beleidigender Weise angreift, er zB das BVerfG und dessen Präsidenten mit dem Volksgerichtshof und dessen Präsidenten Freisler vergleicht und er Richter des BVerfG des Hochverrats beschuldigt (BGH BeckRS 1986, 31182644; vgl. *Zuck* BRAK-Mitt. 1987, 108, 109). Das gilt jedenfalls für den Fall, dass das Verhalten des Rechtsanwalts auf einer Persönlichkeitsstörung beruht, welche ihm die Fähigkeit nimmt, die für die Berufstätigkeit als Rechtsanwalt erforderliche Zurückhaltung und Distanz zur Sache zu wahren sowie seine Leidenschaften und aggressiven Impulse zu kontrollieren (BGH Beschluss vom 25.4.1988 – AnwZ (B) 54/87 nv). Es muss entweder nachgewiesen sein, dass der Widerrufsgrund des § 14 Abs. 2 Nr. 3 vorliegt, oder es muss die gesetzliche Vermutung des § 15 Abs. 3 S. 1 für das Bestehen dieses Widerrufsgrundes eingreifen (BGH BRAK-Mitt. 1997, 200; BeckRS 1992, 31171059). Danach wird die nicht nur vorübergehende Unfähigkeit, aus gesundheitlichen Gründen (§ 14 Abs. 2 Nr. 3) den Beruf des Rechtsanwalts ordnungsgemäß auszuüben, vermutet, wenn der Rechtsanwalt einer wegen ernsthaft in diese Richtung deutender Umstände auferlegten ärztlichen Untersuchung nicht nachgekommen ist (BGH NJW-RR 2001, 1426 = NJW 2002, 304, nur Ls. = BGHR 2001, 668).

30 **cc) Gefährdung der Rechtspflege.** Eine Gefährdung der Rechtspflege als Folge der nicht nur vorübergehenden Berufsunfähigkeit muss nicht im Einzelnen dargestellt werden. Sie wird regelmäßig als gegeben angesehen, wenn feststeht, dass der Rechtsanwalt aus gesundheitlichen Gründen den Beruf nicht ordnungsgemäß ausüben kann (SächsAGH Beschluss vom 10.11.1995 – AGH 6/95 (II)). Aber auch, wenn nur zu vermuten ist, dass der Rechtsanwalt zB wegen Schwäche seiner geistigen Kräfte nicht nur vorübergehend unfähig ist, den Beruf eines Rechtsanwalts ordnungsgemäß auszuüben (§ 15 Abs. 3 S. 1), ist damit regelmäßig eine Gefährdung der Rechtspflege bei einem Verbleiben des Rechtsanwalts in der Rechtsanwaltschaft indiziert (BGH NJW-RR 2001, 1426 = BGHR 2001, 668). Denn ein Rechtsanwalt mit solchen erheblichen geistigen Mängeln, wie sie nach dem Sinn und dem Regelungszusammenhang der die gesetzliche Vermutung begründenden Vorschrift – vorbehaltlich eines Gegenbeweises – zwingend anzunehmen sind, kann nicht das leisten, was Rechtsuchende von einem Rechtsanwalt als einem unabhängigen Organ der Rechtspflege erwarten können (BGH BRAK-Mitt. 1997, 200; 1999, 39). Nur wenn ausnahmsweise davon ausgegangen werden kann, dass eine solche Gefährdung nicht gegeben ist, diese ausgeschlossen erscheint, darf ein Widerruf unterbleiben. Im Zweifel ist zu widerrufen. Die Zulassung darf aber nicht schon dann wegen Schwäche der geistigen Kräfte widerrufen werden, wenn eine Unfähigkeit des Anwalts, eigene rechtliche Belange ordnungsgemäß wahrzunehmen, sich nicht konkret auf die Besorgung fremder Rechtsangelegenheiten erstreckt (BGH BRAK-Mitt. 2001, 231 = BGHR 2001, 668). Der berufsunfähige Rechtsanwalt kann eine Gefährdung der Rechtspflege zB dadurch vermeiden, dass er seine Praxis durch einen Sozius weiterführen lässt (BVerfGE 37, 67 = NJW 1974, 1279 = MDR 1974, 820 = EGE XIII, 227; BGH BRAK-Mitt. 1997, 200).

31 **c) Prozessunfähigkeit.** § 14 Abs. 2 Nr. 3 ist im Falle der krankheitsbedingten nicht nur vorübergehenden Berufsunfähigkeit eine die prozessualen Vorschriften der ZPO über die Prozessfähigkeit des Prozessbevollmächtigten ergänzende berufsrechtliche Regelung. Zwar enthält die ZPO keine ausdrücklichen Bestimmungen über die Prozessfähigkeit des Prozessbevollmächtigten im Anwaltsprozess. Nach allgemeiner Ansicht im Schrifttum, der die höchstrichterliche Rechtsprechung gefolgt ist, ergibt sich jedoch aus den Vorschriften der §§ 51 ff., 78 ff. und 244 ZPO als nahezu selbstverständlich, dass sich im Anwaltsprozess eine Partei durch einen nicht nur zugelassenen, sondern auch geschäfts- und prozessfähigen Anwalt vertreten lassen muss. Die

Prozessvollmacht endet dann, wenn der Prozessbevollmächtigte vertretungsunfähig wird. Dazu gehört neben dem Verlust der Zulassung der Wegfall der Prozessfähigkeit. Der Rechtsanwalt muss, um prozessfähig zu sein, geschäftsfähig sein (BVerfGE 37, 67 = NJW 1974, 1279; BGHZ 30, 112; Baumbach/Lauterbach/Albers/*Hartmann* ZPO § 78 Rn. 26, ZPO § 86 Rn. 6). Prozesshandlungen, die ein ehemaliger Rechtsanwalt nach dem Verlust seiner Zulassung (nicht auch seiner Geschäftsfähigkeit) und der Löschung in der Liste der zugelassenen Rechtsanwälte – jetzt Rechtsanwaltsverzeichnis (§ 31) – für die Partei vornimmt, sind anders als im Anwaltsprozess jedenfalls im Parteiprozess nicht allein wegen der beendeten Zulassung unwirksam. Ob mit dem Ende der Zulassung auch die eine Rechtsanwalt erteilte Prozessvollmacht erlischt, ist fraglich. Die Partei kann jedenfalls die eventuelle vollmachtlose weitere Prozessführung mit Rückwirkung genehmigen (BGH NJW 2006, 2250 = BRAK-Mitt. 2006, 234). Eine Sachentscheidung zugunsten der Partei darf nicht ergehen, wenn ihr Anwalt prozessunfähig ist und daher rechtswirksame Prozesshandlungen nicht vornehmen kann. Vielmehr ist in diesem Fall das Begehren der Partei als unzulässig abzuweisen, ihr Rechtsmittel als unzulässig zu verwerfen oder bei nachträglicher Prozessunfähigkeit die Unterbrechung des Rechtsstreits festzustellen. Wegen dieser prozessrechtlichen Auswirkungen auf den bei ihm anhängigen Rechtsstreit kann das angerufene Prozessgericht nicht umhin, Zweifeln an der Prozessfähigkeit des Anwalts notfalls auch von Amts wegen nachzugehen (BVerfGE 37, 67 = NJW 1974, 1279; vgl. auch Baumbach/Lauterbach/Albers/*Hartmann* ZPO § 86 Rn. 6, ZPO § 244 Rn. 8).

Ist ein Rechtsanwalt dauernd berufsunfähig, wird in Anwaltsprozessen das Prozessgericht nicht **32** selbst entscheiden, sondern die Klärung der Frage im Verfahren nach § 14 Abs. 2 Nr. 3 abwarten. In den anderen Fällen kann die Prüfung der Prozessfähigkeit eines Anwalts durch die Instanzgerichte selbst erfolgen. Das muss in einem Verfahren erfolgen, dessen Hauptbeteiligter der betroffene Anwalt ist und das für diesen ausreichendes Gehör sowie effektiven Rechtsschutz sichert (BVerfGE 37, 67 = NJW 1974, 1279). Es ergeht dann entsprechend §§ 71, 387 ZPO ein Zwischenurteil (Baumbach/Lauterbach/Albers/*Hartmann* ZPO § 78 Rn. 26).

d) Prozessfähigkeit im Widerrufsverfahren. Zweifel an der Geschäftsfähigkeit eines **33** Rechtsanwalts können seine Prozessfähigkeit im Widerrufsverfahren nach § 14 Abs. 2 Nr. 3 nicht in Frage stellen (BGH BRAK-Mitt. 1992, 171; 1985, 228; BGHZ 52, 1 = NJW 1967, 1564 = MDR 1967, 760 = JZ 1967, 501 = EGE IX, 70; BGH EGE XII, 9; → § 7 Rn. 75; → § 40 Rn. 9). Denn die Achtung der Menschenwürde (Art. 1 Abs. 1 GG) sowie der Anspruch des Betroffenen auf rechtliches Gehör (Art. 103 Abs. 1 GG) gebieten es, dass derjenige, der an einer geistigen Erkrankung leidet, für die Verfahren, in denen darüber entschieden wird, ob und ggf. welche rechtlichen Konsequenzen aus einer derartigen Erkrankung zu ziehen sind, **als verfahrensfähig gilt** (BVerfGE 10, 302; BGHZ 35, 1 = MDR 1961, 668; BGHZ 70, 252 = MDK 1978, 323; BGH MDR 2004, 1388; zu den verfahrensmäßigen Folgen → § 40 Rn. 9; → § 42 Rn. 12).

Besteht Anlass zu der Annahme, dass der Rechtsanwalt infolge geistigen Gebrechens seine **34** Angelegenheiten im Widerrufsverfahren nicht zu besorgen vermag, dann wird die RAK bei dem zuständigen Amtsgericht beantragen, dem Rechtsanwalt für dieses Verfahren einen Betreuer zu bestellen.

Im Anfechtungsprozess gegen den Widerruf der Zulassung zur Anwaltschaft wegen Trunksucht **35** und mehrfachem Alkoholdelikt ist eine Aussetzung zulässig, wenn angesichts der Kürze der seit der letzten stationären Behandlung verstrichenen Zeit noch nicht zuverlässig beurteilt werden kann, ob die Kur Erfolg gehabt hat (BGH MDR 1972, 48 = EGE XI, 65).

Zur Zahlung einer Berufsunfähigkeitsrente nach Widerruf der Zulassung nach § 14 Abs. 2 **36** Nr. 3 durch die Versorgungswerke vgl. *Senssfelder* BRAK-Mitt. 1982, 44.

Obwohl im Widerrufsverfahren nach der BRAO nicht festgestellt werden konnte, dass der **37** Rechtsanwalt sich in einer geistigen Verfassung befindet, die ihn unfähig erscheinen lässt, den Beruf des Rechtsanwalts ordnungsmäßig auszuüben, kann gleichwohl eine Amtsenthebung als Notar nach § 50 Abs. 1 Nr. 7 BNotO in Betracht kommen (BGH NJW 1980, 641).

4. Schriftlicher Verzicht

Schrifttum: *Kääb/Oberlander,* Zur freiwilligen Rückgabe von Zulassungen durch Rechtsanwältinnen und Rechtsanwälte in Deutschland – Ergebnisse einer Studie, BRAK-Mitt. 2006, 50; *Ostler,* Unwirksamer Verzicht auf die Rechte aus der Zulassung zur Rechtsanwaltschaft, Anm. zu EGH München BRAK-Mitt. 1986, 225, BRAK-Mitt. 1987, 155.

38 Die Zulassung zur Rechtsanwaltschaft ist zu widerrufen, wenn der Rechtsanwalt auf die Rechte aus der Zulassung zur Rechtsanwaltschaft der RAK gegenüber schriftlich verzichtet hat (Abs. 2 Nr. 4).

39 **a) Rechtsnatur.** Der Widerruf der Zulassung nach § 14 Abs. 2 Nr. 4 ist ein sog. **mitwirkungsbedürftiger Verwaltungsakt,** denn ohne den Verzicht des betroffenen Rechtsanwalts kann die Zulassung jedenfalls nach § 14 Abs. 2 Nr. 4 nicht widerrufen werden. Ein solcher Verwaltungsakt ist deshalb unwirksam, wenn die notwendige Mitwirkung des Betroffenen fehlt (BGH BRAK-Mitt. 1987, 207; EGE XI, 35 = AnwBl. 1971, 216).

40 **b) Willenserklärung.** Der Verzicht auf die Rechte aus der Zulassung ist **jederzeit möglich.** Die Wirksamkeit des Verzichts ist nicht von der Zustimmung der RAK abhängig, auch wenn der Rechtsanwalt sich damit einem anwaltsgerichtlichen Verfahren oder einem Widerruf der Zulassung aus anderen Gründen entziehen will (amtliche Begründung, BT-Drs. 3/120, 63). Nach dem Verzicht auf die Rechte aus der Zulassung zur Rechtsanwaltschaft ist eine **Selbstvertretung** des verzichtenden Rechtsanwalts vor Gericht **ausgeschlossen.** Ein ehemaliger Rechtsanwalt kann sich auch dann nicht selbst vertreten, wenn er die Bezeichnung „Rechtsanwalt im Ruhestand" führt (BSG NJW 2010, 338).

41 Der Verzicht ist ein **einseitiges, empfangsbedürftiges Rechtsgeschäft.** Er kann daher nur von einem Geschäftsfähigen erklärt werden (*Isele* § 14 Anm. IV E 2c). Die Verzichtserklärung, die **schriftlich** gegenüber der RAK abgegeben werden muss, ist befristungs- und bedingungsfeindlich (amtliche Begründung, BT-Drs. 3/120, 62). Sie kann bis zum Widerruf der Zulassung durch die RAK frei widerrufen werden (*Kleine-Cosack* § 14 Rn. 13; Henssler/Prütting/*Henssler* § 14 Rn. 17). Zum Verzicht nach Rechtskraft des Ausschlussurteils → § 146 Rn. 11.

42 **c) Anfechtung.** Ist aufgrund des Verzichts die Widerrufsverfügung einmal ergangen, so kann die Mitwirkung des Betroffenen grundsätzlich nicht mehr rückgängig gemacht werden. Der einmal erklärte Verzicht eines Rechtsanwalts auf die Rechte aus seiner Zulassung ist nicht mehr frei widerruflich, nachdem die RAK die Zulassung widerrufen hat (BGH BeckRS 2002, 04841; EGE XI, 35, 37; SächsAGH Beschluss vom 9.11.1995 – AGH 13/95 (I)). Aber auch sonst bietet das Gesetz dem Antragsteller keine rechtliche Handhabe, sich von dem Verzicht zu lösen (BGH BRAK-Mitt. 1982, 73; 1987, 207; AnwBl. 1971, 216; EGH Hamm BRAK-Mitt. 1987, 209).

43 In Rechtsprechung und Schrifttum ist aber anerkannt, „dass auf die Mitwirkung des Betroffenen, die durch Antrag, Einwilligung oder Verzicht, also durch Willenserklärung geschieht, die Bestimmungen der §§ 119 ff. BGB entsprechend angewandt werden können, weil diese Vorschriften allgemeinen, über das Gebiet des bürgerlichen Rechts hinausgehenden Rechtsgedanken Ausdruck verleihen" (BGH AnwBl. 1971, 216 = EGE XI, 35; BRAK-Mitt. 1982, 73; 1987, 207; *Isele* § 14 Anm. IV E 2c; BayAGH BRAK-Mitt. 1998, 287; SächsAGH Beschluss vom 9.11.1995 – AGH 13/95 (I)).

44 Nach dem Widerruf der Zulassung durch die RAK ist Widerruflichkeit der Verzichtserklärung nur gegeben, wenn in analoger Anwendung der §§ 119 ff. BGB eine **Anfechtung wegen Irrtums oder Drohung** durchgreift. Eine solche Anfechtung muss iSd § 121 BGB unverzüglich, dh ohne schuldhaftes Zögern erfolgen. Eine Anfechtung in analoger Anwendung des § 123 BGB wegen Täuschung oder Drohung ist nicht allein deshalb gegeben, weil er den Verzicht erklärt hat, um dem Ausspruch eines mit großer Wahrscheinlichkeit zu erwartenden vorläufigen Berufsverbotes zu entgehen (EGH Hamm Beschluss vom 19.2.1988 – 1 ZU 30/87).

45 Der Verzicht auf die Zulassung „in unwiderruflicher Weise" steht einer erneuten Zulassung nicht entgegen (BGH EGE X, 84). Der Irrtum eines Anwaltsnotars darüber, mit einem – jederzeit möglichen – erneuten Antrag auf Zulassung zur Rechtsanwaltschaft nach einer gewissen Frist von Jahren auch wieder die Ernennung zum Notar erreichen zu können, ist kein Irrtum über Inhalt und Rechtsfolgen seiner Erklärung, sondern nur ein Irrtum über die Grundlagen eines Motivs, das ihn zur Erklärung des Verzichts mit veranlasst haben mag. Dieser Irrtum im Beweggrund berechtigt nicht zur Anfechtung (EGH Hamm BRAK-Mitt. 1987, 209).

46 Die Art und Weise des Zustandekommens der Verzichtserklärung kann dieser nach dem auch im öffentlichen Recht geltenden Grundsatz von Treu und Glauben die rechtliche Verbindlichkeit nehmen, da es sich zwar um eine sachlich-rechtliche Willensäußerung handelt, die aber keine Gestaltungswirkung in sich trägt. Daran wäre etwa zu denken, wenn die Behörde bei dem Erklärenden einen Irrtum hervorgerufen oder in unzulässiger Weise auf dessen Willensbildung

eingewirkt hat (BGH BeckRS 2002, 04841; BRAK-Mitt. 1987, 207). Der Verzicht auf die Rechte aus der Zulassung zur Anwaltschaft, den ein Rechtsanwalt in einem gegen ihn gerichteten Strafverfahren mit unzulässiger behördlicher Einflussnahme erklärt, ist unwirksam wie auch der darauf beruhende Rechtsmittelverzicht gegen die Rücknahmeverfügung (EGH München BRAK-Mitt. 1986, 225 mit Anm. *Ostler* BRAK-Mitt. 1987, 155).

Als Umstände, die unter dem Gesichtspunkt von Treu und Glauben Berücksichtigung finden dürfen, hat die Rechtsprechung den zweiseitigen Irrtum über die Grundlagen des bestehenden Rechtsverhältnisses, also das Fehlen der Geschäftsgrundlage bezeichnet. Ebenso hat sie es als beachtlich angesehen, wenn die Behörde einen Beteiligten zur Abgabe einer Erklärung dadurch veranlasst hatte, dass sie in ihm einen Irrtum hervorrief oder bestärkte. In gleicher Weise von Bedeutung ist in Fällen, in denen der Behörde eine Belehrungspflicht obliegt, die Erteilung einer unrichtigen Belehrung. Für den Verzicht auf die Zulassung zur Rechtsanwaltschaft gilt nichts anderes. Hat die RAK einem vorübergehend als Angestellter im öffentlichen Dienst beschäftigten Rechtsanwalt zur Abgabe der Verzichtserklärung bewogen, indem sie die Ansicht äußerte, anderenfalls sei der Widerruf der Zulassung unausweichlich, obwohl nach § 47 Abs. 1 seine Zulassung ruhte und wäre somit ein Widerruf der Zulassung gemäß § 14 Abs. 2 Nr. 9 rechtswidrig und im Rechtswege aufzuheben gewesen, dann fehlt der Verzichtserklärung nach Treu und Glauben ihre Verbindlichkeit. Der Verzichtende kann an dem abgegebenen Zulassungsverzicht nicht festgehalten werden. Der Widerrufsverfügung fehlt die rechtliche Grundlage (BGH BRAK-Mitt. 1987, 207; EGE XI, 35 = AnwBl. 1971, 216). 47

5. Richter oder Beamter auf Lebenszeit, Berufssoldat

Schrifttum: *Nachbaur,* Professor und Rechtsanwalt – zum Anspruch beamteter Hochschullehrer auf Zulassung zur Anwaltschaft, GS Gülzow, 1999, 93.

Die Zulassung zur Rechtsanwaltschaft ist zu widerrufen, wenn der Rechtsanwalt zum Richter oder Beamten auf Lebenszeit ernannt, in das Dienstverhältnis eines Berufssoldaten berufen oder nach § 6 des Abgeordnetengesetzes oder entsprechenden Rechtsvorschriften wieder in das frühere Dienstverhältnis als Richter oder Beamter auf Lebenszeit oder als Berufssoldat zurückgeführt wird und nicht auf die Rechte aus der Zulassung zur Rechtsanwaltschaft verzichtet (Abs. 2 Nr. 5). 48

a) Parallelvorschrift. Nr. 5 korrespondiert mit § 7 Nr. 10 und ergänzt diese Vorschrift für den Fall, dass ein Rechtsanwalt nach seiner Zulassung zum Richter oder Beamten auf Lebenszeit ernannt oder in das Dienstverhältnis eines Berufssoldaten berufen oder wieder in das entsprechende frühere Dienstverhältnis zurückgeführt wird, nachdem er nicht mehr Abgeordneter ist und nicht von sich aus auf die Rechte aus der Zulassung verzichtet. Die Vorschrift berücksichtigt nunmehr aufgrund des Gesetzes zur Änderung des Berufsrechts der Rechtsanwälte und der Patentanwälte vom 13.12.1989 (BGBl. I S. 2135) auch das besondere Dienstverhältnis des Berufssoldaten. 49

Zum Sinn und Zweck der Regelung → § 7 Rn. 150 ff.; BGH BRAK-Mitt. 1995, 214; 1995, 125 = NJW-RR 1995, 888; NJW 1972, 259 = EGE XII 6; NJW 1984, 2877 = BRAK-Mitt. 1984, 193. Durch das nachträgliche Einrücken in die Stellung eines Richters oder Beamten auf Lebenszeit oder eines Berufssoldaten tritt der Tatbestand ein, der zur Versagung der Zulassung geführt hätte, wenn er im Zeitpunkt der Zulassungsentscheidung bereits vorgelegen hätte (§ 7 Nr. 10). Im Hinblick auf die Inkompatibilität der beiden Berufe wird der Rechtsanwalt in aller Regel durch den Verzicht auf die Rechte aus der Zulassung (Abs. 2 Nr. 4) aus der Anwaltschaft ausscheiden. Erklärt er diesen Verzicht nicht, so muss die Zulassung von Amts wegen widerrufen werden, weil beide Berufe nicht gleichzeitig ausgeübt werden können. 50

Zur **Verfassungsmäßigkeit** des § 14 Abs. Nr. 5 BRAO hat der BGH festgestellt, dass die Regelung weder gegen höherrangiges deutsches Recht noch gegen primäres oder sekundäres Recht der Europäischen Union verstößt (BGH NJW 2012, 615). 50a

b) Angestellte im öffentlichen Dienst. Bei Angestellten im öffentlichen Dienst kommt § 14 Abs. 2 Nr. 8 in Betracht nicht Abs. 2 Nr. 5. Für Rechtsanwälte, die nachträglich als Richter, Soldat oder Beamter verwendet werden, ohne auf Lebenszeit ernannt zu sein, oder die vorübergehend als Angestellte im öffentlichen Dienst tätig sind, gilt die Regelung des § 47 (→ § 47 Rn. 1 ff.; *Jessnitzer/Blumberg* § 14 Rn. 8; BGH NJW 1978, 1004; 1984, 2877 = BRAK-Mitt. 1984, 193). Die Berufung zum **Kirchenbeamten** auf Lebenszeit berührt die Unabhängig- 51 keit des Rechtsanwalts vom Staat nicht, da ein Kirchenbeamter nicht in einem Dienstverhältnis zum Staat steht (BVerfG NJW 2007, 2317 = BRAK-Mitt. 2007, 122; → § 7 Rn. 162; **aA** BGH BRAK-Mitt. 2006, 224).

52 **c) Professor auf Lebenszeit.** Nach dem Sinn und Zweck der Regelung ist es weder geboten noch zulässig, entgegen dem eindeutigen Wortlaut des § 14 Abs. 2 Nr. 5 (oder des § 7 Nr. 10) für Professoren auf Lebenszeit im aktiven Dienst – seien sie auch Rechtslehrer an deutschen Hochschulen – eine Ausnahme von den gesetzlichen Voraussetzungen für die weitere Zugehörigkeit zur Rechtsanwaltschaft zu machen (EGMR NJW 2007, 3049 = BRAK-Mitt. 2007, 216; BGH BRAK-Mitt. 1995, 214; 1995, 125 = NJW-RR 1995, 888; NJW 1984, 2877 = BRAK-Mitt. 1984, 193; NJW-RR 1998, 1440; DÖD 1998, 71; → § 7 Rn. 159). Dies gilt auch für Professoren an Fachhochschulen (BGH BRAK-Mitt. 2002, 37). Eine Sonderregelung zugunsten der Gruppe der wissenschaftlich tätigen Beamten oder zugunsten der Hochschullehrer ist nicht angezeigt, da diese genügend Gemeinsamkeiten mit den übrigen Beamten aufweisen (BayAGH BRAK-Mitt. 2001, 239). Der Gesetzgeber ist davon ausgegangen, dass die besondere öffentlich-rechtliche Bindung des Beamten auf Lebenszeit an den Dienstherrn die gleichzeitige Stellung als Rechtsanwalt unvereinbar macht. Darin unterscheidet sich die Stellung eines Hochschulprofessors nicht grundlegend von derjenigen anderer Beamter im aktiven Dienst. Aus dem gleichen Grunde ist die Stellung eines Hochschulprofessors nicht mit der eines angestellten Rechtsanwalts zu vergleichen. Auch die besondere Situation, dass der Professor vor seiner Ernennung zum Beamten auf Lebenszeit lange Jahre zugleich als Rechtsanwalt und als wissenschaftlicher Assistent tätig war, vermag eine andere Gesetzesauslegung nicht zu begründen. § 14 Abs. 2 Nr. 5 ist eine zwingende generalisierende Vorschrift, die für Ermessensüberlegungen keinen Raum lässt (BGH BRAK-Mitt. 1995, 214; NJW-RR 1995, 888). Der damit verbundene Eingriff in die Berufsfreiheit ist weder unter verfassungsrechtlichen noch unter europarechtlichen Aspekten bedenklich (BGH BRAK-Mitt. 2002, 37; NJW-RR 1998, 1440; DÖD 1998, 71; EGMR NJW 2007, 3049 = BRAK-Mitt. 2007, 216; **aA** *Nachbaur,* GS Gülzow, 1999, 93 ff.). Es besteht zudem stets die Möglichkeit, eine Stellung als Beamter auf Lebenszeit aufzugeben und eine Hochschullehrertätigkeit als Lehrbeauftragter oder Honorarprofessor oder im Angestelltenverhältnis fortzusetzen. Diese Fälle werden nicht von § 14 Abs. 2 Nr. 5 erfasst (BGH BRAK-Mitt. 2009, 240).

53 **d) Beamter auf Lebenszeit.** Die Zulassung ist bei Berufung zum Beamten auf Lebenszeit pp. gemäß Nr. 5 auch dann zwingend zu widerrufen, wenn durch die Stellung und Tätigkeit als Beamter pp. ausnahmsweise die Aufgabe des Rechtsanwalts nicht Schaden nimmt (BGH BRAK-Mitt. 1983, 86) und im Einzelfall durch die gleichzeitige Zulassung zur Anwaltschaft die Interessen der Rechtspflege nicht gefährdet werden (BGH NJW 1978, 1004).

54 Es ist auch unerheblich, dass der Rechtsanwalt seine dienstliche Tätigkeit als Beamter, Richter oder Berufssoldat nicht ausübt oder nicht ausüben kann, wobei der Grund dafür gleichgültig ist (zu § 7 Nr. 10 aF BGH EGE XII, 58). Auch die Rechtsanwaltszulassung eines **Beamten der EU auf Lebenszeit** ist nach § 14 Abs. 2 Nr. 5 zu widerrufen (→ § 7 Rn. 161).

55 Der Rechtsanwalt hat nach § 56 Abs. 2 Nr. 2 dem Vorstand der RAK unverzüglich anzuzeigen, dass er dauernd oder zeitweilig als Richter, Beamter, Berufssoldat oder Soldat auf Zeit verwendet wird. Damit soll der Kammer eine bessere Ausübung ihrer Aufgabe zur Beratung und Aufsicht ermöglicht werden.

56 **6. Widerruf der lokalen Zulassung.** § 14 Abs. 2 Nr. 6 aF, der den Widerruf der Zulassung zur Rechtanwaltschaft bei Widerruf der lokalen Zulassung regelte (vgl. 6. Aufl. § 14 Rn. 56, 57), wurde durch Gesetz vom 26.3.2007 (BGBl. I S. 358) gestrichen, da die Lokalisierung bei einem Gericht ganz entfallen ist (→ Vor § 4 Rn. 7).

7. Vermögensverfall

Schrifttum: *Beck,* Insolvenz von Anwälten und Notaren – Grundrechtskonforme Gefahrenabwehr oder Pflege vordemokratischer Standesdünkel?, ZVI 2013, 81; *Kleine-Cosack,* Abschied vom freiberuflichen Anwaltsideal – Neue Möglichkeiten zur Vermeidung eines Zulassungswiderrufs, AnwBl. 2005, 442; *ders.,* Massive Rechtsschutzverkürzung beim Widerruf der Anwaltszulassung, AnwBl. 2011, 939; *ders.,* Widerruf der Zulassung: Vom Vermögensverfall zur Unzuverlässigkeit, AnwBl. 2011, 204; *Römermann,* Anwaltszulassung trotz Vermögensverfall, AnwBl. 2005, 178; *ders.,* Keine Hoffnung (mehr) für insolvente Rechtsanwälte?, AnwBl. 2006, 237; *ders.,* Licht am Ende eines langen Tunnels: Muss der Vermögensverfall das berufliche Ende sein?, AnwBl. 2010, 418; *Schmittmann,* Vermögensverfall und Widerruf der Bestellung bei freien kammergebundenen rechts- und steuerberatenden Berufen, NJW 2002, 182;

Stronczek, Der Vermögensverfall als zweithäufigster Grund für den Widerruf der Zulassung, Kammermitteilungen RAK Düsseldorf 2012, 390.

Die Zulassung zur Rechtsanwaltschaft ist zu widerrufen, wenn der Rechtsanwalt in Vermögensverfall geraten ist, es sei denn, dass dadurch die Interessen der Rechtsuchenden nicht gefährdet sind; ein Vermögensverfall wird vermutet, wenn ein Insolvenzverfahren über das Vermögen des Rechtsanwalts eröffnet oder der Rechtsanwalt in das vom Insolvenzgericht oder vom Vollstreckungsgericht zu führende Verzeichnis (§ 26 Abs. InsO, § 882b ZPO, bis 1.1.2013: § 915 ZPO) eingetragen ist (Abs. 2 Nr. 7). 57

a) Vermögensverfall. Zum Schutze der rechtsuchenden Bevölkerung wurde durch Gesetz zur Änderung des Berufsrechts der Rechtsanwälte und der Patentanwälte vom 13.12.1989 (BGBl. I S. 2135) der **Vermögensverfall als zwingender Widerrufsgrund** umgestaltet (amtliche Begründung, BT-Drs. 11/3253, 20). Allerdings ist für den Widerruf der Zulassung wegen Vermögensverfall anders als bei der Nichtzulassung nach § 7 Nr. 9 nicht auf die daraus resultieren abstrakte Gefährdung abzustellen, sondern der Widerruf setzt voraus, dass **durch den Vermögensverfall die Interessen der Rechtsuchenden gefährdet sind** (BGH BRAK-Mitt. 2005, 190 = AnwBl. 2005, 503; → § 7 Rn. 146; → § 14 Rn. 61). Wegen der Voraussetzungen des Vermögensverfalls → § 7 Rn. 139 ff. Insbesondere gelten hinsichtlich der widerleglichen gesetzlichen Vermutung für das Vorliegen eines Vermögensverfalls die zu → § 7 Rn. 143, 144 dargestellten Grundsätze entsprechend. Wenn die gesetzliche Vermutung nicht eingreift, zB aufgrund fehlender Eintragungen des Schuldnerverzeichnisses, muss der Vermögensverfall dem Anwalt konkret nachgewiesen werden (BGH AnwBl. 2008, 67). 58

Die gesetzliche Vermutung der Eintragung im Schuldnerverzeichnis greift nicht ein, wenn die zugrunde liegende Forderung bei Widerruf der Zulassung beglichen ist, auch wenn die Eintragung noch fortbesteht. Der Nachweis für das Erlöschen der Forderung obliegt dem Rechtsanwalt (BGH MDR 2003, 599 = BRAK-Mitt. 2003, 84 = AnwBl. 2003, 369). Die **Prognose,** dass der Rechtsanwalt seine ungeordneten schlechten finanziellen Verhältnisse „in absehbarer Zeit nicht ordnen kann" (→ § 7 Rn. 142), **muss von Anfang an eine hinreichende Grundlage** haben. Nur dann kann von einer Bestätigung durch spätere Ereignisse die Rede sein. Fehlte es im Zeitpunkt des Erlasses der Widerrufsverfügung an einer derartigen tatsächlichen Grundlage und rechtfertigt erst das künftige Geschehen die Prognoseentscheidung, dann war die ursprüngliche Prognoseentscheidung fehlerhaft und die Feststellung des Vermögensverfalls nicht gerechtfertigt. Es kann dann zwar ein erneuter Widerruf ausgesprochen werden. Die frühere – fehlerhafte – Widerrufsentscheidung wird durch die späteren Ereignisse nicht rechtmäßig (BGH NJW 2005, 511 = BRAK-Mitt. 2005, 86 = AnwBl. 2005, 217). Der mit der Abgabe der eidesstattlichen Offenbarungsversicherung drohende Widerruf der Zulassung begründet keine mit den guten Sitten unvereinbare Härte iSd § 765a ZPO (BGH NJW 2010, 1002; LG Freiburg AnwBl. 1997, 349). 59

Auch wenn der Rechtsanwalt seine belastende Vermögenssituation nicht selbst verschuldet hat, steht dies im Interesse der Rechtsuchenden dem Widerruf der Zulassung nicht entgegen (BGH BRAK-Mitt. 1999, 270; BGHR 2001, 668). Bei einer Vielzahl von sehr hohen Verbindlichkeiten und darauf gestützten Vollstreckungsmaßnahmen ist ein Vermögensverfall auch dann anzunehmen, wenn das Eigenvermögen des Anwalts beträchtlich ist (AGH NRW AnwBl. 2000, 199), aber nicht zur Tilgung aller Verbindlichkeiten ausreicht oder herangezogen werden kann. Die Vermögensverhältnisse des Insolvenzschuldners sind nicht allein schon deshalb „geordnet", weil regelmäßig die Verfügungsbefugnis auf einen Insolvenzverwalter übergeht. Insbesondere beseitigt der im Rahmen des Insolvenzverfahrens gestellte Antrag auf Restschuldbefreiung weder den Vermögensverfall noch die Gefährdung der Interessen der Rechtsuchenden. Denn ob es dazu kommt, ist im Einzelfall offen; zudem wird dieses Ziel erst nach sieben Jahren erreicht. Anders ist es mit Ankündigung der Restschuldbefreiung nach durchgeführtem Insolvenzverfahren (→ § 7 Rn. 148; BGH NJW 2005, 1271 = MDR 2005, 659 = BGHR 2005, 815 = BRAK-Mitt. 2005, 132 = AnwBl. 2005, 363; NJW 2005, 511; AnwBl. 2006, 280). Die Vermögensverhältnisse eines Schuldners können grundsätzlich erst mit der **Aufhebung des Insolvenzverfahrens,** mit welcher der Schuldner das Recht zurückerhält, über die vormalige Insolvenzmasse frei zu verfügen (§ 259 Abs. 1 S. 2 InsO), mit der **Ankündigung der Restschuldbefreiung** durch Beschluss des Insolvenzgerichts (§ 300 Abs. 1 InsO), mit einem vom Insolvenzgericht **bestätigten Insolvenzplan** (§ 248 InsO) oder durch einen vorliegenden vom Insolvenzgericht **an-** 60

genommenen Schuldenbereinigungsplan (§ 308 InsO) wieder als geordnet angesehen werden (BGH NZI 2012, 106; BeckRS 2012, 10263; 2010, 15795; NJW 2005, 1271; AnwBl. 2006, 280 = BRAK-Mitt. 2006, 81; AGH Bln BeckRS 2011, 08316). Zu geordneten Vermögensverhältnissen gehört auch, dass die Gläubiger jedenfalls in absehbarer Zeit befriedigt werden, dh dass nicht auf unabsehbare Zeit Forderungen offen bleiben dürfen (BGH NJW 2005, 1271), und dass der Rechtsanwalt bzw. Rechtsbeistand (§ 209) selbst und frei über sein Vermögen verfügen kann. Davon kann im Insolvenzverfahren in aller Regel nicht ausgegangen werden (BGH BRAK-Mitt. 2001, 144 = AnwBl. 2001, 296; AGH Hess BRAK-Mitt. 2004, 131; SächsAGH Beschluss vom 5.3.2004 – AGH 21/03 (I); *Deppert* BRAK-Mitt. 2001, 111). Der Umstand, dass der Insolvenzverwalter die Anwaltskanzlei im noch laufenden Insolvenzverfahren freigegeben hat, beseitigt die Insolvenz und damit den Vermögensverfall nicht (BGH BeckRS 2007, 08696). Im gerichtlichen Verfahren prüft das Gericht, ob **im Zeitpunkt der Widerrufsverfügung** ein Vermögensverfall vorlag (→ § 14 Rn. 59). Wenn dieser feststeht, tritt eine **Beweislastumkehr** ein und muss der Rechtsanwalt nachweisen, dass jetzt ein Vermögensverfall nicht mehr vorliegt. Zur Widerlegung der Vermutung reicht es nicht aus, wenn der Antragsteller lediglich bezüglich einzelner Forderungen eine Schuldtilgung oder eine Stundungsvereinbarung nachweist. Dies gilt insbesondere dann, wenn gleichzeitig neue Verbindlichkeiten bekannt werden, die darauf hindeuten, dass der Rechtsanwalt alte Verbindlichkeiten nur tilgen kann, indem er neue auflaufen lässt (BGH BeckRS 2006, 00482). Um die Vermutung des Vermögensverfalls zu widerlegen, muss der betroffene Rechtsanwalt vielmehr seine Einkommens- und Vermögensverhältnisse umfassend darlegen. Insbesondere muss er eine Aufstellung sämtlicher gegen ihn erhobenen Forderungen vorlegen und im Einzelnen darlegen, ob diese Forderungen inzwischen erfüllt sind oder in welcher Weise er sie zu erfüllen gedenkt. Beruft der betroffene Rechtsanwalt sich dabei auf offene Ansprüche, mit denen er seine Verbindlichkeiten tilgen jann, muss er nachweisen, dass diese ihm als liquide Vermögenswerte tatsächlich zur Verfügung stehen (BGH BeckRS 2014, 05623). Er muss einen erfolgversprechenden Tilgungsplan vorlegen, der sich auf alle gegen ihn geltend gemachten Forderungen erstreckt. Der Antragsteller ist nach § 32 S. 1 iVm § 26 Abs. 2 VwVfG zu einer entsprechenden Mitwirkung im Verfahren verpflichtet (BGH BRAK-Mitt. 1995, 126; 1999, 36; Beschluss vom 17.2.1992 – AnwZ (B) 56/91 – und 14.11.2005 – AnwZ (B) 93/04; BGH bei *Zuck* BRAK-Mitt. 1992, 66, 71). Wenn eine **„Vergleichs- und Ratenzahlungsvereinbarung"**, in der sich ein Rechtsanwalt zu monatlichen Ratenzahlungen zum Ausgleich gegen ihn bestehender Forderungen verpflichtet, abgeschlossen wird und während des Laufs dieser Ratenzahlungen keine Vollstreckungsmaßnahmen ergriffen werden, dann ist der Vermögensverfall nachträglich behoben. Dies gilt auch, wenn ein Rechtsanwalt finanziell in der Lage ist, eingegangene Ratenverpflichtungen zu erfüllen und außerdem die laufenden Kosten einschließlich der Lebenshaltungskosten aufzubringen (BGH BRAK-Mitt. 1995, 29; NJW 2005, 1271; AGH NRW AnwBl. 1999, 698).

60a Der Umstand, dass im Laufe des gerichtlichen Verfahrens Eintragungen im Schuldnerverzeichnis gelöscht werden, zwingt die RAK nicht zu neuen Ermittlungen, da der Vermutungstatbestand des § 14 Abs. 2 Nr. 7 dadurch nicht entfallen ist (BGH NJW 1991, 2083 = MDR 1991, 905). Auch wenn die letzte zum Zulassungswiderruf führende Eintragung im Schuldnerverzeichnis mehr als drei Jahre zurückliegt und die Eintragung daher als gelöscht gilt (§ 915b Abs. 2 ZPO), tritt allein dadurch noch keine Veränderung der Sachlage ein (BGH NJW-RR 1997, 1558 = BRAK-Mitt. 1997, 124). Zum Fortfall des Vermögensverfalls während des Beschwerdeverfahrens → § 42 Rn. 15; BGH AnwBl. 2007, 714. Zur Bindungswirkung einer rechtskräftigen Widerrufsentscheidung nach § 14 Abs. 2 Nr. 7 → § 6 Rn. 21 ff.; → § 7 Rn. 145. Weist der Rechtsanwalt aber – spätestens in der mündlichen Verhandlung (§§ 40 Abs. 2, 42 Abs. 6) – nach, dass alle Forderungen, zu deren Durchsetzung Zwangsvollstreckungsmaßnahmen eingeleitet worden waren, getilgt sind und er seinen Verpflichtungen auch in Zukunft nachzukommen vermag, entfällt der Widerrufsgrund des § 14 Abs. 2 Nr. 7 und hat die Anfechtung des Widerrufs der Zulassung wegen Vermögensverfalls Erfolg (BGH BRAK-Mitt. 1999, 36; MDR 2003, 599). Zur Wiederherstellung geordneter Vermögensverhältnisse auch durch Ankündigung der Restschuldbefreiung nach durchgeführtem Insolvenzverfahren → § 7 Rn. 148; BGH NJW 2005, 1271.

61 **b) Gefährdung der Interessen der Rechtsuchenden.** Ebenfalls zum Schutze der rechtsuchenden Bevölkerung soll bei einem Vermögensverfall nur dann von dem Widerruf abgesehen werden, wenn die Interessen der Rechtsuchenden trotz des Vermögensverfalls nicht gefährdet sind (amtliche Begründung, BT-Drs. 11/3253, 20). Eine abstrakte Gefährdung wie bei § 7 Nr. 9 reicht nicht aus. Der Widerruf setzt eine konkrete Gefährdung voraus (BGH AnwBl. 2005, 503 = BRAK-Mitt. 2005, 190). Das bedeutet, dass ein Vermögensverfall **zwar regelmäßig, aber nicht zwangsläufig und ausnahmslos** zum Widerruf der Zulassung führt. Vielmehr muss in jedem Einzelfall unter Berücksichtigung einer Gesamtwürdigung der Person des Rechtsanwalts, der Umstände des Eintritts des Vermögensverfalls, der Beschränkungen und aller Sicherungsmaßnahmen, die der Rechtsanwalt – eventuell im Zusammenwirken, mit den ihn als Angestellten beschäftigenden Sozietätsanwälte – getroffen hat, geprüft werden, ob die Interessen der Rechtsuchenden gefährdet sind (BGH NJW 2005, 511; AnwBl. 2006, 280 = BRAK-Mitt. 2005, 190). So werden vereinzelte Umstände und Sicherungsmaßnahmen in der Regel die Gefährdung nicht beseitigen. Ein ganzes Bündel von einander ergänzenden Sicherungsmaßnahmen verbunden mit einer positiven Gesamtwürdigung der Person des Rechtsanwalts kann aber **in seltenen Ausnahmefällen** eine andere Wertung rechtfertigen, insbesondere wenn durch bindende Vereinbarungen mit einer angesehenen **Anwaltssozietät** sichergestellt ist, dass der pfändbare Teil des Einkommens des Rechtsanwalts an den Insolvenzverwalter abgeführt wird (BGH NJW 2005, 511), oder wenn aufgrund konkreter, im Arbeitsvertrag geregelter Sicherungsvorkehrungen und Vertretungsregelungen im Einzelfall eine Gefährdung nicht mehr fortbesteht (BGH BRAK-Mitt. 2007, 220). Auch dann kann von einem Widerruf abgesehen werden, wenn der Rechtsanwalt seine selbstständige anwaltliche Tätigkeit vollständig aufgegeben hat und in einer Anwaltssozietät angestellt ist, die durch arbeitsvertragliche Beschränkungen pp. den Schutz der Interessen der Rechtsuchenden vertraglich und organisatorisch sicherstellt (BGH NJW-RR 2013, 1012; BeckRS 2012, 21118). Es muss sichergestellt sein, dass der Anwalt keine Mandantengelder persönlich in bar vereinnahmt oder auf ein eigenes Konto überweisen lässt (BGH AnwBl. 2008, 66). Andererseits ist die Aufgabe der eigenen Kanzlei und die Aufnahme einer Tätigkeit als angestellter Rechtsanwalt dann nicht geeignet, eine Gefährdung der Interessen der Rechtsuchenden auszuschließen, wenn sich der Rechtsanwalt erst unter dem Druck eines Widerrufsverfahrens dazu entschließt, einen Anstellungsvertrag unter dem Vorbehalt der „Wiederherstellung seiner anwaltlichen Zulassung“ abzuschließen und der Rechtsanwalt zudem bisher seinen Beruf nicht frei von Beanstandungen ausgeführt hat (AGH SchlH BRAK-Mitt. 2005, 193).

Eine Gefährdung der Interessen von Rechtsuchenden wird auch dann nicht beseitigt, wenn 62
der Arbeitsvertrag zwischen neuer Kanzlei und dem in Vermögensverfall geratenem Anwalt keine enge Bindung darstellt, da nur eine geringfügige Tätigkeit zu einem Honorar von 300 Euro monatlich vereinbart ist (AGH NRW BRAK-Mitt. 2006, 38). Insbesondere die **Anstellung in einer Einzelkanzlei** vermag eine Gefährdung der Interessen der Rechtsuchenden durch arbeitsvertragliche Beschränkungen der Befugnisse des angestellten Rechtsanwalts **nicht** auszuschließen, weil deren Einhaltung in einer Einzelkanzlei – anders als in einer Sozietät – zB im Krankheitsfall oder im Urlaub des Kanzleiinhabers nie zuverlässig sichergestellt werden kann (BGH BRAK-Mitt. 2006, 81 = AnwBl. 2006, 280; NdsAGH BRAK-Mitt. 2011, 287). Auch ein Anstellungsvertrag mit dem früheren Sozius des in Vermögensverfall geratenen Rechtsanwalt genügt den strengen Anforderungen an den Ausschluss der Gefährung der Interessen der Rechtsuchenden nicht, denn durch die Anstellung wird der Sozius zum Einzelanwalt (BGH DStR 2013, 680). Dies gilt auch bei einer Beschäftigung als **freier Mitarbeiter in einer Einzelkanzlei** mit gleichzeitiger Nennung auf dem Briefpapier (BGH AnwBl. 2006, 281 mit krit. Anm. *Römermann* AnwBl. 2006, 237). Auch die erklärte Absicht des in Vermögensverfall geratenen Rechtsanwalts, keine Fremdgelder mehr entgegen zu nehmen, und der Abschluss eines Treuhandvertrags mit einem in Bürogemeinschaft mit ihm stehenden Rechtsanwalt beseitigt nicht die Gefährdung der Interessen der Rechtsuchenden (BGH NJW-RR 2006, 859). Arbeitet der Berufsträger als angestellter Rechtsanwalt und hat er in seinem Arbeitsvertrag Maßnahmen verabredet, die verhindern dass er mit Fremdgeldern in Berührung kommt und ist dieses Arbeitsverhältnis zum Zeitpunkt der Entscheidung schon über einen längeren Zeitraum existent, so kann eine Gefährdung der Rechtsuchenden mit hoher Wahrscheinlichkeit ausgeschlossen werden, soweit der Rechtsanwalt seine berufliche Tätigkeit bis dahin beanstandungsfrei ausgeübt hat und er selbst zielgerichtet, ernsthaft und planvoll die erforderlichen Schritte zur Stabilisierung seiner Vermögensverhältnisse unternommen hat (BGH BRAK-Mitt. 2010, 129 f.)

Wird über das Vermögen eines Rechtsanwalts oder Rechtsbeistands ein **Insolvenzverfahren** 63
eröffnet, sind die Interessen der Mandanten regelmäßig schon deshalb gefährdet, weil diese – vorbehaltlich ihres guten Glaubens – das Honorar nicht befreiend an den Auftragnehmer zahlen

können. Der im Rahmen dieses Verfahrens gestellte Antrag auf Restschuldbefreiung rechtfertigt für sich allein ebenfalls nicht die Annahme, die Interessen der Rechtsuchenden seien nicht mehr gefährdet (BGH EBE 2000, 132 = BRAK-Mitt. 2000, 144 = AnwBl. 2001, 296; NJW 2005, 511; kritisch *Schmittmann* NJW 2002, 182, 184). Eine Gefährdung der Interessen der Rechtsuchenden kann erst ausgeschlossen werden, wenn das Insolvenzverfahren zu einem Abschluss führt, bei dem mit einer **Konsolidierung der Vermögensverhältnisse** des Antragstellers gerechnet werden kann. Das setzt die Ankündigung der Restschuldbefreiung durch Beschluss des Insolvenzgerichts oder die Annahme eines Schuldenbereinigungsplans durch die Gläubiger oder die Einsetzung von deren Zustimmung durch das Insolvenzgericht voraus (BGH BRAK-Mitt. 2010, 77). Der Rechtsanwalt muss nachweisen, dass eine entsprechende Gefährdung nicht gegeben ist (BGH NJW 1991, 2083 = MDR 1991, 905). Die Möglichkeit neuer Vollstreckungsmaßnahmen gegen den Rechtsanwalt, über die seine Gläubiger auf für Mandanten bestimmte Gelder zugreifen können, ist grundsätzlich als eine solche Gefährdung zu erachten, insbesondere wenn der Rechtsanwalt noch nicht einmal eine Haftpflichtversicherung abgeschlossen hat. Dies gilt um so mehr, wenn es schon zu Kontenpfändungen gekommen ist. Solche Gelder, die immer wieder durch die Hände eines Rechtsanwalts gehen, lassen sich vor dem Zugriff der Gläubiger letztlich nicht schützen. Nur wenn nach den Umständen, in denen sich der Rechtsanwalt befindet, ein solcher Zugriff fernliegt, scheidet ausnahmsweise eine Gefährdung aus (BGH Beschlüsse vom 7.10.1991 – AnwZ (B) 26/91; 17.2.1992 – AnwZ (B) 50/91; 13.4.1992 – AnwZ (B) 10/92; zu § 15 Nr. 1 aF Beschlüsse vom 25.6.1984 – AnwZ (B) 7/84; 3.3.1986 – AnwZ (B) 34/85; 26.6.1989 – AnwZ (B) 10 und 19/89; BRAK-Mitt. 1987, 39). Eine Gefährdung der Interessen der Rechtsuchenden entfällt nicht auch deshalb, weil der Vermögensverfall durch eine einzige Schuld begründet wird und dass deren Gläubiger eine anwaltliche Institution (Versorgungswerk) ist (BGH BRAK-Mitt. 1999, 36 = NJW-RR 1999, 712). Die Interessen der Rechtsuchenden werden durch gegenwärtig ungeordnete Vermögensverhältnisse auch dann gefährdet, wenn der Anwalt ausschließlich steuerliche Mandate bearbeitet und mit Mandantengeldern nicht in Berührung kommt (BGH BGHR 2001, 668).

63a Auch wenn über das Vermögen eines Rechtsanwalts ein Insolvenzverfahren im Ausland eröffnet wird, sind die Interessen der Rechtsuchenden gefährdet (BayAGH BRAK-Mitt. 2011, 213), wobei zur Begründung auf die Feststellungen zum Insolvenzverfahren im Inland verwiesen werden kann.

64 Die bloße Einrichtung eines **Anderkontos** bietet keine Gewähr, dass Mandantengelder vor dem Zugriff der Gläubiger bewahrt werden und damit eine Gefährdung der Interessen der Rechtsuchenden ausgeschlossen ist. Nicht alle für Mandanten bestimmten Geldbeträge werden auf Konten überwiesen. Es kommt immer wieder vor, dass Zahlungen per Scheck oder in bar erfolgen. Bei diesen Zahlungen hängt es ausschließlich vom Willen des Rechtsanwalts ab, ob er die erhaltenen Beträge bestimmungsgemäß verwendet oder nicht (BGH BRAK-Mitt. 1991, 102; BayAGH BRAK-Mitt. 2002, 94). Bei größerer Schuldenlast wird der Rechtsanwalt immer wieder in Versuchung sein, dem Drängen seiner Gläubiger nachzugeben und ihm anvertraute Gelder – wenigstens zeitweise – für eigene Zwecke zu verwenden (BGH BRAK-Mitt. 1988, 50). Ob tatsächlich Mandantengelder gepfändet oder zweckwidrig verwandt wurden, ist für die Entscheidung ohne Bedeutung (BGH Beschluss vom 7.10.1991 – AnwZ (B) 26/91 nv).

64a Eine **Gefährdung der Interessen der Rechtsuchenden** ist auch nicht ausgeschlossen, nur weil sich der Rechtsanwalt freiwillig auf die Annahme bestimmter Mandate beschränkt, deren Wahrnehmung nicht mit dem Empfang von Mandantengeldern verbunden ist. Die Einhaltung einer solchen nach außen nicht erkennbaren und dem Berufsbild des Rechtsanwalts fremden Verpflichtung wäre nicht kontrollierbar und vom Rechtsanwalt jederzeit aufgebbar. Angesichts der nicht ausschließbaren Möglichkeit der Hereinnahme von Schecks oder Bargeld beseitigt selbst die Nichtunterhaltung jeglicher eigener Konten eine Gefährdung der Rechtsuchenden nicht hinreichend sicher (BGH BRAK-Mitt. 2005, 27; Beschlüsse vom 25.6.1984 – AnwZ (B) 7/84; 25.4.1988 – AnwZ (B) 58/87; 27.5.1991 – AnwZ (B) 9/91; 7.10.1991 – AnwZ (B) 26/91).

64b Gibt ein in Vermögensverfall geratener Rechtsanwalt seine eigene Kanzlei auf und bleibt er als angestellter Rechtsanwalt tätig, so ist allein deswegen (aber → Rn. 65) eine Gefährdung der Rechtsuchenden ebenfalls nicht ausgeschlossen, da er als angestellter Rechtsanwalt weiter Mandantengelder in Empfang nehmen kann und jederzeit wieder selbständig als Rechtsanwalt tätig sein könnte mit den sich daraus für die Rechtsuchenden ergebenden Gefahren (BGH BRAK-Mitt. 1984, 194; 1987, 208; NJW 2005, 511; *Laufhütte* DRiZ 1990, 431, 433; *Roggenbuck* NJ

1991, 206). An der Gefährdung der Rechtsuchenden ändert sich auch nichts dadurch, dass schon vor Erlass der Widerrufsverfügung ein vorläufiges Berufsverbot gegen den Rechtsanwalt verhängt und ihm nach § 161 ein Vertreter bestellt wurde (BGH EGE XIV, 22; Beschluss vom 3.3.1986 – AnwZ (B) 34/85 nv).

Die Vereinbarung mit der Bank, die auf dem im Debet befindlichen Geschäftskonten des Rechtsanwalts eingehenden Geldbeträge zugunsten der Mandanten freizugeben, wenn der Rechtsanwalt glaubhaft macht, dass es sich um Fremdgelder handelt, schließt eine (konkrete) Gefährdung nicht aus. Auf diese Weise lässt sich nicht verhindern, dass ein infolge einer Gutschrift entstehender positiver Tagessaldo von einer Pfändung erfasst wird (BGH BRAK-Mitt. 1988, 50). **64c**

Eine Gefährdung der Interessen Rechtsuchender ist auch nicht ausgeschlossen, weil der Rechtsanwalt keine Konten unterhält, über die Mandantengelder laufen, zB wenn die Konten, über die der Rechtsanwalt zwar verfügungsberechtigt ist, auf den Namen seiner Mandanten laufen und Mitteilungen über Kontenbewegungen den Mandanten als Kontoinhabern seitens der Bank direkt übersandt werden, so dass diesen nicht gebilligte Verfügungen sofort bekannt werden. Dies wäre für die RAK nicht kontrollierbar und würde den Rechtsanwalt nicht hindern, mit neuen Mandanten und deren Geldern anders zu verfahren (anders zu § 15 Nr. 1 aF EGH Hamm Beschluss vom 18.2.1986 – 1 ZU 76/85). Auch allein die „fortlaufende Beaufsichtigung" des in nicht geordneten wirtschaftlichen Verhältnissen lebenden Rechtsanwalts durch einen anderen Berufsangehörigen im Rahmen einer Sozietät, Partnerschaft, GmbH pp. beseitigt die Gefährdung der Interessen der Rechtsuchenden nicht (**aA** OVG Münster AnwBl. 2005, 72 zu § 20 Abs. 2 Nr. 5 WPO mit zust. Anm. *Kleine-Cosack*), da der Rechtsanwalt sich als unabhängiges Organ der Rechtspflege jederzeit dieser Kontrolle entziehen kann, indem er zB aus der Sozietät pp. ausscheidet. Auch dies wäre für die RAK nicht kontrollierbar (aber → § 14 Rn. 65). **65**

8. Unvereinbare Tätigkeit. Die Zulassung zur Rechtsanwaltschaft ist zu widerrufen, wenn der Rechtsanwalt eine Tätigkeit ausübt, die mit seinem Beruf, insbesondere seiner Stellung als unabhängiges Organ der Rechtspflege nicht vereinbar ist oder das Vertrauen in seine Unabhängigkeit gefährden kann; dies gilt nicht, wenn der Widerruf für ihn eine unzumutbare Härte bedeuten würde (Abs. 2 Nr. 8). **66**

Entsprechend der Neuregelung des § 7 Nr. 8 (→ § 7 Rn. 89 ff.) bezüglich der Versagung der Zulassung zur Rechtsanwaltschaft wurde damit korrespondierend auch der § 14 Abs. 2 Nr. 8 bezüglich des Widerrufs der Zulassung neu gefasst (amtliche Begründung, BT-Drs. 12/4993, 24). In den Fällen, in denen nach der Neuregelung des § 7 Nr. 8 eine Zulassung zur Rechtsanwaltschaft ausgeschlossen ist, ist, wenn der Rechtsanwalt nach seiner Zulassung eine entsprechende Tätigkeit aufnimmt, seine Zulassung zu widerrufen, es sei denn, der Widerruf bedeute für ihn eine unzumutbare Härte. Zu den **Voraussetzungen der Widerrufsgründe** nach § 14 Abs. 2 Nr. 8 → § 7 Rn. 89 ff. So ist eine Tätigkeit auf unbestimmte Zeit als vollzeitbeschäftigter Verwaltungsangestellter auch trotz Nebentätigkeitsgenehmigung des Dienstgebers nicht mit der Ausübung des Anwaltsberufs vereinbar und die Zulassung zu widerrufen (BGH NJW-RR 1999, 570; BRAK-Mitt. 1993, 219 bei unbefristeter Anstellung bei der Treuhand). Auch hier ist wie bei § 7 Nr. 8 (→ § 7 Rn. 121 ff.) von entscheidender Bedeutung, ob eine anwaltliche Tätigkeit neben der anderen tatsächlich ausgeübt werden kann. Denn der Rechtsanwaltsberuf darf neben einem anderen Beruf nur gewählt und ausgeübt werden, wenn dem Rechtsanwalt der für eine Anwaltstätigkeit unentbehrliche **rechtliche und tatsächliche Handlungsspielraum** verbleibt (BVerfGE 87, 287 = NJW 1993, 317; BGH AnwBl. 2003, 525 = EBE 2003, 138 zur Vereinbarkeit der Tätigkeit eines Arztes mit dem Beruf des Rechtsanwalts). **67**

Auch diese gesetzliche Beschränkung der Berufsfreiheit (Art. 12 Abs. 1 S. 2 GG) **genügt den Anforderungen der Verfassung** an grundrechtsbeschränkende Gesetze. Gemessen an ihrer Eingriffsintensität sind die Generalklauseln der §§ 7 Nr. 8 und 14 Abs. 2 Nr. 8, die die Unvereinbarkeit des Anwaltsberufs mit anderen beruflichen Tätigkeiten anordnen, (noch) hinreichend bestimmt (BVerfGE 87, 287 = NJW 1993, 317 = MDR 1993, 276 = BRAK-Mitt. 1993, 50; BVerfG Beschluss vom 18.1.1993 – 1 BvR 525/92 nv; → § 7 Rn. 89 ff.). Auch inhaltlich bestehen von Verfassungs wegen keine hinreichenden Bedenken. Das Ziel der Regelung besteht darin, die fachliche Kompetenz und Integrität sowie ausreichende Handlungsspielräume des Rechtsanwalts zu sichern und die notwendige Vertrauensgrundlage der Rechtsanwaltschaft zu schützen (BVerfGE 87, 287 = NJW 1993, 317; BGH EBE 2003, 138 = AnwBl. 2003, 525 = BRAK-Mitt. 2003, 129). Sie dient damit der Funktionsfähigkeit der Rechtspflege, einem **68**

Gemeinwohlbelang von hohem Rang. Dazu ist sie auch geeignet und erforderlich. Den betroffenen Rechtsanwälten ist die Regelung auch zumutbar, da nach der Neufassung der Grundsatz der Verhältnismäßigkeit strikt beachtet wurde, was insbesondere durch die Einschränkung in Fällen unzumutbarer Härte zum Ausdruck kommt (vgl. BVerfG Beschluss vom 18.1.1993 – 1 BvR 525/92 nv) und Zurückhaltung bei der Entwicklung typisierender Unvereinbarkeitsregeln gebietet (BVerfGE 87, 287 = NJW 1993, 317; BGH EBE 2003, 138 = AnwBl. 2003, 525 = BRAK-Mitt. 2003, 129).

69 Um Härten, die sich bei einem zwingenden Widerruf aus den Besonderheiten des Einzelfalles ergeben können, zu vermeiden, wurde schon mit Gesetz vom 13.12.1989 (BGBl. I S. 2135) der Widerruf ausgeschlossen, wenn dieser im konkreten Einzelfall für den Rechtsanwalt **eine unzumutbare Härte** bedeuten würde. Durch diese Härteklausel wird § 14 Abs. 2 Nr. 8 aber nicht zu einer Ermessensvorschrift iSd § 37 Abs. 4, vielmehr ist die „unzumutbare Härte" ein unbestimmter Rechtsbegriff, so dass deren Vorliegen gerichtlich voll nachprüfbar ist (*Jessnitzer/Blumberg* § 14 Rn. 12; BGH NJW 1984, 1689 = BRAK-Mitt. 1984, 86 zu § 227a Abs. 5). Die Härteklausel beruht auf der Erkenntnis, dass der Zwang zur Aufgabe eines gewählten und bereits ausgeübten Berufs den Betroffenen ungleich stärker belastet als ein Hindernis zur Aufnahme einer beruflichen Tätigkeit (BVerfGE 21, 173 = NJW 1967, 1317; BGH BGHR 2003, 1379). Nach dem Grundsatz der Verhältnismäßigkeit wird zunächst durch Belehrungen nach § 73 Abs. 2 Nr. 1 und Hinweise seitens des Kammervorstandes darauf hinzuwirken sein, dass der Rechtsanwalt den beanstandeten Zustand beseitigt (amtliche Begründung, BT-Drs. 11/3253, 20; BGH Rbeistand 1997, 50, 52).

70 Ob der Widerruf für den Rechtsanwalt eine unzumutbare Härte bedeuten würde, die im Einzelfall den Widerruf ausschließt, kann nur an Hand der Besonderheiten des Einzelfalles entschieden werden. Dabei ist nicht nur auf die wirtschaftlichen Folgen des Widerrufs, sondern auf alle Umstände abzustellen, die damit in Zusammenhang stehen (EGH Celle BRAK-Mitt. 1990, 249). Es ist aber zu berücksichtigen, dass nach dem Gesetzestext „es sei denn" eine unzumutbare Härte nur in Ausnahmefällen angenommen werden kann, zumal regelmäßig eine Abmahnung vorausgeht. Auch wird die längere Zeit ausgeübte Anwaltstätigkeit und die Duldung der anderen Tätigkeit durch den Kammervorstand eine Rolle spielen, es sei denn, der Rechtsanwalt hat seine Anzeigepflicht nach § 56 Abs. 2 nicht erfüllt. Erfüllt er diese Pflicht, dann würde ein Widerruf nach Ablauf einer unverhältnismäßig langen Zeit nach der Anzeige eine unzumutbare Härte bedeuten (EGH Celle Beschluss vom 2.12.1985 – EGH 10/85 (II 5)). Andererseits bedarf ein Rechtsanwalt keines Schutzes, wenn er schon kurz nach seiner Anwaltszulassung eine unvereinbare Tätigkeit aufnimmt (BGHZ 97, 204 = NJW 1986, 2499 = MDR 1986, 755 = BRAK-Mitt. 1986, 167).

71 Der BGH hat es als nicht ausreichend für die Annahme einer unzumutbaren Härte angesehen, dass ein Rechtsanwalt, der die unvereinbare Tätigkeit eines Versicherungsmaklers (→ § 7 Rn. 118) zwar schon seit Jahren ausübt, die Aufnahme der Tätigkeit aber der RAK (§ 56 Abs. 2) nicht angezeigt hatte. Dabei sei es auch unerheblich, dass er das Familienunternehmen, das er im Wesentlichen selbst aufgebaut hat, im Wege der Erbfolge übernommen hat (BGH BRAK-Mitt. 1994, 43, 45). Eine unzumutbare Härte wurde ebenfalls verneint, wenn der Rechtsanwalt nicht darauf vertrauen durfte, neben seiner Anstellung auf Dauer als Anwalt tätig sein zu können, weil er zB bereits bei der Zulassung darauf hingewiesen wurde, dass die Vereinbarkeit der von ihm aufgezeigten Nebenbeschäftigung mit dem Anwaltsberuf noch gesondert geprüft werden müsse, und auch nicht sicher ist, dass die Nebentätigkeit nur vorübergehend ist (BGH BGHR 2003, 1379). Ebenso hat der BGH einen Widerruf dann für grundsätzlich gerechtfertigt angesehen, wenn dem Rechtsanwalt neben seiner erwerbswirtschaftlichen Tätigkeit nicht genügend Zeit für die Ausübung des Anwaltsberufs verbleibt. Erst recht könne die Zulassung dann widerrufen werden, wenn dem Betroffenen das Praktizieren vertraglich nicht gestattet ist (BGH BRAK-Mitt. 1993, 104).

72 Erlangt der Vorstand der RAK Kenntnis davon, dass ein Kammermitglied ein abhängiges Beschäftigungsverhältnis eingegangen ist oder einzugehen beabsichtigt (vgl. § 56 Abs. 2), so hat der Kammervorstand zu prüfen, ob sich Bedenken ergeben. Er kann von dem Rechtsanwalt Auskünfte verlangen (zu § 15 Nr. 2 aF EGH Hamm EGE VIII, 76). Der Rechtsanwalt ist darüber hinaus nach § 56 Abs. 2 verpflichtet, von sich aus die Aufnahme oder Änderung von Beschäftigungsverhältnissen dem Vorstand der RAK anzuzeigen. Auf Verlangen muss er die Unterlagen über ein Beschäftigungsverhältnis vorlegen.

Die nur vorübergehende Beschäftigung im öffentlichen Dienst führt nicht zum Widerruf der Zulassung, es gilt § 47 Abs. 1; dh Anträge nach § 47 Abs. 1 S. 2 können zur Bestellung eines Vertreters oder sogar dazu führen, dass dem Rechtsanwalt gestattet wird, den Beruf selbst auszuüben (BGH BGHR 2003, 1379; NJW-RR 1999, 570; BRAK-Mitt. 1986, 49; für einen wissenschaftlichen Mitarbeiter an einer Universität: BVerfG NJW 1995, 951). Dadurch wird vermieden, dass der Rechtsanwalt erneut seine Zulassung beantragen müsste, sobald seine vorübergehende Angestelltentätigkeit beendet ist (BGH BRAK-Mitt. 1993, 219; → § 7 Rn. 112). Wird die Zulassung eines Rechtsanwalts, der eine Tätigkeit als **Dauerangestellter** des öffentlichen Dienstes aufnimmt, aus Gründen der unzumutbaren Härte nicht nach § 14 Abs. 2 Nr. 8 widerrufen, kann es aus Gründen der Verhältnismäßigkeit sachgerecht sein, den Rechtsgedanken des § 47 Abs. 2 S. 2 sinngemäß (zu § 15 Nr. 2 aF BGHZ 49, 295 = NJW 1968, 841 = EGE X, 27, 32) anzuwenden. Für den betroffenen Rechtsanwalt kann entweder ein Vertreter bestellt oder auch gestattet werden, den Anwaltsberuf selbst auszuüben (BGH EGE X, 14, 17). 73

9. Fortfall des Haftpflichtversicherungsschutzes

Schrifttum: *Braun,* Berufshaftpflichtversicherungen, BRAK-Mitt. 2002, 150; *Brieske,* Die Berufshaftpflichtversicherung, AnwBl. 1995, 225; *van Bühren,* Berufshaftpflichtversicherung für Rechtsanwälte, Diss. Köln 2002.

Die Zulassung zur Rechtsanwaltschaft ist zu widerrufen, wenn der Rechtsanwalt nicht die vorgeschriebene Berufshaftpflichtversicherung (§ 51) unterhält (Abs. 2 Nr. 9). 74

Die mit Gesetz vom 2.9.1994 (BGBl. I S. 2278) erfolgte Anfügung der Nr. 9 steht im Zusammenhang mit der Berufspflicht, eine Haftpflichtversicherung (§ 51) abzuschließen. Zum Schutz des rechtsuchenden Publikums wird der Bestand der Zulassung zur Rechtsanwaltschaft von der Erfüllung der Pflicht zur Aufrechterhaltung der Haftpflichtversicherung abhängig gemacht. Der Widerrufsgrund korrespondiert mit der Regelung in § 12 Abs. 2, wonach die Aushändigung der Urkunde erst erfolgen darf, wenn Haftpflichtversicherungsschutz nachgewiesen ist. 75

Die Rechtsfolge des Ausschlusses aus dem Rechtsanwaltsberuf für den Fall, dass die Berufshaftpflichtversicherung in dem in § 51 vorgesehenen Umfang nicht unterhalten wird, ist nicht unangemessen und ist verfassungsrechtlich nicht zu beanstanden. Der Mandant muss angesichts der gesetzlichen Pflicht zum Abschluss einer solchen Versicherung darauf vertrauen können, dass etwaige Schadensersatzansprüche gegen den Rechtsanwalt – jedenfalls im Rahmen des vorgeschriebenen Versicherungsschutzes – durchsetzbar sind. Für das Notariat hat der Gesetzgeber bereits eine entsprechende Regelung getroffen (§ 50 Abs. 1 Nr. 10 BNotO), gleichfalls bestand für die Rechtsanwälte in den neuen Bundesländern bereits nach § 16 Abs. 3 Nr. 8 RAG eine solche Regelung (amtliche Begründung, BT-Drs. 12/4993, 25) und für die schon bisher nach der BRAO zugelassenen Rechtsanwälte bestand eine standesrechtliche Verpflichtung, eine Berufshaftpflichtversicherung zu unterhalten (BGH NJW 1994, 532 = BRAK-Mitt. 1994, 49). Die Pflicht zum Halten einer Haftpflichtversicherung hängt nicht davon ab, ob und in welchem Umfang der Rechtsanwalt seinen Beruf tatsächlich ausübt, welches Einkommen der Rechtsanwalt aus seiner Berufstätigkeit erzielt und wie der Rechtsanwalt seine berufliche Tätigkeit gestaltet, insbesondere nicht davon, ob angesichts der konkreten Gestaltung daraus nach der Lebenserfahrung mit Haftpflichtansprüchen zu rechnen ist (BGH AnwBl. 2006, 356; Rbeistand 1997, 20; AGH Hmb BRAK-Mitt. 1998, 44). 76

Der Tatbestand des **„Nichtunterhaltens"** der vorgeschriebenen Berufshaftpflichtversicherung iSv § 14 Abs. 2 Nr. 9 ist nicht schon dann erfüllt, wenn der Versicherer lediglich gemäß § 38 Abs. 2 VVG **von der Leistungspflicht gegenüber dem Rechtsanwalt** als Versicherungsnehmer frei geworden ist, ohne das Versicherungsverhältnis gemäß § 38 Abs. 3 VVG gekündigt zu haben (BGH NJW-RR 2001, 1214 = MDR 2001, 298 zu §§ 19a, 50 Abs. 1 Nr. 10 BNotO). Der Gesetzeszweck der §§ 12 Abs. 2 S. 2, 14 Abs. 2 Nr. 9, 51, den Rechtsuchenden bei Pflichtverletzungen des Rechtsanwalts unabhängig von dessen sonstiger Vermögenslage einen zahlungsfähigen Ersatzpflichtigen zu gewährleisten (→ § 12 Rn. 8 ff.; → § 51 Rn. 8 ff.), bleibt in einem solchen Falle gewahrt, weil nach § 117 Abs. 1 VVG in Ansehung des Dritten, des Mandanten, der durch § 51 vorgeschriebene Mindestversicherungsschutz ohne zeitliche Grenze bestehen bleibt (vgl. § 117 Abs. 3 VVG). Es ist deshalb zum Schutz der Rechtsuchenden nicht notwendig, den Rechtsanwalt schon in diesem Stadium zwingend die Zulassung zu entziehen, zumal genügend andere Mittel – notfalls auch disziplinarischer Art (→ § 14 Rn. 79; BGH MDR 2001, 77

1137) – zur Einwirkung auf den Rechtsanwalt bleiben, der trotz Fristsetzung des Versicherers fällige Prämien nicht bezahlt. Der von einem Verschulden des Rechtsanwalts nicht abhängige Zulassungswiderruf nach § 14 Abs. 2 Nr. 9 darf, da er einen der schwersten Eingriffe in die durch Art. 12 Abs. 1 GG geschützte berufliche Stellung des Rechtsanwalts darstellt, als letztes Mittel der RAK erst dann stattfinden, wenn der **Versicherungsschutz auch im Verhältnis zu einem geschädigten Dritten unmittelbar gefährdet** ist. Diese ursprünglich zur Berufshaftpflichtversicherung der Notare von der Rechtsprechung entwickelten Grundsätze (BGH DNotZ 1987, 444; NJW-RR 2001, 1214; vgl. auch ThürAGH BRAK-Mitt. 2007, 224) gelten uneingeschränkt auch für Rechtsanwälte.

78 Fällt der Versicherungsschutz für den Rechtsanwalt – aus welchem Grund auch immer – fort, muss die RAK ein Widerrufsverfahren nach §§ 14 Abs. 2 Nr. 9, einleiten. Damit die RAK ggf. von dem Widerrufsgrund Kenntnis erlangt, muss nach § 51 Abs. 6 im Versicherungsvertrag der Versicherer verpflichtet werden, der zuständigen RAK den Beginn und die Beendigung oder Kündigung des Versicherungsvertrages sowie jede Änderung des Versicherungsvertrages, die den vorgeschriebenen Versicherungsschutz beeinträchtigt, unverzüglich mitzuteilen. Die von RAK vorzunehmenden Ermittlungen richten sich nach § 36 Abs. 1 iVm §§ 24, 26 Abs. 2 VwVfG. Die RAK kann die von ihr von dem Rechtsanwalt verlangten Auskünfte nicht durch Zwangsgeld nach § 57 zu erzwingen suchen. Der Widerruf bei Entfallen des Versicherungsschutzes ist völlig unabhängig von einem eventuellen Verschulden des Rechtsanwalts. Auch wenn dieser schuldlos den Versicherungsschutz verliert, ist die Zulassung zu widerrufen (BGH AnwBl. 2006, 356). Allerdings ist dem Rechtsanwalt im Widerrufsverfahren von der RAK rechtliches Gehör zu gewähren (§ 32 S. 1 iVm § 28 Abs. 1 VwVfG) und kann er durch Abschluss eines neuen Berufshaftpflichtversicherungsvertrages den Widerrufsgrund des § 14 Abs. 2 Nr. 9 beseitigen (AGH Rostock Beschluss vom 3.6.1999 – AGH 5/98 (I/3)). Das ist auch noch während des laufenden Gerichtsverfahrens möglich (BayAGH BRAK-Mitt. 1996, 167). Für den Fall des nachträglichen Entfallens des Widerrufsgrundes aus § 14 Abs. 2 Nr. 9 durch den Nachweis, dass wieder eine Berufshaftpflichtversicherung besteht, gilt das unter § 14 Rn. 10 zum nachträglichen Entfallen eines Rücknahmegrundes Gesagte entsprechend. Da durch einen Widerruf der Zulassung nur künftig drohenden Vermögensschäden begegnet werden kann, kommt trotz Bestehens einer „Versicherungslücke" ein Widerruf nicht (mehr) in Betracht, wenn der Rechtsanwalt nachweist, dass jedenfalls für die Zukunft wieder voller Versicherungsschutz besteht (BGH NJW 2001, 3131 = MDR 2001, 1137 mit Anm. *Kilian* = AnwBl. 2001, 570 = BRAK-Mitt. 2001, 228, dadurch aufgehoben: AGH Hess BRAK-Mitt. 2000, 311). Findet der Rechtsanwalt, dessen Berufshaftpflichtversicherung von dem Versicherer gekündigt wurde, keine Versicherungsgesellschaft, die mit ihm einen neuen Vertrag abschließt, muss er das Kündigungsschreiben seiner bisherigen Versicherung sowie alle Absagen der Versicherer unverzüglich an die BRAK schicken. Diese leitet dann die Unterlagen an die Verbindungsstelle der Versicherer weiter (*Dahns* BRAK-Magazin 3/2002, 5). Nach Widerruf der Zulassung hat der Betroffene die Chance, grundsätzlich sofort wieder die Zulassung zu erlangen, wenn er den Abschluss einer Haftpflichtversicherung nachweist (BGH BRAK-Mitt. 1996, 121; → § 7 Rn. 25). Einem deutschen Rechtsanwalt, der die in § 51 vorgeschriebene Haftpflichtversicherung nicht unterhält, ist die Zulassung auch dann zu entziehen, wenn er von der Residenzpflicht befreit ist und eine Kanzlei nur im Ausland eingerichtet hat (hier: in Italien). Die Vorschrift des Art. 56 AEUV findet auf solche Fälle keine Anwendung (BGH BRAK-Mitt. 1998, 40 = AnwBl. 1998, 156; AGH NRW BRAK-Mitt. 2006, 141). Die Vorschrift des § 51 BRAO dient dem Schutz des rechtsuchenden Publikums, welches darauf vertrauen können soll, dass eventuelle Schadensersatzansprüche gegen den Rechtsanwalt im Rahmen des vorgeschriebenen Versicherungsschutzes ohne weiteres durchsetzbar sind (BGH BRAK-Mitt. 2010, 213).

79 Hat der Rechtsanwalt schuldhaft, dh mindestens fahrlässig, den – zeitweiligen – Wegfall des Versicherungsschutzes verursacht, dann liegt darin eine Berufspflichtverletzung nach §§ 43, 113 Abs. 1, die mit anwaltsgerichtlichen Maßnahmen geahndet werden kann (BGH BRAK-Mitt. 1994, 49; 1996, 121). Auch nach Beseitigen des Widerrufsgrundes des § 14 Abs. 2 Nr. 9 durch Neuabschluss eines Haftpflichtversicherungsvertrages entsprechend § 51 kann das Anwaltsgericht wegen der schuldhaften Verletzung der Pflicht zur Aufrechterhaltung der Haftpflichtversicherung auf Ausschließung aus der Rechtsanwaltschaft erkennen (§ 114 Abs. 1 Nr. 5), wenn dies als angemessene Maßnahme erscheint (BGH NJW 2001, 3131). Dies wird in Betracht kommen, wenn der Rechtsanwalt wiederholt die Haftpflichtversicherung durch grobes Verschulden hat verfallen lassen und immer erst nach Einleitung des Widerrufsverfahrens und/oder des anwaltsgerichtlichen (Ermittlungs-)Verfahrens die Versicherung neu geschlossen hat, insbesondere wenn dann Mandanten – wenn auch nur zeitweise – geschädigt worden sind (zu § 50 Abs. 1 Nr. 10 BNotO Schippel/Bracker/*Püls* BNotO § 50 Rn. 35).

Dem Sinn und Zweck des § 14 Abs. 2 Nr. 9 entsprechend besteht die Verpflichtung zur Rücknahme auch dann, wenn der Versicherungsschutz nicht erst während der Zulassung zur Rechtsanwaltschaft entfallen ist, sondern dieser schon bei der Zulassung nicht bestand und dem Rechtsanwalt entgegen der Bestimmung des § 12 Abs. 2 S. 2 die Urkunde über die Zulassung gleichwohl ausgehändigt wurde. Schon der Wortlaut des § 14 Abs. 2 Nr. 9 setzt nicht voraus, dass der Rechtsanwalt überhaupt einmal eine Berufshaftpflichtversicherung unterhalten hat (→ § 12 Rn. 10). **80**

Nach Art. 21 Abs. 12 des Gesetzes vom 2.9.1994 (BGBl. I S. 2278; aufgehoben durch Art. 43 des Gesetzes vom 13.4.2006, BGBl. I S. 872, vgl. § 214) hatte derjenige, der bereits bei Inkrafttreten des Gesetzes am 9.9.1994 (Art. 22 Abs. 1) zur Rechtsanwaltschaft zugelassen war, binnen eines Jahres der Landesjustizverwaltung und der RAK den Abschluss der Berufshaftpflichtversicherung nachzuweisen. Damit sollte sichergestellt werden, dass zum Schutz der Mandanten auch schon zugelassene Rechtsanwälte die vorgeschriebene Berufshaftpflichtversicherung unterhalten (amtliche Begründung, BT-Drs. 12/4993, 47). Die Pflicht zum Halten einer Berufshaftpflichtversicherung (§ 51) wurde durch Art. 21 Abs. 12 des genannten Gesetzes aber nicht berührt. Daraus ergab sich nicht, dass bis zum Ablauf der Jahresfrist der Abschluss einer solchen Haftpflichtversicherung nicht erforderlich war. Stand vielmehr vor Ablauf der Jahresfrist auf andere Art und Weise fest, dass ein Rechtsanwalt der ihm obliegenden Verpflichtung zum Abschluss einer Haftpflichtversicherung nicht nachkam, war die Zulassung nach der zwingenden Regelung des § 14 Abs. 2 Nr. 9 zu widerrufen (NdsAGH Beschluss vom 5.1.1995 – AGH 31/94 (II 25)). **81**

Nach Widerruf der Zulassung aufgrund der Bestimmung des § 14 Abs. 2 Nr. 9 ist nach § 14 Abs. 4 S. 2 wegen der in diesen Fällen bestehenden akuten Gefahr für die Mandanten, unwiederbringliche Vermögensschäden zu erleiden, von der RAK regelmäßig die sofortige Vollziehung ihrer Widerrufsverfügung anzuordnen (BayAGH BRAK-Mitt. 1996, 167). **82**

IV. Fakultative Widerrufsgründe (Abs. 3)

1. Umfang der Neuregelung. Abs. 3 wurde durch Gesetz vom 26.3.2007 (BGBl. I S. 358) neu gefasst und enthält die fakultativen Widerrufsgründe, die zuvor in § 35 Abs. 1 Nr. 2–5 geregelt waren. Abs. 3 knüpft an die Kanzleipflicht und die sich aus ihr ergebenden Verpflichtungen (§§ 27 ff.) an und regelt die schärfste der möglichen Folgen der Verletzung dieser Verpflichtungen. **83**

2. Verfassungsmäßigkeit. Die Regelung der Kanzleipflicht, ihrer Ausnahmen und Folgen (§§ 14 Abs. 3, 27, 29, 29a, 30) ist verfassungsgemäß. Die gesetzliche Regelung über die Kanzleipflicht und deren Ausnahmen stellt eine verfassungsrechtlich zulässige Regelung der Berufsausübung dar (BVerfGE 65, 116, 125 = NJW 1984, 556 zur Residenzpflicht der Patentanwälte; BVerfGE 72, 26 = NJW 1986, 1801 = BRAK-Mitt. 1986, 108 = AnwBl. 1986, 202; BVerfG BRAK-Mitt. 2005, 275; NJW 2005, 1418 = BRAK-Mitt. 2005, 120 = AnwBl. 2005, 578). **84**

Die Folgen, die sich nach § 14 Abs. 3 aus der Verletzung der Berufsausübungsregelungen in §§ 27 ff. ergeben können, nämlich der Verlust der Zulassung, wirken sich aber als Eingriff in die Berufswahl aus. Dies muss bei der verfassungsrechtlichen Beurteilung der Neuregelung insoweit berücksichtigt werden, als diese Neuregelung daher strengeren verfassungsrechtlichen Anforderungen genügen muss (BVerfG BRAK-Mitt. 2005, 275; BVerfGE 65, 116 = NJW 1984, 556; BVerfGE 72, 26 = NJW 1986, 1801 zu § 35a aF; vgl. auch BGH BRAK-Mitt. 2006, 174 zu §§ 27, 35 Abs. 1 Nr. 5 aF). Denn wenn die RAK von der Möglichkeit zum Widerruf der Zulassung Gebrauch macht, verliert der Betroffene die Befugnis, die Berufsbezeichnung Rechtsanwalt zu führen (§ 17), seine Eintragung im Rechtsanwaltsverzeichnis wird gelöscht (§ 31 Abs. 4) und seine Zulassung zur Rechtsanwaltschaft erlischt (§ 13), er hat keine Befugnis mehr die Anwaltstätigkeit auszuüben. Danach ist ihm eine geschäftsmäßige Besorgung fremder Rechtsangelegenheiten grundsätzlich untersagt (§ 3 RDG, BVerfG BRAK-Mitt. 2005, 275). **85**

Diese schwerwiegenden Auswirkungen haben aber nicht zur Folge, dass bereits gegen die normative Regelung verfassungsrechtliche Bedenken bestünden. Denn diese enthält nicht nur die **86**

Möglichkeit einer Befreiung von der Kanzleipflicht (§§ 29, 29a Abs. 2). Vielmehr sieht sie in § 14 Abs. 3 auch davon ab, einen Widerruf der Zulassung bei Verletzung der Kanzleipflichten aus §§ 27 ff. zwingend vorzuschreiben. Auf diese Weise trägt die BRAO dem Grundsatz der Verhältnismäßigkeit hinreichend Rechnung. Das Gesetz überlässt es der RAK, ihre Entscheidung von der Lage des Einzelfalls abhängig zu machen und den Widerruf der Zulassung auf Fälle zu beschränken, in denen dieser schwerwiegende Eingriff in die Freiheit der Berufswahl zum Schutz besonders wichtiger Gemeinschaftsgüter zwingend erforderlich ist. Mit der Bedeutung des Grundrechts der Berufsfreiheit und dem Verhältnismäßigkeitsgrundsatz ist es hingegen nicht vereinbar, die Regelung über den Zulassungswiderruf in § 14 Abs. 3 undifferenziert bei jedem Verstoß gegen die mit der Kanzleipflicht verbundenen Obliegenheiten anzuwenden (BVerfG BRAK-Mitt. 2005, 275 zu § 35 aF). Die RAK muss daher im Einzelfall unter Berücksichtigung aller individuellen Besonderheiten prüfen, ob es nicht schonendere Mittel als den Widerruf gibt, um den Betroffenen zur Erfüllung der ihm obliegenden Verpflichtungen zu veranlassen. Zu denken ist dabei vor allem an die anwaltsgerichtlichen Maßnahmen nach § 114 Abs. 1 Nr. 1–3 und Abs. 2. Sie ist daher gehalten, nach Aufklärung des Sachverhalts unter Abwägung der den Einzelfall charakterisierenden Umstände darzulegen, warum ein Widerruf nach § 14 Abs. 3 zum Schutz wichtiger Gemeinschaftsgüter zwingend erforderlich ist und warum die milderen anwaltsgerichtlichen Maßnahmen nicht ausreichen, um den Rechtsanwalt zur Erfüllung seiner Obliegenheiten aus §§ 27 ff. zu bewegen (BVerfG BRAK-Mitt. 2005, 275; BGH BRAK-Mitt. 2006, 174). Wenn die RAK vor Erschöpfung dieser milderen Maßnahmen von der Kannvorschrift des § 14 Abs. 3 Gebrauch macht, überschreitet sie die Grenzen, die Art. 12 GG ihrem Ermessen setzt (BVerfGE 72, 26 = NJW 1986, 1801 zu § 35 aF). Der Inhalt des Widerrufsschreibens der RAK muss daher erkennen lassen, dass sich die RAK ihres Ermessensspielraums bewusst ist und sie dieses Ermessen mit welchen Erwägungen ausübt und einzelfallabhängig abwägt (BGH BeckRS 2013, 22221; BRAK-Mitt. 2006, 174). Beim Fehlen nur einzelner Merkmale einer Kanzlei aber Beachtung der Kanzleipflicht im Übrigen wird ein Widerruf unverhältnismäßig sein.

87 **3. Die einzelnen Widerrufsgründe des Abs. 3.** Unter Beachtung der zu IV.2. (→ Rn. 84 f.) angeführten Grundsätze kann die RAK die Zulassung zur Rechtsanwaltschaft widerrufen:

87a **a) Fehlende Kanzleierrichtung. Abs. 3 Nr. 1** entspricht weitgehend dem vormaligen § 35 Abs. 1 Nr. 2. Der Neufassung des § 27 folgend wird auf die Einrichtung einer Kanzlei im Bezirk der RAK abgestellt und nicht wie zu Zeiten der überholten Lokalisation bei einem bestimmten Gericht der ordentlichen Gerichtsbarkeit (§ 18 aF) auf die Errichtung der Kanzlei an dem Ort des Gerichts, bei dem er zugelassen ist (§ 27 aF). Die Zulassung zur Rechtsanwaltschaft kann nunmehr unmittelbar nach § 14 Abs. 3 Nr. 1 widerrufen werden und nicht wie früher nur in Kombination mit dem Widerruf der Zulassung bei einem Gericht (§ 14 Abs. 2 Nr. 6 iVm § 35 Abs. 1 Nr. 2 aF). Voraussetzung ist, dass der Rechtsanwalt nicht binnen drei Monaten nachdem die Pflicht hierzu entstand, im Bezirk der RAK, der er angehört (§ 12 Abs. 3, 60 Abs. 1), seine Kanzlei eingerichtet hat (§ 27 Abs. 1).

88 § 14 Abs. 3 Nr. 1 gewährt dem Rechtsanwalt wie bisher § 35 Abs. 1 Nr. 2 aF (BGH EGE VII, 46, 49; X, 75, 80) für die Erfüllung der in § 27 festgelegten Pflicht zur Einrichtung einer Kanzlei eine Frist von drei Monaten, allerdings nunmehr seit seiner Zulassung zur Rechtsanwaltschaft. Nach Entfallen der Zulassung bei einem bestimmten Gericht der ordentlichen Gerichtsbarkeit kann nicht mehr wie bisher (vgl. 6. Aufl. § 35 Rn. 11; BGH NJW 1985, 3082) auf den Zeitpunkt der Zulassung bei Gericht abgestellt werden.

89 Stellt der Rechtsanwalt innerhalb der Dreimonatsfrist des § 14 Abs. 3 Nr. 1 einen **Befreiungsantrag** nach §§ 29, 29a Abs. 2, muss zuvor über diesen Antrag entschieden werden, bevor ein Widerruf nach § 14 Abs. 3 Nr. 1 in Betracht kommt. Solange es möglich erscheint, dass der Antragsteller die Befreiung nach §§ 29, 29a Abs. 2 erlangen kann, darf ihm die Zulassung zur Rechtsanwaltschaft nicht im Hinblick auf die Nichterfüllung seiner Pflichten aus § 27 versagt werden (BGH EGE VII, 67, 71) und folglich auch nicht nach § 14 Abs. 3 Nr. 1 entzogen werden (BGH EGE XIII, 34 zu § 35 Abs. 1 Nr. 2 aF; *Isele* § 35 Anm. IV B 2).

89a Stellt der Rechtsanwalt einen Befreiungsantrag erst nach dem Ablauf der Dreimonatsfrist aber vor Zustellung einer Widerrufsverfügung, ist der Antrag zu beachten. Die RAK muss zuvor über ihn entscheiden. Stellt der Rechtsanwalt den Befreiungsantrag erst nach Zustellung der Widerrufsverfügung und hat er gegen diese Verfügung Klage erhoben (§ 42 Abs. 1 VwGO), dann muss über den Befreiungsantrag durch die RAK entschieden werden. Wird dem Rechtsanwalt noch während des gerichtlichen Verfahrens nach §§ 29, 29a Befreiung erteilt, erledigt sich die Hauptsache des gerichtlichen Verfahrens (*Isele* § 35 Anm. IV B 2 zu § 35 aF).

Erfüllt der Rechtsanwalt seine Pflichten aus § 27 nur **teilweise nicht,** dh fehlt es nicht **90**
insgesamt an einer Kanzlei, sondern nur an einem Wesensmerkmal, wird in die Berufsfreiheit übermäßig eingegriffen, wenn einem Rechtsanwalt ohne vorherige Verhängung milderer Maßnahmen die Zulassung entzogen wird, zB weil er kein Praxisschild angebracht hat (BVerfGE 72, 26 = NJW 1986, 1801). Es wird stets eine besonders gründliche Prüfung der einzelnen Hinderungsgründe erforderlich sein. Wenn auch dem Rechtsanwalt für die Erfüllung der Pflichten aus § 27 eine Frist von drei Monaten bleibt, können sich aber unter dem Zwang der Verhältnisse Schwierigkeiten ergeben, die er nicht ohne weiteres überwinden kann. Es ist der RAK überlassen, im Einzelfall unter Würdigung aller Umstände, insbesondere unter Berücksichtigung des Grundrechts der Berufsfreiheit nach pflichtgemäßem Ermessen zu entscheiden, ob die Zulassung zur Rechtsanwaltschaft zurückgenommen werden soll oder ob weitere Nachsicht geboten ist.

b) Nichterfüllung einer Auflage. Abs. 3 Nr. 2 entspricht dem früheren § 35 Abs. 1 Nr. 3 **91**
(vgl. 6. Aufl. § 35 Rn. 17). Die Zulassung zur Rechtsanwaltschaft kann unter Beachtung der Grundsätze unter IV. Nr. 2., → Rn. 84 ff.) widerrufen werden, wenn der Rechtsanwalt nicht binnen drei Monaten eine ihm bei der Befreiung nach §§ 29 Abs. 1, 29a Abs. 2 gemachte Auflage erfüllt. Zum Begriff der Auflagen → § 29 Rn. 9. Die Frist rechnet ab Erteilung der Auflage.

c) Nichtbestellung eines Zustellungsbevollmächtigten. Abs. 3 Nr. 3 entspricht dem **92**
früheren § 35 Abs. 1 Nr. 4 (vgl. 6. Aufl. § 35 Rn. 18–20). Die Zulassung zur Rechtsanwaltschaft kann nunmehr zurückgenommen werden, wenn der Rechtsanwalt nicht binnen drei Monaten, nachdem er von der Pflicht, eine Kanzlei zu unterhalten, befreit worden ist (§ 29 Abs. 1, § 29a Abs. 2) oder der bisherige Zustellungsbevollmächtigte weggefallen ist, einen Zustellungsbevollmächtigten (§ 30) bestellt.

Sowohl der nach § 29 Abs. 1 als auch der nach § 29a Abs. 2 von der Kanzleipflicht (§ 27 **92a**
Abs. 1) befreite Rechtsanwalt muss gemäß § 30 einen Zustellungsbevollmächtigten bestellen (vgl. Anm. zu § 30). Kommt er dieser Pflicht nicht nach, erschwert er den Zustellungsverkehr. Die Dreimonatsfrist des § 14 Abs. 3 Nr. 3 schiebt die Verpflichtung aus § 30 nicht drei Monate hinaus; sie ist nicht so zu verstehen, dass der Betroffene bis zu drei Monate Zeit habe, einen Zustellungsbevollmächtigten zu bestellen. Allein die Anknüpfung der Rechtsfolgen des § 14 Abs. 3 Nr. 3 an die Nichterfüllung der Pflicht aus § 30 ist drei Monate suspendiert. Schon vorher kann die Nicht-Bestellung aber pflichtwidrig (§§ 43, 113 Abs. 1) sein. Nach dem Sinn und Zweck des § 30 sollen im Interesse der Rechtspflege stets Zustellungen von Anwalt zu Anwalt (§ 195 ZPO) und von Amts wegen an einen Anwalt (§§ 166 ff., 174 ZPO) sichergestellt sein. Daher darf nach der Zulassung zur Rechtsanwaltschaft (§ 12) auch nicht erst eine dreimonatige Lücke entstehen, in der Zustellungen an den Rechtsanwalt unmöglich wären. Die RAK wird daher regelmäßig schon mit dem Antrag auf Befreiung von der Kanzleipflicht die Mitteilung eines Zustellungsbevollmächtigten verlangen. Nach Ablauf der Dreimonatsfrist kann sie die Zulassung zur Rechtsanwaltschaft widerrufen; dabei gelten die zu IV. 2. (→ § 14 Rn. 84 ff.) angeführten Einschränkungen. Die Frist von drei Monaten wird durch die Befreiung von der Kanzleipflicht oder durch den Wegfall des bisherigen Zustellungsbevollmächtigten – maßgeblich ist insoweit der Tag des Ausscheidens des bisherigen Zustellungsbevollmächtigten – in Lauf gesetzt. Fällt der bisherige Zustellungsbevollmächtigte weg, muss der Rechtsanwalt, solange die Befreiung von der Kanzleipflicht besteht, einen neuen Zustellungsbevollmächtigten bestellen.

d) Kanzleiaufgabe. Nach Abs. 3 Nr. 4 kann die Zulassung zur Rechtsanwaltschaft wider- **93**
rufen werden, wenn der Rechtsanwalt seine Kanzlei aufgibt, ohne dass er von der Pflicht des § 27 Abs. 1 befreit worden ist (§ 29 Abs. 1, § 29a Abs. 2). Eine Aufgabe der Kanzlei liegt dann vor, wenn der Rechtsanwalt den Mindestanforderungen an die Einrichtung einer Kanzlei nicht mehr genügt und damit für das rechtsuchende Publikum nicht mehr erreichbar ist. Alleine die Verletzung einzelner mit der Verpflichtung zur Kanzleieinrichtung verbundener Pflichten, etwa die Pflicht zur Mitteilung einer neuen Kanzleianschrift, rechtfertigen die Annahme der Aufgabe der Kanzlei jedoch nicht (BGH NJW-RR 2009, 1577 f.). Zu den Mindestanforderungen gehören organisatorische Maßnahmen, um der Öffentlichkeit den Willen des Rechtsanwalts zu offen-

baren, bestimmte Räume zu verwenden, um dem rechtsuchenden Publikum dort anwaltliche Dienste zur Verfügung bereitzustellen. Ferner muss der Rechtsanwalt ein Praxisschild anbringen sowie einen Telefonanschluss unterhalten (BGH BRAK-Mitt. 2009, 240). Abs. 3 Nr. 4 entspricht dem früheren Widerrufsgrund des § 35 Abs. 1 Nr. 5 für die Zulassung bei einem Gericht (6. Aufl. § 35 Rn. 21–26).

94 Abs. 3 Nr. 4 führt das Ziel des Abs. 3 Nr. 1 folgerichtig fort. Der Rechtsanwalt, der seine Kanzlei aufgibt, schafft denselben Zustand wie der, der die Kanzlei gar nicht erst errichtet (*Isele* § 35 Anm. IV E 1). Gibt der Rechtsanwalt seine Kanzlei im Bezirk der RAK, deren Mitglied er ist, auf, so wird die Entscheidung der RAK wesentlich von der Klärung der Frage abhängen, welche Beweggründe ihn zu diesem Schritt veranlasst haben. Das Grundrecht der Berufsfreiheit und der Grundsatz der Verhältnismäßigkeit sind zu berücksichtigen (→ § 14 Rn. 10 ff.). Wenn auch ein Fall des § 14 Abs. 3 Nr. 4 in der Regel nicht die Nachsicht verdient, die in den Fällen des § 14 Abs. 3 häufig zu üben ist, so erscheint es gleichwohl nicht geboten, den Widerruf der Zulassung zur Rechtsanwaltschaft zwingend vorzuschreiben (AGH Rostock Beschluss vom 3.6.1999 – AGH 5/98 (I/3); amtliche Begründung, jeweils zu § 35 Abs. 1 Nr. 5 aF). Vielmehr gestattet die Eingruppierung als fakultativer Widerrufsgrund der RAK die Besonderheiten des Einzelfalles angemessen zu berücksichtigen.

95 An die Aufrechterhaltung einer Kanzlei dürfen keine geringeren Anforderungen als an den Tatbestand ihrer Errichtung gestellt werden. Wenn ein Rechtsanwalt sämtliche organisatorischen Maßnahmen, aus denen das rechtsuchende Publikum bisher auf die Widmung von Räumen als Anwaltskanzlei schließen konnte, wieder rückgängig macht, muss er sich – zumindest wenn dieser Zustand nicht nur von vorübergehender Natur ist – auf Grund dieses objektiven Befundes als ein Anwalt, der seine Kanzlei aufgegeben hat, behandeln lassen. Auf die innere Willensrichtung des Betroffenen kann es bei der Anwendung des § 14 Abs. 3 Nr. 4 vor allem deshalb nicht ankommen, weil den Anwälten die Verpflichtung, eine Kanzlei zu unterhalten, im Interesse des rechtsuchenden Publikums auferlegt worden ist (BGH EGE IX, 7; AGH Rostock Beschluss vom 3.6.1999 – AGH 5/98 (I/3); EGH Frankfurt BRAK-Mitt. 1992, 222 – jeweils zu § 35 Abs. 1 Nr. 5).

96 Die Pflicht, eine Kanzlei zu unterhalten, ist verletzt, wenn das Praxisschild entfernt, der Telefonanschluss aufgegeben wird und auch andere Anhaltspunkte für einen Praxisbetrieb nicht vorhanden sind (BGH BRAK-Mitt. 1983, 190; 1984, 36; EGH Celle BRAK-Mitt. 1983, 90). Der Widerrufsgrund der „Aufgabe der Kanzlei" ist regelmäßig gegeben, wenn der Rechtsanwalt flüchtig ist, um sich einer Strafverfolgung zu entziehen (BGH EGE XIV, 85). Entscheidend ist, dass der Rechtsanwalt aufgrund der Aufgabe seiner Kanzlei für das rechtsuchende Publikum und die Gerichte praktisch nicht erreichbar ist (BGH BeckRS 2009, 24805). Eine Vertreterbestellung nach § 53 Abs. 5 ändert an dieser Sach- und Rechtslage nichts (BGH BRAK-Mitt. 1996, 33).

97 In die Berufsfreiheit wird allerdings übermäßig eingegriffen (→ § 14 Rn. 86), wenn einem Rechtsanwalt ohne Verhängung milderer Maßnahmen die Zulassung entzogen wird, weil er kein Praxisschild angebracht hat (BVerfGE 72, 26 = NJW 1986, 1801) oder er keinen Telefonanschluss als Rechtsanwalt unterhält (BVerfG BRAK-Mitt. 2005, 275). Die Maßnahme der Zulassungsrücknahme ist in der Regel unverhältnismäßig, wenn der Anwalt nur Einzelheiten der Kanzleiführungspflicht nicht erfüllt. Beachtet die RAK diesen Grundsatz der Verhältnismäßigkeit nicht, so macht sie von ihrem Ermessen fehlerhaft Gebrauch (BGH BRAK-Mitt. 1986, 224 zu § 35 Abs. 1 Nr. 5 aF; vgl. auch BVerfG BRAK-Mitt. 2005, 275). Vernachlässigt der Rechtsanwalt aber nicht nur einzelne der mit der Kanzleipflicht verbundenen Obliegenheiten, sondern ist er für das rechtsuchende Publikum, Gerichte und Behörden überhaupt nicht mehr erreichbar und stellt er dies auf Beanstandungen (§§ 73 Abs. 2 Nr. 4, 74, 114) ab, dann steht der RAK ein schonenderes Mittel als der Widerruf nicht mehr zur Verfügung (BGH BRAK-Mitt. 1996, 33).

98 **4. Gerichtliche Überprüfung.** Die Ermessensentscheidung der RAK, bei der wegen des Eingriffs in die Berufsfreiheit in besonderem Maße der Grundsatz der Verhältnismäßigkeit zu beachten ist (BVerfGE 72, 26 = NJW 1986, 1801; → § 14 Rn. 10), ist in den Grenzen des § 114 VwGO (BGH Beschluss vom 13.9.1993 – AnwZ (B) 33/93; EGE XIV, 80), überprüfbar. Der Kläger gegen eine Widerrufsentscheidung auf der Grundlage des § 14 Abs. 3 kann deshalb im gerichtlichen Verfahren nach § 112a nur geltend machen, die RAK habe die gesetzlichen Grenzen ihres Ermessens überschritten oder von dem Ermessen in einer dem Zweck der Ermächtigung nicht entsprechenden Weise Gebrauch gemacht. Das Verfahren regelt sich im Übrigen nach §§ 112a ff.

V. Rücknahme und Widerruf der Rücknahme bzw. des Widerrufs der Zulassung?

Nach § 48 Abs. 1 VwVfG und den dementsprechenden Verwaltungsverfahrensgesetzen der Länder kann ein (von Anfang an) rechtswidriger Verwaltungsakt, auch nachdem er unanfechtbar geworden ist, ganz oder teilweise mit Wirkung für die Zukunft oder für die Vergangenheit zurückgenommen werden. Nach § 49 Abs. 1 VwVfG kann ein rechtmäßiger nicht begünstigender Verwaltungsakt, auch nachdem er unanfechtbar geworden ist, ganz oder teilweise mit Wirkung für die Zukunft widerrufen werden, außer wenn ein Verwaltungsakt gleichen Inhalts erneut erlassen werden müsste oder aus anderen Gründen ein Widerruf unzulässig ist. Fraglich ist, ob dementsprechend auch die RAK ihre **unanfechtbaren** Rücknahme- und Widerrufsverfügungen nach § 14 BRAO, §§ 4, 11 EuRAG wieder zurücknehmen oder widerrufen können, ob die §§ 48, 49 VwVfG insoweit wenigstens entsprechend anwendbar sind. **99**

Entgegen des Umstandes, dass nach § 2 Abs. 3 Nr. 1 VwVfG für die Tätigkeit der Behörden der Justizverwaltung, zu denen auch die Rechtsanwaltskammern gehören (§ 62), das VwVfG nicht gelten soll, ist durch die Neufassung des § 32 das VwVfG nunmehr auf Verfahren gemäß der BRAO anwendbar, solange diese keine spezialgesetzliche Regelung beinhaltet. **100**

Die Voraussetzungen für eine Anwendbarkeit der §§ 48, 49 VwVfG im Bereich des Zulassungsrechts liegen aber nicht vor. Die Regelungen der BRAO und des EuRAG über die Rücknahme und den Widerruf der Zulassung zur Rechtsanwaltschaft bzw. der Aufnahme in die RAK (§ 14 BRAO, §§ 4, 11 EuRAG) stellen für das Berufsrecht der Rechtsanwälte spezielle und abschließende Regelungen dar, die die Anwendbarkeit der §§ 48, 49 VwVfG ausschließen (vgl. BVerwGE 81, 284 für das Beamtenrecht). Sinn und Zweck der Zulassungsregeln der BRAO und des EuRAG lassen ein erneutes Aufleben der Zulassung zur Rechtsanwaltschaft und der Aufnahme in die RAK nach unanfechtbarer Rücknahme oder unanfechtbarem Widerruf durch bloße Rücknahme bzw. Widerruf der Rücknahme- oder Widerrufsverfügung nicht zu. Das Zulassungsverfahren ist im Zweiten Teil der BRAO abschließend geregelt. Danach sind im Interesse der Rechtssicherheit und der Organstabilität (§ 1) die Zulassungshindernisse sowie die Rücknahme- und Widerrufsgründe durch eine abschließende und erschöpfende Regelung beschränkt. Mit Eintritt der Unanfechtbarkeit der Rücknahme- bzw. Widerrufsverfügung ist eine endgültige Gestaltungswirkung eingetreten, der Betroffene scheidet aus der Rechtsanwaltschaft aus, seine Zulassung bei einem Gericht erlischt. **101**

Für die Zulassungsbehörde tritt im Interesse der Rechtspflege in den zu → § 6 Rn. 21 ff. angeführten Grenzen eine Bindungswirkung ein, die eine Rücknahme oder den Widerruf der Rücknahme- bzw. Widerrufsverfügung nach §§ 48, 49 VwVfG entsprechend ausschließt. Ob dann zB aufgrund veränderter Umstände eine Neuzulassung des Betroffenen zur Rechtsanwaltschaft (§§ 6 ff. BRAO; §§ 11 ff. EuRAG) bzw. seine erneute Aufnahme in die RAK (§§ 2 ff. EuRAG) in Betracht kommt, bestimmt sich ausschließlich nach den Zulassungs- bzw. Aufnahmeregeln der BRAO und des EuRAG. **102**

VI. Verwaltungsverfahren und Rechtschutz

1. Verneinung eines Rücknahme- oder Widerrufsgrundes. Kommt die RAK aufgrund ihrer Prüfung zu dem Ergebnis, dass ein Rücknahme- oder Widerrufsgrund nicht gegeben ist und hat sie den Rechtsanwalt bereits gehört, teilt sie das Ergebnis ihrer Prüfung diesem formlos mit. **103**

2. Rücknahme- oder Widerrufsverfügung. Kommt die RAK zu dem Ergebnis, dass ein Rücknahme- oder Widerrufsgrund vorliegt, verfügt sie die Rücknahme oder den Widerruf der Zulassung zur Rechtsanwaltschaft. Das Verwaltungsverfahren richtet sich nach den §§ 32 ff. Die Rücknahme- oder Widerrufsverfügung ist gemäß § 34 dem Rechtsanwalt zuzustellen. Allerdings regelt die Norm nur die Notwendigkeit der Zustellung als solche. Für die Einzelheiten sind gemäß § 32 die allgemeinen Regeln des Verwaltungsverfahrens heranzuziehen. Danach richtet sich die Zustellung nach dem Verwaltungszustellungsgesetz (VwZG) vom 12.8.2005 (BGBl. I S. 2354) Bei unbekanntem Aufenthalt eines Rechtsanwalts kann die Widerrufsverfügung auch **öffentlich** zugestellt werden (§ 10 VwZG). Die Begründungspflicht der Rücknahme- oder Widerrufsverfügung ergibt sich aus § 39 VwVfG. Im Rahmen einer solchen Begründung sind die wesentlichen tatsächlichen und rechtlichen Gründe mitzuteilen, die die RAK zu ihrer Entscheidung bewogen haben. **103a**

VII. Rechtsschutz

104 Mit der Zustellung der Rücknahme- oder Widerrufsverfügung wird die **Klagefrist** des § 74 VwGO in Lauf gesetzt. Für den Fristlauf ist eine Rechtsmittelbelehrung trotz Rechtskunde des Betroffenen nicht entbehrlich. Ist für den Rechtsanwalt ein Vertreter bestellt, ist für die Ingangsetzung von Fristen allein die Zustellung an diesen nicht anwaltlichen Vertreter maßgeblich. Die Rechtswegzuweisung an den AGH gemäß § 112a ist sowohl EU-konform als auch verfassungsgemäß (BVerfG NJW 2006, 3049 = BRAK-Mitt. 2006, 221 mit Anm. *Eichel;* → § 37 Rn. 7; → § 100 Rn. 1 ff.). Anknüpfend an die Zuständigkeitsregelung des Abs. 1 ist nunmehr der AGH bei dem OLG zuständig, zu dessen Bezirk die RAK gehört, die die Verfügung erlassen hat. Die Adressierung an das OLG schließt den bei diesem eingerichteten AGH nicht ein. Entscheidend ist dann der Eingang der Klage beim AGH (BGH BRAK-Mitt. 1998, 151; → § 37 Rn. 8). Erhebt der Rechtsanwalt innerhalb der Frist keine Klage, dann wird die Verfügung mit Ablauf der Frist bestandskräftig, die Zulassung erlischt (§ 13) und der Rechtsanwalt ist in dem Rechtsanwaltsverzeichnis zu löschen (§ 31 Abs. 4). Da auch für das gerichtliche Verfahren der **Amtsermittlungsgrundsatz** gilt (§ 86 VwGO), ist eine **Begründung** der Klage nicht vorgeschrieben. Damit das Gericht aber auf die vom Kläger für zweifelhaft angesehenen Umstände hingewiesen wird und um sicher zu stellen, dass es diese auch prüft, ist eine Begründung immer sinnvoll.

VIII. Aufschiebende Wirkung

105 **1. Suspensiveffekt.** Die Anfechtungsklage hat grundsätzlich gemäß § 80 Abs. 1 VwGO aufschiebende Wirkung und zwar rückwirkend auf den Zeitpunkt des Erlasses der Rücknahme- oder Widerrufsverfügung. Das hat somit zur Folge, dass die Rücknahme- oder Widerrufsverfügung von Anfang an als vorläufig nicht wirksam zu behandeln ist. Auch Maßnahmen nach §§ 156 Abs. 2, 160 Abs. 2 und 161 dürfen nicht ergriffen werden, solange die aufschiebende Wirkung andauert. Der Rechtsanwalt ist weiterhin berechtigt, alle anwaltlichen Tätigkeiten auszuüben. Die aufschiebende Wirkung der Klage endet mit der Unanfechtbarkeit des Verwaltungsakts (§ 112c Abs. 3) oder mit der Anordnung der sofortigen Vollziehbarkeit gemäß § 80 Abs. 2 Nr. 4 VwGO.

105a **2. Verfahren vor dem AGH.** Bei der gerichtlichen Überprüfung einer Rücknahme- oder Widerrufsverfügung der Verwaltungsbehörde ist grundsätzlich die Sach- und Rechtslage im Zeitpunkt ihres Erlasses maßgebend (BGHZ 38, 6; 75, 356; BGH NJW 2003, 577). Ausnahmsweise wird zugunsten des Rechtsanwalts, dessen Zulassung widerrufen werden soll, der nachträgliche zweifelsfreie Wegfall des Widerrufsgrundes berücksichtigt (BGH BRAK-Mitt. 1999, 36). War der Widerruf in dem Zeitpunkt, als er ausgesprochen wurde, nicht berechtigt, kann er zu Lasten des Rechtsanwalts nicht auf einen Widerrufsgrund gestützt werden, der sich erst danach ergeben hat (BGH AnwBl. 2005, 217; → § 41 Rn. 4 ff.; → § 42 Rn. 15). In dem Verfahren vor dem AGH ist es aber nicht grundsätzlich ausgeschlossen, dass der AGH die Rücknahme- oder Widerrufsverfügung der RAK auch unter einem anderen rechtlichen Gesichtspunkt prüft, als dem in der Verfügung aufgeführten.

IX. Anordnung der sofortigen Vollziehung

106 **1. Anordnung durch die RAK.** Durch Gesetz zur Änderung des Berufsrechts der Rechtsanwälte und der Patentanwälte vom 13.12.1989 (BGBl. I S. 2135) wurde die Regelung über die Anordnung der sofortigen Vollziehung völlig neu gestaltet. Nach dem Beispiel des § 80 Abs. 1, Abs. 2 Nr. 4, Abs. 5 VwGO war der frühere § 16 Abs. 5 – bzw. § 16 Abs. 6 – neu gefasst worden. Durch das **Gesetz zur Modernisierung von Verfahren im anwaltlichen und notariellen Berufsrecht,** zur Errichtung einer Schlichtungsstelle der Rechtsanwaltschaft sowie zur Änderung sonstiger Vorschriften (RAuNOBRÄndG) vom 30.7.2009 (BGBl. I S. 2449) wurde § 16 aufgehoben. Die Anordnung der sofortigen Vollziehung erfolgt nach § 80 Abs. 2 Nr. 4 VwGO.

107 **a) Überwiegendes öffentliches Interesse.** Die sofortige Vollziehung des Widerrufsbescheides darf – als Ausnahmefall – nur angeordnet werden bei hoher Wahrscheinlichkeit, dass die Widerrufsverfügung Bestandskraft erlangen wird und, wenn sie im überwiegenden öffentlichen

Interesse schon vor Bestandskraft der Widerrufsverfügung zur notwendigen Abwehr konkreter Gefahren für wichtige Gemeinschaftsgüter geboten ist (BGH NJW-RR 2002, 1718; BRAK-Mitt. 1993, 171; 1998, 235; 2003, 281; Beschluss vom 24.3.2004 – AnwZ (B) 6/04). Das öffentliche Interesse muss gegen das des betroffenen Rechtsanwalts und unter Umständen, zB bei Existenzbedrohung für seine Familie, auch gegen das seiner Angehörigen abgewogen werden (*Jessnitzer/Blumberg* § 16 Rn. 8). Für diese Entscheidung mit regelmäßig existenzbedrohender Wirkung ist der Grundsatz der Verhältnismäßigkeit strikt zu beachten.

Die sofortige Vollziehung wird geboten sein, wenn das unabwendbare Interesse zum Schutze der Rechtsuchenden gegeben ist, schon vor einer gründlichen gerichtlichen Prüfung sicherzustellen, dass der Rechtsanwalt seine berufliche Tätigkeit sofort einstellt und als Rechtsanwalt nicht mehr in Erscheinung tritt. Grundvoraussetzung für eine solche Anordnung ist somit, dass eine hohe Wahrscheinlichkeit besteht, der Rücknahme- oder Widerrufsbescheid werde Bestandskraft erlangen (BGH NJW-RR 2002, 1718; BeckRS 2001, 08280 = BGHR 2002, 132; BRAK-Mitt. 2003, 281; 2002, 36; zu § 16 Abs. 5 aF EGH Schleswig Beschluss vom 14.6.1988 – 1 EGH 4/88; EGH München AnwBl. 1983, 480 = BRAK-Mitt. 1983, 192; *Isele* § 16 Anm. IX B 1b, aa). Eine summarische Prüfung muss ergeben, dass der Bescheid rechtmäßig ist, die Anfechtungsklage mangels Zulässigkeit oder Begründetheit erfolglos sein wird. **107a**

Wegen des mit der Anordnung verbundenen Eingriffs in die Freiheit der Berufswahl (Art. 12 Abs. 1 GG), die auch die Entscheidung, ob und wie lange der Beruf ausgeübt werden soll, beinhaltet (BVerfGE 44, 105 = NJW 1977, 892 = EGE XIV, 295; BerGH Rostock DtZ 1994, 221 = AnwBl. 1994, 193 = NJ 1994, 238), darf die Anordnung nur unter der strengen Voraussetzung erfolgen, dass sie zum Schutze wichtiger Gemeinschaftsgüter geboten ist. Es ist somit erforderlich, dass die sofortige Vollziehbarkeit schon vor rechtskräftiger Entscheidung als Präventivmaßnahme im überwiegenden öffentlichen Interesse zur Abwehr konkreter Gefahren für die Rechtsuchenden oder die Rechtspflege erforderlich ist, einer Gefährdung der öffentlichen Interessen nicht auf andere weniger einschneidende Art und Weise wirksam begegnet werden kann (zu §§ 150 ff. s. BVerfGE 44, 105 = NJW 1977, 892; BVerfGE 48, 292 = NJW 1978, 1479 = EGE XIV, 319; BGH Beschluss vom 19.9.2001 – AnwZ (B) 41/01; BRAK-Mitt. 2002, 36; zu § 16 Abs. 5 aF EGH München BRAK-Mitt. 1983, 192 = AnwBl. 1983, 480; EGH Schleswig Beschluss vom 14.6.1988 – 1 EGH 4/88). **107b**

Es handelt sich um eine Sofortmaßnahme, die mit erheblicher Intensität und irreparabler Wirkung in grundrechtlich geschützte Rechtspositionen von hoher Bedeutung eingreift. Bei solchen Eingriffen folgt aus dem Rechtsstaatsangebot, dass sie nicht weitergehen dürfen, als es die sie legitimierenden öffentlichen Interessen erfordern (BVerfGE 19, 330 = NJW 1966, 291), dh, sie sind nur insoweit zulässig, als ein effektiver Rechtsschutz unbedingt sicherzustellen ist. Dabei kommen immer nur solche Gründe in Betracht, die in angemessenem Verhältnis zu der Schwere des Eingriffs stehen und die ein Zuwarten bis zur Rechtskraft des Hauptverfahrens ausschließen. Ob diese Voraussetzungen gegeben sind, hängt von der Gesamtwürdigung der Umstände des Einzelfalles und insbesondere davon ab, ob eine weitere Berufstätigkeit des Anwalts konkrete Gefahren für die Rechtsuchenden oder das Funktionieren der Rechtspflege befürchten lässt (BVerfGE 44, 105 = NJW 1977, 892; BerGH Rostock DtZ 1994, 221 = AnwBl. 1994, 193 = NJ 1994, 238; BerGH Thüringen Beschluss vom 27.6.1994 – EGH 1/94). **107c**

Es müssen **besondere Gründe** vorliegen, die die Anordnung der sofortigen Vollziehung zur Abwehr konkreter Gefahren für wichtige Gemeinschaftsgüter schon vor Bestandskraft gebieten. Bei vorausschauender Betrachtung muss im Falle des Unterlassens einer solchen Anordnung eine Gefährdung und Verletzung wichtiger Gemeinschaftsgüter durch die weitere Tätigkeit des Rechtsanwalts wahrscheinlicher sein als deren Ausbleiben. Eine solche **konkrete Gefährdung und Schädigung** muss für den Fall, dass keine Anordnung nach § 80 Abs. 2 Nr. 4 VwGO erfolgt, als naheliegende Möglichkeit in Betracht kommen. Es hat jeweils eine Abwägung aller im konkreten Fall betroffenen öffentlichen und privaten Interessen zu erfolgen (EGH Celle BRAK-Mitt. 1983, 89; EGH München BRAK-Mitt. 1983, 192 = AnwBl. 1983, 480; BayAGH BRAK-Mitt. 1997, 175). **108**

Allein der Umstand, dass zum Zeitpunkt des Widerrufs aus den Gründen des § 14 Abs. 2 Nr. 7 ein Vermögensverfall vorlag, durch den eine abstrakte Gefährdung von Mandantengeldern bestehen kann, reicht für die Annahme solcher besonderer Anordnungsgründe nicht aus, denn diese abstrakte Gefährdung der Interessen der Rechtsuchenden ist bereits Voraussetzung für den Widerruf der Zulassung gemäß § 14 Abs. 2 Nr. 7 und kann nicht zugleich deren Sofortvollzug **108a** rechtfertigen. Auch kann die Formulierung, es sei die „Vermutung nicht ausgeräumt", dass der Rechtsanwalt keinerlei Vorsorge getroffen habe, um eingehende Zahlungen zu Gunsten seiner Mandanten zu sichern, eine konkrete Gefährdung von Mandanteninteressen nicht begründen (BGH NJW-RR 2002, 1718).

108b Die Abweisung einer Klage vor dem AGH gegen die Widerrufsverfügung reicht für die Anordnung des Sofortvollzugs und den damit verbundenen Eingriff in die Freiheit der Berufswahl allein nicht aus. Da gegen die Entscheidung Berufung oder ein Antrags auf Zulassung der Berufung (§ 112e) gegeben ist. Ein überwiegendes öffentliches Interesse am Sofortvollzug besteht beispielsweise dann, wenn **Fremdgelder bei dem Rechtsanwalt konkret gefährdet** sind. Davon kann etwa dann ausgegangen werden, wenn der Rechtsanwalt in jüngerer Zeit wegen Veruntreuung verurteilt wurde (BGH BeckRS 2001, 06486) oder kein Anderkonto unterhält (BGH BeckRS 2001, 08280 = BGHR 2002, 32). Die Unfähigkeit eines Rechtsanwalts zur Begleichung auch geringfügiger Forderungen, sein unkorrekter Umgang mit Fremdgeld und Sicherheiten sowie seine wahrheitswidrigen Angaben in einzelnen Fällen indizieren eine konkrete Gefährdung und gebieten dringend den Schutz der Rechtsuchenden durch Widerruf der Anwaltszulassung unter Anordnung der sofortigen Vollziehung (AGH NRW AnwBl. 1999, 698). Trifft ein Rechtsanwalt nach Eintritt des Vermögensverfalls keine Vorsorge zur Sicherung noch eingehender Zahlungen für Mandanten, oder kann er solch eine Vorsorge nicht mehr treffen, so ist ebenfalls eine konkrete Gefährdung gegeben und die sofortige Vollziehung der Zulassungsrücknahme bzw. des Widerrufs anzuordnen (zu § 16 Abs. 5 aF EGH Celle BRAK-Mitt. 1983, 89; EGH Schleswig Beschluss vom 14.6.1988 – 1 EGH 4/88). Im Falle strafgerichtlicher Verurteilung mit der Rechtsfolge aus § 45 Abs. 1 StGB (Verlust der Amtsfähigkeit) hängt es maßgeblich von der Schwere der abgeurteilten Tat und deren fortwirkender Gefährdung der Rechtspflege, vor allem der Rechtsuchenden ab, ob ein Wohlverhalten des Rechtsanwalts zwischen Tatbegehung und rechtskräftiger Bestrafung die Anordnung der sofortigen Vollziehung hindert (EGH München BRAK-Mitt. 1983, 192 = AnwBl. 1983, 480 zu § 16 Abs. 5 aF). Tiefe Verstrickung eines Rechtsanwalts der früheren DDR in die Machenschaften des MfS kann die sofortige Vollziehung des Widerrufs rechtfertigen, denn es ist nicht zu vertreten, wenn er bis zur rechtskräftigen Entscheidung über den Widerruf seiner Zulassung ungehindert seiner Anwaltstätigkeit nachgehen könnte. Das grundsätzlich geschützte Interesse an der ungehinderten Ausübung eines Berufs muss im Falle tiefer Verstrickung hinter dem öffentlichen Interesse an der Reinhaltung des Anwaltsstandes zurücktreten (BGH BRAK-Mitt. 1994, 176).

109 **b) Schriftliche Begründung.** Das besondere Interesse an der sofortigen Vollziehung der Rücknahme- oder Widerrufsverfügung ist nach § 80 Abs. 3 VwGO schriftlich zu begründen. Dies ist zwingend, weil sich der Betroffene auf die Wirkung der Anordnung einstellen und sie ggf. durch Antrag auf Wiederherstellung der aufschiebenden Wirkung beseitigen können muss. Eine **unzureichende schriftliche Begründung** führt nur zur Fehlerhaftigkeit der Anordnung, nicht zu deren Unwirksamkeit. Die gleichwohl wirksame Anordnung der sofortigen Vollziehung kann nur durch Rücknahme der Anordnung durch die RAK oder durch Wiederherstellung der aufschiebenden Wirkung seitens des AGH beseitigt werden.

110 **c) Indizierung des überwiegend öffentlichen Interesses bei Widerruf nach § 14 Abs. 2 Nr. 9.** Sofern der Rechtsanwalt die vorgeschriebene Haftpflichtversicherung nicht unterhält (vgl. §§ 51, 14, Abs. 2 Nr. 9), besteht eine akute Gefahr für die Mandanten, unwiederbringliche Vermögensschäden zu erleiden. Zur Abmilderung dieser Gefahr ist es geboten, dass die RAK regelmäßig die sofortige Vollziehung ihrer Widerrufsverfügung nach § 14 Abs. 2 Nr. 9 anordnet, damit der Rechtsanwalt seine berufliche Tätigkeit einstellt. Nur auf diese Weise kann verhindert werden, dass im Zeitraum der gerichtlichen Nachprüfung Mandanten zu Schaden kommen (amtliche Begründung, BT-Drs. 12/4993, 25; BayAGH BRAK-Mitt. 1996, 167). Aus diesem Grund bestimmt Abs. 4 S. 2 ausdrücklich, dass im Falle des Widerrufs wegen fehlender Berufshaftpflichtversicherung (§ 14 Abs. 2 Nr. 9) die Anordnung der sofortigen Vollziehung „in der Regel" zu erfolgen hat. Damit ist der Verwaltung die Feststellung und Begründung eines überwiegenden öffentlichen Interesses an der sofortigen Vollziehung ihrer Verfügung wesentlich erleichtert, wenn auch damit kein Automatismus verbunden ist. Ausnahmen im konkreten Einzelfall sind möglich. Die Verwaltung kann sich aber mit summarischen Ausführungen begnügen, wobei erkennbar sein muss, dass sie die Möglichkeit einer Ausnahme zwar geprüft aber verworfen hat. Sie ist jedoch der Verpflichtung enthoben, im Einzelnen Fall zu begründen, wieso gerade aufgrund dieses Sachverhaltes ein überwiegendes öffentliches Interesse an der sofortigen Vollziehung ihrer Widerrufsverfügung vorliegt. Liegen keine Anhaltspunkte dafür vor, dass die fehlende Berufshaftpflichtversicherung ausnahmsweise keine Gefährdung der Mandanten bedeutet, kann die RAK aus dem Widerrufsgrund des § 14 Abs. 2 Nr. 9 auf eine solche Gefährdung und damit auf ein überwiegendes öffentliches Interesse an der sofortigen Vollziehung der Widerrufsverfügung schließen. Der Widerrufsgrund des § 14 Abs. 2 Nr. 9 indiziert ein überwiegendes öffentliches Interesse an der sofortigen Vollziehung der Widerrufsverfügung. Die Möglichkeit, die Anordnung der sofortigen Vollziehung gerichtlich nachprüfen zu lassen (§ 80 Abs. 5 VwGO) wird durch § 14 Abs. 4 S. 2 nicht eingeschränkt.

d) Zeitpunkt der Anordnung. Die Anordnung der sofortigen Vollziehung kann gleichzeitig mit der Rücknahme- oder Widerrufsverfügung ergehen und mit dieser verbunden werden. Das wird sich empfehlen, wenn eine Anfechtung der Widerrufsverfügung zu erwarten ist, aber überwiegende öffentliche Interessen ein sofortiges Unterbleiben jeder Tätigkeit dieses Anwalts verlangen. Die RAK kann ihre Entscheidung grundsätzlich jederzeit abändern oder aufheben. **111**

2. Wiederherstellen der aufschiebenden Wirkung. Hat die RAK die sofortige Vollziehung ihrer Verfügung angeordnet, kann auf Antrag des Rechtsanwalts der AGH die aufschiebende Wirkung wiederherstellen. Der Anwalt kann den Antrag auch schon vor Erhebung der Anfechtungsklage (§ 80 Abs. 5 VwGO) stellen oder gleichzeitig mit der Anfechtungsklage einreichen. Dabei ist notfalls durch Auslegung das Ziel des Begehrens zu ermitteln. Der Antrag ist solange zulässig, wie die Anordnung der sofortigen Vollziehung besteht, längstens also bis zur rechtskräftigen Entscheidung über die Anfechtungsklage. Der AGH überprüft auf den Antrag hin, ob überwiegende öffentliche Interessen die sofortige Vollziehung der Rücknahme- oder Widerrufsvergütung der RAK rechtfertigen. Diese Rechtsfrage ist vom AGH in vollem Umfang zu überprüfen. Er muss die aufschiebende Wirkung wieder herstellen, wenn er zu dem Ergebnis gelangt, dass die Voraussetzungen der sofortigen Vollziehung nach § 80 Abs. 2 Nr. 4 VwGO nicht vorliegen. Der AGH ist dabei nicht gehindert, seine Entscheidung mit anderen rechtlichen und tatsächlichen Erwägungen zu begründen, als sie die RAK der Anordnung der sofortigen Vollziehung zugrunde gelegt hat. Selbst Änderungen tatsächlicher Art, die erst im Laufe des Verfahrens eingetreten und bekannt geworden sind, müssen in die gerichtliche Prüfung und Entscheidung einbezogen werden, wenn sie den der Rücknahme- oder Widerrufsverfügung und der diesbezüglichen Vollziehungsanordnung zugrundeliegenden Sachverhalt in seinem wesentlichen Gehalt nicht verändern (vgl. BGHZ 38, 241 = NJW 1963, 445 = EGE VII, 110). **112**

Gegen die Entscheidung des AGH, egal ob dieser die Anordnung der sofortigen Vollziehung bestätigt oder die aufschiebende Wirkung wiederherstellt, gibt es kein Rechtsmittel. Der AGH kann seine Entscheidung aber jederzeit wieder aufheben, die Wiederherstellung der aufschiebenden Wirkung von Auflagen abhängig machen oder befristet. Er kann also die von ihm angeordnete Wiederherstellung der aufschiebenden Wirkung aufheben und die sofortige Vollziehung der Widerrufs- oder Rücknahmeverfügung bestätigen. Er kann aber auch, wenn er zunächst den Antrag des Rechtsanwalts abgelehnt hatte, nunmehr die aufschiebende Wirkung herstellen. **112a**

3. Folgen der Anordnung. Die Anordnung der sofortigen Vollziehung hat Rechtswirkungen entsprechend § 155 Abs. 2, 4 und 5, § 156 Abs. 2, § 160 Abs. 1 S. 2 und § 161 sowie für Anwaltsnotare entsprechend § 54 Abs. 4 Nr. 3 BNotO in der Fassung des Gesetzes vom 31.8.1998 (BGBl. I S. 2585); dh für die Dauer der sofortigen Vollziehbarkeit hat die Rücknahme oder der Widerruf die Wirkung der vorläufigen Amtsenthebung kraft Gesetzes. Bis 1989 waren die Wirkungen, welche die Anordnung der Vollziehung hat, nicht geregelt. Im Schrifttum (*Isele* S. 240; *Jessnitzer* 4. Aufl. § 16 Rn. 3) wurde die entsprechende Anwendung der Vorschriften über die Wirkungen eines vorläufigen Berufsverbots und über die Bestellung eines Vertreters bei einem vorläufigen Berufsverbot befürwortet. Da es praktischen Bedürfnissen widerspricht, § 16 Abs. 6 aF als eine bloße „lex imperfecta" anzusehen, wurden die Rechtsfolgen bei Anordnung der sofortigen Vollziehung durch das Gesetz zur Änderung des Berufsrechts der Rechtsanwälte und der Patentanwälte vom 13.12.1989 (BGBl. I S. 2135) entsprechend den Vorschlägen im Schrifttum in § 16 Abs. 7 klargestellt. Diese Regelung ist nunmehr durch das **Gesetz zur Modernisierung von Verfahren im anwaltlichen und notariellen Berufsrecht,** zur Errich- **113**

tung einer Schlichtungsstelle der Rechtsanwaltschaft sowie zur Änderung sonstiger Vorschriften (RAuNOBRÄndG) vom 30.7.2009 (BGBl. I S. 2449) in § 14 Abs. 4 übernommen worden. Der Rechtsanwalt darf seinen Beruf nicht mehr ausüben (§ 155 Abs. 2), jedoch seine eigenen Angelegenheiten, die seines Ehegatten und seiner minderjährigen Kinder wahrnehmen, soweit nicht eine Vertretung durch Anwälte geboten ist (§ 155 Abs. 4). Die Wirksamkeit seiner Rechtshandlungen wird durch die Vollziehungsanordnung nicht berührt. Gleiches gilt für Rechtshandlungen, die ihm gegenüber vorgenommen werden (§ 155 Abs. 5), unbeschadet der Frage, ob die Vollmacht infolge des Berufsausübungsverbotes entfällt (BAG MDR 2007, 1459; BGHZ 166, 117 = NJW 2006, 2260). Entsprechend § 161 ist dem Rechtsanwalt ein Vertreter zu bestellen. Die Bestellung eines Abwicklers ist ausgeschlossen (*Isele* § 16 Anm. IX D 2 f.). Tritt der Rechtsanwalt dem Verbot zuwider vor Gerichten oder Behörden auf, sollen diese ihn nach § 156 Abs. 2 zurückweisen. Ein Rechtsanwalt, dessen Zulassung zur Rechtsanwaltschaft sofort vollziehbar widerrufen ist, kann – bis zu seiner Zurückweisung nach § 156 Abs. 2 – wirksam dem Anwaltszwang unterliegende schriftliche Erklärungen auch in eigenen Angelegenheiten selbst abgeben. Wird gegen einen Rechtsanwalt, der sich in einer eigenen Sache im Anwaltsprozess selbst vertritt, die sofortige Vollziehbarkeit des Widerrufs seiner Zulassung angeordnet, so ist das Verfahren nach § 244 ZPO unterbrochen. Bis zum Ende der Unterbrechung können an ihn selbst trotz der Regelung in § 155 Abs. 5 keine wirksamen Zustellungen erfolgen (OLG Karlsruhe AnwBl. 1995, 97).

113a Die Anordnung der sofortigen Vollziehbarkeit bildet aber noch nicht die Grundlage für die **Löschung des Rechtsanwalts in dem Rechtsanwaltsverzeichnis** (§ 31 Abs. 4), da die Zurücknahme der Zulassung trotz Anordnung der sofortigen Vollziehung noch nicht endgültig ist. Der Schutz der Rechtsuchenden ist ausreichend durch den entsprechend anwendbaren § 155 Abs. 5 gewährleistet.

113b Die Anordnung der sofortigen Vollziehung nötigt, da der Rechtsanwalt weiterhin der Anwaltsgerichtsbarkeit und der Kammeraufsicht untersteht, nicht zur Aussetzung bzw. vorläufigen Einstellung eines anwaltsgerichtlichen oder eines Aufsichtsverfahrens. Gleichwohl darf in Erwartung eines endgültigen Ausscheidens des Rechtsanwalts bei Eintritt der Rechtskraft der Widerrufs- oder Rücknahmeverfügung, was dann zur endgültigen Einstellung nach § 139 Abs. 3 Nr. 1 führt, das Verfahren entsprechend § 118b ausgesetzt werden.

113c Ein Rechtsanwalt kann auch im Falle einer notwendigen Verteidigung gemäß § 140 Abs. 1 Nr. 5 StPO einen Angeklagten in der Hauptverhandlung wirksam vertreten, obgleich seine Zulassung durch Verfügung der RAK zurückgenommen und die sofortige Vollziehung der Verfügung angeordnet worden war (OLG Celle NStZ 1989, 41 mit Anm. *Feuerich* NStZ 1989, 338). Unwiderrufliche, den Mandanten belastende Prozesserklärungen des Rechtsanwalts im Strafverfahren sind mit dem Zeitpunkt der Anordnung der sofortigen Vollziehung unwirksam, da das Interesse des Mandanten, vor ihm schädlichen Folgen einer weiteren Tätigkeit des nicht zulassungsfähigen Rechtsanwalts bewahrt zu werden, eindeutig das Interesse an der Rechtssicherheit überwiegt (OLG Karlsruhe AnwBl. 1996, 584). Näher → § 155 Rn. 1 ff.; → § 156 Rn. 1 ff.; → § 160 Rn. 1 ff.; → § 161 Rn. 1 ff.

X. Einstweilige Anordnung nach § 32 Abs. 1 BVerfGG

114 Hat der Betroffene gegen eine rechtskräftige Rücknahme- oder Widerrufsverfügung Verfassungsbeschwerde eingelegt und ist diese weder unzulässig noch offensichtlich unbegründet, dann kann das BVerfG, wenn dies zur Abwehr schwerer Nachteile oder aus einem anderen wichtigen Grund zum gemeinen Wohl dringend geboten ist, im Wege der Einstweiligen Anordnung (§ 32 Abs. 1 BVerfGG) den Zustand vorläufig dahingehend regeln, dass die Rücknahme bzw. der Widerruf vorläufig keine Wirkung entfalten. Der Rechtsanwalt kann dann seine Tätigkeit als Rechtsanwalt zunächst unverändert fortsetzen. Er ist wieder in das Rechtsanwaltsverzeichnis einzutragen. Diese Anordnung kann das BVerfG bei offenem Ausgang des Verfassungsbeschwerdeverfahrens treffen. Das BVerfG muss dabei die Folgen abwägen, die eintreten würden, wenn eine einstweilige Anordnung nicht erginge, die Verfassungsbeschwerde aber Erfolg hätte; diese sind mit den Nachteilen zu vergleichen, die entstünden, wenn die begehrte einstweilige Anordnung erlassen würde, der Verfassungsbeschwerde aber der Erfolg zu versagen wäre (BVerfGE 82, 306 = NJW 1991, 285 = AnwBl. 1990, 461; BVerfG DtZ 1995, 398; NJW 1997, 45, 187; NJW 1999, 3328; NJW 2005, 1418 = BRAK-Mitt. 2005, 120 = AnwBl. 2005, 578; NJW 2006,

3706). Bei der Folgenabwägung gemäß § 32 BVerfGG im Rahmen eines Verfassungsbeschwerdeverfahrens, das sich gegen den Widerruf der Zulassung zur Rechtsanwaltschaft nach § 14 Abs. 3 richtet, fällt gegenüber der Bedrohung der beruflichen Existenzgrundlage des betroffenen Rechtsanwalts der Vorwurf nicht ins Gewicht, der Rechtsanwalt habe organisatorische Maßnahmen unterlassen, um seine Kanzlei für das rechtsuchende Publikum erkennbar zu machen (BVerfG NJW 2005, 1418).

§ 15 Ärztliches Gutachten bei Versagung und Widerruf der Zulassung

(1) [1]Wenn es zur Entscheidung über den Versagungsgrund des § 7 Nr. 7 oder den Widerrufsgrund des § 14 Abs. 2 Nr. 3 erforderlich ist, gibt die Rechtsanwaltskammer dem Betroffenen auf, innerhalb einer von ihr zu bestimmenden angemessenen Frist das Gutachten eines von ihr zu bestimmenden Arztes über seinen Gesundheitszustand vorzulegen. [2]Das Gutachten muss auf einer Untersuchung und, wenn dies ein Amtsarzt für notwendig hält, auch auf einer klinischen Beobachtung des Betroffenen beruhen. [3]Die Kosten des Gutachtens hat der Betroffene zu tragen.

(2) [1]Anordnungen nach Absatz 1 sind mit Gründen zu versehen und zuzustellen. [2]Gegen sie können die Rechtsbehelfe gegen belastende Verwaltungsakte eingelegt werden. [3]Sie haben keine aufschiebende Wirkung.

(3) **[1]Wird das Gutachten ohne zureichenden Grund nicht innerhalb der von der der Rechtsanwaltskammer gesetzten Frist vorgelegt, so wird vermutet, dass der Betroffene aus gesundheitlichen Gründen nicht nur vorübergehend unfähig ist, den Beruf eines Rechtsanwalts ordnungsgemäß auszuüben. [2]Der Betroffene ist auf diese Folgen bei der Fristsetzung hinzuweisen.**

Übersicht

I. Geschichte und Grund der Regelung

Die Bestimmung wurde als § 8a durch das Gesetz zur Änderung des Berufsrechts der Rechts- **1** anwälte und der Patentanwälte vom 13.12.1989 (BGBl. I S. 2135) eingefügt. Durch Gesetz vom 26.3.2007 (BGBl. I S. 358) wurde der bisherige § 8a, der die Vorlage eines ärztlichen Gutachtens im Zulassungsverfahren regelt, als § 8 nF an die Stelle des aufgehobenen § 8 aF gesetzt und redaktionell an die veränderte Zuständigkeit angepasst. Der bisherige § 8 aF, der die Zulassung durch die Landesjustizverwaltung und die Erstattung eines Gutachtens zu möglichen Versagungsgründen durch die RAK vorsah, konnte aufgehoben werden, da die Kammer nunmehr selbst für die Zulassungsentscheidung zuständig ist (§ 6 Abs. 2 nF). Durch das Gesetz zur Modernisierung von Verfahren im anwaltlichen und notariellen Berufsrecht, zur Errichtung einer Schlichtungsstelle der Rechtsanwaltschaft sowie zur Änderung sonstiger Vorschriften (RAuNOBRÄndG) vom 30.7.2009 (BGBl. I S. 2449) wurde § 8 aufgehoben. Der Regelungsgehalt wurde in § 15 aufgenommen.

Die Prüfung des Versagungsgrundes des § 7 Nr. 7 war früher mit erheblichen Schwierigkeiten **1a** verbunden, weil kein gesetzlicher Zwang für den Bewerber bestand, sich einer etwa notwendigen ärztlichen Begutachtung zu unterziehen (BGH Beschluss vom 8.5.1978 – AnwZ (B) 3/78 nv; *Hagen,* FS Pfeiffer, 1988, 929, 933 ff.). § 8 aF und jetzt § 15 stellt nunmehr das erforderliche gesetzliche Instrumentarium dazu zur Verfügung. Die Regelung dient dem Schutz des rechtsuchenden Publikums vor Rechtsanwälten, die aufgrund körperlicher oder geistiger Defizite keine Gewähr für eine ordnungsgemäße und sorgfältige Berufsausübung bieten (Henssler/Prütting/*Henssler* § 15 Rn. 3).

II. Verlangen auf Beibringung eines Gutachtens

2 Künftig soll, wenn es zur Entscheidung über den Versagungsgrund des § 7 Nr. 7 **erforderlich** ist, andere Beweismittel also nicht ausreichen oder nicht bereits aus anderen Gründen die Zulassung abzulehnen ist, die RAK dem Bewerber aufgeben, innerhalb einer von ihr zu bestimmenden **angemessenen Frist** ein Gutachten über seinen Gesundheitszustand vorzulegen, das ein von der RAK bestimmter Arzt erstellt hat (amtliche Begründung, BT-Drs. 11/3253, 21). Wegen der strengen Rechtsfolge des § 15 Abs. 3 kann die Zulassungsstelle die Frist zur Beibringung des Gutachtens **verlängern,** auch mehrfach (Henssler/Prütting/*Henssler* § 15 Rn. 5). Der Zwang zur ärztlichen Untersuchung und Vorlage eines Gutachtens ist nur dann gerechtfertigt, wenn andere Beweismittel nicht ausreichen, um das Eingreifen des Versagungsgrunde des § 7 Nr. 7 feststellen zu können und zugleich kein anderer Versagungsgrund eingreift (Henssler/Prütting/*Henssler* § 15 Rn. 4).

3 Das **Gutachten** muss auf einer Untersuchung und, falls ein von der RAK herangezogener Amtsarzt eine nur ambulante Untersuchung wegen der Art der Erkrankung nicht für ausreichend hält, auch auf einer klinischen Beobachtung beruhen. Die Anordnung der RAK muss hinreichend bestimmt und ausreichend begründet sein, damit sie in tatsächlicher und rechtlicher Hinsicht überprüft werden kann. Sie muss unmissverständlich darlegen, auf welche Fragen sich das vorzulegende Gutachten zu beziehen hat (EGH München BRAK-Mitt. 1992, 221).

4 Die **Auswahl des Gutachters muss von der RAK selbst erfolgen,** um dem Bewerber die Möglichkeit zu geben, die fachliche Kompetenz und persönliche Unabhängigkeit des Gutachters zu überprüfen, sie und darf nicht dem Bewerber überlassen werden (vgl. BGH NJW 2003, 215 = MDR 2003, 178 = BRAK-Mitt. 2003, 29 = AnwBl. 2003, 108; BRAK-Mitt. 1992, 217 zur Auswahl eines weiteren Gutachters → § 8 Rn. 9). Das Einräumen einer engumgrenzten Wahlmöglichkeit unter dem „Direktor oder einem der Fachärzte" einer bestimmten Nervenklinik wurde teilweise als noch zulässig angesehen (5. Aufl. § 8a Rn. 2; EGH München BRAK-Mitt. 1992, 221; zweifelnd BGH BGHR 2002, 755). Nunmehr hat der BGH klargestellt, dass eine namentliche Bestimmung des Gutachters erforderlich ist. Die Anordnung, ein Gutachten des Direktors einer Nervenklinik oder eines der dort tätigen Fachärzte über den Gesundheitszustand des Anwalts vorzulegen, genügt den Bestimmtheitsanforderungen des § 15 Abs. 1 S. 1 nicht. Eine solche Anordnung löst die Vermutungswirkung des § 15 Abs. 3 nicht aus und bietet daher keine Grundlage für den Widerruf der Zulassung nach § 14 Abs. 2 Nr. 3. Dies gilt selbst dann, wenn die Anordnung bestandskräftig geworden ist (BGH NJW 2003, 215). Die Übertragung dieser Bestimmtheitsanforderungen in den Bereich des § 15 Abs. 3 bedeutet, dass dessen Vermutungswirkung nicht eintreten kann, wenn die RAK den Gutachter nicht namentlich bestimmt haben (AGH Hess BRAK-Mitt. 2003, 281; für Ausnahmen NdsAGH BRAK-Mitt. 2004, 179).

5 Die **Kosten des Gutachtens** trägt nach § 15 Abs. 1 S. 3 der Bewerber (→ § 15 Rn. 10). Die Kostentragungspflicht folgt aus der Verpflichtung des Bewerbers, diejenigen Tatsachen beizubringen, die der Zulassungsbehörde den Ausschluss von Versagungsgründe ermöglichen (Henssler/Prütting/*Henssler* § 15 Rn. 8).

III. Rechtsschutz

6 Der Bewerber kann wegen der Bedeutung des Eingriffs die Anordnung der RAK, durch die ihm die Vorlage des Gutachtens aufgegeben wird, innerhalb eines Monats nach deren Zustellung nach § 112a beim AGH anfechten. Dieser Richtervorbehalt gewährleistet eine hinreichende Kontrolle des mit § 15 möglichen Eingriffs in das durch Art. 2 Abs. 1 GG gewährte Recht auf Selbstbestimmung, der nur bei Wahrung der Verhältnismäßigkeit gerechtfertigt sein kann (Henssler/Prütting/*Henssler* § 15 Rn. 10). Aus diesem Grunde sind Anordnungen nach § 15 Abs. 1 auch mit **Gründen** zu versehen (Abs. 2 S. 1). Eine **Belehrung über die Folgen** der Nichtvorlage des Gutachtens nach Abs. 3 ist gesetzlich zwingend vorgeschrieben. Der Anwaltsgerichtshof entscheidet über die Anordnung gemäß § 112a endgültig, es sei denn die Berufung wird vom AGH oder BGH gemäß § 112e zugelassen. Wird nach bestandskräftiger Entscheidung über die Anordnung der Beibringung eines ärztlichen Gutachtens die Verfügung von der RAK abgeändert, zB der Amtsarzt des Gesundheitsamtes einer anderen Stadt bestimmt, in die der Bewerber zwischenzeitlich verzogen ist, dann ist auch dieser Abänderungsbescheid anfechtbar (EGH Hamm Beschluss vom 19.2.1993 – 1 ZU 6/93).

IV. Ruhen des Zulassungsverfahrens

7 Bis zur Vorlage des Gutachtens wird das Verfahren nicht weiterbetrieben. Die RAK wartet den Ablauf der von ihr zur Beibringung des Gutachtens bestimmten Frist ab. Weder die Untersuchung noch die Vorlage des Gutachtens können durch Zwangsmittel durchgesetzt werden; es kann aber die Folge des Abs. 3 eintreten (*Vetter* BRAK-Mitt. 1990, 2, 3).

8 Die **Frist zur Vorlage des Gutachtens** kann von der RAK – auch mehrfach – **verlängert** werden. Dies ist auch nach Ablauf der zunächst gesetzten Frist möglich.

V. Weiteres Gutachten

9 Reicht das aufgrund der Verfügung der RAK von dem Bewerber vorgelegte Gutachten nicht aus, um sich ein abschließendes Bild vom Gesundheitszustand des Bewerbers zu machen, so kann die RAK, wenn dies erforderlich ist, dem Bewerber nach § 15 Abs. 1 aufgeben, innerhalb einer weiteren Frist ein weiteres Gutachten eines anderen Arztes, zB eines bestimmten Facharztes vorzulegen. Auch diesen weiteren Sachverständigen muss die RAK selbst bestimmen, andernfalls greift die gesetzliche Vermutung des § 15 Abs. 3 nicht ein. Die Auswahl eines weiteren Arztes darf die RAK nur dann an den von ihr zunächst benannten Arzt delegieren, wenn es sich um eine Zusatzuntersuchung handelt, für deren Methoden und Ergebnisse der von ihr benannte Arzt selbst die persönliche und fachliche Verantwortung uneingeschränkt übernehmen kann (BGH BRAK-Mitt. 1992, 217; → § 15 Rn. 3).

10 Da § 15 eine spezielle Regelung zur Abklärung der Voraussetzungen des § 7 Nr. 7 beinhaltet und danach der Bewerber die Bedenken durch ärztliche Gutachten zu beheben hat, muss der Bewerber auch nach § 15 Abs. 1 S. 3 auch die Kosten des weiteren Gutachtens tragen. Kommt der Bewerber ohne zureichenden Grund der Anordnung zur Vorlage eines weiteren Gutachtens nicht nach, gilt die Fiktion der nicht nur vorübergehenden Berufsunfähigkeit. Der Bewerber kann aber auch gegen die Anordnung der Vorlage eines weiteren Gutachtens (erneut) Anfechtungsklage nach Abs. 2 S. 2 erheben.

VI. Folgen der Nichtbeibringung des Gutachtens

11 Kommt der Bewerber ohne zureichenden Grund, das heißt ohne rechtfertigenden oder entschuldigenden Anlass, der Anordnung der RAK (oder des AGH, → Rn. 2) zur Vorlage eines (weiteren) Gutachtens über seinen Gesundheitszustand innerhalb der gesetzten Frist (→ Rn. 2) nicht nach und hat er auch keine Anfechtungsklage erhoben, wird vermutet, dass er aus gesundheitlichen Gründen nicht nur vorübergehend berufsunfähig ist (Abs. 3 S. 1). Diese Sanktion ist verhältnismäßig, weil der Betroffene zur erforderlichen Sachaufklärung nicht beiträgt. Eine vom Bewerber ausgehende Gefährdung der Rechtspflege muss aus Gründen der Verhältnismäßigkeit aber mit an Sicherheit grenzender Wahrscheinlichkeit zu vermuten sein, bevor die Fiktion der Berufsunfähigkeit eingreift. Angesichts der Bedeutung der Zulassung ist es nach dem Sinn des § 15 Abs. 1, wonach die RAK den Arzt bestimmt, nur dann gerechtfertigt, die Vermutung der Berufsunfähigkeit nach Abs. 3 eingreifen zu lassen, wenn die RAK als die für die Zulassung zuständige Stelle selbst die Verantwortung für die Auswahl der zur Vorbereitung ihrer Entscheidung heranzuziehenden Sachverständigen trägt (→ Rn. 4).

12 Lässt der Bewerber die Frist zur Beibringung des ärztlichen Gutachtens ungenutzt verstreichen und hat er auch keine Anfechtungsklage nach § 15 Abs. 2 S. 2 gestellt, greift die gesetzliche Folge des Abs. 3 ein. Durch die fristgerechte Anfechtung der Anordnung wird der Lauf der von der RAK nach Abs. 1 bestimmten Frist nicht gehindert (§ 15 Abs. 2 S. 3).

13 Ist das von dem Bewerber vorgelegte Gutachten **infolge seines Verhaltens** nicht ausreichend, kann der Gutachter zB mangels einer genügenden Mitwirkung des Bewerbers bei der ärztlichen Exploration oder aufgrund der Verweigerung bestimmter Untersuchungen kein vollständiges Bild des Gesundheitszustandes des Bewerbers geben, dann hat der Bewerber die ihm nach § 15 auferlegte Obliegenheit nicht (ausreichend) erfüllt. Geschah dies ohne zureichenden Grund, dann gilt die Fiktion des § 15 Abs. 3, dass der der Betroffene aus gesundheitlichen Gründen nicht nur vorübergehend unfähig ist, den Beruf eines Rechtsanwalts ordnungsgemäß auszuüben. Der Zulassungsantrag ist damit aus den Gründen des § 7 Nr. 7 abzulehnen.

14 Diesen Bescheid kann der Bewerber gemäß § 112c iVm § 42 Abs. 1 VwGO beim Anwaltsgerichtshof anfechten. Gegen die Entscheidung des Anwaltsgerichtshofs steht dem Bewerber das

Rechtsmittel der Berufung gemäß § 112e zu, sofern sie vom Anwaltsgerichtshof oder vom BGH zugelassen wird.

§ 16 *[aufgehoben]*

1 § 16 wurde durch das Gesetz zur Modernisierung von Verfahren im anwaltlichen und notariellen Berufsrecht, zur Errichtung einer Schlichtungsstelle der Rechtsanwaltschaft sowie zur Änderung sonstiger Vorschriften (RAuNOBRÄndG) vom 30.7.2009 (BGBl. I S. 2449) aufgehoben. Der Regelungsinhalt ist in §§ 32 ff., §§ 112a ff. und § 14 Abs. 4 übernommen worden.

§ 17 Erlöschen der Befugnis zur Führung der Berufsbezeichnung

(1) [1] **Mit dem Erlöschen der Zulassung zur Rechtsanwaltschaft (§ 13) endet die Befugnis, die Berufsbezeichnung „Rechtsanwalt" oder „Rechtanwältin" zu führen.** [2] **Die Bezeichnung darf auch nicht mit einem Zusatz, der auf die frühere Berechtigung hinweist, geführt werden.**

(2) **Die Rechtsanwaltskammer kann einen Rechtsanwalt, der wegen hohen Alters oder wegen körperlicher Leiden auf die Rechte aus der Zulassung zur Rechtsanwaltschaft verzichtet, die Erlaubnis erteilen, sich weiterhin Rechtsanwalt zu nennen.**

(3) **Die Rechtsanwaltskammer kann eine Erlaubnis, die sie nach Absatz 2 erteilt hat, widerrufen, wenn nachträglich Umstände eintreten, die bei einem Rechtsanwalt das Erlöschen der Zulassung zur Rechtsanwaltschaft nach sich ziehen würden.**

Übersicht

I. Berufsbezeichnung

1 § 17 Abs. 1 S. 1 und Abs. 3 wurden durch das Gesetz zur Änderung des Berufsrechts der Rechtsanwälte und der Patentanwälte vom 13.12.1989 (BGBl. I S. 2135) an den Sprachgebrauch des VwVfG angepasst (amtliche Begründung, BT-Drs. 11/3253, 21), in der Sache erfolgte keine Änderung. Ferner wurde § 17 durch Gesetz vom 26.3.2007 (BGBl. I S. 358) redaktionell an die veränderte Zuständigkeit, an den neuen § 12 Abs. 4 und an den geänderten § 13 angepasst (BT-Drs. 15/5223, 15). Wie aus § 12 Abs. 4 hervorgeht, ist die Bezeichnung „Rechtsanwalt" bzw. „Rechtsanwältin" kein Titel, sondern eine Berufsbezeichnung. Das Recht, sie zu führen, wird mit der Zulassung zur Rechtsanwaltschaft begründet (§ 12 Abs. 4) und geht unter, wenn die Zulassung zur Rechtsanwaltschaft ihre Wirkung verliert, sei es, dass sie kraft Gesetzes erlischt (§ 13) oder dass sie durch einen Verwaltungsakt zurückgenommen oder widerrufen wird.

2 Die Berufsbezeichnung darf deshalb nach Ausscheiden aus der Anwaltschaft **nicht** mehr geführt werden, selbst wenn ihr ein **Zusatz** wie zB „a. D." oder „i. R." beigefügt wird. Das Erlöschen der Befugnis ist endgültig. Die erloschene Berufsbezeichnung ist nicht wiederherstellbar und kann nur durch eine neue Zulassung zur Rechtsanwaltschaft (*Isele* § 17 Anm. III B) neu erworben werden.

II. Schutz der Berufsbezeichnung

3 Wer unbefugt die Berufsbezeichnung „Rechtsanwalt" bzw. „Rechtsanwältin" (weiter-)führt, kann nach § 132a Abs. 1 Nr. 2 StGB mit Freiheitsstrafe bis zu einem Jahr oder mit Geldstrafe

bestraft werden. Zum Begriff des „Führens" der Berufsbezeichnung „Rechtsanwalt" bzw. „Rechtsanwältin" und zum Schutzzweck des § 132a Abs. 1 Nr. 2 StGB vgl. insbesondere BGHSt 31, 62; 36, 277; OLG Köln NJW 2000, 1053; BayObLG GA 74, 151.

Darüber hinaus kann das unberechtigte Führen der Berufsbezeichnung wettbewerbsrechtliche Unterlassungsverpflichtungen nach sich ziehen (Henssler/Prütting/*Henssler* § 17 Rn. 6). Da durch die unberechtigte Führung der Berufsbezeichnung „Rechtsanwalt" bzw. „Rechtsanwältin" alle Berufsangehörigen in ihrem Recht, diese Berufsbezeichnung ausschließlich zu führen, beeinträchtigt werden und zudem regelmäßig auch die Voraussetzungen des unlauteren Wettbewerbs gegeben sind, können neben der RAK, der Deutsche Anwaltsverein, die örtliche Anwaltsvereinigung als Organisation der betroffenen Rechtsanwälte und jeder Rechtsanwalt, dessen Interessen unmittelbar berührt werden, die Unterlassungsklage erheben (*Isele* § 17 Anm. IV B). § 8 Abs. 3 Nr. 1 UWG mit seinem Begriff des Mitbewerbers ist weit zu verstehen und erfasst auch Angehörige Freier Berufe (Köhler/Bornkamm/*Köhler,* 33. Aufl. 2015, UWG § 8 Rn. 3.27). 4

III. Erlaubnis zur Fortführung der Berufsbezeichnung

1. Erteilung der Erlaubnis. Unter den besonderen Voraussetzungen des Abs. 2 kann die RAK einem früheren Rechtsanwalt die Erlaubnis erteilen, sich weiterhin „Rechtsanwalt" zu nennen. 5

a) Anerkennung für das bisherige Wirken als Rechtsanwalt. In dieser Erlaubnis liegt eine Anerkennung für das bisherige Wirken als Rechtsanwalt. Sie ist daher nur bei einem ehrenvollen freiwilligen Ausscheiden infolge hohen Alters oder wegen körperlicher Leiden vorgesehen. Als **Altersgrenze** dürfte ungefähr die **Vollendung des 65. Lebensjahres** gelten, der regelmäßige Zeitpunkt für die Versetzung von Richtern und Beamten in den Ruhestand. Die Begriffsbestimmung „körperliches Leiden" ist sehr weit zu verstehen. Es reicht aus, dass der Rechtsanwalt infolge seines Alters oder der körperlichen Beschwerden sich nicht mehr in der Lage sieht, seinen Beruf als Rechtsanwalt auszuüben. 6

b) Verfahren und Folgen der Erlaubniserteilung. Zuständig zur Entscheidung ist die RAK, in deren Bereich der frühere Rechtsanwalt zuletzt zugelassen war (Henssler/Prütting/*Henssler* § 17 Rn. 11). Der Entscheidung wird regelmäßig ein Antrag des Betroffenen vorausgehen; die RAK kann aber auch von Amts wegen entscheiden. Wie sich aus Abs. 3 ergibt, wird schon die Erteilung der Erlaubnis ausscheiden, wenn Umstände vorliegen, die das Erlöschen, die Rücknahme oder den Widerruf der Zulassung zur Rechtsanwaltschaft nach sich ziehen würden und der Rechtsanwalt dem durch Verzicht auf die Zulassung zuvorgekommen ist (*Isele* § 17 Anm. V B 1). Im Übrigen entscheidet die RAK nach pflichtgemäßem Ermessen. Die Erteilung der Erlaubnis beendet das Verfahren, sie ist nicht nach § 112a anfechtbar (*Isele* § 17 Anm. V C 3). 7

Die Erlaubnis nach Abs. 2 ändert nichts daran, dass der Rechtsanwalt nicht mehr Mitglied der RAK ist und nicht mehr der Anwaltsgerichtsbarkeit untersteht. Der Erlaubnisträger darf der weiter geführten Berufsbezeichnung „Rechtsanwalt" bzw. „Rechtsanwältin" **Zusätze** wie „i. R." oder „a. D." anfügen. Daran kann er ein berechtigtes Interesse haben. Mit der Kenntlichmachung, dass er nicht mehr praktiziert, wirkt er einmal einer weiteren beruflichen Inanspruchnahme durch Rechtsuchende entgegen, die er nicht mehr beraten dürfte, und andererseits der Gefahr einer Anscheinshaftung bei Fortführung seiner Praxis durch Dritte (*Lingenberg/Hummel/Zuck/Eich* § 71 RichtlRA Rn. 12; vgl. auch *Kümmelmann* AnwBl. 1984, 356). **Eine Verpflichtung, einen Zusatz wie „i. R." oder „a. D." zu führen besteht nicht.** Der Wortlaut des Abs. 2 ist insoweit eindeutig (**aA** Gaier/Wolf/Göcken/*Schmidt-Räntsch* § 17 Rn. 18). Der Praxisnachfolger eines Rechtsanwalts, der sich zur Ruhe gesetzt hat, darf entsprechend der Absprache mit dem Ausgeschiedenen den Namen dieses Rechtsanwalts auf den Briefbogen und den Kanzleischildern weiterführen, unabhängig davon, ob der Ausgeschiedene eine Erlaubnis nach § 17 Abs. 2 erhalten hat oder nicht (→ BORA § 9 Rn. 6; BGH NJW 1997, 3238; DB 2002, 1099). Er muss allerdings das Ausscheiden des Rechtsanwalts in Ruhe in geeigneter Weise kenntlich machen, um so jegliche berufswidrige Werbung zu vermeiden (§ 10 Abs. 4 BORA; *Feuerich* MDR 1993, 1141, 1144; noch weitergehender EGH Schleswig Urteil vom 4.8.1994 – 1 EGH 7/92, der generell die Fortführung des Namens auch eines in einen anderen Beruf übergewechselten Rechtsanwalts als zulässig erachtet). Im Namen einer Anwaltspartnerschaft darf der Name eines ausgeschiedenen Partners bei dessen Einwilligung auch ohne 8 einen Zusatz und ohne zeitliche Beschränkung werden (§ 2 Abs. 2 PartGG; Henssler/Prütting/*Henssler* § 17 Rn. 17; → PartGG § 2 PartGG Rn. 10). Zur Fortführung in einer Kurzbezeichnung → BORA § 9 Rn. 2 zu § 9 Abs. 2 BORA.

9 Erteilt die RAK die Erlaubnis nicht, kann der frühere Rechtsanwalt den ablehnenden Bescheid nach § 112c iVm § 42 Abs. 1 VwGO anfechten (BGH EGE VII, 95; *Isele* § 17 Anm. V C 3b).

10 **2. Widerruf der Erlaubnis.** Treten nachträglich Umstände ein, die bei einem Rechtsanwalt das Erlöschen zur Rechtsanwaltschaft nach sich ziehen würden (§ 13), ist der frühere Rechtsanwalt der Erlaubnis unwürdig und kann die RAK nach pflichtgemäßem Ermessen die Erlaubnis widerrufen. Das **nachträgliche Bekanntwerden** von Umständen ist dem nachträglichen Eintreten solcher Umstände gleichzustellen (Henssler/Prütting/*Henssler* § 17 Rn. 13). Allerdings gilt dies nicht in den Fällen des § 14 Abs. 2 Nr. 3 (*Isele* § 17 Anm. VI A 2a). In den Fällen des § 14 Abs. 2 Nr. 5, 7, 8 und 9 wird entscheidend sein, ob nach den Umständen des Einzelfalles die Interessen und das Ansehen des Anwaltsstandes gravierend beeinträchtigt werden können oder nicht. Vor der Entscheidung hat die RAK den früheren Rechtsanwalt zu hören (vgl. § 32 iVm § 28 VwVfG). Widerruft die RAK die Erlaubnis, kann der frühere Rechtsanwalt die Widerrufsverfügung nach § 112a anfechten.

IV. Berufsbezeichnung des Anwaltsnotars

11 Einem Anwaltsnotar iSd § 3 Abs. 2 BNotO (→ § 118a Rn. 25) kann nach § 52 Abs. 2 S. 2 BNotO die Erlaubnis, seine Amtsbezeichnung „Notar" mit dem Zusatz „außer Dienst" (a. D.) weiterzuführen, in dem Fall erteilt werden, dass ihm die RAK gemäß § 17 Abs. 2 die Erlaubnis erteilt hat, sich weiterhin „Rechtsanwalt" zu nennen, nachdem er wegen hohen Alters oder wegen körperlicher Leiden auf die Rechte aus der Zulassung als Rechtsanwalt verzichtet hat. Da in diesem Falle gemäß § 14 Abs. 2 Nr. 4 seine Zulassung zur Rechtsanwaltschaft zu widerrufen ist, erlischt sein Notaramt gemäß § 47 Nr. 3 BNotO kraft Gesetzes.

12 Das gilt aber nicht, wenn der Rechtsanwalt aus anderen Gründen auf die Zulassung verzichtet hat (§ 17 Abs. 1 und 2). Dem Anwaltsnotar kann die Erlaubnis, seine Amtsbezeichnung „Notar" mit dem Zusatz „außer Dienst (a. D.)" weiterzuführen auch erteilt werden, wenn er auf seinen Antrag oder wegen Erreichens der Altersgrenze aus dem Amt des Notars entlassen ist, aber weiterhin Rechtsanwalt bleibt (§§ 48, 48a, 52 Abs. 2 S. 2 BNotO).

Zweiter Abschnitt. Kanzlei und Rechtsanwaltsverzeichnis

§§ 18–26 *[aufgehoben]*

1 Die §§ 18–26 wurden bereits vor dem Gesetz zur Modernisierung von Verfahren im anwaltlichen und notariellen Berufsrecht, zur Errichtung einer Schlichtungsstelle der Rechtsanwaltschaft sowie zur Änderung sonstiger Vorschriften vom 30.7.2009 (BGBl. I S. 2449) durch verschiedene andere Gesetze zu unterschiedlichen Zeitpunkten aufgehoben. Zur Kommentierung vgl. 7. Aufl.

§ 27 Kanzlei

(1) **Der Rechtsanwalt muss im Bezirk der Rechtsanwaltskammer, deren Mitglied er ist, eine Kanzlei einrichten und unterhalten.**

(2) [1] **Verlegt der Rechtsanwalt seine Kanzlei oder errichtet er eine Zweigstelle, hat er dies der Rechtsanwaltskammer unverzüglich anzuzeigen.** [2] **Die Errichtung einer Zweigstelle im Bezirk einer anderen Rechtsanwaltskammer ist auch dieser Rechtsanwaltskammer anzuzeigen.**

(3) [1] **Will der Rechtsanwalt seine Kanzlei in den Bezirk einer anderen Rechtsanwaltskammer verlegen, hat er die Aufnahme in diese Kammer zu beantragen.** [2] **Die Rechtsanwaltskammer nimmt den Rechtsanwalt auf, sobald er die Verlegung der Kanzlei in ihren Bezirk nachgewiesen hat.** [3] **Mit der Aufnahme erlischt die Mitgliedschaft in der bisherigen Rechtsanwaltskammer.**

Übersicht

I. Wohnsitz

Die Wohnsitzpflicht, die früher Abs. 1 vorsah, ist aufgrund des Gesetzes zur Neuordnung des anwaltlichen Berufsrechts vom 2.9.1994 (BGBl. I S. 2278) entfallen. Eine diesbezügliche Anzeigepflicht besteht aber weiterhin nach § 24 Abs. 1 Nr. 2 BORA. Angesichts der bestehenden Verkehrs- und Kommunikationsmöglichkeiten war es nicht mehr zeitgemäß, dem Rechtsanwalt im Hinblick auf seinen Wohnsitz Vorschriften zu machen. Für die Funktionsfähigkeit der Rechtspflege kommt es entscheidend nur auf die Kanzleipflicht des § 27 Abs. 1 S. 1 an. Eine Partei, die Rechtsrat sucht und einen Rechtsanwalt in Anspruch nehmen möchte, will nur wissen, welche Rechtsanwälte in einem bestimmten örtlichen Bezirk tätig sind und an welchem Ort ein Rechtsanwalt in seiner Kanzlei erreicht werden kann (amtliche Begründung, BT-Drs. 12/4993, 26 = BR-Drs. 93/93, 77, 78). In der Überschrift wurde das Wort „Wohnsitz" demgemäß durch Art. 2 Nr. 2 EuRAG gestrichen (BGBl. 2000 I S. 190). Für den **Anwaltsnotar** gilt § 10 Abs. 2 S. 2 BNotO. 1

II. Verfassungsmäßigkeit, Normzweck

Die in § 27 geregelte Kanzleipflicht wird beibehalten, und zwar bezogen auf den Bezirk der RAK, deren Mitglied der Rechtsanwalt geworden ist (Abs. 1; amtliche Begründung, BR-Drs. 945/04, 27 = BT-Drs. 16/513, 15). Die Kanzleipflicht beinhaltet die Pflicht, eine Kanzlei zu unterhalten (amtliche Begründung, BT-Drs. 12/4993). Die Bestimmung ist in Verbindung mit der Ausnahmeregelung von der Kanzleipflicht (§ 29) **verfassungsrechtlich unbedenklich.** § 27 beinhaltet eine statthafte Regelung der Berufsausübung (Maunz/Dürig/Herzog/*Scholz* GG Art. 12 Rn. 192; BVerfGE 72, 26 = NJW 1986, 1801 = BRAK-Mitt. 1986, 108 = AnwBl. 1986, 202; BGH NJW-RR 1999, 496; BRAK-Mitt. 2000, 42; 1991, 102; Beschluss vom 12.12.1988 – AnwZ (B) 37/38; EGE X, 75; XIII, 36; EGH Schleswig-Holstein BRAK-Mitt. 1987, 40; EGH München BRAK-Mitt. 1987, 41; *Schumann* NJW 1990, 2089, 2092 = AnwBl. 1990, 466; vgl. auch BVerfGE 65, 116 zur Residenzpflicht der **Patentanwälte;** ablehnend *Friese* AnwBl. 1987, 3, 10). Diese Regelung der Kanzleipflicht rechtfertigt sich damit, dass der Rechtsanwalt als Organ der Rechtspflege der rechtsuchenden Bevölkerung dienen soll und seine Hilfe durch Beratung und Vertretung in rechtlichen Angelegenheiten weitgehend unverzichtbar ist. Die Partei, die einen Anwalt in Anspruch nehmen will, bedarf der Klarheit, an welchem Ort sie den Rechtsanwalt ihrer Wahl zu den üblichen Geschäftszeiten erreichen kann. Ebenso muss für die Gerichte und Behörden wegen der vielfältigen Kontakte, die sich im Laufe eines Verfahrens 2 mit einem Rechtsanwalt ergeben können, eindeutig feststehen, wo er seine Berufstätigkeit ausübt und wo er regelmäßig anzutreffen ist. Es muss eine räumlich eindeutig definierte Stelle geben, an die alle für den Anwalt bestimmten Zustellungen, Mitteilungen und sonstigen Nachrichten wirksam gerichtet werden können (*Schumann* NJW 1990, 2089, 2092 = AnwBl. 1990, 466).

2a Dies gilt auch für den **Syndikusanwalt.** Der Pflicht, den Ort der Kanzlei nach außen hin unmissverständlich kenntlich zu machen, kann nicht entgegengehalten werden, der Rechtsanwalt brauche ein ihm angetragenes Mandat nicht anzunehmen (§ 44). Dabei wird übersehen, dass der Rechtsanwalt im Bereich der gerichtlichen Beiordnung und der Beratungshilfe zum Tätigwerden verpflichtet ist (§§ 48 ff.). Diese Erwägungen sind hinreichende Gemeinwohlgründe für diese Berufsausübungsregelung. Die Erfüllung der Kanzleipflicht ist für die Rechtsanwälte auch zumutbar; dies gilt jedenfalls dann, wenn dabei die Möglichkeit einer Befreiung (§§ 29, 29a) berücksichtigt wird (BVerfGE 72, 26 = NJW 1986, 1801). Die Entscheidung des BVerfG vom 14.7.1987 zu den Grundsätzen des anwaltlichen Standesrechts (BVerfGE 76, 171 = NJW 1988, 191) führt zu keiner anderen Bewertung. Zwar können diese danach nicht mehr als Auslegungshilfe für die Konkretisierung des § 43 herangezogen werden. Dies ändert aber nichts an den aus der BRAO unmittelbar und der BORA herzuleitenden Berufspflichten, wie das Gebot des § 27 Abs. 1, das durch § 5 BORA näher konkretisiert wird. Die Kanzleipflicht bedeutet nicht, dass der Rechtsanwalt regelmäßig persönlich in der Kanzlei anwesend zu sein hat. Im Gegenteil ermöglicht die richtige Kanzleiorganisation vielerlei Anwaltsaktivitäten ohne starre Bindung an den Kanzleisitz (*Schumann* NJW 1990, 2089, 2092 = AnwBl. 1990, 466).

3 Die Erfüllung der Kanzleipflicht hat mit Änderung der BRAO durch das Gesetz zur Stärkung der Selbstverwaltung der Rechtsanwaltschaft vom 26.3.2007 (BGBl. I S. 358) seit dem 1.6.2007 keine Bedeutung mehr für die Befugnis des Rechtsanwalts, seine Tätigkeit aufnehmen zu dürfen. Nach Rechtslage bis zu diesem Datum war der Rechtsanwalt nach § 32 aF erst befugt, die Tätigkeit als Rechtsanwalt auszuüben, wenn er seine Kanzlei eingerichtet hat, er vereidigt (§ 26 aF) und ihm die Zulassungsurkunde ausgehändigt und er schlussendlich nach § 31 Abs. 2 S. 1 aF in die Liste der Rechtsanwälte eingetragen worden ist.

3a Seit dem 1.6.2007 wird die **Zulassung zur Rechtsanwaltschaft auch ohne den Nachweis einer Kanzlei** mit der Aushändigung einer von der RAK ausgestellten Urkunde (§ 12 Abs. 1), die wiederum erst ausgehändigt wird, wenn die Vereidigung (§ 12a) stattgefunden hat und der Abschluss der Berufshaftpflichtversicherung (§ 51) nachgewiesen oder eine vorläufige Deckungszusage vorgelegt wurde (§ 12 Abs. 2) wirksam. Mit der Zulassung durch die RAK darf die Tätigkeit als Rechtsanwalt sofort ausgeübt werden, ohne dass es der Eintragung im Rechtsanwaltsverzeichnis bedarf (§ 12 Abs. 4). Die Eintragung im Verzeichnis erfolgt unabhängig von der Einrichtung der Kanzlei (§ 27 Abs. 1); sie ist für die Zulassung und die sich daraus ergebenden Pflichten, wie u.a. die Kanzleipflicht, ohne Relevanz.

4 Die **Nichterfüllung der Kanzleipflicht** kann aber zu einem **Widerruf der Zulassung** zur Rechtsanwaltschaft (§ 14 Abs. 3 Nr. 1) führen. Hierbei handelt es sich um eine **Ermessensentscheidung** der RAK; übt sie dieses Ermessen nicht aus, ist ein Widerruf rechtswidrig (BGH AnwBl. 2006, 416). Wirkt sich die Beschränkung der Berufsausübungsfreiheit durch die Kanzleipflicht iVm dem Widerruf der Zulassung zur Rechtsanwaltschaft aufgrund der Widerrufsmöglichkeit nach § 14 Abs. 3 Nr. 1 als Eingriff in die Berufswahl aus, müssen insoweit strengere verfassungsrechtliche Anforderungen beachtet werden (BVerfGE 72, 26 = NJW 1986, 1801 = BRAK-Mitt. 1986, 108 = AnwBl. 1986, 202; → Rn. 10; → § 14 Rn. 87a ff.).

4a Diese Wirkungen können auch den **Syndikusanwalt** treffen, wenn er seiner Kanzleipflicht nicht nachkommt. Bei jeder Entscheidung ist aber zu berücksichtigen, dass dem Syndikusanwalt eine angemessene Übergangszeit zu gewähren ist, bis er seiner Kanzleipflicht nachkommt, wenn die RAK über Jahre geduldet hat, dass er seiner Kanzleipflicht nicht nachgekommen ist.

4b Die Interessen der Rechtspflege sind allerdings in hohem Maße gefährdet, wenn ein Rechtsanwalt keine Kanzlei unterhält, **polizeilich nicht gemeldet** und für Zustellungen und für Zwangsvollstreckungen in laufenden Verfahren regelmäßig **nicht zu erreichen** ist. Das rechtfertigt die **sofortige Vollziehung** einer Verfügung, die den Widerruf oder die Rücknahme der Zulassung zur Rechtsanwaltschaft zum Gegenstand hat (BGH BRAK-Mitt. 1993, 171). Von einer eingerichteten Kanzlei kann dann keine Rede sein, wenn es den Behörden und Gerichten nicht möglich ist, für den Rechtsanwalt bestimmte Zustellungen unter seiner Adresse zu bewirken (EGH Hamburg Beschluss vom 22.3.1982 – I ZU 3/81).

III. Errichtung und Unterhaltung der Kanzlei

1. Begriff der Kanzlei. Der Rechtsanwalt muss im Bezirk der RAK, deren Mitglied er ist, eine Kanzlei einrichten und unterhalten. Der Rechtsanwalt muss einen oder mehrere Räume haben, in denen er gewöhnlich seinen Berufsgeschäften nachgeht und in denen er zu den **üblichen Geschäftsstunden** normalerweise zu erreichen ist (BGH NJW-RR 2009, 1577 = BRAK-Mitt. 2009, 240, nur Ls.; AGH NRW Beschluss vom 19.3.2004 – 1 ZU 68/03; NdsAGH BRAK-Mitt. 2007, 124). Es muss eine eindeutig definierte Stelle geben, an die alle für einen Rechtsanwalt bestimmten Zustellungen, Mitteilungen und sonstige Nachrichten wirksam gerichtet werden können (EGH Frankfurt BRAK-Mitt. 1992, 222; *Schumann* NJW 1990, 2089, 2092 = AnwBl. 1990, 466). 5

Der Rechtsanwalt muss zu angemessenen Zeiten dem rechtsuchenden Publikum in den Kanzleiräumen für anwaltliche Dienste zur Verfügung stehen (BGH BeckRS 2009, 24805; BRAK-Mitt. 2005, 84; 2009, 240; AGH NRW Beschluss vom 16.5.2003 – 1 ZU 90/02: eine **telefonische Erreichbarkeit** morgens zwischen 7.00 und 8.00 Uhr entspricht nicht den üblichen Geschäftszeiten, in denen das Büro eines Anwaltes erreichbar zu sein hat als Zentrum für Kommunikation mit Mandanten, Kollegen, Gerichten und Behörden). „Sprechstunden Dienstag von 10–12 Uhr" können schwerlich als angemessen angesehen werden (BGH BeckRS 2005, 00107 = BRAK-Mitt. 2005, 86 Ls.; Bestätigung des Beschlusses des AGH NRW vom 16.5.2003 – 1 ZU 90/02). 5a

Es entspricht allgemeiner Auffassung, dass eine **Aufgabe der Kanzlei** gegeben ist, wenn ein **Rechtsanwalt flüchtig** ist (BGH EGH XIV, 85; AGH NRW Beschluss vom 19.3.2004 – 1 ZU 68/03). 5b

Soweit der Rechtsanwalt seinen Beruf wegen der **Anordnung der sofortigen Vollziehung** der Widerrufsverfügung nach § 14 Abs. 4 oder wegen eines Berufsverbots (§ 155 Abs. 2) nicht mehr ausüben darf, **entfällt die Kanzleipflicht,** muss er also keine Kanzlei mehr unterhalten. 5c

Demzufolge kann wirksam auch **keine Ersatzzustellung** über §§ 178, 180 ZPO mehr bei bestandskräftigem Widerruf mit Sofortvollzug in den bisherigen Kanzleiräumen erfolgen (BGH NJW-RR 2011, 561). 5d

Die Mandanten, Verfahrensgegner und die sonstigen rechtsuchenden Personen werden ausreichend durch den nach § 53 bzw. § 161 zu bestellenden Vertreter geschützt, der seine Geschäfte fortzuführen hat. Der Vertreter muss durch Hinweise an der bisherigen Kanzleianschrift und/oder sonstigen Veröffentlichungen dafür Sorge tragen, dass das rechtsuchende Publikum davon Kenntnis erhält, dass er als Vertreter des betroffenen Rechtsanwalts dessen Geschäfte fortführt (AGH NRW vom 17.6.2005 – 1 ZU 13/05). 5e

Im **Anwaltsverzeichnis** (§ 31) sind Berufs- und Vertretungsverbote, ein vorläufiges Tätigkeitsverbot und soweit ein Vertreter bestellt ist, die Vertreterbestellung (→ § 31 Rn. 38 ff.) veröffentlicht, so dass auch dadurch die Öffentlichkeit unterrichtet ist. 5f

An die vorgeschriebene Errichtung einer Kanzlei müssen somit gewisse **Mindestanforderungen** gestellt werden. Und zwar muss der Rechtsanwalt ausreichende organisatorische Vorsorge treffen, um der Öffentlichkeit seinen Willen, bestimmte Räumlichkeiten als Kanzlei zu verwenden, dh dem Publikum dort anwaltliche Dienste bereitzustellen, zu offenbaren (BGH bei *Zuck* BRAK-Mitt. 1990, 194; 1992, 66, 72; BGH Beschluss vom 13.9.1993 – AnwZ (B) 33/93; BRAK-Mitt. 2005, 84; NJW-RR 2009, 1577 = BRAK-Mitt. 2009, 240, nur Ls.; vgl. BVerfG BRAK-Mitt. 2005, 275 = AnwBl. 2005, 578; EGH Celle BRAK-Mitt. 1991, 103). Dazu gehört ein auf die Existenz der Kanzlei hinweisendes **Kanzleischild** (BVerfGE 72, 26 = NJW 1986, 108 = BRAK-Mitt. 1986, 108 = AnwBl. 1986, 202; BGH BRAK-Mitt. 2005, 84; 2009, 240; AGH NRW vom 16.5.2003 – 1 ZU 90/02; EGH Frankfurt BRAK-Mitt. 1992, 222; **aA** *Hartung* BORA § 5 Rn. 16 unter Hinweis auf den AGH NRW AnwBl. 2000, 316; → Rn. 6, 7) und ein betrieblicher **Telefonanschluss** (BGH NJW-RR 2009, 1577 = BRAK-Mitt. 2009, 240, nur Ls.; → Rn. 7, 16, 16a) mit entsprechender **Eintragung im Telefonverzeichnis** (BVerfGE 72, 26 = NJW 1986, 1801; AGH NRW Beschluss vom 16.5.2003 – 1 ZU 90/02; AGH MV Beschluss vom 3.6.1999 – AGH 5/98 (I/3); EGH Frankfurt BRAK-Mitt. 1992, 222) sowie ein **Briefkasten** um Zustellungen/Ersatzzustellungen (§§ 178, 180 ZPO; vgl. BGH NJW 2007, 2186; NJW-RR 2011, 561) bewirken zu können (AGH NRW vom 16.5.2003 – 1 ZU 90/02; AGH Bln BRAK-Mitt. 2014, 31). Ebenso gehört dazu das Vorhandensein von **sonstigen Hilfsmit-** 5g

teln, die die Führung eines ordnungsgemäßen Kanzleibetriebes ermöglichen. § 5 BORA konkretisiert das allgemein dahingehend, dass der Rechtsanwalt verpflichtet ist, „die für seine Berufsausübung erforderlichen sachlichen, personellen und organisatorischen Voraussetzungen vorzuhalten" (→ BORA § 5 Rn. 1–7).

5h Inzwischen gehört zu den Mindestanforderungen einer Kanzlei auch ein **Telefaxanschluss** (AGH NRW AnwBl. 2000, 316; so auch *Kleine-Cosack* § 27 Rn. 4; Gaier/Wolf/Göcken/*Siegmund* § 27 Rn. 67). Soweit eine **E-Mail-Adresse** im Briefkopf angegeben wird – zweifelhaft ist eine verpflichtende berufsrechtliche Durchsetzbarkeit –, ist eine solche wegen der Vertraulichkeit- und Verschwiegenheitspflicht jedenfalls ausschließlich für die Kanzlei zu nutzen (ähnlich *Axmann/Degen* NJW 2006, 1457; *Kleine-Cosack* § 27 Rn. 4; Gaier/Wolf/Göcken/*Siegmund* § 27 Rn. 67). Zu Recht weist *Siegmund* auf die Begründung des Gesetzgebers zur Abschaffung der Lokalisation sowie des Zweigstellenverbots, nämlich die modernen Kommunikationsmittel (BT-Drs. 16/513, 12), hin (Gaier/Wolf/Göcken/*Siegmund* § 27 Rn. 67). Ausführlich zu Kanzlei-Hompages und elektronische Mandatsbearbeitung – Anwaltsstrategien zur Minimierung rechtlicher Risiken – *Axmann/Degen* NJW 2006, 1457.

6 Die Anbringung eines **Kanzleischildes** gehört weiterhin zu den Mindestanforderungen einer Kanzleieinrichtung (BGH NJW-RR 2009, 1577 = BRAK-Mitt. 2009, 240, nur Ls.; BGH NJW 2005, 1420 = BRAK-Mitt. 2005, 84. Diese Entscheidung des BGH wurde zwar vom BVerfG aufgehoben (BVerfG BRAK-Mitt 2005, 275). Darin wurde jedoch nicht die Verpflichtung zur Anbringung eines Kanzleischildes in Frage gestellt. Das BVerfG sah im konkreten Fall den Widerruf der Zulassung als übermäßige Sanktion an und verwies auf anwaltsgerichtliche Maßnahmen nach § 114 Abs. 1 als schonenderes Mittel, um die Anbringung eines Kanzleischildes und eines Telefonbucheintrags durchzusetzen; AGH NRW vom 4.7.2003 – (2) 6 EVY 4/02; AGH Bln BRAK-Mitt. 2014, 31; AnwG Karlsruhe NJW-RR 2009, 204 = BRAK-Mitt. 2008, 225, nur Ls., ausdrücklich in Abweichung zum AnwG München – dazu unten –, diese Verpflichtung sei keineswegs durch die gesellschaftliche und technische Entwicklung, namentlich die Entwicklung elektronischer Kommunikationsmittel, überholt oder nicht mehr zeitgemäß; **zweifelnd** AGH Sachsen BRAK-Mitt. 2005, 31; **aA** AnwG München NJW 2008, 600 = BRAK-Mitt. 2007, 269: kein zwingender Bestandteil, da nicht mehr zeitgemäß; AnwG Hamm AnwBl. 2000, 316 allerdings mit inhaltlich falschem Hinweis auf Handhabung der RAK München, s. unten, soweit der Rechtsanwalt nach außen hin hinreichend dokumentiert, dass anwaltliche Dienste angeboten werden, sei im Lichte der modernen Entwicklungen im technischen Bereich mit Möglichkeiten der Kommunikation über E-Mail und Internet die Anbringung eines Kanzleischildes zur ordnungsgemäßen Einrichtung einer Kanzlei nicht mehr zwingend erforderlich; dieser Auffassung kann nicht gefolgt werden; dass zunehmend mehr Anwaltskanzleien auch per E-Mail erreichbar sind und eigene Webseiten im Internet vorhalten, bedeutet nicht, dass die Entwicklung zu einer nur noch virtuellen Kanzlei ginge; bei dieser Argumentation werden Sinn und Normzweck der Vorschriften über die Kanzleipflicht verkannt; als Organ der Rechtspflege muss der Rechtsanwalt nicht nur für Rechtssuchende, sondern auch für Gerichte und Behörden eine räumlich eindeutig definierte Stelle vorhalten, an die für ihn bestimmte Zustellungen, Mitteilungen und Nachrichten gerichtet werden können (OLG Karlsruhe NJW-RR 2009, 204; **aA** ebenfalls *Hartung* BORA § 5 Rn. 16, allerdings mit unzutreffendem Hinweis auf die Verwaltungspraxis der RAK München. Auch der Vorstand der RAK München hält nach wie vor ein auf die Existenz der Kanzlei hinweisendes Kanzleischild für erforderlich; unter Hinweis auf die Kommentierung *Hartungs* in einem Rundschreiben vom 8.3.2005 noch einmal klargestellt; dazu auch *Kopp* BRAK-Mitt. 2005, 178).

7 Die **Pflicht,** den Ort der Kanzlei **nach außen hin unmissverständlich kenntlich zu machen,** ist als hinreichender Gemeinwohlgrund vom **BVerfG** anerkannt (NJW 1986, 1801). Auch heute ist das Kanzleischild oder zumindest ein Praxishinweis in Form eines eindeutigen **Klingel-/Briefkastenschildes** (ebenso *Koch/Kilian,* Anwaltliches Berufsrecht, 2007, Rn. 196–197) – bei Syndikusanwälten unter Umständen ein Namensschild – mit der Berufsbezeichnung Rechtsanwalt noch der deutlichste Hinweis für das rechtsuchende Publikum auf das Anbieten anwaltlicher Dienstleistungen und ermöglicht dem Rechtsverkehr die notwendigen Zustellungen an einen Rechtsanwalt.

8 Bei **Größe, Gestaltung, Art und Ort der Anbringung und Zahl der Schilder** gibt es heute, bis auf irreführende Werbung (vgl. § 43b), anders als früher, keine Grenzen mehr. Konkrete Vorgaben gibt es seitens des Gesetzgebers oder der Satzungsversammlung in der BORA

nicht. Insgesamt sind wohl keine Variationen mehr denkbar, die berufsrechtlich unzulässig sein könnten; weder eine **Beleuchtung** (anders LG Cottbus Stbg 1997, 353), noch farbig gestaltete Schilder oder auch **überdimensionierte Schilder** sind heute berufsrechtlich als problematisch anzusehen (vgl. auch OLG Dresden NJW-RR 1998, 1337: Schild 50 mal 55 cm; LG Cottbus Stbg 1997, 353, wonach ein 2,60 mal 1,20m großes Schild nicht zulässig sein soll; Entscheidung ist heute nicht mehr haltbar).

Beispiele aus der Rechtsprechung: Ein Kanzleischild mit dem Zusatz „sozialistisches **Anwaltskollektiv**" ist nicht zulässig (BGHZ 57, 251 = BGHSt 24, 235 = NJW 1972, 297). Wenn ein in überörtlicher Sozietät tätiger und im Bereich des **Nurnotariats** zugelassener Rechtsanwalt auf seinem Kanzleischild als Sozius **„Notar"** angibt, verstößt er damit gegen § 3 UWG; er erzeugt bei den Rechtsuchenden den unzutreffenden Eindruck, in seiner Kanzlei erfolge auch eine Betreuung durch einen Notar (AG Nordhausen MittBayNot 1994, 479). 9

Die **Fortführung des Namens** eines Rechtsanwalts, der als **Minister** an der Ausübung seines Berufes gehindert ist, auf dem Kanzleischild der von den Sozien fortgeführten Kanzlei mit dem Zusatz „Rechte aus der Zulassung ruhen" ist wettbewerbsrechtlich nicht zu beanstanden (BGH NJW 1997, 3238 = AnwBl. 1997, 564; → § 47 Rn. 31, 32). 9a

Die **Rücknahme der Anwaltszulassung** wegen Nichtanbringung eines Kanzleischildes ist **unverhältnismäßig,** wenn einem Rechtsanwalt ohne vorherige Verhängung warnender Maßnahmen die Zulassung entzogen wird, weil er kein Kanzleischild angebracht hat (→ Rn. 4, 6, 7; BVerfGE 72, 26 = NJW 1986, 1801 = BRAK-Mitt. 1986, 108 = AnwBl. 1986, 202). Bevor auf die schwerwiegende Maßnahme des Zulassungswiderrufs zurückgegriffen werden darf, muss, soweit es nur um organisatorische Maßnahmen der Kanzleipflicht geht (Nichtanbringen eines Kanzleischildes; fehlender Telefonbucheintrag), mit deren Nichterfüllung sich der Rechtsanwalt im Allgemeinen eher selbst schadet, sorgfältig geprüft werden, ob alternativ mit den anwaltsgerichtlichen Maßnahmen nach § 114 Abs. 1 Nr. 1–3 schonendere Mittel zur Verfügung stehen (BVerfG BRAK-Mitt. 2005, 275 = AnwBl. 2005, 578). Eine **Aufgabe der Kanzlei** liegt nicht schon dann vor, wenn der Rechtsanwalt einzelne mit der Pflicht zur Errichtung einer Kanzlei nach § 27 Abs. 1 verbundene Verpflichtungen, etwa die Pflicht zur Mitteilung einer neuen Kanzleianschrift, verletzt (BGH BRAK-Mitt. 2009, 240 = NJW-RR 2009, 1577). 10

Die **Kanzleiräume können mit der Privatwohnung verbunden sein,** wenn sie im Übrigen den Mindestanforderungen entsprechen (*Isele* § 27 Anm. III A 1). Sie müssen insbesondere Raum für ungestörte Mandantengespräche und Dritten nicht zugängliche Akten bieten. Der Rechtsanwalt genügt aber seiner Residenzpflicht nicht schon dann, wenn er zwar ein Zimmer seiner Privatwohnung als Büroraum einrichtet und mit einer Schreibmaschine sowie einiger Fachliteratur ausstattet, aber keine ausreichende organisatorische Vorsorge trifft, welche für das Publikum erkennbar macht, dass an dieser Stelle anwaltliche Dienste bereitgestellt werden (BGHZ 38, 6 = NJW 1962, 2005). Ebenso reicht es nicht, wenn der **Kontakt** zu den Mandanten **nur auf schriftlichem oder telefonischem Wege** unterhalten wird und notwendig werdende persönliche Gespräche in öffentlichen Gaststätten und öffentlich zugänglichen Räumen geführt werden (EGH Celle BRAK-Mitt. 1991, 103; vgl. AGH NRW Beschluss vom 19.3.2004 – 1 ZU 68/03). 11

Eine Kanzleianschrift in den **Räumlichkeiten eines Reisebüros,** dessen Inhaber mit Vollmacht die Post des Rechtsanwalts entgegennehmen soll, entspricht, unabhängig von der anwaltlichen Verschwiegenheitspflicht, nicht den Anforderungen an eine Kanzlei nach § 27 (AGH Bln BRAK-Mitt. 2014, 31). 11a

Unbeachtlich sind die Eigentumsverhältnisse an den Büroräumen und dem Inventar (OLG Koblenz AnwBl. 1981, 151), entscheidend ist, dass der Rechtsanwalt einen Rechtsanspruch hat, über die Räumlichkeiten und die Büroorganisation zu verfügen (OLG Hamm NJW 1993, 1338). Durch die bloße formelle Errichtung einer Bürogemeinschaft und die polizeiliche Anmeldung an einem deutschen Ort erfüllt ein Rechtsanwalt seine Residenzpflicht nicht (EGH München BRAK-Mitt. 1981, 33). 12

Zur **Kanzleigrundausstattung** und **Finanzierung** bei Berufseinstieg vgl. *Bischoff* BRAK-Mitt. 2000, 296; DAV-Ratgeber, 13. Aufl. 2013, 235. Zur Grundausstattung einer Anwaltskanzlei vgl. auch DAV-Ratgeber 2006, 199, 221, 329, 363, 553 und zum Unternehmen Anwaltskanzlei *Redeker* NJW 1990, 2114. 13

Zu **virtuellen Anwaltskanzleien** vgl. *Ebbing* Anwalt 5/2001, 6; *Friedel* Anwalt 5/2001, 10; *Römermann* Anwalt 5/2001, 14; *Prütting* AnwBl. 2011, 46. 13a

13b Das **Outsourcen** von Teilen der Kanzlei an gewerbliche Anbieter, zB **Callcenter,** wird in der Regel wegen des Grundsatzes der Verschwiegenheit, aber auch auftretender denkbarer widerstreitender Interessen mit § 43a Abs. 2 S. 1 nicht in Übereinstimmung zu bringen sein (ebenso Gaier/Wolf/Göcken/*Siegmund* § 27 Rn. 66). Die 5. Satzungsversammlung hat in ihrer Sitzung am 10./11.11.2014 beschlossen, das **Non-legal-Outsourcing** von Kanzleien berufsrechtlich in § 2 BORA regeln zu wollen. Ein Verstoß gegen die Verschwiegenheitspflicht soll nicht vorliegen, wenn die Einschaltung Dritter im Rahmen der Arbeitsabläufe der Kanzlei sozialadäquat ist. Dritte dürfen aber in keinem Fall zur Mitarbeit im Mandat oder zu ständigen Dienstleitungen herangezogen werden, wenn Zweifel im Hinblick auf die Zuverlässigkeit der Verschwiegenheitspflicht verbleiben. In Kraft getreten am 1.7.2015.

14 Bei einer **Sozietät** reicht es aus, wenn das Kanzleischild nur deren führende Mitglieder namentlich bezeichnet und auf die weiteren Mitglieder der Sozietät mit dem Zusatz **„und Kollegen“** (zur Rechtslage vor Einführung der Partnerschaftsgesellschaft durch das Gesetz über Partnerschaftsgesellschaften Angehöriger Freier Berufe vom 25.7.1994 (BGBl. I S. 1744): Zusatz „und Partner“, BGH MDR 1995, 528; der Begriff **„und Partner“** ist jetzt den Partnerschaftsgesellschaften ausnahmslos vorbehalten, § 11 PartGG) hinweist, die Sozien aber im Übrigen aus den Briefbögen ersichtlich sind (vgl. §§ 9, 10 BORA).

14a Eine **überörtliche Rechtsanwaltssozietät** darf nicht vortäuschen, alle oder einzelne Sozii seien an allen Kanzleisitzen tätig und erreichbar. Deshalb muss aus der Namensspalte im Briefbogen (§ 10 BORA) unmissverständlich deutlich werden, welcher Anwalt wo jeweils seine Kanzlei hat (§ 10 Abs. 1 BORA; *Prütting* JZ 1989, 705, 711). Dementsprechend ist die Briefbogengestaltung einer überörtlichen Sozietät als irreführend zu werten, wenn sie den unzutreffenden Eindruck erweckt, dass bestimmte Mitglieder der Sozietät auch am Kanzleisitz eines an einem anderen Ort tätigen Sozius residieren. Eine solche Gestaltung genügt auch nicht dem aus §§ 27 ff. BRAO, **§ 10 Abs. 1 BORA** folgenden Gebot, die Kanzleiorte der jeweiligen Sozietätsmitglieder einer überörtlichen Sozietät auf dem Briefbogen eindeutig hervorzuheben. Die Briefbogengestaltung wird den Anforderungen der §§ 27 ff. BRAO, des § 10 Abs. 1 BORA und des Irreführungsverbots nach § 5 UWG nur dann gerecht, wenn sich aus dem Briefbogen unübersehbar und deutlich ergibt, wer der Sozietät angehört und wo, dh an welchem der verschiedenen Orte, die jeweiligen Sozietätsmitglieder ihren Kanzleisitz haben (BVerfG BRAK-Mitt. 2002, 182; BGH NJW 2002, 1419 = AnwBl. 2002, 363; BGHZ 119, 225 = MDR 1993, 179; OLG Braunschweig MDR 1999, 573; Niedersächsische AnwG – 1 AnwG 17/2008).

15 Zur Bezeichnung von Rechtsanwaltskanzleien bei **Namensidentität** vgl. OLG Braunschweig NJW-RR 1998, 1004.

16 Auch ein **Syndikusanwalt,** der seine Kanzlei in den Geschäftsräumen seines Arbeitgebers unterhält, muss über einen eigenen Telefonanschluss bzw. eine eigene Durchwahlnummer verfügen, ohne dass Mandanten erst über die Telefonzentrale des Arbeitgebers ihren Rechtsanwalt erreichen; es ist demnach nicht ausreichend, die **Telefonnummer seines Arbeitgebers** anzugeben. Die Kanzlei eines Syndikusanwalts in den Geschäftsräumen seines Arbeitsgebers genügt dann nicht den durch das BVerfG aufgestellten Anforderungen, wenn ein **Kanzleischild nicht vorhanden** ist (→ Rn. 6, 7), die absolute Verschwiegenheitspflicht nicht gewährleistet ist, Raum für ungestörte Mandantengespräche und Dritten nicht zugängliche Akten fehlt und keine organisatorischen Maßnahmen getroffen sind, dass Zustellungen an den Syndikusanwalt direkt vorgenommen werden können. Fehlt es an solchen objektiven Maßnahmen, so kann – unabhängig von der inneren Willensrichtung des Rechtsanwalts – von der Errichtung einer Kanzlei nicht die Rede sein.

16a Berufsrechtlich nicht zu beanstanden ist die **ausschließliche Nutzung** einer **Mobilfunknummer.** Beide Möglichkeiten gewährleisten das Ziel der Kanzleipflicht, die Erreichbarkeit des Anwalts sicherzustellen, nämlich den Syndikusanwalt unmittelbar auch während seiner Arbeitszeit erreichen zu können.

16b Die Verwendung von **Mehrwert- und Vanity-Nummern** ist zulässig, soweit die für die Anrufenden entstehenden Gebühren bei der Angabe der Mehrwert- und Vanity-Nummer ausgewiesen werden (BGH BRAK-Mitt. 2003, 92 = AnwBl. 2001, 231 = NJW 2003, 819; DStR 2003, 1852).

17 Auch an die **Aufrechterhaltung einer Kanzlei** dürfen keine geringeren Anforderungen als an den Tatbestand ihrer Errichtung gestellt werden (BGH EGE IX, 7, 8). Die Residenzpflicht besteht während der ganzen Dauer der Zulassung (AGH MV Beschluss vom 3.6.1999 – AGH 5/

98 (I/3); amtliche Begründung). Wenn also ein Anwalt sämtliche organisatorische Maßnahmen, aus denen das Publikum bisher auf die Widmung von Räumen als Anwaltskanzlei schließen konnte, wieder rückgängig macht, muss er sich – zumindest wenn dieser Zustand nicht nur von vorübergehender Natur ist – auf Grund dieses objektiven Befunds als ein Anwalt, der seine Kanzlei aufgegeben hat, behandeln lassen (BGH EGE IX, 7; EGH Frankfurt BRAK-Mitt. 1992, 222).

2. Ort der Kanzlei. Die Kanzlei muss nach Abs. 1 irgendwo im Bezirk der RAK, deren Mitglied der Rechtsanwalt ist, errichtet werden. Mit dem Wegfall des Lokalisationsprinzips zum 1.6.2007 ist die starre Anbindung des Kanzleisitzes an das Zulassungsgericht obsolet geworden. Gemäß § 78 ZPO aF konnten sich die Parteien bereits seit 1.1.2000 auch im Anwaltsprozess durch jeden bei einem Amts- oder Landgericht zugelassenen Rechtsanwalt bei allen Land- und Familiengerichten vertreten lassen (BGBl. I S. 2448). Entsprechendes galt seit 1.9.2002 für die Zulassung bei den Oberlandesgerichten (BGBl. I S. 2850, 4410). **18**

3. Verlegung der Kanzlei. Bei Verlegung der Kanzlei innerhalb des Bezirks der RAK, in dem der Rechtsanwalt zugelassen ist, besteht gegenüber dieser RAK eine **unverzügliche** (ohne schuldhaftes Zögern, § 121 Abs. 1 BGB) **Informationspflicht** (Abs. 2 und § 24 Abs. 1 Nr. 2 BORA). Diese ist Voraussetzung für die sachgerechte Führung des Rechtsanwaltsverzeichnisses nach § 31 (amtliche Begründung, BT-Drs. 16/513, 15). Da die Mitgliedschaft in der RAK nicht mehr der Zulassung bei einem Gericht folgen kann, aber weiter sichergestellt werden soll, dass eine eindeutige Zuordnung zu nur einer RAK gegeben ist, wird die Verlegung der Kanzlei in einen anderen Bezirk an die Stellung eines Aufnahmeantrags und die Aufnahme in die neue RAK an die Errichtung der Kanzlei geknüpft (amtliche Begründung, BR-Drs. 945/04, 27). Der Rechtsanwalt muss mit Antragstellung auf Aufnahme in einen anderen Kammerbezirk der aufnehmenden RAK die Einrichtung seiner Kanzlei nachweisen. Erst wenn dieser Nachweis erbracht ist, **muss** die andere RAK den Rechtsanwalt **aufnehmen.** **19**

Aus der Formulierung „nimmt … auf" folgt, dass es sich dabei um **keine Ermessensentscheidung** handelt, wenn der Nachweis der Kanzleierrichtung geführt ist. § 33 Abs. 2 aF, der im Fall des Wechsels der Zulassung der RAK in bestimmten Fällen die Möglichkeit der Aussetzung der Entscheidung über den Antrag auf anderweitige Zulassung eingeräumt hat, ist ersatzlos weggefallen. Eine **Aussetzungsmöglichkeit** gibt es für die aufnehmende RAK nicht mehr. **19a**

In Abs. 3 S. 3 ist weiter bestimmt, dass mit Aufnahme durch die neue RAK die Mitgliedschaft in der bisherigen RAK erlischt; die Aufnahmeentscheidung durch die aufnehmende RAK ist der abgebenden RAK mitzuteilen (§ 36 Abs. 2 iVm § 27 Abs. 3 S. 3). Auch die abgebende RAK hat ihr Rechtsanwaltsverzeichnis zu korrigieren, so dass in diesem Verhältnis ebenfalls eine **„unverzügliche" Information** zu erfolgen hat. Anderenfalls würde der den Kammerbezirk wechselnde Rechtsanwalt eine Zeit lang **in zwei Rechtsanwaltsverzeichnissen zweier regionaler Rechtsanwaltskammern** sowie im Gesamtverzeichnis (§ 31) mit zwei verschiedenen Kanzleisitzen geführt werden, was es unbedingt zu vermeiden gilt. Denn das Rechtsanwaltsverzeichnis dient nach der Gesetzesbegründung der Information der Behörden und Gerichte, der Rechtsuchenden sowie anderer am Rechtsverkehr Beteiligter, muss also aus Gründen der Rechtssicherheit korrekt und eindeutig sein. Zudem trägt die jeweilige RAK die Verantwortung für die Richtigkeit der Daten (amtliche Begründung, BT-Drs. 16/513, 23). Daher kann auch in diesem Verhältnis nichts anderes gelten, als im Verhältnis zwischen dem Rechtsanwalt und seiner RAK (Abs. 2) und im Verhältnis abgebende RAK gegenüber Landesjustizverwaltung im Falle eines Anwaltnotars („unverzüglich" § 36 Abs. 4; → Rn. 21). Die Notwendigkeit der Unverzüglichkeit der Mitteilung wurde vom Gesetzgeber im ersten Fall auch gerade mit der sachgerechten Führung des Rechtsanwaltsverzeichnisses nach § 31 begründet (amtliche Begründung, BT-Drs. 16/513, 15). Es kann sich insoweit mithin nur um ein redaktionelles Versehen handeln. **20**

Für **Anwaltsnotare** sieht § 36 Abs. 4 eine unverzügliche Mitteilungspflicht im Hinblick auf den Zeitpunkt des Erlöschens der Mitgliedschaft im Bezirk der abgebenden RAK an die zuständige Landesjustizverwaltung vor. Diese Regelung ist erforderlich, da gemäß §§ 3 Abs. 2, 47 Nr. 3 BNotO nicht mehr der Wegfall der Zulassung bei einem Gericht, sondern der Wegfall der Mitgliedschaft in der RAK Anknüpfungspunkt für **das Erlöschen des Notaramts** ist (amtliche Begründung, BT-Drs. 16/513, 22). Geschäftsstelle und Kanzlei müssen beim Anwaltsnotar örtlich übereinstimmen (§ 10 BNotO). **21**

22 **4. Gerichtsstand.** Erfüllungsort für **Schadensersatzansprüche wegen Schlechterfüllung** anwaltlicher Vertragspflichten ist regelmäßig der Ort, an dem der Rechtsanwalt seine Kanzlei eingerichtet hat, auch dann, wenn ein Mandant, der einen Verkehrsanwalt sowie einen Prozessbevollmächtigten beauftragt hat, behauptet, den Anwälten sei in ihrem jeweiligen Verantwortungsbereich ein Fehler unterlaufen (BayObLG MDR 1993, 179; MDR 1992, 296 = AnwBl. 1993, 241).

22a Dies gilt nicht mehr für die **Durchsetzung des anwaltlichen Gebührenanspruchs** gegenüber dem Mandanten (so noch BGH NJW 1986, 1178; 1991, 3056; BayObLG MDR 1993, 179; AnwBl. 1993, 241; LG München NJW 2001, 1583; LG Berlin MDR 2002, 1096; Zöller/*Vollkommer* ZPO § 29 Rn. 25: „Anwalt"; **aA** jetzt die **neuere Rechtsprechung** des BGH, da eine Leistung an dem Ort zu erfolgen hat, an welchem der jeweilige Schuldner bei Entstehung des Schuldverhältnisses seinen Wohnsitz hat; anderenfalls bestünde eine vom Gesetz nicht gedeckte Privilegierung der Rechtsanwälte gegenüber anderen Gläubigern von Geldforderungen, BGH BRAK-Mitt. 2004, 40 = NJW 2004, 54 mit Anm. *Gottwald* FamRZ 2004, 95; *Krügermeyer-Kalthoff* MDR 2004, 164; Anm. dazu *Schneider* AnwBl. 2004, 119; BGH NJW-RR 2004, 932 = AnwBl. 2004, 664; NJW 2006, 1806; zuvor bereits LG Hanau MDR 2002, 1032, wonach für **Honorarklagen** der Wohnsitz des Mandanten maßgeblich sein soll).

23 **5. Angestellte Rechtsanwälte.** Ein bei einem anderen Rechtsanwalt angestellter Rechtsanwalt kommt seiner Verpflichtung zur Kanzleierrichtung nach, wenn er auf dem Kanzleischild, den Briefbögen und Vollmachten des Anstellungsanwalts sowie in Presseanzeigen als Sozius **(Scheinsozius)** erscheint (AGH MV Beschluss vom 3.6.1999 – AGH 5/98 (I/3); OLG Koblenz AnwBl. 1981, 151; → BORA § 10 Rn. 3, 4).

IV. Zweigstelle

24 **1. Errichtung.** Mit dem Gesetz zur Stärkung der Selbstverwaltung der Rechtsanwaltschaft vom 26.3.2007 (BGBl. I S. 358), in Kraft getreten am 1.6.2007, ist das Verbot aus § 28 zur Einrichtung und Unterhaltung von Zweigstellen (weitere Beratungsstellen sind für Steuerberater auch erlaubt, § 34 Abs. 2 StBerG) ersatzlos entfallen. Mit dem Wegfall des Verbots sind die **Einrichtung von Zweigstellen und die Abhaltung von auswärtigen Sprechtagen** nunmehr **zulässig.** Nach einer Umfrage unter 1000 Rechtsanwälten wird dies von 45 % der Rechtsanwälte begrüßt, von 31 % abgelehnt, *Hommerich/Kilian* NJW 2007, 2308. Der Gesetzgeber hob die Regelung (auch) zu den auswärtigen Sprechtagen auf, da „ihre rechtliche Funktion, Umgehungen des Lokalisierungsgebotes zu behindern", entfallen ist (amtliche Begründung, BR-Drs. 945/04). Mangels entsprechender gesetzlicher Vorgabe, ist die Einrichtung und Abhaltung von auswärtigen Sprechtagen nicht einmal der zuständigen RAK anzuzeigen. Eine Analogie zu § 27 Abs. 2 scheidet aus. Hätte der Gesetzgeber eine solche Mitteilungspflicht auch für auswärtige Sprechtage begründen wollen, hätte er es entsprechend derjenigen für die Zweigstellen getan. Für das „Weniger" eines auswärtigen Sprechtags gegenüber einer Zweigstelle, hat der Gesetzgeber die Anzeigepflicht nicht für erforderlich gehalten; in das Rechtsanwaltsverzeichnis werden auch Zweigstellen aufzunehmen (§ 31 Abs. 3).

24a Vorausgegangen war der gesetzlichen Neuregelung die immer wieder erneut aufgeworfene Frage, ob diese Norm (noch) verfassungsgemäß ist. Im Jahre 2006 setzten zwei Gerichte (→ Rn. 24a–24e) ihre Verfahren wegen ihrer diesbezüglichen Bedenken aus und legten die Frage der Verfassungsmäßigkeit dem BVerfG vor. Der Gesetzgeber kam einer Entscheidung des BVerfG durch ersatzlose Streichung zuvor.

24b Bis dahin wurde ganz überwiegend, insbesondere in der Rechtsprechung, geprägt vor allem durch die ständige Rechtsprechung des BGH, die die Berufsausübung regelnde Bestimmung des **§ 28 als verfassungskonform** angesehen hat, da das Zweigstellenverbot unter den bis zum 31.5.2006 geltenden Verhältnissen nicht die durch Art. 12 Abs. 1 GG geschützte Freiheit der Berufsausübung verletzt habe (BGH DNotZ 1968, 499; NJW 1989, 2890; 1992, 1512; 1993, 196; 1998, 2533 = BRAK-Mitt. 1998, 204; OLG Stuttgart NJW 1993, 1336 (auch kein Verstoß gegen EU-Recht, weil die europäische Gesetzgebung für den inländischen Bereich keine Regelung geschaffen hat); EGH Frankfurt EGE XI, 151 = AnwBl. 1971, 156; EGH München AnwBl. 1977, 270; BayAGH vom 12.2.2003 – I 16/02, NJW 2002, 3338 = BRAK-Mitt. 2002, 283, 286; AGH Sachsen-Anhalt BRAK-Mitt. 2002, 282; **einschränkend**: das AnwG Schleswig-Holstein sah das Zweigstellenverbot nur noch dadurch als gerechtfertigt an, da der Rechtsuchende bei einer Zweigstelle nicht klar und unmissverständlich erkennen könne, ob eine kompetente Beratung des Rechtsanwalts vor Ort oder woanders stattfinde; die uneingeschränkte Erreichbarkeit könne jedenfalls nicht mehr herangezogen werden (BRAK-Mitt. 2002, 47; **aA** *Schumann* NJW 1990, 2089, 2094; *Kleine-Cosack* 4. Aufl. § 28 Rn. 1, 6 ff.; AnwBl. 2005, 162; 2001, 204, 206; *Grünewald,* FS zum 125-jährigen Bestehen der RAK Hamm, 401 ff.; *Römermann/Hartung,* Anwaltliches Berufsrecht, 50; *Dahns* NJW-Spezial 2006, 189).

Der **AGH NRW** erklärte, unter Aufgabe seiner bisherigen Rechtsprechung (zuletzt am 17.1.2003 – 1 ZU 41/02) am 31.3.2006 das Verbot zur Einrichtung einer Zweigstelle, einschließlich des Verbots auswärtiger Sprechtage, für verfassungswidrig, da das Verbot nicht erforderlich sei, um den verfassungsrechtlich anzuerkennenden Zweck des Schutzes der Rechtsuchenden und der Rechtspflege durch ständige Erreichbarkeit des Rechtsanwalts sicherzustellen oder auch nur zu fördern. Zur Sicherstellung der ständigen Erreichbarkeit eines Rechtsanwalts reiche es aus, wenn der Rechtsanwalt seine Büroabläufe entsprechend organisiere, dass dem Rechtssuchenden die im Einzelfall notwendige Hilfe sobald wie möglich und notwendig zugute kommt. Außerdem sei ein Verstoß gegen Art. 3 Abs. 1 GG durch Ungleichbehandlung für Inländer gegenüber ausländischen Rechtsanwälten gegeben, die im Inland eine Zweigstelle einrichten und inländischen Rechtsanwälten, die eine Auslandszweigstelle errichten könnten. Er setzte sein Verfahren aus und legte die Frage dem BVerfG zur Entscheidung vor, ob § 28 mit dem Grundgesetz vereinbar ist (BRAK-Mitt. 2006, 177). 24c

Fast zeitgleich sah auch das **AnwG Hamburg** (BRAK-Mitt. 2006, 227) für dieses Verbot keine Rechtfertigung mehr, da beim heutigen Stand der Kommunikations- und Verkehrsmittel eine permanente Erreichbarkeit eines Rechtsanwalts an jedem Ort per Mobiltelefon, Fax oder E-Mail gegeben sei. Das Zweigstellenverbot stehe der in Art. 12 GG geschützten Berufsausübungsfreiheit entgegen. Auch im Vergleich zu Steuerberatern und Wirtschaftsprüfern verstoße § 28 gegen den Gleichheitsgrundsatz aus Art. 3 GG. Das AnwG Hamburg verfuhr wie der AGH NRW (→ Rn. 24c). 24d

Anders sah dies indes der **SächsAGH** (vom 7.4.2006 – AGH 14/05 (I)), der keine verfassungsrechtlichen Bedenken im Hinblick auf § 28 sah, weil das gesetzgeberische Ziel, dass ein Rechtsanwalt seine Tätigkeit von einer Stelle aus zu betreiben hat, bei der er erreichbar ist, die Beschränkung der Berufsausübungsfreiheit rechtfertige. 24e

Die Zweigstelle als solche findet auch in den geänderten bzw. neuen Vorschriften der §§ 27 und 31, wie auch in §§ 5, 10 Abs. 1 S. 3 BORA ausdrücklich Erwähnung. Nach dem Wortlaut kann seit 1.6.2007 grundsätzlich jeder Rechtsanwalt Zweigstellen **ohne zahlenmäßige Beschränkung** jetzt auch im gesamten Bundesgebiet einrichten (→ Rn. 30 ff.). Nach § 29a war und ist ihm die Einrichtung von weiteren Kanzleien **im Ausland ohnehin** schon möglich gewesen. 24f

Eine Befragung des Soldan Instituts ergab, dass im 24-Monats-Zeitraum nach Änderung des Gesetzes, also von Juni 2007 bis Mai 2009, **zehn Prozent** der Rechtsanwälte die Möglichkeit der Einrichtung von Zweigstellen genutzt haben, **fünf Prozent** halten auswärtige Sprechtage ab (*Hommerich/Kilian* AnwBl. 2009, 712). 24g

Zulässig ist es, eine Zweigstelle in der Kanzlei eines anderen Rechtsanwalts bzw. einer anderen Sozietät (ebenso *Römermann* AnwBl. 2007, 609; Henssler/Prütting/*Prütting* § 27 Rn. 23) einzurichten, soweit die Verschwiegenheitspflicht gewahrt wird und die Vertraulichkeit der Daten der Mandanten sichergestellt ist sowie die Mindestanforderungen an eine Zweigstelle – dazu nachfolgend – vorliegen. 25

a) Mindestanforderungen. Der **Begriff der Zweigstelle** ist weder gesetzlich noch durch die BORA **definiert.** Der Vorstoß in der Satzungsversammlung, die Anforderungen an eine Zweigstelle in der Berufsordnung zu regeln, ist in der Sitzung am 11.6.2007 gescheitert. Seinerzeit stand ein Vorschlag zur Abstimmung, nach dem die Anforderungen in § 5 BORA für die Kanzlei auch für eine Zweigstelle gelten sollten. Die für eine Änderung der BORA erforderliche Mehrheit aller stimmberechtigten Mitglieder konnte jedoch nicht erreicht werden. Am Ende stimmten nur 58 statt der erforderlichen 69 Mitglieder für den Vorschlag. Damit blieb es beim Status Quo. 26

Im **zweiten Anlauf** gelang es der Satzungsversammlung insoweit mehrheitlich Klarheit zu schaffen. Am 15.6.2009 wurde § 5 BORA in der Überschrift und in S. 1 um die Zweigstelle ergänzt. Es wurde klargestellt, dass der Rechtsanwalt verpflichtet ist, die für seine Berufsausübung 26a erforderlichen **sachlichen, personellen und organisatorischen Voraussetzungen** neben seiner Kanzlei **auch in der Zweigstelle** vorzuhalten. Im Rahmen der Prüfung gemäß § 191e hob das Bundesjustizministerium diese Änderung am 30.9.2009 auf, weil es für die beschlossene Änderung an der erforderlichen Ermächtigungsgrundlage fehle, denn § 59b Abs. 2 enthalte keine ausdrückliche Befugnis, Regelungen zur Ausstattung der Zweigstelle durch Satzung in der Berufsordnung zu treffen. Auch § 59b Abs. 2 Nr. 1 lit. g, der die Ermächtigung zur Regelung der Kanzleipflicht beinhaltet, könne nicht herangezogen werden, weil keine Anhaltspunkte dafür vorhanden seien, dass der Gesetzgeber die Freiheit des Rechtsanwalts Zweigstellen einzurichten, dadurch einschränken wollte, dass er der Satzungsversammlung eine Befugnis zur näheren Regelung von Zweigstellen übertragen wollte.

26b Hiergegen klagte die BRAK erfolgreich beim BGH. Dieser hob den Bescheid des BMJV seinerseits am 13.9.2010 auf (BGH NJW 2010, 3787 = AnwBl. 2010, 873 = BRAK-Mitt. 2010, 267). Der BGH stellte klar, dass § 59b Abs. 2 Nr. 1 lit. g auch zur Regelung von Anforderungen an die Einrichtung und den Betrieb einer Zweigstelle ermächtigt. Das Gesetz lege nämlich nicht fest welche Anforderungen der Geschäftsbetrieb des Rechtsanwalts erfüllen muss, damit er seine Kanzleipflicht erfüllt. Insoweit besteht ein Bedarf an näheren Regelungen. Diese gerade auch in der Form einer Satzung zu treffen, ermögliche § 59b Abs. 2 Nr. 1 lit. g.

26c § 5 BORA regelt mithin **ab 1.1.2011** auch Zweigstellen. § 10 Abs. 1 S. 3 BORA greift in der Fassung ab 1.11.2013 nun auch ausdrücklich den Briefkopf von Zweigstellen auf (→ BORA § 5 Rn. 13).

26d „Zweigstelle" und „Kanzlei" seien vom Wortsinn her – so der BGH – keine Gegensätze. Vielmehr korrespondiere mit dem Begriff der „Zweigstelle" nach allgemeinem Sprachgebrauch der – **im Gesetz nicht verwandte – Begriff der „Hauptstelle".** Bei der Zweigstelle und der Hauptstelle handele es sich jeweils um Niederlassungen der „Kanzlei", die sich danach unterscheiden, in welcher der Rechtsanwalt seine **berufliche Tätigkeit ihrem Schwerpunkt nach** entfalte. Eine Zweigstelle sei nämlich nicht nur ein Ort, an dem der Rechtsanwalt ohne Kontakt nach außen ähnlich wie in einer Gerichtsbibliothek seiner anwaltlichen Tätigkeit nachgehe, die örtlich an seiner Hauptkanzlei konzentriert bleibe. Damit sei der Sache nach die Zweigstelle ebenso die Kanzlei des Rechtsanwaltes wie seine (Haupt-)Kanzlei (vgl. BGH NJW 2010, 3787). Damit hat der BGH in die Diskussion den zwei **neue Begriffe,** nämlich den der **Niederlassung** und den der **„Hauptstelle"** eingebracht. Mit der „Hauptstelle" ist offenbar die Kanzlei gemeint, mit der der Rechtsanwalt im Bezirk einer RAK zugelassen ist (§ 27 Abs. 1). Auch nach altem Recht, als noch das Verbot von Zweigstellen in § 28 Abs. 1 S. 1 aF Geltung hatte, wurde **begrifflich als Zweigstelle** „eine Kanzlei angesehen, die neben einer bereits bestehenden Kanzlei eingerichtet oder unterhalten wird" (7. Aufl. § 27 Rn. 31 unter c) cc), 4. Abs.). Soweit es um die **Bewerbung** (auch auf dem Briefpapier) von Zweigstellen, Sprechtagen geht, gilt ergänzend das **Wettbewerbsrecht.**

27 Auch für die Zweigstelle ist es demnach **unerlässlich,** mindestens eine **Räumlichkeit** zur Durchführung vertraulicher Mandantengespräche und die notwendigen **Kommunikationsmittel** vorzuhalten, um die Erreichbarkeit des Rechtsanwalts in der Zweigstelle zu gewährleisten; nichts spricht gegen eine Rufumleitung zur Hauptkanzlei (ebenso *Prütting* AnwBl. 2011, 47). Die telefonische Erreichbarkeit ist mit der heutigen Kommunikationstechnologie, neben der Rufumleitung auch problemlos über Mobiltelefone und Internet sicher zu stellen. Dazu bedarf es keiner körperlichen Präsenz in der Zweigstelle. Der Rechtsanwalt muss gewährleisten, dass er von Mandanten, aber auch Gerichten und Behörden, am Ort der Zweigstelle angesprochen werden kann, also seine persönliche Erreichbarkeit sicherstellen (BGH NJW 2010, 3787 Rn. 33 = AnwBl. 2010, 873). Bestimmte **Präsenzpflichten** bestehen ebenso wenig, wie eine Verpflichtung, sich zeitweilig tatsächlich dort aufzuhalten. Eine bestimmte Anwesenheitsquote des Rechtsanwalts an dem einem oder dem anderen Ort fordert das Berufsrecht nicht (OLG Dresden NJW 2011, 869; so auch *Prütting* AnwBl. 2011, 47; **aA** Gaier/Wolf/Göcken/*Siegmund* § 27 Rn. 94: der Rechtsanwalt müsse regelmäßig selbst anwesend sein und ohne eine Vertretung bestehe wöchentliche Aufenthaltsverpflichtung).

27a **Personal** setzt eine Zweigstelle nicht voraus (ebenso *Prütting* AnwBl. 2011, 47; Henssler/Prütting/*Prütting* § 27 Rn. 16).

27b **Zwingend** erforderlich ist aber die **Zustellungsmöglichkeit** auch unter der Zweigstelle, so dass die Zweigstelle nach außen durch ein Kanzleischild oder zumindest ein Klingel-/Briefkastenschild mit der Berufsangabe Rechtsanwalt (→ Rn. 6 f.) kenntlich gemacht sein muss (zustimmend Henssler/Prütting/*Prütting* § 27 Rn. 16). Sicherzustellen ist aber, dass der Briefkasten täglich geleert wird; auch dies gehört zur Gewährleistung der Erreichbarkeit in der Zweigstelle. Für die Zustellungsmöglichkeit ist Personal ebenfalls nicht erforderlich, da es gemäß **§§ 178, 180 ZPO** für Zustellungen ausreichend ist, wenn ein Schriftstück in einen zu dem Geschäftsraum gehörenden Briefkasten eingelegt wird (vgl. BGH NJW 2007, 2186; NJW-RR 2011, 561 – aber keine Ersatzzustellung mehr bei bestandskräftigem Widerruf mit Sofortvollzug; BVerwG NJW 2007, 3222).

b) Kenntlichmachung nach außen. Ob Zweigstellen als solche auf Kanzleischild oder Briefbogen kenntlich zu machen sind, lässt die BRAO offen. Für die Briefbögen hat die Satzungsversammlung die diesbezüglich entstandene Unsicherheit mit der ab 1.11.2013 geltenden Fassung des **§ 10 Abs. 1 BORA,** der eine **Hinweispflicht auf den Charakter als Zweigstelle** auf Briefbögen ausdrücklich vorschreibt, geschlossen (ausführlich zu dieser Neufassung → BORA § 5 Rn. 9 ff.). § 10 S. 1 BORA verpflichtet den Rechtsanwalt allgemein, seine Kanzleianschrift auf Briefbögen anzugeben. Definiert wird der Begriff „Kanzleianschrift" nun in dessen S. 2: „Kanzleianschrift ist die im Rechtsanwaltsverzeichnis als solche eingetragene Anschrift (§§ 31 Abs. 3 Satz 1 1. Halbsatz, 27 Abs. 1 Bundesrechtsanwaltsordnung)." Durch die Änderung des § 10 Abs. 1 BORA wird klargestellt, dass auf allen Briefbögen stets die Anschrift der (Haupt-) Kanzlei anzugeben ist, also die Anschrift unter der der Rechtsanwalt zur Anwaltschaft zugelassen ist und die seine Zugehörigkeit zu der für ihn zuständigen Rechtsanwaltskammer bestimmt (Protokoll der 4. Sitzung der 5. Satzungsversammlung am 15.4.2013, S. 8). Dies gilt somit auch für den Briefbogen von Zweigstellen/Zweigniederlassungen/Zweitbüros etc. Dadurch soll sichergestellt werden, dass der rechtsuchende Bürger in die Lage versetzt wird, mittels der Kanzleiadresse schnell die berufsaufsichtsführende RAK des Rechtsanwalts ermitteln zu können. 28

Die Kenntlichmachung als Zweigstelle allgemein, nicht nur auf den Briefbogen, sondern auch auf das Kanzleischild bezogen, war bis zu diesem Datum äußerst streitig. In diesem Kommentar wurde schon zuvor vertreten, dass eine Kenntlichmachung als Zweigstelle auch ohne diese nun ausdrückliche Regelung für Briefbögen – gleichwohl angezeigt ist, um **Klarheit im Rechtsverkehr** zu schaffen. Ohne den Hinweis auf den Charakter als „Zweigstelle" auf Kanzleischild und Briefbogen entsteht für das rechtsuchende Publikum der unzutreffende Eindruck, als sei der Rechtsanwalt wie in seiner Hauptkanzlei in vollem Umfang auch in seiner Zweigstelle erreichbar, was aber aus physischen Gründen tatsächlich nicht zutreffen kann (8. Aufl. §§ 27, 28 ff.; ebenso *Huff* BRAK-Magazin 6/2007, 5; *Lemke* BRAK-Mitt. 2008, 146; Gaier/Wolf/Göcken/*Siegmund* § 27 Rn. 93; **aA** *Prütting* AnwBl. 2011, 47; *Römermann* AnwBl. 2007, 609). 28a

Eine Hinweispflicht auf den Charakter als Zweigstelle folgt aus dem **Verbot irreführender Werbung** (§ 5 Abs. 2 Nr. 3 UWG), wonach unlauter iSv § 3 UWG handelt, wer, insbesondere im Hinblick auf die Angaben zu den geschäftlichen Verhältnissen, irreführend wirbt. Auf dem Kanzleischild der Zweigstelle ist auf deren Charakter als Zweigstelle hinzuweisen. Das rechtsuchende Publikum hat ein berechtigtes Interesse daran, nicht darüber getäuscht zu werden, wer ihm werbend entgegentritt, ob er es also mit einer Rechtsanwaltskanzlei als Hauptsitz mit dem nötigen *backoffice* zu tun hat, wo er zu den gewöhnlichen Geschäftszeiten den Rechtsanwalt oder zumindest Personal antreffen kann oder aber er es nur mit einer Zweigstelle zu tun hat, in dem nicht unbedingt ein komplettes *backoffice* zur Verfügung steht und wo der Rechtsanwalt auch nur gelegentlich anzutreffen sein wird (dem folgend LG Erfurt BRAK-Mitt. 2010, 226). „Der Umstand, dass es sich bei einer Kanzlei nur um die Zweigstelle einer anderweitig ansässigen Hauptstelle handelt, ist eine für den Durchschnittsverbraucher wesentliche Information iSd § 5a UWG, weil ihn das Unterlassen eines entsprechenden Hinweises zu einer Auswahlentscheidung zugunsten der in der Zweigstelle angebotenen Dienstleistungen veranlassen kann, die er sonst nicht getroffen hätte". Es darf nicht der unzutreffende Anschein erzeugt werden, der Rechtsanwalt unterhalte auch an den Orten seiner Zweigstellen (s)einen Hauptsitz (LG Erfurt BRAK-Mitt. 2010, 226). Die Präsenz eines Rechtsanwalts in seinem Büro ist auch nach dem BGH ein Umstand, der für die Entscheidung eines Durchschnittsverbrauchers bei der Auswahl eines Rechtsanwalts von Bedeutung sein kann (BGH NJW 2013, 314 = BRAK-Mitt. 2012, 275; dazu auch *Lemke* BRAK-Mitt 2008, 146). Ein Durchschnittsverbraucher wählt einen Rechtsanwalt möglicherweise nicht nur nach seiner Qualifikation und Spezialisierung aus, sondern auch danach, inwieweit der Rechtsanwalt für Gespräche in seinem Büro zur Verfügung steht. Für einen solchen Verbraucher kann die Information, dass ein Rechtsanwalt weitere Niederlassungen 28b an anderen Standorten unterhält, von Interesse sein, weil sich daraus ergibt, dass die Präsenz des Rechtsanwalts an den einzelnen Standorten eingeschränkt ist. Gleichwohl bedeutet dies nach dem BGH nicht, dass es sich dabei um eine – für die Briefbögen, nur darum ging es – **wesentliche Information** iSd § 5a Abs. 2 UWG handele (BGH NJW 2013, 314 = BRAK-Mitt. 2012, 275; zu der unzutreffenden Entscheidung insgesamt → BORA § 5 Rn. 9 ff.; wegen der Neuformulierung des § 10 Abs. 1 BORA kommt es indes auf die insoweit andere Auffassung des BGH nicht an).

28c Nicht erforderlich ist die Bezeichnung als „Zweigstelle", es sind auch **andere Bezeichnungen** wie „Zweitbüro" oder ähnlich zulässig, obgleich sich der gesetzliche Terminus doch empfiehlt, solange eine geeignete Unterscheidung vorgenommen wird (ebenso Gaier/Wolf/Göcken/*Siegmund* § 27 Rn. 93).

28d Im Zusammenhang mit der Nutzung der **Amtsbezeichnung als Notar an einer Zweigstelle** hat das BVerfG am 19.8.2008 entschieden, dass diese Nutzung jedenfalls dann unzulässig ist, wenn dies zu einer Irreführung des rechtsuchenden Publikums führen kann. Dies ist dann der Fall, wenn sich aus der Beschilderung an der Zweigstelle nicht eindeutig entnehmen lässt, wo sich der Amtssitz und damit die Geschäftsstelle des Notars befindet (Nichtannahmebeschluss, BVerfG BeckRS 2008, 40776 = BRAK-Mitt. 2008, 270 = AnwBl. 2008, 799). Das Kammergericht hatte zuvor entschieden, dass die Amtsbezeichnung „Notar" nicht auf dem Kanzleischild der Zweigstelle einer von einem Rechtsanwalt und Notar betriebenen Rechtsanwaltskanzlei geführt werden dürfe (KG NJW 2008, 2197 = MDR 2008, 654).

29 Wird **unter der Adresse des Hauptkanzleisitzes korrespondiert,** darf, muss aber nicht auf die Zweigstelle hingewiesen werden (ebenso Gaier/Wolf/Göcken/*Siegmund* § 27 Rn. 100, es sei aber empfehlenswert zur Vermeidung von Irritationen). Dies ergibt sich jetzt auch aus dem Satzungsversammlungsprotokoll im Zusammenhang mit der Änderung des § 10 BORA zum 1.11.2013: „Der Rechtsanwalt müsse daher auf den Briefbögen der Zweigstelle die Anschrift der seine Zulassung bestimmenden Hauptkanzlei angeben" (Protokoll der 4. Sitzung der 5. Satzungsversammlung am 15.4.2013, S. 8).

29a **Gebührenrechtlich** wird nach dem OLG Dresden (NJW 2011, 869) von dem Begriff „Kanzlei" iSd Vorbem. 7 Abs. 2 VV auch die Zweigstelle erfasst.

30 **c) Wer kann eine Zweigstelle einrichten.** Mit Inkrafttreten des Gesetzes zur Stärkung der Selbstverwaltung der Rechtsanwaltschaft vom 26.3.2007 (BGBl. I S. 358) am 1.6.2007 wird diese Frage kontrovers diskutiert. Folgende **Fallgruppen** sind zu unterscheiden:

31 **aa) Einzelanwalt.** Unproblematisch kann ein Einzelanwalt eine oder mehrere Zweigstellen einrichten; § 31 Abs. 3 nennt diese Möglichkeit ausdrücklich.

31a **bb) Sozietät.** Diskutiert wird, ob eine Sozietät als solche Zweigstellen einrichten darf. Die Nutzung des Singulars in der neuen Regelung in Abs. 2 „… errichtet er eine Zweigstelle …" soll dem entgegenstehen. Mit dem Wortlaut, Wahl des Singular durch den Gesetzgeber in Abs. 2, wird angenommen, jeder Rechtsanwalt und zwar unabhängig davon, ob er Einzelanwalt ist oder sich mit anderen Rechtsanwälten zur gemeinsamen Berufsausübung zusammengeschlossen hat, könne für sich Zweigstellen errichten, nicht aber eine Sozietät. Aus der Nutzung des Singulars kann dieser Schluss indes nicht gezogen werden. Auch die aufgehobene Norm des § 28, die das Zweigstellenverbot aufstellte, nutzte den Singular. Dennoch war in Rechtsprechung und Literatur unstreitig, dass trotz des ausdrücklichen (wörtlichen) Verbots, es auch Sozietäten verboten war, Zweigstellen zu errichten. Dem Gesetzgeber kann zudem nicht unterstellt werden, er habe Einzelanwälte besser stellen wollen als Sozietäten. Für diese Annahme gibt es keine Anhaltspunkte in der amtlichen Begründung. Trotz Nutzung des Singular **können** also **auch Sozietäten Zweigstellen einrichten,** so wie es ihnen auch möglich ist, überörtliche oder intraurbane Sozietäten zu gründen, oder auch als Partnerschaftsgesellschaft Zweigniederlassungen einzurichten (§ 5 Abs. 2 PartGG, §§ 13, 13c, 13d, 13h HGB) oder es in der Rechtsform der Rechtsanwalts-GmbH organisierten Rechtsanwälten seit 1.9.2009 möglich ist, Zweigstellen (§ 59i Abs. 2, der der Rechtsanwalts-GmbH nur Zweigniederlassungen erlaubte, ist entfallen, BGBl. 2009 I S. 2449) zu gründen. Es muss der Sozietät freigestellt sein, ob sie mehrere Kanzleien oder ein oder mehrere Zweigstellen einrichtet. Soweit die Sozietät keine rechtlich, wirtschaftlich und organisatorisch selbständige Kanzlei errichten will, wenn also nicht beabsichtigt ist, dass ein Sozius ständig im weiteren Büro anwesend oder erreichbar sein soll, will sie gerade keinen weiteren Hauptsitz (keine weitere Kanzlei) einrichten, sondern eine Zweigstelle gründen. Dass der Gesetzgeber hier nicht bewusst für Sozietäten ein Hindernis aufstellen wollte, verdeutlicht auch die Streichung des § 59a Abs. 2 aF im Zuge des Gesetzes zur Neuregelung des Rechtsberatungsrechts vom 12.12.2007 (BGBl. I S. 2840; BT-Drs. 16/6634). Es soll allein der Verantwortung des einzelnen Rechtsanwalts obliegen, wie er seine Tätigkeit organisiert.

cc) Einzelne Sozietätsmitglieder. Problematisch ist, ob einzelne Mitglieder einer Sozietät neben dieser Sozietät eine Zweigstelle einrichten dürfen. Berufsrechtlich ist dem Rechtsanwalt mit dem Wegfall des Verbots der Sternsozietät (Gesetz vom 12.12.2007, BGBl. I S. 2848) nicht mehr untersagt, in mehr als einer Sozietät Mitglied zu sein (§ 59a Abs. 1 S. 1). Damit wird allerdings nichts darüber ausgesagt, ob er neben seiner Tätigkeit als Anwalt in einer oder mehreren Sozietät(en) auch noch als Einzelanwalt eine Zweigstelle einrichten darf. Eine Einzelkanzlei ist nämlich keine Sozietät. Ob es sich dabei dann noch um eine Zweigstelle handelt, oder aber um ein zweites Hauptbüro/eine weitere Kanzlei ist fraglich, da **begrifflich** eine „Zweigstelle“ eine Hauptkanzlei voraussetzt, an welche die Zweigstelle organisatorisch angegliedert ist. 31b

Der **Begriff Zweigstelle** wurde auch schon vor Abschaffung des § 28 durch die BRAO genutzt. Auch wenn nunmehr das Verbot zur Errichtung von Zweigstellen aufgehoben worden ist, damit die Errichtung einer Zweigstelle erlaubt ist, drängt sich auf, die **bisherige Begrifflichkeit der „Zweigstelle“** weiter zugrunde zu legen. Nach wie vor handelt es sich um dasselbe Rechtsinstitut: „Zweigstelle“. Umgangssprachlich wird die Zweigstelle auch „Filiale“ genannt. Eine Filiale ist nach gängigem Sprachgebrauch, eine Unternehmung, „die rechtlich und wirtschaftlich von einer Zentrale abhängig ist“, „eines Hauptgeschäfts bedarf“ (vgl. Köhler/Bornkamm/*Bornkamm,* 25. Aufl. 2007, UWG § 5 Rn. 5.23). Auch die bis zum Jahre 1967 geltende „Zweigstellensteuer“, eine Sonderbelastung im Rahmen der Gewerbesteuer, die die Zweigstellen (Filialen) von Banken und Einzelhandelsunternehmen traf, bestätigt, dass es sich bei Zweigstellen um rechtlich und wirtschaftlich von der Zentrale abhängige Unternehmungen handelt. Der Gesetzgeber hätte diese Steuer anderenfalls nicht Zweigstellensteuer genannt. 31c

Nach der Begrifflichkeit, wie sie zuvor auch vom Gesetzgeber in der Verbotsnorm genutzt worden ist, **setzt** also eine **Zweigstelle eine „Hauptkanzlei“ voraus.** Dann aber ist es einem einzelnen Mitglied einer Sozietät nicht möglich, eine Zweigstelle einzurichten. Wenn der einzelne Anwalt einer Sozietät keine „Hauptkanzlei“ für sich allein unterhält, kann er auch keine Zweigstelle einrichten; dies kann nur der Kanzleizusammenschluss der einzelnen Anwälte, also die Sozietät als solche (im Ergebnis ebenso *Huff* BRAK-Magazin 6/2007, 5; *Kleine-Cosack* § 27 Rn. 12; Henssler/Prütting/*Prütting* § 27 Rn. 21; **aA** *Römermann* AnwBl. 2007, 609; Gaier/Wolf/Göcken/*Siegmund* § 27 Rn. 100). Er könnte also allenfalls neben der Sozietät eine eigene (Haupt-)Kanzlei errichten. Die Errichtung eines zweiten Hauptbüros, einmal das der Sozietät und einmal das des einzelnen Mitglieds der Sozietät, ist mit dem Wegfall des Verbots der Sternsozietät ermöglicht worden, obgleich er schwerlich an zwei oder mehreren Standorten gleichzeitig seinen Berufsgeschäften für gewöhnlich nachgehen und in ihnen zu den üblichen Geschäftsstunden zu erreichen sein kann; allgemeine Definition des Kanzleibegriffs (→ Rn. 5 ff.). 31d

Nach der bisherigen Definition ist eine Zweigstelle (6. Aufl. § 28 Rn. 3; AGH NRW AnwBl. 1999, 698; Henssler/Prütting/*Prütting* 2. Aufl. § 28 Rn. 5) „eine Kanzlei, die neben einer bereits bestehenden Kanzlei eingerichtet oder unterhalten wird.“ „Dieses Zweitbüro erfüllt alle Voraussetzungen, die für die nach § 27 einzurichtende Kanzlei erfüllt sein müssen.“ Nach dieser bisher gängigen Definition handelt es sich bei der Zweigstelle nicht um eine selbständige Kanzlei eines Anwalts, sondern um ein „Zweitbüro“. Den Motiven des Gesetzgebers ist nicht zu entnehmen, dass er mit Aufhebung des Zweigstellenverbots ein völlig neues Sprachverständnis zum Institut der Zweigstelle schaffen wollte. 31e

d) Anzeigepflicht. Bei Errichtung einer Zweigstelle besteht gegenüber der eigenen RAK eine Informationspflicht (Abs. 2), um ihr die sachgerechte Führung des Rechtsanwaltsverzeichnisses zu ermöglichen (amtliche Begründung, BT-Drs. 16/513, 15). Ein **Verstoß** stellt eie Berufspflichtverletzung dar, die gemäß §§ 74, 73 Abs. 2 Nr. 1 geahndet werden kann. 32

2. Errichtung im Bezirk einer anderen RAK. Die Errichtung von Zweigstellen ist nicht auf den Bezirk der eigenen RAK beschränkt. Ein Rechtsanwalt untersteht der Aufsicht der RAK, deren Mitglied er ist, auch hinsichtlich der Berufstätigkeit, die er im Bezirk einer anderen RAK ausübt. Um die Ausübung der Aufsicht zu ermöglichen, ist die Errichtung einer Zweigstelle im 33

Bezirk einer anderen RAK deshalb sowohl der für die Hauptkanzlei **zuständigen RAK als auch der RAK anzuzeigen,** in deren Bezirk sich die Zweigstelle befindet (amtliche Begründung, BT-Drs. 16/513, 15). Letztere soll Kenntnis über alle Rechtsanwälte haben, die in ihrem Bezirk anwaltlich tätig werden, und zwar unabhängig von der aufsichtsrechtlichen Zuständigkeit, um ggf. bei Beschwerden, die aus Unkenntnis über die aufsichtsrechtliche Unzuständigkeit gleichwohl an sie gerichtet werden, zeitnah dem Beschwerdeführer und auch der zuständigen RAK Nachricht geben zu können.

V. Abhören und Durchsuchung einer Anwaltskanzlei

33a Das Gewicht des Eingriffs des Abhörens und der Durchsuchung einer Rechtsanwaltskanzlei erfordert Verdachtsgründe, die über vage Anhaltspunkte oder bloße Vermutungen hinausreichen. Nach dem BVerfG ist ein Verstoß anzunehmen, wenn sich sachlich zureichende plausible Gründe für eine Durchsuchung oder den schwerwiegenden Eingriff in die Berufsausübungsfreiheit eines Rechtsanwalts nicht mehr finden lassen. Zudem ist zu verlangen, dass ein dem Beschuldigten angelastetes Verhalten geschildert wird, das, wenn es wirklich begangen worden wäre, den Tatbestand eines Strafgesetzes erfüllt, wobei dessen wesentliche Merkmale, die die Strafbarkeit des zu subsumierenden Verhaltens kennzeichnen, im Beschluss des Ermittlungsrichters benannt sein müssen (BVerfG AnwBl. 2006, 2974 = NJW 2006, 2974).

33b Bei der Anordnung der Durchsuchung einer Rechtsanwaltskanzlei sind die Eingriffsvoraussetzungen und der Grundsatz der Verhältnismäßigkeit besonders sorgfältig zu prüfen. Zu berücksichtigen ist dabei auch das Ausmaß der – mittelbaren – Beeinträchtigung der beruflichen Tätigkeit der Betroffenen (BVerfG NJOZ 2011, 781 = BRAK-Mitt. 2011, 79 = BayVBl. 2011, 315; vgl. ferner BVerfG NStZ-RR 2008, 176; BVerfGE 113, 29 = NJW 2005, 1917).

33c Zur Durchsuchung einer Rechtsanwaltskanzlei und Beschlagnahme von Handakten in einem Ermittlungsverfahren gegen einen Rechtsanwalt s. BayVGH BeckRS 2011, 46287.

33d Nach dem **Europäischen Gerichtshof für Menschenrechte umfasst** der **Begriff der Wohnung** in Art. 8 EMRK (Recht auf Achtung des Privat- und Familienlebens) nicht nur die Privatwohnung. sondern **auch Geschäftsräume.** Die Durchsuchung einer Anwaltskanzlei, die ein Eingriff in das geschützte Recht auf Wohnung in Art. 8 EMRK darstellt, muss mithin besonders sorgfältig geprüft werden, da bereits die Behinderung von Anwälten den Kernbereich des Konventionssystems berührt. Zudem müssen bei Durchsuchung einer Anwaltskanzlei unabhängige Zeugen zugezogen werden, die beurteilen können, ob geschützte Unterlagen eingesehen und beschlagnahmt werden. Ohne juristische Ausbildung sind sie keine geeigneten Zeugen (EGMR I. Sektion NJW 2010, 2109 – Kolesnichenko/Russland). **Telefongespräche** werden von den Begriffen „Privatleben“ und „Korrespondenz“ iSv **Art. 8 EMRK** erfasst (EGMR NJW 2010, 2111 – Iordachi ua/Moldau).

VI. Änderungen zum 1.9.2009

33e Mit dem Gesetz zur Modernisierung von Verfahren im anwaltlichen und notariellen Berufsrecht, zur Errichtung einer Schlichtungsstelle der Rechtsanwaltschaft sowie zur Änderung sonstiger Vorschriften vom 30.7.2009 (BGBl. I S. 2449) sind in Abs. 3 die S. 4 und 5 entfallen. S. 4 „Die aufnehmende Rechtsanwaltskammer teilt der bisherigen Rechtsanwaltskammer den Zeitpunkt der Aufnahme mit.“ konnte entfallen, da die Mitteilung nach dem neuen § 36 Abs. 2 iVm § 27 Abs. 3 S. 3 zu erfolgen hat. S. 5 „Gehört der Rechtsanwalt zugleich einer Notarkammer an, hat die abgebende Rechtsanwaltskammer den Zeitpunkt des Erlöschens der Mitgliedschaft der zuständigen Landesjustizverwaltung unverzüglich mitzuteilen.“ wurde obsolet, weil für Rechtsanwältinnen und Rechtsanwälte, die auch einer Notarkammer angehören, nunmehr der neue § 36 Abs. 4 die Mitteilungspflichten einheitlich regelt (amtliche Begründung, BT-Drs. 16/11385, 34); → Rn. 21.

VII. Kanzleiübernahmeverträge, Zugewinn, Abschreibung, Wettbewerbsverbote

Schrifttum: *Auernhammer,* Datenschutz bei Praxiskauf und Praxisfusion, AnwBl. 1996, 517; *Becker,* Zulässigkeit und Wirksamkeit von Konkurrenzschutzklauseln zwischen Rechtsanwälten, Diss. 1990; *Eich,* Die Bewertung von Anwaltspraxen, 1995; *Grunewald,* Anpassung von Sozietäts-, Praxenkauf und Abfindungsverträgen infolge des Wegfalls des Verbots der Simultanzulassung, AnwBl. 2001, 377; *Heid,* Kauf einer Anwaltspraxis, DAV-Ratgeber 2006, 349; *Janssen,* Die Bewertung von Anwaltskanzleien, NJW 2003, 3387 (der das Modell von *Römermann/Schröder,* s. unten, kritisiert); *Kaiser/Bellstedt,* Die Anwaltssozietät, 2. Aufl. 1995; *Kluth,* Die freiberufliche Praxis „Als solche" in der Insolvenz – „viel Lärm um nichts"?, NJW 2002, 186; *Kotzur,* Goodwill freiberuflicher Praxen und Zugewinnausgleich, NJW 1988, 3239; *Lenzen/Ettmann,* Ertragswert- und Umsatzmethode zur Bewertung von Rechtsanwaltskanzleien, BRAK-Mitt. 2005, 13; *Meyer,* Die Bewertung einer freiberuflichen Praxis im Zugewinnausgleich, FuR 1996, 94; *Michalski/Römermann,* Verkauf einer Anwaltskanzlei, NJW 1996, 1305; *Möller,* Kauf, Verkauf und Fusion von Anwaltskanzleien, 1998; *Otto,* Steuerliche Aspekte bei Veränderungen in Anwaltskanzleien, BRAK-Mitt. 2007, 117; *Raffelsieper,* Praxiswert und Abschreibung, NJW 1987, 1313; *Römermann,* Zur Verletzung der Schweigepflicht beim Verkauf von Kanzleien oder Praxen, BGHR 2001, 667; *ders.,* Nachvertragliche Wettbewerbsverbote bei Anwaltssozietäten, NJW 2002, 1399; *ders.,* Auflösung und Abspaltung bei Anwaltssozietäten, NJW 2007, 2209; *Römermann/Schröder,* Die Bewertung von Anwaltskanzleien, NJW 2003, 2709; *Vaagt,* Nachfolgeplanung für die Kanzlei – aus Assessoren Unternehmer machen, AnwBl. 2002, 462; *Westermann,* Rechtsfolgen des Ausscheidens aus einer Freiberufler-Sozietät, AnwBl. 2006, 103; *Wollny,* Unternehmens- und Praxisübertragungen, 4. Aufl. 1996.

Die **entgeltliche Übernahme einer Kanzlei** ist zulässig. Sie verstößt weder gegen die guten Sitten (BGHZ 43, 46 = NJW 1965, 580; BGH NJW 1973, 98 = MDR 1973, 403; BRAK-Mitt. 1986, 109; NJW 2001, 2462 = AnwBl. 2001, 571; OLG Düsseldorf AnwBl. 2002, 431; OLG Naumburg NJW-RR 2002, 1285; BRAK-Ausschuss zur Bewertung von Anwaltskanzleien in BRAK-Mitt. 1986, 119; 1992, 24; 2004, 222; 2007, 112; *Möller* S. 58 Rn. 61; *Michalski/Römermann* NJW 1996, 1305) noch gegen Berufsrecht; vgl. auch zur Aufklärungspflicht bei Abschluss eines Praxisübernahmevertrages BGH NJW 1989, 763 und 1991, 1223. **§ 27 S. 2 BORA** setzt die Zulässigkeit als selbstverständlich voraus. 34

Hinsichtlich der **Namensweiterführung** gilt § 10 Abs. 4 BORA. Aus der Zulässigkeit des Kanzleikaufs folgt, dass grundsätzlich auch die **Verpachtung** der Kanzlei zB für die Zeit eines Berufsausübungsverbots nach § 47 zulässig ist (*Zuck* NJW 1993, 3118). Soweit durch die Verpachtung der Anschein erweckt wird, der Pachtzins könne Entgelt für die Vermittlung weiterer Mandate, vielleicht sogar von Mandaten der öffentlichen Hand sein, ist dies berufsrechtlich nicht zu beanstanden; aus verfassungsrechtlichen Gründen kann der Anschein nicht mehr berufsrechtlich verfolgt werden. 35

Aus der grundsätzlichen Zulässigkeit der Veräußerung der Anwaltskanzlei einschließlich ihres good will folgt, dass im **Insolvenzverfahren** die Kanzlei mit ihrem etwaigen good will vom Insolvenzbeschlag erfasst wird und zur Insolvenzmasse gehört, über die der Insolvenzverwalter nach § 80 Abs. 1 InsO das Verwaltungs- und Verfügungsrecht hat. Die Mandatsunterlagen darf auch der Insolvenzverwalter nur mit Einwilligung der Mandanten selbst einsehen, benutzen und verwerten. Eine Zustimmung des Insolvenzschuldners (Kanzleiinhabers) ist nicht erforderlich (*Kluth* NJW 2002, 186, vgl. dort auch zur Kanzleifortführung durch den Insolvenzverwalter, den Insolvenzschuldner und zum Kanzleiverkauf). 36

1. Wert der Anwaltskanzlei. Für die Vorbereitung und Vereinbarung der Übernahmebedingungen (vgl. *Möller* S. 17 ff.) aber auch für die Berechnung des Zugewinns und die Feststellung des Werts eines Kanzleianteils beim Ausscheiden aus einer Sozietät, beim Eintritt in eine solche oder bei deren Auflösung ist der Wert der betroffenen Kanzlei von entscheidender Bedeutung. Nach dem Bericht des BRAK-Ausschusses „Zur Bewertung von Anwaltskanzleien" (BRAK-Mitt. 1986, 119; 1992, 24; 2004, 222; 2007, 112; 2009, 268) und der Rechtsprechung setzt sich der **Gesamtwert einer Anwaltskanzlei** aus dem **materiellen Subtanzwert und** dem eigentlichen Kanzleiwert, dem **ideellen Kanzleiwert** = good will zusammen. Beide Werte zusammengefasst ergeben den Gesamtwert der Kanzlei (BGH MDR 2000, 977; NJW 1999, 784; *Kluth* NJW 2002, 186; *Möller* S. 63 Rn. 1; *Römermann/Schröder* NJW 2003, 2709; **aA** *Janssen* NJW 2003, 3387: Aufteilung in Substanz- und Kanzleiwert sei undenkbar). 37

a) Substanzwert. Relativ unproblematisch wird in der Regel die Ermittlung des Substanzwerts einer Kanzlei sein. Der Substanzwert setzt sich aus der Büroeinrichtung einschließlich der Bürogeräte, Bibliothek, der EDV-Anlage usw. zusammen. Bestehende Forderungen zum Bewertungsstichtag, nicht abgerechnete Gebühren, nicht verbrauchte Vorschüsse und zu übernehmende Verbindlichkeiten sind zu saldieren (zu den Einzelheiten vgl. BRAK-Ausschuss BRAK-Mitt. 2007, 112; *Möller* S. 63 ff.). 38

b) Good will, Ertragswert. Problematischer ist die Ermittlung des **immateriellen Werts einer Anwaltskanzlei,** auch ideeller Wert oder good will genannt. Für die Bewertung des good will einer Anwaltskanzlei wird in erster Linie der **Umsatz der Kanzlei** als Wertbemessungsgrundlage herangezogen (zu den Einzelheiten und Methoden zur Wertermittlung vgl. BRAK-Ausschuss BRAK-Mitt. 2009, 268 ff.; *Möller* S. 67 ff.; *Römermann/Schröder* NJW 2003, 2709; 39

Wollny S. 508 ff.). Aber auch sonstige Faktoren sind bei der Bewertung des good will zu berücksichtigen. Zu denken ist zB an die Dauer des Bestehens der Kanzlei, ob sie schon seit Jahren bekannt und gut eingeführt ist, fachliche Ausrichtung der Kanzlei, ob es sich um eine Allgemeinkanzlei handelt oder sie auf einen oder wenige Schwerpunkte ausgerichtet ist; Mandantenstamm, günstiger Mietvertrag, gefällige und großzügige Ausgestaltung der Büros können ebenso zu berücksichtigen sein. Wertsenkende und werterhöhende Merkmale sind gegeneinander abzuwägen. Zum Schutz des good will einer Sozietät durch Art. 14 GG vgl. EGMR NJW 2001, 1556; EGH Stuttgart AnwBl. 1988, 245.

40 Im Allgemeinen ist es für ältere Rechtsanwälte üblich, sich einen Teil der Altersversorgung durch Hereinnahme eines Sozius zu verschaffen, so dass nicht nur allein der Sachwert der Kanzlei in die Bewertung einzubeziehen ist. Für den Einzelfall ist zu prüfen, ob diese Kanzlei die Möglichkeit einer solchen Nutzung bietet und wie hoch deren Wert anzusetzen ist, wobei es unter anderem auf die Art der Kanzlei, die besonderen örtlichen Verhältnisse, die Zusammensetzung der Mandantschaft und die Dauer des Bestehens ankommen kann (BGH BRAK-Mitt. 1986, 109; NJW 1977, 378 = MDR 1977, 296 = FamRZ 1977, 38; vgl. auch BGH MDR 1995, 485; zu den Bewertungsgrundlagen vgl. auch Bericht des BRAK-Ausschusses BRAK-Mitt. 2007, 112; *Möller* S. 63 ff.; *Eich,* Die Bewertung von Anwaltspraxen, 1995).

41 Für die Bewertung des good will einer Anwaltskanzlei gibt es keine allgemein gültigen Maßstäbe; es ist auf die besonderen Umstände des einzelnen Falls abzustellen (BGH BRAK-Mitt. 1986, 109). Die Methode, vom Bruttoumsatz der letzten drei (bis fünf) Jahre auszugehen und nach Abzug der nach Hundertsätzen vom Umsatz gemessenen Kosten eine Art **Ertragswert** zu ermitteln, ist sachgerecht, zumal, wenn weiter noch auf die Umstände des Einzelfalls abgestellt wird (OLG Frankfurt NJW-RR 1987, 327 = AnwBl. 1987, 192; ausführlich zum Ertragswertverfahren *Janssen* NJW 2003, 3387, wonach besser auf die letzten fünf Jahre abzustellen ist; *Lenzen/Ettmann* BRAK-Mitt. 2005, 13: das Ertragswertverfahren sollte zumindest zur Plausibilisierung von zuvor auf andere Weise ermittelten Werten herangezogen werden).

42 Eine Anwaltskanzlei hat keinen entschädigungsfähigen good will, wenn der Inhaber der Kanzlei aus ihr keine höheren Reineinnahmen erzielt hat als die Bezüge eines vergleichbaren Beamten des höheren Dienstes betragen (BGH MDR 1960, 389).

43 **c) Zugewinnausgleichsverfahren.** Im Zugewinnausgleichsverfahren erstreckt sich der **Auskunftsanspruch** gegenüber einem Rechtsanwalt als Mitglied einer Anwaltsgemeinschaft auch auf die wirtschaftlichen Verhältnisse der Sozietät. Der Gesellschaftsvertrag ist vorzulegen. Berufsrecht steht dem nicht entgegen (OLG Hamm NJW 1983, 1914). Zum good will freiberuflicher Praxen und Zugewinnausgleich vgl. *Kotzur* NJW 1988, 3229; OLG Frankfurt NJW-RR 1987, 327 = AnwBl. 1987, 192; Vorinstanz: AG Weilburg NJW-RR 1986, 229 und zum Kanzleiwert bei freien Berufen *Verwaltungserlass des BFM* vom 20.11.1986 (BB 1987, 110; BRAK-Mitt. 1987, 80; *Fasold* BB 1987, 100). Der ideelle Wert darf bei der Ermittlung des Kanzleiwerts im Rahmen des Zugewinnausgleichs **nicht zu einer doppelten Begünstigung** führen, indem zum einen der Zugewinn durch einen entsprechenden Wertansatz erhöht wird und zum anderen im Rahmen der laufenden Unterhaltszahlungen nochmals eine Teilhabe an den Erträgen der persönlichen Arbeit des Kanzleiinhabers anfällt (BGH NJW 2008, 1221). Eine erst seit gut zwei Jahren betriebene Großstadtkanzlei mit einem Jahresumsatz von 100 000 DM hat keinen beim Zugewinnausgleich zu berücksichtigenden inneren Wert (OLG Celle AnwBl. 1977, 216). Nach OLG Saarbrücken (FamRZ 1984, 794) kann die Frage, ob ein im Rahmen des Zugewinnausgleichs verwertbarer good will einer Anwaltssozietät vorliegt, nicht allgemein beantwortet werden, vielmehr sei ausschließlich der Sozietätsvertrag maßgeblich.

44 **d) Abschreibung des Kanzleiwerts.** Zur Abschreibung des Kanzleiwerts bei Eintritt neuer Anwälte in eine Sozietät vgl. FG Düsseldorf (NJW 1987, 344 mit Anm. *Raffelsieper* NJW 1987, 1313). Eine Abschreibung des Kanzleiwerts setzt voraus, dass er sich tatsächlich und nachweisbar verflüchtigt. Die Änderung des § 6 Abs. 1 Nr. 2 EStG bezüglich des Geschäfts- oder Firmenwerts aufgrund des BiRiLiG betrifft den Kanzleiwert nicht (FG Rheinland-Pfalz BRAK-Mitt. 1987, 198; zur Abschreibung des Sozietätspraxiswerts vgl. auch *Söffing* DB 1987, 1753). Zur Abschreibung auf den erworbenen Kanzleiwert, wenn der Veräußerer der Kanzlei zunächst weiterhin in der Kanzlei entscheidenden Einfluss ausübt und erst nach einiger Zeit ausscheidet, vgl. OFD Münster BB 1987, 1779; BFHE 115, 102 = BB 1975, 545; *Busse* BB 1989, 1951. Zur steuerlichen Behandlung anwaltlicher Beratungskosten bei Kanzleiveräußerung vgl. BFH NJW

1995, 79 und zu einkommensteuerlichen Vergünstigungen bei Veräußerung oder Aufgabe einer Rechtsanwaltspraxis vgl. *Dornbusch* AnwBl. 1995, 364.

2. Wettbewerbsverbote in Kanzleiübernahmeverträgen. Die vertragliche Vereinbarung eines Konkurrenzverbotes unter Rechtsanwälten ist im Zusammenhang mit Kanzleikäufen und Ausscheiden aus einer Kanzlei grundsätzlich zulässig. Dies gilt aber mit der Einschränkung, dass bei Prüfung der Angemessenheit einer Konkurrenzklausel die in dem Grundrecht der Berufsfreiheit (Art. 12 Abs. 1 GG) zum Ausdruck gekommene Wertentscheidung des Grundgesetzes für die Freiheit der Berufsausübung vorrangig beachtet werden muss und deshalb eine unangemessene, vor allem eine zu lange Beschränkung der Freiheit der Berufsausübung gegen die guten Sitten verstoßen und deshalb nichtig sein kann (*Kaiser/Bellstedt,* Die Anwaltssozietät, 2. Aufl. 1995, S. 100 Rn. 181; BGH NJW 1984, 2366 = MDR 1984, 819; MDR 2000, 977 = AnwBl. 2000, 626). Ein zu lange wirkendes Wettbewerbsverbot würde tief in das Grundrecht der freien Berufswahl und -ausübung sowie in die private und berufliche Existenz des Betroffenen eingreifen. Dieser würde auf unangemessen lange Zeit von seinem Beruf ausgeschlossen. Örtliche, zeitliche und gegenständliche Beschränkungen der Berufsausübung vertragen sich nur in begrenztem Umfang mit dem freien Beruf eines Rechtsanwalts. Der **Grundsatz der freien Berufsausübung** darf durch Vereinbarung nur eingeengt werden, soweit besondere Umstände vorliegen, die ein anerkennenswertes Bedürfnis begründen, den Vertragspartner vor illoyaler Verwertung des Erfolgs seiner Arbeit zu schützen (BGHZ 91, 1, 6 = NJW 1984, 2366). Ein **örtlich unbegrenztes** und auf **unbestimmte Dauer** angelegtes Wettbewerbsverbot im Zusammenhang mit einer Kanzleiübernahme ist sittenwidrig und daher **nichtig** (BGH NJW 1986, 2944 = AnwBl. 1987, 399; OLG Stuttgart NJW 2002, 1431 = MDR 2002, 483: Wettbewerbsverbot ohne zeitliche Begrenzung auf alle nicht nur gegenwärtigen Mandanten, sondern auf alle, die jemals Mandant in der Kanzlei waren). 45

a) Mandantenschutzklauseln. Mandantenschutzklauseln können die Mitnahme von Mandanten verbieten oder aber gegen eine Vergütung gestatten. Verbote **bedürfen der zeitlichen** – in der Regel auf zwei Jahre – **und gegenständlichen Begrenzung** (*Römermann* NJW 2002, 1399). Soll der Ausscheidende Mandanten gegen eine Vergütung mitnehmen dürfen, so kommt es für die Wirksamkeit der Abrede auf die Höhe des Entgelts an. Ist die Vergütung zu hoch bemessen, zB in Höhe eines durchschnittlichen Jahreshonorars der letzten drei Jahre, ist die Übernahme wirtschaftlich sinnlos, engt den Ausscheidenden in seiner anwaltlichen Tätigkeit zu sehr ein und daher unwirksam. Wegen dieser unerträglichen Belastungen ist eine solche **Mitnahmeklausel** insgesamt unwirksam. In der Literatur wird teilweise eine **Honorarbeteiligung** von 25 % über maximal vier Jahre für zulässig erachtet (*Römermann* NJW 2002, 1399). Scheidet ein Gesellschafter aus einer Sozietät gegen Zahlung einer Abfindung aus, welche auch den Wert des Mandantenstammes abgelten soll, hat dies mangels abweichender Abreden zur Folge, dass der ausscheidende Gesellschafter die Mandanten der Sozietät nicht mitnehmen darf, sondern sie – längstens für zwei Jahre – seinen bisherigen Partnern belassen muss. Mandantenschutzklauseln, die für den Fall des Ausscheidens eines Sozius vereinbart werden, enthalten ein nachvertragliches Wettbewerbsverbot, das räumlich und gegenständlich hinreichend bestimmt sein muss. Soweit eine solche Klausel lediglich das zeitlich tolerable Maß von zwei Jahren überschreitet, ohne dass weitere Gründe vorliegen, deretwegen die Beschränkungen der Berufsausübungsfreiheit als sittenwidrig zu qualifizieren sind, führt dies nicht zur Nichtigkeit der Abrede, sondern hat lediglich die zeitliche Begrenzung des Mandantenschutzes auf längstens zwei Jahre zur Folge (BGH MDR 2000, 977 = BRAK-Mitt. 2000, 205 = AnwBl. 2000, 626; **aA** *Kaiser/Bellstedt,* Die Anwaltssozietät, 2. Aufl. 1995, S. 100 Rn. 182; OLG Stuttgart NJW 2002, 1433). 46

b) Niederlassungsverbotsklauseln. Niederlassungsverbotsklauseln, wonach der Ausscheidende in dem räumlichen Einzugsbereich der Sozietät überhaupt nicht mehr als Rechtsanwalt tätig sein darf, sind wegen des damit verbundenen gravierenden Eingriffs in die **Berufsausübungsfreiheit** des Ausscheidenden nur in engen Grenzen zulässig. Sie müssen in drei Richtungen **begrenzt** sein, räumlich, zeitlich und gegenständlich. 47

In **räumlicher Hinsicht** kommt es auf die regionalen Besonderheiten wie zB Land oder Stadt und darauf an, auf welchen Bereich die Tätigkeit der Sozietät sich tatsächlich erstreckt. In **zeitlicher Hinsicht** darf das Verbot, da Mandantenbeziehungen sich mit der Zeit verflüchtigen, maximal zwei Jahre nicht übersteigen. **Gegenständlich** muss das Verbot klarstellen, ob es nur 48 einzelne Aktivitäten und Positionen oder aber die gesamte Palette anwaltlicher Berufsausübung, gleich ob zukünftig als Sozius oder Angestellter, erfasst (*Römermann* NJW 2002, 1399).

49 Soweit eine Niederlassungsverbotsklausel in räumlicher oder zeitlicher Hinsicht das zulässige Maß überschreitet, nimmt die Rechtsprechung eine **geltungserhaltende Reduktion** vor (*Römermann* NJW 2002, 1399; BGH NJW 1997, 3089; **aA** OLG Naumburg NJW-RR 2006, 421 (zur Steuerberaterpraxis), bei zehnjährigem Wettbewerbsverbot und Berufsausübungsverbot im Umkreis von 60 km, keine geltungserhaltende Reduktion wegen Sittenwidrigkeit). Die Regelung in einem Sozietätsvertrag, wonach der Ausscheidende keine Beteiligung am Kanzleiwert erhält, wenn er sich innerhalb von drei Jahren nach seinem Ausscheiden innerhalb von 30 km Luftlinie um den Ort der Kanzlei als Anwalt oder Notar niederlässt oder bei einem Anwalt oder Notar als Angestellter oder freier Mitarbeiter tätig wird, ist nicht wegen Sittenwidrigkeit nichtig, da dies keinen unbedingten und sittenwidrigen Ausschluss einer Abfindung beinhaltet (OLG Schleswig MDR 2001, 1018). Wird ein Rechtsanwalt nach Verkauf seiner Kanzlei entgegen einem vertraglichen Wettbewerbsverbot für frühere Mandanten tätig, kann der Käufer der Kanzlei gegen ihn keinen Anspruch aus § 687 Abs. 2 BGB geltend machen, wenn seine Vertragsbeziehungen zu diesem Mandanten bereits durch Kündigung beendet worden waren (BGH NJW 1988, 3018 = BRAK-Mitt. 1988, 281 zum Verkauf einer Wirtschaftsprüferpraxis). Zur Zulässigkeit von nachvertraglichen Wettbewerbs- und Niederlassungsverboten s. *Michalski/Römermann* ZIP 1994, 433; *Römermann* NJW 2002, 1399 und zu Ausgleichsansprüchen für ausscheidende freie Mitarbeiter vgl. *Niebling* AnwBl. 1998, 123.

50 **3. Verschwiegenheitspflicht.** In Literatur und Rechtsprechung ist es **umstritten,** ob die Weitergabe der Mandantenakten ohne Einwilligung der Mandanten im Zusammenhang mit der Veräußerung einer Kanzlei unzulässig ist. Ein Teil der Literatur verneint dies (*Hartung/Römermann,* 4. Aufl., BORA § 27 Anh. Rn. 21 „nicht als unbefugte Geheimnisoffenbarung einordnen"; *Michalski/Römermann* NJW 1996, 1305; *Messer,* FS Brandner, 1996, 715 ff.; 5. Aufl. § 27 Rn. 12). Nach gefestigter Rechtsprechung **verletzt** ein Vertrag über die Veräußerung einer Anwalts- oder Steuerberatungskanzlei, in der sich der Veräußerer zur Übergabe der Mandantenakten **ohne Einwilligung** der betroffenen Mandanten verpflichtet, deren **informationelles Selbstbestimmungsrecht** und die dem Veräußerer nach § 203 Abs. 1 Nr. 3 StGB auferlegte **Schweigepflicht.** Die Zustimmung zur Akteneinsicht ist grundsätzlich vor der Aktenübergabe einzuholen; dies ist von dem Veräußerer zu veranlassen (BGHZ 116, 268 = NJW 1992, 737; KG NJW-RR 2001, 1215; OLG Naumburg NJW-RR 2002, 1285 = MDR 2002, 1155). Durch die zivilrechtliche Sanktion der Nichtigkeit eines solchen Vertrags (§ 134 BGB) sollen die Mandanten vor einer Weitergabe von „Geheimnissen", die sie einem Angehörigen der genannten Berufsgruppe anvertraut haben, ohne Vorliegen einer entsprechenden Zustimmungserklärung geschützt werden (BGH NJW 2001, 2462 = MDR 2001, 1139 = BGHR 2001, 665 mit Anm. *Römermann* = AnwBl. 2001, 571, damit aufgehoben OLG München NJW 2000, 2592; BGHZ 116, 268 = NJW 1992, 737; BGH MDR 1995, 960 = NJW 1995, 2026 mit abl. Anm. *Michalski/Römermann* NJW 1996, 1305; BGH MDR 1996, 459; 1996, 778; 1999, 696; KG NJW-RR 2001, 1215; das LG Baden-Baden (NJW-RR 1998, 202) geht von mutmaßlicher oder stillschweigender Einwilligung der Mandanten aus, bei zeitweiser Außensozietät von Erwerber und Veräußerer; LG Darmstadt NJW 1994, 2962: wenn Erwerber zuvor freier Mitarbeiter bei Veräußerer liegt kein Verstoß gegen § 134 BGB iVm § 203 Abs. 1 Nr. 3 StGB vor).

51 Die aus einer konsequenten Umsetzung dieser Rechtsprechung sich ergebenden **Schwierigkeiten für Kanzleiveräußerungen** (vgl. *Michalski/Römermann* NJW 1996, 1305; *Römermann* BGHR 2001, 667) hat der BGH mit seiner Entscheidung vom 13.6.2001 (NJW 2001, 2462) vermieden (kritisch *Hüffer* NJW 2002, 1382). Der BGH weist darauf hin, dass ein Rechtsanwalt einen rechtskundigen Mitarbeiter mit der Besorgung der ihm übertragenen Rechtsangelegenheiten betrauen darf, ohne damit ein Mandantengeheimnis unbefugt zu offenbaren (BGHZ 115, 123 = MDR 1991, 1035). Auch erstrecke sich das einer Anwaltssozietät erteilte Mandat in der Regel auf alle Sozietätsmitglieder, selbst wenn diese erst später in die Sozietät eintreten; denn bei einer Mandatserteilung an eine Sozietät haben wegen der mit einer Sozietät verbundenen Vorteile hinsichtlich Organisation und Arbeitsteilung (BGHZ 56, 355 = NJW 1971, 1801 = MDR 1971, 834; → § 59a Rn. 4 ff., 15, 32 ff.) im Zweifel sowohl der Mandant als auch die Sozietät den Willen, im Falle einer Sozietätserweiterung das hinzutretende Mitglied von diesem Zeitpunkt an – sein vermutetes Einverständnis vorausgesetzt – in das Auftragsverhältnis einzubezie-

hen. Ob der betreffende Rechtsanwalt nur als **freier Mitarbeiter** in die Sozietät aufgenommen wird, ist dabei unerheblich; für die Einbeziehung in das Mandatsverhältnis kommt es allein darauf an, dass er nach außen als Mitglied der Sozietät in Erscheinung tritt (BGHZ 124, 47 = MDR 1994, 308; → § 59a Rn. 15, 32 ff.). Da somit alle Sozietätsmitglieder aufgrund des bestehenden Mandatsverhältnisses zur Einsichtnahme in die Mandantenakten berechtigt sind und von Anfang an der anwaltlichen Schweigepflicht unterliegen, scheidet ein **unbefugtes Offenbaren eines Geheimnisses** iSd § 203 Abs. 1 Nr. 3 StGB ihnen gegenüber seitens der bisherigen Sozietätsmitglieder aus. Nach diesen Grundsätzen ist der Vertrag über den Verkauf einer Rechtsanwaltskanzlei, nach welchem der Erwerber in die bisher bestehende (Außen-)Sozietät eintritt, während der Veräußerer als freier Mitarbeiter für eine Übergangszeit weiterhin tätig sein soll, nicht wegen Verstoßes gegen § 203 Abs. 1 Nr. 3 StGB iVm § 134 BGB nichtig (BGH NJW 2001, 2462 mit zust. Anm. *Römermann* BGHR 2001, 667; kritisch *Hüffer* NJW 2002, 1382).

Zur **Rückabwicklung** einer nichtigen Kanzleiübernahme vgl. KG NJW-RR 2001, 1215. 52
Zum Verkauf einer Rechtsbeistandspraxis mit **unrichtigen Umsatzangaben** vgl. BGH NJW-RR 1999, 306.

§ 28 *[aufgehoben]*

Das in dieser Norm geregelte Verbot von Zweigstellen und auswärtigen Sprechtagen wurde 1
zum 1.6.2007 aufgehoben (→ § 27 Rn. 24 ff.).

§ 29 Ausnahmen von der Kanzleipflicht

(1) **Im Interesse der Rechtspflege oder zur Vermeidung von Härten kann die Rechtsanwaltskammer einen Rechtsanwalt von der Pflicht des § 27 Abs. 1 befreien.**

(2) **Die Befreiung kann widerrufen werden, wenn es im Interesse der Rechtspflege erforderlich ist.**

Übersicht

I. Verfassungsmäßigkeit und Normzweck

Da die Kanzleipflicht des § 27 verfassungskonform ist (→ § 27 Rn. 2, 3), ist auch § 29, der 1
unter bestimmten Voraussetzungen eine Befreiung von der Kanzleipflicht ermöglicht und erlaubt, die Befreiung zu widerrufen und damit den gesetzlichen Normalzustand des § 27 wiederherzustellen, **verfassungskonform** (*Isele* § 29 Anm. V).

Dabei kann diese Ausnahmeregelung von § 27 aber **nicht als enge Ausnahme** verstanden 2
werden (EGH Schleswig-Holstein BRAK-Mitt. 1987, 40). Sie ist vielmehr als Mittel zum Ausgleich von Unstimmigkeiten der generalisierenden Bestimmung des § 27 zu beurteilen und vermeidet damit unter Umständen verfassungswidrige Eingriffe in die Freiheit der Berufswahl

(Art. 12 GG), die wegen der mit der Ablehnung der Befreiung unter Umständen verbundenen gesetzlichen Sanktionen (§ 14 Abs. 3 Nr. 1, 4) eintreten können (BVerfGE 65, 116 = NJW 1984, 556 zur BRAO aF; vgl. auch BVerfG AnwBl. 1986, 202 zu § 27 Abs. 1). § 29 will **Schwierigkeiten,** die sich **im Einzelfall** aus der Regelung der Kanzleipflicht des § 27 ergeben können, nach Möglichkeit **beheben** (amtliche Begründung). Gibt ein Rechtsanwalt seine Kanzlei auf, ohne von dieser Pflicht befreit zu sein, droht der Verlust seiner Zulassung durch ein Widerrufsverfahren gemäß § 14 Abs. 3 Nr. 4.

II. Befreiungsgründe

3 Die Befreiung von der Kanzleipflicht ist sowohl im Interesse der Rechtspflege als auch zur Vermeidung von Härten für den Rechtsanwalt möglich.

4 **1. Befreiung im Interesse der Rechtspflege.** Im Hinblick auf die Bedeutung der Kanzleipflicht für die Rechtspflege und darauf, dass die Kanzleipflicht nur aus ihrer Bedeutung für die Rechtspflege ihre Rechtfertigung findet (BVerfG AnwBl. 1986, 202; → § 27 Rn. 2), ist in der Praxis kaum zu erwarten, dass gerade im Interesse der Rechtspflege einmal eine Ausnahme von der Kanzleipflicht erforderlich sein könnte (*Isele* § 29 Anm. II 1).

5 Nachdem es seit 1.6.2007 (BGBl. I S. 358) dem Rechtsanwalt gestattet ist, seine Kanzlei irgendwo im Bezirk seiner RAK, also ohne Bindung an die aufgehobene Zulassung bei einem Amtsgericht, einzurichten, dürfte dieser Befreiungsgrund heute **kaum noch von Bedeutung** sein.

6 **2. Befreiung zur Vermeidung von Härten.** Der **Hauptanwendungsfall** des § 29 ist der der Befreiung von den Pflichten des § 27 zur Vermeidung von Härten.

7 Die Befreiung von der Kanzleipflicht (§ 27 Abs. 1) wird wegen der besonderen Bedeutung dieser Pflicht für eine ordnungsgemäß funktionierende Rechtspflege (→ § 27 Rn. 1 ff.) nur in **wenigen Fällen** und dann regelmäßig auch **nur befristet** (Abs. 3 S. 1) möglich sein, um so die Interessen der Rechtspflege mit denen des Rechtsanwalts in Einklang zu bringen. „Ein Rechtsanwalt ohne Kanzleiraum ist wie ein Einzelhändler ohne Ladenlokal. Er ist eigentlich nicht vorhanden; denn niemand kann ihn erreichen, ihn sprechen, ihm etwas übergeben; er schließt sich selbst vom beruflichen Verkehr aus“, *Isele* § 29 Anm. II 2b.

8 Eine **angespannte finanzielle Lage** ist regelmäßig kein Grund für eine dauernde Befreiung von der Kanzleipflicht; nur wirtschaftliche Interessen stellen keinen Härtefall dar (EGH Frankfurt BRAK-Mitt. 1989, 51; EGH Celle EGE VII, 214), zumal die Minimalvoraussetzungen einer Kanzlei (Raum, Telefon, Briefkasten, Kanzlei- bzw. Klingelschild) unschwer und mit wenig Aufwand vorzuhalten sind.

8a Für den in **Untersuchungshaft einsitzenden Rechtsanwalt** kann die Befreiung von der Kanzleipflicht geeignet sein, eine Härte zu vermeiden (BGH NJW-RR 1999, 1578 = BRAK-Mitt. 1999, 231).

8b Auch die dreijährige **Elternzeit** kann als Härte im Sinne dieser Norm in Betracht kommen.

9 Zur Befreiungsmöglichkeit im Interesse **internationaler Betätigung und Zusammenarbeit** vgl. § 29a (→ § 29a Rn. 1 ff.).

III. Befreiung unter Auflagen

10 Die Befreiung von der Pflicht zur Kanzleierrichtung (§ 27 Abs. 2) kann **unter Auflagen** erteilt werden. Die Anforderungen, die im Einzelfall bei einer Milderung der Pflichten noch gestellt werden können, lassen sich nur unter Würdigung aller Umstände bestimmen. Deshalb wird der Rahmen für diese Anforderungen dadurch elastisch gehalten, dass sie durch Auflagen von Fall zu Fall festgelegt werden können. Unter ganz besonderen Umständen kann auch soweit **Nachsicht geübt werden,** dass es einem Rechtsanwalt erlassen wird, eine Kanzlei einzurichten (zustimmend Gaier/Wolf/Göcken/*Siegmund* § 29 Rn. 22). Das Ausmaß der Befreiungen wird sich naturgemäß danach richten, in welchem Umfang, insbesondere wie lange die Kanzleipflicht nicht erfüllt werden kann. Bei der Befreiung in Härtefällen wird oft zu berücksichtigen sein, dass die Verhältnisse sich im Laufe der Zeit günstiger gestalten können (amtliche Begründung). Die Erteilung von Auflagen wird bei der Befreiung von der Kanzleipflicht im Hinblick auf die gebotene **verfassungskonforme Auslegung** des § 29 (→ § 29 Rn. 1, 2) ein Weg sein, um unter Umständen einerseits den Interessen der Rechtspflege an der Einhaltung der Kanzleipflicht

(→ § 27 Rn. 2–4) und andererseits den Interessen des Rechtsanwalts an der Freiheit seiner Berufswahl gerecht zu werden.

Die **Auflage besteht in der Praxis** in der Regel darin, dass dem Rechtsanwalt eine **Frist bestimmt** wird, innerhalb der er entsprechend § 27 seine Kanzlei einrichten, also den Ausnahmezustand, zu dem die Befreiung führt, beenden muss. Die Frist kann verlängert werden (*Isele* § 29 Anm. II 3b). 10a

Als solche **Fälle** sind **denkbar:** der Rechtsanwalt, der sich neu in einem Bezirk niederlässt und dessen Kanzlei noch nicht fertig gestellt ist oder dessen Anstellungsverhältnis in der Kanzlei beendet wurde und sich beruflich neu orientieren muss; der Einzelanwalt, der über Monate hin schwer erkrankt ist und sein Büro nicht aufrechterhalten kann (*Isele* § 29 Anm. II 3b), wobei sich in diesem Fall aber regelmäßig eher eine Lösung über eine Vertretung gemäß § 53 anbietet. Die befristete Befreiung hat den gleichen Effekt wie die **zulässige Verlängerung der Dreimonatsfrist** des § 14 Abs. 3 Nr. 1. Mit Ablauf der gesetzten Frist muss der Rechtsanwalt seinen Pflichten aus § 27 nachkommen. Erfüllt er diese nach Ablauf der gesetzten Frist weitere drei Monate nicht, kommt der **Widerruf seiner Zulassung** zur Rechtsanwaltschaft nach § 14 Abs. 3 Nr. 1 in Betracht (vgl. *Jessnitzer/Blumberg* § 29 Rn. 2). 11

IV. Widerruf der Befreiung

Die Befreiung kann widerrufen werden, wenn es im Interesse der Rechtspflege erforderlich ist, wenn also die Interessen einer geordneten Rechtspflege eine Fortdauer der Befreiung nicht tragbar erscheinen lassen (amtliche Begründung vor Änderung dieser Norm durch Gesetz zum 1.9.2009; zustimmend Gaier/Wolf/Göcken/*Siegmund* § 29 Rn. 27). Die Ersetzung der Worte: ...im Interesse „einer geordneten Rechtspflege" in „der Rechtspflege" in S. 1 des Abs. 2 dient allein der sprachlichen Angleichung an § 29 Abs. 1 (amtliche Begründung, BT-Drs. 16/11385, 34). 12

Liegen die Voraussetzungen für einen **Widerruf der Genehmigung** vor, ist dieser **nicht obligatorisch,** sondern fakultativ (vgl. *Isele* § 28 Anm. V B 2). Die RAK kann nach ihrem allerdings **gebundenen Ermessen** entscheiden und den Widerruf auf solche Gründe stützen, die dem Zweck des Gesetzes entsprechen (EGH Celle BRAK-Mitt. 1984, 88). Vor dem Widerruf besteht **Anhörungspflicht** (§ 32 iVm § 28 VwVfG). 13

V. Verfahren, Rechtsweg

1. Antrag. Für die Erteilung der Erlaubnis bedarf es eines Antrags des Rechtsanwalts, für den auch § 6 Abs. 2 gilt und über den die RAK eigenständig entscheidet. 14

2. Ablehnender Bescheid, Rechtsweg, Öffnungsklausel. Mit dem Gesetz zur Modernisierung von Verfahren im anwaltlichen und notariellen Berufsrecht, zur Errichtung einer Schlichtungsstelle der Rechtsanwaltschaft sowie zur Änderung sonstiger Vorschriften vom 30.7.2009 (BGBl. I S. 2449) sind die Abs. 3 und 4 des § 29 entfallen, weil das Rechtsbehelfsverfahren einheitlich im neuen Vierten Abschnitt des Fünften Teils und in der dort in Bezug genommenen VwGO geregelt ist. Der Bescheid durch den die Erlaubnis versagt wird, war nach dem aufgehobenen Abs. 3 S. 1 **mit Gründen zu versehen** und dem Rechtsanwalt **zuzustellen.** Gegen einen solchen ablehnenden Bescheid konnte der Rechtsanwalt innerhalb eines Monats nach der Zustellung bei dem AGH, in dessen Bezirk er zugelassen ist, Antrag auf gerichtliche Entscheidung stellen (§ 29 Abs. 3 S. 2, 3 aF). Inhaltlich ist es gleichwohl bei der bisherigen Rechtslage verblieben: § 112a Abs. 1 behält die bisherige Rechtslage in Bezug auf die sachliche und § 112b auf die örtliche Zuständigkeit der Anwaltsgerichtshöfe für die jetzt zu erhebende **Klage** bei. Die Zustellung richtet sich nach § 112c Abs. 1 S. 1, § 56 VwGO, die Klagefrist nach § 112c Abs. 1 S. 1, § 74 Abs. 1 VwGO. 15

In den von der VwGO vorgesehenen Fällen ist künftig allerdings ein **Vorverfahren vor Klageerhebung** (Widerspruch gemäß § 68 VwGO und erst nach Zurückweisung Verpflichtungsklage gemäß § 42 Abs. 1 VwGO) durchzuführen, soweit die Länder nicht aufgrund der Öffnungsklausel in § 68 Abs. 1 S. 2 Alt. 1 VwGO die Durchführung des Vorverfahrens für die verwaltungsrechtlichen Anwaltssachen ausschließen. Im Gesetz vom 30.7.2009 (BGBl. I S. 2449) ist kein genereller Ausschluss des Vorverfahrens in verwaltungsrechtlichen Anwaltssachen vorgesehen. 16

17 Von der **Öffnungsklausel** haben einige Länder Gebrauch gemacht, wie zB Nordrhein-Westfalen mit § 110 JustG NRW (früher § 6 Abs. 1 AG VwGO), so dass für belastende Verwaltungsakte, die ab 1.11.2007 bekannt gegeben werden, ein Widerspruchsverfahren vor Klageerhebung grundsätzlich nicht mehr zulässig ist. In Bayern ist nach Art. 15 Abs. 2 BayAGVwGO und in Niedersachsen nach § 80 NJG (früher § 8a Nds. AG VwGO) ein Vorverfahren nicht vorgesehen; Gleiches gilt, ohne den Anspruch auf Vollständigkeit erheben zu wollen, in den Ländern Hessen, Rheinland-Pfalz und Sachsen. Sofern das Widerspruchsverfahren nicht ausgeschlossen ist, sind die **Rechtsanwaltskammern** bei eigenen Entscheidungen **selbst Widerspruchsbehörde,** da sie in Selbstverwaltungsangelegenheiten iSd § 73 Abs. 1 Nr. 3 VwGO tätig werden.

18 **a) Ermessensentscheidung.** Da der ablehnende Bescheid der RAK eine Ermessensentscheidung ist „kann … befreien" (BGH NJW-RR 1995, 317), kann der Antrag nur darauf gestützt werden, dass die RAK die gesetzlichen **Grenzen des Ermessens** überschritten oder von dem Ermessen in einer dem Zweck der Ermächtigung nicht entsprechenden Weise Gebrauch gemacht habe (§ 112c, § 114 VwGO). Ein **Ermessensfehlgebrauch** könnte insbesondere darin gesehen werden, dass Verfassungsgrundsätze oder sonstige Rechtsgrundsätze verletzt worden sind, dass der Tatbestand unrichtig gewürdigt worden ist, dass die Entscheidung auf sachfremden Erwägungen beruht oder dass sich die RAK mit ihrem eigenen früheren Verhalten in der gleichen Sache in Widerspruch gesetzt hat (vgl. EGH München AnwBl. 1977, 270; EGE XIII, 152; EGH Stuttgart EGE VI, 174; EGH Celle AnwBl. 1976, 142). Gleichzustellen ist der Fall, dass die RAK von dem ihr eingeräumten **Ermessen** überhaupt **keinen Gebrauch** gemacht hat, weil sie sich rechtsirrig für gebunden gehalten hat.

19 **b) Rechtsweg.** Mit dem Gesetz (→ Rn. 15) vom 30.7.2009 (BGBl. I S. 2449) hat sich der **Rechtsschutz** im Vergleich zur vorherigen Rechtslage für den Antragsteller, dessen Antrag gemäß § 29 abgelehnt worden ist, **verbessert** (Abs. 3 aF wurde aufgehoben). Nach der bis zum 1.9.2009 geltenden Rechtslage war die Entscheidung des AGH *nicht* mit der sofortigen Beschwerde anfechtbar. Ab 1.9.2009 sind grundsätzlich alle Entscheidungen des Anwaltsgerichtshofs mit der Berufung zum BGH anfechtbar, soweit diese durch den Anwaltsgerichtshof zugelassen (Zulassungsberufung, § 124a Abs. 2 S. 1 VwGO) oder bei Nichtzulassung der Berufung beantragt wird (§ 124a Abs. 4 S. 1 VwGO).

20 Bei Änderung der tatsächlichen Voraussetzungen kann der Rechtsanwalt einen neuen Antrag stellen. Daher kann auch eine **„Gegendarstellung"** gegen einen rechtskräftigen ablehnenden Bescheid der RAK **umgedeutet** werden in einen neuen Antrag, gegen dessen Ablehnung dann der Antrag auf gerichtliche Entscheidung zulässig ist (vgl. *Isele* § 28 Anm. V A 10; EGH Frankfurt AnwBl. 1971, 156).

21 **c) Ermessensfehler.** Das Vorliegen der Voraussetzungen der unbestimmten Rechtsbegriffe des Abs. 1 kann gerichtlich voll, im Übrigen kann der angefochtene Bescheid der RAK vom AGH nur auf Ermessensfehler überprüft werden (EGH München BRAK-Mitt. 1987, 41; BGH NJW-RR 1995, 317; ebenso *Kleine-Cosack* § 29 Rn. 6). Ein Antrag auf gerichtliche Entscheidung gegen die Widerrufsentscheidung kann nur Erfolg haben, wenn die RAK im einzelnen Fall die Grenze ihres Ermessens überschritten oder von ihm in einer dem Zweck der Ermächtigung nicht entsprechenden Weise Gebrauch gemacht haben sollte (amtliche Begründung, BT-Drs. 16/11385). Die **Ausübung des Ermessens muss sich aus dem Bescheid ergeben,** da anderenfalls ein Nichtgebrauch des Ermessens angenommen werden könnte (zustimmend Gaier/Wolf/Göcken/*Siegmund* § 29 Rn. 30). Bei der Entscheidung, ob die Genehmigung widerrufen wird, sind die wirtschaftlichen Auswirkungen auf den Betroffenen angemessen zu berücksichtigen (vgl. EGH Celle BRAK-Mitt. 1981, 35; 1984, 88; EGH Schleswig-Holstein BRAK-Mitt. 1983, 194; EGH Koblenz BRAK-Mitt. 1983, 194; EGH Hamm EGE VIII 99).

22 **d) Zulassungsbewerber.** Solange es möglich erscheint, dass der Zulassungsbewerber die Befreiung von der Kanzleipflicht erlangt, kann ihm die Zulassung zur Rechtsanwaltschaft nicht im Hinblick auf die **Kanzleipflicht** versagt werden (BGH EGE VII, 68).

23 **e) Ausstehende Entscheidung.** Solange über einen Antrag des Rechtsanwalts auf Befreiung von der Kanzleipflicht nicht positiv entschieden worden ist, besteht diese für ihn fort (BGH EGE XIV, 85).

f) Zustellungsbevollmächtigter. Ist der Rechtsanwalt von der Kanzleipflicht (§ 27 Abs. 1) befreit, **muss** er entsprechend § 30 einen Zustellungsbevollmächtigten bestellen (so auch Henssler/Prütting/*Prütting* § 29 Rn. 1). 24

g) Anhörung. Vor dem Widerruf ist der Rechtsanwalt zu hören, auch wenn Abs. 2 S. 2 aF zum 1.9.2009 aufgehoben wurde (BGBl. I S. 2449), weil sich die Anhörungspflicht vor dem Widerruf einer Befreiung über den Verweis in § 32 aus § 28 VwVfG ergibt (amtliche Begründung, BT-Drs. 16/11385, 34). 25

IV. Berufshaftpflichtversicherung

Auch der Rechtsanwalt, der von der Kanzleipflicht befreit ist, **muss** eine Berufshaftpflichtversicherung unterhalten (→ § 51 Rn. 5; → § 29a Rn. 16; ebenso Gaier/Wolf/Göcken/*Siegmund* § 29 Rn. 35). 26

§ 29a Kanzleien in anderen Staaten

(1) **Den Vorschriften dieses Abschnitts steht nicht entgegen, daß der Rechtsanwalt auch in anderen Staaten Kanzleien einrichtet oder unterhält.**

(2) [1]**Die Rechtsanwaltskammer befreit einen Rechtsanwalt, der seine Kanzleien ausschließlich in anderen Staaten einrichtet, von der Pflicht des § 27, sofern nicht überwiegende Interessen der Rechtspflege entgegenstehen.** [2]**Die Befreiung kann widerrufen werden, wenn es im überwiegenden Interesse der Rechtspflege erforderlich ist.**

(3) **Der Rechtsanwalt hat die Anschrift seiner Kanzlei in einem anderen Staat sowie deren Änderung der Rechtsanwaltskammer mitzuteilen.**

Übersicht

I. Normzweck

Mit dieser durch Gesetz zur Änderung des Berufsrechts der Rechtsanwälte und der Patentanwälte vom 13.12.1989 (BGBl. I S. 2135) eingefügten und durch das Gesetz zur Stärkung der Rechtsanwaltschaft vom 26.3.2007 (BGBl. I S. 358) lediglich redaktionell angepassten Bestimmung sollen die **Möglichkeiten für die internationale Betätigung und Zusammenarbeit der Rechtsanwälte verbessert werden.** Weitere Änderungen erfuhr die Norm durch Anfügung des S. 2 in Abs. 2, Streichung der Wörter „und seines Wohnsitzes" in Abs. 3 sowie Aufhebung des S. 2 im Abs. 3 mit Gesetz vom 30.7.2009 (BGBl. I S. 2449), in Kraft getreten am 1.9.2009. 1

Wirtschaftliche Zusammenarbeit und Freizügigkeit der Arbeitnehmer, insbesondere innerhalb der Europäischen Union, bedingen in verstärktem Maße, dass eine fachkundige Beratung über das Recht fremder Staaten in Anspruch genommen wird. Diesem Bedürfnis diente die RL 77/249/EWG des Rates der EG vom 22.3.1977 zur Erleichterung der tatsächlichen Ausübung des freien Dienstleistungsverkehrs der Rechtsanwälte, die den **grenzüberschreitenden Dienstleistungsverkehr** der Anwälte innerhalb der Gemeinschaft regelte (aufgehoben mit Schaffung des EuRAG, Inhalte sind im Wesentlichen unverändert in das EuRAG übernommen worden, BT-Drs. 14/2269 S. 1, vgl. die Kommentierung zum EuRAG; → Teil II Nr. 6; → EuRAG § 1 Rn. 1 ff., §§ 25 ff. EuRAG; *Clausnitzer* ZAP 1989, 85; *Everling* BRAK-Mitt. 1989, 166, 168; *Hübner* JZ 1987, 330; *Blumenwitz* NJW 1989, 621; *Rabe* AnwBl. 1987, 395; *Rabe* NJW 1989, 1113, 1118; *Clausnitzer* BRAK-Mitt. 1989, 59; *Paus/Rader-Leufer,* Schriften für die Prozesspraxis, 2

Bd. 6, 85 ff.; EuGH NJW 1988, 887 = AnwBl. 1988, 236, nur Ls. = BRAK-Mitt. 1988, 152 mit Anm. *Zuck* BRAK-Mitt. 1988, 278 = Rbeistand 1988, 99; *Rabe* AnwBl. 1992, 146).

3 Der Bedarf, fachkundigen Rat über fremdes Recht einzuholen, kann durch die grenzüberschreitende Tätigkeit nicht voll befriedigt werden. Der Rechtsuchende benötigt in seinem Aufenthaltsstaat ständig ansprechbare kompetente Berater. Dies soll § 29a ermöglichen (amtliche Begründung, BT-Drs. 11/3253, 17). Der Gesetzgeber trägt damit der **Klopp-Entscheidung** des EuGH (EuGH NJW 1985, 1275 = AnwBl. 1984, 608 = BRAK-Mitt. 1984, 199) Rechnung, er geht aber auch darüber hinaus (*Zuck* NJW 1990, 1026). Anwaltskanzleien verschiedener EU-Staaten können daneben auch in Form einer Europäischen wirtschaftlichen Interessenvereinigung **(EWIV)** zusammenarbeiten. Diese kann zwar nicht selbst freiberuflich gegenüber Dritten tätig werden, sie soll aber die freiberufliche Tätigkeit ihrer Mitglieder durch bestimmte Hilfstätigkeiten unterstützen (zu den Einzelheiten vgl. *Rabe/v. Falkenhausen* ZRP 1990, 343, 344; *Zuck* NJW 1990, 954; *Autenrieth* BB 1989, 305; *Rabe* NJW 1989, 1119; *Müller-Gugenberger* NJW 1989, 1449; AnwBl. 1989, 360, 366; *Böhringer* BWNotZ 1990, 129; *Grüninger* AnwBl. 1992, 111; *Hauschka/v. Saalfeld* DStR 1991, 1083).

II. Kanzlei im In- und Ausland (Abs. 1)

4 Der Umstand, dass Rechtsuchende in wachsendem Umfang der Hilfe in Angelegenheiten fremden Rechts bedürfen, hat daher dazu geführt, dass deutsche Rechtsanwälte ihre Dienste in anderen Staaten anbieten. Dabei sind **zwei Fälle denkbar:** Der Rechtsanwalt behält seine Kanzlei in der Bundesrepublik Deutschland bei und errichtet – unter Zulassung durch die dortigen Behörden (vgl. aber OLG Hamm AnwBl. 1993, 582) – eine weitere Kanzlei in dem anderen Staat bzw. weitere Kanzleien in anderen Staaten (zustimmend Gaier/Wolf/Göcken/*Siegmund* § 29a Rn. 12) oder der Rechtsanwalt verlegt seine Kanzlei in den anderen Staat.

5 Diese Entwicklung ist angesichts der wirtschaftlichen Verflechtung von erheblichem Nutzen. Sie ermöglicht ausländischen Rechtsuchenden, die Fragen zum deutschen Recht haben, den raschen unmittelbaren Zugriff auf kompetenten Rechtsrat. Umgekehrt erleichtert sie es auch deutschen Unternehmen, auf deutsche Anwälte in anderen Staaten zurückgreifen zu können, die in die dortige Rechtspflege integriert sind, zugleich aber auch aufgrund der Kenntnisse des deutschen Rechts die sich aus dem Zusammenspiel der Rechtsordnungen ergebenden Probleme optimal lösen können.

6 Von großer Bedeutung für die Wahrnehmung dieser Funktionen ist für die betreffenden Rechtsanwälte, dass sie ihre **Zulassung in der Bundesrepublik Deutschland beibehalten** können, um so die Interessenten auf ihre besondere Qualifikation hinzuweisen. Um dieses rechtlich zweifelsfrei abzusichern, bedurfte es gewisser Änderungen im Bereich der Kanzleipflicht. Abs. 1 regelt den Fall, dass ein Rechtsanwalt neben seiner Kanzlei in der Bundesrepublik Deutschland eine oder mehrere Kanzleien in einem oder mehreren anderen Staaten einrichten will. Zugleich wird der Fall erfasst, dass ein Anwalt, der die Voraussetzungen für die Zulassung zur deutschen Rechtsanwaltschaft (§ 4) erfüllt, unter Beibehaltung seiner Kanzlei in einem anderen Staat die Zulassung zur deutschen Anwaltschaft anstrebt.

7 Mit dieser Regelung wird zugleich Grundgedanken der Entscheidung des EuGH vom 12.7.1984 in der Rechtssache 107/83 (Slg. 1984, 2971 = NJW 1985, 1275 = AnwBl. 1984, 608 = BRAK-Mitt. 1984, 199, nur Ls.; vgl. *v. Hehn* BRAK-Mitt. 1985, 183; *Gellner* BRAK-Mitt. 1986, 114, 118; *Gralla* BRAK-Mitt. 1986, 193; Tätigkeitsbericht der BRAK in BRAK-Mitt. 1987, 117, 126; *Everling* BRAK-Mitt. 1989, 166; *Paus/Rader-Leufer,* Schriften für die Prozesspraxis, Bd. 6, 85 ff.) Rechnung getragen. Hiernach ist es mit Art. 56 AEUV (ex-Art. 49 EG-Vertrag) nicht vereinbar, dass die Behörden eines Mitgliedstaates nach ihren innerstaatlichen Bestimmungen und den in ihrem Land geltenden Berufsregeln einem Angehörigen eines anderen Mitgliedstaates den Zugang zum Anwaltsberuf und dessen Ausübung allein deswegen verweigern, weil er gleichzeitig eine berufliche Niederlassung in einem anderen Mitgliedstaat beibehält (s. auch *Nerlich,* Internationale Kooperationsmöglichkeiten für europäische Rechtsanwalte, Diss. 1994, 72 ff.).

8 Unberührt bleibt hiervon jedoch die Befugnis des Aufnahmestaates, im Interesse der Rechtspflege von den Anwälten, die in seinem Hoheitsgebiet in eine Anwaltskammer aufgenommen werden, zu verlangen, dass bei ihrer Tätigkeit der Kontakt zu Mandanten und Justizbehörden in genügendem Maße gewährleistet ist (amtliche Begründung, BT-Drs. 11/3253, 22). Zu Nieder-

lassungsmöglichkeiten deutscher Rechtsanwälte in den USA vgl. *Knapp* BRAK-Mitt. 1989, 186. Unter welchen Voraussetzungen ein deutscher Rechtsanwalt in den anderen EU-Mitgliedstaaten eine Anwaltskanzlei errichten darf, regelt sich grundsätzlich nach der **Niederlassungsrichtlinie** (zur RL 98/5/EG → Teil II Nr. 7), den dazu ergangenen nationalen Umsetzungsvorschriften und den nationalen Vorschriften für Inländer. Zu den diesbezüglichen Einzelheiten (EuGH NJW 2011, 1273) und dem Diskriminierungsverbot → EuRAG § 1 Rn. 1 ff.; *Everling* BRAK-Mitt. 1989, 166, 170; Henssler/Prütting/*Schroeder* § 29a Rn. 15 ff.

III. Deutscher Rechtsanwalt ohne inländische Kanzlei (Abs. 2), Berufshaftpflichtversicherung

Abs. 2 behandelt den Fall des deutschen Rechtsanwalts, der **unter Aufgabe seiner inländischen Kanzlei** sich in einem anderen Staat niederlassen, gleichwohl aber – etwa als Hinweis auf seine Qualifikation – weiterhin der deutschen Rechtsanwaltschaft angehören möchte. Mit dieser Möglichkeit soll insbesondere Rechtsanwälten geholfen werden, die eine anwaltliche Tätigkeit in Übersee anstreben, wodurch eine Erreichbarkeit zu den gewöhnlichen Geschäftszeiten nicht mehr ohne weiteres gegeben ist. 9

Nicht erforderlich für eine Befreiung ist, dass zunächst eine Kanzlei in Deutschland eingerichtet wurde. Eine **Zulassung mit gleichzeitigem Antrag auf Befreiung von der Pflicht,** eine Kanzlei in Deutschland einzurichten, ist möglich, wenn die Errichtung einer Kanzlei im Ausland (Bekanntgabe der Kanzleianschrift) oder ein konkretes Vorhaben zur Einrichtung einer solchen nachgewiesen wird (so auch Henssler/Prütting/*Schroeder* § 29a Rn. 10). **Nicht ausreichend** für die Befreiung nach Abs. 2 ist der alleinige Aufenthalt als Rechtsanwalt im Ausland ohne Einrichtung einer Anwaltskanzlei, beispielsweise als Angestellter/Justitiar einer Firma oder um ein Auslandsstudium zu absolvieren. Der Wortlaut ist eindeutig. 10

Die RAK **befreit** solche Rechtsanwälte **von den Pflichten des § 27,** sofern nicht überwiegende Interessen der Rechtspflege entgegenstehen. Dies ist etwa dann anzunehmen, wenn durch Aufgabe der Kanzlei im Inland die Verfolgung einer schwerwiegenden Pflichtverletzung oder die Durchsetzung von Ansprüchen gegen den Rechtsanwalt erheblich behindert würden (amtliche Begründung, BR-Drs. 371/88, 59). Gemeint sind damit die Durchsetzung von Ansprüchen gegen den Rechtsanwalt aus dessen beruflichem Verhalten (so auch *Zuck* NJW 1990, 1026 Fn. 27; Henssler/Prütting/*Schroeder* § 29a Rn. 10). 11

Abs. 2 geht davon aus, dass ein Rechtsanwalt auch **mehrere Kanzleien** in verschiedenen anderen Staaten unterhalten kann. 12

Eine Berufspflicht, ihren **Wohnsitz** der RAK mitzuteilen (Abs. 2 S. 1 aF), besteht nach § 24 BORA für alle Rechtsanwälte. Daneben ist eine gesonderte Pflicht, soweit sie ihre Kanzlei im Inland unterhalten, in der BRAO nicht geregelt. Deshalb wurde die Streichung in Abs. 2 vorgenommen und es soll **allein § 24 BORA** für Rechtsanwälte gelten, die ihre Kanzlei in einem andern Staat errichtet haben; einer Sonderregelung in der BRAO bedarf es nicht (amtliche Begründung, BT-Drs. 16/11385, 35). 13

Der neue Abs. 2 S. 2 entspricht dem um die obsoleten Verweise bereinigten § 29a Abs. 3 S. 2. Für den Widerruf der Befreiung soll dabei derselbe Maßstab gelten, der nach Abs. 2 S. 1 für die Befreiung von der Kanzleipflicht in den Fällen des § 29 nF besteht (amtliche Begründung, BT-Drs. 16/11385, 35). 14

Der Rechtsanwalt, der nach § 29a Abs. 2 befreit wurde, eine Kanzlei in Deutschland zu unterhalten, weil er eine solche (auschließlich) im Ausland führt, hat nach § 30 einen **Zustellungsbevollmächtigten** zu bestellen (BGH BRAK-Mitt 2014, 316; Vorinstanz AGH Hmb vom 14.6.2013 – AGH I ZU 2/12; BRAK-Ausschuss Niederlassungsrecht in der EG BRAK-Mitt. 1983, 159, 160; so auch Gaier/Wolf/Göcken/*Siegmund* § 30 Rn. 8; Henssler/Prütting/*Schroeder* § 29a Rn. 12; **aA** noch Henssler/Prütting/*Schroeder/Federle* 2. Aufl. § 29a Rn. 13). Dies wurde durch Änderung des § 35 Abs. 1 Nr. 4 aF, jetzt § 14 Abs. 3 Nr. 3 (→ § 14 Rn. 92) ausdrücklich klargestellt. 15

Der Rechtsanwalt ohne Kanzlei in Deutschland muss dennoch eine **Berufshaftpflichtversicherung** nach § 51 abgeschlossen haben, weil er jederzeit das Recht zur Beratung und Vertretung in allen Rechtsangelegenheiten auch im Inland hat (AGH BW BRAK-Mitt. 2009, 85; AGH NRW BRAK-Mitt. 1997, 306; ebenso Gaier/Wolf/Göcken/*Siegmund* § 29a Rn. 17; Henssler/Prütting/*Schroeder* § 29a Rn. 11). 16

16a Eine im **Ausland abgeschlossene Berufshaftpflichtversicherung** reicht wegen § 51 Abs. 1 S. 2 nicht aus (hier: Italien, BGH BRAK-Mitt. 1998, 40 = AnwBl. 1998, 156; AGH NRW BRAK-Mitt. 1997, 306).

16b Auch seine Pflicht zur Zahlung von Beiträgen an ein **Versorgungswerk für Rechtsanwälte** knüpft allein an seine Zugehörigkeit zur inländischen RAK (§ 60 Abs. 1) an (BVerwG NJW 2001, 2111 = NJW-RR 2001, 785). Die RAK darf die gemäß § 89 Abs. 2 Nr. 2 von der Kammerversammlung beschlossenen **Kammerbeiträge** von ihren Mitgliedern auch bei Befreiung von der örtlichen Kanzleipflicht wegen Unterhaltung einer Kanzlei im Ausland gemäß § 29a einziehen, da die Befreiung die Zulassung als Rechtsanwalt bei einer RAK in Deutschland nicht berührt; er bleibt gemäß § 60 Abs. 1 S. 1 deren Mitglied (NdsAGH BRAK-Mitt. 2006, 280).

IV. Mitteilungspflichten, Widerruf und Klage

17 Abs. 3 enthält für die Fälle der Abs. 1 und 2 die für die Ausübung der Aufsicht notwendigen Regelungen (amtliche Begründung). Der Rechtsanwalt hat die Mitteilungen gemäß Abs. 3 **von sich aus ohne Aufforderung** zu machen. Tut er es nicht, handelt er pflichtwidrig und es kann je nach Lage des Falles ein Widerruf (§ 14 Abs. 3 Nr. 2 und 3) in Betracht kommen.

18 Entsprechend § 29 Abs. 2 können die Befreiungen widerrufen werden, wenn es im Interesse einer geordneten Rechtspflege erforderlich ist. Der **Widerruf** der Befreiung von der Residenzpflicht darf aber **weder Sanktion noch Zwangsmittel** sein, den Rechtsanwalt zur Erfüllung sonstiger Berufspflichten anzuhalten (zustimmend Henssler/Prütting/*Schroeder* § 29a Rn. 13). Dazu stehen das Rüge- und anwaltsgerichtliche Verfahren zur Verfügung. Bei der Auslegung des Begriffs „im Interesse einer geordneten Rechtspflege" iSd § 29a Abs. 2 S. 2 iVm § 29 Abs. 2 ist vielmehr der gesetzgeberische Zweck des § 29a (→ Rn. 1 ff., 9) zu beachten.

18a Ein **Widerruf** kommt damit nur in Betracht, wenn diese Ziele nicht mehr sichergestellt sind, also der Rechtsanwalt – gemessen an der von ihm ausgeübten Tätigkeit – der rechtsuchenden Bevölkerung und/oder den Gerichten und Behörden nicht mehr in der gebotenen Weise zur Verfügung steht, insbesondere für sie nicht oder nur unter unzumutbaren Bedingungen erreichbar ist (AGH RhPf BRAK-Mitt. 1999, 274), und Ansprüche gegen ihn nicht mehr durchgesetzt werden könnten (→ Rn. 9). Im Hinblick auf §§ 30, 14 Abs. 3 Nr. 3 wird dies nur ausnahmsweise der Fall sein.

19 Ablehnung und Widerruf kann der Rechtsanwalt mit **Verpflichtungs- oder Anfechtungsklage** gemäß §§ 112a ff. anfechten. Im Übrigen hat der Rechtsanwalt drei Monate nach Antragstellung das Recht **Untätigkeitsklage** gemäß § 75 VwGO zu erheben (so auch *Kleine-Cosack* § 29a Rn. 8).

V. Voraussetzungen für die Tätigkeit deutscher Anwälte im Ausland

20 Die Bedingungen, unter denen deutschen Rechtsanwälten eine Berufsausübung in anderen Staaten möglich ist, regelt sich nach den gesetzlichen Bestimmungen des jeweiligen Aufnahmestaates, die aber teilweise durch **internationales Recht** wie dem AEUV (früher EG-Vertrag) und das EWR-Abkommen (BGBl. 1993 II S. 267) mitbestimmt werden.

21 **1. Dienstleistungsfreiheit.** Soweit es nur um eine vorübergehende Dienstleistungserbringung in einem anderen Staat geht, ist für den Bereich der EU und des EWR-Abkommens die aus Art. 56 ff. AEUV (ex-Art. 49 ff. EGV) und Art. 36 ff. EWR-Abkommen resultierende Dienstleistungsfreiheit maßgeblich, die in der Dienstleistungsrichtlinie (RL 77/249/EWG) vom 26.3.1977 (→ Teil II Nr. 6) näher geregelt war und für die Rechtsanwälte durch nationale Gesetze umgesetzt wurde (→ Rn. 2). Für Anwälte aus der EU oder dem Europäischen Wirtschaftsraum wurde deren Dienstleistungserbringung in Deutschland durch §§ 25 ff. EuRAG (zuvor durch das Gesetz zur Durchführung der Richtlinie des Rates der Europäischen Gemeinschaften vom 22.3.1977 zur Erleichterung der tatsächlichen Ausübung des freien Dienstleistungsverkehrs der Rechtsanwälte (Rechtsanwaltsdienstleistungsgesetz – RADG) geregelt (→ EuRAG § 1 Rn. 1 ff.; §§ 25 ff. EuRAG). Zur Abgrenzung der Dienstleistungsfreiheit von der Niederlassungsfreiheit (→ Rn. 22) → § 206 Rn. 1 ff.; EuGH NJW 1996, 579 = MDR 1996, 744; BGH AnwBl. 1997, 224 = BRAK-Mitt. 1997, 87.

2. Niederlassungsfreiheit. Für die in § 29a zugelassene Niederlassung im Ausland können sich die deutschen Rechtsanwälte im Bereich der EU und des Europäischen Wirtschaftsraumes auf den in Art. 49 ff. AEUV (ex-Art. 43 ff. EGV) und Art. 31 EWR-Abkommen verankerten Grundsatz der Niederlassungsfreiheit und die Niederlassungsrichtlinie (zur RL 98/5/EG → Teil II Nr. 7) berufen, wobei aber die Bestimmungen des Aufnahmestaates zu dessen nationaler Umsetzung zu beachten sind (→ Teil II Nr. 7; §§ 1 ff. EuRAG). Der deutsche Gesetzgeber hat das Niederlassungsrecht für Rechtsanwälte aus den EU/EWR-Staaten in dem EuRAG (→ Teil II Nr. 8) geregelt. 22

Das **Niederlassungsrecht** für Angehörige eines Mitgliedstaates der Welthandelsorganisation und für Angehörige anderer Staaten ist nunmehr in **§ 206** geregelt (→ § 206 Rn. 1 ff.). Die Diplomanerkennungsrichtlinie (zur RL 89/48/EWG → Teil II Nr. 6a) und Dienstleistungsrichtlinie (zur RL 77/249/EWG → Teil II Nr. 6) sind aufgehoben (→ Rn. 2), deren Umsetzung bislang im Eignungsprüfungsgesetz und im RADG erfolgt war; werden nunmehr ebenfalls im EuRAG umgesetzt (→ EuRAG § 1 Rn. 1 ff.; §§ 16 ff. EuRAG). 23

Die **Diplomanerkennungsrichtlinie** (RL 89/48/EWG) wurde inzwischen von allen EU-Mitgliedstaaten und den EFTA-Mitgliedern des EWR-Abkommens in nationales Recht umgesetzt. Dieses bestimmt, unter welchen Voraussetzungen ein deutscher Rechtsanwalt in dem jeweiligen Land sich niederlassen darf (vgl. dazu Henssler/Prütting/*Schroeder* § 29a Rn. 22 ff.; für Italien: *Strauß* BRAK-Mitt. 1994, 211). 24

Die Niederlassung deutscher Rechtsanwälte in der Schweiz und anderen **nicht zur EU und dem EWR gehörenden europäischen Staaten** ist nach dem jeweiligen nationalem Recht unterschiedlich geregelt (Zusammenstellung bei Henssler/Prütting/*Schroeder* § 29a Rn. 40 ff.). Im Übrigen unterliegt die Niederlassung deutscher Anwälte im Ausland den am 1.1.1995 in Kraft getretenen Bestimmungen des General Agreement on Trade in Service **GATS** (BGBl. 1994 II S. 1473, 1643; zum GATS *Ewig* BRAK-Mitt. 1994, 205; *ders.* NJW 1995, 434; *Errens* AnwBl. 1994, 461), einem multilateralen Handelsübereinkommen, das alle Arten von Dienstleistungen (einschließlich juristischer) betrifft. Die Vertragsstaaten haben sich grundsätzlich – allerdings mit einigen Ausnahmen – verpflichtet, den Zugang zum Dienstleistungsmarkt und die Inländergleichbehandlung zu garantieren. 24a

Subjektive Rechte kann der einzelne Anwalt aus diesen Bestimmungen nicht herleiten, gebunden sind nur die Vertragsstaaten als Völkerrechtssubjekte (*Ewig* BRAK-Mitt. 1994, 205; *ders.* NJW 1995, 434). Die Vertragsstaaten haben **unterschiedliche Liberalisierungen** des Marktzugangs für ausländische Anwälte aufgrund des GATS beschlossen. Die für deutsche Rechtsanwälte wichtigen Regelungen in Japan und den USA sind näher dargestellt von *Ewig* BRAK-Mitt. 1994, 205; *ders.* NJW 1995, 434; Henssler/Prütting *Schroeder* § 29a Rn. 43 ff. 25

VI. Beispiele aus der Rechtsprechung

Zur Firma der EWIV vgl. AG München BRAK-Mitt. 1990, 118. In dem Hinweis auf dem Briefbogen auf eine Pariser Kanzlei, in der die in Sozietät verbundenen deutschen Rechtsanwälte über die Räumlichkeiten und die Büroorganisation verfügen können, ist keine irreführende Angabe zu erblicken; außerdem zur Zulässigkeit des Führens der EWIV im Briefkopf wegen des Informationsbedürfnisses des rechtsuchenden Publikums und zur Art der Darstellung s. OLG Hamm NJW 1993, 1338 = BRAK-Mitt. 1993, 178 = AnwBl. 1993, 582. 26

§ 30 Zustellungsbevollmächtigter

(1) **Ist der Rechtsanwalt von der Pflicht befreit, eine Kanzlei zu unterhalten, so hat er der Rechtsanwaltskammer einen Zustellungsbevollmächtigten zu benennen, der im Inland wohnt oder dort einen Geschäftsraum hat.**

(2) **An den Zustellungsbevollmächtigten kann auch von Anwalt zu Anwalt (§§ 174, 195 der Zivilprozessordnung) wie an den Rechtsanwalt selbst zugestellt werden.**

(3) [1] **Ist ein Zustellungsbevollmächtigter entgegen Absatz 1 nicht bestellt, so kann die Zustellung durch Aufgabe zur Post bewirkt werden (§ 184 der Zivilprozessordnung).** [2] **Das Gleiche gilt, wenn eine Zustellung an den Zustellungsbevollmächtigten nicht ausführbar ist.**

Übersicht

I. Normzweck; Änderungen zum 1.6.2007 und 1.9.2009

1 Anknüpfend an die Residenzpflicht des Rechtsanwalts (§ 27) verpflichtet § 30 den Rechtsanwalt, wenn dieser ausnahmsweise von der Pflicht, eine Kanzlei zu unterhalten befreit ist (§ 29; zu den Fällen des § 29a → § 29a Rn. 10), einen ständigen Zustellungsbevollmächtigten zu bestellen. **Ausnahmen sind nicht vorgesehen** (BGH BRAK-Mitt 2014, 316). So soll im Interesse der Rechtspflege sichergestellt werden, dass auch an einen Rechtsanwalt ohne Kanzlei schnell und vereinfacht Zustellungen erfolgen können. Die **erleichterten Formen der Zustellung** von Anwalt zu Anwalt und der Zustellung von Amts wegen an einen Anwalt, die in der ZPO (§§ 174, 195) vorgesehen sind, würden an Bedeutung verlieren, wenn diese Arten der Zustellung nicht uneingeschränkt bewirkt werden könnten. Diese Unmöglichkeit, so zu verfahren, würde sich dann ergeben, wenn der Rechtsanwalt von der Pflicht befreit ist, eine Kanzlei zu unterhalten. Um diese Lücke im Zustellungsverkehr zu schließen, ist der Rechtsanwalt, der keine Kanzlei zu unterhalten hat, nach § 30 verpflichtet, einen ständigen Zustellungsbevollmächtigten zu bestellen (amtliche Begründung).

2 Das Gesetz zu Stärkung der Selbstverwaltung der Rechtsanwaltschaft vom 26.3.2007 (BGBl. I S. 358) brachte nur einige kleinere inhaltliche Änderungen, obgleich der Bundesrat, was die Person des Zustellungsbevollmächtigten anbetrifft, eine wesentliche Änderung beabsichtigt hatte (→ Rn. 8, 9). So sind in den Abs. 1 und 3 nur die sich aus dem Wegfall des Lokalisationsprinzips notwendigerweise ergebenden Korrekturen vorgenommen worden. Es kann keinen Zustellungsbevollmächtigten an dem Ort des Zulassungsgerichts mehr geben (→ Rn. 6). Neu ist die Aufnahme einer **Anzeigepflicht** (→ Rn. 12).

2a Auch mit dem „Gesetz zur Modernisierung von Verfahren im anwaltlichen und notariellen Berufsrecht, zur Errichtung einer Schlichtungsstelle der Rechtsanwaltschaft sowie zur Änderung sonstiger Vorschriften" vom 30.7.2009 (BGBl. I S. 2449) kam es nicht zu nennenswerten Änderungen. Der Gesetzgeber griff die vorherige Diskussion nicht nochmals auf. Ergänzt wurde in Abs. 1 aber, dass der **Zustellungsbevollmächtigte im Inland wohnen** oder dort jedenfalls einen Geschäftsraum haben muss, was § 184 Abs. 1 S. 1 ZPO entspricht. Die Bestellung einer oder eines Zustellungsbevollmächtigten soll zum einen gewährleisten, dass an eine Anwältin oder einen Anwalt ohne Kanzlei Zustellungen in den in Abs. 2 genannten erleichterten Formen der ZPO erfolgen können. Zum anderen sollen ohne Zustellungsbevollmächtigte die Zustellungen durch Aufgabe zur Post bewirkt werden können (Abs. 3) und dadurch Auslandszustellungen vermieden werden (amtliche Begründung, BT-Drs. 16/11385, 35; → Rn. 6, 7).

II. Kein Verstoß gegen Art. 12 Abs. 1 GG oder Europarecht

2b § 30 verstößt weder gegen Art. 12 Abs. 1 GG, da sie eine Berufsausübungsregelung enthält, die dem Rechtssatzvorbehalt des Art. 12 Abs. 1 S. 2 GG genügt und durch vernünftige Erwägungen des Gemeinwohls, nämlich die Erleichterung der Zustellung an Anwälte ohne Kanzlei iSv § 27 Abs. 1, gerechtfertigt ist. Die Bestellung eines Zustellungsbevollmächtigten dient nämlich der Sicherung des Zustellungsverkehrs in den besonderen Formen, welche die Prozessordnungen für Zustellungen an Anwälte vorsehen (BGH BRAK-Mitt 2014, 316; NJW-RR 2014, 377). Noch ist eine Vorlage an den Gerichtshof der Europäischen Union veranlasst, da die Vorschrift des § 30 Abs. 1 auch inhaltlich hinreichend bestimmt ist (BGH BRAK-Mitt 2014, 316).

III. Anwendungsbereich

1. Der bestellende Rechtsanwalt. Voraussetzung für eine Bestellung eines Zustellungs- 3
bevollmächtigten ist, dass der Rechtsanwalt von der Pflicht, eine Kanzlei zu unterhalten entweder nach § 29 Abs. 1 oder § 29a Abs. 2 durch die RAK befreit ist.

2. Nicht von der Pflicht zur Errichtung einer Kanzlei befreite Rechtsanwälte. Andere 4
Anwälte, die nicht von der Pflicht zur Einrichtung einer Kanzlei befreit sind, können nicht nach § 30 einen Zustellungsbevollmächtigten bestellen (zustimmend Gaier/Wolf/Göcken/*Siegmund* § 30 Rn. 9). Das bedeutet, dass Zustellungen an den Anwalt nach § 174 ZPO, die an einen solchen zu Unrecht bestellten Zustellungsbevollmächtigten erfolgen, unwirksam sind (BGH NJW 1982, 1650).

Die Befugnis, eine **Zustellung nach § 174 ZPO** zu beurkunden, steht – außer bestimmten, 5
in § 174 ZPO bezeichneten Trägern öffentlicher Aufgaben – nur den Rechtsanwälten und solchen Personen zu, bei denen aufgrund ihres Berufs von einer erhöhten Zuverlässigkeit ausgegangen werden kann, zu; sie ist ein Bestandteil der privilegierten Stellung, die diese als Organ der Rechtspflege haben. Aus diesem Grunde kann sie **nicht in beliebiger Weise auf Nichtanwälte** – weder auf Büropersonal noch auf außenstehende Dritte – **übertragen** werden. Wäre es anders, so wäre es unverständlich, warum der Gesetzgeber es für erforderlich gehalten hat, in § 174 ZPO bestimmte Zustellungsbevollmächtigte den Rechtsanwälten gleichzustellen (BGH NJW 1982, 1650).

3. Zustellungsbevollmächtigter aus dem Inland. Nachdem die ursprüngliche Anbindung 6
für den Zustellungsbevollmächtigten an die Lokalisation des Rechtsanwalts entfallen war, die Anbindung an den eigenen Kammerbezirk nicht gewollt war, kann nun gemäß § 30 Abs. 1 ein Zustellungsbevollmächtigter **irgendwo in der Bundesrepublik Deutschland seinen Wohnsitz** oder einen Geschäftsraum haben. Angesichts der schnellen technischen Möglichkeiten für den Zustellungsbevollmächtigten, Zustellungen per Fax oder E-Mail an den von der Kanzleipflicht befreiten Rechtsanwalt weiterzuleiten, ist es unerheblich, wohin die Zustellung erfolgt. Auch für den Absender der Zustellung macht es keinen Unterschied wohin die Zustellung innerhalb der Bundesrepublik Deutschland erfolgt, soweit er überhaupt zustellen kann.

Ein Zustellungsbevollmächtigter, der keinen Wohnsitz oder keinen Geschäftsraum im Inland 7
hat, sondern sich irgendwo im Ausland aufhält, genügt den Anforderungen des § 30 Abs. 1 indes nicht. Der Gesetzgeber hat dies zum 1.9.2009 in § 30 Abs. 1 klargestellt. Das würde dem Sinn und Zweck des § 30 widersprechen, der gerade **reibungslose Zustellungen sicherstellen** will. Das folgt zudem aus § 184 Abs. 1 iVm § 178 Abs. 1 ZPO, auf den Abs. 3 Bezug nimmt. Nach § 184 Abs. 1 ZPO ist es **notwendig,** dass der **Zustellungsbevollmächtigte im Inland wohnt oder einen Geschäftsraum hat,** § 178 Abs. 1 ZPO (Baumbach/Lauterbach/Albers/*Hartmann* ZPO § 184 Rn. 5).

IV. Person des Zustellungsbevollmächtigten, nicht notwendig ein Rechtsanwalt

Nach wie vor ist der Rechtsanwalt in der **Auswahl** der Person des oder der Zustellungsbevoll- 8
mächtigten **frei.** Es braucht sich **nicht um einen Rechtsanwalt** oder eine **sonstige zur Berufsverschwiegenheit verpflichtete Person** zu handeln. Der Entwurf des Bundesrats sah demgegenüber noch eine Beschränkung des Personenkreises, aus dem der Zustellungsbevollmächtigte zu wählen war, vor: es sollte sich um einen Rechtsanwalt, der nicht notwendig im selben Kammerbezirk niedergelassen sein muss, oder eine sonstige zur Berufsverschwiegenheit verpflichtete Person, handeln (BT-Drs. 15/5223, 9, 30). Da der Zustellungsbevollmächtigte insbesondere auch Post, die Mandanten betrifft, in Empfang zu nehmen hat, wollte der **Bundesrat** zum **Schutz der Mandanten** nur solche Personen bestellen lassen, die in gleicher Weise wie der Rechtsanwalt der **Verschwiegenheit** unterliegen. Da in der Vergangenheit mit der bisherigen geltenden Regelung nicht erkennbar geworden sei, dass diese unzureichend war oder das es zu konkreten Schwierigkeiten gekommen sei, hielt es die Bundesregierung für vorteilhafter, wenn

Rechtsanwälte auch andere Personen ihres Vertrauens benennen können. Deren Verpflichtung zur Verschwiegenheit ergebe sich aus ihrem Verhältnis zu dem Rechtsanwalt (BT-Drs. 16/513, 22 f.). Obgleich auf die in der **Praxis oftmals** auftretenden **Schwierigkeiten** bei Zustellungen an Privatpersonen durch die BRAK hingewiesen worden war – nur bei einer Zustellung an einen Rechtsanwalt kann sichergestellt werden, dass die eingehenden Schriftstücke, die vorwiegend aus dem anwaltlichen Bereich stammen werden, in ihrer Bedeutung erkannt und ordnungsgemäß bearbeitet werden – wurde dieser ursprüngliche Gedanke nicht erneut aufgegriffen.

9 Zustellungsbevollmächtigter kann aber grundsätzlich – bis auf Rechtsanwalts- oder Patentanwaltsgesellschaften, die ausdrücklich vom Gesetzgeber als mögliche Form der Berufsausübung zugelassen sind (§ 59l und § 52l PAO) – **keine juristische Person** sein (vgl. *Isele* § 30 Anm. V B, C).

9a Geschäftsunfähige Personen können nicht Zustellungsbemächtigte sein, sie müssen wenigstens beschränkt geschäftsfähig sein (vgl. *Isele* § 30 Anm. V C, D).

V. Bestellung; kein „Bestandsschutz“ bei Nichtbestellung

10 **1. Vollmachtserteilung.** Die Bestellung erfolgt durch Erteilung einer Vollmacht zur Entgegennahme von für den Rechtsanwalt in dieser seiner Eigenschaft bestimmte Zustellungen (§§ 164 ff. BGB). Die Erteilung der Vollmacht ist eine **einseitige empfangsbedürftige Willenserklärung,** die an sich zu ihrer Wirksamkeit nicht einer Zustimmung des Bevollmächtigten bedarf (BGH WM 2007, 440; Palandt/*Ellenberger* BGB § 167 Rn. 1).

11 Da der Sinn des § 30 aber ist, sicherzustellen, dass wirksam Zustellungen an den Anwalt erfolgen können, darf der Anwalt nur eine zur Übernahme der Tätigkeit **bereite Person** zum Zustellungsbevollmächtigten bestellen (*Isele* § 30 Anm. VI A, B).

11a Die Grundsätze der Anscheins- und Duldungsvollmacht sind anzuwenden (BGHZ 67, 10, 13; BGH NJW 1975, 1652; ebenso Henssler/Prütting/*Prütting* § 30 Rn. 15).

12 **2. Anzeige der Bestellung.** Die Anzeige der Bestellung des Zustellungsbevollmächtigten **muss der RAK gegenüber** erfolgen. Das ist – anders als bei der bis 1.6.2007 geltenden Fassung – ausdrücklich in Abs. 1 Hs. 2 vorgesehen. Da die Rechtsanwaltskammern alle Aufgaben der Justizverwaltung übernommen haben, kann dem Sinn und Zweck des § 30, Gerichten und Rechtsanwälten eine sichere und schnelle Zustellung an diesen Rechtsanwalt zu ermöglichen, nur bei deren Kenntnis entsprochen werden. In der Praxis wird bei Unmöglichkeit von Zustellungen seitens Gerichten, Rechtsanwälten und Mandanten bei den Kammern nachgefragt.

13 Die Anzeige ist aber **keine Bedingung** für die Wirksamkeit der an den Zustellungsbevollmächtigten erfolgten Zustellung (BGH MDR 1967, 32 zu § 53 Abs. 6). Die Nichtanzeige stellt jetzt kraft entsprechender gesetzlicher Verpflichtung eine zu ahndende **Berufspflichtverletzung** des Rechtsanwalts dar.

14 **3. Zeitpunkt der Bestellung.** Im Gesetz ist nach wie vor eine **Frist** für die Bestellung des Zustellungsbevollmächtigten nicht vorgesehen. Die Bestellung hat im Hinblick auf deren **Zweck,** nämlich bei Wegfall des von der Kanzleipflicht befreiten Rechtsanwalts als Zustellungsperson **nahtlos** eine solche über den Zustellungsbevollmächtigten zu ermöglichen, demnach **zu Beginn der Befreiung** zu erfolgen (so auch Gaier/Wolf/Göcken/*Siegmund* § 29 Rn. 18; **aA** Henssler/Prütting/*Prütting* § 30 Rn. 20). Nach Prütting soll dies in Anlehnung an § 14 Abs. 3 innerhalb von drei Monaten ab Befreiung möglich sein. Dieser Ansicht kann nicht gefolgt werden, da daraus resultierend eine der Rechtspflege nicht dienliche Erschwernis hinsichtlich der Zustellmöglichkeit von bis zu drei Monaten erwachsen kann. Es bleibt zwar der Weg über die Ersatzzustellung nach Abs. 3, doch ist dies nur eine Notlösung, die in jedem Fall zu vermeidbaren Verzögerungen und Problemen führt und entspricht damit nicht dem Sinn und Zweck des § 30, aber auch nicht einer geordneten Rechtspflege. In der Praxis dürfte diese Frage kaum relevant werden, soweit die die Befreiung aussprechende RAK die **Befreiung von der Nennung des Zustellungsbevollmächtigten abhängig macht,** was ihr im Rahmen des ihr obliegenden Ermessens bezüglich der Befreiung auch möglich ist.

15 **Fällt** der **Zustellungsbevollmächtigte später weg** (→ Rn. 20, 21), muss der Rechtsanwalt einen anderen Zustellungsbevollmächtigten bestellen. Tut er dies innerhalb von drei Monaten

nicht, kann die Zulassung zur Rechtsanwaltschaft gemäß § 14 Abs. 3 Nr. 3 widerrufen werden (zu den Einzelheiten → § 14 Rn. 92, 92a).

4. Kein „Bestandsschutz" bei Nichtbestellung. Auf einen „Bestandsschutz" kann sich ein Rechtsanwalt nicht berufen, da die in § 30 normierte Pflicht, einen Zustellungsbevollmächtigten zu benennen, **fortlaufend zu erfüllen** ist, solange der Rechtsanwalt von der Kanzleipflicht des § 27 Abs. 1 befreit ist. Sie gilt damit auch in Fällen, in denen die RAK zunächst davon abgesehen hatte, die Benennung eines Zustellungsbevollmächtigten zu verlangen, selbst wenn ein Rechtsanwalt jahrelang keinen Zustellungsbevollmächtigten bestellt hatte. Er wird durch die Erfüllung der ihm gemäß § 30 obliegenden Pflicht zur Bestellung des Zustellungsbevollmächtigten nicht mehr oder anders belastet als ein Anwalt, der unverzüglich nach der Befreiung von der Kanzleipflicht einen Zustellungsbevollmächtigten bestellt hat (BGH BRAK-Mitt 2014, 316). 15a

VI. Rechte und Pflichten des Zustellungsbevollmächtigten

1. Empfang aller Zustellungen nach den Vorschriften der ZPO. Der Zustellungsbevollmächtigte ist befugt, alle an den Rechtsanwalt in dieser Eigenschaft gerichteten Zustellungen mit Wirkung für und gegen den Rechtsanwalt in Empfang zu nehmen und die Entgegennahme zu bescheinigen. Auch wenn er kein Rechtsanwalt ist, kann er die Zustellungen an den Anwalt wirksam nach §§ 174, 195 ZPO durch schriftliche Empfangsbekenntnisse nach den Formerfordernissen der §§ 174, 195 ZPO beurkunden (amtliche Begründung, BT-Drs. 14/4554; BGH NJW 1982, 1650; Baumbach/Lauterbach/Albers/*Hartmann* ZPO § 198 Rn. 2, ZPO § 212a Rn. 4; Zöller/*Stöber* ZPO § 212a Rn. 2; *Isele* § 30 Anm. VII A 1 und 2). Ebenso wie die Zustellung von Anwalt zu Anwalt auch auf dem Wege elektronischer Telekommunikation gemäß § 174 Abs. 2 ZPO erfolgen kann (§ 195 ZPO; amtliche Begründung, BT-Drs. 14/4554, 26), kann auch an den Zustellungsbevollmächtigten so zugestellt werden. Die Befugnis der Zustellungsbevollmächtigten erstreckt sich auf **alle Zustellungen und Zustellungsformen** nach den Vorschriften der ZPO, gleichgültig in welcher Gerichtsbarkeit auch immer sie erfolgen (*Isele* § 30 Anm. VII A 1c). 16

2. Keine Erteilung einer Untervollmacht. Der Zustellungsbevollmächtigte darf und kann aber keine Untervollmacht erteilen (Baumbach/Lauterbach/Albers/*Hartmann* ZPO § 184 Rn. 9; so auch Henssler/Prütting/*Prütting* § 30 Rn. 23) und kann in dieser Eigenschaft auch **nicht** selbst Zustellungen bewirken (ebenso Gaier/Wolf/Göcken/*Siegmund* § 30 Rn. 29) oder sonstige **Handlungen für den Rechtsanwalt vornehmen,** er hat nur eine Vollmacht zum Empfang, nicht zum Handeln (*Isele* § 30 Anm. VII B). 17

3. Pflichten gegenüber dem Rechtsanwalt. Die Pflichten des Zustellungsbevollmächtigten ergeben sich aus dem Vertragsverhältnis zu dem Rechtsanwalt und der übernommenen Aufgabe. In Betracht kommen Dienstvertrag (§§ 611 ff. BGB), Werkvertrag (§§ 631 ff. BGB) und Auftrag (§§ 662 ff. BGB). Mindestinhalt wird dabei die Verpflichtung sein, alle an den Rechtsanwalt in dieser Eigenschaft gerichteten Zustellungen, einschließlich der von Anwalt zu Anwalt entgegenzunehmen und die Empfangsbekenntnisse (§§ 174, 195 Abs. 2 ZPO) zu erteilen, sowie die zugestellten Schriftstücke unverzüglich an den Rechtsanwalt weiterzuleiten (*Isele* § 30 Anm. VII C). 18

VII. Folgen der Zustellung an den Zustellungsbevollmächtigten

Zustellungen an den Zustellungsbevollmächtigten haben dieselbe Wirkung wie die an den Rechtsanwalt selbst. **Fristen,** deren Beginn von der Zustellung abhängen, werden durch die Zustellung an den Zustellungsbevollmächtigten in Lauf gesetzt; wann der Rechtsanwalt tatsächlich das zugestellte Schriftstück erhält, ist belanglos. Er muss daher ggf. durch entsprechende Vereinbarungen mit dem Zustellungsbevollmächtigten sicherstellen, dass die zugestellten Schriftstücke unverzüglich an ihn weitergeleitet werden (*Isele* § 30 Anm. VIII). 19

VIII. Unmöglichkeit der Zustellung an den Zustellungsbevollmächtigten

Ist ein Zustellungsbevollmächtigter entgegen § 30 Abs. 1 nicht bestellt, ist dieser vom Anwalt abberufen worden, hat der bisherige Zustellungsbevollmächtigte seine Aufgaben aus welchem Grunde auch immer aufgegeben, lehnt er die Entgegennahme bestimmter Zustellungen ab oder 20 ist er nicht erreichbar, dann muss der Zustellende **dem Rechtsanwalt selbst zustellen.** Er kann aber dann die **Zustellung durch Aufgabe zur Post** nach § 30 Abs. 3 iVm § 184 ZPO vornehmen (ebenso Gaier/Wolf/Göcken/*Siegmund* § 30 Rn. 31). Die Wirkung der Zustellung tritt zwei Wochen nach Aufgabe der Sendung zur Post ein (§ 184 Abs. 2 ZPO). Das Gericht kann eine längere Frist bestimmen. Damit wird dem Adressaten eine günstigere Voraussetzung zur Gewährleistung des rechtlichen Gehörs eingeräumt, als das auf Grund der Zustellfiktion der Fall ist (amtliche Begründung, BT-Drs. 14/4554, 24).

21 Hat ein Rechtsanwalt, der nach § 30 zur Bestellung eines ständigen Zustellungsbevollmächtigten verpflichtet ist, durch sein Verhalten zum Ausdruck gebracht, dass er die von ihm früher benannte Person nicht mehr als ständigen Zustellungsbevollmächtigten gelten lassen will, so sind an ihn selbst durch Aufgabe zur Post bewirkte Zustellungen nicht deshalb unwirksam, weil er den Widerruf der Zustellungsvollmacht der RAK noch nicht angezeigt hat (zur alten Fassung BGH MDR 1964, 35).

§ 31 Rechtsanwaltsverzeichnis

(1) [1]**Die Rechtsanwaltskammer führt ein elektronisches Verzeichnis der in ihrem Bezirk zugelassenen Rechtsanwälte und gibt die in diesem Verzeichnis gespeicherten Daten im automatisierten Verfahren in ein von der Bundesrechtsanwaltskammer geführtes Gesamtverzeichnis ein.** [2]**Die Rechtsanwaltskammer trägt die datenschutzrechtliche Verantwortung für die von ihr in das Gesamtverzeichnis eingegebenen Daten, insbesondere für die Rechtmäßigkeit der Erhebung und die Richtigkeit der Daten.** [3]**Die Verzeichnisse dienen der Information der Behörden und Gerichte, der Rechtsuchenden sowie anderer am Rechtsverkehr Beteiligter.** [4]**Die Einsicht in die Verzeichnisse steht jedem unentgeltlich zu.**

(2) **Die Eintragung in die Verzeichnisse erfolgt, sobald die Urkunde über die Zulassung ausgehändigt ist.**

(3) [1]**In die Verzeichnisse sind der Familienname, die Vornamen, der Zeitpunkt der Zulassung, die Kanzleianschrift [ab 1.1.2016:** ***die Adresse des besonderen elektronischen Postfachs*****] und die Telekommunikationsdaten, die der Rechtsanwalt mitgeteilt hat, in den Fällen des § 29 Abs. 1 oder des § 29a Abs. 2 der Inhalt der Befreiung, die Anschrift von Zweigstellen, die Berufsbezeichnung, Fachanwaltsbezeichnungen sowie bestehende Berufs- und Vertretungsverbote einzutragen.** [2]**Ist bei einem Berufs- oder Vertretungsverbot ein Vertreter bestellt, ist die Vertreterbestellung unter Angabe von Familiennamen und Vornamen des Vertreters einzutragen.**

(4) [1]**Die Bundesrechtsanwaltskammer ermöglicht die Übermittlung von Daten durch Abruf aus dem von ihr geführten Gesamtverzeichnis über das auf den Internetseiten der Europäischen Kommission geführte Europäische Rechtsanwaltsverzeichnis.** [2]**Zusätzlich zum Abruf bereitgestellt werden der Name und die Internetadresse der Anwaltskanzlei sowie von dem Rechtsanwalt selbst benannte Sprachkenntnisse und Tätigkeitsschwerpunkte, soweit der Rechtsanwalt diese Daten der Bundesrechtsanwaltskammer zu diesem Zweck mitteilt.** [3]**Die Sätze 1 und 2 gelten nur für Daten, die in das Europäische Rechtsanwaltsverzeichnis einzutragen sind.** [4]**Die Bundesrechtsanwaltskammer trägt die datenschutzrechtliche Verantwortung für die von ihr an das Europäische Rechtsanwaltsverzeichnis übermittelten Daten.**

(5) [1]**Die Eintragung in die Verzeichnisse wird gelöscht, sobald die Zulassung erloschen oder der Rechtsanwalt Mitglied einer anderen Rechtsanwaltskammer geworden ist.** [2]**Das Gesamtverzeichnis und die für das europäische Rechtsanwaltsverzeichnis vorgehaltenen Daten werden im Falle des Wechsels der Rechtsanwaltskammer berichtigt.**

(6) **Das Bundesministerium der Justiz und für Verbraucherschutz regelt die Einzelheiten der Führung des Gesamtverzeichnisses und der Einsichtnahme in das Gesamtverzeichnis sowie der Übermittlung an das europäische Rechtsanwaltsverzeichnis durch Rechtsverordnung mit Zustimmung des Bundesrates.**

Übersicht

I. Zweck des Rechtsanwaltsverzeichnisses; Verfassungsmäßigkeit

1. Aufgabe der Anwaltslisten. Mit Inkrafttreten des Gesetzes zur Stärkung der Rechtsanwaltschaft vom 26.3.2007 (BGBl. I S. 358) am 1.6.2007 werden bei keinem Gericht der ordentlichen Gerichtsbarkeit mehr Listen über die bei ihnen zugelassenen Rechtsanwälte geführt. Das **Lokalisationsprinzip** wurde aufgegeben. Mit dem Wegfall der Lokalisation und der hieran vormals gebundenen Vertretungsbefugnis ausschließlich bei den Zulassungsgerichten (§ 78 ZPO aF) ist der Zweck der Anwaltslisten entfallen. Die Liste der bei einem Gericht zugelassenen Rechtsanwälte sollte den Gerichten, Behörden und Rechtsuchenden die für Anwaltsprozesse (§ 78 ZPO) bedeutsame Feststellung erleichtern, welche Rechtsanwälte bei dem Prozessgericht zugelassen sind. Auch sonst sollte sie im Rechtsverkehr der Klärung der Frage dienen, ob ein Rechtsanwalt bei einem bestimmten Gericht zugelassen ist. 1

Die Listen wurden mit Ausnahme des Obersten Landesgerichts (§ 227 Abs. 2 aF) bei allen Gerichten geführt. Beim Obersten Landesgericht bedurfte es keiner Liste, da nach § 227 Abs. 1 aF die bei den Oberlandesgerichten dieses Landes zugelassenen Rechtsanwälte als bei dem Obersten Landesgericht zugleich zugelassen galten und folglich aus den Listen der bei den Oberlandesgerichten dieses Landes zugelassenen Rechtsanwälte ersichtlich waren (*Isele* § 31 Anm. IV C; amtliche Begründung). 2

Bereits die nach und nach gelockerte Postulationsfähigkeit, zuerst fiel die Beschränkung auf das Landgericht der Zulassung sowie die Familiengerichte weg, später auch die Beschränkung auf das Oberlandesgericht des Bezirks, in dem der Rechtsanwalt zugelassen war (vgl. 7. Aufl. § 52 Rn. 3, 5), ließ die Bedeutung der Anwaltslisten, geführt bei den eigentlichen Zulassungsgerichten, also dem Amts- und Landgericht bzw. (auch) dem Oberlandesgericht, mehr und mehr 3 verblassen. Der für den Rechtsverkehr bedeutsame Nachweis der Zulassung zur Rechtsanwaltschaft konnte im Hinblick auf die nach § 78 ZPO bundesweite Vertretungsbefugnis bei allen Land- und Familiengerichten sowie ggf. bei allen Oberlandesgerichten nicht mehr durch eine lokal geführte Liste geführt werden. Dies hat sich in der Praxis als unzureichend erwiesen. Häufig wurden beispielsweise Rechtsanwälte durch Oberlandesgerichte außerhalb des eigenen Kammerbezirks aufgefordert, einen Nachweis über die Zulassung beim eigenen Oberlandesgericht zu führen, um die Postulationsbefugnis prüfen zu können.

4 **2. Der Weg von den lokalen Anwaltslisten zum Gesamtverzeichnis.** Im ersten Entwurf des Gesetzes zur Stärkung der Rechtsanwaltschaft vom 26.11.2004 (BR-Drs. 945/04), sollten die **Anwaltslisten durch eine Bescheinigung ersetzt** werden, die den Rechtsanwalt ausweist. Um zu gewährleisten, dass die Bescheinigung, die in Abs. 2 bezeichneten Daten zutreffend wiedergibt, sollte die Bescheinigung bei Erlöschen der Zulassung oder Wechsel des Kammerbezirks zurückzugeben sein. Diese Rechtsanwaltsbescheinigungen sollte die zuständige RAK ausstellen.

5 Demgegenüber schlug die Bundesregierung vor, bei der Bundesrechtsanwaltskammer ein **Gesamtverzeichnis** aller in Deutschland zugelassenen Rechtsanwältinnen und Rechtsanwälte auf der Basis der bei den regionalen Rechtsanwaltskammern geführten Verzeichnisse zu installieren. In einem **deutschlandweiten Verzeichnis** könne sich der Rechtsverkehr schneller einen Gesamtüberblick verschaffen. Nach dem Wegfall der Lokalisierung und der Beschränkungen der Postulationsfähigkeit sei dies zweckmäßig, weil auch der Tätigkeitsradius der Rechtsanwältinnen und Rechtsanwälte nicht auf den Bezirk ihrer eigenen RAK beschränkt ist. Die Einsicht in das von der BRAK zu führende Verzeichnis sollte schnell und unbürokratisch möglich sein. Dem Stand der Technik entsprechend, sollte es elektronisch geführt werden. Einerseits sollte dieser Weg den Rechtsanwaltskammern die Arbeit bei der Eingabe und der Verwaltung der Daten erleichtern, andererseits ermöglicht ein solches Gesamtverzeichnis den weltweiten automatisierten Abruf der Daten (amtliche Begründung, BT-Drs. 16/513, 23). Zudem soll das Rechtsanwaltsverzeichnis der Transparenz des Rechtsdienstleistungsmarktes und den Interessen der Verbraucher dienen (BT-Drs. 16/513, 15).

6 **3. Datenschutzrechtliche Verantwortung.** Die datenschutzrechtliche Verantwortung im Hinblick auf **alle** von ihr im eigenen Rechtsanwaltsverzeichnis eingegebenen **Daten,** insbesondere für die Rechtmäßigkeit der Erhebung und die Richtigkeit der Daten, trägt nach dem Gesetzeswortlaut die regionale RAK ebenso, wie auch die, zu den Daten, die von ihr an die Bundesrechtsanwaltskammer für das Gesamtverzeichnis weitergegeben werden.

7 Dass die **regionale RAK** die **datenschutzrechtliche Verantwortung** für die Richtigkeit der von ihr im eigenen Verzeichnis eingestellten und auch ins Gesamtverzeichnis weitergeleiteten Daten trägt, ist evident. Wer sollte diese tragen, wenn nicht derjenige, der die Daten erhebt und eingibt.

8 Die **Verantwortung** aber, ob aus datenschutzrechtlicher Sicht die im Gesetz in Abs. 3 aufgelisteten Daten überhaupt alle in ein öffentliches Verzeichnis eingegeben werden dürfen und wenn ja, von wem diese ohne Verstoß gegen den Datenschutz oder die informationelle Selbstbestimmung des Rechtsanwalts eingesehen werden dürfen, ob in alle dort einzugebenden Daten oder nur einen Teil, währenddessen ein anderer Teil dieser Daten möglicherweise nur im Wege der Amtshilfe Gerichten und Behörden zugänglich sein darf, **trägt nicht die regionale RAK, sondern das BMJ.** Dieses regelt nämlich noch die Einzelheiten der Führung und der Einsichtnahme in das Gesamtverzeichnis durch Rechtsverordnung mit Zustimmung des Bundesrates (Abs. 5). Bislang (31.3.2015) ist eine solche Rechtsverordnung noch nicht erlassen, aber auch keine in der Planung. Die regionalen Rechtsanwaltskammern müssen sehr genau eigenverantwortlich prüfen, welche Daten sie bis zum Erlass einer solchen Rechtsverordnung in ihr eigenes seit 1.6.2007 zu führendes, aber auch das (Gesamt-)Verzeichnis einstellen und für jedermann zugänglich machen. Eine vom BMJV noch zu erlassende **Rechtsverordnung** – mit ihr ist wohl heute eher nicht mehr zu rechnen – hätte **entgegen dem Wortlaut** nämlich auch maßgeblichen, auch datenschutzrechtlichen, **Einfluss** auf die **Rechtsanwaltsverzeichnisse der regionalen Rechtsanwaltskammern** (eingehend → Rn. 55 ff.).

9 Aus datenschutzrechtlicher Sicht und wegen der Verantwortlichkeit der RAK im Hinblick auf die Erhebung der Daten, empfiehlt es sich, **die Zulassungsbewerber** bereits im Antrag ausdrücklich **auf die spätere Veröffentlichung** bestimmter Daten, die benannt werden sollten, im

internetgeführten Rechtsanwaltsverzeichnis der regionalen RAK, die Weitergabe an die BRAK und die weitere Veröffentlichung im internetgeführten Gesamtverzeichnis der BRAK ausdrücklich **hinzuweisen** und sich das Einverständnis des Betroffenen dazu geben zu lassen.

§ 31 Abs. 3 hindert die RAK im Übrigen aber nicht, **weitergehende Daten,** wie auch vor dem 1.6.2007, zu erheben, wie die Privatanschrift etc., auch wenn die weiteren Daten nicht in das Verzeichnis einzupflegen sind. 10

4. Keine konstitutive Wirkung der Eintragung. Die Eintragung in die beim Zulassungsgericht geführte Liste der Rechtsanwälte war bisher konstitutiv für die Befugnis, die anwaltliche Tätigkeit ausüben zu dürfen (§§ 31, 32 aF). Demgegenüber ist die Eintragung im Rechtsanwaltsverzeichnis nicht mehr konstitutiv. 11

Die Zulassung zur Rechtsanwaltschaft wird wirksam mit der Aushändigung einer von der RAK ausgestellten Urkunde (§ 12 Abs. 1). Diese wiederum wird erst ausgehändigt, wenn die Vereidigung (§ 12a) stattgefunden hat und der Abschluss der Berufshaftpflichtversicherung (§ 51) nachgewiesen oder eine vorläufige Deckungszusage vorgelegt wurde (§ 12 Abs. 2). Mit dieser Zulassung durch die RAK darf die **Tätigkeit als Rechtsanwalt sofort ausgeübt** werden, **ohne dass es der Eintragung im Rechtsanwaltsverzeichnis bedarf** (§ 12 Abs. 4). Die Eintragung im Verzeichnis erfolgt unabhängig von der Einrichtung der Kanzlei (§ 27 Abs. 1; → § 27 Rn. 3a). 12

5. Verfassungsmäßigkeit. § 31 in der bis zum 31.8.2009 geltenden Fassung ist verfassungskonform (AGH Baden-Württemberg vom 16.1.2009 – AGH 33/2008 II). In der gegen diese Entscheidung eingelegten sofortigen Beschwerde entschied der BGH wegen Erledigung in der Hauptsache nur noch über die Kosten. Da ihm der Ausgang des Verfahrens nach summarischer Prüfung ungewiss erschien, erhob er weder Gebühren noch Auslagen und ordnete keine außergerichtliche Kostenerstattung der Parteien an (BGH BeckRS 2010, 07622), womit implizit keine verfassungsrechtlichen Bedenken gesehen wurden. In einer späteren Entscheidung vom 2.11.2012 hat der **BGH ausdrücklich festgestellt,** dass Bedenken gegen die Verfassungsmäßigkeit des § 31 nicht ersichtlich sind. Er enthält Berufsausübungsregeln, die durch vernünftige Erwägungen des Gemeinwohls gerechtfertigt seien. Nach der Begründung des Entwurfs eines Gesetzes zur Stärkung der Selbstverwaltung der Rechtsanwaltschaft vom 2.2.2006 (BT-Drs. 16/513, 15) ist es im Interesse des einfachen und sichereren Rechtsverkehrs unerlässlich, dass Gerichte, Behörden und Rechtsuchende schnell, unbürokratisch und dem Stand der Technik entsprechend feststellen können, wer zur Rechtsanwaltschaft zugelassen ist. Das Register dient damit der Transparenz des Rechtsdienstleistungsmarkts und den Interessen der Verbraucher (BGH BRAK-Mitt. 2013, 38 = NJW-RR 2013, 253 = AnwBl. 2013, 69, nur Ls.). 12a

II. Eintragung (Abs. 2)

1. Die einzutragenden Rechtsanwälte. Nur die im Bezirk einer regionalen RAK zugelassenen **Rechtsanwälte** (→ Rn. 19a–19e) werden entsprechend dem Sinn der Führung eines solchen Rechtsanwaltsverzeichnisses in dieses eingetragen. Die Neufassung des § 31 lehnt sich insoweit an die bis zum 1.6.2007 geltende Regelung an. An die Stelle der bis dahin bei den Zulassungsgerichten geführten Anwaltslisten treten die durch die regionalen Rechtsanwaltskammern für ihre Mitglieder zu führenden Rechtsanwaltsverzeichnisse (→ Rn. 1–5). Diese neue Regelung ist notwendige Folge des ab 1.6.2007 vollständig auf die regionalen Rechtsanwaltskammern übertragenen Zulassungsgeschäfts (bis 1.6.2007 führten die Anwaltslisten die Zulassungsgerichte und die Abnahme des Berufseides der Rechtsanwälte erfolgte – bis auf das Land Baden-Württemberg – in öffentlicher Sitzung des Gerichts) und des Umstands, dass seit diesem Datum eine Zulassung zur Rechtsanwaltschaft nur noch im Bezirk einer RAK erfolgt (§ 12 Abs. 3, § 60 Abs. 1; → Rn. 1 ff.; → § 12 Rn. 1, 15). 13

2. Voraussetzungen der Eintragung (Abs. 2). Mit dem Gesetz zur Modernisierung von Verfahren im anwaltlichen und notariellen Berufsrecht, zur Errichtung einer Schlichtungsstelle der Rechtsanwaltschaft sowie zur Änderung sonstiger Vorschriften vom 30.7.2009 (BGBl. I S. 2449) ist die Eintragung in die Verzeichnisse nur noch von der Aushändigung der Urkunde über die Zulassung zur Rechtsanwaltschaft abhängig gemacht worden (→ § 27 Rn. 3a). 14

Es kommt nicht darauf an, ob der Rechtsanwalt im Zeitpunkt der Eintragung seiner Kanzleipflicht genügt. Dies sei unerheblich, da die Rechtsanwaltsverzeichnisse nach § 31 Auskunft 15 darüber geben sollen, wer zur Rechtsanwaltschaft zugelassen ist und damit anwaltlich tätig werden darf (§ 12 Abs. 4). Nach § 12 Abs. 1 wird die Zulassung zur Rechtsanwaltschaft wirksam mit der Aushändigung der Zulassungsurkunde. Diese wird übergeben, sobald die oder der Bewerber(in) den Berufshaftpflichtversicherungsschutz nachgewiesen hat und vereidigt ist (§ 12 Abs. 2; amtliche Begründung, BT-Drs. 16/11385, 35).

15a **3. Keine Ermessensentscheidung.** Hinsichtlich des Ob und in welcher Form die Kanzleianschrift zu veröffentlichen ist, steht der **RAK kein Ermessen** zu; für ein wie auch immer geartetes **Mitspracherecht des Rechtsanwalts** ist kein Raum. Nach § 31 Abs. 1 S. 1 hat die Klägerin ein elektronisches Verzeichnis der in ihrem Bezirk zugelassenen Rechtsanwälte zu führen. In dieses Verzeichnis ist (ua) die Kanzleianschrift einzutragen (§ 31 Abs. 3; BGH BRAK-Mitt. 2013, 38 = NJW-RR 2013, 253).

16 **4. Zeitpunkt der Eintragung.** Das Gesetz gibt der RAK für die Eintragung im Rechtsanwaltsverzeichnis keinen Zeitrahmen vor. Soweit die Voraussetzungen nachgewiesen sind, erfolgt die Eintragung (Abs. 2). Daraus folgt, dass die Eintragung im Rechtsanwaltsverzeichnis **nicht zwingend am Tag der Zulassung** erfolgen muss, sondern im normalen Geschäftsablauf der RAK erfolgen kann, wie dies auch zuvor bei den Zulassungslisten bei den Gerichten der Fall war. Vereidigung und Eintragung in den Listen beim Amts- und Landgericht erfolgten höchst selten am selben Tag, sondern stets ein paar Tage später.

17 Da jetzt die **Eintragung** noch **nicht** einmal mehr **konstitutiv** für die Befugnis ist, die anwaltliche Tätigkeit auszuüben (§§ 31, 32 aF), sondern lediglich der Transparenz über die Zulassung zur Rechtsanwaltschaft dient, muss es der RAK erst recht möglich sein, die Eintragung im normalen Geschäftsablauf vornehmen zu können. Aus der vom Gesetzgeber mit dem Rechtsanwaltsverzeichnis bezweckten Transparenz des Rechtsdienstleistungsmarkts (amtliche Begründung, BT-Drs. 16/513, 15) folgt aber wiederum auch, dass die Eintragung im Rechtsanwaltsverzeichnis binnen Wochenfrist nach der Zulassung zur Rechtsanwaltschaft erfolgen sollte, da anderenfalls weder die Transparenz, noch die vom Gesetzgeber mit der elektronischen Einführung des Verzeichnisses bezweckte schnelle, unbürokratische und aktuelle Auskunftsmöglichkeit über das Rechtsanwaltsverzeichnis gegeben wären.

18 Grundsätzlich sollte es der RAK aufgrund der ohnehin elektronischen Verarbeitung der Daten eines zukünftigen Rechtsanwalts möglich sein, zumal sie allein das Zulassungsgeschäft betreibt und allein über die Zulassung entscheidet, wenn nicht am **Tag der Zulassung,** so aber doch am **Folgetag** die Eintragung im Rechtsanwaltsverzeichnis vorzunehmen, was in der **Praxis** auch regelmäßig der Fall ist.

III. Inhalt der Eintragung (Abs. 1, 3)

19 **1. Familienname/Berufsname/Geburtsname und die Vornamen.** Nach dem Wortlaut sind **alle Vornamen** des Rechtsanwalts in das Verzeichnis aufzunehmen. Bei häufig vorkommenden Familiennamen ist dadurch eine bessere Unterscheidbarkeit möglich. Da die Daten der regionalen Rechtsanwaltskammern in ein Gesamtverzeichnis, geführt bei der Bundesrechtsanwaltskammer, einfließen, wodurch eine bundesweite Suche unter derzeit 163.540 (Stand: 1.1.2015) Rechtsanwälten möglich sein wird, kann die Aufnahme aller Vornamen für die Suche insoweit von Bedeutung sein.

19a **Familienname** iSd Abs. 3 meint den aktuellen Familiennamen und nicht etwa den **Geburtsnamen.** Dies folgt ua aus § 24 Abs. 1 BORA, der den Rechtsanwalt zur unverzüglichen Anzeige auch einer Namensänderung verpflichtet, um den gespeicherten Datenbestand immer aktuell zu halten. Zudem differenziert Abs. 3 nicht zwischen dem früheren und jetzigen Familiennamen, wie dies andere Vorschriften (§ 298 SGB VI, § 1 Abs. 2 Nr. 1 BPAuswG, § 2 Abs. 2 Nr. 1 II. BMeldDÜV) tun (AGH NRW vom 23.1.2015 – 1 AGH 37/14, BeckRS 2015, 06595). Daneben können die praktische Konkordanz der Rechte des betroffenen Anwalts und eine verfassungskonforme Auslegung von Art. 6 Abs. 1, Art. 2 Abs. 1 iVm Art. 1 Abs. 1 GG dazu führen, dass neben dem aktuellen Familiennamen auch der vom Rechtsanwalt geführte **Berufsname** in das Anwaltsverzeichnis aufgenommen wird, soweit dies hinreichend kenntlich gemacht ist durch „Berufsname" oder „beruflich genannt" (AGH NRW vom 23.1.2015 – 1 AGH 37/14, BeckRS 2015, 06595, nicht rkr). Das Ergebnis korreliert mit der zulässigen Nutzung des Berufsnamens im

Rahmen einer PartG (OLG Frankfurt NJW 2003, 364; MüKoBGB/*Schäfer*, 6. Aufl. 2013, PartGG § 2 Rn. 9).

2. Mitglieder des Rechtsanwaltsverzeichnisses. Während § 31 aF ausdrücklich noch in Abs. 1 S. 1 von einem „Gesamtverzeichnis aller Mitglieder der Rechtsanwaltskammern" sprach, das bei der RAK elektronisch zu führen ist, stellt die zum 1.9.2009 in Kraft getretene Änderung klar, dass nur **Rechtsanwältinnen und Rechtsanwälte als natürliche Person** in das Verzeichnis eingetragen werden. 19b

Eine weitere Änderung des § 209 sieht nunmehr die **Eintragung von Kammerrechtsbeiständen** im Bezirk einer regionalen RAK in das Rechtsanwaltsverzeichnis vor (amtliche Begründung, BT-Drs. 16/11385, 35 und 48). Zu Recht sieht *Siegmund* diese Änderung kritisch, da der Nutzer des Rechtsanwaltsverzeichnisses davon ausgehen darf, dort nur Rechtsanwälte vorzufinden, wie es der Name erwarten lässt (Gaier/Wolf/Göcken/*Siegmund* § 31 Rn. 23). 19c

Während bisher schon nach dem EuRAG in die Kammer aufgenommene **europäische Rechtsanwälte** in das Verzeichnis aufgenommen worden sind, sind nunmehr auch die **Anwälte aus anderen Staaten iSd § 206** zu berücksichtigen (amtliche Begründung, BT-Drs. 16/11385, 47). 19d

Die Aufnahme anderer weiterer Mitglieder der RAK, nämlich der **Rechtsanwaltsgesellschaften mit beschränkter Haftung** (§ 60 Abs. 1), soll dagegen **nicht** erfolgen. Nach der amtlichen Begründung soll das Rechtsanwaltsverzeichnis ein Verzeichnis aller natürlichen Berufsträger, deren persönliche Qualifikation entscheidend für die Ausübung der Tätigkeit ist, sein. Auch innerhalb der Rechtsanwalts-GmbH sind letztlich stets die einzelnen **Rechtsanwälte als Handelnde verantwortlich,** die gemäß § 59l nach außen für die Rechtsanwalts-GmbH auftreten und **ihrerseits bereits** als **Mitglieder im Gesamtverzeichnis** geführt werden. Würde man – so die amtliche Begründung – die Eintragungsfähigkeit auch auf Rechtsanwalts-GmbHs ausdehnen, müsste aus Gründen der Gleichbehandlung jedenfalls auch die von der Rechtsprechung als zulässig erachtete **Rechtsanwalts-AG** in das Register aufgenommen werden. Daran anknüpfend würden sich weitere Fragen aufwerfen, wie es nämlich mit der Eintragung von nach ausländischem Recht gegründeten Kapitalgesellschaften, Personengesellschaften wie die **Partnerschaftsgesellschaft** oder der Gesellschaft bürgerlichen Rechts steht. Nach der Gesetzesbegründung bestünde für eine so weitreichende und zugleich aufwendige Ausweitung des Inhalts dieses Verzeichnisses kein Bedürfnis (BT-Drs. 16/11385, 35). 19e

Diese **Argumentation überzeugt nicht** (zustimmend Gaier/Wolf/Göcken/*Siegmund* § 31 Rn. 26; kritisch auch *Deckenbrock* AnwBl. 2014, 118), denn im Gegensatz zur von der Rechtsprechung zwar zugelassenen Rechtsanwalts-AG, kann diese als solche, anders als die Rechtsanwalts-GmbH, nicht als Prozess- oder Verfahrensbevollmächtigte beauftragt werden. Damit haben die Rechtsanwalts-GmbHs die Rechte und Pflichten eines Rechtsanwalts (§ 59 Abs. 1). Nur mit Eintragung haben Rechtsuchende, Gerichte und Behörden die Möglichkeit, sich über Zulassung und Vertretungsberechtigung dieser Gesellschaften zu informieren. Im Übrigen unterscheiden sich die Rechtsanwaltsgesellschaften mbH von den in der Gesetzesbegründung genannten beruflichen Zusammenschlüssen auch dadurch, dass diese als einzige zugelassene Mitglieder der Rechtsanwaltskammern sind. Das trifft weder für Partnerschaftsgesellschaften noch die BGB-Gesellschaften zu. Ob und wenn ja welche ausländischen Gesellschaftsformen für Rechtsanwälte einmal zugelassen sein werden, ist völlig offen und kann heute kein Argument sein, damit die Eintragung einer bereits gesetzlich normierten und als Mitglied der regionalen Rechtsanwaltskammern zugelassenen Gesellschaftsform, nicht in das Rechtsanwaltsverzeichnis aufzunehmen. Diese Unterschiede würden eine andere Handhabung rechtfertigen. 19f

3. Kanzleianschrift, Telefon- und Telefaxnummern, E-Mail-Adresse sowie Anschrift von etwaigen Zweigstellen, beA. Da das Verzeichnis gerade dazu dienen soll, dass sich Gerichte, Behörden und Rechtsuchende schnell, unbürokratisch und aktuell darüber unterrichten können sollen, wer zur Rechtsanwaltschaft zugelassen ist und wo ein Anwalt seinen Beruf ausübt und wo Zustellungen bewirkt werden können, ist die **vollständige Kanzleianschrift** aufzunehmen. Zur Anschrift zählen auch die **telekommunikativen Einrichtungen,** wie Telefon und Telefax. Diese bereits bei der Erstkommentierung in der 7. Aufl. festgestellte Selbstverständlichkeit hat der Gesetzgeber ab 1.9.2009 klarstellend in den Gesetzestext: „und die Telekommunikationsdaten" (Gesetz vom 30.7.2009, BGBl. I S. 2449), eingefügt. Es sollte mit dieser Ergänzung ausdrücklich klargestellt, zudem eine sichere Rechtsgrundlage geschaffen werden, damit die von den Rechtsanwältinnen und Rechtsanwälten mitgeteilten Kanzleidaten, wie 20

Telefon- und Telefaxnummern oder **E-Mail-Adresse** mit den Kanzleidaten im Rechtsanwaltsverzeichnis veröffentlicht werden dürfen (amtliche Begründung, BT-Drs. 16/11385, 35). Zum **besonderen elektronischen Postfachs** → Rn. 66 ff.; → § 31a Rn. 1).

20a Die **Herausnahme einzelner Adressen** aus dem Rechtsanwaltsverzeichnis ist nicht möglich (zB zur Verhinderung von Werbung durch gewerbliche Unternehmen; BRAK-Ausschuss Datenschutzrecht vom 25.11.2008, BRAK-Nr. 610/2008). Hinsichtlich des Ob und in welcher Form die Kanzleianschrift zu veröffentlichen ist, steht der **RAK kein Ermessen** zu; für ein wie auch immer geartetes **Mitspracherecht des Rechtsanwalts** ist kein Raum (BGH BRAK-Mitt. 2013, 38 = NJW-RR 2013, 253; → Rn. 15a).

21 Da der Rechtsanwalt unaufgefordert verpflichtet ist, unverzüglich **Änderungen** des Namens und der Anschrift der Kanzlei wie auch der jeweiligen Telekommunikationsmittel der Kanzlei der RAK anzuzeigen **(§ 24 Abs. 1 Nr. 2 und 3 BORA),** ist gewährleistet, dass die RAK das Rechtsanwaltsverzeichnis jedenfalls soweit aktuell halten kann, als ihr die entsprechenden Mitteilungen auch gemacht werden.

22 Diese bis zum 1.6.2007 zudem in § 31 Abs. 5 aF normierte Pflicht, Änderungen im Hinblick auf seine Kanzlei der Landesjustizverwaltung bzw. der RAK und den Zulassungsgerichten anzuzeigen, ergibt sich nunmehr aus § 27 Abs. 2, wonach der Rechtsanwalt bei Verlegung der Kanzlei oder Errichtung einer Zweigstelle ausschließlich seiner RAK unverzüglich Mitteilung zu machen hat. Auch die **in § 27 Abs. 2 konstituierte Informationspflicht** des Rechtsanwalts gegenüber seiner RAK ist Voraussetzung für die sachgerechte Führung des Rechtsanwaltsverzeichnisses nach § 31; **Zweigstellen** sind jetzt ausdrücklich in § 24 Abs. 1 Nr. 2 BORA erfasst.

23 Nachdem das Zweigstellenverbot des § 28 aF aufgehoben wurde, ist es zweckmäßig, dass auch **Zweigstellen** in die Rechtsanwaltsverzeichnisse **eingetragen werden** (BT-Drs. 16/3837, 42). Da ein Rechtsanwalt auch hinsichtlich der **Berufstätigkeit,** die er **im Bezirk einer anderen RAK** durch eine Zweigstelle ausübt, der Berufsaufsicht der RAK unterliegt, deren Mitglied er ist, besteht auch insoweit eine **Informationspflicht.** Die Errichtung einer Zweigstelle im Bezirk einer anderen RAK ist deshalb sowohl der für die (Haupt-)Kanzlei zuständigen RAK als auch der RAK anzuzeigen, in deren Bezirk sich die Zweigstelle befindet (amtliche Begründung). Damit ist es den Gerichten, Behörden und Rechtsuchenden über das bei der Bundesrechtsanwaltskammer geführte Gesamtverzeichnis möglich, die zuständige RAK herauszufinden, soweit ein Rechtsanwalt in Zweigstellen anderer Bezirke Anlass zur Beschwerde pp. gibt.

24 **4. Befreiung von der Kanzleipflicht und Inhalt der Befreiung.** Der mit dem Rechtsanwaltsverzeichnis angestrebten Transparenz für jedermann entsprechend, ist die **Befreiung** von der Pflicht, eine Kanzlei zu unterhalten (§§ 29 Abs. 1 und 29a Abs. 2) aufzunehmen, **wie auch** der **Inhalt der Befreiung** von dieser Verpflichtung. Die Aufnahme auch dieser Informationen im Rechtsanwaltsverzeichnis ist nicht neu. § 31 Abs. 3 S. 3 aF sah die entsprechende Verpflichtung ebenfalls für die Gerichtslisten vor.

25 Der **Grund für die Befreiung** im Fall des **§ 29a** kann für Behörden, Gerichte oder Rechtsuchende Aufschluss darüber geben, warum beispielsweise ein Rechtsanwalt im Bundesgebiet nicht mehr in seiner Kanzlei – und für wie lange nicht mehr – erreicht werden kann. Er **gehört,** wie die Dauer der Befreiung, **zum „Inhalt der Befreiung"** und stellt angesichts der grundsätzlichen Verpflichtung zur Unterhaltung einer Kanzlei auch kein schützenswertes Geheimnis dar. Insbesondere auch deswegen, da Voraussetzung die Einrichtung einer Kanzlei im Ausland ist (→ § 29a Rn. 9) und derartige Befreiungen in der Praxis ganz überwiegend mindestens für ein Jahr, meist für mehrere Jahre ausgesprochen werden, der Anwalt also lange nicht zu erreichen sein wird.

26 Anders sind die Fälle der **Befreiung nach § 29** (→ § 29 Rn. 3 ff.) zu beurteilen. Insoweit fällt der **Grund,** der zur Befreiung von der Kanzleipflicht geführt hat, **nicht unter den „Inhalt der Befreiung",** wie es in § 31 Abs. 3 heißt. Zum Inhalt gehört nur der Umstand als solcher, wie auch die Dauer der Befreiung.

27 Es würde einen unzulässigen Eingriff in das informationelle Selbstbestimmungsrecht des Rechtsanwalts bedeuten und ist als solches auch für Gerichte, Behörden und Rechtsuchende ohne tatsächlichen Wert, den Grund mitzuteilen. Wichtig ist insoweit allein, wie lange eine solche Befreiung andauern wird, nicht aber der Grund. Der **Unterschied zu den Befreiungen nach § 29a** besteht zum einen darin, dass die Befreiungen in der Regel sehr viel kürzer sind, zum anderen, dass gerade keine andere Kanzlei im Ausland unterhalten wird, wo man auch

versuchen könnte, den Rechtsanwalt zu erreichen. Es sind **oft sehr private Gründe,** die für die Befreiung nach § 29 in Betracht kommen, wie plötzliche Arbeitslosigkeit, berufliche Neuorientierung mit dem Status als Rechtsanwalt oder auch der Mutterschutz.

Das Rechtsanwaltsverzeichnis soll, wie es der Gesetzgeber formuliert hat, „die **Transparenz des Rechtsdienstleistungsmarktes** und den Interessen der Verbraucher" dienen, nicht aber dazu, die Neugier Interessierter zu befriedigen. 28

Leider sieht das Gesetz nach wie vor **nicht** vor, den **Zustellungsbevollmächtigten** (§ 30) im **Gesamtverzeichnis aufzunehmen,** dessen Bekanntgabe in den Fällen des § 29 und § 29a, für Gerichte, Behörden, Anwälte und die Rechtsuchenden äußerst wichtig wäre. Was nützt allein die Information aus dem Gesamtverzeichnis über beispielsweise eine Kanzleipflichtbefreiung, wenn nicht auch eine Alternative zum nicht zu erreichenden Anwalt angeboten wird? 28a

Der Gesetzgeber hat der bereits in der 7. Aufl. geäußerten Kritik an der bis zum 31.8.2009 geltenden Fassung des § 31 (dieser hat sich Gaier/Wolf/Göcken/*Siegmund* § 31 Rn. 67 angeschlossen) nur teilweise Gehör geschenkt, indem er in S. 2 des Abs. 3 neu die **Eintragung des Vertreters** (§ 53) mit Familien- und Vornamen vorgesehen hat. Auch im Hinblick auf den Zustellungsbevollmächtigten hätte der Gesetzgeber dringend mit seinem Gesetz vom 30.7.2009 (BGBl. I S. 2449) den bisherigen § 31 nachbessern müssen. Warum er zwischen beiden Fällen differenziert und es beim Zustellungsbevollmächtigten nicht für erforderlich hält, ist leider auch der Gesetzesbegründung nicht zu entnehmen. *Siegmund* meint, dass man davon ausgehen könne, die RAK sei dennoch befugt den Zustellungsbevollmächtigten mit seiner Adresse in das Rechtsanwaltsverzeichnis einzutragen, da er mit seiner Adresse das Surrogat der Kanzlei darstelle (Gaier/Wolf/Göcken/*Siegmund* § 31 Rn. 67). Dies ist zwar wünschenswert, erscheint aber angesichts der vom Gesetzgeber getroffenen Differenzierung beider Fälle, die vor der Änderung (ab 1.9.2009) beide nicht einzutragen waren, **zu weitgehend.** Hätte der Gesetzgeber beide Fallvarianten regeln wollen, wäre es naheliegend gewesen, beide Varianten zu regeln, wie er auch im Zuge der ersten Korrektur der Norm weitere Dinge, wie zum Beispiel die Aufnahme der Telekommunikationsdaten (→ Rn. 20) klargestellt hat. Daraus kann nur der Schluss gezogen werden, dass **keine ungewollte Nichtregelung** vorliegt, sondern der Zustellungsbevollmächtigte gerade nicht eingetragen werden soll, wenn auch ein Grund dafür nicht erkennbar ist. Dass keine planwidrige Lücke gegeben ist, belegt auch die weitere Änderung des § 31 durch das Gesetz vom 23.7.2013 (BGBl. I S. 2586; → Rn. 60). Der Gesetzgeber hat für das Europäische Rechtsanwaltsverzeichnis bestimmt, ggfs. die *Adresse* des Zustellungsbevollmächtigten als Adresse der Kanzlei aufzunehmen, nicht aber den *Namen* (→ Rn. 64). 28b

5. Berufsbezeichnung, Fachanwaltsbezeichnungen. Die Berechtigung zur Führung bestimmter **Fachanwaltsbezeichnungen** ist von Natur aus zur Kenntnisnahme durch die Rechtsuchenden bestimmt und keine Angelegenheit auf die sich die Pflicht zur Verschwiegenheit erstreckt. Der Rechtsanwalt tritt neben seiner Kanzleianschrift auch gerade mit den von ihm erworbenen Fachanwaltsbezeichnungen werbend in den Rechtsverkehr; er wird es also begrüßen, dass auch diese Information im Rechtsanwaltsverzeichnis von Rechtsuchenden zu finden ist. Auch dem sachlichen Interesse des Rechtsuchenden dient es, die Fachanwaltsbezeichnungen des Rechtsanwalts im Rechtsanwaltsverzeichnis mit anzugeben. Ein Rechtsuchender ist über die Suchmöglichkeiten innerhalb eines Rechtsanwaltsverzeichnisses dann letztlich in der Lage, auch gezielt nach Fachanwälten auf bestimmten Gebieten zu suchen. 29

Mit der Gesetzesänderung zum 1.9.2009 ist auch noch die **Berufsbezeichnung** in Abs. 3 ergänzt worden. Diese ist deswegen notwendig geworden, weil neben deutschen Rechtsanwälten nunmehr auch Angehörige von Rechtsanwaltsberufen aus Staaten einzutragen sind, die nach dem EuRAG oder nach § 206 berechtigt sind, sich in Deutschland niederzulassen (amtliche Begründung). 30

6. Zeitpunkt der Zulassung. Auch in die Gerichtslisten wurde der Zeitpunkt der Zulassung, neben dem der Vereidigung, aufgenommen (§ 31 Abs. 3 S. 1 aF), so dass die gesetzliche Vorgabe in § 31 Abs. 3 keine gänzlich neue Verpflichtung darstellt. Einzutragen ist im Grundsatz bei **ununterbrochener Zulassung** das **Erstzulassungsdatum** (Aushändigung der Zulassungsurkunde gemäß § 12 Abs. 1), nicht das Datum einer möglichen Aufnahme von einer anderen RAK. In Einzelfällen, wenn die Zulassung unterbrochen war, ist auf das **Wiederzulassungsdatum** zurückzugreifen. 31

32 Auch die bis zum 1.6.2007 bei den Zulassungsgerichten geführten Rechtsanwaltslisten waren, selbst wenn dies nicht ausdrücklich geregelt war, für jedermann einsehbar, ohne dass es dazu des Nachweises oder der Glaubhaftmachung eines berechtigten Interesses bedurfte (BT-Drs. 16/513, 15). Im Unterschied zu dem nun für jeden im Internet von jedem Platz der Erde zugänglichen Rechtsanwaltsverzeichnis wusste der durchschnittliche Bürger sicher nicht um seine Möglichkeit der Listeneinsicht. Zudem, selbst wenn es bekannt gewesen wäre, war eine Hemmschwelle zu überwinden; jetzt gibt es überhaupt keine Hemmschwelle mehr.

33 Beim Zulassungsdatum handelt es sich aber **nicht** um eine **geheimhaltungsbedürftige** Angelegenheit, die der Verschwiegenheitspflicht des § 76 unterliegt (→ § 76 Rn. 10–28), so dass dies die Aufnahme nicht hindert.

34 Gegen die jetzt jederzeit im Internet zur Verfügung stehende Information über das Zulassungsdatum kann nicht damit argumentiert werden, dass sich aus dem Zulassungsdatum, sofern es sich aus dem Rechtsanwaltsverzeichnis ergibt, ein **Wettbewerbsnachteil** für noch nicht so lange zugelassene Rechtsanwälte ergeben könnte. Richtig ist zwar, dass gerade erst zugelassene Rechtsanwälte als solche über dieses Datum erkennbar sind. Unabhängig von der auch bis zum 1.6.2007 möglichen Einsichtnahme in die Rechtsanwaltslisten beim Gericht wäre es aber auch heute noch für Gerichte, Behörden und Rechtsuchende möglich, bei berechtigtem Interesse das Zulassungsdatum durch einen Anruf bei der zuständigen RAK in Erfahrung bringen zu können. Insbesondere für Gerichte kann aber die Information über den Zeitpunkt der Zulassung zur Rechtsanwaltschaft von Bedeutung sein. Auch wenn seit dem 1.6.2007 mit Zulassung zur Rechtsanwaltschaft jeder Rechtsanwalt sofort berechtigt ist, bei allen Land- und Oberlandesgerichten aufzutreten, ist es gleichwohl in Anwaltsprozessen vor dem Land- und Oberlandesgericht oder in Familiensachen mit Anwaltszwang unabdingbar, dass ein zugelassener Rechtsanwalt Schriftsätze einreicht oder vor Gericht verhandelt. Sollten insoweit im Nachhinein Zweifel auftreten, ist es über das Rechtsanwaltsverzeichnis möglich, eine diesbezügliche Feststellung für den Zeitpunkt der Vornahme einer bestimmten Handlung zu treffen.

35 Allerdings könnte das Gericht dieses berechtigte Informationsbedürfnis auch durch einen entsprechenden Anruf bei der zuständigen RAK stillen, ohne dass diese Information jedermann im Rechtsanwaltsverzeichnis zugänglich ist.

36 Ein wirkliches **sachliches Interesse** des Rechtsuchenden an der Information, seit wann ein (sein) Anwalt zugelassen ist, ist – auch bei der vom Gesetzgeber gewollten Transparenz – zumindest **zweifelhaft.** Es könnte allenfalls als Kriterium für die Auswahl eines Anwalts dienen, wenn man einen erfahrenen Rechtsanwalt einschalten will. Ob dieses Argument ausreicht, ist mehr als fraglich.

37 Anders als zur Rechtslage bis zum 1.6.2007 ist jeder Rechtsanwalt mit dem Zeitpunkt der Zulassung durch die RAK berechtigt, anwaltlich sofort – unabhängig von einer Eintragung im Rechtsanwaltsverzeichnis – tätig zu werden (§ 12 Abs. 4). Da der Zeitraum zwischen der Zulassung zur Rechtsanwaltschaft und Eintragung in den Rechtsanwaltslisten bei den Zulassungsgerichten, in dem nach der alten Rechtslage ein Rechtsanwalt anwaltlich nicht tätig werden durfte (§ 32 Abs. 1 aF), weggefallen ist, besteht auch aus diesem Grunde noch weniger Anlass, das Zulassungsdatum für jedermann zugänglich zu machen.

38 **7. Berufs- und Vertretungsverbote und deren Aufhebung oder Abänderung. a) Berufs- und Vertretungsverbote.** Über den bisherigen Inhalt der bis zum 1.6.2007 bei den Gerichten geführten Rechtsanwaltslisten hinaus, sind jetzt auch Berufs- (§§ 61 Abs. 1 Nr. 6, 70 StGB) und Vertretungsverbote (§ 114 Abs. 1 Nr. 4), aber seit dem 1.9.2009 nicht mehr deren Aufhebung oder Änderung in das Rechtsanwaltsverzeichnis einzutragen, sondern nur „bestehende" Verbote, Gesetz vom 30.7.2009 (BGBl. I S. 2449). Damit will der Gesetzgeber klarstellen, dass nicht mehr bestehende Berufs- und Vertretungsverbote aus den Verzeichnissen nicht mehr ersichtlich sein sollen. Es sollen **nur bestehende, also nur wirksame Berufsverbote erfasst** werden. Ist eine Maßnahme aufgrund eines Rechtsbehelfs noch nicht wirksam geworden, so darf sie nicht veröffentlicht werden. Ein **vorläufiges** Berufs- und Vertretungs**verbot,** das **sofortige Wirkung entfaltet,** ist dagegen zum Schutz der Rechtsuchenden mit dem Eintritt seiner Wirkung **zu veröffentlichen** (amtliche Begründung, BT-Drs. 16/11385, 35).

38a Mit diesem Gesetz sind die Veröffentlichungspflichten bei Berufs- und Vertretungsverboten in **Abs. 3 S. 2** ergänzt worden. Bei einer Vertreterbestellung im Falle eines Berufs- und Vertretungsverbots ist der **Vertreter mit Vor- und Familienname** einzutragen. Es ist für den Rechtsverkehr gerade in diesen Fällen besonders wichtig, über eine erfolgte Vertreterbestellung und über die Person des Vertreters unterrichtet zu werden. Neben der Tatsache, dass ein Vertreter bestellt wurde, soll die Angabe von Familien- und Vornamen genügen, da sich die weiteren Daten zu dem Vertreter aufgrund dieser Angabe aus dem Anwaltsverzeichnis ermitteln lassen sollen (amtliche Begründung, BT-Drs. 16/11385, 35). Das ist indes nur insoweit zutreffend, als es sich um einen Rechtsanwalt als Vertreter handelt. Gemäß § 53 Abs. 4 S. 2 kann die RAK aber auch andere Personen mit der Vertretung betrauen, soweit diese die Befähigung zum Richteramt erlangt haben, oder Referendare, die seit mindestens zwölf Monaten im Vorbereitungsdienst beschäftigt sind und sofern für beide Gruppen kein Versagungsgrund gemäß § 7 analog besteht. Dies hat der **Gesetzgeber** offenbar **übersehen**.

Aus der Formulierung „sind" folgt, dass es hier um **keine Ermessensentscheidung** der RAK geht. Die Auskunft über Berufs- oder Vertretungsverbote ist aus Gründen des **Verbraucherschutzes** dringend geboten (amtliche Begründung, BT-Drs. 16/513, 15). **38b**

b) Vorläufige Berufs- oder Vertretungsverbote. Von den Berufs- und Vertretungsverboten **zu unterscheiden** sind die vorläufigen Berufs- oder Vertretungsverbote gemäß § 150 (→ § 150 Rn. 5 ff.), die zeitlich und gegenständlich beschränkten Vertretungsverbote gemäß §§ 161a, 114 Abs. 1 Nr. 4, nämlich auf bestimmten Rechtsgebieten als Vertreter und Beistand für die Dauer von einem Jahr bis zu fünf Jahren tätig zu werden (im Einzelnen → § 114 Rn. 21 ff.; → § 161a Rn. 1 ff.) oder gemäß § 132a StPO das vorläufige Berufsverbot. Diese vorläufigen Verbote hat der **Gesetzgeber ausdrücklich** in § 31 Abs. 3 **nicht erwähnt,** auch wenn sie sich in der Wirkung nicht durchschlagend von den Berufs- und Vertretungsverboten unterscheiden. Sie sind als vorläufiges Verbot **nicht in das Rechtsanwaltsverzeichnis aufzunehmen** (**aA** *Horn* BRAK-Mitt. 2007, 94, 96; Henssler/Prütting/*Prütting* § 31 Rn. 12; Gaier/Wolf/Göcken/*Siegmund* § 31 Rn. 68, der aber die hier vertretene Auffassung leider zum Teil verkennt, da *Weyland* nicht „im Ergebnis mit ähnlichen Bedenken", seiner Meinung ist, sondern sogar teilweise **aA** ist, soweit es nämlich nicht um den Sofortvollzug beim Widerruf der Zulassung geht, einerseits → Rn. 39, 39a, andererseits → Rn. 41–41b). **39**

Der Auffassung von *Horn,* der Gesetzgeber habe Berufs- und Vertretungsverbote „nur abstrakt genannt", daher fallen auch die vorläufigen Verbote darunter, kann nicht gefolgt werden. Dafür findet sich im Gesetzgebungsverfahren kein Anhaltspunkt. Hätte der Gesetzgeber auch bereits vorläufige Verbote mit erfassen wollen, hätte er diese in der entsprechenden Norm – die vorläufigen Berufs- und Vertretungsverbote sind nicht neu – ebenfalls mit aufgenommen bzw. wären diese zumindest in den Gesetzesmaterialien in diesem Zusammenhang erwähnt worden oder man hätte im Gesetzgebungsverfahren deutlich gemacht, dass die Begriffe nur „abstrakt" gemeint sind. Auch der immer wieder herangezogene Verbraucherschutz („Schutz der Mandanten und der Öffentlichkeit", so in Henssler/Prütting/*Prütting* § 31 Rn. 12) widerspricht diesem Ergebnis nicht. Der Verbraucher wird in besonderem Maße bereits vom Gericht geschützt, indem die vorläufige Maßnahme verhängt wird. Das hat der Gesetzgeber offenbar insoweit für ausreichend erachtet. Diese vorläufige Maßnahme verbietet es dem Rechtsanwalt bereits generell oder auch nur gegenständlich beschränkt, anwaltlich tätig zu werden. Der sich in einem laufenden Verfahren befindliche Rechtsanwalt wird sich daran sicher halten, um sein bestehendes Problem nicht zu vergrößern. Ob es tatsächlich zu einem Berufs- oder Vertretungsverbot kommt, steht nicht unbedingt fest, auch wenn dringende Gründe dafür sprechen. Das Verfahren ist noch nicht beendet und die Aufnahme einer solchen vorläufigen Maßnahme im Verzeichnis würde zu einer **Vorverurteilung** des Rechtsanwalts **in der Öffentlichkeit** führen. Der damit anzurichtende „Flurschaden" wäre nicht mehr gutzumachen, käme es später wider Erwarten nicht zu einem Berufs- oder Vertretungsverbot. Auch wenn eine solche Eintragung in toto gelöscht werden könnte, haben von ihr bis zu dieser Löschung schon unzählige Rechtsuchende Kenntnis über das im Internet ins Verzeichnis eingestellte vorläufige Verbot nehmen können. Die Mundpropaganda täte ein Übriges; der Rechtsanwalt wird bisherige Mandanten verlieren und neue werden ihn nicht aufsuchen. Zu berücksichtigen ist dabei auch, dass die anwaltsgerichtlichen Verfahren im Hinblick darauf, dass häufig erst die Beendigung des sachgleichen strafgerichtlichen Verfahrens abgewartet wird (§ 118 Abs. 1 S. 1 und 2), erst lange Zeit nach dem Tatgeschehen durchgeführt werden können, also eine solche Eintragung unter Umständen sehr lange öffentlich gestellt würde. Schließlich spricht auch der Grundsatz der nichtöffentlichen Hauptverhandlung vor dem **39a**

Anwaltsgericht (§ 135; → § 135 Rn. 1 ff.) gegen die Veröffentlichung eines vorläufigen Berufs- oder Vertretungsverbots. Diese Schutzvorschrift dient in erster Linie dem Interesse des Rechtsanwalts am Ausschluss der Öffentlichkeit, denn er hat es in der Hand, für eine öffentliche Verhandlung zu sorgen (Abs. 1 S. 2; → § 135 Rn. 4). Dieser dem Rechtsanwalt durch das Gesetz gewährte Schutz würde dann durch Veröffentlichung im Rechtsanwaltsverzeichnis bei noch nicht abgeschlossenem Verfahren genommen werden.

39b Mit der zum 1.9.2009 vorgenommenen Gesetzesänderung (BGBl. I S. 2449) hat der Gesetzgeber diesen Punkt leider immer noch nicht in Gesetzestext oder –begründung klargestellt, da er nur das Wort „bestehende" vor Berufs- oder Vertretungsverbote eingefügt hat. Das Wort allein hilft nur mit Rückgriff auf die Gesetzesbegründung, die Richtigkeit des vorstehenden Standpunkts zu bestätigen. Ist eine Maßnahme aufgrund eines Rechtsbehelfs nämlich noch nicht wirksam geworden, soll sie nicht veröffentlicht werden dürfen (amtliche Begründung, BT-Drs. 16/11385, 35).

40 **c) Berufsausübungsverbot gemäß § 47 Abs. 1 S. 2 Alt. 1.** Nicht in § 31 Abs. 3 erwähnt ist das sich aus § 47 Abs. 1 S. 2 Alt. 1 ergebende Berufsausübungsverbot für einen Rechtsanwalt, der eine (wenn möglicherweise auch über Jahre) vorübergehende Tätigkeit im öffentlichen Dienst ergreift. In der 7. Aufl. wurde vertreten, dass dieses einem Berufs- und Vertretungsverbot gleichzusetzen und im Rechtsanwaltsverzeichnis einzutragen sei, da keine Gesichtspunkte erkennbar seien, der Öffentlichkeit diesen Umstand nicht mitzuteilen. Folge des Berufsausübungsverbots ist nämlich, dass es dem Rechtsanwalt nicht gestattet ist, eine eigene Kanzlei unter seinem Namen fortzuführen. Er unterliegt während dieser Tätigkeit kraft § 47 Abs. 1 S. 1 nicht der Kanzleipflicht nach § 27. Eine fortgeführte Sozietät muss im Kanzleischild pp. auf das Ruhen der Zulassung des betroffenen Sozius hinweisen (→ § 47 Rn. 13). Die Öffentlichkeit muss also ohnehin unterrichtet werden, so dass ein schutzwürdiges Interesse an der Nichtveröffentlichung dieses Umstands im Rechtsanwaltsverzeichnis nicht erkennbar ist und der Transparenz- und Verbraucherschutzgedanke voll greifen, die Eintragung also erforderlich ist.

40a Auch wenn dieser Standpunkt nach wie vor für richtig gehalten wird, man denke insbesondere an eine über Jahre ausgeübte befristete Tätigkeit, hat sich der **Gesetzgeber** nunmehr **dagegen entschieden,** die Fälle des § 47 Abs. 1 S. 2 Alt. 1 in das Rechtsanwaltsverzeichnis aufzunehmen. Der **Bundesrat** hatte nämlich, ebenso wie die **BRAK, vorgeschlagen,** im Rechtsanwaltsverzeichnis neben Berufs- und Vertretungsverboten auch Berufsausübungsverbote nach § 47 zu veröffentlichen. Das hat die **Bundesregierung** mit dem Hinweis **abgelehnt,** dass das bei einer Tätigkeit im öffentlichen Dienst ohne Anordnung der RAK eintretende Berufsausübungsverbot des § 47 einen anderen Charakter als die aufgrund eines berufsgerichtlichen Verfahrens angeordneten Berufs- und Vertretungsverbote habe. Eine Veröffentlichung dieses angeordneten Berufsausübungsverbots im Rechtsanwaltsverzeichnis, die zur Vermeidung von diskriminierenden Missverständnissen der Rechtsuchenden zudem einer gesonderten Begründung und Erklärung bedürfte, sei daher nicht geboten (amtliche Begründung, BT-Drs. 16/11385 Anlage 1 S. 116). Zugegebenermaßen ist in der Tat ein anderer Charakter vorhanden, doch rechtfertigt dies allein sicher nicht die Vorenthaltung dieser für die Öffentlichkeit wichtigen Information, zumal gerade das den § 31 seinerzeit einführende Gesetz vielerorts mit der Transparenz und dem Verbraucherschutzgedanken argumentierte. Denn durch einfaches Hinzusetzen des Grundes für das Berufsausübungsverbot als Klammerzusatz, wie etwa „Zulassung ruht wegen vorübergehender Tätigkeit im öffentlichen Dienst" bestünde nicht im Ansatz die Gefahr eines diskriminierenden Missverständnisses. Im Gegenteil, es wäre vielen Rechtsuchenden, Gerichten und Mandanten, dies zeigt die Praxis in den regionalen Rechtsanwaltskammern, geholfen, wenn diese Information im Anwaltsverzeichnis abrufbar wäre. Denn die Zahl derer, die ihre Zulassung über § 47 Abs. 1 S. 2 Alt. 1, oft mit vielfach verlängerten Zeitverträgen in vielfältigen Konstellationen im öffentlichen Dienst ausüben ist nicht unerheblich und in der Praxis zunehmend, ebenso wie die Zahl derjenigen, die in diesen Fällen wegen Nichterreichbarkeit ihres Anwaltes aus einem solchen Grund bei den Rechtsanwaltskammern nachfragen. Der Argumentation der Bundesregierung kann also nicht gefolgt werden.

41 **d) Anordnung der sofortigen Vollziehung beim Widerruf der Zulassung.** Die Frage, ob die Anordnung der sofortigen Vollziehung beim Widerruf der Zulassung (§ 14 Abs. 4), nicht ausdrücklich in § 31 Abs. 3 erwähnt, in das Rechtsanwaltsverzeichnis einzutragen ist, beantworten jetzt die Gesetzesmaterialien des Gesetzes zur Modernisierung von Verfahren im anwaltlichen und notariellen Berufsrecht, zur Errichtung einer Schlichtungsstelle der Rechtsanwaltschaft sowie zur Änderung sonstiger Vorschriften vom 30.7.2009 (BGBl. I S. 2449).

Bereits in der 7. Aufl. ist schon vertreten worden, dass wegen des Verweises in § 16 Abs. 7 aF (jetzt § 14 Abs. 4) auf § 155 Abs. 2, vom Gesetzgeber der Widerruf mit Anordnung der sofortigen Vollziehung mit einem Berufsverbot vergleichbar gestellt worden ist und dann ein solcher auch gemäß § 31 Abs. 3 als Berufsverbot **in das Rechtsanwaltsverzeichnis aufzunehmen ist** (ebenso *Horn* BRAK-Mitt. 2007, 94, 96). Das entspricht auch der ratio legis, denn eine Verschlechterung der bisherigen Situation wollte der Gesetzgeber sicher nicht, ging es ihm doch im Gegenteil um Transparenz und Verbraucherschutz. Da auch die bislang vorgesehene Mitteilung einer Anordnung der sofortigen Vollziehung beim Widerruf der Zulassung gegenüber den Zulassungsgerichten weggefallen ist, musste die Kenntnis über diesen im Rechtsverkehr besonders bedeutsamen Umstand jedenfalls im Ergebnis in das Rechtsanwaltsverzeichnis aufgenommen werden. 41a

Aus der Begründung des Gesetzes vom 30.7.2009 ergibt sich nunmehr, dass ein **vorläufiges Berufs- und Vertretungsverbot,** das **sofortige Wirkung entfaltet,** zum Schutz der Rechtsuchenden mit dem Eintritt seiner Wirkung **zu veröffentlichen ist** (amtliche Begründung, BT-Drs. 16/11385, 35; unverständlich Gaier/Wolf/Göcken/*Siegmund* § 31 Rn. 68: die Veröffentlichung dürfte gerade noch gerechtfertigt sein, eine Klarstellung des Gesetzgebers wäre wünschenswert). Diese Klarstellung des Gesetzgebers ist zu begrüßen. 41b

e) Keine Eintragung von Aufhebung oder Abänderungen. Die bis zum 1.9.2009 noch im Gesetzestext vorgesehene Eintragung von Aufhebungen oder Abänderungen von Berufs- oder Vertretungsverboten – es hieß bis dahin: „und deren Aufhebung oder Abänderung einzutragen" – ist **korrigiert worden.** 42

Der Gesetzgeber hat hier reagiert und die entstandene Rechtsunsicherheit beseitigt, die in der 7. Aufl. noch mit **verfassungskonformer korrigierender Auslegung** dahingehend kommentiert wurde, dass nicht die Aufhebung als solche zu vermerken, sondern die Eintragung insgesamt zu löschen ist (ebenso *Dahns* NJW 2007, 1553, 1557 Fn. 47; *Horn* BRAK-Mitt. 2007, 94, 96). Anderenfalls bliebe der Makel das ganze weitere Berufsleben präsent, einmal mit einem solchen sanktioniert worden zu sein. Das war mit dem allgemeinen Persönlichkeitsrecht des davon betroffenen Rechtsanwalts nicht vereinbar. In der Begründung des Gesetzes vom 30.7.2009 wird klargestellt, dass nicht mehr bestehende Berufs- und Vertretungsverbote aus den Verzeichnissen nicht ersichtlich sein sollen. Es sollen nur bestehende, also nur wirksame Berufsverbote erfasst werden (BT-Drs. 16/11385, 35). 43

IV. Löschung von Eintragungen (Abs. 4)

Abs. 4 nennt die verschiedenen Konstellationen, die zur Löschung von Eintragungen im Rechtsanwaltsverzeichnis führen. Sie sind aus dem bis zum 1.6.2007 geltenden Recht übernommen und hier zusammengefasst worden, stellen also keine neuen Bestimmungen dar. 44

1. Erlöschen der Zulassung (§ 13). a) Verlust der Eigenschaft als Rechtsanwalt. Ein rechtskräftiges anwaltsgerichtliches Urteil, in dem auf **Ausschließung aus der Rechtsanwaltschaft** erkannt ist (§ 114 Abs. 1 Nr. 5), beendet kraft Gesetzes (§ 204 Abs. 1) sämtliche Rechtsbeziehungen des Betroffenen zur Rechtsanwaltschaft. Er verliert seine durch die Zulassung erlangte (§§ 6, 12 Abs. 1) Eigenschaft als Rechtsanwalt. Gleichzeitig erlischt seine Zulassung im Bezirk seiner RAK (§ 60 Abs. 1 S. 3). 45

b) Bestandskraft einer Rücknahme oder eines Widerrufs. § 13 enthält über die Regelung in der alten Fassung hinaus noch einen weiteren **Erlöschenstatbestand,** nämlich den der Bestandskraft einer Rücknahme oder eines Widerrufs der Zulassung zur Rechtsanwaltschaft, der ebenfalls nicht neu ist, sondern zuvor in § 34 Nr. 2 aF geregelt war. Der Gesetzgeber hat hier lediglich eine Zusammenstellung bereits vorhandener Erlöschensgründe vorgenommen. Die Zulassung erlischt also auch mit Bestandskraft des Rücknahmebescheids (§ 14 Abs. 1) oder wenn der Widerruf der Zulassung bestandskräftig geworden ist (§ 14 Abs. 2; zu den Folgen des Erlöschens der Zulassung nach dem bis zum 1.6.2007 geltenden Recht vgl. BGHZ 98, 325 = NJW 1987, 327 = MDR 1987, 230). 46

47 **c) Versterben des Rechtsanwalts.** Da der Tod zum Erlöschen der Anwaltszulassung führt, braucht er neben dem Erlöschen nicht gesondert aufgeführt zu werden, so die amtliche Begründung für die zum 1.9.2009 vorgenommene Änderung des Abs. 4 S. 1 (BT-Drs. 16/11385, 35). Der als Löschungsgrund enthaltene Tod wurde herausgenommen.

48 **2. Mitgliedschaft in anderer RAK (§ 27 Abs. 3 S. 3).** Die Mitgliedschaft in der bisherigen RAK erlischt, wenn der Rechtsanwalt von einer anderen RAK aufgenommen worden ist (§§ 27 Abs. 3 S. 3, 60 Abs. 1 S. 3).

49 **3. Berichtigung des Gesamtverzeichnisses bei Wechsel der RAK.** S. 2 in Abs. 4 stellt klar, dass die Eintragung in dem bei der Bundesrechtsanwaltskammer geführten Gesamtverzeichnis **im Falle eines Kammerwechsels** eines Rechtsanwalts nicht gelöscht, sondern berichtigt wird (amtliche Begründung, BT-Drs. 16/513, 42). Abs. 4 S. 1 **gilt uneingeschränkt nur für** das Verzeichnis der regionalen Rechtsanwaltskammern. In deren Verzeichnissen ist bei Vorliegen aller in Abs. 4 genannten Gründe eine komplette Löschung des Rechtsanwalts vorzunehmen.

50 **Anders** verhält es sich mit dem bei der BRAK geführten **Gesamtverzeichnis,** soweit es um den Wechsel der RAK geht. Nur in diesem einen Fall soll im Gesamtverzeichnis bei Aufnahme durch eine andere RAK keine Löschung der Daten des den Kammerbezirk wechselnden Rechtsanwalts erfolgen, sondern **nur** eine **Berichtigung.** In allen übrigen Fällen des Abs. 4 S. 1 verbleibt es bei der Löschung in den Verzeichnissen der regionalen RAK *und* im Gesamtverzeichnis bei der BRAK.

51 Da der wechselnde Rechtsanwalt seine Zulassung zur Rechtsanwaltschaft durch die Aufnahme in einem anderen Kammerbezirk (§ 27 Abs. 3) nicht verliert, verbleibt sein Eintrag, solange er irgendwo in Deutschland zugelassen ist, immer im Gesamtverzeichnis. Bestünde diese Regelung in Abs. 4 S. 2 für das Gesamtverzeichnis nicht, würde ein wechselnder Rechtsanwalt nicht nur als Mitglied aus der abgebenden RAK ausscheiden, da mit der Aufnahme die Mitgliedschaft in der bisherigen RAK erlischt (§ 27 Abs. 3 S. 3). Sondern er würde im Verzeichnis der abgebenden RAK auch komplett gelöscht. Bis die aufnehmende RAK den wechselnden Rechtsanwalt in ihr Rechtsanwaltsverzeichnis aufgenommen hat, würde ein Zeitraum – wenn auch nur von einem oder wenigen Tagen – entstehen, in dem der wechselnde Rechtsanwalt in keinem Rechtsanwaltsverzeichnis mehr eingetragen wäre. Das soll S. 2 des neuen Abs. 4 verhindern. Auch beim Wechsel des Kammerbezirks **bleibt sein Eintrag im Gesamtverzeichnis erhalten.** Dieser Eintrag wird nach Mitteilung der neuen (Adress-)Daten durch die aufnehmende Kammer an die BRAK nur berichtigt. Es erfolgt mithin **weder eine Löschung noch eine Neueintragung** im Gesamtverzeichnis, sondern **lediglich eine Berichtigung.**

52 Aus dieser Berichtigung ist dann auch für Gerichte, Behörden und Rechtsuchende erkennbar, in welchem Bezirk welcher RAK der wechselnde Rechtsanwalt vorher zugelassen war. Anders als in den regionalen Verzeichnissen kann also im Gesamtverzeichnis eine entsprechende **Historie von Zulassungswechseln** eines Rechtsanwalts eingesehen werden. Es kann in der Praxis durchaus von Interesse werden, zu wissen, wo ein von einer anderen regionalen RAK aufgenommener Kollege zuvor zugelassen war.

V. Rechtsverordnung zur Regelung der Einsichtnahme (Abs. 5)

53 **1. Verordnungsermächtigung.** Einzelheiten der Führung des Gesamtverzeichnisses und der Einsichtnahme in das Gesamtverzeichnis sollen durch eine Rechtsverordnung des BMJV mit Zustimmung des Bundesrates geregelt werden. Eine solche Rechtsverordnung ist bis heute nicht erlassen worden, ist auch nicht in Planung.

54 Die in Abs. 5 geregelte Verordnungsermächtigung ist erforderlich, damit **Führung und Einsichtnahme** konkretisiert werden, etwa zur Durchführung von Berichtigungen oder zu den Suchkriterien (amtliche Begründung, BT-Drs. 16/3837, 42).

55 **2. Beschränkung auf das Gesamtverzeichnis.** Nach dem **Wortlaut** des Abs. 5 soll die zu erlassende Rechtsverordnung **nur Regelungen zum Gesamtverzeichnis** treffen. Ausdrücklich ist nur das Gesamtverzeichnis („die Führung des Gesamtverzeichnisses") erwähnt, nicht die Verzeichnisse der regionalen Rechtsanwaltskammern.

56 Fragt man indessen nach dem **Sinn und Zweck der Verordnungsermächtigung,** kommen erhebliche Zweifel auf, ob am Wortlaut dieser Norm festzuhalten ist. Jede noch so sinnvolle und nützliche sowie bindende Vorgabe für den Modus der Einsichtnahme und Führung des Gesamt-

verzeichnisses würde im Ergebnis jederzeit unterlaufen werden können, würden diese in der Rechtsverordnung aufgestellten Kriterien nicht auch auf die regionalen Rechtsanwaltsverzeichnisse durchschlagen. Jeder Einsichtnehmende ins Gesamtverzeichnis, der beispielsweise an eine bestimmte Information aufgrund beschränkender Einsichtnahmeregelung in der Rechtsverordnung nicht herankommt, könnte diese Information dann aber aus dem regionalen Verzeichnis der zuständigen RAK erhalten. Aus dem Gesamtverzeichnis ist erkennbar, welcher regionalen RAK der Rechtsanwalt angehört. Es wäre dann einfach, in dem dortigen Verzeichnis sich die Informationen zu holen, deren man im Gesamtverzeichnis nicht habhaft werden kann, wenn die in der Rechtsverordnung später einmal getroffenen Regelungen nicht auch für die Verzeichnisse der regionalen Rechtsanwaltskammern gelten würden. Denn die Informationen, die im Gesamtverzeichnis enthalten sind, gehen alle auf die Daten zurück, die die regionalen Rechtsanwaltskammern in das Gesamtverzeichnis übertragen haben. Es ist also derselbe Datenbestand im Gesamtverzeichnis enthalten, wie er auch zusammengenommen bei allen regionalen Rechtsanwaltskammern vorhanden ist.

Führt man sich das vor Augen, kann, um der ratio legis gerecht werden zu können, dies nur 57
über eine dem Sinn und Zweck entsprechende ergänzende Auslegung bedeuten, dass die Bestimmungen zur Einsichtnahme und Führung des Gesamtverzeichnisses, die eine mögliche Rechtsverordnung enthalten kann, auch für alle regionalen Verzeichnisse gelten müssen, da anderenfalls die Rechtsverordnung im Ergebnis leer liefe. Dem Sinn und Zweck der vom Gesetzgeber vorgesehenen Rechtsverordnung kann also nur entsprochen werden, wenn diese **auch für die Rechtsanwaltsverzeichnisse der regionalen Rechtsanwaltskammern gelten würde.**

VI. Verschiedenes, Rechtsschutz

Das Gesamtverzeichnis aller Rechtsanwälte bei der Bundesrechtsanwaltskammer kann von 58
jedem unentgeltlich unter **www.rechtsanwaltsregister.org** eingesehen werden. Die regionalen Anwaltsverzeichnisse der einzelnen Rechtsanwaltskammern sind über deren Homepage einzusehen, auf die auch unter www.brak.de verlinkt wird.

Der **Rechtsschutz** gegen die Versagung einer Eintragung im Rechtsanwaltsverzeichnis oder 59
gegen die Aufnahme bestimmter Daten, wie auch sonst allgemein im Zusammenhang mit Rechtsfragen das Verzeichnis betreffend, richtet sich nach §§ 112a ff.

VII. Europäisches Rechtsanwaltsverzeichnis (neuer Abs. 4, Änderungen in den Abs. 5 und 6)

Durch das 2. Kostenrechtsmodernisierungsgesetz (KostRMoG) vom 23.7.2013 (BGBl. I 60
S. 2586) ist seit 1.8.2013 der neue Abs. 4 eingefügt worden, wodurch die bisherigen Abs. 4 und 5 zu Abs. 5 bzw. 6 wurden. Mit dem neuen Abs. 4 werden die erforderlichen gesetzlichen Grundlagen dafür geschaffen, dass die Daten der deutschen Rechtsanwälte über ein **einheitliches Europäisches Rechtsanwaltsverzeichnis** recherchiert werden können, das derzeit von der Europäischen Kommission (**„find a lawyer"**, FAL) im Auftrag der Kommission vom Rat der Europäischen Anwaltschaften (CCBE) entwickelt wird.

Das Verzeichnis soll in das elektronische Europäische Justizportal der EU **(E-Justice Portal)** 61
eingestellt werden und dort die heute noch bestehende Verweisung auf die nationalen Rechtsanwaltsverzeichnisse, die über das CCBE-Suchportal erfolgt (vgl. https://e-justice.europa.eu/content_find_a_lawyer-334-de.do), ersetzen. Das neue Europäische Rechtsanwaltsverzeichnis soll den Rechtsuchenden in Europa ein **einheitliches Suchportal in allen 22 Sprachen der EU** eröffnen. Auf europäischer Ebene gilt für den Umgang mit den Daten auf dem E-Justice-Webportal die VO (EG) Nr. 45/2001 vom 18.12.2000 zum Schutz natürlicher Personen bei der Verarbeitung personenbezogener Daten durch die Organe und Einrichtungen der Gemeinschaft und zum freien Datenverkehr (ABl. EG 2001 L 8 S. 1).

Der BRAK soll die Aufgabe übertragen werden, die bereits heute in dem nationalen Rechts- 62
anwaltsverzeichnis nach § 31 erfassten Daten für das neue Europäische Rechtsanwaltsverzeichnis zur Verfügung zu stellen. **Die Daten sollen nicht in dem Europäischen Rechtsanwaltsverzeichnis selbst gespeichert,** sondern aus dem bestehenden nationalen Rechtsanwaltsverzeichnis über die Internetseite der Europäischen Kommission abgerufen werden können. Deshalb wird in S. 1 bestimmt, dass die **Datenübermittlung durch Abruf aus dem Gesamtverzeichnis** erfolgt. Die BRAK verfügt mit dem Gesamtverzeichnis über einen aktuellen und vollständi-

gen Datenbestand aller in Deutschland zugelassenen Rechtsanwälte, wodurch gewährleistet ist, dass alle Berufsangehörigen in dem Europäischen Rechtsanwaltsverzeichnis erfasst werden. Die BRAK trägt gemäß S. 4 – so wie die regionalen Rechtsanwaltskammern für die Eingabe in das Gesamtverzeichnis (§ 31 Abs. 1 S. 2) – die datenschutzrechtliche Verantwortung für die Übermittlung an das Europäische Rechtsanwaltsverzeichnis, ohne jedoch für Richtigkeit der Daten Verantwortung zu übernehmen.

63 In das Europäische Rechtsanwaltsverzeichnis sollen der Name der Rechtsanwälte einschließlich des Vornamens, die Adresse, Telefon- und Telefaxnummer, E-Mail-Adresse, Internetadresse, Kammerzugehörigkeit, das Datum der Zulassung und der Name der Anwaltskanzlei eingetragen werden. Außerdem sollen, als solche gekennzeichnet, **von den Rechtsanwälten selbstbenannte Sprachkompetenzen und Tätigkeitsschwerpunkte** in das Europäische Rechtsanwaltsverzeichnis aufgenommen werden. Die Tätigkeitsschwerpunkte können dabei aus einer abschließenden Liste von insgesamt **20 vorgegebenen Suchbegriffen** gewählt werden, auf die sich die Mitglieder der CCBE geeinigt haben. Es handelt sich um **folgende Tätigkeitsschwerpunkte:** Bankruptcy/insolvency law = Insolvenzrecht; Business law = Wirtschaftsrecht; Consumer law = Verbraucherrecht; Criminal law = Strafrecht; Employment law = Arbeitsrecht; Environmental law = Umweltrecht; EU law = Europarecht; Family law = Familienrecht; Human rights/civil liberties = Menschenrechte/Bürgerrechte; Immigration and asylum law = Immigrations- und Asylrecht; Intellectual property = Gewerblicher Rechtsschutz; Information Technology (IT) law = IT-Recht; Mediation/arbitration/litigation = Mediation/Schiedsverfahrensrecht/Gerichtsverfahren; Personal injury/damage to goods = Schadensrecht; Property law = Immobilienrecht; Public law = Öffentliches Recht; Social security law = Sozialrecht; Succession law = Erbrecht; Tax law = Steuerrecht; Traffic and transport law = Verkehrsrecht und Transportrecht. Andere als diese 20 Tätigkeitsschwerpunkte, die in der Rechtsverordnung nach Abs. 6 des Entwurfs geregelt werden sollen, können von den Rechtsanwälten nicht benannt werden.

64 Die in dem Europäischen Rechtsanwaltsverzeichnis erfassten **Daten decken sich nicht vollständig mit denen des nationalen Rechtsanwaltsverzeichnisses.** Welche Daten über das Europäische Rechtsanwaltsverzeichnis abgerufen werden können, soll sich nach dessen Vorgaben bestimmen. Deshalb besteht die **Übermittlungspflicht der BRAK** nur, soweit die Daten in dem Europäischen Rechtsanwaltsverzeichnis geführt werden (S. 3). Die national erfassten Daten über die Befreiung von der Kanzleipflicht (§§ 29 Abs. 1, 29a Abs. 2), über Zweigstellen und über bestehende Berufs- und Vertretungsverbote **gehören nicht zum Inhalt des Europäischen Rechtsanwaltsverzeichnisses** und sind daher nicht über das Europäische Rechtsanwaltsverzeichnis zugänglich. Die Adresse von **Zweigstellen** wird daher nicht im Europäischen Rechtsanwaltsverzeichnis erfasst; Adresse ist lediglich die Anschrift der Kanzlei gemäß § 27 Abs. 1. Bei Befreiung von der Kanzleipflicht nach § 29 Abs. 1 oder § 29a Abs. 2 wird die Anschrift der oder des **Zustellungsbevollmächtigten** (§ 30 Abs. 1) als Adresse in dem Europäischen Rechtsanwaltsverzeichnis erfasst.

65 Für die in dem nationalen Rechtsanwaltsverzeichnis erfassten **Fachanwaltsbezeichnungen** gibt es zwar keine direkte Entsprechung in dem Europäischen Rechtsanwaltsverzeichnis. Die Fachanwaltsbezeichnungen sollen jedoch gemeinsam mit der Berufsbezeichnung in dem Europäischen Rechtsanwaltsverzeichnis erfasst werden.

66 Die **Daten,** die nicht im bestehenden nationalen Gesamtverzeichnis enthalten sind und **künftig nur in das Europäische Rechtsanwaltsverzeichnis** und nicht in die nationalen Verzeichnisse **aufgenommen werden sollen,** werden in S. 2 genannt: der Name und die Internetadresse der Anwaltskanzlei sowie die von den Rechtsanwälten selbst benannten Sprachkenntnisse und Tätigkeitsschwerpunkte. Auch Daten zu diesen Inhalten werden nach S. 3in das Europäische Rechtsanwaltsverzeichnis nur aufgenommen, soweit sie dort geführt werden. Eine Aufnahme von Daten soll auch nur erfolgen, wenn sie die Rechtsanwälte der BRAK zu diesem Zweck mitteilen, wobei die **Mitteilung freiwillig** ist. Sprachkenntnisse und Tätigkeitsschwerpunkte werden von den Rechtsanwälten „selbst benannt", also allein nach ihren Angaben **ohne Prüfung durch die BRAK** in das Europäische Rechtsanwaltsverzeichnis aufgenommen (vgl. BT-Drs. 17/13537, 272, 273).

67 Als Folge wurden in Abs. 5, 6 redaktionelle Änderungen im Hinblick auf das Europäische Rechtsanwaltsverzeichnis notwendig. Zum einen wird klargestellt, dass bei einem Wechsel der Rechtsanwaltskammer das Europäische Rechtsanwaltsverzeichnis ebenso wie das (nationale) Gesamtverzeichnis zu berichtigen ist (Abs. 5 S. 2). Zum anderen soll die bestehende Verord-

nungsermächtigung gemäß Abs. 6, Einzelheiten des Gesamtverzeichnisses zu regeln, dahingehend erweitert werden, dass auch die Einzelheiten der Übermittlung an das Europäische Rechtsanwaltsverzeichnis durch Rechtsverordnung geregelt werden können (BT-Drs. 17/13537, 273).

VIII. Fassung ab 1.1.2016: Ergänzung des Abs. 3; beA

In Abs. 3 wurden die Worte „die Adresse des besonderen elektronischen Anwaltspostfachs" durch das Gesetz zur Förderung des elektronischen Rechtsverkehrs mit den Gerichten vom 10.10.2013 (BGBl. I S. 3786) eingefügt. Hinter dem Begriff **„Elektronischer Rechtsverkehr" (ERV)** verbirgt sich der rechtlich wirksame Austausch elektronischer Dokumente zwischen Gerichten und Behörden einerseits sowie den Verfahrensbeteiligten andererseits. Der ERV als Kommunikationsform wird zunächst die bisherige, zumeist papiergebundene Einreichung von Schriftsätzen, aber auch Tele- und Computerfax ergänzen, soweit er verpflichtend eingeführt ist, die bisherigen Kommunikationsformen ersetzen. Durch dieses Gesetz sollen neue elektronische Zugangswege für die Anwaltschaft zur Justiz eingerichtet werden. Schriftsätze samt Anlagen sollen **ab dem 1.1.2018** als elektronische Dokumente bei Gericht eingereicht werden können. In den verschiedenen Verfahrensordnungen (ZPO, ArbGG, FGG, SGG, VwGO, FGO) wird der elektronische Zugang gesetzlich verankert. Ausgenommen von der Einführung des elektronischen Rechtsverkehrs sind lediglich die Verfassungsgerichte. Für die elektronische Akte in **Strafsachen** existiert bereits ein zweiter Referentenentwurf. 68

Die BRAK wurde mit dem neuen § 31a BRAO gesetzlich verpflichtet, bis zum **1.1.2016** für alle im Rechtsanwaltsverzeichnis nach § 31 aufgeführten Rechtsanwälte ein elektronisches Anwaltspostfach einzurichten, über das künftig die elektronische Kommunikation von Anwälten zu Gerichten, Behörden und von Anwalt zu Anwalt erfolgen soll. Voraussichtlich **ab 1.1.2018** wird es die **Wahlmöglichkeit** geben, ein elektronisches Dokument entweder mit einer qualifizierten elektronischen Signatur nach § 2 SigG oder über einen anderen „sicheren Übermittlungsweg" bei Gericht einzureichen (zB § 130a Abs. 3 ZPO nF). Als „sicherer Übermittlungsweg" ist für die Anwaltschaft das **besondere elektronische Anwaltspostfach (beA)** nach § 31a durch das ERV-Gesetz eingeführt worden (→ § 31a Rn. 1 ff.). Ab 2018 soll auch die wechselseitige Zustellung nach der ZPO und anderen Verfahrensordnungen zwischen Gerichten und beA möglich sein, wenngleich noch nicht verpflichtend. **Ab 2020** kann in einigen Bundesländern bereits die **Pflicht** bestehen, an Gerichte elektronisch zu senden. Spätestens **ab 2022** gilt diese **Nutzungspflicht allgemein.** 69

Da ab 1.1.2016 alle Rechtsanwälte ein beA haben und die Kommunikation mit den Gerichten dann spätestens ab 2022 zwingend sein wird, war es nur konsequent, die **Adresse des beA** im Rechtsanwaltsverzeichnis als weiteren Kommunikationsweg in Abs. 3 S. 1 aufzunehmen (→ § 89 Rn. 15c). 70

§ 31a *Besonderes elektronisches Anwaltspostfach*

(1) [1]Die Bundesrechtsanwaltskammer richtet nach Überprüfung der Zulassung und Durchführung eines Identifizierungsverfahrens in dem Gesamtverzeichnis nach § 31 für jeden eingetragenen Rechtsanwalt ein besonderes elektronisches Anwaltspostfach ein. [2]Das besondere elektronische Anwaltspostfach soll barrierefrei ausgestaltet sein.

(2) [1]Die Bundesrechtsanwaltskammer hat sicherzustellen, dass der Zugang zu dem besonderen elektronischen Anwaltspostfach nur durch ein sicheres Verfahren mit zwei voneinander unabhängigen Sicherungsmitteln möglich ist. [2]Sie kann unterschiedlich ausgestaltete Zugangsberechtigungen für Rechtsanwälte und für andere Personen vorsehen.

(3) Sobald die Zulassung erloschen ist, hebt die Bundesrechtsanwaltskammer die Zugangsberechtigung zu dem besonderen elektronischen Anwaltspostfach auf und löscht dieses.

Bereits seit dem Jahr 2005 ist § 130a ZPO in Kraft. Er sieht vor, dass einem Schriftformerfordernis für Schriftsätze, Anlagen, Anträge, Auskünfte, Aussagen und Gutachten genügt ist, wenn eine Aufzeichnung als elektronisches Dokument erfolgt. Trotz dieser und anderer aufgrund des Gesetzes zur Anpassung der Formvorschriften des Privatrechts und anderer Vorschriften an den modernen Rechtsgeschäftsverkehr vom 13.7.2001 (BGBl. I S. 1542) geschaffenen Vorschriften blieb die Nutzung des elektronischen Rechtsverkehrs mit den Gerichten weit hinter den 1

Erwartungen zurück. Als Grund hierfür wurde regelmäßig das angeblich fehlende Nutzervertrauen in die tatsächlichen und rechtlichen Rahmenbedingungen der elektronischen Kommunikation mit den Gerichten genannt (BT-Drs. 17/12634, 1). Durch das Gesetz zur Förderung des elektronischen Rechtsverkehrs mit den Gerichten vom 16.10.2013 (BGBl. I S. 3785) sollen die technischen Möglichkeiten zur Förderung des elektronischen Rechtsverkehrs auf prozessualem Gebiet genutzt werden. Ferner sollen die Zugangshürden gesenkt und das Nutzervertrauen in den Umgang mit dem neuen Kommunikationsweg gestärkt werden. Damit Rechtsanwälte für gerichtliche Zustellungen elektronisch erreichbar sind, ist § 31a geschaffen worden.

2 Für die Einrichtung und Löschung des elektronischen Anwaltspostfachs ist ausschließlich die **Bundesrechtsanwaltskammer** zuständig. Demgemäß ist der Aufgabenkatalog des § 177 Abs. 2 um Nr. 7 erweitert worden. Die von den regionalen Rechtsanwaltskammern beschlossenen „Umlageordnungen zur Finanzierung des elektronischen Rechtsverkehrs" haben somit eine Rechtsgrundlage und sind wirksam (AGH NRW BeckRS 2015, 10662).

3 Die BRAK hat nach Überprüfung der Zulassung und Durchführung eines Identifizierungsverfahrens in das nach § 31 zu führende Rechtsanwaltsverzeichnis für jeden dort eingetragenen Rechtsanwalt ein **besonderes elektronisches Anwaltspostfach** einzurichten. Nach § 31 Abs. 3 S. 1 ist die Adresse dieses Postfachs im Gesamtverzeichnis bekanntzumachen.

4 § 4 BGG (Behindertengleichstellungsgesetz) definiert Systeme der Informationsverarbeitung, akustische und visuelle Informationsquellen sowie Kommunikationseinrichtungen als **barrierefrei,** wenn sie für behinderte Menschen in der allgemein üblichen Weise, ohne besondere Erschwernis und grundsätzlich ohne fremde Hilfe zugänglich und nutzbar sind. Näheres regelt die Barrierefreie-Informationstechnik-Verordnung (BITV 2.0) vom 12.9.2011 (BGBl. I S. 1843).

5 Ein elektronisches Anwaltspostfach ist für **jeden Rechtsanwalt** einzurichten. Zugelassene **Rechtsanwaltsgesellschaften** werden trotz ihrer Postulationsfähigkeit **nicht im Anwaltsverzeichnis** nach § 31 gelistet (so Gaier/Wolf/Göcken/*Siegmund* §§ 31a, 31b Rn. 14 mwN).

6 Abs. 2 regelt die Grundsätze des **Zugangs** zum besonderen elektronischen Anwaltspostfach. Abs. 2 S. 1 soll sicherstellen, dass der Zugang nur durch zwei voneinander unabhängige Sicherungsmittel (Beispiel: PIN-Code und ID-Karte) möglich ist. In puncto Zugangsberechtigung könnte der neue Personalausweis (nPA) als Identifikationsmöglichkeit berücksichtigt werden. Dies ist dann möglich, wenn der nPA mit dem S. A. F. E.-Verzeichnisdienst, der das elektronische Anwaltspostfach verwaltet, kompatibel ist. Nach S. 2 kann bestimmt werden, dass nur der Rechtsanwalt berechtigt ist, in sein Postfach eingestellte Dokumente zu versenden; seine Mitarbeiter können auf eine bloße Leseberechtigung beschränkt werden. Einzelheiten werden in der nach § 31b zu erlassenden **Verordnung** zu regeln sein (BT-Drs. 17/12634, 38).

7 Die **Löschung der Zulassung** als Rechtsanwalt erfolgt durch die örtlich zuständige Kammer (§ 33 Abs. 3 Nr. 1). Zeitgleich ist der gemäß § 31 angelegte Datensatz zu löschen (§ 31 Abs. 5). Sobald die Zulassung erloschen ist, ist die Bundesrechtsanwaltskammer gemäß Abs. 3 verpflichtet, die Zugangsberechtigung zu dem besonderen elektronischen Anwaltspostfach aufzuheben und das Postfach zu löschen.

8 § 31a tritt am **1.1.2016** in Kraft. Bis dahin muss für jeden Rechtsanwalt ein besonderes elektronisches Anwaltspostfach eingerichtet worden sein.

§ 31b Verordnungsermächtigung

Das Bundesministerium der Justiz und für Verbraucherschutz regelt durch Rechtsverordnung mit Zustimmung des Bundesrates die Einzelheiten der Errichtung eines Verzeichnisdienstes besonderer elektronischer Anwaltspostfächer sowie die Einzelheiten der Führung, des Eintragungsverfahrens, der Zugangsberechtigung sowie der Barrierefreiheit.

1 Die Vorschrift ermächtigt das BMJV, Einzelheiten in Bezug auf die Errichtung eines Verzeichnisdienstes besonderer elektronischer Anwaltspostfächer zu regeln. Darüber hinaus ist das Ministerium auch die Modalitäten bezüglich Führung, Eintragungsverfahren, Zugangsberechtigung und Barrierefreiheit zu regeln befugt.

2 Die Ermächtigung ist gemäß Art. 26 Abs. 4 des Gesetzes zur Einführung des elektronischen Rechtsverkehrs zum 1.7.2014 in Kraft getreten, damit der Betrieb des Verzeichnisdienstes ab dem 1.1.2016 ermöglicht wird (BT-Drs. 17/12634, 38).

Dritter Abschnitt. Verwaltungsverfahren

§ 32 Ergänzende Anwendung des Verwaltungsverfahrensgesetzes

(1) [1] **Für Verwaltungsverfahren nach diesem Gesetz oder nach einer auf Grund dieses Gesetzes erlassenen Rechtsverordnung gilt, soweit nichts anderes bestimmt ist, das Verwaltungsverfahrensgesetz.** [2] **Die Verwaltungsverfahren können über eine einheitliche Stelle nach den Vorschriften des Verwaltungsverfahrensgesetzes abgewickelt werden.**

(2) [1] **Über Anträge ist innerhalb einer Frist von drei Monaten zu entscheiden; § 42a Absatz 2 Satz 2 bis 4 des Verwaltungsverfahrensgesetzes gilt entsprechend.** [2] **In den Fällen des § 15 beginnt die Frist erst mit der Vorlage des ärztlichen Gutachtens.** [3] **§ 10 bleibt unberührt.**

Übersicht

I. Allgemeines und Normzweck

1 Bis zum Inkrafttreten des Gesetzes zur Modernisierung von Verfahren im anwaltlichen und notariellen Berufsrecht vom 30.6.2009 (BGBl. I S. 2449) enthielt § 36a allgemeine und grundlegende Vorschriften zum Verwaltungsverfahren der Rechtsanwaltskammern. Durch die Schaffung eines neuen Dritten Abschnitts im Zweiten Teil „Die Zulassung des Rechtsanwalts" wird das Verwaltungsverfahren neu geregelt. Die Neuregelung ist eine **Zusammenfassung der bislang über die BRAO verstreuten Verfahrensbestimmungen.** Soweit das Verfahren der BRAO keine verwaltungsrechtlichen Sonderbestimmungen fordert, wird auf die allgemeinen verwaltungsrechtlichen Vorschriften verwiesen.

2 Durch die Anwendbarkeit von VwVfG und VwGO werden einerseits **Regelungslücken geschlossen,** indem auf in der Praxis bewährte Gesetze zurückgegriffen wird. Andererseits wird ein Beitrag zur **Vereinheitlichung des Rechts** geleistet, indem **anwaltsspezifische Verfahren allgemeinen Regeln unterstellt** und **Sonderregeln nur noch in sachlich erforderlichem Umfang** erhalten bleiben.

3 Nicht nur die verwaltungsrechtlichen Streitsachen nach der BRAO und dem EuRAG, sondern auch die Verfahren, in denen die Rechtsanwaltskammern in anwaltlichen Verwaltungsangelegenheiten Entscheidungen treffen, sind nicht mehr dem Verfahrensrecht der Freiwilligen Gerichtsbarkeit unterstellt. All diese Verfahren sind nunmehr dem VwVfG unterstellt. Im Gesetzentwurf der Bundesregierung vom 26.9.2008 (BR-Drs. 700/08) wurden die vormals geltenden Verfahrensregeln als bruchstückhaft bezeichnet. Ziel des Gesetzes sei die **Schaffung klarer und ausgewogener Regelungen für Behörden und Gerichte** und die Schließung von Rechtsschutzlücken. Auf diese Weise werde die BRAO der Bedeutung der berufsrechtlichen Entscheidungen für den Einzelnen besser gerecht.

4 Durch das am 22.12.2010 beschlossene Gesetz zur Umsetzung der Dienstleistungsrichtlinie in der Justiz und zur Änderung weiterer Vorschriften ist Abs. 2 angefügt worden (BGBl. I S. 2248). Im Referentenentwurf des BMJV vom 19.7.2010 heißt es, die Gesetzesänderung diene der Umsetzung des Art. 13 RL 2006/123/EG (Dienstleistungsrichtlinie) vom 12.12.2006 (ABl. Nr. L 376 S. 36). Danach seien alle Genehmigungsverfahren unverzüglich und in jedem Fall innerhalb einer vorab festgelegten und bekannt gemachten angemessenen Frist zu bearbeiten.

II. Verwaltungsverfahren nach der BRAO

5 Die Vorschrift enthält eine **generelle Verweisung auf das VwVfG.** Durch die Ergänzung von § 2 Abs. 3 Nr. 1 VwVfG, wonach die Bestimmungen des VwVfG dann anwendbar sind, wenn die Tätigkeit einer Nachprüfung durch die in verwaltungsrechtlichen Anwalts- und

Notarsachen zuständigen Gerichte unterliegt, ist die **ausschließliche Anwendbarkeit des VwVfG des Bundes festgeschrieben** worden.

6 Ein **Verwaltungsverfahren** ist gemäß § 32 S. 1 BRAO iVm § 9 VwVfG die nach außen wirkende Tätigkeit der Rechtsanwaltskammern, die auf die Prüfung der Voraussetzungen, die Vorbereitung oder den Erlass eines Verwaltungsaktes oder auf den Abschluss eines öffentlich-rechtlichen Vertrages gerichtet ist; es schließt den Erlass des Verwaltungsaktes oder den Abschluss des öffentlich-rechtlichen Vertrages ein.

7 Die **Verweisung gilt für alle BRAO-Verwaltungsverfahren.** Dies sind der Antrag auf Zulassung zur Rechtsanwaltschaft (§§ 6 ff.), Rücknahme und Widerruf der Zulassung (§ 14), Antrag auf Zulassung als Rechtsanwaltsgesellschaft (§ 59g), Widerruf der Zulassung der Rechtsanwaltsgesellschaft (§ 59h), Antrag auf Fortführung der Berufsbezeichnung (§ 17 Abs. 2 und 3), Antrag auf Kammerwechsel (§ 27 Abs. 3), Anzeige von Zweigstellen (§ 27 Abs. 2), Befreiung von der Kanzleipflicht (§ 29 und § 29a), Verleihung und Widerruf von Fachanwaltsbezeichnungen (§ 43c), Stellung und Widerruf eines Vertreters (§ 53), Bestellung und Widerruf eines Abwicklers (§ 55), Aufnahme und Widerruf von WHO-Anwälten in die Rechtsanwaltskammer (§ 206), Aufnahme und Widerruf von Rechtsbeiständen in die Rechtsanwaltskammer (§ 209) und Aufnahme, Eingliederung und Widerruf der Aufnahme europäischer Anwälte (§§ 2, 11, 4 EuRAG).

8 Bei **Verfahren im Zusammenhang mit Satzungen,** die aufgrund der Satzungskompetenz in § 59b entstanden sind, gilt ebenfalls die **Verweisung auf das VwVfG.** Hierbei ist insbesondere an die Verfahren nach der FAO zu denken: Antrag, die Führung einer Fachanwaltsbezeichnung zu gestatten (§§ 22 ff. FAO) sowie Rücknahme und Widerruf der Erlaubnis (§ 25 FAO).

9 Zur Anwendung kommen **alle Bestimmungen des VwVfG,** wenn sich dies aus § 2 Abs. 3 Nr. 1 VwVfG ergibt und wenn weder in der BRAO noch in einer aufgrund der BRAO erlassenen Rechtsverordnung eine Sonderregelung enthalten ist. Im Umkehrschluss bedeutet dies, dass bei Nichtvorhandensein explizit abweichender Verfahrensregelungen die Vorschriften des VwVfG gelten.

10 Die in § 48 VwVfG geregelte **Rücknahme von Verwaltungsakten** wird durch die **Spezialnormen der §§ 14 Abs. 1 und 43c Abs. 4 S. 1 überlagert.** Innerhalb des Anwendungsbereichs der BRAO bleibt § 48 VwVfG ergänzend anwendbar (so auch Gaier/Wolf/Göcken/*Siegmund* § 32 Rn. 97). Dasselbe gilt für den in § 49 VwVfG geregelten Widerruf von Verwaltungsakten. Die §§ 14 Abs. 2 und 3, 43c Abs. 4 S. 2 sind leges speciales.

11 Ein **Akteneinsichtsrecht** gemäß § 29 VwVfG steht dem Beschwerdeführer eines **berufsaufsichtsrechtlichen Beschwerdeverfahrens nicht** zu. § 73 Abs. 2 Nr. 4 bezweckt nämlich nicht den Schutz von Individualinteressen. Darüber hinaus stellt § 73 Abs. 3 S. 3 ausdrücklich fest, dass § 76 unberührt bleibt, der Vorstand also zur absoluten Verschwiegenheit verpflichtet ist. Im Übrigen ist der Begriff der Personalakte nicht formell, sondern materiell zu verstehen, dh auch die Beschwerdeakte gehört zu den Personalakten, die gemäß § 58 nur der Rechtsanwalt, über den die Akte geführt wird, einsehen darf (in diesem Sinne äußert sich auch *Güldenzoph* BRAK-Mitt. 2011, 4 ff. mit weiteren Argumenten).

III. Einheitliche Stelle

12 Abs. 1 S. 2 sieht vor, dass Verwaltungsverfahren nach der BRAO fakultativ über eine einheitliche Stelle abgewickelt werden können; dies hat nach den Vorschriften des VwVfG zu geschehen. Mit dieser Vorschrift wird Art. 6 RL 2006/123/EG (→ Rn. 4) genügt, nach der die Mitgliedstaaten sicherzustellen haben, dass Dienstleistungserbringer ihre Erklärungen und Anmeldungen sowie Genehmigungen über einen einheitlichen Ansprechpartner abliefern können.

13 Grundlage für den einheitlichen Ansprechpartner bzw. die einheitliche Stelle sind die §§ 71a ff. VwVfG. Dort ist die Beschleunigung von Genehmigungsverfahren normiert. Eine der Beschleunigungsmaßnahmen soll die Tätigkeit einer einheitlichen Stelle sein.

IV. Dreimonatsfrist für die Bearbeitung von Anträgen

14 Abs. 2 S. 1 hat eine **Bearbeitungsfrist von drei Monaten** eingeführt, innerhalb derer über den Antrag auf Berufszulassung zu entscheiden ist. Eine Überschreitung dieser Frist hat aber **keine Genehmigungsfiktion** zur Folge, weil anderenfalls Personen als Rechtsanwälte beraten und vertreten dürften, denen es unter Umständen an der erforderlichen beruflichen Qualifikation

und Zuverlässigkeit fehlt, wodurch eine Gefährdung der Rechtspflege, der Interessen der Rechtsuchenden und der Rechtsordnung insgesamt eintreten könnte (Referentenentwurf des BMJV vom 19.7.2010).

Der Gesetzgeber geht davon aus, dass innerhalb der Dreimonatsfrist Anträge auf Zulassung zur Rechtsanwaltschaft und die sonstigen im Zusammenhang mit der Ausübung der Anwaltstätigkeit stehenden Anträge – zB Anträge auf Verleihung der Befugnis zur Führung einer Fachanwaltsbezeichnung – in aller Regel abschließend bearbeitet werden können. Durch die Verweisung auf § 42a Abs. 2 S. 3 VwVfG wird gewährleistet, dass die Frist in Ausnahmefällen angemessen verlängert werden kann. Gemäß § 42a Abs. 2 S. 4 VwVfG ist eine solche Fristverlängerung gesondert zu begründen und dem Antragsteller rechtzeitig vor Ablauf der gesetzlichen Frist mitzuteilen. 15

Schon aus der Verweisung auf § 42a Abs. 2 S. 2 VwVfG ergibt sich, dass die **Dreimonatsfrist erst zu laufen beginnt,** wenn **sämtliche** zur Entscheidung über den Antrag erforderlichen **Unterlagen vorliegen.** 16

Abs. 2 S. 2 legt fest, dass bei einer Versagung der Zulassung zur Rechtsanwaltschaft aus gesundheitlichen Gründen (§ 7 Nr. 7) die Dreimonatsfrist dann zu laufen beginnt, wenn das ärztliche Gutachten gemäß § 15 vorliegt. Diese Regelung wäre an und für sich nicht nötig gewesen, da ein ärztliches Gutachten über den Gesundheitszustand zu den Antragsunterlagen gehört, die für die Entscheidungsfindung notwendig sind. Gleichwohl ist die Regelung begrüßenswert, da sie eine Klarstellung beinhaltet, deren Fehlen manchen gesundheitlich ungeeigneten Bewerber veranlasst hätte, eine Entscheidung innerhalb der grundsätzlich geltenden Dreimonatsfrist zu verlangen. 17

Soweit Abs. 2 S. 3 ausführt, § 10 bleibe unberührt, ist dies ebenfalls zu begrüßen. § 10 räumt der Rechtsanwaltskammer die Möglichkeit ein, das **Zulassungsverfahren auszusetzen,** wenn gegen den Bewerber ein strafgerichtliches Verfahren oder aber ein Ermittlungsverfahren wegen des Verdachts einer Straftat schwebt. 18

§ 32 Anh.: VwVfG

in der Fassung der Bekanntmachung vom 23. Januar 2003 (BGBl. I S. 102),

zuletzt geändert durch Gesetz vom 25. Juli 2013 (BGBl. I S. 2749)

– Auszug –

§ 9 VwVfG Begriff des Verwaltungsverfahrens

Das Verwaltungsverfahren im Sinne dieses Gesetzes ist die nach außen wirkende Tätigkeit der Behörden, die auf die Prüfung der Voraussetzungen, die Vorbereitung und den Erlass eines Verwaltungsaktes oder auf den Abschluss eines öffentlich-rechtlichen Vertrags gerichtet ist; es schließt den Erlass des Verwaltungsaktes oder den Abschluss des öffentlich-rechtlichen Vertrags ein.

§ 10 VwVfG Nichtförmlichkeit des Verwaltungsverfahrens

[1] Das Verwaltungsverfahren ist an bestimmte Formen nicht gebunden, soweit keine besonderen Rechtsvorschriften für die Form des Verfahrens bestehen. [2] Es ist einfach, zweckmäßig und zügig durchzuführen.

§ 11 VwVfG Beteiligungsfähigkeit

Fähig, am Verfahren beteiligt zu sein, sind

1. natürliche und juristische Personen,
2. Vereinigungen, soweit ihnen ein Recht zustehen kann,
3. Behörden.

§ 13 Beteiligte

(1) Beteiligte sind

1. Antragsteller und Antragsgegner,
2. diejenigen, an die die Behörde den Verwaltungsakt richten will oder gerichtet hat,
3. diejenigen, mit denen die Behörde einen öffentlich-rechtlichen Vertrag schließen will oder geschlossen hat,
4. diejenigen, die nach Absatz 2 von der Behörde zu dem Verfahren hinzugezogen worden sind.

(2) [1] Die Behörde kann von Amts wegen oder auf Antrag diejenigen, deren rechtliche Interessen durch den Ausgang des Verfahrens berührt werden können, als Beteiligte hinzuziehen. [2] Hat der Ausgang des Verfahrens rechtsgestaltende Wirkung für einen Dritten, so ist dieser auf Antrag als Beteiligter zu dem Verfahren hinzuzuziehen; soweit er der Behörde bekannt ist, hat diese ihn von der Einleitung des Verfahrens zu benachrichtigen.

(3) Wer anzuhören ist, ohne dass die Voraussetzungen des Absatzes 1 vorliegen, wird dadurch nicht Beteiligter.

§ 14 VwVfG Bevollmächtigte und Beistände

(1) [1] Ein Beteiligter kann sich durch einen Bevollmächtigten vertreten lassen. [2] Die Vollmacht ermächtigt zu allen das Verwaltungsverfahren betreffenden Verfahrenshandlungen, sofern sich aus ihrem Inhalt nicht etwas anderes ergibt. [3] Der Bevollmächtigte hat auf Verlangen seine Vollmacht schriftlich nachzuweisen. [4] Ein Widerruf der Vollmacht wird der Behörde gegenüber erst wirksam, wenn er ihr zugeht.

(2) Die Vollmacht wird weder durch den Tod des Vollmachtgebers noch durch eine Veränderung in seiner Handlungsfähigkeit oder seiner gesetzlichen Vertretung aufgehoben; der Bevollmächtigte hat jedoch, wenn er für den Rechtsnachfolger im Verwaltungsverfahren auftritt, dessen Vollmacht auf Verlangen schriftlich beizubringen.

(3) [1] Ist für das Verfahren ein Bevollmächtigter bestellt, so soll sich die Behörde an ihn wenden. [2] Sie kann sich an den Beteiligten selbst wenden, soweit er zur Mitwirkung verpflichtet ist. [3] Wendet sich die Behörde an den Beteiligten, so soll der Bevollmächtigte verständigt werden. [4] Vorschriften über die Zustellung an Bevollmächtigte bleiben unberührt.

(4) [1] Ein Beteiligter kann zu Verhandlungen und Besprechungen mit einem Beistand erscheinen. [2] Das von dem Beistand Vorgetragene gilt als von dem Beteiligten vorgebracht, soweit dieser nicht unverzüglich widerspricht.

(5) Bevollmächtigte und Beistände sind zurückzuweisen, wenn sie entgegen § 3 des Rechtsdienstleistungsgesetzes Rechtsdienstleistungen erbringen.

(6) [1] Bevollmächtigte und Beistände können vom Vortrag zurückgewiesen werden, wenn sie hierzu ungeeignet sind; vom mündlichen Vortrag können sie nur zurückgewiesen werden, wenn sie zum sachgemäßen Vortrag nicht fähig sind. [2] Nicht zurückgewiesen werden können Personen, die nach § 67 Abs. 2 Satz 1 und 2 Nr. 3 bis 7 der Verwaltungsgerichtsordnung zur Vertretung im verwaltungsgerichtlichen Verfahren befugt sind.

(7) [1] Die Zurückweisung nach den Absätzen 5 und 6 ist auch dem Beteiligten, dessen Bevollmächtigter oder Beistand zurückgewiesen wird, mitzuteilen. [2] Verfahrenshandlungen des zurückgewiesenen Bevollmächtigten oder Beistands, die dieser nach der Zurückweisung vornimmt, sind unwirksam.

§ 16 VwVfG Bestellung eines Vertreters von Amts wegen

(1) Ist ein Vertreter nicht vorhanden, so hat das Betreuungsgericht, für einen minderjährigen Beteiligten das Familiengericht auf Ersuchen der Behörde einen geeigneten Vertreter zu bestellen

1. für einen Beteiligten, dessen Person unbekannt ist;
2. für einen abwesenden Beteiligten, dessen Aufenthalt unbekannt ist oder der an der Besorgung seiner Angelegenheiten verhindert ist;
3. für einen Beteiligten ohne Aufenthalt im Inland, wenn er der Aufforderung der Behörde, einen Vertreter zu bestellen, innerhalb der ihm gesetzten Frist nicht nachgekommen ist;
4. für einen Beteiligten, der infolge einer psychischen Krankheit oder körperlichen, geistigen oder seelischen Behinderung nicht in der Lage ist, in dem Verwaltungsverfahren selbst tätig zu werden;
5. bei herrenlosen Sachen, auf die sich das Verfahren bezieht, zur Wahrung der sich in Bezug auf die Sache ergebenden Rechte und Pflichten.

(2) Für die Bestellung des Vertreters ist in den Fällen des Absatzes 1 Nr. 4 das Gericht zuständig, in dessen Bezirk der Beteiligte seinen gewöhnlichen Aufenthalt hat; im Übrigen ist das Gericht zuständig, in dessen Bezirk die ersuchende Behörde ihren Sitz hat.

(3) [1] Der Vertreter hat gegen den Rechtsträger der Behörde, die um seine Bestellung ersucht hat, Anspruch auf eine angemessene Vergütung und auf die Erstattung seiner baren Auslagen. [2] Die Behörde kann von dem Vertretenen Ersatz ihrer Aufwendungen verlangen. [3] Sie bestimmt die Vergütung und stellt die Auslagen und Aufwendungen fest.

(4) Im Übrigen gelten für die Bestellung und für das Amt des Vertreters in den Fällen des Absatzes 1 Nr. 4 die Vorschriften über die Betreuung, in den übrigen Fällen die Vorschriften über die Pflegschaft entsprechend.

§ 20 VwVfG Ausgeschlossene Personen

(1) [1] In einem Verwaltungsverfahren darf für eine Behörde nicht tätig werden,

1. wer selbst Beteiligter ist;
2. wer Angehöriger eines Beteiligten ist;
3. wer einen Beteiligten kraft Gesetzes oder Vollmacht allgemein oder in diesem Verwaltungsverfahren vertritt;
4. wer Angehöriger einer Person ist, die einen Beteiligten in diesem Verfahren vertritt;
5. wer bei einem Beteiligten gegen Entgelt beschäftigt ist oder bei ihm als Mitglied des Vorstands, des Aufsichtsrates oder eines gleichartigen Organs tätig ist; dies gilt nicht für den, dessen Anstellungskörperschaft Beteiligte ist;
6. wer außerhalb seiner amtlichen Eigenschaft in der Angelegenheit ein Gutachten abgegeben hat oder sonst tätig geworden ist.

[2] Dem Beteiligten steht gleich, wer durch die Tätigkeit oder durch die Entscheidung einen unmittelbaren Vorteil oder Nachteil erlangen kann. [3] Dies gilt nicht, wenn der Vor- oder Nachteil nur darauf beruht, dass jemand einer Berufs- oder Bevölkerungsgruppe angehört, deren gemeinsame Interessen durch die Angelegenheit berührt werden.

(2) Absatz 1 gilt nicht für Wahlen zu einer ehrenamtlichen Tätigkeit und für die Abberufung von ehrenamtlich Tätigen.

(3) Wer nach Absatz 1 ausgeschlossen ist, darf bei Gefahr im Verzug unaufschiebbare Maßnahmen treffen.

(4) [1] Hält sich ein Mitglied eines Ausschusses (§ 88) für ausgeschlossen oder bestehen Zweifel, ob die Voraussetzungen des Absatzes 1 gegeben sind, ist dies dem Vorsitzenden des Ausschusses mitzuteilen. [2] Der Ausschuss entscheidet über den Ausschluss. [3] Der Betroffene darf an dieser Entscheidung nicht mitwirken. [4] Das ausgeschlossene Mitglied darf bei der weiteren Beratung und Beschlussfassung nicht zugegen sein.

(5) [1] Angehörige im Sinne des Absatzes 1 Nr. 2 und 4 sind:

1. der Verlobte,
2. der Ehegatte,
2a. der Lebenspartner,
3. Verwandte und Verschwägerte gerader Linie,
4. Geschwister,
5. Kinder der Geschwister,
6. Ehegatten der Geschwister und Geschwister der Ehegatten,
6a. der Lebenspartner der Geschwister und Geschwister der Lebenspartner,
7. Geschwister der Eltern,
8. Personen, die durch ein auf längere Dauer angelegtes Pflegeverhältnis mit häuslicher Gemeinschaft wie Eltern und Kind miteinander verbunden sind (Pflegeeltern und Pflegekinder).

[2] Angehörige sind die in Satz 1 aufgeführten Personen auch dann, wenn

1. in den Fällen der Nummern 2, 3 und 6 die die Beziehung begründende Ehe nicht mehr besteht;
1a. in den Fällen der Nummern 2a, 3 und 6a die die Beziehung begründende Lebenspartnerschaft nicht mehr besteht;
2. in den Fällen der Nummern 3 bis 7 die Verwandtschaft oder Schwägerschaft durch Annahme als Kind erloschen ist;
3. im Falle der Nummer 8 die häusliche Gemeinschaft nicht mehr besteht, sofern die Personen weiterhin wie Eltern und Kind miteinander verbunden sind.

§ 21 VwVfG Besorgnis der Befangenheit

(1) [1] Liegt ein Grund vor, der geeignet ist, Misstrauen gegen eine unparteiische Amtsausübung zu rechtfertigen, oder wird von einem Beteiligten das Vorliegen eines solchen Grundes behauptet, so hat, wer in einem Verwaltungsverfahren für eine Behörde tätig werden soll, den Leiter der Behörde oder den von diesem Beauftragten zu unterrichten und sich auf dessen Anordnung der Mitwirkung zu enthalten. [2] Betrifft die Besorgnis der Befangenheit den Leiter der Behörde, so trifft diese Anordnung die Aufsichtsbehörde, sofern sich der Behördenleiter nicht selbst einer Mitwirkung enthält.

(2) Für Mitglieder eines Ausschusses (§ 88) gilt § 20 Abs. 4 entsprechend.

§ 22 VwVfG Beginn des Verfahrens

[1] Die Behörde entscheidet nach pflichtgemäßem Ermessen, ob und wann sie ein Verwaltungsverfahren durchführt. [2] Dies gilt nicht, wenn die Behörde auf Grund von Rechtsvorschriften

1. von Amts wegen oder auf Antrag tätig werden muss;
2. nur auf Antrag tätig werden darf und ein Antrag nicht vorliegt.

§ 24 VwVfG Untersuchungsgrundsatz

(1) [1] Die Behörde ermittelt den Sachverhalt von Amts wegen. [2] Sie bestimmt Art und Umfang der Ermittlungen; an das Vorbringen und an die Beweisanträge der Beteiligten ist sie nicht gebunden.

(2) Die Behörde hat alle für den Einzelfall bedeutsamen, auch die für die Beteiligten günstigen Umstände zu berücksichtigen.

(3) Die Behörde darf die Entgegennahme von Erklärungen oder Anträgen, die in ihren Zuständigkeitsbereich fallen, nicht deshalb verweigern, weil sie die Erklärung oder den Antrag in der Sache für unzulässig oder unbegründet hält.

§ 25 VwVfG Beratung, Auskunft, frühe Öffentlichkeitsbeteiligung

(1) [1] Die Behörde soll die Abgabe von Erklärungen, die Stellung von Anträgen oder die Berichtigung von Erklärungen oder Anträgen anregen, wenn diese offensichtlich nur versehentlich oder aus Unkenntnis unterblieben oder unrichtig abgegeben oder gestellt worden sind. [2] Sie erteilt, soweit erforderlich, Auskunft über die den Beteiligten im Verwaltungsverfahren zustehenden Rechte und die ihnen obliegenden Pflichten.

(2) [1] Die Behörde erörtert, soweit erforderlich, bereits vor Stellung eines Antrags mit dem zukünftigen Antragsteller, welche Nachweise und Unterlagen von ihm zu erbringen sind und in welcher Weise das Verfahren beschleunigt werden kann. [2] Soweit es der Verfahrensbeschleunigung dient, soll sie dem Antragsteller nach Eingang des Antrags unverzüglich Auskunft über die voraussichtliche Verfahrensdauer und die Vollständigkeit der Antragsunterlagen geben.

(3) [1] Die Behörde wirkt darauf hin, dass der Träger bei der Planung von Vorhaben, die nicht nur unwesentliche Auswirkungen auf die Belange einer größeren Zahl von Dritten haben können, die betroffene Öffentlichkeit frühzeitig über die Ziele des Vorhabens, die Mittel, es zu verwirklichen, und die voraussichtlichen Auswirkungen des Vorhabens unterrichtet (frühe Öffentlichkeitsbeteiligung). [2] Die frühe Öffentlichkeitsbeteiligung soll möglichst bereits vor Stellung eines Antrags stattfinden. [3] Der betroffenen Öffentlichkeit soll Gelegenheit zur Äußerung und zur Erörterung gegeben werden. [4] Das Ergebnis der vor Antragstellung durchgeführten frühen Öffentlichkeitsbeteiligung soll der betroffenen Öffentlichkeit und der Behörde spätestens mit der Antragstellung, im Übrigen unverzüglich mitgeteilt werden. [5] Satz 1 gilt nicht, soweit die betroffene Öffentlichkeit bereits nach anderen Rechtsvorschriften vor der Antragstellung zu beteiligen ist. [6] Beteiligungsrechte nach anderen Rechtsvorschriften bleiben unberührt.

§ 26 VwVfG Beweismittel

(1) [1] Die Behörde bedient sich der Beweismittel, die sie nach pflichtgemäßem Ermessen zur Ermittlung des Sachverhalts für erforderlich hält. [2] Sie kann insbesondere

1. Auskünfte jeder Art einholen,
2. Beteiligte anhören, Zeugen und Sachverständige vernehmen oder die schriftliche oder elektronische Äußerung von Beteiligten, Sachverständigen und Zeugen einholen,

3. Urkunden und Akten beiziehen,
4. den Augenschein einnehmen.

(2) 1 Die Beteiligten sollen bei der Ermittlung des Sachverhalts mitwirken. 2 Sie sollen insbesondere ihnen bekannte Tatsachen und Beweismittel angeben. 3 Eine weitergehende Pflicht, bei der Ermittlung des Sachverhalts mitzuwirken, insbesondere eine Pflicht zum persönlichen Erscheinen oder zur Aussage, besteht nur, soweit sie durch Rechtsvorschrift besonders vorgesehen ist.

(3) 1 Für Zeugen und Sachverständige besteht eine Pflicht zur Aussage oder zur Erstattung von Gutachten, wenn sie durch Rechtsvorschrift vorgesehen ist. 2 Falls die Behörde Zeugen und Sachverständige herangezogen hat, erhalten sie auf Antrag in entsprechender Anwendung des Justizvergütungs- und -entschädigungsgesetzes eine Entschädigung oder Vergütung.

§ 27 VwVfG Versicherung an Eides statt

(1) 1 Die Behörde darf bei der Ermittlung des Sachverhalts eine Versicherung an Eides statt nur verlangen und abnehmen, wenn die Abnahme der Versicherung über den betreffenden Gegenstand und in dem betreffenden Verfahren durch Gesetz oder Rechtsverordnung vorgesehen und die Behörde durch Rechtsvorschrift für zuständig erklärt worden ist. 2 Eine Versicherung an Eides statt soll nur gefordert werden, wenn andere Mittel zur Erforschung der Wahrheit nicht vorhanden sind, zu keinem Ergebnis geführt haben oder einen unverhältnismäßigen Aufwand erfordern. 3 Von eidesunfähigen Personen im Sinne des § 393 der Zivilprozessordnung darf eine eidesstattliche Versicherung nicht verlangt werden.

(2) 1 Wird die Versicherung an Eides statt von einer Behörde zur Niederschrift aufgenommen, so sind zur Aufnahme nur der Behördenleiter, sein allgemeiner Vertreter sowie Angehörige des öffentlichen Dienstes befugt, welche die Befähigung zum Richteramt haben oder die Voraussetzungen des § 110 Satz 1 des Deutschen Richtergesetzes erfüllen. 2 Andere Angehörige des öffentlichen Dienstes kann der Behördenleiter oder sein allgemeiner Vertreter hierzu allgemein oder im Einzelfall schriftlich ermächtigen.

(3) 1 Die Versicherung besteht darin, dass der Versichernde die Richtigkeit seiner Erklärung über den betreffenden Gegenstand bestätigt und erklärt: „Ich versichere an Eides statt, dass ich nach bestem Wissen die reine Wahrheit gesagt und nichts verschwiegen habe." 2 Bevollmächtigte und Beistände sind berechtigt, an der Aufnahme der Versicherung an Eides statt teilzunehmen.

(4) 1 Vor der Aufnahme der Versicherung an Eides statt ist der Versichernde über die Bedeutung der eidesstattlichen Versicherung und die strafrechtlichen Folgen einer unrichtigen oder unvollständigen eidesstattlichen Versicherung zu belehren. 2 Die Belehrung ist in der Niederschrift zu vermerken.

(5) 1 Die Niederschrift hat ferner die Namen der anwesenden Personen sowie den Ort und den Tag der Niederschrift zu enthalten. 2 Die Niederschrift ist demjenigen, der die eidesstattliche Versicherung abgibt, zur Genehmigung vorzulesen oder auf Verlangen zur Durchsicht vorzulegen. 3 Die erteilte Genehmigung ist zu vermerken und von dem Versichernden zu unterschreiben. 4 Die Niederschrift ist sodann von demjenigen, der die Versicherung an Eides statt aufgenommen hat, sowie von dem Schriftführer zu unterschreiben.

§ 28 VwVfG Anhörung Beteiligter

(1) Bevor ein Verwaltungsakt erlassen wird, der in Rechte eines Beteiligten eingreift, ist diesem Gelegenheit zu geben, sich zu den für die Entscheidung erheblichen Tatsachen zu äußern.

(2) Von der Anhörung kann abgesehen werden, wenn sie nach den Umständen des Einzelfalls nicht geboten ist, insbesondere wenn

1. eine sofortige Entscheidung wegen Gefahr im Verzug oder im öffentlichen Interesse notwendig erscheint;
2. durch die Anhörung die Einhaltung einer für die Entscheidung maßgeblichen Frist in Frage gestellt würde;
3. von den tatsächlichen Angaben eines Beteiligten, die dieser in einem Antrag oder einer Erklärung gemacht hat, nicht zu seinen Ungunsten abgewichen werden soll;
4. die Behörde eine Allgemeinverfügung oder gleichartige Verwaltungsakte in größerer Zahl oder Verwaltungsakte mit Hilfe automatischer Einrichtungen erlassen will;
5. Maßnahmen in der Verwaltungsvollstreckung getroffen werden sollen.

(3) Eine Anhörung unterbleibt, wenn ihr ein zwingendes öffentliches Interesse entgegensteht.

§ 29 VwVfG Akteneinsicht durch Beteiligte

(1) 1 Die Behörde hat den Beteiligten Einsicht in die das Verfahren betreffenden Akten zu gestatten, soweit deren Kenntnis zur Geltendmachung oder Verteidigung ihrer rechtlichen Interessen erforderlich ist. 2 Satz 1 gilt bis zum Abschluss des Verwaltungsverfahrens nicht für Entwürfe zu Entscheidungen sowie die Arbeiten zu ihrer unmittelbaren Vorbereitung. 3 Soweit nach den §§ 17 und 18 eine Vertretung stattfindet, haben nur die Vertreter Anspruch auf Akteneinsicht.

(2) Die Behörde ist zur Gestattung der Akteneinsicht nicht verpflichtet, soweit durch sie die ordnungsgemäße Erfüllung der Aufgaben der Behörde beeinträchtigt, das Bekanntwerden des Inhalts der Akten dem Wohle des Bundes oder eines Landes Nachteile bereiten würde oder soweit die Vorgänge nach einem Gesetz oder ihrem Wesen nach, namentlich wegen der berechtigten Interessen der Beteiligten oder dritter Personen, geheim gehalten werden müssen.

(3) 1 Die Akteneinsicht erfolgt bei der Behörde, die die Akten führt. 2 Im Einzelfall kann die Einsicht auch bei einer anderen Behörde oder bei einer diplomatischen oder berufskonsularischen Vertretung der Bundesrepubik Deutschland im Ausland erfolgen; weitere Ausnahmen kann die Behörde, die die Akten führt, gestatten.

§ 31 VwVfG Fristen und Termine

(1) Für die Berechnung von Fristen und für die Bestimmung von Terminen gelten die §§ 187 bis 193 des Bürgerlichen Gesetzbuchs entsprechend, soweit nicht durch die Absätze 2 bis 5 etwas anderes bestimmt ist.

(2) Der Lauf einer Frist, die von einer Behörde gesetzt wird, beginnt mit dem Tag, der auf die Bekanntgabe der Frist folgt, außer wenn dem Betroffenen etwas anderes mitgeteilt wird.

(3) 1 Fällt das Ende einer Frist auf einen Sonntag, einen gesetzlichen Feiertag oder einen Sonnabend, so endet die Frist mit dem Ablauf des nächstfolgenden Werktags. 2 Dies gilt nicht, wenn dem Betroffenen unter Hinweis auf diese Vorschrift ein bestimmter Tag als Ende der Frist mitgeteilt worden ist.

(4) Hat eine Behörde Leistungen nur für einen bestimmten Zeitraum zu erbringen, so endet dieser Zeitraum auch dann mit dem Ablauf seines letzten Tages, wenn dieser auf einen Sonntag, einen gesetzlichen Feiertag oder einen Sonnabend fällt.

(5) Der von einer Behörde gesetzte Termin ist auch dann einzuhalten, wenn er auf einen Sonntag, gesetzlichen Feiertag oder Sonnabend fällt.

(6) Ist eine Frist nach Stunden bestimmt, so werden Sonntage, gesetzliche Feiertage oder Sonnabende mitgerechnet.

(7) 1 Fristen, die von einer Behörde gesetzt sind, können verlängert werden. 2 Sind solche Fristen bereits abgelaufen, so können sie rückwirkend verlängert werden, insbesondere wenn es unbillig wäre, die durch den Fristablauf eingetretenen Rechtsfolgen bestehen zu lassen. 3 Die Behörde kann die Verlängerung der Frist nach § 36 mit einer Nebenbestimmung verbinden.

§ 32 VwVfG Wiedereinsetzung in den vorigen Stand

(1) 1 War jemand ohne Verschulden verhindert, eine gesetzliche Frist einzuhalten, so ist ihm auf Antrag Wiedereinsetzung in den vorigen Stand zu gewähren. 2 Das Verschulden eines Vertreters ist dem Vertretenen zuzurechnen.

(2) 1 Der Antrag ist innerhalb von zwei Wochen nach Wegfall des Hindernisses zu stellen. 2 Die Tatsachen zur Begründung des Antrags sind bei der Antragstellung oder im Verfahren über den Antrag glaubhaft zu machen. 3 Innerhalb der Antragsfrist ist die versäumte Handlung nachzuholen. 4 Ist dies geschehen, so kann Wiedereinsetzung auch ohne Antrag gewährt werden.

(3) Nach einem Jahr seit dem Ende der versäumten Frist kann die Wiedereinsetzung nicht mehr beantragt oder die versäumte Handlung nicht mehr nachgeholt werden, außer wenn dies vor Ablauf der Jahresfrist infolge höherer Gewalt unmöglich war.

(4) Über den Antrag auf Wiedereinsetzung entscheidet die Behörde, die über die versäumte Handlung zu befinden hat.

(5) Die Wiedereinsetzung ist unzulässig, wenn sich aus einer Rechtsvorschrift ergibt, dass sie ausgeschlossen ist.

§ 35 VwVfG Begriff des Verwaltungsaktes

1 Verwaltungsakt ist jede Verfügung, Entscheidung oder andere hoheitliche Maßnahme, die eine Behörde zur Regelung eines Einzelfalls auf dem Gebiet des öffentlichen Rechts trifft und die auf unmittelbare Rechtswirkung nach außen gerichtet ist. 2 Allgemeinverfügung ist ein Verwaltungsakt, der sich an einen nach allgemeinen Merkmalen bestimmten oder bestimmbaren Personenkreis richtet oder die öffentlich-rechtliche Eigenschaft einer Sache oder ihre Benutzung durch die Allgemeinheit betrifft.

§ 36 VwVfG Nebenbestimmungen zum Verwaltungsakt

(1) Ein Verwaltungsakt, auf den ein Anspruch besteht, darf mit einer Nebenbestimmung nur versehen werden, wenn sie durch Rechtsvorschrift zugelassen ist oder wenn sie sicherstellen soll, dass die gesetzlichen Voraussetzungen des Verwaltungsaktes erfüllt werden.

(2) Unbeschadet des Absatzes 1 darf ein Verwaltungsakt nach pflichtgemäßem Ermessen erlassen werden mit

1. einer Bestimmung, nach der eine Vergünstigung oder Belastung zu einem bestimmten Zeitpunkt beginnt, endet oder für einen bestimmten Zeitraum gilt (Befristung);
2. einer Bestimmung, nach der der Eintritt oder der Wegfall einer Vergünstigung oder einer Belastung von dem ungewissen Eintritt eines zukünftigen Ereignisses abhängt (Bedingung);
3. einem Vorbehalt des Widerrufs

oder verbunden werden mit

4. einer Bestimmung, durch die dem Begünstigten ein Tun, Dulden oder Unterlassen vorgeschrieben wird (Auflage);
5. einem Vorbehalt der nachträglichen Aufnahme, Änderung oder Ergänzung einer Auflage.

(3) Eine Nebenbestimmung darf dem Zweck des Verwaltungsaktes nicht zuwiderlaufen.

§ 37 VwVfG Bestimmtheit und Form des Verwaltungsaktes; Rechtsbehelfsbelehrung

(1) Ein Verwaltungsakt muss inhaltlich hinreichend bestimmt sein.

(2) 1 Ein Verwaltungsakt kann schriftlich, elektronisch, mündlich oder in anderer Weise erlassen werden. 2 Ein mündlicher Verwaltungsakt ist schriftlich oder elektronisch zu bestätigen, wenn hieran ein berechtigtes Interesse besteht und der Betroffene dies unverzüglich verlangt. 3 Ein elektronischer Verwaltungsakt ist unter denselben Voraussetzungen schriftlich zu bestätigen; § 3a Abs. 2 findet insoweit keine Anwendung.

(3) 1 Ein schriftlicher oder elektronischer Verwaltungsakt muss die erlassende Behörde erkennen lassen und die Unterschrift oder die Namenswiedergabe des Behördenleiters, seines Vertreters oder seines Beauftragten enthalten. 2 Wird für einen Verwaltungsakt, für den durch Rechtsvorschrift die Schriftform angeordnet ist, die elektronische Form verwendet, muss auch das der Signatur zugrunde liegende qualifizierte Zertifikat oder ein zugehöriges qualifiziertes Attributzertifikat die erlassende Behörde erkennen lassen. 3 Im Fall des § 3a Absatz 2 Satz 4 Nummer 3 muss die Bestätigung nach § 5 Absatz 5 des De-Mail-Gesetzes die erlassende Behörde als Nutzer des De-Mail-Kontos erkennen lassen.

(4) Für einen Verwaltungsakt kann für die nach § 3a Abs. 2 erforderliche Signatur durch Rechtsvorschrift die dauerhafte Überprüfbarkeit vorgeschrieben werden.

(5) [1] Bei einem schriftlichen Verwaltungsakt, der mit Hilfe automatischer Einrichtungen erlassen wird, können abweichend von Absatz 3 Unterschrift und Namenswiedergabe fehlen. [2] Zur Inhaltsangabe können Schlüsselzeichen verwendet werden, wenn derjenige, für den der Verwaltungsakt bestimmt ist oder der von ihm betroffen wird, auf Grund der dazu gegebenen Erläuterungen den Inhalt des Verwaltungsaktes eindeutig erkennen kann.

(6) [1] Einem schriftlichen oder elektronischen Verwaltungsakt, der der Anfechtung unterliegt, ist eine Erklärung beizufügen, durch die der Beteiligte über den Rechtsbehelf, der gegen den Verwaltungsakt gegeben ist, über die Behörde oder das Gericht, bei denen der Rechtsbehelf einzulegen ist, den Sitz und über die einzuhaltende Frist belehrt wird (Rechtsbehelfsbelehrung). [2] Die Rechtsbehelfsbelehrung ist auch der schriftlichen oder elektronischen Bestätigung eines Verwaltungsaktes und der Bescheinigung nach § 42a Absatz 3 beizufügen.

§ 38 VwVfG Zusicherung

(1) [1] Eine von der zuständigen Behörde erteilte Zusage, einen bestimmten Verwaltungsakt später zu erlassen oder zu unterlassen (Zusicherung), bedarf zu ihrer Wirksamkeit der schriftlichen Form. [2] Ist vor dem Erlass des zugesicherten Verwaltungsaktes die Anhörung Beteiligter oder die Mitwirkung einer anderen Behörde oder eines Ausschusses auf Grund einer Rechtsvorschrift erforderlich, so darf die Zusicherung erst nach Anhörung der Beteiligten oder nach Mitwirkung dieser Behörde oder des Ausschusses gegeben werden.

(2) Auf die Unwirksamkeit der Zusicherung finden, unbeschadet des Absatzes 1 Satz 1, § 44, auf die Heilung von Mängeln bei der Anhörung Beteiligter und der Mitwirkung anderer Behörden oder Ausschüsse § 45 Abs. 1 Nr. 3 bis 5 sowie Abs. 2, auf die Rücknahme § 48, auf den Widerruf, unbeschadet des Absatzes 3, § 49 entsprechende Anwendung.

(3) Ändert sich nach Abgabe der Zusicherung die Sach- oder Rechtslage derart, dass die Behörde bei Kenntnis der nachträglich eingetretenen Änderung die Zusicherung nicht gegeben hätte oder aus rechtlichen Gründen nicht hätte geben dürfen, ist die Behörde an die Zusicherung nicht mehr gebunden.

§ 39 VwVfG Begründung des Verwaltungsaktes

(1) [1] Ein schriftlicher oder elektronischer sowie ein schriftlich oder elektronisch bestätigter Verwaltungsakt ist mit einer Begründung zu versehen. [2] In der Begründung sind die wesentlichen tatsächlichen und rechtlichen Gründe mitzuteilen, die die Behörde zu ihrer Entscheidung bewogen haben. [3] Die Begründung von Ermessensentscheidungen soll auch die Gesichtspunkte erkennen lassen, von denen die Behörde bei der Ausübung ihres Ermessens ausgegangen ist.

(2) Einer Begründung bedarf es nicht,

1. soweit die Behörde einem Antrag entspricht oder einer Erklärung folgt und der Verwaltungsakt nicht in Rechte eines anderen eingreift;
2. soweit demjenigen, für den der Verwaltungsakt bestimmt ist oder der von ihm betroffen wird, die Auffassung der Behörde über die Sach- und Rechtslage bereits bekannt oder auch ohne Begründung für ihn ohne weiteres erkennbar ist;
3. wenn die Behörde gleichartige Verwaltungsakte in größerer Zahl oder Verwaltungsakte mit Hilfe automatischer Einrichtungen erlässt und die Begründung nach den Umständen des Einzelfalls nicht geboten ist;
4. wenn sich dies aus einer Rechtsvorschrift ergibt;
5. wenn eine Allgemeinverfügung öffentlich bekannt gegeben wird.

§ 40 VwVfG Ermessen

Ist die Behörde ermächtigt, nach ihrem Ermessen zu handeln, hat sie ihr Ermessen entsprechend dem Zweck der Ermächtigung auszuüben und die gesetzlichen Grenzen des Ermessens einzuhalten.

§ 41 VwVfG Bekanntgabe des Verwaltungsaktes

(1) [1] Ein Verwaltungsakt ist demjenigen Beteiligten bekannt zu geben, für den er bestimmt ist oder der von ihm betroffen wird. [2] Ist ein Bevollmächtigter bestellt, so kann die Bekanntgabe ihm gegenüber vorgenommen werden.

(2) [1] Ein schriftlicher Verwaltungsakt, der im Inland durch die Post übermittelt wird, gilt am dritten Tag nach der Aufgabe zur Post als bekannt gegeben. [2] Ein Verwaltungsakt, der im Inland oder in das Ausland elektronisch übermittelt wird, gilt am dritten Tag nach der Absendung als bekannt gegeben. [3] Dies gilt nicht, wenn der Verwaltungsakt nicht oder zu einem späteren Zeitpunkt zugegangen ist; im Zweifel hat die Behörde den Zugang des Verwaltungsaktes und den Zeitpunkt des Zugangs nachzuweisen.

(3) [1] Ein Verwaltungsakt darf öffentlich bekannt gegeben werden, wenn dies durch Rechtsvorschrift zugelassen ist. [2] Eine Allgemeinverfügung darf auch dann öffentlich bekannt gegeben werden, wenn eine Bekanntgabe an die Beteiligten untunlich ist.

(4) [1] Die öffentliche Bekanntgabe eines schriftlichen oder elektronischen Verwaltungsaktes wird dadurch bewirkt, dass sein verfügender Teil ortsüblich bekannt gemacht wird. [2] In der ortsüblichen Bekanntmachung ist anzugeben, wo der Verwaltungsakt und seine Begründung eingesehen werden können. [3] Der Verwaltungsakt gilt zwei Wochen nach der ortsüblichen Bekanntmachung als bekannt gegeben. [4] In einer Allgemeinverfügung kann ein hiervon abweichender Tag, jedoch frühestens der auf die Bekanntmachung folgende Tag bestimmt werden.

(5) Vorschriften über die Bekanntgabe eines Verwaltungsaktes mittels Zustellung bleiben unberührt.

§ 42 VwVfG Offenbare Unrichtigkeiten im Verwaltungsakt

[1] Die Behörde kann Schreibfehler, Rechenfehler und ähnliche offenbare Unrichtigkeiten in einem Verwaltungsakt jederzeit berichtigen. [2] Bei berechtigtem Interesse des Beteiligten ist zu berichtigen. [3] Die Behörde ist berechtigt, die Vorlage des Dokuments zu verlangen, das berichtigt werden soll.

§ 43 VwVfG Wirksamkeit des Verwaltungsaktes

(1) [1] Ein Verwaltungsakt wird gegenüber demjenigen, für den er bestimmt ist oder der von ihm betroffen wird, in dem Zeitpunkt wirksam, in dem er ihm bekannt gegeben wird. [2] Der Verwaltungsakt wird mit dem Inhalt wirksam, mit dem er bekannt gegeben wird.

(2) Ein Verwaltungsakt bleibt wirksam, solange und soweit er nicht zurückgenommen, widerrufen, anderweitig aufgehoben oder durch Zeitablauf oder auf andere Weise erledigt ist.

(3) Ein nichtiger Verwaltungsakt ist unwirksam.

§ 44 VwVfG Nichtigkeit des Verwaltungsaktes

(1) Ein Verwaltungsakt ist nichtig, soweit er an einem besonders schwerwiegenden Fehler leidet und dies bei verständiger Würdigung aller in Betracht kommenden Umstände offensichtlich ist.

(2) Ohne Rücksicht auf das Vorliegen der Voraussetzungen des Absatzes 1 ist ein Verwaltungsakt nichtig,

1. der schriftlich oder elektronisch erlassen worden ist, die erlassende Behörde aber nicht erkennen lässt;
2. der nach einer Rechtsvorschrift nur durch die Aushändigung einer Urkunde erlassen werden kann, aber dieser Form nicht genügt;
3. den eine Behörde außerhalb ihrer durch § 3 Abs. 1 Nr. 1 begründeten Zuständigkeit erlassen hat, ohne dazu ermächtigt zu sein;
4. den aus tatsächlichen Gründen niemand ausführen kann;
5. der die Begehung einer rechtswidrigen Tat verlangt, die einen Straf- oder Bußgeldtatbestand verwirklicht;
6. der gegen die guten Sitten verstößt.

(3) Ein Verwaltungsakt ist nicht schon deshalb nichtig, weil

1. Vorschriften über die örtliche Zuständigkeit nicht eingehalten worden sind, außer wenn ein Fall des Absatzes 2 Nr. 3 vorliegt;
2. eine nach § 20 Abs. 1 Satz 1 Nr. 2 bis 6 ausgeschlossene Person mitgewirkt hat;
3. ein durch Rechtsvorschrift zur Mitwirkung berufener Ausschuss den für den Erlass des Verwaltungsaktes vorgeschriebenen Beschluss nicht gefasst hat oder nicht beschlussfähig war;
4. die nach einer Rechtsvorschrift erforderliche Mitwirkung einer anderen Behörde unterblieben ist.

(4) Betrifft die Nichtigkeit nur einen Teil des Verwaltungsaktes, so ist er im ganzen nichtig, wenn der nichtige Teil so wesentlich ist, dass die Behörde den Verwaltungsakt ohne den nichtigen Teil nicht erlassen hätte.

(5) Die Behörde kann die Nichtigkeit jederzeit von Amts wegen feststellen; auf Antrag ist sie festzustellen, wenn der Antragsteller hieran ein berechtigtes Interesse hat.

§ 45 VwVfG Heilung von Verfahrens- und Formfehlern

(1) Eine Verletzung von Verfahrens- oder Formvorschriften, die nicht den Verwaltungsakt nach § 44 nichtig macht, ist unbeachtlich, wenn

1. der für den Erlass des Verwaltungsaktes erforderliche Antrag nachträglich gestellt wird;
2. die erforderliche Begründung nachträglich gegeben wird;
3. die erforderliche Anhörung eines Beteiligten nachgeholt wird;
4. der Beschluss eines Ausschusses, dessen Mitwirkung für den Erlass des Verwaltungsaktes erforderlich ist, nachträglich gefasst wird;
5. die erforderliche Mitwirkung einer anderen Behörde nachgeholt wird.

(2) Handlungen nach Absatz 1 können bis zum Abschluss der letzten Tatsacheninstanz eines verwaltungsgerichtlichen Verfahrens nachgeholt werden.

(3) [1] Fehlt einem Verwaltungsakt die erforderliche Begründung oder ist die erforderliche Anhörung eines Beteiligten vor Erlass des Verwaltungsaktes unterblieben und ist dadurch die rechtzeitige Anfechtung des Verwaltungsaktes versäumt worden, so gilt die Versäumung der Rechtsbehelfsfrist als nicht verschuldet. [2] Das für die Wiedereinsetzungsfrist nach § 32 Abs. 2 maßgebende Ereignis tritt im Zeitpunkt der Nachholung der unterlassenen Verfahrenshandlung ein.

§ 46 VwVfG Folgen von Verfahrens- und Formfehlern

Die Aufhebung eines Verwaltungsaktes, der nicht nach § 44 nichtig ist, kann nicht allein deshalb beansprucht werden, weil er unter Verletzung von Vorschriften über das Verfahren, die Form oder die örtliche Zuständigkeit zustande gekommen ist, wenn offensichtlich ist, dass die Verletzung die Entscheidung in der Sache nicht beeinflusst hat.

§ 48 VwVfG Rücknahme eines rechtswidrigen Verwaltungsaktes

(1) [1] Ein rechtswidriger Verwaltungsakt kann, auch nachdem er unanfechtbar geworden ist, ganz oder teilweise mit Wirkung für die Zukunft oder für die Vergangenheit zurückgenommen werden. [2] Ein Verwaltungsakt, der ein Recht oder einen rechtlich erheblichen Vorteil begründet oder bestätigt hat (begünstigender Verwaltungsakt), darf nur unter den Einschränkungen der Absätze 2 bis 4 zurückgenommen werden.

(2) [1] Ein rechtswidriger Verwaltungsakt, der eine einmalige oder laufende Geldleistung oder teilbare Sachleistung gewährt oder hierfür Voraussetzung ist, darf nicht zurückgenommen werden, soweit der Begünstigte auf den Bestand des Verwaltungsaktes vertraut hat und sein Vertrauen unter Abwägung mit dem öffentlichen Interesse an einer Rücknahme schutzwürdig ist. [2] Das Vertrauen ist in der Regel schutzwürdig, wenn der Begünstigte gewährte Leistungen verbraucht oder eine Vermögensdisposition getroffen hat, die er nicht mehr oder nur unter unzumutbaren Nachteilen rückgängig machen kann. [3] Auf Vertrauen kann sich der Begünstigte nicht berufen, wenn er

1. den Verwaltungsakt durch arglistige Täuschung, Drohung oder Bestechung erwirkt hat;
2. den Verwaltungsakt durch Angaben erwirkt hat, die in wesentlicher Beziehung unrichtig oder unvollständig waren;
3. die Rechtswidrigkeit des Verwaltungsaktes kannte oder infolge grober Fahrlässigkeit nicht kannte.

[4] In den Fällen des Satzes 3 wird der Verwaltungsakt in der Regel mit Wirkung für die Vergangenheit zurückgenommen.

(3) [1] Wird ein rechtswidriger Verwaltungsakt, der nicht unter Absatz 2 fällt, zurückgenommen, so hat die Behörde dem Betroffenen auf Antrag den Vermögensnachteil auszugleichen, den dieser dadurch erleidet, dass er auf den Bestand des Verwaltungsaktes vertraut hat, soweit sein Vertrauen unter Abwägung mit dem öffentlichen Interesse schutzwürdig ist. [2] Absatz 2 Satz 3 ist anzuwenden. [3] Der Vermögensnachteil ist jedoch nicht über den Betrag des Interesses hinaus zu ersetzen, das der Betroffene an dem Bestand des Verwaltungsaktes hat. [4] Der auszugleichende Vermögensnachteil wird durch die Behörde festgesetzt. [5] Der Anspruch kann nur innerhalb eines Jahres geltend gemacht werden; die Frist beginnt, sobald die Behörde den Betroffenen auf sie hingewiesen hat.

(4) [1] Erhält die Behörde von Tatsachen Kenntnis, welche die Rücknahme eines rechtswidrigen Verwaltungsaktes rechtfertigen, so ist die Rücknahme nur innerhalb eines Jahres seit dem Zeitpunkt der Kenntnisnahme zulässig. [2] Dies gilt nicht im Falle des Absatzes 2 Satz 3 Nr. 1.

(5) Über die Rücknahme entscheidet nach Unanfechtbarkeit des Verwaltungsaktes die nach § 3 zuständige Behörde; dies gilt auch dann, wenn der zurückzunehmende Verwaltungsakt von einer anderen Behörde erlassen worden ist.

§ 49 VwVfG Widerruf eines rechtmäßigen Verwaltungsaktes

(1) Ein rechtmäßiger nicht begünstigender Verwaltungsakt kann, auch nachdem er unanfechtbar geworden ist, ganz oder teilweise mit Wirkung für die Zukunft widerrufen werden, außer wenn ein Verwaltungsakt gleichen Inhalts erneut erlassen werden müsste oder aus anderen Gründen ein Widerruf unzulässig ist.

(2) [1] Ein rechtmäßiger begünstigender Verwaltungsakt darf, auch nachdem er unanfechtbar geworden ist, ganz oder teilweise mit Wirkung für die Zukunft nur widerrufen werden,

1. wenn der Widerruf durch Rechtsvorschrift zugelassen oder im Verwaltungsakt vorbehalten ist;
2. wenn mit dem Verwaltungsakt eine Auflage verbunden ist und der Begünstigte diese nicht oder nicht innerhalb einer ihm gesetzten Frist erfüllt hat;
3. wenn die Behörde auf Grund nachträglich eingetretener Tatsachen berechtigt wäre, den Verwaltungsakt nicht zu erlassen, und wenn ohne den Widerruf das öffentliche Interesse gefährdet würde;
4. wenn die Behörde auf Grund einer geänderten Rechtsvorschrift berechtigt wäre, den Verwaltungsakt nicht zu erlassen, soweit der Begünstigte von der Vergünstigung noch keinen Gebrauch gemacht oder auf Grund des Verwaltungsaktes noch keine Leistungen empfangen hat, und wenn ohne den Widerruf das öffentliche Interesse gefährdet würde;
5. um schwere Nachteile für das Gemeinwohl zu verhüten oder zu beseitigen.

[2] § 48 Abs. 4 gilt entsprechend.

(3) [1] Ein rechtmäßiger Verwaltungsakt, der eine einmalige oder laufende Geldleistung oder teilbare Sachleistung zur Erfüllung eines bestimmten Zwecks gewährt oder hierfür Voraussetzung ist, kann, auch nachdem er unanfechtbar geworden ist, ganz oder teilweise auch mit Wirkung für die Vergangenheit widerrufen werden,

1. wenn die Leistung nicht, nicht alsbald nach der Erbringung oder nicht mehr für den in dem Verwaltungsakt bestimmten Zweck verwendet wird;
2. wenn mit dem Verwaltungsakt eine Auflage verbunden ist und der Begünstigte diese nicht oder nicht innerhalb einer ihm gesetzten Frist erfüllt hat.

[2] § 48 Abs. 4 gilt entsprechend.

(4) Der widerrufene Verwaltungsakt wird mit dem Wirksamwerden des Widerrufs unwirksam, wenn die Behörde keinen anderen Zeitpunkt bestimmt.

(5) Über den Widerruf entscheidet nach Unanfechtbarkeit des Verwaltungsaktes die nach § 3 zuständige Behörde; dies gilt auch dann, wenn der zu widerrufende Verwaltungsakt von einer anderen Behörde erlassen worden ist.

(6) [1] Wird ein begünstigender Verwaltungsakt in den Fällen des Absatzes 2 Nr. 3 bis 5 widerrufen, so hat die Behörde den Betroffenen auf Antrag für den Vermögensnachteil zu entschädigen, den dieser dadurch erleidet, dass er auf den Bestand des Verwaltungsaktes vertraut hat, soweit sein Vertrauen schutzwürdig ist. [2] § 48 Abs. 3 Satz 3 bis 5 gilt entsprechend. [3] Für Streitigkeiten über die Entschädigung ist der ordentliche Rechtsweg gegeben.

§ 50 VwVfG Rücknahme und Widerruf im Rechtsbehelfsverfahren

§ 48 Abs. 1 Satz 2 und Abs. 2 bis 4 sowie § 49 Abs. 2 bis 4 und 6 gelten nicht, wenn ein begünstigender Verwaltungsakt, der von einem Dritten angefochten worden ist, während des Vorverfahrens oder während des verwaltungsgerichtlichen Verfahrens aufgehoben wird, soweit dadurch dem Widerspruch oder der Klage abgeholfen wird.

§ 51 VwVfG Wiederaufgreifen des Verfahrens

(1) Die Behörde hat auf Antrag des Betroffenen über die Aufhebung oder Änderung eines unanfechtbaren Verwaltungsaktes zu entscheiden, wenn

1. sich die dem Verwaltungsakt zugrunde liegende Sach- oder Rechtslage nachträglich zugunsten des Betroffenen geändert hat;
2. neue Beweismittel vorliegen, die eine dem Betroffenen günstigere Entscheidung herbeigeführt haben würden;
3. Wiederaufnahmegründe entsprechend § 580 der Zivilprozessordnung gegeben sind.

(2) Der Antrag ist nur zulässig, wenn der Betroffene ohne grobes Verschulden außerstande war, den Grund für das Wiederaufgreifen in dem früheren Verfahren, insbesondere durch Rechtsbehelf, geltend zu machen.

(3) [1] Der Antrag muss binnen drei Monaten gestellt werden. [2] Die Frist beginnt mit dem Tage, an dem der Betroffene von dem Grund für das Wiederaufgreifen Kenntnis erhalten hat.

(4) Über den Antrag entscheidet die nach § 3 zuständige Behörde; dies gilt auch dann, wenn der Verwaltungsakt, dessen Aufhebung oder Änderung begehrt wird, von einer anderen Behörde erlassen worden ist.

(5) Die Vorschriften des § 48 Abs. 1 Satz 1 und des § 49 Abs. 1 bleiben unberührt.

§ 53 VwVfG Hemmung der Verjährung durch Verwaltungsakt

(1) [1] Ein Verwaltungsakt, der zur Feststellung oder Durchsetzung des Anspruchs eines öffentlich-rechtlichen Rechtsträgers erlassen wird, hemmt die Verjährung dieses Anspruchs. [2] Die Hemmung endet mit Eintritt der Unanfechtbarkeit des Verwaltungsaktes oder sechs Monate nach seiner anderweitigen Erledigung.

(2) [1] Ist ein Verwaltungsakt im Sinne des Absatzes 1 unanfechtbar geworden, beträgt die Verjährungsfrist 30 Jahre. [2] Soweit der Verwaltungsakt einen Anspruch auf künftig fällig werdende regelmäßig wiederkehrende Leistungen zum Inhalt hat, bleibt es bei der für diesen Anspruch geltenden Verjährungsfrist.

§ 80 VwVfG Erstattung von Kosten im Vorverfahren

(1) [1] Soweit der Widerspruch erfolgreich ist, hat der Rechtsträger, dessen Behörde den angefochtenen Verwaltungsakt erlassen hat, demjenigen, der Widerspruch erhoben hat, die zur zweckentsprechenden Rechtsverfolgung oder Rechtsverteidigung notwendigen Aufwendungen zu erstatten. [2] Dies gilt auch, wenn der Widerspruch nur deshalb keinen Erfolg hat, weil die Verletzung einer Verfahrens- oder Formvorschrift nach § 45 unbeachtlich ist. [3] Soweit der Widerspruch erfolglos geblieben ist, hat derjenige, der den Widerspruch eingelegt hat, die zur zweckentsprechenden Rechtsverfolgung oder Rechtsverteidigung notwendigen Aufwendungen der Behörde, die den angefochtenen Verwaltungsakt erlassen hat, zu erstatten; dies gilt nicht, wenn der Widerspruch gegen einen Verwaltungsakt eingelegt wird, der im Rahmen

1. eines bestehenden oder früheren öffentlich-rechtlichen Dienst- oder Amtsverhältnisses oder
2. einer bestehenden oder früheren gesetzlichen Dienstpflicht oder einer Tätigkeit, die an Stelle der gesetzlichen Dienstpflicht geleistet werden kann,

erlassen wurde. [4] Aufwendungen, die durch das Verschulden eines Erstattungsberechtigten entstanden sind, hat dieser selbst zu tragen; das Verschulden eines Vertreters ist dem Vertretenen zuzurechnen.

(2) Die Gebühren und Auslagen eines Rechtsanwalts oder eines sonstigen Bevollmächtigten im Vorverfahren sind erstattungsfähig, wenn die Zuziehung eines Bevollmächtigten notwendig war.

(3) [1] Die Behörde, die die Kostenentscheidung getroffen hat, setzt auf Antrag den Betrag der zu erstattenden Aufwendungen fest; hat ein Ausschuss oder Beirat (§ 73 Abs. 2 der Verwaltungsgerichtsordnung) die Kostenentscheidung getroffen, so obliegt die Kostenfestsetzung der Behörde, bei der der Ausschuss oder Beirat gebildet ist. [2] Die Kostenentscheidung bestimmt auch, ob die Zuziehung eines Rechtsanwalts oder eines sonstigen Bevollmächtigten notwendig war.

(4) Die Absätze 1 bis 3 gelten auch für Vorverfahren bei Maßnahmen des Richterdienstrechts.

§ 33 Sachliche und örtliche Zuständigkeit

(1) Für die Ausführung dieses Gesetzes und der auf seiner Grundlage erlassenen Rechtsverordnungen sind die Rechtsanwaltskammern zuständig, soweit nichts anderes bestimmt ist.

(2) [1] Das Bundesministerium der Justiz und für Verbraucherschutz wird ermächtigt, die Aufgaben und Befugnisse, die ihm nach diesem Gesetz zustehen, auf den Präsidenten des Bundesgerichtshofes zu übertragen. [2] Die Landesregierungen werden ermächtigt, die Aufgaben und Befugnisse, die den Landesjustizverwaltungen nach diesem Gesetz zustehen, durch Rechtsverordnung auf diesen nachgeordnete Behörden zu übertragen. [3] Die Landesregierungen können diese Ermächtigung durch Rechtsverordnung auf die Landesjustizverwaltungen übertragen.

(3) [1] Örtlich zuständig ist die Rechtsanwaltskammer,

1. deren Mitglied der Rechtsanwalt ist,
2. bei der die Zulassung zur Rechtsanwaltschaft beantragt ist [*idF der BT-Drs. 18/5201:, sofern nicht eine Zuständigkeit einer anderen Rechtsanwaltskammer nach Nummer 1 gegeben ist*] oder
3. in deren Bezirk die Gesellschaft ihren Sitz hat, die die Zulassung als Rechtsanwaltsgesellschaft besitzt oder beantragt.

[2] Wird die Aufnahme in eine andere Rechtsanwaltskammer beantragt (§ 27 Abs. 3 [*idF der BT-Drs. 18/5201:, § 46c Absatz 4 Satz 3*]), so entscheidet diese über den Antrag.

I. Allgemeines und Normzweck

1 Die Vorschrift wurde durch das Gesetz zur Modernisierung von Verfahren im anwaltlichen und notariellen Berufsrecht vom 30.7.2009 (BGBl. I S. 2449) neu geschaffen. Sie regelt **Zu-**

ständigkeitsfragen. Die in ihr enthaltenen Regelungen fassen die vormals in der BRAO verstreuten und teilweise mehrfach geregelten Zuständigkeiten für Verwaltungsentscheidungen zusammen.

2 Die BRAO hat durch die Schaffung des § 33 eine **dringend benötigte Systematik** bezüglich der Zuständigkeitsregelungen erhalten. Dies hat eine wesentlich bessere **Transparenz** für die am Verwaltungsverfahren Beteiligten zur Folge.

II. Sachliche Zuständigkeit und Übertragungsermächtigung

3 Nach der in Abs. 1 enthaltenen **Grundregel** liegt die **sachliche Zuständigkeit** für die Ausführung der BRAO und der auf seiner Grundlage erlassenen Rechtsverordnungen **bei den Rechtsanwaltskammern.** Etwas anderes gilt nur dann, wenn dies in der BRAO vorgesehen ist. Zu denken ist insbesondere an die Aufsicht über die Rechtsanwaltskammern (§ 62 Abs. 2) und an die Aufgaben bezüglich der BGH-Anwälte (§ 163).

4 Durch Rechtsverordnung kann die sachliche Zuständigkeit auf nachgeordnete Behörden übertragen werden. Das BMJV kann seine Aufgaben und Befugnisse nach der BRAO auf den Präsidenten des BGH übertragen.

5 Abs. 2 S. 2 sieht vor, dass die Landesregierungen die Aufgaben und Befugnisse, die den Landesjustizverwaltungen nach der BRAO zustehen, auf nachgeordnete Behörden übertragen dürfen. Diese Ermächtigung können die Landesregierungen durch Rechtsverordnung auf die Landesjustizverwaltungen übertragen. Die Regelung entspricht den Vorgaben von Art. 80 GG. Sie war bislang in § 224 enthalten.

6 Von den Befugnissen des früheren § 224 haben das BMJV und die Landesjustizverwaltungen in unterschiedlichem Maße Gebrauch gemacht. Da § 33 Abs. 2 und der frühere § 224 deckungsgleich sind, gelten die früher vorgenommenen Übertragungen fort.

III. Funktionale Zuständigkeit

7 Die den Rechtsanwaltskammern nach der BRAO zugewiesenen Aufgaben obliegen dem **Kammervorstand** (§ 73 Abs. 1 S. 2). Der Vorstand kann die Aufgaben an einzelne Mitglieder des Vorstands (§ 73 Abs. 3), an das Präsidium (§ 79 Abs. 1 Alt. 2) oder an den Präsidenten (§ 80 Abs. 4) übertragen.

IV. Örtliche Zuständigkeit

8 Abs. 3 regelt die örtliche Zuständigkeit. Danach entscheidet die Mitgliedschaft des betroffenen Rechtsanwalts in der jeweiligen Kammer.

9 Soweit es um die Zulassung zur Rechtsanwaltschaft geht, ist die Rechtsanwaltskammer zuständig, bei der die Zulassung beantragt ist oder in deren Bezirk die Gesellschaft, die die Zulassung als Rechtsanwaltsgesellschaft beantragt hat, ihren Sitz hat. Bei den Rechtsanwaltsgesellschaften wird der Sitz durch den Gesellschaftsvertrag bzw. die Satzung festgelegt.

10 Unvollständig ist die Regelung bezüglich Gesellschaften, die ihren Verwaltungssitz im **(europäischen) Ausland** haben. In diesen Fällen sollten Abs. 3 Nr. 1 und 2 analog angewendet werden (so auch Gaier/Wolf/Göcken/*Siegmund* § 34 Rn. 18).

§ 34 Zustellung

Verwaltungsakte, durch die die Zulassung zur Rechtsanwaltschaft oder die Mitgliedschaft in einer Rechtsanwaltskammer begründet oder versagt wird oder erlischt oder durch die eine Befreiung oder Erlaubnis versagt, zurückgenommen oder widerrufen wird, sind zuzustellen.

1 Die Vorschrift stellt ein **Zustellerfordernis bezüglich sämtlicher Verwaltungsakte** auf, die den Status als Rechtsanwalt und die Mitgliedschaft in einer Rechtsanwaltskammer berühren. Sie wurde durch das Gesetz zur Modernisierung von Verfahren im anwaltlichen und notariellen Berufsrecht, zur Errichtung einer Schlichtungsstelle der Rechtsanwaltschaft sowie zur Änderung sonstiger Vorschriften vom 30.6.2009 (BGBl. I S. 2449) geschaffen.

2 Bis zum Inkrafttreten des § 34 enthielten unterschiedliche Normen der BRAO Zustellerfordernisse. § 229 aF verwies bezüglich des Verfahrens der Zustellung auf die Vorschriften der ZPO.

Zweck der Vorschrift ist die **Sicherstellung der Kenntniserlangung von Verwaltungsakten.** Indem das Zustellerfordernis normiert worden ist, ist eine rechtssichere Feststellung des Datums der Bekanntgabe eines Verwaltungsakts und der Beginn der Rechtsmittelfrist möglich. Hierdurch wird dem Rechtsstaatsprinzip und der Rechtsschutzgarantie des Art. 19 Abs. 4 GG genügt. 3

Bei Zustellungen im **Gerichtsverfahren** ist **§ 34 nicht einschlägig.** § 112c Abs. 1 erklärt die Vorschriften der VwGO für anwendbar. Nach § 56 Abs. 2 VwGO sind Zustellungen von Amts wegen nach den Vorschriften der ZPO vorzunehmen. 4

Die Vorschrift regelt die Zustellung im **Verwaltungsverfahren.** Sie stellt allerdings nur das Zustellerfordernis als solches auf. Somit kommen über § 32 die allgemeinen Regeln des Verwaltungsverfahrens zur Anwendung. 5

Ob das Verwaltungszustellungsgesetz (VwZG) des Bundes oder aber die Verwaltungszustellungsgesetze der Länder anwendbar sind, hängt davon ab, welche Behörde handelt. Wird bspw. das BMJV im Rahmen seiner Zuständigkeit nach § 163 tätig, ist das VwZG des Bundes zur Anwendung zu bringen. Werden hingegen die **Rechtsanwaltskammern** tätig, so gelten die **Verwaltungszustellungsgesetze der Länder** (so auch Gaier/Wolf/Göcken/*Siegmund* § 34 Rn. 9). 6

Die Verwaltungszustellungsgesetze sehen unterschiedliche Zustellungsarten vor. § 4 VwZG regelt die Zustellung durch die Post mittels Einschreiben. Behörden können gemäß § 5 VwZG gegen Empfangsbekenntnis zustellen. Für die Zustellung im Ausland ist § 9 VwZG zu beachten. § 10 VwZG regelt die öffentliche Zustellung. Um öffentlich zustellen zu können, sind die Rechtsanwaltskammern gehalten, Aushangtafeln zu installieren – in Nordrhein-Westfalen zB gemäß § 10 Abs. 2 LZG NRW. 7

Soweit eine Zustellung erforderlich ist, setzt dies ein schriftliches oder elektronisches Dokument voraus. Aus dem Schriftformerfordernis ergibt sich gemäß § 32 iVm § 39 VwVfG eine **Begründungspflicht.** In der Begründung sind die wesentlichen tatsächlichen und rechtlichen Gründe mitzuteilen, die zu der Entscheidung geführt haben. 8

Für Widerspruchsbescheide gilt § 73 Abs. 3 S. 2 VwGO. Deren Zustellung ist von Amts wegen nach den Vorschriften des Verwaltungszustellungsgesetzes vorzunehmen. Hierdurch ergibt sich zwangsläufig, dass in anwaltlichen Verwaltungsverfahren ein **Vorverfahren** iSd § 68 VwGO stattzufinden hat (so auch Henssler/Prütting/*Prütting* § 34 Rn. 4). 9

§ 35 Bestellung eines Vertreters im Verwaltungsverfahren

Wird auf Ersuchen der Rechtsanwaltskammer für das Verwaltungsverfahren ein Vertreter bestellt, soll ein Rechtsanwalt bestellt werden.

§ 35 wurde durch das Gesetz zur Modernisierung von Verfahren im anwaltlichen und notariellen Berufsrecht, zur Errichtung einer Schlichtungsstelle der Rechtsanwaltschaft sowie zur Änderung sonstiger Vorschriften vom 30.7.2009 (BGBl. I S. 2449) in die BRAO eingefügt. 1

Bis zum 31.8.2009 war in § 16 Abs. 3 aF die vormundschaftsgerichtliche Bestellung eines gesetzlichen Vertreters für das Verwaltungsverfahren nur in Verfahren zur Beseitigung der Zulassung und bei Vorliegen gesundheitlicher Gründe vorgesehen. Sie kann jedoch auch in anderen Situationen angemessen sein, etwa wenn die Zulassung zur Rechtsanwaltschaft versagt werden soll. Seit dem 1.9.2009 findet über die Verweisung in § 32 die weiter reichende Regelung des § 16 VwVfG für die Bestellung einer Vertreterin oder eines Vertreters von Amts wegen Anwendung. § 35 regelt deswegen nur noch als berufsrechtliche Besonderheit, dass die Vertreterin oder der Vertreter Rechtsanwalt sein soll. 2

§ 36 Ermittlung des Sachverhalts, personenbezogene Daten, Mitteilungspflichten

(1) **Die Rechtsanwaltskammer kann zur Ermittlung des Sachverhalts in Zulassungssachen eine unbeschränkte Auskunft nach § 41 Abs. 1 Nr. 11 des Bundeszentralregistergesetzes als Regelanfrage einholen.**

(2) [1] **Gerichte und Behörden übermitteln personenbezogene Daten, deren Kenntnis aus Sicht der übermittelnden Stelle für die Zulassung zur Rechtsanwaltschaft, die**

Entstehung oder das Erlöschen der Mitgliedschaft in einer Rechtsanwaltskammer, die Rücknahme oder den Widerruf einer Erlaubnis oder Befreiung oder zur Einleitung eines Rügeverfahrens oder eines anwaltsgerichtlichen Verfahrens erforderlich sind, der Rechtsanwaltskammer oder der für die Entscheidung zuständigen Stelle. [2]Die Übermittlung unterbleibt, soweit

1. durch die Übermittlung schutzwürdige Interessen des Betroffenen beeinträchtigt würden und das Informationsinteresse der Rechtsanwaltskammer oder der für die Entscheidung zuständigen Stelle das Interesse des Betroffenen an dem Unterbleiben der Übermittlung nicht überwiegt oder

2. besondere gesetzliche Verwendungsregelungen entgegenstehen.

[3]Informationen über die Höhe rückständiger Steuerschulden können entgegen § 30 der Abgabenordnung zum Zweck der Vorbereitung des Widerrufs der Zulassung wegen Vermögensverfalls übermittelt werden; die Rechtsanwaltskammer darf die Steuerdaten nur für den Zweck verwenden, für den sie ihr übermittelt worden sind.

(3) **[1]Ist ein Rechtsanwalt Mitglied einer Berufskammer eines anderen freien Berufs im Geltungsbereich dieses Gesetzes, darf die Rechtsanwaltskammer personenbezogene Daten über den Rechtsanwalt an die zuständige Berufskammer übermitteln, soweit die Kenntnis der Information aus der Sicht der übermittelnden Stelle zur Erfüllung der Aufgaben der anderen Berufskammer im Zusammenhang mit der Zulassung zum Beruf oder der Einleitung eines Rügeverfahrens oder berufsgerichtlichen Verfahrens erforderlich ist. [2]Absatz 2 Satz 2 gilt entsprechend.**

(4) **Gehört der Rechtsanwalt zugleich einer Notarkammer an und endet seine Mitgliedschaft in einer Rechtsanwaltskammer anders als durch Tod, so teilt die Kammer dies der Landesjustizverwaltung und der Notarkammer unverzüglich mit.**

Übersicht

I. Allgemeines

1 § 36 wurde durch das Gesetz zur Modernisierung von Verfahren im anwaltlichen und notariellen Berufsrecht, zur Errichtung einer Schlichtungsstelle der Rechtsanwaltschaft sowie zur Änderung sonstiger Vorschriften vom 30.7.2009 (BGBl. I S. 2449) in die BRAO eingefügt. Die Vorschrift ersetzt § 36a aF.

2 Vorbild für die Regelung des Untersuchungsgrundsatzes ist § 24 Abs. 1 S. 1 VwVfG gewesen. Die Bestimmungen zu den Beweismitteln in § 36a Abs. 1 S. 2 und Abs. 2 waren § 26 Abs. 1 S. 1 VwVfG nachgebildet. Über die Verweisung in § 32 erlangen die diesbezüglichen Regelungen der Verwaltungsverfahrensgesetze unmittelbare Geltung.

3 § 36 Abs. 1 entspricht § 36a Abs. 1 S. 3 aF. § 36 Abs. 2 S. 2, 3 ersetzt § 36a Abs. 3 S. 1 (letzter Satzteil), 2 und 3 aF. § 36 Abs. 3 übernimmt die Regelung aus § 36a Abs. 4 aF. § 36 Abs. 2 S. 1 erweitert den früheren § 36a Abs. 3 S. 1, indem nicht mehr auf die Zulassung zur Rechtsanwaltschaft, sondern die Mitgliedschaft in einer RAK abgestellt wird. Gerichte und Behörden, andere Rechtsanwaltskammern eingeschlossen, müssen daher auch einer über einen Aufnahmeantrag bei einem Kammerwechsel entscheidenden RAK die für die Mitgliedschaft erheblichen Informationen übermitteln. Die Mitteilung nach § 16 Abs. 1 S. 4 Hs. 2 aF erfolgt nunmehr nach § 36 Abs. 2 S. 1.

II. Untersuchungsgrundsatz/Regelanfrage (Abs. 1)

Über die Verweisung in § 32 findet die Regelung zum Untersuchungsgrundsatz in § 24 Abs. 1 S. 1 VwVfG unmittelbar Anwendung. Es gilt damit auch nach Aufhebung des § 36a Abs. 1 S. 1 und 2 aF der **Grundsatz der Amtsermittlung** (BGH BRAK-Mitt. 2001, 86). Die RAK darf zur Ermittlung des Sachverhalts in **Zulassungssachen** unbeschränkte Auskünfte nach § 41 Abs. 1 Nr. 11 BZRG als Regelanfrage einholen; die Vorschrift, deren Tatbestand bislang noch das Erfordernis enthielt, dass die RAK aufgrund einer Rechtsverordnung zuständig ist (§ 224a aF), wurde mit Wirkung zum 1.9.2009 angepasst (BGBl. I S. 2827). Aus § 26 VwVfG folgt die Mitwirkungspflicht des Rechtsanwalts. 4

III. Übermittlung personenbezogener Daten (Abs. 2)

1. Berufsspezifische Mitteilungsregelung. Abs. 2 regelt die Übermittlung personenbezogener Daten zur Durchführung der in der BRAO vorgesehenen Verwaltungsverfahren bzw. für das Rüge- oder anwaltsgerichtliche Verfahren. § 36a Abs. 2 ist eine **spezielle Datenschutznorm,** die für die Mitteilungen in Zulassungssachen an die Stelle der Datenschutzgesetze des Bundes und der Länder tritt (Henssler/Prütting/*Prütting* § 36 Rn. 10). Personenbezogene Erkenntnisse, die bei Gerichten oder Behörden bzgl. Rechtsanwälten und Anwaltsbewerbern anfallen und die für die Rücknahme oder für den Widerruf einer Erlaubnis, Befreiung oder der Zulassung eines Rechtsanwalts sowie zur Einleitung eines Rüge- oder anwaltsgerichtlichen Verfahrens von Bedeutung sein können, müssen die Gerichte und Behörden der für die Entscheidung zuständigen Stelle, dh der Staatsanwaltschaft (§ 120) oder dem Vorstand der RAK übermitteln, soweit dies aus der Sicht der mitteilenden Stelle erforderlich erscheint und soweit hierdurch schutzwürdige Belange des Betroffenen nicht beeinträchtigt werden oder das öffentliche Interesse das Geheimhaltungsinteresse des Betroffenen überwiegt. Entgegen der von *Eich* (MDR 1991, 385) vertretenen Auffassung kommt die RAK nicht „nur als Empfänger der vom Gericht oder anderen Behörden übermittelten Daten in Betracht". Vielmehr kann und muss sie als Behörde (§ 62; → § 63 Rn. 1; → § 80 Rn. 2) nach § 36 Abs. 2 auch ihr vorliegende personenbezogene Daten an die Staatsanwaltschaft (§ 120; → § 76 Rn. 19) weiterleiten und sie wird dies in Wahrnehmung der Belange der Kammer und der Anwaltschaft (→ § 73 Rn. 1–27) auch tun, so zB wenn sie Kenntnisse über Umstände hat, die die Durchführung eines anwaltsgerichtlichen (Ermittlungs-)Verfahrens rechtfertigen, oder wenn sonst die Voraussetzungen des § 36 Abs. 2 gegeben sind. Auch nach § 64a Abs. 3 BNotO kann eine RAK, wenn sie bzgl. eines Notars, insbesondere eines Anwaltsnotars, entsprechende Informationen hat, diese unter den Voraussetzungen des § 64a Abs. 3 BNotO der für die Entscheidung zuständigen Stelle übermitteln (vgl. auch § 32a PAO und § 10 StBerG, § 36a WPO). 5

Hier kommen insbesondere Mitteilungen über strafrechtliche Ermittlungsverfahren, Strafverfahren, anhängige Zivilklagen, Zivilurteile, Erkenntnisse über schlechte wirtschaftliche Verhältnisse, die Hinweise für einen möglichen Vermögensverfall ergeben können, und ähnliches in Betracht. Es sind Informationen, die für die Erfüllung der Aufgaben des Anwaltsgerichts, des Vorstands der RAK und der Staatsanwaltschaft erforderlich sind. 6

Unter **schutzwürdigen Belangen des Betroffenen** sind insbesondere seine Intim- und Privatsphäre, seine wirtschaftliche und berufliche Handlungsfreiheit, seine berufliche Chancengleichheit und sein Ansehen in der Öffentlichkeit zu beachten. Es ist jeweils eine einzelfallbezogene Abwägung erforderlich. Die RAK kann im Zulassungsverfahren die über den Antragsteller geführten Personalakten als Beamter mit Rücksicht auf dessen Recht auf „informationelle Selbstbestimmung" nicht ohne dessen Einverständnis auf der Grundlage des § 36 Abs. 2 beiziehen. Auf ein daraus erwachsenes relevantes Informationsdefizit kann die RAK aber im Rahmen der Mitwirkungsverpflichtung des Zulassungsbewerbers reagieren (zu § 36a Abs. 2 aF BGH BRAK-Mitt. 1997, 169; BGHZ 94, 364 = NJW 1985, 1842). 7

Regelmäßig werden schutzwürdige Belange des Betroffenen durch solche Datenübermittlungen zum Zwecke der Ermöglichung der Erfüllung der gesetzlichen Aufgaben durch die Adressaten nicht beeinträchtigt werden, zumal den Interessen des Betroffenen schon dadurch weitgehend Rechnung getragen wird, dass sowohl das Verwaltungsverfahren der RAK als auch die Verfahren bei Gericht, Kammervorstand und Staatsanwaltschaft nicht öffentlich sind und die Beteiligten der Pflicht zur Verschwiegenheit unterliegen. 8

9 Stehen im Einzelfall seine schutzwürdigen Belange einer Übermittlung entgegen, ist eine **Interessenabwägung** vorzunehmen und zu prüfen, ob das öffentliche Interesse das Geheimhaltungsinteresse des Betroffenen überwiegt. Je bedeutsamer und gravierender die Maßnahme der RAK oder derjenigen im anwaltsgerichtlichen Bereich ist, die aufgrund der Information ergriffen werden kann, um so eher wird das öffentliche Interesse das Geheimhaltungsinteresse überwiegen. Weisen die Informationen zB auf eine so schwerwiegende Pflichtverletzung hin, dass die Maßnahmen des Ausschlusses aus der Anwaltschaft oder eines Vertretungsverbotes zu erwarten sind, dann wird immer das öffentliche Interesse an der Integrität der Rechtspflege und dem Schutz der Rechtsuchenden überwiegen. Gleiches gilt, wenn eine Rücknahme oder ein Widerruf der Zulassung zur Rechtsanwaltschaft in Betracht kommt. Soweit nach § 36 Abs. 2 und 3 die Weitergabe personenbezogener Daten gestattet ist, steht dem die Verschwiegenheitspflicht (§ 76) nicht entgegen (BGH BRAK-Mitt. 2014, 279).

10 **2. Gesetzliche Verwendungsregelungen, Steuergeheimnis.** Die Übermittlung muss stets unterbleiben, wenn besondere gesetzliche Verwendungsregelungen entgegenstehen. Darunter fallen insbesondere Berufs- und Amtsgeheimnisse. Das **Steuergeheimnis** steht aber der Übermittlung nicht entgegen (Abs. 2 S. 3). Da in der Vergangenheit Finanzämter mit Billigung durch das Bundesministerium der Finanzen wiederholt die Auskunft über Steuerverbindlichkeiten von Rechtsanwälten gegenüber den Rechtsanwaltskammern unter Berufung auf § 30 AO und das Fehlen einer § 10 Abs. 2 S. 2 Hs. 2 StBerG entsprechenden Ausnahmeregelung verweigert haben, obwohl § 30 Abs. 4 Nr. 5 AO die Offenbarung bei zwingendem öffentlichen Interesse für zulässig erklärt, bestand Änderungsbedarf. Denn zur Vorbereitung des Widerrufs der Zulassung wegen Vermögensverfalls (§ 14 Abs. 2 Nr. 7) ist es für die zuständige RAK oft von entscheidender Bedeutung, frühzeitig Kenntnis über Steuerverbindlichkeiten zu erlangen. Bei Rechtsanwälten, gegen die bereits wiederholt Zwangsvollstreckungsmaßnahmen ergangen sind, sind erfahrungsgemäß regelmäßig auch erhebliche Steuerschulden feststellbar. Häufig stellt der Umfang der Steuerrückstände ein bedeutsames, nicht selten sogar entscheidendes Moment bei der Beurteilung der wirtschaftlichen Verhältnisse dar. Insgesamt bleibt das Bild der wirtschaftlichen Gesamtsituation ohne Kenntnis der Steuerverbindlichkeiten unvollkommen und unzureichend. Insbesondere erlangen die Rechtsanwaltskammern nicht zwingend Kenntnis über erfolgte Vollstreckungsmaßnahmen, da die Finanzbehörden diese in eigener Zuständigkeit vornehmen. Da somit ein dringendes praktisches Bedürfnis für die Ergänzung des früheren Abs. 3 bestand (BR in BT-Drs. 15/5223, 16 = BT-Drs. 16/513, 16), wurde § 36a Abs. 3 aF mit Gesetz vom 26.3.2007 (BGBl. I S. 358) um einen dem § 10 Abs. 2 S. 2 Hs. 2 StBerG entsprechenden Satz ergänzt, wonach das Steuergeheimnis der Übermittlung nicht entgegensteht. Allerdings darf die RAK die ihr vom Finanzamt übermittelten Steuerdaten ausschließlich in dem Widerrufsverfahren wegen Vermögensverfalls (§ 14 Abs. 2 Nr. 7) verwenden. Nur zu diesem Zweck übermittelt das Finanzamt ihr die Informationen über die Höhe rückständiger Steuerschulden (BT-Drs. 16/3837, 15, 42). Die vom Bundesrat im Rahmen des Gesetzgebungsverfahrens unter Anrufung des Vermittlungsausschusses geforderte Übermittlung von Informationen über Zwangsvollstreckungsmaßnahmen wegen rückständiger Sozialversicherungsbeiträge (BR-Drs. 377/09 S. 1) wurde nicht normiert.

11 **3. Mitteilungspflichten in Zivil- und Strafsachen.** Zur Umsetzung des am 1.6.1998 in Kraft getretenen Justizmitteilungsgesetzes vom 18.6.1997 (BGBl. I S. 1430) haben die Landesjustizverwaltungen im Einvernehmen mit dem BMJV bundeseinheitliche Neufassungen der **„Anordnung über Mitteilungen in Zivilsachen (MiZi)“** (vgl. zB AV des JM NW vom 14.5.1998 (1430-I B. 40) – JMBl. NW S. 133 – mit Änderungen vom 5.8.1999 (1430-I D. 42) – JMBl. NW S. 189) und 11.7.2001 (1430-I D. 47) – JMBl. NW S. 185; abgedruckt bei *Piller/Hermann,* Justizverwaltungsvorschriften und in Beilage zu NJW 1998, Heft 38) und der **„Anordnung über Mitteilungen in Strafsachen (MiStra)“** (abgedruckt bei *Meyer-Goßner* unter A 16; vgl. zB AV des JM NW vom 29.4.1998 (1431-III A. 4) – JMBl. NW S. 109) beschlossen. Damit wurde das Justizmitteilungswesen auch im Bereich der BRAO auf eine verfassungsrechtlich einwandfreie gesetzliche Grundlage gestellt (amtliche Begründung, BT-Drs. 13/4709 S. 16). Diese Verwaltungsvorschriften ergänzen die bereichsspezifischen Vorschriften des § 36 Abs. 2. Sowohl MiZi als auch MiStra wurden mit deren Änderungen im Jahre 2001 um Regelungen hinsichtlich der Mitteilungen über europäische Rechtsanwälte ergänzt, die nach dem EuRAG hier tätig sind.

4. Europäische Rechtsanwälte. Hinsichtlich der **niedergelassenen europäischen Rechtsanwälte** (§§ 2 ff. EuRAG) werden in MiZi und MiStra die gleichen Mitteilungspflichten angeordnet, wie sie für deutsche Rechtsanwälte gelten. Nach ihrer Niederlassung (§ 2 EuRAG) und erst recht nach ihrer Eingliederung (§§ 11 ff. EuRAG) ist auf sie § 36 als Grundlage der Mitteilungspflichten unmittelbar anwendbar (§§ 4 Abs. 1, 11 Abs. 1, 13 Abs. 1 EuRAG). 12

Hinsichtlich der **dienstleistenden europäischen Rechtsanwälte,** die in Deutschland nur vorübergehend tätig werden (§§ 25 ff. EuRAG), ist **nur in MiStra** eine entsprechende Mitteilungspflicht angeordnet (Nr. 23 MiStra, *Meyer-Goßner* StPO 13 Anh.). Diese Mitteilungspflichten gegenüber RAK und Generalstaatsanwaltschaft stützen sich auf § 13 Abs. 2 iVm § 14 Abs. 1 Nr. 4 EGGVG. **Mitteilungen nach MiZi** (vgl. Zöller/*Lückemann* EGGVG § 12 Rn. 7) sind bezüglich dienstleistenden europäischen Rechtsanwälten (§§ 25 ff. EuRAG) **nicht vorgesehen.** Insoweit fehlt es an der erforderlichen Rechtsgrundlage. § 36 BRAO ist in §§ 25 ff. EuRAG nicht für anwendbar erklärt worden. § 14 EGGVG regelt nur die Datenübermittlung in Strafsachen; die in § 15 EGGVG für die Übermittlung von Daten in Zivilsachen und Angelegenheiten der freiwilligen Gerichtsbarkeit aufgestellten Voraussetzungen liegen für Mitteilungen an die RAK und die Generalstaatsanwaltschaft nicht vor. Auch eine sonstige Rechtsgrundlage für entsprechende Mitteilungen in Zivilsachen ist nicht erkennbar. Dies ist unbefriedigend. Auch die Dienstleistungserbringer nach §§ 25 ff. EuRAG unterstehen der Kammeraufsicht und der deutschen Anwaltsgerichtsbarkeit (§§ 27, 32, 33 EuRAG). Nach § 32 Abs. 1 Nr. 3 EuRAG muss zudem die RAK die zuständige Stelle des Staates der Niederlassung über – berufsrechtsrelevante – Entscheidungen unterrichten, die hinsichtlich eines dienstleistenden europäischen Rechtsanwalts in Deutschland getroffen worden sind. Da auch zivilgerichtliche Entscheidungen für Aufsichts- und Anwaltsgerichtsverfahren sowie für die Zulassungsstellen des Staates der Niederlassung relevant sein können, zu denken ist nur an Entscheidungen, die eine hohe Verschuldung oder Unzuverlässigkeit des Dienstleistungserbringers erkennen lassen, müssen RAK und Generalstaatsanwaltschaft auch über solche zivilgerichtlichen Entscheidungen unterrichtet werden. Die Schaffung einer entsprechenden Rechtsgrundlage ist angezeigt. 13

IV. Mitteilungen über Rechtsanwälte mit Mehrfachqualifikationen (Abs. 3)

Mit der Regelung wird sichergestellt, dass Informationen über Rechtsanwälte mit Mehrfachqualifikationen – insbesondere als **Steuerberater und Wirtschaftsprüfer** – auch an die für die anderen Qualifikationen zuständige Berufskammer oder Landesbehörde für deren Zwecke weitergeleitet werden dürfen. 14

Dem Wortlaut nach handelt es sich um eine **Ermessensentscheidung** der RAK, ob sie die personenbezogenen Daten weiterleitet. Sie entscheidet nach pflichtgemäßem Ermessen und hat dabei die in Abs. 3 S. 1 enthaltenen gesetzlichen Vorgaben zu beachten. Sie darf Informationen nur weitergeben, soweit die Kenntnis der Information aus ihrer Sicht zur Erfüllung der Aufgaben der anderen Berufskammer oder im Zusammenhang mit der Zulassung zum Beruf oder der Einleitung eines Rügeverfahrens oder berufsgerichtlichen Verfahrens erforderlich ist. Nur diese Zwecke können die Informationsübermittlung rechtfertigen. Ferner darf sie nach Abs. 3 S. 2 entsprechend Abs. 2 S. 2 die Informationen nur weitergeben, wenn durch die Übermittlung schutzwürdige Interessen des Betroffenen nicht beeinträchtigt werden oder das öffentliche Geheimhaltungsinteresse des Betroffenen nicht überwiegt (Nr. 1) bzw. besondere gesetzliche Verwendungsregeln nicht entgegenstehen (Nr. 2). 15

V. Mitteilungen an Landesjustizverwaltung und Notarkammer (Abs. 4)

§ 36 Abs. 4 nimmt die Mitteilungspflichten für Anwaltsnotarinnen und Anwaltsnotare aus § 16 Abs. 4a und § 27 Abs. 3 S. 5 auf, und erweitert sie auf alle Fälle, in denen nach § 47 Nr. 3 BNotO das Notaramt erlischt. Abs. 4 ergänzt damit § 64a BNotO. Endet die Mitgliedschaft aufgrund eines Verwaltungsakts, tritt die Mitteilungspflicht erst mit dessen Unanfechtbarkeit ein. Wird bei einer Rücknahme oder einem Widerruf der Anwaltszulassung die sofortige Vollziehung angeordnet, so erfolgt Mitteilung nach § 14 Abs. 4 iVm § 160 Abs. 1 S. 2, um die notariellen Aufsichtsbehörden von der gemäß § 54 Abs. 4 Nr. 3 BNotO eingetretenen vorläufigen Amtsenthebung in Kenntnis zu setzen (vgl. amtliche Begründung, BT-Drs. 16/11385, 56). 16

VI. Rechtsschutz

17 Mitteilungen nach § 36 können gemäß §§ 112a ff. iVm VwGO überprüft werden. Zu § 223 aF vgl. OLG Dresden NJW 2000, 1505; **aA** AGH SchlH NJW-RR 2000, 442.

§ 36a *[aufgehoben]*

1 § 36a wurde aufgehoben durch Gesetz vom 30.7.2009 (BGBl. I S. 2449).

Vierter Abschnitt *[aufgehoben]*

§§ 37–42 *[aufgehoben]*

1 Der vierte Abschnitt wurde aufgehoben durch Gesetz vom 30.7.2009 (BGBl. I S. 2449).

Fünfter Abschnitt *[aufgehoben]*

§§ 42a–42d *[aufgehoben]*

1 Der fünfte Abschnitt wurde aufgehoben durch Gesetz vom 2.9.1994 (BGBl. I S. 2278).

Dritter Teil. Die Rechte und Pflichten des Rechtsanwalts und die berufliche Zusammenarbeit der Rechtsanwälte

Erster Abschnitt. Allgemeines

§ 43 Allgemeine Berufspflicht

[1] Der Rechtsanwalt hat seinen Beruf gewissenhaft auszuüben. [2] Er hat sich innerhalb und außerhalb des Berufes der Achtung und des Vertrauens, welche die Stellung des Rechtsanwalts erfordert, würdig zu erweisen.

Neueres Schrifttum: *Bultmann,* Die allgemeinen Berufspflichten des Rechtsanwalt als Sozius: § 43 BRAO, AnwBl. 2003, 607; *Grunewald/Piepenstock,* Anwaltliche Berufspflichten – Verstöße gegen § 43 BRAO und anwaltsgerichtliche Maßnahmen, MDR 2000, 839; *Hartung,* Sanktionsfähige Berufspflichten aus einer Generalklausel?, AnwBl. 2008, 782; *Hellwig,* Berufsrechtliche Fragen bei grenzüberschreitender Tätigkeit und Kooperation in Europa, BRAK-Mitt. 2009, 50; *ders.,* Anwaltsethos – Lehren aus der Finanzkrise, AnwBl. 2009, 465; *ders.,* Anwaltliches Berufsrecht und Europa, AnwBl. 2011, 77; *Henssler,* Anwaltliche Berufspflichten bei grenzüberschreitender Tätigkeit, NJW 2009, 1556; *Herrmann,* Wertewechsel in einer Rechtsanwaltsethik globalen Diskurses, AnwBl. 2009, 812; *Kirchberg,* Grundgesetz und Anwaltschaft, BRAK-Mitt. 2009, 95; *Kleine-Cosack,* Verlogenes Verbot der Anwaltslüge, AnwBl. 2009, 495; *Knauer/Wolf,* „Bastille-Entscheidungen" des Bundesverfassungsgerichts – Von der Liberalisierung und Kommerzialisierung des Anwaltsberufs, BRAK-Mitt. 2007, 142; *Krenzler,* Die Zukunft des anwaltlichen Berufsrechts zwischen Deregulierung und Neuordnung, BRAK-Mitt. 2010, 234; *Prechtl,* Prozesstaktische Pflichten des Anwalts, MDR 2010, 549; *Prütting,* Die rechtlichen Grundlagen anwaltlicher Berufspflichten und das System der Reaktionen bei anwaltlichem Fehlverhalten, AnwBl. 1999, 361; *Salditt,* Die Moral der Strafverteidigung, AnwBl. 2009, 805; *Schulz,* Berufsrechtliche Pflichtverletzung des Rechtsanwalts – Materiellrechtliche und verfahrensrechtliche Grundlagen, JA 2009, 206; *ders.,* Anwaltliche Berufspflichtverletzung durch den Abschluss sittenwidriger Vergütungsvereinbarungen?, BRAK-Mitt. 2010, 112; *Steffen,* Der Grundsatz der einheitlichen Pflichtverletzung im anwaltsgerichtlichen Verfahren, 2009; *v. Westphalen,* Fragmentarisches zur Ethik anwaltlichen Handelns, AnwBl. 2003, 125; *Zuck,* Die berufsrechtliche Beurteilung des anwaltlichen Masseninkassos, BRAK-Mitt. 2013, 58.

Übersicht

I. Grundlage der Berufspflichten

1 Die durch den Grundsatz der „Freien Advokatur" gekennzeichnete anwaltliche Berufsausübung unterliegt der freien und unreglementierten Selbstbestimmung des einzelnen Rechtsanwalts (BVerfGE 76, 171 = NJW 1988, 191 = MDR 1988, 110 = NStZ 1988, 74 = BRAK-Mitt. 1988, 54 = AnwBl. 1987, 598; BVerfGE 110, 226 = NJW 2004, 1305 = BRAK-Mitt. 2004, 126 = AnwBl. 2004, 309 mit Anm. *Leitner* AnwBl. 2004, 308 = JZ 2004, 670 mit Anm. *Wohlers*). Eingriffe in die berufliche Tätigkeit des Rechtsanwalts können somit nach Art. 12 Abs. 1 GG nur durch ein Gesetz oder aufgrund eines Gesetzes erfolgen, das selbst den Anforderungen an grundrechtsbeschränkende Gesetze genügt (BVerfGE 76, 171 = NJW 1988, 191; BVerfGE 110, 226 = NJW 2004, 1305; → § 1 Rn. 9 ff.).

2 Alle wesentlichen und den Beruf prägenden Ge- und Verbote bedürfen einer ausreichend bestimmten gesetzlichen Grundlage (BVerfGE 57, 121; 60, 215; 71, 162). Dabei liegt die Gesetzgebungskompetenz für das anwaltliche Berufsrecht allein beim deutschen Gesetzgeber. Lediglich über das europäische Wettbewerbsrecht (ex-Art. 81 EG-Vertrag) und die Dienstleistungs- und

Niederlassungsfreiheit (ex-Art. 43 ff., 49 ff. EG-Vertrag) sind auch europäische Aspekte insofern bedeutsam, als die Rechtsanwälte sich selbst verbindliche Regeln in Form der BORA und FAO gegeben haben. Diese sind auch an europäischen Normen zu messen. Die von den demokratisch legitimierten nationalen Gesetzgebern erlassenen nationalen Rechtsnormen sind aber grundsätzlich nicht am Maßstab des europäischen Wettbewerbsrechts zu messen. Im Übrigen sind Einschränkungen der anwaltlichen Berufsfreiheit nach deutschem Verfassungsrecht nur zulässig im Interesse des Gemeinwohls und unter Beachtung des Grundsatzes der Verhältnismäßigkeit. In diesen Grenzen ist auch eine staatliche und gerichtliche Kontrolle der anwaltlichen Tätigkeit gerechtfertigt und zulässig. Die Verfassungsmäßigkeit der Generalklausel des § 43 ist an diesen Grundsätzen gemessen heute nicht mehr ernstlich bestritten (Henssler/Prütting/*Prütting* § 43 Rn. 3, 5, 6; BVerfGE 66, 337 = NJW 1984, 2341 = AnwBl. 1984, 367 = BRAK-Mitt. 1984, 144).

3 **Berufspflichten,** Einschränkungen der beruflichen Selbstbestimmung des Anwalts, ergeben sich vorzugsweise aus der **BRAO** und aus nach gesetzlichen Vorgaben von der Anwaltschaft selbst gesetztem Satzungsrecht, der **BORA** (BGH BRAK-Mitt. 2010, 133) und der **FAO** (→ Einl. Rn. 1 ff.; → § 59b Rn. 1 ff.; → BORA § 1 Rn. 1–5; → FAO § 1 Rn. 1–3). Aber auch aus **allgemeinen gesetzlichen Regeln** ergibt sich für die Berufsausübung der Rechtsanwälte eine Vielzahl von Pflichten. So ist der Rechtsanwalt auch bei seiner Berufsausübung an die allgemeinen Strafgesetze, Steuergesetze, das BGB und die DL-InfoV (§ 6 Abs. 1a, 6c GewO, BR-Drs. 888/98 vom 17.12.2009) gebunden. Da somit der besondere Freiheitsraum, den das Grundrecht der Berufsfreiheit sichern will, auch durch Vorschriften ohne primär berufsregelnde Zielrichtung dann berührt sein kann, wenn ihre tatsächlichen Auswirkungen zu einer Beeinträchtigung der freien Berufsausübung führen, sind solche Gesetze aber stets darauf hin zu prüfen, ob ihre tatsächlichen Auswirkungen die Berufsausübungsfreiheit unzulässig beeinträchtigen (BVerfG 110, 226 = NJW 2004, 1305; BVerfGE NJW 2007, 979 = AnwBl. 2007, 297; → § 1 Rn. 10). Verstöße gegen solche Rechtsnormen außerhalb der BRAO, BORA und der FAO können, wie sich aus § 113 Abs. 1 ergibt (→ § 113 Rn. 8 ff.), auch nur dann zu anwaltsgerichtlichen Maßnahmen führen, wenn diese Normen über die Generalklausel des § 43 in das anwaltliche Berufsrecht **rezipiert** werden, weil Verstöße dagegen mit den Anforderungen an Kompetenz und Integrität der Anwaltschaft nicht vereinbar sind. Nur berufsrechtlich relevante Normen überführt § 43 in den Anwendungsbereich des § 113 (→ Rn. 10 ff.; Henssler/Prütting/*Prütting* § 43 Rn. 19 ff.).

4 **Vorkonstitutionelles Gewohnheitsrecht** kann nicht mehr als Quelle des Berufsrechts angesehen werden (Henssler/Prütting/*Prütting* § 43 Rn. 10). Soweit das BVerfG in seiner Entscheidung vom 14.7.1987 (BVerfGE 76, 171 = NJW 1988, 191) auch vorkonstitutionelles Gewohnheitsrecht als geeignet angesehen hat, über § 43 als Grundlage anwaltsgerichtlicher Ahndung oder einer Rüge herangezogen zu werden, hat sich dies durch die Neuregelung in §§ 43a ff. und durch die BORA sachlich erledigt. Die Materie der wenigen in Betracht kommenden Fälle – zB Amtstracht (vgl. *Kleine-Cosack* NJW 1997, 1260) und Versäumnisurteil wurde inzwischen in der BRAO und der BORA geregelt (vgl. zB §§ 13, 20 BORA), wobei das BVerfG die Nichtigkeit der Regelung des § 13 BORA festgestellt hat (BVerfGE 101, 312 = NJW 2000, 347 = MDR 2000, 175 = BRAK-Mitt. 2000, 36 = AnwBl. 2000, 122; vgl. 8. Aufl. Anm. zu § 13 BORA). Pflichten, die weder in der BRAO noch in der BORA festgelegt sind, können nicht mehr als Gewohnheitsrecht gewertet werden, denn dabei kann es sich nur um solche Pflichten handeln, deren Berechtigung umstritten und nicht allgemein anerkannt ist. **Nachkonstitutionelles Gewohnheitsrecht** kann sich im Hinblick auf den Gesetzesvorbehalt in Art. 12 GG nicht mehr bilden (Henssler/Prütting/*Prütting* § 43 Rn. 10).

5 Übt ein Rechtsanwalt auch **andere Berufe** aus (→ § 60 Rn. 7; § 118a), entscheidet sich die Frage, welches Berufsrecht anzuwenden ist, danach welchem Berufskreis das konkrete Handeln zuzuordnen ist. Lassen sich die Berufskreise nicht trennen, muss das strengste Berufsrecht befolgt werden (Henssler/Prütting/*Prütting* § 43 Rn. 39). Für **interprofessionelle Sozietäten** (→ § 59a Rn. 50 ff.) gilt kein einheitliches Berufsrecht. Jeder Sozius unterliegt dem Recht seines Berufes. Bei gemeinsamen Handeln ist das strengste Berufsrecht zu beachten, denn nach §§ 30, 33 Abs. 2 BORA hat der Rechtsanwalt sicherzustellen, dass auch die nichtanwaltlichen Sozien und die Berufsorganisation das anwaltliche Berufsrecht beachten (§§ 30, 33 BORA; Henssler/Prütting/*Prütting* § 43 Rn. 40).

6 **Europäische Rechtsanwälte** iSd §§ 1 ff. EuRAG haben bei ihrer Tätigkeit in Deutschland das deutsche Berufsrecht zu beachten (§ 34 Abs. 1 BORA; § 27 Abs. 2 EuRAG). Probleme

können sich dabei dadurch ergeben, dass die ausländischen europäischen Rechtsanwälte zugleich dem Berufsrecht ihres Herkunftsstaats unterworfen sind (*Henssler* NJW 2009, 1556; → EuRAG § 27 Rn. 2). Bei **grenzüberschreitender Tätigkeit** waren bisher die CCBE in die BORA inkorporiert (§ 29 BORA aF). Stattdessen gelten jetzt §§ 29a, 29b BORA. Eine klare gesetzliche Regelung des berufsrechtlichen Kollisionsrechts gibt es im deutschen Recht nicht; das auf den Mandatsvertrag anzuwendende Vertragsrecht richtet sich nach IPR-rechtlichen Grundsätzen (*Henssler* NJW 2009, 1556, 1558).

II. Frühere Bedeutung der Generalklausel

Die Bedeutung der Generalklausel des § 43 über die allgemeine Berufspflicht des Rechtsanwalts hat sich aufgrund der durch die Entscheidungen des BVerfG vom 14.7.1987 zu den Grundsätzen des anwaltlichen Standesrechts (BVerfGE 76, 171 = NJW 1988, 191; BVerfGE 76, 196 = NJW 1988, 194) veranlassten eingehenderen Normierung der beruflichen Pflichten und der Einräumung einer Satzungsbefugnis grundlegend gewandelt. Die beruflichen Rechte und Pflichten des Anwalts waren bisher gesetzlich nur in wenigen Grundzügen geregelt, im Übrigen war die Generalklausel des § 43 entscheidend. Die amtliche Begründung vor § 43 führte dazu aus: „Die Pflichten, die der Beruf des Anwalts dem Auftraggeber, der Anwaltschaft und der Allgemeinheit gegenüber mit sich bringt, lassen sich nicht erschöpfend festlegen. Dazu ist das Berufsleben des Anwalts zu vielseitig. Es wird zudem vornehmlich von ethischen Geboten beherrscht, die nur in allgemeinen Normen ihren Niederschlag finden können. Zu den allgemeinen Grundsätzen, die im Dritten Teil aF „enthalten sind, treten die besonderen Vorschriften anderer Gesetze hinzu, die bestimmte Einzeltatbestände regeln" (BT-Drs. 3/120, 47 ff.). § 43 umschrieb deshalb nach früherem Verständnis generalklauselhaft die Berufspflichten des Rechtsanwalts, soweit diese nicht in speziellen Normen festgehalten waren und war mit den Vorschriften der §§ 113 ff. die Grundlage für die ehrengerichtliche Ahndung schuldhafter Pflichtverletzungen (BVerfGE 66, 337 = NJW 1984, 2341 = BRAK-Mitt. 1984, 144 = AnwBl. 1984, 367). Die Generalklausel des § 43 wurde dabei maßgeblich durch die von der BRAK gemäß § 177 Abs. 2 Nr. 2 aF erlassenen Richtlinien konkretisiert. Diese stellten selbst keine ausreichende normative Grundlage für Eingriffe in die Berufsausübungsfreiheit dar, sondern dienten als eine wesentliche Erkenntnisquelle dafür, was im Einzelfall nach der Auffassung angesehener und erfahrener Standesgenossen der Meinung aller anständig und gerecht denkenden Anwälte und der Würde des Standes entspricht. Insbesondere dienten sie als Hilfsmittel, wenn die Generalklausel des § 43 anzuwenden und durch Auslegung zu konkretisieren war. Sie konnten auch für den Nachweis und darüber hinaus für die Bildung von Gewohnheitsrecht wichtig werden. Die Richtlinien ließen sich daher als Erkenntnisquelle für die in ihnen festgestellten Standesauffassungen heranziehen (BVerfGE 57, 121 = NJW 1981, 2239 = BRAK-Mitt. 1981, 47; BVerfGE 36, 212 = NJW 1974, 232 = EGE XII, 171; BGH NJW 1985, 2959 = AnwBl. 1986, 102 = BRAK-Mitt. 1985, 171; BGHSt 18, 27; 24, 235; 28, 183; BGH NJW 1987, 3270). 7

Durch Beschlüsse vom 14.7.1987 (BVerfGE 76, 171 = NJW 1988, 194; BVerfGE 76, 196 = NJW 1988, 194) hat das BVerfG seine bisherige Rechtsprechung zur Auslegung und Konkretisierung der Generalklausel über die anwaltlichen Berufspflichten (§ 43) grundlegend geändert. Danach konnten die Standesrichtlinien für Rechtsanwälte nur noch für eine Übergangszeit bis zum Erlass einer Berufsordnung als Satzungsrecht zur Konkretisierung der in der Generalklausel verankerten beruflichen Pflichten herangezogen werden (vgl. 2. Aufl. § 43 Rn. 8 ff.). Es bestand daher Veranlassung, die beruflichen Pflichten des Rechtsanwalts eingehender zu normieren. Dabei waren entsprechend einem Hinweis des BVerfG in der BRAO nur die Pflichten des Rechtsanwalts, die für seinen Status von grundsätzlicher Bedeutung sind, gesetzlich zu regeln; die zur Ergänzung der grundlegenden gesetzlichen Normen notwendigen Regelungen für die Berufsausübung konnten einer von den Berufsangehörigen zu schaffenden Berufssatzung überlassen werden. Dem sind der Gesetzgeber mit der Neugestaltung des Dritten Teils durch Gesetz vom 2.9.1994 (BGBl. I S. 2278) und der Satzungsgeber mit der Berufsordnung vom 29.11.1996 nachgekommen. Damit ist die Bedeutung des durch die Richtlinien konkretisierten § 43 als alleinige Grundlage ehrengerichtlicher – jetzt anwaltsgerichtlicher – Maßnahmen (vgl. 2. Aufl. § 43 Rn. 16 ff.) endgültig beendet. Allein aus sich heraus kann § 43 keine Berufspflichten mehr konstituieren (Henssler/Prütting/*Prütting* § 43 Rn. 19 ff.; aber → Rn. 10). 8

III. Bedeutung des § 43 nach der Neuregelung des Dritten Teils

9 **1. Generelle Fortgeltung der Generalklausel. a) Ablehnende Meinung.** Die Fortgeltung der Generalklausel des § 43 und dessen jetzige Bedeutung sind umstritten. § 43 wird von *Hartung* als ein Überbleibsel aus der Zeit vor dem Inkrafttreten des Gesetzes zur Neuordnung des Berufsrechts der Rechtsanwälte und der Patentanwälte vom 2.9.1994 und der BORA im Jahre 1996 angesehen. Seitdem könne die Vorschrift nicht mehr Grundlage berufsrechtlicher Maßnahmen sein. Anwaltliche Berufspflichten könnten sich nur noch aus BRAO oder BORA ergeben. Soweit anwaltliches Verhalten nach diesen beiden Regelwerken nicht als Verletzung einer Berufspflicht gewertet werden könne, seien berufsrechtliche Maßnahmen unzulässig. Der Rechtsanwalt brauche Rechtssicherheit und müsse wissen, welche beruflichen Pflichten er zu beachten habe (*Hartung* AnwBl. 2008, 782; Hartung/*Hartung* § 43 Rn. 11).

10 **b) Herrschende Meinung.** Nach überwiegender Meinung ist § 43 weiterhin anwendbar, wobei aber umstritten ist, in welchem Umfang dies der Fall ist: Nach *Kleine-Cosack* kann „§ 43 auch nach der Novellierung des Berufsrechts als Auffangtatbestand herangezogen werden". Dies sei im Prinzip aber „nur bei Lücken im Gesetz oder der BORA" der Fall. Ein Rückgriff auf § 43 sei nicht zulässig, „soweit Gesetz- oder Satzungsgeber bewusst auf die Statuierung einer Berufspflicht verzichtet haben" (*Kleine-Cosack* § 43 Rn. 1–17). Auch *Zuck* hält den allgemeinen Rückgriff auf § 43 als Auffangnorm beim Fehlen einer Spezialnorm jedenfalls dann für zulässig, wenn feststeht, dass die Satzungsversammlung keine Entscheidung getroffen oder versehentlich eine Lücke nicht geschlossen hat (Gaier/Wolf/Göcken/*Zuck* § 43 Rn. 47).

11 An der **Generalklausel des § 43,** die bisher die Grundlage für die in den Richtlinien (§ 177 Abs. 2 Nr. 2 aF) festgestellte Berufsauffassung war, wurde zwar bei der Neuregelung des Dritten Teils **ausdrücklich festgehalten.** Allerdings treten nunmehr insoweit die Neuregelungen der beruflichen Pflichten durch Gesetz und die Berufsordnung hinzu (amtliche Begründung, BT-Drs. 12/4993, 27). Das heißt, die Funktion des § 43 ist nunmehr eingeschränkt. Konkrete Berufspflichten aufgrund Gesetz oder Satzung gehen der Generalklausel vor. § 43 hat nur noch die Funktion einer Überleitungsvorschrift für Berufspflichten aus allgemeinen Gesetzen (→ § 43 Rn. 2, 10), die dann eingreift, wenn berufsrechtliche Regelungen in der BRAO oder der Satzung fehlen (Henssler/Prütting/*Prütting* § 43 Rn. 19 ff.; AnwG Frankfurt/M Urteil vom 17.3.2010 – 4 EV 335/08; AGH Hmb BRAK-Mitt. 2014, 81). Die Bedeutung des § 43 ist nunmehr auch im Zusammenhang mit der Neuregelung des § 113 zu sehen. Nach der Neuregelung des § 113 soll nicht weiterhin die schuldhafte Verletzung der in der Generalklausel des § 43 zusammengefassten Pflichten die regelmäßige Grundlage für eine disziplinarische Ahndung sein, sondern ein Verstoß gegen die „in diesem Gesetz oder in der Berufsordnung" bestimmten Pflichten des Rechtsanwalts (§ 113 Abs. 1). Die allgemeine Berufspflicht des § 43 wird abgelöst durch konkret geregelte Pflichten. Grundlage einer Ahndung im anwaltsgerichtlichen Verfahren ist somit nicht (mehr) die schuldhafte Verletzung der allgemeinen Berufspflicht des § 43, sondern einer von der allgemeinen Berufspflicht zwar umfassten aber in der BRAO, in anderen Gesetzen mit berufsrelevanten Regelungsinhalt oder der Satzung konkret bestimmten Einzelpflicht (BGH AnwBl. 2010, 439). Verstöße gegen Rechtsnormen außerhalb der BRAO, der FAO und der BORA können nur noch über die Generalklausel des § 43 berufsrechtliche Relevanz gewinnen (→ § 43 Rn. 8, 9; Henssler/Prütting/*Prütting* § 43 Rn. 19 ff.; *Schulz* BRAK-Mitt. 2010, 112). Damit soll eine möglichst weitreichende Konkretisierung der zu ahndenden Pflichtverstöße erreicht werden und wird so dem auf Art. 20 Abs. 3 GG beruhenden Bestimmtheitsgebot auch im anwaltlichen Disziplinarrecht Rechnung getragen. Für die Rechtsanwälte soll insofern Rechtssicherheit hergestellt werden, als sie sich Klarheit verschaffen können, welche beruflichen Pflichten zu beachten sind (BT-Drs. 12/4993, 35). Die in der BRAO und der BORA ausdrücklich geregelten Berufspflichten gehen als leges speciales der Generalklausel des § 43 vor. Die Zulässigkeit eines anwaltlichen Verhaltens vor Inkrafttreten der BORA am 11.3.1998 ist allein nach der BRAO zu beurteilen (BGH BRAK-Mitt. 1998, 98 mwN).

12 § 43 kann als Überleitungsnorm nur noch eingreifen, wenn solche berufsrechtlichen Spezialregeln fehlen, aber in Verbindung mit anderen Normen ein Pflichtenverstoß zu bejahen ist. Auch im Bereich außerberuflichen Verhaltens (§ 43 S. 2) kann § 43 unter den weiteren Voraussetzungen des § 113 Abs. 2 nur „eine rechtswidrige Tat oder eine mit Geldbuße bedrohte Handlung", dh eine gegen konkrete straf- oder bußgeldbewehrte Vorschriften verstoßende Handlung (§ 11

Abs. 1 Nr. 5 StGB, § 1 OWiG) des Rechtsanwalts in das anwaltliche Disziplinarrecht transformieren und diese zu einer anwaltsgerichtlich zu ahndenden Pflichtverletzung umgestalten (→ § 113 Rn. 8 ff.). Allein aus § 43 können sich nunmehr Berufspflichten nicht mehr konstituieren. Die Generalklausel des § 43 kann nicht mehr aus sich heraus, sondern nur noch mit Hilfe anderer Normen konkretisiert werden. Nur zusammen mit anderen Normen kann § 43 Grundlage einer anwaltsgerichtlichen Maßnahme oder einer Rüge sein. Ohne eine Konkretisierung durch andere gesetzliche Vorschriften mit berufsrechtlicher Relevanz oder solche der BORA ist die Generalklausel des § 43 nicht bestimmt genug, um als Basis anwaltsgerichtlicher Maßnahmen oder einer Rüge durch den Kammervorstand in Frage zu kommen (Henssler/Prütting/*Prütting* § 43 Rn. 19 ff.; → § 113 Rn. 12; *Grunewald/Piepenstock* MDR 2000, 869; **aA** *Kleine-Cosack* NJW 1997, 1257 und AGH NRW BRAK-Mitt. 2011, 150; AGH NRW BRAK-Mitt. 2013, 41; die § 43 „als Auffangtatbestand bei gesetzlichen und satzungsförmigen Lücken" heranziehen wollen).

2. § 43 als Überleitungsnorm. Als Überleitungsnorm kann § 43 als „in diesem Gesetz" 13
bestimmte Pflicht (§ 113 Abs. 1) weiterhin Grundlage für die anwaltsgerichtliche Ahndung schuldhafter Pflichtverletzungen sein (AGH BW BRAK-Mitt. 1995, 169; AnwG München BRAK-Mitt. 1995, 171, 172), indem § 43 die aus anderen **gesetzlichen** Regelungen mit berufsrechtlicher Relevanz sich ergebenden Pflichten in das anwaltliche Berufsrecht überträgt. Der Anwalt hat bei seiner Berufsausübung auch zahlreiche Normen außerhalb der BRAO und der BORA zu beachten. Innerhalb und außerhalb seiner Berufstätigkeit unterliegt er den für jedermann geltenden Gesetzen (Henssler/Prütting/*Prütting* § 43 Rn. 12; weitergehend *Kleine-Cosack* NJW 1997, 1257), soweit diese nicht seine Berufsausübungsfreiheit unzulässig beeinträchtigen. Der besondere Freiheitsraum, den das Grundrecht der Berufsfreiheit sichern will, kann nach gefestigter Rechtsprechung des BVerfG nämlich auch durch Vorschriften ohne primär berufsregelnde Zielrichtung – wie zB durch als Allgemeindelikt ausgestaltete Strafnormen – dann berührt sein, wenn ihre tatsächlichen Auswirkungen zu einer Beeinträchtigung der freien Berufsausübung führen (BVerfGE 13, 181; 36, 47; 61, 291; 110, 226 = NJW 2004, 1305). Da eine vollständige und abschließende Aufzählung aller Berufspflichten in der BRAO und der BORA nicht möglich ist, ist trotz deren weitgehender Regelung in den §§ 43a ff. und in der BORA der Auffangtatbestand des § 43 unverzichtbar (BVerfGE 26, 186 = NJW 1969, 2192; BVerfGE 66, 337 = NJW 1984, 2341; *Kleine-Cosack* § 43 Rn. 3). Dies gilt insbesondere auch für vor Inkrafttreten der BORA begangene Pflichtverletzungen, da der BORA keine Rückwirkung zukommt (BGH EBE 1997, 164).

Aber die Verletzung von Normen außerhalb der BRAO und der BORA ist nicht stets ein nach 14
§§ 43, 113 ff. zu ahnender Verstoß gegen Berufspflichten. § 113 Abs. 1, an den § 43 anknüpft, verdeutlicht, dass anwaltsgerichtliche Maßnahmen und die Rüge auf die Verletzung solcher Pflichten begrenzt sind, die sich aus der BRAO oder der BORA ergeben (Henssler/Prütting/*Prütting* § 43 Rn. 21, 24 ff.). Gleichwohl können Verstöße gegen nicht in der BRAO oder der BORA selbst aufgestellte aber für jeden Bürger geltende Normen auch eine anwaltsgerichtlich ahndbare Verletzung berufsrechtlicher Pflichten darstellen. Dazu bedarf es aber im Hinblick auf die Beschränkung der Ahndungsmöglichkeit durch § 113 Abs. 1 einer Norm in der BRAO, die diese aus anderen gesetzlichen Regelungen sich ergebenden Pflichten in die BRAO überträgt, sie zu Pflichten aus der BRAO iSd § 113 Abs. 1 macht. Diese **Rezeption** von sich **aus anderen Gesetzen** ergebenden Pflichten **in die BRAO** wird über § 43 bewirkt (NdsAGH Urteil vom 14.10.2002 – AGH 35/01). § 43 überführt aber nicht alle gesetzlichen Pflichten in die BRAO, sondern nur die, die iSd § 43 bedeutsam sind, die berufsrechtliche Relevanz haben, deren Verletzung sich nachteilig auf die Achtung und die Stellung des Rechtsanwalts als solchem sowie auf die Funktionsfähigkeit der Rechtspflege auswirken kann, und die nicht unzulässig die Berufsausübungsfreiheit des Anwalts beeinträchtigen. **Berufsrechtliche Relevanz** ist zB bei Verletzung der Anzeigepflicht aus § 55 Abs. 5 RVG gegeben (AGH BW Urteil vom 26.4.1997 – AGH 1/97 (III)). § 43 verleiht nur den Gesetzesverstößen eines Anwalts den Charakter einer Berufspflichtverletzung, die mit den Anforderungen an Kompetenz und Integrität der Anwaltschaft nicht vereinbar sind (Henssler/Prütting/*Prütting* § 43 Rn. 21 ff.; *Jähnke* NJW 1988, 1888; Hartung/*Hartung* § 43 Rn. 4 ff., 15 ff.). Zur Übertragung **beruflicher Pflichten nichtanwaltlicher Sozien** (§ 59a Abs. 1 und 3) auf den anwaltlichen Sozius vgl. *Bultmann* AnwBl. 2003, 607 und BGH NJW 2001, 1569 = BGHR 2001, 352 mit Anm. *Schultz* = MDR 2001, 719 = AnwBl.

2001, 436 = BRAK-Mitt. 2001, 192 = NZG 2001, 651 mit abl. Anm. *Michalski* NZG 2001, 646; → § 45 Rn. 34). Bei der Prüfung, ob die zu übertragende Norm **mit der Berufsausübungsfreiheit** des Rechtsanwalts **zu vereinbaren ist,** ist zu berücksichtigen, dass der besondere Freiheitsraum, den das Grundrecht der Berufsfreiheit sichern will, auch durch Vorschriften ohne primär berufsregelnde Zielrichtung dann berührt sein kann, wenn ihre tatsächlichen Auswirkungen zu einer Beeinträchtigung der freien Berufsausübung führen (BVerfGE 13, 181; 36, 47; 61, 291). So würde die uneingeschränkte Anwendung der Strafandrohung des § 261 Abs. 2 Nr. 1 StGB (Geldwäsche) schon bei bedingt vorsätzlichem Handeln auch auf Strafverteidiger gegen das Übermaßverbot verstoßen. Daher können Strafverteidiger nur dann nach § 261 Abs. 2 Nr. 1 StGB bestraft werden, wenn sie im Zeitpunkt der Annahme ihres Honorars sichere Kenntnis von dessen Herkunft aus einer Straftat iSd § 261 Abs. 1 StGB hatten (BVerfGE 110, 226 = NJW 2004, 1305). Nur in diesem Umfang kann daher § 261 StGB über § 43 in das anwaltliche Berufsrecht übergeleitet werden (vgl. auch *Burmeister/Uwer* AnwBl. 2008, 729 ff.).

15 § 43 ist damit nicht nur Übertragungsnorm sondern gleichzeitig bestimmt § 43 auch die Auswahl, welche gesetzlichen Pflichten von außerhalb in das Berufsrecht übertragen werden. Damit ist § 43 zugleich die Grundlage für eine **Abschichtung der berufsrechtlich relevanten Gesetzesverletzungen** von jenen, die für das anwaltliche Berufsrecht bedeutungslos sind. Welche gesetzlichen Pflichten von außerhalb der BRAO und der BORA über § 43 in das Berufsrecht übertragen werden, welche Gesetzesverstöße auch berufsrechtlich nicht tolerabel sind, bestimmt sich nach dem Sinn und Zweck des § 43, also danach, ob eine gewissenhafte Berufsausübung die Beachtung dieser Pflicht unabdingbar voraussetzt, die Achtungs- und Vertrauenswürdigkeit des Anwalts gerade in seiner beruflichen Stellung von deren Einhaltung abhängig ist. Die Wertung ist an der Frage auszurichten, „ob der vom Anwalt begangene Gesetzesverstoß über seine Auswirkungen im Einzelfall hinaus geeignet ist, das Vertrauen in Kompetenz und Integrität der Anwaltschaft zu beeinträchtigen und damit die Funktion der Anwaltschaft im System der Rechtspflege zu stören". Wenn § 43 zwar auch an das **außerberufliche Verhalten** des Rechtsanwalts anknüpft, so werden von einem solchen Verhalten aber seltener solche schädliche Auswirkungen ausgehen als von Gesetzesverletzungen im beruflichen Bereich. In § 113 Abs. 2 ist für Verstöße gegen straf- oder bußgeldbewehrte Vorschriften dies besonders hervorgehoben (→ § 113 Rn. 12 ff.) und die Übernahme sich daraus ergebender Pflichten ausdrücklich beschränkt worden (Henssler/Prütting/*Prütting* § 43 Rn. 12).

16 **3. Zulässigkeit des Rückgriffs.** Im beruflichen wie im außerberuflichen Bereich verletzt der Rechtsanwalt mit allen **vorsätzlich** begangenen **Straftaten** und **Ordnungswidrigkeiten** in der Regel zugleich Berufspflichten, weil die Überleitungsvoraussetzungen des § 43 (→ Rn. 8 ff.) in der Regel vorliegen, aber deren Verfolgbarkeit bei außerberuflichem Verhalten durch § 113 Abs. 2 weiter eingeschränkt ist (→ § 113 Rn. 12 ff.; SaarlAGH MDR 2001, 1197; BayAGH Urteil vom 26.2.2004 – BayAGH II – 17/03; NdsAGH Urteil vom 14.10.2002 – AGH 35/01; Henssler/Prütting/*Prütting* § 43 Rn. 24 ff.; Hartung/*Hartung* § 43 Rn. 4 ff., 15 ff.). Es ist **allgemeine Berufspflicht** des Rechtsanwalts **nicht nur im Bereich der Kerntätigkeit** des Anwalts (§ 3), sondern **auch im außerberuflichen Bereich** die allgemeinen Gesetze zu achten (zum Geltungsbereich der Berufspflichten → Einl. Rn. 6 ff.). So sind zB Beteiligungen eines Rechtsanwalts an einer unerlaubten Rechtsberatung durch Dritte anwaltsgerichtlich zu ahndende Pflichtverletzungen (EGH Stuttgart BRAK-Mitt. 1982, 129; BGH NJW 1987, 3003; BayObLG NJW 1991, 1190; BVerwG NJW 1990, 256), ebenso die unberechtigte Führung eines inländischen oder ausländischen akademischen Grades (vgl. BGHSt 14, 223 = NJW 1960, 1308), die illegale Einschleusung von Ausländern (EGH Berlin BRAK-Mitt. 1983, 95), die Vereitelung eines Zustellungsversuchs durch wahrheitswidrige Angaben zur Person des Zustellungsempfängers (§§ 14, 111 OWiG; AnwG Freiburg BRAK-Mitt. 2002, 244) oder das Erschleichen einer Aufenthaltserlaubnis für den Mandanten durch Vermittlung einer Scheinehe (BGH NJW 1986, 2265). Der Rechtsanwalt muss ferner für seine Praxis die **allgemeinen Steuergesetze** beachten. Ein Rechtsanwalt, der seine Verpflichtung zur wahrheitsgemäßen Steuererklärung verletzt und eine Steuerverkürzung bzw. Steuerhinterziehung begeht, verstößt auch gegen seine Berufspflichten (EG Berlin Rbeistand 1989, 55). Ein Rechtsanwalt, der bewusst keine Umsatzsteuervoranmeldung abgibt, verstößt gegen seine Verpflichtung zur gewissenhaften Berufsausübung (EGH München Urteil vom 30.3.1982 – BayEGH II – 5/82; **aA** EG Hamburg BRAK-Mitt. 1987, 100, das zu Unrecht von einer außerberuflichen Pflichtverletzung ausgeht). Erst recht stellen

Straftaten wie zB Parteiverrat, Untreue, Betrug, Falschaussage, Meineid pp. Verstöße auch gegen die in § 43 normierte Berufspflicht dar. Nach § 2 Abs. 1 Nr. 5 GwG ist der Rechtsanwalt bei Ausübung seines Berufes zur Beachtung der Vorschriften des GwG verpflichtet. Die BRAK hat nach § 9 Abs. 4 S. 2 GwG zu den zu treffenden internen Sicherungsmaßnahmen eine Anordnung getroffen, die in BRAK-Mitt. 2009, 21 abgedruckt ist. Ferner hat die BRAK „Verhaltensempfehlungen für Rechtsanwälte im Hinblick auf die Vorschriften des Geldwäschebekämpfungsgesetzes (GwG) und die Geldwäsche, § 261 StGB" erteilt (BRAK-Nr. 84/2005). Auch die Verpflichtungen des Rechtsanwalts nach der DL-InfoV können über § 43 in die BRAO überführt werden (§§ 6, 6c, 146 GewO; vgl. auch Henssler/Prütting/*Offermann-Burckart* § 50 Rn. 20; *Kleine-Cosack* § 43a Rn. 29).

Fahrlässig begangene **Delikte und Ordnungswidrigkeiten** werden nach § 43 nicht immer 17
von berufsrechtlicher Relevanz sein, insbesondere nicht Einzeltaten und solche im Straßenverkehr. Bei Mehrfach- und Wiederholungstaten kommt eine Berufspflichtverletzung aber in Betracht, wenn der Anwalt damit eine bedenkliche Nachlässigkeit oder gar Gleichgültigkeit im Umgang mit gesetzlichen Pflichten zeigt (Henssler/Prütting/*Prütting* § 43 Rn. 26). Es kommt jeweils auf die **Umstände des Einzelfalles** an.

Auch andere Normverstöße, insbesondere solche gegen **Normen des öffentlichen Rechts** 18
können Auswirkungen auf die Funktionsfähigkeit der Anwaltschaft in der Rechtspflege haben und stellen dann über § 43 auch Pflichtverletzungen iSd § 113 dar. Berufspflichten werden dadurch immer dann verletzt, wenn der Rechtsanwalt Rechte in Anspruch nimmt und missbraucht, die ihm der Gesetzgeber im Vertrauen auf die anwaltliche Integrität eingeräumt hat (Henssler/Prütting/*Prütting* § 43 Rn. 27). Insbesondere Verstöße gegen die prozessualen Verpflichtungen zum **wahrheitsgemäßen Vortrag** können, selbst wenn sie im Einzelfall strafrechtlich irrelevant sind, Berufspflichtverletzungen darstellen. Als unabhängiges Organ der Rechtspflege (§ 1) ist der Rechtsanwalt der Wahrheit verpflichtet (BVerfGE 38, 105; *Lindenberg,* Schriftenreihe des Instituts für Anwaltsrecht der Universität Köln, Bd. 50, 43 ff.; vgl. aber *Hirtz* AnwBl. 2006, 780). Jeder bewusst wahrheitswidrige Vortrag vor Gericht oder einer Behörde sowie solche Angaben gegenüber Mandanten und gegnerischen Anwalt sind mit § 1 unvereinbar und damit pflichtwidrig (BGH BRAK-Mitt. 1985, 231; *Pfeiffer* BRAK-Mitt. 1987, 102). Es ist dem Verteidiger auch berufsrechtlich nicht erlaubt, auf Zeugen mit dem Ziel einzuwirken, dass sie unzutreffende Aussagen machen, und sie nach einer solchen „Vorbereitung" als Beweismittel zu benennen (BGH MDR 1983, 773 = BRAK-Mitt. 1983, 197; BGHSt 29, 99, 107 = MDR 1980, 67). Trägt ein Rechtsanwalt für einen Mandanten objektiv falsch vor, liegt darin aber nur dann eine schuldhafte Berufspflichtverletzung, wenn er bei Weitergabe der Mandanteninformationen die Unrichtigkeit des Vorgetragenen positiv kannte. Zwar darf ein Rechtsanwalt nicht jede Behauptung eines Mandanten, die ehrverletzenden Charakter hat, ungeprüft weitergeben. Er hat jedoch nur solche Informationen nachzuprüfen, die er sich schnell und zuverlässig verschaffen kann. Sofern er nicht konkrete Anhaltspunkte für die Unrichtigkeit der Behauptungen hat, darf er sich regelmäßig ohne eigene Nachprüfung auf die Angaben des Mandanten verlassen (Staatsanwaltschaft Stuttgart StV 1986, 211; OLG Celle NJW 1991, 1189; zur Überprüfung von Mandanteninformationen vgl. auch BGH NJW 1985, 1154; *Hartstang* II 457). Für eine ausdrücklich „nach Auskunft" des Mandanten getätigte unwahre Tatsachenäußerung kann ein Anwalt nur im Ausnahmefall verantwortlich gemacht werden. Einem Anwalt als berufenem Berater und Vertreter (§ 3) muss in allen Rechtsangelegenheiten die unerlässliche Äußerungsfreiheit zukommen, die seine Stellung als unabhängiges Organ der Rechtspflege (§ 1) erfordert. Eine regelmäßige Kontrolle der vom Mandanten mitgeteilten Tatsachen kann berufsrechtlich nicht verlangt werden. Eine solche Verpflichtung würde das Vertrauensverhältnis zwischen Anwalt und Mandant zerstören. Auch haftungsrechtlich besteht eine solche Verpflichtung des Anwalts nach ständiger Rechtsprechung nicht (BVerfG NJW 2003, 3263 = BRAK-Mitt. 2003, 223 mit Anm. *Grams* BRAK-Mitt. 2003, 277).

Als gesetzliche Folge seiner Pflicht zur gewissenhaften Berufsausübung und seiner Stellung als 19
Organ der Rechtspflege hat der Rechtsanwalt zB **als Verteidiger** die Vorschriften der StPO und des StGB sowie der strafrechtlichen Nebengesetze zu beachten (→ § 43a Rn. 82). Diese bestimmen die Grenzen erlaubter Verteidigertätigkeit. Überschreitet der Rechtsanwalt schuldhaft diese Grenze, handelt er pflichtwidrig iSd § 113 Abs. 1. Der Verteidiger ist als Rechtsanwalt ein selbständiges, dem Gericht und der Staatsanwaltschaft gleichgeordnetes Organ der Rechtspflege. In seiner Beistandsfunktion darf er sich nur der prozessual- und berufsrechtlich erlaubten Mittel

bedienen. So handelt ein Wahlverteidiger pflichtwidrig, wenn er sein Mandat in der Hauptverhandlung niederlegt und die Verteidigung einstellt, um so die Unterbrechung der Hauptverhandlung zu erzwingen, es sei denn sein Verhalten sei ausnahmsweise aus triftigen Gründen gerechtfertigt (AGH NRW Urteil vom 1.7.2005 – (2) 6 EVY 7/04; *Dahs,* Das Handbuch des Strafverteidigers, 8. Aufl. 2015, Rn. 764; zu den Rechten und Pflichten des Verteidigers vgl. auch Meyer-Goßner/Schmitt/*Schmitt* StPO Vor § 137 Rn. 2). Ein Recht zur Lüge hat er ebenso wenig wie ein Recht zur Beratung bei der Lüge (*Beulke* JR 1994, 116; *Bottke* ZStW 96 (1984), 726, 757). Insbesondere ist es ihm untersagt, durch aktive Verdunkelung und Verzerrung des Sachverhalts die Wahrheitserforschung zu erschweren (BGHSt 9, 20; 38, 345) oder Beweisquellen zu verfälschen (BGHSt 38, 345). Eine „Trübung der Beweisquellen" wird durch das **Versprechen eines Honorars** für eine „erfolgreiche" Aussage fast immer bewirkt. So ist ein Verteidigerhandeln dann nicht mehr zulässig, wenn der Verteidiger darauf hinwirkt, dass einem Zeugen für ein bestimmtes Aussageverhalten die Zahlung eines Geldbetrages versprochen wird, ohne dass dafür sonst eine Anspruchsgrundlage gegeben ist. Aber auch dann, wenn für das Zahlungsversprechen eine unabhängig von der Vereinbarung bestehende Anspruchsgrundlage besteht (zB Schadensersatz- und Schmerzensgeldansprüche), können die Grenzen zulässigen Verteidigerhandelns überschritten sein. Das gilt namentlich dann, wenn das Zahlungsversprechen durch den „Erfolg" der Aussage bedingt ist oder wenn es sich aufdrängt, dass die versprochene Aussage falsch sein muss (BGHSt 46, 53, 57). Die Grenzen sachgerechter erlaubter Strafverteidigung sind regelmäßig überschritten, wenn der Verteidiger seinem Mandanten Informationen über Eigenschaften, Wirkungsweise und Dosierung von tatsächlich nicht eingenommenen Medikamenten beschafft, um damit unter Verletzung seiner Wahrheitspflicht wissentlich wahrheitswidrige Einlassungen seines Mandanten zu ermöglichen. Ein solches Verhalten kann als sachwidrige Erschwerung der Strafverfolgung (BGHSt 2, 375) den Tatbestand der Strafvereitelung nach § 258 StGB erfüllen (BGH StV 1999, 153). Zur Abgrenzung noch erlaubter Verteidigertätigkeit zu verbotenen Strafvereitelungshandlungen vgl. *Pfeiffer* DRiZ 1984, 341; *Hartmann* AnwBl. 2002, 330; BGHSt 46, 53; BGH NJW 2000, 2217; 1986, 143; 1983, 2712 = NStZ 1983, 503 = JR 1984, 299; OLG Braunschweig StV 1984, 500; OLG Frankfurt NJW 1981, 882; KG StV 1984, 336; KK-StPO/*Willnow* StPO Vor § 137 Rn. 8, StPO § 147 Rn. 7–10. Prozessual zulässiges Handeln des Verteidigers im Interesse sachgerechter Verteidigung kann weder strafbar (KG NStZ 1988, 178; OLG Düsseldorf NJW 1991, 996; StV 1986, 288) noch pflichtwidrig sein (BGHSt 46, 53). Zur Rechtsstellung des Strafverteidigers vgl. *Eisenberg* NJW 1991, 1257.

20 In Rechtsprechung und Literatur ist anerkannt, dass die Stellung als Verteidiger in einem Strafprozess und das damit verbundene Spannungsverhältnis zwischen Organstellung und Beistandsfunktion eine besondere Abgrenzung zwischen erlaubtem und unerlaubtem Verhalten insbesondere in Bezug auf den Straftatbestand der Strafvereitelung (§ 258 StGB) erforderlich macht (vgl. *Beulke,* Der Verteidiger im Strafverfahren, 1980, S. 163 ff.; *ders.,* Die Strafbarkeit des Verteidigers, 1989, S. 18 ff.; *Pfeiffer* DRiZ 1984, 341; *Ostendorf* NJW 1978, 1345; JZ 1979, 252; *Bottke* ZStW 86 (1984), 726; *Welp* StW 90 (1978), 804; *Dahs,* Das Handbuch des Strafverteidigers, 8. Aufl. 2015, 47 ff.; *Krekeler* NStZ 1989, 146; LK-StGB/*Ruß,* 10. Aufl. 1989, StGB § 258 Rn. 20; Schönke/Schröder/*Stree/Hecker,* 29. Aufl. 2014, StGB § 258 Rn. 19 ff.; *Fischer* StGB § 258 Rn. 16 ff., jeweils mwN). Die Grenzen zulässigen Verteidigerverhaltens ergeben sich dabei nicht unmittelbar aus § 258 StGB selbst, vielmehr verweist die Vorschrift auf die Regelungen des Prozessrechts. Danach darf der Verteidiger grundsätzlich alles tun, was in gesetzlich nicht zu beanstandender Weise seinen Mandanten nützt. So ergeben sich insbesondere die Zulässigkeit der Verteidigung des schuldigen Angeklagten und des Hinwirkens auf einen Freispruch trotz Kenntnis von der Schuld des Mandanten aus der wichtigen Aufgabe, welche dem Verteidiger in einem rechtsstaatlichen Strafverfahren zukommt. Andererseits hat sich der Verteidiger nach allgemeiner Auffassung jeder aktiven Verdunkelung und Verzerrung des Sachverhalts zu enthalten (BGHSt 2, 377; 10, 393 = NJW 1957, 1808; BGHSt 29, 107 = NJW 1980, 406; BGH NStZ 1983, 503; *Pfeiffer* DRiZ 1984, 341, 344 f.; *Ostendorf* NJW 1978, 1345, 1349; *Beulke,* Die Strafbarkeit des Verteidigers, 18 ff.). Hierzu zählt insbesondere die Verfälschung von Beweismitteln oder die Verwendung verfälschter Beweismittel, insbesondere von Urkunden. Ein Strafverteidiger ist verpflichtet, seinen Mandanten bestmöglich zu verteidigen. Ihm vorliegende oder zugängliche Beweismittel zu Gunsten seines Mandanten muss er einbringen. In diesem Rahmen ist er zwar verpflichtet, darauf zu achten, dass er nicht gefälschte oder sonst als unrichtig erkannte Beweismittel vorlegt. Hat er aber insoweit lediglich Zweifel an der Echtheit, ist er deshalb nicht befugt, ein Beweismittel zurückzuhalten. Andernfalls würde er in Kauf nehmen, ein möglicherweise echtes, entlastendes Beweismittel zu unterdrücken. Wird ein Strafverteidiger in dieser Weise tätig, wird in der Regel davon auszugehen sein, dass der Verteidiger, der sich darauf beschränkt, ihm von seinem Mandanten zur Verfügung gestellte oder benannte Beweismittel in ein gerichtliches Verfahren einzubringen, strafbares Verhalten nicht billigt, selbst bei erheblichen Zweifeln an der Richtigkeit oder Zuverlässigkeit der eingeführten Beweise. Vielmehr wird der Verteidiger solche Beweismittel im Regelfall mit dem inneren Vorbehalt verwenden, das Gericht werde sie seinerseits einer kritischen Prüfung unterziehen und ihre Fragwürdigkeit nicht übersehen. Dieser Vorbehalt ergibt sich daraus, dass der Verteidiger als Organ der Rechtspflege fremde Interessen wahrnimmt. Etwas anderes könnte dann gelten, wenn der Verteidiger über zusätzliche Informationen verfügt, etwa, wenn ihm der Mandant mehr oder weniger deutlich zu erkennen gegeben hat, das Vorbringen sei erlogen, die Beweismittel seien gefälscht" (BGH NJW 1993, 273 = MDR 1992, 1168). In Fällen, in denen der Verteidiger einen der Volksverhetzung angeklagten Mandanten vertritt, ist in Blick auf die Gewährleistung einer effektiven Strafverteidigung die Anwendung der vom Gesetzgeber vorgesehenen Tatbestandsausschlussklausel des § 86 Abs. 3 StGB geboten, sofern der Verteidiger mit seinen Prozesserklärungen zumindest auch Zwecke der Verteidigung verfolgt (BGH NJW 2000, 2217).

Die Strafprozessordnung räumt dem Verteidiger in § 148 Abs. 1 StPO im Interesse einer freien 21
Verteidigung wegen der „hohen Integrität" der Angehörigen des Anwaltsstandes (BGHSt 27, 260, 265 = NJW 1977, 2172 = MDR 1978, 65) weitreichende **Vorrechte bei der Kommunikation mit seinem inhaftierten Mandanten** ein. Dieses Privileg ist auf die Wahrnehmung der Verteidigung beschränkt. Wird der Anwalt hingegen in Ausnutzung seiner Bevorrechtigung bei der Erledigung sonstiger von seinem Mandanten gewünschter Angelegenheiten – zB der unbefugten Übermittlung von Sachen oder Nachrichten (§ 27 Abs. 4 StVollzG, § 115 OWiG; Nr. 36 Abs. 5 UVollzO) – tätig, missbraucht er das ihm als Organ der Rechtspflege entgegengebrachte Vertrauen. Ein solches Verhalten ist deshalb mit der Stellung des Rechtsanwalts als Verteidiger unvereinbar. Es beinhaltet eine schwerwiegende Verletzung anwaltlicher Pflichten (EGH München BRAK-Mitt. 1992, 224 und Urteile vom 9.2.1993 – BayEGH II – 17/92 – und 29.4.1992 – BayEGH II – 8/91; AnwG Hamburg StraFo 1998, 142, 143). Auch das dem Verteidiger gemäß § 147 StPO eingeräumte Akteneinsichtsrecht steht nur ihm zu; er darf die Akte nicht dem Beschuldigten oder Dritten zur Verfügung stellen. Die Akte muss er sorgfältig verwahren und zurückgeben. Entsprechendes gilt für die Einsichtsrechte nach § 299 ZPO, § 13 FamFG, § 100 VwGO und § 78 FGO. § 19 BORA erklärt die ordnungsgemäße Handhabung der Akteneinsicht und -aufbewahrung zu einer besonderen Berufspflicht des Rechtsanwalts (Henssler/Prütting/*Prütting* § 43 Rn. 27; → BORA § 19 Rn. 1 ff.).

4. Unzulässigkeit des Rückgriffs. a) Andere gesetzliche Pflichten. Eine Übertragung 22
anderer gesetzlicher Pflichten durch § 43 in das Berufsrecht ist unzulässig, soweit der Gesetz- oder Satzungsgeber **bewusst** auf die Statuierung einer anwaltsgerichtlich zu ahndenden Berufspflicht **verzichtet** haben (AnwG Freiburg BRAK-Mitt. 2005, 27; *Kleine-Cosack* § 43 Rn. 12), insbesondere weil der Grundsatz der freien selbstverantwortlichen Berufsausübung einer anwaltsgerichtlichen Kontrolle entgegensteht oder soweit ein anwaltliches Verhalten und seine Folgen im Berufsrecht ausdrücklich – abweichend – geregelt wird (→ § 43b Rn. 4). So ist im Hinblick auf die **abschließende Regelung** der Folgen der Unvereinbarkeit einer Tätigkeit mit dem Beruf des Rechtsanwalts in §§ 7 Nr. 8, 14 Abs. 2 Nr. 9 eine anwaltsgerichtliche Ahndung nach §§ 43, 113 unzulässig (BGHSt 36, 316 = NJW 1990, 1373 = BRAK-Mitt. 1990, 250; vgl. aber auch BVerfGE 72, 62 = NJW 1986, 1801).

Auch kann über § 43 regelmäßig nicht die **Verletzung rein zivilrechtlicher Pflichten** 23
anwaltsgerichtlich oder mit einer Rüge geahndet werden; es sei denn diese Pflichten seien ausdrücklich in das Berufsrecht übernommen worden (Henssler/Prütting/*Prütting* § 43 Rn. 29). Eine berufsrechtliche Kontrolle der sachlichen Richtigkeit und Zweckmäßigkeit der Tätigkeit eines Rechtsanwalts ist **unzulässig,** weil sonst die persönliche und sachliche Unabhängigkeit des Rechtsanwalts (§§ 1, 3 Abs. 1) beeinträchtigt würden. Verletzungen des Anwaltsvertrages durch unzulängliche Aufklärung, inhaltlich falsche Beratung und unsachgemäße Vertretung können zwar zum Schadensersatz verpflichten, aber eine anwaltsgerichtliche Ahndung oder Rüge wegen solcher Pflichtwidrigkeiten wäre wegen Eingriffs in die sachliche Unabhängigkeit des Rechtsanwalt, in sein Recht auf freie und ungehinderte Beratung und Vertretung (§ 3) nicht zulässig

(*Jähnke* NJW 1988, 1888, 1891; SaarlAGH BRAK-Mitt. 2003, 179; AnwG Frankfurt BRAK-Mitt. 2012, 86). Die Schlechterfüllung des Mandats in einem Einzelfall kann im Allgemeinen die Funktionsfähigkeit der Rechtspflege ebenso wenig beeinträchtigen wie ein gerichtliches Fehlurteil (Henssler/Prütting/*Prütting* § 43 Rn. 29).

24 **b) Besondere Umstände.** Anders verhält es sich bei groben Verstößen gegen zivilrechtliche Pflichten, welche die äußere Seite der Anwaltstätigkeit betreffen (SaarlAGH BRAK-Mitt. 2003, 179). Wenn auch die Gewährleistung der Unabhängigkeit durch §§ 1 und 3 eine anwaltsgerichtliche Kontrolle der sachlichen Richtigkeit und Zweckmäßigkeit der Anwaltstätigkeit weitgehend ausschließt, können bei Vorliegen **besonderer Umstände** gleichwohl auch **grob vertragswidrige** Verhaltensweisen des Rechtsanwalts, die mit gewissenhafter Berufsausübung und mit der Stellung des Rechtsanwalts nicht mehr vereinbar sind, als Pflichtverletzung des Rechtsanwalts iSd §§ 43, 113 Abs. 1 iVm §§ 611 ff., 675 BGB angesehen werden (Henssler/Prütting/*Prütting* § 43 Rn. 29; **aA** *Kleine/Cosack* § 43 Rn. 16). Als anwaltsgerichtlich zu ahndende Pflichtverletzungen können über § 43 aber nur solche vertragswidrigen Verhaltensweisen des Rechtsanwalts eingeordnet werden, die mit einem besonderen Makel behaftet sind, weil es sich um **sittenwidrige** oder **wucherische Geschäfte** (§ 138 BGB) oder um die **sittenwidrige vorsätzliche Schädigung** (§ 826 BGB) des Mandanten handelt. Solche Verhaltensweisen beeinträchtigen die Integrität der Anwaltschaft allgemein und führen dazu, dass die Übertragungsfunktion des § 43 eingreift (Henssler/Prütting/*Prütting* § 43 Rn. 29). Gleiches gilt bei einer Häufung gleichartiger zivilrechtlicher Versäumnisse, so zB bei **hartnäckiger Bummelei, Untätigkeit** bzw. **nachlässiger Mandatsbearbeitung** (BGH Urteile vom 5.12.1983 – AnwSt (R) 9/83; 12.12.1988 – AnwSt (R) 5/88; EGH Berlin BRAK-Mitt. 1983, 44), **bewusster Kündigung zur Unzeit** (§ 671 Abs. 2 BGB) und **Täuschung des Mandanten** über angeblich von dem Rechtsanwalt Veranlasstes. Verlässt der Rechtsanwalt den Rahmen des erteilten Mandates, entfernt er sich völlig von seiner Funktion als unabhängiger Berater und Vertreter (§ 3), indem er seinen Mandanten vorsätzlich schädigt, sich auf dessen Kosten bereichert, zB ihm anvertraute Gelder veruntreut, oder handelt er eindeutig sittenwidrig, dann ist das vertragswidrige Verhalten auch anwaltsgerichtlich zu ahnden (*Jähnke* NJW 1988, 1888; Henssler/Prütting/*Prütting* § 43 Rn. 29). Nachlässige Prozessvertretung durch einen Rechtsanwalt, die zur Verjährung einer Forderung führt, kann Untreue sein (BGH NJW 1983, 461 = JR 1983, 515), die dann auch anwaltsgerichtlich geahndet werden kann. Die Zustellung eines wahrheitswidrig erstellten vorläufigen Zahlungsverbots an den Drittschuldner durch den Rechtsanwalt des Gläubigers, ohne dass ein vollstreckbarer Titel vorliegt, stellt einen Verstoß gegen die Pflicht zur gewissenhaften Berufsausübung dar (EGH Hamburg BRAK-Mitt. 1991, 55). Die **Verweigerung der Herausgabe von Handakten** stellt eine Berufspflichtverletzung dar, jedenfalls gemäß § 43 iVm §§ 675, 667 BGB (BGH AnwBl. 2015, 178; 2015, 179; NdsAGH BRAK-Mitt. 2014, 31).

25 **5. Sinngemäße Geltung für Rechtsanwaltsgesellschaften.** § 43 gilt sinngemäß für Rechtsanwaltsgesellschaften (§ 59m Abs. 2). Es gehört zu den beruflichen Pflichten der Geschäftsführer der Gesellschaft (§ 59f) für die Erfüllung der sich daraus für die Gesellschaft ergebenden Pflichten zu sorgen.

§ 43a Grundpflichten des Rechtsanwalts

(1) **Der Rechtsanwalt darf keine Bindungen eingehen, die seine berufliche Unabhängigkeit gefährden.**

(2) [1]**Der Rechtsanwalt ist zur Verschwiegenheit verpflichtet.** [2]**Diese Pflicht bezieht sich auf alles, was ihm in Ausübung seines Berufes bekanntgeworden ist.** [3]**Dies gilt nicht für Tatsachen, die offenkundig sind oder ihrer Bedeutung nach keiner Geheimhaltung bedürfen.**

(3) [1]**Der Rechtsanwalt darf sich bei seiner Berufsausübung nicht unsachlich verhalten.** [2]**Unsachlich ist insbesondere ein Verhalten, bei dem es sich um die bewußte Verbreitung von Unwahrheiten oder solche herabsetzenden Äußerungen handelt, zu denen andere Beteiligte oder der Verfahrensverlauf keinen Anlaß gegeben haben.**

(4) **Der Rechtsanwalt darf keine widerstreitenden Interessen vertreten.**

(5) [1]**Der Rechtsanwalt ist bei der Behandlung der ihm anvertrauten Vermögenswerte zu der erforderlichen Sorgfalt verpflichtet.** [2]**Fremde Gelder sind unverzüglich an den Empfangsberechtigten weiterzuleiten oder auf ein Anderkonto einzuzahlen.**

(6) **Der Rechtsanwalt ist verpflichtet, sich fortzubilden.**

Übersicht

I. Sinn und Zweck

Aufgrund der Entscheidungen des BVerfG vom 14.7.1987 (BVerfGE 76, 171 = NJW 1988, 191) bestand Veranlassung, die beruflichen Pflichten des Rechtsanwalts eingehender zu normieren. Um den Vorgaben des BVerfG gerecht zu werden, sieht die Neuregelung in Bezug auf die den Beruf prägenden beruflichen Pflichten eine gesetzliche Regelung im Grundsatz vor, während die Einzelheiten durch eine Berufssatzung bestimmt werden sollen. Die zur Zeit gültige Berufsordnung vom 29.11.1996 (BRAK-Mitt. 1996, 241), die am 11.3.1997 in Kraft getreten ist (BRAK-Mitt. 1997, 81), ist in → Teil I Nr. 2 kommentiert. An der Generalklausel des § 43, die bisher die Grundlage für die in den RichtlRA festgestellte Berufsauffassung war, wird festgehal- 1 ten, die Neuregelung der beruflichen Pflichten durch Gesetz tritt insoweit hinzu (BT-Drs. 12/4993, 27 = BR-Drs. 93/93, 80; zu Einzelheiten → § 43 Rn. 7 ff.; *Hartung* AnwBl. 2008, 782; Henssler/Prütting/*Prütting* § 43 Rn. 5 ff.; Hartung/*Hartung* Vor § 43 Rn. 3 ff.). § 43a gilt auch für die Rechtsanwaltsgesellschaft (§ 59m Abs. 2). Es gehört zu den beruflichen Pflichten der Geschäftsführer als Organe der Gesellschaft (§ 59f) für die Erfüllung der sich danach für die Gesellschaft ergebenden Pflichten zu sorgen.

II. Unabhängigkeit (Abs. 1; § 1 BORA)

Neueres Schrifttum: *Busse,* Freie Advokatur, AnwBl. 2001, 130; *Grunewald,* Die Unabhängigkeit des Rechtsanwalts, AnwBl. 2004, 463; *Jaeger,* Die freien Berufe und die verfassungsrechtliche Berufsfreiheit, AnwBl. 2000, 475; *Knöfel,* Advocatus electronicus – Elektronische Rechtsberatung und anwaltliches Berufsrecht, AnwBl. 2006, 77; *Prütting,* Die Unabhängigkeit als konstitutives Merkmal rechtsberatender Berufe, AnwBl. 2013, 683; *Salditt,* Grauzonen anwaltlicher Freiheit, kasuistisch betrachtet, BRAK-Mitt. 2001, 150; *Seul,* Advokatur und Ausbeutung – Die Missachtung des § 26 BORA in der etablierten Anwaltschaft, NJW 2002, 197; *Schott,* Von der Freiheit des Advokaten BRAK-Mitt. 2001, 204.

2 **1. Normzweck.** Die berufliche Unabhängigkeit gehört zum Kernbereich der beruflichen Stellung eines Rechtsanwalts; sie konstituiert seine besondere Funktion im Rechtspflegesystem (Henssler/Prütting/*Henssler* § 43a Rn. 6). Die Pflicht, seine berufliche und persönliche Unabhängigkeit zu wahren, ist eine der wichtigsten Folgerungen aus §§ 1, 3 Abs. 1 (BGHSt 22, 157 = BGHZ 50, 226 = NJW 1968, 2204; BGHZ 68, 59 = NJW 1977, 807; BGH EBE 1987, 213). Deshalb erfolgt die Wiederholung in § 43a Abs. 1. Diese Pflicht schließt ein, Bindungen zu vermeiden, die die berufliche Unabhängigkeit des Rechtsanwalts auch nur gefährden könnten. Dies gilt auch für den Syndikusanwalt (BGH BRAK-Mitt. 1998, 15).

3 Die Unabhängigkeit des Rechtsanwalts nach allen Seiten ist eine der wichtigsten Voraussetzungen für die Freiheit der Advokatur, wie sie in §§ 1, 2 und 3 festgeschrieben ist. Eine besondere Regelung zur Wahrung der Unabhängigkeit ist in die Berufsordnung trotz Ermächtigung nach § 59b Abs. 2 Nr. 1b nicht aufgenommen worden, um bloße Appelle zu vermeiden (Hartung/*Hartung* § 43a Rn. 19 ff.). Wohl aber wurden in der BORA einzelne Aspekte der anwaltlichen Unabhängigkeit und ihres Schutzes durch Konkretisierungen zur Freiheit der Advokatur geregelt (vgl. zB §§ 1, 27, 30 BORA).

4 **2. Begriff der Unabhängigkeit.** Unabhängigkeit des Rechtsanwalts (zur Definition → § 1 Rn. 13 ff.) bedeutet sowohl **Staatsunabhängigkeit** (→ § 1 Rn. 15; Hartung/*Hartung* § 43a Rn. 5; Henssler/Prütting/*Busse* § 1 Rn. 45, 46), **wirtschaftliche und gesellschaftliche Unabhängigkeit** (→ § 1 Rn. 16, 17; Hartung/*Hartung* § 43a Rn. 5) als auch insbesondere **Parteiunabhängigkeit,** dh Unabhängigkeit vom eigenen Mandanten (→ § 1 Rn. 18, 19; Hartung/*Hartung* § 43a Rn. 5; *Prütting* AnwBl. 1994, 315).

5 **3. Verpflichtungen.** § 43a Abs. 1 verpflichtet den Rechtsanwalt zur Erhaltung seiner Unabhängigkeit, indem er ihm verbietet, **Bindungen** einzugehen, **die seine berufliche Unabhängigkeit gefährden.** § 43a Abs. 1 ist gemäß § 113 Abs. 1 sanktionsbewehrt. Da aber die frühere Verpflichtung, schon den Anschein einer Pflichtverletzung zu vermeiden (vgl. §§ 1 Abs. 4, 46 Abs. 3 der Grundsätze des anwaltlichen Standesrechts), entfallen ist (BVerfGE 76, 171 = NJW 1988, 191; BVerfGE 76, 196 = NJW 1988, 194), ist nur dann eine anwaltsgerichtlich zu ahndende Pflichtverletzung nach §§ 43a Abs. 1, 113 Abs. 1 gegeben, wenn konkret belegt ist, dass der Rechtsanwalt Bindungen eingegangen ist, die ihn unabhängig nicht mehr agieren lassen, die seine Unabhängigkeit im Einzelfall konkret beeinträchtigen (Henssler/Prütting/*Henssler* § 43a Rn. 10 ff.; → § 43 Rn. 14; → Rn. 8).

6 § 43a Abs. 1 beinhaltet kein absolutes Bindungsverbot. Im Gegenteil bedingt die anwaltliche Tätigkeit das Eingehen vielfältiger Bindungen und Verpflichtungen. So beinhaltet schon jeder Mandatsvertrag für den Anwalt die Verpflichtung, Aufträge und Weisungen seines Auftraggebers zu beachten. Das Gesetz erlaubt auch im Übrigen zum Teil ausdrücklich das Begründen beruflicher Abhängigkeit und Bindung oder geht von deren Zulässigkeit aus, zB als angestellter Anwalt (→ § 2 Rn. 18 ff.), Freier Mitarbeiter (→ § 2 Rn. 34), als Syndikusanwalt (§ 46) oder als sonstiger Zweitberufler (§§ 45, 47). Solche und ähnliche Bindungen und Abhängigkeiten resultieren aus mannigfaltigen und meist unumgänglichen Sachzwängen der anwaltlichen Berufsausübung. Diese sind durch den Grundsatz der Freiheit der Advokatur nicht ausgeschlossen. Dem Wesen der

Freiheit entspricht es auch, Bindungen einzugehen (*Kleine-Cosack* § 1 Rn. 10; Hartung/*Hartung* § 43a Rn. 6).

Verboten sind daher nur Bindungen, die die berufliche Unabhängigkeit des Rechtsanwalts gefährden. Unter Bindungen versteht § 43a Abs. 1 sowohl rechtliche Verpflichtungen als auch Bindungen tatsächlicher Art (Henssler/Prütting/*Henssler* § 43a Rn. 10, 34; Hartung/*Hartung* § 43a Rn. 9 ff.). Der Rechtsanwalt darf damit keine Bindungen eingehen, die das Gesetz aus Gründen der Sicherung der Unabhängigkeit des Rechtsanwalts missbilligt. Die danach unzulässigen Bindungen können im Hinblick auf die weite Bandbreite anwaltlicher Tätigkeit nicht in allen möglichen Fallgestaltungen enumerativ dargestellt werden. Es ist jeweils an Hand der Besonderheiten des Einzelfalles zu prüfen, ob durch einzugehende oder bestehende Bindungen des Rechtsanwalts dieser in seiner beruflichen Unabhängigkeit gefährdet wird. 7

Generell kann aber festgestellt werden, dass der Rechtsanwalt keine beruflichen Bindungen eingehen darf, die nach §§ 7 Nr. 8, 14 Abs. 2 Nr. 9 unzulässig sind. Er darf keine berufliche Zusammenarbeit pflegen, die nach § 59a iVm §§ 30, 33 BORA unzulässig ist (vgl. Anm. zu §§ 30, 33 BORA). Er darf die Ausübung des Mandats nicht mit seinen eigenen wirtschaftlichen Interessen verknüpfen und daher Erfolgshonorar und „quota litis" nur unter engen Voraussetzungen vereinbaren (BVerfG NJW 2007, 979 = MDR 2007, 621 = BRAK-Mitt. 2007, 63 mit Anm. *Kirchberg* = AnwBl. 2007, 297 mit Anm. *Hamacher* = BB 2007, 617 mit Anm. *Römermann;* Anm. zu § 49b; Henssler/Prütting/*Kilian* § 49b Rn. 101 ff.) oder Dritte am wirtschaftlichen Ergebnis seiner anwaltlichen Tätigkeit beteiligen, es sei denn es liegt eine der in § 27 BORA genannten Ausnahmen vor (→ BORA § 27 Rn. 1, 2; Hartung/*Scharmer* BORA § 27 Rn. 27). Auch die verschiedenen Tätigkeitsverbote des § 45 (vgl. Anm. zu § 45) dienen neben der Vermeidung von Interessenkonflikten auch der Sicherung der anwaltlichen Unabhängigkeit. Schon das Eingehen der Verpflichtung zu anwaltlicher Tätigkeit, die gegen § 45 verstößt, gefährdet die Unabhängigkeit des Anwalts. Auch die Beschränkung der Möglichkeiten eines Syndikusanwalts seinen Arbeitgeber zu vertreten (→ § 46 Rn. 11 ff.) oder die Ausübungsverbote des § 47 für Rechtsanwälte im öffentlichen Dienst (→ § 47 Rn. 12 ff.) sind hier zu beachten. Schon die Annahme von Mandaten, die den Tätigkeitsverboten zuwiderlaufen, das Eingehen von ständigen Dienstverhältnissen mit der Verpflichtung, den Tätigkeitsverboten des § 46 zuwiderzuhandeln, sind als die anwaltliche Unabhängigkeit gefährdende Bindungen untersagt und sind, sofern nicht die abschließende Regelung der §§ 7 Nr. 8, 14 Abs. 2 Nr. 8 eingreift (→ Rn. 14; BGHSt 36, 316 = NJW 1990, 1373), anwaltsgerichtlich justiziabel (§ 113 Abs. 1). Auch die Vereinbarung unzulässiger Wettbewerbsverbote (→ § 27 Rn. 45 ff.) läuft der Verpflichtung zur Wahrung aber auch zur Respektierung der Unabhängigkeit der beteiligten Anwälte zuwider. 8

Aber auch bei angestellten Rechtsanwälten (→ § 2 Rn. 18 ff.) und freien Mitarbeitern (→ § 2 Rn. 34 ff.) müssen die Beteiligten, dh der beschäftigte als auch der beschäftigende Anwalt darauf achten, dass ihre Vertragsbeziehungen „angemessene Bedingungen" beinhalten (§ 26 BORA), so dass nicht die Unabhängigkeit eines der Beteiligten gefährdet wird. Der angestellte Rechtsanwalt kann in seiner beruflichen Unabhängigkeit insbesondere durch überzogene Direktionsbefugnisse des anstellenden Anwalts, unangemessene Vergütungsvereinbarungen und nichtvertretbare Konkurrenz- und Niederlassungsverbote beeinträchtigt werden (→ § 27 Rn. 45). Aber auch der anstellende Rechtsanwalt, der durch unangemessene Vertragsbedingungen die Unabhängigkeit des von ihm beschäftigten Rechtsanwalts gefährdet, gefährdet damit auch seine eigene Unabhängigkeit. Er zeigt durch sein unangemessenes Verhalten gegenüber dem von ihm beschäftigten „unabhängigem Organ der Rechtspflege", dass er die anwaltliche Unabhängigkeit allgemein missachtet und damit auch seine eigene Unabhängigkeit nicht zu bewahren beabsichtigt. 9

Selbstverständlich gefährdet jeder Rechtsanwalt seine berufliche und persönliche Unabhängigkeit, der sich an rechtswidrigen Machenschaften seiner Mandantschaft in irgendeiner Form beteiligt oder sich gar an deren Straftaten beteiligt. Allerdings sind bloße religiöse, ideologische oder weltanschauliche Gemeinsamkeiten, selbst wenn sie der Idee nach gegen die freiheitlich demokratische Grundordnung gerichtet sind, solange dies strafrechtlich nicht relevant ist (§ 7 Nr. 6), keine justitiable Gefährdung der Unabhängigkeit iSd § 43a Abs. 1. Derartige Affinitäten zwischen Anwalt und Mandant sind keine „Bindungen" iSd § 43a Abs. 1, mögen sie auch in ihrer tatsächlichen Gefährlichkeit für die Unabhängigkeit anwaltlicher Tätigkeit unzulässigen rechtlichen Bindungen iSd § 43a Abs. 1 nicht nachstehen (Henssler/Prütting/*Henssler* § 43a Rn. 35). 10

11 Aus § 43a Abs. 1 lässt sich auch keine Verpflichtung des Rechtsanwalts ableiten, durch eine Auffächerung seiner Klientel die Gefahr einer zu großen wirtschaftlichen Abhängigkeit von Großmandanten zu vermeiden. Solange sich der Verlust der Unabhängigkeit in dem Zusammenhang nicht in rechtlich wirksamen Bindungen manifestiert, ist er berufsrechtlich irrelevant. Das Streben des Rechtsanwalts durch Verbindungen zu Großauftraggebern, Politik, Vereinen, Verbänden und gesellschaftlichen Gruppierungen verschiedenster Art Mandate zu erlangen, ist legitim und lässt § 43a Abs. 1 unberührt. Zur eventuellen Gefährdung der Unabhängigkeit des Rechtsanwalts durch seine Doppelstellung auch als Zeuge oder Sachverständiger → § 45 Rn. 54, 55; Hartung/*Hartung* § 43a Rn. 14 ff.).

III. Verschwiegenheitspflicht (Abs. 2; §§ 2, 3 Abs. 5 BORA)

Neueres Schrifttum: *Axmann/Degen,* Kanzlei-Homepages und elektronische Mandatsbearbeitung – Anwaltsstrategien zur Minimierung rechtlicher Risiken, NJW 2006, 1457; *Berger,* Anwaltliche Honorarforderungen – Gerichtliche Durchsetzung und verfahrensrechtliche Verschwiegenheitspflicht, MDR 2003, 970; *Eckardt/Dendorfer,* Der Mediator zwischen Vertraulichkeit und Zeugnispflicht – Schutz durch Prozessvertrag, MDR 2001, 786; *Frenzel,* Die Abtretung anwaltlicher Honorarforderungen § 49b Abs. 4 BRAO, AnwBl. 2005, 121; *Gurlit/Zander,* Verfassungs- und europarechtliche Grundlagen des Anwaltsgeheimnisses, AnwBl. 2012, 4; *Hagemeister,* Schweigepflicht und Anwaltswerbung, AnwBl. 2007, 748; *Hamacher,* Der Syndikusanwalt ist kein Anwalt 2. Klasse, AnwBl. 2011, 42; *Härting,* Unverschlüsselte E-Mails im anwaltlichen Geschäftsverkehr, MDR 2001, 61; *ders.,* Datenschutz und Anwaltsgeheimnis – Subsidiarität oder Spezialität?, AnwBl. 2005, 131; *ders.,* Anwaltsgeheimnis: Schutz vor dem Datenschutz, AnwBl. 2011, 50; *Herrmann,* Geheimhaltungspflicht des Rechtsanwalts über Geheimnisse des Verhandlungsgegners bei Tätigkeit für aufeinanderfolgende Auftraggeber in der gleichen Angelegenheit, DB 1997, 1017; *Jahn,* Ein bisschen Charme und Gelassenheit helfen – Vom Umgang zwischen Anwälten und Journalisten, AnwBl. 2005, 744; *Jahn/Palm,* Outsourcing in der Kanzlei: Verletzung von Privatgeheimnissen?, AnwBl. 2011, 613; *Knöfel/Mock,* Anwaltliche Verschwiegenheit und Corporate Governance, AnwBl. 2010, 230; *v. Lewinski,* Anwaltliche Schweigepflicht und E-Mail, BRAK-Mitt. 2004, 12; *Mann/Leisinger,* Kein „legal privilege" für unternehmensinterne Rechtsanwälte, AnwBl. 2010, 776; *Rüpke,* Freie Advokatur, anwaltliches Berufsgeheimnis und datenschutzrechtliche Kontrollbefugnisse, AnwBl. 2003, 19; *ders.,* Ein Beauftragter für den Datenschutz in der Anwaltskanzlei?, AnwBl. 2004, 552; *ders.,* Datenschutz, Mandatsgeheimnis und anwaltliche Kommunikationsfreiheit, NJW 2008, 1121; *Sassenberg,* Umgang mit IT in der Anwaltskanzlei, AnwBl. 2006, 196; *Schneider,* Datenschutz und Beauftragte für den Datenschutz in der Anwaltskanzlei, 2004, 618; *Schöttle,* Datenschutzkontrolle in der Anwaltskanzlei, AnwBl. 2005, 740; *Schons,* Die Pflicht des Rechtsanwalts zur Verschwiegenheit, AnwBl. 2007, 441; *Spatscheck,* Das Anwaltsgeheimnis als „Störer" im Elektronischen Rechtsverkehr, AnwBl. 2013,95; *Spielmann,* Das anwaltliche Berufsgeheimnis in der Rechtsprechung des EGMR, AnwBl. 2010, 373; *Streck,* Über die Entwertung der anwaltlichen Vertraulichkeit durch die Anwälte selbst, NJW 2001, 3605; *Wagner,* Datenschutz und Mandatsgeheimnis – der Umgang mit personenbezogenen Daten im Anwaltsmandat, BRAK-Mitt. 2011, 2; *Wessels,* Die anwaltliche Verschwiegenheitspflicht bei beruflicher Zusammenarbeit, FS zum 125-jährigen Bestehen der RAK Hamm, 2004, 305; *Wolf/Hasenstab,* Der grenzüberschreitende Schutz des Anwaltsgeheimnisses in Europa, BRAK-Mitt. 2010, 150; *Zuck,* Geldwäsche: Die verfassungswidrige Indienstnahme des Rechtsanwalts für Zwecke der Strafverfolgung, NJW 2002, 1397.

12 **1. Grund der Regelung.** Die statusbildende Grundpflicht zur Verschwiegenheit ist nunmehr in § 43a Abs. 2 dem Grundsatz nach geregelt und ist gemäß § 59b Abs. 2 Nr. 1 lit. c in § 2 BORA näher konkretisiert worden. Zur historischen Entwicklung des Gebotes vgl. Hartung/*Hartung* BORA § 2 Rn. 1 ff., § 43a Rn. 23 ff.; Henssler/Prütting/*Henssler* § 43a Rn. 38 ff. Das Gebot der Verschwiegenheit zählt zu den tragenden Säulen des Anwaltsberufs schlechthin. Die strikte Verschwiegenheit ist die unerlässliche Basis des Vertrauensverhältnisses zwischen Rechtsanwalt und Mandant (Hartung/*Hartung* § 43a Rn. 22; *Henssler* NJW 1994, 1817; Henssler/Prütting/*Henssler* § 43a Rn. 41; OLG Karlsruhe BRAK-Mitt. 2014, 262). Voraussetzung für die Erfüllung seiner Aufgabe als berufener unabhängiger Berater und Beistand seines Mandanten (§ 3 Abs. 1) ist ein Vertrauensverhältnis zwischen Rechtsanwalt und Mandant. Integrität und Zuverlässigkeit des einzelnen Berufsangehörigen sowie das **Recht und die Pflicht zur Verschwiegenheit** sind die Grundbedingungen dafür, dass dieses Vertrauen entstehen kann. Die Verschwiegenheitspflicht rechnet daher von jeher zu den anwaltlichen Grundpflichten. Als unverzichtbare Bedingung der anwaltlichen Berufsausübung hat sie teil am Schutz des Art. 12 Abs. 1 GG. Diesem Schutz dient eine Reihe gesetzlicher Vorschriften (vgl. § 203 Abs. 1 Nr. 3 StGB; § 53 Abs. 1 Nr. 3 StPO; § 97 StPO), deren Ziel es ist, das Verhältnis zwischen Anwalt und Mandant gegen Störungen abzusichern (BVerfGE 110, 226 = NJW 2004, 1305 = BRAK-Mitt. 2004, 126 mit Anm. *Müller* = AnwBl. 2004, 309 mit Anm. *Leitner* AnwBl. 2004, 308 = JZ 2004, 670 mit Anm. *Wohlers*). Demgemäß lässt § 1 Abs. 3 BDSG die Pflicht zur Wahrung der anwaltlichen Verschwiegenheitspflicht unberührt und begründet in § 39 BDSG für die der Verschwiegenheitspflicht unterliegenden Daten einen verlängerten Geheimnisschutz. Die Regelungen der § 43a Abs. 2 und § 2 BORA beruhen demnach auf der uralten Erkenntnis, dass der Rechtsanwalt seine

auch im Allgemeininteresse liegende Tätigkeit als berufener unabhängiger Berater und Vertreter in allen Rechtsangelegenheiten (§ 3 Abs. 1) nur wirkungsvoll wahrnehmen kann, wenn der jeweilige Mandant ihm Vertrauen schenkt. Vertrauen des Mandanten in den Anwalt bedingt aber dessen Verschwiegenheit, denn der Mandant hat ein berechtigtes Interesse, dass seine dem Anwalt gegebenen Informationen, die unter Umständen seinen persönlichen Lebensbereich betreffen, nicht ohne seinen Willen offenbart werden (Henssler/Prütting/*Henssler* § 43a Rn. 42). Neben diesem durch das Recht auf informationelle Selbstbestimmung (BVerfGE 65, 1 = NJW 1984, 419) gewährleisteten Recht des Mandanten auf Schutz seiner Individualinteressen dient das anwaltliche Schweigegebot gleichrangig auch dem Schutz des Gemeinschaftsinteresses an einer rechtsstaatlichen Rechtspflege, für die die anwaltliche Verschwiegenheit unerlässlich ist (Henssler/Prütting/*Henssler* § 43a Rn. 42). Der Umstand, dass der Mandant „Herr des Geheimnisses" ist, der Anwalt also reden darf und als Zeuge auch reden muss, wenn der Mandant ihn von der Schweigepflicht entbindet (→ § 44 Rn. 32; BGHZ 109, 260 = NJW 1990, 510 = AnwBl. 1990, 161), steht der Annahme, dass die Schweigepflicht auch allgemeinen Interessen dienen soll, nicht entgegen. Das Vertrauen der Allgemeinheit in die Verschwiegenheit der Anwälte verlangt nur, dass Rechtsanwälte das ihnen Anvertraute nicht ohne oder gar gegen den Willen ihres Mandanten offenbaren (Henssler/Prütting/*Henssler* § 43a Rn. 42; Schönke/Schröder/*Eisele,* 29. Aufl. 2014, StGB § 203 Rn. 22). Da die Pflicht zur Verschwiegenheit nur gegenüber dem Mandanten besteht, scheidet ein Verstoß gegen berufs- und strafrechtliche Verschwiegenheitspflichten aus, wenn der Rechtsanwalt Geheimnisse offenbart, die er im Rahmen einer gerichtlichen Mediation von der Gegenseite erlangt hat (AnwG Mecklenburg-Vorpommern BRAK-Mitt. 2007, 227). Die Pflicht zur Verschwiegenheit wird strafrechtlich durch § 203 Abs. 1 Nr. 3 StGB und berufsrechtlich durch § 2 BORA, §§ 43a Abs. 2, 113 Abs. 1 abgesichert. Auch wenn es sich bei der Verschwiegenheitspflicht um einen elementaren Grundsatz des anwaltlichen Berufsrechts handelt, kommt dieser Pflicht aber eine Zweckbestimmung, im Interesse der Marktteilnehmer das Marktverhalten zu regeln, nicht zu. Der Betrieb einer Verrechnungsstelle für Anwaltshonorare, die von ihr angekaufte anwaltliche Gebührenforderungen eintreibt, kann daher zumindest auf der Grundlage des Wettbewerbsrechts nicht untersagt werden (OLG Köln BRAK-Mitt. 2006, 93 = MDR 2006, 840). Ein Rechtsanwalt ist auf Grund der vorrangigen anwaltlichen Verschwiegenheitspflicht nicht verpflichtet, dem Datenschutzbeauftragten mitzuteilen, wie er in den Besitz mandatsbezogener Unterlagen gekommen ist. Es ergibt sich aus der Kontrollpflicht der Datenschutzbehörde keine gesetzliche Befugnis oder gar Verpflichtung des Rechtsanwalts zur Weitergabe mandatsbezogener Informationen an den Datenschutzbeauftragten (KG BRAK-Mitt. 2010, 224; AnwBl. 2010, 802; AG Köln AnwBl. 2015, 445). Die BRAO enthält insoweit bereichsspezifische Sonderregelungen iSd § 1 Abs. 3 BDSG (vgl. dazu auch LAG Köln BRAK-Mitt. 2015, 141).

2. Verschwiegenheitsrecht. Aus der Verschwiegenheitspflicht des Rechtsanwalts resultiert 13 sein Verschwiegenheitsrecht (Hartung/*Hartung* § 43a Rn. 26; Henssler/Prütting/*Henssler* § 43a Rn. 43; *Henssler* NJW 1994, 1817). Dies ist gesetzlich ausdrücklich nur als Zeugnisverweigerungsrecht in den Verfahrensordnungen sowie in § 56 Abs. 1 als Schweigerecht gegenüber der RAK anerkannt (→ § 56 Rn. 25 ff.; Hartung/*Hartung* § 43a Rn. 26) und wird an das Zeugnisverweigerungsrecht anknüpfend auch von dem Beschlagnahmeverbot des § 97 StPO geschützt. Dabei besteht das Zeugnisverweigerungsrecht aber nur solange, wie der Anwalt nicht von seinem Auftraggeber von seiner Verschwiegenheitspflicht entbunden wird, auch wenn nach der anwaltlichen Bewertung seine Aussage den Interessen des Auftraggebers zuwiderläuft (Hartung/*Hartung* § 43a Rn. 29). Darüber hinaus ist außer in § 2 Abs. 1 BORA das Recht des Rechtsanwalts zur Verschwiegenheit nicht ausdrücklich gesetzlich geregelt. Es gehört jedoch in den Schutzbereich des Art. 12 GG (BVerfGE 110, 226 = NJW 2004, 1305), der Schutz des anwaltlichen Berufsgeheimnisses in der Form der Pflicht als auch der des Rechts dazu partizipiert an der Absicherung der in einem rechtsstaatlichen System unverzichtbaren Institution einer freien Advokatur durch Art. 12 GG (*Henssler* NJW 1994, 1817; Hartung/*Hartung* § 43a Rn. 27).

3. Einschränkungen. Das Schweigerecht und die Schweigepflicht des Rechtsanwalts sind 14 jedoch nicht nur dann eingeschränkt, wenn der Mandant den Anwalt von seiner Verschwiegenheitspflicht entbindet, sondern Einschränkungen können sich auch aus Gründen des Gemeinwohls ergeben, so zB wenn es um die Bekämpfung schwerster Straftaten geht und eine Rechtsgüterabwägung ergibt, dass das öffentliche Interesse an der Verhinderung und Bekämpfung schwerer Straftaten schwerer wiegt als das Recht und die Pflicht zur Verschwiegenheit (vgl. zB §§ 3, 9, 12 GwG; §§ 138, 139 Abs. 3 S. 2 StGB; Henssler/Prütting/*Henssler* § 43a Rn. 43, 62 ff.; Hartung/*Hartung* BORA § 2 Rn. 28 ff.; *Henssler* NJW 1994, 1817), oder bei Erfüllung der Steuergesetze. So können Rechtsanwälte die nach § 4 Abs. 5 S. 1 Nr. 2 EStG erforderlichen Angaben zu Teilnehmern und Anlass einer Bewirtung in der Regel nicht unter Berufung auf die anwaltliche Schweigepflicht verweigern (BFH BRAK-Mitt. 2004, 138; → Rn. 26 f.). Darüber hinaus kommen Einschränkungen im Individualinteresse in Betracht (→ Rn. 28 f.). Zu „Fahrtenbuch und Berufsgeheimnis" vgl. BMJV BRAK-Mitt. 2000, 86. So von anwaltlich tätigen Abgeordneten Angaben über ihre Einkünfte aus dem Anwaltsberuf aufgrund der ihnen parlamentsrechtlich auferlegten Pflicht zur Anzeige solcher Einkünfte abverlangt werden, können diese sich nicht auf ihre Verschwiegenheitsverpflichtung berufen, selbst wenn es in besonderen Fällen zur Beeinträchtigung dieser Verpflichtung kommen sollte. Dies ist durch den Informationszweck der Transparenzregeln über Einkünfte von Parlamentariern gerechtfertigt (BVerwG BRAK-Mitt. 2010, 86).

15 Ein Schweigerecht des Rechtsanwalts gegenüber seinem Mandanten besteht nur sehr eingeschränkt. Grundsätzlich hat der Rechtsanwalt auf Verlangen des Mandanten diesem alle Informationen aus dem Mandat zu erteilen. Allerdings besteht auch diese Informationspflicht nur im Rahmen der berufsethischen Bindungen. *Henssler* weist daher mit Recht darauf hin, dass der Rechtsanwalt sich zB dem Wunsch eines skandalfreudigen Mandanten zu versagen hat, wenn dessen Strafsache mit seiner Hilfe zu einer medienwirksamen Sensation aufgebauscht werden soll (*Henssler* NJW 1994, 1817, 1824). Darüber hinaus darf der Rechtsanwalt Aufzeichnungen über persönliche Eindrücke und Hintergrundinformationen, die von ihm selbst gesammelt wurden, auch seinem Mandanten vorenthalten (→ § 44 Rn. 24; BGHZ 109, 260 = NJW 1990, 510; BGHZ 85, 327 = NJW 1983, 328; *Henssler* NJW 1994, 1817, 1824; Hartung/*Hartung* § 43a Rn. 32).

16 **4. Umfang der Verschwiegenheitspflicht. a) Grundsatz.** Die Verschwiegenheitspflicht bezieht sich „auf alles, was ihm in Ausübung seines Berufes bekannt geworden ist" (§ 43a Abs. 2 S. 2; § 2 Abs. 2 BORA). Zur anwaltlichen Berufsausübung zählt, was § 18 BORA ausdrücklich hervorhebt, auch die Tätigkeit als Vermittler, Schlichter oder Mediator. Auch Treuhandtätigkeit gehört zum typischen Berufsbild eines Rechtsanwalts, sofern die Rechtsberatung nicht weitgehend hinter die wirtschaftliche Geschäftsabwicklung zurücktritt (VGH Hessen BRAK-Mitt. 2008, 280; zu § 44c Abs. 1 KWG und der Auskunftspflicht gegenüber der BaFin VGH Hessen BRAK-Mitt. 2011, 92; BVerwG BRAK-Mitt. 2012, 129). Schon die Anbahnung des Mandats zählt zur Berufsausübung. Auch wenn der Anwalt das ihm angetragene Mandat ablehnt, ist er zum Schweigen verpflichtet. Der Umstand, dass jemand überhaupt einen Anwalt konsultiert hat, fällt schon unter die Schweigepflicht (Henssler/Prütting/*Henssler* § 43a Rn. 47). Von daher fällt es schwer nachzuvollziehen, dass der BGH zur Vermeidung einer aus § 44 resultierenden Haftungslage verlangt, dem antragenden potentiellen Mandanten die schon vorhandene ständige Vertretung des Gegners in anderen Sachen anzuzeigen (BGH NJW 2008, 1307 = AnwBl. 2008, 297 mit Anm. *Kleine-Cosack;* → § 44 Rn. 10). Es ist bedeutungslos, von wem und auf welche Weise der Rechtsanwalt sein Wissen erworben hat. Außer Mandanteninformationen fallen auch solche Dritter darunter, aber auch Erkenntnisse, die er aufgrund eigener Recherchen erlangt hat. Auch Zufallswissen, das er im Rahmen beruflicher Tätigkeit erlangt, fällt unter die Verschwiegenheitspflicht nach § 43a Abs. 2 (§ 2 Abs. 2 BORA; → § 76 Rn. 7, 8; Henssler/Prütting/*Henssler* § 43a Rn. 48; Hartung/*Hartung* BORA § 2 Rn. 16 ff.; BGH BRAK-Mitt. 2011, 90 – zur Reichweite der Verschwiegenheitspflicht des als Strafverteidiger tätigen Rechtsanwalts). Das bloß anlässlich der Berufsausübung Erfahrene wird weder von § 43a Abs. 2 noch von § 2 Abs. 2 BORA erfasst, da es nicht in einem inneren Zusammenhang mit dem Mandat und der Ausübung seines Berufes steht. Somit unterfällt das, was der Rechtsanwalt wahrnimmt als wartender Zuhörer einer Gerichtsverhandlung, die nichts mit seinem Mandat zu tun hat, nicht unter die Verschwiegenheitspflicht (Henssler/Prütting/*Henssler* § 43a Rn. 50; Hartung/*Hartung* BORA § 2 Rn. 17; BGH BRAK-Mitt. 2011, 90). Bei der Verwertung privaten Wissens ist der Rechtsanwalt grundsätzlich frei, auch wenn er dasselbe Wissen privat und dienstlich erlangt hat. Sind diese Wissensbereiche aber nicht deckungsgleich, insbesondere die beruflichen Kenntnisse umfangreicher oder besteht bei Auskunftserteilung die Gefahr, dass mittelbar Fragen der anwaltlichen Beratung offen gelegt werden müssten, dann besteht Schweigepflicht (OLG Köln MDR 1973, 857; Henssler/Prütting/*Henssler* § 43a Rn. 51).

b) Offenkundige Tatsachen. Offenkundige Tatsachen (zum Begriff → § 76 Rn. 11; Henssler/Prütting/*Henssler* § 43a Rn. 52 ff.; AnwG Freiburg BRAK-Mitt. 2002, 94) und solche, die **ihrer Bedeutung nach keiner Geheimhaltung bedürfen** (→ § 76 Rn. 11 ff.; Henssler/Prütting/*Henssler* § 43a Rn. 56), unterliegen nicht der anwaltlichen Schweigepflicht. Offenkundiges lässt sich nicht mehr offenbaren und Nicht-Geheimhaltungsbedürftiges bedarf keines Schutzes. Im Zweifel besteht allerdings Geheimhaltungspflicht, insbesondere wenn der Mandant Geheimhaltung verlangt. 17

c) Nach Beendigung des Mandats. Nach § 2 Abs. 2 BORA besteht die Verschwiegenheitspflicht nach Beendigung des Mandats fort. Die sich schon aus dem Mandatsvertrag ergebende Verpflichtung wird durch § 2 Abs. 2 BORA in das anwaltliche Berufsrecht übergeleitet und somit sanktionsbewehrt (§§ 43, 113 Abs. 1; Hartung/*Hartung* BORA § 2 Rn. 25). 18

Da die berufsrechtlichen Vorschriften und damit auch die Verschwiegenheitsverpflichtung nicht dazu dienen, Fehler in der Mandatsbearbeitung, zu deren Offenlegung der Rechtsanwalt verpflichtet ist, zu verschweigen oder das Verschweigen derartiger Fehler zu fördern, verstößt ein (vormals) angestellter Rechtsanwalt jedenfalls nicht gegen die anwaltliche Pflicht zur Verschwiegenheit, wenn er einen Mandanten seines (früheren) Arbeitgebers darauf hinweist, dass dieser einen Regressfall ausgelöst hat (AnwG Köln AnwBl. 2009, 792). 18a

d) Adressaten. Die Verschwiegenheitspflicht gilt **gegenüber jedermann,** also auch gegen über Familienangehörigen und anderen Rechtsanwälten, auch gegenüber solchen, mit denen er in Bürogemeinschaft zusammenarbeitet. Ebenso gilt sie gegenüber Behörden (VGH Kassel BRAK-Mitt. 2008, 280; VGH Hessen BRAK-Mitt. 2011, 92). Auch eine ausdrücklich vertraulich erfolgte Weitergabe anvertrauten Wissens ist berufswidrig. Auch fahrlässig kann die Verschwiegenheitspflicht dadurch verletzt werden, dass einem anderen die Möglichkeit der Kenntniserlangung geboten wird, zB durch das Liegenlassen der Gerichtsakte bzw. Handakte auf dem Gerichtsflur (Henssler/Prütting/*Henssler* § 43a Rn. 58, 61). Eine Verletzung der Verschwiegenheitspflicht setzt immer die **Weitergabe von Wissen,** an eine andere Person voraus. Das **bloße Ausnutzen** von beruflich erlangtem Wissen kann aber gegen Abs. 4 verstoßen (Henssler/Prütting/*Henssler* § 43a Rn. 60). Wie schon in § 42 Abs. 2 der vom BVerfG kassierten RichtlRA (→ § 43 Rn. 3) mit Recht festgestellt war, besteht die Verschwiegenheitspflicht auch gegenüber demjenigen, dem die betreffende Tatsache bereits von anderer Seite mitgeteilt worden ist. Auch liegt kein Verstoß gegen die Verschwiegenheitspflicht vor, wenn ein Rechtsanwalt vollständig **anonymisierte Sachverhalte** veröffentlicht, die keinen Bezug zu beteiligten Personen und Kanzleien herstellen (AnwG Köln AnwBl. 2009, 792). 19

e) Praxisübertragungen. Die Verschwiegenheitspflicht ist auch im Falle von Praxisübertragungen zu beachten. Zwar ist die damit ev. verbundene Abtretung von Honoraransprüchen nach Maßgabe des § 49b Abs. 4 zulässig (→ § 49b Rn. 24 ff.). Hinsichtlich der Weitergabe von Handakten und Mandantendaten an den Erwerber ist aber wegen der darin liegenden Verletzung der Verschwiegenheitspflicht die Einwilligung der Mandanten erforderlich (→ § 27 Rn. 50 ff.; Henssler/Prütting/*Henssler* § 43a Rn. 107 f.). Zur Unwirksam einer Mandantenübernahmeklausel vgl. BAG BRAK-Mitt. 2014, 216. 20

5. Schweigepflichtiger Personenkreis. Die Pflicht und das Recht zur Verschwiegenheit treffen alle **Sozien** des Anwalts, auch **Angestellte** und **freie Mitarbeiter** (→ § 2 Rn. 34 ff.). Selbst wenn sie im Einzelfall nicht auch Vertragspartner des Mandanten sind, trifft nach der ratio legis die Verschwiegenheitspflicht auch die anderen Sozien pp., die durch ihre Tätigkeit in der Kanzlei Kenntnisse aus dem Mandat erlangen (Henssler/Prütting/*Henssler* § 43a Rn. 76) Nach § 59m Abs. 3 sind nicht nur die anwaltlichen **Gesellschafter einer Rechtsanwaltsgesellschaft** zur Verschwiegenheit verpflichtet, sondern § 59m Abs. 3 erstreckt diese Verpflichtung auch auf andere Gesellschafter und Mitglieder der Aufsichtsorgane (→ § 59m Rn. 7 ff.). Für die **Rechtsanwalts-AG** fehlt zwar eine entsprechende gesetzliche Regelung, aber die Gründe für die Anerkennung einer Pflicht zur Verschwiegenheit (→ § 43a Rn. 12) verlangen auch hier eine entsprechende Verpflichtung. 21

Auch Mitglieder einer **Bürogemeinschaft** (→ § 59a Rn. 79 ff.) sind zur Verschwiegenheit verpflichtet. Zwar besteht die Pflicht zur Verschwiegenheit auch gegenüber dem Bürogesellschafter, da dieser seinen Beruf getrennt ausübt. In der Praxis ist aber kaum zu vermeiden, dass die Bürogemeinschaften Kenntnisse aus den Mandaten der anderen Bürogemeinschaften erlan- 21a gen. Daher ist jeder Bürogemeinschafter, der im Zusammenhang mit seiner beruflichen Zusammenarbeit in einer Bürogemeinschaft Kenntnisse aus den Mandaten der Bürogemeinschafter erlangt auch insoweit zur Verschwiegenheit verpflichtet. Auch diese Kenntnisse hat er in Ausübung seines Berufes erlangt.

22 **Angestellte des Rechtsanwalts** unterliegen selbst gemäß § 203 Abs. 3 StGB der strafrechtlich sanktionierten Verschwiegenheitspflicht und haben nach § 53a StPO, § 383 ZPO ein Zeugnisverweigerungsrecht. § 17 UWG und § 13 Nr. 6 BBiG nF (§ 9 BBiG aF) schützen den Mandanten zusätzlich. § 2 Abs. 4 BORA ergänzt diese Regelung; § 2 Abs. 4 BORA verpflichtet den Rechtsanwalt, „seine Mitarbeiter und alle sonstigen Personen, die bei seiner beruflichen Tätigkeit mitwirken, zur Verschwiegenheit (§ 43a Abs. 2) ausdrücklich zu verpflichten und anzuhalten". Diese sanktionsbewehrte (§§ 43, 113 Abs. 1) Berufspflicht des Rechtsanwalts bedeutet, dass er bei Einstellung neuer Mitarbeiter die Verpflichtung zur Verschwiegenheit im Anstellungsvertrag vereinbaren oder sich eine gesonderte Verschwiegenheitsverpflichtung unterschreiben lassen muss. Aber auch danach hat er seine Mitarbeiter regelmäßig zur Verschwiegenheit anzuhalten. Zur Eigensicherung des Rechtsanwalts empfiehlt es sich, wenn er die Mitarbeiter die regelmäßigen Belehrungen jeweils abzeichnen lässt (Hartung/*Hartung* BORA § 2 Rn. 27). Über § 30 BORA ist der Rechtsanwalt, der mit Angehörigen sozietätsfähiger Berufe eine Bürogemeinschaft eingeht (§ 59a), auch gehalten dafür zu sorgen, dass diese auch das anwaltliche Berufsrecht beachten. Folglich muss er in dem Vertrag über die Bürogemeinschaft pp. sicherstellen, dass jeder Bürogemeinschafter und die Mitarbeiter sich auch zur Beachtung des Verschwiegenheitsgebotes (§ 43a Abs. 2) verpflichten (Hartung/*Hartung* BORA § 2 Rn. 18 ff.). Dies gilt auch für Rechtsreferendare, gleich ob diese als Stationsreferendare oder Mitarbeiter tätig sind bis hin zum Reinigungspersonal.

23 **6. Befreiung von der Pflicht zur Verschwiegenheit.** Die Pflicht zur Verschwiegenheit kann entfallen.

24 **a) Entbindung.** Sie entfällt, wenn der Mandant den Rechtsanwalt von der Pflicht entbindet. Der Mandant ist allein „Herr des Geheimnisses", und zwar auch dann, wenn die mandatsrelevanten Tatsachen dem Rechtsanwalt von Dritten, zB von Familienangehörigen des Mandanten oder gar dem Prozessgegner mitgeteilt worden sind. Selbst wenn – auch oder nur – Dritte an den anvertrauten Tatsachen ein Geheimhaltungsinteresse haben, ist allein der Mandant befugt, über die Entbindung von der Verschwiegenheitspflicht zu befinden (Henssler/Prütting/*Henssler* § 43a Rn. 62). Voraussetzung ist, dass der Mandant die erforderliche Einsichts- und Urteilsfähigkeit besitzt und weiß, auf welches Anwaltswissen sich die Entbindung von der Schweigepflicht erstrecken soll. Ist der Mandant eine juristische Person, ist deren Einverständnis durch das zuständige Organ zu erteilen (BGHZ 109, 260 = NJW 1990, 510; → § 44 Rn. 36, 37; Hartung/*Hartung* BORA § 2 Rn. 28). Im Insolvenzfall des Mandanten geht die Dispositionsbefugnis des Mandanten auf den Insolvenzverwalter über (BGHZ 109, 260 = NJW 1990, 510; → § 44 Rn. 34, 35; Hartung/*Hartung* BORA § 2 Rn. 28). Im Falle des Todes des Mandanten erlischt dessen Verfügungsrecht und geht nicht auf die Erben über; jedoch kann es im Einzelfall dem mutmaßlichen Willen des Mandanten entsprechen, dass der Anwalt im Falle seines Todes seine Erben informiert. Ob dies der Fall ist, muss der Rechtsanwalt in eigener Verantwortung entscheiden (Henssler/Prütting/*Henssler* § 43a Rn. 65).

25 **b) Konkludente Einwilligung.** Die Entbindung von der Verschwiegenheitspflicht kann grundsätzlich auch durch schlüssiges Handeln erfolgen, zB wenn der Mandant weiß, dass sich der Anwalt üblicherweise zur Mandatserfüllung der Hilfe Dritter bedienen muss. Bei Sozietäten folgt die Befugnis zur Offenbarung aus der regelmäßig gemeinsamen Beauftragung aller Sozien. Aber auch wenn ausnahmsweise nur einer aus der Sozietät beauftragt wurde, liegt in der Regel ein konkludentes Einverständnis des Mandanten zur Informationsweitergabe innerhalb der Sozietät und an alle Mitarbeiter pp. vor, die der Rechtsanwalt nach § 2 Abs. 4 BORA ausdrücklich zur Verschwiegenheit anhalten muss (Henssler/Prütting/*Henssler* § 43a Rn. 66; *Kleine-Cosack* § 43a Rn. 36). Dies wird nur anders zu beurteilen sein, wenn der Mandant die Weitergabe an bestimmte Personen ausdrücklich ausschließt.

25a Mit der Beauftragung zur Einholung einer Deckungszusage bei seiner Rechtsschutzversicherung wird der Rechtsanwalt nicht konkludent von seiner Schweigepflicht entbunden, um ohne Einwilligung des Mandanten einem Auskunftsanspruch der Versicherung nachzukommen (AG

Aachen BRAK-Mitt. 2010, 188; AG Frankfurt/M BRAK-Mitt. 2013, 130; AG Bonn BRAK-Mitt. 2007, 42).

Da bei der **Kommunikation per Telefax und Internet** die Gefahr der unbefugten Kenntnisnahme durch Dritte nicht auszuschließen ist, gefährdet eine anwaltliche Korrespondenz per E-Mail die Verschwiegenheitspflicht, wenn die Nachricht nicht verschlüsselt ist. Die Übermittlung von vertraulich zu behandelnden Fakten auf diesem Wege bedarf grundsätzlich der Zustimmung des Mandanten. Hat dieser dem Anwalt solche Fakten aber selbst per E-Mail unverschlüsselt mitgeteilt, kann aber davon ausgegangen werden, dass er mit einer entsprechenden Verfahrensweise des Anwalts einverstanden ist (Henssler/Prütting/*Henssler* § 43a Rn. 68, 69). Die vom Mandanten für die Versendung genutzte E-Mail-Adresse oder Fax-Nr. darf der Rechtsanwalt ohne Abklärung mit dem Mandanten nicht für sich als „Mandanten"-Anschrift benutzen, weil dann nicht als gewährleistet gesehen werden kann, dass nicht Dritte die Mitteilung erhalten. 25b

c) Ohne Zustimmung. Auch ohne Zustimmung des „Geheimnisherrn" oder gar gegen dessen erklärten Willen ist der Rechtsanwalt nach § 2 Abs. 3 BORA unter bestimmten Voraussetzungen berechtigt, das ihm Anvertraute zu offenbaren: 26

aa) Gesetzliche Normierung. Er darf dies tun, soweit die „Berufsordnung oder andere Rechtsvorschriften Ausnahmen zulassen". Dies sind insbesondere Fälle der **Anzeigepflicht nach § 138 StGB** im Umfang der Einschränkung aus § 139 Abs. 3 S. 2 StGB (*Fischer* StGB § 139 Rn. 8). Darüber hinaus besteht nach §§ 6, 11 **Geldwäschebekämpfungsgesetz** in der Fassung vom 8.8.2002 (BGBl. I S. 3105) eine Anzeigepflicht für besonders gefährliche Straftaten (→ § 50 Rn. 8, 8a). Ist der Rechtsanwalt Drittschuldner, dh werden Ansprüche des Mandanten gegen den Rechtsanwalt von Dritten gepfändet und ihm zur Einziehung überwiesen, geht seine **Auskunftspflicht nach § 840 ZPO** seiner Verpflichtung gegenüber seinem Mandanten zur Verschwiegenheit vor (Henssler/Prütting/*Henssler* § 43a Rn. 98; Hartung/*Hartung* BORA § 2 Rn. 32). Hat der Rechtsanwalt nach § 802c Abs. 3 ZPO im Verfahren zur **Abgabe der Vermögensauskunft** die eidesstattliche Versicherung leisten, muss er Angaben über seine Honorarforderungen unter Angabe der Namen der Mandanten machen (BFH BRAK-Mitt. 2005, 142; BGH MDR 1991, 783; Henssler/Prütting/*Henssler* § 43a Rn. 99; Hartung/*Hartung* BORA § 2 Rn. 33; vgl. auch RAK Köln in BRAK-Mitt. 1996, 235; BGH VersR 2010, 517). Soweit Honorarabtretungen zulässig sind (→ § 49b Rn. 24 ff.; vgl. BGH NJW 2007, 1196 = BRAK-Mitt. 2007, 125 = AnwBl. 2007, 453; *Frenzel* AnwBl. 2005, 121), ist die Mitteilung der dazu erforderlichen Informationen an die ebenfalls der Verschwiegenheitspflicht unterliegenden Abtretungsempfänger zulässig (Hartung/*Hartung* BORA § 2 Rn. 34; Henssler/Prütting/*Henssler* § 43a Rn. 104). 27

bb) Eigene Ansprüche. Die Pflicht zur Verschwiegenheit gilt für den Rechtsanwalt ferner nicht, „soweit … die **Durchsetzung oder Abwehr von Ansprüchen** aus dem Mandatsverhältnis oder die Verteidigung des Rechtsanwalts in eigener Sache die Offenbarung erfordern" (§ 2 Abs. 3 BORA). Dies ist aus dem Gesichtspunkt des rechtfertigenden Notstands (§ 34 StGB; § 128 BGB) und nach dem Grundsatz der Wahrnehmung berechtigter Interessen (§ 193 StGB) gerechtfertigt. Nötigt der Mandant durch Nichtzahlung des Honorars den Anwalt dazu, seinen Honoraranspruch gerichtlich geltend zu machen, ist dieser von seiner Verschwiegenheitspflicht befreit und berechtigt, die klagebegründenden Umstände bezüglich des Mandats vorzutragen. Der Grundsatz der Verhältnismäßigkeit ist aber zu beachten: zur Durchsetzung minimaler Gebührenansprüche dürfen nicht Geheimnisse hochrangiger Bedeutung verraten werden (Henssler/Prütting/*Henssler* § 43a Rn. 102 f.). Auch darf der Rechtsanwalt nicht offensichtlich unbegründete Honoraransprüche einklagen. Im Honorarprozess eines Rechtsanwalts steht einem als Zeugen benannten bei dem Rechtsanwalt angestellten Anwalt, auch wenn dieser vom früheren Mandanten nicht von der Schweigepflicht entbunden wurde, grundsätzlich kein Zeugnisverweigerungsrecht zu (OLG Stuttgart MDR 1999, 192; OLG Brandenburg MDR 2002, 905). 28

Sieht der Rechtsanwalt sich Schadensersatzansprüchen, strafrechtlichen oder berufsrechtlichen Vorwürfen des Mandanten ausgesetzt, ist der Rechtsanwalt befugt, Mandatsgeheimnisse zu offenbaren, soweit dies zur Wahrung seiner Rechte erforderlich ist. Dies gilt auch bei wahrheitswidrigen Vorwürfen des Mandanten in der Öffentlichkeit. Hat der Mandant öffentliche Angriffe gegen den Anwalt aber weder mittelbar noch unmittelbar veranlasst, geht die Verschwiegenheitspflicht des Anwalts vor (→ § 56 Rn. 27 ff.; Hartung/*Hartung* BORA § 2 Rn. 42 ff.; Henssler/ 29

Prütting/*Henssler* § 43a Rn. 110 ff.). Verlangt der Mandant vom Anwalt Schadensersatz, darf der Anwalt zur Erlangung des Versicherungsschutzes seinen **Haftpflichtversicherer unterrichten.** Die Nichterfüllung versicherungsrechtlicher Obliegenheiten kann nicht unter Hinweis auf die Schweigepflicht gerechtfertigt werden (Henssler/Prütting/*Henssler* § 43a Rn. 109). Wegen seiner Verpflichtung zur Verschwiegenheit kann ein Rechtsanwalt nicht auf Auskunft aus § 34 BDSG in Anspruch genommen werden, soweit keine Notwendigkeit für seine Inanspruchnahme besteht, da die Auskunft von dem Mandanten des Rechtsanwalt erlangt werden kann (AG Heidelberg NJW-RR 2006, 1434).

29a Bei Ansprüchen und Vorwürfen Dritter gegen den Rechtsanwalt besteht grundsätzlich die Schweigepflicht fort, zumal im straf- und berufsgerichtlichen Verfahren die Geltendmachung des Schweigerechtes nicht zu seinem Nachteil gewertet werden kann. Daher ist ihm grundsätzlich zuzumuten, sein prozessuales Schweigerecht geltend zu machen und damit seiner berufsrechtlichen Verschwiegenheitspflicht zu genügen. Entbindet ihn sein Mandant in diesen Fällen nicht von dieser, ist die Offenbarung des ihm Anvertrauten nach Güterabwägung allenfalls als ultima ratio nur dann gerechtfertigt, wenn der Rechtsanwalt nur so schwerwiegende Nachteile für sich abwenden kann und wenn das Geheimnis für den Mandanten objektiv von nur untergeordneter Bedeutung ist. Jedenfalls wenn ihm die Verurteilung aufgrund anderer Beweismittel droht, berechtigt ihn die dann vorliegende Notstandssituation, die Verschwiegenheitspflicht zu brechen. Bei der Bewertung seiner Verteidigungschancen hat der Anwalt einen Beurteilungsspielraum; er braucht es nicht hinzunehmen, dass er durch zu langes Schweigen in eine risikoreiche Situation gerät (→ § 56 Rn. 30; Henssler/Prütting/*Henssler* § 43a Rn. 110 ff.; Hartung/*Hartung* BORA § 2 Rn. 42 ff.). Ein Rechtsanwalt, der durch die Bezeichnung seiner Kanzlei die Rechte eines Wettbewerbers verletzt hat, ist im Hinblick auf die ihn treffende Verschwiegenheitspflicht nicht verpflichtet, im Rahmen einer zur Schadensberechnung dienenden Auskunft die Namen seiner Mandanten zu offenbaren (BGH NJW 2002, 2096 = BRAK-Mitt. 2002, 192).

30 **Keine Befreiung von der Verschwiegenheitspflicht** folgt aus der **Zeugenstellung** des Anwalts. Vielmehr steht ihm hinsichtlich dessen, was ihm in Ausübung seines Berufes bekannt geworden ist, nach den jeweiligen Verfahrensordnungen ein Zeugnisverweigerungsrecht zu (vgl. zB §§ 383 Abs. 1 Nr. 6, 385 Abs. 2 ZPO; §§ 53 Abs. 1 Nr. 3, 53a StPO; § 29 FamFG, früher § 15 Abs. 1 FGG aF; § 98 VwGO; § 65 Abs. 1 VwVfG). Befreit ihn der Mandant nicht von seiner Schweigepflicht und macht er von seinem Zeugnisverweigerungsrecht keinen Gebrauch, sagt er viel mehr aus, dann verletzt der Anwalt seine Verschwiegenheitspflicht. Das prozessuale Aussagerecht begründet keine materiell-rechtliche Befugnis zur Verletzung der Verschwiegenheitspflicht. Nur ausnahmsweise darf der Rechtsanwalt seine Verschwiegenheitspflicht zum Schutz höherwertiger Rechtsgüter außer acht lassen (Henssler/Prütting/*Henssler* § 43a Rn. 94).

30a Soweit der Rechtsanwalt nicht der Teilnahme iSd § 97 Abs. 2 StPO verdächtig ist, knüpft sich an sein Zeugnisverweigerungsrecht im Verfahren gegen seinen Mandanten ein Beschlagnahmeverbot (§ 97 StPO). Sollten gleichwohl die Handakten des Rechtsanwalts beschlagnahmt worden sein, folgt aus der Verschwiegenheitspflicht des Rechtsanwalts, dass er dagegen alle rechtlichen Möglichkeiten auszuschöpfen hat, um eine Aufhebung der Beschlagnahme zu erreichen (Henssler/Prütting/*Henssler* § 43a Rn. 95).

30b **Anwaltsnotare** (→ § 118a Rn. 26 ff.) können bei Erfüllung ihrer Belehrungspflichten als Notar (vgl. zB Eylmann/Vaasen/*Frenz* BNotO § 14 Rn. 21, BeurkG § 3 Rn. 63, BeurkG § 17 Rn. 1) unter Umständen mit der anwaltlichen Pflicht zur Verschwiegenheit in Konflikt geraten. Hindert die Verschwiegenheitspflicht ihn, seiner Belehrungspflicht nachzukommen, muss er seine Amtstätigkeit als Notar gemäß § 14 Abs. 2 BNotO, § 4 BeurkG ablehnen (Henssler/Prütting/*Henssler* § 43a Rn. 100).

IV. Sachlichkeit (Abs. 3)

Schrifttum: *Brand,* Das Spannungsverhältnis zwischen Wahrheits- und Verschwiegenheitspflicht, AnwBl. 2014, 286; *Donath/Mehle,* Drohung durch den Rechtsanwalt (Teil 1), NJW 2009, 2363 und (Teil 2), NJW 2009, 2509; *Eylmann,* Unsachlichkeit als Charakterfehler ahnden?, AnwBl. 1999, 338; *Hirtz,* Der Umgang mit der Wahrheit im Zivilprozess, AnwBl. 2006, 780; *ders.,* Verletzungen von Ehre und Persönlichkeit im Prozess, AnwBl. 2008, 163; *Jahn,* Verteidiger geht zu weit, BRAK-Magazin 2009, 6; *Krämer,* Das Sachlichkeitsgebot für Rechtsanwälte, FS Pfeiffer, 1988, 589; *ders.,* Verfassungsrechtlicher Status des Rechtsanwalts, BRAK-Mitt. 1988, 67; *Krekeler,* Ehrverletzung durch den Verteidiger und § 193 StGB, AnwBl. 1976, 190; *Lindenberg,* Wahrheitspflicht und Dritthaftung des Rechtsanwalts im Zivilverfahren, Schriftenreihe des Instituts für Anwaltsrecht der Universität Köln, Bd. 50; *Odersky,* Anwaltliches

Berufsrecht und höchstrichterliche Rechtsprechung, AnwBl. 1991, 238; *Pflüger,* Äußerungsfreiheit des Anwalts bei öffentlichkeitswirksamen Mandaten, AnwBl. 1999, 638; *Redeker,* Anwaltschaft zwischen Freiheit und Bindung, AnwBl. 1988, 14; *Thum,* Sachlichkeitsgebot und Wahrheitspflicht – Zu den berufsrechtlichen Grenzen des Anwaltsberuf, BRAK-Mitt. 2005, 60.

1. Sinn und Zweck. Das berufsrechtliche Verbot unsachlichen Verhaltens bezieht sich nur auf die Berufsausübung. Äußerungen des Rechtsanwalts außerhalb des Berufes zB politische und sonstige Stellungnahmen außerhalb des Mandats unterfallen nicht § 43a Abs. 3. Die Sachlichkeit gehört seit jeher zu den anwaltlichen Berufspflichten und ist als für die Rechtspflege unerlässliche Regelung als Berufspflicht im Gesetz normiert (zum Schutzzweck OLG Köln BRAK-Mitt. 2013, 88). Von einer eingehenderen Regelung durch die Berufsordnung (§ 59b Abs. 2 Nr. 1 lit. d) wurde abgesehen, da die Regelung in § 43a Abs. 3 ausreichend ist (Henssler/Prütting/*Busse* § 59b Rn. 20). Sachlichkeit ist das „Kennzeichen sachgemäßer, professioneller anwaltlicher Arbeit, die, soweit sie mit Wort und Schrift ausgeübt wird, auch in dieser Form der durch Art. 5 Abs. 1 GG geschützten Selbstbestimmung unterliegt" (BT-Drs. 12/4993, 27 = BR-Drs. 93/93, 81). *Henssler* weist mit Recht darauf hin, der Vorteil, sich von einem Rechtsanwalt beraten und vertreten zu lassen, bestehe nicht nur darin, sich dessen juristische Fachkenntnisse zunutze zu machen. Der Wert, einen unabhängigen Sachverwalter für sich sprechen und handeln zu lassen, liege vielmehr nicht weniger darin, dass dieser in einer möglichst objektiven Bewertung der Sach- und Rechtslage sowie der eigenen Chancen nicht durch emotionale Befindlichkeiten behindert wird (Henssler/Prütting/*Henssler* § 43a Rn. 125). Es wäre daher kontraproduktiv, wenn gerade dieser Sachwalter durch Unsachlichkeit den Sinn und Zweck seines Einschaltens in Frage stellen würde. Ein sachgerechtes Austragen von Rechtsstreitigkeiten vermeidet daher Beleidigungen oder bewusste Verbreitung von Unwahrheiten, die sich emotionalisierend und schädlich für die Wahrnehmungs- und Urteilsfähigkeit anderer Verfahrensbeteiligter auswirken. Eine Verletzung des Sachlichkeitsgebotes ist auch in herabsetzenden persönlichen Angriffen zu sehen, die mit dem Gegenstand des Verfahrens nichts zu tun haben, bei dem aber die Gelegenheit eines Verfahrens zur Abrechnung mit dem Kritisierten genutzt wird, die für alle Beteiligten Kraft und Zeit kosten, ohne etwas zur Rechtsfindung oder Interessenwahrnehmung für den Mandanten beizutragen (BVerfGE 76, 171 = NJW 1988, 191; BVerfG BRAK-Mitt. 2008, 123). Die Erläuterungen in Abs. 3 S. 2 sollen dazu dienen, für den Erlass der Berufsordnung und die Rechtsanwendung den Hinweis zu geben, dass die Anforderungen an die Sachlichkeit nicht zu eng gezogen werden (BT-Drs. 12/4993, 27 = BR-Drs. 93/93, 81). Damit geht die gesetzliche Regelung nicht über das hinaus, was das BVerfG zuvor als unerlässlich für die Aufrechterhaltung der Funktionsfähigkeit der Rechtspflege angesehen hat (BVerfGE 76, 171 = NJW 1988, 191; BVerfG NJW 1991, 1045 = BRAK-Mitt. 1991, 107; NJW 1991, 2274 = AnwBl. 1991, 45). 31

Dabei hat es als selbstverständlich unterstellt, dass strafbare Beleidigungen stets das Sachlichkeitsgebot verletzen (Henssler/Prütting/*Henssler* § 43a Rn. 130, 151 ff.; Hartung/*Hartung* § 43a Rn. 44). Wenn § 43a Abs. 3 S. 2 dem Wortlaut nach – „insbesondere" nicht als abschließende Legaldefinition der Unsachlichkeit erscheint, so ermöglicht die Regelung doch eine einfache Grenzziehung zwischen sanktionsfreien unsachlichen Verhaltensweisen und solchen, die eine berufsrechtliche Sanktion rechtfertigen. 32

Darüber hinaus wird ein unsachliches Verhalten des Rechtsanwalts berufsrechtlich kaum justiziabel sein. Die Einschränkungen des Abs. 3 S. 2 berücksichtigen, dass berufsrechtlichen Maßnahmen gegen einen Rechtsanwalt wegen Verstoßes gegen das Sachlichkeitsgebot durch Art. 12 Abs. 1 S. 2 GG Grenzen gezogen sind. Eine berufsrechtliche Ahndung wegen unsachlichen Verhaltens ist nur insoweit statthaft, als diese Einschränkung „durch sachgerechte und vernünftige Erwägungen des Gemeinwohls gerechtfertigt ist und dem Verhältnismäßigkeitsgrundsatz genügt, also zur Erreichung des angestrebten Zwecks geeignet, erforderlich und für den Anwalt zumutbar ist (BVerfGE 61, 291, 312; AGH NRW BRAK-Mitt. 1997, 261). Grundsätzlich unterliegt die anwaltliche Berufsausübung der freien und unreglementierten Selbstbestimmung des einzelnen Anwalts (BVerfGE 63, 266, 282 ff.; Henssler/Prütting/*Henssler* § 43a Rn. 128). Die Wahrnehmung seiner Aufgaben als unabhängiges Organ der Rechtspflege „erlaubt es dem Anwalt – ebenso wie dem Richter – nicht, immer so schonend mit den Verfahrensbeteiligten umzugehen, dass diese sich nicht in ihrer Persönlichkeit beeinträchtigt fühlen. Nach allgemeiner Auffassung darf er im „Kampf um das Recht" auch starke, eindringliche Ausdrücke und sinnfällige Schlagwörter benutzen, ferner Urteilsschelte üben oder „ad personam" argumentieren, um beispielsweise eine mögliche Voreingenommenheit eines Richters oder die Sachkunde 33 eines Sachverständigen zu kritisieren. Nicht entscheidend kann sein, ob ein Rechtsanwalt seine Kritik anders hätte formulieren können; denn grundsätzlich unterliegt auch die Form der Meinungsäußerung der durch Art. 5 Abs. 2 GG geschützten Selbstbestimmung" (BVerfGE 76, 171 = NJW 1988, 191; BVerfG AnwBl. 1990, 519; AGH NRW BRAK-Mitt. 1997, 261; BVerfG BRAK-Mitt. 2008, 123; Hamburgisches AnwG BRAK-Mitt. 2008, 275).

34 Das Verhalten des Rechtsanwalts mag ungehörig sein oder als Verstoß gegen den guten Ton und das Taktgefühl empfunden und allgemein als unsachlich gewertet werden. Solange es unterhalb der von § 43a Abs. 3 S. 2 festgelegten Schwelle bleibt, muss es hingenommen werden, selbst wenn es dem „Ansehen" des Anwaltsstandes abträglich ist (BVerfGE 76, 171 = NJW 1988, 191; BVerfG BRAK-Mitt. 2008, 123; Hartung/*Hartung* § 43a Rn. 39).

35 **2. Justiziable Verstöße gegen das Gebot der Sachlichkeit.** Ein anwaltsgerichtlich oder mit einer Rüge zu ahndendes unsachliches Verhalten eines Rechtsanwalts liegt somit nur vor, wenn dieses die Schwelle des § 43a Abs. 3 S. 2 überschreitet, nämlich wenn es sich a) um strafbare Beleidigungen, b) die bewusste Verbreitung von Unwahrheiten oder c) um herabsetzende Äußerungen handelt, zu denen andere Beteiligte oder der Verfahrensverlauf keinen Anlass gegeben haben (Hartung/*Hartung* § 43a Rn. 43 ff.).

36 **a) Strafbare Beleidigung.** Eine Verletzung des Sachlichkeitsgebots durch herabsetzende Äußerungen setzt die Verwirklichung des Beleidigungstatbestandes (§§ 185, 186, 187 StGB) voraus, ohne durch die Wahrnehmung berechtigter Interessen gedeckt zu sein (BVerfG AnwBl. 1993, 632). Da der Verstoß gegen die allgemeinen Strafgesetze im Rahmen der anwaltlichen Berufsausübung über §§ 43, 113 Abs. 1 auch eine anwaltsgerichtlich zu ahndende Pflichtverletzung ist, ist ein Rechtsanwalt, der bei der Ausübung seines Berufes **in strafbarer Weise beleidigt** (§§ 185 ff. StGB), nicht nur strafrechtlich, sondern nach Maßgabe des § 115b auch berufsrechtlich zur Verantwortung zu ziehen (Hartung/*Hartung* § 43a Rn. 44; Henssler/Prütting/*Henssler* § 43a Rn. 151). Dabei ist stets sehr sorgfältig zu prüfen, ob der Rechtsanwalt nicht in Wahrnehmung berechtigter Interessen iSd § 193 StGB gehandelt hat (BVerfG NJW 1996, 3276 = BRAK-Mitt. 1996, 212; BVerfG BRAK-Mitt. 2008, 123; Henssler/Prütting/*Henssler* § 43a Rn. 154; Hartung/*Hartung* § 43a Rn. 52). Die Rechtfertigungsgründe des § 193 StGB (vgl. *Fischer* StGB § 193 Rn. 1 ff.) sind uneingeschränkt auf die berufsrechtliche Bewertung anwaltlichen Verhaltens anzuwenden (Henssler/Prütting/*Henssler* § 43a Rn. 154). Allerdings kann es bei Berufung auf § 193 StGB darauf ankommen, ob der Rechtsanwalt auf die Wahrheit der von ihm aufgestellten ehrkränkenden Behauptungen vertrauen durfte, oder ob er es leichtfertig unterlassen hat, ihren Wahrheitsgehalt durch Einholung ihm möglicher und auch zumutbarer Erkundigungen nachzuprüfen (*Fischer* StGB § 193 Rn. 28). Dabei darf der Rechtsanwalt aber grundsätzlich den Angaben des Mandanten vertrauen, dieser trägt die Verantwortung für seine Tatsachenbehauptungen. Nur wenn berechtigter Anlass besteht, an ihrer Richtigkeit zu zweifeln, ist eine Überprüfung angezeigt (Henssler/Prütting/*Henssler* § 43a Rn. 142).

37 Die Pflichtwidrigkeit entfällt bei einer beleidigenden Äußerung nicht deshalb, weil die Äußerung im Rahmen eines Vertrauensverhältnisses Mandant/Anwalt erfolgt („beleidigungsfreie Sphäre"; vgl. Schönke/Schröder/*Lenckner/Eisele,* 29. Aufl. 2014, StGB Vor §§ 185 ff. Rn. 9). Unbeschadet der Frage, ob eine solche beleidigungsfreie Sphäre über den Familienkreis hinaus bejaht werden kann, kann dies aber – wenn überhaupt – nur in Betracht kommen, soweit der Äußernde mit Diskretion sicher rechnen kann. Nur Äußerungen gegenüber Personen, die zur Verschwiegenheit verpflichtet sind, können als in diesem Sinne privilegiert angesehen werden. Die Annahme einer solchen beleidigungsfreien Sphäre kommt somit nur für Äußerungen des Mandanten gegenüber dem Rechtsanwalt in Betracht, weil der Rechtsanwalt der Schweigepflicht unterliegt. Eine solche Privilegierung kann nicht angenommen werden für Äußerungen des Rechtsanwalts gegenüber dem Mandanten (vgl. LK-StGB/*Hilgendorf,* 12. Aufl. 2009, StGB § 185 Rn. 14; SK-StGB/*Rogall,* 8. Aufl. 2006, StGB Vor § 185 Rn. 30), dies schon gar nicht bei einer schriftlichen Äußerung des Rechtsanwalts gegenüber dem nicht zur Verschwiegenheit verpflichteten Mandanten, bei dem der Rechtsanwalt daher nicht mit Diskretion rechnen kann.

38 **b) Bewusste Verbreitung von Unwahrheiten.** Das gesetzliche Verbot der bewussten Verbreitung von Unwahrheiten im Rahmen der anwaltlichen Berufsausübung ordnet das Verbot der Lüge dem Sachlichkeitsgebot zu (Henssler/Prütting/*Henssler* § 43a Rn. 137; Hartung/*Hartung* § 43a Rn. 45; AGH Saarland Urteil vom 14.3.2005 – AGH 8/04). Die Wahrheitspflicht des

Rechtsanwalts gründet sich in seiner Stellung als Organ der Rechtspflege. Da der Anwalt aufgrund seiner Organstellung verpflichtet ist, an der Verwirklichung der Rechtspflege mitzuwirken, ist er bei seiner Berufsausübung insgesamt an das zentrale Verfahrensziel der Wahrheitsfindung gebunden. Das Verbot der bewussten Verbreitung von Unwahrheiten gilt gegenüber jedermann (auch gegenüber der gegnerischen Partei, wenn er behauptet, seine Sozietät sei in einer Angelegenheit nicht mehr tätig, obwohl intern die weitere Mandatsbearbeitung durch eine Kanzleikollegin erfolgt, AnwG Mecklenburg-Vorpommern AnwBl. 2010, 67) nicht nur gegenüber Gerichten und Behörden und auch in eigenen Sachen (Hartung/*Hartung* § 43a Rn. 45 ff.; Henssler/Prütting/*Henssler* § 43a Rn. 137 ff., 150). Dem Rechtsanwalt sind auch keine „Notlügen" gestattet, um so eine Verurteilung seines Mandanten zu vermeiden, selbst wenn der Mandant sonst zu Unrecht verurteilt zu werden droht (Henssler/Prütting/*Henssler* § 43a Rn. 144).

Auch dem eigenen Mandanten, dem Gegner und dem gegnerischen Anwalt gegenüber darf **39** der Rechtsanwalt im Rahmen seiner Berufsausübung nicht bewusst die Unwahrheit sagen, soweit es um Tatsachen geht. Die bewusste Verbreitung „falscher" Rechtsauffassungen wird nicht von § 43a Abs. 3 erfasst. Dem Rechtsanwalt muss erlaubt sein, gegen die herrschende oder einhellige Meinung zu argumentieren. Trägt der Rechtsanwalt aber den Inhalt und die Aussagen von Gesetzen und Urteilen wissentlich falsch vor, stellt er eine unrichtige Tatsachenbehauptung iSd § 43a Abs. 3 auf (Henssler/Prütting/*Henssler* § 43a Rn. 140). Bewusst verbreitet der Rechtsanwalt die Unwahrheit, wenn er weiß, dass es die Unwahrheit ist. Bewusst ist somit gleichzusetzen mit „wider besseres Wissen" oder „wissentlich", die beide direkten Vorsatz bedeuten und den bedingten Vorsatz nicht einschließen (BayAGH BRAK-Mitt. 2013, 174; **aA** Gaier/Wolf/Göcken/*Zuck* § 43a Rn. 70; Hartung/*Hartung* § 43a Rn. 46). Hält der Rechtsanwalt eine von ihm aufgestellte Behauptung nur möglicherweise für falsch, verstößt er nicht gegen die Wahrheitspflicht (Henssler/Prütting/*Henssler* § 43a Rn. 138; *Fischer* StGB § 15 Rn. 7 ff.).

Eine Aufklärungspflicht hinsichtlich der Informationen seines Mandanten hat der Rechts- **40** anwalt grundsätzlich nicht. Eine solche Verpflichtung würde das Vertrauensverhältnis zwischen Anwalt und Mandant zerstören (BVerfG BRAK-Mitt. 2003, 277 mit Anm. *Grams* BRAK-Mitt. 2003, 223). Nur wenn berechtigter Anlass zu Zweifeln besteht, ist eine Nachprüfung geboten (→ § 43a Rn. 36; → § 44 Rn. 17). Wer aber eine vom Gegner aufgestellte Behauptung, deren Wahrheit er kennt, bestreitet, verletzt damit seine Wahrheitspflicht (Henssler/Prütting/*Henssler* § 43a Rn. 139). Das Verschweigen der Wahrheit ist keine „bewusste Verbreitung von Unwahrheiten". Der Rechtsanwalt darf für seinen Mandanten ungünstige oder diesen belastende Umstände verschweigen. Nur sein Vortrag muss wahr sein, er muss aber nicht alles Wahre, das er weiß, auch vortragen. Der Rechtsanwalt braucht daher auch falsche Angaben seines Mandanten nicht richtig zu stellen, solange er sie sich nicht selbst zu eigen macht (Hartung/*Hartung* § 43a Rn. 46; Henssler/Prütting/*Henssler* § 43a Rn. 142).

Die Einlegung aussichtsloser Rechtsmittel kann eine zum Schadensersatz verpflichtende **41** Schlechterfüllung des Mandantenvertrages sein, wenn dem Mandanten Erfolgsaussichten vorgespiegelt wurden. Die Ausnutzung prozessualer Antrags- und Rechtsbehelfsmöglichkeiten ist aber keine bewusste Verbreitung von Unwahrheiten und anwaltsgerichtlich nicht justiziabel, auch wenn damit nur Zeitgewinn bezweckt wird (EGH Hamburg NJW 1986, 2125; Henssler/Prütting/*Henssler* § 43a Rn. 145).

Der Rechtsanwalt darf als Strafverteidiger Beweisanträge stellen, auch wenn er selbst glaubt, **42** dass die Beweistatsache nicht bewiesen werden wird (BGH StrV 1989, 237). Auch die auf das Protokoll gestützte Verfahrensrüge wohl wissend, dass das Protokoll falsch ist, ist im Hinblick auf § 274 StPO kein Verstoß gegen die Wahrheitspflicht (Henssler/Prütting/*Henssler* § 43a Rn. 146).

Lässt der Rechtsanwalt aber ein vorläufiges Zahlungsverbot zustellen, ohne dass ein Vollstre- **43** ckungstitel vorliegt (§ 845 ZPO), dann spiegelt er wider besseres Wissen das Vorliegen der für das Zahlungsverbot notwendigen Voraussetzungen vor (EGH Hamburg BRAK-Mitt. 1991, 55; Henssler/Prütting/*Henssler* § 43a Rn. 147).

Auch bei Kenntnis der Schuld des Angeklagten darf der Rechtsanwalt diesen mit dem Ziel des **44** Freispruchs verteidigen, solange er sich jeder bewussten Verdunkelung des Sachverhalts und jeder Erschwerung der Strafverfolgung enthält, sich sein Vorgehen auf verfahrensrechtlich erlaubte Mittel beschränkt. Insbesondere darf er nicht bewusst Unwahrheiten vortragen oder verfälschte Beweismittel verwenden (BGHSt 2, 375; Henssler/Prütting/*Henssler* § 43a Rn. 148). Die Anrufung und wahrheitsgemäße Unterrichtung von Stellen, die auf die richterliche Entscheidung keinen Einfluss haben, ist kein Verstoß gegen das Sachlichkeitsgebot (Henssler/Prütting/*Henssler* § 43a Rn. 149).

45 Der Rechtsanwalt hat als der berufene Berater und Vertreter der Rechtsuchenden die Aufgabe Fehlentscheidungen zu verhindern. Dazu gehört, dass er auf eine mögliche Voreingenommenheit des Staatsanwalts hinweisen kann, wenn diese nicht völlig fernliegt (BVerfG BRAK-Mitt. 1993, 177 = AnwBl. 1993, 632 = Rbeistand 1993, 47; EGH München Urteil vom 19.1.1994 – BayEGH II – 18/89). So kann die Aussage: „Ich meine, dass die Anklage sich liest, als hätte sie ein Neonazi verfasst" dann nicht pflichtwidrig sein, wenn die Anklageschrift sich nicht mit der aufgrund sich aufdrängender Umstände naheliegenden Frage auseinandersetzt, ob der Angeklagte nicht möglicherweise in einer Notwehrsituation gehandelt hat (EGH München Urteil vom 18.11.1993 – BayEGH II – 13/93).

46 Rügt ein Rechtsanwalt das fehlerhafte Vorgehen eines Richters in satirischer Form ohne Formalbeleidigung oder sonst strafrechtlich erheblicher Ehrverletzung (Übersendung von Dextro Energen zur physischen Stärkung), dann ist dies keine anwaltsgerichtlich zu ahndende Pflichtverletzung (BVerfG NJW 1989, 3148). Gleiches gilt bei harter Kritik des Verteidigers an Absprachen zwischen Gericht und Staatsanwaltschaft (zur Bezeichnung einer kurzen Fristsetzung durch Generalstaatsanwaltschaft als „ungehörig"; BVerfG BRAK-Mitt. 1993, 177 = AnwBl. 1993, 632 = Rbeistand 1993, 47).

47 Ein Rechtsanwalt verstößt nicht gegen die ihm obliegende allgemeine Berufspflicht zu achtungswürdigem Verhalten, wenn er unter Anlegung der Amtstracht an einer Meinungskundgebung teilnimmt, deren Inhalt und Zielrichtung darauf gerichtet ist, die Öffentlichkeit auf die Verletzung der unverzichtbaren Rechte eines Strafverteidigers aufmerksam zu machen. Die Verletzung eines derartigen unverzichtbaren Rechts eines Strafverteidigers liegt dann vor, wenn einem Verteidiger zu Unrecht das Recht auf jederzeitigen unüberwachten Verteidigerbesuch verwehrt wird. Für die Frage, ob ein pflichtwidriges Verhalten eines Rechtsanwalts vorliegt, kommt es nicht darauf an, ob er bei einer Demonstration mit mehreren anderen Anwälten ebenso wie diese hierbei die Robe anlegt oder ob er nur allein oder in Begleitung von einigen wenigen weiteren Rechtsanwälten dieses tut (EG Celle StrV 1987, 156).

48 Wenn ein Strafverteidiger im Rahmen seines Plädoyers das Vorgehen von Polizeibeamten im Ermittlungsverfahren zur Identifizierung von Tätern mit Gestapo-Methoden vergleicht, so erfüllt dies den objektiven Tatbestand der Beleidigung, kann aber durch Wahrnehmung berechtigter Interessen gerechtfertigt sein, wenn dies von dem Strafverteidiger zur wirksamen Verteidigung seines Mandanten für notwendig angesehen wird (LG Hechingen NJW 1984, 1766).

49 Es ist ein legitimes Anliegen der Öffentlichkeit, kritischen Äußerungen über Geschehnisse im Justizbereich gerade auch von Rechtsanwälten zu erfahren. Bietet ein Sachverhalt Anlass zu rechtsstaatlicher Sorge, muss ein Rechtsanwalt nicht deswegen von der Unterzeichnung einer darauf Bezug nehmenden Presseerklärung Abstand nehmen, weil er Rechtsanwalt ist. Öffentliche Kritik von Anwälten an Rechtsprechung oder Staatsanwälten unterliegt keinen engeren Grenzen als die Kritik, die andere unbeanstandet üben können (EG Berlin StrV 1987, 155).

50 Der Vorwurf der Rechtsbeugung gegenüber einem Richter ist nicht pflichtwidrig, wenn nach sorgfältiger und besonnener Prüfung der Eindruck entstehen muss, es handele sich um die bewusste Nichtbeachtung normierten Rechts (EG Hamburg BRAK-Mitt. 1983, 143). Der gegen einen Staatsanwalt gerichtete unbegründete Vorwurf einer vorsätzlichen Rechtsbeugung verstößt gegen das Sachlichkeitsgebot (EGH München BRAK-Mitt. 1991, 104).

51 Ein Rechtsanwalt verstößt gegen das Sachlichkeitsgebot, wenn er – ohne vorherige gründliche Prüfung des behaupteten Delikts – eine OLG-Entscheidung als Rechtsbeugung bezeichnet (EGH Hamm BRAK-Mitt. 1994, 52). Ein Rechtsanwalt handelt pflichtwidrig, wenn er bedenkenlos unhaltbare strafrechtliche Vorwürfe erhebt (EGH Hamm BRAK-Mitt. 1985, 112). Unsachlich ist die Äußerung in einem Schriftsatz gegenüber einer Behörde: „was Sie überhaupt noch mit Rechtsordnung zu tun haben habe ich – ehrlich gesagt – bis heute noch nie gewusst .. was hier geschieht, ist ein bewusstes Treiben des Bürgers durch die Behörde in den Schuldenstand" (AnwG Köln BRAK-Mitt. 2009, 87); ebenso ist ein Verstoß zu bejahen, wenn ein Rechtsanwalt einem Vertreter einer verfahrensbeteiligten Behörde in der Sitzungspause eines Gerichtsprozesses vorwirft, dass „Leute wie er Schuld daran seien, dass Kinder sterben und tot in Kühltruhen gefunden werden" (AGH Brem BRAK-Mitt. 2009, 286). Verwendet ein Rechtsanwalt in einem Schriftsatz, mit dem er für seinen Mandanten Maklerlohn geltend macht, die Formulierung: „Man fragt sich allen Ernstes, ob es dreiste kriminelle Energie oder bloß Einfältig-

keit war", stellt dies eine unsachliche Äußerung iSd § 43a Abs. 3 dar (AnwG Köln BRAK-Mitt. 2014, 207). Nicht beanstandet wurde der schriftsätzliche Vortrag, dass ein Antrag auf die Gewährung von PKH zurückzuweisen sei, weil das Verteidigungsvorbringen der Beklagten ohne Aussicht auf Erfolg sei und es in höchstem Maße unverantwortlich wäre, dem Beklagten „ausgerechnet seine gegenwärtige Prozessbevollmächtigten beizuordnen, die wettbewerbsrechtliche Kenntnisse erst durch das vorliegende Verfahren zu gewinnen hoffen" (AnwG Hamburg BRAK-Mitt. 2008, 275). Die Bezeichnung des gegnerischen Rechtsanwalts als Betrüger und die Drohung mit einer Strafanzeige verstoßen gegen das Sachlichkeitsgebot (BGH BRAK-Mitt. 2015, 91).

c) Herabsetzende Äußerungen. Herabsetzende Äußerungen, zu denen andere Beteiligte 52
oder der Verfahrensverlauf keinen Anlass gegeben haben, sind nur dann berufsrechtlich ahndbar, wenn sie strafrechtlich die Schwelle der Beleidigung überschreiten (Henssler/Prütting/*Henssler* § 43a Rn. 151; Hartung/*Hartung* § 43a Rn. 51 ff.). Dies erfasst insbesondere die Fälle unsachlichen Verhaltens, in denen gemäß § 193 StGB „das Vorhandensein einer Beleidigung aus der Form der Äußerung oder aus den Umständen, unter welchen sie geschah, hervorgeht". Haben die anderen Beteiligten oder der Verfahrensverlauf zu den herabsetzenden Äußerungen keinen Anlass gegeben, kann der Rechtsanwalt sich regelmäßig nicht auf § 193 berufen (BVerfG BRAK-Mitt. 2008, 123; NdsAGH BRAK-Mitt. 2012, 34; Henssler/Prütting/*Henssler* § 43a Rn. 154). Zur unsachlichen Äußerung: „Haben Sie eigentlich einen Knall?" auf einen gegnerischen Schriftsatz s. AnwG Köln BRAK-Mitt. 2011, 213; zur Äußerung eines Rechtsanwalts über Kollegen, die wegen Urheberrechtsverletzungen tätig werden, s. OLG Köln BRAK-Mitt. 2011, 214. Zur Äußerung eines Rechtsanwalts, der im Rahmen einer Ablehnung eines Zustellversuchs eines Kollegen diesem schriftlich mitgeteilt hat, dass er ihn, zumindest was den Zugang anwaltlicher Schreiben angehe, für einen Lügner und Betrüger halte, s. AG MV BRAK-Mitt. 2013, 174. Die Bezeichnung eines Kollegen als „Winkeladvokat" ist dann zu beanstanden, wenn sie keinen ausreichenden sachlichen Bezug zum Verfahren hat (OLG Köln BRAK-Mitt. 2012, 227). In der Äußerung eines Rechtsanwalts, dass die zuständige Richterin eine staatstragende Art derart internalisiert habe, dass sie wahrscheinlich gar nicht verstünde, wie sie auch hätte anders entscheiden können, liegt eine gegen die Richterin gerichtete Beleidigung; die Verwendung des Begriffs „Schweinesystem" im Hinblick auf die Richterschaft der Verwaltungsgerichtsbarkeit stellt hingegen keinen Verstoß gegen das Sachlichkeitsgebot dar (AnwG Köln BRAK-Mitt. 2015, 44).

Verwendet ein Rechtsanwalt in einem Beweisantrag bewusst eine neben der Sache liegende 53
Herabsetzung des Vertreters der Anklagebehörde (Beweisantrag auf Vernehmung des Staatsanwaltes mit dem Verlangen, diesen eindringlich auf ein Auskunftsverweigerungsrecht nach § 55 StPO hinzuweisen und der Anmerkung, der Staatsanwalt werde es dann ablehnen, die Beweisfrage zu beantworten, obwohl nicht der geringste Anlass für die Vermutung besteht, der Staatsanwalt selbst sei an der Straftat beteiligt), zu der andere Beteiligte oder der Verfahrensablauf keinen Anlass gegeben haben, dann liegt darin eine Verletzung des Sachlichkeitsgebotes (EGH Berlin Urteil vom 18.9.1991 – II EGH 12/90).

V. Widerstreitende Interessen (Abs. 4; § 3 BORA)

Neueres Schrifttum: *Appel/Renz,* Chinesische Mauern in Anwaltskanzleien? Organisatorische Vorkehrungen zur Vermeidung von Interessenkollisionen und insbesondere von Insidergeschäften, AnwBl. 2004, 576; *van Bühren,* Interessenkonflikte bei der Vertretung mehrerer Unfallbeteiligter, KammerForum RAK Köln 3/2004 S. 172; *Deckenbrock,* Interessenkollision und gemeinschaftliche Berufsausübung – was gilt?, AnwBl. 2009, 170; *ders.,* Tätigkeitsverbote des Anwalts: Rechtsfolgen beim Verstoß, AnwBl. 2010, 221; *Eylmann,* Die Interessenkollision im Strafverfahren, AnwBl. 1998, 359; *Erb,* Die strafrechtlichen Probleme des Parteiverrats, Bd. 14 Schriftenreihe der BRAK, 2005; *Grunewald,* Das Problem der Vertretung widerstreitender Interessen und ihre Vermeidung, AnwBl. 2005, 437; *Hartung,* Ist die Vertretung widerstreitender Interessen künftig erlaubt?, NJW 2006, 2721; *ders.,* Widerstreitende Interessen in Kindesunterhaltssachen, AnwBl. 2011, 679; *Henssler/Deckenbrock,* Einverständliche Ehescheidung und anwaltlicher Parteiverrat – ein auflösbares Spannungsverhältnis?, MDR 2003, 1085; *ders.,* Neue anwaltliche Betätigungsverbote bei Interessenkonflikten, NJW 2008, 1275; *ders.,* Interessenkonflikte – der Dauerbrenner des Berufsrechts, AnwBl. 2013, 668; *Kahlert,* Treuhänderische Verwahrung von Geldern für beide Parteien als Vertreter widerstreitender Interessen?, BRAK-Mitt. 2009, 264; *Kleine-Cosack,* Parteiverrat bei Mehrfachvertretung, AnwBl. 2005, 338; *Knöfel,* Advocatus electronicus – Elektronische Rechtsberatung und das anwaltliche Berufsrecht, AnwBl. 2006, 77; *Krekeler,* Parteiverrat, ein typisches Berufsvergehen, FS zum 125-jährigen Bestehen der RAK Hamm, 2004, 339; *Krenzler,* Vom Untergang des Anwaltsstandes – Zugleich eine berufspolitische Bewertung des Beschlusses des BVerfG vom 3.7.2003, BRAK-Mitt. 2003, 249; *Kretschmer,* Der strafrechtliche Parteiverrat (§ 356 StGB) – Eine Analyse der Norm im individualrechtlichen Verständnis, 2005; *Maier-Reimer,* Widerstreitende Interessen und Anwaltssozietät, NJW 2006, 3601;

Offermann-Burckart, Die Interessenkollision – Anwaltschaft im Wandel?, AnwBl. 2005, 312; *dies.,* Interessenkollision – Jeder Fall ist anders, AnwBl. 2009, 729; *dies.,* Interessenkollision in familienrechtlichen Angelegenheiten – Teil 1 –, Kammer-Mitt. RAK Düsseldorf 2009, 117; Teil 2 –, Kammer-Mitt. RAK Düsseldorf 2009, 206; *dies.,* Interessenkollision – Es bleibt dabei: Jeder Fall ist anders, AnwBl. 2011, 809; *Podszun,* Tätigkeitsverbote der BRAO, FS zum 125-jährigen Bestehen der RAK Hamm, 2004, 321; *Saenger/Riße,* Offene Fragen zur Sozietätserstreckung beim Interessenwiderstreit, NJW 2006, 1385; *Schramm,* Das Verbot der Vertretung widerstreitender Interessen, Schriftenreihe des Instituts für Anwaltsrecht der Universität Köln, Bd. 64; *Stubbe,* Konfliktmanagement in Unternehmen, AnwBl. 2005, 60; *Westerwelle,* Auswirkungen des Wegfalls der Sozietätenregelung in § 3 BORA, NJW 2003, 2958; *ders.,* Rechtsanwaltssozietäten und das Verbot der Vertretung widerstreitender Interessen, 1997.

54 **1. Sinn und Zweck der Regelung; Verfassungsmäßigkeit.** Grundlagen der Regelung des Abs. 4 sind das Vertrauensverhältnis zum Mandanten, die Wahrung der Unabhängigkeit des Rechtsanwalts und die im Interesse des Gemeinwohls in Gestalt der Rechtspflege gebotene Gradlinigkeit der anwaltlichen Berufsausübung. Alle diese Belange sind auf eine Geradlinigkeit der anwaltlichen Berufsausübung angewiesen, also darauf, dass ein Anwalt nur einer Seite dient. Sie treten nebeneinander und bedingen einander (BVerfGE 108, 150 = NJW 2003, 2520 = MDR 2003, 1081 = BRAK-Mitt. 2003, 231 = AnwBl. 2003, 521 mit Anm. *Kleine-Cosack*). Das Verbot des § 43a Abs. 4 steht dabei **in Verbindung mit** weiteren in § 43a normierten Grundpflichten des Rechtanwalts, die in erster Linie im Interesse des Mandanten bestehen und diesem Mandatsverhältnis dienen. Dazu zählt insbesondere die strafbewehrte (§ 203 Abs. 1 Nr. 3 StGB) und durch ein Zeugnisverweigerungsrecht geschützte (§ 383 Abs. 1 Nr. 6 ZPO, § 53 StPO, § 84 Abs. 1 FGO iVm § 102 AO) **Pflicht zur Verschwiegenheit** nach § 43a Abs. 2 S. 1. In Verbindung mit dem in § 43a Abs. 1 enthaltenen Gebot, dass der Rechtsanwalt keine Bindungen eingehen darf, die seine **berufliche Unabhängigkeit** gefährden, garantieren diese Grundpflichten dem Mandanten, dass ihm als Rechtsuchendem unabhängige Anwälte als berufene Berater und Vertreter gegenüber dem Staat oder gegenüber Dritten zur Seite stehen (§§ 1, 3; BVerfGE 108, 150 = NJW 2003, 2520; BVerfG NJW 2006, 2469 = BRAK-Mitt. 2006, 170 = AnwBl. 2006, 580). Die anwaltliche Berufspflicht aus § 43a Abs. 4 entspricht weitgehend § 356 StGB, geht aber über die Strafbestimmung des § 356 StGB hinaus (BT-Drs. 12/4993, 27 = BR-Drs. 93/93, 81), dies schon deshalb, weil nach § 113 Abs. 1 Fahrlässigkeit ausreichend ist (zu Einzelheiten vgl. *Eylmann* AnwBl. 1998, 359). Die aus der alten Berufsversagungsvorschrift des § 45 Nr. 2 aF 1994 ausgegliederte Verbotsvorschrift enthält das Verbot der beruflichen Vertretung widerstreitender Interessen in allen Erscheinungsformen, während die in §§ 45, 46 enthaltenen Tätigkeitsverbote auch schon im Vorfeld der Wahrnehmung widerstreitender Interessen insoweit eingreifen, als sie präventiv darauf abzielen, den Rechtsanwalt überhaupt erst nicht in eine Lage kommen zu lassen, die eine Gefährdung für seine Unabhängigkeit und gradlinige Berufsausübung mit sich bringen könnte.

55 Die Regelung des § 43 Abs. 4 ist **verfassungsgemäß.** Sie bezieht sich auf den Einzelanwalt, der in derselben Sache nicht Parteien mit gegenläufigem Interesse vertreten darf (BVerfGE 108, 150 = NJW 2003, 2520; *Kleine-Cosack* AnwBl. 2003, 539; *Offermann-Burckart* AnwBl. 2005, 312). Das Verbot der Vertretung widerstreitender Interessen gilt auch für die Sozien eines Anwalts, sofern eine dem Einzelfall gerecht werdende Abwägung aller Belange unter besonderer Berücksichtigung der konkreten Mandanteninteressen nichts anderes ergibt (BVerfG NJW 2006, 2469; *Deckenbrock* AnwBl. 2009, 170; → BORA § 3 Rn. 9 ff.).

56 **2. Berufliche Vorbefassung.** § 43a Abs. 4 verpflichtet den Rechtsanwalt nur im Rahmen seiner anwaltlichen Berufsausübung und knüpft dabei an seine berufliche – nicht auch eine private – Vorbefassung an. Damit sind zunächst alle vorangegangenen anwaltlichen Berufstätigkeiten erfasst, dh alle Tätigkeiten, die der Rechtsanwalt als unabhängiger Berater und Vertreter in allen Rechtsangelegenheiten vorgenommen hat (BGHSt 20, 41; 24, 191; *Offermann-Burckart* AnwBl. 2005, 312; Henssler/Prütting/*Henssler* § 43a Rn. 196; *Kleine-Cosack* § 43a Rn. 98). Aber auch sonstige berufliche Vorbefassungen mit Rechtssachen iSd §§ 45, 46, 47 oder als sonstiger Zweitberufler (§ 7 Nr. 8) können darunter fallen. In all diesen Fällen gilt das Verbot des § 43a Abs. 4 nur, wenn er bei der Wahrnehmung beider sich widersprechender Interessen jeweils beruflich fremdnützig tätig wird (Henssler/Prütting/*Henssler* § 43a Rn. 196 ff.; BGHSt 24, 191). Wenn auch im Ergebnis die Anknüpfung an andere berufliche – nicht unbedingt anwaltliche – Vorbefassung nicht strittig ist (vgl. Zusammenfassung bei *Offermann-Burckart* AnwBl. 2005, 312), besteht aber Streit über die Begründung dazu. Einerseits wird vertreten, die Zulässigkeit der Anknüpfung an andere berufliche Vorbefassung ergebe sich daraus, dass § 3 Abs. 1 BORA das

Verbot der Wahrnehmung widerstreitender Interessen erweitere auf Rechtssachen, mit denen der Rechtsanwalt in sonstiger Weise iSd §§ 45, 46 beruflich befasst war (Henssler/Prütting/*Henssler* § 43a Rn. 196; 6. Aufl. § 43a Rn. 55). Andere leiten dieses Ergebnis unmittelbar aus § 43a Abs. 4 her (*Kleine-Cosack* § 43a Rn. 88). *Offermann-Burckart* weist dazu mit Recht darauf hin, dass der Rückgriff auf § 3 Abs. 1 BORA nicht überzeugend ist: „Denn einerseits enthält § 3 Abs. 1 BORA zwei Alternativen, die die Vertretung widerstreitender Interessen (Alt. 1) und der Versagung der Berufstätigkeit (Alt. 2) zwar gleichsetzen, aber eben – was durch die Unterscheidung in der Überschrift deutlich wird – gerade nicht als identisch behandeln. Und andererseits ist fraglich, ob die Kompetenz der Satzungsversammlung, die gemäß § 59b Abs. 2 Nr. 1e befugt ist, das Verbot der Vertretung widerstrebender Interessen „näher" zu regeln, so weit geht, auch den Anwendungsbereich der Vorschrift insgesamt zu erweitern. Richtiger erscheint es da, § 43a Abs. 4, der seinem Wortlaut nach keine Einschränkung auf eine originär anwaltliche Vorbefassung enthält, über diese hinaus auf jede berufliche Befassung auszudehnen (*Offermann-Burckart* AnwBl. 2005, 312, 313). Immer ist aber eine berufliche Vorbefassung erforderlich. Deshalb wird von § 3 Abs. 1 BORA, § 43a Abs. 4 nicht erfasst, wenn ein Rechtsanwalt **privaten Rechtsrat** erteilt hat. Der privat gewährte Rechtsrat scheidet als Anknüpfungspunkt für die Wahrnehmung widerstreitender Interessen aus. Allerdings sollte der Rechtsanwalt zur Vermeidung von Irritationen in solchen Fällen darauf achten, dass für die Beteiligten klar ist, er erteile den Rat nicht in Ausübung seiner beruflichen Tätigkeit (Henssler/Prütting/*Henssler* § 43a Rn. 197a; Hartung/*Hartung* BORA § 3 Rn. 70).

Es liegt auch kein Verstoß gegen § 43a Abs. 4 und § 356 StGB vor, wenn der Rechtsanwalt **eigene Interessen** als Partei gegen einen von ihm vertretenen Auftraggeber verfolgt (BGHSt 12, 96; BGH EBE 1999, 330), es sei denn er mache abgetretene Rechte des Gegners in derselben Rechtssache geltend, oder er vertritt einen Mandanten in einer Angelegenheit, an der er selbst mit gegensätzlichen Interessen beteiligt ist (Henssler/Prütting/*Henssler* § 43a Rn. 185; OLG München AnwBl. 2015, 94 n. rkr.). § 3 Abs. 1 BORA verdeutlicht das Verbot der Wahrnehmung widerstreitender Interessen, indem er es für gleich erklärt, wenn der Rechtsanwalt mit derselben Rechtssache „**in sonstiger Weise im Sinne der §§ 45, 46 beruflich** befasst war". Auch wenn der Rechtsanwalt früher oder gleichzeitig nicht in anwaltlicher Eigenschaft den anderen beraten oder vertreten hat, sondern er zB als Amtsträger wie Insolvenzverwalter, Nachlassverwalter, Testamentsvollstrecker oder Betreuer dies getan hat oder tut, darf er in derselben Rechtssache nicht einen anderen im widerstreitenden Interesse beraten oder vertreten (§ 3 Abs. 1 BORA; Hartung/*Hartung* BORA § 3 Rn. 64 ff.). Befasst gewesen iSd §§ 45, 46 ist der Rechtsanwalt mit der Rechtssache, wenn er sie in anderer Eigenschaft beruflich bearbeitet oder an ihrer Bearbeitung mitgewirkt hat. Dazu kann ausreichen, dass er an kollegialen Gesprächen über die Rechtssache teilgenommen hat. Dabei erweitert § 3 Abs. 1 BORA auch den Anwendungsbereich des § 45 Abs. 1 Nr. 4 insoweit, als er auch Fälle erfasst, in denen die frühere berufliche Tätigkeit beendet ist (→ § 45 Rn. 30; aber auch § 3 Abs. 1 BORA). 57

Damit unterfällt auch die anwaltliche **Vertretung Dritter gegenüber der RAK** durch Vorstandsmitglieder dieser RAK dem Anwendungsbereich des § 43a Abs. 4 iVm § 3 Abs. 1 BORA. Wenn auch die Tätigkeit eines Rechtsanwalts im Vorstand der RAK an seine Anwaltseigenschaft anknüpft (vgl. §§ 65, 66, 69), stellt sie aber selbst keine anwaltliche Tätigkeit dar. Er übt bei seiner Vorstandstätigkeit seinen Beruf nicht als unabhängiger Sachwalter von Parteiinteressen aus, sondern nimmt ein ihm übertragenes Amt unter der Rechtsaufsicht des Staates wahr (§ 62 Abs. 2) und ist dabei an Beschlüsse der Kammerversammlung und des Vorstandes gebunden. Dem Vorstandsmitglied ist die anwaltliche Vertretung Dritter gegenüber der Kammer gleichwohl gemäß § 43a Abs. 4 iVm § 3 Abs. 1 BORA verboten, da er in derselben Rechtssache nicht einmal als unabhängiger Vertreter seines Mandanten und einmal als an Mehrheitsbeschlüsse des Vorstandes, der Abteilung und der Kammerversammlung gebundenes Vorstandsmitglied (§ 72) tätig sein darf. 58

Die Erteilung **allgemeiner Auskünfte,** zB über das zuständige Gericht, Rechtsmittelfristen oder die Höhe der zu erwartenden Kosten, die die strittige Rechtssache nur mittelbar und nicht inhaltlich betreffen, stellen keine anwaltliche Vorbefassung iSd § 43a Abs. 4 dar. Andernfalls wäre es leicht möglich, durch vordergründige Fragen, die kaum mit einer bestimmten Rechtssache in Verbindung gebracht werden können, einen unliebsamen Anwalt auf der Gegenseite auszuschalten (*Offermann-Burckart* AnwBl. 2005, 312 mwN). Auch die Teilnahme an **Mandatswettbewerben (beauty contests),** die bei der Vergabe von Großmandaten im wirtschaftsrechtlichen 59

Bereich immer üblicher werden, wird regelmäßig nicht als berufliche Vorbefassung iSd § 43a Abs. 4 angesehen werden können, die ein späteres Tätigwerden für die Gegenseite ausschließt. Wenn der Rechtsanwalt damit zwar in derselben Rechtssache anwaltlich befasst war, wird nach dem Willen des einladenden Unternehmens, auf den es entscheidend ankommt, dem nicht von ihm berücksichtigten Bewerbern in der Regel freigestellt sein, ein gegenläufiges Mandat wahrzunehmen. Es liegt dann in der gesetzesgeleiteten verantwortlichen Einschätzung des betroffenen Rechtsanwalts ob die eventuelle Konfliktsituation ihm ein Tätigwerden für die Gegenseite gestattet (BVerfGE 108, 150 = NJW 2003, 2520; *Offermann-Burckart* AnwBl. 2005, 312).

59a Zur Interessenkollision bei Mandaten mit dem Gegner vgl. BGH BRAK-Mitt. 2008, 56 mit Anm. *Jungk.* Die Entscheidung steht im Widerspruch zu § 43a Abs. 2; auch ein wirtschaftlicher Interessenkonflikt muss seither in die Kollisionsprüfung einbezogen werden, wenn vorvertragliche Aufklärungspflichten über Mandatsbeziehungen in einer Sozietät zum Gegner der Partei bestehen.

60 **3. Sachverhaltsidentität.** Der Rechtsanwalt darf widerstreitende Interessen nur dann nicht vertreten, wenn sie aus demselben Sachverhalt gegenläufig abzuleiten sind. Wenn in § 43a Abs. 4 auch nicht wie in § 3 Abs. 1 BORA, § 356 StGB, § 45 Abs. 1 Nr. 1 von „derselben Rechtssache" oder wie in § 46 Abs. 2, § 45 Abs. 1 Nr. 4 von „derselben Angelegenheit" die Rede ist, was in der Sache auch das Gleiche bedeutet, so ist dem berufsrechtlichen Begriff der „widerstreitenden Interessen" deren Ableitung aus einem zumindest teilweise identischen Lebenssachverhalt immanent (*Offermann-Burckart* AnwBl. 2005, 312; *Grunewald* AnwBl. 2005, 437). Überschneiden sich die von verschiedenen Mandanten unterbreiteten Sachverhalte mit den daraus resultierenden materiellen Rechtsverhältnissen auch nur teilweise, darf der Rechtsanwalt die sich daraus ergebenden rechtlichen Interessen nicht gegenläufig wahrnehmen (Henssler/Prütting/*Henssler* § 43a Rn. 199 ff.; vgl. auch *Herrmann* DB 1997, 1017; BGH BRAK-Mitt. 2012, 224; 2013, 83).

61 Der **Begriff „dieselbe Rechtssache"** ist sehr problemgeladen. Es kann dies wie in § 356 StGB jede rechtliche Angelegenheit sein, die zwischen mehreren Beteiligten, seien dies natürliche oder juristische Personen mit, zumindest möglicherweise, entgegenstehenden rechtlichen Interessen nach Rechtsgrundsätzen behandelt und erledigt werden soll (zu § 356 StGB BGHSt 18, 193; 23, 64). Maßgeblich für den Begriff „dieselbe Rechtssache" ist der **sachlich-rechtliche Inhalt der anvertrauten Interessen,** also das anvertraute materielle Rechtsverhältnis, das bei natürlicher Betrachtungsweise auf ein innerlich zusammengehöriges, einheitliches Lebensverhältnis zurückzuführen ist. Nicht der einzelne Anspruch aus dem einheitlichen Lebensverhältnis ist entscheidend, sondern das zugrundeliegende einheitliche Lebensverhältnis selbst (EGH München Urteil vom 17.7.1990 – BayEGH II – 5/90; BayAGH BRAK-Mitt. 2003, 182). Dabei wird die Einheitlichkeit nicht durch längeren Zeitablauf aufgehoben (*Fischer* StGB § 356 Rn. 5). Zur Beurteilung der Frage, ob „dieselbe" Rechtssache gegeben ist, kommt es nicht darauf an, ob die beteiligten Personen gewechselt haben (BGHSt 7, 261; BGH NJW 1953, 430; RG JW 1937, 2964).

62 Maßgebend ist, ob eine **Identität der Tatsachen und der Interessengesamtheit** besteht (BGH AnwBl. 1954, 199) bzw. ob die neue Sache noch zu dem ursprünglich dem Rechtsanwalt anvertrauten materiellen Rechtsverhältnis gehört (BGHSt 15, 332, 338; 18, 192; LK-StGB/*Gillmeister* StGB § 356 Rn. 123 mwN). Dieselbe Rechtssache ist dementsprechend in der Rechtsprechung auch angenommen worden, nachdem sich das Rechtsverhältnis zwischenzeitlich gewandelt hat, zB nach einem Prozessvergleich (RGSt 60, 298, 301), nach einem zwischenzeitlichen (Gesellschafts-)Vertrag (RGSt 60, 302) oder nach einer „gütlichen Einigung" (RGSt 62, 155, 157). Dieselbe Rechtssache kann mithin auch gegeben sein, wenn es sich nicht um einund dasselbe Verfahren handelt; sie liegt vielmehr auch vor, wenn in Verfahren verschiedener Art und verschiedener Zielrichtung ein- und derselbe Sachverhalt von rechtlicher Bedeutung sein kann (BGHSt 5, 301, 304; RGSt 60, 298).

62a Für die Frage, ob es sich um „dieselbe Rechtssache" handelt, ist es auch gleich, ob das Verfahren (BGHSt 9, 341; BGH NJW 1953, 430), die Verfahrensart (BGHSt 18, 192; OLG Hamm NJW 1955, 803), die Rechtsgebiete (BGHSt 7, 261), der rechtliche Blickwinkel (BGHSt 12, 96), gewechselt haben, ob es sich um Angelegenheiten außerhalb eines Verfahrens (BGHSt 12, 96) handelt, ob das Rechtsverhältnis unverändert fortbesteht oder sich in Einzelheiten durch neue Tatsachen, Klagegründe, Einwände, Streitpunkte oder sonst wie gewandelt hat (BGHSt 17, 306; LK-StGB/*Gillmeister* StGB § 356 Rn. 124).

Typische Fälle für dieselbe Rechtssache sind **das durch Ehe begründete einheitliche Lebensverhältnis** (BGH NStZ 1985, 74 = BRAK-Mitt. 1985, 114; wistra 1991, 221; BayObLG NJW 1981, 832 = JR 1981, 430 mit Anm. *Hübner;* OLG Karlsruhe AnwBl. 2003, 55; EGH Frankfurt EGE XIII, 185; EG Kassel EGE XII, 140; EG Frankfurt EGE X, 173; EGH München BRAK-Mitt. 1983, 142, 1981, 43) oder ein **Mietverhältnis.** Zu den berufsrechtlichen Fragen des „gemeinsamen Scheidungsanwalts" vgl. *Hermann* BRAK-Mitt. 1985, 65 und BGH BRAK-Mitt. 1985, 114 = NStZ 1985, 74; *Schulz* BRAK-Mitt. 2009, 743. Auch die **Beteiligung verschiedener Täter an derselben Tat (§ 264 StPO)** stellt dieselbe Rechtssache dar, so dass bei Interessenwiderstreit ein Rechtsanwalt diese nicht (gleichzeitig) verteidigen darf. Bei gleichzeitiger Verteidigung wird nach § 146 StPO der Interessenwiderstreit unwiderlegbar vermutet (OLG Düsseldorf JMBl. NW 1984, 234; OLG Karlsruhe MDR 1977, 777). Die sukzessive Mehrfachverteidigung ist strafprozessual nicht verboten (BGH NStZ 1994, 500; NStZ-RR 2002, 12; Meyer-Goßner/Schmitt/*Schmitt* StPO § 146 Rn. 1, 9). Zur Verteidigung mehrerer Beschuldigter durch Mitglieder einer Anwaltssozietät → § 43a Rn. 80 und BVerfGE 43, 79 = NJW 1977, 99; BVerfGE 45, 272 = NJW 1977, 1629). Zur Vertretung widerstreitender Interessen im Betreuungsrecht vgl. OLG München AnwBl. 2009, 868. 63

4. **Interessengegensatz.** Voraussetzung ist ferner, dass der Rechtsanwalt eine andere Partei in derselben Rechtssache **schon einmal in entgegen gesetztem Interesse** beraten oder vertreten hat oder sie weiterhin berät oder vertritt. Das heißt, der Rechtsanwalt muss für zwei oder mehr Parteien tätig (gewesen) sein, deren Interessen gegenläufig sind. Ein Interessenwiderstreit liegt vor, wenn die Interessen der Parteien, die der Anwalt in derselben Rechtssache berät und/oder vertritt, ganz oder teilweise konträr sind (*Offermann-Burckart* AnwBl. 2005, 312). Umstritten ist, ob dieser Interessengegensatz nach **objektiven** oder nach **subjektiven** Kriterien der Mandanten zu ermitteln ist. Hilfreich bei der Ermittlung dieser Kriterien können die Schutzzwecke des § 43a Abs. 4 (→ Rn. 54) sein. Diese stehen **teilweise zur Disposition der Mandanten,** teils nicht. Soweit der Schutz des individuellen Vertrauensverhältnisses zwischen Anwalt und Mandant in Rede steht, wird die Einschätzung des Mandanten entscheidend sein. Aber die Wahrnehmung anwaltlicher Aufgaben setzt auch den unabhängigen, verschwiegenen und nur den Interessen des eigenen Mandanten verpflichteten Rechtsanwalt voraus. Diese Eigenschaften stehen nicht zur Disposition des Mandanten. Der Rechtsverkehr muss sich darauf verlassen können, dass der Pflichtenkanon des § 43a befolgt wird, damit die angestrebte Chancen- und Waffengleichheit der Bürger untereinander und gegenüber dem Staat gewahrt wird und die Rechtspflege funktionsfähig bleibt. Alle diese Belange treten nebeneinander und bedingen einander. Die erheblichen Gemeinwohlinteressen, die es im Rahmen des § 43 Abs. 4 zu schützen gilt, bedeuten indessen nicht, dass die Definition, was den Interessen des eigenen Mandanten und damit zugleich der Rechtspflege dient, abstrakt und verbindlich von Rechtsanwaltskammern oder Gerichten ohne Rücksicht auf die konkrete Einschätzung der hiervon betroffenen Mandanten vorgenommen werden darf. Vielmehr kommt die Einschätzung, ob eine Rechtsbeeinträchtigung konkret droht, in erster Linie den Mandanten zu, die deshalb wahrheitsgemäß und umfassend zu informieren sind. Daneben liegt es in der gesetzesgeleiteten verantwortlichen Einschätzung des betroffenen Rechtsanwalts, ob die Konfliktsituation oder doch jedenfalls das Ziel der Vermeidung zukünftiger Störungen des Vertrauensverhältnisses eine Mandatsniederlegung gebietet (BVerfGE 108, 150 = NJW 2003, 2520). Die Rechtsanwaltskammern haben insoweit dafür zu sorgen, dass die Entscheidung des Mandanten nach ausreichender Information getroffen wird. Sie haben darüber hinaus in den Fällen einzugreifen, in denen eine Information völlig fehlt oder in denen trotz Einwilligung des Betroffenen **die Funktionsfähigkeit der Rechtspflege ein Einschreiten der Kammer und der Staatsanwaltschaft verlangt.** Diese Grenze ist überschritten, wenn der Rechtsanwalt in ein und derselben Rechtssache einander widersprechende juristische und/oder tatsächliche Standpunkte vertritt (*Grunewald* AnwBl. 2005, 437, 439 mwN) und wenn für die Wahrnehmung widerstreitender Interessen sonstige Indizien sprechen, die den Mandanten verborgen geblieben oder von ihnen unzutreffend eingeschätzt worden sind. Die Rechtsanwaltskammern sind insoweit berechtigt und verpflichtet, allen Hinweisen nachzugehen. In Fällen des Sozietätswechsels dürfen sie aber eine Vermutung oder einen Anschein pflichtwidrigen Verhaltens daran nicht knüpfen. Die BRAO **knüpft an solche abstrakten Gefährdungen der Rechtspflege nur in Ausnahmefällen an** (vgl. § 7 Nr. 9 und 10). Dem entspricht die Fassung von § 43a Abs. 4 nicht (BVerfGE 108, 150 = NJW 2003, 2520; BGH AnwBl. 2012, 769). 64

64a In den dem § 356 StGB entsprechenden Fall des interessengegensätzlichen Handelns desselben Rechtsanwalts in derselben Rechtssache verlangt auch nach der Entscheidung des BVerfG in BVerfGE 108, 150 = NJW 2003, 2520 das Gemeinwohlinteresse in Gestalt der Rechtspflege weiterhin ein Einschreiten von Kammer und Staatsanwaltschaft. Letztlich entscheidet wie bei § 356 StGB die durch den Auftrag der Parteien abgegrenzte wirkliche Interessenlage, die aber ihrerseits vom Willen der Partei gestaltet wird (*Fischer* StGB § 356 Rn. 7; kritisch dazu *Eylmann* AnwBl. 1998, 359). Eine abweichende Beurteilung dieser Lage durch die Parteien ist ebenso bedeutungslos, wie ihre Einwilligung in ein pflichtwidriges Handeln des Vertreters (BGHSt 4, 80; 5, 284, 309; 7, 21, 17, 305; 18, 192), es sei denn, dass die Einwilligung Interessengegensatz und Pflichtwidrigkeit aufhebt (BGHSt 15, 332), oder es um eine Erweiterung des Anwendungsbereichs zu § 43a Abs. 4 geht (*Kleine-Cosack* AnwBl. 2003, 539 zu BVerfGE 108, 150 = NJW 2003, 2520; → BORA § 3 Rn. 14 ff.). Es wird nicht vorausgesetzt, dass das Verhalten des Rechtsanwalts für seinen Mandanten schädlich oder für die andere Partei nützlich ist (EGH Celle BRAK-Mitt. 1981, 44; OLG Düsseldorf NJW 1989, 2901).

65 Im Übrigen schließt ein Interessengegensatz nicht aus, dass Parteien gleichgerichtete Interessen – wenn auch aus unterschiedlichen Motiven – haben, wodurch der Rechtsanwalt einen größeren Spielraum gewinnt (BGH NStZ 1982, 332; BAG NJW 2005, 921 = BRAK-Mitt. 2005, 92 = AnwBl. 2005, 362 mit Anm. *Kleine-Cosack* 338). Haben **mehrere Beteiligte gleichgelagerte Interessen,** darf der Rechtsanwalt diese gemeinsam vertreten. Tritt aber im Verlaufe des weiteren Verfahrens ein Interessengegensatz auf, muss der Rechtsanwalt beide Parteien darauf hinweisen. Wenn beide Parteien es wünschen, darf er sie weiter vertreten, es sei denn, er müsste dabei in derselben Sache einander widersprechende juristische und/oder tatsächliche Standpunkte vertreten. In diesem Fall, oder wenn eine Partei mit der weiteren Vertretung nicht einverstanden ist, muss der Rechtsanwalt beide Mandate niederlegen (*Grunewald* AnwBl. 2005, 437). Die Vertretung mehrerer Gesamtschuldner auf der Beklagtenseite zur Anspruchsabwehr stellt keine Interessenkollision dar (OLG München BRAK-Mitt. 2010, 277). Zur Vertretung von Miterben und einer Miterbin, die zugleich Pflichtteilsberechtigte ist, AGH SchlH BRAK-Mitt. 2011, 200.

65a Einen Interessenstreit zweier Parteien darf der Rechtsanwalt untereinander ausgleichen (*Fischer* StGB § 356 Rn. 7). Zum Führen von Vergleichsverhandlungen mit der Gegenseite vgl. OLG Düsseldorf NJW 1989, 2901. Eine anwaltliche Tätigkeit als **Mediator** (§§ 7a, 18 BORA) im Einverständnis beider Parteien mit dem Ziel der Vermittlung und Schlichtung ist zulässig. Soweit bei der Mediation auch rechtliche Gesichtspunkte eine Rolle spielen im Sinne einer außergerichtlichen Streitbeilegung, ist dies Besorgung fremder Rechtsangelegenheiten und unterliegt dem Anwaltsprivileg (OLG Rostock NJW-RR 2001, 1290 = MDR 2001, 1197 mit Anm. *Mankowski;* § 18 BORA). Jedoch ist jede spätere anwaltliche Tätigkeit in Sachen, die Gegenstand der Mediation waren, in jeder Hinsicht nach § 43a Abs. 4 ausgeschlossen (OLG Karlsruhe NJW 2001, 3197; Hartung/*Scharmer* BORA § 18 Rn. 46; BRAK-Ausschuss Mediation BRAK-Mitt. 1996, 186; BRAK-Mitt. 1999, 25; *Ewig* BRAK-Mitt. 1996, 147; *Stüer/Rude* DVBl. 1998, 630). Mediatoren besorgen im Allgemeinen fremde Rechtsangelegenheiten und bedurften daher einer Erlaubnis nach dem RBerG (LG Hamburg NJW-RR 2000, 1514; LG Rostock AnwBl. 2001, 178 mit Anm. *Monßen* AnwBl. 2001, 169) bzw. nunmehr nach dem RDG. Zu „Der Mediator zwischen Vertraulichkeit und Zeugnispflicht-Schutz durch Prozessvertrag" vgl. *Eckardt/Dendorfer* MDR 2001, 786 und zu „Mediation und Rechtsberatung" *Henssler* NJW 2003, 241. Der mit der Beitreibung einer Forderung beauftragte Rechtsanwalt handelt nicht pflichtwidrig, wenn er vor Erledigung des Erstauftrages vom Schuldner das Mandat übernimmt, ein Moratorium mit allen Gläubigern herbeizuführen, sofern die vorrangige und vollständige Befriedigung des Erstmandanten vereinbart ist (OLG Karlsruhe AnwBl. 1998, 102). Erkennt der Rechtsanwalt den Widerstreit der Interessen und irrt er lediglich über seine Berechtigung, trotz dieses Widerstreits rechtliche Ausführungen machen zu dürfen, dann schließt dieser Irrtum ein vorsätzliches Handeln nicht aus. Es handelt sich nur um einen Verbotsirrtum (EGH München Urteil vom 17.7.1990 – BayEGH II – 5/90).

66 **5. Vertreten.** Das Verbot der „Vertretung" widerstreitender Interessen (§ 59b Abs. 2 Nr. 1e, § 43a Abs. 4) beinhaltet keine sachliche Abkehr von dem, was bisher mit dem Verbot des **„Tätig"-werdens** in derselben Rechtssache im entgegengesetzten Interesse (§ 45 Nr. 2 aF; § 46 der Grundsätze des anwaltlichen Standesrechts) gemeint war, bzw. was weiterhin mit dem Verbot des pflichtwidrigen **„Dienens"** durch Rat oder Beistand in § 356 StGB bezweckt ist. Ein

pflichtwidriges Dienen iSv § 356 Abs. 1 StGB besteht darin, dass der Rechtsanwalt einer Partei Rat und Beistand leistet, nachdem er einer anderen Partei in derselben Sache, aber im entgegengesetzten Sinne bereits Rat und Beistand gewährt hat (BVerfG NJW 2001, 3180). Mit „Vertretung" ist nicht nur eine solche nach außen gemeint, sondern sie ist im weitesten Sinne zu verstehen und erfasst das Dienen durch Rat oder Beistand. Das ergibt sich schon aus den Gesetzesmotiven zu § 43a Abs. 4, wonach die anwaltliche Berufspflicht nach § 43a Abs. 4 über die Strafbestimmung des § 356 StGB hinausgehen soll (amtliche Begründung, BT-Drs. 12/4993, 27). **Dienen** ist jede berufliche Tätigkeit eines Anwalts, durch die das Interesse des Auftraggebers durch Rat oder Beistand gefördert werden soll (BGH NStZ 1985, 74 = BRAK-Mitt. 1985, 114). Damit ist jede rechtliche oder tatsächliche Tätigkeit bezüglich derselben Rechtssache gemeint. Ob das Verhalten des Rechtsanwalts tatsächlich für seinen Mandanten schädlich und für die andere Partei nützlich ist, ist grundsätzlich unbeachtlich (EGH Celle BRAK-Mitt. 1981, 44). Ein Rechtsanwalt dient auch dann pflichtwidrig beiden Parteien, wenn er im Rahmen beider Mandate denselben Rechtsstandpunkt zu dem ihm anvertrauten Sachverhalt vertritt, dies aber nunmehr den Interessen des ersten Mandanten zuwiderläuft (BGHSt 34, 190 = NJW 1987, 335 = MDR 1987, 157 = NStZ 1987, 73 = AnwBl. 1987, 93 = JR 1987, 476). **§ 356 StGB** setzt voraus, dass der Rechtsanwalt beiden Parteien durch Rat oder Beistand diente. Das erste Dienen ist Tatbestandsvoraussetzung. Das nur auf dem Sozietätsverhältnis beruhende Anvertrautsein der Rechtssache kann die Tatbestandsvoraussetzung des Dienens für die Partei nicht ersetzen. Der Anwalt kann aber eine ihm anvertraute Sache grundsätzlich durch einen Sozius besorgen lassen (BGHZ 56, 355 = NJW 1971, 1801); er hat dann gleichwohl der Partei, die ihm das Mandat erteilte, durch die Heranziehung des Sozius gedient und kann eine andere Partei in derselben Rechtssache nicht mehr straflos beraten oder vertreten (OLG Stuttgart NJW 1986, 948 = NStZ 1986, 412 = JR 1986, 348 = AnwBl. 1987, 493). **§ 43a Abs. 4** knüpft ähnlich wie § 356 StGB daran an, dass der Rechtsanwalt persönlich nicht widerstreitende Interessen wahrnehmen darf. **§ 43a Abs. 4 bezieht sich auf den Einzelanwalt,** der in derselben Sache nicht Parteien mit gegenläufigem Interesse vertreten darf. Die für die Außenhaftung und für die Außenvollmacht der Angehörigen einer Sozietät entwickelten Grundsätze der zivilgerichtlichen Rechtsprechung, die Mandanten und Rechtsverkehr eine erleichterte Zurechnung ermöglichen (vgl. BGHZ 56, 355 = NJW 1971, 838; → § 59a Rn. 29 ff.), können insofern nicht maßgeblich sein. Denn der Schutzzweck des § 43a Abs. 4 (→ Rn. 54) ist ein anderer (BVerfGE 108, 150 = NJW 2003, 2520; *Kleine-Cosack* AnwBl. 2003, 539; zur sozietätsweiten Erstreckung des Verbots aus § 43a Abs. 4 → Rn. 77 ff.; → BORA § 3 Rn. 9 ff.)

a) Verbotenes Vertreten. Als verbotenes Vertreten oder Beraten im entgegengesetzten Inte- 67
resse in derselben Rechtssache **wurde zB angesehen: einverständliche Scheidung** (BGHSt 17, 305; 18, 192; BGH NStZ 1982, 331; LG Hamburg AnwBl. 1980, 120; BRAK-Strafrechtsausschuss BRAK-Mitt. 1985, 141; BGH AnwBl. 2013, 933 – zum Vergütungsanspruch bei gemeinsamer Beratung von Eheleuten). Aber höchstrichterlich ist immer noch nicht verbindlich geklärt, ob dies Parteiverrat nach § 356 StGB darstellt. Die Pflichtwidrigkeit iSd § 356 StGB kann entfallen, wenn die vorhergehende gemeinsame Beratung der Eheleute deren gleichgerichteten Interessen entsprach (OLG Karlsruhe NJW 2002, 3561 = AnwBl. 2003, 55; BayObLG NJW 1981, 833; vgl. auch *Herrmann* BRAK-Mitt. 1985, 66; EG Kassel EGE XII, 140; EGH München EGE XIV, 267). Ein Interessengegensatz zwischen den scheidungswilligen Eheleuten kann sich daraus ergeben, dass der Rechtsanwalt einen wahrheitswidrigen Scheidungsgrund vorträgt, die Scheidungsfolgen noch nicht geklärt sind und eine Übereinkunft nach § 630 Abs. 1 Nr. 3 ZPO noch nicht abgeschlossen ist. Das **Einverständnis der Beteiligten** mit dem Vorgehen des Rechtsanwalts kann diesen Interessengegensatz nicht aufheben. Das Verbot der Doppelvertretung unterliegt grundsätzlich nicht der Verfügungsmacht der Parteien, weil es nicht nur ihrem Schutz, sondern daneben dem Vertrauen in die Anwaltschaft und in die Funktion der Rechtspflege dient (BGH NStZ 1985, 74 = BRAK-Mitt. 1985, 114 Ls.). Die Satzungsversammlung hat in ihrer Begründung zur Neufassung des § 3 BORA zudem ausgeführt: „Die einverständliche Ehescheidung durch einen beide Ehepartner vertretenden Rechtsanwalt empfiehlt sich schon aus anderen Gründen nicht. Erfährt der Rechtsanwalt etwa von einem Ehepartner, dass weiteres, dem anderen Ehepartner unbekanntes Einkommen oder Vermögen vorhanden ist, hindert die Verschwiegenheitspflicht die Weitergabe dieser Information an den anderen Ehepartner, so dass der Rechtsanwalt diesen Ehepartner entgegen seiner Verpflichtung aus dem

Anwaltsvertrag kaum interessengerecht vertreten und damit eine Haftung auslösen kann. Dieser Konflikt ließe sich nur ausnahmsweise lösen, zB wenn beide Ehepartner zu Gunsten des jeweils anderen und in Kenntnis der Rechtsfolgen den Rechtsanwalt von der Verschwiegenheitsverpflichtung entbinden" (BRAK-Mitt. 2006, 212, 213).

67a Ein Rechtsanwalt, der zunächst den Ehemann im Strafverfahren verteidigt und im nachfolgenden Ehescheidungsverfahren die Ehefrau vertritt, kann sich des Parteiverrates schuldig machen, wenn er jederzeit damit rechnen muss, dass einer der Prozessbeteiligten im Ehescheidungsverfahren die Straftaten des Ehemannes in den Rechtsstreit einführt (EG Frankfurt EGE X, 173). In derselben Rechtssache dient ein Anwalt zwei Parteien, wenn er zuerst die **Verteidigung des Ehemannes** im Strafverfahren wegen zugestandenen Sittlichkeitsverbrechens übernimmt und sich nach rechtskräftigem Abschluss von der **Ehefrau mit der Durchführung der Ehescheidung** beauftragen lässt. Pflichtwidrig, nämlich im entgegen gesetzten Interesse, dient der Anwalt beiden Parteien in einem solchen Falle auch dann, wenn er den Ehemann nur mit dem Ziele milder Bestrafung verteidigen sollte (OLG Hamm NJW 1955, 803). Vertritt ein Rechtsanwalt zunächst die Ehefrau im Scheidungsverfahren mit dem Ziel einer schnellen Scheidung, damit sie alsbald ihren Freund heiraten kann und vertritt er später diesen Freund gegen die Ehefrau in einem Rechtsstreit auf Herausgabe von Gegenständen und Zahlungen, die der Freund der Ehefrau im Vertrauen auf eine gemeinsame Zukunft zugewendet hat, so vertritt er widerstreitende Interessen. Es reicht aus, wenn der Rechtsanwalt zu einem Sachverhalt bereits tätig geworden ist, der sich mit dem Sachverhalt des neuen Mandats auch nur teilweise deckt, wenn die daraus resultierenden, materiellen Rechtsverhältnisse Überschneidungen haben und sich gegenläufige Interessen daraus ergeben oder ergeben können. Es ist nicht ausgeschlossen, dass der Rechtsanwalt im Rechtsstreit gegen die Ehefrau Wissen nutzt oder nutzen muss, welches sich aus den Ausführungen der Ehefrau im früheren Mandat ergibt (RAK Köln Rügebescheid vom 19.2.2001 – I. Abt. 1644/00 = EV 233/01 GStA Köln).

68 Wird ein Rechtsanwalt **zugleich für den Insolvenzverwalter und einen Insolvenzgläubiger** tätig, so liegt eine Interessenkollision auch dann vor, wenn er zum Nutzen beider Mandanten handelt (EGH Celle BRAK-Mitt. 1981, 44). An der Vertretung mehrerer **gleichrangiger Gläubiger** im Insolvenzverfahren oder im Verteilungsverfahren nach §§ 872 ff. ZPO ist der Rechtsanwalt erst im Rahmen der §§ 876, 878 ZPO bzw. der Feststellung bestrittener Forderungen gehindert (LK-StGB/*Gillmeister* StGB § 356 Rn. 11 ff.). Zur Interessenkollision bei der Beteiligung eines Sozius an einer von zwei – teilweise miteinander kontrahierenden – beratenen Gesellschaften vgl. OLG Koblenz NJW-RR 2007, 1003 = BRAK-Mitt. 2007, 88.

69 Ein Verstoß gegen das Verbot der **Mehrfachverteidigung** (§ 146 StPO; → § 43a Rn. 80 ff.) lässt wegen Nichtigkeit des Mandatsvertrages gemäß § 134 BGB auch bis zur Zurückweisung des Verteidigers durch das Gericht keinen Vergütungsanspruch gegen den Mandanten entstehen (LG Freiburg NJW 1985, 1912). Beruhen mehrere Ermittlungsverfahren auf einem einheitlichen Lebensverhältnis, nämlich einem angeblichen versuchten Tötungsdelikt und der diesbezüglichen Zeugenaussage, dann liegt dieselbe Rechtssache vor (EGH München Urteil vom 24.2.1981 – BayEGH II – 3/80). Zum Parteiverrat im Strafprozess vgl. *Dahs* NStZ 1991, 561.

69a Die Verteidigung mehrerer Beschuldigter durch einen gemeinschaftlichen Verteidiger ist auch dann unzulässig, wenn sich seine Tätigkeit für einen Beschuldigten auf „rein formelles Gebiet" beschränkt (OLG Düsseldorf BRAK-Mitt. 1983, 155). Mitbeschuldigte derselben Straftat können untereinander „Parteien" sein, gleichviel, ob sie gemeinsam oder getrennt angeklagt werden. Geht die Verteidigung des einen zu Lasten des anderen, verstößt der Rechtsanwalt gegen § 356 StGB, wenn er die Verteidigung eines Tatgenossen führt, obwohl er zuvor schon dem anderen in entgegen gesetztem Interesse gedient hat (OLG Stuttgart NStZ 1990, 542).

69b Eine verbotene Mehrfachverteidigung liegt bereits vor, wenn ein beauftragter Verteidiger für einen Mitbeschuldigten einen anderen Verteidiger auswählt, diesen über den Gegenstand und den Stand des Strafverfahrens unterrichtet und ihm als Vertreter des Mitbeschuldigten eine Vollmacht erteilt (OLG München NJW 1983, 1688 = BRAK-Mitt. 1983, 197). Zur Parteieigenschaft von Nebentätern einer Fahrlässigkeitstat vgl. OLG Oldenburg NStZ 1989, 533. Verstößt ein Rechtsanwalt bei konkreter Interessenkollision gegen das Verbot der Doppelverteidigung (§ 146 StPO), so sind Verweis und Geldbuße gerechtfertigt (EGH Koblenz BRAK-Mitt. 1983, 143). Ein Verteidiger kann auch dann ausgeschlossen werden, wenn das ihm zur Last gelegte Verhalten mangels Strafantrags nicht strafgerichtlich verfolgt, sondern nur im anwaltsgerichtlichen Verfahren geahndet werden kann (BGH MDR 1984, 67 = NJW 1984, 316).

Der Rechtsanwalt kann **nicht gleichzeitig Verteidiger und Beistand eines Zeugen** in derselben Sache sein. Dabei spielt es keine Rolle, dass die Mandanten des Anwalts in derselben Sache unterschiedliche Rechtspositionen als Beschuldigter bzw. Zeuge einnehmen. Maßgeblich ist der zugrundeliegende gleiche Lebenssachverhalt. Die Wahrnehmung der Interessen des Zeugen beruht auf dem gleichen Sachverhalt wie der gegen den Beschuldigten erhobene Strafvorwurf. Wahrheitsgemäß von dem Zeugen beantwortete Fragen können gegen die Interessen des Beschuldigten verstoßen, wenn die Antworten des Zeugen den Beschuldigten belasten. Aber auch wenn der Zeuge entlastende Tatsachen zu berichten hätte, aber selbst in die Situation geriete, von § 55 StPO Gebrauch machen zu können, ist der Interessenkonflikt gegeben. Da im voraus nicht zu überschauen ist, ob eine der genannten oder sonstige Konfliktsituationen vorliegen, ist die Übernahme der Verteidigung und der Zeugenbeistandschaft unzulässig. Das Verbot, widerstreitende Interessen zu vertreten, umfasst alle Fallgestaltungen, in denen es zur Kollision von Interessen kommen kann (Henssler/Prütting/*Henssler* § 43a Rn. 169 ff.). Die Entscheidung des BVerfG vom 17.4.2000 zum Ausschluss eines Rechtsanwalts als Zeugenbeistand (BVerfG MDR 2000, 791 = BRAK-Mitt. 2000, 139) berührt die berufsrechtliche Frage des Interessenkonflikts nicht. Das BVerfG hat lediglich bestätigt, dass es für die prozessuale Zurückweisung eines Zeugenbeistandes der rechtlichen Grundlage ermangele. § 146 StPO gilt nicht für die Zurückweisung eines Zeugenbeistandes. Die Frage, ob ein Interessenkonflikt vorliegt, wird durch die Entscheidung des BVerfG nicht berührt (RAK Köln Beschluss vom 13.3.2001 – III. Abt. 787/00). Für den angeklagten Rechtsanwalt, der einen an derselben Tat (§ 264 StPO) beteiligten Mitangeklagten verteidigt, gelten die §§ 138 ff. StPO (Meyer-Goßner/Schmitt/*Schmitt* StPO § 146 Rn. 3). **69c**

Die **Vertretung eines Mandanten im Strafverfahren und die nachfolgende Vertretung seines Arbeitgebers in einem Kündigungsprozess gegen den Mandanten** verstößt gegen das Verbot der Wahrnehmung widerstreitender Interessen, wenn die Lebensverhältnisse, die dem Strafverfahren zugrunde lagen, auch für die arbeitsrechtliche Auseinandersetzung von Bedeutung sind (EGH München EGE XIV, 244). Ein Rechtsanwalt macht sich des Parteiverrats schuldig, wenn er nach einem Verkehrsunfall gleichzeitig oder nacheinander den unfallverursachenden Fahrer/Halter des Kraftfahrzeugs in einem Ermittlungs-, Ordnungswidrigkeiten- oder Strafverfahren und einen Unfallgeschädigten (auch Fahrzeuginsassen) in einem zivilrechtlichen Schadensersatzprozess gegen den Haftpflichtversicherer des Schädigers vertritt (BayObLG NJW 1995, 606 = Rbeistand 1994, 89; dazu auch *Wirsching* DAR 2004, 173; *Kääb* NZV 2003, 121). Das **Wiederaufnahmeverfahren** eines zu Strafe Verurteilten und das **Strafverfahren gegen einen in der Hauptverhandlung vernommenen Zeugen** wegen Verletzung der Wahrheitspflicht können „dieselbe Rechtssache" betreffen (BGHSt 5, 301). **69d**

Eine **Treuhandstellung** gegenüber der Gesellschaft lässt sich nicht mit einer **Klage gegen einzelne ihrer Kommanditisten** vereinbaren (EGH Hamm BRAK-Mitt. 1981, 42). Ein Rechtsanwalt, der zwei Miterben wegen der Teilauseinandersetzung mit einem Dritten beraten hat, handelt pflichtwidrig, wenn er bei der dann beschlossenen vollständigen Auseinandersetzung der Erbengemeinschaft einen dieser Miterben auch gegenüber dem früheren zweiten Mandanten vertritt (BayObLG NJW 1989, 2903 = NStZ 1989, 532). Wenn eine Anwaltssozietät im Rahmen einer für einen Mandanten übernommenen Hausverwaltung Renovierungsarbeiten vergibt und sich dafür von dem Handwerker eine Provision versprechen lässt, so ist diese Vereinbarung sittenwidrig und nichtig. Darin liegt ein Parteiverrat (OLG Frankfurt NJW 1990, 2131 = MDR 1990, 1009 = BRAK-Mitt. 1990, 179). **70**

Das Verbot der Vertretung widerstreitender Interessen ist verletzt, wenn ein Anwalt bei der Abwicklung eines notariellen Kaufvertrags treuhänderische Pflichten sowohl gegenüber seinem Mandanten als auch dem Gegner gegenüber übernimmt, unabhängig von der Einwilligung der Parteien (Hamburgisches Anwaltsgericht BRAK-Mitt. 2008, 278; *Kahlert* BRAK-Mitt. 2009, 264). Zur Interessenkollision bei doppelter Treuhand in Scheidungssachen: LG Freiburg AnwBl. 2009, 869. **70a**

Legt ein Rechtsanwalt nach Aufdeckung des Doppelmandates zwar das eine Mandat, nicht aber das andere Mandat nieder, handelt er pflichtwidrig. Es reicht nicht aus, nach Aufklärung des Doppelmandates das Mandat des einen Unfallbeteiligten niederzulegen, sondern aufgrund des mit beiden Unfallgegnern begründeten Vertrauens- und Treueverhältnisses ist es zur sicheren Vermeidung eines Tätigwerdens im entgegen gesetzten Interesse geboten, auch das Mandat für den anderen Unfallbeteiligten unverzüglich zu beenden (EGH München Urteil vom 5.2.1980 – **71**

BayEGH II – 22/79 – zu § 3 Abs. 4 BORA. Zum Interessengegensatz bei der Vertretung mehrerer Geschädigter eines Verkehrsunfalls LG Saarbrücken BRAK-Mitt. 2015, 143; *Höfle* Zfs 2002, 413; *Kääb* NZV 2003, 121).

72 **b) Zulässige Tätigkeit.** Der Anwalt, der im Auftrag eines Straftäters die Verteidigung des Beschuldigten übernimmt, der nach einem mit dem Täter gefassten Plan die Straftat auf sich nimmt, und der diese Verteidigungsstrategie hinnimmt und aufrechterhält, begeht, da er damit gleichlaufende, nicht aber entgegen gesetzte Interessen wahrnimmt, keinen Parteiverrat (BGH NStZ 1982, 465; kritisch dazu *Eylmann* AnwBl. 1998, 359). Erstattet ein Strafverteidiger auf Verlangen des von ihm verteidigten Angeklagten eine Strafanzeige gegen einen Dritten wegen eines Sachverhalts, der nicht denselben Tatkomplex betrifft und verteidigt der Strafverteidiger dann auch den Dritten in dem auf seine Strafanzeige eingeleiteten Strafverfahren, so betreffen die beiden Strafverfahren nicht dieselbe Rechtssache iSv § 356 StGB (OLG Koblenz NJW 1985, 1177). Aber die Erstattung der Strafanzeige und die Verteidigung beziehen sich auf dieselbe Rechtssache iSd § 3 BORA, § 43a Abs. 4.

73 Legt der gegen § 43a Abs. 4 verstoßende Prozessbevollmächtigte das Mandat nieder und reicht der neue Prozessbevollmächtigte, gegen den kein Tätigkeitsverbot besteht, die von dem früheren Prozessbevollmächtigten entworfene Klageschrift neu ein, wobei er diese selbst unterschreibt, dann verstößt der neue Prozessbevollmächtigte nicht gegen § 43a Abs. 4; er leistet damit keine „Beihilfe" zum Verstoß gegen § 43a Abs. 4. Gemäß den vom BGH NJW 1989, 394 betonten Grundsätzen kommt es nicht darauf an, wer Urheber eines anwaltlichen Schriftsatzes ist, sondern allein, wer ihn unterschrieben hat. Dadurch übernimmt der Anwalt die volle Verantwortung für den Inhalt des Schriftsatzes. Demzufolge ist allein darauf abzustellen, ob der unterschreibende Rechtsanwalt die Merkmale des § 43a Abs. 4 erfüllt, nicht ob dieses auf den Urheber des Schriftsatzes zutrifft (OLG Hamm AnwBl. 1989, 397 zu § 45 Nr. 2 aF).

74 In der Erteilung einer Rechtsauskunft an einen Rechtsanwalt ist keine Beihilfe zu dessen Parteiverrat zu sehen, da der Wille des Rechtsanwalts darauf gerichtet ist, pflichtgemäß Rat zu erteilen, und nicht darauf, eine Straftat zu fördern (BGH NJW 1992, 3047 = StV 1993, 28 = BRAK-Mitt. 1993, 114, nur Ls. = NStZ 1993, 43). § 146 StPO verbietet nicht, dass sich die Verteidiger mehrerer derselben Tat Beschuldigter untereinander besprechen und ihr Vorgehen miteinander abstimmen. Zur Entwicklung einer solchen – in den Grenzen der §§ 258, 356 StGB zulässigen – gemeinsamen Verteidigungsstrategie kann der eine Verteidiger auch an Gesprächen teilnehmen, die der andere Verteidiger mit seinem Mandanten führt. Eine derartige Zusammenarbeit allein vermag die konkrete Vermutung für eine Tätigkeit zu Gunsten des weiteren Beschuldigten, die den Interessen des eigenen Mandanten zuwiderläuft, nicht zu begründen (OLG Düsseldorf NJW 2002, 3267; → Rn. 69; → § 43 Rn. 13, 14).

75 Vertritt ein Rechtsanwalt einen Geschädigten nach einem Verkehrsunfall zur Durchsetzung von Haftpflichtansprüchen, dann ist die Erteilung eines Strafaktenauszuges an die gegnerische Versicherung regelmäßig nicht pflichtwidrig, da die Erteilung dieses Strafaktenauszugs der Beschleunigung der Abwicklung der Ansprüche des Mandanten und deren Nachweis dienen. Im Einzelfall kann dies anders sein, wenn sich aus den Akten Dinge ergeben, die Abträgliches über den eigenen Mandanten nachweisen, gar die Aktivlegitimation zur Durchsetzung der Ansprüche in Frage stellen, Mitverschulden oder Mitverursachung begründen. Im Einzelfall kann es aus solchen Gründen pflichtwidrig sein, dem eigenen Versicherer des Mandanten solche Auszüge von Straf- oder Ermittlungsakten zur Verfügung zu stellen (*Kääb* NZV 1991, 169). Zum Interessengegensatz beim fingierten Unfall, wenn die verklagte Kfz-Haftpflichtversicherung einen Anwalt mit der Wahrnehmung ihrer Interessen und derjenigen des Versicherungsnehmers beauftragt, vgl. ebenfalls *Kääb* NZV 1991, 169; *Freyberger* VersR 1991, 842.

76 Ein Rechtsanwalt verstößt nicht gegen § 43a Abs. 4, wenn er in einem Beschlussverfahren nach § 103 Abs. 2 BetrVG gleichzeitig den Betriebsrat und das betroffene Betriebsratsmitglied vertritt. Denn Betriebsrat und Betriebsratsmitglied haben in diesem Verfahren in der Regel dasselbe Ziel, nämlich die Abwehr des Zustimmungsersetzungsantrags. Gelangt der Betriebsrat allerdings zu der Auffassung, er wolle an der Zustimmungsverweigerung nicht mehr festhalten, können widerstreitende Interessen entstehen. Der Rechtsanwalt muss in diesem Fall beide Mandate niederlegen, um nicht gegen das Verbot der Vertretung widerstreitender Interessen zu verstoßen (BAG BRAK-Mitt. 2005, 92 = AnwBl. 2005, 362; *Kleine-Cosack* AnwBl. 2005, 338). Bei einer rechtlichen oder faktischen Beteiligung eines Mitglieds einer Sozietät an den – teilweise

miteinander kontrahierenden – beratenen Gesellschaften kann der Annahme einer Interessenkollision entgegenstehen, dass die Gesellschaften gleichgerichtete Interessen verfolgen, was insbesondere bei einer wechselseitigen Verflechtung unter einheitlicher Führung nahe liegt (OLG Koblenz NJW-RR 2007, 1003 = BRAK-Mitt. 2007, 88).

6. Erstreckung des Tätigkeitsverbotes auf Rechtsanwälte einer Berufsausübungs- oder Bürogemeinschaft. Seit jeher ist die Frage einer möglichen Erstreckung des Verbots aus § 43a Abs. 4 auf alle Rechtsanwälte umstritten, die mit dem von dem Verbot betroffenen Rechtsanwalt in einer Berufsausübungs- oder Bürogemeinschaft gleich welcher Rechts- oder Organisationsform (→ BORA § 3 Rn. 9) verbunden sind. Überwiegend wurde diese Möglichkeit bejaht, obwohl in § 43a Abs. 4 eine den §§ 45 Abs. 3, 46 Abs. 3 entsprechende Erstreckungsregelung fehlt. So sah denn auch § 3 Abs. 2 BORA aF eine weitgehende Erstreckung ohne Berücksichtigung ev. Besonderheiten des Einzelfalles vor (für Erstreckung 6. Aufl. § 43a Rn. 57 ff., BORA § 3 Rn. 3; Henssler/Prütting/*Henssler* § 43a Rn. 165, BORA § 3 Rn. 9 ff.; *Eylmann* AnwBl. 1998, 359; *Hartung* 2. Aufl. BORA § 3 Rn. 44 ff.; abl. *Kleine-Cosack* § 43a Rn. 124 ff., BORA § 3 Rn. 1). 77

Mit Beschluss vom 3.7.2003 entschied das BVerfG, dass § 3 Abs. 2 BORA aF mit Art. 12 Abs. 1 GG unvereinbar und nichtig ist (BVerfGE 108, 150 = NJW 2003, 2520; → BORA § 3 Rn. 1). Dies war für die Satzungsversammlung Anlass zur Neufassung des § 3 BORA insgesamt, wobei die vom BVerfG entwickelten Grundsätze für Fälle des Sozietätswechsels auch auf die Fälle widerstreitender Mandate innerhalb einer Berufsgemeinschaft übertragen wurden (→ BORA § 3 Rn. 3). 78

Aber auch eine Erstreckung des Verbots der Wahrnehmung widerstreitender Interessen auf die mit dem Rechtsanwalt in einer Sozietät pp. beruflich verbundenen Kollegen wurde in § 3 BORA wiederum vorgesehen, da das BVerfG ebenfalls entschieden hatte, § 43a Abs. 4 schließe eine solche Erstreckung nicht generell aus, soweit dabei unter Beachtung der Freiheit der Berufsausübung und der Mandanteninteressen der Gesichtspunkt der Verhältnismäßigkeit beachtet werde (BVerfGE 108, 150 = NJW 2003, 2520; OLG Düsseldorf BRAK-Mitt. 2012, 134). Dementsprechend bestimmen § 3 Abs. 2 S. 2 und 3 BORA nunmehr, die Erstreckung trete nicht ein, „wenn sich im Einzelfall die betroffenen Mandanten in den widerstreitenden Mandaten nach umfassender Information mit der Vertretung ausdrücklich einverstanden erklärt haben und Belange der Rechtspflege nicht entgegen stehen. Information und Einverständniserklärung sollen in Textform erfolgen". Mit Beschluss vom 20.6.2006 hat das BVerfG diese Regelung für verfassungsgemäß erklärt (BVerfG NJW 2006, 2469 = BRAK-Mitt. 2006, 170 = AnwBl. 2006, 580). Zu den Einzelheiten der Erstreckung des Vertretungsverbots → BORA § 3 Rn. 9 ff. 79

Die berufsrechtliche Erstreckung durch § 3 BORA in den Grenzen von dessen Abs. 2 kann insbesondere im Falle der **Verteidigung mehrerer Beschuldigter** in einem Verfahren durch Rechtsanwälte einer Sozietät problematisch werden (vgl. *Eylmann* AnwBl. 1998, 359). Strafprozessual ist nach § 146 StGB – unabhängig davon, ob ein Interessenwiderstreit tatsächlich vorliegt und ohne dass dies vom Gericht geprüft wird (BGHSt 26, 367, 370; 27, 22; Meyer-Goßner/Schmitt/*Schmitt* StPO § 146 Rn. 8 ff.; OLG Düsseldorf NStZ 1988, 289; → Rn. 69) – dem einzelnen Rechtsanwalt verboten, gleichzeitig mehrere derselben Tat (§ 264 StPO) Beschuldigte zu verteidigen und in einem Verfahren darf er auch nicht gleichzeitig mehrere verschiedener Taten Beschuldigte verteidigen. Im Hinblick auf die streng personenbezogene Stellung des Verteidigers ist es mit Art. 12 Abs. 1 GG nicht vereinbar, § 146 StPO den Sinn beizulegen, dass die Verteidigung mehrerer Beschuldigter durch Rechtsanwälte einer Sozietät verboten sei, wenn jeder der Rechtsanwälte einen anderen Beschuldigten verteidigt (BVerfGE 43, 79 = NJW 1977, 99; BVerfGE 45, 272 = NJW 1977, 1629). Dabei ist das BVerfG ersichtlich davon ausgegangen, dass eine Interessenkollision im zu entscheidenden Fall nicht entstehen konnte (kritisch *Eylmann* AnwBl. 1998, 359). Die Vertretung mehrerer Beschuldigter einer Straftat durch mehrere Rechtsanwälte einer Berufsausübungsgemeinschaft bleibt so lange möglich, wie die Interessen parallel laufen, etwa wenn alle schweigen oder gleich lautende einander nicht widersprechende Einlassungen abgeben. Weil sich die Verteidigungsstrategie aber jederzeit ändern kann, kann es sich von vornherein empfehlen, das Verfahren nach § 3 Abs. 2 S. 2 BORA (vgl. § 3 BORA) durchzuführen. Ändert sich später die Verteidigungsstrategie mit der Folge, dass die Interessen nunmehr widerstreiten, bleibt dann zu prüfen, ob die Einverständniserklärung unter diesen Umständen fortgilt und ob der fortgeführten Verteidigung innerhalb einer Berufsausübungsgemeinschaft 80

Belange der Rechtspflege entgegenstehen (→ BORA § 3 Rn. 1 ff.). Stehen dem Belange der Rechtspflege entgegen, löst dies das Tätigkeitsverbot entsprechend § 3 Abs. 1, Abs. 2 BORA aus mit der Folge, dass jedenfalls ab diesem Zeitpunkt keine Vergütungsansprüche mehr entstehen können und nach § 3 Abs. 4 BORA alle Mandate zu beenden sind (Satzungsversammlung in BRAK-Mitt. 2006, 212, 214).

81 Eine Vertretung materiell widerstreitender Interessen durch Mitglieder einer Sozietät wollte das BVerfG nicht zulassen. Das berufsrechtliche Verbot, das einen aktuell vorhandenen Interessenwiderstreit voraussetzt, reicht hinsichtlich einer Erstreckung auf Sozien weiter als § 146 StPO, der bereits einen potentiellen Interessenkonflikt vermeiden soll (BVerfG NJW 2006, 2469 = BRAK-Mitt. 2006, 170 = AnwBl. 2006, 580; Henssler/Prütting/*Henssler* § 43a Rn. 166; AnwG Köln Beschluss vom 3.7.2002 – EV 136/02). Andererseits kann § 146 StPO auf diese Fälle nicht entsprechend angewendet werden. Die Möglichkeit der Zurückweisung durch den Strafrichter wegen Interessengegensatzes, ohne dass ein Fall des § 146 StPO vorliegt, besteht nicht. Nach dem Willen des Gesetzgebers müssen Verteidiger einen solchen Konflikt schon im Hinblick auf § 356 StGB selbst lösen (amtliche Begründung, BT-Drs. 10/1313, 22; BGH NStZ 1992, 292; OLG Düsseldorf NStZ 1991, 352; KK-StPO/*Laufhütte/Willnow* StPO § 146 Rn. 9; Meyer-Goßner/Schmitt/*Schmitt* StPO § 146 Rn. 1). Die Einhaltung berufsrechtlicher Vorschriften ist allein dem Anwalt, auch dem Pflichtverteidiger überantwortet. Berufsrechtswidrige Akte – auch Verstöße gegen § 43a und § 3 BORA – können von daher den Widerruf einer Pflichtverteidigerbestellung nicht ohne weiteres begründen. Allenfalls grobe Verstöße gegen berufsrechtliche Regeln können Anlass zum Widerruf der Pflichtverteidigerbestellung geben (OLG Frankfurt NJW 1999, 1414). Mitglieder einer Berufsausübungs- oder Bürogemeinschaft sind aber berufsrechtlich gehalten, auch in Fällen, in denen § 146 StPO eine Verteidigung mehrerer Beschuldigter durch sie nicht verbietet, zu beachten, dass dadurch ein konkreter Interessengegensatz nicht entsteht. Würde der einzelne Anwalt bei der Verteidigung mehrerer Mandanten in einen Interessenkonflikt geraten, ist die Verteidigung sowohl für ihn als auch für alle mit ihm in gemeinschaftlicher Berufsausübung verbundenen Personen verboten (§ 43a Abs. 4 iVm § 3 Abs. 2 S. 1 BORA; Henssler/Prütting/*Henssler* § 43a Rn. 166; *Eylmann* AnwBl. 1998, 359; AnwG Köln Beschluss vom 3.7.2002 – EV 136/02), es sei denn die betroffenen Mandanten erklären sich mit der gleichzeitigen Vertretung entsprechend § 3 Abs. 2 S. 2 und 3 BORA ausdrücklich einverstanden und Belange der Rechtspflege stehen dem nicht entgegen (→ BORA § 3 Rn. 15).

82 Damit besteht aber kein generelles Verbot der Verteidigung von Mittätern durch Sozien. Es mag zwar häufig der Fall sein, dass bei der Verteidigung mehrerer Beschuldigter durch Mitglieder einer Sozietät die Annahme eines Interessenwiderstreits nahe liegt, wenn die den Beschuldigten zur Last gelegten Taten zu einem einheitlichen Lebenssachverhalt (§§ 155 Abs. 1, 264 StPO) gehören. Dies muss aber nicht immer der Fall sein. Auch in diesen Fällen kann je nach Fallgestaltung die Annahme widerstreitender Interessen ausscheiden, nämlich dann, wenn die Tatbeteiligten in ihrer Verteidigung übereinstimmen (OLG Stuttgart NStZ 1990, 543 mit Anm. *Geppert;* LK-StGB/*Gillmeister* StGB § 356 Rn. 42). Davon ist zudem auch das BVerfG in seiner Entscheidung BVerfGE 43, 79 ausgegangen (→ Rn. 80) und es hat später aus dem Umstand, dass § 146 StPO schon einen potentiellen Interessenkonflikt vermeiden soll, während das berufsrechtliche Verbot aus § 43a Abs. 4, § 3 BORA einen aktuell vorhandenen Interessenwiderstreit voraussetzt, geschlossen, dass in dem Zwischenraum zwischen potentiellem und aktuellem Widerstreit es zulässig ist, dass von den in einer Sozietät zusammengeschlossenen Rechtsanwälten aufgrund entsprechender Einzelvollmacht jeder einen anderen Mitbeschuldigten verteidigt (BVerfG NJW 2006, 2469). Nach Entstehen eines Interessengegensatzes kann eine Erstreckung eines sich daraus ergebenden Tätigkeitsverbotes nur noch nach § 3 Abs. 2 S. 2 und 3 BORA entfallen (→ BORA § 3 Rn. 14 ff.).

83 Sozien, die die Verteidigung solcher Tatgenossen übernehmen, müssen sich jedoch im Klaren sein, welche Gratwanderung sie unternehmen. Denn immer dann, wenn die Übereinstimmung der Interessen nachträglich entfällt, greift über § 3 Abs. 2 S. 1 iVm Abs. 1 BORA das Tätigkeitsverbot für alle Sozien. Entwickelt sich die Verteidigung auch nur eines Mitbeschuldigten zu Lasten der anderen, zB bei Beschuldigung des einen durch einen anderen, bei Minderung des eigenen Tatanteils auf Kosten des anderen, bei widersprechenden Beweisanträgen pp., dann müssen alle Sozien § 3 Abs. 2 S. 2 und 3 beachten und wenn danach ein Erstrecken des Tätigkeitsverbotes (§ 3 Abs. 2 S. 1 BORA) nicht entfällt, dann müssen sie alle nach § 3 Abs. 4 BORA ihre Mandate niederlegen.

Aufgrund der Pflicht zur umfassenden Beratung der Mandanten (→ § 44 Rn. 17 f.) müssen die Sozien, die die Verteidigung von Mittätern mit zunächst übereinstimmenden Verteidigungsinteressen übernehmen, diese darüber belehren, dass sie die Mandate niederlegen müssen, falls sich im Verlaufe des Verfahrens widerstreitende Interessen ergeben und dann ein Erstrecken des Tätigkeitsverbotes nicht nach § 3 Abs. 2 S. 2 und 3 BORA entfällt. 83a

Zu den **Auswirkungen eines Verstoßes** gegen das Verbot der Vertretung widerstreitender Interessen im Prozess s. LG München BRAK-Mitt. 2010, 40; OLG München AnwBl. 2009, 868; OLG Rostock AnwBl. 2008, 633 mit krit. Anm. *Hartung;* OLG München AnwBl. 2015, 94 n. rkr.; BGH NJW 2013, 933. Ein Verstoß des Rechtsanwalts gegen § 43a Abs. 4 berührt nicht die Wirksamkeit der ihm erteilten Prozessvollmacht und der von ihm namens der Partei vorgenommenen Prozesshandlung (OLG Braunschweig MDR 2003, 1024; BGH BRAK-Mitt. 2009, 189; AnwBl. 2009, 653). 83b

VI. Fremdgelder (Abs. 5; § 4 BORA)

Schrifttum: *Brexl,* Erleichterungen für Anwälte bei der Geldwäschebekämpfung Anordnung der Bundesrechtsanwaltskammer, AnwBl. 2003, 638; *Evers,* Der Rechtsanwalt als Treuhänder im Bauherrenmodell, NJW 1983, 1652; *Feuerich,* Die Pflicht des Rechtsanwalts zur unverzüglichen Weiterleitung fremder Gelder an den Empfangsberechtigten, BRAK-Mitt. 1988, 167; *Hellwig,* Die neue Geldwäscherichtlinie, AnwBl. 2002, 144; *Henke,* Dürfen Anwälte Gebührenansprüche mit Fremdgeld verrechnen?, AnwBl. 2007, 290; *Johnigk,* Anwaltstätigkeit unter dem Geldwäschegesetz, BRAK-Mitt. 1994, 58; *ders.,* Missverständnisse bei der „Pflicht" zur Errichtung eines Anderkontos und zur Funktion eines Sammelanderkontos, BRAK-Mitt. 2012, 104; *Kießling,* Die Kontenführung im Insolvenzverfahren, vor allem durch Rechtsanwälte, NZI 2006, 440; *Lange,* Treuhandkonto in Zwangsvollstreckung und Insolvenz, NJW 2007, 2513; *Leitner,* Eine Dekade der Geldwäschegesetzgebung, AnwBl. 2003, 675; *Spieker,* Die Behandlung von Fremdgeld, FS zum 125-jährigen Bestehen der RAK Hamm, 2004, 359; *Zuck,* Anwaltliche Berufsausübung, Berufsrecht und Berufsmoral, AnwBl. 2002, 3.

1. Sinn und Zweck. Die Sorgfaltspflicht des Rechtsanwalts beim Umgang mit fremden Vermögenswerten resultiert aus dem vertraglichen Vertrauensverhältnis zu seinem Mandanten und der Erwartung in die uneingeschränkte Integrität des Rechtsanwalts in seiner Stellung als Organ der Rechtspflege (BT-Drs. 12/4993, 28 = BR-Drs. 93/93, 82). Der Schutz des allgemeinen Vertrauens in Korrektheit und Integrität der Anwaltschaft in allen finanziellen Fragen und damit zugleich der Funktionsfähigkeit der Anwaltschaft in der Rechtspflege ist vorrangig Schutzzweck des § 43a Abs. 5; daneben tritt der Schutz der Interessen der Mandanten. 84

Dieses **Allgemeininteresse** rechtfertigt es, die Einhaltung rein zivilrechtlicher Pflichten aus dem Mandatsvertrag, deren Verletzung zivilrechtliche Schadensersatzansprüche und unter Umständen strafrechtliche Sanktionen (§§ 246, 266 StGB) nach sich ziehen kann, zusätzlich als berufsrechtliche Grundpflicht auszugestalten (Henssler/Prütting/*Henssler* § 43a Rn. 219; Hartung/*Scharmer* § 43a Rn. 80). Damit wird die Verletzung der zivilrechtlichen Pflichten auch zu einer anwaltsgerichtlich zu ahndenden Berufspflichtverletzung (→ § 43 Rn. 14; Henssler/Prütting/*Henssler* § 43a Rn. 219; NdsAGH BRAK-Mitt. 2008, 172). 85

2. Tatbestand. a) Grundpflicht. Der Tatbestand des § 43a Abs. 5, der über § 59b Abs. 2 Nr. 1 lit. f durch § 4 BORA näher konkretisiert wurde, enthält zunächst die Grundpflicht, dass der Rechtsanwalt „bei der Behandlung der ihm anvertrauten Vermögenswerte zu der erforderlichen Sorgfalt verpflichtet" ist. Es gilt dabei ein **wirtschaftlicher Vermögensbegriff.** Alles, was nach wirtschaftlicher Betrachtungsweise geldwert ist, stellt einen Vermögenswert iSd § 43a Abs. 5 und des § 4 BORA dar (vgl. Zusammenstellung bei Hartung/*Scharmer* § 43a Rn. 98). Damit sind nicht nur Gelder und körperliche Gegenstände, sondern auch Rechte an Sachen und Rechten vom Schutzzweck der Normen erfasst. Auch geldwerte Geheimnisse, wie Betriebsgeheimnisse – auch unterhalb der Schwelle patent- und urheberrechtsfähiger Qualität – werden davon erfasst. Schließlich gehören auch Urkunden hierher, soweit sie wirtschaftliche Bedeutung haben. Es können somit Vollstreckungstitel, andere Originalurkunden, Abschriften, Kopien und sonstige Schriftstücke iSd § 50 Abs. 3, § 17 BORA, denen ein wirtschaftlicher Wert zukommt, von § 43a Abs. 5, § 4 BORA erfasst werden. 86

Dabei ist ohne Belang, dass diese Schriftstücke auch dem § 50 unterliegen (Hartung/*Scharmer* § 43a Rn. 100). Bloße Vermögensinteressen fallen nicht unter § 43a Abs. 5. Die Weiterleitungspflicht (§ 4 Abs. 2 S. 1 BORA) geht regelmäßig der Aufnahme in die Handakten vor, wenn nicht vertraglich ausdrücklich oder konkludent etwas anderes vereinbart wurde. Bloße Aussichten auf geldwerte Vermögensvorteile oder bloße Vermögensinteressen fallen grundsätzlich nicht 87 unter § 43a Abs. 5, ebenso wenig Urkunden und andere Sachen, die keinen wirtschaftlichen sondern nur einen Affektionswert haben. Gibt der Rechtsanwalt solche ihm anvertraute Sachen nicht zurück, bewahrt er sie nicht sorgfältig auf sondern verschlampt er sie, dann verhält er sich zwar vertragswidrig und verstößt er eventuell gegen § 50, § 17 BORA, ist dies aber kein Verstoß gegen § 43a Abs. 5 (→ § 43 Rn. 14). Ist der Rechtsanwalt nachlässig bei der Geltendmachung oder Durchsetzung einer Forderung, führt er einen Prozess nicht professionell und verliert der Mandant deshalb den Prozess oder schließt er infolge mangelhafter Beratung einen ihn schädigenden Vertrag, so kann das zivilrechtlich Schadensersatzansprüche des Mandanten auslösen, aber berufsrechtlich ist dies grundsätzlich nicht ahndbar (→ § 43 Rn. 14; Henssler/Prütting/*Henssler* § 43a Rn. 224).

88 Anders kann es aber sein, wenn der Rechtsanwalt mit wenigstens bedingtem Vorsatz durch Untätigkeit, Bummelei pp. seinen Mandanten schädigt, er zB durch Untätigkeit die Verjährung einer Forderung des Mandanten eintreten lässt (BGH NJW 1983, 461 = JR 1983, 515 = BRAK-Mitt. 1983, 48). Im Rahmen des § 43a Abs. 5 ist es bedeutungslos, ob die dem Rechtsanwalt anvertrauten Vermögenswerte aus zivilrechtlich angreifbaren Geschäften herrühren; das kann allenfalls Bedeutung im Rahmen der Pflichten des Rechtsanwalts nach dem Geldwäschegesetz haben (Hartung/*Scharmer* § 43a Rn. 99).

89 **b) Anvertrautsein.** Anvertraut iSd § 43a Abs. 5 sind dem Rechtsanwalt Vermögenswerte dann, wenn ihm in seiner Funktion als Organ der Rechtspflege (§ 1), also im Rahmen seiner Berufsausübung die tatsächliche oder rechtliche Verfügungsmacht im Interesse des Mandanten eingeräumt wurde, zB durch Übergabe der Sache oder Einräumung der Bankvollmacht. Zu seiner Berufstätigkeit gehört dabei auch seine Tätigkeit als Betreuer, Nachlassverwalter, Testamentsvollstrecker, Insolvenzverwalter, Vergleichsverwalter, Sequester, Verwalter nach § 857 Abs. 4 ZPO, Treuhänder oÄ (Hartung/*Scharmer* § 43a Rn. 89). Die sachenrechtlichen Besitz- und Eigentumsverhältnisse sind nicht entscheidend; es kommt allein darauf an, ob der Mandant die Herausgabe an sich oder an einen Dritten verlangen kann. Es ist daher auch egal, von wem dem Rechtsanwalt die Verfügungsmacht eingeräumt wurde. Erfasst wird gemäß § 667 BGB alles, was der Rechtsanwalt „aus der Geschäftsbesorgung erlangt" hat (Henssler/Prütting/*Henssler* § 43a Rn. 223; Hartung/*Scharmer* § 43a Rn. 106). Nicht nur alles, was der Anwalt von seinem Mandanten erhalten hat, ist ihm anvertraut, sondern auch die Werte, die dem Anwalt als Vertreter seines Mandanten von Dritten zugewendet werden und dem Mandanten zustehen (Henssler/Prütting/*Henssler* § 43a Rn. 223). Dabei ist auch gleichgültig, ob diese Werte abredegemäß zu ihm gelangt sind. Selbst dann, wenn auf dem Kanzleikonto des Rechtsanwalts fremde Gelder eingehen, obwohl die Gegenseite schriftlich aufgefordert worden war, direkt auf das Konto des Mandanten einzuzahlen, liegt ein Anvertrautsein vor und gilt § 667 BGB (Hartung/*Scharmer* § 43a Rn. 106 auch zu weiteren Fallgestaltungen des Anvertrautseins).

90 **c) Sorgfalt, unverzügliche Weiterleitung.** Hinsichtlich aller anvertrauten Vermögenswerte ist der Rechtsanwalt zu der **erforderlichen Sorgfalt** verpflichtet, um diese zu sichern. Was erforderlich ist, bestimmt sich insbesondere nach den Umständen und der vertraglichen Zweckbestimmung. § 43a Abs. 5 S. 2 und § 4 Abs. 2 BORA konkretisieren das für fremde Gelder und sonstige Vermögenswerte, insbesondere für Wertpapiere und andere geldwerte Urkunden, solange nicht etwas anderes vereinbart ist, dahingehend, dass diese **„unverzüglich",** dh ohne schuldhaftes Zögern (§ 121 Abs. 1 BGB) an den Berechtigten weiterzuleiten sind. Bei zweckgebundenem Geld bedeutet dies, dass mit der Weiterleitung grundsätzlich der Zweck zu erfüllen ist. Solange das nicht möglich ist, sind Fremdgelder auf Anderkonten zu verwalten, sonstige Vermögenswerte gesondert zu verwahren. Behält der Rechtsanwalt Fremdgelder längere Zeit auf seinem Kanzleikonto, handelt er seiner berufsrechtlichen Pflicht zuwider (Henssler/Prütting/*Henssler* § 43a Rn. 226c; Hartung/*Scharmer* § 43a Rn. 117). Will er damit vorsätzlich einen Liquiditätsengpass überbrücken, nutzt er die Gelder sonst zu eigenen Zwecken oder setzt er sie dem drohenden Zugriff seiner Gläubiger aus, dann kommt Untreue in Betracht (BGH StV 1986, 204). Die Einlassung beruflicher Überlastung vermag den Rechtsanwalt bei nicht rechtzeitiger Weiterleitung fremder Gelder nicht zu entlasten. Hinsichtlich der **Fristen,** innerhalb der ein unverzügliches Weiterleiten angenommen werden kann, ist auf die Besonderheiten des Einzelfalles abzustellen. In Fällen, in denen das Geld dem Rechtsanwalt persönlich übergeben wurde, wird nur eine Weitergabe innerhalb von zwei bis drei Tagen als unverzüglich angesehen werden können. Bei Gutschriften auf dem Kanzleikonto, das nicht täglich überprüft wird, werden zwei

bis drei Tage länger als vorschriftsgemäß anzuerkennen sein. Auch die Größe einer Kanzlei wird eine Rolle spielen. Je größer die Kanzlei ist, umso mehr Zeit können die internen Buchungsvorgänge in Anspruch nehmen. Keinesfalls darf aber auch dann eine Frist von **maximal drei Wochen** ab Zugang des Geldes überschritten werden (Hartung/*Scharmer* BORA § 4 Rn. 35 ff. mit eingehender Darstellung von Einzelfällen).

d) Einzahlung auf Anderkonto. Ist eine unverzügliche Weiterleitung fremden Geldes pp. an den Empfangsberechtigten nicht möglich, weil zB unter mehreren Empfangsberechtigten Streit um die Empfangsberechtigung ausgebrochen ist (vgl. Hartung/*Scharmer* § 43a Rn. 117 ff.), hat der Rechtsanwalt die Pflicht, das anvertraute Geld auf **Anderkonten** einzuzahlen und sonstige Vermögenswerte gesondert zu verwahren, es sei denn, er habe mit dem Mandanten etwas anders vereinbart (§ 4 Abs. 2 S. 2 und 3 BORA). 91

Eine **gesetzliche Pflicht** zur ständigen Unterhaltung eines oder mehrerer Anderkonten wird dem Rechtsanwalt in § 43a Abs. 5 zwar nicht auferlegt, sondern nur für den Fall, dass ihm eine unverzügliche Weiterleitung anvertrauter Fremdgelder nicht möglich ist (Hartung/*Scharmer* § 43a Rn. 117 ff., BORA § 4 Rn. 16 ff.). § 4 Abs. 1 BORA erweitert aber diese Verpflichtung dahingehend, dass jeder Rechtsanwalt verpflichtet ist, ein Anderkonto einzurichten, damit er in jedem Fall, in dem es ihm nicht möglich ist, Fremdgelder unverzüglich weiterzuleiten, diese dann aber unverzüglich auf ein Anderkonto einzahlen kann. Mit dieser Ausdehnung der Pflicht zur Führung von Anderkonten hält sich der Satzungsgeber im Rahmen seiner Ermächtigung nach § 59b Abs. 2 Nr. 1 lit. f (**aA** Hartung/*Scharmer* BORA § 4 Rn. 16 ff.). Selbst wenn ein Rechtsanwalt seinen Tätigkeitsbereich generell so ausrichtet, dass bei ihm die Verwaltung fremder Vermögenswerte regelmäßig nicht anfällt, kann ein Rechtsanwalt im Rahmen seiner anwaltlichen Tätigkeit dies jedoch nie völlig ausschließen. Da er aber, wenn er die Fremdgelder nicht unverzüglich weiterleiten kann, diese dann aber ebenfalls unverzüglich auf ein Anderkonto einzuzahlen hat, um eine Vermischung mit eigenen Geldern auszuschließen, ist das ständige Unterhalten eines Anderkontos sachgerecht, um den Regelungszweck des § 43a Abs. 5 zu erreichen. Diese Regelung ist somit zum Schutz des betroffenen Gemeinschaftsgutes (→ Rn. 93, 94) geeignet, erforderlich und zumutbar (**aA** Hartung/*Scharmer* BORA 4 Rn. 22 und für den Insolvenzverwalter vgl. *Kießling* NZI 2006, 440, 444). 91a

Die **Definition** des Anderkontos wird sowohl in § 43a Abs. 5 als auch in § 4 BORA als feststehend vorausgesetzt. Aus dem Sinn und Zweck eines solchen Kontos, eine saubere Trennung zwischen von dem Rechtsanwalt zu verwaltenden fremden Geldern und eigenen Geldern des Rechtsanwalts zu erreichen, ergibt sich, dass ein Anderkonto von dem Rechtsanwalt im eigenen Namen und mit eigener Verfügungsbefugnis eingerichtet wird, wobei das auf dem Konto verwahrte Geld insgesamt einer treuhänderischen Bindung unterliegt. Das Anwaltsanderkonto ist eine Form fremdnütziger Treuhand, der Rechtsanwalt ist zwar nach außen hin verfügungsberechtigter Kontoinhaber, aber aufgrund der schuldrechtlichen Verpflichtungen gegenüber seinem Mandanten darf er darüber nur in dessen Sinne verfügen (BGH NJW-RR 1993, 367; NJW 2004, 1382). Es ist somit ein **Treuhandkonto.** Es dürfen also keine eigenen Gelder über dieses Konto laufen oder sonst eigene Geschäfte des Anwalts abgewickelt werden (Hartung/*Scharmer* BORA § 4 Rn. 10). Es gelten die Geschäftsbedingungen der Banken für Anderkonten und Anderdepots in der Fassung vom Mai 2010 (Hartung/*Scharmer* BORA § 4 Rn. 25). Zahlt der Rechtsanwalt fremde Gelder auf ein „Schein-Anderkonto" ein, auf dem sich trotz der Deklarierung als Anderkonto neben Fremdgeldern auch eigenes Geld befindet, macht er sich einer Berufspflichtverletzung schuldig. 92

Mit der Einzahlung auf ein zu Recht als Anderkonto deklariertes Konto wird ausgeschlossen, dass außerhalb des Treuhandverhältnisses stehende Dritte wirksam in die darauf befindlichen Gelder vollstrecken können. Die bloß kanzleiinterne Verbuchung als Fremdgeld reicht bei der Einzahlung auf einem normalen Kanzleikonto nicht aus, da dabei ein Zugriff Dritter, etwa im Wege der Zwangsvollstreckung, nicht verhindert werden kann (BayAGH Urteil vom 29.7.1999 – BayAGH II – 11/99). Für das Widerspruchsrecht des Treugebers nach § 771 ZPO ist die Publizität des Treuhandkontos nicht zwingend erforderlich (BGH AnwBl. 1996, 287; NJW 1993, 2622). Nach § 13 der gen. Geschäftsbedingungen der Banken geht beim Tod des Kontoinhabers die Forderung aus dem Anderkonto nicht auf seine Erben, sondern allein auf den Abwickler über (BGH EBE 1999, 309, 311). Ist die Auszahlung von einem Treuhandkonto des Rechtsanwalts davon abhängig, dass ein Notar die Auszahlungsvoraussetzungen schafft, so muss der Rechts- 93 anwalt dennoch eigenverantwortlich prüfen, ob sich aus den Erklärungen des Notars vollständig und nachvollziehbar das Vorliegen der erforderlichen Voraussetzungen ergibt (OLG Düsseldorf BRAK-Mitt. 2005, 110 mit Anm. *Jungk*). Stellt ein Rechtsanwalt ein auf seinen Namen lautendes Treuhandkonto zur Verfügung, hat er die zweckentsprechende Verwendung der Gelder zu prüfen. Auf ein Treuhandkonto einzahlende Dritte sind in den Schutzbereich eines Treuhandvertrages einbezogen, wenn dieser vermögensschützenden Charakter hat (OLG Celle BRAK-Mitt. 2006, 165).

94 Können sonstige Vermögenswerte, insbesondere Wertpapiere und andere geldwerte Urkunden nicht unverzüglich an den Berechtigten weitergeleitet werden, sind diese **gesondert zu verwahren,** dh sie müssen von dem eigenen Vermögen des Rechtsanwalts getrennt aufbewahrt werden, so dass ein Zugriff persönlicher Gläubiger des Rechtsanwalts ausgeschlossen ist. Regelmäßig ist daher für Wertpapiere ein Depotanderkonto erforderlich und Edelmetalle, Münzen, Edelsteine pp. sind in einem für treuhänderisch aufzubewahrende Vermögenswerte angemieteten Safe bei einer Bank unterzubringen. Bei größeren Wertsachen, zB Bildern kann auch eine Aufbewahrung in der Kanzlei unter Umständen erfolgen, aus denen sich deutlich die Fremdzugehörigkeit ergibt (zu Einzelheiten vgl. Hartung/*Scharmer* BORA § 4 Rn. 65).

95 **e) Ausnahmen.** Die Pflicht des Rechtsanwalts zur unverzüglichen Weiterleitung fremder Gelder oder zur Einzahlung auf ein Anderkonto kann dann entfallen, wenn der Rechtsanwalt in zulässiger Weise mit seiner Gegenforderung gegen den Mandanten **aufrechnet** (Henssler/Prütting/*Henssler* § 43a Rn. 228 ff.), dh es muss eine **Aufrechnungslage** vorliegen und der Rechtsanwalt muss die **Aufrechnungserklärung** gegenüber dem Empfangsberechtigten abgeben; die bloße Aufrechnungslage, ohne dass Aufrechnung mit Gegenansprüchen erklärt wurde, reicht nicht aus (OLG Köln AnwBl. 1999, 608). § 4 Abs. 3 BORA und § 29 Abs. 1 BORA sind zu beachten. Danach darf der Rechtsanwalt nicht mit zweckgebundenen Geldern des Mandanten aufrechnen (§ 4 Abs. 3 BORA). Die Aufrechnungslage ist grundsätzlich gegeben, wenn Geld des Mandanten und die Honorarforderung des Anwalts im **Gegenseitigkeitsverhältnis** zueinander stehen, **Gleichartigkeit** der Ansprüche vorliegt und beide Forderungen **fällig** sind (BGH NJW 1993, 2042). Fällig wird der Vergütungsanspruch des Rechtsanwalts nach § 8 Abs. 1 RVG, wenn der Auftrag erledigt oder die Angelegenheit beendigt ist, der Herausgabeanspruch des Mandanten frühestens, wenn der Rechtsanwalt das Mandantengeld in Empfang genommen hat (BGH NJW 2007, 2640). Ist der Rechtsanwalt in einem gerichtlichen Verfahren tätig, so wird die Vergütung auch fällig, wenn eine Kostenentscheidung ergangen oder der Rechtszug beendigt ist oder wenn das Verfahren länger als drei Monate ruht. Ferner muss für den Rechtsanwalt das **Einforderungsrecht** bezüglich seiner Honorarforderung gemäß § 10 Abs. 1 RVG durch seine Honorarabrechnung begründet sein (Hartung/*Scharmer* BORA § 4 Rn. 89). Zur Streitfrage, ob eine Abrechnung ohne Angabe der Steuernummer entsprechend § 14 Abs. 1a UStG eine wirksame Abrechnung ist, vgl. *Schneider* BRAGOreport 6/2002, 81 und *Hartmann* NJW 2002, 1851. Fremdgelder, die der Rechtsanwalt vor den nach §§ 8, 10 RVG maßgeblichen Zeitpunkten erhält, muss der Rechtsanwalt unverzüglich weiterleiten und wenn das nicht möglich ist (§ 4 Abs. 2 S. 2 BORA), hat er sie auf ein Anderkonto einzuzahlen. Er darf nicht den Zeitpunkt abwarten, bis seine Honorarforderung fällig bzw. durchsetzbar und damit aufrechenbar wird. Dies hindert nicht, dass ein Rechtsanwalt mit – konkludenter – Billigung des Mandanten bei vorhandener Aufrechnungslage kleinere Beträge eingehender Fremdgelder im Wege, der Aufrechnung einbehält, und der Honoraranspruch damit nur stückweise erfüllt wird (Hartung/*Scharmer* BORA § 4 Rn. 29, 71). Unter diesen Voraussetzungen können Zahlungen solange nicht an den Mandanten weitergeleitet werden, bis sie die Höhe der Forderung des Rechtsanwalts erreichen, mit der dieser aufrechnet (Henssler/Prütting/*Henssler* § 43a Rn. 229). Zwar darf ein fremdnütziger Treuhänder gegen den Herausgabeanspruch des Treugebers aus §§ 667, 675 BGB grundsätzlich nicht mit Gegenforderungen aufrechnen, die ihren Grund nicht in dem Treuhandvertrag haben (BGHZ 95, 109). Diese Grundsätze gelten auch für Rechtsanwälte hinsichtlich der von ihnen als Treuhänder empfangenen Fremdgelder. Der einem Rechtsanwalt erteilte Einziehungsauftrag begründet aber nicht ohne weiteres ein der Aufrechnung entgegenstehendes Treuhandverhältnis (BGHZ 71, 380). Deshalb ist ein Rechtsanwalt grundsätzlich nicht gehindert, sich durch Aufrechnung mit Honoraransprüchen aus nicht zweckgebundenen Fremdgeldern zu befriedigen; dies gilt selbst dann, wenn die Honoraransprüche nicht gerade den Auftrag betreffen, der zu dem Geldeingang geführt hat (BGH NJW 2003, 140 = MDR 2003, 57 = BRAK-Mitt.

2003, 32). Etwas anderes gilt dann, wenn die Aufrechnung gegen den Anspruch auf Herausgabe des durch die Geschäftsführung Erlangten gegen Treu und Glauben (§ 242 BGB) verstößt. Die Aufrechnung ist danach über die gesetzlich geregelten und vertraglich vereinbarten Fälle hinaus ausgeschlossen, wenn der Aufrechnungsausschluss aus der Natur der Rechtsbeziehungen der Beteiligten oder dem Zweck der geschuldeten Leistung gefolgert werden kann, weil eine Aufrechnung mit dem besonderen Inhalt des in Rede stehenden Rechtsverhältnisses nicht vereinbar wäre (BGHZ 25, 211; OLG Karlsruhe AnwBl. 2004, 658). Insbesondere ist eine Aufrechnung unter diesem Gesichtspunkt ausgeschlossen, wenn der Auftraggeber bei der Erteilung des Auftrags mit der unverzüglichen Abführung des durch die Geschäftsführung Erlangten rechnen durfte (BGHZ 14, 342 = NJW 1954, 1722). Der ständigen Rechtsprechung folgend verbietet § 4 Abs. 3 BORA demgemäß dem Rechtsanwalt, eigene Forderungen mit Geldern zu verrechnen, „die an ihn zweckgebunden für Dritte gezahlt worden sind" (§ 851 ZPO iVm § 399 BGB). So darf der Rechtsanwalt nicht Gelder, die er für die Einzahlung der Gerichtskosten erhalten hat, zur Tilgung eigener Honorarforderungen verwenden (BGH WM 1989, 450). Ein Rechtsanwalt, der von seinem Mandanten einen Geldbetrag treuhänderisch zur **Stellung einer Prozesssicherheit** erhalten hat, ist im Hinblick auf die Natur des Treuhandverhältnisses und den Sinn und Zweck des Auftrags unter dem Gesichtspunkt von Treu und Glauben (§ 242 BGB) auch nach Wegfall des Sicherungszwecks gehindert, gegenüber dem Anspruch des Mandanten auf Auszahlung des verbleibenden überschießenden Betrags mit Honoraransprüchen aus anderen Tätigkeiten aufzurechnen (OLG Karlsruhe AnwBl. 2004, 658). Der Rechtsanwalt kann auch seinen Vergütungsanspruch nicht gegen den Anspruch des Mandanten auf Auszahlung einer Abfindung aus einem Scheidungsverfahren aufrechnen, wenn das Fremdgeld auch dem künftigen Lebensunterhalt des Mandanten dienen soll (OLG Düsseldorf AnwBl. 2005, 787). Gegenüber dem Anspruch seines Mandanten auf Auskehrung von ihm erfolgreich geltend gemachter Versicherungsleistungen aufgrund der Beschädigung eines Kfz. darf der Anwalt lediglich mit konnexen Honoraransprüchen aufrechnen, nicht dagegen mit solchen aufgrund früher erteilter Aufträge (OLG Düsseldorf MDR 1999, 64). Leitet ein Rechtsanwalt Unterhaltsbeträge nicht umgehend an seinen Auftraggeber weiter, begeht er regelmäßig Untreue, weil in der Nichtverfügbarkeit der Unterhaltsbeträge für den Berechtigten bereits ein vollendeter Vermögensnachteil liegt, so dass es unerheblich ist, wenn der Rechtsanwalt zum Ersatz des Geldes ständig eigene Mittel bereithält (OLG Köln AnwBl. 1999, 608). Die Aufrechnung ist auch gemäß § 394 BGB iVm § 851 ZPO ausgeschlossen, wenn das anvertraute Fremdgeld dem pfändungsfreien Vermögen zuzurechnen ist (Hartung/*Scharmer* BORA § 4 Rn. 88). Darüber hinaus kann der Empfangsberechtigte ausdrücklich oder konkludent auf den mit § 43a Abs. 5 für ihn bezweckten Schutz **verzichten.** So kann er zB den Rechtsanwalt veranlassen, Geld weder zu überweisen noch auf ein Anderkonto einzuzahlen, sondern für ihn zum späteren Abholen bereitzuhalten. Zudem wird der Mandant den Rechtsanwalt hinsichtlich eines erstrittenen Vollstreckungstitels iSd §§ 704, 722, 723, 794 ZPO von der Weiterleitungspflicht regelmäßig durch die in der üblichen Vollmachtsurkunde enthaltene Beauftragung zur Einleitung von Zwangsvollstreckungsmaßnahmen befreit haben. Es entspricht auch nach zunächst erfolglosen Vollstreckungsversuchen der Verkehrssitte, dass die Vollstreckungstitel in der anwaltlichen Handakte verbleiben (→ § 50 Rn. 7).

VII. Fortbildungspflicht (Abs. 6, § 43c Abs. 4 S. 2; § 15 FAO)

Schrifttum: *Ahlers,* Fortbildungspflicht der Rechtsanwälte, die zu der Berufsbezeichnung „Rechtsanwalt" Zusätze führen, BRAK-Mitt. 1995, 222; *ders.,* Ahndung schuldhafter Verletzung der Fortbildungspflicht, BRAK-Mitt. 1995, 46; *Borgmann,* Der Anwalt und sein Mandant – Die Rechtsprüfungspflicht – Teil 1 und Kenntnis der höchstrichterlichen Rechtsprechung – Teil 2, BRAK-Mitt. 2001, 120, 175; *Brouwer,* Steigt die Qualität der anwaltlichen Arbeit durch überprüfbare Pflichtfortbildung?, BRAK-Mitt. 2005, 100; *Creutz,* Kontrollierte Fortbildungspflicht, BRAK-Magazin 3/2005, 4; *Dahns/Eichele,* Die allgemeine Fortbildungspflicht deutscher und europäischer Rechtsanwälte unter Berücksichtigung des Rechts anderer freier Berufe, BRAK-Mitt. 2002, 259; *Eich,* Die kontrollierte Qualität anwaltlicher Leistung – oder Fortbildungspflicht, MDR 1988, 177; *Eichele/Odenkirchen,* Qualitätssicherung durch überprüfbare Pflichtfortbildung, BRAK-Mitt. 2005, 103; *Ernst,* „Strafbewehrung der Fortbildungsverpflichtung" – Die erste Forderung aller Justizreform in Deutschland, BRAK-Mitt. 2002, 2; *Franz,* Qualitätsicherung aus Sicht des Bundesministeriums der Justiz, BRAK-Mitt. 2005, 106; *Kellner,* Die Fortbildungspflicht der Rechtsanwälte und Fachanwälte, NJW 2002, 1372; *Kilger,* Fortbildung des Rechtsanwalts, AnwBl. 1995, 453; *Kloepfer/Quast,* Fortbildung durch Rechtsanwaltskammern, BRAK-Mitt. 2007, 2; *Mihm,* Fortbildung der Rechtsanwälte durch das Deutsche Anwaltsinstitut e. V. – Geschichte und Ausblick –, FS zum 125-jährigen Bestehen der RAK Hamm, 2004, 451; *Offermann-Burckart,* Zwischen Qualitätssicherung, Marketing und Berufsfreiheit, AnwBl. 2008, 763; *Paul,* Sanktionierte Fortbildungspflicht für Rechtsanwälte, AnwBl. 2006, 252; *Risse,* Wissen ist wenig, Können ist König, AnwBl.

2005, 303; *Saenger,* Der (fort)gebildete Anwalt, BRAK-Mitt. 2007, 249; *Sattler,* Wiese, weshalb, warum? – Fortbildung für Junganwälte, AnwBl. 2003, 567; *Schmalz,* Zur Qualität verpflichtet, BRAK-Mitt. 1987, 165; *Schulz,* Wissensmanagement – Herausforderung und Chance für Anwälte, NJW 2005, 2049; *Spengler,* Berufliche Fortbildung bei Rechtsanwälten – Zusammenfassung einer empirischen Studie des Instituts für Freie Berufe Nürnberg, BRAK-Mitt. 2007, 153; *Stobbe,* Fortbildung: Von der Stufenleiter zur Stufenpyramide, AnwBl. 2003, 682; *ders.,* Nun sag, wie hast du's mit der Fortbildung?, AnwBl. 2008, 654; *Willamowski,* Wissensmanagement für Anwälte, AnwBl. 2005, 297; *Zilles/Podszun,* Quo vadis Anwaltliche Fortbildung?, FS zum 125-jährigen Bestehen der RAK Hamm, 2004, 463; *Zuck,* Die Qualität anwaltlicher Leistung, BRAK-Mitt. 1985, 63.

96 **1. Sinn und Zweck.** Die in § 43a Abs. 6 statuierte Fortbildungspflicht gehört als Qualitätssicherung anwaltlicher Leistung mit zu den Grundpflichten eines Berufsstandes, der als berufener Berater und Vertreter in allen Rechtsangelegenheiten (§ 3 Abs. 1) zur Verfügung steht. Im Interesse des rechtsuchenden Publikums ist es erforderlich, präventiv dafür zu sorgen, dass sich der Rechtsanwalt selbst um die Qualität seiner Leistung und die Aktualisierung seiner Kenntnisse kümmert. Dafür kommt vor allem die Pflicht zur Fortbildung in Betracht. Auch im Interesse der Gleichbehandlung der Rechtsanwälte erschien es mit Rücksicht auf die sanktionsbewehrte Fortbildungspflicht der Fachanwälte (§ 43c Abs. 4 S. 2; § 15 FAO) sachgerecht, auch solche Rechtsanwälte zur Fortbildung zu verpflichten, die eine Fachanwaltsbezeichnung nicht führen (BT-Drs. 12/4993, 28 = BR-Drs. 93/93, 82). Mit der Fortbildungspflicht soll somit die Funktionsfähigkeit der Anwaltschaft im System der Rechtspflege geschützt werden (Henssler/Prütting/*Henssler* § 43a Rn. 235).

97 **2. Umfang.** Aus dem Grundsatz der gewissenhaften Berufsausübung resultiert auch die Verpflichtung des Rechtsanwalts, sich fortzubilden (BVerfGE 64, 115; BGH NJW 1983, 1665; OLG München BRAK-Mitt. 1990, 116). Die Pflicht zur gewissenhaften Berufsausübung verlangt, dass der Rechtsanwalt die im Verkehr erforderliche Sorgfalt beachtet. Übernimmt er auf einem bestimmten Rechtsgebiet ein Mandat, dann muss er sich nicht nur Kenntnis von den dazu maßgeblichen Gesetzen, sondern auch von der dazu veröffentlichten höchstrichterlichen Rechtsprechung, vornehmlich von den in den Entscheidungssammlungen abgedruckten Urteilen verschaffen und diese berücksichtigen (BGH NJW 1983, 1665). Strengere Anforderungen sind jedoch zu stellen, wenn ein Rechtsgebiet ersichtlich in der Entwicklung begriffen und weitere höchstrichterliche Rechtsprechung zu erwarten ist. Dann muss ein Anwalt, der eine Angelegenheit aus diesem Bereich zu bearbeiten hat, auch Spezialzeitschriften in angemessener Zeit durchsehen, wobei ihm ein „realistischer Toleranzrahmen" zuzubilligen ist (BGH BRAK-Mitt. 2001, 18 mit Anm. *Jungk* = WM 2000, 2431 = AnwBl. 2001, 118).

97a Der Gesetzgeber beschränkt sich in § 43a Abs. 6 darauf, allgemein eine Fortbildungspflicht festzusetzen. Eine Konkretisierung, wie und auf welchen Rechtsgebieten der Rechtsanwalt dieser Fortbildungspflicht genügen soll, wird nicht gegeben und kann auch nicht durch die BORA erfolgen. Insoweit fehlt es an einer Konkretisierungsermächtigung in § 59b. Der einzelne Anwalt hat eigenverantwortlich zu entscheiden, wie er seiner Fortbildungspflicht nachkommen will (AG Leipzig BRAK-Mitt. 2014, 262); er wird sich insbesondere auch nur auf den Rechtsgebieten fortzubilden haben, in denen er Mandate annimmt (Henssler/Prütting/*Henssler* § 43a Rn. 238). Nur für Fachanwälte ist gemäß § 43c Abs. 4 S. 2 in § 15 FAO ein Mindeststandard der Fortbildung vorgegeben.

98 **3. Überprüfbarkeit.** Eine Verletzung der allgemeinen Fortbildungspflicht aus § 43a Abs. 6 ist abstrakt nicht kontrollierbar und anwaltsgerichtlich nicht justiziabel, da dem Rechtsanwalt darin bestimmte Inhalte und Formen der Fortbildung nicht vorgeschrieben sind (BVerfG NJW 2001, 3324; *Kellner* NJW 2002, 1372). Manifestiert sich die Verletzung der allgemeinen Fortbildungspflicht aus § 43a Abs. 6 aber in konkreten Fehlleistungen, die als Verletzung des Mandatsvertrages erscheinen und Schadensersatzansprüche des Mandanten auslösen, so kann die dabei offenkundig werdende Verletzung der Fortbildungspflicht, weil der Rechtsanwalt zB sich über Gesetzesänderungen und Änderungen der Rechtsprechung nicht informiert hat, auch mit einer Rüge bzw. anwaltsgerichtlich geahndet werden. Da die Verletzung der Fortbildungspflicht eindeutig feststellbar sein muss, was praktisch nur bei daraus resultierenden anwaltlichen Fehlleistungen möglich ist, die Schadensersatzansprüche auslösen, wird, worauf *Henssler* mit Recht hinweist, auch künftig das Haftungsrisiko des Rechtsanwalts das wirksamere Mittel zur Bekämpfung anwaltlichen Schlendrians sein (Henssler/Prütting/*Henssler* § 43a Rn. 241). Zur Pflicht des Rechtsanwalts, seinen Mandanten vor Fehlentscheidungen des Gerichts zu bewahren und seiner Haftung insoweit, vgl. BGH NJW 2009, 987.

Die Verletzung der formalisierten Fortbildungspflichten für Fachanwälte aus § 43c Abs. 4 S. 2 iVm § 15 FAO kann nach § 43c Abs. 4 S. 2 iVm § 25 FAO zum Widerruf der Erlaubnis zum Führen der Fachanwaltsbezeichnung führen. Das „kann" in § 43c Abs. 4 ist nicht in ein „muss" umzudeuten (BGH NJW 2001, 1945 = MDR 2001, 1079 = BRAK-Mitt. 2001, 187 = AnwBl. 2001, 518; BRAK-Mitt. 2001, 188; → § 43c Rn. 42; → FAO § 25 Rn. 2 ff., jeweils mwN; **aA** AGH NRW BRAK-Mitt. 2000, 196; Henssler/Prütting/*Offermann-Burckart* § 43c Rn. 39). Vielmehr entscheidet der Vorstand der RAK nach pflichtgemäßem Ermessen (*Kleine-Cosack* FAO § 25 Rn. 5). Schon aus Gründen der Verhältnismäßigkeit wird der Kammervorstand unter Umständen mit Abmahnung (§ 74) und Setzung einer kurzen Frist zum Nachweis der Erfüllung der Fortbildungspflicht, den Rechtsanwalt zur Erfüllung seiner Pflicht aus § 15 FAO anhalten. Erfüllt er auch dann seine Pflicht nicht, wird der Widerruf unvermeidbar sein. **99**

4. Steuerliche Behandlung. Aufwendungen für die Aneignung von Fachwissen sind nur dann Erwerbsaufwendungen, wenn sie durch eine konkret ausgeübte Erwerbstätigkeit veranlasst sind **(Fortbildungskosten).** Diese können als **Werbungskosten** steuerlich geltend gemacht werden. Im Gegensatz dazu stehen die Ausbildungskosten, die der Privatsphäre zuzuordnen sind, weil ein konkreter Veranlassungszusammenhang fehlt; diese sind Sonderausgaben; die Aufwendungen für diese Ausbildung in einem nicht ausgeübten Beruf (§ 10 Abs. 1 Nr. 7 EStG) sind als Sonderausgaben nur begrenzt abziehbar. Als Fortbildungskosten wurden die Aufwendungen eines in einer Wirtschaftsprüfungs- und Steuerberatungsgesellschaft nicht selbständig tätigen Diplomkaufmannes zur Vorbereitung auf die Steuerberaterprüfung anerkannt (BFH NJW 1990, 2710). Dementsprechend können diese Kosten auch von einem Rechtsanwalt abgesetzt werden. Promotionskosten können Werbungskosten sein, wenn das Promotionsstudium Gegenstand eines Dienstverhältnisses ist (BFH BStBl. 87, 780; FG Köln EFG 1990, 572; s. dazu auch *Marx* DStZ 1988, 64; *Sangmeister* DStZ 1988, 61). Entsprechendes gilt für einen selbständig tätigen Rechtsanwalt, der eine Promotion in einer Anwaltssozietät benötigt, um als Sozius aufgenommen zu werden. Habilitationskosten sind regelmäßig Werbungskosten (BFH BStBl. 1967, 778). Die Kosten für die Teilnahme an Lehrgängen des Deutschen Anwaltsinstituts in Bochum zur Erlangung der Fachanwaltsbezeichnung, aber auch an systematischen Arbeits- und Aussprachetagungen zur Aktualisierung des Fachwissens sind als Werbungskosten geltend zu machen. Allgemein zur steuerlichen Behandlung von Fort- und Ausbildungskosten *Herb,* Berufliche Ausbildung und Fortbildung im Einkommenssteuerrecht, Diss. Augsburg 1986. **100**

§ 43b Werbung (§§ 6–10 BORA)

Werbung ist dem Rechtsanwalt nur erlaubt, soweit sie über die berufliche Tätigkeit in Form und Inhalt sachlich unterrichtet und nicht auf die Erteilung eines Auftrags im Einzelfall gerichtet ist.

Neueres Schrifttum: *Bardenz,* Anwaltliches Werberecht – Aktuelles zu den berufs- und wettbewerbsrechtlichen Grenzen, MDR 2000, 1409; *Dahns/Krauter,* Anwaltliche Werbung im Internet, BRAK-Mitt. 2004, 2; *von der Decken/Mittelmann,* Melde- und Abgabepflicht zur Künstlersozialversicherung, AnwBl. 2008,191, *Dux,* Anwaltliche pro bono-Tätigkeit in Deutschland, AnwBl. 2011, 90; *Gostomzyk,* Anwaltsmarketing mit Rechtsmitteln: Eine gute Idee?, AnwBl. 2009, 496; *Härting/Steinbrecher,* Kanzlei-Websites – Spiel ohne Grenzen?, AnwBl. 2005, 10; *Hartung,* Werbung um einen Auftrag im Einzelfall – Ein weiterhin ungelöstes Problem?, MDR 2003, 485; *Hellwig,* Überlegungen zu anwaltlichen Spezialistenbezeichnungen, AnwBl. 2003, 613; *Henssler/Kilian,* Europäische Wettbewerbspolitik und die Freien Berufe, AnwBl. 2005, 1; *Hommerich,* Markenbildung in der Anwaltschaft – Schritte auf dem Weg zur Vertrauensmarke, AnwBl. 2006, 435; *Hommerich/Kilian,* Anwaltliche Werbung: Die Sicht des Mandanten, AnwBl. 2009, 218; *Horn,* Anwaltliche Werbung mit dem Titel „Mediator", NJW 2007, 1413; *Huff,* Werbung mit DEKRA-Zertifikat in bisheriger Form unzulässig, BRAK-Mitt. 2009, 165; *Jungk,* Recht im Sonderangebot: Wem hilft die „Billigberatung"?, AnwBl. 2015, 264; *Kallenbach,* Anwaltswerbung mit Nettopreisen ist erlaubt, AnwBl. 2010, 279; *Karl,* Werberecht freier Berufe und gegnerische Domainnamen, BRAK-Mitt. 2004, 5; *Kleine-Cosack,* Das Werberecht der rechts- und steuerberatenden Berufe, 2. Aufl. 2004 (zitiert: *Kleine-Cosack* II); *ders.,* Vom Werbeverbot zum Werberecht, NJ 2002, 57; *ders.,* Das Werberecht der Freien Berufe, 2004; *ders.,* Mandatswerbung mit offenem Visier oder mit Tarnkappe – Umstrittene Werbung um Einzelmandate, AnwBl. 2004, 153; *ders.,* Vom Fachanwalt zum Spezialisten: Was bleibt von den Werbeverboten?, AnwBl. 2015, 358; *Kosack,* Zusammenbruch der Stufenleiter, Verabschiedung von Tätigkeits- und Interessenschwerpunkt, AnwBl. 2005, 275; *Knöfel,* Advocatus electronicus – Elektronische Rechtsberatung und anwaltliches Berufsrecht, AnwBl. 2006, 77; *Krämer/Wilger,* Marktchancen für Rechtsanwälte, AnwBl. 2005, 168; *Lühn,* EU-Kommission: Berufsrecht hemmt den Wettbewerb, AnwBl. 2003, 688; *Markworth,* Wettbewerbswidrigkeit der Scheinsozietät – Kehrtwende durch den I. Zivilsenat?, AnwBl. 2014, 797; *Müller-Thele/Schlegel,* Neue Wege für anwaltliche Werbung – Aktuelle Rechtsprechung im Überblick, MDR 2006, 65; *Quaas,* Der zertifizierte Allgemeinanwalt, BRAK-Mitt. 2003, 47; *Römermann,* Das UWG – besser als das anwaltliche Werberecht, AnwBl. 2007, 744; *ders.*, Eine „moderne“ Entscheidung des BGH zu Anwaltssozietäten und Werbung, AnwBl. 2012, 885; *Schaub,* Europäisches Wettbewerbsrecht und anwaltliches Berufsrecht, AnwBl. 2002, 18; *v. Westphalen,* Einige Bemerkungen zu Acquisitionserfolgen und Manieren, AnwBl. 2005, 306; *Wilde,* Prüfsiegel für den Anwalt – was macht den guten Anwalt aus und wie darf er es dem Markt mitteilen, AnwBl. 2009, 184.

Übersicht

I. Sinn und Zweck

1 Die Werbung ist ein Konfliktpunkt in der täglichen Berufsausübung. Sie bedarf nach den Entscheidungen des BVerfG zu den Standesrichtlinien (BVerfGE 76, 196 = NJW 1988, 194 = BRAK-Mitt. 1988, 58 = AnwBl. 1987, 603) einer grundsätzlichen gesetzlichen Regelung. Nach § 43b und § 6 Abs. 1 BORA dürfen Rechtsanwälte über ihre berufliche Tätigkeit in Form und Inhalt sachlich unterrichten. Die sich aus diesen Normen ergebenden Einschränkungen der in Art. 12 Abs. 1 GG gewährleisteten Berufsausübungsfreiheit dienen dem Zweck, die Unabhängigkeit des Rechtsanwalts als Organ der Rechtspflege zu sichern; denn mit der Stellung des Rechtsanwalts ist im Interesse des rechtsuchenden Bürgers unter anderem eine Werbung nicht vereinbar, die ein reklamehaftes Anpreisen in den Vordergrund stellt und mit der eigentlichen Leistung des Anwalts und dem unabdingbaren Vertrauensverhältnis im Rahmen eines Mandats nichts mehr zu tun hat (BVerfG NJW 2003, 2816 = MDR 2003, 1263 = BRAK-Mitt. 2003, 275 = AnwBl. 2003, 584; NJW 2004, 2656 = BRAK-Mitt. 2004, 231 = AnwBl. 2004, 586 = BB 2004, 2256). § 43b beabsichtigt ausdrücklich nicht eine völlige Freigabe der Werbung. „Gezielte Werbung um einzelne Mandate oder gar Irreführung sind mit dem Anwaltsberuf unvereinbar. Mit der Regelung in § 43b soll daher klargestellt werden, dass der Rechtsanwalt Werbung nur betreiben darf, soweit es sich um eine Informationswerbung handelt, die über sein Dienstleistungsangebot sachlich informiert.“ (BT-Drs. 12/4993, 28 = BR-Drs. 93/93, 82/83). Verboten werden kann daher neben solchen Werbemethoden, die Ausdruck eines rein geschäftsmäßigen, ausschließlich am Gewinn orientierten Verhaltens sind, insbesondere diejenige Werbung, die Gefahr läuft, den Rechtsuchenden in die Irre zu führen (vgl. BVerfG NJW 2001, 2620). Die durch die werberechtlichen Regelungen geschützten Rechtsgüter und insoweit vom Normgeber verfolgten Ziele rechtfertigen es jedoch nicht, Angaben und Zusätze, die eine ausgeübte Tätigkeit näher charakterisieren sollen, ohne Rücksicht auf ihren Sinn und Zweck oder ihren Informationswert für Dritte zu verbieten (BVerfG NJW 2004, 2656). Was sachlich richtig, objektiv und auf die eigene Berufstätigkeit bezogen ist, darf der Rechtsanwalt in angemessener Form öffentlich sagen. Sofern zutreffende Angaben über die spezielle Qualifikation des Anwalts in sachlicher Form erfolgen und die Angaben nicht irreführend sind, lässt sich ein Verbot dieser Selbstdarstellung von Verfassungs wegen nicht rechtfertigen (BVerfG NJW 2004, 2656). Für regelungsbedürftig hielt der Gesetzgeber die Werbung aus zweierlei Gründen: Der Anwaltschaft muss es aufgrund der in den Rechtsberatungsmarkt drängenden Konkurrenz möglich sein, „sich Mandanten und potentiellen Mandanten darstellen zu können“. Zum anderen soll durch die Öffnung der Werbung erreicht werden, dass Informationsbedürfnisse des Mandanten besser durch den Anwalt befriedigt werden können. Zu dieser Informationswerbung gehört es deshalb auch, dass Rechtsanwälte die Möglichkeit haben, außerhalb der durch die RAK vergebenen Fachanwaltsbezeichnungen Teilbereiche ihrer Berufstätigkeit zu benennen (§ 7 BORA). Neben dieser Kennzeichnung des persönlichen Leistungsangebots des einzelnen Anwalts steht die

Möglichkeit, die fachliche Ausrichtung der in der Kanzlei insgesamt angebotenen Leistungen durch **Kanzleibezeichnungen** bekanntzumachen (BVerfG NJW 2001, 2620 = BRAK-Mitt. 2001, 225 = AnwBl. 2001, 509; NJW 2001, 1926; BGH NJW 2001, 1573 = MDR 2001, 657 = AnwBl. 2001, 296 = BRAK-Mitt. 2001, 139; → Rn. 34; → BORA § 7 Rn. 7). Die gesetzliche Grundregelung des Werberechts in § 43b wird gemäß § 59b Abs. 2 Nr. 3 näher konkretisiert durch die §§ 6 ff. BORA. Das Firmenrecht einer Rechtsanwaltsgesellschaft bestimmt sich nach § 59k.

II. Allgemeines

1. Begriff der Werbung. Werbung („gezielte Werbung") ist ein Verhalten, das **planvoll darauf angelegt** ist, andere dafür zu gewinnen, die Leistungen des Werbenden (oder eines Dritten, für den geworben wird) in Anspruch nehmen (BGH NJW 2003, 346). Dabei ist Werbung mehr als die – sachliche – Unterrichtung über Art und Ort einer beruflichen Tätigkeit, sondern sie bezweckt insbesondere, Kunden zu Lasten der Konkurrenz zu gewinnen (BVerfGE 94, 372 = NJW 1996, 3067; BVerfG NJW 2004, 3765 = AnwBl. 2005, 68). Ob diese Merkmale erfüllt sind, ist nach objektiven Kriterien zu ermitteln. Maßgebend dafür ist in erster Linie die Verkehrsanschauung. Welche Werbeformen als sachlich oder als übertrieben bewertet werden, unterliegt zeitbedingten Veränderungen (BVerfG NJW 2004, 3765). Zu den Einzelheiten → BORA § 6 Rn. 5 ff.; kritisch noch Hartung/Holl/*Römermann*, 2. Aufl. 2001, BORA § 6 Rn. 39 ff. 2

Erst, wenn ein Verhalten als Werbung zu bewerten ist, hat sich die Prüfung anzuschließen, ob es sich um eine berufsrechtlich nicht erlaubte Werbung handelt. Fehlt es an dem Merkmal des planvollen Darauf-Anlegens, dann handelt es sich nicht um Werbung, die an § 43b BRAO, §§ 6 ff. BORA gemessen werden kann, sondern allenfalls um ein werbewirksames Verhalten, das von den Reglementierungen der § 43b BRAO, §§ 6 ff. BORA nicht erfasst wird. Zu denken ist dabei zB an die üblichen Eintragungen in Telefon- und Faxverzeichnissen und die Teilnahme an öffentlichen Diskussionen unter Angabe der Berufsbezeichnung (näher → BORA § 6 Rn. 5 ff.). Ist ein Rechtsanwalt Vorsitzender eines (Haus- und Grundeigentümer-)Vereins und verwendet dieser Verein im Schriftverkehr mit Mitgliedern und Dritten Briefbögen, in denen die Berufsbezeichnung des Vorsitzenden aufgeführt ist, ist das keine Werbung iSd § 43b. „Es ist weithin üblich, dass Personen – Angehörige der verschiedensten Berufe – im sozialen Raum, so auch bei der Mitarbeit in Vereinen und Verbänden, unter Erwähnung ihrer Berufsbezeichnung auftreten. Wenn ein Verein in seinen Drucksachen ohne besondere Hervorhebung die Vorstandsmitglieder mit der Berufsbezeichnung aufführt, so verbindet der Verkehr damit nicht die Vorstellung, die betreffende Person habe es darauf angelegt, bei den Empfängern der Vereinsdrucksachen oder in sonstigem weiteren Kreis um die Inanspruchnahme von Leistungen zu werben. Bei Angehörigen freier Berufe wird es sich freilich häufig auch für den Umfang ihrer Berufstätigkeit günstig auswirken können, wenn sie unter ihrer Berufsbezeichnung weiter bekannt werden. Allein wegen dieser Wirkung kann die Angabe der Berufsbezeichnung der Vorstandsmitglieder in den Vereinsdrucksachen nicht als Werbung angesehen werden. Das zeigt sich zusätzlich darin, dass Vorstandsmitglieder auch Angehörige solcher Berufe sein können, bei denen die Annahme von vornherein ausscheidet, es könne ein Interesse an Werbung im Spiele sein. Es ist nach der Verkehrsauffassung aber auch nicht gerechtfertigt, hier je nach Beruf zu unterscheiden. 3

Damit ist nicht gesagt, dass die Angabe der Berufsbezeichnung „Rechtsanwalt" im öffentlichen Auftreten oder in Verlautbarungen, die an die Öffentlichkeit oder an einen größeren Personenkreis gerichtet sind, stets außerhalb des Werbeverbots liegt. Mit Rücksicht auf die Art des eingesetzten Werbemittels oder auf andere Umstände kann das Urteil gerechtfertigt sein, es handle sich um ein Verhalten, das auf die Förderung der Inanspruchnahme der Leistungen angelegt sei. Das kann zB der Fall sein „wenn der Rechtsanwalt bewusst eine werbeträchtige Beziehung zwischen seiner Berufstätigkeit als Anwalt und seiner Mitwirkung in Organisationen herstellt (vgl. BGHZ 106, 212, 216 zum Werbeverbot für Notare). Dafür reicht aber die bloße Hinzufügung der Berufsbezeichnung in den Vereinsbriefbögen nicht aus" (BGHSt 37, 69 = NJW 1990, 1739). 3a

Da schon bei der Deutung einer werbenden Aussage Vorentscheidungen über die Zulässigkeit oder Unzulässigkeit der Aussage fallen, ergeben sich aus Art. 5 S. 1 GG (→ Rn. 2) nicht nur **Anforderungen an die Auslegung und Anwendung** grundrechtsbeschränkender Gesetze, sondern auch an die Deutung umstrittener Aussagen. Legt ein Gericht bei mehrdeutigen Äußerungen die zur Verurteilung führende Bedeutung zugrunde, ohne vorher die anderen 4 möglichen Deutungen mit schlüssigen Gründen ausgeschlossen zu haben, verstößt es gegen das Grundrecht der Meinungsfreiheit (BVerfGE 82, 43; 93, 266; BVerfG NJW 2001, 3324 = AnwBl. 2002, 60). Der Wortsinn einer Werbeaussage ist grundrechtsfreundlich im Kontext des gesamten Inhalts auszulegen.

5 Das **Anscheinsverbot** gilt, sofern damit mehr ausgesagt werden soll, als dass es auf den Eindruck ankommt, den das anwaltliche Verhalten auf das Publikum macht, nicht fort (BGHSt 37, 69 = NJW 1990, 1739). Seine Anwendung ist nicht unerlässlich, um die Funktionsfähigkeit der Rechtspflege aufrechtzuerhalten (*Kleine-Cosack* NJW 1988, 164, 173). Im Übrigen ist das Verbot zu unbestimmt und unklar (*Zuck* NJW 1988, 530).

6 **2. Schutz des Werberechts durch Art. 5 und 12 GG.** Ausgangspunkt aller Betrachtungen zur Zulässigkeit anwaltlicher Werbung muss der Grundsatz sein, dass zu der durch Art. 12 Abs. 1 GG gewährleisteten **Freiheit der anwaltlichen Berufsausübung** nicht nur die berufliche Praxis selbst gehört, sondern jede Tätigkeit, die mit der Berufsausübung zusammenhängt und dieser dient. In den Bereich berufsbezogener Tätigkeiten fällt auch die berufliche Außendarstellung der Grundrechtsberechtigten einschließlich der Werbung für die Inanspruchnahme ihrer Dienste (BVerfG NJW 2004, 3765; 2004, 2656; 1997, 2510; BVerfGE 85, 248; 94, 372; BVerfG MDR 2000, 358; NJW 2000, 3195; BRAK-Mitt. 2009, 126; 2008, 66; Maunz/Dürig/Herzog/*Scholz,* EL 61, 1/2011, GG Art. 12 Rn. 124, 327; *Löwe* AnwBl. 1988, 545; *Kleine-Cosack* ZIP 1990, 1534; *ders.* NJ 2002, 57; *Lorz* NJW 2002, 169). Die Freiheit der Berufsausübung umfasst das Recht, die Öffentlichkeit über erworbene Qualifikationen wahrheitsgemäß und in angemessener Form zu informieren. Zu den durch Art. 12 Abs. 1 GG geschützten berufsbezogenen Handlungen gehört in der beruflichen Außendarstellung der Grundrechtsträger der Hinweis auf erworbene Kenntnisse und Fähigkeiten, die einerseits in rechtmäßig erlangten Titeln ihren Niederschlag gefunden haben können, andererseits aber auch in anderer Weise dokumentiert sein können (BVerfG NJW 2003, 2816). Insoweit greift auch das Grundrecht des Art. 5 GG. Der **Schutz des Art. 5 Abs. 1 S. 2 GG** erstreckt sich auch auf **kommerzielle Meinungsäußerungen** sowie reine Wirtschaftswerbung, die einen wertenden, meinungsbildenden Inhalt hat (BVerfGE 102, 347, 359 = NJW 2001, 591; BVerfG NJ 2001, 3324 = AnwBl. 2002, 60).

7 Da somit die Meinungs- und Berufsfreiheit des Anwalts nach Art. 5 und 12 GG auch das Recht beinhalten, für die Inanspruchnahme seiner Dienste zu werben, bedarf immer nur die Einschränkung, die Reglementierung der anwaltlichen Werbung als Teil der anwaltlichen Berufsausübung einer Rechtfertigung, nicht aber bedarf eine anwaltliche Werbemaßnahme, die keiner zulässigen Reglementierung zuwiderläuft, einer Rechtfertigung (BGH NJW 2003, 346; 2001, 2087; BRAK-Mitt. 2005, 199 = MDR 2005, 959), vielmehr findet sie diese schon in Art. 5 und 12 GG. Eingriffe in diese freie Berufsausübung erfordern eine gesetzliche Grundlage (Art. 12 Abs. 1 S. 2 GG), die den Anforderungen der Verfassung an grundrechtsbeschränkende Gesetze genügt. Dies ist der Fall, wenn die eingreifende Norm mit formellem Verfassungsrecht vereinbar und insbesondere kompetenzgemäß erlassen worden ist. Sie muss durch ausreichende Gründe des Gemeinwohls gerechtfertigt werden und dem Grundsatz der Verhältnismäßigkeit genügen (BVerfG NJW 2004, 3765). Das heißt, der mit dem Verbot verbundene Eingriff in das Grundrecht der Berufsausübungsfreiheit muss verhältnismäßig, dh im Interesse des Gemeinwohls erforderlich sein, vor allem der Funktionsfähigkeit der Rechtspflege und den Interessen der Rechtsuchenden dienen (BVerfGE 94, 372 = NJW 1996, 3067 zur Apothekerwerbung; BVerfGE 76, 196 = NJW 1988, 194; BVerfGE 82, 18 = NJW 1990, 2122 = BRAK-Mitt. 1990, 178, nur Ls. = AnwBl. 1990, 517).

8 Eine solche formal ausreichende Grundlage für Eingriffe in die Freiheit der Berufsausübung als Rechtsanwalt ist weiterhin in §§ 43 ff. (BVerfG AnwBl. 1991, 45; BVerfGE 80, 269 = NJW 1989, 2611 = BRAK-Mitt. 1989, 214 = AnwBl. 1989, 557; BGH NJW 1991, 49 = MDR 1991, 366 = AnwBl. 1991, 97 = BB 1991, 367 = EBE 1991, 19), und in §§ 6 ff. BORA zu sehen (BGH AnwBl. 2001, 296), wobei die §§ 6–10 BORA § 43b in zulässiger Weise konkretisieren (BGH NJW 2001, 3193). § 43b und dessen teilweise nähere Ausgestaltung in den §§ 6 ff. BORA sind eine Konkretisierung des sich schon aus §§ 1, 2, 43 ergebenden Verbots der gezielten Werbung um Praxis im Einzelfall und der irreführenden Werbung (BVerfGE 76, 196 = NJW 1988, 194). Die sich aus §§ 43, 43b und §§ 6 ff. BORA ergebenden Einschränkungen dienen dem Zweck, die Unabhängigkeit des Rechtsanwalts als Organ der Rechtspflege zu sichern und Täuschungen der Rechtsuchenden zu vermeiden. Als flankierende Maßnahme dient es der

Sicherung einer ordnungsmäßigen Berufsausübung. Dadurch erhält das Verbot berufswidriger Werbung seine Rechtfertigung (BVerfG NJW 1997, 2510; BVerfGE 76, 196). Bei der Auslegung und Anwendung der § 43b BRAO, §§ 6 ff. BORA ist dieser die Regelung rechtfertigende Sinn und Zweck im Auge zu behalten. Nur soweit sich aus diesen Regelungen eine Einschränkung der Werbemöglichkeiten ergibt, ist anwaltliche Werbung verboten; ansonsten gilt gemäß Art. 12 GG Werbefreiheit und nach Art. 5 Abs. 1 GG Meinungsfreiheit für den Anwalt. Fehlt es an einer gesetzlichen oder satzungsförmigen Grundlage für ein Verbot, dann ist das fragliche Verhalten durch die Berufsausübungsfreiheit des Art. 12 Abs. 1 GG und die Meinungsfreiheit nach Art. 5 Abs. 1 GG gedeckt und kann nicht verboten werden (BVerfG ZIP 1998, 1068; *Kleine-Cosack* II Rn. 61).

Damit ist Werbung als Teil beruflicher Betätigung auch dem Rechtsanwalt grundsätzlich 9
erlaubt. Verboten und eingeschränkt werden kann sie nur, damit das Vertrauen der rechtsuchenden Personen darauf erhalten bleibt, dass der Rechtsanwalt seine Dienste nicht rein gewerblich und gewinnorientiert anbietet und seine Leistungen an den Interessen des Mandanten und nicht am eigenen wirtschaftlichen Vorteil ausrichtet. Das Verbot berufswidriger Werbung steht nur in einem losen Zusammenhang mit den eigentlichen Berufspflichten, die das Vertrauensverhältnis zwischen Rechtsanwalt und Mandanten formen. Als wesentliche Grundlage des zur Wahrung der Gemeinwohlbelange essentiellen Vertrauensverhältnisses nennen: §§ 1, 2, 43, 43a Abs. 1, 2, 4 und 5 insbesondere die unabhängige, eigenverantwortliche, gewissenhafte, sorgfältige und verschwiegene Aufgabenerfüllung. Diese wird durch Werbung als solche nicht beeinträchtigt. Das Verbot der berufswidrigen Werbung rundet den Pflichtenkatalog lediglich ab, indem auch ein unangemessenes, also berufswidriges Verhalten im Sektor der Außendarstellung untersagt werden kann. Als berufswidrig kann Werbung von der Kammer unterbunden werden, wenn das Verhalten für die betroffenen Verkehrskreise den Rückschluss nahe legt, der mit diesen Mitteln und auf diese Art Werbende werde nicht die Gewähr dafür bieten, aus Rücksicht auf die Rechtspflege und die Interessen seiner Mandanten das persönliche Gewinnstreben hintanzustellen (BVerfG NJW 2004, 3765). In Ansehung dieser Vorgaben ist der öffentliche Auftritt eines Anwalts unter der Bezeichnung „anwalt sofort" und dessen Werbung mit sog. „ab-Preisen" für eine Erstberatung auf verschiedenen Rechtsgebieten zulässig (OLG Naumburg AnwBl. 2008, 142).

3. Anwaltliches Werberecht und UWG. In den aufgezeigten Grenzen verstößt das anwalt- 10
liche Werbeverbot auch nicht gegen die EMRK (BRAK-Verfassungsrechtsausschuss BRAK-Mitt. 1991, 28) und das europäische Kartellrecht (BayAGH Urteil vom 8.6.1999 – BayAGH II – 7/99). In diesem Umfang kommt dem anwaltlichen Werbeverbot auch eine Bedeutung zu, die eine Verletzung des Verbots auch von dem Standpunkt der Allgemeinheit aus als verwerflich erscheinen lässt und die Anwendung der §§ 3, 5 UWG rechtfertigt (Vorstand des DAV AnwBl. 1988, 104; vgl. Köhler/Bornkamm/*Köhler,* 33. Aufl. 2015, UWG § 4 Rn. 11.85; OLG Hamm GRUR 1986, 173; OLG Düsseldorf NJW 1991, 46 = AnwBl. 1991, 46 mit abl. Anm. *Schockenhoff* NJW 1991, 1158). § 43b weist den für eine Anwendung des § 1 UWG erforderlichen **wettbewerbsrechtlichen Bezug** auf, dh er hat auch eine auf die Lauterkeit des Wettbewerbs bezogene Schutzfunktion (BGH NJW 2004, 1099 = BRAK-Mitt. 2004, 91 = AnwBl. 2004, 447; *Kleine-Cosack* II Rn. 26). Er ist eine Norm, die auch dazu bestimmt ist, das Marktverhalten der Rechtsanwälte zu regeln (OLG Hamburg NJW 2005, 2283). Es handelt sich um eine gesetzliche Marktverhaltensregelung iSv § 4 Nr. 11 UWG (BGH MDR 2005, 959 = GRUR 2005, 520; OLG München MDR 2006, 720). Ein Rechtsanwalt hat zwar bei seiner Werbung grundsätzlich auch die sich aus dem allgemeinen Wettbewerbsrecht ergebenden Restriktionen zu beachten (*Kleine-Cosack* NJ 2002, 57). Die Wettbewerbsgerichte können und dürfen aber eine anwaltliche Werbung **nur dann** als **wettbewerbswidrig** beanstanden, **wenn diese den in §§ 43, 43b BRAO, §§ 6 ff. BORA normierten Anforderungen widerspricht.** Dabei muss die Beurteilung, ob das Gebot der Sachlichkeit gewahrt ist, an die Art der betroffenen Berufsausübung anknüpfen (BVerfG NJW 2004, 3765 = AnwBl. 2005, 69 zu §§ 57, 57a StBerG). Soweit in der Praxis Wettbewerbsgerichte nicht selten eine Irreführung iSv § 5 UWG unter Nichtberücksichtigung gegenteiliger Regelungen in § 43b und in §§ 6 ff. BORA mit der Begründung annehmen, das Irreführungsverbot könne nicht durch eine Satzung (BORA) außer Kraft gesetzt werden (vgl. *Braun* ZRP 1996, 394), wird jedoch regelmäßig das Verhältnis zwischen Berufs- und Wettbewerbsrecht verkannt. § 43b und die durch § 59b gesetzlich legitimierten §§ 6 ff. BORA beinhalten eine spezielle Regelung für das Werbeverhalten der Rechtsanwälte und

nehmen dabei auf die Grundrechte aus Art. 5 und 12 GG (→ Rn. 6, 7) Bedacht. Aus diesem Gesetzeszweck folgt, dass das UWG und BRAO/BORA hinsichtlich des Werberechts für Rechtsanwälte als gleichberechtigte Normen nebeneinander stehen und dass die gesetzliche Wertung eines bestimmten Verhaltens nach BRAO/BORA oder UWG von dem jeweils anderen Gesetz hingenommen werden muss. Es kann daher, wenn die Voraussetzungen der Verbotstatbestände der BRAO und der Berufsordnung nicht erfüllt sind, die Anwendung des § 3 UWG nicht in Betracht gezogen werden, wenn weitere Wettbewerbswidrigkeit begründende Umstände fehlen (BVerfG NJW 2004, 3765; BGHZ 56, 327, 336; Piper/Ohly/Sosnitza/*Ohly,* 5. Aufl. 2010, UWG Einf. D Rn. 72 ff.; zum Verhältnis UWG zu GWB *Kleine-Cosack* II Rn. 38 ff.). Berufsrechtlich erlaubte Handlungen eines Rechtsanwalts können grundsätzlich nicht wettbewerbswidrig sein (*Kampe/Alvermann* NJW 2001, 2121; zweifelnd OLG München NJW-RR 2001, 1358 = DB 2001, 809; allgemein zur Irreführung und Bagatellgrenze BGH AnwBl. 2007, 142). *Kleine-Cosack* führt daher dazu zutreffend aus: „Soweit das Berufsrecht ausdrücklich eine Gestaltungsmöglichkeit einräumt, kann deren Umsetzung in die Praxis nicht als wettbewerbswidrig angesehen werden. Dies hat mit Fragen der Ermächtigungsgrundlage für den Satzungsgeber im Übrigen nichts zu tun. Nach § 5 UWG ist lediglich die Irreführung des Publikums untersagt. Der Gesetzgeber kann aber in anderen Gesetzen definieren bzw. durch einen Satzungsgeber definieren lassen, in welchen Fällen von einer solchen Irreführung auszugehen ist und in welchen nicht. So wurde zB durch § 8 BORA rechtsverbindlich festgelegt, dass die dortigen Möglichkeiten der Kundgabe beruflicher Zusammenarbeit zulässig und somit keine verbotene Täuschung sein sollen, so dass die frühere restriktive Rechtsprechung überholt ist.“ (*Kleine-Cosack* II Rn. 92 ff.).

III. Beschränkung des Werberechts durch § 43b und §§ 6 ff. BORA

11 Nach der Grundregelung des § 43b ist dem Rechtsanwalt Werbung „nur erlaubt, soweit sie über die berufliche Tätigkeit in Form und Inhalt sachlich unterrichtet und nicht auf die Erteilung eines Auftrags im Einzelfall gerichtet ist“. Die danach in **Form und Inhalt** erforderliche „sachliche“ Unterrichtung gestattet dem Rechtsanwalt iVm §§ 6 ff. BORA Informationen über seine Person, seine Kanzlei und sein Dienstleistungsangebot weiterzugeben. Selbstdarstellungen, die den interessierten Personenkreis positiv ansprechen, sind nicht von vornherein unzulässig (BVerfG NJW 2000, 3195). Das Sachlichkeitsgebot verlangt nicht, sich auf die Mitteilung nüchterner Fakten zu beschränken (BVerfG NJW 2004, 3765 = AnwBl. 2005, 68; NJW 2004, 440). Eine solche Unterrichtung ist jederzeit und ohne besonderen Anlass zulässig (BGH NJW 1997, 2522; 2001, 2087 = MDR 2001, 898). Der Kreis der möglichen **Adressaten anwaltlicher Werbung** ist nicht eingeschränkt. Anwälte müssen auch die Möglichkeit haben, sich potenziellen Mandanten darzustellen (BT-Drs. 12/1993, 28). Eine Anwaltswerbung ist demnach nicht deshalb unzulässig, weil sie sich an Personen richtet, zu denen kein mandantschaftliches Verhältnis besteht oder bestanden hat (BGH NJW 2001, 2087).

12 **1. Beruflicher Bezug.** Der Rechtsanwalt darf damit über berufsbezogene Umstände informieren, die auf ihren Wahrheitsgehalt hin überprüft werden können und nicht ersichtlich ist, dass sie geeignet wären, das Vertrauen der Rechtsuchenden in die Integrität der Anwaltschaft zu beeinträchtigen. Maßgeblich für die Beurteilung des Werbeverhaltens ist der Standpunkt der angesprochenen Verkehrskreise, nicht die besonders strenge Auffassung des jeweiligen Berufsstands (BVerfG NJW 2003, 2816). Erste Voraussetzung für eine zulässige Werbung ist damit, dass die Werbeaussage im Zusammenhang mit der beruflichen Tätigkeit des Rechtsanwalts steht, sie die interessierte Öffentlichkeit darauf aufmerksam macht, dass der Werbende als Rechtsanwalt tätig ist (BGH NJW 2001, 2087; *Kleine-Cosack* NJ 2002, 57), sie **beruflichen Bezug** hat. Beruflicher Bezug besteht dabei nicht nur, wenn über die berufliche Tätigkeit des Rechtsanwalts persönlich unterrichtet wird, sondern schon, wenn über Rechtsfragen und Rechtsprechung im Zusammenhang mit der Berufsausübung unterrichtet wird (AnwG Hamm MDR 2000, 55 mit Anm. *Hartung*). Der Begriff „Berufsbezogenheit“ ist im Hinblick auf die Berufsausübungsfreiheit des Anwalts wie auch das Informationsinteresse der Rechtsuchenden weit zu interpretieren. Beruflicher Bezug ist gegeben, wenn die Tatsache für die Entscheidung potenzieller Mandanten, ob und ggf. welchen Anwalt sie beauftragen sollen, auf der Grundlage vernünftiger und sachbezogener Erwägungen eine Rolle spielen kann (BGH NJW 2001, 2087; Henssler/Prütting/

Prütting § 43b Rn. 16; *Kleine-Cosack* NJ 2002, 57). Dabei reicht es aus, dass die Information nur für eine Minderheit von Bedeutung ist.

Fehlt ein beruflicher Bezug, ist ein werbender Hinweis auf diese berufsfremden Umstände in beruflicher Werbung unzulässig. So gehören Hinweise auf sportliche Betätigung und Erfolge oder Hinweise auf eine erfolgreiche Sängerkarriere grundsätzlich nicht zu den nach § 43b zulässigen Werbeaussagen. Andererseits darf das Merkmal der Berufsbezogenheit nicht zu sehr verengt gesehen werden. Auf Umstände, die für potentielle Mandanten bei der Wahl eines Rechtsanwalts legitimerweise von Bedeutung sein können, darf hingewiesen werden. Im Zusammenhang mit der Benennung des **Teilbereiches** (§ 7 BORA) **„Sportrecht"** hat dann zB auch der Hinweis auf eigene sportliche Betätigung beruflichen Bezug, geht über die bloße Imagewerbung hinaus und ist damit zulässig. Für die Entscheidung potenzieller Mandanten, ob und ggf. welchen Anwalt sie beauftragen, kann es auf der Grundlage vernünftiger und sachbezogener Erwägungen durchaus eine Rolle spielen, welche außerrechtlichen Kenntnisse und Erfahrungen der jeweilige Rechtsberater erworben hat. Einem Mandanten, der beispielsweise in einem Fall mit sportrechtlichem Bezug Rechtsrat einholt, wird daran gelegen sein, einen Rechtsanwalt aufzusuchen, der sich auf Grund seines Vorverständnisses schneller in den Sachverhalt hineindenken kann oder sich in den Verbandsstrukturen auskennt (BVerfG NJW 2003, 2816). Es sind nämlich nicht nur Hinweise auf unmittelbar berufsbezogene Umstände wie zB auf die Berechtigung zur Führung bestimmter **Fachanwaltsbezeichnungen** (§ 43c Abs. 1 BRAO, § 1 FAO, → Rn. 37), auf Teilbereiche der Berufstätigkeit (§ 7 BORA) und auf bestehende zulässige Formen gemeinsamer Berufsausübung (§ 59a BRAO; § 8 BORA) zulässig. Vielmehr dürfen diese Hinweise auch durch wahrheitsgemäße und für die Mandantschaft bedeutsame Zusätze erläutert werden. So hat das AnwG Köln (Beschluss vom 1.3.1999 – EV 58/98) mit Recht den wahrheitsgemäßen Zusatz zum Namen einer Anwaltssozietät „gegründet 1913" für berufsrechtlich zulässig erklärt, da damit der potenziellen Mandantschaft eine kontinuierliche Leistungsfähigkeit und –bereitschaft vermittelt wird. **13**

Das Sachlichkeitsgebot verlangt nicht, sich auf die Mitteilung nüchterner Fakten mit beruflichen Bezug zu beschränken (BGH NJW 2004, 440). Auch Informationen über die **Art der beabsichtigten Zusammenarbeit** zwischen dem Anwalt und seinem Mandanten oder über die Atmosphäre, die bei der Erbringung der Dienstleistungen angestrebt wird (BVerfG NJW 2003, 3472), können aus der Sicht der angesprochenen Verkehrskreise von Interesse sein. Solche werbenden Aussagen befriedigen ein legitimes Informationsbedürfnis der Nachfrager. Entsprechen Form und Inhalt der Selbstdarstellung in der Werbung den beruflichen Aufgaben und enthält die Werbung im wesentlichen berufsbezogene Aussagen, kann sie als nicht berufswidrig eingestuft werden. So kann der neben einem Kanzleilogo und der Anschrift angebrachte Zusatz „Ihr Partner in …-Rechtssachen" unter keinem Gesichtspunkt als reklamehafte Anpreisung gewertet werden. Mit ihm informiert der Rechtsanwalt über die Art und Weise, wie er seine Dienstleistungen zu erbringen gedenkt. Diese Absicht ist für Mandanten nicht ohne Interesse und kennzeichnet die beabsichtigte Berufsausübung als partnerschaftlich; das aber steht mit den Berufspflichten der BRAO in Einklang (BVerfG NJW 2004, 3765 = AnwBl. 2005, 68 zu § 57a StBerG). Ist die Formulierung „optimale Interessenvertretung" in einer Werbung in eine Reihe von Sachangaben über die personelle und sachliche Ausstattung der Kanzlei eingebettet, kann hierin kein Verstoß gegen das Sachlichkeitsgebot gesehen werden (BGH MDR 2005, 959 = BRAK-Mitt. 2005, 199). **14**

Zulässig sind daher auch Hinweise auf **Sprachkenntnisse** (RAK Hamburg AnwBl. 1994, 513), auf sonstige **Qualifikationen zB als Architekt** (BVerfGE 82, 18 = NJW 1990, 2122), aber auch Hinweise auf gleichzeitig ausgeübte **weitere Berufe,** deren gleichzeitige Ausübung nicht gegen §§ 7 Nr. 8, 14 Abs. 2 Nr. 9 verstößt, wie zB der Hinweis, dass der Rechtsanwalt auch den Beruf als Diplom-Ingenieur oder Zahnarzt ausübt, oder dass er auch als Mediator tätig ist (AGH BW NJW 2001, 3199; → § 43a Rn. 65; §§ 7a, 18 BORA). Gestattet sind auch Hinweise auf im In- und Ausland erworbene **akademische Titel,** soweit diese nach innerstaatlichem Recht in der Bundesrepublik geführt werden dürfen (AGH RhPf NJW 2001, 1586 = MDR 2001, 360 = BRAK-Mitt. 2001, 145 = AnwBl. 2001, 298; OLG Stuttgart BRAK-Mitt. 2015, 50; → § 12 Rn. 20). Auf früher nicht nur ganz vorübergehend **ausgeübte Berufe** darf der Rechtsanwalt hinweisen, wenn die dort erworbenen Kenntnisse und Erfahrungen für die anwaltliche Berufsausübung von Bedeutung sein können, also beruflichen Bezug iSd § 43b haben. So wird der als Strafverteidiger tätige Rechtsanwalt auf seine frühere Tätigkeit als Kriminalbeamter, **15**

Staatsanwalt oder Richter hinweisen dürfen (AnwG Hamm BRAK-Mitt. 1999, 275; Hartung/*v. Lewinski* BORA § 6 Rn. 55). Die gegenteilige Auffassung der Mehrheit der Rechtsanwaltskammern und eines Teils der Literatur, dies sei unzulässig, weil im Publikum der Eindruck entstehen könne, ein solcher Rechtsanwalt verfüge noch über nützliche Beziehungen zu seinen früheren Kollegen und könne diese für seine Mandanten nutzbar machen, rechtfertigt ein Verbot solcher wahrheitsgemäßer berufsbezogener Angaben nicht. Durch § 45 ist ausreichender Schutz der Rechtsuchenden und des ehemaligen Arbeitgebers in diesen Fällen gewährleistet. Schutz vor lästiger Konkurrenz soll § 43b nicht gewährleisten.

16 Berufsbezogen sind auch die verbraucherrelevanten **Angaben über die Kosten der Tätigkeit,** insbesondere über die Höhe von Zeithonoraren (§ 4 Abs. 2 RVG). „Daher dürfen Kanzleien zB auch Gebührenverzeichnisse für außergerichtliche Standardtätigkeiten herausgeben. Unzulässig ist selbstverständlich schon wegen des Verstoßes gegen das Irreführungsverbot eine Werbung mit niedrigeren Gebühren als gesetzlich vorgeschrieben" (*Kleine-Cosack* II Rn. 120). Die Werbung, für den Pauschbetrag von 20 Euro inklusive Mehrwertsteuer eine außergerichtliche Beratung zu erbringen, verstößt nach der Neufassung des § 34 RVG nicht gegen das Verbot der Unterschreitung gesetzlicher Gebühren (OLG Stuttgart MDR 2007, 928). Zu beachten ist § 4 Abs. 2 S. 3 RVG, wonach die Vergütung in einem angemessenen Verhältnis zu Leistung, Verantwortung und Haftungsrisiko des Rechtsanwalts stehen muss (LG Ravensburg AnwBl. 2006, 677). Zur Werbung mit kostenfreier Erstberatung in Form eines Kalender-Gutscheins: AGH NRW BRAK-Mitt. 2014, 207 Auch **Anfahrtsskizzen zur Kanzlei** verbunden mit der Überschrift „So kommen Sie zu Ihrem Recht" sind zulässig (BVerfG NJW 2001, 3324 = BRAK-Mitt. 2001, 295 = AnwBl. 2002, 60).

17 Nach § 6 Abs. 2 S. 1 BORA aF waren Angaben über **Erfolgs- und Umsatzzahlen** unzulässig, obwohl solche Angaben durchaus berufsbezogen sind. Problematisch wird dieses an Art. 12 Abs. 1 GG zu messende Verbot jedenfalls dann, wenn es sich um den wirtschaftlichen Erfolg anwaltlicher Tätigkeit im Rahmen einer nach §§ 59c ff. zulässigen Tätigkeit in einer GmbH handelt. Die Anwalts-GmbH bzw. -AG muss nach § 325 Abs. 2 HGB unter anderem ihren Jahresabschluss im Bundesanzeiger bekanntgeben. Es erscheint daher widersprüchlich, es aber ihren Gesellschaftern zu verwehren, diese im Bundesanzeiger veröffentlichten Daten Dritten bekanntzugeben oder bei Nachfragen auf den Bundesanzeiger zu verweisen (*Kleine-Cosack* II Rn. 121). Bezüglich Sozietäten, Partnerschaften und Einzelanwälten kann sich aus dem Gleichbehandlungsgebot des Art. 3 GG das Recht zur Veröffentlichung entsprechender Daten ergeben (→ BORA § 6 Rn. 37). Von daher hat zu dieser Problematik der BGH auch entschieden, dass das Verbot der Werbung mit Erfolgszahlen im Hinblick auf Art. 12 GG eng auszulegen ist und nur Fälle erfasst, in dienen durch die Erfolgsangaben eine Irreführung zu befürchten ist (BGH BRAK-Mitt. 2008, 221 = AnwBl. 2008, 878); der Satzungsgeber hat mit einer Neufassung von § 6 BORA reagiert. Grundsätzlich gestattet ist es Rechtsanwälten auf ihrer Internetseite eine Liste von **Mandatsgegnern** zu veröffentlichen, in der darauf verwiesen wird, gegen welche Unternehmen und Personen die Kanzlei bereits tätig war (BVerfG BRAK-Mitt. 2008, 69 = AnwBl. 2008, 201; → BORA § 6 Rn. 38).

18 **2. Gebot der Sachlichkeit.** Die zweite sich aus § 43b ergebende Schranke für anwaltliche Werbung ist das Gebot der Sachlichkeit der Werbung **„in Form und Inhalt".** Sie ist aber auch die problematischste. Es ist immer noch nicht gelungen, den Begriff der „Sachlichkeit" zu konkretisieren und positiv zu umschreiben. Die Rechtsprechung beschränkt sich im wesentlichen auf Einzelfallbetrachtungen.

19 Der in Literatur und Rechtsprechung immer noch zu beobachtende Versuch, als Kriterium für die Unsachlichkeit das **„Reklamehafte"** eines Verhaltens heranzuziehen, findet im Gesetz keine Grundlage und ist daher nicht geeignet, das Werbeverhalten des Rechtsanwalts zulässig iSd Art. 12 GG einzuschränken und berücksichtigt nicht die Meinungsfreiheit des Rechtsanwalts im Rahmen seiner beruflichen Werbung (→ Rn. 2). Das Wort „reklamehaft", das in der ursprünglichen Gesetzesfassung enthalten und in der Rechtsprechung verwendet worden war, hat der Gesetzgeber durch den Begriff „sachlich" ersetzt und damit zum Ausdruck gebracht, dass dies und nicht das Reklamehafte das maßgebliche Abgrenzungskriterium sein soll. Dabei ist zu berücksichtigen, dass Werbung ihrem Wesen nach auch immer „Reklame" darstellt, diese umfasst jede Art von Werbung. Der Begriff „reklamehaft" ist somit allein nicht geeignet, die sachliche von der unsachlichen Werbung abzugrenzen (im Ergebnis so auch *Kleine-Cosack* II Rn. 126).

Während vor der Regelung durch § 43b das reklamehafte Anpreisen schlechthin als unzulässig angesehen wurde (vgl. 2. Aufl. § 43 Rn. 44 ff.), setzt die nunmehr geltende Regelung voraus, dass die Werbung über die berufliche Tätigkeit in Form und Inhalt sachlich unterrichtet. Wurde früher das unaufgeforderte direkte Herantreten an potenzielle Mandanten als grundsätzlich verboten angesehen, so darf nunmehr nach § 43b die Werbung nur nicht auf die Erteilung eines Auftrags im Einzelfall gerichtet sein (BGH NJW 2001, 2087).

Auch das immer wieder herangezogene Kriterium, dass **„Methoden der gewerblichen Wirtschaft"** in der anwaltlichen Werbung verboten seien (vgl. zB BGH NJW 1997, 2522), ist letztlich ungeeignet, sachliches von unsachlichem Verhalten abzugrenzen (vgl. BGH BRAK-Mitt. 1998, 98), denn nach Art. 12 Abs. 1 GG ist nur eine gemeinwohlschädliche Werbung untersagt. Aus dem Umstand der Verwendung einer Werbemethode der gewerblichen Wirtschaft kann aber nicht auf eine Gemeinwohlschädlichkeit geschlossen werden (vgl. auch BGH BRAK-Mitt. 1998, 98). Insbesondere beinhalten weder § 43b BRAO noch §§ 6 ff. BORA eine Beschränkung der Werbeträger. Grundsätzlich darf der Rechtsanwalt die zulässigen berufsbezogenen Informationen über **alle relevanten Werbeträger** wie Zeitschriften, egal ob Fachzeitschrift oder nicht (BVerfGE 85, 248; BVerfG BRAK-Mitt. 2000, 36 = NJW 2000, 1635), über Rundfunk, Fernsehen und Plakate pp. erteilen. Er muss nur stets darauf achten, dass es sich um eine sachliche und berufsbezogene Information handelt (vgl. auch BGH BRAK-Mitt. 1998, 98). Die Wahl eines bestimmten Werbemediums rechtfertigt es regelmäßig nicht, die Grenzen erlaubter anwaltlicher Außendarstellung enger zu ziehen. Rechtsanwälte sind bei der Werbung mit speziellen Qualifikationen nicht auf die von den §§ 6 Abs. 2 und 7 BORA aF vorgeschriebenen Medien sowie die darin vorgesehenen Begriffe für besondere Qualifikationen beschränkt (BVerfG NJW 2004, 2656). 20

Bei der Bewertung eines anwaltlichen Werbeverhaltens als sachlich oder unsachlich ist auf den Zweck der Werbebegrenzung in § 43b BRAO, §§ 6 ff. BORA abzuheben (→ Rn. 3). Mit dem Kriterium der Sachlichkeit soll „den Bedürfnissen der Rechtsuchenden nach Transparenz der Dienstleistungen Rechnung getragen werden. Damit soll der Gefahr begegnet werden, dass das rechtsuchende Publikum durch Qualitätswerbung irregeführt und unrichtige Vorstellungen über die Leistungsfähigkeit eines Rechtsanwalts gewinnt (Henssler/Prütting/*Prütting* § 43b Rn. 14; LG Nürnberg-Fürth AnwBl. 2001, 364; OLG Düsseldorf BRAK-Mitt. 2007, 274 zur unzulässigen Rechtsberatung in einem Café „Coffee and Law"). Dieses Ziel wird mit der Folge mangelnder Sachlichkeit vor allem verfehlt bei 21

- völlig übertriebener, plump aufdringlicher, marktschreierischer, belästigender oder
- **irreführender Werbung** (*Kleine-Cosack* II Rn. 135; vgl. auch BVerfG NJW 1996, 3067; 2000, 3195; BGH BRAK-Mitt. 1998, 98).

a) Übertriebene oder belästigende Werbung. Ob eine Werbung als übertrieben oder belästigend anzusehen ist, lässt sich nur anhand der Umstände des Einzelfalls, die für die erforderliche Verhältnismäßigkeitsprüfung von Bedeutung sind, beurteilen. Dabei sind die Gepflogenheiten zu beachten, die heutzutage für die Werbung des seriösen Einzelhandels bestehen, und ist auf das Empfinden eines gebildeten Durchschnittsbetrachters abzustellen (Henssler/Prütting/*Prütting* § 43b Rn. 29). Es ist davon auszugehen, „dass sich die allgemein übliche Werbepraxis auch auf die Einstellung des Publikums zur Werbung von Berufsangehörigen und die damit verbundenen Vorstellungen auswirkt". Welche **Werbeformen** als üblich, angemessen oder als übertrieben bewertet werden, unterliegt zeitbedingten Veränderungen. Das BVerfG hat es als zulässig angesehen, wenn anwaltlicher Rechtsrat über ein Internetauktionshaus versteigert wird (BVerfG BRAK-Mitt. 2008, 66). Allein aus dem Umstand, dass eine Berufsgruppe ihre Werbung anders als bisher üblich gestaltet, kann nicht gefolgert werden, dass dies eine unzulässige Werbung ist (BVerfG NJW 2000, 3195 = BRAK-Mitt. 2000, 137; NJW 2004, 3765). Ob eine plump aufdringliche Werbung marktschreierischer Art betrieben wird, unterliegt dabei in erster Linie der Beurteilung der Tatsachengerichte, die mit den örtlichen Gepflogenheiten vertraut sind (*Kleine-Cosack* II Rn. 137; BVerfG NJW 1996, 3067). 22

„Nur wenn die Grenzen zu einem marktschreierischen Werbungsstil überschritten sind, kann eine anwaltliche Werbung gemäß § 43b als der Form nach unsachlich beanstandet werden: Vor dem Hintergrund unerlässlicher Zubilligung nicht ganz enger Gestaltungsfreiheit und einer notwendig klaren, nicht von Geschmacksfragen abhängigen Abgrenzung ist bei der Annahme der 23

Form nach unzulässiger – nämlich eindeutig" („reklamehafter") „marktschreierischer und damit unsachlicher – Werbung eher Zurückhaltung angezeigt". So ist „mit der zweifarbigen Gestaltung der in ... Postwurfsendungen abgedruckten Anzeigen ... die Grenze zu der Form nach unerlaubter Werbung ... eindeutig noch nicht überschritten" (BGH BRAK-Mitt. 1998, 98). Die Grenzen zulässiger Anwaltswerbung sind überschritten, wenn die Werbung (hier: bedruckte Kaffeetassen) darauf abzielt, gerade durch ihre reißerische und/oder sexualisierende Ausgestaltung die Aufmerksamkeit des Betrachters zu erregen, mit der Folge, dass ein etwa vorhandener Informationswert in den Hintergrund gerückt wird oder gar nicht mehr erkennbar ist (BGH AnwBl. 2015, 91; BVerfG AnwBl. 2015, 438; AnwG Köln BRAK-Mitt. 2015, 102 zur unzulässigen Werbemaßnahme der Verteilung eines Pin-up-Kalenders). Ob die an sich inhaltlich sachliche Werbung einer Anwaltskanzlei allein wegen der Platzierung in einem reklamehaften Umfeld als unzulässig qualifiziert werden kann (so OLG Frankfurt NJW 1999, 2826 = BRAK-Mitt. 1999, 195) erscheint danach ebenfalls zweifelhaft. Auch kann nicht allein der Umstand, dass Werbung mit **Sponsoring** verbunden ist, deren Qualifizierung als marktschreierisch und unsachlich rechtfertigen (BVerfG NJW 2000, 3195 = BRAK-Mitt. 2000, 137 = MDR 2000, 730, damit aufgehoben: OLG Rostock MDR 1999, 834 mit abl. Anm. *Römermann*). Auf der Grundlage, dass nur unangemessene und übertriebene, marktschreierische Werbung verboten ist, die das besondere Vertrauen der Rechtsuchenden zu Rechtsanwälten gefährden könnte, ist nicht deutlich, inwieweit die bei Sponsoring eingesetzten Werbemethoden generell solche Gefahren heraufbeschwören könnten, wenn die Werbeaussage als solche berufsbezogen und sachlich ist (BVerfG NJW 2000, 3195; BVerfGE 94, 372 = NJW 1996, 3067 zur Apothekerwerbung; *Kleine-Cosack* II Rn. 520). Auch die Werbung mit dem Hinweis „Auf Wunsch Hausbesuch" ist, da weder übertrieben, belästigend oder irreführend, nicht unzulässig (**aA** LG Bonn BRAK-Mitt. 2002, 199). Andererseits verstößt das in einem Glückwunschschreiben enthaltene Angebot, dem Adressaten als Geschenk 50 DM auf das Honorar zu vergüten, gegen § 1 UWG (aF) iVm § 43b (OLG Celle NJW 2002, 1210).

24 Eine der **Form nach** unsachliche Werbung ist nur in engen Grenzen anzunehmen. Der Rechtsanwalt hat daher bei seiner Werbung grundsätzlich **freie Formenwahl.** Ihm stehen im Prinzip alle zur Information über seine Dienstleistungen geeigneten Formen der Werbung zur Verfügung. Die Benutzung eines bestimmten Mediums ist grundsätzlich wertneutral (*Bardenz* MDR 2000, 1409). Das BVerfG hat dazu ausgeführt: „Aus dem **Werbeträger** unmittelbar auf eine Gefährdung ... oder mittelbar auf einen Schwund des Vertrauens der Öffentlichkeit in die berufliche Integrität ... zu schließen, ist schwerlich möglich, solange sich die **Werbemittel** im Rahmen des Üblichen bewegen ... Nur übertriebene und marktschreierische Werbung, die auf eine Vernachlässigung der Pflichten hindeuten könnte, soll vermieden werden" (BVerfG NJW 1996, 3067; 2004, 3765; → Rn. 20; *Kleine-Cosack* II Rn. 152). Hatte das LG Nürnberg (NJW 1999, 1410 = MDR 1998, 1505) entschieden, dass ein Rechtsanwalt rechts- und wettbewerbswidrig handle, wenn er seine Kanzleiangaben und Tätigkeitsschwerpunkte, also inhaltlich berufsbezogene und sachliche Informationen, auf einem Taxi anbringen lässt, weil diese Informationsmittel in § 6 Abs. 2 nicht angegeben seien, zumal sich der Werbung niemand entziehen könne, hat dagegen das BVerfG (NJW 2004, 3765 = AnwBl. 2005, 68) die Werbung einer Steuerberatungskanzlei auf einer Straßenbahn als zulässig erachtet. So kann auch **Werbung auf T-Shirts** mit der Aufschrift „You never walk alone" oder auf Regenschirmen mit dem Aufdruck „Wir lassen Sie nicht im Regen stehen" als sachlich und berufsbezogen angesehen werden (*Hartung* MDR 2001, 735) ebenso auf Tragetaschen und sachliche **Bandenwerbung** bei einer Sportveranstaltung (AnwG Hamm NJW-RR 2002, 1065 = AnwBl. 2002, 658); dies gilt dann entsprechend auch für Trikotwerbung im Sport. Sind aber grundsätzlich alle Werbeträger und Medien zulässig, ist grundsätzlich auch eine dem jeweiligen Medium entsprechende Gestaltung der Werbung zulässig. Daher kann in Übereinstimmung mit dem LG München I (vgl. bei *Kleine-Cosack* II Rn. 169) und entgegen dem OLG München (vgl. *Kleine-Cosack* II Rn. 169 und OLG München NJW 1999, 1409 = MDR 1999, 448) bei einem **Radiospot** eines Rechtsanwalts die Verwendung von Musik oder sonstigen Geräuschen in Ergänzung zur berufsbezogenen Information nicht beanstandet werden. Berufsrechtlich zulässig ist auch die drucktechnische Hervorhebung einer inhaltlich sachlichen Werbeangabe in einer **Zeitungsanzeige** (OLG Dresden AnwBl. 2000, 53 zu § 57a StBerG, § 11 BOStB). Gestattet ist grundsätzlich auch die Überlassung berufsbezogener Fotografien (Gesamtfoto aller Sozien und Mitarbeiter) an die Presse. Das Verlangen, sich dann aber eine textliche Überprüfung der beabsichtigten Veröffentlichung vorzubehalten, kann zu einer unverhältnismäßigen Beschränkung der Berufsausübungsfreiheit führen, sofern nicht besondere Umstände die Annahme rechtfertigen, dass ein Presseerzeugnis über die erlaubte Information hinausgehen werde. Wer zur Bebilderung eines Zeitungsberichtes über seine Kanzlei ein seriöses Gruppenfoto der Anwaltskanzlei erlaubt oder zur Verfügung stellt, übernimmt noch keine Verantwortung für den redaktionellen Teil der Presseberichterstattung (BVerfG NJW 2000, 1635 = BRAK-Mitt. 2000, 36). Ebenso kann bei einer Praxisinformationsveranstaltung ein Imbiss gereicht werden; es ist nicht erforderlich, dass sich die Besucher selbst versorgen (*Kleine-Cosack* II Rn. 169; **aA** OLG Brandenburg AnwBl. 1998, 157).

Insoweit zusammenfassend kann festgestellt werden, die Berufsangehörigen können auch neuartige, jedoch allgemein übliche Werbeformen wie **Rundfunk, Fernsehen, Internet** (BVerfG NJW 2001, 3324 = BRAK-Mitt. 2001, 295; BGH NJW 2005, 1644; vgl. aber LG Hamburg NJW-RR 2001, 1075), **Plakate, Handzettel, Postwurfsendungen** (BGH BRAK-Mitt. 1998, 98; *Kleine-Cosack* II Rn. 151), Werbung **auf Verkehrsmittel** wie einer **Straßenbahn** (BVerfG NJW 2004, 3765 = AnwBl. 2005, 68) sowie **Teilnahme an einer Kreisleistungsschau** (OLG Saarbrücken NJW 2000, 2826 = BRAK-Mitt. 2000, 311 = MDR 2000, 795) usw. wählen. Insbesondere bei der Werbung mit speziellen Qualifikationen sind Rechtsanwälte nicht auf die von den §§ 6 Abs. 2, 7 Abs. 1 BORA (aF) vorgeschriebenen Medien sowie die darin vorgesehenen Begriffe für besondere Qualifikationen beschränkt (BVerfG NJW 2004, 2656). Eine Übersicht möglicher Werbemittel vgl. bei *Bardenz* MDR 2001, 247. Insbesondere ist auch die Versteigerung von anwaltlichem Rechtsrat über ein **Internetauktionshaus** nicht zu beanstanden (BVerfG BRAK-Mitt. 2008, 66). 25

Unsachlich ist aber eine **belästigende Form der Werbung, zB mittels Telefon, Telefax** oder im Internet mittels E-Mail (*Kleine-Cosack* II Rn. 154). Anders ist es bei Werbung mittels einer **Postwurfsendung.** Sie ist nicht anders zu beurteilen als die zulässige Annoncierung durch Rechtsanwälte in Zeitungen (BGH BRAK-Mitt. 1998, 98). Einer solchen „Belästigung" kann sich der Adressat mühelos entziehen; anders wird es nur dann zu beurteilen sein, wenn der Werbende einen Aufkleber am Briefkasten missachtet, wonach Werbung unerwünscht ist (*Kleine-Cosack* II Rn. 156). 26

Die Beurteilung der Form einer Werbung als unsachlich kommt somit insbesondere in Betracht, wenn ihr Erscheinungsbild derart im Vordergrund steht, dass ihr Inhalt weit dahinter zurückbleibt. **Informationsveranstaltungen** von Rechtsanwälten zur eigenen anwaltlichen Tätigkeit oder zu allgemein rechtlichen Themen sind dabei grundsätzlich nicht als unsachlich anzusehen, auch wenn zu ihr Personen eingeladen werden, zu denen kein mandantschaftliches Verhältnis besteht oder bestanden hat und dazu ein kostenloser Mittagsimbiss gereicht wird. Gegen das Sachlichkeitsgebot verstößt eine Informationsveranstaltung ihrer Form nach allerdings dann, wenn bei ihr weitere Leistungen angeboten werden, die geeignet sind, die angesprochenen Verkehrskreise dazu zu bewegen, an der Veranstaltung nicht wegen der Informationen, sondern vor allem wegen dieser weiteren Leistungen teilzunehmen. Insbesondere das kostenlose Angebot ansonsten entgeltlicher Leistung kann eine unzulässige Anlockwirkung entfalten (BGH NJW 2001, 2087 = BRAK-Mitt. 2001, 189; Henssler/Prütting/*Prütting* § 43b Rn. 38). 26a

b) Sachliche Unterrichtung. In der Praxis bedeutsamer ist die Einschränkung des Werberechts durch § 43b dahingehend, dass **der Inhalt der Werbeaussage sachlich unterrichtet.** Der Rechtsanwalt darf über seine Dienstleistungen und Person nur sachlich informieren (§ 6 BORA). Es darf über berufsbezogene Umstände und Fakten informiert werden, die auf ihren Wahrheitsgehalt hin überprüft werden können. Nicht zulässig sind bloße Wertungen, die einer Qualifizierung als richtig oder falsch nicht zugänglich sind (Henssler/Prütting/*Prütting* § 43b Rn. 15). **Bloße Werturteile** über die eigene Dienstleistung oder die der Konkurrenten, deren Berechtigung nicht beurteilt werden kann, weil sie weitgehend von subjektiven Einschätzungen abhängen, sind regelmäßig nicht mit dem Sachlichkeitsgebot vereinbar. Bei Werturteilen über anwaltliche Leistungen liegt die Gefahr, dass durch nichtüberprüfbare Werbeaussagen unrichtige Erwartungen entstehen, besonders nahe, weil die Rechtsuchenden die Leistungen eines Rechtsanwalts in der Regel nur schwer einschätzen können (BGH NJW 2001, 2087 = BRAK-Mitt. 2001, 189). **Bloße Qualitätsanpreisungen** ohne sachlichen und tatsächlichen Inhalt sind unzulässig. Allgemein schließt also das Gebot der inhaltlichen Sachlichkeit die Werbung mit bloßen Wertungen, die nicht auf objektive Tatsachen zurückgehen und nicht objektiv nachvollzogen werden können, aus. Insoweit handelt es sich um verbotene irreführende Werbung (Henssler/ 27

Prütting/*Prütting* § 43b Rn. 53). Wirbt ein Rechtsanwalt im Internet mit der Aussage, dass er im Unterschied zu einigen anderen auf seinem Gebiet tätigen Anwälten, „bei denen der Sachvortrag häufig recht dürftig ist und keine Vertretung in der mündlichen Verhandlung erfolgt", Anträge auf Erlass einer einstweiligen Anordnung stets sorgfältig begründet und den Gerichtstermin auf jeden Fall wahrnimmt – anders als „zB Rechtsanwalt S. aus S. (der) nie zur mündlichen Verhandlung (geht)" – so verstößt er gegen das berufsrechtliche Sachlichkeitsgebot und handelt zugleich unlauter iSd §§ 3, 4 Nr. 11 UWG. Auch wenn die Werbeaussage einen wahren Tatsachenkern enthält, ist sie schon deshalb unzulässig, weil sie den Leser, der nicht beurteilen kann, wer zu den angesprochenen nachlässigen Kollegen gehört, verunsichert. Ein rechtliches Interesse des Rechtsanwalts, nicht nur seine eigene Leistung positiv darzustellen, sondern darüber hinaus einen Teil der konkurrierenden Rechtsanwälte in ein schlechtes Licht zu rücken, besteht nicht (OLG Frankfurt BRAK-Mitt. 2005, 95). Davon zu unterscheiden sind allgemein gehaltene Aussagen, die aber formal und inhaltlich angemessen gestaltet sind und keinen Irrtum erregen. Dies muss bei allgemein gehaltenen Werbeaussagen im Wege grundrechtsfreundlicher Auslegung ermittelt werden (→ Rn. 6). Daran anknüpfend ist die Aussage in einer Zeitungsanzeige: „Es gibt Unternehmen, die uns kennen und überhaupt nicht mögen. Nur weil wir Anwälte der Gegenseite sind", nicht unzulässig (**aA** OLG Stuttgart NJW 2002, 1433). Dies gilt auch für die Werbeaussage „Wir werden als adäquate Gesprächspartner auch von den Richtern geschätzt" (**aA** OLG Frankfurt BRAK-Mitt. 2005, 95). Aussagen wie „Ihre Rechtsfragen sind unsere Aufgaben" erwecken keinen irreführenden Eindruck (BVerfG MDR 2000, 358 = BRAK-Mitt. 2000, 89; **aA** OLG Köln MDR 1998, 1505 = BRAK-Mitt. 1999, 43; → Rn. 39). Dies wird auch bei werblichen Aussagen wie dem Versprechen „Umfassender Rechtsberatung", „Wir arbeiten konsequent für Ihr Recht", „Regelmäßiger Fortbildung" und entsprechender Aussagen zur „Kanzleiphilosophie" dann keine unsachliche Werbung sein, wenn die Kanzlei tatsächlich auf unterschiedlichen Rechtsgebieten tätig ist und für regelmäßige Fortbildung gesorgt wird. Dies ist auch keine **Werbung mit „Selbstverständlichkeiten".** Die aus § 43 Abs. 6 folgende Fortbildungspflicht wird weder organisatorisch noch individuell von den Rechtsanwaltskammern überwacht. Wer dieser Pflicht genügt, benennt nichts, das tatsächlich bei allen Wettbewerbern vorliegt und deshalb Dritten als Selbstverständlichkeit erscheinen müsste (BVerfG NJW 2001, 3324 = BRAK-Mitt. 201, 295 = AnwBl. 2002, 60). Erläutert der Rechtsanwalt in einem Presseinterview die Risiken und Chancen einer Prozessführung in einem Spezialgebiet, so kann er darauf hinweisen, dass von ihm insoweit vertretene Prozesse „durchweg" erfolgreich waren (OLG Frankfurt AnwBl. 2000, 253). Eine in Form und Inhalt sachliche, nicht irreführende und nicht auf die Erteilung eines konkreten Mandates gerichtete Zeitungsanzeige, in der ein Rechtsanwalt seine Tätigkeit beschreibt durch Angabe seines taktischen Vorgehens bei der Durchsetzung von Berufsunfähigkeitsrenten ist berufsrechtlich nicht zu beanstanden (AG Schwerte MDR 2002, 119 mit Anm. *Neuhaus*).

28 Angaben wie der „beste, der erfolgreichste, erfahrenste, renommierteste Strafverteidiger der Stadt" oder ähnliche vollmundige Anpreisungen sind als **rein subjektives Werturteil** nicht überprüfbar, irreführend, unsachlich und damit verboten. Aber es stellt eine sachliche Information über die Tätigkeit von Rechtsanwälten dar, dass diese bestimmte – auch bedeutsame – Mandate betreuen (LG Hamburg BRAK-Mitt. 2005, 204). Damit ist dem Rechtsanwalt nicht verwehrt, zB auf besonders öffentlichkeitswirksame und erfolgreiche Verteidigungen hinzuweisen. Darauf darf er in den Grenzen des § 6 Abs. 2 BORA durchaus hinweisen. Danach sind **Hinweise auf Mandate und Mandanten** zulässig, soweit der Mandant ausdrücklich eingewilligt hat. Eine Beschränkung der Medien, wie § 6 Abs. 3 BORA aF sie vorsah, besteht dabei nicht (BVerfG NJW 2004, 2656). Das heißt zB, dass die Verteidiger von bekannten Persönlichkeiten auf deren Verteidigung hinweisen dürften. Im Hinblick auf die anwaltliche Verschwiegenheitspflicht ist aber stets Voraussetzung, dass der Mandant mit diesen Angaben in dem gewählten Informationsmittel ausdrücklich einverstanden ist. Selbstverständlich gilt dieses Hinweisrecht nicht nur zB für bundesweit bekannt gewordene Verteidigungsfälle, sondern auch für nur regional bedeutsame. Auch ein Strafverteidiger aus „Hintertupfing" darf unter den Voraussetzungen des § 6 Abs. 2 BORA auf seine Verteidigung einer Regionalgröße hinweisen. Wirbt ein Rechtsanwalt mit der Aussage, ein Mandant, der sich nach einem Verkehrsunfall durch einen Verkehrsanwalt vertreten lasse, erhalte immer höhere Entschädigungszahlungen als Geschädigte ohne spezialisierten Rechtsbeistand, verstößt er gegen das Sachlichkeitsgebot. Bei einem derartigen Vergleich handelt es sich um eine unzulässige pauschale Herabsetzung der nicht auf

Verkehrsrecht spezialisierten Rechtsbeistände. Unabhängig vom Wahrheitsgehalt der Werbeangabe ist es stets unzulässig, wenn der Werbende von einer sachlich vergleichenden Gegenüberstellung der tatsächlichen Grundlagen seines Vergleichs überhaupt absieht und stattdessen eine Gesamtabwertung vornimmt, die der angesprochene Verkehr nicht überprüfen kann, weil er nicht weiß, was miteinander verglichen wird (OLG Braunschweig BRAK-Mitt. 2003, 195). Behauptet ein Rechtsanwalt in einem Werberundschreiben, dass fachlich nicht spezialisierte Anwaltskanzleien „allenfalls nur durchschnittliches Wissen" anbieten könnten, liegt hierin eine wettbewerbswidrige Herabsetzung von Mitbewerbern iSd § 6 Abs. 2 Nr. 5 UWG (OLG Jena BRAK-Mitt. 2005, 201). Zur Werbung mit „Zeit-, Nerven- und kostensparender" Online-Scheidung s. OLG Hamm BRAK-Mitt. 2013, 175.

c) Irreführende Werbung. Unsachlich mangels Eignung zu irgendeiner Information ist stets die irreführende Werbung (§ 5 UWG; *Kleine-Cosack* II Rn. 172 ff.). Wer so wirbt, beeinträchtigt offensichtlich die Funktion der Anwaltschaft im System der Rechtspflege (Henssler/Prütting/*Prütting* § 43b Rn. 11). Irreführend sind **falsche Angaben über rechtlich relevante Umstände.** So ist zB irreführend die Angabe von Titeln oder akademischer Grade ohne dazu berechtigt zu sein (OLG Stuttgart BRAK-Mitt. 2015, 50). Ein Rechtsanwalt, der an einer vom Arbeitsamt vermittelten einjährigen Qualifizierungsmaßnahme für arbeitslose Juristen an einer „Steuer- & Wirtschafts-Akademie GmbH" teilgenommen und von diesem Lehrinstitut ein „Diplom" erhalten hat, ist nicht berechtigt, sich im Briefkopf seiner Geschäftspapiere als „Dipl. Wirtschaftsjurist (SWA)" zu bezeichnen, auch dann nicht, wenn der Zusatz SWA im Kleindruck als „Steuer- & Wirtschaftsakademie erläutert wird (AGH RhPf NJW 2001, 1586 = MDR 2001, 360 = AnwBl. 2001, 298 = BRAK-Mitt. 2001, 145). Dies gilt auch, wenn ein Rechtsanwalt die (Zusatz-) Bezeichnung „zertifizierter Testamentsvollstrecker (AGT)" führt, obwohl er bisher lediglich zwei Testamentsvollstreckungen durchgeführt hat und dementsprechend keine hinreichend praktischen Erfahrungen vorweisen kann (BGH BRAK-Mitt. 2012, 39: grundsätzlich verstößt die Verwendung der Bezeichnung „zertifizierter Testamentsvollstrecker (AGT)" durch einen Rechtsanwalt nicht gegen das anwaltliche Berufsrecht und gegen das Irreführungsverbot; anders AGH NRW BRAK-Mitt. 2011, 154 zur irreführenden Bezeichnung als „zertifizierter Testamentsvollstrecker (DVEV)" und „Vorsorgeanwältin"). Zur DEKRA-Zertifizierung vgl. NdsAGH BRAK-Mitt. 2009, 135; LG Köln AnwBl. 2009, 226; durch den **Zertifizierung**shinweis wird der Irrtum erweckt, dass eine amtliche Verleihung vorliege. 29

Die Behauptung einer Rechtsanwalts-GmbH, Rechtsuchenden **„Spezialisten"** für jedes relevante Rechtsproblem zur Verfügung stellen zu können, ist irreführend, wenn sich der Gesellschafterstamm weit überwiegend aus sehr jungen Kollegen zusammensetzt. Der Rechtsuchende, dem ein „Spezialist" (→ BORA § 7 Rn. 20 ff.) versprochen wird, erwartet, dass er auf eine Person trifft, die auf einem bestimmten speziellen Rechtsgebiet herausragende Kenntnisse und Erfahrungen erworben hat. Die Kenntnisse, Eignungen und Befähigungen des Spezialisten müssen in jedem Fall höher sein als diejenigen eines Fachanwalts (LG Dortmund BRAK-Mitt. 2006, 44; AGH NRW BRAK-Mitt. 2014, 318; anders nun wohl BGH BRAK-Mitt. 2015, 99 zur Bezeichnung „Spezialist für Familienrecht"). Die Werbung einer Kanzlei von neun Anwälten und Steuerberatern mit **der Orts-Bezeichnung** „Bodensee" ist irreführend, weil damit über den geographischen Hinweis auf den Sitz der Kanzlei auch eine – in diesem Fall unrichtige – Spitzenstellung im Hinblick auf Qualität und Kanzleigröße behauptet wird (OLG Stuttgart AnwBl. 2006, 489 = BRAK-Mitt. 2006, 188). Die Bezeichnung als „Kanzlei Niedersachsen" ist dagegen nicht zu beanstanden (OLG Celle BRAK-Mitt. 2012, 138). Zur unzulässigen Werbung mit der Bezeichnung „Hamburg, Berlin, München, Karlsruhe, Leipzig (…) Rechtsanwälte vertreten Ihren Fall": LG Hamburg BRAK-Mitt. 2014, 320. Die Veröffentlichung von Rangeinstufungen von Rechtsanwälten und Anwaltskanzleien in einem Handbuch (**Anwaltsranking** im „Juve-Handbuch"), die schwerpunktmäßig auf wertenden Äußerungen, nicht jedoch auf Tatsachenbehauptungen beruhen, verstößt nur dann gegen § 3 UWG, wenn im Einzelfall Feststellungen zur Gefährdung des Leistungswettbewerbs durch sittenwidriges Verhalten getroffen werden können (BVerfG NJW 2003, 277, dadurch aufgehoben: BGH NJW 2002, 1224 iVm OLG München NJW 2001, 1950). Die Werbung eines Anwalts mit einer solchen Eintragung ist im Falle eines Verstoßes gegen § 3 UWG durch die Eintragung irreführend und damit unsachlich. Veröffentlicht ein Verlag in einer Publikation **Ranglisten** – nach Region und Fachbereich –, in denen Rechtsanwälte nach Recherchen des Verlags in einer Reihenfolge aufgrund einer sub- 29a jektiven Einschätzung ihrer Reputation aufgeführt werden, kann eine Absicht des Verlags nicht angenommen werden, den Wettbewerb der in den Ranglisten angeführten Rechtsanwälte zu fördern (BGH NJW 2006, 2764 = EBE 2006, 260 = BRAK-Mitt. 2006, 231). Nicht irreführend ist die **Angabe des Doktorgrades,** wenn dieser in einer anderen Disziplin erlangt wurde als in der Jurisprudenz nämlich zB in der Zahnheilkunde. Irreführend sind eigenmächtige Angaben einer Fachanwaltsbezeichnung; (BVerfG NJW 1992, 816; → § 43c Rn. 29; → FAO § 1 Rn. 1); ebenso die Angabe von Teilbereichen der Berufstätigkeit ohne dass die Benennungsvorschriften des § 7 BORA beachtet werden (AnwG Köln Beschluss vom 8.3.1999 – EV 277/98; BVerfGE 76, 196). Führt eine überörtliche oder intra-urbane Sozietät keinen einheitlichen Gesellschaftsnamen (§ 9 BORA), ist dies ebenfalls irreführend (BGH ZIP 1998, 1044; OLG Hamm NJW 1994, 868 = BRAK-Mitt. 1994, 183). Lässt der Briefkopf einer überörtlichen Sozietät offen, welcher der genannten Rechtsanwälte in der genannten Kanzlei persönlich anzutreffen ist, ist dies berufsrechtswidrig (EGH München BRAK-Mitt. 1992, 224, vgl. auch BGH NJW 2003, 346; § 10 Abs. 1 BORA). Im Hinblick auf § 12 Abs. 3 BRAO, §§ 1, 5, 26 EuRAG ist die Führung der Berufsbezeichnung „Advocat" auf dem Briefbogen einer Anwaltskanzlei dazu irreführend, wenn kein französischer Advokat zur Sozietät gehört und auch sonst kein Mitglied die Berechtigung zur Führung dieser Berufsbezeichnung erworben hat (BayAGH Urteil vom 21.7.1998 – BayAGH II – 9/98; OLG Karlsruhe NJW 1990, 3093 = BRAK-Mitt. 1990, 179). Enthält aber die Kurzbezeichnung einer Rechtsanwaltskanzlei den englischen Begriff **„Associates"** soll dies beim rechtsuchenden Publikum nicht den Eindruck erwecken, dass es sich um einen Zusammenschluss von Rechtsanwälten im internationalen Bereich handelt. Zwar mag durch die Verwendung des Zusatzes „Associates" im Rechtsverkehr die Vorstellung einer gewissen Internationalität erweckt werden. Dies begründet jedoch dann nicht die Gefahr einer Irreführung, wenn zum einen ein internationaler Bezug der Kanzlei bereits dadurch hergestellt ist, dass zumindest ein Kanzleimitglied gleichzeitig auch im Ausland als Rechtsanwalt zugelassen ist und dort eine Kanzlei unterhält und zum anderen der Tätigkeitsschwerpunkt aller Sozien im internationalen Steuer-, Gesellschafts- und Wirtschaftsrecht liegt (BGH BRAK-Mitt. 2005, 186; → Rn. 41).

30 Eine Irreführung scheidet aber aus, wenn eine bestimmte Werbeaussage gesetzlich oder satzungsmäßig, zB durch die BORA, gestattet ist. So kann die frühere Rechtsprechung, dass Angestellte und freie Mitarbeiter wegen Irreführung nicht auf Kanzleibriefbögen geführt werden können, im Hinblick auf die Regelung in § 9 Abs. 1 BORA aF nicht aufrechterhalten werden. Auch kann nach § 9 Abs. 2 BORA aF die Fortführung des Namens des früheren Kanzleiinhabers bei dessen Ausscheiden durch den Kanzleierwerber in der Kurzbezeichnung nicht mehr als irreführend angesehen werden (*Kleine-Cosack* II Rn. 178, 179). Dies gilt erst recht nach der am 1.3.2011 in Kraft getretenen Neufassung des § 9 BORA, der keinerlei Vorgaben mehr hinsichtlich der in der Kurzbezeichnung geführten Personen mehr macht, sondern nur noch die einheitliche Führung einer Kurzbezeichnung fordert. Da der **Anwaltsnotar** mit Rechtsanwälten eine Sozietät eingehen darf, ist es nicht zu beanstanden, dass ein Anwaltsnotar, der mit einem Rechtsanwalt soziiert ist, auf seinen geschäftlichen Briefbögen die Bezeichnung „Rechtsanwalts- und Notarkanzlei" führt, wenn im Briefkopf zugleich deutlich herausgestellt wird, wer Anwaltsnotar und wer nur Rechtsanwalt ist (BGH NJW 1999, 428). Soweit Anwaltsnotaren in überörtlichen Sozietäten durch § 29 Abs. 3 S. 1 BNotO untersagt wird, die Amtsbezeichnung als Notar auf Geschäftspapieren anzugeben, die nicht von der Geschäftsstelle des Notars aus versandt werden, ist die Regelung mit Art. 12 Abs. 1 GG unvereinbar (BVerfGE 112, 255 = BRAK-Mitt. 2005, 116 = AnwBl. 2005, 427). Es kann ihm danach auch nicht untersagt werden, seine Anschrift und Telefonnummer in einem nicht seinen Amtssitz einschließenden Telefonbuch zu veröffentlichen (BVerfG BRAK-Mitt. 2006, 31). Eine auf einem Briefbogen blickfangmäßig herausgestellte **Kurzbezeichnung** einer überörtlichen Sozietät von Wirtschaftsprüfern, Steuerberatern und Rechtsanwälten ist nicht zu beanstanden, wenn dem Briefbogen zu entnehmen ist, über welche berufliche Qualifikation das einzelne Sozietätsmitglied verfügt und wo der Sitz der jeweiligen Kanzleien sich befindet (BGH NJW 1994, 2288 = BB 1994, 1445 = WRP 1994, 613 = MDR 1994, 944 = AnwBl. 1994, 415 = BRAK-Mitt. 1994, 245 = Stbg 1994, 395 mit Anm. *Taupitz* EWiR 1994, 865). Zur Irreführung bei der Werbung mit **Außen-(Schein)Sozieäten** (BGH BRAK-Mitt. 2012, 232) bzw. mit **Kooperationen** bei Verwendung einer einheitlichen Kurzbezeichnung (BGH BRAK-Mitt. 2014, 156).

d) Direktwerbung. Verboten ist nach § 43b, ohne dass dieses Verbot in der Berufsordnung wiederholt wurde, auch die sog. Direktwerbung im konkreten Einzelfall. Das heißt, die Werbung darf nicht auf die Erteilung eines Mandats **im konkreten Einzelfall** gerichtet sein. Dies ist nicht gleichzusetzen mit dem Begriff „gezielte Werbung um Praxis". Dieser häufig zur Kennzeichnung berufswidriger Werbung verwendete Begriff taugt nicht zur Abgrenzung unzulässiger von zulässiger Werbung, weil jede Werbung auf Mandatserteilung zielt. Richtet sich die Werbung auf eine unbestimmte Vielzahl potenzieller, noch nicht konkretisierter Mandate, ist sie zulässig. Zielt sie aber auf einen konkreten Auftrag, ist sie nach dem Gesetzeswortlaut verboten (Henssler/Prütting/*Prütting* § 43b Rn. 13, 39, 44; Hartung/*v. Lewinski* § 43b Rn. 13). Nicht gestattet ist daher nach § 43b letzter Hs. nur die Werbung um einen konkreten Auftrag, nachdem bei dem potenziellen Mandanten bereits ein dem Rechtsanwalt bekannt gewordener akuter Beratungs- und/oder Vertretungsbedarf entstanden ist (OLG Stuttgart NJW 1997, 2529; Henssler/Prütting/*Prütting* § 43b Rn. 39 ff.; Hartung/*v. Lewinski* § 43b Rn. 10 ff.; *Kleine-Cosack* II Rn. 200 ff.), oder der Rechtsanwalt jedenfalls mit einem solch akutem Bedarf rechnet oder er ihn zu wecken sucht. Zur **Europarechtswidrigkeit des Verbots der Akquisewerbung** unter Berücksichtigung der Dienstleistungs-RL vgl. EuGH AnwBl. 2011, 492 mit Anm. *Hellwig;* BGH AnwBl. 2014, 87 = BRAK-Mitt. 2014, 35: Ein Rechtsanwalt verstößt nicht zwingend gegen das Verbot der Werbung um Praxis, wenn er einen potentiellen Mandanten in Kenntnis eines konkreten Beratungsbedarfs (hier: Inanspruchnahme als Kommanditist einer Fondsgesellschaft auf Rückzahlung von Ausschüttungen) persönlich anschreibt und seine Dienste anbietet. Ein Verstoß liegt jedenfalls dann nicht vor, wenn der Adressat einerseits durch das Schreiben weder belästigt, genötigt oder überrumpelt wird und er sich andererseits in einer Lage befindet, in der er auf Rechtsrat angewiesen ist und ihm eine an seinem Bedarf ausgerichtete sachliche Werbung hilfreich sein kann (LG Bremen AnwBl. 2013, 936 n. rkr.; BGH AnwBl. 2015, 269; OLG Köln BRAK-Mitt. 2014, 211; zur Rechtsprechung vor der Neuausrichtung des BGH vgl. 8. Aufl. Rn. 31). Die Rechtsprechung ist nach wir vor stark vom Einzelfall geprägt, es kommt letztlich auf den Inhalt und Adressatenkreis der Rundschreiben an (OLG Köln BRAK-Mitt. 2012, 281; zur Wirksamkeit des Anwaltsvertrages bei Verstoß: AG Weilheim i.OB BRAK-Mitt. 2012, 241). Anders ist es, wenn eine auf die Vertretung geschädigter Kapitalanleger spezialisierte Sozietät über ihre Internetseiten an mutmaßlich geschädigte Aktionäre eines bestimmten Unternehmens herantritt, um auf diesem Weg sowohl auf die Erfolgsaussichten einer Sammelklage hinzuweisen als auch ein Erfassungsformular zur Vollmachtserteilung bereitzuhalten und sonstige Informationen zu dem konkreten Verfahren anzubieten. Eine verbotene Werbung um ein Mandat im Einzelfall ist darin nicht zu sehen. Durch im Internet veröffentlichte anwaltliche Werbung wird nicht ein einzelner potentieller Mandant direkt angesprochen. Vielmehr kommen Interessenten auf die Internetseiten eines Rechtsanwalts aufgrund eigener Aktivitäten oder nur zufällig und können unbeeinflusst durch direkte persönliche Ansprache darüber entscheiden, ob sie sich an die Kanzlei überhaupt, sogleich oder später wenden wollen (OLG Hamburg BRAK-Mitt. 2004, 190). Auch eine an sich zulässige Werbungsart kann in einer solchen Situation des Umworbenen mit akutem Beratungsbedarf als unzulässig anzusehen sein, zB die **Einladung zu einer Informationsveranstaltung,** weil sie in gleicher Weise wie die offene Werbung um die Erteilung eines Auftrags im Einzelfall in einer oft als aufdringlich empfundenen Weise auszunutzen versucht, dass sich der Umworbene beispielsweise in einer Lage befindet, in der er auf Hilfe angewiesen ist und sich möglicherweise nicht frei für einen Anwalt entscheiden kann (BGH NJW 2001, 2087). Deshalb darf der Rechtsanwalt weder Personen, die einen Unfall erlitten haben, noch solche, gegen die schon Strafverfolgungsmaßnahmen durchgeführt werden, unaufgefordert ansprechen, sie anrufen, anfaxen oder auf sonstige Weise ihnen im konkreten Fall seine Dienste als Anwalt andienen. Insbesondere darf er, was in § 6 Abs. 3 BORA besonders klargestellt ist, nicht durch Dritte für sich in einer Art und Weise werben lassen, die ihm selbst verboten wäre. So ist es also verboten, U-Häftlinge oder Strafgefangene gezielt dahingehend einzusetzen, dass sie Mithäftlinge veranlassen, diesen Rechtsanwalt als Verteidiger zu wählen, da auch dem Rechtsanwalt selbst dieses gezielte Ansprechen potentieller Mandanten verboten wäre. Häufig geschieht dies auch in unsachlicher Form, indem diese Anwälte dann von den für sie werbenden Häftlingen im Vergleich zu anderen Anwälten als besser, engagierter oder auch „entgegenkommender" hinsichtlich verbotener Transporte in und aus der JVA bezeichnet werden. Dies sind Formen unzulässiger Werbung unter Einschaltung Dritter und damit unzulässig. Die Verteilung anwaltlicher Informationsbroschüren im Vorraum eines Hotelkonferenzraums an 31

Teilnehmer einer Gesellschafterversammlung ist unzulässig, wenn jedenfalls bei einer Mehrzahl der angesprochenen Personen konkreter Beratungsbedarf besteht (OLG München BRAK-Mitt. 2006, 191). Um einen einzelnen Mandanten darf der Rechtsanwalt sich werbend bemühen, nicht aber um den einzelnen Auftrag eines solchen Mandanten (BGH NJW 2001, 2087 = BRAK-Mitt. 2001, 189 = DB 2001, 2043). Nicht verboten ist die Versteigerung von anwaltlichem Rechtsrat über ein Internetauktionshaus (BVerfG BRAK-Mitt. 2008, 66), weil der konkrete Beratungsbedarf in diesem Fall eben nicht bekannt ist. Das Verbot der Werbung um die „Erteilung eines Auftrags im Einzelfall" ist somit nicht zu verwechseln mit dem direkten Ansprechen potentieller Mandanten, was erlaubt ist. Geht es nicht um einen konkreten Auftrag in einem konkreten Einzelfall, darf der Rechtsanwalt potentielle Mandanten ansprechen und für sich werben. Er darf also ohne weiteres in Praxisbroschüren, aber auch in Rundschreiben, das heißt in an Mandanten oder auch an ein breiteres Publikum, mit dem der Rechtsanwalt noch nicht in Mandatsbeziehungen steht oder stand, gerichteten Schreiben sein Dienstleistungsangebot unterbreiten (BGH NJW 2001, 2886 = AnwBl. 2001, 628 = BB 2001, 1815 = BGHR 2001, 714 mit Anm. *Römermann;* OLG Stuttgart NJW 1997, 2529; Henssler/Prütting/*Prütting* § 43b Rn. 41). Ebenso darf er diesen Personenkreis zu einer Informationsveranstaltung zur eigenen anwaltlichen Tätigkeit oder zu allgemeinen rechtlichen Themen einladen und dabei einen kostenlosen Mittagsimbiss reichen (BGH NJW 2001, 2087; **aA** OLG Naumburg BRAK-Mitt. 2003, 197). Auch das Anschreiben von Fondsanlegern eines mittlerweile vermögenslosen geschlossenen Fonds mit Informationen zu Auseinandersetzungen um ihren Fonds, dem Angebot zur Beratung und der Einladung zu Informationsveranstaltungen, stellt keine verbotene Werbung um ein Mandat im Einzelfall dar (AnwG München BRAK-Mitt. 2008, 225; LG Berlin BRAK-Mitt. 2007, 92, nur Ls.). Wird allerdings von den Rechtsanwälten für solche Rundschreiben auf eine Adressenliste zurückgegriffen, deren Herkunft sie nicht erklären können, so stellt das einen Verstoß gegen §§ 28, 35 BDSG und damit auch einen Verstoß gegen § 3 UWG dar (OLG Naumburg NJW 2003, 3566; zum „gebündelten Mandat" → BORA § 6 Rn. 22). Zum Rundschreiben an Gesellschafter einer bestimmten Fondsgesellschaft vgl. auch KG BRAK-Mitt. 2010, 274 = AnwBl. 2010, 800.

32 So ist es nunmehr auch gestattet, wenn Anwälte, die einen privaten Notdienst für Strafverteidiger gegründet haben, ihre Dienste unter Angabe von Telefonnummer pp. in der örtlichen Presse bekanntgeben und ihr entsprechendes Dienstleistungsangebot näher darstellen. Dabei bedeutet die Anzeige „Strafrechtlicher Notdienst Tag und Nacht" keinen Verstoß gegen § 7 BORA aF. Es handelt sich insoweit weder um die Angabe eines persönlichen Interessen- noch eines Tätigkeitsschwerpunktes (so aber OLG Düsseldorf MDR 2000, 1037) sondern um eine Kanzleibezeichnung (vgl. § 7 BORA). Sie können sich auch an einem Anwaltssuchservice beteiligten (BVerfG NJW 1992, 1613). In der Teilnahme an einem solchen **Notdienst** bzw. **Anwaltssuchservice** und der Werbung für diese liegt keine gezielte Werbung im Sinne eines unaufgeforderten direkten Herantretens an potentielle Mandanten, da die Initiative zur Kontaktaufnahme im Falle konkreten Beratungs- oder Vertretungsbedarfs von dem Rechtsuchenden ausgeht (vgl. aber LG Berlin NJW-RR 2001, 1143 = Rbeistand 2002, 33 zur Unzulässigkeit der Anwaltsvermittlung durch einen Nichtanwalt). Von daher beantwortet sich auch die Frage, ob ein Strafverteidiger **Handzettel und Visitenkarten** mit sachlichen Informationen über sich und sein Dienstleistungsangebot bei Dritten, zB bei Polizeidienststellen hinterlegen darf, wo sie dann zB vorläufig Festgenommenen zugänglich gemacht werden. Auch dies ist grundsätzlich zulässig, weil auch dann die Entscheidung, ob es tatsächlich zu einem Kontakt zwischen dem Rechtsanwalt und dem Rechtsuchenden kommt, von letzterem ausgeht. Nur aufgrund von Besonderheiten des Einzelfalles können solche Werbehandlungen als unerlaubte Werbung qualifiziert werden, zB wenn der Rechtsanwalt durch finanzielle Zuwendungen sicherstellt, dass ausschließlich seine Visitenkarten pp. an Interessenten ausgehändigt werden.

33 Zwar stellt die Beteiligung eines Rechtsanwalts an anwaltlicher **Rechtsberatung über eine Telefonhotline** (→ § 49b Rn. 18 ff.; *Buschbell* AnwBl. 1999, 579; *Bissel* BRAK-Mitt. 2001, 50) in der Regel **keinen Verstoß gegen das RDG** dar, da der Geschäftsbesorgungsvertrag regelmäßig nicht mit dem Vermittler, der Telefongesellschaft, sondern mit dem nach § 1 Abs. 2 RDG (*Henssler* AnwBl. 2007, 553) dazu befugten Rechtsanwalt zustande kommt (BGH Urteile vom 26.9.2002 – I ZR 44/00 und I ZR 102/00; OLG München NJW 1999, 150; DB 2000, 919; *Büring/Edenfeld* MDR 1999, 532). Nur wenn der Vertrag aufgrund der Umstände mit dem Vermittler, der Telefongesellschaft, zustande kommt, verstößt diese mangels Erlaubnis gegen das

RDG (BGH NJW 2003, 819; BeckRS 2003, 01438; KG AnwBl. 2000, 315). Durch Inanspruchnahme der Dienste der Telefongesellschaft durch den Rechtsanwalt leistet dieser damit Beihilfe zu deren Verstoß gegen das RDG. Auch ein zugelassener Rechtsanwalt kann Beteiligter eines Verstoßes gegen das RDG sein (BGH NJW 1987, 3003; BayObLG NJW 1991, 1190; EGH Stuttgart BRAK-Mitt. 1982, 129). Aus diesem Grund darf er sich bei dieser Fallgestaltung nicht an der Beratung per Telefonhotline beteiligen (*Berger* NJW 1999, 1353). Die Werbung für die Benutzung der Hotline stellt **keine Werbung um einen Auftrag im Einzelfall** dar, da die Werbung für die Benutzung dieser Hotline sich an eine unbestimmte Vielzahl potentieller, noch nicht bekannter Mandanten richtet (*Büring/Edenfeld* MDR 1999, 532).

Soweit die Auffassung vertreten wurde, die anwaltliche Beteiligung an einer Anwaltshotline sei wegen Verstoßes gegen § 49b Abs. 4 S. 2 BRAO, § 4 RVG und der Gefahr eines Verstoßes gegen § 43a Abs. 4 unzulässig (vgl. 5. Aufl. § 43b Rn. 27, 28), kann dem nicht gefolgt werden. *Römermann* hat überzeugend dargelegt, solche oder andere Verstöße sind mit einer solchen Beteiligung nicht verbunden (Hartung/Römermann/*Römermann,* 4. Aufl. 2008, BORA Vor § 6 Rn. 256 ff.). Die theoretische Möglichkeit der **Beratung verschiedener Parteien in derselben Rechtssache** gibt es auch bei der Präsensberatung und ist nicht spezifisch für die Hotline und kann daher nicht zu ihrem Verbot führen. Im Falle des Erkennens der Gefahr gilt auch für den per Hotline beratenden Anwalt § 3 Abs. 4 BORA (Hartung/Römermann/*Römermann,* 4. Aufl. 2008, BORA Vor § 6 Rn. 262). Die Regeln über **Gebührenunterschreitungen bzw. -überschreitungen** (§ 49b Abs. 1 BRAO iVm § 4 Abs. 1 RVG) werden bei der Beratung über eine Hotline ebenfalls nicht verletzt (BGH BRAK-Mitt. 2005, 139). Zwar lässt die Bemessung des anwaltlichen Entgelts nach dem automatischen Minutentakt keine Berücksichtigung von Leistung, Verantwortung und Haftungsrisiko zu. Das Problem einer korrekten Streitwertermittlung kann sich aber auch in Fällen der Präsenzberatung stellen. Der per Hotline beratende Rechtsanwalt berücksichtigt die Kriterien des § 4 Abs. 2 RVG in pauschaler Weise. Ein Verstoß gegen § 4 Abs. 2 RVG bleibt folgenlos. Da die dort vorgesehene Schriftform lediglich dem Mandanten den Nachweis seiner persönlich geringeren Gebührenschuld ermöglichen soll. Bei der Hotline mit einem festen Minutenpreis bedarf es eines solchen Nachweises nicht. Der Schutzzweck des § 4 Abs. 2 RVG ist in diesem Fall nicht berührt. Wenn es bei der Abrechnung im Minutentakt unter Umständen bei niedrigsten Streitwerten, zu einer **Überschreitung** der gesetzlichen Gebühren kommen kann und nach § 4 Abs. 2 RVG für eine solche Vereinbarung Schriftform erforderlich ist, führt dies gleichwohl nicht zur Unzulässigkeit der Anwaltshotline. In diesen Fällen soll das Gebot der Schriftform sowohl die Interessen des Anwalts an der Nachweisbarkeit seiner höheren Forderung als auch die seines Mandanten, nicht mit höheren Gebührenforderungen konfrontiert zu werden, schützen. Ist die Schriftform nicht eingehalten, hat der Rechtsanwalt auch bei Beratung per Hotline keinen gerichtlich durchsetzbaren Honoraranspruch. Der Mandant kann folgenlos die Zahlung des Mehrbetrags verweigern. Zahlt der Mandant, so kann von einer freiwilligen Leistung ausgegangen werden, die nach § 4 Abs. 2 RVG nicht zurückgefordert werden kann. Es ist allgemein bekannt, dass sich anwaltliche Gebühren nach dem Gesetz nach Streitwerten berechnen. Der Anrufer weiß also, dass eine Abrechnung im Minutentakt davon abweicht. Es kann nicht angenommen werden, dass die Rechtsberatung über eine 0190er-Nummer zu einer systematischen Missachtung der Gebührenordnung führt oder darauf angelegt ist, dass der beratende Rechtsanwalt seine beruflichen Pflichten verletzt (BGH NJW 2003, 819; BeckRS 2003, 01438). Zwar liegen die Voraussetzungen des § 49b Abs. 4 S. 2 für die **Einziehung der Gebühren durch einen Dritten,** die Deutsche Telekom AG nicht vor. Nach ihrem Sinn und Zweck ist die Vorschrift des § 49b Abs. 4 S. 2 jedoch auf die Anwalts-Hotline nicht anwendbar (OLG München NJW 1999, 150; *Grunewald* ZIP 2000, 2008). Durch § 49b Abs. 4 S. 2 soll lediglich die anwaltliche Verschwiegenheit gesichert werden. Durch die Abrechnung über die Telekom AG auf der Grundlage der Gesprächszeit werden dieser aber keinerlei Daten aus dem Mandat bekannt. Soweit die Beratung über eine Anwaltshotline Risiken hinsichtlich der Qualität der anwaltlichen Beratungsleistung beinhaltet, kann diese Gefahr ein generelles Verbot nicht rechtfertigen, zumal ein Bedarf der Bevölkerung an spontaner telefonischer Beratung über Rechtsfragen des Alltags nicht zu verkennen ist (BGH NJW 2003, 819; BeckRS 2003, 01438). 34

Ein Rechtsanwalt, der für eine telefonische Rechtsberatung einen Minutenpreis vereinbart, verstößt damit nicht notwendig gegen das Verbot der Gebührenunter- oder -überschreitung (im Anschluss an BGHZ 152, 153 = NJW 2003, 819 – Anwaltshotline). Er muss jedoch in der 35

Werbung für die telefonische Rechtsberatung auf nicht selbstverständliche Einschränkungen und Besonderheiten der Berechnung hinweisen (zB Streitwertgrenze für Minutenpreis, Berechnung des Minutenpreises auch für Gesprächsunterbrechungen zum Zweck des Recherchierens; BGH BRAK-Mitt. 2005, 139).

36 Ein Rechtsanwalt, der eine sog. **Vanity-Nummer** nutzt, die mit den berufsbezeichnenden bzw. tätigkeitsbeschreibenden Begriffen „Rechtsanwalt", „Anwaltskanzlei" oder „Rechtsanwaltskanzlei" belegt ist, verstößt nicht gegen § 43b BRAO, § 6 BORA (BGH MDR 2003, 119 = AnwBl. 2002, 603 = BGHR 2002, 853; **aA** OLG Stuttgart NJW-RR 2000, 1515; vgl. auch AGH Bln BRAK-Mitt. 2002, 187). Eine unter der **Domain** „http://www.gigarecht.de" betriebene **Online-Rechtsberatung** durch Rechtsanwälte, gegen eine Beratungsgebühr von 80 DM inklusive MwSt, verletzt weder Berufs- noch Wettbewerbsrecht (LG Berlin AnwBl. 2001, 515). Da der die Auskunft gebende Rechtsanwalt zeitlich in der Lage ist, die erforderliche Kollisionsprüfung durchzuführen (vgl. *Borgmann* BRAK-Mitt. 2000, 77), werden sich auch keine Bedenken aus § 43a Abs. 4, § 3 BORA ergeben (→ Rn. 33).

37 **3. Teilbereiche der Berufstätigkeit.** Nach § 7 BORA ist es **unabhängig** von der Angabe von **Fachanwaltsbezeichnungen** zulässig, **Teilbereiche** der Berufstätigkeit zu benennen. Konkretisierende und auffächernde Angaben zum Fachanwaltsbereich erfolgen nicht „unabhängig von der Angabe von Fachanwaltsbezeichnungen" (§ 7 Abs. 1 S. 1 BORA) und sind daher keine Teilbereichsangaben iSd § 7 BORA (BVerfG NJW 2001, 1926 = MDR 2001, 776 = AnwBl. 2001, 510 = BRAK-Mitt. 2001, 185 zu § 7 BORA aF; EGMR BRAK-Mitt. 2008, 166; → § 43c Rn. 36; → BORA § 7 Rn. 7). Die von der Satzungsversammlung in § 7 BORA aF etablierte Stufenfolge von Interessenschwerpunkt, Tätigkeitsschwerpunkt und Fachanwaltschaft kann nur in solchen Bereichen aussagekräftig sein, für die es eine Fachanwaltschaft gibt. Dass Fachanwälte nicht notwendig Spezialisten sind, ergibt sich schon aus § 43c Abs. 1, der die Führung von drei Fachanwaltsbezeichnungen erlaubt. Angesichts der Weite der Tätigkeitsfelder, für die Fachanwaltschaften eingerichtet sind, wird insofern keine Spezialisierung vorausgesetzt. Sofern Angaben über spezialisierte Kenntnisse und Erfahrungen eines Rechtsanwalts zutreffend und nicht irreführend sind, lässt sich ein Verbot einer Selbstdarstellung als „**Spezialist** für …" von Verfassungs wegen nicht rechtfertigen (BVerfG NJW 2004, 2656). Zu den Folgerungen der Satzungsversammlung aus dieser Rechtsprechung zu § 7 BORA → BORA § 7 Rn. 1 ff.

37a Bei der Bezeichnung „Spezialist für Erbrecht" ist von einer Verwechslungsgefahr mit der Bezeichnung „Fachanwalt für Erbrecht" auszugehen (LG München BRAK-Mitt. 2010, 100). Auch unter Zugrundelegung des Verbraucherleitbildes eines durchschnittlich informierten und verständigen Verbrauchers ist das rechtsuchende Publikum nicht in der Lage, hinreichend zwischen einem Fachanwalt und einem Spezialisten zu unterscheiden (EGMR BRAK-Mitt. 2008, 166). Einem Rechtsanwalt steht es jedoch frei, seine Spezialisierung auf andere Weise kundzutun, indem er Formulierungen wählt, die einen hinreichenden sprachlichen Abstand zum „Fachanwalt für Erbrecht" wahren, wie bspw. „ist im Erbrecht spezialisiert", „Spezialgebiet: Erbrecht" oder „Spezialisierung im Erbrecht" (LG München BRAK-Mitt. 2010, 100). Anders zur Bezeichnung „Spezialist für Familienrecht" nun BGH BRAK-Mitt. 2015, 99. Zur unzulässigen Bezeichnung als „Fachanwalt für Markenrecht" LG Frankfurt/M BRAK-Mitt. 2010, 103, nur Ls.; zur unzulässigen Verwendung der Bezeichnung „Spezialist" durch einen Rechtsbeistand LG Köln BRAK-Mitt. 2010, 104, nur Ls.; zur Befugnis eines Rechtsbeistands, eine „Fachbeistandsbezeichnung" zu führen, s. AnwG Frankfurt a. M. BRAK-Mitt. 2011, 36. Zur Werbung mit dem Begriff „Experten-Kanzlei" s. KG BRAK-Mitt. 2012, 91.

37b Die Führung der Bezeichnung Spezialist für zwei Rechtsgebiete ist dann unzulässig, wenn über diese Bezeichnungen hinaus weitere Tätigkeitsschwerpunkte angegeben werden, da von einem Spezialisten das rechtsuchende Publikum erwartet, dass sich dieser unter Ausschluss anderer Gebiete schwerpunktmäßig mit seinem Spezialgebiet befasst (OLG Karlsruhe NJW 2009, 3663).

38 **4. Kanzleibezeichnungen.** In dem durch Fachanwaltsbezeichnungen und/oder Teilbereichsangaben zulässig gekennzeichneten Arbeitsbereich kann der Rechtsanwalt die Dienstleistung seiner Kanzlei näher konkretisieren (BVerfG NJW 2001, 2620 = BRAK-Mitt. 2001, 225 = AnwBl. 2001, 509). Die Verwendung einer sachlichen und nicht irreführenden **Kanzleibezeichnung** auf den Praxisschildern und Briefbögen einer Sozietät pp. wie zB die Angabe „allgemeines Zivilrecht, Verwaltungsrecht" pp. widerspricht nicht den Vorschriften der Berufsordnung und ist grundsätzlich durch das anwaltliche Werberecht gedeckt, das dem Rechtsanwalt Raum für

sachgerechte, nicht irreführende Information im rechtlichen und geschäftlichen Verkehr belässt (BVerfG NJW 2001, 1926 = AnwBl. 2001, 509; BGH NJW 2001, 1573 = MDR 2001, 657 mit Anm. *Kilian* = AnwBl. 2001, 296 = BRAK-Mitt. 2001, 139; AGH BW MDR 2000, 178 mit Anm. *Römermann;* → § 59b Rn. 4; → BORA § 7 Rn. 5; → § 9 Rn. 3).

Die Kanzleibezeichnung zielt auf Unterrichtung der Öffentlichkeit über die Bereiche anwaltlicher Tätigkeit, die – auf die Sozietät, Partnerschaft pp. insgesamt bezogen – von den in ihr verbundenen Mitgliedern wahrgenommen werden. Die Kanzleibezeichnung ist Teil der beruflichen Außendarstellung der Sozietät pp. als Personenverbund, daneben aber auch des einzelnen Rechtsanwalts in seiner Stellung als Mitglied der Sozietät pp. Dabei greift diese Außendarstellung nicht auf eine besondere fachliche Qualifikation des einzelnen Rechtsanwalts oder der Mitglieder der Sozietät pp. zurück, noch hebt sie eine solche hervor, sie beschränkt sich vielmehr auf die Benennung von Teilbereichen anwaltlicher Berufsausübung zur schlagwortartigen Kennzeichnung der fachlichen Ausrichtung der Sozietät pp. insgesamt. Die Kanzleibezeichnung, die als solche auch für den Einzelanwalt in Betracht kommt, ist darauf gerichtet, durch den Hinweis auf die fachliche Ausrichtung der angebotenen Leistungen der Kanzlei zu werben (BGH NJW 2001, 1573). **39**

§ 7 BORA regelt nicht die Verwendung von Kanzleibezeichnungen, mit denen durch die schlagwortartige Angabe von Teilbereichen anwaltlicher Berufsausübung auf die fachliche Ausrichtung der Kanzlei einer Sozietät oder eines Einzelanwalts hingewiesen wird. § 7 BORA bestimmt vielmehr die personenbezogene Kennzeichnung fachlicher Spezialisierungen des einzelnen Rechtsanwalts. Auch § 9 BORA regelt die Angabe der fachlichen Ausrichtung einer Sozietät pp. durch eine Kanzleibezeichnung nicht. § 9 BORA betrifft nach Wortlaut und erkennbarem Sinngehalt allein die Berechtigung zur Führung einer die berufliche Zusammenarbeit kennzeichnenden Kurzbezeichnung (→ BORA § 9 Rn. 4), wobei nach § 9 Abs. 3 BORA aF in der Kurzfirmierung nur ein auf die Zusammenarbeit hinweisender Zusatz Verwendung finden durfte. Da die §§ 7, 9 BORA einer Verwendung von Kanzleibezeichnungen nicht entgegenstehen, andererseits die §§ 6 ff. BORA und § 43b nicht abschließend festlegen, welche Informationen über die Dienstleistung eines Rechtsanwalts zulässig sind, gelten für die Verwendung von Kanzleibezeichnungen die allgemeinen Grundsätze der Freiheit der anwaltlichen Berufsausübung (→ Rn. 6 ff.; BGH NJW 2001, 1573; 2001, 3193 = AnwBl. 2001, 686 = BRAK-Mitt. 2001, 298; OLG Stuttgart MDR 2002, 240; zur Werbung mit dem Zusatz „und Steuerberatung" AGH NRW BRAK-Mitt. 2011, 155 nur Ls.; zur Irreführung durch Firmierung als „Das Haus der Anwälte" LG Osnabrück BRAK-Mitt. 2011, 160). Dem wurde durch die Satzungsversammlung mit der seit 1.3.2011 gültigen Fassung des § 9 BORA vollumfänglich Rechnung getragen, indem keinerlei Vorgaben mehr gemacht werden. **39a**

Aus der Bezeichnung einer überörtlichen Sozietät als „Rechtsanwälte, Fachanwälte, Notare" oder bei Verwendung dieser Begriffe in anderer Reihenfolge wird ein durchschnittlich informierter und verständiger Verbraucher nicht den Schluss ziehen, dass ein Fachanwalt einen Zusatzberuf ausübt oder einen zusätzlichen Tätigkeitsbereich hat. Vielmehr wird er davon ausgehen, dass einige der Rechtsanwälte der Sozietät eine fachliche Spezialisierung für die jeweils angegebene Fachmaterie aufweisen. Es ist daher nicht erforderlich, dass an jedem Standort, an dem der Zusatz verwendet wird, ein oder mehrere Fachanwälte tätig sind (BGH BRAK-Mitt. 2007, 177 = AnwBl. 2007, 24). Verwendet eine Sozietät in ihrer Kurzbezeichnung eine auf eine Zusatzqualifikation hinweisende Bezeichnung, muss sie dort, wo Mitglieder der Sozietät namentlich aufgeführt sind, die (Zusatz-)Qualifikation jedes einzelnen Sozietätsmitglieds benennen (BGH BRAK-Mitt. 2007, 177 = AnwBl. 2007, 2; OLG Köln BRAK-Mitt. 2012, 32). **40**

IV. Drucksachen

Gestaltung. Hinsichtlich der Drucksachen der Kanzlei muss der Rechtsanwalt neben den Verpflichtungen aus §§ 6–10 BORA auch § 43b allgemein berücksichtigen. Der Rechtsanwalt muss auf **Briefbögen, sonstigen Drucksachen und Stempeln** jede übertriebene und auffällige Form und vor allem Irreführungen (BGH NJW 2003, 346) vermeiden. Marktschreierische Aufmachung von Drucksachen unterrichtet nicht sachlich über die berufliche Tätigkeit des Rechtsanwalts. Zulässig ist eine nicht marktschreierische Aufmerksamkeitswerbung mit Wiedererkennungsfunktion wie bei der Verwendung eines Logos (→ Rn. 38; → BORA § 6 Rn. 16; *Lingenberg/Hummel/Zuck* § 72 Rn. 3). **Kurzbezeichnungen** dürfen auf dem Briefkopf geführt **41**

(§§ 9, 10 BORA), Niederlassungen im Ausland dürfen angegeben werden (→ Rn. 29). Bei Kanzleien, deren Mandantschaft überwiegend international ausgerichtet ist, kann die **Bezeichnung Rechtsanwalt auch in der Landessprache,** den ein wesentlicher Teil der Mandanten spricht, geführt werden; es muss jedoch kenntlich gemacht werden, dass es sich nicht um einen Rechtsanwalt aus dem Land handelt, in dessen Sprache die Übersetzung erfolgte. Zur Verwendung des Begriffs **„Associates"** auf dem Briefbogen BayAGH BRAK-Mitt. 2007, 224; BGH NJW 2005, 1770; AnwBl. 2009, 451.

42 **Firmenbezeichnungen** (Anwaltskanzlei, Anwaltsbüro – EG Frankfurt BRAK-Mitt. 1984, 198 –, Anwaltsgemeinschaft, Anwaltssozietät – jeweils mit Namenszusatz) sind zulässig (OLG Zweibrücken WRP 1992, 419 = NJW-RR 1992, 875; → § 59k Rn. 1 ff.). Gestattet ist es auch, die Bezeichnung „und Sozien" zu führen. Werden derartige Bezeichnungen in der Kurzform geführt (§ 9 BORA), müssen über die Namen in der Kurzbezeichnung hinaus weitere Mitglieder der Sozietät angehören. Bei der Führung der Namen eines Rechtsanwalts in der Kurzbezeichnung kommt es nicht darauf an, wie lange er Mitglied der Sozietät gewesen ist; abwegig wäre die Intention, bei jedem einzelnen Rechtsanwalt einer Sozietät, dessen Namen in der Kurzbezeichnung geführt wird, nachzuforschen, ob er von vorneherein beabsichtigt hat, nach kurzer Zeit aus der Sozietät auszuscheiden (so aber RAK Hamburg Kammerreport 4/94, 2). Werden in der Kopfleiste des Briefbogens einer Anwaltskanzlei blickfangmäßig die Namen der Sozietätsmitglieder zusammen mit den Berufsbezeichnungen „Rechtsanwälte, Steuerberater und Patentanwalt" herausgestellt, so wird damit zum Ausdruck gebracht, dass es sich um eine Kanzlei handelt, in der zumindest ein Sozietätsmitglied über die Zusatzqualifikation „Steuerberater" und „Patentanwalt" verfügt. Weisen demgegenüber nur Kooperationspartner der Kanzlei eine derartige Qualifikation auf, so wird die Gefahr einer Irreführung der angesprochenen Verkehrskreise über die berufliche Qualifikation der Sozietätsmitglieder nicht dadurch ausgeräumt, dass die Berufsbezeichnungen „Steuerberater" und „Patentanwalt" am rechten Rand des Briefkopfes durch Namensnennung der Kooperationspartner unter Hinzufügung ihrer beruflichen Stellung erläutert werden (BGH AnwBl. 2003, 172). Ein Anwaltsnotar ist nach Notarrecht nicht befugt, auf dem Briefbogen der von ihm und anderen Rechtsanwälten betriebenen Kanzlei die Kopfzeile „Notariat und Anwaltskanzlei" anzubringen (BGH AnwBl. 2007, 167 = BRAK-Mitt. 2007, 33). Die **überörtliche Sozietät** darf nur eine **Kurzbezeichnung** führen (§ 9 BORA); diese kann sich aus den Namen von Sozien an verschiedenen Standorten der Sozietät zusammensetzen; in der Randspalte ist anzugeben, wo der einzelne Sozius seine Kanzlei unterhält. Unter der Kurzbezeichnung, also im Blickfang, muss dann allerdings klargestellt werden, dass die Rechtsanwälte, deren Namen in der Kurzbezeichnung genannt sind, an unterschiedlichen Orten den Mittelpunkt ihrer beruflichen Tätigkeit haben (OLG Düsseldorf NJW 1991, 46; § 10 BORA). Wird im Blickfang die Berufsbezeichnung der Mitglieder der Sozietät angegeben, dann müssen alle Berufsbezeichnungen in der Kurzbezeichnung erscheinen; in der Randspalte muss angegeben werden, welcher Sozius welche Qualifikation besitzt (BGH NJW 1994, 2288; BRAK-Mitt. 2007, 177).

43 Auf dem Briefbogen kann neben Kanzleianschrift und Telekommunikationseinrichtungen – beim Syndikusanwalt auch die des Arbeitgebers, wenn die Verschwiegenheit gewahrt ist – die Anschrift des **privaten Wohnsitzes** aufgeführt werden (*Lingenberg/Hummel/Zuck/Eich* § 72 Rn. 10); der Anwalt muss im Bezirk, in dem er zugelassen ist, keinen Wohnsitz mehr unterhalten; es muss seinem Mandanten möglich sein, in Eilfällen den Rechtsanwalt auch außerhalb der Bürostunden zu erreichen. Daraus folgt dann auch, dass auf dem Praxisbriefbogen die **private Telefonnummer** angegeben werden kann.

44 Angegeben werden können Anschlüsse an den öffentlichen **Personennahverkehr, Wegebeschreibungen** und **Parkmöglichkeiten** sowie die **Büroöffnungszeiten** (*Lingenberg/Hummel/Zuck/Eich* § 72 Rn. 15, 16). Dabei ist auch die Überschrift „So kommen Sie zu Ihrem Recht" zur **Wegeskizze** nicht unzulässig und nicht etwa als marktschreierisch zu bewerten (BVerfG NJW 2001, 3324 = BRAK-Mitt. 2001, 295 = AnwBl. 2002, 60). **Namen verstorbener oder ausgeschiedener Rechtsanwälte** können auf dem Briefbogen, aber auch in Kurzbezeichnung fortgeführt werden, wenn dies im Gesellschaftsvertrag vorgesehen ist und die Erben dem zugestimmt haben. Bei einem ausgeschiedenen Sozius auch dann, wenn er an einem anderen Ort seiner Anwaltstätigkeit nachgeht (**aA** noch BGH NJW 1997, 3238; 1997, 3236), wenn dies kenntlich gemacht wird. Kenntlich zu machen ist jedoch auch der Zeitpunkt, ab dem der Sozius nicht mehr in der Praxis arbeitet (BGH NJW 1997, 3236).

Fachanwaltsbezeichnungen, Teilbereiche der Berufstätigkeit und qualifizierte Zusätze (§ 7 BORA) dürfen auf dem Briefkopf angegeben werden, ebenso **Sprachkenntnisse** und **verfestigte Kooperationen,** die tatsächlich bestehen. Dies gilt auch für Hinweise auf andere **Berufsqualifikationen** und **ehemalige Ämter** (zB Regierungsdirektor, Richter am BVerfG, Beigeordneter; s. OLG Karlsruhe GRUR 1992, 180); es muss nur deutlich kenntlich gemacht werden, dass dieses Amt nicht mehr ausgeübt wird (zB durch die Kennzeichnung „a. D."). Für das rechtsuchende Publikum hat es schon einen Wert zu wissen, über welche zusätzlichen beruflichen Erfahrungen ein Anwalt verfügt (→ Rn. 38); auch eine vorangegangene Berufstätigkeit in einem anderen Beruf kann eine Angabe sein, die als berufsbezogene Mitteilung erlaubt ist. Auf dem anwaltlichen Briefkopf kann auch die Tätigkeit als **Geschäftsführer einer RAK oder der BRAK** angegeben werden; die Tätigkeit als Geschäftsführer einer dieser Kammern ist Anwaltstätigkeit (BGHZ 98, 206 = NdsRPfl. 1986, 229 = MDR 1986, 1025 = NJW 1986, 3210 = DNotZ 1987, 160). 45

Gestattet ist auch die dezente Verwendung von **Logos, Symbolen** (**aA** BGH NJW 1985, 2959), **Signets** (**aA** *Lingenberg/Hummel/Zuck/Eich* § 72 Rn. 19), **Kurzaussagen** wie „Ihre Rechtsfragen sind unsere Aufgabe (BVerfG MDR 2000, 358; **aA** OLG Köln MDR 1998, 1505 = BRAK-Mitt. 1999, 43), **Familienwappen** und **Initialen** (**aA** LG Nürnberg-Fürth BRAK-Mitt. 1985, 59) als bloße Aufmerksamkeitswerbung mit Wiedererkennungsfunktion (OLG Düsseldorf BRAK-Mitt. 2000, 46). Wenn diese in Form und Inhalt sachlich gestaltet werden, dann bestehen dagegen keine Einwendungen (EGH Stuttgart BRAK-Mitt. 1982, 46). Zulässig ist deshalb zB ein Logo, das aus dem Namen der Sozietät gebildet wird, selbst bei einem Anwaltsnotar (BVerfG NJW 1997, 2510 = BRAK-Mitt. 1997, 262; **aA** KG MittRhNotK 1996, 34; BGH NJW 1996, 2733 = DNotZ 1997, 239). Unzulässig soll dagegen ein Stierkopf-Logo sein, weil dies die Erwartung besonderer Kampfbereitschaft für die Mandantschaft erwecken solle und eine besonders aggressive und durchsetzungsfähige Interessenvertretung verspreche. Dies sei aber in Form und Inhalt nicht mehr sachlich (OLG Düsseldorf BRAK-Mitt. 2000, 46). 46

Seit Wegfall des Lokalisierungsgebots und der hieran gebundenen Vertretungsbefugnis ausschließlich bei den Zulassungsgerichten ist es selbstverständlich, dass Rechtsanwälte an allen Gerichten in Deutschland (mit Ausnahme des BGH in Zivilsachen) postulationsfähig sind. Je nach Fallgestaltung, wenn noch auf dem Briefpapier auf **Zulassungsgerichte** hingewiesen wird, werden seitens der Gerichte differenzierte und einzelfallbezogene Meinungen vertreten (AGH NRW BRAK-Mitt. 2011, 211; BGH BRAK-Mitt. 2012, 79 zu „Rechtsanwalt bei dem Landgericht und bei dem Oberlandesgericht"; AnwG Tübingen BRAK-Mitt. 2009, 189 zu „zugelassen bei allen Amts-, Land- und Oberlandesgerichten"; AnwG Hamm BRAK-Mitt. 2009, 189 zu „zugel. auch bei allen OLG"; LG Aschaffenburg BRAK-Mitt. 2009, 37 zu „Vertretungsbefugt bei allen Amts-, Land- und Oberlandesgerichten", das Gericht geht zwar im konkreten Einzelfall von einer (unzulässigen) Werbung mit einer Selbstverständlichkeit aus, sieht aber gleichwohl wettbewerbsrechtlich keine Angreifbarkeit gegeben, weil es sich um einen typischen Fall einer Bagatellklage handele; ebenso OLG Saarbrücken BRAK-Mitt. 2008, 39 zu „zugelassen am LG und OLG"; OLG Köln BRAK-Mitt. 2012, 39 zu „auch zugelassen am OLG"; BGH BRAK-Mitt. 2013, 240 mit Anm. *Remmertz* zu „auch zugelassen am OLG Frankfurt" für Zulassung vor dem 1.6.2007; BGH AnwBl. 2008, 142 – zu Irreführung und Bagatellgrenze allgemein; KG AnwBl. 2013, 768 zu „zugelassen an allen deutschen Landgerichten und Oberlandesgerichten – sowie am Kammergericht Berlin" im Abschnitt „Impressum"). 47

§ 43c Fachanwaltschaft (§ 7 Abs. 1 BORA; §§ 1–26 FAO)

(1) [1] **Dem Rechtsanwalt, der besondere Kenntnisse und Erfahrungen in einem Rechtsgebiet erworben hat, kann die Befugnis verliehen werden, eine Fachanwaltsbezeichnung zu führen.** [2] **Fachanwaltsbezeichnungen gibt es für das Verwaltungsrecht, das Steuerrecht, das Arbeitsrecht und das Sozialrecht sowie für die Rechtsgebiete, die durch Satzung in einer Berufsordnung nach § 59b Abs. 2 Nr. 2 Buchstabe a bestimmt sind.** [3] **Die Befugnis darf für höchstens drei Rechtsgebiete erteilt werden.**

(2) **Über den Antrag des Rechtsanwalts auf Erteilung der Erlaubnis entscheidet der Vorstand der Rechtsanwaltskammer, nachdem ein Ausschuß der Kammer die von dem Rechtsanwalt vorzulegenden Nachweise über den Erwerb der besonderen Kenntnisse und Erfahrungen geprüft hat.**

(3) [1]Der Vorstand der Rechtsanwaltskammer bildet für jedes Fachgebiet einen Ausschuß und bestellt dessen Mitglieder. [2]Einem Ausschuß gehören mindestens drei Rechtsanwälte an; diese können Mitglieder mehrerer Ausschüsse sein. [3]Die §§ 75 und 76 sind entsprechend anzuwenden. [4]Mehrere Rechtsanwaltskammern können gemeinsame Ausschüsse bilden.

(4) [1]Die Erlaubnis zum Führen der Fachanwaltsbezeichnung kann mit Wirkung für die Zukunft von dem Vorstand der Rechtsanwaltskammer zurückgenommen werden, wenn Tatsachen nachträglich bekanntwerden, bei deren Kenntnis die Erlaubnis hätte versagt werden müssen. [2]Sie kann widerrufen werden, wenn eine in der Berufsordnung vorgeschriebene Fortbildung unterlassen wird.

Schrifttum: *Aust-Dodenhott/Nöhre,* Vor- und Nachteile von Fachanwaltschaften aus richterlicher Sicht, BRAK-Mitt. 2004, 66, 67; *Braun,* Fachanwaltsbezeichnungen – Statistik und Zukunft, BRAK-Mitt. 2001, 7; *van Bühren,* Die Leiden des Schusters Wilhelm Voigt, BRAK-Magazin 2013, 8; *Brieske,* Quo vadis Fachanwalt?, AnwBl. 2005, 568; *Bürkle,* Besondere praktische Erfahrung des Syndikusfachanwalts, AnwBl. 2004, 578; *Eichele/Happe,* Verstoßen die BORA und die FAO gegen das europäische Kartellrecht?, NJW 2003, 1214; *Faßbender,* Von Fachanwälten und selbsternannten „Spezialisten", NJW 2006, 1463; *Feckler,* Auswahlkriterien bei der Einführung neuer Fachanwaltschaften, BRAK-Mitt. 2001, 2; *Filges,* Der Syndicus als Fachanwalt, NZA 2013, 257; *Härting,* Marketinginstrument Fachanwalt?, AnwBl. 2005, 615; *Hellwig,* Überlegungen zu anwaltlichen Spezialistenbezeichnungen, AnwBl. 2003, 613; *ders.,* Spezialisierungsbezeichnungen und insbesondere Fachanwaltsbezeichnungen aus der Sicht des europäischen Gemeinschaftsrechts, BRAK-Mitt. 2004, 48; *Hommerich,* Fachanwaltstitel – 1, 2 oder 3?, AnwBl. 2010, 56; *Hommerich/Kilian,* Fachanwälte – wer hat wo welche Titel?, AnwBl. 2011, 137; *ders.,* Warum erwerben Rechtsanwälte den Fachanwaltstitel?, AnwBl. 2011, 213; *ders.,* Fachanwaltsklausuren: Welche Erfahrungen machen Fachanwälte?, AnwBl. 2011, 485; *Hülsmann,* Verwertungsverbot bei einem zu Unrecht angeordneten Fachgespräch, AnwBl. 2000, 192; *Jungk,* Gesteigerte Haftung des Fachanwalts?, AnwBl. 2007, 227; *Kilian,* Fachanwaltsordnung – Reformaufgabe der 5. Satzungsversammlung, BRAK-Mitt. 2011, 262 (Teil 1) und BRAK-Mitt. 2012, 13 (Teil 2); *ders.,* Die Fachanwaltschaft- Problemfelder und Herausforderungen, NJW 2013, 1561; *ders.,* Rechtsanwälte ohne Fachanwaltsbezeichnung – Spezialisten oder Generalisten, AnwBl. 2013, 622 *Kirchberg,* Die Neuerungen der Fachanwaltsordnung im Kontext der Rechtsprechung, NJW 2003, 1833; *ders.,* Unter welchen rechtlichen Voraussetzungen können neue, qualitätsgeprüfte Fachanwaltsbezeichnungen geschaffen werden?, BRAK-Mitt. 2004, 46; *Kitz-Trautmann,* Ist eine Vielzahl neuer Fachanwaltschaften im Interesse der Allgemeinanwälte?, BRAK-Mitt. 2004, 60; *Kleine-Cosack,* Aktuelle Probleme der Fachanwaltsverleihung, AnwBl. 2005, 593; *Offermann-Burckart,* Fachanwalt werden und bleiben, 2012; *dies.,* Liegt die Einführung neuer Fachanwaltschaften im Interesse der Rechtsuchenden und der Anwaltschaft selbst?, BRAK-Mitt. 2004, 61; *dies.,* Der Spezialist – ein besserer Fachanwalt, NJW 2004, 2617; *dies.,* Brauchen wir einen Junior-Fachanwalt?, BRAK-Mitt. 2009, 258; *Posegga,* Der Syndikusanwalt und die Voraussetzungen für den Erwerb einer Fachanwaltsbezeichnung, MDR 2003, 609; *Quaas,* Der zertifizierte Allgemeinanwalt, BRAK-Mitt. 2003, 47; *ders.,* Das Recht der Fachanwaltschaften: aktueller Stand und Perspektive BRAK-Mitt, Teil 1: 2005, 265, Teil 2: 2007, 8; *ders.,* Das von der Satzungsversammlung beschlossene Konzept zur Einführung neuer Fachanwaltschaften, BRAK-Mitt. 2004, 57; *Quaas/Sieben,* Das Fachgespräch in der Fachanwaltsordnung, BRAK-Mitt. 2003, 250; *Schroth,* Die Anforderung aus § 3 FAO an anwaltliche Tätigkeit und das Problem der Einzelfallgerechtigkeit, BRAK-Mitt. 2005, 255; *Seldeneck,* Konzept für weitere Fachanwaltschaften am Beispiel des „Fachanwalts für Immobilien und Mietrecht", AnwBl. 2001, 16; *Stobbe,* Geburtsfehler der Fachanwaltschaften, AnwBl. 2007, 137; *Urban,* Die Fachanwaltsausschüsse – Bedeutung, Aufgabe und Tätigkeit –, FS zum 125-jährigen Bestehen der RAK Hamm, 2004, 249; *Wendt,* Die Fachanwaltsordnung in der Praxis, AnwBl. 2012, 110.

Übersicht

I. Entstehungsgeschichte

1. Drittes Reich. Die Diskussion über die Fachanwaltsbezeichnungen reicht bis zu Beginn des 20. Jahrhunderts zurück. Der Ehrengerichtshof für Rechtsanwälte hat in seinem Urteil vom 29.2.1932 (EGH EGE 18/89) entschieden, dass ein Rechtsanwalt sich nicht als Spezialist auf einem Rechtsgebiet bezeichnen dürfe. Zur Begründung hat der EGH ausgeführt, dass in der Hervorhebung eines Spezialistentums die Betonung wirtschaftlicher Gesichtspunkte zu erblicken sei und dies mit der besonderen Stellung des Anwaltsstandes und der Rechtspflege nicht vereinbart werden könne. 1

Die Anwaltschaft selbst hat sich seit 1929 laufend mit dieser Frage befasst. Ein Ausschuss des Vorstandes des DAV e. V. hat sich im Jahre 1922 dafür ausgesprochen, dass ein Fachhinweis sich auf Sondergebiete zu beschränken habe und dieser dann zulässig sei, wenn der Rechtsanwalt keine allgemeine Praxis betreibe (Nachrichten für die Mitglieder des Deutschen Anwaltsvereins 1922, 89). 2

Die eingesetzte Kommission hat am 8.2.1930 (AnwBl. 1930, 50) Richtlinien für die Fachanwaltschaft erlassen. Folgende Fachgebiete wurden anerkannt: 1. Steuerrecht; 2. Urheber- und Verlagsrecht, gewerblicher Rechtsschutz; 3. Staats- und Verwaltungsrecht; 4. Ausländerrecht; 5. Arbeitsrecht. 3

Ein Hinweis auf ein besonderes Fachgebiet sollte nach den Richtlinien erst fünf Jahre nach der ersten Eintragung in die Anwaltsliste zulässig sein. Voraussetzung ist ferner gewesen, dass der Vorstand der Anwaltskammern dem Bewerber mitgeteilt hat, es bestünden gegen die Kundmachung keine Bedenken. Später ist als weiteres Fachgebiet das Sozialversicherungsrecht anerkannt worden (BGBl. 1931 S. 2). 3a

Bis zum Jahre 1932 hat die Fachanwaltschaft in der Anwaltschaft eine geringe praktische Bedeutung erlangt. Nach einer zum 25.10.1932 im Deutschen Reich erstellten Statistik waren lediglich 150 Fachanwälte anerkannt gewesen. Auf die Fachanwaltsbezeichnung „Steuerrecht" entfielen schon damals 2/5, 1/5 auf „Arbeitsrecht" bzw. „Gewerblicher Rechtsschutz", „Urheber- und Verlagsrecht" (AnwBl. 1932, 344). 4

Nach einem zeitweiligen Verbot, die Bezeichnung „Fachanwalt" zu führen (Nr. 59 der Anordnung des Präsidenten der Reichsrechtsanwaltskammer vom 23.12.1935) ist 1937 eine erneute Änderung eingetreten, als die Reichsminister der Finanzen und der Justiz in einem gemeinsamen Runderlass vom 10.11.1937 Richtlinien über Fachanwälte für Steuerrecht festgelegt haben (Deutsche Justiz 1937, 1761). Nach diesen Richtlinien durften die Bezeichnung „Fachanwalt für Steuerrecht" nur diejenigen Rechtsanwälte führen, die von dem Oberfinanzpräsidenten, in dessen Bezirk sie ihren Wohnsitz gehabt hatten, in die Liste der „Fachanwälte für Steuerrecht" eingetragen worden waren. Die Antragsteller mussten gegenüber dem Oberfinanzpräsidenten den Nachweis führen, dass sie auf dem Gebiet des Steuerrechts besondere Kenntnisse erworben hatten. Die Reichsminister der Finanzen und der Justiz hatten darüber zu entscheiden, ob die Eintragung bewilligt werden konnte. Der erwähnte Runderlass ist im Jahre 1941 in der Weise geändert worden, dass die Bezeichnung „Fachanwalt für Steuerrecht" durch die Bezeichnung „Steuerberater" ersetzt worden ist. 5

2. Nach dem Zweiten Weltkrieg. Nach dem Zweiten Weltkrieg haben die Vorstände einiger Rechtsanwaltskammern ohne Beteiligung der staatlichen Verwaltung es gestattet, dass die Bezeichnung „Fachanwalt für Steuerrecht" geführt werden konnte. Schon damals ist man davon ausgegangen, es handele sich lediglich um eine standesrechtliche Frage, die die Anwaltschaft selbst zu entscheiden habe. 6

3. Zweite Legislaturperiode. Der Entwurf einer BRAO (BT-Drs. 2/1014, 14) sah in § 250 eine Regelung zu Fachhinweisen vor. Danach sollte der Bundesminister der Justiz ermächtigt werden, im Einvernehmen mit dem für das Fachgebiet zuständigen Bundesminister durch Rechtsverordnung mit Zustimmung des Bundesrates Vorschriften darüber zu erlassen, unter welchen Voraussetzungen ein Rechtsanwalt zu einer Berufsbezeichnung einen Zusatz führen 7 darf, der darauf hinweist, dass er auf einem Sachgebiet vornehmlich tätig ist **oder** auf ihm über besondere Kenntnisse verfügt (BT-Drs. 2/1014, 40 nebst Begründung, BT-Drs. 2/1014, 130 ff.).

8 **4. Dritte Legislaturperiode.** In der dritten Legislaturperiode ist das Anliegen der Fachanwaltsbezeichnung nicht weiter verfolgt worden. Dazu trugen auch Beschlüsse der Arbeitsgemeinschaft der Anwaltsvorstände bei. So hatte die Arbeitsgemeinschaft auf ihrer 25. Tagung am 27.8.1955 in Bamberg beschlossen:

> „… weitere Fachanwaltschaften sind abzulehnen, weil sie der Stellung des Rechtsanwalts als des Beraters in allen Rechtsangelegenheiten widersprechen. Das Institut der Fachanwaltschaft für Verwaltungsrecht sollte deshalb nicht beibehalten werden; soweit jedoch bisher Rechtsanwälte die Berechtigung erhalten haben, sich „Fachanwälte für Verwaltungsrecht“ zu nennen, soll ihnen diese Berechtigung bis auf weiteres nicht entzogen werden – neue Fachanwälte für Verwaltungsrecht sollen jedoch nicht mehr ernannt werden (wohlerworbene Rechte) …“

9 Die **26. Tagung der Arbeitsgemeinschaft der Anwaltskammervorstände** am 27./28.10.1956 in Goslar hat den Bamberger Beschluss aufrechterhalten.

10 Obwohl das **Land Baden-Württemberg** in der dritten Lesung zur BRAO (BR-Drs. 461/2/57) am 18.12.1957 den Antrag gestellt hatte, den Bundesminister der Justiz zu ermächtigen, durch Rechtsverordnung mit Zustimmung des Bundesrates Vorschriften darüber zu erlassen, unter welchen Voraussetzungen ein Rechtsanwalt zu einer Berufsbezeichnung einen Zusatz führen darf, ist eine dem ursprünglichen § 250 BRAO-E entsprechende Vorschrift nicht aufgenommen worden. Grund ist nicht die Tatsache gewesen, dass der BRAK untersagt werden sollte, weitere Fachanwaltsbezeichnungen zu verleihen, sondern allein der Umstand, dass sich zum damaligen Zeitpunkt ein einheitliches Bild – auch in der Anwaltschaft – nicht ergeben hat.

11 **5. Spätere Initiativen.** Auf der **fünften Hauptversammlung der BRAK** am 27./28.1.1961 in Frankfurt wurde der Beschluss gefasst, die Ausdehnung der Fachanwaltschaft auf weitere Rechtsgebiete als das des Steuerrechts nicht weiter zu verfolgen.

12 Gedrängt durch das rechtsuchende Publikum, das eine Offenlegung der Spezialkenntnisse des einzelnen Anwalts erwartete, hat sich die **BRAK** jedoch im Jahre 1970 für die Einführung von weiteren Fachanwaltsbezeichnungen ausgesprochen. Der Vorstand des DAV e. V. hat diese Forderung im Jahre 1977 übernommen. Im Jahre 1978 hat die BRAK im Anschluss an die Beschlussfassung der 44. Hauptversammlung am 24.10.1978 in Bad Dürkheim einen vollständigen Vorentwurf einer gesetzlichen Regelung zur Einführung dessen vorgelegt, was allgemein als Kundmachung von Spezialwissen, sprich Fachanwaltsbezeichnung, gefordert worden ist (*Schardey,* Fachgebietsbezeichnungen – eine Zwischenbilanz, in 25 Jahre BRAK, Schriftenreihe der BRAK, Bd. 6, 1984, 37 ff.). Es hat bis zum Jahre 1983 gedauert, bis das BMJV sich den formulierten Gesetzentwurf der BRAK zur Zulassung von Fachanwaltsbezeichnungen zu eigen gemacht hat. Erst 1985 ist endlich der erste legislatorische Schritt vollzogen worden. Der Gesetzesentwurf der Bundesregierung zum Entwurf eines Gesetzes zur Änderung des Berufsrechts der Rechtsanwälte, der Patentanwälte und der Notare (BR-Drs. 256/82), der in einem fünften Abschnitt die Zulassung von Fachanwaltsbezeichnungen und das Verfahren zur Erlangungen einer solchen Bezeichnung regeln sollte, ist in das Gesetzgebungsverfahren eingebracht worden. Im Laufe des Jahres 1986 musste die Anwaltschaft feststellen, dass der Gesetzesentwurf im Rechtsausschuss des Deutschen Bundestages „steckenbleiben“ würde. Alte Argumente aus längst vergangener Zeit wurden hervorgeholt, um das berechtigte Anliegen der Anwaltschaft, die sich mit der Kundmachung von Spezialkenntnissen einer berechtigten Forderung des rechtsuchenden Bürgers nicht verschließen wollte, zu vereiteln. In der Diskussion im Rechtsausschuss des Deutschen Bundestages wurde insbesondere immer wieder von Rechtsanwälten hervorgehoben, die Anwaltschaft auf dem Lande werde durch die Einführung derartiger Fachanwaltsbezeichnungen benachteiligt werden. Nur große Praxen könnten es sich leisten, Kollegen anzustellen, die diese Zusatzqualifikationen erlangt hätten.

13 **6. Standesrechtliche Einführung.** Die BRAK hat daraufhin auf der **60. Hauptversammlung in Freiburg am 10.10.1986** mit einer größeren als der satzungsgemäß erforderlichen Dreiviertelmehrheit in der Form von Richtlinien die Einführung weiterer Fachanwaltsbezeich-

nungen – Steuer-, Verwaltungs-, Arbeits- und Sozialrecht – beschlossen (BRAK-Mitt. 1986, 198 = NJW 1987, 307).

Die **Anwaltschaft** selbst hat bei der Bewertung dieser neu eingeführten Fachanwaltsbezeichnung wiederum kein einheitliches Bild gezeigt. Obwohl die gewählten Vertreter der Anwaltschaft – so etwa der Präsident der BRAK Dr. *Schmalz* und der Präsident des DAV *Koch* (AnwBl. 1987, 1) – die Einführung begrüßten, sind in mehrere Kammerbezirken – zB Rechtsanwaltskammern Hamm, Berlin, Stuttgart, Hamburg – Vorbehalte laut geworden. Teilweise sahen sich die Kammervorstände zur Durchführung von Urabstimmungen veranlasst. Im Bezirk der RAK Berlin nahmen an einer derartigen Urabstimmung von 2650 zugelassenen Rechtsanwälten 1700 teil. Nur ein Drittel dieser Kollegen sprach sich für die Einführung, zwei Drittel gegen die Einführung von Fachanwaltsbezeichnungen aus. Diese Diskussion veranlasste die 61. Hauptversammlung der BRAK am 22.5.1987 auf Wangerooge, ihren am 10.10.1986 in Freiburg gefassten Beschluss zu den Fachanwaltsbezeichnungen zu bestätigen. Von 23 Rechtsanwaltskammern sprachen sich wiederum 20 für die Einführung der Fachanwaltsbezeichnungen aus, eine Kammer enthielt sich der Stimme. **14**

Die **Angriffe aus der Kollegenschaft** gingen in zwei Richtungen. Einem Teil der Kollegenschaft gingen die Beschlüsse der 60. Hauptversammlung der BRAK in Freiburg nicht weit genug. Diese Kollegen wünschten die Einführung von weiteren Fachanwaltsbezeichnungen – zB Fachanwalt für Strafrecht, Familienrecht. Anderen war die Lockerung der Werbebeschränkungen nicht genehm. Sie argumentierten, die BRAK sei zur Einführung von weiteren Fachanwaltsbezeichnungen nicht befugt gewesen. Bekannte Vertreter der anwaltlichen Interessen im Rechtsausschuss des Deutschen Bundestages fühlten sich dadurch, dass die Anwaltschaft die Regelung ihres Berufsrechts in die eigenen Hände genommen hatte, vor den Kopf gestoßen (AnwBl. 1986, 517, 526). **15**

7. Akzeptanz. Trotz dieser Diskussion in der Anwaltschaft **drängte die Kollegenschaft nach der Berechtigung zur Führung von Fachanwaltsbezeichnungen.** Nach einer Übergangszeit, hervorgerufen durch die Konstituierung von Fachanwaltsausschüssen, sind in allen Kammerbezirken mehr und mehr Fachanwälte zugelassen worden. Die Zahl der Fachanwälte des Jahres 1932 wurde schnell überschritten. Zum 16.11.1987 zählte die BRAK 50 Fachanwälte für die Fachanwaltsbezeichnungen „Verwaltungs-, Arbeits- und Sozialrecht". Innerhalb eines Jahres nach dem Beschluss der 60. Hauptversammlung vom 10.10.1986 hat die Zahl dieser Fachanwälte schon ein Viertel der Fachanwälte für Steuerrecht, die es immerhin schon mehr als 25 Jahre gab, erreicht. Anfragen bei der BRAK, eine Liste von Fachanwälten für die einzelnen Fachanwaltsbezeichnen herauszugeben, nahmen von Tag zu Tag zu. Dieses Verlangen der Bürger war der erste Anstoß für die Herausgabe von Fachanwaltsverzeichnissen durch die BRAK; diese wurden später abgelöst durch das im Otto Schmidt-Verlag erschienene Fachanwaltsverzeichnis. **16**

Um die **Verleihungspraxis** zu vereinheitlichen, erarbeitete die erste systematische Arbeits- und Aussprachetagung, die von der BRAK und vom Deutschen Anwaltsinstitut in Bochum in Zusammenarbeit mit den Vorbereitungsausschüssen der Rechtsanwaltskammern am 30. 11./ 1.12.1987 in Bochum ausgerichtet worden war, **Empfehlungen zu den Fachanwaltsrichtlinien** (BRAK-Mitt. 1988, 34). Das angestrebte Ziel wurde mit diesen Empfehlungen erreicht. Durch statistische **Auswertung der Prüfungsergebnisse** konnten Vorurteile abgebaut werden. **17**

(1.) Die **Ablehnungsquote im Bundesgebiet** war nicht überdurchschnittlich. Die Ablehnungsquote betrug in den Jahren 1988 und 1989 für die drei neuen Fachanwaltsbezeichnungen ca. 23 %. Diese Ablehnungsquote war nicht außerordentlich hoch. Im ersten juristischen Staatsexamen fielen im Jahre 1988 27,22 % im zweiten noch 11 % der Kandidaten durch. Die Prüfung zum vereidigten Buchprüfer hatte nach einer Statistik der Wirtschaftsprüferkammer zum 31.12.1988 35,4 % der Kandidaten, die Prüfung zum Wirtschaftsprüfer 43,2 % der Kandidaten im Jahre 1988 nicht bestanden. **18**

(2.) Die **Ablehnungsquote in einzelnen Kammerbezirken** war statistisch nicht auffällig. Ein Trend von äußerst hohen Ablehnungsquoten bei einzelnen Rechtsanwaltskammern ließ sich über alle Fachanwaltsbezeichnungen nicht feststellen. **19**

(3.) Durch nichts ließ sich beweisen, dass **junge Kolleginnen und Kollegen** keine Chancen hatten, die Fachanwaltsbezeichnung zu erlangen. Aus den Angaben der Mitglieder in den Prüfungsausschüssen der Rechtsanwaltskammern zu den Ablehnungsgründen ließ sich vielmehr entnehmen, dass überwiegend die Ablehnung aus fachlichen Gründen erfolgt war. **20**

21 (4.) Auch **Einzelanwälte** erlangten die Fachanwaltsbezeichnung. Ein Drittel der Fachanwälte sind Einzelanwälte. Der Anteil der Fachanwälte in Großsozietäten (fünf und mehr Rechtsanwälte) sank. Während zum 15.7.1988 doch 20,2 % der Fachanwälte in Großsozietäten ihrem Beruf nachgegangen waren, waren es zum 1.9.1989 lediglich noch 18,8 %. Auch auf dem Lande setzten sich die Fachanwaltsbezeichnungen immer mehr durch. In Städten bis 10.000 Einwohner hatten zum 1.9.1989 26 % der Fachanwälte für Arbeits-, Sozial- und Verwaltungsrecht ihre Kanzlei; für Steuerrecht lag dieser Prozentsatz bei 29,7 %.

22 **8. Rechtsprechung.** Der Inhalt der Fachanwaltsrichtlinien selbst wurde mehrfach gerichtlich überprüft; jeder Nachprüfung hielten sie stand. Mehrere Ehrengerichtshöfe erkannten an, dass es zulässig, ja sogar geboten war, die Fachanwaltsrichtlinien als Ansatzpunkt für das Prüfungsverfahren zu nehmen. Nach der Rechtsprechung war es ermessensfehlerfrei, wenn für die Verleihung der Fachanwaltsbezeichnung im Rahmen des Prüfungsverfahrens ein Fachgespräch durchgeführt wurde (EGE Bremen BRAK-Mitt. 1989, 149). Ebenso hat die ehrengerichtliche Rechtsprechung die Merkmale „besondere theoretische und praktische Kenntnisse" (EGH Hamm BRAK-Mitt. 1988, 273; 1989, 47), „forensische Tätigkeit" (EGH Celle BRAK-Mitt. 1989, 108) und „zweijährige Tätigkeit als Rechtsanwalt" (EGH Hamm BRAK-Mitt. 1989, 47) als zusätzliche Prüfungskriterien angesehen.

23 Schon bald jedoch wurde die **Befugnis der BRAK zum Erlass von Fachanwaltsrichtlinien** in Frage gestellt. Während teilweise die Ehrengerichtshöfe trotz dieser Bedenken den Rechtsanwaltskammern weiterhin die Befugnis zuerkannten, Fachanwaltsbezeichnungen zu verleihen (zB EGH Nordrhein-Westfalen BRAK-Mitt. 1988, 273; BRAK-Mitt. 1989, 47, 48; AGH AGH RhPf BRAK-Mitt. 1989, 49; NdsAGH BRAK-Mitt. 1989, 108; Bremen BRAK-Mitt. 1989, 149) sprachen sich andere dagegen aus (zB EGH Baden Württemberg BRAK-Mitt. 1989, 46). Die gesamte Diskussion über die Verleihung von Fachanwaltsbezeichnungen, die schon abgeschlossen schien, wurde wieder aufgegriffen. Der BGH entschied am 14.5.1990 (BRAK-Mitt. 1990, 108 = NJW 1990, 1719), dass die Verleihung von Fachanwaltsbezeichnungen durch die Rechtsanwaltskammern unzulässig sei, weil hierfür eine hinreichend bestimmte gesetzliche Grundlage erforderlich sei und diese derzeit fehle.

24 **9. 11. Legislaturperiode.** Wer geglaubt hatte, das Rad würde durch diese Entscheidung zurückgedreht, sah sich schnell getäuscht. Noch in der 11. Legislaturperiode wurde im Gesetz zur Änderung des Berufsrechts der Notare und Rechtsanwälte vom 29.1.1991 (BGBl. I S. 150), die in der Legislaturperiode zuvor abgelehnte gesetzliche Grundlage für die Verleihung von Fachanwaltsbezeichnungen in den §§ 42a–42d sowie § 210 geschaffen. Die nach § 42d zu erlassende Rechtsverordnung über Fachanwaltsbezeichnungen wurde ebenso wie eine Musterfachanwaltsverordnung schnell erarbeitet (BRAK-Mitt. 1991, 25).

25 Zur Überraschung aller äußerte der **Bundesrat** dann Bedenken hinsichtlich des Mitwirkungsvorbehaltes des Parlaments in § 42d. Die durch das Land Bayern anlässlich der Verabschiedung des Gesetzes zur Änderung des Berufsrechts der Notare und Rechtsanwälte vom 29.1.1991 (BGBl. I S. 150) in der Sitzung des Bundesrates vom 14.12.1990 formulierten Vorbehalte wurden später von der Mehrheit der Länder übernommen. Unterstützt durch das Schrifttum (*Jekewitz* ZRP 1991, 281) lehnte der Bundesrat die Rechtsverordnung über Fachanwaltsbezeichnungen nach der BRAO ab. Nach schwierigen Verhandlungen mit Vertretern der Länder und dem Rechtsausschuss gelang es schließlich, **das Gesetz über Fachanwaltsbezeichnungen** nach der BRAO und zur Änderung der BRAO (BGBl. 1992 I S. 369) sowie die **Verordnung über die Fachanwaltsbezeichnungen nach dem RAG** (BGBl. 1992 I S. 379) zur Verabschiedung zu bringen.

26 Die Fachausschüsse haben daraufhin Anfang 1993 die **Bochumer Empfehlungen 93** (BRAK-Mitt. 1993, 83) verabschiedet. Mit Gesetz vom 2.9.1994 (BGBl. I S. 2278) wurden die §§ 42a–42d aF in dem neuen § 43c zusammengefasst. Dabei wurden die Einzelheiten des Verfahrens für die Verleihung der Fachanwaltsbezeichnung einer Berufsordnung vorbehalten. Die Ermächtigung für den Erlass einer solchen Berufsordnung wurde mit § 59b Abs. 2 lit. a und b der Satzungsversammlung bei der BRAK erteilt. Diese hat am 29.11.1996 die Fachanwaltsordnung (FAO) beschlossen, die am 11.3.1997 in Kraft getreten ist (vgl. § 26 FAO) und danach mehrfach geändert und ergänzt wurde (vgl. § 1 FAO). Zur historischen Entwicklung von § 43c BRAO und der FAO vgl. auch Hartung/*Scharmer* FAO Einf. Rn. 1–54 und *Jährig,* Fachanwaltschaften – Entstehung, Entwicklung und aktuelle Fragen, Schriftenreihe des Instituts für Anwalts-

recht an der Universität zu Köln, Bd. 51, 29 ff. und *Offermann-Burckart,* Fachanwalt werden und bleiben, 3. Aufl. 2012, Rn. 3 ff.

II. Sinn und Zweck

In § 43c wird die Entscheidung des Gesetzgebers aufrechterhalten, dass die RAK die Befugnis zusprechen kann, eine Fachanwaltsbezeichnung zu führen. Dem Hinweis des BVerfG, dass **statusbildende Normen** vom Gesetzgeber selbst stammen müssen, folgt der Gesetzgeber. Die früheren gesetzlichen Bestimmungen wurden, soweit sie statusbildenden Charakter haben, im Gesetz übernommen. Die Regelung, für welche weiteren Spezialmaterien eine Fachanwaltsbezeichnung erworben werden kann, soll ebenso in der Berufsordnung geregelt werden, wie sämtliche Voraussetzungen, die zu erfüllen sind. Grund für diesen Gesinnungswandel des Gesetzgebers, nunmehr die Selbstverwaltung der Anwaltschaft zu stärken, indem sie selbst bestimmen kann, welche zusätzlichen Fachanwaltsbezeichnungen verliehen werden können, lag in der Meinung des Gesetzgebers, dass die Anwaltschaft selbst rascher als der Gesetzgeber auf Veränderungen im wirtschaftlichen und rechtlichen Bereich, die neue Spezialisierungshinweise erfordern, reagieren und dem rechtsuchenden Bürger eine Hilfe an die Hand geben kann, den von ihm benötigten Spezialisten zu finden. Die teilweise Aufnahme der früheren Vorschriften der §§ 42a–42d hat inhaltlich keine Änderungen gegenüber dem geltenden Recht (BT-Drs. 12/4993, 29 = BR-Drs. 93/93, 85/86). 27

Bis zum Erlass der Berufsordnung waren nach Art. 21 Abs. 11 des Gesetzes vom 2.9.1994 (BGBl. I S. 2278, 2294) die Bestimmungen des Gesetzes über Fachanwaltsbezeichnungen nach der BRAO vom 27.2.1992 (BGBl. I S. 369) und der Verordnung über Fachanwaltsbezeichnungen nach dem RAG vom 23.2.1992 (BGBl. I S. 379) weiter anzuwenden (2. Aufl. §§ 42a–42d). Nach der Übergangsregelung in § 16 FAO aF waren in bestimmten Fällen zu Gunsten der Bewerber weiter die Bestimmungen des RAFachBezG anzuwenden (→ FAO § 16 Rn. 1 ff.; BGH NVwZ 1999, 1256 und 5. Aufl. FAO § 16 Rn. 1). Durch Art. 43 des Gesetzes vom 13.4.2006 (BGBl. I S. 872) wurde Art. 21 des Gesetzes vom 2.9.1994 (BGBl. I S. 2278) aufgehoben. Zu den Einzelheiten vgl. § 214. 28

III. Anforderungen

1. Verleihung durch die RAK. Die RAK, welcher der Rechtsanwalt angehört (§ 22 Abs. 1 FAO), verleiht die Befugnis, eine Fachanwaltsbezeichnung zu führen, wenn der Rechtsanwalt „besondere Kenntnisse und Erfahrungen in einem Rechtsgebiet erworben hat". Dies gilt auch, wenn mehrere Kammern nach § 18 FAO gemeinsame Ausschüsse eingerichtet haben. Die Zuständigkeit der RAK ist darin begründet, dass es sich um ein Zurücktreten des berufsrechtlich verankerten Werbeverbots handelt und dass die Kammer aus ihrer berufsrechtlichen Erfahrung heraus am zutreffendsten beurteilen kann, ob eine erheblich das durchschnittliche Maß übersteigende Einarbeitung in ein Fachgebiet zu bejahen ist (vgl. §§ 2 ff. FAO). Eine lediglich auf Selbsteinschätzung beruhende Führung einer Fachanwaltsbezeichnung ist als irreführende Werbung ausnahmslos nicht gestattet (BGH NJW 1990, 2130 = BRAK-Mitt. 1990, 173; EGH Berlin NJW 1990, 996; vgl. auch BVerfGE 57, 121 = NJW 1981, 2239 = BRAK-Mitt. 1981, 47; BVerfGE 76, 196). Ohne Gestattung durch die RAK ist ein Rechtsanwalt zur Führung einer Fachanwaltsbezeichnung auch dann nicht berechtigt, wenn eine ungewöhnlich verzögerliche Behandlung seines Antrages durch die RAK dazu geführt hat, dass ihm die Gestattung deshalb nicht mehr erteilt werden konnte, weil der BGH (NJW 1990, 1719) entschieden hatte, dass die Gestattung einer Fachanwaltsbezeichnung mangels gesetzlicher Grundlage nicht mehr zulässig war (OLG Stuttgart WRP 1992, 350). Nach einem **Zulassungswechsel** in einen anderen Kammerbezirk war nach altem Recht der Antrag an die Kammer zu richten, der der Rechtsanwalt im Zeitpunkt der Antragstellung angehört (BGH NJW 1995, 2105). Nunmehr findet nach § 32 das VwVfG Anwendung. Nach § 3 Abs. 3 VwVfG kann die bisher zuständige RAK das Verfahren fortführen, wenn dies unter Wahrung der Interessen der Beteiligten einer einfachen und zweckmäßigen Durchführung des Verfahrens dient und die nunmehr zuständige RAK zustimmt. War ein Fachanwalt aus der Anwaltschaft ausgeschieden und wird er erneut zur Anwaltschaft zugelassen, lebt seine Befugnis zur Führung der Fachanwaltsbezeichnung nicht wieder auf. Er muss sie entsprechend § 43c neu erwerben. 29

30 **2. Persönlicher Anwendungsbereich.** Eine Fachanwaltsbezeichnung kann nach Abs. 1 nur an einen **Rechtsanwalt** iSd § 4 oder einem ihm gesetzlich gleichgestellten Rechtsberater verliehen werden (Henssler/Prütting/*Offermann-Burckart* § 43c Rn. 20). Damit ist **auch niedergelassenen europäischen Rechtsanwälten** nach einer mindestens dreijährigen Tätigkeit als solcher in Deutschland der Erwerb einer Fachanwaltsbezeichnung möglich (§ 6 Abs. 1 EuRAG; *Franz* BB 2000, 989; → EuRAG § 6 Rn. 3). Nach **§§ 206, 207 in Deutschland niedergelassenen Anwälte aus anderen Staaten** kann die Befugnis zur Führung einer Fachanwaltsbezeichnung **nicht** verliehen werden, da sie unter der Berufsbezeichnung ihres Herkunftsstaates in Deutschland nur eine Rechtsbesorgungsbefugnis für ausländisches und internationales Recht haben (§ 206 Abs. 1). Die Fachanwaltsbezeichnung bezieht sich aber auf bestimmte Rechtsgebiete deutschen Rechts, in denen diese Anwälte gerade nicht tätig sein dürfen (Henssler/Prütting/*Offermann-Burckart* § 43c Rn. 20; BMJV BRAK-Mitt. 1997, 81).

31 **Kammerrechtsbeistände** können nach § 209 Abs. 1 S. 4 auf besondere Kenntnisse „in einem der in § 43c Abs. 1 S. 2 genannten Gebiete durch den Zusatz „Fachgebiet" … hinweisen". Wenn auch § 209 nur auf die in § 43c Abs. 1 S. 2 genannten Gebiete verweist, so ist damit eine Führung von **Fachgebietsbezeichnungen** auf den in § 1 FAO durch die Satzungsversammlung eingeführten weiteren Gebieten nicht ausgeschlossen. Der BGH hat dazu entschieden, es fehle jede innere Rechtfertigung dafür, Kammerrechtsbeistände allein deshalb beim Erwerb von Fachanwalts- oder Fachgebietsbezeichnungen schlechter zu behandeln als Rechtsanwälte, weil der Gesetzgeber die Möglichkeit der Vergabe von zusätzlichen Fachanwaltsbezeichnungen in die Kompetenz des Satzungsgebers verlagert hat. Die Aufhebung des § 15 Abs. 2 FAO durch das BMJV im Jahre 1997 (BRAK-Mitt. 1997, 81) habe zu einer planwidrigen Lücke geführt, die mit der ratio legis des § 209 und den Motiven des Satzungsgebers durch eine analoge Anwendung der §§ 1 ff. FAO zu schließen sei. Der BGH hat daher bestätigt, dass ein Kammerrechtsbeistand das Recht zur Führung der Fachgebietsbezeichnung „Insolvenzrecht" hat, obwohl diese nur in § 1 FAO nicht aber in § 43c Abs. 1 vorgesehen ist (→ FAO § 1 Rn. 5; BGH BRAK-Mitt. 2002, 230 = Rbeistand 2002, 114; Henssler/Prütting/*Offermann-Burckart* § 43c Rn. 59 ff.); allgemein zur Befugnis eines Rechtsbeistands, eine „Fachbeistandsbezeichnung" zu führen, vgl. AnwG Frankfurt/M BRAK-Mitt. 2011, 36. Wohl um ein Versehen des Gesetzgebers handelt es sich, dass trotz der Änderung des § 43c Abs. 1 S. 3 („drei Rechtsgebiete") für Rechtsbeistände in § 209 Abs. 1 S. 4 die Beschränkung auf „zwei Rechtsgebiete" aufrechterhalten geblieben ist. Zur Verleihung von Fachanwaltsbezeichnungen an **Syndikusanwälte** → FAO § 5 Rn. 10 ff.; BVerfG BRAK-Mitt. 2007, 122; BGH NJW 2003, 883 = MDR 2003, 659 = BRAK-Mitt. 2003, 80 = AnwBl. 2003, 223; NJW 2006, 1516 = BRAK-Mitt. 2006, 134 = AnwBl. 2006, 354; BRAK-Mitt. 2007, 27 = BB 2007, 126; BGH AnwBl. 2010, 64.

32 **3. Besondere Kenntnisse und Erfahrungen.** Das Führen einer Fachanwaltsbezeichnung setzt voraus, dass der Rechtsanwalt besondere Kenntnisse und besondere praktische Erfahrungen in dem fraglichen Rechtsgebiet erworben und nachgewiesen hat (§§ 2, 5 und 6 FAO). Der Begriff „besondere Kenntnisse" ist im weiten Sinne zu verstehen und umfasst theoretische Kenntnisse und praktische Erfahrungen. Die Kenntnisse müssen erheblich das Maß dessen übersteigen, was die berufliche Ausbildung und die praktische Erfahrung im Beruf im Durchschnitt vermitteln (Bericht der Abgeordneten *Eylmann, Kleinert* und *Wiefelspütz,* BT-Drs. 11/6007 und BT-Drs. 11/8307; zur „Qualitätssicherung durch Fachanwaltschaften", vgl. auch *Schmalz* BRAK-Mitt. 1987, 111). Das Gesetz übernimmt damit die in Nr. 2 der von der 60. Hauptversammlung der BRAK am 10.10.1986 beschlossenen „Richtlinien für die Gestattung Fachanwalt für Verwaltungsrecht/Steuerrecht/Arbeitsrecht/Sozialrecht" aufgestellte Anforderung, wonach die Gestattung auszusprechen ist, „wenn der Rechtsanwalt die für die Führung der Bezeichnung erforderlichen **besonderen Kenntnisse** nachgewiesen hat". Die Frage, ob die vom Bewerber vorgelegten Unterlagen die besonderen praktischen Erfahrungen nachweisen, ist eine Rechtsfrage und daher gerichtlich uneingeschränkt überprüfbar (BGH BRAK-Mitt. 2006, 131 = AnwBl. 2006, 413; BRAK-Mitt. 2003, 25). Entsprechendes gilt für den Nachweis der besonderen theoretischen Kenntnisse (→ FAO § 6 Rn. 2 ff.; → FAO § 24 Rn. 25 ff.; vgl. AGH NRW BRAK-Mitt. 2007, 78).

33 Der **Nachweis** der erforderlichen theoretischen Kenntnisse und besonderen praktischen Erfahrungen für die Gestattung der Führung der Fachanwaltsbezeichnung „Fachanwalt für …" richtet sich nach §§ 5, 6 FAO. Der Nachweis der erforderlichen **theoretischen Kenntnisse**

(§§ 4, 6 FAO) kann auch anders als durch die erfolgreiche Teilnahme an einem Fachanwaltslehrgang, wobei es sich auch um einen Fernlehrgang handeln kann, geführt werden. Der Antragsteller hat allerdings immer nachzuweisen, dass seine theoretischen Kenntnisse denjenigen entsprechen, die bei einem solchen Lehrgang vermittelt werden (→ FAO § 4 Rn. 3; → FAO § 6 Rn. 2 ff.). Maßstab für die Prüfung der Qualität eines anderen Fachanwaltslehrgangs sind die von der Anwaltschaft, dh von dem Deutschen Anwaltsinstitut in Bochum durchgeführten Lehrgänge. Der Nachweis besonderer theoretischer Kenntnisse im Sozialrecht ist durch eine Berufstätigkeit in einem bestimmten Zweig der Sozialverwaltung (frühere Tätigkeit als juristischer Dezernent in der Versorgungsverwaltung) nicht erbracht. Ebenso wenig ist eine über drei Semester ausgeübte Lehrtätigkeit als Nachweis der theoretischen Kenntnisse im gesamten Fachgebiet ausreichend, wenn sich die Lehrtätigkeit auf eine Lehrveranstaltung beschränkt, die lediglich als Grundkurs im Sozialrecht bezeichnet werden kann (EGH Nordrhein-Westfalen AnwBl. 1994, 246). Die besonderen theoretischen Kenntnisse sind nur dann nachgewiesen, wenn **erfolgreich** der Lehrgang abgeschlossen wurde. Ob der Lehrgang erfolgreich abgeschlossen wurde, obliegt im Einzelfall der Wertung durch die RAK (*Sellner* AnwBl. 1994, 3, 6). Die Mehrheit der geschriebenen Klausuren muss wenigstens mit ausreichend bewertet sein. Alle Bereiche des entsprechenden Fachgebietes müssen in den Klausuren abgedeckt werden (BGH BRAK-Mitt. 1994, 241). Besondere Kenntnisse in einem Fachgebiet können schon dann verneint werden, wenn der Bewerber in einem wichtigen Teilgebiet des Fachgebietes erhebliche Wissenslücken aufweist.

Praktische Erfahrungen liegen erst dann vor, wenn der Bewerber mindestens eine dreijährige Berufserfahrung **als Rechtsanwalt** nachweist; fünfzehn Monate reichen nicht aus (EGH München BRAK-Mitt. 1993, 223; § 3 FAO). Er muss innerhalb der letzten sechs Jahre vor Antragstellung mindestens drei Jahre als Anwalt zugelassen und tätig gewesen sein (§ 3 FAO). Darüber hinaus muss der Bewerber innerhalb der letzten drei Jahre vor der Antragstellung im Fachgebiet als Rechtsanwalt eine bestimmte Anzahl von Fällen selbständig und frei von Weisungen bearbeitet haben (vgl. § 5 FAO). Fälle, die im Rahmen einer abhängigen Tätigkeit nach Weisung bearbeitet worden sind, finden keine Berücksichtigung (BGH NVwZ 1999, 1256). Auch reichen nicht nur Fälle, die der Bewerber als Syndikus bearbeitet hat, ohne dass er zumindest nebenberuflich auch als Rechtsanwalt im Fachgebiet tätig war (BGH AnwBl. 2010, 64), es sei denn nach den Vertragsbeziehungen ist eine Gefahr von Interessenkollisionen ausgeschlossen, weil die Weisungs- und Richtlinienkompetenz des Arbeitgebers in die Tätigkeit des Rechtsanwalts nicht hineinwirkt (BGH AnwBl. 2006, 354 = BRAK-Mitt. 2006, 134; → § 46 Rn. 24; § 5 FAO). Es bedarf zusätzlich der Bearbeitung einer erheblichen Anzahl nicht unbedeutender Mandate außerhalb des Anstellungsverhältnisses (BGH AnwBl. 2007, 233; 2010, 64). Stellt ein Rechtsanwalt den Antrag, ihm die Befugnis zu erteilen, eine Fachanwaltsbezeichnung zu führen, bevor er drei Jahre als Rechtsanwalt zugelassen und tätig gewesen ist, ist die RAK in der Regel befugt, solange die Dreijahresfrist nicht erfüllt ist, das Gesuch ohne Weiteres zurückzuweisen. Erfüllt der Rechtsanwalt die Voraussetzungen einer dreijährigen Zulassung und Berufstätigkeit erst nach Antragstellung, darf die RAK von diesem Zeitpunkt an das Gesuch nicht mehr allein wegen eines Verstoßes gegen § 3 FAO ablehnen; sie kann es jedoch verfahrensmäßig so behandeln, als wäre es erst zu einem Zeitpunkt eingereicht worden, zu dem der Bewerber bereits drei Jahre ununterbrochen als Rechtsanwalt gearbeitet hatte (BGH NJW 2000, 2588 = BRAK-Mitt. 2000, 257 = AnwBl. 2000, 698). 34

4. Rechtsgebiete der Fachanwaltsbezeichnungen. Die Aufzählung der vier Fachanwaltsbezeichnungen in § 43c Abs. 1 ist nicht abschließend. Der **Satzungsversammlung** bleibt es vorbehalten, weitere Rechtsgebiete zu bestimmen, in denen weitere Fachanwaltsbezeichnungen verliehen werden können (§ 59b Abs. 2 Nr. 2a). Dies ist in § 1 S. 2 FAO mit den neuen Fachanwaltsbezeichnungen für Straf-, Insolvenz- und Familienrecht sowie für das Versicherungsrecht, das Medizinrecht, das Miet- und Wohnungseigentumsrecht, das Verkehrsrecht, das Bau- und Architektenrecht, das Erbrecht, das Transport- und Speditionsrecht, den gewerblichen Rechtsschutz sowie das Handels- und Gesellschaftsrecht, das Urheber- und Medienrecht und das Informationstechnologierecht geschehen. Als weitere Fachanwaltsbezeichnung beschloss die Satzungsversammlung die für das Bank- und Kapitalmarktrecht und für das Agrarrecht sowie für das Internationale Wirtschaftsrecht und zuletzt am 16.3.2015 für Vergaberecht. Die gesetzliche Regelung legt lediglich fest, dass die Satzungsversammlung die vier im Gesetz aufgeführten Fachanwaltsbezeichnungen nicht mehr abschaffen kann. Darüber hinaus ist durch die Regelung 35 dieser vier Bezeichnungen die Möglichkeit eröffnet worden, den **Zugang zu den obersten Bundesgerichten,** aber auch zu den Berufungsgerichten, auf Fachanwälte zu beschränken (*Schlichter* BRAK-Mitt. 1994, 2; *Weigel* BRAK-Mitt. 1995, Heft 1).

36 **5. Beschränkung.** Weil ein hohes Niveau der Kenntnisse verlangt wird und die Glaubwürdigkeit eines Fachhinweises gewahrt werden soll, darf die Befugnis zum Führen von Fachanwaltsbezeichnungen **nicht für mehr als drei Fachgebiete** erteilt werden. Mit der BRAO-Novelle 2009 (BGBl. I S. 2494) wurde die Beschränkung der Erlaubnis zur Führung von lediglich zwei Fachanwaltsbezeichnungen aufgehoben und in § 43c Abs. 1 S. 2 die Befugnis zur Führung von (höchstens) drei Fachanwaltsbezeichnungen erteilt. Zwar sah der Referentenentwurf eines „Gesetzes zur Modernisierung von Verfahren im anwaltlichen und notariellen Berufsrecht" eine Streichung jeglicher Obergrenze vor, obwohl eine Begrenzung als verfassungsgemäß angesehen wurde. Jedoch hätte eine solche völlige Freigabe das eigentliche mit Fachanwaltschaften verfolgte Ziel der anwaltlichen Qualitätssteigerung verwässert. Den aus der Anwaltschaft vorgetragenen Bedenken wurde vom Gesetzgeber Rechnung getragen (vgl. *Hommerich* AnwBl. 2010, 56). Es ist demnach selbst bei Erfüllung sämtlicher Erteilungsvoraussetzungen die Führung einer vierten Fachanwaltsbezeichnung von Gesetzes wegen ausgeschlossen. § 43c Abs. 1 S. 3 ist eine Berufsausübungsregelung, die nicht das Grundrecht der Berufsfreiheit verletzt, sondern durch vernünftige Erwägungen des Gemeinwohls gestützt wird. Denn zur Sicherung eines hohen Niveaus der Kenntnisse und zur Wahrung der Glaubwürdigkeit eines Fachhinweises stellt die Entscheidung des Gesetzgebers, die Zahl der zulässigen Fachanwaltsbezeichnungen, die von einem Anwalt geführt werden dürfen, auf drei zu beschränken (wohl schon im grenzwertigen Bereich), ein angemessenes und erforderliches Mittel zur Sicherung des qualifizierten Standards dar. Sie dient damit zugleich den Interessen und dem Schutz der rechtsuchenden Allgemeinheit. Letztlich sind die Voraussetzungen für die Erlangung einer Fachanwaltsbezeichnung allein durch die Fallzahlen (§ 5 FAO) so hoch geschraubt, dass, auch unter Berücksichtigung der erforderlichen Fortbildungsmaßnahmen (§ 15 FAO), die Erfüllung der Voraussetzungen schon aus zeitlichen Gründen im Fall von vier oder mehr zulässigen Fachanwaltsbezeichnungen Bedenken unterliegt. Der Sinn und Zweck einer Spezialisierung wird darüber hinaus ins Gegenteil verkehrt, wenn vier oder noch mehr Fachanwaltsbezeichnungen möglich wären. Dabei ist auch zu berücksichtigen, dass dem Rechtsanwalt mit der Beschränkung auf drei Fachanwaltsbezeichnungen nicht der Weg verwehrt wird, auch auf anderen Rechtsgebiete anwaltlich tätig zu sein und für diese Tätigkeit zu werben (§ 43b BRAO; §§ 6, 7, 7a BORA; NdsAGH NJW 2004, 1113 = BRAK-Mitt. 2004, 127). Die Regelung ist verfassungsgemäß (BVerfG NJW 2005, 3558 = BRAK-Mitt. 2005, 274 mit Anm. *Zastrow* BRAK-Mitt. 2006, 30; BGH NJW 2005, 1711 = BRAK-Mitt. 2005, 188 = AnwBl. 2005, 501; AGH NRW Beschluss vom 16.12.2005 – 1 ZU 85/05). Fachanwaltsbezeichnungen dürfen auch **konkretisierende und diese auffächernde Angaben** wie „Allgemeines Strafrecht, Straßenverkehrsstrafsachen, Steuer- und Wirtschaftsstrafrecht" usw. zugefügt werden. Solche Konkretisierungen erfolgen nicht „unabhängig von der Angabe der Fachanwaltsbezeichnung" iSv § 7 Abs. 1 S. 1 BORA. Solange solche Konkretisierungen wahrheitsgemäß sind, kann weder ein Irrtum noch ein verzerrtes Bild des von einem Fachanwalt angebotenen Spezialwissens entstehen. Gemeinwohlbelange, die ein Informationsverbot, das auch dem Maßstab des Art. 5 Abs. 1 GG standhalten müsste, rechtfertigen könnten, sind nicht ersichtlich (BVerfG NJW 2001, 1926 = AnwBl. 2001, 510 = BRAK-Mitt. 2001, 185; → § 43b Rn. 37; → BORA § 7 Rn. 1).

IV. Verfahren (Abs. 2, 3)

37 **1. Zweiaktiges Verfahren.** § 43c Abs. 2 enthält die grundlegenden Bestimmungen für das Verfahren zur Prüfung der Voraussetzungen und für die Erteilung der Erlaubnis. Das **zweiaktige Verfahren,** bestehend aus der **Vorprüfung durch** einen fachgebietsspezifischen **Vorprüfungsausschuss** der RAK (§ 17 FAO) mit einer abschließenden Stellungnahme zu dem Gestattungsantrag (§ 22 FAO) gegenüber dem Vorstand der RAK (§ 24 Abs. 8, 9 FAO) und der darauf basierenden **Entscheidung des Kammervorstandes** über den Antrag (§ 43c Abs. 2) ist in den Einzelheiten in der FAO ergänzend geregelt. Die Regelung wurde in der Übergangszeit bis zum Erlass der FAO im Einzelnen durch Satzung der Kammer (Fachanwaltsordnung – § 42d Abs. 2) ergänzt (Bericht der Abgeordneten *Eylmann, Kleinert* und *Wiefelspütz* BT-Drs. 11/6007 und BT-Drs. 11/8307).

2. Prüfungsausschuss. Der Kammervorstand bildet für jedes Teilgebiet einen Fachgebietsausschuss (§ 17 FAO). Vorbehaltlich einer abweichenden Regelung durch die Satzung kann ein Rechtsanwalt Mitglied mehrerer Fachgebietsausschüsse sein. Der einzelne Ausschuss muss aus mindestens drei Rechtsanwälten bestehen, die Fachanwaltsordnung kann jedoch mehr Mitglieder vorsehen. Mehrere Rechtsanwaltskammern können gemeinsame Fachgebietsausschüsse bilden; dies kann für alle Fachgebiete, aber auch nur für einzelne Fachgebiete geschehen (§ 18 FAO). Die Mitglieder der Fachgebietsausschüsse üben ihre Tätigkeit unentgeltlich aus. Sie erhalten entsprechend § 75 S. 2 eine Aufwandsentschädigung und Reisekostenvergütung nach Maßgabe des § 21 FAO. Sie unterliegen der Pflicht zur Verschwiegenheit. Sind von mehreren Kammern eines Landes gemeinsame Fachgebietsausschüsse gebildet worden, dann entscheidet über die Aussagegenehmigung jeweils der Vorstand der RAK, der das Mitglied des Fachgebietsausschusses, um dessen Aussage es geht, angehört (§ 60 Abs. 1). 38

Der Ausschuss prüft in einem **weitgehend formalisierten Nachweisverfahren** (§§ 5, 6 FAO; BGH NJW 2003, 741 = MDR 2003, 300 = BRAK-Mitt. 2003, 25; BRAK-Mitt. 2005, 123 = AnwBl. 2005, 499), ob die Anforderungen an den Nachweis der besonderen Kenntnisse und Erfahrungen (§§ 2 ff. FAO) erfüllt sind. Nur soweit der Nachweis der besonderen theoretischen Kenntnisse und praktischen Erfahrungen nicht bereits durch die den Anforderungen nach §§ 4–6 FAO entsprechenden Unterlagen erbracht ist, kann der Fachausschuss als ergänzende Beurteilungsgrundlage ein Fachgespräch (§ 7 FAO) mit dem Bewerber führen (BGH BRAK-Mitt. 2005, 123 = AnwBl. 2005, 499), um die bei der Prüfung der Nachweise nach § 6 FAO festgestellten Defizite auszugleichen (BGH BRAK-Mitt. 2006, 131 = AnwBl. 2006, 413, 415). Eine weitergehende Prüfungskompetenz hat der Ausschuss nicht. Nach § 43c Abs. 2 hat der Ausschuss nur die „von dem Rechtsanwalt vorzulegenden Nachweise über den Erwerb der besonderen Kenntnisse und Erfahrungen" zu prüfen. Damit hat er nur eine formalisierte auf die Unterlagen gemäß § 6 FAO eingeschränkte Prüfungskompetenz. Auch während eines nach §§ 7 Abs. 1 S. 1, Abs. 2, 24 Abs. 5 FAO angesetzten Fachgesprächs geht es nur darum, die nach §§ 6, 24 Abs. 4 FAO durch Unterlagen bereits – weitgehend – erbrachten Nachweise zu ergänzen, nicht darum, sie durch eine umfassende Prüfung zu ersetzen (→ FAO § 7 Rn. 9, 10). Der Prüfungsstoff des Fachgesprächs ist beschränkt auf die Bereiche, in denen der Nachweis der in §§ 4 und 5 FAO geforderten theoretischen Kenntnisse und praktischen Erfahrungen noch nicht geführt ist; auf diese Bereiche ist in der Ladung zum Fachgespräch hinzuweisen (§ 7 Abs. 2 S. 1 FAO; BGH BRAK-Mitt. 2005, 123 mit Anm. *Offermann-Burckart* = AnwBl. 2005, 499 = BGHR 2005, 1018). Das Ergebnis seiner Prüfung teilt der Fachgebietsausschuss dem Vorstand der RAK, bzw. der zuständigen Abteilung des Vorstandes (§ 77) mit (§ 24 Abs. 9 FAO). Auch zu einem negativen Votum des Fachprüfungsausschusses gegenüber der RAK muss dem Antragsteller keine Gelegenheit zu Stellungnahme eingeräumt werden (BGH BRAK-Mitt. 2005, 123 = AnwBl. 2005, 499; **aA** AGH RhPf BRAK-Mitt. 2004, 131; → FAO § 7 Rn. 12; → FAO § 24 Rn. 23). Bei gemeinsamen Fachgebietsausschüssen erfolgt die Mitteilung an den Vorstand der Kammer, der der Bewerber angehört (§ 60 Abs. 1). 39

3. Bescheid. Der Kammervorstand bzw. seine zuständige Abteilung (§ 77) entscheidet dann auf der Grundlage des Prüfungsberichtes des Fachgebietsausschusses durch einen dem Rechtsanwalt zuzustellenden (§ 34) Bescheid. Die Verleihung hat Geltung für das ganze Bundesgebiet (BVerfG AnwBl. 2002, 427). Der Vorstand der RAK ist bei der Entscheidung über die Erlaubnis zur Führung einer Fachanwaltsbezeichnung an das **Votum des Fachausschusses nicht gebunden** (BGH BRAK-Mitt. 2005, 123 = AnwBl. 2005, 499; MDR 2000, 1340 = NJW 2000, 3648 = BRAK-Mitt. 2000, 256 = AnwBl. 2001, 115). Dies ändert aber nichts daran, dass die Ablehnung des Antrags durch den Kammervorstand gleichwohl fehlerhaft sein kann, wenn dieser bei seiner Entscheidungsfindung die vom Prüfungsausschuss gegebene Begründung für dessen ablehnendes Votum in einem für den Antragsteller wesentlichen Punkt verkennt (BGH BRAK-Mitt. 1995, 73), oder wenn er das Ergebnis eines rechtswidrig durchgeführten Fachgesprächs zum Nachteil des Antragstellers verwertet (BGH BRAK-Mitt. 2005, 123 = AnwBl. 2005, 499; → FAO § 7 Rn. 12; → FAO § 24 Rn. 23). Im Übrigen ist der Bescheid so zu begründen, dass eine gerichtliche Kontrolle möglich ist. Lediglich floskelhafte Begründungen reichen nicht aus (BayAGH BRAK-Mitt. 2004, 85). Wenn ein Antrag wegen nicht ausreichend nachgewiesener praktischer Erfahrungen abgelehnt wird, muss aus der Begründung des Bescheids eindeutig hervorgehen, welche Fälle nach Ansicht der RAK nicht zu berücksichtigen sind und aus welchen Gründen eine Ablehnung erfolgt (NdsAGH BRAK-Mitt. 2002, 142). 40

41 **Gegen diesen Bescheid,** nicht bereits gegen die diese Entscheidung vorbereitende Prüfungsentscheidung des Fachgebietsausschusses (BGH BRAK-Mitt. 2005, 123 = AnwBl. 2005, 499; **aA** AGH RhPf BRAK-Mitt. 2004, 131) konnte der Rechtsanwalt früher nach § 223 aF einen Antrag auf gerichtliche Entscheidung stellen. Nunmehr ist das zulässige Rechtsmittel eine **Verpflichtungsklage** beim zuständigen Anwaltsgerichtshof (§§ 112a Abs. 1, 112c Abs. 1 S. 1 BRAO iVm § 42 VwGO). Ob vor Klageerhebung ein Vorverfahren durchzuführen ist, hängt von gesetzgeberischen Vorgaben der einzelnen Bundesländer ab. Der Antrag ist gegen die RAK und nicht gegen den Fachgebietsausschuss zu richten. Die Entscheidung des Kammervorstandes ist rechtlich in vollem Umfang gebunden und unterliegt der uneingeschränkten richterlichen Überprüfung (BGH NJW 2003, 741; BRAK-Mitt. 2006, 131 = AnwBl. 2006, 413). Jeder Rechtsanwalt, der den gesetzlich vorgesehenen Nachweis erbringt, hat einen Anspruch darauf, dass ihm die Erlaubnis erteilt wird, die Fachanwaltsbezeichnung zu führen (BGH NJW 1997, 1307 = BRAK-Mitt. 1997, 128 = AnwBl. 1997, 223; MDR 1998, 866 = BRAK-Mitt. 1997, 255; NJW 1999, 2677 = MDR 1999, 1227 = BRAK-Mitt. 1999, 271). Nur soweit es um prüfungsspezifische Wertungen der vorgelegten „Nachweise" und des Ergebnisses eines Fachgesprächs geht, kommt eine nur beschränkte gerichtliche Kontrolle nach den Grundsätzen zur Überprüfung von Prüfungsentscheidungen in Betracht (BGH NJW 1999, 2677; 2003, 25; Eyermann/*Rennert,* 14. Aufl. 2014, VwGO § 114 Rn. 68). Zu den Einzelheiten → FAO § 7 Rn. 14, 15; → FAO § 24 Rn. 25–28; zum Rechtsschutz bei Prüfungsentscheidungen vgl. auch BVerwGE 92, 132; → EuRAG § 23 Rn. 3.

41a Mit der Einführung des neuen § 32 Abs. 2 S. 1 BRAO durch das Gesetz zur Umsetzung der Dienstleistungsrichtline in der Justiz und zur Änderung weiterer Vorschriften vom 22.10.2010 sind die Rechtsanwaltskammern verpflichtet, Fachanwaltsanträge innerhalb von drei Monaten zu bescheiden. Diese Dreimonatsfrist beginnt aber erst, wenn sämtliche zur Entscheidung über den Antrag erforderlichen Unterlagen vorliegen. Das kann im Einzelfall durchaus streitig sein, insbesondere, wenn weitere Mitwirkungshandlungen des Antragstellers erforderlich sind. Rechtsfolge der nicht eingehaltenen Dreimonatsfrist ist dabei nicht etwa eine Genehmigungsfiktion. Ein Überschreiten dieser Frist führt nicht dazu, dass der Antragsteller automatisch berechtigt ist, den beantragten Fachanwaltstitel zu führen. Der Antragsteller hat aber die Möglichkeit, Untätigkeitsklage zu erheben (AGH NRW BRAK-Mitt. 2011, 204). Zweifelhaft ist darüber hinaus, ob dem Antragsteller wegen der verzögerlichen Entscheidung gegenüber der Rechtsanwaltskammer Schadensersatzansprüche zustehen können. Dazu müsste der Antragsteller nachweisen, dass ihm ein bestimmtes Mandat nicht erteilt worden ist, was er als Fachanwalt erhalten hätte. (Zur grundsätzlichen Schadensersatzverpflichtung wegen verzögerlicher Entscheidung einer Rechtsanwaltskammer vgl. LG Köln NJW 2011, 3380).

41b Zur Gewährung effektiven Rechtsschutzes in Fällen des **Zulassungswechsels während des gerichtlichen Verfahrens** vgl. BVerfG NJW 2002, 2022 = BRAK-Mitt. 2002, 185 = AnwBl. 2002, 427; → FAO § 24 Rn. 27. Gegen die Entscheidung des AGH besteht die Möglichkeit der Berufung (§ 112a Abs. 2 Nr. 1, § 112e BRAO, § 124a Abs. 1 VwGO). Voraussetzung dafür ist die Zulassung der Berufung im Urteil des AGH (§ 124a Abs. 1 S. 1 VwGO) oder deren Zulassung auf Antrag (§ 124a Abs. 4 und 5 VwGO). Zum Rechtsschutz bei Ladung zum Fachgespräch → FAO § 7 Rn. 14 f.; → FAO § 24 Rn. 25.

V. Rücknahme und Widerruf (Abs. 4; §§ 15, 25 FAO)

42 **1. Rücknahme und Widerruf der Erlaubnis.** Die Erlaubnis kann mit Wirkung für die Zukunft zurückgenommen werden, wenn Tatsachen nachträglich bekannt werden, bei deren Kenntnis die Erlaubnis hätte versagt werden müssen. Die Erlaubnis kann ebenfalls mit Wirkung nur für die Zukunft widerrufen werden, wenn der Rechtsanwalt eine vorgeschriebene Fortbildung (§ 15 FAO, zu dessen Verfassungsmäßigkeit vgl. BVerfG MDR 2002, 299) unterlassen hat. § 15 FAO betrifft jeden, der „eine Fachanwaltsbezeichnung führt", ohne auf den Zeitpunkt der Erteilung der Erlaubnis abzustellen. § 43c Abs. 4 S. 2 gilt auch für solche Fachanwälte, denen die Erlaubnis nach altem Recht erteilt worden ist (BGH NJW 2001, 1571 = MDR 2001, 358 = AnwBl. 2001, 174 = BRAK-Mitt. 2001, 83 = StV 2001, 632; AGH NRW MDR 2000, 299 mit Anm. *Hartung;* BRAK-Mitt. 2003, 135; BayAGH NJW 2002, 2041). Der Vorstand entscheidet jeweils **nach pflichtgemäßem Ermessen** (→ FAO § 15 Rn. 1; BGH BRAK-Mitt. 2014, 212; NJW 2001, 1945; BRAK-Mitt. 2001, 188; AGH NRW MDR 2000, 299 mit Anm. *Hartung;*

AGH Hmb BRAK-Mitt. 2006, 38; kritisch dazu *Kleine-Cosack* ZIP 1990, 1534). Die Auffassung, in einem solchen Fall sei die Erlaubnis zwingend zu widerrufen (AGH NRW BRAK-Mitt. 2000, 196; Henssler/Prütting/*Offermann-Burckart* § 43c Rn. 33; *Hartung/Holl,* 1. Aufl. 1997, FAO § 25 Rn. 4; *Hartung* MDR 2000, 300), ist mit dem Wortlaut des § 43c Abs. 4 S. 2 („kann") nicht vereinbar. Auch wenn der formalisierte Nachweis gemäß § 15 FAO fehlt, kann es im Einzelfall zulässig und geboten sein, weitere Umstände zu berücksichtigen und abzuwägen, die nach dem Zweck der Ermächtigung für die Widerrufsentscheidung relevant sein können. Relevant sind solche Umstände, die ähnlich wie die Teilnahme an einer zehnstündigen Fortbildungsveranstaltung (§ 15 FAO) eine Qualitätssicherung gewährleisten. In Betracht kommt insbesondere eine zeitnahe wissenschaftliche Betätigung (BGH NJW 2001, 1945; vgl. auch AGH NRW MDR 2000, 1039). Denn bei der Entscheidung über den Widerruf der Erlaubnis müssen bei der Ermessensausübung alle Umstände des Einzelfalls berücksichtigt werden, die für die Frage wesentlich sind, ob der Betroffene den für die Fachanwaltschaft vorausgesetzten Leistungsstandard nicht mehr erfüllt (BGH BRAK-Mitt. 2001, 188). Dem folgt die Neuregelung des § 15 FAO. Wird gegen den Fachanwalt auf seinem Fachgebiet nach §§ 114 Abs. 1 Nr. 4, 204 Abs. 5 ein Vertretungsverbot wirksam, darf dieser für die Zeit des Bestehens des Verbots diese Fachanwaltsbezeichnung nicht führen. Infolge der Wirkungen des Vertretungsverbotes (§ 114a) wäre die Führung der Fachanwaltsbezeichnung auf dem untersagten Rechtsgebiet irreführend. Entsprechendes gilt für das vorläufige Vertretungsverbot (§§ 150, 155, 161a). Um die Irreführung sicher auszuschließen, ist die Erlaubnis zum Führen der Fachanwaltsbezeichnung im Falle eines Vertretungsverbotes (§ 114 Abs. 1 Nr. 4) zu widerrufen, da der Rechtsanwalt schuldhaft gegen seine Pflichten gerade auf dem Gebiet verstoßen hat, auf dem die Mandanten ihm ein besonderes Maß an Vertrauen in seine Zuverlässigkeit entgegenbringen durften. Nach Entfallen des Vertretungsverbots ist es dem ehemaligen Fachanwalt unbenommen, sich erneut um die Gestattung der Führung der Fachanwaltsbezeichnung zu bemühen (**aA** Hartung/Römermann/*Scharmer* § 43c Rn. 64 ff.). Mit Rücknahme oder Widerruf der Zulassung zur Anwaltschaft entfällt auch die Befugnis zum Führen der Bezeichnung Fachanwalt, da diese Befugnis an die Zulassung zur Rechtsanwaltschaft gebunden ist (§ 43c Abs. 1; BVerfG BRAK-Mitt. 2015, 50). Mit der Wiederzulassung hat der ausgeschiedene Rechtsanwalt einen Anspruch darauf, die Erlaubnis zum Führen der Fachanwaltsbezeichnung ohne Nachweis theoretischer Kenntnisse und praktische Erfahrungen zu erhalten, sofern er seine Fortbildungsverpflichtung nachweist (BGH BeckRS 2015, 05870).

Rücknahme und Widerruf sind nur innerhalb eines Jahres nach Kenntnis des Vorstandes von den sie rechtfertigenden Tatsachen zulässig (§ 25 Abs. 2 FAO). Diese Befristung soll im Interesse der Rechtsuchenden, aber auch des betroffenen Rechtsanwalts, dazu dienen, möglichst bald Klarheit über die Befugnis zur Führung der Fachanwaltsbezeichnung zu schaffen. Die Satzungsversammlung kann eine andere Regelung beschließen. Die Regelung der Zuständigkeit für Rücknahme und Widerruf in § 25 Abs. 1 FAO nimmt darauf Rücksicht, dass der Rechtsanwalt bei einem Wechsel der Kammerzugehörigkeit durch Verlegung der Kanzlei in einen anderen Kammerbezirk (§ 27 Abs. 3) seine Befugnis beibehält, seine Verbindung mit der Kammer, die ihm die Erlaubnis erteilt hat, jedoch durch den Wechsel gelöst ist (Bericht der Abgeordneten *Eylmann, Kleinert* und *Wiefelspütz* BT-Drs. 11/6007 und BT-Drs. 11/8307). 43

2. Keine abschließende Rücknahmeregelung. § 43c Abs. 4 S. 1 ist nicht als abschließende Regelung anzusehen, die eine Rücknahme bei Vorliegen der Voraussetzungen des § 48 VwVfG und nach allgemeinen Grundsätzen des Verwaltungsverfahrensrechts in jedem Fall ausschließt. Er lässt vielmehr Raum für die entsprechende Anwendung des § 48 VwVfG auf andere Fälle der rechtswidrigen Erlaubniserteilung; einer unmittelbaren Anwendung steht § 2 Abs. 3 VwVfG entgegen (→ § 3 Rn. 36; → § 14 Rn. 99). Die entsprechende Anwendbarkeit des § 48 VwVfG ergibt sich schon aus dem überragenden Interesse der Allgemeinheit am Schutz der Rechtsuchenden eine mit schweren Verfahrensfehlern – zB Nichtanhörung des Ausschusses, fehlende Beschlussfassung des Vorstandes – oder materiellen Fehlern behaftete, zu Unrecht erteilte Befugnis zur Führung der Fachanwaltsbezeichnung nicht auf Dauer bestehen zu lassen. Rücknahmevoraussetzung ist nach § 48 Abs. 1 VwVfG und den allgemeinen Grundsätzen des Verwaltungsrechts die Rechtswidrigkeit des Verwaltungsakts, durch den die Befugnis verliehen wurde, eine Fachanwaltsbezeichnung zu führen (BGH NJW 2004, 2740 = MDR 2004, 1207 = BRAK-Mitt. 2004, 234). 44

45 **3. Verfahren und Anfechtung der Entscheidung.** Vor der Entscheidung ist dem Rechtsanwalt rechtliches Gehör zu gewähren (§ 25 Abs. 3 FAO). Entschließt sich der Kammervorstand bzw. seine zuständige Abteilung (§ 77) zur Rücknahme oder zum Widerruf, dann erfolgt dies durch einen Bescheid, der mit Gründen zu versehen ist (vgl. 7. Aufl. § 11 Rn. 3 entsprechend). Dieser Bescheid ist dem Rechtsanwalt zuzustellen (§ 34 BRAO, § 25 Abs. 3 FAO). Die Vorschrift ist zwingend, da die Begründung des Bescheides und die Zustellung in dem nachfolgenden Verfahren Bedeutung erlangen. Der Rechtsanwalt kann gegen die Rücknahme- oder Widerrufsverfügung innerhalb eines Monats nach der Zustellung nach §§ 112a Abs. 1, 112c Abs. 1 S. 1 BRAO iVm § 42 VwGO Anfechtungsklage beim AGH erheben. Da die Entscheidung erst mit der Unanfechtbarkeit des Bescheides wirksam wird, hat der zulässige Antrag nach § 112c Abs. 3 aufschiebende Wirkung. Für die Berufung gilt § 112e. Die RAK kann einem Rechtsanwalt wegen Verstoßes gegen die spezielle Fortbildungspflicht des § 15 FAO neben oder statt des Widerrufs auch eine Rüge erteilen (AGH Hmb BRAK-Mitt. 2006, 38).

§ 43d Darlegungs- und Informationspflichten bei Inkassodienstleistungen

(1) [1]**Der Rechtsanwalt, der Inkassodienstleistungen erbringt, muss, wenn er eine Forderung gegenüber einer Privatperson geltend macht, mit der ersten Geltendmachung folgende Informationen klar und verständlich übermitteln:**

1. **den Namen oder die Firma seines Auftraggebers,**
2. **den Forderungsgrund, bei Verträgen unter konkreter Darlegung des Vertragsgegenstands und des Datums des Vertragsschlusses,**
3. **wenn Zinsen geltend gemacht werden, eine Zinsberechnung unter Darlegung der zu verzinsenden Forderung, des Zinssatzes und des Zeitraums, für den die Zinsen berechnet werden,**
4. **wenn ein Zinssatz über dem gesetzlichen Verzugszinssatz geltend gemacht wird, einen gesonderten Hinweis hierauf und die Angabe, auf Grund welcher Umstände der erhöhte Zinssatz gefordert wird,**
5. **wenn eine Inkassovergütung oder sonstige Inkassokosten geltend gemacht werden, Angaben zu deren Art, Höhe und Entstehungsgrund,**
6. **wenn mit der Inkassovergütung Umsatzsteuerbeträge geltend gemacht werden, eine Erklärung, dass der Auftraggeber diese Beträge nicht als Vorsteuer abziehen kann.**

[2]**Auf Anfrage hat der Rechtsanwalt der Privatperson folgende Informationen ergänzend mitzuteilen:**

1. **eine ladungsfähige Anschrift seines Auftraggebers, wenn nicht dargelegt wird, dass dadurch schutzwürdige Interessen des Auftraggebers beeinträchtigt werden,**
2. **den Namen oder die Firma desjenigen, in dessen Person die Forderung entstanden ist,**
3. **bei Verträgen die wesentlichen Umstände des Vertragsschlusses.**

(2) **Privatperson im Sinne des Absatzes 1 ist jede natürliche Person, gegen die eine Forderung geltend gemacht wird, die nicht im Zusammenhang mit ihrer gewerblichen oder selbständigen beruflichen Tätigkeit steht.**

Schrifttum: *Härting,* Das „Gesetz gegen unseriöse Geschäftspraktiken" – kein Glanzstück des Gesetzgebers, AnwBl. 2013, 879; *Köhler,* Das neue Gesetz gegen unseriöse Geschäftspraktiken, NJW 2013, 3473; *Möller,* Informationspflichten versus anwaltliche Freiheit, BRAK Magazin 2013, 10; *Wagner,* Misstrauen gegenüber Inkassoanwälten wird Gesetz, AnwBl. 2014, 912.

Übersicht

I. Entstehungsgeschichte und Regelungszweck

§ 43d ist Bestandteil des **Gesetzes gegen unseriöse Geschäftspraktiken** vom 1.10.2013 (BGBl. I S. 3714), das mit seinen wesentlichen Teilen bereits zum 9.10.2013 in Kraft getreten ist und auf die Eindämmung unseriöser Geschäftspraktiken in den Bereichen Inkassowesen, Telefonwerbung und Abmahnwesen zielt, indem es bestimmte Verbotstatbestände, die Verringerung finanzieller Anreize, mehr Transparenz sowie neue oder schärfere Sanktionen bei einigen unseriösen Geschäftspraktiken vorsieht (BT-Drs. 17/13057, 10). 1

Zur Bekämpfung von Missständen im Inkassowesen sind mit Wirkung vom 1.11.2014 in Kraft getretene Änderungen in RDG, RDGEG und BRAO vorgenommen worden. Neben der **Schaffung** von Aufsichtsmaßnahmen in § 13a RDG, der **Deckelung** der Inkassokosten in § 4 Abs. 5–7 RDGEG sind ua **Darlegungs-und Informationspflichten** für registrierte Inkassodienstleister (§ 11a RDG) und Rechtsanwälte (§ 43d) eingeführt worden. 2

Die Regelung in § 43d unterscheidet sich von der in § 11a RDG durch die personale Anknüpfung (Gaier/Wolf/Göcken/*Zuck* § 43d Rn. 9). Während sich § 11a RDG an registrierte Personen, die Inkassodienstleistungen erbringen, wendet, knüpft § 43d an den Rechtsanwalt an, der Inkassodienstleistungen erbringt. Hinsichtlich der geregelten Darlegungs- und Informationspflichten unterscheiden sich diese Neuregelungen nicht; deshalb verweist die amtliche Begründung zu § 43d in vollem Umfang auf diejenige zu § 11a RDG (BT-Drs. 17/13057, 24 mit Verweis auf BT-Drs. 17/13057, 17 ff.). Beide Vorschriften dienen dem Ziel der Schaffung von **mehr Transparenz beim Forderungseinzug** (BT-Drs. 17/13057, 11, 12). 3

Gemeinsame Zielrichtung von § 43d und § 11a RDG ist es, dass die von einem Erbringer von Inkassodienstleistungen mit einer Zahlungsaufforderung konfrontierte Privatperson alle Angaben erhält, die sie benötigt, um die **Berechtigung einer gegen sie geltend gemachten Forderung zu überprüfen und sich ggf. gegen sie zur Wehr zu setzen** (BT-Drs. 17/13057, 17). 4

Die Regelung des § 43d dient seinem ausdrücklichen Regelungszweck nach nicht nur dem Schutz der Verbraucher, sondern auch dem Interesse der seriös arbeitenden Inkassodienstleistenden (BT-Drs. 17/13057, 9, 23 f.). 5

Die Neuregelung knüpft daran an (vgl. BT-Drs. 17/13057, 17), dass bislang eine gesetzliche Pflicht zur schlüssigen Darlegung des geltend gemachten Anspruchs im Mahnschreiben nicht besteht, was dazu geführt habe, dass Verbraucher oft nicht über die erforderlichen Informationen verfügt haben, um die Berechtigung der gegen sie erhobenen Forderungen – insbesondere auch der Ansprüche auf Erstattung von Verzugszinsen, der Inkassovergütung und der sonstigen Inkassokosten wie Auslagen und Umsatzsteuer oder eines weiteren Verzugsschadens – zu beurteilen. Dies sei von einigen Inkassounternehmen gezielt ausgenutzt worden, um Informationen zum Auftraggeber, zum Forderungsgrund und zu den weiteren Nebenkosten zu verschweigen. Das Fehlen dieser Informationen habe dazu geführt, dass Privatpersonen über ihre Zahlungspflicht verunsichert und noch seltener gerichtlich gegen die geltend gemachten Forderungen vorgegangen seien, was wiederum zur Folge gehabt habe, dass dann auch die im gerichtlichen Verfahren erfolgende Schlüssigkeitsprüfung häufig nicht als Korrektiv habe eingreifen können. Die neu 6 geregelten Darlegungs- und Informationspflichten sollen insofern auf der Ebene des Berufsrechts Abhilfe in einem Bereich schaffen, in dem es in der Vergangenheit gerade durch die mit dem Forderungseinzug beruflich befassten Unternehmen gehäuft zu Missbrauch und überhöhten Rechnungen gekommen sei. Die Schaffung einer gleichgerichteten Berufspflicht für Rechtsanwälte in § 43d hat die Amtliche Begründung mit Blick auf Art. 3 Abs. 1 GG für geboten erachtet (BT-Drs. 17/13057, 23), weil auch Teile der Rechtsanwaltschaft in größerem Umfang Inkassodienstleistungen erbrächten, zumal auch einzelne Angehörige dieser Berufsgruppe mit unseriösen, verbraucherschädigenden Geschäftspraktiken aufgefallen seien.

7 Die Schaffung des § 43d hat ein erhebliches Echo ausgelöst. Während teilweise entsprechend der gesetzgeberischen Intention eine wirksame Durchsetzung des neuen Rechts befürwortet wird (*Köhler* NJW 2013, 3473, 3478), fordern andere eine Verweigerung der Normanwendung (*Härting* AnwBl. 2013, 879, 881). Kritiker sehen in § 43d insbesondere einen Verstoß gegen die Hauptpflichten des Rechtsanwalts in Gestalt der Verschwiegenheitsverpflichtung und des Verbots des Vertretens widerstreitender Interessen, weil die Neuregelung den Rechtsanwalt zum „Diener zweier Herren" mache (so *Wagner* AnwBl. 2014, 912; *Härting* AnwBl. 2013, 879).

8 Auch wenn die Transparenzanforderungen, anders als von der Amtlichen Begründung angenommen (BT-Drs. 17/13057, 11, 12, 17), über die Inhalte eines Mahnbescheidsantrags hinausgehen, handelt es sich der Sache nach lediglich um eine zeitliche Vorverlagerung von ohnehin mit der gerichtlichen Anspruchsdurchsetzung verbundenen Darlegungs-und Informationspflichten. Eine Verletzung der Verschwiegenheitspflicht ist nicht zu besorgen, weil der Rechtsanwalt seine Pflichten aus § 43d mittels der ihm seitens seines Auftraggebers gerade zum Zwecke der Anspruchsdurchsetzung übergebenen Daten erfüllt und die Vermittlung an den Schuldner auf gesetzlicher Anordnung beruht. Allerdings ist nicht zu verkennen, dass der Gesetzgeber mit seiner Konzeption, Informationspflichten des Rechtsanwalts gegenüber der Gegenpartei des Auftraggebers zu statuieren, Neuland betritt. Allerdings macht diese Akzentuierung seiner Berufspflichten den Rechtsanwalt nicht zum Vertreter widerstreitender Interessen.

9 Verfassungsrechtliche Bedenken (so *Wagner* AnwBl. 2014, 912; *Härting* AnwBl. 2013, 879; *Möller* BRAK Magazin 2003,10) bestehen nicht (so auch Gaier/Wolf/Göcken/*Zuck* § 43d Rn. 43 ff.; Deckenbrock/Henssler/*Dötsch* RDG § 11a Rn. 6). Dies gilt insbesondere auch unter dem Gesichtspunkt der Verhältnismäßigkeit. Es überschreitet nicht den Gestaltungsspielraum des Gesetzgebers, unseriösen Geschäftspraktiken auch von Angehörigen der Berufsgruppe der Rechtsanwälte dadurch entgegen zu wirken, dass er die ohnehin geltenden allgemeinen Verhaltensanforderungen für den Bereich der Inkassodienstleistungen differenzierter und zielgenauer regelt. Die getroffene Berufsausübungsregelung ist gemessen an dem gesetzgeberisch verfolgten Zweck (Wahrung der Belange der Verbraucher im Bereich der Erbringung von Inkassodienstleistungen) angesichts vom Gesetzgeber festgestellter Missstände zu deren effektiver Beseitigung geeignet, erforderlich und angesichts dessen, dass eine tatsächliche Erschwerung seriöser Berufsausübung nicht eintritt, auch zumutbar. Unter dem Gesichtspunkt des gesetzgeberisch verfolgten Zwecks des Verbraucherschutzes ist es zudem geradezu geboten, eine Einheitslösung für Rechtsanwälte und sonstige Inkassodienstleister zu schaffen.

II. Norminhalt

10 Hinsichtlich der vom Rechtsanwalt zu erfüllenden Darlegungs-und Informationspflichten unterscheidet das Gesetz zwischen den **mit der ersten Geltendmachung** unmittelbar zu vermittelnden Informationen (§ 43d Abs. 1 S. 1 Nr. 1–6) und den **auf Anfrage** ergänzend mitzuteilenden Informationen (§ 43d Abs. 2 S. 2 Nr. 1–2). In jedem Fall ist der Verpflichtete der **eine Inkassodienstleistung erbringende Rechtsanwalt** und Empfänger der stets **klar und verständlich** zu übermittelnden Information der in Anspruch genommene Schuldner, soweit es sich um eine **Privatperson** handelt.

11 **1. Erbringung von Inkassodienstleistungen. Inkassodienstleistung eines Rechtsanwalts** ist jede auf Einziehung fremder oder zum Zweck der Einziehung auf fremde Rechnung abgetretener Forderungen gerichtete Tätigkeit. Von einer bestimmten Anzahl an bearbeiteten Fällen oder einer bestimmten Art der Auftragserfüllung ist die Annahme einer Inkassodienstleistung eines Rechtsanwalts nicht abhängig. Die Anwendbarkeit des § 43d hängt deshalb nicht davon ab, ob der Forderungseinzug im Rahmen einer ständigen Inkassotätigkeit erfolgt (so aber *Wagner* AnwBl. 2014, M 376). Eine solche Einschränkung findet weder im Wortlaut der Norm

einen Anklang noch ist sie in der amtlichen Gesetzesbegründung erwogen worden. Deshalb kommt es auch nicht darauf an, ob die Tätigkeit des Rechtsanwalts derjenigen entspricht, die auch von einem Inkassobüro zu erwarten ist (so aber *Wagner* AnwBl. 2014, M 376). Soweit § 2 Abs. 1 S. 1 RDG für die dortige Definition der Inkassodienstleistung auf das Vorliegen eines eigenständigen Geschäfts des Forderungseinzugs abstellt, ist dies für § 43d ohne Bedeutung. Denn die Verwendung des Begriffs des eigenständigen Geschäfts in § 2 Abs. 1 S. 1 RDG dient lediglich der Abgrenzung zur Nebenleistung nach § 5 RDG und hat allein Bezug zu den registrierten Personen nach § 10 Abs. 1 S. 1 Nr. 1 RDG. Abgesehen davon, dass Wortlaut und Entstehungsgeschichte für eine Quantifizierung im Rahmen des § 43d (Zahl der Inkassomandate, Zahl der Auftraggeber, Länge des maßgeblichen Referenzzeitraums) keinen Anhaltspunkt bieten, ist die Unterscheidung zwischen eigenständigem Geschäft und Nebenleistung für die Tätigkeit des Anwalts als dem berufenen Vertreter in allen Rechtsangelegenheiten (§ 3 Abs. 1) ohne rechtliche Relevanz.

Nicht von § 43d erfasst wird die Geltendmachung von Forderungen, die nicht dem Inkasso- 12 begriff unterfällt (Factoring, Forderungskauf, vgl. BT-Drs. 17/13057, 17).

2. Rechtsanwalt als Leistungserbringer. § 43d enthält **Berufspflichten des Rechts- 13 anwalts.** Für Rechtsanwaltsgesellschaften enthält § 59m Abs. 3 eine Aufzählung der sinngemäß geltenden Vorschriften der BRAO. Ein Verweis auf § 43d ist in § 59m Abs. 3 im Zusammenhang mit der Schaffung von § 43d nicht aufgenommen worden, was offenbar auf einem Redaktionsversehen beruht (Gaier/Wolf/Göcken/*Zuck* § 43d Rn. 11).

3. Gegenüber einer Privatperson. Von § 43d wird allein die Erbringung einer Inkasso- 14 dienstleistung eines Rechtsanwalts **gegenüber einer Privatperson** erfasst. § 43d Abs. 2 enthält dazu eine eigenständige Definition des Begriffs der Privatperson. Privatperson ist danach jede natürliche Person, gegen die eine Forderung geltend gemacht wird, die **nicht im Zusammenhang mit ihrer gewerblichen oder selbständigen beruflichen Tätigkeit** steht. Der Begriff der Privatperson wird somit zum einen von der Personenqualität des Inanspruchgenommenen und zum anderen von dem nicht gegebenen Zusammenhang mit ihrer gewerblichen oder selbständigen beruflichen Tätigkeit bestimmt.

Damit ähnelt der Begriff der Privatperson der des Verbrauchers nach § 13 BGB. Während sich 15 jedoch der Verbraucherbegriff des § 13 BGB allein auf rechtsgeschäftliches Handeln bezieht, geht § 43d weiter, weil er auch Forderungen aus gesetzlichen Anspruchsgrundlagen (etwa unerlaubter Handlung und ungerechtfertigter Bereicherung) erfasst. Damit erfasst § 43d über den Verbraucherbegriff in § 13 BGB hinaus alle Personen, gegen die Forderungen aus einem nicht geschäftlichen Kontext erhoben werden (BT-Drs. 17/13057, 19).

Privatpersonen sind ausschließlich natürliche Personen. Alle Arten von juristischen Personen 16 werden nicht erfasst, auch nicht juristische Personen im Gründungsstadium (zur Einordnung von Vereinigungen und Gruppen natürlicher Personen, insbesondere von Personengesellschaften und Personenhandelsgesellschaften vgl. Staudinger/*Kannowski*, 2013, BGB § 13 Rn. 34 ff.). Eine gewerbliche Tätigkeit liegt in jedem selbständigen und planmäßigen, auf eine gewisse Dauer angelegtes Anbieten entgeltlicher Leistungen am Markt (BGHZ 167, 40 Rn. 14 = NJW 2006, 2250 Rn. 14). Die selbständige berufliche Tätigkeit erfasst vor allem Freiberufler.

Die Abgrenzung zu einem geschäftlichen Kontext ist nicht nur im Bereich vertraglicher 17 Ansprüche von Bedeutung. Auch für den Bereich gesetzlicher Ansprüche wird eine solche Abgrenzung vorzunehmen sein. So stehen etwa Schadensersatzansprüche aus § 823 Abs. 2 iVm § 266a StGB in einem geschäftlichen Kontext.

Abgrenzungsschwierigkeiten treten auf, wenn eine Tätigkeit sowohl mit einer gewerblichen, 18 bzw. selbständigen beruflichen Tätigkeit als auch mit einer privaten Tätigkeit in Zusammenhang steht. Dies ist etwa der Fall bei Verträgen, die zu einem gemischten Zweck geschlossen werden (**Mischfälle,** „dual use"). Bei § 13 BGB wird auf das überwiegende Element abgestellt (Palandt/*Ellenberger,* 74. Aufl. 2015, BGB § 13 Rn. 4). Da § 43d jedoch Personen erfassen will, gegen die Forderungen aus einem nicht geschäftlichen Kontext erhoben werden (BT-Drs. 17/13057, 19), führt das Vorliegen eines „auch-geschäftlichen" Kontextes zu einer Verneinung seines Anwendungsbereichs (im Ergebnis ebenso Gaier/Wolf/Göcken/*Zuck* § 43d Rn. 12; Deckenbrock/Henssler/*Dötsch* RDG § 11a Rn. 55).

4. Mit der ersten Geltendmachung (Abs. 1 S. 1). Für § 43d relevant sind alle Fälle, in 19 denen die erste Geltendmachung ab dem 1.11.2014, dem Tag des Inkrafttretens, erfolgt ist. Eine erste Geltendmachung ab dem 1.11.2014 ist dann gegeben, wenn der Anspruch gegenüber dem Schuldner nicht bereits zuvor schriftlich, telefonisch oder persönlich geltend gemacht worden ist. Auch wenn ein Wechsel von einem Inkassodienstleistungserbringer auf den Rechtsanwalt ab dem 1.11.2014 erfolgt, liegt für den nunmehr tätig werdenden Rechtsanwalt eine erste Geltendmachung vor, die die Pflicht zur Information und Mitteilung auslöst. Auf das Alter der Forderung kommt es dabei nicht an. Eine Geltendmachung liegt in jeder Zahlungsaufforderung (BT-Drs. 17/13057, 18).

20 Die Übermittlung der Informationen muss **mit der ersten Geltendmachung** vorgenommen werden. Geltendmachung ist jede auf Durchsetzung einer Forderung gerichtete Handlung, also insbesondere jede Zahlungsaufforderung (BT-Drs. 17/13057, 18). Hierzu gehören auch Mahnungen (**aA** Gaier/Wolf/Göcken/*Zuck* § 43d Rn. 14), da sie gerade eine Aufforderung zur Leistung enthalten. Dagegen unterliegen Abmahnungen nach § 97a UrhG eigenständigen Informationsvermittlungsanforderungen.

21 Wird eine Nebenforderung (zum Beispiel für Zinsen) erst nachträglich geltend gemacht, müssen die Darlegungs- und Informationspflichten bei der ersten Geltendmachung der entsprechenden Nebenforderung beachtet werden (BT-Drs. 17/13057, 18). Erhöht sich die Hauptforderung und erfolgt nun die Geltendmachung des Mehrbetrags, liegt insoweit erneut eine erste Geltendmachung vor, die die Pflicht zur Informationsvermittlung auslöst (Gaier/Wolf/Göcken/*Zuck* § 43d Rn. 15).

22 Die Vermittlung der Informationen muss „mit" der ersten Zahlungsaufforderung erfolgen. Dies hat zur Folge, dass die Informationen entweder in der Zahlungsaufforderung oder jedenfalls gemeinsam mit der entsprechenden Zahlungsaufforderung der Privatperson übermittelt werden müssen (BT-Drs. 17/13057, 18). Die Informationsvermittlung muss stets zeitgleich mit der ersten Geltendmachung erfolgen (Deckenbrock/Henssler/*Dötsch* RDG § 11 Rn. 17). Ein „Nachschieben" der Informationen ist nicht zulässig (Gaier/Wolf/Göcken/*Zuck* § 43d Rn. 15).

23 **5. Klarheit und Verständlichkeit der Vermittlung. a) Form der Informationsvermittlung.** Die Vermittlung ist **formfrei** möglich; Schriftform wird nicht verlangt (BT-Drs. 17/13057, 18). Entscheidend ist stets, dass für einen durchschnittlichen Adressaten die Informationen ohne weiteres verständlich sind (BT-Drs. 17/13057, 18).

24 Im Fall **schriftlicher Geltendmachung** kann die Vermittlung der Informationen innerhalb des an die Privatperson gerichteten Anschreibens erfolgen oder in einer gesonderten Anlage, auf die allerdings im Anschreiben deutlich hingewiesen werden muss. Erfolgt die Informationsvermittlung auf der Rückseite des Anschreibens, bedarf es ebenfalls eines hervorgehobenen Hinweises.

25 Wird eine **mündliche (telefonische) Vermittlung** der Information gewählt, muss diese eingangs des (Telefon-)Gesprächs erfolgen. In Betracht kommt auch die Übergabe eines Schriftstücks mit den erforderlichen Informationen bei einem mündlichen Gespräch. Allerdings muss auch hier die Vermittlung eingangs des Gesprächs erfolgen und darf diesem nicht nachfolgen.

26 **b) Vermittlung als an den Rechtsanwalt gerichtetes Handlungsgebot.** Die Vermittlung der Informationen ist **Sache des Rechtsanwalts selbst.** Der Privatperson darf deshalb kein zusätzlicher Informationsbeschaffungsaufwand auferlegt werden (Gaier/Wolf/Göcken/*Zuck* § 43d Rn. 17).

27 Ein Verweis auf eine bloße Abrufbarkeit auf elektronischem Wege reicht deshalb nicht. Es stellt deshalb keine Vermittlung der Informationen dar, wenn der Rechtsanwalt die Privatperson auf eine Abruf- oder Einsichtsmöglichkeit auf einer Internetseite verweist (BT-Drs. 17/13057, 18). Auch der Verweis auf eine telefonische Abfragemöglichkeit reicht nicht aus.

28 **c) Klar und verständlich.** Das Erfordernis einer „klaren und verständlichen" Vermittlung der Information knüpft an die Formulierung des **Transparenzgedankens** in § 307 Abs. 1 S. 2 BGB an, die zunehmend in einer Vielzahl von Gesetzen (vgl. etwa §§ 312i Abs. 1 S. 1 Nr. 2, 312j Abs. 2, 482 Abs. 1 S. 2 BGB; §§ 6 Abs. 2 S. 1, 7 Abs. 1 S. 2, 62 Abs. 1, 154 Abs. 2 VVG, § 109 Abs. 2 S. 1 GewO) Eingang gefunden hat.

29 Das Gebot der Klarheit betrifft bei schriftlicher Informationsvermittlung die **äußere, optische Gestaltung der Informationsvermittlung.** Werden die Informationen schriftlich übermittelt, hat das Gebot der Klarheit und Verständlichkeit auch Auswirkungen auf das Schriftbild und die Größe der gewählten Schrift. Die Informationen dürfen nicht in kleinerer Schrift als der übrige

Text gehalten sein; insgesamt muss der Text von guter Lesbarkeit sein. Da weitere Vorgaben fehlen, können die Informationen auch auf der Rückseite oder in einer Anlage enthalten sein, sofern das Anschreiben hierzu einen eindeutigen Hinweis enthält.

Das Gebot der Verständlichkeit erfordert, dass sich der **Sinngehalt der Informationen** ohne Weiteres und ohne Inanspruchnahme weiterer Hilfen erschließt (BT-Drs. 17/13057, 18). Die Informationen dürfen nicht unübersichtlich oder in mehrdeutigen, missverständlichen oder schwer durchschaubaren Formulierungen vermittelt werden. Zusammenhängendes darf nicht auseinander gerissen werden; allerdings darf Verschiedenartiges nicht miteinander vermengt werden. Einer Privatperson unverständliche Abkürzungen sind unzulässig. 30

Ist die Privatperson der deutschen Sprache nicht mächtig, bedarf es ihr gegenüber keiner Übersetzung (vgl. BGHZ 87, 112 = NJW 1983, 1489). Die klare Verständlichkeit bezieht sich allein auf die **Vermittlung in deutscher Sprache** (Gaier/Wolf/Göcken/*Zuck* § 43d Rn. 18). 31

6. Katalog der ohne Weiteres zu vermittelnden Informationen (Abs. 1 S. 1). Der Katalog des **§ 43d Abs. 1 S. 1 Nr. 1–6** umfasst diejenigen Informationen, die der Privatperson mit der ersten Geltendmachung **ohne Weiteres** und ohne, dass die Privatperson eine diesbezügliche Anfrage geäußert hat, vermittelt werden müssen: 32

a) Name oder Firma des Auftraggebers (Abs. 1 S. 1 Nr. 1). Diese Information muss so gestaltet sein, dass die **Feststellung der Identität** des Auftraggebers durch die Privatperson zweifelsfrei möglich ist (BT-Drs. 17/13057, 18). Der Auftraggeber muss deshalb mit vollem Namen angegeben werden (BT-Drs. 17/13057, 18), also mit Vor- und Zuname. Die Firma muss dabei einen Zusatz enthalten, aus dem die Rechtsform bzw. die Kaufmannseigenschaft des Unternehmens zu ersehen ist (§ 17 HGB). Die Vertretungsverhältnisse müssen nicht angegeben werden (Gaier/Wolf/Göcken/*Zuck* § 43d Rn. 22). 33

Abzustellen ist auf den Vertragspartner des seitens des Rechtsanwalts geschlossenen Geschäftsbesorgungsvertrags, bei dem es sich nicht um den Forderungsgläubiger handeln muss. Fallen Auftraggeber und Forderungsinhaber auseinander, gehört die Angabe des Namens oder der Firma des Forderungsinhabers nicht zu den Informationen, die nach § 43d Abs. 1. S. 1 ohne Weiteres zu vermitteln sind. Allerdings ist die Privatperson auf ihre Anfrage nach § 43d Abs. 1 S. 2 Nr. 2 auch über den **ursprünglichen Gläubiger der geltend gemachten Forderung** zu unterrichten (→ Rn. 58). 34

b) Forderungsgrund, Vertragsgegenstand, Vertragsabschlussdatum (Abs. 1 S. 1 Nr. 2). Die Bezeichnung des **Forderungsgrundes** hat durch einen Hinweis auf den Vertragstyp (etwa „Kauf", „Miete", „Darlehen", „Dienstvertrag", „Versicherungsvertrag", „Telekommunikationsvertrag") oder die gesetzliche Anspruchsgrundlage (etwa „ungerechtfertigte Bereicherung", „unerlaubte Handlung" – nicht: „aus Schadensersatz") zu erfolgen. 35

Ist der Forderungsgrund ein Vertrag, ist zudem der **Vertragsgegenstand** konkret darzulegen. Erforderlich, aber ausreichend ist die summarische, für die Privatperson **hinreichend genaue Angabe des hinter dem geltend gemachten Zahlungsanspruch stehenden Lebenssachverhalts** (BT-Drs. 17/13057, 18). Der hinter einem Zahlungsanspruch stehende Lebenssachverhalt erschöpft sich allerdings nicht mit dem Vertragsgegenstand; so gehört hier etwa bei Dauerschuldverhältnissen auch der Leistungszeitraum dazu. Werden Forderungen aus mehreren Verträgen gebündelt geltend gemacht, bedarf es einer Darlegung für jeden einzelnen zugrunde liegenden Vertrag. Allerdings sind die wesentlichen Umstände des Vertragsschlusses nach § 43d Abs. 1 S. 2 Nr. 2 stets erst auf Anfrage der Privatperson zu übermitteln. 36

Ist der Forderungsgrund ein Vertrag, ist darüber hinaus das **Datum des Vertragsschlusses** konkret zu benennen. 37

Bei gesetzlichen Ansprüchen bedarf es nach Sinn und Zweck der Norm näherer Angaben, die Aufschluss über die Herkunft der Forderung geben. Erforderlich sind konkretisierende Angaben zur Handlung, dem Handlungszeitpunkt oder dem verletzten Rechtsgut, damit die in Anspruch genommene Person die Berechtigung der Forderung einschätzen kann (BT-Drs. 17/13057, 18). 38

Forderungsgrund und Vertragsabschlussdatum sind anzugeben, gleichgültig, ob der Vertrag schriftlich oder mündlich oder durch konkludentes Handeln zustande gekommen ist. Ist ein schriftlicher Vertrag zustande gekommen, gilt das Datum der zuletzt erfolgten Unterschrift. In bestimmten Fallgestaltungen kann das Datum des Vertragsschlusses trotz Klärungsbemühungen zweifelhaft bleiben, etwa bei mündlich oder konkludent geschlossenen Verträgen sowie bei sehr 39 lange zurückliegenden Vertragsabschlüssen. Es empfiehlt sich in diesen unklaren Fällen, um dem Informationsbedürfnis der Privatperson möglichst nahe zu kommen, entweder einen eng begrenzten Zeitraum als Vertragsdatum anzugeben oder auf das Datum der Leistungserbringung abzustellen.

40 Werden neben der Hauptforderung sonstige Nebenforderungen – für Zinsforderungen gelten die Vorgaben des § 43d Abs. 1 S. 1 Nr. 3 und Nr. 4 – geltend gemacht, ist auch für diese in gleicher Weise der Forderungsgrund darzulegen (BT-Drs. 17/13057, 18).

41 **c) Zinsberechnung (Abs. 1 S. 1 Nr. 3).** Werden Zinsen verlangt, muss eine Zinsberechnung vorgelegt werden. Die Angaben zur Zinsberechnung müssen so gestaltet sein, dass kein Zweifel darüber aufkommen kann, **in welcher Höhe (Angabe des Zinssatzes), für welchen Zeitraum, für welche Forderung und zu welchem Fälligkeitszeitpunkt** der geforderte Betrag aufzubringen ist. Damit werden die Erbringer von Inkassodienstleistungen verpflichtet, die geltend gemachte Zinsforderung vor Geltendmachung einer Schlüssigkeitsprüfung zu unterziehen (BT-Drs. 17/13057, 18).

42 Die Angabe der zu verzinsenden Forderung erfordert die Information darüber, ob sich die Zinsforderung auf die Ursprungsforderung oder eine Nebenforderung (zum Beispiel aus Mahn- und Inkassokosten) oder auf beide Forderungen bezieht (BT-Drs. 17/13057, 18).

43 Werden Zinsen für Haupt- und Nebenforderung angegeben, bedarf es der Klarstellung, in welcher Höhe Zinsen für die jeweilige Forderung geltend gemacht werden.

44 **d) Angaben zu einem den gesetzlichen Verzugszinssatz übersteigenden Zinssatz (Abs. 1 S. 1 Nr. 4).** Diese Informationspflicht setzt ein, wenn ein Zinssatz über dem gesetzlichen Verzugszinssatz geltend gemacht wird. Der **gesetzliche Verzugszinssatz** ergibt sich hier aus § 288 Abs. 1 S. 2 BGB. Der Verzugszinssatz des § 288 Abs. 2 BGB ist hier ohne Bedeutung, weil er das Vorliegen eines Rechtsgeschäfts voraussetzt, an dem ein Verbraucher (§ 13 BGB) nicht beteiligt ist. Auch wenn sich der Begriff des Verbrauchers und der Privatperson nicht decken (→ Rn. 15), wird sich im Anwendungsbereich des § 43d kein Raum für eine von § 288 Abs. 2 BGB erfasste Gestaltung ergeben.

45 Soll ein Zinssatz über dem gesetzlichen Verzugszinssatz geltend gemacht werden, bedarf es zunächst eines hierauf gesondert, also ausdrücklich, hinweisenden Zusatzes. Desweiteren erforderlich ist die summarische Information über alle wesentlichen tatsächlichen Umstände, die die verlangte erhöhte Zinsforderung (§ 288 Abs. 3 BGB) bzw. den geltend gemachten Zinsschadensersatzanspruch (§ 288 Abs. 4 BGB) begründen (BT-Drs. 17/13057, 19).

46 **e) Angaben zu Inkassovergütung bzw. Inkassokosten (Abs. 1 S. 1 Nr. 5).** Werden Inkassovergütung oder Inkassokosten verlangt, sind diese unter Angabe von Art, Höhe und Entstehungsgrund genau zu bezeichnen.

47 Die **Inkassovergütung** ist das Entgelt, das der Auftraggeber und der Inkassodienstleister (also die registrierte Person nach § 10 Abs. 1 S. 1 Nr. 1 RDG) für den Forderungseinzug vereinbart haben; es handelt sich nicht um das Anwaltshonorar. Eine solche Inkassovergütung kann nur zum Tragen kommen, wenn vor Tätigwerden eines Rechtsanwalts bereits ein Inkassodienstleister mit der Forderungsgeltendmachung befasst war.

48 Zu den sonstigen **Inkassokosten** zählt die amtliche Begründung (BT-Drs. 17/13057, 19, 22) insbesondere die Auslagen, die einem Inkassounternehmen entstanden sind, und die für seine Tätigkeit zu entrichtende Umsatzsteuer.

49 **f) Umsatzsteuer auf Inkassovergütung (Abs. 1 S. 1 Nr. 6).** Wenn **Umsatzsteuer auf die Inkassovergütung oder sonstige Inkassokosten** geltend gemacht wird, ist die Information erforderlich, dass der Auftraggeber des Rechtsanwalts nicht zum Vorsteuerabzug berechtigt ist. Da die Vorschrift der Verhinderung einer unberechtigten Weiterberechnung von Umsatzsteuer ähnlich der Regelung in § 104 Abs. 2 S. 3 ZPO dient, wird der beauftragte Rechtsanwalt hierdurch verpflichtet, sich bei der auftraggebenden Person rückzuversichern, ob eine Weiterberechnung von Umsatzsteuer mangels Vorsteuerabzug berechtigt ist (BT-Drs. 17/13057, 19).

50 Zwar spricht das Gesetz in § 43d Abs. 1 S. 1 Nr. 6 allein von der „Inkassovergütung" (ebenso die amtliche Begründung, BT-Drs. 17/13057, 19) und erwähnt – anders als § 43d Abs. 1 S. 1 Nr. 5 – nicht die sonstigen Inkassokosten. Da jedoch die Inkassovergütung nach § 4 Abs. 5 RDGEG Bestandteil der Inkassoregelsätze ist, muss sich die Information auch auf die in den

Regelsätzen enthaltenen „sonstigen Inkassokosten" erstrecken, sofern hierauf bezogen Umsatzsteuer geltend gemacht wird (Gaier/Wolf/Göcken/*Zuck* § 43d Rn. 35).

7. Katalog der ergänzenden Informationen „auf Anfrage" (Abs. 1 S. 2). Auf Anfrage hat der Rechtsanwalt der Privatperson ergänzende Informationen mitzuteilen. Diese ergänzende Mitteilungspflicht löst allein eine Anfrage der in Anspruch genommenen Privatperson oder eines von ihr Bevollmächtigten aus. Anfragen Dritter sind ohne Bedeutung (Gaier/Wolf/Göcken/*Zuck* § 43d Rn. 36). 51

Eine **Anfrage** nach § 43 Abs. 1 S. 2 ist jede auch formlos mögliche Frage, Bitte um Auskunft oder Erkundigung seitens der Privatperson; die Initiative muss von der Privatperson ausgehen. 52

Ein Erfordernis eines zeitlichen Zusammenhangs zwischen erster Geltendmachung und Anfrage besteht nicht. Die Privatperson kann deshalb die Anfrage **jederzeit** stellen. 53

Nicht geregelt ist der Zeitpunkt, zu dem der Rechtsanwalt die Anfrage der Privatperson zu beantworten hat. Nach dem Schutzzweck der Regelung ist der Rechtsanwalt verpflichtet, die Ergänzungsanfrage **unverzüglich,** also ohne schuldhaftes Zögern, zu beantworten (Gaier/Wolf/Göcken/*Zuck* § 43d Rn. 36). 54

a) Ladungsfähige Anschrift des Auftraggebers (Abs. 1 S. 2 Nr. 1). Die Pflicht zur Mitteilung der ladungsfähigen Anschrift dient gemeinsam mit der Informationspflicht nach § 43d Abs. 1 S. 1 Nr. 1 der **sicheren Identitätsfeststellung** und soll der in Anspruch genommenen Person, die sich gegen die Forderung wehren möchte, ein gerichtliches Vorgehen gegen den oder die Auftraggeber erleichtern (BT-Drs. 17/13057, 19). Anzugeben ist die postalische Anschrift; die Angabe eines Postfachs reicht nicht (auch nicht für Mahn- oder Klageverfahren, vgl. MüKoZPO/*Becker-Eberhard,* 4. Aufl. 2013, ZPO § 253 Rn. 57; Musielak/*Voit,* 11. Aufl. 2014, ZPO § 690 Rn. 3). 55

Die Pflicht zur Mitteilung der ladungsfähigen Anschrift entfällt, wenn dargelegt wird, dass durch die Information schutzwürdige Interessen des Auftraggebers beeinträchtigt werden. Die Gesetzesbegründung (BT-Drs. 17/13057, 19) führt hier Fälle an, in denen der Benennung der Anschrift besondere Schwierigkeiten oder schutzwürdige Geheimhaltungsinteressen entgegenstehen wie etwa wiederholte Bedrohung oder Stalking durch die Privatperson oder eine Sperrerklärung zugunsten des Auftraggebers nach § 96 StPO. Für das Mahn- oder Klageverfahren ist anerkannt, dass von der Angabe einer ladungsfähigen Anschrift nur in eng gefassten Fällen abgesehen werden kann (vgl. Musielak/*Voit,* 11. Aufl. 2014, ZPO § 253 Rn. 20 mwN). Die der Mitteilung entgegenstehenden schutzwürdigen Interessen sind der Privatperson mitzuteilen. 56

Da die Mitteilung der ladungsfähigen Anschrift auf Anfrage zu den Pflichten des Rechtsanwalts gehört, ist bei auftretenden Schwierigkeiten der Rechtsanwalt verpflichtet, sich um die Ermittlung der Anschrift zu bemühen (Gaier/Wolf/Göcken/*Zuck* § 43d Rn. 37). Die Umstände, aus denen sich die nur in seltensten Ausnahmefällen vorstellbare Nichtauffindbarkeit des Auftraggebers ergibt, sind der Privatperson mitzuteilen. 57

b) Angaben zum ursprünglichen Forderungsinhaber (Abs. 1 S. 2 Nr. 2). Die Privatperson ist auf ihre Anfrage nach § 43d Abs. 1 S. 2 Nr. 2 auch über den **ursprünglichen Gläubiger der geltend gemachten Forderung** zu unterrichten, um die Privatperson in die Lage zu versetzen, die Berechtigung der gegen sie erhobenen Forderung überprüfen zu können (BT-Drs. 17/14216, 5; BT-Drs. 17/13429, 15). Ein vom Auftraggeber abweichender ursprünglicher Gläubiger braucht somit nicht bereits mit der ersten Geltendmachung einer Forderung benannt zu werden; bezogen auf jenen Zeitpunkt reicht nach § 43d Abs. 1 S. 1 Nr. 1 die Mitteilung von Name bzw. Firma des Auftraggebers des Rechtsanwalts. 58

Zwar ist es zur Überprüfung der Berechtigung der erhobenen Forderung dienlich, bei Zessionsketten zur Überprüfung der Aktivlegitimation des Auftraggebers des Rechtsanwalts Kenntnis von sämtlichen Beteiligten der Zessionskette zu haben. Eine diesbezügliche Darlegung gegenüber der Privatperson gehört jedoch auch auf deren Anfrage nicht zu den Berufspflichten des Rechtsanwalts nach § 43d. 59

c) Wesentliche Umstände des Vertragsschlusses (Abs. 1 S. 2 Nr. 3). Die Pflicht bei Vorliegen eines Vertrages als Forderungsgrund auf Anfrage nach § 43d Abs. 1 S. 2 Nr. 2 die wesentlichen Umstände des Vertragsschlusses ergänzend mitzuteilen, soll die Informationspflicht nach § 43d Abs. 1 S. 1 Nr. 2 ergänzen und der Privatperson die Möglichkeit geben, zusätzliche Informationen über den geltend gemachten vertraglichen Anspruch zu erhalten, wenn hierfür die 60 konkrete Darlegung des Vertragsgegenstands und des Datums nicht ausreicht (BT-Drs. 17/13057, 19). Zu den wesentlichen Umständen des Vertragsschlusses gehören insbesondere **Angaben zur Art und Weise** (etwa schriftlich, telefonisch, per Internet oder mündlich an der Haustür) des Vertragsschlusses (BT-Drs. 17/13057, 19; BT-Drs. 17/13429, 15 f.; **aA** Gaier/Wolf/Göcken/*Zuck* § 43d Rn. 38; wie hier Deckenbrock/Henssler/*Dötsch* RDG § 11a Rn. 46, 49). Nicht erforderlich ist etwa ein vollständiger Forderungsnachweis wie bei einem streitigen Gerichtsverfahren.

61 Die Pflicht zur Mitteilung der wesentlichen Umstände des Vertragsschlusses hängt von keinen weiteren Voraussetzungen als der Anfrage der Privatperson ab. Auf das Vorliegen eines objektiven Ergänzungsbedarfs kommt es nicht an (**aA** Gaier/Wolf/Göcken/*Zuck* § 43d Rn. 38). Nach dem Schutzzweck der Norm soll die Privatperson alle Angaben erhalten, die sie benötigt, um die Berechtigung einer gegen sie geltend gemachten Forderung zu überprüfen und sich ggf. gegen sie zur Wehr zu setzen (BT-Drs. 17/13057, 17). Danach kommt es nicht auf das Vorliegen eines objektiven Bedürfnisses für eine ergänzende Mitteilung, sondern auf die Beurteilung der Informationslage durch die Privatperson an. Rechtsmissbräuchliches Verhalten findet wie stets in § 242 BGB seine Grenzen. Deshalb ist es dem Rechtsanwalt auch verwehrt, an Stelle der ergänzenden Mitteilungen zu den wesentlichen Umständen des Vertragsschlusses auf bereits zuvor der Privatperson, etwa seitens des Auftraggebers des Rechtsanwalts oder eines zuvor eingeschalteten Inkassounternehmens, übersandte Dokumente wie Rechnungen, Mahnschreiben, Forderungsnachweise (wie etwa Einzelgesprächsnachweise) zu verweisen.

62 **8. Folgen der Nichtbeachtung. a) Berufsrechtliche Folgen.** Anders als für die Nichtbeachtung der Darlegungs- und Informationspflichten der Parallelvorschrift des § 11a RDG bestehen für eine Nichterfüllung der Pflichten des Rechtsanwalts aus § 43d **keine Bußgeldvorschriften.**

63 Die berufsrechtliche Ahndung eines Verstoßes eines Rechtsanwalts gegen seine Pflichten aus § 43d erfolgt nach § 113 bei Vorliegen eines schuldhaften Verhaltens durch **Verhängung einer anwaltsgerichtlichen Maßnahme aus dem Katalog des § 114.** Bei einem bloß geringfügigen Verschulden kommt auch die **Ausübung des Rügerechts** des Kammervorstands nach § 74 in Betracht. Bei Einzelverstößen gegen die Pflichten aus § 43d wird im Allgemeinen eine Rüge ausreichen; bei wiederholten oder umfangreichen Verstößen kommen Maßnahmen aus dem Katalog des § 114 in Betracht. In Fällen, in denen zwar ein schuldhafter Verstoß gegen Pflichten aus § 43d gegeben ist, der jedoch die Erteilung einer Rüge (noch) nicht rechtfertigt, kommt eine missbilligende Belehrung (belehrender Hinweis) in Betracht.

64 **b) Wettbewerbsrechtliche Folgen.** Die Regelung des § 43d dient nicht nur dem Schutz der Verbraucher, sondern auch dem Interesse der seriös arbeitenden Inkassodienstleistenden (BT-Drs. 17/13057, 9, 23 f.). Damit liegt ein unmittelbarer **Wettbewerbsbezug** vor (s. Deckenbrock/Henssler/*Dötsch* RDG § 11a Rn. 61 für die Parallelnorm; vgl. auch AGH NRW BRAK-Mitt. 2011, 150, 154 für § 43).

65 **c) Zivilrechtliche Folgen. aa) Zivilrechtliche Folgen für den Auftraggeber.** Zivilrechtliche Folgen für den Auftraggeber des Rechtsanwalts könnten sich ergeben, wenn eine fehlende oder unvollständige Erfüllung der Darlegungs- und Informationspflichten des § 43d Abs. 1 S. 1 dazu führen würde, dass ein solchermaßen unzureichendes Mahnschreiben keine **Inverzugsetzung der Privatperson** bewirkt. Dies kann jedoch nicht angenommen werden (anders wohl Gaier/Wolf/Göcken/*Zuck* § 43d Rn. 42). Zwar führt die Gesetzesbegründung an, dass „derzeit" die Privatperson deshalb nicht alle Angaben zur Überprüfung der gegen sie erhobenen Forderung erhalte, weil eine solche gesetzliche Pflicht zur schlüssigen Darlegung im Mahnschreiben nicht bestehe (BT-Drs. 17/13057, 17). Jedoch kann ein Regelungswille des Gesetzgebers, den Inhalt der berufsrechtlichen Darlegungs- und Informationspflichten des Rechtsanwalts zur bürgerlichrechtlich bedeutsamen Schlüssigkeitsvoraussetzung einer wirksamen Inverzugsetzung im Verhältnis seines Auftraggebers zu dessen Schuldner zu erheben, nicht angenommen werden. Denn ein Wille des Gesetzgebers, für den Bereich der Inkassodienstleistung mit der Schaffung des § 43d das Vorliegen einer eindeutigen und bestimmten Leistungsanforderung als Voraussetzung einer Mahnung und einer Inverzugsetzung künftig nicht mehr ausreichen zu lassen und bereits für die Annahme einer Inverzugsetzung eine dem Inhalt des Abs. 1 S. 1 entsprechende Darlegung zu verlangen, ist nicht erkennbar. Dies gilt auch für den Gesichtspunkt der Zinsberechnung nach

Abs. 1 S. 1 Nr. 3. Zwar hat der Gesetzgeber hier die Erbringer von Inkassodienstleistungen ausdrücklich verpflichtet, die geltend gemachte Zinsforderung vor Geltendmachung einer Schlüssigkeitsprüfung zu unterziehen (BT-Drs. 17/13057, 18). Diese Pflicht ist jedoch allein berufsrechtlich mit Bezug auf die Erbringer von Inkassodienstleistungen ausgestaltet. Denn der Gesetzgeber hat für die Schaffung des § 43d allein seine Gesetzgebungszuständigkeit auf dem Gebiet der „Rechtsanwaltschaft" und nicht auf dem Gebiet des „bürgerlichen Rechts" in Anspruch genommen (BT-Drs. 17/13057, 14). Damit bleibt eine fehlende oder unvollständige Erfüllung der Darlegungs- und Informationspflichten des § 43d Abs. 1 S. 1 durch den Rechtsanwalt für das Rechtsverhältnis zwischen dem Auftraggeber des Rechtsanwalts und dessen Schuldner ohne Bedeutung.

bb) Zivilrechtliche Folgen für den Rechtsanwalt. Zivilrechtliche Folgen für den Rechts- 66
anwalt **im Verhältnis zu seinem Auftraggeber** könnten allein unter dem Gesichtspunkt einer **Schlechterfüllung des Anwaltsvertrages** erwogen werden. Da jedoch die fehlende oder unvollständige Erfüllung der Darlegungs- und Informationspflichten des § 43d das Rechtsverhältnis zwischen Auftraggeber und Schuldner unberührt lässt, wird hier kaum ein ersatzfähiger Schaden entstehen können.

Zivilrechtliche Folgen einer fehlenden oder unvollständigen Erfüllung der in § 43d normierten 67
Darlegungs- und Informationspflichten können sich für den Rechtsanwalt **im Verhältnis zum Schuldner seines Auftraggebers** im Zusammenhang mit einem **deliktischen Schadensersatzanspruch aus § 823 Abs. 2 BGB** ergeben. Denn § 43d dient jedenfalls auch dem Schutz von Individualinteressen des erfassten Personenkreises, weil es sein zentrales Anliegen ist, in jedem Einzelfall der Erbringung einer Inkassodienstleistung den in Anspruch genommenen Schuldner in die Lage zu versetzen, die Berechtigung der gegen ihn erhobenen Forderung zu prüfen und die zur Abwehr unberechtigter Forderungen erforderlichen rechtlichen Schritte einzuleiten (BT-Drs. 17/13057, 17). Damit ist der Individualschutz nicht bloßer Reflex, sondern bildet gerade den zentralen Aufgabenbereich der Vorschrift. Zwar hat der Gesetzgeber die spezifisch deliktsrechtlichen Implikationen der von ihm getroffenen Regelung nicht bedacht; in der Konsequenz seiner Absicht, die individuellen Rechtsschutzmöglichkeiten der in Anspruch genommenen Privatperson zu verbessern, liegt es jedoch, an die Verletzung der Norm die deliktsrechtliche Einstandspflicht des dagegen Verstoßenden zu knüpfen. Dies spricht für die Bejahung des Schutzgesetzcharakters von § 43d (*Köhler* NJW 2013, 3473, 3477; Deckenbrock/Henssler/*Dötsch* RDG § 11a Rn. 60 für die Parallelnorm). Ein ersatzfähiger Schaden kann sich durch eine fehlende oder unvollständige Erfüllung der Darlegungs- und Informationspflichten durch den Rechtsanwalt in mehrfacher Weise ergeben:

Erfüllt eine Privatperson eine ihr gegenüber ohne vollständige Beachtung des § 43d geltend 68
gemachte – jedenfalls teilweise nicht berechtigte – Forderung, besteht ihr Schaden in demjenigen Umfang wie sie bei rechtzeitiger Darlegung die Erfüllung hätte verweigern können und auch verweigert hätte. Das Haftungsrisiko des die Inkassodienstleistung erbringenden Rechtsanwalts besteht somit in Höhe des Rückforderungsanspruchs des Schuldners; die Haftung des Rechtsanwalts tritt neben den gegenüber seinem Auftraggeber zugunsten des Schuldners bestehenden Anspruch. Kann die Privatperson die ihr an sich nach § 43d zu übermittelnden Informationen nur durch Einschaltung eines eigenen Rechtsanwalts erlangen, sind die damit verbundenen Kosten ebenfalls Teil des ersatzfähigen deliktischen Schadens.

Nimmt eine Privatperson, der gegenüber die Erfordernisse des § 43d nicht vollständig beachtet 69
worden sind, die Erfüllung einer – berechtigten – Forderung zunächst nicht vor und holt die Erfüllung erst nach anderweitiger Informationseinholung nach, stellt die Belastung mit Kosten ggf. weiterer Beitreibungsmaßnahmen ebenfalls einen Schaden dar.

§ 44 Mitteilung der Ablehnung eines Auftrags (§ 11 BORA)

[1] Der Rechtsanwalt, der in seinem Beruf in Anspruch genommen wird und den Auftrag nicht annehmen will, muß die Ablehnung unverzüglich erklären. [2] Er hat den Schaden zu ersetzen, der aus einer schuldhaften Verzögerung dieser Erklärung entsteht.

Schrifttum: *Borgmann/Jungk/Schwaiger,* Anwaltshaftung, 5. Aufl. 2014; *Chab,* Haftung des Anwalts gegenüber Dritten, AnwBl. 2006, 487; *Ganter,* Die Rechtsprechung des IX. Zivilsenats des BGH zur Anwaltshaftung seit 1984,

Sonderbeilage zu WM Heft 43/2001, 4; *Jungk,* Der Schadensbegriff in der Anwaltshaftung, AnwBl. 2005, 785; *Kleine-Cosack,* Haftungsrisiko bei vorzeitiger Mandatsbeendigung, AnwBl. 2008, 278; *Knodel,* Anwaltliche Pflichten und Rechte beim Tod des Mandanten, MDR 2006, 121; *Knöfel,* Anwaltshaftung und Verfassungsrecht, AnwBl. 2004, 76; *Krämer,* Die Kunst der richtigen Preisbildung, AnwBl. 2006, 154; *Mankowski,* Ausländische Verkehrsanwälte – und deutsche Honorargrenzen, AnwBl. 2005, 705; *Mayer,* Vertragsrecht und Vergütung, AnwBl. 2006, 160; *ders.,* AGB-Kontrolle und Vergütungsvereinbarung, AnwBl. 2006, 168; *Medicus,* Das Bundesverfassungsgericht und die Anwaltshaftung, AnwBl. 2004, 258; *Möller,* Anwaltliche Hinweispflichten und haftungsausfüllende Kausalität, AnwBl. 2006, 446; *Neuhofer,* Haftungsrisiko „Gefälligkeit", AnwBl. 2005, 576; *Schons,* Das RVG und die Rechtsschutzversicherer, BRAK-Magazin 4/2007, 8; *Streck,* Die Vergütungsvereinbarung für die außergerichtliche anwaltliche Beratung, AnwBl. 2006, 149; *Zugehör/Fischer/Vill,* Handbuch der Anwaltshaftung, 3. Aufl. 2011.

Übersicht

I. Freiheit des Rechtsanwalts

1 **1. Grundsätzlich kein Kontrahierungszwang.** Der Rechtsanwalt ist grundsätzlich nicht verpflichtet, einen beruflichen Auftrag anzunehmen. Aus § 44 ergibt sich für ihn nicht die Verpflichtung zur Mandatsübernahme (BGH NJW 1967, 1567; 1971, 1801; VGH Kassel NJW 1965, 603). Der Rechtsanwalt kann grundsätzlich frei darüber entscheiden, ob er einen ihm erteilten Auftrag annimmt oder nicht (amtliche Begründung, BT-Drs. 3/120; *Hartstang* II 429 ff.).

2 Auch die Organstellung der Rechtsanwaltschaft beinhaltet im Grundsatz **keinen Kontrahierungszwang** für den Rechtsanwalt. Dieser ist sowohl zivilrechtlich als auch berufsrechtlich in der von ihm nach eigenem Ermessen zu treffenden Entscheidung frei, ob er ein ihm angetragenes Mandat annehmen will oder nicht, ohne dass seine Motive bei einer Mandatsablehnung, die vielfältigen Inhalts sein können, einer Überprüfung zu unterziehen wären. § 44 greift in die allgemeine Systematik des Vertragsschlusses ein, indem er dem Rechtsanwalt die Verpflichtung auferlegt, das ihm angetragene Mandat, welches er nicht annehmen will, unverzüglich abzulehnen. Jedoch legt § 44, wie § 663 BGB, demjenigen, welcher zur Besorgung bestimmter Geschäfte öffentlich bestellt wurde oder sich hierzu öffentlich angeboten hat, eine unverzügliche Ablehnungspflicht auf (Gaier/Wolf/Göcken/*Wolf* § 44 Rn. 1). Das gilt auch in Fällen, in denen der Auftraggeber ihn mit der Vertretung einer Sache beauftragen will, in der Anwaltszwang besteht.

3 **2. Ausnahmen.** In Fällen der §§ 43a Abs. 4, 45, 46 darf der Rechtsanwalt allerdings einen Auftrag niemals annehmen und in den Fällen der §§ 48–49a muss er grundsätzlich das Mandat annehmen. Grundsätzlich ist der Rechtsanwalt auch zivilrechtlich nicht gehalten, ein Mandat anzunehmen. Im Einzelfall kann sich eine solche Verpflichtung jedoch aufgrund einer Parteivereinbarung ergeben (*Isele* § 44 Anm. II C; *Vollkommer/Greger/Heinemann* § 3 Rn. 15 ff.; *Hartstang* II 439 ff.).

4 **3. Unaufschiebbare Maßnahmen.** Der Rechtsanwalt ist auch **nicht verpflichtet,** ein Mandat anzunehmen, weil unaufschiebbare und möglicherweise nicht nachholbare Handlungen

vorzunehmen sind. Auch in diesen Fällen bleibt ihm die angemessene Überlegungsfrist vom Eingang des Auftrages bis zur eventuellen „unverzüglich“, dh „ohne schuldhaftes Zögern“ (vgl. § 121 BGB) erfolgenden Ablehnung (*Isele* § 44 Anm. II).

Dies gilt auch in Fällen der **sog. Substitutionsmandate,** wenn diese im letzten Augenblick erteilt werden. Auch dann steht es dem Anwalt frei, den Auftrag gegenüber dem Kollegen abzulehnen. Es besteht **kein Kontrahierungszwang, auch nicht aus kollegialer Rücksicht gegenüber dem substituierenden Kollegen** (*Lingenberg* AnwBl. 1970, 86). Der Rechtsanwalt war auch nicht schon dann Vertreter iSd weggefallenen § 232 Abs. 2 ZPO, wenn ihm der Auftrag zuging, sondern erst, wenn er ihn angenommen hatte (BGH NJW 1967, 1567). 5

Entgegen der Auffassung von *Isele* (§ 44 Anm. III A) ist der Rechtsanwalt auch nicht berufsrechtlich trotz Mandatsablehnung verpflichtet, gleichwohl für den Auftraggeber unaufschiebbare interessenwahrende Schritte zu unternehmen, wenn zB „dringend zur Abwendung erheblicher Nachteile eine einfache, aber sofortige Tätigkeit erforderlich ist“. Wenn auch viele Rechtsanwälte dies tun werden, so besteht doch dazu weder aus § 44 noch aus der Berufsordnung eine Verpflichtung (Lingenberg/Hummel/Zuck/*Eich* § 34 Rn. 12). Anders kann es sein, wenn der Rechtsanwalt nicht sofort den Auftrag ablehnt, sondern sich erst auf Verhandlungen über den Auftrag einlässt. Dann kommt eine Verpflichtung aus dem Gesichtspunkt der culpa in contrahendo in Betracht (*Hartstang* II 419 ff.). 6

II. Unverzügliche Ablehnungsmitteilung

1. Rechtsbeziehungen nach Auftragserteilung. Nach § 44 kommen, obwohl – noch – kein Mandatsverhältnis besteht, gleichwohl schon zu dem Zeitpunkt, zu dem das Auftragsschreiben bzw. der mündliche Auftrag dem Rechtsanwalt zugeht, Rechtsbeziehungen zwischen dem Rechtsanwalt und dem Auftraggeber zustande. Die aus der mit dem Rechtsberatungsmonopol verbundenen Stellung des Rechtsanwalts im System der Rechtspflege resultierende Pflicht zur gewissenhaften Berufsausübung verlangt, dass der Mandant nicht im Ungewissen darüber gelassen wird, ob sein Auftrag angenommen wird. Voraussetzung ist aber, dass dem Rechtsanwalt **„in seinem Beruf“** der Abschluss des Mandatsvertrages angetragen wird, dh der Auftrag muss berufsbezogen sein (Henssler/Prütting/*Kilian* § 44 Rn. 5). Nach § 44 ist der Rechtsanwalt dann kraft Gesetzes verpflichtet, sich unverzüglich über Annahme oder Ablehnung des Auftrages schlüssig zu werden und dies, jedenfalls bei einer Ablehnung (§ 151 BGB), dem Auftraggeber mitzuteilen. Bei eindeutig privaten Anfragen gilt § 44 nicht. In Zweifelsfällen muss der Rechtsanwalt auf Klarstellung dringen (Henssler/Prütting/*Kilian* § 44 Rn. 5). Geht ein solcher Auftrag einer Sozietät zu, dann besteht die Verpflichtung aus § 44 für alle der Sozietät angehörenden Rechtsanwälte (BGHZ 56, 355 = NJW 1971, 1801 = MDR 1971, 834). 7

2. Entscheidung ohne schuldhaftes Zögern. Will der Rechtsanwalt einen Auftrag nicht annehmen, dann muss er dies **unverzüglich** dem Auftraggeber erklären, dh er muss dies „ohne schuldhaftes Zögern“ (§ 121 BGB) tun. Da er dieser Pflicht naturgemäß nur rechtzeitig nachkommen kann, wenn ihm das **Mandatsangebot zugegangen** ist, wenn er zB ein Auftragsschreiben öffnet, ist der Rechtsanwalt nach § 44 zunächst einmal verpflichtet, solche Auftragsschreiben unverzüglich zur Kenntnis zu nehmen. Zugegangen ist ein Auftrag dem Rechtsanwalt nämlich dann, wenn er so in seinen Bereich gelangt ist, dass er bei normalen Verhältnissen die Möglichkeit der Kenntnisnahme hat und diese nach der Verkehrsanschauung zu erwarten ist (BGHZ 67, 275; Henssler/Prütting/*Kilian* § 44 Rn. 6). Er hat daher sein Büro so zu organisieren, dass ihm Eingänge „unverzüglich“ vorgelegt werden (BGH NJW 1967, 1567; *Isele* § 44 Anm. VI D 2). Auch eine dem Büropersonal mündlich vorgetragene Bitte um Übernahme eines Mandats ist dem Rechtsanwalt zugegangen und löst somit die Mitteilungspflicht aus (Henssler/Prütting/*Kilian* § 44 Rn. 6). Hieraus ergibt sich, dass der Rechtsanwalt berufsrechtlich verpflichtet ist, regelmäßig seinen Briefkasten, sein Postschließfach oder sein Gerichtsfach zu leeren, seinen elektronischen Briefkasten zu öffnen und seinen Anrufbeantworter, sein Telefax und seine E-Mails zu überprüfen. Dies ist die anwaltliche Minimalpflicht, die jeden Rechtsanwalt unabhängig davon trifft, in welchem zeitlichen Umfang er seinen Anwaltsberuf ausübt (Hartung/*Scharmer* § 44 Rn. 12). Durch den bloßen Zugang eines Auftrags in der Kanzlei des Anwalts oder auf dessen Schreibtisch, ist der Anwalt noch nicht zum Vertreter geworden. Es bedarf einer ausdrücklichen und konkludenten Annahme des Antrags (LG Itzehoe BeckRS 2010, 13444). In einem Urteil vom 10.1.2014 stellte das LG Bonn fest, dass ein Rechtsanwalt seine Pflicht aus 8 dem Mandatsvertrag dann verletze, wenn er seinen Spam-Filter nicht täglich kontrolliere, obwohl er seine Mail-Adresse für den geschäftlichen Verkehr eröffnet habe (LG Bonn BeckRS 2014, 05275 = Kammer-Mitt. RAK Düsseldorf 2014, 376).

8a Die Prüfung, ob der Auftrag sofort zu bearbeiten bzw. abzulehnen ist, hat der Anwalt selbst vorzunehmen und kann dies nicht dem Kanzleipersonal überlassen (BGH NJW 1974, 861). Auf persönliche Verhinderung kann sich der Rechtsanwalt nur berufen, soweit diese im regelmäßigen Geschäftsgang durch seine Berufstätigkeit bedingt ist und das äußerstenfalls auch nur bis zu den durch § 53 gezogenen zeitlichen Grenzen (*Isele* § 44 Anm. VI B 3).

9 **a) Angemessene Frist zur Prüfung.** Dem Rechtsanwalt steht stets eine angemessene Frist zur Prüfung zu. Dabei ist davon auszugehen, dass niemand verlangen kann, der Rechtsanwalt müsse wegen eines nicht angekündigten Auftrages alle anderen Berufsgeschäfte hintanstellen, um diesen zu prüfen (*Isele* § 44 Anm. VI 4a). Bei der Bemessung der Prüfungsfrist ist vielmehr auch das berechtigte Interesse des Rechtsanwalts an einer sachgerechten Erledigung der ihm bereits zuvor übertragenen Mandate zu berücksichtigen. Die Dauer der Prüfung hängt von den Umständen des Einzelfalles ab, insbesondere vom Umfang des neuen Auftrages, dessen sachlichen und rechtlichen Schwierigkeiten und von dem Grad der erkennbaren Eilbedürftigkeit (*Isele* § 44 Anm. VI 4b). Kann der Rechtsanwalt aus dem Auftrag ohne aufwendige und zeitraubende Prüfung der Rechtslage feststellen, dass Fristablauf droht, muss er sofort handeln (Henssler/Prütting/*Kilian* § 44 Rn. 10). Die Entscheidung, ob er den Auftrag annehmen will oder nicht, hat der Rechtsanwalt selbst zu treffen; er kann sie nicht auf Mitarbeiter delegieren (BGH NJW 1967, 1567; 1974, 861).

10 **b) Erklärung der Ablehnung.** Die Erklärung der Ablehnung des Mandates kann schriftlich oder (fern)mündlich erfolgen. Im Interesse der Beweissicherung (§ 44 S. 2) sollte der Rechtsanwalt sie aber regelmäßig schriftlich, wenn nicht sogar per Einschreiben abgeben. Die **Kosten der Erklärung** des Rechtsanwalts und ihrer Übermittlung trägt der Auftraggeber (*Isele* § 44 Anm. VI C 6), sind aber vom Anwalt vorzuschießen (Henssler/Prütting/*Kilian* § 44 Rn. 15). Übergebene und übersandte Unterlagen und Gegenstände muss der Rechtsanwalt nicht zurücksenden (Henssler/Prütting/*Kilian* § 44 Rn. 15; **aA** Hartung/*Scharmer* § 44 Rn. 15). Es genügt, wenn diese zur Abholung bereit gehalten werden. Der Rechtsanwalt muss seine Entscheidung über die Ablehnung nicht begründen. Bei einer Begründung der Mandatsablehnung sind berufsrechtliche Verpflichtungen, zB verbotener Hinweis auf andere Mandate in der Kanzlei, zu beachten (BGH AnwBl. 2008, 297; *Kleine-Cosack* AnwBl. 2008, 278).

10a § 44 gilt sinngemäß für die **Rechtsanwaltsgesellschaft** (§ 59m Abs. 2). Es gehört zu den beruflichen Pflichten der Geschäftsführer als Organe der Gesellschaft, für die Erfüllung dieser Pflichten zu sorgen.

11 **3. Schadensersatzpflicht des Rechtsanwalts.** Hat der Rechtsanwalt die Ablehnung nicht oder nicht unverzüglich erklärt, so ist der Rechtsanwalt nach § 44 S. 2 dem Auftraggeber verpflichtet, den Schaden zu ersetzen, der diesem aus einer schuldhaften Verzögerung dieser Erklärung entsteht. Verletzt der Rechtsanwalt die Pflicht zur unverzüglichen Erklärung, so hat er kraft Gesetzes den Schaden zu ersetzen, der aus einer schuldhaften Verzögerung seiner Erklärung entsteht (§ 44 S. 2). Ähnlich wie § 663 BGB handelt es sich hierbei um einen **gesetzlich geregelten Fall der culpa in contrahendo** (BGH NJW 1967, 1567; LG Itzehoe AnwBl. 2010, 126 mit Anm. *Chab;* Hartung/*Scharmer* § 44 Rn. 18). § 44 S. 2 ist lex specialis gegenüber § 311 BGB, der nach der Schuldrechtsreform auch die Grundlage für Schadensersatzansprüche aus culpa in contrahendo bildet (Henssler/Prütting/*Kilian* § 44 Rn. 4, 17). Das heißt, es wird wie in einem bestehenden Mandatsverhältnis für den **Vertrauensschaden** gehaftet.

12 Der Rechtsanwalt muss dem Auftraggeber den **Schaden ersetzen,** der diesem durch die Verzögerung der Mitteilung, also durch die Unkenntnis von der Ablehnung entsteht. Der Auftraggeber ist so zu stellen, wie er stehen würde, wenn der Anwalt seiner Mitteilungspflicht aus § 44 S. 1 nachgekommen wäre. Sieht der Auftraggeber im Vertrauen auf die Annahme seines Auftrags davon ab, rechtzeitig einen anderen Rechtsanwalt zu beauftragen, ist der ihm dadurch entstehende Schaden zu erstatten (BGH NJW 1967, 1567; 1984, 866; Henssler/Prütting/*Kilian* § 44 Rn. 19). Beauftragt ein Mandant eine Sozietät, Klage zu erheben, oder ein Rechtsmittel einzulegen, bearbeitet diese aber, obschon sie den Auftrag nicht abgelehnt hatte, die Sache nicht fristgerecht, dann haften alle Sozietätsmitglieder gesamtschuldnerisch nach § 44 S. 2 (BGHZ 56,

355 = NJW 1971, 1801). Für Verschulden der Kanzleiangestellten muss der Anwalt gemäß § 278 BGB einstehen, ebenso für eine Büroorganisation, die nicht die Vorlage neuer Aufträge binnen angemessener Frist gewährleistet (Henssler/Prütting/*Kilian* § 44 Rn. 18). Für Fehler in seiner Büroorganisation haftet der Rechtsanwalt ebenso wie nach § 278 BGB für das Verschulden seiner Büroangestellten (*Borgmann/Haug* Kap. II Rn. 71) Der Rechtsanwalt kann auch für telefonische Auskünfte haften (BGH NJW 2009, 1141, 1143 für Steuerberater). Andererseits ist aber auch ein Mitverschulden des Auftraggebers iSd § 254 BGB zu berücksichtigen, wenn er zB erst kurz vor Fristablauf den Anwalt beauftragt und sich dann nicht mehr um das Schicksal des Auftrags kümmert. Nimmt ein Rechtsanwalt einen Verwahrvertrag nicht an, treffen ihn gleichwohl vorvertragliche Sorgfaltspflichten, deren Verletzung eine Schadensersatzpflicht auslösten (LG Itzehoe BeckRS 2010, 13444 = NJW-Spezial 2010, 383).

Es gelten auch für Schadensersatzansprüche aus § 44 die allgemeinen **Verjährungsregelungen** 13 des BGB. Es gilt die regelmäßige dreijährige Verjährungsfrist des § 195 BGB, die gemäß § 199 BGB mit dem Schluss des Jahres beginnt, in dem der Anspruch entstanden ist und der Gläubiger von dem Anspruch begründenden Umständen und der Person des Schuldners Kenntnis erlangt oder ohne grobe Fahrlässigkeit erlangen musste. Es gilt zudem § 195 Abs. 3 BGB. Es ist deshalb ratsam beweissichernde Unterlagen bzw. Fotokopien auch bei abgelehnten Mandaten solange aufzubewahren, wie mit einer Inanspruchnahme gemäß §§ 195, 199 BGB gerechnet werden muss (Hartung/*Scharmer* § 44 Rn. 20). Eine zulässige formularvertragliche Verkürzung von Verjährungsregeln im Anwaltsvertrag ist kaum denkbar (*Blattner* AnwBl. 2012, 237). Der Schadensersatzanspruch unterlag bis 15.12.2004 der besonderen Verjährungsregelung des aufgehobenen § 51b (vgl. 7. Aufl. § 44 Rn. 13; § 51b Rn. 5, 6) mit den privilegierenden Vorschriften für die Verjährung .

III. Der Anwaltsdienstvertrag

1. Rechtsnatur und Inhalt des Anwaltsvertrages. Nimmt der Rechtsanwalt einen Antrag 14 auf die Erbringung einer anwaltstypischen Leistung, dem Auftraggeber rechtlichen Beistand zu leisten (§ 3 Abs. 1) an, kommt ein Anwalts-**Dienstvertrag** (§§ 611, 627 Abs. 1, 675 BGB) zustande; das gilt grundsätzlich auch, wenn der Auftrag zusätzlich nichtanwaltliche Aufgaben umfasst. Die Rechtsberatung und -vertretung muss nämlich nicht der Schwerpunkt der anwaltlichen Tätigkeit sein. Die Übernahme anwaltsfremder Aufgaben ändert nichts am Vorliegen eines Anwaltsvertrages, wenn sie in einem engen inneren Zusammenhang mit der Pflicht zum rechtlichen Beistand stehen und auch Rechtsfragen aufwerfen können (*Ganter* Sonderbeilage zu WM Heft 43/2001, 4). Unter einem Anwaltsdienstvertrag kann nur ein solches Vertragsverhältnis verstanden werden, in welchem der Rechtsanwalt gemäß § 3 Abs. 1 als Berater und Vertreter in **Rechts**angelegenheiten tätig wird (BGH NJW 1994, 1405 = AnwBl. 1994, 243; BGHZ 46, 268; 53, 394). Ein Vertragsverhältnis setzt jedoch nicht voraus, dass die Rechtsberatung in jedem Einzelfalle den überwiegenden Umfang der gesamten Anwaltstätigkeit ausmachen müsste. Vielmehr ist bei einer umfassend angelegten Tätigkeit des Beraters und bei Fehlen einer besonderen Parteivereinbarung entscheidend, wo nach dem Willen der Beteiligten ein Schwerpunkt der vertraglichen Verpflichtungen liegen soll. Ein Anwaltsvertrag kann deshalb zugleich andersartige Maßnahmen umfassen, falls sie in einem engen inneren Zusammenhang mit einer rechtsberatenden Tätigkeit stehen und jedenfalls allgemein auch Rechtsfragen aufwerfen können (BGH NJW 1994, 1405; MDR 1999, 1350; BGHZ 18, 340, 346; 57; 53; *Ganter* Sonderbeilage zu WM Heft 43/2001, 24). Die Tätigkeit des Rechtsanwalts muss vom Berufsbild des Rechtsanwalts erfasst sein. Die Anwendung des anwaltlichen Berufsrechts auf eine von einem Rechtsanwalt ausgeübte Tätigkeit setzt somit voraus, dass sie auch eine Rechtsberatung zum Gegenstand hat (BGHZ 120, 157 = NJW 1993, 199). Es ist die gesamte Bandbreite des in § 3 Abs. 1 genannten Wirkungskreises des Rechtsanwalts erfasst (*Borgmann/Jungk/Grams,* 4. Aufl. 2005, S. 75 f.). Zu den Anforderungen an einen Anwaltsvertrag vgl. *Borgmann* NJW 2000, 2953 und *Ganter* Sonderbeilage zu WM Heft 43/2001, 4 ff. Der Gesetzgeber hat bewusst auf eine detaillierte Darstellung der vielseitigen Tätigkeit des Rechtsanwalts verzichtet. Entscheidend ist, ob im konkreten Einzelfall die dem Rechtsanwalt eigene Aufgabe rechtlichen Beistand zu leisten, im Vordergrund steht oder wenigstens in die Erwartungen der Mandanten mit einbezogen war. Ist der Inhalt der dem Anwalt übertragenen Aufgabe in nicht unwesentlichem Umfang rechtsberatender Natur, stellt sich der zwischen ihm und seinem Auftraggeber geschlossene Vertrag – unabhängig von den

Vorstellungen, die sich die Parteien über dessen Rechtsnatur machen – in seiner Gesamtheit als Anwalts-Dienstvertrag dar, der zB die Maklertätigkeit, Vermögensverwaltung, Treuhandtätigkeit, Anlageberatung usw. mit umfasst (BGH WM 1976, 1135; 1977, 551; MDR 1999, 1350; Soergel/*Lorentz,* 12. Aufl. 1999, BGB Vor § 652 Rn. 3; *Hartung/Römermann* Vor § 51 Rn. 10 ff.). Etwas anders gilt lediglich dann, wenn die rechtsberatende Tätigkeit völlig in den Hintergrund tritt und keine in Betracht kommende Rolle spielt (BGHZ 18, 340; 57, 53) Im Zweifel ist davon auszugehen, dass derjenige, der die Hilfe eines Rechtsanwalts in Anspruch nimmt, ihn gerade in dieser Eigenschaft beauftragt (*Ganter* Sonderbeilage zu WM Heft 43/2001, 4). Besteht die dem Rechtsanwalt übertragene Aufgabe in der Vermittlung eines Kauf- oder Darlehensgeschäftes, so ist im Zweifel, sofern nicht eindeutige und zwingende Gründe entgegenstehen, davon auszugehen, dass die Partei, die anstelle eines Maklers einen Rechtsanwalt beauftragt hat, ihn eben in dieser Eigenschaft zuzieht, also von ihm erwartet, dass er bei seinem Tätigwerden insbesondere ihre rechtlichen Interessen betreut (BGH AnwBl. 1987, 141; NJW 1980, 1855; zur Rechtsnatur des Anwaltsvertrages vgl. im Übrigen *Hartstang* I 133 ff. mwN; *ders.* II 419 ff.; *Borgmann* NJW 2000, 2953). Ein Rechtsanwalt kann nicht einen Teil eines Gesamtauftrages aus dem anwaltlichen Vertragsverhältnis ausklammern, um es auf diese Weise berufs- und gebührenrechtlich aus diesem zu lösen (BGH Urteil vom 23.2.1987 – AnwSt (R) 24/86). Zur Zulässigkeit einer unentgeltlichen Tätigkeit für einen verkaufenden Familienangehörigen und gleichzeitigen Maklertätigkeit für den Käufer vgl. BGH NJW 1992, 681. Ausnahmsweise kann der Anwaltsvertrag ein auf eine Geschäftsbesorgung, zB Gutachten, gerichteter **Werkvertrag** (§§ 631, 675 BGB) sein, wenn nämlich nicht sowohl anwaltlicher Beistand als vielmehr ein durch anwaltliche Arbeit herbeizuführender Erfolg den Gegenstand der Verpflichtung des Rechtsanwalts bildet. Dies ist gewöhnlich dann der Fall, wenn der Anwalt es übernimmt, Rechtsauskunft über eine konkrete Frage zu erteilen, ein schriftliches Rechtsgutachten oder einen Vertragsentwurf anzufertigen (BGH NJW 1965, 106 = MDR 1965, 121; OLG Düsseldorf VersR 1993, 702; vgl. auch BRAK-Mitt. 1988, 167). Da ein Rechtsuchender, der ein Mitglied einer **Sozietät** – auch einer **überörtlichen Sozietät** – beauftragt, sich in aller Regel gerade die Vorteile zu Nutze machen will, die ihm aus der gemeinschaftlichen Berufsausübung verschiedener Rechtsanwälte erwachsen, schulden alle einer solchen Sozietät angehörenden Rechtsanwälte grundsätzlich gemeinsam die Erfüllung der Anwaltspflichten (BGH NJW 1991, 49). Nur bei Vorliegen besonderer Umstände ist davon auszugehen, dass einem Sozietätsanwalt ausnahmsweise ein Einzelmandat erteilt worden ist (BGH NJW 1994, 257; KG NJW 2001, 3059; → § 59a Rn. 17 ff.).

15 Die **Vollmacht** wird dem Rechtsanwalt durch Rechtsgeschäft erteilt (§ 166 Abs. 2 S. 1 BGB). Dies setzt neben der Geschäftsfähigkeit Handlungswillen, Erklärungsbewusstsein und Rechtsfolgewillen voraus. Im Fall der Erteilung einer Vollmacht muss dieser Rechtsfolgewille in Form des Bevollmächtigungswillens vorliegen. Die einem Rechtsanwalt erteilte Vollmacht ist nicht wirksam, wenn dem geschäftsunfähigen, ausnahmsweise aber verfahrensfähigen Vollmachtgeber der Wille zur Bevollmächtigung fehlt (BayObLG AnwBl. 1992, 234). Zum Zustandekommen des Anwaltsdienstvertrages ist die Unterzeichnung einer Vollmachtsurkunde nicht erforderlich (*Hartstang* II 435). Allerdings ist prozessual teilweise ein Vollmachtsnachweis erforderlich (*Pestke,* Der Rechtsanwalt als Mitwirkender verwaltungsrechtlicher Verfahren einschließlich solcher des Sozial- und des Steuerrechts, Diss. Berlin 1986, Fn. 6, 103 zu S. E/248; *Pestke* BRAK-Mitt. 1988, 241, 242; Zöller/*Vollkommer* ZPO § 88 Rn. 2 ff.). Das Gericht prüft im Anwaltsprozess grundsätzlich erst dann nach, ob die Vollmacht ordnungsgemäß erteilt wurde, wenn der Gegner diese Frage vor Gericht rügt. Ausnahmsweise findet die Prüfung im Anwaltsprozess von Amts wegen statt, soweit der Anwalt selbst ernsthafte Zweifel an seiner eigenen Bevollmächtigung weckt (BGH NJW 2001, 2095). Die Rüge und ihre Prüfung sind in jeder Lage des Verfahrens zulässig (BGH NJW 2002, 1958). Tritt ein Rechtanwalt im Parteiprozess als Prozessbevollmächtigter auf, gelten dieselben Grundsätze (Baumbach/Lauterbach/Albers/*Hartmann* ZPO § 88 Rn. 5–9). Zum Nachweis der Bevollmächtigung gemäß § 80 Abs. 1 ZPO ist das Original der Vollmachtsurkunde vorzulegen. Schriftstücke, die lediglich einen durch technische Übertragungsverfahren hergestellten Abdruck der Originalurkunde enthalten (Telefaxe, Fotokopien), reichen hierfür nicht aus (BGH NJW 1994, 2298). Für die Auslegung eines anwaltlichen Schriftsatzes, mit dem die Vertretung einer Partei angezeigt wird, kommt es nicht darauf an, ob der Rechtsanwalt tatsächlich eine Prozessvollmacht hat. Entscheidend ist im Hinblick auf den erforderlichen Vertrauensschutz für die Gegenseite und auf § 579 Abs. 1 Nr. 4 ZPO allein, ob sich

der Rechtsanwalt ausdrücklich oder durch schlüssiges Verhalten zum Prozessbevollmächtigten bestellt hat (BGH BB 2002, 482; BGHZ 118, 312 = NJW 1992, 3096). Zur Fortwirkung der Prozessvollmacht auch bei deren Kündigung vgl. BGH BRAK-Mitt. 2007, 161.

Zwar ist der konkrete Umfang der anwaltlichen Pflichten (vgl. *Borgmann* NJW 2000, 2953; 2957 ff.) nach dem Inhalt des zugrunde liegenden Geschäftsbesorgungsvertrages und nicht nach der im Außenverhältnis unbeschränkbaren Vollmacht zu beurteilen (BGH AnwBl. 1994, 480; NJW 1967, 1567 = MDR 1967, 838; OLG München VersR 1971, 525); es spricht indes eine Vermutung dafür, dass der beauftragte Rechtsanwalt auch im Innenverhältnis die Rechte und Pflichten hat, die sich aus der erteilten Prozessvollmacht ergeben (OLG Düsseldorf MDR 1987, 497). Zur Reichweite der vom Kfz-Haftpflichtversicherer erteilten Prozessvollmacht vgl. BGH NZV 1991, 350 mit Anm. *Keilbee* NZV 1991, 335 und zum anwaltlichen Vollmachtsformular als Allgemeine Geschäftsbedingung gemäß dem früheren § 1 AGBG (heute: § 305 BGB) vgl. AG Lemgo AnwBl. 1999, 482. Eine vom Kläger wirksam erteilte Prozessvollmacht wird gemäß § 86 ZPO durch den später eintretenden Verlust seiner Prozessfähigkeit nicht berührt, und zwar unabhängig davon, ob diese Veränderung vor oder nach dem Eintritt der Rechtshängigkeit der Klage stattfindet (BGH NJW 1993, 1654). Zum Mandatsumfang und zur Anwaltshaftung aus Vertragsverletzung vgl. *Borgmann/Jungk/Grams,* 4. Aufl. 2005, S. 78 ff.; OLG Nürnberg BRAK-Mitt. 2000, 22; OLG Hamm MDR 1987, 582; AnwBl. 1987, 331; OLG Bamberg AnwBl. 1987, 331; LG Berlin MDR 1987, 591; LG München NJW 1990, 1369; *Vollkommer/Greger/Heinemann* § 3 Rn. 15; zum Umfang der Vollmacht vgl. BFH BRAK-Mitt. 1993, 114 und BGH NJW 1992, 1963 = MDR 1992, 712; zum Nachweis der Vertretungsbefugnis des die Vollmacht Erteilenden vgl. BGH NJW 1992, 627 und zur Vollmacht eines Verteidigers vgl. BGH MDR 1994, 946; OLG Hamm NJW 1991, 1317; zur Beweislast bei der Anwaltshaftung vgl. *Heinemann* NJW 1990, 2346 und zu den vertraglichen Hinweispflichten des Rechtsanwalts auf die Kosten seiner Tätigkeit LG Flensburg AnwBl. 1987, 193 mit abl. Anm. *Bönker* AnwBl. 1987, 492. Zur Abgrenzung zwischen anwaltlichen und notariellen Tätigkeiten eines Anwaltsnotars → § 118a Rn. 26 ff. **16**

Der Anwaltsvertrag kann **zugunsten Dritter** (§ 328 BGB) abgeschlossen sein oder er kann Schutzwirkungen zugunsten eines Dritten begründen (BGH NJW 2000, 725; 1988, 200 = MDR 1988, 226 = AnwBl. 1988, 241; MDR 2000, 358; *Ganter* Sonderbeilage zu WM Heft 43/2001, 28). Wird der gegen den Mandanten erlassene Haftbefehl unter der Voraussetzung außer Vollzug gesetzt, dass der Beschuldigte selbst eine Barkaution leistet, und ist ein Dritter bereit, ihm diesen Betrag zur Verfügung zu stellen, so werden vertragliche Beziehungen zwischen dem Dritten und dem Verteidiger des Beschuldigten nicht schon dadurch begründet, dass er mit ihm die technische Abwicklung des Zahlungsvorgangs über ein Anderkonto des Anwalts vereinbart. Belehrt der Rechtsanwalt den Beschuldigten nicht über die Möglichkeit, den Anspruch auf Rückzahlung der Kaution durch Abtretung mit den Geldgeber vor Pfändung von Gläubigern des Beschuldigten zu schützen, kann dem Geldgeber daraus kein Schadensersatzanspruch gegen den Rechtsanwalt aus einem Vertrag mit Schutzwirkung für Dritte erwachsen. Erteilt der Rechtsanwalt des Beschuldigten dem Dritten auf Nachfrage aber eine rechtlich unzureichende Auskunft über die für ihn mit der Bereitstellung der Kaution verbundenen Risiken, so haftet er dem Dritten aus der Verletzung einer ihm gegenüber begründeten vertraglichen Pflicht (BGH BRAK-Mitt. 2004, 261 mit Anm. *Chab* = MDR 2005, 58; vgl. auch BGH BRAK-Mitt. 2007, 34). Der Anwaltsdienstvertrag mit dem scheidungswilligen Ehegatten entfaltet keine Schutzwirkung für dessen künftigen Ehegatten (OLG Düsseldorf BRAK-Mitt. 2007, 159). Zum Mandatsvertrag mit Schutzwirkung zugunsten Dritter vgl. auch BAG BRAK-Mitt. 2007, 59. Zur Haftung des Anwalts gegenüber Nichtvertragspartnern vgl. *Grunewald* AnwBl. 2000, 209; *Zugehör* NJW 2000, 1601; *Borgmann* NJW 2000, 2953, 2966; *Wehrberger* BRAK-Mitt. 2001, 161). **16a**

Ein Rechtsanwalt ist **verpflichtet,** vor einer Beratung seines Mandanten **den Sachverhalt,** den er beurteilen soll, **genau zu klären.** Ein Rechtsanwalt, der einen Anspruch klageweise geltend machen soll, hat die zu Gunsten seiner Partei sprechenden tatsächlichen und rechtlichen Gesichtspunkte so umfassend wie möglich darzustellen, damit sie das Gericht bei seiner Entscheidung berücksichtigen kann. Er darf sich nicht ohne weiteres mit dem begnügen, was sein Auftraggeber ihm an Informationen liefert, sondern muss um zusätzliche Aufklärung bemüht sein, wenn den Umständen nach für eine zutreffende rechtliche Einordnung die Kenntnis weiterer Tatsachen erforderlich und deren Bedeutung für den Mandanten nicht ohne weiteres ersichtlich ist (BGH NJW 1996, 2929; 2000, 730). Liefert der vom Mandanten mitgeteilte **17**

Sachverhalt aber keine tatsächlichen Anhaltspunkte für rechtsbehindernde Einwendungen, welche die Rechtslage zu Gunsten des Mandanten beeinflussen könnten, ist der Rechtsanwalt, der erst in der Phase der Vertragsabwicklung beauftragt worden ist, insoweit zu einer weiteren Erforschung des Sachverhalts nicht verpflichtet (BGH NJW 2006, 501 = MDR 2006, 238). Kann die Klage auf verschiedene rechtliche Gesichtspunkte gestützt werden, ist der Sachvortrag so zu gestalten, dass alle in Betracht kommenden Gründe im Rahmen der zur Verfügung stehenden Möglichkeiten konkret dargelegt werden (BGH NJW 1996, 2648). Was danach im Einzelfall geboten ist, hängt von den gesamten Umständen, insbesondere den, was der Mandant begehrt, sowie dem Inhalt des erteilten Mandats ab (BGH NJW 2002, 1413). Der Rechtsanwalt darf allerdings auf die Richtigkeit von Informationen des Mandanten tatsächlicher Art vertrauen und ist nicht verpflichtet, eigene Ermittlungen und Prüfungen darüber anzustellen, ob diese Informationen richtig sind, solange er deren Unrichtigkeit oder Unvollständigkeit weder kennt noch kennen muss (BVerfG BRAK-Mitt. 2003, 223 mit Anm. *Grams* = BRAK-Mitt. 2003, 277; BGH NJW 1985, 1154 = MDR 1985, 481; *Hartstang* I 136), es sei denn, er habe konkrete Hinweise, dass seine Partei ihn unrichtig informiert habe (*Hartstang* II 455). Eine regelmäßige Kontrolle der vom Mandanten mitgeteilten Tatsachen kann berufsrechtlich nicht verlangt werden. Eine solche Verpflichtung würde das Vertrauensverhältnis zwischen Anwalt und Mandant zerstören (BVerfG BRAK-Mitt. 2003, 223, 277). Überlässt die Partei die Informierung ihres Prozessbevollmächtigten einem Streitgenossen oder einem Dritten, darf der Anwalt der von diesem übermittelten Information in der Regel in gleicher Weise vertrauen, wie wenn er sie unmittelbar von dem Mandanten erhalten hätte (BGH NJW 1991, 2839). Der Rechtsanwalt darf auf die Richtigkeit der Mitteilung von Rechtstatsachen und rechtlichen Wertungen nicht ebenso vertrauen. Diesbezüglich muss er die zugrundeliegenden, für die rechtliche Prüfung bedeutsamen Umstände klären. Dafür genügt es regelmäßig, dass er seinen Mandanten befragt und sich etwa vorhandene Unterlagen aushändigen lässt (*Ganter* Sonderbeilage zu WM Heft 43/2001, 8).

17a Aufgrund des Anwaltsdienstvertrages ist der Rechtsanwalt, soweit sein Auftraggeber nicht unzweideutig zu erkennen gibt, dass er des Rates nur in einer bestimmten Richtung bedarf, zur allgemeinen, **umfassenden und möglichst erschöpfenden Aufklärung und Beratung des Auftraggebers** verpflichtet (BGH BRAK-Mitt. 2004, 23 mit Anm. *Grams; Ganter* BRAK-Mitt. 2004, 9). Nach Abschluss der Instanz hat der Prozessbevollmächtigte die Pflicht, den Mandanten umfassend über die Möglichkeiten der Abwehr von Vollstreckungsmaßnahmen zu beraten (BGH BRAK-Mitt. 2003, 222). Unkundige muss er über die Folgen ihrer Erklärungen belehren und vor Irrtümern bewahren. Er hat dem Mandanten diejenigen Schritte anzuraten, die zu dem erstrebten Ziele zu führen geeignet sind, und Nachteile für den Auftraggeber zu verhindern, soweit solche voraussehbar und vermeidbar sind. Dazu hat er dem Auftraggeber den **sichersten und gefahrlosesten Weg** vorzuschlagen und ihn über mögliche Risiken aufzuklären, damit der Mandant zu einer sachgerechten Entscheidung in der Lage ist (BGH BRAK-Mitt. 2007, 158; NJW 1994, 1472; 1993, 1325; 1993, 1779; VersR 1968, 969; 1974, 1108; 1984, 283; OLG Hamm MDR 1998, 1127; *Hartstang* II 457 ff.; zu Beratungspflichten beim Vergleich vgl. *Edenfeld* MDR 2001, 972). Bei zweifelhafter Rechtslage ist der Rechtsanwalt verpflichtet so vorzugehen, dass der Mandant mit höherer Wahrscheinlichkeit zum Erfolg kommt (OLG Koblenz MDR 2003, 600 = BRAK-Mitt. 2003, 122). Daraus folgt ohne weiteres die Verpflichtung, darauf zu achten, ob dem Mandanten wegen Verjährung ein Rechtsverlust droht, und dem durch geeignete Maßnahmen entgegenzuwirken (BGH NJW 1993, 1779; 1988, 1079; 1992, 820). Ein Rechtsanwalt muss sich auch über eine geplante Gesetzesänderung informieren und diese in seine Beratung mit einbeziehen. Andernfalls verletzt er seine Beratungspflicht und ist zum Schadensersatz verpflichtet (OLG Karlsruhe BRAK-Mitt. 2004, 74). Die Verpflichtung des Rechtsanwalts, die Interessen des Auftraggebers nach jeder Richtung umfassend wahrzunehmen, ist durch die Grenzen des erteilten Mandats eingeschränkt. Der Anwalt hat sich grundsätzlich nur mit den tatsächlichen und rechtlichen Aufgaben zu befassen, die zur pflichtgemäßen Erledigung des ihm erteilten Auftrags zu beachten sind (OLG Nürnberg BRAK-Mitt. 2000, 22 mit Anm. *Borgmann*). Der Rechtsanwalt ist verpflichtet, seinen Mandanten, der die gerichtliche Geltendmachung eines verjährten Anspruchs begehrt, von der Rechtsverfolgung abzuhalten (OLG Celle BRAK-Mitt. 2006, 75 mit Anm. *Jung* = MDR 2006, 479). Hinweispflichten auf drohende Verjährung von Ansprüchen des Mandanten, die **nicht** Gegenstand des Mandats sind, bestehen nur in sehr engen Grenzen. Ist ein Rechtsanwalt damit beauftragt, den Mandanten im Bußgeldverfahren wegen unzulässiger Arbeitnehmerüberlassung zu verteidigen, ist er nicht verpflichtet, den Mandanten darauf hinzuweisen, dass mögliche Regressansprüche gegen einen vorher tätigen Anwalt, der das Konzept für die Geschäftstätigkeit entwickelte, zu verjähren drohen (BGH BRAK-Mitt. 2005, 72 mit Anm. *Chab*). Zu Beratungspflichten des Rechtsanwalts außerhalb des Mandats vgl. BGH BRAK-Mitt. 2005, 259; OLG Karlsruhe BRAK-Mitt. 2005, 260, über Anwaltsgebühren und Kosten einer einstweiligen Verfügung BGH BRAK-Mitt. 2006, 115 mit Anm. *Chab*. Zu den Pflichten des Anwalts aus dem Anwaltsdienstvertrag vgl. Zusammenstellung der BGH-Rechtsprechung bei *Wolf* NJW 1994, 563 und *Ganter* Sonderbeilage zu WM Heft 43/2001, 9. Hat ein Anwalt seine Beratungs- und Aufklärungspflichten verletzt, so gilt die Vermutung, dass der Mandant bei pflichtgemäßem Verhalten rechtzeitig alle Informationen erteilt hätte, die ihm bei vernünftiger Betrachtungsweise bedeutsam erscheinen mussten (BGH MDR 1991, 1095). Welche Pflichten sich aus diesen allgemeinen Grundsätzen im Einzelfall ergeben, hängt naturgemäß davon ab, welches Mandat dem Rechtsanwalt erteilt ist (BGH NJW 1988, 563 = MDR 1988, 313 = BRAK-Mitt. 1988, 158 = AnwBl. 1988, 115). Zur Belehrungspflicht des beratenden Rechtsanwalts vgl. BGH AnwBl. 1988, 170; *Vollkommer/Greger/Heinemann* § 12 Rn. 1 ff. Ein Rechtsanwalt, der an einer Vertragsgestaltung zur Vermeidung eines gesetzlichen Verbots mitwirkt, muss seinen Auftraggeber auf rechtliche Zweifel und Gefahren, die sich aus der vorgeschlagenen Gestaltung ergeben, auch dann hinweisen, wenn diesem das Verbot als solches bekannt ist (BGH NJW 1992, 1159). Grundsätzlich hat der Rechtsanwalt – auch im Falle der **Mandatsniederlegung** – die Pflicht, seinen Mandanten „vor Rechtsverlusten zu schützen". § 1 Abs. 3 BORA konkretisiert insoweit lediglich eine sich aus § 242 BGB im Hinblick auf das anwaltliche Vertrauensverhältnis ergebende Verpflichtung. Für den mit der Durchführung einer Berufung betrauten Rechtsanwalt folgt aus dieser Verpflichtung das Verbot der Niederlegung **„zur Unzeit"**. Der Anwalt, der nach der Auftragserteilung das Mandat niederlegen will, muss daher grundsätzlich seinem Mandanten auch mitteilen, dass in Kürze der Ablauf der Berufungs- oder Berufungsbegründungsfrist droht. Beabsichtigt er, das Mandat zum Ablauf einer gesetzlichen oder richterlichen Frist niederzulegen, muss er zunächst zu Gunsten des Mandanten eine Fristverlängerung beantragen, um diesem zu ermöglichen, noch einen anderen Rechtsanwalt mit der Wahrnehmung seiner Interessen zu beauftragen. Diese Verpflichtung kann nur bei einem gravierenden Fehlverhalten des Mandanten entfallen (OLG Düsseldorf NJW-RR 2000, 874 = BRAK-Mitt. 2000, 238; OLG Frankfurt VersR 1991, 897; → Rn. 42).

2. Schadensersatzpflicht. Hat ein Rechtsanwalt seine Pflichten aus dem Mandatsvertrag 18
schuldhaft (§ 276 BGB) verletzt, dann ist er seinem Mandanten zum Ersatz des daraus entstandenen Schadens verpflichtet (zur vertraglichen Mithaftung des Mitglieds einer Sozietät bzw. einer Scheinsozietät vgl. BGH MDR 1999, 1350; BGHZ 70, 247; BGH MDR 1990, 435 = BRAK-Mitt. 1990, 178; → § 59a Rn. 29 ff.; zur zivilrechtlichen Haftung des Strafverteidigers vgl. *Krause* StV 2000, 225). Zwar kann der Vergütungsanspruch aus einem Anwaltsdienstvertrag wegen einer unzureichenden und pflichtwidrigen Leistung des Rechtsanwalts nicht gekürzt werden oder in Wegfall geraten. Dies kommt nur in Betracht, wenn der Anwalt über einen grob fahrlässigen Pflichtenverstoß hinaus einen nach § 356 StGB strafbaren Parteiverrat begangen hat. Vereitelt der Rechtsanwalt durch seine Pflichtverletzung einen Kostenerstattungsanspruch seines Mandanten, liegt darin aber in der Regel ein Schaden, der dem Vergütungsanspruch entgegengehalten werden kann (BGH NJW 2004, 2817 = BRAK-Mitt. 2004, 263 mit Anm. *Grams*). Zum Tragen der (Rechtsmittel-)Kosten nach anwaltlicher Pflichtverletzung vgl. *Neuhofer* AnwBl. 2006, 577; AnwBl. 2002, 422; BGH NJW 2000, 3560; AnwBl. 2006, 70. Haftet der Rechtsanwalt dem Mandanten für den durch Verlust eines Prozesses entstandenen Schaden, besteht jedoch berechtigte Aussicht, diesen durch die Führung eines weiteren Rechtsstreits zu beseitigen oder zu mindern, muss der Anwalt, sofern er seinen Auftraggeber nicht anderweitig schadlos stellt, diesen Rechtsstreit auf eigene Kosten und eigenes Risiko führen (BGH NJW 2000, 3560 = BB 2000, 2277 mit Anm. *Borgmann* BRAK-Mitt. 2000, 287 = AnwBl. 2001, 438). Der Schadensersatzanspruch unterliegt nach Aufhebung des § 51b der Regelverjährung des BGB (vgl. 7. Aufl. § 51b Rn. 5, 6). Der ersatzpflichtige Rechtsanwalt hat seinen Auftraggeber bei der Ersatzleistung so zu stellen, wie er bei pflichtgemäßem Verhalten des Anwalts stünde. Es ist zu prüfen, welchen Verlauf die Dinge bei vertragsgerechtem Vorgehen des Anwalts genommen hätten und wie die Vermögenslage des Mandanten sein würde, wenn der Anwalt pflichtgemäß gehandelt hätte. Darüber hat der Tatrichter nach § 287 ZPO unter Würdigung aller Umstände zu entscheiden (BGH NJW 1993, 1320, 1322 = MDR 1993, 479; NJW 1988, 2880; NJW-RR

1990, 1241 = WM 1990, 1917). Zur Kausalfrage in der Anwaltshaftung vgl. *Chab/Bräuer* BRAK-Mitt. 2001, 163 und zur Berechnung, Inhalt und Beweis des Schadens vgl. *Ganter* Sonderbeilage zu WM Heft 43/2001, 18 ff. Zugunsten des Mandanten gilt die tatsächliche Vermutung, dass derjenige, der einen anderen wegen seiner besonderen Sachkunde um Rat fragt, sich beratungsgemäß verhalten hätte (BGH NJW 1998, 749 = MDR 1998, 145; MDR 2002, 299; NJW 1993, 1320; 1992, 1159). Die Frage des Ursachenzusammenhangs zwischen einer anwaltlichen Pflichtverletzung und dem Schaden des Mandanten beantwortet sich nicht danach, ob der Mandant dem pflichtwidrigen Rat des Anwalts gefolgt ist oder aus eigenem Antrieb gehandelt hat, sondern danach, wie er sich verhalten hätte, wenn er richtig beraten worden wäre (BGH NJW 2002, 593 = MDR 2002, 300 = AnwBl. 2002, 243). Bleibt offen, welche Entscheidung der Mandant bei richtiger Beratung durch den Rechtsanwalt getroffen hätte, so ist er beweispflichtig dafür, dass ihm durch die falsche Beratung ein Schaden entstanden ist (OLG Karlsruhe MDR 2001, 1140). Zur Haftung nacheinander tätig werdender Anwälte vgl. *Grams* BRAK-Mitt. 2003, 267 und zur Berücksichtigung des Mitverschuldens des Anwalts, der mit der Geltendmachung des Schadens gegen den ersten Anwalt beauftragt ist, vgl. BGH AnwBl. 1994, 193. Die Beweislast bei Anwaltsfehlern im Strafprozess (fehlender Hinweis des Verteidigers auf nachteilige beamtenrechtliche Folgen gemäß § 59 BeamtVG) liegt beim Mandanten. Die Richter des vorausgegangenen Strafverfahrens sind im Haftpflichtprozess im Hinblick auf das Beratungsgeheimnis gemäß § 43 DRiG keine geeigneten Beweismittel für eine eventuell niedrigere Strafe bei einem erfolgt Hinweis. Ein entsprechender Beweisantrag ist daher unzulässig (OLG München BRAK-Mitt. 2006, 74).

19 **3. Herausgabe-, Auskunfts- und Rechenschaftspflicht.** Auf den Anwaltsdienstvertrag finden nach § 675 BGB auch die §§ 666, 667 BGB Anwendung.

20 **a) Herausgabepflicht.** Dementsprechend ist der Rechtsanwalt verpflichtet, dem Auftraggeber alles, was er zur Ausübung des Auftrages erhält und was er aus der Geschäftsbesorgung erlangt, herauszugeben (§ 667 BGB; vgl. auch § 43a Abs. 5). Dieser Anspruch wird regelmäßig fällig mit der Ausführung des einzelnen Auftrags oder spätestens mit der Beendigung des Auftragsverhältnisses; er wird also durch das Erlöschen des Mandats nicht berührt, sondern entfaltet gerade dann seine Schutzfunktion zugunsten des Auftraggebers (BGHZ 109, 260 = NJW 1990, 510 = MDR 1990, 315 = AnwBl. 1990, 161 = BRAK-Mitt. 1990, 55 Ls. = EBE 1990, 4).

21 Zu den nach § 667 BGB herauszugebenden Unterlagen gehören auch die **Handakten** des Rechtsanwalts (BGHZ 109, 260 = NJW 1990, 510; RGRK/*Steffen* BGB § 667 Rn. 12, 14; *Weiß* JR 1971, 356, 357; *Nassall* KTS 1988, 634; vgl. § 17 BORA). Diese Herausgabepflicht wird auch in § 50 vorausgesetzt. Dabei fallen die Unterlagen, die dem Anwalt von seinem Auftraggeber ausgehändigt worden sind, unter die erste Alternative und der Schriftverkehr, den der Anwalt für seinen Auftraggeber geführt hat, unter die Alt. 2 des § 667 BGB (vgl. auch § 50 Abs. 3 S. 1). Auch eventuelle „Provisionen" sind herauszugeben (BGH NJW 1991, 1224; wistra 1991, 137; Palandt/*Sprau* BGB § 667 Rn. 3).

22 „Aus der Geschäftsbesorgung erlangt" ist insbesondere der **gesamte drittgerichtete Schriftverkehr,** den der Rechtsanwalt für den Auftraggeber erhalten und geführt hat, also sowohl die dem Rechtsanwalt zugegangenen Schriftstücke als auch die Kopien eigener Schreiben des Rechtsanwalts BGHZ 109, 260 = NJW 1990, 510).

23 Zu den herauszugebenden Unterlagen gehören auch Notizen über Besprechungen, die der Anwalt im Rahmen der Besorgung des Geschäfts mit Dritten geführt hat. Sofern diese Notizen die Wiedergabe von Gesprächen enthalten, ist im Regelfall davon auszugehen, dass sie nicht lediglich dem internen Gebrauch des Anwalts, etwa als bloße Arbeitshilfe oder Gedächtnisstütze, sondern auch dem Interesse des Auftraggebers zu dienen bestimmt sind, um den Inhalt der für ihn geführten Verhandlungen zu dokumentieren (BGHZ 109, 260 = NJW 1990, 510; *Nassall* KTS 1988, 635; *Vollkommer/Greger/Heinemann* § 15 Rn. 14).

24 Eine **Ausnahme** gilt insoweit allerdings für solche Unterlagen, die nicht lediglich über das Tun des Rechtsanwalts im Rahmen der Vertragserfüllung Aufschluss geben, sondern persönliche Eindrücke, die der Anwalt in den betreffenden Gesprächen gewonnen hat, wiedergeben. Aufzeichnungen des Anwalts über derartige persönliche Eindrücke sind oft nützlich; sie sind im Zweifel jedoch nicht für die Einsicht durch den Mandanten bestimmt, und eine solche wäre dem Anwalt auch nicht zumutbar. Ein Anwalt, der zur Herausgabe von Handakten verpflichtet ist, braucht daher nicht auch derartige Aufzeichnungen offenzulegen (BGHZ 109, 260 = NJW

1990, 510; BGHZ 85, 327 = NJW 1983, 328; *Nassall* KTS 1988, 635). Darüber hinaus wird dem Anwalt bei der Ausführung des Mandats ein gewisser Freiraum zuzuerkennen sein, vertrauliche „Hintergrundinformationen" zu sammeln, die er auch und gerade im wohlverstandenen Interesse seines Mandanten sowie im Interesse der Rechtspflege diesem gegenüber verschweigen darf. Aufzeichnungen über derartige Vorgänge unterliegen gleichfalls nicht der Herausgabepflicht (BGHZ 109, 260 = NJW 1990, 510).

Eine weitere Einschränkung erfährt der Herausgabeanspruch durch § 50 Abs. 4 Hs. 2. Danach besteht eine Herausgabepflicht nicht für den Briefwechsel zwischen dem Rechtsanwalt und seinem Auftraggeber. Entsprechendes muss dann auch für Notizen über Gespräche mit diesem gelten (BGHZ 109, 260 = NJW 1990, 510; *Nassall* KTS 1988, 635). **25**

Ebenso wenig brauchen Schriftsätze herausgegeben zu werden, die der Auftraggeber bereits in Urschrift oder Abschrift erhalten hat; insoweit ist der Herausgabeanspruch bereits nach § 362 BGB durch Erfüllung erloschen (BGHZ 109, 260 = NJW 1990, 510). **25a**

b) Auskunfts- und Rechenschaftspflicht. Nach § 666 BGB ist der Rechtsanwalt darüber hinaus verpflichtet, dem Auftraggeber die erforderlichen Nachrichten zu geben, auf Verlangen über den Stand des Geschäfts Auskunft zu erteilen und nach der Ausführung des Auftrags Rechenschaft abzulegen. Die Pflicht des Anwalts zur Erteilung von Auskünften gegenüber seinem Mandanten aus § 666 BGB besteht unabhängig davon, ob der Mandant die erforderlichen Informationen selbst auf zumutbare Weise erlangen könnte. Ein Auskunftsverlangen des Auftraggebers bedarf grundsätzlich keiner Rechtfertigung und unterliegt lediglich den Schranken des Schikaneverbots und der unzulässigen Rechtsausübung (KG BRAK-Mitt. 2002, 44). Diese Pflicht wurde durch § 11 BORA konkretisiert. **26**

aa) Begriff. Der Begriff „Rechenschaft" ist dabei in einem weiteren Sinne gemeint als in § 259 BGB; er bezieht sich insbesondere nicht lediglich auf eine mit Einnahmen und Ausgaben verbundene Verwaltung, sondern umfasst allgemein die Pflicht des Rechtsanwalts, in verkehrsüblicher Weise die wesentlichen Einzelheiten seines Handelns zur Auftragsausführung darzulegen und dem Auftraggeber die notwendige Übersicht über das besorgte Geschäft zu verschaffen (BGHZ 109, 260 = NJW 1990, 510; RGRK/*Steffen* BGB § 666 Rn. 10). Dabei sind dem Auftraggeber auch Belege, soweit üblich und vorhanden, vorzulegen; diese Vorlagepflicht des Rechtsanwalts ist die Grundlage für den Anspruch des Auftraggebers auf Einsicht in die Handakten. Dies gilt nicht nur für solche Unterlagen, die dem Auftraggeber zu belassen sind, also bereits unter die Herausgabepflicht nach § 667 BGB fallen; vielmehr kann sich die Vorlagepflicht auch auf diejenigen Bestandteile der Handakten des Rechtsanwalts beziehen, die nicht herausgegeben zu werden brauchen, sondern beim Anwalt verbleiben können, mit Ausnahme der Unterlagen, bei denen eine Pflicht zur Einsichtsgewährung von vornherein nicht in Betracht kommt, aus Gründen, die auch die Herausgabe ausschließen (→ Rn. 24, 25; BGHZ 109, 260 = NJW 1990, 510). Zur anwaltlichen Rechnungslegungspflicht über ein Treuhandkonto für eine Baufinanzierung vgl. OLG Hamm NJW-RR 2001, 1504). **27**

bb) § 667 BGB. Die Auskunfts- und Rechenschaftspflicht des Rechtsanwalts kann auch dann bestehen, wenn der Herausgabeanspruch des Auftraggebers gemäß § 667 BGB iVm § 50 Abs. 3 S. 2 bereits durch Erfüllung erloschen ist; insbesondere hinsichtlich solcher Unterlagen, die der Mandant zwar bereits erhalten hat, die aber bei ihm nachträglich verlorengegangen sind (BGHZ 109, 260 = NJW 1990, 510; BGH NJW 1985, 2699; NJW-RR 1988, 1072; **aA** AG Charlottenburg NJW 1997, 1450). **28**

cc) Rechtsschutzversicherung

Schrifttum: *Chab,* Anwalt und Rechtsschutzversicherung, AnwBl. 2003, 652; *Schulz,* Die Auskunfts- und Abrechnungspflicht des Rechtsanwalts gegenüber der Rechtsschutzversicherung, NJW 2010, 1729; *ders.,* Der Auskunfts- und Abrechnungsanspruch des Rechtsschutzversicherers gegenüber dem Rechtsanwalt, ZfS 2010, 246; *Soldan Institut,* Anwaltschaft und Rechtsschutzversicherungen, AnwBl. 2006, 200; *Wilde,* Die Preisfrage ab Juli 2006: „Zahlt das auch die Versicherung?", AnwBl. 2006, 173.

In Fällen der Rechtsschutzversicherung besteht regelmäßig zwischen Anwalt und Rechtsschutzversicherer (RS V) keinerlei Rechtsbeziehung. Der Anwalt schuldet seine Dienste nur seinem Mandanten, dem Versicherungsnehmer (VN) und nicht dem RS V (*Chab* AnwBl. 2003, 652). Er hat auch lediglich gegen den VN einen Vergütungsanspruch und nicht gegen den RS V. Der Mandant wiederum hat einen Freistellungsanspruch bzgl. der Kosten gegen seinen **29**

Versicherer aus dem Versicherungsvertrag. § 17 Abs. 2 S. 1 ARB 2000 stellt klar, dass die Beauftragung des von VN oder von dem RS V ausgewählten Rechtsanwalts, auch wenn sie durch den RS V erfolgt, „namens und im Auftrage des Versicherungsnehmers" getätigt wird. Der RS V wird nicht selbst Vertragspartner des Rechtsanwalts (*Harbauer,* Rechtsschutzversicherung, 8. Aufl. 2010, ARB 2000 § 17 Rn. 7 ff.; *Chab* AnwBl. 2003, 652, 654; *Bergmann* VersR 1981, 512; *Hering* ZfS 1989, 217; *Brieske* ZfS 1990, 73). Mangels vertraglicher Beziehungen zwischen RS V und beauftragtem Anwalt hat der RS V **grundsätzlich** auch **keinen Anspruch gegen den Rechtsanwalt auf Auskunftserteilung** über die Mandatsabwicklung, einen solchen hat **nur der Mandant,** der VN (AnwG Frankfurt a. M. NJW-Spezial 2012, 255; *Harbauer* ARB 2000 § 17 Rn. 13 ff.; *Bergmann* VersR 1981, 512).

29a Es können aber unmittelbare Rechtsbeziehungen zwischen dem RS V und dem Anwalt dann entstehen, wenn der RS V einen angeforderten Kostenvorschuss (§ 9 RVG, früher § 17 BRAGO) unmittelbar an den Anwalt als künftigen Kostengläubiger des VN zahlt und sich dabei die Rückforderung vorbehält, wenn und soweit ein Dritter die Anwaltskosten zu erstatten hat. Nimmt der Rechtsanwalt diese **Vorschusszahlung widerspruchslos entgegen,** dann hat er sie unmittelbar an den RS V zurückzuzahlen, soweit dieser gegenüber dem VN wegen der Erstattungspflicht eines Dritten letztlich nicht zur Übernahme der Kosten verpflichtet ist; **diesbezüglich muss der Anwalt dem Rechtsschutzversicherer auch die erforderlichen Auskünfte erteilen** (*Harbauer* ARB 2000 § 17 Rn. 13, 158 ff.). Darüber hinaus kann sich ein unmittelbarer Anspruch des RS V gegen den Anwalt auch daraus ergeben, dass ein Anspruch des VN gegen seinen Anwalt auf Erstattung überzahlter Kosten gemäß § 17 Abs. 8 ARB 2000 auf den Versicherer übergegangen ist (*Harbauer* ARB 2000 § 17 Rn. 13; AG Köln JurBüro 1980, 83). Zudem kann aus der Vereinbarung des Anwalts mit seinem Mandanten, dem VN, dass er die unmittelbare kostenmäßige Abwicklung mit der RS V vornehmen solle, folgen, dass dieser gesamte Vorgang allein zwischen dem Anwalt und der RS V vonstatten gehen soll. Konkludent wird damit ein Anspruch der RS V unmittelbar gegen den Anwalt vereinbart. Das ist ein **Vertrag zugunsten Dritter** iSd § 328 BGB, aus dem sich Ansprüche der RS V auf Auskunft unmittelbar gegen den Prozessbevollmächtigten ergeben (LG Düsseldorf r+s 2000, 157; *Bauer* NJW 2001, 1537). Wenn ein Rechtsanwalt im ausdrücklichen Auftrag seines Mandanten bei dessen RS V um Deckungsschutz und um Zahlung von Kostenvorschüssen nachsucht und auf diese Weise selbständig und ohne Beteiligung seines Mandanten Vorschusszahlungen für seine Honorare sowie die Gerichtskosten entgegennimmt, ist er verpflichtet, mit dem Versicherer über Rückerstattungsansprüche abzurechnen (*Chab* AnwBl. 2003, 652; *Pabst* AnwBl. 2007, 136) und diesem Auskunft über die kostenmäßige Abwicklung des Verfahrens zu geben. Aus der Vereinbarung mit dem Mandanten ergibt sich dann auch, dass der Rechtsanwalt dem RS V die erforderlichen Auskünfte zu erteilen hat. Die anwaltliche Schweigepflicht steht der Auskunftserteilung an die RS V nicht entgegen. Aufgrund der stillschweigenden Übertragung der Auskunftsverpflichtung hat der Mandant und VN seinen Prozessbevollmächtigten von der Schweigepflicht entbunden (LG Düsseldorf r+s 2000, 157; OLG Düsseldorf VersR 1980, 231). Kritisch dazu *Harbauer* § 17 ARB 2000 Rn. 13; *Bergmann* VersR 1981, 512.

30 **c) Kein Entfallen der Pflichten bei Gefahr der Selbstbelastung.** Der Erfüllung der Herausgabe-, Auskunfts- und Rechenschaftspflicht steht nicht entgegen, dass der Rechtsanwalt durch die Erfüllung dieser Pflichten sich der Gefahr aussetzt, sich selbst einer strafbaren Handlung bezichtigen zu müssen (BGHZ 109, 260 = NJW 1990, 510). In der Rechtsprechung ist anerkannt, dass das Auskunftsrecht des Auftraggebers gemäß § 666 BGB gerade dann besonders wichtig ist, wenn der Beauftragte gegen die ihm obliegenden Pflichten verstoßen hat, insbesondere wenn eine vorsätzliche treuwidrige Schädigung des Auftraggebers in Betracht kommt. Würde man solche Fälle von der Auskunftspflicht ausschließen, so würde § 666 BGB gerade bei besonders schweren Verstößen die ihm vom Gesetz zugewiesene Aufgabe weitgehend nicht mehr erfüllen können. Dies kann nicht als gewollt unterstellt werden; vielmehr ist insoweit der Schutz des Auftraggebers vorrangig (BGHZ 109, 260 = NJW 1990, 510; BGHZ 41, 318 = NJW 1964, 1469). Dieser Vorrang des Schutzes des Auftraggebers gegenüber dem Interesse des Anwalts, vor gegen ihn gerichteten Schadensersatzansprüchen bewahrt zu werden, zeigt sich auch darin, dass der Anwalt bereits kraft seiner allgemeinen Berufspflicht (§ 43) gehalten ist, den Mandanten ggf. auf Regressmöglichkeiten gegen ihn hinzuweisen (BGHZ 109, 260 = NJW 1990, 510; BGHZ 94, 380 = NJW 1985, 2250; vgl. auch 7. Aufl. § 51b Rn. 25 ff.).

Auch die berufliche Schweigepflicht des Rechtsanwalts steht der Erfüllung der Pflichten aus §§ 666, 667 BGB nicht entgegen. Diese Schweigepflicht, die ihre wichtigste Ausprägung in dem zivil- und strafprozessualen Zeugnisverweigerungsrecht nach § 383 Abs. 1 Nr. 6 ZPO und § 53 Abs. 1 Nr. 3 StPO sowie in den Strafsanktionen nach §§ 203 Abs. 1 Nr. 3, 204 StGB findet, dient nicht einem eigenen Geheimhaltungsinteresse des Anwalts, sondern ausschließlich dem in den Schutzbereich der anwaltlichen Tätigkeit fallenden „Herrn des Geheimnisses" (*Friedländer,* 3. Aufl. 1930, RAO § 28 Exkurs I Rn. 9), insbesondere also dem Auftraggeber (BGHZ 109, 260 = NJW 1990, 510). 31

Die Verschwiegenheit des Anwalts steht zur Disposition des „Geheimnisherrn", was sich insbesondere darin zeigt, dass dieser den Anwalt von dessen Verpflichtung entbinden kann, mit der Folge, dass das Zeugnisverweigerungsrecht wegfällt (§ 385 Abs. 2 ZPO, § 53 Abs. 2 StPO) und zugleich eine Befugnis zum Offenbaren begründet wird, die den Straftatbestand der Verletzung von Privatgeheimnissen ausschließt (§ 203 Abs. 1 StGB; BGHZ 109, 260 = NJW 1990, 510; *Vollkommer/Greger/Heinemann* § 15 Rn. 4). 32

d) Höchstpersönliche Wahrnehmungen. Ein unmittelbar in den Schutzbereich des Art. 12 GG fallendes Geheimhaltungsinteresse des Anwalts gegenüber seinem Auftraggeber kann allerdings bei solchen Unterlagen bestehen, die höchstpersönliche Wahrnehmungen des Anwalts oder vertrauliche „Hintergrundinformationen" betreffen (BGHZ 109, 260 = NJW 1990, 510). 33

e) Insolvenz des Auftraggebers. Bei Eröffnung des Insolvenzverfahrens, gehen die Verwaltungs- und Verfügungsrechte auf den Insolvenzverwalter über (§ 80 Abs. 1 InsO; → § 50 Rn. 15). Dies gilt auch bei Bestellung eines vorläufigen Insolvenzverwalters und Auferlegung eines allgemeinen Verfügungsverbotes (§§ 21, 22 InsO). Soll der Insolvenzverwalter die ihm kraft Gesetzes erteilten Aufgaben erfüllen können, so müssen ihm unter Ausschluss des Gemeinschuldners auch diejenigen Befugnisse beigelegt werden, ohne die diese Aufgaben nicht gelöst werden können (BGHZ 109, 260 = NJW 1990, 510; RGZ 59, 84; *Nassall* KTS 1988, 642 ff.). 34

Der Konflikt zwischen dem Geheimhaltungsinteresse des Gemeinschuldners und dem Interesse des Insolvenzverwalters, die zur optimalen Verwertung der Masse erforderlichen Informationen zu erhalten, ist zu Lasten des Gemeinschuldners zu entscheiden (*Nassall* KTS 1988, 642). Dies folgt auch aus dem Grundgedanken des § 97 InsO, wonach der Gemeinschuldner verpflichtet ist, dem Verwalter über alle das Verfahren betreffenden Verhältnisse Auskunft zu geben. Durch diese uneingeschränkte Aussagepflicht des Gemeinschuldners werden dessen Grundrechte nicht verletzt (BVerfGE 56, 37 = NJW 1981, 1431; Uhlenbruck/*Uhlenbruck,* 13. Aufl. 2010, InsO § 97 Rn. 5). Daraus folgt, dass dem Gemeinschuldner nicht die Befugnis verbleiben kann, Dritte von der Verschwiegenheitspflicht wegen ihnen anvertrauter Geheimnisse zu entbinden; aus Rechten des Gemeinschuldners kann der Rechtsanwalt daher keine Einwendungen gegen das Auskunftsverlangen des Insolvenzverwalters herleiten (BGHZ 109, 260 = NJW 1990, 510; *Nassall* KTS 1988, 642; → § 50 Rn. 30). 35

Persönliche Geheimhaltungsinteressen der an den Besprechungen mit dem Rechtsanwalt beteiligten Organmitglieder des Gemeinschuldners vermögen grundsätzlich ein uneingeschränktes Auskunftsverweigerungsrecht für den Anwalt nicht zu begründen. Auftraggeber des Rechtsanwalts ist regelmäßig der Gemeinschuldner; ist dieser eine juristische Person, sind die einzelnen Organmitglieder außerhalb des Mandatsverhältnisses stehende Dritte. Daher kann das Mandatsverhältnis ihnen gegenüber zumindest nicht unmittelbar Schutzwirkungen entfalten, soweit es um eine mögliche Kollision ihrer Interessen und derjenigen des Gemeinschuldners geht. Insoweit ist für die Organmitglieder von vornherein erkennbar, dass im Konfliktfall die Interessen des Auftraggebers und die diesem gegenüber bestehende Treuepflicht des Anwalts den Vorrang haben muss. 36

Etwas anderes kann nur dann gelten, wenn zwischen dem Anwalt und dem einzelnen Organmitglied eine besondere Vertrauensbeziehung besteht, die individuell begründet worden ist, etwa dadurch, dass das betreffende Mitglied den Anwalt ausdrücklich um eine persönliche Beratung gebeten hat (BGHZ 109, 260 = NJW 1990, 510; *Nassall* KTS 1988, 649; OLG Nürnberg OLGZ 1977, 370, 374). Nur in einem solchen Fall kann es sich bei den Beziehungen des Anwalts zu dem Gemeinschuldner einerseits und den Organmitgliedern andererseits um zwei getrennte, rechtlich selbständige Rechtsverhältnisse handeln; ansonsten ist die Beziehung zu den Organmitgliedern ein bloßer Reflex des Mandatsverhältnisses mit der juristischen Person. An die dem Anwalt insoweit obliegende Darlegungslast sind jedoch strenge Anforderungen zu stellen (BGHZ 37

109, 260 = NJW 1990, 510; *Nassall* KTS 1988, 649), zumal eine solche Konstellation deswegen ungewöhnlich wäre, weil die Gefahr eines Interessenkonflikts mit dem Gemeinschuldner nicht von der Hand zu weisen ist (BGHZ 109, 260 = NJW 1990, 510; OLG Nürnberg OLGZ 1977, 370).

38 Im Insolvenzverfahren des Rechtsanwalts selbst besteht aber das Berufsgeheimnis auch gegenüber dem Insolvenzverwalter, es wird durch höherwertiges Recht durch § 80 InsO nicht berührt (*Simonsen/Leverenz* BRAK-Mitt. 1995, 224; Uhlenbruck/*Uhlenbruck,* 14. Aufl. 2015, InsO § 80 Rn. 21). Zum Verhältnis des Insolvenzverwalters zum Kanzleiabwickler → § 55 Rn. 47.

39 **4. Kündigung, Fortwirken der Vollmacht.** Die Kündigung des Geschäftsbesorgungsvertrages muss als einseitige, empfangsbedürftige Willenserklärung der Gegenseite zugegangen sein. Der Vollmachtgeber kann durch eine formlose Erklärung gegenüber dem Bevollmächtigten kündigen; dasselbe gilt umgekehrt (BGH VersR 1977, 334; *Vollkommer/Greger/Heinemann* § 6 Rn. 5; Baumbach/Lauterbach/Albers/*Hartmann* ZPO § 87 Rn. 4). Mit Zugang der Erklärung wird die Kündigung im Innenverhältnis gegenüber dem Vertragspartner wirksam; der Rechtsanwalt ist dann auch nicht mehr Bevollmächtigter iSv § 85 Abs. 2 ZPO (§ 168 BGB; BGH VersR 1983, 540; NJW 1980, 999 = VersR 1980, 383; Baumbach/Lauterbach/Albers/*Hartmann* ZPO § 87 Rn. 4). Auf die Fortdauer der Vertretungsmacht nach § 87 Abs. 1 ZPO kommt es dabei nicht an. Das Kündigungsrecht nach § 627 Abs. 1 BGB kann nicht wirksam abbedungen werden (OLG Koblenz NJW 1990, 3153 = BRAK-Mitt. 1991, 63 zum Steuerberatungsvertrag). Zur Frage der Gesetz- oder Vertragswidrigkeit der Androhung einer Mandatskündigung bei Nichtzustandekommen einer Gebührenvereinbarung vgl. BGH NJW 2002, 2774; LG Hanau MDR 2002, 1032.

40 Der Prozessgegner braucht die Kündigung im Außenverhältnis erst dann zu beachten, wenn im Parteiprozess ihm von der Kündigung eine Anzeige gemacht wurde und wenn im Anwaltsprozess außerdem die Bestellung eines neuen, mit seinem Namen zu benennenden Anwalts an Stelle des alten angezeigt worden ist (§ 87 Abs. 1 ZPO; BGH NJW 1980, 2310; VersR 1985, 1185; Baumbach/Lauterbach/Albers/*Hartmann* ZPO § 87 Rn. 4).

41 Für den Widerruf der Bestellung gegenüber dem Gericht gilt § 87 ZPO sinngemäß (BGHZ 43, 135 = NJW 1965, 1019; BGH NJW 1980, 3210). Bis zum Eintritt der Wirkung nach § 87 ZPO ist der alte Bevollmächtigte befugt. Zustellungen sind daher entsprechend § 176 ZPO noch an ihn zu richten (OLG Köln FamRZ 1985, 1278). Das gilt auch für die Zustellung desjenigen Urteils, das den Rechtszug abschließt. Die Kündigung des Vollmachtsvertrages erlangt nach § 87 Abs. 1 ZPO gegenüber der gegnerischen Prozesspartei und dem Gericht erst mit der Bestellung eines neuen Prozessbevollmächtigten Wirksamkeit (BGH NJW 1980, 999; BGHZ 43, 135 = NJW 1965, 1019; BGH NJW 1975, 120; Baumbach/Lauterbach/Albers/*Hartmann* ZPO § 87 Rn. 4). Eine gerichtliche Beiordnung des Anwalts ändert an dem Eingreifen des § 87 Abs. 1 ZPO nichts. Als Anzeige genügt eine schlüssige Handlung, etwa die Zustellung eines Schriftsatzes, in dem der neue Anwalt als Prozessbevollmächtigter anstelle des alten und nicht etwa nur neben diesem auftritt (BGH NJW 1980, 2310; OLG Hamm Rpfleger 1978, 421; OLG Frankfurt Rpfleger 1986, 391).

42 Hat der bevollmächtigte Rechtsanwalt den Geschäftsbesorgungsvertrag gekündigt durch eine entsprechende empfangsbedürftige Willenserklärung gegenüber seinem Mandanten und hat er dies im Prozess auch dem Gegner angezeigt (und dem Gericht), dann ist er dadurch nicht gehindert, für den Vollmachtgeber so lange zu handeln, bis dieser für die Wahrnehmung seiner Rechte in anderer Weise gesorgt hat (§ 87 Abs. 2 ZPO). § 87 Abs. 2 ZPO stellt eine Ausnahme von der Regelung des § 87 Abs. 1 ZPO in der Form dar, dass sie die Rechte des Prozessbevollmächtigten erweitert (*Schmellenkamp* AnwBl. 1985, 14, 16). Dem Prozessbevollmächtigten wird so ermöglicht, die Haftung für eine unzeitige Kündigung abzuwenden (→ Rn. 17; Stein/Jonas/*Leipold,* 22. Aufl. 2004, ZPO § 87 Rn. 8).

43 Der Bevollmächtigte darf bis zum prozessualen Wirksamwerden seiner Kündigung nach § 87 Abs. 2 ZPO wie ein Bevollmächtigter weiter für seine Partei sorgen, sogar nach der Löschung des Auftraggebers im Handelsregister (OLG Hamburg MDR 1986, 324). Der Rechtsanwalt ist nach § 87 Abs. 2 ZPO prozessual nicht zu einer weiteren Tätigkeit verpflichtet (BGHZ 43, 135 = NJW 1965, 1019; BGH NJW 1980, 999; *Vollkommer/Greger/Heinemann* § 6 Rn. 18 ff.; *Schmellenkamp* AnwBl. 1985, 14, 16; Baumbach/Lauterbach/Albers/*Hartmann* ZPO § 87 Rn. 7). Er kann aber unter Umständen aus dem Vertragsverhältnis dazu verpflichtet sein (§ 671 Abs. 2

BGB; *Schmellenkamp* AnwBl. 1985, 14, 16). So muss er den früheren Auftraggeber von einer noch an ihn erfolgten Zustellung unterrichten (BGH NJW 1980, 999; *Schmellenkamp* AnwBl. 1985, 14, 16; Baumbach/Lauterbach/Albers/*Hartmann* ZPO § 87 Rn. 7). Anwaltliche Beratung, die eine Hauptpflicht des Anwaltsvertrages wäre, schuldet der Anwalt nach Vertragsbeendigung aber nicht mehr (BGH NJW-RR 1990, 459; *Borgmann* AnwBl. 1990, 319). Eine Zustellung darf (nach *Schmellenkamp* AnwBl. 1985, 14, 16: muss) bis zum Wirksamwerden der Kündigung nach § 87 Abs. 1 ZPO noch an ihn erfolgen und kann von ihm wirksam vorgenommen werden (BGHZ 31, 32; Baumbach/Lauterbach/Albers/*Hartmann* ZPO § 87 Rn. 7). Bei Kündigung nach § 87 Abs. 2 ZPO braucht der bisherige Bevollmächtigte Zustellungen aber nicht entgegenzunehmen (Zöller/*Vollkommer* ZPO § 87 Rn. 6).

§ 87 ZPO ist im Verwaltungsgerichtsverfahren entsprechend anzuwenden, so dass das Erlöschen der Vollmacht erst mit Eingang der Anzeige bei Gericht wirksam wird (BVerwG NJW 1983, 2155; NVwZ 1985, 337). „Anwaltsprozesse" iSd § 87 Abs. 1 ZPO sind aber nur die Verfahren vor dem BVerwG und dem OVG (§ 67 Abs. 1 VwGO). Zu den Einzelheiten des Anwaltsvertrages vgl. *Vollkommer/Greger/Heinemann* §§ 1–6. Ein Prozessbevollmächtigter verliert seinen Vergütungsanspruch gemäß § 628 Abs. 1 S. 2 BGB, wenn der Mandant den Auftrag kündigt, weil der Anwalt in U-Haft genommen wurde wegen des Verdachts, Gelder anderer Auftraggeber veruntreut zu haben, und einen neuen Prozessbevollmächtigten bestellt, für den die gleichen Anwaltsgebühren nochmals entstehen (BGH EBE 1995, 159). 44

5. Verkehrsanwalt. Die Pflichtenkreise des Prozessbevollmächtigten und des Verkehrsanwaltes müssen unterschieden werden. Es handelt sich um rechtlich selbständige Mandate mit unterschiedlichen Pflichten. Keiner der beiden Anwälte ist in seinem Pflichtenkreis als Erfüllungsgehilfe des anderen iSd § 278 BGB tätig (OLG Frankfurt MDR 1994, 99; *Borgmann/Jungk/Schwaiger,* 5. Aufl. 2005, S. 297; *Vollkommer/Greger/Heinemann* § 18 Rn. 11 ff.; *Ganter* Sonderbeilage zu WM Heft 43/2001, 6). Bei Unklarheiten des ihm erteilten Auftrags hat der Prozessanwalt den Verkehrsanwalt um Klarstellung zu ersuchen; dagegen ist er grundsätzlich nicht verpflichtet, unter Umgehung des Verkehrsanwalts den Mandanten selbst um Auskunft zu bitten (BGH BRAK-Mitt. 2006, 272 = NJW 2006, 3496). Die Pflicht zu ordnungsmäßigem prozessualem Handeln gegenüber dem Prozessgericht obliegt dem Prozessbevollmächtigten, nicht dem Verkehrsanwalt. Der Prozessbevollmächtigte muss den Verkehrsanwalt überwachen (Baumbach/Lauterbach/Albers/*Hartmann* ZPO § 85 Rn. 24, ZPO § 233 Rn. 174 ff.). Nach der Übernahme des Prozessmandats durch den Prozessbevollmächtigten trifft den Verkehrsanwalt auch grundsätzlich keine Verpflichtung, den Prozessbevollmächtigten bei seiner Tätigkeit zu überwachen (*Seltmann* VersR 1974, 97, 102). Nur dann, wenn sich dem Verkehrsanwalt aufgrund besonderer Umstände aufdrängen muss, dass der Prozessbevollmächtigte ihm obliegende Pflichten nicht erfüllt, muss der Verkehrsanwalt im Rahmen seiner dem Mandanten gegenüber bestehenden Beratungspflicht diesen darauf hinweisen und auf Abhilfe dringen (BGH NJW 1992, 836). Entwirft der Verkehrsanwalt einen Schriftsatz an das Prozessgericht, so wird dadurch weder die Verantwortung des Prozessbevollmächtigten für den Inhalt des Schriftsatzes beschränkt noch der Verantwortungsbereich des Verkehrsanwalts in Bezug auf das prozessuale Handeln gegenüber dem Prozessgericht erweitert (BGH NJW 1988, 1079 = AnwBl. 1988, 286; NJW 1988, 3013 = WM 1988, 987). Aber für den mangelhaften Entwurf einer Berufungsbegründung, die der Verkehrsanwalt zur Einreichung bei dem Prozessgericht dem Prozessbevollmächtigten zuleitet, haftet unbeschadet der Verantwortlichkeit des Prozessbevollmächtigten auch der Verkehrsanwalt im Rahmen seines Auftrags (BGH BRAK-Mitt. 2002, 170 = AnwBl. 2002, 605). 45

Zum Abschluss eines Verkehrsanwaltsvertrages vgl. BGH NJW 1991, 2081 und zu den Gebühren des Korrespondenzanwaltes OLG Frankfurt AnwBl. 1988, 297; → § 49b Rn. 81 ff. Zu den Pflichten des Prozessanwalts und des Verkehrsanwalts vgl. *Vollkommer/Greger/Heinemann* § 18 Rn. 11 ff.; *Hartstang* II 77 ff.; BGH NJW 1988, 1079; 1988, 3013; 1988, 1979; *Ganter* Sonderbeilage zu WM Heft 43/2001, 6, 7; zur Abgrenzung der Haftung des Prozessbevollmächtigten gegenüber derjenigen des Verkehrsanwaltes vgl. BGH BRAK-Mitt. 1990, 251. Die Höhe des Innenausgleichs zwischen Prozess- und Verkehrsanwalt richtet sich bei gesamtschuldnerischer Haftung gemäß §§ 426, 254 Abs. 1 BGB nach dem Maß der Verursachung. Die Haftungsquote ist stets Ergebnis einer einzelfallbezogenen Abwägung (BGH BRAK-Mitt. 2006, 75 mit Anm. *Chab*). Erfüllungsort für Schadensersatzansprüche wegen Schlechterfüllung anwalt- 46 licher Vertragspflichten des Verkehrsanwalts ist regelmäßig der Ort, an dem der Rechtsanwalt seine Kanzlei eingerichtet hat (BayObLG AnwBl. 1993, 241; MDR 1993, 179; → § 27 Rn. 18).

§ 45 Versagung der Berufstätigkeit (§ 3 BORA)

(1) Der Rechtsanwalt darf nicht tätig werden:

1. **wenn er in derselben Rechtssache als Richter, Schiedsrichter, Staatsanwalt, Angehöriger des öffentlichen Dienstes, Notar, Notarvertreter oder Notariatsverwalter bereits tätig geworden ist;**
2. **wenn er als Notar, Notarvertreter oder Notariatsverwalter eine Urkunde aufgenommen hat und deren Rechtsbestand oder Auslegung streitig ist oder die Vollstreckung aus ihr betrieben wird;**
3. **wenn er gegen den Träger des von ihm verwalteten Vermögens vorgehen soll in Angelegenheiten, mit denen er als Insolvenzverwalter, Nachlaßverwalter, Testamentsvollstrecker, Betreuer oder in ähnlicher Funktion bereits befaßt war;**
4. **wenn er in derselben Angelegenheit außerhalb seiner Anwaltstätigkeit oder einer sonstigen Tätigkeit im Sinne des § 59a Abs. 1 Satz 1 bereits beruflich tätig war; dies gilt nicht, wenn die berufliche Tätigkeit beendet ist.**

(2) Dem Rechtsanwalt ist es untersagt:

1. **in Angelegenheiten, mit denen er bereits als Rechtsanwalt gegen den Träger des zu verwaltenden Vermögens befaßt war, als Insolvenzverwalter, Nachlaßverwalter, Testamentsvollstrecker, Betreuer oder in ähnlicher Funktion tätig zu werden;**
2. **in Angelegenheiten, mit denen er bereits als Rechtsanwalt befaßt war, außerhalb seiner Anwaltstätigkeit oder einer sonstigen Tätigkeit im Sinne des § 59a Abs. 1 Satz 1 beruflich tätig zu werden.**

(3) Die Verbote der Absätze 1 und 2 gelten auch für die mit dem Rechtsanwalt in Sozietät oder in sonstiger Weise zur gemeinschaftlichen Berufsausübung verbundenen oder verbunden gewesenen Rechtsanwälte und Angehörigen anderer Berufe und auch insoweit einer von diesen im Sinne der Absätze 1 und 2 befaßt war.

Schrifttum: *Deckenbrock,* Tätigkeitsverbote bei nichtanwaltlicher Vorbefassung, AnwBl. 2009, 16; *ders.,* Tätigkeitsverbote des Anwalts: Rechtsfolgen beim Verstoß, AnwBl. 2010, 221; *Knöringer,* Der Rechtsanwalt im Aufsichtsrat, AnwBl. 2003, 266; *Mihm,* Berufsrechtliche Kollisionsprobleme beim Anwaltsnotar, Schriftenreihe des Instituts für Anwaltsrecht an der Universität zu Köln, Bd. 40; *Müller,* Aufsichtsratsmandat und anwaltliche Tätigkeit, NZG 2002, 797; *Offermann-Burckart,* Die Interessenkollision-Anwaltschaft im Wandel, AnwBl. 2005, 312; *Podszun,* Tätigkeitsverbote der BRAO, FS zum 125-jährigen Bestehen der RAK Hamm, 2004, 321; *Saenger/Riße,* Tätigkeitsverbot für Rechtsanwälte bei nichtanwaltlicher Vorbefassung eines Sozietätsmitgliedes, BRAK-Mitt. 2007, 97.

Übersicht

I. Grund der Regelung

1 § 45 wurde durch Gesetz vom 2.9.1994 (BGBl. I S. 2278) völlig neu gefasst. § 45 enthält Bestimmungen, wann der Rechtsanwalt gehindert ist, das Mandat im Einzelfall zu übernehmen aber auch die Bestimmung, wann er nach anwaltlicher Tätigkeit im Einzelfall in seinem außeranwaltlichen Zweitberuf nicht tätig werden darf (§ 45 Abs. 2 Nr. 2). Näheres bestimmt § 3 BORA. Die Neufassung der Vorschrift knüpft an den bisherigen § 45 an und übernimmt diesen, soweit dies sinnvoll erscheint. Mit ihr wird insbesondere der Entscheidung des BVerfG vom 4.11.1992 zum anwaltlichen Zweitberuf (BVerfGE 87, 287 = NJW 1993, 317 = MDR 1993, 276 = DVBl. 1993, 310 = JZ 1993, 466 mit Anm. *Zuck* = BRAK-Mitt. 1993, 50 = AnwBl. 1993, 120; → § 7 Rn. 89 ff.; → § 46 Rn. 3 ff.) Rechnung getragen, indem insbesondere § 45 Abs. 1 Nr. 4, Abs. 2 Nr. 2 auf eine klare Trennung zwischen anwaltlicher Betätigung und der im Zweitberuf abzielen. Da angesichts der gen. Entscheidung des BVerfG künftig in weit geringerem Maße als bisher zur Vermeidung der Gefahr von Interessenkollisionen die Versagung oder der Entzug der Zulassung zur Rechtsanwaltschaft in Betracht kommen, bedurfte es insoweit weiterer Regelungen. Diese gehen dahin, dass der Rechtsanwalt sich nicht befassen darf mit einer Angelegenheit, mit der er früher in irgendeiner Form bereits beruflich befasst war. Umgekehrt soll dem Rechtsanwalt untersagt sein, eine Angelegenheit, die er als Rechtsanwalt bearbeitet hat, später in anderer Funktion zu betreiben.

2 Das Ziel der Neuregelung ist es, mit dem gegenüber der Nichtzulassung (vgl. 2. Aufl. § 7 Rn. 98 ff.) oder dem Widerruf (vgl. 2. Aufl. § 14 Rn. 70 ff.) verfassungsrechtlich verhältnismäßigeren Mittel von Berufsausübungsregelungen die Gefahr von Interessenkollisionen einzudämmen. Wenn die Funktionsfähigkeit der Rechtspflege auch durch Berufsausübungsregelungen gewahrt werden kann, ist eine Berufswahlbeschränkung unzulässig (BGH NJW 2004, 212 = MDR 2004, 299 = BGHR 2004, 347 = AnwBl. 2004, 188 = BRAK-Mitt. 2004, 79). Nicht in allen Fällen werden diese Tätigkeitsverbote ausreichen, der Gefahr von Interessenkollisionen und der hieraus resultierenden Gefahr von Vertrauensverlusten wirksam zu begegnen. Dies wird insbesondere dann der Fall sein, wenn die beabsichtigte Trennung der verschiedenen beruflichen Bereiche nicht möglich ist oder nicht hinreichend deutlich wird. In solchen Fällen wird weiterhin von der Unvereinbarkeit des Zweitberufs mit dem Rechtsanwaltsberuf auszugehen sein (→ § 7 Rn. 88 ff.). Dass es auch weiterhin Konstellationen gibt, in denen der Zweitberuf grundsätzlich jeder anwaltlichen Betätigung entgegensteht, schließt das BVerfG in seiner genannten Entscheidung nicht aus (amtliche Begründung, BT-Drs. 12/4993, 29; vgl. auch grundsätzlich zustimmend Beschlussempfehlung und Bericht des Rechtsausschusses, BT-Drs. 12/7656, 49).

3 Die Tätigkeitsverbote des § 45 wie auch die des § 46 sind Konsequenz der Pflicht des Rechtsanwalts, seine berufliche Unabhängigkeit nach allen Seiten zu wahren (§§ 1, 3, 43a Abs. 1) und seinen Beruf gewissenhaft auszuüben (§ 43). Die Aufzählung der Fälle, in denen der Rechtsanwalt seine Berufstätigkeit versagen muss, ist in § 45 nicht abschließend. Es können sich auch aus anderen Vorschriften für einen Rechtsanwalt Tätigkeitsverbote ergeben (zB → Rn. 38; §§ 266, 352, 356 StGB).

4 Die bisherige Nr. 1 des § 45 aF (Verbot der Mandatsübernahme, wenn dem Rechtsanwalt eine Berufspflichtverletzung angesonnen wird) brachte lediglich Selbstverständliches und Fortgeltendes zum Ausdruck. Daher wurde dies nicht in den neugefassten § 45 übernommen (amtliche Begründung, BT-Drs. 12/4993, 29). Zwar ist nach dem Anwaltsdienstvertrag der Rechtsanwalt mit den sich aus §§ 665, 675 BGB ergebenden Ausnahmen grundsätzlich weisungsgebunden (BGH AnwBl. 1984, 369; MDR 1977, 476 = AnwBl. 1977, 162; BGH MDR 1961, 578; LG Hamburg AnwBl. 1985, 261; *Hartstang* I 143; Lingenberg/Hummel/Zuck/Eich/*Zuck* § 8 Rn. 2, 3; *Borgmann/Jungk/Schwaiger* S. 143 ff.; *Vollkommer/Greger/Heinemann* § 14 Rn. 1 ff.), aber an gesetzwidrige und den Berufspflichten zuwiderlaufende Weisungen ist der Rechtsanwalt niemals gebunden. Diese Verpflichtung geht ausnahmslos den Weisungen des Auftraggebers vor. Zur

Parteiunabhängigkeit des Rechtsanwalts vgl. *Hartstang* I 84 ff.; *ders.* II 490 ff.; *Pfeiffer* BRAK-Mitt. 1987, 102, 104; → § 43a Rn. 2 ff.

4a Das angesonnene „Verhalten" in Nr. 1 aF kann sowohl ein Tun als auch ein Unterlassen darstellen. Ist der Rechtsanwalt zu einem Tun verpflichtet, dann darf er der Weisung seines Auftraggebers, zB den Brief des gegnerischen Anwalts nicht zu beantworten, nicht nachkommen und muss dem Kollegen antworten (Lingenberg/Hummel/Zuck/Eich/*Zuck* § 18 Rn. 25; Richtlinienausschuss der BRAK BRAK-Mitt. 1988, 11, 13).

4b Der Rechtsanwalt muss nicht generell das Mandat ablehnen oder niederlegen, er kann sich darauf beschränken, nur den unbedenklichen Teil des Auftrages anzunehmen und den bedenklichen abzulehnen (*Isele* § 45 Anm. III D; *Jessnitzer/Blumberg* § 45 Rn. 1). Stets ist der Rechtsanwalt aber verpflichtet, sowohl bei Mandatsübernahme als auch während dessen Ausführung im Auge zu haben, ob ihm damit eine Verletzung seiner Berufspflichten zugemutet wird. Gegebenenfalls muss er die Konsequenzen ziehen und dies ablehnen.

4c Das bisherige Verbot der Wahrnehmung widerstreitender Interessen (§ 45 Nr. 2 aF) gilt als Grundpflicht des Rechtsanwalts nach § 43a Abs. 4 fort. Demgegenüber sind die in §§ 45, 46 geregelten Fälle lex specialis, weil sie besondere Varianten eines Interessenwiderstreits in unterschiedlichen beruflichen Funktionen betreffen (Hartung/*Hartung* § 45 Rn. 3).

II. Versagungsfälle des Abs. 1

5 Abs. 1 stellt Verbote zur Mandatsübernahme auf in Fällen, in denen der Rechtsanwalt zuvor in anderer Funktion, dh außerhalb seines Anwaltsberufs, mit der Rechtssache oder der Angelegenheit befasst war bzw. noch ist (amtliche Begründung, BT-Drs. 12/4992 S. 29). Das Verbot erstreckt sich auf jede nachfolgende anwaltliche Tätigkeit, gleichgültig, ob sie rechtlicher oder tatsächlicher Art ist (Hartung/*Hartung* § 45 Rn. 11).

6 **1. Frühere Tätigkeit als Inhaber eines öffentlichen Amtes.** Abs. 1 Nr. 1 orientiert sich an Nr. 3 des bisherigen § 45. Diese Bestimmung wurde dahin ergänzt, dass auch eine frühere Befassung als Notar, Notarvertreter oder Notariatsverwalter der Mandatsübernahme entgegensteht. Insoweit erfordert das Tätigkeitsverbot, dass eine **notarielle Tätigkeit vorausgegangen** sein muss. Geschützt werden soll mit Abs. 1 Nr. 1 das Vertrauen in die Rechtspflege, dass nicht dieselben Personen auf verschiedenen Seiten für unterschiedliche Interessen tätig werden (amtliche Begründung, BT-Drs. 12/4993, 29). Es soll (schon) die „Gefahr" von Interessenkollisionen eingedämmt werden (BGH AnwBl. 2011, 95; 2015, 270 = BRAK-Mitt. 2015, 93), die nicht unter § 43a Abs. 4 fallen, weil dort beide widerstreitende Interessen anwaltlich wahrgenommen sein müssen, während es hier um frühere Tätigkeit außerhalb des Anwaltsberufs geht (Henssler/Prütting/*Kilian* § 45 Rn. 13). Dabei ist für den Tatbestand des § 45 Abs. 1 Nr. 1 wie bisher für den § 45 Nr. 3 aF im Gegensatz zum Parteiverrat nach § 356 StGB eine Parteimehrheit und ein Interessenwiderstreit nicht begriffsnotwendig. Der Vorschrift liegt der Gedanke zugrunde, dass derjenige, der schon einmal eine Rechtssache in einer anderen Funktion bearbeitet hat, dies nicht ein weiteres Mal mit verteilten Rollen tun darf. Wegen seiner besonderen Beziehung zur Sache aufgrund früherer Tätigkeit muss der Rechtsanwalt seine Tätigkeit versagen, da sonst eine Gefährdung der Rechtspflege zu besorgen wäre (EGH Stuttgart Urteil vom 29.4.1993 – EGH 4/93 (III) zu § 45 Nr. 3 aF; → Rn. 8).

7 Die frühere Tätigkeit als **Richter – auch als Anwaltsrichter** (§ 95; OLG Schleswig MDR 2002, 1459) –, Schiedsrichter pp. muss sich auf **dieselbe Rechtssache** bezogen haben, mit der der Rechtsanwalt jetzt betraut werden soll, in der er aber wegen seiner früheren amtlichen Tätigkeit nicht als Rechtsanwalt tätig werden darf. Der Begriff „dieselbe Rechtssache" ist wie in § 43a Abs. 4 (→ § 43a Rn. 60 ff.), § 356 StGB und § 3 BORA zu verstehen und umfasst jede rechtliche Angelegenheit, die bei natürlicher Betrachtungsweise auf ein innerlich zusammengehöriges, einheitliches Lebensverhältnis zurückzuführen ist (BGH NJW-RR 2008, 795; AnwBl. 2011, 65), wobei die Einheitlichkeit nicht durch längeren Zeitablauf aufgehoben wird und auch ein Wechsel der im Übrigen beteiligten Personen unerheblich ist (vgl. *Vetter,* FS Schippel, 1996, 795, 797; *Fischer* StGB § 356 Rn. 5 mwN; → § 43a Rn. 62 f.). Es kommt daher auch nicht darauf an, mit welcher Zielrichtung der Rechtsanwalt nunmehr tätig wird. Es reicht vielmehr aus, dass er in seiner Eigenschaft als öffentlich Bediensteter, als Notar pp. sich demselben Gegenstand, in welchem er jetzt als Bevollmächtigter auftritt, behördlich oder allgemein dienstlich gewidmet hat. Anders als im Falle des § 356 StGB ist es eben nicht erforderlich, dass ein

Interessengegensatz besteht oder aufzutreten droht (VG Freiburg Beschluss vom 10.5.1996 – 6 K 520/94; AnwG Oldenburg Urteil vom 24.9.2003 – 1 EG 10/03).

Das Tätigkeitsverbot gründet sich auf jeder früheren Tätigkeit als Richter pp. in derselben Rechtssache, nicht nur auf der Mitwirkung bei einer Entscheidung über diese Rechtssache (BGHZ 49, 295 = NJW 1968, 840 = EGE X, 27, 34; *Isele* § 45 Anm. V, A, C) oder aus Beurkundungen. Jegliches Handeln, das sich auf denselben Lebenssachverhalt bezieht, schließt eine nachfolgende anwaltliche Tätigkeit aus (Henssler/Prütting/*Kilian* § 45 Rn. 15 ff.). Es kommt auch nicht darauf an, ob die Angelegenheit nach Rechtsgrundsätzen behandelt wurde, erst recht nicht, ob dies in einem rechtlich geordneten Verfahren geschah. War ein Rechtsanwalt als früherer Regierungspräsident mit der Planung und Standortsuche einer Sondermüllverbrennungsanlage befasst, darf er danach nicht als Rechtsanwalt ein Rechtsgutachten für eine Landtagsfraktion zu Problemen des Standortauswahlverfahrens für diese Sonderabfallverbrennungsanlage erstatten (EGH Stuttgart Urteil vom 29.4.1993 – EGH 4/93 (III) zu § 45 Nr. 3 aF). Es verstößt gegen das Tätigkeitsverbot des § 45 Abs. 1 Nr. 1, wenn ein ehemaliger Finanzbeamter, der die Steuererklärungen einer GmbH geprüft hat, den Geschäftsführer der GmbH in einem Strafverfahren wegen dieser Erklärungen verteidigt (EGH Koblenz BRAK-Mitt. 1983, 141 zu § 45 Nr. 3 aF). Die beratende Mitwirkung als Justiziar am Erlass einer Norm oder auch an der allgemeinen Gestaltung von Bescheiden, deren Inhalt zwingend aus einer Norm folgt, steht nicht entgegen, dass der Justiziar als anwaltlicher Vertreter in einem nachfolgenden Rechtsstreit gegen die Rechtsmäßigkeit eines solchen Bescheids und mittelbar der Norm streitet (OVG Lüneburg BRAK-Mitt. 2009, 246). 8

Das Tätigkeitsverbot aus Abs. 1 Nr. 1 ist besonders bedeutsam für den **Anwaltsnotar** und über Abs. 3 für den mit einem Notar zur gemeinschaftlichen Berufsausübung verbundenen Anwalt. Die Beschränkung des Verbots aus Abs. 1 Nr. 2 gilt dabei nicht; anders als in Abs. 1 Nr. 2 unterscheidet Abs. 1 Nr. 1 nicht zwischen den verschiedenen Notargeschäften, vielmehr löst jede Notarstätigkeit das anwaltliche Vertretungsverbot in derselben Angelegenheit aus. Dabei muss es sich also nicht um eine Urkundstätigkeit handeln, sondern es genügt jede notarielle Tätigkeit, wie sie nach §§ 21–24 BNotO ausgeübt werden darf, also zB die Beglaubigung von Unterschriften, Beurkundung von Versammlungsbeschlüssen, Ausstellung sonstiger Tatsachenbescheinigungen, Aufnahme eidesstattlicher Versicherungen, Bescheinigungen über die Vertretungsberechtigung, insbesondere aber die Betreuungstätigkeit nach § 24 BNotO wie zB die Fertigung von Urkundenentwürfen, die Beratung der Beteiligten usw (*Vetter,* FS Schippel, 1996, 795, 796; Schippel/Bracker/*Schäfer* BNotO § 16 Rn. 91). Hat der Notar, in welcher Amtstätigkeit auch immer, sich mit einer Rechtssache befasst, ist sie für ihn als Anwalt tabuisiert (NdsAGH BRAK-Mitt. 2005, 87; Henssler/Prütting/*Kilian* § 45 Rn. 18; Hartung/*Hartung* § 45 Rn. 16 ff.). Für den Anwaltsnotar findet § 45 Abs. 1 Nr. 1 im Notarrecht seine Ergänzung durch § 3 Abs. Nr. 7 BeurkG, dessen Geltung § 16 Abs. 1 BNotO auf alle Amtsgeschäfte des Notars erstreckt. Danach darf er als Notar nicht tätig werden, wenn er in derselben Angelegenheit bereits außerhalb seines Notaramts tätig geworden ist. Beide Vorschriften, § 45 Abs. 1 Nr. 1 und § 3 Abs. 1 Nr. 7 BeurkG iVm § 16 Abs. 1 BNotO, sollen eine strikte Trennung anwaltlicher und notarieller Berufsausübung gewährleisten (Henssler/Prütting/*Kilian* § 45 Rn. 18a ff.; Eylmann/Vaasen/*Eylmann* BeurkG § 3 Rn. 40). Auch Beglaubigungen gemäß § 40 BeurkG sind notarielle Tätigkeiten iSv § 45 Abs. 1 Nr. 1. So wie § 3 BeurkG iVm § 16 BNotO dem Notar die bloße Beglaubigung der Unterschrift einer Person, die den Notar in derselben Angelegenheit bevollmächtigt hat, untersagt, verbietet § 45 Abs. 1 Nr. 1 eine anschließende anwaltliche Tätigkeit des Anwaltsnotars (Hartung/*Hartung* § 45 Rn. 16 ff.; vgl. auch *Mihm,* Berufsrechtliche Kollisionsprobleme beim Anwaltsnotar, 2000, 253). War der Anwaltsnotar in einer Angelegenheit früher als Notar tätig, darf er in derselben Rechtssache nicht mehr als Anwalt tätig werden, gleichgültig ob dabei ein Interessenwiderstreit besteht oder nicht (Henssler/Prütting/*Kilian* § 45 Rn. 18a ff.). Hat ein Notar für den Unterhaltsschuldner dessen Unterhaltsschuld in Form einer notariellen Urkunde mit Vollstreckungsunterwerfung beurkundet, so ist ihm im parallelen oder nachfolgenden Streit über die Unterhaltspflicht des Schuldners die anwaltliche Vertretung dieses Schuldners nach § 45 Abs. 1 Nr. 1 untersagt (AG Emmerich MDR 1999, 644). Nach der Beurkundung letztwilliger Verfügungen ist der Anwaltsnotar gehindert, als Rechtsanwalt die Interessen einzelner Erben bei der Erbauseinandersetzung zu vertreten oder im Falle der Geltendmachung von Pflichtteils- und Vermächtnisansprüchen Mandate für oder gegen die Erben zu übernehmen. Gleiches gilt nach Beurkundungen eines Erbscheinsantrages (Hartung/*Hartung* § 45 Rn. 20). Nach der Beurkundung 9 eines Schenkungsversprechens darf der Anwaltsnotar weder den Schenkenden noch den Beschenkten in dieser Angelegenheit anwaltlich vertreten. Das gilt entsprechend im Falle der Beurkundung einer Bürgschaft (Hartung/*Hartung* § 45 Rn. 21). Hat ein Anwaltsnotar einen Gesellschaftsvertrag beurkundet, ist ihm verboten für einen Gesellschafter die Geltendmachung der Stammeinlage abzuwenden (BGH AnwBl. 2011, 95 = BRAK-Mitt. 2011, 38 mit Anm. *Junkg;* BGH BRAK-Mitt. 2011, 31). Entsprechendes gilt, wenn der Anwaltsnotar zunächst ein Testament beurkundet und später für die darin benannte Alleinerbin Pflichtteilsansprüche abwehrt, unabhängig davon, ob ein konkreter Interessengegensatz vorliegt (AnwG Frankfurt/M BRAK-Mitt. 2010, 223).

10 Auf dem Gebiet der vorsorgenden Rechtspflege (§§ 1, 24 Abs. 1 BNotO) kann der Anwaltsnotar weitgehend selbst bestimmen, ob er Handlungen auf diesem Gebiet nach § 24 Abs. 1 BNotO als Notar oder nach § 3 als Rechtsanwalt vornehmen will. Nimmt er diese als Rechtsanwalt vor, greift das Tätigkeitsverbot aus § 45 Abs. 1 Nr. 1 nicht ein. Der Wille zur Tätigkeit als Rechtsanwalt oder Notar kann sich auch aus den Umständen ergeben. Hat ein Anwaltsnotar eine schriftliche Rechtsauskunft mit dem Notarsiegel gesiegelt, so lässt sich daraus entnehmen, dass er als Notar und nicht als Rechtsanwalt handeln wollte (BGH DNotZ 1978, 312). Um Zweifelsfälle zu vermeiden, muss der Anwaltsnotar bei Beginn seiner Tätigkeit klarstellen, ob er als Rechtsanwalt oder als Notar handeln will (1.3 der Richtlinien der Notarkammern über die Amtspflichten und sonstigen Pflichten ihrer Mitglieder; Eylmann/Vaasen/*Hertel* BNotO § 24 Rn. 59, 60). Ist keine eindeutige Feststellung möglich, dann greifen die Vermutungsregeln des § 24 Abs. 2 BNotO. **§ 24 Abs. 2 BNotO beinhaltet eine unwiderlegbare gesetzliche Vermutung für notarielle Tätigkeit,** soweit der Anwaltsnotar Betreuungshandlungen nach § 24 Abs. 1 BNotO zur Vorbereitung oder Ausführung einer Urkundstätigkeit oder notariellen Verwahrung vornimmt (Eylmann/Vaasen/*Hertel* BNotO § 24 Rn. 61). Dh eine Beratung ist eine notarielle Tätigkeit, wenn sie dazu dient, Amtsgeschäfte der in den §§ 20–23 BNotO bezeichneten Art vorzubereiten oder auszuführen. So wird erreicht, dass Vorbereitungs- und Vollzugstätigkeit eines Anwaltsnotars, die in sachlichem Zusammenhang mit Urkunds- oder Verwahrungsgeschäften stehen, auch dem notariellen Berufs- und Verfahrensrecht unterliegen (Eylmann/Vaasen/*Hertel* BNotO § 24 Rn. 62). Berät ein Anwaltsnotar einen Mandanten über ein von diesem abzuschließendes Rechtsgeschäft und beurkundet er anschließend die Willenserklärung des Mandanten, so treffen ihn bei der Beurkundung die Pflichten eines Notars. War die vorausgegangene Beratung dazu bestimmt, die Beurkundung vorzubereiten, so ist er auch insoweit als Notar tätig geworden (§ 24 Abs. 2 S. 1 BNotO). Stellte aber die Beratung den Schwerpunkt der Tätigkeit des Anwaltsnotars dar und vertrat er dabei einseitig die Interessen seines Mandanten, dann wurde er anwaltlich tätig (BGH NJW 1993, 2747 mit Anm. *Borgmann* AnwBl. 1993, 574). Eine selbständige steuerliche Beratung der Partei vor einer Beurkundung gehört zur Anwaltstätigkeit. Rät ein Anwaltsnotar, der als Rechtsanwalt die steuerliche Beratung eines Mandanten übernommen hat, diesem aus steuerlichen Gründen zum Erwerb einer bestimmten Eigentumswohnung und beurkundet er dann, nachdem sich der Mandant zum Kauf entschlossen hat, als Notar den Kaufvertrag, so gehört die dem Kaufentschluss vorangegangene Beratung zur anwaltlichen Tätigkeit (BGH NJW 1988, 563 = MDR 198, 313 = AnwBl. 1988, 115).

11 **§ 24 Abs. 2 S. 2 BNotO** bestimmt für **Zweifelsfälle,** in denen nicht Amtsgeschäfte der in den §§ 20–23 BNotO bezeichneten Art vorzubereiten oder auszuführen sind, dass der **Anwaltsnotar** dann **als Rechtsanwalt handelt.** Kein Zweifel besteht, wenn der Anwaltsnotar unparteiisch die Interessen aller Beteiligten wahrzunehmen hat; es handelt sich dann um notarielle Tätigkeit (BGHZ 134, 100 = NJW 1997, 661). Scheidet eine solche sachgerechte Zuordnung aus, greift die Zweifelsregel des § 24 Abs. 2 S. 2 BNotO zugunsten einer Anwaltstätigkeit ein (Eylmann/Vaasen/*Hertel* BNotO § 24 Rn. 64). Steht die einseitige Interessenwahrnehmung des Mandanten im Vordergrund, dann liegt anwaltliche Tätigkeit vor (BGH NJW 1993, 2747; 1998, 1864). Anwaltliche Beratung kann nicht nachträglich als notarielle angesehen werden (BGH NJW-RR 1992, 1178, 1181).

12 **2. Streit um vom Rechtsanwalt in anderer Eigenschaft aufgenommene Urkunde. a) Grund der Regelung.** § 45 Abs. 1 Nr. 2 greift die bisherige Nr. 4 des § 45 aF auf und ergänzt sie um die Vollstreckung aus der Urkunde (amtliche Begründung, BT-Drs. 12/4993, 29). Die Regelung zum Streit um den Rechtsbestand oder die Auslegung oder die Vollstreckung aus einer Urkunde, die der Rechtsanwalt **als Notar, Notarvertreter oder Notariatsverwalter**

aufgenommen hat, soll Konflikte vermeiden, die sich ergeben können, wenn der Rechtsanwalt in einer Rechtssache tätig werden soll, in der er vorher bei der Beurkundung des nun streitigen Vorgangs als Notar, Notarvertreter oder Notariatsverwalter mitgewirkt hat (*Vetter,* FS Schippel, 1996, 795 ff.). Im Vordergrund stehen hierbei die Fälle, in denen die Urkundsparteien über den Rechtsbestand der Urkunde, die der Rechtsanwalt als Notar pp. errichtet hat, oder um deren Auslegung streiten. Hier stand der Rechtsanwalt vorher bei der Beurkundung als amtliche Urkundsperson unparteiisch und unabhängig zwischen den Urkundsparteien. Es ist mit seinen Pflichten als Rechtsanwalt nicht zu vereinbaren, wenn er nunmehr bei einem Streit über die Wirksamkeit der Beurkundung oder um die Auslegung der Urkunde auf die Seite einer der beiden Urkundsparteien tritt, zumal seine eigene Tätigkeit als Notar pp. im Hinblick auf einen drohenden Regress von Bedeutung sein könnte. Deshalb darf er in einem solchen Falle nicht tätig werden, auch würde er seinen Pflichten als Notar pp. zuwiderhandeln (*Hartstang* II 188 ff.). Der gleiche Widerstreit der Interessen könnte die Unabhängigkeit und Unparteilichkeit gefährden, wenn es sich um den Rechtsbestand oder um die Auslegung einer Urkunde eines Notars handelt, mit dem er sich zu gemeinsamer Berufsausübung verbunden hat (Abs. 3). Abs. 1 Nr. 2 ist lex specialis gegenüber Abs. 1 Nr. 1, dessen Grundtatbestand der gegen Abs. 1 Nr. 2 verstoßende Anwalt regelmäßig ebenfalls erfüllt. Abgrenzungsschwierigkeiten im Bereich des Abs. 1 Nr. 2 haben damit ihre Bedeutung verloren (Henssler/Prütting/*Kilian* § 45 Rn. 23).

b) Aufnahme der Urkunde. Voraussetzung des Tätigkeitsverbotes nach § 45 Abs. 1 Nr. 2 ist zunächst, dass es um den Rechtsbestand, die Auslegung oder Vollstreckung einer Urkunde geht, die der Rechtsanwalt oder ein mit ihm zu gemeinschaftlicher Berufsausübung verbundener Rechtsanwalt als Notar „aufgenommen" hat. „Aufgenommen" hat der Rechtsanwalt oder sein Sozius die Urkunde nicht nur dann, wenn er eine vor ihm abgegebene und in der Regel von ihm entworfene Erklärung beurkundet hat (§ 20 BNotO, §§ 6 ff. BeurkG). Die „Aufnahme" einer Urkunde iSd Abs. 1 Nr. 2 liegt auch vor, wenn ein öffentliches Testament vor dem Notar durch Übergabe einer offenen Schrift errichtet wird. Zur „Aufnahme" einer Urkunde gehört nicht, dass der Notar den Wortlaut einer Erklärung beurkundet, vielmehr genügt, dass er durch seine notarielle Tätigkeit bewirkt, dass das privatschriftlich niedergelegte Testament die Bedeutung eines öffentlichen Testaments erlangt (§ 2232 BGB). Nach §§ 17, 30 S. 4 BeurkG hat der Notar den Inhalt der offen übergebenen Schrift zu prüfen und Bedenken mit den Beteiligten zu erörtern, so dass die Prüfungspflicht des Notars hinsichtlich des Inhalts der Erklärung letztlich die gleiche ist, wie wenn er die Erklärung entworfen und beurkundet hat (OLG Frankfurt NJW 1964, 1033 = DNotZ 1964, 636; *Jessnitzer/Blumberg* § 45 Rn. 6). **13**

Anders ist es bei der Beurkundung der Übergabe einer verschlossenen Schrift, da dann der Notar keinerlei Prüfungs- und Einwirkungsmöglichkeit auf den Inhalt der Schrift hatte (*Jessnitzer/Blumberg* § 45 Rn. 6). Nr. 2 ist auch nicht anwendbar, wenn der Rechtsanwalt in seiner Eigenschaft als Notar nur einen Entwurf gefertigt hatte (OLG Hamm AnwBl. 1977, 22 = JurBüro 1976, 1703 = DNotZ 1978, 677, nur Ls.). Insoweit greift aber Abs. 1 Nr. 1 ein (Henssler/Prütting/*Kilian* § 45 Rn. 21; Hartung/*Hartung* § 45 Rn. 26). **13a**

c) Streit um den Rechtsbestand der Urkunde. Ein Streit um den Rechtsbestand der Urkunde liegt nicht nur dann vor, wenn formale Mängel der Beurkundung selbst behauptet werden, zB weil die Feststellung der Testierfähigkeit des Erblassers fehlt oder die Urkunde ein falsches Datum trägt, sondern auch dann, wenn materiellrechtliche Einwendungen gegen das Beurkundungsgeschäft erhoben werden, die im Falle ihrer Begründetheit das Rechtsgeschäft zunichte machen würden, wenn zB behauptet wird, das beurkundete Rechtsgeschäft selbst sei wegen Sittenwidrigkeit oder als Scheingeschäft nichtig oder wegen eines Willensmangels wirksam angefochten (*Vetter,* FS Schippel, 1996, 795, 798). Wenn nämlich schon der Streit um die Auslegung der Urkunde die Tätigkeit als Anwalt im anschließenden Rechtsstreit ausschließt, muss dies erst recht gelten, wenn behauptet wird, dass das Rechtsgeschäft wegen schwerer Mängel überhaupt nicht zustande gekommen oder aber infolge Anfechtung wegen Willensmängel nachträglich rückwirkend vernichtet worden ist oder wenn es wegen anderer innerer Mängel anfechtbar sei, zB wegen Gläubigerbenachteiligung (OLG Frankfurt NJW 1964, 1033 = DNotZ 1964, 636; NJW 1960, 1162 = DNotZ 1960, 271). Der Anwaltsnotar, der bei einem Streit über die Gültigkeit einer von ihm aufgenommenen notariellen Urkunde eine Vertragspartei gegen die andere anwaltlich vertritt, handelt pflichtwidrig (EG Düsseldorf EGE VI, 260). **14**

15 **d) Streit um die Auslegung der Urkunde.** Bei einem Streit um die Auslegung der Urkunde darf der Notar nicht als Rechtsanwalt für eine der Parteien tätig werden, da er andernfalls den Bereich des unparteiischen Betreuers verlassen und zudem regelmäßig mit der Aufgabe des Parteivertreters und des – wahrscheinlichen – Zeugen in Konflikt geraten würde (*Isele* § 45 Anm. VI B 2).

16 Der Begriff „Auslegung" darf nicht eng gefasst werden. Auch diese Alternative des § 45 Abs. 1 Nr. 2 regelt einen besonderen Fall der allgemeinen berufsrechtlichen Pflicht des Rechtsanwalts, die sich aus den §§ 1 und 3 Abs. 1 ergibt (BGHSt 22, 157 = BGHZ 50, 226 = NJW 1968, 2204; BGHZ 68, 59 = NJW 1977, 807 = EGE XIV, 18), als „unabhängiges Organ der Rechtspflege" und „berufener unabhängiger Berater und Vertreter in allen Rechtsangelegenheiten" seine Unabhängigkeit nach allen Seiten zu wahren. Auch wenn Einwendungen aufgrund nachträglich eingetretener Umstände zB Erlass, Aufrechnung, Stundung usw. erhoben werden, ist eine anwaltliche Vertretung zumindest dann unzulässig, wenn die auch nur entfernte Möglichkeit besteht, dass die frühere notarielle Tätigkeit zB bei Erörterung anlässlich der Beurkundung oder zu einem späteren Zeitpunkt im Streitfall von Bedeutung sein könnten (Schippel/Bracker/*Schäfer* BNotO § 16 Rn. 95).

17 In einem Zivilprozess, in dem es darum geht, welche Folgerungen aus einer in einer notariellen Urkunde niedergelegten Vertragsbestimmung zu ziehen sind, oder welche Folgerungen sich daraus ergeben, dass in einer Urkunde etwas nicht geregelt ist, ist der Anwalt, der den Vertrag als Notar bekundet hat, innerlich nicht völlig frei und unbefangen. Er hat in der Regel die Bestimmung formuliert und trägt dafür die Verantwortung. Dieser Umstand ist geeignet, ihn in seinen tatsächlichen und rechtlichen Schlussfolgerungen zu beeinflussen. Dann aber fehlt ihm die Unabhängigkeit nach allen Seiten, welche berufsrechtlich von ihm zu fordern ist. Daher fällt auch die Bestimmung, welche Folgerungen aus einer in einer notariellen Urkunde niedergelegten Vertragsbestimmung zu ziehen sind, unter den Begriff einer „Auslegung" der Urkunde iSd § 45 Abs. 1 Nr. 2. Das ergibt der Zweck der Vorschrift und ist mit deren Wortlaut vereinbar (BGHSt 22, 157 = BGHZ 50, 226 = NJW 1968, 2204; EGH Celle EGE XII, 124, 127).

18 Die Notwendigkeit einer Vertragsauslegung iSv § 45 Abs. 1 Nr. 2 mit der Folge des Tätigkeitsverbotes entfällt nicht rückwirkend dadurch, dass der Gegner im Verlaufe des Prozesses die gegnerische Vertragsauslegung und den darauf gestützten Anspruch anerkennt. Entscheidend ist, dass im Zeitpunkt des Beginns der Tätigkeit des Rechtsanwalts die Voraussetzungen des § 45 Abs. 1 Nr. 2 vorlagen (OLG Köln DNotZ 1980, 695, nur Ls. = AnwBl. 1980, 70).

19 Hat der Rechtsanwalt als Notar jedoch keine rechtsgeschäftlichen Erklärungen beurkundet, sondern lediglich Erklärungen über Tatsachen, dann hat der Rechtsanwalt als Notar grundsätzlich keinen Einfluss darauf, was erklärt wird und er trägt dafür infolgedessen auch keine Verantwortung. Zwar kann er auch hier die sprachliche Form der Erklärung beeinflussen, doch ergeben sich daraus keinerlei rechtliche Konsequenzen; denn es kommt nicht darauf an, wie etwas erklärt worden ist, sondern es zählt allein, was erklärt worden ist, und das hat allein der Erklärende zu verantworten, es sei denn, dass dem Notar der Vorwurf einer Falschbeurkundung zu machen ist. Daraus aber ist abzuleiten, dass es sich bei der Folgerung, die aus einer rein tatsächlichen Erklärung zu ziehen ist, nicht um eine „Auslegung" iSd § 45 Abs. 1 Nr. 2 handelt (EGH Celle EGE XII, 124). Hat ein Notarvertreter einen Vorgang beurkundet und vertritt er sodann den von dem Notar als Kostenschuldner dieser Beurkundung in Anspruch Genommenen gegenüber dem Notar, ist § 45 Abs. 1 Nr. 2 nicht verletzt, denn er wird nicht im Zusammenhang mit dem Rechtsbestand oder der Auslegung der von ihm als Notar aufgenommenen Urkunde tätig. Er verletzt damit auch nicht seine Neutralitätspflicht nach §§ 14 Abs. 1, 39 Abs. 4 BNotO, der Notar selbst ist nicht Beteiligter oder Partei iSd BNotO (EG Bremen MDR 1992, 22 mit Anm. *Eich*). Auch hier kommt Abs. 1 Nr. 1 in Betracht.

20 **e) Betreiben der Vollstreckung aus der Urkunde.** Bei Betreiben der Vollstreckung aus einer Urkunde, die der Rechtsanwalt als Notar pp. aufgenommen hat (§§ 794 Abs. 1 Nr. 5, 800 ZPO) darf der Rechtsanwalt nach § 45 Abs. 1 Nr. 1 (Hartung/*Hartung* § 45 Rn. 29) und Nr. 2 ebenfalls nicht tätig werden, da er dann ggf. Einwendungen des Vollstreckungsschuldners, seines ehemaligen Auftraggebers, entgegentreten muss (Schippel/Bracker/*Schäfer* BNotO § 16 Rn. 94; EGH Celle EGE XII, 131).

20a Hat der Notar eine vollstreckbare Ausfertigung einer von ihm verwahrten Urkunde erteilt (§ 797 Abs. 2 S. 1 ZPO), darf er ebenfalls nicht als Rechtsanwalt den Vollstreckungsauftrag übernehmen, so wenig wie den Auftrag, den Schuldner im Vollstreckungsverfahren zu vertreten (Schippel/Bracker/*Schäfer* BNotO § 16 Rn. 91). Auch in diesen Fällen würde er sonst dem in § 45 Abs. 1 Nr. 2 geregelten besonderen Fall der allgemeinen Berufspflicht des Rechtsanwalts, seine Unabhängigkeit nach allen Seiten zu wahren (§§ 1, 3, 43a Abs. 1; BGHSt 22, 157 = BGHZ 50, 226 = NJW 1968, 2204), zuwiderhandeln. Wer als Notar den Erwerb des Miteigentumsanteils an einem Grundstück beurkundet hat, darf nicht später einen der Beteiligten als Rechtsanwalt in der Teilungsversteigerung vertreten (OLG Hamm NJW 1992, 1174 = MDR 1992, 81 = MittRhNotK 1991, 294). Hat der Anwaltsnotar, der seine Anwaltspraxis in Sozietät mit mehreren Rechtsanwälten betreibt, als Notar einen Ehevertrag und ein gemeinschaftliches Testament von Eheleuten beurkundet, dann darf die Anwaltssozietät (Abs. 3) nicht das Mandat eines Ehepartners wegen Scheidung und Folgesachen annehmen und Ansprüche aus dem Ehevertrag geltend machen (BGH DNotZ 1992, 455). Darauf, ob Auslegung und/oder Rechtsbestand der notariellen Urkunde bestritten sind, kommt es nicht an; auch wenn dies nicht der Fall ist, darf ein anwaltliches Mandat auf Vollstreckung aus der Urkunde nicht übernommen werden (*Vetter,* FS Schippel, 1996, 795, 799).

f) Streit um die Erfüllung der beurkundeten Pflichten. Fraglich war, ob dem Rechts- 21
anwalt eine Tätigkeit verboten ist, wenn es nur um die Erfüllung der beurkundeten Pflicht geht, nur diese in Streit ist. In der Literatur wurden dazu unterschiedliche Auffassungen vertreten (für Verbot: *Isele* § 45 Anm. VI C; *Jessnitzer/Blumberg* § 45 Rn. 6; kein Verbot: *Kalsbach* 1960 § 45 Anm. 4 IV). Der Gesetzgeber hatte diese Frage bewusst offen gelassen. In der amtlichen Begründung zu § 45 Nr. 4 aF heißt es dazu: „Ein Beratungs- oder Vertretungsverbot in einer Rechtssache, in der zB nur die Erfüllung der in dem notariellen Vertrag eingegangenen Verpflichtung streitig ist, lässt sich vom anwaltlichen Standpunkt nicht ohne weiteres festlegen. Insoweit hat sich eine einheitliche Standesauffassung innerhalb der Anwaltschaft noch nicht gebildet. Allerdings ist zu bemerken, dass sich das Gebot, in diesen Fällen nicht als Rechtsanwalt tätig zu werden, zwar nicht aus den anwaltlichen Berufspflichten, wohl aber aus dem Pflichtenkreis als Notar ergeben kann (vgl. Seybold/Hornig/*Lemmens,* 3. Aufl. 1943, RNotO § 17 Anm. VII). Die weitere Klärung und die Entscheidung im Einzelfall kann den Ehrengerichten überlassen werden" (amtliche Begründung zu § 45 Nr. 4 aF). Heute ist ihm in diesen Fällen die Tätigkeit schon nach § 45 Abs. 1 Nr. 1 verwehrt (BGH AnwBl. 2011, 65; Hartung/*Hartung* § 45 Rn. 27).

Auch aus dem Pflichtenkreis des Notars wird sich regelmäßig ergeben, dass die anwaltliche 22
Beratung und Vertretung eines Vertragspartners auch dann ausgeschlossen ist, wenn es sich nur um die Erfüllung der beurkundenden Pflicht handelt. Der Anwaltsnotar hat bei seiner Tätigkeit als Rechtsanwalt auch die Amtspflichten zu beachten, die ihm als Notar obliegen (Schippel/Bracker/*Kanzleiter* BNotO § 14 Rn. 61; Schippel/Bracker/*Schäfer* BNotO § 16 Rn. 96; OLG Köln Beschluss vom 7.11.1990 – 2 VA (Not) 14/90 nv; OLG Hamm DNotZ 1977, 441, 443; NJW 1992, 1174). Gemäß § 14 Abs. 3 S. 1 BNotO muss der Notar auch bei seiner anwaltlichen Tätigkeit alles vermeiden, was sich mit seiner Stellung als unabhängiger Träger eines öffentlichen Amtes (§ 1 BNotO) und als unparteiischer Betreuer der Beteiligten (§ 14 Abs. 1 S. 2 BNotO) nicht verträgt und was geeignet ist, das in seine strengste Unparteilichkeit gesetzte Vertrauen zu erschüttern (Schippel/Bracker/*Schäfer* BNotO § 16 Rn. 90). Notare und gleichermaßen Anwaltsnotare unterliegen dem Grundsatz der Unabhängigkeit und Unparteilichkeit (BGHZ 106, 212, 217). Aus diesem allgemeinen Grundsatz folgt die Pflicht des Anwaltsnotars, dass er als unabhängiger Betreuer der Beteiligten schon den Anschein der Parteilichkeit vermeiden und als unparteiischer Rechtsberater sämtlicher Beteiligter Vertretungen ablehnen muss, in denen es sich um die Wahrnehmung gegensätzlicher Parteiinteressen handelt (BGH Beschluss vom 9.12.1991 – NotZ 26/90; BGHZ 51, 301, 304). Lehnt er solche Vertretungen nicht ab, handelt er auch seiner anwaltlichen Berufspflicht zuwider, seine Unabhängigkeit nach allen Seiten zu wahren (§§ 1, 3; BGHSt 22, 157 = BGHZ 50, 226 = NJW 1968, 2204). Deshalb darf ein Anwaltsnotar, der als Notar für mehrere Beteiligte tätig geworden ist, nicht Partei für einen Beteiligten ergreifen und ihn als Anwalt gegen andere Beteiligte vertreten, wenn der Streit irgendwie auf seine amtliche Tätigkeit als Notar in dieser Angelegenheit zurückgeht, selbst wenn in diesem Augenblick Bedenken oder Zweifel über sein Amtsgeschäft noch nicht erhoben sind (Schippel/Bracker/*Schäfer* BNotO § 16 Rn. 96 ff.).

g) Sachbeteiligung. Das Tätigkeitsverbot des § 45 Abs. 1 Nr. 2 bezieht sich nicht nur auf 23
Streitigkeiten unter den Parteien des beurkundeten Vertrages. Eine solche Einschränkung des

Verbotes findet in § 45 Abs. 1 Nr. 2 keine Stütze (BGHSt 22, 157 = BGHZ 50, 226 = NJW 1968, 2204; **aA** EG Hamm AnwBl. 1966, 242). Unter Beteiligung iSd § 45 Abs. 1 Nr. 2 ist die **Sachbeteiligung** gemeint. Das Verbot beschränkt sich nicht nur auf einen Zivilprozess zwischen den Beurkundungsparteien, sondern erfasst jede spätere einseitige Interessenwahrnehmung auch in anderen Verfahren, die sich aus einem notariellen Amtsgeschäft entwickelt haben und denselben Lebensvorgang wie das Amtsgeschäft betreffen (Disziplinarsenat Essen DNotZ 1961, 164 = JMBl. NW 1961, 34; OLG Hamm NJW 1992, 1174). Die Gründe, die den Rechtsanwalt zwingen, sich aus dem Streit der Beurkundungspartner selbst herauszuhalten, treffen in gleicher Weise auch in seinem Verhältnis gegenüber deren Rechtsnachfolger zu (OLG Frankfurt NJW 1960, 1162 = DNotZ 1960, 271).

24 **3. Ausschluss der anwaltlichen Tätigkeit gegen den Träger des von ihm verwalteten Vermögens.** Abs. 1 Nr. 3 hat einen Sonderfall des Verbotes widerstreitender Interessen zum Gegenstand. Der Rechtsanwalt, der eine der in der Vorschrift genannten Funktionen wahrgenommen hat, darf auch später nicht gegen den Träger des von ihm verwalteten Vermögens tätig werden. Damit sollen Interessenkollisionen und soll bereits der Anschein vermieden werden, dass der Rechtsanwalt früher erworbenes „Insiderwissen" zum Einsatz bringt (amtliche Begründung, BT-Drs. 12/4993, 29, 30). Neben der Sonderregelung des § 45 Abs. 1 Nr. 3 bleibt die Grundregelung des § 43a Abs. 4 und des § 3 BORA, des Verbotes der Wahrnehmung widerstreitender Interessen bestehen, wobei § 43a Abs. 4 aber jeweils anwaltliche Tätigkeit auf beiden Seiten voraussetzt. In Fällen des § 45 Abs. 1 Nr. 3 muss er aber nicht als Anwalt, sondern in Wahrnehmung eines Amtes, das er unter gerichtlicher oder behördlicher Kontrolle wahrnimmt, tätig geworden sein. In „ähnlicher Funktion" iSd § 45 Abs. 1 Nr. 3 handelt der Rechtsanwalt daher, wenn er nicht als unabhängiger Sachwalter von Parteiinteressen tätig wurde, sondern unter gerichtlicher oder behördlicher Kontrolle ein ihm übertragenes Amt ausübt. Deshalb fällt auch eine Tätigkeit als Vormund, Pfleger oder Sequester unter das Tätigkeitsverbot der Nr. 3 (Hartung/*Hartung* § 45 Rn. 31; Henssler/Prütting/*Kilian* § 45 Rn. 26), auch die des Nachlassliquidators (AG MV BRAK-Mitt. 2008, 33; AG MV BRAK-Mitt. 2009, 242).

25 Das Merkmal „in Angelegenheiten, mit denen er … bereits befasst war" entspricht sachlich dem Tätiggewesensein in derselben Rechtssache des Abs. 1 Nr. 1 (→ Rn. 6 ff.; Henssler/Prütting/*Kilian* § 45 Rn. 27). Dem Konkursverwalter/Insolvenzverwalter pp. ist daher nicht jede anwaltliche Tätigkeit gegen den Träger des von dem Rechtsanwalt als Konkursverwalter/Insolvenzverwalter pp. verwalteten Vermögens verwehrt, sondern nur eine solche, die gerade Angelegenheiten betrifft, mit denen er als Konkursverwalter/Insolvenzverwalter pp. bereits befasst war oder ist. Der ehemalige Konkursverwalter/Insolvenzverwalter kann einen Gläubiger des ehem. Gemeinschuldners gegen diesen immer dann vertreten, wenn es sich um eine nach dem Konkurs/Insolvenzverfahren oder außerhalb des Konkurses/Insolvenzverfahrens entstandene Forderung handelt, es sei denn im Einzelfall sei dann eine Verschwiegenheitspflichtverletzung durch den Rechtsanwalt zu befürchten (Lingenberg/Hummel/Zuck/Eich/*Zuck* § 46 Rn. 17). Hat zB der Erbe mit seinem Privatwagen, der also nicht zum Nachlass gehört, einen Unfall, kann der Nachlassverwalter oder Testamentsvollstrecker die Interessen des Unfallgegners gegen den Erben vertreten. Auch während der Amtsführung als Konkursverwalter (ab 1.1.1999 als Insolvenzverwalter, §§ 21 Abs. 2 Nr. 1, 22, 56 InsO) pp. darf er nicht für einen Dritten gegen den Träger des von ihm verwalteten Vermögens tätig werden, soweit es sich um Angelegenheiten handelt, mit denen er in den in Abs. 1 Nr. 3 genannten Eigenschaften bereits befasst ist (Lingenberg/Hummel/Zuck/Eich/*Zuck* § 46 Rn. 16). Das Tätigkeitsverbot gilt aber nicht, soweit er als Partei kraft Amtes aufgrund der Anfechtungstatbestände in der Konkursordnung/Insolvenzordnung pp. gegenüber dem Träger des von ihm verwalteten Vermögens (Gemeinschuldner pp.) vorgeht. Soweit er postulationsfähig ist, kann er den Anspruch selbst vor Gericht geltend machen. Damit bringt er nicht zu Unrecht früher erworbenes „Insiderwissen" zum Einsatz, sondern erfüllt lediglich seine Amtspflicht als Konkursverwalter/Insolvenzverwalter pp. Dies gilt selbst dann, wenn der Rechtsanwalt eines der Ämter iSd § 45 Abs. 1 Nr. 3 regelmäßig wahrnimmt und daraus zumindest teilweise seinen Lebensunterhalt erwirtschaftet, dh wenn er insoweit beruflich iSd § 45 Abs. 1 Nr. 4 tätig wird. Insoweit ist § 45 Abs. Nr. 3 lex specialis gegenüber § 45 Abs. 1 Nr. 4. Im Interesse der optimalen Wahrnehmung der Interessen des von ihm verwalteten Vermögens muss es dem Amtsträger auch als Anwalt erlaubt sein gegen Dritte vorzugehen. Aus diesem Grund untersagt § 45 Abs. 1 Nr. 3 nicht ein Vorgehen gegen Dritte,

sondern nur gegen den Träger des von ihm verwalteten Vermögens (Henssler/Prütting/*Kilian* § 45 Rn. 25).

25a Wird ein Rechtsanwalt zugleich für den Konkursverwalter/Insolvenzverwalter und einen Konkursgläubiger/Insolvenzgläubiger tätig, liegt eine Interessenkollision auch vor, wenn er zum Nutzen beider Mandanten handelt (EGH Celle BRAK-Mitt. 1981, 44).

26 **4. Berufliche Befassung mit einer Angelegenheit außerhalb der Anwaltstätigkeit.** Abs. 1 Nr. 4 trifft eine Regelung für sonstige Bereiche, in denen ein Rechtsanwalt zuvor schon außerhalb seiner Tätigkeit als Rechtsanwalt oder der Ausübung einer Tätigkeit iSd § 59a Abs. 1 S. 1 mit einer Angelegenheit beruflich in einer solchen Weise befasst war, dass er im Interesse des Vertrauens in seine Unabhängigkeit nicht mehr anwaltlich tätig sein kann. Abs. 1 Nr. 4 knüpft an eine zweitberufliche – insbesondere kaufmännische oder sonst erwerbswirtschaftliche – Tätigkeit des Rechtsanwalts an. Die Einschränkung „außerhalb seiner Anwaltstätigkeit" soll zum Ausdruck bringen, dass der Rechtsanwalt in derselben Angelegenheit, in der er (als Rechtsanwalt oder im Rahmen des § 59a Abs. 1 S. 1) das Mandat übernommen hat, insoweit keinen Beschränkungen unterliegt. Er darf seinen Mandanten selbstverständlich beraten, für diesen klagen, Rechtsmittel durchführen. Etwas anderes gilt jedoch, wenn der Rechtsanwalt zuvor – ohne dem anwaltlichen Berufsrecht zu unterliegen – (zweit-)beruflich damit befasst war (amtliche Begründung, BT-Drs. 12/4993, 30).

27 Die im ursprünglichen Regierungsentwurf als weitere Ausschlussgründe vorgesehene „geschäftliche" Vorbefassung und Befassung „in sonstiger Weise" (vgl. amtliche Begründung, BT-Drs. 12/4993, 6, 30) erschienen dem Rechtsausschuss des Deutschen Bundestages als zu weitreichend und wurden nicht in das Gesetz aufgenommen. Dem Ausschuss erschien es zur Vermeidung von Interessenkollisionen ausreichend, das Tätigkeitsverbot des § 45 Abs. 1 Nr. 4 nur in den Fällen eingreifen zu lassen, wenn der Rechtsanwalt in derselben Angelegenheit außerhalb seiner Anwaltstätigkeit oder seiner sonstigen Tätigkeit iSd § 59a Abs. 1 S. 1 bereits **beruflich** tätig war (Beschlussempfehlung und Bericht des Rechtsausschusses, BT-Drs. 12/7656, 49).

28 Das Tätigkeitsverbot des § 45 Abs. 1 Nr. 4 setzt somit voraus, dass der Rechtsanwalt außerhalb seines Anwaltsberufes oder einer Tätigkeit nach § 59a Abs. 1 S. 1 schon **beruflich mit derselben Angelegenheit** (→ Rn. 5) **befasst** gewesen ist. Unter „beruflich" ist jede auf Dauer berechnete und nicht nur vorübergehende, der Schaffung und Erhaltung einer Lebensgrundlage dienende Betätigung zu verstehen (BVerfGE 54, 301 = NJW 1981, 33). Die Betätigung braucht aber nicht als alleinige Lebensgrundlage zu dienen, muss aber ihrer Art nach dazu geeignet sein (Hartung/*Hartung* § 45 Rn. 39). Einmalige Tätigkeiten, auch wenn sie auf Erwerb ausgerichtet sind, unterfallen nicht der Regelung des § 45 Abs. 1 Nr. 4. Damit sollen insbesondere Mitarbeiter in Unternehmen gehindert sein, dieselbe Angelegenheit, mit der sie als Angestellte in einem Unternehmen weisungsgebunden befasst sind, auch anwaltlich zu bearbeiten. Aber auch für andere Fälle eines Zweitberufes gilt § 45, gleichgültig ob er selbständig oder unselbständig ausgeübt wird, er kaufmännisch ausgerichtet ist oder nicht. So gilt er auch für die öffentlich-rechtliche Tätigkeit als Staatsbeauftragter nach § 124 RpfGO (Gemeindeordnung Rheinland-Pfalz; BGH BRAK-Mitt. 2007, 170). Bedeutsam ist, ob der Rechtsanwalt in seinem Zweitberuf rechtlich und tatsächlich einer richtunggebenden Einflussnahme unterliegt (OLG Koblenz NJW-RR 2007, 1003 = BRAK-Mitt. 2007, 88).

29 Die Anwendung des § 45 Abs. 1 Nr. 4 setzt voraus, dass sich die **Anwaltstätigkeit von der zweitberuflichen Betätigung abgrenzen lässt** (BGH NJW 2004, 212; AnwG München AnwBl. 1999, 285; → Rn. 2), so zB die als Staatsbeauftragter (BGH NJW-RR 2007, 1506 = BRAK-Mitt. 2007, 171). Eine Maklertätigkeit kann auch Gegenstand eines Anwaltsmandats sein, sofern die Pflicht, rechtlichen Beistand zu gewähren, nicht völlig in den Hintergrund tritt (BGHZ 18, 340; 57, 53; 133, 90; → § 7 Rn. 118). Deshalb lässt sich die Anwaltstätigkeit von der zweitberuflichen Betätigung als Makler nicht zuverlässig abgrenzen, wenn der Makler, der zugleich Rechtsanwalt ist, vom Kunden, dem er die Gelegenheit zum Abschluss eines Vertrages nachweist, gebeten wird, ihn auch anwaltlich über die Vor- und Nachteile des abzuschließenden Vertrages zu beraten und diesen gleich selbst zu entwerfen. An der Möglichkeit der Abgrenzung fehlt es ferner dann, wenn der Rechtsanwalt, der zunächst nur eine Disposition über Geld- oder Immobilienvermögen prüfen und in die Wege leiten soll, die Gelegenheit nutzt, sich als Makler ins Spiel zu bringen, und der Mandant daraufhin das Mandat entsprechend ausweitet (BGH NJW 2004, 212). Eine Abgrenzung kann im Einzelfall schwierig sein. Im Hinblick auf § 3 Abs. 1 wird

bei Rechtsangelegenheiten im Zweifel eine anwaltliche Tätigkeit anzunehmen sein. Ist eine nicht mit dem Beruf des Rechtsanwalts vereinbare Tätigkeit nicht von der Anwaltstätigkeit abgrenzbar, zB die Maklertätigkeit, dann können die aus der daraus resultierenden Pflichtenkollision sich ergebenden Gefahren nicht in vollem Umfang durch Tätigkeitsverbote nach § 45 gebannt werden und kommt ein Widerruf der Zulassung nach § 14 Abs. 2 Nr. 8 in Betracht (BGH NJW 2004, 212). Auch die Geschäftsführung einer GmbH (BayAGH BRAK-Mitt. 2003, 182) und die nebenberufliche Tätigkeit als Aufsichtsratsmitglied ist berufliche Tätigkeit iSd § 45 Abs. 1 Nr. 4 (*Müller* NZG 2002, 797). Zum Anwendungsbereich der §§ 113, 114 AktG auf einen Aufsichtsrat, der zugleich Gesellschafter einer beratenden Sozietät ist, vgl. BGH AnwBl. 2007, 634 mit Anm. *Grunewald* AnwBl. 2007, 568. Führt eine GmbH durch ihren als Rechtsanwalt zugelassenen Geschäftsführer für einen Dritten Buchhaltungsarbeiten aus und fertigt dieser anschließend als Rechtsanwalt die Einkommensteuer-, Gewerbesteuer- und Umsatzsteuererklärungen für das gleiche Jahr, verstößt er gegen § 45 Abs. 1 Nr. 4 (BayAGH BRAK-Mitt. 2003, 182). Zur Tätigkeit als Rechtsanwalt nach Tätigwerden als angestellter Verbandsgeschäftsführer s. AnwG Köln BRAK-Mitt. 2012, 85. § 45 Abs. 1 Nr. 4 erfasst auch Fälle, in denen ein Rechtsanwalt bei Ausübung einer weiteren freiberuflichen Tätigkeit, die nicht zu den nach § 59a Abs. 1 S. 1 sozietätsfähigen Tätigkeiten gehört, bereits mit einer Angelegenheit befasst war. Übt ein Rechtsanwalt zB auch den Beruf eines Architekten aus (zur Zulässigkeit BVerfGE 82, 18 = NJW 1990, 2122 = DVBl. 1990, 884 = BRAK-Mitt. 1990, 178 = AnwBl. 1990, 517 = Rbeistand 1990, 22), darf er die Interessen seines Auftraggebers als Architekt nicht auch anwaltlich zB gegenüber dem Bauamt und vor dem Verwaltungsgericht vertreten. Er darf aber auch **eigene Rechte** aus der zweitberuflichen Vorbefassung nicht selbst anwaltlich geltend machen. So darf er bei zweitberuflicher Tätigkeit als Architekt oder Vermögensverwalter nicht sein Honorar selbst in seiner Eigenschaft als Rechtsanwalt geltend machen, solange die zweitberufliche Tätigkeit in derselben Angelegenheit andauert (Henssler/Prütting/*Eylmann,* 1. Aufl. 1997, § 45 Rn. 30; Hartung/Römermann/*Hartung,* 4. Aufl. 2008, § 45 Rn. 41; **aA** Hartung/*Hartung* § 45 Rn. 44; Henssler/Prütting/*Kilian* § 45 Rn. 36; OLG München OLGR 1999, 213; AnwG München AnwBl. 1999, 285). Soweit *Hartung* und *Kilian* nunmehr unter Hinweis auf § 78 Abs. 4 ZPO über das Selbstvertretungsrecht des Anwalts im Zivilprozess die Auffassung vertreten, die Wahrnehmung eigener im Zweitberuf wurzelnder Rechte sei durch das Tätigkeitsverbot des § 45 Abs. 1 Nr. 4 nicht erfasst, da § 78 Abs. 4 ZPO das Eigeninteresse des Anwalts nicht als eine generelle Gefahr für seine Unabhängigkeit wertet, kann dem nicht gefolgt werden. § 78 Abs. 4 ZPO gestattet eine Selbstvertretung nur, soweit nicht aus anderen Gründen eine solche ausgeschlossen ist. § 45 Abs. 1 Nr. 4 unterscheidet aber nicht zwischen der Wahrnehmung fremder und eigener Rechte. Das kann im Einzelfall schwierig sein. Im Hinblick auf § 3 Abs. 1 wird bei Rechtsangelegenheiten im Zweifel eine anwaltliche Tätigkeit anzunehmen sein. Ist eine nicht mit dem Beruf des Rechtsanwalts vereinbare Tätigkeit nicht von der Anwaltstätigkeit abgrenzbar, zB die Maklertätigkeit, dann können die aus der daraus resultierenden Pflichtenkollision sich ergebenden Gefahren nicht in vollem Umfang durch Tätigkeitsverbote nach § 45 gebannt werden und kommt ein Widerruf der Zulassung nach § 14 Abs. 2 Nr. 8 in Betracht (BGH NJW 2004, 212).

30 Nicht unter § 45 Abs. 1 Nr. 4 fallen **nichtberufliche** Tätigkeiten, dh solche, die nicht auf Dauer ausgerichtet sind und nicht Grundlage der Lebensführung sind (BVerfGE 54, 301 = NJW 1981, 33) wie zB **ehrenamtliche Betätigungen und politische Mandate** (vgl. auch BGHZ 72, 70). Damit fallen Vorbefassungen zB als ehrenamtlicher Vorsitzender eines Sportvereins, eines Kleingartenvereins aber auch eines Mietervereins, der die Mitglieder berät, da der Vorsitz nicht beruflich ausgeübt wird, nicht darunter. Wohl aber ist der angestellte Geschäftsführer eines Vereins zweitberuflich tätig, ebenso der Geschäftsführer einer GmbH oder das Vorstandsmitglied einer AG (Henssler/Prütting/*Eylmann,* 1. Aufl. 1997, § 45 Rn. 28). Dies gilt auch für eine Tätigkeit als geschäftsführender Bevollmächtigter einer GbR, deren Zweck die Vermietung eines im Eigentum der Gesellschafter stehenden Grundstücks ist, da es keinen sachlichen Grund gibt, die rechtliche Bewertung eines Rechtsanwalts davon abhängig zu machen, ob er für eine Personen- oder Kapitalgesellschaft tätig wird (OLG Köln BRAK-Mitt. 2008, 86). Die Tätigkeit als **Insolvenzverwalter** ist anwaltliche Tätigkeit und wird nicht von Abs. 1 Nr. 4 erfasst (Hartung/*Hartung* § 45 Rn. 41). Jedoch muss der Rechtsanwalt darauf achten, dass nicht im Einzelfall doch widerstreitende Interessen (§§ 43a Abs. 4, 45 Abs. 1 Nr. 3, Abs. 2 Nr. 1, 59b Abs. 2 Nr. 1e) im Spiel sind, die ihn an einer Tätigkeit hindern. Die Tätigkeit als **Hausverwalter** soll der eines Insolvenzverwalters vergleichbar sein. Deshalb soll die Tätigkeit eines Rechtsanwalts als

Hausverwalter einer WEG ihn nicht daran hindern, die WEG als Rechtsanwalt gegen ein Mitglied der WEG zu vertreten (AnwG Freiburg AnwBl. 2006, 135).

Das Tätigkeitsverbot des Abs. 1 Nr. 4 gilt nicht, „wenn die berufliche Tätigkeit **beendet** ist“. **31**
Diese Ausnahme wurde in das Gesetz aufgenommen auf Vorschlag des Rechtsausschusses des Deutschen Bundestages. Mit dieser Regelung soll dem Rechtsanwalt, der seine Tätigkeit als Mitarbeiter im Unternehmen beendet hat, ermöglicht werden, die zuvor im Unternehmen bearbeiteten Fälle anwaltlich fortzuführen. Nach Beendigung der Tätigkeit im Unternehmen unterliegt der Rechtsanwalt keinen Weisungsbefugnissen mehr, er ist allein dem anwaltlichen Berufsrecht verpflichtet (Beschlussempfehlung und Bericht des Rechtsausschusses, BT-Drs. 12/7656, 49) und damit entfällt die Berechtigung zur Fortgeltung des Tätigkeitsverbotes aus § 45 Abs. 1 Nr. 4. Zwar legen der Gesetzeswortlaut und die amtliche Begründung nahe, dass der Anwalt den Zweitberuf insgesamt aufgegeben haben muss. Der Gesetzeszweck widerspricht jedoch einer solchen Auslegung, denn das Tätigkeitsverbot folgt nicht aus dem Zweitberuf allein, sondern aus der Befassung mit derselben Rechtssache, dh mit der konkreten Angelegenheit im Zweitberuf. Ist die Befassung mit derselben Rechtssache im Zweitberuf abgeschlossen, entfällt der Grund für das Tätigkeitsverbot (Henssler/Prütting/*Kilian* § 45 Rn. 38; Hartung/*Hartung* § 45 Rn. 45; OLG Köln BRAK-Mitt. 2008, 86; OLG Frankfurt BRAK-Mitt. 2009, 190; offen gelassen von BGH NJW 2004, 212). Es muss aber immer eine vollständige Beendigung der Befassung mit derselben Angelegenheit im Zweitberuf gegeben sein. Sind in derselben Angelegenheit noch weitere zweitberufliche Tätigkeiten erforderlich, und sei es nur die Verbuchung der für die Zweittätigkeit einzuklagenden Beträge, dann ist die zweitberufliche Tätigkeit nicht beendet. Bei der Wahrnehmung eigener Rechte aus einer zweitberuflichen Tätigkeit ist eine Beendigung der zweitberuflichen Tätigkeit ausgeschlossen. Klagt ein Rechtsanwalt, der gleichzeitig Architekt ist, das Honorar für eine erbrachte Architektenleistung ein, ist dies Teil seiner Tätigkeit als Architekt (Henssler/Prütting/*Kilian* § 45 Rn. 38; → § 43a Rn. 57; vgl. auch § 3 Abs. 1 BORA).

Ein Syndikusanwalt (§ 46) hat aber weiterhin § 46 Abs. 2 Nr. 1 zu beachten, der eine solche **32**
zeitliche Beschränkung nicht kennt. § 46 Abs. 2 Nr. 1 und 2 sind Spezialnormen und gehen den in § 45 Abs. 1 Nr. 4 und Abs. 2 Nr. 2 enthaltenen Grundregeln vor. Das Tätigkeitsverbot ist somit über § 45 Abs. 1 Nr. 4 nur dann zeitlich limitiert, wenn die frühere zweitberufliche Tätigkeit nicht rechtsbesorgender Art war (dann gilt § 46 Abs. 2 Nr. 1; → § 46 Rn. 26; Henssler/Prütting/*Kilian* § 45 Rn. 40; Hartung/*Hartung* § 45 Rn. 46).

Hinsichtlich der anwaltlichen Vertretung Dritter gegenüber der RAK durch Vorstandsmitglie- **33**
der dieser Kammer → § 43a Rn. 58. Ein Rechtsanwalt, der gegen § 45 Abs. 1 Nr. 4 verstößt, handelt damit **nicht** zugleich **wettbewerbswidrig,** auch wenn diese Vorschrift eine sog. wertbezogene Norm ist. § 45 Abs. 1 Nr. 4 hat als solche keinen Bezug zum Wettbewerb. Ihr kommt weder primär noch sekundär die Funktion zu, die Gegebenheiten eines bestimmten Marktes zu regeln. Soweit diese Norm einen Rechtsanwalt im Einzelfall vom Tätigwerden ausschließt und damit insoweit auch als Wettbewerber, ist dies nur ein Reflex ihrer beabsichtigten andersartigen Wirkung. Ein Gesetzesverstoß, der mit einem Tätigwerden unter Verletzung des § 45 Abs. 1 Nr. 4 begangen wird, strahlt nicht in der Weise auf die Handlung aus, dass diese gerade auch als Wettbewerbsverhalten gegen die guten Sitten im Wettbewerb verstößt. Das Interesse der Allgemeinheit daran, dass die Vorschrift des § 45 Abs. 1 Nr. 4 eingehalten wird, gilt nicht der Lauterkeit des Wettbewerbs, sondern ausschließlich der Wahrung einer geordneten Rechtspflege und der Aufrechterhaltung der Integrität der Anwaltschaft (BGH NJW 2001, 2089 = AnwBl. 2001, 298 = MDR 2001, 527).

5. Keine Tätigkeitsverbote als Ausgleich für entfallene Lokalisationsverbote (§ 20 34
Abs. 1 aF). Mit dem Wegfall der Lokalisation (vgl. 7. Aufl. Vor §§ 4 ff. Rn. 7; § 18 Rn. 1 ff.) entfiel auch die Regelung des § 20 Abs. 1 Nr. 1, wonach die Zulassung bei einem Gericht dann untersagt werden soll, wenn der Rechtsanwalt dort in den letzten fünf Jahren als Richter oder Beamter auf Lebenszeit tätig gewesen ist. Die weiteren, früher in § 20 Abs. 1 Nr. 2 und 3 geregelten Versagungsgründe der Ehe, der geradlinigen Verwandtschaft oder Schwägerschaft mit einem Richter dieses Gerichts sind bereits durch Art. 3 § 14 Gesetz zur Beendigung der Diskriminierung gleichgeschlechtlicher Gemeinschaften (Lebenspartnerschaften) vom 16.2.2001 (BGBl. I S. 266) gestrichen worden, da der Zweck, eine abstrakte Gefährdung der anwaltlichen Unabhängigkeit auszuschließen, angesichts der Erweiterung der Postulationsfähigkeit auf alle

Land- und Familiengerichte mit der Versagung der Zulassung bei einem Gericht nicht mehr zu erreichen war (ausf. dazu vgl. 8. Aufl. § 45 Rn. 33, 34).

III. Versagungsfälle des Abs. 2

35 Abs. 2 greift die in Abs. 1 normierten Pflichten, das Mandat nicht zu übernehmen auf, um Interessenkollisionen vorzubeugen, und schreibt dem Rechtsanwalt vor, die Angelegenheiten, in denen er als Anwalt mandatiert war, nicht in anderer Eigenschaft zu betreiben. Adressat der Bestimmung ist der Rechtsanwalt, der gegen eine anwaltliche Berufspflicht verstößt, wenn er dem Verbot zuwiderhandelt (amtliche Begründung, BT-Drs. 12/4993, 30). Die Gesetzgebungsbefugnis des Bundes für eine solche Regelung folgt im Wege der Annexkompetenz aus Art. 74 Nr. 1 GG (Henssler/Prütting/*Kilian* § 45 Rn. 41a). – Zur Sicherung der anwaltlichen Unabhängigkeit durch eine klare Trennung zwischen anwaltlicher Betätigung und der im Zweitberuf und um so die Fälle der Versagung oder des Entzugs der Zulassung wegen Gefahr von Interessenkollisionen (§ 14 Abs. 2 Nr. 9) einzudämmen, wird über § 45 Abs. 2 Nr. 2 in die außerberufliche Betätigung des Rechtsanwalts eingegriffen. Dies ist verhältnismäßiger als die sonst in Betracht kommenden diesbezüglichen Berufszulassungsregelungen. Da diese Pflicht dem Rechtsanwalt auch als solchem auferlegt wird, war der Bundesgesetzgeber auch nach Art. 74 Nr. 1 GG zu einer solchen Regelung befugt (Henssler/Prütting/*Kilian* § 45 Rn. 41).

36 Abs. 2 Nr. 1 und 2 kehren somit die anwaltlichen Tätigkeitsverbote des Abs. 1 Nr. 3 und 4 in die Gegenrichtung um. Wie der Rechtsanwalt, der nach Abs. 1 Nr. 3 anwaltlich nicht tätig werden darf in Angelegenheiten, mit denen er bereits als Konkursverwalter/Insolvenzverwalter pp. befasst war, so darf er umgekehrt keine Tätigkeit als Konkursverwalter/Insolvenzverwalter pp. ausüben in Angelegenheiten, mit denen er bereits als Rechtsanwalt gegen den Träger des zu verwaltenden Vermögens befasst war. Er darf in diesen Fällen das Amt des Konkursverwalters/Insolvenzverwalters pp. nicht übernehmen. Zur Tätigkeit als (berufsmäßiger) Betreuer s. BGH BRAK-Mitt. 2014, 79. In der Praxis werden schon die für die Übertragung der genannten Amtsfunktionen zuständigen Gerichte einen Anwalt, auf den die Voraussetzungen des **§ 45 Abs. 2 Nr. 1** zutreffen, nicht mit den genannten Aufgaben betrauen, zumal ihnen die anwaltliche Vorbefassung nicht verborgen bleiben wird (Henssler/Prütting/*Kilian* § 45 Rn. 42). Ist diese dem Gericht nicht bekannt, ist es eine Folgepflicht des Rechtsanwalts aus § 45 Abs. 2 Nr. 1, das Gericht darauf hinzuweisen. Gutachtertätigkeit des Rechtsanwalts zu der Frage, ob das Insolvenzverfahren zu eröffnen ist, ist keine anwaltliche Tätigkeit gegen den Träger des zu verwaltenden Vermögens iSd § 45 Abs. 2 Nr. 1, wenn derselbe Rechtsanwalt nach Abgabe des Gutachtens zum Verwalter bestellt wird. Ein Rechtsanwalt ist nicht gehindert als Testamentsvollstrecker tätig zu werden, weil die notarielle Beurkundung seiner testamentarischen Ernennung zum Testamentsvollstrecker von einem Sozius vorgenommen wurde. Die Beurkundung des Testaments des Erblassers ist keine Rechtsanwaltstätigkeit gegen den Nachlass (BGH MittBayNot 1997, 248).

37 Wie der Rechtsanwalt nach § 45 Abs. 1 Nr. 4 in derselben Angelegenheit nicht als Rechtsanwalt tätig werden darf, mit der er bereits in seinem außeranwaltlichen Zweitberuf befasst ist, so darf er nach **§ 45 Abs. 2 Nr. 2** in Angelegenheiten, mit denen er bereits anwaltlich befasst war, außerhalb seiner eigentlichen Anwaltstätigkeit aber auch einer sonstigen Tätigkeit iSd § 59a Abs. 1 S. 1 in seinem Zweitberuf nicht tätig werden. Er darf also nicht dieselbe Angelegenheit zunächst als unabhängiger Rechtsanwalt bearbeiten und diese gleichzeitig oder später in seinem Zweitberuf als Syndikus pp. für seinen Dienstherrn weisungsgebunden bearbeiten. Dabei ist gleichgültig, ob die spätere zweitberufliche Tätigkeit sich gegen den Mandanten richtet, in seinem Interesse liegt oder der frühere Mandant gar mit der Übernahme dieser Tätigkeit einverstanden ist (OLG Köln BRAK-Mitt. 2008, 86), sie muss nur beruflicher Natur (→ Rn. 26) sein. Eine zeitliche Limitierung des Tätigkeitsverbots entsprechend § 45 Abs. 1 Nr. 4 besteht nicht, um zu verhindern dass Kenntnisse aus der anwaltlichen Tätigkeit (zB aus einer Akteneinsicht nach § 147 StPO) im Zweitberuf genutzt werden (Henssler/Prütting/*Kilian* § 45 Rn. 43). Eine Kollisionslage zwischen Anwaltstätigkeit und einer Tätigkeit im Zweitberuf als **Inkassounternehmen** ist durch die Kollisionsnormen des § 45 Abs. 1 Nr. 4 Abs. 2 Nr. 2, Abs. 3 so geregelt, dass sie sich von Rechts wegen nicht mehr auswirken kann. Denn ein im Zweitberuf als Inkassounternehmer tätiger Rechtsanwalt darf in derselben Angelegenheit nur entweder in der einen oder in der anderen Funktion tätig werden (VGH Hessen BB 2000, 2279).

Zu eventuellen verfassungsrechtlichen Bedenken gegen § 45 Abs. 2 Nr. 2 vgl. Henssler/Prütting/*Kilian* § 45 Rn. 44; Hartung/*Hartung* § 45 Rn. 50.

IV. Ausweitung der Tätigkeitsverbote nach Abs. 3

Abs. 3 dient der Ausweitung der Tätigkeitsverbote auf die in die berufliche Zusammenarbeit eingebundenen Personen. Zum einen gelten die Verbote für diese, aber auch deren Vorbefassung außerhalb ihres rechtsberatenden Berufs führt zu dem Tätigkeitsverbot für alle. Eine solche Regelung erscheint unverzichtbar, da die gemeinsame Berufsausübung zwangsläufig zu einer Erstreckung im Einzelfall bestehender Verbote auf alle führt. Jedoch ist diese Erstreckung wegen des damit verbundenen Eingriffs in die Berufsausübungsfreiheit (Art. 12 Abs. 1 GG) eng auszulegen. Die Erstreckung des Tätigkeitsverbots, das einen Anwaltsrichter nach § 45 Abs. 1 Nr. 1 trifft, auf dessen Sozius setzt daher voraus, dass dieser die tatsächlichen Umstände kennt, die das Tätigkeitsverbot begründen; dem steht lediglich gleich, wenn sich der Sozius trotz evidenter Anhaltspunkte der Kenntnisnahme solcher Umstände verschließt (OLG Schleswig MDR 2002, 1459; BGH AnwBl. 2015, 270; aA Henssler/Prütting/*Kilian* § 45 Rn. 45b). **Alle Formen gemeinschaftlicher Berufsausübung** sind einbezogen, auch Partnerschaften, die GmbH, die EWIV, die in freier oder in abhängiger Stellung erbrachte Mitarbeit und auch eine Bürogemeinschaft, die über die bloße gemeinsame Nutzung sachlicher Arbeitsmittel hinausgeht und den Zugang zu den Akten und den auf andere Weise gespeicherten Daten und Informationen aller Mandanten ermöglicht, die sich mithin einer Sozietät oder einer Verbindung in sonstiger Weise annähert, fallen hierunter. Maßgebendes Kriterium ist die **Gewährleistung der anwaltlichen Verschwiegenheitspflicht;** wer im Rahmen der gemeinschaftlichen Berufsausübung Zugang zu Mandanteninformationen hat, ist den Tätigkeitsverboten des § 45 unterworfen (amtliche Begründung, BT-Drs. 12/4993, 30; Henssler/Prütting/*Kilian* § 45 Rn. 45). 38

Es ist seit jeher ein allgemeiner Grundsatz des anwaltlichen Berufsrechts, dass jeder Sozius – auch Außensozius (→ § 59a Rn. 12; BGH NJW 2001, 1572 = MDR 2001, 419 = BRAK-Mitt. 2001, 82 = AnwBl. 2001, 362) – seine Tätigkeit in allen Fällen zu versagen hat, in denen auch nur einer der anderen Sozien (Außensozien) zur Versagung verpflichtet wäre (amtliche Begründung zu § 45 aF; BGH bei *Friedländer,* Kommentar zur Rechtsanwaltsordnung vom 1.7.1878, 3. Aufl. 1930, RAO § 31 Anm. 13). Daher dürfen Rechtsanwälte, die sich mit einem Anwaltsnotar zu gemeinsamer Berufsausübung verbunden haben, keine Maklerverträge über Grundstücke schließen, da dies dem Anwaltsnotar nach § 14 Abs. 4 BNotO verboten ist. Verbotswidrig getroffene Vereinbarungen sind nichtig (BGH NJW 2001, 1569 = BGHR 2001, 352 mit Anm. *Schultz* = MDR 2001, 719 = AnwBl. 2001, 436 = BRAK-Mitt. 2001, 192 = NZG 2001, 651 mit abl. Anm. *Michalski* 646 und *Bultmann* AnwBl. 2003, 607). 39

Ein Rechtsanwalt, der seinen Beruf in Sozietät (§ 59a) oder sonst iSd Abs. 3 zusammen mit anderen ausübt, muss durch organisatorische Maßnahmen sicherstellen, dass er und die anderen Mitglieder der Sozietät pp. kein Mandat übernehmen, dessen Übernahme und Erfüllung gegen § 45 verstößt (für den Anwaltsnotar BGH DNotZ 1992, 455). Das bedeutet, die von Abs. 3 erfassten beruflichen Zusammenschlüsse müssen nicht nur ein **Gegnerregister,** sondern auch ein **Verzeichnis über die in § 45 Abs. 1 Nr. 1 bis 4 genannten Tätigkeiten** führen. Das gilt auch für überörtliche Sozietäten. Anwälte, die ihren Beruf gemeinsam mit Anwaltsnotaren ausüben (§ 59a Abs. 1 S. 3 und 4), müssen ein **Verzeichnis der an Notargeschäften Beteiligten** aufstellen und auf dem Laufenden halten (Henssler/Prütting/*Kilian* § 45 Rn. 47; BGH NJW 1993, 196; DNotZ 1992, 455). Kommt es auch nur infolge Fahrlässigkeit zu einem Verstoß gegen § 45 Abs. 3, kann dies anwaltsgerichtlich geahndet werden (§ 113 Abs. 1). Die **Ausnahmeregelung des § 3 Abs. 2 S. 2 BORA** ist auf § 45 Abs. 3 nicht anwendbar (BGH AnwBl. 2015, 270). 40

V. Folgen eines Verstoßes gegen § 45

1. Nichtigkeit des Geschäftsbesorgungsvertrages. Ein Verstoß gegen § 45 kann nicht nur mit einer Rüge bzw. anwaltsgerichtlich geahndet werden, sondern kann auch zivilrechtliche und prozessuale Folgen haben. Zudem greift § 3 Abs. 4 BORA ein. Die Bestimmung des § 45 beinhaltet ein Verbot iSd § 134 BGB (BGH MittBayNot 1997, 248). Ein Verstoß gegen die Tätigkeitsverbote des § 45 führt regelmäßig zur Nichtigkeit des Geschäftsbesorgungsvertrages (*Vollkommer/Greger/Heinemann* § 3 Rn. 18) zwischen dem Rechtsanwalt und seinem Mandanten 41

(BGH AnwBl. 2011, 65 = BRAK-Mitt. 2011, 31 mit Anm. *Jungk; Vetter,* FS Schippel, 1996, 795, 807; Henssler/Prütting/*Kilian* § 45 Rn. 49; zu Nr. 2 aF OLG Hamm MDR 1989, 743 = AnwBl. 1989, 397; zu Nr. 4 aF OLG Köln AnwBl. 1980, 70 = DNotZ 1980, 695, nur Ls.; OLG Hamm NJW-RR 1989, 442 = MDR 1989, 266 = DNotZ 1989, 634 mit Anm. *Feuerich* DNotZ 1989, 634 596; OLG Hamm NJW 1992, 1174; AG Emmerich MDR 1999, 644; *Hartstang* I 206; *Jessnitzer/Blumberg* § 45 Rn. 6) mit der Haftungsfolge aus § 309 BGB (*Jessnitzer* 4. Aufl. § 45 Rn. 6).

42 Die Verbote aus § 45 stehen nicht zur Disposition der Beteiligten (zu Nr. 4 aF OLG Hamm NJW 1992, 1174; OLG Frankfurt NJW 1964, 1033 = DNotZ 1964, 636; BGH AnwBl. 2015, 270). Dabei ist ohne Bedeutung, dass das Verbot sich nur gegen den Rechtsanwalt selbst richtet. Dafür müssen die Grundsätze, die der BGH für die Beurteilung des Geschäftsbesorgungsvertrages mit einem nicht zugelassenen Rechtsberater aufgestellt hat (BGHZ 37, 258 = NJW 1962, 210 = MDR 1962, 814; BGH NJW 1988, 561 = MDR 1988, 297 = Rbeistand 1988, 66; OLG Hamm BRAK-Mitt. 1988, 159, nur Ls. = Rbeistand 1987, 102), entsprechend gelten (OLG Köln AnwBl. 1980, 70 = DNotZ 1980, 695, nur Ls.).

43 **2. Wirksamkeit der Prozessvollmacht und der Rechtshandlungen.** Das Schicksal einer Prozessvollmacht darf nicht mit dem der Vollmacht zugrundeliegenden Rechtsverhältnis verknüpft werden (OLG Köln MDR 1974, 310). Ein Verstoß des Rechtsanwalts gegen eines der Tätigkeitsverbote des § 45 führt nicht zur Unwirksamkeit der Prozessvollmacht und der namens der Partei vorgenommenen Prozesshandlungen (BGH NJW 1993, 1926; OLG Schleswig MDR 2002, 1459). Die Prozessvollmacht ist nur dann unwirksam, wenn dies aus den Regeln der ZPO oder der BRAO folgt (OLG Hamm NJW-RR 1989, 442; AnwBl. 1989, 397; NJW 1992, 1174; OLG Köln MDR 1974, 310; Baumbach/Lauterbach/Albers/*Hartmann* ZPO Übersicht vor § 78 Rn. 5; Zöller/*Vollkommer* ZPO Vor § 78 Rn. 5; Stein/Jonas/*Bork,* 22. Aufl. 2004, ZPO § 80 Rn. 2; *Schmellenkamp* AnwBl. 1985, 14; *Hartstang* I 134; *Borgmann/Jungk/Schwaiger* S. 90). Der Erstreckung der Unwirksamkeit des zugrundeliegenden Geschäftsbesorgungsvertrages auf die Prozessvollmacht widerstreitet das Abstraktionsprinzip, welches für die Prozessvollmacht uneingeschränkt gilt. Das Interesse der Rechtsordnung an der Rechtsbeständigkeit von Prozesshandlungen ist vorrangig (OLG Hamm AnwBl. 1989, 397). Die von dem gegen § 45 verstoßenden Rechtsanwalt vorgenommenen Rechtshandlungen sind entsprechend § 114a Abs. 2, § 155 Abs. 5 wirksam. Das Gleiche gilt für Rechtshandlungen, die ihm gegenüber vorgenommen werden (zu Nr. 2 und 4 aF BGH NJW 1993, 1926; OLG Hamm AnwBl. 1989, 397; zu Nr. 4 aF OLG Hamm NJW-RR 1989, 442). Allerdings ist der Rechtsanwalt entsprechend § 156 Abs. 2 zurückzuweisen (OLG Hamm NJW-RR 1989, 442; VG Freiburg Beschluss vom 10.5.1996 – 6 K 520/94 nv; Henssler/Prütting/*Henssler* § 46 Rn. 51; **aA** Henssler/Prütting/*Kilian* § 45 Rn. 51 und Hartung/*Hartung* § 45 Rn. 65, weil die Überwachung der Einhaltung anwaltlicher Berufspflichten ausschl. der Berufsaufsicht und der Anwaltsgerichtsbarkeit obliege). Es ist ein allen Verfahrensordnungen gemeinsamer Grundsatz, dass den Gerichten aufgegeben ist, für einen dem geltenden Recht entsprechenden Verfahrensablauf Sorge zu tragen und dabei auch die Frage der prozessualen Zulässigkeit des Auftretens von Bevollmächtigten im schriftlichen und mündlichen Verkehr zu prüfen (BVerfGE 52, 42 = NJW 1980, 33 zum kommunalen Vertretungsverbot). Verstößt ein Anwaltsnotar dadurch gegen § 45 Abs. 1 Nr. 1 und die ihm nach § 14 Abs. 1 S. 2 BNotO obliegenden Amtspflichten, dass er einen Beteiligten, für den er zunächst als Notar tätig war, später als Rechtsanwalt vertritt, so wird die Wirksamkeit der ihm von dem Mandanten erteilten Prozessvollmacht dadurch nicht berührt (OLG Hamm NJW 1992, 1174).

VI. Kommunales Vertretungsverbot

44 Außer aus §§ 45, 46 kann sich auch aus anderen Gesetzen im Einzelfall ein Tätigkeitsverbot für einen Rechtsanwalt ergeben (vgl. zB § 146 StPO). Oder der Rechtsanwalt bedarf für seine Tätigkeit der Zustimmung eines Dritten, zB des Aufsichtsrates, wenn der Rechtsanwalt als Aufsichtsratsmitglied außerhalb seiner Tätigkeit als Organ der Gesellschaft für diese anwaltlich tätig wird (§§ 111, 114 AktG; *Knöriger* AnwBl. 2003, 266).

45 **1. Vertretungsverbot für Inhaber kommunaler Ehrenämter und Ratsmitglieder.** Nach dem traditionellen Gemeindeverfassungsrecht ist es Inhabern von Ehrenämtern in Gemeinden und Kreisen sowie Mandatsträgern in Gemeinden und Kreisen verboten, Ansprüche Dritter

gegen Gemeinde und Kreis geltend zu machen (vgl. zB §§ 24 Abs. 1, 30 GONW, § 22 Abs. 2 KrO NW). Ein Rechtsanwalt, der Gemeinderatsmitglied ist, kann somit eine Schadensersatzklage eines Dritten nicht in dessen Auftrag gegen die Gemeinde geltend machen. Das gilt auch für einen Ortschaftsrat nach der baden-württembergischen Gemeindeordnung (VGH Baden-Württemberg DÖV 1988, 302).

Es verstößt nicht gegen Bundesrecht, wenn Landesrecht bestimmt, dass das kommunale Vertretungsverbot auch für das Mitglied eines Ortschaftsrates in der Weise gilt, dass ihm die rechtsgeschäftliche Vertretung Dritter bei der Geltendmachung von Ansprüchen und Interessen gegenüber einer Gemeinde auch dann untersagt ist, wenn es sich nicht um ortschaftsbezogene Angelegenheiten handelt (BVerwG NJW 1988, 1994 = NVwZ 1988, 838 = DVBl. 1988, 791). Dabei ist der Begriff des „Geltendmachens" weit zu fassen und erfasst auch die bloße Beratung oder die Tätigkeit als Korrespondenzanwalt, wenn diese auf die Durchsetzung von Ansprüchen gegen die Behörde abzielt (BVerfG NJW 1988, 694 = BRAK-Mitt. 1988, 158 = DVBl. 1988, 54; vgl. auch *Schoch,* Das kommunale Vertretungsverbot, 1981, S. 168). Für **Landtagsabgeordnete** gibt es ein entsprechendes Vertretungsverbot gegen das Land nicht; dadurch ist der allgemeine Gleichheitssatz im Hinblick auf die unterschiedlichen Interessenverpflichtungen nicht verletzt (BVerfG NJW 1988, 694; BVerwG NJW 1984, 377). Zur Lage in den neuen Bundesländern vgl. *Schwokowski* NJ 1991, 117. 46

2. Verfassungsmäßigkeit des Verbotes. Die auch für Rechtsanwälte geltende kommunalrechtliche Regelung ist **keine Berufsausübungsregelung.** Vielmehr regelt sie die Rechtsstellung der Ehrenbeamten und Mandatsträger und die damit verbundene Treuepflicht. Diese Treuepflicht konkretisiert sich in dem Vertretungsverbot. Es zielt darauf ab, Kollisionen zwischen der geschäftsmäßigen beruflichen Interessenvertretung durch Ehrenbeamte und Mandatsträger unterschiedlicher Berufe und ihren Amtspflichten gegenüber Gemeinde und Kreis zu verhindern, ihnen also zu verwehren, ihre Stellung als Ehrenbeamter bzw. Mandatsträger im öffentlichen Leben unangemessen für ihre Berufsausübung auszunutzen. Das Verbot bezweckt also nicht, diese Inhaber von Ehrenämtern und Mandatsträger in ihrer jeweiligen Berufsausübung zu beschränken. Es stellt vielmehr eine durch andere gesetzliche Zwecke gebotene **allgemeine Begrenzung der Berufsfreiheit** unter anderem auch der Rechtsanwälte dar, die nicht in den Schutzbereich des Art. 12 Abs. 1 S. 1 GG eingreift (BVerfGE 41, 231 = NJW 1976, 95 = DVBl. 1976, 389; VGH Baden-Württemberg BB 1993, 1690; *Stober* BayVBl. 1981, 161, 165a; **aA** *Menger* NJW 1980, 1827; *Jäkel* DVBl. 1980, 829; *Schoch,* Das kommunale Vertretungsverbot, 1981, 196 ff.; *Hartung* II S. 256 ff.). Aber auch dann, wenn das Verbot als Berufsausübungsregelung anzusehen und deshalb an Art. 12 Abs. 1 GG zu messen sein sollte, so wäre es durch die angeführten Gründe hinreichend im Interesse des Allgemeinwohls gerechtfertigt und auch mit dem Grundsatz der Verhältnismäßigkeit vereinbar (BVerfG NJW 1988, 694; VGH Baden-Württemberg BB 1993, 1690). 47

Durch die entsprechende Regelung in den Gemeinde- und Kreisordnungen der Länder greifen die Bundesländer auch nicht in die Kompetenz des Bundes aus Art. 74 Nr. 1 GG ein, das Recht der Rechtsanwaltschaft zu regeln. Diese kommunalrechtlichen Kollisionsnormen gehören zum traditionellen Gemeindeverfassungsrecht, weshalb sie zum Gebiet des Kommunalrechts und nicht zu dem anderen Gebiet des Rechts der Rechtsanwaltschaft zählen. Deshalb stellen sie auch keinen Verstoß gegen § 3 Abs. 2 dar (BVerfG NJW 1988, 694; BVerfGE 41, 231 = NJW 1976, 95; BVerfGE 52, 42 = NJW 1980, 33 = MDR 1980, 197 = DÖV 1980, 95 = DVBl. 1980, 49; BVerfGE 56, 99 = NJW 1981, 1599 = DÖV 1981, 418 = DVBl. 1981, 489; BVerfGE 61, 68 = NJW 1982, 2177; BVerwG NJW 1984, 377 = DÖV 1984, 469; VGH Baden-Württemberg BB 1993, 1690; *Jessnitzer/Blumberg* § 3 Rn. 4). 48

Die Geltung des kommunalrechtlichen Vertretungsverbots in Schleswig-Holstein für Kreisausschussmitglieder verstößt auch im Bereich der Aufgaben, die dem Kreis zur Erfüllung nach Weisung übertragen sind oder in denen der Landrat als untere Landesbehörde handelt, nicht gegen das Grundgesetz (BVerfG NJW 1988, 694; BVerwG NJW 1984, 377). 49

3. Zurückweisung eines Ratsmitgliedes als Prozessbevollmächtigter. Es ist verfassungsrechtlich nicht zu beanstanden, wenn das Gericht einen Rechtsanwalt, der dem Rat einer Gemeinde angehört, als Prozessbevollmächtigten zurückweist, das gilt auch dann, wenn die Verfahrensordnung eine derartige Bestimmung nicht enthält. Allen Prozessordnungen ist gemeinsam, dass sie den Gerichten aufgeben, für einen dem geltenden Recht entsprechenden Verfahrensablauf Sorge zu tragen und dabei auch die Frage der prozessualen Zulässigkeit des Auf- 50 tretens von Prozessbevollmächtigten zu prüfen. Dieser verfahrensrechtlichen Prüfungspflicht lässt sich das Recht einordnen, im Rahmen eines anhängigen Verfahrens für die Einhaltung der durch Gesetz begründeten Pflichten des auftretenden Rechtsanwalts zu sorgen. Hierdurch soll von vornherein ausgeschlossen werden, dass der Rechtsstreit unter Mitwirkung eines Prozessbevollmächtigten geführt wird, dessen Beteiligung der Landesgesetzgeber wegen der möglichen Gefahr einer auch prozessrechtlich nicht unbedeutsamen Interessenkollision ausdrücklich untersagt hat (BVerfGE 52, 42 = NJW 1980, 33; OVG Münster NJW 1981, 2210; 1982, 67; Kopp/*Schenke* VwGO § 67 Rn. 22; *Jessnitzer/Blumberg* § 3 Rn. 4; **aA** Stein/Jonas/*Roth,* 22. Aufl. 2005, ZPO § 157 Rn. 32; OLG Hamm NJW 1978, 2253).

51 Hinsichtlich der Folgen eines Verstoßes gegen das kommunale Vertretungsverbot gilt das zu § 45 Abs. 5 Gesagte entsprechend.

52 **4. Erlaubte Verteidigertätigkeit.** Ein Rechtsanwalt, der Ratsmitglied ist, ist aber durch das kommunalrechtliche Vertretungsverbot nicht gehindert, einen Betroffenen im Bußgeldverfahren vor der Ordnungsbehörde der Gemeinde zu vertreten. Es handelt sich dabei nicht um das „Geltendmachen von Ansprüchen eines anderen gegen die Gemeinde", sondern um Strafverteidigertätigkeit in einem dem Gerichtsverfahren erst durch das OWiG vorgeschalteten Verwaltungsverfahren. So wenig wie der Verteidiger im Falle, dass die Staatsanwaltschaft die Ermittlungen leitet, einen Anspruch des Beschuldigten gegen das Land verfolgt, so wenig macht der Verteidiger im Bußgeldverfahren vor den Ordnungsbehörden einen Anspruch des Betroffenen geltend (BVerfGE 41, 231 = NJW 1976, 954).

53 **5. Bürogemeinschaft oder Sozietät mit Ratsmitgliedern.** Das kommunale Vertretungsverbot ist **nicht anwendbar** auf einen Rechtsanwalt, der mit einem Ratsmitglied in Bürogemeinschaft (BVerfGE 56, 99 = NJW 1981, 1599) oder in einer Sozietät (BVerfGE 61, 68 = NJW 1982, 2177) verbunden ist, da allein der ratsangehörige Rechtsanwalt Adressat des kommunalen Vertretungsverbotes ist. Denn ihm allein obliegt aufgrund seines kommunalen Amtes die besondere Treuepflicht gegenüber der Gemeinde, die sich in dem Vertretungsverbot konkretisiert. Der Rechtsanwalt, der Gemeinderatsmitglied ist, kann bei der Beratung und Entscheidung der Frage, ob die Voraussetzungen des kommunalrechtlichen Vertretungsverbots bei seinem Sozius erfüllt sind, nach der jeweiligen Gemeindeordnung wegen Befangenheit ausgeschlossen sein (VGH Baden-Württemberg DÖV 1988, 302).

VII. Rechtsanwalt als Zeuge oder Sachverständiger

54 Es gibt anders als für den Richter (§ 22 Nr. 5 StPO, § 41 Nr. 5 ZPO) keine gesetzliche Bestimmung über die Unvereinbarkeit anwaltlicher Tätigkeit nach Vernehmung als Zeuge oder Sachverständiger in derselben Sache (*Hartstang* II 235; Meyer-Goßner/Schmitt/*Schmitt* StPO Vor § 48 Rn. 18). Für den Strafprozess geht zB § 53 Abs. 1 Nr. 2 und 3 StPO ausdrücklich von der Zulässigkeit der Vernehmung von Verteidigern und Rechtsanwälten aus und die StPO kennt keinen Vorrang der Zeugenpflicht vor dem Recht des Rechtanwalts als Verteidiger aufzutreten (BVerfGE 16, 241 = NJW 1963, 1771 = MDR 1963, 738). Im Falle notwendiger Verteidigung ist allerdings grundsätzlich während der Vernehmung des Verteidigers als Zeuge dem Angeklagten ein anderer Verteidiger beizuordnen, es sei denn er hat schon einen weiteren Verteidiger (BGH NJW 1986, 78 = NStZ 1985, 514; Meyer-Goßner/Schmitt/*Schmitt* StPO Vor § 48 Rn. 18). Der als Zeuge in Betracht kommende Verteidiger darf vom Gericht nicht ausgeschlossen werden, denn § 138a StPO regelt die Ausschließungsgründe abschließend. Das Verbot darf auch nicht dadurch umgangen werden, dass der Verteidiger nach § 58 Abs. 1 StPO vor seiner Vernehmung aus dem Saal gewiesen oder als Zeuge nicht nach § 248 StPO entlassen wird (Meyer-Goßner/Schmitt/*Schmitt* StPO Vor § 48 Rn. 18).

55 Die Doppelfunktion als Prozessbevollmächtigter bzw. Verteidiger einerseits und als Zeuge oder Sachverständiger andererseits kann den Rechtsanwalt aber im Einzelfall in eine unlösbare Pflichten- und Interessenkollision führen. Das zeigt sich schon daran, dass es zu den elementaren Aufgaben eines Rechtsanwalts als Bevollmächtigter und Verteidiger gehört, an den Zeugen Fragen zu stellen, ihm Vorhalte zu machen und den Beweiswert, insbesondere die Glaubwürdigkeit von Zeugenaussagen zu würdigen. Damit wird der als Zeuge vernommene Rechtsanwalt genötigt, auch den Beweiswert seiner eigenen Zeugenaussage zu würdigen. Dabei könnte er leicht für die anderen Beteiligten seine Glaubwürdigkeit verlieren und seine Stellung als un-

abhängiges Organ der Rechtspflege Schaden nehmen. Das kann den Rechtsanwalt dazu nötigen, sein Mandat niederzulegen, wenn seine Vernehmung als Zeuge angeordnet wird, oder ein Mandat gar nicht erst zu übernehmen, wenn seine Zeugenvernehmung nach Lage des Falles wahrscheinlich ist (Lingenberg/Hummel/Zuck/Eich/*Zuck* § 1 Rn. 29). Soll der Rechtsanwalt nur über einen Nebenpunkt bekunden, zB zu Vorgängen bei einer Zeugenvernehmung, an der er im Ermittlungsverfahren beteiligt war, oder zum Zeitpunkt des Eingangs eines Schreibens in der vorprozessualen Korrespondenz oder steht die Richtigkeit seiner Aussage außer Diskussion, dann ist die Fortführung seines Mandates unbedenklich (Lingenberg/Hummel/Zuck/Eich/*Zuck* § 1 Rn. 30). Dient die Zeugenbenennung durch die Gegenseite erkennbar nur dem Zweck, ihn mit einer unsinnigen oder unerheblichen Beweisbehauptung als Prozessbevollmächtigten aus dem Verfahren „herauszukatapultieren", ist das für den Rechtsanwalt kein Anlass zur Mandatsniederlegung. Ordnet das Gericht aber dennoch seine Vernehmung als Zeuge an, besteht für den Rechtsanwalt besonderer Anlass zu prüfen, ob es mit dem Ansehen seines Berufsstandes und seiner eigenen Person sowie den Interessen seines Mandanten noch vereinbar ist, das Mandat fortzuführen. Die Fortführung des Mandats wird möglich sein, wenn er sich ohne Schaden für seinen Auftraggeber auf das Zeugnisverweigerungsrecht nach § 383 Abs. 1 Nr. 6 ZPO, § 53 Abs. 1 Nr. 2 und 3 StPO beruft (Lingenberg/Hummel/Zuck/Eich/*Zuck* § 1 Rn. 31).

§ 46 Rechtsanwälte in ständigen Dienstverhältnissen (§ 3 BORA)

(1) **Der Rechtsanwalt darf für einen Auftraggeber, dem er aufgrund eines ständigen Dienst- oder ähnlichen Beschäftigungsverhältnisses seine Arbeitszeit und -kraft zur Verfügung stellen muß, vor Gerichten oder Schiedsgerichten nicht in seiner Eigenschaft als Rechtsanwalt tätig werden.**

(2) **Der Rechtsanwalt darf nicht tätig werden:**

1. **wenn er in derselben Angelegenheit als sonstiger Berater, der in einem ständigen Dienst- oder ähnlichen Beschäftigungsverhältnis Rechtsrat erteilt, bereits rechtsbesorgend tätig geworden ist;**
2. **als sonstiger Berater, der in einem ständigen Dienst- oder ähnlichen Beschäftigungsverhältnis Rechtsrat erteilt, wenn er mit derselben Angelegenheit bereits als Rechtsanwalt befaßt war.**

(3) **Die Verbote des Absatzes 2 gelten auch für die mit dem Rechtsanwalt in Sozietät oder in sonstiger Weise zur gemeinschaftlichen Berufsausübung verbundenen oder verbunden gewesenen Rechtsanwälte und Angehörigen anderer Berufe und auch insoweit einer von diesen im Sinne des Absatzes 2 befaßt war.**

Schrifttum: *Bartosch-Koch,* Beschränkungen bei der Rechtsberatung durch Syndikusanwälte, AnwBl. 2010, 37; *Beusch/Decker,* Der Syndikusanwalt – diesseits und jenseits des Atlantiks, FS Ernst Stiefel, 1987, 18; *Braun,* Das Selbstverständnis des Syndikus, AnwBl. 1997, 573; *Burholt,* Einen Schritt vor, zwei Schritte zurück – Gilt das Anwaltsprivileg im europäischen Kartellrecht auch für Syndikusanwälte?, BRAK-Mitt. 2004, 100; *Bürkle,* Besondere praktische Erfahrung des Syndikusfachanwalts, AnwBl. 2004, 578; *ders.,* Nebentätigkeitsgenehmigung für Syndikusanwälte, MDR 2005, 848; *Burmann,* Die berufsrechtliche Stellung des Syndikusanwalts, FS Tolksdorf, 2014, 443; *Chab,* Wenn der Syndikusanwalt zum Sündenbock werden soll …, AnwBl. 2010, 359; *Deckenbrock,* Tätigkeitsverbote des Anwalts: Rechtsfolgen beim Verstoß, AnwBl. 2010, 221; *ders.,* Der Referentenentwurf zum Syndikusanwalt: ein „Bürokratiemonster", AnwBl. 2015, 469; *Esser,* Befreiung von der Rentenversicherungspflicht, AnwBl. 2007, 17; *Eichler/Peukert,* Vertraulichkeit der Rechtsberatung durch Syndikusanwälte und EMKR, AnwBl. 2002, 189; *Ewer,* Der Syndikusanwalt ist eine Errungenschaft – kämpfen wir dafür, AnwBl. 2014, 683; *Hamacher,* Der Syndikusanwalt ist kein Anwalt 2. Klasse, AnwBl. 2011, 42; *Hamm/Maxin,* „Legal privilege" für Syndikusanwälte, AnwBl. 2015, 377; *Heine,* Syndikusanwälte: Mögliche Perspektiven der Deutschen Rentenversicherung, AnwBl. 2014, 690; *Hellwig,* Der Syndikusanwalt – neue Denkansätze, AnwBl. 2015, 2; *Hommerich,* Junge Syndikusanwälte – Berufseinstieg nach Maß, AnwBl. 1989, 636; *ders.,* Professionals in Organisations – oder: Vom Sinn des Syndikus, AnwBl. 2009, 406; *Hommerich/Prütting,* Das Berufsbild des Syndikusanwalts, Beilage zu AnwBl. 11/1997, I; *dies.,* II, Das Berufsbild des Syndikusanwalts, Schriftenreihe des Instituts für Anwaltsrecht an der Universität Köln, Bd. 26; *Horn,* Zeitliche Grenze des Tätikeitsverbots für Syndici nach § 46 II Nr. 1 BRAO, BRAK-Mitt. 2009, 155; *ders.,* Das Befreiungsrecht von Syndikusanwälten von der Rentenversicherungspflicht, AnwBl. 2011, 755; *ders.,* Befreiung nach § 6 SGB VI infolge Tätigkeitswechsel, BRAK-Mitt. 2013, 102; *ders.,* Der Syndikusanwalt und das Zusammenspiel von Sozial- und Berufsrecht, AnwBl. 2014, 147; *Huff,* Stellung der Unternehmensanwälte im europäischen Recht, ZAP, Fach 23, 913; *ders.,* Das falsche Bild des BGH vom Syndikusanwalt, Besprechung der Entscheidung des Anwaltssenats vom 7.2.2011 – Anw 3 (B) 20/10, AnwBl. 2011, 73; *ders.,* Die Auseinandersetzung um die Befreiung der Syndikusanwälte erreicht das Bundessozialgericht, BRAK-Mitt. 2013, 215; *Imping/Prossliner,* Syndikusanwälte: Was nutzt das ganze Vertrauen?, AnwBl. 2015, 209; *Jung/Horn,* Syndikusanwälte und die gesetzliche Rentenversicherung, AnwBl. 2011, 209; *Kilger,*

Syndikus-Anwalt und Versorgungswerk – Befreiung von der Versicherungspflicht bei der BfA? –, AnwBl. 1992, 438; *ders.*, Syndikusanwälte und Befreiungsrecht: vieles offen – Zielrichtung klar, AnwBl. 2014, 685; *Kilian*, Die Zukunft der Syndikusanwaltschaft nach den BSG-Urteilen, AnwBl. 2014, 468; *Kirchhoff*, Der Syndikusanwalt ist Rechtsanwalt – er wird von der gesetzlichen Rentenversicherung befreit, AnwBl. 2005, 618; *Kleine-Cosack*, Syndikusanwälte zwischen Tabuisierung und Legitimierung, BB 2005, 2309; *ders.*, Syndikusanwälte ante portas? Rechtsanwaltskammern und Anwaltsgerichtsbarkeit diskriminieren europäische Anwälte – BGH-Beschluss, AnwBl. 2011, 467; *ders.*, Vom Syndikusanwalt zum Unternehmensjuristen – dient das der Anwaltschaft, AnwBl. 2012, 947; *ders.*, Versorgungswerk-Aus für Syndikus: BSG erliegt Unabhängigkeitsmythos, AnwBl. 2014, 891; *ders.*, Vertrauensschutz und Rentenversicherungspflicht von Syndikusanwälten, AnwBl. 2015, 115; *Kollrus*, Verfassungskonforme Auslegung des Tätigkeitsverbots für Syndikusanwälte gemäß § 46 BRAO, BRAK-Mitt. 2013, 98; *Kolvenbach*, Die Rechtstellung der Syndikusanwälte in der Europäischen Gesellschaft, AnwBl. 1987, 211; *Kramer*, Der Syndikusanwalt im Strafverfahren, AnwBl. 2001, 140; *Krenzler*, Anmerkungen zu den Entscheidungen des Bundessozialgerichts zur Befreiung von Syndikusanwälten, BRAK-Mitt. 2014, 128; *Mann*, Gleichstellung des Syndikusanwalts beim Vertraulichkeitsschutz, AnwBl. 2010, 87; *Mann/Leisinger*, Kein „legal privilege" für unternehmensinterne Rechtsanwälte, AnwBl. 2010, 776; *Marx*, Der Syndikusanwalt, das Postulationsrecht und der EuGH, AnwBl. 2012, 956; *Merkt*, Syndikusanwalt und Anwaltsprivileg – Chance für das Rechtssystem, AnwBl. 2014, 278; *Michel/Arentz*, Die gerichtliche Vertretung von Unternehmen durch ihre Syndikusanwälte, AnwBl. 2015, 471; *Munte*, Der Syndikusanwalt im Konzernunternehmen, AnwBl. 1998, 500; *Neumann*, Hausanwalt oder Rechtsabteilung?, AnwBl. 1987, 404; *ders.*, Die Rechtsabteilung im Unternehmen, AnwBl. 1991, 630; *Offermann-Burckart*, Die Systemrelevanz von Syndikusanwälten, AnwBl. 2012, 778; *dies.*, Neuregelung des Rechts der Syndikusanwälte: Fast die Quadrate des Kreises, AnwBl. 2015, 202; *Prossliner*, Syndikusanwälte und die gesetzliche Rentenversicherung, AnwBl. 2009, 133; *ders.*, Befreiungsrecht und jetzt? – Fallgruppen in ihren Varianten, AnwBl. 2014, 695; *Prütting*, Das Anstellungsverhältnis des Syndikusanwalts, AnwBl. 2001, 313; *ders.*, Die Unabhängigkeit des Syndikusanwalts, AnwBl. 2009, 402; *ders.*, Die Ausgrenzung des Syndikus – ein Schritt in die falsche Richtung, AnwBl. 2013, 78; *ders.*, Die Folgen der BSG-Urteile: Berufsverbot für die deutschen Syndikusanwälte?, AnwBl. 2014, 788; *ders.*, Das Eckpunktepapier des Bundesjustizministeriums zu den Syndikusanwälten, AnwBl. 2015, 199; *Redeker*, Der Syndikusanwalt als Rechtsanwalt, NJW 2004, 889; *Saenger/Riße*, Tätigkeitsverbot für Rechtsanwälte bei nichtanwaltlicher Vorbefassung eines Sozietätsmitglieds, BRAK-Mitt. 2007, 97; *Schardey*, Hausanwalt oder Rechtsabteilung?, AnwBl. 1987, 401; *Schmucker*, Die Berufssituation von Syndikusanwälten, AnwBl. 2003, 65; *Schriever*, AKZO Nobel ua – Anwaltsprivilegien für Syndikusanwälte?, AnwBl. 2004, 105; *Schuster*, Was ist nach den „Syndikus-Urteilen" im Arbeitsverhältnis zu beachten?, AnwBl. 2014, 700; *Singer*, Unternehmensjuristen und ihre Rente, BRAK-Mitt. 2014, 282; *Schwung*, Corporate Governance/Compliance und der Syndikusanwalt, AnwBl. 2007, 14; *Thietz-Bratram*, Friedenssicherung in der Anwaltschaft – ein Appell, AnwBl. 2014, 791; *Thüsing/Fütterer*, Altersversorgung von Syndikusanwälten: Lösung liegt im Berufsrecht, AnwBl. 2015, 13.

Übersicht

I. Begriff des Syndikusanwalts

1 § 46 iVm § 3 BORA stellt zunächst klar, welcher Personenkreis von dem Syndikusproblem berührt wird. Nach § 46 ist als Syndikusanwalt der Rechtsanwalt anzusehen, der zu einem **nichtanwaltlichen** Arbeitgeber in einem ständigen Dienst- oder in einem ähnlichen ständigen Beschäftigungsverhältnis steht und seine Arbeitszeit und Arbeitskraft dem Arbeitgeber zur Verfügung stellen muss. Das heißt, es ist ein Rechtsanwalt, der gleichzeitig aufgrund Dienstvertrages gegen feste Vergütung bei einem Unternehmen oder einem Verband als ständiger Rechtsberater tätig ist (vgl. BT-Drs. 3/120, 77) und nebenberuflich noch als freier oder angestellter Rechtsanwalt seiner freiberuflichen Tätigkeit nachgeht. Ein reiner „Titularanwalt", der ausschließlich für seinen Arbeitgeber tätig ist und nicht auch freiberuflich als unabhängiges Organ der Rechtspflege (§§ 1, 2; → Rn. 5b), ist nicht zulässig (→ § 7 Rn. 89 ff., 120 ff.) und fällt nicht unter den Begriff des Syndikusanwalts iSd § 46 (Henssler/Prütting/*Henssler* § 46 Rn. 16; **aA** Hartung/*Hartung* § 46 Rn. 12). Die begriffliche Einordnung der Stellung des Rechtsanwalts als „freier

Mitarbeiter" oder „Angestellter" ist dabei nicht entscheidend (BGH AnwBl. 1999, 61). Entsprechendes gilt für seine Stellung als Geschäftsführer einer GmbH (BayAGH BRAK-Mitt. 2004, 180). Selbst wenn er aufgrund einer Gesamtbetrachtung als freier Mitarbeiter bezeichnet werden kann, er aber persönlich abhängig ist von seinem „Dienstherrn", dann steht er in einem „ähnlichen Beschäftigungsverhältnis" wie ein Syndikusanwalt (BGHZ 141, 69 = NJW 1999, 1715 = MDR 1999, 640 = BRAK-Mitt. 1999, 149 = AnwBl. 1999, 554 mit Anm. *Hamacher* = DB 1999, 1446; AGH NRW Beschluss vom 2.6.2000 – 2 ZU 5/00; AnwG Köln AnwBl. 2014, 960).

Dem Gesetzgeber kommt es in § 46 nicht darauf an, dass ein Rechtsanwalt möglichen Interes- 2
senkonflikten zwischen seinen Berufspflichten (§ 43) und seinen sonstigen eigenen wirtschaftlichen Interessen tatsächlich nicht ausgesetzt ist. Maßgebend ist vielmehr allein, ob er bei seiner Tätigkeit generell in der Lage ist, in persönlicher Unabhängigkeit seinen Berufspflichten Genüge zu tun oder ob allein rechtlich die denkbare Möglichkeit besteht, dass er über diese Unabhängigkeit nicht uneingeschränkt verfügt, weil er gleichzeitig in einem Beschäftigungsverhältnis iSd § 46 Abs. 1 tätig wird, das sachliche Weisungen durch einen nichtanwaltlichen Arbeitgeber an ihn zulässt. Auf die Frage, ob Weisungen, die die Unabhängigkeit berühren könnten, tatsächlich zu erwarten sind, kommt es damit nicht an. Der Gesetzgeber hat aus Gründen der Rechtssicherheit und Beweisbarkeit einen rein formellen Standpunkt eingenommen und nur darauf abgestellt, ob generell rechtlich eine Weisungsgebundenheit oder persönliche Unabhängigkeit besteht (BGH NJW 1999, 1715; BayAGH BRAK-Mitt. 2004, 180). Andererseits ist nach der gebotenen verfassungskonformen, an Art. 12 GG ausgerichteten einschränkenden Auslegung unter einem „ständigen Dienst- oder sonstigen Beschäftigungsverhältnis" in § 46 nur eine solche Vertragsbeziehung zu verstehen, bei der tatsächlich die Gefahr einer Interessenkollision entstehen kann (BVerfG NJW 2002, 503; BGH AnwBl. 2006, 354; → Rn. 24). Diese Definition gewinnt zugleich auch besonders hinsichtlich des Umfangs der Tätigkeit als Syndikus für die Anwendung des § 7 Nr. 8 Bedeutung (amtliche Begründung, BT-Drs. 3/120, 77). Das ursprüngliche Erfordernis, dass der Rechtsanwalt „überwiegend" seinem Arbeitgeber seine Arbeitskraft und Arbeitszeit zur Verfügung stellen muss, wurde durch Gesetz vom 2.9.1994 (BGBl. I S. 2278) gestrichen. Damit soll das Tätigkeitsverbot für den Syndikusanwalt klarer umrissen und sollen Abgrenzungsschwierigkeiten vermieden werden (Beschlussempfehlung des Rechtsausschusses, BT-Drs. 12/7656, 49). Ausreichend ist, dass der Rechtsanwalt aufgrund eines ständigen Dienstverhältnisses pp. seinem Arbeitgeber verpflichtet ist (*Biermann* AnwBl. 1994, 562). Es muss sich um ein **privates Beschäftigungsverhältnis** handeln. Die Auswirkungen eines öffentlich-rechtlichen Beschäftigungsverhältnisses und eines öffentlichen Amtes auf die Zulassung und die Berufsausübung sind in § 47 geregelt (Henssler/Prütting/*Henssler* § 46 Rn. 26). Ein ständiges Dienstverhältnis ist anzunehmen, wenn dieses nicht nur als vorübergehende Tätigkeit (→ § 47 Rn. 10) beabsichtigt ist, sondern auf Dauer angelegt ist.

Der Syndikusanwalt entspricht bei seiner Tätigkeit als Syndikus für seinen Dienstherrn nicht in 3
allem dem allgemeinen anwaltlichen Berufsbild, wie es in der Vorstellung der Allgemeinheit besteht. In das Berufsbild des Anwalts, das sich von ihm als einem unabhängigen Organ der Rechtspflege geformt hat, lässt sich zunächst nur die Tätigkeit einfügen, die der Syndikus als Anwalt außerhalb seines Dienstverhältnisses ausübt. Dagegen sind bei der Tätigkeit, die er als Syndikus für seinen Dienstherrn leistet, die typischen Wesensmerkmale der freien Berufsausübung; die das Bild des Anwalts bestimmen, nicht in allem gegeben (amtliche Begründung, BT-Drs. 3/120; **aA** *Roxin* NJW 1995, 17; NJW 1992, 1129; kritisch ebenfalls *Prütting* Beilage zu AnwBl. 11/1997, 11 ff., *ders.* AnwBl. 2001, 313). Mit der Einführung des Syndikusanwalts hat sich das Bild des freiberuflichen Anwalts insoweit geändert, als der Syndikusanwalt **zwei Arbeitsbereiche** hat: einen arbeitsvertraglich gebundenen und einen als freier Anwalt. Im Rahmen des Arbeitsverhältnisses besitzt er nach der (noch) herrschenden Rechtsprechung keine Unabhängigkeit, sondern unterliegt dem Prinzip der Über- und Unterordnung (BGHZ 33, 276 = NJW 1961, 219 = EGE VI, 11; BGH EGE XIV, 48). Die Tätigkeit des Syndikus für seinen Dienstherrn ist mangels Unabhängigkeit (§§ 1, 2, 3 Abs. 1) keine anwaltliche (BGH NJW 2000, 1645 = MDR 2000, 671 mit Anm. *Hartung* = BRAK-Mitt. 2000, 143 = AnwBl. 2000, 628). Nach Auffassung der BRAK und Teilen der Literatur folgt aber aus der Regelung des § 46, die dem Rechtsanwalt verbietet, für seinen Auftraggeber vor Gerichten tätig zu werden (→ Rn. 11 ff.), dass seine sonstige Tätigkeit unter folgenden Voraussetzungen anwaltlicher Natur ist: Die konkrete Tätigkeit des bei einem nichtanwaltlichen Arbeitgeber angestellten Rechtsanwalts muss rechtsberatend, rechtsentscheidend, rechtsgestaltend und rechtsvermittelnd sein (Kammer Forum der RAK Köln 4/2005, 241, 242). Der Umstand, dass der Syndikusanwalt im Rahmen seines

Dienstverhältnisses rechtsberatende Tätigkeit schuldet und erbringt, besagt allein nichts darüber, ob es sich um anwaltliche Tätigkeit handelt. Auch andere privatrechtlich oder öffentlich-rechtlich Beschäftigte können im Rahmen ihres Beschäftigungsverhältnisses solche rechtsbesorgenden Dienste erbringen, ohne dass dies anwaltliche Tätigkeiten wären. Ihnen mangelt es an der erforderlichen Unabhängigkeit. Selbst wenn sie im Einzelfall aufgrund ihrer Kompetenz sich eine weitgehende persönliche Unabhängigkeit im Dienst erarbeitet haben, sind sie aber doch rechtlich und faktisch arbeitsvertraglich gebunden hinsichtlich der Frage ob, was und wie sie einen Vorgang bearbeiten und müssten ggf. im Einzelfall Weisungen des anwaltsrechtlich nicht gebundenen Arbeitgebers folgen (BGH NJW 2000, 1645; 2001, 3130; → FAO § 5 Rn. 9). Es liegen zwei Berufe derselben Person vor (BVerfGE 87, 287 = NJW 1993, 317; BAG MDR 1996, 857 = NZA 1996, 671; abl. zur Doppelberufstheorie *Hommerich/Prütting* II 15, 47; *ders.* AnwBl. 2001, 313). Daraus ergeben sich zwangsläufig auch Beschränkungen hinsichtlich des Umfangs und der zeitlichen Gestaltung der Anwaltstätigkeit. Das war dem Gesetzgeber bekannt. Wenn er diese Möglichkeit dennoch geschaffen hat, so hat er damit anerkannt, dass die Tätigkeit als Rechtsanwalt auch im Nebenberuf ausgeübt werden kann.

4 Voraussetzung ist allerdings, dass der Betroffene rechtlich und tatsächlich in der Lage sein muss, den Anwaltsberuf in irgendwie nennenswertem Umfang auszuüben (→ § 7 Rn. 121 ff.). Als freier unabhängiger Anwalt ist der zur Rechtsanwaltschaft Zugelassene berechtigt, nach eigenem Ermessen nicht nur darüber zu befinden, wie viele und welche Aufträge er annimmt, sondern auch darüber, wie und wann er die zur angemessenen Erledigung der Aufträge notwendigen Arbeiten leisten will. Er muss aber in der Lage sein, diejenigen Geschäfte, die notwendig in den üblichen Dienststunden zu erledigen sind, innerhalb dieser Dienststunden auszuführen. Dazu gehören vor allem die Wahrnehmung von Terminen, die Erledigung eiliger Schriftsätze, die Führung von Telefongesprächen und anderer eiliger, nicht aufschiebbarer Tätigkeiten. Der rechtliche und tatsächliche Handlungsspielraum, der für die Ausübung des Anwaltsberufs unentbehrlich ist, wird von der Rechtsprechung danach bestimmt, ob dem Berufsbewerber der Freiraum für eine irgendwie nennenswerte und nicht nur gelegentliche Beratungs- und Vertretungstätigkeit bleibt (BVerfGE 87, 287 = NJW 1993, 317 = MDR 1993, 276 = AnwBl. 1993, 120 = DVBl. 1993, 310 = JZ 1993, 466 mit Anm. *Zuck;* zu den Einzelheiten → § 7 Rn. 121 ff.). Der Anwaltsbewerber, der als Syndikusanwalt tätig werden will, muss daher im Zulassungsverfahren eine entsprechende Freistellungserklärung (Nebentätigkeitsgenehmigung) seines Arbeitgebers vorlegen (→ § 7 Rn. 135; *Bürkle* MDR 2005, 848; LAG Hessen MDR 2004, 517 = BRAK-Mitt. 2004, 196). Zu der Frage, ob und ggf. wie eine Beschäftigung als Syndikus als anwaltliche Tätigkeit zu berücksichtigen ist, vgl. BGH BRAK-Mitt. 2003, 239 zu § 6 Abs. 3 S. 1 und 3 BNotO; MDR 2003, 659 = BRAK-Mitt. 2003, 80 zu § 5 FAO; → FAO § 5 Rn. 10.

5 Während § 7 Nr. 8 und § 14 Abs. 2 Nr. 8 die Frage behandeln, ob im Hinblick auf ein Dienstverhältnis des Bewerbers bzw. des Rechtsanwalts, das mit dem Beruf eines Rechtsanwalts nicht zu vereinbaren ist, die Zulassung zu versagen oder zu widerrufen ist, regelt § 46 wie weit der Syndikusanwalt als Prozessbevollmächtigter seines Arbeitgebers auftreten darf (amtliche Begründung, BT-Drs. 3/120; *Biermann* AnwBl. 1990, 420) und welche Tätigkeitsverbote er als Anwalt im Hinblick auf seine Syndikustätigkeit zu beachten hat.

5a Durch § 46 ist lediglich dem Grunde nach klargestellt, dass auch jemand Rechtsanwalt sein kann, der Angestellter eines privaten Arbeitgebers ist (BGHZ 33, 266 = NJW 1961, 216). Aus § 46 darf freilich nicht gefolgert werden, dass jeder Volljurist in einem abhängigen Beschäftigungsverhältnis zur Rechtsanwaltschaft zugelassen werden muss. § 7 Nr. 8 bestimmt, dass die Zulassung zu versagen ist, wenn der Bewerber eine Tätigkeit ausübt, die mit dem Beruf des Rechtsanwalts nicht vereinbar ist. § 14 Abs. 2 Nr. 8 eröffnet der RAK unter denselben Voraussetzungen die Möglichkeit, eine bereits bestehende Zulassung zu widerrufen (*Pfeiffer,* FS Oppenhoff, 1985, 249 ff.; BGH NJW 1991, 2086 = BRAK-Mitt. 1991, 227). Durch das Dienst- oder Beschäftigungsverhältnis dürfen die Stellung des Rechtsanwalts als unabhängiges Organ der Rechtspflege (§ 1) und die Freiheit seiner Berufsausübung als Anwalt (§ 2 Abs. 1) nicht beeinträchtigt werden. Vielmehr muss er, auch wenn er sich in ein ständiges Dienst- oder ähnliches Beschäftigungsverhältnis begibt, als Rechtsanwalt der berufene unabhängige Berater und Vertreter in allen Rechtsangelegenheiten sein (§ 3 Abs. 1). Damit die RAK ihre Aufgaben zur Beratung und Aufsicht (§ 73 Abs. 2 Nr. 1 und 4) auch im Bereich der §§ 14 Abs. 2 Nr. 5 und 8, 46 ausüben kann, muss der Rechtsanwalt nach § 56 Abs. 2 hinsichtlich seiner Beschäftigungsverhältnisse die dort näher bezeichneten Anzeigen vornehmen.

Nach § 6 SGB VI können Syndikusanwälte auf Antrag von der Versicherungspflicht in der gesetzlichen Rentenversicherung befreit werden, wenn sie rechtsberatend, rechtsentscheidend, rechtsgestaltend und rechtsvermittelnd tätig sind; berufsrechtlich sind diese Kriterien allerdings nicht fixiert. Alle diese Tätigkeitsfelder müssen von dem beschäftigten Rechtsanwalt kumulativ abgedeckt werden, wobei die Gewichtung im Einzelfall von der Art der ausgeübten Beschäftigung abhängig ist (Kammer-Forum der RAK Köln 4/2005, 241; → § 2 Rn. 26; LSG Darmstadt AnwBl. 2010, 214 mit Anm. *Esser; Jung/Horn* AnwBl. 2011, 209). Die mittlerweile bundesweit eingerichteten Versorgungswerke für Rechtsanwälte und das stark kränkelnde System der gesetzlichen Rentenversicherung brachten es mit sich, dass eine Vielzahl von angestellten Volljuristen in den Anwaltsberuf drängten. Obwohl deren Arbeitsverträge den oben genannten Voraussetzungen für die Befreiung von der gesetzlichen Rentenversicherung angepasst wurden oder bei Eingehung neuer Dienstverhältnisse angepasst werden, besteht darüber hinaus aber kein Interesse, tatsächlich anwaltliche Tätigkeit freiberuflich auszuüben. Da es letztlich bei der Anzahl von über 160.000 zugelassenen Rechtsanwälten nicht mehr möglich ist zu überprüfen, ob Rechtsanwälte tatsächlich ihrer Verpflichtung nachkommen eine Kanzlei zu unterhalten und ob der Wille besteht, anwaltlich zu arbeiten, dürfte es unzulässigerweise eine nicht unerhebliche Anzahl von sog. „Titularanwälten" geben (→ Rn. 1). An die äußeren Gegebenheiten einer Kanzlei werden keine zu großen Anforderungen (mehr) gestellt (Wohnzimmerkanzlei, Kanzlei in den Räumen des Arbeitgebers; → § 27 Rn. 5 ff.). Die zusätzliche subjektive Komponente des „Wollens" ist zudem kaum überprüfbar. 5b

Das Bundessozialgericht hat die Befreiung für Syndikusanwälte in drei Entscheidungen unter Berücksichtigung der ständigen Rechtsprechung des BGH, des BVerfG und des EuGH (Doppelberufstheorie) abgelehnt (BSG BRAK-Mitt. 2014, 266 mit Anm. *Kenzler*). Danach ist derjenige, der als ständiger Rechtsberater in einem festen Dienst- oder Anstellungsverhältnis zu einem nichtanwaltlichen Arbeitsgeber steht (Syndikus), in dieser Eigenschaft nicht als Rechtsanwalt tätig. Die Entscheidungen über bereits eingelegte Verfassungsbeschwerden bleiben abzuwarten. Die Sozialgerichte haben bislang bei gleichgelagerten Sachverhalten unterschiedlich entschieden; Überblick mit Hinw. auf die Lit. bei *Huff* BRAK-Mitt. 2013, 215. Das BMJV hat als Reaktion auf diese sozialgerichtliche Rechtsprechung zur Versicherungspflicht und angesichts der intensiven Diskussion in der Anwaltschaft zunächst ein Eckpunktepapier für eine mögliche Neuregelung des Rechts der Syndikusanwälte vorgelegt (AnwBl. 2015, M34); zum Regierungsentwurf eines „Gesetzes zur Neuordnung des Rechts der Syndikusanwälte" vom 16.6.2015 → Rn. 32. 5c

Zur Verleihung von Fachanwaltsbezeichnungen an Syndikusanwälte → FAO § 5 Rn. 10 ff.; BGH NJW 2003, 883 = MDR 2003, 659 = BRAK-Mitt. 2003, 80 = AnwBl. 2003, 223; NJW 2006, 1516 = BRAK-Mitt. 2006, 134 = AnwBl. 2006, 354; BB 2007, 126. Zu den Voraussetzungen für die Zulassung eines Syndikusanwalts zur Rechtsanwaltschaft nach § 11 EuRAG vgl. BGH BRAK-Mitt. 2011, 145 = AnwBl. 2011, 494 mit krit. Anm. *Kleine-Cosack* AnwBl. 2011, 467; *Huff* AnwBl. 2011, 473. 5d

II. Geschichtliche Entwicklung und Verfassungsmäßigkeit

Der Syndikusanwalt heutiger Prägung ist entstanden in der Zeit nach dem ersten Weltkrieg (*Gellner* DAV-Ratgeber, 1989, 91 ff.; *Brandi,* FS Cüppers, 1955, 13 ff.: *Kolvenbach* JZ 1979, 458; *Hassemer* wistra 1986, 1; *Peiffer,* FS Oppenhoff, 1985, 249 ff.; *Hommerich/Prütting* II 26 ff.; amtliche Begründung, BT-Drs. 3/120). Infolge der fortschreitenden Verrechtlichung aller Lebensbereiche war es für viele Unternehmen, Banken, Versicherungen und Verbände unumgänglich eigene Rechtsabteilungen einzurichten, deren Leitung angestellten Juristen bzw. Rechtsanwälten übertragen wurde. Hatten sie zunächst ihre „Hausanwälte", mit denen sie Dauerberatungsverträge verbanden (Justitiar), so gingen sie vermehrt dazu über, diese „Hausanwälte" in ständige abhängige Beschäftigungsverhältnisse zu übernehmen (Syndikusanwalt), um sich ihrer uneingeschränkten Mitarbeit zu versichern (*Gellner* DAV-Ratgeber, 1989, 91). Die Zulassung eines Syndikus zur Rechtsanwaltschaft war zunächst sehr umstritten, entsprach doch die Stellung des fest an einen bestimmten Arbeitgeber gebundenen Juristen nicht der eines unabhängigen Beraters und Vertreters in allen Rechtsangelegenheiten. In der Rechtsprechung des EGH bildeten sich allmählich zwei Grundsätze heraus, nach denen die Zulässigkeit beurteilt wurde: 1. Es war zu prüfen, ob der Antragsteller den Willen und die Möglichkeit hatte, nicht nur die Prozesse seines 6

Arbeitgebers zu führen, sondern sich daneben auch als freier Anwalt in einem nicht unerheblichen Maße zu betätigen (EGHE 23, 16; 28, 12). Die Anwaltstätigkeit durfte nicht im Amt aufgehen (EGHE 23, 12). 2. Es sollte mit besonderer Sorgfalt geprüft werden, ob der Rechtsanwalt trotz des festen Anstellungsvertrages im einzelnen Falle die für die Ausübung der Anwaltstätigkeit gebotene Objektivität besitzt (amtliche Begründung, BT-Drs. 3/120, 77). Der durch Gesetz vom 20.12.1934 eingefügte § 32 Abs. 2 RAO brachte mittelbar die gesetzliche Anerkennung des Syndikusanwalts. Dem Anwalt „in einem ständigen Dienst- oder ähnlichen ständigen Geschäftsverhältnis" wurde ein prozessuales Vertretungsverbot auferlegt. Nach 1945 wurde erneut um die Zulässigkeit des Syndikusanwalts gerungen. So gingen die bayerische Rechtsanwaltsordnung 1946 (BayBS III 45) und die hessische Rechtsanwaltsordnung vom 18.10.1948 (GVBl. S. 126) davon aus, dass ein Syndikus grundsätzlich nicht als Anwalt tätig sein könne; sie schlossen deshalb den Syndikus von der Zulassung zur Rechtsanwaltschaft überhaupt aus. Die Rechtsanwaltsordnung der Britischen Zone vom 10.3.1949 (VO Bl. BZ S. 80) behielt dagegen die Lösung des Gesetzes von 1934 bei.

7 Die BRAO folgt im Grundsatz der Regelung der Rechtsanwaltsordnung der Britischen Zone und geht davon aus, dass der Anwaltsberuf auch im Nebenberuf ausgeübt werden kann. In der amtlichen Begründung zu § 46 (BT-Drs. 3/120, 77) heißt es dazu: „Nachdem die Institution des Syndikusanwalts sich im modernen Wirtschaftsleben herausgebildet und gefestigt hat und damit die Frage der Zulassung nicht mehr ausschließlich im negativen Sinne zu lösen ist, kann es sich jetzt nur darum handeln, die beiden Aufgabengebiete des Syndikusanwalts gegeneinander abzugrenzen" (so auch BVerfGE 87, 287 = NJW 1993, 317).

8 Das BVerfG hat mit Entscheidung vom 4.11.1992 (BVerfGE 87, 287 = NJW 1993, 317) erneut bestätigt, dass die Freiheit der Berufswahl, die durch Art. 12 Abs. 1 GG gewährleistet wird, grundsätzlich auch die Freiheit umfasst, mehrere Berufe zu wählen und nebeneinander auszuüben. Wird diese Freiheit mit dem Ziel beschränkt, die Verbindung bestimmter beruflicher Tätigkeiten auszuschließen, so ist das nur durch Gesetz oder aufgrund eines Gesetzes und nur zum Schutze eines besonders wichtigen Gemeinschaftsgutes im Rahmen der Verhältnismäßigkeit zulässig. Der Gesetzgeber ist befugt, Berufe rechtlich zu ordnen und ihre Berufsbilder zu fixieren. Dazu kann er auch Inkompatibilitäten festlegen, durch die das Berufsbild eindeutig geprägt und vor der Durchdringung oder Vermengung mit Merkmalen anderer Berufstätigkeiten bewahrt wird. Eine solche Einschränkung der freien Berufswahl ist stets zulässig, soweit sie dem Schutz besonders wichtiger Gemeinschaftsgüter dient und das angestrebte Ziel nicht mit weniger einschneidenden Maßnahmen zu erreichen ist. Das gilt im Falle der Inkompatibilität um so mehr, als die freie Entscheidung für zumindest einen der beiden Berufe unberührt bleibt (BVerfGE 21, 173 = NJW 1967, 1317 = MDR 1967, 732; BVerfGE 87, 287 = NJW 1993, 317; BGH EGE XII, 29; *Pfeiffer,* FS Oppenhoff, 1985, 249, 252).

9 Daran anknüpfend hat das BVerfG die auf § 7 Nr. 8 aF gestützte Praxis, regelmäßig von der Unvereinbarkeit mit dem Anwaltsberuf auszugehen, wenn der Zweitberuf keine „gehobene Position" vermittelt (vgl. 2. Aufl. § 7 Rn. 120 ff.), er die geschäftsmäßige Rechtsbesorgung für Dritte im Auftrag eines dem anwaltlichen Berufsrecht nicht verpflichteten Arbeitgebers zum Gegenstand hat (vgl. 2. Aufl. § 7 Rn. 104 ff.) oder kaufmännisch-erwerbswirtschaftlich ausgerichtet ist (vgl. 2. Aufl. § 7 Rn. 98 ff.), nicht gebilligt und hat zur Abwendung der Gefahr von Interessenkollisionen die Versagung der Anwaltszulassung nur für verhältnismäßig erachtet, wenn diese Gefahr sich abzeichnet und wenn ihr nicht mit Berufsausübungsregelungen wirksam begegnet werden kann (BVerfGE 87, 287 = NJW 1993, 317; BVerfG NJW 1995, 951).

10 In Beachtung dieser Rechtsprechung des BVerfG wurde durch Änderung der §§ 7 Nr. 8, 14 Abs. 2 Nr. 9 mit Gesetz vom 2.9.1994 (BGBl. I S. 2278) die Möglichkeit der Versagung der Zulassung bzw. ihres Widerrufs im Hinblick auf unvereinbare Zweitberufe eingeschränkt (→ § 7 Rn. 88 ff.; → § 14 Rn. 66 ff.). Damit korrespondierend wurden mit demselben Gesetz in § 46 die Abs. 2 und 3 zur Sicherung der Unabhängigkeit eines Rechtsanwalts angefügt, der eine bisher zur Versagung bzw. zum Widerruf der Zulassung führende Tätigkeit ausübt. Mit diesen Berufsausübungsregelungen des § 46 Abs. 2 und 3 wird das bisher in diesen Fällen für erforderlich erachtete Verbot der Anwaltszulassung hinfällig und Art. 12 Abs. 1 GG Rechnung getragen (vgl. amtliche Begründung, BT-Drs. 12/4993, 30 zu § 45 Abs. 1 Nr. 4 RegE; Beschlussempfehlung und Bericht des Rechtsausschusses, BT-Drs. 12/7656, 49). § 46 ist damit eine zur Sicherung der anwaltlichen Unabhängigkeit (§ 1) erforderliche Berufsausübungsregelung, die die unterschiedlichen beruflichen Bereiche trennen soll. Indem § 46 nF zur Sicherung der anwaltlichen Unabhängigkeit beschränkende Berufsausübungsregelungen aufstellt, um ein sonst drohendes und nach der alten Regelung zu §§ 7 Nr. 8, 14 Abs. 2 Nr. 9 aF auch bestandenes Zulassungsverbot bzw. Widerrufsgebot zu vermeiden, handelt es sich um eine verfassungskonforme Beschränkung der Berufsausübung im Sinne der Entscheidung BVerfGE 87, 287 = NJW 1993, 317; BGHZ 141, 69 = NJW 1999, 1715; AGH NRW Beschluss vom 2.6.2000 – 2 ZU 5/00 zu § 46 Abs. 2 Nr. 1; Henssler/Prütting/*Henssler* § 46 Rn. 8; teilweise **aA** *Kleine-Cosack* NJW 1994, 2249, 2254.

III. Prozessuales Vertretungsverbot (Abs. 1)

1. Sicherung der Unabhängigkeit. § 46 enthält mit dem prozessualen Vertretungsverbot des Abs. 1 wie auch mit den Tätigkeitsverboten der Abs. 2 und 3 eine Konkretisierung des auch für den Syndikusanwalt geltenden Gebots, seine berufliche Unabhängigkeit zu wahren (§§ 1, 3, 43a Abs. 1). Die Scheidung zwischen beiden Aufgabenbereichen, in denen der Syndikusanwalt in seiner Doppelstellung tätig wird, nämlich der Anwaltstätigkeit und dem ständigen Dienst- oder sonstigen Beschäftigungsverhältnis (→ Rn. 2, 23 ff.) ist im Interesse der geordneten Rechtspflege insbesondere dann beizubehalten, wenn er vor Gericht auftritt (amtliche Begründung, BT-Drs. 3/120, 77). 11

Der Rechtsausschuss des Bundestages hat es im Zusammenhang mit der Beratung des Gesetzes vom 2.9.1994 (BGBl. I S. 2278) ausdrücklich abgelehnt, durch eine Änderung des § 46 dem Syndikusanwalt einzuräumen, dass er auch im Angestelltenverhältnis als Anwalt tätig wird. Zur Begründung hat der Ausschuss ausgeführt: 11a

„Eine solche Änderung hätte zur Folge gehabt, dass der Syndikusanwalt, der jetzt im Nebenberuf Rechtsanwalt ist und im Hauptberuf als Angestellter seinen Arbeitgeber in rechtlichen Angelegenheiten berät, auch in seiner Eigenschaft als rechtlicher Berater seines Arbeitgebers Rechtsanwalt mit allen Rechten und Pflichten ist. Der Ausschuss ist in seinen Beratungen zu dem Ergebnis gekommen, dass das in den §§ 1 bis 3 normierte Berufsbild des Rechtsanwalts, wie es sich auch in der Allgemeinheit von ihm als unabhängigem Organ der Rechtspflege gebildet hat, mit der Tätigkeit unvereinbar ist, wenn der Syndikus im Rahmen seines Dienstverhältnisses als Anwalt auftritt. Bei der Tätigkeit, die der Syndikus für seinen Dienstherrn leistet, sind dann, wenn der Syndikus persönlich mit der Materie des Einzelfalls befasst gewesen ist, die durch das Gesetz der freien Advokatur gekennzeichneten typischen Wesensmerkmale der freien Berufsausübung, die das Bild des Rechtsanwalts bestimmen, nicht gegeben. Seine freie und unreglementierte Selbstbestimmung wäre im Rahmen seines Arbeitsverhältnisses, in dem er grundsätzlich dem Prinzip der Über- und Unterordnung unterliegt, nicht gewährleistet. Die Entscheidung des BVerfG vom 4.11.1992 zum anwaltlichen Zweitberuf (NJW 1993, 317) spricht zwar einerseits für eine weitgehende Öffnung zum Zweitberuf, wenn durch Berufsausübungsregelungen die Gefahr von Interessenkollisionen vermieden wird. Das Gericht hat in diesem Zusammenhang aber auch erneut die Gemeinschaftsgüter der Stellung des Rechtsanwalts als unabhängiges Rechtspflegeorgan und der Funktionsfähigkeit der Rechtspflege anerkannt. Beides steht nach der einhelligen Auffassung des Ausschusses einer Änderung des § 46 in dem gewünschten Sinn entgegen“ (BT-Drs. 12/765, 49; vgl. auch *Haas* BRAK-Mitt. 1993, 181; *Koch* AnwBl. 1994, 120; *Roxin* NJW 1995, 17; 1992, 1129; BRAK BRAK-Mitt. 1993, 194; ablehnend *Prütting* AnwBl. 2001, 313). 12

2. Vertretungsverbot. Der Syndikusanwalt darf nach § 46 Abs. 1 für seinen ständigen Arbeitgeber vor Gerichten und Schiedsgerichten nicht in seiner Eigenschaft als Rechtsanwalt tätig werden. Der Arbeitgeber muss sich in streitigen Auseinandersetzungen mit einer anderen Partei im Anwaltsprozess von einem externen Anwalt vertreten lassen (Henssler/Prütting/*Henssler* § 46 Rn. 17; EuGH BRAK-Mitt. 2012, 273). Ein Rechtsanwalt, der Gesellschafter und Geschäftsführer einer GmbH ist, die keine Rechtsanwaltsgesellschaft iSd §§ 59c ff. ist, darf diese vor Gerichten und Schiedsgerichten auch dann nicht vertreten, wenn ausschließlich Rechtsanwälte Gesellschafter dieser GmbH sind. Die Anordnungen des § 46 Abs. 1 gelten nur nicht für Geschäftsführer einer Rechtsanwaltsgesellschaft (§ 59m Abs. 2), wohl aber für sonstige Gesellschaften mbH, egal wie der Gesellschafterbestand sich zusammensetzt. Geschäftsführer einer GmbH sind grundsätzlich weisungsgebunden (BGH NJW 1984, 733). Soweit Ausnahmen für gesetzwidrige Weisungen oder für einen Kernbereich kardinaler Sorgfaltspflichten in Betracht kommen, betrifft dies nur unbedeutende Randgebiete, zumal sich eine gesetzwidrige Weisung 13 durch die GmbH nur auf Verstöße gegen Gesetze beziehen kann, welchen die GmbH selbst unterliegt. Berufsrechtliche Vorschriften fallen hierunter aber nicht. Selbst wenn ausschließlich Rechtsanwälte Gesellschafter einer GmbH sind, die keine Rechtsanwaltsgesellschaft (§§ 59c ff.) ist, ist zu berücksichtigen, dass die GmbH als Rechtsform auf einen problemlosen Wechsel der Gesellschafter angelegt ist. Es können daher jederzeit weitere Gesellschafter, die nicht Rechtsanwälte sind, eintreten. Einer RAK kann es nicht obliegen, die Entwicklung und den jeweiligen Bestand der Gesellschafter einer GmbH zu verfolgen, zumal ihr gegenüber anders als bei einer Rechtsanwaltsgesellschaft (§ 59m) keine Meldepflicht besteht (BayAGH BRAK-Mitt. 2004, 180). § 46 Abs. 1 beinhaltet ausschließlich ein prozessuales Vertretungsverbot. Der außerforensische Bereich, insbesondere die Beratungstätigkeit wird durch § 46 Abs. 1 nicht tangiert (Hartung/*Hartung* § 46 Rn. 39; *Skouris* BB 1975, 1230; *Roxin* NJW 1992, 1129; *Pfeiffer,* FS Oppenhoff, 1985, 250, 272). Mit der Beschränkung der prozessualen Vertretungsmöglichkeit wird sichergestellt, dass die Weisungsbefugnis des Arbeitgebers unter keinen Umständen in den gerichtlichen Bereich hineinwirken und dort zu Konflikten für den Syndikusanwalt zwischen Unabhängigkeit und Diensttreue führen kann (BAG MDR 1996, 857 = NZA 1996, 671; *Pfeiffer,* FS Oppenhoff, 1985, 250, 272). Die Verwendung der Bezeichnung „Rechtsanwalt" durch einen angestellten Rechtsanwalt im geschäftlichen – nicht im gerichtlichen – Schriftverkehr seines Arbeitgebers stellt gegenüber freiberuflich tätigen Rechtsanwälten keinen Verstoß gegen §§ 3, 5 UWG dar (OLG Nürnberg NJW 1994, 2301). Kein Fall des § 46 Abs. 1 liegt bei einem angestellten Rechtsanwalt vor, der unabhängig und weisungsfrei Mandate bearbeitet, die sein Arbeitgeber oder Dienstherr (zB eine Steuerberatungsgesellschaft) übernommen hat. Auftraggeber ist derjenige, dessen Interessen vor Gericht vertreten werden sollen. Das ist aber nicht der Arbeitgeber oder Dienstherr des angestellten Rechtsanwalts, sondern der Mandant, der den Arbeitgeber oder Dienstherrn des Rechtsanwalts mit der Wahrnehmung seiner Interessen beauftragt hat. Dieser hat auf Grund des Mandats kein Direktionsrecht gegenüber dem angestellten Rechtsanwalt der Gesellschaft (BGH AnwBl. 2006, 354).

14 **a) Auftraggeber.** Das Vertretungsverbot gilt nur für den Auftraggeber, dem der Rechtsanwalt aufgrund eines ständigen Beschäftigungsverhältnisses pp. seine Arbeitszeit und -kraft zur Verfügung stellen muss. Gleichgestellt sind gesetzliche Vertreter des Arbeitgebers, insbesondere Betriebsangehörige, die eine Organstellung im Unternehmen innehaben wie GmbH-Geschäftsführer. Betriebsangehörige, die keine Organstellung im Anstellungsunternehmen innehaben und damit nicht Arbeitgeber des Syndikusanwalts sind, darf der Syndikusanwalt vor Gerichten vertreten. Bei der Verteidigung von Betriebsangehörigen, die keine Organstellung innehaben, sind aber die § 14 Abs. 2 StGB, § 9 Abs. 2 Nr. 1, 2 und § 130 Abs. 2 Nr. 3 OWiG zu beachten, wonach bestimmten leitenden Angestellten Arbeitgeberfunktionen zukommen. Auch ihre Vertretung ist unzulässig (Henssler/Prütting/*Henssler* § 46 Rn. 37). Für Aufträge eines dem Dienstherrn des Syndikusanwalts verbundenen aber rechtlich selbständigen Unternehmens gilt § 46 Abs. 1 nicht (Hartung/*Hartung* § 46 Rn. 29; Henssler/Prütting/*Henssler* § 46 Rn. 36; *Kleine-Cosack* § 46 Rn. 10; *Biermann* AnwBl. 1990, 420). Die Rechtsberatung konzernzugehöriger Tochtergesellschaften des Arbeitgebers ist wirtschaftlich eine Beratung des Arbeitgebers, so dass Abs. 1 eingreift. Die Abgrenzung kann sich an §§ 290, 294 ff. HGB orientieren. Die Erstreckung des Verbotes aus § 46 auf ein „verbundenes Unternehmen" durch § 40 Abs. 2 RichtlRA hat sich mit den Grundsatzentscheidungen des BVerfG vom 14.7.1987 (BVerfGE 76, 171; 76, 196) erledigt (Henssler/Prütting/*Henssler* § 46 Rn. 36). Ist der Syndikus Angestellter eines großen Dachverbandes, verbietet es sich schon von der Größenordnung her, alle Verbandsmitglieder als Auftraggeber iSd § 46 anzusehen. Die von dem Rechtsanwalt in seiner Stellung als Syndikus ausgeübte juristische Betreuung von 5000 Mitgliedern eines Verbandes Bergbaugeschädigter (BGHZ 40, 282, 286 = NJW 1964, 251, nur Ls. = MDR 1964, 144, nur Ls. = EGE VIII, 3) von 700 Mitgliedsgenossenschaften eines genossenschaftlichen Zentralverbandes (BGH NJW 1965, 1015 = JVBl. 1965, 11 = EGE VIII, 29), der Mitglieder der Studentenschaft einer Universität (BGHZ 97, 204 = NJW 1986, 2499 = MDR 1986, 755 = BRAK-Mitt. 1986, 167) und der ca. 1000 Mitglieder eines Genossenschaftsdachverbandes der Volksbanken pp. ist ihrem Wesen nach der Rechtsberatung des „allgemeinen Publikums" gleichzuerachten. Dafür sprechen bei der Größe der Verbände sowohl die Unpersönlichkeit der Beziehungen der Verbandsmitglieder untereinander und zum Dachverband als auch die Vielseitigkeit der anfallenden anwaltlichen Tätigkeiten. Die Tätigkeit für die Mitglieder des Dach-

verbandes kann aber gegen das RDG (früher RBerG) verstoßen, wenn der Arbeitgeber keine Erlaubnis zur Rechtsberatung besitzt und der Syndikusanwalt von dem Mitglied nicht gesondert mandatiert wurde (Henssler/Prütting/*Henssler* § 46 Rn. 35). Bearbeitet ein angestellter Rechtsanwalt unabhängig und weisungsfrei Mandate, die sein Dienstherr übernommen hat, dann ist nicht der Dienstherr sondern der Mandant Auftraggeber des Rechtsanwalts (→ Rn. 13; BGH AnwBl. 2006, 354).

Der Auftraggeberbegriff ist auch nicht etwa unterschiedlich auszulegen je nachdem, ob die **15** Erteilung von Rechtsrat (BGHZ 40, 282 = NJW 1964, 251, nur Ls.; BGH NJW 1965, 1015; 1986, 2499 = MDR 1986, 755 = BRAK-Mitt. 1986, 167) oder das Tätigwerden des Rechtsanwalts vor Gerichten auf ihre Vereinbarkeit mit dem Berufsrecht überprüft wird (BGH NJW 1987, 1328 = MDR 1987, 427 = BRAK-Mitt. 1987, 94). § 46 gilt entsprechend auch für den Rechtsbeistand der Mitglied der RAK ist (BGH NJW 1982, 1880 = BRAK-Mitt. 1982, 125, 128).

b) Tätigwerden vor Gericht. Das nach § 46 Abs. 1 verbotene „Tätigwerden vor Gericht" ist **16** schon vom Wortbegriff her umfassend zu verstehen. Gerichte im Sinne dieser Vorschrift sind nicht nur die ordentlichen Gerichte, sondern alle anderen staatlichen Gerichte wie Arbeits-, Verwaltungs-, Sozial- und Finanzgerichte (*Isele* § 46 Anm. IV B 1). Vor Gericht wird nicht nur tätig, wer in einer mündlichen Verhandlung, einer Hauptverhandlung oder einem sonstigen Termin persönlich auftritt, sondern ebenso wer Schriftsätze oder andere Schriftstücke einreicht, um ein gerichtliches Verfahren einzuleiten, zu fördern oder zu beenden. Anträge auf Erlass eines Mahn- oder Vollstreckungsbescheids werden davon ebenso erfasst. Sie dienen in einem vereinfachten Verfahren der Beschaffung eines gerichtlichen Titels, wobei es unerheblich ist, dass dieser von Rechtspflegern und nicht von einem Richter erlassen wird. Es entspricht auch dem Sinn und Zweck des Gesetzes, angestellte Rechtsanwälte in ihrer Eigenschaft als Anwälte von der Mitwirkung im Mahnverfahren zu Gunsten ihres Arbeitgebers auszuschließen. Denn selbst bei dieser Tätigkeit kann der Rechtsanwalt seinen Pflichten als unabhängiges Organ der Rechtspflege nur gerecht werden, wenn er die notwendige Prüfung der geltend zu machenden Forderung und seine hierbei zu treffenden Entscheidungen in persönlicher Unabhängigkeit von arbeitsvertraglich-bindenden Weisungen Dritter vornimmt (EGH München BRAK-Mitt. 1982, 29; **aA** *Pfeiffer,* FS Oppenhoff, 1985, 250, 272).

c) Tätigwerden vor Schiedsgerichten. Unter Schiedsgerichten vor denen der Syndikus- **17** anwalt für seinen Arbeitgeber als Rechtsanwalt nicht tätig werden darf, sind nur die zu verstehen, für die §§ 1025 ff. ZPO gelten. Vor sog. Verbandsschiedsgerichten darf der Syndikusanwalt seinen Arbeitgeber vertreten (→ Rn. 20), weil diese nur über interne Angelegenheiten nach einem satzungsgemäßen Ordnungsrecht entscheiden und für ihre Entscheidungen nicht die staatliche Sanktion nach §§ 1042 f. ZPO beanspruchen (*Isele* § 46 Anm. IV B 2; *Kleine-Cosack* § 46 Rn. 20 f.; Hartung/*Hartung* § 46 Rn. 35). Gleiches gilt für Parteischiedsgerichte (*Morlok* NJW 1991, 1162).

d) Rechtsstreitigkeiten aller Art. Das Verbot gilt für alle Verfahrensarten und für alle **18** Zweige der Rechtspflege (amtliche Begründung, BT-Drs. 3/120, 77), somit auch für **Strafsachen** (*Kramer* AnwBl. 2001, 140). Der Syndikusanwalt darf nicht in seiner Eigenschaft als Rechtsanwalt als Verteidiger seines ständigen Arbeitgebers oder, falls es sich dabei um eine Gesellschaft handelt, ihres Repräsentanten (Mitglied des Vorstandes, Geschäftsführer, persönlich haftender Gesellschafter) vor einem Strafgericht tätig werden (*Jessnitzer/Blumberg* § 46 Rn. 2; *Isele* § 46 Anm. IV B1b), es sei denn, es handelt sich um eine rein persönliche Strafsache, die mit der beruflichen Tätigkeit in keinem Zusammenhang steht (*Dahs,* Handbuch des Strafverteidigers, 4. Aufl. 1977, Rn. 99; Henssler/Prütting/*Henssler* § 46 Rn. 30; *Gellner* DAV-Ratgeber, 4. Aufl. 1989, 91, 99). Zweifelhaft ist, ob damit nur die Verteidigung gegenüber dem Gericht, sondern auch im Vorverfahren gegenüber der Staatsanwaltschaft verboten ist. Da das Ermittlungsverfahren zum Zwischen- und Hauptverfahren vor Gericht hinführt und deshalb das gesamte Strafverfahren unter Einschluss des Ermittlungsverfahrens zum „gerichtlichen Verfahren" im verfassungsrechtlichen Sinne von Art. 74 Nr. 1 GG gerechnet wird (BVerfGE 36, 193, 202), zudem auch im Ermittlungsverfahren richterliche Handlungen (Durchsuchungs- und Beschlagnahmeanordnungen, Haftbefehle, Beschwerdeentscheidungen pp.) erforderlich sind, steht § 46 Abs. 1 auch einer Verteidigung des Dienstherrn im Ermittlungsverfahren entgegen (**aA** Henssler/Prütting/*Henssler*

§ 46 Rn. 30; ebenso *Kramer* AnwBl. 2001, 140). Ist der Syndikusanwalt jedoch Rechtslehrer an einer Hochschule, so kann er unter Berufung auf diese Eigenschaft (§ 138 Abs. 1 StPO) eine Verteidigung seines ständigen Arbeitgebers übernehmen (*Jessnitzer/Blumberg* § 46 Rn. 2), da er dann nicht in seiner Eigenschaft als Rechtsanwalt tätig wird. Immer muss der Syndikus aber aufpassen, dass er nicht in einen Interessenkonflikt (§ 43a Abs. 4) gerät, weil der Schuldvorwurf sich zB auf rechtliche Gestaltungen bezieht, an denen er selbst als Syndikusanwalt mitgewirkt oder über die er beraten hat. Die Interessenkollision gebietet, ein solches Mandat nicht anzunehmen (*Gellner* DAV-Ratgeber, 4. Aufl. 1989, 91, 99).

19 **e) Unanwendbarkeit der §§ 48, 49 im Verhältnis zum Dienstherrn.** Auf das Verhältnis des Syndikusanwalts zu seinem ständigen Arbeitgeber sind die §§ 48, 49 nicht anwendbar. Der Syndikusanwalt darf nicht beigeordnet werden und er ist verpflichtet, die Beiordnung als Rechtsanwalt zu verhindern oder ihre Aufhebung nach §§ 48 Abs. 2, 49 Abs. 2 zu betreiben (*Isele* § 46 Anm. IV B 1c; → § 48 Rn. 3; → § 49 Rn. 1 ff.).

20 **f) Zulässige Tätigkeiten.** Da § 46 Abs. 1 lediglich ein prozessuales Vertretungsverbot als Rechtsanwalt beinhaltet, darf der Rechtsanwalt auch vor Gerichten und Schiedsgerichten (§§ 1025 ff. ZPO) für seinen ständigen Arbeitgeber auftreten, sofern er dies eben nicht in seiner Eigenschaft als Rechtsanwalt tut (amtliche Begründung, BT-Drs. 3/120), es sich um ein Verfahren ohne Anwaltszwang handelt (*Pfeiffer,* FS Oppenhoff, 1985, 272). Das bedeutet, dass er zwar in allen Verfahren mit Anwaltszwang (§ 78 ZPO) nicht für seinen ständigen Arbeitgeber auftreten kann, da er dort immer in seiner Eigenschaft als Rechtsanwalt tätig werden müsste (→ Rn. 28, 29). Demgegenüber soll es dem Syndikusanwalt nicht verwehrt werden, in gerichtlichen Verfahren ohne Anwaltszwang zB als Vorstandsmitglied des Unternehmens oder als Angestellter für seinen Dienstherrn aufzutreten; er darf jedoch in einem solchen Fall nicht in seiner Eigenschaft als Rechtsanwalt tätig werden (amtliche Begründung, BT-Drs. 3/120, 77; EGH München BRAK-Mitt. 1982, 29; *Hartstang* II 240), sondern erklärtermaßen nur in seiner Eigenschaft als Beauftragter seines Dienstherrn. Nach Auffassung des LG Bonn kann aber der Syndikusanwalt einer Partei seine Vergütung nach dem RVG abrechnen (LG Bonn Rpfleger 1990, 435).

21 **g) Umgehung des Verbots.** Eine Umgehung des Verbotes, in seiner Eigenschaft als Rechtsanwalt seinen Dienstherrn bzw. dessen Repräsentanten vor Gericht zu vertreten, ist **pflichtwidrig** (amtliche Begründung, BT-Drs. 3/120, 77). Hat eine Gewerkschaft eine ihr zustehende Forderung derart an eines ihrer Vorstandsmitglieder abgetreten, dass dieses die Forderung einklagen und einziehen soll, der Forderungsbetrag aber der Gewerkschaft zufließen soll, so darf der in einem ständigen Dienstverhältnis zu der Gewerkschaft stehende Rechtsanwalt das Vorstandsmitglied nicht als Prozessbevollmächtigter beim Einklagen der Forderung vertreten (BGHZ 51, 595 = BGHSt 22, 234 = NJW 1969, 942 = MDR 1969, 595 = EGE X, 105).

22 **h) Außergerichtliche Betätigung als Rechtsanwalt.** Ob dem Syndikusanwalt eine außergerichtliche Betätigung **für seinen Dienstherrn** in beiden Eigenschaften erlaubt ist, sowohl als Rechtsanwalt oder als dessen Beschäftigter, ist sehr umstritten (ja: *Roxin* NJW 1992, 1129; *Pfeiffer,* FS Oppenhoff, 1985, 272; *Hommerich/Prütting* II 37; Hartung/*Hartung* § 46 Rn. 24; *Kleine-Cosack* § 46 Rn. 20 f.; nein: BGHZ 141, 69 = NJW 1999, 1715; Henssler/Prütting/*Henssler* § 46 Rn. 19). Der BGH hat in seiner Entscheidung vom 25.2.1999 mit Recht darauf hingewiesen, dass eine anwaltliche Tätigkeit innerhalb seines festen Beschäftigungsverhältnisses mit § 1 unvereinbar sei. Der – vom DAV unterstützte, von der BRAK bekämpfte – Versuch der Syndikusanwälte, durch eine Textänderung des § 46 „klarzustellen", dass Syndikusanwälte auch bei ihrer Tätigkeit für ihren Arbeitgeber rechtsanwaltlich tätig werden, fand demgemäß keine Mehrheit im Parlament (→ Rn. 12). Daran anknüpfend hat der BGH es für ausgeschlossen angesehen, dass der Syndikusanwalt auch innerhalb seines festen Beschäftigungsverhältnisses anwaltlich tätig werde (BGHZ 141, 69 = NJW 1999, 1715; BGH NJW 2000, 1645).

IV. Tätigkeitsverbote (Abs. 2 und 3)

23 Die Tätigkeitsverbote der Abs. 2 und 3 wurden durch Gesetz vom 2.9.1994 (BGBl. I S. 2278) angefügt und durch § 3 BORA näher konkretisiert (→ BORA § 3 Rn. 1 ff.). Durch **Abs. 2** wird das forensische Tätigkeitsverbot des § 46 Abs. 1 auf alle sonstigen Betätigungen in derselben Sache, sei es als niedergelassener Rechtsanwalt oder nichtanwaltlich, zB als Kaufmann (auch in

eigener Sache), umfassend ausgeweitet (*Kleine-Cosack* NJW 1994, 2249; Henssler/Prütting/*Henssler* § 46 Rn. 42). Die Vorschrift soll einen Funktionswechsel in beide Richtungen – sowohl den vom juristischen Berater zum Rechtsanwalt als auch den vom Anwalt zum juristischen Berater – für den Fall der Vorbefassung in der jeweils anderen Funktion verhindern, weil ein Rollenwechsel in derselben Rechtssache Zweifel an der Unabhängigkeit des Rechtsanwalts in der Sache begründet und dem anwaltlichen Ansehen und seiner Stellung in der Rechtspflege abträglich ist (Henssler/Prütting/*Henssler* § 46 Rn. 42). § 46 Abs. 2 Nr. 1 und 2 sind **lex specialis zu § 45 Abs. 1 Nr. 4 und Abs. 2 Nr. 3** und gehen den darin enthaltenen Grundregeln vor (→ § 45 Rn. 32; Henssler/Prütting/*Kilian* § 45 Rn. 40; **aA** Henssler/Prütting/*Henssler* § 46 Rn. 9, 42). Anders als für die Grundregelung in § 45 Abs. 1 Nr. 4 (→ § 45 Rn. 29, 31) ist das für den Syndikusanwalt nach § 46 Abs. 2 geltende Vertretungsverbot zeitlich nicht beschränkt, dh abweichend von § 45 Abs. 1 Nr. 4 erfasst das Tätigkeitsverbot auch den Fall der bereits beendeten Tätigkeit als Syndikusanwalt (Henssler/Prütting/*Kilian* § 45 Rn. 40; *Kleine-Cosack* § 46 Rn. 35; **aA** Henssler/Prütting/*Henssler* § 46 Rn. 9; OLG Frankfurt BRAK-Mitt. 2009, 190). Entgegen der von *Henssler* vertretenen Auffassung entbehrt diese unterschiedliche Regelung auch nicht eines sachlichen Grundes. Dieser ergibt sich für § 46 Abs. 2 aus der Art der Vorbefassung durch juristische Beratung. Würde das Vertretungsverbot aus § 46 Abs. 2 mit der Beendigung der für den Dienstherrn entfallenen Bearbeitung einer Angelegenheit entfallen, könnte der Syndikusanwalt sie jederzeit fortsetzen. Er könnte die Anwendung des § 46 Abs. 2 Nr. 1 selbst durch den bloßen Wechsel des Briefkopfes ausschließen. Die Konstellationen des § 46 Abs. 2 sah der Gesetzgeber wegen der darin liegenden Missbrauchsmöglichkeiten als gefährlicher an als eine anwaltliche Tätigkeit gemäß § 45 Abs. 1 Nr. 4 nach Beendigung einer außerrechtlichen (→ § 45 Rn. 26 ff.) Vorbefassung (Henssler/Prütting/*Kilian* § 45 Rn. 40). Lediglich bei völliger Beendigung des Syndikusverhältnisses oder wenn aus anderen Gründen ausgeschlossen ist, dass der Zweitberuf in die später ausgeübte anwaltliche Tätigkeit hineinwirkt, kommt ein Absehen von der Anwendung des § 46 Abs. 2 Nr. 1 in Betracht.

Die Auslegung von § 46 Abs. 2 ist an den Anforderungen auszurichten, welche die Berufsfreiheit des Art. 12 Abs. 1 GG stellt. Bei der danach gebotenen verfassungskonformen einschränkenden Auslegung ist unter einem „ständigen Dienst- oder sonstigen Beschäftigungsverhältnis" in § 46 nur eine solche Vertragsbeziehung zu verstehen, bei der die Gefahr einer Interessenkollision entstehen kann (BVerfG NJW 2002, 503). Es muss zu besorgen sein, dass die Weisungs- und Richtlinienkompetenz des Arbeitgebers in die Tätigkeit des Rechtsanwalts hineinwirkt. Ohne eine solche Einwirkung fehlt es an einer Rechtfertigung für die in § 46 bestimmten Einschränkungen der Berufsfreiheit. So scheidet eine solche Interessenkollision bei einem Rechtsanwalt aus, der sich gegenüber einem Mieterverein verpflichtet hat, dessen Mitglieder anwaltlich zu beraten (BVerfG NJW 2002, 503). Gleiches gilt für eine Steuerberatungsgesellschaft, die einen angestellten Rechtsanwalt mit der Wahrnehmung ihr erteilter Mandate beauftragt hat (BGH AnwBl. 2006, 354). 24

Abs. 2 Nr. 1 soll den besonderen Verhältnissen Rechnung tragen, die zu beachten sind, wenn ein Rechtsanwalt, der bei einem nichtanwaltlichen Arbeitgeber beschäftigt ist, in diesem Zweitberuf für eine Organisation den Mitgliedern geschäftsmäßig Rechtsrat erteilt oder sogar für diese als Vertreter außergerichtlich oder gerichtlich tätig wird. Da der Rechtsanwalt bei seiner beruflichen Tätigkeit unabhängig ist und sich von Bindungen, die die Unabhängigkeit gefährden, freihalten muss (§ 43a Abs. 1), der Angestellte jedoch grundsätzlich den Weisungen des Dienstherrn unterliegt, müssen beide Bereiche scharf voneinander getrennt werden. Nur so kann verhindert werden, dass in derselben Sache ein Rechtsberater tätig wird, der sowohl die beruflichen Pflichten als Rechtsanwalt aber auch die Weisungsbefugnisse seines Dienstherrn beachten muss. Dass dieser Fallkonstellation nicht generell mit dem Verbot der Anwaltszulassung begegnet werden darf, wie dies vor der Entscheidung des BVerfGE 87, 287 = NJW 1993, 317gängige Praxis war (vgl. 2. Aufl. § 7 Rn. 104), hat das BVerfG in der angef. Entscheidung betont (amtliche Begründung, BT-Drs. 12/4993, 30 iVm der Beschlussempfehlung des Rechtsausschusses, BT-Drs. 12/656, 49). 25

Abs. 2 Nr. 1 setzt voraus dass der Rechtsanwalt in einem ständigen Dienst- (→ Rn. 1 ff.) oder ähnlichen Beschäftigungsverhältnis mit einem nichtanwaltlichen Arbeitgeber Rechtsrat erteilt. **Rechtsbesorgend** tätig war der Rechtsanwalt iSd § 46 Abs. 2 Nr. 1 dann, wenn er als Syndikus eine Tätigkeit ausgeübt hat, die das Ziel verfolgte und geeignet war, Rechte zu verwirklichen oder Rechtsverhältnisse zu gestalten. Das erstgenannte Ziel zu erreichen, ist auch die bloße Rechtsberatung im Rahmen des Dienst- oder ähnlichen Beschäftigungsverhältnis geeignet. Im Sinne des § 1 RDG ist die Rechtsberatung eine Unterform der Rechtsbesorgung. Dieses Ver- 26 ständnis ist hierher zu übertragen (BGHZ 141, 69 = NJW 1999, 1715; AGH NRW Beschluss vom 2.6.2000 – 2 ZU 5/00). Bestünde für einen Syndikusanwalt in einer Angelegenheit, in der er bereits innerhalb seines ständigen Beschäftigungsverhältnisses rechtsbesorgend tätig geworden ist, kein Tätigkeitsverbot als Rechtsanwalt, wäre zweierlei zu besorgen: Zum einen könnte sich die Abhängigkeit von seinem ständigen Dienstherrn dahin auswirken, dass der Syndikusanwalt von diesem erteilte Mandate auch dann nicht ablehnt, wenn diese ihm ein gesetz- oder anstandswidriges Verhalten abverlangen. Zum zweiten wäre zu gewärtigen, dass sich der Syndikusanwalt bei der anwaltlichen Bearbeitung des Auftrags von der Haltung, die er als Sachbearbeiter im Rahmen des ständigen Beschäftigungsverhältnisses eingenommen hatte und die möglicherweise durch das Abhängigkeitsverhältnis zu seinem Dienstherrn geprägt war, nicht völlig frei machen kann. Es dient deshalb der anwaltlichen Unabhängigkeit, dass er als Rechtsanwalt nur in solchen Angelegenheiten tätig werden darf, mit denen er sich noch nicht im Interesse des Dienstherrn rechtsbesorgend befasst hat (BGHZ 141, 69 = NJW 1999, 1715; → FAO § 5 Rn. 9 ff.; *Kilian* MDR 2000, 239). Der Umfang der Tätigkeit und der hieraus gezogenen Entgelte ist ohne Belang (AGH NRW Beschluss vom 2.6.2000 – 2 ZU 5/00). Für die Einordnung als „ähnliches Beschäftigungsverhältnis ist die persönliche Abhängigkeit vom Dienstherrn entscheidend und nicht die begriffliche Einordnung als „freier Mitarbeiter" oder „Angestellter" (BGHZ 141, 69 = NJW 1999, 1715). Das Tätigkeitsverbot nach Abs. 2 Nr. 1 muss, wenn es den Anforderungen des Art. 12 Abs. 1 GG standhalten soll, erforderlich sein, um besonderen Gefährdungen des Anwaltsberufs zu begegnen. Deshalb ist bei verfassungskonformer Auslegung des Begriffs „ständiges Dienst- oder ähnliches Beschäftigungsverhältnis" nur eine solche Vertragsbeziehung umschrieben, bei der die Gefahr einer Interessenkollision bestehen kann. Es muss zu besorgen sein, dass die Weisungs- und Richtlinienkompetenz des Arbeitgebers des Zweitberufs in die später ausgeübte anwaltliche Tätigkeit hineinwirkt. Anderenfalls ist kein Gemeinwohlbelang ersichtlich, der eine Einschränkung der Berufsfreiheit rechtfertigen könnte. Deshalb sind entgegen dem Wortlaut des Abs. 2 dessen Tätigkeitsverbote verfassungskonform dahingehend einzuschränken, dass **nach Beendigung des Anstellungsverhältnisses,** ein anwaltliches Handeln in derselben Angelegenheit rechtlich zulässig ist, weil die frühere Syndikusstellung mit ihrer dienstrechtlichen Bindung nicht mehr in die spätere anwaltliche Tätigkeit hineinwirken kann (Henssler/Prütting/*Henssler* § 46 Rn. 9, 42; *Kleine-Cosack* § 46 Rn. 35). Beraten Rechtsanwälte einer Sozietät aufgrund einer vertraglichen Vereinbarung die Mitglieder eines örtlichen Mietervereins zu festen Sprechstunden und erhalten sie dafür von dem Mieterverein ein fixes Entgelt, dann stehen sie nicht iSd § 46 Abs. 2 Nr. 1 in einem „ständigen Dienst- oder ähnlichem Beschäftigungsverhältnis", da weder der Verein noch seine einzelnen Mitglieder den Anwälten vorschreiben, was sie in den Sprechzeiten zu tun haben. Vielmehr werden sie vom Verein in ihrer Eigenschaft als Rechtsanwälte, also gerade als unabhängige Berater, den Mitgliedern zur Verfügung gestellt. Für Interessenkollisionen in dem Sinne, dass die Rechtsanwälte die späteren Mandate ohne die notwendige Unabhängigkeit und auf Weisung des Mietervereins führen, fehlt dann jeder Anhalt (BVerfG AnwBl. 2002, 182 = MDR 2002, 359 mit Anm. *Römermann*).

27 **Abs. 2 Nr. 2** greift die in Abs. 2 Nr. 1 normierte Pflicht, das Mandat nicht zu übernehmen, auf und schreibt *dem Rechtsanwalt* vor, die Angelegenheiten, in denen er als Anwalt mandatiert war, nicht in anderer Eigenschaft – dh als Syndikus – zu betreiben. Adressat der Bestimmung ist der Rechtsanwalt, der gegen eine anwaltliche Berufspflicht verstößt, wenn er dem Verbot zuwiderhandelt (amtliche Begründung, BT-Drs. 12/4993, 30 iVm der Beschlussempfehlung des Rechtsausschusses, BT-Drs. 12/7656, 49). War ein Rechtsanwalt als solcher bereits mit einer Angelegenheit befasst, darf er danach als Syndikus nicht in derselben Angelegenheit für seinen Dienstherrn bzw. die Mitglieder seiner Anstellungsorganisation tätig werden.

28 **Abs. 3** dient der Ausweitung der Tätigkeitsverbote auf die in die berufliche Zusammenarbeit eingebundenen Personen (→ § 45 Rn. 38; § 3 BORA). Die berufliche Zusammenarbeit „in sonstiger Weise" muss der Qualität der Zusammenarbeit in einer Sozietät jedenfalls insoweit nahe kommen, als eine ähnlich enge Zusammenarbeit vorliegen muss, die die Gefahr der Interessenkollisionen wie bei einer Sozietät begründet (→ § 45 Rn. 38, 39). „Angehörige anderer Berufe" sind die der nach § 59a sozietätsfähigen Berufe. Zum einen gelten die Verbote für die zur gemeinschaftlichen Berufsausübung Verbundenen, aber auch deren Vorbefassung außerhalb ihres rechtsberatenden Berufs führt zu dem Tätigkeitsverbot für alle. Eine solche Regelung erscheint unverzichtbar, da die gemeinsame Berufsausübung zwangsläufig zu einer Erstreckung im Einzelfall bestehender Verbote auf alle führt (amtliche Begründung, BT-Drs. 12/4993, 30).

Eine rechtsberatende Angestelltentätigkeit, die nicht mit dem Anwaltsberuf vereinbar ist, kann sich aber nicht nur aus der Vorbefassung als Rechtsanwalt mit derselben Angelegenheit ergeben, sondern auch aus anderen gesetzlichen Verboten. So ist die rechtsberatende Angestelltentätigkeit in solchen Unternehmen unvereinbar, die das RDG umgehen, also verbotene Rechtsberatung betreiben (BVerfGE 87, 287 = NJW 1993, 317). **29**

V. Folgen eines Verstoßes gegen § 46

Der Syndikusanwalt ist als Rechtsanwalt verpflichtet, die Verbote des § 46 zu beachten und ggf. die Konsequenzen entsprechend § 3 Abs. 4 BORA zu ziehen. Bei Verstößen hat er zu gewärtigen, dass gegen ihn wegen Verletzung seiner Berufspflichten ein anwaltsgerichtliches Verfahren eingeleitet wird. Der Verstoß gegen § 46 führt zur Nichtigkeit des zwischen Anwalt und Mandant abgeschlossenen Geschäftsbesorgungsvertrags gemäß § 134 BGB. Zwar richtet sich das Tätigkeitsverbot nur gegen einen Vertragsbeteiligten, den Anwalt. Die Nichtigkeit des Geschäfts ergibt sich jedoch aus dem Zweck des Verbots. Dieses liefe weitgehend leer, wenn der Syndikusanwalt aus der verbotswidrigen Tätigkeit ein Anwaltshonorar verdienen könnte (BGHZ 141, 69 = NJW 1999, 1715). **30**

Ansprüche aus ungerechtfertigter Bereicherung kann der Vertretene unter Berufung auf das gesetzliche Verbot des § 46 gemäß § 817 S. 2 BGB abwehren (BGH NJW 1999, 1715; Henssler/Prütting/*Henssler* § 46 Rn. 52). Weitere Folge ist, dass der berufsrechtswidrig vertretenen Partei keine Kostenerstattungsansprüche gegen die unterlegene Gegenseite zugebilligt werden können (OLG Stuttgart MDR 1999, 1530; FG Bremen BRAK-Mitt. 2000, 263; Henssler/Prütting/*Henssler* § 46 Rn. 52). Durch eine Verletzung der Berufspflichten aus § 46 werden jedoch die prozessualen Handlungen in ihrer Wirksamkeit nicht berührt (amtliche Begründung, BT-Drs. 3/120; BAG MDR 1996, 857 = NZA 1996, 671 = BRAK-Mitt. 1996, 172; *Prütting* AnwBl. 2001, 313, 318). Das Tätigkeitsverbot des § 46 beinhaltet nicht den Wegfall der Postulationsfähigkeit des Rechtsanwalts. Zwar enthält § 46 ein Verbot iSd § 134 BGB. Dabei ist ohne Bedeutung, dass sich das Verbot nur gegen den Rechtsanwalt selbst richtet (vgl. auch BGH NJW 1962, 2010). Aber im Hinblick auf das Abstraktionsprinzip, welches für die Prozessvollmacht uneingeschränkt gilt, ist die entgegen § 46 erteilte Vollmacht wirksam (zu § 45 Nr. 4 vgl. OLG Hamm NJW-RR 1989, 442 = MDR 1989, 266 = DNotZ 1989, 634 mit Anm. *Feuerich* DNotZ 1989, 596). Voraussetzung der Wirksamkeit einer entgegen dem Vertretungsverbot des Abs. 1 vorgenommenen Prozesshandlung ist aber, dass diese als postulationsfähiger Rechtsanwalt vorgenommen wird. Notwendig ist ein erkennbares Heraustreten aus der Doppelstellung. Unwirksam ist eine Prozesshandlung daher, wenn Schriftsätze unter Zeichnung als Syndikusanwalt verfasst werden (BAG AnwBl. 1999, 48 = NZA 1996, 671; Henssler/Prütting/*Henssler* § 46 Rn. 51). Entsprechend § 156 Abs. 2 sind die Gerichte jedoch gehalten, einen Rechtsanwalt, der entgegen § 46 vor ihnen auftritt, zurückzuweisen (Henssler/Prütting/*Henssler* § 46 Rn. 51). § 156 Abs. 2 ist nur eine besondere Ausgestaltung des allen Verfahrensordnungen gemeinsamen Grundsatzes, dass den Gerichten aufgegeben ist, für einen dem geltenden Recht entsprechenden Verfahrensablauf Sorge zu tragen und dabei auch die Frage der prozessualen Zulässigkeit des Auftretens von Bevollmächtigten im schriftlichen und mündlichen Verkehr zu prüfen (vgl. § 157 ZPO; § 67 VwGO; § 146a StPO). § 156 Abs. 2 geht § 157 ZPO vor und führt dazu, dass der Rechtsanwalt bei Verstoß gegen § 46 zurückgewiesen werden muss. Im Strafverfahren besteht aber angesichts der abschließenden Regelung der Ausschlussgründe in §§ 138a, 138b StPO nicht die Möglichkeit, den Syndikusanwalt auszuschließen, selbst wenn ein Verdacht der Tatbeteiligung besteht (Henssler/Prütting/*Henssler* § 46 Rn. 51). **31**

VI. Neuordnung des Rechts der Syndikusanwälte

Der bisherige § 46 soll durch das Gesetz zur Neuordnung des Rechts der Syndikusanwälte vom 16.6.2015 künftig durch §§ 46–46c ersetzt werden. (→ Rn. 5c). **32**

§ 46 Angestellte Rechtsanwälte; Syndikusrechtsanwälte

(1) Rechtsanwälte dürfen ihren Beruf als Angestellte solcher Arbeitgeber ausüben, die als Rechtsanwälte, Patentanwälte oder rechts- oder patentanwaltliche Berufsausübungsgesellschaften tätig sind.

(2) [1] Angestellte anderer als der in Absatz 1 genannten Personen oder Gesellschaften üben ihren Beruf als Rechtsanwalt aus, sofern sie im Rahmen ihres Anstellungsverhältnisses für ihren Arbeitgeber anwaltlich tätig sind (Syndikusrechtsanwälte). [2] Der Syndikusrechtsanwalt bedarf zur Ausübung seiner Tätigkeit nach Satz 1 der Zulassung zur Rechtsanwaltschaft nach § 46a.

(3) Eine anwaltliche Tätigkeit im Sinne des Absatzes 2 Satz 1 liegt vor, wenn das Anstellungsverhältnis durch folgende fachlich unabhängig und eigenverantwortlich auszuübenden Tätigkeiten sowie durch folgende Merkmale geprägt ist:

1. *die Prüfung von Rechtsfragen, einschließlich der Aufklärung des Sachverhalts, sowie das Erarbeiten und Bewerten von Lösungsmöglichkeiten,*
2. *die Erteilung von Rechtsrat,*
3. *die Ausrichtung der Tätigkeit auf die Gestaltung von Rechtsverhältnissen, insbesondere durch das selbständige Führen von Verhandlungen, oder auf die Verwirklichung von Rechten und*
4. *die Vertretungsbefugnis nach außen.*

(4) [1] Eine fachlich unabhängige Tätigkeit im Sinne des Absatzes 3 übt nicht aus, wer sich an Weisungen zu halten hat, die eine eigenständige Analyse der Rechtslage und eine einzelfallorientierte Rechtsberatung ausschließen. [2] Die fachliche Unabhängigkeit der Berufsausübung des Syndikusrechtsanwalts ist vertraglich und tatsächlich zu gewährleisten.

(5) [1] Die Befugnis des Syndikusrechtsanwalts zur Beratung und Vertretung beschränkt sich auf die Rechtsangelegenheiten des Arbeitgebers. [2] Diese umfassen auch

1. *Rechtsangelegenheiten innerhalb verbundener Unternehmen im Sinne des § 15 des Aktiengesetzes,*
2. *erlaubte Rechtsdienstleistungen des Arbeitgebers gegenüber seinen Mitgliedern, sofern es sich bei dem Arbeitgeber um eine Vereinigung oder Gewerkschaft nach § 7 des Rechtsdienstleistungsgesetzes oder nach § 8 Absatz 1 Nummer 2 des Rechtsdienstleistungsgesetzes handelt, und*
3. *erlaubte Rechtsdienstleistungen des Arbeitgebers gegenüber Dritten, sofern es sich bei dem Arbeitgeber um einen Angehörigen der in § 59a genannten sozietätsfähigen Berufe oder um eine Berufsausübungsgesellschaft solcher Berufe handelt.*

§ 46a Zulassung als Syndikusrechtsanwalt

(1) [1] Die Zulassung zur Rechtsanwaltschaft als Syndikusrechtsanwalt ist auf Antrag zu erteilen, wenn

1. *die allgemeinen Zulassungsvoraussetzungen zum Beruf des Rechtsanwalts gemäß § 4 erfüllt sind,*
2. *kein Zulassungsversagungsgrund nach § 7 vorliegt und*
3. *die Tätigkeit den Anforderungen des § 46 Absatz 2 bis 5 entspricht.*

[2] Die Zulassung nach Satz 1 kann für mehrere Anstellungsverhältnisse erteilt werden.

(2) [1] Über die Zulassung als Syndikusrechtsanwalt entscheidet die örtlich zuständige Rechtsanwaltskammer nach Anhörung des Trägers der Rentenversicherung. [2] Die Entscheidung ist zu begründen und dem Antragsteller sowie dem Träger der Rentenversicherung zuzustellen. [3] Wie dem Antragsteller steht auch dem Träger der Rentenversicherung gegen die Entscheidung nach Satz 1 Rechtsschutz gemäß § 112a Absatz 1 und 2 zu. [4] Der Träger der Rentenversicherung ist bei seiner Entscheidung über die Befreiung von der Versicherungspflicht in der gesetzlichen Rentenversicherung nach § 6 Absatz 1 Satz 1 Nummer 1 und Absatz 3 des Sechsten Buches Sozialgesetzbuch an die bestandskräftige Entscheidung der Rechtsanwaltskammer nach Satz 1 gebunden.

(3) [1] Dem Antrag auf Zulassung ist eine Ausfertigung oder eine öffentlich beglaubigte Abschrift des Arbeitsvertrags oder der Arbeitsverträge beizufügen. [2] Die Rechtsanwaltskammer kann die Vorlage weiterer Nachweise verlangen.

(4) Das Zulassungsverfahren richtet sich nach den §§ 10 bis 12a mit der Maßgabe, dass

1. *Syndikusrechtsanwälte der Versicherungspflicht nach § 12 Absatz 2 in Verbindung mit § 51 genügen, wenn die sich aus dieser Tätigkeit ergebenden Haftpflichtgefahren für Vermögensschäden durch eine beim Arbeitgeber bestehende Haftpflichtversicherung abgedeckt sind und diese den Anforderungen des § 51 entspricht, und*
2. *die Tätigkeit abweichend von § 12 Absatz 4 unter der Berufsbezeichnung „Rechtsanwältin (Syndikusrechtsanwältin)“ oder „Rechtsanwalt (Syndikusrechtsanwalt)“ auszuüben ist.*

§ 46b Erlöschen und Änderung der Zulassung als Syndikusrechtsanwalt

(1) Die Zulassung als Syndikusrechtsanwalt erlischt nach Maßgabe des § 13.

(2) [1] Für die Rücknahme und den Widerruf der Zulassung als Syndikusrechtsanwalt gelten die §§ 14 und 15. [2] Die Zulassung als Syndikusrechtsanwalt ist ferner ganz oder teilweise zu widerrufen, soweit die arbeitsvertragliche Gestaltung eines Anstellungsverhältnisses oder die tatsächlich ausgeübte Tätigkeit nicht mehr den Anforderungen des § 46 Absatz 2 bis 5 entspricht. [3] § 46a Absatz 2 gilt entsprechend.

(3) Werden nach einer Zulassung nach § 46a weitere Anstellungsverhältnisse als Syndikusrechtsanwalt aufgenommen oder tritt innerhalb bereits bestehender Anstellungsverhältnisse eine wesentliche Änderung der Tätigkeit ein, ist auf Antrag die Zulassung nach Maßgabe des § 46a unter den dort genannten Voraussetzungen auf die weiteren Anstellungsverhältnisse oder auf die geänderte Tätigkeit zu erstrecken.

(4) [1] Der Syndikusrechtsanwalt hat der nach § 56 Absatz 3 zuständigen Stelle unbeschadet seiner Anzeige- und Vorlagepflichten nach § 56 Absatz 3 auch jede der folgenden tätigkeitsbezogenen Änderungen des Anstellungsverhältnisses unverzüglich anzuzeigen:

1. *jede tätigkeitsbezogene Änderung des Arbeitsvertrags, dazu gehört auch die Aufnahme eines neuen Arbeitsverhältnisses,*
2. *jede wesentliche Änderung der Tätigkeit innerhalb des Anstellungsverhältnisses.*

[2] Im Fall des Satzes 1 Nummer 1 ist der Anzeige eine Ausfertigung oder eine öffentlich beglaubigte Abschrift des geänderten Arbeitsvertrags beizufügen. § 57 gilt entsprechend.

§ 46c Besondere Vorschriften für Syndikusrechtsanwälte

(1) Soweit gesetzlich nichts anderes bestimmt ist, gelten für Syndikusrechtsanwälte die Vorschriften über Rechtsanwälte.

(2) [1] Syndikusrechtsanwälte dürfen ihren Arbeitgeber nicht vertreten

1. *vor den Landgerichten, Oberlandesgerichten und dem Bundesgerichtshof in zivilrechtlichen Verfahren und Verfahren der freiwilligen Gerichtsbarkeit, sofern die Parteien oder die Beteiligten sich durch einen Rechtsanwalt vertreten lassen müssen oder vorgesehen ist, dass ein Schriftsatz von einem Rechtsanwalt unterzeichnet sein muss, und*
2. *vor den in § 11 Absatz 4 Satz 1 des Arbeitsgerichtsgesetzes genannten Gerichten, es sei denn, der Arbeitgeber ist ein vertretungsbefugter Bevollmächtigter im Sinne des § 11 Absatz 4 Satz 2 des Arbeitsgerichtsgesetzes.*

[2] In Straf- oder Bußgeldverfahren, die sich gegen den Arbeitgeber oder dessen Mitarbeiter richten, dürfen Syndikusrechtsanwälte nicht als deren Verteidiger oder Vertreter tätig werden; dies gilt, wenn Gegenstand des Straf- oder Bußgeldverfahrens ein unternehmensbezogener Tatvorwurf ist, auch in Bezug auf eine Tätigkeit als Rechtsanwalt im Sinne des § 4.

(3) Auf die Tätigkeit von Syndikusrechtsanwälten finden die §§ 44, 48 bis 49a sowie im Verhältnis zum Arbeitgeber § 52 keine Anwendung.

(4) [1] § 27 findet auf Syndikusrechtsanwälte mit der Maßgabe Anwendung, dass die regelmäßige Arbeitsstätte als Kanzlei gilt. [2] Ist der Syndikusrechtsanwalt zugleich als Rechtsanwalt gemäß § 4 zugelassen oder ist er im Rahmen mehrerer Anstellungsverhältnisse als Syndikusrechtsanwalt tätig, ist für jede Tätigkeit eine gesonderte Kanzlei zu errichten und zu unterhalten, wovon nur eine im Bezirk der Rechtsanwaltskammer belegen sein muss, deren Mitglied er ist. [3] Will der Rechtsanwalt in den in Satz 2 genannten Fällen den Schwerpunkt seiner Tätigkeit in den Bezirk einer anderen Rechtsanwaltskammer verlegen, hat er nach Maßgabe des § 27 Absatz 3 die Aufnahme in diese Kammer zu beantragen; der Antrag kann mit einem Antrag auf Erteilung einer weiteren Zulassung oder auf Erstreckung der Zulassung gemäß § 46b Absatz 3 verbunden werden.

(5) [1] In die Verzeichnisse nach § 31 ist ergänzend zu den in § 31 Absatz 3 genannten Angaben aufzunehmen, dass die Zulassung zur Rechtsanwaltschaft als Syndikusrechtsanwalt erfolgt ist. [2] Ist der Syndikusrechtsanwalt zugleich als Rechtsanwalt gemäß § 4 zugelassen oder ist er im Rahmen mehrerer Anstellungsverhältnisse als Syndikusrechtsanwalt tätig, hat eine gesonderte Eintragung für jede der Tätigkeiten zu erfolgen.

33 Die amtliche Begründung (BT-Drs. 18/5201) hat folgenden Wortlaut:

A. Allgemeiner Teil

I. Zielsetzung und Notwendigkeit der Regelungen

Die Tätigkeit angestellter Rechtsanwälte, insbesondere der Syndikusanwälte, soll berufsrechtlich ausdrücklich geregelt und dabei klar umrissen werden. Während es in der Rechtsprechung und im berufsrechtlichen Schrifttum anerkannt ist, dass Rechtsanwälte bei anwaltlichen Arbeitgebern im Angestelltenverhältnis tätig sein können (vgl. die Nachweise bei Busse, in: Henssler/Prütting, BRAO, 4. Auflage 2014, § 1 BRAO, Rn. 53), ist die Rechtsstellung des Syndikusanwalts seit langem Gegenstand der berufspolitischen Diskussion. Diese hat sich durch Gerichtsentscheidungen auf nationaler und europäischer Ebene noch intensiviert. Der Syndikusanwalt ist seit dem 19. Jahrhundert in Deutschland als Institution bekannt (zur historischen Entwicklung des Syndikusanwalts vgl. Hellwig, AnwBl. 2015, S. 2 ff. und Henssler in Henssler/Prütting BRAO, 4. Auflage 2014, § 46 BRAO, Rn. 2 ff.), er wird bisher jedoch nicht legaldefiniert und seine Rechtsstellung ist umstritten. Berufsrechtlich hat der Syndikusrechtsanwalt bisher keinen festen Status. Mit dem Entwurf soll zum einen gesetzlich klargestellt werden, dass Rechtsanwälte bei anwaltlichen Arbeitgebern angestellt sein können, zum anderen sollen die bisherigen Regelungen über Rechtsanwälte in ständigen Dienstverhältnissen reformiert und das Berufsbild des Syndikusrechtsanwalts konkretisiert werden. Ein weiteres Ziel ist, die bisherige Praxis der Deutschen Rentenversicherung Bund (DRV Bund) zur Befreiung angestellter Rechtsanwälte von der Rentenversicherungspflicht gesetzlich weitestgehend fortzuschreiben und den Gleichlauf zwischen berufsrechtlicher Zulassungsentscheidung und der Entscheidung über die Befreiung von der gesetzlichen Rentenversicherungspflicht zu erreichen. Mit den Urteilen vom 3. April 2014 (B 5 RE 13/14 R, B 5 RE 9/14 R und B 5 RE 3/14 R) hat das Bundessozialgericht entschieden, dass für Syndikusanwälte eine Befreiung von der Versicherungspflicht in der gesetzlichen Rentenversicherung zugunsten einer Versorgung in den berufsständischen Versorgungswerken nicht möglich sei. Genaue Zahlen zur Anzahl der von diesen Entscheidungen Betroffenen liegen weder der DRV Bund noch den Rechtsanwaltskammern vor, jedoch geht das Schrifttum davon aus, dass bis zu 40 000 Personen als Angestellte anwaltliche Tätigkeiten in einem Unternehmen ausüben, als Rechtsanwalt zugelassen sind und bisher von der gesetzlichen Rentenversicherung befreit wurden (Prütting, AnwBl. 2013, S. 78; Singer, BRAK-Mitteilungen 6/2014, S. 282; Thüsing, AnwBl. 2015, S. 13, 16). Für die Betroffenen haben die Entscheidungen des Bundessozialgerichts Folgen für die Alterssicherung. Eine Befreiung von der Versicherungspflicht in der gesetzlichen Rentenversicherung für die Tätigkeit als Syndikus ist entgegen langjähriger Praxis hiernach nicht länger möglich. Für diejenigen, die über einen gültigen Befreiungsbescheid in ihrer ausgeübten Beschäftigung verfügen oder bei denen besondere Vertrauensschutzregelungen zur Anwendung kommen, bleibt es bei der Absicherung im Versorgungswerk. Für die übrigen Syndizi dürfte mit den Entscheidungen des Bundessozialgerichts ein Wechsel in der Versorgungsbiografie einhergehen. Die Bundesrechtsanwaltsordnung (BRAO) geht vom Leitbild des selbständigen Rechtsanwalts aus. Die Berufspraxis hat sich jedoch in den letzten Jahrzehnten stark verändert. Während früher eine Tätigkeit als angestellter Rechtsanwalt in der Regel nur einen vorübergehenden Charakter hatte, ist inzwischen eine angestellte Rechtsanwaltstätigkeit als dauerhafte Berufsausübung für viele Rechtsanwälte die Regel. § 46 BRAO in der gegenwärtigen Fassung enthält besondere Regelungen für „Rechtsanwälte in ständigen Dienstverhältnissen". Danach darf ein Rechtsanwalt für einen Auftraggeber, dem er auf Grund eines ständigen Dienst- oder ähnlichen Beschäftigungsverhältnisses seine Arbeitszeit und -kraft zur Verfügung stellen muss, vor Gerichten oder Schiedsgerichten nicht in seiner Eigenschaft als Rechtsanwalt tätig werden (§ 46 Absatz 1 BRAO). Der Syndikusanwalt kann jedoch im Parteiprozess bzw. im gerichtlichen Verfahren von seinem Dienstherrn nach den jeweiligen Verfahrensordnungen (§ 79 der Zivilprozessordnung [ZPO], § 11 des Arbeitsgerichtsgesetzes, § 10 des Gesetzes über das Verfahren in Familiensachen und in den Angelegenheiten der freiwilligen Gerichtsbarkeit, § 73 des Sozialgerichtsgesetzes, § 67 der Verwaltungsgerichtsordnung, § 62 der Finanzgerichtsordnung, § 97 des Patentgesetzes [PatG], § 81 des Markengesetzes [MarkenG]) zur Prozess- bzw. Verfahrensvertretung bevollmächtigt werden. Nach diesen Normen des Verfahrensrechts sind Beschäftigte der Partei bzw. des Beteiligten oder eines verbundenen Unternehmens im Sinne des § 15 des Aktiengesetzes (AktG) als Bevollmächtigte vertretungsbefugt. Der Syndikusanwalt handelt im Falle einer solchen Bevollmächtigung nicht in seiner Eigenschaft als Rechtsanwalt, sondern als Beschäftigter seines Dienstherrn. Weiterhin sieht § 46 BRAO vor, dass der Rechtsanwalt nicht tätig werden darf, wenn er in derselben Angelegenheit als sonstiger Berater, der in einem ständigen Dienst- oder Beschäftigungsverhältnis Rechtsrat erteilt, bereits rechtsbesorgend tätig geworden ist (§ 46 Absatz 2 Nummer 1 BRAO). Als sonstiger Berater, der in einem ständigen Dienstoder ähnlichen Beschäftigungsverhältnis Rechtsrat erteilt, darf er nicht tätig werden, wenn er mit derselben Angelegenheit bereits als Rechtsanwalt befasst war (§ 46 Absatz 2 Nummer 2 BRAO). Diese Verbote des § 46 Absatz 2 gelten auch für die mit dem Rechtsanwalt in Sozietät oder sonstiger Weise zur gemeinschaftlichen Berufsausübung verbundenen oder verbunden gewesenen Rechtsanwälte und Angehörigen anderer Berufe. Der bisherigen gesetzlichen Regelung, die auf den Gesetzentwurf der Bundesregierung zur BRAO vom 8. Januar 1958 zurückgeht und die ihre heutige Fassung durch das Gesetz über die Neuordnung des Berufsrechts der Rechtsanwälte und der Patentanwälte vom 2. September 1994 (BGBl. I S. 2278) erhalten hat, liegt bereits die Vorstellung einer „Doppelstellung" des Syndikusanwalts zugrunde. Der Bundesgerichtshof hat auf der Grundlage des Gesetzentwurfs der Bundesregierung von 1958 die sogenannte „Doppelberufstheorie" oder „Zweitberufstheorie" entwickelt und in ständiger Rechtsprechung fortgeführt. Nach dieser Theorie hat der Syndikusanwalt zwei Berufe (Doppelstellung). Er steht einerseits als ständiger Rechtsberater in einem festen Dienstoder Anstellungsverhältnis zu einem bestimmten nichtanwaltlichen Arbeitgeber (Syndikus) und ist in dieser Eigenschaft auf Grund des im Arbeitsverhältnis geltenden Prinzips der Über- und Unterordnung und seiner Weisungsgebundenheit nicht als Rechtsanwalt tätig. Andererseits übt er einen zweiten Beruf als freier Rechtsanwalt aus, wenn er rechtlich und tatsächlich in der Lage ist, neben seiner Tätigkeit im Unternehmen Rechtsuchende als freier Anwalt zu beraten und zu vertreten (Bundesgerichtshof, Beschluss vom 7. November 1960, AnwZ (B) 2/60, BGHZ 33, 266 ff.). In dem Gesetzgebungsverfahren zur Neuordnung des Berufsrechts der Rechtsanwälte und der Patentanwälte aus dem Jahr 1994 konnten sich Bestrebungen, dem Syndikusanwalt einzuräumen, dass er auch im Angestelltenverhältnis als Rechtsanwalt tätig wird, nicht durchsetzen. Der Rechtsausschuss hat dies mit der Erwägung verworfen, dass die mit dem Dienst- und Anstellungsverhältnis verbundenen Bindungen und Abhängigkeiten nicht im Einklang mit dem in den §§ 1 bis 3 BRAO normierten Berufsbild des Rechtsanwalts als freiem und unabhängigem Berater und Vertreter aller Rechtsuchenden stehe (Bundestagsdrucksache 12/7656, S. 49). Die freie und unreglementierte Selbstbestimmung eines Rechtsanwalts sei im Rahmen seines Arbeitsverhältnisses, in dem er grundsätzlich dem Prinzip der Über- und Unterordnung unterliege, nicht gewährleistet (Bundestagsdrucksache 12/7656, S. 49). Die Stellung des Rechtsanwalts als Organ der Rechtspflege und die Funktionsfähigkeit der Rechtspflege stehe der Einordnung der Syndikustätigkeit als anwaltlicher Tätigkeit entgegen (Bundestagsdrucksache 12/7656, S. 49). Die Rechtsstellung und Rechtsausübung von Syndikusanwälten wurde auch nach der Verabschiedung der Neuordnung des Berufsrechts der Rechtsanwälte und Patentanwälte durch das Gesetz vom 2. September 1994 weiterhin diskutiert. So wurde beispielsweise die Frage, ob die Tätigkeit eines Syndikusanwalts für seinen nichtanwaltlichen Arbeitgeber anwaltlicher Natur sei, auch im Zusammenhang mit der BRAO – trotz der im Übrigen angewandten „Doppelberufstheorie" – bei der Berücksichtigungsfähigkeit der Syndikustätigkeit als Eignungsvoraussetzung im Rahmen der Fachanwaltszulassung oder der Zulassung als Anwaltsnotar und der Zulassung als europäischer Rechtsanwalt nach § 11 des Gesetzes über die Tätigkeit europäischer Rechtsanwälte in Deutschland (EuRAG) angesprochen. Die mit der Rechtsstellung der Syndikusanwälten verbundenen Folgefragen im Zusammenhang mit der Befreiung der Syndikusanwälte von der Rentenversicherungspflicht, der gerichtlichen Vertretung des Arbeitgebers und mit ihm verbundener Unternehmen durch den Syndikusanwalt, der Anwendbarkeit des Zeugnisverweigerungsrechts und von Beschlagnahmeverboten auf den Syndikusanwalt im Prozess gegen seinen Arbeitgeber sowie die Unvereinbarkeit der Tätigkeit als Angestellter mit derjenigen als Syndikus wurden ebenfalls diskutiert. Diese Diskussion hat sich durch die Entscheidungen des Europäischen Gerichtshofs vom 14. September 2010 (C-550/07-P, „Akzo/Nobel", Slg 2010, I-8301 = NJW 2010, S. 3557) und des Bundessozialgerichts vom 3. April 2014 (B 5 RE 13/14 R, B 5 RE 9/14 R und B 5 RE 3/14 R) weiter intensiviert.

1. Sozialversicherungsrechtliche Situation

Mit Urteilen vom 3. April 2014 (B 5 RE 13/14 R; B 5 RE 9/14 R und B 5 RE 3/14 R) hat das Bundessozialgericht entschieden, dass – entgegen der bis dahin geübten Praxis der DRV Bund – für **Syndikusanwälte** eine Befreiung von der Versicherungspflicht in der **gesetzlichen Rentenversicherung** zugunsten einer Versorgung in den berufsständischen Versorgungswerken nicht möglich sei. Zur Begründung seiner Entscheidungen hat das Bundessozialgericht unter Berufung auf die ständige übereinstimmende Rechtsprechung des für das Berufsrecht der Rechtsanwälte zuständigen Bundesgerichtshofs, des Bundesverfassungsgerichts und des Europäischen Gerichtshofs ausgeführt, dass die anwaltliche Berufsausübung in der äußeren Form der abhängigen Beschäftigung nicht möglich sei. Ungeachtet der im Einzelfall arbeitsvertraglich eröffneten Möglichkeiten, auch gegenüber dem Arbeitgeber sachlich selbständig und eigenverantwortlich zu handeln, sei allein die Eingliederung in die von diesem vorgegebene Arbeitsorganisation mit dem Berufsbild des Rechtsanwalts unvereinbar. Die im Rahmen der (abhängigen) Beschäftigung erbrachte Erwerbstätigkeit sei damit für die Mitgliedschaft in der Rechtsanwaltskammer und die hierdurch parallel zur gesetzlichen Rentenversicherung begründete öffentlich-rechtliche Sicherung im Anwaltsversorgungswerk ohne Bedeutung, so dass es bereits an der Grundvoraussetzung des Befreiungstatbestandes (§ 6 Absatz 1 Satz 1 Nummer 1 des Sechsten Buches Sozialgesetzbuch – SGB VI) fehle. Der statusbegründende Verwaltungsakt der Zulassung zur Rechtsanwaltschaft umfasse seinem Regelungsgehalt nach nicht die Zuordnung einzelner Tätigkeiten (Bundessozialgericht, Urteile vom 3. April 2014, B 5 RE 9/14 R, Rn. 21, 29; B 5 RE 13/14 R, Rn. 31; B 5 RE 3/14, Rn. 26). Das für die Zulassung unverzichtbare Berufsbild des Rechtsanwalts könne sich nur daraus ergeben, dass der Syndikus rechtlich und tatsächlich in der Lage sei, neben seiner Tätigkeit im Unternehmen Rechtsuchende als freier Anwalt zu beraten und zu vertreten. Der Syndikusanwalt sei nach dem normierten Tätigkeitsbild des Rechtsanwalts nicht Rechtsanwalt, weil er Syndikus sei, sondern weil er sich auf Grund einer nur deshalb zu erteilenden Zulassung unabhängig hiervon und daneben gesondert als Rechtsanwalt betätige. Beide Tätigkeiten seien grundsätzlich getrennt zu betrachten (Bundessozialgericht, Urteile vom 3. April 2014, B 5 RE 9/14 R, Rn. 29, B 5 RE 13/14 R, Rn. 39 und B 5 RE 3/14, Rn. 34). Es komme für das Deckungsverhältnis der gesetzlichen Rentenversicherung nicht in Betracht, die abhängige Beschäftigung und eine daneben ausgeübte selbständige Tätigkeit als Rechtsanwalt im Sinne einer einheitlichen Betrachtung zusammenzuziehen. Wo die Befreiung von der Versicherungspflicht auf Grund einer abhängigen Beschäftigung in Frage stehe, könnten Gesichtspunkte der selbständigen Erwerbstätigkeit keine Rolle spielen. Wenn nebeneinander verschiedene rentenversicherungsrechtlich bedeutsame Sachverhalte vorliegen würden, entfalte das Bestehen von Versicherungspflicht (oder Versicherungsfreiheit bzw. Versicherungsbefreiung) hinsichtlich des einen Sachverhalts grundsätzlich keine Wirkung für den anderen Sachverhalt. Jeder Sachverhalt sei mithin selbständig zu beurteilen und es könne deshalb zulässigerweise zu Mehrfachversicherungen und mehrfacher Beitragspflicht kommen (Bundessozialgericht, Urteile vom 3. April 2014, B 5 RE 9/14 R, Rn. 33; B 5 RE 13/14 R, Rn. 43 und B 5 RE 3/14, Rn. 38). Es sei unerheblich, ob die in Frage stehende abhängige Beschäftigung inhaltlich Elemente der anwaltlichen Berufstätigkeit aufweisen würde. Ein solcher Zusammenhang lasse sich auch nicht durch die Vier-Kriterien-Theorie, die mangels geeigneter Rechtsgrundlage abzulehnen sei, begründen (Bundessozialgericht, Urteile vom 3. April 2014, B 5 RE 9/14 R, Rn. 34 f. und B 5 RE 13/14 R, Rn. 44 f.; B 5 RE 3/14, Rn. 39 f., jeweils unter Berufung auf die ständige Rechtsprechung insbesondere des Senats für Anwaltssachen des Bundesgerichtshofs). Die Parallelentscheidungen haben folgenden sozialrechtlichen Hintergrund: In der Bundesrepublik Deutschland besteht ein gegliedertes System der sozialen Sicherheit, das sich grundsätzlich bewährt hat. Im Bereich der Alterssicherung ist die berufsständische Versorgung Bestandteil dieses historisch gewachsenen und gegliederten Sozialsystems und steht neben der gesetzlichen Rentenversicherung, der Beamtenversorgung sowie der betrieblichen und privaten Altersvorsorge. Sie ist ein eigenständiges Regelsystem der Alterssicherung, das auf landesgesetzlicher Grundlage für die Angehörigen der verkammerten Berufe, wie beispielsweise Ärzte, Rechtsanwälte und Architekten, kraft Gesetzes als Pflichtversicherung organisiert ist. Die in einem rentenversicherungspflichtigen Beschäftigungsverhältnis angestellten Angehörigen dieser Berufsgruppen haben ein antragsabhängiges Befreiungsrecht von der Versicherungspflicht in der gesetzlichen Rentenversicherung (§ 6 Absatz 1 Satz 1 Nummer 1 SGB VI). Hiermit wird dieser Personengruppe, die in der jeweiligen Versorgungseinrichtung – ohne die Möglichkeit der Befreiung – pflichtversichert ist, die Möglichkeit gegeben, eine im Ergebnis doppelte Beitragszahlung zu vermeiden. Die Befreiung von der gesetzlichen

Rentenversicherungspflicht ist grundsätzlich auf die jeweilige Beschäftigung oder selbständige Tätigkeit beschränkt, erstreckt sich jedoch auf Antrag auch auf eine andere versicherungspflichtige Tätigkeit, wenn diese infolge ihrer Eigenart oder vertraglich im Voraus zeitlich begrenzt ist und der Versorgungsträger für die Zeit der Tätigkeit den Erwerb einkommensbezogener Versorgungsanwartschaften gewährleistet (§ 6 Absatz 5 SGB VI). Eine vollständige Entlassung aus der öffentlichen Sozialversicherung ist dagegen nicht möglich (Bundessozialgericht, Urteile vom 3. April 2014, B 5 RE 9/14 R, Rn. 39; B 5 RE 13/14 R, Rn. 43; B 5 RE 3/14, Rn. 44 jeweils a. E.). Das Rentenversicherungsrecht knüpft entsprechend dem mehrgliedrigen Tatbestand nach § 6 Absatz 1 Satz 1 Nummer 1 SGB VI den Anspruch auf Befreiung von der Versicherungspflicht außer an Vorgaben betreffend die Art der berufsständischen Versorgungseinrichtungen, die Gleichartigkeit der Beitragserhebung sowie die Gleichwertigkeit des Versicherungsschutzes zudem an einen kausalen Zusammenhang der abhängigen Beschäftigung für die Mitgliedschaft in berufsständischen Versorgungswerken. Demgemäß werden versicherungspflichtige Beschäftigte, die gleichzeitig Mitglied einer berufsständischen Versorgungseinrichtung sind, von der gesetzlichen Rentenversicherung nur für diejenige „Beschäftigung befreit, wegen der" sie auf Grund einer durch Gesetz angeordneten oder auf Gesetz beruhenden Verpflichtung Mitglied einer öffentlich-rechtlichen Versicherungseinrichtung oder Versorgungseinrichtung ihrer Berufsgruppe (berufsständische Versorgungseinrichtung) sind. Die zur Mitgliedschaft in einem anwaltlichen Versorgungswerk führende statusbegründende Zulassung zur Rechtsanwaltschaft erfolgt demgegenüber aber (bislang) gerade nicht im Hinblick auf eine bestimmte Beschäftigung, sondern im Wesentlichen personenbezogen. Nach § 4 Satz 1 BRAO kann zur Rechtsanwaltschaft nur zugelassen werden, wer die Befähigung zum Richteramt nach dem Deutschen Richtergesetz erlangt hat oder die Eingliederungsvoraussetzungen nach dem EuRAG erfüllt oder die Eignungsprüfung nach der BRAO bestanden hat. Die Zulassung erfolgt auf Antrag (§ 6 Absatz 1 BRAO) und darf nur aus den in der BRAO bezeichneten Gründen (siehe hierzu § 7 BRAO) abgelehnt werden. Gemäß § 12 BRAO wird die Zulassung zur Rechtsanwaltschaft wirksam mit der Aushändigung einer von der Rechtsanwaltskammer ausgestellten Urkunde. Diese darf erst ausgehändigt werden, wenn der Bewerber bzw. die Bewerberin vereidigt ist und den Abschluss einer Berufshaftpflichtversicherung nachgewiesen oder eine vorläufige Deckungszusage vorgelegt hat. Mit der Zulassung wird der Bewerber bzw. die Bewerberin Mitglied der zulassenden Rechtsanwaltskammer. Nach der Zulassung darf die Tätigkeit unter der Berufsbezeichnung „Rechtsanwältin" bzw. „Rechtsanwalt" ausgeübt werden und es besteht die nach § 3 des Rechtsdienstleistungsgesetzes (RDG) notwendige Befugnis, erlaubnispflichtige außergerichtliche Rechtsdienstleistungen zu erbringen, und die nach den Verfahrensordnungen vorausgesetzte Befugnis, vor Gericht in der Funktion als Rechtsanwalt aufzutreten. Die Zulassung wird ohne zusätzliche Beschränkungen für alle Betätigungen erteilt, die mit dem Beruf des Rechtsanwalts als unabhängigem Organ der Rechtspflege (§ 1 BRAO) und als berufener unabhängiger Berater und Vertreter in allen Rechtsangelegenheiten (§ 3 BRAO) verbunden sind. Da die Pflichtmitgliedschaft der Rechtsanwälte in der örtlich zuständigen Rechtsanwaltskammer und dem jeweiligen Versorgungswerk bislang allein auf der Zulassung zur Anwaltschaft und nicht auf einer konkreten berufsspezifischen, d. h. „speziell anwaltlichen" Tätigkeit beruht (siehe oben), wurden von der DRV Bund zur Beurteilung der Frage, ob für einen bei einem nichtanwaltlichen Arbeitgeber angestellten Rechtsanwalt ein Anspruch auf Befreiung nach § 6 SGB VI besteht, vier Merkmale entwickelt, mit denen eine Abgrenzung der maßgeblichen Anwaltstätigkeit erfolgen sollte (sogenannte „Vier-Kriterien-Theorie). Das diesbezügliche Merkblatt der DRV Bund „Hinweise für nichtanwaltliche Arbeitgeber zu den Merkmalen einer anwaltlichen Tätigkeit" wurde zwischen DRV Bund und der Arbeitsgemeinschaft Berufsständischer Versorgungseinrichtungen (ABV) abgestimmt. Entsprechend diesen Merkmalen musste die Tätigkeit eines in einem Unternehmen beschäftigten Rechtsanwalts kumulativ rechtsberatend, rechtsvermittelnd, rechtsgestaltend und rechtentscheidend sein, um einen Anspruch auf Befreiung nach § 6 Absatz 1 Satz 1 Nummer 1 SGB VI zu begründen. Jedem dieser vier Tätigkeitsbereiche wurden von der DRV Bund Aktivitäten zugeordnet, die als charakteristisch für das jeweilige Arbeitsfeld angesehen wurden. Rechtsberatung sollte danach die unabhängige Analyse von betriebsrelevanten konkreten Rechtsfragen, die selbständige Herausarbeitung und Darstellung von Lösungswegen und Lösungsmöglichkeiten vor dem spezifischen betrieblichen Hintergrund und das unabhängige Bewerten der Lösungsmöglichkeiten sein. Unter Rechtsgestaltung wurde das selbständige Führen von Vertrags- und Einigungsverhandlungen mit den verschiedensten Partnern des Arbeitgebers verstanden. Rechtsvermittlung sollte danach das mündliche Darstellen abstrakter Regelungskomplexe vor größeren Zuhörerkreisen, die schriftliche Aufarbeitung abstrakter Regelungskomplexe und die Bekanntgabe und Erläuterung von Entscheidungen im Einzelfall sein. Die Rechtsentscheidung sollte durch das außenwirksame Auftreten als rechtskundiger Entscheidungsträger verbunden mit einer von Arbeitgeberseite umschriebenen eigenen Entscheidungskompetenz gegeben sein. Neben einer von allen Weisungen unabhängigen Alleinentscheidungsbefugnis sollte auch eine wesentliche Teilhabe an Abstimmungs- und Entscheidungsprozessen im Unternehmen ausreichend sein. Von der Rechtsprechung wurden diese Merkmale nur teilweise übernommen, die Spruchpraxis zeigte sich uneinheitlich (die Anwendung der Vier-Kriterien-Theorie befürworteten beispielsweise: Sozialgericht Köln, Urteil vom 1. Dezember 2011 – S 31 R 696/10; Sozialgericht Aachen, Urteil vom 26. November 2010 – S 6 R 173/09; SG Frankfurt a. M., Urteil vom 28. Februar 2012 – S 31 R 434/11; Sozialgericht München, Urteil vom 28. April 2011 – S 30 R 1451/10; Landessozialgericht Hessen, Urteil vom 29. Oktober 2009 – L 8 KR 189/08; a. A.: Sozialgericht Münster, Urteil vom 5. April 2012 – S 14 R 923/10). Das Bundessozialgericht hat zudem bereits mit Urteil vom 22. Oktober 1998 (B 5/4 RA 80/97 R) und explizit zu § 6 Absatz 5 SGB VI und insbesondere mit Urteilen vom 31. Oktober 2012 (B 12 R 3/11 R, B 12 R 5/10 R, B 12 R 8/10 R) entschieden, dass die Befreiung von der Versicherungspflicht in der gesetzlichen Rentenversicherung nicht umfassend personenbezogen, sondern lediglich beschränkt auf das konkrete Beschäftigungsverhältnis oder die konkrete selbständige Tätigkeit wirke.

2. Berücksichtigung praktischer Erfahrungen aus der Syndikustätigkeit

Praktische Erfahrungen aus der Berufstätigkeit als Syndikusanwalt sind im Rahmen der Verleihung der Fachanwaltsbezeichnung, der Bewerbung für das Amt des Anwaltsnotars und der Zulassung als europäischer Rechtsanwalt bislang nicht oder nur begrenzt berücksichtigungsfähig. Gemäß § 43c Absatz 1 Satz 1 BRAO kann dem Rechtsanwalt, der besondere Kenntnisse und Erfahrungen in einem Rechtsgebiet erworben hat, die Befugnis verliehen werden, eine Fachanwaltsbezeichnung zu führen. Für die Verleihung einer solchen Fachanwaltsbezeichnung hat der

Antragsteller nach § 2 Absatz 1 der Fachanwaltsordnung (FAO) in der Fassung vom 1. Januar 2015, zuletzt geändert durch die Beschlüsse der Satzungsversammlung der Bundesrechtsanwaltskammer vom 6./7. Dezember 2013 (BRAK-Mitteilungen 2014, S. 145 f.) und vom 5. Mai 2014 (BRAK-Mitteilungen 2014, S. 252), besondere theoretische Kenntnisse und besondere praktische Erfahrungen nachzuweisen. Der Erwerb besonderer praktischer Erfahrungen setzt nach § 5 Absatz 1 FAO voraus, dass der Antragsteller vor der Antragstellung in dem jeweiligen Fachgebiet eine bestimmte Anzahl von Fällen als Rechtsanwalt persönlich und weisungsfrei bearbeitet hat. Das Erfordernis einer nicht nur persönlichen, sondern auch weisungsfreien Bearbeitung ist mit dem Beschluss der Satzungsversammlung der Bundesrechtsanwaltskammer vom 7. November 2002 (BRAK-Mitteilungen 2003, S. 67) anstelle des in der bis dahin geltenden Fassung des § 5 Satz 1 FAO verlangten Erfordernisses einer selbständigen Bearbeitung eingeführt worden. Die Neufassung der Regelung wird teilweise als Ausdruck des Willens der Satzungsversammlung gewertet, dem ausschließlich als sogenannten Syndikus tätigen Rechtsanwalt den Weg zur Fachanwaltsbezeichnung zu ebnen (so: Kleine-Cosack, AnwBl. 2005, S. 593, 597; Grunewald, NJW 2004, S. 1146, 1150; Offermann-Burckart, AnwBl. 2012, S. 778, 781; dieselbe, in Henssler/Prütting, BRAO 4. Auflage, § 5 FAO Rdn. 4; andere Ansicht: Kirchberg, NJW 2003, S. 1833, 1835). Der Bundesgerichtshof hat entschieden, dass nicht ersichtlich sei, welche konkrete Erleichterung den in ständigen Dienstverhältnissen stehenden Rechtsanwälten (Syndikusanwälte) mit der Änderung hätte zukommen sollen und dass deshalb eine unabhängige Fallbearbeitung als Syndikusanwalt allein nicht zum Nachweis der erforderlichen praktischen Erfahrung genüge. Solche Fallbearbeitungen könnten zwar berücksichtigt werden, es bedürfe zusätzlich aber der Bearbeitung einer erheblichen Anzahl nicht unbedeutender Mandate außerhalb des Anstellungsverhältnisses und einer abschließenden Bewertung und Gewichtung der von den Antragstellern jeweils vorgelegten Fälle aus beiden beruflichen Bereichen. Eine im Sinn von § 5 FAO persönliche Fallbearbeitung als Rechtsanwalt liege nicht vor, wenn sich ein Syndikusanwalt auf ein Wirken im Hintergrund beschränke und weder eigene Schriftsätze anfertige noch selbst an Gerichtsverhandlungen teilnehme (Bundesgerichtshof, Beschluss vom 25. Oktober 2006 – AnwZ (B) 80/05 – juris). § 6 Absatz 2 der Bundesnotarordnung (BNotO) in der zuletzt durch Artikel 2 des Gesetzes vom 15. Juli 2013 (BGBl. I S. 2378) geänderten Fassung regelt für den Anwaltsnotar (§ 3 Absatz 2 BNotO), dass als Notar nur bestellt werden soll, wer nachweist, dass er bei Ablauf der Bewerbungsfrist mindestens fünf Jahre in nicht unerheblichem Umfang für verschiedene Auftraggeber als Rechtsanwalt tätig war. Eine Beschäftigung als Syndikusanwalt ist demzufolge in der Regel nicht berücksichtigungsfähig, da der Betreffende nicht für verschiedene Auftraggeber anwaltlich tätig wird. Nach § 11 Absatz 1 Satz 1 EuRAG wird zur Rechtsanwaltschaft zugelassen, wer eine mindestens dreijährige effektive und regelmäßige Tätigkeit als niedergelassener europäischer Rechtsanwalt auf dem Gebiet des deutschen Rechts, einschließlich des Gemeinschaftsrechts, nachweist. Dem Bundesgerichtshof zufolge ist die Tätigkeit als Syndikus keine Tätigkeit als niedergelassener europäischer Rechtsanwalt im Sinne der Norm, da die mit dem Dienst- und Anstellungsverhältnis verbundenen Bindungen und Abhängigkeiten nicht im Einklang mit dem in den §§ 1 bis 3 BRAO normierten und dem in § 2 Absatz 1 EuRAG zugrunde gelegten Berufsbild des Rechtsanwalts als freiem und unabhängigen Berater und Vertreter aller Rechtssuchenden stehen würde (Bundesgerichtshof, Beschluss vom 7. Februar 2011 – AnwZ (B) 20/10 – juris).

3. Anwendbarkeit des Zeugnisverweigerungsrechts und von Beschlagnahmeverboten auf den Syndikusanwalt im Prozess gegen seinen Arbeitgeber

Die Anwendbarkeit des Zeugnisverweigerungsrechts (§ 53 Absatz 1 Satz 1 Nummer 3 der Strafprozessordnung (StPO), § 383 Absatz 1 Nummer 6 der Zivilprozessordnung) und des Beschlagnahmeverbots (§ 97 StPO) auf Syndikusanwälte ist wiederholt Gegenstand der rechtspolitischen Diskussion gewesen, insbesondere im Anschluss an die Entscheidung „Akzo/Nobel" des Europäischen Gerichtshofs vom 14. September 2010 (C- 550/07-P, „Akzo/Nobel", NJW 2010, S. 3557). Im Schrifttum wird die Anwendbarkeit anwaltlicher Privilegien unterschiedlich beurteilt. Einige Stimmen im Schrifttum nehmen an, dass dem Syndikusanwalt im Rahmen der Beratung seines Arbeitgebers ein Zeugnisverweigerungsrecht zustehe und dass Korrespondenz, die er in dieser Funktion geführt habe, dem Beschlagnahmeverbot unterfalle (Redeker, NJW 2004, S. 889, 890). In seiner Entscheidung vom 14. September 2010 stellte der Europäische Gerichtshof fest, dass die Kommission im Rahmen von Nachprüfungen in Geschäftsräumen auch Einblick in die E-Mail-Kommunikation zwischen Syndikusanwälten und der Geschäftsleitung nehmen dürfe. Der unternehmensinterne Schriftwechsel mit einem Syndikusanwalt unterliege nicht dem Schutz der Vertraulichkeit, der zwischen Mandant und Rechtsanwalt gelte, denn der Syndikusanwalt genieße sowohl auf Grund seiner wirtschaftlichen Abhängigkeit, als auch auf Grund der engen Bindungen an seinen Arbeitgeber keine berufliche Unabhängigkeit wie ein externer Rechtsanwalt.

II. Wesentlicher Inhalt des Entwurfs

In Anbetracht dieser Ausgangslage haben sich die Reformvorschläge von folgenden Überlegungen leiten lassen:

1. Regelung der Rechtsstellung angestellter Rechtsanwälte

Der Rechtsanwalt ist ein unabhängiges Organ der Rechtspflege (§ 1 BRAO). Er übt einen freien Beruf aus (§ 2 Absatz 1 BRAO) und ist unabhängiger Berater und Vertreter Dritter in allen Rechtsangelegenheit (§ 3 Absatz 1 BRAO). In § 46 BRAO-E wird eine berufsrechtliche Regelung für die Tätigkeit angestellter Rechtsanwälte geschaffen und damit verdeutlicht, dass der Rechtsanwaltsberuf in Form selbständiger oder angestellter Tätigkeit ausgeübt werden kann. Es wird zum einen klargestellt, dass der Rechtsanwalt nach § 46 Absatz 1 BRAO-E seinen Beruf als Angestellter eines anderen Rechtsanwalts, eines Anwaltsnotars oder einer rechtsanwaltlichen Berufsausübungsgesellschaft ausüben darf. Zum anderen wird gesetzlich geregelt, dass auch die Syndikustätigkeit Teil des einheitlichen Berufsbilds des Rechtsanwalts ist. Der Begriff des Syndikusrechtsanwalts wird legal definiert und damit geregelt, dass es sich bei ihm um einen Rechtsanwalt im Sinne der §§ 1 bis 3 BRAO handelt. Der Begriff des Syndikusrechtsanwalts umfasst dabei – in Abkehr von der Rechtsprechung des Bundesgerichtshofs (Bundesgerichtshof, Beschluss vom 11. November 1963 – AnwZ (B) 14/63 – juris) – nicht nur denjenigen, dessen Aufgabe darin besteht, seinem Arbeitgeber in dessen eigenen Angelegenheiten als Rechtsberater zur Seite zu stehen (Unternehmenssyndikusrechtsanwalt), sondern auch denjenigen, der seine Arbeitskraft dazu verwendet, um im Rahmen eines

Anstellungsverhältnisses zu einem Verband Rechtsrat an dessen Mitglieder in deren Rechtsangelegenheiten zu erteilen. Die Rechtsstellung als Rechtsanwalt wird durch die Bezeichnung „Syndikusrechtsanwalt" und systematisch durch den Verweis auf die Vorschriften für Rechtsanwälte in den §§ 46a, 46b und 46c Absatz 1 BRAO-E hervorgehoben. Kernelement des Berufs des Rechtsanwalts ist die Unabhängigkeit (vgl. § 3 BRAO). Diese bezieht sich auf die geistige Entscheidungsfreiheit und das selbständige Handeln. Sie ist nicht davon abhängig, ob der Beruf im Rahmen eines Angestelltenverhältnisses oder selbständig ausgeübt wird. Während der Entwurf davon ausgeht, dass die anwaltliche Unabhängigkeit bei Rechtsanwälten, die bei anwaltlichen Arbeitgebern angestellt sind, bereits dadurch gewährleistet ist, dass der Arbeitgeber selbst dem anwaltlichen Berufsrecht unterliegt und von daher den Stellenwert der anwaltlichen Unabhängigkeit kennt und selbst zu berücksichtigen hat, wird beim Syndikusanwalt in Abkehr der bisherigen Rechtsprechung nunmehr gesetzlich geregelt, dass die Eingliederung in eine von einem nichtanwaltlichen Arbeitgeber vorgegebene Arbeitsorganisation nicht im Widerspruch zu dem Berufsbild des Rechtsanwalts steht, soweit arbeitsvertraglich und tatsächlich die fachliche Unabhängigkeit des angestellten Rechtsanwalts gewahrt ist. Die Doppelberufstheorie wird aufgegeben. Dies bedeutet jedoch nicht, dass die Ausübung zweier oder mehrere Berufe nebeneinander ausgeschlossen wird, sondern lediglich, dass der Begriff des Syndikusrechtsanwalts nicht mehr zwingend die Ausübung zweier Berufe, nämlich desjenigen eines ständigen Rechtsberaters in einem festen Dienst- oder Anstellungsverhältnis zu einem bestimmten nichtanwaltlichen Arbeitgeber und eines zweiten Berufs als freier Rechtsanwalt, erfordert. Ein Rechtsanwalt kann seine Angestelltentätigkeit folglich auf folgende Weise ausüben (Grundtypen): a) Tätigkeit als Angestellter eines anderen Rechtsanwalts oder einer anderen in § 46 Absatz 1 BRAO-E genannten Person oder Gesellschaft und b) anwaltliche Tätigkeit als Angestellter eines nichtanwaltlichen sonstigen Arbeitgebers (Syndikusrechtsanwalt). Die Tätigkeit des Rechtsanwalts kann sich mithin anders als nach der bisherigen Rechtslage auf diejenige des Syndikusrechtsanwalts beschränken. Ergänzend zu den zuvor dargestellten Grundtypen der Ausübung des Rechtsanwaltsberufs als angestellter Rechtsanwalt sind Mischformen der Ausübung des Rechtsanwaltsberufs weiterhin möglich. Ein Syndikusrechtsanwalt kann mithin neben seiner Tätigkeit als Syndikusrechtsanwalt selbständig als freier Anwalt, als Angestellter eines anderen Rechtsanwalts oder eines anderen sozietätsfähigen Berufs tätig sein oder eine sonstige mit dem Rechtsanwaltsberuf vereinbare Tätigkeit als Selbständiger oder Angestellter (§ 7 BRAO) ausüben. Die Tätigkeit als Syndikusrechtsanwalt kann auch bei mehreren nichtanwaltlichen sonstigen Arbeitgebern parallel ausgeübt werden, soweit kein Zulassungshindernis entgegensteht. Gleiches gilt für den nach § 4 zugelassenen Rechtsanwalt, der gleichfalls weiterhin im Nebenberuf innerhalb der Grenzen des Berufsrechts (vgl. insbesondere § 7 Satz 1 Nummer 8, § 45 Absatz 2 Nummer 2 BRAO) nichtanwaltlich tätig sein kann, beispielsweise als angestellter Unternehmensjurist, der fachlich weisungsgebunden und damit kein Syndikusrechtsanwalt ist.

2. Definition und Zulassungspflicht der Syndikusrechtsanwaltstätigkeit

Der Begriff des Syndikusrechtsanwalts als besondere Form der Ausübung des einheitlichen Berufs des Rechtsanwalts wird auf Basis des in den §§ 1 bis 3 BRAO zugrunde gelegten Berufsbild des Rechtsanwalts tätigkeitsbezogen definiert, um ihn von anderen juristischen Dienstleistungen im Angestelltenverhältnis (insbesondere als angestellter Unternehmensjurist, der nicht anwaltlich tätig ist) abzugrenzen und berufsrechtlich klarzustellen, dass die Zulassung eines Syndikusrechtsanwalts zur Rechtsanwaltskammer sich auf die jeweils von ihm ausgeübte Syndikustätigkeit bezieht und er im Sinne des § 6 Absatz 1 Nummer 1 BRAO „wegen" dieser Syndikustätigkeit Mitglied einer berufsständischen Versorgungseinrichtung ist. In der Folge ist mit der Zulassung als Syndikusrechtsanwalt die Pflichtmitgliedschaft in der Rechtsanwaltskammer und der berufsständischen Versorgung verbunden. Im Hinblick auf diese nunmehr durch die Art der Tätigkeit begründete Mitgliedschaft in der berufsständischen Versorgungseinrichtung, auf die es auch nach der Regelung über die Befreiung von der gesetzlichen Rentenversicherungspflicht (§ 6 Absatz 1 Satz 1 Nummer 1 SGB VI) ankommt, ordnet der Entwurf eine Bindungswirkung der für die Mitgliedschaft konstitutiven Zulassungsentscheidung der Rechtsanwaltskammer für die Entscheidung über die Befreiung von der Rentenversicherungspflicht an (siehe unten). Das Leistungsspektrum anwaltlicher Tätigkeit unterliegt einem stetigen Wandel und passt sich an eine sich verändernde Nachfrage fortwährend an. Die Vorstellung vom Kanzleianwalt, der nur zu Gerichtsterminen sein Büro verlässt, steht mit dem gewandelten Leistungsspektrum anwaltlicher Tätigkeit nicht in Einklang. Zudem ist eine zunehmende Verrechtlichung der Lebensverhältnisse im Sinne einer rechtlichen Durchdringung nahezu aller Lebensbereiche zu beobachten. Diese Verrechtlichung betrifft vor allem wirtschaftliche, aber auch medizinische, psychologische oder technische Tätigkeiten mit der Folge, dass kaum eine berufliche Betätigung ohne rechtliches Handeln und entsprechende Rechtskenntnisse möglich ist oder ohne rechtliche Wirkung bleibt. Die Beratung von Wirtschaftsunternehmen erfordert neben spezifischen Kenntnissen des jeweiligen Wirtschaftsbereichs vielfach auch juristische und betriebswirtschaftliche Kenntnisse. Diese Verzahnung juristischer Fähigkeiten und die besondere Funktion der Rechtsanwälte als Organ der Rechtspflege machen eine Abgrenzung anwaltlicher Tätigkeiten von anwaltsfremden (rein juristischen und sonstigen) Tätigkeiten erforderlich. Ob eine anwaltliche Berufsausübung als Syndikusrechtsanwalt vorliegt, hängt von dem Inhalt der Aufgaben ab, die dem Rechtsanwalt im Rahmen des Anstellungsverhältnisses übertragen werden und davon, ob es sich hierbei um eine anwaltliche Tätigkeit handelt. Die Übertragung anwaltsfremder Aufgaben steht der Annahme einer anwaltlichen Tätigkeit nicht entgegen, wenn die anwaltsfremden Aufgaben in einem engen inneren Zusammenhang mit der rechtlichen Beistandspflicht stehen und auch rechtliche Fragen aufwerfen können. Zur Abgrenzung der anwaltlichen Tätigkeit von sonstigen Tätigkeiten bei einem nichtanwaltlichen Arbeitgeber ist auf den Kern und den Schwerpunkt der Tätigkeit abzustellen. Die anwaltliche Tätigkeit muss im Rahmen des Anstellungsverhältnisses die qualitativ und quantitativ ganz eindeutig prägende Leistung des angestellten Rechtsanwalts sein. Das Kriterium der Unabhängigkeit als Kernelement der anwaltlichen Tätigkeit wird durch weitere Merkmale ergänzt. Das Vertrauen des rechtsuchenden Publikums in eine unabhängige und freie Anwaltschaft muss gewahrt werden. Die Befugnis zur Vertretung vor Gericht macht – wie der Anteil außergerichtlicher Beratungstätigkeit der Rechtsanwälte belegt – allein nicht den Kern spezifisch anwaltlicher Tätigkeit aus. Die anwaltliche Tätigkeit lässt sich nicht auf den forensischen Bereich reduzieren. Entscheidend für die anwaltliche Tätigkeit ist die gesamte Breite der erbrachten Rechtsdienstleitungen. Eine Tätigkeit, die ohne Beeinträchtigung ihrer Qualität und der Funktionsfähigkeit der Rechtspflege auch von anderen Dienstleistern erfüllt werden kann (Bundesgerichtshof, Urteil vom 11. November 2004 – I ZR 182/92 – juris) ist nicht anwaltlicher Natur. Wesentliche Elemente anwaltlicher Tätigkeit sind, wie sich aus den §§ 1 bis 3 BRAO bereits ergibt, die unabhängige

Rechtsberatung und die Rechtsvertretung. Im Rahmen der gesetzgeberischen Gestaltungsfreiheit dienen die Regelungen für Syndikusrechtsanwälte dazu, die Unabhängigkeit der Rechtsanwälte als einem Organ der Rechtspflege gegen denkbare Gefährdungen zu sichern. Es handelt sich um Berufsausübungsregeln von erheblichem Gewicht für die Rechtsanwälte und für das Funktionieren des Rechts-, Wirtschafts- und Soziallebens, die durch den Gesetzgeber selbst zu treffen sind. Die Unabhängigkeit des Rechtsanwalts liegt im Interesse einer geordneten Rechtspflege und dient damit dem Allgemeinwohl.

3. Stärkung der Rechtsanwaltskammern

Die Aufgabenwahrnehmung der Zulassung zur Rechtsanwaltschaft durch die Rechtsanwaltskammern ist eine genuin berufsrechtliche Befugnis der Kammern und hat sich bewährt. Die eigenverantwortliche Wahrnehmung aller hiermit zusammenhängenden Aufgaben und Befugnisse durch die berufliche Selbstverwaltungskörperschaft betont die Stellung der Anwaltschaft als unabhängiges Organ der Rechtspflege und Träger eines freien Berufs. Die tätigkeitsbezogene Zulassung als Syndikusrechtsanwalt soll deshalb durch die Rechtsanwaltskammern erfolgen. Diese prüfen, ob die tätigkeitsbezogenen Voraussetzungen vorliegen, die eine Zulassung als Syndikusrechtsanwalt ermöglichen.

4. Bindungswirkung der Zulassungsentscheidung

Im Hinblick auf die tätigkeitsbezogene Ausgestaltung der Zulassung als Syndikusrechtsanwalt sieht der Entwurf vor, dass bestandskräftige Entscheidungen über die Zulassung als Syndikusrechtsanwalt den Träger der Rentenversicherung bei der Entscheidung über die Befreiung von der Rentenversicherungspflicht nach § 6 Absatz 1 Nummer 1 und Absatz 3 SGB VI binden. Das Bundessozialgericht hat in seinen Urteilen zur Befreiung der Syndikusanwälte auf die rechtsgestaltende Wirkung der Zulassungsentscheidung hingewiesen (Urteile vom 3. April 2014, B 5 RE 9/14 R, Rn. 16; B 5 RE 13/14 R, Rn. 26; B 5 RE 3/14, Rn. 21). Das nach § 6 Absatz 1 Satz 1 Nummer 1 SGB VI für eine Befreiung notwendige (aber nicht hinreichende) Tatbestandselement, wonach Beschäftigte und selbständig Tätige für die Beschäftigung oder selbständige Tätigkeit, wegen der sie auf Grund einer durch Gesetz angeordneten oder auf Gesetz beruhenden Verpflichtung Mitglied einer öffentlich-rechtlichen Versicherungseinrichtung oder Versorgungseinrichtung ihrer Berufsgruppe (berufsständische Versorgungseinrichtung) und zugleich kraft gesetzlicher Verpflichtung Mitglied einer berufsständischen Kammer sind, deckt sich inhaltlich für die Syndikusrechtsanwälte mit den neu strukturierten berufsrechtlichen Anforderungen für den Erhalt und die Weiterführung einer streng an die jeweilige (abhängige) Tätigkeit anknüpfenden Zulassung als Syndikusrechtsanwalt. Der für einen Arbeitgeber im Rahmen seiner Zulassung tätige jeweilige Syndikusrechtsanwalt ist damit wegen der abhängigen Tätigkeit als Syndikusrechtsanwalt auf Grund einer durch Gesetz angeordneten oder auf Gesetz beruhenden Verpflichtung Mitglied einer öffentlichrechtlichen Versicherungseinrichtung oder Versorgungseinrichtung seiner Berufsgruppe (berufsständische Versorgungseinrichtung). Mit der erteilten Zulassung als Syndikusrechtsanwalt stellt die zuständige fachkundige Rechtsanwaltskammer nach den Regeln des Berufsrechts, auf welche der sozialversicherungsrechtliche Tatbestand des § 6 SGB VI Bezug nimmt, grundsätzlich das Vorliegen einer Tätigkeit, die zur Mitgliedschaft im Versorgungswerk führt, auch für den Träger der Rentenversicherung verbindlich fest. Dies gilt jedenfalls so lange die der Zulassung zugrunde liegende Tätigkeit im Wesentlichen unverändert fortgeführt wird, d. h. bei einer Änderung der Tätigkeit endet die erteilte Befreiung kraft Gesetzes, auch wenn zunächst noch eine wirksame Zulassung als Syndikusanwalt bis zur Rücknahme oder einem Widerruf der Zulassung besteht. Durch die angeordnete Bindungswirkung der Zulassung wird vermieden, dass die berufsrechtliche und sozialversicherungsrechtliche Beurteilung der Frage, ob eine Tätigkeit als Syndikusrechtsanwalt eine Pflichtmitgliedschaft in dem berufsrechtlichen Versorgungswerk begründet, voneinander abweichen. Diese Bindung dient der Rechtssicherheit der betroffenen Syndikusrechtsanwälte und ihrer Arbeitgeber. Die Gefahr einer doppelten Beitragszahlung in zwei Rentenversicherungssysteme wird vermieden. Den dadurch berührten Belangen des Trägers der Rentenversicherung und der Versichertengemeinschaft sowie der Gefahr einer Aushöhlung der Rentenversicherungspflicht nach den §§ 1 ff. SGB VI durch eine extensive Zulassungspraxis wird dadurch Rechnung getragen, dass der Träger der Rentenversicherung im Zulassungsverfahren angehört wird und ihm explizit die Befugnis eingeräumt wird, gegen einen seiner Ansicht nach zu Unrecht erfolgten Zulassungsverwaltungsakt als Syndikusrechtsanwalt einen Rechtsbehelf einzulegen. Er kann damit das Vorliegen der Voraussetzungen für die Zulassung als Syndikusrechtsanwalt im Rahmen eines Widerspruchsverfahrens, soweit dieses landesrechtlich vorgesehen ist, sowie darüber hinaus gerichtlich überprüfen lassen. Zuständige Gerichte für die gerichtliche Überprüfungsentscheidung sind in erster Instanz der Anwaltsgerichtshof und in zweiter Instanz der Bundesgerichtshof, die bisher über Rechtsmittel gegen die Versagung der Zulassung als Rechtsanwalt entscheiden.

5. Vertretung des Arbeitgebers

Die anwaltliche Tätigkeit des Syndikusrechtsanwalts ist auf die Beratung und Vertretung seines Arbeitgebers in allen Rechtsangelegenheiten beschränkt. Der Syndikusrechtsanwalt unterliegt dabei einem Vertretungsverbot in zivilgerichtlichen und arbeitsgerichtlichen Verfahren sowie in Verfahren der freiwilligen Gerichtsbarkeit, in denen Anwaltszwang besteht oder in denen vorgesehen ist, dass ein Schriftsatz von einem Rechtsanwalt unterzeichnet sein muss. Zudem darf er keine Verteidigung in Straf- und Bußgeldverfahren für seinen Arbeitgeber oder dessen Mitarbeiter übernehmen. Die bisherige Situation von Syndikusanwälten in zivil- und arbeitsrechtlichen Verfahren sowie in Verfahren der freiwilligen Gerichtsbarkeit ohne Anwaltszwang ändert sich somit nicht. Das Vertretungsverbot innerhalb des Anstellungsverhältnisses ist in Verfahren mit Anwaltszwang oder in Verfahren, in denen vorgesehen ist, dass ein Schriftsatz von einem Rechtsanwalt unterzeichnet sein muss, erforderlich, um ein Ungleichgewicht zwischen den Prozessparteien bzw. den Verfahrensbeteiligten zu verhindern: Denn ein solches träte ein, wenn eine Einzelperson oder kleine und mittlere Unternehmen ohne eigene Rechtsabteilung einen Rechtsanwalt bezahlen müssten, für den zudem noch die Mindestgebührenregelungen des Rechtsanwaltsvergütungsgesetzes (RVG) (Unterschreitungsverbot) gelten würden, während große Unternehmen sich durch den eigenen Syndikus vertreten lassen und so ihr Kostenrisiko verringern könnten. Die Vertretungsbefugnis eines Syndikusrechtsanwalts, der neben seiner beruflichen Tätigkeit als Syndikusrechtsanwalt eine weitere Berufstätigkeit als Rechtsanwalt nach § 46 Absatz 1 BRAO-E oder nach § 4 BRAO ausübt, wird von dem Vertretungsverbot in § 46c Absatz 2 BRAO-E nicht berührt, d. h. er darf in seiner Eigenschaft als selbständiger Rechtsanwalt oder als angestellter Rechtsanwalt einer Person oder Gesellschaft nach § 46 Absatz 1 BRAO-E seinen Arbeitgeber vertreten. Die hierdurch eintretende Erweiterung der Vertretungsbefugnis eines Syndikusrechtsanwalts, der neben seiner Tätigkeit als Syndikusrechtsanwalt als Rechtsanwalt nach § 46 Absatz 1 BRAO-E oder als Rechtsanwalt nach § 4 BRAO tätig ist, gegenüber dem bisher geltenden Recht ist verfassungsrechtlich geboten. Die Vertretung des Arbeitgebers durch Syndikusrechtsanwälte in verwaltungs-, finanzund sozialgerichtlichen Verfahren ist nunmehr zulässig. Die in zivil- und arbeitsgerichtlichen Verfahren sowie in Verfahren der freiwilligen Gerichtsbarkeit vorgenommene Differenzierung zwischen Verfahren mit und ohne Anwaltszwang ist nicht erforderlich, da die Gefahr eines Ungleichgewichts im Gegensatz zu den vorgenannten Verfahren nicht besteht. In verwaltungs-, finanz- und sozialgerichtlichen Verfahren, in denen Anwaltszwang besteht, können sich Behörden und juristische Personen des öffentlichen Rechts nämlich durch eigene Beschäftigte mit Befähigung zum Richteramt vertreten lassen. Für die Vertretung eines Beteiligten durch einen Syndikusrechtsanwalt in Familienstreitsachen, in denen Anwaltszwang vorgesehen ist, besteht kein Regelungsbedürfnis. Die Vertretung eines beteiligten Versorgungsträgers in Versorgungsausgleichsachen, in denen für den Versorgungsträger kein Anwaltszwang besteht, ist zulässig. Das RVG soll für diesen Fall nicht anwendbar sein, weil es auf die selbständige Tätigkeit eines niedergelassenen Rechtsanwalts abstellt, der Syndikusanwalt dagegen für seine Tätigkeit im Rahmen des Anstellungsverhältnisses bezahlt wird.

6. Berücksichtigungsfähigkeit praktischer Erfahrungen aus der Syndikustätigkeit

Auf Grund der gesetzlichen Regelung, dass Syndikusrechtsanwälte anwaltlich tätig sind, können praktische Erfahrungen aus der Syndikusrechtsanwaltstätigkeit bei der Verleihung einer Fachanwaltsbezeichnung und bei der Zulassung europäischer Rechtsanwälte nunmehr berücksichtigt werden. Im Bestellungsverfahren zum Anwaltsnotar richtet sich die Berücksichtigungsfähigkeit nach § 6 Absatz 2 BNotO.

7. Änderung der Patentanwaltsordnung

Im Hinblick darauf, dass das Berufsbild des Patentanwalts in starkem Maße demjenigen des Rechtsanwalts entspricht, in der Vergangenheit der Gleichlauf von rechtsanwaltlichem und patentanwaltlichem Berufsrecht weitgehend gewahrt wurde und die angestellten Patentanwälte von der Rechtsprechung des Bundessozialgerichts in gleicher Weise betroffen sind wie die angestellten Rechtsanwälte, erfolgt eine Änderung der Patentanwaltsordnung (PAO) analog zur Änderung der BRAO. Der Gleichlauf zwischen BRAO und PAO soll auch zukünftig bestehen bleiben.

8. Folgeänderungen im Sechsten Buch Sozialgesetzbuch (SGB VI)

Mit Änderungen im SGB VI soll erreicht werden, dass die berufsrechtlichen Regelungen sowohl für die Zukunft als auch mit Wirkung für die Vergangenheit – im Zusammenwirken mit den Befreiungsvorschriften im Recht der gesetzlichen Rentenversicherung – den bis zu den Entscheidungen des Bundessozialgerichts vom 3. April 2014 bestehenden Status quo weitestgehend wieder herstellen können. Zum einen soll klargestellt werden, dass die in § 6 Absatz 1 Satz 3 SGB VI gegen eine Erweiterung der Befreiungsrechte mittels einer Ausweitung des Kreises der Kammermitglieder geregelte Sperrwirkung im Umfang der berufsrechtlichen Definition des Syndikusrechtsanwalts und Syndikuspatentanwalts nicht berührt wird, da im Ergebnis weitestgehend nur der bisherige status quo aufrechterhalten werden soll. Zum anderen soll durch Einräumung eines rückwirkenden Befreiungsrechts für diejenigen, die nach der geänderten BRAO als Syndikusrechtsanwälte oder nach der geänderten PAO als Syndikuspatentanwälte zugelassen und von der Versicherungspflicht zur gesetzlichen Rentenversicherung befreit werden können, auch für die Vergangenheit der status quo hergestellt werden. Die während des Bestehens einer Pflichtmitgliedschaft im Versorgungswerk zur gesetzlichen Rentenversicherung gezahlten Beiträge sollen im Ergebnis (rückwirkend) an die Versorgungswerke erstattet werden können und eine trotz Fehlens einer wirksamen Befreiung erfolgte einkommensbezogene Beitragszahlung an die Versorgungswerke soll nachträglich legalisiert werden. Bestandskräftige Bescheide über eine Befreiung von der Versicherungspflicht in der gesetzlichen Rentenversicherung werden von der gesetzlichen Neuregelung nicht berührt.

B. Besonderer Teil

Zu Artikel 1 (Änderung der Bundesrechtsanwaltsordnung – BRAO)

Zu Nummer 1 (§ 33 Absatz 3 BRAO-E)

§ 33 BRAO regelt die Zuständigkeit der Rechtsanwaltskammer für die Ausführung der BRAO und der auf der Grundlage der BRAO erlassenen Rechtsverordnungen. § 33 Absatz 3 BRAO regelt die örtliche Zuständigkeit der jeweiligen Rechtsanwaltskammer. In seiner bisherigen Fassung sieht § 33 Absatz 3 Satz 1 BRAO vor, dass örtlich zuständig die Rechtsanwaltskammer ist, deren Mitglied der Rechtsanwalt ist (§ 33 Absatz 3 Satz 1 Nummer 1 BRAO), bei der die Zulassung zur Rechtsanwaltschaft beantragt ist (§ 33 Absatz 3 Satz 1 Nummer 2 BRAO) oder in deren Bezirk die Gesellschaft ihren Sitz hat, die die Zulassung als Rechtsanwaltsgesellschaft besitzt oder beantragt. § 33 Absatz 3 Satz 2 BRAO sieht in seiner bisherigen Fassung vor, dass bei einem Antrag auf Aufnahme in eine andere Rechtsanwaltskammer (§ 27 Absatz 3 BRAO) diese über den Antrag entscheidet. Der Entwurf knüpft an die bestehende Zuständigkeitsregelung an und trägt zugleich dem Umstand Rechnung, dass ein Syndikusrechtsanwalt neben seiner Zulassung zur Rechtsanwaltschaft in seiner Eigenschaft als Syndikusrechtsanwalt auch über eine weitere Zulassung als selbständiger Rechtsanwalt nach § 4 BRAO oder als angestellter Rechtsanwalt nach § 4 BRAO in Verbindung mit § 46 Absatz 1 BRAO-E verfügen kann. Des Weiteren kann ein Syndikusrechtsanwalt in dieser Eigenschaft für mehrere Arbeitgeber tätig sein. Für diese Fallkonstellationen ist die Regelung zur örtlichen Zuständigkeit geringfügig anzupassen, um sicherzustellen, dass ein Rechtsanwalt wie bisher immer nur Mitglied in einer einzelnen Rechtsanwaltskammer sein kann.

Zu Buchstabe a (§ 33 Absatz 3 Satz 1 Nummer 2 BRAO-E)

Die gegenwärtige Fassung des § 33 Absatz 3 Satz 1 Nummer 2 BRAO wird ergänzt. Dadurch wird verhindert, dass Doppelmitgliedschaften in unterschiedlichen regionalen Rechtsanwaltskammern entstehen können. Die Ergänzung stellt sicher, dass Entscheidungen, die auf Grund der BRAO oder einer auf der Grundlage der BRAO erlassenen Rechtsverordnung ergehen, stets von einer Rechtsanwaltskammer getroffen werden, auch wenn der Syndikusrechtsanwalt in den örtlichen Zuständigkeitsbereichen verschiedener Rechtsanwaltskammern Anstellungsverhältnisse als Syndikusrechtsanwalt unterhält oder neben seiner Tätigkeit als Syndikusrechtsanwalt in dem Zuständigkeitsgebiet einer anderen Rechtsanwaltskammer als selbständiger oder angestellter Rechtsanwalt im Sinne des § 46 Absatz 1 BRAO-E tätig ist. Die Regelung sieht vor, dass die Kammer, in der der Rechtsanwalt bereits Mitglied ist, stets vorrangig zuständig ist für die Entscheidungen, die nach der BRAO oder auf der Basis einer auf der Grundlage der BRAO erlassenen Rechtsverordnung ergehen. Besteht noch keine Mitgliedschaft des Rechtsanwalts in einer Kammer, verbleibt es bei der bisher geltenden Zuständigkeitsregelung.

Zu Buchstabe b (§ 33 Absatz 3 Satz 2 BRAO-E)

§ 33 Absatz 3 Satz 2 BRAO-E trägt dem Umstand Rechnung, dass § 46c Absatz 4 Satz 3 BRAO-E den § 27 BRAO für Syndikusrechtsanwälte modifiziert. Auf die Begründung zu § 46c Absatz 4 Satz 3 BRAO-E wird Bezug genommen.

Zu Nummer 2 (§§ 46 bis 46c BRAO-E)

Die Vorschrift des § 46 BRAO wird durch die §§ 46 bis 46c BRAO-E ersetzt. Der neue § 46 BRAO-E regelt den Status angestellter Rechtsanwälte und legaldefiniert den Begriff des Syndikusrechtsanwalts. Die §§ 46a und 46b BRAO-E regeln das Verfahren der Zulassung zur Rechtsanwaltschaft als Syndikusrechtsanwalt. § 46c BRAO-E stellt klar, dass die für Rechtsanwälte geltenden gesetzlichen Vorschriften im Grundsatz in gleicher Weise auf Syndikusrechtsanwälte Anwendung finden (§ 46c Absatz 1 BRAO-E) und benennt zugleich die Ausnahmen von diesem Grundsatz (§ 46c Absatz 2 bis 5 BRAO-E).

Zu Nummer 2 (§ 46 Absatz 1 BRAO-E):

Die BRAO geht vom Leitbild des selbständigen Rechtsanwalts aus. In der berufsrechtlichen Literatur wird jedoch im Gegensatz hierzu unter Bezugnahme auf empirische Studien ein seit den 30-iger Jahren des letzten Jahrhunderts bestehender Strukturwandel der Anwaltschaft in Form einer Zunahme der Ausübung des Rechtsanwaltsberufs im Angestelltenverhältnis beschrieben (Busse in Henssler/Prütting, BRAO, 4. Auflage, 2014, § 1, Rn. 55; Hommerich/Kilian, AnwBl. 2010, S. 277 f.). Das Institut für Freie Berufe Nürnberg (IFB) gibt in einer Veröffentlichung aus dem Jahr 2012 für den 1. Januar 2011 an, dass von damals 155 679 Rechtsanwälten 112 000 selbständig gewesen seien, was einem Anteil von 71,9 Prozent entspräche (Brehm/Eggert/Oberlander, Die Lage der Freien Berufe, IFB 2012, S. 24 f.). Eine ausdrückliche gesetzliche Regelung der Beschäftigung von Rechtsanwälten bei anwaltlichen Arbeitgebern ist bisher jedoch nicht erfolgt. Aus einzelnen Regelungen der BRAO in ihrer bisherigen Fassung ergibt sich allerdings, dass die Anwaltstätigkeit in arbeitsrechtlich abhängiger Stellung bei Arbeitgebern, die den gleichen Berufspflichten wie der angestellte Rechtsanwalt unterliegen, bereits nach derzeitiger Rechtslage zulässig ist. So sieht § 59b Absatz 2 Nummer 8 BRAO vor, dass die Berufsordnung im Rahmen der BRAO die Pflichten im Zusammenhang mit der Beschäftigung von Rechtsanwälten regeln kann. In § 26 der Berufsordnung der Rechtsanwälte (BORA) sind solche Pflichten auch bereits festgelegt worden. Die Regelung in § 46 Absatz 1 BRAO-E stellt nun ausdrücklich klar, dass der Beruf des Rechtsanwalts als Angestellter von Arbeitgebern ausgeübt werden darf, die als Rechts- oder Patentanwälte oder als rechts- oder patentanwaltliche Berufsausübungsgesellschaft tätig sind. Patentanwälte sind ebenso wie Rechtsanwälte Organe der Rechtspflege; das patentanwaltliche Berufsrecht ist demjenigen der BRAO nachgezeichnet. Die auf die in der PAO genannten Rechtsgebiete eingeschränkte Beratungs- und Vertretungsbefugnis der Patentanwälte ist von bei Patentanwälten angestellten Rechtsanwälten zu beachten (vgl. Bundestagsdrucksache 16/3655, S. 51 sowie Bundesverfassungsgericht, Beschluss vom 14. Januar 2014, – 1 BvR 2998/11, NJW 2014, S. 613). Der Begriff des „Rechtsanwalts" umfasst nicht nur Rechtsanwälte im Sinne der BRAO, einschließlich Rechtsanwälte, die zugleich Notar sind (Anwaltsnotare, § 3 Absatz 2 der BNotO, § 59a Absatz 1 Satz 4 BRAO), sondern auch niedergelassene europäische Rechtsanwälte im Sinne des § 2 Absatz 1 EuRAG. Nach § 2 Absatz 1 EuRAG ist derjenige, der als europäischer Rechtsanwalt im Sinne des § 1 EuRAG auf Antrag in die für den Ort seiner Niederlassung zuständige Rechtsanwaltskammer aufgenommen wurde, berechtigt, in Deutschland unter der Berufsbezeichnung des Herkunftsstaates die Tätigkeit eines Rechtsanwalts gemäß den §§ 1 bis 3 BRAO auszuüben. Der Begriff der „rechts- oder patentanwaltlichen Berufsausübungsgesellschaft" ist weit gefasst und umfasst die in der Praxis bestehenden breit gefächerten Rechts- und Organisationsformen gemeinschaftlicher anwaltlicher Berufsausübung. Erfasst werden Rechts- und Patentanwaltsgesellschaften im Sinne der §§ 59c ff BRAO sowie §§ 52c ff PAO, d. h. sowohl die Rechts- und Patentanwalts-GmbH und als auch die Rechts- und Patentanwalts-AG, sofern sie die wesentlichen Voraussetzungen für die Zulassung einer Kapitalgesellschaft als Rechts- oder Patentanwaltsgesellschaft in Anlehnung an die vorbezeichneten berufsrechtlichen Regelung erfüllt (vgl. Bundesgerichtshof, Urteil vom 10. Januar 2005 – AnwZ (B) 27/03 und AnwZ (B) 28/03 – juris). Daneben werden aber auch Gesellschaften bürgerlichen Rechts, Partnerschaftsgesellschaften und sonstige rechtsfähige Formen gemeinschaftlicher Berufsausübung erfasst. „Rechts- oder patentanwaltlich" im Sinne der Norm ist eine Berufsausübungsgesellschaft, die dem anwaltlichen Berufsrecht unterliegt. Dies sind nicht nur monoprofessionelle Berufsausübungsgesellschaften, sondern auch interprofessionelle Sozietäten (§ 59a BRAO), die dem recht- oder patentanwaltlichen Berufsrecht unterliegen. Die nicht in § 46 Absatz 1 BRAO-E erfassten Formen der anwaltlichen Berufsausübung, fallen unter § 46 Absatz 2 BRAO-E.

Zu Nummer 2 (§ 46 Absatz 2 BRAO-E)

§ 46 Absatz 2 Satz 1 BRAO-E legaldefiniert den Begriff des Syndikusrechtsanwalts. Die Regelung verdeutlicht, dass der Syndikusrechtsanwalt für seinen Arbeitgeber anwaltlich tätig wird. Die in § 46 Absatz 2 Satz 1 BRAO-E enthaltene Definition des Syndikusrechtsanwalts wird durch die Absätze 3 bis 5 näher konkretisiert. Hierbei wird an § 3 BRAO und an die von der DRV Bund entwickelte „Vier-Kriterien-Theorie" angeknüpft, wobei letztere an die Voraussetzungen und die Terminologie des Berufsrechts sowie des Arbeitsrechts, das auch das anwaltliche Anstellungsverhältnis prägt, angepasst wurde. Die Merkmale der Vier-Kriterien-Theorie sind wie folgt im Regelungskonzept aufgegriffen worden: Rechtsberatung und Rechtsvermittlung sind in § 46 Absatz 2 BRAO-E und § 46 Absatz 3 Nummer 1 und 2 BRAO-E eingeflossen. Das Kriterium der Rechtgestaltung ist in § 46 Absatz 3 Nummern 3 und 4 BRAO-E enthalten und dasjenige der Rechtsentscheidung wird in § 46 Absatz 4 BRAO-E abgebildet. Zugleich knüpfen die in Absatz 3 Nummern 1 und 2 genannten Elemente an den in § 3 Absatz 1 BRAO genannten Begriff der Rechtsberatung an. Die Nummern 3 und 4 des Absatzes 3 knüpfen an den Begriff der Rechtsvertretung an, der ebenfalls in § 3 Absatz 1 BRAO genannt wird. Die Merkmale einer anwaltlichen Tätigkeit des Syndikusrechtsanwalts werden in Absatz 3 (zu den einzelnen Merkmalen siehe unten) aufgezählt. Kernelemente des Berufs des Rechtsanwalts sind dessen Eigenverantwortlichkeit und die fachliche Unabhängigkeit. Die Begriffe „eigenverantwortlich" und „fachlich unabhängig" heben hervor, dass der Syndikusrechtsanwalt fachlich weisungsfrei und in eigener Verantwortung handelt und im Rahmen der Rechtsberatung und Rechtsvertretung in erster Linie den Pflichten der BRAO unterworfen ist und die arbeitsrechtlichen Weisungsbefugnisse des Arbeitgebers dahinter zurück stehen. Hierdurch wird jedoch nicht jegliches Weisungsrecht des Arbeitgebers ausgeschlossen. Der Begriff der Eigenverantwortlichkeit macht zugleich deutlich, dass der Syndikusrechtsanwalt grundsätzlich von seinem Arbeitgeber für fehlerhafte Beratung und Vertretung haftungsrechtlich in Anspruch genommen werden kann (Regress). Aus der Regelung ergibt sich, dass die Arbeitnehmereigenschaft und die Eingliederung in eine von einem Arbeitgeber vorgegebene Arbeitsorganisation nicht im Widerspruch zu dem Berufsbild des Rechtsanwalts stehen, wenn tatsächlich und arbeitsvertraglich die fachliche Unabhängigkeit des angestellten Rechtsanwalts gewährleistet ist. § 46 Absatz 4 BRAOE präzisiert dies nochmals. Auf die diesbezügliche Begründung wird verwiesen. Aus § 46 Absatz 2 BRAO-E im Zusammenhang mit den Absätzen 3 und 4, die den Absatz 2 erläutern, ergibt sich zugleich, dass nicht jeder Jurist, der eine juristisch geprägte Tätigkeit ausübt, anwaltlich tätig ist und als Syndikusrechtsanwalt zuzulassen ist. § 46 Absatz 2 BRAO-E lässt die Möglichkeit einer juristischen, jedoch nichtanwaltlichen Beratung eines Arbeitgebers durch seine Mitarbeiter unberührt. Die Tätigkeit eines juristisch ausgebildeten Mitarbeiters (z. B. Sachbearbeiters), der weisungsgebunden rechtliche Sachverhalte prüft und anhand unternehmensinterner Vorgaben entscheidet, erfüllt nicht die Voraussetzungen einer Tätigkeit als Syndikusrechtsanwalt. Unternehmensinterne Compliance-Regelungen, die die keine unmittelbaren fachlichen Bezüge aufweisen, sondern den Verhaltenskodex im Unternehmen festschreiben, sollen hierdurch jedoch nicht ausgeschlossen werden; sie sind nicht als entsprechende unternehmensinterne Vorgaben anzusehen, die eine Tätigkeit als Syndikusrechtsanwalt ausschließen. § 46 Absatz 2 Satz 2 BRAO-E stellt klar, dass die anwaltliche Tätigkeit des Syndikusrechtsanwalts der Zulassung bedarf. Die Einzelheiten der Zulassung werden in den §§ 46a bis 46b BRAO-E geregelt. Es handelt sich bei dieser Zulassung um eine von der Zulassung als Rechtsanwalt nach den §§ 4 ff. BRAO unabhängige und eigenständige Zulassung. Durch diese Ausgestaltung der Zulassung wird dem Umstand Rechnung getragen, dass die Tätigkeit eines Rechtsanwalts sich auf die Tätigkeit als Syndikusrechtsanwalt beschränken kann und dass die Zulassung als Syndikusrechtsanwalt tätigkeitsbezogen ausgestaltet ist, um eine Abgrenzung von der Tätigkeit des nichtanwaltlich tätigen Unternehmensjuristen zu ermöglichen mit der Folge, dass die Möglichkeit einer Befreiung von der gesetzlichen Rentenversicherungspflicht allein für die Tätigkeit des Syndikusrechtsanwalts nach § 6 SGB VI eröffnet ist. Der Syndikusrechtsanwalt wird durch diese Ausgestaltung der Zulassung gegenüber anderen Rechtsanwälten nicht benachteiligt, da § 46 Absatz 2 und 3 BRAO-E an § 3 BRAO und damit an Pflichten anknüpft, denen alle Rechtsanwälte unterliegen. Durch die tätigkeitsbezogene Zulassung soll die sozialversicherungsrechtliche Gleichstellung von Rechtsanwälten, die in Unternehmen tätig sind, mit denen, die in Kanzleien tätig sind, erreicht werden. Die Pflichtmitgliedschaft der Syndikusrechtsanwälte in der Rechtsanwaltskammer ist durch die Stellung des Syndikusrechtsanwalts als Rechtsanwalt und die Aufgabenwahrnehmung durch die Rechtsanwaltskammern gerechtfertigt. Das Bundesverfassungsgericht hat in ständiger Rechtsprechung entschieden, dass die Pflichtmitgliedschaft in einem öffentlich-rechtlichen Verband, der legitime öffentliche Aufgaben erfüllt, im Rahmen der verfassungsmäßigen Ordnung zulässig ist (Bundesverfassungsgericht, Urteil vom 29. Juli 1959 – 1 BvR 394/58; BVerfG 25. Februar 1960 – 1 BvR 239/52; Bundesverfassungsgericht, Nichtannahmebeschluss vom 7. Dezember 2001 – 1 BvR 1806/98 – alle juris). Die Rechtsanwaltskammern nehmen legitime öffentliche Aufgaben wahr, an deren Erfüllung ein gesteigertes Interesse der Gemeinschaft besteht, die aber weder allein im Wege privater Initiative wirksam wahrgenommen werden können, noch zu den im engeren Sinne staatlichen Aufgaben zählen, die der Staat selbst durch seine Behörden wahrnehmen muss (vgl. zur Pflichtmitgliedschaft in der Industrie- und Handelskammer Bundesverfassungsgericht, Urteil vom 7. Dezember 2001 – 1 BvR 1806/98 – juris). Die Aufgaben der Rechtsanwaltskammern ergeben sich aus mehreren Bestimmungen der BRAO und weiteren gesetzlichen Regelungen außerhalb der BRAO, beispielsweise § 32 EuRAG. § 73 BRAO enthält eine offene Aufgabenbeschreibung des Vorstands der Rechtsanwaltskammern und § 89 BRAO normiert die Aufgaben der Kammerversammlung. Die Organisation dieser öffentlichen Aufgaben in einer Selbstverwaltungskörperschaft mit Zwangsmitgliedschaft ist verhältnismäßig. Der mit der Pflichtmitgliedschaft in der Rechtsanwaltskammer verbundene Kammerbeitrag ist eine Gegenleistung für den Vorteil, den Mitglieder aus der Kammerzugehörigkeit ziehen. Diese Vorteile bestehen darin, dass die Kammer zu Gunsten ihrer Mitglieder ihre gesetzlichen Aufgaben erfüllt. Die Aufgabenerfüllung kommt den Kammermitgliedern zu Gute, deren Belange die Kammer zu wahren und zu fördern hat. Durch das Einführen einer gesonderten Zulassung als Syndikusrechtsanwalt wird zugleich die Doppelberufstheorie aufgegeben. Dies bedeutet jedoch nicht, dass die Ausübung zweier oder mehrere Berufe nebeneinander ausgeschlossen wird, sondern lediglich, dass der Begriff des Syndikusrechtsanwalts nicht mehr zwingend die Ausübung zweier Berufe, nämlich desjenigen eines ständigen Rechtsberaters in einem festen Dienstoder Anstellungsverhältnis zu einem bestimmten nichtanwaltlichen Arbeitgeber und eines zweiten Berufs als freier Rechtsanwalt erfordert. Soweit ein Syndikusrechtsanwalt neben seiner Tätigkeit als Syndikusrechtsanwalt auch als niedergelassener Rechtsanwalt oder als Rechtsanwalt bei einer der in § 46 Absatz 1 BRAO-E genannten Personen oder Gesellschaften tätig ist, bedarf dies der gesonderten Zulassung zur Rechtsanwaltschaft. Für diese Fälle stellt die Folgeänderung des § 33 Absatz 3 BRAO-E sicher, dass der betreffende Rechtsanwalt wie bisher nur Mitglied einer Rechtsanwaltskammer ist und keine Doppelmitgliedschaft in der zuständigen Rechtsanwaltskammer entsteht. Die Höhe der Zulassungsgebühren und Beiträge richtet sich nach der jeweiligen, durch die zuständige Kammerversammlung erlassenen Gebühren- und Beitragsordnung (§ 89 Absatz 2

Nummer 2 BRAO). Da es sich bei der Tätigkeit des Syndikusrechtsanwalts nach dem ausdrücklichen Wortlaut des Entwurfs um eine anwaltliche Tätigkeit handelt, sind die praktischen Erfahrungen, die während dieser Tätigkeit erworben werden, bei der Verleihung der Fachanwaltsbezeichnung, der Bewerbung für das Amt des Anwaltsnotars und der Zulassung des europäischen Rechtsanwalts zur Rechtsanwaltschaft nach § 11 EuRAG berücksichtigungsfähig.

Zu Nummer 2 (§ 46 Absatz 3 BRAO-E)

§ 46 Absatz 3 BRAO-E benennt kumulativ Merkmale, die die anwaltliche Tätigkeit des Syndikusrechtsanwalts kennzeichnen und zwingend vorliegen müssen. Diese Merkmale beschreiben die Mindestanforderungen an die anwaltliche Tätigkeit eines Syndikusrechtsanwalts. Kernelemente des Berufs des Rechtsanwalts sind dessen Eigenverantwortlichkeit und die fachliche Unabhängigkeit. Die Begriffe „eigenverantwortlich" und „fachlich unabhängig" heben hervor, dass der Syndikusrechtsanwalt fachlich weisungsfrei und in eigener Verantwortung handelt und im Rahmen der Rechtsberatung und Rechtsvertretung in erster Linie den Pflichten der BRAO unterworfen ist und die arbeitsrechtlichen Weisungsbefugnisse des Arbeitgebers dahinter zurück stehen. Hierdurch wird jedoch nicht jegliches Weisungsrecht des Arbeitgebers ausgeschlossen. Der Begriff der Eigenverantwortlichkeit macht zugleich deutlich, dass der Syndikusrechtsanwalt grundsätzlich von seinem Arbeitgeber für fehlerhafte Beratung und Vertretung haftungsrechtlich in Anspruch genommen werden kann (Regress). Aus der Regelung ergibt sich, dass die Arbeitnehmereigenschaft und die Eingliederung in eine von einem Arbeitgeber vorgegebene Arbeitsorganisation nicht im Widerspruch zu dem Berufsbild des Rechtsanwalts stehen, wenn tatsächlich und arbeitsvertraglich die fachliche Unabhängigkeit des angestellten Rechtsanwalts gewährleistet ist. § 46 Absatz 4 BRAO-E präzisiert dies nochmals. Auf die diesbezügliche Begründung wird verwiesen. Die in Absatz 3 genannten Tätigkeiten knüpfen an § 3 Absatz 1 BRAO und die von der DRV Bund (im Rahmen von § 6 SGB VI) entwickelte Vier-Kriterien-Theorie an (siehe Begründung zu § 46 Absatz 2 BRAO-E). Nach § 3 Absatz 1 BRAO ist der Rechtsanwalt der unabhängige Berater und Vertreter in allen Rechtsangelegenheiten. Die Rechtsberatung umfasst die in § 46 Absatz 3 Nummer 1 und 2 BRAO-E genannten Elemente der unabhängigen Analyse des Sachverhalts und der Prüfung von Rechtsfragen, des fachlich unabhängigen Erarbeitens und Bewertens rechtlicher Lösungsmöglichkeiten und das fachlich unabhängige Erteilen von Rechtsrat. Elemente der Rechtsvertretung werden in § 46 Absatz 3 Nummer 3 und Nummer 4 BRAO-E genannt. Absatz 3 Nummer 1 bezieht sich auf die Pflicht des Rechtsanwalts, den Sachverhalt zu dem er beratend tätig werden soll, möglichst genau zu klären, die Rechtslage zu prüfen und Handlungsoptionen aufzuzeigen sowie zu bewerten. Die Pflicht des Rechtsanwalts zur vollständigen Beratung setzt zunächst voraus, dass er durch Befragen seines Auftraggebers die Punkte klärt, auf die es für die rechtliche Beurteilung ankommen kann. Der Rechtsanwalt darf sich nicht mit der rechtlichen Würdigung des ihm vorgetragenen Sachverhalts begnügen, sondern muss sich bemühen, durch Befragung des Rechtsuchenden ein möglichst vollständiges und objektives Bild der Sachlage zu gewinnen (vgl. Bundesgerichtshof, Urteil vom 21. November 1960 – III ZR 160/59, NJW 1961, S. 601, 602). Bei lückenhaften oder oberflächlichen Informationen muss der Rechtsanwalt daher auf ihre Vervollständigung dringen (vgl. Bundesgerichtshof, Urteil vom 8. Oktober 1981 – III ZR 190/79, NJW 1982, 437, 438). Die Prüfung von Rechtsfragen umfasst die Analyse der Gesetzeslage, der Verwaltungspraxis und der höchstrichterlichen Rechtsprechung und ihrer Bedeutung für den Sachverhalt, auf den sich die rechtliche Beratung beziehen soll. Das Aufzeigen verschiedener Lösungsalternativen und deren Bewertung in rechtlicher, tatsächlicher und wirtschaftlicher Hinsicht dienen dazu, dem Mandanten eine Entscheidung zu ermöglichen. Es handelt sich hierbei um die Vorbereitungshandlung zur Erteilung eines Rechtsrats. Absatz 3 Nummer 2 bezieht sich auf den dem Mandanten (Arbeitgeber) erteilten beziehungsweise zu erteilenden Rechtsrat. Absatz 3 Nummer 3 berücksichtigt den Fall, dass auch Personen, die in ihrer Funktion als Syndikusrechtsanwalt nicht in Kontakt zu externen Dritten treten, anwaltlich tätig sind, wenn ihre Tätigkeit auf die Verwirklichung von Rechten oder die Gestaltung von Rechtsverhältnissen gerichtet ist und sie nach außen die Befugnis zur Vertretung haben, auch wenn sie tatsächlich von dieser Befugnis keinen Gebrauch machen, etwa weil sie ausschließlich im Bereich der Vertragsgestaltung oder der Beratung der Unternehmensleitung tätig sind. Auch die Mitgestaltung abstrakter rechtlicher Regelung kann eine auf die Gestaltung von Rechtsverhältnissen ausgerichtete Tätigkeit darstellen. Absatz 3 Nummer 4 stellt klar, dass die anwaltliche Tätigkeit die (gegebenfalls im Innenverhältnis beschränkte) Befugnis beinhalten muss, den Mandanten (Arbeitgeber) nach außen verbindlich zu vertreten. Im berufsrechtlichen Schrifttum ist es für eine rechtsanwaltliche Tätigkeit anerkannt, dass selbst dann, wenn im Innenverhältnis zwischen Mandant und Rechtsanwalt vereinbart wurde, dass der Rechtsanwalt keine Erklärungen gegenüber Dritten für seinen Mandanten abgibt, solche Erklärungen im Außenverhältnis wirksam sein und den Mandanten verpflichten können (Borgmann/Jungk/Schwaiger, Anwaltshaftung, 5. Auflage 2014, § 14, Rn. 91). Das Merkmal der „Vertretungsbefugnis nach außen" (§ 81 ZPO, §§ 164 ff. des Bürgerlichen Gesetzbuchs (BGB)) setzt hingegen nicht voraus, dass der Syndikusrechtsanwalt eigene unternehmerische Entscheidungen trifft. Insgesamt ist erforderlich, dass das Anstellungsverhältnis durch die vorgenannten Merkmale und Tätigkeiten beherrscht wird. Durch die Verwendung des Begriffs „prägen" soll dem Umstand Rechnung getragen werden, dass der ganz eindeutige Schwerpunkt der im Rahmen des Anstellungsverhältnisses ausgeübten Tätigkeiten und der bestehenden vertraglichen Leistungspflichten im anwaltlichen Bereich liegen muss. Umgekehrt wird eine anwaltliche Tätigkeit nicht bereits dadurch ausgeschlossen, dass im Rahmen des Anstellungsverhältnisses in geringem Umfang andere Aufgaben wahrgenommen werden.

Zu Nummer 2 (§ 46 Absatz 4 BRAO-E)

Absatz 4 Satz 1 verdeutlicht, dass eine fachlich unabhängige Tätigkeit im Sinne des Absatzes 3 als Syndikusrechtsanwalt nicht ausübt, wer sich an Weisungen zu halten hat, die eine eigenständige Analyse der Rechtslage und eine einzelfallorientierte Rechtsberatung ausschließen. Die fachliche Unabhängigkeit ist zugleich Grundvoraussetzung der in Absatz 2 genannten anwaltlichen Tätigkeit. Mit der fachlichen Unabhängigkeit ist die in Absatz 3 genannte Eigenverantwortlichkeit im Sinne einer Haftung verbunden, weshalb letztere in Absatz 4 nicht eigens genannt wird. Eine unabhängige Tätigkeit liegt nicht vor, wenn Vorgaben zur Art und Weise der Bearbeitung und Bewertung bestimmter Rechtsfragen bestehen, wie dies beispielsweise bei einem richtliniengebundenen Schadenssachbearbeiter einer Versicherung der Fall ist. Wie ausgeführt, bleiben allgemeine Compliance-Regelungen, die keine unmittelbaren fachlichen Bezüge aufweisen, sondern nur den Verhaltenskodex im Unternehmen festschreiben, hiervon unberührt. Auch wird die fachliche Unabhängigkeit nicht dadurch ausgeschlossen, dass eine fachliche Abstimmung mit einem anderen Rechtsanwalt (z. B. im Rahmen von Teamarbeit) vereinbart ist. Dagegen schließen Vorgaben durch (nichtanwaltliche) Vorgesetzte eine fachliche Unabhängigkeit aus. Die Tätigkeit als Syndikusrechtsanwalt erfordert keinen Ausschluss jeglichen Weisungsrechts eines Arbeitgebers. Auch der selbständige Rechtsanwalt ist nämlich nicht völlig weisungsfrei, sondern ist im Rahmen des Mandatsverhältnisses an die Weisungen seines Auftraggebers gebunden. Aus dem Arbeitsvertrag eines Syndikusrechtsanwalts hat sich jedoch – um die Anforderungen der Absätze 2 bis 5 zu erfüllen – zu ergeben, dass der Arbeitgeber in fachlichen Angelegenheiten weder ein allgemeines noch ein konkretes Weisungsrecht ausüben darf, da ohne eine solche Regelung der allgemeine arbeitsrechtliche Grundsatz eines umfassenden Direktionsrechts des Arbeitgebers gelten würde. Absatz 4 Satz 2 sieht insoweit vor, dass die fachliche Unabhängigkeit vertraglich und tatsächlich zu gewährleisten ist, das heißt die Unabhängigkeit muss sowohl Gegenstand der arbeitsvertraglichen Vereinbarung sein als auch tatsächlich im Rahmen des Anstellungsverhältnisses gelebt werden. Mit der Unabhängigkeit ist die Eigenverantwortlichkeit im Sinne einer Haftung verbunden, so dass es einer gesonderten vertraglichen Gewährleistung nicht bedarf. Aus der vertraglich gewährleisteten Unabhängigkeit folgt zugleich das Recht, die Durchführung einer ihm vom Arbeitgeber im Rahmen des Anstellungsverhältnisses erteilten Weisung aus fachlichen oder berufsrechtlichen Gründen abzulehnen, ohne dass hieran arbeitsrechtliche Konsequenzen geknüpft werden können. Der Syndikusrechtsanwalt ist auf Grund arbeitsrechtsvertraglicher Nebenpflichten jedoch verpflichtet, seinen Arbeitgeber über die Ablehnung des Auftrags unverzüglich zu informieren. Die in Absatz 4 vorgesehene fachliche Unabhängigkeit steht dem Status des Syndikusrechtsanwalts als Arbeitnehmer nicht entgegen. Das auf dem Arbeitsvertrag beruhende Weisungsrecht (Direktionsrecht) gehört zwar zum wesentlichen Inhalt eines jeden Arbeitsverhältnisses und dient der Konkretisierung der vertraglichen Leistungspflicht des Arbeitnehmers (Preis in Erfurter Kommentar zum Arbeitsrecht, 15. Aufl. München 2015, § 611 BGB, Rn. 36, 50 ff. und 63 ff. und § 106 GewO, Rn. 1 ff.). Den Parteien des Arbeitsverhältnisses steht es jedoch frei, das Direktionsrecht des Arbeitgebers durch einzelvertragliche Abreden einzuschränken (Preis a. a. O., § 611 BGB, Rn. 50 ff. und 63 ff.). Der Umfang des Weisungsrechts kann nämlich hinsichtlich des Arbeitsorts, der Arbeitszeit und der Art beziehungsweise dem Inhalt der zu leistenden Arbeit unterschiedlich stark ausgeprägt sein.

Zu Nummer 2 (§ 46 Absatz 5 BRAO-E)

§ 46 Absatz 5 Satz 1 BRAO-E regelt den Grundsatz, dass die Befugnis des Syndikusrechtsanwalts zur Beratung und Vertretung sich auf die Angelegenheiten des Arbeitgebers beschränkt. Die Beschränkung auf die Tätigkeit des Syndikusrechtsanwalts für seinen Arbeitgeber in dessen Rechtsangelegenheiten ist erforderlich, um eine Gefährdung der anwaltlichen Unabhängigkeit durch das Einwirken fremder wirtschaftlicher Interessen zu verhindern (Fremdkapitalverbot). Dies bringt zum Ausdruck, dass an dem in § 59e BRAO geregelten Fremdbesitzverbot festgehalten wird. § 46 Absatz 5 Satz 2 BRAO-E konkretisiert den Begriff der Rechtsangelegenheiten des Arbeitgebers. Daraus folgt, dass auch derjenige als Syndikusrechtsanwalt nach § 46 Absatz 2 BRAO-E tätig wird, der seine Arbeitskraft dazu verwendet, um im Rahmen eines Anstellungsverhältnisses zu einem Verband Rechtsrat an dessen Mitglieder bzw. im Falle eines Dachverbands an die Mitglieder der Mitgliedsverbände in deren Rechtsangelegenheiten zu erteilen (Verbandssyndikusrechtsanwalt). Dies gilt allerdings nur dann, wenn dabei dieselben Bedingungen der Eigenverantwortlichkeit wie gegenüber dem Arbeitgeber zur Anwendung kommen. Rechtliche Beratungen innerhalb verbundener Unternehmen oder eines Verbands fallen demnach nur dann unter § 46 Absatz 5 BRAO-E, wenn zugleich die Voraussetzungen des § 46 Absatz 2 bis 4 BRAO-E erfüllt werden, insbesondere die fachliche Unabhängigkeit gewährleistet ist. Die Wahrnehmung einer rechtsberatenden Tätigkeit als solche ist nicht ausreichend, so dass ein Unternehmensjurist nicht stets zugleich Syndikusrechtsanwalt ist. § 46 Absatz 5 Satz 2 Nummer 1 BRAO-E regelt klarstellend, dass die eigenen Rechtsangelegenheiten des Arbeitgebers auch die Rechtsangelegenheiten innerhalb verbundener Unternehmen nach § 15 AktG umfassen. Der Begriff der verbundenen Unternehmen wird in § 15 AktG legal definiert. Verbundene Unternehmen sind danach rechtlich selbständige Unternehmen, die im Verhältnis zueinander in Mehrheitsbesitz stehende Unternehmen und mit Mehrheit beteiligte Unternehmen (§ 16 AktG), abhängige und herrschende Unternehmen (§ 17 AktG), Konzernunternehmen (§ 18 AktG), wechselseitig beteiligte Unternehmen (§ 19 AktG) oder Vertragsteile eines Unternehmensvertrags (§§ 291, 292 AktG). Die Regelung soll klarstellen, dass die einem Syndikusanwalt oder einem Unternehmensjuristen bereits nach der bisherigen Rechtslage auf Basis des § 2 Absatz 3 Nummer 6 des RDG zustehenden Rechtsberatungs- und Vertretungsbefugnisse auch dem Syndikusrechtsanwalt im Sinne des § 46 Absatz 2 BRAO-E zustehen. § 46 Absatz 5 Satz 2 Nummer 2 BRAO-E regelt, dass erlaubte Rechtsdienstleistungen des Arbeitgebers gegenüber seinen Mitgliedern, sofern es sich bei dem Arbeitgeber um eine Vereinigung oder Gewerkschaft nach § 7 Absatz 1 RDG oder nach § 8 Absatz 1 Nummer 2 RDG handelt, Rechtsangelegenheiten des Arbeitgebers im Sinne des § 46 Absatz 5 Satz 1 BRAO-E sind. Nach § 7 Absatz 1 Satz 1 RDG sind Rechtsdienstleistungen erlaubt, die berufliche oder andere zur Wahrnehmung gemeinschaftlicher Interessen gegründete Vereinigungen und deren Zusammenschlüsse (§ 7 Absatz 1 Nummer 1 RDG) und Genossenschaften, genossenschaftliche Prüfungsverbände und deren Spitzenverbände sowie genossenschaftliche Treuhandstellen und ähnliche genossenschaftliche Einrichtungen im Rahmen ihres satzungsmäßigen Aufgabenbereichs für ihre Mitglieder oder für die Mitglieder der ihnen angehörigen Vereinigungen oder Einrichtungen erbringen, soweit sie gegenüber der Erfüllung ihrer übrigen satzungsmäßigen Aufgaben nicht von übergeordneter Bedeutung sind. Die Rechtsdienstleistungen können nach § 7 Absatz 1 Satz 2 RDG durch eine im alleinigen wirtschaftlichen Eigentum der in Satz 1 genannten Vereinigung oder Zusammenschlüsse stehenden juristischen Person erbracht werden. Vereinigungen im Sinne dieser Norm sind beispielsweise Gewerkschaften, Arbeitgeberverbände, Berufsverbände, Fachverbände der Industrie und des Handels, Mietervereine und Automobilclubs. § 8 Absatz 1 Nummer 2 RDG erlaubt Rechtsdienstleistungen, die juristische Personen des öffentlichen Rechts einschließlich der von ihnen zur Erfüllung ihrer Aufgaben gebildeten Unternehmen und Zusammenschlüsse im Rahmen ihres Aufgaben- und Zuständigkeitsbereichs erbringen. Von § 8 Absatz 1 Nummer 2 RDG werden die als Körperschaften des öffentlichen Rechts organisierten Berufskammern, aber auch die privatrechtlich organisierten Wohlfahrtsverbände der als Körperschaften des öffentlichen Rechts anerkannten Kirchen, wie z. B. die Caritas oder das Diakonische Werk erfasst (Dux in Deckenbrock/Henssler, Rechtsdienstleistungsgesetz, 4. Auflage München 2015, § 8, Rn 15). Durch die Formulierung „Vereinigung oder Gewerkschaften" in § 46 Absatz 5 Satz 2 Nummer 2 BRAO-E wird zugleich klargestellt, dass Behörden, die in § 8 Absatz 1 Nummer 2 RDG ebenfalls genannt werden, nicht erfasst sein sollen. Die Beschränkung auf die in § 46 Absatz 5 Satz 2 Nummer 2 BRAO-E genannten Vereinigungen und Gewerkschaften ist geboten, um die Unabhängigkeit der anwaltlichen Rechtsberatung und Vertretung zu gewährleisten, da bei den genannten Personen und Vereinigungen sichergestellt ist, dass der Rechtsrat nicht durch andere wirtschaftliche Erwägungen beeinflusst wird (Verbot der Fremdkapitalbeteiligung). Eine Gefahr von Interessenkonflikten ist bei den erfassten Personen und Vereinigung insbesondere deshalb nicht zu besorgen, da zum einen in der Regel zwischen Mitgliedern und Verband ein Gleichlauf von Interessen anzunehmen ist und im Übrigen die Beratungsleistungen des Verbands umlagefinanziert sind. § 46 Absatz 5 Satz 2 Nummer 3 BRAO-E sieht vor, dass die Rechtsangelegenheiten des Arbeitgebers auch erlaubte Rechtsdienstleistungen des Arbeitgebers gegenüber Dritten umfassen, sofern es sich bei dem Arbeitgeber um einen Angehörigen der in § 59a BRAO genannten sozietätsfähigen Berufe oder um eine Berufsausübungsgesellschaft handelt. Hintergrund dieser Regelung ist, dass eine Beeinflussung der Drittberatung durch Fremdinteressen in diesen Fällen auf Grund der berufsrechtlichen Bindung der genannten Arbeitgeber nicht zu besorgen ist. Die Norm verdeutlicht, dass Rechtsanwälte als Syndikusrechtsanwalt auch bei Arbeitgebern, die einen sozietätsfähigen Beruf im Sinne des § 59a BRAO ausüben, oder bei interprofessionellen Berufsausübungsgemeinschaften, die nicht dem anwaltlichen Berufsrecht unterliegen, angestellt sein können. Die Befugnis des Syndikusrechtsanwalts zur Rechtsberatung und Vertretung erstreckt sich in diesem Fall auch auf die Beratung und Vertretung Dritter, wobei sich der Umfang der Beratungsbefugnis nach der Beratungsbefugnis des Arbeitgebers richtet. Durch die Regelung des § 46 Absatz 5 Satz 2 Nummer 3 BRAO-E wird es beispielsweise ermöglicht, dass ein Syndikusrechtsanwalt, der bei einer Steuerberatungsgesellschaft angestellt ist, die Mandanten dieser Gesellschaft im Zusammenhang mit der steuerberatenden Aufgabenwahrnehmung durch die Steuerberatungsgesellschaft im Rahmen des § 5 RDG auch rechtlich berät. Der Umfang der Beratungsbefugnis des Syndikusrechtsanwalts orientiert sich in diesem Beispielsfall an der Beratungsbefugnis der Steuerberatungsgesellschaft, die diese nach § 5 RDG hat und umfasst folglich nicht alle Rechtsangelegenheiten.

Zu Nummer 2 (§ 46a Absatz 1 BRAO-E)

Die Zulassung wird – wie dies § 6 BRAO auch für niedergelassene Rechtsanwälte sowie für Rechtsanwälte nach § 46 Absatz 1 BRAO-E vorsieht – nur auf Antrag erteilt. § 46a Absatz 1 Satz 1 BRAO-E bestimmt die Voraussetzungen zur Zulassung als Syndikusrechtsanwalt. Ein Bewerber, der die Zulassungsvoraussetzungen nach § 46a Absatz 1 Satz 1 BRAO-E erfüllt, hat einen Anspruch auf Zulassung. Da der Syndikusrechtsanwalt kein eigenständiger Beruf ist, sondern eine Form der Berufsausübung des einheitlichen Rechtsanwaltsberufs, knüpft die Zulassungsregelung an die §§ 4 und 7 BRAO an. § 4 BRAO bestimmt, dass zur Rechtsanwaltschaft nur zugelassen werden kann, wer die Befähigung zum Richteramt nach dem Deutschen Richtergesetz erlangt hat oder die Eingliederungsvoraussetzungen nach dem Gesetz über die Tätigkeit europäischer Rechtsanwälte in Deutschland vom 9. März 2000 (BGBl. I S. 182) erfüllt oder die Eignungsprüfung nach diesem Gesetz bestanden hat. Ein Rechtsanwalt, der den persönlichen Anforderungen des Berufs nicht genügt, gefährdet die Rechtspflege und die Interessen des Rechtsuchenden. Die Zulassung wird daher nicht nur vom Nachweis der vorgeschriebenen Ausbildung, sondern auch davon abhängig gemacht, dass in der Person des Antragstellers kein Versagungsgrund gemäß § 7 BRAO vorliegt. Um die anwaltliche Tätigkeit eines Syndikusrechtsanwalts von anderen Tätigkeiten, die juristisch, aber nicht anwaltlich sind, abzugrenzen, definiert § 46 Absatz 2 BRAO-E den Syndikusrechtsanwalt. Die Zulassung als Syndikusrechtsanwalt knüpft an die Definition in § 46 Absatz 2 BRAO-E und die in § 46 Absatz 3 BRAO-E genannten Tätigkeiten und Merkmale an. Hierbei handelt es sich um eine Ausgestaltung des Wirkungskreises und der Pflichten eines Rechtsanwalts nach § 3 BRAO. Die Ausgestaltung einer gesonderten Zulassungsregelung für Syndikusrechtsanwälte begründet im vorliegenden Fall kein Indiz für einen eigenständigen Beruf des Syndikusrechtsanwalts, sondern trägt lediglich dem Umstand Rechnung, dass die Tätigkeit eines Rechtsanwalts sich auf die Tätigkeit als Syndikusrechtsanwalt beschränken kann und mit der Zulassung ein klarer Anknüpfungspunkt für die berufsrechtlichen Pflichten einer anwaltlichen Tätigkeit als Syndikusrechtsanwalt geschaffen wird. Damit besteht auch kein Widerspruch zu den in der Entscheidung des Bundesverfassungsgerichts vom 17. Dezember 1958 (1 BvL 10/56) festgelegten Grundsätzen. Der Beruf des Rechtsanwalts kann danach in selbständiger und unselbständiger Form ausgeübt werden; beide Formen der Ausübung haben kein eigenständiges soziales Gewicht. Die unselbständige Ausübung des Rechtsanwaltsberufs kann auf einem Anstellungsverhältnis zu einem anwaltlichen Arbeitgeber oder einem nichtanwaltlichen Arbeitgeber beruhen. Die Wahl eines nichtanwaltlichen Arbeitgebers hat keinen Einfluss auf das Berufsbild des Rechtsanwalts. Die Zulassung als Syndikusrechtsanwalt erfolgt – wie sich aus der Bezugnahme auf § 46 Absatz 2 bis 5 BRAO-E ergibt – im Unterschied zur Zulassung als Rechtsanwalt nach § 4 BRAO – tätigkeitsbezogen. Die Zulassung schafft einen klaren Anknüpfungspunkt für die mit der Stellung als Syndikusrechtsanwalt verbundenen Rechte und Pflichten, die sich von denjenigen eines nichtanwaltlichen Unternehmensjuristen unterscheiden. Mit der Stellung als Syndikusrechtsanwalt in einem Unternehmen ist die Befugnis verbunden, den Arbeitgeber nach außen wirksam zu vertreten und es gelten bestimmte Legalprivilegien (Zeugnisverweigerungsrecht im Zivilprozess etc.). Die tätigkeitsbezogene Zulassung als Syndikusrechtsanwalt ist von den für die Entscheidung der mit der Durchführung der Sozialversicherung und Entscheidung über die Befreiung von der Rentenversicherungspflicht betrauten Behörden zu beachten. Die Zulassung als Syndikusrechtsanwalt ordnet die Tätigkeit als Unterfall einer im Sinne der BRAO anwaltlichen zu und rechtfertigt gleichzeitig die Unterstellung unter die damit verbundenen Pflichten. Der im Rahmen seiner Zulassung tätige jeweilige Syndikusrechtsanwalt ist damit wegen der Beschäftigung als Syndikusrechtsanwalt auf Grund einer durch Gesetz angeordneten oder auf Gesetz beruhenden Verpflichtung Mitglied einer öffentlich-rechtlichen Versicherungseinrichtung oder Versorgungseinrichtung ihrer Berufsgruppe (berufsständische Versorgungseinrichtung). Das nach § 6 Absatz 1 Satz 1 Nummer 1 SGB VI für eine Befreiung notwendige (aber nicht hinreichende) Tatbestandselement, wonach Beschäftigte und selbständig Tätige für die Beschäftigung oder selbständige Tätigkeit, wegen der sie auf Grund einer durch Gesetz angeordneten oder auf Gesetz beruhenden Verpflichtung Mitglied einer öffentlich-rechtlichen Versicherungseinrichtung oder Versorgungseinrichtung ihrer Berufsgruppe (berufsständische Versorgungseinrichtung) und zugleich kraft gesetzlicher Verpflichtung Mitglied einer berufsständischen Kammer sind, deckt sich inhaltlich für die Syndikusrechtsanwälte mit den neu strukturierten berufsrechtlichen Anforderungen für den Erhalt und die Weiterführung einer Zulassung als Syndikusrechtsanwalt. Zwar bleibt der sozialversicherungsrechtliche Tatbestand eigenständig von den Trägern der Rentenversicherung zu prüfen. Mit der erteilten Zulassung als Syndikusrechtsanwalt bescheinigt die zuständige fachkundige Rechtsanwaltskammer nach den Regeln des Berufsrechts, auf welche der sozialversicherungsrechtliche Tatbestand des § 6 SGB VI Bezug nimmt, grundsätzlich das Vorliegen einer Tätigkeit, die zur Mitgliedschaft im Versorgungswerk führt. Das wird nicht zuletzt daran deutlich, dass mit der Zulassung zum Syndikusrechtsanwalt nicht der volle Umfang anwaltlicher Berufsausübung eröffnet ist und die Aufgabe oder wesentliche Änderung einer den Kriterien nach § 46 Absatz 2 bis 5 BRAO-E ursprünglich entsprechenden Tätigkeit zwingend zum Widerruf der berufsrechtlichen Zulassung führt (§ 46b Absatz 2 Satz 2 BRAO-E). Die Zulassung als Syndikusrechtsanwalt ist bei der Befreiungsentscheidung nach § 6 Absatz 1 Satz 1 SGB VI zu beachten und bindet den Träger der Rentenversicherung. Dies gilt jedenfalls so lange die der Zulassung zugrunde liegende Tätigkeit im Wesentlichen unverändert fortgeführt wird (zur sozialrechtlichen Vorfrage, ob eine Erwerbstätigkeit der anwaltlichen Berufstätigkeit zugeordnet werden kann und zur Beachtung der rechtsgestaltenden Wirkung von Zulassungsentscheidungen, Bundessozialgericht, Urteil vom 3. April 2014 – B 5 RE 13/14 R Rn. 24, 26, 28 und 31; zur Drittbindungswirkung, vgl. Bundessozialgericht, Urteil vom 31. Mai 2006 – B 6 KA 13/05 R, BSGE 96, 261 ff. Rn. 71 m. w. N.). Unabhängig davon bestimmt sich die Reichweite einer erteilten Befreiung nach § 6 Absatz 5 SGB VI, wonach bei einer Änderung der Tätigkeit diese nicht von der erteilten Befreiung umfasst wird, auch wenn zunächst noch eine wirksame Zulassung als Syndikusrechtsanwalt bis zur Rücknahme oder einem Widerruf der Zulassung besteht. Die Tätigkeit des Rechtsanwalts und damit auch seine Zulassung kann sich – wie zuvor bereits ausgeführt – auf die Tätigkeit als Syndikusrechtsanwalts beschränken. § 46a Absatz 1 Satz 2 BRAO-E stellt klar, dass die Zulassung als Syndikusrechtsanwalt mehrere Anstellungsverhältnisse umfassen kann. Ein Syndikusrechtsanwalt kann mithin mehrere – voneinander unabhängige – Anstellungsverhältnisse eingehen und im Rahmen jedes dieser Anstellungsverhältnisse als Syndikusrechtsanwalt tätig werden. In diesem Fall ist keine gesonderte Zulassung für jedes Anstellungsverhältnis erforderlich (dazu auch § 46b Absatz 3 BRAO-E). Die daraus folgende Bindungswirkung für die Befreiung nach § 6 Absatz 1 Satz 1 SGB VI erfasst das jeweilige Beschäftigungsverhältnis.

Zu Nummer 2 (§ 46a Absatz 2 BRAO-E)

Nach § 46a Absatz 2 Satz 1 ist die Rechtsanwaltskammer für die Entscheidung über die Zulassung als Syndikusrechtsanwalt zuständig. Die eigenverantwortliche Wahrnehmung dieser Aufgabe durch die Rechtsanwaltskammer als Selbstverwaltungskörperschaft betont die Stellung der Syndikusrechtsanwälte als Teil der Rechtsanwaltschaft, als unabhängiges Organ der Rechtspflege und als Träger eines freien Berufs. § 46 Absatz 2 Satz 4 BRAO-E sieht vor, dass die Rechtswirkung eines (formell und materiell) bestandskräftigen Zulassungsverwaltungsakts der Rechtsanwaltskammer nach § 46a Absatz 2 Satz 1 BRAO-E auch von dem Träger der Rentenversicherung und den Gerichten der Sozialgerichtsbarkeit in der Weise zu beachten sind, dass die dort getroffenen Regelungen auch ihnen gegenüber als verbindlich anzusehen sind (sog Tatbestandswirkung). Verbindliche Wirkung hat auch eine gerichtliche Entscheidung die im Rechtsbehelfsverfahren nach § 112a BRAO ergeht. Die formell bestandskräftige Zulassungsentscheidung kann nicht mehr mit den regulären Rechtsbehelfen des Widerspruchs und der Klage angefochten werden (formelle Bestandskraft). Mit der erteilten Zulassung als Syndikusrechtsanwalt stellt die zuständige fachkundige Rechtsanwaltskammer nach den Regeln des Berufsrechts, auf welche der sozialversicherungsrechtliche Tatbestand des § 6 SGB VI Bezug nimmt, mithin verbindlich das Vorliegen einer Tätigkeit, die zur Mitgliedschaft im Versorgungswerk führt, für den Träger der Rentenversicherung fest. Dies gilt jedenfalls so lange die der Zulassung zugrunde liegende Tätigkeit im Wesentlichen unverändert fortgeführt wird, d. h. bei einer Änderung der Tätigkeit erlischt die Befreiung, auch wenn zunächst noch eine wirksame Zulassung als Syndikusanwalt bis zur Rücknahme oder einem Widerruf der Zulassung besteht. Dieser Aspekt betrifft die materielle Bestandskraft. Durch die gesetzliche Anordnung der Bindungswirkung wird vermieden, dass die berufsrechtliche und sozialversicherungsrechtliche Beurteilung der Frage, ob eine Tätigkeit als Syndikusrechtsanwalt und damit eine Pflichtmitgliedschaft in dem berufsrechtlichen Versorgungswerk vorliegen, voneinander abweichen. Diese Bindung dient der Rechtssicherheit der betroffenen Syndikusrechtsanwälte und ihrer Arbeitgeber, die Gefahr einer doppelten Beitragszahlung in zwei Rentenversicherungssysteme wird vermieden. Den dadurch berührten Belangen des Trägers der Rentenversicherung und der Versichertengemeinschaft vor einer Aushöhlung der Rentenversicherungspflicht nach den §§ 1 ff. SGB VI durch eine extensive Zulassungspraxis wird dadurch Rechnung getragen, dass der Träger der Rentenversicherung im Zulassungsverfahren nach § 46a Absatz 2 Satz 1 BRAO-E angehört wird und damit die Möglichkeit erhält, frühzeitig die Erwägungen, die aus seiner Sicht gegen eine Zulassung als Syndikusrechtsanwalt und eine Befreiung von der Rentenversicherungspflicht sprechen, vorzubringen. Das Erfordernis einer Zustimmung oder eines Einvernehmens des Trägers der Rentenversicherung ist damit nicht errichtet. Den Rechtsanwaltskammern ermöglicht dieses Anhörungsrecht, sich bereits frühzeitig mit den Erwägungen, die aus Sicht des Trägers der Rentenversicherung gegen eine Zulassung sprechen, auseinander zu setzen und diese im Rahmen des Zulassungsverfahrens zu berücksichtigen. Zur Wahrung der Selbstverwaltung der Rechtsanwaltskammern und um das Zulassungsverfahren nicht zu verzögern, wurde von einer näheren gesetzlichen Ausgestaltung des Anhörungsverfahrens abgesehen. Es obliegt folglich grundsätzlich der pflichtgemäßen Ermessensentscheidung der Rechtsanwaltskammern, wie sie die Anhörung im Einzelnen vornehmen. Die jeweilige Rechtsanwaltskammer kann dem Träger der Rentenversicherung eine angemessene Frist zur Stellungnahme setzen und die für eine sachgerechte Prüfung notwendigen Unterlagen übersenden. Versäumt der Träger der Rentenversicherung die Frist, führt dies nicht zur Präklusion; die Rechtsanwaltskammer kann in diesem Fall ohne die Stellungnahme entscheiden. Das Anhörungsrecht des Trägers der Rentenversicherung dient zugleich den Interessen des Antragstellers, der hierdurch die Möglichkeit erhält, sich frühzeitig mit den berufsrechtlichen Argumenten, die gegen seine Zulassung als Syndikusrechtsanwalt und eine Befreiung von der Rentenversicherungspflicht vorgebracht werden können, auseinander zu setzen und zu entscheiden, ob er seinen Antrag auf Zulassung als Syndikusrechtsanwalt aufrecht erhält. Die Letztentscheidung über die Zulassung trifft die Rechtsanwaltskammer. Diese Entscheidung ist nach § 46a Absatz 2 Satz 2 BRAO-E zu begründen. In der Begründung sind die wesentlichen tatsächlichen und rechtlichen Gründe mitzuteilen, die die Rechtsanwaltskammer zu ihrer Entscheidung bewogen haben. Dabei ist auf die von dem Antragsteller/der Antragstellerin voraussichtlich ausgeübte Tätigkeit sowie gegebenenfalls die Argumentation des Trägers der Rentenversicherung einzugehen und darzustellen, ob und in welchem Maße die Tätigkeit den Anforderungen des

§ 46 Absatz 2 bis 5 BRAO-E entspricht. Die Entscheidung ist auch zu begründen, wenn die Rechtsanwaltskammer dem Antrag ganz oder teilweise entspricht. Das Begründungserfordernis soll im dreiseitigen Rechtsverhältnis zur Akzeptanz der Entscheidung beitragen (Akzeptanzfunktion), den Inhalt der Entscheidung erläutern (Klarstellungs- und Beweisfunktion), die Nachprüfbarkeit der Entscheidung durch die Kammer selbst (Selbstkontrollfunktion) und im Rahmen des gerichtlichen Rechtsschutzes (Rechtschutzfunktion) ermöglichen. Durch die Begründung der Entscheidung wird für die mit der Durchführung der Rentenversicherung betrauten Behörden ersichtlich, auf welche Tätigkeit sich die Zulassung bezieht. Aus der Begründung soll sich zugleich ergeben, auf Grund welcher Tätigkeit der Syndikusrechtsanwalt Pflichtmitglied der berufsständischen Versorgungseinrichtung wurde. Das Erfordernis der Zustellung der Zulassungsentscheidung an den Antragsteller und den Träger der Rentenversicherung ist für das Wirksamwerden der Entscheidung und deren Folgen von Bedeutung, wobei die Zustellung an den Antragsteller bei erstmaliger Zulassung durch Aushändigung der Urkunde (§ 12 Absatz 1 BRAO) bewirkt wird. Bei einer bereits bestehenden Zulassung als Rechtsanwalt ist hingegen eine Zustellung ausreichend, da in diesen Fällen eine nochmalige Vereidigung (§§ 12 Absatz 2, 12a BRAO) nicht erforderlich ist. § 46a Absatz 2 Satz 3 BRAO-E regelt, dass auch dem Träger der Rentenversicherung gegen die Zulassungsentscheidung der Rechtsanwaltskammer wie dem Antragsteller Rechtsschutz gemäß § 112a Absatz 1 und 2 BRAO vor den dort genannten Gerichten zusteht. Zuständigkeit und Verfahren richten sich dabei nach den §§ 112b ff. BRAO. Dem Träger der Rentenversicherung steht nach dem Entwurf auf Grund der in § 46a Absatz 2 Satz 4 BRAO-E vorgesehenen Bindungswirkung der Zulassungsentscheidung eine Klagebefugnis zu. Diese folgt bereits daraus, dass mit der gesetzlich angeordneten Bindungswirkung für ein Tatbestandselement des Befreiungstatbestandes (§ 6 Absatz 1 Satz 1 SGB VI) der sachliche Zuständigkeitsbereich des Trägers der gesetzlichen Rentenversicherung berührt ist. Er ist insoweit beschwert, als die getroffene Zulassungsentscheidung im Umfang der Bindungswirkung unmittelbar Auswirkungen auf die Befreiungsentscheidung und damit die Rentenversicherungspflicht hat (zur Klagebefugnis des Trägers der Rentenversicherung gegen einen Bescheid der Einzugsstelle über die Feststellung des Nichtbestehens von Sozialversicherungspflicht wegen einer Beschäftigung, Bundessozialgericht, Urteil vom 3. Juli 2013 – B 12 KR 8/11 R, Rn. 18, juris; Urteil vom 28. September 2011 – B 12 KR 15/10 R, Rn. 19, juris). Nach § 112a Absatz 1 BRAO entscheidet der Anwaltsgerichtshof im ersten Rechtszug über verwaltungsrechtliche Anwaltssachen. Diese sind in § 112a Absatz 1 BRAO definiert als alle öffentlich-rechtlichen Streitigkeiten nach der BRAO, einer auf Grund der BRAO erlassenen Rechtsverordnung oder einer Satzung einer der nach der BRAO errichteten Rechtsanwaltskammern, einschließlich der Bundesrechtsanwaltskammer, soweit die Streitigkeiten nicht anwaltsgerichtlicher Art sind oder einem anderen Gericht ausdrücklich zugewiesen sind. In die Zuständigkeit der Anwaltsgerichtshöfe fallen mithin bereits nach der derzeitigen Rechtslage Streitigkeiten über die Zulassung zur Rechtsanwaltschaft nach § 4 BRAO und die Rücknahme bzw. den Widerruf der Zulassung gemäß § 14 BRAO. Nach § 112a Absatz 2 BRAO entscheidet der Bundesgerichtshof über das Rechtsmittel der Berufung gegen Urteile des Anwaltsgerichtshofs sowie die Beschwerde nach § 17a Absatz 4 Satz 4 des Gerichtsverfassungsgesetzes. § 112c Absatz 1 Satz 1 BRAO regelt, dass im gerichtlichen Verfahren gegen Entscheidungen der Rechtsanwaltskammer grundsätzlich die Verwaltungsgerichtsordnung (VwGO) entsprechende Anwendung findet. Anfechtungsund Verpflichtungsklage gegen Entscheidungen nach der BRAO sind folglich grundsätzlich erst nach Durchführung eines Vorverfahrens zulässig (§ 68 Absatz 1 Satz 1 VwGO). Auf Grund der Öffnungsklausel in § 68 Absatz 1 Satz 2 VwGO können die Länder die Durchführung des Widerspruchsverfahrens jedoch durch Landesgesetz ausschließen. Von dieser Öffnungsklausel haben einzelne Bundesländer in verwaltungsrechtlichen Anwaltssachen Gebrauch gemacht. Dem jeweiligen Kläger (also auch dem Träger der Rentenversicherung) stehen die Klagearten nach der VwGO zur Verfügung. Die Regelung des § 46a Absatz 2 Satz 4 BRAO-E knüpft für die verwaltungsrechtlichen Entscheidungen der Rechtsanwaltskammern betreffend die Zulassung als Syndikusrechtsanwalt an diese Rechtsschutzregelungen an. Durch dieses Rechtsschutzmodell wird ein Gleichlauf zwischen der Zulassung als Syndikusrechtsanwalt und der Beurteilung der berufsrechtlichen Voraussetzungen der Entscheidung nach § 6 SGB VI gewährleistet und an die bei den Anwaltsgerichtshöfen vorhandene Kompetenz bei der Beurteilung von Zulassungsfragen angeknüpft. Der Träger der Rentenversicherung ist nach dem Entwurf auf Grund dieser Bindungswirkung der Entscheidung klagebefugt.

Zu Nummer 2 (§ 46a Absatz 3 BRAO-E)

Da die Zulassung als Syndikusrechtsanwalt an die ausgeübte Tätigkeit anknüpft, sieht § 46a Absatz 3 Satz 1 BRAO-E vor, dass dem Antrag auf Zulassung eine Ausfertigung oder eine öffentlich beglaubigte Abschrift des Arbeitsvertrags beizufügen ist. Dies hindert den Antragsteller im Grundsatz nicht daran, für die Zulassung irrelevante personenbezogene Angaben aus Gründen des Datenschutzes stellenweise zu schwärzen, solange er seiner Nachweispflicht genügt. Der Arbeitsvertrag bildet die wesentliche Grundlage, anhand derer das Vorliegen einer anwaltlichen Tätigkeit geprüft wird. Erforderlichenfalls kann die Rechtsanwaltskammer nach Absatz 3 Satz 2 beim Antragsteller ergänzende Nachweise anfordern, beispielsweise eine ergänzende Tätigkeitsbeschreibung oder eine schriftliche Auskunft des Arbeitgebers.

Zu Nummer 2 (§ 46a Absatz 4 BRAO-E)

Das auf die Zulassung als Syndikusrechtsanwalt gerichtete Verfahren und die Folgen der Zulassung richten sich nach den für Rechtsanwälte geltenden allgemeinen Vorschriften der §§ 10 bis 12a BRAO. § 46a Absatz 4 Nummer 1 BRAO-E modifiziert die Regelung des § 12 Absatz 2 BRAO. § 12 Absatz 1 BRAO sieht vor, dass die Zulassung zur Rechtsanwaltschaft mit der Aushändigung einer von der Rechtsanwaltskammer ausgestellten Urkunde wirksam wird. Diese darf nach § 12 Absatz 2 BRAO erst ausgehändigt werden, wenn der Bewerber den Abschluss einer Berufshaftpflichtversicherung nach § 51 BRAO nachweist oder eine vorläufige Deckungszusage vorgelegt hat. Gemäß § 51 BRAO muss jeder Rechtsanwalt zur Deckung der sich aus seiner anwaltlichen Berufstätigkeit ergebenden Haftpflichtgefahren eine Vermögensschadenshaftpflichtversicherung aufrechterhalten, deren Mindestversicherungssumme 250 000 Euro für jeden Schadensfall beträgt. Durch diese Regelung in § 12 Absatz 2 BRAO soll das rechtsuchende Publikum geschützt werden und sichergestellt werden, dass jeder Rechtsanwalt im Haftungsfall erfolgreich in Anspruch genommen werden kann (Bundestagsdrucksache 12/4993, S. 25). Gleichermaßen wird der Rechtsanwalt selbst vor einem – unter Umständen sogar existenzgefährdenden – Vermögensverlust geschützt und damit auch die anwaltliche Unabhängigkeit gesichert. Zur Wahrung der Vermögensinteressen Dritter und der Unabhängigkeit des Syndikusrechtsanwalts ist der Abschluss und das Aufrechterhalten einer Berufshaftpflichtversicherung durch den Syndikusrechtsanwalt erforderlich. Der Syndikusrechtsanwalt kann nämlich – ungeachtet seiner beruflichen Stellung als Arbeitnehmer – auf Grund seiner eigenverantwortlichen Stellung und der Inanspruchnahme besonderen persönlichen Vertrauens sowohl Ansprüchen seines Arbeitgebers, als auch Ansprüchen Dritter ausgesetzt sein. Ist der Syndikusrechtsanwalt zugleich als Rechtsanwalt nach § 4 BRAO zugelassen, müssen die sich aus der gesamten anwaltlichen Tätigkeit ergebenden Haftpflichtgefahren abgedeckt sein; eine Pflicht zum Abschluss mehrerer Versicherungsverträge ist damit nicht zwangsläufig verbunden, solange der bestehende Versicherungsvertrag sämtliche mit der anwaltlichen Tätigkeit verbunden Haftpflichtgefahren in dem gesetzlich vorgegebenen Umfang abdeckt. § 46a Absatz 4 Nummer 1 BRAO-E stellt klar, dass der Syndikusrechtsanwalt seiner Pflicht zum Abschluss einer Berufshaftpflichtversicherung auch dadurch genügt, dass die aus seiner anwaltlichen Berufstätigkeit resultierenden Haftungsgefahren gegenüber seinem Arbeitgeber und Dritten durch eine vom Arbeitgeber abgeschlossene und finanzierte Haftpflichtversicherung abgedeckt werden, in der der Syndikusrechtsanwalt versicherte Person ist. Hierdurch erhalten der Arbeitgeber des Syndikusrechtsanwalts und Dritte, ebenso wie dies bei einem selbständigen Rechtsanwalt oder bei einem angestellten Rechtsanwalt nach § 46 Absatz 1 BRAO-E der Fall ist, einen weiteren Schuldner neben dem haftenden und verantwortlichen Syndikusrechtsanwalt. § 46a Absatz 4 Nummer 2 BRAO-E modifiziert die Regelung des § 12 Absatz 4 BRAO dahingehend, dass der Bewerber nach der Zulassung die Berufsbezeichnung „Rechtsanwalt (Syndikusrechtsanwalt)" oder „Rechtsanwältin (Syndikusrechtsanwältin)" im beruflichen Verkehr führt. Das Führen dieser Bezeichnung im beruflichen Verkehr dient dazu, den Beteiligten die berufliche Stellung der Syndikusrechtsanwältin oder des Syndikusrechtsanwalts deutlich zu machen. Die Bezeichnung selbst macht deutlich, dass es sich bei dem Syndikusrechtsanwalt um einen Rechtsanwalt handelt.

Zu Nummer 2 (§ 46b Absatz 1 BRAO-E)

Die Zulassung als Syndikusrechtsanwalt erlischt unter den gleichen Voraussetzungen wie diejenige selbständiger Rechtsanwälte.

Zu Nummer 2 (§ 46b Absatz 2 BRAO-E)

§ 46b Absatz 2 Satz 1 BRAO-E bestimmt, dass für die Rücknahme und den Widerruf der Zulassung die allgemeinen Vorschriften für Rechtsanwälte Anwendung finden. Satz 2 trägt dem Umstand Rechnung, dass die Zulassung als Syndikusrechtsanwalt tätigkeitbezogen erfolgt und die Zulassung folglich zu widerrufen ist, wenn die von dem Syndikusrechtsanwalt im Rahmen seines Anstellungsverhältnisses ausgeübte Tätigkeit nicht mehr den Anforderungen des § 46 Absatz 2 bis 5 BRAO-E entspricht. Durch den Begriff „soweit" wird deutlich, dass bei einer Zulassung, die sich auf mehrere Anstellungsverhältnisse bezieht, auch ein teilweiser Widerruf der Zulassung erfolgen kann, wenn die Tätigkeit in einem der Beschäftigungsverhältnisse nicht mehr den Anforderungen des § 46 Absatz 2 bis 5 BRAO-E entspricht. Werden im Rahmen eines einheitlichen Anstellungsverhältnisses auch nichtanwaltliche Aufgaben in nur geringem Umfang wahrgenommen, erfolgt kein Widerruf der Zulassung, solange die anwaltliche Tätigkeit das Beschäftigungsverhältnis ganz eindeutig prägt. Satz 3 stellt durch den Verweis auf § 46a Absatz 2 BRAO-E klar, dass die mit der Durchführung der Sozialversicherung betrauten Behörden auch bei der Entscheidung über die Rücknahme oder den Widerruf der Zulassung anzuhören sind und dass auch diese Entscheidung zu begründen und zuzustellen ist.

Zu Nummer 2 (§ 46b Absatz 3 BRAO-E)

Da die Zulassung als Syndikusrechtsanwalt tätigkeitsbezogen erfolgt, erfordern nach einer Zulassung gemäß § 46a BRAO-E eingetretene wesentliche Änderungen der Tätigkeit eine Anpassung der Zulassung. Ob eine Tätigkeitsänderung wesentlich ist und daher bei Vorliegen der Voraussetzungen des § 46a BRAO-E eine Erstreckung der Zulassung bzw. andernfalls deren Widerruf zu erfolgen hat, obliegt der Prüfung durch die zuständige Rechtsanwaltskammer. Eine wesentliche Tätigkeitsänderung kann etwa bei einem Wechsel von der Rechts- in die Personalabteilung anzunehmen sein, nicht hingegen, wenn bei einer gleichbleibend unabhängig rechtsberatenden Tätigkeit innerhalb derselben Rechtsabteilung lediglich ein anderes Rechtsgebiet bearbeitet wird. § 46b Absatz 3 BRAO-E stellt klar, dass die Zulassung auf Antrag auf neue anwaltliche Tätigkeiten innerhalb eines bestehenden Anstellungsverhältnisses oder auf anwaltliche Tätigkeiten innerhalb weiterer nachträglich hinzutretender Anstellungsverhältnisse unter den genannten Voraussetzungen zu erstrecken ist. Durch den Verweis auf § 46a BRAOE kommt zum Ausdruck, dass die in § 46a BRAO-E genannten Voraussetzungen und das dort beschriebene Verfahren auch bei der Entscheidung über die Erstreckung der Zulassung auf weitere Anstellungsverhältnisse oder die Tätigkeiten innerhalb weiterer Anstellungsverhältnisse zu beachten sind und der in § 46a Absatz 2 Satz 3 BRAO-E vorgesehene Rechtsweg zur gerichtlichen Überprüfung der Entscheidung der Kammern auch bei diesen Entscheidungen der Rechtsanwaltskammern eröffnet ist. Die mit der Durchführung der Sozialversicherung betrauten Behörden sind auch bei dieser Entscheidung anzuhören und die Entscheidung ist zu begründen und zuzustellen.

Zu Nummer 2 (§ 46b Absatz 4 BRAO-E)

§ 46b Absatz 4 Satz 1 BRAO-E verpflichtet den Syndikusrechtsanwalt, dem Vorstand oder einem beauftragten Mitglied des Vorstands der örtlich zuständigen Rechtsanwaltskammer ergänzend zu den in § 56 Absatz 3 BRAO genannten Mitteilungspflichten nach Satz 1 Nummer 1 jede Änderung des Anstellungsverhältnisses, sei es durch Beendigung des Arbeitsvertrags, dessen tätigkeitsbezogene Änderung oder die Begründung eines neuen Arbeitsvertrags unverzüglich mitzuteilen. Auf die allein von der Rechtsanwaltskammer zu prüfende Frage, ob die Änderung wesentlich ist, kommt es dabei nicht an. Entscheidend ist allein, dass die Änderung tätigkeitsbezogen ist. Änderungen des Gehalts innerhalb eines bestehenden Arbeitsverhältnisses sind demnach nicht mitzuteilen, wenn hiermit nicht eine Änderung der Tätigkeit oder der arbeitsvertraglichen Gestaltung im Hinblick auf § 46 Absatz 2 bis 5 BRAO-E verbunden ist. Des Weiteren ist der Syndikusrechtsanwalt nach § 46b Absatz 4 Satz 1 Nummer 2 BRAO-E verpflichtet, jede wesentliche Änderung der Tätigkeit innerhalb des Anstellungsverhältnisses unverzüglich anzuzeigen.

Um einen Syndikusrechtsanwalt zur Erfüllung seiner Pflichten nach Satz 1 anzuhalten, kann der Vorstand gegen ihn gemäß § 46b Absatz 4 Satz 3 BRAO-E nach Maßgabe des § 57 BRAO ein Zwangsgeld festsetzen. Die Mitteilungspflicht dient dazu, der Rechtsanwaltskammer die Erfüllung ihrer Aufgaben im Zusammenhang mit der tätigkeitsbezogenen Zulassung der Syndikusrechtsanwälte zu ermöglichen.

Zu Nummer 2 (§ 46c BRAO-E)

§ 46c BRAO-E gliedert sich in einen deklaratorischen und einen konstitutiven Regelungsteil. Der deklaratorische Absatz 1 stellt klar, dass die für Rechtsanwälte geltenden gesetzlichen Vorschriften im Grundsatz in gleicher Weise auf Syndikusrechtsanwälte Anwendung finden. In Ausnahme zu diesem Grundsatz enthalten die konstitutiven Absätze 2 bis 5 abweichende Sonderregelungen und Modifikationen. Absatz 2 enthält Regelungen zum Vertretungsverbot für Syndikusrechtsanwälte. Der Sache nach wird das bisher geltende Vertretungsverbot nach § 46 Absatz 1 BRAO praktisch weitgehend aufrechterhalten, wobei es auf Grund der Anerkennung des Syndikusrechtsanwalts als unabhängiger Rechtsanwalt einer neuen Begründung bedarf. Absatz 3 erklärt einzelne berufsrechtliche Vorschriften in Bezug auf die Tätigkeit eines Syndikusrechtsanwalts für nicht anwendbar und trägt damit dem Umstand Rechnung, dass Syndikusrechtsanwälte in ihrer Eigenschaft als Syndikusrechtsanwalt nicht für die Allgemeinheit anwaltlich tätig sind und sich insoweit von sonstigen Rechtsanwälten unterscheiden. Die Absätze 4 und 5 modifizieren die in den §§ 27 und 31 BRAO enthaltenen Regelungen zur Kanzlei und zum Rechtsanwaltsverzeichnis. Zu beachten ist, dass der in den Absätzen 2 bis 5 enthaltene Katalog an Sonderbestimmungen nicht abschließend ist; weitere abweichende Bestimmungen für Syndikusrechtsanwälte finden sich beispielsweise in § 1 Absatz 2 RVG-E.

Zu Nummer 2 (§ 46c Absatz 1 BRAO-E)

Syndikusrechtsanwälte sind Rechtsanwälte im Sinne des Gesetzes. Die gesetzlichen Vorschriften über Rechtsanwälte gelten daher – vorbehaltlich der abweichenden Sonderregelung in den Absätzen 2 bis 5 sowie in § 1 Absatz 2 RVG-E und § 53 Absatz 1 Satz 1 Nummer 3 StPO-E in gleicher Weise auch für Syndikusrechtsanwälte. Absatz 1 hat insoweit nur klarstellende Funktion. Die Tätigkeit des Syndikusrechtsanwalts unterliegt damit insbesondere dem anwaltlichen Berufsrecht, soweit nicht einzelne Regelungen durch § 46c Absatz 3 BRAO-E abbedungen sind. An Grundpflichten, denen auch Syndikusrechtsanwälte unterliegen, sind hier vor allem die Pflicht zur Unabhängigkeit und zur Verschwiegenheit zu nennen (§ 43a Absatz 1 und 2 BRAO), aber auch das Verbot erfolgsabhängiger Vergütung (§ 49b Absatz 2 Satz 1 BRAO). Neben dem anwaltlichen Berufsrecht finden auch sonstige gesetzliche Regelungen, die für Rechtsanwälte gelten, auf Syndikusrechtsanwälte Anwendung. So steht dem Syndikusrechtsanwalt beispielsweise im Zivilprozess ein Zeugnisverweigerungsrecht und daraus abgeleitet das Recht zu, einer gerichtlichen Anordnung zur Urkundenvorlegung nicht nachzukommen (§ 383 Absatz 1 Nummer 6 ZPO, § 142 Absatz 2 ZPO). Dies kann auch im Zusammenhang mit vergleichbaren Regelungen im ausländischen Zivilverfahrensrecht Bedeutung erlangen, beispielsweise im Hinblick auf sogenannte „Pre-Trial Discovery-Verfahren" nach US-amerikanischem Recht.

Zu Nummer 2 (§ 46c Absatz 2 BRAO-E)

Absatz 2 sieht ein partielles Vertretungsverbot für Syndikusrechtsanwälte vor. Nach Satz 1 soll ein Syndikusrechtsanwalt seinen Arbeitgeber als angestellter Rechtsanwalt in zivil- oder arbeitsgerichtlichen Verfahren sowie in Verfahren der freiwilligen Gerichtsbarkeit dann nicht vor staatlichen Gerichten vertreten können, wenn Anwaltszwang besteht oder wenn vorgesehen ist, dass ein Schriftsatz von einem Rechtsanwalt unterzeichnet sein muss. Satz 1 Nummer 2 Halbsatz 2 trägt dabei der Besonderheit Rechnung, dass Gewerkschaften, Arbeitgeberverbände sowie die Zusammenschlüsse solcher Verbände in arbeitsgerichtlichen Verfahren in allen Instanzen postulationsfähig sind und insoweit gerade keinem Anwaltszwang unterliegen. Das Vertretungsverbot innerhalb des Anstellungsverhältnisses ist in zivil- und arbeitsgerichtlichen Verfahren sowie in Verfahren der freiwilligen Gerichtsbarkeit mit Anwaltszwang bzw. in Verfahren, in denen vorgesehen ist, dass ein Schriftsatz von einem Rechtsanwalt unterzeichnet sein muss, erforderlich, um ein Ungleichgewicht zwischen den Prozessparteien bzw. Verfahrensbeteiligten zu verhindern („Gebot der Waffengleichheit"): Ein solches träte ein, wenn eine Einzelperson oder kleine und mittlere Unternehmen ohne eigene Rechtsabteilung einen Rechtsanwalt bezahlen müssten, für den zudem noch die Mindestgebührenregelungen des RVG (Unterschreitungsverbot) gelten würden, während große Unternehmen sich durch den eigenen Syndikusrechtsanwalt vertreten lassen und so ihr Kostenrisiko verringern könnten. Aus verfassungsrechtlichen Gründen zulässig bleibt hingegen eine Vertretung außerhalb des Anstellungsverhältnisses, insbesondere im Rahmen einer Tätigkeit als niedergelassener Rechtsanwalt, die dann allerdings nach RVG abzurechnen wäre. Dagegen soll sich die faktische Lage in zivil- und arbeitsrechtlichen Verfahren sowie in Verfahren der freiwilligen Gerichtsbarkeit ohne Anwaltszwang nicht ändern. Bereits heute können Unternehmensmitarbeiter ihren Arbeitgeber als sonstige Vertreter in diesen Verfahren vertreten. Künftig können sie diese Vertretung als Syndikusrechtsanwälte vornehmen. Im Unterschied zur bisherigen Rechtslage (§ 46 Absatz 1 BRAO) sieht Satz 1 kein Vertretungsverbot für Syndikusrechtsanwälte in verwaltungs-, finanz- und sozialgerichtlichen Verfahren vor. Eine Vertretung des Arbeitgebers durch Syndikusrechtsanwälte soll insoweit künftig zulässig sein. Dies ist eine Konsequenz daraus, dass die Stellung des Syndikusanwalts künftig unabhängig gestaltet wird. Die in zivil- und arbeitsgerichtlichen Verfahren sowie in Verfahren der freiwilligen Gerichtsbarkeit im Hinblick auf das Gebot der Waffengleichheit vorgenommene Differenzierung zwischen Verfahren mit und ohne Anwaltszwang kann hier nicht vorgenommen werden. Denn auch in Verfahren, in denen Anwaltszwang besteht, können sich Behörden und juristische Personen des öffentlichen Rechts durch eigene Beschäftigte mit Befähigung zum Richteramt vertreten lassen, so dass regelmäßig kein Ungleichgewicht zwischen den Prozessparteien bzw. zwischen den Verfahrensbeteiligten entstehen kann. Ein Vertretungsverbot in Verfahren vor Schiedsgerichten sieht diese Vorschrift ebenfalls nicht vor. Nach Satz 2 soll für den Syndikusrechtsanwalt in Straf- und Bußgeldverfahren, die gegen den Arbeitgeber oder dessen Mitarbeiter geführt werden, das im generellen Vertretungsverbot des geltenden Rechts enthaltene Verbot der Übernahme der Verteidigung oder Vertretung fortgelten. Für einen Strafverteidiger müssen die in § 53 Absatz 1 Satz 1 Nummer 2 StPO sowie in den § 97 Absatz 1 bis 3, § 100c Absatz 6 und § 160a StPO geregelten Privilegien ausnahmslos und uneingeschränkt zur Anwendung gelangen. Auf Grund des besonders geschützten Vertrauensverhältnisses zwischen Beschuldigtem und Verteidiger wäre es hier – anders als bei den sonstigen anwaltlichen Tätigkeiten des Syndikusrechtsanwalts, für die künftig § 53 Absatz 1 Satz 1 Nummer 3 StPO-E entsprechende Ausnahmen vorsieht – nicht möglich, diese Anwaltsprivilegien einzuschränken. Deshalb bleibt, um dem Gebot der effektiven Strafverfolgung Rechnung zu tragen (vgl. hierzu auch die Begründung zu Artikel 2 Nummer 2), insoweit nur die Möglichkeit eines generellen Verbots der Übernahme von Verteidigungen durch den Syndikusrechtsanwalt. Gleiches gilt in den Fällen der Vertretung eines Unternehmens, gegen das im Strafverfahren eine Geldbuße verhängt werden soll (§ 444 StPO), oder gegen das sich das Strafverfahren als Einziehungs- oder Verfallsbeteiligter richtet (§§ 431, 442 StPO). In diesen Fällen handelt es sich formal zwar nicht um eine Verteidigung, sondern um eine Vertretung; diese Vertretung ist aber der Verteidigung so ähnlich, dass für sie gemäß § 434 StPO nicht nur die allgemeinen Vorschriften über die Verteidigung gelten, sondern auch die besonderen Anwaltsprivilegien zur Anwendung gelangen müssen. Aus diesem Grund muss dem Syndikusrechtsanwalt, dem diese Privilegien aus übergeordneten Gründen vorenthalten bleiben sollen, die Vertretung auch in diesen Fällen versagt bleiben. Dagegen soll es künftig – insoweit abweichend vom bisher geltenden allgemeinen Verbot der gerichtlichen Vertretung – zulässig sein, dass der Syndikusrechtsanwalt den Arbeitgeber auch in Straf- und Bußgeldverfahren vertritt, soweit dieser nicht als Beschuldigter oder Einziehungsbeteiligter, sondern namentlich als Geschädigter und Nebenkläger am Verfahren beteiligt ist. In diesen Fällen richtet sich das Verfahren nicht gegen den Arbeitgeber, und die besonderen Gefahren, die den Ausschluss des Syndikusrechtsanwalts von der Übernahme der Strafverteidigung rechtfertigen, bestehen nicht. Denn für den Syndikusrechtsanwalt, der im Strafverfahren nicht als Verteidiger des Beschuldigten, sondern lediglich als Vertreter eines Dritten tätig wird, gelangt der Ausschluss der Anwaltsprivilegien gemäß § 53 Absatz 1 Satz 1 Nummer 2 StPO-E uneingeschränkt zur Anwendung. Das Verteidigungsverbot muss indes auch gelten, soweit der Syndikusrechtsanwalt von seinem Arbeitgeber oder einem Mitarbeiter zwar in einer unternehmensbezogenen Angelegenheit, aber außerhalb seiner Syndikustätigkeit in seiner Eigenschaft als niedergelassener Rechtsanwalt beauftragt werden soll. Wäre eine solche Mandatierung zulässig, könnte hierdurch das Verteidigungsverbot für Syndikusrechtsanwälte und letztlich auch der Ausschluss der Anwaltsprivilegien umgangen werden, weil der Rechtsanwalt sich dann als Verteidiger nach § 53 Absatz 1 Satz 1 Nummer 2 StPO auf ein umfassendes Zeugnisverweigerungsrecht berufen und die Beschlagnahmefreiheit für sich beanspruchen könnte. Dies wäre nach dem oben Ausgeführten mit dem Gebot der effektiven Strafverfolgung nicht vereinbar. Allerdings ist das Verbot der Verteidigung des Arbeitgebers und der Mitarbeiter aus diesen Gründen nur gerechtfertigt, soweit das Straf- oder Bußgeldverfahren einen Unternehmensbezug aufweist und damit im Zusammenhang mit der Syndikusanwaltstätigkeit des Rechtsanwalts steht. § 46c Absatz 2 Satz 2 BRAO-E steht deshalb nicht der Übernahme einer Verteidigung des Arbeitgebers oder eines Mitarbeiters in einem Straf- oder Bußgeldverfahren entgegen, das keinen Zusammenhang mit dem Unternehmen aufweist, bei dem der Rechtsanwalt beschäftigt ist. So soll der Syndikusrechtsanwalt in seiner Eigenschaft als niedergelassener Rechtsanwalt künftig etwa den Arbeitgeber in einem Straf- oder Bußgeldverfahren wegen eines mit dem Privatfahrzeug begangenen Verkehrsdelikts oder wegen einer ausschließlich im privaten Umfeld zu verortenden Straftat verteidigen können. Das Verbot der Verteidigung auch von Mitarbeitern des Unternehmens, namentlich Vorständen, Geschäftsführern, Gesellschafter, Prokuristen und sonstigen Geschäftsleitern, in Unternehmensangelegenheiten ist im Hinblick auf die §§ 30, 130 des Gesetzes über Ordnungswidrigkeiten erforderlich, da hiernach von Mitarbeitern begangene unternehmensbezogene Straftaten oder Ordnungswidrigkeiten zugleich den Vorwurf einer Ordnungswidrigkeit gegen das Unternehmen bzw. dessen Inhaber begründen können.

Zu Nummer 2 (§ 46c Absatz 3 BRAO-E)

Absatz 3 schließt die Anwendung einzelner berufsrechtlicher Vorschriften auf die Tätigkeit von Syndikusrechtsanwälten aus. Hintergrund dieser Regelung ist, dass der Syndikusrechtsanwalt in dieser Eigenschaft allein für seinen jeweiligen Arbeitgeber auf Grundlage des mit diesem geschlossenen Dienstvertrags tätig wird. Als unpassend erweisen sich daher berufsrechtliche Vorschriften, die an das Bild eines am freien Markt tätigen Rechtsanwalts, der Dienstleistungen für die Allgemeinheit erbringt, anknüpfen. Dies gilt namentlich für § 44 BRAO, der die Pflichten eines Rechtsanwalts im Vorfeld des Zustandekommens eines Anwaltsdienstvertrags regelt. Der Regelungszweck dieser Vorschrift kommt bei Syndikusrechtsanwälten nicht zum Tragen, da diese bereits vertraglich gebunden sind. Zwar kann der Syndikusrechtsanwalt auf Grund seiner fachlichen Unabhängigkeit und Weisungsfreiheit die Durchführung eines vom Arbeitgeber erteilten Auftrags im Einzelfall ablehnen. Hierüber muss er den Arbeitgeber auch rechtzeitig informieren. Diese Pflicht ergibt sich allerdings unabhängig von § 44 BRAO bereits als Nebenpflicht aus dem bestehenden arbeitsvertraglichen Schuldverhältnis. Auf Syndikusrechtsanwälte, die ausschließlich als Syndikusrechtsanwalt zugelassen sind, sind ferner die §§ 48 bis 49a BRAO nicht anwendbar. Diese Vorschriften schränken die Vertragsfreiheit des Rechtsanwalts ein und verpflichten ihn unter bestimmten Voraussetzungen zur Übernahme einer Prozessvertretung, einer Pflichtverteidigung oder Beistandsleistung, oder zur Beratungshilfe. Eine solche Übernahmepflicht verträgt sich mit der Tätigkeit eines ausschließlich nach § 46a BRAO-E zugelassenen Syndikusrechtsanwalts schon deshalb nicht, weil dessen anwaltlich Tätigkeit nach § 46 Absatz 5 BRAO-E auf die Beratung und Vertretung des Arbeitgebers beschränkt ist. Anwendbar bleiben die §§ 48 bis 49a BRAO hingegen auf Syndikusrechtsanwälte, die zugleich als Rechtsanwalt nach § 4 BRAO zugelassen sind, soweit es ihre Tätigkeit außerhalb des Anstellungsverhältnisses betrifft. Die Einschränkung des § 52 BRAO in Bezug auf die Tätigkeit als Syndikusrechtsanwalt trägt dem Umstand Rechnung, dass das Interesse des Arbeitgebers an einem Schadensausgleich durch den Syndikusrechtsanwalt bzw. dessen Versicherung im Rahmen des bestehenden Anstellungsverhältnisses anders zu bewerten ist als das Interesse eines Mandanten im Rahmen eines Einzelauftrags; der Arbeitgeber ist daher nicht in gleicher Weise schutzwürdig. So besteht zwischen Arbeitgeber und Syndikusrechtsanwalt bei Abschluss des Anstellungsvertrags regelmäßig ein größeres Verhandlungsgleichgewicht als zwischen Syndikusrechtsanwalt und Mandant bei Begründung eines Einzelmandats. Zudem kann es für den Arbeitgeber, der den Syndikusrechtsanwalt nach § 46c Absatz 4 Nummer 1 BRAO-E mitversichern oder im Innenverhältnis dessen Versicherungsprämie übernehmen will, wirtschaftlich interessant sein, dem Syndikusrechtsanwalt Haftungserleichterungen einzuräumen, die sich vorteilhaft auf die Höhe der Versicherungsprämie auswirken. Vor diesem Hintergrund sollten im Verhältnis zum Arbeitgeber individualvertragliche Haftungsbegrenzungen im Rahmen der allgemeinen gesetzlichen Bestimmungen (z. B. § 276 Absatz 3 BGB) zulässig sein.

Zu Nummer 2 (§ 46c Absatz 4 BRAO-E)

§ 46c Absatz 4 BRAO-E modifiziert die in § 27 BRAO verankerte Kanzleipflicht in Bezug auf Syndikusrechtsanwälte und enthält zugleich Regelungen für Fälle, in denen die Zulassung als Syndikusrechtsanwalt nach § 46b Absatz 3 BRAO-E mehrere Anstellungsverhältnisse umfasst oder neben der Zulassung nach § 46a BRAO-E eine weitere Zulassung nach § 4 BRAO besteht. Die Regelung will in diesen Fällen eine räumliche Abgrenzung der jeweils unterschiedlichen Tätigkeitsbereiche sicherstellen, ohne jedoch das Prinzip aufzugeben, wonach eine Doppelmitgliedschaft in zwei unterschiedlichen Rechtsanwaltskammern nicht möglich ist (vgl. hierzu § 33 Absatz 3 BRAO-E in Verbindung mit § 60 Absatz 1 Satz 2 BRAO). Satz 1 legt fest, dass die regelmäßige Arbeitsstätte in Bezug auf die Zulassung als Syndikusrechtsanwalt als Kanzlei gilt. Besondere Anforderungen an die räumliche und organisatorische Beschaffenheit der Arbeitsstätte sind damit auf gesetzlicher Ebene nicht verbunden. Auf Grund der in § 59b BRAO enthaltenen Satzungsermächtigung der Satzungsversammlung bei der Bundesrechtsanwaltskammer kann diese gegebenenfalls weitere Anforderungen festlegen. Im Übrigen ist die Befugnis des Syndikusrechtsanwalts zur Beratung und Vertretung auf die eigenen Rechtsangelegenheiten des Arbeitgebers beschränkt, so dass es in dessen ureigenem Interesse liegt, für die räumliche und organisatorische Beschaffenheit der Arbeitsstätte – auch zur Wahrung der Unabhängigkeit des Syndikusrechtsanwalts – Vorkehrungen zu treffen. Ein Syndikusrechtsanwalt, der neben seiner Tätigkeit als Syndikusrechtsanwalt rechtsberatend für die Allgemeinheit tätig werden will, bedarf hierfür einer gesonderten Zulassung nach § 4 BRAO sowie einer gesonderten Kanzlei nach § 27 BRAO. Satz 2 regelt dies sowohl in Bezug auf Rechtsanwälte mit Doppelzulassung nach § 4 BRAO und § 46a Absatz 1 BRAO-E, als auch in Bezug auf die in der Praxis wohl eher seltenen Fälle, in denen Syndikusrechtsanwälte auf Grundlage mehrerer Anstellungsverhältnisse für verschiedene Arbeitgeber tätig sind. Für die Fälle des Satz 2 legt der zweite Halbsatz fest, dass nur eine der Kanzleien im Bezirk der zuständigen Rechtsanwaltskammer belegen sein muss. Relevant wird dies beispielsweise in Fällen, in denen ein Rechtsanwalt bei einem Unternehmen in einem Ort als Syndikusrechtsanwalt tätig ist und nebenher als niedergelassener Rechtsanwalt an einem in einem anderen Kammerbezirk belegenen Ort eine Kanzlei unterhält. Er ist auch dann Mitglied nur einer regionalen Rechtsanwaltskammer, deren Vorstand die Aufsicht über die gesamte anwaltliche Tätigkeit führt (vgl. § 33 Absatz 3 BRAO-E, § 12 Absatz 3, § 60 Absatz 1 Satz 2, § 73 Absatz 2 Nummer 4 BRAO). Die Mitgliedschaft bestimmt sich, vorbehaltlich eines Wechsels nach Satz 3, zunächst nach dem Ort der ersten Zulassung (vgl. § 33 Absatz 3 Nummer 1 und 2 BRAO-E). Satz 3 eröffnet die Möglichkeit eines Kammerwechsels, der gleichzeitig mit einem Antrag auf Erteilung einer weiteren Zulassung verbunden werden kann. War etwa in dem genannten Beispiel der Rechtsanwalt zunächst ausschließlich als niedergelassener Rechtsanwalt mit Kanzlei in einem Ort tätig und demzufolge Mitglied der dortigen Rechtsanwaltskammer und nimmt er später eine hauptberufliche Tätigkeit als Syndikusrechtsanwalt in einem anderen Ort auf, der in einem anderen Kammerbezirk belegen ist, kann er bei der Rechtsanwaltskammer dieses Ortes zeitgleich mit dem Antrag auf Zulassung als Syndikusrechtsanwalt nach § 46a BRAO-E die Aufnahme in diese Kammer beantragen.

Zu Nummer 2 (§ 46c Absatz 5 BRAO-E)

§ 46c Absatz 5 BRAO-E enthält Sonderregelungen für die Eintragung von Syndikusrechtsanwälten in das elektronische Rechtsanwaltsverzeichnis. Da nach dem Entwurf die BRAO künftig zwei Arten von Anwaltszulassungen kennt, sieht Satz 1 vor, dass Syndikusrechtsanwälte im elektronischen Rechtsanwaltsverzeichnis explizit als solche geführt werden. Auf diese Weise ist für einen nach Rechtsrat suchenden Bürger erkennbar, welcher Rechtsanwalt ausschließlich als Syndikusrechtsanwalt zugelassen und damit nicht gegenüber jedermann zur Rechtsberatung befugt ist und demzufolge insbesondere auch keine Beratungshilfe leistet (§ 46 Absatz 5 Satz 1 BRAO-E, § 46c Absatz 3 BRAO-E). Satz 2 sieht ergänzend vor, dass bei mehreren Zulassungen oder mehreren Arbeitgebern jeweils eine gesonderte Eintragung zu erfolgen hat. Die Regelung ist im Zusammenhang mit der zum 1. Januar 2016 in Kraft tretenden Regelung zum besonderen elektronischen Anwaltspostfach zu sehen und bewirkt, dass bei mehreren Eintragungen nach Satz 2 jeweils ein gesondertes besonderes elektronisches Anwaltspostfach einzurichten ist. Damit soll sichergestellt werden, dass speziell auf den jeweiligen Tätigkeitsbereich zugeschnittene Zugangsberechtigungen vergeben werden können und die Vertraulichkeit innerhalb der jeweiligen Mandats- und Arbeitsverhältnisse gewährleistet ist.

Zu Artikel 2 (Änderung der Strafprozessordnung – StPO)

Die erste Änderung (im ersten Halbsatz) erfolgt aus redaktionellen Gründen und integriert den Regelungsgehalt des bisherigen letzten Halbsatzes in den vorangehenden Hauptsatz. Es soll des Weiteren ein neuer Halbsatz angefügt werden, wonach sich das Zeugnisverweigerungsrecht bei Syndikusrechtsanwälten und Syndikuspatentanwälten nicht auf das bezieht, was ihnen in dieser Eigenschaft anvertraut oder bekannt geworden ist. Dabei stellt die Bezugnahme auf § 53a StPO klar, dass das abgeleitete Zeugnisverweigerungsrecht, das auch einem Syndikusrechtsanwalt zustehen kann, wenn er bei einer anderen selbst zur Zeugnisverweigerung berechtigten Person angestellt ist, hiervon unberührt bleibt. Die Änderung in § 53 Absatz 1 Satz 1 Nummer 3 StPO-E bewirkt zugleich, dass sich Syndikusrechtsanwälte und Syndikuspatentanwälte auch nicht auf die übrigen in der StPO geregelten Anwaltsprivilegien berufen können (§ 97 Absatz 1 bis 3, § 100c Absatz 6 und § 160a StPO), da diese ihrerseits unmittelbar an § 53 StPO anknüpfen. Grund und Rechtfertigung für die Einschränkung der Anwaltsprivilegien ist das Gebot einer effektiven Strafverfolgung. Das Bundesverfassungsgericht hat wiederholt das Interesse an einer möglichst vollständigen Wahrheitsermittlung im Strafverfahren betont und die wirksame Aufklärung gerade schwerer Straftaten als einen wesentlichen Auftrag eines rechtsstaatlichen Gemeinwesens bezeichnet. Die durch Strafverfolgungsmaßnahmen bezweckte Aufklärung von Straftaten und ihr Beitrag zur Durchsetzung der Strafgesetze können durch Zeugnisverweigerungsrechte oder vergleichbare verfahrensrechtliche Beschränkungen der Strafverfolgung empfindlich berührt werden (u. a. Bundesverfassungsgericht, Beschluss vom 12. Oktober 2011 – 2 BvR 236/08 u. a. – Rn. 249). Auch der Europäische Gerichtshof hat entschieden, dass die besondere berufliche Stellung des Syndikusanwalts es rechtfertigt, ihn von dem für niedergelassene Anwälte geltenden besonderen strafprozessualen Vertraulichkeitsschutz auszunehmen (C-550/07-P, „Akzo/Nobel", Slg 2010, I-8301 = NJW 2010, S. 3557). Eine Einbeziehung der Syndikusrechtsanwälte und Syndikuspatentanwälte in den Anwendungsbereich der §§ 97 und 160a StPO würde die Gefahr hervorrufen, dass relevante Beweismittel den Strafverfolgungsbehörden nicht zur Verfügung stünden. Dabei ist zu berücksichtigen, dass die von den Ermittlungsbehörden vorzunehmende Bewertung des Vorliegens eines Beweiserhebungsverbots anhand äußerlich einfach feststellbarer Kriterien möglich sein muss. Dies wird durch die Einführung einer gesonderten Zulassung für die Syndikustätigkeit gewährleistet. Eine Unterscheidung innerhalb dieser Tätigkeit zwischen „Rechtsberatung" und „sonstiger geschäftliche Beratung" des Unternehmens würde hingegen kein Kriterium dieser Art darstellen.

Zu Artikel 3 (Änderung des Rechtsanwaltsvergütungsgesetzes – RVG)

Die vorgeschlagene Änderung sieht vor, dass das RVG wie bisher auf eine Tätigkeit als Syndikusrechtsanwalt keine Anwendung findet. Die Änderung ist auf Grund der Aufgabe der Doppelberufstheorie erforderlich. Die Tätigkeit des Syndikusrechtsanwalts stellt demnach zwar künftig eine anwaltliche Tätigkeit dar. Die Vergütung soll sich allerdings nicht nach den gesetzlichen Vergütungsvorschriften des RVG richten. Zum Schutz der anwaltlichen Unabhängigkeit bleiben die in § 49b BRAO verankerten berufsrechtlichen Beschränkungen hingegen anwendbar, soweit diese nicht unmittelbar an die Vergütungsvorschriften des RVG anknüpfen. Dies gilt insbesondere für das Verbot eines Erfolgshonorars (§ 49b Absatz 2 BRAO).

Zu Artikel 4 (Änderung der Patentanwaltsordnung – PAO)

Zu Nummer 1 (§§ 41a bis 41d PAO-E)

Die Vorschriften der §§ 41a bis 41d PAO-E werden analog zu den §§ 46 bis 46c BRAOE gefasst.

Zu Nummer 1 (§ 41a Absatz 1 PAO-E)

Die Patentanwaltsordnung geht vom Leitbild des selbständigen Patentanwalts aus. Aus einzelnen Regelungen der Patentanwaltsordnung in ihrer bisherigen Fassung ergibt sich allerdings bereits jetzt, dass die Tätigkeit als Patentanwalt in arbeitsrechtlich abhängiger Stellung zulässig ist (§ 41a PAO). Die Regelung in § 41a PAO-E stellt dies nun ausdrücklich klar im Hinblick auf Arbeitgeber, die den gleichen Berufspflichten unterliegen wie der Patentanwalt selbst.

Zu Nummer 1 (§ 41a Absatz 2 bis Absatz 5 PAO-E)

Der Begriff des Syndikuspatentanwalts wird analog zu dem Begriff des Syndikusrechtsanwalts in der Bundesrechtsanwaltsordnung legaldefiniert und die Merkmale seiner Tätigkeit werden gesetzlich dargestellt. § 41a Absatz 2 bis Absatz 4 PAO-E knüpft bei der Legaldefinition des Syndikuspatentanwalts an dessen Stellung im Sinne der §§ 1, 3 Absatz 1 PAO und an den in § 3 Absatz 2 und Absatz 3 PAO dieses Gesetzes und § 4 des Steuerberatungsgesetz (StBerG) niedergelegten Wirkungskreis eines Patentanwalts an. § 3 Absatz 2 und Absatz 3 PAO umschreiben den Umfang des Beratungs- und Vertretungsrechts des Patentanwalts, wobei sich Absatz 2 auf den engeren Aufgabenkreis des Wirkungskreises des Patentanwalts bezieht und Absatz 3 weitere nahe verwandte Aufgabenbereiche benennt. Nach § 3 Absatz 2 Nummer 1 PAO hat der Patentanwalt die berufliche Aufgabe, in Angelegenheiten zur Erlangung, Aufrechterhaltung, Verteidigung und Anfechtung gewerblicher Schutzrechte oder eines Sortenschutzrechts seinen Auftraggeber zu beraten und ihn natürlichen und juristischen Personen gegenüber zu vertreten. § 3 Absatz 3 Nummer 1 PAO erstreckt das in Absatz 2 Nummer 1 PAO geregelte Recht des Patentanwalts zur Beratung seines Auftraggebers gegenüber Dritten auf Angelegenheiten, die mit dem in § 3 Absatz 2 Nummer 1 PAO umschriebenen Aufgabenbereich in einem untrennbaren rechtlichen oder tatsächlichen Zusammenhang stehen, bezieht sich jedoch nicht auf gerichtliche oder behördliche Verfahren (vgl. Feuerich in Feuerich/Weyland, BRAO, 8. Auflage 2012, § 3 PAO, Rn. 12). § 3 Absatz 3 Nummer 3 PAO ergänzt die Regelung des § 3 Absatz 3 Nummer 1 PAO, indem dem Patentanwalt in den in Nummer 1 genannten Fällen ein Vertretungsrecht vor Schiedsgerichten und Verwaltungsbehörden gewährt wird. Der Syndikuspatentanwalt soll in diesen zuvor genannten Angelegenheiten seinen Arbeitgeber beraten und vertreten können. Abweichend von der bisherigen gesetzlichen Regelung ist der Syndikuspatentanwalt befugt, seinen Arbeitgeber auch gegenüber Behörden zu vertreten. Nach § 3 Absatz 2 Nummer 2 PAO hat der Patentanwalt die berufliche Aufgabe, in Angelegenheiten, die zum Geschäftskreis des Patentamts (§§ 26 ff. Patentgesetz, §§ 32 ff. des Markengesetz, §§ 4 ff. des Gebrauchsmustergesetzes, §§ 11 ff. des Designgesetzes [DesignG], §§ 3 ff. des Halbleiterschutzgesetzes [HalblSchG]) und des Patentgerichts (§§ 65 ff., 73 ff., 97 PatG; §§ 66 ff., 18 ff. MarkenG, 18 ff. GebrMG, § 23 DesignG; §§ 34, 36 des Sortenschutzgesetzes [SortSchG], § 4 Absatz 4 HalblSchG in Verbindung mit § 18 GebrMG) gehören, ein Vertretungsrecht wahrzunehmen. Er kann vor dem Patentgericht vortragen und alle Prozesshandlungen vornehmen. Dies umfasst auch die Vertretung Auswärtiger nach § 25 PatG, § 58 DesignG, § 28 GebrMG, § 11 Absatz 2 HalblSchG, § 15 Absatz 2 SortschG und § 98 MarkenG. Der Syndikuspatentanwalt soll seinen Arbeitgeber in den zuvor beschriebenen Angelegenheiten vertreten dürfen, jedoch nicht andere Auswärtige im Sinne des § 25 PatG, des § 58 DesignG, des § 28 GebrMG, des § 11 Absatz 2 HalblSchG und des § 98 MarkenG. Nach 3 Absatz 2 Nummer 3 PAO hat der Patentanwalt die berufliche Aufgabe, in Verfahren wegen Erklärung der Nichtigkeit oder der Zurücknahme des Patents oder ergänzenden Schutzzertifikats, oder wegen Erteilung einer Zwangslizenz andere vor dem Bundesgerichtshof zu vertreten. Diese Norm bezieht sich auf das dem Patentanwalt durch das in § 122 Absatz 4, § 113 PatG gewährte Recht, in den dort genannten Verfahren Mandanten vor dem Bundesgerichtshof zu vertreten. Dieses Recht soll auch dem Syndikuspatentanwalt zustehen. Nach § 4 Nummer 2 des StBerG sind Patentanwälte zur geschäftsmäßigen Hilfeleistung in Steuersachen „im Rahmen ihrer Befugnisse nach der PAO" befugt. Diese Befugnis steht auch dem Syndikuspatentanwalt zu. Die fachliche Unabhängigkeit und Eigenverantwortlichkeit, die in § 41a Absatz 2 bis Absatz 4 PAO-E analog zu § 46 Absatz 2 bis Absatz 4 BRAO-E geregelt sind, unterscheiden den Syndikuspatentanwalt vom angestellten Patentassessor (§§ 11, 155, 156 PAO). Darüber hinaus sind beide in unterschiedlichem Maße befugt, ihren Arbeitgeber zu vertreten. Der Titel „Patentassessor" verleiht seinem Träger als solcher zunächst keine Beratungs- oder Vertretungsrechte. Auf Grund des Titels kann er die Zulassung zur Patentanwaltschaft nach den §§ 13 ff. PAO betreiben oder in einem Angestelltenverhältnis in der Patentabteilung eines Unternehmens tätig werden. Erst im Rahmen eines solchen Angestelltenverhältnisses stehen ihm nach den §§ 155, 156 PAO besondere Vertretungsbefugnisse zu (Feuerich in Feuerlich/Weyland, BRAO, 8. Auflage 2012, § 11 PAO, Rn. 1). Der Patentassessor ist berechtigt, seinen Arbeitgeber in dem in § 3 PAO genannten Wirkungskreis zu beraten und zu vertreten, ebenso wie dies ein Patentsachbearbeiter dürfte (siehe unten). Die §§ 155, 156 PAO erweitern die Befugnisse des angestellten Patentassessors gegenüber denjenigen eines Sachbearbeiters und erstrecken diese auf die Beratung und Vertretung von genauer definierten Dritten. Gemäß § 155 Absatz 1 PAO kann ein Patentassessor, der im Geltungsbereich der Patentanwaltsordnung eine Tätigkeit auf dem Gebiet des gewerblichen Rechtsschutzes auf Grund eines ständigen Dienstverhältnisses ausübt, im Rahmen dieses Dienstverhältnisses einen Dritten gemäß § 3 Absatz 2 und 3 PAO beraten und vertreten, wenn der Dritte und der Dienstherr des Patentassessors im Verhältnis zueinander Konzernunternehmen (§ 18 AktG) oder Vertragsteile eines Unternehmensvertrags (§§ 291, 292 AktG) sind (§ 155 Absatz 1 Nummer 1 PAO) oder der Dritte im Inland weder Wohnsitz noch Niederlassung hat und er dem Dienstherrn des Patentassessors vertraglich die Wahrnehmung seiner Interessen auf dem Gebiet des gewerblichen Rechtsschutzes übertragen hat (§ 155 Absatz 1 Nummer 2 PAO). Im Falle des § 155 Absatz 1 Nummer 2 PAO kann der Patentassessor von dem Dritten als Vertreter oder Zustellungsbevollmächtigter im Sinne des § 25 PatG, des § 28 GebrauchsMG, des § 11 Absatz 2 HalblschG, des § 58 DesignG und des § 96 MarkenG bestellt werden. § 156 PAO sieht vor, dass einem Patentassessor, der im Geltungsbereich der PAO eine Tätigkeit auf dem Gebiet des gewerblichen Rechtsschutzes auf Grund eines ständigen Dienstverhältnisses ausübt, in den in § 4 bezeichneten Rechtsstreitigkeiten seines Dienstherrn oder des in § 155 Absatz 1 Nummer 1 oder Nummer 2 genannten Dritten auf Antrag der Partei das Wort zu gestatten ist. Nach der bisherigen Regelung des § 155 Absatz 3 PAO galten die Regelungen des § 155 Absatz 1 und Absatz 2 PAO nicht für Patentanwälte in ständigen Dienst- oder ähnlichen Beschäftigungsverhältnissen. Nach der in diesem Entwurf vorgesehenen Regelung sind Syndikuspatentanwälte nunmehr befugt, ihren Arbeitgeber in dessen eigenen Rechtsangelegenheiten sowie verbundene Unternehmen im Sinne des § 15 Aktiengesetz (AktG) zu beraten und zu vertreten. Verbundene Unternehmen sind nach § 15 AktG rechtlich selbständige Unternehmen, die im Verhältnis zueinander in Mehrheitsbesitz stehende Unternehmen und mit Mehrheit beteiligte Unternehmen (§ 16 AktG), abhängige und herrschende Unternehmen (§ 17 AktG), Konzernunternehmen (§ 18 AktG), wechselseitig beteiligte Unternehmen (§ 19 AktG) oder Vertragsteile eines Unternehmensvertrags (§§ 291, 292 AktG). Die Beratungs- und Vertretungsbefugnisse des Syndikuspatentanwalts sind im Vergleich zu denen eines Patentassessors somit umfangreicher, soweit es die Vertretung verbundener Unternehmen betrifft. Soweit es die Beratung und Vertretung Dritter betrifft, sind die Beratungs- und Vertretungsbefugnisse des Syndikuspatentanwalts weniger umfangreich als diejenigen des Patentassessors (vgl. Begründung zu § 155 Absatz 3 PAO). Im Übrigen wird auf die Begründung zu § 46 Absatz 2 bis 5 BRAO-E verwiesen.

Zu Nummer 1 (§ 41b PAO-E)

Die Regelung des § 41b Absatz 1 bis 4 PAO-E entspricht der des vorgeschlagenen § 46a BRAO-E und regelt die Voraussetzungen der Zulassung als Syndikuspatentanwalt. § 41b Absatz 2 Satz 4 PAO-E knüpft an das gerichtliche Verfahren in verwaltungsrechtlichen Patentanwaltssachen nach den §§ 94a ff. PAO an. Zur weiteren Begründung wird auf diejenige zu § 46a BRAO-E verwiesen.

Zu Nummer 1 (§ 41c PAO-E)

Die Vorschrift des § 41c PAO-E wird analog zu § 46b BRAO-E gefasst. Die Norm regelt Änderungen und das Erlöschen der Zulassung als Syndikuspatentanwalt. Zur weiteren Begründung kann auf diejenige zu § 46b BRAO-E verwiesen werden.

Zu Nummer 1 (§ 41d PAO-E)

§ 41d PAO-E gliedert sich in einen deklaratorischen und einen konstitutiven Regelungsteil. Der deklaratorische Absatz 1 stellt klar, dass die für Patentanwälte geltenden gesetzlichen Vorschriften im Grundsatz in gleicher Weise auf Syndikuspatentanwälte Anwendung finden. In Ausnahme zu diesem Grundsatz enthalten die konstitutiven Absätze 2 bis 5 abweichende Sonderregelungen und Modifikationen. Absatz 2 regelt die Vertretungsbefugnis des Syndikuspatentanwalts. Absatz 3 erklärt einzelne berufsrechtliche Vorschriften in Bezug auf Syndikuspatentanwälte für nicht anwendbar und trägt damit dem Umstand Rechnung, dass Syndikuspatentanwälte in ihrer Eigenschaft als Syndikuspatentanwalt nicht für die Allgemeinheit tätig sind und sich insoweit von niedergelassenen Patentanwälten unterscheiden. Die Absätze 4 und 5 modifizieren die in den §§ 26 und 29 PAO enthaltenen Regelungen zur Kanzlei und zum Patententanwaltsverzeichnis. § 41d Absatz 6 PAO-E bezieht sich auf die Vergütung des Syndikuspatentanwalts.

Zu Nummer 1 (§ 41d Absatz 1 PAO-E)

Syndikuspatentanwälte sind Patentanwälte im Sinne des Gesetzes. Die gesetzlichen Vorschriften über Patentanwälte gelten daher – vorbehaltlich der abweichenden Sonderregelung in den Absätzen 2 bis 6 und § 53 Absatz 1 Satz 1 Nummer 3 StPO-E – in gleicher Weise auch für Syndikuspatentanwälte. Absatz 1 hat insoweit nur klarstellende Funktion. Die Tätigkeit des Syndikuspatentanwalts unterliegt damit insbesondere dem patentanwaltlichen Berufsrecht, soweit nicht einzelne Regelungen durch § 41d PAO-E abbedungen sind. Für den Syndikuspatentanwalt gilt insbesondere die in § 3 Absatz 5 PAO enthaltene Regelung. Nach dieser Norm bleibt das Recht der Rechtsanwälte zur Beratung und Vertretung in allen Rechtsangelegenheiten (§ 3 BRAO) von der Beschränkung des Wirkungskreises des Patentanwalts nach § 3 Absatz 2 und Absatz 3 PAO unberührt. Ein Syndikuspatentanwalt, der neben seiner Zulassung als Syndikuspatentanwalt über eine Zulassung als Rechtsanwalt verfügt, ist mithin außerhalb seiner Tätigkeit als Syndikuspatentanwalt bei der Wahrnehmung des Berufs als Rechtsanwalt, sei es in Form des selbständigen Rechtsanwalts, des bei einem anwaltlichen Arbeitgeber angestellten Rechtsanwalts (§ 46 Absatz 1 PAO-E) oder des Syndikusrechtsanwalts (§ 46 Absatz 2 BRAO-E) in seinem Wirkungskreis nicht beschränkt. Neben dem patentanwaltlichen Berufsrecht finden auch sonstige gesetzliche Regelungen, die für Patentanwälte gelten, auf Syndikuspatentanwälte Anwendung. Dem Syndikuspatentanwalt steht beispielsweise im Zivilprozess ein Zeugnisverweigerungsrecht und daraus abgeleitet das Recht zu, einer gerichtlichen Anordnung zur Urkundenvorlegung nicht nachzukommen

(§ 383 Absatz 1 Nummer 6 ZPO, § 142 Absatz 2 ZPO). Dies kann auch im Zusammenhang mit vergleichbaren Regelungen im ausländischen Zivilverfahrensrecht Bedeutung erlangen, beispielsweise im Hinblick auf sogenannte „Pre-Trial Discovery-Verfahren" nach US-amerikanischem Recht.

Zu Nummer 1 (§ 41d Absatz 2 PAO-E)

Absatz 2 sieht ein partielles Vertretungsverbot für Syndikuspatentanwälte vor. § 41d Absatz 2 Satz 1 PAO-E verdeutlicht, dass der Syndikuspatentanwalt abweichend von der bisherigen Rechtslage für seinen Arbeitgeber in dem gleichen Umfang vor den Gerichten auftreten darf wie der Patentanwalt. Das in der bisherigen gesetzlichen Regelung vorgesehene Vertretungsverbot vor Gerichten, Schiedsgerichten oder Behörden entfällt. Dies ergibt sich aus der Bezugnahme auf § 4 PAO und aus dem in § 41a Absatz 2 PAO-E benannten Wirkungskreis des Syndikuspatentanwalts. Nach § 4 Absatz 1 PAO ist dem Patentanwalt auf Antrag seiner Partei in Rechtsstreitigkeiten, in denen ein Anspruch aus einem der im PatG, im GebrMG, im HalblSchG, im MarkenG, im Gesetz über Arbeitnehmererfindungen, im DesignG oder im SortSchG geregelten Rechtsverhältnisse geltend gemacht wird, das Wort zu gestatten. Ferner ist dem Patentanwalt auf Antrag seiner Partei in Rechtsbeschwerdeverfahren gegen Beschlüsse der Beschwerdesenate des Patentgerichts (§ 102 Absatz 5 Satz 2 PatG, § 23 Absatz 3 DesignG, §§ 83 ff. MarkenG, § 18 Absatz 2 GebrMG in Verbindung mit § 102 Absatz 5 Satz 2 PatG) das Wort zu gestatten. Gemäß § 4 Absatz 2 PAO gilt das gleiche in sonstigen Rechtsstreitigkeiten, soweit für die Entscheidung eine Frage von Bedeutung ist, die ein gewerbliches Schutzrecht, ein Design, ein Datenverarbeitungsprogramm, eine nicht geschützte Erfindung oder eine sonstige die Technik bereichernde Leistung, ein Sortenschutzrecht oder eine nicht geschützte, den Pflanzenbau bereichernde Leistung auf dem Gebiet der Pflanzenzüchtung betrifft, oder soweit für die Entscheidung eine mit einer solchen Frage unmittelbar zusammenhängende Rechtsfrage von Bedeutung ist. § 4 Absatz 3 PAO sieht vor, dass der Patentanwalt in den Fällen der Absätze 1 und 2 als Bevollmächtigter vertretungsbefugt ist, soweit eine Vertretung durch Rechtsanwälte nicht geboten ist. Satz 1 stellt klar, dass diese Regelungen auch für den Syndikuspatentanwalt gelten, dass er jedoch nur für seinen Arbeitgeber auftreten darf. Nach Satz 2 soll für den Syndikuspatentanwalt das im generellen Vertretungsverbot des geltenden Rechts enthaltene Verbot der Übernahme der Verteidigung oder Vertretung in Straf- und Bußgeldverfahren, die gegen den Arbeitgeber oder dessen Mitarbeiter geführt werden, fortgelten. Das MarkenG (§ 143 ff. MarkenG), das GebrauchsMG (§ 25 GebrMG), das DesignG, das SortenSchG (§ 39 ff. SortenSchG) und das PatG (§§ 52, 142 PatG) enthalten jeweils Straf- und Bußgeldtatbestände, bei denen eine Verteidigung durch einen Patentanwalt nach § 138 Absatz 2 Satz 1 StPO grundsätzlich in Betracht kommen kann. Das Verbot der Übernahme der Verteidigung oder Vertretung durch einen Syndikuspatentanwalt entspricht der Regelung für Syndikusrechtsanwälte in § 46c Absatz 2 Satz 2 BRAO-E und rechtfertigt sich aus den dort aufgeführten Gründen (vgl. im Einzelnen die Begründung zu Artikel 1 Nummer 2). Aus diesen Gründen muss das Verteidigungsverbot auch gelten, soweit der Syndikuspatentanwalt außerhalb seiner Syndikustätigkeit als niedergelassener freiberuflicher Patentanwalt (§§ 5 ff. PAO) oder als Rechtsanwalt beauftragt werden soll und es sich um ein unternehmensbezogenes Verfahren handelt.

Zu Nummer 1 (§ 41d Absatz 3 PAO-E)

Absatz 3 schließt die Anwendung einzelner berufsrechtlicher Vorschriften auf Syndikuspatentanwälte aus. Hintergrund dieser Regelung ist, dass der Syndikuspatentanwalt seine Arbeitskraft nur seinem jeweiligen Arbeitgeber auf Grundlage eines mit diesem geschlossenen Dienstvertrags zur Verfügung stellt. Als unpassend erweist sich daher die Anwendung solcher berufsrechtlichen Vorschriften, die in erster Linie auf eine an die Allgemeinheit gerichtete patentanwaltliche Tätigkeit auf dem freien Markt abzielen. Dies gilt namentlich für § 40 PAO, der die Pflichten eines Patentanwalts im Vorfeld des Zustandekommens eines Patentanwaltsdienstvertrags regelt. Der Regelungszweck dieser Vorschrift kommt bei Syndikuspatentanwälten nicht zum Tragen, da diese bereits vertraglich gebunden sind. Die Abbedingung des § 40 PAO schließt eine vergleichbare Pflicht des Syndikuspatentanwalts auf Grundlage des Arbeitsvertrags allerdings nicht aus. Auf Syndikuspatentanwälte, die ausschließlich als Syndikuspatentanwalt zugelassen sind, findet ferner § 43 PAO keine Anwendung. Diese Vorschrift schränkt die Vertragsfreiheit des Patentanwalts ein und verpflichtet ihn unter bestimmten Voraussetzungen zur Übernahme einer Vertretung. Eine solche Übernahmepflicht verträgt sich mit der Tätigkeit eines ausschließlich nach § 41a PAO-E zugelassenen Syndikuspatentanwalts schon deshalb nicht, weil dessen anwaltliche Tätigkeit auf die Beratung und Vertretung des Arbeitgebers beschränkt ist. Anwendbar bleibt § 43 PAO hingegen auf Syndikuspatentanwälte, die zugleich als freiberuflicher Patentanwalt nach den §§ 5 ff. PAO zugelassen sind. Die Einschränkung des § 45b PAO in Bezug auf die Tätigkeit als Syndikuspatentanwalt trägt dem Umstand Rechnung, dass das Interesse des Arbeitgebers an einem Schadensausgleich durch den Syndikuspatentanwalt bzw. dessen Versicherung im Rahmen des bestehenden Anstellungsverhältnisses anders zu bewerten ist als das Interesse eines Mandanten im Rahmen eines Einzelauftrags; der Arbeitgeber ist daher nicht in gleicher Weise schutzwürdig. So besteht zwischen Arbeitgeber und Syndikuspatentanwalt bei Abschluss des Anstellungsvertrags regelmäßig ein größeres Verhandlungsgleichgewicht als zwischen Patentanwalt und Mandant bei Begründung eines Einzelmandats. Zudem kann es für den Arbeitgeber, der den Syndikuspatentanwalt mitversichern oder im Innenverhältnis dessen Versicherungsprämie übernehmen will, wirtschaftlich interessant sein, dem Syndikuspatentanwalt Haftungserleichterungen einzuräumen, die sich vorteilhaft auf die Höhe der Versicherungsprämie auswirken. Vor diesem Hintergrund sollten im Verhältnis zum Arbeitgeber individualvertragliche Haftungsbegrenzungen im Rahmen der allgemeinen gesetzlichen Bestimmungen (z. B. § 276 Absatz 3 BGB) zulässig sein.

Zu Nummer 1 (§ 41d Absatz 4 PAO-E)

§ 41d Absatz 4 PAO-E modifiziert die in § 26 PAO verankerte Kanzleipflicht in Bezug auf Syndikuspatentanwälte und enthält zugleich Regelungen für Fälle, in denen die Zulassung als Syndikuspatentanwalt mehrere Anstellungsverhältnisse umfasst oder neben der Zulassung nach § 41a PAO-E eine weitere Zulassung nach § 5 PAO besteht. Die Regelung will in diesen Fällen eine räumliche Abgrenzung der jeweils unterschiedlichen Tätigkeitsbereiche sicherstellen. Satz 1 legt fest, dass die regelmäßige Arbeitsstätte in Bezug auf die Zulassung als Syndikuspatentanwalt als Kanzlei gilt. Besondere Anforderungen an die räumliche und organisatorische Beschaffenheit der Arbeitsstätte sind damit auf gesetzlicher Ebene nicht verbunden. Grund hierfür ist, dass die Befugnis des Syndikuspatentanwalts zur

Beratung und Vertretung auf die eigenen Rechtsangelegenheiten des Arbeitgebers beschränkt ist. Ein Syndikuspatentanwalt, der neben seiner Tätigkeit als Syndikuspatentanwalt rechtsberatend im Wirkungskreis des § 4 PAO für Dritte tätig werden will, bedarf hierfür einer gesonderten Zulassung nach § 5 PAO sowie einer gesonderten Kanzlei nach § 26 PAO. Satz 2 regelt dies sowohl in Bezug auf Patentanwälte mit Doppelzulassung nach § 5 PAO und § 41a PAO-E, als auch in Bezug auf die in der Praxis wohl eher seltenen Fälle, in denen Syndikuspatentanwälte auf Grundlage mehrere Anstellungsverhältnisse für verschiedene Arbeitgeber tätig sind.

Zu Nummer 1 (§ 41d Absatz 5 PAO-E)

§ 41d Absatz 5 PAO-E enthält Sonderregelungen für die Eintragung von Syndikuspatentanwälten in das elektronische Patentanwaltsverzeichnis. Da die PAO künftig zwei Arten von Patentanwaltszulassungen kennen wird, sieht Satz 1 vor, dass Syndikuspatentanwälte im elektronischen Patentanwaltsverzeichnis explizit als solche geführt werden. Auf diese Weise ist für einen nach Rechtsrat suchenden Bürger erkennbar, welcher Patentanwalt ausschließlich als Syndikuspatentanwalt zugelassen und damit nicht gegenüber jedermann zur Rechtsberatung befugt ist. Satz 2 sieht ergänzend vor, dass bei mehreren Zulassungen oder mehreren Arbeitgebern jeweils eine gesonderte Eintragung zu erfolgen hat. Die Regelung entspricht derjenigen in § 46c Absatz 5 BRAOE.

Zu Nummer 1 (§ 41d Absatz 6 PAO-E)

Die Vergütung der anwaltlichen Tätigkeit der Patentanwälte ist – im Gegensatz zu derjenigen der Rechtsanwälte – gesetzlich nicht geregelt und bestimmt sich in erster Linie nach der Vereinbarung mit dem Auftraggeber. Fehlt eine solche Vereinbarung, bemisst sich die Höhe der Vergütung gemäß § 612 Absatz 2 BGB nach der üblichen Vergütung. Zu deren Bestimmung können die von der Patentanwaltskammer herausgegebene nichtamtliche Gebührenordnung für Patentanwälte und Gebührentatbestände des Vergütungsverzeichnisses zu § 2 Absatz 2 RVG herangezogen werden. Bei einem angestellten Patentanwalt ist das Entrichten von Gebühren seitens des Arbeitgebers gegenüber dem Patentanwalt nicht erforderlich, da der Patentanwalt, indem er seinen Arbeitgeber im Rahmen des Wirkungskreises des § 3 PAO berät, seine Pflichten aus dem Arbeitsverhältnis erfüllt und im Gegenzug hierfür von seinem Arbeitgeber ein Gehalt erhält. § 46d Absatz 6 PAO-E verdeutlicht, dass das im Rahmen des Arbeitsverhältnisses gezahlte Gehalt zur Abgeltung der Rechtsdienstleistungen, die der Syndikuspatentanwalt gegenüber seinem Arbeitgeber erbringt, ausreichend ist und daneben keine patentanwaltlichen Gebühren aus der Beratung und Vertretung des Arbeitgebers anfallen. Der Syndikuspatentanwalt ist berufsrechtlich nicht berechtigt, von seinem Arbeitgeber die gemäß § 143 Absatz 3 PatG, § 140 Absatz 3 MarkenG, § 27 Absatz 3 GebrMG und § 38 Absatz 3 SortSchG erstattungsfähigen Gebühren zu verlangen. Sein Arbeitgeber soll diese, da sie seitens des Syndikuspatentanwalts nicht abgerechnet werden können, ebenfalls nicht erstattet verlangen können.

Zu Nummer 2 (§ 155 Absatz 3 PAO)

Die Regelung stellt klar, dass der Syndikuspatentanwalt nicht befugt ist, Vertragspartner seines Dienstherrn aus dem Ausland zu beraten und zu vertreten. Die Wahrnehmung anwaltlicher Aufgaben setzt nämlich für den Mandanten unverfügbar den unabhängigen, verschwiegenen und nur den Interessen des eigenen Mandanten verpflichteten Patentanwalt voraus. Hiermit stünde es nicht in Einklang, wenn der Syndikuspatentanwalt zugleich neben seinem Arbeitgeber Dritte beraten und vertreten würde, deren Interessen zu denen des Arbeitgebers gegenläufig sein könnten.

Zu Nummer 3 (§ 155a PAO-E)

Die Regelung greift die bisherige Regelung des § 41a PAO im Hinblick auf den freiberuflichen Patentanwalt, der im Nebenberuf als Patentassessor tätig ist auf, um die Unabhängigkeit des Patentanwalts als Organ der Rechtspflege zu schützen. Nach § 155a Absatz 1 PAO-E darf ein Patentanwalt, der im Rahmen einer weiteren beruflichen Betätigung als Patentassessor tätig ist, vor Gerichten, Schiedsgerichten oder Behörden nicht in seiner Eigenschaft als Patentanwalt tätig werden. Der Patentanwalt darf nach § 155a Absatz 2 Nummer 1 PAO-E weiterhin nicht tätig werden, wenn er als Patentassessor, der in einem ständigen Dienst- oder ähnlichen Beschäftigungsverhältnis eine Tätigkeit auf dem Gebiet des gewerblichen Rechtsschutzes ausübt, in derselben Angelegenheit bereits tätig geworden ist oder in einer solchen, die eine technische oder naturwissenschaftliche Verwertbarkeit für das Arbeitsgebiet ergibt, mit dem er als Patentassessor in einem ständigen Dienst- oder Beschäftigungsverhältnis befasst ist; es sei denn, es besteht ein gemeinsames Interesse oder die berufliche Tätigkeit ist beendet. § 155 Absatz 2 Nummer 2 PAO-E regelt den umgekehrten Fall. § 155a Absatz 3 PAO-E entspricht dem bisherigen § 41a PAO für den Patentassessor. Danach gelten die in Absatz 2 PAO-E geregelten Verbote auch für die mit dem Patentanwalt in Sozietät oder in sonstiger Weise zur gemeinschaftlichen Berufsausübung verbundenen oder verbunden gewesenen Patentanwälte und Angehörige anderer Berufe und auch insoweit einer von diesen im Sinne der Absätze 1 und 2 befasst ist. Mögliche Interessenkonflikte, die sich unter rechtlichen und technisch naturwissenschaftlichen Gesichtspunkten daraus ergeben könnten, dass neben der Tätigkeit als Syndikuspatentanwalt auch eine Tätigkeit als selbständiger oder angestellter Rechtsanwalt oder als selbständiger oder angestellter Patentanwalt ausgeübt wird, werden durch § 39a PAO erfasst.

Zu Artikel 5 (Änderung des Sechsten Buches Sozialgesetzbuch – SGB VI)

Zu Nummer 1 (Inhaltsübersicht)

Der neue § 286f SGB VI ist in die Inhaltsübersicht aufzunehmen.

Zu Nummer 2 (§ 231 Absatz 4a und 4b SGB VI-E)

Nach der überwiegend bis zur Rechtsprechung des Bundessozialgerichtes am 3. April 2014 geübten Rechtspraxis konnten Syndikusanwälte unter bestimmten Voraussetzungen von der Versicherungspflicht befreit werden.

Diese Rechtspraxis wurde infolge der Rechtsprechung des Bundessozialgerichts beendet. Die mit diesem Gesetz verbundenen Änderungen der BRAO und der PAO (Artikel 1 Nummer 2 und Artikel 4) stellen für Zeiten ab Inkrafttreten der Neuregelung den Rechtszustand der Befreiungsfähigkeit von Syndikusrechtsanwälten und Syndikuspatentanwälten unter bestimmten Voraussetzungen wieder her. Absatz 4a regelt vor diesem Hintergrund, dass die Erweiterung des Kreises der Pflichtmitglieder der Rechts- und Patentanwaltskammern durch die Änderungen der Bundesrechtsanwaltsordnung und der Patentanwaltsordnung, mit der die Rechtsstellung der Syndikusrechtsanwälte und Syndikuspatentanwälte geregelt wird, nicht als eine Erweiterung des Pflichtmitgliederkreises im Sinne von § 6 Absatz 1 Satz 3 SGB VI gilt. Absatz 4b eröffnet für bestimmte Syndikusrechtsanwälte bzw. Syndikuspatentanwälte die Möglichkeit, auf zusätzlichen Antrag (neben dem Antrag auf Befreiung von der Versicherungspflicht nach § 6 Absatz 1 Satz 1 Nummer 1) eine über § 6 Absatz 4 SGB VI hinausgehende Rückwirkung der Befreiung herbeizuführen. Eine bis zur Erteilung der Befreiung erfolgte Beitragszahlung zur gesetzlichen Rentenversicherung wird längstens bis zum 1. April 2014 rückabgewickelt. Eine erfolgte Beitragszahlung zu den berufsständischen Versorgungseinrichtungen der Rechtsanwälte und Patentanwälte wird legalisiert. Dies trägt der Tatsache Rechnung, dass infolge der Rechtsprechung des Bundessozialgerichts die Möglichkeit zur Befreiung für Syndikusanwälte vorübergehend zeitweise nicht gegeben war und berücksichtigt angemessen ein durch die bisherige Rechtspraxis bei der Befreiung von Syndikusrechts- und Syndikuspatentanwälten geschaffenes schutzwürdiges Vertrauen. Die Regelung hat nur Bedeutung für diejenigen Personen, die für ihre zum Zeitpunkt der Urteile des Bundessozialgerichts vom 3. April 2014 ausgeübten Beschäftigungen keinen gültigen Befreiungsbescheid besaßen, stets Pflichtmitglieder einer berufsständischen Versorgungseinrichtung waren und nunmehr als Syndikusrechtsanwälte oder Syndikuspatentanwälte befreiungsfähig sind. Die Regelung hat keine Bedeutung für diejenigen, die für ihre Beschäftigung über einen wirksamen Befreiungsbescheid verfügen oder aus Gründen des Vertrauens- oder Bestandsschutzes auch nach den Urteilen des Bundessozialgerichts weiterhin von der Rentenversicherungspflicht befreit bleiben. Eine (neue) Zulassung oder auch Nichtzulassung als Syndikusanwalt oder Syndikuspatentanwalt berührt nicht eine für die aktuelle Beschäftigung bestehende gültige (frühere) Befreiung von der Rentenversicherungspflicht. Die Sätze 1 bis 3 regeln, dass die Befreiung bis zum Beginn der Beschäftigung zurückwirkt, in der eine Befreiung von der Versicherungspflicht in der gesetzlichen Rentenversicherung auf der Grundlage der geänderten Bundesrechtsanwaltsordnung bzw. der geänderten Patentanwaltsordnung erfolgt (zum Begriff der für die Befreiung maßgeblichen Beschäftigung, siehe Bundessozialgericht, Urteil vom 31. Oktober 2012 – B 12 R 3/11 R). Sie wirkt darüber hinaus für zeitlich unmittelbar davor liegende Beschäftigungen in den Fällen eines Beschäftigungswechsels. § 6 Absatz 5 SGB VI bleibt im Übrigen unberührt. Voraussetzung ist in allen Fällen, dass während der Beschäftigungen zumindest eine Pflichtmitgliedschaft in einem berufsständischen Versorgungswerk (nicht unbedingt auch eine einkommensbezogene Beitragszahlung an das Versorgungswerk) bestand, mithin ein Bezug zur berufsständischen Versorgung (gegebenenfalls auch neben einer Pflichtbeitragszahlung zur gesetzlichen Rentenversicherung) gegeben war. Von einer Pflichtmitgliedschaft im Sinne dieser Vorschrift ist dabei auch dann auszugehen, wenn die in einem regional neu zuständigen Versorgungswerk an sich bestehende Pflichtmitgliedschaft durch eine formal freiwillig fortgeführte Mitgliedschaft in dem bisher zuständigen Versorgungswerk ersetzt wird. Da diese Rückwirkung nicht nur, aber insbesondere für die Fälle gilt, in denen Pflichtbeiträge zur gesetzlichen Rentenversicherung gezahlt wurden (insbesondere durch erfolgte Ummeldungen zur gesetzlichen Rentenversicherung im Zuge der Rechtsprechung des Bundessozialgerichts aus April 2014), wirkt die Rückwirkung der Befreiung bis längstens April 2014 (Zeitpunkt der Entscheidungen des Bundessozialgerichts) zurück. Hiermit wird im Interesse der Rechts- und Beitragssicherheit vermieden, dass in Sonderfällen, in denen eine Befreiung zwar nach neuem Berufsrecht, nicht aber nach alter Rechtspraxis möglich war oder angestrebt wurde, unter Umständen eine langjährige Beitragszahlung zur gesetzlichen Rentenversicherung rückabzuwickeln wäre. Satz 4 regelt, dass die Begrenzung der Rückwirkung der Befreiung auf April 2014 nicht in den Fällen gilt, in denen insbesondere in der Annahme des Bestehens einer gültigen Befreiung seinerzeit nur einkommensbezogene Pflichtbeiträge zur berufsständischen Versorgung gezahlt wurden, nicht jedoch zur gesetzlichen Rentenversicherung. Eine Pflichtbeitragszahlung ist dabei auch in den bereits angesprochenen Fällen anzunehmen, in denen die in einem regional neu zuständigen Versorgungswerk an sich bestehende Pflichtmitgliedschaft durch eine formal freiwillig fortgeführte Mitgliedschaft in dem bisher zuständigen Versorgungswerk ersetzt wird. Hiermit wird umfassend eine Rückabwicklung der zur berufsständischen Versorgung entrichteten Beiträge vermieden und im Ergebnis die tatsächliche Beitragszahlung nachträglich legalisiert. Satz 5 bestimmt, dass die Rückwirkung der Befreiung nicht Zeiten einer Beschäftigung erfasst, in denen eine Befreiung von der Versicherungspflicht (auch) auf der Grundlage der vor der Rechtsprechung des Bundessozialgerichts aus April 2014 geübten Rechtspraxis von der Verwaltung abgelehnt wurde und bestandskräftig geworden ist und in der Folge in der Regel Beiträge zur gesetzlichen Rentenversicherung gezahlt werden mussten. Daraus folgt im Umkehrschluss, dass die Rückwirkung unter den genannten Voraussetzungen Befreiungsanträge erfasst, die durch eine nach den Urteilen des Bundessozialgerichts vom 3. April 2014, aber noch vor Inkrafttreten dieses Gesetzes ergangene Entscheidung abgelehnt worden sind. Satz 6 setzt für den Antrag auf (zusätzliche) Rückwirkung der Befreiung eine Frist von drei Kalendermonaten nach Inkrafttreten dieser Bestimmung.

Zu Nummer 3 (§ 286f SGB VI-E)

§ 286f Satz 1 bestimmt, dass die auf Grund der rückwirkenden Befreiung von der Versicherungspflicht nach § 231 Absatz 4b zu Unrecht an die gesetzliche Rentenversicherung gezahlten Beiträge unmittelbar von den jeweils zuständigen Trägern der Rentenversicherung an die jeweils zuständigen berufsständischen Versorgungswerke ausgezahlt werden und nicht – wie nach § 211 SGB VI und § 26 Absatz 3 des SGB IV – über die Einzugsstellen an diejenigen, die die Beiträge getragen haben. Im Übrigen bleiben die Regelungen des § 26 SGB IV zur Beanstandung und Erstattung zu Unrecht entrichteter Beiträge unberührt. Mit der rückwirkenden Befreiung von der Versicherungspflicht in der gesetzlichen Rentenversicherung geht eine Pflichtmitgliedschaft in einem berufsständischen Versorgungswerk mit der Zahlungspflicht einkommensbezogener Beiträge in derselben Höhe wie zur gesetzlichen Rentenversicherung einher. Würden die zu Unrecht geleisteten Beiträge an die Arbeitgeber und die Beschäftigten ausgezahlt, müssten diese die Beiträge in derselben Höhe wieder an das berufsständische Versorgungswerk zahlen. Mit der unmittelbaren Auszahlung der zu Unrecht geleisteten Beiträge von der gesetzlichen Rentenversicherung an die berufsständischen Versorgungswerke wird somit ein verwaltungstechnisch einfaches Verfahren geschaffen, das den Umweg über die Arbeitgeber und Beschäftigten vermeidet. Zuständiger Rentenversicherungsträger ist der aktuell kontoführende Träger. Die Beiträge sind an das Versorgungswerk zu leiten, bei dem zuletzt die Pflichtmitgliedschaft bestand. Satz 2 der Vorschrift bestimmt, dass keine Zinsen auf die zu erstattenden Beiträge zu zahlen sind. Der zuständige Träger der Rentenversicherung wird zügig nach Durchführung des Befreiungsverfahrens die beanstandeten und erstattungsfähigen Pflichtbeiträge an das zuständige Versorgungswerk zahlen.

Zu Artikel 6 (Evaluierung)

Artikel 6 sieht vor, dass die Bundesregierung dem Deutschen Bundestag drei Jahre nach Inkrafttreten des Gesetzes über die Auswirkungen der tätigkeitsbezogenen Zulassung als Syndikusrechtsanwalt sowie der Zulassung als Syndikuspatentanwalt auf die Befreiungspraxis in der gesetzlichen Rentenversicherung berichtet. Bei der Erstellung des Berichts sind die Bundesrechtsanwaltskammer, die Patentanwaltskammer sowie der Träger der Rentenversicherung einzubeziehen. Der Bericht dient einerseits dazu, über die zahlenmäßige Entwicklung der Zulassungen als Syndikusrechtsanwalt und Syndikuspatentanwalt Aufschluss zu geben. Andererseits dient der Bericht dazu, das Verhältnis dieser Zulassungen zu den diesem Personenkreis erteilten Befreiungen von der gesetzlichen Rentenversicherungspflicht nach § 6 SGB VI nachvollziehen zu können. Schließlich stellt der Bericht die Grundlage dar, um zu überprüfen, ob es bei den Befreiungen für Syndikusrechtsanwälte und Syndikuspatentanwälte tatsächlich entsprechend dem Ziel dieses Gesetztes zu einer Aufrechterhaltung des status quo kommt und nicht etwa zu einer Ausweitung der Befreiungen von der gesetzlichen Rentenversicherungspflicht für diesen Personenkreis

Zu Artikel 7 (Inkrafttreten, Außerkrafttreten)

Absatz 1 sieht vor, dass das Gesetz erst drei Monate nach Ablauf des Verkündungsmonats in Kraft tritt. Die Vorlaufzeit ist zum einen im Hinblick auf die erforderliche Zulassung nach § 46a BRAO-E erforderlich, um eine zeitnahe Verbescheidung der zu erwartenden Anträge durch die zuständigen Rechtsanwaltskammern zu ermöglichen. Zum anderen soll der Versicherungswirtschaft Gelegenheit gegeben werden, ihre Produkte erforderlichenfalls an die geringfügig modifizierten Regelungen zur Berufshaftpflichtversicherung anzupassen. Das zeitlich verzögerte Inkrafttreten wirkt sich auf Grund der in Artikel 5 Nummer 1 vorgesehenen Rückwirkung im Ergebnis nicht nachteilig auf den Zeitpunkt einer Befreiung der Versicherungspflicht aus. Absatz 2 sieht aus Gründen der Rechtsbereinigung vor, dass die in Artikel 6 getroffene Regelung zu Evaluierung ein Jahr nach Ablauf der dreijährigen Evaluationsfrist außer Kraft tritt.

§ 47 Rechtsanwälte im öffentlichen Dienst

(1) [1] **Rechtsanwälte, die als Richter oder Beamte verwendet werden, ohne auf Lebenszeit ernannt zu sein, die in das Dienstverhältnis eines Soldaten auf Zeit berufen werden oder die vorübergehend als Angestellte im öffentlichen Dienst tätig sind, dürfen ihren Beruf als Rechtsanwalt nicht ausüben, es sei denn, daß sie die ihnen übertragenen Aufgaben ehrenamtlich wahrnehmen.** [2] **Die Rechtsanwaltskammer kann jedoch dem Rechtsanwalt auf seinen Antrag einen Vertreter bestellen oder ihm gestatten, seinen Beruf selbst auszuüben, wenn die Interessen der Rechtspflege dadurch nicht gefährdet werden.**

(2) **Bekleidet ein Rechtsanwalt ein öffentliches Amt, ohne in das Beamtenverhältnis berufen zu sein, und darf er nach den für das Amt maßgebenden Vorschriften den Beruf als Rechtsanwalt nicht selbst ausüben, so kann die Rechtsanwaltskammer ihm auf seinen Antrag einen Vertreter bestellen.**

Schrifttum: *Dahns,* Anwalt und Hochschullehrer, NJW-Spezial 2009, 590; *ders.,* Die Anwaltschaft und der öffentliche Dienst, NJW Spezial 2012, 318; *Hartung,* Rechtsanwälte als Hochschuldozenten – das muss nicht schlecht sein, AnwBl. 2012, 169; *Schumann,* Inkompatibilitäten im anwaltlichen Standesrecht, FS Zeuner, 1994, 483; *Tsatsos,* Die erwerbswirtschaftliche Tätigkeit von Regierungsmitgliedern, VerwArch 58 (1967), 350, *Winkler,* Die ehrenamtliche Tätigkeit des Rechtsanwalts als Richter am AGH im Spannungsverhältnis zwischen BRAO und DRiG, BRAK-Mitt. 2012, 254.

Übersicht

I. Änderung des § 47

1 § 47 wurde durch Gesetz vom 26.3.2007 (BGBl. I S. 358) geändert. Im Zuge der Übertragung der Zuständigkeit in Personalangelegenheiten der Rechtsanwälte auf die RAK wurde § 47 dem redaktionell angepasst. Für die zu treffenden Entscheidungen nach § 47 wurde daher statt wie bisher die Landesjustizverwaltung nunmehr die RAK für zuständig erklärt. Gleichzeitig konnte der bisherige Abs. 3, der die vorherige Anhörung der RAK durch die Landesjustizverwaltung bestimmte, aufgegeben werden.

II. Regelungszweck

2 § 47 soll Rechtsanwälte, die **vorübergehend** im öffentlichen Dienst tätig sind, vor unzumutbaren Rechtsnachteilen bewahren (BGH EGE XIII, 36). § 47 Abs. 1 knüpft an § 7 Nr. 8 und 10, § 14 Abs. 2 Nr. 5 und 8 an (BGH BRAK-Mitt. 1992, 217 zu § 7 Nr. 8, § 14 Abs. 2 Nr. 9 aF). Diese Bestimmungen beruhen unter anderem auf der Erwägung, dass sich der Beruf eines Beamten, Soldaten bzw. Richters grundsätzlich wegen einer drohenden Interessenkollision zwischen beiden beruflichen Tätigkeitsbereichen nicht mit dem eines Rechtsanwaltes vereinbaren lässt, oder weil die ausgeübte Tätigkeit nicht mit dem Beruf des Rechtsanwalts oder mit dem Ansehen der Rechtsanwaltschaft zu vereinbaren ist (BGH BRAK-Mitt. 1992, 217; 1995, 125, 214; → Rn. 12). Den diesbezüglichen Bestimmungen der BRAO über die Vereinbarkeit zweitberuflicher Tätigkeiten im öffentlichen Dienst mit dem Anwaltsberuf ist gemeinsam, dass sie im Interesse einer funktionierenden Rechtspflege darauf abzielen, das Erscheinungsbild einer von staatlichen Einflüssen freien Advokatur zu schützen, indem die berufliche Sphären der Anwaltschaft und des öffentlichen Dienstes deutlich getrennt werden (BVerfG NJW 2009, 3710 = BRAK-Mitt. 2009, 235). Die Bestimmungen ließen eine Einzelfallprüfung zu und begründeten eine Unvereinbarkeit des Zweitberufs nur dann, wenn zumindest die Möglichkeit bestehe, dass aus Sicht des rechtsuchenden Publikums durch die Staatsnähe die Unabhängigkeit des Rechtsanwalts durch Bindungen an den Staat beeinträchtigt werde (BVerfG NJW 2009, 3710).

2a Demgemäß darf der nicht nur ehrenamtlich tätige Richter, Soldat oder Beamte nicht zugelassen werden (§ 7 Nr. 10). Nicht nur vorübergehend als Angestellte des öffentlichen Dienstes Tätige sind nach § 7 Nr. 8 nicht zuzulassen (BGH NJW 1977, 807; BRAK-Mitt. 1982, 125). Die Zulassung zur Rechtsanwaltschaft ist nach § 14 Abs. 2 Nr. 5 zu widerrufen, wenn der Rechtsanwalt zum Richter oder Beamten auf Lebenszeit ernannt, in das Dienstverhältnis eines Berufssoldaten berufen oder wieder in das frühere Dienstverhältnis als Richter oder Beamter auf Lebenszeit oder als Berufssoldat zurückgeführt wird und nicht auf die Rechte aus der Zulassung zur Rechtsanwaltschaft verzichtet. Wird ein bereits zugelassener Rechtsanwalt Dauerangestellter des öffentlichen Dienstes, so ist grundsätzlich seine Zulassung nach § 14 Abs. 2 Nr. 8 zu widerrufen. Die Freiheit der Berufswahl in Art. 12 Abs. 1 GG ist durch diese Regelungen nicht verletzt. Die maßgeblichen Fragen zur Freiheit der Berufswahl und der anwaltlichen Berufsausübungsfreiheit sind durch das BVerfG bereits entschieden (BVerfG NJW 2009, 3710). Ebenso ist entschieden, dass die anwaltliche Berufsausübung durch den Grundsatz der freien Advokatur, wonach der Rechtsanwalt einen vom Staat unabhängigen freien Beruf ohne staatliche Kontrolle und Bevormundung ausübt, gekennzeichnet wird (BVerfGE 63, 266, 283 = NJW 1983, 1535).

Diese weitreichenden Konsequenzen aus einer Beschäftigung des Rechtsanwalts im öffentlichen Dienst sollen nach § 47 dann vermieden werden, wenn der Rechtsanwalt lediglich vorübergehend im öffentlichen Dienst beschäftigt wird. Ergänzt werden die Vorschriften der Versagung der Zulassung in § 7 Nr. 8 und 10 und Widerruf der Zulassung in § 14 Abs. 2 Nr. 5 und 8 durch die Regelung in § 47, die bei einer nur vorübergehenden Tätigkeit des Rechtsanwalts im öffentlichen Dienst keinen Zulassungswiderruf vorschreibt, sondern eine Berufsausübungsverbot mit der Möglichkeit einer Ausnahmegenehmigung genügen lässt (BGH NJW 2012, 615). **2b**

§ 3 BORA erfasst § 47 nicht, insbesondere gilt im Bereich des § 47 nicht die Erstreckungsregelung des § 3 Abs. 2 (→ BORA § 3 Rn. 5 ff.). **2c**

§ 47 schützt den Rechtsanwalt bei **nur vorübergehender** Tätigkeit als Angestellter im öffentlichen Dienst und bei nicht lebenslanger Einstellung als Beamter, Soldat oder Richter vor der Anwendung des § 14 Abs. 2 Nr. 8 (BGH BRAK-Mitt. 1992, 217; BGHZ 49, 238 = NJW 1968, 842 = EGE X, 40; EGE VII, 53). Die nur vorübergehende Beschäftigung im öffentlichen Dienst führt nicht zum Widerruf der Zulassung zur Rechtsanwaltschaft (BGH BRAK-Mitt. 1986, 49). Dadurch wird vermieden, dass der Rechtsanwalt erneut seine Zulassung erwirken muss, wenn seine vorübergehende Angestelltentätigkeit ihr Ende gefunden hat (BGH NJW-RR 1999, 571; BeckRS 1993, 31170540; → § 14 Rn. 70 ff.); er wird so vor den damit verbundenen finanziellen und sonstigen Nachteilen bewahrt (BGH BRAK-Mitt. 1992, 217). Der deutsche Gesetzgeber ist der Vielgestaltigkeit des breit gefächerten öffentlichen Dienstes gerecht geworden, da er unterschiedliche Regelungen für Beamte einerseits (§§ 7 Nr. 10, 14 Abs. 2 Nr. 5) getroffen und ferner an eine vorübergehende Beschäftigung im öffentlichen Dienst (§ 47) andere Rechtsfolgen als an eine dauerhafte Tätigkeit für einen öffentlichen Dienstherrn geknüpft hat. Mit diesem abgestuften Regelungskonzept hat er anerkannt, dass nicht jede Tätigkeit im öffentlichen Dienst mit dem Anwaltsberuf unvereinbar ist (*Dahns* NJW-Spezial 2013, 318). **3**

§ 47 Abs. 1 S. 1 regelt einerseits ein Berufsverbot und ist zugleich die einzige Vorschrift in der BRAO, die ein sog. **„Ruhen der Zulassung“** vorsieht. In den Fällen des § 47 Abs. 1 S. 1 bleibt die Zulassung für eine vorübergehende Tätigkeit im öffentlichen Dienst erhalten. Übt der Rechtsanwalt eine weitere Tätigkeit außerhalb des öffentlichen Diensts aus, die nach § 14 Abs. 2 Nr. 8 nicht vereinbar ist, muss auf die Zulassung verzichtet werden oder wird widerrufen. § 47 ist damit auch ein Privileg für eine Tätigkeit im öffentlichen Dienst. Weiter Fälle des „Ruhens der Zulassung“ sieht die BRAO nicht vor. Allgemeine Anträge auf „Ruhen der Zulassung“, können seitens der RAK ohne Rechtsgrundlagen nicht gewährt werden. **3a**

Dagegen regelt **§ 47 Abs. 2** das Verfahren bei Übernahme eines öffentlichen Amtes. Auch Abs. 2 schützt wie Abs. 1 den Rechtsanwalt vor dem Verlust seiner Zulassung. Seine Zulassung kann nicht nach § 14 Abs. 2 Nr. 8 wegen der Berufung in eines der in § 47 Abs. 2 erfassten öffentlichen Ämter widerrufen werden. **3b**

III. Rechtsanwälte im öffentlichen Dienst (Abs. 1)

1. Betroffene Beschäftigungsverhältnisse. § 47 Abs. 1 setzt voraus, dass ein zugelassener Rechtsanwalt als Richter, Beamter oder Soldat verwendet wird, ohne auf Lebenszeit ernannt zu sein, oder dass er vorübergehend als Angestellter im öffentlichen Dienst tätig ist. Bei Ernennung auf Lebenszeit ist die Zulassung nach § 14 Abs. 2 Nr. 5 zu widerrufen. Die ständige freiberufliche Tätigkeit für eine IHK oder andere Körperschaft des öff. Rechts aufgrund eines Beratervertrages wird nicht von § 47 erfasst (AGH BW BRAK-Mitt. 1996, 164; OVG Lüneburg NJW 2009, 2759: kein anwaltliches Berufsausübungsverbot für den Justitiar eines anwaltlichen Versorgungswerkes, wenn nur eine unabhängige Beratung des Hoheitsträgers erfolgt und er organisatorisch nicht eingegliedert ist). **4**

a) Voraussetzung für die Verwendung als Richter oder Beamter. Unter welchen Voraussetzungen jemand als Richter oder Beamter verwendet werden kann, ohne auf Lebenszeit ernannt zu sein und wer als Soldat auf Zeit berufen werden kann, das bestimmt sich nach den entsprechenden Fachgesetzen (vgl. zB §§ 1, 8 DRiG, § 6 BBG, §§ 5, 31, 32 BBG aF und die Richter- und Beamtengesetze der Länder, §§ 1, 4, 37 ff. SoldG; Art. 336, ex-Art. 283 EG- **5**

Vertrag iVm dem Statut der Beamten der Europäischen Gemeinschaften, vgl. Anm. zu § 14 Abs. 2 Nr. 5). Jenen Gesetzen ist auch zu entnehmen, ob und unter welchen Voraussetzungen umgekehrt dem Beamten oder Angestellten die Ausübung des Anwaltsberufs als Nebentätigkeit gestattet werden kann (vgl. zB §§ 97 ff. BBG, § 65 BBG aF). In der BRAO selbst ist nur das Verhältnis dieser Tätigkeit zu der Ausübung des Berufs als Rechtsanwalt geregelt (amtliche Begründung, BT-Drs. 3/120).

6 **b) Zuordnung eines Angestelltenverhältnisses zum „öffentlichen Dienst".** Für die Zuordnung eines Anstellungsverhältnisses zum „öffentlichen Dienst" ist unmaßgeblich, ob der Rechtsanwalt eine Tätigkeit öffentlich-rechtlicher Art ausübt. Für den öffentlichen Dienst wesentlich ist vielmehr **allein die Anstellung** bei einer juristischen Person des öffentlichen Rechts, nicht wesentlich dagegen die Art der Tätigkeit; erforderlich ist die Eingliederung in die Organisation eines öffentlich-rechtlichen Dienstherrn (BGHZ 66, 283 = NJW 1976, 1689 = EGE XIII, 82; BGH EGE XIII, 36; BGHZ 49, 141 = NJW 1968, 839 = EGE X, 20; BGHZ 64, 294; *Kleine-Cosack* § 47 Rn. 4). Es muss sich um einen öffentlich-rechtlichen Dienstherrn nach deutschem Recht oder dem Recht der Europäischen Union (→ § 14 Rn. 48 ff.) handeln. Abgestellt wird dabei auf eine bestehende Anstellung im öffentlichen Dienst. Die Anstellung im öffentlichen Dienst wird nicht beendet durch eine arbeitsrechtliche Freistellung, zB durch Erziehungsurlaub, Freistellungsphase eines Aufhebungsvertrags oder Regelungen der Altersteilzeit.

7 Unter einem Angestellten des öffentlichen Dienstes iSd § 47 ist auch derjenige Angestellte des Bundes, eines Landes oder sonst einer Körperschaft, Anstalt der Stiftung des öffentlichen Rechts zu verstehen, der eine Tätigkeit nicht öffentlich-rechtlicher Art ausübt (BGH BeckRS 1993, 31170540). Andererseits ist derjenige Angestellte, dessen Dienst nicht zu den juristischen Personen des öffentlichen Rechts zählt, nicht im öffentlichen Dienst tätig, selbst wenn er Aufgaben wahrzunehmen hat, die aus der Staatsgewalt abgeleitet sind und öffentlichen Zwecken dienen (BGHZ 49, 141 = NJW 1968, 839). Die Treuhandanstalt gehört als bundesunmittelbare Anstalt des öffentlichen Rechts zum öffentlichen Dienst (BGH BRAK-Mitt. 1993, 219).

8 Die **Tätigkeit für eine Kirche,** soweit sie eine öffentlich-rechtliche Körperschaft ist, ist Tätigkeit im öffentlichen Dienst. Das ist anders bei einer Religionsgesellschaft in der Form einer juristischen Person des bürgerlichen Rechts (BVerfG NJW 1981, 971; BGHZ 66, 283 = NJW 1976, 1689; AGH Bln BRAK-Mitt. 2003, 180; EGH Celle BRAK-Mitt. 1983, 88). Zu den zu ziehenden Folgerungen → § 7 Rn. 162; → § 14 Rn. 51; BVerfG NJW 2007, 2317 = BRAK-Mitt. 2007, 122; NJW 2006, 3706; BGH BRAK-Mitt. 2006, 224. Eine Besonderheit gilt für Kirchenbeamte auf Lebenszeit. Das BVerfG hat klargestellt, dass es gegen Art. 12 GG verstößt, wenn man § 14 Abs. 2 Nr. 5 dergestalt auslegt, dass Kirchenbeamten auf Lebenszeit zwingend die Anwaltszulassung zu widerrufen sei (BVerfG NJW 2007, 2317).

8a Angestellte im öffentlichen Dienst im Sinne dieser Vorschrift sind ein hauptamtlicher Oberbürgermeister in Bayern (EGH München EGE VII, 198), ein hauptamtlicher Erster Bürgermeister in Bayern (BayAGH NJW Spezial 2015, 158), der Syndikus eines öffentlich-rechtlichen Bankinstituts (BGH EGE IX, 34) und der Geschäftsführer einer Industrie- und Handelskammer (BGH EGE X, 40; BGHZ 36, 71). Angestellte im öffentlichen Dienst sind auch die Geschäftsführer der Rechtsanwaltskammern und der BRAK.

9 Für **Lehrbeauftragte** an einer Universität oder Fachhochschule gilt das jeweilige Landesrecht. In Nordrhein-Westfalen stehen sie nach § 56 Abs. 1 S. 3 des Gesetzes über die wissenschaftlichen Hochschulen des Landes Nordrhein-Westfalen und nach § 39 Abs. 1 S. 3 des Gesetzes über die Fachhochschulen im Lande Nordrhein-Westfalen in einem öffentlich-rechtlichen Rechtsverhältnis eigener Art, das kein entsprechendes Dienstverhältnis begründet. Lehrbeauftragte unterfallen in Nordrhein-Westfalen nicht dem § 47 (*Isele* § 47 Rn. 5). Die Tätigkeit eines beamteten **Universitätsprofessors** ist wegen der damit verbundenen öffentlich-rechtlichen Dienst- und Treuepflicht gegenüber dem Dienstherrn mit der Stellung als Rechtsanwalt unvereinbar (BGH NJW 2012, 615 zum Fachhochschullehrer an einer Hochschule; BRAK-Mitt. 1995, 125, 214; → § 7 Rn. 159; **aA** *Hartung* AnwBl. 2012, 169. Zur unvereinbaren Tätigkeit eines **Juniorprofessors auf Zeit** mit dem Anwaltsberuf vgl. BVerfG NJW 2009, 3710; BGH NJW-RR 2010, 491; AGH NRW BRAK-Mitt. 2009, 81; BVerfG BRAK-Mitt. 2007, 216; EGMR BRAK-Mitt. 2007, 216.

10 **c) Vorübergehende Tätigkeit im öffentlichen Dienst.** Eine vorübergehende Tätigkeit im öffentlichen Dienst muss angenommen werden, wenn das Anstellungsverhältnis entweder von

vornherein auf begrenzte Zeit oder mit Bedingungen abgeschlossen worden ist, die in absehbarer Zeit sein Ende zur Folge haben werden (BGH NJW-RR 1999, 570; BGHZ 49, 238 = NJW 1968, 839). Ein befristetes Angestelltenverhältnis, das mit der Absicht, es bei Freiwerden einer Planstelle in ein Dauerarbeitsverhältnis umzuwandeln, mehrmals verlängert worden ist, ist nicht vorübergehend iSv § 47 (BGH BRAK-Mitt. 1983, 191; *Hartstang* II 211). Ein unbefristetes Angestelltenverhältnis bei einer nicht auf Dauer errichteten bundesunmittelbaren Anstalt (Treuhandanstalt) ist gleichwohl nicht vorübergehend iSd § 47 Abs. 1, wenn nicht absehbar ist, wann die Aufgaben erfüllt und damit die Tätigkeiten des Rechtsanwalts bei ihr tatsächlich beendet sein werden (BGH BRAK-Mitt. 1993, 219). Zur Aufnahme einer Tätigkeit als Dauerangestellter des öffentlichen Dienstes → § 14 Rn. 73.

d) Ehrenamtliche Tätigkeit. Die Regelung des § 47 erstreckt sich, wie im S. 1 ausdrücklich hervorgehoben wird, nicht auf Rechtsanwälte, die die dort genannten Tätigkeiten ehrenamtlich ausüben. Die Ausübung eines Ehrenamtes kann nicht schlechthin als mit der Stellung eines Rechtsanwalts unvereinbar angesehen werden. Die Mitglieder des Vorstands einer RAK üben ihre Tätigkeit unentgeltlich und damit ehrenamtlich aus (§ 75). 11

Die Fälle, auf die sich § 47 Abs. 1 bezieht, sind ferner von denen zu unterscheiden in denen der Rechtsanwalt zum Richter oder Beamten auf Lebenszeit ernannt wird. In solchen Fällen scheidet er freiwillig (§ 14 Abs. 2 Nr. 4) oder nach § 14 Abs. 2 Nr. 5 gezwungen aus der Anwaltschaft aus. Die Besonderheit der im § 47 behandelten Fälle liegt demgegenüber darin, dass der Rechtsanwalt nur vorübergehend anderweitig tätig ist. Er kann dabei von vornherein beabsichtigen, den anwaltlichen Beruf wieder auszuüben, sobald der Zwischenzustand beendet ist. Bei einem anderen Rechtsanwalt kann vorerst noch ungewiss sein, ob er seine Praxis aufgibt. Weder in dem einen noch in dem anderen Falle kann dem Rechtsanwalt zugemutet werden, auf die Rechte aus der Zulassung zur Rechtsanwaltschaft zu verzichten (§ 14 Abs. 2 Nr. 4) und damit aus der Anwaltschaft auszuscheiden (amtliche Begründung, BT-Drs. 3/120). 11a

2. Grundsätzliches Berufsausübungsverbot. Grundsätzlich ist davon auszugehen, dass es mit den Interessen der Rechtspflege nicht vereinbar ist, wenn der Rechtsanwalt neben seiner anderweitigen Tätigkeit auch den Beruf als Rechtsanwalt ausübt. Diese Bedenken ergeben sich bereits aus der Regelung in § 7 Nr. 8 und 10, die auf dem Grundsatz der Inkompatibilität eines anderen Berufes mit dem Anwaltsberuf beruht. In den Fällen, auf die sich § 47 Abs. 1 bezieht, tritt die Besorgnis hinzu, dass aus der gleichzeitigen Tätigkeit in beiden Berufskreisen sich Interessenkollisionen ergeben können. Aus diesen Gründen wird dem Rechtsanwalt in § 47 Abs. 1 S. 1 grundsätzlich untersagt, während seiner anderweitigen Tätigkeit seinen Beruf als Rechtsanwalt selbst auszuüben, oder seine Praxis durch einen Vertreter fortführen zu lassen (amtliche Begründung, BT-Drs. 3/120). Ein solcher Rechtsanwalt bleibt zwar Rechtsanwalt, seine Zulassung zur Rechtsanwaltschaft ruht aber während der vorübergehenden Tätigkeit im öffentlichen Dienst (BGH EGE X, 87; XIII, 77, 78; BRAK-Mitt. 1992, 217; BRAK-Mitt. 1986, 49; BRAK-Mitt. 1983, 191), es sei denn, er nehme die ihm übertragenen Aufgaben ehrenamtlich wahr. Er hat nicht das Recht zur Beratung und Vertretung in allen Rechtsangelegenheiten (§ 3) wohl aber zur Führung der Berufsbezeichnung „Rechtsanwalt“ (§ 12 Abs. 4; → Rn. 17). 12

Die Zulassung zur Rechtsanwaltschaft (§§ 4, 12) besteht fort. Deshalb bleibt der Rechtsanwalt auch in dem Rechtsanwaltsverzeichnis (§ 31) eingetragen, wobei es jedoch sachgerecht ist, das Ruhen der Rechte zu vermerken. Aufgrund des Berufsausübungsverbotes des § 47 Abs. 1 S. 1 ist es dem Rechtsanwalt nicht gestattet, eine eigene Kanzlei unter seinem Namen mit entsprechend Praxisschild, Briefschaften pp. fortzuführen bzw. durch einen Vertreter fortführen zu lassen, es sei denn, die RAK hat nach Abs. 1 S. 2 ihm einen Vertreter bestellt oder die eigene Berufsausübung gestattet. Eine fortgeführte Sozietät muss in Praxisschild pp. auf das Ruhen der Rechte des betroffenen Sozius hinweisen. Für die Dauer der vorübergehenden Tätigkeit im öffentlichen Dienst unterliegt der Rechtsanwalt kraft § 47 Abs. 1 S. 1 nicht der Kanzleipflicht nach § 27 und kann auch die damit verbundenen Rechte nicht geltend machen. Zur Berechtigung der verbleibenden Mitglieder einer Sozietät zur Fortführung des Namens des (vorübergehend) ausgeschiedenen Rechtsanwalts, für den nach § 47 Abs. 1 S. 1 ein Berufsausübungsverbot besteht, in der Sozietätsbezeichnung gelten die Grundsätze, die für den Fall des Todes oder des endgültigen Ausscheidens eines Sozius gelten (vgl. *Kaiser/Bellstedt,* Die Anwaltssozietät, 1995, Rn. 19 ff.; → § 17 Rn. 8; vgl. auch §§ 9, 10 Abs. 4 BORA). Zu den Folgen des Berufsausübungsverbots → Rn. 27 ff. 13

14 Trotz des Ruhens der Zulassung und der Rechte daraus bleiben aber auch während der Dauer der vorübergehenden Tätigkeit im öffentlichen Dienst einige **Pflichten des Rechtsanwalts** bestehen. Er muss nach § 56 Abs. 3 iVm § 24 BORA dem Vorstand der RAK Anzeige über Inhalt und Art der Beschäftigung erstatten, Unterlagen dazu auf Verlangen vorlegen und erbetene Auskünfte erteilen. Im Fall des Berufsausübungsverbots nach § 47 Abs. 1 S. 1 unterbleibt aber eine weitere Prüfung der RAK nach § 14 Abs. 2 Nr. 8.

14a Auch in **Aufsichts- und Beschwerdesachen,** die sich auf seine anwaltliche Tätigkeit vor Aufnahme der Beschäftigung im öffentlichen Dienst beziehen oder die eine nach § 47 Abs. 1 S. 1 verbotene anwaltliche Tätigkeit betreffen, gilt § 56 und unterliegt er weiterhin dem Rügerecht des Kammervorstandes (§ 74). In diesem Umfang untersteht er auch grundsätzlich dem anwaltsgerichtlichen Verfahren (§§ 12 Abs. 2, 113 Abs. 3), wobei allerdings **§ 118a Abs. 4** zu beachten ist (→ § 118a Rn. 25). Da § 51 die Versicherungspflicht allein davon abhängig macht, dass die Zulassung zur Rechtsanwaltschaft besteht, muss der Rechtsanwalt, auch wenn er den Beruf zeitweilig nicht ausüben darf, indes nicht auf seine Zulassung verzichtet, sondern sie ruhen lässt, eine **Berufshaftpflichtversicherung** unterhalten (BGH BRAK-Mitt. 2006, 137; AGH NRW Beschluss vom 1.3.1996 – 1 ZU 56/95). Die **aktiven Mitgliedschaftsrechte** in der Kammer nach §§ 64, 85 Abs. 2, 88 Abs. 2, 89 kann der Rechtsanwalt wegen des Berufsausübungsverbotes nicht geltend machen. Aus diesem Grund ist er auch nicht in den Kammervorstand und die Satzungsversammlung wählbar. § 65 Nr. 2 setzt voraus, dass der Rechtsanwalt zur Ausübung eines Berufes berechtigt ist. Damit scheidet auch eine Ernennung zum Mitglied des Anwaltsgerichtes aus (§ 94 Abs. 3 S. 1). Mit Beendigung der vorübergehenden Tätigkeit im öffentlichen Dienst leben die anwaltlichen Rechte und Pflichten ohne weiteres wieder voll auf.

14b Da der Rechtsanwalt der RAK auch während der Zeit des Berufsausübungsverbotes angehört und der Kammervorstand ihn betreffend weiter weitgehend seine Aufgaben nach § 73 zu erfüllen hat, hat der Rechtsanwalt keinen Anspruch auf Befreiung vom oder auf Ermäßigung des Kammerbeitrages (EGH Schleswig BRAK-Mitt. 1981, 35). Zur Möglichkeit der Verpachtung der Kanzlei für die Dauer des Berufsausübungsverbots vgl. *Zuck* NJW 1993, 3118.

15 **3. Ausnahmen vom Berufsausübungsverbot.** Da die Verhältnisse in den einzelnen Fällen verschieden gelagert sein können, wurden von dem grundsätzlichen Verbot des Abs. 1 S. 1 Ausnahmen zugelassen. Damit wird dem Umstand Rechnung getragen, dass eine Tätigkeit im öffentlichen Dienst und die dadurch begründete „Staatsnähe" nicht ohne weiteres mit dem Beruf des Rechtsanwalts unvereinbar ist. Eine solche starre Auslegung würde dem Grundrecht auf freie Berufswahl nicht gerecht. Der öffentliche Dienst ist weit gefächert; seine vielfältigen Ausformungen und Dienstleistungen verlangen eine differenzierte Bewertung. Maßgeblich ist die Art des Aufgabenbereichs und die Bedeutung der Anstellungskörperschaft. Voraussetzung für eine Versagung der anwaltlichen Tätigkeit ist stets, dass aus der Sicht des rechtsuchenden Publikums wenigstens die Möglichkeit besteht, die Unabhängigkeit des Rechtsanwalts sei durch die Bindungen an den Staat (→ Rn. 6 ff.) beeinträchtigt (BVerfG NJW 1993, 320; AGH Bln BRAK-Mitt. 2003, 180; AGH Rostock Beschluss vom 2.6.1999 – AGH 3/99 (I/2)). Die Ausnahmen können darin bestehen, dass dem Rechtsanwalt auf seinen Antrag ein Vertreter (§ 53) bestellt und ihm so seine Praxis erhalten wird oder dass ihm gestattet wird, den anwaltlichen Beruf weiterhin selbst auszuüben (BGH BGHR 2003, 1379), wie dies bei Geschäftsführern der Rechtsanwaltskammern und der Patentanwaltskammer als Dienst in der Rechtspflege regelmäßig der Fall ist. Der Antragstellung nach § 47 Abs. 1 S. 2 kommt lediglich formelle Bedeutung zu, so dass ein verspäteter Antrag der Gestattung der Berufsausübung nicht entgegensteht. Allerdings ist die Berufsausübung ohne vorherige Gestattung (formelle Rechtswidrigkeit) pflichtwidrig iSd §§ 43, 74, 113 und kann anwaltsgerichtlich geahndet werden. Damit wird der Pflicht des Rechtsanwalts aus § 56 Abs. 2 Nr. 1, wonach dem Vorstand der RAK das Eingehen eines Beschäftigungsverhältnisses unverzüglich anzuzeigen ist, Nachdruck verliehen (BVerfG NJW 1995, 951 = AnwBl. 1995, 370 = BRAK-Mitt. 1995, 129). Für die Entschließung darüber, ob überhaupt eine Ausnahme und ggf. welche der beiden Ausnahmen bewilligt werden kann, ist das Interesse der geordneten Rechtspflege bestimmend. Im Hinblick hierauf wurde grundsätzlich die Entscheidung der RAK vorbehalten (amtliche Begründung, BT-Drs. 3/120). Bei der Auslegung und Anwendung des § 47 Abs. 1 S. 2 ist die Berufswahlfreiheit dadurch zu gewährleisten, dass eine Untersagung dem Grundsatz der Verhältnismäßigkeit genügen muss (BVerfG NJW 1995, 951).

a) Bewertungskriterien. Geboten ist mithin eine Abwägung zwischen der Bedeutung des Eingriffs in die Freiheit der Berufswahl einerseits und dem Gewicht der diesem Eingriff rechtfertigenden Gründe andererseits. Die Versagung der Berufsausübung als Rechtsanwalt darf die Grenze der Zumutbarkeit für den Rechtsanwalt nicht überschreiten. Dabei sind bei Berufsanfängern gerade auch die wirtschaftlichen Folgen einer „Berufssperre" zu berücksichtigen. Eine Versagung der Berufsausübung als Rechtsanwalt kommt wegen Gefährdung der Interessen der Rechtspflege, danach aus verfassungsrechtlichen Gründen nur dann in Betracht, wenn die neben dem Anwaltsberuf ausgeübte Tätigkeit im öffentlichen Dienst entweder mit dem Anwaltsberuf schlechthin unvereinbar ist oder wenn bei einer gleichzeitigen Ausübung beider Berufe Interessenkollisionen zu besorgen sind (AGH Rostock Beschluss vom 2.6.1999 – AGH 3/99 (I/2); AGH Bln BRAK-Mitt. 2003, 180). Die Interessen der Rechtspflege sind insbesondere gefährdet bei drohenden Interessenkollisionen zwischen beiden beruflichen Tätigkeitsbereichen des Rechtsanwalts (BGHZ 66, 283 = NJW 1976, 1689; BGH BRAK-Mitt. 1992, 217; EGH München BRAK-Mitt. 1986, 228), dh es müssen sachliche Anhaltspunkte für Interessenkollisionen vorliegen (BVerfG NJW 1993, 317, 321; NJW 1995, 951). Es muss somit ein sich deutlich abzeichnendes, naheliegendes Risiko von Interessenkollisionen bestehen, dem nicht wirksam mit Berufsausübungsregeln begegnet werden kann (BGH BRAK-Mitt. 1995, 213; AGH Rostock Beschluss vom 2.6.1999 – AGH 3/99 (I/2)). Bei der Bewertung ist maßgeblich, ob aus der Sicht des rechtsuchenden Publikums die Unabhängigkeit des Rechtsanwalts durch die Bindung an den Staat gefährdet ist (Henssler/Prütting/*Kilian* § 47 Rn. 18). 16

Beurteilungskriterien werden die Dauer des Zwischenzustandes, die Entfernung zwischen Tätigkeitsort und Zulassungsort, und besonders die Art der Tätigkeit und daraus drohender Interessenkollisionen sein (*Isele* § 47 Anm. III B 1c). Dabei ist zu berücksichtigen, dass eine Tätigkeit im öffentlichen Dienst und die dadurch begründete „Staatsnähe" nicht ohne weiteres mit dem Beruf des Rechtsanwalts unvereinbar ist. Eine solche starre Auslegung würde zum einen dem Grundrecht auf freie Berufswahl nicht gerecht; zum anderen würde dann die durch § 47 Abs. 1 S. 2 gegebene Möglichkeit zu einer Ausnahmeentscheidung zu Gunsten des Rechtsanwalts ihren Sinngehalt verlieren. Der öffentliche Dienst ist weit gefächert; seine vielfältigen Ausformungen und Dienstleistungen verlangen eine differenzierte Bewertung im Einzelfall. Maßgeblich ist die Art des Aufgabenbereichs und die Bedeutung der Anstellungskörperschaft. Voraussetzung für eine Versagung der anwaltlichen Tätigkeit ist stets, dass aus der Sicht des rechtsuchenden Publikums wenigstens die Möglichkeit besteht, die Unabhängigkeit des Rechtsanwalts sei durch die Bindungen an den Staat beeinträchtigt (BVerfG NJW 1993, 320; AGH Rostock Beschluss vom 2.6.1999 – AGH 3/99 (I/2); AGH Bln BRAK-Mitt. 2003, 180). Die zu prüfenden Interessen der Rechtspflege sind in einem weiten Sinne zu verstehen (BGHZ 66, 283 = NJW 1976, 1689; BGHZ 49, 295 = NJW 1968, 840 = EGE X, 27; BGHZ 36, 71 = EGE VII, 26; EGH München BRAK-Mitt. 1986, 228). Besteht die Gefahr von Interessenkollisionen, ist der Antrag regelmäßig abzulehnen (EGH München EGE IX, 135). In diesem Zusammenhang wird es einen Unterschied machen, ob der Rechtsanwalt zB für eine staatliche oder kommunale Fachhochschule, Universität oÄ tätig ist, was regelmäßig mit dem Beruf des Rechtsanwalts vereinbar ist, insbesondere wenn es sich um eine wissenschaftliche Mitarbeit handelt (BVerfG NJW 1995, 951). Auch ist aus der Sicht des rechtsuchenden Publikums nicht vorstellbar, dass ein Angestellter oder **Kirchenbeamter auf Probe** der Evangelischen Kirche mit dem Aufgabenbereich Friedhofs- und Gebührenrecht, Wahrnehmung der Rechtsaufsicht über den Friedhofsträger und die Verwaltung der landeskirchlichen Friedhöfe in seiner anwaltlichen Unabhängigkeit durch die Bindung an die Kirche oder den Staat beeinträchtigt sei. Interessenkollisionen sind nicht zu befürchten (AGH Bln BRAK-Mitt. 2003, 180; aber → Rn. 8; zum Kirchenbeamten auf Lebenszeit s. BVerfG NJW 2007, 2317 = BRAK-Mitt. 2007, 122). Andererseits wird eine Tätigkeit in der allgemeinen staatlichen oder kommunalen Verwaltung und insbesondere eine Tätigkeit in der hoheitlichen Eingriffsverwaltung regelmäßig eine Gefährdung der Interessen der Rechtspflege nahelegen (AGH Rostock Beschluss vom 2.6.1999 – AGH 3/99 (I/2)). So sind die Interessen der Rechtspflege bei der unbeschränkten Bestellung eines Vertreters für einen zum hauptamtlichen 1. Bürgermeister gewählten Rechtsanwalt bereits gefährdet, da der Anschein einer Verquickung von öffentlicher und anwaltlicher Tätigkeit besteht (EGH München BRAK-Mitt. 1986, 228). 17

b) Unvereinbare Tätigkeiten. Die Interessen der Rechtspflege sind aber nicht nur durch drohende Interessenkollisionen, sondern regelmäßig auch dann gefährdet, wenn der Rechts- 18 anwalt eine mit dem Beruf des Rechtsanwalts oder mit dem Ansehen der Rechtsanwaltschaft nicht zu vereinbarende Tätigkeit iSv § 7 Nr. 8, § 14 Abs. 2 Nr. 8 ausübt. Die Vorschrift des § 47 Abs. 1 und 2 erfasst sämtliche Fälle, in denen die Interessen der Rechtspflege gefährdet sind, sofern die Gefährdung nicht so fern liegt, dass sie ohne Bedenken außer Betracht gelassen werden kann (BGH BRAK-Mitt. 1992, 217). Damit fallen in den Anwendungsbereich der Vorschrift grundsätzlich auch sämtliche Fallgestaltungen, die die RAK gemäß §§ 7 Nr. 8, 14 Abs. 2 Nr. 8 zur Ablehnung der Rechtsanwaltszulassung oder zum Widerruf der Zulassung wegen Ausübung einer unvereinbaren Tätigkeit berechtigen (Übersicht → § 7 Rn. 89 ff.). Diese Vorschriften dienen wie § 47 Abs. 1 der Sicherung des in den §§ 1–3 gesetzlich festgelegten Berufsbildes des Rechtsanwalts und damit dem Interesse der Rechtsuchenden und der Rechtspflege. Die gesetzlichen Voraussetzungen dieser Vorschriften sind nur gegeben, wenn eine – nicht völlig fernliegende – Gefährdung des anwaltlichen Berufsbildes gegeben ist (BGH BRAK-Mitt. 1992, 217). Nach der Zweitberufsentscheidung des BVerfG (BVerfGE 87, 287 = NJW 1993, 317 = JZ 1993, 466 mit Anm. *Zuck* = AnwBl. 1993, 120 = BRAK-Mitt. 1993, 50) und der darauf erfolgten Neufassung des § 7 Nr. 8 kann eine Gefährdung der Interessen der Rechtspflege durch unvereinbare Tätigkeiten nur noch in Ausnahmefällen in Betracht kommen (vgl. Anm. zu § 7 Nr. 8). In der Verwaltungspraxis der RAK gilt, wenn ein Antrag nach § 47 Abs. 1 S. 2 gestellt wird, wird zugleich eine Prüfung nach §§ 7 Nr. 8 bzw. 14 Abs. 2 Nr. 8 durchgeführt.

19 **c) Antragserfordernis.** Aus anderen Gründen als wegen Gefährdung der Rechtspflegeinteressen kann die RAK ihre Genehmigung nach § 47 Abs. 1 S. 2 nicht verwehren (BGHZ 49, 295 = NJW 1968, 841; BGH EGE X, 14). Bei der Feststellung der tatsächlichen Umstände zur Klärung der Frage, ob die Interessen der Rechtspflege bei einer Ausnahme von § 47 Abs. 1 S. 2 gefährdet sind, ist § 32 iVm § 26 Abs. 2 VwVfG anwendbar (BGH BRAK-Mitt. 1992, 217 zu § 36a aF). Unterlässt der Rechtsanwalt seine erforderliche Mitwirkung bei der Ermittlung des Sachverhalts, ist sein Antrag zurückzuweisen, wenn die RAK infolge seiner Verweigerung der Mitwirkung den Sachverhalt nicht hinreichend klären kann. Die Erlaubnis zur Ausübung des Anwaltsberufs oder die Bestellung eines Vertreters setzt nach § 47 Abs. 1 S. 2 einen hierauf gerichteten Antrag des Rechtsanwalts voraus (BGH EGE X, 14, 18), dessen Verspätung aber im Rahmen des § 47 Abs. 1 unbeachtlich ist; allerdings kann die Verspätung als Pflichtverletzung geahndet werden (BVerfG NJW 1995, 951). Die Bestellung eines allgemeinen Vertreters von Amts wegen findet nicht statt; weder § 53 Abs. 5 noch § 53 Abs. 2 S. 1 sind danach anwendbar.

20 **d) Fortbestand der Kanzlei.** Sowohl bei der Vertreterbestellung als auch bei der Gestattung eigener Berufsausübung bleibt dem Rechtsanwalt nicht nur seine Zulassung zur Rechtsanwaltschaft, sondern darüber hinaus auch noch seine Kanzlei. Diese wird entweder von ihm selbst fortgeführt oder aber im Falle der Bestellung eines allgemeinen Vertreters (§ 53) von dem Vertreter für ihn. Die Kanzleipflicht des § 27 besteht fort. Insbesondere auch im Falle der Vertretung läuft die Kanzlei mit Praxisschild, Briefschaften pp. weiter unter dem Namen des Vertretenen und der Vertreter benutzt die Briefbögen und Stempel des Vertretenen. Dabei muss er deutlich machen, dass er als Vertreter handelt; es reicht aus, wenn das Handeln als Vertreter sich aus den Umständen deutlich erkennbar ergibt (BGH NJW 1993, 1925 = MDR 1993, 469 = BB 1993, 752; NJW 1991, 1175 = MDR 1991, 676; → § 53 Rn. 45). In beiden Fällen bleibt der Rechtsanwalt zur Führung der Berufsbezeichnung „Rechtsanwalt" berechtigt. Für die Rechte und Pflichten des Vertreters gilt § 53 Abs. 7, 9 und 10 (vgl. BGH NJW 1993, 1925; NStZ 1992, 248 = BRAK-Mitt. 1992, 176; → § 53 Rn. 42 ff.). Bei Gestattung, seinen Beruf selbst auszuüben, behält der Rechtsanwalt die Befugnis, alle anwaltlichen Tätigkeiten selbst auszuüben. Er ist weiterhin der berufene unabhängige Berater und Vertreter in allen Rechtsangelegenheiten (§ 3).

IV. Rechtsanwälte als Träger eines öffentlichen Amtes (Abs. 2)

21 **1. Schutz vor Zulassungsverlust.** Auch § 47 Abs. 2 schützt wie § 47 Abs. 1 den Rechtsanwalt vor dem Verlust seiner Zulassung. Bekleidet er ein öffentliches Amt, ohne in das Beamtenverhältnis berufen zu sein, und darf er nach den für das Amt maßgebenden Vorschriften den Beruf als Rechtsanwalt nicht selbst ausüben, so kann die RAK ihm auf seinen Antrag einen Vertreter bestellen. Die Anwendung dieser Bestimmung beschränkt sich auf Rechtsanwälte, die das öffentliche Amt auf Zeit und nicht auf Dauer bekleiden; im letzteren Fall greift § 14 Abs. 2

Nr. 8 ein (*Isele* § 47 Anm. III B 3a; *Kleine-Cosack* § 47 Rn. 2; kritisch zur Regelung des § 47 Abs. 2 *Zuck* NJW 1993, 3118).

2. Öffentliche Ämter. Öffentliche Ämter ohne Beamtenstatus, deren Inhaber nach den für das Amt maßgebenden Vorschriften den Beruf als Rechtsanwalt nicht selbst ausüben dürfen, sind die in den Verfassungen des Bundes und der Länder und in besonderen Statusgesetzen reglementierten „staatspolitischen" Ämter oder Verfassungsämter (vgl. Maunz/Dürig/*Herzog* GG Art. 66 Rn. 27). Das sind insbesondere das Amt des Bundespräsidenten (Art. 55 Abs. 2 GG), des Bundeskanzlers und der Bundesminister (Art. 66 GG, §§ 4, 5 BMG), der Parlamentarischen Staatssekretäre (§ 7 ParlStG iVm §§ 4, 5 BMG), der Mitglieder der Landesregierungen (vgl. zB Art. 64 Abs. 2 Verf. NW, Art. 53 Abs. 2 Verf. BW, Art. 57 Verf. Bay., Art. 29 Verf. SchlH; BGH NJW 1997, 3238) und des Wehrbeauftragten des Deutschen Bundestages (Art. 45b GG, § 14 Abs. 3 WBeauftrG). 22

Nicht zu den öffentlichen Ämtern iSd § 47 Abs. 2 zählt die Stellung als Bundestags- oder Landtagsabgeordneter; diese können ihren Beruf als Rechtsanwalt für die Dauer ihrer Amtsausübung weiter ausüben. Die Mitgliedschaft von praktizierenden Rechtsanwälten im Parlament ist mit der Geschichte des deutschen Parlamentarismus untrennbar verbunden (BGHZ 72, 70 = NJW 1978, 2098 = MDR 1979, 52 = EGE XIV, 87; *Hartstang* II 202). Ebenfalls nicht hierher gehört der Fall, dass ein Rechtsanwalt zum Richter am BVerfG ernannt wird. Die Anwendung der §§ 47, 53 ist in diesem Fall durch die Sonderregelung des § 104 BVerfGG ausgeschlossen, insbesondere ist eine Vertreterbestellung unzulässig (*Maunz/Schmidt-Bleibtreu/Klein/Bethge,* Kommentar zum BVerfGG, Stand 45. EL 12/2014, § 104 Rn. 1; amtliche Begründung zu § 47; *Kleine-Cosack* § 47 Rn. 6). 23

3. Umfang der Inkompatibilitätsregelungen. § 47 Abs. 2 bestimmt nicht wie Abs. 1 das grundsätzliche Berufsausübungsverbot selbst, sondern knüpft an an die Inkompatibilitätsregeln für die genannten öffentlichen Ämter. Diese Ämter – nicht das Berufsbild des Rechtsanwalts – sind Schutzobjekte der jeweiligen Berufsausübungsverbote, die dementsprechend auch nicht nur die Berufsausübung als Rechtsanwalt verbieten, sondern allgemein jede Berufsausübung neben der Amtsführung. Der Umfang des Schutzes der jeweiligen Ämter wird durch die für diese Ämter maßgeblichen gesetzlichen Bestimmungen geregelt; damit aber auch die Frage, ob und wieweit von dem grundsätzlichen Berufsverbot im Einzelfall abgesehen werden kann (vgl. zB Art. 64 Abs. 2 Verf. NW; zu den unterschiedlichen Regelungen hinsichtlich Umfang und Voraussetzungen der Ausnahmen in Bund und Ländern vgl. *Tsatsos* VerwArch 58 [1967], 360 ff.). Besteht für den Inhaber eines öffentlichen Amtes, der nicht in das Beamtenverhältnis berufen wurde, nach den Regeln für dieses Amt, wie zB für den Bundestagsabgeordneten (BVerfGE 40, 296 = NJW 1975, 2331 = MDR 1976, 200; BGHZ 72, 70 = NJW 1978, 2098), kein Verbot, seinen Beruf selbst auszuüben, dann kann er auch nach der BRAO seinen anwaltlichen Beruf uneingeschränkt weiterhin ausüben (*Isele* § 47 Anm. III B 3b; kritisch dazu *Zuck* NJW 1993, 3118). 24

Mit den amtsbezogenen Inkompatibilitätsregeln soll regelmäßig die Neutralität, innere und äußere Unabhängigkeit des Amtsinhabers geschützt, Interessenkollisionen verhindert und sichergestellt werden, dass der Amtsinhaber nicht durch andere berufliche Beanspruchungen daran gehindert wird, sein Amt, das regelmäßig die gesamte Zeit und Arbeitskraft des Inhabers beansprucht, ordnungsgemäß auszuüben (vgl. zB zu Art. 55, 66 GG BGH NJW 1997, 3238 = AnwBl. 1997, 564; Maunz/Dürig/*Herzog* GG Art. 55 Rn. 3, GG Art. 66 Rn. 2 ff., 30). An diese Zielrichtung anknüpfend sehen das Grundgesetz, die Landesverfassungen und die entsprechenden Statusgesetze regelmäßig nur ein Verbot der Ausübung eines Berufes neben der Amtsausübung vor (vgl. zB Art. 55 Abs. 2 GG für den Bundespräsidenten, Art. 66 GG, §§ 4, 5 BMG für die Mitglieder der Bundesregierung, Art. 64 Abs. 2 Verf. NW für die Mitglieder der Landesregierung). Sie verbieten durchweg nicht die Innehabung des Berufes (vgl. zB zu Art. 55 und 66 GG v. Mangoldt/Klein/Starck/*Fink,* 6. Aufl. 2010, GG Art. 55 Rn. 30 f. und v. Mangoldt/*Klein/Starck/Epping* GG Art. 66 Rn. 38 ff.; AK-GG/*Schneider* GG Art. 66 Rn. 2, 5; BGH NJW 1997, 3238). Schon die bloße Innehabung der für unvereinbar erklärten Rechtspositionen wird für Amtsinhaber regelmäßig nur verboten bei maßgeblicher Betätigung in einem auf Erwerb ausgerichteten Unternehmen und teilweise auch für die Innehabung eines Regierungsamtes und die Mitgliedschaft in einer gesetzgebenden Körperschaft des Bundes oder eines Landes (vgl. zB Art. 55, 66 GG; Art. 64 Abs. 2 Verf. NW, § 14 Abs. 3 WBeauftrG). Wer in ein so geregeltes Amt berufen wird, muss diese Rechtspositionen aufgeben und darf sich nicht nur mit der bloßen 25

Nichtausübung zB seiner Tätigkeit als Aufsichtsrat begnügen (Maunz/Dürig/*Herzog* GG Art. 55 Rn. 5, GG Art. 66 Rn. 11).

26 Nach allen maßgeblichen Amtsvorschriften braucht aber weder das mit der Amtsführung unvereinbare Gewerbe noch der Beruf endgültig aufgegeben zu werden. Das wäre bei der Ungesichertheit dieser politischen Ämter auch ein völlig unangemessenes Verlangen und würde die innere Abhängigkeit der Amtsinhaber nur erhöhen (Maunz/Dürig/*Herzog* Art. 66 GG Rn. 11). Das bedeutet, der Beruf darf von dem Amtsträger selbst nicht ausgeübt werden, die Berufsausübung muss gleichsam „zum Ruhen gebracht werden" (Maunz/Dürig/*Herzog* Art. 55 GG Rn. 5). Bei unselbständiger Tätigkeit bedeutet das, das mit dem Arbeitgeber bestehende Vertragsverhältnis muss „storniert" werden (Maunz/Dürig/*Herzog* GG Art. 66 Rn. 43). Wurde der Beruf selbständig ausgeübt, dann braucht das Geschäft bzw. die Praxis als solche nicht eingestellt zu werden. Der Amtsinhaber darf weiterhin Inhaber von Erwerbsunternehmen sein, auch wenn dieses seinen Namen in der Firmenbezeichnung führt (Maunz/Dürig/*Herzog* GG Art. 66 Rn. 44; v. Mangoldt/Klein/Starck/*Epping,* 6. Aufl. 2010, GG Art. 66 Rn. 40). Nur muss, wenn das Erwerbsunternehmen fortgeführt wird, das durch eine andere Person erfolgen. Der Amtsinhaber selbst hat seine eigene berufliche Tätigkeit tatsächlich vollständig einzustellen. Gewinne aus dem von anderen fortgeführten Unternehmen darf er aber ziehen.

27 **4. Folgen des Berufsausübungsverbotes.** Auch einem Rechtsanwalt, der ein öffentliches Amt bekleidet, ohne in das Beamtenverhältnis berufen zu sein, und der nach den für das Amt maßgebenden Vorschriften seinen Beruf als Rechtsanwalt nicht selbst ausüben darf, ist die weitere Innehabung seiner Zulassung zur Rechtsanwaltschaft gestattet, seine Zulassung kann nicht nach § 14 Abs. 2 Nr. 8 wegen der Berufung in dieses Amt widerrufen werden (*Isele* § 47 Anm. III B 3b; *Zuck* NJW 1993, 3118). Er darf den Beruf als Rechtsanwalt aber nach den Vorschriften für das Amt – nicht aber aufgrund der BRAO (*Isele* § 47 Anm. III B 3b) – nicht selbst ausüben. Weil dem so ist, gestattet § 47 Abs. 2, dass die RAK dem Rechtsanwalt auf seinen Antrag einen Vertreter bestellt. § 47 Abs. 2 knüpft damit an den Sinn und Zweck der amtsbezogenen Inkompatibilitätsregeln an, dem Amtsinhaber zwar die eigene Berufsausübung aus Gründen der Interessentrennung und Fernhaltung anderer Beanspruchungen zu verbieten, ihm aber im Hinblick auf die Ungesichertheit politischer Ämter die Erhaltung seines Berufes und seiner Praxis zu ermöglichen (BGH NJW 1997, 3238).

28 **a) Persönliche Rechtsstellung.** Der Rechtsanwalt, der ein öffentliches Amt iSd § 47 Abs. 2 ausübt, hat weiterhin alle anwaltlichen Rechte und Befugnisse, er darf sie nur nach den Amtsvorschriften nicht selbst wahrnehmen. Das heißt, er darf die ihm typischerweise zukommenden beruflichen Aufgaben (§ 3) nicht selbst wahrnehmen, also keine Mandantengespräche führen, Mandanten nicht rechtlich beraten, für sie weder vor Gericht tätig werden noch außergerichtlich verhandeln und keine gerichtlichen oder außergerichtlichen Termine wahrnehmen (LG Aschaffenburg BeckRS 1993, 31211702). Wegen seiner Zulassung zur Rechtsanwaltschaft (§§ 4, 12) bleibt er weiterhin in dem Rechtsanwaltsverzeichnis (§ 31) eingetragen, jedoch wird auch hier aus Klarstellungsgründen und wettbewerbsrechtlichen Gründen zu vermerken sein, dass er nach den jeweiligen Berufsausübungsverboten iVm § 47 Abs. 2 zur Zeit seinen Beruf als Rechtsanwalt nicht ausüben darf (LG Aschaffenburg BeckRS 1993, 31211702). Er hat auch weiterhin das Recht, die Berufsbezeichnung „Rechtsanwalt" zu führen, wenn er klarstellt, dass er den Beruf zur Zeit nicht ausübt. Aus § 12 Abs. 4 iVm § 17 Abs. 2 ergibt sich, dass das Recht zur Führung der Berufsbezeichnung „Rechtsanwalt" nicht zwingend mit der tatsächlichen oder rechtlichen Möglichkeit verknüpft ist, diesen Beruf auch auszuüben (LG Aschaffenburg BeckRS 1993, 31211702). Im Übrigen gilt auch für ihn das in → Rn. 14 Gesagte entsprechend.

29 **b) Fortführung der Kanzlei durch Vertreter.** Durch den von der RAK auf Antrag des Rechtsanwalts bestellten allgemeinen Vertreter kann der Rechtsanwalt seine eigene Kanzlei fortführen lassen. Für die Entscheidung der RAK, ob sie auf Antrag des Rechtsanwalts ihm für die Dauer seiner Amtsführung einen Vertreter bestellt, ist anders als für die Entscheidung nach § 47 Abs. 1 nicht das Interesse der geordneten Rechtspflege entscheidend. Der entsprechende Hinweis fehlt in § 47 Abs. 2. Eine Gefährdung der Interessen der Rechtspflege durch die Bestellung eines allgemeinen Vertreters ist nach der Gesetzesintention des § 47 Abs. 2 iVm dem Zweck der Inkompatibilitätsregeln, dem Amtsinhaber trotz des Berufsausübungsverbotes aber seinen Beruf zu erhalten, grundsätzlich nicht anzunehmen. Wenn keine besonderen Umstände

vorliegen, wird insbesondere bei Einzelanwälten, deren Kanzlei sonst geschlossen werden müsste, die RAK auf Antrag des Rechtsanwalts regelmäßig den Vertreter zu bestellen haben. § 47 Abs. 2 geht davon aus, dass die politischen Ämter mit dem Anwaltsberuf grundsätzlich vereinbar sind (*Zuck* NJW 1993, 3118). Der vom Gesetz gewählte Wortlaut, die RAK könne auf Antrag einen Vertreter bestellen, räumt ebenso wenig wie § 47 Abs. 1 (vgl. BGHZ 49, 295 = NJW 1968, 840) ein Ermessen ein (BGH NJW 1997, 3238, 3240; → Rn. 37). Zur Bestellung und Rechtsstellung des Vertreters gilt im Übrigen das in → Rn. 20 Gesagte entsprechend.

5. Kanzleischild und Briefschaften. a) Fortführung der Kanzlei durch Vertreter. Wurde dem Rechtsanwalt ein Vertreter bestellt, besteht seine Kanzlei fort. Dem Vertreter stehen die anwaltlichen Befugnisse des Vertretenen zu. Er handelt zwar in eigener Verantwortung, aber im Interesse, für Rechnung und auf Kosten des Vertretenen. Die §§ 666, 667 und 670 BGB gelten entsprechend (§ 53 Abs. 9; BGH NJW 1975, 542; 1981, 1740; 1993, 1925). Der Vertreter benutzt das Briefpapier des Vertretenen unter Kenntlichmachung seiner Vertreterstellung. Da die Kanzlei des Vertretenen rechtlich fortbesteht, ist auch sein Name weiterhin im Praxisschild, dem Briefpapier und den Stempeln der Kanzlei zu führen. Trotz dieser Weiterverwendung des Namens des Amtsinhabers übt damit der Amtsinhaber seinen Beruf als Rechtsanwalt nicht weiter aus. Wer sein „Geschäft“ durch einen anderen führen lässt, übt seine berufliche Tätigkeit im Sinne der Amtsvorschriften gerade nicht aus (LG Aschaffenburg BeckRS 1993, 31211702; bestätigt durch BGH NJW 1997, 3238, 3240). 30

b) Fortführung der Kanzlei durch Sozien. Wurde dem Amtsinhaber kein Vertreter bestellt, darf er den Beruf als Rechtsanwalt nicht selbst ausüben, er darf seine Kanzlei aber auch nicht durch einen von ihm bestellten Rechtsanwalt fortführen lassen. Er darf die Kanzlei nicht selbst unter seinem Namen fortführen, indem er selbst seinen Namen im Praxisschild und den Briefschaften seiner früheren Kanzlei fortführt, Briefbögen, Stempel pp. seiner früheren Kanzlei benutzt und anwaltliche Dienste (§ 3) erbringt. § 47 Abs. 2 iVm den amtsbezogenen Berufsausübungsverboten gilt aber nur für den Amtsinhaber selbst. Wird der Amtsinhaber von den die Praxis allein fortführenden Sozien im Praxisschild pp. als Rechtsanwalt mit dem Zusatz, dass er zur Zeit den Beruf nicht ausübt, aufgeführt, dann verstößt weder der Amtsinhaber, der dazu sein Einverständnis erteilt hat, noch verstoßen die die Praxis fortführenden Sozien gegen § 47 Abs. 2 und die amtsbezogenen Inkompatibilitätsregeln. Insbesondere übt der Amtsinhaber seinen Beruf als Rechtsanwalt nicht dadurch dem Verbot zuwider aus, dass sein Name und seine Berufsbezeichnung auf den Briefköpfen und Kanzleistempeln Verwendung findet (BGH NJW 1997, 3238, 3240; → Rn. 30). Dabei darf der Name des Amtsinhabers von den verbleibenden Sozien weiter in der Kurzbezeichnung der Sozietät ohne Zusatz geführt werden, wenn zumindest in der Namensleiste auf die derzeitige Nichtausübung des Berufs durch diesen Rechtsanwalt hingewiesen wird. Die Rechtslage ist vergleichbar mit der, wenn ein Rechtsanwalt zwecks zur Ruhesetzung auf seine Rechte aus der Zulassung zur Rechtsanwaltschaft verzichtet hat (§§ 14 Abs. 2 Nr. 4, 17) oder sonst aus der Sozietät ausgeschieden ist (vgl. §§ 9, 10 Abs. 4 BORA). Setzt sich ein Rechtsanwalt zur Ruhe, ohne die Erlaubnis nach § 17 Abs. 2 zur Fortführung der Berufsbezeichnung „Rechtsanwalt“ zu besitzen und bezeichnen seine „die Praxis allein fortführenden Sozien ihn im Briefkopf als ‚Rechtsanwalt i. R.‘ oder ‚Rechtsanwalt a. D.‘, verstößt der ausgeschiedene Kollege nicht gegen § 17 Abs. 1. Denn diese Bestimmung verbietet nur ihm, weiterhin die Berufsbezeichnung Rechtsanwalt zu führen. Wird seine ehemalige Praxis von Dritten so bezeichnet, dient dies in erster Linie deren Kennzeichnung für Außenstehende. Sogar die Praxis eines aus dem Anwaltsstand ausgeschlossenen Rechtsanwalts darf während der Abwicklungszeit (§ 55) unter seinem Namen, wenn auch unter Hinweis auf die Führung durch den Abwickler, fortgeführt werden, um ihre Identifizierung für die betroffenen Rechtsuchenden zu ermöglichen. Damit ‚führt‘ der ausgeschiedene Kollege aber in seinem eigenen Bereich die Berufsbezeichnung Rechtsanwalt selbst nicht fort“ (Lingenberg/Hummel/Zuck/Eich/*Zuck* § 71 Rn. 14; *ders.* NJW 1993, 3118; *Kaiser/Bellstedt,* Die Anwaltssozietät, 2. Aufl. 1995, Rn. 19–21). Auch nach sonstigem Ausscheiden eines Rechtsanwalts ist die Fortführung seines Namens mit Hinweis auf das Ausscheiden durch die bisherigen Sozien in der Sozietätsbezeichnung zulässig (vgl. §§ 9, 10 Abs. 4 BORA). Die erforderliche Einwilligung des Ausgeschiedenen zur Fortführung seines Namens in der Sozietätsbezeichnung kann schon im Sozietätsvertrag enthalten sein oder von ihm bzw. seinen Erben nach dem Ausscheiden erklärt werden (*Kaiser/Bellstedt,* Die Anwaltssozietät, 2. Aufl. 1995, Rn. 21). 31

32 Ist im Interesse der Rechtsuchenden und zur Erhaltung des in der Sozietätsbezeichnung verkörperten inneren Wertes der Praxis in diesen Fällen die Fortführung des Namens des endgültig Ausgeschiedenen mit entsprechendem Zusatz in Praxisschild, Briefschaften pp. zulässig, um die Praxis zuverlässig für Außenstehende zu kennzeichnen, und ihre Identifizierung für die Betroffenen zu ermöglichen und den Sozien ihre in der Praxis verkörperte bisherige Arbeitsleistung zu erhalten, dann ist dies erst recht im Fall des nur vorübergehenden Ausscheidens aufgrund eines zeitweiligen Berufsausübungsverbotes geboten und zulässig. Insbesondere ist der Amtsinhaber aufgrund des Berufsausübungsverbotes nicht verpflichtet, seine erforderliche Einwilligung zur Fortführung seines Namens in der Bezeichnung der Sozietät zu verwehren. Eine solche Pflicht würde dem Regelungszweck der amtsbezogenen Inkompatibilitätsregeln widersprechen, an die § 47 Abs. 2 anknüpft. Damit wird der in allen amtsbezogenen Inkompatibilitätsregeln zum Ausdruck gekommene Zweck erreicht, dem Amtsinhaber die Rückkehr in seinen Beruf nach Beendigung der Amtsausübung zu erleichtern. Der vorübergehend ausgeschiedene Rechtsanwalt und die die Kanzlei fortführenden Sozien können sich auf diese Weise den mit der Kanzleibezeichnung verbundenen inneren Wert ihrer Praxis und damit das Ergebnis ihrer bisherigen Arbeit erhalten, was bei der Ungesichertheit politischer Ämter von besonderer Bedeutung für den Amtsinhaber ist. Diesem wird so für den Fall der Beendigung seiner Amtstätigkeit ein unmittelbares Anknüpfen an seine frühere berufliche Tätigkeit ermöglicht. Gleichzeitig wird durch das Berufsausübungsverbot für den Amtsinhaber aber sichergestellt, dass es zu keiner unzulässigen Verquickung zwischen Amt, amtlichen Befugnissen und der anwaltlichen Tätigkeit kommt. Der notwendige Hinweis im Praxisschild und in Briefschaften pp., dass der Anwaltsberuf zur Zeit von dem Amtsinhaber nicht ausgeübt wird, er sich damit jeder beruflichen Tätigkeit einschließlich der Annahme und Vermittlung von Mandaten enthalte, verhindert in ausreichender Weise eine Täuschung des rechtsuchenden Publikums und berufswidrige Werbung durch Vortäuschen, der Amtsträger biete in der Kanzlei seine anwaltlichen Dienste an. Damit wird dem Erfordernis der Klarheit und Wahrheit für Kanzleischilder, Briefschaften pp. ausreichend genüge getan und bestehen daher gegen die Weiterverwendung der Berufsbezeichnung „Rechtsanwalt" mit dem klärenden Zusatz weder berufsrechtliche noch wettbewerbsrechtliche Bedenken (LG Aschaffenburg BeckRS 1993, 31211702). Ferner wird damit einer weiteren beruflichen Inanspruchnahme des Amtsinhabers durch Rechtsuchende entgegengewirkt, der der Amtsinhaber nicht mehr nachkommen dürfte und andererseits der Gefahr einer Anscheinshaftung bei Fortführung seiner Kanzlei durch Dritte (Lingenberg/Hummel/Zuck/Eich/*Zuck* § 71 Rn. 12; BGH NJW 1991, 1225 = MDR 1991, 675 = BB 1991, 441 = BRAK-Mitt. 1991, 111 = EBE 1991, 75; *Kaiser/Bellstedt,* Die Anwaltssozietät, 2. Aufl. 1995, Rn. 19). Selbstverständlich ist dem Amtsinhaber und seinen früheren Sozien gestattet, den Namen des Amtsinhabers für die Zeit der Amtsausübung aus der Kanzleibezeichnung herauszunehmen, um so auch nur den geringsten Anschein einer Verquickung von Amt und anwaltlicher Tätigkeit zu vermeiden. Eine rechtliche Verpflichtung dazu besteht nicht.

33 **6. Gewinnbeteiligungen.** Wie der Bundespräsident, Regierungsmitglieder aber auch andere Amtsträger nach den für das jeweilige Amt geltenden Vorschriften durchaus Eigentümer, Gesellschafter oder Anteilseigner wirtschaftlicher Unternehmen bleiben können, wenn sich daraus keine unmittelbare Direktionsbefugnis ergibt (AK-GG/*Schneider,* 2. Aufl. 1989, GG Art. 66 Rn. 7; Bonner Kommentar zum GG/*Fritz,* 2001, GG Art. 55 Rn. 25), und sie die daraus ohne weitere eigene Tätigkeit erwachsenden wirtschaftlichen Vorteile und Gewinne ziehen dürfen, kann auch ein Rechtsanwalt während seiner Amtszeit Gesellschafter der Sozietät bleiben (LG Aschaffenburg Urteil vom 16.12.1993 – 1 HKO 165/93). Er darf nur keinerlei Einfluss auf die Geschäfte der Sozietät nehmen, sich an der Geschäftsführung nicht beteiligen, wie er auch sonst selbst keinerlei anwaltliche Funktionen einschließlich Mandatswerbung und -vermittlung wahrnehmen darf. Das persönliche Berufsausübungsverbot hindert den Rechtsanwalt nicht, von der Sozietät als Ausgleich für seine Tätigkeit in der Kanzlei bis zum Amtsantritt, insbesondere für den Aufbau der Kanzlei und die Übernahme der Sozien in eine von ihm eingeführte Kanzlei einen wirtschaftlichen Ausgleich in Form einer Gewinnbeteiligung zu vereinbaren und diese sich von der Sozietät zahlen zu lassen. Wie für sonstige Fälle des vorübergehenden Ausfalls, der Beschränkung oder Einstellung der Tätigkeit aus Altersgründen und Versorgungsfälle kann schon von vornherein im Sozietätsvertrag (*Kaiser/Bellstedt,* Die Anwaltssozietät, 1993, Rn. 166 ff.) eine solche Zahlung für Fälle eines vorübergehenden persönlichen Berufsausübungsverbotes vorgesehen werden. Zur **Verpachtung der Kanzlei** → § 27 Rn. 35; *Zuck* NJW 1993, 3118.

Der Eingriff in die persönlichen und beruflichen Verhältnisse des Amtsträgers soll durch die Berufsausübungsverbote nicht über das unerlässliche Maß hinaus gesteigert werden und lediglich sicherstellen, dass der Amtsträger mit Rücksicht auf sein Amt durch keinerlei Pflichten und berufliche Tätigkeiten belastet oder in seiner Unabhängigkeit beeinträchtigt wird (*v. Mangoldt/Klein* Art. 55 GG Anm. II. 5., Art. 66 GG Anm. II). Nur die berufliche Betätigung ist daher während der Amtsausübung verboten (AK-GG/*Schneider,* 2. Aufl. 1989, Art. 66 GG Rn. 6), nicht aber die Erzielung weiterer Gewinne aus der früheren gewerblichen oder beruflichen Tätigkeit, wenn diese ohne weitere eigene berufliche Betätigung anfallen. Nicht nur die Regelungen über die amtsbezogenen Berufsausübungsverbote stehen einer weiteren Gewinnbeteiligung nicht entgegen, sondern auch das anwaltliche Berufsrecht schließt eine solche nicht aus. Das zeigt schon die Zulassung einer Vertreterbestellung. Im Falle der Vertretung (§§ 47 Abs. 2, 53) wird die Kanzlei des vertretenen Amtsinhabers im Interesse und für Rechnung des Vertretenen weitergeführt und sind ihm die Gewinne seiner Kanzlei herauszugeben (§ 53 Abs. 9 iVm § 667 BGB). 34

V. Das Verfahren

Voraussetzung für die Befreiung vom Berufsverbot ist nach § 47 Abs. 1 S. 2 ein Antrag (Hartung, § 47 Rn. 45). Liegen die Unterlagen vor, muss die RAK im Rahmen ihres Ermessens über den Antrag entscheiden. Ausgangspunkt für die Prüfung ist dabei ein Regel-/Ausnahmeverhältnis. Der Gesetzgeber geht davon aus, dass in der Regel eine Tätigkeit im öffentlichen Dienst nicht mit der Anwaltstätigkeit in Einklang zu bringen ist. Eine Ausnahme kann gelten, „wenn die Interessen der Rechtspflege dadurch nicht gefährdet werden." Daher gelten hier die gleichen Überlegungen wie bei den Fragen der Zulassung, allerdings mit der Maßgabe, dass zugunsten des Anwalts von einer vorübergehenden und keiner auf Dauer angelegten Tätigkeit auszugehen ist (Gaier/Wolf/Göcken/*Huff* § 47 Rn. 26). Gibt die RAK dem Antrag des Rechtsanwalts nicht statt, ist der Rechtsweg nach § 112a eröffnet. In einigen Bundesländern ist nach dem Landesrecht ein Widerspruchsverfahren durchzuführen. Entsprechende Regelungen finden sich in § 68 Abs. 1 VwGO iVm AGVwGO des Bundeslandes. Ist ein Widerspruchsverfahren nicht erforderlich, kann der Rechtsanwalt innerhalb eines Monats nach Zustellung des Bescheides Klage erheben. Nach § 112a Abs. 1 ist eine Zuständigkeit des Anwaltsgerichtshof gegeben, § 112a Rn. 19. Die Frage, ob sich ein Rechtsanwalt mit einem Berufsausübungsverbot nach § 47 Abs. 1 S. 1 und Abs. 2 vor den Berufsgerichten selbst vertreten darf, ist bislang nicht entschieden. Zur Frage der Selbstvertretung vgl. *Quaas* BRAK-Mitt. 2013, 8. 35

Die dem Antrag stattgebende Entscheidung der RAK ist **unwiderruflich,** eine dem § 29 Abs. 2 entsprechende Widerrufsmöglichkeit ist nicht vorgesehen (*Isele* § 47 Anm. IV C 2a) und allenfalls nach den über § 32 entsprechend geltenden §§ 48, 49 VwVfG denkbar. 35a

Der Bescheid ist, soweit er auf dem unbestimmten Rechtsbegriff der **Gefährdung der Interessen der Rechtspflege** beruht, gerichtlich voll überprüfbar (BGH NJW 1967, 880). Bei der Prüfung, ob Interessen der Rechtspflege gefährdet werden (§ 47 Abs. 1S. 2) handelt es sich vielmehr um die – auch gerichtlich nachprüfbare – Anwendung eines Rechtssatzes mit unbestimmtem Rechtsbegriff (BGH NJW 1997, 3238, 3240; 1967, 880 = AnwBl. 1967, 137; *Kleine-Cosack* § 47 Rn. 12; *Jessnitzer/Blumberg* § 47 Rn. 9; **aA** EGH München EGE VII, 198; IX, 135; *Isele* § 47 Anm. IV D 1b). Dabei liegt es in der Natur der Dinge, dass bei der Anwendung unbestimmter Rechtsbegriffe im Einzelfall ein gewisser Beurteilungsspielraum der Verwaltungsbehörde bestehen kann, den die gerichtliche Nachprüfung zu achten hat. Der Umfang dieses Spielraums wird von der Art des Rechtsgebiets und der Sachnähe der Verwaltung abhängen. In den Fällen des § 47 ist eine weitgehende Nachprüfung ohne weiteres möglich und deshalb auch geboten. Aus anderen Gründen als wegen Gefährdung der Rechtspflegeinteressen kann die RAK ihre Genehmigung nach Abs. 1 S. 2 nicht verweigern. Ein freies, beliebige öffentliche Interessen berücksichtigendes Ermessen der Behörde wäre weder mit der Gesetzmäßigkeit der Verwaltung noch mit der grundsätzlich gewährleisteten Berufsfreiheit vereinbar (BGHZ 49, 295 = NJW 1968, 840; BGH NJW 1997, 3238, 3240; zu Abs. 2 → Rn. 29). 36

VI. Verfassungsmäßigkeit

§ 47 stellt eine verfassungsmäßige Regelung der Berufsausübung nicht auch der Berufswahl dar. Die Berufsausübung kann nach Art. 12 Abs. 1 S. 2 GG durch Gesetz geregelt werden. § 47 37 hält sich in diesem Rahmen. Er will verhindern, dass sich aus einer Tätigkeit als Richter, Soldat oder Beamter Interessenkollisionen ergeben. Dieses Ziel liegt aber im Interesse des Gemeinwohls (EGH München EGE IX, 139; BRAK-Mitt. 1986, 228; *Kleine-Cosack* § 47 Rn. 18). Dem Grundsatz der Verhältnismäßigkeit trägt § 47 ausreichend Rechnung, indem er die Möglichkeit der Vertreterbestellung bzw. eine Gestattung der weiteren Berufsausübung vorsieht (→ Rn. 15 ff.). Ein paralleles Verbot, die anwaltliche Berufsbezeichnung zu führen (§ 12 Abs. 3), wäre als unverhältnismäßiger Eingriff in Art. 12 Abs. 1 GG zu beanstanden (Henssler/Prütting/*Kilian* § 47 Rn. 5; *Kleine-Cosack* Rn. 16; → Rn. 28).

VII. Tätigkeit entgegen dem Verbot

38 Prozesshandlungen, die der Rechtsanwalt dem in§ 47 Abs. 1 S. 1 und Abs. 2 enthaltenen Verbot zuwider vorgenommen hat, sind wirksam (*Kleine-Cosack* § 47 Rn. 13). Da das Tätigkeitsverbot im Rechtsverkehr nicht ohne weiteres erkennbar ist, müssen im Interesse der Rechtssicherheit die Beteiligten geschützt werden (§ 155 Abs. 5 entsprechend). Allerdings ist der Rechtsanwalt entsprechend § 156 Abs. 2 zurückzuweisen (→ § 46 Rn. 30; → § 156 Rn. 7; **aA** *Hartung* § 47 Rn. 52). Ein Verstoß gegen das Berufsausübungsverbot ist eine Verletzung einer anwaltlichen Berufspflicht mit den Sanktionsmöglichkeiten nach § 74 bzw. einer anwaltsgerichtlichen Maßnahme nach § 113. § 3 BORA ist neben § 47 nicht anwendbar (*Hartung* § 47 Rn. 54).

§ 48 Pflicht zur Übernahme der Prozeßvertretung (§ 16 BORA)

(1) **Der Rechtsanwalt muß im gerichtlichen Verfahren die Vertretung einer Partei oder die Beistandschaft übernehmen,**

1. **wenn er der Partei auf Grund des § 121 der Zivilprozeßordnung, des § 4a Abs. 2 der Insolvenzordnung oder auf Grund anderer gesetzlicher Vorschriften zur vorläufig unentgeltlichen Wahrnehmung ihrer Rechte beigeordnet ist;**
2. **wenn er der Partei auf Grund der §§ 78b, 78c der Zivilprozeßordnung beigeordnet ist;**
3. **wenn er dem Antragsgegner auf Grund des § 138 des Gesetzes über das Verfahren in Familiensachen und in den Angelegenheiten der freiwilligen Gerichtsbarkeit als Beistand beigeordnet ist.**

(2) **Der Rechtsanwalt kann beantragen, die Beiordnung aufzuheben, wenn hierfür wichtige Gründe vorliegen.**

Schrifttum: *Büttner,* Prozesskostenhilfe (PKH) – restriktive Tendenzen in Rechtsprechung und Gesetzgebung, AnwBl. 2007, 477; *Creutz,* Gesetzesentwurf im Bundestag; Länder fordern Kahlschlag bei der Prozesskostenhilfe, AnwBl. 2007, 267; *Enders,* Prozesskostenhilfe in der Regel keine einschränkende Beiordnung mehr?, JurBüro 2005, 337; *Ganter,* Zum Gleichlauf von Anwaltsmandat und Anwaltsbeiordnung, AnwBl. 2007, 847; *Heister-Neumann,* Reform der Prozesskostenhilfe – Notwendigkeit und Möglichkeiten einer Begrenzung der Aufwendungen, ZRP 2006, 241; *Kilian,* Die Bedeutung der Prozesskostenhilfe in der anwaltlichen Praxis, AnwBl. 2012, 330; *Reckin,* Lässt sich die Beteiligung des beigeordneten Anwalts im PKH-Überprüfungsverfahren vermeiden?, AnwBl. 2014, 322; *v. Seltmann,* Referentenentwurf für ein Gesetz zur Änderung des Prozesskostenhilfe- und Beratungshilferechts, BRAK-Mitt. 2012, 165; *Teubel,* Das neue Prozesskostenhilfe- und Beratungshilferecht, BRAK-Mitt. 2013, 151.

Übersicht

I. Entstehungsgeschichte

Durch das Gesetz zur Änderung des Prozesskostenhilfe- und Beratungsrechts vom 31.8.2013 (BGBl. I S. 3536) wurden in § 48 Abs. 1 Nr. 1 die Verweisung auf § 11a ArbGG gestrichen (→ Rn. 12). Die Neuregelung des § 48 trat am 1.1.2014 in Kraft. 1

II. Einschränkung der Freiheit des Rechtsanwalts

§ 48 schränkt für die Vertretung in gerichtlichen Verfahren die Freiheit des Rechtsanwalts, über die Annahme eines Mandats frei zu entscheiden (§ 44), für im Einzelnen näher aufgeführte Fälle in verfassungsrechtlich zulässiger Weise ein (amtliche Begründung, BT-Drs. 3/120; OLG Hamm DB 1970, 2317). Liegt ein wirksamer gerichtlicher Beschluss vor, der die Voraussetzungen für die Beiordnung eines Rechtsanwalts bejaht und wurde der Partei ein bestimmter Rechtsanwalt beigeordnet, dann muss der Rechtsanwalt grundsätzlich die Vertretung übernehmen. Auch liegt eine staatliche Inanspruchnahme vor, denn ein gemäß § 121 ZPO beigeordneter Rechtsanwalt ist nach § 48 Abs. 1 Nr. 1 grundsätzlich verpflichtet, die gerichtliche Vertretung zu übernehmen (BVerfG NJW 2012, 3293). 1a

§ 48 wird durch **§ 16 BORA** ergänzt. **§ 16a BORA** regelt Gründe, die es berufsrechtlich rechtfertigen, Beratungshilfe abzulehnen (näher → BORA § 16 Rn. 1 ff.; → BORA § 16a Rn. 1 ff.). Nach § 16 Abs. 1 BORA muss der Rechtsanwalt bei begründetem Anlass von sich aus auf die Möglichkeit von Prozesskostenhilfe hinweisen. Nach Art. 25 EGZPO iVm § 121 Abs. 2 ZPO sind auch Kammerrechtsbeistände berechtigt, in Verfahren mit PKH tätig zu werden, soweit kein Anwaltszwang besteht, ab 1.7.2008 gilt dies nach § 3 Abs. 1 Nr. 1 RDGEG (→ § 209 Rn. 16). Eine Beiordnung anderer Rechtsbeistände oder Prozessagenten scheidet aus (BGH Rbeistand 2003, 61). 1b

Es wird durch gerichtliche Beiordnung im Prozesskostenhilfeverfahren bzw. als Notanwalt zwar nicht unmittelbar ein privatrechtliches Mandatsverhältnis zwischen Anwalt und Partei als Voraussetzung für eine wirksame Prozessvertretung begründet. Erforderlich ist vielmehr eine **zusätzliche Beauftragung und Vollmachterteilung** (BGHZ 30, 226, 230 = NJW 1959, 1732). Aber der Rechtsanwalt ist aufgrund der öffentlich-rechtlichen Verpflichtung aus der Beiordnung zum Mandatsabschluss verpflichtet (*Vollkommer/Greger/Heinemann* § 3 Rn. 14; *Brangsch* AnwBl. 1982, 99). Gemildert wird dieser Übernahmezwang durch die korrespondierenden Verfahrensvorschriften, indem sie die Beiordnung grundsätzlich auf den „zur Vertretung bereiten Rechtsanwalt" beschränken (§ 121 Abs. 2 ZPO; Henssler/Prütting/*Henssler* § 48 Rn. 4). Wird der armen Partei ein bei dem von ihr beauftragten Rechtsanwalt angestellter Rechtsanwalt im Wege der Prozesskostenhilfe beigeordnet, so kommt ein Anwaltsvertrag mit letzterem spätestens dadurch zustande, dass der Anwalt im Einverständnis mit der Partei tätig wird. Hat die arme Partei vor der Beiordnung eines angestellten Rechtsanwalts dem Prinzipal ein Mandat erteilt, besteht dieser Vertrag auch nach der Beiordnung des Angestellten fort, wenn nichts anderes vereinbart ist. Der angestellte Anwalt haftet in einem solchen Fall nur für eigene Pflichtverletzungen nach seiner Beiordnung (BGH NJW 2005, 174 mit Anm. *Winkler*). Kommt es bei Bewilligung von PKH für eine beabsichtigte Berufung durch missverständlichen Vortrag des Rechtsanwalts zur Beiordnung des „falschen" Sozietätsmitglieds, so haben die Rechtsanwälte die Versäumung der Wiedereinsetzungsfrist zu vertreten, wenn dem „richtigen" Sozius die Sache nicht rechtzeitig vorgelegt wird (OLG Düsseldorf OLGR 2007, 130). 2

§ 48 gilt sinngemäß für **Rechtsanwaltsgesellschaften** (§ 59m Abs. 2). Nach ständiger Rechtsprechung des BGH kann nach § 121 ZPO nicht nur ein Rechtsanwalt als Einzelperson beigeordnet werden, sondern auch eine nach § 59g zugelassene Rechtsanwaltsgesellschaft (NJW 2009, 440). Eine als Gesellschaft bürgerlichen Rechts geführte Rechtsanwaltssozietät ist eine parteifähige Vereinigung iSd Prozesskostenhilferechts (BGH NJW 2011, 1595). Die Entscheidung des BGH hat nicht nur Bedeutung für interprofessionelle Rechtsanwaltsgesellschaften iSd § 59c BRAO, sondern gleichermaßen für alle anderen anerkannten Rechtsformen gemischter Berufsausübungsgemeinschaften, sei es in Gestalt einer Sozietät, AG oder Partnerschaft (*Nitschke* NJW 2013, 948). Das OLG Nürnburg entschied, dass im Rahmen der Bewilligung von Prozess- bzw. Verfahrenskostenhilfe auch eine **Rechtsanwaltsgesellschaft,** zu deren Geschäftsführer andere Personen als Rechtsanwälte gehören, nach § 121 ZPO beigeordnet werden können (NJW 2013, 2a

948 mit Anm. *Deckenbrock* AnwBl. 2014, 118 zum allgemeinen Berufsrecht der Berufsausübungsgemeinschaft).

3 Der Rechtsanwalt darf in Beiordnungsfällen nicht tätig werden, wenn einer der Gründe des § 45 vorliegt. Die gesetzliche Pflicht zur **Versagung der Berufstätigkeit** geht der gerichtlichen Anordnung ausnahmslos vor. Gleiches gilt in den Fällen der §§ 43a Abs. 4, 46, 47 (*Isele* § 48 Anm. II C 1, 2). Der Rechtsanwalt darf sich in diesen Fällen aber nicht aufs Nichtstun beschränken, sondern muss bei Gericht auf die Aufhebung seiner Beiordnung notfalls mit Beschwerde hinwirken. Die Pflicht zur Vertretungsübernahme endet mit Abschluss des gerichtlichen Verfahrens, für das die Beiordnung ausgesprochen wurde und durch Aufhebung der Beiordnung durch das Gericht.

III. Fälle der Übernahmepflicht

4 Die Pflicht zur Übernahme der Vertretung bzw. Beistandschaft im gerichtlichen Verfahren (BGH AnwBl. 2007, 634) besteht in folgenden Fällen:

5 **1. Beiordnung nach § 121 ZPO.** In den Fällen § 121 Abs. 1–4 ZPO hat der Rechtsanwalt vor seiner Beiordnung bereits seine Bereitschaft zur Übernahme des Auftrags der Partei und/oder dem Gericht gegenüber erklärt. Andernfalls wäre diese Beiordnung nicht ordnungsgemäß erfolgt. Es ist in diesen Fällen zwischen der Partei und dem Anwalt häufig bereits vor der Beiordnung nach § 121 Abs. 1–4 ZPO ein Anwaltsvertrag nach §§ 611 ff. BGB zustande gekommen, der lediglich unter der aufschiebenden Bedingung einer ordnungsgemäßen Beiordnung stand. Mit der Beiordnung wird der Vertrag endgültig wirksam (Baumbach/Lauterbach/Albers/*Hartmann* ZPO § 121 Rn. 13 ff.). Beantragt ein minderjähriger Unterhaltsgläubiger für die Zwangsvollstreckung die Beiordnung eines Rechtsanwalts, kann diese nicht mit der Begründung versagt werden, es bestehe die Möglichkeit, die Beistandschaft des Jugendamts zu beantragen (BGH NJW 2006, 1204). Der für den Fall der Bewilligung von PKH gestellte Beiordnungsantrag eines nicht in dem Gerichtsbezirk niedergelassenen Rechtsanwalts enthält regelmäßig ein konkludentes Einverständnis mit einer dem Mehrkostenverbot des § 121 Abs. 3 ZPO entsprechenden Einschränkung der Beiordnung nur zu den Bedingungen eines in dem Gerichtsbezirk niedergelassenen Rechtsanwalts (BGH BRAK-Mitt. 2007, 35 zu § 121 Abs. 3 ZPO aF).

5a Bei einer Beiordnung nach § 121 Abs. 5 ZPO, wenn also die Partei keinen zur Vertretung bereiten Rechtsanwalt gefunden hat, ist der Rechtsanwalt kraft Gesetzes zwar noch nicht durch die Beiordnung vertraglich an die Partei gebunden. Er ist aber zum Abschluss eines Vertrages mit der Partei als seinem Auftraggeber aufgrund der wirksamen Beiordnung verpflichtet (Baumbach/Lauterbach/Albers/*Hartmann* ZPO § 121 Rn. 79; *Vollkommer/Greger/Heinemann* § 3 Rn. 22 f.; Zöller/*Geimer* ZPO § 121 Rn. 29). Die Beiordnung begründet für ihn die öffentlich-rechtliche Pflicht zum Abschluss des Vertretungsvertrages; die Übernahme ist eine Berufspflicht (BGHZ 60, 258 = NJW 1973, 757; BGHZ 27, 163, 166 = NJW 1958, 1186 = MDR 1958, 588; Zöller/*Geimer* ZPO § 121 Rn. 29). Die Änderung der Beiordnung eines Anwalts setzt grundsätzlich voraus, dass ein triftiger Grund vorliegt, der auch einen auf eigene Kosten streitenden verständigen Beteiligten veranlasst hätte, einen Anwaltswechsel und die dadurch entstehenden Mehrkosten auf sich zu nehmen (OVG Lüneburg NJW 2012, 698)

6 Die Beiordnung ersetzt in beiden Fällen nicht die vertragliche Einigung zwischen dem Anwalt und der begünstigten Partei und die Notwendigkeit einer Vollmachterteilung durch die Partei. Andererseits hat der Rechtsanwalt in allen Beiordnungsfällen des § 121 ZPO von der Beiordnung an Fürsorge-, Belehrungs- und Betreuungspflichten und wenn er diese nicht erfüllt, ist er der Partei schadensersatzpflichtig (BGHZ 30, 226 = NJW 1959, 1732; BGHZ 60, 258 = NJW 1973, 757; Baumbach/Lauterbach/Albers/*Hartmann* ZPO § 121 Rn. 13, 14). Der beigeordnete Anwalt wird nicht ab Zustellung des Beiordnungsbeschlusses Vertreter der Partei iSd § 85 Abs. 2 ZPO, sondern erst wenn er den mit der Vollmacht verbundenen Antrag annimmt (*Vollkommer/Greger/Heinemann* § 3 Rn. 22 f.; Baumbach/Lauterbach/Albers/*Hartmann* ZPO § 85 Rn. 26, 35; BGHZ 47, 320 = NJW 1967, 1567; BGH MDR 1987, 315). Eine Partei, die im Verfahren der PKH einen einer Anwaltssozietät angehörenden Rechtsanwalt beigeordnet erhält und diesen beauftragt, braucht nur für dessen Verschulden, nicht aber für das eines anderen Mitglieds der Sozietät einzustehen (BGH MDR 1991, 1090 = JR 1992, 112). Der Umfang der Beiordnung bestimmt sich grundsätzlich nach dem Umfang der PKH-Bewilligung (Henssler/Prütting/*Henssler* § 48 Rn. 9). Bei einer **Sozietät** musste nach hM ein bestimmter Anwalt namentlich bei-

geordnet werden (OLG Karlsruhe FamRZ 1996, 1428; LAG Nürnberg MDR 2002, 1084; Baumbach/Lauterbach/Albers/*Hartmann* ZPO § 121 Rn. 6). Im Hinblick darauf, dass nunmehr auch die Sozietät in Form einer BGB-Gesellschaft für rechts- und parteifähig angesehen wird (BGH NJW 2001, 1056 = DB 2001, 423; → § 59a Rn. 6), ist es aber folgerichtig auch die Sozietät als solche beiordnungsfähig anzusehen, vgl. BGH NJW 2009, 440 mit Anm. *Horn*. Die **Partnerschaft** (§ 7 Abs. 4 PartGG) und die **Rechtsanwalts-GmbH** (§§ 59l, 59m Abs. 2) können selbst beigeordnet werden. Für die Rechtsanwalts-GmbH ist die sinngemäße Anwendung des § 48 ausdrücklich in § 59m Abs. 2 bestimmt. Für die Partnerschaft ergibt sich die eigene Beiordnungsfähigkeit aus der Neuregelung des § 7 Abs. 4 PartGG, wonach die Partnerschaft im Wesentlichen in gleicher Weise vertretungsbefugt ist wie die Rechtsanwaltsgesellschaft nach § 59l (→ PartGG § 7 Rn. 8, 9). Dies rechtfertigt auch für die Partnerschaft die sinngemäße Anwendung des § 48 (Henssler/Prütting/*Henssler* § 48 Rn. 9). Weil auch eine zugelassene Rechtsanwalt-AG postulationsfähig ist, muss für sie Entsprechendes gelten.

Gegen die Beiordnung steht dem Rechtsanwalt die einfache **Beschwerde** nach §§ 567, 127 Abs. 2 S. 2 ZPO zu; § 567 Abs. 4 ZPO hat auch im Verfahren über Prozesskostenhilfe Geltung (BGH EWiR 1990, 97 mit Anm. *Kunkel* zu §§ 127 Abs. 2, 567 Abs. 3 ZPO aF). Die Aufhebung der Beiordnung kann der Rechtsanwalt nur beantragen, wenn dafür wichtige Gründe vorliegen (→ Rn. 19 ff.). Unterbleibt eine beantragte Beiordnung, steht nur der Partei das Beschwerderecht zu, der Rechtsanwalt hat kein eigenes Beschwerderecht (OLG Karlsruhe FamRZ 1996, 1428). 7

2. Angemessene Vergütung. Die durch Art. 12 GG geschützte Freiheit, einen Beruf auszuüben, ist untrennbar mit der Freiheit verbunden, eine angemessene Vergütung zu fordern. Das Ziel der Schonung öffentlicher Kassen stellt aber bei Vergütungsregelungen wie nach §§ 45, 49 RVG eine vernünftige Erwägung des Gemeinwohls dar. Da dieses Ziel aber schon bei der Gebührenregelung der Prozesskostenhilfe berücksichtigt wurde, kann es nicht nochmals die Reduzierung des Streitwertes rechtfertigen, um so die Vergütung der Rechtsanwälte weiter abzusenken (BVerfG AnwBl. 2005, 651 mit Anm. *Schons* AnwBl. 2005, 697). Der im Wege der Prozesskostenhilfe beigeordnete Rechtsanwalt, erhält gemäß § 45 RVG seine Vergütung aus der Staatskasse. Die Höhe der Gebühren regelt § 49 RVG. Die Gebühren liegen unter der Regelgebühr eines Wahlanwalts und sind pro Gebühr begrenzt auf einen Höchstbeitrag von derzeit 447 Euro. Ein Rechtsanwalt, der im Wege der Prozesskostenhilfe einer Partei beigeordnet ist, darf nicht auf Grund eigener Beurteilung und ohne oder sogar entgegen gerichtlichen Feststellungen zum Wegfall der Bedürftigkeit eine Vergütung für seine Tätigkeit fordern, weil er die Partei – gleichviel, ob zu Recht oder zu Unrecht – nicht oder nicht mehr für bedürftig hält. Tut er dies dennoch, handelt er pflichtwidrig (BGHZ 39, 351 = BGHSt 18, 354 = NJW 1963, 1318 = MDR 1963, 698; EGH München Urteil vom 28.1.1987 – BayEGH II – 8/86). Die beigeordneten Rechtsanwälte können nach § 122 Abs. 1 Nr. 3 ZPO Ansprüche gegen die Partei auch dann nicht geltend machen, wenn der Mandant dem Rechtsanwalt zugesagt hat, er wolle ihn aus eigenen Mitteln honorieren, soweit er aus der Landeskasse nichts erhalte (OLG Düsseldorf AnwBl. 1989, 176). Zur Annahme freiwilliger Zahlungen oder Leistungen vgl. § 16 Abs. 2 BORA. 8

Erklärt eine Partei, sie könne Zahlungen nicht leisten und sichert der Rechtsanwalt ihr zu, im Falle der **Bewilligung von PKH** würden ihr keine Kosten entstehen, so ist der Anwalt auf den Anspruch gegen die Staatskasse beschränkt. Er kann die Gebühr nach Nr. 3335 VV RVG, für die Fertigung des Gesuchs um Bewilligung der PKH nicht von der Partei fordern, es sei denn, er klärt sie über den Gebührenanspruch auf (*Gerold/Schmidt/Müller-Rabe* RVG § 1 Rn. 49 f., VV 3335 Rn. 6, 26). Der Einwand der Partei, ihr Verfahrensbevollmächtigter könne von ihr keine Kosten für die Vertretung im PKH-Verfahren (Nr. 3335 VV RVG) verlangen, weil von Anfang an in der Besprechung vorausgesetzt gewesen sei, dass sie keine Anwaltsgebühren zahlen könne, ist eine ausreichende nichtgebührenrechtliche Einwendung iSd § 11 Abs. 5 RVG (§ 19 BRAGO aF; OLG Koblenz AnwBl. 1988, 72). Versäumt ein Rechtsanwalt nach Bewilligung von PKH für eine beabsichtigte Berufung die Frist zur Wiedereinsetzung bezüglich der Berufungsfrist, so hat er keinen Anspruch gegen die Staatskasse wegen seiner Gebühren für die verspätet eingelegte und als unzulässig verworfene Berufung (OLG Karlsruhe MDR 1992, 619). Bestellen sich die Mitglieder einer Anwaltssozietät für einen Mandanten und wird im Laufe des Verfahrens Gewährung von PKH unter Beiordnung eines Sozietätsmitglieds beantragt, so haften gleichwohl alle Sozietätsmitglieder für etwaiges Verschulden aus positiver Vertragsverletzung des 9

Anwaltsvertrages, sofern nicht ausnahmsweise mit hinreichender Deutlichkeit zum Ausdruck kommt, dass der Mandant nur dieses Sozietätsmitglied beauftragen wollte; dies gilt jedenfalls so lange, wie es nicht zur Beiordnung gekommen ist (OLG Köln AnwBl. 1994, 300). Der Mandant hat einen Schadensersatzanspruch auf Freistellung von Vergütungsansprüchen gegen seinen Anwalt, wenn die Bewilligung der Prozesskostenhilfe vom Gericht zu Unrecht aufgehoben wird und der Anwalt nicht zur Einlegung eines Rechtsmittels rät (OLG Düsseldorf AnwBl. 2005, 787).

10 Art. 3 Abs. 1 GG fordert unter dem Gesichtspunkt der prozessualen „Waffengleichheit" nicht die entsprechende Anwendung der auf den reinen Parteiprozess zugeschnittenen Regelung des § 121 Abs. 2 Alt. 2 ZPO im Rahmen solcher Verfahren, in denen die Stellung der Beteiligten grundlegend anders ausgestaltet ist und die von besonderen rechtsstaatlichen Garantien bzw. richterlichen Aufklärungs-, Kontroll- und Fürsorgepflichten geprägt sind. Es besteht daher kein Anspruch auf Beiordnung eines Rechtsanwalts im Wege der PKH zwecks Anmeldung einer (titulierten Unterhalts-)Forderung im Insolvenzverfahren, selbst wenn der Insolvenzverwalter Rechtsanwalt ist (BVerfG NJW 1989, 32, 71). Der einer Partei nach den Vorschriften über die PKH beigeordnete Rechtsanwalt ist gegenüber der Landeskasse verpflichtet, dahin zu wirken, dass Ansprüche der in § 621 Abs. 1 ZPO beschriebenen Art, soweit nicht ohnehin ohne Antrag über sie zu entscheiden ist (vgl. § 623 Abs. 2 ZPO), gemäß § 623 Abs. 1 ZPO verfolgt werden (OLG Düsseldorf NJW-RR 1989, 1485). Ansprüche des im Wege der PKH beigeordneten Rechtsanwalts gegen die Staatskasse verjähren in zwei Jahren, vom Ende des Jahres der Fälligkeit an gerechnet (LAG München MDR 1994, 738).

11 **3. Beiordnung nach § 4a Abs. 2 InsO.** Werden dem Schuldner nach § 4a Abs. 1 InsO die Kosten des Insolvenzverfahrens gestundet, wird ihm auf Antrag nach § 4a Abs. 2 InsO ein zur Vertretung bereiter Rechtsanwalt seiner Wahl beigeordnet, wenn die Vertretung durch einen Rechtsanwalt trotz der dem Gericht obliegenden Fürsorge erforderlich erscheint. § 121 Abs. 3–5 ZPO gilt entsprechend (→ § 48 Rn. 5 ff.; s. auch Kübler/Prütting/*Wenzel* InsO § 4a Rn. 3 ff.).

12 **4. Beiordnung nach § 11a ArbGG.** Mit dem Gesetz zur Änderung des Prozesskostenhilfe- und Beratungshilferechts vom 31.8.2013, in Kraft seit 1.1.2014 (→ § 48 Rn. 1), wurde sowohl § 48 als auch § 11a ArbGG geändert. § 48 verweist **nicht** mehr auf § 11a ArbGG. § 11a Abs. 1 ArbGG verweist im Hinblick auf die Beiordnung eines Rechtsanwalts und Prozesskostenhilfe auf die Vorschriften des Zivilprozessordnung über die Prozesskostenhilfe. Die Beiordnung eines Anwalts nach § 11a Abs. 1 ArbGG aF kann nur zu Gunsten von natürlichen Personen erfolgen (BAG NZA 2011, 1243).

13 **5. Beiordnung „aufgrund anderer gesetzlicher Vorschriften".** Solche sind zB § 166 VwGO, § 73a SGG, § 142 FGO, § 29 Abs. 3 EGGVG, § 172 Abs. 3 S. 2 StPO, § 379 Abs. 3 StPO, § 120 Abs. 2 StVollzG (aber nicht für Antrag nach § 109 StVollzG: LG Regensburg JurBüro 1988, 1058), §§ 76 ff. FamFG (vgl. 7. Aufl. § 40 Rn. 40), § 130 PatG. Auch dazu gilt das zu § 121 Abs. 5 ZPO Gesagte entsprechend (→ Rn. 5, 6). Zum Anwaltszwang im Sozialgerichtsverfahren vgl. *Pickel* AnwBl. 1987, 391 und zu den Anwaltsgebühren in Verfahren vor Gerichten der Sozialgerichtsbarkeit s. § 3 RVG.

6. Beiordnung als Notanwalt nach §§ 78b und 78c ZPO

Schrifttum: *Dahns,* Der Notanwalt, NJW-Spezial 2014, 510.

14 Findet die Partei in Verfahren mit Anwaltszwang keinen zur Wahrnehmung ihrer Rechte bereiten Rechtsanwalt, wird ihr unter den Voraussetzungen des § 78b Abs. 1 ZPO nach § 78c ZPO ein Rechtsanwalt beigeordnet. Im Gegensatz zu § 121 ZPO gewährt § 78b ZPO der Partei keine Kostenvergünstigung, sondern sorgt nur dafür, dass ihr ein vertretungsbereiter Rechtsanwalt zur Seite steht. Zu den Voraussetzungen der Beiordnung eines Notanwalts vgl. OVG Lüneburg (BRAK-Mitt. 2005, 287). Der ausgewählte Anwalt ist unter der Voraussetzung einer ordnungsgemäßen Auswahl (§ 78c Abs. 1 ZPO) grundsätzlich zur Übernahme verpflichtet (*Brangsch* AnwBl. 1982, 99; *Vollkommer/Greger/Heinemann* § 3 Rn. 22). Die Übernahme ist eine Berufspflicht (BGHZ 60, 258 = NJW 1973, 757), die mit der Menschenrechtskonvention vereinbar ist (EKMR AnwBl. 1975, 137). Die Auswahlverfügung verpflichtet den Rechtsanwalt, an die Partei heranzutreten und ihr seine Bereitschaft zur Mandatsübernahme mitzuteilen. Er muss aber zuvor prüfen, ob er nach § 45 nicht tätig werden darf. In diesem Fall muss er dem Vorsitzenden des

Gerichts (§ 78c Abs. 3 ZPO) die Ablehnung mitteilen. Prozessbevollmächtigter wird der beigeordnete Rechtsanwalt erst mit der Erteilung der Prozessvollmacht durch die Partei (Zöller/*Vollkommer* ZPO § 78c Rn. 11). Entsprechend § 78b ZPO kommt die Beiordnung eines Notanwalts mangels Erfolgsaussicht der Rechtsverfolgung nicht in Betracht, wenn offensichtlich ein für den Antragssteller günstiges Ergebnis auch bei anwaltlicher Beratung nicht gewährleistet werden kann (BGH BeckRS 2013, 11833; *Dahns* NJW-Spezial 2014, 510).

Die Bereitschaft zur Übernahme des Mandates darf er nicht von anderen Bedingungen abhängig machen als einer Vorschusszahlung nach § 78c Abs. 2 ZPO (amtliche Begründung, BT-Drs. 3/120). Der Vorschuss bemisst sich nach § 9 RVG. Der Anwalt kann also sowohl für die entstandenen als auch für die voraussichtlich entstehenden Gebühren und Auslagen einen angemessenen Vorschuss fordern. Er kann die Bedingung der Vorschusszahlung ohne Angabe von Gründen stellen. Erforderlich aber auch ausreichend ist die Mitteilung, dass er das Mandat nur gegen Zahlung eines Vorschusses in bestimmter Höhe übernehme. Zahlt die Partei auf ein berechtigtes Verlangen auf Zahlung eines Vorschusses diesen nicht, hat das Gericht die Beiordnung aus wichtigem Grund (Abs. 2) wieder aufzuheben (Baumbach/Lauterbach/Albers/*Hartmann* ZPO § 78c Rn. 10). **14a**

Gegen die Auswahl durch den Vorsitzenden (§ 78c Abs. 1 ZPO) hat der ausgewählte Anwalt die Beschwerde nach §§ 78c Abs. 3, 567 ZPO, allerdings ist diese gegen OLG-Entscheidungen ausgeschlossen (§ 567 Abs. 4 S. 1 ZPO). Der Anwalt kann die einmal pflichtgemäß übernommene Vertretung grundsätzlich nicht von sich aus kündigen, da er unter öffentlichem Zwang abgeschlossen hat. Er kann nur beantragen, die Beiordnung aus einem wichtigen Grund aufzuheben (BGHZ 27, 166; 60, 258 = NJW 1973, 757). Gegen die dies ablehnende Entscheidung des Vorsitzenden hat der Anwalt die Beschwerde nach §§ 78c Abs. 3, 567 ZPO. Der Anwalt kann die Vertretung nicht niederlegen, weil die Partei ihn nicht unterrichtet (BGHZ 27, 166 = NJW 1958, 1186; Baumbach/Lauterbach/Albers/*Hartmann* ZPO § 78c Rn. 12; vgl. aber OLG Zweibrücken NJW 1988, 570). **15**

7. Beiordnung nach § 138 FamFG. Die Pflicht zur Beistandschaft besteht, wenn in einer Scheidungssache der Antragsgegner keinen Rechtsanwalt als Bevollmächtigten bestellt und nach der freien Überzeugung des Gerichts zum Schutze des Antragsgegners diese Maßnahme unabweisbar erscheint. Die Beiordnung erstreckt sich auf die Scheidungssache und, wenn gemeinschaftliche Kinder vorhanden sind, auf die Regelung der elterlichen Sorge. Für andere Folgesachen war eine Beiordnung nach § 625 ZPO aF nicht zulässig. Der Regelungsgehalt des § 625 ZPO findet sich ab Inkrafttreten des Gesetzes zur Reform des Verfahrens in Familiensachen und in den Angelegenheiten der freiwilligen Gerichtsbarkeit (Art. 29 Nr. 15 – Aufhebung von Buch 6 der ZPO) in § 138 FamFG wieder. **16**

Für die Auswahl des Rechtsanwalts und dessen Anfechtung gelten § 78c Abs. 1 und 3 ZPO entsprechend (→ Rn. 14 ff.). Der beigeordnete Rechtsanwalt erwirbt unmittelbar aufgrund der gerichtlichen Verfügung die Stellung eines Beistandes (§ 138 FamFG; *Vollkommer/Greger/Heinemann* § 3 Rn. 25); es sei denn, der Antragsgegner erteilt dem beigeordneten Rechtsanwalt Prozessvollmacht. Der Anwalt darf nach § 39 S. 1 RVG einen angemessenen Vorschuss verlangen, der nach § 9 RVG die bereits entstandenen und die voraussichtlich entstehenden Gebühren und Auslagen sowie die darauf entfallende Umsatzsteuer umfassen kann. Wird der Vorschuss nicht gezahlt, kann er aber nicht beantragen, die Beiordnung aus diesem Grunde aufzuheben. Der Verzug des Antragsgegners mit der Zahlung des Vorschusses ist deshalb kein wichtiger Grund iSd § 48 Abs. 2 (→ Rn. 14), weil der beigeordnete Rechtsanwalt gemäß § 47 Abs. 1 S. 2 RVG einen Vorschuss auf die entstandenen Gebühren und die entstandenen und voraussichtlich entstehenden Auslagen aus der Staatskasse fordern kann, wenn die zahlungspflichtige Partei mit der Zahlung des Vorschusses in Verzug ist (Hartung/Römermann/*Schons* RVG § 39 Rn. 14). **16a**

Der Beistand ist darauf beschränkt, den Antragsgegner über die Tragweite der Scheidung und ihre Folgen aufzuklären, ihn zu beraten und neben ihm schriftlich und mündlich vorzutragen (§ 90 Abs. 2 ZPO); als Beistand ist er nicht Prozessvertreter. Er kann daher keine wirksamen Prozesshandlungen namens der Partei vornehmen und sein schriftliches oder mündliches Vorbringen gilt nur dann als Vortrag der Partei, wenn diese nicht sofort widerruft oder berichtigt (§ 90 Abs. 2 ZPO). Der im Scheidungsverfahren beigeordnete Rechtsanwalt steht in keinen vertraglichen Beziehungen zur Partei, es besteht vielmehr ein gesetzliches Schuldverhältnis, welches auf die Wahrnehmung der Parteiinteressen im Scheidungsverfahren gerichtet ist. Dieses **17** ist die Haftungsgrundlage bei Verletzung der ihm gegenüber der Partei obliegenden Pflichten (*Vollkommer/Greger/Heinemann* § 3 Rn. 25).

18 Der beigeordnete Rechtsanwalt hat gegen den Antragsgegner Anspruch auf die Vergütung eines zum Prozessbevollmächtigten bestellten Rechtsanwalts (§ 39 RVG). Ist der Antragsgegner mit der Zahlung in Verzug, kann der Rechtsanwalt eine Vergütung aus der Landeskasse verlangen (§ 45 Abs. 2 RVG; Hartung/Römermann/*Schons* RVG § 45 Rn. 81 ff.).

IV. Aufhebung der Beiordnung

19 **1. Aufhebungsgründe.** Der Rechtsanwalt kann in allen Fällen der Beiordnung nach Abs. 1 beantragen, diese aufzuheben, wenn dafür wichtige Gründe vorliegen (Abs. 2). Die Beiordnung kann nicht einfach durch Kündigung des Mandats beendet werden. Vielmehr muss der Anwalt die Aufhebung der Beiordnung beantragen (Abs. 2). Hierfür bedarf es eines wichtigen Grundes, an dessen Vorliegen strenge Anforderungen zu stellen sind. Es genügt nicht, dass allein die Kontaktaufnahme zum Mandanten nicht möglich ist. Als wichtiger Grund kommt vor allem die unbehebbare Störung des Vertrauensverhältnisses zwischen Mandant und Rechtsanwalt in Betracht (OLG Hamm BeckRS 2012, 07145). Der Anwalt muss in jedem Fall den Aufhebungsantrag unter Darlegung von Gründen beim Prozessgericht stellen und die Entscheidung abwarten (Zöller/*Geimer* ZPO § 121 Rn. 33). Unabhängig davon kann die PKH und damit auch die Beiordnung aufgehoben werden, wenn die Voraussetzungen des § 124 ZPO vorliegen.

19a **Wichtige Gründe** sind immer das Vorliegen der Voraussetzungen der §§ 45 (LG Siegen AnwBl. 1993, 401) bis 47 BRAO, schwere Krankheit des Anwalts und unbehebbare Störung des Vertrauensverhältnisses (BGH NJW-RR 1992, 189). Eine solche Störung liegt vor, wenn die Zusammenarbeit im Rahmen des Mandatsverhältnisses nicht mehr gewährleistet ist (OLG Zweibrücken NJW 1988, 570 = JurBüro 1988, 644). Ein wichtiger Grund liegt vor, wenn das Vertrauensverhältnis zwischen Anwalt und Mandant nachhaltig und tiefgreifend gestört ist (BSG BeckRS 2013, 69402). Wenn ein einer Partei beigeordneter Prozessbevollmächtigter trotz mehrerer Versuche keine Rückmeldung von seinem Mandanten mehr erhält, dieser aber direkt mit dem Gericht Kontakt hält, ist ein wichtiger Grund zur Aufhebung der Beiordnung gegeben (LAG Berlin-Brandenburg BeckRS 2014, 70647). Ein wichtiger Grund liegt vor, wenn die weitere Zusammenarbeit wegen des Abbruchs jeden Kontakts nicht mehr gewährleistet ist (LAG Köln BRAK 2014, 156). Ist in einem langen und umfangreichen Rechtsstreit das Berufungsverfahren nach durchgeführter weiterer Beweisaufnahme nahezu vollständig abgeschlossen, so besteht ein wichtiger Grund, auf Antrag des Rechtsanwalts die Beiordnung aufzuheben, selbst dann nicht, wenn nunmehr angezeigt wird, dass eine nachhaltige und tiefgreifende Störung des Vertrauensverhältnisses zwischen Mandant und Anwalt eingetreten ist. In diesem Falle kann vom Anwalt verlangt werden, dass er die abschließenden anwaltlichen Aufgaben noch für den Mandanten wahrnimmt. Das gilt jedenfalls dann, wenn nach der Art des Berufungsverfahrens und der Höhe des Streitwerts ein revisibles Urteil nicht zu erwarten ist (OLG Frankfurt AnwBl. 1988, 643 = MDR 1989, 167). Wenn das Vertrauensverhältnis zu dem beigeordneten Anwalt durch sachlich nicht gerechtfertigtes und mutwilliges Verhalten der Partei zerstört worden ist und dies die Entpflichtung des Anwalts verursacht hat, besteht kein Anspruch auf die Beiordnung eines anderen Rechtsanwalts; ein solches Verlangen ist dann vielmehr rechtsmissbräuchlich (BGH NJW-RR 1992, 189; OLG Köln FamRZ 1987, 1168). Der bei dem BGH zugelassene Anwalt kann sogleich aus wichtigem Grund seine Entpflichtung verlangen, wenn die Beiordnung dazu führt, dass er die Begründung einer Nichtzulassungsbeschwerde gemäß einem Entwurf des zweitinstanzlichen Anwalts der Partei anfertigen soll und diese nicht nach eigener Einschätzung der in Betracht kommenden Zulassungsgründe in eigener Verantwortung verfassen darf (BGH BeckRS 2013, 11833).

20 Ist eine **Störung des Vertrauensverhältnisses** auf die Erkrankung des Mandanten zurückzuführen, dürfte das kein wichtiger Grund sein. In den Fällen, in denen der beigeordnete Anwalt sein Tätigwerden von einer Vorschusszahlung abhängig machen darf (→ Rn. 14a), ist die Nichtzahlung des Vorschusses ein wichtiger Grund iSd Abs. 2. Gegen den Willen des Mandanten darf der Rechtsanwalt dem Gericht nicht mitteilen, dass die Voraussetzungen für die PKH-Bewilligung nicht vorgelegen haben, da er andernfalls seine Verschwiegenheitspflicht (§ 43a Abs. 2; § 2 BORA) verletzen würde (Henssler/Prütting/*Henssler* § 48 Rn. 10). Ein wichtiger Grund für die Aufhebung der Beiordnung gemäß § 121 ZPO kann auch dann vorliegen, wenn eine wesentliche Geschäftsgrundlage für die Beiordnung entfällt und auch Kostengründe die weitere

Beiordnung nicht erfordern. Die Geschäftsgrundlage kann zB entfallen im Falle der Beiordnung eines Anwalts in Berlin für einen dort zu führenden Rechtsstreit, wenn danach die örtliche Zuständigkeit nach Schweinfurt verlagert wird (OLG Bamberg OLGR 2001, 256).

Die **Beiordnung eines weiteren Anwalts** ist möglich, wenn die Beiordnung des bisherigen Anwalts aufgehoben wurde. Die Beschränkung der Vergütung des nach der Entpflichtung des bisherigen Bevollmächtigten gemäß § 48 Abs. 2 neu beigeordneten Rechtsanwalts ist erforderlich, um in Fällen, in denen die hilfsbedürftige Partei den Anwaltswechsel zu vertreten hat, sicherzustellen, dass der Staatskasse keine unnötigen Mehrkosten entstehen (OLG Hamm BeckRS 2013, 04243). 21

Strittig ist, ob auch **die Partei einen Anspruch auf Aufhebung der Beiordnung** im Hinblick auf den ihr konkret beigeordneten Rechtsanwalt hat. Im Gesetz ist ein Anspruch des Rechtsanwalts auf Aufhebung der Beiordnung vorgesehen. Daraus entnimmt ein Teil der Rechtsprechung auch die Möglichkeit der Partei, die Entpflichtung zu beantragen, während ein anderer Teil ihr ein solches Recht aufgrund des Wortlauts des § 48 Abs. 2 selbst nicht zugestehen will (Gaier/Wolf/Göcken/*Vorwerk* § 48 Rn. 11; OLG Naumburg MDR 2003, 712). Die Kündigung des Mandatsverhältnisses mit dem beigeordneten Rechtsanwalt durch die bedürftige Partei bedingt die Aufhebung der Beiordnung, wenn dies auch der beigeordnete Rechtsanwalt beantragt (OLG Bamberg JurBüro 1989, 1590). 22

2. Beschwerderecht des Rechtsanwalts. Gegen die Ablehnung des Antrages auf Aufhebung der Beiordnung ist die Beschwerde statthaft (amtliche Begründung, BT-Drs. 3/120). Zwar besteht eine ausdrückliche gesetzliche Normierung eines Beschwerderechtes des beigeordneten Anwalts gegen die Ablehnung der Aufhebung seiner Beiordnung unter den Voraussetzungen des § 48 Abs. 2, wie sie früher für die Beiordnung im Armenrecht in § 116b Abs. 3 S. 2 ZPO gegeben war, nur noch bezüglich des Notanwalts nach § 78c Abs. 3 S. 2 ZPO. Daraus ergibt sich aber kein Ausschluss eines Beschwerderechts des beigeordneten Rechtsanwalts im Übrigen. Vielmehr ist dieses Beschwerderecht nunmehr der allgemeinen Vorschrift des § 127 Abs. 2 S. 2 ZPO zu entnehmen (OLG Zweibrücken NJW 1988, 570 = JurBüro 1988, 644; *Bergerfurth,* Der Anwaltszwang und seine Ausnahmen, 1981, 70; *Schoreit/Dehn,* 8. Aufl. 2004, ZPO § 121 Rn. 16, ZPO § 127 Rn. 17; **aA** OLG Frankfurt NJW-RR 1989, 569 = MDR 1989, 168 = AnwBl. 1989, 346; OLG Naumburg NJ 2005, 318, OLG Brandenburg FamRZ 2004, 213, wonach § 78c Abs. 3 ZPO im Übrigen entsprechend anzuwenden sei). Gegen die Entscheidung des OLG ist nach § 567 Abs. 1 ZPO eine Beschwerde nicht zulässig (BGH EWiR 1990, 97 mit Anm. *Kunkel*). 23

§ 49 Pflichtverteidigung, Beistandsleistung

(1) **Der Rechtsanwalt muss eine Verteidigung oder Beistandsleistung übernehmen, wenn er nach den Vorschriften der Strafprozessordnung, des Gesetzes über Ordnungswidrigkeiten, des Gesetzes über die internationale Rechtshilfe in Strafsachen oder des IStGH-Gesetzes zum Verteidiger oder Beistand bestellt ist.**

(2) **§ 48 Abs. 2 ist entsprechend anzuwenden.**

Schrifttum: *Hellwig/Zebisch,* Pflichtverteidigung – Die Entpflichtung des Vertreidigers wegen eines gestörten Vertrauensverhältnisses, NStZ 2010, 602; *Johnigk,* Verteidiger – nicht nur erster und zweiter, sondern auch dritter und vierter Klasse?, StV 2006, 347; *Kelt-Straub,* Darf das Gericht dem Pflichtverteidiger „kündigen"?, NStZ 2006, 361; *Lammer,* Auswirkungen und praktische Probleme aus Sicht der Strafverteidigung, AnwBl. 2013, 325; *Leipold,* Die Pflichtverteidigung – Verteidigung 2. Klasse?, AnwBl. 2004, 683; *Mehle,* Zeitpunkt und Umfang der Pflichtverteidigerbestellung, NJW 2007, 969; *Meyer-Mews,* Die gestörte Verteidigung – Möglichkeiten und Grenzen des Widerrufs der Pflichtverteidigerbestellung, NJW 2012, 177; *Moltketin,* Die Auswahl des Pflichtverteidigers durch den Gerichtsvorsitzenden, AnwBl. 1981, 232.

Übersicht

I. Zulässiger Eingriff in die anwaltliche Freiheit

1 Das Institut der Pflichtverteidigung ist staatliche Fürsorge für den vermögenslosen Beschuldigten und sichert im Interesse einer rechtsstaatlichen Strafrechtspflege einen prozessordnungsgemäßen Verfahrensablauf. Mit der Pflichtverteidigung delegiert der Staat diese auch im öffentlichen Interesse liegende Aufgabe an die Rechtsanwaltschaft. Pflichtverteidigung ist daher eine besondere Form der Indienstnahme Privater im öffentlichen Interesse (BVerfGE 39, 238 = NJW 1975, 1015 = MDR 1975, 641; BVerfGE 68, 237 = NJW 1985, 727). § 49 Abs. 1 ist eine **Muss-Vorschrift.** Die geringere und gesetzlich fixierte Vergütung, die Pflicht zur Übernahme des Mandats und die Pflicht zu höchstpersönlicher Erbringung der beruflichen Leistung (BVerfGE 68, 237 = NJW 1985, 727), die Auswahl des Pflichtverteidigers durch den Vorsitzenden des Gerichts einschließlich der Möglichkeit seiner Entpflichtung (BVerfGE 39, 238 = NJW 1975, 1015), verbunden mit dem Verlust der Freiheit, das Mandat nach eigenem Ermessen zu beenden, kennzeichnen die Stellung des Pflichtverteidigers. Diese Indienstnahme von Anwälten zu öffentlichen Zwecken stellt einen zulässigen Eingriff in die Freiheit der anwaltlichen Berufsausübung dar (BVerfGE 110, 226 = NJW 2004, 1305 = BRAK-Mitt. 2004, 126 mit Anm. *Leitner* AnwBl. 2004, 308 und mit Anm. *Wohlers* JZ 2004, 670). Der vom Gerichtsvorsitzenden ausgewählte und beigeordnete Rechtsanwalt darf die Übernahme des Mandats nicht ohne wichtigen Grund ablehnen, sondern muss – ggf. unter Hintansetzung anderer beruflicher Interessen – die ihm übertragene Verteidigung führen (BVerfGE 39, 238 = NJW 1975, 1015). Diese Übernahmeverpflichtung folgt aus der Stellung als Organ der Rechtspflege (§ 1; amtliche Begründung, BT-Drs. 3/120). Der Beiordnung eines Rechtsanwalts als Pflichtverteidiger steht grundsätzlich nicht entgegen, dass dieser Rechtsanwalt zum Vormund (Betreuer) des Beschuldigten bestellt worden ist (OLG Düsseldorf MDR 1990, 462).

1a Vor rechtskräftiger Verurteilung darf ein Beschuldigter, der – mutmaßlich – nur über Geldwerte verfügt, die aus Straftaten iSd § 261 Abs. 1 StGB stammen, nicht ohne weiteres mit einem Unbemittelten gleich behandelt werden. Daher darf ihm auch nicht aus diesem Grund ein Pflichtverteidiger bestellt werden, zumal der Strafverteidiger nur dann nach § 261 Abs. 2 Nr. 1 StGB mit Strafe bedroht ist, wenn er im Zeitpunkt der Annahme des Honorars sichere Kenntnis von dessen Herkunft hatte (BVerfGE 110, 226 = NJW 2004, 1305).

II. Fälle der Pflichtverteidigung und Beistandsleistung

2 **1. Vorschriften der StPO, des OWiG, des Gesetzes über die internationale Rechtshilfe in Strafsachen und des Gesetzes über die Zusammenarbeit mit dem Internationalen Strafgerichtshof (IStGHG).** Vorschriften der StPO, die eine Bestellung zum Pflichtverteidiger vorsehen, sind die §§ 140 ff., 117 Abs. 4, 138c Abs. 3 S. 4, 231a Abs. 4, 350 Abs. 3 StPO. Das Gesetz über Ordnungswidrigkeiten regelt in § 60 unter Verweisung auf die StPO die Bestellung eines Verteidigers.

3 Soweit in anderen Gesetzen die Vorschriften der §§ 140 ff. StPO für entsprechend anwendbar erklärt werden, und der Rechtsanwalt dementsprechend zum Verteidiger bestellt wird, ist das als eine Bestellung nach den Vorschriften der StPO iSd § 49 anzusehen (*Isele* § 49 Anm. II F 1a, bb). So ist in den Disziplinargesetzen sowie in dem Gesetz über die Anwalts- und Berufsgerichtsbarkeit (vgl. zB § 116 BRAO iVm §§ 140 ff. StPO, mit Einschränkung nach § 117a) die entsprechende Anwendung der §§ 140 ff. StPO regelmäßig vorgesehen. Nach § 40 Abs. 2 des Gesetzes über die internationale Rechtshilfe in Strafsachen in der Fassung vom 27.6.1994 (BGBl. I S. 1537) kann ein Rechtsanwalt zum Beistand bestellt werden. Im Verlauf des Überstellungsverfahrens an den Internationalen Strafgerichtshof kann dem Verfolgten nach § 31 IStGHG ein Beistand bestellt werden.

Mit dem Gesetz zur Stärkung der Rechte von Verletzten und Zeugen im Strafverfahren **(2. Opferrechtsreformgesetz)** vom 1.10.2009 wurde der Opferschutz entscheidend verbessert. § 49 sah bislang seinem Wortlaut nach in Bezug auf Tätigkeiten des Anwalts im Strafverfahren lediglich vor, dass dieser verpflichtet ist, als Verteidiger tätig zu werden, wenn er als solcher bestellt wurde. Ein Anwalt kann im Strafverfahren auch als Beistand beigeordnet oder bestellt werden, und zwar für einen Zeugen (§ 68b StPO), einen Nebenkläger (§ 397a StPO) oder einen Nebenklagebefugten (§ 406g StPO). Auch in diesen Fällen ist es für die ordnungsgemäße Durchführung des Strafverfahrens erforderlich, zu gewährleisten, dass in jedem Fall ein Anwalt als Beistand zur Verfügung steht. Deshalb wurde die in § 49 festgeschriebene Pflicht des Anwalts, als Organ der Rechtspflege eine Beistandsleistung zu übernehmen, auf diese Fälle ausgedehnt. 3a

Am 10.9.2013 hat das Europäische Parlament den lange zwischen Rat, Europäischem Parlament und Europäischer Kommission verhandelten Text zum Richtlinienvorschlag zum Recht auf einen Rechtsbeistand und zur Kontaktaufnahme bei Festnahme angenommen (KOM [2001] 326). Die Richtlinie sieht das Recht für Beschuldigte und Verdächtige vor, ab der ersten Befragung durch die Polizei bis zum Ende des Verfahrens einen Rechtsanwalt zu Rate ziehen zu können. Dem Beschuldigten muss das Recht zustehen, sich mit einem Rechtsanwalt seiner Wahl vertraulich und mit ausreichend Zeit vor Befragungen durch Polizei oder Richter beraten zu können. 3b

2. Vorschriften des JGG und des EGGVG. Der Auffassung von *Isele,* dass § 49 als Ausnahmevorschrift gegenüber der regelmäßigen Entscheidungsfreiheit des Rechtsanwalts über die in § 49 ausdrücklich erwähnten Fälle weder einer ausdehnenden Auslegung noch einer analogen Anwendung zugänglich sei (*Isele* § 49 Anm. II A 1 und 2), kann in dieser Allgemeinheit nicht gefolgt werden. Zumindest in den Fällen der notwendigen Verteidigung nach §§ 68, 104 Abs. 1 Nr. 10, 109 Abs. 1 S. 1 des JGG und § 34 Abs. 3 Nr. 1 des Einführungsgesetzes zum GVG gilt die Verpflichtung aus § 49. Sowohl das JGG als auch das EGGVG sind insoweit die Ergänzung der Strafprozessordnung für Verfahren gegen Jugendliche und Heranwachsende bzw. in bestimmten Zwischenverfahren (§ 34 EGGVG). Diese Bestimmungen sind ihrem Wesen nach strafprozessualer Natur und unterliegen damit der Pflicht des § 49. Ein Rechtsanwalt muss auch im Falle der Kontaktsperre nach §§ 31 ff. EGGVG nach Beiordnung (§ 34a Abs. 3 EGGVG) die Aufgaben als Kontaktperson übernehmen (Henssler/Prütting/*Henssler* § 49 Rn. 8). Er kann jedoch beantragen, die Beiordnung aufzuheben, wenn hierfür wichtige Gründe vorliegen (§ 34a Abs. 3 EGGVG). Eine Beiordnung nach § 406g StPO ist im Jugendstrafverfahren unzulässig (OLG Stuttgart NJW 2001, 1588; **aA** OLG Koblenz NJW 2000, 2436). 4

III. Beginn und Ende der Pflicht

Die Pflicht des Rechtsanwalts zur Verteidigung oder Beistandsleistung entsteht mit der wirksamen gerichtlichen Bestellung, eine rückwirkende Bestellung ist unwirksam (*Meyer-Goßner* StPO § 141 Rn. 8). Über die Bestellung entscheidet der Vorsitzende des Gerichts, das für das Hauptverfahren zuständig oder bei dem das Verfahren anhängig ist (§ 141 Abs. 4 StPO). Die Wirkung der Beiordnung besteht in der Begründung einer öffentlich-rechtlichen Pflicht für den Verteidiger, bei der ordnungsgemäßen Durchführung des Strafverfahrens durch sachgemäße Verteidigung des Angeschuldigten pp. mitzuwirken. Dabei müssen persönliche wirtschaftliche Interessen des Verteidigers zurücktreten (BVerfGE 39, 238 = NJW 1975, 1015; BVerfGE 110, 226 = NJW 2004, 1305; OLG Frankfurt NJW 1972, 1964). Die Pflicht endet mit dem Abschluss des Verfahrens oder der Instanz, für die die Bestellung erfolgte, oder wenn die Bestellung aufgehoben wird. Auch wenn zwischen dem Angeklagten und dem ihm beigeordneten Pflichtverteidiger kein Anwaltsvertrag besteht, besteht zwischen ihnen aber ein gesetzliches Schuldverhältnis, welches dem Pflichtverteidiger Pflichten im Verhältnis zum Angeklagten auferlegt, deren schuldhafte Verletzung zu Schadensersatzansprüchen führen kann (OLG Düsseldorf StV 2000, 430 mit Anm. *Jahn*). Wer sich als Pflichtverteidiger beiordnen lässt, obwohl Vertrauensanwälte bestellt sind, handelt nicht pflichtwidrig (EGH Berlin BRAK-Mitt. 1982, 81; *Jessnitzer/Blumberg* § 49 Rn. 1). Die Beiordnung eines Verteidigers neben einem Wahlverteidiger ist zulässig (BGH NJW 1973, 1985; *Meyer-Goßner* StPO § 141 Rn. 1a). Zum Auswahlermessen des Vorsitzenden bei der Pflichtverteidigerbestellung (vgl. *Meyer-Goßner* StPO § 142 Rn. 3 ff.; OLG Düsseldorf NStZ 1987 41; AnwBl. 1987, 285; AnwBl. 1990, 98 und zur Praxis der Beiordnung des Pflichtverteidigers *Eisenberg* NJW 1991, 1257, 1260). 5

IV. Kein Anspruch auf Übertragung von Pflichtverteidigungen

6 § 49 iVm Art. 12 GG gewährt dem Anwalt aber kein Recht auf eine Pflichtverteidigung. Die Verteidigung in Strafsachen gehört zwar zu den wesentlichen Berufsaufgaben des Rechtsanwalts, die Wahrnehmung dieser Aufgabe ist ihm nicht nur gesetzlich zugewiesen (§ 3 BRAO und § 138 Abs. 1 StPO), sondern hat auch teil am Schutz des Art. 12 Abs. 1 GG. Die Stellung des beigeordneten Pflichtverteidigers wird jedoch durch das Grundrecht der freien Berufsausübung nicht garantiert. Es verleiht dem Rechtsanwalt keinen Anspruch darauf, in einer bestimmten Strafsache zum Verteidiger bestellt zu werden, eine ihm übertragene Pflichtverteidigung weiterzuführen und seiner – drohenden oder vollzogenen – Abberufung entgegenzutreten (BVerfGE 39, 238 = NJW 1975, 1015; OLG Düsseldorf AnwBl. 1988, 178 mwN; AnwBl. 1987, 495; MDR 1989, 1123 = JMBl. NW 1989, 212 = BRAK-Mitt. 1989, 219, nur Ls.). Einem nicht beigeordneten Rechtsanwalt steht daher kein eigenes Beschwerderecht zu. Lediglich der Beschuldigte hat bei Ablehnung seines Gesuchs auf Bestellung eines Pflichtverteidigers die Beschwerdemöglichkeit (§ 304 Abs. 1 StPO), jedoch kein Recht auf die Bestellung eines von ihm gewünschten bestimmten Verteidigers (Henssler/Prütting/*Henssler* § 49 Rn. 11).

7 Nach der Schutzfunktion des durch Art. 12 Abs. 1 GG gewährleisteten Grundrechts kann nur die Bestellung zum Pflichtverteidiger – als eine besondere Form der Indienstnahme Privater zu öffentlichen Zwecken – ein Eingriff in die Freiheit der anwaltlichen Berufsausübung sein. Dagegen stellt sich der Widerruf seiner Beiordnung lediglich als eine „Entpflichtung" dar, die eine Beschränkung der freien Berufsausübung wieder beseitigt, nicht aber in diesen Freiheitsbereich eingreift. Das zeigt sich auch darin, dass es dem als Pflichtverteidiger abberufenen Rechtsanwalt freisteht, sich von demselben Beschuldigten, dem er bislang beigeordnet war, ein Wahlmandat erteilen zu lassen (BVerfGE 39, 238 = NJW 1975, 1015).

V. Rücknahme der Bestellung

8 **1. Rücknahme aus wichtigem Grund.** Dem Verteidiger ist es verwehrt, die Pflichtverteidigung von sich aus niederzulegen. Die Bestellung endet erst mit einem Aufhebungsbeschluss des Gerichtsvorsitzenden. Eine solche Aufhebung kann der zum Pflichtverteidiger bestellte Rechtsanwalt nach § 49 Abs. 2 iVm § 48 beantragen, wenn wichtige Gründe vorliegen. Wenn auch § 143 StPO die Rücknahme der Bestellung nur für den Fall vorsieht, dass demnächst ein anderer Verteidiger gewählt wird und dieser die Wahl annimmt, kann jedoch die Bestellung des Pflichtverteidigers selbst gegen den Willen des Beschuldigten widerrufen werden, wenn ein wichtiger Grund dafür vorliegt (BVerfGE 39, 238 = NJW 1975, 1015). In diesem Fall kann der Rechtsanwalt die Aufhebung seiner Bestellung zum Verteidiger beantragen.

8a **Wichtige Gründe** sind solche von Gewicht. Es müssen Umstände vorliegen, die den Zweck der Pflichtverteidigung, dem Beschuldigten einen geeigneten Beistand zu sichern und den ordnungsgemäßen Verfahrensablauf zu gewährleisten, ernsthaft gefährden (BVerfGE 39, 238 = NJW 1975, 1015; KG JR 1982, 349). Ihre Grundlage müssen besondere Verhältnisse des Anwalts oder der Sache bilden; Gründe allgemeiner Art wie zB die Gebührenhöhe genügen nicht (Löwe/Rosenberg/*Lüderssen/Jahn* StPO § 143 Rn. 4). In jedem Falle muss aber der Rechtsanwalt besonders beantragen, seine Bestellung aufzuheben. Er darf die Pflichtverteidigung nicht von sich aus niederlegen. Er verstößt auch gegen die Verpflichtung, ein Pflichtverteidigermandat ordnungsgemäß durchzuführen, wenn er in einem Fall notwendiger Verteidigung eigenmächtig die Hauptverhandlung verlässt, um durch seine Abwesenheit (vgl. § 33 Nr. 5 StPO) deren Unterbrechung zu erzwingen (vgl. BGH StV 1981, 133). Dies ergibt sich auch aus der Regelung des § 145 Abs. 4 StPO, wonach dem Verteidiger im Falle einer notwendigen Verteidigung die Kosten aufzuerlegen sind, wenn er durch seine Schuld, dh insbesondere durch Ausbleiben in der Hauptverhandlung, unzeitiges Sich-Entfernen oder Weigerung, die Verteidigung zu führen (§ 145 Abs. 1 StPO), eine Aussetzung des Verfahrens erforderlich macht. Das Verhalten kann in Ausnahmefällen dann nicht pflichtwidrig sein, wenn der Verteidiger quasi als „ultima ratio" zum Schutz des Angeklagten gegen massive rechtswidrige Eingriffe des Gerichts in die Rechte des Angeklagten oder des Verteidigers die weitere Mitwirkung am Verfahren aus triftigem Grund ablehnt (AGH NRW BRAK-Mitt. 2006, 139 = NJW-RR 2006, 1491; OLG Hamm JMBl. NW 1967, 105; *Dahs,* Das Handbuch des Strafverteidigers, 6. Aufl. 1999, Rn. 764).

Wird der Antrag auf Enthebung von der Pflichtverteidigung abgelehnt, so kann der Rechtsanwalt **Beschwerde** einlegen, soweit sie nach § 304 StPO statthaft ist (amtliche Begründung, BT-Drs. 3/120). Danach ist die Beschwerde ausgeschlossen, wenn es sich um eine Entscheidung des AGH handelt (§ 304 Abs. 4 S. 2 StPO). Der entpflichtete Verteidiger hat mangels Beschwer kein eigenes Beschwerderecht gegen seine Entpflichtung (*Meyer-Goßner* StPO § 143 Rn. 7). 8b

2. Ausreichende Gründe. Als ausreichend wichtiger Grund ist anzusehen: Jeder Umstand, der den Zweck der Pflichtverteidigung und den ordnungsgemäßen Verfahrensablauf ernsthaft gefährdet (BVerfGE 39, 238 = NJW 1975, 1015), Krankheit oder sonstige Verhinderung (OLG Frankfurt NJW 1972, 1964), wenn der beigeordnete Anwalt ausdrücklich erklärt, er sehe sich unter dem Gesichtspunkt der politischen Motivierung der dem Angeklagten zur Last gelegten Straftaten nicht in der Lage, diesen Angeklagten ordnungsgemäß zu verteidigen, da dessen politische Ideologie ihm intellektuell nicht verständlich und so sehr wesensfremd sei, dass er dem Angeklagten die erforderliche Verteidigung und das Gefühl, sich voll für ihn einzusetzen, nicht geben könne (OLG Hamm NJW 1975, 1238; **aA** insoweit OLG Karlsruhe AnwBl. 1978, 241 = NJW 1978, 1172; *Meyer-Goßner* StPO § 143 Rn. 5); wenn das Vertrauensverhältnis zwischen Angeklagten und Verteidiger eindeutig gestört ist (BGH StrVert. 1988, 469; OLG Hamburg MDR 1972, 799; OLG Karlsruhe NJW 1978, 1172; NStZ 1988, 239; KG StV 1990, 347). Wichtige Gründe sind ferner, wenn der Rechtsanwalt mit dem Strafrecht und dem Strafverfahren nicht vertraut ist, weil er seit Jahren nur Zivilsachen oder Spezialsachen (Steuerrecht, Verwaltungsrecht) bearbeitet, wenn er bereits übermäßig mit Verteidigungen belastet ist, er sich in Gewissensnot befindet oder ein Interessenkonflikt besteht etwa deswegen, weil der Anwalt den durch die Straftat Verletzten beraten hat oder wenn der Anwalt sich wegen hohen Alters den Anstrengungen einer Hauptverhandlung nicht mehr gewachsen fühlt (Löwe/Rosenberg/*Lüderssen/Jahn* StPO § 143 Rn. 5). Ein wichtiger Grund ist ebenfalls gegeben, wenn der Rechtsanwalt seine Berufstätigkeit nach § 45 versagen müsste (amtliche Begründung, BT-Drs. 3/120) und bei groben Pflichtverletzungen (*Meyer-Goßner* StPO § 143 Rn. 4). Die Rücknahme der Pflichtverteidigerbestellung ist wegen wesentlicher Änderung der Verfahrenslage ausnahmsweise dann zulässig, wenn bei dem Beschuldigten keine wirkliche Bereitschaft mehr zur Verteidigung gegen das Urteil besteht. In diesem Fall gebietet es das Rechtsstaatsprinzip nicht, die Pflichtverteidigerbestellung aufrechtzuerhalten (OLG Köln NJW-RR 2005, 1680). Ein einvernehmlicher **Wechsel des Pflichtverteidigers** ist dann möglich, wenn keine Beeinträchtigungen für das Verfahren und keine Mehrkosten entstehen (OLG Bremen BeckRS 2013, 13089; OLG Frankfurt NJW 2005, 377; NJW-RR 2008, 47; OLG Oldenburg NStZ-RR 2010, 210), auch wenn berufsrechtlich umstritten ist, ob damit eine unzulässige Gebührenunterschreitung verbunden ist (Henssler/Prütting/*Henssler* § 49 Rn. 15, § 59b Rn. 19 mwN). 9

3. Nicht ausreichende Gründe. Als nicht ausreichende Gründe werden angesehen: Wenn der Verteidiger sich weigert, eine vom Angeklagten selbst eingelegte Revision wegen Aussichtslosigkeit zu begründen (OLG Stuttgart MDR 1979, 780; *Meyer-Goßner* StPO § 143 Rn. 4). Beleidigungen, Bedrohung oder Angriffe des Angeklagten auf den Verteidiger (KG AnwBl. 1978, 241; vgl. aber *Dahs,* Handbuch des Strafverteidigers, 1983, Rn. 114 für den Fall besonders starker Unzumutbarkeit und Strafrechtsausschuss der BRAK in BRAK-Mitt. 1984, 62). Auch pauschale, nicht näher belegte Vorwürfe des Angeklagten gegen den Verteidiger rechtfertigen nicht dessen Entpflichtung, es sei denn, dadurch sei eine ernsthafte Störung des Vertrauensverhältnisses eingetreten (*Meyer-Goßner* StPO § 143 Rn. 5). Entzieht der Angeklagte in der Hauptverhandlung seinem Verteidiger unter Berufung auf ein gestörtes Vertrauensverhältnis das Mandat, so hindert dies die Bestellung des bisherigen Wahlverteidigers zum Pflichtverteidiger jedenfalls dann nicht, wenn die von dem Angeklagten vorgetragenen Behauptungen zwar erheblich, aber ersichtlich unzutreffend sind. Erstattet der in einem solchen Fall beigeordnete Verteidiger gegen den Angeklagten wegen dessen Äußerungen Strafanzeige, so liegt darin in der Regel ein wichtiger Grund, der Anlass gibt, einem Antrag des Verteidigers auf Entpflichtung stattzugeben (BGHSt 39, 310 = StV 1993, 564 = MDR 1993, 1224 = NJW 1993, 2375 = AnwBl. 1994, 90). Es stellt keinen zum Widerruf der Pflichtverteidigerbestellung berechtigenden wichtigen Grund dar, dass das Gericht aufgrund des bisherigen Verteidigungsverhaltens des Pflichtverteidigers der Auffassung ist, das Verfahren könne nicht wie geplant beendet, sondern müsse möglicherweise 10 ausgesetzt werden (LG Berlin StV 1990, 15). Auch wenn die Angeklagten der Begehung ein und derselben Tat als Mittäter beschuldigt werden, ist der Vorsitzende nicht grundsätzlich gehindert, ihnen in einer Sozietät verbundene Rechtsanwälte als Pflichtverteidiger beizuordnen und muss eine bereits erfolgte Bestellung nicht grundsätzlich widerrufen werden. Vielmehr müssen konkrete Anhaltspunkte dafür bestehen, dass die Anwälte zu einer sachgerechten Verteidigung außer Stande sind, insbesondere ihre Verteidigung grob pflichtwidrig an den Interessen des Mitangeklagten bzw. der Sozietät ausrichten. Die Einhaltung der berufsrechtlichen Vorschrift des § 3 ist allein dem Rechtsanwalt überantwortet, nicht aber dem Gericht (OLG Frankfurt NJW 1999, 1414; → § 43a Rn. 80 ff.). Kein ausreichender Grund liegt vor, wenn der bisherige Wahlverteidiger als Pflichtverteidiger bestellt wird (OLG Köln BeckRS 2010, 12925). Pflichtverteidigung ist keine Verteidigung minderer Güte. Wahl- und Pflichtverteidiger haben die gleichen Aufgabe und Funktion. Das bestehende Wahlverteidigermandatsverhältnis wird durch die Pflichtverteidigerbestellung nicht berührt.

VI. Kammerrechtsbeistände, Rechtsreferendare und RA-GmbH

11 Zur Frage, ob ein **verkammerter Rechtsbeistand** (§ 209) zum Pflichtverteidiger bestellt werden kann und ob er als Wahlverteidiger eine Revisionsbegründungsschrift wirksam unterzeichnen kann, vgl. BGHSt 32, 326 = NJW 1984, 2480 = MDR 1984, 681.

12 Die Bestellung eines **Referendars** ist nach § 142 Abs. 2 StPO nur in den Fällen des § 140 Abs. 1 Nr. 2 und 5 sowie des § 140 Abs. 2 StPO für den ersten Rechtszug, dh nur vor dem AG zulässig. Beim LG und OLG darf der Referendar als bestellter Verteidiger nicht auftreten (BGH StV 1989, 465). Im Übrigen ist die Bestellung eines Referendars, der nicht amtlich bestellter Vertreter eines Rechtsanwalts ist (§ 53 Abs. 4), zum Pflichtverteidiger unzulässig. Die Übertragung der Verteidigung auf einen Referendar durch einen Pflichtverteidiger ist ebenso unwirksam (BGH StV 1989, 465). Ist ein Rechtsreferendar zum allgemeinen Vertreter eines Rechtsanwalts bestellt, so stehen ihm die anwaltlichen Befugnisse des Rechtsanwalts auch insoweit zu, als der Rechtsanwalt zum Pflichtverteidiger bestellt ist. Der Angeklagte braucht der Wahrnehmung dieser anwaltlichen Befugnisse durch einen Rechtsreferendar nicht zuzustimmen (BayObLG StV 1989, 469; → § 53 Rn. 23).

12a Auf eine **RA-GmbH** ist § 49 nicht anwendbar. Sie kann keine Pflichtverteidigung übernehmen. Das folgt aus § 59m Abs. 2, der auf § 49 keinen Bezug nimmt, sondern diese Vorschrift aus den Verweisungen ausklammert. Für die in der Gesellschaft tätigen Anwälte gilt das jedoch nicht, auf sie ist § 49 uneingeschränkt anwendbar (Henssler/Prütting/*Henssler* § 49 Rn. 5; **aA** 8. Aufl. § 49 Rn. 1 *(Böhnlein)*).

VII. Vergütung

13 Der Pflichtverteidiger hat nach § 45 Abs. 3 RVG einen Anspruch auf Vergütung gegen die Staatskasse. Vom Beschuldigten kann er nach § 52 Abs. 1 RVG die Zahlung der Gebühren eines gewählten Verteidigers verlangen; er kann jedoch keinen Vorschuss fordern. Der Anspruch gegen den Beschuldigten entfällt insoweit, als die Staatskasse Gebühren gezahlt hat. Anspruchsvoraussetzung für eine Zahlung durch den Beschuldigten ist zudem nach § 52 Abs. 2 und 3 RVG, dass dem Beschuldigten ein Erstattungsanspruch gegen die Staatskasse zusteht (§ 52 Abs. 2 S. 1 Alt. 1 RVG), oder dass das Gericht des ersten Rechtszugs auf Antrag des Verteidigers nach Anhörung des Beschuldigten feststellt, dieser sei ohne Beeinträchtigung des für ihn und seine Familie notwendigen Unterhalts zur Zahlung oder zur Leistung von Raten in der Lage (§ 52 Abs. 2 S. 1 Alt. 2 RVG), oder dass das Gericht die Leistungsfähigkeit des Beschuldigten vermutet, weil der Beschuldigte innerhalb einer ihm vom Gericht gesetzten Frist zur Darlegung seiner persönlichen und wirtschaftlichen Verhältnisse keine Erklärung abgegeben hat (§ 52 Abs. 3 RVG; Hartung/Römermann/*Schons* RVG § 52 Rn. 18). Um in zulässiger Weise mit der Verfassungsbeschwerde die Verletzung des Grundrechts aus Art. 12 Abs. 1 GG durch eine zu niedrige Festsetzung des Vorschusses auf die Pauschgebühr des Pflichtverteidigers rügen zu können, muss der Rechtsanwalt eine detaillierte Einnahmen-Ausgaben-Aufstellung seines Kanzleibetriebs vorlegen (BVerfG NJW 2007, 1445). Zur unzulässigen Verweigerung der Festsetzung der Vergütung eines Pflichtverteidigers vgl. BVerfG BRAK-Mitt. 2009, 176.

§ 49a Pflicht zur Übernahme der Beratungshilfe (§§ 16, 16a BORA)

(1) 1 **Der Rechtsanwalt ist verpflichtet, die in dem Beratungshilfegesetz vorgesehene Beratungshilfe zu übernehmen.** 2 **Er kann die Beratungshilfe im Einzelfall aus wichtigem Grund ablehnen.**

(2) 1 **Der Rechtsanwalt ist verpflichtet, bei Einrichtungen der Rechtsanwaltschaft für die Beratung von Rechtsuchenden mit geringem Einkommen mitzuwirken.** 2 **Er kann die Mitwirkung im Einzelfall aus wichtigem Grund ablehnen.**

Schrifttum: *Ciper,* Der Mandant Dritter Klasse, Berliner AnwBl. 2011, 419; *Dux,* Anwaltliche pro bono Tätigkeit in Deutschland, AnwBl. 2011, 90; *Euba,* Verfassungswidrigkeit der Regelungen über die Höhe der anwaltlichen Gebühren für Beratungshilfe, NJOZ 2011, 289; *Hofmann,* Änderungen im Prozesskostenhilfe- und Beratungshilferecht zum 1.1.2014, BRAK-Mitt. 2013, 269; *Kilian,* Bilanz zur Prozesskosten- und Beratungshilfe, AnwBl. 2014, 46; *Lissner,* Die wichtigsten Änderungen durch das 2. KostRMoG im Bereich der Beratungshilfe, JurBüro 2013, 564; *ders.,* Beratungshilfe auf dem Gebiet des Ausländerrechts, ZAR 2013, 110; *Mayer,* Neues bei Beratungshilfe, pro bono und Erfolgshonorar, AnwBl. Online 2013, 311; *Ponetsmüller,* Beratungshilfe – pro bono Staatskasse, ZAP 2013, 443; *Reckin,* Wann der Staat jetzt noch Rechtsrat finanziert – was Anwälte wissen sollten, AnwBl. 2013, 889; *Schons,* Edle Verpflichtung und/oder verweigertes Recht, BRAK Magazin 6/2013, 3; *v. Seltmann,* Gemeinsame Stellungnahme von BRAK und DAV zum Referentenentwurf für ein Gesetz zur Änderung des Prozesskostenhilfe- und Beratungshilferechts, BRAK-Mitt. 2012, 169; *Teubel,* Das neue Prozesskostenhilfe- und Beratungshilferecht, BRAK-Mitt. 2013, 151; *Timme,* „Entschärfte" Änderungen im Prozesskosten- und Beratungshilferecht, NJW 2013, 3057; *Zuck,* Die verfassungsrechtlichen Rahmenbedingungen der Beratungshilfe, NZS 2012, 441; *ders.,* Praktische Hinweise zur Beratungshilfe, NJW 2012, 2170; *ders.,* Praktische Hinweise zur Beratungshilfe, NJW 2012, 2170.

Übersicht

I. Gesetzesänderung

Zum 1.1.2014 sind umfangreiche Änderungen im **Prozess- und Beratungshilferecht** in 1
Kraft getreten (BGBl. 2013 I S. 3533). Das neue Gesetz soll die Prozesskosten- und Beratungshilfe effizienter gestalten und die missbräuchliche Inanspruchnahme verhindern. Die Regelungen zur Beratungshilfe setzen darüber hinaus eine Entscheidung des BVerfG (BVerfGE 122, 39 = NJW 2009, 209) zur Einbeziehung steuerlicher Angelegenheiten in die Beratungshilfe um. Außerdem wird der Kreis der die Beratungshilfe erteilenden Personen über die Rechtsanwälte hinaus auf die Angehörigen der steuer- und wirtschaftsberatenden Berufe sowie auf die Rentenberater erweitert. Das bisherige Beratungsprivileg der Rechtsanwälte im Rahmen der Beratungshilfe wurde aufgehoben.

II. Regelung des Beratungshilfegesetzes

1. Zweck des Beratungshilfegesetzes. Zu einer funktionsfähigen Rechtspflege gehört es 2
auch, dass Bürger mit geringem Einkommen die Möglichkeit haben, sich beraten und außergerichtlich vertreten zu lassen (amtliche Begründung, BT-Drs. 12/4993, 30). Das Beratungshilfegesetz (BerHG) begründet für Bürger mit geringem Einkommen das **Recht auf anwaltliche Beratung und Vertretung im vor- und außergerichtlichen Bereich.** Der Rechtsuchende, der die Kostenbarriere nicht mit eigenen Mitteln überwinden kann, soll nicht weiter dazu genötigt sein, entweder zu resignieren oder seine Rechtsposition gleich vor dem Prozessgericht

im Prozesskostenhilfeverfahren (§§ 114 ff. ZPO) prüfen zu lassen (*Greißinger* AnwBl. 1986, 417; AnwBl. 1989, 573; AnwBl. 1996, 606). Beratungshilfe ist neben der Prozesskostenhilfe eine heute nicht mehr wegzudenkende Sozialleistung innerhalb der Rechtspflege, die in den vergangenen Jahren ein gesteigertes Ausmaß an Beobachtung innerhalb der Justiz, aber auch in anwaltlichen Abrechnungssektor gefunden hat. 2011 – so die Statistik des Bundesamtes für Justiz – waren bundesweit Ausgaben von immerhin 81.866.589 Euro zu verzeichnen (*Lissner* JurBüro 2013, 564).

2a Beratungshilfe, Hilfe für die Wahrnehmung von Rechten außerhalb eines gerichtlichen Verfahrens, können Rechtsuchende in Anspruch nehmen, die die erforderlichen Mittel nach ihren persönlichen und wirtschaftlichen Verhältnissen nicht aufbringen können, über keine anderweitig zumutbaren Hilfsmöglichkeiten, zB Rechtsschutzversicherung, verfügen und deren Rechtsverfolgung nicht mutwillig ist (§ 1 BerHG).

2b Der Rechtsanwalt ist nach § 49a Abs. 1 grundsätzlich zur Übernahme der Beratungshilfe verpflichtet. Auf ihre Möglichkeit muss er hinweisen (§ 16 BORA). Nur aus wichtigen Grund kann der Rechtsanwalt die Beratungshilfe im Einzelfall ablehnen oder beenden (§ 16a BORA).

3 Das BVerfG befasste sich 2009 und 2010 jeweils mit dem Thema **„Versagung von Beratungshilfe".** Die Auslegung des BerHG dahingehend dass es einem Rechtssuchenden zumutbar sei, selbst kostenlos Widerspruch einzulegen und dabei die Beratung derjenigen Behörde in Anspruch zu nehmen, die zuvor den Ausgangsverwaltungsakt erlassen hatte, wird den verfassungsrechtlichen Anforderungen nicht gerecht. Auch in diesem Fall kann der Rechtsuchende von seinem Recht, sich durch einen Rechtsanwalt seiner Wahl beraten und vor der Widerspruchsbehörde vertreten zu lassen, Gebrauch machen (BVerfG NJW 2009, 3417). Mit Beschluss vom 14.8.2010 entschied das BVerfG zur Frage der Überschreitung der Grenzen der Rechtswahrnehmungsgleichheit bei Versagung von Beratungshilfe wegen fehlenden eigenen Einwandes einfacher Tatsachenfragen (BVerfG BeckRS 2010, 53166).

4 Ein auf dem fraglichen Rechtsgebiet kundiger Rechtsanwalt hat keinen Anspruch auf Beratungshilfe. Die Selbsthilfe ist eine andere zumutbare Hilfsmöglichkeit iSd § 1 Abs. 1 Nr. 2 BerHG (*Herget* MDR 1984, 529, 530; *Lindemann/Trenk-Hinterberger* BerHG § 1 Rn. 31; LG Münster JurBüro 1984, 447; *Büttner/Wrobel-Sachs/Gottschalk/Dürbeck* Rn. 564). Beantragt ein Rechtsanwalt gleichwohl Beratungshilfe für sich, handelt er pflichtwidrig. Eine vom Rechtsanwalt gegen die Zurückweisung des Antrags auf Beratungshilfe im eigenen Namen erhobene Verfassungsbeschwerde ist mangels Verletzung eigener Rechte (Beschwer) unzulässig (BVerfG NJW 2006, 1504).

5 **2. Verfahren.** Sind die Voraussetzungen für die Gewährung von Beratungshilfe gegeben und wird die Angelegenheit nicht durch das Amtsgericht erledigt, steht dem mittellosen Rechtsuchenden keine andere zumutbare Möglichkeit zur Hilfe zur Verfügung und ist die Rechtsverfolgung nicht mutwillig, stellt der Rechtspfleger beim Amtsgericht auf Antrag (§ 6 BerHG) einen **Berechtigungsschein** aus. Neu ist in § 1 Abs. 3 BerHG die Legaldefinition für die Mutwilligkeit.

5a Wenn sich der Rechtssuchende wegen Beratungshilfe unmittelbar an eine Beratungsperson wendet, kann der Antrag auf Bewilligung der Beratungshilfe **nachträglich** gestellt werden. Der Antrag ist spätestens vier Wochen nach Beginn der Beratungshilfetätigkeit zu stellen (§ 6 Abs. 2 BerHG). Wird im Fall nachträglicher Antragstellung Beratungshilfe nicht bewilligt, kann die Beratungsperson vom Rechtsuchenden Vergütung nach den allgemeinen Vorschriften verlangen, wenn sie ihn bei der Mandatsübernahme hierauf hingewiesen hat (§ 8a Abs. 4 BerHG). Beratungshilfe ohne Vorliegen eines Beratungsscheins erbringt der Anwalt auf eigenes Risiko.

6 **3. Beratungspersonen, Gegenstand.** In § 3 BerHG wurde das bisherige anwaltliche Beratungsprivileg im Rahmen der Beratungshilfe aufgegeben. Die Beratungshilfe wird durch Rechtsanwälte und durch verkammerte Rechtsbeistände gewährt. Im Umfang ihrer jeweiligen Befugnis zur Rechtsberatung wird sie auch durch Steuerberater und Steuerbevollmächtigte, Wirtschaftsprüfer und vereidigte Buchprüfer sowie Rentenberater (Beratungspersonen) gewährt. § 49a gilt sinngemäß auch für Rechtsanwaltsgesellschaften (§ 59m Abs. 2; → § 48 Rn. 2a). Nach § 3 Abs. 2 BerHG kann die Beratungshilfe auch durch das Amtsgericht gewährt werden, soweit dem Anliegen durch eine sofortige Auskunft, einen Hinweis auf andere Möglichkeiten für Hilfe oder die Aufnahme eines Antrags oder einer Erklärung entsprochen werden kann.

Nach § 8 BerHG richtet sich die Vergütung (→ Rn. 15) der Beratungsperson nach den für die Beratungshilfe geltenden Vorschriften des RVG. Die Beratungsperson, die nicht Rechtsanwalt ist, steht insoweit einem Rechtsanwalt gleich. Damit einher geht auch eine entsprechende Berufspflicht zur Übernahme der Beratungshilfe, die in die jeweiligen Berufsordnungen eingearbeitet wurde. Die Erweiterung war von DAV und BRAK abgelehnt worden, denn sie schafft Unsicherheiten für den Rechtssuchenden. Die einzelnen Rechtsgebiete lassen sich häufig nicht klar voreinander abgrenzen und es ergeben sich vielfach Überschneidungen. 6a

Beratungshilfe nach diesem Gesetz wird in **allen rechtlichen Angelegenheiten** gewährt (§ 2 Abs. 2 S. 1 BerHG). In Angelegenheiten des Strafrechts und des Ordnungswidrigkeitenrechts wird nur Beratung gewährt (§ 2 Abs. 2 S. 2 BerHG). Der bisherige Katalog in § 2 Abs. 2 BerHG aF wurde gestrichen. Die bisherige Nichtaufnahme des Steuerrechts in den Katalog der Rechtsgebiete für die Beratungshilfe, ist verfassungswidrig (BVerfG NJW 2009, 209). 6b

Nach § 12 BerHG gilt für die Länder Berlin, Bremen und Hamburg, dass die dort bestehende öffentliche Rechtsberatung an die Stelle der Beratungshilfe nach dem BerHG tritt. In Berlin hat nach § 12 Abs. 2 BerHG der Rechtsuchende die Wahl zwischen öffentlicher und anwaltlicher Beratungshilfe (Henssler/Prütting/*Henssler* § 49a Rn. 7). 7

III. Pflicht des Rechtsanwalts zur Übernahme der Beratungshilfe

1. Übernahmepflicht nach § 49a Abs. 1. Nach dem bisherigen § 49a, der nach dem Gesetz vom 2.9.1994 (BGBl. I S. 2278) als Abs. 1 fort gilt und sich bewährt hat (amtliche Begründung, BT-Drs. 12/4993, 30), ist ein Rechtsanwalt verpflichtet, die in dem Beratungshilfegesetz vorgesehene Beratungshilfe zu übernehmen (vgl. auch *Greißinger* AnwBl. 1986, 417). Nach § 16 Abs. 1 BORA muss er bei begründetem Anlass auf die Möglichkeit von Beratungshilfe hinweisen. Verletzt er die Hinweispflicht, macht sich der Rechtsanwalt schadensersatzpflichtig (OLG Düsseldorf AnwBl. 1984, 444; *Greißinger* AnwBl. 1994, 371; AnwBl. 1996, 606). 8

2. Mitwirkungspflicht nach § 49a Abs. 2. Abs. 2 verpflichtet den Rechtsanwalt „bei Einrichtungen der Rechtsanwaltschaft für die Beratung von Rechtsuchenden mit geringem Einkommen" mitzuwirken. Die Verpflichtung zur Mitwirkung im Rahmen der Beratungshilfe bei **Beratungseinrichtungen der Rechtsanwaltschaft** ist durch Gesetz vom 2.9.1994 (BGBl. I S. 2278) eingeführt worden. Gemeint sind Beratungsstellen iSd § 3 Abs. 1 S. 3 BerHG, die aufgrund einer Vereinbarung mit der Landesjustizverwaltung eingerichtet wurden. Einrichtungen der Rechtsanwaltschaft können nur Beratungsstellen der die Gesamtheit der Rechtsanwälte repräsentierenden Rechtsanwaltskammern sein, nicht Beratungsstellen der örtlichen Anwaltvereine oder anderer Institutionen (Hartung/Römermann/*Hartung* § 49a Rn. 6; **aA** Henssler/Prütting/*Henssler* § 49a Rn. 8). Diese repräsentieren nur einen Teil der Anwaltschaft. Ihre Einrichtungen sind nicht solche der Rechtsanwaltschaft. Durch berufsrechtliche Verpflichtung zur Teilnahme an Beratungseinrichtungen darf niemand gezwungen werden, sich einem Verein anzuschließen oder bei Verwirklichung dessen Ziele mitzuwirken. 9

3. Übernahmepflicht aufgrund von Kammerbeschlüssen. Die in § 49a vorgesehene Übernahmepflicht bzw. Mitwirkungspflicht ist beschränkt auf die in § 2 BerHG vorgesehene Beratungshilfe. Daher kann sie nicht durch Verwaltungsvorschriften der Landesjustizverwaltung auf andere Fälle ausgedehnt werden (*Lindemann/Trenk-Hinterberger* § 3 BerHG Rn. 4; *Schaich* AnwBl. 1981, 2; *Groß*, 12. Aufl. 2014, BerHG § 2 Rn. 12; *Jessnitzer/Blumberg* § 49a Rn. 1). 10

Da aber über Abs. 2 eine Mitwirkungspflicht besteht, begründen Kammerbeschlüsse, durch die eine den Verwaltungsvorschriften der Landesjustizverwaltung entsprechende weitergehende Beratungshilfe vorgesehen wird, dann für das einzelne Kammermitglied eine entsprechende Berufspflicht (vgl. auch BGH AnwBl. 1976, 184; EGH München EGE IX 121). Öffentliche Beratungsstellen, zB in Hamburg, Bremen und Berlin, die nach § 12 BerHG in diesen Stadtstaaten Beratungshilfen gewähren, sind nicht aufgrund einer Vereinbarung mit der Landesjustizverwaltung eingerichtet; eine Verpflichtung der Anwaltschaft zur Teilnahme besteht deshalb nicht (Henssler/Prütting/*Henssler* § 49a Rn. 8). 11

4. Wichtiger Grund. Die **Übernahme** kann der Rechtsanwalt nur im Einzelfall aus wichtigem Grund ablehnen. Die Ablehnung der Beratungshilfe ist in § 16a BORA konkretisiert. Im Rahmen der ihr nach § 59b Abs. 2 Nr. 5a zustehenden Satzungsbefugnis sah es die Satzungsversammlung als notwendig an, die allein auf die allgemeine Bestimmung des § 49a Abs. 1 S. 2 12 fußenden Ablehnungsmöglichkeiten von Beratungshilfemandaten zu konkretisieren. Mit Beschluss vom 14.11.2008 wurde Ablehnungsgründe in § 16a BORA erstmals geregelt. Der ursprüngliche Wortlaut des Beschlusses zu § 16a BORA ist in den BRAK-Mitt. 2009, 64 abgedruckt mit dem Hinweis, dass der Beschluss vom Bundesministerium der Justiz teilweise (Abs. 1 sowie Abs. 3 lit. b, f und g) aufgehoben und zunächst nicht verkündet wurde. Der verbleibende Rest wurde schließlich bekannt gemacht und ist am 1.9.2009 in Kraft getreten (BRAK-Mitt. 2009, 120). Zu den Einzelheiten → BORA § 16a Rn. 1 ff. Im Ausnahmefall kann eine umfangreiche und schwierige erbrechtliche Angelegenheit, die erhebliche Haftungsrisiken beinhaltet nach § 49a Abs. 1 S. 2 abgelehnt werden (AG Gengenbach BeckRS 2013, 09708).

13 Als **wichtiger Grund** für die Ablehnung der Mitwirkung nach § 49a Abs. 2 S. 2 ist zunächst das anzusehen, was nach § 48 Abs. 2 die Aufhebung einer Beiordnung rechtfertigen kann. Zu den Einzelheiten → § 48 Rn. 19. Auch kommen in Betracht Krankheit, die Tatbestände der §§ 43a Abs. 4, 45–47 und fehlendes Vertrauensverhältnis. Auch Gewissensnot des Anwalts kann im Einzelfall ein wichtiger Grund zur Ablehnung sein (*Bischof* NJW 1981, 894, 899; *Isele* § 48 Anm. 11 E 4c). Die in § 49a vorgesehene Übernahmepflicht greift auch bei unmittelbarer Inanspruchnahme des Rechtsanwalts Platz (*Groß,* 12. Aufl. 2014, BerHG § 3 Rn. 12, § 11 Rn. 3; *Lindemann/Trenk-Hinterberger* BerHG § 3 Rn. 4; *Becker* AnwBl. 1982, 290; *Mümmler* JurBüro 1984, 1128; JurBüro 1986, 1470; **aA** *Brangsch* AnwBl. 1982, 100; Henssler/Prütting/*Henssler* § 49a Rn. 10). Der Rechtsanwalt kann allerdings an das Amtsgericht verweisen, wenn er die Voraussetzungen für die Gewährung der Beratungshilfe nicht als gegeben ansieht (*Lindemann/Trenk-Hinterberger* BerHG § 3 Rn. 4; *Bischof* NJW 1981, 894, 899).

14 Ob als **wichtiger Grund** für die Ablehnung auch angesehen werden kann, dass die Kanzlei sich mit dem gefragten Rechtsgebiet nicht befasse, erscheint ausgeschlossen, da ein wichtiges Argument für die Betrauung der Rechtsanwälte mit der Beratungshilfe war, dass der Rechtsuchende bei allen Rechtsanwälten eine juristische Beratung von hoher Qualität erwarten könne (*Groß,* 12. Aufl. 2014, BerHG § 49b Rn. 4, § 1 Rn. 4, 5; *Lindemann/Trenk-Hinterberger* BerHG § 3 Rn. 6). Es kann allerdings zur Sorgfaltspflicht des Anwalts gehören, den Rechtsuchenden im Einzelfall darauf hinzuweisen, dass er wegen langer Spezialisierung auf ein bestimmtes Rechtsgebiet unterdurchschnittliche Kenntnisse und Erfahrungen auf dem Gebiet habe, zu dem er befragt werden soll. Dann ist es der Entscheidung des Rechtsuchenden überlassen, ob er einen anderen Rechtsanwalt aufsuchen will (*Lindemann/Trenk-Hinterberger* BerHG § 3 Rn. 6).

IV. Gebühren

15 **1. Vergütungsanspruch, Vereinbarungen, Verzicht auf Regelgebühren.** Wie das Prozesskostenhilfegesetz verlangt das BerHG von den Rechtsanwälten **Opfer** durch Verzicht auf die Regelgebühren (§§ 8–10 BerHG). Die Beratungshilfegebühren sind damit nicht auf „Gewinn" ausgelegt, sondern stellen regelmäßig eine „Entschädigung" für das erbrachte, finanzielle „Sonderopfer" der Rechtsanwälte dar. Sowohl das BVerfG (AGS 2002, 273) als auch das OLG Hamm (FamFR 2011, 377) nehmen an, dass die Gebühren zu niedrig bemessen seien (*Lissner* JurBüro 2013, 564).

15a Die **Vergütung** ist für die Beratungshilfe gesondert geregelt. Nach § 8 BerHG iVm § 44 S. 2 RVG, Nr. 2500 des Vergütungsverzeichnisses (VV) steht dem Rechtsanwalt gegen den Rechtsuchenden, dem er Beratungshilfe gibt, eine Gebühr von 15 Euro zu, die er ermäßigen oder ganz erlassen kann (Nr. 2500 S. 2 VV). Der Rechtsanwalt wird von der Möglichkeit zum Erlass in weitem Umfang Gebrauch machen müssen. Das gilt besonders, wenn es sich um kleine Werte handelt. Die „Fixgebühren" nach RVG nehmen keine Rücksicht auf den Streitwert (§ 44 RVG iVm Nr. 2500 ff. VV). Die Gebühr kann nicht nach § 11 RVG gegen den Ratsuchenden festgesetzt werden, da es sich nicht um ein gerichtliches Verfahren handelt (AG Mainz Rpfleger 1985, 324). Neben der Beratungshilfegebühr (§ 44 S. 2 RVG, Nr. 2500 VV) kann von dem Ratsuchenden weder Auslagenersatz (Nr. 2500 VV) noch Umsatzsteuer (Nr. 7008 VV) verlangt werden (*Lindemann/Trenk-Hinterberger* BerHG § 8 Rn. 1, 2; *Groß,* 12. Aufl. 2014, BerHG § 8 Rn. 2, V 115, 16; II 46, 55; *Hartmann* RVG § 44 Rn. 1).

15b Die **Höhe der Vergütung** des Rechtsanwalts für seine Tätigkeit im Rahmen der Beratungshilfe, ergibt sich nunmehr aus Teil 2 Abschnitt 5 des Vergütungsverzeichnisses zum RVG. Nach Nr. 2501–2508 VV können eine **Beratungsgebühr** (Nr. 2501, 2502 VV), eine **Geschäftsgebühr** (Nr. 2503–2507 VV), eine **Einigungsgebühr** (Nr. 2508 iVm 1000 VV) und eine

Erledigungsgebühr (Nr. 2508 iVm Nr. 1002 VV) entstehen. Dies sind **Festgebühren,** die unabhängig von dem Gegenstandswert, dem Umfang und der Schwierigkeit der anwaltlichen Tätigkeit sind (*Hartmann/Römermann/Schons* RVG § 44 Rn. 11, 12; *Lissner* JurBüro 2013, 564).

Das Verbot **Gebührenvereinbarungen** (§ 8 BerHG aF) wurde durch das Gesetz zur Änderung des Prozesskostenhilfe- und Beratungshilfe ersatzlos aufgehoben und stattdessen flexible Vergütungsmodell zugelassen. Folgende Vereinbarungen sind nunmehr möglich: **16**

- **Verzicht:** § 4 Abs. 1 S. 3 RVG nF bestimmt, dass der Rechtsanwalt ganz auf eine Vergütung verzichten kann, wenn die Voraussetzungen für die Bewilligung von Beratungshilfe vorliegen. Hier hat der Gesetzgeber erstmals die Möglichkeit geschaffen, auch in Vertretungsfällen, unentgeltlich – pro bono tätig zu werden.
- **Vereinbarung:** In Kenntnis der Bratungshilfeberechtigung (§ 16 Abs. 2 BORA) kann der Rechtsuchende durch Unterzeichnung der Vergütungsvereinbarung auf die Inanspruchnahme von Beratungshilfe verzichten. Die Vergütungsvereinbarung muss aber der gesetzlich vorgeschriebenen Form nach § 4a Abs. 2 Nr. 1 RVG genügen (*Enders* JurBüro 2014, 225). Bei Unwirksamkeit der vertraglichen Vergütung stellt nach § 4b S. 1 RVG die gesetzliche Vergütung die Obergrenze der anfallenden Vergütung dar (AG Gengenbach BeckRS 2013, 09708).
- **Erfolgshonorar:** Es kann auch ein Erfolgshonorar vereinbart werden (§ 4a Abs. 1 RVG). Voraussetzung ist allerdings, dass der Rechtsanwalt auf die Inanspruchnahme der Vergütung für die Beratungshilfe verzichtet und er den Mandanten auf diese Möglichkeit vorab hingewiesen hat. Nach § 1 Abs. 2 BerHG ist die Möglichkeit, sich durch einen Rechtsanwalt unentgeltlich oder gegen Vereinbarung vertreten zu lassen, keine andere Möglichkeit der Hilfe iSv § 1 Nr. 2 BerHG (*Hofmann* BRAK-Mitt. 2013, 270; *Mayer* AnwBl. Online 2013, 311).
- **Annahme freiwilliger Leistung:** Zur Annahme freiwilliger Zahlungen oder Leistungen vgl. § 16 Abs. 2 BORA.
- **Aufhebung:** Neu eingeführt ist die Möglichkeit der Aufhebung der Beratungshilfe. Nach § 6a Abs. 2 BerHG besteht die Möglichkeit die Aufhebung zu beantragen und den Vergütungsanspruch auf eine Vereinbarung zu stützen. Den Antrag kann nunmehr auch die Beratungsperson stellen (§ 6a Abs. 2 BerHG). Dies wird wohl nur in Einverständnis des Mandanten möglich sein, um nicht gegen die Verschwiegenheitspflichten des Rechtsanwalts zu verstoßen. Der Beschluss, durch den Beratungshilfe bewilligt wird kann nach der Neuregelung auch von Amts wegen aufgehoben werden (§§ 6a, 7 BerHG). Die Entscheidung wird in das Ermessen des Gerichts gestellt.
- **Kostenersatz durch Gegner:** Ist der Gegner verpflichtet, dem Rechtsuchenden die Kosten der Wahrnehmung seiner Rechte zu ersetzen, hat er die gesetzliche Vergütung für die Tätigkeit des Rechtsanwalts zu zahlen. Der Anspruch geht auf den Rechtsanwalt über. Der Übergang kann nicht zum Nachteil des Rechtsuchenden geltend gemacht werden (§ 9 BerHG).

Die Vergütung des Rechtsanwalts/Beratungsperson richtet sich nach den für die Beratungshilfe geltenden Vorschriften des RVG. Die Beratungsperson, die nicht Rechtsanwalt ist steht insoweit einem Rechtsanwalt gleich (§ 8 Abs. 1 BerHG). § 44 RVG bestimmt den Vergütungsanspruch des Rechtsanwalts und bestimmt als **Vergütungsschuldner die Landeskasse.** **17**

Zuständig für die **Kostenfestsetzung** ist das Amtsgericht, welches den Berechtigungsschein ausgestellt hat und, wenn von dem Rechtsanwalt schon vorher Beratungshilfe gewährt wurde, das Amtsgericht, in dessen Bezirk der Rechtsuchende seinen allgemeinen Gerichtsstand hat (§ 4 Abs. 1 BerHG; § 55 Abs. 4 RVG). Zahlungen, die der Rechtsanwalt nach § 9 S. 2 BerHG vom Gegner erhält, werden auf die Vergütung aus der Landeskasse angerechnet (§ 58 Abs. 1 RVG). Anders als im sonstigen Festsetzungsverfahren besteht in der Beratungshilfe ein Formularzwang. Antragsberechtigt ist der Rechtsanwalt als unmittelbarer Gebühreninhaber. Die Festsetzung erfolgt auf Antrag und unter zeitgleicher Rückgabe des Berechtigungsscheins (*Lissner* JurBüro 2013, 566). **17a**

Mit der Neuregelung der Beratungshilfe wird die Vergütungsregelung für den Rechtsanwalt noch aufwendiger und auch bürokratischer. Sehr kritisch hierzu Schons in seinem Beitrag: „edle Verpflichtung und/oder verweigertes Recht" (BRAK Magazin 6/2013, 3). Viele Rechtsanwälte winken – trotz der nach § 49a bestehenden Übernahmeverpflichtung – ab, wenn ein Rechtsuchender am Telefon mitteilt, dass er einen Beratungshilfeschein hat. Die Abneigung der Rechtsanwaltschaft gegen Beratungshilfemandate ist nicht verwunderlich. *Ponetsmüller* (ZAP 2013, 443) weist darauf hin, dass der Regelsatz den die Staatskasse für die außergerichtliche **18**

Vertretung gewährt, nicht einmal die Kosten einer Wohnzimmerkanzlei abdeckt. Hinzukommt, dass die vom Staat unterstützten Mandate oftmals sehr betreuungsintensiv sind. Zudem wird seitens der Gerichtsbarkeit der Arbeitsaufwand unnötig in die Höhe getrieben (*Ponetsmüller* ZAP 2013, 443).

19 **2. Antrag auf Beratungshilfe.** Über den **Antrag** auf Beratungshilfe entscheidet das Amtsgericht, in dessen Bezirk der Rechtssuchende seinen allgemeinen Gerichtsstand hat (§ 4 Abs. 1 BerHG). Der Antrag kann mündlich oder schriftlich gestellt werden. Der Sachverhalt, für den Beratungshilfe beantragt wird, ist anzugeben (§ 4 Abs. 2 BerHG).

19a Das Bundesjustizministerium hat in Umsetzung des Gesetzes zur Änderung des Prozesskostenhilfe- und Beratungskostenhilfegesetzes die entsprechenden **Formularverordnung** neu gefasst (§ 11 BerHG). Die Formulare und das Hinweisblatt sind deutlich umfangreicher als bisher. Neu beim BerH-Formular ist die Notwendigkeit für den Antragsteller auch den Bildungsabschluss anzugeben. Hier bestehen Bedenken, dass mittellosen Rechtssuchenden mit höherer Schulbildung Beratungshilfe eher als früher verweigert wird mit der Begründung, dass sie angesichts ihrer Vorbildung in der Lage seine, sich selbst zu vertreten (BRAK Newsletter vom 8.11.2013 mit Links zu den jeweiligen Formularen). Generell ist zu raten, das Ausfüllen des Antrags ausschließlich dem Rechtsuchenden zu überlassen, um als Rechtsanwalt nicht in ein Haftungs- bzw Vergütungsrisiko zu gelangen. Nach § 16a BORA ist der Rechtsanwalt nicht verpflichtet den Beratungshilfeantrag zu stellen.

20 Das Gericht kann verlangen, dass der Rechtsuchende seinen tatsächlichen Angaben glaubhaft macht, und kann insbesondere auch die Abgabe einer Versicherung an Eides statt fordern. Es kann Erhebungen anstellen, insbesondere die Vorlegung von Urkunden anordnen und Auskünfte einholen (§ 4 Abs. 2 BerHG). Strittig ist, ob der prüfende Urkundsbeamte in Ausübung seiner sachlichen Prüfungspflicht im Einzelfall die Vorlage des die Vergütung begründenden **Schriftwechsels,** notfalls der **anwaltlichen Handakten** verlangen kann. Die dagegen erhobenen Bedenken, dies sei mit dem anwaltlichen Verschwiegenheitsgebot nicht vereinbar (*Greißinger* JurBüro 1984, 1764; AnwBl. 1986, 424; NJW 1985, 1671, 1677; *van Bühren* Mitteilungsblatt der RAK Köln 1998, 15; LG Göttingen JurBüro 1986, 242; AG Mannheim JurBüro 1983, 1061 mit Anm. *Mümmler*), greifen nicht durch. Es besteht kein ausschlaggebender Unterschied zu einem Honorarprozess, den der Rechtsanwalt gegen seinen Mandanten führt und in dem er in Durchbrechung des Verschwiegenheitsgebots zur Vorlage seiner Handakten bzw. des einschlägigen Schriftwechsels berechtigt ist (BGH NJW 1952, 151; MDR 1956, 625; *Mümmler* JurBüro 1988, 1609, 1613). Bei der Beratungshilfe handelt es sich um die Inanspruchnahme einer Sozialleistung durch den Rechtsuchenden, der gegenüber dem als Sozialbehörde tätigen Gericht seine Berechtigung zur Inanspruchnahme dieser Leistung nachweisen muss. Im Übrigen ist der Urkundsbeamte ebenso wie der Richter im Gebührenprozess zur Verschwiegenheit verpflichtet. Die Geheimhaltungsgewähr ist im Gebührenprozess, der öffentlich ist, keineswegs größer als im Beratungshilfeverfahren (*Mümmler* JurBüro 1988, 1614, 1984, 1141, 1766; *Hansens* JurBüro 1987, 329, 338; LG Paderborn JurBüro 1987, 871 mit Anm. *Mümmler;* vgl. § 2 Abs. 3 BORA).

V. Sorgfaltspflichten des Rechtsanwalts

21 **1. Pflicht zur sorgfältigen Mandatsbearbeitung.** Beratungshilfemandate sind mit derselben Sorgfalt zu bearbeiten, die der Rechtsanwalt bei der Erledigung der sonstigen Aufträge anzuwenden hat (*Lindemann/Trenk-Hinterberger* BerHG § 3 Rn. 7). Diese Verpflichtung besteht, obwohl das Honorar nicht kostendeckend ist.

22 **2. Aufklärung über die Voraussetzungen der Beratungshilfe.** Aus der sich aus dem Anwaltsvertrag ergebenden Pflicht des Rechtsanwalts zur allgemeinen, umfassenden und möglichst erschöpfenden Beratung und Belehrung (→ § 44 Rn. 17a) folgt, dass er den Mandanten über die Voraussetzungen der Beratungshilfe auch ungefragt aufklären muss, wenn für ihn aus den Umständen erkennbar ist, dass der Mandant zu dem Personenkreis gehören könnte, der anspruchsberechtigt ist (vgl. § 16 BORA). Dies ist als besondere **Berufspflicht** auch in § 16 Abs. 1 BORA nochmals festgeschrieben worden. Verletzt der Rechtsanwalt diese Pflicht schuldhaft, dann kann dies Schadensersatzansprüche (→ § 44 Rn. 18) des Rechtsuchenden auslösen; der Rechtsanwalt kann dann seinen Vergütungsanspruch nach dem RVG nicht geltend machen (*Lindemann/Trenk-Hinterberger* BerHG § 7 Rn. 7; *Schneider* MDR 1988, 282; *Groß,* 12. Aufl.

2014, BerHG § 6 Rn. 6; *Herget* MDR 1984, 529; *Greißinger* DAV-Ratgeber 2008, 571; NJW 1985, 1671, 1674; AnwBl. 1986, 417; OLG Düsseldorf AnwBl. 1984, 444 = MDR 1984, 937; AnwBl. 1987, 147; AG Pirmasens JurBüro 1987, 1557; AG Hildesheim AnwBl. 1982, 400; Beschluss der BRAK vom 29.1.1983 in BRAK-Mitt. 1983, 71).

Diese **Aufklärungspflicht** besteht indes nicht uneingeschränkt. Erkundigt sich der Rechtsuchende nicht nach den Voraussetzungen für Beratungshilfe und sind auch sonst keine Anhaltspunkte dafür vorhanden, dass er zum Kreis der Berechtigten gehören könnte, dann muss der Mandant, wenn er Beratungshilfe beanspruchen will, selbst auf seine schlechten finanziellen Verhältnisse hinweisen. Anderenfalls ist der Anwalt nicht verpflichtet, die Sache über Beratungshilfe abzurechnen (*Greißinger* AnwBl. 1986, 417; AG Minden AnwBl. 1984, 516; *Schneider* MDR 1988, 282). 23

Sucht ein **erkennbar** Hilfsbedürftiger einen Rechtsanwalt auf und erteilt er ihm außerhalb eines gerichtlichen Verfahrens ein Mandat, dann verdient der Anwalt nur die Beratungsgebühr von 15 Euro, falls er nicht auf die Möglichkeit hinweist, Beratungshilfe in Anspruch zu nehmen; das gilt auch dann, wenn der Hilfsbedürftige in Begleitung eines Dritten erscheint, der erklärt, die Kosten für den Hilfsbedürftigen zu übernehmen (AG Castrop-Rauxel MDR 1988, 318, vgl. auch *Schneider* MDR 1988, 282; vgl. aber auch § 16 BORA). 24

§ 49b Vergütung

(1) [1]**Es ist unzulässig, geringere Gebühren und Auslagen zu vereinbaren oder zu fordern, als das Rechtsanwaltsvergütungsgesetz vorsieht, soweit dieses nichts anderes bestimmt.** [2]**Im Einzelfall darf der Rechtsanwalt besonderen Umständen in der Person des Auftraggebers, insbesondere dessen Bedürftigkeit, Rechnung tragen durch Ermäßigung oder Erlaß von Gebühren oder Auslagen nach Erledigung des Auftrags.**

(2) [1]**Vereinbarungen, durch die eine Vergütung oder ihre Höhe vom Ausgang der Sache oder vom Erfolg der anwaltlichen Tätigkeit abhängig gemacht wird oder nach denen der Rechtsanwalt einen Teil des erstrittenen Betrages als Honorar erhält (Erfolgshonorar), sind unzulässig, soweit das Rechtsanwaltsvergütungsgesetz nichts anderes bestimmt.** [2]**Vereinbarungen, durch die der Rechtsanwalt sich verpflichtet, Gerichtskosten, Verwaltungskosten oder Kosten anderer Beteiligter zu tragen, sind unzulässig.** [3]**Ein Erfolgshonorar im Sinne des Satzes 1 liegt nicht vor, wenn lediglich vereinbart wird, dass sich die gesetzlichen Gebühren ohne weitere Bedingungen erhöhen.**

(3) [1]**Die Abgabe und Entgegennahme eines Teils der Gebühren oder sonstiger Vorteile für die Vermittlung von Aufträgen, gleichviel ob im Verhältnis zu einem Rechtsanwalt oder Dritten gleich welcher Art, ist unzulässig.** [2]**Zulässig ist es jedoch, eine über den Rahmen der Nummer 3400 der Anlage 1 zum Rechtsanwaltsvergütungsgesetz hinausgehende Tätigkeit eines anderen Rechtsanwalts angemessen zu honorieren.** [3]**Die Honorierung der Leistungen hat der Verantwortlichkeit sowie dem Haftungsrisiko der beteiligten Rechtsanwälte und den sonstigen Umständen Rechnung zu tragen.** [4]**Die Vereinbarung einer solchen Honorierung darf nicht zur Voraussetzung einer Mandatserteilung gemacht werden.** [5]**Mehrere beauftragte Rechtsanwälte dürfen einen Auftrag gemeinsam bearbeiten und die Gebühren in einem den Leistungen, der Verantwortlichkeit und dem Haftungsrisiko entsprechenden angemessenen Verhältnis untereinander teilen.** [6]**Die Sätze 2 und 3 gelten nicht für beim Bundesgerichtshof zugelassene Prozeßbevollmächtigte.**

(4) [1]**Die Abtretung von Vergütungsforderungen oder die Übertragung ihrer Einziehung an Rechtsanwälte oder rechtsanwaltliche Berufsausübungsgemeinschaften (§ 59a) ist zulässig.** [2]**Im Übrigen sind Abtretung oder Übertragung nur zulässig, wenn eine ausdrückliche, schriftliche Einwilligung des Mandanten vorliegt oder die Forderung rechtskräftig festgestellt ist.** [3]**Vor der Einwilligung ist der Mandant über die Informationspflicht des Rechtsanwalts gegenüber dem neuen Gläubiger oder Einziehungsermächtigten aufzuklären.** [4]**Der neue Gläubiger oder Einziehungsermächtigte ist in gleicher Weise zur Verschwiegenheit verpflichtet wie der beauftragte Rechtsanwalt.**

(5) **Richten sich die zu erhebenden Gebühren nach dem Gegenstandswert, hat der Rechtsanwalt vor Übernahme des Auftrags hierauf hinzuweisen.**

Schrifttum: *Bendref,* Erfolgshonorar und internationale Mandate, AnwBl. 1998, 309; *Berners,* Das neue Erfolgshonorar – Die Vergütungsvereinbarung über das erfolgsabhängige Honorar, NWB 2008, 3511; *Büttner,* Freie Advokatur und staatliche Preisregulierung, FS Busse, 2005, 33; *Burhoff,* Änderungen im Recht der Vergütungsvereinbarung und neues Erfolgshonorar, Verkehrsrechtsreport 2008, 254; *Conrad,* Erfolgshonorare – Zulässigkeit von Vereinbarungen für rechtsanwaltliche Prozesskostenfinanzierung und Inkassozession, MDR 2006, 848; *Dahs,* Taschenbuch des Strafverteidigers, 4. Aufl. 1990; *Dahns,* Das BVerfG und die anwaltlichen Erfolgshonorare, NJW-Spezial 2007, 189; *Ebert,* Erfolgshonorar-Risiken, Chancen und Regelungsbedarf, AnwBl. 2007, 428; *Enders,* Erfolgshonorar in welchen Fällen?, JurBüro 2008, 337; *Grunewald,* Die Zukunft des Erfolgshonorars, AnwBl. 2007, 469; *Grunewald,* Entgeltliche Mandatsvermittlung und Beteiligung Dritter am Erfolg anwaltlicher Leistung, FS Hartung, 2008, 9; *Hänsch,* Das anwaltliche Erfolgshonorar, 2008; *Hansens,* Praktische Auswirkungen der Hinweispflicht nach § 49b Abs. 5 BRAO, RVGReport 2004, 443; *Hartung,* Wer schützt wen vor wem? – oder: Muss der Mandant vor Erfolg geschützt werden?, AnwBl. 2008, 396; *Hellwig,* Die Rechnungen und Vereinbarungen der „Großen", AnwBl. 1998, 623; *Henke,* Das Erfolgshonorar wird künftig in Ausnahmefällen zulässig, AGS 2008, 265; *Hinne/Klees/Teubel/Winkler,* Vereinbarungen mit Mandanten, 2006; *Hommerich/Kilian,* Vergütungsvereinbarungen deutscher Rechtsanwälte, 2006; *Just,* Zur Anwaltsabrechnungsstelle, EWiR 2006, 363; *Kilian,* Erfolgshonorare im internationalen Privatrecht, AnwBl. 2003, 452; *ders.,* Die spekulative Vergütung des Rechtsanwalts, AnwBl. 2006, 515; *ders.,* Vergütungsvereinbarungen: Chancen und Risiko durch das reformierte RVG, BB 2006, 225; *ders.,* Das künftige Erfolgshonorar für Rechtsanwälte, Steuerberater und Wirtschaftsprüfer – Detailprobleme der bevorstehenden Neufassungen, BB 2007, 1905; *Johnigk,* Verfassungswidrigkeit des Verbots anwaltlicher Erfolgshonorare, NJW 2007, 986; *Krämer,* Akzeptanz unterschiedlicher Honorargestaltungen bei Rechtsanwälten, AnwBl. 1998, 371; *Kühl,* Rechtsprechung des Bundesgerichtshofs zur Auslegung des § 49b Abs. 4 BRAO, JZ 2007, 1059; *Madert,* Anwaltsgebühren in Zivilsachen, 1990; *Mailänder,* Anwaltliches Gebührenrecht im europäischen Aufwind, NJW 2007, 883; *Mayer/Winkler,* Erfolgshonorar, 2008; *Meyer,* Das Erfolgshonorar für Anwälte – Chancen und Schwierigkeiten, DRIZ 2008, 199; *Otto,* Die Abtretung des Anwaltshonorars an einen Anwalt, Diss. 2001 (Band 49 Schriftenreihe des Instituts für Anwaltsrecht an der Universität zu Köln); *Prechtel,* Der Gerichtsstand des Erfüllungsortes bei anwaltlichen Gebührenforderungen, NJW 1999, 3617; *Rick,* Abtretung einer anwaltlichen Vergütungsforderung, AGS 2005, 283; *Rick,* Die Hinweispflicht nach § 49b Abs. 5 BRAO, AnwBl. 2006, 648; *Roš,* Der Erfolg und das Honorar des Anwalts, Generalkongress des Verbands Europäischer Rechtsanwaltskammern 2006, 1. Aufl. 2007; *Schepke,* Das Erfolgshonorar des Rechtsanwalts, Gegenläufige Gesetzgebung in England und Deutschland, Studien zum ausländischen und internationalen Privatrecht, Bd. 62, 1998; *Schneider,* Die Vergütungsvereinbarung, 2006; *Schons,* Anwaltliche Hinweispflicht auf Abrechnung nach dem Gegenstandswert, AGS 2007, 389; *ders.,* Der lange Weg zum Erfolgshonorar, FS Hartung, 2008, 185; *Steenken,* Die Auswirkungen der Schlechterfüllung des Anwaltsvertrages auf den Vergütungsanspruch, Diss. 2002 (Band 7 Schriftenreihe für Anwalts- und Notarrecht der Universität Bielefeld); *Steike,* Die Hinweispflicht auf die Abrechnung nach Gegenstandswert, AnwBl. 2008, 55; *Teubel/Schons,* Erfolgshonorar für Anwälte, 2008; *Undritz,* Anwaltsgebühren, Diss. 1993 (Band 7 Schriftenreihe des Instituts für Anwaltsrecht an der Universität zu Köln); *v. Seltmann,* Erfolgshonorar und andere Änderungen des RVG NJW-Spezial 2008, 350; *v. Seltmann,* Die anwaltliche Vergütungsvereinbarung, 2006; *Wegner,* Das Geldwäschebekämpfungsgesetz – Neue Pflichten für rechtsberatende Berufe und verfassungsrechtliche Besonderheiten, NJW 2002, 2276; *Winkler,* Arten von Vergütungsvereinbarungen, FS Madert, 2006, 239; *Winter/Schwab/Tang,* Erfolgshonorare und rechtsanwaltliche Prozessfinanzierung, BB-Special 3/2008, 29; *Wolf,* Steuerberatung und Erfolgshonorar – zur zulässigen Vereinbarung im Ausnahmefall, DStR 2008, 1257.

Übersicht

I. Allgemeines

1 § 49b regelt in Abs. 1 das **Verbot der Unterschreitung der gesetzlichen Gebühren,** in Abs. 2 das **prinzipielle Verbot von Erfolgshonoraren,** in Abs. 3 die **Voraussetzungen von Gebührenteilungen,** in Abs. 4 die **Abtretung von Vergütungsforderungen** und in Abs. 5 die **Hinweispflicht bei gegenstandswertabhängigen Gebühren.**

2 Durch Gesetz vom 2.9.1994 (BGBl. I S. 2278) wurde die Vorschrift mit Wirkung zum 8.9.1994 eingeführt. Sie wurde mehrfach geändert und ergänzt. Die in Abs. 5 enthaltene Hinweispflicht wurde mit Wirkung zum 1.7.2004 eingeführt (BGBl. I S. 718). Die Änderung der Abtretungsregelungen erfolgte mit Wirkung zum 18.12.2007 (BGBl. I S. 2840). Die Neuregelung des Erfolgshonorars trat am 1.7.2008 in Kraft (BGBl. I S. 1000). Die Klarstellung, dass Gebührenteilungsvereinbarungen nicht für BGH-Anwälte gelten (Abs. 3 S. 6), trat am 1.9.2009 in Kraft (BR-Drs. 377/09).

3 **Adressaten** der Vorschrift sind **einzig und allein Rechtsanwälte.** § 49b ist nicht auf Anwaltsnotare und Patentanwälte anwendbar. Auf ausländische Rechtsanwälte ist § 49b nicht anwendbar, und zwar unabhängig davon, ob sie in Deutschland für einen deutschen Mandanten

tätig werden (so auch Gaier/Wolf/Göcken/*von Seltmann* § 49b Rn. 6). Anders verhält es sich mit **europäischen Rechtsanwälten, die im Inland tätig werden.** Sie haben die Stellung und damit dieselben Rechte und Pflichten eines inländischen Rechtsanwalts (so auch Gaier/Wolf/Göcken/*v. Seltmann* § 49b Rn. 6).

Die Vorschrift regelt die **Vergütung für die anwaltliche Tätigkeit.** Da der Rechtsanwalt nach § 3 Abs. 1 der „berufene unabhängige Berater und Vertreter in allen Rechtsangelegenheiten" ist, unterliegt **jede diesbezügliche Tätigkeit** den Vorschriften des § 49b. 4

Auch wenn der Rechtsanwalt als **Mediator** tätig wird, unterliegt er den Vorschriften des § 49b. Dies ergibt sich einerseits aus § 34 Abs. 1 RVG, in dem der anwaltliche Mediator ausdrücklich erwähnt wird, und andererseits aus § 7a BORA, der die Voraussetzungen für die Befugnis der Bezeichnung eines Rechtsanwalts als Mediator aufzählt. 5

Kann der Rechtsanwalt seine **Vergütung nicht nach dem RVG beanspruchen, kommt auch § 49b nicht zur Anwendung** (so auch Gaier/Wolf/Göcken/*von Seltmann* § 49b Rn. 10). § 1 Abs. 2 schließt die Anwendbarkeit des RVG für die Tätigkeit als Vormund, Betreuer, Pfleger, Verfahrenspfleger, Verfahrensbeistand, Testamentsvollstrecker, Insolvenzverwalter, Sachwalter, Mitglied des Gläubigerausschusses, Nachlassverwalter, Zwangsverwalter, Treuhänder, Schiedsrichter und „für eine ähnliche Tätigkeit" aus. Unter einer „ähnlichen Tätigkeit" ist bspw. eine Tätigkeit nach § 779 Abs. 2 ZPO (einstweiliger besonderer Vertreter für den unbekannten Erben des verstorbenen Schuldners) zu verstehen. 6

II. Verbot der Unterschreitung der gesetzlichen Gebühren (Abs. 1)

Abs. 1 enthält das Verbot, geringere als die gesetzlichen Gebühren zu vereinbaren. Dieses **Verbot der Gebührenunterschreitung** soll einen **Preiswettbewerb um Mandate verhindern** (BT-Drs. 12/4993, 31). Aus Sicht des Gesetzgebers gewährleistet das Verbot einen weitgehend gleichen Zugang zum Recht, weil es nicht von der Finanzkraft des Mandanten abhängt, welcher Rechtsanwalt beauftragt wird. 7

Das in Abs. 1 enthaltene Verbot **schränkt das Grundrecht der freien Berufsausübung nach Art. 12 Abs. 1 S. 2 GG ein.** Eine solche gesetzliche Beschränkung ist nur zulässig, wenn sie vorrangigen Interessen des Allgemeinwohls dient. Die Gesetzesbegründung zu § 49b nennt **Belange der Rechtspflege.** Der weitgehende Ausschluss eines Preisbewettbewerbs um Mandate soll der Integrität der Rechtspflege dienen (BT-Drs. 12/4993, 30). Angeblich ist kein Rechtsanwalt darauf angewiesen, durch Preisunterbietungen Mandate zu akquirieren. Nach Vorstellung des Gesetzgebers kann der Rechtsanwalt seine Unabhängigkeit wahren, weil er nicht befürchten muss, Mandate wegen günstigerer Angebote der Kollegenschaft zu verlieren. Dass dieser Begründungsansatz (noch) haltbar ist, muss bezweifelt werden. Bereits seit 2006 gibt es für die Bereiche Beratung, Begutachtung und Mediation keine Gebührenregelungen mehr, so dass insoweit Individualvereinbarungen getroffen werden müssen, die dem Wettbewerb unterliegen (so auch Henssler/Prütting/*Kilian* § 49b Rn. 13 f.). Im übrigen findet das in Abs. 1 enthaltene Gebührenunterschreitungsverbot zwei in der Vorschrift selbst vorgesehene Durchbrechungen. Zum einen gilt es dann nicht, wenn die Gebührenunterschreitung ausdrücklich im RVG zugelassen ist. Zum anderen können besondere Umstände in der Person des Auftraggebers die Gebührenunterschreitung rechtfertigen. 8

Die wichtigste **Durchbrechung von Abs. 1** ist in **§ 4 Abs. 1 RVG** enthalten. Danach kann in **außergerichtlichen Angelegenheiten** eine **niedrigere als die gesetzliche Vergütung** vereinbart werden. Sie muss aber in einem **angemessenen Verhältnis zu Leistung, Verantwortung und Haftungsrisiko** des Rechtsanwalts stehen. Wenn die Voraussetzungen für die Bewilligung von **Beratungshilfe** vorliegen, kann der Rechtsanwalt gemäß § 4 Abs. 1 S. 3 RVG sogar **ganz auf eine Vergütung verzichten** (BGBl. 2013 I S. 3533). § 4 Abs. 1 RVG meint **außergerichtliche Tätigkeitsfelder außerhalb der Beratung, Begutachtung und Mediation;** für diese Tätigkeiten gibt es nämlich überhaupt keine gesetzlichen Gebühren mehr, die unterschritten werden könnten; siehe § 34 Abs. 1 RVG, der bestimmt, dass der Rechtsanwalt „für einen mündlichen oder schriftlichen Rat oder eine Auskunft (Beratung), die nicht mit einer anderen gebührenpflichtigen Tätigkeit zusammenhängen, für die Ausarbeitung eines schriftlichen Gutachtens und für die Tätigkeit als Mediator" auf eine Gebührenvereinbarung hinwirken soll. Der AGH NRW hat es für zulässig erachtet, wenn Rechtsanwälte **kostenfreie Erstberatungen** anbieten. Zur Begründung wird angeführt, dieser Bereich der Beratung unterliege mangels 9 gesetzlicher Gebührenregelung insgesamt nicht dem Verbot der Gebührenunterschreitung (AGH NRW NJW-RR 2014, 1335).

10 Die zweite Ausnahme bezüglich des Gebührenunterschreitungsverbots ist in Abs. 1 S. 2 enthalten. Danach darf der Rechtsanwalt **im Einzelfall besonderen Umstände in der Person des Auftraggebers Rechnung tragen,** indem er seine Gebührenansprüche ermäßigt oder gar erlässt. Voraussetzung hierfür ist insbesondere die **Bedürftigkeit** des Mandanten. Neben der Bedürftigkeit dürfen aber auch **verwandtschaftliche oder freundschaftliche Beziehungen** zwischen Anwalt und Auftraggeber Grund und Anlass für eine Gebührenermäßigung sein (BT-Drs. 12/4993, 31). Es ist auch gestattet, **im Nachhinein** auf Gebühren zu verzichten oder sie zu ermäßigen, wenn ein Kollege vertreten worden ist, die Witwe eines Kollegen oder ein Mitarbeiter des Anwalts. Nicht gestattet ist, dass ein Anwalt das Mandat in einem medienwirksamen Prozess annimmt und auf Vorschüsse und Honorar im Nachhinein verzichtet, um in den Massenmedien immer wieder genannt zu werden (*Lingenberg/Hummel/Zuck/Eich* RichtlRA § 51 Rn. 26). Eine sog. **Pro-Bono-Tätigkeit** ist zumindest dann zulässig, wenn die Voraussetzungen für die Gewährung von Beratungshilfe konkret erfüllt sind. Dies ist in § 4 Abs. 1 S. 3 RVG geregelt, der durch das Gesetz zur Änderung des Prozesskostenhilfe- und Beratungshilferechts ab dem 1.1.2014 in Kraft ist.

11 Bei Abschluss sog. **Rationalisierungsabkommen mit Rechtsschutzversicherern** stellt sich die Frage, ob es bei Rahmengebühren eine „gesetzliche" Gebühr gibt und wie hoch diese ist. Zu denken ist an die Betragsrahmengebühren im sozialgerichtlichen Verfahren sowie in gerichtlichen Ordnungswidrigkeiten- und Strafverfahren. § 14 RVG regelt, dass der Rechtsanwalt bei Rahmengebühren die Gebühr im Einzelfall zu bestimmen hat; er hat alle Umstände zu berücksichtigen, insbesondere Umfang und Schwierigkeit seiner Tätigkeit, die Bedeutung der Angelegenheit sowie Einkommens- und Vermögensverhältnisse seines Auftraggebers. Bei der Frage, ob die für den Einzelfall bestimmte Gebühr auch die gesetzliche Gebühr iSv Abs. 1 ist, wird in der Literatur die Auffassung vertreten, dass bei Rahmengebühren nur die den Ermessensspielraum überschreitende Einstufung „nach unten" tatsbestandsmäßig iSv § 49 Abs. 1 sein kann (Henssler/Prütting/*Kilian* § 49b Rn. 26; Gaier/Wolf/Göcken/*v. Seltmann* § 49b Rn. 20 f.). Es stellt sich aber die Frage, wie der Nachweis geführt werden soll, da doch in aller Regel nicht feststellbar sein dürfte, dass der Rechtsanwalt bei gleichgelagerten Fällen bei bestimmten Mandanten niedrigere Gebühren bestimmt. Fazit: Abs. 1 enthält **auch bei Rahmengebühren ein Unterschreitungsverbot,** dessen Einhaltung in der Praxis aber kaum kontrollierbar ist.

12 Auch in **gerichtlichen Verfahren gilt das Gebührenunterschreitungsverbot** von Abs. 1 **nicht uneingeschränkt.** So bestimmt § 4 Abs. 2 RVG, dass sich der Rechtsanwalt für **gerichtliche Mahnverfahren und Zwangsvollstreckungsverfahren** verpflichten kann, dass er – wenn der Anspruch des Auftraggebers auf Erstattung der gesetzlichen Vergütung nicht beigetrieben werden kann – **einen Teil des Erstattungsanspruchs an Erfüllungs statt annehmen** werde. Der **nicht durch Abtretung zu erfüllende Teil** der gesetzlichen Vergütung muss dann aber in einem **angemessenen Verhältnis zu Leistung, Verantwortung und Haftungsrisiko** des Rechtsanwalts stehen. Die Abtretung eines Teils des Erfüllungsanspruchs an Erfüllungs statt bedeutet ein **Erlöschen des Vergütungsanspruchs des Rechtsanwalts gegenüber seinem Auftraggeber.** Man kann sich also nur noch an den Gegner, nicht aber an seinen Mandanten halten (Gerold/Schmidt/*Mayer* RVG § 4 Rn. 15). Die Abtretungsvereinbarung führt zu der Frage, ob der verbleibende Gebührenanspruch angemessen ist. Hierbei ist eine schematische Einschätzung grundsätzlich nicht möglich (so auch Gaier/Wolf/Göcken/*v. Seltmann* § 49b Rn. 21).

13 Verstöße gegen das Gebührenunterschreitungsverbot können **berufsrechtliche und zivilrechtliche Folgen** haben. Wird dem Vorstand der Rechtsanwaltskammer ein Verstoß bekannt, kann er es bei leichten Fällen bei einer Rüge gemäß § 74 belassen; in schweren Fällen wird er bei der Generalstaatsanwaltschaft anregen, ein anwaltsgerichtliches Ermittlungsverfahren einzuleiten. In zivilrechtlicher Hinsicht stellt § 49b Abs. 1 ein gesetzliches Verbot dar. Verstöße gegen dieses Verbot führen zur **Nichtigkeit der Vereinbarung gemäß § 134 BGB** (OLG München NJW 2002, 3641; OLG Düsseldorf NJW 2008, 145). Darüber hinaus können **systematische Verstöße wettbewerbswidrig** sein (LG Bochum vom 5.9.2013 – I-14 O 268/12 nv).

III. Erfolgshonorar und quota litis (Abs. 2)

14 Das Gesetz zur Neuregelung des Verbots der Vereinbarung von Erfolgshonoraren ist am 1.7.2008 in Kraft getreten (BGBl. I S. 1000). Dass der Gesetzgeber tätig geworden war, hatte

seinen Grund in dem Beschluss des Bundesverfassungsgerichts vom 12.12.2006, worin das generelle Verbot der Vereinbarung von Erfolgshonoraren für verfassungswidrig erklärt worden war (BVerfG NJW 2007, 979).

Abs. 2 belässt es bei einem **grundsätzlichen Verbot der Vereinbarung von Erfolgshonoraren.** Durch das Gesetz der Neuregelung des Verbots der Vereinbarung von Erfolgshonoraren vom 12.6.2008 (BGBl. I S. 1000) hat der Gesetzgeber die Vorgaben des Bundesverfassungsgerichts aufgegriffen und den gesamten Komplex neu gestaltet. Neben den Änderungen des Abs. 2 hat er auch noch weitere Normen in das RVG eingefügt, nämlich § 3a Vergütungsvereinbarung, § 4a RVG Erfolgshonorar und § 4b Fehlerhafte Vergütungsvereinbarung. Der Vollständigkeit halber werden die einzelnen RVG-Vorschriften nachstehend abgedruckt **(Hervorhebungen durch den Verfasser):** 15

§ 3a RVG Vergütungsvereinbarung

(1) [1] Eine Vereinbarung über die Vergütung bedarf der **Textform.** [2] Sie muss **als Vergütungsvereinbarung** oder in vergleichbarer Weise **bezeichnet** werden, von anderen Vereinbarungen mit Ausnahme der Auftragserteilung **deutlich abgesetzt** sein und darf **nicht in der Vollmacht enthalten** sein. [3] Sie hat einen **Hinweis** darauf zu enthalten, **dass** die gegnerische Partei, ein Verfahrensbeteiligter oder die Staatskasse im Falle der Kostenerstattung regelmäßig **nicht mehr als die gesetzliche Vergütung erstatten muss.** [4] Die Sätze 1 und 2 gelten nicht für eine Gebührenvereinbarung nach § 34.

(2) [1] Ist eine vereinbarte, eine nach § 4 Abs. 3 Satz 1 von dem Vorstand der Rechtsanwaltskammer festgesetzte oder eine nach § 4a für den Erfolgsfall vereinbarte Vergütung unter Berücksichtigung aller Umstände unangemessen hoch, kann sie im Rechtsstreit auf den angemessenen Betrag bis zur Höhe der gesetzlichen Vergütung herabgesetzt werden. [2] Vor der Herabsetzung hat das Gericht ein Gutachten des Vorstands der Rechtsanwaltskammer einzuholen; dies gilt nicht, wenn der Vorstand der Rechtsanwaltskammer die Vergütung nach § 4 Abs. 3 Satz 1 festgesetzt hat. [3] Das Gutachten ist kostenlos zu erstatten.

(3) [1] Eine Vereinbarung, nach der ein im Wege der **Prozesskostenhilfe** beigeordneter Rechtsanwalt für die von der Beiordnung erfasste Tätigkeit eine höhere als die gesetzliche Vergütung erhalten soll, ist **nichtig.** [2] Die Vorschriften des bürgerlichen Rechts über die ungerechtfertigte Bereicherung bleiben unberührt.

§ 4 RVG Erfolgsunabhängige Vergütung

(1) [1] In **außergerichtlichen Angelegenheiten** kann eine **niedrigere als die gesetzliche Vergütung** vereinbart werden. [2] Sie muss in einem **angemessenen Verhältnis** zu Leistung, Verantwortung und Haftungsrisiko des Rechtsanwalts stehen. [3] Liegen die Voraussetzungen für die Bewilligung von Beratungshilfe vor, kann der Rechtsanwalt ganz auf eine Vergütung verzichten. [4] § 9 des Beratungshilfegesetzes bleibt unberührt.

(2) [1] Der Rechtsanwalt kann sich für **gerichtliche Mahnverfahren und Zwangsvollstreckungsverfahren** nach den §§ 802a bis 863 und 882b bis 882f der Zivilprozessordnung verpflichten, dass er, wenn der Anspruch des Auftraggebers auf Erstattung der gesetzlichen Vergütung nicht beigetrieben werden kann, **einen Teil des Erstattungsanspruchs an Erfüllungs statt** annehmen werde. [2] Der nicht durch Abtretung zu erfüllende Teil der gesetzlichen Vergütung muss in einem angemessenen Verhältnis zu Leistung, Verantwortung und Haftungsrisiko des Rechtsanwalts stehen.

(3) [1] In der Vereinbarung kann es dem Vorstand der Rechtsanwaltskammer überlassen werden, die Vergütung nach billigem Ermessen festzusetzen. [2] Ist die Festsetzung der Vergütung dem Ermessen eines Vertragsteils überlassen, gilt die gesetzliche Vergütung als vereinbart.

§ 4a RVG Erfolgshonorar

(1) [1] Ein **Erfolgshonorar** (§ 49b Abs. 2 Satz 1 der Bundesrechtsanwaltsordnung) darf **nur für den Einzelfall und nur dann** vereinbart werden, **wenn der Auftraggeber** aufgrund seiner wirschaftlichen Verhältnisse **bei verständiger Betrachtung ohne die Vereinbarung eines Erfolgshonorars von der Rechtsverfolgung abgehalten würde.** [2] In einem gerichtlichen Verfahren darf dabei für den Fall des Misserfolgs vereinbart werden, dass keine oder eine geringere als die gesetzliche Vergütung zu zahlen ist, wenn für den Erfolgsfall ein angemessener Zuschlag auf die gesetzliche Vergütung vereinbart wird. [3] Für die Beurteilung nach Satz 1 bleibt die Möglichkeit, Beratungs- oder Prozesskostenhilfe in Anspruch zu nehmen, außer Betracht.

(2) Die Vereinbarung muss enthalten:

1. die **voraussichtliche gesetzliche Vergütung** und gegebenenfalls die erfolgsunabhängige vertragliche Vergütung, zu der der Rechtsanwalt bereit wäre, den Auftrag zu übernehmen, sowie
2. die Angabe, welche Vergütung bei Eintritt welcher Bedingungen verdient sein soll.

(3) [1] In der Vereinbarung sind außerdem die wesentlichen Gründe anzugeben, die für die Bemessung des Erfolgshonorars bestimmend sind. [2] Ferner ist ein Hinweis aufzunehmen, dass die Vereinbarung keinen Einfluss auf die gegebenenfalls vom Auftraggeber zu zahlenden Gerichtskosten, Verwaltungskosten und die von ihm zu erstattenden Kosten anderer Beteiligter hat.

§ 4b RVG Fehlerhafte Vergütungsvereinbarung

[1] Aus einer Vergütungsvereinbarung, die nicht den Anforderungen des § 3a Abs. 1 Satz 1 und 2 oder des § 4a Abs. 1 und 2 entspricht, kann der Rechtsanwalt keine höhere als die gesetzliche Vergütung fordern. [2] Die Vorschriften des bürgerlichen Rechts über die ungerechtfertigte Bereicherung bleiben unberührt.

Die **Erfolgshonorarvereinbarung** darf nach Abs. 2 **nur für den Einzelfall** und nur dann vereinbart werden, wenn der Auftraggeber aufgrund seiner wirtschaftlichen Verhältnisse bei 16 verständiger Betrachtung ohne die Vereinbarung eines Erfolgshonorars von der Rechtsverfolgung abgehalten würde. Sie muss **weitere Inhalte** haben. Dazu gehört die **Angabe der voraussichtlichen gesetzlichen Vergütung** und ggf. der erfolgsunabhängigen vertraglichen Vergütung, zu der der Rechtsanwalt bereit wäre, den Auftrag zu übernehmen; ferner die **Angabe, welche Vergütung bei Eintritt welcher Bedingungen verdient** sein soll; schließlich die Angabe der **wesentlichen Gründe, die für die Bemessung des Erfolgshonorars bestimmend** sind. Schließlich ist ein Hinweis aufzunehmen, dass die Vereinbarung keinen Einfluss auf die vom Auftraggeber zu zahlenden Gerichtskosten, Verwaltungskosten und die von ihm zu erstattenden Kosten anderer Beteiligter hat. Die Vereinbarung muss als **Vergütungsvereinbarung** oder in vergleichbarer Weise bezeichnet werden. Sie muss von anderen Vereinbarungen **deutlich abgesetzt** und darf insbesondere **nicht in der Vollmacht** enthalten sein. In der Pressemitteilung des Soldan Instituts vom 14.10.2014 wird die **seltene Nutzung von Erfolgshonoraren** in der täglichen Mandatspraxis der Anwaltschaft vor allem mit der **verhaltenen Nachfrage** von Rechtsuchenden begründet.

17 In seinem **Urteil vom 5.6.2014** hat der **BGH** seine bisherige Rechtsprechung aufgegeben und entschieden, dass eine **Vergütungsvereinbarung** zwischen Rechtsanwalt und Mandant, **die gegen die Formvorschriften** des § 3a Abs. 1 S. 1 und 2 RVG oder die Voraussetzungen für den Abschluss einer Erfolgshonorarvereinbarung nach § 4a Abs. 1 und 2 RVG **verstößt, gleichwohl wirksam** ist; aus ihr kann die vereinbarte Vergütung **bis zur Höhe der gesetzlichen Gebühr** gefordert werden (BGH NJW 2014, 2653 = BRAK-Mitt. 2014, 220). Im Wortlaut: „*Das hier angenommene Verständnis von § 4b RVG schafft klare Regelungen für die Folgen von Honorarvereinbarungen, welche die gesetzlichen Voraussetzungen nicht einhalten. Sie führen ohne Rückgriff auf Billigkeitserwägungen nach den Besonderheiten des Einzelfalls zu praktikablen Ergebnissen, zu denen auch die Rechtsprechung zum alten Recht in der Regel über § 242 BGB gelangt ist: Überstieg nach altem Recht eine nichtige Erfolgshonorarvereinbarung die gesetzlichen Gebühren, konnten ohnehin nur Letztere verlangt werden. War das vereinbarte Erfolgshonorar selbst bei Erfolg geringer als die gesetzlichen Gebühren, begrenzt im Regelfall § 242 BGB die Höhe des Honorars auf die vereinbarte Höhe. Es verstieße, wie das Berufungsgericht zutreffend gesehen hat, gegen Treu und Glauben, wenn der rechtskundige Anwalt, dem insbesondere – anders als dem Mandanten – die materiellen Voraussetzungen und formalen Anforderungen für Gebührenvereinbarungen bekannt sein müssen, trotz – von ihm zumindest erkennbarer – unwirksamer Honorarvereinbarung, in denen er auf Gebühren in gesetzlicher Höhe gerade verzichtet, die deutlich höheren gesetzlichen Gebühren verlangen könnte.*“ Mit diesem Urteil hat der BGH Rechtsgeschichte geschrieben, da er praktisch das Erfolgshonorar freigegeben hat, denn auch **fehlerhafte Vereinbarungen des Erfolgshonorars sind wirksam.** In Zukunft ist es also belanglos, ob Formvorschriften des § 3a Abs. 1 S. 1 und 2 RVG eingehalten worden sind und die sonstigen Voraussetzungen von § 4a Abs. 1 und 2 RVG vorliegen. **Bis zur Höhe der gesetzlichen Gebühren kann der Anwalt jedenfalls die vereinbarte Vergütung fordern.** Somit sind die Formvorschriften des RVG keine Marktordnungsregeln mehr, sondern nur noch bloße Mandantenschutzvorschriften.

18 Verboten ist die Gewährung von **Belohnungen für die Zuführung von Mandanten.** Hierbei kommt es auf die Art des gewährten Vorteils nicht an. Aber: Durch die Vereinbarung eines Rechtsanwalts mit seinen Mandanten, **Repatur-, Sachverständigen- oder Abschleppkosten** in Höhe der geschätzten Haftungsquote zu verauslagen, wird keine gegen Abs. 2 S. 1 verstoßende Kostentragung übernommen. Die Verauslagung vorstehender Kosten stellt jedoch einen **Verstoß gegen Abs. 3 S. 1** dar, da den Werkstätten, die Mandanten an Rechtsanwälte verweisen, ein „sonstiger Vorteil“ für die Vermittlung von Mandanten gewährt wird. Diese erlangen im übrigen dadurch einen wirtschaftlichen Vorteil, da die Rechtsanwälte für ihre Mandanten eine (teilweise) Vorfinanzierung der Reparaturrechnung vornehmen und ihnen somit zu einer schnellen und risikofreien Begleichung der Rechnungen verhelfen (BayAGH BRAK-Mitt. 2014, 160 = BeckRS 2014, 68082, noch nicht rechtskräftig).

IV. Gebührenteilung (Abs. 3)

19 Abs. 3 bestimmt, dass Abgabe und Entgegennahme eines Teils der Gebühren oder sonstiger Vorteile für die Vermittlung von Aufträgen prinzipiell unzulässig ist. Für zulässig erklärt werden allerdings Vereinbarungen zwischen Rechtsanwälten über die angemessene Honorierung von Tätigkeiten, die über die Tätigkeit hinausgehen, die nach VV 3400 RVG (Beschränkung des

Auftrags auf die Führung des Verkehrs der Partei oder des Beteiligten mit dem Verfahrensbevollmächtigten) vergütet werden.

Für die Vermittlung eines Mandats darf **keine Gebühr** und auch kein sonstiger Vorteil entgegengenommen bzw. abgegeben werden. Dies gilt nicht nur im Verhältnis zwischen Rechtsanwälten, sondern **auch im Verhältnis zwischen Rechtsanwalt und einem Dritten.** 20

Zulässig ist die **Honorierung der Zu- bzw. Mitarbeit** eines weiteren Rechtsanwalts an der Bearbeitung des Mandats (so auch Gaier/Wolf/Göcken/*v. Seltmann* § 49b Rn. 50). 21

Abs. 3 S. 5 erklärt die **gemeinsame Auftragsbearbeitung und die Gebührenteilung mehrerer beauftragter Rechtsanwälte** für **zulässig,** wenn die Aufteilung den Leistungen, der Verantwortlichkeit und dem Haftungsrisiko entspricht. 22

Der Verkehrsanwalt und der Prozessbevollmächtigte dürfen ebenfalls die Gebühren teilen. Prinzipiell erhält der Verkehrsanwalt die sich aus VV 3400 RVG ergebende Gebühr (höchstens 1,0). Wenn aber seitens des Verkehrsanwalts Schriftsatz-Entwürfe geliefert werden, ist die sich aus VV 3400 RVG ergebende Gebühr regelmäßig zu niedrig. In derartigen Fällen sind der Verkehrsanwalt und der Prozessbevollmächtigte berechtigt, Vergütungsvereinbarungen zu treffen. Wenn keine klare Vereinbarung getroffen worden ist, hilft **§ 22 BORA** weiter, der vorsieht, dass eine **hälftige Teilung aller anfallenden gesetzlichen Gebühren** ohne Rücksicht auf deren Erstattungsfähigkeit als angemessen anzusehen ist. Derartige Vereinbarungen sind allerdings **mit am BGH zugelassenen Rechtsanwälten nicht zulässig** (§ 49b Abs. 3 S. 6). 23

V. Abtretung von Vergütungsforderungen (Abs. 4)

Das Gesetz zur Neuregelung des Rechtsberatungsrechts (Rechtsdienstleistungsgesetz) ist am 18.12.2007 in Kraft getreten (BGBl. I S. 2848). Hierdurch änderte sich auch der Inhalt von Abs. 4. Die Vorschrift erklärt sowohl die **Abtretung von Vergütungsforderungen** als auch die **Übertragung ihrer Einziehung an Rechtsanwälte** oder rechtsanwaltliche Berufsausübungsgesellschaften iSd § 59a für **zulässig.** Sie stellt außerdem **Zulässigkeitsvoraussetzungen** auf, die beachtet werden müssen. Im übrigen verpflichtet sie den neuen Gläubiger ebenso wie den Einziehungsermächtigten zur **Verschwiegenheit.** 24

S. 1 erklärt die **Abtretung des Vergütungsanspruchs** des Rechtsanwalts ebenso wie die **Übertragung seiner Einziehung an andere Rechtsanwälte** für **vorbehaltlos zulässig.** Der Mandant muss also nicht (mehr) einwilligen (s. BT-Drs. 16/3655, 82). Nach **S. 2** ist bei einer Abtretung an Dritte die ausdrückliche, schriftliche Einwilligung des Auftraggebers nötig. Der Gesetzgeber hält weitergehende Voraussetzungen zum Schutze der anwaltlichen Verschwiegenheitspflicht für nicht mehr erforderlich (BT-Drs. 16/3655, 82). Somit ist die **rechtskräftige Feststellung der Vergütungsforderung** nur noch eine **Alternative zur Einwilligung. S. 3** statuiert für den Rechtsanwalt eine Aufklärungspflicht. Vor Abgabe bzw. Entgegennahme der Einwilligungserklärung muss der Anwalt seinen Klienten gemäß § 402 BGB unterrichten. Damit hat der Gesetzgeber auf das BGH-Urteil vom 1.3.2007 reagiert, in dem entschieden worden war, dass eine Zustimmung des Auftraggebers entbehrlich sei (BGH NJW 2007, 1196 = BRAK-Mitt. 2007, 125). 25

Mit der Neufassung der Vorschrift ist geklärt, dass Rechtsanwälte das Inkasso ihrer Forderungen auf sog. **Verrechnungsstellen** übertragen dürfen. Ferner ist die **Abtretung im Rahmen eines Factoring-Vertrage**s als zulässiges Finanzierungsinstrument anzusehen (so auch Gaier/Wolf/Göcken/*v. Seltmann* § 49b Rn. 54). 26

Der frühere Streit, ob eine **Honorarzahlung per Kreditkarte zulässig** ist, ist zwischenzeitlich ausgestanden. Das Vertragsverhältnis zwischen Kreditkartenunternehmen und Anwalt ist nämlich nicht als Forderungskauf, sondern als abstraktes Schuldversprechen anzusehen (BGHZ 150, 186 = NJW 2002, 2234). Die Nutzung der Kreditkarte soll die bargeldlose Zahlung des Karteninhabers bzw. Mandanten an das Vertragsunternehmen, also den Anwalt, ermöglichen, stellt also ein sog. **Bargeld-Surrogat** dar. 27

VI. Hinweis- und Informationspflichten des Rechtsanwalts (Abs. 5)

Abs. 5 gilt seit dem 1.7.2004 und ist durch das Kostenrechtsmodernisierungsgesetz in die Vergütungsvorschriften des § 49b eingefügt worden. Nach dem Wortlaut von Abs. 5 hat der Rechtsanwalt **vor Übernahme des Auftrags** darauf **hinzuweisen, dass sich die zu erhebenden Gebühren nach dem Gegenstandswert richten,** wenn sich die Gebühren am Gegen- 28 standswert bemessen. Eine Rechtsfolge für den Fall der Verletzung dieser Hinweispflicht enthält das Gesetz nicht.

29 Ein **Verstoß gegen Abs. 5** führt **nicht zur Nichtigkeit des Anwaltsvertrages** gemäß § 134 BGB. Bei Abs. 5 handelt es sich nämlich nicht um ein gesetzliches Verbot, sondern lediglich um ein **gesetzliches Gebot,** Anwaltsverträge nicht ohne einen Hinweis auf die Abrechnung nach Streitwert zu schließen (BGH NJW 2007, 2332 = BRAK-Mitt. 2007, 175; Gaier/Wolf/Göcken/*v. Seltmann* § 49b Rn. 69).

30 Neben der berufsrechtlichen Hinweispflicht gemäß Abs. 5 gibt es **keine generelle Verpflichtung** des Rechtsanwalts, seinen **Auftraggeber über Umfang und Höhe der Vergütung zu belehren.** Das hat seinen Grund darin, dass ein Rechtsuchender üblicherweise davon ausgehen muss, dass anwaltliche Leistungen nicht aus reiner Gefälligkeit heraus erbracht werden (BGH NJW 2007, 2332 = BRAK-Mitt. 2007, 175).

31 Das Unterlassen des Hinweises gemäß Abs. 5 ist eine **Berufspflichtverletzung.** Somit kann dem Anwalt, der sich eines entsprechenden Verstoßes schuldig gemacht hat, eine Rüge gemäß § 74 erteilt werden, bei planmäßigem oder gar geschäftsmäßigem Unterlassen kann natürlich auch ein anwaltsgerichtliches Ermittlungsverfahren eingeleitet werden. Indes ist die **hauptsächliche Bedeutung der Vorschrift in zivilrechtlicher Hinsicht** zu erblicken. Wendet der Mandant im Kostenfestsetzungsverfahren nach § 11 RVG ein, sein Anwalt habe ihn nicht auf die Wertabhängigkeit der zu zahlenden Gebühren hingewiesen, ist der Rechtspfleger daran gehindert, die beantragte Vergütung festzusetzen, was zur Folge hat, dass das Kostenfestsetzungsverfahren nicht fortgeführt werden darf.

32 Fraglich ist, ob eine Verletzung der Vorschrift dem Mandanten ein Leistungsverweigerungsrecht oder einen Schadensersatzanspruch eröffnet. Ersteres ist nicht der Fall. Der BGH hat zwischenzeitlich entschieden, dass ein Anwalt, der seiner Hinweispflicht nach Abs. 5 nicht nachkommt, dem Mandanten wegen einer Pflichtverletzung gemäß § 311 Abs. 2 BGB haftet. Seiner Auffassung nach begründet auch die Verletzung von Berufspflichten **Schadensersatzansprüche, weil die verletzte Norm seinem Schutz dient.** Der Mandant muss aber vortragen und unter Beweis stellen, wie er auf eine allgemeine Information über die Abrechnung nach Streitwert reagiert hätte (BGH NJW 2007, 2332 = BRAK-Mitt. 2007, 175). Da Abs. 5 keine Dokumentationsverpflichtung enthält, ergibt sich auch **keine Beweislastumkehr oder Beweiserleichterung** aus dem Gesichtspunkt der Verletzung einer Dokumentationsobliegenheit (BGH BRAK-Mitt. 2008, 35).

§ 49c *Einreichung von Schutzschriften*

Der Rechtsanwalt ist verpflichtet, Schutzschriften ausschließlich zum Schutzschriftenregister nach § 945a der Zivilprozessordnung einzureichen.

1 Die Vorschrift beruht auf Art. 7 des Gesetzes zur Förderung des elektronischen Rechtsverkehrs mit den Gerichten vom 10.10.2013 (BGBl. I S. 3786). Nach dessen Art. 26 tritt **§ 49c am 1.1.2017 in Kraft.**

2 Durch das Gesetz zur Förderung des elektronischen Rechtsverkehrs mit den Gerichten werden neue elektronische Zugangswege für die Anwaltschaft zur Justiz eingerichtet. Zudem wird durch das Gesetz ein **zentrales, länderübergreifendes elektronisches Schutzschriftenregister** eingeführt. Der diesbezüglich geschaffene § 945a ZPO tritt am 1.1.2016 in Kraft.

3 Mit Einführung des § 49c werden Rechtsanwälte verpflichtet, vorbeugende Verteidigungsschriftsätze gegen erwartete Anträge auf einstweiligen Rechtsschutz ausschließlich durch Einstellung in das zentrale Schutzschriftenregister einzureichen. Es handelt sich um eine **Berufspflicht**.

4 Künftiger Wortlaut des **§ 945a ZPO:**

§ 945a ZPO Einreichung von Schutzschriften

(1) [1] Die Länder führen ein zentrales, länderübergreifendes elektronisches Register für Schutzschriften (Schutzschriftenregister). [2] Schutzschriften sind vorbeugende Verteidigungsschriftsätze gegen erwartete Anträge auf Arrest oder einstweilige Verfügung.

(2) [1] Eine Schutzschrift gilt als bei allen ordentlichen Gerichten der Länder eingereicht, sobald sie in das Schutzschriftenregister eingestellt ist. [2] Schutzschriften sind sechs Monate nach ihrer Einstellung zu löschen.

(3) [1] Die Gerichte erhalten Zugriff auf des Register über ein automatisiertes Abrufverfahren. [2] Die Verwendung der Daten ist auf das für die Erfüllung der gesetzlichen Aufgaben Erforderliche zu beschränken. [3] Abrufvorgänge sind zu protokollieren.

§ 50 Handakten des Rechtsanwalts (§ 17 BORA)

(1) **Der Rechtsanwalt muß durch Anlegung von Handakten ein geordnetes Bild über die von ihm entfaltete Tätigkeit geben können.**

(2) **Der Rechtsanwalt hat die Handakten auf die Dauer von fünf Jahren nach Beendigung des Auftrags aufzubewahren. [2]Diese Verpflichtung erlischt jedoch schon vor Beendigung dieses Zeitraumes, wenn der Rechtsanwalt den Auftraggeber aufgefordert hat, die Handakten in Empfang zu nehmen, und der Auftraggeber dieser Aufforderung binnen sechs Monaten, nachdem er sie erhalten hat, nicht nachgekommen ist.**

(3) **[1]Der Rechtsanwalt kann seinem Auftraggeber die Herausgabe der Handakten verweigern, bis er wegen seiner Gebühren und Auslagen befriedigt ist. [2]Dies gilt nicht, soweit die Vorenthaltung der Handakten oder einzelner Schriftstücke nach den Umständen unangemessen wäre.**

(4) **Handakten im Sinne der Absätze 2 und 3 dieser Bestimmung sind nur die Schriftstücke, die der Rechtsanwalt aus Anlaß seiner beruflichen Tätigkeit von dem Auftraggeber oder für ihn erhalten hat, nicht aber der Briefwechsel zwischen dem Rechtsanwalt und seinem Auftraggeber und die Schriftstücke, die dieser bereits in Urschrift oder Abschrift erhalten hat.**

(5) **Absatz 4 gilt entsprechend, soweit sich der Rechtsanwalt zum Führen von Handakten der elektronischen Datenverarbeitung bedient.**

Schrifttum: *Borgmann,* Haftpflichtfragen – Die anwaltliche Handakte, AnwBl. 1998, 95; *Brandisch,* Mandant und Patient – schutzlos bei Durchsuchung von Kanzlei und Praxis?, NJW 1987, 2200 = AnwBl. 1987, 436; *Dohle/Peitscher,* Das Zurückbehaltungs- und Leistungsverweigerungsrecht an der Handakte des Rechtsanwalts, Steuerberaters und Wirtschaftsprüfers, DStR 2000, 1265; *Härting,* IT-Sicherheit in der Anwaltskanzlei, NJW 2005, 1248; *Jungk,* Die Handakte des Rechtsanwalts – analog und digital, AnwBl. 2014, 84; *Kutzner,* Die Beschlagnahme von Daten bei Berufsgeheimnisträgern, NJW 2005, 2652; *Rüpke,* Freie Advokatur, anwaltliches Berufsgeheimnis und datenschutzrechtliche Kontrollbefugnisse, AnwBl. 2003, 19; *ders.,* Freie Advokatur, anwaltliche Informationsverarbeitung und Datenschutzrecht, Schriftenreihe der BRAK, Bd. 9, 1995; *ders.,* Anwaltsrecht und Datenschutzrecht, NJW 1993, 3097; *ders.,* Ein Beauftragter für den Datenschutz in der Anwaltskanzlei, AnwBl. 2004, 552; *Sassenberg/Schulz,* Anwaltskanzlei und Datenschutzbeauftragter, AnwBl. 2007, 769; *Schöttle,* Datenschutzkontrolle in der Anwaltskanzlei, AnwBl. 2005, 740; *Schulz,* Herausgabe der Handakten des Rechtsanwalts aus zivilrechtlicher und berufsrechtlicher Sicht, BRAK-Mitt. 2012, 52.

Übersicht

I. Pflicht zum Führen von Handakten

Mit der Neufassung des § 50 durch Gesetz vom 2.9.1994 (BGBl. I S. 2278) wurde die für die 1
berufliche Praxis wichtige Materie der Handakten geregelt. Abs. 1 normiert die Pflicht zum Führen von Handakten durch Gesetz dahin, dass diese die Tätigkeit des Rechtsanwalts in nachprüfbarer Form widerspiegeln müssen (amtliche Begründung, BT-Drs. 12/4993, 31). Der Rechtsanwalt hat für jeden Auftrag eine Handakte zu führen, auch wenn ihm keine Schriftstücke iSd Abs. 4 überlassen werden. Die Einschränkung des Abs. 4 gilt nicht für die Pflicht zur Handaktenführung nach Abs. 1. Lediglich bei einer bloßen Rats- oder Auskunftserteilung kann er sich

mit einer Aktennotiz begnügen (**aA** Hartung/*Scharmer* § 50 Rn. 39; *Borgmann* AnwBl. 1998, 95). Es stellt einen dem Prozessbevollmächtigten anzurechnenden organisatorischen Mangel dar, wenn für zwei Rechtsstreite einer Partei einmal gegen die Klägerin und einmal gegen den Geschäftsführer der Klägerin dieselbe Handakte geführt wird, obwohl verschiedene Spruchkörper zuständig und unterschiedliche Fristen zu wahren sind (BGH BRAK-Mitt. 1999, 170 mit Anm. *Jungk*). Die bestehende Verpflichtung zur Handaktenführung beinhaltet insbesondere die Pflicht, die Handakten ordnungsgemäß zu führen, so dass sie ein geordnetes Bild über die von dem Rechtsanwalt entfaltete Tätigkeit geben können. Nur so kann der Zweck der Handakte erreicht werden. Seine Pflicht zur gewissenhaften Berufsausübung (§ 43) kann der Rechtsanwalt zudem nur dann erfüllen, wenn ihm jederzeit der uneingeschränkte Zugang zu seinen Handakten offensteht (OLG Hamm AnwBl. 1999, 607).

2 In erster Linie dient sie dem Rechtsanwalt selbst. Sie erleichtert ihm die Arbeit. Er kann den Ablauf eines Mandates jederzeit überblicken und sie ermöglicht es ihm, gemäß §§ 675, 666 BGB dem Auftraggeber die geschuldeten Auskünfte und Nachrichten zu geben. Mit der Handakte kann der Rechtsanwalt auch nachweisen, was er für seinen Mandanten unternommen hat. Hat ein Rechtsanwalt irrtümlich ein Empfangsbekenntnis betreffend eine Urteilszustellung mit einem falschen Datum unterzeichnet, so kann er den Nachweis der Unrichtigkeit des Datums mit Hilfe von anders lautenden Vermerken in seinen Handakten führen (BGH NJW 1987, 325). Bei Beschwerden, die wegen der Führung des Mandates beim Kammervorstand erhoben werden, ist die Handakte ein verlässliches Beweismittel und muss nach § 56 auf Verlangen dem Kammervorstand vorgelegt werden (*Lingenberg/Hummel/Zuck/Eich* § 36 Rn. 3). Auch in Fällen, in denen wegen ihm vorgeworfener Berufsverfehlungen eine Zivilklage gegen ihn eingereicht wird, oder er gar mit einem strafrechtlichen oder/und anwaltsgerichtlichen Ermittlungsverfahren überzogen wird, ist die Handakte regelmäßig ein wichtiges und oft entlastendes Beweismittel.

3 Zur Erfüllung der Pflicht zur Handaktenführung gehört es auch, nachträgliche Manipulationen zu unterlassen, um so einen eventuell dem Rechtsanwalt unterlaufenen Fehler zu verdecken. Die Handakten sollten aus diesem Grund paginiert werden (*Lingenberg/Hummel/Zuck/Eich* § 36 Rn. 4); eine Verpflichtung zur Paginierung besteht aber nicht (Hartung/*Scharmer* § 50 Rn. 37; Henssler/Prütting/*Offermann-Burckart* § 50 Rn. 12; *Borgmann* AnwBl. 1998, 95).

4 Die Handakte des Rechtsanwalts ist keine Gesamturkunde iSd § 267 StGB, weil die einzelnen in der Handakte enthaltenen Schriftstücke nicht zu einer Gesamterklärung vereinigt sind und keine selbständige Gedankenäußerungen verkörpern (BGHSt 3, 395 im Anschluss an RGSt 60, 18; 48, 408). Bedient sich der Rechtsanwalt zum Führen der Handakten der **elektronischen Datenverarbeitung** (Abs. 5), muss er nicht die gespeicherten Dateien ausdrucken und zur Handakte heften. Er muss lediglich sicherstellen, dass er auch bezüglich der virtuellen Bestandteile seiner Handakte der Aufbewahrungspflicht aus Abs. 2 nachkommen bzw. das Zurückbehaltungsrecht aus Abs. 3 ausüben kann (Henssler/Prütting/*Offermann-Burckart* § 50 Rn. 10). Zum Recht eines Fachanwaltsanwärters, Arbeitsproben in elektronischer Form vorzulegen, AGH NRW BRAK-Mitt. 2011, 204 mit Anm. *Offermann-Burckart.*

5 Im Rahmen des § 50 ist die Regelung der Einzelheiten der besonderen Berufspflicht zur Führung von Handakten nach § 59b Abs. 2 Nr. 5d der Berufsordnung zugewiesen. Der Satzungsgeber hat von dieser Befugnis mit § 17 BORA teilweise Gebrauch gemacht und hinsichtlich der Zurückbehaltung Einzelregelungen getroffen (→ Rn. 21 ff.). § 50 gilt sinngemäß auch für Rechtsanwaltsgesellschaften (§ 59m Abs. 2).

II. Inhalt der Handakten

6 Abs. 4 beschreibt hinsichtlich Aufbewahrungspflicht (Abs. 2) und Zurückbehaltungsrecht des Rechtsanwalts (Abs. 3), was zu den „Handakten" zu zählen ist und Abs. 5 stellt klar, dass zu den „Handakten" nicht nur Schriftstücke zu rechnen sind, sondern auch elektronische Dateien, derer sich der Rechtsanwalt anstelle überkommener Akten bedient (amtliche Begründung, BT-Drs. 3/120). Begriff und Inhalt der Handakte werden danach maßgeblich durch § 50 Abs. 4 bestimmt. § 50 Abs. 4 beinhaltet aber keine abschließende Regelung darüber, was Inhalt der Handakte zu sein hat. Das ergibt sich schon aus dem Zweck des § 50, der insbesondere regelt unter welchen Voraussetzungen der Rechtsanwalt ein Zurückbehaltungsrecht an den Teilen der Handakte hat, die er dem Auftraggeber herauszugeben hat. § 50 setzt somit voraus, dass es darüber hinaus weitere Bestandteile einer Handakte gibt. Das kommt auch in dem Gesetz dadurch zum Aus-

druck, dass es heißt, zu den Handakten „im Sinne der Abs. 2 und 3 dieser Bestimmung", dh auf die sich das Zurückbehaltungsrecht (Abs. 3) und die Aufbewahrungspflicht (Abs. 2) beziehen können, gehören die dort genannten Schriftstücke. Damit werden andere Handaktenteile vorausgesetzt (*Isele* § 50 Anm. II A).

Welche Unterlagen insgesamt **handaktenpflichtig** sind, wird durch den Gesetzeszweck des § 50 Abs. 1 bestimmt. Um seiner gegenüber dem Mandanten gemäß §§ 675, 666 BGB, §§ 11, 23 BORA bestehenden Auskunfts- und Rechenschaftspflicht entsprechen zu können, muss der Rechtsanwalt eine Handakte führen, die seine berufliche Tätigkeit in der Mandatssache in nachprüfbarer Weise widerspiegelt (*Dohle/Peitscher* DStR 2000, 1265). Danach gehört unbeschadet der eigentumsrechtlichen Zuordnung zu den Handakten alles, was aus Anlass der Tätigkeit eines Rechtsanwalts in einer bestimmten Angelegenheit in seine Hände gelangt ist, gleichgültig, wer es gefertigt hat und auf welche Weise es in den Besitz des Anwalts gelangt ist (*Isele* § 50 Anm. II A). Gemeint sind damit aber nur solche Unterlagen, die geeignet sind, die anwaltliche Betätigung widerzuspiegeln (Hartung/*Scharmer* § 50 Rn. 30). Alle Schriftstücke, die der Rechtsanwalt von seinem Mandanten erhalten hat, wie Verträge, Belege, Klageschriften pp., gehören in die Handakte. Aber auch Schriftstücke, die der Rechtsanwalt für seinen Mandanten von anderen erhalten hat, wie Schriftsätze eines eventuellen Gegners, Schriftsätze und Entscheidungen der Gerichte, der Staatsanwaltschaft und von Behörden, Gutachten usw., sind Bestandteile der Handakten; kurz alles, was bei der Mandatsbearbeitung anfällt, also auch Vermerke und Notizen des Anwalts (*Rüpke* NJW 1993, 3097), soweit es sich nicht um bloße Schriftsatzentwürfe, „Schmierzettel" uÄ handelt (Hartung/*Scharmer* § 50 Rn. 29; *Borgmann* AnwBl. 1998, 95; AGH NRW BRAK-Mitt. 2012, 37). Selbstverständlich gehört zu den Handakten im Rechtssinne auch der gesamte Schriftwechsel zwischen dem Rechtsanwalt und seinem Auftraggeber und die Schriftstücke, die der Mandant bereits in Urschrift oder Abschrift erhalten hat (BGHZ 109, 260 = NJW 1990, 510 = MDR 1990, 315 = AnwBl. 1990, 161; → § 44 Rn. 19 ff.; BGH NJW 1997, 2944 = MDR 1997, 1073 mit Anm. *Borgmann* AnwBl. 1998, 95; § 50 Abs. 4); nur besteht insoweit kein Herausgabeanspruch des Mandanten und folglich kann diesbezüglich auch kein Zurückbehaltungsrecht durch den Rechtsanwalt geltend gemacht werden (amtliche Begründung, BT-Drs. 3/120). Zur Urheberrechtsschutzfähigkeit eines Anwaltsschriftsatzes vgl. BGH NJW 1987, 1332 und zum Datenschutz bei anwaltlicher Informationsspeicherung *Rüpke* NJW 1993, 3097. Nicht zu den Handakten gehören vereinnahmte und hinterlegte Gelder und zu Zahlungszwecken übergebene Wechsel und Schecks; insoweit gilt § 43a Abs. 5 iVm § 4 BORA. Zu den Handakten gehört wohl aber der darüber entstandene Schriftwechsel und die diesbezüglichen Belege (*Isele* § 50 Anm. II A und B). Auch Vollstreckungstitel sind grundsätzlich ebenfalls Vermögenswerte iSd § 43a Abs. 5 und nach § 4 Abs. 2 BORA an den Berechtigten weiterzuleiten. Sie sind aber gleichwohl handaktenfähig, weil in der Regel der Mandant den Anwalt auch mit der Vollstreckung beauftragt und nach der Verkehrssitte bei erfolgloser Vollstreckung die Titel im Besitz des Rechtsanwalts verbleiben (Hartung/*Scharmer* § 43a Rn. 95 ff., § 50 Rn. 33). Auf Verlangen sind sie dem Mandanten aber unverzüglich herauszugeben (*Dohle/Peitscher* DStR 2000, 1265). 7

Die gemäß § 8 GwG (Gesetz über das Aufspüren von Gewinnen aus schweren Straftaten – **Geldwäschegesetz** – vom 13.8.2008, BGBl. I S. 1690, berichtigt 2009 I S. 816) auch für den Rechtsanwalt bestehenden **Aufzeichnungs- und Aufbewahrungspflichten** (vgl. *Henssler* NJW 1994, 1817; *Johnigk* BRAK-Mitt. 1984, 58; *Salditt* AnwBl. 1993, 236; *Wenzel* ZAP 1994, 35) bestehen selbständig neben den Pflichten aus § 50 und der Rechtsanwalt sollte die danach vorzunehmenden Aufzeichnungen auch getrennt von den Handakten aufbewahren, um die Handakten vor Beschlagnahme zu schützen. Die Aufbewahrungsfrist nach § 8 Abs. 3 S. 1 GwG ist nunmehr gleich lang wie die nach § 50 Abs. 2. Bei einer Aufbewahrung zusammen mit den Handakten bestand früher die Gefahr, dass die Aufzeichnungen nach § 8 GwG vorzeitig vernichtet wurden. Die vorzeitige Vernichtung der Aufzeichnungen nach dem GwG stellt nach § 17 Abs. 1 Nr. 3 GwG eine Ordnungswidrigkeit dar (*Johnigk* BRAK-Mitt. 1994, 58, 61). Entscheidend ist zudem, dass die Handakten zu den weitgehend nach § 97 StPO beschlagnahmefreien Gegenständen gehören, während es sich bei den Aufzeichnungen nach § 8 GwG um Dokumentationen handelt, die der Rechtsanwalt im Interesse der Strafverfolgungsbehörden anlegen muss und auf die sich deshalb auch kein die Beschlagnahme hinderndes Zeugnisverweigerungsrecht erstreckt. Bei einer Aufbewahrung der Aufzeichnungen nach § 8 GwG in den Handakten besteht die Gefahr, dass bei der Beschlagnahme der nach § 8 GwG vorgenommenen Aufzeichnungen 8 auch der Verschwiegenheitspflicht unterliegende Daten offenbart werden (*Johnigk* BRAK-Mitt. 1994, 58, 61; *Henssler* NJW 1994, 1817, 1821). Art. 2 Nr. 3 lit. b RL 2005/60/EG (Anti-Terrorismusfinanzierungs-Richtlinie) unterwirft auch Rechtsanwälte den Meldepflichten, und stellt sie zunächst nur bei forensischer Tätigkeit von diesen Pflichten grundsätzlich frei (vgl. auch *Hellwig* AnwBl. 2002, 144; *Zuck* NJW 2002, 1397).

8a Die Umsetzung der Geldwäsche-Richtlinie (RL 2001/97/EG) erfolgte durch das Geldwäschebekämpfungsgesetz vom 3.8.2002 (BGBl. I S. 3105). Das am 15.8.2002 in Kraft getretene Gesetz, das zuletzt durch Art. 6 Gesetz zur Umsetzung der zweiten E-Geld-Richtlinie vom 1.3.2011 (BGBl. I S. 288) geändert worden ist, verpflichtet auch Rechtsanwälte, Notare und verkammerte Rechtsbeistände in bestimmten Fällen an der Bekämpfung der Geldwäsche mitzuwirken. Sie sind gemäß § 9 Abs. 1, Abs. 2 GwG dazu verpflichtet, **interne Sicherungsmaßnahmen** dagegen zu treffen, dass sie zur Geldwäsche missbraucht werden können, wenn sie die in § 2 Abs. 1 Nr. 7 GwG genannten Geschäfte regelmäßig ausführen. Die zu treffenden Vorkehrungen sind in § 9 Abs. 2 GwG im Einzelnen aufgeführt. Die BRAK hat nach § 9 Abs. 4 GwG die Möglichkeit, Einzelne oder Gruppen der einbezogenen Berufsangehörigen wegen der Art der von diesen betriebenen Geschäfte und der Größe des Geschäftsbetriebes von der Anwendung der Vorschriften gemäß § 9 GwG ganz oder teilweise auszunehmen. Die BRAK hat von dieser Anordnungsbefugnis Gebrauch gemacht (BRAK-Mitt. 2009, 21). Es werden damit diejenigen Berufsangehörigen von der Verpflichtung zu den in § 9 Abs. 2 GwG genannten Sicherungsvorkehrungen befreit, die in beruflichen Einheiten tätig sind, die nicht mehr als insgesamt zehn Berufsangehörige oder Angehörige sozietätsfähiger Berufe gemäß § 59a umfassen. Dies gilt unabhängig davon, in welcher Funktion oder Stellung die Berufsträger dort tätig sind. Abs. 2 S. 2 der Anordnung bezieht auch die sog. „Außensozietät" und sog. „Scheinpartnerschaftsgesellschaft" mit ein.

8b Grund für die **Befreiung** von Rechtsanwälten und verkammerten Rechtsbeiständen bei Tätigkeit in beruflichen Einheiten bis zu einer „Gesamtkopfzahl" von zehn Berufsträgern und der Berufsgesellschaften bis zu einer entsprechenden Größe ist, dass in Einheiten bis zu dieser Größe die Gefahr eines Verlustes geldwäscherelevanter Informationen, die durch arbeitsteiliges Vorgehen in größeren Unternehmensstrukturen vorhanden sein kann, nicht besteht. Die Gefahr des Informationsverlustes kann als so gering angesehen werden, dass die zu treffenden Sicherungsvorkehrungen unverhältnismäßig hohen Aufwand verursachen würden (BRAK in BRAK-Mitt. 2003, 229, 230). Eine Befreiung von den Identifizierungs- und Anzeigepflichten ist mit der Befreiungsanordnung der BRAK (BRAK-Mitt. 2009, 21) natürlich nicht verbunden. Bei entsprechenden beruflichen Tätigkeiten (§ 2 Abs. 1 Nr. 7 GwG) muss auch der Einzelanwalt diesen Pflichten nachkommen (*Brexl* AnwBl. 2003, 638). Zur Pflicht des Rechtsanwalts zur Zusammenarbeit mit den für die Geldwäschebekämpfung zuständigen Behörden vgl. EuGH NJW 2007, 2387 = BRAK-Mitt. 2007, 219.

III. Pflicht zur Aufbewahrung

9 **1. Fünfjahresfrist und deren Abkürzung.** Abs. 2 entspricht wortgetreu der Bestimmung des bisherigen Abs. 2 zu den Aufbewahrungspflichten. Macht der Auftraggeber nicht vorher von seinem Herausgabeanspruch nach § 667 BGB Gebrauch und werden die Handakten nicht herausgegeben, so muss der Rechtsanwalt sie auf die Dauer von fünf Jahren nach Beendigung des Auftrags aufbewahren.

9a Die Pflicht zur Aufbewahrung der Handaktenteile, auf die sich die Herausgabepflicht gegenüber dem Auftraggeber erstreckt (→ Rn. 17 ff.; → § 44 Rn. 19 ff.), besteht grundsätzlich fünf Jahre, gerechnet von der Beendigung des Mandats (§ 50 Abs. 2 S. 1). Zu diesem Zeitpunkt war die Regressverjährung nach dem inzwischen aufgehobenen § 51b Abs. 2 (spätestens drei Jahre ab Mandatsbeendigung) bereits eingetreten. Wegen der neuen Kenntnisabhängigkeit der Verjährung (§ 199 Abs. 1 Nr. 2 BGB) kann der Rechtsanwalt sich hierauf künftig nicht mehr verlassen, so dass er im Einzelfall zu seinem eigenen Schutz darüber nachdenken sollte, die Akten über die gesetzliche Mindestfrist hinaus aufzubewahren (*Chab* BRAK-Mitt. 2005, 18; *Krämer* ZAP 1/2005, Fach 2, 457, 459 ff.; *Dahns* NJW-Spezial 2005, 93). Die Frist kann grundsätzlich im Hinblick auf § 305c BGB (früher § 9 Abs. 2 Nr. 1 AGBG) nicht durch Allgemeine Geschäftsbedingungen verkürzt werden (**aA** *Feuerich/Braun* 4. Aufl. § 51a Rn. 9). Insbesondere eine

Verkürzung auf weniger als drei Jahre ist unter Berücksichtigung der Verjährungsregelung unangemessen (LG Koblenz BRAK-Mitt. 1987, 215 = BB 1987, 1490).

Der Rechtsanwalt kann jedoch im Einzelfall durch **Individualabrede mit dem Mandanten** eine kürzere Aufbewahrungsfrist vereinbaren (**aA** Henssler/Prütting/*Offermann-Burckart* § 50 Rn. 25). Die Pflicht zur Aufbewahrung der Handakten kann schon vor Ablauf von fünf Jahren erlöschen, wenn der Auftraggeber die Handakten innerhalb von sechs Monaten, nachdem ihn der Rechtsanwalt zur Abholung aufgefordert hat, nicht in Empfang genommen hat. Diese Frist von sechs Monaten kann aber durch eine Aufforderung erst in Lauf gesetzt werden, nachdem der Auftrag beendet ist (amtliche Begründung, BT-Drs. 3/120). Die Sechsmonatsfrist gilt nur innerhalb der Fünfjahresfrist. Mit deren Ablauf endet die Aufbewahrungspflicht des § 50 Abs. 2 (Henssler/Prütting/*Offermann-Burckart* § 50 Rn. 45). **10**

Nach dem **Tod des Rechtsanwalts** geht die Aufbewahrungspflicht aus dem Anwaltsvertrag auf die Erben über, für die die Schweigepflicht fortgilt (§ 203 Abs. 3 S. 2 StGB). Wird die Praxis nicht von einem anderen Rechtsanwalt fortgeführt, wird die Verwaltung eines nicht ganz unerheblichen Aktenbestandes regelmäßig die Bestellung eines Abwicklers der Kanzlei nach § 55 erforderlich machen (*Jessnitzer/Blumberg* § 50 Rn. 5; vgl. auch BRAK in BRAK-Mitt. 1994, 214). Auch für den früheren Rechtsanwalt, der seine Zulassung verloren oder aufgegeben hat, dauert jedenfalls die vertragliche, wenn nicht die gesetzliche Pflicht zur Aufbewahrung der Handakten fort (BGH EBE 2004, 210). **10a**

2. Mandatsende. Zu welchem Zeitpunkt der Auftrag als beendet angesehen werden kann, der nicht nur für den Beginn des Laufes der Aufbewahrungsfrist gemäß § 50 Abs. 2 S. 1, sondern auch für die Regressverjährung maßgeblich ist, lässt sich angesichts der Vielgestaltigkeit der Fälle nicht allgemein bestimmen. Die Feststellung kann nur im Einzelfall getroffen werden (amtliche Begründung, BT-Drs. 3/120). Die im Einzelfall daraus resultierenden Unsicherheiten sollte der Rechtsanwalt durch eine Aufforderung nach § 50 Abs. 2 S. 2 an den Auftraggeber zu vermeiden suchen. Eine eindeutige Feststellung des Mandatsendes ist möglich, wenn der Anwaltsvertrag beendet wird durch Kündigung (§§ 675, 671 BGB), durch den Tod des Einzelanwalts (§ 673 BGB) oder durch Erlöschen seiner Zulassung durch Verzicht, Rücknahme, Ausschluss oder Widerruf, falls kein Abwickler in das Mandat eintritt (Henssler/Prütting/*Offermann-Burckart* § 50 Rn. 17). **11**

Im Normalfall endet das Mandatsverhältnis mit der Erledigung des Auftrages, dh mit dem Erreichen des Vertragszweckes. Eine solche Erledigung liegt nicht nur bei positiver Vertragserfüllung vor, sondern auch dann, wenn der Rechtsanwalt nach dem Mandatsvertrag keine weitere Tätigkeit für den Mandanten mehr entfalten kann. Eine exakte Feststellung des Zeitpunktes ist nur selten möglich, weil hierfür der jeweilige Inhalt und Umfang des Auftrages sowie die sich daraus ergebenden Einzelpflichten maßgeblich sind (*Vollkommer/Greger/Heinemann* § 6 Rn. 2). Die Beendigung des Auftrages durch Erreichen des Vertragszwecks wird aber in der Regel dann anzunehmen sein, wenn die übertragenen Aufgaben durch den Rechtsanwalt erledigt sind und der Rechtsanwalt zu erkennen gegeben hat, dass er seinen Auftrag als erfüllt ansieht, zB durch Übersenden einer Schlussrechnung (*Jessnitzer/Blumberg* § 50 Rn. 4; *Borgmann/Jungk/Schwaiger* S. 95; OLG Bamberg VersR 1978, 329). **12**

Bei Anwaltsverträgen mit Werkvertragscharakter (→ § 44 Rn. 14) ist das Mandatsverhältnis mit der Erbringung des Werkes beendet, indem der Auftraggeber das Werk, zB den von dem Rechtsanwalt angefertigten Vertragsentwurf, als in der Hauptsache vertragsgemäße Leistung abnimmt (*Ganter* WM Sonderbeilage Nr. 6 zu Heft 43/2001, 15; *Vollkommer/Greger/Heinemann* § 6 Rn. 2). Bei einmaliger Inanspruchnahme des Rechtsanwalts wie bei einmaliger Beratung ohne Folgepflichten sowie bei wirksamer Kündigung des Mandats durch den Mandanten oder den Rechtsanwalt berechnet sich regelmäßig die Frist ab diesem Zeitpunkt. Allerdings können auch nach der Kündigung für den Rechtsanwalt im Einzelfall noch Belehrungspflichten zB über Präklusionsfristen gegenüber dem Mandanten bestehen (vgl. dazu *Schlee* AnwBl. 1990, 205; *Borgmann/Jungk/Schwaiger* S. 114 ff.). Auch zu weiteren Dienstleistungen kann er im Einzelfall noch bis zur Bestellung eines neuen Rechtsanwalts verpflichtet sein (vgl. *Vollkommer/Greger/Heinemann* § 6 Rn. 13 ff.). Nachvertragliche Pflichten des Rechtsanwalts haben aber keinen Einfluss auf die Beendigung des Mandats (→ § 44 Rn. 28). **13**

Bei Prozessvertretungen ist regelmäßig ein vergleichsweise exakter Beendigungszeitpunkt des Mandatsverhältnisses feststellbar. In diesen Fällen endet das Mandat regelmäßig mit der die Instanz **14** abschließenden Entscheidung und der Erfüllung der sich daran anschließenden Belehrungspflichten durch den Rechtsanwalt hinsichtlich Rechtsmittel, Vollstreckung, einzuhaltende Fristen pp. (*Borgmann/Jungk/Schwaiger* S. 92). Das Mandat eines erstinstanzlichen Prozessbevollmächtigten ist danach grundsätzlich nicht beendet, bevor er seinem Auftraggeber das erstinstanzliche Urteil übersandt, dessen Zustellung mitgeteilt und auf die Rechtsmittelmöglichkeiten hingewiesen hat (BGH NJW 1990, 189; *Schlee* AnwBl. 1990, 205). Auch ohne einen besonderen Auftrag oder Hinweis gehört es zu den Aufgaben des Berufungsanwalts, den Mandanten über die Möglichkeiten und Aussichten einer Revision zu beraten, so dass auch die dafür maßgebliche Wertfestsetzung kritisch von ihm geprüft werden muss (*Schlee* AnwBl. 1990, 205; BGH WM 1989, 1826). Der erstinstanzliche Prozessbevollmächtigte, der den Rechtsmittelauftrag an den zweitinstanzlichen Anwalt weitergibt, hat im Interesse der Mandantschaft eine Überwachungspflicht dahingehend, dass der schriftliche Auftrag auch tatsächlich beim Kollegen eingegangen ist und der den Auftrag bestätigt (*Schlee* AnwBl. 1990, 205; BGH VersR 1985, 962; NJW 1988, 3020). Eine Ausnahme davon besteht in dem Fall, dass zwischen dem erstinstanzlichen Prozessbevollmächtigten und dem Rechtsmittelanwalt im Einzelfall oder allgemein die Absprache besteht, dass dieser die Rechtsmittelaufträge annehmen, prüfen und ausführen wird. In der Regel besteht dann für den beauftragten erstinstanzlichen Rechtsanwalt kein Grund, von sich aus den Ablauf der Rechtsmittelfrist weiterhin zu überwachen, es sei denn, es würde sich ihm nach den Umständen die Befürchtung aufdrängen, dass mit dem Auftrag etwas nicht in Ordnung sei (*Schlee* AnwBl. 1990, 205; BGH VersR 1979, 573). Zum Mandatsende vgl. im Übrigen *Borgmann/Jungk/Schwaiger* S. 92 ff.; *Vollkommer/Greger/Heinemann* § 6 Rn. 1 ff.; *Rinsche,* Die Haftung des Rechtsanwalts und des Notars, 6. Aufl. 1998, Rn. I 23 ff.; Hartung/*Scharmer* § 50 Rn. 49 ff.

15 Der Auftrag des Verteidigers läuft mangels anderweitiger Abrede grundsätzlich bis zum rechtskräftigen Abschluss des Verfahrens, darüber hinaus bezieht er sich auf Nachtragsentscheidungen, auf das Verfahren nach § 8 StrEG, auf das Vollstreckungsverfahren (OLG Hamm NJW 1955, 1201), auf Strafvollzugsangelegenheiten (OLG Hamm NJW 1980, 1404; OLG München NJW 1978, 654), auf das Gnadenverfahren und auf die Wiederaufnahme des Verfahrens bis zum Wiederaufnahmebeschluss nach § 370 Abs. 2 StPO, nicht aber auf das Kostenfestsetzungsverfahren nach § 464b StPO und das Verfahren nach § 10 StrEG (Meyer-Goßner/Schmitt/*Schmitt* StPO Vor § 137 Rn. 4, 5). Der Anwaltsvertrag endet auch durch eine einvernehmliche Vertragsbeendigung (BGH WM 1993, 1376), durch den Tod des Rechtsanwalts (BGH WM 1988, 457) – es sei denn dass der Auftrag auch an Sozien erteilt wurde (→ § 59a Rn. 8 ff.) – und durch die Eröffnung eines Insolvenzverfahrens über das Vermögen des Auftraggebers (§§ 115, 116 InsO; → § 44 Rn. 34), es sei denn, dass sich der Auftrag nicht auf das zur Insolvenzmasse gehörende Vermögen bezieht. Der Tod des Mandanten führt im Zweifel nicht zur Vertragsbeendigung (*Ganter* WM 2001, Sonderbeilage Nr. 6 zu Heft 43, 16).

16 **3. Vernichtung der Handakten.** Der Herausgabeanspruch erlischt nicht mit der Beendigung der Aufbewahrungsfrist (Abs. 2), sondern erst mit der tatsächlichen Vernichtung der Handakten (*Isele* § 50 Anm. VI G 3). Nach dem Erlöschen der Aufbewahrungspflicht ist der Rechtsanwalt aber berechtigt, die Handakten vernichten zu lassen (amtliche Begründung, BT-Drs. 3/120). Die Vernichtung der Handakten in der Form des Abs. 5 erfolgt durch Löschung der Daten. Der Herausgabeanspruch unterlag nicht der Verjährungsregel des § 51b aF, da er kein vertraglicher Schadensersatzanspruch ist. Nicht vernichtet werden dürfen aber Urkunden, die nicht der Mandant, sondern ein Dritter dem Rechtsanwalt zur Verfügung gestellt hat, solange sie nach den allgemeinen zivilrechtlichen Vorschriften dem Dritten herauszugeben sind (*Jessnitzer/Blumberg* § 50 Rn. 6). Nicht vernichtet werden dürfen auch Urkunden, die über die fünfjährige Aufbewahrungszeit Bedeutung haben wie Schuldtitel, Verträge, Schuldscheine, Ausweise ua (Hartung/*Scharmer* § 50 Rn. 65) sowie Unterlagen, die der Mandant nach § 147 Abs. 1, 3 und 4 AO für die Dauer von sechs oder zehn Jahren aufbewahren muss (Henssler/Prütting/*Offermann-Burckart* § 50 Rn. 18). Dabei ist gleichgültig, dass diese dem Anwalt von seinem Mandanten überlassen worden sind. Die fortbestehende Herausgabepflicht ergibt sich aus dem Mandatsverhältnis (*Lingenberg/Hummel/Zuck/Eich* § 38 Rn. 3). Zur Pflicht des Rechtsanwalts als Folge seiner Verschwiegenheitspflicht (§ 43a Abs. 2) dafür zu sorgen, dass bei der Vernichtung der Handakten kein Unbefugter von deren Inhalt Kenntnis erlangt, → Rn. 27 ff.

IV. Herausgabepflicht und Zurückbehaltungsrecht

1. Herausgabepflicht. Der Anspruch des Auftraggebers auf Herausgabe der die anwaltliche Tätigkeit betreffenden Akten richtet sich nach §§ 675, 667 BGB iVm § 50; der Anspruch auf Einsichtnahme in diese Akten nach § 666 BGB (BGHZ 109, 260 = NJW 1990, 510; → Rn. 26; → § 44 Rn. 19 ff.). Die Handakten des Rechtsanwalts gehören zu den nach § 667 BGB herauszugebenden Unterlagen. § 50 setzt diese sich aus dem Anwaltsdienstvertrag ergebende Herausgabepflicht voraus (BGHZ 109, 260 = NJW 1990, 510). Es handelt sich iVm § 43 BRAO um eine Berufspflicht (BGH AnwBl. 2015, 178; AnwBl. 2015, 179). Wird die Handakte nach Abs. 5 geführt, hat der Auftraggeber bei der Rückgabe die Wahl zwischen Herausgabe des Datenträgers oder dem Ausdruck der einzelnen Urkunden (Henssler/Prütting/*Offermann-Burckart* § 50 Rn. 33; *Dohle/Peitscher* DStR 2000, 1265). Sind die Daten bei einem Rechenzentrum gespeichert, genügt der Rechtsanwalt seiner Herausgabepflicht regelmäßig durch Erteilung seiner Zustimmung zur Übertragung der Rechenzentrumsdaten unmittelbar an den Nachfolgeberater oder den Mandanten. Bei Kompatibilität der Systeme hat der Mandant grundsätzlich einen Anspruch auf Erteilung der Zustimmungserklärung (*Dohle/Peitscher* DStR 2000, 1265). Aus der Herausgabepflicht folgt jedoch nicht eine Verpflichtung des Rechtsanwalts zur Versendung der Handakte mit den Unterlagen auf eigenes Risiko und eigene Kosten, weder an den Mandanten noch an den von diesem beauftragten Rechtsanwalt. Nach § 269 BGB sind Ansprüche des Mandanten aus dem Anwaltsvertrag am Ort der Kanzlei des Rechtsanwalts als Leistungsort zu erfüllen (BGH NJW 1991, 3095; Palandt/*Grüneberg* BGB § 269 Rn. 14; → § 27 Rn. 18). Der Rechtsanwalt ist deshalb lediglich verpflichtet, seine Handakte und die Unterlagen des Mandanten in seiner Kanzlei auf Verlangen auszuhändigen (NdsAGH BRAK-Mitt. 2002, 94, nur Ls.). Für Fremdgelder und sonstige Vermögenswerte gilt § 43a Abs. 5 (→ § 43a Rn. 84 ff.). Leistungsort für das geschuldete Honorar ist der Wohnsitz des Mandanten (BGH NJW 2004, 54; NJW-RR 2004, 932; Palandt/*Grüneberg* BGB § 269 Rn. 13). 17

Die Aufbewahrungspflicht des § 50 Abs. 2 und das Zurückbehaltungsrecht des Abs. 3 beziehen sich nur auf die Handaktenteile, auf die sich die Herausgabepflicht des § 667 BGB iVm § 50 Abs. 4 erstreckt. Hinsichtlich der übrigen Handaktenbestandteile wie zB Aufzeichnungen des Rechtsanwalts über persönliche Eindrücke, Hintergrundinformationen und Briefwechsel iSd § 50 Abs. 4, die nicht herauszugeben sind (BGHZ 109, 260 = NJW 1990, 510; → § 44 Rn. 19 ff.), ist der Rechtsanwalt im Verhältnis zu seinem Auftraggeber frei. 18

Verlangt allerdings der Kammervorstand nach § 56 die Vorlage der Handakten, dann gilt diese Einschränkung nicht; das Vorlagerecht des Kammervorstandes ist nicht begrenzt durch den Umfang der Herausgabepflicht des Rechtsanwalts gegenüber seinem Auftraggeber. Der Kammervorstand kann die Vorlage der gesamten Handakte verlangen, also insbesondere auch die Vorlage des Briefwechsels und der Schriftstücke iSd § 50 Abs. 4. 19

Wegen des Umfanges der Herausgabepflicht gegenüber dem Auftraggeber und deren Einschränkungen vgl. BGHZ 109, 260 = NJW 1990, 510; → § 44 Rn. 19 ff.; *Nassall* KTS 1988, 634; RGRK/*Steffen* BGB § 667 Rn. 12, 14; *Weiß* JR 1971, 356). Hervorzuheben ist dabei, dass die Herausgabepflicht des Rechtsanwalts weder aufgrund seiner Pflicht zur Wahrung des Berufsgeheimnisses entfällt, noch entfällt sie, weil der Rechtsanwalt durch die Offenlegung seiner Akten der Gefahr ausgesetzt würde, sich selbst einer strafbaren Handlung bezichtigen zu müssen (BGHZ 109, 260 = NJW 1990, 510; → § 44 Rn. 30). Im Falle des Insolvenzverfahrens über das Vermögen des Auftraggebers geht das Recht auf Herausgabe der Handakten auf den Insolvenzverwalter über, dem gegenüber der Rechtsanwalt kein Zurückbehaltungsrecht hat (BGHZ 109, 260 = NJW 1990, 510; → § 44 Rn. 34 ff.; Uhlenbruck/*Hirte*, 13. Aufl. 2010, InsO § 36 Rn. 46; → Rn. 30). Der Rechtsanwalt ist nicht befugt, die von seinem Mandanten erbetenen Auskünfte zu Zustelldaten und Rechtsmittelfristen eines laufenden Mandates zu verweigern, weil sein Honorar noch nicht beglichen sei. Wegen fehlender Honorierung hat ein Rechtsanwalt nur ein Zurückbehaltungsrecht an seinen Handakten aber nicht an den notwendigen prozessualen Daten (AnwG Köln Beschluss vom 18.3.1998 – EV 212/97). Verweigert der Anwalt dem Mandanten vertragswidrig die Rückgabe erhaltener Unterlagen und erschwert er ihm dadurch die Darlegung, infolge dieser Vertragsverletzung einen Schaden erlitten zu haben, kann dies nach den Umständen dazu führen, dass an die Substantiierung des Klagevortrags in diesem Punkt geringere Anforderungen als im Regelfall zu stellen sind. Gelingt dem Mandanten in einem solchen Fall 20 trotz eines den Umständen nach ausreichenden Sachvortrags der von ihm gemäß § 287 ZPO zu führende Beweis nicht und beruht dies möglicherweise darauf, dass ihm die vom Rechtsanwalt vorenthaltenen Unterlagen fehlen, geht die Unmöglichkeit der Tatsachenaufklärung zu Lasten des Anwalts (BGH EBE 2001, 348 = AnwBl. 2002, 58).

21 **2. Zurückbehaltungsrecht. a) Grundsätzliches.** Grundsätzlich hat der Auftraggeber das Recht, nach Beendigung des Mandates die Herausgabe der dem § 50 Abs. 4 S. 1 entsprechenden Teile der Handakte zu verlangen (BGHZ 109, 260 = NJW 1990, 510; → § 44 Rn. 19 ff.). Der Rechtsanwalt kann die Herausgabe dieser Teile der Handakte verweigern, bis er wegen seiner Gebühren und Auslagen befriedigt ist. Auskünfte aus den Handakten zB über Zustellungsdaten oder Fristabläufe können unter Berufung auf § 50 Abs. 3 nicht verweigert werden. Dieses Zurückbehaltungsrecht ergänzt § 273 BGB und setzt voraus, dass der Rechtsanwalt einen noch nicht erfüllten Anspruch auf Zahlung von Gebühren, rechtswirksam vereinbarten Honoraren (§ 4 RVG) und/oder auf Erstattung von Auslagen besitzt (amtliche Begründung, BT-Drs. 3/120). Es ist ein Sonderrecht des Rechtsanwalts, das weiter geht als das allgemeine Zurückbehaltungsrecht nach § 273 BGB und es dem Anwalt ermöglichen soll, seine berechtigten Ansprüche gegen den Auftraggeber auch ohne Prozess und ohne Anrufung der Gerichte durchzusetzen (BGH NJW 1997, 2944 = MDR 1997, 1073 mit Anm. *Borgmann* AnwBl. 1998, 95; teilweise **aA** Hartung/*Scharmer* § 50 Rn. 103, der davon ausgeht, dass § 50 Abs. 3 den § 273 BGB ersetzt, soweit der Rechtsanwalt als Objekt seiner Zurückbehaltung die Handakte wählt). Damit ist insoweit dem Rechtsanwalt gestattet, was nach der allgemeinen Regel des § 273 BGB dem Auftraggeber nicht erlaubt ist: Er darf, sofern das nicht ausnahmsweise zu einer besonders schweren Beeinträchtigung des Auftraggebers führt (Abs. 3 S. 2), auch dessen **Geschäftsunterlagen** als Druckmittel zur Begleichung seiner Honoraransprüche verwenden. Der damit verbundene weitgehende Eingriff in die Geschäftstätigkeit des Mandanten erfordert jedoch zum Ausgleich insofern eine enge Auslegung, als Honorarforderungen aus anderen Aufträgen desselben Mandanten grundsätzlich nicht miteinbezogen werden dürfen (*Dohle/Peitscher* DStR 2000, 1265, 1267). Das Zurückbehaltungsrecht besteht vielmehr in aller Regel nur wegen der Forderungen, die sich aus der konkreten Angelegenheit ergeben, auf die sich die zurückbehaltene Handakte bezieht, es muss in einer konkreten Mandatsangelegenheit ein **Gegenseitigkeitsverhältnis** bestehen. Die Formulierung „aus Anlass seiner beruflichen Tätigkeit" in § 50 Abs. 4 schließt ein solches Verständnis nicht aus. Soweit es um Geschäftspapiere des Mandanten geht, dürfen Handakten, die eine andere Angelegenheit betreffen, auch dann nicht zurückgehalten werden, wenn es sich insgesamt um ein einheitliches Lebensverhältnis handelt (BGH NJW 1997, 2944 = MDR 1997, 1073 mit Anm. *Borgmann* AnwBl. 1998, 95; *Kleine-Cosack* § 50 Rn. 9).

21a Das Zurückbehaltungsrecht erstreckt sich nur auf die **eigenen Vergütungsforderungen** des Rechtsanwalts und kann auch nur dem Auftraggeber gegenüber und nur an den eigenen Handakten geltend gemacht werden; der Korrespondenzanwalt hat also kein Zurückbehaltungsrecht an den Handakten des Prozessbevollmächtigten (*Borgmann/Jungk/Schwaiger* S. 198). Ein Anspruch des Rechtsanwalts auf Rückzahlung eines privaten Darlehens, das er dem Mandanten gewährt hat, rechtfertigt die Zurückbehaltung nicht (EG Köln Beschluss vom 5.3.1990 – EV 382/89; Hartung/*Scharmer* § 50 Rn. 114).

21b Die Vergütungs- oder Auslagenersatzansprüche müssen aus dem Mandat stammen, dessen Bearbeitung durch die zurückgehaltene Handakte dokumentiert wird (Henssler/Prütting/*Offermann-Burckart* § 50 Rn. 51). Die Forderung deretwegen der Rechtsanwalt ein Zurückbehaltungsrecht geltend macht, muss grundsätzlich zu diesem Zeitpunkt nach § 10 RVG berechnet werden. Die Fälligkeit setzt § 50 Abs. 3 aber nicht voraus; die Voraussetzungen des § 8 Abs. 1 RVG müssen nicht erfüllt sein (Henssler/Prütting/*Offermann-Burckart* § 50 Rn. 54; Hartung/*Scharmer* § 50 Rn. 116). Die **Einforderbarkeit** der Vergütung ist nach § 10 Abs. 1 RVG nur aufgrund einer unterzeichneten dem Auftraggeber erteilten Abrechnung gegeben. Der Rechtsanwalt kann das Zurückbehaltungsrecht erst geltend machen, nachdem er ordnungsgemäß abgerechnet hat, da auch dies ein Einfordern der Vergütung iSd § 10 RVG darstellt (BayAGH Urteil vom 29.7.1999 – BayAGH II 11/99; NdsAGH BeckRS 2013, 18717 = AnwBl. 2014, 90; bestätigt von BGH NJW-RR 2015, 186). Will der Rechtsanwalt sein Recht auf Zurückbehaltung von Handakten gemäß § 50 Abs. 3 ausüben, so setzt das voraus, dass er spätestens mit der Geltendmachung des Zurückbehaltungsrechts ordnungsgemäß abrechnet. Andernfalls würde dem Mandanten mangels Kenntnis des geschuldeten Betrages die Möglichkeit genommen, durch sofortige Zahlung die Geltendmachung des Zurückbehaltungsrechtes abzuwenden. Die Befriedigung der anwaltlichen Forderungen schließt aber das Zurückbehaltungsrecht nach Abs. 3 aus (*Dohle/Peitscher* DStR 2000, 1265; teilweise **aA** Hartung/*Scharmer* § 50 Rn. 125). Rechnet der Anwalt nicht ab, beruft sich aber auf das Zurückbehaltungsrecht des § 50 Abs. 3, dann handelt er pflichtwidrig (EG Hamburg EGE XIV, 286). Die Klage auf Zahlung der Vergütung unterbricht die Verjährung des Vergütungsanspruchs auch dann, wenn der Rechtsanwalt seinem Auftraggeber noch keine Berechnung der Vergütung gemäß § 10 RVG mitgeteilt hat (BGH EBE 1999, 309). Wird ein Rechtsanwalt nach Beendigung seiner Zulassung verklagt, so darf eine zur Aufrechnung gestellte Honorarforderung von seinem Prozessbevollmächtigten abgerechnet und unterschrieben werden (OLG Düsseldorf MDR 2000, 200). Allerdings kann der Rechtsanwalt auch wegen eines **verjährten Gebührenanspruchs** die Herausgabe verweigern, wenn der Herausgabeanspruch bereits zu einem Zeitpunkt bestanden hat, als der Gebührenanspruch des Rechtsanwalts noch nicht verjährt war (§ 215 BGB; EG Düsseldorf AnwBl. 1979, 123 unter Berufung auf BGHZ 48, 116 = NJW 1967, 1902; Henssler/Prütting/*Offermann-Burckart* § 50 Rn. 66). Nur wenn der Eintritt der Verjährung schon längere Zeit zurückliegt, kann die Geltendmachung des Zurückbehaltungsrechts „unangemessen" iSd Abs. 3 sein (Hartung/*Scharmer* § 50 Rn. 123 setzt die Grenze bei ca. einem Jahr ab Eintritt der Verjährung).

b) Ausnahmen. Abs. 3 S. 2 wiederholt die Billigkeitsklausel des bisherigen Rechts, er wird 22
durch § 17 BORA konkretisiert. Dass der Grundsatz von Treu und Glauben zu beachten ist, wird – weil selbstverständlich – nicht wiederholt (amtliche Begründung, BT-Drs. 3/120). § 50 Abs. 3 modifiziert den Grundsatz von Treu und Glauben, unter dem das allgemeine Zurückbehaltungsrecht steht. Der Rechtsanwalt darf das Zurückbehaltungsrecht ausüben, solange und soweit die Vorenthaltung der Handakten oder einzelner Schriftstücke nach den Umständen nicht unangemessen ist (Henssler/Prütting/*Offermann-Burckart* § 50 Rn. 62). Auch wenn der Rechtsanwalt ordnungsgemäß abgerechnet hat, kann er wegen seiner Gegenforderung die Herausgabe nicht verweigern, soweit die Vorenthaltung der Handakten oder einzelner Schriftstücke nach den Umständen, insbesondere wegen verhältnismäßiger Geringfügigkeit der ihm geschuldeten Beträge, gegen Treu und Glauben verstoßen würde. Als Ausnahme von Abs. 3 S. 1 ist die Vorschrift eng auszulegen, um dem Anwalt das legale Druckmittel des Abs. 3 S. 1 gegen säumige Auftraggeber nicht zu nehmen. Nur eine besonders schwere Beeinträchtigung des Mandanten kann ausnahmsweise die Ausübung des Zurückbehaltungsrechts ausschließen (Henssler/Prütting/*Offermann-Burckart* § 50 Rn. 63). Dabei ist auch das Verhalten des früheren Mandanten zu berücksichtigen und ob dieser überhaupt in der Lage ist, den Gebührenanspruch des Anwalts zu begleichen (EG Düsseldorf AnwBl. 1979, 123). Der übliche Nachteil für den Mandanten durch Geltendmachung des Zurückbehaltungsrechtes an den Handakten, dass ihm damit meist die weitere Wahrung und Verfolgung seiner Interessen erschwert, unter Umständen sogar völlig unmöglich ist, kann dabei außer acht gelassen werden. Es ist ja gerade Sinn und Zweck des Zurückbehaltungsrechts, den Auftraggeber zur Erfüllung der berechtigten Ansprüche des Rechtsanwalts zu zwingen (*Lingenberg/Hummel/Zuck/Eich* § 37 Rn. 4, 7). Nur wenn im Einzelfall die Zurückhaltung der Handakten dem Auftraggeber einen unverhältnismäßig hohen Schaden zufügen würde, muss der Rechtsanwalt die Akten und/oder Bestandteile von diesen, die den § 43a Abs. 5 BRAO, § 4 Abs. 2 BORA unterliegen (→ Rn. 7 aE) wie zB einen vollstreckbaren Schuldtitel herausgeben. Das würde zB für die Zurückbehaltung eines **Unterhaltstitels** gelten, wenn es sich darum handelt, durch dessen Vollstreckung unmittelbare Not oder weitergehende Folgen wie zB Wohnungsverlust von dem Mandanten abzuwenden (*Lingenberg/Hummel/Zuck/Eich* § 37 Rn. 8). Nach *Scharmer* scheidet bezüglich Vollstreckungstitel eine Zurückbehaltung völlig aus (Hartung/*Scharmer* § 50 Rn. 111). Wie § 43a Abs. 5 eine Aufrechnung mit Fremdgeld nicht ausschließt, schließt er aber auch die Geltendmachung eines Zurückbehaltungsrechts nicht aus. Unangemessen kann die Vorenthaltung der Handakte oder einzelner Teile daraus auch dann sein, wenn sich in der Handakte ein wesentliches Beweismittel für Rechte des Mandanten befindet, die zu verjähren drohen (BGH NJW 1984, 431 = MDR 1984, 218 = VersR 1984, 43; *Borgmann* AnwBl. 1998, 95). Verweigert der Rechtsanwalt die Herausgabe der Handakten nach Abs. 3 und 4, kann er einem berechtigten Interesse des Mandanten auf Herausgabe (Abs. 3 S. 2) durch die Übergabesurrogate nach § 17 BORA entsprechen.

Aus der öffentlich-rechtlichen Zweckbestimmung des **Reisepasses,** seinen Inhaber in die Lage 23
zu versetzen, sich jederzeit ordnungsgemäß ausweisen zu können, folgt auch ein Ausschluss des

Zurückbehaltungsrechts der Rechtsanwalt an diesem (vgl. auch LG Baden-Baden NJW 1978, 1750). Das Zurückbehaltungsrecht des Rechtsanwalts erstreckt sich nicht auf die Vollmachtsurkunde (§ 175 BGB). Nach Erlöschen der Vollmacht hat der Bevollmächtigte dem Vollmachtgeber die **Vollmachtsurkunde** zurückzugeben. Die zu den Gerichtsakten eingereichte Urkunde (§ 80 Abs. 1 ZPO) verbleibt aber auf Dauer bei dieser; ein Rückgabeanspruch gegen den Prozessbevollmächtigten besteht daher nicht. Die Vollmachtsurkunde ist auch dann zurückzugeben, wenn sie noch andere Erklärungen enthält, insbesondere solche über das zugrundeliegende Rechtsverhältnis. Der ehemals Bevollmächtigte kann jedoch die Wiederaushändigung der Urkunde nach Streichung der Vollmachtsklausel oder Ausstellung einer neuen Urkunde über die anderen Gegenstände verlangen, sofern er daran ein berechtigtes Interesse hat (MüKoBGB/*Schramm,* 6. Aufl. 2012, BGB § 175 Rn. 3). Aus der Zweckbestimmung des Sozialversicherungsausweises und von Arbeitspapieren ergibt sich, dass dem Rechtsanwalt auch daran ein Zurückbehaltungsrecht nicht zukommt. Bei wegen Unverhältnismäßigkeit unzulässiger Ausübung des Zurückbehaltungsrechts kann sich der Rechtsanwalt unter Umständen auch noch nach Mandatsende wegen Verletzung nachvertraglicher Pflichten schadensersatzpflichtig machen (*Vollkommer/Greger/Heinemann* § 15 Rn. 18; BGH NJW 1984, 431).

24 **c) Zurückbehaltungsrecht gegenüber neuem Parteivertreter.** Die Herausgabe der Handakten an einen neuen Parteivertreter kann unter den Voraussetzungen des § 50 Abs. 3 S. 1, wenn nicht die Voraussetzungen des Abs. 3 S. 2 vorliegen, ebenfalls verweigert werden. Der Rechtsanwalt verliert nicht sein Zurückbehaltungsrecht, weil der Mandatsnachfolger oder der Anwalt der höheren Instanz die Handakten des zurückbehaltenden Kollegen zur weiteren Bearbeitung benötigt. Die Kollegialitätspflicht verpflichtet den zurückbehaltenden Rechtsanwalt auch nicht, die Handakten dem neuen Parteivertreter vorübergehend zu treuen Händen zu überlassen (*Lingenberg/Hummel/Zuck/Eich* § 37 Rn. 9). Die Herausgabe der Handakten an einen anderen Rechtsanwalt als Mandatsnachfolger erfordert die Prüfung, ob dieser vom Mandanten beauftragt ist, kann aber nicht von der Vorlage einer Vollmacht abhängig gemacht werden (*Jessnitzer/Blumberg* § 50 Rn. 8; *Chemnitz* in abl. Anm. zu LG Verden AnwBl. 1976, 130).

25 **d) Zahlung unter Vorbehalt, Forderung aus derselben Angelegenheit.** Zahlt der Mandant unter Bestreiten der Berechtigung der Gebührenforderung unter Vorbehalt, dann steht dem Rechtsanwalt kein Zurückbehaltungsrecht zu. Dieses darf er nicht geltend machen, um das Anerkenntnis der Berechtigung seiner Gebührenforderung zu erzwingen. Das Zurückbehaltungsrecht besteht auch nur wegen der Forderungen, die gerade in der Angelegenheit, zu der die zurückzubehaltende Handakte gehört, entstanden sind. Handakten aus Sachen, die gebührenmäßig erledigt sind, dürfen grundsätzlich nicht wegen anderweitiger offener Forderungen zurückbehalten werden. Das kann ausnahmsweise dann anders sein, wenn lebensmäßig ein so enger Zusammenhang zwischen gebührenmäßig erledigten und nicht erledigten Sachen besteht, dass die Voraussetzungen des § 273 BGB erfüllt sind (vgl. aber BGH NJW 1997, 2944; → Rn. 21).

26 **e) Einsichts- und Vorlagerecht trotz Zurückbehaltungsrecht.** Auch wenn der Rechtsanwalt berechtigterweise ein Zurückbehaltungsrecht geltend macht, kann der Mandant aber unter Umständen die Einsicht in die Handakten verlangen. Dies ergibt sich aus der Unterrichtungspflicht nach § 666 BGB iVm **§§ 810, 811 BGB** (BGHZ 109, 260 = NJW 1990, 510; teilweise **aA** AG Charlottenburg NJW 1997, 1450; → § 44 Rn. 26 ff.). Das Recht ist auf einzelne Urkunden beschränkt, da die Handakte keine Gesamturkunde ist (BGHSt 3, 395). Die einzusehenden oder vorzulegenden Schriftstücke müssen allerdings im Interesse des Mandanten errichtet sein oder es müssen die weiteren in § 810 BGB angeführten Voraussetzungen für das rechtliche Interesse des Mandanten an der Einsichtnahme vorliegen. Ein solches rechtliches Interesse wird zu verneinen sein, wenn das Einsichtverlangen einer Ausforschung dienen soll, um so erst Unterlagen für Regressansprüche gegen den Anwalt zu schaffen; es wird zu bejahen sein, wenn der Mandant mit in den Handakten befindlichen Quittungen die Bezahlung von Handwerkerrechnungen in einem anderen Verfahren nachweisen will. Prozessual kann die Vorlage bei bestehendem Einsichts- und Vorlagerecht nach §§ 422, 429 ZPO erzwungen werden (*Borgmann/Jungk/Schwaiger* S. 200; *Dohle/Peitscher* DStR 2000, 1265). Die Vorlagepflicht nach § 810 BGB findet ihre Grenze, wo ihre Erfüllung das anwaltliche Zurückbehaltungsrecht entwerten würde, was wiederum von den Umständen des Einzelfalls abhängt (Henssler/Prütting/*Offermann-Burckart* § 50 Rn. 73).

V. Handakten und das Berufsgeheimnis

Da die Handakte überwiegend Vorgänge beinhaltet, die der Verschwiegenheitspflicht des Rechtsanwalts unterliegen, muss der Rechtsanwalt diese so aufbewahren, dass sie vor Einsichtnahme durch Unbefugte geschützt ist. Die anwaltliche Schweigepflicht steht aber der Verpflichtung zur Herausgabe der Handakten nicht entgegen (BGHZ 109, 260 = NJW 1990, 510;→ § 44 Rn. 31). Zivilrechtlich besteht, abgesehen von dem Herausgabe- und Einsichtsanspruch des Mandanten (→ Rn. 17 ff.) nur unter den Voraussetzungen des § 810 BGB (vgl. Hartung/*Scharmer* § 50 Rn. 131) bzw. der §§ 422, 428 ZPO eine Vorlagepflicht (*Borgmann/Jungk/Schwaiger* S. 223). **27**

Gestattet der Auftraggeber die Einsichtnahme durch einen Dritten, so wird die Geheimhaltungspflicht nur für diesen Fall eingeschränkt (*Isele* § 50 Anm. VII A). Im Falle der Vernichtung der Handakte hat der Rechtsanwalt dafür zu sorgen, dass kein Unbefugter vom Inhalt dieser Akte Kenntnis erlangt. Er darf sie also nicht einfach einem Altpapierhändler verkaufen oder in den Müll werfen. Sie muss vielmehr durch eine vertrauenswürdige Person bzw. Firma durch Zerreißen oder in sonstiger Weise unkenntlich gemacht werden (*Lingenberg/Hummel/Zuck/Eich* § 38 Rn. 2). Im Hinblick auf die Pflicht, die Kenntnisnahme durch Unbefugte zu verhindern, ist der Rechtsanwalt auch verpflichtet, unbefugte Einsichtsbegehren abzuwehren. Zum Problem der gerichtlichen Verlangen auf Vorlage der Handakten in Beratungshilfesachen zum Nachweis der Gebühr nach Nr. 2601 VV vgl. Kurzmitteilung der RAK Celle vom 20.2.1985 in BRAK-Mitt. 1985, 91 mit Anm. *Eberlein* BRAK-Mitt. 1985, 165; → § 49a Rn. 20. **28**

Bei Führung der Handakten entsprechend Abs. 5 in Form elektronischer Datenverarbeitung können sich **Abgrenzungsschwierigkeiten zum BDSG** ergeben. § 38 BDSG (Auskunfts-, Betretungs- und Einsichtsrechte der Aufsichtsbehörde) ist gegenüber den nach §§ 56, 57, 73 Abs. 2 Nr. 1 und 4, 74 bestehenden Aufsichtsrechten der RAK subsidiär. Ebenso sind die §§ 33, 34 BDSG (Benachrichtigungen, Auskunft) subsidiär; hinsichtlich Nichtmandanten beruht dies auf dem Berufsgeheimnis (§ 43a Abs. 2 BRAO, § 203 Abs. 1 Nr. 3 StGB). Die Übermittlung mandatserheblicher, auch auf Nichtmandanten bezogener Daten an den Mandanten ist durch die Bestimmungen des Anwaltsdienstvertrages (→ § 44 Rn. 14 ff.) und § 50 geregelt, diesen Bestimmungen gegenüber ist § 28 Abs. 1 S. 1 Nr. 2 BDSG subsidiär. Die BRAO ist eine bereichsspezifische Sonderregelung iSd § 1 Abs. 3 S. 1 BDSG (KG AnwBl. 2010, 802). **29**

1. Kein Zurückbehaltungsrecht gegenüber dem Insolvenzverwalter. Der Rechtsanwalt kann das Zurückbehaltungsrecht nicht gegenüber dem Insolvenzverwalter des Mandanten geltend machen (BGHZ 109, 260 = NJW 1990, 510; Uhlenbruck/*Brinkmann,* 13. Aufl. 2010, § 51 Rn. 34; → § 44 Rn. 34 ff.; Hartung/*Scharmer* § 50 Rn. 73). Wegen des öffentlichen Interesses an der ordnungsmäßigen und raschen Abwicklung des Insolvenzverfahrens ist ihm das verwehrt (AG München KTS 1969, 190; *Jäger* § 49 KO Anm. 42; *Isele* § 50 Anm. VI F; *Robrecht* AnwBl. 1967, 144). Der Insolvenzverwalter ist ermächtigt und verpflichtet, das gesamte zur Insolvenzmasse gehörende Vermögen sofort nach Eröffnung des Insolvenzverfahrens zum Zwecke der Verwaltung und Verwertung heranzuziehen (§ 148 InsO). Er hat einen eigenen Anspruch auf Herausgabe aller Urkunden und beschlagnahmefähigen Rechte. Sein Recht tritt an die Stelle des Gemeinschuldners. Er kann daher diejenigen Teile der Handakte, die eine die Masse betreffende Angelegenheit zum Gegenstand haben, herausverlangen (AG München KTS 1969, 190; *Isele* § 50 Anm. VI F 2). Die Auskunfts- und Rechenschaftspflicht (§ 666 BGB) des Rechtsanwalts gegenüber dem Insolvenzverwalter besteht auch dann, wenn der Herausgabeanspruch des Auftraggebers gemäß § 667 BGB iVm § 50 Abs. 4 bereits durch Erfüllung erloschen ist; insbesondere hinsichtlich solcher Unterlagen, die der Mandant zwar bereits erhalten hat, die aber bei ihm nachträglich verloren gegangen sind (BGHZ 109, 260 = NJW 1990, 510; **aA** AG Charlottenburg NJW 1997, 1450). **30**

2. Rechtsanwalt als Beschuldigter. Das Beschlagnahmeverbot des § 97 Abs. 1 StPO greift für die Handakten nur ein, wenn der Mandant selbst der Beschuldigte ist (LG Koblenz MDR 1983, 779). Durch Einverständnis des beschuldigten Mandanten werden die Handakten beschlagnahmefähig (OLG Hamburg NJW 1962, 689; Löwe/Rosenberg/*Menges* StPO § 97 Rn. 48). Die gesetzliche Einschränkung des Beschlagnahmeverbots durch § 97 Abs. 2 S. 1 StPO gilt nicht im Verhältnis zwischen dem Verteidiger und dem Beschuldigten. Die Beschlagnahme des Schriftwechsels zwischen dem Verteidiger und seinem Mandanten und des sonstigen vom Beschuldigten **31**

erarbeiteten Verteidigungsmaterials ist auch dann rechtswidrig, wenn sich diese Unterlagen beim Beschuldigten befinden (LG Mainz NStZ 1986, 473).

32 Die Vorschrift, dass keine Beschlagnahmefreiheit eintritt, wenn der Zeugnisverweigerungsberechtigte teilnahmeverdächtig ist (§ 97 Abs. 2 S. 3 StPO), erleidet für den Rechtsanwalt keine Ausnahme (BGH NJW 1973, 2035; 1973, 1656). Durch § 148 StPO wird nur die Behinderung des Verkehrs mit dem Verteidiger verboten, der zum Zweck der Verteidigung stattfindet, nicht aber die Beschlagnahme von Beweisstücken bei einem Teilnehmer an der Straftat, der zugleich als Verteidiger auftritt (Löwe/Rosenberg/*Menges* StPO § 97 Rn. 95). Einem Rechtsanwalt anvertraute Schriftstücke seines Mandanten können folglich bei dem Rechtsanwalt beschlagnahmt werden, wenn sich der Tatverdacht auch gegen den Rechtsanwalt richtet (vgl. auch AG Hanau NJW 1989, 1493). Die Beschlagnahme solcher Schriftstücke ist aber ausschließlich nur zulässig zur Verwertung im Ermittlungs- und anschließenden Strafverfahren gegen den Mandanten und gegen den Anwalt und in dem anwaltsgerichtlichen Verfahren gegen den Rechtsanwalt. Diese Beschlagnahme berechtigt die Staatsanwaltschaft aber nicht, Dritten für andere Zwecke als die Durchführung des Straf- bzw. anwaltsgerichtlichen Verfahrens Einsicht in solche bei dem Rechtsanwalt beschlagnahmten Schriftstücke zu gewähren (vgl. „Aus der Arbeit der BRAK" in BRAK-Mitt. 1985, 145; 1986, 81, 133). Das gilt auch hinsichtlich ihrer Verpflichtung zur Amtshilfe gegenüber dem Insolvenzgericht (OLG Koblenz AnwBl. 1985, 314, 315 bezüglich Konkursgericht). Überführungsstücke, die bei dem Verteidiger hinterlegt worden sind, um sie den Strafverfolgungsbehörden zu entziehen, dürfen auch dann beschlagnahmt werden, wenn der Verteidiger nicht in der Absicht der Strafvereitelung handelt, insbesondere den Inhalt des bei ihm unterstellten Pakets nicht kennt (Löwe/Rosenberg/*Menges* StPO § 97 Rn. 93; Meyer-Goßner/Schmitt/*Schmitt* StPO § 97 Rn. 39; *Bauwens* wistra 1988, 100).

33 Die §§ 94 ff. StPO erlauben auch die Sicherstellung und Beschlagnahme von **Datenträgern** und den hierauf **gespeicherten Daten** (§ 50 Abs. 5) als Beweisgegenstände im Straf- bzw. anwaltsgerichtlichen Verfahren gegen den Rechtsanwalt. Bei Durchsuchung, Sicherstellung und Beschlagnahme von Datenträgern und darauf vorhandenen Daten muss der Zugriff auf für das Verfahren bedeutungslose Informationen im Rahmen des Vertretbaren vermieden werden. Zumindest bei schwerwiegenden, bewussten oder willkürlichen Verfahrensverstößen ist ein Beweisverwertungsverbot als Folge einer fehlerhaften Durchsuchung und Beschlagnahme von Datenträgern und darauf vorhandenen Daten geboten. Dies um den Zugriff der Verfolgungsbehörden auf nicht für ihr Verfahren bedeutsame Informationen zu verhindern und von vornherein eine klare und eindeutige Datenzuordnung zu ermöglichen und unterschiedliche, miteinander kombinierbare Möglichkeiten der materiellen Datenzuordnung in Betracht zu ziehen. So kann sich der Eingriff an einer für den geordneten Geschäftsgang erforderlichen, unter Umständen mittels einer Zugriffsbeschränkung gesicherten, nach Berufsträgern geordneten Datenstruktur orientieren. In Betracht kommt beispielsweise eine themen-, zeit-, mandanten- oder mandatsbezogene Ordnung der Datenablage. Eine Zuordnung der Daten nach ihrer Verfahrensrelevanz kann unter Umständen auch mit Hilfe geeigneter Suchbegriffe oder Suchprogramme gelingen. Immer muss die Verfolgungsbehörde den Schutz nicht betroffener Mandanten und Sozien uneingeschränkt wahren (BVerfG NJW 2005, 1917; *Kilger* BB Heft 28/29/2005, Die erste Seite; *Spatscheck* AnwBl. 2005, 566; *Kutzner* NJW 2005, 2652).

§ 51 Berufshaftpflichtversicherung

(1) [1]**Der Rechtsanwalt ist verpflichtet, eine Berufshaftpflichtversicherung zur Deckung der sich aus seiner Berufstätigkeit ergebenden Haftpflichtgefahren für Vermögensschäden abzuschließen und die Versicherung während der Dauer seiner Zulassung aufrechtzuerhalten.** [2]**Die Versicherung muß bei einem im Inland zum Geschäftsbetrieb befugten Versicherungsunternehmen zu den nach Maßgabe des Versicherungsaufsichtsgesetzes eingereichten Allgemeinen Versicherungsbedingungen genommen werden und sich auch auf solche Vermögensschäden erstrecken, für die der Rechtsanwalt nach § 278 oder § 831 des Bürgerlichen Gesetzbuchs einzustehen hat.**

(2) **Der Versicherungsvertrag hat Versicherungsschutz für jede einzelne Pflichtverletzung zu gewähren, die gesetzliche Haftpflichtansprüche privatrechtlichen Inhalts gegen den Rechtsanwalt zur Folge haben könnte; dabei kann vereinbart werden, daß**

sämtliche Pflichtverletzungen bei Erledigung eines einheitlichen Auftrags, mögen diese auf dem Verhalten des Rechtsanwalts oder einer von ihm herangezogenen Hilfsperson beruhen, als ein Versicherungsfall gelten.

(3) **Von der Versicherung kann die Haftung ausgeschlossen werden:**

1. **für Ersatzansprüche wegen wissentlicher Pflichtverletzung,**
2. **für Ersatzansprüche aus Tätigkeiten über in anderen Staaten eingerichtete oder unterhaltene Kanzleien oder Büros,**
3. **für Ersatzansprüche aus Tätigkeiten im Zusammenhang mit der Beratung und Beschäftigung mit außereuropäischem Recht,**
4. **für Ersatzansprüche aus Tätigkeiten des Rechtsanwalts vor außereuropäischen Gerichten,**
5. **für Ersatzansprüche wegen Veruntreuung durch Personal, Angehörige oder Sozien des Rechtsanwalts.**

(4) [1]**Die Mindestversicherungssumme beträgt 250 000 Euro für jeden Versicherungsfall.** [2]**Die Leistungen des Versicherers für alle innerhalb eines Versicherungsjahres verursachten Schäden können auf den vierfachen Betrag der Mindestversicherungssumme begrenzt werden.**

(5) **Die Vereinbarung eines Selbstbehalts bis zu 1 vom Hundert der Mindestversicherungssumme ist zulässig.**

(6) [1]**Im Versicherungsvertrag ist der Versicherer zu verpflichten, der zuständigen Rechtsanwaltskammer, bei Rechtsanwälten bei dem Bundesgerichtshof auch dem Bundesministerium der Justiz und für Verbraucherschutz, den Beginn und die Beendigung oder Kündigung des Versicherungsvertrages sowie jede Änderung des Versicherungsvertrages, die den vorgeschriebenen Versicherungsschutz beeinträchtigt, unverzüglich mitzuteilen.** [2]**Die Rechtsanwaltskammer erteilt Dritten zur Geltendmachung von Schadensersatzansprüchen auf Antrag Auskunft über den Namen und die Adresse der Berufshaftpflichtversicherung des Rechtsanwalts sowie die Versicherungsnummer, soweit der Rechtsanwalt kein überwiegendes schutzwürdiges Interesse an der Nichterteilung der Auskunft hat; dies gilt auch, wenn die Zulassung zur Rechtsanwaltschaft erloschen ist.**

(7) **Zuständige Stelle im Sinne des § 117 Abs. 2 des Versicherungsvertragsgesetzes ist die Rechtsanwaltskammer.**

(8) **Das Bundesministerium der Justiz und für Verbraucherschutz wird ermächtigt, durch Rechtsverordnung mit Zustimmung des Bundesrates nach Anhörung der Bundesrechtsanwaltskammer die Mindestversicherungssumme anders festzusetzen, wenn dies erforderlich ist, um bei einer Änderung der wirtschaftlichen Verhältnisse einen hinreichenden Schutz der Geschädigten sicherzustellen.**

Schrifttum: *Borgmann,* Lücken in der Auslandsdeckung der Berufshaftpflichtversicherung von Rechtsanwälten, AnwBl. 2005, 732; *Bräuer,* DL-InfoV – Der Anwalt muss informieren, AnwBl. 2010, 523; *dies.,* Anwaltliche Berufshaftpflichtversicherung – Die Reichweite des Versicherungsschutzes in räumlicher Hinsicht, AnwBl. 2011, 688; *dies.,* Großkanzleien: Lücken zwischen deutschem und internationalem Schutz, AnwBl. 2015, 88; *Braun,* Berufshaftpflichtversicherungen, BRAK-Mitt. 1994, 202; BRAK-Mitt. 1997, 5 und BRAK-Mitt. 2002, 150; *Brieske,* Die Berufshaftpflichtversicherung, AnwBl. 1995, 225; *Chab,* Haftpflichtfragen, Ansprüche gegen Anwälte aus Treuhand, AnwBl. 2004, 440; *ders.,* Der Schadensfall in der Anwaltshaftung nach der VVG-Reform, AnwBl. 2008, 63; *ders.,* Die Abwehrkomponente in der Berufshaftpflichtversicherung, AnwBl. 2011, 217; *ders.,* Die Sozienklausel in der Berufshaftpflichtversicherung, AnwBl. 2012, 190; *ders.,* Folgen der Sozienklausel in der Berufshaftpflichtversicherung, AnwBl. 2012, 274; *Dahns,* Berufshaftpflichtversicherung, Aktuelle Entwicklung und Hinweise, BRAK-Magazin 3/2002, 4; *Diller,* Fallstricke in der Berufshaftpflichtversicherung der Anwälte, AnwBl. 2014, 2; *Ganter,* Aktuelle Rechtsprechung des BGH zur Anwaltshaftung, AnwBl. 2007, 181; *Grams,* Verstoß- und Claimsmade-Prinzip in der Berufshaftpflichtversicherung der rechts- und wirtschaftsberatenden Berufe, AnwBl. 2003, 299; *Huff,* Der Auskunftsanspruch des Mandanten nach § 51 Abs. 6 BRAO – Gibt es ihn wirklich nur in den Fällen des § 115 VVG?, BRAK-Mitt. 2011, 56; *Jungk,* Haftung des Rechtsanwalts im Zusammenhang mit Vergleichsabschlüssen, AnwBl. 2007, 532; *ders.,* Kein Paradigmenwechsel in der Berufshafpflichtversicherung!, BRAK-Mitt. 2012, 266; *Kilian,* Risikomanagement durch Versicherungsschutz, AnwBl. 2013, 110; *Kouba,* Berufshaftpflichtversicherung: Wie sinnvoll sind Excedentendeckungen im Ausland?, BRAK-Mitt. 2002, 165; *Müller,* Der Rechtsanwalt und die Globalisierung, AnwBl. 2006, 278; *ders.,* Der Rechtsanwalt als Treuhänder – ein unterschätztes Risiko, AnwBl. 2007, 787; *Nieger,* Vom Umgang mit dem Haftpflichtversicherer im Schadenfall, AnwBl. 2004, 516; *Riechert,* Das Haftungsregime der Sozietät und neue Versicherungskonzepte, AnwBl. 2011, 489; *ders.,* Versicherungslösungen bei Auslandsberührung: Vorausdenken ist gefragt, AnwBl. 2013, 460; *Sassenbach,* Haftung für fehlerhafte legal due diligence – Besonderheiten der Versicherbarkeit im Rahmen der Berufshaftpflichtversicherung, AnwBl. 2004, 65; *Schons,* Europas neuester Strei: Informationspflichten für Anwälte, AnwBl. 2010, 419; *Stobbe,* Mandant und Haftpflichtversicherer – ein schwieriges Verhältnis,

AnwBl. 2007, 753; *Terbille,* Haftpflichtversicherung und Haftung von Anwälten und Notaren, MDR 1999, 1426; *Therstappen,* Die wissentliche Pflichtverletzung im Versicherungsverhältnis, AnwBl. 2014, 182; *van Bühren,* Paradigmenwechsel in der Berufshaftpflichtversicherung, BRAK-Mitt. 2012, 158.

Übersicht

I. Geschichtliche Entwicklung in der Bundesrepublik

1 **1. Rechtslage vor dem 9.9.1994.** Anders als zB die Steuerberater (§ 87 StBerG; vgl. dazu BGH NJW 1989, 310) und die nach dem RAG zugelassenen Rechtsanwälte (vgl. §§ 13, Abs. 4, 16, Abs. 3 Nr. 8, 52 RAG) war ein Rechtsanwalt im Geltungsbereich der BRAO **gesetzlich nicht** zum Abschluss einer Berufshaftpflichtversicherung verpflichtet. Eine Verpflichtung zum Abschluss einer Berufshaftpflichtversicherung folgte jedoch aus § 43 BRAO iVm § 48 RichtlRA (BGH BRAK-Mitt. 1994, 49, 50 = NJW 1994, 532; *Kleine-Cosack* NJW 1994, 2249, 2255; ebenso Mehrheit des BRAK-Richtlinienausschusses BRAK-Mitt. 1988, 11, 15; *Braun* BerlAnwBl. 1995, 61; **aA** *Lingenberg/Hummel/Zuck/Eich* Rn. 102; sowie 2. Aufl.). Die Heranziehung des § 48 RichtlRA war unerlässlich, um die Funktionsfähigkeit der Rechtspflege aufrechtzuerhalten. „Ohne eine von der Berufsaufsicht durchsetzbare Verpflichtung des Rechtsanwalts, eine Haftpflichtversicherung für etwaige Vermögensschäden seiner Mandanten zu unterhalten, wäre die Vertrauensgrundlage, die die Rechtsanwaltschaft im Interesse einer funktionierenden Rechtspflege benötigt (BVerfGE 87, 287, 320 = NJW 1993, 317), nicht mehr gewährleistet." (BGH BRAK-Mitt. 1994, 49, 50).

2 **2. Rechtslage nach dem 8.9.1994.** Der Anwalt ist nach § 51 seit 9.9.1994 (Gesetz vom 2.9.1994, BGBl. I S. 2278) **gesetzlich** verpflichtet, eine Berufshaftpflichtversicherung abzuschließen. „Die gesetzliche Einführung der Berufshaftpflichtversicherung dient vorrangig dem Schutz des rechtsuchenden Publikums. Die Beachtung der bisher auf Standesrichtlinien beruhenden Pflicht zum Abschluss einer solchen Versicherung lag bereits bisher im eigenen Interesse. Um aber sicherzustellen, dass jeder Rechtsanwalt im Haftungsfalle erfolgreich in Anspruch genommen werden kann, wird die Pflicht zum Abschluss und zur weiteren Aufrechterhaltung der Berufshaftpflichtversicherung gesetzlich vorgeschrieben." (BT-Drs. 12/4993, 31 = BR-Drs. 93/93, 94). Um die Aufrechterhaltung der Versicherung während der gesamten Dauer der Zulassung zu gewährleisten, sind nach Abs. 6 Mitteilungspflichten zu vereinbaren (→ Rn. 30). Allerdings fehlt ein dem § 5 PflVG entsprechender Kontrahierungszwang für die Berufshaftpflichtversicherer (zu Problemen in der Praxis damit: Henssler/Prütting/*Diller* § 51 Rn. 12 mwN).

3 **3. Rechtsfolge.** Der fehlende Versicherungsschutz rechtfertigt zum Schutz der Auftraggeber nicht nur die Nichtzulassung (§ 12 Abs. 2) bzw. den Widerruf der Zulassung zur Anwaltschaft (§ 14 Abs. 2 Nr. 9), sondern auch die Anordnung der sofortigen Vollziehung der Widerrufsverfügung (§ 14 Abs. 4 S. 2). Zur einschränkenden Auslegung des Tatbestandsmerkmals des „Nichtunterhaltens“ in § 14 Abs. 2 Nr. 9 → § 14 Rn. 79. Für die Mandanten stellt das Fehlen einer Berufshaftpflichtversicherung eine akute Gefahr dar, unwiederbringliche Vermögensschäden zu erleiden; das überwiegende öffentliche Interesse gebietet eine Verringerung dieser Gefahr, weshalb gemäß § 14 Abs. 4 S. 2 die sofortige Vollziehung anzuordnen ist (BayAGH BRAK-Mitt. 1996, 167; AGH NRW Beschluss vom 19.4.1996 – 1 ZU 55/95; 7. Aufl. § 16 Rn. 30, 31). Die Pflicht zur dauernden Unterhaltung einer Haftpflichtversicherung ist auch dann verletzt, wenn nur zeitweilig ein Versicherungsschutz nicht besteht. Beruht dies auf einem Verschulden des Rechtsanwalts (§ 113 Abs. 1), so liegt darin eine Berufspflichtverletzung nach §§ 43, 113 Abs. 1, die mit anwaltsgerichtlichen Maßnahmen geahndet werden kann (BGH BRAK-Mitt. 1996, 121). Da durch einen Widerruf der Zulassung nur künftig drohenden Vermögensschäden begegnet werden kann, kommt jedoch trotz Bestehens einer „Versicherungslücke“ ein Widerruf nicht (mehr) in Betracht, wenn der Rechtsanwalt nachweist, dass jedenfalls für die Zukunft wieder voller Versicherungsschutz besteht (BGH AnwBl. 2001, 570 = MDR 2001, 1137 mit Anm. *Kilian* = NJW 2001, 3131; → § 14 Rn. 78).

II. Versicherungspflichtige

4 Nach § 51 Abs. 1 S. 1 ist „der Rechtsanwalt“ verpflichtet eine Berufshaftpflichtversicherung abzuschließen und während der Dauer seiner Zulassung aufrechtzuerhalten. Entscheidendes Kriterium für die Verpflichtung ist damit die Zulassung zur Rechtsanwaltschaft. Irrelevant ist, ob und in welchem Umfang der Rechtsanwalt seinen Beruf tatsächlich ausübt und in welcher Form. Ist die Zulassung widerrufen und die Widerrufsverfügung für sofort vollziehbar erklärt worden, besteht die Versicherungspflicht fort. Das vom Gesetzgeber vorausgesetzte Sicherungsbedürfnis gilt so lange, wie der Rechtsanwalt noch nicht endgültig seine Zulassung verloren hat (AG Hamm Beschluss vom 17.6.2005 – 1 ZU 5/05). Auch geringes Einkommen des Anwalts befreit nicht von der Versicherungspflicht (BGH NJW-RR 1997, 696). Auch **Syndikusanwälte** (§ 46), **Sozien** (§ 59a), **angestellte Rechtsanwälte** (→ § 2 Rn. 18 ff.) und **freie Mitarbeiter** (→ § 2 Rn. 34 ff.) müssen ihre persönliche Berufshaftpflichtversicherung unterhalten. Die vom Arbeitgeber-Anwalt gezahlten Versicherungsbeiträge sind Arbeitslohn (BFH AnwBl. 2007, 790). Auch ein Rechtsanwalt, der sich zur Ruhe gesetzt, aber seine Zulassung nicht zurückgegeben hat, ist versicherungspflichtig, anders als ein reiner Titularanwalt, der nicht mehr als Anwalt zugelassen ist (→ § 17 Rn. 5 ff.). Die **anwaltlichen Gesellschafter einer Rechtsanwaltsgesellschaft (§ 59e)** müssen parallel zur Berufshaftpflichtversicherung der Rechtsanwaltsgesellschaft (§ 59j) noch persönlich nach §§ 51, 51a versichert sein (→ § 59j Rn. 2). Die Zulassung ist auch dann zu widerrufen, wenn der Rechtsanwalt den Versicherungsschutz schuldlos verliert (BGH AnwBl. 2006, 356).

5 Eine Abstufung des Deckungsschutzes nach dem Umfang der anwaltlichen Tätigkeit ergibt keine sachgerechte Lösung; sie würde die berufsrechtliche Überprüfung wesentlich erschweren und entspräche vor allem nicht dem Schutzbedürfnis des rechtsuchenden Publikums, das ein berechtigtes Interesse daran hat, durch eine entsprechende Haftpflichtversicherung bei jedem Rechtsanwalt in demselben Umfang vor Schäden aus vertraglicher Pflichtverletzung geschützt zu sein (BGH BRAK-Mitt. 1997, 39 = NJW-RR 1997, 696; SächsAGH BRAK-Mitt. 2011, 250). Die Verpflichtung zur Unterhaltung einer Berufshaftpflichtversicherung trifft jeden Rechtsanwalt selbst dann, wenn dieser von der **Kanzleipflicht nach § 29 befreit ist** (BGH BRAK-Mitt. 2010, 213) und „rechtsanwaltlicher Tätigkeit nicht nachgegangen ist mit Ausnahme einer Urlaubsvertretung für einen Kollegen, die durch dessen Berufshaftpflichtversicherung gedeckt war“ (AGH NRW Beschluss vom 3.5.1996 – 1 ZU 3/96; AGH Hmb Beschluss vom 27.10.1997 – 1 ZU 7/96). Ein Rechtsanwalt, der bereit ist, seinen Beruf als Rechtsanwalt aufzugeben, lediglich noch die Berufsbezeichnung „Notar a. D.“ führen will, muss eine Berufshaftpflichtversicherung unterhalten (BGH BRAK-Mitt. 1997, 39). Dies gilt auch für einen Wahlbeamten, der den Beruf des Rechtsanwalts zeitweise nicht ausübt, jedoch die Rechtsanwaltszulassung aufrechterhalten will (§ 47 Abs. 1 S. 2; AGH NRW Beschluss vom 1.3.1996 – 1 ZU 56/95). § 51 Abs. 1 kann nicht einschränkend dahin ausgelegt werden, dass der Rechtsanwalt nur dann

versicherungspflichtig ist, wenn und solange er den Beruf tatsächlich selbständig ausübt. Das rechtsuchende Publikum soll darauf vertrauen können, dass eventuelle Schadensersatzansprüche gegen einen zugelassenen Rechtsanwalt im Rahmen des vorgegebenen Versicherungsschutzes ohne weiteres durchsetzbar sind (BGHSt 46, 67; BGHZ 137, 200). Auch der angestellte Rechtsanwalt, der über seinen Arbeitgeber versichert ist, ist nicht von der ihm als Rechtsanwalt obliegenden Verpflichtung, eine eigene Versicherung zu unterhalten, befreit (im Einzelnen auch Henssler/Prütting/*Diller* § 51 Rn. 26). Sie trifft auch den Rechtsanwalt, der von der Residenzpflicht befreit ist und eine **Kanzlei nur im Ausland** eingerichtet hat (§ 29a Abs. 2; BGH MDR 1998, 244); mit der Befreiung von der Verpflichtung, eine Kanzlei in Deutschland einzurichten, ist der Anwalt weiterhin berechtigt, seinen Beruf in Deutschland auszuüben; Art. 59–67 AEUV (ex-Art. 52–60 EG-Vertrag) finden auf den von der Residenzpflicht befreiten Anwalt mangels Auslandsbezug keine Anwendung. Auch die **nach § 206 niedergelassenen Rechtsanwälte aus anderen Staaten** müssen für ihre Tätigkeit in Deutschland eine Berufshaftpflichtversicherung unterhalten (→ § 207 Rn. 6a; Henssler/Prütting/*Diller* § 51 Rn. 22). Der Umstand, dass die Rechtsbesorgung im außereuropäischen Recht von der Versicherung gemäß § 51 Abs. 3 Nr. 3 iVm § 4 Nr. 1 AVB ausgeschlossen ist, steht dem nicht entgegen. Zum einen gelten nach § 207 Abs. 2 die Bestimmungen über die allgemeinen Berufspflichten sowie die Bestimmungen über Rücknahme und Widerruf der Zulassung sinngemäß. Daraus folgt dann, dass auch die Vorschrift des § 51 für die nach § 206 zugelassenen Rechtsanwälte Anwendung findet. Der Ausschluss des Versicherungsschutzes im außereuropäischen Recht bedeutet nur, dass § 51 Abs. 3 Nr. 3 lediglich Risikoausschlussmöglichkeiten regelt, von denen die Versicherungswirtschaft im Interesse der Allgemeinheit der Anwaltschaft Gebrauch gemacht hat, um die Versicherungsprämie gering zu halten. Die Vorschrift besagt jedoch nichts darüber, welchen Umfang eine Berufshaftpflichtversicherung haben muss. § 51 Abs. 1 S. 1 verpflichtet den Rechtsanwalt, die sich aus **seiner** Berufstätigkeit ergebenden Haftpflichtgefahren durch eine Berufshaftpflichtversicherung abzudecken. Ebenso wie ein deutscher Rechtsanwalt, der ggf. im japanischen Erbrecht berät, ist der nicht europäische Rechtsanwalt verpflichtet, wenn er in die RAK aufgenommen wurde, für seine ausgeübte Tätigkeit eine Berufshaftpflichtversicherung zu unterhalten, die die Haftpflichtgefahren aus **seiner** anwaltlichen Tätigkeit abgedeckt.

6 Auch **Kammerrechtsbeistände** (§ 209 Abs. 1 S. 3) und **europäische Rechtsanwälte** (§ 1 EuRAG), die sich in Deutschland **niedergelassen** haben (§§ 2 ff., 7 Abs. 1 EuRAG), die in die deutsche Rechtsanwaltschaft **eingegliedert** wurden (§§ 7 Abs. 3, 11 ff. EuRAG), die **nach Ablegung der Eignungsprüfung** zur Rechtsanwaltschaft zugelassen wurden (§§ 7 Abs. 3, 16 ff. EuRAG) oder die **vorübergehend hier Dienstleistungen erbringen** (§§ 25 ff. EuRAG iVm Nr. 3.9 CCBE), unterliegen grundsätzlich der Verpflichtung zum Abschluss einer Berufshaftpflichtversicherung. Allerdings gelten für Anwälte aus dem Ausland bzw. für die Tätigkeit deutscher Rechtsanwälte im Ausland teilweise einschränkende Bestimmungen (§ 7 EuRAG). Insbesondere für in Deutschland tätige europäische Rechtsanwälte (§ 1 EuRAG) ergeben sich aus § 7 EuRAG eng umgrenzte Befreiungsmöglichkeiten (→ EuRAG § 7 Rn. 1 ff.).

III. Versicherungsunternehmen, Allgemeine Versicherungsbedingungen

7 Nach § 51 Abs. 1 S. 2 muss die Versicherung „bei einem im Inland zum Geschäftsbetrieb befugten Versicherungsunternehmen … genommen werden". Das kann nach Öffnung des europäischen Binnenmarktes auch für Versicherungen ein inländisches oder ein Versicherungsunternehmen mit Sitz im Ausland (§§ 105 ff. VAG) sein. Letzteres kann seinen Sitz in einem Mitgliedstaat der EU oder einem anderen Vertragsstaat des Abkommens über den Europäischen Wirtschaftsraum haben (§§ 110a ff. VAG) oder es kann seinen Sitz außerhalb dieser Staaten haben (§§ 105 ff. VAG). Nach § 5 Abs. 1 VAG bedürfen Versicherungsunternehmen zum Geschäftsbetrieb der Erlaubnis der Aufsichtsbehörde. Praktisch gilt dies nur für inländische Versicherungsunternehmen und solche mit Sitz außerhalb der EG und des EWR (§ 105 VAG). Denn die nach dem VAG erteilte Erlaubnis wird „für das Gebiet aller Mitgliedstaaten der Europäischen Gemeinschaft und aller anderen Vertragsstaaten des Abkommens über den Europäischen Wirtschaftsraum … erteilt" (§ 6 Abs. 1 S. 2 VAG). Da Versicherungsunternehmen mit Sitz in der EU oder einem anderen Vertragsstaat des Abkommens über den Europäischen Wirtschaftsraum (§§ 110a ff. VAG) in ihrem Heimatland entsprechend die Erlaubnis für das Gebiet aller Mitgliedstaaten erhalten, bedürfen diese in Deutschland keiner aufsichtsbehördlichen Genehmigung. Sie dürfen vielmehr

nach Erfüllung ihrer Anzeigepflichten das Versicherungsgeschäft in Deutschland betreiben (§ 110a Abs. 4 VAG). Versicherungsunternehmen aus dem EWR-Ausland, die nicht den Versicherungs-Richtlinien unterliegen, haben aber eine Erlaubnis einzuholen (§ 110d Abs. 1 VAG; *Prölss,* 12. Aufl. 2005, VAG § 5 Rn. 2).

Die Berufshaftpflichtversicherung muss bei den genannten Versicherungen „zu den nach Maßgabe des Versicherungsaufsichtsgesetzes eingereichten **Allgemeinen Versicherungsbedingungen** genommen werden". Die Allgemeinen Versicherungsbedingungen beinhalten all die Bedingungen, die regelmäßig bei einer Vielzahl von Versicherungsverträgen ohne Rücksicht auf die Verschiedenheit der Risiken Anwendung finden. Mit dem Antrag auf Erlaubnis zum Geschäftsbetrieb (§ 5 Abs. 1 VAG) müssen nach § 5 Abs. 5 Nr. 1 bzw. von Unternehmen außerhalb der EG und des EWR nach § 105b VAG die allgemeinen Versicherungsbedingungen eingereicht werden. Für Versicherungsunternehmen aus dem EU- und EWR-Bereich ist nach § 110a Abs. 2b VAG der Betrieb der Berufshaftpflichtversicherung in Deutschland erst zulässig, wenn das Unternehmen der Bundesanstalt die allgemeinen Versicherungsbedingungen eingereicht hat. Zwar sind die allgemeinen Versicherungsbedingungen für die Berufshaftpflichtversicherung nicht mehr Bestandteil des Geschäftsplanes der Versicherung (§ 5 Abs. 2 VAG) und müssen deshalb nicht mehr von der Aufsichtsbehörde genehmigt werden. Gleichwohl prüft diese im Rahmen ihrer rechtlichen Aufsicht (§ 81 VAG), ob die eingereichten Versicherungsbedingungen den einschlägigen gesetzlichen Vorschriften wie zB dem VVG, dem BGB und der BRAO entsprechen und als Korrelat zum Wegfall der Genehmigungspflicht müssen die Versicherungsunternehmen bestimmte in § 10 VAG aufgeführte Voraussetzungen erfüllen (*Prölss,* 12. Aufl. 2005, VAG § 5 Rn. 14, 105 ff., VAG § 10 Rn. 23, VAG § 105b; Henssler/Prütting/*Diller* § 51 Rn. 29). Die eingereichten allgemeinen Versicherungsbedingungen aller deutschen Versicherungen entsprechen einander. 8

IV. Gegenstand und Umfang der Versicherung

1. Seine Berufstätigkeit (Abs. 1). Da jeder Rechtsanwalt „seine Berufstätigkeit" zu versichern hat, muss jeder Mitarbeiter eine **eigene** Versicherungspolice haben. Die bis zum 8.9.1994 bestehende Übung, Mitarbeiter über die Versicherungspolice des anstellenden Rechtsanwalts zu führen ist nicht mehr zulässig (ausführlich dazu Henssler/Prütting/*Diller* § 51 Rn. 25 ff.) 9

Die Pflichtversicherung deckt ausschließlich Vermögensschäden, die bei Ausübung der Berufstätigkeit, dh der anwaltlichen Tätigkeit (vgl. 7. Aufl. § 51b Rn. 4 ff.) verursacht werden und für die der Anwalt Dritten gegenüber haftet. Was den anwaltlichen Tätigkeiten zuzuordnen ist, ergibt sich zunächst aus der Stellung, die § 1 dem Rechtsanwalt einräumt, und aus der Aufgabe, die § 3 beschreibt (Henssler/Prütting/*Diller* § 51 Rn. 70). Damit sind aber nicht nur Tätigkeiten umfasst, die ausschließlich Rechtsanwälten vorbehalten sind, sondern auch anwaltsübliche Nebentätigkeiten. Ausscheiden müssen aber solche Tätigkeiten, die der Rechtsanwalt nicht in dieser Eigenschaft erbringt, wie zB reine Freundschaftsdienste, Rechtsberatung von Ehepartnern pp. oder rechtsbesorgende Tätigkeit als Angestellter einer Firma, dh alle Fälle, in denen der Rechtsanwalt nicht als freiberuflicher unabhängiger Berater und Vertreter aufgrund eines Mandatsvertrages tätig wird. Die nach § 1 Abs. 2 RVG aus der Berufstätigkeit des Rechtsanwalts iSd § 1 Abs. 1 RVG ausgeklammerten Tätigkeiten als Vormund, Betreuer pp. müssen nicht nach § 51 – aber können – versichert werden. Diese Auslegung ergibt sich insbesondere aus der Entstehungsgeschichte des Gesetzes zur Neuordnung des anwaltlichen Berufsrechts vom 2.9.1994 (BGBl. I S. 2278). Der Gesetzesentwurf der Bundesregierung (BR-Drs. 93/93, 13/14 = BT-Drs. 1249/93, 7/8) verlangte ursprünglich die Mitversicherung der Tätigkeit als Zwangsverwalter, Sequester, Sachwalter, Gläubigerausschussmitglied und -beiratsmitglied, Testamentsvollstrecker, Nachlasspfleger und -verwalter, Vormund, Betreuer, Beistand, Schiedsrichter, Abwickler einer Praxis gemäß § 55, Zustellungsbevollmächtigter gemäß § 30, soweit diese Tätigkeiten nicht überwiegend ausgeübt wurden, sowie Tätigkeiten als Notarvertreter für die Dauer von sechzig Tagen innerhalb eines Versicherungsjahres. Soweit ein Rechtsanwalt als Insolvenzverwalter, Vergleichsverwalter oder gerichtlich bestellter Liquidator tätig wurde, hatte er für dieses Risiko eine Berufshaftpflichtversicherung in angemessener Höhe abzuschließen und aufrechtzuerhalten. Der Rechtsausschuss des Deutschen Bundestages hat diese Konkretisierung gestrichen (BT-Drs. 12/7656, 12). In der Begründung hat er dazu ausgeführt (BT-Drs. 12/7656, 50): 10

„Darüber hinaus hat der Ausschuss die Sätze 2 und 3 gestrichen. Zwar nimmt ein Teil der Rechtsanwälte diese Tätigkeiten im Rahmen ihres Berufes wahr, sie gehören aber nicht zu denjenigen, die ausschließlich von Rechtsanwälten vorgenommen werden (Berufstypische Anwaltstätigkeiten). Insbesondere jüngere Rechtsanwälte konzentrieren sich am Anfang ihrer Berufstätigkeit in erster Linie auf die berufstypische anwaltliche Tätigkeit, die nach § 51 pflichtzuversichern ist. Werden von der – auch für die Anwaltszulassung erforderlichen – Pflicht zur Versicherung auch zugleich die „anwaltsüblichen Nebentätigkeiten" erfasst, so werden damit ohne Grund über höhere Prämien, die mit diesen Tätigkeiten verbundenen Versicherungsrisiken auf die Gemeinschaft aller Versicherten umgelegt. Dafür sieht der Ausschuss keine Notwendigkeit. Wer als Rechtsanwalt auch tätig werden will als Zwangsverwalter, Sequester, Sachwalter, Gläubigerausschussmitglied und -beiratsmitglied, Testamentsvollstrecker, Nachlasspfleger und -verwalter, Vormund, Betreuer und Beistand, Schiedsrichter, Abwickler einer Praxis gemäß § 55, Zustellungsbevollmächtigter gemäß § 30, Insolvenzverwalter oder gerichtlich bestellter Liquidator hat für dieses Risiko eine gesonderte Berufshaftpflichtversicherung in angemessener Höhe abzuschließen und aufrechtzuerhalten."

11 Die Versicherungswirtschaft hat die Neuordnung des anwaltlichen Berufsrechts zum Anlass genommen, die teilweise verstreuten Versicherungsbedingungen für die Vermögensschadenhaftpflichtversicherung von Rechtsanwälten und Patentanwälten zusammenzuführen. Sie sind nunmehr enthalten in den „Allgemeinen Versicherungsbedingungen für die Vermögensschadenhaftpflichtversicherung von Rechtsanwälten und Patentanwälten (AVB-A)". Nach § 51 Abs. 1 S. 2 ist der Rechtsanwalt verpflichtet, eine Berufshaftpflichtversicherung „zu den nach Maßgabe Versicherungsgesetzes eingereichten Allgemeinen Versicherungsbedingungen" zu nehmen. Damit sind auch die in den genehmigten Allgemeinen Versicherungsbedingungen vorgesehenen Regeln über **Umfang** und **Ausschlüsse** vom Versicherungsschutz verbindlich. Aus der „Risikobeschreibung für die Vermögensschadenhaftpflichtversicherung von Rechtsanwälten" (einschließlich des Rechtsanwaltsrisikos von Anwaltsnotaren) ergibt sich, dass alle Vermögenshaftpflichtversicherer in der Standardversicherung die in § 1 Abs. 2 RVG bezeichneten Tätigkeiten sowie die Tätigkeiten als Abwickler einer Praxis, Zustellungsbevollmächtigter, soweit diese Tätigkeiten nicht überwiegend ausgeübt werden, ebenso abdecken wie die des Notarvertreters innerhalb von sechzig Tagen eines Versicherungsjahres. Nach einer Selbstbindung der Vermögensschadenhaftpflichtversicherer ist die Tätigkeit als **Mediator** ab dem 1.12.1996 als vom Versicherungsschutz mitumfasst anzusehen (BRAK-Mitt. 1997, 160; AnwBl. 1997, 345). Der **Beginn** und der **Umfang** des Versicherungsschutzes bestimmt sich nach § 3 AVB und die Ausschlüsse vom Versicherungsschutz sind in § 4 AVB geregelt. **Tätigkeiten gewerblicher Art** zB als Hausverwalter, Vermögensverwalter pp. unterfallen nicht dem Berufsbild des Rechtsanwalts (§ 2 Abs. 2) und werden von der Berufshaftpflichtversicherung nach § 51 nicht erfasst, es sei denn, diese umfasse im Einzelfall auch rechtliche Beistandsleistungen (§ 3). Passierte dem Rechtsanwalt der Fehler gerade bei der rechtlichen Beistandsleistung, muss der Versicherer dafür eintreten (Henssler/Prütting/*Diller* § 51 Rn. 75 ff.).

12 Zu unterscheiden von der Frage, was durch die Mindestversicherungsbedingungen gemäß § 51 versichert ist, ist die Frage, in welchem Umfang ein Anwalt eine Vermögensschadenhaftpflichtversicherung unterhalten muss. Übt ein Rechtsanwalt eine Tätigkeit in zulässiger Weise als Rechtsanwalt aus, so hat er insoweit eine Vermögensschadenhaftpflichtversicherung gesondert abzuschließen, wenn diese Tätigkeit vom Standard einer Vermögensschadenhaftpflichtversicherung nicht umfasst ist.

13 **2. Pflichtverletzung (Abs. 2).** Der Versicherungsvertrag hat Versicherungsschutz für jede einzelne Pflichtverletzung zu gewähren, die gesetzliche Haftpflichtansprüche privatrechtlichen Inhalts gegen den Rechtsanwalt zur Folge haben könnte (§ 5 I AVB). Der Tatbestand, der die Freihaltungspflicht des Versicherers begründet, wird auf den frühestmöglichen Zeitpunkt, die den Kausalverlauf initiierende Pflichtverletzung des Rechtsanwalts bestimmt. **Maßgebend ist der erste Verstoß** des Anwalts, der die Kausalkette, die zum Schaden führt, ausgelöst hat. Dies gilt insbesondere dann, wenn mehrere zeitlich aufeinander folgende Verstöße als Ursachen in Betracht kommen (Henssler/Prütting/*Diller* § 51 Rn. 129). Als Pflichtverletzung des Anwalts werden auch solche Pflichtverletzungen Dritter verstanden, für die der Rechtsanwalt nach §§ 278, 931 BGB einzustehen hat (vgl. aber § 51 Abs. 3 Nr. 5). Durch die Anknüpfung an die

die Kausalkette anstoßende erste Pflichtverletzung ist sichergestellt, dass der Rechtsanwalt zu den Versicherungskonditionen Versicherungsschutz in Anspruch nehmen kann, den ihm der Versicherer nach den zur Zeit der Pflichtverletzung geltenden Konditionen zu leisten hat, unabhängig davon, ob der Versicherungsvertrag bei Eintritt und/oder Geltendmachung des Schadens noch besteht oder nicht. Mit der **Beschränkung auf „die gesetzlichen Haftpflichtansprüche privatrechtlichen Inhalts"** wird abgehoben auf die Struktur des Anspruches, dh auf seine rechtliche Konstruktion als Schadensersatz mit den Elementen der objektiven Rechts- bzw. Pflichtverletzung, der Schuld, des Schadens und der Kausalität. Unerheblich ist die rechtliche Qualifikation des Anspruchs, aus dem der Anspruch erwächst. Mit der Formulierung wird klargestellt, dass etwa verschuldens- oder schadensersatzunabhängige Ansprüche (Erzwingungsgeld, Bußgeld, Aufopferungsanspruch usw) ebenso wie Ansprüche aus dem Erfüllungsbereich vom Versicherungsschutz nicht umfasst sind (BGH NJW 1964, 1025).

Es kann vereinbart werden, dass sämtliche Pflichtverletzungen bei Erledigung eines einheitli- 14
chen Auftrages, mögen diese auf dem Verhalten des Rechtsanwaltes oder einer von ihm herangezogenen Hilfsperson beruhen, als ein Versicherungsfall gelten (§ 51 Abs. 2 Hs. 2) mit der Folge, dass die Mindestversicherungssumme trotz einer Vielzahl der Pflichtverletzungen nur einmal zur Verfügung steht. Gemäß Abs. 2 dürfen nur mehrere bei Erledigung eines einheitlichen Auftrags begangene Pflichtverletzungen, nicht aber mehrere verschiedene Schäden, die auf dieselbe Pflichtverletzung zurückzuführen sind oder auf weiteren gleichartigen Verstößen beruhen, als ein Versicherungsfall behandelt werden. § 3 III. 2.1. lit. b und c AVB-A setzen § 51 Abs. 2 Hs. 2 regelmäßig für die vereinbarten Versicherungsverträge um. Lit. b fasst den aus mehreren Verstößen stammenden einheitlichen Schaden zu einem Versicherungsfall zusammen. Mehrere Verstöße führen dabei dann zu einem einheitlichen Schaden, wenn sie ein gemeinsames, nicht aufteilbares Ergebnis haben. Nach lit. c werden sämtliche Pflichtverletzungen bei Erledigung eines einheitlichen Auftrags zu einem Versicherungsfall zusammengefasst (Henssler/Prütting/*Diller* § 51 Rn. 133).

3. Vermögensschäden. Die Pflichtversicherung deckt ausschließlich Haftpflichtgefahren für 15
insbesondere durch positive Forderungsverletzung und Verschulden bei Vertragsschluss verursachte Vermögensschäden (vgl. § 1 AVB iVm § 15 AVB). Dabei ist, wie die Verweisung in § 51 Abs. 1 S. 2 auf die AVB ergibt, die versicherungsrechtliche Terminologie des Vermögensschadens gemeint. Damit sind Vermögensschäden nur solche Schäden, die weder Personen- noch Sachschäden sind, noch sich aus solchen herleiten (mittelbare Schäden; zu § 1 AVB s. BGHZ 23, 349, 354; *Brieske* AnwBl. 1995, 225, 228 mit Einzelbeispielen). Die dem Rechtsanwalt auferlegte Verpflichtung zum Abschluss einer Berufshaftpflichtversicherung beinhaltet also nur die Verpflichtung zum Abschluss einer sehr eingegrenzten Versicherung, die nur die sog. echten Vermögensschäden iSd § 1 AVB, aber nicht die sog. mittelbaren Vermögensschäden oder Personenschäden erfasst (Henssler/Prütting/*Diller* § 51 Rn. 115–118). Vertragliche Erfüllungsansprüche, beispielsweise auf Prozessvertretung, Herausgabe von überlassenen Originaldokumenten oder Herausgabe eines treuhänderisch verwalteten Geldbetrages werden von der Berufshaftpflichtversicherung nicht umfasst. Ausgeschlossen sind auch Ansprüche auf Rückzahlung eines Gebührenvorschusses und alle sonstigen Ansprüche, die auf einem sog. Eigenschaden des Mandanten beruhen im Gegensatz zum Drittschaden, den der Mandant aufgrund fehlerhafter Rechtsberatung im Außenverhältnis zu anderen Personen erleidet. Keinen **privatrechtlichen Inhalt** iSd Abs. 2 haben öffentlich-rechtliche Ansprüche wie zB Ordnungs- oder Bußgelder (Henssler/Prütting/*Diller* § 51 Rn. 105; *Borgmann/Jungk/Schwaiger* S. 338).

4. Ausschlusstatbestände (Abs. 3). Nach den „Allgemeinen Versicherungsbedingungen für 16
die Vermögensschadenhaftpflichtversicherung von Rechtsanwälten und von Angehörigen der wirtschaftsprüfenden sowie wirtschafts- und steuerberatenden Berufen" (AVB) gewährte die Haftpflichtversicherung nicht unbeschränkten Schutz; auch die AVB sahen schon Haftungsausschlüsse vor. Einen Teil dieser Haftungsausschlüsse hat der Gesetzgeber in Abs. 3 übernommen, wozu § 4 AVB die Einzelheiten regelt. Die Haftungsausschlüsse betreffen lediglich die „Standardversicherung". Berät oder beschäftigt der Rechtsanwalt sich mit außereuropäischem Recht, tritt er vor außereuropäischen Gerichten auf, so ist auch diese Tätigkeit zu versichern. Dies folgt aus der Formulierung „seine Berufstätigkeit". Ein Verstoß gegen diese Verpflichtung kann berufsrechtlich geahndet werden. Der früher in den „Allgemeinen Versicherungsbedingungen" für die Vermögensschadenhaftpflichtversicherung von Rechtsanwälten und von Angehörigen der wirt-

schaftsprüfenden sowie wirtschafts- und steuerberatenden Berufen (AVB) bestehende Ausschluss für „Kaufmännische Risiken" (§ 4 Nr. 4 AVB aF), Ansprüche von „Angehörigen und Beteiligungsunternehmen" (§ 4 Nr. 7 AVB aF) von „Serienschäden" (§ 3 Abs. 2 Nr. 2c S. 2 AVB aF) ist nicht mehr möglich. Wohl aber besteht, da es sich um Ansprüche aus berufsfremder Tätigkeit handelt kein Versicherungsschutz für Ansprüche gegen einen Rechtsanwalt aus dessen Tätigkeit als Leiter, Vorstand oder Aufsichtsrat privater Unternehmungen, Vereine, Verbände und als Angestellter (§ 4 Nr. 4 AVB). Weggefallen ist auch der Ausschlusstatbestand, dass der Rechtsanwalt vor ausländischen Gerichten in Anspruch genommen worden ist; insoweit besteht Versicherungsschutz auch, wenn der Rechtsanwalt vor einem außereuropäischen Gericht verklagt wird (*Brieske* AnwBl. 1995, 225).

17 **a) Ansprüche aus wissentlicher Pflichtverletzung (Abs. 3 Nr. 1; § 4 Nr. 5 AVB).** Nicht versichert sind Haftpflichtansprüche wegen Schadensverursachung durch wissentliches Abweichen vom Gesetz, Vorschrift, Anweisung oder Bedingung des Auftraggebers oder durch sonstige wissentliche Pflichtverletzung. Der Ausschluss setzt voraus, dass der Anwalt nicht nur die verletzte Pflicht positiv gekannt hat, sondern sie auch gesehen hat (BGH VersR 1991, 176; ebenso Henssler/Prütting/*Diller* § 51 Rn. 147; *Terbille* MDR 1999, 1426). Ein Rechtsanwalt und Notar, der zB mangels eigener Kenntnis und Erfahrung seinen Sozius um Rat fragt und darauf vertraut, verstößt deshalb nicht wissentlich gegen seine Pflichten (BGH VersR 1986, 647). Eine unordentliche Aktenführung eines Rechtsanwalts oder Notars ist für sich allein noch keine wissentliche Pflichtverletzung (OLG Hamm VersR 1987, 802). Der Versicherungsnehmer behält, wenn dieser Ausschlussgrund nicht in seiner Person vorliegt, den Anspruch auf Versicherungsschutz. In Modifizierung des § 103 VVG stellt der Risikoausschluss auf die dort umschriebenen, wissentlich begangenen Verstöße des Anwalts ab, die mit einer sachgerechten Berufsausübung unvereinbar sind. Es ist kein Tatbestandsmerkmal, dass auch der schädigende Erfolg des Pflichtverstoßes von dem Rechtsanwalt vorausgesehen und billigend in Kauf genommen worden ist. Auf den Schadenseintritt braucht sich der Vorsatz nicht zu beziehen. Es genügt, dass der Schaden auf der wissentlichen Pflichtverletzung beruht; bedingter Vorsatz genügt für die Wissentlichkeit nicht. Der Ausschluss, der schon zu den AVB von der Rechtsprechung wiederholt gebilligt worden ist (BGH NJW-RR 1991, 1445), führt in der Regel direkt und unmittelbar zu einem Vermögensschaden. Andererseits hat es der Anwalt in der Hand, sich bei seinem Mandanten zu vergewissern, ob er trotz Gegenvorstellungen an seiner Weisung festhalten will. Eine Reduzierung des Ausschlusses auf die Voraussetzungen des § 103 VVG wäre nicht ohne Auswirkungen auf die anwaltliche Berufsausübung geblieben und hätte damit eine spürbare Erhöhung des Schadensaufwandes bewirkt. **Vertrauensschadenversicherungen** für wissentliches Abweichen von Gesetz, Vorschrift oder Anweisung des Mandanten, wie sie die Notarkammern unterhalten (*Terbille* MDR 1999, 1426), bestehen im Bereich der Rechtsanwaltskammern nur teilweise (→ § 53 Rn. 75; *Braun* BRAK-Mitt. 2002, 150, 152).

18 **b) Kanzleien oder Büros im Ausland (Abs. 3 Nr. 2; § 4 Nr. 1 AVB).** Zwar ist der Versicherungsschutz grundsätzlich örtlich nicht beschränkt. Bei Rechtsbesorgung im deutschen Recht ist es für die Deckung unerheblich, ob die Pflichtverletzung im In- oder Ausland begangen worden ist und ob diese Ansprüche daraus vor ausländischen Gerichten geltend gemacht werden (Henssler/Prütting/*Diller* § 51 Rn. 167). Eine weltweite Deckung ist aber nicht notwendig für alle Anwälte. Die Berufshaftpflichtversicherung muss nicht Versicherungsschutz für Ersatzansprüche aus Tätigkeiten über in anderen Staaten eingerichtete oder unterhaltene Kanzleien oder Büros umfassen. Der Grund liegt darin, dass „vor Ort" Versicherungsschutz genommen werden soll; in vielen Staaten besteht ohnehin ebenfalls eine Versicherungspflicht. Außerdem kann für das Auslandsrisiko ggf. eine niedrigere Versicherungssumme vereinbart werden. Möglich ist es damit auch, den Kostenschutz für anwaltsbezogene Haftpflichtansprüche zu limitieren (§ 3 III 5.5. AVB; A 2.1 BBR-RA).

19 **c) Außereuropäisches Recht (Abs. 3 Nr. 3; § 4 Nr. 1 AVB).** Von der Versicherung kann die Haftung ausgeschlossen werden für Ersatzansprüche aus Tätigkeiten im Zusammenhang mit der Beratung und Beschäftigung mit außereuropäischem Recht. Für die Anwendung europäischen Rechts muss Deckungsschutz vorhanden sein, auch wenn Haftpflichtansprüche daraus vor ausländischen Gerichten geltend gemacht werden. Dies bedeutet, dass nicht nur Versicherungsschutz für europäisches, sondern auch für das Recht der Europäischen Gemeinschaft bestehen

muss. Der Gesetzgeber ging bei Verabschiedung dieser Vorschrift von der Vermutung aus, dass die Anwendung europäischen Rechts zum Standard der heutigen Tätigkeit eines deutschen Anwalts gehört (*Brieske* AnwBl. 1995, 225). Diese Annahme ist statistisch durch nichts untermauert, so dass zweifelhaft ist, ob die Beschränkung der Ausschlussmöglichkeit auf außereuropäisches Recht **verhältnismäßig** ist. Die gesamte Anwaltschaft könnte durch diese Vorschrift gezwungen sein, Versicherungsschutz für Tätigkeiten zu unterhalten, die ein deutscher Anwalt selten oder nie erbringt.

d) Außereuropäische Gerichte (Abs. 3 Nr. 4; § 4 Nr. 1 AVB). Von der Standardversicherung kann die Deckung für Ersatzansprüche aus Tätigkeiten des Rechtsanwaltes vor außereuropäischen Gerichten ausgeschlossen werden. Der Ausschluss greift unabhängig davon, nach welchem Recht vor diesen Gerichten geurteilt wird (*Borgmann/Jungk/Schwaiger* S. 342). 20

e) Veruntreuung (Abs. 3 Nr. 5; § 4 Nr. 3 AVB). Nicht gedeckt sind in der Standardversicherung Ersatzansprüche wegen Veruntreuung durch Personal, Angehörige oder Sozien des Rechtsanwaltes (zum Leistungsausschluss für Scheinsozien BGH AnwBl. 2011, 783; *Grams* BRAK-Mitt. 2011, 281). Das Risiko ist für die Versicherung nicht kalkulierbar. Veruntreuungen durch den Rechtsanwalt selbst sind als Vorsatztaten nicht versicherbar (§ 51 Abs. 3 Nr. 1, § 4 Nr. 5 AVB). Zu Vertrauensschadensfonds für Fälle von Veruntreuung (Henssler/Prütting/*Diller* § 51 Rn. 19). 21

V. Beitragsrabatte

Auch Versicherungen, die Schadensfreiheitsrabatte gewähren, genügen § 51. Soweit die Grenzen der Pflichtversicherung nach § 51 und der übrigen gesetzlichen Bestimmungen eingehalten werden, herrscht darüber hinaus Vertragsfreiheit. Versicherer und Versicherungsnehmer können insoweit ihr Versicherungsverhältnis frei gestalten. Vereinbarungen über eine Ausweitung der Versicherungsleistungen sind grundsätzlich ebenso zulässig wie Beitragsnachlässe. Zwar muss auch jeder Sozietätsanwalt eine Versicherungspolice haben, da er „seine Berufstätigkeit" zu versichern hat. Das hindert aber nicht, solchen Anwälten Beitragsnachlässe zu gewähren. Werden solche Beitragsnachlässe für Sozietätsanwälte, Mitarbeiternachlässe oder Schadensfreiheitsrabatte gewährt, so führt das deshalb nicht zu einer Einschränkung der Leistungen, die der Versicherer nach der AVB und der Risikobeschreibung im Schadensfall zu erbringen hat (Henssler/Prütting/*Diller* § 51 Rn. 45; **aA** *Feuerich/Braun* 4. Aufl. § 51 Rn. 13). Nur wegen der Gewährung von Schadensfreiheitsrabatten oder Sozietätsnachlässen darf die RAK die Versicherung nicht als unzureichend ansehen. Auch die potentielle Anfechtbarkeit des Versicherungsvertrages, zB wegen arglistiger Erschleichung eines Schadensfreiheitsrabatts durch falsche Angaben über Vorschäden, steht der Anerkennung des Versicherungsvertrages als ausreichend nicht entgegen. Der Mandant wird ausreichend durch § 117 VVG geschützt (*Diller* AVB-RSW Einl. 31, § 3 Rn. 136 ff.). 22

VI. Mindestversicherungssumme (Abs. 4)

Die Versicherungssumme, die der Rechtsanwalt mit dem Versicherer zu vereinbaren hat und die im Versicherungsschein ausgewiesen wird, bildet die Höchstgrenze der vom Versicherer für den einzelnen Versicherungsfall zu gewährenden Deckung. Die Versicherungssumme muss aber mindestens auf die in § 51 Abs. 4 vorgesehene Mindestversicherungssumme lauten, die auch für jeden Versicherungsfall zur Verfügung stehen muss (Henssler/Prütting/*Diller* § 51 Rn. 33, 204). Die Mindestversicherungssumme für die Berufshaftpflichtversicherung, die jeder Rechtsanwalt nachweisen muss, betrug seit der Einführung der Pflichtversicherung 1994 unverändert 500.000 DM. Durch Gesetz vom 13.12.2001 (BGBl. I S. 3574) wurde sie im Verhältnis 2 : 1 auf 250.000 Euro neu festgesetzt. Gegenüber einer Umstellung nach dem Umrechnungskurs von 1,95583 DM/Euro ist damit eine Absenkung der Mindestversicherungssumme um rund 2,2 % verbunden. Diese wirkt sich nicht auf bestehende Versicherungsverträge aus. Soweit Rechtsanwälte nur zu der Mindestversicherungssumme versichert sind, führt die Absenkung der Mindestversicherungssumme durch die Umstellung auf Euro dazu, dass eine – geringfügig – über der Mindestversicherungssumme liegende Überdeckung vorhanden ist. Es entsteht daher kein Überwachungsaufwand bei den Rechtsanwaltskammern, die damit betraut sind, die Einhaltung der Versicherungspflicht zu überwachen (§ 51 Abs. 6; amtliche Begründung, BT-Drs. 14/6371, 12, 13). Die RichtlRA sahen seit 1963 eine Versicherungssumme von 50.000 DM, seit 1977 in Höhe von 23

100 000 DM vor (*Taupitz,* Die Standesordnungen der Freien Berufe, 387 Fn. 41; *Isele* § 51 VII C 1; *Lingenberg/Hummel/Zuck/Eich* § 48 Rn. 5). Die Anpassung auf 500.000 DM entsprach den gesetzlichen Regelungen für andere steuer- und wirtschaftsberatende Berufe, wie zB den Steuerberatern und Wirtschaftsprüfern (§ 67 StBG, § 54 WPO).

24 Wenn auch unabhängig von der Zahl der Versicherungsfälle im Versicherungsjahr pro Versicherungsfall grundsätzlich die Mindestversicherungssumme zur Verfügung stehen muss, räumt aber § 51 Abs. 4 S. 2 die Möglichkeit ein, die Höchstleistung der Versicherung für alle innerhalb eines Versicherungsjahres verursachten Schäden (Versicherungsfälle) auf den **vierfachen Betrag** der Mindestversicherungssumme **zu begrenzen.** Pro Versicherungsjahr muss dann immer mindestens das Vierfache der Mindestversicherungssumme zur Verfügung stehen (§ 3 III Nr. 3 AVB).

25 Die Versicherungssumme stellt auch dann den Höchstbetrag der Leistung dar, wenn der Versicherer mehreren Personen Versicherungsschutz zu gewähren hat (§ 3 III 2a AVB). Nach § 12 I AVB gilt der Versicherungsfall auch nur eines Sozius als Versicherungsfall aller Sozien, ohne dass eine Sozietätspolice bestehen müsste. Der Versicherer tritt für die Sozien zusammen mit einer einheitlichen Durchschnittsleistung ein, die sich nach § 12 II AVB berechnet. Dieser Durchschnittsversicherungsschutz besteht nach Maßgabe des § 7 I Nr. 1 AVB auch zugunsten eines Sozius, der nicht Versicherungsnehmer ist (§ 12 II Nr. 3 AVB).

26 Die nach § 12 II AVB für Sozietäten geltende Durchschnittsdeckung darf nicht zur Unterschreitung der Mindestversicherungssumme führen (Henssler/Prütting/*Diller* § 51 Rn. 227). Sind Anwälte in einer interprofessionellen Sozietät (§ 59a) verbunden, so muss jeder der Sozien eine Berufshaftpflichtversicherung mit einer Deckungssumme von 250.000 Euro haben, sofern für diese nicht sowieso höhere Mindestversicherungssummen gelten (vgl. *Terbille* MDR 1999, 1426), damit nicht trotz § 117 VVG die Gefahr besteht, dass aufgrund einer anderen Deckungssumme für eine Berufshaftpflichtversicherung bei einem sozietätsfähigen Mitglied die Versicherung sich auf diesen geringeren Versicherungsschutz berufen kann.

VII. Selbstbehalt (Abs. 5)

27 Es ist zulässig, bis zu 1/100 der Mindestversicherungssumme als Selbstbehalt zu vereinbaren, also bis zu einem Betrag in Höhe von 2500 Euro bei einer Deckungssumme von 250 000 Euro (vgl. § 3 III 4 AVB; obwohl § 3 III 4.1 AVB nur einen Selbstbehalt von 1500 Euro zulässt, ist die Vereinbarung eines anderen Selbstbehalts nach § 3 III 4.3 AVB möglich und wird lediglich durch § 53 Abs. 5 gedeckelt). Wie der Selbstbehalt ausgestattet ist, bleibt dem einzelnen Versicherungsvertrag überlassen. So ist es berufsrechtlich möglich, eine Selbstbeteiligung von den ersten 5000 Euro der Haftpflichtsumme in Höhe von 20 %, darüber hinaus bis 20.000 Euro in Höhe von 10 %, insgesamt nie mehr als 2500 Euro zu vereinbaren; ebenso ist es berufsrechtlich zulässig, von den ersten 5000 Euro der Haftpflichtsumme einen Selbstbehalt von 10 %, vom Mehrbetrag bis 50.000 Euro in Höhe von 2,5 % und von dem darüber hinausgehenden Betrag in Höhe von 1 %, jedoch nie mehr als 2500 Euro, zu vereinbaren. Zulässig ist es auch, einen höheren Selbstbehalt zu vereinbaren, wenn eine Vermögensschadenhaftpflichtversicherung mit einer Versicherungssumme von mehr als 250.000 Euro abgeschlossen wird. Sichergestellt sein muss nur, dass bis zu einem Betrag in Höhe von 250.000 Euro der Selbstbehalt des Anwaltes nie höher als 2500 Euro ist.

27a Höhere Selbstbehalte kommen aber dann in Betracht, soweit die Versicherungssumme die gesetzliche Mindestdeckung nach § 51 übersteigt oder im Innenverhältnis zwischen Versicherung und Rechtsanwalt eine Regressvereinbarung vorliegt, die im Schadenfall allerdings nicht dem Geschädigten entgegengehalten wird (Henssler/Prütting/*Diller* § 51 Rn. 216). Dass im Schadenfall die Auszahlung von Selbstbehalt und restlicher Schadensumme von der Versicherung vorzunehmen ist, ergibt sich aus § 114 Abs. 2 S. 2 VVG (**aA** Henssler/Prütting/*Diller* § 51 Rn. 217).

28 Die Selbstbeteiligung wird von der Haftpflichtforderung, nicht von der Deckungssumme abgezogen. § 3 III 4.1. AVB hat den Begriff der „Haftpflichtsumme" eingeführt. Das ist der Betrag, den der Rechtsanwalt dem geschädigten Mandanten bezahlen muss. An diesem Betrag beteiligt sich der Rechtsanwalt mit seiner Selbstbeteiligung und es wird nicht die vertraglich festgelegte Versicherung um den Selbstbehalt gekürzt. Übersteigt die Haftpflichtsumme die Versicherungssumme, muss der versicherte Rechtsanwalt ohnehin die Differenz selbst bezahlen und die Versicherung kann nicht noch einmal die Selbstbeteiligung abziehen (Henssler/Prütting/*Diller* § 51 Rn. 218).

Nach § 3 III 4.2. AVB kann sich die Versicherung nicht auf den vereinbarten Selbstbehalt berufen, wenn bei der Geltendmachung des Schadens die Zulassung des Rechtsanwalts oder der Rechtsanwaltsgesellschaft erloschen ist, womit das Insolvenzrisiko insoweit bei der Versicherung liegt, oder Haftungsansprüche gegenüber den Erben des Rechtsanwalts geltend gemacht werden. Es kommt auf den Zeitpunkt der Geltendmachung des Schadens, nicht auf den des Verstoßes an. Auch ist die Geltendmachung des Selbstbehalts gegen mitversicherte Personen nach § 114 Abs. 2 S. 2 VVG ausgeschlossen (Henssler/Prütting/*Diller* § 51 Rn. 222). **28a**

Die frühere Möglichkeit des „Gebühreneinwurfs" (dh Gebühren, die der Rechtsanwalt in der betreffenden Angelegenheit verdient hatte, konnten bis zu 10 % auf die Haftpflichtsumme angerechnet werden) ist entfallen. Dies ist berufsrechtlich auch konsequent, weil der „Gebühreneinwurf" eine verkappte weitere Selbstbeteiligung dargestellt hat (Henssler/Prütting/*Diller* § 51 Rn. 216). **29**

VIII. Anzeigepflichten

1. Nachweis (Abs. 6). Im Versicherungsvertrag muss der **Versicherer** verpflichtet werden, der zuständigen RAK bzw. dem Bundesministerium der Justiz den Beginn und die Beendigung oder Kündigung des Versicherungsvertrages sowie **jede** Änderung des Versicherungsvertrages, die den vorgeschriebenen Versicherungsschutz beeinträchtigt, unverzüglich (§ 121 BGB) mitzuteilen. Demgemäß sehen die AVB – RSW Teil 2 A 3 entsprechende Meldepflichten ausdrücklich vor. Darüber hinaus ist der Versicherer nach § 113 Abs. 2 VVG verpflichtet, dem Rechtsanwalt zu bescheinigen, dass eine der BRAO entsprechende Haftpflichtversicherung besteht (§ 12 Abs. 2 S. 2). **30**

Wenn auch der Versicherer aus Gründen des Vertrauensschutzes verpflichtet ist, grundsätzlich die Daten des Versicherungsnehmers und des Versicherungsvertrages zu wahren, darf er aber Nachfragen der zuständigen RAK, die die Bescheinigung oder Mitteilung betreffen und der Ausräumung von Unklarheiten dienen, auch ohne Zustimmung des Versicherungsnehmers beantworten. Entscheidend sind der unmittelbare Sachzusammenhang und das Recht des Versicherers, seine Leistungsfreiheit auch gegenüber dem geschädigten Dritten nach § 117 Abs. 2 VVG herbeizuführen (Henssler/Prütting/*Diller* § 51 Rn. 301). Auch wenn der Versicherer gegenüber dem Dritten gemäß § 117 VVG erst nach Ablauf eines Monats nach Anzeige gegenüber der zuständigen Stelle frei wird, bedeutet dies nicht, dass der Versicherer sich bis zu einem Monat für die Anzeige gegenüber der zuständigen Stelle Zeit lassen kann. Zeitgleich mit der Kenntnisnahme von Beginn, Beendigung oder Kündigung des Versicherungsvertrages sowie einer Änderung des Versicherungsvertrages, die den vorgeschriebenen Versicherungsschutz beeinträchtigt, hat die Benachrichtigung zu erfolgen. Daraus folgt, dass nachträgliche Vereinbarungen eines Schadensfreiheits-, Sozietäts- oder Mitarbeiternachlasses der zuständigen Stelle zeitnah anzuzeigen sind. **31**

Die Mitteilungs- und Bescheinigungspflichten des Versicherers bestehen aber nur gegenüber dem Vertragspartner, dem Rechtsanwalt. Gerät der Versicherer mit der Erteilung der Bescheinigung, der Beendigungs- oder Veränderungsanzeige in Verzug oder erteilt er eine dem Versicherungsvertrag nicht entsprechende fehlerhafte Bescheinigung, kommen nur Haftungsansprüche des Anwalts gegenüber dem Versicherer in Betracht. **32**

2. Zuständige Stelle (Abs. 7). Die Anzeige eines Umstandes, der das Nichtbestehen oder die Beendigung des Versicherungsverhältnisses zur Folge hat (§ 117 Abs. 2 VVG nF; § 158c Abs. 2 VVG aF), ist gegenüber der zuständigen RAK vorzunehmen; für Rechtsanwälte bei dem BGH gilt § 163. **33**

IX. Anspruchsrealisierung durch den Geschädigten; Auskunft der RAK

Die Berufshaftpflichtversicherung nach § 51 ist eine **Pflichtversicherung** iSd §§ 113 ff. VVG bei der ein Direktanspruch des Geschädigten gegen die Versicherungsgesellschaft nach § 158c Abs. 6 VVG aF nicht bestand, selbst wenn die Leistungspflicht des Versicherers nach § 158c Abs. 1, 6 VVG aF fingiert wurde (Henssler/Prütting/*Diller* § 51 Rn. 13, 250). Der Geschädigte war deshalb darauf angewiesen, den fiktiven Anspruch des Rechtsanwalts gegen die Versicherung auf Schuldbefreiung pfänden und sich überweisen zu lassen, nachdem er ein Urteil über den **34**

Haftungsanspruch gegen den Rechtsanwalt erwirkt hat (BGH NJW-RR 2003, 1572; BGHZ 26, 133; BGHZ 7, 244 = NJW 1952, 1333; *Braun* BRAK-Mitt. 2002, 150; *Krämer* r+s 2001, 177).

35 Durch das Gesetz zur Reform des Versicherungsvertragsgesetzes vom 5.7.2007 (BT-Drs. 16/5862) wurde die bisherige Regelung durch § 117 VVG nF ersetzt (Inkrafttreten für Neuverträge ab 1.1.2008, im Übrigen am 1.1.2009; Art. 2, Änderung des Einführungsgesetz zum VVG, BT-Drs. 16/5862, 69 f.). In § 115 VVG findet sich nun ein Direktanspruch des Geschädigten, der in Ausnahmefällen unter bestimmten Voraussetzungen eingreift. Der Anspruchsteller kann einen Schadensersatzanspruch nur dann auch gegen den Versicherer geltend machen, wenn es sich um eine Haftpflichtversicherung zur Erfüllung einer nach dem PflVersG bestehenden Versicherung handelt, wenn über das Vermögen des Versicherungsnehmers das Insolvenzverfahren eröffnet worden ist oder ein vorläufiger Insolvenzverwalter bestellt worden ist, oder wenn der Aufenthalt des Versicherungsnehmers unbekannt ist (*van Bühren* BRAK-Mitt. 2012, 158; *Jungk* BRAK-Mitt. 2012, 266).

36 Ist dem Geschädigten der Haftpflichtversicherer des Rechtsanwalts nicht bekannt, muss er sich um dessen Feststellung bemühen. Es kommt dazu in Betracht, sich an die Stelle zu wenden, der nach § 51 Abs. 6 der Abschluss der Berufshaftpflichtversicherung mitzuteilen ist. Dies insbesondere dann, wenn eine entsprechende Auskunft des Rechtsanwalts nicht zu erreichen ist. Solange Unkenntnis des Geschädigten über die Haftpflichtversicherung des Rechtsanwalts ohne sein Verschulden besteht, liegt eine Verletzung der Anzeigeobliegenheiten des Geschädigten nach § 119 VVG nicht vor, so dass auch eine Haftungsbeschränkung des Versicherers nach § 120 VVG nicht eintritt (BGH NJW-RR 2003, 1572).

37 **1. Fehlende Auskunftspflicht des Rechtsanwalts.** Den Rechtsanwalt trifft keine Auskunftspflicht über den Umfang und das Bestehen einer Berufshaftpflichtversicherung und den Versicherer gegenüber seinem früheren Mandanten, der wegen behaupteter Regressansprüche mit der Berufshaftpflichtversicherung in Regulierungsverhandlungen eintreten will (*Braun* BRAK-Mitt. 2002, 150). Zwar kann im Einzelfall aus Treu und Glauben (§ 242 BGB) dann eine Auskunftspflicht hergeleitet werden, wenn es die zwischen den Beteiligten bestehenden Rechtsbeziehungen mit sich bringen, dass der Berechtigte in entschuldbarer Weise über das Bestehen oder den Umfang seines Rechts im Ungewissen ist und der Verpflichtete unschwer die zur Beseitigung dieser Ungewissheit erforderliche Auskunft geben kann (BGHZ 10, 387). Ein solcher Anspruch kommt jedoch dann nicht in Betracht, wenn feststeht, dass der Gläubiger aufgrund der begehrten Auskunft keinesfalls etwas fordern könnte (BGH NJW 1985, 384; OLG Düsseldorf NJW 1988, 2389). Da der Geschädigte aber einen Schadensersatzanspruch gegen den Rechtsanwalt in der Regel nicht unmittelbar gegen dessen Berufshaftpflichtversicherer geltend machen kann, hat er gegen den Rechtsanwalt auch keinen entsprechenden Rechtsanspruch auf Auskunft (noch zu § 158c Abs. 6 VVG aF LG Tübingen AnwBl. 1995, 371 = VersR 1996, 892; *Braun* BRAK-Mitt. 1997, 7).

38 **2. Auskunft des Versicherers.** Der Versicherer darf dem Anspruchsteller (Mandant) auf Verlangen Auskunft über den Bestand der Versicherung und den Umfang des Versicherungsschutzes erteilen, wenn er einen Ersatzanspruch gegen den Versicherungsnehmer, den Rechtsanwalt, schlüssig darlegt und der Versicherungsnehmer dem Versicherer nicht binnen angemessener Frist bestätigt hat, dass er sich mit dem Anspruchsteller allein auseinandersetzen und den Versicherer nicht in Anspruch nehmen will. Korrespondierend zur Anzeigeobliegenheit des Anspruchstellers aus § 119 VVG ist für diesen Fall auch eine Auskunftspflicht des Versicherers anzunehmen. Ein Auskunftsverlangen gegenüber dem Versicherer setzt aber in der Regel voraus, dass der Mandant insoweit zumindest Anhaltspunkte hat, bei welcher Versicherungsgesellschaft der Rechtsanwalt versichert ist. Gerade daran wird es regelmäßig fehlen, so dass praktisch wohl nur eine entsprechende Auskunft der RAK (§ 51 Abs. 6) Erfolg verspricht.

39 **3. Auskunftsbefugnis der RAK.** Nach bisher geltendem Recht und der Rechtsprechung bestanden erhebliche Zweifel, ob die RAK selbst bei Vorliegen eines berechtigten Interesses berechtigt war, Dritten Auskünfte über die Berufshaftpflichtversicherung des Rechtsanwalts zu erteilen (vgl. 6. Aufl. § 51 Rn. 29; BVerwG NJW 1988, 1611 = NVwZ 1988, 623 = DVBl. 1988, 1012). Für die Ermöglichung einer solchen Auskunft besteht aber ein erhebliches Bedürfnis. Die in § 51 verankerte Verpflichtung, eine Berufshaftpflichtversicherung zu unterhalten, wurde zum Schutz der Mandanten in das Gesetz aufgenommen (→ Rn. 2). Ohne gesetzlich

geregelte Auskunftsbefugnis der RAK läuft diese Schutzfunktion gerade in den besonders problematischen Fällen leer, in denen der Geschädigte von dem Rechtsanwalt selbst weder Schadensersatz noch diejenigen Informationen über dessen Haftpflichtversicherung erlangen kann, die erforderlich sind, um auf den Freistellungsanspruch des Anwalts gegenüber der Versicherung zugreifen zu können. Durch die mit Gesetz vom 26.3.2007 (BGBl. I S. 358) erfolgte Anfügung des letzten Satzes in Abs. 6 wird es der Rechtsanwaltskammer ermöglicht, die zur Realisierung des Anspruchs notwendige Auskunft zu erteilen (BT-Drs. 15/5223, 17, 18 = BT-Drs. 16/513, 16, 17). Während in dem ursprünglichen Gesetzentwurf des Bundesrates vorgesehen war, dass die Auskunftserteilung durch die RAK von dem „Vorliegen eines berechtigten Interesses" abhängig sein sollte (BT-Drs. 16/513, 8, 16, 17), wurde dies in § 51 Abs. 6 S. 2 auf Vorschlag der Bundesregierung dahin konkretisiert, dass die Auskunft erteilt werden kann, „zur Geltendmachung von Schadensersatzansprüchen ..., soweit der Rechtsanwalt kein überwiegend schutzwürdiges Interesse an der Nichterteilung der Auskunft hat".

Die bisher in der Rechtsprechung vertretene Auffassung, dass ein Anspruch gegenüber der 40
Rechtsanwaltskammer auf Mitteilung des Berufshaftpflichtversicherers regelmäßig nur dann anerkannt werden könne, wenn der Anspruchssteller einen etwaigen Schadenersatzanspruch unmittelbar gegenüber dem Versicherer geltend machen kann (ausführlich VG Hamburg BRAK-Mitt. 2011, 97 mit krit. Bespr. *Huff* in BRAK-Mitt. 2011, 56; ebenso VG Arnsberg Beschluss vom 14.6.2010 – 7 K 2124/09 nv; VG Hamburg BRAK-Mitt. 2010, 277; VG Hamburg DStR 2011, 383; VG Stuttgart BRAK-Mitt. 2008, 236) wurde höchstrichterlich unter Berücksichtigung des § 2 Abs. 1 Nr. 11 DL-InfoV anders beurteilt (BGH BRAK-Mitt. 2013, 39; AGH Baden-Württemberg BRAK-Mitt. 2011, 285). Zur Rechtswegzuständigkeit für den Anspruch des Mandanten auf Erteilung der Auskunft zu den Verwaltungsgerichten s. AGH BW BRAK-Mitt. 2008, 75.

4. Angaben nach der DL-InfoV. Am 17.5.2010 ist die DL-InfoV vom 12.3.2010 in Kraft 41
getreten (BGBl. I S. 267). Sie dient auf Grundlage der Verordnungsermächtigung in § 6c GewO der **Umsetzung der Dienstleistungsrichtlinie** in der EU (RL 2006/123/EG vom 12.12.2007) über Dienstleistungen im Binnenmarkt (ABl. EG L 376 S. 36). Die Verordnung regelt **Inhalt, Umfang und Art der Informationen,** die ein Dienstleistungserbringer einem Dienstleistungsempfänger allgemein oder auf Anforderung zur Verfügung stellen muss. Auch auf die anwaltliche Tätigkeit findet die DL-InfoV Anwendung und danach ist der Rechtsanwalt verpflichtet, stets bereits dem potentiellen Mandanten vor Abschluss des Anwaltsvertrags oder Erbringung der gewünschten Dienstleistung Angaben zu seiner Haftpflichtversicherung zu machen (Name und Anschrift der Berufshaftpflichtversicherungsgesellschaft sowie räumlicher Geltungsbereich sind anzugeben, § 2 Abs. 1 Nr. 11 DL-InfoV; OLG Hamm AnwBl. 2013, 663). Die Angaben müssen richtig (§ 6 Nr. 1 DL-InfoV) sowie klar und unmissverständlich (§ 2 Abs. 1 DL-InfoV) sein. Die Informationen können erteilt werden durch einen Aushang, im Internet-Auftritt, in einer Kanzleibroschüre oder durch eine individuelle Mitteilung (näher *Bräuer* AnwBl. 2010, 253; Hinweise der BRAK: Informationen für Rechtsanwälte zur Handhabung der DL-InfoV nebst Merkblatt, www.brak.de). Systematisch ist die DL-InfoV der GewO zuzurechnen und nicht dem Berufsrecht der Rechtsanwälte (zu diesem Konflikt *Schons* AnwBl. 2010, 419). Allein der Umstand, dass Rechtsanwälte eventuell ihrer Verpflichtung nach der DL-InfoV nicht, nicht vollständig oder mit unrichtigen Angaben nachkommen zeigt, dass sie die Auskunftsverpflichtung in § 51 Abs. 6 S. 2 nicht überflüssig macht; vereinzelt wird sogar weitergehend gefordert, § 51 Abs. 6 S. 2 dahingehend zu ändern, dass die RAK auf Antrag ohne weitere Voraussetzungen Auskunft zu geben hat, weil sich das derzeitige Vorgehen als bloßer Formalismus darstellt. Denn so die Berufshaftpflichtversicherung nach erfolgter Zulassung eines Rechtsanwalts, für die der Abschluss einer solchen Versicherung nachgewiesen sein muss (§ 12 Abs. 2), ihrer Meldepflicht gegenüber der RAK nachkommt, ist zumindest garantiert, dass dort unter den gesetzlichen Voraussetzungen eine korrekte Auskunft erteilt werden kann und der Mandant nicht auf die Ergebnisse eines Ordnungswidrigkeitenverfahrens wegen eines Verstoßes gegen die DL-InfoV verwiesen werden muss, insbesondere wenn Verjährung droht (s. auch *Schons* AnwBl. 2010, 419). Str. ist, ob ein Verstoß gegen § 2 DL-InfoV einen wettbewerbsrechtlichen Verstoß darstellt (OLG Hamm BRAK-Mitt. 2013, 168; LG Dortmund BRAK-Mitt. 2013, 168).

X. Verordnungsermächtigung (Abs. 8)

42 Die Mindestversicherungssumme, aber auch nur diese, kann durch das BMJV durch Rechtsverordnung mit Zustimmung des Bundesrates bei Änderung der allgemeinen wirtschaftlichen Verhältnisse festgesetzt werden. Änderungen von Ausschlusstatbeständen (§ 51 Abs. 3) können nur durch Gesetz erfolgen.

43 Lediglich die BRAK als der Zusammenschluss aller Rechtsanwälte ist anzuhören. Es steht nicht im Ermessen des BMJV andere Organisationen, insbesondere vereinsrechtliche Zusammenschlüsse, anzuhören. Diese repräsentieren nur einen Teil der Anwaltschaft. Wird eine auf vereinsrechtlicher Grundlage gebildete Anwaltsvereinigung angehört, die lediglich einen Teil der deutschen Anwaltschaft repräsentiert, so muss das BMJV zur Wahrung des Gleichheitsgrundsatzes auch die übrigen auf vereinsrechtlicher Grundlage gebildeten Vereinigungen anhören. Eine Änderung der wirtschaftlichen Verhältnisse muss rechtstatsächlich durch das BMJV belegt sein. Dies kann auf unterschiedliche Art und Weise geschehen. Zum Zeitpunkt des Inkrafttretens des § 51 hatten 99,7 % aller zivilrechtlichen gerichtlichen Verfahren einen Gegenstandswert unter 250.000 Euro; erhöht sich die Zahl der Verfahren mit einem Streitwert von über 250.000 Euro wesentlich, dh um mindestens mehr als 1 %, dann kann das BMJV eine Anpassung der Mindestversicherungssumme vornehmen. Indikator könnte allerdings auch das Gebührenaufkommen der Anwaltschaft sein; erhöht sich das Durchschnittseinkommen der Anwaltschaft wesentlich, dann kann auch dies eine Begründung für die Berechtigung der Änderung der Mindestversicherungssumme sein.

44 Es ist dem Verordnungsgeber jedoch gestattet, eine Anpassung erst dann vorzunehmen, wenn aufgrund der Änderung der wirtschaftlichen Verhältnisse die Mindestversicherungssumme um 25.000 Euro oder mehr angehoben werden muss.

§ 51a Berufshaftpflichtversicherung einer Partnerschaftsgesellschaft mit beschränkter Berufshaftung

(1) [1] **Die Berufshaftpflichtversicherung einer Partnerschaftsgesellschaft mit beschränkter Berufshaftung (§ 8 Absatz 4 des Partnerschaftsgesellschaftsgesetzes) muss die Haftpflichtgefahren für Vermögensschäden decken, die sich aus der Beratung und Vertretung in Rechtsangelegenheiten ergeben.** [2] **§ 51 Absatz 1 Satz 2, Absatz 2, 3 Nummer 2 bis 5 und Absatz 5 bis 7 ist entsprechend anzuwenden.** [3] **Zuständig ist die Rechtsanwaltskammer am Sitz der Gesellschaft.**

(2) [1] **Die Mindestversicherungssumme beträgt 2 500 000 Euro für jeden Versicherungsfall.** [2] **Die Leistungen des Versicherers für alle innerhalb eines Versicherungsjahres verursachten Schäden können auf den Betrag der Mindestversicherungssumme, vervielfacht mit der Zahl der Partner, begrenzt werden.** [3] **Die Jahreshöchstleistung für alle in einem Versicherungsjahr verursachten Schäden muss sich jedoch mindestens auf den vierfachen Betrag der Mindestversicherungssumme belaufen.**

(3) **Das Bundesministerium der Justiz und für Verbraucherschutz wird ermächtigt, durch Rechtsverordnung mit Zustimmung des Bundesrates nach Anhörung der Bundesrechtsanwaltskammer die Mindestversicherungssumme anders festzusetzen, wenn dies erforderlich ist, um bei einer Änderung der wirtschaftlichen Verhältnisse einen hinreichenden Schutz der Geschädigten sicherzustellen.**

Schrifttum: *Hartung,* Scheinpartnerhaftung in PartG und PartGmbB, BRAK-Mitt. 2014, 179; *Riechert,* Die Berufshaftpflichtversicherung der PartGmbB – Grundlagen, AnwBl. 2014, 266; *ders.,* Die Berufshaftpflichtversicherung der PartGmbB – Spezialfragen, AnwBl. 2014, 852; *Ulmer,* Von der PartG zur PartGmbB: Auswirkungen auf Dauermandate, AnwBl. 2014, 806.

1 Wegen § 8 Abs. 4 PartGG ist es erforderlich, die Berufshaftpflichtversicherung einer PartGmbB (BGBl. I S. 2368) zu regeln. Die Haftung für Verbindlichkeiten aus Schäden wegen fehlerhafter Berufsausübung in der PartGmbB ist auf das Gesellschaftsvermögen begrenzt, wenn eine durch das Gesetz vorgegebene Berufshaftpflichtversicherung unterhalten wird. § 51a regelt diese für Tätigkeit von Rechtsanwälten, wenn sie als PartGmbB firmieren. Es handelt sich dabei um eine Pflichtversicherung iSv § 113 VVG (§ 8 Abs. 4 PartGG).

2 Für die PartGmbB muss die Berufshaftpflichtversicherung die Haftpflichtgefahren decken, die sich aus der Beratung und Vertretung in Rechtsangelegenheiten ergeben. Die Versicherungs-

pflicht des einzelnen Berufsträgers nach § 51 bleibt daneben bestehen. § 51a Abs. 1 S. 2 verweist hinsichtlich der Bedingungen des Versicherungsvertrages pauschal auf den Regelungskatalog des § 51 mit Ausnahme des § 51 Abs. 3 Nr. 1 und damit den Ausschluss für Ersatzansprüche wissentlicher Pflichtverletzung, der für die PartGmbB nicht vereinbart werden kann.

Es besteht die Verpflichtung, die PartGmbB beim Partnerschaftsregister des zuständigen Amts- **3**
gerichts mit der Versicherungsbescheinigung (§§ 4 Abs. 3 PartGG, 113 Abs. 2 VVG) anzumelden. Die zuständige Rechtsanwaltskammer (§ 51a Abs. 1 S. 3, §§ 51a Abs. 1 S. 2 iVm 51 Abs. 5 und 6) erhält eine Bestätigung der Versicherung (§ 8 Abs. 4 PartGG).

§ 51a Abs. 2 regelt die Mindestversicherungssumme; der Regelungsgehalt entspricht § 59j **4**
Abs. 2.

Die Verordnungsermächtigung des § 51a Abs. 3 entspricht wortgleich der Regelung des § 51 **5**
Abs. 8.

§ 51b *[aufgehoben]*

§ 51b wurde aufgehoben mWv 15.12.2004 durch das Gesetz zur Anpassung von Verjährungs- **1**
vorschriften an das Schuldrechtsmodernisierungsgesetz vom 9.12.2004 (BGBl. I S. 3214).

§ 52 Vertragliche Begrenzung von Ersatzansprüchen

(1) [1]**Der Anspruch des Auftraggebers aus dem zwischen ihm und dem Rechtsanwalt bestehenden Vertragsverhältnis auf Ersatz eines fahrlässig verursachten Schadens kann beschränkt werden:**

1. **durch schriftliche Vereinbarung im Einzelfall bis zur Höhe der Mindestversicherungssumme;**
2. **durch vorformulierte Vertragsbedingungen für Fälle einfacher Fahrlässigkeit auf den vierfachen Betrag der Mindestversicherungssumme, wenn insoweit Versicherungsschutz besteht.**

[2]**Für Berufsausübungsgemeinschaften gilt Satz 1 entsprechend.**

(2) [1]**Die Mitglieder einer Sozietät haften aus dem zwischen ihr und dem Auftraggeber bestehenden Vertragsverhältnis als Gesamtschuldner.** [2]**Die persönliche Haftung auf Schadensersatz kann auch durch vorformulierte Vertragsbedingungen beschränkt werden auf einzelne Mitglieder einer Sozietät, die das Mandat im Rahmen ihrer eigenen beruflichen Befugnisse bearbeiten und namentlich bezeichnet sind.** [3]**Die Zustimmungserklärung zu einer solchen Beschränkung darf keine anderen Erklärungen enthalten und muß vom Auftraggeber unterschrieben sein.**

Schrifttum: *Blattner,* Risikomanagement durch Haftungsvereinbarungen im Anwaltsvertrag, AnwBl. 2013, 300; *Boergen,* Haftungsbegrenzungen beratender Berufe, insbesondere der Rechtsanwälte, NJW 1969, 913; *Bräuer,* Vertragliche Haftungsbeschränkung, AnwBl. 2007, 450; *Bunte,* Mandatsbedingungen der Rechtsanwälte und des AGB-Gesetz, NJW 1981, 2657; *Chab,* Vertragliche Haftungsbeschränkungen – Fluch oder Segen?, AnwBl. 2006, 205; *Eichele,* Sozietätshaftung? Denkbare Folgen zur Rechtsfähigkeit der BGB-Gesellschaft, BRAK-Mitt. 2001, 156; *Grams,* Möglichkeiten der Haftungsbeschränkung für Rechtsanwälte, AnwBl. 2001, 233; *Heinrichs,* Umsetzung der EG-Richtlinie über mißbräuchliche Klauseln in Verbraucherverträgen durch Auslegung – Erweiterung des Anwendungsbereichs der Inhaltskontrolle, NJW 1995, 153; *Henssler,* Haftungsrisiken anwaltlicher Tätigkeit, JZ 1994, 174; *Junge-Ilges,* Haftungsvereinbarungen der rechts- und wirtschaftsberatenden Berufe, 1995; *Junk,* Aktuelle Entwicklungen in der Rechtsprechung zur Rechtsberaterhaftung, BRAK-Mitt. 2001, 159; *Kilian,* Anwaltliches Risikomanagement durch Haftungsbeschränkungsvereinbarungen, AnwBl. 2013, 195; *ders.,* Die Nutzung von Haftungsvereinbarungen: Rahmen und Hindernisse, AnwBl. 2015, 225; *Liesenfeld,* Haftungsbeschränkungen und Berufshaftpflichtversicherung, AnwBl. 1996, 96; *Louven,* Die Haftung des deutschen Rechtsanwalts im internationalen Mandat, VersR 1997, 1050; *Niebling,* Haftungsbeschränkung für Rechtsanwälte trotz AGB-Richtlinie, AnwBl. 1996, 20; *Reiff,* Die neuen berufsrechtlichen Bestimmungen über Haftungsbeschränkung durch AGB, AnwBl. 1997, 3; *Späth,* Zur Beschränkung/Begrenzung der zivilrechtlichen Haftung des Rechtsbeistandes, Rbeistand 1981, 95; *Stobbe,* Die Beschränkung der Anwaltshaftung nach § 51 Abs. 1, Nr. 2 BRAO und die EG-Verbraucherschutzrichtlinie, AnwBl. 1997, 16; *Wellkampf,* Haftungsbegrenzung von Unternehmens-, BGB-Gesellschaftern, Information StW 1994, 176; *Weidemann,* Stumpfes Schwert Anwaltshaftung, NJW 2002, 196; *v. Westphalen,* Anwaltliche Haftungsbeschränkung im Widerstreit mit der Verbraucherschutzrichtlinie, ZIP 1995, 546; *ders.,* Unwirksame berufsspezifische Haftungsausschlüsse der rechts- und steuerberatenden Berufe in Allgemeinen Geschäftsbedingungen unter besonderer Berücksichtigung der Erlaubnisträger nach den RBerG, Rbeistand 1987, 191; *Wölke,* Möglichkeiten der Haftungsbeschränkung des Rechtsanwalts, AnwBl. 2003, 328; *Würfele,* Haftungs- und Haftungsbegrenzungsprobleme bei der gemeinschaftlichen Berufsausübung von Rechtsanwälten, 1999.

Übersicht

I. Sinn und Zweck

1 Die Einführung einer vertraglichen Haftungsbeschränkung durch die BRAO-Novelle 1994 ermöglicht es dem Rechtsanwalt, sein hohes, möglicherweise existenzgefährdendes Haftungsrisiko, in vertretbaren Grenzen zu halten. Bekannt ist, dass die Rechtsprechung sehr hohe Anforderungen an die Sorgfaltspflichten des Rechtsanwalts stellt (7. Aufl. § 51b Rn. 5 ff.). Sie hat in den Schutzbereich anwaltlicher Pflichten über die Rechtsfigur des § 328 BGB hinaus auch Dritte einbezogen, wenn das Drittinteresse zum Gegenstand des Anwaltsvertrags gehört oder der Rechtsanwalt das Vertrauen eines Dritten in einen Rechtstatbestand auf ihm zurechenbare Weise veranlasst hat (Henssler/Prütting/*Diller* § 52 Rn. 1; → § 44 Rn. 11, 12). Der Rechtsanwalt haftet für jede Fahrlässigkeit. Das Schadensrisiko ist nicht durch den Gegenstandswert des Mandats begrenzt; es kann dieses um ein Vielfaches übersteigen. Da die Anwaltschaft in großem Umfang an das Rechtsanwaltsvergütungsgesetz gebunden ist (§ 49b), muss es ihr bei schwierigen, komplexen Beratungsangelegenheiten möglich sein, die Haftung zu beschränken. Dies gilt insbesondere für die Sozietät. In einer Sozietät als BGB-Gesellschaft haften alle Mitglieder als Gesamtschuldner persönlich, auch wenn sie keinen Einfluss auf die Tätigkeit ihrer Sozien nehmen können. Eine gesetzlich klar geregelte Möglichkeit über die Vereinbarung von Haftungsbeschränkungen hat zudem den Vorteil, dass der Rechtsanwalt sein Haftungsrisiko besser kalkulieren kann. Zugleich wird damit die Konkurrenzfähigkeit deutscher Anwälte gegenüber ausländischen Rechtsanwälten gestärkt, die bereits die Möglichkeit der Haftungsbeschränkung haben. Inzidenter folgt aus § 52, dass eine völlige Haftungsfreizeichnung für fahrlässige Schlechterfüllung des Anwaltsvertrages wegen des besonderen Vertrauensverhältnisses zwischen Mandant und Rechtsanwalt nach wie vor unzulässig bleibt (*Becker* AnwBl. 1998, 305).

2 Die berechtigten Interessen der Rechtsuchenden, den Rechtsanwalt für ein berufliches Fehlverhalten in Anspruch nehmen zu können, werden durch eine vereinbarte Haftungsbeschränkung nicht beeinträchtigt. Der notwendige Mandantenschutz wird durch die flankierende Einführung einer Berufshaftpflichtversicherung gewährleistet (§ 51). Der Ausgleich wirtschaftlicher Schäden, die ein Mandant durch fehlerhafte Berufshandlungen eines Anwalts erleidet, wird durch eine leistungsfähige Haftpflichtversicherung zuverlässiger gewährleistet als durch die Anordnung einer unbeschränkten persönlichen Haftung des Anwalts (BT-Drs. 12/4993, 32 = BR-Drs. 93/93, 94/95; vgl. auch BGH AnwBl. 1998, 342 = MDR 1998, 502 = BRAK-Mitt. 1998, 502).

2a Durch das Gesetz zur Einführung einer Partnerschaftsgesellschaft mit beschränkter Berufshaftung (BGBl. I S. 2386) wurde § 51a zu § 52 und dessen Abs. 1 um einen S. 2 ergänzt. Regelungen zur Haftungsbegrenzung gelten auch für Berufsausübungsgemeinschaften (GbR, PartG, PartGmbB).

II. Richtlinienkonformität

3 § 52 verstößt nicht gegen die RL 93/13/EWG des Rates vom 5.4.1993 über missbräuchliche Klauseln in Verbraucherverträgen (ABl. Nr. L 95 S. 29). Die Umsetzung dieser Richtlinie in Deutschland erfolgte zunächst durch die Neueinfügung des § 24a AGBG sowie eine Änderung

des § 12 AGBG im Rahmen des Gesetzes vom 19.7.1996 (BGBl. I S. 1013). Zentrale Umsetzungsnorm war § 24a AGBG, wohingegen § 12 AGBG lediglich der kollisionsrechtlichen Regelung des Art. 6 Abs. 2 RL 93/13/EWG diente (*Grabitz/Hilf/Pfeiffer,* Das Recht der Europäischen Union, Bd. 2 Teil II Sekundärrecht, Vorbem. A 5 Rn. 51); *Grams* AnwBl. 2001, 292; vgl. 5. Aufl. § 51a Rn. 2). Nachdem das AGBG mit dem zum 1.1.2002 in Kraft getretenen Schuldrechtsmodernisierungsgesetz vom 26.11.2001 (BGBl. I S. 3138) aufgehoben und dessen materielle Vorschriften als §§ 305–310 in das BGB eingefügt wurden, sind die vertraglichen Begrenzungen von Ersatzansprüchen gegen Rechtsanwälte nunmehr an §§ 305–310 BGB zu messen. Danach sind die in § 51a zugelassenen Haftungsbegrenzungen unbedenklich (Palandt/*Grüneberg* BGB § 307 Rn. 54, 123). Soweit im Einzelfall in vorformulierten Vertragsbedingungen entsprechend Abs. 1 Nr. 2 (§ 305 BGB) nach §§ 307–309 BGB unwirksame Bestimmungen enthalten sind, kann die RAK als Verband zur Förderung gewerblicher Interessen (→ § 73 Rn. 16, 17) Unterlassungs- und Widerrufsansprüche nach dem Unterlassungsklagegesetz (UKlaG) geltend machen (§§ 1, 3 UKlaG; Palandt/*Bassenge* UKlaG § 3 Rn. 6, 12). Mit Art. 1 Abs. 2 RL 93/13/EWG werden solche bindenden nationalen Regeln ausdrücklich anerkannt.

III. Haftungsbegrenzung

1. Vereinbarungen vor dem 9.9.1994. a) Individualvereinbarung (Abs. 1 Nr. 1). 4
Grundsätzlich konnte auch ein Anwalt in einer Individualvereinbarung seine Haftung beschränken (*Lingenberg/Hummel/Zuck/Eich* § 49 Rn. 8). Derartige Vereinbarungen mussten sich an Treu und Glauben (§ 242 BGB) und den guten Sitten (§ 138 BGB) messen lassen. Soweit in Individualvereinbarungen lediglich der Haftungsmaßstab beschränkt wurde, war dies unzulässig; für den Ausschluss vorsätzlichen Handelns folgt dies aus § 276 Abs. 2 BGB, für den Ausschluss grob fahrlässigen Verhaltens aus dem Grundsatz, dass eine derartige Vereinbarung das Vertrauen in die Anwaltschaft und zum einzelnen Rechtsanwalt nicht wahrt (*Lingenberg/Hummel/Zuck/Eich* § 49 Rn. 9). Orientierte sich der Haftungsausschluss an einem bestimmten Gegenstand anwaltlicher Tätigkeit, so konnte dieser im Einzelfall zulässig sein. Aus § 49 RichtlRA ließ sich die Unwirksamkeit der Vereinbarung von Haftungsausschlüssen oder die Mindestversicherungssumme unterschreitenden Haftungsbeschränkungen nicht mehr herleiten; § 49 RichtlRA war nicht unerlässlich, um die Funktionsfähigkeit der Rechtspflege aufrechtzuerhalten (*Lingenberg/Hummel/Zuck/Eich* § 49 Rn. 103; **aA** in BRAK-Mitt. 1988, 15).

b) Vorformulierte Vertragsbedingungen (Abs. 1 Nr. 2). Ein völliger Haftungsausschluss 5
in vorformulierten Vertragsbedingungen war für Vorsatz und grobe Fahrlässigkeit unzulässig (§ 276 Abs. 2 BGB, § 11 Nr. 7 AGBG aF). Für Fälle leichter Fahrlässigkeit lag ein Verstoß gegen § 9 Abs. 2 Nr. 2 AGBG aF vor (*Bunte* NJW 1981, 2657, 2659; *Lingenberg/Hummel/Zuck/Eich* § 49 Rn. 2). Die Haftung konnte in vorformulierten Vertragsbedingungen nicht unter die Mindestversicherungssumme von 100 000 DM beschränkt werden; dies galt auch bei unentgeltlicher Beratung (**aA** *Lingenberg/Hummel/Zuck/Eich* § 49 Rn. 7). Übernimmt ein Rechtsanwalt ein Mandat, so hat er bei jeder Bearbeitung die **gleichen** Sorgfaltspflichten zu wahren; entgegen der Auffassung von *Zuck* steigen die Pflichten nicht mit der Höhe des zu verdienenden Honorars. Auch die Beschränkung der Haftung auf bestimmte Gegenstände anwaltlicher Tätigkeit war in vorformulierten Vertragsbedingungen nicht möglich. Die Haftung für die Vertretung im Ausland oder nach ausländischem Recht wurde häufig ausgeschlossen. Dies war unwirksam. Der Haftungsausschluss rechtfertigt sich nicht mit den Schwierigkeiten bei der Bearbeitung eines derartigen Rechtsgebietes. Es war von dem Grundsatz auszugehen, dass der Rechtsanwalt nur übernehmen darf, was er kann oder nach angemessener Einarbeitungszeit können wird. Ein Haftungsausschluss für Telefonauskünfte wurde schon deshalb nicht Vertragsbestandteil, weil der Ausschluss der Haftung für diese Tätigkeiten häufig durch vorformulierte Vertragsbedingungen auf Briefbögen erfolgte, von deren Inhalt der Mandant, in zumutbarer Weise keine Kenntnis erlangte.

2. Vereinbarungen nach dem 8.9.1994. § 52 regelt nur die Beschränkung von vertraglichen 6
Schadensersatzansprüchen aus einem Mandatsverhältnis (→ § 44 Rn. 14; 7. Aufl. § 51b Rn. 4). Schadensersatzansprüche aus deliktischen Anspruchsgrundlagen können nicht begrenzt werden. Auf amtsähnliche Tätigkeiten von Anwälten als Insolvenzverwalter, Testamentsvollstrecker, Betreuer oÄ ist § 52 ebenso wenig anwendbar wie auf die notarielle Amtstätigkeit von Anwalts-

notaren (*Grams* AnwBl. 2001, 233). In den Beiordnungsfällen der §§ 48, 49 sind Haftungsabsprachen grundsätzlich möglich (Henssler/Prütting/*Diller* § 52 Rn. 22). Das besondere Schutzbedürfnis des Mandanten verlangt keinen völligen Ausschluss von Haftungsbeschränkungen. Der Mandant ist auch in diesen Fällen ausreichend durch § 51 geschützt (Henssler/Prütting/*Diller* § 52 Rn. 88). Alle Vereinbarungen können sich nicht auf den einzelnen Mandanten, sondern nur auf die einzelnen Fälle eines Mandanten beziehen. Haftungsbeschränkungen nach § 52 können sich nur auf Ansprüche beziehen, die durch nach Inkrafttreten der Bestimmung begangene Pflichtverletzungen begründet sind. Vor dem 8.9.1994 nach altem Recht vereinbarte Haftungsbegrenzungen sind am Maßstab des § 52 zu messen. Entsprechen sie ihm nicht, sind sie mit Inkrafttreten des § 51a aF unwirksam geworden (**aA** Henssler/Prütting/*Diller* § 52 Rn. 13). Wird Schadensersatz für eine Pflichtverletzung verlangt, die vor dem 8.9.1994 begangen worden ist, ist die Wirksamkeit einer Freizeichnungsklausel aus jener Zeit nach altem Recht zu beurteilen. Wenn ein Dritter Ersatzansprüche aus einer Drittwirkung des Anwaltsvertrages herleitet, gilt eine im Rahmen dieses Vertrages vereinbarte Haftungsbeschränkung auch ihm gegenüber (Henssler/Prütting/*Diller* § 52 Rn. 23).

7 **a) Individualvereinbarung (Abs. 1 Nr. 1).** Durch Individualvereinbarung, nämlich im und für den Einzelfall ausgehandelt, kann der Anwalt nunmehr schriftlich (§ 126 BGB) die Haftung für jede Art der Fahrlässigkeit, also auch ein grob fahrlässiges Verhalten, begrenzen (*Grams* AnwBl. 2001, 233, 235). „Im Einzelfall" bedeutet, dass sich die Freizeichnung bis zur Höhe der Mindestversicherungssumme jeweils nur auf die Ansprüche aus einem bestimmten Anwaltsvertrag beziehen kann. Die Beschränkung auf den Haftungshöchstbetrag hat zur Folge, dass die Haftung nur pro Schadensfall auf die vereinbarte Haftungshöchstsumme begrenzt werden kann; mehrere Schadensfälle im Versicherungsjahr können die Haftung in Höhe der Haftungshöchstsumme mehrfach auslösen (*Wölk* AnwBl. 2003, 328). Haben Auftraggeber und Rechtsanwalt mehrere Anwaltsverträge geschlossen, darf sich die Freizeichnung bis zur Höhe der Mindestversicherungssumme jeweils nur auf die Ansprüche aus einem Vertrag beziehen (Henssler/Prütting/*Diller* § 52 Rn. 30). Weiterhin ist die Haftungsbegrenzung nur möglich bis zur Höhe der Mindestversicherungssumme (BT-Drs. 12/4993, 32 = BR-Drs. 93/93, 95/96). Haftungsbeschränkungen für mehrere Mandatsverträge (→ Rn. 5) können in einer Vereinbarung zusammengefasst werden, wenn eindeutig klargestellt wird, dass für jeden Vertrag gesondert eine Haftungsbeschränkung vereinbart ist mit der Folge, dass der Rechtsanwalt hinsichtlich jedes Mandats im Schadensfall bis zur Höhe der Mindestversicherungssumme haftet. Das Vertragsverhältnis, auf das sich die Vereinbarung bezieht, muss deshalb eindeutig gekennzeichnet sein (Henssler/Prütting/*Diller* § 52 Rn. 30). „Dem Rechtsanwalt steht es frei, mit seinem Mandanten die besonderen Risiken eines Auftrags zu erörtern und mit diesem – in einer individuellen Übereinkunft – zu vereinbaren, dass sich die anwaltliche Haftung ggf. auf die gesetzliche Mindestversicherungssumme beschränkt." Die Vereinbarung bedarf zu ihrer Wirksamkeit der Schriftform, sie muss von dem Anwalt und seinem Auftraggeber unterzeichnet sein (§ 126 BGB; *Graf v. Westphalen* MDR 1997, 989). Der Rechtsanwalt muss den Auftraggeber über Bedeutung und Tragweite der Freizeichnungsvereinbarung persönlich oder durch einen zu seiner Vertretung befugten Rechtsanwalt oder fachkundigen Juristen aufklären. Die Aufklärung ist schon notwendiger Bestandteil des Aushandelns der Vereinbarung. Ihre Verletzung kann zur Schadensersatzpflicht nach den Grundsätzen der culpa in contrahendo führen. Das Aushandeln der Begrenzung eventueller Ersatzansprüche setzt nicht nur eine Individualabsprache mit dem Mandanten voraus, sondern insbesondere auch dessen Einflussmöglichkeit auf den Inhalt der Absprache. Die Beweislast für die Ordnungsmäßigkeit einer Haftungsbeschränkungsvereinbarung trägt der Rechtsanwalt (Henssler/Prütting/*Diller* § 52 Rn. 45).

8 **b) Vorformulierte Vertragsbedingungen (Abs. 1 Nr. 2).** Zulässig ist nunmehr die Haftungsbeschränkung durch vorformulierte Vertragsbedingungen. Der Begriff der vorformulierten Vertragsbedingungen reicht weiter als der AGB-Begriff des § 305 BGB; auch Bedingungen, die der Rechtsanwalt lediglich für einen einzigen Vertrag vorbereitet hat, die also nicht im Einzelfall ausgehandelt sind, fallen darunter (Henssler/Prütting/*Diller* § 52 Rn. 26, 48; *Grams* AnwBl. 2001, 292; § 305 Abs. 1 S. 3 BGB).

8a Der **Begriff** der vorformulierten Vertragsbedingungen deckt sich mit dem AGB-Begriff der Verbraucherschutzrichtlinie (Art. 2 lit. a Richtlinie iVm Art. 3, Abs. 1 und 2 der Richtlinie). Der Gesetzgeber hielt dies für vertretbar. „Von praktischer Bedeutung ist die vorgeschlagene Regelung nur in Fällen, bei denen es um sehr hohe Streitwerte geht. Der Rahmen, in dem das Handlungsrisiko versichert werden kann, ist nicht unbegrenzt. Ab einer bestimmten Höhe sind Versicherungsprämien wirtschaftlich kaum noch tragbar. Bei derartigen Mandaten besteht auch auf Seiten der wohl überwiegend kaufmännisch geprägten Mandantschaft eher die Bereitschaft, sich auf eine Haftungsbeschränkung einzulassen, die in vorformulierten Vertragsbedingungen enthalten ist …" Die Regelung berücksichtigt sowohl die Interessen des Rechtsanwalts wie auch des Mandanten. Um in den Genuss der Möglichkeit zu kommen, die Haftung durch vorformulierte Vertragsbedingungen auf den vierfachen Betrag der Mindestversicherungssumme zu beschränken, muss der Rechtsanwalt auch für entsprechenden Versicherungsschutz sorgen. Der Mandant erhält die Sicherheit, einen Schadensersatzanspruch in Höhe dieses Betrages dank der bestehenden Versicherung in dieser Höhe auch realisieren zu können. Damit ist der geschädigte Mandant in der Regel besser gestellt als bei einem unbeschränkten Anspruch, bei dem die Berufshaftpflichtversicherung des Rechtsanwalts aber nur in Höhe der gesetzlichen Mindestsumme eintritt." (BT-Drs. 12/4993, 32 = BR-Drs. 93/93, 96). Die vorformulierten Vertragsbedingungen werden nur Vertragsbestandteil, wenn der Rechtsanwalt dem Mandanten diese offen und unmissverständlich zur Kenntnis gebracht und übergeben hat mit dem ausdrücklichen Hinweis, dass das Mandat zu diesen Bedingungen übernommen wird (Henssler/Prütting/*Diller* § 52 Rn. 49 ff.; vgl. § 305 Abs. 2 BGB). Der Aushang der Mandatsbedingungen im Wartezimmer oder der Ausdruck in der Praxisbroschüre reichen nicht aus. Der Rechtsanwalt sollte schon im eigenen Interesse dafür sorgen, dass die Vereinbarung über die Übernahme der vorformulierten Vertragsbedingungen eindeutig ist. Er trägt nämlich die Beweislast für eine wirksame Haftungsbeschränkung durch Übernahme der vorformulierten Bedingungen. Daher sollte er immer auf schriftliche Vereinbarung drängen. Bei telefonisch oder schriftlich erteilten Mandaten sollte der Anwalt unter Beifügung seiner Mandatsbedingungen das Mandat schriftlich bestätigen und den Mandanten dabei zur Rücksendung der von diesem unterzeichneten Bestätigung auffordern (*Wölk* AnwBl. 2003, 328, 331).

Die Zulässigkeit der Verwendung von vorformulierten Vertragsbedingungen hängt jedoch von zwei weiteren **Voraussetzungen** ab: 9

aa) Einfache Fahrlässigkeit. Nur für einfache Fahrlässigkeit kann die Haftung in vorformulierten Vertragsbedingungen beschränkt werden. Die ursprünglich im Regierungsentwurf in § 51b vorgesehene Möglichkeit der Beschränkung für jede Art der Fahrlässigkeit (BT-Drs. 12/4993, 8 = BR-Drs. 93/93, 15) ist auf Drängen des Bundesrates auf Fälle einfacher Fahrlässigkeit beschränkt worden. „Die Möglichkeit, die Haftung durch vorformulierte Vertragsbedingungen auch für Fälle grob fahrlässig verursachter Schäden zu begrenzen, benachteiligt die Mandanten unangemessen." Denn sie setzt als speziell gesetzliche Möglichkeit die in § 309 Nr. 7 BGB zum Schutz der Verbraucher aufgestellte Grundregel außer Kraft, dass ein Ausschluss einer Begrenzung der Haftung für einen Schaden, der auf einer grob fahrlässigen Vertragsverletzung beruht, in Allgemeinen Geschäftsbedingungen nicht möglich sein soll. „Allein die Annahme, dass es sich bei Mandaten mit Gegenstandswerten von mehr als 2 Millionen DM wohl um eine vorwiegend kaufmännisch geprägte Mandantschaft handeln dürfte, vermag eine solche pauschale Freizeichnungsmöglichkeit in vorformulierten Vertragsbedingungen nicht zu rechtfertigen." (BR-Drs. 504/1/94, 4). Grob fahrlässiges Fehlverhalten soll danach grundsätzlich nicht schutzwürdig sein. Mit dem Begriff der „leichten Fahrlässigkeit" soll eine Beschränkung der Haftung für grobe Fahrlässigkeit verhindert werden. Für die Anwaltschaft birgt diese Vorschrift erhebliche Risiken, die es nahelegen, besser den Weg der Individualvereinbarung (→ Rn. 7) zu wählen (*Grams* AnwBl. 2001, 292). Nach der exzessiven Haftungsrechtsprechung des BGH (NJW 1994, 1211; 1472; 1993, 1779; 1993, 2676; 3259) ist davon auszugehen, dass nur in äußerst seltenen Fällen von einer einfachen Fahrlässigkeit ausgegangen wird. So hat der Bundesrat die Klärung der Frage, ob bei den Fällen der Fristversäumung von leichter oder grober Fahrlässigkeit auszugehen ist, ausdrücklich der Rechtsprechung überlassen (BR-Drs. 504/1/94, 5). 10

bb) Vierfacher Betrag der Mindestversicherungssumme. Die Haftungsfreizeichnung in vorformulierten Vertragsbedingungen ist nur auf den vierfachen Betrag der jeweiligen Mindestversicherungssumme möglich. Der Rechtsanwalt muss also für entsprechenden Versicherungsschutz sorgen (BT-Drs. 12/4993, 32 = BR-Drs. 93/93, 97). Die infolge Umstellung auf Euro geänderte Mindestversicherungssumme führt über die Verweisungen des § 52 auch zu geänderten Grenzen für die vertragliche Begrenzung von Ersatzansprüchen, die der Rechtsanwalt mit seinem 11

Mandanten vereinbart. Wird bei Vereinbarungen zur Haftungsbegrenzung, die vor dem 1.1.2002 abgeschlossen worden sind, auf die „Mindestversicherungssumme" Bezug genommen, ohne dass dies durch eine Zahlenangabe konkretisiert wird, ist der Inhalt der Vereinbarung durch Auslegung zu ermitteln (BT-Drs. 14/6371, 13). Wird die Haftung in vorformulierten Vertragsbedingungen auf den vierfachen Betrag der Mindestversicherungssumme beschränkt und sorgt der Rechtsanwalt nicht für eine entsprechende Versicherung, so stellt dies eine ahndungsfähige Berufsverfehlung dar. Der Versicherungsschutz muss nicht schon zur Zeit der Freizeichnung bestehen, vielmehr reicht es aus, wenn der Versicherungsschutz in vierfacher Höhe der Mindestversicherungssumme bei Eintritt des Versicherungsfalls besteht. Der Versicherungsfall tritt ein mit der Pflichtverletzung des Rechtsanwalts (Verstoßprinzip) und nicht erst bei Auftreten des Schadens oder gar erst bei Anspruchserhebung (Henssler/Prütting/*Diller* § 52 Rn. 59; *Grams* AnwBl. 2001, 292). Eine Ausweitung des Versicherungsschutzes nach Eintritt und Bekanntwerden eines Versicherungsfalls ist nicht möglich (§ 2 AVB-A). Eine nachträgliche Haftungsbeschränkung für eine bereits begangene anwaltliche Pflichtverletzung ist unwirksam (*Grams* AnwBl. 2001, 292).

11a Der **Selbstbehalt** kann in diesen Fällen nicht vervierfacht werden; § 51 Abs. 5, dh die Zulässigkeit eines Höchstbetrages des Selbstbehaltes von 2500 Euro, bleibt bestehen (BT-Drs. 12/4993, 32 = BR-Drs. 93/93, 96); wird die Versicherung über einen vierfachen Betrag der Mindestversicherungssumme abgeschlossen, so wird sie dadurch nicht zur Mindestversicherung.

12 **cc) Rechtsfolgen.** Vorformulierte Haftungsbeschränkungen, die den Anforderungen des § 52 Abs. 1 Nr. 2 nicht entsprechen, sind **insgesamt unwirksam.** Dies gilt insbesondere, wenn nicht nur für Fälle einfacher, sondern auch grober Fahrlässigkeit eine Beschränkung festgesetzt wird und die Beschränkung der Haftung auf weniger als 2 Millionen erfolgt (*Grams* AnwBl. 2001, 292). Die Vereinbarung eines Haftungsausschlusses in einer **Vollmachtsurkunde** ist weiterhin unwirksam, da eine derartige Klausel überraschend ist (§ 305c BGB); zwischen ihrem Inhalt und den begründeten Erwartungen des Kunden besteht eine deutliche Diskrepanz; der Mandant rechnet nicht mit einer Haftungsfreizeichnung in einer Vollmachtsurkunde (§§ 305, 306 BGB; vgl. auch Palandt/*Grüneberg* BGB § 307 Rn. 123).

12a Der Haftungsausschluss in vorformulierten Vertragsbedingungen für fernmündliche Auskünfte ist unzulässig (*Grams* AnwBl. 2001, 233, 234; *Borgmann* BRAK-Mitt. 2000, 180; *Zugehör/Sieg,* Handbuch der Anwaltshaftung, 1999, Rn. 444). Da spätestens durch die erbetene (fern-)mündliche Raterteilung regelmäßig ein Anwaltsvertrag zustande kommt mit der Folge, dass § 52 eingreift, führt auch § 676 BGB nicht zur Zulässigkeit einer solchen Einschränkung (*Grams* AnwBl. 2001, 292).

13 Unzulässig ist eine Verkürzung der **Verjährungsfristen** auf weniger als drei Jahre in vorformulierten Vertragsbedingungen (§§ 195, 202, 307 BGB; Palandt/*Grüneberg* § 307 BGB Rn. 123; vgl. für die Rechtslage vor dem 9.9.1994 BGHZ 97, 21 = NJW 1986, 1171; *Ulmer/Brandner/Hensen,* 7. Aufl. 1993, AGBG §§ 9–11 Anh. Rn. 563; *Grams* AnwBl. 2001, 233). § 52 Abs. 1 S. 2 soll nur die Möglichkeit eröffnen, durch vorformulierte Vertragsbedingungen entgegen den §§ 305 ff. BGB Regelungen zwischen Mandanten und Rechtsanwalt über die Beschränkung der Haftung für fahrlässig verursachte Schäden bis zur Grenze bestimmter Versicherungssummen zu treffen. In Individualverträgen kann eine Verkürzung der Verjährung für den Einzelfall vereinbart werden, allerdings nicht bei Haftung wegen Vorsatzes (§ 202 Abs. 1 BGB; Palandt/*Ellenberger* BGB § 202 Rn. 4; Palandt/*Grüneberg* BGB § 307 Rn. 123).

13a Die **Abtretung von Kostenerstattungs- und sonstigen Ansprüchen** an einen anderen Rechtsanwalt ist **in vorformulierten Vertragsbedingungen** unzulässig; der Mandant rechnet nicht mit einer derartigen Klausel (§ 305c BGB; s. auch OLG Nürnberg Urteil vom 24.10.1978 – 3 U 47/78; OLG Celle Beschluss vom 12.12.1979 – 13 U 220/78, beide zitiert nach *Bunte* NJW 1981, 2657, 2660 Fn. 46, 47; OLG Karlsruhe NJW 1981, 405). Daran ändert auch die Tatsache nichts, dass nach § 49b Abs. 4 ein Verstoß gegen die Verschwiegenheitspflicht des Anwalts nicht mehr vorliegt. Die Abtretung einer Forderung in vorformulierten Vertragsbedingungen an einen nicht als Rechtsanwalt zugelassenen Dritten scheitert schon an § 49b Abs. 4 S. 2.

13b Der zwischen anderen Angaben „versteckt am unteren Rand des Briefbogens einer Anwaltssozietät befindliche Hinweis Gesellschaft bürgerlichen Rechts" (mit beschränkter Gesellschafterhaftung) bzw. **„Gesellschaft bürgerlichen Rechts mit beschränkter Haftung"** ist weiterhin in Allgemeinen Geschäftsbedingungen nicht möglich, da diese Haftungsbeschränkung nicht ohne weiteres erkennbar ist, der Mandant mit einer derartigen Klausel in vorformulierten Vertragsbedingungen nicht rechnet (so schon für die Rechtslage vor dem 9.9.1994 BGH NJW 1992, 3037 = DStR 1992, 1408 = ZIP 1992, 1500 = MDR 1992, 1086 VersR 1992, 1470 = Stbg 1993, 7 = EWiR 1993, 93 = AnwBl. 1993, 37 = JZ 1993, 153 = BRAK-Mitt. 1993, 61 = GRUR 1993, 834 mit Anm. *Henssler* JZ 1993, 155, *Gummert* ZIP 1993, 1063, *Taupitz* EWiR 1993, 83).

c) Berufsausübungsgemeinschaften. § 52 Abs. 1 S. 2 stellt klar, dass auch Berufsausübungsgemeinschaften Haftungsbeschränkungen – kumulativ mit den Möglichkeiten nach Abs. 2 – vereinbaren können. 14

IV. Haftungsbegrenzung in Sozietäten

1. Gesamtschuldnerische Haftung von Sozietätsmitgliedern (Abs. 2 S. 1). Die Sozietät/BGB-Gesellschaft (→ § 59a Rn. 10 ff.) ist nach der neueren Rechtsprechung ein selbständiges Rechtssubjekt (BGHZ 146, 341 = NJW 2001, 1056; → § 59a Rn. 6) und haftet originär mit ihrem Gesellschaftsvermögen für Verbindlichkeiten der Gesellschaft. Die Gesellschafter/Sozien haften für diese Gesellschaftsverbindlichkeiten mit ihrem Privatvermögen (→ § 59a Rn. 29 ff.). § 52 Abs. 2 S. 1 wiederholt lediglich eine seit der Grundsatzentscheidung des BGH von 1971 (NJW 1971, 1801) bestehende Selbstverständlichkeit, dass diese Gesellschafterhaftung gesamtschuldnerisch erfolgt (zu den Einzelheiten vgl. *Borgmann* NJW 2000, 2953, 2956 ff.). BGB-Gesellschafter haften immer gesamtschuldnerisch (→ § 59a Rn. 29 ff.). Ihrem einheitlichen Auftreten als Sozietät gegenüber dem Mandanten entspricht die Pflicht aller Sozien, im Schadensfall als Gesamtschuldner für die Vertragsverletzung eines Sozietätsmitglieds einzustehen (Henssler/Prütting/*Diller* § 52 Rn. 67). Dies gilt auch für sog. **„Scheinsozien"**, für auf dem Briefkopf als Sozitätsmitglieder firmierende Angestellte oder freie Mitarbeiter (BGH BRAK-Mitt. 2008, 160; NJW 1999, 3040; 2001, 165; NJW-RR 2000, 791; → § 59a Rn. 29, 30; → BORA § 8 Rn. 11 ff.; *Borgmann* NJW 2000, 2953, 2956; *Kamps/Alvermann* NJW 2001, 2121; *Dahns* NJW-Spezial 2008, 270), es sei denn es handelt sich ausnahmsweise um ein Einzelmandat, welches die gesamtschuldnerische Haftung ausschließen würde oder die Sozienhaftung entfällt, weil keine anwaltstypische Tätigkeit (→ § 44 Rn. 14 ff.) dem Vertrag zugrunde lag (BGH NJW 1999, 3040). Die vertragliche Mithaftung aufgrund einer tatsächlichen oder scheinbaren Sozietät erstreckt sich darauf, dass ein Sozietätsanwalt durch vorsätzliche Verletzung seiner Vertragspflichten Mandantengelder beeinträchtigt (BGHZ 70, 247 = NJW 1978, 996). Daran ändert es nichts, dass eine solche Vertragsverletzung zugleich eine unerlaubte Handlung und Straftat, zB § 266 StGB, sein kann. Nur ein rein deliktisches, vertragsunabhängiges Verhalten eines Sozietätsmitgliedes führte ursprünglich nicht zu einer Haftung aller Sozien (BGH NJW 1999, 3040 mit Anm. *Jungk* EWiR 1999, 1165; BGHZ 45, 311 = NJW 1966, 1807). Zur diesbezüglichen neuen Rechtsprechung → § 59a Rn. 30 (BGH AnwBl. 2007, 717). Eine Beschränkung nur auf das Gesellschaftsvermögen ist grundsätzlich unzulässig (BGH NJW 1999, 3483 = BRAK-Mitt. 2000, 21 mit Anm. *Jungk*). 15

2. Umfang der Beschränkung nach Abs. 1 in einer Sozietät. Da die Sozietät/BGB-Gesellschaft als selbständiges Rechtssubjekt originär mit ihrem Gesellschaftsvermögen für die Verbindlichkeiten der Gesellschaft haftet, die aus einem mit ihr zustande gekommenen Mandat erwachsen sind, erstreckt sich die in einem Mandatsverhältnis mit der Sozietät vereinbarte Haftungsbeschränkungsvereinbarung nach Abs. 1 zunächst einmal auf die Haftungsverpflichtung der Sozietät/BGB-Gesellschaft, dh die Haftung der Sozietät mit ihrem Gesellschaftsvermögen ist entsprechend beschränkt. Diese Beschränkung erfasst aber auch die gesamtschuldnerische persönliche Haftung des einzelnen Sozietätsmitglieds, da sich dies akzessorisch nach dem Bestand der Schuld der Gesellschaft richtet (*Wölk* AnwBl. 2003, 328, 333; **aA** Henssler/Prütting/*Diller* § 52 Rn. 70). 16

3. Handelndenhaftung (Abs. 2 S. 2). Innerhalb einer Sozietät, sei es der örtlichen, der überörtlichen oder der interprofessionellen, wird die Möglichkeit eröffnet, durch Vereinbarung mit dem Mandanten die persönliche gesamtschuldnerische Haftung auf diejenigen zu beschränken, die tatsächlich innerhalb der Sozietät für diese die Bearbeitung des Mandates übernommen haben. Die originäre Haftung der Sozietät mit ihrem Gesellschaftsvermögen bleibt bestehen. Anders als in Abs. 1 wird nicht die Haftungssumme beschränkt, sondern werden in Abs. 2 S. 2 17 und 3 einzelne Mitglieder der Sozietät von der gesamtschuldnerischen Haftung mit ihrem Privatvermögen ausgenommen (*Wölk* AnwBl. 2003, 328, 334). Eine Beschränkung ist aber nur auf namentlich benannte Sozietätsmitglieder möglich, die das Mandat im Rahmen ihrer eigenen beruflichen Befugnisse bearbeiten (*Rinsche,* Die Haftung des Rechtsanwalts und des Notars, 6. Aufl. 1998, Rn. I 324). „Bei Sozietäten erscheint es problematisch, dass ein Sozius auch für das Verschulden eines anderen Sozius haften soll, obwohl er selbst das Mandat nicht übernommen hat." Dies gilt in besonderer Weise für überörtliche und interprofessionelle Sozietäten. Dem kann nicht entgegengehalten werden, dass es jedem Rechtsanwalt freistehe, solche Verbindungen einzugehen oder nicht, denn die Konkurrenzsituation, in der die Anwaltschaft auf dem Gebiet der wirtschaftlichen Beratung steht, macht Zusammenarbeit notwendig. Durch die von jedem Sozius abzuschließende Berufshaftpflichtversicherung wird der Mandant ausreichend geschützt, wenn ihm durch berufliches Fehlverhalten des ihn betreuenden Sozius ein Schaden zugefügt wird. Auf die Mithaftung der anderen Sozien ist er mithin nicht angewiesen. Es besteht auch kein unabweisbares Bedürfnis, in einer interprofessionellen Sozietät den Angehörigen eines anderen Berufes haften zu lassen neben dem Rechtsanwalt, der schuldhaft seine Berufspflichten verletzt; entsprechendes gilt umgekehrt (BT-Drs. 12/9493, 32/33 = BR-Drs. 93/93, 87). Dass der Sozius, der nach der Vereinbarung die Bearbeitung verantwortlich übernommen hat, sich im Verhinderungsfall von anderen Sozien, angestellten Anwälten oder freien Mitarbeitern vertreten lässt oder diese zur Mitarbeit heranzieht, ist unschädlich, solange er tatsächlich der verantwortliche Bearbeiter bleibt und der Kernbereich der Mandatsbearbeitung bei ihm verbleibt und von ihm wahrgenommen wird (Henssler/Prütting/*Diller* § 52 Rn. 73).

18 Die Beschränkung der persönlichen Haftung kann durch **schriftliche Vereinbarung im Einzelfall** oder durch **vorformulierte Vertragsbedingungen** (§ 305 BGB) erfolgen. Aber egal, ob die Beschränkung durch vorformulierte Vertragsbedingungen oder durch Vereinbarung im Einzelfall erfolgt, stets bedarf die Beschränkung der Haftung auf den oder die das Mandat bearbeitenden Mitglieder der Sozietät der **Zustimmung des Mandanten.** Diese muss **schriftlich** erfolgen und darf nicht mit anderen Erklärungen, zB der Vollmachtserteilung, verbunden werden (Henssler/Prütting/*Diller* § 52 Rn. 82 ff.).

19 Die Beschränkung kann jedoch **nur auf Mitglieder einer Sozietät** iSd Haftungsrechts vorgenommen werden, die also auf dem Briefkopf der Kanzlei als Mitglieder der Sozietät aufgeführt werden. Damit werden auch die sog. Scheinsozien erfasst (→ § 59a Rn. 12, 30; → BORA § 8 Rn. 11 ff.). Damit ist § 52 Abs. 2 über die „echten" Sozietäten hinaus auch auf Außen- bzw. Scheinsozietäten anwendbar (Hartung/*Grams* § 51a Rn. 33; Henssler/Prütting/*Diller* § 52 Rn. 68; *Borgmann/Jungk/Schwaiger* S. 356; *Grams* AnwBl. 2001, 292; OLG München BB 2001, 592, 594 für die „Schein-Partnerschaft; vgl. auch BGHSt 46, 154 zur „Scheinsozietät" eines Wirtschaftsprüfers). Nicht möglich ist es, die Haftung auf einen freien Mitarbeiter oder angestellten Anwalt zu beschränken, wenn sie nicht als sog. Außensozien in den Briefschaften der Sozietät aufgeführt werden und sie daher nicht nach Rechtsscheingrundsätzen wie Sozien haften. Die in der Literatur teilweise vertretene Auffassung, nur eine „echte Sozietät kann die rechtlichen Voraussetzungen für eine Beschränkung der Haftung auf die Bearbeiter schaffen" (5. Aufl. § 51a Rn. 13) ist nicht mehr haltbar. Die Rechtsprechung behandelt Rechtsanwälte, die nach außen hin wie eine Sozietät auftreten, als rechtsfähige Scheinsozietät deren Mitglieder als Gesamtschuldner haften (BGH EBE 2007, 246; → § 59a Rn. 30 ff.). Voraussetzung der Haftungsbeschränkung ist, dass das Mandat von dem (Schein-)Sozius, auf den die Haftung beschränkt wird, auch tatsächlich bearbeitet wird. Im Interesse der Klarheit und Rechtssicherheit bedarf es deshalb der namentlichen Bezeichnung der Haftenden, wenn eine solche Vereinbarung getroffen werden soll. Da der Grundsatz der, der gesamtschuldnerischen Haftung aller Mitglieder der Sozietät ist, wird eine Haftungsbeschränkung auf solche Personen, die ausscheiden, gegenstandslos. Die Zustimmungserklärung des Auftraggebers zu einer derartigen Beschränkung darf keine anderen Erklärungen enthalten. Sie muss vom Auftraggeber unterschrieben sein.

20 **4. Beweislast.** Ist zweifelhaft, ob der Handelnde Sozius einer Sozietät ist, ob er das Mandat im Rahmen seiner eigenen beruflichen Befugnis bearbeitet hat, so trifft im Streitfall die Darlegungs- und Beweislast das Mitglied der Sozietät oder, falls alle Gesellschafter verklagt wurden, alle Gesellschafter (BT-Drs. 12/4993, 33 = BR-Drs. 93/93, 98).

V. Ausschluss weitergehender Einschränkungen

Weitergehende, die Haftung stärker als in § 52 vorgesehen einschränkende Vereinbarungen sind unzulässig und damit unwirksam. Dies gilt insbesondere für vollständige Haftungsausschlüsse, aber auch für inhaltliche Haftungseinschränkungen innerhalb der genannten Mindestbeträge. So kann nicht der Ausschluss der Haftung für Fehler bei der Anwendung ausländischen Rechts, Steuerrechts oder wegen Mandatsübernahme in letzter Minute vereinbart werden. Solche inhaltlichen Einschränkungen sind nur jenseits der in § 52 Abs. 1 Nr. 1 und 2 genannten betraglichen Haftungsmindestgrenzen zulässig. Möglich ist dagegen in solchen Fällen durch Vereinbarung die Beschränkung des Mandatsinhalts, wobei der Anwalt dann verpflichtet ist, den Mandanten auf die Erforderlichkeit der Einschaltung eines Spezialisten hinzuweisen und die Ergebnisse der Tätigkeit eines solchen Spezialisten dann wiederum in seine eigene Beratung einfließen zu lassen. Auch bei einem so beschränkten Mandat ist der Anwalt aber verpflichtet, den Mandanten auf Gefahren außerhalb des Mandatsgegenstands hinzuweisen, wenn solche für ihn erkennbar sind (*Grams* AnwBl. 2001, 233, 234 unter Bezugnahme auf BGH WM 1998, 2246; 2000, 1591 mit Anm. *Borgmann* BRAK-Mitt. 2000, 286). 21

VI. Haftungsbeschränkung durch Rechtsformenwahl

Neben den vertraglichen Haftungsbeschränkungen besteht die Möglichkeit der Begrenzung der Haftung durch die Wahl einer entsprechenden Rechtsform für die Berufsausübung. Dafür stehen nunmehr die Partnerschaft (→ PartGG § 8 Rn. 2 ff.), die Rechtsanwaltsgesellschaft (§§ 59c ff., vgl. insbesondere → § 59c Rn. 2; → § 59j Rn. 1 ff.) und auch die Rechtsanwalts-AG (→ § 59a Rn. 99) zur Verfügung. Eine BGB-Gesellschaft mit beschränkter Haftung (GbR mbH) ist unzulässig, so dass auf diesem Weg eine einseitige Haftungsbeschränkung nicht möglich ist (*Grams* AnwBl. 2001, 294, 295; BayObLG NJW 1999, 297; BGH NJW 1999, 3483). 22

§ 53 Bestellung eines allgemeinen Vertreters

(1) **Der Rechtsanwalt muß für seine Vertretung sorgen,**

1. wenn er länger als eine Woche daran gehindert ist, seinen Beruf auszuüben;

2. wenn er sich länger als eine Woche von seiner Kanzlei entfernen will.

(2) **1 Der Rechtsanwalt kann den Vertreter selbst bestellen, wenn die Vertretung von einem derselben Rechtsanwaltskammer angehörenden Rechtsanwalt übernommen wird. 2 Ein Vertreter kann auch von Vornherein für alle Verhinderungsfälle, die während eines Kalenderjahres eintreten können, bestellt werden. 3 In anderen Fällen kann ein Vertreter nur auf Antrag des Rechtsanwalts von der Rechtsanwaltskammer bestellt werden.**

(3) *[aufgehoben]*

(4) **1 Die Rechtsanwaltskammer soll die Vertretung einem Rechtsanwalt übertragen. 2 Sie kann auch andere Personen, welche die Befähigung zum Richteramt erlangt haben, oder Referendare, die seit mindestens zwölf Monaten im Vorbereitungsdienst beschäftigt sind, zu Vertretern bestellen. 3 § 7 gilt entsprechend.**

(5) **1 In den Fällen des Absatzes 1 kann die Rechtsanwaltskammer den Vertreter von Amts wegen bestellen, wenn der Rechtsanwalt es unterlassen hat, eine Maßnahme nach Absatz 2 Satz 1 zu treffen oder die Bestellung eines Vertreters nach Absatz 2 Satz 3 zu beantragen. 2 Der Vertreter soll jedoch erst bestellt werden, wenn der Rechtsanwalt vorher aufgefordert worden ist, den Vertreter selbst zu bestellen oder einen Antrag nach Absatz 2 Satz 3 einzureichen, und die ihm hierfür gesetzte Frist fruchtlos verstrichen ist. 3 Der Rechtsanwalt, der von Amts wegen als Vertreter bestellt wird, kann die Vertretung nur aus einem wichtigen Grund ablehnen.**

(6) **Der Rechtsanwalt hat die Bestellung des Vertreters in den Fällen des Absatzes 2 Satz 1 der Rechtsanwaltskammer anzuzeigen.**

(7) **Dem Vertreter stehen die anwaltlichen Befugnisse des Rechtsanwalts zu, den er vertritt.**

(8) **Die Bestellung kann widerrufen werden.**

(9) **[1]Der Vertreter wird in eigener Verantwortung, jedoch im Interesse, für Rechnung und auf Kosten des Vertretenen tätig. [2]Die §§ 666, 667 und 670 des Bürgerlichen Gesetzbuchs gelten entsprechend.**

(10) **[1]Der von Amts wegen bestellte Vertreter ist berechtigt, die Kanzleiräume zu betreten und die zur Kanzlei gehörenden Gegenstände einschließlich des der anwaltlichen Verwahrung unterliegenden Treugutes in Besitz zu nehmen, herauszuverlangen und hierüber zu verfügen. [2]An Weisungen des Vertretenen ist er nicht gebunden. [3]Der Vertretene darf die Tätigkeit des Vertreters nicht beeinträchtigen. [4]Er hat dem von Amts wegen bestellten Vertreter eine angemessene Vergütung zu zahlen, für die Sicherheit zu leisten ist, wenn die Umstände es erfordern. [5]Können sich die Beteiligten über die Höhe der Vergütung oder über die Sicherheit nicht einigen oder wird die geschuldete Sicherheit nicht geleistet, setzt der Vorstand der Rechtsanwaltskammer auf Antrag des Vertretenen oder des Vertreters die Vergütung fest. [6]Der Vertreter ist befugt, Vorschüsse auf die vereinbarte oder festgesetzte Vergütung zu entnehmen. [7]Für die festgesetzte Vergütung haftet die Rechtsanwaltskammer wie ein Bürge.**

Schrifttum: BRAK, Hinweise für die Tätigkeit des Abwicklers und des amtlich bestellten Vertreters, BRAK-Mitt. 1994, 22; BRAK-Mitt. 1995, 238; *Borgmann/Jungk/Schwaiger,* Anwaltshaftung, 5. Aufl. 2014; *Bräuer,* Kein Weihnachtsmärchen – Fristenlösender Zugang am Feiertag, oder: Dürfen Anwälte Urlaub machen?, AnwBl. 2003, 715; *Dahns,* Der Kanzleivertreter, NJW-Spezial 2013, 638; *ders.,* Krankheitsbedingte Fristversäumung, NJW-Spezial, 2013, 414; *Fischedick,* Besprechung und Arbeitsvorbereitung mit dem amtlich bestellten Vertreter und dem Abwickler, BRAK-Mitt. 2008, 207; *Henssler/Michel,* Vertretung durch sozietätsverbundene Rechtsanwälte bei einseitiger Willenserklärung, NJW 2015, 11; *Haselbach/Tauchert,* Die Auswahl der Person des Vertreters im Sinne des § 53 oder eines Abwicklers nach § 55 BRAO durch die Rechtsanwaltskammer, BRAK-Mitt. 2008, 156; *Offermann-Burckart,* Bestellung eines Vertreters gemäß § 53 BRAO, RAK Düsseldorf KammerMitt. 2010, 243; *Sassenbach,* Der Vertreter des Anwalts – Kennen Sie § 53 BRAO?, AnwBl. 2008, 872; *Ueberfeldt,* Vertretung des Praxisinhabers, DStR 2009, 346.

Zur Abwicklervergütung und Bürgenhaftung: *März,* Festsetzung der Abwicklervergütung und Bürgenhaftung der RAK, BRAK-Mitt. 2009, 162; *Knöfel,* Vergütung des Kanzleiabwicklers und Bürgenhaftung der Kammer, AnwBl. 2005, 530; *van Bruggen,* Abwicklung und Insolvenz – Wer bezahlt den Abwickler, RAK Tübingen, Heft 30, April 2013, 15; *Wierz,* Die finanzielle Seite der Abwicklung – Eine kritische Auseinandersetzung mit der bestehenden Gesetzeslage, BRAK-Mitt. 2009, 108.

Übersicht

I. Gesetzesänderungen

1 Mit dem Gesetz zur Änderung des Berufsrecht der Rechtsanwälte und der Patentanwälte vom 13.12.1989 (BGBl. I S. 2135) wurden unter anderem die Abs. 9 und 10 angefügt. Am 1.6.2007 ist das Gesetz zur Stärkung der Selbstverwaltung der Rechtsanwaltschaft vom 25.3.2007 (BGBl. I S. 358) in Kraft getreten. Dadurch wurden § 53 Abs. 2 und 5 neu gefasst und Abs. 3 aufgehoben. Die bisherige Beschränkung, wonach ein Rechtsanwalt einen Vertreter nur selbst bestellen kann, wenn die Vertretung die Dauer eines Monats nicht überschreitet (vgl. 6. Aufl. § 53 Rn. 6 ff.), ist aufgehoben. Nunmehr kann ein Rechtsanwalt unabhängig von der Dauer der Verhinderung den Vertreter selbst bestellen. Die Deregulierung entlastet die RAK von dem Massengeschäft der Vertreterbestellung zu Beginn eines Kalenderjahres und erweitert dadurch die Möglichkeiten, sich den eigentlichen Kernaufgaben zu widmen (BT-Drs. 15/5223, 18 = 16/513, 17). Im Übrigen wurde § 53 redaktionell den veränderten Zuständigkeiten angepasst.

1a Am 15.7.2013 ist das Gesetz zur Einführung einer Partnerschaftsgesellschaft mit beschränkter Haftung und zur Änderung des Berufsrechts für Rechtsanwälte, Patentanwälte und Steuerberater (BGBl. I S. 2386) in Kraft getreten. Neu ist die Verweisung in § 59m Abs. 2 auf § 53, der die Bestellung eines allgemeinen Vertreters regelt. Auch bei zugelassenen **Rechtsanwaltsgesellschaften** kann die Situation eintreten, dass ein Vertreter bestellt werden muss; etwa wenn der einzige Geschäftsführer einer Ein-Personen Rechtsanwalts-GmbH erkrankt. Dann muss insbesondere auch die Möglichkeit bestehen, dass die RAK gemäß § 53 Abs. 5 eine Vertretung für eine führungslose Rechtsanwaltsgesellschaft bestellt, damit deren Mandate fortgeführt werden können (amtliche Begründung, BT-Drs. 309/12, 16).

II. Abgrenzung

2 § 53 Abs. 1 verpflichtet den Rechtsanwalt dazu, in den dort genannten Fällen für seine Vertretung zu sorgen. Anders als dies bei § 52 aF der Fall war, geht es nicht um die Vertretung eines Mandanten des Rechtsanwalts in einem bestimmten Verfahren, sondern um die allgemeine, allumfassende Vertretung des Rechtsanwalts selbst hinsichtlich seiner Berufsausübung. Während dem allgemeinen Vertreter (§ 53) dazu eine umfassende Vollmacht erteilt wird, erhielt der Unterbevollmächtigte (§ 52 aF) nur eine Vollmacht zur Vertretung einer bestimmten Partei in einem bestimmten Verfahren. Darüber hinaus unterscheiden beide sich hinsichtlich des Vollmachtgebers. Während Vollmachtgeber des allgemeinen Vertreters (§ 53) regelmäßig der substituierte Rechtsanwalt selbst ist (§ 53 Abs. 2 S. 1) oder teilweise die RAK (§ 53 Abs. 2 S. 4, Abs. 5), wurde aber in den Fällen der Spezialsubstitution (§ 52 aF) der Vertreter durch die Partei, dh in deren Namen bestimmt (Henssler/Prütting/*Prütting* § 53 Rn. 6).

2a Eine weitere Möglichkeit, für den Rechtsanwalt einen „Vertreter" zu bestellen, sieht **§ 35** vor. Diese Vorschrift hat jedoch gegenüber dem allgemeinen Vertreter nach § 53 einen völlig verschiedenen Aufgabenbereich. Der Vertreter nach § 35 wird auf „Ersuchen der RAK" für ein Verwaltungsverfahren bestellt (Hartung/*Scharmer* § 53 Rn. 5). Eine Sonderregelung zur Vertreterbestellung ergibt sich in **§ 47 Abs. 1 und 2.** In beiden Fällen besteht für den Rechtsanwalt ein rechtliches Hindernis seinen Beruf als Anwalt auszuüben. Für die beim BGH zugelassenen Rechtsanwälte enthält **§ 173** eine Sonderregelung.

III. Bestellung eines allgemeinen Vertreters

3 **1. Voraussetzungen für die Bestellung eines allgemeinen Vertreters. a) Pflicht zur Vertreterbestellung (Abs. 1).** Der Rechtsanwalt, der als Organ der Rechtspflege (§ 1) dem rechtsuchenden Publikum seine Dienstleistungen anbietet, muss für dieses auch erreichbar sein (→ § 27 Rn. 1 ff.). Wenn er daran gehindert ist, muss er für seine Vertretung sorgen; notfalls muss

dies die RAK tun (§ 53 Abs. 2 S. 3, Abs. 5; Henssler/Prütting/*Prütting* § 53 Rn. 4). Allerdings hat der Verstoß gegen die rein berufsrechtliche Pflicht zur Vertreterbestellung keine prozessrechtliche Wirkung. Trotz der Pflicht zur Vertreterbestellung ist bei der Zustellung an eine Sozietät gegen Empfangsbekenntnis für die Berechnung von Fristen das Datum der Entgegennahme durch den Sachbearbeiter nach dessen Rückkehr und nicht das Datum des Zugangs in der Kanzlei maßgeblich (**aA** OVG Lüneburg BRAK-Mitt. 2005, 74 mit abl. Anm. *Grams*). § 53 betrifft insgesamt nur die Fälle, in denen der Rechtsanwalt „länger als eine Woche" daran gehindert ist, seinen Beruf auszuüben und zwar nach Abs. 1 Nr. 1 allgemein und nach Nr. 2 muss er gehindert sein, seinen Beruf von seiner Kanzlei aus auszuüben. Die Fälle der Nr. 1 und Nr. 2 stehen selbständig nebeneinander und ergänzen sich. Die „allgemeine" Vertretung grenzt sich von der Vertretung im Einzelfall ab. Die Bestellung eines „Vertreters mit Einzelvollmacht" ist in § 81 Abs. 1 ZPO geregelt.

4 **aa) Allgemeines Berufsausübungshindernis (Abs. 1 Nr. 1).** Voraussetzung für die Bestellung eines allgemeinen Vertreters nach Abs. 1 Nr. 1 ist, dass der Rechtsanwalt im Ganzen daran gehindert ist, seinen Beruf auszuüben. Dabei ist gleichgültig, ob das Berufsausübungshindernis ein tatsächliches (zB Urlaub, schwere Krankheit) oder ein rechtliches Hindernis (zB § 16 Abs. 6 S. 2, § 70 StGB, § 132a StPO) ist. Im Falle eines vorläufigen Berufs- oder Vertretungsverbotes nach §§ 150 ff. (nicht im Falle des § 161a) gilt § 161 mit den Verweisungen auf § 53 (§ 161 Abs. 2).

5 Die Verhinderung nur hinsichtlich einzelner Berufsgeschäfte (vgl. zB § 45) fällt nicht in den Anwendungsbereich des § 53 Abs. 1 Nr. 1 (BGH NJW-RR 1999, 359 = BRAK-Mitt. 1998, 199). Daher darf auch nicht die RAK im Falle eines gegenständlich beschränkten Vertretungsverbots nach § 114 Abs. 1 Nr. 4 dem Rechtsanwalt für die vom Vertretungsverbot erfassten Rechtsgebiete einen allgemeinen Vertreter bestellen (BGH BRAK-Mitt. 1992, 218 = MDR 1993, 280).

6 **bb) Abwesenheit von der Kanzlei (Abs. 1 Nr. 2).** Die beabsichtigte Entfernung des Rechtsanwalts von seiner Kanzlei für länger als eine Woche ist begrifflich nicht identisch mit dem in Nr. 1 genannten Berufsausübungshindernis (Henssler/Prütting/*Prütting* § 53 Rn. 7), die Berufsausübungshindernisse können sich aber überschneiden. Während es in Nr. 1 um ein umfassendes Berufsausübungshindernis tatsächlicher oder rechtlicher Art geht, geht es in Nr. 2 darum, dass der Rechtsanwalt von seiner Kanzlei aus seinen Beruf für längere Zeit nicht ausüben kann, weil er ortsabwesend ist. Die Unterscheidung zwischen den Fällen des § 53 Abs. 1 Nr. 1 und Nr. 2 ist rein theoretischer Natur und ohne praktische Bedeutung. Nach Auffassung Scharmer könnte die Unterscheidung bei Gelegenheit einer nächsten BRAO-Reform deshalb ohne weiteres entfallen (Hartung/*Scharmer* § 53 Rn. 16). Die nach § 53 Abs. 1 Nr. 2 bestehende Verpflichtung eines Rechtsanwalts bei einer länger als einwöchigen Abwesenheit von seiner Kanzlei für eine Vertretung zu sorgen, verstößt weder gegen das Recht des Anwalts auf freie Berufsausübung (Art. 12 Abs. 1 GG) noch gegen das Recht des von ihm Vertretenen auf freie Anwaltswahl (Art. 2 Abs. 1 GG; LSG Rheinland-Pfalz BeckRS 2010, 66058).

7 Vor Änderung der BRAO mit Gesetz vom 26.3.2007 (BGBl. I S. 358) wurde nach § 53 Abs. 1 Nr. 2 die **Ortsabwesenheit** von der Rechtsprechung und der überwiegenden Meinung im Schrifttum so verstanden, dass § 53 Abs. 1 Nr. 2 nur eingreife, wenn die beabsichtigte Kanzleiabwesenheit nicht im Rahmen der anwaltlichen Berufsausübung erfolge, da § 53 nicht zu einer Vermehrung der Leistungsfähigkeit des Rechtsanwalts durch Umgehung des Verbots der Einrichtung von Zweigstellen bzw. der Abhaltung von Sprechtagen (§ 28 aF) führen dürfe. Längere Abwesenheit vom Kanzleiort, um andernorts beruflichen Tätigkeiten nachzugehen, sei kein eine Generalsubstitution nach § 53 Abs. 1 Nr. 2 rechtfertigender Grund (6. Aufl. § 53 Rn. 1, 2; *Kleine-Cosack* § 53 Rn. 1). So rechtfertige die Wahrnehmung von auswärtigen Gerichtsterminen in erheblichem Umfang keine Bestellung eines allgemeinen Vertreters, da diese Entfernung von der Kanzlei im Rahmen der Berufsausübung des Rechtsanwalts erfolge (EGH Frankfurt BRAK-Mitt. 1993, 224).

8 § 53 Abs. 1 Nr. 2 gilt nun unabhängig davon, ob die Ortsabwesenheit auf beruflichen oder auf außerberuflichen Gründen beruht. Nachdem § 28 aF mit Gesetz vom 26.3.2007 (BGBl. I S. 358) aufgehoben wurde, weil die Vorschrift ihre rechtliche Funktion – Umgehungen des ebenfalls entfallenen Lokalisierungsgebotes zu verhindern – verloren hat, fehlt der bisherigen einschränkenden Auslegung des § 53 Abs. 1 Nr. 2 die Rechtfertigung. Soweit mit der Auf-

hebung des § 28 aF das Zweigstellenverbot und das Verbot der Wahrnehmung auswärtiger Sprechtage in Wegfall geraten ist, bedarf es auch **keiner Einschränkung des Anwendungsbereichs des § 53 Abs. 1 Nr. 2** mehr, um diese auswärtigen Tätigkeiten zu unterbinden. Darüber hinaus macht auch der Wortlaut des § 53 Abs. 1 Nr. 2 keinen Unterschied hinsichtlich des Anlasses, aus dem der Rechtsanwalt seine Kanzlei für länger als eine Woche verlassen will. Im Vordergrund stehen die berechtigten Interessen des Rechtsanwalts an der freien Gestaltung seiner Berufstätigkeit.

Der Gesetzeszweck gebietet im Interesse der Rechtspflege eine **Sicherstellung der Erreichbarkeit des Rechtsanwalts** für die Rechtsuchenden, Gerichte und Behörden in seiner Kanzlei zumindest in der Person des allgemeinen Vertreters (BGH NJW-RR 1999, 359 = BRAK-Mitt. 1998, 199). Dafür ist es ohne jeden Belang, ob die sonst drohende Unerreichbarkeit wegen längerer Ortsabwesenheit auf beruflichen oder außerberuflichen Gründen beruht. Für die Rechtsuchenden pp. ist das Ergebnis gleich. Daher ist in beiden Fällen die Bestellung eines allgemeinen Vertreters gerechtfertigt und nach Abs. 1 Nr. 2 auch dann zulässig, wenn sich der Rechtsanwalt aus beruflichen Gründen, zB zwecks Wahrnehmung der Prozessvertretung vor einem auswärtigen Gericht für einen längeren Zeitraum von seiner Kanzlei entfernt (Henssler/Prütting/*Prütting* § 53 Rn. 6). Auch die gelegentliche, dh aus konkretem Anlass im Einzelfall erfolgende und nicht von vornherein an bestimmten Tagen geplante auswärtige Beratung von Mandanten kann einen Behinderungsfall iSd § 53 darstellen (Henssler/Prütting/*Prütting* § 53 Rn. 7; **aA** BGH NJW-RR 1999, 359 = BRAK-Mitt. 1998, 199; AGH RhPf BRAK-Mitt. 1998, 45). 8a

cc) Wochenfrist. Ein Hinderungsfall des Abs. 1 Nr. 1 oder Nr. 2 begründet eine Berufspflicht zur Vertreterbestellung erst dann, wenn der Hinderungsfall länger als eine Woche andauern wird. Dauert die Hinderung nur bis zu einer Woche, ist der Rechtsanwalt grundsätzlich nicht verpflichtet, einen allgemeinen Vertreter zu bestellen. Es bleibt seiner pflichtgemäßen Entscheidung überlassen, ob er es völlig unterlässt, ob er für einzelne Fälle für eine Einzelvertretung sorgt oder einen allgemeinen Vertreter bestellt. 9

Der Rechtsanwalt ist verpflichtet, seine Kanzlei allgemein anzuweisen, für den Fall seiner plötzlichen Verhinderung um einen Vertreter bemüht zu sein, damit Fristen nicht versäumt werden und ggf. für ihn, wenn er selbst nicht dazu in der Lage ist, die Bestellung eines Vertreters bei der RAK zu veranlassen. Ein Rechtsanwalt, der solche allgemeinen Anweisungen nicht erteilt, handelt in der Regel schuldhaft (BGH BRAK-Mitt. 2005, 181 mit Anm. *Jungk;* AnwBl. 1999, 227; MDR 1961, 305). 10

Dauert die Verhinderung länger als eine Woche, dann ist der Rechtsanwalt berufsrechtlich verpflichtet, für seine allgemeine Vertretung zu sorgen. Das heißt, er muss einen Vertreter entweder selbst bestellen oder ihn durch die RAK bestellen lassen, der dabei kein Ermessen zukommt (EGH Celle EGE IX, 123). 11

dd) Folgen einer unterbliebenen Vertreterbestellung. Auf jeden Fall trägt der Rechtsanwalt das volle Risiko bei Eintritt eines plötzlichen Verhinderungsfall. Das Unterlassen einer Vertreterbestellung kann zu Schadensersatzansprüchen und unter Umständen auch berufsrechtlichen Maßnahmen führen (*Isele* § 53 Anm. III B). Der Rechtsanwalt setzt sich, für den Fall, dass einem Mandanten durch die (zeitweise) Nichterfüllung des Anwaltsvertrags (zB durch Fristversäumnis oder allgemein die fehlende Erreichbarkeit des Anwalts) ein Schaden entsteht, Regressansprüchen aus (*Offermann-Burckart* RAK Düsseldorf Mitt. 2010, 243). Dem Rechtsanwalt kann in der Regel **keine Wiedereinsetzung** in den vorigen Stand gewährt, wenn er nicht ohne sein Verschulden an der Einhaltung der Berufungsbegründungsfrist gehindert war (§ 233 ZPO). Jedoch muss sich ein Anwalt auf einen krankheitsbedingten Ausfall nur dann durch konkrete Maßnahmen vorbereiten, wenn er einen solchen Ausfall vorhersehen kann (BGH NJW-RR 2013, 1011; NJW-Spezial 2013, 414; NJW 2013, 3183). 11a

Der Rechtsanwalt hat **Organisationspflichten im Krankheitsfall.** Für den Fall einer krankheitsbedingten Verhinderung muss der Anwalt stets sicherstellen, dass ein Vertreter entweder schon vorhanden ist oder vom Kanzleipersonal erreicht werden kann (BGH NJW-RR 2014, 701). Auf einen krankheitsbedingten Ausfall müsse sich der Rechtsanwalt aber nur dann durch konkrete Maßnahmen vorbereiten, wenn er eine solche Situation vorhersehen könne. Werde er dagegen unvorhergesehen krank, gereiche ihm eine unterbliebene Einschaltung eines Vertreters nicht zum Verschulden, wenn ihm diese weder möglich noch zumutbar gewesen sei (BGH NJW 11b

2013, 3183). Jedoch muss auch der Einzelanwalt ohne Personal für den Fall einer unvorhergesehenen Erkrankung, Vorkehrungen für eine eventuelle Vertretung sorgen (BGH NJW 2014, 228).

12 **b) Vertreterbestellung bei wiederholter Verhinderung während eines Kalenderjahres (Abs. 2 S. 2).** Ein Vertreter kann auch von vornherein für alle Verhinderungsfälle, die während eines Kalenderjahrs eintreten können, bestellt werden. Ist ein Rechtsanwalt im Laufe eines Kalenderjahres mit einer gewissen Wahrscheinlichkeit aufgrund einer dauerhaft gegebenen Situation wiederholt länger an der Ausübung seines Berufes gehindert, dann **kann er nach Abs. 2 S. 1** entweder selbst einen allgemeinen Vertreter bestellen, bzw. nach **Abs. 2 S. 3** ihn durch die RAK bestellen lassen (→ Rn. 19). Eine **gesetzliche Pflicht** wie in Fällen des Abs. 1 **besteht dazu nicht.** Vielmehr kann der Rechtsanwalt abwarten, bis ein Vertretungsfall nach Abs. 1 tatsächlich entsteht.

12a Bei dem Begriff **„Verhinderungsfall"** handelt es sich um einen unbestimmten Rechtsbegriff, dessen Auslegung der gerichtlichen Überprüfung unterliegt (AGH RhPf BRAK-Mitt. 1998, 45). Im Rahmen des Abs. 2 S. 1 ist zB zu denken an zu erwartende Hinderungsfälle infolge chronischer Erkrankung (die aber nicht die dauernde Dienstunfähigkeit zur Folge haben darf, da dann § 14 Abs. 2 Nr. 3 eingreift), politischer Betätigung, Wahrnehmung von Ehrenämtern, auch in anwaltlichen Berufsorganisationen (*Isele* § 53 Anm. V B) oder auch wegen Tätigkeit als Beiratsmitglied einer im Familienbesitz befindlichen Unternehmensgruppe (BGH NJW-RR 1999, 359 = BRAK-Mitt. 1998, 199; AGH RhPf BRAK-Mitt. 1998, 45). Ist ein Rechtsanwalt infolge vorhersehbarer Erkrankungen (zB öfters auftretende Sehstörungen) gehindert, fristwahrende Schriftsätze zu fertigen, muss er durch Bestellung eines Vertreters für deren Erledigung sorgen oder zumindest in anderer Weise sicherstellen, dass rechtzeitig Fristverlängerung beantragt werden kann (BGH BRAK-Mitt. 2006, 167 mit Anm. *Grams*). Eine Beschränkung des Begriffs „Verhinderungsfälle" allein auf die Fälle der Hinderung durch die Wahrnehmung politischer oder ehrenamtlicher Tätigkeiten im öffentlichen Leben widerspricht dem logisch-systematischen Zusammenhang von Abs. 2 S. 2 mit Abs. 1 und lässt sich auf die Gesetzgebungsgeschichte nicht stützen (BGH NJW-RR 1999, 359).

13 Entscheidend für die Bestellung eines allgemeinen Vertreters nach **Abs. 2 S. 2 für ein Kalenderjahr im voraus** ist, dass mit einer gewissen Wahrscheinlichkeit fortlaufend aus einer dauerhaft gegebenen Situation Behinderungsfälle eintreten werden (BGH NJW-RR 1999, 359), die im Interesse der Rechtspflege, insbesondere der Rechtsuchenden durch die Vertreterbestellung verhindert werden sollen. Der Verhinderungsfall, nicht der Grund dafür, ist für die Rechtspflege und insbesondere die Rechtsuchenden der maßgebliche Umstand, so dass der jeweilige Grund für die zu erwartende Verhinderung zunächst gleich ist.

13a Da Verhinderungsfälle oft nicht vorhersehbar sind, hat es sich in der Praxis bewährt, dass gerade Rechtsanwälte, die eine **Einzelpraxis** betreiben, einen allgemeinen Vertreter für das Kalenderjahr bestellen und dies entsprechend der RAK anzeigen (Abs. 6). Dies gilt zum einen um Haftungsfälle zu vermeiden und zum anderen, um eine Kanzlei im Krankheitsfall des Rechtsanwalts weiterführen zu können. Im Falle einer plötzlichen Erkrankung trägt der Rechtsanwalt das Risiko, falls Fristen versäumt werden. Die Pflicht des Rechtsanwalts, für seine Vertretung zu sorgen, umfasst auch die Pflicht zur Vorsorge für den Fall vorhersehbarer Erkrankungen (vgl. BGH NJW 2006, 2412; Organisationspflichten im Krankheitsfall → Rn. 11a).

13b Die bis zur Gesetzesänderung im Jahr 2007 von der Rechtsprechung und der hM vertretene Auffassung, ausreichende Verhinderungsfälle, die während eines Kalenderjahres eintreten können, seien nicht solche, die infolge Wahrnehmung anderer anwaltlicher Tätigkeiten wie zB der Verteidigung in einer auf Monate terminierten Strafsache eintreten können, da der Rechtsanwalt dann nicht an der Ausübung seines Berufes im Ganzen gehindert sei (BGH NJW-RR 1999, 359; AGH RhPf BRAK-Mitt. 1998, 45; 6. Aufl. § 53 Rn. 7; *Kleine-Cosack* § 53 Rn. 1), lässt sich nach Streichung des § 28 nicht weiter aufrechterhalten (→ Rn. 8). Die Auffassung, die übernommenen Pflichten, die zu den wiederholten Verhinderungen führen, dürften ihren unmittelbaren Ursprung nicht in der anwaltlichen Berufsausübung haben (BGH NJW-RR 1999, 359), findet nach Aufhebung des § 28 keine Stütze im Gesetz mehr.

14 Aber der Rechtsanwalt muss darauf achten, dass der Grund für die Verhinderungsfälle nicht in einer Situation liegt, die mit **seiner Stellung und seinen Pflichten als Rechtsanwalt unvereinbar** ist. Er darf also zB einen allgemeinen Vertreter für das Kalenderjahr nicht von vornherein bestellen, um eine Beschäftigung außerhalb des Anwaltsberufes auszuüben, die ihm die rechtliche

und tatsächliche Möglichkeit zur anwaltlichen Tätigkeit weitgehend nimmt (→ § 7 Rn. 88 ff.; → § 14 Rn. 66 ff.) oder um sonst Tätigkeiten auszuüben, die mit seiner Stellung und seinen Pflichten als Rechtsanwalt unvereinbar sind (vgl. §§ 43a Abs. 1, 45, 46).

Soweit die RAK auf Antrag des Rechtsanwalts die Entscheidung entsprechend Abs. 2 S. 2 treffen soll (Abs. 2 S. 3) hat sie im Rahmen ihrer insoweit nach **pflichtgemäßen Ermessen** zu treffenden Entscheidung zu prüfen, ob etwa ein entsprechender Missbrauch des Instituts des allgemeinen Vertreters für ein ganzes Kalenderjahr zu befürchten ist. Sie wird also eine solche Bestellung ablehnen, wenn der Rechtsanwalt im Verlaufe des Jahres wiederholt ihm nicht gestattete Tätigkeiten ausüben will, die ihn hindern seinen Anwaltsberuf auszuüben. 15

2. Zuständigkeit. Die Bestellung des allgemeinen Vertreters kann entweder durch den zu vertretenden Rechtsanwalt selbst (Abs. 2 S. 1) oder durch die RAK, der er angehört, erfolgen (Abs. 2 S. 3). Wer im konkreten Fall die Bestellung vornehmen kann, hängt davon ab, wer zum Vertreter bestellt werden soll. 16

a) Bestellung durch den Rechtsanwalt (Abs. 2 S. 1). Im Zuge der verschiedenen Deregulierungen der BRAO ist das Verfahren der Vertreterbestellung in den letzten Jahren weiter vereinfacht worden. Der zu vertretende Rechtsanwalt darf einen Rechtsanwalt, auch einen niedergelassenen europäischen Rechtsanwalt (§§ 2, 6 EuRAG) zu seinem allgemeinen Vertreter bestellen, soweit dieser auch derselben RAK angehört (Abs. 2 S. 1). Bei der Bestellung durch den Rechtsanwalt selbst, ist eine Zuverlässigkeitsprüfung, wie sie in Abs. 4 S. 2 für die RAK vorgesehen ist, nicht erforderlich. Andere Personen (Abs. 4 S. 2) kann der Rechtsanwalt nicht zu seinen Vertreter bestellen. Die bis zur Gesetzesänderung im Jahr 2007 (BGBl. I S. 358) geltende Beschränkung, wonach der Rechtsanwalt die Vertreterbestellung nur dann selbst vornehmen konnte, wenn die Vertretung die Dauer eines Monats nicht überschreitet, wurde aufgehoben. 17

b) Bestellung durch die RAK (Abs. 2 S. 3). Darf oder will der Rechtsanwalt die Bestellung nicht selbst vornehmen, dann wird der allgemeine Vertreter durch die RAK bestellt (Henssler/Prütting/*Prütting* § 53 Rn. 12). Dafür kann die Kammer nach § 192 Abs. 1 iVm ihrer jeweiligen nach § 89 Abs. 2 Nr. 2 beschlossenen Gebührenordnung von dem Rechtsanwalt **Verwaltungsgebühren** erheben. Die Höhe der Gebühr ergibt sich aus der jeweiligen Beitragsordnung der RAK. Die RAK kann sowohl auf Antrag des Rechtsanwalts (Abs. 2 S. 3) als auch von Amts wegen (Abs. 5) tätig werden. In beiden Fällen handelt es sich um ein förmliches Verfahren. Über § 32 findet das VwVfG ergänzend Anwendung. 18

aa) Bestellung auf Antrag (Abs. 2 S. 3). Auf Antrag des zu vertretenden Rechtsanwalts (Abs. 2 S. 3) wird die RAK in den Vertretungsfällen des Abs. 1 und des Abs. 2 S. 2 tätig, wenn der Rechtsanwalt die Vertretung auf eine Person übertragen haben will, die er selbst nicht zu seinem allgemeinen Vertreter bestellen kann. Das sind Rechtsanwälte aus einem anderen Kammerbezirk (Abs. 2 S. 1) oder andere Personen iSd Abs. 4 S. 2. Bestellt die RAK auf Antrag einen allgemeinen Vertreter, ist dieser **„amtlich bestellt"**. 19

bb) Bestellung von Amts wegen (Abs. 5). Von der amtlichen Bestellung eines Vertreters (→ Rn. 19) ist die Bestellung eines Vertreters von Amts wegen zu unterscheiden. Bei Vorliegen der Voraussetzungen des Abs. 5 kommt eine Bestellung von Amts wegen in Betracht. Kommt der Rechtsanwalt seiner Pflicht nach § 53 Abs. 1 zur Bestellung bzw. Beantragung der Bestellung eines allgemeinen Vertreters durch die RAK (→ Rn. 3–11a) nicht nach, kann die RAK die erforderliche Bestellung von Amts wegen vornehmen. Die Bestellung eines allgemeinen Vertreters von vornherein für alle Verhinderungsfälle, die während eines Kalenderjahres eintreten können (Abs. 2 S. 2), ist der RAK von Amts wegen nicht möglich. Insoweit kann sie nur auf Antrag tätig werden. Die Vertreterbestellung von Amts wegen ist ein Verwaltungsverfahren, auf das nach § 32 Abs. 1 S. 1 ergänzend zu den Bestimmungen der BRAO das VwVfG anzuwenden ist. Für eine Bestellung von Amts wegen muss bereits ein **konkreter Vertretungsfall** nach Abs. 1 vorliegen. Nur in Ausnahmefällen muss es der RAK selbst möglich sein, einen Vertreter zu bestellen. Abs. 5 betrifft Fälle, in denen es dem Rechtsanwalt nicht möglich war, einen Vertreter eigenhändig zu bestellen bzw. ein Vertreter nicht von vornherein für alle Verhinderungsfälle bestellt worden ist (*Dahns* NJW-Spezial 2013, 638). In der Praxis sind das Fälle, wonach ein Rechtsanwalt plötzlich erkrankt ist, zB im Koma liegt oder wenn der Rechtsanwalt aus welchen Gründen auch immer über einen längeren Zeitraum nicht mehr erreichbar – verschwunden – ist. 20

21 **cc) Anhörung.** Nach Abs. 5 S. 2 soll die RAK von Amts wegen einen Vertreter erst bestellen, wenn der zu vertretende Rechtsanwalt vorher aufgefordert worden ist, den Vertreter nach Abs. 2 S. 1 selbst zu bestellen oder einen Antrag nach Abs. 2 S. 3 einzureichen, der mit einem Personalverschlag für die Person des Vertreters verbunden sein sollte. Dazu soll ihm eine angemessene Frist gesetzt werden, die fruchtlos verstrichen sein muss. Bei der Vorschrift zur vorherigen Aufforderung mit Fristsetzung handelt es sich aber nur um eine Sollvorschrift. Verlangt die Situation eine sofortige Vertreterbestellung, kann die RAK von einer vorherigen Aufforderung absehen. Über § 32 findet § 28 VwVfG zur Form der Anhörung ergänzend Anwendung. Ein Ausnahmefall liegt vor, wenn der Rechtsanwalt verschwunden und nichtmehr erreichbar ist. Ein weiterer Fall ist eine plötzliche schwere Erkrankung; der Rechtsanwalt kann nicht mehr agieren. In diesem Fall sollte jedoch ein entsprechendes ärztliches Attest der RAK vorgelegt werden. An die Bestellung eines allgemeinen Vertreters von Amts wegen, dh ohne entsprechenden Antrag des zu vertretenden Rechtsanwalts, knüpfen sich nach Abs. 10 besondere Folgen (→ Rn. 56 ff.).

22 **3. Kreis der Personen, aus dem der Vertreter ausgewählt werden kann. a) Auswählbare Personen.** Welche Personen zum allgemeinen Vertreter bestellt werden können, ist in Abs. 2 S. 1, sowie in Abs. 4 geregelt. Dazu sind zunächst allgemein Rechtsanwälte geeignet. Niedergelassene europäische Rechtsanwälte (§§ 2, 6 Abs. 1 EuRAG) können an sich nach dem Wortlaut des § 53 Abs. 4 nicht zum Vertreter bestellt werden, da sie nicht zu dem aufgeführten Personenkreis gehören. Jedoch ist der niedergelassene europäische Rechtsanwalt den deutschen Rechtsanwälten nach §§ 2 und 6 EuRAG weitestgehend gleichgestellt. Bei sinngemäßer Anwendung der Norm wird die RAK es deshalb für zulässig halten müssen, dass auch ein europäischer (niedergelassener) Rechtsanwalt zum Vertreter bestellen kann (Hartung/*Scharmer* § 53 Rn. 40). Während die RAK sowohl von Amts wegen wie auf Antrag jeden Rechtsanwalt bestellen kann, kann aber der zu vertretende Rechtsanwalt nur einen derselben RAK wie er angehörenden Rechtsanwalt zum allgemeinen Vertreter bestimmen. Zu der Frage der Auswahl der Person des Vertreters iSd § 53 durch die RAK wird verwiesen auf *Haselbach/Tauchert* BRAK-Mitt. 2008, 156.

23 Die RAK kann darüber hinaus **auch andere Personen,** welche die Befähigung zum Richteramt erlangt haben, oder Referendare (BVerfG NJW 1994, 930; BGH StrV 1989, 465; OLG Düsseldorf NJW 1994, 1296 = JMBl. NW 1994, 71), die seit mindestens zwölf Monaten im Vorbereitungsdienst beschäftigt sind, zu allgemeinen Vertretern bestellen. Durch landesrechtliche Bestimmungen kann jedoch die Bestellungsmöglichkeit von Referendaren eingeschränkt werden. Ist ein Rechtsreferendar zum allgemeinen Vertreter eines Rechtsanwalts bestellt, so stehen ihm die anwaltlichen Befugnisse des Rechtsanwalts in vollem Umfang zu.

24 **b) Nicht auswählbare Personen.** Nach § 53 Abs. 4 S. 3 gelten die Versagungsgründe nach § 7 entsprechend. Das bedeutet, zum Vertreter darf nicht jemand bestellt werden, in dessen Person einer der Versagungsgründe des § 7 vorliegt. Dies gilt vorrangig für „andere Personen" iSd § 53 Abs. 4 S. 2, so dass ein **Nichtanwalt** bzw. ein **Assessor** nicht zum Vertreter bestellt werden darf, wenn ihm nach § 7 die Zulassung zu versagen wäre. Ein Rechtsanwalt, der seine Zulassung zB wegen Vermögensverfall verloren hat, kann dann nicht als Assessor zum Vertreter bestellt werden, wenn bei ihm die Versagungsgründe nach § 7 Nr. 9 nach wie vor vorliegen. Danach soll vermieden werden, dass ein früherer Rechtsanwalt quasi durch die „Hintertür" seine frühere Kanzlei als Vertreter weiterführt. **Ausländische Anwälte** gemäß § 206 können nicht zum Vertreter bestellt werden, da sie nicht zum Kreis des § 53 Abs. 4 zählen (Hartung/*Scharmer* § 53 Rn. 43). **Rechtsbeistände und Kammerrechtsbeistände** können nicht zu Vertreter eines Rechtsanwalts bestellt werden, da ihre besondere Zulassung nicht den gesamten Bereich anwaltlicher Berufsausübung umfasst. Kammerrechtsbeistände können allerdings für Rechtsbeistände als Vertreter/Abwickler ebenso wie Rechtsanwälte bestellt werden (*Haselbach/Tauchert* BRAK-Mitt. 2008, 156).

24a Abs. 4 S. 3 kann aber **auch für einen zugelassenen Rechtsanwalt** gelten, wenn das Vorliegen der Voraussetzungen der Versagungsgründe des § 7 in seiner Person evident ist, obwohl sie bei seiner Zulassung noch nicht vorlagen und ohne dass schon ein Rücknahme- oder Widerrufsverfahren deswegen durchgeführt wurde. So kann zB die Bestellung eines allgemeinen Vertreters (Abs. 1, Abs. 2 S. 2) durch die RAK abgelehnt werden, weil wegen großer Entfernung zwischen der Praxis des vorgesehenen Vertreters und der des zu vertretenden Rechtsanwalts eine ordnungsgemäße Vertretung nicht gewährleistet wäre (→27a ff.; BayAGH Beschluss vom 23.1.1996 – BayAGH I – 9/95).

24b Auch die Bestellung eines weiteren – **zweiten – Vertreters** kann abgelehnt werden, da sie gesetzlich nicht vorgesehen und auch nicht geboten ist und zudem die Zulässigkeit einer solchen Bestellung höchst zweifelhaft ist (BayAGH BRAK-Mitt. 1996, 264).

25 Ist gegen den Rechtsanwalt ein **vorläufiges Verbot** verhängt, auf bestimmten Rechtsgebieten als Vertreter und Beistand tätig zu werden (§ 161a), darf er insofern auch nicht als amtlich bestellter Vertreter eines anderen Rechtsanwalts handeln (BGH NJW 1983, 1072 = BRAK-Mitt. 1983, 91) und kann daher auch nicht dazu bestellt werden. Entsprechendes gilt bei einem Vertretungsverbot nach §§ 114 Abs. 1 Nr. 4, 114a. Auch als von dem Rechtsanwalt selbst bestellter Vertreter (Abs. 2 S. 1) darf er insoweit nicht handeln (vgl. auch §§ 114a Abs. 3, 156 Abs. 2).

26 **4. Auswahl und Übernahmepflicht. a) Auswahl.** Die Auswahl der Person des allgemeinen Vertreters erfolgt durch den Rechtsanwalt, wenn er ihn nach Abs. 2 S. 1 selbst bestellt. Wird der allgemeine Vertreter durch die RAK bestellt (Abs. 2 S. 2, Abs. 3, Abs. 5), dann ist zu berücksichtigen, dass der Rechtsanwalt ein berechtigtes Interesse daran hat, dass ihm kein Unbekannter oder Unerwünschter zum Vertreter bestellt wird (NdsAGH Beschluss vom 29.9.1997 – AGH 18/97).

27 Macht der Rechtsanwalt in seinem Antrag auf Vertreterbestellung einen **personellen Vorschlag** und will die RAK diesem Vorschlag nicht folgen, muss sie dem Rechtsanwalt vor ihrer Entscheidung rechtliches Gehör gewähren. Jedoch hat die RAK die **Verschwiegenheitspflichten** zu beachten. Sie kann nur dann persönliche Daten des vorgeschlagenen Vertreters dem Antragsteller übermitteln. wenn der vorgeschlagene Vertreter dem zustimmt. Hat der Rechtsanwalt als Vertreter einen zugelassenen Rechtsanwalt vorgeschlagen, wird es nur ausnahmsweise möglich sein, von diesem Vorschlag abzuweichen, zB wenn sich **Bedenken** aus § 7 ergeben. Diese können bestehen, wenn der Vorgeschlagene in seiner beruflichen Führung einen gravierenden **Verstoß gegen seine Berufspflichten** begangen hat. Dabei können auch nicht rechtskräftig festgestellte, dem Betroffenen nachteilige Tatsachen bei der Beurteilung seiner Geeignetheit herangezogen werden, wenn sich der Verdacht einer gravierenden Pflichtverletzung im Rahmen eines noch anhängigen Aufsichts- oder anwaltsgerichtlichen Ermittlungsverfahrens hinreichend verdichtet hat (vgl. zu § 166 EGH Stuttgart BRAK-Mitt. 1983, 139).

27a Bedenken können sich ergeben, wenn eine **zu große Entfernung** zwischen den beiden Kanzleien besteht. Dabei ist aber zu berücksichtigen, dass die aus großer Entfernung sich ergebenden Schwierigkeiten bei sachgerechter Behandlung eingehender Post und telefonischer Anrufe bei kurzen Vertretungen sich regelmäßig beheben lassen, wenn in beiden Kanzleien ständig Personal anwesend ist und beide Kanzleien auch Faxanschlüsse haben, so dass Schriftstücke umgehend zwischen beiden Anwaltsbüros gewechselt werden und vom (vorgesehenen) Vertreter ebenfalls umgehend dem Zulassungsgericht des Vertretenen übermittelt werden können (NdsAGH Beschluss vom 29.9.1997 – AGH 18/97).

28 Hat der Rechtsanwalt einen Referendar oder eine andere Person, welche die Befähigung zum Richteramt erlangt hat, vorgeschlagen, wird die RAK im Hinblick auf Abs. 4 S. 1 in ihrer Entscheidung freier sein. Macht der Rechtsanwalt selbst keinen personellen Vorschlag, auch nicht nach Aufforderung nach Abs. 5 S. 2, dann sucht die RAK nach pflichtgemäßem Ermessen den Vertreter selbst aus.

29 **b) Übernahmepflicht (Abs. 5 S. 3).** Es hatte sich in der Vergangenheit als misslich erwiesen, dass eine gesetzliche Pflicht zur Übernahme einer allgemeinen Vertretung fehlte, wenn ein Vertreter von Amts wegen (→ Rn. 20) bestellt werden musste. Durch Gesetz zur Änderung des Berufsrechts der Rechtsanwälte und der Patentanwälte vom 13.12.1989 (BGBl. I S. 2135) wurde Abs. 5 dahingehend ergänzt, dass nunmehr eine solche Pflicht begründet ist. Der Rechtsanwalt, der von Amts wegen als Vertreter bestellt wird, kann die Vertretung **nur aus einem wichtigen Grund ablehnen.** Dabei besteht diese Übernahmepflicht nur für Rechtsanwälte, nicht auch für andere Personen. Sie ist als Berufspflicht begründet, da es eine der Aufgaben des Vertreters ist, das Ansehen der Anwaltschaft zu bewahren. Deshalb sind auch die Bedingungen für die Annahme eines wichtigen Grundes eng auszulegen. Wichtige Gründe sind ua Krankheit, Störung des Vertrauensverhältnisses zum Mandanten oder wenn die Übernahme die eigenen Leistungsfähigkeit konkret gefährdet (*Haselbach/Tauchert* BRAK-Mitt. 2008, 156). Arbeitsüberlastung; Interes-

senskollision oder fehlende Spezialkenntnisse sind weitere Gründe, die die Ablehnung der Vertretung rechtfertigen.

30 Über die Ablehnung entscheidet wiederum die RAK. Ihr ist es auch möglich, einen Vertreter von dessen zunächst übernommener Vertretung zu entbinden. In der Praxis wird es indes kaum vorkommen, dass ein Vertreter zur Vertretung „gezwungen" wird. Ein gegen seinen Willen eingesetzter Vertreter würde der erforderlichen Aufgabe auch nicht gerecht werden können (*Dahns* NJW-Spezial 2013, 638). Die Übernahmepflicht wird ergänzt durch die neue Entschädigungsregelung in Abs. 10 (amtliche Begründung, BT-Drs. 3/120).

31 **5. Form der Bestellung des Vertreters. a) Bestellung durch den Rechtsanwalt.** Die Bestellung des allgemeinen Vertreters durch den vertretenen Rechtsanwalt (Abs. 2 S. 1) kann **formlos** erfolgen (§ 167 BGB). Verständigen sich Rechtsanwälte darüber, dass der eine im bevorstehenden Urlaub des anderen jeweils auf Bitten von dessen Kanzlei die amtlichen Geschäfte erledigen, insbesondere Schriftsätze unterzeichnen solle, so liegt darin die Bestellung des allgemeinen Vertreters. Ihre Wirksamkeit hängt nicht von der Anzeige an die RAK gemäß Abs. 6 ab. Die Vertretungsmacht des vertretenden Rechtsanwalts wird nach außen nicht dadurch beschränkt, dass die Anwälte bestimmte Geschäfte von der Erledigung durch den Vertreter ausnehmen oder dass der vertretene Rechtsanwalt seine Kanzlei anweist, dem Vertreter bestimmte Sachen nicht zur Erledigung vorzulegen (BGH MDR 1967, 32).

32 **b) Bestellung durch die RAK.** Sowohl die amtliche Vertreterbestellung auf Antrag (→ Rn. 19) als auch die von „Amts wegen" (→ Rn. 20) erfolgen im Rahmen eines förmlichen Verfahrens durch die RAK. Der Rechtsanwalt ist verpflichtet (Abs. 1; BGH MDR 1961, 305; EGH Celle EGE IX, 123), für die Vertretung zu sorgen und folglich einen entsprechenden Antrag an die RAK zu stellen, die den Vertreter dann zu bestellen hat, sofern er die Bestellung nicht selbst vornimmt.

33 Ein Rechtsanwalt, der eines amtlich bestellten Vertreters für alle Behinderungsfälle während eines Kalenderjahres bedarf, muss selbst darauf achten, dass der Antrag rechtzeitig gestellt wird und ob ihm entsprochen worden ist. Auch den als Vertreter vorgesehenen Sozius, der nur bei den Landgerichten zugelassen war, traf ein Verschulden, wenn er eine an das OLG zu richtende Berufungsschrift unterschrieb, ohne zu prüfen, ob er zum Vertreter bestellt worden war (OLG München MDR 1987, 590 = BRAK-Mitt. 1987, 162).

34 Die Bestellung eines Vertreters durch die RAK ist ein **Verwaltungsakt.** Für das Verfahren gelten also gemäß § 32 Abs. 1 S. 1 die Bestimmungen des VwVfG, soweit die BRAO selbst keine Regelung trifft. Vor Inkrafttreten von § 32 und der Anwendung des VwVfG sind Rechtsprechung und Literatur davon ausgegangen, dass die Bestellung in dem Zeitpunkt wirksam wird, in dem die RAK zum Zwecke der Bekanntmachung die Bestellungsurkunde an den Vertreter absendet (OLG Frankfurt AnwBl. 1980, 70). Nunmehr wird die Bestellungsurkunde als Verwaltungsakte jedoch gemäß §§ 41, 43 VwVfG erst mit der Bekanntgabe an den Vertretenen wirksam. Für die Bekanntgabe gibt es keine Formvorschriften. Erforderlich ist lediglich die „Abgabe" des Verwaltungsakts mit Bekanntgabewillen und Zugang des Verwaltungsakts. Der Vertretene iSv Abs. 2 S. 3 ist der unmittelbarer Adressat der Verfügung. Im Falle der Bestellung des Vertreters von Amts wegen erfolgt die Zustellung an den amtlich bestellten Vertreter.

35 **6. Dauer der Vertretungsbestellung.** Die Bestellung erfolgt entweder auf eine im voraus bestimmte Zeit, zB für die Zeit der Ferien des Vertretenen oder auf unbestimmte Zeit, zB für die Zeit der Erkrankung des Vertretenen. Im Falle des Abs. 2 S. 2 erfolgt die Bestellung für die Dauer eines Kalenderjahres oder für die restliche Dauer eines Kalenderjahres (BayAGH Beschluss vom 23.1.1996 – BayAGH I-9/95). Eine Bestellung mit rückwirkender Kraft ist dann möglich, wenn der Antrag des Rechtsanwalts rechtzeitig vor Eintritt des Vertretungsfalles bei der RAK eingegangen ist und sich lediglich die Entscheidung über den Antrag verzögert hat (Hartung/*Scharmer* § 53 Rn. 64).

35a Die Bestellung eines **ständigen Vertreters** ist nach Abs. 2 S. 2 für die Zeit über ein Kalenderjahr nicht zulässig, selbst wenn die Fälle wiederholter Verhinderung über ein Kalenderjahr hinaus von vornherein absehbar sind wie zB bei einer Parlamentszugehörigkeit. Die gleichwohl erfolgte Bestellung eines ständigen Vertreters über den Ablauf eines Kalenderjahres hinaus bis zu einem bestimmten Endzeitpunkt ist aber aus Vertrauensschutzgesichtspunkten wirksam (zu § 39 Abs. 1 BNotO s. Schippel/Bracker/*Schäfer* BNotO § 39 Rn. 18).

Ist die Bestellung für eine bestimmte Zeit erfolgt, dann endet sie mit Ablauf der Bestellungszeit automatisch. Die Bestellung endet ferner mit dem Tod des Vertretenen oder des Vertreters und mit dem Widerruf der Bestellung (*Isele* § 53 Anm. VII). Die Regelung der kurzzeitigen Vertretung über den Tod hinaus nach § 54 aF ist seit 2009 aufgehoben. 35b

Der **Widerruf der Bestellung nach Abs. 8** ist eine Ermessensentscheidung (AGH SchlH Beschluss vom 14.3.2002 – 1 AGH 4/02). Die Möglichkeit, die Bestellung zu widerrufen, ist gegeben, weil die Grundlage für die Vertretung wegfallen kann. Der Widerruf ist nicht auf eine bestimmte Fallgestaltung beschränkt. Nimmt zB der Vertretene seine Tätigkeit früher wieder auf, als es zunächst geplant war, so wird die Bestellung zurückzunehmen sein. Ist der Widerruf ausdrücklich vorbehalten und auch angekündigt, besteht kein schutzwürdiges Vertrauen des Betroffenen auf den Fortbestand der Vertreterbestellung (BGH BRAK-Mitt. 1992, 218). Zu dem Widerruf ist der Rechtsanwalt, wenn er den Vertreter selbst bestellt hat, andernfalls die RAK berechtigt (amtliche Begründung, BT-Drs. 3/120). Über § 32 findet § 49 VwVfG ergänzend Anwendung. Der Widerruf der durch die RAK erfolgten Vertreterbestellung ist ebenso wie die Bestellung selbst ein rechtsmittelfähiger Verwaltungsakt. 35c

Der Vertreter selbst kann die Bestellung nicht widerrufen. Abs. 5 S. 3 gilt in diesen Fällen nicht. Jedoch kann der Vertreter der RAK mitteilen, dass er nicht mehr als Vertreter zur Verfügung stehen kann oder will. Dies kommt in der Praxis gelegentlich vor. Vor allem dann, wenn der Vertretene selbst nicht handeln kann, zeigt der Vertreter, zB wegen Arbeitsüberlastung, die „Beendigung" seiner Vertreterbestellung der RAK an. In diesen Fällen wird wohl die RAK versuchen müssen, einen weiteren Vertreter von Amts wegen zu bestellen. 35d

7. Anzeige der Vertreterbestellung durch den bestellenden Rechtsanwalt (Abs. 6). Der vertretene Rechtsanwalt hat in den Fällen, in denen er selbst nach § 53 Abs. 2 S. 1 den Vertreter bestellt (→ Rn. 17), die Bestellung der RAK, der er angehört, anzuzeigen. Die Norm ist eine Ergänzung der Anzeigepflichten aus den § 56 Abs. 3 und § 24 BORA. Das Unterlassen der Anzeige gegenüber der RAK, ist ein Verstoß gegen die Berufspflicht und kann nach § 113 Abs. 1 geahndet werden. 36

Die **Wirksamkeit der Bestellung** durch den Vertretenen hängt aber nicht von der Anzeige an die RAK ab (für § 53 aF: BGH MDR 1967, 32; MDR 1971, 33; NJW 1975, 542 = MDR 1975, 388). Die Anzeige soll der RAK die Bestellung bekannt aber diese nicht wirksam machen. In der Praxis genügt allein Anzeige bei der RAK; eine Bestätigung der Anzeige durch die RAK ist nicht erforderlich. 36a

Auch im Falle der Bestellung von vornherein **für alle Verhinderungsfälle eines Kalenderjahres** durch den Rechtsanwalt (§ 53 Abs. 2 S. 1 und 2) schreibt das Gesetz nicht den Nachweis des einzelnen Verhinderungsfalles für die Wirksamkeit des Vertreterhandelns vor. Von einem Prozessbeteiligten kann nicht in Zweifel gezogen werden, ob im Einzelfall ein Verhinderungsfall vorliegt. Das Gericht ist einer Prüfung dieser Frage enthoben (BGH NJW 1975, 542). Gleichwohl sollte die RAK nach § 31 zur Information der Behörden, Gerichte und Rechtsuchenden verpflichtet werden, jedenfalls die Vertreterbestellung nach § 53 Abs. 2 S. 2 in das Verzeichnis aufzunehmen. 36b

8. Überprüfbarkeit der Entscheidungen der RAK. Die Entscheidung **nach § 53 Abs. 2 S. 3 iVm Abs. 1,** ob ein **Anlass zur Vertreterbestellung besteht,** ist **keine Ermessensentscheidung** (EGH Celle EGE IX, 123; *Isele* § 53 Anm. V C 2; *Jessnitzer* § 53 Rn. 12). Entsprechendes gilt für die Entscheidung, ob Anlass besteht für eine Bestellung von Amts wegen (Abs. 5 S. 1). Die Entscheidung der RAK **nach Abs. 2 S. 2 ist** anders als die nach Abs. 2 S. 3 iVm S. 1 eine **Ermessensentscheidung,** die gerichtlich überprüfbar ist (AGH RhPf BKAK-Mitt. 1998, 45; SächsAGH Beschluss vom 13.9.1995 – AGH 1/95 (I); EGH München BKAK-Mitt. 1992, 55; *Isele* § 53 Anm. V B – jeweils zu § 53 Abs. 3 aF). Da auch mit der Regelung der Vertreterbestellung nach Abs. 2 S. 2 in erster Linie nicht den Interessen des Rechtsanwalts, sondern denen der Rechtspflege Rechnung getragen werden soll, kann es gerechtfertigt sein, bei der Ermessensausübung eine zu Behinderungen führende privatwirtschaftliche Tätigkeit anders zu gewichten als eine im öffentlichen Interesse liegende. Die Annahme einer grundsätzlichen Ermessensreduzierung allein auf Fälle der Hinderung durch ehrenamtliche oder sonstige Tätigkeiten im öffentlichen Leben widerspräche dem Verhältnismäßigkeitsgrundsatz (BGH NJW-RR 1999, 359 = BRAK-Mitt. 1998, 199). 37

38 Die **Entscheidung** der RAK **darüber, wen sie zum allgemeinen Vertreter bestellt,** trifft die RAK stets **nach pflichtgemäßem Ermessen.** Dabei hat sie einerseits die Sollvorschrift des Abs. 4 S. 1 zu beachten, aber andererseits kann sie nach Abs. 4 S. 2 von dieser nach pflichtgemäßen Ermessen abweichen (*Jessnitzer* § 53 Rn. 12; zur Einschränkung des Ermessens bei Personalvorschlägen des zu Vertretenden → Rn. 26, 27).

39 Auch wenn die gebundene Entscheidung, ob ein allgemeiner Vertreter zu bestellen ist (→ Rn. 38), und die Ermessensentscheidung, wer zum allgemeinen Vertreter zu bestellen ist, naturgemäß in einer Verfügung getroffen werden (sog. Mischtatbestand), kann gleichwohl die Anwendung des § 114 VwGO durch die Verweisung in § 112c allein bezogen auf die Personalauswahl gesehen werden (*Jessnitzer* § 53 Rn. 12).

40 Der von dem zu vertretenden Rechtsanwalt Vorgeschlagene (→ Rn. 26, 27) hat kein eigenes **Anfechtungsrecht,** wenn die RAK einen anderen zum Vertreter bestellt, selbst wenn er mit dem zu vertretenden Rechtsanwalt bereits einen Vertretungsvertrag abgeschlossen hat (NdsAGH, Beschluss vom 29.9.1997 – AGH 18/97).

41 **Rechtsschutz.** Die von der RAK im Zusammenhang mit der Bestellung eines allgemeinen Vertreters bzw. eines Vertreters von Amts wegen nach § 53 Abs. 2 S. 4, Abs. 4 und Abs. 5 getroffenen Entscheidungen sind Verwaltungsakte (§ 35 VwVfG). Über § 32 sind ergänzend die Regelungen des VwVfG heranzuziehen. Die Entscheidungen der RAK nach § 53 können nach §§ 112a ff. iVm VwGO durch Anfechtungs- oder Verpflichtungsklage vor dem zuständigen AGH angefochten werden. Für Streitigkeiten zwischen den Vertreter und dem Vertretenen ist der Zivilrechtsweg gegeben.

IV. Rechtsstellung und Tätigkeit des Vertreters

42 **1. Gemeinsames für vom Vertretenen selbst, amtlich oder von Amts wegen bestellte Vertreter. a) Befugnisse des Vertreters (Abs. 7).** Zur Ergänzung der gesetzlichen Vorschriften hat der zuständige Ausschuss der BRAK am 27.3.1992 Hinweise für die Tätigkeit des amtlich bestellten Vertreters erarbeitet, die durch die Hauptversammlung der Bundesrechtsrechtsanwaltskammer gebilligt und veröffentlicht worden sind (BRAK-Mitt. 1994, 22; 1995, 238; Hartung/*Scharmer* § 53 Rn. 69).

42a Dem Vertreter stehen, unabhängig davon ob er von dem Vertretenen oder der RAK bestellt wurde (→ Rn. 17–21) nach Abs. 7 die anwaltlichen Befugnisse zu, die der Vertretene hat, und die dieser durch die Vertreterbestellung auch nicht verliert. In allen Sachen, in denen der Vertretene als Prozessbevollmächtigter auftreten und handeln kann, kann das auch sein nach § 53 bestellter allgemeiner Vertreter. Durch die amtliche Bestellung zum Vertreter (Abs. 4 S. 2) erlangen also auch ein Assessor oder ein Referendar (auch ein Nicht-Stationsreferendar) Postulationsfähigkeit im Anwaltsprozess (→ Rn. 58). Der allgemeine Vertreter kann auch solche Prozesshandlungen für den vertretenen Rechtsanwalt vornehmen, die diesem als Vertreter eines anderen Rechtsanwalts obliegen (BGH NJW 1981, 1740; 1966, 1362; OLG München AnwBl. 1985, 589; **aA** OLG München MDR 1995, 318 = BRAK-Mitt. 1995, 129).

42b **Haftung:** Gegenüber den Mandanten haftet der Vertretene. Der Vertretene muss sich die Prozesshandlungen seines Vertreters (Abs. 7) zurechnen lassen. Der Vertreter wird nicht zivilrechtlicher Vertragspartner der Mandanten, dh er tritt nicht in den Anwaltsvertrag selbst ein. Für die Prozesshandlungen des allgemeinen Vertreters gilt grundsätzlich § 85 ZPO (Zöller/*Vollkommer* ZPO § 85 Rn. 18; OVG Hamburg NJW 1993, 747 = BRAK-Mitt. 1993, 114, nur Ls.). Dabei ist es unerheblich, ob er durch die RAK oder durch den vertretenen Rechtsanwalt (OLG Stuttgart MDR 2001, 238) bestellt worden ist, wobei letzteres ja nur möglich ist, wenn der Vertreter Mitglied derselben RAK ist wie der Vertretene (→ Rn. 17; zur früheren Rechtslage BGH NJW 1975, 542; 1981, 1741; MDR 1962, 386). Versäumt der Vertreter eine Frist, erhält der Vertretene keine Wiedereinsetzung, da die Frist nicht unverschuldet versäumt wurde (BGH BeckRS 2013, 08226).

42c Dem amtlich bestellten Vertreter (Abs. 2 S. 4) steht dem allgemeinen Vertreter gleich, den der Vertretene selbst bestellt. Daher ist auch die Unterzeichnung einer Revisionsbegründung (§ 349 Abs. 2 StPO) durch den nach Abs. 2 von dem Vertretenen bestellten allgemeinen Vertreter zulässig (BGH NStZ 1992, 248 = BRAK-Mitt. 1992, 176, nur Ls.). Nach hM darf der nach § 53 amtlich oder vom Verteidiger selbst bestellte allgemeine Vertreter, auch ein Referendar, anstelle des beigeordneten Rechtsanwalts die Verteidigung führen (BGH NJW 1975, 2351; NStZ 1992,

248; BayObLG NJW 1981, 1629; *Meyer-Goßner* StPO § 142 Rn. 17). Der Vertreter, der selbst Rechtsanwalt ist, unterliegt auch hinsichtlich der Vertretungshandlungen dem anwaltlichen Berufsrecht.

Die **Vertretungsmacht** des allgemeinen Vertreters **kann weder durch einseitige Vorbehalte** des vertretenen Rechtsanwalts **noch durch Vereinbarung** beider Rechtsanwälte mit **Wirkung nach außen beschränkt werden.** Dies folgt daraus, dass die Vertretung nicht nur den Interessen des Vertretenen dient, sondern insbesondere denen der Rechtspflege (BGH MDR 1967, 32). Der allgemeine Vertreter steht nach außen dem bevollmächtigten Anwalt gleich (BGH NJW 1981, 1740; OVG Hamburg NJW 1993, 747). Der amtlich bestellte Vertreter ist in Bezug auf die berufliche Tätigkeit gesetzlicher Vertreter (§ 278 BGB) des beauftragten Rechtsanwalts. Deshalb scheidet eine Eigenhaftung des Vertreters regelmäßig aus. Dieser Grundsatz gilt auch für die Bestellung eines Vertreters nach § 161, der hinsichtlich der Rechte und Pflichten des amtlich bestellten Vertreters auf § 53 Abs. 7–10 verweist (BGH BRAK-Mitt. 2005, 137). **43**

Die **Vertretungsbefugnis** des allgemeinen Vertreters bezieht sich nur auf die berufliche Tätigkeit des vertretenen Rechtsanwalts (BGH NJW 1981, 1740). Dazu gehören auch eigene Zivilprozesse, eigene Privatklagen und Prozesse, die der vertretene Rechtsanwalt selbst als Inhaber eines Amts wie Insolvenzverwalter, Betreuer und ähnliches führt. **44**

Zu dem anwaltlichen Bereich **gehört nicht** die Annahme von Zustellungen, die den vertretenen Rechtsanwalt als Beschuldigten oder Angeklagten betreffen, sowie die Einlegung von Rechtsmitteln in diesen Verfahren und auch nicht die Ämter, die der vertretene Rechtsanwalt bekleidet (*Isele* § 53 Anm. 8 C 4; BRAK in BRAK-Mitt. 1994, 22). Zum „anwaltlichen Bereich" gehören nicht Beschwerdeverfahren (§ 73 Abs. 2 Nr. 4) oder die Erteilung von Auskünften nach § 56, da diese persönlicher Natur sind. **44a**

b) Bezeichnung des Vertreters. Der Vertreter muss sich in den für den vertretenen Rechtsanwalt angefertigten Schriftsätzen nicht ausdrücklich als „allgemeiner Vertreter" oder „amtlich bestellter Vertreter" bezeichnen, obwohl dies sinnvoll ist, um darüber keinerlei Missverständnisse aufkommen zu lassen; notwendig für die Wirksamkeit der Prozesshandlung ist ein solcher Zusatz aber nicht (BGH BRAK-Mitt. 2005, 279). Es ist sinnvoll, dass der Vertreter das **Briefpapier** des Vertretenen benutzt. **45**

Wenn der Vertreter das von dem Vertretenen eingelegte Rechtsmittel in einem Schriftsatz begründet, der den **gemeinsamen Stempel beider Anwälte** trägt, können für das Gericht wie für den Prozessgegner keine begründeten Zweifel daran bestehen, dass er dabei in Vertretung für den Vertretenen handeln will. Jede andere Deutung unterstellt ihm den Willen zu einer unzulässigen Prozesshandlung und verstößt damit gegen den Auslegungsgrundsatz, dass im Zweifel dasjenige gewollt ist, was nach den Maßstäben der Rechtsordnung vernünftig ist und der recht verstandenen Interessenlage entspricht (BGH NJW 1993, 1925; 1975, 542; zu § 55 BGH NJW 1966, 1362). Die Verwendung des Plurals „legen wir namens und in Vollmacht unserer Mandantin Berufung ein" lässt zwanglos die Deutung zu, dass nach außen hin diejenigen Mitglieder der Sozietät handeln wollen, die beim Gericht postulationsfähig sind (BGH BRAK-Mitt. 2005, 279). Der Vertreter benutzt das **Geschäftspapier des Vertretenen.** Unterzeichnet ein amtlich bestellter Vertreter eines Rechtsanwalts einen bestimmenden Schriftsatz mit seinem Namen und dem vorangestellten Zusatz: „i. V.", so ist die Unterschrift wirksam (OLG Koblenz MDR 1991, 1097. Beim Gegendarstellungsanspruch kann das Abdruckverlangen vom oberlandesgerichtlich bestellten Vertreter des Rechtsanwalts auch ohne ausdrücklichen Zusatz „als OLG-bestellter Vertreter" wirksam unterzeichnet werden. In solchen Fällen ist § 174 BGB nicht anwendbar, wenn die Vollmacht des amtlich vertretenen Rechtsanwalts mit vorgelegt ist (OLG München NJW 1988, 349). **45a**

c) Rechtsverhältnis zwischen dem vertretenen Rechtsanwalt und dem Vertreter (Abs. 9). Das Rechtsverhältnis zwischen dem vertretenen Rechtsanwalt und dem Vertreter war früher nicht geregelt. Dies führte nach den Beobachtungen der Rechtsanwaltskammern insbesondere bei den von Amts wegen eingesetzten Vertretern häufig zu erheblichen Schwierigkeiten. Das Fehlen einer solchen Regelung war insbesondere unbefriedigend, wenn einem Rechtsanwalt, der durch ein strafgerichtlich verhängtes Berufsverbot (§ 70 StGB) oder ein vorläufiges Berufsverbot (§ 132a StPO) rechtlich gehindert war, seinen Beruf auszuüben, ein Vertreter zu bestellen war. **46**

47 Durch den mit Gesetz zur Änderung des Berufsrechts der Rechtsanwälte und der Patentanwälte vom 13.12.1989 (BGBl. I S. 2135) neu eingefügten Abs. 9 wird die Stellung des allgemeinen Vertreters im Grundsatz umschrieben. Die Regelung im Einzelnen bleibt der Verabredung zwischen dem Rechtsanwalt und seinem Vertreter vorbehalten. Für alle Fälle der Vertretung (also auch bei Bestellung von Amts wegen) und Abwicklung (§ 55 Abs. 3) ist nunmehr klargestellt, dass Vertreter und Abwickler **in eigener Verantwortung, aber im Interesse, für Rechnung und auf Kosten** des vertretenen bzw. ausgeschiedenen Rechtsanwalts oder seiner Erben tätig sind (§ 53 Abs. 9, § 55 Abs. 3 S. 1). Daraus folgt, dass der Vertreter weisungsfrei handelt. Dabei aber im Interesse des Vertretenen handeln muss. Dazu gehören auch die wirtschaftlichen Interessen des Vertretenen. Damit ist klargestellt, dass er neue Mandate, die ihm als Vertreter angetragen werden, nicht als eigene behandeln darf. Auch bei Bestellung von Amts wegen ist das Verhältnis zwischen Vertreter bzw. Abwickler (§ 55) und dem Vertretenen, dem früheren Rechtsanwalt oder dessen Erben zivilrechtlicher und nicht öffentlich-rechtlicher Natur (OLG Düsseldorf AnwBl. 1997, 226 zu § 55; AGH LSA NJW-RR 1995, 1206 = MDR 1995, 748).

48 Die **Pflicht zur Auskunftserteilung,** Rechnungslegung und Herausgabe des Vertreters ergibt sich aus Abs. 9 S. 2 (Henssler/Prütting/Prütting § 55 Rn. 32). In entsprechender Anwendung der §§ 666, 667 und 670 BGB ist der Vertreter, spätestens bei Beendigung der Vertretung, auskunfts-, rechnungs- und herausgabepflichtig, auf der anderen Seite hat er einen Anspruch auf Ersatz seiner Aufwendungen (→ § 55 Rn. 39 ff.; *Vetter* BRAK-Mitt. 1990, 2, 4). Zur Bewältigung eventueller Schwierigkeiten bei Einsichts- und Herausgabeverlangen (Abs. 9 S. 2 iVm § 667 BGB), insbesondere des früheren Rechtsanwalts und dessen Erben über § 55 Abs. 3 S. 1, vgl. *Simonsen/Leverenz* BRAK-Mitt. 1995, 224, 225. Für **Streitigkeiten zwischen Vertreter und Vertretenem** sind daher die **ordentlichen Gerichte zuständig** und nicht der AGH.

49 **d) Ersatz von Auslagen und Aufwendungen (Abs. 9 S. 2).** § 53 differenziert zwischen der Vergütung des Vertreters (→ Rn. 67 ff.) und den von ihm getätigten Aufwendungen. Der **Anspruch auf Ersatz von Aufwendungen** des Vertreters für Personal- und Sachkosten im Büro des Vertretenen ergibt sich aus § 53 Abs. 9 S. 2 iVm § 670 BGB. Seine Höhe wird durch die Erforderlichkeit der getätigten Aufwendungen bestimmt. § 53 Abs. 10 S. 5 und 7 gelten insoweit nicht; der Aufwendungsersatzanspruch richtet sich vielmehr gegen den vertretenen Rechtsanwalt (BGH BRAK-Mitt. 1993, 46; Ziff. III, 1a der „Hinweise" in BRAK-Mitt. 1995, 238, 239). Macht der Vertreter zum Zwecke der Vertretung Aufwendungen, die er den Umständen nach für erforderlich halten darf, so ist der Vertreten zum Ersatz verpflichtet. Für die Stellung des von Amts wegen bestellten Vertreters gilt zudem die Regelung des Abs. 10 (→ Rn. 59 ff.).

50 Die von dem Vertreter oder Abwickler verauslagten **Personal- und Sachkosten** im Büro des Vertretenen und von ihm gezahlte Nutzungsentschädigungen (→ Rn. 63) sind **Aufwendungen** des Vertreters, zu deren Ersatz der Vertretene nach §§ 53 Abs. 9 S. 2, 55 Abs. 3 iVm § 670 BGB verpflichtet ist. Der Vertreter ist befugt, für die erforderlichen Kosten des laufenden Bürobetriebs finanzielle Mittel aus den Eingängen der Kanzlei des Vertretenen zu entnehmen (BGH BRAK-Mitt. 2004, 34). Das gilt auch dann, wenn sich dadurch das zur Abdeckung des Vergütungsanspruchs des Vertreters zur Verfügung stehende finanzielle Mittel mindert. Die RAK ist nicht berechtigt, dem Vertreter entgegenzuhalten, bestimmte Aufwendungen seien nicht erforderlich gewesen (Hartung/*Scharmer* § 53 Rn. 166). Der BGH hat sich in seiner Entscheidung vom 24.10.2003 (BRAK-Mitt. 2004, 32) grundsätzlich mit der Zuordnung der Vergütungs- und Aufwendungsersatzansprüche auseinander gesetzt.

50a Durch die in § 53 Abs. 9 S. 2 vorgenommene Verweisung auf § 670 BGB ist der Ersatz von Aufwendungen des Vertretenen ausdrücklich und abschließend geregelt. Schon dies spricht dagegen, die Aufwendungen als Teil der in Abs. 10 geregelten Vergütung anzusehen. Der Vorstand der RAK ist nicht befugt, bei der Festsetzung der Vergütung Regelungen darüber zu treffen, ob Aufwendungen des Vertreters, bzw. Abwicklers, die dieser aus den ihm anvertrauten Fremdgeldern bestritten hat, auf den Vergütungsanspruch des Vertreters bzw. Abwicklers anzurechnen sind (BGH NJW 2004, 52). Dies folgt schon aus der Systematik des Gesetzes. Auch an anderer Stelle unterscheidet das Gesetz zwischen Aufwendungsersatz und Vergütung (vgl. §§ 1835, 1836 BGB für den Vormund). Die Vorschrift des § 1 RVG steht dem nicht entgegen. Hier werden kraft gesetzlicher Definition nur ganz bestimmte Auslagen (§ 46 RVG, Teil 7 des

Vergütungsverzeichnisses zum RVG) in den Begriff der Vergütung einbezogen. Sonstige Aufwendungen fallen darunter jedoch nicht.

Lässt ein anwaltlich bestellter Vertreter Rechtsangelegenheiten von einem in seiner Kanzlei angestellten Rechtsanwalt ausführen, ist diese Tätigkeit nicht dem Aufwendungsersatzanspruch nach § 53 Abs. 9 zuzurechnen. **Ausgaben für den angestellten Rechtsanwalt** fallen vielmehr in den Vergütungsanspruch nach § 53 Abs. 10. Maßgeblich hierfür ist, dass es sich bei der Tätigkeit des angestellten Rechtsanwalts um anwaltliche Tätigkeit handelt, die – wenn sie nicht durch den angestellten Rechtsanwalt geleistet wird, durch den Amtsvertreter selbst geleistet werden müsste. Dafür erhält dieser aber eine Vergütung (OLG München BRAK-Mitt. 2007, 91). Zur Begründung stellt das OLG München darauf ab, dass dem Vertreter kein Wahlrecht zwischen den Anspruchsgrundlagen „Vergütung" und „Aufwendungsersatzanspruch" zusteht. Jede anwaltliche Tätigkeit, die für die Vertretung erforderlich gewesen ist, ist von dem Vergütungsanspruch mit erfasst; sie müsse insoweit in die Vergütungsregelung eingestellt werden. 51

Den **Aufwendungsersatzanspruch** kann der Vertreter nicht festsetzen lassen. Für den Aufwendungsersatzanspruch nach §§ 53 Abs. 9 S. 2, 55 Abs. 3 iVm § 670 BGB haftet die RAK folglich nicht als Bürge. Die von der RAK vorzunehmende Festsetzung (→ Rn. 70 ff.) bezieht sich nur auf die nach §§ 53 Abs. 10 S. 4, 55 Abs. 3 festzusetzende Vergütung. Nur für die festgesetzte Vergütung haftet die RAK nach § 53 Abs. 10 S. 7 wie ein Bürge (BGH BRAK-Mitt. 1993, 46; BRAK-Mitt. 1999, 37; NJW 2004, 52). Zur Abgrenzung zwischen der festzusetzenden Vergütung und Aufwendungsersatzanspruch → Rn. 72. 52

Auslagen und Aufwendungen unterliegen nicht der Bürgenhaftung der RAK (§ 53 Abs. 10 S. 7). Im **Einzelfall** kann aber die RAK, ohne Anerkennung einer Rechtspflicht, trotz der fehlenden gesetzlichen Verpflichtung dem Abwickler bzw. Vertreter verbindlich zusagen, ihm neben der festgesetzten Vergütung auch Kosten für den laufenden Bürobetrieb (Personalkosten und sonstigen Aufwendungen) zu erstatten (BGH NJW 1993, 1334; *Simonsen/Leverenz* BRAK-Mitt. 1996, 17, 20). Bei desolaten Kanzleiverhältnissen des Vertretenen bzw. Abzuwickelnden kann die RAK Kosten für Telefon, Porto, vorübergehende Beschäftigung einer Fachangestellten usw. erstatten. Es werden nur die tatsächlich entstandenen Kosten erstattet. Es empfiehlt sich daher dringend die Frage einer evtl. Kostenübernahme im Rahmen einer Vereinbarung vorab mit der RAK zu klären. Die RAK überschreitet mit einer solchen Vereinbarung nicht ihre Kompetenz. Sie mindert den Vertrauensschaden, der durch den Vertretungsfall entstanden ist, und wahrt damit die Belange der Anwaltschaft (§ 73 Abs. 1 S. 3, BGH BRAK-Mitt. 1993, 46). Mangels gesetzlicher Verpflichtung und angesichts der enormen Belastungen der Kammerhaushalte machen die Rechtanwaltskammern im Interesse einer sparsamen Haushaltsführung von dieser Ausnahmemöglichkeit nur zurückhaltend Gebrauch (Hartung/*Scharmer* § 53 Rn. 168). 53

e) Rechtsverhältnis zu den Mandanten des Vertretenen. Der nach § 53 bestellte Vertreter tritt nicht in die von dem Vertretenen abgeschlossenen Anwaltsverträge ein. Er ist lediglich der Erfüllungsgehilfe und gesetzliche Vertreter des Vertretenen iSd § 278 BGB (BGH NJW 1995, 2027 = AnwBl. 1995, 551; BRAK-Mitt. 2005, 137; KG NJW-RR 2001, 1215; BRAK in BRAK-Mitt. 1994, 22, 24; *Rinsche,* Die Haftung des Rechtsanwalts und Notars, Rn. I 104; *Isele* § 53 Anm. IX A; RGZ 163, 177; OLG Frankfurt NJW 1986, 3091 = MDR 1986, 847). Daher unterliegt er auch nicht der durch die einzelnen Anwaltsverträge begründeten **Schweigepflicht** des Vertretenen. Als dessen Erfüllungsgehilfe und gesetzlicher Vertreter unterliegt er vielmehr nur hinsichtlich der Tatsachen, von denen er selbst im Rahmen seiner Vertretungstätigkeit tatsächlich Kenntnis erlangt, einer eigenen Schweigepflicht (BGH NJW 1995, 2027 = AnwBl. 1995, 551). § 664 Abs. 1 S. 2 BGB ist nicht anwendbar (Palandt/*Sprau* BGB § 664 Rn. 3; RGZ 163, 377). 54

Dem Mandanten gegenüber **haftet nur der Vertretene,** auch für Fehler des Vertreters (→ Rn. 11a; *Ganter* WM Sonderbeilage Nr. 6 zu Heft 43/2001, 7). Der Berufshaftpflichtversicherer des Vertretenen tritt für diese Schadensfälle nach den Allgemeinen Versicherungsbedingungen ein (→ § 51 Rn. 10). Der Vertreter haftet im Innenverhältnis dem Vertretenen nach den Vertretungsregeln des BGB. Eine Partei muss sich gemäß § 85 Abs. 2 ZPO auch das Verschulden eines von dem Prozessbevollmächtigten für die Dauer seines Urlaubs gemäß § 53 Abs. 2 S. 1 zu seinem Vertreter bestellten Rechtsanwalts zurechnen lassen (OVG Hamburg NJW 1993, 747 = BRAK-Mitt. 1993, 114, nur Ls.; Zöller/*Vollkommer* ZPO § 85 Rn. 18). 54a

Der amtlich bestellte Vertreter eines Rechtsanwalts ist aber **nach dessen Tod** nicht (mehr) Bevollmächtigter der Partei iSd § 85 Abs. 2 ZPO, da Auftrag und Vollmacht des Vertretenen mit 54b dessen Tode nach §§ 673, 168 S. 1 BGB erloschen sind (BGH NJW 1982, 2324 = MDR 1982, 487 = JZ 1982, 335 = VersR 1982, 190; BRAK-Mitt. 1982, 179, nur Ls. = VersR 1982, 365, nur Ls.; Zöller/*Vollkommer* ZPO § 85 Rn. 20). Allerdings muss, wenn nach den Umständen des Einzelfalles die Tätigkeit des amtlich bestellten Vertreters nahe an die Stelle eines von dem Mandanten selbst beauftragten Rechtsanwalts heranrückt, dieser sich nach Treu und Glauben so behandeln lassen, als ob er eigene Anwaltspflichten gegenüber dem Mandanten des von ihm vertretenen Rechtsanwalts übernommen habe. Das kann sich zB ergeben, wenn der amtlich bestellte Vertreter in der Erwartung, der von ihm Vertretene werde seine anwaltliche Tätigkeit längere Zeit nicht wieder aufnehmen, sich wie ein Abwickler einer Rechtsanwaltskanzlei verhält, der nach § 55 Abs. 2 S. 4 als von der Partei bevollmächtigt gilt. In diesem Fall wird es sinnvoll sein, einen Antrag auf **Bestellung als Abwickler** nach § 55 Abs. 1 zu stellen.

54c Ferner wird bedeutsam sein, ob er allein Einfluss auf das Mandat hat, der von ihm vertretene Rechtsanwalt überhaupt nicht mehr auf das ihm übertragene Mandat **einwirken** kann. Drittens wird entscheidend sein, ob der amtlich bestellte Vertreter ähnlich einem Sachwalter (vgl. BGHZ 56, 81 = NJW 1971, 1309) in einem besonderen Maße das persönliche **Vertrauen** des Mandanten in Anspruch genommen hat (OLG Frankfurt NJW 1986, 3091 = MDR 1986, 847). Der Vertreter ist in der Regel verpflichtet, **neue Mandate** mit Wirkung für den Vertretenen anzunehmen. Er muss sich jedoch nicht um solche bemühen.

55 Der Vertreter kann, wenn nicht besondere Umstände die Annahme von Rechtsmissbrauch nahelegen, mit einem Dritten wirksam vereinbaren, diesem gegenüber nicht als amtlich bestellter Vertreter, sondern als Bevollmächtigter des vertretenen Anwalts tätig zu werden (BGH NJW 1972, 212 = MDR 1972, 230). Die Terminsvertretung des sich selbst vertretenden Rechtsanwalts durch seinen amtlich bestellten Vertreter und die Unterzeichnung eines Schriftsatzes durch diesen als Boten („i. A.") begründet keinen gesetzlichen Gebührenanspruch, der eine Gegenstandswertfestsetzung rechtfertigen könnte (LAG München AnwBl. 1988, 72 = JurBüro 1987, 1963). Zu Haftpflichtfragen bei nicht mehr bestehender Vertretung nach Abs. 3 vgl. *Lang* AnwBl. 1981, 496.

56 **2. Besonderheiten bei amtlicher Bestellung.** Durch die amtliche Bestellung (→ Rn. 20) wird der allgemeine Vertreter im gleichen Umfang postulationsfähig wie der von ihm vertretene Rechtsanwalt (BGH NJW 1975, 542). Er kann nicht nach § 157 ZPO zurückgewiesen werden. Beschränkungen, die sich aus der Person des Vertreters ergeben könnten, wären mit dem Zweck der Vertretung nicht vereinbar. Deshalb kann dem Vertreter, der nicht Rechtsanwalt ist, das Auftreten vor Gericht und der mündliche Vortrag vor Gericht nicht untersagt werden. Dies hat insbesondere für die Vertretung durch andere Juristen Bedeutung, die nicht die Zulassung zur Rechtsanwaltschaft besitzen (Abs. 4 S. 2; amtliche Begründung, BT-Drs. 3/120). Im Falle der amtlichen, öffentlich-rechtlichen Vertretung in Form der Generalsubstitution ist der amtlich bestellte Vertreter eines Anwalts nicht „Bevollmächtigter" iSd § 174 BGB (OLG München NJW 1988, 349). Der amtlich bestellte Vertreter sollte sich an die von der BRAK in BRAK-Mitt. 1994, 22, 24; BRAK-Mitt. 1995, 238 veröffentlichten **„Hinweise für die Tätigkeit des amtlich bestellten Vertreters"** halten.

57 Die Regelungen und Entscheidungen zur Frage der **Postulationsfähigkeit** des anwaltlichen Vertreters bei bestimmten Gerichten sind mit Gesetz vom 30.7.2009 (BGBl. S. 2449) und bereits früher entfallen. Die bisherige Kommentierung hierzu findet sich in der 8. Aufl.

58 Ist ein **Rechtsreferendar** zum allgemeinen Vertreter eines Rechtsanwalts für alle Fälle der Verhinderung in einem bestimmten Jahr bestellt (Abs. 2 S. 2, Abs. 4), so stehen ihm die anwaltlichen Befugnisse des Rechtsanwalts in vollem Umfang zu. Dabei kommt es nicht darauf an, ob der Referendar dem Rechtsanwalt als Stationsreferendar zugewiesen ist oder auf vertraglicher Grundlage beschäftigt wird. Als allgemeiner Vertreter verdient er gemäß § 5 RVG stets die gleichen Gebühren wie der vertretene Rechtsanwalt (Hartung/*Scharmer* § 54 Rn. 86).

58a Die anwaltlichen Befugnisse stehen dem Referendar insoweit zu, als der Rechtsanwalt zum Pflichtverteidiger bestellt ist (BGH NJW 1975, 2351). Dies gilt auch bei einer Bestellung des Referendars durch die RAK nach Abs. 2 S. 4; einer Zustimmung des Gerichts bzw. dessen Vorsitzenden (entsprechend §§ 138 Abs. 2, 141 Abs. 4, 142 StPO) bedarf es nicht (OLG Düsseldorf NJW 1994, 1296 = JMBl. NW 1994, 71 = wistra 1994, 160). Der Angeklagte braucht der Wahrnehmung dieser anwaltlichen Befugnisse durch einen Referendar nicht zuzustimmen (BayObLG StV 1989, 469). Die Bestellung eines Referendars, der nicht amtlich bestellter Vertreter eines Rechtsanwalts ist, zum Pflichtverteidiger vor dem LG oder OLG ist unzulässig. Die Übertragung der Verteidigung auf einen Referendar durch einen Pflichtverteidiger ist ebenso unwirksam (BGH StV 1989, 465; → § 59 Rn. 8).

Ist ein Rechtsreferendar als Vertreter bestellt, hat dieser in der Regel keine eigene **Berufshaftpflichtversicherung.** Hier ist zu empfehlen, die Vertretertätigkeit des Referendars mit in die Berufshaftpflichtversicherung des Vertretenen aufzunehmen. 58b

3. Besonderheiten bei Bestellung von Amts wegen (Abs. 10). a) Rechtsstellung gegenüber dem Vertretenen. Näher gesetzlich geregelt wurde durch den im Jahr 1989 neu eingefügten Abs. 10 die **Stellung des von Amts wegen bestellten Vertreters,** weil sich hier nicht selten erhebliche Interessengegensätze ergeben haben. Vornehmlich geht es dabei um die **Befugnis** des von Amts wegen bestellten Vertreters, die zur Kanzlei gehörenden Gegenstände, zu denen auch Forderungen und Rechte gehören, herauszuverlangen und darüber zu verfügen, sowie um den Schutz vor Rechtshandlungen des vertretenen Rechtsanwalts, die geeignet sind, eine ordnungsmäßige Vertretung zu beeinträchtigen (amtliche Begründung, BT-Drs. 3/120). 59

Der von Amts wegen bestellte Vertreter ist daher an Weisungen des Vertretenen nicht gebunden **(Abs. 10 S. 2).** Die **Weisungsfreiheit** bezieht sich nicht nur auf die Inhalte der Mandatsbearbeitung, sondern auch auf die Organisation des Büroablaufs, da auch dessen Gestaltung zu den anwaltlichen Befugnissen des Vertreters gehört. 59a

Verbot der Beeinträchtigung (Abs. 10 S. 3). Der Vertretene ist grundsätzlich verpflichtet, ein Tätigwerden neben dem Vertreter, jedenfalls aber eine Beeinträchtigung der ordnungsgemäßen Vertretung zu unterlassen. Dies gilt auch für tatsächliche Beeinträchtigungen, wie zB das Verwehren des Bürozugangs, nicht Herausgabe der Handakten, kein Zugang zur Geschäftskorrespondenz usw. Gegen diese Beeinträchtigungen kann sich der Vertreter mit Hilfe der Zivilgerichte wehren, ggf. auch im Wege einer einstweiligen Verfügung, zur Wehr setzen. Falls sich der Vertretene in die Bearbeitung der Mandate durch den Vertreter einmischt und dadurch dessen Tätigkeit behindert, erfüllt dies nicht die Voraussetzung eines Widerrufsgrundes nach § 14. Es kommt lediglich die Einleitung eines anwaltsgerichtlichen Verfahrens nach §§ 116 ff. in Betracht mit dem Ziel, die Pflichtverletzung durch eine Maßnahme gemäß § 114 zu ahnden (BGH BRAK-Mitt. 1999, 231 = NJW-RR 1999, 1578). 59b

b) Rechtsstellung gegenüber der RAK. Der Vertreter von Amts wegen steht in einem öffentlich-rechtlichen Rechtsverhältnis zu der ihn bestellenden RAK. Der Bescheid über die Bestellung nach Abs. 5 kann nach § 112a ff. gerichtlich überprüft werden (→ Rn. 37). Zuständig ist der Anwaltsgerichtshof, § 112a Abs. 1. Über die Bestellung eines Vertreters von Amts wegen ist dem Vertretenen eine beglaubigte Abschrift zuzustellen. Auch entscheidet die RAK nach pflichtgemäßen Ermessen, ob eine Verlängerung der Bestellung erforderlich ist. Vor Aufnahme der Tätigkeit als Vertreter von Amts wegen empfiehlt sich eine Besprechung mit der zuständigen RAK (*Fischedick* BRAK-Mitt. 2008, 207). Nachdem § 55 Abs. 3 S. 1 auf § 53 Abs. 9 und 10 verweist, sind die Rechtsstellung und Befugnisse des amtliche bestellten Vertreters vergleichbar mit denjenigen des Abwicklers (*Schwärzer* BRAK-Mitt. 2008, 111; *Tauchert* BRAK-Mitt. 2009, 15). 60

c) Haftung gegenüber Dritten. Der amtlich bestellte Vertreter haftet im Regelfall nicht. Er tritt nicht in das Mandatsverhältnis ein, sondern bleibt Erfüllungsgehilfe des vertretenen Rechtsanwalts. Das Mandatsverhältnis bleibt zwischen dem Vertretenen und seinem Mandanten bestehen. Deshalb haftet dem Mandanten auch nur der vertretene Rechtsanwalt; auch wenn der Vertreter den Schaden verursacht (Gaier/Wolf/Göcken/*Tauchert/Dahns* § 53 Rn. 50). Die Berufshaftpflichtversicherung umfasst regelmäßig auch die Haftung für das Handeln des Vertreters im Rahmen seiner Vertretertätigkeit. Der Vertreter ist für den Fall eines möglichen Schadens durch seine Berufshaftpflichtversicherung abgesichert (→ Rn. 54a). 61

d) besondere Befugnisse des Vertreters von Amts wegen. aa) Kanzleiräume (Abs. 10 S. 1). Das Betreten der Kanzleiräume sowie seinen Anspruch, die zur Kanzlei gehörenden Gegenstände einschließlich des der anwaltlichen Verwahrung unterliegenden Treugutes in Besitz zu nehmen, kann der Vertreter ggf. **mittels einer einstweiligen Verfügung** (§§ 935, 945 ZPO) erzwingen (AGH LSA NJW-RR 1995, 1206 = MDR 1995, 748; *Simonsen/Leverenz* BRAK-Mitt. 1995, 224). Soweit erforderlich hat der bestellte Vertreter **Sicherungsmaßnahmen** vor- 62 zunehmen (zB Auswechslung der Schlösser). Die hierdurch entstehenden Kosten fallen nach Abs. 9 als notwendige Aufwendungen dem Vertretenen zur Last.

63 **bb) Laufende Verträge der Kanzlei.** Die Begrenzung der Rechtsstellung als Vertreter von Amts wegen auf die Weiterführung der Mandate bedeutet zugleich, dass er mit sonstigen Vertragsverhältnissen der Kanzlei nichts zu tun hat. Insofern hat er keine Rechte. Alle **kaufmännischen Ansprüche** aus dem Kanzleibetrieb richten sich nach wie vor gegen den Vertretenen. Mieter und damit zur Zahlung des Mietzinses verpflichtet bleibt der Vertretene. Gegen diesen muss der Vermieter seine Ansprüche geltend machen. Zahlt der Vertretene die Miete nicht, kann der Vertreter nach Maßgabe des Auftragsrechts (Abs. 9 iVm § 670 BGB; → Rn. 46) die Nutzungsentschädigung, die er aufwenden muss, um die Räume weiter nutzen zu können, als Aufwendungen gegenüber dem Vertretenen geltend machen (→ Rn. 52).

63a Ansprüche aus bestehenden **Arbeits- und Ausbildungsverhältnissen** richten sich ebenfalls nur gegen den Vertretenen. Zahlt der Vertreter die Vergütung, um das Personal zu halten, kann er diese Aufwendungen ebenfalls gegen den Vertretenen geltend machen (→ Rn. 50 ff.).

64 **cc) Akten.** Der Vertreter von Amts wegen ist berechtigt, im Rahmen seiner Vertretertätigkeit die **Akten** des vertretenen Rechtsanwalts (§ 50) **einzusehen,** da er anderenfalls seine Aufgabe als Vertreter nicht wahrnehmen kann. Dafür spricht auch, dass der amtlich bestellte Vertreter nach § 53 Abs. 10 S. 1 unter anderem berechtigt ist, die zur Kanzlei gehörenden **Gegenstände in Besitz zu nehmen.** Der Vertreter ist lediglich **unmittelbarer Fremdbesitzer** sämtlicher zur Kanzlei gehörenden Gegenstände, so auch der Akten. Eigentümer bleibt der vertretene Rechtsanwalt. Ihn trifft die Aufbewahrungspflicht des § 50, die der Vertreter für ihn wahrnimmt. Die Befugnisse des Vertreters sind jedoch bezüglich der Akten durch die Dauer und den Zweck seiner Aufgabe begrenzt (BGH NJW 1995, 2027 = AnwBl. 1995, 551). Der Vertreter von Amts wegen wird nicht Eigentümer der Akten und hat sie nach Beendigung der Bestellungsdauer an den Vertretenen herauszugeben.

65 **dd) Postsendungen.** Aus der Gesamtregelung des § 53 Abs. 10 ergibt sich die Verpflichtung des Vertretenen, für die **Auslieferung sämtlicher Postsendungen** an den Vertreter bzw. Abwickler zu sorgen und ihm Postvollmacht zu erteilen, soweit diese Sendungen das Aufgabengebiet des Vertreters oder Abwicklers betreffen. Auch bei der Post handelt es sich um „zur Kanzlei gehörende Gegenstände“. Dazu gehört auch **elektronische Post** wie Faxe, E-Mails usw. Der Vertretene muss dem amtlich bestellten Vertreter auch die Zugangsdaten/Passwörter für die elektronischen Medien bekannt geben. Dies wird nach Einführung des elektronischen Rechtsverkehrs von Bedeutung sein. Für diesbezügliche Streitigkeiten zwischen dem Vertreter und dem Vertretenen bzw. dem Abwickler und dem früheren Anwalt sind daher die ordentlichen Gerichte zuständig. Zur Durchsetzung der ihm in § 53 Abs. 10 eingeräumten Befugnisse kann der Abwickler eine einstweilige Verfügung iSd §§ 935 ff. ZPO erwirken (AGH LSA NJW-RR 1995, 1206 = MDR 1995, 748).

66 **ee) Geschäfts- und Anderkonten.** Der Vertreter von Amts wegen wird nicht Eigentümer des vorgefundenen Barvermögens. Er ist jedoch zur **Inbesitznahme des vorgefundenen Barvermögens** berechtigt, um dieses im Rahmen der Aufwendungen für die Praxis (→ Rn. 49) zu verwenden. Er ist zur **Sichtung der Buchhaltung** zwecks Feststellung der Bankverbindungen und des Geldverkehrs des Vertretenen verpflichtet. Aufgrund der insoweit gleichlautenden Allgemeinen Geschäftsbedingungen im Bankenverkehr erlangt der Vertreter neben dem Vertretenen die Stellung eines Verfügungsbevollmächtigten über das **Geschäftskonto.**

66a In der Praxis geben die Banken nicht in jedem Fall, dem Vertreter von Amts wegen (Abwickler, § 55) die Verfügungsbefugnis über das Geschäftskonto des Vertretenen. Im Zweifel ist die Verfügungsbefugnis von dem Vertretenen bzw. von den Erben einzuklagen. Besonders langwierig kann es werden, wenn sich das Erbscheinsverfahren längere Zeit hinzieht. Konflikte entstehen, wenn das Geschäftskonto zugleich als Privatkonto geführt wurde und in Folge dessen der Vertreter von Amts wegen Fremdgeld vom Geschäftskonto nicht auszahlen kann. Befindet sich das Geschäftskonto im Minus und ist zu erwarten, dass noch weiteres Fremdgeld eingeht, sollte der amtlich bestellte Vertreter das Geschäftskonto sperren bzw. die Bank zumindest bösgläubig machen. Zur Auslegung einer Vertragsbestimmung in einem Kaufvertrag über eine Rechtsanwaltspraxis, wonach der Erwerber, der gleichzeitig zum Abwickler bestellt ist, auf Kanzleikonten befindliche Fremdgelder zu sammeln und an die Berechtigten abzuführen hat, s BGH

NJW 1999, 3037. Dem Vertreter ist, um missbräuchlichen Verfügungen des insoweit neben ihm noch bevollmächtigten Kontoinhabers vorzubeugen, unbedingt die Errichtung eines **neuen Geschäftskontos** zu empfehlen, auf das ein Guthaben zu übertragen ist. Aufgrund der insoweit gleichlautenden Allgemeinen Geschäftsbedingungen der Banken geht die Verfügungsbefugnis über **Anderkonten** auf den amtlich bestellten Vertreter über. Eine Sicherung ist darum hier nicht erforderlich (BRAK in BRAK-Mitt. 1994, 22, 24).

e) Vergütung des von Amts wegen bestellten Vertreters. aa) Vereinbarung (Abs. 10 S. 4). Die **Entschädigung** des von Amts wegen bestellten Vertreters sowie die **Bürgenhaftung** der RAK wurden durch die BRAO-Novelle vom 13.12.1989 (BGBl. I S. 2135) gesetzlich neu geregelt. Eines der Ziele der BRAO-Novelle war es, den Rechtsanwalt gesetzlich zur Übernahme der allgemeinen Vertretung eines anderen Rechtsanwalts zu verpflichten, wenn ein Vertreter von Amts wegen bestellt werden muss. Das Fehlen einer gesetzlichen Verpflichtung hat sich in der Vergangenheit als problematisch erwiesen. Eine solche Verpflichtung konnte und wollte der Gesetzgeber nicht einführen, ohne einen gesetzlichen Vergütungsanspruch des Vertreters zu begründen und diesen Anspruch rechtlich abzusichern (*März* BRAK-Mitt. 2009, 162). Das Gesetz sieht eine Vergütungspflicht des vertretenen Rechtsanwalts nur für den Fall vor, dass der Vertreter von Amts wegen bestellt ist (Abs. 10 S. 4). Einer entsprechenden Regelung für den vom Rechtsanwalt selbst bestellten Vertreter bedarf es nicht. Auch sieht § 53 keine Vergütungsregelung für den amtlich bestellten Vertreter vor. In diesem Fall vollzieht die RAK nur den Antrag des Vertretenen und hat auch nur eine eingeschränkte Prüfungspflicht (Abs. 4). Die Beteiligten werden in einem solchen Fall einen angemessenen Ausgleich für die – freiwillig übernommene – Vertretung vereinbaren (amtliche Begründung, BT-Drs. 3/120; *Vetter* BRAK-Mitt. 1990, 2, 5). 67

Der **Vergütungsanspruch** des Vertreters wird **mit dem Ende der Vertretung fällig.** Zuvor hat der Vertreter nur **Anspruch auf Sicherheit** (§ 53 Abs. 10 S. 4) und Vorschüsse (§ 53 Abs. 10 S. 6). Die nur im Falle der Uneinigkeit erforderliche Festsetzung der Vergütung durch die zuständige RAK ist keine Fälligkeitsvoraussetzung (BGH AnwBl. 2005, 716). Der Vertreter kann mit seiner Vergütungsforderung gegen den Anspruch des Vertretenen auf Herausgabe des aus der Vertretung Erlangten (§ 53 Abs. 9 BRAO iVm § 667 BGB) aufrechnen. Gegen den Anspruch auf Herausgabe nicht ausgezahlten Fremdgeldes aus Einziehungsaufträgen von Mandanten des Vertretenen darf der Vertreter nicht aufrechnen (BGH AnwBl. 2005, 716 = NJ 2005, 554 mit Anm. *Biehl* zu § 55 Abs. 3 = BRAK-Mitt. 2005, 282). 68

Grundsätzlich sind auch der von Amts wegen bestellte Vertreter und der Vertretene, wie auch im Falle der Abwicklung der Abwickler und der frühere Rechtsanwalt bzw. seine Erben (§ 55 Abs. 3) gehalten, sich nach Kräften um eine **Vereinbarung** über die zu zahlende Vergütung (Abs. 10 S. 4) und die dafür zu leistende Sicherheit zu bemühen, bevor die RAK mit der Folge ihrer Haftung für die von ihr festgesetzte Vergütung eingeschaltet wird. In Fällen, in denen eine Einigung möglich ist, ist eine Festsetzung durch den Vorstand der RAK entbehrlich. Eine derartige grundsätzlich anzustrebende Einigung der Beteiligten dürfte es auch erleichtern, für eine vertrauensvolle Atmosphäre zwischen Vertretenem und Vertreter zu sorgen. Dem Aspekt der Sicherung des Vergütungsanspruchs wird unter Berücksichtigung dieser Überlegungen angemessen durch die Fassung des Abs. 10 S. 4 und 5 Rechnung getragen (Gegenäußerung der Bundesregierung zur Stellungnahme des Bundesrates, BT-Drs. 11/3253 Anlage 3). Können sich die Beteiligten nicht einigen, besteht außerhalb des förmlichen Festsetzungsverfahrens auch die Möglichkeit einen Vorschlag für eine angemessene Vergütung von der RAK einzuholen. Die RAK kann hier aus ihrer Erfahrung Hinweise auf geeignete Vergütungsmodalitäten und -sätze geben. In diesem Fall besteht auch die Möglichkeit einen Antrag auf Vermittlung nach § 73 Abs. 2 Nr. 2 zu stellen. 69

bb) Festsetzung (Abs. 10 S. 5). Die Festsetzung der Vergütung durch den Vorstand der RAK erfolgt nur in Fällen, in denen eine Einigung nicht zustande kommt. Den Antrag kann der Vertreter oder der Vertretene stellen (BGH NJW-RR 1999, 797 = BRAK-Mitt. 1999, 37; vgl. AnwBl. 2005, 716 = NJ 2005, 554 mit Anm. *Biehl* = BRAK-Mitt. 2005, 282; *März* BRAK-Mitt. 2009, 162). Die Festsetzung der Vergütung erfolgt **nur für die Dauer der Vertretung** bzw. Abwicklung. Versäumt der Rechtsanwalt die Beantragung einer Verlängerung der Bestellung als Abwickler und wird dennoch weiterhin als Abwickler tätig, müssen diese Tätigkeiten für die Festsetzung der Vergütung außer Betracht bleiben (BayAGH BRAK-Mitt. 2004, 134). 70

70a Der BGH hat nun entschieden, dass die Vorschrift des § 53 Abs. 10 S. 5, weil die Vorschrift insoweit eine planwidrige **Regelungslücke** aufweist, entsprechend auf den Fall anzuwenden ist, wenn die mit dem vertretenen Rechtsanwalt vereinbarte Vergütung nicht gezahlt wird und auch nicht aus dem Gebührenaufkommen zu erlangen ist. Dies soll dann nicht gelten, wenn der Ausfall des Vertreters darauf beruht, dass er verfügbare Sicherheiten nicht verlangt hat, die der Vertretene ihm gestellt hätte (BGH BRAK-Mitt. 2009, 26). Einigen sich Abwickler und Abzuwickelnder auf eine Vergütung, zahlt der Abzuwickelnde die vereinbarte Vergütung jedoch nicht, ist Abs. 10 S. 5 analog anzuwenden, so dass die RAK eine angemessene Vergütung festzusetzen hat und hierfür auch haftet (BbgAGH BRAK-Mitt. 2011, 81).

71 **cc) Verfahren.** Der **Bescheid über die Festsetzung der Vergütung ist ein Verwaltungsakt.** Für das Verfahren gelten nach § 32 die Vorschriften des VwVfG. Vor Festsetzung der Vergütung ist der Vertretene gemäß § 28 VwVfG anzuhören, da seine Interessen durch die Festsetzung berührt sind. Der Festsetzungsbescheid der RAK ist sowohl dem Antragsteller als auch Antragsgegner zuzustellen. Der Bescheid ist nach §§ 112a ff. iVm VwGO anfechtbar. Zuständig ist der Anwaltsgerichtshof. Nach Rechtskraft des Bescheids kann der Vertreter/Abwickler seine Ansprüche vor den ordentlichen Gerichten geltend machen. Der Festsetzungsbescheid selbst umfasst weder einen Titel noch eine vollstreckbare Ausfertigung; vielmehr muss im Fall der Nicht-Zahlung der Vertreter seine Ansprüche im Zivilverfahren durchsetzen. Zieht sich das Verfahren auf Festsetzung der Vergütung über einen längeren Zeitraum, ist darauf zu achten, dass der Anspruch auf Vergütung nicht verjährt. Die **Verjährung** beginnt mit der Fälligkeit, also nach Beendigung der Vertretung/Abwicklung. Auch tritt die Bürgenhaftung der RAK erst nach Bestandskraft der Festsetzung ein (Abs. 10 S. 7).

71a **Vorschüsse** auf die gesetzliche Vergütung nach § 53 Abs. 10 S. 4 sind nicht im Festsetzungsverfahren nach § 53 Abs. 10 S. 5, sondern bei der Geltendmachung des Anspruchs gegenüber dem Vertretenen oder der Bürgenhaftung zu berücksichtigen (BGH BRAK-Mitt. 2009, 26; Aufgabe von BGH NJW-RR 1999, 797).

71b In der Praxis wird die Festsetzung der Vergütung, insbesondere in **Fällen der Abwicklung,** auf die die Vorschrift des § 53 Abs. 9 und 10 entsprechend anwendbar ist (§ 55 Abs. 3), der Fall sein. In diesen Fällen wird es sich nicht selten so verhalten, dass von vornherein abzusehen ist, dass der Vertretene aufgrund seiner schlechten wirtschaftlichen Verhältnisse eine etwaige Vergütungsvereinbarung nicht erfüllen könnte und eine vereinbarte angemessene Vergütung auch nicht aus dem Gebührenaufkommen gedeckt werden könnte, so dass es aus diesen Gründen auch nicht zu einer Vereinbarung kommt.

72 **dd) Aufwendungsersatz.** Der neben dem Vergütungsanspruch bestehende Anspruch auf Aufwendungsersatz aus § 53 Abs. 9 S. 2, § 55 Abs. 3 S. 1 iVm § 670 BGB, der sich allein gegen den vertretenen Rechtsanwalt bzw. die Rechtsnachfolger des früheren Rechtsanwalts richtet und nicht Gegenstand der Bürgenhaftung ist, bleibt bei der Festsetzung der Vergütung unberücksichtigt (BGH NJW 2004, 52 = MDR 2004, 239 = BRAK-Mitt. 2004, 32; → Rn. 49). Zu der Frage der Festsetzung von Büro- und Personalkosten hat sich der BGH in seinem Urteil vom 26.11.2012 eingehend befasst (BGH NJW-RR 2013, 429). Lassen sich in einem Bescheid über die Festsetzung der Vergütung die Büro- und Personalkosten nicht von der Pauschalvergütung trennen, verbleibt es bei der festgesetzten Pauschalsumme, andernfalls würde der Regelungsgehalt des verbleibenden Teils des Festsetzungsbescheides verändert werden (→ Rn. 49 ff.).

72a Muss der amtliche Vertreter (Abwickler, § 55) mittels **einstweiliger Verfügung** gegen den Vertretenen vorgehen um sich zB Zugang zu den Räumen zu verschaffen (→ Rn. 62) oder zu den laufenden Mandatsakten, entstehen ihm neben den Gerichtskosten Kosten für seine „Anwaltstätigkeit". Die Gerichtskosten kann der Vertreter als Aufwendungsersatz geltend machen. Diese Kosten sind ihm tatsächlich entstanden. Ein eigener Honoraranspruch für die einstweilige Verfügung steht ihm wohl nicht zu, da er gerade als Vertreter von Amts wegen (Abwickler, § 55) tätig ist. Dieser Anspruch ist im Rahmen der Vergütung nach Abs. 10 S. 4 geltend zu machen. Da es sich bei Verfahren mittels einstweiliger Verfügung häufig um die Vertretung/Abwicklung von desolaten Kanzleien handelt, hat Vertreter die Möglichkeit im Rahmen der Bürgenhaftung seinen diesbezüglichen Zeitaufwand gegenüber der RAK abzurechnen.

73 **ee) Bürgenhaftung (Abs. 10 S. 7).** Die Bürgenhaftung der RAK für die festgesetzte Vergütung einschließlich Mehrwertsteuer ist in Abs. 10 S. 7 geregelt. Der Vertreter ist wie bei einer

vereinbarten Vergütung befugt, Vorschüsse auf die Vergütung zu entnehmen. Der amtlich bestellte Vertreter kann die RAK nach Treu und Glauben aber dann nicht als Bürgen für die von ihr festgesetzte Vergütung in Anspruch nehmen, wenn er seine Entnahmemöglichkeit nicht ausgenutzt hat (AG Neumünster AnwBl. 1989, 100 = BRAK-Mitt. 1989, 55 zu § 161), er insbesondere die Entnahmemöglichkeit durch unberechtigte Aufwendungen vereitelt hat. Allerdings ist diese Frage, wenn nötig, im „Bürgenprozess" nach Maßgabe der §§ 765 ff. BGB vor den ordentlichen Gerichten zu klären. Keinesfalls ist der Vorstand der RAK befugt, bei der Festsetzung der Vergütung des allgemeinen Vertreters (bzw. des Abwicklers, § 55 Abs. 3) Regelungen darüber zu treffen, ob Aufwendungen des Vertreters/Abwicklers, die dieser aus den ihm anvertrauten Fremdgeldern bestritten hat, auf den Vergütungsanspruch des Vertreters bzw. des Abwicklers anzurechnen sind (BGH NJW 2004, 52).

Auch darf der Vorstand nicht den **Verzicht** des Vertreters/Abwicklers auf die Bürgenhaftung **73a** der Kammer verlangen (*Knöfel* AnwBl. 2005, 530). Eine höchstrichterliche Rechtsprechung zu der Frage des Verzichts liegt bislang nicht vor. Knöfel hat sich gegen die Wirksamkeit eines freiwilligen Verzichts ausgesprochen, da er mit dem Zweck der Bürgenhaftung nicht vereinbar ist. Ein eventuell erklärter Verzicht kann nach Auffassung Knöfel rechtlich auch nachträglich im Rahmen eines Klageverfahrens gemäß § 112a auf seine Wirksamkeit hin überprüft werden, wenn die RAK sich auf den Verzicht beruft.

Im Übrigen kann die RAK ihre Inanspruchnahme gemäß §§ 768, 770 BGB nur mit solchen **73b** Einwendungen und Einreden abwehren, die auch der Hauptschuldner, dh der Vertretene bzw. ehemalige (§ 55) Rechtsanwalt, erheben könnte. Unter den Voraussetzungen der §§ 771–773 BGB kann die RAK die Einrede der Vorausklage erheben (*Simonsen/Leverenz* BRAK-Mitt. 1996, 17, 20). Hat die RAK die Vergütung im Rahmen der Bürgenhaftung gezahlt, so erwächst ihr nach § 774 BGB ein Erstattungsanspruch gegenüber den Vertretenen. Sofern die RAK zusätzlich zu Vergütung dem Vertreter Auslagen erstattet, ist es aus Kammersicht zweckmäßig, sich den entsprechenden Anspruch gegen den Vertretenen aus § 53 Abs. 9 iVm § 670 BGB abtreten zu lassen (Hartung/*Scharmer* § 53 Rn. 163). Generell sind einige Rechtanwaltskammern dazu übergegangen sich in geeigneten Fällen die Ansprüche gegen den Vertretenen bzw. Abzuwickelnden titulieren zu lassen. Für die **Bürgenhaftung** kommt letztlich die Solidargemeinschaft der Anwälte im Bezirk der RAK auf. Seit Einführung der Bürgenhaftung sind die Belastungen der Rechtsanwaltskammern und damit aller Rechtsanwälte, die die Kammern mit ihren Beiträgen finanzieren, durch Abwicklerkosten massiv angestiegen (*Wierz/Overkamp* BRAK-Mitt. 2013, 206; *Graf v. Pfeil* BRAK- Mitt. 2008, 13).

Die **Bürgenhaftung** der Kammer ist grundsätzlich **versicherbar** (vgl. Bericht in BRAK- **74** Mitt. 1991, 197) und die Rechtsanwaltskammern können die Versicherungsbeiträge auf ihre Mitglieder umlegen (§ 89 Abs. 2 Nr. 2). Dies gilt **auch hinsichtlich des Aufwendungsanspruches** nach §§ 53 Abs. 9 S. 2, 55 Abs. 3 S. 1 iVm § 670 BGB. Vereinbart die RAK freiwillig die Zahlung auch dieser Kosten oder hat sie auch diese Aufwendungen versichert, um eine Rufschädigung und Vertrauensminderung der Anwaltschaft zu begrenzen, dann kann sie auch diese Aufwendungen auf ihre Mitglieder übertragen, da die Abwendung des durch Vermögensverfall, oder Handlungen eines Rechtsanwalts, die zu einem strafgerichtlichen Berufsverbot (§ 132a StPO) oder Berufs- und Vertretungsverbot nach §§ 150 ff. geführt haben, verursachten Vertrauensschadens in den Funktionsbereich einer RAK fällt (BGH NJW 1993, 1334; *Simonsen/Leverenz* BRAK-Mitt. 1996, 17, 21). Mit der Versicherbarkeit der Bürgenhaftung der RAK nach Abs. 10 S. 7 haben sich die Kammern schon des Öfteren befasst. Die zu versichernden Summen sind jedoch so hoch und ihre Entstehung zu ungewiss, dass die dafür zu entrichtenden Versicherungsprämien unverhältnismäßig wären und deshalb die Versicherung der Bürgenhaftung bisher abgelehnt wurde (Gaier/Wolf/Göcken/*Tauchert/Dahns* § 53 Rn. 62).

Die in Fällen der Vertretung wegen eines strafgerichtlichen Berufsverbotes, eines vorläufigen **75** Berufsverbotes (→ Rn. 4), eines Berufs- oder Vertretungsverbotes nach §§ 150 ff. (§ 161) und in Fällen der Abwicklung (§ 55 Abs. 3) leider häufig gegebene Situation, dass der Vertretene durch vorsätzliche Handlungen Mandanten aber auch Kanzleiangestellten, Lieferanten und Vermietern der Kanzleiräume einen **Vermögensschaden** zugefügt hat, zu dessen Ersatz er nach den Bestimmungen über unerlaubte Handlungen verpflichtet ist, wurde durch die Gesetzesänderung vom 13.12.1989 nicht berührt. Um die damit regelmäßig verbundene erhebliche Rufschädigung und Vertrauensminderung der Anwaltschaft insgesamt zu begrenzen, wenden die Rechtsanwaltskammern – ohne dazu rechtlich verpflichtet zu sein – oft erhebliche finanzielle Mittel auf. Das beinhaltet aber für die Kammern, insbesondere für kleinere, nicht unerhebliche wirtschaftliche Risiken. Da die Abwendung solcher Vertrauensschäden von der Anwaltschaft insgesamt in den Funktionsbereich der RAK fällt (BGH NJW 1993, 1334; → § 73 Rn. 5 ff.). Um diese Abwendung wirtschaftlich abzusichern, kann die RAK einen **Vertrauensschadenfonds** gründen und in Ergänzung der Haftpflichtversicherungen der in ihr zusammengeschlossenen Rechtsanwälte und Rechtsbeistände Vertrauensschadenversicherungen abschließen. Die dazu erforderlichen finanziellen Mittel kann sie durch Beiträge ihrer Mitglieder (§ 89 Abs. 2 Nr. 2) aufbringen (zu entsprechenden Beschlüssen und Beitragserhebungen der Notarkammern vgl. BGHZ 85, 173 = NJW 1983, 1000; BGHZ 52, 283 = NJW 1969, 2198; BGHZ 112, 163; 113, 151 = AnwBl. 1991, 264; vgl. auch „Aus der Arbeit der BRAK" in BRAK-Mitt. 1991, 196; BRAK-Mitt. 1992, 129 und *Terbille* MDR 1999, 1426; ablehnend *Streck* AnwBl. 2004, 212). Zur Verfolgung von Ansprüchen eines Geschädigten gegen die RAK, diese zur Mitwirkung an der Schadensregulierung durch den Vertrauensschadensversicherer anzuhalten, vgl. BGHZ 115, 275 = NJW 1992, 2423 = MDR 1992, 185 zu § 111 BNotO und zur Legitimierung der Anspruchsgeltendmachung aus einer solchen Versicherung vgl. BGH EBE 1998, 231).

76 **ff) Bestimmung der Vergütung (Abs. 10 S. 5).** Der von Amts wegen bestellte Vertreter hat Anspruch auf eine „angemessene" Vergütung. Die Bestimmung der Vergütung steht nicht im Ermessen der RAK. Der Begriff der angemessenen Vergütung ist ein unbestimmter Rechtsbegriff, der der gerichtlichen Nachprüfung gemäß §§ 112a ff. unterliegt (BGH NJW-RR 1993, 1335 = BRAK-Mitt. 1993, 44; NJW 1993, 1334 = BRAK-Mitt. 1993, 46 = AnwBl. 1993, 634; EGH Celle Beschluss vom 3.3.1992 – EGH 13/91 (II/8); SaarlAGH Beschluss vom 20.11.1995 – EGH 7/94; zu den Einzelheiten der Vergütungsfestsetzung vgl. auch *Simonsen/Leverenz* BRAK-Mitt. 1996, 17). Dies gilt auch dann, wenn die RAK noch nicht die endgültige Höhe der Vergütung festgesetzt, sondern nur eine Abschlagszahlung angeordnet hat. Auch dies ist die Regelung eines Einzelfalles und nicht nur eine Vorbereitungshandlung, insbesondere dann, wenn die RAK den beanspruchten Stundensatz von 200 DM (100 Euro) ausdrücklich abgelehnt und der Abschlagszahlung einen Satz von 50 DM (25 Euro) zugrunde gelegt hat. Diese Berechnung der Abschlagszahlung kann der Vertreter (Abwickler, § 55) durch einen Antrag auf gerichtliche Entscheidung überprüfen lassen (BGH NJW-RR 1993, 1335). Da der Aufwendungsersatzanspruch (→ Rn. 52, 67) außerhalb des Festsetzungsverfahrens nach § 53 Abs. 10 S. 5 geltend zu machen und zu erfüllen ist, darf die RAK auf diesen Anspruch gezahlte Vorschüsse bei der Festsetzung der Vergütung nicht berücksichtigen (BGH BRAK-Mitt. 1999, 37).

77 Was als **„angemessene Vergütung"** anzusehen ist, ergibt sich nicht aus dem Gesetz. Die Rechtsprechung hat sich in einer Vielzahl von Fällen mit der Ausfüllung des unbestimmten Rechtsbegriffes der „Angemessenheit" der Vertreter- bzw. Abwicklervergütung (§ 55 Abs. 2 iVm § 53 Abs. 10 S. 4) befasst und dabei bestimmte Grundsätze entwickelt (Hartung/*Scharmer* § 53 Rn. 128). Meist betreffen die Entscheidungen der Anwaltsgerichthöfe Fälle von Kanzleiabwicklungen; die Grundsätze für die Vergütungsbemessung sind jedoch nach § 55 Abs. 3 identisch, so dass die Rechtsprechung auch im Rahmen des Abs. 10 S. 4 anzuwenden ist. Die RAK legt für die Festsetzung der **angemessenen Vergütung** in erster Linie den Zeitaufwand, sodann die berufliche Erfahrung und Stellung des Vertreters (Abwicklers: § 55) und schließlich die Schwierigkeit und Dauer der Vertretung (Abwicklung) zugrunde (BGH NJW 2004, 52 = MDR 2004, 239 = BRAK-Mitt. 2004, 32 zur Festsetzung einer Abwicklervergütung; BayAGH BRAK-Mitt. 2006, 85; vgl. auch AG MV BRAK-Mitt. 2007, 125; 2010, 81). Am häufigsten wird eine pauschale Festsetzung dergestalt vorgenommen, dass entweder ein bestimmter Pauschalbetrag je Monat oder ein bestimmter Pauschalbetrag je aufgewandter Arbeitsstunde festgelegt wird. Bei der Festlegung eines monatlichen Pauschalbetrages wird entweder als Bemessungsgrundlage die angemessene Vergütung eines Angestellten oder sog. freien Mitarbeiters in einer Anwaltspraxis gewählt, wobei die Höhe sich hier nach den üblichen Vergütungssätzen im jeweiligen Kammerbezirk richtet, oder es wird, namentlich dann, wenn es sich um einen jungen Rechtsanwalt handelt, die Vergütung für einen Angestellten gemäß BAT IIa (heute TVL 13) zugrunde gelegt. Die monatliche Vergütung lag nach bisheriger Rechtsprechung zwischen 1500–3000 Euro zuzüglich Mehrwertsteuer, wobei von einem Acht-Stunden-Arbeitstag ausgegangen wird. Die Rechtsprechung unterscheidet eine Vergütung nach Stunden (Stundenpauschale) oder nach Monaten (Monatspauschale).

Die Vergütung in Form einer **Pauschale pro Akte** ist nicht angemessen. Der Bearbeitungsaufwand einer Akte kann je nach Rechtsgebiet und Verfahrensstand unterschiedlich hoch sein, so dass die Gefahr willkürlicher und ungerechter Ergebnisse besteht (BbgAGH BRAK-Mitt. 2011, 81; **aA** AG MV BRAK-Mitt. 2007, 124). **78**

Stundenpauschalen werden vor allem dann festgesetzt, wenn die Abwicklung nur einen bestimmten, überschaubaren, kurzfristigen Zeitraum in Anspruch nimmt. Zur Höhe der Stundensätze gibt es unterschiedliche Rechtsprechung. Wenn die Abwicklung der Kanzlei nur einen bestimmten, überschaubaren, kurzfristigen Zeitraum in Anspruch nimmt, kann die Stundenpauschale festgesetzt werden, die ja nach Kammerbezirk **zwischen 50 Euro und 100 Euro** liegt (AG MV BRAK-Mitt. 2011, 34). **79**

Die RAK Stuttgart setzt als Vergütung einen Stundensatz in Höhe von 100 Euro, in der Regel begrenzt auf 3.000 Euro pro Monat zuzüglich Mehrwertsteuer fest. Auslagen werden nicht erstattet. Auf die Vergütung müssen getätigte Einnahmen aus der Vertretertätigkeit angerechnet werden (RAK Stuttgart, Hinweise für die Tätigkeit des amtlich bestellten Vertreters, www.rak-stuttgart.de). Der BGH hat in einem Fall einen Satz von 170 DM (86,92 Euro) bewilligt, wobei die Vergütung jedoch auf einen Höchstbetrag von 3400 DM je Monat begrenzt wurde (BGH NJW-RR 1993, 1335; vgl. auch AGH NRW BRAK-Mitt. 2002, 37). Die von einer RAK festgesetzte Vergütung des Abwicklers mit einem Stundensatz in Höhe von 83 Euro kann im Einzelfall angemessen sein (BayAGH BRAK-Mitt. 2012, 247). Die Klage gegen dieses Urteil wurde vom BGH wegen versäumter Frist abgewiesen (BGH BeckRS 2013, 08226). Sehr detailliert setzt sich der BbgAGH mit der Berechnung des Stundensatzes auseinander und ermittelt einen Stundensatz von 62 Euro (BbgAGH BRAK-Mitt. 2011, 81). Der BbgAGH geht davon aus, dass der Vertreter (Abwickler) im Unterschied zu einem angestellten Rechtsanwalt neben seiner Vergütung auch die Kosten für die Kanzlei erwirtschaften müsse. Ein Sonderopfer des Vertreters ist unzumutbar. Der Satz der „angemessenen Vergütung" sei daher um einen die laufenden Kosten der Kanzlei darstellenden Betrag zu erhöhen. Der AGH ermittelte einen Stundensatz von 29 Euro als verbleibende Vergütung zuzüglich 33 Euro für die zu berücksichtigenden Kanzleikosten, und sieht damit insgesamt 62 Euro als angemessen an. Die Festsetzung auf Basis einer Vergütung von 50 Euro pro Stunde ist nicht zu beanstanden (AG MV BRAK-Mitt. 2010, 81; 2011, 34). Die Rechtsanwaltskammern gehen dazu über den Vertreter (Abwickler, § 55) darauf hinzuweisen, eine exakte Zeittabelle über seine Tätigkeit zu führen, um nicht am Ende der Vertretung (Abwicklung) über die Stundenzahlen umfangreich Beweis erheben zu müssen. **79a**

Monatspauschalen. Bei umfangreichen, länger andauernden Vertretungen ist die Zugrundelegung eines Stundensatzes kein geeigneter Ansatzpunkt für die Bemessung der angemessenen Vergütung. In diesen Fällen ist es eher angebracht, eine **Gesamtvergütung** für einen längeren Zeitraum, einen Monat oder mehrere Monate, festzusetzen (AG MV BRAK-Mitt. 2010, 81). Für die Festsetzung dieser Gesamtvergütung sind im Wesentlichen die folgenden Kriterien maßgebend: **80**

Ein entscheidender Faktor ist der Zeitaufwand, den der Abwickler für die Bewältigung seiner Aufgabe benötigt. Die berufliche Erfahrung des Abwicklers spielt ebenfalls eine wichtige Rolle bei der Festsetzung der angemessenen Vergütung. Ein weiterer Gesichtspunkt ist die Schwierigkeit und die Dauer der jeweiligen Abwicklung. Ein Anhaltspunkt für die Bemessung einer monatlichen Pauschalvergütung ist sodann das Gehalt, das für einen Angestellten oder sog. freien Mitarbeiter in einer Anwaltspraxis gezahlt wird. Dabei sind auch regionale Unterschiede in den einzelnen Kammerbezirken zu berücksichtigen. **80a**

Schließlich ist bei der Festsetzung der angemessenen Vergütung für eine Abwicklung auch zu berücksichtigen, dass die Tätigkeit des Abwicklers eine **Berufspflicht** ist, die im Interesse des Berufsstandes und im Interesse der Rechtspflege geleistet und von der Solidargemeinschaft der Rechtsanwälte des jeweiligen Bezirks bezahlt wird (BGH NJW-RR 1993, 1335; BayAGH BRAK-Mitt. 2004, 236; Beschluss vom 9.11.2005 – BayAGH I-39/04; AGH RhPf BeckRS 2010, 04655 zu § 55); zur Angemessenheit einer Abwicklervergütung s. auch BbgAGH BRAK-Mitt. 2011, 81 Ls. **80b**

In schwierig gelagerten Abwicklungs- oder Vertreterfällen kann die **monatliche Vergütung** danach auch 8000 DM (4000 Euro) betragen. Dies gilt jedoch nur bei einer nachgewiesenen Vollzeittätigkeit des Vertreters. Eine monatliche Vergütung in Höhe von 3000 Euro ist insbesondere dann nicht zu beanstanden, wenn es sich bei dem Abwickler um einen erfahrenen **80c**

Rechtsanwalt handelt (BayAGH BRAK-Mitt. 2006, 85). Bei längeren Vertretungs- bzw. Abwicklungstätigkeiten können für verschiedene Zeiten auch unterschiedliche Vergütungen gezahlt werden, zB für die besonders arbeitsintensive Anfangsphase eine höhere als für die Zeiten mit normal hoher oder mit abnehmender Belastung (BayAGH BRAK-Mitt. 2004, 236). Der BayAGH hat hier die Festsetzung für eine Tätigkeit des Abwicklers 6000 DM (Vollzeit), 3000 DM (halber Tag) und 1500 DM (viertel Tag) pro Monat bestätigt. Bei Heranziehung dieser Entscheidungen sind jeweils die Euro-Umstellung sowie die Preisentwicklung in den letzten Jahren zu berücksichtigen.

80d Ein weiterer Gesichtspunkt für die Festsetzung der Vergütung muss auch die **finanzielle Leistungsfähigkeit** des Vertretenen bzw. der Erben sein. Es kann nicht sein, dass ein leistungsfähiger Rechtsanwalt eine Vereinbarung über eine marktübliche Vergütung verweigert, um in den Genuss eine nach den Maßstäben der Rechtsprechung außerordentlichen günstigen Honorierung des Vertreters zu gelangen (Hartung/*Scharmer* § 53 Rn. 146). Den Rechtanwaltskammern muss bei der Festsetzung der Vergütung ein gewisser Spielraum verbleiben, um die Besonderheiten des Einzelfalls, auch durch Festsetzung einer höheren Vergütung, Rechnung tragen zu können. Eine Übersicht über die verschiedenen Varianten der Berechnung von Abwicklervergütungen und ihrer Vor- und Nachteile findet sich bei *Simonsen/Leverenz* BRAK-Mitt. 1996, 17).

80e Auf die festgesetzte Vergütung kann die RAK auch **Vorschüsse** zahlen und der Vertreter bzw. Abwickler kann solche verlangen, wenn er diese mangels Masse aus der Kanzlei nicht selbst entnehmen kann (BGH NJW-RR 1993, 1335).

V. Rechtstellung des Vertretenen

81 Die Rechte des Vertretenen werden durch das Bestehen der Vertretung nicht beseitigt. Der Vertretene bleibt Prozessbevollmächtigter und Vertragspartei des Auftraggebers. Er kann daher theoretisch neben dem Vertreter tätig werden. Ist der Vertreter von Amts wegen bestellt, ist eine Behinderung des Vertreters durch Einflussnahme des Vertretenen jedoch ein Verstoß gegen die Berufspflicht au Abs. 10 S. 3 und kann anwaltsgerichtlich Maßnahmen zur Folge haben. Die vorgenommene Rechtshandlung des Vertretenen ist jedoch nicht ungültig (*Isele* § 53 Anm. IX; *Jessnitzer/Blumberg* § 53 Rn. 6).

82 Die Bestellung eines Vertreters von Amts wegen (Abs. 5) entpflichtet den Vertretenen nicht von seiner Kanzleipflicht nach § 27 (EGH Stuttgart EGE XIV, 231) und seiner Pflicht aus § 51 zur Aufrechterhaltung einer Berufshaftpflichtversicherung. Aus Abs. 7 folgt nicht, dass der Rechtsanwalt, dem ohne dass er seine Stellung als Prozessbevollmächtigter einbüßt, ein allgemeiner Vertreter für Behinderungsfälle, die während der Behinderung eintreten können, bestellt wird, während der ganzen Zeit der Bestellung seine Postulationsfähigkeit verliert (BGH MDR 1971, 33). Der amtlich bestellte Vertreter ist kein gesetzlicher Vertreter iSd § 206 BGB (BGH NJW 1972, 212 = MDR 1972, 230). Der Vertretene muss auch weiter seinen besonderen Pflichten gegenüber der RAK nach § 56 nachkommen, soweit er dazu in der Lage ist. Der Vertreter ist, da seine Vertretertätigkeit zur anwaltlichen Berufstätigkeit gehört, dem Kammervorstand ebenfalls nach § 56 bezüglich seiner Vertretertätigkeit und der in diese fallenden Sachen auskunfts- und vorlagepflichtig. Ein Vertreter, der nicht selbst Rechtsanwalt ist (Abs. 4 S. 2), unterliegt zwar nicht der Verpflichtung des § 56, er ist aber berechtigt, dem Kammervorstand Auskunft zu erteilen und Akten des Vertretenen vorzulegen.

§ 54 *[aufgehoben]*

1 § 54 wurde aufgehoben durch Gesetz vom 30.7.2009 (BGBl. I S. 2449).

§ 55 Bestellung eines Abwicklers der Kanzlei

(1) [1] **Ist ein Rechtsanwalt gestorben, so kann die Rechtsanwaltskammer einen Rechtsanwalt oder eine andere Person, welche die Befähigung zum Richteramt erlangt hat, zum Abwickler der Kanzlei bestellen.** [2] **§ 7 gilt entsprechend.** [3] **Der Abwickler ist in der Regel nicht länger als für die Dauer eines Jahres zu bestellen.** [4] **Auf Antrag des Abwick-**

lers ist die Bestellung, höchstens jeweils um ein Jahr, zu verlängern, wenn er glaubhaft macht, daß schwebende Angelegenheiten noch nicht zu Ende geführt werden konnten.

(2) [1]**Dem Abwickler obliegt es, die schwebenden Angelegenheiten abzuwickeln.** [2]**Er führt die laufenden Aufträge fort; innerhalb der ersten sechs Monate ist er auch berechtigt, neue Aufträge anzunehmen.** [3]**Ihm stehen die anwaltlichen Befugnisse zu, die der verstorbene Rechtsanwalt hatte.** [4]**Der Abwickler gilt für die schwebenden Angelegenheiten als von der Partei bevollmächtigt, sofern diese nicht für die Wahrnehmung ihrer Rechte in anderer Weise gesorgt hat.**

(3) [1]**§ 53 Abs. 5 Satz 3, Abs. 9 und 10 gilt entsprechend.** [2]**Der Abwickler ist berechtigt, jedoch außer im Rahmen eines Kostenfestsetzungsverfahrens nicht verpflichtet, Kostenforderungen des verstorbenen Rechtsanwalts im eigenen Namen für Rechnung der Erben geltend zu machen.**

(4) **Die Bestellung kann widerrufen werden.**

(5) **Ein Abwickler kann auch für die Kanzlei eines früheren Rechtsanwalts bestellt werden, dessen Zulassung zur Rechtsanwaltschaft erloschen ist.**

Schrifttum: *BRAK,* Hinweise für die Tätigkeit des Abwicklers, BRAK-Mitt. 1994, 22; 1995, 238; *Bräuer,* Der Anwalt als Kanzleiabwickler – mehr als eine Pflicht, AnwBl. 2013, 548; *Dahns,* Die Aufgaben des Kanzleiabwicklers, NJW-Spezial 2013, 190; *Fischedick,* Besprechung und Arbeitsvorbereitung mit dem amtlich bestellten Vertreter und dem Abwickler, BRAK-Mitt. 2008, 207; *Haselbach/Tauchert,* Die Auswahl der Person eines Vertreters im Sinne des § 53 oder eines Abwicklers nach § 55 durch die Rechtsanwaltskammer, BRAK-Mitt. 2008, 156; *Joachim,* Die Abwicklung einer Rechtsanwaltskanzlei, insbesondere im Erbfall, ZEV 2014, 236; *Knodel,* Wohin mit den Handakten des verstorbenen schweigepflichtigen Freiberuflers?, ZRP 2006, 263; *Schwärzer,* Anwaltsgesellschaften und Abwicklung, BRAK-Mitt. 2009, 259; *dies.,* Ablauf einer Kanzleiabwicklung, BRAK-Mitt. 2008, 108; *Simonsen/Leverenz,* Kanzleiabwicklung, BRAK-Mitt. 1995, 224 (Teil I), BRAK-Mitt. 1996, 17 (Teil II); *Tauchert,* Rechtsstellung, Befugnisse und Aufgaben des Abwicklers, BRAK-Mitt. 2009, 15; *Wierz/Overkamp,* Die rechtliche Stellung des Abwicklers und seine Gestaltungsmöglichkeiten im Mandat, BRAK-Mitt. 2013, 206.

Zur Abwicklervergütung: *Graf v. Pfeil,* Die Auswirkungen der Abwicklertätigkeiten auf die Kammerhaushalte, BRAK-Mitt. 2008, 13; *Knöfel,* Vergütung des Kanzleiabwicklers und Bürgenhaftung der Kammer, AnwBl. 2005, 530; *März,* Feststetzung der Abwicklervergütung und Bürgenhaftung, BRAK-Mitt. 2009, 162; *Stronczek,* Die Tätigkeit des Abwicklers – Eine lukrative Nebentätigkeit oder nur ein kollegialer Dienst, KammerMitt. Düsseldorf, 2011, 189; *Wierz,* Die finanzielle Seite der Abwicklung – Eine kritische Auseinandersetzung mit der bestehenden Gesetzeslage, BRAK-Mitt. 2009, 108.

Zu Abwicklung und Insolvenz: *Franke/Böhme,* Die Kollision von Berufsrecht und Insolvenzrecht bei der Kanzleiabwicklung, AnwBl. 2004, 339; *Jacobi,* Zuständigkeit des Kanzleiabwicklers bei gleichzeitiger Insolvenz, NZI 2010, 94; *Tauchert/Schulze-Grönda,* Verhältnis zwischen Abwickler und Insolvenzverwalter, BRAK-Mitt. 2010, 115; *van Bruggen,* Abwicklung und Insolvenz – Wer bezahlt den Abwickler, RAK Tübingen Mitt. 2013, 15.

Übersicht

I. Gesetzesänderungen

1 Ein der heutigen Abwicklung entsprechendes Institut wurde erstmals durch die Verordnung zur Änderung und Ergänzung der Reichsrechtsanwaltsordnung vom 1.3.1943 geschaffen (*Wierz/Overmann* BRAK-Mitt. 2013, 209). Wesentliche Änderungen erfuhr die Regelung in § 55 durch das Gesetz zur Änderung des Berufsrecht der Rechtsanwälte und der Patentanwälte vom 13.12.1989 (BGBl. I S. 2135), durch das die Abs. 3–5 neu gefasst wurden. Eingefügt wurde die Pflicht zur Übernahme des Amtes und die Bürgenhaftung der RAK. Weitere redaktionelle Änderungen erfolgten mit dem Gesetz zur Stärkung der Selbstverwaltung vom 1.6.2007 (BGBl. I S. 358). Geringfügige Anpassungen erfolgten mit dem Gesetz zur Modernisierung des anwaltlichen und notariellen Berufsrechts vom 30.7.2009 (BGBl. I S. 2449) in § 55 Abs. 3 S. 1 und in Abs. 5 (Hartung/*Scharmer* § 55 Rn. 2, 3).

II. Zweck der Bestellung

2 Ebenso wie § 53 dient die Vorschrift den Interessen der Rechtsuchenden, der Sicherheit des Rechtsverkehrs und der Wahrung des Ansehens der Anwaltschaft. Die Fürsorge, die in dem Institut der Abwicklung liegt, soll in erster Linie den Interessen der Rechtsuchenden dienen. Im Interesse der Sicherheit des Rechtsverkehrs, dh insbesondere auch zum Schutz der Mandanten, wird durch die Bestellung eines Abwicklers für die Kanzlei des früheren Rechtsanwalts die Fortführung der laufenden Angelegenheiten ermöglicht. Die Mandanten eines ausgeschlossenen oder verstorbenen Anwalts haben ein berechtigtes Interesse daran, dass ihre anhängigen Rechtsstreitigkeiten möglichst ohne Zeitverlust und Mehrkosten zu Ende geführt werden. Dem trägt das Institut der Abwicklung Rechnung (BGH NJW 1991, 1236; 1980, 1050; BayAGH BRAK-Mitt. 2005, 194; EGH Stuttgart BRAK-Mitt. 1987, 210). Gleichzeitig wird aber auch den Erben des früheren Rechtsanwalts bzw. diesem selbst die Möglichkeit eröffnet, die Praxis zu verwerten (*Isele* § 55 Anm. II A). Die Bestellung eines Abwicklers erfolgt somit zum **Schutz der Mandanten und zur Wahrung des Ansehens der Anwaltschaft** (BRAK in BRAK-Mitt. 1994, 22). Bei der Tätigkeit des Abwicklers handelt es sich um eine fremdnützige Tätigkeit.

3 Der umfassende Schutz für die Interessen den Rechtssuchenden nach § 55 wird in der Literatur in jüngster Zeit in Frage gestellt. Inwieweit daraus ein Recht des einzelnen Mandanten auf Fortführung des Mandats resultiert, sieht *Wierz* kritisch (vgl. *Wierz* BRAK-Mitt. 2013, 206). Hintergrund ist, dass seit Einführung der Bürgenhaftung, die Belastungen der Kammern in ihren Haushalten mit Abwicklerkosten massiv angestiegen sind (*Graf von Pfeil* BRAK-Mitt. 2008, 13). Der frühere Regelfall für die Bestellung eines Abwicklers bei Tod eines Anwalts ist eher die Ausnahme, während die frühere Ausnahme (Erlöschen der Zulassung) die Regel geworden ist; insbesondere das Erlöschen der Zulassung wegen Vermögensverfalls nach § 14 Abs. 2 Nr. 7 (*Wierz* BRAK-Mitt. 2013, 206). Jedes Jahr werden zahlreiche Anwaltskanzleien abgewickelt, weil der Kanzleiinhaber in Vermögensverfall geraten ist (*Franke/Böhme* AnwBl. 2004, 339). In der Praxis stellt der Zulassungsverlust den Hauptanwendungsfall des § 55 dar. Die Erfahrung der Rechtanwaltskammern hat erwiesen, dass ein Abwickler (und ggf. zuvor während des laufenden Widerrufsverfahrens ein Vertreter gemäß § 53) zumeist in den Fällen zu bestellen ist, in denen der Rechtsanwalt seine Zulassung gemäß § 14 Abs. 2 Nr. 7 wegen Vermögensverfall zu verlieren droht bzw. verloren hat oder gegen ihn gemäß § 114 Abs. 1 Nr. 5 die anwaltsgerichtliche Maßnahme der Ausschließung aus der Anwaltschaft verhängt worden ist (Hartung/*Scharmer* § 55 Rn. 6).

4 Die Wirkung der Bestellung zum Abwickler besteht in der Begründung einer **öffentlich-rechtlichen Pflicht für den Abwickler,** die Kanzlei des früheren Rechtsanwalts ordnungsgemäß abzuwickeln (OLG Düsseldorf AnwBl. 1997, 226). Diese Pflicht übt er fremdnützig wie ein verwaltender Treuhänder aus. Dabei ist seine rechtliche Stellung von weitgehender Weisungsfreiheit und Selbständigkeit gekennzeichnet. Er handelt nach §§ 55 Abs. 3 S. 1, 53 Abs. 9 S. 1 in eigener Verantwortung (*Simonsen/Leverenz* BRAK-Mitt. 1995, 224). In den Fällen des § 55 Abs. 2 S. 2 tritt der Abwickler als selbstverantwortlicher Vertragspartner für den Mandanten des

früheren Rechtsanwalts auf und ist nicht Vertreter des früheren Rechtsanwalts (BGH NJW 1966, 1362). In allen übrigen Fällen ist er gemäß §§ 55 Abs. 3, 53 Abs. 9 S. 1 nur Vertreter des früheren Anwalts mit der Folge, dass der frühere Rechtsanwalt gemäß §§ 164 ff. BGB berechtigt und verpflichtet wird und für haftungsbegründende Handlungen seines Vertreters gemäß § 278 BGB einzustehen hat (→ Rn. 20 ff.; OLG Düsseldorf AnwBl. 1997, 226). Innerhalb seines Aufgabenbereichs handelt der Abwickler gemäß § 55 Abs. 3 S. 1 iVm § 53 Abs. 9 S. 1 in eigener Verantwortung, woraus folgt, dass er genau wie der frühere Rechtsanwalt als ein unabhängiges Organ der Rechtspflege (§ 1) anzusehen ist (*Franke/Böhme* AnwBl. 2004, 339).

III. Voraussetzungen der Bestellung

Voraussetzung der Bestellung eines Abwicklers der Kanzlei durch die RAK ist, dass der Rechtsanwalt entweder verstorben ist (Abs. 1), oder die Zulassung des Rechtsanwalts erloschen, zurückgenommen oder widerrufen ist (Abs. 5). Der Fall des Zulassungsverlusts wurde erst 1989 in Abs. 5 eingefügt. In diesen Fällen ist dann die Bestellung eines Abwicklers erforderlich, wenn nach Abs. 2 S. 1 **schwebende Angelegenheiten** abzuwickeln sind. Dazu gehören in der Regel laufende Verfahren und offene Mandate. 5

Wenn die Kanzlei übertragen oder verkauft werden kann, also die Verfahren anderweit fortgeführt werden können, besteht kein Bedarf für die Bestellung eines Abwicklers. Im Einzelfall kann es schwierig sein festzustellen, was zu den schwebenden Angelegenheiten gehört (vgl. *Fischedick* BRAK-Mitt. 2008, 208). Nicht zu den schwebenden Angelegenheiten gehören, die Entsorgung von „Altakten", die „Abwicklung" der kaufmännischen Angelegenheiten, die Beendigung von Arbeitsverträgen oder Auflösung der Kanzlei usw. Hier müssen die Erben selbst tätig werden oder einen Vertreter beauftragen, der diese Aufgaben übernimmt. Ein Abwickler wird nicht im Interesse der Erben tätig. Ebenso wird der Abwickler nicht im Interesse eines Vermieters tätig, wenn der frühere Anwalt verstorben oder verschwunden ist, und nunmehr die Kanzlei geräumt werden muss. Bestehen Zweifel darüber, ob noch schwebende Angelegenheiten abzuwickeln sind, ist es sinnvoll, wenn sich ein Vertreter der RAK selbst ein Bild über die Kanzleiverhältnisse vor Ort macht. Wird der RAK bekannt, dass der frühere Rechtsanwalt weiterhin als Anwalt tätig ist, so ist dieser Fall nach RDG zu lösen; auch hier besteht zunächst keine Pflicht zur Bestellung eines Abwicklers. 5a

§ 55 ist nicht – auch nicht sinngemäß – auf die Fälle eines gegenständlich beschränkten Vertretungsverbots (§ 114 Abs. 1 Nr. 4, § 161a) anwendbar (BGH BRAK-Mitt. 1992, 218; → § 53 Rn. 5; → § 114a Rn. 4; → § 161a Rn. 7). 5b

IV. Verfahren

1. Zuständigkeit. Zuständig für die Bestellung des Abwicklers ist die RAK, weil es auch ihre Aufgabe ist, die allgemeinen Interessen der Rechtsuchenden wahrzunehmen (amtliche Begründung, BT-Drs. 3/120). Die RAK wird von Amts wegen tätig, wenn sie – auf welchem Wege auch immer – Kenntnis von einer Situation erlangt, die nach Abs. 1 und 5 die Bestellung eines Kanzleiabwicklers erforderlich machen kann. Sie kann auch auf Anregung der Erben oder des früheren Rechtsanwalts selbst gebührenfrei (§ 193 Abs. 2 aF) tätig werden. Ob dies so bleibt, hängt von den Gebührenbeschlüssen der jeweiligen Kammer ab (§§ 89 Abs. 2 Nr. 2, 192). 6

2. Ermessensentscheidung. Der RAK ist, wenn die gesetzlichen **Voraussetzungen für die Bestellung** eines Abwicklers vorliegen, bei der Beurteilung, ob es als notwendig oder zweckmäßig erscheint, einen Abwickler zu bestellen, für welche Zeit die Bestellung erfolgen soll und welche Person mit der Abwicklung zu betrauen ist, ein pflichtgemäßes Ermessen eingeräumt (BayAGH BRAK-Mitt. 2005, 195; EGH Hamm Beschluss vom 19.10.1990 – 1 ZU 27/90). Die RAK prüft die Erforderlichkeit der Einsetzung eines Abwicklers. Dabei besteht ein Ermessensspielraum (kann bestellen) sowohl hinsichtlich der Erforderlichkeit der Bestellung selbst als auch der Auswahl der Person des Abwicklers. 7

3. Kanzleiorganisation. Bei der Prüfung der Voraussetzungen für eine Abwicklerbestellung ist nicht entscheidend, ob der verstorbene Rechtsanwalt allein praktiziert oder aber im Rahmen einer **Sozietät** oder auch in einer **Bürogemeinschaft** gearbeitet hat. Aber diesem Umstand kommt eine maßgebliche Bedeutung bei der Frage der Bestellung zu. Bei der Kanzlei eines **Einzelanwalts** dürfte die Notwendigkeit der Bestellung eines Abwicklers die Regel, bei einem 8

Mitglied einer Sozietät eher die Ausnahme sein, da im letzteren Fall die Mandate durch die anderen Sozietätsmitglieder betreut werden können (BayAGH BRAK-Mitt. 2005, 194). Die Notwendigkeit oder Zweckmäßigkeit einer Abwicklerbestellung hat sich allein an der Person und an dem Arbeitsbereich des Verstorbenen, an den Interessen der Rechtsuchenden, an den Interessen einer geordneten Rechtspflege und an den Interessen seiner Erben zu orientieren.

8a Noch nicht abzusehen sind die Folgen der **Aufhebung des Zweigstellenverbots** durch das Gesetz zur Stärkung der Selbstverwaltung der Rechtsanwaltschaft. Die Rechtsanwälte nehmen vermehrt das Recht zur Einrichtung von Zweigstellen in Anspruch. Soweit es sich um Berufsausübungsgemeinschaften handelt ist es unproblematisch. Bei Einzelanwälten, die ihre Berufstätigkeit aufgeben, wird dies unter Umständen dazu führen, dass ein Abwickler zwei oder mehrere Kanzleistandorte abzuwickeln hat. In diesem Fall erscheint es sinnvoll, alle Akten in eine Kanzlei zu überführen. Dem Vorschlag, für jede Zweigstelle einen Abwickler zu bestellen ist nicht zuzustimmen (vgl. Gaier/Wolf/Göcken/*Tauchert/Dahns* § 55 Rn. 31). In Zeiten des elektronischen Rechtsverkehrs kommt es häufig nicht mehr auf einen bestimmten Kanzleistandort an; auch kann die Bestellung von mehrere Abwicklern sowohl zu rechtlichen und organisatorischen Konflikten als auch zu Zuständigkeitskonflikten führen.

8b Bei **Bürogemeinschaften** ist zu prüfen, ob ein Bürogemeinschaftspartner als Abwickler bestellt werden kann. Anders als in einer Sozietät oder Partnerschaftsgesellschaft ist hier eine Abwicklerbestellung grundsätzlich nötig, da die Mandate in der Bürogemeinschaft jedem Mitglied gesondert erteilt werden (Hartung/*Scharmer* § 55 Rn. 13).

8c Kommt im Einzelfall bei einer **Sozietät** die Bestellung eines Abwicklers in Betracht, kann es angezeigt sein, einen Sozius wegen seiner besonderen Nähe zur Person und Sache zum Abwickler zu bestellen. In Fällen des Streits, über die Beendigung einer Sozietät und/oder ihrer Modalitäten und wenn der überlebende Sozius zudem in Vermögensverfall geraten ist, ist es aber ermessensfehlerfrei, den überlebenden Sozius wegen gravierender Interessenkollision nicht zum Abwickler zu bestellen (EGH Hamm Beschluss vom 19.10.1990 – 1 ZU 27/90). Sieht die Kammer bei einem verstorbenen Sozius von der Bestellung eines Abwicklers ab, handelt sie in der Regel nicht ermessensfehlerhaft; es besteht keine Pflicht der RAK zur Bestellung eines Abwicklers bei Tod eines Sozius (BayAGH BRAK-Mitt. 2010, 135). Auch wenn es im Falle einer zerstrittenen Sozietät, in der ein Sozius verstorben ist, zweckmäßig sein kann, nicht den überlebenden Sozius zum Abwickler zu bestellen, kann die RAK hierzu nicht grundsätzlich verpflichtet werden. Soweit in Ausnahmefällen auch beim Tod eines Rechtsanwalts einer Sozietät die Bestellung eines Abwicklers geboten ist, ist der Sozius bei Unterlassung der Bestellung eines Abwicklers gleichwohl nicht in seinen Rechten verletzt. Zweck der Abwicklung ist es nicht, einen Sozius bei der Auseinandersetzung mit den Erben, des verstorbenen Rechtsanwalts zu unterstützen, ihn vor wirtschaftlichen und gesundheitlichen Nachteilen zu bewahren oder einen Streit zu schlichten (BayAGH BRAK-Mitt. 2010, 135). Es kommt nicht darauf an, ob der überlebende Sozius persönlich in der Lage ist, die nun für ihn zusätzlich anfallende Arbeit alleine zu bewältigen. Soweit dadurch eine persönliche Überlastung der anderen Sozietätsmitglieder eintritt, können sie selbst durch Einstellung zusätzlicher Rechtsanwälte Abhilfe schaffen. Die zwischen einem Sozius und den Erben des verstorbenen Rechtsanwalts bestehenden Auseinandersetzungsprobleme werden auch durch die Bestellung eines Abwicklers nicht zwangsläufig gelöst. Die alleinige Bestellung zu diesem Zweck entspricht jedenfalls nicht den gesetzlichen Intentionen (→ Rn. 2; BayAGH BRAK-Mitt. 2005, 194).

8d Auch die Abwicklung einer **Anwaltsgesellschaft** ist möglich. Das Erlöschen, die Rücknahme oder der Widerruf der Zulassung einer Anwaltsgesellschaft ist in § 59h geregelt. Diese Maßnahme muss nicht auch die Gesellschaft führenden Organe betreffen. Nach § 59h Abs. 6 kann für die Gesellschaft, die ihre Zulassung verloren hat, dennoch ein Abwickler bestellt werden, wenn die zur Vertretung der Gesellschaft bestellten Organe nicht die notwendige Gewähr bieten, die Aufgaben der Gesellschaft ordnungsgemäß wahrzunehmen. Dann gelten die §§ 53, 55 entsprechend (vgl. Gaier/Wolf/Göcken/*Tauchert/Dahns* § 55 Rn. 76).

9 **4. Anhörung der Erben oder des früheren Rechtsanwalts.** Eine Anhörung der Erben, Sozien, Partner oder Bürogemeinschafter des früheren Rechtsanwalts schreibt die BRAO selbst nicht vor. Jedoch ist die Bestellung eines Abwicklers ein Verwaltungsakt. Für das Verfahren gelten also gemäß § 32 Abs. 1 S. 1 die Bestimmungen des VwVfG. Eine Anhörung des früheren Rechtsanwalts, der Erben und des Abwicklers hat nach § 28 VwVfG vor Erlass der Bestellung zu

erfolgen. So kann die RAK sich häufig am besten über den Sachverhalt informieren. Häufig wird es eigene Vorschläge des Betroffenen für die Auswahl des Abwicklers geben, die von der RAK berücksichtigt werden können. Die Bestellung des Abwicklers greift wegen § 55 Abs. 3 iVm § 53 Abs. 9 in die Rechte des ehemaligen Rechtsanwalts bzw. der Erben ein. Diese sind damit in der Regel gemäß § 13 Abs. 2 VwVfG sog. „gekorene Beteiligte" und damit gemäß § 28 VwVfG vor der Bestellung des Abwicklers anzuhören (Hartung/*Scharmer* § 55 Rn. 22). Es kann aber nach pflichtgemäßem Ermessen auch geradezu angebracht sein, auf eine vorherige Anhörung des Betroffenen zu verzichten (§ 28 Abs. 3 VwVfG). Das wird der Fall sein, wenn wegen Vermögensverfall die Interessen der Rechtsuchenden konkret gefährdet sind, so dass die Zulassung des Rechtsanwalts nach § 14 Abs. 2 Nr. 7 zu widerrufen war. Dann wird es angebracht sein, ohne Zögern und insbesondere auch ohne vorherige Rücksprache mit dem früheren Rechtsanwalt einen von seinen objektivierbaren Voraussetzungen her geeigneten Rechtsanwalt mit den Aufgaben eines Abwicklers zu beauftragen (AGH Hess EGE XIV, 236).

V. Person des Abwicklers

Zum Abwickler kann die RAK nur einen Rechtsanwalt oder eine andere Person, welche die **10**
Befähigung zum Richteramt erlangt hat, bestellen (Abs. 1 S. 1; → § 53 Rn. 22, 23). Bestellt werden kann zB der ehemalige Rechtsanwalt, um die schwebenden Angelegenheiten seiner Kanzlei abzuwickeln. Bei der Auswahl des Abwicklers ist jedoch § 7 entsprechend anzuwenden (Abs. 1 S. 2; → § 53 Rn. 24). Personen mit der Befähigung zum Richteramt können nicht bestellt werden, wenn ein Versagungsgrund nach § 7 vorliegt. Die gilt auch für zugelassene Rechtsanwälte, in deren Person ein Versagungsgrund gemäß § 7 vorliegt (Hartung/*Scharmer* § 55 Rn. 27).

Andere Personen können nicht bestellt werden. Anders als nach § 53 Abs. 4 S. 2 ist die **10a**
Bestellung eines **Referendars** ausgeschlossen. Die Betrauung eines Referendars scheidet aus, weil es sich bei der Abwicklung regelmäßig um eine Tätigkeit handelt, deren Dauer nicht von vornherein übersehen werden kann, und so die Ausbildung des Referendars beeinträchtigt werden könnte (amtliche Begründung, BT-Drs. 3/120). Ein **Kammerrechtsbeistand** kann selbst dann nicht zum Abwickler einer Anwaltskanzlei bestellt werden, wenn er Sozius des Verstorbenen war, wohl aber kann er zum Abwickler der Kanzlei eines verstorbenen Kammerrechtsbeistands bestellt werden. Für Erlaubnisinhaber nach dem RBerG galt im Falle einer Abwicklerbestellung § 1a RBerG (nach § 17 Abs. 1 Nr. 2 RDG ist die Eintragung im Falle des Todes zu löschen). **Europäische Anwälte** dürfen vom ersten Tag ihrer Aufnahme auf dem Gebiet des deutschen Rechts tätig sein. Damit kann auch ein niedergelassener europäischen Rechtsanwalt (§§ 2, 6 Abs. 1 EuRAG) als Abwickler bestellt werden. Ausländische Anwälte nach **§ 206 BRAO** sind zwar ebenso wie europäische Rechtsanwälte Kammermitglieder. Auch für sie gilt der 3. Teil der BRAO und damit § 55 entsprechend. Eine Bestellung zum Abwickler kommt jedoch nicht in Betracht, weil sie nicht die Befähigung zum Richteramt besitzen und eine Vergleichbarkeit der Befugnisse und der daraus meist resultierenden Kenntnisse mit dem Kreis der Europäischen Rechtsanwälte nicht besteht (Hartung/*Scharmer* § 55 Rn. 36).

Der Abwickler muss nicht der RAK angehören, der der Rechtsanwalt angehörte, dessen **11**
Praxis er abwickelt (BGH NJW 1980, 1050 zur Zulassung bei einem Gericht). Bei der Auswahl handelt es sich um eine Ermessensentscheidung (→ Rn. 7). Dabei kann die RAK die Vorstellungen des ausgeschiedenen Rechtsanwalts bzw. dessen Erben berücksichtigen. Dies folgt aus § 55 Abs. 3 iVm § 53 Abs. 9. Der Abwickler ist danach zwar in eigener Verantwortung jedoch im Interesse für Rechnung und auf Kosten des ausgeschiedenen Rechtsanwalts tätig. Seine Tätigkeit ist damit „fremdnützig". Durch eine vertrauensvolle Zusammenarbeit mit dem Abwickler sind die Belange des Ausgeschiedenen bzw. der Erben am ehesten zu gewahrt (Hartung/*Scharmer* § 55 Rn. 18). Für den bestellten Rechtsanwalt ist die Durchführung der Abwicklung Berufspflicht, über deren Inhalt er sich informieren muss (EGH Celle BRAK-Mitt. 1992, 110; BGH NJW 1992, 2158 = MDR 1992, 809 = AnwBl. 1992, 442; *Simonsen/Leverenz* BRAK-Mitt. 1995, 224).

VI. Ablehnung nur aus wichtigem Grund

Durch Gesetz zur Änderung des Berufsrechts der Rechtsanwälte und der Patentanwälte vom **12**
13.12.1989 (BGBl. I S. 2135) wurden auch die § 53 Abs. 5 neu angefügten S. 3 und 4 für

entsprechend anwendbar erklärt (§ 55 Abs. 3 S. 1). Die Abgeordneten *Eylmann* und *de With* haben dies in ihrem Bericht an das Plenum des Deutschen Bundestages (BT-Drs. 11/5264) damit begründet, „dass sich bei der Suche nach einem Abwickler ähnliche Schwierigkeiten ergeben, wie bei der Suche nach Rechtsanwälten, die bereit sind, eine Vertretung zu übernehmen. Deshalb hat der Rechtsausschuss vorgeschlagen, in § 55 Abs. 3 S. 1 auch auf die Vorschriften des § 53 Abs. 5 S. 3 und 4 zu verweisen.

12a Die Übernahme der Abwicklungstätigkeit kann nur aus **wichtigem Grund** abgelehnt werden. Der Ausschuss sah diese Verweisung auch als eine konsequente Folge der im Gesetzesentwurf in § 55 Abs. 3 vorgesehenen Verweisung auf § 53 Abs. 10 und der Begründung für die Regelung zur Entschädigung des von Amts wegen bestellten Vertreters als Folge der Pflicht zur Übernahme der Vertretung an. Deshalb sind auch die Bedingungen für die Annahme eines wichtigen Grundes eng auszulegen. Wichtige Gründe sind ua Krankheit, Störung des Vertrauensverhältnisses zum Mandanten oder wenn die Übernahme die eigenen Leistungsfähigkeit konkret gefährdet (*Haselbach/Tauchert* BRAK-Mitt. 2008, 156). Arbeitsüberlastung; Interessenskollision oder fehlende Spezialkenntnisse sind weitere Gründe, die die Ablehnung der Vertretung rechtfertigen. Es wird auf die gleichgelagerte Problematik in → § 53 Rn. 29, 30 verwiesen. Auch hier muss eingestanden werden, dass die Vorschrift häufig leer läuft. Ein Rechtsanwalt, der eine Abwicklung nicht übernehmen möchte, wird hierzu nicht gezwungen werden können. Die Rechtanwaltskammern legen hierzu jeweils Listen mit Rechtsanwälten an, die bereit sind eine Abwicklung zu übernehmen.

12b Ein Rechtsanwalt, der eine Abwicklungstätigkeit bereits begonnen hat, kann regelmäßig nur dann von dieser Aufgabe entbunden werden, wenn er durch eine weitere Abwicklungstätigkeit seine eigene Leistungsfähigkeit konkret gefährdet oder Gründe vorliegen, die eine Abwicklung selbst bedingen. Die Liquiditätsschwäche der übernommenen Abwicklermasse stellt keinen wichtigen Grund für eine Entbindung dar (EGH Celle BRAK-Mitt. 1992, 110).

VII. Wirksamwerden, Dauer und Ende der Bestellung

13 **Zuständig** für die Bestellung eines Abwicklers ist die RAK. Die Bestellung zum Abwickler ist ein **Verwaltungsakt.** Nach § 32 Abs. 1 S. 1 finden die Vorschriften des VwVfG Anwendung. Danach wird die Bestellung des Abwicklers gemäß §§ 41, 43 VwVfG wirksam mit der Bekanntgabe an den Abwickler, da der Verwaltungsakt für diesen bestimmt ist (§ 41 Abs. 1 S. 1 VwVfG). Einer Zustellung oder Bekanntgabe an den früheren Rechtsanwalt bedarf es für die Wirksamkeit der Abwicklerbestellung oder deren Verlängerung nicht (NdsAGH BRAK-Mitt. 2006, 178). Die Bekanntgabe an den ehemaligen Rechtsanwalt oder dessen Erben als eventuelle Beteiligte iSv § 13 VwVfG oder anderweitig Betroffenen kann aber erforderlich sein. In der Praxis sendet die zuständige RAK eine beglaubigte Kopie der Bestellungsurkunde an den früheren Rechtsanwalt bzw. dessen Erben. Die unterbliebene Bekanntgabe gegenüber diesen Personen lässt die Bestellung selbst jedoch nicht unwirksam werden (Hartung/*Scharmer* § 55 Rn. 25).

13a Die nach § 55 Abs. 2 S. 5 aF für den Abwickler bestehende Verpflichtung zur **Anzeige seiner Bestellung** gegenüber dem Gericht, bei dem der frühere Rechtsanwalt, dessen Kanzlei er abwickelt, zugelassen war, war für die Wirksamkeit der Bestellung bedeutungslos und wurde durch das Gesetz vom 26.3.2007 (BGBl. I S. 358) aufgehoben, da die Lokalisation bei einem bestimmten Gericht entfallen ist. Obwohl keine gesetzliche Verpflichtung besteht, sollten aber die Mandanten, die Gegner und beteiligten Gerichte im Rahmen der Mandatsfortführung über die Abwicklungstätigkeit informiert werden. Auch ohne Verpflichtung sollte der Abwickler in einem Informationsbrief den Mandanten mitteilen, dass er zum Abwickler bestellt worden ist. Er soll darauf hinweisen, dass es seine Aufgabe ist, vorhandene Mandate weiterzuführen, wobei bereits gezahlte Gebühren angerechnet werden (BRAK in BRAK-Mitt. 1994, 22; vgl. *Simonsen/Leverenz* BRAK-Mitt. 1995, 224, 228; Hinweise der BRAK für die Tätigkeit des Abwicklers, IV. 2. BRAK-Mitt. 1994, 22, 23; BRAK-Mitt. 1995, 238).

14 Die Bestellung eines Abwicklers, die auch längere Zeit nach Eintritt des seine Bestellung rechtfertigenden Ereignisses möglich ist, wenn dann noch eine Bestellung sachdienlich erscheint (BGH NJW 1980, 1050; *Isele* § 55 Anm. IV A 2) ist möglich. Der Sinn der Vorschrift des § 55 Abs. 5 spricht dafür, dass die Bestellung eines Abwicklers zeitnah, also in den ersten sechs Monaten nach Ausscheiden des Rechtsanwalts erfolgen muss, zumal da nach § 55 Abs. 1 S. 4 die Abwicklungszeit nicht länger als 1 Jahr betragen soll (OLG Oldenburg BeckRS 2006, 02240).

Die Bestellung erfolgt nach § 55 Abs. 1 S. 3 grundsätzlich nicht für eine längere Zeit als die **Dauer eines Jahres.** Da die Abwicklung den Zweck hat, den früheren Kanzleibetrieb möglichst rasch zu Ende zuführen, sollte sich die Dauer der Abwicklung in einem möglichst überschaubaren Rahmen halten (Hartung/*Scharmer* § 55 Rn. 41). Die Abwicklung ist also zügig durchzuführen. Ausnahmsweise kann die Zeit aber, je nach den Bedürfnissen des Einzelfalles, kürzer oder länger bemessen werden. Nach den Erfahrungen der Rechtsanwaltskammern reicht die Frist von einem Jahr in Einzelfällen nicht aus, um die schwebenden Angelegenheiten eines Rechtsanwalts abzuwickeln, der verstorben ist oder dessen Zulassung erloschen, zurückgenommen oder widerrufen ist (vgl. auch *Heyl* BRAK-Mitt. 1982, 140). Aus diesem Grunde wurde daher durch das Gesetz vom 13.12.1989 Abs. 1 S. 5 eingefügt. Darin wird vorgesehen, dass die Bestellung des Abwicklers um höchstens jeweils ein Jahr verlängert wird, sofern schwebende Angelegenheiten noch nicht zu Ende geführt werden konnten (amtliche Begründung, BT-Drs. 3/120; zur bisherigen Rechtslage vgl. EGH Stuttgart BRAK-Mitt. 1987, 210). Die Verlängerung steht im pflichtgemäßem Ermessen der RAK (NdsAGH BRAK-Mitt. 2006, 178). Jedoch ist es nicht Sinn der Abwicklung die Kanzlei auf Dauer aufrecht zu erhalten. Die Abwicklung ist auf möglichst schnelle Beendigung der Kanzlei gerichtet. Die Bestellung **endet** mit Ablauf der Bestellungszeit. Wie mit etwaigen offenen Mandaten zu verfahren ist, → Rn. 29. Mit der Beendigung der Abwicklung endet auch der Anspruch auf Festsetzung der Vergütung (→ Rn. 41). Versäumt der Abwickler den Antrag auf Verlängerung der Bestellung, müssen diese Tätigkeiten für die Festsetzung der Vergütung außer Betracht bleiben (BayAGH BRAK-Mitt. 2004, 134). **14a**

Die RAK kann nach Auffassung des XII. Zivilsenats des BGH **statt der Verlängerung auch eine erneute Bestellung** zum Abwickler vornehmen. Da das Verfahrensrecht insbesondere zu § 55 Abs. 2 S. 2 Hs. 2 klare Verhältnisse verlange, komme der Entscheidung der RAK aus Gründen verfahrensrechtlicher Klarheit jeweils die Bedeutung zu, die sie formal ausweist, entweder als Verlängerung oder erneute Bestellung. Bei der Auslegung der Entscheidung der RAK sei der wirtschaftliche Sinn und Zweck der Regelung des § 55 Abs. 2 S. 2 und 3 zu berücksichtigen (BGH NJW 1991, 1236 = MDR 1991, 675 mit Anm. *Schlee* AnwBl. 1992, 404, 405). **15**

Liegt zwischen dem Ablauf der Bestellungszeit und dem Antrag auf erneute Bestellung des bisherigen Abwicklers ein längerer Zeitraum, zB über ein Jahr, besteht für die erneute Bestellung in der Regel kein Raum. Dies gilt selbst dann, wenn noch schwebende Angelegenheiten auftauchen. Sinn und Zweck der Abwicklung ist es kurz nach dem Tod des Kanzleiinhabers die Interessen der Rechtsuchenden zu schützen, nicht aber auf Jahre hinaus. In diesem Fall ist auch das Interesse der Erben zu berücksichtigen, die im Falle einer erneuten Bestellung für eine etwaige Vergütung des Abwicklers in Anspruch genommen werden. Es ist daher sinnvoll dem Mandanten die Handakte auszuhändigen oder der frühere Abwickler erklärt sich bereit selbst das Mandat, in diesem Fall als neuen Auftrag, zu übernehmen. **16**

Es ist Pflicht des Abwicklers ggf. eine **Verlängerung** (§ 55 Abs. 1 S. 4) zu beantragen. Dies gilt schon deswegen, weil nach einer allerdings umstrittenen Ansicht Anwaltskosten, die dadurch in einer Sache erneut entstehen, dass der Abwickler seine Bestellung nicht bis zum Abschluss der betreffenden Sache verlängern lässt, nicht erstattbar sind (so OLG Hamburg AnwBl. 1972, 129 mit abl. Anm. *Chemnitz*). Im Antrag hat der Abwickler **glaubhaft** darzulegen, dass schwebende Angelegenheiten noch abzuwickeln sind. Eine förmliche Glaubhaftmachung nach § 294 ZPO ist nicht erforderlich. Eine schlüssige Darstellung der offenen Verfahren und entsprechende Versicherung des Abwicklers sind in der Regel ausreichend. Vor Verlängerung der Abwicklung ist jedoch seitens der RAK der Abwickler nach den Regeln des VwVfG anzuhören. **17**

Wird der Verlängerungsantrag abgelehnt, dann sind die Mehrkosten zu erstatten, die dadurch anfallen, dass mit der Weiterführung des Prozesses ein anderer Rechtsanwalt beauftragt werden muss (OLG Oldenburg AnwBl. 1966, 194 mit Anm. *Chemnitz; Jessnitzer/Blumberg* § 55 Rn. 8). Zum Verhältnis des § 55 zu § 54 RVG (vormals § 125 BRAGO) vgl. *Schmidt* AnwBl. 1984, 496). Grundsätzlich übernimmt der Abwickler die Stellung des bestellten oder beigeordneten verstorbenen oder früheren Rechtsanwalts (BGH NStZ 1992, 248). Für einen Anwaltswechsel iSd § 54 RVG ist dann kein Raum, so dass die Anwendbarkeit des § 54 RVG entfällt (Hartung/Römermann/*Schons* RVG § 54 Rn. 11, 12). Die RAK kann zunächst davon ausgehen, die von ihr nach pflichtgemäßem Ermessen bestimmte Dauer sei ausreichend (*Isele* § 55 Anm. IV B 3). **17a**

Widerruf der Bestellung (Abs. 4). Die Bestellung zum Abwickler kann auch widerrufen werden. Besondere Widerrufsgründe enthält Abs. 4 nicht. Der Widerruf kann nach pflichtgemäßem Ermessen der RAK erfolgen. Sobald der Zweck der Abwicklung erreicht ist, ist der **18**

Abwickler in der Regel abzuberufen. Da sich der Zeitpunkt der Beendigung des Auftrages an ihn nicht von vornherein übersehen lässt, wird in Abs. 4 vorgesehen, dass die Bestellung jederzeit widerruflich ist. Damit ist der Widerruf auch möglich, wenn andere Umstände eintreten, die eine Abberufung des Abwicklers noch während der Abwicklung geboten erscheinen lassen, zB für den Fall, dass ein Wechsel in der Person des Abwicklers erforderlich wird (amtliche Begründung, BT-Drs. 3/120). Der Widerruf ist angezeigt, wenn dies aus Zweckmäßigkeitsgründen geboten oder wenn die Abwicklung vor dem Ablauf der Bestellungszeit beendet ist, zB im Falle der Praxisveräußerung (BGH NJW 1999, 3037 = EBE 1999, 309 = AnwBl. 2000, 127; *Isele* § 55 Anm. IV C). Der Widerruf ist auch auf Antrag des Abwicklers möglich, wenn es hierfür wichtige Gründe gibt, der ihn auch berechtigen würde, die Übernahme des Amtes abzulehnen (§ 55 Abs. 3 S. 1 iVm § 53 Abs. 5 S. 3). Nach EGH Celle (BRAK-Mitt. 1992, 110) stellt nach bereits begonnener Abwicklung die „Liquiditätsschwäche der übernommenen Abwicklermasse“ keinen wichtigen Grund für die Entbindung von der Tätigkeit dar. Für die Vergütung des Abwicklers greift die Bürgenhaftung der RAK. Der einmal bestellte Abwickler hat keinen Anspruch darauf, bis zur endgültigen Abwicklung der Kanzlei Abwickler zu bleiben.

VIII. Rechtsweg

19 Die Entscheidungen der RAK im Rahmen des § 55 sind als Verwaltungsakte und durch Klage an den Anwaltsgerichtshof nach §§ 112a ff. gerichtlich überprüfbar (BGH NJW 2009, 1003). Dies gilt sowohl für die Bestellung als Abwickler als auch für die Verlängerung der Bestellung. Sowohl der Abwickler als auch der ehemalige Rechtsanwalt können Klage erheben. In einigen Bundesländern ist vorab Widerspruch zu erheben. Die Klage kann nur darauf gestützt werden, dass der Verwaltungsakt den Antragsteller in seinen Rechten beeinträchtigt, weil er rechtswidrig sei. Der Kläger kann rügen, dass die tatsächlichen Voraussetzungen des § 55 nicht vorliegen und er kann, soweit er die Ausübung des Ermessens (§ 114 VwGO) angreifen will, rügen, dass die gesetzlichen Grenzen des Ermessens überschritten seien oder dass von dem Ermessen in einer dem Zweck der Bestellung nicht entsprechenden Weise Gebrauch gemacht worden sei (EGH Hamm Beschluss vom 19.10.1990 – 1 ZU 27/90; EGH München EGE IX, 135 ff., 139). Für die Klage des ehemaligen Mandanten eines verstorbenen Rechtsanwalts, mit welcher die zuständige RAK verpflichtet werden soll, die bereits beendete Abwicklung einer Kanzlei wieder aufzunehmen, ist der Rechtsweg zum AGH nicht gegeben. Ein solcher Rechtsstreit ist gemäß § 17a Abs. 2 GVG an das zuständige Verwaltungsgericht zu verweisen (AGH Hmb BRAK-Mitt. 2015, 56).

IX. Rechtsstellung, Befugnisse und Pflichten des Abwicklers

20 **1. Rechtsstellung.** Der Abwickler sollte die von dem BRAK-Ausschuss Abwickler/Vertreter erteilten Hinweise in BRAK-Mitt. 1994, 22 ff., 1995, 238 ff. und dessen „Abwickler-Kompass“ auf der Homepage der BRAK beachten. Der gemäß § 55 Abs. 1 oder 5 für die Kanzlei eines verstorbenen oder früheren Rechtsanwalts bestellte Abwickler steht in einem **öffentlich-rechtlichen Rechtsverhältnis** zu der ihn bestellenden RAK (BGH NJW 2004, 52 = MDR 2004, 239 = BRAK-Mitt. 2004, 32; NJW 1999, 3037; OLG Nürnberg AnwBl. 1999, 285). Er übt seine öffentlich-rechtliche Berufspflicht fremdnützig wie ein verwaltender Treuhänder aus, ohne dass er bei der Amtsausübung gegenüber Dritten schuldrechtlichen Bindungen unterliegt. Hinsichtlich der anwaltlichen Rechte und Pflichten tritt der Abwickler an die Stelle des früheren Rechtsanwalts und übernimmt dessen anwaltliche Aufgaben und Befugnisse sowohl gegenüber den Mandanten als auch gegenüber den Gerichten und Behörden. Der Abwickler hat die laufenden Mandate eigenverantwortlich fortzuführen und gilt für die schwebenden Angelegenheiten als vom Mandanten bevollmächtigt (*Dahns* NJW-Spezial 2013, 190). Insofern besteht ein grundlegender Unterschied zum Vertreter gemäß § 53 BRAO, der lediglich Erfüllungsgehilfe des Vertretenen ist und nicht in die Mandatsverhältnisse eintritt (Hartung/*Scharmer* § 55 Rn. 50).

20a Zugleich entstehen zwischen dem Abwickler und den Erben oder sonstigen Rechtsnachfolgern (Nachlassverwalter) des verstorbenen Rechtsanwalts bzw. zu dem früheren Rechtsanwalt (Abs. 5) **privatrechtliche Beziehungen** in Gestalt eines Geschäftsbesorgungsverhältnisses, auf das gemäß § 55 Abs. 3 S. 1 iVm § 53 Abs. 9 S. 2 die §§ 666, 667 und 670 BGB entsprechend anzuwenden sind (BGH NJW 2004, 52; 1999, 3037). Der Abwickler ist jedoch nicht zeitgleich Rechtsbeistand des Rechtsanwalts bzw. dessen Erben, deren Kanzlei er gerade abwickelt. Eine solche Doppelfunktion könnte sehr leicht zu einem Interessenkonflikt führen, da der Abwickler primär zum Schutz der Mandanten tätig wird. Aus seinen Aufgaben kann sich unter Umständen ergeben, dass der Abwickler gegenläufige Interessen zu vertreten hat (zB Bekanntgabe der Berufshaftpflichtversicherung etc; Hartung/*Scharmer* § 55 Rn. 51).

Im Verhältnis **zu den Erben des verstorbenen Rechtsanwalts, zum früheren Rechtsanwalt und dessen Mandanten** richten sich die Rechte und Pflichten des Abwicklers **ausschließlich nach privat-rechtlichen Grundsätzen** (BGH NJW 2004, 52 = MDR 2004, 239 = BRAK-Mitt. 2004, 32; OLG Düsseldorf AnwBl. 1997, 226; Abs. 3 iVm § 53 Abs. 9; *Joachim* ZEV 2014, 236). Der Kanzleiabwickler tritt hinsichtlich der anwaltlichen Rechte und Pflichten an die Stelle des verstorbenen oder früheren Rechtsanwalts und übernimmt dessen anwaltliche Aufgaben und Befugnisse. Er führt dessen Anwaltsgeschäfte eigenverantwortlich und hat dabei – soweit er Rechtsanwalt ist (Abs. 1 S. 1) – auch die anwaltlichen Berufspflichten zu achten. **20b**

Dem Kanzleiabwickler stehen gemäß § 55 Abs. 2 S. 3 nur die **anwaltlichen Befugnisse** des ehemaligen Praxisinhabers zu. Die sonstigen Befugnisse des ehemaligen Praxisinhabers aus Mietverträgen, Arbeitsverträgen, Eigentum pp. stehen dem Abwickler grundsätzlich nicht zu, soweit nicht nach Abs. 3 iVm § 53 Abs. 10 ihm das Recht zuerkannt ist, „die Kanzleiräume zu betreten und die zur Kanzlei gehörenden Gegenstände einschließlich des der anwaltlichen Verwahrung unterliegenden Treugutes in Besitz zu nehmen, herauszuverlangen und hierüber zu verfügen" (→ § 53 Rn. 62 ff.). Benötigt der Abwickler **Arbeitskräfte** der abzuwickelnden Kanzlei zur Erledigung der Kanzleigeschäfte, so muss er selber Verträge mit den Mitarbeitern abschließen und die Arbeitsentgelte verauslagen. **20c**

Der Kanzleiabwickler ist **in analoger Anwendung des § 727 ZPO als Rechtsnachfolger** des ausgeschiedenen Rechtsanwalts anzusehen, soweit es um das seiner Verwaltung unterliegende Vermögen geht (Zöller/*Stöber* ZPO § 727 Rn. 18; Baumbach/Lauterbach/Albers/*Hartmann* ZPO § 727 Rn. 16). **20d**

Das gilt auch für von dem ausgeschiedenen Rechtsanwalt eingerichtete **Anderkonten.** Die Vollstreckungsklausel eines gegen den früheren Rechtsanwalt erwirkten Titels ist analog § 748 Abs. 2 ZPO gegenüber dem Abwickler umzuschreiben (OLG Karlsruhe NJW 2005, 912, nur Ls. = BRAK-Mitt. 2004, 284). Aus einem von dem Abwickler selbst eingerichteten Anderkonto ist der Abwickler berechtigt und verpflichtet. Etwaiges Guthaben auf diesem Konto steht somit dem Abwickler zu, unterliegt jedoch der Zweckbindung der Abwicklung. Es handelt sich nicht um Vermögen des ausgeschiedenen Rechtsanwalts, das nur der Verwaltung des Abwicklers unterliegt. Ein solches vom Abwickler eingerichtetes Anderkonto kann nicht im Wege der Zwangsvollstreckung zur Befriedigung der Gläubiger des ehemaligen Rechtsanwalts dienen. Eine Umschreibung eines gegen den ehemaligen Rechtsanwalt erwirkten Titels gegenüber dem Abwickler analog § 748 Abs. 2 ZPO scheidet daher aus (OLG Nürnberg NJW 2006, 3578; aA OLG Karlsruhe NJW 2005, 912 = BRAK-Mitt. 2004, 284). Das Guthaben auf einem vom Kanzleiabwickler eingerichteten Sonderkonto fällt auch nicht in die Insolvenzmasse des ausgeschiedenen Rechtsanwalts. Dieses Vermögen gehört formal rechtlich zum Vermögen des Kanzleiabwicklers (BGH NZI 2005, 581). **20e**

Nach § 55 Abs. 2 S. 2 Hs. 1 führt der Abwickler die **laufenden Aufträge** fort; insofern gilt er als von dem Mandanten bevollmächtigt, die Mandate bis zum jeweiligen Mandatsende weiterzubetreiben (§ 55 Abs. 2 S. 4 Hs. 1). Der bestellte Kanzleiabwickler tritt als Verfahrensbevollmächtigter vollständig an die Stelle des verstorbenen oder aus der Rechtsanwaltschaft ausgeschiedenen Rechtsanwalts. Durch die Mandatsfortführung entstehen dem Auftraggeber keine Mehrkosten, da kein neuer Auftrag erteilt wird und kein Anwaltswechsel vorliegt (*Tauchert/Schulze-Grönda* BRAK-Mitt. 2010, 115). Soweit die Mandanten eine Fortsetzung der Mandatsbetreuung durch den Abwickler wünschen, hat er die laufenden Mandate fortzuführen, unabhängig davon, ob bei der weiteren Bearbeitung noch Gebühren entstehen können. Eventuell weitere Einnahmen fließen dem Abwickler zu. **21**

Der Abwickler gilt als von der Partei bevollmächtigt, sofern diese nicht für die Wahrnehmung ihrer Rechte in anderer Weise gesorgt hat (Abs. 2 S. 4 Hs. 2). „Herr" des Verfahrens bleibt nach wie vor die Partei/der Mandant. Die Partei ist weder an den Abwickler gebunden noch muss sie ihren Auftrag vom Abwickler fortführen lassen. Im Falle der Kündigung des Auftrags durch die Partei, hat der Abwickler die bisherige Tätigkeit abzurechnen, evtl. Gelder auszukehren und die Akte auszuhändigen. In diesem Fall trägt die Partei das Risiko für weitere Gebühren, ggf. hat sie bei Beauftragung eines zweiten Anwalts erneut Gebühren zu entrichten. **21a**

21b Gerichtliche Entscheidungen sind allein dem Abwickler zuzustellen (BayObLG NJW-RR 2005, 108 = BRAK-Mitt. 2005, 40). Diese Regelung hat zur Folge, dass der frühere Rechtsanwalt seine Rechtsstellung als beauftragter Rechtsanwalt des Mandanten kraft Gesetzes verliert, aber nur für die Zukunft. Der frühere Rechtsanwalt haftet nicht für die Handlungen des Abwicklers, die dieser ab seiner Bestellung in Ausübung seines Abwickleramtes bei der Fortführung der Mandate vorgenommen hat. Der Abwickler tritt in diesen Fällen als selbstverantwortlich Handelnder für den Mandanten des früheren Rechtsanwalts auf. Dabei ist er nicht Vertreter des früheren Rechtsanwalts, er haftet für Pflichtverletzungen ab seiner Bestellung selbst. Der frühere Rechtsanwalt bzw. dessen Erben haften nicht für die Handlungen des Abwicklers bei der Fortführung des laufenden Auftrages (BGH NJW 1966, 1362; OLG Düsseldorf AnwBl. 1997, 226; *Borgmann/Jungk*/Schwaiger S. 333; teilweise **aA** *Simonsen/Leverenz* BRAK-Mitt. 1995, 224, 225). Der Abwickler hat aber umfassende Aufsichtspflichten, wenn er den ehemaligen Rechtsanwalt in seiner Kanzlei zur Abwicklung von Altmandaten mitarbeiten lässt und dessen Handlungen nicht im Wege der Anscheinsvollmacht für sich gelten lassen will (OLG München OLGR 2000, 45).

22 Nach § 55 Abs. 2 S. 1 obliegt es dem Abwickler **allgemein die schwebenden Angelegenheiten** abzuwickeln. Dazu gehört neben der Fortführung der laufenden Mandate nach außen insbesondere die interne Vertragsabwicklung mit den Mandanten. So gehört zur Abwicklung schwebender Angelegenheiten auch die Auskehrung des von dem früheren Praxisinhaber durch die Geschäftsführung Erlangten (§§ 43a Abs. 5, 50 BRAO; §§ 667, 675 BGB; §§ 4, 17 BORA). In dieser Hinsicht handelt der Abwickler gemäß § 55 Abs. 3 iVm § 53 Abs. 9 S. 1 zwar in eigener Verantwortung aber im Interesse, für Rechnung und auf Kosten des früheren Rechtsanwalts bzw. seiner Erben. Im Verhältnis zu Mandanten oder sonstigen Vertragspartnern des früheren Rechtsanwalts (zB Lieferanten von Büromaterial für die Praxis) tritt der Abwickler bei derartigen Geschäften als berufener Vertreter des früheren Rechtsanwalts auf. Anders als bei der Mandatsfortführung nach Abs. 2 S. 2 Hs. 1 tritt er hier nicht als selbstverantwortlicher Vertragspartner des Mandanten pp. des früheren Rechtsanwalts auf, vielmehr als dessen Vertreter mit der Folge, dass der frühere Rechtsanwalt gemäß §§ 164 ff. BGB durch die Willenserklärungen des Abwicklers berechtigt und verpflichtet wird und er für dessen haftungsbegründende Handlungen gemäß § 278 BGB einzustehen hat. Dementsprechend sehen §§ 55 Abs. 3, 53 Abs. 9 S. 2 vor, dass im Verhältnis zwischen Abwickler und früheren Rechtsanwalt die Bestimmungen der §§ 666, 667 und 679 BGB über den Auftragsvertrag entsprechend anzuwenden sind (OLG Düsseldorf AnwBl. 1997, 226, 227). Der frühere Rechtsanwalt haftet weiter den Mandanten aus den mit ihm bestehenden Mandatsverträgen. Auch nach Bestellung eines Abwicklers nach § 55 Abs. 5 schuldet der frühere Rechtsanwalt seinem Mandanten die Auskehrung von ihm kassierter Mandantengelder (OLG Düsseldorf AnwBl. 1997, 226, 227).

23 **2. Laufende Mandate.** Laufende Mandate hat der Abwickler fortzuführen (→ Rn. 21; Abs. 2 S. 2 Hs. 1). Er hat diese Mandate wie eigene bis zum jeweiligen Mandatsende zu bearbeiten (Henssler/Prütting/*Prütting* § 55 Rn. 9). Er ist gegenüber dem Auftraggeber zur Erfüllung sämtlicher Anwaltspflichten aus dem Mandatsverhältnis verpflichtet, wie sie für den ehemaligen Praxisinhaber begründet waren. Er muss deshalb unter anderem für eine ordnungsgemäße Rechtsberatung und Vertretung sorgen und die aus §§ 666, 667, 675 BGB resultierenden Pflichten gegenüber dem Mandanten erfüllen. So ist er auch verpflichtet, dem Mandanten bzw. dessen Insolvenzverwalter (→ § 44 Rn. 34 ff.; → § 50 Rn. 30) gemäß §§ 666, 667 BGB iVm § 50 Auskunft, Einsicht und Herausgabe der Handakten zu gewähren (*Simonsen/Leverenz* BRAK-Mitt. 1995, 224, 226; → § 44 Rn. 19 ff., 34 ff.; → § 50 Rn. 17 ff., 30). Aufträge, die dem früheren Rechtsanwalt erst nach dem Verlust seiner Zulassung erteilt wurden, gehören nicht zum Aufgabenbereich des Abwicklers (OLG Oldenburg BRAK-Mitt. 2006, 238).

24 Damit der Abwickler seine Aufgaben erfüllen kann, stehen ihm nach § 55 Abs. 2 S. 3, Abs. 5 die anwaltlichen Befugnisse zu, die der Rechtsanwalt hatte, dessen Kanzlei er abwickelt (BGHZ 66, 59 = MDR 1979, 487) und gilt er für die schwebenden Angelegenheiten als von der Partei bevollmächtigt (Abs. 2 S. 4 Hs. 1). Und damit bei der Erfüllung dieser anwaltlichen Tätigkeit auch seine Unabhängigkeit (§§ 1, 3 Abs. 1) nicht beeinträchtigt wird, dürfen der frühere Rechtsanwalt bzw. seine Erben dem Abwickler **keine Weisungen** erteilen und seine Amtsführung nicht beeinträchtigen (§ 55 Abs. 3 iVm § 53 Abs. 10 S. 3 und 4).

25 Der Abwickler kann wirksam alle Prozesshandlungen vornehmen, zu denen der Rechtsanwalt befugt war, dessen Kanzlei er abwickelt. Er kann auch eine Handlung vornehmen, die der frühere

Anwalt seinerseits als Vertreter eines anderen Anwalts wirksam vornehmen könnte. Diese Befugnisse des früheren Rechtsanwalts hat der Abwickler aber nur insofern, als er gerade in seiner Eigenschaft als Abwickler und nicht etwa für die eigene Praxis tätig wird (Baumbach/Lauterbach/Albers/*Hartmann* ZPO § 78 Rn. 27; zu § 53: BGH NJW 1981, 1741; BGHZ 66, 59 = MDR 1979, 487; OLG Hamburg MDR 1966, 684).

Der Abwickler braucht bei Prozesshandlungen, die er als solcher vornimmt, nicht ausdrücklich klarzustellen, dass er als Abwickler der Kanzlei X und nicht in eigener Sache tätig wird (BGH NJW 1966, 1362; VersR 1966, 878). Er *gilt* für die schwebende Angelegenheit als von der Partei bevollmächtigt, sofern diese nicht für die Wahrnehmung ihrer Rechte in anderer Weise gesorgt hat (Abs. 2 S. 4). Legt der gemäß § 55 Abs. 5 zum Abwickler der Kanzlei eines früheren Rechtsanwalts Bestellte im Zusammenhang mit einem nach § 55 Abs. 2 zulässig angenommenen Neuauftrag dem Gericht eine auf den früheren Rechtsanwalt lautende schriftliche Prozessvollmacht vor, so bedarf der Nachweis der allgemein wirkenden Bestellung als Abwickler keiner besonderen Form (BFH BStBl. 1989 II S. 624 = BRAK-Mitt. 1989, 202). Der Abwickler kann für sein Amt das Geschäftspapier des Abzuwickelnden nutzen mit dem Zusatz „Abwickler der Kanzlei …" oder er verwendet sein eigenes Geschäftspapier mit dem Zusatz „amtlich bestellter Abwickler" unter seiner Signatur. 26

Der Rechtsanwalt bleibt auch im Rahmen einer Tätigkeit als Kanzleiabwickler nach § 55 unabhängiges Organ der Rechtspflege iSv § 1. Die Tätigkeit der RAK ist im Rahmen des Rechtsinstituts des § 55 kraft Gesetzes auf die Bestellung und die Abberufung eines Kanzleiabwicklers beschränkt und sie ist nicht befugt, dem Abwickler konkrete Weisungen für seine Abwicklertätigkeit im Einzelnen zu erteilen oder in sonstiger Weise Einfluss auf die Abwicklertätigkeit im Einzelfall zu nehmen (EGH Hamm Beschluss vom 19.10.1990 – 1 ZU 27/90). 26a

Stirbt in Anwaltsprozessen (§ 78 ZPO) der Anwalt einer Partei oder wird er unfähig, die Vertretung der Partei fortzuführen, so tritt nach § 244 Abs. 1 S. 1 ZPO eine **Unterbrechung des Verfahrens** ein. Diese Unterbrechung endet, wenn der bestellte neue Anwalt bei Gericht von seiner Bestellung eine Anzeige macht und wenn das Gericht die Anzeige dem Gegner von Amts wegen zustellt (§ 244 Abs. 1 ZPO; vgl. auch BGH NJW 1987, 327). Da der Abwickler nach § 55 Abs. 2 S. 4 für die schwebenden Angelegenheiten als von der Partei bevollmächtigt gilt, sofern die Partei nicht selbst für die Wahrnehmung ihrer Rechte gesorgt hat, kann auch er das Verfahren nach § 244 ZPO durch Bestellungsanzeige gegenüber dem Prozessgericht nach § 250 ZPO wieder aufnehmen (amtliche Begründung, BT-Drs. 3/120; BGHZ 66, 59 = MDR 1979, 487). Die Bestellungsanzeige nach § 55 Abs. 2 S. 5 reicht für die Aufnahme des Verfahrens nicht aus (Baumbach/Lauterbach/Albers/*Hartmann* ZPO § 244 Rn. 14). Die Partei des früheren Anwalts ist nicht verpflichtet, dem Abwickler die Weiterführung eines Rechtsstreits zu überlassen. Die durch die Beauftragung eines zweiten Prozessbevollmächtigten entstehenden Mehrkosten sind erstattbar. 27

In Anwaltsprozessen gilt der Abwickler solange als von der Partei bevollmächtigt, bis die Bestellung eines anderen Rechtsanwalts angezeigt ist. Die fingierte **Vollmacht des Abwicklers** erlischt in Anwaltsprozessen nicht schon dann, wenn die Partei einen anderen Rechtsanwalt mündlich oder schriftlich zu ihrem neuen Vertreter bestellt oder bestellen lässt. Diese Wirkung tritt erst durch die Anzeige der Bestellung eines anderen Rechtsanwalts ein. Das ergibt sich aus der insoweit entsprechend anwendbaren Vorschrift des § 87 ZPO. Bei der Auslegung des § 55 Abs. 2 darf nicht der mit der Vorschrift verfolgte Zweck außer acht gelassen werden. Durch die Berufung eines Abwicklers soll der rasche Fortgang des Rechtsstreites gefördert werden. Das wird nicht erreicht, wenn man die fingierte Vollmacht schon mit der Bestellung eines anderen Rechtsanwalts als beendet ansieht. Der Abwickler wie auch der Prozessbevollmächtigte der Gegenpartei müssten dann stets damit rechnen, dass zwischenzeitlich ein neuer Bevollmächtigter bestellt sein könnte, der allein zur Abgabe von Erklärungen der Partei und zur Entgegennahme der Erklärungen des Gegners befugt ist. Diese Ungewissheit würde die Tätigkeit des Abwicklers weitgehend hemmen, den Fortgang des Verfahrens stören (BGH NJW 1963, 1010, nur Ls. = MDR 1963, 397). 28

Mit der **Beendigung der Bestellung** (→ Rn. 14) endet die Tätigkeit des Abwicklers. Er kann nach Beendigung nicht mehr als Abwickler für Verfahren oder Mandate der abzuwickelnden Kanzlei tätig werden. Dem Abwickler ist es erlaubt Folgemandate direkt als Anwalt anzunehmen. Nicht zu beanstanden ist, wenn er Mandate nach Beendigung der Abwicklung mit Einverständnis des Mandanten in seiner eigenen Kanzlei fortführt. In diesem Fall ist vom Mandanten ein neuer 29

Auftrag einzuholen und das bisherige Mandat zugunsten des bisherigen Kanzleiinhabers abzurechnen. Soll ein Übergang auf den Abwickler nach Beendigung der Bestellungszeit oder auf einen weiteren Rechtsanwalt erfolgen, gelten die Grundsätze der BGH-Entscheidung zur Thematik des Mandatsübergangs beim Kanzleiverkauf (BGH NJW 2001, 2462).

30 **3. Annahme neuer Mandate.** Wenn auch die Fortführung der Praxis, die nach der Natur der anwaltlichen Tätigkeit ausschließlich mit der Person des Inhabers verbunden ist, nicht zur Aufgabe des Abwicklers gemacht werden kann (amtliche Begründung, BT-Drs. 3/120), so kann der Abwickler gleichwohl nach **§ 55 Abs. 2 S. 2** nicht nur die laufenden Aufträge fortführen, sondern innerhalb der ersten sechs Monate neue Aufträge annehmen, um die mit der Abwicklung einer fremden Praxis regelmäßig verbundenen wirtschaftlichen Nachteile wenigstens teilweise auszugleichen (BGH NJW 1991, 1236 = MDR 1991, 675). Er darf dann diese Aufträge im Rahmen seiner Abwicklungstätigkeit wirksam vor Gericht vertreten, wie der Rechtsanwalt, dessen Praxis er abwickelt (BGH NJW 1980, 1050 = MDR 1980, 389; NJW 1991, 1236; 1992, 2158). Wegen der zeitlichen Beschränkung dieser Berechtigung zur Annahme neuer Aufträge empfiehlt es sich, die Beweisbarkeit der Daten bei der Erteilung und Annahme des Auftrages zu sichern (*Simonsen/Leverenz* BRAK-Mitt. 1995, 224). Verpflichtet zur Annahme neuer Aufträge ist er nicht. Daher enthebt eine generelle Absprache über die Annahme von Rechtsmittelaufträgen mit einem später aus der Anwaltschaft ausgeschiedenen Rechtsmittelanwalt den Anwalt erster Instanz nicht seiner Verpflichtung, die Annahme eines dem Abwickler der verwaisten Kanzlei erteilten Rechtsmittelauftrags zu überwachen (BGH MDR 1992, 304). Soweit der Abwickler innerhalb der Sechsmonatsfrist erlaubterweise Aufträge übernimmt, muss er die Mandanten ggf. auf die Möglichkeit hinweisen, dass das Mandat nicht zu Ende geführt werden kann (BGH BRAK-Mitt. 1987, 210; *Jessnitzer/Blumberg* § 55 Rn. 8). Die Sechsmonatsfrist, während der der Abwickler berechtigt ist, neue Mandate anzunehmen, beginnt mit seiner Bestellung zum Abwickler und nicht mit Eintritt des die Abwicklung auslösenden Ereignisses (BGH NJW 1980, 1050).

30a Werden nacheinander **verschiedene Personen zum Abwickler** bestellt, weil der zunächst Bestellte die Abwicklung nicht hat zu Ende führen können, muss jedem von ihnen innerhalb der ersten sechs Monate nach seiner Bestellung das Recht zur Annahme neuer Mandate gewährleistet sein. Letztlich nichts anderes gilt bei der **Neubestellung** desselben Abwicklers (→ Rn. 13). Erweist sich die Abwicklung einer Kanzlei im Einzelfall als so umfangreich, dass sie nicht innerhalb der Regeldauer von einem Jahr erledigt werden kann, sondern die erneute Bestellung desselben Abwicklers über diesen Zeitraum hinaus erfordert, dann lässt dessen hiermit verbundene zusätzliche Belastung auch die Möglichkeit eines weiteren wirtschaftlichen Ausgleichs in der Form der Befugnis zur Übernahme neuer Mandate geboten erscheinen. Nach der weiteren Bestellung ist er daher erneut sechs Monate lang zur Übernahme neuer Mandate mit den Befugnissen des verstorbenen oder früheren (Abs. 5) Rechtsanwalts berechtigt (BGH NJW 1991, 1236 mit Anm. *Schlee* AnwBl. 1991, 404; AnwBl. 1992, 442). Es entspricht aber **Sinn und Zweck** der Abwicklung, die Annahme neuer Mandate auf die ersten sechs Monate nach Übernahme der Abwicklung zu beschränken. Die Abwicklung ist auf eine zügige und endgültige Abwicklung der „schwebenden Angelegenheiten“ ausgerichtet. Durch die Neuannahme weiterer noch nicht schwebender Mandate entstehen aber ständig neue Aufträge, die der Auflösung der Kanzlei immer wieder entgegenstehen und zu einer unzweckmäßigen Verlängerung der Abwicklung führen (Hartung/*Scharmer* § 55 Rn. 77). Bei bloßer Verlängerung der Bestellung beginnt die Frist nicht erneut (BGH NJW 1992, 2158; im Übrigen → Rn. 13; *Simonsen/Leverenz* BRAK-Mitt. 1995, 224, 227).

31 **4. Verhältnis zu dem früheren Rechtsanwalt bzw. seinen Erben.** Durch Gesetz zur Änderung des Berufsrechts der Rechtsanwälte und der Patentanwälte vom 13.12.1989 (BGBl. I S. 2135) wurde der Vereinfachung wegen in Abs. 3 die Stellung des Abwicklers im Verhältnis zu den Erben oder dem Rechtsanwalt, der seine Zulassung verloren hat, weitgehend durch Bezugnahme auf § 53 Abs. 9 und 10 geregelt (näher → § 53 Rn. 46 ff.). Klargestellt ist damit, dass das Verhältnis rein zivilrechtlicher Natur in Gestalt eines Geschäftsbesorgungsverhältnisses ist, auf das gemäß Abs. 3 S. 1 iVm § 53 Abs. 9 S. 2 die §§ 666, 667 und 670 BGB entsprechend anzuwenden sind (BGH NJW 2004, 52 = MDR 2004, 239 = BRAK-Mitt. 2004, 32; *Simonsen/Leverenz* BRAK-Mitt. 1995, 224).

Der Abwickler muss auf Anforderung sowohl in Bezug auf alle Akten informieren, als auch eine genaue **Aufstellung von Einnahmen und Ausgaben** vorlegen (LG Dessau BRAK-Mitt. 2005, 146 mit Anm. *Tauchert*). Die danach bestehende Auskunftsverpflichtung des Abwicklers erstreckt sich nicht nur allgemein auf den Stand des Geschäfts „Abwicklung", sondern auch auf alle vom frühren Rechtsanwalt übernommenen Akten. Die Angaben einer Aufstellung über Einnahmen und Ausgaben müssen so detailliert und verständlich sein, dass der frühere Rechtsanwalt ohne fremde Hilfe in der Lage ist, seine Ansprüche nach Grund und Höhe zu überprüfen. Darüber hinaus muss der Abwickler den früheren Rechtsanwalt auch über die Einzelheiten der Auftragsausführung in verkehrsüblicher Weise informieren und ihm die notwendige Übersicht über das Besorgte verschaffen. **31a**

Mit der Anordnung der Abwicklung entstehen dem Grunde nach sowohl der **Anspruch des früheren Rechtsanwalts bzw. seiner Erben auf Herausgabe des Erlangten** (BGHZ 71, 380 = NJW 1978, 1807) als auch der **Vergütungsanspruch des Abwicklers.** Die **Fälligkeit des Anspruchs aus § 667 BGB** richtet sich nach den getroffenen Vereinbarungen, hilfsweise nach den Umständen des jeweiligen Falles (§ 271 Abs. 1 Alt. 2 BGB). Der Anspruch auf Herausgabe dessen, was der Beauftragte zur Ausführung des Auftrags erhalten hat, wird in der Regel erst dann fällig, wenn der Zweck erreicht oder endgültig verfehlt wurde. Das aus der Geschäftsführung Erlangte – insbesondere für den Auftraggeber eingezogenes Geld – kann demgegenüber schon dann herauszugeben sein, wenn der Beauftragte etwas erlangt hat, was herauszugeben ist; aber auch hier kommt es auf die Umstände des Einzelfalls an (BGH NJW 2005, 544 mit Anm. *Biehl* = BRAK-Mitt. 2005, 282 = AnwBl. 2005, 716). Dabei ist zu berücksichtigen, dass das vom Abwickler während der Dauer der Abwicklung verwaltete Guthaben – auch soweit es aus der Einziehung von Gebührenforderung des früheren Rechtsanwalts (Abs. 3) stammt – nicht nur „aus der Geschäftsbesorgung erlangt" (§ 667 Alt. 2 BGB) ist, sondern auch der weiteren „Ausführung des Auftrags" (§ 667 Alt. 1 BGB) dient. Nicht nur das bei Übernahme der Abwicklung vom Abwickler aufgefundene Barvermögen dient dem Bestreiten der Kosten für die vorläufige Aufrechterhaltung des Kanzleibetriebes, sondern auch die eingehenden Gebühren sind von dem Abwickler dafür zu verwenden. Diese können im Rahmen des Erforderlichen ebenfalls für Aufwendungen wie Porto- oder Gerichtskosten und für Vorschüsse auf die spätere Vergütung verwandt werden (BGHZ 156, 362 = NJW 2004, 52). **32**

In der Regel wird der **Anspruch auf Herausgabe des Erlangten** nach § 55 Abs. 3 iVm § 53 Abs. 9 S. 2, § 667 BGB also **erst mit dem Ende der Abwicklung fällig** werden. Anders kann es sein, wenn der Abwickler Überschüsse erwirtschaftet, die offensichtlich nicht mehr für die weitere Abwicklung benötigt werden (§ 271 Abs. 1 Alt. 2 BGB; BGH AnwBl. 2005, 716). Der Abwickler kann aber mit seiner Vergütungsforderung gegen den Anspruch auf Herausgabe des aus der Abwicklung Erlangten aufrechnen. Die gesetzlichen Rechte und Pflichten des Abwicklers aus § 55 Abs. 2, § 55 Abs. 3 S. 1 iVm § 53 Abs. 10 sind von den Rechten und Pflichten der Erben des verstorbenen Rechtsanwalts unabhängig und bestehen neben ihnen (BGH NJW 1999, 3037 = EBE 1999, 309). Für **Streitigkeiten** zwischen dem Abwickler und dem ausgeschiedenen Rechtsanwalt über die ordnungsgemäße Erfüllung der Pflichten aus der Abwicklung ist der Zivilrechtsweg gegeben. **32a**

5. Rechtsstellung in der Kanzlei. Nach § 55 Abs. 3 S. 1 iVm § 53 Abs. 9 übt der Abwickler seine Tätigkeit weisungsfrei aus, jedoch im Interesse, für Rechnung und auf Kosten des ausgeschiedenen Rechtsanwalts. Zur Berechtigung des Abwicklers zum Betreten der Kanzlei einschließlich seines Rechts zu Sicherungsmaßnahmen, zur Sichtung und Sicherung der Bankkonten, einschließlich der Anderkonten (→ § 43a Rn. 91 ff.; → § 53 Rn. 62 ff.; BGH NJW 1999, 3037) zur Verpflichtung zur Errichtung einer eigenen, anwaltsüblichen Buchhaltung, zur Aktenverwahrung, der Auslieferung von Postsendungen (AGH LSA NJW-RR 1995, 1206 = MDR 1995, 748) und zur weiteren Benutzung der Büroräume gilt das zu § 53 Gesagte entsprechend (→ § 53 Rn. 56 ff.). Der Abwickler ist berechtigt, die Kanzleiräume zu betreten und die zur Kanzlei gehörenden Gegenstände in Besitz zu nehmen, heraus zu verlangen und hierüber zu verfügen. Er ist an Weisungen des früheren Rechtsanwalts bzw. seiner Erben nicht gebunden; diese dürfen seine Tätigkeit nicht beeinträchtigen (§ 55 Abs. 3 iVm § 53 Abs. 10 S. 3). Gegebenenfalls muss der Abwickler das Betreten der Kanzleiräume durch einen Antrag auf Erlass einer **einstweiligen Verfügung** (§§ 935, 945 ZPO) erzwingen und die erforderlichen Sicherungs- **33**

maßnahmen einleiten. Die Kosten gehen zu Lasten des früheren Rechtsanwalts und können aus den Einnahmen der Kanzlei bestritten werden (Hartung/*Scharmer* § 55 Rn. 60).

33a Der Abwickler ist unmittelbarer Fremdbesitzer aller zur Kanzlei gehörenden **Gegenstände,** dessen Besitzrecht sich aus der Bestellung herleitet. Der Abwickler kann den pflichtwidrig seine Mitwirkung verweigernden vormaligen Rechtsanwalt unmittelbar auf Herausgabe des Kanzleiinventars in Anspruch nehmen, ohne sich auf eine vorherige Auskunftsklage verweisen lassen zu müssen (OLG Köln BeckRS 2007, 04456). Der Abwickler darf daher den Ort bestimmen, an dem sich Akten und Aktenschränke befinden, sie also auch aus der bisherigen Kanzlei entfernen. Er muss dies tun, wenn sie nicht auf andere Art (etwa Auswechseln der Schlösser) gegen Eingriffe von Seiten des früheren Rechtsanwalts geschützt werden können (OLG Koblenz NJW 1996, 1760; Ziff. I der Hinweise für die Tätigkeit des Abwicklers, BRAK-Mitt. 1995, 238).

34 Zum **Geld- und Postverkehr** → § 53 Rn. 62 ff. Der Abwickler wird gemäß Nr. 13 der Sonderbedingungen für Rechtsanwalts-Anderkonten für die Führung von Rechtsanwaltsanderkonten Kontoinhaber. Der Abwickler sollte unverzüglich ein neues Geschäftskonto für den Bereich der Abwicklung einrichten und wenn möglich das Guthaben des bisherigen Geschäftskonto übertragen. Gleiches gilt für das Anderkonto. Der Abwickler wird jedoch nicht Eigentümer des eventuell vorgefundenen Barvermögens; er ist aber berechtigt, es in Besitz zu nehmen, um damit Aufwendungen für die Praxis zu bestreiten (BGH AnwBl. 2005, 716). Ist das bisherige **Geschäftskonto im Soll,** sollte versucht werden dies zu schließen; dies insbesondere dann, wenn noch der Eingang von Fremdgelder zu erwarten ist. Besondere Vorsicht für den Abwickler im Umgang mit bisherigen Geschäftskonten ist geboten, wenn der bisherige Kanzleiinhaber seine Zulassung wegen Vermögensverfall verloren hat. Der Abwickler sollte auch eine anwaltsübliche Buchhaltung einrichten.

35 **6. Aufbewahrung und Vernichtung der Handakten.** Grundsätzlich muss der Abwickler Zugang zu den **Handakten** der laufenden Verfahren haben, um diese bearbeiten zu können. Ebenso muss er Zugang zu den elektronischen Akten haben. Die Erben, der frühere Rechtsanwalt oder der Administrator müssen dem Abwickler den Zugang verschaffen. Notfalls kann der Abwickler im Wege einer einstweiligen Verfügung vorgehen.

35a **Aktenverwahrung.** Von den laufenden „Akten" sind die „Altakten" (Handakten, § 50 Abs. 2 BRAO) zu unterscheiden. Häufig finden sich im Keller der Kanzlei noch eine Anzahl von Kartons mit Akten abgeschlossener Mandate. Nach § 50 Abs. 2 S. 1 BRAO besteht die Pflicht, Handakten auf die Dauer von fünf Jahren nach Beendigung des Auftrags aufzubewahren. Dem Abwickler obliegt es, die schwebenden Angelegenheiten abzuwickeln. Daraus ergibt sich aber keine Pflicht, die „Altakten" zu sichten, aufzubewahren oder zu vernichten. Probleme ergeben sich dann, wenn der frühere Kanzleiinhaber verschwunden ist oder trotz mehrfacher Aufforderung die Akten nicht mehr in Besitz nimmt.

35b Jedoch ist für alle Beteiligten zu beachten, dass der Inhalt der Akten geheim zu halten ist. Rechtsanwälte unterliegen der **Verschwiegenheitspflicht** (§ 203 Abs. 1 Nr. 3 StGB, § 2 BORA). Die Verschwiegenheitspflicht geht auf die Erben über (§ 203 Abs. 3, Abs. 4 StGB). Die Geheimhaltung gerät dann in Gefahr, wenn die Handakten auf Grund des Todes in den Besitz des Erbschaftsbesitzers, des Vermieters oder Dritte gelangen. Die derzeit gesetzlichen und berufsrechtlichen Regelungen gewährleisten die Geheimhaltung nicht (*Knodel* ZRP 2006, 263). Wird eine Kanzlei vom Vermieter geräumt, muss der Gerichtsvollzieher die Akten, entsprechend der Regelung zu Geschäftsunterlagen, zunächst für einen gewissen Zeitraum einlagern (BGH NJW-RR 2008, 1166).

35c Soweit die **Aufbewahrung bzw. Vernichtung** von „Altakten" erforderlich ist, sind der ausgeschiedene Rechtsanwalt, seine Erben bzw. der Nachlassverwalter verantwortlich. Sie sind Eigentümer der Akten. Der Abwickler sollte darauf hinwirken, dass der ausgeschiedene Rechtsanwalt bzw. seine Erben ihm ein gesondertes Mandat für die ordnungsgemäße Aktenverwaltung bzw. – vernichtung erteilen (Hartung/*Scharmer* § 55 Rn. 81). Eigentümer der Handakten ist weder der Abwickler noch die RAK. Eine Vernichtung darf daher nur mit Einverständnis des Eigentümers erfolgen. Sowohl *Dahns* (NJW-Spezial 2013, 190) als auch *Bräuer* (AnwBl. 2013, 548) kommen zu dem Ergebnis, dass Altakten den Abwickler nichts angehen; hier sind allein der Abzuwickelnde oder seine Erben zuständig. Eine gesetzliche Verpflichtung der RAK zur Sicherung der Handakten ergibt sich nicht (**aA** Hartung/*Scharmer* § 55 Rn. 81). Nur im Ausnahmefall kann der Abwickler mit der RAK vereinbaren, dass diese die Aufwendungen für eine ordnungsgemäße Verwahrung bzw. Vernichtung der Akten übernimmt. Gaier/Wolf/Göcken/*Dahns/Tauchert* § 55 Rn. 68 unterscheidet zwischen „aktiven" Akten, abgeschlossene Akten und Akten, die älter als fünf Jahre sind.

Der Abwickler kann den **Ort bestimmen,** wo sich die Akten der abzuwickelnden Kanzlei befinden sollen. Er kann die Akten in der auch in seiner eigenen Kanzlei bearbeiten. Er kann so auch die Akten vor den Zugriffen Dritter (Erben oder früheren Rechtsanwalt) schützen (OLG Koblenz BRAK-Mitt. 1996, 172). 36

7. Vertragsverhältnisse. Der Abwickler wird nicht Schuldner der **bestehenden Vertragsverhältnisse.** Vertragspartner, Gläubiger und Schuldner der jeweiligen Rechtsbeziehung zu Dritten bleiben allein der ehemalige Praxisinhaber bzw. seine Erben (§ 1922 BGB). Sie sind Mieter der Kanzleiräume, Abzahlungskäufer oder Leasingnehmer der für den Kanzleibetrieb angeschafften Gegenstände wie Computer oder Kopiergeräte und schulden Mieten, Abzahlungs- oder Leasingraten usw. Der Kanzleiabwickler ist nicht berechtigt, im eigenen Namen auf die jeweiligen Schuldverhältnisse einzuwirken, in dem er zB Gestaltungsrechte ausübt (*Simonsen/Leverenz* BRAK-Mitt. 1995, 224, 226). Der Kanzleiabwickler ist aber zur „Nutzziehung" der Vertragsrechte berechtigt (*Simonsen/Leverenz* BRAK-Mitt. 1995, 224, 226; „Hinweise" BRAK-Mitt. 1995, 238). Benötigt der Abwickler die **Büroräume** für seine Tätigkeit nicht, kann er die Abwicklungstätigkeit auch von seiner eigenen Kanzlei aus erledigen. 37

Der Abwickler tritt auch nicht in die **Arbeitsverhältnisse** iSv § 613a BGB ein. Vertragspartner der Arbeitnehmer werden zunächst die Erben. Für rückständiges Gehalt gelten §§ 183 ff. SGB III (früher §§ 141a ff. AFG) über das Insolvenzgeld. Noch bestehende Arbeitsverhältnisse sollten aus betrieblichen Gründen je nach Einzelfall ordentlich oder außerordentlich gekündigt werden. Kündigt der Abwickler einer Kanzleiangestellten, so kann er diese in einer Bestandsstreitigkeit vor dem ArbG vertreten, ohne Parteiverrat zu begehen (OLG Nürnberg AnwBl. 1999, 285). Soweit der Abwickler die Mitarbeiter zeitweise weiter beschäftigt, müssen neue Arbeitsverhältnisse abgeschlossen werden. Ein befristetes Arbeitsverhältnis ist ratsam, kann jedoch nur eingegangen werden, wenn die Angestellten zuvor arbeitslos gewesen sind. Soweit **Auszubildende** vorhanden sind, empfiehlt es sich, diese weiter zu vermitteln oder zu übernehmen (Hinweise BRAK-Mitt. 1995, 238, 239). Da Auszubildende in das Verzeichnis der Ausbildungsverhältnisse bei der RAK eingetragen sind, ist es tunlich, die RAK insoweit zu informieren. Diese kann bei der Vermittlung des Auszubildenden behilflich sein. Die für die Fortführung bzw. Neuaufnahme von Verträgen – wie zB bei Weiterbeschäftigung – anfallenden Kosten sind nach §§ 55 Abs. 3 S. 1, 53 Abs. 9 S. 2 iVm § 670 BGB als Aufwendungsersatz von dem früheren Rechtsanwalt bzw. den Erben oder dem Insolvenzverwalter zu ersetzen, wenn sie erforderlich waren (*Simonsen/Leverenz* BRAK-Mitt. 1995, 224, 226; Hinweise BRAK-Mitt. 1995, 239). 37a

Da der Abwickler auch die Interessen der Mandanten des verstorbenen oder früheren Rechtsanwalts wahrzunehmen hat (→ Rn. 2), dieser seinerseits verpflichtet war, seine Mandanten auf eventuelle **Regressansprüche** gegen ihn hinzuweisen (7. Aufl. § 51b Rn. 9), ist der Abwickler berechtigt, den Mandanten ein Fehlverhalten des früheren Rechtsanwalts zu ihrem Nachteil mitzuteilen (*Bräuer* AnwBl. 2013, 550). Er ist ebenso berechtigt den Mandanten den Versicherer der Berufshaftpflichtversicherung (§ 51) des früheren Rechtsanwalts zu benennen. Er darf auch den Vorstand der Rechtanwaltskammer (§ 56) und die Staatsanwaltschaft unterrichten. Auch wenn der Abwickler kein Rechtsanwalt ist, steht ihm über das, was ihm in dieser Eigenschaft anvertraut worden oder bekannt geworden ist, ein Zeugnisverweigerungsrecht zu (zu § 53 Abs. 1 Nr. 3 StPO Löwe/Rosenberg/*Dahs* StPO § 53 Rn. 27; *Meyer-Goßner* StPO § 53 Rn. 15). 38

8. Kostenforderungen, Vergütung, Aufwendungen. § 55 Abs. 3 S. 1 verweist auf § 53 Abs. 9 und 10. Damit gilt bezüglich der Vergütung im Wesentlichen die Kommentierung zu § 53 (→ § 53 Rn. 67 ff.). Der Kanzleiabwickler ist nicht wie der Notarverweser auf Rechnung der Kammer tätig (§ 59 BNotO), sondern „im Interesse, für Rechnung und auf Kosten des Vertretenen" (§ 55 Abs. 3 S. 1 iVm § 53 Abs. 9 S. 1; → § 53 Rn. 47). Von dem früheren Rechtsanwalt bzw. dessen Erben ist eine **„angemessene Vergütung"** zu zahlen, für die Sicherheit zu leisten ist, wenn die Umstände es erfordern (§ 55 Abs. 3 S. 1 iVm § 53 Abs. 10 S. 4; → § 53 Rn. 67 ff.). Die Vergütung wird im Falle fehlender Einigung von der RAK festgesetzt und von dieser verbürgt (§ 55 Abs. 3 S. 1 iVm § 53 Abs. 10 S. 5 und 7; zur Bemessung 39 der Vergütung vgl. BayAGH BRAK-Mitt. 2006, 85; 2004, 236; AGH RhPf BRAK-Mitt. 2005, 197; → § 53 Rn. 67 ff.). Es wird dem Abwickler das Recht eingeräumt, **„Vorschüsse auf die vereinbarte oder festgesetzte Vergütung zu entnehmen“** (§ 55 Abs. 3 S. 1 iVm § 53 Abs. 10 S. 6; → § 53 Rn. 67 ff.).

40 Der **Vergütungsanspruch** des Abwicklers wird wie der Herausgabeanspruch (→ Rn. 32) ebenfalls mit dem Ende der Abwicklung fällig. Zuvor hat der Abwickler nur Anspruch auf Sicherheit (§ 53 Abs. 10 iVm § 55 Abs. 3) und Vorschüsse (§ 53 Abs. 10 S. 6 iVm § 55 Abs. 3). Die Verjährung des Anspruches beginnt mit der Beendigung der Bestellung als Abwickler.

41 Können sich die Parteien über die Höhe der Vergütung nicht einigen, kann der Abwickler von der RAK, nur für die Dauer seiner Bestellung zum Kanzleiabwickler, die **Festsetzung** der Abwicklervergütung verlangen (BayAGH Beschluss vom 16.5.2002, BRAK-Mitt. 2004, 134). Die Festsetzung der Vergütung erfolgt nur auf Antrag. Die Festsetzung durch die zuständige RAK (§ 53 Abs. 10 S. 5 iVm § 55 Abs. 3) ist keine Fälligkeitsvoraussetzung (BGH AnwBl. 2005, 716). Für das Festsetzungsverfahren sind die Bestimmungen des VwVfG anzuwenden; dh vor der Festsetzung sind die Parteien nach § 28 VwVfG anzuhören. Der Verwaltungsakt muss den Beteiligten nach § 41 VwVfG bekannt gegeben werden.

42 **Verfahren.** Die Festsetzung der Vergütung ist ein Verwaltungsakt und kann sowohl vom Abwickler als auch von den Erben bzw. früheren Rechtsanwalt angefochten werden (→ § 53 Rn. 71; BGH NJW 2004, 52 = MDR 2004, 239 = BRAK-Mitt. 2004, 32; NJW-RR 1993, 1335; AGH NRW BRAK-Mitt. 2002, 37; AGH RhPf Beschluss vom 17.7.1997 – 2 AGH 1/96). Enthält die Festsetzung der Rechtsanwaltskammer über die Abwicklervergütung einen Pauschalbetrag, der auch alle Büro- und Personalkosten umfassen soll, so ist eine isolierte Anfechtung bezüglich dieser Kosten nicht möglich; eine Korrektur ist nur über eine Anfechtung des Bescheids insgesamt zu erreichen (BGH NJW-RR 2013, 429 = BRAK-Mitt. 2013, 143).

43 Auf die festgesetzte Vergütung **haftet** die RAK **wie ein Bürge** (→ § 53 Rn. 73; § 55 Abs. 3, § 53 Abs. 10 S. 7). Einen Verzicht auf die Bürgenhaftung (Abs. 3 iVm § 53 Abs. 10 S. 6) darf die RAK von dem Abwickler weder fordern noch annehmen, da ihr insoweit keine Befugnis zur von der gesetzlichen Regelung abweichenden Privatrechtsgestaltung zukommt (*Knöfel* AnwBl. 2005, 530). „Die Auswirkung der Abwicklertätigkeiten auf die Kammerhaushalte“ untersucht von *Pfeil* in seinem Aufsatz in BRAK-Mitt. 2008, 13.

44 Der Vorstand der RAK ist nicht befugt, bei der Festsetzung der Vergütung des Abwicklers Regelungen darüber zu treffen, ob **Aufwendungen** des Abwicklers, die dieser aus den ihm anvertrauten Geldern bestritten hat (→ § 53 Rn. 72; § 55 Abs. 3, § 53 Abs. 9 iVm § 670 BGB; *Schwärzer* BRAK-Mitt. 2008, 108,110), auf seinen Vergütungsanspruch anzurechnen sind. Die vom Kammervorstand vorzunehmende Festsetzung (BGH NJW-RR 1993, 1335) betrifft ausschließlich die Vergütung des Abwicklers, während der daneben bestehende Anspruch des Abwicklers auf **Aufwendungsersatz,** der sich allein gegen die Rechtsnachfolger des verstorbenen Rechtsanwalts richtet und nicht Gegenstand der Bürgenhaftung der RAK ist, unberücksichtigt bleibt (BGH NJW 1993, 1334; NJW-RR 1999, 779). Der RAK ist es verwehrt, einseitig zu Lasten des Abwicklers durch feststellenden Verwaltungsakt die Ersatz- bzw. im Rahmen der Gewinnermittlung die Berücksichtigungsfähigkeit von Aufwendungen festzulegen. Der Abwickler darf aus den ihm anvertrauten Fremdgeldern – auch vorschussweise – **Entnahmen zum Bestreiten notwendiger Aufwendungen** für die abzuwickelnde Kanzlei tätigen (BGH NJW 2004, 52; *Deppert* BRAK-Mitt. 2004, 94, 99).

44a Der amtlich bestellte Abwickler einer Kanzlei kann auch dann mit seiner Vergütungsforderung gegen den Anspruch auf Herausgabe des aus der Abwicklung Erlangten **aufrechnen,** wenn zwischenzeitlich das Insolvenzverfahren über das Vermögen des Vertretenen eröffnet worden ist (→ Rn. 51a). Nach Ablauf seiner Bestellung ist der ehemalige Abwickler zur Herausgabe des bis dahin nicht ausgekehrten Fremdgeldes an den Verwalter verpflichtet. Eine Aufrechnung mit seinem Vergütungsanspruch ist unzulässig (BGH NZI 2005, 681).

45 Um seinen Anspruch auf Vorschussentnahme auch realisieren zu können, ist der Abwickler nach Abs. 3 S. 2 berechtigt, **Kostenforderungen** des früheren Rechtsanwalts im eigenen Namen für Rechnung des früheren Rechtsanwalts bzw. seiner Erben geltend zu machen; verpflichtet dazu ist er aber nur im Rahmen eines Kostenfestsetzungsverfahrens. Diese Regelung über die Geltendmachung von Kostenforderungen des verstorbenen Rechtsanwalts oder des früheren Rechtsanwalts (Abs. 5) beruht darauf, dass das Institut der Abwicklung zum Schutz der Recht-

suchenden, nicht aber der Erben oder des früheren Rechtsanwalts geschaffen wurde. Daher soll es grundsätzlich dem Abwickler freistehen, ob er für die Erben oder den früheren Rechtsanwalt Kostenforderungen des verstorbenen oder früheren Rechtsanwalts im eigenen Namen geltend macht. Etwas anderes gilt nur, wenn die Kostenforderung auf dem vereinfachten Weg des Kostenfestsetzungsverfahrens geltend gemacht werden kann und es deshalb den Erben oder dem früheren Rechtsanwalt an einem Rechtsschutzbedürfnis für eine Klage fehlen würde (amtliche Begründung, BT-Drs. 3/120). Es empfiehlt sich, zur Sicherung der eigenen Vergütung (§ 55 Abs. 3 iVm § 53 Abs. 10) Kostenforderungen des Abzuwickelnden geltend zu machen und einzuziehen (Ziff. IV. Nr. 6 der Hinweise BRAK-Mitt. 1995, 238, 240; *Simonsen/Leverenz* BRAK-Mitt. 1995, 224; BRAK-Mitt. 1996, 17).

Soweit sich die Abwicklung aber nur noch in der **Geltendmachung solcher Kostenforde- rungen** des früheren Rechtsanwalts erschöpft, sind an die Angemessenheit der Abwicklervergütung (→ § 53 Rn. 76 ff.) erhöhte Anforderungen zu stellen, da in diesem Fall das Interesse der Rechtspflege an der Abwicklung zurücktritt gegenüber dem Individualinteresse des Vertretenen eigene Forderungen durchzusetzen. Diesbezüglich ist daher eine Abwicklervergütung nur dann angemessen, wenn bei objektiver Betrachtung der Vertretene den gleichen Aufwand betrieben hätte, um seine Forderungen durchzusetzen (BayAGH Beschluss vom 9.11.2005 – BayAGH I – 39/04). **45a**

Die **Abtretung der Honorarforderung** eines Rechtsanwalts ist auch ohne Zustimmung des Mandanten (§ 49b Abs. 4) wirksam, wenn der Abtretungsempfänger bereits vor der Abtretung zum Abwickler der Kanzlei des Zedenten bestellt worden ist, der die Anwaltstätigkeit aufgibt. Da der Abwickler nach § 55 Abs. 3 S. 2 sowieso zur Einziehung berechtigt ist, berührt die Abtretung nur die Frage, wem das Geld im Innenverhältnis zustehen soll. Eine Ausweitung der Kenntnismöglichkeiten und der daran geknüpften Verschwiegenheitspflicht ist damit nicht verbunden. Aus diesem Grund verstößt eine Erfüllung der sich regelmäßig aus der Forderungsabtretung nach § 402 BGB ergebenden Pflicht zur Information nicht gegen § 203 Abs. 1 Nr. 3 StGB (BGH NJW 1997, 188 = AnwBl. 1997, 349; vgl. nunmehr auch BGH NJW 2007, 1196 = BRAK-Mitt. 2007, 125 = AnwBl. 2007, 435). Hat der Abwickler die Kostenforderung nicht geltend gemacht, ist der ehemalige Rechtsanwalt als Gläubiger seiner Vergütungsansprüche auch nach dem Ausscheiden aus der Anwaltschaft berechtigt und verpflichtet, zur Einforderung dieser Ansprüche außerhalb eines Kostenfestsetzungsverfahrens nach § 10 Abs. 1 RVG (früher § 18 Abs. 1 BRAGO) entsprechende Berechnungen zu unterzeichnen und den Auftraggebern mitzuteilen (BGH EBE 2004, 210 = BRAK-Mitt. 2004, 238). **45b**

9. Verhältnis zum Finanzamt. Der Abwickler ist nicht verpflichtet die steuerlichen Pflichten der Erben bzw. des früheren Rechtsanwalts zu erfüllen Diese Pflicht ergibt sich nicht aus § 55 Abs. 2. Insbesondere wird der Abwickler nicht im Interesse des Finanzamts tätig (**aA** FG Berlin-Brandenburg DStRE 2013, 946). Das Finanzgericht beschränkt jedoch die steuerlichen Pflichten des Abwicklers auf die Zeit der Bestellung als Abwickler ein und bezieht sich nur auf Voranmeldungen. Auf jeden Fall ist der Abwickler nicht verpflichtet, steuerliche Pflichten für Zeiträume zu erfüllen, in denen die Abwicklung noch nicht bestand (FG Berlin-Brandenburg DStRE 2013, 946). Das Rechtsverhältnis zur RAK verpflichtet den Abwickler zur ordnungsgemäßen und zweckentsprechenden Abwicklung der Kanzlei. Insoweit ist er Vermögensverwalter iSd § 34 Abs. 3 AO (FG Köln BeckRS 1997, 30834549). **46**

10. Verhältnis zum Insolvenzverwalter. a) Kollision von Berufsrecht und Insolvenzrecht. Ist über das Vermögen des ehemaligen Rechtsanwalts das Insolvenzverfahren eröffnet, so treten für den Kanzleiabwickler insolvenzrechtliche und berufsrechtliche Regelungen miteinander in Konkurrenz (vgl. OLG Köln BRAK-Mitt. 2010, 37; Uhlenbruck/*Hirte,* 14. Aufl. 2015, InsO § 35 Rn. 276, InsO § 148 Rn. 13; *Simonsen/Leverenz* BRAK-Mitt. 1995, 224, 229; *Schick* NJW 1990, 2359). Eingehend dargestellt ist das Verhältnis zwischen Abwickler und Insolvenzverwalter bei *Tauchert/Schulze-Grönda* BRAK-Mitt. 2010, 115; OLG Köln BRAK-Mitt. 2010, 37. Bei der Abwicklung kommt es zu erheblichen Problemen, wenn neben der Bestellung des Kanzleiabwicklers das Insolvenzverfahren über das Vermögen des Rechtsanwalts eröffnet wird. Dann konkurrieren die Vergütungs- und Aufwendungsersatzansprüche sowie das Betretungs-, Inbesitznahme- und Verfügungsrecht des Abwicklers mit den Befugnissen des Insolvenzverwalters (*Franke/Böhme* AnwBl. 2004, 339). Weder den Regelungen der Insolvenzordnung noch denen der BRAO ist eine Verdrängung der Rechte des Insolvenzverwalters zugunsten des Abwicklers **47**

oder umgekehrt zu entnehmen. Ihre Funktionen sind unterschiedlich. Der Insolvenzverwalter hat die Interessen aller Gläubiger zu wahren, während der Abwickler im Interesse der Rechtssicherheit und der Mandanten laufende Mandate des früheren Rechtsanwalts weiterzubearbeiten und abzuschließen hat (OLG Rostock BRAK-Mitt. 2004, 187).

48 **b) Insolvenzbeschlag.** Strittig ist, ob die Anwaltskanzlei vom **Insolvenzbeschlag** (§ 35 InsO, früher § 1 KO) erfasst wird (**ja:** Uhlenbruck/*Hirte* InsO § 35 Rn. 43; Uhlenbruck/*Hirte,* 14. Aufl. 2015, InsO § 35 Rn. 276, InsO § 148 Rn. 13; Kübler/Prütting/*Holzer* InsO § 35 Rn. 62; *Franke/Böhme* AnwBl. 2004, 339; *Schick* NJW 1990, 2359; **nein:** FG Düsseldorf ZIP 1992, 635; *Simonsen/Leverenz* BRAK-Mitt. 1995, 224, 229), da sie auf persönlichem Vertrauen beruht. Jedenfalls hat die Praxis einen wirtschaftlichen Wert (→ § 27 Rn. 37 ff.), an dem die Insolvenzmasse teilhaben muss. Als Umsetzung, dieses wirtschaftlichen Wertes ist der schuldrechtliche Anspruch auf Herausgabe des durch die Praxisabwicklung Erlangten gemäß § 35 InsO massebefangen (OLG Rostock BRAK-Mitt. 2004, 187). Vom Insolvenzbeschlag erfasst werden jedenfalls die Praxisunterlagen, die Praxiseinrichtung und die im Zusammenhang mit der Praxis abgeschlossenen Verträge wie Miet-, Arbeits- und Leasingverträge (*Schick* NJW 1990, 2359, 2360; vgl. § 36 Abs. 2 InsO). Der Abwickler hat, wenn die Praxis des vormaligen Rechtsanwalts von der Eröffnung eines Insolvenzverfahrens betroffen ist, eine gegenüber dem Insolvenzverwalter unabhängige Stellung. Er kann die für die Abwicklung der Kanzlei benötigten Gegenstände und Unterlagen auch dann verlangen, wenn sie vom Insolvenzbeschlag erfasst werden (OLG Köln BeckRS 2007, 04456; LG Achen BeckRS 2009, 12139).

49 **c) Stellung der Amtsträger zueinander.** Unbestritten ist, dass das von dem Praxisabwickler zu wahrende **Berufsgeheimnis** auch gegenüber dem Insolvenzverwalter des früheren Rechtsanwalts besteht, es wird als höherwertiges, persönlichkeitsbezogenes Recht durch § 80 InsO, früher § 6 KO, nicht berührt (Uhlenbruck/*Uhlenbruck,* 14. Aufl. 2015, § 148 InsO Rn. 13; *Schick* NJW 1990, 2359, 2360; *Simonsen/Leverenz* BRAK-Mitt. 1995, 224, 229). Der Insolvenzverwalter kann daher nicht Mandatsverhältnisse selbst zu Ende führen, das steht nur dem Abwickler zu (§ 55 Abs. 2 S. 2).

49a Der Insolvenzverwalter ist nach § 55 Abs. 3 S. 1 iVm § 53 Abs. 10 S. 2 und 3 gegenüber dem Kanzleiabwickler hinsichtlich dessen Tätigkeit nach § 55 Abs. 2 **nicht weisungsbefugt** und nicht berechtigt, die ordnungsgemäße Kanzleiabwicklung zu beeinträchtigen (*Simonsen/Leverenz* BRAK-Mitt. 1995, 224, 229). Andererseits stehen dem Abwickler nur die anwaltlichen und keine sonstigen Befugnisse des früheren Rechtsanwalts zu, er rückt nicht in dessen Rechtsstellung als Eigentümer oder Mieter der Praxisräume, Eigentümer der Praxiseinrichtung pp. ein. Insoweit ist der Insolvenzverwalter zwar nicht der Rechtsnachfolger des Gemeinschuldners, er ist jedoch durch sein umfassendes Verwaltungs- und Verfügungsrecht nach § 80 Abs. 1 InsO (früher § 6 Abs. 2 KO) wirtschaftlich gesehen in die Rechtsstellung des früheren Praxisinhabers eingetreten und steht damit für den Praxisabwickler an Stelle des früheren Rechtsanwalts. Abwickler und Insolvenzverwalter handeln jeweils in ihrem Tätigkeitsbereich als **unabhängige Amtsträger.** Der Insolvenzverwalter darf gemäß § 53 Abs. 10 S. 2 und § 3 dem Kanzleiabwickler keine Weisungen erteilen und seine Tätigkeit nicht beeinträchtigen. Der Abwickler kann andererseits die Vermögensverwaltung des Insolvenzverwalters nach § 80 Abs. 1 InsO nicht beeinflussen. Damit hat der Gesetzgeber keinem Amtsträger einen Vorrang vor dem anderen eingeräumt (*Franke/Böhme* AnwBl. 2004, 339).

50 Daher kann der Kanzleiabwickler gegenüber dem Insolvenzverwalter die gemäß §§ 55 Abs. 3 S. 1, 53 Abs. 9 S. 2 iVm § 670 BGB sowie nach § 53 Abs. 10 S. 1–4 im Verhältnis zum ehemaligen Kanzleiinhaber bestehenden Rechte geltend machen, so kann er das Recht auf Betreten der Kanzleiräume, Herausgabe des anwaltlichen Treugutes und Gestattung der Nutzung der Kanzleieinrichtung geltend machen. Der Abwickler kann auch die Herausgabe sämtlicher die Kanzleigeschäfte betreffender Postsendungen verlangen; Postsendungen sind wie die anwaltlichen Handakten „zur Kanzlei gehörende Gegenstände" (§ 55 Abs. 3 iVm § 53 Abs. 10 S. 1).

51 **d) Vergütungsanspruch und Ersatz der Auslagen.** Insbesondere kann der Abwickler gemäß § 55 Abs. 3 S. 1 iVm § 53 Abs. 10 S. 4 Ersatz seiner **Auslagen** und **angemessene Vergütung** verlangen. Die Höhe der Vergütung wird im Falle fehlender Einigung von der RAK gemäß § 53 Abs. 10 S. 5 festgesetzt. Mit seiner Vergütungsforderung kann er gegen den Anspruch auf Herausgabe des aus der Abwicklung Erlangten aufrechnen, auch wenn zwischen-

zeitlich das Insolvenzverfahren über das Vermögen des früheren Rechtsanwalts eröffnet worden ist. Nach Ablauf seiner Bestellung ist aber der ehemalige Abwickler zur Herausgabe des bis dahin nicht ausgekehrten Fremdgeldes an den Insolvenzverwalter verpflichtet. Eine Aufrechnung mit seinem Vergütungsanspruch ist unzulässig (BGH NZI 2005, 681 = AnwBl. 2005, 716).

Vorrang der Vergütungsforderung. Mit der Einführung der Insolvenzordnung geht die Vergütung des Abwicklers der des Insolvenzverwalters vor (OLG Köln BRAK-Mitt. 2010, 37). Vergütung und eventuelle Auslagen des Abwicklers sind danach vorab zu berücksichtigen. Die Abwicklervergütung ist nicht den nachrangigen sonstigen Masseverbindlichkeiten iSd § 55 InsO zuzuordnen, und zwar weder denen, die nach der Anzeige der Masseunzulänglichkeit vom Verwalter begründet sind (zweiter Rang) noch den Altmasseverbindlichkeiten (dritter Rang; OLG Celle BRAK-Mitt. 2002, 198; *Franke/Böhme* AnwBl. 2004, 339). Dieses Ergebnis verdient Zustimmung. Die Vergütung des Abwicklers kann nicht den Masseverbindlichkeiten des § 55 InsO gleichgestellt werden, denn derjenige, der mit dem Insolvenzverwalter in vertragliche Beziehungen tritt oder solche wieder aufnimmt, der kann sich in Kenntnis der Rechtsstellung des Insolvenzverwalters freiwillig dazu entscheiden. So verhält es sich mit dem Abwickler gerade nicht, denn dieser darf nach Eröffnung der Insolvenzverfahrens seine Tätigkeit nicht niederlegen. Vielmehr hat er im Interesse des Rechtsverkehrs die Abwicklung ungeachtet der Liquiditätsschwäche der Abwicklermasse zu Ende zu führen (*Franke/Böhme* AnwBl. 2004, 339). Mit Entscheidung vom 23.6.2005 hat der BGH eine erste Weichenstellung vorgenommen, indem er entschied, dass auch Honorarforderungen, die erst nach Insolvenzeröffnung fällig werden, dem Abwickler zustehen und er seine Forderung auf das aus der Abwicklung Erlangte dem Herausgabeanspruch des Insolvenzverwalters entgegensetzen kann (BGH BRAK-Mitt. 2005, 282; *Tauchert/Schulze-Grönda* BRAK-Mitt. 2010, 115). 51a

Honorare, die auf dem Geschäftskonto des Schuldners als Guthaben bereits bestehen oder im weiteren Verlauf der Kanzleiabwicklung eingehen, stehen dem Abwickler zu. Denn dessen Aufgabe besteht zur Sicherheit des Rechtsverkehrs darin, die Kanzleitätigkeit vorübergehend fortzuführen und möglichst schnell zu beenden. Über Gelder, die aus Mandatsverhältnissen des Schuldners resultieren, muss der Abwickler verfügen können. Andernfalls kann er die Kanzlei nicht fortführen. Er könnte im Rahmen des Kanzleibetriebs anfallende Kosten nicht tragen. Lässt der Insolvenzverwalter daher ein Guthaben vom Geschäftskonto des Schuldners auf sein Verwalterkonto überweisen, kann der Abwickler Herausgabe dieses Guthabens verlangen (*Jacobi* NZI 2010, 94). 51b

Nicht zu den Aufgaben des Abwicklers gehört es die gerichtliche Geltendmachung von **Forderungen** der abzuwickelnden Kanzlei. Diese unterfielen dem Insolvenzbeschlag (OLG Naumburg BRAK-Mitt. 2014, 322). 51c

Auch die **Aufwendungsersatzansprüche** sind im Insolvenzverfahren aus der Insolvenzmasse vorab zu berücksichtigen. Sie gehen aus den oben genannten Gründen den Vergütungs- und Auslagenansprüche des Insolvenzverwalters vor (OLG Celle BRAK-Mitt. 2002, 198). 51d

e) Rechte des Insolvenzverwalters. Der Insolvenzverwalter kann andererseits die dem früheren Rechtsanwalt gegenüber dem Abwickler zustehenden Ansprüche aus §§ 55 Abs. 3 S. 1, 53 Abs. 9 S. 2 iVm §§ 666, 667 BGB geltend machen. Der Abwickler hat nach Beendigung seiner Abwicklertätigkeit (→ Rn. 14) gegenüber dem Insolvenzverwalter abzurechnen und den Überschuss herauszugeben. Er ist dann nicht mehr berechtigt, über Fremdgelder zu verfügen und diese an Berechtigte auszuzahlen. Diese Aufgabe kommt dann ausschließlich dem Insolvenzverwalter zu, der seinerseits gehalten ist, die Fremdgelder an Berechtigte herauszugeben, denen ein Aussonderungsrecht gemäß § 47 InsO zusteht. Der Anspruch auf Herausgabe des aus der Abwicklung Erlangten ist gemäß § 35 InsO Bestandteil der Insolvenzmasse (BGH AnwBl. 2005, 716; OLG Rostock BRAK-Mitt. 2004, 187). Der Insolvenzverwalter kann von dem Abwickler auch verlangen, Kostenforderungen des Rechtsanwalts nach § 55 Abs. 3 S. 2 im Kostenfestsetzungsverfahren geltend zu machen. Der Insolvenzverwalter kann von dem Abwickler aber nichts verlangen, wobei der Abwickler seine Verschwiegenheitspflicht gegenüber den Mandanten verletzen müsste (*Simonsen/Leverenz* BRAK-Mitt. 1995, 224, 230; Uhlenbruck/*Uhlenbruck,* 12. Aufl. 2003, InsO § 148 Rn. 13, InsO § 35 Rn. 43). 52

Der Insolvenzverwalter kann die anwaltlichen Unterlagen (Handakten pp.) nur mit Zustimmung der Mandanten und des früheren Rechtsanwalts verwerten (*Simonsen/Leverenz* BRAK-Mitt. 1995, 224, 230; Henssler/Prütting/*Prütting* § 55 Rn. 23; FG Düsseldorf ZIP 1992, 635; 53

vgl. auch BGH NJW 1995, 2026 = MDR 1995, 960 mit Anm. *Michalski/Römermann* NJW 1996, 1305; → § 27 Rn. 36; **aA** Uhlenbruck/*Uhlenbruck,* 14. Aufl. 2015, InsO § 148 Rn. 13, InsO § 35 Rn. 277). Der Kanzleiabwickler kann dies nicht verhindern, da dies nicht von seinen Befugnissen nach Abs. 2 und 3 gedeckt ist. Ist der Erwerber ein zugelassener Rechtsanwalt, ist die Abwicklung zu beenden durch Widerruf der Bestellung (Abs. 4). Wird die Praxis an einen Nichtanwalt verkauft, ist die Kanzleiabwicklung genauso fortzuführen wie gegenüber dem Gemeinschuldner (*Simonsen/Leverenz* BRAK-Mitt. 1995, 224, 230).

§ 56 Besondere Pflichten gegenüber dem Vorstand der Rechtsanwaltskammer (§ 24 BORA)

(1) [1]**In Aufsichts- und Beschwerdesachen hat der Rechtsanwalt dem Vorstand der Rechtsanwaltskammer oder einem beauftragten Mitglied des Vorstandes Auskunft zu geben sowie auf Verlangen seine Handakten vorzulegen oder vor dem Vorstand oder dem beauftragten Mitglied zu erscheinen.** [2]**Das gilt nicht, wenn und soweit der Rechtsanwalt dadurch seine Verpflichtung zur Verschwiegenheit verletzen oder sich durch wahrheitsgemäße Beantwortung oder Vorlage seiner Handakten die Gefahr zuziehen würde, wegen einer Straftat, einer Ordnungswidrigkeit oder einer Berufspflichtverletzung verfolgt zu werden und er sich hierauf beruft.** [3]**Der Rechtsanwalt ist auf das Recht zur Auskunftsverweigerung hinzuweisen.**

(2) [1]**In Vermittlungsverfahren der Rechtsanwaltskammer hat der Rechtsanwalt auf Verlangen vor dem Vorstand der Rechtsanwaltskammer oder einem beauftragten Mitglied des Vorstandes zu erscheinen.** [2]**Das Erscheinen soll angeordnet werden, wenn der Vorstand oder das beauftragte Vorstandsmitglied nach Prüfung zu dem Ergebnis kommt, dass hierdurch eine Einigung gefördert werden kann.**

(3) [1]**Der Rechtsanwalt hat dem Vorstand der Rechtsanwaltskammer unverzüglich anzuzeigen,**

1. daß er ein Beschäftigungsverhältnis eingeht oder daß eine wesentliche Änderung eines bestehenden Beschäftigungsverhältnisses eintritt,

2. daß er dauernd oder zeitweilig als Richter, Beamter, Berufssoldat oder Soldat auf Zeit verwendet wird,

3. daß er ein öffentliches Amt im Sinne des § 47 Abs. 2 bekleidet.

[2]**Dem Vorstand der Rechtsanwaltskammer sind auf Verlangen die Unterlagen über ein Beschäftigungsverhältnis vorzulegen.**

Schrifttum: *Boecker,* Berufsrechtliches Einschreiten der Rechtsanwaltskammer bei „missbräuchlichen" Abmahnungen im UrhG?, BRAK-Mitt. 2007, 12; *Brieske,* Vom richtigen Umgang mit sich selbst und mit der Rechtsanwaltskammer – Wie sich berufsrechtliche Verfahren vermeiden lassen – Praktische Tipps, AnwBl. 2005, 199; *Hartung,* Das Anwaltsverfahren der Anwaltskammer und die Verschwiegenheitspflicht (§ 76 BRAO), AnwBl. 2013, 582; *Johnigk,* Rechtliche Anforderungen an Auskunftsverlangen nach § 56 Abs. 1 BRAO, BRAK-Mitt. 2008, 101; *Jungk,* Die Handakte des Rechtsanwalts – analog und digital, AnwBl. 2014, 84; *Steike,* Das Vermittlungsverfahren des Kammervorstands, NJW 2011, 3335; *ders.,* Die Leitlinien für die Durchführung von Vermittlungsverfahren, Mitteilungen RAK München, 02/2011, 10; *ders.,* Anm. zu *Wilde* in AnwBl. 2011, 24: Mehr als ein Kummerkasten, AnwBl. 2/2011, X.

Übersicht

I. Zweck der Regelung

Sinn der Regelung des § 56 ist es, dem Kammervorstand (§§ 63 ff.; 77 Abs. 1 und 5), die Erfüllung seiner Aufgaben zu ermöglichen, vor allem der aus §§ 73, 74, wonach er unter anderem die Mitglieder der Kammer in Fragen der Berufspflichten beraten und belehren (§ 73 Abs. 2 Nr. 1) sowie die Erfüllung der den Mitgliedern obliegenden Pflichten überwachen und das Recht der Rüge handhaben soll (§ 73 Abs. 2 Nr. 4). Diese Aufgabe kann der Vorstand nur erfüllen, wenn dem betroffenen Rechtsanwalt durch zweckentsprechende Fragen die Möglichkeit gegeben wird, Stellung zu nehmen und sich ggf. zu rechtfertigen (BGHSt 21, 167 = NJW 1967, 893 = EGE IX, 100). Letztlich liegt die Regelung des § 56 im eigenen Interesse des Rechtsanwalts selbst, da er nur so eine unbegründete Beschwerde entkräften, eine etwa begründete entschärfen kann (BGHSt 21, 167 = NJW 1967, 893; *Lingenberg/Hummel/Zuck/Eich* § 17 Rn. 2). 1

Um richtig entscheiden zu können, muss der Vorstand den ihm vorgetragenen Sachverhalt zunächst aufklären und die Wahrheit oder Unwahrheit der erhobenen Vorwürfe feststellen. Deshalb besteht für den Vorstand, wenn die Sachlage es als angebracht erscheinen lässt, das Recht und ggf. die Pflicht, Fragen an den Rechtsanwalt zu stellen und die Vorlage der Handakten zu verlangen (BGHSt 27, 374 = NJW 1979, 324 = EGE XIV, 179; EGH Hamm Beschluss vom 19.10.1990 – 1 ZU 24/90). 2

In dem durch das Gesetz zur Änderung des Berufsrechts der Rechtsanwälte und der Patentanwälte vom 13.12.1989 (BGBl. I S. 2135) eingefügten Abs. 2 aF, nunmehr Abs. 3, wurden Anzeigepflichten des Rechtsanwalts gegenüber der RAK eingeführt, die der Kammer im Bereich des § 14 Abs. 2 Nr. 5 und 8 eine bessere Ausübung ihrer Aufgaben zur Beratung und Aufsicht (§ 73 Abs. 2 Nr. 1, 4) ermöglichen sollen (amtliche Begründung, BT-Drs. 3/120). Die Anzeigepflichten wurden durch § 24 BORA erweitert. 3

II. Verfassungsfragen

Die Regelung des § 56 ist verfassungskonform. „Dadurch, dass jemand den Beruf des Rechtsanwalts wählt, in die Standesgemeinschaft eintritt und mit der Zulassung Mitglied der RAK wird (§ 60), unterwirft er sich den einem Rechtsanwalt nach der BRAO obliegenden Pflichten" (vgl. *Kalsbach* BRAO S. 218). Der Beruf eines Rechtsanwalts unterliegt im Interesse einer rechtsstaatlichen Rechtspflege Auflagen und Beschränkungen (*Rolf Schneider,* Der Rechtsanwalt, ein unabhängiges Organ der Rechtspflege, Schriftenreihe zum Öffentlichen Recht, Bd. 311, 79). Dafür, dass diese Berufsordnung aufrecht erhalten wird, hat unter anderem der Vorstand der RAK zu sorgen. Ihm sind in den §§ 73, 74 wichtige Aufgaben übertragen. Dass er diese erfüllen kann, dafür bedarf es des Auskunfts- und Vorlagerechts aus § 56 (BGHSt 27, 374 = NJW 1979, 324). Dem Normengefüge der §§ 56, 57, 73 Abs. 2 Nr. 4 ist insgesamt zu entnehmen, dass die BRAO dem Vorstand der RAK keine Rechtsgrundlage dafür gibt, Pflichtverletzungen aller Art, die ein Rechtsanwalt einem Mandanten oder dem rechtsuchenden Publikum gegenüber begangen hat oder deren Begehung unmittelbar bevorsteht, durch den Erlass mit Verwaltungszwang 4 durchsetzbarer Ge- und Verbote zu begegnen. Derart weit gehende, einschneidende Eingriffsmöglichkeiten würden der Stellung des Rechtsanwalts als unabhängiges Organ der Rechtspflege (§ 1) nicht gerecht (BGH NJW 2003, 662 = MDR 2003, 418 = BRAK-Mitt. 2003, 82 = AnwBl. 2003, 304).

III. Aufsichts- und Beschwerdesachen

5 Aufsichts- und Beschwerdesachen (§§ 73 Abs. 2 Nr. 4, 74) unterscheiden sich nicht der Sache nach, sondern nur äußerlich vor allem nach der Art der Entstehung der Verfahren (*Jessnitzer/ Blumberg* § 56 Rn. 1). Der Unterschied in der Entstehung führt aber nicht zu einer unterschiedlichen Behandlung beider.

6 **1. Aufsichtssachen.** In Aufsichtssachen überprüft der Kammervorstand von Amts wegen einen Sachverhalt darauf, ob ein Kammermitglied seine Pflichten nicht erfüllt hat oder zu besorgen ist, es werde diese nicht erfüllen. Dabei muss sich das Verfahren nicht notwendigerweise gegen einen namentlich benannten Rechtsanwalt richten. Ferner ist es völlig gleichgültig, wie der Vorstand Kenntnis von einer möglichen Pflichtverletzung erlangt hat, die Anlass für die Prüfung gab. Auch ist nicht erforderlich, dass schon eine Pflichtverletzung gegeben ist, da das Aufsichtsverfahren auch einer eventuell bevorstehenden Pflichtverletzung durch einen Rechtsanwalt etwa durch entsprechende Belehrung dieses Anwalts vorbeugen soll (*Isele* § 56 III A und B; § 73 Abs. 2 Nr. 1). Der Begriff „Aufsichtssache" beschränkt sich nicht auf den Fall, dass einem Mitglied der RAK eine in der Vergangenheit liegende konkrete Pflichtverletzung vorgeworfen wird (vgl. § 74). Eine Aufsichtssache iSd § 56 Abs. 1 liegt vielmehr schon immer dann vor, wenn der Gegenstand, auf den sich das Auskunftsersuchen bezieht, der dem Gesetz entsprechenden Aufsicht und Überwachung durch den Kammervorstand unterliegt (§ 73 Abs. 1, Abs. 2, Nr. 1–4; EGH Hamm EGE VIII, 76, 80). Bei der Frage, ob die RAK in Beschwerde- und Aufsichtssachen von ihren Mitgliedern eine Auskunft gemäß § 56 Abs. 1 anfordert, ist ihr ein weites Ermessen einzuräumen. Es könne von der Kammer nicht verlangt werden, in jedem Einzelfall zunächst abschließend darüber zu beraten und zu beschließen, ob eine Beschwerde ggf. auch ohne die Einholung einer Auskunft des Rechtsanwalts abgewiesen werden könnte (AGH Bln v. 10.2.2009, BRAK-Mitt. 2009, 81).

6a **Außerberufliches Verhalten** des Rechtsanwalts kann nur dann Gegenstand des Auskunftsbegehrens sein, wenn das Verhalten des Rechtsanwalts eine rechtswidrige Tat oder eine mit Geldbuße bedrohte Handlung darstellen kann (→ § 113 Rn. 12 ff.). Ein Auskunftsbegehren in rein privaten Angelegenheiten ist nicht zulässig (ThürAGH Beschluss vom 24.6.1996 – EGH 9/ 95). Zur Mitteilungspflicht der Gerichte bzgl. Klagen pp. gegen einen Rechtsanwalt → § 36 Rn. 11 ff.; → § 73 Rn. 47, 48).

7 **2. Beschwerdesachen.** In Beschwerdesachen wird die RAK tätig, weil sich ein Bürger oder eine Institution (Gericht, Behörde, Firma pp.) beschwerdeführend wegen angeblicher Nichterfüllung anwaltlicher Pflichten durch ein oder mehrere Kammermitglieder an sie gewandt hat. Sie überprüft dann von Amts wegen, ob die Beschwerde begründet ist oder nicht. Jede Beschwerdesache wird, sobald sich der Kammervorstand mit ihr befasst, zu einer Aufsichtssache (Hartung/*Scharmer* § 56 Rn. 8). **Keine Aufsichts- und Beschwerdesache** sind die der RAK übertragenen Verwaltungsaufgaben, die die Zulassung des Rechtsanwalts und den Widerruf der Zulassung betreffen. Für diese Verfahren gelten §§ 56, 57 nicht. Insbesondere kann die Kammer Auskunftsersuchen an den Rechtsanwalt in diesem Verfahren nicht durch Zwangsgeld nach § 57 durchzusetzen versuchen; es greift vielmehr die allgemeine Mitwirkungsverpflichtung aus § 32 iVm § 26 VwVfG (vgl. § 36; AGH NRW Beschluss vom 21.9.2001 – 1 ZU 12/01).

8 **3. Zurücknahme einer Beschwerde.** Da sowohl in Aufsichts- als auch in Beschwerdesachen der Vorstand der RAK von Amts wegen prüft, die Anregung dazu in Beschwerdesachen nur von außen an sie herangetragen wurde, endet das Beschwerdeverfahren nicht durch die Erklärung des Beschwerdeführers, er nehme die Beschwerde zurück. Der Vorstand der RAK kann das Verfahren gleichwohl fortsetzen und die Rechte aus § 56 Abs. 1 geltend machen, wenn er Anlass hat zu prüfen, ob eine Verletzung der Berufspflichten vorliegt oder unmittelbar bevorsteht (*Isele* § 56 III D und C).

IV. Der Verpflichtete

Verpflichtet, dem Auskunfts-, Vorlage- oder Erscheinensverlangen des Vorstandes nachzukommen, ist jedes Mitglied der RAK. Das sind die deutschen Rechtsanwälte und die Rechtsanwaltsgesellschaften (§ 59m Abs. 1 und 2) einschließlich ihrer Geschäftsführer, auch wenn sie nicht Rechtsanwalt sind (§ 60 Abs. 1 S. 3). Auch die Rechtsbeistände, die Mitglieder der Kammer sind (§ 209), haben die besonderen Pflichten zu erfüllen. Nach §§ 6 Abs. 1, 32 EuRAG gelten die §§ 56 und 57 (wie auch §§ 74, 74a) entsprechend für niedergelassene oder dienstleistende europäische Rechtsanwälte (zu den Einzelheiten vgl. *Brangsch* NJW 1981, 1177 und Anmerkungen zu §§ 6, 32 EuRAG). Ebenso gelten sie für die in der Bundesrepublik niedergelassenen Anwälte aus anderen Staaten (§ 207 Abs. 2 S. 1). 9

Dabei ist völlig gleichgültig, ob die Aufsichts- oder Beschwerdesache sich gegen den Rechtsanwalt selbst richtet oder gegen einen anderen, ein Beschuldigter namentlich überhaupt schon feststeht (*Isele* § 56 III). Das Begehren des Kammervorstandes bzw. der Abteilung oder deren Beauftragter muss jedoch dem Zweck der Klärung in einer Aufsichts- oder Beschwerdesache dienen. Allerdings hat der Rechtsanwalt nicht das Recht, die Erfüllung seiner Verpflichtung aus § 56 davon abhängig zu machen, dass ihm zuvor Auskunft erteilt wird über den Sachverhalt, der den Gegenstand der Untersuchung bildet (ThürAGH Beschluss vom 24.6.1996 – EGH 9/95; *Isele* § 56 Anm. IV B). Nicht nur der betroffene Rechtsanwalt, sondern auch sein den Fall nicht bearbeitender Sozius ist zur Auskunft verpflichtet (EGH Hamm BRAK-Mitt. 1982/32). Ebenso sind amtlich bestellte Vertreter und Abwickler auf Anfragen des Kammervorstandes berechtigt und verpflichtet Auskunft zu erteilen pp. bezüglich der von ihnen vertretenen oder abzuwickelnden Kanzlei, sofern sie sich nicht auf ein Zeugnisverweigerungsrecht berufen können (→ § 55 Rn. 20 ff.). 9a

Über die Tätigkeiten iSd Abs. 3 muss der Rechtsanwalt unaufgefordert von sich aus unverzüglich, dh ohne schuldhaftes Zögern, den Vorstand unterrichten. Tut er das nicht, handelt er pflichtwidrig (§ 43). Eine sinngemäße Anwendung des Abs. 3 auf die Rechtsanwaltsgesellschaft scheidet aus (§ 59m Abs. 2). Für die Rechtsanwaltsgesellschaft gelten die Mitteilungspflichten des § 59m Abs. 1 (→ § 59m Rn. 1, 2). 10

V. Der Auskunftsberechtigte und Berechtigung des Auskunftsverlangens

1. Vorstand, beauftragtes Vorstandsmitglied, Abteilung. Auskunftsberechtigter ist ausschließlich der Vorstand der RAK (§§ 63 ff.) oder ein von diesem beauftragtes Mitglied des Vorstandes. Nach § 77 Abs. 1 kann der Vorstand mehrere Abteilungen bilden und diesen Geschäfte übertragen, die sie selbständig führen. Im Rahmen dieser übertragenen Zuständigkeit besitzen die Abteilungen die Rechte und Pflichten des Vorstandes. Sind Abteilungen gebildet, dann steht das Auskunftsrecht nach § 56 der Abteilung oder einem beauftragten Mitglied der Abteilung zu und nicht dem Kammervorstand, es sei denn, es liegt ein Fall des § 77 Abs. 6 vor. 11

Das Mitglied des Kammervorstandes bzw. der Abteilung kann für einen bestimmten Zeitraum durch Beschluss des Kammervorstandes oder der Abteilung für alle Fälle, aber auch für einen bestimmten Einzelfall beauftragt sein. Ist dies der Fall, ist seine Zuständigkeit eine ausschließliche. Dieses Mitglied muss auf Verlangen des Rechtsanwalts seine Beauftragung nachweisen (*Isele* § 56 Anm. VI B 1 und 2, C 1). 12

Die Auskunfts- und Vorlagepflicht wird nur durch ein **Verlangen** begründet, das von dem Vorstand, der Abteilung (§ 77 Abs. 1 und 5) selbst oder einem beauftragten Mitglied aus ihrer Mitte ausgeht (BGH NJW 1985, 3032 = AnwBl. 1986, 34 zu § 80 S. 2 StBerG; *Isele* § 56 C 1–3). Über das Verlangen, Auskunft zu erteilen oder die Handakten vorzulegen, muss in jedem Einzelfall zunächst eine der in § 56 iVm § 77 Abs. 1 und 5 genannten Personen entscheiden. Nicht nur erfordert es eine vorherige Prüfung, ob es überhaupt erforderlich ist und ggf. welche konkreten Mitteilungen zu machen sind (*Isele* § 56 VI C 3). Das Verlangen stellt einen **nicht unerheblichen Eingriff in die Berufsausübung des Rechtsanwalts dar,** der nach dem Gesetz den in § 56 iVm § 77 Abs. 1 und 5 genannten Personen vorbehalten bleiben muss (für § 80 S. 2 StBerG: BGH NJW 1985, 3032). Die Entscheidung der Frage, ob überhaupt eine Auskunft pp. verlangt werden darf und soll, verlangt deshalb eine **pflichtgemäße Ermessensentscheidung** des Auskunftsberechtigten, ob die Sachlage dies als angebracht erscheinen lässt (→ Rn. 18; BGH NJW 1979, 3124; AGH RhPf BRAK-Mitt. 2005, 239; Henssler/Prütting/ 13

Hartung § 56 Rn. 19; für einen weiten Ermessensspielraum der RAK, AGH Bln BRAK-Mitt. 2009, 81; AnwG Frankfurt a. M. BRAK-Mitt. 2012, 86).

14 **2. Nichtberechtigte.** Nicht berechtigt für die Ersuchen nach S. 1 und 2 sind:

15 **a) Präsident der RAK.** Zwar vertritt der Präsident die Kammer gerichtlich und außergerichtlich und führt Beschlüsse des Kammervorstandes aus (§ 80). Als solcher ist er jedoch, wenn er nicht vom Vorstand generell oder im Einzelfall damit beauftragt wurde, also nicht als beauftragtes Vorstandsmitglied (Abs. 1 S. 1) handelt, nicht befugt, die Auskunfts- und Vorlagerechte des § 56 geltend zu machen (*Isele* § 56 Anm. VI C 1; anders offenbar EGH Koblenz BRAK-Mitt. 1982, 134).

15a **b) Datenschutzbeauftragter der RAK.** Nicht auskunftspflichtig ist der Rechtsanwalt gegenüber dem Datenschutzbeauftragten. Ihm gegenüber kann sich der Rechtsanwalt auf sein anwaltliche Schweigepflicht berufen (§ 38 Abs. 3 S. 2 BDSG; *Dahns* NJW Spezial 2007, 47).

16 **c) Geschäftsführer der RAK.** Der Geschäftsführer der RAK hat keine Berechtigung, die Rechte aus § 56 geltend zu machen. Auskunftsverlangen von ihm vermögen die Auskunftspflicht aus § 56 Abs. 1 S. 1 nicht auszulösen (BGHSt 50, 230 = NJW-RR 2006, 137 = BRAK-Mitt. 2006, 33 = AnwBl. 2006, 135). Der Geschäftsführer kann die Berechtigung, eine Auskunft nach § 56 zu verlangen, auch nicht durch einen allgemeinen Auftrag des Vorstandes oder der Abteilung erwerben. Denn das Gesetz sieht ausdrücklich nur vor, dass der Vorstand oder die Abteilung (§ 77 Abs. 1 und 5) eines seiner Mitglieder mit der Wahrnehmung dieser Aufgabe beauftragen kann, der Geschäftsführer ist aber als solcher nicht Mitglied des Kammervorstandes (BGH NJW 1985, 3032 zu § 80 S. 2 StBerG; AGH SchlH BRAK-Mitt. 1996, 206; *Isele* § 56 Anm. VI C 3). Der Brauch, dass der Geschäftsführer Abschriften von Beschwerden kurzerhand selbst dem betroffenen Kammermitglied zur Stellungnahme zusendet, ohne sie vorher dem Vorstand vorzulegen, mag zu einer gewissen Vereinfachung und Beschleunigung führen. Dieser Gesichtspunkt der Verfahrensökonomie kann aber den Verzicht auf eine vorherige Entscheidung einer der in § 56 iVm § 77 Abs. 1 und 5 genannten Personen schon deshalb nicht rechtfertigen, weil die gesetzlich mögliche Beauftragung eines Mitgliedes des Vorstandes oder der Abteilung diesem Gesichtspunkt nicht weniger wirkungsvoll Rechnung trägt (für § 80 StBerG BGH NJW 1985, 3032; AGH SchlH BRAK-Mitt. 1996, 206).

16a Ist die Aufforderung nach § 56 in einem Schreiben enthalten, das von dem Geschäftsführer oder einer Angestellten unterzeichnet ist, besteht für den angeschriebenen Rechtsanwalt keine Verpflichtung zur Auskunftserteilung, da er diesem Schreiben nicht entnehmen kann, dass dieses im konkreten Einzelfall von einem der nach § 56 allein Berechtigten veranlasst wurde, oder aber etwa der nicht auskunftsberechtigte Geschäftsführer der RAK dieses Schreiben veranlasst hat. Dies kann nur dann anders sein, wenn aus dem Schreiben hervorgeht, dass ein nach § 56 Auskunftsberechtigter das Auskunftsbegehren angeordnet hat und die Angestellte diesen Auftrag des bestimmten Auftragsberechtigten lediglich ausführt. Das Aufforderungsschreiben, für das nach Möglichkeit ein Briefbogen mit dem Briefkopf „Der Vorstand …" verwendet werden sollte, muss daher durch den Geschäftsführer oder die Mitarbeiterin mit dem Zusatz „im Auftrag" unterzeichnet sein und Bezug auf den zugrundeliegenden Beschluss des Auskunftsberechtigten bzw. des auskunftsberechtigten Gremiums nehmen (Hartung/*Scharmer* § 56 Rn. 18; EGH Koblenz BRAK-Mitt. 1982, 134).

VI. Inhalt der Pflichten aus Abs. 1

17 **1. Pflicht zur Auskunftserteilung.** Der Rechtsanwalt ist mit der Einschränkung, dass durch die Auskunft nicht eine Verpflichtung zur Verschwiegenheit verletzt werden darf, er auf sein Auskunftsverweigerungsrecht hingewiesen wurde und er nicht berechtigterweise ein Auskunftsverweigerungsrecht geltend macht (→ Rn. 23 ff.), verpflichtet, die Fragen erschöpfend und wahrheitsgemäß zu beantworten (BGHSt 27, 374 = NJW 1979, 324; BGH NJW-RR 2006, 137). Sinn dieser Regelung ist es, dem Vorstand die Erfüllung seiner Aufgaben und insbesondere die Erfüllung der den Mitgliedern obliegenden Pflichten zu ermöglichen. Diese Aufgabe kann nur dann erfüllt werden, wenn der betroffenen Rechtsanwalt die notwendigen Auskünfte erteilt und sich ggf. rechtfertigt. Vor diesem Hintergrund liegt die Verpflichtung zur Beantwortung von

Kammeranfragen nicht nur im Interesse der Anwaltschaft, sondern auch im eigenen Interesse des Rechtsanwalts (AnwG Köln BeckRS 2012, 13752).

18 **a) Umfang der zu erteilenden Auskunft.** Der Umfang der zu erteilenden Auskunft **wird durch das Auskunftsbegehren des Kammervorstandes bestimmt.** Dem Rechtsanwalt muss gesagt werden, auf welche Fragen sich seine Auskunft beziehen soll (EGH Hamm Beschluss vom 19.10.1990 – 1 ZU 24/90). Da das Auskunftsbegehren der RAK im weiteren Verfahren nach §§ 56, 57 die Grundlage einer Vollstreckungsmaßnahme sein kann, muss dieses den Anforderungen genügen, die in einem prozessualen Streitverfahren an einen Klageantrag oder Urteilstenor gestellt werden. Das **Auskunftsbegehren muss** mithin soweit **konkretisiert** sein, dass der Rechtsanwalt von vornherein weiß, durch welche Erklärungen er dieses erfüllen kann (AGH RhPf BRAK-Mitt. 2004, 237). Dabei kann die Fragestellung des Kammervorstandes im Einzelfall auch durch die Bezugnahme auf die in Ablichtung oder Durchschrift beigefügte Beschwerde erfolgen, vorausgesetzt dass die Beschwerde ausreichend deutlich den fraglichen Sachverhalt erkennen lässt (AGH Baden-Württemberg BRAK-Mitt. 2014, 80). Der Kammervorstand muss auch deutlich zum Ausdruck bringen, dass er von dem Rechtsanwalt eine Auskunft zur Sache verlangt. Der **Auskunftsanspruch** des Vorstands setzt notwendig voraus, dass aufgrund des zugrunde liegenden Sachverhalts ein Berufsrechtsverstoß naheliegend ist, andererseits muss ein solcher Verstoß nicht sicher feststehen. Vielmehr reicht bereits eine unklare Rechtslage aus, um einen Auskunftsanspruch des Vorstands zu rechtfertigen.

18a Der Rechtsanwalt ist allein zur Auskunftserteilung, Vorlage der Handakte und Erscheinen vor dem Vorstand verpflichtet. Zur Abgabe einer **Stellungnahme** ist er nicht verpflichtet (AGH NRW BRAK-Mitt. 2012, 37). Eine Aufforderung zur Auskunftserteilung muss eine präzise Fragestellung bzw. eine konkrete Formulierung des Auskunftsbegehrens und eine eindeutige Fragestellung umfassen. Da es sich bei einer Auskunftserteilung um eine Wissenserklärung handelt, muss ein ordnungsgemäßes Verlangen der RAK aufzeigen, welches Wissen der Rechtsanwalt ihr offenbaren soll (AGH NRW BRAK-Mitt. 2012, 37). Es besteht keine berufsrechtliche Verpflichtung eines Anwalts, Auskünfte gegenüber einer **Rechtsschutzversicherung** im Hinblick auf den Mandatsverlauf zu geben. Dies gilt auch dann, wenn der Rechtsanwalt einen Gebührenvorschuss angefordert hat. Eine solche Auskunftspflicht kann aber gegenüber der Berufskammer bestehen (AnwG Frankfurt a. M. BRAK-Mitt. 2012, 86).

18b Übersendet der Kammervorstand dem Rechtsanwalt eine gegen ihn **erhobene Beschwerde** mit dem Bemerken, diese werde ihm zugesandt, um ihm rechtliches Gehör zu geben, bevor der Vorstand über die Beschwerde entscheide und es sei dem Rechtsanwalt freigestellt, sich zur Sache zu äußern, bzw. wenn er es nicht tun wolle, müsse er dies aber mitteilen, so ist dies kein Fall des § 56 und es kann keine Äußerung zur Sache nach § 57 erzwungen werden. Das Zwangsgeld würde dann nur festgesetzt, weil der Rechtsanwalt der RAK nicht mitteilt, dass er sich nicht äußern wolle. Dies wird durch § 57 Abs. 1 iVm § 56 nicht abgedeckt (EGH Hamm Beschluss vom 19.10.1990 – 1 ZU 24/90). Der AGH Baden-Württemberg (BRAK-Mitt. 2014, 80) entschied jedoch, dass die Übersendung des Beschwerdeschreibens eines Anzeigeerstatters an den beschuldigten Rechtsanwalt zur Stellungnahme regelmäßig dann genügt, wenn die Beschwerde den fraglichen Sachverhalt ausreichend deutlich erkennen lässt.

19 **b) Wahrheit und Sachlichkeit.** Die von dem Rechtsanwalt erteilte Auskunft muss wahr und sachlich sein. Erteilt der Rechtsanwalt eine Auskunft, dann muss diese, auch wenn er die Auskunft verweigern könnte, stets wahr sein. Der Rechtsanwalt unterliegt wegen seiner besonderen Stellung (§ 1) anders als der Beschuldigte im Strafverfahren der Verpflichtung, wahrheitsgemäß Angaben zu machen, wenn er sich äußert. Sein Recht, nicht zu einer Selbstbelastung gezwungen zu sein (→ Rn. 34 ff.), wird dadurch nicht beeinträchtigt. Er darf daher den Vorstand der RAK nicht belügen. Das ergibt sich schon aus der grundsätzlichen Auskunftsverpflichtung nach § 56 Abs. 1 sowie aus seiner Stellung als Organ der Rechtspflege (BGHSt 27, 374 = NJW 1979, 324). Der Rechtsanwalt hat die Auskunft wie stets bei berufsbezogenem Handeln sachlich zu erteilen (§§ 43, 43a Abs. 3). Zu den Folgen einer unvollständigen oder unrichtigen Auskunft → § 57 Rn. 7.

20 **2. Pflicht zur Vorlage der Handakten.** Die Pflicht zur Vorlage der Handakten (§ 50) bedeutet, dass der Rechtsanwalt auf Verlangen die **vollständige Handakte** vorzulegen, dh diese dem Vorstand auf seine Kosten in die Räume der RAK zu überbringen oder zu übersenden hat

(*Isele* § 56 Anm. VII B). Was eine Handakte ist, wird weder von der BRAO noch von der BORA definiert. Eine Handakte, deren Herausgabe vom Rechtsanwalt durch den Vorstand verlangt wird und gemäß § 57 erzwungen werden kann, setzt jedoch einen Mandatsbezug voraus. Ohne Mandatsbezug kann es keine Handakte iSd BRAO geben (AGH NRW BeckRS 2011, 27136). Zum Umfang der Handakte vgl. *Jungk* AnwBl. 2014, 84. Der Rechtsanwalt darf aber nicht Teile der Handakte entfernen. Das Vorlagerecht des Kammervorstandes ist insbesondere nicht beschränkt auf den Umfang des Rechts des Auftraggebers auf Herausgabe der Unterlagen (vgl. BGHZ 109, 260 = NJW 1990, 510 = MDR 1990, 315 = AnwBl. 1990, 161 = BRAK-Mitt. 1990, 55 Ls. = EBE 1990, 4; → § 44 Rn. 19 ff.; → § 50 Rn. 7 ff.). Der Kammervorstand kann daher auch die Vorlage des Briefwechsels mit dem Auftraggeber und der Schriftstücke, die dieser bereits in Urschrift oder Abschrift erhalten hat (§ 50 Abs. 4), verlangen. Der Grund für die Regelung des § 50 Abs. 4, dass der Auftraggeber von diesen Schriftstücken bereits Kenntnis hat, liegt beim Kammervorstand nicht vor. Andererseits darf der Vorstand Akteneinsichts- und -vorlagerecht nicht grundlos geltend machen. Dieses findet seine Berechtigung nur darin, dass die Einsichtnahme nach pflichtgemäßem Ermessen erforderlich ist, um die gesetzliche Aufsichtspflicht erfüllen zu können. Es besteht aber keine berufsrechtliche Pflicht des Rechtsanwalts zur Herausgabe der vom Mandanten erhaltenen **Originalunterlagen** (AnwG Frankfurt a. M. BeckRS 2010, 15315).

21 Der Vorstand der RAK darf die Handakten so lange behalten, wie dies zur sachgerechten Erfüllung seiner Aufsichtspflicht erforderlich ist. Er muss jedoch darauf Rücksicht nehmen, dass durch das Zurückbehalten der Handakten die Weiterbearbeitung der Sache durch den Rechtsanwalt nicht gefährdet wird. Notfalls hat der Vorstand Fotokopien zu erstellen bzw. die Handakte einzuscannen.

22 **3. Pflicht zum Erscheinen.** Die Pflicht zum Erscheinen ist eine Weiterführung der Pflicht zur Auskunftserteilung (Henssler/Prütting/*Hartung* § 56 Rn. 18) und wird ausgelöst, durch eine schriftliche oder mündliche Ladung durch den Kammervorstand bzw. seines beauftragten Mitgliedes und dient der eingehenden mündlichen Erörterung des Aufsichtsgegenstandes mit dem Kammermitglied. Aus dem Sinn und Zweck dieser Regelung ergibt sich, dass das Kammermitglied dann bei der mündlichen Erörterung zu einer vollständigen, wahrheitsgemäßen und sachlichen Auskunft verpflichtet ist, wie er es bei einer schriftlichen Auskunftserteilung wäre. Die Entscheidung, ob der Rechtsanwalt Auskunft geben und/oder seine Handakten vorlegen oder vor dem Vorstand erscheinen soll, obliegt dem Vorstand. Er hat diese Entscheidung nach pflichtgemäßem Ermessen zu treffen (AGH Bln BRAK-Mitt. 2009, 81). Dabei darf er von dem Recht, den Rechtsanwalt zum Erscheinen aufzufordern, nur äußerst zurückhaltend Gebrauch machen, weil damit ein nicht unerheblicher Eingriff in die Berufsfreiheit des Rechtsanwalts verbunden ist (BGH NJW 1979, 3124).

VII. Recht zur Verweigerung der Auskunft und der Vorlage der Handakten

23 Das Recht, die erbetene Auskunft und die Vorlage der Handakten zu verweigern, kann sich daraus ergeben, dass der Rechtsanwalt durch eine Auskunftserteilung seine Verpflichtung zur Verschwiegenheit verletzen würde oder aber in die Gefahr käme, der Verfolgung wegen einer Straftat, einer Ordnungswidrigkeit oder einer Berufspflichtverletzung ausgesetzt zu werden (BGHSt 27, 374 = NJW 1979, 324; § 56 Abs. 1 S. 2 und 3).

24 **1. Verletzung der Verschwiegenheitspflicht.** Würde die Auskunftserteilung oder Vorlage der Handakten eine Verletzung der Verschwiegenheitspflicht darstellen, dann kann der Rechtsanwalt das Verlangen zurückweisen. Über dieses Recht braucht er nicht belehrt zu werden (arg. aus § 56 Abs. 1 S. 3). Die Verschwiegenheitspflicht kann sich nur auf fremde Geheimnisse beziehen, die ihm als Rechtsanwalt anvertraut oder sonst bekannt geworden sind. Die Grenzen der Verpflichtung zur Verschwiegenheit werden durch § 203 Abs. 1 Nr. 3 StGB iVm § 53 Abs. 1 Nr. 2 und 3 StPO gezogen (*Isele* § 56 Anm. VII D 2a).

25 **a) Ausdrückliche Berufung auf die Verschwiegenheitspflicht.** Die Beschränkung der Pflicht aus § 56 Abs. 1 erfolgt jedoch nur, wenn tatsächlich eine Verletzung der Verschwiegenheitspflicht zu befürchten wäre und der Rechtsanwalt sich gegenüber dem Vorstand der RAK auch ausdrücklich auf seine Verschwiegenheitspflicht beruft. Wäre er zur Verschwiegenheit verpflichtet, beruft der Rechtsanwalt sich aber nicht darauf, sondern lässt er die Kammeranfrage

einfach unbeantwortet, dann handelt er pflichtwidrig (*Isele* § 56 Anm. VII E 2a; EG Kassel EGE XIV 280; vgl. auch EGH Koblenz BRAK-Mitt. 1982, 134).

b) Ausschluss der Berufung auf die Verschwiegenheitspflicht. Ein Fall, dass der Rechtsanwalt durch eine verlangte Auskunftserteilung gegenüber dem Vorstand der RAK seine Verpflichtung zur Verschwiegenheit verletzen würde, wird aber in der Praxis nur selten eintreten können. „Denn die Verschwiegenheitspflicht des Rechtsanwalts besteht dort nicht, wo er zur Verfolgung eigener berechtigter Interessen oder zur Verteidigung eigener Rechte den Sachverhalt offenbaren muss. Wird er also beschuldigt anwaltliche Pflichten verletzt zu haben, und kann er sich gegen diesen Vorwurf nicht anders verteidigen, als indem er der Verschwiegenheitspflicht unterliegende Umstände offenbart, so darf er dies tun. Dies wird insbesondere immer dort gelten, wo gegen den Rechtsanwalt eine Beschwerde erhoben (eine Anzeige erstattet) worden ist, er habe seine Berufspflichten verletzt" (*Lingenberg/Hummel/Zuck/Eich* § 17 Rn. 7; *Hartstang* I 180, 181; BGH MDR 1956, 625; NJW 1952, 151; § 2 Abs. 3 BORA). Es ist allgemein anerkannt, dass sich ein Rechtsanwalt gegenüber Vorwürfen eines beschwerdeführenden früheren Mandanten gegenüber dem Vorstand nicht auf eine Verschwiegenheitspflicht berufen kann, sondern vielmehr befugt ist, zur Verteidigung gegenüber Vorwürfen, auch aus dem Mandatsverhältnis, Tatsachen zu offenbaren, die sachangemessen zur Verteidigung gehören. Unabhängig davon hat sich der Rechtsanwalt, wenn er sich auf ein „Zeugnisverweigerungsrecht" berufen will, dies auch in einer ausdrücklichen Erklärung gegenüber dem Vorstand mitzuteilen (AGH NRW BeckRS 2013, 03550). 26

Der Rechtsanwalt offenbart ein Geheimnis nicht unbefugt, wenn der Mandant sich über ihn beim Kammervorstand beschwert und so ein Aufsichts- oder gar ein anwaltsgerichtliches Verfahren gegen ihn initiiert. Der Rechtsanwalt darf dann zur Rechtsverteidigung, soweit für zweckentsprechende Rechtsverfolgung erforderlich, Umstände bekannt geben, die ihm anvertraut wurden (*Lingenberg/Hummel/Zuck/Eich* § 17 Rn. 7; 7. Aufl. § 42 Rn. 19 ff.; *Heidland* Mitt. RAK Köln 4/92, 2). 27

Eine Gefahr der Verletzung der Verpflichtung zur Verschwiegenheit im Aufsichtsverfahren kann praktisch nur bestehen, wenn nicht der Mandant, sondern ein Dritter, zB der Prozessgegner, Beschwerde über den Anwalt führt oder aber der Vorstand von Amts wegen ein Aufsichtsverfahren eingeleitet hat. Aber auch in diesen Fällen wird – jedenfalls wenn es um den Vorwurf einer nicht ganz unerheblichen Pflichtverletzung geht – aus dem Gesichtspunkt der Verteidigung eigener Rechte der Anwalt berechtigt sein, soviel an Angaben zu machen, wie dies zur sachgerechten Verteidigung erforderlich ist. 28

Der Vorstand der RAK ist seinerseits verpflichtet darauf zu achten, dass diese ihm befugt zu Zwecken der Verteidigung gemachten Angaben, auf die sich aber ansonsten die Pflicht des Rechtsanwalts zur Verschwiegenheit bezieht, nicht zur Kenntnis Unbefugter kommen (§ 76). Insbesondere muss er darauf achten, dass zB der Prozessgegner nicht durch eine Aufsichtsbeschwerde gegen den gegnerischen Anwalt auf diesem Umweg Kenntnisse erlangt, die dieser Rechtsanwalt ihm sonst nicht ohne Verletzung seiner Pflicht zur Verschwiegenheit mitteilen dürfte. Der Vorstand der RAK darf die zum Zwecke der Verteidigung ihm gegenüber gemachten Angaben, die ansonsten der Verschwiegenheitspflicht unterliegen, nur zur Klärung der Frage verwerten, ob für ihn Anlass zum Einschreiten gegen diesen Anwalt besteht oder nicht. 29

Der Rechtsanwalt kann sich nicht auf eine Pflicht zur Verschwiegenheit berufen, wenn er entsprechend § 53 Abs. 2 StPO von der Verpflichtung zur Verschwiegenheit entbunden wurde. Der Rechtsanwalt kann immer nur die Beantwortung einer Frage ablehnen, durch deren Beantwortung er gerade seine Verpflichtung zur Verschwiegenheit verletzen würde. Kommt in Betracht, dass die Beantwortung einer Frage des Kammervorstandes eine Verletzung der Verpflichtung des Rechtsanwalts zur Verschwiegenheit darstellt, dann darf der Kammervorstand diese Frage gleichwohl stellen. Die erforderliche Abwägung, ob zB ein Rechtfertigungsgrund für den Bruch der Schweigepflicht gegeben ist, hat nicht der Kammervorstand, sondern der Rechtsanwalt selber zu treffen (vgl. auch BGHSt 21, 167 = NJW 1967, 893; *Isele* § 56 Anm. VII D 2d). 30

Der Rechtsanwalt ist im Hinblick auf die grundsätzliche Auskunftspflicht nach § 56 Abs. 1 verpflichtet, abzuklären, ob er von der Pflicht zur Verschwiegenheit entbunden wird oder nicht, ob er seiner Verpflichtung aus § 56 Abs. 1 nachkommen kann oder nicht. Erst wenn der Träger des Geheimhaltungsinteresses den Rechtsanwalt nicht von seiner Verpflichtung zur Verschwiegenheit entbunden hat, darf sich der Rechtsanwalt endgültig auf seine Verpflichtung zur Verschwiegenheit berufen. Darf der Rechtsanwalt zur eigenen Rechtsverteidigung das Berufs- 31 geheimnis verletzen, so hat er das Recht aber nicht die Pflicht dazu, er darf sich auch weiter auf seine Verpflichtung zur Verschwiegenheit berufen.

32 **2. Auskunftsverweigerungsrecht. a) Grund der gesetzlichen Neuregelung.** Die Streitfrage, ob dem Rechtsanwalt ein Auskunftsverweigerungsrecht zukommt und er auf das Auskunftsverweigerungsrecht hinzuweisen ist (vgl. *Feuerich* AnwBl. 1992, 61, 64), wurde durch die Neufassung des § 56 Abs. 1 S. 2 und 3 durch Gesetz vom 2.9.1994 (BGBl. I S. 2278) geklärt. Der am häufigsten durch die Berufsgerichte geahndete Verstoß gegen Berufspflichten ist – nach Feststellung der BRAK – die Verletzung der Auskunftspflicht gegenüber dem Kammervorstand. In den berufsgerichtlichen Verfahren ist es bisher häufig vorgekommen, dass der Rechtsanwalt vorgebracht hat, diese Berufspflicht sei ihm nicht hinreichend bekannt gewesen. Mit der Neufassung des § 56 Abs. 1 soll einerseits erreicht werden, dass bei Anfragen des Vorstandes dem Anwalt die ihm obliegende Verpflichtung zur Auskunftserteilung deutlicher vor Augen tritt. Andererseits sollen durch die Aufnahme der Hinweisverpflichtung in das Gesetz die berufsgerichtlichen Verfahren verringert und damit die Berufsgerichte entlastet werden (amtliche Begründung, BT-Drs. 12/4993, 33). Die **Hinweispflicht** trägt dem Umstand Rechnung, dass mit der Aufforderung des Vorstandes an den Anwalt, sich zu einem bestimmten Vorwurf zu äußern, ein berufsgerichtliches Verfahren eingeleitet bzw. vorbereitet werden soll (AGH NRW Urteil vom 20.4.1999 – (2) 6 EVY 2/99). Die Hinweispflicht auf das Auskunftsverweigerungsrecht besteht nicht nur bei Aufforderung zur Auskunftserteilung und/oder Vorlage der Handakten, sondern auch bei Aufforderung zum Erscheinen vor dem Vorstand. Unterlässt der Vorstand den Hinweis, braucht der Rechtsanwalt die Aufforderung nicht zu befolgen, die Nichtbeantwortung kann nicht sanktioniert werden (BGH NJW-RR 2006, 137; Henssler/Prütting/*Hartung* § 56 Rn. 17, 13; **aA** *Isele* § 56 Anm. VII. D 1c).

33 **b) Inhalt des Auskunftsverweigerungsrechts.** Verweigern darf der Rechtsanwalt die Auskunft auf Fragen, deren wahrheitsgemäße Beantwortung ihn der Gefahr einer Verfolgung wegen einer Straftat, einer Ordnungswidrigkeit oder einer Berufspflichtverletzung aussetzen könnte (BGHSt 27, 374 = NJW 1979, 324; BGHSt 50, 230 = NJW-RR 2006, 137). Das ergibt sich aus dem Grundsatz, dass niemand verpflichtet sein soll, sich, sei es als Zeuge oder Beschuldigter, selbst zu belasten. Da ein Aufsichtsverfahren häufig der Klärung dient, ob ein formelles anwaltsgerichtliches Verfahren wegen pflichtwidrigen Verhaltens einzuleiten sei, würde, wenn der Rechtsanwalt in diesem Verfahrensstadium zur Selbstbelastung nach § 56 gezwungen werden könnte, das ihm in anwaltsgerichtlichen Verfahren zustehende Verweigerungsrecht (§ 116 iVm §§ 136, 243 Abs. 4 StPO) in vielen Fällen tatsächlich wirkungslos oder die vorher erzwungene Auskunft dürfte möglicherweise im anwaltsgerichtlichen Verfahren nicht verwertet werden (§ 116 iVm § 136a StPO). Das wäre wenig sinnvoll (BGHSt 27, 374 = NJW 1979, 324).

34 Selbst wenn die Auskunftspflicht des Rechtsanwalts nicht besteht, weil die Auskunft ihn der Gefahr straf- oder anwaltsgerichtlicher Verfolgung aussetzen würde, ist der Vorstand der RAK nicht gehindert, zweckentsprechende Fragen zu stellen (BGHSt 21, 167 = NJW 1967, 893). „Derartige Fragen sind, auch wenn sie die persönliche Ehre des Rechtsanwalts berühren, durch den § 193 StGB gedeckt. In dieser Vorschrift werden ausdrücklich „Vorhaltungen … der Vorgesetzten gegen ihre Untergebenen … und ähnliche Fälle" für rechtmäßig erklärt. Mag also der Anwalt berechtigt sein, die Auskunft auf derartige Fragen zu verweigern, so ist doch der Kammervorstand nicht minder berechtigt, ja verpflichtet, sie, wenn die Sachlage es als angebracht erscheinen lässt, an ihn zu richten, ebenso wie auch der Straf- oder Disziplinarrichter durch das allgemeine Aussageverweigerungsrecht des Beschuldigten (§ 136 StPO) und das beschränkte Auskunftsverweigerungsrecht des Zeugen (§ 55 StPO) nicht gehindert ist, Fragen der genannten Art zu stellen. Das Auskunftsverweigerungsrecht wird erst wirksam, wenn sich der Befragte darauf beruft" (BGHSt 21, 167 = NJW 1967, 893). Letzteres ist in § 56 Abs. 1 S. 2 jetzt ausdrücklich klargestellt. Die RAK ist also verpflichtet, in Beschwerdesachen ohne Rücksicht auf ein etwaiges Aussage- oder Auskunftsverweigerungsrecht den Rechtsanwalt zu befragen (EGH Koblenz BRAK-Mitt. 1982, 134). Sie muss ihn aber im Zusammenhang mit ihrem Auskunftsersuchen bzw. dem Verlangen auf Vorlage seiner Handakten auf sein Recht zur Auskunftsverweigerung hinweisen. Es ist dann Angelegenheit des Rechtsanwalts, ob er dieses Recht gegenüber der Kammer geltend macht. Der Rechtsanwalt kann die Erfüllung seiner Pflichten aus § 56 nicht von Bedingungen abhängig machen (*Isele* 56 Anm. VII D 3). Zum weiteren Verfahren nach Geltendmachung des Auskunftsverweigerungsrechts → § 57 Rn. 7a.

c) Inhalt des Hinweises und Verstoß gegen die Hinweispflicht. Spätestens mit der Aufforderung des Vorstandes der RAK an den Rechtsanwalt, sich zu einem erhobenen Vorwurf zu äußern, befindet sich das Verfahren im Stadium der Vorermittlungen bzgl. eines eventuellen berufsgerichtlichen Verfahrens (BGHSt 27, 374 = NJW 1979, 324). Die Hinweispflicht nach § 56 Abs. 1 S. 3 soll der drohenden Verletzung des Persönlichkeitsrechts des Anwalts, nämlich des Rechts, sich nicht selbst bezichtigen zu müssen (BVerfGE 38, 105 = NJW 1975, 103 = MDR 1975, 290), vorbeugen. Die Belehrung ist Teil eines jeden durch ein Auskunftsbegehren eingeleiteten Verfahrens. Entscheidend ist deshalb, ob es sich bei einem Sachverhalt um ein einheitliches Auskunftsbegehren oder aber um mehrere Auskunftsbegehren handelt (AGH RhPf BRAK-Mitt. 2004, 238). An die Hinweispflicht sind daher strenge Anforderungen zu stellen. Der Betroffene muss klar und inhaltlich eindeutig in verständlicher Sprache über seine Rechte unterrichtet werden. Der Hinweis auf das Auskunftsverweigerungsrecht muss beschreibend in Worten, möglichst mit dem Gesetzeswortlaut, erfolgen. Insbesondere muss der Hinweis auf berufsrechtliche Konsequenzen erfolgen, wenn er es unterlässt, sich auf das Auskunftsverweigerungsrecht ausdrücklich zu berufen, dass es also einen Pflichtenverstoß darstellt, einfach nicht zu antworten (BGH Beschluss vom 17.10.2005 – AnwSt (R) 11/04 – bei *Deppert* BRAK-Mitt. 2006, 259, 265; NdsAGH BRAK-Mitt. 2002, 94). Mit dem bloßen Hinweis auf die Rechtsnorm des § 56 Abs. 1 S. 2 und 3 werden die Anforderungen an die Hinweispflicht nicht erfüllt. Durch den schlichten Hinweis auf die Rechtsnorm erhält der Adressat keine Rechtsklarheit, keine Kenntnis über den konkreten Inhalt dieser Rechtsnorm und damit keine Kenntnis und Klarheit über seine Aussagefreiheit. Dass es sich bei dem Adressaten um einen Rechtsanwalt handelt, ändert nichts. Der Gesetzgeber hat in die ausschließlich Rechtsanwälte und ihnen Gleichgestellte (§§ 206, 207, 209; → § 60 Rn. 4) betreffende berufsrechtliche Bestimmung ausdrücklich eine Hinweispflicht der Kammer aufgenommen und damit durch das Gesetz selbst den Willen zum Ausdruck gebracht, Rechtsanwälte und ihnen Gleichgestellte nicht darauf zu verweisen, sie seien selbst rechtskundig und könnten ihre Rechte selbst ermitteln (AGH NRW BRAK-Mitt. 2000, 199; 2002, 94). **Fehlt** es an einer **ausreichenden Belehrung,** kann das **Schweigen** des Rechtsanwalts auf das Auskunftsverlangen der Kammer **nicht als Berufspflichtverletzung gewertet** werden. Dies gilt unabhängig davon, ob der Rechtsanwalt sein Auskunftsverweigerungsrecht kannte. Soweit das Schweigen des Rechtsanwalts auf ein Auskunftsverlangen nach § 56 eine sanktionsbewehrte Pflichtverletzung begründet, setzt dieses ausnahmslos eine Belehrung nach § 56 Abs. 1 S. 3 durch den Vorstand oder einem beauftragten Vorstandsmitglied voraus (BGHSt 50, 230 = NJW-RR 2006, 137; AGH NRW BRAK-Mitt. 2000, 199). 35

Eine **andere Frage ist die der Verwertbarkeit** einer ohne vorherige Belehrung von dem Rechtsanwalt gleichwohl gemachten Äußerung zur Sache. Zwar ist es auch gerechtfertigt, ähnlich wie bei Verstößen gegen die Belehrungspflicht nach § 136 Abs. 1 S. 2 StPO, an die **Verletzung der Hinweispflicht** des § 56 Abs. 1 S. 3 ein **grundsätzliches Verwertungsverbot** zu knüpfen (zu § 136 Abs. 1 S. 2 StPO BGHSt 38, 214 = NJW 1992, 1463 = NStZ 1992, 294 mit Anm. *Bohlander; Meyer-Goßner* StPO § 136 Rn. 20). Äußerungen, die der Rechtsanwalt auf ein Auskunftsverlangen des Kammervorstandes ohne Hinweis nach § 56 Abs. 1 S. 3 gemacht hat, dürfen grundsätzlich weder im Rüge- noch im anwaltsgerichtlichen Verfahren gegen ihn verwertet werden. Aber dies gilt nicht, wenn feststeht, dass der Rechtsanwalt sein Recht zu schweigen ohne Belehrung gekannt hat, oder wenn der verteidigte Rechtsanwalt in der Hauptverhandlung des anwaltsgerichtlichen Verfahrens ausdrücklich der Verwertung zugestimmt oder ihr nicht bis zu dem in § 257 StPO genannten Zeitpunkt widersprochen hat. Dem verteidigten Rechtsanwalt steht derjenige gleich, der vom Vorsitzenden über die Möglichkeit des Widerspruchs unterrichtet worden ist (BGHSt 38, 214 = NJW 1992, 1463). Im Rügeverfahren nach §§ 74, 74a darf entsprechend die Auskunft ohne vorherige Belehrung gegen den Rechtsanwalt verwertet werden, wenn er nach entsprechender nachträglicher Belehrung der Verwertung zustimmt (**aA** – uneingeschränkte Verwertbarkeit – Henssler/Prütting/*Hartung* § 56 Rn. 17; Hartung/*Scharmer* § 56 Rn. 26). 36

VIII. Pflichten nach Abs. 2

Der durch das Gesetz zur Modernisierung von Verfahren im anwaltlichen und notariellen Berufsrecht, zur Errichtung einer Schlichtungsstelle der Rechtsanwaltschaft sowie zur Änderung sonstiger Vorschriften vom 30.7.2009 (BGBl. I S. 2449) eingeführte neue Abs. 2 regelt besondere 37

Pflichten im **Vermittlungsverfahren.** Mit Wirkung ab 1.9.2009 wurde der bisherige Abs. 2 zu Abs. 3. Durch die Änderung der BRAO ist nicht nur die Schlichtungsstelle der Rechtsanwaltschaft eingeführt worden (§ 191f). Es haben auch die Vermittlungsverfahren des Vorstands der Kammer eine Neuregelung erfahren. Eine Konferenz von Vertretern aller Rechtsanwaltskammern haben in 2009 Leitlinien für die Durchführung von Vermittlungsverfahren entwickelt; diese wurden im Mai 2011 von der BRAK-Hauptversammlung positiv beurteilt (*Steike* Mitt. RAK München 02/2011, 10).

37a Gemäß § 73 Abs. 2 Nr. 2 und 3 gehört es zu den Aufgaben des Kammervorstandes, auf Antrag sowohl bei Streitigkeiten zwischen Rechtsanwälten und Rechtsanwalt und Mandant vermittelnd bzw. schlichtend tätig zu werden. § 73 Abs. 5 sieht vor, dass ein Vermittlungsverfahren auf Antrag eingeleitet werden kann, ohne dass es der Zustimmung des Rechtsanwalts bedarf.

37b Geht die RAK in einem Vermittlungsverfahren davon aus, dass ein Gespräch einer Einigung dienlich sein könnte, ist der Rechtsanwalt nun berufsrechtlich verpflichtet, zu dem Gespräch zu erscheinen. Diese Pflicht gilt über § 59m Abs. 2 auch für Rechtsanwaltsgesellschaften. Eine weitergehende Verpflichtung des Rechtsanwalts, sich zu dem Vermittlungsbegehren zu äußern wurde deshalb nicht geschaffen, weil eine Stellungnahme in der Sache nicht erzwungen werden kann (BT-Drs. 16/11385, 58 f. zu Nr. 21).

37c Die Anordnung des persönlichen Erscheinens steht im gebundenen Ermessen der RAK. Bei der Entscheidung ist zu berücksichtigen, dass die Anwesenheit der Beteiligten in vielen Fällen dazu geeignet ist, die außergerichtliche Konfliktbeilegung zu unterstützen. Nur in ungeeigneten Fällen kann daher von der Anordnung des persönlichen Erscheinens abgesehen werden. Die Anordnung des nach § 57 zwangsgeldbewehrten Erscheinens setzt dabei auf Seiten der RAK stets eine sorgfältige Abwägung und Prüfung des Sachverhalts einschließlich der vorliegenden Stellungnahmen voraus (BT-Drs. 16/11385, 58 f. zu Nr. 21).

IX. Pflichten nach Abs. 3

38 Die in Abs. 3 aufgeführten besonderen **Anzeigepflichten** bestehen außerhalb einer Aufsichts- und Beschwerdesache nach Abs. 1. Sie können aber im Falle ihrer Verletzung zu einer Aufsichtssache führen, so dass dann für sie auch Abs. 1 gilt (Henssler/Prütting/*Hartung* § 56 Rn. 7). Von sich aus muss der Rechtsanwalt **ohne Aufforderung** und **unverzüglich** (§ 121 Abs. 1 BGB) nur Angaben zu seinen Tätigkeiten iSd Abs. 3 Nr. 1–3 (vgl. BayAGH BRAK-Mitt. 2003, 182) sowie zu den in § 24 Abs. 1 BORA aufgeführten Umständen machen. Die hier genannten Pflichten sollen dem Vorstand die Feststellung eventueller Umstände, die den Widerruf der Zulassung zur Anwaltschaft erfordern könnten ermöglichen. Es korrespondiert die Nr. 1 (Beschäftigungsverhältnis) mit § 14 Abs. 2 Nr. 8, die Nr. 2 mit § 14 Abs. 2 Nr. 5 BRAO (Ernennung zum Richter oder Beamten auf Lebenszeit usw) und mit § 47 Abs. 1 (Verwendung als Richter oder Beamte ohne Ernennung auf Lebenszeit) sowie die Nr. 3 mit § 47 Abs. 2 (Bekleidung öffentlicher Ämter; Henssler/Prütting/*Hartung* § 56 Rn. 36; zur verspätet angezeigten Nebentätigkeit s. AGH Bln BRAK-Mitt. 2014, 150).

38a Strittig in der Kammerpraxis ist die Auslegung des Begriffs **„Beschäftigungsverhältnis".** Beschäftigung ist die nicht selbständige Arbeit, insbesondere in einem Arbeitsverhältnis (§ 7 Abs. 1 SGB IV). Die BRAO differenziert nicht zwischen den Arten des Beschäftigungsverhältnisses. Damit ist primär jedes Beschäftigungsverhältnis unverzüglich anzuzeigen; dazu gehört auch ein Beschäftigungsverhältnis in einer Anwaltskanzlei. In diesem Fall ist die Anzeige ausreichend. Weitere Unterlagen werden vom Vorstand nur dann angefordert, wenn eine Vereinbarkeitsprüfung nach § 14 Abs. 2 Nr. 5 oder 8 erforderlich ist. Nicht geregelt ist in Abs. 3 die Anzeigepflicht bezüglich der Aufnahme einer **selbständigen Tätigkeit.** Insoweit kann eine Nichtanzeige auch nicht berufsrechtlich belangt werden.

39 Der Rechtsanwalt ist zur **Vorlage der Unterlagen** über ein Beschäftigungsverhältnis nur auf Verlangen des Vorstandes verpflichtet (Abs. 3 S. 2; § 24 Abs. 2 BORA). Hält der Vorstand zur Erfüllung seiner Aufgabe zur Beratung und Aufsicht (§ 73 Abs. 2 Nr. 1, 4) auch im Bereich des § 14 Abs. 2 Nr. 5 und 8 nach pflichtgemäßem Ermessen eine Vorlage der Beschäftigungsunterlagen wie Dienstvertrag einschließlich aller Nebenabreden für erforderlich, dann kann er deren Vorlage von dem Rechtsanwalt verlangen. Auch die Aufforderung zur Vorlage der üblichen unwiderruflichen Freistellungsbescheinigung findet hier ihre Rechtsgrundlage. Die Vorlage der Unterlagen über ein Beschäftigungsverhältnis kann der Vorstand von dem Rechtsanwalt auch von sich aus ohne vorherige Anzeige durch den Rechtsanwalt nach Abs. 3 Nr. 1–3 verlangen, wenn er Anlass hat zu überprüfen, ob er im Bereich des § 14 Abs. 2 Nr. 5 und 8 beratend oder aufsichtsführend tätig werden muss (vgl. auch § 24 Abs. 2 BORA).

§ 24 Abs. 1 BORA enthält Anzeigepflichten, die über die nach Abs. 3 mitzuteilenden Angaben hinausgehen und ist deshalb keine bloße Konkretisierung von Abs. 3 (Hartung/*Scharmer* § 56 Rn. 69). Wegen der Einzelheiten → BORA § 24 Rn. 1 ff. 39a

X. Antrag auf gerichtliche Entscheidung

Gegen die Anordnung des Kammervorstandes bzw. seines beauftragten Mitgliedes Auskunft zu erteilen, die Handakten vorzulegen oder vor ihm zwecks Auskunftserteilung bzw. Vermittlung zu erscheinen oder die Beschäftigungsunterlagen vorzulegen, kann der Rechtsanwalt Klage beim AGH stellen (§ 112 iVm §§ 42 ff. VwGO). Die Anordnungen des Kammervorstandes stellen einen **Verwaltungsakt** dar (AGH Bln BRAK-Mitt. 2009, 81; noch zur Generalklausel des § 223 aF, die einen lückenlosen Rechtsschutz gegenüber allen Verwaltungsakten sicherstellen sollte: BVerfGE 50, 16 = NJW 1979, 1159; AGH RhPf BRAK-Mitt. 2005, 239). Der BGH hält nach der Umgestaltung des Rechtsschutzes gegen Kammerentscheidungen durch das Gesetz zur Modernisierung des anwaltlichen Berufsrecht vom 1.9.2009 und die damit erfolgte Anwendung der Regelungen der VwGO (§ 112a) die Klagemöglichkeit des § 112a auch gegen solches hoheitliches Verwaltungshandeln für gegeben, das nicht in die Form eines Verwaltungsaktes gekleidet, gleichwohl aber geeignet ist, in die berufsrechtlich begründeten Rechte und Pflichten der Beteiligten einzugreifen oder sie einzuschränken (BGH NJW 2011, 2303). Auch Anträge im Rahmen des einstweiligen Rechtsschutzes sind zulässig (Henssler/Prütting/*Hartung* § 56 Rn. 45). 40

Der gegenteiligen Auffassung, das Auskunftsverlangen stelle keinen Verwaltungsakt dar, es sei vielmehr der erste Schritt im Rahmen eines **Aufsichtsverfahrens,** das im Falle von Berufspflichtverletzungen mit einer Rüge oder einem anwaltsgerichtlichen Ermittlungsverfahren weitergehe und auf diese Verfahren seien die Grundsätze der StPO anzuwenden (§ 57 Abs. 3 iVm § 116; so Hartung/*Scharmer* § 56 Rn. 78), kann nicht gefolgt werden. Ob das Auskunftsverlangen jemals zu einer Rüge oder einem anwaltsgerichtlichen Ermittlungsverfahren führen wird, ist in diesem Stadium völlig offen, nur ein Teil der Aufsichts- und Beschwerdesachen führt dazu. Andererseits stellt schon das Auskunftsverlangen einen nicht unerheblichen Eingriff in die freie Berufsausübung des Rechtsanwalts im Einzelfall dar und erfüllt damit die Anforderungsvoraussetzungen eines Verwaltungsaktes (vgl. AGH RhPf BRAK-Mitt. 2005, 239). Dass in einem späteren Verfahrensabschnitt der Rechtsschutz gemäß den Regeln der StPO gewährt wird (§ 57 Abs. 3) bedeutet nicht, im vorhergehenden Verfahren sei ein Rechtsschutz nach § 112 iVm §§ 42 ff. VwGO ausgeschlossen. 40a

XI. Sanktionsmöglichkeiten des Kammervorstandes

Erfüllt der Rechtsanwalt seine Pflichten aus § 56 nicht (→ Rn. 37), dann stehen dem Vorstand der RAK verschiedene Sanktionsmöglichkeiten zur Verfügung: Er kann gegen den Rechtsanwalt **Zwangsgeld** nach § 57 verhängen, ein **Rügeverfahren** nach §§ 74, 74a gegen ihn durchführen oder aber die **Einleitung eines anwaltsgerichtlichen Verfahrens** gegen den Rechtsanwalt beantragen. Alle drei Möglichkeiten können nacheinander angewendet werden. In der Regel wird der Kammervorstand einen säumigen Rechtsanwalt zunächst mit der Androhung und Festsetzung von Zwangsgeld (§ 57) zur Erfüllung seiner Pflichten anzuhalten versuchen. Führt dies nicht zum Erfolg, kann er je nach Sachlage entweder gegen ihn gleich ein anwaltsgerichtliches Ermittlungsverfahren beantragen oder aber es zunächst mit seinen eigenen Möglichkeiten nach §§ 74, 74a versuchen und bei Erfolglosigkeit des Rügeverfahrens gegen den Rechtsanwalt dann noch ein anwaltsgerichtliches Ermittlungsverfahren beantragen (vgl. § 36). Der Kammervorstand ist aber nicht befugt, festgestellten Verstößen eines Kammermitglieds gegen berufsrechtliche Bestimmungen neben einer Rüge mit einer Unterlassungsverfügung zu begegnen (BGH NJW 2003, 662). 41

Die **Nichterfüllung der Pflichten** aus § 56 stellt regelmäßig auch eine nicht geringfügige Pflichtverletzung dar, da es damit dem Kammervorstand erschwert oder gar unmöglich gemacht wird, seiner Aufsichtspflicht nachzukommen. Im Wiederholungsfall ist die Verhängung der Maßnahmen des Verweises gekoppelt mit einer Geldbuße nach § 114 Abs. 1 Nr. 2 und 3, Abs. 2 (EGH München EGE XIII, 177) und im Falle wiederholter hartnäckiger Weigerung auch die 42

Verhängung eines Vertretungs- und Beistandsverbotes nach § 114 Abs. 1 Nr. 4 gerechtfertigt (EGH Koblenz Urteil vom 7.8.1981 – 2 EVY1/79; EGH München BRAK-Mitt. 1991, 54). Wird die Ausübung einer Nebentätigkeit verspätet angezeigt, ist die Einleitung eines anwaltsgerichtlichen Verfahrens nicht in jedem Fall notwendig (AGH Bln BRAK-Mitt. 2014, 150).

43 Zweifelhaft ist, ob Sanktionen auch zulässig sind, wenn der Rechtsanwalt entsprechend § 56 Abs. 2 in Vermittlungsverfahren bei Streitigkeiten zwischen Mitgliedern der RAK (§ 73 Abs. 2 Nr. 2) und bei Streitigkeiten mit Auftraggebern (§ 73 Abs. 2 Nr. 3) zum Erscheinen vor dem Vorstand aufgefordert wird und diese Aufforderung nicht befolgt. Einen zu keiner Einigung bereiten Rechtsanwalt gleichwohl durch Sanktionen zum Erscheinen vor dem Vorstand zu zwingen macht keinen Sinn. Das gilt auf jeden Fall dann, wenn der Rechtsanwalt dem Vorstand im Voraus mitteilt, dass er nicht einigungsbereit ist. Voraussetzung für eine erfolgversprechende Vermittlung ist eine Einigungsbereitschaft des Rechtsanwalts. Ihn gleichwohl zu einem Erscheinen durch Sanktionsmaßnahmen zu zwingen, wäre ein unzulässiger Eingriff in das Grundrecht der freien und unabhängigen Berufsausübung (Henssler/Prütting/*Hartung* § 56 Rn. 44).

§ 57 Zwangsgeld bei Verletzung der besonderen Pflichten

(1) **[1]Um einen Rechtsanwalt zur Erfüllung seiner Pflichten nach § 56 anzuhalten, kann der Vorstand der Rechtsanwaltskammer gegen ihn, auch zu wiederholten Malen, Zwangsgeld festsetzen. [2]Das einzelne Zwangsgeld darf eintausend Euro nicht übersteigen.**

(2) **[1]Das Zwangsgeld muß vorher durch den Vorstand oder den Präsidenten schriftlich angedroht werden. [2]Die Androhung und die Festsetzung des Zwangsgelds sind dem Rechtsanwalt zuzustellen.**

(3) **[1]Gegen die Androhung und gegen die Festsetzung des Zwangsgeldes kann der Rechtsanwalt innerhalb eines Monats nach der Zustellung die Entscheidung des Anwaltsgerichtshofes beantragen. [2]Der Antrag ist bei dem Vorstand der Rechtsanwaltskammer schriftlich einzureichen. [3]Erachtet der Vorstand den Antrag für begründet, so hat er ihm abzuhelfen; andernfalls ist der Antrag unverzüglich dem Anwaltsgerichtshof vorzulegen. [4]Zuständig ist der Anwaltsgerichtshof bei dem Oberlandesgericht, in dessen Bezirk die Rechtsanwaltskammer ihren Sitz hat. [5]Im übrigen sind die Vorschriften der Strafprozeßordnung über die Beschwerde sinngemäß anzuwenden. [6]Die Gegenerklärung (§ 308 Abs. 1 der Strafprozeßordnung) wird vom Vorstand der Rechtsanwaltskammer abgegeben. [7]Die Staatsanwaltschaft ist an dem Verfahren nicht beteiligt. [8]Der Beschluß des Anwaltsgerichtshofes kann nicht angefochten werden. [9]§ 116 Absatz 2 gilt entsprechend.**

(4) **[1]Das Zwangsgeld fließt der Rechtsanwaltskammer zu. [2]Es wird auf Grund einer von dem Schatzmeister erteilten, mit der Bescheinigung der Vollstreckbarkeit versehenen beglaubigten Abschrift des Festsetzungsbescheides nach den Vorschriften beigetrieben, die für die Vollstreckung von Urteilen in bürgerlichen Rechtsstreitigkeiten gelten.**

Übersicht

I. Anwendungsbereich

Die Zwangsgeldgewalt steht dem Vorstand der RAK als dem Aufsichtsorgan der Kammer über die Mitglieder zu (amtliche Begründung, BT-Drs. 3/120). Androhung und Festsetzung eines Zwangsgeldes sind nur zulässig in Aufsichts- und Beschwerdesachen (→ § 56 Rn. 5 ff.), um die Erfüllung der besonderen Pflichten des § 56 Abs. 1 und 3 zu erzwingen (BGH NJW 2003, 504 = BRAK-Mitt. 2003, 22). Der Anwendungsbereich erstreckt auch auf Rechtsanwaltsgesellschaft (§§ 59m Abs. 2, 60 Abs. 1 S. 1) zur Erzwingung der Erfüllung ihrer Pflichten aus § 56 Abs. 1 (→ § 56 Rn. 9). 1

Die Androhung und Festsetzung von Zwangsgeld kann nach Abs. 1 allein zur Erfüllung der Pflichten des Rechtsanwalts nach Maßgabe des § 56 erfolgen. Die Abgabe einer „Stellungnahme" kann nicht mittels Zwangsgeldandrohung bzw. -festsetzung durchgesetzt werden kann (AGH NRW BRAK-Mitt. 2012, 37). Zur Erreichung anderer Ziele ist die Androhung und Festsetzung eines Zwangsgeldes unzulässig (*Isele* § 57 Anm. II A und B; → § 56 Rn. 7). Das ergibt sich aus der Verweisung auf § 56. Die Erfüllung anderer Berufspflichten kann auch nicht in entsprechender Anwendung des § 57 mit Androhung und Festsetzung von Zwangsgeld erzwungen werden, so zB nicht die fristgemäße Zahlung der Kammerbeiträge, die Abgabe einer „Selbsteinschätzung" zur Berechnung des Zuschlags zum Kammergrundbeitrag (EGH Koblenz BRAK-Mitt. 1982, 32), die Erfüllung der Mitwirkungsobliegenheiten nach § 36a Abs. 2 S. 1 aF (→ § 56 Rn. 7; AGH NRW Beschluss vom 21.9.2001 – 1 ZU 12/01) oder die Mitteilung, ob der Rechtsanwalt sich zu den gegen ihn erhobenen Vorwürfen äußern wolle oder nicht (EGH Hamm Beschluss vom 19.10.1990 – 1 ZU 24/90). 1a

Neben der Möglichkeit zur Festsetzung eines Zwangsgeldes zur Einhaltung der in § 56 genannten besonderen Pflichten hat der Kammervorstand das Recht zur Rüge von Pflichtverletzungen (§§ 73 Abs. 2 Nr. 4, 74) sowie das Recht zur Beantragung der Einleitung eines anwaltsgerichtlichen Verfahrens durch die Staatsanwaltschaft (→ § 56 Rn. 41; § 122). Diesem Normengefüge ist insgesamt zu entnehmen, dass die BRAO dem Vorstand der RAK keine Rechtsgrundlage dafür gibt, darüber hinaus Pflichtverletzungen aller Art, die ein Rechtsanwalt gegenüber einem Mandanten oder dem sonstigen rechtsuchenden Publikum gegenüber begangen hat oder der Begehung unmittelbar bevorsteht, durch den Erlass mit Verwaltungszwang durchsetzbarer Ge- und Verbote zu begegnen. Derart weitgehende, einschneidende Eingriffsmöglichkeiten würden auch der Stellung des Rechtsanwalts (§ 1) nicht gerecht (BGH NJW 2003, 504 = BRAK-Mitt. 2003, 22; **aA** NdsAGH BRAK-Mitt. 2003, 37). 1b

II. Wesen der Zwangsmittel

1. Zwangsmittel sind Beugemittel. Die Zwangsmittel des § 57, Androhung und Festsetzung eines Zwangsgeldes, sind reine Beugemittel, die den betroffenen Rechtsanwalt zur Erfüllung seiner Pflichten aus § 56 zwingen sollen, nicht aber Strafmaßnahmen (SächsAGH Beschluss vom 7.2.1997 – AGH 12/96 (II); EGH Hamm Beschluss vom 19.10.1990 – 1 ZU 24/90; EGE IX, 190; EGH Stuttgart EGE VIII, 131; *Isele* § 57 Anm. IV B; *Kalsbach* § 57 Anm. 1). Die gegenteilige Auffassung des EGH München (III 2/64 vom 21.7.1964, zitiert bei *Isele* § 57 Anm. IV B), der die Maßnahme des § 57 auch als „Ungehorsamsstrafe" verstanden wissen will, verdient keine Zustimmung, da ein disziplinäres Vorgehen in der BRAO ausschließlich durch das dem Vorstand der RAK zustehende Rügerecht und durch die von den Anwaltsgerichten zu verhängenden „Maßnahmen" erfolgt (EGH Hamm BRAK-Mitt. 1983, 42; Beschluss vom 19.10.1990 – 1 ZU 24/90). Das Sanktionensystem in der BRAO ist wenig übersichtlich und 2 schreckt Anwältinnen und Anwälte nicht mehr, wenn sie es einmal kennen gelernt haben. Die Literatur weist auf Widersprüche und Unstimmigkeiten im System und praktische Probleme bei der Umsetzung hin (*Teichmann/Bürglen* AnwBl. 2010, 735).

3 **2. Folgen. a) Wiederholungsmöglichkeit (Abs. 1 S. 1).** Aus der Qualifizierung des Zwangsmittels des § 57 als reines Beugemittel ergibt sich, dass einerseits das Zwangsgeld wiederholt angedroht und festgesetzt werden kann, solange der Rechtsanwalt seiner Verpflichtung aus § 56 nicht nachgekommen ist.

4 **b) Höhe des Zwangsgeldes (Abs. 1 S. 2).** Durch Gesetz zur Änderung des Berufsrechts der Rechtsanwälte und der Patentanwälte vom 13.12.1989 (BGBl. I S. 2135) wurde Abs. 1 entscheidend geändert. Das Zwangsgeld in Aufsichts- und Beschwerdesachen war nach den Erfahrungen der Kammern kein wirksames Zwangsmittel mehr, weil es nach § 57 Abs. 1 S. 1 aF insgesamt nicht mehr als 500 DM betragen durfte (vgl. 1. Aufl. § 57 Rn. 3, 19). Deshalb wurde in Abs. 1 die Höchstgrenze für die in einem Einzelfall festzusetzenden Zwangsgelder aufgegeben, zugleich jedoch das einzelne Zwangsgeld auf höchstens 2000 DM begrenzt. Der Höchstbetrag für das einzelne Zwangsgeld wurde durch Gesetz vom 13.12.2001 (BGBl. I S. 3574) von 2000 DM auf 1000 Euro umgestellt. Innerhalb des hierdurch vorgegebenen Rahmens hat der Vorstand der RAK das Zwangsgeld unter Berücksichtigung der Bedeutung des Falles und der Hartnäckigkeit der Weigerung festzusetzen (amtliche Begründung, BT-Drs. 3/120). Die Höhe des Zwangsgeldes bemisst sich nach der Wichtigkeit des verfolgten Zwecks, für den das Beugemittel eingesetzt wird, nach der Intensität des geleisteten Widerstands und schließlich nach der wirtschaftlichen Lage des Pflichtigen (AGH SchlH vom 24.1.2011 – 2 AGH 8/10). Es können in derselben Sache wiederholt Zwangsgelder festgesetzt werden, wobei nur das einzelne Zwangsgeld auf höchstens 1000 Euro begrenzt ist, die Summe der einzelnen Zwangsgelder aber 1000 Euro übersteigen darf.

5 **c) Erledigung durch Pflichterfüllung.** Die Androhung oder Festsetzung eines Zwangsgeldes darf nicht mehr erfolgen, wenn der Rechtsanwalt der ihm auferlegten Pflicht aus § 56 nachgekommen ist (EGH Hamm Beschluss vom 19.10.1990 – 1 ZU 24/90; EGE IX, 190 und BRAK-Mitt. 1983, 43; EGH Stuttgart EGE VIII, 131; *Isele* § 57 Anm. IV B 2). Wird auf die Androhung hin die Pflicht erfüllt, liegt eine Erledigung durch Zweckerreichung vor. Es bedarf keiner Aufhebung der Zwangsandrohung, sondern es ist lediglich die Festsetzung des angedrohten Zwangsgeldes zu unterlassen. Einem sodann gestellten Antrag des Anwalts auf gerichtliche Entscheidung fehlt das Rechtsschutzbedürfnis (Hartung/*Scharmer* § 57 Rn. 21; Henssler/Prütting/*Hartung* § 57 Rn. 14). Lediglich wenn der Rechtsanwalt eine Pflicht nicht oder nicht schuldhaft verletzt hat, ist der Androhungsbescheid aufzuheben, da er überhaupt nicht hätte ergehen dürfen (Henssler/Prütting/*Hartung* § 57 Rn. 14). Anders bei Pflichterfüllung nach Zustellung des Festsetzungsbescheids. Da der Festsetzungsbescheid nach Abs. 4 als Vollstreckungstitel verwendet werden kann, ist bei Zweckerreichung eine förmliche Aufhebung erforderlich. Der Beschluss ist dem Rechtsanwalt entsprechend Abs. 2 S. 2 zuzustellen (Hartung/*Scharmer* § 57 Rn. 26; Henssler/Prütting/*Hartung* § 57 Rn. 17). Hat der Rechtsanwalt im Zeitpunkt der Erfüllung seiner Verpflichtung aus § 56 das Zwangsgeld bereits freiwillig oder im Wege der Zwangsvollstreckung gezahlt, dann kann er aber nicht die Rückzahlung verlangen (*Isele* § 57 Anm. IV B 2a und 2b).

III. Der Verfahrensablauf

6 Das Verfahren läuft in drei Schritten ab:

6a **1. Aufforderung nach § 56.** Voraussetzung für die Androhung und Festsetzung des Zwangsgeldes ist, dass der Rechtsanwalt eine der sich aus § 56 ergebenden besonderen Verpflichtungen nicht erfüllt hat (EGH Hamm Beschluss vom 19.10.1990 – 1 ZU 24/90). Das Verfahren beginnt mit der Aufforderung nach § 56, die konkret angibt, zu was der Rechtsanwalt Auskunft erteilen und/oder welche Handakten oder Beschäftigungsunterlagen er vorlegen oder wann er vor dem Vorstand erscheinen soll (→ § 56 Rn. 18 ff.). Die Aufforderung ist mit der **Belehrung** nach § 56 Abs. 1 S. 3 verbunden (→ § 56 Rn. 23 ff.). Gleichzeitig wird dem Rechtsanwalt eine **Frist** gesetzt, innerhalb der er der Aufforderung nachkommen soll. Die Frist bestimmt sich nach pflichtgemäßem Ermessen des Kammervorstandes. Erfüllt der Rechtsanwalt die Pflichten nicht innerhalb der gesetzten Frist, so steht es im pflichtgemäßen Ermessen des Kammervorstandes, ob er noch einmal oder mehrfach erinnert, bevor er das Zwangsgeld androht.

Die Aufforderung des Vorstands zur **Auskunft** in Aufsichts- und Beschwerdesachen nach § 56 Abs. 1 muss vergeblich gewesen sein, dh durch den Rechtsanwalt nicht befolgt worden sein. Der häufigste Fall der Nichtbefolgung ist das schlichte Schweigen des Betroffenen, dh der Rechtsanwalt beantwortet das Aufforderungsschreiben des Vorstands nicht. Nach einhelliger Auffassung wird auch durch eine **unvollständige** oder **unwahre Auskunft** das Recht zur Zwangsgeldandrohung und Festsetzung ausgelöst (6. Aufl. § 57 Rn. 7, 8; *Isele* § 57 Anm. III 2 B; Henssler/Prütting/*Hartung* § 57 Rn. 9 f.). *Scharmer* weist aber nunmehr mit Recht darauf hin, aus dem Charakter des Zwangsgeldes als Ordnungsmittel ergebe sich, „dass es kein Hilfsmittel zur Ermittlung der materiellen Wahrheit sein könne" (Hartung/*Scharmer* § 57 Rn. 9). Als Beugemittel, das den Rechtsanwalt zur Erfüllung seiner Pflichten aus § 56, insbesondere zur Auskunftserteilung zwingen soll, ist es, wenn der Rechtsanwalt eine Auskunft erteilt, unbeschadet von deren Inhalt erledigt. Die Unrichtigkeit bzw. Unvollständigkeit der Auskunft kann dann nur im Disziplinarverfahren geahndet werden. Denn in der inhaltlich unvollständigen oder gar unrichtigen Auskunft liegt eine neue, in der Regel erhebliche Pflichtverletzung, die Gegenstand eines Rüge- bzw. anwaltsgerichtlichen Verfahrens sein wird. Zwar kann der Vorstand der RAK dem Rechtsanwalt unter Hinweis auf die Konsequenzen nochmals Gelegenheit geben, eine vollständige und richtige Auskunft zu geben. Ist dies erfolglos, wird die Kammer nicht umhin kommen, den Disziplinarweg zu beschreiten. Ein Rügeverfahren wird in der Regel allenfalls bei unvollständigen Angaben in Betracht kommen. Eine unrichtige Auskunft durch ein Organ der Rechtspflege wird jedoch wegen der Schwere der Verfehlung grundsätzlich im anwaltsgerichtlichen Verfahren geahndet werden müssen und je nach Schwere der Schuld wird auf eine Geldbuße oder eine schwerere Maßnahme zu erkennen sein (→ § 114 Rn. 14 ff.). 7

Auch in Fällen der Berufung des Rechtsanwalts auf ein **Auskunftsverweigerungsrecht** (→ § 56 Rn. 32 ff.) kann der Kammervorstand eine Auskunft nicht mit einem Zwangsgeld erzwingen. Er kann nur seine Bedenken gegen die Berechtigung der Geltendmachung darlegen. Bleibt der Rechtsanwalt gleichwohl bei seiner Entscheidung, dann kann die materiellrechtliche Frage des Bestehens dieses Rechtes nur im Rüge- bzw. anwaltsgerichtlichen Verfahren, dh in einem förmlichen Verfahren entschieden werden, in dem letztlich ein unabhängiges Gericht entscheidet (§§ 74, 74a, 116 ff.; Hartung/*Scharmer* § 57 Rn. 10). 7a

Die Androhung eines Zwangsgeldes bei Aufforderung zum persönlichen Erscheinen nach § 56 Abs. 2 im Rahmen eines Vermittlungsverfahrens macht wenig Sinn, auch wenn der RA dem nicht Folge leistet (→ § 56 Rn. 43; aA Hartung/*Scharmer* § 57 Rn. 11; BT-Drs. 16/11385, 65). Ebenso kann die Durchsetzung der Anzeigepflicht aus § 56 Abs. 3 mit Hilfe der Androhung und Festsetzung eines Zwangsgeldes erfolgen. 8

Die Nichterfüllung der Pflichten aus § 56 muss **schuldhaft** sein. Jedoch spricht dafür regelmäßig eine tatsächliche Vermutung (*Isele* § 57 Anm. III C). Stellt sich im Verlaufe des Verfahrens heraus, dass ein Verschulden nicht vorliegt, ist die Zwangsgeldfestsetzung aufzuheben (EGH Hamm EGE VIII, 111). 9

2. Androhung des Zwangsgeldes (Abs. 2 S. 1). Das Zwangsgeld muss vor seiner Festsetzung durch den Vorstand (vgl. auch § 77 Abs. 1 und 5) oder den Präsidenten schriftlich angedroht werden (§ 57 Abs. 2 S. 1). Die Androhung durch ein beauftragtes Mitglied des Vorstandes (§ 56 Abs. 1 S. 1) reicht nicht (NdsAGH BRAK-Mitt. 2006, 137; NdsAGH BRAK-Mitt. 2011, 293). Der NdsAGH fest (BeckRS 2011, 26080): „Der Festsetzung eines Zwangsgeldes muss eine wirksame Androhung nach § 57 Abs. 2 vorangehen. Die **Unterzeichnung der Androhung** durch den Vorsitzenden der Abteilung erfüllt nicht die Voraussetzungen der Unterzeichnung der Androhung durch den Vorstand oder den Präsidenten der RAK. Zwar kann der Vorstand Abteilungen bilden, die die Geschäfte des Vorstandes selbstständig führen, § 77 Abs. 1 und 5. Dann ist es jedoch erforderlich, dass alle Mitglieder dieser Abteilung und nicht nur der Vorsitzende der Abteilung die Androhung des Zwangsgeldes unterzeichnet. Dies ist nur möglich, wenn ein entsprechender Abteilungsbeschluss vorliegt und dies in der Androhung mitgeteilt wird. Auf den Beschluss muss in der Androhung hingewiesen werden." *Jessnitzer/Blumberg* weist mit Recht darauf hin, dass die Unterzeichnung der Androhung durch den Vorsitzenden der zuständigen Abteilung genügt, wenn diese die Mitteilung enthält, dass ihr ein Abteilungsbeschluss (§ 77 Abs. 5) zugrunde liegt, zumal es sich bei der Androhung nicht um eine endgültige Maßnahme 10 handelt. Ob der erforderliche Vorstandsbeschluss ordnungsgemäß zustande gekommen ist, kann jederzeit anhand des nach § 72 Abs. 3 vorgeschriebenen Protokolls überprüft werden (*Jessnitzer/Blumberg* § 57 Rn. 2; → § 74 Rn. 36). Um einen Zeitverlust durch Einschaltung des Kammervorstandes zu vermeiden, kann auch der Präsident der RAK allein in einem von ihm zu unterzeichnenden Schreiben die Verhängung eines Zwangsgeldes androhen (§ 57 Abs. 2 S. 1; amtliche Begründung, BT-Drs. 3/120).

11 Die Androhung des Zwangsgeldes muss den gegen den Rechtsanwalt festzusetzenden Betrag beziffern (→ Rn. 18). Fehlt es daran, leidet die folgende Zwangsgeldfestsetzung an einem so gravierenden Mangel, dass diese im Verfahren nach § 57 Abs. 3 aufzuheben ist (EGH Hamm EGE X, 143).

12 Die Androhung des Zwangsgeldes enthält die Aufforderung, die besondere Pflicht nach § 56 zu erfüllen, da sonst nach Ablauf einer erneut zu bestimmenden Frist ein Zwangsgeld festgesetzt werde (EGH Hamm EGE X, 143).

12a Die **schriftliche Androhung** muss dem Rechtsanwalt **zugestellt** werden (§ Abs. 2 S. 2). Dies soll sicherstellen, dass der Rechtsanwalt im Einzelfall vorher unterrichtet ist, welche Folgen entstehen werden, wenn er die ihm obliegende Pflicht nicht erfüllt (amtliche Begründung, BT-Drs. 3/120). Es reicht nicht aus, die Androhung des Zwangsgeldes auf dem normalen Postweg zu übersenden. Dass der Rechtsanwalt von der ihm zugestellten Ankündigung auch Kenntnis nimmt, ist jedoch nicht erforderlich (EGH Hamm EGE VIII, 111). Eine Rechtsmittelbelehrung zu § 57 Abs. 3 ist nicht erforderlich (*Isele* § 57 Anm. VI 4; Hartung/*Scharmer* § 57 Rn. 18 ff.; **aA** Henssler/Prütting/*Hartung* § 57 Rn. 12).

13 **a) Nunmehrige Pflichterfüllung.** Erfüllt der Rechtsanwalt seine Verpflichtung, ist die Androhung durch Zweckerreichung erledigt. Ob gegen ein Kammermitglied, das es wiederholt bis zur Androhung von Zwangsgeld hat kommen lassen, Aufsichtsmaßnahmen erfolgen oder ein anwaltsgerichtliches Verfahren einzuleiten ist, unterliegt dem pflichtgemäßen Ermessen des Kammervorstandes (*Isele* § 57 Anm. VI 5a).

14 **b) Antrag auf gerichtliche Entscheidung.** Stellt das Kammermitglied gegen die Androhung den Antrag auf Entscheidung des AGH (§ 57 Abs. 3), dann läuft das Verfahren nach § 57 Abs. 3 iVm §§ 304 ff. StPO ab (→ Rn. 22 ff.).

15 **c) Nichterfüllung.** Erfüllt der Rechtsanwalt seine Verpflichtung nicht und stellt er auch keinen Antrag auf Entscheidung des AGH, so folgt die Festsetzung des Zwangsgeldes.

16 **d) Nachträgliche Geltendmachung des Auskunftsverweigerungsrechts.** Beruft der Rechtsanwalt sich nachträglich auf sein Auskunftsverweigerungsrecht (§ 56 Abs. 1 S. 2), ist die weitere Androhung eines Zwangsgeldes nicht möglich, weil die Auskunftspflicht damit entfällt. Ist die Auskunftspflicht jedoch wegen der Berufung auf das Auskunftsverweigerungsrecht entfallen, kann auch das Zwangsmittel des § 57 nicht mehr angewendet werden (SächsAGH Beschluss vom 7.2.1997 – AGH 12/96 (II)).

17 **3. Festsetzung des Zwangsgeldes.** Die Verhängung des Zwangsgeldes darf ausschließlich durch den Vorstand bzw. die zuständige Abteilung erfolgen (§ 57 Abs. 1, 77), sie setzt eine wirksame Androhung voraus (NdsAGH BRAK-Mitt. 2006, 137). Der Präsident der RAK hat nach dem eindeutigen Wortlaut des Gesetzes keine Kompetenz zur Festsetzung, sondern lediglich zur Androhung eines Zwangsgeldes (amtliche Begründung, BT-Drs. 3/120; NdsAGH BRAK-Mitt. 2006, 137; EGH Stuttgart BRAK-Mitt. 1983, 195). Eine Delegierung der Zuständigkeit, zB auf den Präsidenten, ist unzulässig (*Isele* § 57 Anm. V B).

18 Die schriftliche Festsetzung des Zwangsgeldes beinhaltet die Bestimmung eines **bestimmten Betrages,** der nicht höher sein darf als der angedrohte Betrag (EGH Hamm EGE X, 143; *Isele* § 57 Anm. VI B 1), wohl aber geringer.

19 Der Festsetzungsbeschluss muss dem betroffenen Kammermitglied **zugestellt** werden (Abs. 2 S. 2). Die Zustellung der bloßen Mitteilung, dass ein Zwangsgeldbeschluss ergangen sei – ohne Zustellung des vom Vorsitzenden und dem Schriftführer unterzeichneten Zwangsgeldbeschlusses (§ 72 Abs. 3) – reicht nicht aus (AGH Hmb Beschluss vom 24.2.1997 – 1 ZU 18/96). Eine Rechtsmittelbelehrung ist nicht erforderlich (Hartung/*Scharmer* § 57 Rn. 25; **aA** Henssler/Prütting/*Hartung* § 57 Rn. 16). Die Festsetzung des Zwangsgeldes kann verbunden sein mit erneuter Androhung eines weiteren Zwangsgeldes mit Fristsetzung und Angabe des Betrages des neuen

Zwangsgeldes. Die Höhe des neu angedrohten Zwangsgeldes kann wiederum bis zu 1000 Euro betragen; der Betrag des gerade festgesetzten Zwangsgeldes wird dabei nicht berücksichtigt.

a) Nunmehrige Pflichterfüllung. Erfüllt das Kammermitglied seine Pflicht, ist die Festsetzung durch Zweckerreichung erledigt. Eine Vollstreckung ist ausgeschlossen (EGH Hamm Beschluss vom 19.10.1990 – 1 ZU 24/90; → Rn. 5). Beruft der Rechtsanwalt sich nach der Festsetzung des Zwangsgeldes auf sein Auskunftsverweigerungsrecht (§ 56 Abs. 1 S. 2), ist die Vollstreckung ebenfalls ausgeschlossen (→ Rn. 16; SächsAGH Beschluss vom 7.2.1997 – AGH 12/96 (II)). Zu eventuellen Aufsichtsmaßnahmen und Einleitung eines anwaltsgerichtlichen Verfahrens → § 56 Rn. 40. 20

b) Nichterfüllung. Erfüllt das Kammermitglied auch jetzt seine Pflicht nicht, kann der Festsetzungsbeschluss vollstreckt werden. Die **Betreibung des Zwangsgeldes** ist im Abs. 4 in Übereinstimmung mit der Beitreibung von Geldbußen und Kosten des anwaltsgerichtlichen Verfahrens (→ § 204 Rn. 7 ff.) geregelt. Der Kammervorstand kann danach erneut nach Androhung eines Zwangsgeldes ein solches jeweils bis maximal 1000 Euro festsetzen. Er kann aber auch weitere Aufsichtsmaßnahmen ergreifen oder die Sache in das anwaltsgerichtliche Verfahren abgeben. Gibt die RAK nach Festsetzung aber vor Vollstreckung des Festsetzungsbescheides die Angelegenheit an die Staatsanwaltschaft ab, dann ist zur Durchsetzung der besonderen Pflichten aus § 56 bis zur Anschuldigungserhebung (§§ 121, 74 Abs. 2) eine weitere Vollstreckung des Zwangsgeldes gesetzlich grundsätzlich weiter möglich. 21

Anders als für das Verhältnis des Rügeverfahrens zum anwaltsgerichtlichen Verfahren (vgl. §§ 74 Abs. 2, 115a, 123 Abs. 1) gibt es für das Zusammentreffen von Verfahren nach §§ 56, 57, 74 mit dem anwaltsgerichtlichen **Ermittlungsverfahren** keine Kollisionsregelung. Die Verfahren nach §§ 56, 57, 74 einerseits und das anwaltsgerichtliche Ermittlungsverfahren andererseits können gleichzeitig nebeneinander geführt werden (Henssler/Prütting/*Hartung* § 57 Rn. 18). Der Kammervorstand kann zwar entsprechend § 118b im Hinblick auf das anwaltsgerichtliche Ermittlungsverfahren das Rügeverfahren aussetzen (*Isele* § 74 Anm. III C 3a, aa) und im Hinblick darauf von der Vollstreckung des Festsetzungsbescheides absehen. In der Praxis wird der Kammervorstand auch regelmäßig so verfahren, jedenfalls dann, wenn das Auskunftsbegehren nach § 56 der Klärung dienen sollte, ob der Rechtsanwalt sich pflichtwidrig verhalten hat. Der Kammervorstand kann aber parallel zum anwaltsgerichtlichen Ermittlungsverfahren seinerseits die Möglichkeiten nach §§ 56, 57, 74 weiter wahrnehmen. Dies wird vorzugsweise dann in Betracht kommen, wenn Gegenstand des Auskunftsverlangens Umstände sind, die zwar von berufsrechtlicher Bedeutung sind, die aber nicht anwaltsgerichtlich disziplinarisch geahndet werden können (vgl. BGHSt 36, 316 = NJW 1990, 1373 = BRAK-Mitt. 1990, 250 = EBE 1990, 120). Das anwaltsgerichtliche Ermittlungsverfahren wird dann auch nur wegen der Nichtbeantwortung von Kammerfragen geführt. Der Kammervorstand hat dann weiter das Recht und die Pflicht, den Sachverhalt aufzuklären und kann die Erfüllung der besonderen Pflichten aus § 56 weiter nach § 57 erzwingen. 22

c) Antrag auf gerichtliche Entscheidung. Beantragt das Kammermitglied gegen die Festsetzung des Zwangsgeldes die Entscheidung des Anwaltsgerichtshofes, geht das Verfahren in ein solches nach Abs. 3 über. 23

IV. Der Antrag auf gerichtliche Entscheidung (Abs. 3)

1. Schriftform. Der Antrag auf gerichtliche Entscheidung gegen die Androhung (ThürAGH Beschluss vom 24.6.1996 – EGH 9/95) bzw. Festsetzung des Zwangsgeldes ist **beim Vorstand** der RAK schriftlich einzureichen. Zur **Schriftform** gehört, dass aus dem Schriftstück der Inhalt der Erklärung, die abgegeben werden soll, und die Person, von der sie ausgeht, schon im Zeitpunkt des Eingangs der Erklärung bei dem Vorstand der RAK hinreichend zuverlässig entnommen werden können; zur Übermittlung einer E-Mail s. NdsAGH BRAK-Mitt. 2008, 274. Außerdem muss feststehen, dass es sich nicht um einen Entwurf handelt, sondern dass das Schriftstück mit Wissen und Willen des Berechtigten dem Kammervorstand zugeleitet worden ist. Der Antrag ist **innerhalb eines Monats** nach Zustellung der Zwangsgeldandrohung beziehungsweise des Festsetzungsbescheides zu beantragen. Der Antrag auf gerichtliche Entscheidung bedarf keiner Begründung (Henssler/Prütting/*Henssler* § 57 Rn. 21). 24

25 Nicht unbedingt notwendig ist die handschriftliche Unterzeichnung. Im Einzelnen vgl. *Meyer-Goßner* StPO Einl. Rn. 128, StPO § 37 Rn. 1 ff. Eine Begründung des Antrages ist nicht erforderlich, aber dringend angezeigt. Durch die mit Gesetz zur Änderung des Berufsrechts der Rechtsanwälte und der Patentanwälte vom 13.12.1989 (BGBl. I S. 2135) vorgenommene Änderung des Abs. 3 S. 1 wurde der Rechtsbehelf gegen die Androhung und gegen die Festsetzung des Zwangsgeldes befristet. Hierdurch soll das Verfahren insgesamt beschleunigt und gestrafft werden (amtliche Begründung, BT-Drs. 3/120).

26 **2. Prüfung und Abhilfe durch den Kammervorstand.** Der Vorstand der RAK muss die angefochtene Entscheidung prüfen und falls er den Antrag für begründet erachtet, ihm abhelfen, um so dem AGH die Befassung mit der Sache zu ersparen. Die Abhilfeentscheidung kann formlos ergehen und kann auch formlos dem Antragsteller mitgeteilt werden (Hartung/*Scharmer* § 57 Rn. 33; **aA** Henssler/Prütting/*Hartung* § 57 Rn. 22, Abs. 2 S. 2 analog). Die Befugnis zur Abhilfe endet aber, wenn der Vorstand den Antrag dem AGH vorlegt, weil er ihn für unbegründet hält. Auch wenn die Androhung des Zwangsgeldes, gegen die sich der Antrag auf anwaltsgerichtliche Entscheidung richtet, vom Präsidenten der RAK ausgeht (Abs. 2 S. 1), entscheidet der Vorstand darüber, ob dem Antrag abzuhelfen oder ob der Antrag an den AGH weiterzuleiten ist. Dadurch wird zugleich erreicht, dass der AGH nur nach einer Entschließung des Vorstandes oder seiner zuständigen Abteilung angerufen werden kann (amtliche Begründung, BT-Drs. 3/120). Zur **Zuständigkeit** des AGH bei Vorgehen gegen einzelne während eines Beschwerdeverfahrens getroffene Maßnahmen der Kammer s. AGH Hmb BRAK-Mitt. 2010, 271.

27 **3. Vorlage beim Anwaltsgerichtshof (Abs. 3 S. 3, 4).** Hilft der Kammervorstand dem Antrag nicht ab, so vermerkt er das in den Akten und legt die Vorgänge dem Anwaltsgerichtshof (AGH) vor. Die Nichtabhilfeentscheidung teilt er dem Antragsteller nicht mit, da diese nicht selbständig anfechtbar ist. Im Falle der Nichtabhilfe muss aber der Antrag **unverzüglich,** dh ohne schuldhaftes Zögern, dem AGH vorgelegt werden. Zuständiges Beschwerdegericht ist der AGH bei dem Oberlandesgericht, in dessen Bezirk die RAK ihren Sitz hat (§ 100). Durch den Antrag auf Entscheidung des AGH wird die weitere Vollziehung nach § 57 an sich nicht gehemmt; der AGH aber auch der Kammervorstand können nach § 57 Abs. 3 S. 5 iVm § 307 StPO die weitere Vollziehung aussetzen. In der Regel wird wegen des grundsätzlichen Vorranges gerichtlicher Entscheidungen der Kammervorstand zunächst die Entscheidung des AGH abwarten und allenfalls in Eilsachen und bei klarer Rechtslage zu Gunsten der Kammer das Verfahren weiter betreiben.

28 **4. Anzuwendende Vorschriften (Abs. 3 S. 5).** Für das Antragsverfahren gelten im Übrigen die Vorschriften der **StPO** über die **Beschwerde** sinngemäß (§§ 304–311a StPO):

- § 304 StPO ist durch die Regelung des § 57 Abs. 2 ersetzt.
- § 305 StPO ist nicht anwendbar.
- § 305a StPO ist ebenfalls nicht anwendbar.
- § 306 Abs. 1 StPO ist durch § 57 Abs. 3 S. 2 ersetzt. Abs. 3 ist nicht anwendbar.
- § 306 Abs. 2 ist durch § 57 Abs. 3 S. 3 ersetzt.
- § 307 StPO ist entsprechend anwendbar. Sowohl der AGH als auch der Kammervorstand können die Vollstreckung aus dem Beschluss über die Festsetzung des Zwangsgeldes aussetzen.
- § 308 StPO: Die Vorschrift ist entsprechend anwendbar. Nach § 57 Abs. 3 S. 6 ist die Gegenerklärung durch den Vorstand der RAK abzugeben. Die Staatsanwaltschaft ist an dem Verfahren nicht beteiligt (§ 57 Abs. 3 S. 7). Auch im Laufe des Verfahrens ist der Vorstand zu hören, wenn dies nach dem Grundsatz des rechtlichen Gehörs geboten ist. Einer Beteiligung der Staatsanwaltschaft bedarf es daneben nicht (amtliche Begründung, BT-Drs. 3/120).
- § 309 StPO: Diese Vorschrift ist entsprechend anwendbar.
- § 310 StPO: Nach § 57 Abs. 3 S. 8 ist diese Vorschrift entsprechend anwendbar. Die Entscheidung des AGH kann nicht angefochten werden. Es ist nicht erforderlich, den Beschwerdeweg zu dem BGH zu eröffnen, da hier grundsätzliche Fragen, die einer einheitlichen Klärung bedürfen, nicht zur Erörterung stehen werden und da andererseits dem Betroffenen mit der Beschwerde an den AGH ein ausreichender Rechtsschutz gewährt wird (amtliche Begründung, BT-Drs. 3/120).
- § 311 StPO ist nicht entsprechend anwendbar.

– § 311a StPO ist entsprechend anzuwenden (*Isele* § 57 Anm. VII D 1).
– § 464 StPO ist entsprechend anzuwenden; da die Entscheidung des AGH eine dieses Verfahren abschließende Entscheidung ist, ist eine **Kostenentscheidung** nach § 197a zu treffen. Der Geschäftswert bestimmt sich nach der Höhe des umstrittenen Zwangsgeldes (EGH Hamm Beschluss vom 19.10.1990 – 1 ZU 24/90). Unterbleibt eine Kostenentscheidung, so trägt die RAK die Kosten (§ 198 entsprechend). Gegen das Unterlassen der Kostenentscheidung durch den AGH gibt es keine Beschwerde, da eine solche in §§ 57 Abs. 3 S. 8, 197, 197a nicht vorgesehen ist und nach den allgemeinen Regeln des § 116 iVm § 304 Abs. 4 S. 2 StPO ausgeschlossen ist; der AGH steht im Sinne dieser Vorschrift dem OLG gleich (BGH BRAK-Mitt. 1982, 35). Die Nachholung der Kostenentscheidung ist ebenfalls unzulässig (vgl. *Meyer-Goßner* StPO § 464 Rn. 8).

5. Weiteres Verfahren. Nach Abs. 3 S. 7 ist die Staatsanwaltschaft an dem Verfahren nicht beteiligt. Die Entscheidung des AGH ist unanfechtbar (Abs. 3 S. 8; BGH BeckRS 2008, 08161). Das Gesetz eröffnet einen Beschwerdeweg zum BGH nicht, da grundsätzliche Fragen, die einer einheitlichen Klärung bedürfen, nicht zur Erörterung stehen und dem Rechtsanwalt mit einer Überprüfung der Entscheidung des Vorstands durch den AGH ausreichender Rechtsschutz gewährt wird (Henssler/Prütting/*Hartung* § 57 Rn. 27). **29**

Mit Wirkung ab 3.12.2011 durch das Gesetz über den Rechtsschutz bei überlangen Gerichtsverfahren und strafrechtlichen Ermittlungsverfahren, wurde Abs. 3 S. 9 neu eingefügt. Damit gilt **§ 116 Abs. 2** auch für überlange Verfahren vor dem AGH. Das bedeutet, dass bei einer überlangen Verfahrensdauer, deren Angemessenheit nach den Umständen des jeweiligen konkreten Einzelfalls zu bestimmen ist, die Vorschriften nach §§ 198 ff. GVG anzuwenden sind. Diese Vorschriften regeln ua die Möglichkeit der Erhebung einer Verzögerungsrüge und die Entschädigung bei unangemessen langer Dauer anwaltsgerichtlicher Verfahren, über die der BGH zu entscheiden hat. Die praktische Bedeutung bleibt abzuwarten (Henssler/Prütting/*Hartung* § 57 Rn. 26; *Kirchberg* BRAK-Mitt. 2012, 2). **30**

6. Nachträgliche Erteilung der Auskunft, Zahlung. Die Wirkung der Beitreibung des Zwangsgeldes während des Verfahrens beim AGH ist umstritten. Nach *Isele* und der in der 3. Aufl. hier vertretenen Auffassung soll der Antrag wegen prozessualer Überholung unzulässig sein (*Isele* § 57 Anm. VI B 5c bb); 3. Aufl. § 57 Rn. 27). *Hartung* weist aber im Anschluss an *Jessnitzer/Blumberg* § 57 Rn. 6 mit Recht darauf hin, dass dies entsprechend der Praxis zu § 51 Abs. 1 S. 2 StPO zu behandeln sei. Dort kann der Zeuge auch noch nach der Vollstreckung des Ordnungsgeldes Beschwerde gegen die Festsetzung einlegen (*Meyer-Goßner* StPO § 51 Rn. 28). Dies muss hier entsprechend gelten, weil es sonst dem Belieben der RAK bzw. dem Zufall überlassen bliebe, ob der Rechtsanwalt während des Verfahrens vor dem AGH zur Zahlung gezwungen wird. Dies muss auch für den Fall der freiwilligen Zahlung gelten, da der Rechtsanwalt sie letztlich nur erbringt, um die Zwangsvollstreckung abzuwenden (Henssler/Prütting/*Hartung* § 57 Rn. 27; Hartung/*Scharmer* § 57 Rn. 38 ff.). Sofern aber während des laufenden Antragsverfahrens die erbetene Auskunft erteilt wird, wird das Antragsverfahren durch Zweckerreichung gegenstandslos und ist entsprechend für gegenstandslos zu erklären. **31**

§ 58 Einsicht in die Personalakten

(1) **Der Rechtsanwalt hat das Recht, die über ihn geführten Personalakten einzusehen.**

(2) **Der Rechtsanwalt kann das Recht auf Einsicht in seine Personalakten nur persönlich oder durch einen anderen bevollmächtigten Rechtsanwalt ausüben.**

(3) **Bei der Einsichtnahme darf der Rechtsanwalt oder der von ihm bevollmächtigte Vertreter sich eine Aufzeichnung über den Inhalt der Akten oder Abschriften einzelner Schriftstücke fertigen.**

Übersicht

I. Regelungsbereich

1 Dem Rechtsanwalt und allen sonstigen Mitgliedern der RAK (→ § 60 Rn. 4 ff.) wird ein **Recht auf Einsicht** in die Personalakten gewährt, die über ihn geführt werden (amtliche Begründung, BT-Drs. 3/120). § 58 regelt lediglich das Recht auf Einsicht in die Personalakten des Rechtsanwalts. § 58 gilt auch für Rechtsanwaltsgesellschaften (§ 59m Abs. 2) hinsichtlich der über sie geführten Gesellschaftsakten. Das Einsichtsrecht kann durch die Geschäftsführer als Organe der Gesellschaft bzw. einen bevollmächtigten Rechtsanwalt ausgeübt werden (Abs. 2 entsprechend). Für die Akteneinsicht in die anwaltsgerichtlichen Akten bzw. in die anwaltsgerichtlichen Ermittlungsakten der Staatsanwaltschaft gilt § 117b (EGH Hamm AnwBl. 1973, 53 = EGE XII, 97). Zu den landesrechtlichen Besonderheiten vgl. 7. Aufl. Anm. zu § 224; die Übertragung von Befugnissen auf nachgeordnete Behörden ist nun in § 33 Abs. 2 vorgesehen.

II. Personalakten führende Stelle

2 Die Führung der Personalakte bei dem Vorstand der RAK, der der Rechtsanwalt angehört, beginnt, wenn der Rechtsanwalt seine Zulassung bei der Kammer beantragt (§§ 6, 207, Abs. 2; 209 Abs. 1; §§ 2, 3, 4, 11, 13 EuRAG) bzw. die Gesellschaft ihre Zulassung als Rechtsanwaltsgesellschaft (§ 59g) beantragt. Soweit vor der Übertragung der Zulassungsentscheidungen auf die Rechtsanwaltskammern bei den Landesjustizverwaltungen Personalakten über Rechtsanwälte geführt wurden, wurden diese nach den jeweiligen landesrechtlichen Bestimmungen von den Kammern übernommen. Entsprechendes gilt für die bislang bei den Zulassungsgerichten geführten Personalakten (vgl. 6. Aufl. Rn. 2 ff.). Die RAK führt die Personalakte bis zum Erlöschen der Zulassung (§ 13). Im Falle des **Wechsels des Kammerbezirks** (§ 27 Abs. 3) wird die Personalakte an die aufnehmende RAK übersandt und von dieser weitergeführt. Die abgebende RAK ist nicht mehr befugt Akten weiter zu führen. Daraus folgt, dass auch eine digital geführte Personalakte beim Wechsel in einen anderen Kammerbezirk von der abgebenden RAK zu löschen ist.

III. Inhalt der Personalakte

3 **1. Erforderlicher Inhalt.** Wenn auch § 58 nur die Einsicht in die Personalakten regelt und § 205a die Tilgung bestimmter Eintragungen aus diesen, so kann diesen Vorschriften doch inzidenter entnommen werden, dass grundsätzlich über einen Rechtsanwalt Personalakten geführt werden dürfen (BVerwG NJW 1987, 1657 = DÖD 1987, 132 = DVBl. 1987, 737 = DÖV 1987, 1074; AGH SchlH Beschluss vom 21.8.1995 – 2 EGH 4/92). Das bedeutet aber nicht, dass jede mit den Angelegenheiten des Rechtsanwalts befasste und zur Führung von Personalakten befugte Stelle berechtigt wäre, in beliebigem Umfang über den Rechtsanwalt Personalakten anzulegen, weiterzuführen und damit Daten zu speichern.

4 Die aus §§ 58, 205a zu entnehmende **Befugnis zur Führung von Personalakten** kann nur soweit gehen, wie dies zur Erfüllung der Aufgaben der aktenführenden Stellen jeweils erforderlich ist. Dies folgt aus der dem Rechtsanwalt durch §§ 1, 2 Abs. 1 zugewiesenen Stellung in der Rechtspflege. Mit dem Grundsatz der freien Advokatur, der einer staatlichen Kontrolle und Bevormundung grundsätzlich entgegensteht (BVerfGE 50, 16, 29 = NJW 1979, 1159 = MDR 1979, 376 = AnwBl. 1979, 426 = EGE XIV, 322), wäre es nicht vereinbar, den Anwaltsberuf

berufsrechtlich der Stellung von Beamten anzugleichen und die für staatliche Bedienstete aus Art. 33 Abs. 5 GG hergeleiteten Grundsätze in irgendeiner Weise anzuwenden (BVerfGE 63, 266, 285 = NJW 1983, 1535; OVG Münster Urteil vom 5.10.1984 – 4 A 2774/83, bestätigt durch BVerwG NJW 1987, 1657). Daraus ergibt sich, dass die Personalakten führenden Stellen nur das in die Personalakte aufnehmen dürfen, was zur Erfüllung der jeweiligen Befugnisse gegenüber einem in ihrem Bezirk zugelassenen Rechtsanwalt erforderlich ist (OVG Münster Urteil vom 5.10.1984 – 4 A 2774/83, bestätigt durch BVerwG NJW 1987, 1657).

2. Zweck der Personalakte. Die RAK, die Anwaltsgerichte und die Staatsanwaltschaft (§ 120) können sachgerechte Entscheidungen nur treffen, wenn sie sich ein vollständiges Bild über den persönlichen und beruflichen Werdegang des Betroffenen machen können. Daraus ergibt sich, dass in den von der RAK geführten Personalakten alles aufbewahrt werden darf, was dem Zweck dient, ein möglichst vollständiges Bild von der Person des Betroffenen und ein lückenloses Bild seines Werdegangs **als Rechtsanwalt** zu geben und nicht der Tilgung unterliegt. 5

3. Materieller Begriff der Personalakte. Der Begriff der Personalakte in § 58 ist nicht formell, sondern materiell zu verstehen. Für die Frage, ob ein Vorgang zu den Personalakten gehört, kommt es nicht darauf an, wo und wie er geführt oder aufbewahrt wird (formelles Prinzip), sondern allein darauf, ob er den Rechtsanwalt betrifft (materielles Prinzip; BGH NJW-RR 2014, 883 = BRAK-Mitt. 2014, 80; EGH Hamm AnwBl. 1973, 53 = EGE XII, 97). Wegen der Vielzahl der Papierakten gehen seit 2005 ein Teil der Rechtanwaltskammern dazu über, die Archivierung der Papierakten durch eine elektronische Archivierung zu ersetzen (Dokumentenmanagementsystem). Der digitalen Personalakte werden eingehende Dokumente zugeordnet, die zuvor eingescannt werden. 6

a) Innerer Zusammenhang mit dem Status als Rechtsanwalt. Neben den Personalien und einem Lichtbild des Rechtsanwalts (AGH SchlH Beschluss vom 21.8.1995 – 2 EGH 4/92) sind in die Personalakten somit alle Vorgänge aufzunehmen, die den Rechtsanwalt betreffen, die in einem inneren Zusammenhang mit seinem Status als Rechtsanwalt stehen. Dabei ist zu berücksichtigen, dass im Hinblick auf §§ 7, 14, 43, 113 Abs. 2, 115b, 118, 118a und 118d auch Vorgänge in einem inneren Zusammenhang mit seinem Status als Rechtsanwalt stehen, die nicht unmittelbar seine Berufsausübung betreffen, die aber im Zulassungsverfahren, Rügeverfahren und im anwaltsgerichtlichen Verfahren ihn betreffend verwertet werden dürfen. Dienen die Vorgänge diesem Zweck, betreffen sie den Rechts- und Pflichtenkreis des Rechtsanwalts im weiteren Sinn und sind in die Personalakte aufzunehmen. Allerdings ist nicht jeder Vorgang, der im Zusammenhang mit einem Rechtsanwalt steht, notwendiger Bestandteil seiner Personalakte. Arbeitsunterlagen oder innerbehördlicher Schriftverkehr, die als solche keine Auswirkung auf die Rechtsstellung des Betroffenen haben, gehören nicht in die Personalakten. Nur Unterlagen, die rechtlich relevant sind und sich auf die Rechtsstellung des Betroffenen auswirken können, sind zu den Personalakten zu nehmen (BGH NJW-RR 2014, 883 = BRAK-Mitt. 2014, 80; *Dahns* NJW-Spezial 2014, 158). 7

b) Beispiele für Inhalte der Personalakte. In die Personalakten des Rechtsanwalts gehören somit namentlich: alle amtlichen oder in den amtlichen Bereich gelangten Schriftstücke, Drucksachen und Vermerke, die Angaben oder Aufzeichnungen über die Person und Tätigkeit des Rechtsanwalts enthalten, welche für seine Zulassung und Beurteilung als Rechtsanwalt von Bedeutung sind oder werden können und zwar in Urschrift, Abschrift oder Auszügen, wenn ein innerer Zusammenhang mit seinem Status als Rechtsanwalt besteht. Darunter fallen namentlich alle Zulassungsunterlagen, wie Zulassungsantrag, Lebenslauf, Lichtbild, Zeugnisse pp., Prüfungsurkunden und Nachweise, Diplome, Nachweis zur Berufshaftpflichtversicherung (§ 51), ärztliche Bescheinigungen oder Gutachten. Pfändungs- und Überweisungsbeschlüsse, Zivilurteile, durch die der Rechtsanwalt zu einer Leistung verurteilt wurde (MiZi), Beschwerden über den Rechtsanwalt und die Entscheidung der RAK bzw. des Anwaltsgerichts, ihn betreffende Auszüge aus anderen Akten, eigene Stellungnahmen zu ihm ungünstigen Beschwerden und Behauptungen tatsächlicher Art, Aufsichtsvorgänge der RAK, Belehrungen durch den Kammervorstand, Mitteilungen nach der Anordnung über Mitteilungen in Strafsachen (MiStra) und Mitteilungen der Zivilgerichte (vgl. auch BVerwG NJW 1980, 2145). 8

9 **c) Akten über Aufsichtsmaßnahmen, missbilligende Belehrungen und Androhungen berufsrechtlicher Maßnahmen.** Da allein entscheidend ist, ob ein Vorgang den Rechtsanwalt betrifft, in einem Zusammenhang steht mit seinem Status als Rechtsanwalt und es völlig unerheblich ist, wie der Vorgang aufbewahrt wird, sind auch die Akten über Aufsichtsmaßnahmen des Kammervorstandes nach § 74 (EGH Hamm AnwBl. 1973, 53 = EGE XII, 97), über missbilligende Belehrungen durch den Kammervorstand (BVerfGE 50, 16 = NJW 1979, 1159; BGH NJW 1984, 1042) und die Androhung berufsrechtlicher Maßnahmen durch den Kammervorstand (EGH Koblenz BRAK-Mitt. 1985, 57) materiell von Anfang an bereits Bestandteil der Personalakten unabhängig davon, dass sie zunächst formell als selbständige Akten geführt werden (EGH Hamm AnwBl. 1973, 53 = EGE XII, 97; OLG Hamm NJW 1971, 468). Weil diese Vorgänge aber materiell Bestandteile der Personalakte sind, unterliegen sie der Regelung des § 58 und nicht des § 117b, zumal § 74a keine Verweisung auf § 117b beinhaltet.

10 **d) Beihefte zu den Personalakten.** In der Praxis werden häufig wiederkehrende Vorgänge gleicher Art in Beiheften zu den Personalakten geführt, die aber Bestandteile der Personalakte sind. Solche Beihefte werden insbesondere geführt über

- Personal- und Befähigungsnachweisungen (zB Erlaubnis zur Führung einer Fachanwaltsbezeichnung) sowie sonstige Beurteilungen (Zeugnisse);
- Nachweise zur Berufshaftpflichtversicherung;
- disziplinar-, anwaltsgerichtliche und aufsichtsrechtliche Maßnahmen (Disziplinarheft), strafrechtliche Maßnahmen (MiStra) und gerichtliche Verfahren aus dem Berufsverhältnis (Prozessheft).

11 **4. Personalakte des Referendars.** Aus der Fürsorgepflicht des Dienstherrn gegenüber dem Beamten, die sich auch auf die Zeit nach der Beendigung des Beamtenverhältnisses erstreckt, ergibt sich mit Rücksicht auf das Persönlichkeitsrecht des Beamten (vgl. BVerwG NJW 1987, 1657; *Buchholz* 232 § 79 Nr. 87 = DÖV 1987, 75), dass die Landesjustizverwaltung, als diese noch in Zulassungssachen der Rechtsanwälte zuständig war, die Referendar-Personalakte des früheren Beamten nicht mit den Rechtsanwalts-Personalakten bei dem Landgericht weiterführen durfte. Auch die RAK darf es nicht (ausführlich 8. Aufl. § 58 Rn. 11, 12). § 58 kann daher auch nicht als Ermächtigungsgrundlage für die Übersendung der Beamtenpersonalakten an die RAK gesehen werden, in deren Bezirk der frühere Beamte jetzt als Rechtsanwalt zugelassen ist. Die in § 58 vorausgesetzte Führung von Rechtsanwalts-Personalakten seitens der RAK kann sich nur auf Vorgänge beziehen, die im Zusammenhang mit ihren Aufgaben gegenüber Rechtsanwälten angefallen sind. Dazu gehören die während der Referendarzeit entstandenen Personalakten jedenfalls für die RAK nicht.

IV. Tilgung aus der Personalakte

12 Eintragungen in den Personalakten über Straf- und Ordnungswidrigkeitsverfahren sowie über Rügen des Kammervorstandes und Warnungen, Verweis oder Geldbuße durch das Anwaltsgericht unterliegen nach § 205a der dort vorgesehenen Tilgung aus den Personalakten (→ § 205a Rn. 1 ff.). Darüber hinaus besteht keine gesetzliche Verpflichtung auf Entfernung oder Unkenntlichmachung in den Personalakten, wohl aber bestehen in den einzelnen Bundesländern dazu unterschiedliche Verwaltungsvorschriften. Der Rechtsanwalt hat durch sein Einsichtsrecht nach § 58 Abs. 1 die Möglichkeit, die über ihn geführten Akten auf ihn betreffende Eintragungen zu überwachen und kann so auch die Beachtung des § 205a durch die RAK kontrollieren (amtliche Begründung zu § 205a Abs. 6, BT-Drs. 11/3253, 27).

V. Recht auf Akteneinsicht

13 Der Rechtsanwalt hat das Recht in die über ihn geführten Personalakten einzusehen. Zur Bedeutung dieses Einsichtsrechts → Rn. 15; zur Akteneinsicht im Rügeverfahren → § 74 Rn. 25. Das Recht auf Akteneinsicht in die Personalakte ist in der BRAO verfahrensunabhängig ausgestaltet. Demgemäß ist § 29 VwVfG hier nicht einschlägig, der das Recht auf Akteneinsicht während eines Verwaltungsverfahrens regelt. Auch ein wettbewerbsrechtliches Zivilverfahren betreffenden Akten, das die RAK gegen einen Rechtsanwalt betreibt, gehören prinzipiell zu den Personalakten (BGH NJW-RR 2014, 883 = BRAK-Mitt. 2014, 80). Das Urteil des AGH Hmb

vom 23.3.2012 (BRAK-Mitt. 2012, 230) wurde insoweit aufgehoben. Einem Rechtsanwalt steht das Akteneinsichtsrecht in seine Personalakte ohne vorherige Anmeldung und unabhängig von der Anwesenheit eines Geschäftsführers auch in den Geschäftszeiten der RAK nicht jederzeit zu (NdsAGH BRAK-Mitt. 2012, 230 = NJW-Spezial 2012, 639).

1. Umfang des Akteneinsichtsrechts. Der Rechtsanwalt kann dieses Recht nur persönlich oder durch einen anderen bevollmächtigten Rechtsanwalt wahrnehmen. Erforderlich ist eine spezielle Vollmacht für die Einsicht in die Personalakten. Die Vollmacht zur Vertretung im Rügeprüfungsverfahren (§ 74a) oder im Zwangsgeldverfahren (§ 57) rechtfertigt nur die Einsichtnahme in diese Akten, nicht aber in sämtliche Personalakten. Der allgemeine Vertreter (§ 53) und der Abwickler (§ 55) dürfen ohne besondere Vollmacht des Vertretenen in dessen Personalakten keine Einsicht erhalten. Dem zur Einsichtnahme Berechtigten sind die vollständigen Personalakten, dh auch die Beihefte und Anlagen vorzulegen. Ihm dürfen keine Schriftstücke oder Vorgänge vorenthalten werden. **14**

Er hat aber keinen Anspruch, dass ihm die Personalakten zur Einsichtnahme in seine Geschäftsräume oder seine Wohnung übersandt werden. § 58 sieht ein Recht auf Mitnahme der Akten ebenso wenig vor wie § 117b. Dort ist vielmehr die entsprechende Vorschrift des § 147 Abs. 4 StPO von der Verweisung ausdrücklich ausgenommen. Ebenso wenig kann der Rechtsanwalt von der RAK eine Versicherung verlangen, dass die Akte vollständig vorgelegt worden sei (EGH Hamm AnwBl. 1973, 53 = EGE XII, 97). Bei der Einsichtnahme darf der Rechtsanwalt oder der von ihm bevollmächtigte Vertreter sich eine Aufzeichnung über den Inhalt der Akten oder Abschriften einzelner Schriftstücke fertigen. **14a**

Die RAK kann dem Rechtsanwalt bzw. seinem Bevollmächtigten auch Ablichtungen aus der Personalakte zur Verfügung stellen. Eine digitale Personalakte kann die RAK zur Ansicht in der Geschäftsstelle in Papierform ausdrucken oder dem Rechtsanwalt, bei Einverständnis, eine verschlüsselte Kopie auf elektronischen Weg senden. Ein Anspruch darauf besteht jedoch nicht. **14b**

2. Einsichtsrecht als höchstpersönliches Recht. Das Einsichtsrecht ist ein höchstpersönliches Recht des Rechtsanwalts. Es steht diesem von der Zulassung (§ 12) an zu. Das Recht bezieht sich aufgrund des funktionalen Bezugs der Regelung auf alle Kammermitglieder. Nach Erlöschen der Zulassung hat der **frühere Rechtsanwalt** keinen Rechtsanspruch auf Akteneinsicht, obwohl er ein berechtigtes Interesse daran haben mag (*Isele* § 58 Anm. IV B). Soweit dies im Beamtenrecht anders gehandhabt wird, beruht dies auf entsprechenden ausdrücklichen Regelungen (vgl. § 110 BBG). Auch Hinterbliebene eines Rechtsanwalts haben keinen Anspruch auf Einsicht in die Personalakte des Verstorbenen. Die aktenführende Behörde entscheidet in diesen Fällen nach pflichtgemäßem Ermessen über die Gewährung der Akteneinsicht. **15**

3. Einsichtnahme durch Dritte. Die Einsichtnahme durch Dritte ist grundsätzlich verboten. Personalakten sind geheimhaltungsbedürftig. § 76 ordnet für den Vorstand ausdrücklich die Verschwiegenheit gegenüber Jedermann an. Dokumente betreffend Aufsichts- und Beschwerdesachen nach § 56 sind Teil der Personalakte. Damit gehören auch Stellungnahmen eines Rechtsanwalts, die er in einem Aufsichtsverfahren zu den Akten der RAK reicht, zu den Personalakten. Jedoch kann der Rechtsanwalt die Weiterleitung seiner Stellungnahme an den Beschwerdeführer erlauben (*Hartung* AnwBl. 2013, 582). **16**

Da Personalakten Vorgänge sind, die ihrem Wesen nach nicht nur gegenüber Außenstehenden, sondern auch gegenüber **anderen Behörden** geheimhaltungsbedürftig sind, dürfen sie an andere Behörden nur weitergegeben werden, wenn dafür eine Ermächtigungsgrundlage besteht oder der Rechtsanwalt einverstanden ist. Sind anderen Behörden gesetzlich Aufgaben zugewiesen, für deren Wahrnehmung die Einsicht in die Personalakte erforderlich ist, dann ist die Aufgabenzuweisung eine ausreichende Ermächtigungsgrundlage. Zu den anderen Behörden gehören auch andere Rechtsanwalts- oder Berufskammern, § 36 Abs. 2, 3 und 4. Zur Durchführung eines anwaltsgerichtlichen Verfahrens dürfen somit die Staatsanwaltschaft (§§ 120, 144, 147) und die Gerichte der Anwaltsgerichtsbarkeit (§§ 119, 143 Abs. 1, 145 Abs. 1) Einsicht in die Personalakte des Rechtsanwalts nehmen (Hartung/*Scharmer* § 58 Rn. 17). Ungerechtfertigte Mitteilungen aus der Personalakte können Schadensersatzpflichten auslösen (OLG Hamm NJW 1971, 468). **17**

Unter den Voraussetzungen der §§ 94, 98 StPO können im Strafverfahren die Personalakten einschließlich der Unterlagen über ein Beschwerdeverfahren bei der RAK **beschlagnahmt** werden. Die Akten sind nicht gemäß § 97 StPO der Beschlagnahme entzogen. Die Mitglieder **18** der Organe der RAK und ihre Mitarbeiter gehören nicht zum Kreis der Personen, die zur Verweigerung des Zeugnisses berechtigt wären (§ 53 Abs. 1 Nr. 2, 3, § 53a StPO). Zwischen der RAK oder den für sie handelnden Personen einerseits und dem beschuldigten Rechtsanwalt andererseits besteht kein in der Anwaltstätigkeit begründetes Vertrauensverhältnis, das durch Zeugnisverweigerungsrecht und Beschlagnahmeverbot zu schützen wäre. Die für die RAK tätigen Personen handeln gegenüber dem beschuldigtem Rechtsanwalt nicht als dessen Berater und Vertreter in Rechtsangelegenheiten (§ 3), sondern als Amtswalter einer mit hoheitlichen Befugnissen ausgestatteten Körperschaft, der der Rechtsanwalt kraft Gesetzes angehört (§ 60). Datenschutzbestimmungen hindern die Beschlagnahme nicht. Es ist gerade eine Eigenart des Straf- und des anwaltsgerichtlichen Verfahrens, dass auch persönliche Verhältnisse des Angeklagten bzw. Beschuldigten aufzuklären sind. Der Schutz anderer personenbezogener Daten, die nicht mit dem Vorwurf in Verbindung stehen, ist auch bei Gericht und der Staatsanwaltschaft sichergestellt. Die Verschwiegenheitspflicht der für die RAK tätigen Personen (§ 76) steht der Beschlagnahme nicht entgegen. Die Verschwiegenheitspflicht bzw. das Versagen der Aussagegenehmigung (§ 76 Abs. 2) entzieht dem Verfahren nur den Zeugen als Beweismittel, nicht aber Gegenstände, die er im Gewahrsam hat (LG Hamburg Beschluss vom 25.4.2000 – 631 Qs 23/00–148-497/98). Die Voraussetzungen für eine Sperrerklärung nach § 96 StPO werden regelmäßig nicht vorliegen.

§ 59 Ausbildung von Referendaren (§ 28 BORA)

[1] Der Rechtsanwalt soll in angemessenem Umfang an der Ausbildung der Referendare mitwirken. [2] Er hat den Referendar, der im Vorbereitungsdienst bei ihm beschäftigt ist, in den Aufgaben eines Rechtsanwalts zu unterweisen, ihn anzuleiten und ihm Gelegenheit zu praktischen Arbeiten zu geben. [3] Gegenstand der Ausbildung soll insbesondere sein die gerichtliche und außergerichtliche Anwaltstätigkeit, der Umgang mit Mandanten, das anwaltliche Berufsrecht und die Organisation einer Anwaltskanzlei.

I. Pflicht des Rechtsanwalts zur Ausbildung

1 Die Vorschrift regelt die **nähere Ausgestaltung der Anwaltsstation** als Pflichtstation bzw. Wahlstation im Rahmen des Vorbereitungsdienstes nach § 5b DRiG (→ § 4 Rn. 10). Durch Art. 2 Nr. 1 des Gesetzes zur Reform der Juristenausbildung vom 11.7.2002 (BGBl. I S. 2592) wurde § 59 Abs. 1 aF, nunmehr § 59, neu gefasst. Durch Art. 4 Nr. 2 iVm Art. 20 des Gesetzes zur Neuregelung des Rechtsberatungsrechts vom 12.12.2007 (BGBl. I S. 2840) ist § 59 Abs. 2 mit Wirkung vom 18.12.2007 aufgehoben worden und die Absatznummerierung des Abs. 1 entfallen. § 59 soll die **grundsätzliche Pflicht** jedes Rechtsanwalts festschreiben, in angemessenem Umfang an der Ausbildung der Referendare mitzuwirken. Dabei geht die BRAO davon aus, dass der Rechtsanwalt als Organ der Rechtspflege im Rahmen seiner allgemeinen Berufspflicht an der Ausbildung des Nachwuchses mitzuwirken hat, insoweit ein allgemeiner öffentlicher Ausbildungsauftrag besteht. Entsprechend dem in dem für die Ausbildung von Rechtsanwaltsfachangestellten geltenden § 28 BORA zum Ausdruck kommenden allgemeinen Grundsatz für Ausbildungsverhältnisse ist der Rechtsanwalt verpflichtet zu gewährleisten, dass die Tätigkeit des Referendars in seiner Kanzlei auf die Erreichung des Ausbildungsziels ausgerichtet ist. Das heißt, die **Ausbildung hat stets Vorrang** vor der Nutzung der Arbeitskraft des Referendars.

2 Eine durchsetzbare individuelle Verpflichtung auszubilden, wird auch durch § 59 nicht begründet. Der einzelne Rechtsanwalt braucht daher auch keine Gründe zu nennen, wenn er eine Ausbildung nicht übernehmen möchte (**aA** Hartung/Römermann/*Scharmer* § 59 Rn. 11 f., der eine nachvollziehbare Begründung fordert). Die Vorschrift hat in erster Linie **Signalfunktion.** Sie soll dazu beitragen, im Interesse einer besseren anwaltlichen Ausbildung das Engagement von Rechtsanwälten als Ausbilder zu fördern (BT-Drs. 14/7176, 15). Sie beinhaltet darüber hinaus eine **allgemeine Umschreibung des Ausbildungsgegenstandes** bei dem Rechtsanwalt (→ Rn. 7 ff.). § 59 gilt sinngemäß für Rechtsanwaltsgesellschaften (§ 59m Abs. 2). Es gehört zu den beruflichen Pflichten der Geschäftsführer als Organe der Gesellschaft, für die Erfüllung dieser Pflicht zu sorgen.

II. Kein Anspruch des Rechtsanwalts auf Zuweisung

Es besteht **kein Rechtsanspruch** des Anwalts **auf Zuweisung von Referendaren** zur Ausbildung. Hält die Rechtsanwaltskammer einen Rechtsanwalt aus persönlichen oder sachlichen Gründen für ungeeignet zur Ausbildung, dann kann sie von Zuweisungen absehen bzw. eine Zuweisung widerrufen oder den Rechtsanwalt allgemein aus der Liste der Ausbildungsanwälte streichen; zum Teil ist landesrechtlich vorgesehen, dass der Referendar den Anwalt für seine Pflichtstation zu benennen und dessen Einwilligungserklärung vorzulegen hat. 3

III. Rechtsverhältnis zwischen Rechtsanwalt und Referendar

Die Ausbildung des Referendars bei einem Rechtsanwalt gehört zum Vorbereitungsdienst (§ 4 Rn. 10). Der Referendar bleibt auch **während seiner Ausbildung beim Rechtsanwalt im staatlichen Vorbereitungsdienst,** der in den meisten Bundesländern als öffentlich-rechtliches Ausbildungsverhältnis ausgestaltet ist. Die Rechte und Pflichten daraus gelten weiter, insbesondere die Besoldungspflicht des Staates (Hartung/Römermann/*Scharmer* § 59 Rn. 10). Für Vergütungsansprüche gegen ein Bundesland aus dem juristischen Vorbereitungsdienst außerhalb eines Beamtenverhältnisses auf Widerruf (ausländischer Rechtsreferendar) ist der Rechtsweg zu den Verwaltungsgerichten und nicht zu den Arbeitsgerichten gegeben (BAG BRAK-Mitt. 1990, 115; OVG Münster NVwZ 1990, 889). Der Anwalt ist kraft des ihm erteilten öffentlich-rechtlichen Ausbildungsauftrages befugt, dem Referendar alle für seine Ausbildung erforderlichen Weisungen zu erteilen. Der Referendar ist zur **ganztägigen Tätigkeit ohne Anspruch auf zusätzliche Vergütung** verpflichtet. Der Staat als Dienstherr regelt die Zulässigkeit von Nebentätigkeiten und Fragen betreffend etwaige Zusatzvergütungen, zB Genehmigungspflicht, Anrechnung (*Junge-Ilges* AnwBl. 1996, 16). Bei Referendaren kann sich der Anwalt in der Regel noch mehr als beim Laienpersonal darauf verlassen, dass diese um die Bedeutung von Rechtsmittelfristen wissen und alle damit zusammenhängenden Tätigkeiten umsichtig und gewissenhaft prüfen, so dass die Anforderungen an die Überwachungspflichten des Anwalts geringer sind. Das Versehen eines Stationsreferendars bei der Fristenkontrolle wird daher dem ausbildenden Anwalt nicht als eigenes Verschulden zugerechnet, solange der Referendar nicht sein amtlich bestellter Vertreter ist (BGH AnwBl. 2006, 417 = BRAK-Mitt. 2006, 77 mit Anm. *Grams*). 4

IV. Pflichten des Rechtsanwalts im Rahmen des Ausbildungsauftrages

Der Rechtsanwalt ist verpflichtet, den Referendar in den Aufgaben eines Rechtsanwalts zu unterweisen, ihn anzuleiten und ihm Gelegenheit zu praktischen Arbeiten zu geben. Gegenstand der Ausbildung soll insbesondere die Grundtätigkeit des Anwalts sein, nämlich die gerichtliche und außergerichtliche Anwaltstätigkeit, der Umgang mit Mandanten, das anwaltliche Berufsrecht und die Organisation einer Anwaltskanzlei. Nähere Vorschriften hierzu finden sich in den landesrechtlichen Justizausbildungsordnungen. Er darf den Referendar nicht nur zum Schein in der Ausbildungsstation führen (EG Hamburg EGE XIII 205) oder ihn nur mit ausbildungsfremden Routinetätigkeiten beschäftigen. Der ausbildende Anwalt muss seine Pflicht als Ausbilder ernst nehmen und auch die Zeit dafür aufbringen, da der Referendar in einen Ausbildungsabschnitt gelangt, der völlig verschieden ist von dem, was er zuvor im Rahmen der Ausbildung erlernt hat. 5

Der Rechtsanwalt haftet berufsrechtlich für die Erfüllung seines öffentlich-rechtlichen Ausbildungsauftrages. Dies gilt auch in der Wahlstation. Er ist insbesondere auch verpflichtet, dem Referendar fristgerecht ein **den tatsächlichen Leistungen entsprechendes Zeugnis** zu erteilen. Das Zeugnis soll ein Bild von Eignung, Fähigkeiten, praktischen Leistungen, Fleiß, Stand der Ausbildung und Führung der Referendare geben und die Gesamtleistung bewerten. Die Zeugniserteilung gehört zu den Berufspflichten (AnwG Berlin BerlAnwBl. 1998, 327). Das Zeugnis darf nicht irreführend sein. Entspricht das Zeugnis diesen Anforderungen nicht, handelt der Rechtsanwalt pflichtwidrig (EG Hamburg EGE XIII 205; *Selb* AnwBl. 1987, 410). 6

V. Inhalt und Umfang der Ausbildung

Inhalt und Umfang der Ausbildung während der Pflicht- und Wahlstation ist auf der Grundlage der allgemeinen Umschreibung des Ausbildungsgegenstandes in § 59 Regelungsaufgabe der Länder (§ 5b DRiG; vgl. auch Nr. 2 der bayerischen „Richtlinien für die Ausbildung der 7

Rechtsreferendare bei Rechtsanwälten", BayJMBl. 2001, 19). S. 3 beschreibt allgemein die zu vermittelnden Ausbildungsinhalte, die landesrechtlich durch vorgegebene Ausbildungspläne der Justizverwaltungen konkretisiert werden können. Der Referendar soll danach:

a) mit Organisation und Bürobetrieb einer Anwaltspraxis vertraut gemacht werden,
b) in das anwaltliche Berufsrecht eingeführt werden und
c) ein möglichst weites Spektrum anwaltlicher Tätigkeit ohne Ausrichtung auf Spezialgebiete durch folgende praktische Arbeiten kennen lernen:
   aa) das ungesichtete Vorbringen von Rechtsuchenden erfassen, ordnen und unter kritischer Würdigung rechtlich aufbereiten,
   bb) Rechtsuchenden Rechtsrat erteilen und sie belehren,
   cc) Schriftsätze, insbesondere Klageschriften, Klageerwiderungen, Rechtsmittelschriften und Rechtsmittelbegründungen entwerfen,
   dd) unter Aufsicht des Ausbilders gerichtliche Termine, insbesondere Beweisaufnahmen, wahrnehmen,
   ee) im Rahmen der vorsorgenden Rechtspflege Lebensverhältnisse unter Berücksichtigung der Auswirkungen für die Zukunft rechtlich absichern und gestalten, insbesondere Verträge entwerfen,
   ff) die üblichen Formen außergerichtlichen anwaltlichen Schriftverkehrs einschließlich Formulare anwenden und an Mandantenbesprechungen teilnehmen,
   gg) an gerichtlichen und außergerichtlichen Vergleichsverhandlungen mitwirken,
   hh) die Aussichten der Rechtsverfolgung unter Einbeziehung ihrer wirtschaftlichen und kostenrechtlichen Auswirkungen begutachten und das Ergebnis in kurzer, für die Beteiligten verständlicher Form darstellen.
d) Bei Eignung kann angeregt werden, den Referendar zum Pflichtverteidiger (§ 142 Abs. 2, 139 StPO) oder zum amtlich bestellten Vertreter (nach 12 Monaten Vorbereitungsdienst) zu bestellen (§ 53 Abs. 4 S. 2). Ein zum Pflichtverteidiger bestellter Rechtsanwalt hat aber keinen Anspruch darauf, dass im Falle seiner Verhinderung ein ihm zugewiesener Stationsreferendar zum Pflichtverteidiger bestellt wird (LG Berlin NStZ 2000, 51).

VI. Ausführung der Parteirechte durch einen Referendar (Abs. 2 aF, § 157 ZPO)

8 Die § 157 ZPO aF ergänzende Vorschrift des Abs. 2 aF sollte die Ausbildung des Referendars auch in der mündlichen Verhandlung vor Gericht sicherstellen (*Isele* § 59 Anm. VI). Gemäß § 59 Abs. 2 aF war auf den Stationsreferendar § 157 Abs. 1 und 2 ZPO aF nicht anzuwenden, dh dass im Anwaltsprozess der Referendar, dem im Beistand des Anwalts die Ausführung der Parteirechte übertragen waren, ebenso wenig zurückgewiesen werden durfte, wie ein Referendar, der im Parteiprozess ohne Anwalt allein vor Gericht auftrat. Während der Ausbildungszeit soll sich der Referendar im freien Vortrag vor Gericht üben. Um ihm diese Möglichkeit zu geben, wird ihm gestattet, auch vor Gericht als Vertreter aufzutreten. Durch Gesetz vom 12.12.2007 (BGBl. I S. 2841, 2848) wurde § 59 Abs. 2 aF aufgehoben und die Neuregelung zur Vertretungsbefugnis von Stationsreferendaren in der Verhandlung in § 157 ZPO nF übernommen. **§ 157 ZPO** nF bestimmt nunmehr zur Untervertretung des Rechtsanwalts: *„Der bevollmächtigte Rechtsanwalt kann in Verfahren, in denen die Parteien den Rechtsstreit selbst führen können, zur Vertretung in der Verhandlung einen Referendar bevollmächtigen, der im Vorbereitungsdienst bei ihm beschäftigt ist"*. Im Übrigen gilt **§ 90 Abs. 1 ZPO nF,** der in den Sätzen 1 und 2 bestimmt: *„In der Verhandlung können die Parteien mit Beiständen erscheinen. Beistand kann sein, wer in Verfahren, in denen die Partei den Rechtsstreit selbst führen kann, als Bevollmächtigter zur Vertretung in der Verhandlung befugt ist"* (vgl. § 79 nF). Durch die offene Formulierung in § 90 Abs. 1 ZPO nF wurde § 59 Abs. 2 aF obsolet (BT-Drs. 16/6634, 68). Ein **Stationsreferendar** kann **im anwaltsgerichtlichen Verfahren nicht als Verteidiger** zugelassen werden (EG Hamburg EGE XII 146). Die Bestellung eines Referendars, der nicht amtlich bestellter Vertreter eines Rechtsanwalts ist, zum Pflichtverteidiger vor dem LG oder OLG ist unzulässig. Die Übertragung der Verteidigung auf einen Referendar durch einen Pflichtverteidiger ist in diesem Fall ebenso unwirksam (BGH StV 1989, 465; *Meyer-Goßner* StPO § 142 Rn. 18). Wer aus dem Vorbereitungsdienst ausgeschieden ist, darf nicht zum Verteidiger bestellt werden (BGHSt 20, 95 = NJW 1965, 116; *Meyer-Goßner* StPO § 142 Rn. 18).

VII. Gebühren für die Vertretung durch einen Referendar

9 Die Tätigkeit eines einem Anwalt zur Ausbildung in der Wahl- oder Pflichtstation zugewiesenen Referendars als Vertreter kann der vertretene Rechtsanwalt gemäß § 5 RVG nach dem RVG abrechnen, dh der beauftragte Rechtsanwalt behält gegenüber seinem Mandanten seinen gesetzlichen Gebührenanspruch, wie wenn er die Leistung selbst erbracht hätte. Die Anwendung des § 5 RVG setzt dabei voraus, dass der Rechtsanwalt im Rahmen des ihm erteilten Auftrags den Referendar als Vertreter einsetzt und er dazu nach dem Inhalt des Mandatsvertrages auch berechtigt ist (Hartung/Römermann/Schons/*Römermann* RVG § 5 Rn. 30, 31; Mayer/Kroiß/*Klees* RVG § 5 Rn. 11 ff.). Strittig ist, ob § 5 RVG verlangt, dass der Referendar gerade demjenigen Rechtsanwalt zur Ausbildung zugewiesen ist, den er vertritt, oder ob er während seiner Tätigkeit in der Anwaltsstation auch andere Rechtsanwälte vertreten kann. Nach der hM muss die Zuweisung nicht zwingend zu dem vertretenen Anwalt erfolgt sein (OLG Karlsruhe JurBüro 1988, 74; LG Frankfurt AnwBl. 1978, 30; Mayer/Kroiß/*Klees* RVG § 5 Rn. 32; Hartung/Römermann/Schons/*Römermann* RVG § 5 Rn. 31; **aA** OLG Düsseldorf AnwBl. 1991, 272). Damit wird lediglich eine Vertretungskette erspart. Eine anderweitige Regelung ließe sich nämlich leicht umgehen, indem der mandatierte Rechtsanwalt zunächst dem Anwalt Untervollmacht erteilte, dem der Referendar zugewiesen ist und dieser dann wiederum seinem Referendar (Hartung/Römermann/Schons/*Römermann* RVG § 5 Rn. 31; Mayer/Kroiß/*Klees* RVG § 5 Rn. 32).

10 Wird ein nicht zur Ausbildung in einer Anwaltsstation zugewiesener Referendar, sondern ein sog. **Nebentätigkeitsreferendar als Vertreter tätig, greift § 5 RVG nicht ein** (Mayer/Kroiß/*Klees* RVG § 5 Rn. 32). Abgesehen davon, dass es pflichtwidrig ist, einen Referendar außerhalb der Ausbildung beim Rechtsanwalt häufig Gerichtstermine in Untervollmacht wahrnehmen zu lassen (EGH München BRAK-Mitt. 1982, 35), ist es gebührenrechtlich höchst umstritten, ob eine solche Vertretung überhaupt Gebührenansprüche auslöst und wenn ja, in welcher Höhe. Eine Zusammenstellung der unterschiedlichen Auffassungen findet sich bei Hartung/Römermann/Schons/*Römermann* RVG § 5 Rn. 38–42. Zur gebührenrechtlich unterschiedlichen Behandlung des Stations- und des Nebentätigkeitsreferendars vgl. auch *Junge-Ilges* AnwBl. 1996, 16, 18; *Lotze* AnwBl. 1957, 239; OLG Frankfurt NJW 1975, 2211 = MDR 1975, 767; LG Heilbronn NJW-RR 1996, 51; LG Düsseldorf JurBüro 1987, 1031; Riedel/Sußbauer/*Ahlmann* RVG § 5 Rn. 9.

§ 59a Berufliche Zusammenarbeit (§§ 30–33 BORA)

(1) **[1] Rechtsanwälte dürfen sich mit Mitgliedern einer Rechtsanwaltskammer und der Patentanwaltskammer, mit Steuerberatern, Steuerbevollmächtigten, Wirtschaftsprüfern und vereidigten Buchprüfern zur gemeinschaftlichen Berufsausübung im Rahmen der eigenen beruflichen Befugnisse verbinden. [2] § 137 Abs. 1 Satz 2 der Strafprozessordnung und die Bestimmungen, die die Vertretung bei Gericht betreffen, stehen nicht entgegen. [3] Rechtsanwälte, die zugleich Notar sind, dürfen eine solche Verbindung nur bezogen auf ihre anwaltliche Berufsausübung eingehen. [4] Im Übrigen richtet sich die Verbindung mit Rechtsanwälten, die zugleich Notar sind, nach den Bestimmungen und Anforderungen des notariellen Berufsrechts.**

(2) **Eine gemeinschaftliche Berufsausübung ist Rechtsanwälten auch gestattet:**

1. **mit Angehörigen von Rechtsanwaltsberufen aus Staaten, die nach dem Gesetz über die Tätigkeit europäischer Rechtsanwälte in Deutschland oder nach § 206 berechtigt sind, sich im Geltungsbereich dieses Gesetzes niederzulassen und ihre Kanzlei im Ausland unterhalten,**
2. **mit Patentanwälten, Steuerberatern, Steuerbevollmächtigten, Wirtschaftsprüfern oder vereidigten Buchprüfern anderer Staaten, die einen in der Ausbildung und den Befugnissen den Berufen nach der Patentanwaltsordnung, dem Steuerberatungsgesetz oder der Wirtschaftsprüferordnung entsprechenden Beruf ausüben und mit Patentanwälten, Steuerberatern, Steuerbevollmächtigten, Wirtschaftsprüfern oder vereidigten Buchprüfern im Geltungsbereich dieses Gesetzes ihren Beruf gemeinschaftlich ausüben dürfen.**

(3) **Für Bürogemeinschaften gelten die Absätze 1 und 2 entsprechend.**

Schrifttum: *Baldringer/Jordans,* Die Haftung des Anwalts für den gemeinsamen Auftritt der (Schein-) Sozietät, AnwBl. 2005, 676; *BRAK,* Zur Bewertung von Anwaltskanzleien, BRAK-Mitt. 2007, 112; *Bultmann,* Die allgemeinen Berufspflichten des Rechtsanwalts als Sozius: § 43 BRAO, AnwBl. 2003, 607; *Burger,* Interprofessionelle Zusammenarbeit von Rechtsanwälten in gemischten Sozietäten – Versicherungsrechtliche Anmerkungen, AnwBl. 2004, 304; *Burger/Chab/Grams/Jungk,* Pflichten und Haftung des Anwalts – Die akzessorische Haftung des eintretenden Sozius für Altverbindlichkeiten der Sozietät – Versicherungsrechtliche Fragestellungen, BRAK-Mitt. 2003, 262; *Dombeck,* Internationale Sozietäten-Risiko oder Chance?, BRAK-Mitt. 2002, 1; 262; *Furmans,* Haftungsbegrenzung in der gemischten Sozietät und AGB-Kontrolle, NJW 2007, 1400; *Goette,* Aktuelle höchstrichterliche Rechtsprechung zur Freiberuflersozietät, AnwBl. 2007, 637; *Heckelmann,* Großkanzleien und Selbstverwaltung, NJW 2005, 3050; *Hartung,* „Ich bin Apotheker!" Anwälte und Fremdkapital: Ein Appell für den zweiten Blick, AnwBl. 2009, 704; *Henssler/Deckenbrock,* Das Rätsel Anwaltskooperation, DB 2007, 447; *Henssler,* Brauchen wir ein zusätzliches sozietätsspezifisches Berufsrecht?, AnwBl. 2014, 762; *Henssler,* Die interprofessionelle Zusammenarbeit des Anwalts mit anderen Berufen, AnwBl. 2009, 670; *Henssler/Mansel,* Die Limited Liability Partnership als Organisationsform anwaltlicher Berufsausübung, NJW 2007, 1393; *Heussen,* Checkliste für dien idealen Sozietätsvertrag, AnwBl. 2006, 298; *ders.,* Gewinnverteilung – Strategie – Unternehmenskultur, AnwBl. 2007, 169; *Hirtz,* Tektonische Verwerfungen im anwaltlichen Gesellschaftsrecht, AnwBl. 2010, 693; *Jungk,* Haftungsrechtliche Probleme in der interprofessionellen Sozietät, AnwBl. 2009, 865; *Knöfel,* Sozienhaftung für Altschulden aus dem Betrieb der eingebrachten Einzelkanzlei, AnwBl. 2006, 373; *ders.,* Der Anwaltsvertrag mit der internationalen Sozietät, BRAK-Mitt. 2006, 156; *ders.,* Besteuerung der internationalen Anwaltssozietät, AnwBl. 2005, 153; *Kopp,* Anwaltsfranchising – Berufsausübungsform zwischen Sozietät und Kooperation, BRAK-Mitt. 2004, 154; *Laschke,* Die Sternsozietät – Auswirkungen auf Haftung und Versicherung, AnwBl. 2009, 546; *Mankowski,* Anwendbares Recht bei Mandatsverhältnis einer internationale Anwaltssozietät, AnwBl. 2001, 249; *Otto,* Steuerliche Aspekte bei Veränderungen in Anwaltskanzleien, BRAK-Mitt. 2007, 117; *Sassenbach,* Berufsrecht contra Gesellschaftsrecht – Haftungs- und versicherungsrechtliche Fragen bei der Anwendung der akzessorischen Haftung, AnwBl. 2006, 304; *Singer,* Die Zukunft des Fremdbesitzverbots für Anwaltssozietäten, AnwBl. 2010, 79; *Tóth-Feher,* Überlegungen zur Finanzierung anwaltlichen Unternehmertums – Der anwaltliche Honoraranspruch als Grundlage moderner Finanzstrukturen für Sozietäten, AnwBl. 2005, 409; *Weinbeer,* Die Anwaltsgesellschaft bürgerlichen Rechts eine „Schicksalsgemeinschaft"?, AnwBl. 2007, 711; *Westermann,* Rechtsfolgen des Ausscheidens aus einer Freiberufler-Sozietät, AnwBl. 2007, 103.

Übersicht

A. Sozietät

I. Geschichte

1 Die berufliche Zusammenarbeit von Rechtsanwälten untereinander und/oder mit Angehörigen der zur beruflichen Zusammenarbeit zugelassenen Berufe (→ Rn. 46 ff.) erfolgt auch heute noch überwiegend in einer Sozietät. Insgesamt etwa **60 % aller zugelassenen Rechtsanwälte üben ihren Beruf in einer Sozietät aus.** Dabei werden Sozietäten aber nicht mehr wie früher ausschließlich in der Rechtsform der BGB-Gesellschaft (§§ 705 ff. BGB) geführt, sondern auch in der Rechtsform einer Partnerschaftsgesellschaft. § 59a definiert die Sozietät nur teilweise und insbesondere nicht ausdrücklich als Gesellschaft bürgerlichen Rechts, obwohl sie auch heute noch

weit überwiegend in dieser Rechtsform geführt wird. Der Gesetzgeber wollte durch die bewusst offene Formulierung des § 59a Abs. 2 die Einbeziehung der Partnerschaftsgesellschaft ermöglichen (BT-Drs. 12/4993, 23; *Römermann/Spönemann* NZG 1998, 15). So wird nach derzeitigem Stand unter einer **Sozietät** grundsätzlich nur die **organisierte berufliche Zusammenarbeit in der Rechtsform der BGB-Gesellschaft und der Partnerschaftsgesellschaft** verstanden. Die weiteren Organisationsformen für die gemeinschaftliche anwaltliche Berufsausübung wie die Rechtsanwalts-GmbH (vgl. §§ 59c–59m), Rechtsanwalts-AG (→ Vor § 59c Rn. 8 ff.) und die Rechtsanwalts-KGaA (→ Vor § 59c Rn. 16) haben die zahlenmäßig vorherrschende Organisationsform der Sozietät nicht zu verdrängen vermocht.

Die Sozietät war bis gegen Ende des 20. Jahrhunderts noch nicht einmal in Teilen gesetzlich 2
geregelt. Gleichwohl wurde die Sozietät schon seit dem Inkrafttreten der Rechtsanwaltsordnung von 1878 stets als zulässig angesehen und seit dem Bestehen des Grundgesetztes ist sie als beruflicher Zusammenschluss durch Art. 12 Abs. 1 S. 2 GG garantiert.

Allerdings wurde die Sozietät ursprünglich von vielen Anwälten mit Misstrauen betrachtet. 3
Man verband mit ihr einen kaufmännischen Betrieb mit mechanischer Betriebsamkeit und geschäftsmäßiger Routine statt guter anwaltlicher Leistung (vgl. zB *Weißler,* Geschichte der Rechtsanwaltschaft, 1905, 540). Noch 1932 beklagte *Jaffé* die großbetriebliche, fabrikmäßige und unpersönliche Berufsausübung in einer Sozietät (vgl. bei *Hartstang* II 34). Nach dem Zweiten Weltkrieg wurde das Sozietätsrecht von der Rechtsprechung zunächst zögerlich und später rasant fortentwickelt. Während der BGH noch 1963 entschied, „dass durch einen Prozessauftrag an die in Art einer privatrechtlichen Gesellschaft zusammengeschlossenen Anwaltssozietät, regelmäßig gerade kein Vertrag mit der Sozietät dahin zustande kommt, dass alle in der Sozietät zusammengeschlossenen Anwälte gemeinsam beauftragt werden … Der Mandant beauftragt nur einen Anwalt, der aber befugt ist, jeden zur Sozietät gehörenden Anwalt beliebig als Vertreter, Substituten oder Mitarbeiter heranzuziehen, für den er gemäß § 278 BGB haftet" (BGH NJW 1963, 1301), begründete er 1971 seine heute gefestigte und weiter ausgefächerte Rechtsprechung.

Danach *„haben Rechtsanwälte einer Sozietät nicht nur ein gemeinsames Büro, sondern* ***üben den Beruf*** 4
im Interesse und auf Rechnung aller Sozien unter Benutzung ihrer gemeinsamen Einrichtungen gemeinsam als eine Einheit aus … Ihr Rechtsverhältnis ist daher jedenfalls nach außen entsprechend den Vorschriften über die bürgerlich-rechtliche Gesellschaft (§§ 705 ff. BGB) zu bestimmen *… Die Sozietät ist freilich keine juristische Person, daher nicht als solche der dem Mandanten gegenüberstehende Beauftragte … Nimmt bei einer Sozietät einer der Anwälte ein ihm angetragenes Mandat an, so handelt er dabei regelmäßig namens der Sozietät, dh* ***er verpflichtet nicht nur sich, sondern auch seine Sozien (§ 714 BGB …)"*** (BGHZ 56, 355 = NJW 1971, 1801). Nach dieser Grundsatzentscheidung kam es in deren Folge zu weiteren Detailausgestaltungen des Sozietätsrechts durch eine Reihe weiterer Entscheidungen. Im Grundsatz blieb es aber bei den vom BGH im Jahre 1971 vorgezeichneten Grundzügen.

Nach den Entscheidungen des BVerfG vom 14.7.1987, mit denen das BVerfG unter Aufgabe 5
seiner früheren Rechtsprechung (BVerfGE 57, 121 = NJW 1981, 2239 = BRAK-Mitt. 1981, 47) die Grundsätze des anwaltlichen Standesrechts nicht mehr als Hilfsmittel zur Auslegung und Konkretisierung der Generalklausel des § 43 zuließ (BVerfGE 76, 171 = NJW 1988, 191; BVerfGE 76, 196 = NJW 1988, 194; → § 43 Rn. 1 ff.), kam es zu einer weiteren zügigen Ausgestaltung des Sozietätsrechts. Neben die ursprünglich nur an einem Ort zulässige Sozietät trat die **überörtliche Sozietät** (BGHZ 108, 290 = NJW 1989, 2890 = BRAK-Mitt. 1989, 211 = AnwBl. 1989, 563) mit deren Ausgestaltungen als **intraurbane** Sozietät (BGH NJW 1994, 2288 = MDR 1994, 944 = BRAK-Mitt. 1994, 245 = AnwBl. 1994, 415) und als **internationale** Sozietät (vgl. 6. Aufl. § 59a Rn. 17), wobei diese **sowohl mono- als auch interprofessionell** zusammengesetzt sein konnten. Mit der Einfügung des § 59a durch Gesetz vom 2.9.1994 (BGBl. I S. 2278) wurden diese Ausgestaltungen auch gesetzlich sanktioniert (vgl. 6. Aufl. § 59a Rn. 1 ff.). Während die gesetzliche Gestaltung des Sozietätsrechts damit vorläufig zum Stillstand gekommen war, ging dessen Fortentwicklung durch Rechtsprechung und Lehre weiter.

Einen Qualitätssprung machte die Sozietät aufgrund der Entscheidung des BGH vom 6
29.1.2001, mit der dieser die **Gesellschaft bürgerlichen Rechts** für **rechts- und parteifähig** erklärte. Danach haftet die Sozietät als BGB-Gesellschaft mit ihrem wechselnden Gesellschafterbestand. Sie kann klagen und verklagt werden (BGHZ 146, 341 = NJW 2001, 1056 = DB 2001, 423 mit Anm. *Römermann* = DStR 2001, 310 mit Anm. *Goette*). Folgerichtig hat der BGH sodann durch Urteil vom 7.4.2003 festgestellt, dass der in eine Sozietät **eintretende Sozius**

auch für vor seinem Eintritt begründete Verbindlichkeiten der Sozietät grundsätzlich auch persönlich und als Gesamtschuldner mit den Altsozien einzustehen hat. Ob dies auch für Verbindlichkeiten aus beruflichen Haftungsfällen der Sozietät gilt, hat der BGH dabei offen gelassen (BGHZ 154, 370 = NJW 2003, 1803 = MDR 2003, 756 = BRAK-Mitt. 2003, 188, 164 mit Anm. *Grams* = BB 2003, 1081 = DB 2003, 1164). 2004 hat der BGH den Grundsatz einschränkend dahingehend konkretisiert, dass dann, wenn sich ein Rechtsanwalt mit einem bisher als Einzelanwalt tätigen anderen Rechtsanwalt zur gemeinsamen Berufsausübung in einer Sozietät in Form einer BGB-Gesellschaft zusammenschließt, er nicht entsprechend § 28 Abs. 1 S. 1 iVm § 128 S. 1 HGB für die im Betrieb des bisherigen Einzelanwalts begründeten Verbindlichkeiten haftet (BGHZ 157, 361 = NJW 2004, 836 = BRAK-Mitt. 2004, 73 = AnwBl. 2004, 376 = JZ 2004, 681 mit Anm. *Grunewald*).

7 Für Fälle des Beitritts zu einer Sozietät vor dem Urteil des BGH vom 7.4.2003 wurde allgemein aus Gründen des Vertrauensschutzes eine Haftung abgelehnt. Mit Entscheidung vom 12.12.2005 hat der BGH jedoch klargestellt, dass dies nicht für alle Altverbindlichkeiten der Sozietät gilt. Der Neugesellschafter einer Sozietät ist danach in seinem Vertrauen auf den Fortbestand der vor der Publikation des BGH-Urteils vom 7.4.2003 (BGHZ 154, 370 = NJW 2003, 1803) bestehenden Rechtslage nicht geschützt; sondern haftet analog § 130 HGB, wenn er die Altverbindlichkeiten, für die er in Anspruch genommen wird, bei seinem Eintritt in die Gesellschaft kennt oder wenn er deren Vorhandensein bei auch nur geringer Aufmerksamkeit hätte erkennen können (BGH AnwBl. 2006, 208 mit Anm. *Thole*). Auch mit diesem Urteil dürfte die Neugestaltung des Sozietätsrechts noch nicht abgeschlossen sein. Vielmehr wird es notwendig sein, für Sozietäten in der Rechtsform der BGB-Gesellschaft mehr und mehr auf Vorschriften für die Rechtsanwalts-GmbH zurückzugreifen.

7a Die im Regierungsentwurf (BT-Drs. 16/3655, 14, 15, 82, 83) vorgesehene Regelung zur Erweiterung der beruflichen Zusammenarbeit von Rechtsanwälten mit Angehörigen anderer – vereinbarer – Berufe in § 59a Abs. 4 wurde im Gesetzgebungsverfahren gestrichen. Diese weit reichende Änderung des anwaltlichen Berufsrechts soll in einem gesonderten Gesetzgebungsvorhaben zur Änderung der BRAO weiterverfolgt werden. Dies bietet dann die Gelegenheit, die Einzelheiten der Regelung weiter zu prüfen und abzustimmen (BT-Drs. 16/6634, 66). Die im Regierungsentwurf vorgesehene Streichung der Organisationsform „Sozietät", des Verbotes der sog. „Sternsozietät" und der Vorschrift über die Kanzlei in § 59a aF wurde aber mit Gesetz vom 12.12.2007 (BGBl. I S. 2840, 2848) beschlossen.

II. Gesellschaftsrechtliche Aspekte einer Sozietät

8 Unter II. werden zunächst nur die gesellschaftsrechtlichen Aspekte einer Sozietät in Form einer BGB-Gesellschaft untersucht. Die berufsrechtlichen Besonderheiten des § 59a gelten auch für die Partnerschaftsgesellschaft, die schon bisher als Sozietät iSd § 59a aF verstanden wurde (BT-Drs. 16/3655, 82). Sie gelten aber nach der Öffnung des § 59a auch für sonstige Organisationsformen anwaltlicher Zusammenarbeit. Wegen der besonderen praktischen Bedeutung werden aber die Aspekte des Sozietätsrechts hervorgehoben. § 59a knüpft an den von Rechtsprechung und Lehre seit langem entwickelten Sozietätsbegriff (BGHZ 56, 355; 83, 328; 108, 290; BGH NJW 1994, 2288; *Redeker* AnwBl. 1987, 528) an, genau so wie er an die Regelungen der anderen Organisationsformen anknüpft. Für alle Formen der anwaltlichen Zusammenarbeit stellt er sodann allgemeine berufsrechtliche Anforderungen insbesondere zum Kreis der Mitglieder auf.

9 **1. Gesellschaftsrecht und Berufsrechtsvorbehalte.** Beim Sozietätsrecht der Rechtsanwälte ist zwischen den Aspekten des gewählten Gesellschaftsrechts (BGB-Gesellschaft oder Partnerschaftsgesellschaft) und denen des Berufsrechts zu unterscheiden. Das **Gesellschaftsrecht** (§§ 705 ff. BGB, PartGG) stellt **als Organisationsrecht,** die verschiedenen Rechtsformen zur Organisation anwaltlicher Zusammenarbeit zur Verfügung. Das **Berufsrecht passt diese Organisationsrechte** durch Klarstellungen, Erlaubnisse und Verbote den Erfordernissen der **gemeinsamen anwaltlichen Berufsausübung an.** Insoweit hat das anwaltliche Berufsrecht Vorrang vor dem Gesellschaftsrecht. Für die Partnerschaftsgesellschaft ist dies ausdrücklich in § 1 Abs. 3 PartGG festgeschrieben (→ PartGG § 1 Rn. 14 ff.). Die **Berufsrechtsvorbehalte** sind in § 59a und in §§ 30, 31 BORA enthalten (*Kilian/vom Stein/Brandi* PraxisHdB § 18 Rn. 3) und für die GmbH auch in §§ 59c ff. Zur englischen **Limited Liability Partnership (LLP)** als Rechtsform anwaltlicher Berufsausübung vgl. *Dahns* NJW Spezial 2005, 333; *Weller/Kienle* DStR 2005, 1060;

2005, 1102; LG München NJW 2006, 704; AGH Bln BRAK-Mitt. 2007, 171 = AnwBl. 2007, 794.

2. Sozietätsvertrag. Der organisierte Zusammenschluss von Rechtsanwälten und Angehörigen anderer Berufe, mit denen er gemeinschaftlich seinen Beruf ausüben darf (→ Rn. 46 ff.), in einer Sozietät erfolgt nach den Regeln über die Gesellschaft bürgerlichen Rechts durch Abschluss eines Gesellschaftsvertrages (§§ 705 ff. BGB). Dieser **Sozietätsvertrag bedarf an sich keiner Form,** sollte aber aus Beweisgründen und zur Vermeidung von Auseinandersetzungen unter den Beteiligten schriftlich geschlossen werden (Henssler/Prütting/*Hartung* § 59a Rn. 23). Die Sozietät als BGB-Gesellschaft ist eine sehr flexible Form der beruflichen Zusammenarbeit. Innerhalb der geringen Schranken der §§ 705 ff. BGB können die Sozien im Sozietätsvertrag entsprechend ihren Wünschen und Bedürfnissen die unterschiedlichste Vereinbarungen zur inneren Organisation, Vertretungsbefugnis, Kanzleiführung, Eigentumsverhältnissen, Honorarverteilung, internen Haftungsregelung, Ausscheiden aus der Sozietät, Altersversorgung pp. treffen (zu Musterverträgen vgl. DAV-Ratgeber 12. Aufl. 2009, 295 ff.; vgl. auch *Wollny* in Hartung/Römermann, Marketing und Management-Handbuch für Rechtsanwälte, 1999, 12 ff.). 10

Bei der Regelung des Kündigungsrechts ist § 723 Abs. 3 BGB über die Nichtigkeit des Ausschlusses eines Kündigungsrechts zu berücksichtigen. In einem Sozietätsvertrag stellt der **Ausschluss des Rechts zur ordentlichen Kündigung für einen Zeitraum von 30 Jahren** auch dann eine **unzulässige Kündigungsbeschränkung iSd § 723 Abs. 3 BGB** dar, wenn sie Teil der Alterssicherung der Seniorpartner ist. Eine zeitlich unüberschaubare Bindung der Gesellschafter an die Gesellschaft mit entsprechenden nachteiligen Folgen für die persönliche Freiheit des Gesellschafters besteht nicht nur bei unbefristeten Gesellschaftsverträgen, sondern auch bei zeitlich befristeten Gesellschaftsverträgen, bei denen die vertragliche Bindung von so langer Dauer ist, dass bei Vertragsschluss die Entwicklungen und damit die Auswirkungen auf die Gesellschafter unübersehbar sind. Die Frage, wo die Grenze zulässiger Zeitbestimmungen verläuft, lässt sich nicht generell abstrakt, sondern nur anhand des Einzelfalls unter Abwägung aller Umstände beantworten. Hierbei sind einerseits die schutzwürdigen Interessen des einzelnen Gesellschafters an einer absehbaren, einseitigen Lösungsmöglichkeit, andererseits die Struktur der Gesellschaft, die Art und das Ausmaß der für die Beteiligten aus dem Gesellschaftsvertrag folgenden Pflichten sowie das durch den Gesellschaftsvertrag begründete Interesse an einem möglichst langfristigen Bestand der Gesellschaft in den Blick zu nehmen (BGH BRAK-Mitt. 2007, 35 = AnwBl. 2007, 158 = MDR 2007, 305; OLG Stuttgart BRAK-Mitt. 2007, 182). Soweit auch die Partnerschaftsgesellschaft als Sozietät verstanden wird, ist diese aber durch das PartGG wesentlich stärker reglementiert. 10a

Die Vertragsgestaltung der Sozietät in der Rechtsform einer BGB-Gesellschaft kann von der in jeder Hinsicht gleichberechtigten Gesellschafterstellung der einzelnen Sozien mit zB gleichen Gewinnbeteiligungsansprüchen, über die verschiedenen denkbaren Zwischenstufen bis hin zu einem Vertrag reichen, der die berufliche Zusammenarbeit auf eine rein haftungsrechtliche Außensozietät (Scheinsozietät) beschränkt, in welcher alle Gesellschafter bis auf einen im Innenverhältnis als lediglich angestellte Rechtsanwälte (→ § 2 Rn. 18 ff.) dieses einen arbeiten (Henssler/Prütting/*Hartung* § 59a Rn. 23). 11

Im Hinblick auf die Formfreiheit für einen Gesellschaftsvertrag und die Bedeutung des Rechtsscheins im Rechtsverkehr wird schon durch das **gemeinsame Auftreten auf dem Praxisschild** eine **Außensozietät begründet** (*Kamps/Alvermahn* NJW 2001, 2121), die als **Scheinsozietät** haftungsrechtlich wie eine Sozietät behandelt wird (→ § 51a Rn. 14). Diese vom BGH zunächst für die Berufsgruppe der Rechtsanwälte entwickelte Figur der „Scheinsozietät" gilt nur für sozietätsfähige Berufe (NdsAGH AnwBl. 2007, 791). Wenn mehrere Rechtsanwälte (→ Rn. 46 ff.), zwischen denen keine Sozietät, sondern nur etwa ein Anstellungsverhältnis oder freie Mitarbeit (→ § 2 Rn. 18 ff.) besteht, nach außen hin durch gemeinsames Praxisschild, Briefbögen, Stempel usw. den Anschein einer Sozietät erwecken, so erzeugen sie gegenüber dem Rechtsverkehr den Anschein, dass der einzelne handelnde Rechtsanwalt sie sämtlich vertritt. An diesem von ihnen gesetzten Rechtsschein müssen sich deshalb die ihn setzenden Rechtsanwälte festhalten lassen. Dies ergibt sich aus den von der Rechtsprechung herausgebildeten Grundsätzen der sog. **Duldungs- und Anscheinsvollmacht** (BGHZ 70, 247 = NJW 1978, 996; BGH NJW 1991, 1225; 1999, 3040; 2001, 165; OLG Saarbrücken NJW-RR 2006, 707 = BRAK-Mitt. 2006, 114 mit Anm. *Jungk* = MDR 2006, 1019 = BRAK-Mitt. 2006, 270 mit Anm. *Jungk;* OLG München DB 2001, 12

809). Die Grundsätze der gesamtschuldnerischen Rechtsscheinhaftung bei Scheinsozietäten gelten auch dann, wenn auf dem gemeinsamen Briefkopf der Zusatz „In Kanzleigemeinschaft" angebracht ist (OLG Köln BRAK-Mitt. 2003, 121). Die **Bezeichnung „Anwaltsgemeinschaft" erweckt nach außen den Anschein einer Sozietät.** Ein einschlägiger Tätigkeitsschwerpunkt führt nicht zur Begründung eines Einzelmandats (OLG Hamm BRAK-Mitt. 2006, 218 mit Anm. *Grams*).

13 **3. Gemeinsame Berufsausübung.** Die gemeinsame Berufsausübung ist das **wesentliche Kriterium** einer Anwaltssozietät (Henssler/Prütting/*Hartung* § 59a Rn. 38 f.; BGHZ 83, 328 = NJW 1982, 1866; BGH NJW 1990, 827). Sie dokumentiert sich dadurch, dass die Rechtsanwälte eine gemeinsame Kanzlei unterhalten und nach außen gemeinsam auftreten (einheitlicher Briefkopf, einheitliches Praxisschild, einheitliche Kanzleibezeichnung) sowie die Aufträge gemeinsam entgegennehmen (BGH BRAK-Mitt. 1986, 223). Dazu gehört es grundsätzlich auch, dass die Honorare gemeinsam vereinnahmt werden.

14 **a) Gemeinsames Auftreten nach außen.** Das gemeinsame Auftreten nach außen geschieht durch Verwendung eines **gemeinsamen „Namens".** Nach dem Gesetz bedarf die Sozietät in der Rechtsform der BGB-Gesellschaft keines Namens. Für den Namen der Sozietät in der Rechtsform der Partnerschaftsgesellschaft gilt § 2 PartGG (vgl. dort Anm.). Da aber auch für eine Sozietät in der Rechtsform der BGB-Gesellschaft, die ebenfalls rechts- und parteifähig ist, es wichtig ist, im Rechtsverkehr als solche wahrgenommen und von anderen unterschieden zu werden, zählt seit jeher die gemeinsame Bezeichnung, der Name der Sozietät zu deren Essentialien. Ursprünglich wurde dieser durch die Aufzählung der Namen aller Sozien bzw. der Namen einiger Sozien mit einem Zusatz, der auf eine Berufsgemeinschaft hinwies – wie zB & Kollegen, gebildet. Wegen der nur eingeschränkten Verwendbarkeit des Zusatzes „und Partner" → BORA § 9 Rn. 9; → PartGG § 11 Rn. 1. Im Zuge der Bildung immer größerer Sozietäten hat sich zur Kundgabe der beruflichen Zusammenarbeit die Verwendung von **Kurzbezeichnungen** durchgesetzt. Insgesamt ist der Name bzw. die Firma der Sozietät heute in verschiedenen Formen möglich. Es kommen sowohl Personenfirmen (→ BORA § 9 Rn. 6 ff.) als auch gemischte Firmen mit Sachbestandteilen neben dem Familiennamen eines oder mehrerer Sozien (→ BORA § 9 Rn. 9) in Betracht. Die **Zulassung einer reinen Sachfirma, die keinen Familiennamen einer der Sozien mehr im Kanzleinamen führt, ist weiterhin umstritten.** Zum Meinungsstand → BORA § 9 Rn. 13. Hinsichtlich der Kundgabe der beruflichen Zusammenarbeit, der Verwendung von Kurzbezeichnungen und der Gestaltung von Briefbögen gilt das von der Anwaltschaft autonom verabschiedete Satzungsrecht der §§ 8, 9 und 10 BORA, auf deren Kommentierung Bezug genommen wird. Zur Kundgabe der gemeinsamen Berufsausübung durch das Praxisschild → § 27 Rn. 2, 6 ff. Die Verwendung des Begriffs „Fachanwälte" als Zusatz zu der Kurzbezeichnung einer überörtlichen Sozietät auf einem Praxisschild oder auf dem Briefkopf setzt voraus, dass eine den Plural rechtfertigende Zahl von Sozietätsmitgliedern Fachanwälte sind. Nicht erforderlich ist es, dass an jedem Standort, an dem der Zusatz verwendet wird, ein oder mehrere Fachanwälte tätig sind (BGH NJW 2007, 2334).

15 **b) Gemeinsame Entgegennahme von Aufträgen.** Wesensgemäß für eine gemeinsame Berufsausübung im Rahmen einer Sozietät ist die gemeinsame Entgegennahme von Aufträgen. Ohne eine solche gemeinsame Mandatsübernahme scheidet das Vorliegen einer Sozietät aus. Grundsätzlich gilt, übernimmt ein Sozius ein Mandat, so nimmt er dies im Namen der Sozietät an, mit der der Anwaltsdienstvertrag zustande kommt. Nicht nur der für die Sozietät handelnde Sozius persönlich, sondern auch die mit ihm zur gemeinsamen Berufsausübung in der Sozietät verbundenen Sozien werden mitverpflichtet (BGH NJW 1994, 254; 1999, 3040; § 128 HGB) und -berechtigt. **Dies gilt auch für** die Sozien einer **überörtlichen Sozietät** (BGH NJW 1991, 49) und für die (Schein-)Sozien einer sog. Außen- oder Scheinsozietät (→ Rn. 12). Aufgrund des Rechtsscheins einer Sozietät entsteht im Verhältnis zum Mandanten eine vertragliche Bindung der Sozietät und damit aller (Schein-)Sozien an das Mandat und im Haftungsfall auch eine gesamtschuldnerische Haftung aller (Schein-)Sozien (BGHZ 70, 247 = NJW 1978, 996; BGH NJW 1999, 3040; NJW-RR 2000, 791; OLG Köln NJW-RR 2004, 279; § 51a Abs. 2). Nachdem aufgrund der Rechtsprechung des BGH zur Rechts- und Parteifähigkeit einer BGB-Gesellschaft (BGHZ 146, 341 = NJW 2001, 1056) auch eine Sozietät mit dieser Rechtsform als rechts- und parteifähig anzusehen ist, gilt umso mehr, dass ihr das Mandat im Regelfall übertragen

wird (für die gemischte Sozietät nun anders als bisher BGH NJW-RR 2006, 1071; AnwBl. 2011, 220 mit Anm.).

c) Alleinige Geschäftsführung. Im Hinblick auf die gesetzlich garantierte berufliche Unabhängigkeit des Rechtsanwalts (§§ 1, 3 Abs. 1) und auf das Verbot des Eingehens diese Unabhängigkeit beschränkender Verbindungen (§ 43a Abs. 1) muss jeder Rechtsanwalt auch als Sozius bei der anwaltlichen Berufsausübung (§ 3), insbesondere bei der Annahme und Bearbeitung von Mandaten iSd §§ 709, 710 BGB zur alleinigen Geschäftsführung befugt sein. Das **Prinzip der gemeinschaftlichen Geschäftsführung** (§ 709 BGB) ist, da mit der unabhängigen anwaltlichen Berufsausübung unvereinbar, jedenfalls **bezüglich der eigentlichen anwaltlichen Berufsausübung (§ 3),** wie zB Mandatsannahme und Mandatsbearbeitung **unanwendbar.** Insoweit besteht für die anderen Sozien auch kein Widerspruchsrecht nach § 711 BGB. Lediglich für Geschäftsführungsmaßnahmen der Sozietät, die nicht der engeren Berufsausübung zuzurechnen sind wie zB die Anstellung von Büropersonal, Büroorganisation pp. kann nach § 710 BGB die Führung der Geschäfte einem oder mehreren Gesellschaftern übertragen werden. Auch im Bereich der Anbahnung möglicher Mandate werden Ausnahmen von dem Verbot der Geschäftsführungsbeschränkung bzgl. der Berufsausübung hingenommen. So wird es für zulässig erachtet, dass die Übernahme bestimmter, zB besonders regressträchtiger Mandate an die Zustimmung einzelner oder mehrerer Sozien geknüpft wird (*Kilian/vom Stein/Brandi* PraxisHdB § 18 Rn. 23–26). Die Einzelvertretungsbefugnis des anwaltlichen Mitglieds einer Sozietät umfasst nicht mandatsfremde Geschäfte (OLG Celle NZG 2000, 834). 16

d) Einzelmandate. Einzelmandate mit nur einem Sozius einer Sozietät sind zwar nicht allgemein ausgeschlossen, aber doch die Ausnahme. Nur bei Vorliegen besonderer Umstände kann ein Einzelmandat angenommen werden (BGH NJW 1994, 257; KG NJW 2001, 3059). Die **Darlegungs- und Glaubhaftmachungslast für die Beauftragung der gesamten Sozietät liegt nicht bei der vertretenen Partei** (KG NJW 2001, 3059). Es ist regelmäßig davon auszugehen, dass sowohl Auftraggeber als auch der handelnde Sozietätsanwalt ein Mandatsverhältnis zwischen Mandant und der gesamten Sozietät begründen wollen. Insbesondere will der Mandant sich regelmäßig den in der Sozietät gebündelten juristischen Sachverstand und deren know how für die Mandatsabwicklung sowie die Haftung der gesamten Sozietät im Regressfall sichern. An eine Ausnahme vom Anwaltsvertrag mit einer Sozietät insgesamt sind daher hohe Anforderungen zu stellen. Für den Mandanten muss eindeutig klar sein, dass nur der einzelne Sozius sein alleiniger Vertragspartner ist. Der bloße, nicht nach außen deutlich werdende Wille des Sozius, nur im eigenen Namen zu handeln, ist unbeachtlich. Das Einzelmandat mit einem Sozius bedarf einer ausdrücklichen und klaren Absprache, die aus Beweisgründen schriftlich erfolgen sollte (Henssler/Prütting/*Hartung* § 59a Rn. 43; *Hartung* MDR 2002, 1224). 17

Ein Einzelmandat kommt zB in Betracht, wenn der Mandant sich den besonderen Sachverstand eines bestimmten Sozius in einer bestimmten Rechtssache sichern will. Dazu ist er nach § 3 Abs. 3 berechtigt, wonach er sich „durch einen Rechtsanwalt seiner Wahl beraten … und vertreten" lassen kann. Er kann also eine Vertretung durch die Sozien des von ihm persönlich beauftragten Rechtsanwalts ausschließen. Darüber hinaus **kommen Einzelmandate in Betracht:** 18

aa) Beratung. Einzelmandate kommen in Betracht im Falle einer unmittelbar **mündlich erteilten Beratung, oder einer Beratungshilfe** sowie in Fällen des § 59a Abs. 1 S. 2, in denen aus prozessualen Gründen nur bestimmte Anwälte zur Vertretung berufen sind. 19

bb) Beiordnung im Rahmen der Prozesskostenhilfe. Im Falle der Beiordnung im Rahmen der Prozesskostenhilfe/Verfahrenskostenhilfe ist nur ein namentlich zu benennender Anwalt beizuordnen (OLG Düsseldorf AnwBl. 1991, 223 = JurBüro 1991, 979; LAG Nürnberg MDR 2002, 1094; Zöller/*Geimer* ZPO § 121 Rn. 2; Baumbach/Lauterbach/Albers/*Hartmann* ZPO § 121 Rn. 6), wobei allerdings selbst dann, wenn nur ein Rechtsanwalt beigeordnet wird, im Verhältnis zum Mandanten der Anwaltsvertrag nicht notwendigerweise nur mit diesem Anwalt zustande kommt. Der Mandant kann auch dann die Sozietät insgesamt mit der Vertretung seiner Interessen beauftragen. Erforderlich ist für ein Einzelmandat auch in diesem Fall, dass der Mandant im Hinblick auf die Beiordnung nur diesen einen Rechtsanwalt beauftragt (BGHZ 56, 355, 361 = NJW 1971, 1801; BGH MDR 1991, 1090; OLG Köln AnwBl. 1994, 300). – In der Praxis stellte aufgrund der (internen) wirtschaftlichen Zuordnung des PKH-Mandats zur Sozietät 20 die Frage der Einzelbeiordnung überhaupt nur dann ein Problem dar, wenn Anwälte aus der Kanzlei ausschieden und sich die Frage der Weiterbehandlung des Mandats stellte. Da nunmehr der BGH die Beiordnung der Sozietät im Rahmen von PKH-Mandaten für zulässig erachtet (BGH AnwBl. 2009, 74), ist bei entsprechender Beantragung zur Beiordnung der Sozietät der Gleichlauf von Anwaltsmandat und Anwaltsbeiordnung gegeben (Henssler/Prütting/*Hartung* § 59a Rn. 44).

21 **cc) Beiordnung nach § 138 FamFG.** Auch im Falle der Beiordnung nach § 138 FamFG (§ 625 ZPO aF) in einer Scheidungssache wird vom Gericht nur ein bestimmter Rechtsanwalt, nicht eine Sozietät, beigeordnet. Der Antragsgegner kann aber weiterhin nur ihm oder der gesamten Sozietät Prozessvollmacht erteilen. Ebenso wird nur ein Anwalt und nicht die Sozietät als **Notanwalt nach §§ 78b, 78c ZPO** beigeordnet (aber → Rn. 20; Henssler/Prütting/*Hartung* § 59a Rn. 49).

22 **dd) Bestellung als besonderer Vertreter.** Auch bei Bestellung als besonderer Vertreter nach **§§ 57, 58, 779 Abs. 2, 787 Abs. 1 ZPO** wird regelmäßig nur ein Einzelmandat mit dem bestellten Sozietätsmitglied begründet; ebenso nach Beiordnung gemäß §§ 78b und 78c ZPO und bei Bestellung als Pfleger gemäß § 276 FamFG (§ 87 FGG aF) in Betreuungssachen und gemäß § 317 FamFG (§ 70b FGG aF) in Unterbringungssachen (aber → Rn. 20; Henssler/Prütting/*Hartung* § 59a Rn. 49). Auch wenn von mehreren Streitgenossen jeder ein anderes Mitglied einer Sozietät beauftragt, wird regelmäßig mit diesen ein Einzelmandat in Frage kommen (*Kilian/vom Stein/Brandi* PraxisHdB § 18 Rn. 31).

23 **ee) Einzelfälle.** Ein Einzelmandat nur an ein bestimmtes Mitglied der Sozietät kommt auch in Betracht, wenn im Einzelfall **sonstige besondere Umstände darauf hindeuten.** Nur noch exemplarisch sei darauf hingewiesen, dass die Rechtsprechung dies für naheliegend gehalten hat, wenn bei einem Prozessauftrag nur einer der in der Sozietät verbundenen Rechtsanwälte bei dem Prozessgericht zugelassen war (BGH NJW 2000, 1333 = MDR 2000, 606 = BB 2000, 636 = AnwBl. 2000, 316; BGHZ 56, 355, 361 = NJW 1971, 1801; anders aber BGH NJW 1995, 1841). Hierzu stellt § 59a Abs. 1 S. 2 klar, dass das Grundprinzip der gemeinschaftlichen Beauftragung nicht dadurch in Frage gestellt wird, dass der Mandant die tatsächliche Erfüllung des Vertrags nicht von allen Sozien erwarten kann, weil nicht alle bei dem Gericht postulationsfähig sind, vor dem der Prozess geführt wird (BT-Drs. 12/4993, 33 = BR-Drs. 93/93, 99). Die Annahme eines Einzelmandates bei unterschiedlicher Postulationsfähigkeit der Sozien ist einerseits endgültig überholt aufgrund der neuen Sicht zur Rechtsnatur der BGB-Gesellschaft, wonach eine Sozietät in dieser Rechtsform rechts- und parteifähig ist (BGHZ 146, 341 = NJW 2001, 1056). Da die rechtsfähige Sozietät selbst Auftragnehmerin ist, ist es gleichgültig, durch welches Sozietätsmitglied sie den Mandanten vor Gericht vertritt (Henssler/Prütting/*Hartung* § 59a Rn. 48). Darüber hinaus gibt es auch eine unterschiedliche Postulationsfähigkeit nicht mehr, da jeder Rechtsanwalt bei allen Gerichten mit Ausnahme des BGH in Zivilsachen vertretungsbefugt ist.

24 Hat ein Mandant einen Anwalt einer Sozietät mit einer **Tätigkeit** betraut, die an sich **außerhalb eigentlicher anwaltlicher Aufgaben** liegt, kann dies auf ein **Einzelmandat** hindeuten (BGH NJW 2000, 1333; BeckRS 1988, 31068361). Hat ein Mandat eine nicht anwaltsspezifische Tätigkeit zum Inhalt, wie zB die Tätigkeit als Insolvenzverwalter, Treuhänder, Testamentsvollstrecker, Pfleger, Betreuer oder als Mitglied in einem Aufsichtsorgan, wird in der Regel ein Einzelmandat vorliegen (*Kilian/vom Stein/Brandi* PraxisHdB § 18 Rn. 33). Besondere Umstände wie die Ausgestaltung der Vertragsurkunde, eine Doppeleigenschaft als Geschäftsführer der Investment-Gesellschaft und anwaltlich betrauter Treunehmer, rechtfertigen es im Rahmen tatrichterlich zulässiger Würdigung des Prozessstoffes, das Treuhandvertragsverhältnis als Einzelmandat anzusehen (BGH BRAK-Mitt. 2007, 16 mit Anm. *Chab*).

25 **ff) Strafrechtliche Wahlmandate.** Bei **strafrechtlichen Wahlmandaten** wird der **Grundsatz des Gesamtmandates** durch die Bestimmungen der §§ 137 Abs. 1 S. 2, 146 StPO **modifiziert** (*Kilian/vom Stein/Brandi* PraxisHdB § 18 Rn. 35). Dabei steht § 137 Abs. 1 S. 2 StPO der – Wirksamkeit eines Anwaltsvertrages mit einer Anwaltssozietät – nicht entgegen, auch wenn diese aus mehr als drei Sozietätsmitgliedern besteht. So bestimmt § 59a Abs. 1 S. 2 auch ausdrücklich, dass § 137 Abs. 1 S. 2 StPO der beruflichen Zusammenarbeit nicht entgegensteht und damit „das Grundprinzip der gemeinschaftlichen Beauftragung nicht dadurch in Frage

gestellt wird, dass in einer Strafsache eine Sozietät mit mehr als drei Rechtsanwälten beauftragt ist, die wegen § 137 Abs. 1 S. 2 StPO nicht alle zu Wahlverteidigern bestellt sind" (BT-Drs. 12/4993 S. 33). Nach § 137 Abs. 1 S. 2 StPO darf auch nur die **Zahl der gewählten Verteidiger drei nicht übersteigen.** Zusätzlich bestellte Pflichtverteidiger zählen bei der Berechnung nicht mit (BGH MDR 1980, 273). Bei Sozietäten mit maximal drei Sozien ergibt sich bei ihrer Mandatierung zur Wahlverteidigung folglich aus § 137 StPO keine Modifizierung des Gesamtmandates; deren Mitglieder können alle Verteidiger desselben Beschuldigten sein (BVerfGE 43, 79 = NJW 1977, 99). Bei größeren Sozietäten greift aber die Beschränkung des § 137 Abs. 1 S. 2 StPO, nur drei Sozien der beauftragten Sozietät dürfen tatsächlich sich auch zu Verteidigern bestellen. Dass die Vollmacht auf alle Sozietätsmitglieder lautet und nicht auf höchstens drei beschränkt ist, beweist allein nicht, dass alle den Auftrag tatsächlich übernommen haben iSd § 137 StPO (BVerfGE 43, 79 = NJW 1977, 99). Entscheidend ist vielmehr die Übernahme der Verteidigung; es dürfen tatsächlich nicht mehr als drei Sozien die Wahl zum Verteidiger annehmen, indem sie diese durch ausdrückliche Erklärung oder durch schlüssiges Verhalten annehmen (*Meyer-Goßner* StPO § 137 Rn. 6). Bestellen sich aber gleichzeitig mehr als drei Anwälte zu Verteidigern, sind alle nach § 146a Abs. 1 S. 2 StPO zurückzuweisen. Haben sich bereits drei Verteidiger bestellt, müssen der oder die sich danach noch bestellenden Wahlverteidiger ebenfalls nach § 146a Abs. 1 S. 1 StPO zurückgewiesen werden. Die Zurückweisung wirkt jeweils nur für die Zukunft. Prozesshandlungen des Zurückgewiesenen vor der Zurückweisung bleiben wirksam (§ 146a Abs. 2 StPO).

Da strafprozessual Verteidiger immer nur der einzelne Rechtsanwalt und nicht die Sozietät als 26
solche ist, verbietet § 146 StPO nicht, dass **mehrere Rechtsanwälte aus einer Sozietät** in einem Verfahren **gleichzeitig mehrere verschiedener Taten Beschuldigte verteidigen.** Ebenso ist ihnen nicht verboten, mehrere derselben Tat Beschuldigte zu verteidigen, wenn der einzelne Rechtsanwalt jeweils nur einen der Beschuldigten verteidigt. Es ist zulässig, dass von den in einer Sozietät zusammengefassten Rechtsanwälten auf Grund entsprechender Einzelvollmachten jeder einen anderen Mitbeschuldigten verteidigt (BVerfGE 43, 79 = NJW 1977, 99; BVerfGE 45, 272 = NJW 1977, 1629). Auch dabei ist unschädlich, dass in der Vollmachtsurkunde für alle Sozien keiner der darin genannten Rechtsanwälte durch Streichung seines Namens oder in anderer Weise ausgeschlossen ist; maßgebend ist, dass sich die Anwälte jeweils als Verteidiger nur eines Mitbeschuldigten bestellen (BVerfGE 43, 79 = NJW 1977, 99; BGHSt 27, 124 = NJW 1977, 910). Hinsichtlich der Beachtung des Verbots der Wahrnehmung widerstreitender Interessen im Falle der Verteidigung mehrerer Beschuldigte durch die Anwälte einer Sozietät → § 43a Rn. 80 ff.

gg) Pflichtverteidiger. In Fällen der Beiordnung (§ 48) und der Bestellung zum Pflichtver- 27
teidiger (§ 141 StPO; § 49) wird damit vorrangig nur das Verhältnis des beigeordneten bzw. bestellten Rechtsanwalts zur Staatskasse wegen seines Gebührenanspruchs geregelt. Dies schließt bei Sozietätsverhältnissen nicht aus, dass das Mandat gleichwohl von der Sozietät entgegengenommen wird (OLG Köln AnwBl. 1994, 300 = ZIP 1993, 520). Zwar bestimmt § 141 Abs. 1 StPO, dass dem Angeschuldigten „ein Verteidiger" bestellt wird. Das schließt aber nicht aus, bei Bedarf mehrere Verteidiger beizuordnen, § 137 Abs. 1 S. 2 StPO gilt insoweit nicht (*Meyer-Goßner* StPO § 141 Rn. 2). Der gegen die Staatskasse gerichtete Gebührenanspruch gehört demgemäß auch zum Gesellschaftsvermögen der Sozietät (Henssler/Prütting/*Hartung* § 59a Rn. 49).

e) Gemeinsamer Vergütungsanspruch. Verbunden mit der gemeinsamen Entgegennahme 28
von Aufträgen (→ Rn. 15 ff.) ist der gemeinsame Vergütungsanspruch, der zum **Gesellschaftsvermögen der Sozietät** gehört (§ 718 BGB). Da in der Regel das Mandat der Sozietät erteilt wird, steht auch ihr der Vergütungsanspruch allein zu (BGH NJW 1996, 2859 = BRAK-Mitt. 1996, 268). Für Vergütungen, die ein Sozius vor dem Zusammenschluss in der Sozietät verdient hat, gilt dies nur bei entsprechender Vereinbarung (BGH NJW-RR 1987, 1137), auch wenn sie erst nach Beginn der Sozietät eingehen (BGH NJW 1972, 101). Bei Ausscheiden eines Sozius verbleiben zuvor entstandene Vergütungsansprüche wie die laufenden Mandate bei der Sozietät (*Kilian/vom Stein/Brandi* PraxisHdB § 18 Rn. 36). Wie bei einer örtlichen Sozietät müssen auch bei einer überörtlichen Sozietät die Honorare auf gemeinsamen Konten verbucht werden (OLG München NJW 1990, 2134 = AnwBl. 1990, 262, 264). Werden die Honorare nicht auf gemeinsamen Konten verbucht, besteht für die Rechtsanwaltskammer Veranlassung, gemäß § 24 Abs. 1

Nr. 4 BORA nachzuprüfen, ob tatsächlich eine Sozietät vorliegt. Unterschiedliche Konten können ein erstes Indiz dafür sein, dass aus Anwaltsverträgen nicht alle „Sozien" an unterschiedlichen Orten mitverpflichtet sein sollen.

29 **f) Haftung.** Für die **Gesellschaftsschulden** der Sozietät „aus dem zwischen ihr und dem Auftraggeber bestehenden Vertragsverhältnis" **haften die Sozien einschließlich der sog. „Scheinsozien"** nach § 52 Abs. 2 S. 1 als **Gesamtschuldner** (§§ 421 ff. BGB; → § 52 Rn. 14 ff.). Die Gesellschafter/Sozien können diese ihre Haftung nach § 52 Abs. 1 und 2 beschränken (→ § 52 Rn. 4 ff., 15 ff.). Die Sozietät haftet als selbständiges Rechtssubjekt (BGHZ 146, 341 = NJW 2001, 1056) originär mit ihrem Gesellschaftsvermögen für die Gesellschaftsschulden, **auch soweit diese nicht aus dem Anwaltsvertrag herrühren.** Auch für diese nicht auf dem Mandatsvertrag beruhenden Gesellschaftsschulden (zB Steuerschulden, Mietschulden, Arbeitslohn pp.) haften die Sozien **entsprechend § 128 HGB** persönlich als Gesamtschuldner. Dies kann im Einzelfall einmal anders sein bei einem Mitglied einer Scheinsozietät. Dieses haftet nicht für Vertragsverletzungen aus einem Treuhandvertrag, wenn der vom sachbearbeitenden Rechtsanwalt übernommene Treuhandauftrag keine anwaltstypische Tätigkeit darstellt. Eine solche liegt dann nicht vor, wenn es dem Mandanten bei Abschluss des Treuhandvertrages ersichtlich nur auf die reine Vermögensbetreuung ankam und mit dem Treuhandvertrag keine rechtsberatende Tätigkeit verbunden ist, bzw. diese derartig in den Hintergrund tritt, dass ihr keine eigenständige Bedeutung zukommt (OLG Celle BRAK-Mitt. 2006, 217 mit Anm. *Grams* = MDR 2006, 1198; MDR 2007, 60). Für die Haftung eines Scheinsozius ist neben dem gesetzten Rechtsschein erforderlich, dass der Mandant diesen kennt, er weiß, dass der betroffene Rechtsanwalt im Zeitpunkt des seinen Anspruch gegen die Sozietät auslösenden Verstoßes als Mitglied der Sozietät in Erscheinung tritt (OLG Saarbrücken NJW-RR 2006, 707).

30 **aa) Gesamtschuldnerische Haftung.** Die gesamtschuldnerische Haftung der Sozien gilt somit für alle rechtsgeschäftlichen Verpflichtungen der Sozietät aus Verträgen aller Art, insbesondere Mandatsverträgen und aus § 44 S. 2, aber auch für sonstige Gesellschaftsverbindlichkeiten, gleich aus welchem Rechtsgrund. **Wie die Sozietät selbst haftet** für die vertragliche Erfüllung, für Vertragsverletzungen, bei ungerechtfertigter Bereicherung, für Steuerschulden der Sozietät, **so haften auch die Sozien und Scheinsozien akzessorisch dafür gesamtschuldnerisch,** allerdings bezüglich Ansprüchen aus dem Mandatsvertrag mit den Beschränkungsmöglichkeiten aus § 52 und eventuell entsprechend § 8 Abs. 2 und 4 PartGG. Neben der Haftung der Sozietät mit ihrem Gesellschaftsvermögen steht die gesamtschuldnerische und akzessorische Haftung der einzelnen Gesellschafter nach § 52 Abs. 2 und entsprechend § 128 S. 1 HGB (*Kilian/vom Stein/Brandi* PraxisHdB § 18 Rn. 39). Nachdem die Rechtsprechung die Rechts- und Parteifähigkeit der Sozietät als BGB-Gesellschaft bejaht hat, ist zudem die frühere Rechtsprechung, wonach bei rein deliktischem Fehlverhalten eines Sozius mangels Anwendbarkeit des § 31 BGB auf die BGB-Gesellschaft nur die persönliche Haftung des Handelnden und die Anwendung des § 831 BGB in Betracht komme (BGHZ 45, 311 = NJW 1966, 1807; BGH NJW-RR 1990, 701), nicht mehr passend (BGHZ 154, 88 = NJW 2003, 1445 = MDR 2003, 639). Damit ist auch die Deliktshaftung der Sozietät in Form der BGB-Gesellschaft für die von ihren geschäftsführenden Gesellschaftern (→ Rn. 16) herbeigeführten Schäden nach § 31 BGB anerkannt (*Kilian/vom Stein/Brandi* PraxisHdB § 18 Rn. 39). Auch für diese Verbindlichkeiten der Sozietät haften dann alle Sozien akzessorisch und gesamtschuldnerisch (§ 128 HGB). Dies gilt auch entsprechend § 31 BGB für das deliktische Handeln eines Scheinsozius. Die einzelnen Sozien müssen dann mit ihrem Privatvermögen auch dafür einstehen (BGH EBE 2007, 246 = AnwBl. 2007, 717; **aA** OLG Celle BRAK-Mitt. 2006, 217 mit Anm. *Grams* = MDR 2006, 1198).

31 Die genannten **Haftungsgrundsätze gelten für alle Sozietätsformen,** also auch für interprofessionelle Sozietäten (§ 59a Abs. 1 S. 1; → Rn. 50 ff.), überörtliche Sozietäten (§ 59a Abs. 2, Alt. 2; → Rn. 69 ff.) und internationale Sozietäten (§ 59a Abs. 3; → Rn. 56 ff.). Sie gelten insbesondere auch für Scheinsozien (→ § 52 Rn. 14). Abweichende Vereinbarungen der Sozien untereinander sind unbeschadet § 52 Dritten gegenüber unwirksam (§ 128 S. 2 HGB). Sie können im Innenverhältnis aber Ausgleichspflichten bestimmen.

32 **bb) Aufnahme eines Sozius.** Bei Aufnahme eines neuen Sozius – auch eines Scheinsozius, der nach der Rechtsprechung (BGHZ 70, 247, 249 = NJW 1978, 996; BGH NJW 1990, 826; 1991, 1225; 1999, 3040) so zu behandeln ist wie ein Sozius – **erstrecken sich die der Sozietät**

zuvor erteilten Mandate auch auf ihn, wenn der Mandant nicht ausdrücklich widerspricht (BGH NJW 1994, 257; BGHZ 56, 355 = NJW 1971, 838; BGHZ 70, 247, 249; *Borgmann/Jungk/Grams,* 4. Aufl. 2005, S. 59 III Rn. 27; Henssler/Prütting/*Hartung* § 59a Rn. 51. Zur Besteuerung des Einbringungsgewinns bei Aufnahme eines Sozius in eine Einzelpraxis vgl. BFH GmbHR 2001, 79 = NJW 2001, 774). Da die rechtsfähige Sozietät selbst Auftragnehmerin ist, ist es gleichgültig, wann das Sozietätsmitglied, das sie zur Mandatserfüllung heranzieht, ihr beigetreten ist. Der Anwaltsvertrag mit einer Sozietät ist nach der Interessenlage der Parteien – auch der Rechtsanwälte – in der Regel dahin zu verstehen, dass bei einer personellen Erweiterung der Sozietät auch deren neue Mitglieder vom Zeitpunkt ihres Eintritts mit beauftragt sein sollen. Der Rechtsuchende, der eine Sozietät beauftragt, will die mit ihr verbundenen Vorteile in Bezug auf Organisation und Arbeitsteilung für sich in Anspruch nehmen (BGHZ 56, 355 = NJW 1971, 838). Genau diese Vorteile will auch die beauftragte Anwaltsgesellschaft durch die Erweiterung ihrer Sozietät verstärken. Wird dieser Vorteile wegen nicht ein einzelner Rechtsanwalt, sondern eine Sozietät beauftragt und von dieser das Mandat angenommen, haben im Zweifel sowohl der Mandant als auch die Sozietät den Willen, neue Sozietätsmitglieder in das Auftragsverhältnis einzubeziehen (*Borgmann* NJW 2000, 2953, 2957). Der im Einzelfall dieser generell anzunehmenden Interessenlage entgegenstehende Wille des Mandanten bzw. der Rechtsanwälte, insbesondere des Neusozius kann durch entsprechende Einzelabreden Rechnung getragen werden.

Aus der **Erstreckung des Mandats auf den neu eintretenden Sozius** folgt dessen **gesamtschuldnerische Haftung gegenüber den Mandanten zusammen mit den bisherigen Sozien** für Verbindlichkeiten der Sozietät aus solchen Mandaten. Das gilt im Verhältnis zu den Mandanten auch dann, wenn im Sozietätsvertrag über die Abwicklung der im Zeitpunkt des Eintritts laufenden Mandate der Sozietät für das Innenverhältnis eine andere Regelung vereinbart ist, wie zB die Alleinhaftung der „Altsozien". Unbeschadet solcher Vereinbarungen zur Haftung im Innenverhältnis der Sozien wird aber die gesamtschuldnerische Haftung des neuen Sozius im Verhältnis zu den Mandanten durch seine Aufnahme in den Briefkopf der Sozietät begründet (Henssler/Prütting/*Hartung* § 59a Rn. 73). 33

Allerdings beschränkte sich diese Haftung des Neu-Sozius nach der früheren Rechtsprechung und überwiegenden Lehrmeinung auf die Verbindlichkeiten der Sozietät, die erst nach seinem Eintritt entstanden. Für vor seinem Eintritt eingetreten Haftungsfälle sollte er nur mit seinem Anteil am Sozietätsvermögen nicht aber auch mit seinem Privatvermögen haften. Maßgeblich sollte die personelle Zusammensetzung der Sozietät im Zeitpunkt der Pflichtverletzung, nicht des Schadenseintritts sein, selbst wenn dieser erst nach dem Beitritt zur Sozietät lag (BGH NJW 1982, 1866; 1988, 173; 1990, 827; 1994, 257; *Grams* BRAK-Mitt. 2002, 60, 67; *Borgmann/Jungk/Grams,* 4. Aufl. 2005, S. 278 ff.). 34

In der **untergerichtlichen Rechtsprechung** wird die **Haftung neu eintretender Sozien für Altverbindlichkeiten aus Ansprüchen wegen beruflicher Pflichtverletzungen** in der jüngeren Zeit **bejaht** (LG Hamburg NJW 2004, 3492 = BRAK-Mitt. 2004, 217 mit Anm. *Grams*). In der Literatur ist die Frage umstritten. Teilweise wird eine entsprechende Anwendung des § 8 PartGG auf die Sozietät in der Rechtsform der BGB-Gesellschaft abgelehnt. So weist *Thele* darauf hin, dass die grundsätzlich auf die Sozietät als BGB-Gesellschaft anwendbaren §§ 130, 128 HGB weder nach dem Zeitpunkt des Entstehens der Verbindlichkeit noch danach unterscheiden, wessen Verhalten die Verbindlichkeit begründet. Demjenigen, der die Haftung insoweit beschränken wolle, stehe die Gründung einer Partnerschaftsgesellschaft mit der Haftungsbeschränkung nach § 8 PartGG frei. Im Übrigen habe die Rechtsprechung schon bisher keine Bedenken gehabt, von der Einzelwirkung nach § 425 Abs. 1 BGB abzusehen und sämtliche Sozien in die Haftung einzubeziehen. Dies werde insoweit nicht anders sein (*Thole* AnwBl. 2006, 209; vgl. auch *Grunewald* JZ 2004, 683; *Hasenkamp* DB 2003, 1160; *Schmidt* NJW 2003, 1987; *Zacharias* AnwBl. 2003, 679). 35

Die nach dieser Auffassung weitgehende Mithaftung des Neu-Eintretenden auch für alte Berufshaftungsfälle aus der Zeit vor seinem Eintritt in die Sozietät würde nicht ohne versicherungsrechtliche Folgen in Form von Prämienerhöhungen pp. bleiben. Andererseits sei im Hinblick darauf, dass bei anwaltlicher Dienstleistung das persönliche Vertrauensverhältnis zu dem beauftragten Anwalt bzw. zu den Anwälten im Vordergrund steht, auch nicht zu erwarten, dass die den Mandatsvertrag Abschließenden auch eine Haftung eventuell später in die Sozietät eintretender Anwälte auch für Berufshaftungsfälle aus der Zeit vor ihrem Beitritt zur Sozietät 36 erwarten und wollen. Wer mit einer Sozietät einen Mandatsvertrag abschließt, wolle sich zwar die Vorteile einer gemeinschaftlichen Arbeit in eine Sozietät zunutze machen und auch die Sozien wollen damit ihre Arbeit optimieren. Daher haben im Zweifel sowohl der Mandant als auch die Sozietät den Willen, im Erweiterungsfall auch den neuen Sozius in das Mandatsverhältnis einzubeziehen, allerdings erst ab dem Zeitpunkt des Eintritts. Keiner könne billigerweise erwarten, dass der Neu-Eintretende auch für Pflichtverletzungen aus der Zeit vor seinem Eintritt haftet (Henssler/Prütting/*Hartung* § 59a Rn. 75; *Lange* NJW 2002, 2002).

37 Aufgrund der veränderten Rechtsprechung des BGH, mit der er die Partei- und Rechtsfähigkeit der Sozietät auch in der Rechtsform der Gesellschaft bürgerlichen Rechts bejaht (BGHZ 146, 341 = NJW 2001, 1056 änderte sich auch die Rechtsprechung zur Haftung des Neusozius für Verbindlichkeiten der Sozietät aus der Zeit vor seinem Beitritt zur Sozietät. Mit seiner Entscheidung vom 7.4.2003 hat der **BGH** entschieden, dass **§ 130 HGB grundsätzlich auf eine BGB-Gesellschaft** und damit auch auf eine Sozietät in dieser Rechtsform **anwendbar** sei. Der in eine solche Sozietät eintretende **Sozius hat** damit **für vor seinem Eintritt begründete Verbindlichkeiten** der Sozietät, dh deren Rechtsgrund schon vor seinem Beitritt als Neusozius gelegt wurde, **grundsätzlich auch persönlich** und als Gesamtschuldner mit den Altgesellschaftern **einzustehen.** Dabei ließ er es offen, ob für Verbindlichkeiten aus **beruflichen Haftungsfällen** entsprechend § 8 Abs. 2 PartGG eine Ausnahme zu machen ist (BGHZ 154, 370 = NJW 2003, 1803 = MDR 2003, 756 = BRAK-Mitt. 2003, 164, 188 mit Anm. *Grams* = ZIP 2003, 899 = WM 2003, 977 = BB 2003, 1801 = DB 2003, 1164 = EWiR 2003, 513 = VersR 2003, 771). Der BGH führte dazu unter anderem aus: *„Die persönliche Haftung aller Gesellschafter in ihrem jeweiligen personellen Bestand entspricht dem Wesen der Personengesellschaft und ihren Haftungsverhältnissen, weil die Gesellschaft kein eigenes zu Gunsten ihrer Gläubiger gebundenes garantiertes Haftkapital besitzt. Ihr Gesellschaftsvermögen steht dem Zugriff der Gesellschafter jederzeit uneingeschränkt und sanktionslos offen. Bei dieser Sachlage ist die persönliche Haftung ihrer Gesellschafter für die Gesellschaftsverbindlichkeiten nicht nur die alleinige Grundlage für die Wertschätzung und Kreditwürdigkeit der Gesellschaft; sie ist vielmehr das notwendige Gegenstück zum Fehlen jeglicher Kapitalerhaltungsregeln. Dabei kann die Rechtsordnung konsequenterweise nicht nur bei der Haftung nur der Altgesellschafter Halt machen. Denn mit dem Erwerb seiner Gesellschafterstellung erlangt auch ein neu eingetretener Gesellschafter dieselben Zugriffsmöglichkeiten auf das Gesellschaftsvermögen wie die Altgesellschafter, was angesichts der Komplementarität von Entnahmefreiheit und persönlicher Haftung sinnvollerweise nur durch Einbeziehung der Neugesellschafter in dasselbe Haftungsregime, dem auch die Altgesellschafter unterliegen, kompensiert werden kann. Zudem erwirbt der neu Eintretende mit seinem Eintritt in die Gesellschaft auch Anteil an dem Vermögen, der Marktstellung sowie den Kunden- bzw. Mandantenbeziehungen, die die Gesellschaft durch ihre bisherige wirtschaftliche Tätigkeit begründet hat. Es ist deshalb nicht unangemessen, wenn er im Gegenzug auch in die Verbindlichkeiten eintritt"* (BGHZ 154, 370 = NJW 2003, 1803; vgl. auch OLG Hamm BRAK-Mitt. 2002, 65).

38 Gleichzeitig entschied der BGH, *„Erwägungen des Vertrauensschutzes gebieten es, den Grundsatz der persönlichen Haftung des in eine Gesellschaft bürgerlichen Rechts Eintretenden für Altverbindlichkeiten der Gesellschaft erst auf künftige Beitrittsfälle anzuwenden"*. Dies hat der BGH im konkreten Fall damit begründet, dass der später Beigetretene von dem ohne Rechtsgrund geleisteten Honorarvorschuss keine Kenntnis hatte und auch nicht haben musste (BGHZ 154, 370 = NJW 2003, 1803).

39 In weiteren Entscheidungen hat der BGH die Grundsatzentscheidung vom 7.4.2003 näher erläutert. Danach ist der Neugesellschafter, der vor dem 7.4.2003 der Sozietät beigetreten ist, in seinem Vertrauen auf den Fortbestand der vor der Publikation des Urteils vom 7.4.2003 (BGHZ 154, 370 = NJW 2003, 1803) bestehenden Rechtslage nicht geschützt, sondern haftet analog § 130 HGB, wenn er die Altverbindlichkeit, für die er in Anspruch genommen wird, bei seinem Eintritt in die Gesellschaft kannte oder wenn er deren Vorhandensein bei auch nur geringer Aufmerksamkeit hätte erkennen können (BGH AnwBl. 2006, 208 mit Anm. *Thole;* vgl. auch LG Frankenthal NJW 2004, 3190).

40 Bezüglich Altschulden der Sozietät gilt für den Neu-Sozius folglich haftungsmäßig, er haftet, wenn der Beitritt zur Sozietät nach dem 7.4.2003 erfolgte, in vollem Umfang analog § 130 HGB. Ist der Beitritt vor dem 7.4.2003 erfolgt, kommt es darauf an, ob er im Zeitpunkt des Eintritts in die Sozietät die Altverbindlichkeit der Sozietät kannte oder ob er deren Vorhandensein hätte erkennen können und müssen. Wenn er sie kannte oder mühelos hätte erkennen können, dann haftet er, sonst gilt der Vertrauensschutz (*Thole* AnwBl. 2006, 209). Für Neuschulden haftet der Eintretende immer (§ 51a Abs. 2; § 128 HGB).

In seinem Urteil vom 3.5.2007 stellte der BGH klar, dass sich die persönliche Haftung eines neuen Sozius auch auf Verbindlichkeiten aus Haftungsfällen beruflicher Art bezieht, die vor Sozietätseintritt entstanden sind (BGH NJW 2007, 2490). **41**

Ein **Scheingesellschafter haftet** damit aufgrund der analogen Anwendbarkeit des § 128 HGB auch für solche Altverbindlichkeiten der BGB-Gesellschaft, die vor der Setzung des Rechtsscheins einer Gesellschafterstellung entstanden sind (BGH NJW 2007, 2490; OLG Saarbrücken NJW-RR 2006, 707 mit Anm. *Jungk* BRAK-Mitt. 2006, 271). **41a**

cc) Gründung einer Sozietät. Eine **Haftung nach § 28 HGB entsprechend** bei Gründung einer Sozietät für **Altschulden** aus der in diese eingebrachten Einzelkanzlei eines der Neu-Sozien ist weiter umstritten. Zwar hat der BGH – wie aufgezeigt – eine „Altschuldenhaftung" für den Fall des Eintritts in eine schon bestehende Sozietät entsprechend § 130 HGB anerkannt (→ Rn. 37 ff.; BGHZ 154, 370 = NJW 2003, 1803). Aber für den Fall der Neugründung einer Sozietät unter Einbringung der Einzelkanzlei eines der Neu-Sozien in die neue Sozietät hat er eine Analogie zu § 28 HGB abgelehnt. Schließt sich ein Rechtsanwalt mit einem bisher als Einzelanwalt tätigen anderen Rechtsanwalt zur gemeinsamen Berufsausübung in einer Sozietät in der Form einer BGB-Gesellschaft zusammen, wobei der bisherige Einzelanwalt seine Kanzlei einbringt, so haftet er nicht entsprechend § 28 Abs. 1 S. 1 HGB iVm § 128 S. 1 HGB für die im Betrieb des bisherigen Einzelanwalts begründeten Verbindlichkeiten **aus einem Mandatsvertrag.** Weil es sich bei dem anwaltlichen Dienstverhältnis um ein solches persönlicher Art handele, könne § 28 HGB darauf nicht angewendet werden (BGHZ 157, 361 = NJW 2004, 836 = BRAK-Mitt. 2004, 73 mit Anm. *Jungk* = AnwBl. 2004, 376 mit Anm. *Weipert* = JZ 2004, 681 mit Anm. *Grunewald* = ZIP 2004, 458). Das OLG Naumburg hat aber eine analoge Anwendung des § 28 HGB auch auf Rechtsverhältnisse einer BGB-Gesellschaft von Rechtsanwälten bejaht, wenn diese die Besonderheiten dieser Art der Berufsausübung nicht betreffen wie zB bei Mietverhältnissen. Tritt ein Rechtsanwalt in die Kanzlei eines bisherigen Einzelanwalts ein und bilden beide sodann eine Sozietät, so haftet er für den Mietzins als sog. Altverbindlichkeit gegenüber dem Vermieter auch dann gemäß § 28 HGB in analoger Anwendung, wenn er nicht zugleich in den bestehenden Mietvertrag als weitere Mietvertragspartei eintritt (OLG Naumburg MDR 2006, 1320 = AnwBl. 2006, 416 mit zust. Anm. *Knöfel* AnwBl. 2006, 373). Zu den steuerlichen Folgen der Aufnahme eines Sozius in eine Einzelpraxis vgl. BFH AnwBl. 2005, 141 mit Anm. *Olbing.* **42**

dd) Ausscheiden eines Sozius. Bei Ausscheiden eines Sozius aus der Sozietät **haftet** dieser **weiter für bis dahin begründete Verbindlichkeiten der Sozietät,** also auch für Ansprüche, die auf Vertragsverletzungen – auch anderer Sozien (→ Rn. 32; BGHZ 83, 328 = NJW 1982, 1866; BGHZ 154, 88 = NJW 2003, 1445 = MDR 2003, 639) – während seiner Zugehörigkeit zur Sozietät basieren. Ob im Innenverhältnis die verbleibenden Sozien den Ausscheidenden bei der Auseinandersetzung freizustellen haben, hängt von der Regelung im Sozietätsvertrag bzw. im Auseinandersetzungsvertrag ab (Henssler/Prütting/*Hartung* § 59a Rn. 94). Um den Ausgeschiedenen gegen eine zeitlich unbegrenzte Inanspruchnahme wegen Ersatzansprüchen aus seiner beendeten Sozietätstätigkeit zu schützen, sieht **§ 736 Abs. 2 BGB iVm § 160 HGB,** von wenigen Ausnahmen abgesehen, **nach fünf Jahren eine Enthaftung des Ausgeschiedenen** vor. Mangels Eintragung von Veränderungen einer BGB-Gesellschaft in einem Register kommt es nach § 162 Abs. 1 S. 2 HGB auf die Kenntniserlangung des Mandanten auf anderem Wege an. Dazu bietet sich einerseits eine Mitteilung nach § 32 Abs. 2 S. 2 BORA, aber auch eine Streichung des Ausscheidenden aus dem Briefkopf und dem Praxisschild an. Eine solche Streichung ist für den Ausscheidenden sowieso unabdingbar, da er andernfalls aus Rechtsscheingründen (Scheinsozius) weiter für (neue) Pflichtverletzungen aller Sozien haften müsste (BGHZ 70, 247; BGH NJW 1991, 1225; 1999, 3040). **43**

Der **ausgeschiedene Sozius haftet nur für die persönlichen Ansprüche gegen ihn aus § 128 HGB wegen Gesellschaftsverbindlichkeiten, wenn diese vor Ablauf von fünf Jahren fällig sind.** Zusätzlich verlangt § 160 Abs. 1 S. 1 HGB, dass der Anspruch gegen den ausgeschiedenen Sozius persönlich in einer in § 197 Abs. 1 Nr. 3–5 BGB bezeichneten Art (Rechtskraft oder Vollstreckbarkeit) festgestellt ist oder eine gerichtliche oder behördliche Vollstreckungshandlung vorgenommen oder beantragt wird (zu den Einzelheiten vgl. *Baumbach/Hopt,* 36. Aufl. 2014, HGB § 160 Rn. 2 ff.). Für Ansprüche aus Verletzung des Anwaltsvertrages gelten die nach § 52 bestehenden Begrenzungen auch nach dem Ausscheiden des Sozius im Rahmen **44** der Nachhaftung nach § 160 HGB fort. Die aufgeführten Grundsätze gelten zudem entsprechend nach dem Ausscheiden eines Scheinsozius aus der Kanzlei (zB Ausscheiden eines angestellten Rechtsanwalts durch Streichung seines Namens im Briefbogen und auf dem Kanzleischild). Der Verlust der Anwaltszulassung durch einen Doppelberufler führt bei Beibehaltung der Zulassung als Steuerberater nicht automatisch zur Auflösung der Sozietät, vielmehr kann diese von den Gesellschaftern mit einer geänderten Zweckbestimmung fortgesetzt werden (BGH MDR 2004, 658 = DB 2004, 373). Verzichtet einer von mehreren gesamtschuldnerisch in Anspruch genommenen Anwälten namens der Sozietät auf die Einrede der Verjährung, wirkt ein solcher Verzicht nicht zu Lasten eines inzwischen ausgeschiedenen Sozietätsmitglieds, wenn diese Einschränkung für den Mandanten erkennbar ist (BGH NJW-RR 2006, 923 = DB 2006, 889 = BRAK-Mitt. 2006, 113). Ein **Konkurrenzverbot** nach Beendigung des Sozietätsvertrages besteht nur bei entsprechender Vereinbarung (OLG Celle DB 2007, 1249; → § 27 Rn. 45 ff.).

III. Die Berufsrechtsvorbehalte des § 59a

45 Während bislang die in § 59a aF enthaltenen Berufsrechtsvorbehalte ausdrücklich zunächst nur für die Zusammenarbeit in einer Sozietät galten und allenfalls entsprechend auch auf andere Organisationsformen anwaltlicher Zusammenarbeit anwendbar waren, gelten die Berufsrechtsvorbehalte des § 59a nF für alle Organisationsformen anwaltlicher Zusammenarbeit. Es ist nicht erforderlich, Rechtsanwälten vorzuschreiben, welche gesellschaftsrechtliche Organisationsform sie wählen können, um ihren Beruf auszuüben (BT-Drs. 16/3655, 83). Es reicht aus, dass sie in der jeweils gewählten Organisationsform aber die unabdingbaren Berufsrechtsvorbehalte beachten. Die Bezugnahme nur auf die „Sozietät" konnte daher gestrichen werden (Gesetz vom 12.12.2007, BGBl. I S. 2848). Soweit nach § 59a eine auf Dauer angelegte gemeinschaftliche Berufsausübung mit Angehörigen anderer Professionen möglich ist, darf erst recht auch nur gelegentlich im Einzelfall zusammengearbeitet werden.

46 **1. Fähigkeit zur Verbindung zu gemeinschaftlicher Berufsausübung.** Der gewichtigste Berufsrechtsvorbehalt nach § 59a aF betraf die Einschränkung der Sozietätsfähigkeit und damit der Fähigkeit zum Zusammenschluss in einer anwaltlichen Berufsausübungsgesellschaft insgesamt. Nach Fortfall des Verbots, den Beruf in mehreren Sozietäten auszuüben und des Erfordernisses einer oder mehrerer Kanzleien (§ 59a Abs. 2 aF) ist die Fähigkeit der Verbindung zur gemeinschaftlichen Berufsausübung im Rahmen der eigenen beruflichen Befugnisse der nunmehr maßgebliche verbleibende Berufsrechtsvorbehalt. Während ursprünglich nur Rechtsanwälte Anwaltsnotare und später auch Kammerrechtsbeistände (§ 209) als sozietätsfähig angesehen wurden, hat § 59a diesen Kreis erweitert (zu weiteren Erweiterungsplänen → Rn. 7a). Fähig zur gemeinschaftlichen Berufsausübung mit Rechtsanwälten sind danach die in § 59a Abs. 1 und Abs. 3 genannten **natürlichen Personen.** Zu diesen gehören:

47 **a) Mitglieder einer Rechtsanwaltskammer.** Die Mitglieder einer Rechtsanwaltskammer (§ 59a Abs. 1; § 60 Abs. 1) sind die im Kammerbezirk zugelassenen **Rechtsanwälte,** die **verkammerten Rechtsbeistände** (→ § 209 Rn. 12 ff.) und die **nach § 206 und dem EuRAG niedergelassenen Rechtsanwälte** (→ § 60 Rn. 4 ff.; §§ 206, 207 BRAO und zu §§ 1, 2 ff. EuRAG). § 59a Abs. 1 S. 2 stellt klar, dass die Bestimmungen, die die Vertretung bei Gericht betreffen, der Bildung einer Sozietät nicht entgegenstehen. Da infolge Rechtsfähigkeit der Sozietät diese selbst Mandatsnehmerin ist, kann sie bestimmen, welcher ihrer Sozien das Mandat bearbeitet. Daraus folgte, dass nur beim AG zugelassene Rechtsanwälte sich mit Anwälten, die nur oder auch beim LG oder OLG zugelassen waren, in einer Sozietät zusammenschließen konnten. Nachdem die Rechtsprechung den Zusammenschluss in überörtlicher Sozietät als zulässig anerkannt hat, konnte auch nicht mehr die Auffassung vertreten werden, der Zusammenschluss eines nur oder auch beim AG oder LG zugelassenen Rechtsanwalts mit einem singular zugelassen Rechtsanwalt in intraurbaner oder überörtlicher, ja sogar internationaler Sozietät sei unzulässig. Unabhängig davon, dass sich aus der Gesamtregelung der BRAO unter Berücksichtigung ihrer Auslegung in Rechtsprechung und Schrifttum nie ein hinreichend erkennbares und bestimmtes Verbot für eine derartige Sozietät ergeben hat (EGH Hamm Beschluss vom 18.2.1986 (2) 6 EVY 8/85 und 15/85; *Kalsbach* BRAO § 25 Anm. II), liegt nach Zulassung überörtlicher Sozietäten ein Verstoß gegen Art. 3 Abs. 1 GG nicht vor. Der einer sog. Mischsozietät (die es nach Wegfall der Beschränkung der Postulationsfähigkeit nicht mehr gibt) erteilte

Auftrag erstreckt sich auch auf die Sozietätsmitglieder, die nicht bei dem entsprechenden Gericht zugelassen sind (BGH BRAK-Mitt. 1995, 218 = NJW 1995, 1841 = HFR 1996, 436; OLG Düsseldorf AnwBl. 1995, 1983 = OLGR 1995, 90; KG BerlAnwBl. 1996, 104; OLG Köln MDR 1993, 478 = BRAK-Mitt. 1993, 178 = ZIP 1993, 520; Henssler/Prütting/*Hartung* § 59a Rn. 55; **aA** OLG Düsseldorf MDR 1994, 1253 = AGS 1995, 2 = NJW-RR 1995, 376; MDR 1994, 411 = AGS 1994, 44 = AnwBl. 1994, 193; JurBüro 1993, 686 = JR 1994, 110). Rechtlich **nicht möglich** ist die **Sozietät zwischen Rechtsanwälten, die beim BGH zugelassen sind und Rechtsanwälten mit einer Zulassung bei anderen Gerichten.** Dies ergibt sich aus § 172a Abs. 1. Die Vorschrift verstößt nicht gegen Art. 12 Abs. 1 GG, da sie durch Gründe des Gemeinwohls gerechtfertigt und verhältnismäßig ist (*Kleine-Cosack* § 172a; **aA** Henssler/Prütting/*Hartung* § 172a Rn. 5, § 59a Rn. 37; *Hartung* JZ 1994, 117).

Rechtsanwälte, die zugleich Notar sind **(Anwaltsnotare,** § 3 Abs. 2 BNotO; → § 118a Rn. 23 ff.), sind nur **bezogen auf ihre anwaltliche Berufsausübung sozietätsfähig** (§ 59a Abs. 1 S. 3; § 9 Abs. 2, 3 BNotO). Nur-Notare dürfen nicht mit Rechtsanwälten, sondern nur untereinander und auch nur am selben Amtssitz Berufsverbindungen eingehen. **Interprofessionelle und überörtliche Berufsverbindungen sind hauptberuflichen Notaren verboten** (§§ 3 Abs. 1, 9 Abs. 1 BNotO). Die Verbindung von Anwaltsnotaren mit Rechtsanwälten und anderen Freiberuflern nach § 9 Abs. 2 BNotO richtet sich nach den Bestimmungen und Anforderungen des notariellen Berufsrechts (§ 59a Abs. 1 S. 4). Danach ist die Verbindung zur gemeinsamen Berufsausübung nur zulässig, „soweit hierdurch die persönliche und eigenverantwortliche Amtsführung, Unabhängigkeit und Unparteilichkeit des Notars nicht beeinträchtigt wird“ (§ 9 Abs. 3 BNotO). Die **zusammenarbeitenden Rechtsanwälte und Anwaltsnotare unterliegen gegenseitigen Tätigkeitsverboten.** Besteht oder bestand bereits ein anwaltliches Mandat, darf der Anwaltsnotar in derselben Angelegenheit nach § 3 Nr. 7, 8 BeurkG nicht an einer Beurkundung mitwirken. Dasselbe gilt nach § 3 Nr. 4 BeurkG in „Angelegenheiten einer Person, mit der sich der Notar zur gemeinsamen Berufsausübung verbunden oder mit der er gemeinsame Geschäftsräume hat“ (vgl. Eylmann/Vaasen/*Eylmann,* 3. Aufl. 2011, BeurkG § 3 Rn. 33, 40 ff.). Hat der Anwaltsnotar schon etwas beurkundet, dürfen weder er noch die mit ihm zur gemeinschaftlichen Berufsausübung Verbundenen in derselben Rechtssache tätig werden (§ 45 Abs. 1 Nr. 1, 2 iVm Abs. 3). Soweit § 29 Abs. 3 BNotO einem Anwaltsnotar, der sich nach § 9 Abs. 3 BNotO mit nicht an seinem Amtssitz tätigen Personen verbunden hat, untersagt, die **Amtsbezeichnung als Notar auf Geschäftspapieren** der Sozietät pp. anzugeben, die nicht von der Geschäftsstelle des Notars aus versandt werden, ist dies mit Art. 12 Abs. 1 GG unvereinbar (BVerfGE 112, 255 = NJW 2005, 1483 = BRAK-Mitt. 2005, 116 = AnwBl. 2005, 427 = DNotZ 2005, 931 mit Anm. *Armassow*). Da das Notaramt als solches weder soziierungs- noch partnerschaftsfähig ist (§ 9 BNotO), verstößt eine Vereinbarung von Anwaltsnotaren mit den anwaltlichen Sozien oder Partnern (§ 9 Abs. 2 BNotO), wonach die Gebühren aus ihrer Notartätigkeit unmittelbar der Sozietät zufließen, damit auch den verbundenen Nur-Anwälten, gegen das Gebührenteilungsverbot des § 17 Abs. 1 S. 4 BNotO (OLG Celle NJW 2007, 2929 = BRAK-Mitt. 2007, 231 = AnwBl. 2007, 728 mit abl. Anm. *Maas* AnwBl. 2007, 702). Diese Auffassung wird einheitlich abgelehnt, soweit die Unabhängigkeit des Notars erhalten bleibt. 48

Anwaltsnotare dürfen nach § 9 Abs. 2 BNotO sich zur gemeinsamen anwaltlichen Berufsausübung **auch in überörtlichen Sozietäten** pp. verbinden. § 9 Abs. 2 BNotO macht hinsichtlich der Art der Verbindung keinen Unterschied. Deshalb kann aus dem Umstand, dass § 9 Abs. 1 BNotO Notaren im Hauptamt eine überörtliche Verbindung zur gemeinsamen Berufsausübung nicht gestattet, Abs. 2 insoweit keine ausdrückliche Ausnahme beinhaltet, nicht geschlossen werden, das Verbot der überörtlichen Verbindung nach Abs. 1 gelte nach Abs. 2 für die Anwaltsnotare fort (Eylmann/Vaasen/*Baumann,* 3. Aufl. 2011, BNotO § 9 Rn. 6). Das Verbot des Abs. 1 gilt erklärtermaßen nur für die hauptberuflichen Notare. Demgemäß ist das BVerfG in seiner Entscheidung zu § 29 Abs. 3 BNotO, der Regelungen gerade für überörtliche Verbindungen nach § 9 Abs. 2 BNotO beinhaltet, ebenfalls von der Zulässigkeit überörtlicher Sozietäten pp. für Anwaltsnotare ausgegangen und hat auch für diese den Grundrechtsschutz des Art. 12 Abs. 1 GG bejaht (BVerfG NJW 2005, 1483). Das notarielle Berufsrecht steht somit nicht entgegen, wenn Anwaltsnotare sich an überörtlichen Anwaltssozietäten beteiligen. Dabei dürfen sie sich nach § 9 Abs. 2 BNotO entsprechend § 59a Abs. 1 mit anderen Mitgliedern einer Rechtsanwaltskammer, Patentanwälten, Steuerberatern und Steuerbevollmächtigten zur gemeinsamen Berufsausübung verbinden. Entgegen der früheren Regelung (vgl. BVerfGE 98, 49 = NJW 1998, 2269 = MDR 49

1998, 864 mit Anm. *Römermann* MDR 1998, 821 = BRAK-Mitt. 1998, 193 = AnwBl. 1998, 405) ist ihnen nunmehr nach § 9 Abs. 2 BNotO auch eine Verbindung mit Wirtschaftsprüfern möglich.

50 **b) Mitglieder der Patentanwaltskammer.** Danach sind Patentanwälte und die nach § 154a PAO niedergelassenen Berufsangehörigen aus der EU oder einem anderen Vertragsstaat des Abkommens über den Europäischen Wirtschaftsraum (§ 53 Abs. 1 PAO) gemeinschaftsfähig.

51 **c) Steuerberater.** Steuerberater (§ 32 StBerG) sind sozietätsfähig, auch wenn sie gleichzeitig nicht verkammerte Rechtsbeistände (→ § 209 Rn. 1 ff.) sind (Hartung/Römermann/*Römermann* § 59a Rn. 15), wie überhaupt eine **zusätzliche Qualifikation** für einen nicht sozietätsfähigen Beruf die Sozietätsfähigkeit nicht beeinträchtigt. Ein Geschäftsbesorgungsvertrag, der auf eine Rechtsbesorgung und eine sich daraus ergebende treuhänderische Geldverwaltung gerichtet ist, kommt im Zweifel nicht mit Steuerberatern und Wirtschaftsprüfern einer aus unterschiedlichen Berufsangehörigen bestehenden Sozietät zu Stande (BGH NJW 2000, 1333 = BRAK-Mitt. 2000, 95 mit Anm. *Borgmann* BRAK-Mitt. 2000, 127; *Schmidt* NJW 2001, 1911).

52 **d) Steuerbevollmächtigte.** Steuerbevollmächtigte (§ 32 StBerG) sind sozietätsfähig. Die frühere gegenteilige Rechtsprechung (BGHSt 27, 390 = NJW 1978, 2254 = EGE XIV, 167) ist überholt.

53 **e) Wirtschaftsprüfer.** Der Umstand, dass der EuGH die niederländische Regelung, wonach Wirtschaftsprüfer (§§ 1, 15 WPO) und Rechtsanwälte keine gemeinsame Praxis betreiben dürfen, für mit EU-Recht vereinbar erklärt hat (EuGH NJW 2002, 807 = BB 2002, 638 = BRAK-Mitt. 2002, 79 = AnwBl. 2002, 234; vgl. auch *Lörcher/Eichele* BRAK-Mitt. 2001, 218 und *Weil* BRAK-Mitt. 2002, 50), bedeutet nicht, dass in Deutschland eine solche gemeinschaftliche Berufsausübung verboten sei. Gemischte Sozietäten und sonstige Berufsgesellschaften sind nach dem Urteil nicht grundsätzlich verboten und das deutsche anwaltliche Berufsrecht ist mit dem nach dem EuGH-Urteil auch für Rechtsanwälte geltenden europäischen Wettbewerbsrecht vereinbar. Niederländische Wirtschaftsprüfer sind aber in einer internationalen Sozietät nicht sozietätsfähig (→ Rn. 58).

54 **f) Vereidigte Buchprüfer.** Hinsichtlich der Rechte und Pflichten der vereidigten Buchprüfer (§§ 128 ff. WPO) gelten nach § 130 WPO die entsprechenden Bestimmungen für Wirtschaftsprüfer und Wirtschaftsprüfergesellschaften analog.

55 **g) Ausländische Angehörige von Anwalts-, Patentanwalts-, Steuerberatungs- und Wirtschaftsprüfungsberufen.** Eine gemeinsame Berufsausübung ist Rechtsanwälten nach § 59a Abs. 2 auch gestattet mit den dort genannten Berufsträgern aus anderen Staaten. § 59a **Abs. 2 Nr. 1 regelt dabei die internationale monoprofessionelle Berufsausübungsgemeinschaft und § 59a Abs. 2 Nr. 2 die internationale interprofessionelle Sozietät.** Durch die Beschränkung der gemeinschaftlichen Berufsausübung auf die in Abs. 2 genannten ausländischen Berufsangehörigen soll gewährleistet sein, dass diese über den notwendigen Qualitätsstandard der Ausbildung und die erforderliche persönliche Eignung verfügen und der ausländische Partner in seiner Stellung und seinen beruflichen Pflichten eine dem Rechtsanwalt bzw. den übrigen in § 59a Abs. 1 S. 1 genannten Berufsangehörigen vergleichbare Position hat (amtliche Begründung, BT-Drs. 12/4993, 34). Im Ausland außerhalb der in § 59a Abs. 2 genannten Staaten dürfen dort tätige deutsche Rechtsanwälte mit den dortigen Anwälten in einer Sozietät bzw. Bürogemeinschaft nur zusammenarbeiten, wenn die Anwälte jenes Landes nach § 206 Abs. 1 in die Rechtsverordnung des BMJV aufgenommen wurden (→ § 206 Rn. 7).

56 Mit **Abs. 2 Nr. 1** wurde die **Bildung einer internationalen Sozietät zwischen Rechtsanwälten** auf eine gesetzliche Grundlage gestellt. Der geeignete Anknüpfungspunkt für die Feststellung der Eignung zur gemeinschaftlichen Berufsausübung ist das EuRAG. Rechtsanwälte aus Mitgliedstaaten der EU und der anderen Vertragsstaaten des Abkommens über den Europäischen Wirtschaftsraum, die die Voraussetzungen der §§ 1, 2 ff. EuRAG erfüllen, bieten die Gewähr für einen bestimmten beruflichen Qualitätsstandard, der mit Rücksicht auf die Interessen der Rechtsuchenden auch bei Bildung einer internationalen Berufsausübungsgemeinschaft eingehalten werden muss. Gleiches gilt für Rechtsanwälte aus anderen Staaten, die die Voraussetzungen des § 206 erfüllen, sofern dies in entsprechenden Rechtsverordnungen des BMJV festgestellt

worden ist (§ 206 Abs. 1 S. 2, Abs. 2 S. 2). Zu den Einzelheiten der Niederlassungsrechte dieser Anwälte in Deutschland → § 206 Rn. 4 ff.; → § 207 Rn. 1 ff. und §§ 1 ff. EuRAG.

§ 59a **Abs. 2 Nr. 2** trägt der wachsenden internationalen Verflechtung auf dem Gebiet des Rechts und der Wirtschaft – insbesondere im Hinblick auf den europäischen Binnenmarkt – Rechnung, indem er eine **berufsübergreifende Zusammenarbeit über Staatsgrenzen hinaus** gestattet. Auch bei der **internationalen interprofessionellen Berufsausübungsgemeinschaft** ist darauf zu achten, dass der notwendige Qualitätsstandard der Ausbildung und die erforderliche persönliche Eignung der Berufsangehörigen aus anderen Staaten gegeben sind, wenn mit einem Rechtsanwalt eine solche Verbindung eingegangen werden soll. Zudem muss gewährleistet sein, dass der ausländische Partner in seiner Stellung und seinen beruflichen Pflichten eine dem Rechtsanwalt vergleichbare Position besitzt. Das soll durch die Regelung in Abs. 2 Nr. 2 erreicht werden, die solche Angehörige ausländischer steuer- und wirtschaftsberatenden Berufe für fähig zur gemeinschaftlichen Berufsausübung erklärt, die nach deutschem Recht mit ihren jeweiligen Kollegen in eine Sozietät eintreten können (amtliche Begründung, BT-Drs. 12/4993, 34). Die Anforderungen an die Fähigkeit zur gemeinschaftlichen Berufsausübung von Angehörigen anderer Professionen aus anderen Staaten mit Rechtsanwälten aus Deutschland bestimmen sich somit nach derjenigen Berufsordnung, die für den vergleichbaren inländischen Berufsangehörigen maßgebend ist. Die einschlägigen Vorschriften sind: § 52a Abs. 2 Nr. 2 PAO, § 56 Abs. 4 StBerG (*Kuhls,* 2. Aufl. 2004, StBerG § 56 Rn. 119 und Anhang 3. S. 1486 sowie Schreiben des BMF vom 9.3.1998 in DB 1998, 1161 mit einer Aufstellung vergleichbarer ausländischer steuerberatender Berufe) und § 44b Abs. 2 WPO. 57

Dem niederländischen Wirtschaftsprüfer steht kein Zeugnisverweigerungsrecht zu mit der Folge, dass er in einem internationalen Zusammenschluss nicht sozietätsfähig ist, so wie er in den Niederlanden selbst sich auch nicht mit einem Rechtsanwalt in einer Sozietät verbinden kann (EuGH NJW 2002, 807; *Lörcher/Eichele* BRAK-Mitt. 2001, 218). 58

h) Gemeinschaftsfähige Personengesellschaften. § 59a und dessen Ergänzung durch § 30 BORA wurden nach deren ursprünglichen Verständnis unter Berufung auf deren Wortlaut, dass sich „Rechtsanwälte" zur gemeinsamen Berufsausübung in einer Sozietät verbinden können, dahingehend eingeengt, dass sich nur natürliche Personen zur beruflichen Zusammenarbeit in einer Sozietät oder Bürogemeinschaft (§ 59a Abs. 4 aF) verbinden können (6. Aufl. § 59a Rn. 20). 59

Der BGH hat jedoch mit seiner Entscheidung vom 29.9.2003 (NJW 2003, 3548 = MDR 2004, 179 = BRAK-Mitt. 2004, 35 = AnwBl. 2004, 124 = DB 2004, 1095) festgestellt, aus § 59a gehe *„nicht hervor, dass sich der Rechtsanwalt zur gemeinschaftlichen Berufsausübung nur mit Einzelpersonen, nicht dagegen mit einer Gesellschaft verbinden darf, der ausschließlich Mitglieder der in § 59a Abs. 1 S. 1 BRAO genannten Berufsgruppen angehören und deren Zweck nicht über den in dieser Vorschrift beschriebenen Tätigkeitsbereich hinausgeht"* … Dem Wortlaut des § 59a lasse sich lediglich *„eine Einschränkung der Zusammenschlüsse auf bestimmte Berufsgruppen, nicht dagegen ein Verbot der Verbindung mit entsprechend ausgerichteten Gesellschaften entnehmen … Weder aus der Entstehungsgeschichte noch aus der Systematik des Gesetzes und dem Sinn und Zweck der gesetzlichen Regelung lässt sich die Unzulässigkeit einer derartigen beruflichen Zusammenarbeit begründen … Zwar erklärt § 59c Abs. 2 BRAO die Beteiligung von Rechtsanwaltsgesellschaften an Zusammenschlüssen zur gemeinschaftlichen Berufsausübung für unzulässig. Dieses Verbot betrifft jedoch nur Kapitalgesellschaften; denn die Neuregelung befasst sich nur mit dieser Gesellschaftsform. Das Verbot dient ausweislich der amtlichen Begründung dazu, mehrstöckige Gesellschaften und die damit verbundenen Gefahren von Abhängigkeiten und Einflussnahmen zu vermeiden"* (BT-Drs. 13/9820, 13). Die Gesellschaft soll nicht zur reinen Kapitalbildung genutzt werden. Vielmehr soll das entscheidende Gewicht bei der Willensbildung den Personen zukommen, die in der Gesellschaft ihren Beruf ausüben (vgl. BGHZ 148, 270, 279 = NJW 2002, 68). 60

Da entsprechende Probleme bei Personengesellschaften, zu denen auch die strukturell eng an die offene Handelsgesellschaft angelehnte Partnerschaft zu rechnen ist, nicht auftreten, besteht kein Grund, das für Gesellschaften mit beschränkter Haftung geltende Zusammenschlussverbot auch auf Sozietäten und Bürogemeinschaften zwischen Einzelanwälten und personal geprägten Gesellschaften zu erstrecken. Schließlich stehen auch der Sinn und Zweck des Gesetzes einer solchen „Verbindung" nicht entgegen. Durch die Regelung des § 59a soll im Interesse des rechtsuchenden Publikums gewährleistet werden, dass der Rechtsanwalt nur mit Angehörigen 61 der im Gesetz genannten rechtsberatenden, steuerberatenden und wirtschaftsprüfenden Berufe zusammenarbeitet, die in gleicher Weise wie der Rechtsanwalt zur Verschwiegenheit verpflichtet sind und den damit korrespondierenden Aussageverweigerungsrechten und Beschlagnahmeverboten unterfallen. Die Angehörigen dieser Berufe unterliegen zudem – wie der Rechtsanwalt – der Aufsicht durch eigene Berufskammern (BT-Drs. 12/4993, 34). Diesen Intentionen der gesetzlichen Regelung läuft es nicht zuwider, wenn der Rechtsanwalt eine Sozietät oder Bürogemeinschaft mit einer als Steuerberatungsgesellschaft zugelassenen Partnerschaftsgesellschaft eingeht, deren Partner sämtlich zu den in § 59a Abs. 1 aufgezählten Berufsträgern gehören (BGH NJW 2003, 3548). Da die angeführten Gründe auch für die in § 59a Abs. 3 genannten ausländischen Berufsangehörigen gelten, dürfen auch solche Mitglieder der Personalgesellschaft sein, mit der sich ein Rechtsanwalt zur gemeinschaftlichen Berufsausübung in einer Sozietät verbindet.

62 **2. Fortfall des Verbotes der Sternsozietät.** Als weiteren Berufsrechtsvorbehalt beinhaltete § 59a Abs. 1 aF ein Verbot der Sternsozietät. § 59a Abs. 1 S. 1 aF richtete sich nur an Rechtsanwälte. Nach 59a Abs. 1 S. 1 aF durfte sich ein Rechtsanwalt mit anderen Angehörigen sozietätsfähiger Berufe (→ Rn. 47–61) in **einer** Sozietät zur gemeinschaftlichen Berufsausübung verbinden. Die berufliche Tätigkeit der Rechtsanwälte war auf **eine** Sozietät beschränkt. Das Wort **„einer"** war nicht als unbestimmter Artikel (so aber *Hartung/Holl,* 2. Aufl. 2001, § 59a Rn. 8 ff.; offen gelassen von *Kleine-Cosack* 4. Aufl. § 59a Rn. 5 ff.), sondern **als Zahlwort** zu verstehen. Dies war vom Gesetzgeber in § 59e Abs. 2 aF bekräftigt worden. Danach war es anwaltlichen Gesellschaftern untersagt, ihren in einer Rechtsanwaltsgesellschaft mit beschränkter Haftung ausgeübten Beruf als Rechtsanwalt in einem weiteren beruflichen Zusammenschluss auszuüben. Dieses Gesetzesverständnis ergab sich zudem aus den Materialien (BGH NJW 2006, 1132 = BRAK-Mitt. 2006, 82 = AnwBl. 2006, 210 = BB 2006, 238; BT-Drs. 12/4993, 33; 13/9820, 14). In Rechtsprechung und Schrifttum herrschte darüber weitgehend Einigkeit (BGH NJW 2006, 1132; 1999, 2970 = AnwBl. 1999, 553; NJW 2003, 3548 = MDR 2004, 179 = BRAK-Mitt. 2004, 35 = AnwBl. 2004, 124; AGH Hmb BRAK-Mitt. 2004, 271; *Henssler* ZIP 1998, 2121; *Zuck* NJW 1999, 263; 6. Aufl. § 59a Rn. 14).

63 Nicht um eine Sternsozietät handelt es sich, wenn ein Doppel-Berufler seine verschiedenen Berufe in unterschiedlichen Gesellschaften ausübt. Das war und ist zulässig (Henssler/Prütting/*Henssler* BORA § 31 Rn. 13; BGH NJW 2003, 3548; AnwG Hamburg BRAK-Mitt. 2000, 201). Bezüglich seiner unterschiedlichen Berufe kann er der Überwachung verschiedener Berufskammern unterliegen (→ § 60 Rn. 7a). Zulässig ist auch neben der Mitgliedschaft in der Berufsausübungsgesellschaft, hier der Sozietät, die Beteiligung an einer reinen Innengesellschaft, deren Zweck sich darauf beschränkt, Anteile an der Gesellschaft gesamthänderisch zu halten (BGHZ 148, 270 = NJW-RR 2001, 1642 = NJ 2001, 503 = BRAK-Mitt. 2002, 37 = AnwBl. 2002, 183; zu Einzelheiten → § 59e Rn. 1; → PAO § 52e Rn. 2 ff.; Henssler/Prütting/*Henssler* BORA § 31 Rn. 17).

64 Das Verbot, mehreren Sozietäten anzugehören, sollte vornehmlich eine „Vermehrung" oder „Teilung" der anwaltlichen Berufstätigkeit verhindern. Es richtete sich aber nur an die anwaltlichen Sozien. § 59a enthielt keine Regelung der Mehrfachbeteiligung an Sozietäten unterschiedlicher Berufe (BGH NJW 1999, 2970 = BRAK-Mitt. 1999, 234 = AnwBl. 1999, 553; AGH NRW BRAK-Mitt. 1998, 286). Aus § 59a folgte nicht, dass sich Rechtsanwälte nicht an Sozietäten beteiligen dürfen, deren nicht-anwaltliche Sozien an weiteren Sozietäten beteiligt sind. Der Zweck des § 59a wurde dadurch nicht verfehlt, weil „ein jedes Mitglied einer interprofessionellen Sozietät nur im Rahmen seiner eigenen beruflichen Befugnis tätig werden darf" (BT-Drs. 12/4993, 33; BT-Drs. 13/9820, 14; BGH NJW 1999, 2970; 2003, 3548). Aufgrund § 59b wurde das Verbot der Sternsozietät in § 31 BORA konkretisiert. Die Regelung in § 59a Abs. 1 S. 1 ermächtigte auch den Satzungsgeber nicht dazu, dem Rechtsanwalt die Beteiligung an einer Sternsozietät mit nichtanwaltlichen Sozien zu verbieten, wie dies in § 31 S. 1 BORA aF ausgesprochen war (BGH NJW 1999, 2970; vgl. aber NdsAGH NJW 2004, 3270 = BRAK-Mitt. 2004, 236). Nach § 31 S. 2 BORA war das Verbot der Sternsozietät auch auf ausländische Berufsangehörige iSd § 59a Abs. 3 anwendbar (vgl. 7. Aufl. BORA § 31 Rn. 6).

65 Obwohl nach ständiger Rechtsprechung das Verbot der Sternsozietät verfassungskonform und europarechtlich unbedenklich war (BGH NJW 2003, 3458; 2002, 1419; 2006, 1132), wurde dieses durch Streichung der Wörter „in einer Sozietät" mit Gesetz vom 12.12.2007 (BGBl. I S. 2848) aufgehoben. Jetzt ist es Rechtsanwälten **möglich,** ihren **Beruf in mehreren Sozietä-**

ten auszuüben. Es soll der Verantwortung des einzelnen Rechtsanwalts obliegen, wie er seine Tätigkeit organisiert. Es ist nicht erforderlich, ihm vorzuschreiben, in welcher Kanzlei er seinen Beruf in welchem Umfang ausübt (BT-Drs. 16/3655, 83). Er muss aber gleichwohl sicherstellen, dass trotz seiner Tätigkeit in verschiedenen Berufsausübungsorganisationen er seine Verschwiegenheitsverpflichtung beachtet, Interessenkollisionen ausgeschlossen sind und er eventuelle Tätigkeitsverbote einhält. Durch die Neufassung des § 59a Abs. 1 war die Regelung betreffend die Sternsozietät war die entsprechende Regelung in der BORA hinfällig geworden und folglich § 31 BORA durch die Satzungsversammlung in deren Sitzung vom 18.1.2008 aufgehoben (*Römermann* AnwBl. 2007, 823; BRAK-Mitt. 2008, 65).

3. Gemeinschaftliche Kanzlei. § 59a Abs. 2 aF statuierte als weiteren Berufsrechtsvorbehalt 66
für die Sozietät eine gemeinschaftliche Kanzlei oder mehrere Kanzleien, in denen verantwortlich zumindest ein Mitglied der Sozietät tätig ist, für das die Kanzlei den Mittelpunkt seiner beruflichen Tätigkeit bildet. § 29a blieb unberührt (vgl. 6. Aufl. § 59a Rn. 3, 11, 12). Da es der Verantwortung des einzelnen Rechtsanwalts obliegen soll, wie er seine anwaltliche Tätigkeit organisiert und es nicht für erforderlich erachtet wird, ihm vorzuschreiben, in welcher Kanzlei er seinen Beruf in welchem Umfang ausübt, konnte der frühere Abs. 2 insgesamt mit Gesetz vom 12.12.2007 (BGBl. I S. 2848) aufgehoben werden (BT-Drs. 16/3655, 83). Der Zusammenschluss mehrerer Rechtsanwälte und Personen iSd § 59a Abs. 2 nF befreit aber die Rechtsanwälte nicht von ihrer persönlichen Kanzleipflicht nach § 27. Neben diese persönliche Kanzleipflicht des einzelnen Rechtsanwalts treten die für die einzelnen gesellschaftsrechtlichen Organisationsformen bestehenden gesellschaftsrechtlichen Vorschriften für Sitz, Kanzlei und Zweigniederlassung der jeweiligen Organisation. Auch im Gesellschaftsvertrag können die beteiligten Rechtsanwälte unter Beachtung der §§ 27, 29 dazu Vereinbarungen treffen.

Da die Sozietät eine selbständige und rechtsfähige Berufsausübungsgesellschaft ist, die im 67
eigenen Namen zB Mandatsverträge abschließen und als Prozess- und Verfahrensbevollmächtigte beauftragt werden kann (→ Rn. 6, 15 ff.), bedarf sie auch einer eigenen **Kanzlei** bzw. als überörtliche Sozietät mehrerer Kanzleien. In dieser Kanzlei bzw. den Kanzleien muss die Sozietät für Behörden, Gerichte und Rechtsuchende erreichbar sein und dorthin müssen für sie bestimmte Zustellungen, Mitteilungen und sonstige Nachrichten gerichtet werden können. Nur eine Kanzlei hat die nur an einer Stelle angesiedelte Sozietät, bei der alle Sozien ihrer Kanzleipflicht in derselben Kanzlei nachkommen. Bei der **überörtlichen Sozietät** kann nicht nur auf eine gemeinschaftliche Kanzlei abgestellt werden. In ihren mehreren Kanzleien musste nach bisheriger hM am Kanzleiort ein Sozius verantwortlich tätig sein, für den dort der Mittelpunkt seiner beruflichen Tätigkeit ist. Nicht ausreichend sollte es danach sein, derartige Kanzleien nur mit freien Mitarbeitern oder angestellten Rechtsanwälten zu besetzen (OLG Hamm NJW 1991, 2650; *Henssler* NJW 1993, 2137; Henssler/Prütting/*Hartung* 2. Aufl. § 59a Rn. 65; *Kilian/vom Stein/Brandi* PraxisHdB § 18 Rn. 9). Diese Einschränkung ergab sich weder zwingend aus dem Gesetz noch ist ein Gemeinwohlinteresse erkennbar, da das Erfordernis einer (echten) Soziusstellung rechtfertigen könnte. Die Stellung als Scheinsozius reicht aus. Auch sonst werden sog. Scheinsozien mit Gesellschaftern der Anwaltssozietät nach außen hin weitgehend gleichgestellt (→ Rn. 12; → § 51a Rn. 14; §§ 8, 9, 10 BORA); sie werden als „Mitglieder" der Sozietät behandelt ohne dass sie deren Gesellschafter sein müssen. Entscheidend ist auch, dass für die Rechtsuchenden und Gerichte, Staatsanwaltschaften sowie Behörden die gesellschaftsrechtliche Stellung des in der jeweiligen Kanzlei residierenden Anwalts völlig belanglos ist. Im Außenverhältnis haftet die Sozietät insgesamt für alle rechtsgeschäftlichen Erklärungen insbesondere Anwaltsdienstverträge, die das „Mitglied" der Sozietät in deren Namen abgegeben bzw. eingegangen ist (→ Rn. 12; BGHZ 146, 341 = NJW 2001, 1056). Ebenso haftet sie für seine pflichtwidrigen Unterlassungen. Nach Aufhebung des § 59a Abs. 2 aF ist die gesellschaftsrechtliche Stellung des einzelnen Anwalts in der jeweiligen Kanzlei der Sozietät pp. belanglos.

a) Kein Zweigstellenverbot für die Sozien. Im Hinblick auf § 28 aF wurde die Erlaubnis 68
des § 59a Abs. 2 aF, mehrere Kanzleien zu unterhalten, ausschließlich auf die rechts- und parteifähige Sozietät als Berufsausübungsgesellschaft und nicht auch auf die einzelnen Mitglieder der Sozietät bezogen (Henssler/Prütting/*Hartung* 2. Aufl. § 59a Rn. 65). Das Zweigstellenverbot (§ 28 aF) musste durch den einzelnen Rechtsanwalt beachtet werden (BGH NJW 1993, 196 = BRAK-Mitt. 1993, 61 = AnwBl. 1993, 130 = GRUR 1993, 399 = WRP 1993, 234; BayAGH MDR 2002, 1280; vgl. auch § 10 Abs. 3 BORA). Ein Rechtsanwalt, der einer überörtlichen

Sozietät angehört, verstieß in wettbewerbswidriger Weise gegen das Zweigstellenverbot des § 28 Abs. 1 aF, wenn er in den Kanzleiräumen der anderen dort residierenden Sozietätsmitglieder eine Zweigstelle unterhielt und darauf in seinem Anwaltsbriefkopf dadurch hinwies, dass er seinen Namen auch unter der Kanzleiadresse der andernorts residierenden Mitglieder der überörtlichen Sozietät anführte (BGH ZIP 1998, 1044). Nachdem § 28 durch Gesetz vom 26.3.2007 (BGBl. I S. 358) ersatzlos gestrichen wurde, ist es einem Sozius gestattet, in Kanzleien der überörtlichen Sozietät, in denen er seine Kanzleipflicht nicht erfüllt, eine Zweigstelle zu unterhalten bzw. dort Sprechtage abzuhalten.

69 **b) Überörtliche, intraurbane Sozietät.** Die Regelungen für die überörtliche Sozietät gelten entsprechend für die Sozietät mit mehreren Kanzleien an einem Ort (intraurbane Sozietät). Der Unterschied zu einer Zweigstelle besteht nicht mehr darin, dass jede Kanzlei von einem Berufsangehörigen verantwortlich geleitet werden muss (BT-Drs. 12/4993, 34; BGH NJW 1994, 2288 = BRAK-Mitt. 1994, 245 = AnwBl. 1994, 415 = MDR 1994, 944). Auch hier reicht die Leitung durch einen Scheinsozius.

70 **c) Internationale Sozietät.** Die Regelungen gelten ferner entsprechend für die internationale Sozietät, bei der mindestens eine Kanzlei im Ausland unterhalten wird (vgl. auch § 29a). Grundsätzlich geht das Gesetz von der **Zulässigkeit einer internationalen Sozietät** aus. Anknüpfungspunkt für die Sozietätsfähigkeit sind die Vorschriften des EuRAG und des § 206. Rechtsanwälte aus dem europäischen Wirtschaftsraum, die die Voraussetzungen des EuRAG erfüllen, bieten die Gewähr für einen bestimmten **beruflichen Qualitätsstandard, der** mit Rücksicht auf die Interessen der Rechtsuchenden **auch bei Bildung einer internationalen Sozietät eingehalten werden muss.** Gleiches gilt für die Rechtsanwälte aus anderen Staaten, die die Voraussetzungen des § 206 Abs. 1 erfüllen, sofern dies in einer entsprechenden Verordnungen festgestellt worden ist (→ § 206 Rn. 8, 9). Auch bei **internationalen interprofessionellen Sozietäten** muss der notwendige Qualitätsstandard der Ausbildung und die erforderliche persönliche Eignung des Berufsangehörigen aus anderen Staaten gegeben sein, wenn mit einem Rechtsanwalt eine Sozietät eingegangen werden soll (BT-Drs. 12/4993, 34 = BR-Drs. 93/93, 102). Patentanwälte, Steuerberater, Steuerbevollmächtigte, Wirtschaftsprüfer oder vereidigte Buchprüfer anderer Staaten müssen einen dem in Deutschland sich herausgebildeten Berufsbildes dieser Berufe entsprechenden Beruf ausüben und berechtigt sein, mit diesen Berufen im Geltungsbereich dieses Gesetzes eine Sozietät bilden zu dürfen.

IV. Nebenfolgen einer gemeinsamen Berufsausübung in einer Sozietät

71 Die Verbindung von Rechtsanwälten zur gemeinsamen Berufsausübung in einer Berufsausübungsgesellschaft wie der Sozietät führt neben der gesamtschuldnerischen Haftung der Sozietätsmitglieder (→ Rn. 29 ff.) zu weiteren Rechtsfolgen.

72 Dazu gehören die **Tätigkeitsverbote gemäß §§ 45 Abs. 3, 46 Abs. 3** (zu den Einzelheiten → § 45 Rn. 38 ff.; → § 46 Rn. 28 f.; vgl. auch Anm. zu § 3 BORA; Henssler/Prütting/*Hartung* § 59a Rn. 176 ff.).

73 Das **Zeugnisverweigerungsrecht** des Rechtsanwalts gemäß § 53 Abs. 1 Nr. 3 StPO **kommt,** da die Mandate an die Sozietät und damit allen in ihr verbundenen Anwälten erteilt werden (→ Rn. 15 ff.), auch **allen Sozien zu.** Wenn auch nach neuerem Verständnis die Sozietät als BGB-Gesellschaft selbst die Auftragnehmerin ist, steht das Zeugnisverweigerungsrecht ihren in ihr verbundenen Sozietätsanwälten zu und nicht der Gesellschaft, da diese für die Gesellschaft handeln (Henssler/Prütting/*Hartung* § 59a Rn. 106).

74 An dieses Zeugnisverweigerungsrecht knüpft sich das **Beschlagnahmeverbot** des § 97 Abs. 1 StPO, das nach § 97 Abs. 2 S. 1 StPO aber voraussetzt, dass die zu beschlagnahmenden Gegenstände im Gewahrsam der zur Verweigerung des Zeugnisses Berechtigten sind. Da bei einer Sozietät grundsätzlich alle Sozien beauftragt sind, ist auch davon auszugehen, dass sie auch alle Gewahrsamsinhaber sind. Das **Beschlagnahmeverbot entfällt, wenn ein Mitglied der Sozietät einer Straftatsbeteiligung verdächtig** ist (§ 97 Abs. 2 S. 3 StPO; → § 116 Rn. 20 zu § 97 StPO; BGHSt 33, 347; BGH NJW 1982, 2508). Grundlage der Durchsuchung der Kanzlei einer Sozietät ist auch dann, wenn nur einer oder einige der Sozien tatverdächtig sind, § 102 StPO und nicht § 103 StPO (BVerfG NJW 2002, 2090; BGH NStZ 1986, 84; → § 116 Rn. 23 zu § 102 StPO; Henssler/Prütting/*Hartung* § 59a Rn. 107).

Gebührenrechtlich wird die Sozietät in all ihren Erscheinungsformen wie überörtliche Sozietät, interprofessionelle Sozietät pp. als ein Anwalt behandelt, da die rechts- und parteifähige Sozietät selbst grundsätzlich Mandatsnehmerin ist. Sie kann, unabhängig davon, wie viele ihrer Mitglieder in der Mandatsangelegenheit tätig waren, das nach dem RVG anfallende Honorar nur einmal fordern. § 6 RVG gilt nicht, da die in der Sozietät verbundenen Rechtsanwälte nicht nebeneinander sondern miteinander tätig werden (Henssler/Prütting/*Hartung* § 59a Rn. 108; BGHZ 56, 355 = NJW 1971, 1801). Die beauftragte Sozietät ist ein Rechtsanwalt iSd § 6 RVG (Hartung/Römermann/*Schons/Römermann* RVG § 6 Rn. 7). **Rechtsanwalts-Reisekosten** eines auswärtigen Mitglieds einer überörtlichen Anwaltssozietät **zu einem Gericht, bei dem ebenfalls Anwälte dieser Sozietät ansässig sind, sind nicht erstattungsfähig** (OLG München NJW 2002, 1435). Nach Schließen des am Gerichtsort bestehenden Büros einer überörtlichen Sozietät können aber Reisekosten erstattet werden, die entstehen, wenn ein Mitglied dieser überörtlichen Sozietät von einem anderen Kanzleiort her anreist (BGH AnwBl. 2006, 590). 75

Auch der Partnerschaftsgesellschaft, der Rechtsanwalts-GmbH, der Rechtsanwalts-AG und der Rechtsanwalts-KGaA wird jeweils selbst das Mandat erteilt. Sie sind Auftragnehmer und Gebührengläubiger, nicht die in ihnen verbundenen Rechtsanwälte persönlich. Auftragnehmer ist somit immer nur eine (juristische) Person. Die Gesellschaften sind daher iSd § 6 RVG als „ein Rechtsanwalt" zu sehen (Hartung/Römermann/*Schons/Römermann* RVG § 6 Rn. 8, 9). 76

Auch nach **Auflösung einer Sozietät** bzw. dem **Ausscheiden eines Sozius** aus einer im Übrigen fortbestehenden Sozietät können zwischen den bisherigen Sozien die unterschiedlichsten Rechtsbeziehungen bestehen (→ Rn. 43 f.). Zu den Voraussetzungen eines **Auskunftsanspruchs** eines ausscheidenden Sozius zur Berechnung eines vertraglichen **Abfindungsanspruchs** vgl. BGH MDR 2000, 911; zur Geltendmachung von Gewinnansprüchen bei bestehender und beendeter Sozietät vgl. OLG Saarbrücken NJW-RR 2000, 876 mwN; zu **Mandantenschutzklauseln** und nachvertraglichen **Wettbewerbsverboten** vgl. BGH NZG 2005, 843 = AnwBl. 2005, 715 = MDR 2006, 119 = BRAK-Mitt, 2005, 280; OLG Celle NJW-RR 2007, 65; BGH MDR 2000, 977; zur Gestaltung einer **Abfindungs- und Wettbewerbsklausel** im Sozietätsvertrag vgl. OLG Schleswig AnwBl. 2001, 365; zur Aufteilung gemeinschaftlicher Gegenstände nach Beendigung der Zusammenarbeit vgl. OLG Hamm NJW-RR 2001, 245 und zur Folge der Kündigung einer zweigliedrigen Sozietät aus wichtigem Grund vgl. BGH MDR 2002, 608 = NZG 2002, 417 und *Kleine-Cosack* NZG 2002, 562. Enthält ein Sozietätsvertrag nicht ganz ausdrücklich eine Beschränkung der nachvertraglichen Tätigkeit, unterliegen die Sozien im Fall der Trennung keinem Wettbewerbsverbot (OLG Celle BRAK-Mitt. 2007, 37 = DB 2007, 1249). Nach Auflösung einer aus zwei Sozien bestehenden Sozietät kann ein Gesellschafter verlangen, dass die **Telefon- und Faxanschlüsse** gekündigt werden. Das gilt auch dann, wenn der andere Gesellschafter die Anschlüsse weiter nutzen möchte und eine Freistellung im Innenverhältnis anbietet (OLG Hamm NJW-RR 2006, 1928 = MDR 2006, 360). 77

Wird eine in einem Sozietätsvertrag zugunsten altersbedingt ausscheidender Partner vorgesehene, an den Jahresgewinn der aktiven Sozietät anknüpfende Versorgungsregelung undurchführbar, weil die aktiven Partner die Praxis veräußert haben, kann im Rahmen der erforderlichen beiderseits interessengerechten Vertragsauslegung den in der Vergangenheit ausgeschiedenen Partnern unter Umständen ein **Anspruch auf Abfindung** nach dem Wert ihrer Beteiligung zum Zeitpunkt des Ausscheidens zuzuerkennen sein (BGH MDR 2004, 1147 = BRAK-Mitt. 2004, 183 = AnwBl. 2004, 656). 78

B. Bürogemeinschaft

I. Begriff

Eine **gesetzliche Definition** des Begriffs „Bürogemeinschaft" **gibt es nicht mehr.** In § 39 Abs. 2 RAG hieß es dazu: „Eine Bürogemeinschaft von Rechtsanwälten liegt dann vor, wenn Rechtsanwälte ein gemeinsames Büro betreiben und entsprechend vertraglicher Abreden auch die Kosten für die Führung des Büros angemessen teilen. Die Entgegennahme von Aufträgen und die Haftung erfolgt bei Bürogemeinschaften nicht gemeinsam" (2. Aufl. § 39 RAG). Damit unterscheidet sich die Bürogemeinschaft von der Sozietät dadurch, dass sie nicht wie diese eine Berufsausübungsgemeinschaft sondern eine **bloße Betriebsgemeinschaft** ist. In der Büro- 79 gemeinschaft gibt es **keine gemeinsame Berufsausübung mit gemeinsamer Annahme von Aufträgen und keine gemeinsame Entgegennahme der Entgelte.** Die Bürogemeinschaft ist dadurch gekennzeichnet, dass sich Anwälte zu dem **Zweck der gemeinsamen Nutzung von Betriebsmitteln** zusammenschließen (→ BORA § 8 Rn. 6). Eine Bürogemeinschaft liegt dann vor, wenn wenigstens zwei Rechtsanwälte oder wenigstens ein Rechtsanwalt und ein Angehöriger eines sozietätsfähigen Berufes (§ 59a Abs. 1 und 3) aufgrund eines Gesellschaftsvertrages (§§ 705 ff. BGB) sich zusammengetan haben um ihr Büro aus **Rationalisierungsgründen** gemeinsam zu führen, dh wenn sie die für eine Anwaltskanzlei erforderlichen Betriebsmittel wie zB die gemeinschaftlich angemieteten Büroräume, das gemeinsame Personal, die sächliche Büroausstattung mit Bürogeräten wie Computer, Telefon- und Faxgeräte pp. gemeinschaftlich nutzen und die Kosten anteilig tragen wollen.

II. Mitglieder

80 Für die Bürogemeinschaft ordnet § 59a Abs. 3 eine entsprechen Geltung von Abs. 1 und 2 an und stellt damit die Bürogemeinschaft insoweit der Sozietät bzw. sonstigen Berufsverbindung iSd Abs. 1 gleich (BGH NJW 2003, 3548 = MDR 2004, 179 = BRAK-Mitt. 2004, 35 = AnwBl. 2004, 124). Die Bürogemeinschaft ist somit nur dann zulässig, wenn ein Rechtsanwalt mit deren Mitgliedern auch eine Sozietät schließen könnte. Im Interesse des rechtsuchenden Publikums kann eine Bürogemeinschaft nur mit anderen rechtsberatenden, steuerberatenden und wirtschaftsprüfenden Berufen in Betracht kommen. Es ist nämlich sicherzustellen, dass die mit einem Rechtsanwalt in einem Büro Tätigen in gleicher Weise wie der Rechtsanwalt der Verschwiegenheit und den damit korrespondierenden Aussageverweigerungsrechten und Beschlagnahmeverboten unterfallen (BT-Drs. 12/4993, 34 = BR-Drs. 93/93, 102). Soweit keine Sozietätsfähigkeit besteht, ist auch eine Bürogemeinschaft ausgeschlossen. Eine Bürogemeinschaft zwischen einem Rechtsanwalt und einer in der Rechtsform der Partnerschaftsgesellschaft geführten Rechtsanwalts- bzw. Steuerberatungsgesellschaft ist dann unzulässig, wenn der Rechtsanwalt zugleich Mitglied der Gesellschaft ist (BGH NJW 2003, 3548).

III. Verschwiegenheitspflicht und Tätigkeitsverbote

81 Da die gemeinschaftlichen Angestellten vom Inhalt der Akten aller Bürogemeinschafter Kenntnis erlangen und die Bürogemeinschafter selbst auch von den Mandaten der anderen Bürogemeinschafter Kenntnis bekommen können, gilt für diese in besonderem Maße die – **Verschwiegenheitspflicht.** Wenn diese sich aus dem Mandat ergebende Pflicht an sich nur den mandatierten Bürogemeinschafter und sein Personal trifft, muss gleichwohl auch der nicht mandatierte Bürogemeinschafter diese Pflicht beachten. Festgeschrieben ist dies in dem allerdings sehr umstrittenen § 3 Abs. 2 BORA (vgl. *Kleine-Cosack* AnwBl. 2006, 13, 15; Henssler/Prütting/*Hartung* § 59a Rn. 178 f.).

82 Es ist auch sehr **umstritten, ob die gesetzlichen Tätigkeitsverbote der §§ 45, 46 auch für Bürogemeinschafter gelten,** ob diese iSd §§ 45 Abs. 3 und 46 Abs. 3 „zur gemeinschaftlichen Berufsausübung verbunden" sind oder nicht, da die Bürogemeinschaft ja keine Berufsausübungsgesellschaft ist (ablehnend Hartung/Römermann/*Römermann* Vor § 59a Rn. 164; bejahend Henssler/Prütting/*Hartung* § 59a Rn. 180; *Kilian/vom Stein/Brandi* PraxisHdB § 18 Rn. 165). § 3 Abs. 2 BORA dehnt die Verbote auch auf die Bürogemeinschafter aus (→ BORA § 3 Rn. 7 ff.).

83 Ein Rechtsanwalt, der mit einem **Ratsmitglied** in einer Sozietät verbunden ist, ist ebenso wenig wie der in einer Bürogemeinschaft tätige Anwalt, der kein kommunales Amt bekleidet, Adressat des **kommunalen Vertretungsverbotes** (BVerfGE 56, 99 = NJW 1981, 1599 = MDR 1981, 551; BVerfGE 61, 68 = NJW 1982, 2177 = AnwBl. 1982, 483); zu prüfen ist dabei immer in diesen Fällen, ob die Voraussetzungen des § 45 Abs. 3 vorliegen.

83a Waren in einem Anwaltsbüro mehrere, nur durch Bürogemeinschaft verbundene, Anwälte tätig, die teils beim LG und beim OLG, teils aber nur beim LG zugelassen waren – was mittlerweile rechtshistorisch ist –, so war durch ausreichende organisatorische Maßnahmen Vorsorge zu treffen, dass ein an das OLG gerichteter Schriftsatz nicht von einem Anwalt unterzeichnet wird, der dort nicht zugelassen war (BGH HFR 1994, 235; VersR 1982, 848 = ZfSch 1982, 322); eine **Wiedereinsetzung** wegen Versäumung der Einspruchsfrist durch Bürogemeinschafter des Betroffenen aufgrund eines Büroversehens ist nicht möglich (LG Frankfurt AnwBl. 1982,

163). Die unterschiedliche Handhabung des **Vorsteuerabzuges** bei Sozietäten und Bürogemeinschaften verstößt nicht gegen Art. 3, 14 GG (FG Münster ZAP EN-Nr. 298/91). Zur Steuersituation bei Bürogemeinschaften vgl. *Haas* BRAK-Mitt. 2001, 221, 222.

IV. Kundgabe der Bürogemeinschaft

Die Kundgabe der beruflichen Zusammenarbeit in einer Bürogemeinschaft durch die Verwendung eines **gemeinsamen Briefkopfes ist berufsrechtlich** (§ 8 S. 1 BORA) und nach § 2 UWG **grundsätzlich zulässig** (*Kleine-Cosack* Vor § 59a Rn. 65). Nach § 8 S. 1 BORA darf auf eine „andere berufliche Zusammenarbeit", zu der die Bürogemeinschaft gehört, hingewiesen werden (§ 8 BORA Rn. 6). Um Verwechslungen mit einer Sozietät und das daraus sich ergebende Haftungsrisiko zu vermeiden, muss bei **Hinweisen auf eine Bürogemeinschaft** dieser Hinweis **klar und deutlich** sein. Wenn der Hinweis auf eine Bürogemeinschaft im Blickfang erfolgt, dann ist eine derartige Gestaltung des Briefkopfes zwar rechtlich zulässig, es besteht allerdings immer die Gefahr, dass die Rechtsprechung die Bürogemeinschaftler an einem anderen gesetzten Rechtsschein festhält und sie haftungsmäßig wie Sozien behandelt (→ Rn. 29 ff.; BGHZ 70, 247 = NJW 1978, 996 = MDR 1978, 740 = AnwBl. 1978, 259; BGH NJW 1986, 1490; *Müller* NJW 1969, 903; *Steindorff*, FS Robert Fischer, 1979, 747). Die Grundsätze der gesamtschuldnerischen Rechtsscheinhaftung bei Scheinsozietäten gelten zB auch dann wenn auf dem gemeinsamen Briefkopf der Zusatz „In Kanzleigemeinschaft" angebracht ist (OLG Köln BRAK-Mitt. 2003, 121). **84**

V. Weitere Folgen

Eine **Ersatzzustellung** iSd § 178 Abs. 1 Nr. 2 ZPO nF, früher § 183 Abs. 2 ZPO, kann in den Kanzleiräumen einer anwaltlichen Bürogemeinschaft hinsichtlich eines jeden der Rechtsanwälte erfolgen und zwar solange als die Bürogemeinschaft tatsächlich besteht, dh der Zustellungsempfänger nicht tatsächlich aus der Bürogemeinschaft ausgeschieden ist; die Ersatzzustellung kann an jede in den Büroräumen anwesende Gehilfin oder jeden Gehilfen bewirkt werden; sie kann ohne Rücksicht darauf erfolgen, für welchen der Anwälte die Ersatzperson tatsächlich tätig ist oder wessen Angestellte sie ist (OLG München OLGR 1995, 108). Eine **Gebührenteilungsabrede** zwischen Anwaltsnotar, Rechtsanwalt, Steuerberater, die im Rahmen einer Bürogemeinschaft zusammenarbeiten, ist nicht sittenwidrig (OLG Frankfurt NJW-RR 1995, 372 = Stbg 1995, 263). Die gegenseitige **Liquidation** bei einer Bürogemeinschaft im Vertretungsfalle ist zulässig (OLG Bamberg JurBüro 1987, 79). Durch eine Bürogemeinschaft wird **steuerrechtlich keine Mitunternehmerschaft** begründet (BFH NJW 2006, 111). **85**

C. EWIV

Schrifttum: *Autenrieth,* Die inländische Europäische Interessenvereinigung (EWIV) als Gestaltungsmittel, BB 1989, 305; *Grüninger,* Die deutsche Rechtsanwaltssozietät als Mitglied einer EWIV, AnwBl. 1990, 228; *ders.,* Aspekte, Strategien und Möglichkeiten einer EWIV von Rechtsanwälten, AnwBl. 1992, 111; *Hellwig,* Formen der Gestaltung der Zusammenarbeit mit dem ausländischen Anwalt, AnwBl. 1996, 124; *Kappus/Eckstein,* Europäische wirtschaftliche Interessenvereinigung, AnwBl. 1992, 298; *Knoll/Schüppen,* Die europäische wirtschaftliche Interessenvereinigung (EWIV), WiB 1994, 889; *Lenz,* Die Partnerschaft – alternative Gesellschaftsform für Freiberufler?, MDR 1994, 741; *Marx,* Die Europäische Wirtschaftliche Interessenvereinigung (EWIV) als Kooperationsform für die freien Berufe, AnwBl. 1997, 241; *Nerlich,* Internationale Kooperationsmöglichkeiten für europäische Rechtsanwälte, 1993; *Zuck,* Die europäische wirtschaftliche Interessenvereinigung als Instrument anwaltlicher Zusammenarbeit, NJW 1990, 954.

I. Einführung

Grundlage der EWIV ist die Verordnung (EWG) Nr. 2137/85 des Rates der EG vom 25.7.1995 über die Schaffung einer Europäischen Wirtschaftlichen Interessenvereinigung (ABl. EG Nr. L 199 S. 1) sowie das Gesetz zur Ausführung der EWG-Verordnung vom 14.4.1988 (BGBl. I S. 514). Die EWIV ist **keine Berufsausübungsgesellschaft** wie zB die Rechtsanwalts-GmbH, sondern dient lediglich der Unterstützung der beruflichen Aktivität ihrer Mitglieder. Sie hat daher nur den Zweck, die **wirtschaftliche Tätigkeit ihrer Mitglieder zu unterstützen oder zu entwickeln** sowie die Ergebnisse von deren Tätigkeit zu verbessern oder zu steigern. Eigene **Gewinne soll die EWIV nicht erzielen** (Art. 3 Abs. 1 EWIV-VO). Ihre Tätigkeit muss im Zusammenhang mit der wirtschaftlichen Tätigkeit ihrer Mitglieder stehen und **86** darf nur eine diese unterstützende Tätigkeit sein (Art. 3 Abs. 2 EWIV-VO). Damit muss die Tätigkeit der EWIV im Zusammenhang mit der wirtschaftlichen Tätigkeit ihrer Mitglieder stehen und darf nur eine Hilfstätigkeit dazu sein, nur diese unterstützen. Zu denken ist etwa an die Entwicklung übereinstimmender Organisationsstrukturen der Partner, an abgestimmte Marketingmaßnahmen wie Kanzleibroschüren, Mandantenrundbriefe mit Beschreibung aktueller Entwicklungen, Seminare und Vorträge für Mandanten, Verwendung gemeinsamer Logos, Entwicklung gemeinsamer Software etc *(Kilian/vom Stein/Brandi* PraxisHdB § 18 Rn. 171; *Grüninger* AnwBl. 1992, 111).

II. Gesellschafter

87 Die EWIV ist eine **Personengesellschaft,** deren Mitglieder auch eine freiberufliche Tätigkeit in der Gemeinschaft ausüben dürfen. Mindestens zwei Freiberufler oder sonstige Unternehmer mit einer wirtschaftlichen **Haupttätigkeit in jeweils einem anderen Mitgliedstaat der Europäischen Union** müssen sich zusammenschließen (*Jessnitzer/Blumberg* § 59a Rn. 17). Neben natürlichen Personen können auch Sozietäten und Rechtsanwaltsgesellschaften Mitglieder einer EWIV sein (*Vorbrugg/Salzmann* AnwBl. 1996, 129, 131). Da die EWIV auch die interprofessionelle Zusammenarbeit fördern soll, selbst aber eine Berufstätigkeit – also auch keine rechtsberatende oder – vertretende Tätigkeit ausübt, können Anwälte sich in einer EWIV auch mit nicht sozietätsfähigen Personen zusammenschließen. Der Berufsrechtsvorbehalt des § 59a Abs. 1 und 3 greift insoweit nicht (Hartung/Römermann/*Römermann* Vor § 59a Rn. 143; *Zuck* NJW 1990, 954). Die Beteiligung von Notaren an einer interprofessionellen EWIV ist zulässig, soweit es nicht um die Ausübung ihres öffentlichen Amtes (§ 1 BNotO) geht (*Kappus/Eckstein* AnwBl. 1992, 298). Die EWIV kann die Notare zB durch die Bereitstellung von Informationen für die Gestaltung internationaler Verträge unterstützen (Hartung/Römermann/*Römermann* Vor § 59a Rn. 142).

88 **Geschäftsführer** der EWIV können sowohl einzelne Mitglieder als auch Dritte sein. Da die EWIV keine eigenen Gewinne erzielt, können auch Rechtsanwälte Geschäftsführer sein ohne ihre Unabhängigkeit zu gefährden. Die Rechtsanwalts-GmbH oder -AG kann nicht Geschäftsführerin sein, da die Bundesrepublik von der diesbezüglichen Ermächtigung in Art. 19 Abs. 2 EWIV-VO, auch juristische Personen als Geschäftsführer zuzulassen, keinen Gebrauch gemacht hat (Hartung/Römermann/*Römermann* Vor § 59a Rn. 149).

III. Firma, Handelsgesellschaft

89 Die Personengesellschaft der EWIV gilt gemäß § 1 EWIV-AG als **Handelsgesellschaft,** sie ist als solche **Formkaufmann** (§ 6 HGB). Voraussetzung für das Entstehen einer EWIV ist die **Eintragung in das Handelsregister,** die Eintragung ist konstitutiv.

90 Auf die Rechtsform der EWIV muss im Namen hingewiesen werden (Art. 25 S. 1 lit. a EWIV-VO), anderenfalls liegt ein Verstoß gegen § 5 UWG vor (so für die Scheinsozietät BGH NJW 1996, 2308 = MDR 1996, 966 = BRAK-Mitt. 1996, 219 = AnwBl. 1996, 471). Eine aus den Namen der Mitglieder gebildete **Personenfirma** ist ebenso zulässig wie eine **Sachfirma** (LG Frankfurt BB 1991, 496; LG Bonn NJW-RR 1994, 298 = EuZW 1993, 550 = MittRhNotK 1993, 131; AG München MDR 1990, 445 = GRUR 1990, 698 = BRAK-Mitt. 1990, 118 = Rpfleger 1990, 76; *Kleine-Cosack* Vor § 59a Rn. 61; **aA** OLG Frankfurt NJW-RR 1994, 300 = EuZW 1993, 488 = DB 1993, 1182 = Rpfleger 1993, 450; OLG Frankfurt ZIP 1997, 591 = DB 1997, 221 = OLG-Rspr. 1997, 41 = EuZW 1997, 285; *Neye* EWiR 1997, 283; *Ziegler* Rpfleger 1990, 239; *v. Rechenberg* ZGR 1992, 299, 303). Nach Art. 5 lit. d EWIV-VO iVm § 2 Abs. 2 Nr. 4 EWIVAG muss der Name der EWIV im Handelsregister eingetragen werden. Ist eine Sozietät Mitglied der EWIV, genügt die Eintragung des Namens der Sozietät, dh ggf. von deren Kurzbezeichnung (§ 9 BORA). Die Sozietät, die rechts- und parteifähig ist (BGHZ 146, 341 = NJW 2001, 1056; → Rn. 6), ist als solche selbst Trägerin eines Namens iSd EWIV-VO und des entsprechenden Ausführungsgesetzes. Einer Eintragung sämtlicher eventuell wechselnder Sozien bedarf es nicht.

91 Die interne Organisation der EWIV kann weitgehend von den Gesellschaftern autonom geregelt werden. Wichtigstes Organ ist die **Gesellschafterversammlung,** die mangels anders lautender Vereinbarung und in den zwingend vorgeschriebenen Fällen einstimmig entscheidet (Art. 17 Abs. 2 EWIV-VO; Henssler/Prütting/*Hartung* § 59a Rn. 136).

D. Kooperation

Schrifttum: *Burgmair/Brink,* Die erfolgreiche Rechtsanwaltskooperation, 2000; *Ewer,* Interprofessionelle und intraprofessionelle Kooperation unter Beteiligung der Anwaltschaft, AnwBl. 2/2000, Sonderheft S. 71; *Frenz,* Notar-Kooperationen – oder: Auch die Bundesnotarkammer kann irren, ZNotP 2000, 383; *Hartung,* Sozietät oder Kooperation? Zwei unterschiedliche Formen beruflicher Zusammenarbeit, AnwBl. 1995, 333; *Kopp,* Anwaltsfranchising – Berufsausübungsform zwischen Sozietät und Kooperation, BRAK-Mitt. 2004, 154; *Martinek,* McLaw's Franchising in der Anwaltschaft?, AnwBl. 2001, 3; *Zuck,* Vertragsgestaltung bei Anwaltskooperationen, 1995.

I. Definition

Die Kooperation ist ebenfalls eine **Form der Zusammenarbeit.** Eine **Legaldefinition fehlt.** Wettbewerbsrechtlich ist der Begriff der Kooperation anerkannt (vgl. § 8 BORA; OLG Frankfurt OLG-Rspr. 1997, 101; OLG Köln NJW-RR 1997, 991 = AnwBl. 1997, 120; OLG Hamburg NJW-RR 1997, 357 = OLG-Rspr. 1997, 123; LG Köln Stbg 1996, 313; OLG Koblenz AfP 1996, 382). Teilweise wird unter einer Kooperation „jede innerhalb des vom Staat gesetzten Rahmens stattfindende tatsächliche oder rechtliche freiwillige Koordinierung von Unternehmensfunktionen zwischen zwei oder mehreren selbständigen Unternehmen verstanden, die zur **Verbesserung ihrer Wettbewerbsfähigkeit oder Leistungsfähigkeit** insoweit auf ihre wirtschaftliche/rechtliche Selbständigkeit verzichten" (*Zuck,* Vertragsgestaltung bei Anwalts-Kooperationen, Rn. 1). Andererseits wird die Kooperation in Anlehnung an § 8 S. 1 BORA aF als „eine auf gesellschaftsvertraglicher Vereinbarung beruhende **dauerhafte und organisatorisch verfestigte Zusammenarbeit** von Rechtsanwälten unter Einschluss von Angehörigen der gemäß § 59a Abs. 1 sozietätsfähigen Berufe zur Verbesserung der Wettbewerbsfähigkeit ohne die bei der Sozietät notwendige gemeinschaftliche Entgegennahme von Aufträgen" (Henssler/Prütting/*Hartung* § 59a Rn. 169) verstanden. Sie ist **weniger als eine Sozietät und mehr als zufällige und gelegentliche Kontakte** (OLG Köln AnwBl. 1997, 120). 92

Sie setzt jedenfalls eine **irgendwie geartete wirtschaftliche Zusammenarbeit** zwischen den Kooperationspartnern voraus, indem die Partner sich zB bei der Informationsbeschaffung, dem Einkauf von Bürobedarf u. ä. gegenseitig unterstützen. Im Gegensatz zur Sozietät, die eine rechts- und parteifähige Außengesellschaft ist (BGHZ 146, 341 = NJW 2001, 1056), handelt es sich bei der Kooperation um eine **reine Innengesellschaft.** Im Unterschied zur Sozietät werden bei einer Kooperation Mandate nicht gemeinschaftlich angenommen und bearbeitet, die Haftung bezieht sich nur auf das einzelne Kooperationsmitglied, gesamtschuldnerische Haftung ist ausgeschlossen und es werden – in Abgrenzung von einer Bürogemeinschaft – keine gemeinsamen Räume unterhalten, eine gemeinsame Organisation des Büros findet nicht statt. Damit hat die Kooperation in wesentlichen und charakteristischen Punkten eine deutlich geringere Qualität und Intensität der Form der Zusammenarbeit als die Sozietät (AGH NRW BeckRS 2006, 12784). 93

Anwaltsfranchising ist eine Form anwaltlicher Kooperation. Die einzelnen Kanzleien treten hierbei mit einem einheitlichen Marketing nach außen in Erscheinung, die einzelne Kanzlei bleibt aber selbständig. Das Auftreten der Franchisenehmer unter einem gemeinsamen Franchisesystemnamen darf nicht dazu führen, dass der Schein einer überörtlichen Sozietät geschaffen wird (*Kopp* BRAK-Mitt. 2004, 154). 94

Durch § 8 S. 1 BORA aF war festgelegt, dass zumindest die Kooperation zwischen Anwälten **auf Dauer angelegt** sein musste und durch tatsächliche Ausübung verfestigt war, wenn auf sie hingewiesen wurde. Die Zusammenarbeit in einem Einzelfall war iSd § 8 BORA aF keine Kooperation. Aus einem Umkehrschluss zu § 9 Abs. 1 BORA aF ergab sich, dass eine gemeinsame Kurzbezeichnung der Kooperationspartner nicht möglich war. Anders nunmehr die Neufassung des § 8 S. 2 BORA, die nur noch darauf abstellt, dass nicht der Eindruck einer gemeinschaftlichen Berufsausübung erweckt werden darf. 95

II. Kooperationspartner

Da die Kooperation der beruflichen Zusammenarbeit dient, können **Kooperationspartner immer die in § 59a Abs. 1 und 3 genannten Personen und Personengesellschaften** sein; mit anderen, nicht sozietätsfähigen Berufsangehörigen kann ein Rechtsanwalt in Kooperation 96 nur zusammenarbeiten, wenn seine Unabhängigkeit und Eigenverantwortlichkeit gewahrt wird, seine Verpflichtung zur Verschwiegenheit eingehalten wird. Nur die Kooperation in Form der Sozietät und der Bürogemeinschaft wird in § 59a ausdrücklich geregelt. Die **Zulässigkeit einer Kooperation mit nicht sozietätsfähigen Berufsangehörigen,** zB mit Ärzten, Architekten, Psychologen u. A. ergibt sich unmittelbar aus Art. 12 Abs. 1 GG. § 59a, der lediglich die Voraussetzungen für Sozietäten und Bürogemeinschaften sowie entsprechend für Berufsausübungsgesellschaften in der Form der Rechtsanwalts-GmbH, -AG, -KG a. A. und die Partnerschaftsgesellschaft regelt, enthält keine Beschränkungen für sonstige Kooperationen. Diese sind auch mit nicht sozietätsfähigen Personen möglich und zulässig (BGH BRAK-Mitt. 2005, 235 = AnwBl. 2005, 650; AGH NRW BeckRS 2006, 12784), zumal der Rechtsanwalt solche „vereinbare" Tätigkeiten als Zweitberuf selbst ausüben dürfte (§ 7 Nr. 8, § 14 Abs. 2 Nr. 8). Über § 33 BORA gelten für die anwaltlichen Kooperationspartner auch die Regeln, die für die Zusammenarbeit in der Sozietät gelten. Dh. auch Kooperationspartner müssen die Wahrnehmung widerstreitender Interessen vermeiden und die Tätigkeitsverbote der §§ 45, 46 beachten (Henssler/Prütting/*Hartung* § 59a Rn. 178 f., 180).

III. Werbung

97 Die Partner einer Kooperation dürfen über Art und Umfang ihrer Zusammenarbeit sachlich unterrichten (§ 43b). Dabei müssen Rechtsanwälte § 8 BORA beachten (Henssler/Prütting/*Hartung* § 59a Rn. 176). Rechtsanwälte dürfen auch auf eine Kooperation mit nicht sozietätsfähigen Personen hinweisen. Eine Tatsache, die berufsrechtlich zulässig ist, darf auch bekanntgemacht werden. § 8 BORA steht der Kundgabe der Kooperation mit einer nicht sozietätsfähigen Person nicht entgegen (→ BORA § 8 Rn. 15 ff.).

98 Bei der **Werbung mit Kooperationshinweisen muss der Eindruck einer gemeinsamen Berufsausübung vermieden** werden, weil sonst eine gesamtschuldnerische Haftung aller Kooperationspartner aus Rechtsscheingründen droht (→ Rn. 12, 14). Die Rechtsprechung hat es wettbewerbsrechtlich nicht beanstandet, wenn ein Rechtsanwalt auf dem Briefbogen seiner Kanzlei auf im Ausland niedergelassene Anwälte, die er bei Fragen des ausländischen Rechts ständig zu Rate zieht, als Kooperationspartner hinweist (BGH NJW 1993, 1331 = MDR 1993, 479 = BRAK-Mitt. 1993, 109 = AnwBl. 1993, 287 = JZ 1993, 522 = DB 1993, 775). Sie hat jedoch dazu verlangt, dass durch entsprechende Hinweise auf Kooperationsvereinbarungen mit Rechtsanwälten im Ausland nicht der Eindruck entstehen darf, als seien sämtliche Anwälte im Ausland zugelassen (OLG Hamm NJW 1993, 1338 = BRAK-Mitt. 1993, 178 = AnwBl. 1993, 582).

E. Sonstige Formen beruflicher Zusammenarbeit

99 Als gesetzlich geregelte Formen der gemeinsamen Berufsausübung gibt es ferner die **Rechtsanwalts-GmbH** (vgl. §§ 59c–59m) und die **Partnerschaftsgesellschaft** (→ Teil I Nr. 5). Zudem wurden von der Rechtsprechung die **Rechtsanwalts-AG,** die **Rechtsanwalts-KGaA** und die **Limited** als Rechtsanwaltsgesellschaft zugelassen (→ Vor § 59c Rn. 1–14).

§ 59b Satzungskompetenz (§§ 1–35 BORA; §§ 1–26 FAO)

(1) **Das Nähere zu den beruflichen Rechten und Pflichten wird durch Satzung in einer Berufsordnung bestimmt.**

(2) **Die Berufsordnung kann im Rahmen der Vorschriften dieses Gesetzes näher regeln:**

1. die allgemeinen Berufspflichten und Grundpflichten,
  a) Gewissenhaftigkeit,
  b) Wahrung der Unabhängigkeit,
  c) Verschwiegenheit,
  d) Sachlichkeit,
  e) Verbot der Vertretung widerstreitender Interessen,
  f) Umgang mit fremden Vermögenswerten,
  g) Kanzleipflicht;

2. die besonderen Berufspflichten im Zusammenhang mit dem Führen der Fachanwaltsbezeichnung,
  a) Bestimmung der Rechtsgebiete, in denen weitere Fachanwaltsbezeichnungen verliehen werden können,
  b) Regelung der Voraussetzungen für die Verleihung der Fachanwaltsbezeichnung und des Verfahrens der Erteilung, der Rücknahme und des Widerrufs der Erlaubnis;

3. die besonderen Berufspflichten im Zusammenhang mit der Werbung und Angaben über selbst benannte Interessenschwerpunkte;

4. die besonderen Berufspflichten im Zusammenhang mit der Versagung der Berufstätigkeit;

5. die besonderen Berufspflichten
  a) im Zusammenhang mit der Annahme, Wahrnehmung und Beendigung eines Auftrags,
  b) gegenüber Rechtsuchenden im Rahmen von Beratungs-, Verfahrenskosten- und Prozesskostenhilfe,
  c) bei der Beratung von Rechtsuchenden mit geringem Einkommen,
  d) bei der Führung der Handakten;

6. die besonderen Berufspflichten gegenüber Gerichten und Behörden,
  a) Pflichten bei der Verwendung von zur Einsicht überlassenen Akten sowie der hieraus erlangten Kenntnisse,
  b) Pflichten bei Zustellungen,
  c) Tragen der Berufstracht;

7. die besonderen Berufspflichten bei der Vereinbarung und Abrechnung der anwaltlichen Gebühren und bei deren Beitreibung;

8. die besonderen Berufspflichten gegenüber der Rechtsanwaltskammer in Fragen der Aufsicht, das berufliche Verhalten gegenüber anderen Mitgliedern der Rechtsanwaltskammer, die Pflichten bei beruflicher Zusammenarbeit, die Pflichten im Zusammenhang mit der Beschäftigung von Rechtsanwälten und der Ausbildung sowie Beschäftigung anderer Mitarbeiter;

9. die besonderen Berufspflichten im grenzüberschreitenden Rechtsverkehr.

Schrifttum: *Ahrens,* Regelungsprinzipien des anwaltlichen Berufsrecht in der BORA, ein Appell an die 5. Satzungsversammlung zur Modernisierung der BORA, AnwBl. 2013, 2; *Aranowski,* Sie haben die Wahl, AnwBl. 2011, 103; *Boos,* Die Freien Berufe und das kartellrechtliche Empfehlungsverbot, 2003; *Braun,* Neue Aufgaben für die Anwaltsgerichtsbarkeit, ZRP 1996, 394; *Busse,* Die Satzungsversammlung bei der Bundesrechtsanwaltskammer: Was bleibt zu tun?, AnwBl. 2007, 729; *Dahns,* Die Satzungsermächtigung der Satzungsversammlung, NJW-Spezial 2008, 222; *ders.,* Anwaltliches Berufsrecht für anwaltlichen Insolvenzverwalter, NJW-Spezial, 2014, 254; *Domcke,* Verfassungsrechtliche Fragen einer autonomen Satzungskompetenz zur Satzungskompetenz der Bundesrechtsanwaltskammer, ZRP 1988, 348; *Eichele/Happe,* Verstoßen die BORA und die FAO gegen das europäische Kartellrecht?, NJW 2003, 1214; *Gasteyer,* Die 5. Satzungsversammlung reformert den § 2 BORA, BRAK-Mitt. 2015, 84; *Hartung,* Satzungsversammlung: Ein kritischer Parforceritt durch 20 Jahre, AnwBl. 2014, 703; *ders.,* Reparaturbedarf in der BRAO – und eine gewollte Lücke, AnwBl. 2007, 752; *Hellwig,* Die Kompetenz der Satzungsversammlung – Eine Erwiderung, AnwBl. 2014, 819; *Henssler,* Brauchen wir ein zusätzliches sozietätsspezifisches Berufsrecht?, AnwBl. 2014, 762; *ders.,* Das anwaltliche Berufsgeheimnis, NJW 1994, 1817; *Kornblum,* Vom „Standesrecht" zum Berufsrecht der freien Berufe, ZRP 1988, 465; *Kleine-Cosack,* Anfang vom Ende der Satzungsversammlung, AnwBl. 2007, 409; *Lang,* Zur Ahndung berufsrechtlicher Pflichtverletzungen durch Rechtsanwaltsgesellschaften, BRAK-Mitt. 2014, 159; *Quaas,* Die Fachanwaltskompetenz der 2. Satzungsversammlung, BRAK-Mitt. 2014 122; *ders.,* Standesregeln für den Rechtsanwalt – Aufbau und Abbau in DAV, Anwälte und ihre Geschichte, 2011, 753; *Taupitz,* Die Standesordnungen der Freien Berufe, 1991; *Wirtz,* Die Regelungskompetenz der Satzungsversammlung, Bonn 2004.

Übersicht

I. Sinn und Zweck

1 Die Vorschrift soll es ermöglichen, durch eine Berufsordnung den notwendigen Ersatz zu schaffen für die zur Konkretisierung der beruflichen Pflichten eines Rechtsanwalts in Richtlinien festgestellte allgemeine Auffassung über Fragen der Ausübung des Anwaltsberufs (BT-Drs. 12/4993, 34 = BR-Drs. 93/93, 103; zu den Richtlinien vgl. 2. Aufl. § 43 Rn. 6 ff.). Bis zu den beiden Beschlüssen des BVerfG vom 14.7.1987 (BVerfGE 76, 171 und 76, 188) oblag der BRAK die sog. Richtlinienkompetenz (§ 177 Abs. 2 Nr. 2 BRAO aF). In seiner sog. **„Bastille-Entscheidung"** hat das BVerfG entschieden, dass – nach Ablauf einer Übergangszeit – die Standesrichtlinien nicht mehr „als Hilfsmittel zur Auslegung und Konkretisierung der Generalklausel über anwaltliche Berufspflichten ... herangezogen werden können (Henssler/Prütting/*Busse* § 59b Rn. 7). Gegen Berufsausübungsregelungen in Gestalt von Satzungen öffentlich-rechtlicher Berufsverbände bestehen grundsätzlich keine verfassungsrechtlichen Bedenken (BVerfGE 94, 372; BVerfG NJW 2000, 347 = MDR 2000, 175 mit Anm. *Zuck*). Das zulässige Ausmaß von Beschränkungen der Berufsfreiheit hängt vom Umfang und Inhalt der den Berufsverbänden vom Gesetzgeber erteilten Ermächtigung ab; es muss vom Gesetzgeber besonders deutlich vorgegeben werden, wenn die Berufsangehörigen in ihrer freien beruflichen Betätigung empfindlich beeinträchtigt werden (BGH BRAK-Mitt. 2001, 41). Der **Regelungsumfang der Satzungskompetenz** ist in § 59b abschließend bestimmt (BT-Drs. 12/7656, 50; Henssler/Prütting/*Busse* § 59b Rn. 12; *Kleine-Cosack* § 59b Rn. 22). In weiteren Bestimmungen dieses Gesetzes, aber auch in anderen Gesetzen sind berufliche Pflichten und Rechte der Rechtsanwälte geregelt. Der Inhalt der gesetzlichen Regelungen beschränkt sich grundsätzlich auf die mit dem Zugang zum Anwaltsberuf vergleichbar einschneidenden und für den Rechtsanwalt existentiell bedeutsamen – also statusbildenden – Bestimmungen. Diese dürfen nicht der Satzungsgewalt der Kammern überlassen werden (BVerfGE 38, 373; 76, 171; *Lorz* NJW 2002, 169, 171). Ergänzende Reglementierungen, die sich auf die Art und Weise der praktischen Berufsausübung beziehen, sollen jedoch unter Ausnutzung der besonderen Sachkunde der Berufsangehörigen von diesen selbst erlassen werden. Dabei geht es vorrangig darum, dem einzelnen Rechtsanwalt einen Leitfaden an die Hand zu geben, der ihm in Zweifelsfällen die Entscheidung erleichtert, wie er sich ordnungsgemäß in seiner Stellung als Rechtsanwalt verhalten kann (BT-Drs. 12/4993, 34 = BR-Drs. 93/93, 103).?

II. Grenzen der Satzungskompetenz

2 Nach der Entscheidung des EuGH vom 19.2.2002 (NJW 2002, 877 = BRAK-Mitt. 2002, 79 = AnwBl. 2002, 234) legt der Mitgliedstaat bei der Übertragung von Rechtsetzungsbefugnissen

an einen Berufsverband selbst die Kriterien des Allgemeininteresses und die wesentlichen Grundsätze fest, die bei der Normsetzung von den öffentlichen Kammern zu beachten sind. Bei Auslegung und Anwendung von Satzungsrecht ist daher auch mit Rücksicht auf Art. 12 Abs. 1 GG eine strikte Beachtung des **Verhältnismäßigkeitsgrundsatzes** unter konkreter Benennung der vom parlamentarischen Gesetzgeber vorgegebenen **Gemeinwohlbelange** gefordert (BVerfG BRAK-Mitt. 2003, 18 = AnwBl. 2003, 304; NJW 2004, 2656 = BRAK-Mitt. 2004, 231 = AnwBl. 2004, 586 = BB 2004, 2265 = MDR 2004, 1084 mit Anm. *Römermann;* zu den Grenzen der Satzungsermächtigung vgl. auch *Dahns* NJW-Spezial 2008, 222).

Aus dem **Bestimmtheitsgebot** (Art. 20, 28 Abs. 1 GG) ergibt sich, dass die Regelungen in **2a** der Berufsordnung und Fachanwaltsordnung einen ausreichend bestimmten Inhalt haben müssen. Die Bestimmungen müssen mit dem GG zu vereinbaren sein; sie sind deshalb immer zumindest an Art. 12 GG zu messen. Sie dürfen nicht mit höherrangigen Gesetzen in Widerspruch stehen, weder im Zeitpunkt ihrer Beschließung noch in dem ihrer Anwendung. Als untergesetzliche Norm darf die Satzungsregelung nur ausfüllen, aber das Gesetz weder einschränken noch erweitern (Henssler/Prütting/*Busse* § 59b Rn. 13). Das BVerfG hat dazu in seinem Urteil vom 14.12.1999 – 1 BvR 1327/98 – über die Nichtigkeit des **§ 13 BORA aF** näher ausgeführt: Das zulässige Ausmaß von Beschränkungen der Berufsfreiheit der Kammermitglieder hängt vom Umfang und Inhalt der der Satzungsversammlung (§§ 191a ff.) vom Gesetzgeber durch § 59b erteilten Ermächtigung ab. Bei der Überantwortung der Rechtsetzungskompetenz muss der Gesetzgeber die durch Satzungsrecht (Berufsordnung) möglichen Einschränkungen besonders deutlich vorgeben, wenn die Berufsangehörigen selbst in ihrer freien beruflichen Betätigung empfindlich beeinträchtigt werden (BVerfGE 98, 49 = NJW 1998, 2269). Die Satzungsregelung darf den Umfang der Ermächtigung nicht überschreiten. Die geplante Ergänzung der BORA mit einer allgemeinen Fortbildungspflicht für Anwälte, bedarf daher einer Gesetzesänderung in § 59b (→ Rn. 10). Das Bestimmtheitsgebot gilt erst recht, wenn der eigentliche Verantwortungsbereich des Satzungsgebers – nämlich die Regelung der **inneren Angelegenheiten des Berufsstands** – überschritten wird und die **Interessen Dritter oder der Allgemeinheit** an der Art und Weise der Tätigkeit berührt werden. Verbandsinterne Regelungen, die in fremde Befugnisse eingreifen oder gesetzlich geregelte Verfahren beeinflussen (→ § 59b Abs. 2 Nr. 5–9; → Rn. 15 ff.), können außenstehenden Dritten zum Nachteil gereichen oder Allgemeinwohlbelange beeinträchtigen. Insoweit birgt eine Rechtsetzung durch Berufsverbände, so auch durch die Satzungsversammlung bei der BRAK, besondere Gefahren in sich, da sie sich bei der Schaffung von Satzungsrecht typischerweise von Verbandsinteressen leiten lassen (BVerfGE 76, 171 = NJW 1988, 191). Diese Gefahren muss der Gesetzgeber berücksichtigen, wenn er einem Verband die Ermächtigung zum Erlass von Satzungsrecht erteilt. Je stärker die Interessen der Allgemeinheit berührt werden, desto weniger darf sich der Gesetzgeber seiner Verantwortung dafür entziehen, dass verschiedene einander widerstreitende Interessen und Rechtspositionen gegeneinander abzuwägen und zum Ausgleich zu bringen sind (BVerfGE 33, 125; 71, 162; 76, 171 = NJW 1988, 191). Deshalb reichen Ermächtigungsnormen, die einer mit Autonomie ausgestatteten Körperschaft Regelungsspielräume zur Bestimmung von Berufspflichten eröffnen, die sich über den Berufsstand hinaus auswirken, nur soweit, wie der Gesetzgeber erkennbar selbst zu einer solchen Gestaltung des Rechts den Weg bereitet (BVerfGE 38, 373 = NJW 1975, 1455). Als Novum der 5. Satzungsversammlung musste sich diese mit einer Beanstandung und darauf beruhende Teilaufhebung des Beschlusses zu § 2 BORA auseinandersetzen. Gerügt wurde eine fehlende Ermächtigungsgrundlage (*Gasteyer* BRAK-Mitt. 2015, 84; *Fiebig* BRAK-Magazin 02/2015, 16).

Bei den Berufsausübungsregelungen, die von der Satzungsversammlung auf der Grundlage des **3** § 59b autonom erlassen werden, ist eine gewisse Berührung mit den **Interessen und Rechten Dritter** unvermeidlich. Daher muss der Gesetzgeber die Regelungsbereiche mit Außenwirkung in der Ermächtigungsnorm des § 59b nicht nur ausdrücklich benennen, sondern es muss hinsichtlich der Ermächtigung auch berücksichtigt werden, dass diese eingebettet ist in den Regelungszusammenhang der BRAO sowie der sonstigen gesetzlichen Vorschriften, die das Verhalten von Rechtsanwälten bei der Wahrnehmung eines Auftrags im Verhältnis zu den Gerichten, ihren Mandanten und den Rechtsanwaltskollegen steuern. Zu diesen zu berücksichtigenden Vorschriften zählen vornehmlich die Prozessordnungen und die sonstigen das Verfahren betreffenden Gesetze, aber auch die einschlägigen Vorschriften des Zivil- und Strafrechts. Das Berufsrecht der Rechtsanwälte greift insoweit nur ergänzend und konkretisierend ein (BVerfG NJW 2000, 347 = MDR 2000, 175 mit Anm. *Zuck* = BRAK-Mitt. 2000, 36 = AnwBl.

2000, 122 = BGBl. 2000 I S. 54 – nur Tenor; → Rn. 16; Anm. zu § 13 BORA und *Henssler* AnwBl. 2000, 213, 216 ff.).

3a **Normadressat** der Regelungen der Berufsordnung sind Rechtsanwälte und die Sozietät. Auf andere Berufsausübungsgemeinschaften findet die BORA sinngemäß Anwendung (§ 33 Abs. 1 BORA). Soweit sie auch Drittwirkung hat, bedarf es zu entsprechenden Regelungen in der Berufsordnung einer diesbezüglichen gesetzlichen Ermächtigung. Für die **Rechtsanwalts-GmbH** wurde § 59b nicht für sinngemäß anwendbar erklärt. Die an ihr beteiligten Rechtsanwälte müssen aber gemäß § 33 Abs. 2 BORA gewährleisten, dass die Regeln der BORA von der GmbH eingehalten werden (AGH NRW NJW-RR 2002, 1494; § 59m Abs. 2; → § 59m Rn. 6; → BORA § 33 Rn. 1). Die sozietätsfähigen Nichtberufsträger sind nur der Aufsicht der Rechtsanwaltskammer unterstellt; die Einhaltung des anwaltlichen Berufsrecht ist ihnen weder in § 33 Abs. 2 BORA noch in der BRAO ausdrückliche aufgetragen (*Lang* BRAK-Mitt. 2014, 159). Da es für eine **Rechtsanwalts-AG** (→ Vor § 59c Rn. 8 ff.) eine gesetzliche Ermächtigung zur Unterstellung unter die BORA nicht gibt, untersteht die Rechtsanwalts-AG als solche ebenfalls nicht der Berufsordnung (**aA** *Römermann* MDR 2000, 734), sondern nur die in ihr tätigen Rechtsanwälte mit der Verpflichtung aus § 33 Abs. 2 BORA (AGH NRW NJW-RR 2002, 1494; OLG Nürnberg OLGR 2003, 298). Nach wie vor umstritten, ist die Frage, ob ein Anwalt im Rahmen einer Tätigkeit als **Insolvenzverwalter** dem anwaltlichen Berufsrecht unterliegt. Der BayAGH hat diese Frage in einem konkreten Einzelfall in Bezug auf das Umgehungsverbot des § 12 BORA bejaht (BRAK-Mitt. 2014, 152; *Dahns* NJW-Spezial 2014, 254).

3b Die Satzungsversammlung ist nicht verpflichtet, von jeder Ermächtigungsnorm in der Berufsordnung oder Fachanwaltsordnung Gebrauch zu machen (*Braun* ZRP 1996, 394; Hartung/*Hartung* § 59b Rn. 4; Henssler/Prütting/*Busse* § 59b Rn. 18; *Redeker* AnwBl. 1995, 218). Im Hinblick auf die eingehenden gesetzlichen Vorgaben zum Inhalt der Satzung und den Umstand, dass der Staat sich die Letztentscheidungsbefugnis vorbehält (§ 191e) ist die von der Satzungsversammlung bei der BRAK erlassene Satzung nicht als Beschluss einer Unternehmensvereinigung iSv Art. 101 AEUV (ex-Art. 81 Abs. 2 EG-Vertrag) anzusehen (EuGH BRAK-Mitt. 2002, 79 = AnwBl. 2002, 234; *Weil* BRAK-Mitt. 2002, 50; BRAK in BRAK-Mitt. 2002, 77).

III. Allgemeine Berufspflichten und Grundpflichten

4 **1. Gewissenhaftigkeit.** Die § 43 und **§ 59b Abs. 2 Nr. 1a** schreiben dem Rechtsanwalt „gewissenhafte" Berufsausübung als allgemeine Berufspflicht vor, die durch Berufsausübungsregeln näher zu regeln ist. In weiteren Bestimmungen (unter anderem §§ 43a ff.) aber auch in anderen Gesetzen sind berufliche Pflichten und Rechte der Rechtsanwälte geregelt. Ergänzende Reglementierungen, die sich auf die Art und Weise der praktischen Berufsausübung beziehen, sollen jedoch von den Berufsangehörigen selbst erlassen werden (BT-Drs. 12/4993, 34 = BR-Drs. 93/94, 103; → Rn. 1). In der Berufsordnung können somit für die praktische Arbeit die Anforderungen an eine gewissenhafte Berufsausübung konkretisiert werden. Zur Gewissenhaftigkeit gehört auch die **Pflicht, die Praxis in einem überschaubaren Rahmen zu halten** und nicht durch Heranziehung eines juristischen Mitarbeiterstabes im Abhängigkeitsverhältnis so auszuweiten, dass dem Rechtsanwalt die Übersicht und die Kontrolle über den Praxisbetrieb entgleitet (*Lingenberg/Hummel/Zuck/Eich* § 1 Rn. 4). Nach § 613 BGB hat der Anwalt seine Dienste in Person zu leisten. Er muss deshalb sicherstellen, dass die Mandanten ein Vertrauensverhältnis zu ihm aufbauen. Die Berufsordnung könnte deshalb regeln, ob und wie viele Mitarbeiter ein Anwalt beschäftigen kann; sie könnte festlegen, ob und wann zB ein Bürovorsteher einen Rechtsanwalt vertreten kann (BGH NJW 1981, 2741). Ebenfalls gehört die **Qualitätskontrolle und Qualitätssicherung der anwaltlichen Leistung** zur gewissenhaften Berufsausübung. Daraus resultiert die Pflicht des Rechtsanwalts, sich fortzubilden (OLG München BRAK-Mitt. 1990, 116). Auch, wenn grundsätzlich die Art und Weise, wie sich der Rechtsanwalt fortbildet, nicht durch die Berufsordnung vorgeschrieben werden soll (BT-Drs. 12/7656, 50), so kann die Berufsordnung dennoch ein gewisses Maß an Fortbildung (*Hartstang* BerlAnwBl. 1996, 30) etwa für die Fälle vorsehen, wenn ein Rechtsanwalt sich häufiger Schadensersatzansprüchen seiner Mandanten ausgesetzt sieht, die auf mangelhafte anwaltliche Leistung zurückzuführen sind.

5 **2. Wahrung der Unabhängigkeit.** Die Wahrung der Unabhängigkeit ist in der Rechtsordnung als ein den freien Anwaltsberuf prägendes Element verankert, zu dem die Berufsangehöri-

gen mit ihrer Berufsordnung ins Detail gehende Hinweise geben können (BT-Drs. 12/4993, 34 = BR-Drs. 93/94, 103). Der Begriff der Unabhängigkeit (vgl. §§ 1, 2; § 1 BORA) wird geprägt durch Staats-, Gesellschafts-, Parteiunabhängigkeit, aber auch durch die wirtschaftliche Unabhängigkeit. Die Berufsordnung könnte deshalb Regeln enthalten, wie diese wirtschaftliche Unabhängigkeit zu wahren ist; bei unterlassener Gebührenanpassung durch den Gesetzgeber könnte die Berufsordnung regeln, ob und wie viele Mandate im Rahmen der Beratungs- und Prozesskostenhilfe bzw. Pflichtverteidigungen ein Rechtsanwalt annehmen muss, wann er derartige Mandate aus wirtschaftlichen Gründen ablehnen kann. Auch kann ein Mindestmaß an Unabhängigkeit des angestellten Anwaltes durch die Berufsordnung festgelegt werden (Henssler/Prütting/*Henssler* § 43a Rn. 17). Auch wenn § 7 Nr. 8 festlegt, dass als Rechtsanwalt nicht zugelassen werden darf, wer eine Tätigkeit ausübt, die mit der Stellung des Rechtsanwaltes als unabhängigem Organ der Rechtspflege nicht vereinbar ist oder das Vertrauen in seine Unabhängigkeit gefährden kann, kann der Satzungsgeber das Nähere in der Berufsordnung regeln. Rechtlich ist es zulässig, ein Mindestgehalt festzulegen, den Umfang der Arbeitszeit und des Urlaubs zu bestimmen.

3. Verschwiegenheit. Näher → § 43a Rn. 12 ff.; § 76; § 2 BORA. Auch die Pflicht zur Verschwiegenheit ist als ein den freien Anwaltsberuf prägendes Element in der Rechtsordnung verankert, zu dem die Berufsangehörigen ins Detail gehende Hinweise in der Berufsordnung geben können (BT-Drs. 12/4993, 34 = BR-Drs. 93/94, 103). Geregelt werden kann, dass der Rechtsanwalt seine Mitarbeiter auf die ihnen obliegende Verschwiegenheit zu verpflichten und deren Einhaltung zu überwachen hat. Zur Verdeutlichung der Pflichten des Anwalts sollte klargestellt werden, dass die Pflicht zur Verschwiegenheit nach Beendigung des Auftragsverhältnisses zeitlich unbegrenzt fortbesteht. Das Recht des Anwalts zur Verschwiegenheit (*Henssler* NJW 1994, 1817) kann in der Berufsordnung nicht geregelt werden, es hätte statusbildenden Charakter; es ist, und dies sollte bald geschehen, in der BRAO gesetzlich zu regeln (*Braun* ZRP 1996, 394; **aA** Henssler/Prütting/*Busse* § 59b Rn. 15). § 2 BORA wurde in der 5. Satzungsversammlung neu geregelt und tritt am 1.7.2015 in Kraft (Wortlaut BRAK-Mitt. 2015, 83; → § 2 BORA). 6

4. Sachlichkeit. Näher → § 43a Rn. 31 ff.; → § 43b Rn. 27 ff. Es wird schwer fallen, den Begriff der Sachlichkeit mit weiterem Leben zu erfüllen. Dennoch sollte der Versuch unternommen werden, da insbesondere Berufsanfängern eine Konkretisierung an die Hand gegeben werden muss. 7

5. Widerstreitende Interessen. Näher → § 43a Rn. 54 ff.; § 3 BORA. Das strafrechtlich geschützte Verbot der Vertretung widerstreitender Interessen (§ 356 StGB) wird im Zusammenhang mit dem Entstehen immer größerer Kanzleien und überörtlicher Sozietäten mit zunehmender Spezialisierung an Bedeutung gewinnen. Leicht kann es geschehen, dass ein Mitglied einer Sozietät das Mandat der einen Partei entgegennimmt, während ein anderer Sozius – ohne Kenntnis zu haben – von der anderen Partei beauftragt wird. Praxisorientierte Leitlinien der Berufsangehörigen in ihrer Berufsordnung zu diesen Problemen dürften von erheblichem Nutzen sein (BT-Drs. 12/4993, 34, 35 = BR-Drs. 93/94, 104). Geregelt werden kann unter strikter Beachtung des Verhältnismäßigkeitsgrundsatzes und der Berufsfreiheit auch ein Tätigkeitsverbot bei akuter Gefahr der Wahrnehmung widerstreitender Interessen und des Geheimnisverrates im Zusammenhang mit einem Sozietätswechsel (vgl. § 3 Abs. 2 BORA aF und die diesen für nichtig erklärende Entscheidung des BVerfG in NJW 2003, 2520 = MDR 2003, 1081 = BRAK-Mitt. 2003, 231 = AnwBl. 2003, 521; → BORA § 3 Rn. 1 ff.). Einer der wichtigsten Beschlüsse der 5. Satzungsversammlung war das Verbot der **doppelten Treuhand,** das am 1.1.2015 in Kraft getreten ist (*Schons* BRAK-Mitt. 2014, 250). 8

6. Umgang mitfremden Vermögenswerten. Näher → § 43a Rn. 84 ff.; § 4 BORA. Geregelt werden kann die Verpflichtung, fremde Gelder unverzüglich an den Empfangsberechtigten weiterzuleiten oder diese auf ein Anderkonto einzuzahlen. Eine Pflicht des Rechtsanwalts, fremde Vermögenswerte, insbesondere Wertpapiere oder sonstige geldwerte Urkunden gesondert zu verwahren, bietet sich als Regelung ebenfalls an. Das Verbot, zur Deckung eigener Kostenforderungen fremde Gelder zu verwenden, ist ebenso in die Berufsordnung aufzunehmen, wie Aufrechnungsverbote mit eingegangenen Fremdgeldern (zB Unterhaltsbeträge). Der gewissenhafte und korrekte Umgang des Anwalts mit ihm anvertrauten Geldern gehört zu den Kern- 9 pflichten des Rechtsanwalts. Die besonderen Anforderungen an den Sorgfaltsmaßstab begründen sich aus der hervorgehobenen Stellung als Organ der Rechtspflege, in das die rechtssuchende Bevölkerung ein gesteigertes, objektiviertes Vertrauen setzt (BayAGH BeckRS 2013, 18069). Näher → BORA § 4 Rn. 1 ff.

10 **7. Allgemeine Fortbildungspflicht.** Eine allgemeine Fortbildungspflicht – neben der Fortbildungspflicht der Fachanwälte – ist in § 59b bisher nicht vorgesehen. Die 5. Satzungsversammlung hat in ihrer Sitzung am 5.5.2014 beschlossen, an den Gesetzgeber heranzutreten und diesen um die Befugnis zur Regelung der anwaltlichen Fortbildungspflicht zu bitten. Dazu soll in die BRAO eine entsprechende Ermächtigung eingefügt werden. Die Schaffung einer Ermächtigungsnorm durch den Gesetzgeber wäre der erste Schritt auf dem Weg einer konkretisierten Fortbildungspflicht (BRAK-Newsletter vom 9.5.2014). Auf der Website der BRAK findet sich der Wortlaut der Resolution hierzu. Das Bundesjustizministerium hat die Anregung aufgegriffen, führte aus, dass eine kontrollierte Fortbildung das Vertrauen der Rechtsuchenden in die Qualität anwaltlicher Tätigkeit stärken könne und kündigte deswegen einen baldigen entsprechenden Regelungsvorschlag an. Die gesetzliche Umsetzung bleibt abzuwarten. Bislang gilt die allgemeine Fortbildungspflicht nach § 43a Abs. 6 BRAO.

11 **8. Kanzleipflicht.** Vgl. § 27; §§ 5, 24 Abs. 1 Nr. 2, 3, 4 BORA. Die Regelung erlaubt eine Konkretisierung der Ausstattung der Kanzlei. Zu denken wäre daran, nicht nur vorzuschreiben, dass der Rechtsanwalt über einen eigenen Telefonanschluss in der Kanzlei zu verfügen hat, sondern dass er auch für die Zeiten der Abwesenheit Vorsorge zu treffen hat, dass Nachrichten bei ihm eingehen können (zB Telefonanrufbeantworter, Telefaxgerät). Jedenfalls war es der Satzungsversammlung gestattet, die bestehenden Verpflichtungen aus §§ 27–29a zu erleichtern (vgl. § 5 BORA) und es dem einzelnen Anwalt zu überlassen, wie er die speziell für seine Kanzlei erforderlichen personellen und organisatorischen Voraussetzungen schafft, um die von der Rechtsprechung definierten Mindestanforderungen an eine Kanzlei (BGH BRAK-Mitt. 2005, 84, 86) zu erreichen. § 59b Abs. 2 Nr. 1 lit. g ermächtigt auch dazu, die Anforderungen an eine **Zweigstelle** durch Satzung in Form der Berufsordnung zu regeln (BGH BRAK-Mitt. 2010, 267). Mit dieser Entscheidung endete der Kompetenzstreit zwischen der Satzungsversammlung und dem Bundesministerium der Justiz (*Deckenbrock* AnwBl. 2013, 8).

IV. Besondere Berufspflichten im Zusammenhang mit dem Führen der Fachanwaltsbezeichnungen

12 **1. Weitere Rechtsgebiete.** Die besonderen Berufspflichten im Zusammenhang mit dem Führen der Fachanwaltsbezeichnung (§ 59b Abs. 2 Nr. 2) hat die Satzungsversammlung aus der Berufsordnung ausgeklammert und in einer eigenständigen Fachanwaltsordnung geregelt (zur Kommentierung der FAO → Teil II Nr. 4). Gesetzlich erhalten bleiben sollen die eingeführten Fachanwaltsbezeichnungen für das Verwaltungsrecht, das Steuerrecht, das Arbeitsrecht und das Sozialrecht (vgl. § 43c Abs. 1 S. 2; § 1 S. 1 FAO). Im Interesse eines rascheren Reagierens auf neue Rechtsentwicklungen – etwa im Zusammenhang mit dem europäischen Binnenmarkt – soll in der Berufsordnung festgelegt werden können, welche weiteren Fachanwaltsbezeichnungen zulässig sind, damit das Publikum möglichst frühzeitig unter nachgewiesenen Fachleuten auswählen kann. Daneben sind die verfahrensmäßigen Einzelheiten durch die Satzung festzulegen. Dies ist mit der FAO geschehen. Der Satzungsgeber hat insbesondere von der Möglichkeit Gebrauch gemacht, den Kreis der zulässigen Fachanwaltsbezeichnungen zu erweitern (vgl. § 1 S. 2 FAO).

13 **2. Fortbildungspflicht.** Darüber hinaus ergibt sich aus § 59b Abs. 2 Nr. 2 auch die Regelungsbefugnis für die in § 43c Abs. 4 S. 2 vorausgesetzte Fortbildungspflicht des Fachanwalts nach § 15 FAO (BVerfG MDR 2002, 299 mit Anm. *Hartung*). Die Erfüllung der Fortbildungspflicht ist der Rechtsanwaltskammer unaufgefordert nachzuweisen. Ein Verstoß gegen die Pflicht nach § 15 Abs. 3 FAO rechtfertigt jedoch für sich genommen nicht den Widerruf nach § 43c Abs. 4 S. 2 (BGH NJW 2013, 2364 = BRAK-Mitt. 2013, 181). Ab 1.1.2015 wurde die Gesamtdauer der Fortbildung auf **15 Zeitstunden** erhöht, davon können bis zu fünf Zeitstunden im Wege des Selbststudiums absolviert werden, sofern eine Lernerfolgskontrolle erfolgt (§ 15 Abs. 3, 4 FAO).

V. Werbung

14 Die anwaltliche Werbung soll in ihren Einzelheiten gleichfalls in der Berufsordnung geregelt werden. Bei Einschränkungen des Werberechts sind aber stets die Grundrechte des Rechtsanwalts aus Art. 5 und 12 GG und der Verhältnismäßigkeitsgrundsatz zu beachten (→ § 43b Rn. 6 ff.). Es ist darauf Bedacht zu nehmen, dass die werberechtlichen Vorschriften in der Berufsordnung wie in § 43b dem Zweck dienen, die Unabhängigkeit des Rechtsanwalts als Organ der Rechtspflege zu sichern. Mit der Stellung eines Rechtsanwalts ist im Interesse des rechtsuchenden Bürgers eine Werbung nicht vereinbar, die ein reklamehaftes Anpreisen in den Vordergrund stellt und mit der eigentlichen Leistung des Anwalts und dem unabdingbaren Vertrauensverhältnis im Rahmen eines Mandats nichts mehr zu tun hat (BVerfGE 76, 96; 82, 18). Verboten werden kann daher neben solchen Werbemethoden, die Ausdruck eines rein geschäftsmäßigen, ausschließlich am Gewinn orientierten Verhaltens sind, insbesondere diejenige Werbung, die Gefahr läuft, den Rechtsuchende in die Irre zu führen. Die durch die werberechtlichen Regelungen geschützten Rechtsgüter (Sicherung der Unabhängigkeit des Rechtsanwalts als Organ der Rechtspflege) und insoweit vom Normgeber verfolgten Ziele rechtfertigen es aber nicht, Angaben und Zusätze, die eine ausgeübte Tätigkeit näher charakterisieren sollen, ohne Rücksicht auf ihren Sinn und Zweck oder ihren Informationswert für Dritte zu verbieten. Sofern zutreffende Angaben über die spezielle Qualifikation des Anwalts in sachlicher Form erfolgen (vgl. § 43b) und die Angaben nicht irreführend sind, lässt sich ein Verbot dieser Selbstdarstellung von Verfassungs wegen nicht rechtfertigen. Auch die Wahl eines bestimmten Mediums rechtfertigt es regelmäßig nicht, die Grenzen erlaubter Außendarstellung von Rechtsanwälten enger zu ziehen. Nach verfassungskonformer Auslegung der Berufsordnung sind Rechtsanwälte bei der Werbung mit speziellen Qualifikationen nicht auf die von den §§ 6 Abs. 2 und 7 Abs. 1 BORA aF vorgeschriebenen Medien sowie die darin vorgesehenen Begriffe für besondere Qualifikationen beschränkt, so dass auch die Bezeichnung „Spezialist für …-recht" auf einem Briefkopf zulässig sein kann (BVerfG NJW 2004, 2656 = BRAK-Mitt. 2004, 231 = AnwBl. 2004, 586).

15 Der Satzungsgeber wird ausdrücklich aufgefordert, auch die Berufspflichten hinsichtlich der **„selbstbenannten Interessenschwerpunkte"** zu regeln. Interessenschwerpunkte nach § 7 BORA aF waren wenig aussagekräftig, da sie nur besagten, dass sich der Rechtsanwalt für ein bestimmtes Rechtsgebiet interessiert (BVerfG NJW 2001, 3324 = BRAK-Mitt. 2001, 295 = AnwBl. 2002, 60). Die Regelung muss so ausgestaltet sein, dass Irreführungen des rechtsuchenden Bürgers vermieden werden, insbesondere müssen Fachanwaltsbezeichnungen und Teilbereiche der Berufstätigkeit auseinandergehalten werden (§ 7 Abs. 2 BORA). Daher beinhaltet das Konkretisierungsrecht des § 59b Abs. 2 Nr. 3 auch das Regelungsrecht zur Werbung mit „Teilbereichen der Berufstätigkeit" und mit „qualifizierenden Zusätzen" (vgl. § 7 BORA). Die besonderen Berufspflichten im Zusammenhang mit der Werbung wurden in §§ 6–10 BORA geregelt. Mangels diesbezüglicher Ermächtigungsgrundlage regelt die Berufsordnung aber nicht die Angabe **kanzleibezogener** Tätigkeitsschwerpunkte, die Kennzeichnung der Sozietät zB als „Kanzlei für Arbeitsrecht und allgemeines Zivilrecht", sondern nur die fachlichen Spezialisierungsgrade und werblichen Selbstkennzeichnungsrechte des **einzelnen** Rechtsanwalts (AGH BW MDR 2000, 178 mit Anm. *Römermann;* → § 43b Rn. 37).

VI. Versagung der Berufstätigkeit

16 Zum Schutz des Vertrauens in die Unabhängigkeit der Anwaltschaft sollen die Pflichten, sich der anwaltlichen Tätigkeit zu enthalten, ausgedehnt und konkretisiert werden. Auch hierzu kann die Berufsordnung die Pflichten im Einzelnen unter Berücksichtigung der unter Rn. 2 und 3 genannten Grundsätze bestimmen (BT-Drs. 12/4993, 35 = BR-Drs. 93/94, 104). Im Hinblick auf die Berufsfreiheit und verfassungsrechtlichen Bedenken (*Kleine-Cosack* NJW 1994, 2249, 2252) an den §§ 45, 46 sollte die Satzungsversammlung nur zurückhaltend von ihrer Satzungskompetenz Gebrauch machen.

VII. Besondere Berufspflichten

17 **1. Regelungsbereiche mit Außenwirkung.** Insbesondere die folgenden Regelungsbereiche in § 59b Abs. 2 Nr. 5–9 haben Außenwirkung insoweit, als sie auch die Rechte Dritter berühren, die also keine Rechtsanwälte sind und nicht deren Berufsrecht unterliegen (→ Rn. 3). Die

Satzungsversammlung ist danach ermächtigt, in diesen Bereichen Regelungen mit Außenwirkung für die genannten Sachverhalte und Personenkreise zu treffen. Damit ist aber nicht gesagt, ob diese Regelungen so weit gehen dürfen, dass damit gesetzliche Handlungsspielräume der Dritten eingeengt werden, vielmehr sind dabei die unter Rn. 2 und 3 aufgezeigten Grundsätze zu beachten. Für die Regelung des § 13 BORA aF (Versäumnisurteil bei anwaltlicher Vertretung der Gegenseite) ergibt sich weder aus Abs. 2 Nr. 5a noch aus Abs. 2 Nr. 8, dass der Gesetzgeber den Satzungsgeber ermächtigen wollte, die Handlungsspielräume der §§ 330 ff. ZPO zu beschränken. Die Satzungsnorm ist daher nichtig (BVerfGE 101, 312 = NJW 2000, 347; § 13 BORA aF wurde mit Beschluss der 4. Satzungsversammlung mit Wirkung ab 1.3.2011 aufgehoben (BRAK-Mitt. 2010, 253).

18 **2. Annahme, Wahrnehmung und Beendigung eines Auftrages.** Ein weiterer Bereich, in dem die Berufsordnung für eine Regelung von Einzelheiten sorgen soll, ist das Verhalten des Rechtsanwalts gegenüber dem rechtsuchenden Publikum. Dies betrifft sowohl den ratsuchenden Bürger, der Kontakt zum Anwalt sucht, um diesen möglicherweise zu beauftragen, wie auch den Auftraggeber und die gegnerische Partei. Die sich aus dem Zivilrecht ergebenden Verpflichtungen zur Aufklärung des möglichen Auftraggebers vor der Mandatsentgegennahme – auch über das voraussichtliche Honorar und die Erfolgsaussichten – können ebenso Gegenstand der Berufsordnung sein wie eine Konkretisierung der Sorgfaltspflicht gegenüber dem Mandanten und das Gebot, mit der Gegenpartei im Regelfall nur über deren Anwalt in Kontakt zu treten (BT-Drs. 12/4993, 35 = BR-Drs. 93/94, 104). So kann die Verpflichtung, Anfragen des Auftraggebers alsbald zu beantworten, ebenfalls in die Berufsordnung aufgenommen werden. Sinnvoll erscheint auch eine Bestimmung, in der festgehalten wird, wann der Rechtsanwalt **Zeugen** selbst befragen darf, wann er **eidesstattliche Versicherungen** aufnehmen darf.

19 **3. Beratungs- und Prozesskostenhilfe.** Eine Belehrungspflicht über die bei Stellen eines Prozesskostenhilfeantrages entstehenden Gebühren kann in die Berufsordnung aufgenommen werden. Das Verbot, im Zusammenhang mit dem Prozesskostenhilfeantrag oder nach Beiordnung vom Auftraggeber Zahlungen oder Sachleistungen irgendwelcher Art zu fordern, sich versprechen zu lassen oder anzunehmen, sollte zum Schutz der bedürftigen Auftraggeber aufgenommen werden. Näher → BORA § 16 Rn. 1 ff.; → BORA § 16a Rn. 1 ff.

20 **4. Beratungsstellen.** Die Pflicht des Rechtsanwalts, in Einrichtungen der Anwaltschaft für die Beratung von Rechtsuchenden mit geringem Einkommen mitzuwirken, sollte in der Berufsordnung konkretisiert werden; festgelegt werden sollte, dass eine Vertretung nicht möglich ist; der Begriff des wichtigen Grundes sollte aus Gründen der Rechtssicherheit definiert werden. Soweit die Forderung aufgestellt wird, die Anwaltschaft müsste bei jeder Beratungsstelle eines von Anwälten gegründeten Zusammenschlusses oder Vereins mitwirken (Henssler/Prütting/*Henssler* § 49a Rn. 8), verstößt eine derartige Verpflichtung gegen das GG; auch das Interesse der Rechtsuchenden kann nicht rechtfertigen, dass jeder vereinsrechtliche Zusammenschluss, dem man nicht angehören muss, aber kann und sollte, auch Nichtvereinsmitglieder mit zusätzlichen Verpflichtungen belastet.

21 **5. Handakten.** Da § 50 noch nicht in ausreichendem Maß die Gesetze zum Datenschutz berücksichtigt, sollte in der Berufsordnung die Beachtung dieser Vorschriften niedergelegt werden (näher → BORA § 17 Rn. 1 ff.; zur Herausgabe von Handakten s. BGH BRAK-Mitt. 2015, 39).

VIII. Berufspflichten gegenüber Gerichten und Behörden

22 Zur Möglichkeit der Drittwirkung von Satzungsrecht auf der Grundlage von § 59b Abs. 2 Nr. 6 → Rn. 3, 14.

23 **1. Akteneinsicht.** Das Verhalten gegenüber Gerichten und Behörden, insbesondere auch der Umgang mit Erkenntnissen aus der Akteneinsicht auch unter datenschutzrechtlichen Aspekten, soll in der Berufsordnung näher ausgestaltet werden (BT-Drs. 12/4993, 35 = BR-Drs. 93/94, 104). Der Rechtsanwalt darf Originalunterlagen an andere Personen als Mitarbeiter des Rechtsanwalts nicht herausgeben. Er darf aus den Akten Ablichtungen anfertigen lassen. Näher → BORA § 19 Rn. 1 ff.

2. Zustellungen. Konkretisiert werden kann in der Berufsordnung, wann eine Zustellung als ordnungsgemäß anzusehen ist (nicht frankierte Empfangsbekenntnisse). Die Pflicht zur Annahme von Zustellungen sowie zur unverzüglichen Rücksendung des Empfangsbekenntnisses ist aufzunehmen. Wenn der Rechtsanwalt bei nicht ordnungsgemäßer Zustellung die erforderliche Mitwirkung verweigert, muss er dies dem Absender unverzüglich mitteilen (→ BORA § 14 Rn. 1 ff.). Mit der Entscheidung des Anwaltsgerichts Düsseldorf vom 17.3.2014 wurde die Regelungskompetenz der Satzungsversammlung bezüglich der Verpflichtung des Anwalts, an der Zustellung von Anwalt zu Anwalt mitzuwirken, in Frage gestellt (*Steiner* BRAK-Mitt. 2014, 294). Der AGH NRW hat die Entscheidung bestätigt, aber gleichzeitig die Revision zugelassen (AGH NRW NJW 2015, 890). 24

3. Berufstracht. Zu regeln ist, wann der Rechtsanwalt verpflichtet ist, die Berufstracht zu tragen. Die Satzungsermächtigung geht nicht soweit, die Robenpflicht gänzlich aufzuheben (*Braun* BRAK-Mitt. 1996, 181; OLG Braunschweig AnwBl. 1995, 371; **aA** *Eylmann* AnwBl. 1996, 190). Mit der Schaffung der Ermächtigung hat der Gesetzgeber Fragen der Amtstracht bei Rechtsanwälten allein den berufrechtlichen Regelungen der Anwaltschaft überantwortet (OLG Frankfurt BRAK-Mitt. 2007, 236; **aA** OLG München NJW 2006, 3079). Die Zurückweisung eines Verteidigers wegen dessen **fehlender Krawatte** in der Hauptverhandlung mag im Hinblick auf die möglicherweise erschöpfende Regelung in § 59b Abs. 2 Nr. 6 rechtlich bedenklich und als Reaktion auf das Verhalten des Rechtsanwalts überzogen erscheinen, betrifft diesen aber weder nach ihrem Gegenstand noch wegen der aus ihr folgenden Belastung in existentieller Weise (BVerfG NJW 2012, 2570). § 176 GVG gibt dem Vorsitzenden als Sitzungspolizei grundsätzlich die Befugnis, einen ohne Robe auftretenden Rechtsanwalt in der betreffenden Sitzung zurückzuweisen (LG Mannheim NJW 2009, 1094; → BORA § 20 Rn. 1 ff.). 25

IX. Gebühren und Beitreibung

Zur Möglichkeit der Drittwirkung von Satzungsrecht auf der Grundlage von § 59b Abs. 2 Nr. 7 → Rn. 3, 14. 26

Berufsrechtlich geregelt werden könnte, wann der Rechtsanwalt verpflichtet ist, seine Gebührenforderung nicht weiter beizutreiben (unverhältnismäßiger Aufwand). Geregelt werden könnte auch, dass bei Gebührenvereinbarung dem Mandanten eine Obergrenze für die entstehenden Gebühren bei Auftragserteilung anzugeben ist. S. auch Kommentierung zu §§ 21–23 BORA. 27

X. Berufspflichten gegenüber RAK, anderen Mitgliedern der RAK, bei beruflicher Zusammenarbeit, Beschäftigung von Rechtsanwälten und Ausbildung sowie Beschäftigung anderer Mitarbeiter

Die kollegialen Pflichten der Rechtsanwälte untereinander und gegenüber ihrem körperschaftlichen Zusammenschluss, der RAK, die Pflichten bei beruflicher Zusammenarbeit, ferner die Beschäftigung von Mitarbeitern bilden einen weiteren Bestandteil der Berufsordnung (BT-Drs. 12/4993, 35 = BR-Drs. 93/94, 104). Zur Möglichkeit der Drittwirkung dieser Regelungen → Rn. 3, 14. 28

1. RAK. Infolgedessen wurde die Verpflichtung des Rechtsanwalts in die Berufsordnung aufgenommen, den Wechsel der Anschrift von Kanzlei und Wohnung dem Vorstand unaufgefordert und unverzüglich anzuzeigen; entsprechendes gilt bei Änderung des Namens, Eingehung oder Auflösung einer Sozietät, Partnerschaftsgesellschaft oder sonstigen Verbindungen zur gemeinschaftlichen Berufsausübung; auch die Änderung des Namens ist mitzuteilen. Klargestellt wurde, dass der Rechtsanwalt verpflichtet ist, dem Vorstand der RAK Verträge über berufliche Zusammenarbeit vorzulegen. Näher → BORA § 24 Rn. 1 ff. 29

2. Andere Mitglieder der RAK. Zu den berufsrechtlichen Pflichten gegenüber anderen Mitgliedern → BORA § 25 Rn. 1 ff. 30

3. Berufliche Zusammenarbeit. Wie eine Sozietät zu beenden ist, wenn der Sozietätsvertrag zwischen den Rechtsanwälten keine Regelung enthält, wurde entsprechend der bisher in den RichtlRA niedergelegten Grundsätzen geregelt (§ 32 BORA). Die entsprechende Anwendung dieser Grundsätze gilt, wenn die Rechtsanwälte nach außen als Sozietät aufgetreten sind, obwohl sie keine Sozietät geschlossen hatten (§ 32 Abs. 3 BORA). Wie im Falle des Mandatswechsels zu 31 verfahren ist, kann ebenfalls geregelt werden (s. § 15 BORA). Wie Streitigkeiten unter Kollegen zu regeln sind, wurde zum Erhalt des Ansehens der Anwaltschaft ebenfalls festgelegt (vgl. § 25 BORA) wie auch das Verbot der Umgehung des Gegenanwalts (§ 12 BORA; AnwG Hamm BRAK-Mitt. 2001, 195). Zur Beteiligung Dritter s. § 27 BORA (BRAK-Mitt. 2007, 228).

32 **4. Angestellte.** Die Rechte und Pflichten des Rechtsanwalts bei Beschäftigung von anderen Rechtsanwälten und anderen Mitarbeitern sowie beim Eingehen von Ausbildungsverhältnissen wurde in §§ 26, 28 BORA konkretisiert.

XI. Grenzüberschreitender Rechtsverkehr

33 Das berufsgerechte Verhalten eines Rechtsanwalts im grenzüberschreitenden Rechtsverkehr in § 29 BORA aF wurden zum 15.4.2013 von der Satzungsversammlung aufgehoben. Der Pauschalverweis auf die CCBE-Berufsregeln bei grenzüberschreitender Tätigkeit ist weggefallen. An die Stelle des gestrichenen § 29 BORA aF treten zwei neue Vorschriften, die die anwaltliche Korrespondenz im grenzüberschreitenden Rechtsverkehr (§ 29a BORA) und die Einschaltung eines ausländischen Rechtsanwalts (§ 29b BORA) betreffen (→ BORA § 29 Rn. 1 ff.; → BORA § 29a Rn. 1 ff.; → BORA § 29b Rn. 1 ff.).

Zweiter Abschnitt. Rechtsanwaltsgesellschaften

Vorbemerkung (Vor § 59c)

Schrifttum: Anwalts-GmbH: *Aderhold,* Die Rechtsanwalts-GmbH, FS zum 125-jährigen Bestehen der RAK Hamm, 2004, 503; *Ahlers,* Die Anwalts-GmbH nach geltendem Recht, AnwBl. 1991, 226; *ders.,* Die GmbH als Zusammenschluss Angehöriger freier Berufe zur gemeinsamen Berufsausübung, FS Rowedder, 1994, 1; *ders.,* Die Zulässigkeit der Anwalts-GmbH, AnwBl. 1995, 3; *ders.,* Rechtsanwalts-GmbH, zugelassen: Ein Intermezzo?, AnwBl. 1995, 121; *Bellstedt,* Die Rechtsanwalts-GmbH, AnwBl. 1995, 573; *Braun,* Contra Anwalts-GmbH, MDR 1995, 447; *Dahns,* Beschlüsse des 68. DJT zum anwaltlichen Berufsrecht, NJW-Spezial 2010, 638; *Funke,* Der Regierungsentwurf zur Rechtsanwalts-GmbH, AnwBl. 1998, 6; *Girotto,* Die Rechtsanwalts-Gesellschaft mit beschränkter Haftung, 2002; *Grams,* Zusammenschluss von Anwälten, 1. Die Rechtsanwalts-GmbH, 2. Die Rechtsanwalts-AG, BRAK-Mitt. 2003, 166; *Hellwig,* Anwaltliches Berufsrecht und Europa, AnwBl. 2011, 77; *Henssler,* Die Rechtsanwalts-GmbH, JZ 1992, 697; *ders.,* Anwaltsgesellschaften, NJW 1993, 2137; *ders.,* Die GmbH als Kooperationsform für Angehörige freier Berufe, ZIP 1994, 844; *ders.,* Die Kapitalbeteiligung an Anwaltsgesellschaften, BRAK-Mitt. 2007, 186; *ders.,* Die interprofessionelle Zusammenarbeit des Anwalts mit anderen Berufen, AnwBl. 2009, 676; *Johnigk,* Die Rechtsanwalts-GmbH, ZAP, Fach 23, 375; *Kääb/Oberlander,* Kooperationsformen bei Rechtsanwälten, Teil 1: Von Einzelkanzleien, Sozietäten, Gesellschaften bis zu Netzwerken, Ketten und Franchising-Systemen, BRAK-Mitt. 2005, 55; *Kaiser/Bellstedt,* Die Anwaltssozietät, 2. Aufl. 1995; *Kempter/Kopp,* Hinweise zur Gestaltung der Satzung einer Rechtsanwalts-GmbH, BRAK-Mitt. 1998, 254; *Kilian,* Die GmbH als Kooperationsform für die österreichische Anwaltschaft, AnwBl. 2000, 21; *Kleine-Cosack,* Liberalisierung des Gesellschaftsrechts der Freiberufler, DB 2007, 1851; *dies.,* Gesellschaftsrecht der freien Berufe auf dem Prüfstand, AnwBl. 2007, 737; *Koch,* Zur Zulässigkeit der Rechtsanwalts-GmbH nach geltendem Recht, AnwBl. 1993, 153; *ders.,* Pro Anwalts-GmbH, MDR 1995, 446; *Korts,* Besteuerung der Anwalts-GmbH, AnwBl. 2010, 423; *Kraus/Kunz/Mäder,* Sozietätsrecht – Handbuch für rechts-, steuer- und wirtschaftsberatende Gesellschaften, 2. Aufl. 2006; *Landry,* Die Anwalts-Kapitalgesellschaft, MDR 1995, 558; *Merkner,* Interprofessionelle Zusammenarbeit von Wirtschaftsprüfern, Steuerberatern und Rechtsanwälten in der GmbH, AnwBl. 2004, 529; *Oppermann,* Grenzen der Haftung in der Anwalts-GmbH und der Partnerschaft, AnwBl. 1995, 453; *Pluskat,* Satzungsentwurf für eine interprofessionelle GmbH, AnwBl. 2004, 535; *ders.,* Chancen für eine interprofessionelle GmbH von Rechtsanwälten, Steuerberatern und Wirtschaftsprüfern mit gleichberechtigten Gesellschafter, DStR 2004, 58; *Posegga,* Die Beteiligung eines in Sozietät verbundenen Rechtsanwalts an einer Steuerberatungsgesellschaft mbH, NJW 2004, 3228; *Römermann,* Entwicklungen und Tendenzen bei Anwaltsgesellschaften, 1996; *ders.,* Reformbedarf bei anwaltlichen Gesellschaftsformen, AnwBl. 2009, 681; *Senninger,* Die Anwalts-GmbH: Ein Mustervertrag, ZAP 1995, 43; *Sassenbach,* Rechtsanwaltsgesellschaften: RA-GmbH, RA-AG und RA-LLP? Die Möglichkeiten der gesetzlichen Haftungsbeschränkung bei der Berufsausübung, AnwBl. 2007, 293; *Unkelbach-Tomczak,* Rechtsformwahl für Anwaltskanzleien aus berufsrechtlicher Sicht, AnwBl. 2010, 426; *Wagner,* Die persönliche Haftung der GmbH-Gesellschafter und GmbH-Geschäftsführer, Rbeistand 2003, 9 und 85; *Zuck,* Anwalts-GmbH, Kommentar zu den §§ 59c bis 59m BRAO, 1999; *ders.,* Die berufsrechtliche Zulassung der Anwalts-GmbH, AnwBl. 1999, 297; *ders.,* Die Anwalts-GmbH nach §§ 59c ff. BRAO, MDR 1998, 1317.

Anwalts-GmbH & Co. KG: *Karl,* Die Rechtsanwaltsgesellschaft mbH & Co. KG, NJW 2010, 967; *Leuering/Rubner,* Rechtsanwaltsgesellschaften in der Rechtsform der KG, NJW-Spezial 2010, 591; *Römermann,* Anwalts-GmbH & Co. KG: Etappen-Sieg der Rechtsform-Gegner, AnwBl. 2011, 97.

Anwalts-AG: *Grams,* Zusammenschluss von Anwälten – 1. Die Rechtsanwalts-GmbH, 2. Die Rechtsanwalts-AG, BRAK-Mitt. 2003, 166; *Hartung,* Rechtsanwalts-AG ist zulässig, BB 2000, 947; *Henssler,* Freie Fahrt für die Anwalts-AG, AnwBl. 2005, 374; *Heublein,* Die Rechtsanwalts-Aktiengesellschaft vor der Eintragung ins Handelsregister, AnwBl. 1999, 304; *Kempter/Kopp,* Die Rechtsanwalts-AG – eine Anwaltsgesellschaft sui generis außerhalb des anwaltlichen Berufsrechts?, NJW 2000, 344; *dies.,* Zur Gestaltung der Satzung einer Rechtsanwalts-AG, NJW 2001, 777;

dies., Die Rechtsanwalts-Aktiengesellschaft – Vertretungsbefugnis kraft Verfassungsrechts?, NJW 2004, 3605; *dies.*, Berufsrechtliche Zulassung der Rechtsanwalts-AG kraft Richterrecht, BRAK-Mitt. 2005, 174; *Kilian*, Kapitalgesellschaften als Organisationsformen anwaltlicher Berufsausübung – Rechtsberatung in Aktiengesellschaft, holding- und konzernähnliche Strukturen, NZG 2001, 150; *Passarge*, Anforderungen an die Satzung einer Rechtsanwalts-AG (BGH NJW 2005, 1568), NJW 2005, 1835; *ders.*, Freiheit für die Rechtsanwalts-AG, AnwBl. 2005, 769; *ders.*, Die Aktiengesellschaft als neue Rechtsform für anwaltliche Zusammenschlüsse: Zulässigkeit und Ausgestaltung, Schriftenreihe des Instituts für Anwaltsrecht der Universität zu Köln, 2003, Bd. 55; *Pluskat*, Die Ausgestaltung der Rechtsanwaltsaktiengesellschaft, AnwBl. 2003, 131; *ders.*, Prozessvertretung vor dem BFH durch Rechtsanwalts-AG, AnwBl. 2005, 174; *ders.*, Die Firma der Anwalts-AG, AnwBl. 2004, 22; *ders.*, Triumph oder Niederlage für die Anwaltschaft? – Die Entscheidung des BGH zur Anwalts-AG vom 10.1.2005, AnwBl. 2005, 424, 609; *Römermann*, Die Anwalts-AG, ZAP, Fach 23 S. 461; *Römermann/Spönemann*, Gesellschaftsformen für Rechtsanwälte – Berufsrecht, Gesellschaftsrecht, Steuerrecht, NZG 1998, 15; *Schumacher*, Rechtsanwaltsaktiengesellschaft, AnwBl. 1998, 364; *ders.*, Rechtsanwaltsaktiengesellschaft – nach deren Anerkennung durch das BayObLG, AnwBl. 2000, 409.

LLP: *Ewer*, Die Antwort auf die Flucht in die Anwalts-LLP: Passen wir unser Recht an, AnwBl. 2010, 857; *Grunewald*, Die Entwicklung der Rechtsprechung zum anwaltlichen Berufsrecht in den Jahren 2009–2010, NJW 2010, 3551; *Schnabl*, Postulationsfähigkeit von „LLP-Anwälten", AnwBl. 2010, 394; *Schnittker/Bank*, Die LLP in der Praxis, 2008.

I. Entwicklung und Gegenstand der Regelung

1. Historie. Durch Gesetz vom 31.8.1998 (BGBl. I S. 2600), das insoweit am **1.3.1999** in Kraft trat (Art. 15 S. 3 des genannten Gesetzes), wurden mit §§ 59c–59m, 115c und der Neufassung des § 60 Abs. 1 die gesetzlichen Rahmenbedingungen für die Rechtsanwaltsgesellschaft mit beschränkter Haftung geschaffen. Gleichzeitig wurden entsprechend Regeln für die Patentanwaltsgesellschaft mbH geschaffen (§§ 52c ff. PAO). Ursprünglich war ganz überwiegend die Auffassung vertreten worden, dass der Zusammenschluss von Anwälten zur gemeinsamen Berufsausübung in Form einer Gesellschaft mit beschränkter Haftung nicht mit dem Berufsbild des Anwalts zu vereinbaren sei, weil sich die Unabhängigkeit des Anwalts und das Vertrauensverhältnis zum Mandanten in einer Kapitalgesellschaft nicht verwirklichen ließen. Ein Meinungsumschwung in Rechtsprechung und Literatur wurde ausgelöst durch eine an BGHZ 124, 224 zur Zahnbehandlungs-GmbH anknüpfende Entscheidung des BayObLG vom 24.11.1994 (NJW 1995, 199 = MDR 1995, 95 = AnwBl. 1995, 35), der weitere Entscheidungen folgten (BayObLG NJW 1996, 3217 = AnwBl. 1996, 583; LG Baden-Baden AnwBl. 1996, 537). Im Hinblick auf die Gesichtspunkte der Berufsausübungsfreiheit (Art. 12 Abs. 1 GG) und des Gleichbehandlungsgrundsatzes (Art. 3 Abs. 1 GG) wurde nunmehr eine Rechtsanwalts-GmbH für zulässig erachtet (vgl. Zusammenfassung bei Rowedder/Schmidt-Leithoff/*Schmidt-Leithoff* GmbHG § 1 Rn. 14 ff.; *Henssler* ZIP 1997, 1481; *ders.* ZHR 161 (1997), 305, 306). 1

Da zwischenzeitlich mehrere Anwaltsgesellschaften mit beschränkter Haftung gegründet worden waren – zum 1.1.1998 gab es im Bundesgebiet insgesamt 49 (BRAK-Mitt. 1998, 86) – war nunmehr in Bezug auf diese Gesellschaftsform ein gesetzlicher Ordnungsrahmen unabdingbar. Es bedurfte berufsrechtlicher Sondervorschriften, die die Unabhängigkeit des Anwalts bei einer Berufsausübung in einer Rechtsanwalts-GmbH absichern und die zugleich möglichen Gefahren vorbeugen, die für das rechtsuchende Publikum und die Rechtspflege insgesamt durch die rechtsbesorgende Tätigkeit dieser Gesellschaften denkbar sind. Hätte der Gesetzgeber der durch die Entscheidung des BayObLG ausgelösten Rechtsentwicklung freien Raum gelassen, so wäre zu besorgen gewesen, dass regionale Unterschiede in den Anforderungen an Anwaltsgesellschaften mit beschränkter Haftung verfestigt würden und die hierzu nicht berufenen Registergerichte weiterhin über berufsrechtliche Fragen zu entscheiden hätten. Es war daher sowohl im Interesse des rechtsuchenden Publikums als auch der Anwaltschaft selbst und der Rechtspflege notwendig, die Bedingungen, unter denen Anwaltsgesellschaften mit beschränkter Haftung tätig sein dürfen, gesetzlich festzulegen und damit Rechtssicherheit herzustellen. Da diese Gesellschaften im gesamten Bundesgebiet gegründet und tätig werden können, sind einheitliche Regelungen zur Wahrung der Rechts- und Wirtschaftseinheit erforderlich (Art. 72 Abs. 2 GG; BR-Drs. 1002/97, 12). Diese einheitlichen Regelungen wurden mit Gesetz vom 31.8.1998 (BGBl. I S. 2600) geschaffen. Zu den **Übergangsvorschriften** für im Zeitpunkt des Inkrafttretens bereits eingetragene Rechtsanwalts-GmbH → § 59k Rn. 8. Am 1.1.2002 waren im Bundesgebiet insgesamt 122 Rechtsanwaltsgesellschaften zugelassen, am 1.1.2003 159 (BRAK-Mitt. 2003, 124), am 1.1.2004 168 (BRAK-Mitt. 2004, 125), am 1.1.2005 179 (BRAK-Mitt. 2005, 76), am 1.1.2006 217 (BRAK-Mitt. 2006, 127). Im Jahre 2007 waren 260, im Jahre 2008 waren 297 und im Jahre 2009 waren 324 Rechtsanwaltsgesellschaften zugelassen (Statistisches Jahrbuch der Anwaltschaft 2009/2010, 100). 2

3 **2. Leitlinien der Regelung.** Rechtsanwaltsgesellschaften mit beschränkter Haftung sollen **Berufsausübungsgesellschaften** sein. Ihr Unternehmensgegenstand ist die Beratung und Vertretung in Rechtsangelegenheiten (§§ 59c Abs. 1, 591), dies ist ein zulässiger Gesellschaftszweck iSd § 1 GmbHG. Sie sind jedoch nicht nur Instrumente zur gemeinschaftlichen rechtsbesorgenden Berufstätigkeit der in ihr verbundenen Rechtsanwälte und Angehörigen eines sozietätsfähigen Berufs (§§ 59a, 59e). Als juristische Personen (§ 13 GmbHG) sind sie darüber hinaus durch das ihnen zurechenbare Verhalten der sie vertretenden Organe selbst Erbringer rechtsbesorgender Dienstleistungen (§ 591). Die Anwaltsgesellschaften sind selbst zur Vertretung vor Gerichten und Behörden nach Maßgabe der Befugnisse der für sie handelnden Personen befugt (§ 591). Um diesen Gesichtspunkten Geltung zu verschaffen und berufsfremden Einfluss auf die Gesellschaft auszuschließen, sollen sowohl die Gesellschafter (§ 59e; §§ 14 ff., 40, 46 GmbHG) als auch die Geschäftsführer (§ 59f Abs. 1, 2; §§ 6, 35 GmbHG), Prokuristen und Handlungsbevollmächtigten (§ 59f Abs. 3; § 46 Nr. 7 GmbHG; §§ 53, 54 HGB) zum gesamten Geschäftsbetrieb nur Personen sein, deren Berufe rechtsbesorgende Tätigkeiten beinhalten. Die Gesellschaftsanteile (§§ 14 ff. GmbHG) sind vererblich und nach § 15 GmbHG übertragbar. Soweit bei Beteiligung einer BGB-Gesellschaft ein Gesellschafterwechsel hinsichtlich der Gesellschafter der GbR entgegen § 15 Abs. 3 GmbHG ohne notarielle Beurkundung möglich ist, werden die in §§ 59c ff. verfolgten Ziele dadurch nicht entscheidend beeinträchtigt. Vielmehr stellen § 40 GmbHG und § 59m sicher, dass stets die Gesellschafterverhältnisse der GmbH klar und offen erkennbar sind (BGH DB 2001, 1876; → § 59m Rn. 2 ff.; § 52e PAO Rn. 2 ff.). Die RAK hat jedoch die Zulassung zu widerrufen, wenn durch den Erbfall die Zulassungsvoraussetzungen entfallen sind und die Gesellschaft nicht binnen einer ihr gesetzten angemessenen Frist den gesetzesgemäßen Zustand wiederhergestellt hat (§ 59h Abs. 3).

4 Die Gesellschaft muss verantwortlich von Rechtsanwälten geleitet werden (§ 59f). Um einen entscheidenden Einfluss auf die Geschicke der Gesellschaft sicherzustellen, müssen anwaltliche Gesellschafter die Mehrheit der Kapitalanteile und Stimmrechte innehaben (§ 59e Abs. 3). Unter den Geschäftsführern, den Prokuristen und den Handlungsbevollmächtigten zum gesamten Geschäftsbetrieb müssen die Anwälte in der Mehrheit sein (§ 59f).

5 Reine Kapitalbeteiligungen, die Beteiligung Dritter am Gewinn der Gesellschaft sowie mehrstöckige Gesellschaften sind nicht zulässig (§ 59e). Hierdurch sollen die erforderliche Transparenz sichergestellt und Abhängigkeiten und externe Einflussnahmen verhindert werden (amtliche Begründung, BR-Drs. 1002/97, 13). Die Gesellschaft und der bzw. die Geschäftsführer sollen durch eigene Kammerzugehörigkeit in die Standesaufsicht eingebunden werden (§§ 60 Abs. 1, 61 Abs. 1, 74 Abs. 6, 74a Abs. 6, 115c).

6 Da die unbeschränkte persönliche Haftung des Anwalts für seine berufliche Tätigkeit nicht zu den unverzichtbaren berufsbildprägenden Elementen gehört (vgl. § 51a) verzichtet die Neuregelung auf eine Bestimmung, die abweichend vom allgemeinen GmbH-Recht (vgl. §§ 13 Abs. 2, 43 GmbHG) die persönliche Haftung des mit der Bearbeitung des Auftrags befassten Geschäftsführers anordnet (amtliche Begründung, BR-Drs. 1002/97, 13). Da Vertragspartner von Mandanten und anderen (zB Vermieter der Büroräume der Gesellschaft) ausschließlich die Rechtsanwaltsgesellschaft als juristische Person wird und nicht die der GmbH angehörenden Anwälte persönlich, scheidet eine persönliche Haftung der Anwälte aus Vertrag im Regelfall aus. Dies gilt auch bei forensischer Tätigkeit für die Gesellschaft (§ 59l). Lediglich eine deliktische persönliche Haftung der Anwälte gegenüber Mandanten oder Dritten ist möglich, wenn die Tatbestandsvoraussetzungen dafür in der Person des jeweiligen Anwalts vorliegen (*Grams* AnwBl. 2001, 295; *ders.* BRAK-Mitt. 2003, 166). Zur ausnahmsweise persönlichen Haftung der Gesellschafter und der Geschäftsführer → § 59j Rn. 6.

7 Die Anwaltsgesellschaften mit beschränkter Haftung bedürfen der berufsrechtlichen Zulassung. Die zu stellenden berufsrechtlichen Anforderungen werden in einem berufsrechtlichen Zulassungsverfahren geprüft. Die Zulassung ist Voraussetzung für die Tätigkeit als Rechtsanwaltsgesellschaft. Das Gesetz folgt insoweit vergleichbaren Bestimmungen zur Steuerberatungsgesellschaft (§§ 49 ff. StBerG) und zur Wirtschaftsprüfungs- und Buchprüfungsgesellschaft (§§ 27 ff., 130 Abs. 2 WPO; § 59g). Das Zulassungsverfahren einschließlich des gerichtlichen Nachprüfungsverfahrens ist angeglichen an das Zulassungsverfahren für Rechtsanwälte (§§ 8 ff., 37 ff., 59g, 59h). Die Regeln der §§ 59 ff. treten neben die Bestimmungen des GmbHG und des HGB, ergänzen diese und passen sie teilweise den Besonderheiten einer rechtsbesorgenden Gesellschaft an. Die berufsrechtlichen Regelungen der §§ 59 ff. können nicht losgelöst von den gesellschafts-

und handelsrechtlichen Bestimmungen betrachtet werden, welche die Wahl der Rechtsform nach §§ 59 ff. mit sich bringt.

II. Zulässigkeit der Rechtsanwalts-AG

In den §§ 59c ff. ist gesetzlich nur die Rechtsanwaltsgesellschaft mit beschränkter Haftung (GmbH) geregelt. Von der Regelung der Rechtsanwalts-AG wurde bewusst abgesehen (BT-Drs. 13/9820, 11). Anknüpfend an die Rechtsprechung zur Zulässigkeit der Rechtsanwalts-GmbH vor deren Einführung durch die §§ 59c ff. (BGH NJW 1994, 786 zur Zahnbehandlungs-GmbH; BayObLG NJW 1995, 199 = BRAK-Mitt. 1995, 34), wonach mangels gesetzlichen Verbots die Anwaltschaft aufgrund Art. 12 Abs. 1 GG ihrem Beruf in einer Rechtsanwalts-GmbH nachgehen könne, wurde vermehrt auch die Zulässigkeit einer Rechtsanwalts-AG bejaht (BayObLG NJW 2000, 1647 = NZG 2000, 641 mit Anm. *Henssler* 875 = MDR 2000, 733 mit Anm. *Römermann* = AnwBl. 2000, 368 = BRAK-Mitt. 2000, 207). Der BGH hat diese Rechtsprechungs- und Literaturmeinung aufgegriffen und in seiner Entscheidung vom 10.1.2005 eine Rechtsanwalts-Gesellschaft in Form einer AG als Berufsausübungsgesellschaft berufsrechtlich für zulässig erklärt (BGHZ 161, 376 = NJW 2005, 1568 = BRAK-Mitt. 2005, 128 = AnwBl. 2005, 424). Dies ergebe sich zwar nicht unmittelbar aus der BRAO, denn die §§ 59c ff. sähen die Zulassung einer Aktiengesellschaft als Rechtsanwaltsgesellschaft nicht vor. Gleichwohl habe auch eine Aktiengesellschaft Anspruch auf Zulassung als Rechtsanwaltsgesellschaft, sofern sie die wesentlichen Voraussetzungen für die Zulassung einer Kapitalgesellschaft als Rechtsanwaltsgesellschaft in Anlehnung an die Bestimmungen in §§ 59c ff. erfülle. Dies folge aus höherrangigem Recht (Art. 12 Abs. 1 und Art. 3 Abs. 1 GG). Dass § 59a die Beteiligung eines Rechtsanwalts an einer BGB-Gesellschaft und §§ 59c ff. diejenige an einer Rechtsanwaltsgesellschaft mbH betreffen, besagt nicht, dass im Umkehrschluss auf eine weitergehende Freiheit der übrigen Gesellschaftsformen geschlossen werden kann. Da der Gesetzgeber die Rechtsanwalts-AG nicht geregelt und der BGH diese Lücke unter Übernahme der Regeln zur Rechtsanwalts-GmbH geschlossen hat, gelten diese entsprechend auch für die Rechtsanwalts-AG (BGHZ 161, 376 = NJW 2005, 1568; BGH NJW 2006, 1132 = BRAK-Mitt. 2006, 82 = AnwBl. 2006, 210 = BB 2006, 238). 8

Als **notwendige Voraussetzung für die berufsrechtliche Zulassung** einer Aktiengesellschaft müssen nach Auffassung des BGH folgende Erfordernisse durch die Satzung der Aktiengesellschaft zuverlässig sichergestellt sein: 9

- die Eigenverantwortlichkeit und Weisungsfreiheit der in der Aktiengesellschaft tätigen Rechtsanwälte;
- die Beschränkung des Unternehmensgegenstandes auf die Übernahme von Aufträgen, die zur Berufstätigkeit von Rechtsanwälten gehören (§ 3 Abs. 1), und das Verbot eines beruflichen Zusammenschlusses für die Aktiengesellschaft (§ 59c Abs. 1 und 2);
- hinsichtlich der Aktionäre die **Einhaltung der auch für die Gesellschafter einer GmbH geltenden Bestimmungen in § 59e,** insbesondere die Beschränkung des Kreises der Aktionäre auf in der Gesellschaft beruflich tätige Rechtsanwälte und Angehörige der in § 59a Abs. 1 S. 1 genannten Berufe (vgl. § 59e Abs. 1 S. 1 und 2); entsprechend § 59e Abs. 1 S. 2 müssen anwaltliche Aktionäre ihren Anwaltsberuf in der Rechtsanwalts-AG ausüben. Das Verbot der Sternsozietät gilt auch für die Anwaltsaktiengesellschaft nicht mehr (BGH NJW 2006, 1132)
- **Anforderungen an den Vorstand und den Aufsichtsrat der Aktiengesellschaft, wie sie in § 59f** für die Geschäftsführung und – entsprechend – auch für den fakultativen Aufsichtsrat einer GmbH gelten.

Darüber hinaus müssen die allgemeinen, nicht spezifisch gesellschaftsrechtlichen **Voraussetzungen nach § 7 Nr. 9, § 59d Nr. 2 (kein Vermögensverfall) und nach § 59d Nr. 3, § 59j (hinreichende Berufshaftpflichtversicherung)** gegeben sein. 10

Erfüllt die Aktiengesellschaft nach ihrer Zulassung als Rechtsanwaltsgesellschaft diese Voraussetzungen nicht mehr, so führt dies in gleicher Weise zum **Erlöschen, zur Zurücknahme oder zum Widerruf** der berufsrechtlichen Zulassung wie bei der GmbH (vgl. § 59h). 11

Um die erforderliche Überprüfung der Zulassungsvoraussetzungen und ihres Fortbestandes zu ermöglichen, unterliegt die ihre Zulassung als Rechtsanwaltsgesellschaft beantragende ebenso wie die bereits zugelassene Aktiengesellschaft der Pflicht zur Transparenz hinsichtlich ihrer für die Zulassung maßgeblichen Verhältnisse. Sie hat deshalb ebenso wie die GmbH (§ 59m Abs. 1) – 12

jede Änderung der Satzung, der Aktionäre, des Vorstands und des Aufsichtsrates sowie die Errichtung oder Auflösung von Zweigniederlassungen der RAK unverzüglich anzuzeigen. Dazu ist sie, was die Zusammensetzung des Kreises der Aktionäre angeht, dann in der Lage, wenn die Aktien nach der Satzung als vinkulierte Namensaktien ausgegeben werden, deren Übertragung an die Zustimmung der Gesellschaft gebunden bleibt (§ 68 Abs. 2 AktG). Im Übrigen gelten auch für die als Rechtsanwaltsgesellschaft zugelassenen Aktiengesellschaften die anwaltlichen Berufspflichten sinngemäß (§ 59m Abs. 2 entsprechend; BGH NJW 2005, 1568; BFH NJW 2004, 1974 = BRAK-Mitt. 2004, 138).

13 Die Rechtsanwalts-AG als Berufsausübungsgesellschaft ist entsprechend § 59l **postulations- und damit auch prozessfähig** (BFH NJW 2004, 1974 zur Vertretung vor dem BFH).

14 Vor Zulassung und Eintragung kann einer Rechtsanwalts-Aktiengesellschaft keine Kennziffer für die Teilnahme am automatisierten Mahnverfahren erteilt werden. Anderenfalls würde die Gerichtsverwaltung der Entscheidung des zuständigen Rechtspflegers vorgreifen, inwieweit einer nichtzugelassenen Rechtsanwalts-AG überhaupt selbst Gebührenansprüche nach dem RVG zustehen können (OLG Frankfurt BRAK-Mitt. 2005, 244).

15 Nach Auffassung des OLG Hamm kann eine Rechtsanwalts-Aktiengesellschaft auch als bloße Organisationsgesellschaft gegründet werden, in der eine rechtsberatende und vertretende Tätigkeit nur durch die in ihr organisierten Rechtsanwälte erfolgt und nicht auch durch die AG, die, anders als eine Rechtsanwalts-GmbH (§ 59l), nicht selbst die Rechte und Pflichten eines Rechtsanwalts hat. Bei der Eintragung einer Rechtsanwalts-AG in das Handelsregister findet eine inhaltliche Überprüfung der Satzungsbestimmungen auf die Einhaltung berufsrechtlicher Mindeststandards durch das Registergericht nicht statt. Eine derartige Überprüfung ist ausschließlich den Rechtsanwaltskammern vorbehalten (OLG Hamm NJW 2006, 3434 = BRAK-Mitt. 2006, 290 = BB 2006, 2437).

III. Rechtsanwalts-KGaA

16 Auch der Anspruch einer KGaA auf Zugang zur anwaltlichen Berufstätigkeit durch Zulassung als Rechtsanwaltsgesellschaft ist verfassungsrechtlich in Art. 12 Abs. 1, Art. 3 Abs. 1 GG begründet. Es besteht **kein gesetzliches Verbot** für die Tätigkeit einer KGaA auf dem Gebiet der anwaltlichen Berufsausübung. Die KGaA darf als juristische Person in berufsrechtlicher Hinsicht nicht schlechter gestellt werden als die GmbH und die AG, sofern sie wie diese die wesentlichen Erfordernisse für die Zulassung als Rechtsanwaltsgesellschaft erfüllt (→ Rn. 9). Als Berufsausübungsgesellschaft kann die Rechtsanwalts-KGaA den gesamten Bereich der geschäftsmäßigen Besorgung fremder Rechtsangelegenheiten (§ 3) für ihre Mandanten erledigen.

IV. Rechtsanwaltsgesellschaft mbH & Co. KG

17 Steuerberatungs- und Wirtschaftsprüfungsgesellschaften dürfen sich als GmbH & Co. KG organisieren (§ 28 Abs. 2 WPO; § 50 Abs. 1 S. 3 StBerG). Bei der Anwaltschaft ist die **Rechtslage ungeklärt.** Teilweise wird die Meinung vertreten, die „reine" Rechtsanwalts-KG sei bereits de lege lata zulässig (*Leuering/Rubner* NJW-Spezial 2010, 591). Darüber hinaus wird die Auffassung vertreten, die aus dem anwaltlichen Berufsrecht abgeleiteten Beschränkungen bei der Wahl der Organisationsform müssten generell aufgegeben werden (*Krenzler* BRAK-Mitt. 2010, 234). Der BayAGH hat mit Urteil vom 15.11.2010 gegen die Zulässigkeit einer Rechtsanwalts-GmbH & Co. KG erkannt (AnwBl. 2011, 68). Danach scheitere der Zulassungsanspruch schon daran, dass eine Rechtsanwaltsgesellschaft nicht wirksam als KG gegründet werden könne, weil § 161 Abs. 1 HGB für die KG zwingend voraussetze, dass es sich um eine Gesellschaft handele, deren Zweck auf den Betrieb eines Handelsgewerbes unter gemeinschaftlicher Firma gerichtet sei. § 2 bestimme hingegen, dass Anwälte einen freien Beruf ausüben und ihre Tätigkeit gerade kein Gewerbe sei. Eine andere Beurteilung rechtfertige sich auch nicht aufgrund der Entwicklung der Anwaltschaft zum modernen Dienstleister.

18 Das Urteil des BayAGH ist nicht überzeugend, es ignoriert das einfache Recht und den verfassungsrechtlichen Rahmen (*Römermann* AnwBl. 2011, 97). Der Eintragung in das Handelsregister ist bei gemischter freiberuflicher und gewerblicher Tätigkeit grundsätzlich möglich, soweit die gewerbliche Tätigkeit überwiegt, was insbesondere bei der Insolvenzverwaltung und dem Forderungsinkasso der Fall ist (so auch *Karl* NJW 2010, 967).

V. Limited

Einer Limited kann die Zulassung als Rechtsanwaltsgesellschaft erteilt werden, wenn ihre Zweigniederlassung in Deutschland im Handelsregister eingetragen ist und eine Deckungszusage einer Berufshaftpflichtversicherung vorliegt (AGH Bln BRAK-Mitt. 2007, 171 = AnwBl. 2007, 794; vgl. auch *Knöfel* AnwBl. 2007, 742). 19

VI. Limited Liability Partnership (LLP)

Die Zahl deutscher Sozietäten, die in die Rechtsform einer englischen Limited Liability Partnership (LLP) wechselt, steigt ständig. Nicht nur Großkanzleien, sondern auch mittelständische Kanzleien scheinen die englische LLP attraktiver zu finden als die Partnerschaftsgesellschaft oder eine Rechtsanwalts-GmbH. Deshalb wird die Beschränkung der Haftung der Partnerschaftsgesellschaft auf das Gesellschaftsvermögen gefordert, um die Flucht in die Rechtsanwalts-LLP zu stoppen (*Ewer* AnwBl. 2010, 857). 20

Der **BRAK-Ausschuss** „Internationale Sozietäten" hat am 16.1.2009 folgende **Empfehlungen** gegeben: 21

Der BRAK-Ausschuss „Internationale Sozietäten" hatte gemeinsam mit dem Ausschuss Gesellschaftsrecht Anfang 2008 Empfehlungen zur Frage der Zulassung ausländischer Rechtsanwaltsgesellschaften in Form einer LLP oder einer Kapitalgesellschaft an die Rechtsanwaltskammern abgegeben (veröffentlicht in BRAK-Mitt. 1/2008, S. 17 ff.). Im Hinblick auf die zwischenzeitlich gewonnenen Erfahrungen aus der Praxis sowie mehrere Veröffentlichungen zu Rechtsfragen, welche die LLP betreffen, hat sich der Ausschuss „Internationale Sozietäten" veranlasst gesehen, seine damaligen Empfehlungen zu überprüfen und wie folgt zu präzisieren:

1. Rechtsnatur der (englischen) Limited Liability Partnership (LLP)

Die LLP wird üblicher Weise als eine hybride Gesellschaftsform bezeichnet, die sowohl Eigenschaften der Personengesellschaft als auch der Kapitalgesellschaft in sich vereint. Auch wenn es nicht ausgeschlossen ist, dass eine LLP durch ihren Gesellschaftsvertrag kapitalgesellschaftlich strukturiert ist, so ist doch die Regel, dass die in Deutschland tätigen Rechtsanwalts-LLP's als personengesellschaftlich strukturierte LLPs auftreten (zu diesen Fragen vgl. Schnittker/Bank, Die LLP in der Praxis, München 2008; Henssler/Mansel, NJW 2007, 1393 ff.; Triebel/Silny, NJW 2008, 1034 ff.). Insoweit ist die englische LLP in vielerlei Hinsicht der deutschen Partnerschaftsgesellschaft ähnlich, auch wenn es mindestens einen zentralen Unterschied gibt: Bei der LLP haftet nach gesellschaftsrechtlichen Grundsätzen für die Gesellschaftsschulden nur die LLP selbst, nicht dagegen die Gesellschafter, deren Haftung sich allenfalls aus sonstigen, etwa deliktsrechtlichen Grundsätzen ergeben kann. Bei der Partnerschaftsgesellschaft haften dagegen neben der Gesellschaft bereits nach dem Gesellschaftsrecht die Partner grundsätzlich gesamtschuldnerisch für die Gesellschaftsschulden (§ 8 Abs. 1 PartGG) und nur bei berufsrechtlichen Fehlern gewährt § 8 Abs. 2 PartGG ein begrenztes Haftungsprivileg. Die Frage, ob Partner einer LLP (in der gesetzlichen Terminologie Mitglieder nach dem englischen members) persönlich haften, ist zuletzt allerdings in Abrede gestellt worden (Triebel/Silny, NJW 2008, 1034 ff.).

2. Eintragung der LLP in das Partnerschaftsregister/Grundsatz

Die LLP ist eine Organisationsform mit eigener Rechtspersönlichkeit (corporate body) und entsteht daher, ähnlich wie eine company, mit Eintragung in das Companies Register. Die Eintragung in Deutschland ist gesetzlich nicht unmittelbar geregelt. Der Ausschuss „Internationale Sozietäten" bleibt jedoch bei seiner Empfehlung, dass die englische LLP als eine der deutschen Partnerschaftsgesellschaft ähnliche Gesellschaft in das Partnerschaftsregister einzutragen ist. Das Partnerschaftsregister steht nach der Gesetzesbegründung auch solchen ausländischen Gesellschaften, die der Partnerschaftsgesellschaft ähnlich sind, offen.

Der Ausschuss ist weiterhin der Auffassung, dass wegen des unterschiedlichen Haftungsregimes zwischen Partnerschaftsgesellschaften einerseits und englischer LLP andererseits im Hinblick auf § 8 Abs. 1 PartGG ein klarstellender Hinweis im Partnerschaftsregister erforderlich ist. Diese Klarstellung könnte wie folgt lauten: „Die LLP ist eine Gesellschaft englischen Rechts, deren Haftungsregeln mit denjenigen einer deutschen Partnerschaftsgesellschaft nicht identisch sind." Damit würde registerrechtlich dem Eindruck entgegengetreten, die Haftungsverfassung richte sich ebenfalls nach § 8 Abs. 1 PartGG.

3. Registrierung der Standorte

Wenn eine englische LLP in Deutschland mehrere Büros unterhält, bedeutet dies nicht, dass eine Eintragung in sämtlichen Registern der betreffenden Standorte erfolgen muss. Es muss lediglich eine Einigung auf eine Zweigniederlassung erfolgen, die entsprechend den §§ 5 Abs. 2 PartGG, 13d Abs. 3 HGB als inländische Hauptniederlassung behandelt wird (vgl. zur Regelungstechnik des § 13d HGB auch Baumbach/Hopt HGB, 33. Aufl. 2008, § 13d Rn. 5). Die übrigen deutschen Standorte der englischen LLP können sodann bei dem Partnerschaftsregister des als inländische Hauptniederlassung fungierenden Standorts registermäßig als Zweigniederlassungen geführt werden. Das ist im Ergebnis nicht anders als bei der Eintragung von Zweigniederlassungen deutscher Gesellschaften.

4. Welche Mitglieder der LLP müssen eingetragen werden?

Für internationale Sozietäten, die in der Form der englischen LLP strukturiert und dementsprechend mit allen ihren members im Companies Register in London eingetragen sind, stellt sich bei der Eintragung in Deutschland die Frage, wer von den members der LLP in das deutsche Partnerschaftsregister einzutragen ist. Damit ist insbesondere die Frage verbunden, ob auch alle außerhalb von Deutschland tätigen members der LLP einzutragen sind. Abgesehen davon, dass das für international tätige LLPs einen erheblichen Administrationsaufwand in Deutschland bedeuten würde, sieht der Ausschuss im Hinblick auf die Eintragung im Companies Register keine Notwendigkeit, dass auch alle außerhalb von Deutschland tätigen members der LLP im deutschen Partnerschaftsregister einzutragen sind.

Vielmehr geht die Empfehlung des Ausschusses dahin, dass nur die in Deutschland zugelassenen members einer LLP in das Register eingetragen werden müssen. Das Register sollte dann einen Zusatz enthalten, wonach nur die in Deutschland zugelassenen members eingetragen sind. Ideal wäre dann eine elektronische Verlinkung zum englischen Companies Register.

5. Zulassung als Rechtsanwaltsgesellschaft?

Nach den praktischen Erfahrungen und der Auffassung des Ausschusses zur Rechtsnatur der englischen LLP ist eine Zulassung als Rechtsanwaltsgesellschaft nicht möglich.

6. Postulationsfähigkeit

Die Postulationsfähigkeit der LLP ist einfachgesetzlich in Deutschland nicht geregelt. Wegen des Diskriminierungsverbotes, der Niederlassungsfreiheit und der zulässigen Organisationsform der LLP in Deutschland bestehen aber aus europarechtlicher Sicht keine Zweifel daran, dass die LLP wie die Partnerschaftsgesellschaft (nach § 7 Abs. 4 PartGG) postulationsfähig ist. Dies gilt unabhängig von der Eintragung in das Partnerschaftsregister.

Solange eine entsprechende Klarstellung im Gesetz nicht existiert, ist es aber ratsam, den Gesellschaften in der Rechtsform einer LLP zu empfehlen, in Prozessen Handlungen nur durch die jeweiligen Rechtsanwälte einer LLP vornehmen zu lassen. Dies erreicht man üblicher Weise, indem als Prozessbevollmächtigte nicht die LLP, sondern „die Rechtsanwälte der LLP" genannt werden. Bei bestimmenden Schriftsätzen wäre dann auch darauf zu achten, dass nicht die LLP durch einen Rechtsanwalt, sondern der Rechtsanwalt der LLP unterzeichnet.

7. Versicherungsfragen

Da die englische LLP nicht als Rechtsanwaltsgesellschaft zugelassen werden kann, gilt § 59j BRAO nicht, auch nicht mittelbar oder analog. Der Ausschuss ist daher der Auffassung, dass eine englische LLP in Deutschland so wie eine Partnerschaftsgesellschaft oder eine Rechtsanwaltssozietät in Form der Gesellschaft bürgerlichen Rechts zu versichern ist, verbindet dies aber mit der Empfehlung, auch für eine angemessene Versicherung der LLP Sorge zu tragen. Damit ist keine Haftpflichtversicherung im Umfang des § 59j BRAO gemeint. Ausreichend ist auch die internationale Versicherung einer LLP, falls eine solche vorhanden ist, was nach den Erfahrungen des Ausschusses in den meisten Fällen gegeben ist.

8. Angaben auf Briefbögen

Nach § 7 Abs. 5 PartGG in Verbindung mit § 125a Abs. 1 HGB ist auf allen Geschäftsbriefen der Gesellschaft Rechtsform, Sitz, Registergericht und Eintragungsnummer anzugeben. Das gilt nach Auffassung des Ausschusses auch für diejenigen LLPs, die sich nicht im Partnerschaftsregister haben eintragen lassen, diese müssen mindestens die registerrechtlichen Details des Companies Register angeben.

§ 59c Zulassung als Rechtsanwaltsgesellschaft; Beteiligung an beruflichen Zusammenschlüssen

(1) **Gesellschaften mit beschränkter Haftung, deren Unternehmensgegenstand die Beratung und Vertretung in Rechtsangelegenheiten ist, können als Rechtsanwaltsgesellschaften zugelassen werden.**

(2) **Die Beteiligung von Rechtsanwaltsgesellschaften an Zusammenschlüssen zur gemeinschaftlichen Berufsausübung ist unzulässig.**

I. Gesellschaftsform der Anwaltsgesellschaft

1 **1. Rechtsform.** Nach § 59c Abs. 1 können als Rechtsanwaltsgesellschaften nur Gesellschaften mit beschränkter Haftung und Unternehmergesellschaften zugelassen werden. Letzteres ergibt sich daraus, dass die **Unternehmergesellschaft keine eigene Rechtsform,** sondern nur eine Unterform der GmbH ist. Die Zulassung anderer Gesellschaftsformen regeln die §§ 59c ff. nicht. Wohl aber sind, soweit diesbezüglich eine besondere gesetzliche Regelung fehlt, die Zulassungsvoraussetzungen für Berufsausübungsgesellschaften in anderen Rechtsformen in Anlehnung an §§ 59c ff. zu entwickeln (zur Rechtsanwalts-AG BGHZ 161, 376 = NJW 2005, 1568 = MDR 2005, 1199 = BRAK-Mitt. 2005, 128 = AnwBl. 2005, 424; zur AG → Vor § 59c Rn. 8 ff.). **Keine Rechtsanwaltsgesellschaft iSd Abschnitts** sind Anwaltssozietäten in der Form von **Gesellschaften bürgerlichen Rechts** und **Partnerschaften.** Rechtsanwälte und sonstige gesellschafterfähige Personen iSd § 59e Abs. 1 können aber in gesamthänderischer Verbundenheit einer **BGB-Gesellschaft** unter bestimmten Voraussetzungen einer Rechtsanwalts-GmbH angehören (BGHZ 148, 270 = NZG 2001, 983 = NJW-RR 2001, 1642 = DB 2001, 1876 = BRAK-Mitt. 2002, 37 = AnwBl. 2001, 183; → § 59e Rn. 1; insbesondere → PAO § 52e Rn. 2 ff. Die Zulassung der Rechtsanwaltsgesellschaft durch die Rechtsanwaltskammer (§ 59g) ist ein staatliches Genehmigungserfordernis und damit Voraussetzung für die Eintragung der Gesellschaft in das Handelsregister (§§ 7, 8 GmbHG). Hinsichtlich der Einzelheiten des Zulassungsverfahrens und des Zusammenwirkens von Registergericht und RAK → § 59g Rn. 4 ff.). Die Rechtsanwalts-GmbH ist kraft ihrer Rechtsform als GmbH eine Handelsgesellschaft (§ 13 Abs. 3 GmbHG) und als solche nach § 2 Abs. 2 Nr. 1 GewStG **gewerbesteuerpflichtig**

(BVerfG NJW 2010, 2116; *Gehre* StBerG § 49 Rn. 4 zur Steuerberatungsgesellschaft) und nach § 1 Abs. 1 KStG auch **körperschaftsteuerpflichtig.** An der Verfassungsmäßigkeit der Gewerbesteuerpflicht kraft Rechtsform bestehen keine ernstlichen Zweifel (BFH AnwBl. 2001, 249 = NJW 2004, 968). Die Körperschaftsteuerpflicht der Rechtsanwalts-GmbH beginnt spätestens mit der Erlangung der Rechtsfähigkeit, also mit der Eintragung in das Handelsregister (BFH Urteil vom 13.12.1989, BStBl. 1990 II S. 468). Zu den Einzelheiten der Steuersituation der Rechtsanwalts-GmbH vgl. *Haas* BRAK-Mitt. 2001, 221, 224. Die Rechtsanwalts-GmbH ist nach § 2 Abs. 2 IHK-Gesetz vom 18.12.1956 (BGBl. I S. 920) Mitglied der IHK (vgl. BVerwG NJW 1978, 904 zur Steuerberatungsgesellschaft sowie OVG Sachsen BeckRS 2009, 36170 = ZAP EN-Nr. 830/2008). Wer als Freiberufler die Rechtsform der GmbH nutzen möchte, soll uneingeschränkt auch den für diese Rechtsform geltenden außerberufsrechtlichen Bestimmungen unterfallen (Rechtsausschuss, BT-Drs. 13/11035, 30). Der Nachteil der Gewerbesteuerpflicht als Rechtsanwalts-GmbH gegenüber einer freiberuflich tätigen Personengesellschaft, zB einer Sozietät (→ § 59a Rn. 6 ff.), wird aber weitgehend kompensiert durch die Möglichkeit der Bildung von Pensionsrückstellungen und die Minderung steuerlichen Gewinns durch Leistungsvergütungen der Gesellschaft an ihre Gesellschafter (*Römermann/Spönemann* NZG 1998, 15, 19; *Henssler* ZIP 1994, 1871). Die Rechtsanwaltsgesellschaft ist **Pflichtmitglied der örtlichen Industrie- und Handelskammer** und somit beitragspflichtig (OVG Sachsen BeckRS 2009, 36170 = SächsVBl. 2008, 191).

2. Unternehmensgegenstand. Als Rechtsanwaltsgesellschaft m. b. H. können nur solche Gesellschaften mit beschränkter Haftung zugelassen werden, deren Unternehmensgegenstand (§ 3 Abs. 1 Nr. 3 GmbHG) die **Beratung und Vertretung** in **Rechtsangelegenheiten** ist. Soweit der Gesellschaftsvertrag (§ 59g Abs. 1; §§ 2, 3 GmbHG; vgl. Vertragsentwurf mit Erläuterungen von *Vieth/Schulz-Jander* NZG 1999, 1126) keine – grundsätzlich möglichen – Einschränkungen enthält, steht der Rechtsanwaltsgesellschaft einschließlich der Übernahme einer Verteidigung auch im berufsgerichtlichen Verfahren (§§ 59l Abs. 3, 117a) der gesamte Bereich der geschäftsmäßigen Besorgung fremder Rechtsangelegenheiten (§ 3 Abs. 1) offen. **§ 56 Abs. 1 InsO schließt** allerdin**gs Kapitalgesellschaften wie die Rechtsanwalts-GmbH von der Verwaltertätigkeit aus.** Die Rechtsanwaltsgesellschaft m. b. H. ist somit nicht nur eine Organisations-GmbH, sondern eine **Berufsausübungsgesellschaft** (BT-Drs. 13/9820, 11). Beschränkt sie ihre Tätigkeit darauf, ihren Gesellschaftern nur die organisatorischen Rahmenbedingungen für deren Tätigkeit zu schaffen, ohne selbst rechtsbesorgend tätig zu sein (vgl. § 59l), dann ist nach § 59d Nr. 1 eine Zulassung ausgeschlossen (*Vieth/Schultz-Jander* NZG 1999, 1126, 1129). Wird eine **bloße Bürogemeinschaft** (→ § 59a Rn. 28 ff.) in der Rechtsform einer GmbH organisiert (zur Zulässigkeit: ja: Henssler/Prütting/*Henssler* § 59c Rn. 5; nein: *Zuck* MDR 1998, 1318), darf diese **nicht als „Rechtsanwaltsgesellschaft" firmieren** (§ 59k Abs. 2) und kann nicht als solche zugelassen werden. Durch Art. 3 des Gesetzes vom 31.8.1998 (BGBl. I S. 2600) wurde klarstellend der in Art. 1 § 3 des – nunmehr aufgehobenen – Rechtsberatungsgesetzes enthaltene Katalog der vom Rechtsberatungsgesetz nicht erfassten Berufstätigkeiten in Nr. 2 um diejenigen von Rechtsberatungsgesellschaften, soweit diese durch im Rahmen ihrer beruflichen Befugnisse handelnde Personen tätig werden (§ 59l S. 3), ergänzt. Jetzt bestimmt § 1 Abs. 2 RDG, dass unter anderem die Regelungen der BRAO über die Befugnisse einer Rechtsanwaltsgesellschaft, Rechtsdienstleistungen zu erbringen, von dem RDG unberührt bleiben. Es ist aber auch klargestellt, dass die Tätigkeit einer Anwaltsgesellschaft nicht zu einer Ausweitung der Rechtsberatungsbefugnisse der für sie handelnden Personen führt (amtliche Begründung, BR-Drs. 1002/97, 21). Für ihre anwaltlichen Tätigkeiten wird die Rechtsanwaltsgesellschaft in § 1 Abs. 1 S. 3 RVG **gebührenrechtlich einem Rechtsanwalt gleichgestellt,** dh die Rechtsanwaltsgesellschaft kann als „sonstige Gesellschaft" iSd § 1 Abs. 1 RVG die von ihr durch die für sie Handelnden erbrachten Beratungs- und Vertretungsleistungen in Rechtsangelegenheiten nach dem RVG abrechnen. 2

Die **Aufnahme anderer Erwerbstätigkeiten** ist der Rechtsanwaltsgesellschaft **grundsätzlich versagt.** Insoweit engen §§ 59c Abs. 1, 59l die Möglichkeiten zur satzungsmäßigen Bestimmung und Änderung des Unternehmensgegenstands (§§ 3 Abs. 1 Nr. 2, 53, 54 GmbHG) ein (*Kempter/Kopp* BRAK-Mitt. 1998, 254). Die Gesellschaft muss eine GmbH sein und bleiben, deren Unternehmensgegenstand (nur) die Beratung und Vertretung in Rechtsangelegenheiten ist. Eine Gesellschaft kann daher nicht als Rechtsanwaltsgesellschaft anerkannt und in das Handels- 3 register eingetragen werden, wenn sie nach dem Gesellschaftsvertrag als Unternehmensgegenstand auch gewerbliche Tätigkeiten vorsieht. Nicht ausgeschlossen ist allerdings die Möglichkeit, dass eine Gesellschaft mit beschränkter Haftung neben ihrer Zulassung als Rechtsanwaltsgesellschaft auch als Patentanwalts- (§§ 52 ff. PAO), Wirtschaftsprüfungs- (§§ 27 ff. WPO), Buchprüfungs- (§ 130 Abs. 2 WPO) und/oder Steuerberatungsgesellschaft (§§ 49 ff. StBerG) anerkannt werden kann, wenn die jeweiligen berufsrechtlichen Voraussetzungen, insbesondere die nach den jeweiligen berufsrechtlichen Bestimmungen erforderlichen Mehrheitsverhältnisse (vgl. § 59e; § 52e PAO; § 50 StBerG; §§ 28, 130 WPO) vorliegen. Dies setzt zumindest bei einem Teil der Gesellschafter bzw. Geschäftsführer jeweils eine Mehrfachqualifikation voraus (amtliche Begründung, BR-Drs. 1002/97, 14; → § 59e Rn. 8).

4 Der Rechtsanwaltsgesellschaft ist es zwar auch erlaubt, alle Geschäfte zu tätigen, um die sachlichen und persönlichen Voraussetzungen für die anwaltliche Berufsausübung der für sie und in ihrem Namen Tätigen zu schaffen. Eine Gesellschaft, deren Unternehmensgegenstand aber nicht die – eigene (§§ 59c Abs. 1, 591) – rechtsbesorgende Tätigkeit ist, sondern die lediglich die für diese Tätigkeit anderer erforderlichen Rahmenbedingungen schaffen soll, kann nicht als Rechtsanwaltsgesellschaft zugelassen werden. Sie darf daher auch nicht die Bezeichnung „Rechtsanwaltsgesellschaft" führen (§ 59k Abs. 2; amtliche Begründung, BR-Drs. 1002/97, 14).

II. Beteiligungsverbot für die Rechtsanwaltsgesellschaft

5 Nach Abs. 2 ist es einer Rechtsanwaltsgesellschaft untersagt, sich an Zusammenschlüssen zur gemeinschaftlichen Berufsausübung zu beteiligen. Die Einhaltung dieses **Beteiligungsverbots** ist nach § 59d Nr. 1 Zulassungsvoraussetzung. Eine Rechtsanwaltsgesellschaft darf sich daher nicht mit anderen Berufsausübungsgesellschaften – etwa mit Sozietäten, Rechtsanwalts-, Patentanwalts- (§§ 52c ff. PAO), Wirtschaftsprüfungs- (§§ 27 ff. WPO) oder Steuerberatungsgesellschaften (§§ 49 ff. StBerG; AG MV, BRAK-Mitt. 2001, 239; → § 59a Rn. 5) oder Partnerschaften nach dem PartGG – in einer Gesellschaft verbinden. In demselben Umfang darf sich eine Rechtsanwaltsgesellschaft auch nicht mit natürlichen Personen zusammenschließen. So ist ihr zB die Bildung einer Sozietät mit einem Rechtsanwalt, Patentanwalt, Steuerberater oder Wirtschaftsprüfer untersagt. Durch die Bestimmung werden somit auch § 59a Abs. 1 S. 1 BRAO, § 56 Abs. 1 S. 1 StBerG und § 44b Abs. 1 WPO eingeschränkt. An Zusammenschlüssen, die nicht auf die gemeinschaftliche Berufsausübung der Partner ausgerichtet sind, sondern die die jeweils selbständige Berufsausübung der Partner nur fördern sollen, zB die bloße Bürogemeinschaft (§ 59a Abs. 3), EWIV, sonstige Kooperation (→ BORA § 8 BORA Rn. 6; Hartung/Römermann/*Römermann* § 59c Rn. 6) oder die Mitgliedschaft im DAV, darf die Rechtsanwaltsgesellschaft sich beteiligen. Da die Partnerschaft nach dem PartGG ein Zusammenschluss von Freiberuflern zur gemeinsamen Berufsausübung ist (→ § 59a Rn. 26 ff.; Henssler/Prütting/*Henssler* PartGG § 1 Rn. 6), ist der Rechtsanwaltsgesellschaft m. b. H. eine Beteiligung an einer solchen Partnerschaft verwehrt. Das Beteiligungsverbot des Abs. 2 an Zusammenschlüssen zur gemeinschaftlichen Berufsausübung dient dazu, mehrstöckige Gesellschaften und die damit verbundene Gefahr von Abhängigkeiten und Einflussnahmen zu vermeiden (amtliche Begründung, BT-Drs. 13/9820, 13 = BR-Drs. 1002/97, 14). Das Verbot umfasst nur unmittelbare Beteiligungen, so dass mittelbare Beteiligungen, etwa in Form von Nießbrauch, Innengesellschaft und anderer schuldrechtlicher Verbindungen zulässig sind (Hartung/Römermann/*Römermann* § 59c Rn. 7).

6 Das Beteiligungsverbot befasst sich nur mit der Gesellschaftsform der GmbH. Es besteht kein Grund, das für die Gesellschaften m. b. H. geltende Zusammenschlussverbot auch auf Sozietäten und Bürogemeinschaften zwischen Einzelanwälten und personal geprägten Gesellschaften zu erstrecken (BGH NJW 2003, 3548).

7 Unbedenklich und **rechtlich zulässig** ist die **Beteiligung an einer gewerblichen Kapital- oder Personenhandelsgesellschaft.** Zu denken ist an Unternehmensberatungsgesellschaften, deren Angebot durch die Beratung wirtschaftsrechtlich ausgerichteter Rechtsanwaltsgesellschaften ergänzt wird. Die Zulässigkeit der Beteiligung an solchen Gesellschaften entspricht der Öffnung des Anwaltsberufs für gewerbliche Nebentätigkeiten (BVerfGE 87, 287, 306 ff. = NJW 1993, 320).

8 Ob sich die GmbH an einer Berufsausübungsgesellschaft der sozietätsfähigen Berufe iSd § 59a beteiligen darf, richtet sich einzig und allein nach dem Berufsrecht jener Berufsträger (Henssler/Prütting/*Henssler* § 59c Rn. 14).

§ 59d Zulassungsvoraussetzungen

Die Zulassung ist zu erteilen, wenn

1. die Gesellschaft den Erfordernissen der §§ 59c, 59e und 59f entspricht;
2. die Gesellschaft sich nicht in Vermögensverfall befindet;
3. der Abschluß der Berufshaftpflichtversicherung (§ 59j) nachgewiesen ist oder eine vorläufige Deckungszusage vorliegt.

I. Allgemeines

Die Vorschrift regelt die sachlichen Voraussetzungen, unter denen die Rechtsanwaltskammer 1
über den Antrag auf Zulassung der Rechtsanwaltsgesellschaft positiv entscheiden darf. Beim Fehlen auch nur einer der Voraussetzungen des § 59d darf die Zulassung nicht erteilt werden. Neben der Versagung der Zulassung aus sachlichen Gründen können Anträge aus verfahrensmäßigen Gründen als unzulässig zurückgewiesen werden (→ § 6 Rn. 6 ff.; → § 59g Rn. 10).

Die Zulassung nach §§ 59c ff. ist Voraussetzung für die Tätigkeit der GmbH als Rechtsanwalts- 2
gesellschaft (§ 1 Abs. 2 RDG; Art. 1 § 3 Nr. 2 RBerG aF). Das Fehlen oder der spätere Wegfall der Zulassungsvoraussetzungen des § 59d führt bei der zugelassenen Rechtsanwaltsgesellschaft zur Rücknahme bzw. zum Widerruf der Zulassung nach Maßgabe des § 59h.

II. Die Zulassungsvoraussetzungen im Einzelnen

1. Unternehmensgegenstand der GmbH (§ 59c Abs. 1). Die zuzulassende Gesellschaft 3
muss nach § 59d Nr. 1 iVm § 59c Abs. 1 eine GmbH sein, deren Unternehmensgegenstand die Beratung und Vertretung in Rechtsangelegenheiten ist. Gesellschaften mit beschränkter Haftung, die lediglich die Schaffung der organisatorischen Voraussetzungen für die anwaltliche Tätigkeit bezwecken und nicht selbst rechtsbesorgende Dienstleistungen erbringen sollen, können nicht als Rechtsanwaltsgesellschaften zugelassen werden und dürfen daher auch diese Bezeichnung nicht in ihrer Firma (§ 59k) führen (*Funke* AnwBl. 1998, 6).

2. Beteiligungsverbot (§ 59c Abs. 2). Die Rechtsanwaltsgesellschaft darf nicht an Zusam- 4
menschlüssen zur gemeinschaftlichen Berufsausübung beteiligt sein (§ 59d Nr. 1 iVm § 59c Abs. 2; → § 59c Rn. 5 ff.).

3. Beschränkung des Kreises der Gesellschafter (§ 59e). Nach § 59d Nr. 1 iVm § 59e 5
müssen die Bestimmungen des § 59e betreffend die Gesellschafter erfüllt sein, dh insbesondere, es dürfen neben Rechtsanwälten nur Angehörige eines sozietätsfähigen Berufs (§ 59a), die ebenfalls – wenngleich in eingeschränktem Umfang – rechtsbesorgende Tätigkeiten ausüben dürfen, Gesellschafter einer Rechtsanwaltsgesellschaft sein (amtliche Begründung, BR-Drs. 1002/97, 15). Die Möglichkeit nach dem GmbHG, dass sich jede natürliche und juristische Person des privaten und öffentlichen Rechts an einer GmbH beteiligen kann, wird damit entscheidend eingeengt. Auch den übrigen Anforderungen des § 59e muss die Anwaltsgesellschaft entsprechen.

4. Verantwortliche Führung der GmbH durch Rechtsanwälte (§ 59f). Sachliche Zu- 6
lassungsvoraussetzung ist ferner, dass die Bestimmungen des § 59f, die die verantwortliche Führung der Rechtsanwaltsgesellschaft durch Rechtsanwälte sicherstellen sollen, beachtet sind. Hinsichtlich der persönlichen Voraussetzungen für die Bestellung zum Geschäftsführer der Gesellschaft müssen also nicht nur die vom Registergericht zu prüfenden Bedingungen des § 6 GmbHG (natürliche, unbeschränkt geschäftsfähige Person, die in den letzten fünf Jahren nicht rechtskräftig wegen einer Straftat nach §§ 283–283d StGB verurteilt wurde und der nicht durch gerichtliches Urteil oder eine vollziehbare Verwaltungsentscheidung ein Berufs- oder Gewerbeverbot erteilt wurde, das noch wirksam ist) erfüllt sein, sondern auch die von der Rechtsanwaltskammer zu prüfenden Bedingungen des § 59f. Zu den zu beachtenden Beschränkungen des § 59f → § 59f Rn. 10 f.

5. Ausschluss des Vermögensverfalls. Nach Nr. 2 darf sich die Gesellschaft – dh die Vor- 7
Gesellschaft – nicht in Vermögensverfall befinden. Zu den Voraussetzungen des Vermögensverfalls → § 7 Rn. 139 ff.; → § 14 Rn. 58 ff. Die Eröffnung des Insolvenzverfahrens ist hierbei

nicht notwendige Voraussetzung für die Annahme des Vermögensverfalls (amtliche Begründung, BR-Drs. 1002/97, 14). Tritt der Vermögensverfall nach der Zulassung ein, besteht die Widerrufsmöglichkeit nach § 59h Abs. 4 Nr. 2. Zudem wird die Gesellschaft mit beschränkter Haftung durch die Eröffnung des Insolvenzverfahrens nach § 60 Abs. 1 Nr. 4 GmbHG aufgelöst (→ § 59h Rn. 4 ff.).

8 **6. Berufshaftpflichtversicherung (§ 59j).** Weitere Zulassungsvoraussetzung ist der Nachweis des Abschlusses einer den Anforderungen des § 59j genügenden Berufshaftpflichtversicherung oder das Vorliegen einer vorläufigen Deckungszusage (§ 59d Nr. 3; → § 12 Rn. 8 ff.; → § 51 Rn. 1 ff.; → § 59j Rn. 1 ff.).

9 **7. Firma (§ 59k).** Die Einhaltung der die Firma betreffenden Vorschrift des § 59k ist nicht als Zulassungsvoraussetzung ausgestaltet. Vielmehr hat das Registergericht dies im handelsregistergerichtlichen Eintragungsverfahren zu prüfen (→ § 59k Rn. 10 f.). Die Rechtsanwaltskammer kann die Zulassung nicht mit der Begründung versagen, die Firma der Gesellschaft (§ 59k) sei nicht zulässig. Wohl aber kann das Registergericht im handelsregistergerichtlichen Prüfungsverfahren die Eintragung als GmbH ablehnen, weil die Vorschriften über die Firma der Rechtsanwaltsgesellschaft (§ 59k) nicht beachtet worden sind (amtliche Begründung, BR-Drs. 1002/97, 14, 15, 19).

§ 59e Gesellschafter

(1) [1] **Gesellschafter einer Rechtsanwaltsgesellschaft können nur Rechtsanwälte und Angehörige der in § 59a Abs. 1 Satz 1 und Abs. 2 genannten Berufe sein.** [2] **Sie müssen in der Rechtsanwaltsgesellschaft beruflich tätig sein.** [3] **§ 59a Abs. 1 Satz 3 und 4 und § 172a sind entsprechend anzuwenden.**

(2) [1] ***Die Mehrheit der Geschäftsanteile und der Stimmrechte muß Rechtsanwälten zustehen.**** [2] **Sofern Gesellschafter zur Ausübung eines in Abs. 1 Satz 1 genannten Berufs nicht berechtigt sind, haben sie kein Stimmrecht.**

(3) **Anteile an der Rechtsanwaltsgesellschaft dürfen nicht für Rechnung Dritter gehalten und Dritte nicht am Gewinn der Rechtsanwaltsgesellschaft beteiligt werden.**

(4) **Gesellschafter können zur Ausübung von Gesellschafterrechten nur stimmberechtigte Gesellschafter bevollmächtigen, die Angehörige desselben Berufs oder Rechtsanwälte sind.**

Übersicht

* § 59e Abs. 2 Satz 1 ist mit Art. 12 Abs. 1 GG unvereinbar und nichtig, soweit er der Zulassung einer Berufsausübungsgesellschaft von Rechts- und Patentanwälten als Rechtsanwaltsgesellschaft entgegensteht, wenn nicht die Mehrheit der Geschäftsanteile und Stimmrechte sowie die verantwortliche Führung der Gesellschaft und die Mehrheit der Geschäftsführer den Rechtsanwälten überlassen sind; Beschl. des BVerfG vom 14.1.2014 (BGBl. I S. 111). Zu Einzelheiten → Rn. 13.

Schrifttum: *Dahns,* Mehrheitserfordernis bei einer Rechtsanwaltsgesellschaft, NJW-Spezial 2010, 606; *Glindemann,* Anwalts-GmbH und das Bundesverfassungsgericht: Ende der Diskriminierung? AnwBl. 2014, 214; *Hellwig,* Anwaltliches Berufsrecht und Europa, AnwBl. 2011, 77, 80; *Henssler,* Die Kapitalbeteiligung an Anwaltsgesellschaften, BRAK-Mitt. 2007, 186; *Kleine-Cosack,* verfassungswidrige Mehrheitserfordernisse der Rechtsanwalts-GmbH, AnwBl. 2014, 221; *Offermann-Burckart,* Anwaltliches Gesellschaftsrecht – die Basics der Anwalts-GmbH, AnwBl. 2015, 18; Die interprofessionelle Zusammenarbeit des Anwalts mit anderen Berufen, AnwBl. 2009, 676; *Merkner,* Interprofessionelle Zusammenarbeit von Wirtschaftsprüfern, Steuerberatern und Rechtsanwälten in der GmbH, AnwBl. 2004, 529; *Römermann,* Reformbedarf bei anwaltlichen Gesellschaftsformen, AnwBl. 2009, 681, 683; *Unkelbach-Tomczak,* Rechtsformwahl für Anwaltskanzleien aus berufsrechtlicher Sicht, AnwBl. 2010, 426.

I. Gesellschafterfähigkeit

Während sich nach dem Recht der GmbH grundsätzlich jede natürliche und juristische Person des privaten und öffentlichen Rechts an einer GmbH beteiligen kann, auch Personenhandelsgesellschaften und sonstige Gemeinschaften, schließt § 59e eine Beteiligung juristischer Personen und Personenhandelsgesellschaften völlig aus und lässt nur bestimmte natürliche Personen als Gesellschafter der Rechtsanwaltsgesellschaft zu (kritisch *Henssler* ZIP 1997, 1481). Eine **Gesellschaft bürgerlichen Rechts,** in der nur gesellschafterfähige Personen iSd § 59e gesamthänderisch zwecks Haltens eines GmbH-Anteils in der Rechtsanwaltsgesellschaft verbunden sind, kann aber Mitglied einer Rechtsanwaltsgesellschaft sein (BGHZ 148, 270 = NJW-RR 2001, 1642 = NJ 2001, 503 = DB 2001, 1876 = BRAK-Mitt. 2002, 37 = AnwBl. 2002, 183 = JR 2002, 325; zur näheren Begründung → PAO § 52e Rn. 2 ff.; **aA** *Funke* AnwBl. 1998, 6; *Kempter/Kopp* BRAK-Mitt. 1998, 254), sie darf aber selbst keine Berufsausübungsgesellschaft sein. Die Anstellung eines Gesellschafters einer solchen Rechtsanwalts-GbR, die alleinige Gesellschafterin der Rechtsanwalts-GmbH ist, bei dieser Rechtsanwalts-GmbH ist weder ein Arbeitsverhältnis, noch qualifiziert sie den Gesellschafter der GbR als arbeitnehmerähnliche Person (ArbG Berlin AnwBl. 2004, 379). Eine **Steuerberatungsgesellschaft mbH,** die nach § 50a Abs. 1 Nr. 1 StBerG Gesellschafter einer anderen Steuerberatungsgesellschaft sein kann, oder eine andere Rechtsanwaltsgesellschaft können sich nicht mit einer Rechtsanwaltsgesellschaft zusammenschließen, sie können auch nicht Gesellschafter einer Rechtsanwaltsgesellschaft sein (AGH Rostock BRAK-Mitt. 2001, 239; § 59a Rn. 4; → § 59c Rn. 12). In die Firma der Rechtsanwaltsgesellschaft darf unter bestimmten Voraussetzungen die Kurzbezeichnung einer (früheren) Sozietät aufgenommen werden (→ § 59k Rn. 6, 7). Da die Rechtsanwaltsgesellschaft eine Organisationsform zur gemeinschaftlichen rechtsbesorgenden Tätigkeit darstellt, engt § 59e den Kreis der möglichen Gesellschafter noch weiter dahingehend ein, dass nur natürliche Personen, die eine rechtsbesorgende Tätigkeit ausüben, Gesellschafter einer Rechtsanwaltsgesellschaft sein dürfen (amtliche Begründung, BR-Drs. 1002/97, 15 = BT-Drs. 13/9820, 15). 1

Konkret bedeutet das, dass neben Rechtsanwälten nur noch **Angehörige eines iSd § 59a Abs. 1 S. 1, Abs. 2 sozietätsfähigen Berufs** (→ § 59a Rn. 46 ff.) Mitglieder einer Rechtsanwaltsgesellschaft sein können, um die anwaltliche Unabhängigkeit nicht zu gefährden (*Kempter/Kopp* BRAK-Mitt. 1998, 254). Dazu gehören **Patentanwälte, Steuerberater, Steuerbevollmächtigte, Wirtschaftsprüfer, vereidigte Buchprüfer** und die niedergelassenen **europäischen Rechtsanwälte** (§ 2 EuRAG iVm § 59a Abs. 2 Nr. 1). Sofern natürliche Personen Mitglied einer Rechtsanwaltskammer sind, kommen sie als Gesellschafter in Betracht. Hierzu gehören die **verkammerten Rechtsbeistände.** Eine Übertragung des Geschäftsanteils an nichtsozietätsfähige Personen verstößt gegen § 59e Abs. 1 und ist daher nach § 134 BGB nichtig, so dass sich der Kreis der Gesellschafter rechtlich nicht verändert. Ignorieren die Gesellschafter aber diese Nichtigkeit, muss es zum Widerruf der Zulassung gemäß § 59h Abs. 3 kommen (Henssler/Prütting/*Henssler* § 59e Rn. 12; **aA** Hartung/Römermann/*Römermann* § 59e Rn. 11–13). 2

Für **Anwaltsnotare** gilt durch den Verweis auf § 59a Abs. 1 S. 3 und 4 eine für die Tätigkeit von Anwaltsnotaren in Sozietäten entsprechende Bestimmung (vgl. § 9 Abs. 2 BNotO; Schippel/Bracker/*Bracker* BNotO § 3 Rn. 35; → § 59a Rn. 48, 49). Entgegen dem Vorschlag des Bundesrates (BT-Drs. 13/9820, 23) bedurfte es zur Wahrung der Unabhängigkeit und Unparteilichkeit der notariellen Amtsausübung keines Verbots der Beteiligung von Anwaltsnotaren an Rechtsanwaltsgesellschaften. Übt der Anwaltsnotar seinen Anwaltsberuf in einer Anwaltsgesellschaft aus, so unterliegt er denselben berufsrechtlichen Bindungen wie bei der Ausübung seines Anwaltsberufs in einer Sozietät oder Partnerschaft, die nach geltendem Recht zulässig ist (Rechtsausschuss, BT-Drs. 13/11035, 29). Gegenstand der gemeinsamen Berufsausübung in einer Rechtsanwaltsgesellschaft kann für einen Anwaltsnotar mit Rücksicht auf das persönlich übertragene Amt des Notars ebenso wie in einer Sozietät nur die anwaltliche Betätigung sein. Maßgebend sind auch hier die Bestimmungen und Anforderungen des notariellen Berufsrechts. Wie in Sozietät und Partnerschaftsgesellschaft kann nicht das öffentliche Amt des Notars Gegenstand der gemeinsamen Berufsausübung in der Rechtsanwaltsgesellschaft sein. 3

Die in Bezug auf **BGH-Anwälte** geltende Sondervorschrift des § 172a ist für die Berufsausübung dieser Anwälte in einer Rechtsanwaltsgesellschaft entsprechend anzuwenden und führt dazu, dass sich nur höchstens zwei Rechtsanwälte beim BGH in derselben Rechtsanwaltsgesell- 4 schaft organisieren dürfen. Diese hat im Hinblick auf das Zusammenwirken von §§ 59i und 172b Sitz und Kanzlei am Sitz des BGH einzurichten und zu unterhalten.

5 Die Rechtsanwaltsgesellschaft ist als **Berufsausübungsgesellschaft** konzipiert. Sie dient nicht der Kapitalanlage. Deshalb bestimmt Abs. 1 S. 2, dass die **Gesellschafter in der Rechtsanwaltsgesellschaft beruflich tätig sein müssen.** Dies gilt auch für die Aktionäre einer Rechtsanwalts-AG (→ Vor § 59c Rn. 9) und für die auf das Halten eines gemeinsamen GmbH-Anteils in einer GbR zusammengeschlossenen Gesellschafter (→ § 59c Rn. 1; → § 59e Rn. 1; → PAO § 52e Rn. 2 ff.). Der Umfang der beruflichen Tätigkeit wird nicht festgelegt; ein Mindestmaß an beruflichen Aktivitäten muss jedoch gegeben sein. Durch Abs. 1 S. 2 wird iVm Abs. 2 ausgeschlossen, dass ein Berufsangehöriger iSd § 59a Abs. 1 S. 1, Abs. 3 nur Kapitalanteile an der Gesellschaft hält, seinen Beruf jedoch außerhalb der Gesellschaft ausübt. Er muss vielmehr seinen iSd § 59e Abs. 1 gesellschaftsfähigen Beruf auch in der Rechtsanwaltsgesellschaft ausüben. Das schließt aber die Übernahme von Einzelmandaten und Einzelaufträgen durch den Gesellschafter nicht aus (→ Rn. 7; → § 59l Rn. 3). Da im Falle des vorläufigen Berufsverbots nach § 150 der Betroffene nach § 155 Abs. 2 seinen Beruf nicht ausüben darf, kann er auch nicht Gesellschafter einer Rechtsanwaltsgesellschaft werden bzw. bleiben (§ 59h Abs. 3). Dies gilt nicht in Fällen des endgültigen bzw. vorläufigen Vertretungsverbots, da in diesen Fällen eine – partielle – anwaltliche Berufstätigkeit weiter möglich ist (§§ 114 Abs. 1 Nr. 4, 114a Abs. 1, 150 Abs. 1, 155 Abs. 3, 161a).

6 Die BRAO selbst enthält keine ausdrückliche Regelung zur Höhe des erforderlichen **Stammkapitals.** Es ist damit von §§ 3 Abs. 1 Nr. 3, 5, 7 GmbHG iVm dem Gesetz zur Einführung des Euro vom 15.6.1998 (BGBl. I S. 1242) auszugehen (*Kempter/Kopp* BRAK-Mitt. 1998, 254, 257; *Vieth/Schulz-Jander* NZG 1999, 1126, 1130). Die **Unternehmergesellschaft (haftungsbeschränkt)** stellt keine eigene Rechtsform dar, da das allgemeine GmbH-Recht mit Ausnahme der Sonderbestimmung zum Mindeststammkapital Anwendung findet.

7 Die **Vererblichkeit** von Geschäftsanteilen (§ 15 Abs. 1 GmbHG) schließt Abs. 1 nicht aus. Allerdings muss auch danach noch gewährleistet sein, dass die gesetzlichen Voraussetzungen der Rechtsanwaltsgesellschaft nach § 59e Abs. 1 eingehalten werden. Daher bestimmt § 59h Abs. 3 notfalls den Widerruf der Zulassung der Rechtsanwaltsgesellschaft (→ § 59h Rn. 19 ff.). Will die Gesellschaft den Widerruf der Zulassung vermeiden, so haben die Erben, die keinem sozietätsfähigen Beruf angehören, nach Maßgabe des § 59h Abs. 3 aus der Gesellschaft auszuscheiden (amtliche Begründung, BR-Drs. 1002/97, 15).

8 Für die **Veräußerung** von Gesellschaftsanteilen gelten ebenfalls § 15 GmbHG und § 59e. Auch der Erwerber muss die Voraussetzungen des § 59e Abs. 1 erfüllen. Die Mehrheitsverhältnisse iSd § 59e Abs. 3 dürfen durch die Übertragung nicht beeinträchtigt werden und es müssen die Formvorschriften des § 15 GmbHG beachtet werden. Soweit letzteres bei Zwischenschaltung einer BGB-Gesellschaft nicht erfolgt, gewährleisten § 40 GmbHG und § 59m die Einhaltung der berufsrechtlichen Anforderungen in diesem Zusammenhang (→ § 59c Rn. 8; → PAO § 52e Rn. 2 ff., 6).

II. Fortfall des Ausschlusses der Berufstätigkeit in weiteren beruflichen Zusammenschlüssen

9 Abs. 2 aF war eine Parallelvorschrift zu § 59a Abs. 1 S. 1 aF und § 31 BORA aF Nach diesen Vorschriften war es dem Rechtsanwalt verwehrt, mehreren Sozietäten anzugehören, in denen er seinen Beruf als Rechtsanwalt ausübt (Sternsozietät), was der Gesetzgeber mit dem Wortlaut „in einer Sozietät“ zum Ausdruck gebracht hat (BGH NJW 1999, 2970 = AnwBl. 1999, 553 = BRAK-Mitt. 1999, 234; vgl. BT-Drs. 12/4993 zu Nr. 25, § 59a, S. 33; → § 59a Rn. 62 ff.). In gleicher Weise war es den Gesellschaftern einer Rechtsanwaltsgesellschaft untersagt, ihrem in der Rechtsanwaltsgesellschaft ausgeübten Beruf noch in weiteren beruflichen Zusammenschlüssen nachzugehen. Unter dieses Verbot fiel eine parallele Berufsausübung in Sozietäten in Form von Gesellschaften bürgerlichen Rechts, in Partnerschaftsgesellschaften, aber auch in Rechtsanwalts-, Steuerberatungs-, Wirtschafts- oder Buchprüfungsgesellschaften und in einer Rechtsanwalts-AG bzw. -KGaA (→ Vor § 59c Rn. 8 ff.; BGH NJW 2005, 1568 = MDR 2005, 1199 = BRAK-Mitt. 2005, 128 = AnwBl. 2005, 424 = BGH-Report 2005, 850; AnwBl. 2006, 210 = BB 2006, 238). Anknüpfungspunkt war der in § 59a Abs. 1 S. 1, Abs. 3 aF genannte Beruf, nicht die konkret ausgeübte berufliche Tätigkeit.

Das in Abs. 2 aF enthaltene Verbot, den in der Rechtsanwaltsgesellschaft ausgeübten Beruf in einem weiteren beruflichen Zusammenschluss auszuüben, wurde durch Gesetz vom 12.12.2007 (BGBl. I S. 2840, 2849) aufgehoben. Es handelt sich um eine redaktionelle Folgeänderung zur Änderung des § 59a (→ § 59a Rn. 62 ff.). **Auch für die Rechtsanwalts-GmbH wurde das Verbot der Sternsozietät** (Abs. 2 aF) **aufgehoben** (BT-Drs. 16/3655, 84; BT-Drs. 16/6634, 66). 10

Die Übernahme von GmbH-unabhängigen Einzelmandaten oder Einzelaufträgen war und ist dem Gesellschafter nicht verwehrt (→ § 59l Rn. 3). Der Ausübung von Zweitberufen in anderen Gesellschaften stand auch § 59e Abs. 2 aF nicht entgegen (amtliche Begründung, BR-Drs. 1002/97, 15; BGH NJW 2003, 3548; AnwG Hamburg BRAK-Mitt. 2000, 201). 11

III. Dominanz der Rechtsanwälte?

Abs. 2 (Abs. 3 aF) sichert den maßgeblichen Einfluss von Rechtsanwälten auf die Geschicke der Rechtsanwaltsgesellschaft. Durch die Regelung in § 59e soll erreicht werden, dass die Rechtsform der Rechtsanwaltsgesellschaft mbH nur zur gemeinsamen Berufsausübung von Rechtsanwälten und Angehörigen sozietätsfähiger Berufe genutzt wird, nicht hingegen zur reinen Kapitalanlage. Das **entscheidende Gewicht** bei der Willensbildung der GmbH soll stets den **Rechtsanwälten** selbst zukommen, deren **Anteils- und Stimmenmehrheit** daher gesichert sein muss; berufsfremde Einflüsse Dritter sollen auf diese Weise verhindert werden (BGH DB 2001, 1876). Ein verkammerter Rechtsbeistand (§ 209) kann daher auch nicht alleiniger Gesellschafter einer Rechtsanwaltsgesellschaft sein (Thüringer AGH BRAK-Mitt. 2006, 284). Da die Anteilsverhältnisse (§ 14 GmbHG) nicht notwendig identisch mit den Stimmenverhältnissen (§ 47 GmbHG) sind, weil gesellschaftsvertraglich zB die Einräumung eines vom Kapitalanteil unabhängigen Stimmgewichts oder von Anteilen ohne oder nur mit eingeschränktem Stimmrecht möglich ist (vgl. Einzelheiten bei Rowedder/Schmidt-Leithoff/*Koppensteiner/Gruber* GmbHG § 47 Rn. 16 ff.), müssen Anteile und Stimmrechte mehrheitlich solche Gesellschafter innehaben, die Rechtsanwälte sind. Dabei reicht es, dass einige Rechtsanwälte die Mehrheit der Geschäftsanteile und andere Rechtsanwälte die Mehrheit der Stimmrechte haben. Die Mehrheiten müssen nur bei Rechtsanwälten, nicht unbedingt bei denselben Personen liegen. Rechtsanwälte iSd Abs. 2 sind nicht nur solche nach § 12 Abs. 3 BRAO (*Zuck* Anwalts-GmbH § 59e Rn. 33), sondern auch europäische Rechtsanwälte iSd §§ 1 ff. EuRAG (Hartung/Römermann/*Römermann* § 59e Rn. 19). Den Mehrheitserfordernissen für Gesellschafter nach § 59e Abs. 2 iVm denen für die Geschäftsführung nach § 59f zugunsten der Anwälte in Rechtsanwaltsgesellschaften entsprechen ähnliche Mehrheitserfordernisse in den Berufsgesellschaften der Wirtschaftsprüfer (§ 28 Abs. 3, 4 WPO) und Steuerberater (§§ 50 Abs. 4, 50a Abs. 1 Nr. 3 und 5 StBerG). **Diese bestehenden Mehrheitserfordernisse in den verschiedenen Berufsausübungsgesellschaften führen in der Praxis dazu, dass eine interprofessionelle Zusammenarbeit von Rechtsanwälten, Wirtschaftsprüfern und Steuerberatern in einer Berufsausübungsgesellschaft** eigentlich **nur** in Betracht kommt, **wenn zumindest ein Teil der Gesellschafter und Geschäftsführer über Doppelqualifikationen verfügt.** Im Hinblick auf die aber wünschenswerte Zusammenarbeit dieser Berufsgruppen wird in der Literatur an der bestehenden Gesetzeslage vielfach Kritik geübt und es werden Vorschläge zur Vereinfachung der interprofessionellen Zusammenarbeit in Berufsausübungsgesellschaften unterbreitet (s. zB *Merkner* AnwBl. 2004, 529; *Sorika* AnwBl. 2004, 535). 12

Dass bei einer Rechtsanwaltsgesellschaft die **Mehrheit der Geschäftsanteile und der Stimmrechte zwingend Rechtsanwälten zustehen muss, verstößt gegen Art. 12 Abs. 1 GG.** Zwar war die Auffassung vertreten worden, bei einer postulationsfähigen Rechtsanwaltsgesellschaft, die nicht verantwortlich durch Rechtsanwälte geführt wird, würden der Verbraucherschutz und die Reibungslosigkeit der Rechtspflege gefährdet (BayAGH BRAK-Mitt. 2010, 214; **aA** *Römermann* AnwBl. 2009, 681, der von berufsrechtlichen Fesseln spricht, die in weiten Teilen als von Anfang an sinnwidrig erschienen). Das **BVerfG** hat in **zwei Entscheidungen vom 14.1.2014 festgestellt** (BVerfGE 135, 90 = NJW 2014, 613), **dass bei einer Gesellschaft mit beschränkter Haftung zum Zweck der gemeinsamen Berufsausübung von Rechts- und Patentanwälten Regelungen das Grundrecht der Berufsfreiheit verletzen, soweit sie zu Gunsten einer der beteiligten Berufsgruppen deren Anteils- und Stimmrechtsmehrheit sowie deren Leitungsmacht und Geschäftsführermehrheit vorschreiben** und bei 13 einer Missachtung eine Zulassung als Rechtsanwalts- oder Patentanwaltsgesellschaft ausschließen. Damit teilt das Bundesverfassungsgericht nicht die Gesetz gewordene Besorgnis, die jeweiligen Berufspflichten liefen Gefahr, relativiert oder verwässert zu werden, wenn in gemischten GmbHs nicht von vornherein entweder die Rechtsanwälte oder aber die Patentanwälte das Sagen hätten. Die Unabhängigkeit sei dadurch gewährleistet, dass die in der Gesellschaft tätigen Berufsträger unmittelbar berufsrechtlichen Bestimmungen unterworfen seien. Das gelte umso mehr, als bei der GbR und der PartG keine vergleichbaren Anforderungen an die Gesellschafter- und Geschäftsführungsstruktur beständen und keine Umstände erkennbar seien, die spezifische Gefährdungen der Unabhängigkeit durch eine kapitalgesellschaftliche Organisationsform befürchten ließen. Aus dem Tenor des Beschlusses geht – anders als aus den Entscheidungsgründen – hervor, dass die §§ 59e Abs. 2 S. 1, 59f Abs. 1 **nicht insgesamt für nichtig** erklärt werden, sondern nur insoweit, als sie der Zulassung einer Berufsausübungsgesellschaft von Rechts- und Patentanwälten als Rechtsanwaltsgesellschaft entgegenstehen. Die Erwägungen, auf die sich die Nichtigkeitserklärung stützt, sind ganz überwiegend auf die Zusammenarbeit auch mit anderen sozietätsfähigen Berufen übertragbar. *Glindemann* hätte sich „an dieser Stelle etwas mehr Mut seitens der Richter gewünscht, da es angesichts des Verwerfungsmonopols des Bundesverfassungsgerichts nun erneut der Verfassungsbeschwerden oder Vorlagen nach Art. 100 Abs. 1 GG bedarf, bevor etwa die erste paritätisch besetzte GmbH mit Doppelzulassung als Rechtsanwaltsgesellschaft und Steuerberatungsgesellschaft vom Band laufen kann" (*Glindemann* AnwBl. 2014, 214, 219).

14 Gesellschafter, die nicht oder nicht mehr zur Ausübung rechtsbesorgender Tätigkeiten berechtigt sind, sollen nicht mehr über ihr Stimmrecht Einfluss auf Entscheidungen der Gesellschaft nehmen können. Da Gesellschafter bei Verlust oder Fehlen einer Berechtigung zur Ausübung eines in § 59a Abs. 1 S. 1 genannten Berufs nicht kraft Gesetzes aus der Gesellschaft ausscheiden, sondern dann, wenn der nach § 59e Abs. 1 gesetzmäßige Zustand nicht innerhalb einer angemessenen Frist wiederhergestellt wird, die Zulassung zu widerrufen ist (§ 59h Abs. 3), kann es entgegen § 59e Abs. 1 passieren, dass – vorübergehend – nichtsozietätsfähige Personen Gesellschafter der Rechtsanwaltsgesellschaft sind. Das kann also zB eintreten, wenn der Geschäftsanteil an einen nichtsozietätsfähigen Erben vererbt wird (§ 15 Abs. 1 GmbHG), wenn der Rechtsanwalt aus der Rechtsanwaltschaft ausscheidet (§§ 13 ff.) oder der Angehörige eines anderen sozietätsfähigen Berufs seine Berufszugehörigkeit verliert. In dieser Übergangszeit verlieren die nicht dem § 59e Abs. 1 entsprechenden Gesellschafter ihr Stimmrecht in vollem Umfang. Eine Beschränkung des Stimmrechtsausschlusses nur auf berufsbezogene Entscheidungen der Gesellschaft ist nicht angezeigt. Eine solche Differenzierung würde zu schwierigen Abgrenzungsfragen führen, zumal sich eine Vielzahl von Sachentscheidungen der Gesellschaft zumindest mittelbar auf die rechtsbesorgende Tätigkeit der in der Gesellschaft verbundenen Personen auswirken dürfte (amtliche Begründung, BR-Drs. 1002/97, 15). Andere Gesellschaftsrechte, die unabhängig vom Stimmrecht sind wie zB Antragsrechte (Rowedder/Schmidt-Leithoff/*Koppensteiner*/*Gruber* GmbHG § 48 Rn. 14), können sie aber geltend machen. Im Hinblick auf § 59h Abs. 3 kann aber der bloße Ausschluss des Stimmrechts des Gesellschafters, bei dem die Voraussetzungen des § 59e Abs. 1, Abs. 2 entfallen sind, keine dauerhafte Lösung sein, da sonst die Rechtsanwalts-GmbH unzulässig würde und ihre Zulassung in Gefahr geriete. Vielmehr sollte im Gesellschaftsvertrag dafür Sorge getragen sein, dass Gesellschafter, die nicht mehr zur Ausübung eines in § 59a Abs. 1 S. 1, Abs. 2 aufgeführten Berufes berechtigt sind, unverzüglich, spätestens innerhalb Jahresfrist bzw. von der Rechtsanwaltskammer bestimmten Frist (§ 59h Abs. 3) aus der Gesellschaft ausscheiden (*Vieth*/*Schulz-Jander* NZG 1999, 1126, 1131).

IV. Ausschluss treuhänderischer Bindungen

15 **Abs. 3 erster Halbsatz** entspricht § 50a Abs. 1 Nr. 2 StBerG und § 28 Abs. 4 Nr. 2 WPO und **schließt** nach § 15 Abs. 1 GmbHG grundsätzlich zulässige, **der Veräußerung gleichgestellte Geschäfte (Treuhandstellung, Sicherungsübereignung, Nießbrauch, Verpfändung;** vgl. Rowedder/Schmidt-Leithoff/*Görner* GmbHG § 15 Rn. 65 ff.) **aus.** Die Möglichkeit externer Einflussnahme auf die Gesellschafter durch treuhänderische Bindungen eines Gesellschafters an nicht der Gesellschaft zugehörige Dritte könnte im Einzelfall die Unabhängigkeit der Gesellschaft und der Gesellschafter gefährden. Dieses Risiko besteht unabhängig davon, ob der Dritte einem der in § 59a Abs. 1 S. 1, Abs. 3 genannten Berufe angehört oder nicht. Daher gilt das Verbot uneingeschränkt und differenziert nicht nach Berufszugehörigkeit. Nach dem Sinn

und Zweck der 1. Alternative des Abs. 3 ist auch ein nicht stimmberechtigter Gesellschafter Dritter iSd Bestimmung. Die 2. Alternative von Abs. 3 verbietet zudem die Beteiligung Dritter am Gewinn der Gesellschaft. Mit dem Charakter der Rechtsanwaltsgesellschaft als einer rechtsbesorgenden Berufsausübungsgesellschaft steht eine Beteiligung Dritter am Gewinn der Gesellschaft nicht in Einklang. **Nicht zulässig** sind daher beispielsweise **stille Einlagen, partiarische Darlehen oder Gewinnschuldverschreibungen.** Abs. 3 soll die **Unabhängigkeit anwaltlicher Berufsausübung** absichern (*Zuck* Anwalts-GmbH § 59e Rn. 43). Versorgungsbezüge, Vergütungen für die Übernahme der Kanzlei und Leistungen, die im Zuge einer Auseinandersetzung oder Abwicklung der beruflichen Zusammenarbeit erbracht werden, fallen nicht unter das Verbot des Abs. 3 (amtliche Begründung, BR-Drs. 1002/97, 16).

V. Ausübung von Gesellschafterrechten

Abs. 4 soll verhindern, dass die **Kapitalbindung durch die Betrauung berufsfremder Personen mit der Ausübung von Gesellschafterrechten umgangen wird.** Bevollmächtigt werden können nur stimmberechtigte Angehörige desselben Berufs oder Rechtsanwälte. Ausgeschlossen wird dadurch zB, dass Rechtsanwälte einen Steuerberater mit der Ausübung von Gesellschafterrechten betrauen (amtliche Begründung, BR-Drs. 1002/97, 16). Insoweit wird § 47 Abs. 3 GmbHG, der hinsichtlich der Person des Bevollmächtigten grundsätzlich keine Schranken kennt (Rowedder/Schmidt-Leithoff/*Koppensteiner/Gruber* GmbHG § 47 Rn. 48), berufsrechtlich eingeschränkt. Gesellschafter der Rechtsanwaltsgesellschaft können zur Ausübung von Gesellschafterrechten, insbesondere zu Abstimmungen nur andere Gesellschafter der Rechtsanwaltsgesellschaft bevollmächtigen, die ihrerseits stimmberechtigt sind (→ Rn. 12) und entweder Rechtsanwälte sind oder demselben Beruf angehören, den der bevollmächtigende Gesellschafter in der Gesellschaft ausübt. Nur Rechtsanwälte können somit von allen Gesellschaftern zu ihrer Vertretung bei der Ausübung von Gesellschafterrechten bevollmächtigt werden. Die Vollmacht zu Abstimmungen bedarf zu ihrer Gültigkeit der schriftlichen Form (§ 47 Abs. 3 GmbHG). Nicht stimmberechtigte Gesellschafter (→ Rn. 12) können andere Gesellschafter nicht zur Ausübung ihrer Gesellschaftsrechte bevollmächtigen. 16

Hinsichtlich der **Abtretung von Kapitalanteilen** (§ 14 GmbHG) verbleibt es bei dem **Grundsatz der freien Übertragbarkeit** (amtliche Begründung, BR-Drs. 1002/97, 16; § 15 Abs. 1 GmbHG; vgl. Rowedder/Schmidt-Leithoff/*Görner* GmbHG § 15 Rn. 5 ff.). Der Rechtsanwaltsgesellschaft bleibt es jedoch unbenommen, durch den Gesellschaftsvertrag die Abtretung der Geschäftsanteile an weitere Voraussetzungen zu knüpfen, insbesondere von der Genehmigung der Gesellschaft abhängig zu machen (§ 15 Abs. 5 GmbHG). Es besteht keine Notwendigkeit für Rechtsanwaltsgesellschaften, von diesen Grundsätzen abzuweichen und gesetzlich vorzuschreiben, dass die Übertragung von Geschäftsanteilen an die Zustimmung der Gesellschaft gebunden sein muss. Es liegt daher in der Entscheidungsgewalt der Gesellschafter zu bestimmen, ob und ggf. welche Regelungen zur Übertragung von Geschäftsanteilen an der Gesellschaft in den Gesellschaftsvertrag aufgenommen werden (amtliche Begründung, BR-Drs. 1002/97, 16; zu den verschiedenen Möglichkeiten vgl. Rowedder/Schmidt-Leithoff/*Görner* GmbHG § 15 Rn. 65 ff.). **Der Grundsatz der freien Übertragbarkeit** von Kapitalanteilen an der Rechtsanwaltsgesellschaft **wird aber für den Übertragungsempfänger** durch § 59e Abs. 1 **dahingehend eingeschränkt, dass er gesellschafterfähig sein muss** (→ Rn. 1 ff.). Auch durch Abtretung von Kapitalanteilen darf niemand Gesellschafter einer Rechtsanwaltsgesellschaft werden, der keinen gesellschaftsfähigen Beruf in der Gesellschaft ausübt. Zum Gesellschafterwechsel bei Zwischenschaltung einer BGB-Gesellschaft → § 59c Rn. 1; → PAO § 52e Rn. 2 ff., 6. 17

§ 59f Geschäftsführung

(1) [1] ***Die Rechtsanwaltsgesellschaft muß von Rechtsanwälten verantwortlich geführt werden.*** [2] ***Die Geschäftsführer müssen mehrheitlich Rechtsanwälte sein.****

(2) **Geschäftsführer kann nur sein, wer zur Ausübung eines in § 59e Abs. 1 Satz 1 genannten Berufs berechtigt ist.**

(3) **Auf Prokuristen und Handlungsbevollmächtigte zum gesamten Geschäftsbetrieb sind Absatz 1 Satz 2 und Absatz 2 entsprechend anzuwenden.**

(4) [1]**Die Unabhängigkeit der Rechtsanwälte, die Geschäftsführer oder gemäß Absatz 3 bevollmächtigt sind, bei der Ausübung ihres Rechtsanwaltsberufs ist zu gewährleisten.** [2]**Einflußnahmen der Gesellschafter, namentlich durch Weisungen oder vertragliche Bindungen, sind unzulässig.**

* § 59f Abs. 1 ist mit Art. 12 Abs. 1 GG unvereinbar und nichtig, soweit er der Zulassung einer Berufsausübungsgesellschaft von Rechts- und Patentanwälten als Rechtsanwaltsgesellschaft entgegensteht, wenn nicht die Mehrheit der Geschäftsanteile und Stimmrechte sowie die verantwortliche Führung der Gesellschaft und die Mehrheit der Geschäftsführer den Rechtsanwälten überlassen sind; Beschl. des BVerfG vom 14.1.2014 (BGBl. I S. 111). Zu Einzelheiten → Rn. 3a.

I. Verantwortliche Führung durch Rechtsanwälte

1 **Grundsatz.** Die Anerkennung als Rechtsanwaltsgesellschaft setzt den Nachweis voraus, dass die Gesellschaft von Rechtsanwälten verantwortlich geführt wird. Auch der Fortbestand der Gesellschaft hat dies zur Voraussetzung (§ 59h Abs. 3). Die untrennbare Bindung der Rechtsanwaltsgesellschaft an Rechtsanwälte hängt mit der in §§ 1, 2 getroffenen Grundbestimmung zusammen, dass Rechtsanwälte einen freien Beruf und kein Gewerbe ausüben. Daran anknüpfend und aus dem Umstand, dass die Rechtsanwaltsgesellschaft nicht nur ein Instrument der Berufsausübung der in ihr verbundenen Rechtsanwälte ist, sondern als juristische Person selbst Erbringer rechtsbesorgender Dienstleistungen iSd § 3 Abs. 1 in den Grenzen des § 59l ist (amtliche Begründung, BR-Drs. 1002/97, 12), folgt die Notwendigkeit, dass in einer solchen Gesellschaft die ausschlaggebende Entscheidungsgewalt Rechtsanwälten zustehen muss. Das entscheidende Gewicht bei der Willensbildung der GmbH muss stets den Rechtsanwälten selbst zukommen, deren Anteils- und Stimmenmehrheit gesichert sein muss (§ 59e Abs. 2); berufsfremde Einflüsse Dritter sollen auf diese Weise verhindert werden (BGH DB 2001, 1876). Rechtsanwälte müssen danach nicht nur in Fragen der geschäftsmäßigen Beratung und Vertretung (§ 3) einschließlich der Auswahl der Mandanten, sondern auch in Fragen der allgemeinen Verwaltung und Organisation der Rechtsanwaltsgesellschaft, zB bei der Einstellung und der Entlassung von Mitarbeitern, Einrichtung von Zweigniederlassungen (§ 59i) und Durchführung von Investitionen, den bestimmenden Einfluss nehmen können (*Kuhls/Meurers* StBerG § 50 Rn. 3 zur Steuerberatungsgesellschaft; vgl. auch Rn. 5). Unter Rechtsanwalt iSd § 59f sind auch europäische Rechtsanwälte (§§ 1 ff. EuRAG) zu verstehen (**aA** *Zuck* Anwalts-GmbH § 59f Rn. 2). Die Bestimmung hat Auffangfunktion. Die Rechtsanwaltskammer erhält so eine Handhabe, bei Gefährdungen der inneren und äußeren Unabhängigkeit der in der GmbH tätigen Rechtsanwälte einzugreifen und die Zulassung wegen Fehlens der Voraussetzungen nach § 59d Abs. 1 iVm § 59f von vornherein zu versagen (amtliche Begründung, BR-Drs. 1002/97, 169) oder sie nach § 59h Abs. 3 zu widerrufen.

2 Sollte in der GmbH ein fakultativer **Aufsichtsrat** gemäß § 52 Abs. 1 GmbHG gebildet und diesem Organ per Satzung Kompetenzen übertragen worden sein, muss auch dieses Gremium verantwortlich durch Rechtsanwälte geführt werden. Muss bei einer regelmäßigen Arbeitnehmerzahl von mehr als 500 nach § 77 Abs. 1 BetrVG 1952 ein Pflichtaufsichtsrat gebildet werden, so muss dieser nach § 76 Abs. 1 BetrVG 1952 zu einem Drittel aus Vertretern der Arbeitnehmer bestehen. Das bedeutet regelmäßig die Entsendung von Nicht-Berufsangehörigen in den Aufsichtsrat. Im Einzelfall kann es dann zu Kollisionen zwischen den mitbestimmungsrechtlichen und den berufsrechtlichen Anforderungen des § 59f Abs. 1 kommen. Die berufsrechtlichen Anforderungen haben dann, soweit die anwaltliche Tätigkeit berührt wird, absoluten Vorrang (Henssler/Prütting/*Henssler* § 59f Rn. 9, 10).

II. Geschäftsführer

3 **1. Bestellung und Anzahl.** Abs. 2 wurde durch Gesetz vom 12.12.2007 (BGBl. I S. 2840, 2849) den Änderungen der §§ 59a, 59e folgend redaktionell angepasst. Für die Bestellung der Geschäftsführer gelten §§ 6 Abs. 3, 46 Nr. 5 GmbHG (vgl. Rowedder/Schmidt-Leithoff/*Schmidt-Leithoff* GmbHG § 6 Rn. 5 f. und Rowedder/Schmidt-Leithoff/*Koppensteiner/Gruber* GmbHG § 35 Rn. 68 ff., GmbHG § 46 Rn. 22 ff.). Um die Zulassungsvoraussetzungen (§ 59d Nr. 1) insoweit zu erfüllen, muss also nach § 6 Nr. 3 GmbHG die Bestellung eines oder mehrerer Geschäftsführer bereits im Gesellschaftsvertrag erfolgt sein. Die Geschäftsführer einschließlich eventueller Stellvertreter (§ 44 GmbHG) sind in das Handelsregister einzutragen (§ 8 Abs. 1

Nr. 2, Abs. 3, 4, 5; § 10 GmbHG). Dabei erfolgt die Eintragung stets ohne Stellvertreterzusatz (BGH NJW 1998, 1071). Der **Geschäftsführer muss nicht** notwendigerweise ein **Gesellschafter sein.** Das Amt kann auch einem Angestellten übertragen werden, der einen sozietätsfähigen Beruf ausübt (§ 59f Abs. 2 iVm § 59e Abs. 1 S. 1). Dem Geschäftsführer ist es nach Fortfall des früheren § 59e Abs. 2 (→ § 59e Rn. 9 ff.) nicht mehr untersagt, in einem weiteren beruflichen Zusammenschluss ein Geschäftsführeramt zu übernehmen (zur früheren Rechtslage Henssler/Prütting/*Henssler* § 59f Rn. 12). Der GmbH-Geschäftsführer kann nach Auffassung des BSG (NJW 2006, 1162) nach § 2 Nr. 9 SGB VI „arbeitnehmerähnlicher Selbständiger" und als solcher sozialversicherungspflichtig sein (*Kilger* AnwBl. 2006, 346). Wenn auch § 59f Abs. 1 von mehreren Geschäftsführern spricht, ist es zulässig, wenn die Rechtsanwaltsgesellschaft **nur von einer Person geführt** wird (BFHE 132, 372 = BeckRS 1980, 22005579; *Kuhls/Meurers* StBerG § 50 Rn. 8, jeweils zur Steuerberatungsgesellschaft). Im Hinblick auf das Erfordernis der verantwortlichen Führung durch Rechtsanwälte kann dies dann immer nur ein Rechtsanwalt sein. Hat die Gesellschaft Zweigniederlassungen, muss sie im Hinblick auf § 59i Abs. 2 auch entsprechend mehr anwaltliche Geschäftsführer haben (aber → § 59i Rn. 8).

In den **Entscheidungen des BVerfG vom 14.1.2014** (→ § 59e Rn. 13) ist ausgeführt worden, bei einer Gesellschaft mit beschränkter Haftung zum Zweck der gemeinsamen Berufsausübung von Rechts- und Patentanwälten **verletzten Regelungen das Grundrecht der Berufsfreiheit, soweit sie zu Gunsten einer der beteiligten Berufsgruppen deren Anteils- und Stimmenmehrheit sowie deren Leitungsmacht und Geschäftsführermehrheit vorschrieben** und bei einer Missachtung eine Zulassung als Rechtsanwalts- oder Patentanwaltsgesellschaft ausschlössen (BVerfGE 135, 90 = NJW 2014, 613). Nach Meinung des BVerfG liegt ein Verstoß gegen Art. 12 Abs. 1 GG vor (zu Einzelheiten → § 59e Rn. 13). Es bleibt abzuwarten, wann und wie der Gesetzgeber reagiert. Nach dem Entwurf des BRAK-Ausschusses Gesellschaftsrecht vom 7.5.2014 muss dem Vertretungsorgan (nur noch) mindestens ein Rechtsanwalt angehören. Bei der Erbringung von Rechtsdienstleistungen handelt die Gesellschaft ausschließlich durch die Organmitglieder und Vertreter, in deren Person die für die Erbringung rechtsbesorgender Leistungen gesetzlich vorgeschriebenen Voraussetzungen im Einzelfall vorliegen. 3a

2. Innenverhältnis. Dem verantwortlichen Rechtsanwalt muss – im Verhältnis zu den Gesellschaftern und zu etwaigen an der Geschäftsführung Beteiligten (→ Rn. 10 ff.) – dasselbe Maß an Unabhängigkeit und Weisungsfreiheit zustehen wie einem Anwaltssozius. Abs. 4 hebt demgemäß die **berufliche Unabhängigkeit** der als Geschäftsführer (Abs. 1 und Abs. 2), Prokuristen oder Handlungsbevollmächtigten (Abs. 3) tätigen Rechtsanwälte hervor. Allgemeine Regelungen zur beruflichen Unabhängigkeit des Rechtsanwalts enthalten bereits die Vorschriften der §§ 1, 43a Abs. 1. Demgegenüber ergibt sich aus der Vorschrift des § 37 GmbHG ein Weisungsrecht der Gesellschafter gegenüber den Geschäftsführern. Die ergänzende Vorschrift des § 59f Abs. 4 soll deshalb klarstellen, dass auch die in der Anwaltsgesellschaft als Geschäftsführer oder in vergleichbarer Funktion tätigen Rechtsanwälte bei der Ausübung ihres Rechtsanwaltsberufes **Unabhängigkeit** genießen (Beschlussempfehlung des Rechtsausschusses, BT-Drs. 13/11035, 33). Das bedeutet nicht, dass jegliche Art von Weisung schlechthin unzulässig wäre. Ebenso wie bei anderen beruflichen Zusammenschlüssen – etwa in einer Partnerschaft oder BGB-Gesellschaft – kann es in Rechtsanwaltsgesellschaften vorkommen, dass die Berufskollegen für die Berufsausübung Vorgaben machen. Dies ist beispielsweise gerechtfertigt, wenn es darum geht, besonders haftungsgefährdendes und sonst berufswidriges Verhalten eines Kollegen zu unterbinden. Inwieweit solche Vorgaben mit dem Gebot der Unabhängigkeit der anwaltlichen Berufsausübung in Einklang stehen, hängt von den Umständen des Einzelfalls ab. Eine Grenzziehung zwischen zulässigen und der anwaltlichen Unabhängigkeit zuwiderlaufenden Vorgaben war bisher nicht Gegenstand einer gesetzlichen Regelung und ist auch für die Rechtsanwalts-GmbH nicht erforderlich (amtliche Begründung, BR-Drs. 1002/97, 16). 4

Die zusammengefassten Stimmen der Rechtsanwälte in der Geschäftsführung mussten – vor der in → Rn. 3a besprochenen Entscheidung des BVerfG – immer den Ausschlag geben; sonst wäre eine verantwortliche Führung durch Rechtsanwälte nicht sichergestellt. Der bestimmende Einfluss der Rechtsanwälte muss nicht nur für die rechtsbesorgende Tätigkeit der Gesellschaft gewährleistet sein, sondern muss die gesamte Organisation der Rechtsanwaltsgesellschaft umfassen. Die verantwortliche Führung der Rechtsanwälte darf nicht dadurch ausgehöhlt werden, dass berufsfremde Geschäftsführer aus sozietätsfähigen Berufen über die Geschäftspolitik, zB den Kauf von Praxen, 5

Eröffnung von Zweigniederlassungen, die Übernahme von Mandaten oder die Einstellung von Mitarbeitern entscheiden, während die Rechtsanwälte nur die rechtsbesorgende Facharbeit leisten (**aA** Henssler/Prütting/*Henssler* § 59f Rn. 7). Die Rechtsanwälte müssen sich die erforderliche Unabhängigkeit und Eigenverantwortlichkeit nicht nur gegenüber den Gesellschaftern, sondern auch gegenüber den anderen in der Geschäftsführung tätigen Personen bewahren.

6 **3. Außenverhältnis.** Die äußere Führung muss der inneren entsprechen. Auch im Außenverhältnis muss die Rechtsanwaltsgesellschaft – vorbehaltlich der in → Rn. 3a besprochenen Entscheidung des BVerfG – **verantwortlich durch Rechtsanwälte geführt** werden. Diese verantwortliche Führung durch Rechtsanwälte ist stets sichergestellt, wenn nur ein Geschäftsführer bestellt ist, der Rechtsanwalt ist. Die verantwortliche Führung muss aber auch sichergestellt sein, wenn mehrere Geschäftsführer bestellt sind. Für die Gesellschaft müssen daher **Vertretungsregeln** bestehen, die gewährleisten, dass Rechtsanwälte auch ohne Mitwirkung sonstiger Berufsangehöriger iSv § 59a Abs. 1 S. 1, Abs. 3 die Gesellschaft vertreten können. Das Gesetz sieht aber – ebenso wie die Bestimmungen für Steuerberatungs-, Wirtschaftsprüfungs- und Buchprüfungsgesellschaften (§§ 32 Abs. 3 S. 2, 50 StBerG; §§ 28, 45 WPO) davon ab, ins einzelne gehende Vertragsregelungen aufzustellen (zu den diesbezüglich generell möglichen Gestaltungsmöglichkeiten vgl. Rowedder/Schmidt-Leithoff/*Koppensteiner/Gruber* GmbHG § 35 Rn. 39 ff.).

7 Mit dem Gebot der verantwortlichen Führung stünde beispielsweise eine Satzungsregelung im Einklang, wonach alle geschäftsführenden Rechtsanwälte zur **Einzelvertretung** befugt sind und die **Geschäftsführer, die nicht Rechtsanwälte sind,** die Gesellschaft **nur gemeinsam mit Rechtsanwälten** vertreten können. Beachte aber die in → Rn. 3a besprochene Entscheidung des BVerfG. Mit Abs. 1 S. 1 ist auch eine Satzungsbestimmung zu vereinbaren, nach der Rechtsanwälte nur gemeinsam mit Rechtsanwälten vertretungsbefugt sind (amtliche Begründung, BR-Drs. 1002/97, 16). Wenn mehrere Personen die Geschäftsführung bilden, kommen somit für die Einräumung des Allein- oder Einzelvertretungsrechts nur Rechtsanwälte in Betracht.

8 **4. Persönliche Voraussetzungen.** § 59f Abs. 2 stellt über die in § 6 Abs. 2 GmbHG aufgestellten persönlichen Voraussetzungen für die Geschäftsführer einer GmbH (vgl. Rowedder/Schmidt-Leithoff/*Schmidt-Leithoff* GmbHG § 6 Rn. 10 ff.) hinaus **weitere persönliche Voraussetzungen** für die Bestellung als Geschäftsführer einer Rechtsanwalts-GmbH auf; dies gilt auch für deren Stellvertreter (§ 44 GmbHG). In Anlehnung an § 6 Abs. 2 S. 4 GmbHG stellt Abs. 2 klar, dass **nur Rechtsanwälte und andere zur Ausübung eines sozietätsfähigen Berufs iSd § 59e Abs. 1 S. 1 berechtigte Personen** Geschäftsführer sein können (amtliche Begründung, BR-Drs. 1002/97, 16). Insoweit engt § 59f Abs. 2 den Kreis möglicher Geschäftsführer über § 6 Abs. 2 GmbHG weiter ein. Dabei steht Abs. 2 in engem Zusammenhang mit der Forderung nach verantwortlicher Führung durch Rechtsanwälte in Abs. 1 (→ Rn. 1 ff.).

9 Daraus folgt, dass **ohne Rechtsanwälte eine Geschäftsführung nicht möglich** ist. Dagegen müssen die Geschäftsführer nicht auch Gesellschafter sein (*Zuck* Anwalts-GmbH § 59f Rn. 17) und setzt die Zulassung (§§ 59d Nr. 1, 59g) und das Fortbestehen (§ 59h Abs. 3) der Rechtsanwaltsgesellschaft nicht voraus, dass außer Rechtsanwälten auch Personen aus anderen sozietätsfähigen Berufen (§ 59e Abs. 1 S. 1) an der Geschäftsführung teilhaben müssten; deren Teilnahme ist zwar möglich, aber rechtlich durchaus entbehrlich. Daraus ergibt sich eine natürliche Rangfolge zwischen den anwaltlichen und nichtanwaltlichen Geschäftsführern; die Verantwortlichkeit muss letztlich bei den Rechtsanwälten liegen (→ Rn. 4 ff.; BVerfGE 21, 227 = NJW 1967, 1315 zur Führung der Steuerberatungsgesellschaft; *Kuhls/Meurers* StBerG § 50 Rn. 7, 11). Beachte aber die in → Rn. 3a besprochene Entscheidung des BVerfG vom 14.1.2014. Die nur neben Rechtsanwälten zu Geschäftsführern bestellten Nichtrechtsanwälte können aus allen iSd § 59a Abs. 1 S. 1 iVm § 59e Abs. 2 genannten Berufen (→ § 59a Rn. 15) kommen. Auch Geschäftsführer einer Rechtsanwaltsgesellschaft, die nicht Rechtsanwälte oder Angehörige eines in den §§ 206, 209 Abs. 1 genannten Berufe sind, stehen als Mitglieder der Rechtsanwaltskammer (§ 60 Abs. 1; → § 60 Rn. 4) bei Erbringung anwaltlicher Leistungen einem Rechtsanwalt iSd RVG gleich (§ 1 Abs. S. 3 RVG).

III. Prokuristen und Handlungsbevollmächtigte

10 Als Formkaufmann (§ 13 Abs. 3 GmbHG) kann die GmbH handelsrechtlich **Prokura und Handlungsvollmacht** erteilen. Für Prokuristen und Handlungsbevollmächtigte zum Geschäfts-

betrieb der Rechtsanwaltsgesellschaft (§ 46 Nr. 7 GmbHG; § 54 HGB; vgl. Rowedder/Schmidt-Leithoff/*Koppensteiner/Gruber* GmbHG § 46 Rn. 37 ff.) sind nach Abs. 3 die für Geschäftsführer geltenden Vorschriften der Abs. 1 und 2 mit Ausnahme des Abs. 1 S. 1 entsprechend anzuwenden. Geschäftsführer können nicht zu Prokuristen bestellt werden (Rowedder/Schmidt-Leithoff/*Koppensteiner/Gruber* GmbHG § 46 Rn. 37). Die entsprechende Anwendung des Abs. 2 ist schon deshalb erforderlich, weil die Rechtsbesorgungsbefugnisse der Gesellschafter und der Gesellschaft nicht rechtsgeschäftlich über Prokura und Handlungsvollmacht eingeräumt werden können. Deshalb müssen Prokuristen und Handlungsbevollmächtigte dieselben persönlichen Voraussetzungen erfüllen wie Geschäftsführer (→ Rn. 10, 11). Der bestimmende Einfluss der Rechtsanwälte in der Gesellschaft muss dadurch gewahrt werden, dass auch die Prokuristen und Handlungsbevollmächtigten jeweils mehrheitlich Rechtsanwälte sein müssen. Wird nur ein Prokurist und nur ein Handlungsbevollmächtigter bestellt, müssen diese Rechtsanwälte sein. Da die berufliche Stellung als Rechtsanwalt dann Voraussetzung für die Bestellung ist, ist die Berufsbezeichnung mit in das Handelsregister einzutragen (§ 53 HGB); §§ 40 Nr. 4 und 43 Nr. 5 HRV stehen nicht entgegen (*Kuhls/Meurers* StBerG § 50 Rn. 38). **Mit der Benennung eines Anwalts auf dem Briefkopf** der Gesellschaft darf der Mandant nach allgemeinen Rechtsscheingrundsätzen von einer erteilten **Einzelhandlungsvollmacht** (Rechtsscheinvollmacht) ausgehen (so auch Henssler/Prütting/*Henssler* § 59f Rn. 24).

§ 59g Zulassungsverfahren

(1) **Dem Antrag auf Zulassung als Rechtsanwaltsgesellschaft ist eine Ausfertigung oder eine öffentlich beglaubigte Abschrift des Gesellschaftsvertrags beizufügen.**

(2) [1]**Die Entscheidung über den Antrag auf Zulassung als Rechtsanwaltsgesellschaft kann ausgesetzt werden, wenn gegen einen Gesellschafter oder Vertretungsberechtigten im Sinne des § 59f ein auf Rücknahme oder Widerruf seiner Zulassung oder Bestellung gerichtetes Verfahren betrieben wird oder ein vorläufiges Berufs- oder Vertretungsverbot erlassen worden ist.** [2]**Über den Antrag auf Zulassung als Rechtsanwaltsgesellschaft ist jedoch zu entscheiden, wenn er bereits unbeschadet des Ergebnisses der in Satz 1 genannten Verfahren abzulehnen ist.**

(3) **Auf das Zulassungsverfahren ist § 12 Abs. 1 entsprechend anzuwenden.**

Übersicht

I. Zweck der Vorschrift und Regelungsgegenstand

Die Vorschrift regelt Einzelheiten des Zulassungsverfahrens. Sie soll sicherstellen, dass die Gesellschaft die in § 59d aufgestellten Zulassungsvoraussetzungen tatsächlich erfüllt. 1

Das Verfahren der Zulassung der GmbH lehnt sich an die für die Zulassung von Rechtsanwälten geltenden Regeln an (BT-Drs. 13/9820, 15). Durch das Gesetz zur Stärkung der Selbstverwaltung der Rechtsanwaltschaft sind alle im Zusammenhang mit der Zulassung zur Anwaltschaft, ihrer Rücknahme und ihrem Widerruf stehenden Aufgaben und Befugnisse den Rechtsanwaltskammern zugewiesen worden. Das Gesetz zur Modernisierung von Verfahren im anwaltlichen und notariellen Berufsrecht hat die Verwaltungs- und Zuständigkeitsvorschriften der BRAO gestrafft. Hierdurch konnte § 59g gekürzt werden. 2

In dem Zulassungsverfahren prüft die Rechtsanwaltskammer die berufsrechtlichen Anforderungen, die eine GmbH erfüllen muss, um die Rechtsberatung zulässigerweise als Unternehmensgegenstand wählen zu dürfen (BT-Drs. 13/9820, 15). 3

II. Zulassungsverfahren

Die **Zulassung** als Rechtsanwaltsgesellschaft erfolgt **auf Antrag.** Im Rahmen der Antragsprüfung wird festgestellt, ob die in § 59d aufgeführten drei Zulassungsvoraussetzungen erfüllt sind. Hiervon unabhängig ist die Prüfung des Registergerichts, ob die für die Eintragung in das 4

Handelsregister erforderlichen Voraussetzungen erfüllt sind. Das Registergericht stellt fest, ob die Gründung formell und materiell rechtmäßig erfolgt ist. Darüber hinaus ist es Aufgabe des Registergerichts, die Zulässigkeit der Firmierung zu prüfen. Das bedeutet aber nicht, dass die Rechtsanwaltskammer insoweit keine Prüfungskompetenz hätte. Hält die Rechtsanwaltskammer die Firma der Gesellschaft nach § 59k für unzulässig, kann sie zwar die Zulassung aus diesem Grund nicht versagen, sie kann aber dem Registergericht ihre Bedenken mitteilen, das dann, wenn keine Abhilfe erfolgt, die Eintragung der Gesellschaft nach § 9c GmbHG ablehnen kann (Rowedder/Schmidt-Leithoff/*Schmidt-Leithoff* GmbHG § 9c Rn. 34).

5 Dem Zulassungsantrag ist eine **Ausfertigung** oder eine **öffentlich beglaubigte Abschrift des Gesellschaftsvertrags** beizufügen (§ 59g Abs. 1). Die Rechtsanwaltskammer wird so in den Stand gesetzt zu prüfen, ob berufsrechtliche Vorgaben in der Satzung berücksichtigt bzw. eingehalten sind. Der Zulassungsantrag ist von dem bzw. den Geschäftsführern zu unterzeichnen.

6 Das Verfahren der Zulassungsbehörde (Rechtsanwaltskammer) richtet sich den in § 36 festgelegten Grundsätzen. Danach ermittelt die Rechtsanwaltskammer den Sachverhalt **von Amts wegen.** Sie bedient sich dabei der Beweismittel, die sie nach pflichtgemäßem Ermessen für erforderlich hält. So lange der Abschluss einer Berufshaftpflichtversicherung (§ 59j) nicht nachgewiesen ist oder keine vorläufige Deckungszusage vorliegt (§ 59d Nr. 3) darf die Zulassung nicht erteilt werden. Deshalb sollten die entsprechenden Nachweise zusammen mit dem Antrag eingereicht werden.

7 Wenn gegen einen Gesellschafter oder Vertretungsberechtigten der Gesellschaft ein auf Rücknahme oder Widerruf seiner Zulassung oder Bestellung gerichtetes Verfahren betrieben wird, kann die Rechtsanwaltskammer die Entscheidung über die Zulassung gemäß Abs. 2 aussetzen. Dies gilt ebenfalls bei Erlass eines Berufs- oder Vertretungsverbots. Widerruf und Rücknahme der Anwaltszulassung erfolgen nach den §§ 14 ff. Bei Steuerberatern sind Rücknahme und Widerruf in § 46 StBerG geregelt. Bei Wirtschaftsprüfern findet sich ein entsprechende Vorschrift in § 20 WPO.

8 Das Zulassungsverfahren kann auch ausgesetzt werden, wenn gegen einen Gesellschafter oder eine der vertretungsberechtigten Personen ein vorläufiges Berufs- oder Vertretungsverbot erlassen worden ist. Die Voraussetzungen eines solchen Verbots sind in den §§ 150 ff. geregelt.

9 Schließlich kann das Zulassungsverfahren auch ausgesetzt werden, wenn gegen einen Gesellschafter oder eine der vertretungsberechtigten Personen wegen des Verdachts einer Straftat ermittelt wird oder aber ein strafgerichtliches Verfahren läuft (§ 10 Abs. 1). Die Aussetzung steht im Ermessen der Rechtsanwaltskammer. Das Ermessen reduziert sich allerdings auf Null, wenn die öffentliche Klage wegen einer Straftat erhoben worden ist, welche die Unfähigkeit zur Bekleidung öffentlicher Ämter zur Folge haben kann (§ 10 Abs. 2).

10 Liegen unabhängig der vorgenannten Verfahren nicht alle Zulassungsvoraussetzungen vor, fehlt der innere Grund für die Aussetzung der Entscheidung, so dass die Rechtsanwaltskammer sofort zu entscheiden hat (BR-Drs. 1002/97, 179). Dies hat zur Folge, dass die Zulassung zu versagen ist (§ 59g Abs. 2 S. 2).

11 Abs. 3 verweist auf § 12. Danach wird die Zulassung erst mit der Aushändigung einer von der Rechtsanwaltskammer ausgestellten Urkunde wirksam.

12 Aufgrund der Vereinfachung des registerrechtlichen Eintragungsverfahrens durch das MoMiG besteht seit dem 1.11.2008 **kein Erfordernis mehr** für die Vorlage einer **Unbedenklichkeitsbescheinigung** vor der Registereintragung. Folglich braucht nicht mehr, wie vor dem Inkrafttreten des MoMiG, eine Unbedenklichkeitsbescheinigung der Rechtsanwaltskammer vorgelegt zu werden.

13 Bei Ablehnung der Zulassung durch die Rechtsanwaltskammer ist der Versagungsbescheid mit Gründen zu versehen (§ 32 iVm § 39 Abs. 1 VwVfG). Der Bescheid ist dem Antragsteller zuzustellen (§ 34).

14 Gegen die Entscheidungen der Rechtsanwaltskammer ist der **Rechtsweg nach den §§ 112a ff.** gegeben. Gegen einen ablehnenden Bescheid kann binnen Monatsfrist nach Zustellung Antrag auf gerichtliche Entscheidung gestellt werden (§ 112a, § 112c Abs. 1 S. 1 iVm § 74 Abs. 1 VwVfG). Zuständig ist der Anwaltsgerichtshof bei dem OLG, in dessen Bezirk die Gesellschaft ihren Sitz hat (§ 112b). Bei Nichtentscheidung ohne hinreichenden Grund innerhalb von drei Monaten steht dem Antragsteller die Untätigkeitsklage gemäß § 112c Abs. 1 S. 1 iVm § 75 VwVfG) offen.

Die Rechtsanwaltskammern können für die Bearbeitung von Anträgen auf Zulassung Gebühren erheben (§ 192 S. 1). Über die Höhe und die Fälligkeit der Gebühren entscheidet die Kammerversammlung (§ 89 Abs. 2 Nr. 2). 15

Das berufsrechtliche Zulassungsverfahren ist von der Rechtsanwaltskammer durchzuführen 16 (§ 33 Abs. 1). Die örtliche Zuständigkeit richtet sich danach, in welchem Bezirk die Gesellschaft ihren Sitz hat, die die Zulassung als Rechtsanwaltsgesellschaft besitzt oder beantragt (§ 33 Abs. 3 Nr. 3). Der Sitz der Gesellschaft bestimmt sich nach § 4a Abs. 1 GmbHG nach der Bestimmung im Gesellschaftsvertrag. Wenn die GmbH noch nicht im Handelsregister eingetragen ist, ist auf den Sitz der Vor-GmbH abzustellen.

§ 59h Erlöschen der Zulassung

(1) **Die Zulassung erlischt durch Auflösung der Gesellschaft.**

(2) **1 Die Zulassung ist mit Wirkung für die Zukunft zurückzunehmen, wenn sich nach der Zulassung ergibt, daß sie hätte versagt werden müssen. 2 § 14 Abs. 1 Satz 2 ist entsprechend anzuwenden.**

(3) **1 Die Zulassung ist zu widerrufen, wenn die Rechtsanwaltsgesellschaft nicht mehr die Voraussetzungen der §§ 59c, 59e, 59f, 59i und 59j erfüllt, es sei denn, daß die Rechtsanwaltsgesellschaft innerhalb einer von der Rechtsanwaltskammer zu bestimmenden angemessenen Frist den dem Gesetz entsprechenden Zustand herbeiführt. 2 Bei Fortfall von in § 59e Abs. 1 und 2 genannten Voraussetzungen infolge eines Erbfalls muß die Frist mindestens ein Jahr betragen. 3 Die Frist beginnt mit dem Eintritt des Erbfalls.**

(4) **Die Zulassung ist ferner zu widerrufen, wenn**

1. **die Rechtsanwaltsgesellschaft auf die Rechte aus der Zulassung der Rechtsanwaltskammer gegenüber schriftlich verzichtet hat;**
2. **die Rechtsanwaltsgesellschaft in Vermögensverfall geraten ist, es sei denn, daß dadurch die Interessen der Rechtsuchenden nicht gefährdet sind.**

(5) **Bei Rücknahme oder Widerruf der Zulassung ist § 14 Abs. 4 entsprechend anzuwenden.**

(6) **1 Hat die Gesellschaft die Zulassung verloren, kann für sie ein Abwickler bestellt werden, wenn die zur gesetzlichen Vertretung bestellten Personen keine hinreichende Gewähr zur ordnungsgemäßen Abwicklung der schwebenden Angelegenheiten bieten. 2 § 55 ist entsprechend anzuwenden. 3 Für die festgesetzte Vergütung des Abwicklers haften die Gesellschafter als Gesamtschuldner. 4 § 53 Abs. 10 Satz 7 bleibt unberührt.**

Übersicht

I. Gegenstand und Zweck der Vorschrift

1 § 59h regelt das Erlöschen, die Rücknahme und den Widerruf der Zulassung. Zweck der Vorschrift ist der Schutz des rechtsuchenden Publikums vor Anwaltsgesellschaften, die sich berufsrechtswidrig zusammensetzen oder berufsrechtswidrig geführt werden. Ferner soll das rechtsuchende Publikum vor Gesellschaften geschützt werden, die nicht über den nötigen Versicherungsschutz verfügen oder aber sich in Vermögensverfall befinden. Schließlich soll die Anwaltschaft von solchen mit ihnen konkurrierenden Gesellschaften freigehalten werden.

II. Erlöschen der Zulassung (Abs. 1)

2 **1. Allgemeines.** Nach Abs. 1 erlischt die Zulassung durch **Auflösung der Gesellschaft.** Das heißt, der Verlust der Zulassung als Rechtsanwaltsgesellschaft und damit der Befugnis zur geschäftsmäßigen Besorgung fremder Rechtsangelegenheiten und der Vertretung vor Gerichten und Behörden (§ 591; § 1 Abs. 1 RDG), ist an die gesellschaftsrechtliche Auflösung der Rechtsanwaltsgesellschaft gekoppelt. Anders als bei der Rücknahme und dem Widerruf bedarf es **keiner weiteren Verfügung** der Rechtsanwaltskammer; die berufsrechtliche **Zulassung endet automatisch** (Henssler/Prütting/*Henssler* § 59h Rn. 2). Die Auflösungstatbestände sind – wenngleich nicht abschließend – in § 60 Abs. 1 GmbHG geregelt. Die Bestimmung entspricht den für Wirtschaftsprüfungs-, Buchprüfungs- und Steuerberatungsgesellschaften geltenden Vorschriften (§ 33 Abs. 1 Nr. 1 WPO; § 54 Abs. 1 Nr. 1 StBerG; amtliche Begründung, BR-Drs. 1002/97, 17).

3 **2. Auflösungstatbestände.** In § 60 Abs. 1 GmbHG werden als Auflösungsgründe genannt:
- Ablauf der im Gesellschaftsvertrag bestimmten Zeit;
- **Auflösungsbeschluss der Gesellschafter.** Der Auflösungsbeschluss, für den es keine besonderen Formvorschriften gibt, ist mit Zustimmung aller Gesellschafter selbst dann möglich, wenn der Gesellschaftsvertrag Unauflöslichkeit vorschreibt (*Zuck* Anwalts-GmbH § 59h Rn. 6).
- Auflösung durch Urteil oder Verwaltungsakt in den Fällen der §§ 61, 62 GmbHG;
- Auflösung durch Eröffnung des Insolvenzverfahrens;
- Rechtskraft des Beschlusses, durch den die Eröffnung des Insolvenzverfahrens mangels Masse abgelehnt wird;
- **Rechtskraft der Verfügung des Registergerichts,** in der nach § 394 FamFG ein Mangel des Gesellschaftsvertrages festgestellt worden ist;
- **Löschung der Gesellschaft wegen Vermögenslosigkeit** nach § 394 FamFG (Art. 48 Nr. 5 lit. d EGInsO; vgl. Rowedder/Schmidt-Leithoff/*Gesell* GmbHG § 60 Rn. 31 ff.). Damit wurde die bis dahin geltende Regelung des Gesetzes über die Aufhebung und Löschung von Gesellschaften und Genossenschaften vom 9.10.1934 (RGBl. I S. 914) ersetzt. Weitere Auflösungsgründe können gemäß § 60 Abs. 2 GmbHG im Gesellschaftsvertrag festgesetzt sein (vgl. Rowedder/Schmidt-Leithoff/*Gesell* GmbHG § 60 Rn. 40 ff.). Auch die **gerichtliche Feststellung der Nichtigkeit der Gesellschaft** (§ 75 GmbHG) hat nach § 77 Abs. 1 GmbHG Auflösungswirkung (vgl. Rowedder/Schmidt-Leithoff/*Baukelmann* GmbHG § 75 Rn. 32, GmbHG § 77 Rn. 3).

4 **3. Liquidation der Gesellschaft.** Die Auflösung der Gesellschaft bedeutet für diese das **Ende der werbenden Tätigkeit** in Richtung auf eine dauernde Verwirklichung des Geschäftszwecks. Sie ist nach § 65 Abs. 1 GmbHG zur Eintragung in das Handelsregister anzumelden. Kommt es zu einer Liquidation (§§ 66 ff. GmbHG), wird der Zweck der Gesellschaft durch den Zweck der Liquidation überlagert (Rowedder/Schmidt-Leithoff/*Gesell* GmbHG § 60 Rn. 4). In der Liquidationsphase sind die laufenden Geschäfte zu beenden, Schulden zu tilgen, Forderungen einzuziehen und das Vermögen in Geld umzusetzen und zu verteilen.

5 Grundsätzlich findet in Fällen der Auflösung der Gesellschaft eine **Liquidation** statt. Diese unterbleibt im Falle der Eröffnung des Insolvenzverfahrens und der Löschung wegen Vermögenslosigkeit, es sei denn, es stellt sich nach der Löschung heraus, dass Vermögen vorhanden ist, das der Verteilung unterliegt (zu den Einzelheiten Rowedder/Schmidt-Leithoff/*Gesell* GmbHG § 66 Rn. 32).

Findet eine Liquidation statt, dann besteht die GmbH i. L. handelsrechtlich noch bis zur Beendigung der Liquidation fort (zu den Einzelheiten vgl. Rowedder/Schmidt-Leithoff/*Gesell* GmbHG §§ 60–74). In dem Zeitraum zwischen Auflösung der Gesellschaft, mit der diese ihre Zulassung als Rechtsanwaltsgesellschaft und damit die Befugnis zur geschäftsmäßigen Besorgung fremder Rechtsangelegenheiten und zur Vertretung vor Gerichten und Behörden verliert, und der Löschung der Gesellschaft, also in der Liquidationsphase, hat die Liquidationsgesellschaft ihre Geschäfte abzuwickeln. Hierzu bedarf es eines oder mehrerer Liquidatoren. Mit dieser Aufgabe werden zumeist die bisherigen Geschäftsführer betraut. Selbstverständlich ist es aber möglich, andere Personen als Liquidator zu bestellen. 6

Zur Liquidation gehört auch die Abwicklung (Fortführung und Beendigung) von Mandaten. Da hierfür eine Erlaubnis nach dem Rechtsdienstleistungsgesetz erforderlich ist, die aufgelöste Gesellschaft jedoch ihre Zulassung verloren hat, ist es angezeigt, einen Rechtsanwalt als Liquidator zu bestellen. Ist dies nicht geschehen, ist nach Abs. 6 ein Abwickler zu bestellen. 7

III. Rücknahme der Zulassung (Abs. 2)

1. Allgemeines. In Übereinstimmung mit der im Verwaltungsrecht verwandten Terminologie (§§ 48, 49 VwVfG) unterscheidet § 59h zwischen der Rücknahme (eines von Anfang an rechtswidrigen) und dem Widerruf (eines ursprünglich rechtmäßigen) Verwaltungsakts der Zulassung zur Rechtsanwaltschaft. **Rücknahme und Widerruf sind keine Ermessensentscheidungen.** Unter den Voraussetzungen von § 59h Abs. 2, 3 und 4 ist die Rechtsanwaltskammer verpflichtet, die Zulassung zurückzunehmen bzw. zu widerrufen. Lediglich im Rahmen des Abs. 2 S. 2 iVm § 14 Abs. 1 S. 2 und bei der Bestimmung des Zeitpunkts für die Wirkung der Rücknahme kommen Ermessensentscheidungen in Betracht. 8

2. Rücknahme. Die Zulassung ist mit Wirkung **für die Zukunft zurückzunehmen,** wenn sich nach der Zulassung herausstellt, dass sie von vornherein hätte versagt werden müssen, also zu Unrecht erteilt worden ist. Wenn auch nur eine Zulassungsvoraussetzung (vgl. § 59d) zur Zeit der Zulassung nicht erfüllt war, ist die Zulassung – vorbehaltlich Abs. 2 S. 2 (→ Rn. 11) – zurückzunehmen. Der Zulassungsbehörde muss also im Zeitpunkt der Zulassung ein Sachverhalt unbekannt gewesen sein, der der Zulassung entgegengestanden hat oder sie muss den bekannten Sachverhalt falsch eingeordnet haben. Der Grund der Nichtkenntnis ist unerheblich (*Kuhls/Meurers* StBerG § 55 Rn. 8). 9

Aber auch dann, wenn das Fehlen der Zulassungsvoraussetzungen infolge falscher tatsächlicher oder rechtlicher Würdigung bekannter Umstände durch die Zulassungsbehörde **nicht erkannt** wurde, greift § 59h Abs. 2 S. 1 ein (*Kuhls/Meurers* StBerG § 55 Rn. 10). Die in der Literatur vereinzelt zu dem vergleichbaren Fall der Rücknahme der Anerkennung als Steuerberatungsgesellschaft (§ 55 Abs. 1 StBerG) vertretene Auffassung, im Falle falscher rechtlicher Würdigung stehe der im Vertrauen auf die Anerkennung erworbene Besitzstand einer Rücknahme in der Regel entgegen (*Gehre* StBerG § 55 Rn. 2), findet weder im Wortlaut noch im Sinn und Zweck des Gesetzes, welches mit den Zulassungsvoraussetzungen auch öffentliche Interessen schützen will, eine Stütze (*Kuhls/Meurers* StBerG § 55 Rn. 10; **aA** Hartung/Römermann/*Römermann* § 59h Rn. 7, 8). Allerdings muss die Rechtsanwaltskammer die Rechtsanwalts-GmbH über eine mögliche Rücknahme der Zulassung zuvor informieren und ihr entsprechend § 59h Abs. 3 S. 1 die Möglichkeit bieten, den Mangel innerhalb einer angemessenen Frist zu beseitigen (*Zuck* Anwalts-GmbH § 59h Rn. 38). Die Angemessenheit der Frist richtet sich nach der Schwere des Mangels. Bei schwerwiegenden Mängeln darf eine kurze Frist bestimmt werden. Bei weniger schwerwiegenden Mängeln können längere Fristen gesetzt werden (Henssler/Prütting/*Henssler* § 59h Rn. 12). 10

Von der Rücknahme der Zulassung als Rechtsanwaltsgesellschaft kann aber von der Rechtsanwaltskammer abgesehen werden, wenn die Gründe, aus denen die Zulassung hätte versagt werden müssen, nicht mehr bestehen (Abs. 2 S. 2 iVm § 14 Abs. 1 S. 2). Es gelten die Anmerkungen zu → § 14 Rn. 9 ff. entsprechend. 11

IV. Widerruf der Zulassung (Abs. 3 und 4)

1. Allgemeines. Abs. 3 regelt den **Widerruf der Zulassung.** Als Aufhebung eines rechtmäßigen begünstigenden Verwaltungsaktes, dessen Voraussetzungen erst nachträglich weggefallen 12 sind, wirkt der Widerruf der Zulassung stets nur ex nunc, dh nur für die Zukunft (vgl. § 131 Abs. 2 AO; § 49 VwVfG; *Kuhls/Meurers* StBerG § 55 Rn. 15).

13 **2. Widerruf bei Fortfall der Zulassungsvoraussetzungen (Abs. 3).** Abs. 3 regelt den **bedeutsamsten Widerrufsgrund.** Sind nicht mehr sämtliche Voraussetzungen der genannten Vorschriften (Unternehmensgegenstand – § 59c –, Beteiligung an beruflichen Zusammenschlüssen – § 59e –, Gesellschafter – § 59e –, Geschäftsführung – § 59f –, Kanzlei und Zweigniederlassung – § 59i – sowie Berufshaftpflichtversicherung – § 59j) erfüllt, dh sind sie nachträglich weggefallen, ist die Zulassung zu widerrufen. Schon der Wegfall auch nur einer einzigen der genannten Zulassungsvoraussetzungen reicht als Widerrufsgrund aus (AGH Bln BRAK-Mitt. 2006, 84; *Kuhls/Meurers* § 55 StBerG Rn. 11).

14 Ein Widerruf kommt insbesondere bei einer identitätswahrenden Umwandlung in eine AG in Betracht, (AGH NRW BRAK-Mitt. 2003, 186 mit Anm. *Kopp;* BGHZ 161, 376 = NJW 2005, 1568 = AnwBl. 2005, 424 = BRAK-Mitt. 2005, 109, 128 = MDR 2005, 1199), wenn Gesellschafter nicht mehr zur Ausübung eines in § 59a Abs. 1 S. 1 iVm § 59e Abs. 1 und 2 aufgeführten Berufs berechtigt sind, wenn die Geschäftsführer, Prokuristen und Handlungsbevollmächtigten zum gesamten Geschäftsbetrieb nicht mehr mehrheitlich Rechtsanwälte sind oder sie keinem sozietätsfähigem Beruf angehören (§ 59f; AGH Bln BRAK-Mitt. 2006, 84), wenn in den Kanzleien am Sitz der Gesellschaft und deren Zweigstellen kein geschäftsführender Rechtsanwalt den Mittelpunkt seiner beruflichen Tätigkeit hat (§ 59i), oder wenn keine vorgeschriebene Berufshaftpflichtversicherung mehr unterhalten wird (§ 59j). Gehört der einzige Gesellschafter und Geschäftsführer einer Rechtsanwaltsgesellschaft nicht mehr der Rechtsanwaltschaft an, ist der Gesellschaft die Zulassung zwingend zu widerrufen (AGH Bln BRAK-Mitt. 2006, 84).

15 Die Rechtsanwaltsgesellschaft kann den **Widerruf abwenden,** indem sie den nachträglich entstandenen Mangel hinsichtlich der Zulassungsvoraussetzung(en) wieder behebt. Der Rechtsanwaltsgesellschaft ist vor dem Widerruf im Verfahren nach Abs. 5 Gelegenheit zu geben, innerhalb einer **angemessenen Frist** einen dem Gesetz entsprechenden Zustand herbeizuführen.

16 Die Bemessung der Frist hängt von den **Umständen des Einzelfalls,** insbesondere von der Schwere des Mangels ab. Damit genügt Abs. 3 dem allgemeinen Verhältnismäßigkeitsgrundsatz. Entfallen wegen eines Erbfalls die Voraussetzungen des § 59e Abs. 1 und/oder des Abs. 3, so muss die Frist nach Abs. 3 S. 2 mindestens ein Jahr betragen, wobei die Frist mit dem Eintritt des Erbfalls beginnt (Abs. 3 S. 3). Die Betroffenen sollen genügend Zeit haben, die ererbten Gesellschaftsanteile an erwerbsberechtigte, dh gesellschaftsfähige Personen zu veräußern, um sie so vor nicht zumutbaren wirtschaftlichen Nachteilen zu bewahren.

17 Bei Fortfall sonstiger Voraussetzungen wegen eines Erbfalls gilt die Jahresfrist allerdings nicht (amtliche Begründung, BR-Drs. 1002/97, 18). Sind infolge eines Erbfalls zB die Voraussetzungen des § 59f nicht mehr erfüllt, kann und wird die Zulassungsbehörde schon wegen der Bedeutung dieser Regelung für die Rechtsanwaltsgesellschaft eine wesentlich kürzere Frist bestimmen. Ist im Gesellschaftsvertrag für den Fall der Vererbung des Gesellschaftsanteils an einen nicht-gesellschafterfähigen (§ 59e Abs. 1) Erben eine Einziehung des Geschäftsanteils gegen Zahlung einer Vergütung vorgesehen oder ist der Erbe damit einverstanden, kann die GmbH den Widerruf der Zulassung auch durch die Einziehung des vererbten Geschäftsanteils abwenden (*Vieth/Schulz-Jander* NZG 1999, 1126, 1132).

18 **3. Verzicht (Abs. 4 Nr. 1).** Der Widerrufsgrund des Verzichts entspricht im wesentlichen § 54 Abs. 1 Nr. 2, Abs. 2 StBerG, § 33 Abs. 1 Nr. 2, Abs. 2 WPO und dem Widerrufsgrund des § 14 Abs. 2 Nr. 4 für Rechtsanwälte. Der **Verzicht auf** die Rechte aus der **Zulassung** ist ein **einseitiges, empfangsbedürftiges Rechtsgeschäft und schriftlich gegenüber der Rechtsanwaltskammer zu erklären.** Die Erklärung wird mit Zugang wirksam (§ 130 Abs. 1 und 3 BGB). Der Verzicht ist befristungs- und bedingungsfeindlich. Bis zum Widerruf der Zulassung durch die Zulassungsbehörde kann der Verzicht aber noch widerrufen werden. Danach ist der Verzicht nicht mehr frei widerruflich (BGH EGE XI, 35, 37; BRAK-Mitt. 1982, 73; 1987, 207 zu § 14 Abs. 2 Nr. 4). §§ 119 ff. BGB können aber entsprechend angewandt werden, weil diese Vorschriften allgemeinen, über das Gebiet des bürgerlichen Rechts hinausgehenden Rechtsgedanken Ausdruck verleihen (BGH EGE XI, 35, 37; BRAK-Mitt. 1982, 73; 1987, 207). Unwirksam ist der Verzicht bei jeder Form behördlicher Einflussnahme (EGH München BRAK-Mitt. 1986, 225; Henssler/Prütting/*Henssler* § 59h Rn. 13).

Der auf den Verzicht folgende bestandskräftige Widerruf der Zulassung nimmt der GmbH ihre besondere Eigenart als Rechtsanwaltsgesellschaft mit den daraus folgenden Rechtsbesorgungsbefugnissen, ohne dass dies unmittelbar ihre gesellschaftsrechtliche Existenz berührt. Allerdings kann sich der Widerruf der Zulassung als Rechtsanwaltsgesellschaft auf das weitere Schicksal der Gesellschaft auswirken, sofern nicht schon deren Auflösung beschlossen oder anderweitig herbeigeführt worden ist. Da die Gesellschaft nicht mehr rechtsbesorgend tätig werden und die Bezeichnung „Rechtsanwaltsgesellschaft" nicht mehr führen darf, hat ihr legitimer Fortbestand wesentliche Änderungen des Gesellschaftsvertrages insbesondere des Gegenstandes des Unternehmens und der Firma (§§ 3, 4, 53 ff. GmbHG) zur Voraussetzung; unter Umständen hat das Registergericht das Amtslöschungsverfahren durchzuführen, welches nicht auf Teilberichtigung des nunmehr unzulässigen Firmenbestandteils „Rechtsanwaltsgesellschaft", sondern auf Auflösung der Gesellschaft für den Fall, dass der Mangel des Gesellschaftsvertrages nicht behoben wird, gerichtet ist (*Kuhls/Meurers* StBerG § 54 Rn. 15 mwN zum Verzicht auf die Anerkennung als Steuerberatungsgesellschaft). 19

4. Vermögensverfall (Abs. 4 Nr. 2). Der Widerrufsgrund des Vermögensverfalls entspricht § 14 Abs. 2 Nr. 7. Die **Eintragung in das** vom Insolvenzgericht oder vom Vollstreckungsgericht zu führende **Verzeichnis** (§ 26 Abs. 2 InsO, § 915 ZPO) begründen einen **hinreichenden Verdacht des Vermögensverfalls** und rechtfertigen daher den Widerruf der Zulassung (§ 7 Nr. 9 und § 14 Abs. 2 Nr. 7; VG München vom 8.11.1988 – M 16 K 88.1266, Mitteilungsblatt der Wirtschaftsprüferkammer Nr. 133/1989, 20 zu § 34 Abs. 2 WPO). 20

Es kann aber von dem Widerruf der Zulassung abgesehen werden, wenn durch den Vermögensverfall der Rechtsanwaltsgesellschaft die Interessen der Rechtsuchenden nicht gefährdet sind. Dies wird aber nur ganz ausnahmsweise der Fall sein. Der Vermögensverfall der Rechtsanwaltsgesellschaft führt regelmäßig zu einer Gefährdung der Interessen der Rechtsuchenden (→ § 14 Rn. 58–65 entsprechend). Hinsichtlich der Folgen des Widerrufs gilt das zu → Rn. 19 Gesagte. 21

V. Verfahren

1. Zuständigkeit. Für Rücknahme und Widerruf der Zulassung sind nach § 33 Abs. 1 die Rechtsanwaltskammern sachlich zuständig. Die örtliche Zuständigkeit ergibt sich aus § 33 Abs. 3 Nr. 3. Ein späterer Wechsel des Sitzes führt auch zu einem Wechsel der Zuständigkeit (§ 32 iVm § 3 Abs. 3 VwVfG). Das Verfahren der Rechtsanwaltskammer richtet sich gemäß § 32, der durch das Gesetz zur Modernisierung von Verfahren im anwaltlichen und notariellen Berufsrecht vom 30.7.2009 (BGBl. I S. 2449) eingefügt wurde, nach den Vorschriften des Dritten Abschnitts (§§ 32–36) bzw. nach dem VwVfG. 22

2. Verfahrensgrundsätze. Da es im Rücknahme- bzw. Widerrufsverfahren keinen Antragsteller gibt, gilt der **Amtsermittlungsgrundsatz,** der in § 36 erläutert wird. Wegen der Bedeutung von Widerrufs- bzw Rücknahmeverfügung ist der Gesellschaft nach § 32 iVm § 28 VwVfG rechtliches Gehör (Anhörung) zu gewähren. Hierbei ist der Gesellschaft eine angemessene Stellungnahmefrist zu setzen. 23

Rücknahme- und Widerrufsverfügung sind **mit Gründen zu versehen** (§ 32 iVm § 39 Abs. 1 VwVfG). Die Verfügung ist gemäß § 34 zuzustellen. Eine Rechtsmittelbelehrung ist nach § 112c Abs. 1 iVm § 58 VwGO erforderlich. 24

3. Rechtsweg. Gegen die Rücknahme oder den Widerruf der Zulassung kann die Rechtsanwaltsgesellschaft **innerhalb eines Monats** nach Zustellung der **Verfügung bei dem AGH Antrag auf gerichtliche Entscheidung** stellen (§§ 112a, 112c Abs. 1 S. 1 iVm § 74 Abs. 1 VwGO). Begründet werden muss der Antrag nicht. Ein fristgerecht eingegangener Antrag hat nach § 112c Abs. 1 S. 1 iVm § 80 Abs. 1 VwGO aufschiebende Wirkung. Bei überwiegendem öffentlichen Interesse kann die Rechtsanwaltskammer allerdings die sofortige Vollziehung anordnen (§ 59h Abs. 5 iVm § 14 Abs. 4). Hierzu besteht immer dann Anlass, wenn keine Berufshaftpflichtversicherung besteht (BT-Drs. 13/9820, 17). Dass in derartigen Fällen die Gesellschaft und Geschäftsführer gemäß § 59j Abs. 4 haften, steht der sofortigen Vollziehung nicht hingegen. Antragsgegner in dem Verfahren auf gerichtliche Entscheidung ist die Rechtsanwaltskammer (§ 112d). 25

VI. Abwickler

26 Sowohl bei Erlöschen (Abs. 1), Rücknahme (Abs. 2) als auch bei Widerruf der Zulassung (Abs. 3 und 4) müssen die schwebenden Rechtsbesorgungsaufträge der Gesellschaft abgewickelt werden. Das wird in einigen Fällen durch die anwaltlichen Geschäftsführer (§ 59f) als Liquidatoren (§§ 66 ff. GmbHG) geschehen können. Nach Abs. 6 kann aber für die Gesellschaft, die die Zulassung verloren hat, ein Abwickler bestellt werden, wenn die zur gesetzlichen Vertretung bestellten Personen keine hinreichende Gewähr zur ordnungsgemäßen Abwicklung der schwebenden Rechtsbesorgungsangelegenheiten bieten. Insoweit entspricht die Vorschrift § 54 Abs. 3 StBerG.

27 Bei den **Abwicklern** handelt es sich **nicht um Liquidatoren iSd Handels- und Gesellschaftsrechts,** sondern allein um mit der Abwicklung der berufsrechtlichen Angelegenheiten befasste Personen (amtliche Begründung, BR-Drs. 1002/97, 18). Ihre Befugnisse sind also auf die **Abwicklung der Rechtsbesorgungsmandate** der Rechtsanwaltsgesellschaft und deren berufsrechtlichen Beziehungen zur Rechtsanwaltskammer beschränkt.

28 Für das Verfahren, die Auswahl und Befugnisse der Abwickler gelten die Vorschriften des § 55 entsprechend (→ § 55 Rn. 1 ff.). Auch hinsichtlich der Vergütung gilt nach Abs. 6 das zu → § 55 Abs. 3, § 53 Abs. 10 Gesagte entsprechend (→ § 53 Rn. 61 ff.; → § 55 Rn. 33 ff.). Für die festgesetzte Vergütung des Abwicklers (→ § 53 Rn. 61 ff.; → § 55 Rn. 32 ff.) haften die Gesellschafter als Gesamtschuldner. Die subsidiäre Haftung der Rechtsanwaltskammer nach den Grundsätzen des Bürgschaftsrechts bleibt unberührt (§ 53 Abs. 10 S. 7).

§ 59i Kanzlei

[1] Die Rechtsanwaltsgesellschaft muß an ihrem Sitz eine Kanzlei unterhalten, in der verantwortlich zumindest ein geschäftsführender Rechtsanwalt tätig ist, für den die Kanzlei den Mittelpunkt seiner beruflichen Tätigkeit bildet. [2] Wird der Sitz der Gesellschaft verlegt, gilt § 27 Abs. 3 entsprechend. [3] § 29a bleibt unberührt.

I. Gegenstand und Zweck der Vorschrift

1 Die Vorschrift regelt die Kanzleipflicht der Rechtsanwaltsgesellschaft. S. 1 legt fest, dass die Kanzlei am Sitz der Gesellschaft unterhalten werden muss. Somit entspricht § 59i der für den Einzelanwalt bestehenden Vorschrift des § 27 Abs. 1. Weiterer Regelungspunkt der Vorschrift ist die Forderung nach dem Tätigwerden eines geschäftsführenden Rechtsanwalts in der Kanzlei am Sitz der Rechtsanwaltsgesellschaft. Die Erfüllung beider gesetzlich aufgestellten Forderungen, nämlich Kanzlei und Geschäftsführer am Sitz der Rechtsanwaltsgesellschaft, gewährleistet die **rechtliche Erreichbarkeit** der Gesellschaft. Diese Erreichbarkeit ist für eine funktionierende Rechtspflege unverzichtbar (so auch Henssler/Prütting/*Henssler* § 59i Rn. 1).

2 Durch das Gesetz zur Modernisierung von Verfahren im anwaltlichen und notariellen Berufsrecht vom 30.7.2009 (BGBl. I S. 2449) ist die Norm bezüglich des früher aufgestellten Erfordernisses der Tätigkeit und der Leitung von Niederlassungen durch Geschäftsführer geändert worden. Dieses Erfordernis wurde für rechtspolitisch verfehlt, systemwidrig und nicht verfassungskonform gehalten (Henssler/Prütting/*Henssler* § 59i Rn. 2; *Zuck* MDR 1998, 1317, 1320). Für die Kanzlei am Sitz der Rechtsanwaltsgesellschaft – auch „Hauptniederlassung" genannt – gilt nach S. 1 aber weiterhin das Erfordernis, dass zumindest ein anwaltlicher Geschäftsführer dort seinen Tätigkeitsmittelpunkt hat.

3 Schließlich regelt die Vorschrift die Pflichten bei Sitzverlegung und eine Verweisung auf die in § 29a enthaltenen Sonderregelungen für Rechtsanwälte mit Kanzleien in anderen Staaten.

II. Kanzleipflicht und Geschäftsführung

4 Die Rechtsanwaltsgesellschaft muss **an ihrem Sitz eine Kanzlei unterhalten.** Mit „Sitz" ist der Sitz der Gesellschaft gemeint. Als Sitz darf nur eine bestimmte politische Gemeinde oder ein Gemeindebezirk bezeichnet werden. Die Wahl des Sitzes darf nicht willkürlich und ohne Beziehung der Gesellschaft zu der betreffenden Gemeinde gewählt werden. Die Rechtsanwaltsgesellschaft muss dort vielmehr in jeder, vor allem aber in rechtlicher Hinsicht erreich-

bar sein. Die Anforderungen an eine Kanzlei sind in § 5 BORA geregelt. Danach ist die Rechtsanwaltsgesellschaft ebenso wie ein Rechtsanwalt verpflichtet, die für die Berufsausübung erforderlichen sachlichen, personellen und organisatorischen Voraussetzungen vorzuhalten.

In der am Sitz der Rechtsanwaltsgesellschaft unterhaltenen Kanzlei muss zumindest ein **geschäftsführender Rechtsanwalt verantwortlich tätig** sein. Für ihn muss die Kanzlei den Mittelpunkt seiner beruflichen Tätigkeit bilden. Diese gesetzliche Forderung wird trotz Novellierung der Vorschrift für weiterhin verfassungswidrig gehalten (Henssler/Prütting/*Henssler* § 59i Rn. 6). Die Vorschrift soll sicherstellen, dass im Rechtsverkehr mit der Gesellschaft am Sitz der Kanzlei ein selbständig und weisungsfrei arbeitender geschäftsführender Rechtsanwalt angetroffen werden kann. Die Forderung, dass der geschäftsführende Rechtsanwalt in der Kanzlei den Mittelpunkt seiner beruflichen Tätigkeit haben muss, beinhaltet zugleich, dass er durchaus auch in Zweigniederlassungen der Rechtsanwaltsgesellschaft tätig werden darf. Einzig ausschlaggebend ist somit, dass er zum überwiegenden Teil in der Kanzlei im Sitz der Gesellschaft tätig wird, was in der Praxis kaum überprüfbar sein dürfte. 5

Wenn die Rechtsanwaltsgesellschaft ihren Sitz verlegt, hat sie nach S. 2 die Vorschriften des § 27 Abs. 3 zu beachten. Dort sind die Antrags- und Nachweispflicht ebenso geregelt wie das Erlöschen der Mitgliedschaft in der bisherigen Rechtsanwaltskammer, wenn der Sitz bzw. die Kanzlei in den Bezirk einer anderen Rechtsanwaltskammer verlegt wird. In der Vorschrift ist die eindeutige Zuordnung zu einer bestimmten Rechtsanwaltskammer mit allen sich daraus ergebenden Rechten, Pflichten und Aufsichtsmöglichkeiten geregelt. 6

Die Gesellschaft darf **auch in anderen Staaten Kanzleien einrichten oder unterhalten.** Dies ergibt sich aus S. 3 iVm § 29a. Die Rechtsanwaltskammer hat die Gesellschaft von der Kanzleipflicht nach § 27 zu befreien, wenn die Einrichtung der Kanzlei ausschließlich in einem anderen Staat den Interessen der Rechtspflege nicht entgegensteht. Die Befreiung kann jedoch widerrufen werden, wenn das überwiegende Interesse der Rechtspflege dies erforderlich erscheinen lässt. Zu bedenken ist, dass die Rechtsanwaltsgesellschaft nach der in Deutschland lange Zeit vertretenen Sitztheorie mit ihrem bisherigen Unternehmenssitz auch ihre Rechtsform als deutsche GmbH verliert. Die EuGH-Entscheidungen in Sachen „Centros“ und „Überseering“ haben die Rechtsprechung jedoch veranlasst, sich für die grenzüberschreitende Tätigkeit in der EU der Gründungstheorie anzuschließen, die bei einem ausschließlich im Ausland gelegenen Verwaltungssitz die weitere Existenz als deutsche GmbH nicht in Frage stellt (Henssler/Prütting/*Henssler* § 59i Rn. 8 mwN). 7

III. Zweigniederlassung

Die Rechtsanwaltsgesellschaft ist befugt, Zweigniederlassungen zu gründen. Wann eine solche vorliegt, richtet sich nach handelsrechtlichen Bestimmungen. Zweigniederlassung setzt eine **räumliche Trennung von der Hauptniederlassung,** also dem Sitz der Gesellschaft, und ein **selbständiges, auf Dauer angelegtes Auftreten im Rechtsverkehr** voraus. Sie muss als Teil des Unternehmens **von der Hauptniederlassung abhängig** sein. Die Abhängigkeit von der Hauptniederlassung ist im allgemeinen dadurch begründet, dass die Zweigniederlassung **keine eigene Rechtspersönlichkeit** und daher auch kein eigenes, sondern nur ein für ihre Zwecke gesondertes Vermögen hat. Infolgedessen ist sie stets in die Organisation der Rechtsanwaltsgesellschaft eingegliedert. Ihr Leiter ist den Weisungen der Geschäftsführung unterworfen. 8

Seit dem Inkrafttreten des Gesetzes über elektronische Handelsregister und Genossenschaftsregister sowie das Unternehmensregister (EHUG) befinden sich die registerlichen Vorschriften zur Errichtung einer Zweigniederlassung in § 13 HGB. Die Errichtung ist bei dem Gericht der Hauptniederlassung zur Eintragung anzumelden. Beim Gericht der Zweigniederlassung ist die **Eintragung nicht mehr erforderlich.** Für die berufsrechtliche Überprüfung und das Zulassungsverfahren ist allein die Rechtsanwaltskammer am Sitz der Hauptniederlassung zuständig. Nach § 59m Abs. 1 bestehen nur ihr gegenüber Mitteilungs- und Vorlagepflichten. 9

Nach § 59i Abs. 2 aF war die Rechtsanwaltsgesellschaft verpflichtet, auch jede Zweigniederlassung mit einem anwaltlichen Geschäftsführer zu besetzen. Diese Vorschrift wurde für verfassungswidrig gehalten und ist deshalb aufgehoben worden. Nach dem Wegfall des Zweigstellenverbots für den Einzelanwalt war die zunächst unveränderte Beibehaltung von § 59i aF nur ein 10 gesetzgeberisches Versehen, das nunmehr durch die Streichung von § 59a Abs. 2 aF korrigiert worden ist (so auch Henssler/Prütting/*Henssler* § 59i Rn. 2). Zusammenfassend ist festzuhalten, dass in Zweigniederlassungen **kein geschäftsführender Rechtsanwalt** tätig sein muss, für den die Kanzlei den Mittelpunkt seiner beruflichen Tätigkeit darstellt.

§ 59j Berufshaftpflichtversicherung

(1) **Die Rechtsanwaltsgesellschaft ist verpflichtet, eine Berufshaftpflichtversicherung abzuschließen und die Versicherung während der Dauer ihrer Zulassung aufrechtzuerhalten; § 51 Abs. 1 bis 3 und 5 bis 7 ist entsprechend anzuwenden.**

(2) [1]**Die Mindestversicherungssumme beträgt 2 500 000 Euro für jeden Versicherungsfall.** [2]**Die Leistungen des Versicherers für alle innerhalb eines Versicherungsjahres verursachten Schäden können auf den Betrag der Mindestversicherungssumme, vervielfacht mit der Zahl der Gesellschafter und der Geschäftsführer, die nicht Gesellschafter sind, begrenzt werden.** [3]**Die Jahreshöchstleistung für alle in einem Versicherungsjahr verursachten Schäden muß sich jedoch mindestens auf den vierfachen Betrag der Mindestversicherungssumme belaufen.**

(3) **Das Bundesministerium der Justiz und für Verbraucherschutz wird ermächtigt, durch Rechtsverordnung mit Zustimmung des Bundesrates nach Anhörung der Bundesrechtsanwaltskammer die Mindestversicherungssumme anders festzusetzen, wenn dies erforderlich ist, um bei einer Änderung der wirtschaftlichen Verhältnisse einen hinreichenden Schutz der Geschädigten sicherzustellen.**

(4) **Wird die Berufshaftpflichtversicherung nicht oder nicht in dem vorgeschriebenen Umfang unterhalten, so haften neben der Gesellschaft die Gesellschafter und die Geschäftsführer persönlich in Höhe des fehlenden Versicherungsschutzes.**

I. Versicherungspflicht der Gesellschaft und der Anwälte

1 Die Gründe, die den Gesetzgeber veranlasst haben, mit dem Gesetz zur Neuordnung des Berufsrechts der Rechtsanwälte und der Patentanwälte vom 2.9.1994 (BGBl. I S. 2278) die Berufshaftpflichtversicherung für Rechtsanwälte gesetzlich zu normieren (→ § 12 Rn. 8 ff.; → § 50 Rn. 2), gelten in besonderer Weise für Rechtsanwaltsgesellschaften. Die Versicherungspflicht sichert die schutzwürdigen Interessen der Mandanten (BT-Drs. 13/9820, 17) und stärkt das Vertrauensverhältnis zwischen der Rechtsanwaltsgesellschaft und ihrer Mandantschaft (*Henssler* NJW 1999, 241, 244).

2 Da die Rechtsanwaltsgesellschaft eine Berufsausübungsgesellschaft ist (→ § 59c Rn. 2) und diese auch postulationsfähig ist (§ 59l; *Henssler* NJW 1999, 241, 243), wird die Haftpflichtversicherung für Gesellschaftshandeln nicht von den einzelnen in der Gesellschaft tätigen Rechtsanwälten abgeschlossen, sondern von der GmbH selbst (*Vieth/Schulz-Jander* NZG 1999, 1126, 1131). Die anwaltlichen Gesellschafter, die angestellten Anwälte und Geschäftsführer müssen gemäß § 51 **parallel dazu auch noch für sich persönlich** eine Berufshaftpflichtversicherung abschließen und nachweisen (*Grams* AnwBl. 2001, 295; *ders.* BRAK-Mitt. 2003, 166; *Johnigk* ZAP Fach 23, 378). Die nach § 51 fortbestehende **Versicherungspflicht für die in der Rechtsanwaltsgesellschaft tätigen Anwälte tritt neben die Versicherungspflicht der Gesellschaft** und ist schon deshalb gerechtfertigt, weil diese jederzeit auch außerhalb der Gesellschaft wirksame Mandatsverträge abschließen können (Henssler/Prütting/*Henssler* § 59j Rn. 1). Die Versicherungspflicht der Rechtsanwaltsgesellschaft beginnt mit deren Anerkennung; allerdings ist die Vorlage der vorläufigen Deckungszusage auf den Abschluss einer Berufshaftpflichtversicherung Anerkennungsvoraussetzung (→ § 59d Rn. 9). Die Zulassung der Rechtsanwaltsgesellschaft selbst ist davon abhängig (§ 59d Nr. 3). Die Versicherung der Gesellschaft ist eine Pflichtversicherung iSv § 113 VVG. § 12 Abs. 2 S. 2 ist auf die Rechtsanwaltsgesellschaft nicht entsprechend anwendbar (§ 59g Abs. 5). Verstöße gegen die Versicherungspflicht werden zum Schutz der Mandanten mit der Nichtzulassung (→ § 59d Rn. 8) oder dem Widerruf der berufsrechtlichen Zulassung (§ 59h Rn. 13) sanktioniert (amtliche Begründung, BR-Drs. 1002/97, 18).

II. Mindestversicherungssumme, Begrenzung der Leistungen

1. Mindestversicherungssumme. Da die für die Gesellschaft Handelnden nicht persönlich haften (zur nur ausnahmsweise möglichen „Durchgriffshaftung" und Organhaftung analog § 31 BGB zB bei Abschluss nichtiger Mandatsverträge vgl. Rowedder/Schmidt-Leithoff/*Pentz* GmbHG § 13 Rn. 136 ff.; *Grams* AnwBl. 2001, 295 und zur persönlichen Haftung bei Inanspruchnahme besonderen persönlichen Vertrauens und dadurch bedingter Beeinflussung der Vertragsverhandlungen vgl. BGH NJW-RR 1991, 289 zur persönlichen Haftung des Geschäftsführers einer Steuerberatungs-GmbH) und mit der Rechtsform der Rechtsanwalts-GmbH automatisch eine Beschränkung der Haftung auf das Gesellschaftsvermögen einhergeht (§ 13 Abs. 2 GmbHG; *Grams* AnwBl. 2001, 295; *ders.* BRAK-Mitt. 2003, 166), ist eine **höhere Mindesthaftpflichtversicherungssumme als bei sog. Vollhaftern angemessen.** Hierdurch kommt zum Ausdruck, dass die Zulassung einer Gesellschaft mit beschränkter Haftung als Rechtsanwaltsgesellschaft nicht zu einer Einschränkung der Sicherheit des rechtsuchenden Bürgers führen soll, der der Rechtsanwaltsgesellschaft (§ 59l) ein Mandat erteilt (amtliche Begründung, BR-Drs. 1002/97, 18). Die Mindestversicherungssumme beträgt 2,5 Mio. Euro. Ob die Mindesversicherungssumme angemessen ist, wird unterschiedlich beurteilt. Im Hinblick darauf, dass mehr als 95% aller Haftungsfälle im Vermögensschadenbereich unter 50.000 Euro liegen, wird die Belastung der Gesellschaft für realitätsfremd gehalten. Als angemessen wird ein Betrag von 1,0 Mio. Euro angesehen (Henssler/Prütting/*Henssler* § 59j Rn. 2). Das BVerfG hält die mit der geltenden Mindestversicherungssumme verbundene Belastung für mit Art. 12 Abs. 1 GG noch vereinbar (BVerfG VersR 2001, 1272, 1273). 3

2. Begrenzung der Leistungen. Die durch Abs. 2 S. 2 eingeräumte Möglichkeit der vertraglichen **Begrenzung der Leistungen des Versicherers innerhalb eines Versicherungsjahres** orientiert sich an der Bestimmung des § 51 Abs. 4 S. 2. Der Betrag der Jahreshöchstleistung hängt von der Zahl der Gesellschafter und der angestellten Geschäftsführer ab. Sie muss sich jedoch **mindestens auf den vierfachen Betrag der Mindestversicherungssumme** – also 10 Mio. Euro – belaufen (Abs. 2 S. 3; amtliche Begründung, BR-Drs. 1002/97, 18). Diese 10 Mio. Euro stellen nur das **absolute Minimum der Jahreshöchstleistung** dar, die zu versichern ist. Eine Beschränkung der Leistung des Versicherers für alle innerhalb eines Versicherungsjahres verursachten Schäden kann nur auf den Betrag der Mindestversicherungssumme, vervielfacht mit der Zahl der Gesellschafter und der Geschäftsführer, die nicht Gesellschafter sind, vorgenommen werden. Dadurch können erhebliche Versicherungsprämien auf die Rechtsanwalts-GmbH zukommen und diese unattraktiv machen (*Johnigk* ZAP Fach 23, 378). 4

3. Verordnungsermächtigung. Die in Abs. 3 geregelte Verordnungsermächtigung entspricht § 51 Abs. 8. Sie soll bei geänderten wirtschaftlichen Gegebenheiten einen hinreichenden Schutz der Geschädigten sicherstellen. Vor der Änderung muss die BRAK angehört werden. 5

III. Persönliche Haftung

Wird die Berufshaftpflichtversicherung nicht oder nicht in dem vorgeschriebenen Umfang unterhalten und wird aus diesem Grund der Vermögensschaden eines Mandanten nicht von der Berufshaftpflichtversicherung abgedeckt, haften nach Abs. 4 neben der Gesellschaft auch die Gesellschafter und die Geschäftsführer persönlich als Gesamtschuldner (§ 421 BGB) in Höhe des fehlenden Versicherungsschutzes. Diese Haftung ist unabhängig davon, ob ihnen ein Verschulden vorzuwerfen ist oder nicht (amtliche Begründung, BR-Drs. 1002/97, 19). Im Hinblick darauf sollten Gesellschafter, die nicht zugleich Geschäftsführer sind (§ 59f), regelmäßig von ihrem Informationsrecht nach § 51a GmbHG hinsichtlich des Umfangs der bestehenden Haftpflichtversicherung der Gesellschaft Gebrauch machen und sich so über den Fortbestand der Versicherung informieren, um eine persönliche Inhaftungnahme zu verhindern. Lehnt die Versicherung nicht wegen fehlenden Versicherungsschutzes, sondern aus anderen Gründen eine Leistung ab, greift die persönliche Haftung nicht ein. Zur persönlichen Haftung der Geschäftsführer bei Obliegenheitsverletzungen nach § 43 GmbHG (Rowedder/Schmidt-Leithoff/*Koppensteiner/Gruber* GmbHG § 43 Rn. 1 ff.). Dieser Anspruch der GmbH gegen ihren Geschäftsführer kann von geschädigten Mandanten gepfändet werden, wenn deren Ansprüche gegen die Rechts- 6 anwalts-GmbH nicht durchsetzbar sind (*Henssler* ZIP 1997, 1481, 1484). Die der Gesellschaft angehörenden Rechtsanwälte können zudem bei persönlichem Fehlverhalten neben der Gesellschaft (§ 278 BGB) auch persönlich aus Delikt gegenüber Mandanten und Dritten haften (*Grams* BRAK-Mitt. 2003, 166).

§ 59k Firma

(1) **Die Firma der Gesellschaft muss die Bezeichnung „Rechtsanwaltsgesellschaft" enthalten.**

(2) [1] **Andere als zugelassene Rechtsanwaltsgesellschaften dürfen die Bezeichnung „Rechtsanwaltsgesellschaft" nicht führen.** [2] **Berufliche Zusammenschlüsse, die die Bezeichnung „Rechtsanwaltsgesellschaft" bereits am 1. März 1999 in ihrem Namen geführt und einen Hinweis auf die Rechtsform hinzugefügt haben, dürfen eine solche Bezeichnung weiterführen.**

I. Allgemeines

1 § 59k enthält Bestimmungen zur Firma der Rechtsanwaltsgesellschaft. Die Firma ist der Name der Gesellschaft, der ihre Identität bestimmt, dh sie individualisiert und von anderen unterscheidbar macht (BGH WM 1969, 1321). Sie gehört zum notwendigen Regelungsgehalt des Gesellschaftsvertrages (§ 3 Abs. 1 Nr. 1 GmbHG) und ist in das Handelsregister einzutragen (§ 10 Abs. 1 GmbHG).

2 Durch die Handelsrechtsreform vom 22.6.1998 (BGBl. I S. 1474) wurde das allgemeine Firmenrecht grundlegend liberalisiert. Seither müssen Sachbezeichnungen nur noch **Kennzeichnungs- und Unterscheidungskraft** besitzen (§ 13 Abs. 3 GmbHG iVm §§ 6 Abs. 1, 17 Abs. 1 und 18 Abs. 1 HGB), was auch bei Fantasieworten der Fall ist.

3 § 59k erlaubte in der bis zum 31.7.2009 geltenden Fassung nur die Verwendung einer Personenfirma. Die Rechtsanwaltsgesellschaft musste den Namen wenigstens eines Gesellschafters, der Rechtsanwalt war, in die Firma aufnehmen. Sach- und Fantasiebezeichnungen waren – sogar als Zusatz zur Personenfirma – unzulässig. Diese Beschränkung stand in eindeutigem Widerspruch zu der im Jahre 1998 erfolgten Liberalisierung des allgemeinen Firmenrechts und ließ auch die Entwicklungen auf den internationalen Beratungsmärkten außer Acht, auf denen sich Kanzleibezeichnungen längst als Marken verselbständigt hatten (Henssler/Prütting/*Henssler* § 59k Rn. 3). Da die Rechtsprechung in mehreren Entscheidungen Fantasiefirmen für Rechtsanwalts-Aktiengesellschaften, Sozietäten und Partnerschaftsgesellschaften akzeptiert hatte (BayObLG NJW 2000, 1648; BGH NJW 2002, 608; 2004, 1651), sah sich der Gesetzgeber schließlich veranlasst, die längst überfällige Aufhebung der Beschränkung auf die Personenfirma durch das Gesetz zur Modernisierung von Verfahren im anwaltlichen und notariellen Berufsrecht vom 30.7.2009 (BGBl. I S. 2449) vorzunehmen.

II. Bestandteile der Firma (Abs. 1)

4 § 59k erlaubt die **Führung von Personen-, Sach- und Fantasiefirmen.** Auch **Mischungen** sind **zulässig.** Somit unterscheidet sich § 59k nicht mehr von § 4 GmbHG iVm §§ 17 ff. HGB. Die einzige Einschränkung des Grundsatzes der freien Firmenbildung liegt darin, dass die Firma die Bezeichnung „Rechtsanwaltsgesellschaft" enthalten muss.

5 Das Wort **„Rechtsanwaltsgesellschaft" muss ausgeschrieben werden** und darf nicht abgekürzt werden. Insoweit bildet § 59k Abs. 1 eine Parallele zu den § 53 StBerG und § 31 WPO. Die vom OLG Rostock für zulässig gehaltene Abkürzung „Rechtsanwalts-GmbH" (OLG Rostock NJW 2007, 1473) verstößt gegen den Gesetzeswortlaut und verkennt, dass mit der Vorschrift nicht lediglich auf die Haftungsbeschränkung hingewiesen werden soll, sondern auch auf die Abgrenzung berufsrechtlich zugelassener Gesellschaften von nicht zugelassenen Organisationsgesellschaften (Henssler/Prütting/*Henssler* § 59k Rn. 10; so jetzt auch Gaier/Wolf/Göcken/*Bormann* § 59k Rn. 5).

6 Bei einer Rechtsanwaltsgesellschaft mit Personenfirma darf das Unternehmen die Firma fortführen, wenn der namensgebende Gesellschafter ausscheidet. Sein Einverständnis mit der Firmenfortführung ist nach der Rechtsprechung nicht erforderlich (BGHZ 58, 322; 85, 221; OLG

München GmbHR 1993, 102; Henssler/Prütting/*Henssler* § 59k Rn. 9). Auch im Falle der Namensänderung eines Gesellschafters – zu denken ist an Heirat oder Adoption – darf die Firma ohne weiteres fortgeführt werde (so auch Gaier/Wolf/Göcken/*Bormann* § 59k Rn. 4).

Nach § 4 Abs. 2 GmbHG ist der **Rechtsformzusatz „mbH" als weiterer Firmenbestandteil zwingend** vorgeschrieben. Für die Unternehmergesellschaft (haftungsbeschränkt) ergibt sich dies aus § 5a Abs. 1 GmbHG. Zusätze, die der Unterscheidbarkeit dienen, sind ebenso zulässig wie Firmenbestandteile, die auf eine Zweigniederlassung hinweisen. Die Notwendigkeit für entsprechende Zusätze kann sich aus § 30 Abs. 3 HGB ergeben, wenn die Unterscheidbarkeit der Zweigniederlassung von einer am Ort der Niederlassung bereits eingetragenen Firma gewährleistet werden soll (so auch Henssler/Prütting/*Henssler* § 59k Rn. 13). 7

III. Ausschluss anderer Berufsträger (Abs. 2)

Die Bezeichnung „Rechtsanwaltsgesellschaft" darf nur von einer Rechtsanwalts-GmbH geführt werden. Zeitlich unbegrenzten **Bestandsschutz** genießen allerdings alle Sozietäten und Partnerschaftsgesellschaften, die vor dem 1.3.1999, also vor der Regelung der Rechtsanwalts-GmbH durch den Gesetzgeber, schon die Bezeichnung „Rechtsanwaltsgesellschaft" geführt haben. Nach dem 1.3.2000 müssen sie ihrem Namen jedoch einen Hinweis auf ihre Rechtsform hinzufügen (Erstes Gesetz über die Bereinigung von Bundesrecht im Zuständigkeitsbereich des BMJV vom 24.4.2006, BGBl. I S. 872). 8

Infolge der verfassungs- und europarechtlich gebotenen Zulassungsmöglichkeit anderer deutscher und europäischer Kapitalgesellschaften haben diese das (deutsche) Wort „Rechtsanwaltsgesellschaft" an ihre ursprüngliche Firmenbezeichnung anzuhängen, um ihre berufsrechtliche Zulassung zu kennzeichnen (Henssler/Prütting/*Henssler* § 59k Rn. 14). 9

IV. Rechtsfolgen bei unzulässiger Firma

Bei Führung einer unzulässigen Firma – denkbar sind zB der Verzicht auf die Bezeichnung „Rechtsanwaltsgesellschaft" oder auf die Haftungsbegrenzung – berechtigt dies die Rechtsanwaltskammer weder zur Versagung noch zum Widerruf der Zulassung. Die Rechtsanwaltskammer kann aber gegen die Gesellschaft, die eine unzulässige Firma führt, wettbewerbsrechtlich vorgehen, wenn der Wettbewerbsverstoß erheblich ist. Insoweit ist von Bedeutung, dass die Rechtsprechung § 59k nicht als rein berufsrechtlich relevante Vorschrift ansieht, sondern als wettbewerbsrelevante Bestimmung, die dem Schutz eines für die Allgemeinheit besonders wichtigen Gutes dient (BGH NJW 2004, 1099; Henssler/Prütting/*Henssler* § 59k Rn. 16). 10

Gegen die Führung einer unzulässigen Firma kann das Registergericht mit der Festsetzung eines Ordnungsgeldes vorgehen (§ 37 Abs. 1 HGB, § 13 Abs. 3 GmbHG iVm § 6 Abs. 1 HGB und § 392 FamFG). Bei Erfolglosigkeit kann gemäß § 399 FamFG ein abgestuftes Verfahren bis zur Auflösung der Gesellschaft betrieben werden. Entsprechendes Tätigwerden kann von der Rechtsanwaltskammer gemäß § 399 Abs. 1 FamFG erzwungen werden (Henssler/Prütting/*Henssler* § 59k Rn. 17 mwN). 11

§ 59l Vertretung vor Gerichten und Behörden

[1]Die Rechtsanwaltsgesellschaft kann als Prozeß- oder Verfahrensbevollmächtigte beauftragt werden. [2]Sie hat dabei die Rechte und Pflichten eines Rechtsanwalts. [3]Sie handelt durch ihre Organe und Vertreter, in deren Person die für die Erbringung rechtsbesorgender Leistungen gesetzlich vorgeschriebenen Voraussetzungen im Einzelfall vorliegen müssen. [4]Verteidiger im Sinne der §§ 137 ff. der Strafprozeßordnung ist nur die für die Rechtsanwaltsgesellschaft handelnde Person.

I. Zweck der Vorschrift

Juristische Personen sind nach überwiegender Meinung nicht prozessfähig iSv § 52 ZPO und daher auch nicht entsprechend postulationsfähig. Die entgegenstehende Meinung folgert die Prozessfähigkeit aus dem gesellschaftsrechtlichen Verständnis (Scholz/*Emmerich* GmbHG 1

§ 13 Rn. 13 mwN). § 59l verleiht der Rechtsanwaltsgesellschaft die Prozess- und Postulationsfähigkeit. Dies geschieht vor dem Hintergrund, dass die Rechtsanwaltsgesellschaft nicht nur ein Instrument gemeinsamer Berufsausübung ist, sondern selbst rechtsbesorgend tätig wird, nämlich durch ihre Organe und die durch diese bevollmächtigten Personen (BT-Drs. 13/9820, 18).

II. Postulationsfähigkeit

2 Die Rechtsanwaltsgesellschaft kann sowohl als Verfahrensbevollmächtigte als auch als Prozessbevollmächtigte beauftragt und dementsprechend tätig werden. Der für die Gesellschaft auftretende Rechtsanwalt braucht nicht gesondert bevollmächtigt zu werden (BT-Drs. 13/11035, 25). Wäre dies anders, würde die Beschränkung der Haftung auf das Gesellschaftsvermögen der Rechtsanwaltsgesellschaft unterlaufen und die Handelndenhaftung durch die Hintertür wieder eingeführt, da ja eine Einzelbevollmächtigung des handelnden Rechtsanwalts regelmäßig dessen persönliche Haftung zur Folge hat (Hartung/Römermann/*Römermann* § 59l Rn. 4; Henssler/Prütting/*Henssler* § 59l Rn. 2 mwN).

3 Da die Postulationsfähigkeit grundsätzlich Prozessfähigkeit voraussetzt, erklärt § 59l die Rechtsanwaltsgesellschaft für prozessfähig. Die Rechtsanwaltsgesellschaft selbst ist es also, die die anwaltlichen Dienstleistungen erbringt (*Vieth/Schulz-Jander* NZG 1999, 1126, 1129; Henssler/Prütting/*Henssler* § 59l Rn. 2). Gleichwohl ist die **Postulationsfähigkeit von derjenigen abhängig, die der** für die Rechtsanwaltsgesellschaft vor Gericht auftretende **Vertreter hat.** Umgekehrt hat die GmbH, die nicht als Rechtsanwaltsgesellschaft zugelassen ist, keine Postulationsfähigkeit, auch wenn ihr Geschäftsführer als Rechtsanwalt zugelassen ist (BGH NJW 2005, 1488).

4 Folge der Postulationsfähigkeit ist die **Möglichkeit der Beiordnung im Wege der Prozess- bzw. Verfahrenskostenhilfe** gemäß § 121 ZPO (OLG Nürnberg NJW 2002, 3715).

5 Infolge der Zuerkennung von Prozess- und Postulationsfähigkeit billigt § 59l S. 2 der Rechtsanwaltsgesellschaft für ihre Tätigkeit als Prozess- und/oder Verfahrensbevollmächtigte die gleichen Rechte und Pflichten zu, die ein Rechtsanwalt hat.

6 § 59l S. 3 legt fest, dass die Gesellschaft nur dann wirksam tätig werden kann, wenn die für sie handelnde Person die im konkreten Einzelfall vorgeschriebenen gesetzlichen Voraussetzungen erfüllt. Durch die Aufhebung des Lokalisationsprinzips hat diese Einschränkung größtenteils ihre Bedeutung verloren, da nur noch das Auftreten vor dem BGH in Zivilsachen an eine besondere Zulassung gebunden ist. Bedeutung hat die Vorschrift aber für nicht aus der EU bzw. dem EWR stammende (ausländische) Rechtsanwälte, die in Deutschland nicht unbeschränkt postulationsfähig sind (Henssler/Prütting/*Henssler* § 59l Rn. 4).

III. Verteidigung

7 § 59l S. 4 legt fest, dass Verteidiger iSd §§ 137 ff. StPO nur die für die Rechtsanwaltsgesellschaft handelnde Person ist. Damit ist zweierlei geklärt: Die Rechtsanwaltsgesellschaft darf sich strafverfahrensrechtlich betätigen (BT-Drs. 13/11035, 25). Sie kann aber keine Verteidigerstellung übernehmen, so dass die Verteidigung durch die für die Rechtsanwaltsgesellschaft handelnde Person erfolgt (so auch Henssler/Prütting/*Henssler* § 59l Rn. 6). Damit wird die gesetzliche Konzeption der Postulationsfähigkeit durchbrochen. Dies ist der Rechtsprechung des BVerfG geschuldet, wonach Personenvereinigungen selbst keine Verteidiger sein können (BVerfG NJW 1977, 99; 1977, 1629).

8 § 59l S. 4 ermöglicht es, die §§ 137 ff. StPO unverändert zu lassen.

9 Die Bestimmung des § 59l S. 4 bezieht auch auf die Verteidigung in Ordnungswidrigkeitenverfahren und berufsgerichtliche Verfahren (BT-Drs. 13/9820, 18; *Zuck* § 59l Rn. 8; Henssler/Prütting/*Henssler* § 59l Rn. 7).

10 Wegen fehlenden Verweises in §§ 59m Abs. 2 auf § 49besteht auf Seiten der Rechtsanwaltsgesellschaft **keine Verpflichtung zur Übernahme von Pflichtverteidigungen** (*Kleine-Cosack* § 59l Rn. 5; Henssler/Prütting/*Henssler* § 59l Rn. 8). Selbstverständlich bleiben die in der Rechtsanwaltsgesellschaft tätigen Rechtsanwälte der Pflicht aus § 49 unterworfen (so auch Gaier/Wolf/Göcken/*Bormann* § 59l Rn. 6).

§ 59m Mitteilungspflichten; anwendbare Vorschriften; Verschwiegenheitspflicht

(1) [1] **Die Rechtsanwaltsgesellschaft hat jede Änderung des Gesellschaftsvertrags, der Gesellschafter oder in der Person der nach § 59f Vertretungsberechtigten sowie die Errichtung oder Auflösung von Zweigniederlassungen der Rechtsanwaltskammer unter Beifügung einer öffentlich beglaubigten Abschrift der jeweiligen Urkunde unverzüglich anzuzeigen.** [2] **Wird die Änderung im Handelsregister eingetragen, ist eine beglaubigte Abschrift der Eintragung nachzureichen.**

(2) **Für Rechtsanwaltsgesellschaften gelten sinngemäß die Vorschriften des Dritten Abschnitts des Zweiten Teils, die §§ 43 bis 43b, 44, 48, 49a bis 50, 52 Abs. 1 Satz 1, die §§ 53, 56 Abs. 1 und 2 und die §§ 57 bis 59, der Vierte Abschnitt des Fünften Teils und § 163.**

(3) **Die Gesellschafter sowie die Mitglieder der durch Gesetz oder Gesellschaftsvertrag vorgesehenen Aufsichtsorgane der Rechtsanwaltsgesellschaft sind zur Verschwiegenheit verpflichtet.**

I. Zweck der Vorschrift und Regelungsgegenstand

Die Vorschrift regelt **unterschiedlichste Pflichten im Zusammenhang mit dem Betrieb der Rechtsanwaltsgesellschaft.** Sie statuiert berufsrechtliche Meldepflichten und deren Durchführung. Ferner bestimmt sie, welche Rechte und Pflichten des Rechtsanwalts für die Rechtsanwaltsgesellschaft gelten. Schließlich wird die Verschwiegenheitsverpflichtung auf die Personen erstreckt, die ihr nicht schon von Berufs wegen unterliegen, jedoch Gesellschafter oder Mitglied von Aufsichtsorganen sind. 1

II. Mitteilungspflichten (Abs. 1)

Abs. 1 verpflichtet die Rechtsanwaltsgesellschaft, der Rechtsanwaltskammer eine Reihe **grundlegender Änderungen unverzüglich,** also ohne schuldhaftes Zögern, **mitzuteilen.** Dadurch soll gewährleistet werden, dass die Rechtsanwaltskammer stets aktuelle Kenntnisse über die maßgeblichen Verhältnisse der Rechtsanwaltsgesellschaft hat. Nur so kann sie ihren Kontrollaufgaben gerecht werden (amtliche Begründung, BR-Drs. 1002/97, 20). Damit erhält die Rechtsanwaltskammer die Informationen, die sie veranlassen können, die Frage der Rücknahme bzw. des Widerrufs der Zulassung (§ 59h) zu prüfen. 2

Wegen der Bedeutung der mitzuteilenden Umstände und zum Zwecke der Beweissicherung muss der Mitteilung eine **öffentlich beglaubigte Abschrift** (§ 129 Abs. 1 BGB) der jeweiligen Urkunde beigefügt sein. Wird die Änderung auch im Handelsregister eingetragen, zB bei Änderung des Gesellschaftsvertrages (§ 54 GmbHG), in Geschäftsführungsangelegenheiten (§ 39 GmbHG) sowie bei Errichtung und Änderung von Zweigniederlassungen (§ 13 HGB), ist auch eine beglaubigte Abschrift der Eintragungsmitteilung des Handelsregisters oder ein aktueller Handelsregisterauszug einzureichen. 3

Unverzüglich anzuzeigen ist jede **Änderung des Gesellschaftsvertrages.** Aufgrund des klaren Gesetzeswortlauts sind also nicht nur grundlegende Änderungen anzeigepflichtig. Ferner sind Änderungen im Gesellschafterbestand und im Kreis der Vertretungsberechtigten (§ 59f) anzuzeigen. Schließlich sind der Rechtsanwaltskammer sowohl die Errichtung als auch Auflösung von Zweigniederlassungen bekanntzumachen. Dass auch **Änderungen bezüglich der Beteiligung (Stammeinlage) meldepflichtig** sind, ergibt sich nicht aus dem Gesetzeswortlaut, aber aus der Intention des Gesetzgebers, der durch das MoMiG die Transparenzpflicht aus § 40 GmbHG aufgewertet hat. In dieser Vorschrift ist festgelegt, dass bei jeder Änderung in der Person der Gesellschafter oder ihrer Beteiligung eine Gesellschafterliste zum Handelsregister einzureichen ist (so auch Henssler/Prütting/*Henssler* § 59m Rn. 4). 4

Neben den berufsrechtlichen Mitteilungspflichten aus Abs. 1 bestehen die gesellschaftsrechtlichen Verpflichtungen zur Mitteilung und Veranlassung der Eintragung im Handelsregister, zB gemäß §§ 39, 40, 54, 57, 65 GmbHG. Insbesondere nach jeder Veränderung in der Person der Gesellschafter bzw. in der Person oder Vertretungsbefugnis der Geschäftsführer ist eine Gesellschafterliste (§ 40 GmbHG) bzw. die Änderung bzgl. der Geschäftsführer (§ 39 GmbHG) zum Handelsregister einzureichen. Zur Bedeutung der Einreichung der Liste der Gesellschafter nach § 40 GmbHG beim Halten der GmbH-Anteile durch eine BGB-Gesellschaft vgl. BGHZ 148, 270 5

= NZG 2001, 983 = DB 2001, 1876 = BRAK-Mitt. 2002, 37 = AnwBl. 2001, 183; → § 59c Rn. 5; → § 59e Rn. 1 iVm → PAO § 52e Rn. 6). In den zum Handelsregister einzureichenden Gesellschafterlisten (§ 8 Abs. 1 Nr. 3, § 40 Abs. 1 GmbHG) sind nicht nur die GbR, sondern auch deren jeweilige Gesellschafter aufzuführen (BGHZ 148, 270 = NJW 2002, 68).

III. Geltung berufsrechtlicher und anderer Vorschriften (Abs. 2)

6 **Übersicht:** In Abs. 2 wird festgelegt, dass eine Reihe von Vorschriften sinngemäß für die Rechtsanwaltsgesellschaft gelten. Es sind dies die Bestimmungen über das Verwaltungsverfahren (§ 32–36), diverse Bestimmungen bzgl. der Rechte und Pflichten des Rechtsanwalts (§§ 43–43b, 44, 48, 49a–50, 51a Abs. 1, 56 Abs. 1 und 2 und 57–59), die Vorschriften der §§ 112a–112f, die sich mit dem gerichtlichen Verfahren in verwaltungsrechtlichen Anwaltssachen befassen sowie § 163, der die sachliche Zuständigkeit des BMJV für diverse Angelegenheiten der BGH-Anwälte festlegt. Soweit in Abs. 2 auch noch § 52 Abs. 2 als sinngemäß anwendbar aufgeführt wird, hat dies keine Bedeutung mehr, da diese Norm, die sich mit der Vertretung des Prozessbevollmächtigten befasste, durch das Gesetz zur Neuregelung des Rechtsberatungsrechts vom 12.12.2007 (BGBl. I S. 2840) ersatzlos aufgehoben worden ist.

7 Sinngemäß anzuwenden sind die Bestimmungen über die allgemeine anwaltliche Berufspflicht, die anwaltlichen Grundpflichten und die Werbung (§§ 43–43b), die Vorschrift zur Mitteilung der Ablehnung eines Auftrags (§ 44), die Regelungen zur Übernahme der Prozessvertretung bzw. Beratungshilfe (§§ 48 und 49a), die Vergütungsvorschrift des § 49b und die Bestimmung zu den Handakten (§ 50). Die in § 51a geregelte vertragliche Begrenzung von Ersatzansprüchen gilt auch für die Rechtsanwaltsgesellschaft. Die Rechtsanwaltsgesellschaft hat die gleichen Pflichten gegenüber dem Vorstand der Rechtsanwaltskammer wie jeder Rechtsanwalt (§ 56). Verletzt die Rechtsanwaltsgesellschaft ihre Pflichten nach § 56, kann ihr nach § 57 ein Zwangsgeld auferlegt werden. Nach § 58 hat die Gesellschaft das Recht, Einsicht in ihre Personalakten zu nehmen. Auch Rechtsanwaltsgesellschaften sind zur Ausbildung von Referendaren verpflichtet (§ 59).

8 Die **Geltung der BORA** für die Rechtsanwaltsgesellschaft ergibt sich nicht aus Abs. 2, da eine Verweisung auf § 59b (Satzungskompetenz) fehlt. Es ist aber anzunehmen, dass der Gesetzgeber davon ausgegangen ist, dass es keiner Einbeziehung dieser Norm in § 59m bedurfte. Einerseits gibt es auch im Recht der Anwaltssozietäten und der anwaltlichen Partnerschaftsgesellschaften keine Verweisung auf § 59b. Andererseits ist die Satzungsversammlung befugt, allgemeine und besondere Berufspflichten aller Kammermitglieder, also auch der Rechtsanwaltsgesellschaften zu regeln; rechtsformbedingte Einschränkungen werden nicht gemacht. Die Ermächtigung ist hinreichend bestimmt (so auch AGH NRW NJW-RR 2002, 1494. Soweit in der Literatur die Auffassung vertreten wird, die BORA gelte für die Rechtsanwaltsgesellschaft nicht (so zB *Römermann* MDR 2000, 734; *Kleine-Cosack* BORA § 33 Rn. 2), ist von den für die Rechtsanwaltsgesellschaft tätigen Rechtsanwälten § 33 Abs. 2 BORA zu beachten. Danach hat der Rechtsanwalt zu gewährleisten, dass die Regeln der BORA auch von der Organisation (= Rechtsanwaltsgesellschaft) eingehalten werden. Somit wirkt sich der Meinungsstreit um die Anwendbarkeit der BORA in der Praxis nicht aus.

IV. Pflicht zur Verschwiegenheit (Abs. 3)

9 Abs. 3 verpflichtet unter anderem die **Gesellschafter** zur **Verschwiegenheit.** Die Norm entspricht im wesentlichen § 72 Abs. 2 StBerG und § 56 Abs. 2 WPO. Bedeutung hat die Vorschrift nur bei Gesellschaftern, die **keinen sozietätsfähigen Beruf** ausüben (BT-Drs. 13/9820, 19). Zu denken ist an berufsfremde Erben eines Gesellschafters während der Übergangszeit gemäß § 59h Abs. 3. In dieser Übergangszeit hat der entsprechende Gesellschafter, der ja als Berufsfremder keiner berufsrechtlichen Schweigepflicht unterliegt, dieselbe Verpflichtung zur Verschwiegenheit wie die übrigen Gesellschafter.

10 Hat die Rechtsanwaltsgesellschaft einen **obligatorischen Aufsichtsrat** (§ 1 Abs. 1 Nr. 2 S. 2 DrittelbG bei mehr als 500 Arbeitnehmern oder nach § 1 Abs. 1 MitbestG bei mehr als 2000 Arbeitnehmern) oder hat sie einen **fakultativen Aufsichtsrat** (§ 52 GmbHG), so sind dessen Mitglieder ebenfalls zur Verschwiegenheit verpflichtet. Der Gesetzgeber hat erkannt, dass die Mitglieder des Aufsichtsrats nicht zwingend Angehörige der soziatsfähigen Berufe sein müssen (so auch Henssler/Prütting/*Henssler* § 59m Rn. 13).

Vierter Teil. Die Rechtsanwaltskammern

Erster Abschnitt. Allgemeines

§ 60 Zusammensetzung und Sitz der Rechtsanwaltskammer

(1) [1] **Die Rechtsanwaltskammer ist für den Bezirk des Oberlandesgerichts gebildet.** [2] **Mitglieder sind die Rechtsanwälte, die von ihr zugelassen oder aufgenommen worden sind, und Rechtsanwaltsgesellschaften, die im Bezirk des Oberlandesgerichts ihren Sitz haben.** [3] **Mitglieder der Rechtsanwaltskammer sind außerdem, soweit sie nicht Rechtsanwälte oder Angehörige eines in den §§ 206, 209 Abs. 1 genannten Berufs sind, die Geschäftsführer der in Satz 2 genannten Rechtsanwaltsgesellschaften.** [4] **Die Mitgliedschaft erlischt, außer in den Fällen des § 27 Abs. 3, durch Erlöschen der Zulassung zur Rechtsanwaltschaft (§§ 13, 59h).**

(2) **Die Rechtsanwaltskammer hat ihren Sitz am Ort des Oberlandesgerichts.**

Übersicht

I. Allgemeines und geschichtliche Entwicklung

Erst mit dem Inkrafttreten der ersten einheitlichen RAO für das ganze Reich am 1.10.1879 wurde die **berufliche Selbstverwaltung der deutschen Rechtsanwaltschaft,** wie sie bis heute fortbesteht, begründet und die Anwaltschaft endgültig von der richterlichen Disziplinargewalt befreit (*Baatz* BRAK-Mitt. 2008, 190; *Gellner* DAV-Ratgeber 1985, 161, 169; *Hartung* AnwBl. 2000, 9; *Vigano,* Vorwort zu Bd. 2 der Schriftenreihe der BRAK, Festansprachen. Hundert Jahre Rechtsanwaltskammern; zu **weiterer Literatur** → Rn. 3). 1

Die Rechtsanwaltschaft ist ein Organ der Rechtspflege (§ 1). Der einzelne Rechtsanwalt ist berufen, neben dem Richter, dem Staatsanwalt, dem Patentanwalt und dem Notar an der Rechtspflege mitzuwirken. Aus dieser Stellung innerhalb der Rechtspflege ergibt sich für die Anwaltschaft, ähnlich wie für die Richter, Staatsanwälte, Patentanwälte und Notare eine enge Verbindung zu dem Staat als Träger der Justizhoheit. Diese Verbindung muss naturgemäß den Eigenheiten jedes Organs angepasst sein und zu Verschiedenheiten in der Ausgestaltung führen. Der Staat könnte für die Erfüllung der Aufgaben und der Pflichten, die der Anwaltschaft als Organ der Rechtspflege obliegen, selbst sorgen. Damit würde er aber der Stellung der Anwaltschaft, die von jeher einen großen Teil der Aufgaben unter eigener Verantwortung erledigt hat, nicht gerecht. Die BRAO knüpft an diese historische Entwicklung an. Sie sieht deshalb vor, dass die Anwaltschaft, soweit es nach rechtsstaatlichen Grundsätzen möglich ist, staatliche Aufgaben in eigener Selbstverwaltung erfüllt; so hat sie insbesondere die Aufsicht über die Berufsangehörigen (§§ 56, 57, 73 Abs. 2 Nr. 4, 74) und die Mitwirkung an der Besetzung der staatlichen Anwaltsgerichte (§§ 73 Abs. 2 Nr. 5, 93 Abs. 2, 94 Abs. 2, 101 Abs. 2, 103, 107 Abs. 2) in eigener Selbstverwaltung innerhalb bestimmter Grenzen und unter der **bloßen Rechtsaufsicht** der Landes- bzw. Bundesjustizverwaltung (§§ 62 Abs. 2, 163, 176 Abs. 2) zu erfüllen. Dazu gewährt ihr der Staat hoheitliche Mittel, wie sie das Rügerecht (§ 74) darstellt (amtliche Begründung). 2

Da eine Zuständigkeit der Landesjustizverwaltung in Zulassungssachen verfassungsrechtlich nicht geboten ist, ist allen regionalen Kammern im Bundesgebiet die alleinige Zuständigkeit in Zulassungs- und Widerrufssachen unter Rechtsaufsicht der jeweiligen Landesjustizverwaltung 2a gemäß § 224a aF übertragen worden (zu Einzelheiten vgl. 6. Aufl. Anm. zu § 224a; Norm aufgehoben durch das Gesetz zur Stärkung der Selbstverwaltung der Rechtsanwaltschaft zum 1.6.2007, BGBl. I S. 358).

3 Die Anwaltschaft ihrerseits kann diese öffentlich-rechtlichen Aufgaben nur erfüllen, wenn ihr eine geeignete Organisationsform gegeben wird. Als Organisationsform dieser Selbstverwaltung wurden die Rechtsanwaltskammern bei den Oberlandesgerichten (§§ 60 ff.) und beim BGH (§§ 162 ff.) sowie die BRAK (§§ 175 ff.) gewählt, und zwar in der Rechtsform der **Körperschaften des öffentlichen Rechts** (§§ 62 Abs. 1, 162, 174, 176 Abs. 1). Nur diese Rechtsform kam in Betracht, weil sie allein einerseits die Stellung zum Staate vermitteln und andererseits die Mitglieder ihrem beruflichen Eigenleben entsprechend zusammenfassen kann (amtliche Begründung).

3a Zur **geschichtlichen Entwicklung** vgl. Schriftenreihe der BRAK, Band 2: Festansprachen, Hundert Jahre RAK, und Band 6: 25 Jahre BRAK; *Hartstang* I 18 ff.; *Leuze,* Die RAK und die anwaltliche Selbstverwaltung, 157 ff.; *Finzel,* Zur Geschichte der RAK Hamm, 49 ff., beide in FS zum 125-jährigen Bestehen der RAK Hamm, 2004; *Brand,* Historisches und Persönliches aus der RAK Celle, 2004; *Ernst,* Ein Vierteljahrhundert RAK München, 1979 bis 2004, 6; *Staehle,* Entwicklung der Kammer 1979–2004, 17 ff., beide in FS zum 125-jährigen Bestehen der RAK München, Mitteilungsblatt RAK München III. Quartal 2004; *Finzel,* Anwaltliche Berufsorganisationen, 2003; *Heinrich,* 100 Jahre RAK München, 1979; *Isermann/Schlüter,* Justiz und Anwaltschaft in Braunschweig 1879–2004, in 125 Jahre OLG und RAK Braunschweig, 2004; *Jungfer/König,* 125 Jahre RAK Berlin, 2006; *Privat,* Anwaltschaft im Wandel, 125 Jahre RAK Köln 1879–2004, 2004; Rechtsanwälte und ihre Selbstverwaltung 1878–1998, FS RAK Frankfurt; FS Rechtsanwälte links der Weser – 50 Jahre RAK Oldenburg, 1999; FS anlässlich des 120-jährigen Gründungsjubiläums der RAK Sachsen, 1999; FS 15 Jahre Wiedergründung RAK Sachsen am 23. November 2005; 125 Jahre Pfälzische RAK Zweibrücken, FS der Pfälzischen RAK Zweibrücken, 2004; *Schümann,* 10 Jahre RAK Mecklenburg-Vorpommern, 2000; FS RAK Freiburg 2011, Freie Anwaltschaft in Südbaden – 65 Jahre RAK Freiburg. Zu aktuellen Rechts- und Organisationsfragen der freiberuflichen Selbstverwaltung vgl. *Tettinger* BRAK-Mitt. 1995, 98 ff.

3b Rechtsanwaltskammern sind **Unternehmensvereinigungen** iSv Art. 101 AEUV (ex-Art. 81 EGV, ursprünglich Art. 85 EGV; EuGH NJW 2002, 882 = BRAK-Mitt. 2002, 79 = AnwBl. 2002, 234; *Weil* BRAK-Mitt. 2002, 50).

3c Grundsätzlich sind die Rechtsanwaltskammern als juristische Personen des öffentlichen Rechts **keine Träger materieller Grundrechte** (vgl. BVerfG NJW 1989, 2613 = BRAK-Mitt 1989, 53; BVerfGE 68, 193 = NJW 1985, 1385).

II. Pflichtmitgliedschaft

4 **1. Kreis der Mitglieder.** Die Neufassung des § 60 durch Gesetz vom 26.3.2007 (BGBl. I S. 358) greift für die Mitgliedschaft zu einer RAK, anders als die bisherige Norm, wegen Wegfalls der Zulassung bei einem Gericht einen anderen Anknüpfungspunkt auf. Sie legt in S. 1 fest, dass die RAK **für den Bezirk des Oberlandesgerichts gebildet** ist. Für die Rechtsanwälte, die bei Inkrafttreten dieser Norm in dem Bezirk eines Oberlandesgerichts zugelassen sind, bestätigt die Übergangsvorschrift zu diesem Gesetz in Art. 6 Abs. 3, die Zugehörigkeit zu der für diesen Bezirk gebildeten RAK. S. 2 bestimmt, dass die Rechtsanwälte Mitglieder der Kammer sind, die von ihr zugelassen oder aufgenommen (§ 27 Abs. 3) sind und dass auch alle Rechtsanwaltsgesellschaften, die in dem Bezirk eines Oberlandesgerichts ihren Sitz haben (→ § 59i Rn. 1, 6), kraft Gesetzes eine RAK bilden. Hinzu kommen die Mitglieder nach §§ 206, 209. Zudem sind auch die **Geschäftsführer von Rechtsanwaltsgesellschaften,** soweit sie nicht bereits als Rechtsanwälte oder Berufsangehörige iSd § 209 Abs. 1 der RAK angehören, Kammermitglieder.

4a Bei den Rechtsanwälten spielt es dabei keine Rolle, ob sie aufgrund Befähigung zum Richteramt, Bestehens der Eignungsprüfung oder infolge Eingliederung als niedergelassener europäischer Rechtsanwalt zur Rechtsanwaltschaft zugelassen wurden (§ 4 BRAO; §§ 12 ff., 16 ff. EuRAG), oder ob sie als niedergelassener europäischer Rechtsanwalt nach §§ 2 ff. EuRAG in die RAK aufgenommen wurden.

4b Die Mitgliedschaft der Rechtsanwaltsgesellschaft beginnt, sobald sie als solche zugelassen und im Handelsregister eingetragen ist (→ § 59d Rn. 1 ff.; → § 59g Rn. 4 ff., 16), sie endet mit dem Erlöschen, dem Widerruf oder der Rücknahme der Zulassung (§ 59h). Die Mitgliedschaft bleibt eine gesetzliche Folge der Zulassung (amtliche Begründung bei Normierung der Rechtsanwalts-GmbH).

Die Regelung zu den Geschäftsführern der Rechtsanwaltsgesellschaft entspricht insoweit der Bestimmung § 74 Abs. 2 StBerG und § 58 Abs. 1 WPO (amtliche Begründung, BR-Drs. 1002/97, 20). Nach § 59f Abs. 2 können neben Rechtsanwälten auch Angehörige sozietätsfähiger Berufe (§ 59a Abs. 1 S. 1, Abs. 3) Geschäftsführer einer Rechtsanwaltsgesellschaft sein. Im Hinblick auf ihre Geschäftsführerstellung in der Rechtsanwaltsgesellschaft, die nach Abs. 1 S. 2 Mitglied der RAK ist, sind diese **Nichtanwälte** auch **selbst persönliches Mitglied der RAK,** der die Rechtsanwaltsgesellschaft angehört. Damit wird sichergestellt, dass sie persönlich der Berufsaufsicht der für den Sitz der Rechtsanwaltsgesellschaft zuständigen RAK (§§ 73 Abs. 2 Nr. 4, 74, 74a) und der Anwaltsgerichtsbarkeit (§ 115c) unterstehen. Sie haben aufgrund ihrer Mitgliedschaft in der Kammer **dieselben Mitgliedschaftsrechte und -pflichten** wie Rechtsanwälte. Sie sind insbesondere für die Wahl zum Kammervorstand und zur Satzungsversammlung entsprechend §§ 64, 65, 191b wahlberechtigt und wählbar (BVerwG NJW 1969, 152 zu den Mitgliedern des Vorstands und Geschäftsführer einer Steuerberatungsgesellschaft, die nicht Steuerberater oder Steuerbevollmächtigte sind (§ 74 Abs. 2 StBerG); vgl. auch Anm. zu §§ 64, 65). Die Regelung über die Mitgliedschaft der Rechtanwaltsgesellschaften und deren nichtanwaltlicher Geschäftsführer, die erst mit Gesetz vom 31.8.1998 (BGBl. I S. 2600, 2602) eingeführt wurde, trat nach Art. 15 S. 3 des genannten Gesetzes am 1.3.1999 in Kraft (→ § 59c Rn. 1). 5

Nachdem der Ort der Zulassung des Rechtsanwalts durch Wegfall der Lokalisation nicht mehr Anknüpfungspunkt für die Mitgliedschaft des Geschäftsführers einer Rechtsanwaltsgesellschaft (§ 59f) zu einer Kammer ist, aber nach dem Willen des Gesetzgebers nicht (zwangsläufig) der Sitz der Rechtsanwaltsgesellschaft Anknüpfungspunkt für die Kammerzugehörigkeit werden sollte (nach der amtlichen Begründung bestand insoweit „kein Änderungsbedarf", BT-Drs. 15/5223, 34), ist für die Mitgliedschaft der Geschäftsführer von Rechtsanwaltsgesellschaften bzw. deren Zweigniederlassungen zu einer Kammer, auf die Zulassungskammer oder bei Wechsel in einen anderen Bezirk auf die aufnehmende Kammer (§ 27 Abs. 3) abzustellen. Da die persönliche Mitgliedschaft der nichtanwaltlichen Geschäftsführer (zB Steuerberater oder Wirtschaftsprüfer) einer Rechtsanwaltsgesellschaft (§ 59f Abs. 2) an ihre Geschäftsführerstellung in der Gesellschaft gebunden ist, sind sie auch Mitglieder der RAK, in deren Bezirk die Rechtsanwaltsgesellschaft bzw. deren Zweigniederlassung ihren Sitz hat, um die Aufsicht über die Rechtsanwaltsgesellschaft vollumfänglich zu gewährleisten. 6

2. Doppelmitgliedschaft in Deutschland bzw. Europa. Eine **Doppelmitgliedschaft** in zwei Rechtsanwaltskammern Deutschlands ist **nicht möglich.** Mit der Neuregelung in § 60 ist dies weiter sichergestellt (amtliche Begründung, BT-Drs. 15/5223, 34). Die Vorschriften §§ 61, 27, 29a gewährleisten ebenfalls, dass immer (nur) eine Kammerzugehörigkeit feststellbar ist. 7

Eine **Doppelmitgliedschaft in den Kammern verschiedener Berufsstände** aufgrund von Doppelqualifikationen ist zulässig. Ist ein Rechtsanwalt zB auch als Patentanwalt zugelassen (§ 19 PAO), als Steuerberater bestellt (§ 41 StBerG) oder als Geschäftsführer einer Steuerberatungsgesellschaft tätig (§ 50 Abs. 2 StBerG), dann ist er nicht nur Mitglied der RAK, sondern auch der Patentanwaltskammer (§ 53 PAO) bzw. der Steuerberaterkammer (§§ 72 Abs. 1, 73, 74 Abs. 2 StBerG). In einem solchen Fall ist das jeweils **strengere Berufsrecht maßgebend** (BVerfGE 54, 237; BGHSt 42, 55). 7a

In einem Vorabentscheidungsersuchen hat der EuGH am 3.2.2011 entschieden, dass das europäische Recht einer nationalen Regelung nicht entgegenstehe, die für die Ausübung des Rechtsanwaltsberufs unter der Berufsbezeichnung des Aufnahmemitgliedstaates eine Verpflichtung zur Mitgliedschaft in der dortigen RAK vorsieht (EuGH NJW 2011, 1273 = AnwBl. 3/2011, VIII). Daraus folgt, dass eine **Mitgliedschaft in zwei Rechtsanwaltskammern in zwei Staaten** zulässig ist. 7b

3. Erlöschen der Mitgliedschaft. In S. 4 ist das Erlöschen der Mitgliedschaft geregelt. Es gibt für den Rechtsanwalt keine Möglichkeit, weder aufgrund eigener Willenserklärung noch durch Hoheitsakt, Mitglied einer anderen Kammer zu sein, als der, in deren Bezirk er zugelassen (*Isele* § 60 Anm. II. B.; *Schumann* NJW 1990, 2089 = AnwBl. 1990, 466) oder in deren Bezirk er aufgenommen ist. Die Mitgliedschaft erlischt, außer in den Fällen des § 27 Abs. 3, durch Erlöschen der Zulassung zur Rechtsanwaltschaft (§§ 13 f.), dies gilt auch bei Verlust der Zulassung bei dem BGH für die Mitgliedschaft in der RAK bei dem BGH (§ 174). 8

8a Wie der Rechtsanwalt durch Wechsel der Zulassung (§ 27 Abs. 3) Mitglied einer anderen RAK werden kann, kann auch die Rechtsanwaltsgesellschaft durch Verlegung ihres Sitzes (→ § 59i Rn. 1) Mitglied einer anderen Kammer werden; dem folgt dann die Mitgliedschaft der nichtanwaltlichen Geschäftsführer. Die Mitgliedschaft der Gesellschaft und ihrer nichtanwaltlichen Geschäftsführer in der RAK erlischt durch Aufhebung der Gesellschaft und bestandskräftiger Rücknahme oder Widerruf der Zulassung (→ § 60 Rn. 4; § 59h), die des nichtanwaltlichen Geschäftsführers auch durch seine Abberufung als Geschäftsführer (Rowedder/Schmidt-Leithoff/*Koppensteiner* GmbHG § 38 Rn. 1 ff., GmbHG § 46 Rn. 17, GmbHG § 52 Rn. 43).

8b Die Mitgliedschaft kann erlöschen bei Errichtung eines **neuen OLG** oder bei **Änderung der Bezirksgrenzen** der Oberlandesgerichte, wie zB bei den Bezirken der Oberlandesgerichte Braunschweig und Celle mit Wirkung zum 1.1.1998. Der Landgerichtsbezirk Göttingen ist vom OLG Celle dem OLG Braunschweig zugewiesen worden (Nds. Gesetz zur Umgliederung des LG-Bezirks Göttingen vom 19.6.1997, Nds. GVBl. S. 288; die dagegen eingelegte Verfassungsbeschwerden wurden nicht zur Entscheidung angenommen, BVerfG NJW 2000, 1325). Dann treffen Verlust der Mitgliedschaft in der bisherigen und deren Erwerb in der neuen Kammer zusammen (*Isele* § 60 Anm. III. A–D). Gleiches gilt im Fall der Bildung einer weiteren RAK (§ 61).

8c Die Mitgliedschaft, deren Erwerb und Verlust, sind **abschließend** in der BRAO **geregelt;** weder der Vorstand oder die Mitgliederversammlung der Kammer noch der Rechtsanwalt selbst können darüber eine Entscheidung treffen (*Isele* § 60 Anm. III. E).

9 **4. Verfassungsmäßigkeit.** Die **Pflichtmitgliedschaft** aller Rechtsanwälte, Rechtsanwaltsgesellschaften pp. **ist verfassungskonform.** Die Tätigkeit des einzelnen Rechtsanwalts ist kein Gewerbe (§ 2 Abs. 2). Der Rechtsanwalt hat vielmehr als der „berufene unabhängige Berater und Vertreter in allen Rechtsangelegenheiten" (§ 3 Abs. 1) wichtige Aufgaben der Rechtspflege, also des Gemeinwohls, zu erfüllen: er ist „ein unabhängiges Organ der Rechtspflege" (§ 1). Damit einerseits die grundsätzliche Freiheit der Berufsausübung (§ 2 Abs. 1) gewahrt werden kann, ohne dass andererseits der Anwaltschaft als solcher und der Rechtspflege (also dem Gemeinwohl) Gefahren und Schäden erwachsen, sind die einzelnen Rechtsanwälte pp. zu einer Kammer zusammengeschlossen, die in ihrer Gesamtheit und deren von den Kammermitgliedern gewählter Vorstand bestimmte öffentliche Aufgaben im Interesse der Rechtspflege und der Kammermitglieder kraft Gesetzes (§§ 89, 73) zu erfüllen haben. Durch diese Regelung entlastet der Staat seine eigenen Behörden von diesen Aufgaben, wie insbesondere denen des personalintensiven Zulassungs- und Widerrufswesens sowie der Berufsaufsicht, nutzt die spezifische Sach- und Personenkenntnis der anwaltlichen Selbstverwaltungsgremien und stärkt zugleich die Eigenständigkeit und Unabhängigkeit des anwaltlichen Berufsstands (*Hartstang* II 719).

10 Durch keine Vorschrift des Grundgesetzes, insbesondere nicht durch Art. 9, ist die Pflichtmitgliedschaft in einem öffentlich-rechtlichen Verband ausdrücklich untersagt. Vielmehr ist die Pflichtmitgliedschaft in einem öffentlich-rechtlichen Verband, der (wie die RAK) legitime öffentliche Aufgaben erfüllt, im Rahmen der verfassungsmäßigen Ordnung zulässig. Das hat das BVerfG in ständiger Rechtsprechung entschieden (BVerfGE 10, 89, 102; 10, 354, 361, 364; 15, 235, 239; vgl. auch BVerfG BRAK-Mitt. 2002, 40 = NVwZ 2002, 335 zur Zulässigkeit einer Pflichtmitgliedschaft in einer Industrie- und Handelskammer, das BVerfG spricht hier im Hinblick auf die Pflichtmitgliedschaft von einer „legitimatorischen und freiheitssichernden Funktion", NVwZ 2002, 335, 337). Gegen die Vorschrift des § 60 können hiernach **keine verfassungsrechtlichen Bedenken** erhoben werden (BGH EGE X, 108, 109; *Redeker* NJW 1987, 2610; *Laufhütte,* FS Pfeiffer, 1988, 959, 960; kritisch dagegen *Sojka* MDR 1989, 105; *Kleine-Cosack* § 60 Rn. 3 ff.; *Sodan,* Berufsständische Pflichtvereinigung auf dem Prüfstand des Grundgesetzes, 1991). Die Regelung in § 60 Abs. 1 stellt die RAK auf eine klare Mitgliedschaftsbasis und sichert damit die anwaltliche Selbstverwaltung (*Schumann* NJW 1990, 2089 = AnwBl. 1990, 466).

11 Da die Rechtsanwälte als Pflichtmitglieder der RAK sich etwaigen Beschlüssen, die ihren Interessen zuwiderlaufen, nicht entziehen können, sind die Rechtsanwaltskammern als Selbstverwaltungskörperschaften des öffentlichen Rechts (§ 62 Abs. 1) in besonders hohem Maße verpflichtet, ihre Mitglieder gleichmäßig zu behandeln (BGH NJW 1999, 1402; BGHZ 55, 244 = NJW 1971, 1041 = AnwBl. 1971, 153). Zu den sich aus der Pflichtmitgliedschaft ergebenden Folgen → § 89 Rn. 1 ff.

III. Entstehen und Sitz der Rechtsanwaltskammern

Die Rechtsanwaltskammern sind ohne besonderen Gründungsakt bei den bestehenden Oberlandesgerichten entstanden und entstehen – abgesehen von dem Fall des § 61 – auch bei Errichtung neuer Oberlandesgerichte. Eine Auflösung der RAK durch Beschluss der Mitglieder ist nicht möglich. Würde der gesetzliche Zusammenschluss gelockert, so könnte die **mittelbare Staatsverwaltung** innerhalb der Anwaltschaft nicht mehr durchgeführt werden (amtliche Begründung). Veränderungen des OLG-Bezirks haben kraft Gesetzes die gleiche Veränderung des Bezirks der RAK und ihres Mitgliederbestands zur Folge (*Isele* § 60 Anm. V B). Da der Sitz der RAK grundsätzlich (Ausnahmen über § 210 – dazu 7. Aufl. Anm. zu § 215 aF – bilden die Rechtsanwaltskammern Freiburg, Kassel und Tübingen) an den Sitz des OLG gekoppelt ist, wirken sich auch Verlegungen des Sitzes des OLG auf den Sitz der RAK aus (vgl. aber auch § 210; → § 60 Rn. 15). Die Organe der RAK sind aber nicht gezwungen, die ihnen obliegenden Aufgaben ausschließlich am (durch § 60 festgelegten) Sitz der Kammer zu erfüllen. Das kann durch die Geschäftsordnung anders geregelt werden (vgl. §§ 77 Abs. 4, 85 Abs. 3). 12

IV. Mitgliederstatistik, Adressen

Zu den **28 Rechtsanwaltskammern** und deren **Mitgliederzahl, Zuwachs** und **Fachanwaltsanteil** mit jeweiligem: 13

- Stand 1.1.**1986:** BRAK-Mitt. 1986, 88; Stand 1.1.**1987:** BRAK-Mitt. 1987, 74; Stand 1.1.**1988:** BRAK-Mitt. 1988, 128 = AnwBl. 1988, 235; Stand 1.1.**1989:** AnwBl. 1989, 226 = BRAK-Mitt. 1989, 92;
- Stand 1.1.**1990:** BRAK-Mitt. 1990, 87 = AnwBl. 1990, 516; Stand 1.1.**1991:** BRAK-Mitt. 1991 Heft 1 S. V; Stand 1.1.**1992:** BRAK-Mitt. 1992, 98; Stand 1.1.**1993:** BRAK-Mitt. 1993, 86; Stand 1.1.**1994:** BRAK-Mitt. 1994, 86; Stand 1.1.**1995:** BRAK-Mitt. 1995, 62; Stand 1.1.**1996:** BRAK-Mitt. 1996, 59; Stand 1.1.**1997:** BRAK-Mitt. 1997, 71; Stand 1.1.**1998:** BRAK-Mitt. 1998, 86, Stand 1.1.**1999:** BRAK-Mitt. 1999, 90;
- Stand 1.1.**2000:** BRAK-Mitt. 2000, 137; Stand 1.1.**2001:** BRAK-Mitt. 2001, 121; Stand 1.1.**2002:** BRAK-Mitt. 2002, 122; Stand 1.1.**2003:** BRAK-Mitt. 2003, 124 (121.420 RAinnen/RAe, davon 16.933 Fachanwälte = 13,95 %); Stand 1.1.**2004:** BRAK-Mitt. 2004, 125 (+ 4,43 % auf 126.793 RAinnen/RAe, davon 18.424 Fachanwälte = 14,53 %); Stand 1.1.**2005:** BRAK-Mitt. 2005, 76 (+ 4,56 % auf 132.569 RAinnen/RAe, davon 19.879 Fachanwälte = 15,00 %); Stand 1.1.**2006:** BRAK-Mitt. 2006, 127 (+ 4,18 % auf 138.104 RAinnen/RAe, davon 22.841 Fachanwälte = 16,54 %); Stand 1.1.**2007:** BRAK-Mitt. 2007, 109 (+ 3,42 % auf 142.830 RAinnen/RAe, davon 27.953 Fachanwälte = 19,57 %); Stand 1.1.**2008:** BRAK-Mitt. 2008, 109 (+ 2,86 % auf 146.910 RAinnen/RAe, davon 32.747 Fachanwälte = 22,29 %). Stand 1.1.**2009:** BRAK-Mitt. 2009, 109 (+ 2,36 % auf 150.377 RAinnen/RAe, davon 35.919 Fachanwälte = 23,89 %);
- Stand **1.1.2010:** BRAK-Mitt. 2010, 58 (+ 1,91 % auf 153.251 RAinnen/RAe, 31,58 % der Gesamtzahl sind Rechtsanwältinnen, von der Gesamtzahl sind 38.745 Fachanwälte);
- Stand **1.1.2011:** BRAK-Mitt. 2011, 71: + 1,58 % auf 155.679 RAinnen/RAe, 32,04 % der Gesamtzahl sind Rechtsanwältinnen, von der Gesamtzahl sind 41.569 Fachanwälte; zur Gesamtzahl kommen 453 Rechtsanwalts-GmbHs und 22 Rechtsanwalts-AGs hinzu; die Anzahl der Partnerschaftsgesellschaften stieg um 3,18 % auf 2.789;
- Stand 1.1.**2012:** BRAK-Mitt. 2012, 118: + 1,76 % auf 158.426 RAinnen/RAe, 32,56 % der Gesamtzahl sind Rechtsanwältinnen, von der Gesamtzahl sind 44.340 Fachanwälte, zur Gesamtzahl kommen 535 Rechtsanwalts-GmbHs und 23 Rechtsanwalts-AGs hinzu; die Anzahl der Partnerschaftsgesellschaften stieg um 3,18 % auf 3.029;
- Stand 1.1.**2013:** BRAK-Mitt. 2013, 126: + 1,55 % auf 160.880 RAinnen/RAe, 33,05 % der Gesamtzahl sind Rechtsanwältinnen, von der Gesamtzahl sind 46.723 Fachanwälte, zur Gesamtzahl kommen 586 Rechtsanwalts-GmbHs und 25 Rechtsanwalts-AGs hinzu; die Anzahl der Partnerschaftsgesellschaften stieg um 6,44 % auf 3.224;
- Stand 1.1.**2014:** BRAK-Mitt. 2014, 143: + 1,13 % auf 162.695 RAinnen/RAe, 33,28 % der Gesamtzahl sind Rechtsanwältinnen; von der Gesamtzahl sind 49.069 Fachanwälte; zur Gesamtzahl kommen 654 Rechtsanwalts-GmbHs und 26 Rechtsanwalts-AGs hinzu; die Anzahl

der Partnerschaftsgesellschaften (als solche keine Mitglieder der Rechtsanwaltskammern) stieg um 4,34 % auf 3.364;

- Stand 1.1.**2015:** BRAK-Mitt. 2015, 138: + 0,5 % auf 163.513 RAinnen/RAe, 33,58 % der Gesamtzahl sind Rechtsanwältinnen; von der Gesamtzahl sind 50.840 Fachanwälte, näher → FAO § 1 Rn. 1 ff.; zur Gesamtzahl kommen 694 Rechtsanwalts-GmbHs und 26 Rechtsanwalts-AGs hinzu; die Anzahl der Partnerschaftsgesellschaften (als solche keine Mitglieder der Rechtsanwaltskammern) stieg um 10,46 % auf 3716 (843 davon mbB). Erstmals verzeichnen neun Rechtsanwaltskammern einen Mitgliedsverlust.

14 Die Anschriften, Telefon- und Faxnummern aller Rechtsanwaltskammern und die jeweilige Zusammensetzung der Vorstände, deren Geschäftsordnungen, Satzungen usw. finden sich auf den Homepages der 28 regionalen Kammern (eine **Verlinkung auf alle 28 Rechtsanwaltskammern** befindet sich auf der Homepage der BRAK unter **www.brak.de**).

V. Rechtsanwaltskammern in Ostdeutschland

15 Nach Art. 21 Abs. 3 Gesetz vom 2.9.1994 (BGBl. I S. 2278) bleiben die auf der Grundlage des Rechtsanwaltsgesetzes gebildeten fünf Rechtsanwaltskammern in Ostdeutschland (vgl. 2. Aufl. § 188 RAG) bestehen. Zur Aufrechterhaltung des Sitzes der Rechtsanwaltskammern in Ostdeutschland ausnahmslos am Sitz der jeweiligen Landesregierung vgl. 7. Aufl. § 215 Rn. 2; jetzt in § 210 geregelt (→ § 210 Rn. 1, 2).

§ 61 Bildung einer weiteren Rechtsanwaltskammer

(1) [1] **Die Landesjustizverwaltung kann in dem Bezirk eines Oberlandesgerichts eine weitere Rechtsanwaltskammer errichten, wenn in dem Bezirk mehr als fünfhundert Rechtsanwälte oder Rechtsanwaltsgesellschaften zugelassen sind.** [2] **Bevor die weitere Rechtsanwaltskammer errichtet wird, ist der Vorstand der Rechtsanwaltskammer zu hören.** [3] **Die Landesjustizverwaltung ordnet die Mitglieder den Kammern zu.**

(2) **Die Landesjustizverwaltung bestimmt den Sitz und den Bezirk der weiteren Kammer.**

I. Zweck und Bedeutung der Regelung

1 Der damalige Gesetzgeber ging davon aus, dass wachsende Mitgliederzahlen und eine entsprechende Zunahme von Verwaltungsaufgaben eine fruchtbringende Zusammenarbeit der einzelnen Mitglieder einer Kammer beeinträchtigen und die Ehrenamtsträger von ihrer „Basis" entfernen, was wiederum zu ungleichmäßigem zur Geltung bringen der Interessen der Kammermitglieder und einer übermäßigen Belastung der Ehrenamtsträger führen könne. § 61 sieht daher die Möglichkeit einer Teilung von größeren Kammern vor, um dem abzuhelfen (*Isele* § 61 Anm. I, II; *Gralla* Schriftenreihe der BRAK, Bd. 6, 189, 191).

2 In der **Praxis** wurde aber bisher von der Möglichkeit, nach § 61 weitere Kammern zu errichten, kein Gebrauch gemacht, obgleich es heute nicht eine RAK (außer der beim BGH) gibt, die weniger als fünfhundert Mitglieder hat. Auch angesichts einiger sehr großer Kammern, sieben Kammern mit (weit) **mehr als 10.000 Kammermitgliedern!** (Stand jeweils zum 1.1.2015): München (21.110), Frankfurt (18.398), Berlin (13.850), Hamm (13.828), Köln (12.785), Düsseldorf (12.326) und Hamburg (10.218), sah keine Landesjustizverwaltung Veranlassung, hier insoweit tätig zu werden, weil die Praxis belegt, dass die damaligen Befürchtungen des Gesetzgebers nicht im Ansatz eintrafen und sich im Gegenteil eindrucksvoll zeigt, dass die Selbstverwaltung der Anwaltschaft auch derartige Mitgliederzahlen problemlos handzuhaben vermag. – Es ist mithin unwahrscheinlich, dass diese Vorschrift jemals praktische Bedeutung erlangen könnte. Dies entspräche auch nicht der nüchternen Betrachtung einer zur Konzentration und Zentralisation auch in der Anwaltschaft tendierenden Wirklichkeit (*Gralla* Schriftenreihe der BRAK, Bd. 6, 189, 191).

II. Voraussetzungen und Verfahren

3 Eine weitere RAK kann nur gebildet werden im Bezirk eines OLG nicht auch beim BGH. Zuständig für die Errichtung der weiteren RAK ist die Landesjustizverwaltung; eine Übertragung auch dieser Befugnis auf die RAK war in § 224a Abs. 1 aF ausdrücklich ausgenommen. Voraussetzung ist, dass die schon bestehende RAK mehr als fünfhundert Rechtsanwälte oder Rechtsanwaltsgesellschaften (→ § 59c Rn. 1; → § 60 Rn. 4 aE) als Mitglieder hat. **Andere Kammermitglieder** wie etwa nach §§ 206/207, 209 (**aA** Henssler/Prütting/*Hartung* § 61 Rn. 4) oder geschäftsführende Nichtanwälte von Rechtsanwaltsgesellschaften (zu letzteren amtliche Begründung, BT-Drs. 13/9820, 19) werden dabei nach dem ausdrücklichen Wortlaut **nicht mitgezählt,** auch nicht die Geschäftsführer als Organe der Rechtsanwaltsgesellschaften (amtliche Begründung, BR-Drs. 1002/97, 20).

Vor der Errichtung ist der Vorstand der bereits bestehenden RAK zu hören. Die Anordnung 4
der Landesjustizverwaltung über die Errichtung einer neuen Kammer enthält dann auch eine Bestimmung über den Sitz der neuen Kammer und bestimmt, welcher Kammer die bei dem OLG zugelassenen Rechtsanwälte angehören und wie sich die LG-Bezirke auf die Kammern verteilen. Der Sitz der ursprünglichen Kammer bleibt nach § 60 Abs. 2 erhalten (amtliche Begründung).

III. Anfechtung

Da die bisher allein in dem OLG-Bezirk bestehende Kammer durch die Neuerrichtung einer 5
weiteren Kammer in ihren Rechten beeinträchtigt ist, kann sie die Anordnung der Landesjustizverwaltung mit der Anfechtungsklage nach § 112c BRAO, § 42 Abs. 1 Alt. 1 VwGO anfechten. Auch die bisherigen Kammermitglieder werden durch die Anordnung in ihren Rechten betroffen und können dagegen klagen (so auch Henssler/Prütting/*Hartung* § 61 Rn. 9; Gaier/Wolf/Göcken/*Lauda* § 61 Rn. 13).

Würde ein neues OLG errichtet, dann würde nicht § 61 gelten, sondern es entstünde über 6
§ 60 kraft Gesetzes eine neue RAK.

§ 62 Stellung der Rechtsanwaltskammer

(1) **Die Rechtsanwaltskammer ist eine Körperschaft des öffentlichen Rechts.**

(2) [1] **Die Landesjustizverwaltung führt die Staatsaufsicht über die Rechtsanwaltskammer.** [2] **Die Aufsicht beschränkt sich darauf, daß Gesetz und Satzung beachtet, insbesondere die der Rechtsanwaltskammer übertragenen Aufgaben erfüllt werden.**

Übersicht

I. Personalkörperschaft des öffentlichen Rechts

1. Juristische Person. Die RAK ist eine juristische Person des öffentlichen Rechts in der 1
besonderen Rechtsform der öffentlich-rechtlichen Körperschaft. Da personale Merkmale maßgeblich sind, nämlich die Ausübung des Berufs als Rechtsanwalt (§ 60 Abs. 1), handelt es sich bei den Rechtsanwaltskammern um sog. **Personalkörperschaften,** die ihrerseits wiederum in der Verbandskörperschaft BRAK zusammengefasst sind (→ § 175 Rn. 1, 2; *Tettinger* S. 38). Zur rechtlichen Stellung einer RAK nach EU-Recht vgl. EuGH NJW 2002, 877.

Die Rechtsanwaltskammern sind **rechtsfähige** mitgliedschaftlich strukturierte Organisationen, 2
die neben den Aufgaben aus der Selbstverwaltung **öffentliche (hoheitliche) Aufgaben** unter staatlicher Aufsicht (Abs. 2) für den Staat **in mittelbarer Selbstverwaltung** wahrnehmen. Die wichtigsten hoheitlichen Aufgaben in der heutigen Praxis sind das Zulassungs- und Widerrufswesen (§§ 6, 7, 12, 12a, 14), Gutachtenerstattungen für Gerichte, Justizverwaltungen oder Verwaltungsbehörden des Landes (§ 73 Abs. 2 Nr. 8), Vorschlagsrechte für die Besetzung von

Anwalts- und Anwaltsgerichtshof (§ 73 Abs. 2 Nr. 5) sowie für die Berufung der anwaltlichen Beisitzer des Senats für Anwaltssachen beim BGH (§§ 73 Abs. 2 Nr. 6, 107, 166) und die Mitwirkung bei der Ausbildung von Referendaren und Studierenden (§ 73 Abs. 2 Nr. 9).

2a Zur Durchführung ihrer Aufgaben aus der Selbstverwaltung sind der RAK **Zwangsmittel** verliehen worden (§§ 57, 74). Ihr gegenüber ist außerdem eine **Mitwirkungspflicht** des Bewerbers konstituiert (§ 32 BRAO iVm § 26 Abs. 2 VwVfG); die Verletzung kann bei Begehren eines Rechtsvorteils zu seinen Lasten gehen (vgl. BGH AnwBl. 2005, 217; *Kleine-Cosack* § 36 Rn. 5). Die Rechtsanwaltskammern weisen damit die typischen Merkmale einer Körperschaft des öffentlichen Rechts auf (amtliche Begründung). Zu ihrer Errichtung bedarf es einer gesetzlichen Grundlage, die in §§ 60 ff. zu finden ist.

2b Als rechtsfähige Subjekte sind die Rechtsanwaltskammern vom Wechsel ihrer Mitglieder unabhängig. Die Mitgliedschaft ist dabei eine gesetzlich normierte **Pflichtmitgliedschaft** (§ 60 Abs. 1). Die Rechtsanwaltskammern können Träger von Rechten und Pflichten sein, sind Herr ihres Vermögens und **parteifähig.** Sie können vor Gericht klagen und verklagt werden (*Tettinger* S. 38). Ihnen **fehlt** indes als juristische Personen des öffentlichen Rechts über Art. 19 Abs. 3 GG die **Grundrechtsfähigkeit** für die Erhebung einer Verfassungsbeschwerde, soweit sie öffentliche Aufgaben wahrnehmen (BVerfGE 21, 362 = NJW 1967, 1411; BVerfGE 68, 193 = NJW 1985, 1385; *Kleine-Cosack* § 62 Rn. 2; **aA** Bonner Kommentar/*v. Mutius* GG Art. 19 Abs. 3 Rn. 78 ff.). Eine Ausnahme kommt nur in Betracht bei Rüge der Verletzung des Anspruchs auf rechtliches Gehör (Art. 103 GG).

2c Die Kammermitglieder (§ 60 Abs. 1) haften den Gläubigern der Kammer in keiner Weise, ihnen stehen auch keine Anteile am Vermögen der RAK zu.

3 **2. Selbstverwaltung.** Durch die Rechtsanwaltskammern üben die Kammermitglieder (→ § 60 Rn. 4) die Selbstverwaltung in ihren Angelegenheiten aus. Die Rechtsanwaltskammern verwalten die ihnen übertragenen hoheitlichen Aufgaben selbständig unter der Aufsicht des Staates (§ 62 Abs. 2). Dabei sind die Kammern **nicht nur auf die gesetzlich ausdrücklich zugewiesenen Aufgaben** (insbesondere → § 73 Rn. 2 ff., §§ 74, 79, 80, 89 und 177) **beschränkt,** sondern ihr Wirkungskreis erstreckt sich darüber hinaus auch auf den Bereich, der im Blick auf den mit dem korporativen Zusammenschluss ihrer Mitglieder erkennbar verfolgten Zweck als der Körperschaft zugedachter Wirkungskreis festzustellen ist.

4 Der durch Gesetz und Satzung der öffentlich-rechtlichen Körperschaft zugewiesene Aufgabenkreis sowie der mit ihrer Schaffung verfolgte Zweck grenzen den **legitimen Wirkungsbereich** der Körperschaft öffentlichen Rechts positiv und negativ ab. Infolgedessen liegt nicht jede Tätigkeit einer RAK, die nicht unmittelbar unter eine der gesetzlichen Bestimmungen zu subsumieren ist, außerhalb ihres Wirkungskreises, sondern sie fällt erst dann aus diesem Kreis heraus, wenn sie auch durch den mit der Errichtung der Rechtsanwaltskammern verbundenen Zweck nicht mehr gedeckt wird (BVerfGE 50, 16 = NJW 1979, 1159 = AnwBl. 1979, 426; BGHZ 83, 381; BGH NJW 1984, 1042; BGHZ 33, 381 = NJW 1961, 220; BGHZ 64, 301 = NJW 1975, 1559; BGHZ 66, 297 = NJW 1976, 1541; **aA** *Kleine-Cosack* § 62 Rn. 5). Die Rechtsanwaltskammern als juristische Personen des öffentlichen Rechts können mit verbindlicher Wirkung für ihre Mitglieder (§ 60 Abs. 1) Anordnungen treffen, die ihre Angelegenheiten selbständig verbindlich regeln. Im Umfang ihrer Aufgabenstellung sind die Rechtsanwaltskammern **autonom.** Zu den Befugnissen öffentlich-rechtlich verfasster Berufsorganisationen vgl. auch BGH und BVerwG AnwBl. 1986, 34; BGH NJW 1985, 3032. Zum **Aufgabenbereich** der RAK im Einzelnen → § 89 Rn. 2 ff.; → § 73 Rn. 4 ff.

II. Staatsaufsicht

5 **1. Rechtsaufsicht, keine Fachaufsicht.** Da die Rechtsanwaltskammern öffentliche Aufgaben erfüllen, unterliegen sie der Staatsaufsicht der Landesjustizverwaltung. Die Staatsaufsicht über die Rechtsanwaltskammern soll von der Landesjustizverwaltung ausgeübt werden (Abs. 2 S. 1), da sie innerhalb der Länderregierungen für die Fragen des anwaltlichen Berufes zuständig ist. Die Landesjustizverwaltung konnte ihre Befugnisse nach § 224 aF auf nachgeordnete Behörden delegieren (amtliche Begründung). Die Notwendigkeit hoheitlicher Aufsicht ergibt sich aus dem Wesen des freien Berufes (*Redeker* NJW 1987, 2610). Für die Körperschaft des öffentlichen Rechts ist die Staatsaufsicht begriffswesentlich. Wenn die Körperschaft Funktionen staatlicher

Verwaltung ausübt und damit im Rahmen der **mittelbaren Staatsverwaltung** tätig werden soll, so muss sie der Staatsaufsicht unterstehen (amtliche Begründung).

Die Aufsicht ist **reine Rechtsaufsicht** und **keine Fachaufsicht.** Sie hat sich darauf zu beschränken, ob **Gesetz und Satzung** beachtet werden, insbesondere die der RAK übertragenen Aufgaben erfüllt werden. Dies folgt aus der alten Fassung des § 90, wonach nur eine Verletzung des Gesetzes oder der Satzung durch die Landesjustizverwaltung Prüfungsgegenstand für beispielsweise die Nichtigkeit von Wahlen und Beschlüssen ist. Unter **Satzung** sind in diesem Zusammenhang die „Geschäftsordnungen" des Vorstands und der Kammer nach §§ 63 Abs. 3, 77 Abs. 1, 80 Abs. 4, 89 Abs. 3 zu verstehen (*Isele* § 62 Anm. 4 B 3a; ebenso Henssler/Prütting/*Hartung* § 61 Rn. 11). Diese sind Rechtsvorschriften, die von der RAK als dem Staat eingeordneter juristischer Person des öffentlichen Rechts im Rahmen der ihr gesetzlich verliehenen Autonomie mit Wirksamkeit für die ihr angehörenden und unterworfenen Personen erlassen wurden (BVerfGE 33, 125 = NJW 1972, 1504). Darunter fallen nicht die erst viel später als „Satzung" von der Satzungsversammlung (vgl. § 191 Abs. 2) erlassene Berufs- und Fachanwaltsordnung. Die Satzungsversammlung konstituierte sich erst am 7.9.1995. 6

Zur Erleichterung der Rechtsaufsicht ist in § 81 eine **umfassende jährliche Berichtspflicht** über die Tätigkeit in der Kammer und im Vorstand gegenüber der Landesjustizverwaltung verankert, wie auch die Anzeige bei Wahlen zum Vorstand und Präsidium, vgl. Anm. zu § 81. 6a

In **Ermessensentscheidungen** darf die Staatsaufsicht nicht eingreifen, es sei denn eine Entscheidung sei ermessensfehlerhaft. Die **Haushaltsführung** der Rechtsanwaltskammern wird nach den besonderen Vorschriften über die Finanzkontrolle der Körperschaften des öffentlichen Rechts geprüft (amtliche Begründung; → § 176 Rn. 9, 10). – Ein Weisungs- und Leitungsrecht kommt der Landesjustizverwaltung gegenüber der RAK nicht zu. Ein solches **Weisungsrecht** ist mit der Stellung der RAK als eines Instituts der mittelbaren Staatsverwaltung nicht vereinbar, weil hier ein Unterordnungsverhältnis, wie es bei dem Behördenaufbau vorkommt, nicht gegeben ist. Soll die Stellung der RAK nicht erschüttert werden, so muss die Aufsicht über sie in ihren Voraussetzungen, ihrem Umfang und in ihren Mitteln auch im Verhältnis zwischen dem Staat und der Körperschaft des öffentlichen Rechts Schranken haben (amtliche Begründung). 7

2. Der Staatsaufsicht unterliegende Organe. Der Staatsaufsicht unterliegen somit, zumal bei den Rechtsanwaltskammern anders als für die BRAK, für die die Aufgabenzuweisung generell erfolgt (§ 177), die Aufgaben, die einzelnen Organen der RAK zugewiesen werden (§§ 73, 79, 80, 89): 8

a) der Kammervorstand als solcher,
b) die Abteilungen des Kammervorstands, die gemäß § 77 an die Stelle des Vorstands treten,
c) die Mitglieder des Präsidiums (§ 78),
d) die Vorsitzenden und Schriftführer der Abteilungen (§ 77 Abs. 2 S. 2),
e) die Vorstandsmitglieder mit ihnen übertragenen Aufgaben (§ 73 Abs. 3) und
f) die Kammerversammlung hinsichtlich der Wahlen und Beschlüsse (§§ 85 ff.; *Isele* § 62 Anm. IV. D).

3. Staatsaufsicht von Amts wegen. Die Staatsaufsicht erfolgt von Amts wegen und muss erfolgen, wenn die Voraussetzungen dafür vorliegen, also Anhaltspunkte dafür gegeben sind, dass Gesetz und Satzung (Geschäftsordnung) nicht beachtet sind. **Einklagbar** ist die Ausübung der Rechtsaufsicht weder von Kammermitgliedern noch von Dritten (BVerwG NJW 1993, 2066; *Kleine-Cosack* § 62 Rn. 24). – Solche **Anhaltspunkte** können sich ergeben **aus Beschwerden,** die irgendjemand, der glaubt durch eine Maßnahme oder das Unterlassen einer solchen durch die RAK in seinen Rechten verletzt zu sein, bei der Landesjustizverwaltung erhebt. Sie können sich ferner ergeben aus den **jährlichen Tätigkeitsberichten** und Anzeigen des Präsidenten der RAK an die Landesjustizverwaltung (§ 81). 9

4. Mittel der Staatsaufsicht. Als Mittel der Staatsaufsicht steht der Landesjustizverwaltung die **Revision** der Geschäfte der RAK und ihrer Organe zu. Diese regelt sich nach den landesgesetzlichen Vorschriften über die Aufsicht bei Körperschaften des öffentlichen Rechts (vgl. zB § 20 Abs. 1 LOG NRW: (1) [1]Die Aufsicht über die Körperschaften erstreckt sich darauf, dass sie ihre Aufgaben im Einklang mit dem geltenden Recht erfüllen (allgemeine Körperschaftsaufsicht); die §§ 118 bis 122 und 124 der Gemeindeordnung für das Land Nordrhein-Westfalen gelten entsprechend. [2]Abweichende gesetzliche Vorschriften bleiben unberührt. (2) Soweit die Körper- 10 schaften ihre Aufgaben nach Weisung erfüllen, richtet sich die Aufsicht nach den hierfür geltenden gesetzlichen Vorschriften (besondere Körperschaftsaufsicht)).

11 Als minder schweres Aufsichtsmittel kann die Landesjustizverwaltung aufgrund ihrer Aufsichtsbefugnisse auch **Berichte** über bestimmte einzelne Angelegenheiten oder Maßnahmen **anfordern.**

12 Darüber hinaus hat die Landesjustizverwaltung nach § 112f Abs. 2 das Recht **beim AGH Klage** gegen Wahlen oder Beschlüsse des Vorstands, des Präsidiums oder der Kammerversammlung einzureichen, wenn sie unter Verletzung des Gesetzes oder der Satzung (Geschäftsordnung) zustande gekommen oder wenn sie ihrem Inhalt nach mit diesen nicht vereinbar sind.

Zweiter Abschnitt. Die Organe der Rechtsanwaltskammer

1. Der Vorstand

§ 63 Zusammensetzung des Vorstandes

(1) **Die Rechtsanwaltskammer hat einen Vorstand.**

(2) [1]**Der Vorstand besteht aus sieben Mitgliedern.** [2]**Die Versammlung der Kammer kann eine höhere Zahl festsetzen.**

(3) **Der Vorstand gibt sich eine Geschäftsordnung.**

Übersicht

I. Rechtsstellung des Vorstands

1 Der kollegial zusammengesetzte Vorstand ist, wie aus Abs. 1 hervorgeht, ein **notwendiges Organ** der RAK, dem nach §§ 56, 57, 73, 74 wichtige Aufgaben der Selbstverwaltung übertragen sind (amtliche Begründung; *Isele* § 63 Anm. II.). Er ist Behörde iSd § 32 BRAO, § 1 Abs. 4 VwVfG (vgl. – vor Umstellung des Verfahrensrechts mit § 32 – BVerwGE 1, 169; *Stelkens/Bonk/Leonhardt* § 1 VwVfG Rn. 130) und zwar, soweit es um die Erfüllung von Aufgaben der Selbstverwaltung geht, die **Behörde eines Selbstverwaltungsorgans** (*Isele* § 63 Anm. IV. A. 1.). Daneben sind ihm auch öffentliche Angelegenheiten zur Besorgung im Interesse der Allgemeinheit übertragen. Durch Übertragung des gesamten Zulassungs- und Widerrufswesens auf die Rechtsanwaltskammern, zuletzt durch das Gesetz zur Stärkung der Selbstverwaltung der Rechtsanwaltschaft, sind die zuvor ausdrücklich dem Vorstand zugewiesenen Anhörungs- und Mitwirkungsrechte weggefallen; solche Zuweisungen finden sich nur noch in den §§ 56, 57, 73 Abs. 2, 74 und 74a. Die Aufgaben sind jetzt stets der RAK zugewiesen, die ihren Befugnissen entsprechend die Aufgaben delegiert. Handelt der Vorstand ist er insoweit auch **staatliche Behörde** im Rahmen mittelbarer Staatsverwaltung (*Isele* § 63 Anm. IV. A. 2.).

2 Der Vorstand kann mehrere Abteilungen bilden und diesen Geschäfte zur selbständigen Erledigung übertragen (§ 77). Als Körperschaft des öffentlichen Rechts, die der Aufsicht der Landesjustizverwaltung untersteht (§ 62), gilt über § 32 nunmehr das Verwaltungsverfahrensgesetz.

II. Zusammensetzung und Wahl des Vorstands

3 Der Vorstand besteht aus **mindestens sieben** Mitgliedern. Die Kammerversammlung kann nach Bedarf unter Berücksichtigung der zu bewältigenden Arbeit eine höhere Zahl festsetzen, eine Höchstgrenze sieht das Gesetz nicht vor. Heute liegt die **Vorstandsstärke bei den regionalen Rechtsanwaltskammern** je nach Größe und innerer Struktur **zwischen 9 und 34 Vorstandsmitgliedern.** Die gewählten Vorstandsmitglieder haben abgesehen von dem aus ihrer Mitte gewählten engeren Vorstand, dem Präsidium (§§ 78 ff.), gleiche Rechte und Pflichten.

Die **Wahl** erfolgt nach den Regeln der §§ 64–67. Die **Wahlperiode** bestimmt sich nach § 68 und für das vorzeitige Ausscheiden eines Vorstandsmitgliedes und dessen Folgen gilt § 69. Eine **Auflösung** des Kammervorstands ist weder durch Urteil des AnwG bzw. AGH noch durch eine Entscheidung der Landesjustizverwaltung möglich; die Kammerversammlung kann die Wahl weder widerrufen noch einseitig zurücknehmen, sie ist für die Dauer der Wahlperiode (§ 68) gebunden (*Isele* § 63 Anm. IV C. 1., 3.), ist aber frei, nach Ablauf der Wahlperiode, bei Neuwahlen die Zahl der Vorstandsmitglieder auch wieder herabzusetzen (*Isele* § 63 Anm. B. 2.). 4

Ein **Misstrauensvotum** durch die Mitglieder der Kammerversammlung gegenüber einzelnen Vorstandsmitgliedern oder dem Kammervorstand insgesamt ist nicht vorgesehen. Tut die Kammerversammlung dennoch etwas Derartiges, so ist ein solcher Beschluss rechtlich ohne Bedeutung (*Isele* § 63 Anm. C. 1.b). 5

III. Aufgaben

Der Vorstand muss die ihm kraft Gesetzes und Geschäftsordnung der Kammer obliegenden Aufgaben erfüllen und kann sie **keinem anderen übertragen.** Durch den vom Gesetz zur Stärkung der Selbstverwaltung der Rechtsanwaltschaft vom 26.3.2007 (BGBl. I S. 358) in Abs. 1 eingefügten S. 2 stellt der Gesetzgeber klar, dass die in der BRAO der RAK zugewiesenen Aufgaben und Befugnisse *auch* dem Vorstand obliegen. 6

Sind **Abteilungen** des Vorstands gebildet, dann treten diese im Umfang der Übertragung (§ 77 Abs. 1 S. 2) an die Stelle des Vorstands. 7

Von den in § 73 Abs. 2 genannten Aufgaben kann der Vorstand ausschließlich die Aufgaben der Nr. 1–3 **einzelnen Mitgliedern** des Vorstands übertragen (*Isele* § 63 Anm. V. A.). Mit der Verweisung über den veränderten Abs. 3 (heute Abs. 4) auf den in Abs. 1 neu eingefügten S. 2 könnte man – so jedenfalls der neue Wortlaut – annehmen, dass der Gesetzgeber es der RAK ermöglichen wollte, alle der RAK in der BRAO zugewiesenen Aufgaben und Befugnisse jedem einzelnen Vorstandsmitglied übertragen zu können. Das steht aber im Widerspruch zu der Regelung in Abs. 2 derselben Norm, wonach enumerativ nur einzelne Aufgaben übertragen werden dürfen. Aus der Intention des Gesetzgebers kann man ableiten, dass dies nicht gewollt war, es sich vielmehr um ein redaktionelles Versehen handelt. Es hieß im Gesetzgebungsverfahren zum Gesetz zur Stärkung der Selbstverwaltung der Rechtsanwaltschaft vom 26.3.2007 nämlich „§ 73 Abs. 1 und 3 wird entsprechend der Regelung des bisherigen § 224a Abs. 4 S. 1 und 2 redaktionell an die veränderte Zuständigkeit angepasst" (BT-Drs. 15/5223, 35). § 224a Abs. 4 aF sollte es der RAK ermöglichen die Verwaltungstätigkeit der über § 224a aF übertragenen Aufgaben effizient organisieren zu können (BT-Drs. 13/9610, 7). Daraus folgt, dass der Querverweis in § 73 auch nur diese vormals über § 224a (aF) übertragenen Aufgaben meinen kann und soll, nicht aber die bereits zuvor bestehenden Aufgaben, also nicht auch die in Abs. 2 Nr. 4 bis Nr. 10 aufgezählten Aufgaben. 8

Der Vorstand ist der Kammerversammlung **rechenschaftspflichtig** nicht nur hinsichtlich der Verwaltung des Vermögens (§ 73 Abs. 2 Nr. 7), sondern auch hinsichtlich seiner sonstigen Tätigkeit (§ 89 Abs. 2 Nr. 6; *Isele* § 63 Anm. V. B.). 9

Die Tätigkeit des Vorstands ist ehrenamtlich (§ 75), seine Mitglieder unterliegen der Pflicht zur Verschwiegenheit (§ 76). Für Schäden, die der Vorstand oder einzelne seiner Mitglieder der RAK schuldhaft zufügen, haften die Vorstandsmitglieder, denen ein Verschulden zur Last fällt (*Isele* § 63 Anm. V. D. 2.). 10

Zur hauptamtlichen **Geschäftsführung der Rechtsanwaltskammern,** derer sich alle Rechtsanwaltskammern bedienen, → § 80 Rn. 9. 11

IV. Geschäftsordnung

Der Vorstand kann sich selbst eine Geschäftsordnung geben (Abs. 3; dazu auch § 70 Abs. 3, § 80 Abs. 4), diese kann jedenfalls nicht von der Kammerversammlung beschlossen werden. Nach der amtlichen Begründung ist dies nicht zwingend vorgesehen, jedoch in der Praxis durchweg der Fall und sicher auch angezeigt (so auch Gaier/Wolf/Göcken/*Lauda* § 65 Rn. 6; **aA** Henssler/Prütting/*Hartung* § 63 Rn. 5, wonach der Vorstand sich eine GO geben „muss"). 12

Die Geschäftsordnung des Vorstands (§ 63 Abs. 3) und die der Kammer (§ 64 Abs. 2) dürfen **nicht** in einer **gemeinsamen Geschäftsordnung** zusammengefasst werden (Henssler/Prütting/*Hartung* § 63 Rn. 5; arg. aus § 80 Abs. 4). 13

14 Es erscheint zweckmäßig, die Regelung des internen Geschäftsverkehrs innerhalb des Vorstands ihm selbst zu überlassen, weil er die nähere Ausgestaltung am besten wird beurteilen können (amtliche Begründung). – Die Geschäftsordnung sollte Regelungen zu § 70 Abs. 3 enthalten und, falls die Aufgaben des Präsidenten erweitert werden sollen (§ 80 Abs. 4), auch dazu (amtliche Begründung). Darüber hinaus kann die Geschäftsordnung des Vorstands für dessen Arbeit weitere Regelungen enthalten, soweit diese nicht den gesetzlichen Bestimmungen entgegenstehen (*Isele* § 63 Anm. VI. F.).

15 Einer **Genehmigung** oder **Veröffentlichung** bedarf die Geschäftsordnung nicht. Wohl aber kann sie Gegenstand der Rechtsaufsicht durch die Landesjustizverwaltung sein (§ 62 Abs. 2) und bedarf sie der **Ausfertigung durch den Präsidenten.** Die Notwendigkeit einer Ausfertigung ist aus dem Rechtsstaatsprinzip (Art. 20 Abs. 3 GG) abzuleiten (ebenso Henssler/Prütting/*Hartung* § 63 Rn. 7). Im Interesse der Rechtssicherheit ist es unerlässlich, dass Normen wie die Geschäftsordnung einer öffentlich-rechtlichen Körperschaft ausgefertigt werden. Die Ausfertigung hat die Aufgabe, mit öffentlich-rechtlicher Wirkung zu bezeugen, dass der textliche Inhalt der Urkunde mit dem Willen des Rechtssetzungsberechtigten übereinstimmt und die für die Rechtswirksamkeit maßgebenden Umstände beachtet sind. Die Ausfertigung schafft die Originalurkunde. Die Ausfertigung geschieht durch handschriftliche Unterzeichnung eines die Authentizität des Norminhalts und die Legalität des Verfahrens bestätigenden Textes (VGH Mannheim NVwZ 1985, 206 zur Ausfertigung von Bebauungsplänen; VGH Kassel NJW 1994, 812 zur Ausfertigung von Berufsordnungen für Ärzte). Im Übrigen → § 89 Rn. 31.

§ 64 Wahlen zum Vorstand

(1) **Die Mitglieder des Vorstandes werden von der Versammlung der Kammer gewählt.**

(2) **Das Nähere bestimmt die Geschäftsordnung der Kammer.**

Übersicht

I. Gesetzliche Rahmenregelung

1 **1. Wahl durch die Kammerversammlung.** Der Vorstand repräsentiert die RAK. Er muss in dieser Stellung durch die Gesamtheit der Kammermitglieder legitimiert werden (amtliche Begründung). Die Mitglieder des Vorstands (§ 63) können daher nur von der Versammlung der Kammer (§§ 85 ff., insbesondere §§ 88, 89 Abs. 2 Nr. 1) gewählt werden.

2 **2. Briefwahl.** Eine **Briefwahl,** die grundsätzlich im Interesse einer stärkeren Beteiligung der Kammermitglieder an den Wahlen wünschenswert ist, ist daher nach der **derzeitigen Rechtslage nicht möglich** (→ § 88 Rn. 2b–2d). An den Kammerversammlungen, in denen der Kammervorstand gewählt wird, nehmen im Durchschnitt nur knapp 1 % bis zu 5 % der Kammermitglieder teil (ausführlich Henssler/Prütting/*Hartung* § 64 Rn. 2: eine Briefwahl sei „überfällig"; *Hartung* folgend Gaier/Wolf/Göcken/*Lauda* § 65 Rn. 12).

3 **3. Zwingende Vorgaben.** Das Gesetz beinhaltet nur wenige Grundbestimmungen für die **Art und Weise der Wahl** (→ § 68 Rn. 1 ff.; → § 88 Rn. 1 ff.), die Wahlperiode (§ 68) und die Zusammensetzung des Vorstands (§ 63), die stets zu beachten sind. Immer beachtet werden muss auch der **Grundsatz der Wahlgleichheit.** Da sachgerechte Gründe für Differenzierungen bei der Mitwirkung ausscheiden, müssen Erfolgswert und Zählwert der Stimmen aller Kammermitglieder im Prinzip gleich sein (ebenso *Kleine-Cosack* § 64 Rn. 7). Die Stimme eines Kammer-

beistands (§ 209) hat somit dasselbe Gewicht wie die eines Rechtsanwalts. Bei den Rechtsanwälten ist für die Gewichtung der Stimme auch gleich, wie sie den Zugang zur Rechtsanwaltschaft gefunden haben (§ 4).

II. Regelung durch die Geschäftsordnung

Das Nähere soll die Geschäftsordnung der Kammer (§ 89 Abs. 3) bestimmen. Die BRAO schreibt für Vorstandswahlen der RAK eine schriftliche, geheime Abstimmung über jeden einzelnen Kandidaten nicht vor (vgl. §§ 63–68, 85–90). Der Gesetzgeber hat vielmehr insoweit die Regelung des **Wahlmodus** der **Verbandsautonomie** der Berufsorganisation der Rechtsanwälte, nämlich der Geschäftsordnung der RAK überlassen, welche über Wahlen „das Nähere" zu bestimmen hat (§ 64 Abs. 2). Mithin kann eine Geschäftsordnung der RAK auch vorschreiben, dass von dem in ihr geregelten Wahlverfahren abgewichen werden darf, wenn sich für ein **abweichendes Wahlverfahren** mindestens die einfache Mehrheit ausspricht (AGH Sachsen-Anhalt Beschluss vom 3.9.1999 – 1 AGH 13/99). Diese in der BRAO getroffene Regelung verstößt nicht gegen das Grundgesetz. 4

1. Wahlvorschläge. Die Geschäftsordnung kann vorschreiben, dass Wahlvorschläge eine bestimmte Zeit, zB spätestens zwei Wochen vor der Kammerversammlung eingereicht und von einer bestimmten Zahl von Mitgliedern unterschrieben sein müssen. Damit wird dem Umstand Rechnung getragen, dass nur so der Kammervorstand, der die Verantwortung für die Wählbarkeit der zur Wahl stehenden Kandidaten trägt (§§ 65, 66, 73 Abs. 1 S. 2), die Wählbarkeit an Hand der Personalakten und durch entsprechende Nachfragen zu § 66 rechtzeitig klären kann. Hinsichtlich der Umstände zu § 66 wird das in der Kammerversammlung nur schwer möglich sein (ebenso Henssler/Prütting/*Hartung* § 64 Rn. 4 ff. 5

Wahlvorschläge dürfen auch von berufsständischen Organisationen (Anwaltsvereinen) gemacht werden, soweit die Geschäftsordnung dies vorsieht; die Grenzen der RAK überantworteten Satzungsautonomie werden nicht überschritten (BGH vom 12.3.2015 – AnwZ (Brfg) 82/13; AGH NRW NJW-RR 2014, 945). 5a

2. Wahlbezirke. Zulässig ist aufgrund der Satzungsautonomie auch die Geschäftsordnungsvorschrift, dass sich die Zahl der Vorstandsmitglieder auf die verschiedenen Landgerichte des Kammerbezirks nach einem bestimmten Schlüssel verteilt (ThürAGH BRAK-Mitt. 2003, 184). Damit soll eine **gleichmäßige Berücksichtigung der verschiedenen Landgerichtsbezirke** sichergestellt werden. Für jeden Bezirk können beliebig viele Bewerber aus dem Bezirk kandidieren. Insgesamt können jedoch nur so viele Kandidaten gewählt werden, wie dem jeweiligen Bezirk Sitze im Kammervorstand zustehen. Deshalb kann jeder Wähler aus dem Bezirk auch nur so viele Stimmen haben, wie Kandidaten für den Landgerichtsbezirk zu wählen sind (ThürAGH BRAK-Mitt. 2003, 184). Die Wahl selbst kann für alle Bezirke in einem Wahlgang oder getrennt für jeden Bezirk durchgeführt werden (ebenso Henssler/Prütting/*Hartung* § 64 Rn. 7). 6

3. Wahlverfahren. Es sind die unterschiedlichsten Regelungen – von **geheimer** Wahl bis zur **offenen Wahl** durch **Handaufheben** oder **Zuruf** – zulässig. Es gibt keinen Verfassungsgrundsatz, wonach Wahlen zu Vertreterorganen von öffentlich-rechtlichen Berufsorganisationen schriftlich, geheim und für jeden Kandidaten einzeln geschehen müssten. Daraus, dass im politischen Bereich die Wahlen zu den Parlamenten von Bund, Ländern und Kreisen und Gemeinden in dieser Weise erfolgen müssen (vgl. Art. 28, 38 GG), lässt sich noch kein übergeordneter Verfassungsgrundsatz herleiten, dass auch bei Wahlen der Art, wie sie hier in Betracht kommen, zwingend nach den gleichen Grundsätzen verfahren werden müsste. Zuzugeben ist, dass auch bei solchen Wahlen die Beachtung demokratischer Grundsätze am besten gesichert ist, wenn die Wahl schriftlich, geheim und für jeden Kandidaten einzeln erfolgt. Jedoch ist die Bedeutung solcher Wahlen wesentlich geringer. Abgesehen davon dürfen die Risiken, die bei einer offenen und globalen Wahl auftreten könnten, in solchen Fällen geringer veranschlagt werden, so dass der Gesetzgeber darauf verzichten darf, schriftliche und geheime Wahlen zwingend vorzuschreiben, und darauf vertrauen darf, dass die Berufsorganisation im Rahmen der ihr zugebilligten **Verbandsautonomie** eine angemessene und mit den Grundsätzen der Demokratie vereinbare Regelung treffen wird. Der Gesetzgeber darf bei seiner Abwägung zu dem Ergebnis gelangen, dass das berechtigte Interesse eines Berufsstands, in der Organisation seiner eigenen Berufsvertretung möglichst frei von gesetzlichen Vorschriften und Bindung zu sein, schwerer wiegt als die 7 (in solchem Fall nur gering zu veranschlagende) Gefahr einer unzulässigen Wahlbeeinflussung bei offener und globaler Abstimmung. Zu einem solchen Ergebnis der Abwägung durfte der Gesetzgeber insbesondere für die Wahlen zum Vorstand der Anwaltskammer gelangen. Denn dabei fällt noch ins Gewicht, dass Wahlleiter, Wähler und zu Wählende sämtlich Rechtsanwälte und damit nach ihrer Lebensstellung „unabhängige Organe der Rechtspflege" (§ 1) sind. Von ihnen kann erwartet werden, dass sie eine unzulässige Wahlbeeinflussung weder versuchen, noch ihr unterliegen (BGH BRAK-Mitt. 2001, 40 = AnwBl. 2001, 242 = NJW-RR 2001, 995; BGHZ 52, 297 = NJW 1970, 46; → § 88 Rn. 1 ff.; BGH NJW 1992, 1962 = AnwBl. 1992, 391 = BRAK-Mitt. 1992, 108; kritisch *Kleine-Cosack* § 64 Rn. 2 ff.).

8 Sieht die Geschäftsordnung geheime Wahl vor, ohne dass die Mehrheit ein abweichendes Wahlverfahren im Einzelfall beschließen kann, ist das Wahlgeheimnis zwingend zu wahren. Werden in einem solchen Fall **durchnummerierte Stimmzettel** verwendet, so dass zB anhand der Anwesenheitsliste eine Identifizierung des Abstimmenden möglich erscheint, dann ist das Wahlgeheimnis verletzt und kann die Wahl nach § 112f für ungültig erklärt werden (alle zu §§ 90, 91 aF, vgl. BGH NJW-RR 2001, 995; AGH Sachsen-Anhalt Beschluss vom 3.9.1999 – 1 AGH 13/99).

9 Innerhalb des der Anwaltskammer zu freier Regelung eingeräumten Bereiches ist diese befugt, in ihrer Geschäftsordnung auch mehrere voneinander abweichende Modalitäten für die Vorstandswahl zur Verfügung zu stellen (BGHZ 52, 297 = NJW 1970, 46; BGHZ 118, 121 = NJW 1992, 1962). Sieht die Geschäftsordnung vor, dass die Kammerversammlung – ad hoc, für eine von ihr vorzunehmende Wahl – mit einfacher Mehrheit „ein anderes Verfahren anordnen" kann, dann ist bei diesem Wortlaut fraglich, ob damit die Geschäftsordnung noch selbst, wie es § 64 Abs. 2 voraussetzt, eine vom regelmäßigen Wahlmodus zwar abweichende, aber näher geregelte Modalität zur Verfügung stellt, oder ob es – was nicht zulässig wäre – dem freien Ermessen der jeweiligen Kammerversammlung überlassen bleiben soll, im Einzelfall beliebig einen Wahlmodus festzulegen. Der BGH hat derartige in zahlreichen Geschäftsordnungen von Rechtsanwaltskammern in unterschiedlicher Formulierung enthaltene Regelungen als zulässig angesehen, wenn sie dahin ausgelegt werden, dass die Kammerversammlung eine andere Art der Wahl mittels nicht unterschriebener Stimmzettel und als in so vielen Wahlgängen wie Mitglieder zu wählen sind, bestimmen kann. Ein so von der Kammerversammlung festgelegter Wahlmodus ist dann nicht zu beanstanden, wenn er mit der Vorschrift des § 88 Abs. 3 vereinbar ist (→ § 64 Rn. 10 aE) und auch sonst als eine angemessene und mit den Grundsätzen der Demokratie vereinbare Wahlregelung angesehen werden kann (BGH NJW 1992, 1962).

10 **Nicht zulässig** ist es aber, wenn nur **ein Wahlvorschlag en bloc** zugelassen ist, der ebenso viele Wahlbewerber enthält wie Vorstandsmitglieder zu wählen sind, dass durch Handaufheben dem Wahlvorschlag nur insgesamt entweder zugestimmt oder nicht zugestimmt werden kann. Damit ist es den Wählern nicht freigestellt, in welcher Weise sie von den jedem Versammlungsmitglied insgesamt zur Verfügung stehenden mehreren Stimmen Gebrauch machen wollen. Eine Wahl des einen oder die Nichtwahl des anderen Kandidaten, wie es der demokratische Begriff einer Wahl schon nach seinem Wortsinn und auch das in § 88 Abs. 3 S. 2 vorgeschriebene Mehrheitsprinzip voraussetzen, ist dann ausgeschlossen. Ob eine Kammerversammlung einstimmig eine derartige **„Listenwahl"** durch Akklamation wirksam beschließen könnte, hat der BGH bislang offen gelassen (BGHZ 118, 121 = NJW 1992, 1962). Liegen auch keine Enthaltungen vor, dürften gegen eine solche einstimmig beschlossene Listenwahl keine Bedenken bestehen.

11 Es bestehen keine Bedenken gegen die Zulässigkeit einer **„Blockwahl"** des Kammervorstands derart, dass zwar die zu wählenden Vorstandsmitglieder in einem Wahlgang gewählt werden, aber keine Stimmpflicht für alle zu wählenden Vorstandsmitglieder besteht und es jedem Mitglied freisteht, in welcher Weise es von den ihm insgesamt zur Verfügung stehenden Stimmen Gebrauch machen will, ohne dass dadurch die Gültigkeit der Stimmabgabe in Frage gestellt wird (BGHZ 106, 193 = NJW 1989, 1150 = BRAK-Mitt. 1989, 105; vgl. auch § 88 Rn. 3 f.).

12 **Gewählt ist** nur derjenige, der nach § 88 Abs. 3 S. 1 und 2 die **„einfache Stimmenmehrheit"** (**50 % plus 1 Stimme** der **abgegebenen** – nicht der anwesenden – **Stimmen**) auf sich vereinigt hat (BGHZ 52, 297 = NJW 1970, 46; BGHZ 106, 193 = NJW 1989, 1150).

13 Geschäftsordnungsregelungen, die eine geringere Stimmenzahl („die meisten Stimmen" oder „die höchste Stimmenzahl") ausreichen lassen, sind mit § 88 Abs. 3 nicht vereinbar und daher unzulässig. Die **Regelung in § 88 Abs. 3 ist zwingend** (vgl. BGH NJW 1970, 46; zustimmend Henssler/Prütting/*Hartung* § 64 Rn. 15; Gaier/Wolf/Göcken/*Lauda* § 64 Rn. 11).

III. Anfechtung

Unter den Voraussetzungen des § 112f kann sowohl die Landesjustizverwaltung als auch jedes Mitglied der Kammer den Antrag stellen, die Wahl für ungültig oder nichtig zu erklären (→ § 112f Rn. 1 ff.; ebenso Henssler/Prütting/*Hartung* § 64 Rn. 12). **14**

§ 65 Voraussetzungen der Wählbarkeit

Zum Mitglied des Vorstandes kann nur gewählt werden, wer

1. Mitglied der Kammer ist und

2. den Beruf eines Rechtsanwalts seit mindestens fünf Jahren ohne Unterbrechung ausübt.

Übersicht

I. Gesamtregelung in §§ 65, 66

1 Die positiven Voraussetzungen der Wählbarkeit (§ 65) und die negativen, die die Wählbarkeit ausschließen (§ 66), sind in den §§ 65, 66 **abschließend geregelt.**

2 Die besonderen Anforderungen an die Wählbarkeit sollen sicherstellen, dass die Mitglieder des Vorstands über hinreichende **Erfahrungen in der anwaltlichen Tätigkeit** verfügen. Nur so qualifizierte Anwälte können den hohen verantwortungsvollen Anforderungen des Vorstandsamts, dem über § 73 wichtige öffentliche Aufgaben übertragen sind, gerecht werden und können Vorstandsmitglieder berufen sein, die Berufsaufsicht über die Mitglieder der Kammer auszuüben und sie in anwaltlichen Berufsfragen zu beraten (amtliche Begründung); dies rechtfertigt, die Wählbarkeit der Berufserfahrung wegen zu beschränken.

3 Die **Altersgrenze für das passive Wahlrecht,** nämlich die Vollendung des fünfunddreißigsten Lebensjahres (§ 65 Nr. 2 aF), ist mit dem Gesetz zur Stärkung der Selbstverwaltung der Rechtsanwaltschaft vom 26.3.2007 (BGBl. I S. 358) zum einen mit der Begründung **aufgehoben** worden, dass diese Altersgrenze für das passive Wahlrecht zur Satzungsversammlung auch nicht besteht (§ 191b Abs. 3 S. 1). Nach der amtliche Begründung (BT-Drs. 16/3837, 44) löst man sich zum anderen von der bisherigen Argumentation (Lebenserfahrung, menschliche Reife), um auch jüngeren Rechtsanwältinnen und Rechtsanwälten den Zugang zu den Kammervorständen zu eröffnen.

4 Diese Änderung ist sicher gerechtfertigt, obgleich die Zahl derjenigen Rechtsanwälte, die schon früher über eine ununterbrochene fünfjährige Berufserfahrung verfügen, gering sein dürfte, unter ihnen sich aber gerade besonders tüchtige junge Rechtsanwälte befinden können, die für die Kammervorstände eine Bereicherung darstellen würden und denen man deshalb zu Recht den Zugang zum Kammervorstand eröffnen sollte (so bereits *Isele* § 65 V. C., der bereits 1976 Kritik an dieser Regelung übte; ebenso Henssler/Prütting/*Hartung* § 65 Rn. 4). Die Bestrebungen zur Verkürzung der Schullaufbahn und Straffung der juristischen Ausbildung sprechen sicher auch für diese Entscheidung.

II. Positive Voraussetzungen der Wählbarkeit

5 **1. Der zu Wählende muss Kammermitglied sein.** Als **juristische Person** ist die **Rechtsanwaltsgesellschaft nicht wählbar.** Dies folgt aus der bisherigen und auch neuen Nr. 2 des § 65, aber auch aus § 67 Nr. 1 und Nr. 3, die nur auf natürliche Personen abstellen. Das Fallenlassen der Altersbeschränkung hatte nach der amtliche Begründung, dazu vorstehend, andere Gründe.

6 **Nicht wählbar** sind auch die **nichtanwaltlichen Geschäftsführer** der Rechtsanwaltsgesellschaften, die zwar nach § 60 Abs. 1 S. 3 Mitglieder der Kammer sind (§ 65 Nr. 1), indes aber die unabdingbare Voraussetzung nach der fünfjährigen Berufstätigkeit als Rechtsanwalt (§ 65 Nr. 2) nicht aufweisen können (ebenso Henssler/Prütting/*Hartung* § 65 Rn. 3).

7 Nach der Rechtsprechung (BGH NJW 1989, 2892 = BRAK-Mitt. 1989, 158 = AnwBl. 1990, 270 = Rbeistand 1989, 86; EGH Hamm Rbeistand 1988, 215) und der hM in der Literatur (*Feuerich* Rbeistand 1988, 97; 1988, 211; *Rieke* Rbeistand 1988, 207; *Hoechstetter* Rbeistand 1988, 213) sind auch **Kammerrechtsbeistände** (§ 209) **wählbar** (→ § 209 Rn. 10).

8 Da auch ein Rechtsanwalt, der über die **Eignungsprüfung** nach §§ 16 ff. EuRAG bzw. durch **Eingliederung** nach §§ 11 ff. EuRAG den Zugang zum Beruf erlangt hat (→ § 4 Rn. 26 ff.), nach der Zulassung grundsätzlich die vollen beruflichen Rechte und Pflichten hat mit den Ausnahmen aus § 93 Abs. 1 S. 3, § 101 Abs. 1 S. 2 (→ § 93 Rn. 1; BT-Drs. 11/6154), ist auch er, wenn er die sonstigen Voraussetzungen der Wählbarkeit erfüllt, in alle Organe der RAK wählbar (*Schaich* AnwBl. 1990, 373, 376).

9 Wählbar ist auch der **niedergelassene europäische Rechtsanwalt** (→ EuRAG § 6 Rn. 4, 5). Auch nach §§ 206, 207 hier niedergelassene Anwälte aus anderen Staaten können in den Kammervorstand gewählt werden; zu Einzelheiten → § 207 Rn. 12–13.

10 Ein Rechtsanwalt **scheidet** als Mitglied des Vorstands **aus,** wenn er nicht mehr Mitglied der Kammer ist (§ 69 Abs. 1 Nr. 1).

11 **2. Der Rechtsanwalt muss den Beruf des Rechtsanwalts seit mindestens fünf Jahren ohne Unterbrechung ausüben.** Ausüben heißt, den Beruf des Rechtsanwalts in den Mittelpunkt der eigenen beruflichen Tätigkeit zu stellen (so auch Henssler/Prütting/*Hartung* § 65 Rn. 5). Übliche Unterbrechungen durch Erholungsurlaub, Teilnahme an Fortbildungsveranstaltungen von normaler Dauer, aber auch kürzere Unterbrechungen durch Krankheit können im Hinblick auf den Zweck der Vorschrift außer Betracht bleiben (*Isele* § 65 Anm. III D.; *Jessnitzer/Blumberg* § 65 Rn. 2). Dagegen führen Unterbrechungen von Zeiträumen ab etwa einem halben Jahr zu einer Verlängerung dieser Fünfjahresfrist (ebenso Henssler/Prütting/*Hartung* § 65 Rn. 5).

III. Fehlen der Voraussetzungen, späterer Wegfall

12 Fehlt eine der beiden positiven Voraussetzungen der Wählbarkeit im Zeitpunkt der Wahl, die **kumulativ vorliegen** müssen, ist die Wahl gleichwohl nicht nichtig. Die Nichtigkeit kann nur mit der Klage nach § 112f herbeigeführt werden. Unterbleibt eine solche Anfechtung bleibt der Gewählte Vorstandsmitglied, auch wenn er nicht wählbar war (ebenso Henssler/Prütting/*Hartung* § 65 Rn. 6; Gaier/Wolf/Göcken/*Lauda* § 65 Rn. 3).

13 Bei **späterem Wegfall** der Kammermitgliedschaft scheidet ein Vorstandsmitglied aus (§ 69 Abs. 1 Nr. 1).

§ 66 Ausschluß von der Wählbarkeit

Zum Mitglied des Vorstandes kann nicht gewählt werden ein Rechtsanwalt,

1. **gegen den ein anwaltsgerichtliches Verfahren eingeleitet oder ein Berufs- oder Vertretungsverbot (§§ 150, 161a) verhängt worden ist;**
2. **gegen den die öffentliche Klage wegen einer Straftat, welche die Unfähigkeit zur Bekleidung öffentlicher Ämter zur Folge haben kann, erhoben ist;**
3. **gegen den in den letzten fünf Jahren ein Verweis oder eine Geldbuße oder in den letzten zehn Jahren ein Vertretungsverbot (§ 114 Abs. 1 Nr. 4) verhängt oder in den letzten fünfzehn Jahren auf die Ausschließung aus der Rechtsanwaltschaft erkannt worden ist.**

Übersicht

I. Ausschlussgründe

1. Allgemeines. Die gesetzlichen Gründe, die eine Wählbarkeit zum Vorstand ausschließen, sind das Fehlen der positiven Voraussetzungen nach § 65 und das Vorliegen der negativen Voraussetzungen nach § 66. Beides zusammen stellt eine abschließende Regelung für den Ausschluss der Wählbarkeit dar (*Isele* § 65 Anm. I. C.). Die Bestimmungen des § 66 sollen die aus persönlichen Gründen für das verantwortungsvolle Amt eines Vorstandsmitglieds ungeeigneten Bewerber ausschließen. 1

2. Negative Voraussetzungen der Wählbarkeit. a) Einleitung eines anwaltsgerichtlichen Verfahrens und Verhängung eines Berufs- oder Vertretungsverbots. Zum Vorstandsmitglied kann ein Rechtsanwalt nicht gewählt werden, gegen den ein anwaltsgerichtliches Verfahren eingeleitet (§ 121) oder ein Berufs- oder Vertretungsverbot (§§ 150, 161a) verhängt worden ist. Dies gilt entsprechend für die in § 60 S. 3 genannten Geschäftsführer einer Rechtsanwaltsgesellschaft (§§ 60 Abs. 1 S. 3, 115c S. 1). 2

Nach § 66 **hindert nur die Einreichung** der **Anschuldigungsschrift** beim Anwaltsgericht (§ 121), **nicht** auch die **Einleitung** eines **anwaltsgerichtlichen Ermittlungsverfahrens.** Entscheidend für die Rechtmäßigkeit der Wahl ist, ob die Anschuldigungsschrift im Zeitpunkt der Wahl bereits beim Anwaltsgericht eingegangen war, die Mitteilung der Anschuldigungsschrift an den Angeschuldigten ist hier belanglos. 3

Auf die **Einleitung eines Verfahrens zum Widerruf der Zulassung** (§§ 14, 16) ist Nr. 2 dem Wortlaut nach nicht anwendbar (*Isele* § 66 Anm. III. B. 5.). *Hartung* weist mit Recht darauf hin, dass dies auf eine **Gesetzeslücke** schließen lasse, da nicht verständlich sei, wenn die noch nicht bestandskräftige Rücknahme- oder Widerrufsverfügung folgenlos bliebe, die Einleitung eines anwaltsgerichtlichen Verfahrens aber den Ausschluss von der Wählbarkeit nach sich zieht. Deshalb ist im Wege der **Analogie** ein Ausschluss der Wählbarkeit auch im Falle der Einleitung eines Rücknahme- oder Widerrufsverfahrens durch die RAK anzunehmen (Henssler/Prütting/*Hartung* § 66 Rn. 4). 4

Diesem Schluss steht auch nach der sog. „Kleinen BRAO-Reform" (Gesetz zur Stärkung der Selbstverwaltung der Rechtsanwaltschaft vom 26.3.2007, BGBl. I S. 358) nicht entgegen, dass der Gesetzgeber diese Lücke nicht gleich mit geschlossen hat. Denn der Gesetzgebungsgang und die einhergehende Diskussion, ob eine „Kleine Reform" überhaupt erfolgen oder nicht auf die „Große Reform" gewartet werden sollte, verdeutlichten, dass dieses Gesetz nur der Anfang einer grundlegenden Reform der BRAO sein soll. Der Gesetzentwurf des Bundesrates (BT-Drs. 15/5223 vom 7.4.2005) lässt darüber keinen Zweifel aufkommen, da das Ziel (A.) und die Lösung (B.) des Gesetzes zur Stärkung der Selbstverwaltung der Rechtsanwaltschaft dies entsprechend klarstellen. – Allerdings ist darunter aber **nicht schon die Einleitung der diesbezüglichen Ermittlungen** durch die RAK zu verstehen, das wäre zu weitgehend. Der Einleitung des anwaltsgerichtlichen Verfahrens (§ 121) gleichbedeutend kann hier nur die Rücknahme- oder Widerrufsverfügung (§ 14) sein. 5

Das **Berufs- oder Vertretungsverbot** bzw. das Verbot, eine Rechtsanwaltsgesellschaft zu vertreten und ihre Geschäfte zu führen (§§ 60 Abs. 1 S. 3, 115c), als vorläufige Maßnahme wird bereits mit der Verkündung wirksam (§ 155 Abs. 1, § 161a Abs. 2). Solange das Berufs- oder Vertretungsverbot (§§ 150, 161a) besteht, ist die Wählbarkeit des Rechtsanwalts nicht gegeben. Bestand das Verbot zum Zeitpunkt der Wahl und ist es später aufgehoben worden, ist die Wahl gleichwohl nach § 112f anfechtbar. 6

b) Erhebung der öffentlichen Klage wegen einer Straftat. Zum Mitglied des Vorstands kann nicht gewählt werden, gegen den die öffentliche Klage wegen einer Straftat, welche die **Unfähigkeit zur Bekleidung öffentlicher Ämter** zur Folge haben kann, erhoben ist. Ähnlich wie bei der Aussetzung der Entscheidung über den Antrag auf Erteilung der Zulassung zur 7

Rechtsanwaltschaft (§ 10 Abs. 2) wird an die Erhebung der öffentlichen Klage durch die Staatsanwaltschaft (§§ 170 Abs. 1, 266 StPO) angeknüpft. Dass die Folge der Unfähigkeit zur Bekleidung öffentlicher Ämter eintreten kann, ergibt sich entweder aus dem Anklagesatz und der rechtlichen Qualifizierung durch die Staatsanwaltschaft oder durch die entsprechende Qualifizierung im Eröffnungsbeschluss (*Isele* § 66 Anm. III. D. 3.; → § 7 Rn. 17 ff.).

8 **c) Verweis, Geldbuße, Vertretungsverbot, Ausschließung.** Zum Mitglied des Vorstands kann ein Rechtsanwalt nicht gewählt werden, gegen den im anwaltsgerichtlichen Verfahren in den letzten fünf Jahren ein Verweis oder eine Geldbuße oder in den letzten zehn Jahren ein Vertretungsverbot (§ 114 Abs. 1 Nr. 4) verhängt oder in den letzten fünfzehn Jahren auf die Ausschließung aus der Rechtsanwaltschaft erkannt worden ist.

9 Bei einem **Geschäftsführer einer Rechtsanwalts-GmbH** (§ 60 Abs. 1 S. 3) tritt an die Stelle der Ausschließung aus der Rechtsanwaltschaft die Aberkennung der Eignung, eine Rechtsanwaltsgesellschaft zu vertreten und ihre Geschäfte zu führen (§ 115c S. 2; → Rn. 2).

10 Die Berücksichtigung des Falles der **Ausschließung** aus der Rechtsanwaltschaft wurde durch das Gesetz zur Änderung des Berufsrechts der Rechtsanwälte und der Patentanwälte vom 13.12.1989 (BGBl. I S. 2135) eingeführt. Damit wird die Änderung des § 7 Nr. 3 berücksichtigt (amtliche Begründung).

11 **Aufsichtsmaßnahmen** im Rügeverfahren und die **Maßnahme der Warnung** im anwaltsgerichtlichen Verfahren schließen die Wählbarkeit **nicht** aus.

12 Die selbständige **Maßnahme des Verweises gekoppelt mit einer Geldbuße** (§ 114 Abs. 2; → § 114 Rn. 17 ff.; → § 205a Rn. 6–7) führt ebenfalls zum Ausschluss der Wählbarkeit, da schon Verweis oder Geldbuße allein diese Folge haben (*Isele* § 66 Anm. III. E. 3.).

13 Die Fristen beginnen mit der Rechtskraft des die anwaltsgerichtliche Maßnahme verhängenden Urteils (*Isele* § 66 Anm. III. E. 4.; *Jessnitzer/Blumberg* § 66 Rn. 4).

II. Nachträglicher Verlust der Wählbarkeit

14 Verliert ein Vorstandsmitglied nachträglich seine Wählbarkeit aus den in Nr. 1 und 3 angegebenen Gründen, scheidet er als Vorstandsmitglied aus (§ 69 Abs. 1 Nr. 1). Ist gegen das Vorstandsmitglied eine öffentliche Klage iSd § 66 Nr. 3 erhoben oder ist gegen ihn ein anwaltsgerichtliches Verfahren eingeleitet oder ein Berufs- oder Vertretungsverbot (§§ 150, 161a) verhängt worden, **ruht die Mitgliedschaft** im Kammervorstand (§ 69 Abs. 4).

15 Ist der Verlust der Wählbarkeit vor der Wahl eingetreten, der Betroffene jedoch gleichwohl gewählt worden, dann gilt das zu → § 65 Rn. 12 Gesagte entsprechend.

§ 67 Recht zur Ablehnung der Wahl

Die Wahl zum Mitglied des Vorstandes kann ablehnen,

1. **wer das fünfundsechzigste Lebensjahr vollendet hat;**
2. **wer in den letzten vier Jahren Mitglied des Vorstandes gewesen ist;**
3. **wer aus gesundheitlichen Gründen nicht nur vorübergehend die Tätigkeit im Vorstand nicht ordnungsgemäß ausüben kann.**

I. Pflicht zur Annahme der Wahl

1 § 67 geht von der Pflicht aller kammerangehörigen Rechtsanwälte aus, die Wahl anzunehmen, wenn nicht einer der in § 67 abschließend aufgeführten Ablehnungsgründe vorliegt. Diese ergibt sich aus der Formulierung der Norm, wenn es so auch nicht ausdrücklich bestimmt ist. Die Normierung von Ablehnungsgründen setzt aber eine grundsätzliche Pflicht zur Annahme logisch voraus. Diese Annahmepflicht folgt auch aus der BRAO vorangegangenen Vorschriften (§ 45 RAO, § 55 RAObritZ). Eine unbegründete Ablehnung der Wahl kann unter Umständen **anwaltsgerichtlich geahndet** werden (amtliche Begründung; *Isele* § 67 Anm. II., III.; *Jessnitzer/Blumberg* § 67).

2 Eine **Umgehung** des § 67 ist jedoch durch **Niederlegung** des Amtes nach § 69 Abs. 1 Nr. 2 schon nach kurzer Amtszeit möglich, zumal die Niederlegung nicht begründet zu werden braucht (*Isele* § 67 Anm. VII. B. 3.; → § 69 Rn. 2; *Jessnitzer/Blumberg* Anm. zu § 67).

Gleichwohl ist die **Beibehaltung** der Vorschrift gerechtfertigt. Sie begründet und unterstreicht eine grundsätzliche Verpflichtung des Kammermitglieds, die Wahl anzunehmen, von deren Bestand auch unter dem Blickwinkel von Art. 12 Abs. 1 und Art. 2 GG auszugehen ist, und kann auf diese Weise das Bewusstsein für Bedeutung und Notwendigkeit aktiver Mitarbeit in der beruflichen Selbstverwaltung fördern (Stellungnahme des Bundesrats, BT-Drs. 14/8043, 12). Aus diesen Gründen wurde daher von einer ursprünglich im Gesetzentwurf der SPD und der Grünen vorgesehenen Aufhebung des § 67 (BT-Drs. 14/7420, 12, 34) abgesehen. – Gerechtfertigt ist das Anliegen dieser Norm sicher auch deswegen, um für das Ehrenamt möglichst die Besten zu bekommen, die aber häufig auch die Erfolgreichen und Vielbeschäftigten sind (*Isele* § 67 Anm. VIII.) und deshalb gern geneigt sind, ihre Zeit besser monetär einzusetzen oder Ausgleich in Freizeit zu suchen. 3

In der **Praxis** dürfte diese Norm aber kaum nennenswerte Bedeutung finden. Eine Kammerversammlung wird sicher einen Kollegen nicht wählen, der erkennbar „keine Lust“ oder „keine Zeit“ für die Ausübung des Amtes zu haben meint, selbst wenn gerade keine gesetzlichen Ablehnungsgründe gegeben sind. Denn konstruktive Mitarbeit im Vorstand ist dann nicht zu erwarten, außerdem besteht die Gefahr einer alsbaldigen Amtsniederlegung (§ 69 Abs. 1 Nr. 2). 4

II. Ablehnungsgründe

Die Ablehnung wegen Vollendung des **65. Lebensjahres** ist durch ähnliche Regelungen, zB bei der Berufung zum Amt eines Schöffen (§ 35 Nr. 6 GVG), gerechtfertigt (amtliche Begründung). 5

Nr. 2 ermöglicht demjenigen, der gerade eine volle vierjährige **Amtsperiode hinter sich hat,** die Wahl für die anschließende Wahlperiode abzulehnen. Wer aber keine volle Wahlperiode im Amt war (§ 69 Abs. 3), oder wer zwar schon einmal volle vier Jahre aber nicht während der letzten, unmittelbar vorausgegangenen Wahlperiode amtiert hat, dem steht das Ablehnungsrecht aus Nr. 2 nicht zu (*Isele* § 67 Anm. VI. b). 6

Die Behinderung durch **Krankheit und Gebrechen** berechtigt ebenfalls zur Ablehnung der Wahl. Die Kammerversammlung wird sich diesbezüglich auf die Angaben des betroffenen Rechtsanwalts verlassen müssen, der auch insoweit als Organ der Rechtspflege der Wahrheitspflicht unterliegt. 7

III. Ausübung des Ablehnungsrechts

Bei Vorliegen eines der enumerativ genannten Gründe für die Ablehnung **entscheidet** der betroffene **Rechtsanwalt frei** darüber, ob er dieses Recht geltend machen will oder nicht. Eine Pflicht zur Ablehnung besteht nicht (*Isele* § 67 Anm. IV.). – Ein unmittelbarer Zwang zur Annahme der Wahl kann nicht ausgeübt werden. 8

Ob eine **unbegründete Ablehnung der Wahl** als Pflichtverletzung (§§ 43, 113 Abs. 1) anwaltsgerichtlich zu ahnden ist, wird im Einzelfall zu beurteilen sein (amtliche Begründung). Über die Berechtigung der Ablehnung entscheidet die Kammerversammlung. Es ist aber auch zulässig, die Entscheidungsbefugnis durch die Geschäftsordnung (§ 64 Abs. 2) dem Kammervorstand zu übertragen, was einige Rechtsanwaltskammern auch getan haben (Henssler/Prütting/*Hartung* § 67 Rn. 7). 9

§ 68 Wahlperiode

(1) [1] **Die Mitglieder des Vorstandes werden auf vier Jahre gewählt.** [2] **Die Wiederwahl ist zulässig.**

(2) [1] **Alle zwei Jahre scheidet die Hälfte der Mitglieder aus, bei ungerader Zahl zum ersten Mal die größere Zahl.** [2] **Die zum ersten Mal ausscheidenden Mitglieder werden durch das Los bestimmt.**

(3) **Wird die Zahl der Mitglieder des Vorstandes erhöht, so ist für die neu eintretenden Mitglieder, die mit dem Ablauf des zweiten Jahres ausscheiden, Absatz 2 Satz 2 entsprechend anzuwenden.**

(4) **Findet die Wahl, die auf Grund der Erhöhung der Zahl der Mitglieder des Vorstandes erforderlich wird, gleichzeitig mit einer Neuwahl statt, so sind beide Wahlen getrennt vorzunehmen.**

I. Die Wahlperiode im Allgemeinen

1 Die Wahlperiode beträgt grundsätzlich vier Jahre und endet damit exakt am Wahltag vier Jahre später, auch wenn die Kammerversammlung, wie zwar zumeist bei allen Rechtsanwaltskammern im selben Monat, so doch selten exakt am selben Tag stattfindet. Die Amtszeiten der wieder zu wählenden Hälfte der Vorstandsmitglieder könnten demnach auch ablaufen, bevor die Kammerversammlung neu wählt. Das gilt gleichermaßen für die Mitglieder des Präsidiums oder den Präsidenten. Diesem Problem kann aber einfach begegnet werden, da vom Gesetz **nur abstrakt die Dauer der Wahlperiode** festgelegt wird, **nicht** aber deren **Beginn.** Daraus folgt, dass der Beginn der vierjährigen Wahlperiode durch die Kammerversammlung in der Geschäftsordnung der RAK (§ 85 Abs. 3) nach den eigenen Bedürfnissen der Kammer festgelegt werden kann.

2 Ein Wechsel nach einer allzu kurzen Amtszeit soll vermieden werden, weil darunter die Führung der Geschäfte leiden könnte (amtliche Begründung). Die **Wiederwahl** ist – **ohne zahlen- und altersmäßige Beschränkung** – zulässig.

3 Zwar dient dies einer kontinuierlichen Vorstandsarbeit, doch birgt diese Regelung auch die **Gefahr einer Überalterung des Vorstands,** wenn eine genügende Fluktuation des Vorstands unterbleibt. Mit der Änderung des § 65, der Abschaffung des Mindestalters von 35 Jahren – Gesetz vom 26.3.2007 (→ § 65 Rn. 3) – hatte der Gesetzgeber ein Signal dahin gesetzt, im Grundsatz auch schon jüngeren Kammermitgliedern die Tätigkeit im Vorstand zu ermöglichen, ohne allerdings zugleich eine Altersgrenze bzw. eine zahlenmäßige Beschränkung für eine Wiederwahl in den Vorstand einzufügen, die es nicht nur in der Ruhestandsregelung in **§ 48 Abs. 1 DRiG** (Die Richter auf Lebenszeit treten mit dem Ende des Monats in den Ruhestand, in dem sie das fünfundsechzigste Lebensjahr vollenden) gibt, sondern auch dem anwaltlichen und notariellen Berufsrecht nicht wesensfremd ist. Bei anwaltlichen Richtern des Anwaltsgerichts und des Anwaltsgerichtshofs gibt es mit verschiedenen Landesjustizministerien, wie beispielsweise dem Justizministerium Nordrhein-Westfalen die Übung, eine Verwaltungspraxis ohne schriftliche Fixierung, in Anlehnung an **§ 4 BVerfGG** keine erneute Berufung in das Amt als Anwaltsrichter vorzunehmen, wenn der/die betroffene Rechtsanwalt(in) im Zeitpunkt seiner/ihrer Berufung das 68. Lebensjahr vollendet hat. Der **Deutsche Anwaltverein** e. V. hat in § 18 Abs. 2 S. 3 seine Satzung vom 12.11.2010 eine zahlenmäßige Beschränkung für die Wiederwahl des Gesamtvorstands vorgesehen: „Im Falle der Wiederwahl darf die Amtsdauer 12 Jahre insgesamt nicht überschreiten; diese Beschränkung gilt nicht für den/die jeweils amtierende/n Präsidenten/in." Auch bei den **Notaren** und damit spiegelbildlich auch bei der Tätigkeit im Vorstand der Notarkammer gibt es eine Altersgrenze, nämlich die Vollendung des 70. Lebensjahres (**§§ 47 Nr. 1, 48a BNotO** – Nach dem BGH ist diese Regelung verfassungsgemäß, da mit ihr im Interesse einer funktionstüchtigen Rechtspflege eine geordnete Altersstruktur innerhalb des Notarberufs gewährleistet wird. Die Regelung verstößt auch nicht gegen das aus der RL 2000/78/EG des Rates vom 27.11.2000 zur Festlegung eines allgemeinen Rahmens für die Verwirklichung der Gleichbehandlung in Beschäftigung und Beruf folgende Verbot der Diskriminierung aufgrund des Alters; BGH BRAK-Mitt. 2010, 144 = NJW 2010, 3783; AnwBl. 2015, 276). Diese (gesetzgeberische) Wertung ließe sich auch bedenkenlos auf den Vorstand der regionalen Rechtsanwaltskammern übertragen, ohne dass dadurch die Kontinuität der Vorstandsarbeit auch nur ansatzweise beeinträchtigt würde. Einer Überalterung der Vorstände würde entgegengewirkt und möglicherweise durch mehr Fluktuation auch die Akzeptanz und das geringe Interesse der Kammermitglieder an der Selbstverwaltung des eigenen Berufsstandes, was beispielsweise die sehr geringe Teilnahme – oftmals unter 1 % der Mitglieder – an den Kammerversammlungen oder die geringe Wahlbeteiligung zur Satzungsversammlung (Bundesdurchschnitt der Wahl 2007 – 34,64 %, Wahl 2011 – 24,81 %) zeigen, insgesamt verbessert.

4 Die **Wahlperiode verkürzt sich,** wenn ein Vorstandsmitglied vorzeitig ausscheidet (§ 69) oder eine Wahl erfolgreich angefochten wird, für den Ersatzmann, der zu wählen ist, um den Zeitraum, den der vorzeitig Ausgeschiedene bzw. der, dessen Wahl mit Erfolg angefochten wurde, bereits im Amt war (→ § 69 Rn. 4).

II. Verschiebung der Wahlperioden

Da es die Arbeit des Vorstands erheblich stören oder diese gar unterbrechen könnte, wenn am Ende der Wahlperiode alle Mitglieder des Vorstands gleichzeitig ausscheiden würden, wird in Abs. 2 vorgesehen, dass **jeweils nach zwei Jahren die Hälfte** der Mitglieder neu zu wählen ist (vgl. amtliche Begründung, BT-Drs. 3/120, 85 zu § 81 aF). Dieser **zweijährige Turnus ist zwingend** (bereits seit der 7. Aufl. Rn. 4 so vertreten; Gaier/Wolf/Göcken/*Lauda* § 68 Rn. 5). 5

Das kann **nicht dahin interpretiert** werden, dass die Neuwahl der Hälfte der Vorstandsmitglieder *innerhalb* eines Zeitraums von zwei Jahren erfolgen müsse, also beispielsweise durch jährliche Neuwahlen (AGH Hmb BRAK-Mitt. 2009, 185; → Rn. 8). 6

Einer solchen Interpretation steht auch § 78 Abs. 4 entgegen, der auf den zweijährigen Rhythmus der Vorstandswahlen im Hinblick auf die Wahlen zum Präsidium zurückgreift. Die Wahlen zum Präsidium müssen nach der amtlichen Begründung unverzüglich nach jeder ordentlichen Wahl des Vorstands erfolgen, da die Wahlperiode des Präsidiums zwei Jahre beträgt (→ § 78 Rn. 4, 6). Würden in kürzeren Abständen Vorstandswahlen abgehalten, um im Laufe von zwei Jahren die Hälfte der Vorstandsmitglieder neu zu wählen, müssten sich unverzüglich an jede dieser Vorstandswahlen Präsidiumswahlen anschließen, da anderenfalls nicht jedes Vorstandsmitglied die Möglichkeit hätte, auch in das Präsidium gewählt zu werden. 7

Die von der RAK Hamburg gegen diese Auffassung eingelegte sofortige Beschwerde wurde vom BGH am 8.2.2010 verhandelt (BGH BRAK-Mitt. 2010, 169 = AnwBl. 2010, 528), aber nicht abschließend entschieden. Vielmehr hat der BGH der RAK Hamburg Gelegenheit gegeben, bis Juli 2010 der Auffassung des BGH Rechnung zu tragen, nämlich zu dem Zwei-Jahres-Turnus überzugehen, sonst sollte erneut in die mündliche Verhandlung eingetreten werden. Der BGH führte aus, dass er „beabsichtigt, die sofortigen Beschwerden der ....zurückzuweisen". Eine Ungültigerklärung der gesamten Wahl sei gleichwohl nicht angezeigt, da dies einen erheblichen Wahlfehler von solchem Gewicht voraussetze, dass ein Fortbestand der in dieser Weise gewählten Vertretung unerträglich erschiene (BVerfGE 103, 111, 134 = NJW 2001, 1048; BVerfGE 121, 266, 311 f.). Nach § 68 Abs. 2 S. 1 sind Teilwahlen des Vorstands einer RAK nur alle zwei Jahre durchzuführen. Ein anderer Turnus oder ein „gewissermaßen laufender Austausch" von Vorstandsmitgliedern, ist bereits schon dem Wortlaut nach, wie auch nach der Entstehungsgeschichte, dem Zweck und der Systematik unzulässig (im Einzelnen BGH BRAK-Mitt. 2010, 169 = AnwBl. 2010, 528). 8

Mit dem zweijährigen Rhythmus wird zum einen die **Kontinuität der Vorstands- und Präsidiumsarbeit** sichergestellt. Zum anderen wird der **demokratischen Einflussnahme** durch möglichst häufige Neuwahl Rechnung getragen, ohne die Effektivität und Kontinuität der Arbeit im Vorstand oder Präsidium zu beeinträchtigen. 9

Um dies zu ermöglichen, bestimmt Abs. 2 S. 2 für die erste Wahl des Kammervorstands, dass bereits nach zwei Jahren die Hälfte der gewählten Vorstandsmitglieder, die durch das Los bestimmt werden, ausscheiden. Diese Regelung ist nach Abs. 3 auch heute noch für Fälle der nachträglichen Erhöhung der Mitgliederzahl des Vorstands (§ 63 Abs. 2 S. 2) für die neu eintretenden Mitglieder, die mit Ablauf des zweiten Jahres ausscheiden, entsprechend anwendbar. 10

III. Wahlvorgänge, Zusammentreffen von Wahlen

Neuwahlen (Abs. 1 und 2) und Ergänzungswahlen (Abs. 3), die zu derselben Zeit stattfinden, sind in **getrennten Wahlvorgängen** vorzunehmen (Abs. 4), weil die Amtszeit der gewählten Mitglieder verschieden sein kann. Während die Wahlperiode der aus den Neuwahlen hervorgegangenen Mitglieder erst nach vier Jahren abläuft (Abs. 1), endet die Amtszeit der Hälfte der in den erweiterten Vorstand hinzugewählten Mitglieder nach Abs. 3 bereits nach zwei Jahren (amtliche Begründung; *Isele* § 68 Anm. VIII.). 11

§ 69 Vorzeitiges Ausscheiden eines Vorstandsmitgliedes

(1) **Ein Rechtsanwalt scheidet als Mitglied des Vorstandes aus,**

1. **wenn er nicht mehr Mitglied der Kammer ist oder seine Wählbarkeit aus den in § 66 Nr. 3 angegebenen Gründen verliert;**
2. **wenn er sein Amt niederlegt.**

(2) [1]Der Rechtsanwalt hat die Erklärung, daß er das Amt niederlege, dem Vorstand gegenüber schriftlich abzugeben. [2]Die Erklärung kann nicht widerrufen werden.

(3) [1]Scheidet ein Mitglied vorzeitig aus, so wird für den Rest seiner Amtszeit in der nächsten Versammlung der Kammer ein neues Mitglied gewählt. [2]Die Versammlung der Kammer kann von der Ersatzwahl absehen, wenn die Zahl der Mitglieder des Vorstandes nicht unter sieben herabsinkt und wenn der Rest der Amtszeit des ausgeschiedenen Mitgliedes nicht mehr als ein Jahr betragen hätte.

(4) [1]Ist gegen ein Mitglied des Vorstandes eine öffentliche Klage im Sinne des § 66 Nr. 2 erhoben oder ein anwaltsgerichtliches Verfahren eingeleitet, so ruht seine Mitgliedschaft im Vorstand, bis das Verfahren erledigt ist. [2]Ist ein Berufs- oder Vertretungsverbot (§§ 150, 161a) verhängt worden, so ruht die Mitgliedschaft für dessen Dauer. [3]Besteht gegen ein Mitglied des Vorstandes der Verdacht einer schuldhaften Verletzung seiner beruflichen Pflichten, so ist es von einer Tätigkeit der Rechtsanwaltskammer in dieser Angelegenheit ausgeschlossen.

Übersicht

I. Vorzeitiges Ausscheiden

1 **1. Ausscheidungsgründe. a) Verlust der Mitgliedschaft oder der Wählbarkeit.** Ein Vorstandsmitglied, das – unabhängig vom Ausscheidensgrund (wie beispielsweise Kammerbezirkswechsel, Zulassungswiderruf oder rechtskräftiger Ausschluss) – **aus** der **Kammer ausscheidet** (Abs. 1 Nr. 1 Hs. 1), verliert kraft Gesetzes das Amt, da es nach § 65 Nr. 1 nicht mehr wählbar ist (→ § 65 Rn. 10). Das Mitglied des Vorstands muss während seiner ganzen Amtsdauer die Wählbarkeit besitzen. Verliert es sie während seiner Wahlperiode, so scheidet es grundsätzlich kraft Gesetzes aus (amtliche Begründung) oder aber seine Mitgliedschaft im Kammervorstand ruht (Abs. 4). – Ebenso scheidet es aus, wenn nach § 66 Nr. 3 **die Wählbarkeit entfällt,** Abs. 1 Nr. 1 Hs. 2 (→ § 66 Rn. 2 ff.). Eine **Zwischenlösung** in Gestalt eines nur **zeitweiligen Ausschlusses** vom Amt ist in diesen Fällen nicht tragbar, weil vor allem das Ansehen des Vorstands es erfordert, dass Mitglieder, gegen die auch nur der Schein eines Verdachtes besteht, endgültig ausscheiden müssen (amtliche Begründung).

2 **b) Niederlegung des Amtes.** Ein Mitglied kann nach Abs. 1 Nr. 2 sein Amt niederlegen (→ § 67 Rn. 1), ohne dass es einen Grund dafür anzugeben braucht. Für die Niederlegung ist **weder** die **Zustimmung des Vorstands noch** eine solche der **Kammerversammlung** vorgesehen, weil niemand gegen seinen Willen gezwungen sein soll, sein Amt im Vorstand weiterzuführen. Um klare Verhältnisse zu schaffen, muss die Erklärung, dass das Amt niedergelegt wird, schriftlich gegenüber dem Vorstand abgegeben werden; sie wird mit Zugang an den Kammervorstand wirksam und der Widerruf der Erklärung ist ausgeschlossen (Abs. 2; amtliche Begründung).

3 **2. Rechtsfolge.** Scheidet ein Vorstandsmitglied aus, **muss** dann für den Rest der Amtszeit des Ausgeschiedenen in der nächsten Kammerversammlung ein **neues Mitglied gewählt werden,** wenn die Zahl unter die gesetzliche Mindestzahl von sieben Vorstandmitglieder (§ 63 Abs. 2 S. 1) sinkt *und* die restliche Amtszeit des Ausgeschiedenen noch länger als ein Jahr angedauert hätte, gerechnet vom Zugang der Erklärung beim Vorstand an. Der Präsident **muss** in diesem Fall die Kammerversammlung auch im Hinblick auf die sich aus § 112f ergebenden Folgen **unverzüglich** (*Isele* § 69 Anm. III. 1.) – **ggf. als außerordentliche Versammlung** – einberufen, um den gesetzmäßigen Zustand beschleunigt wiederherzustellen.

Das Gesetz lässt der **Versammlung** der Kammer die **Möglichkeit, von der Ersatzwahl abzusehen,** wenn die Zahl der Mitglieder des Vorstands nicht unter sieben herabsinkt (§ 63 Abs. 2 S. 1) und wenn der Rest der Amtszeit des ausgeschiedenen Mitglieds im Zeitpunkt seines Ausscheidens nicht mehr als ein Jahr betragen hätte (Abs. 3 S. 2; *Isele* § 69 Anm. III. C. 2.b). Da nur die Kammerversammlung diese Entscheidung treffen kann, muss auch in diesem Fall der Präsident die Kammerversammlung einberufen, damit diese über Wahl oder Absehen davon entscheiden kann (*Isele* § 69 Anm. III. C. 2c). Weder dem Präsidenten noch dem Vorstand steht diese Entscheidung zu; es ist eine ausschließliche der Kammerversammlung (*Isele* § 69 Anm. III. C. 2c aa). **4**

Würde eine Kammerversammlung vor einer solchen Situation über eine solche Fallkonstellation eine **andere Regelung** in der von ihr beschlossenen (Kammer-)**Geschäftsordnung** (→ § 89 Rn. 30) treffen, stünde dies zumindest dann mit der **zwingenden gesetzlichen Vorgabe** in Übereinstimmung, soweit nicht die gesetzliche Mindestzahl von sieben Vorstandsmitgliedern unterschritten würde, sondern lediglich die von der Kammerversammlung einmal beschlossene erhöhte Mitgliederzahl (§ 63 Abs. 2 S. 2) durch das Ausscheiden nicht mehr passt; dann hätte die Kammerversammlung die entsprechende ausschließliche Entscheidung bereits (vorgezogen) getroffen. **5**

Das Mitglied, das sein Amt niedergelegt hat (Abs. 1 Nr. 2), kann **nicht wiedergewählt** werden. Er wäre kein „neues“ Mitglied und zudem wäre die Neuwahl eine **Umgehung** des § 69 Abs. 2 S. 2. **6**

Die **Amtszeit** des neu gewählten **Ersatzmitgliedes endet** in dem Zeitpunkt, zu dem die Amtszeit des ausgeschiedenen Vorstandsmitglieds geendet hätte (*Isele* § 69 Anm. III. C. 3.). Dies gilt entsprechend, wenn die Neuwahl erforderlich war infolge Feststellung der **Nichtigkeit einer Wahl** (§ 112f). Die Amtszeit des neu zu wählenden Mitglieds beträgt lediglich den Rest der Amtszeit des Mitglieds, dessen Wahl für ungültig erklärt wurde. **7**

II. Ruhen der Mitgliedschaft

1. Gründe. Die Mitgliedschaft eines Vorstandsmitglieds ruht, wenn **8**
- gegen das Mitglied eine öffentliche Klage iSd § 66 Nr. 2 (→ § 66 Rn. 6) erhoben ist, bis zur Erledigung des Strafverfahrens (Abs. 4 S. 1);
- gegen das Mitglied ein anwaltsgerichtliches Verfahren eingeleitet ist (§ 121), bis zu dessen Erledigung (Abs. 4 S. 1);
- gegen das Mitglied ein vorläufiges Berufs- oder Vertretungsverbot (§§ 150, 161a) verhängt worden ist, für dessen Dauer (Abs. 4 S. 2).

2. Bedeutung des Ruhens. In den genannten drei Fällen erscheint es ausreichend, dass die Mitgliedschaft im Vorstand ruht, bis die Verfahren erledigt sind und Klarheit entsteht, ob die gegen den Rechtsanwalt erhobenen Vorwürfe zutreffend sind. Der Rechtsanwalt bleibt also Mitglied des Vorstands; er darf jedoch sein **Amt nicht ausüben.** **9**

Der Vorstand bleibt auch in dem Fall, dass er nur aus sieben Mitgliedern besteht (§ 63 Abs. 2 S. 1), da durch das Ruhen der Mitgliedschaft die Mitgliederzahl im Vorstand nicht unter die Mindestzahl sinkt (*Isele* § 69 Anm. IV. C. 1.a), weiter funktionstüchtig. Bei der **Berechnung der Beschlussfähigkeit** nach § 71 wird derjenige, dessen Mitgliedschaft ruht, mitgezählt (*Isele* § 69 Anm. IV. C. 1.b). Die Stimmenverhältnisse (§ 72) werden nach den **tatsächlich abgegebenen Stimmen** bestimmt; das Mitglied, dessen Mitgliedschaft ruht, wird nicht berücksichtigt (*Isele* § 69 Anm. IV. C. 1.c). **10**

Ruht die Mitgliedschaft des **Präsidenten** (§ 78 Abs. 2 Nr. 1), wird dieser von dem Vizepräsidenten vertreten. **11**

Für die **Abteilungen** (§ 77) gilt grundsätzlich das Gleiche; allerdings kann nach § 77 Abs. 3 S. 3 (→ § 77 Rn. 9 ff.) der Vorstand die infolge des Ruhens der Mitgliedschaft auftretenden Probleme in den Abteilungen durch Änderung der Geschäftsverteilung und Änderung der Mitgliedschaftsverhältnisse in den Abteilungen leichter beheben (*Isele* § 69 Anm. IV. C. 1.e). **12**

Immer dann, wenn gegen ein Vorstandsmitglied der Verdacht einer schuldhaften Pflichtverletzung als Rechtsanwalt (§§ 43, 113) besteht, ist es von einer Tätigkeit der RAK (zB §§ 73 Abs. 2 Nr. 4, 74) in dieser Angelegenheit ausgeschlossen. Dies ist im Hinblick auf die erweiterten **13**

Befugnisse des Vorstands nach §§ 117b, 120a, 122 und 150a erforderlich (Bericht des Abgeordneten *Weber* BT-Drs. 8/1844, 35).

§ 70 Sitzungen des Vorstandes

(1) **Der Vorstand wird durch den Präsidenten einberufen.**

(2) **Der Präsident muß eine Sitzung anberaumen, wenn drei Mitglieder des Vorstandes es schriftlich beantragen und hierbei den Gegenstand angeben, der behandelt werden soll.**

(3) **Das Nähere regelt die Geschäftsordnung des Vorstandes.**

1 Der Gesetzgeber hat dem Vorstand mit dieser äußerst knappen Vorgabe **weitestgehende Autonomie** eingeräumt. Der Vorstand der RAK kann in der Geschäftsordnung, die er sich gibt (§§ 63 Abs. 3, 70 Abs. 3), auch die Frage regeln, ob er in regelmäßig wiederkehrenden Zeitabständen oder nur im Bedarfsfalle zusammentreten will. Beim Fehlen einer solchen autonomen Regelung kann der Vorsitzende des Vorstands, der Präsident, eine Sitzung des Vorstands einberufen, wenn er es für geboten hält. Er muss jedoch aus Gründen des Minderheitenschutzes eine Sitzung einberufen, wenn drei Mitglieder des Vorstands es schriftlich beantragen und dabei den Verhandlungsgegenstand angeben (amtliche Begründung). Ferner muss er den Vorstand einberufen, wenn dies zur Erfüllung der dem Vorstand nach § 73 obliegenden Aufgaben in angemessener Zeit erforderlich ist (*Isele* § 70 Anm. III. A.; *Jessnitzer/Blumberg* Anm. zu § 70).

2 Die Sitzungen werden durch den Präsidenten einberufen, wobei **Form und Frist** dem Vorstand überlassen wird, der in der Geschäftsordnung nähere Bestimmungen treffen kann. Die **Tagesordnung** sollte angekündigt werden, § 87 findet insoweit keine Anwendung (*Isele* § 70 Anm. IV. B. 4.a).

3 Regelmäßiger **Einberufungsort** ist der Sitz der Kammer, wobei dies nicht zwingend ist. Der Präsident kann auch aus sachdienlichen Gründen an einen anderen Ort einberufen, solange dieser nicht außerhalb des Kammerbezirks liegt (*Isele* § 70 Anm. IV. B. 1.b).

§ 71 Beschlußfähigkeit des Vorstandes

Der Vorstand ist beschlußfähig, wenn mindestens die Hälfte seiner Mitglieder anwesend ist oder sich an einer schriftlichen Abstimmung beteiligt.

I. Geltungsbereich des § 71 nicht nur für „Beschlüsse“

1 § 71 gilt für alle Meinungsäußerungen des Vorstands einer RAK. Aber nicht jede Meinungsäußerung des Vorstands, welche formell im Wege der Beschlussfassung zustande kommt, verkörpert zugleich einen **„Beschluss“ iSd § 112f** (→ § 72 Rn. 8; → § 112f Rn. 6 ff.). – Der Begriff Beschluss in § 112f ist wesentlich **enger als in §§ 71, 72** und beschränkt sich auf Willensäußerungen, die materiell den Charakter eines Rechtsgeschäftes aufweisen (BGHZ 37, 396 = NJW 1962, 2006 = AnwBl. 1962, 257; *Isele* § 72 Anm. II. E.; *Jessnitzer/Blumberg* § 72 Rn. 2, alle zu §§ 90, 91 aF). Daher kann nur bei Beschlüssen des Vorstands im engeren Sinne ein Verstoß gegen § 71 zur Anfechtbarkeit der Beschlüsse nach § 112f führen.

II. Beschlussfähigkeit

2 Der Vorstand ist stets beschlussfähig, wenn mindestens die **Hälfte seiner Mitglieder** (§ 63 Abs. 2) anwesend ist oder sich an einer schriftlichen Abstimmung (§ 72 Abs. 4) beteiligt. Die Vorschrift gilt entsprechend für die nach § 77 gebildeten Abteilungen des Vorstands (*Jessnitzer/Blumberg* § 71 Rn. 1).

3 Der frühere Streit, ob **schriftliche Abstimmungen** zulässig sind (vgl. Nachweise in 1. Aufl. § 71 Rn. 3, 4), ist durch die Änderung der §§ 71, 72 Abs. 4 beseitigt. Die Änderung soll schriftliche Abstimmungen des Vorstands ermöglichen. Bei Kammern mit einem großen Bezirk kann dies die Tätigkeit des Vorstands wesentlich beschleunigen (amtliche Begründung).

§ 72 Beschlüsse des Vorstandes

(1) [1]**Die Beschlüsse des Vorstandes werden mit einfacher Stimmenmehrheit gefaßt.** [2]**Das gleiche gilt für die von dem Vorstand vorzunehmenden Wahlen.** [3]**Bei Stimmengleichheit gibt die Stimme des Vorsitzenden den Ausschlag, bei Wahlen entscheidet das Los.**

(2) [1]**Ein Mitglied darf in eigenen Angelegenheiten nicht mitstimmen.** [2]**Dies gilt jedoch nicht für Wahlen.**

(3) **Über die Beschlüsse des Vorstandes und über die Ergebnisse von Wahlen ist ein Protokoll aufzunehmen, das von dem Vorsitzenden und dem Schriftführer zu unterzeichnen ist.**

(4) **Beschlüsse des Vorstandes können in schriftlicher Abstimmung gefaßt werden, wenn kein Mitglied des Vorstandes widerspricht.**

Übersicht

I. Ablauf der Sitzung

1. Ausschluss der Öffentlichkeit. Schon im Hinblick auf die Pflicht der Vorstandsmitglieder zur Verschwiegenheit (§ 76) müssen die Vorstandssitzungen unter Ausschluss der Öffentlichkeit stattfinden (*Isele* § 72 Anm. II. A. 2), was aber nicht ausschließt, dass an den Sitzungen des Vorstands **Angestellte der RAK** und zur Mitarbeit herangezogene Rechtsanwälte teilnehmen dürfen, zumal für diese nach § 76 Abs. 1 S. 2 ebenfalls die Pflicht zur Verschwiegenheit gilt (→ § 76 Rn. 5, 6). Der Vorstand kann aber auch beschließen, Dritte, wie beispielsweise **Stationsreferendare,** teilnehmen zu lassen, soweit die Kammer selbst Station ist, also ausbildet, wie dies beispielsweise die RAK Hamm praktiziert. 1

2. Leitung durch den Präsidenten, Beschlussfassung. Die Sitzungen werden von dem Präsidenten geleitet (§ 80 Abs. 3). Für die Beschlussfassung stellt § 72 nur wenige, allerdings **bindende Regeln** auf, die auch durch die Geschäftsordnung nicht abgeändert werden können (*Isele* § 72 Anm. II. C. 1). 2

Jeder Beschluss des Vorstands wird mit **einfacher Stimmenmehrheit** gefasst, dh es gilt die Mehrheit der abgegebenen Stimmen (50% plus 1 Stimme), **Stimmenthaltungen werden nicht mitgezählt** (ebenso Henssler/Prütting/*Hartung* § 72 Rn. 7; Gaier/Wolf/Göcken/*Lauda* § 72 Rn. 8). Das gilt auch für **Wahlen** innerhalb des Vorstands. Allerdings ist bei Wahlen die Abgabe eines nicht ausgefüllten Wahlzettels als abgegebene Stimme zu werten und bei der Ermittlung der einfachen Mehrheit mitzuzählen (ebenso Henssler/Prütting/*Hartung* § 72 Rn. 11; Gaier/Wolf/Göcken/*Lauda* § 72 Rn. 11). Bei **Stimmengleichheit** gibt die Stimme des Vorsitzenden den Ausschlag; nur bei Wahlen entscheidet – wegen des gleichen Stimmgewichts jeder Stimme – das Los. 3

In **eigenen Angelegenheiten** darf ein Mitglied des Kammervorstands **nicht mitstimmen,** da sonst ein Widerstreit der Interessen zu befürchten wäre (amtliche Begründung). Eine eigene Angelegenheit liegt vor, wenn das Vorstandsmitglied als Berechtigter oder Verpflichteter, als Vertrags- oder Prozesspartei, als Anzeigender oder Beschwerdeführer oder Angezeigter oder von der Beschwerde Betroffener in Betracht kommt. Dabei genügt es, dass die Angelegenheit in die Interessensphäre des Mitgliedes fällt (*Isele* § 72 Anm. II. C. 1d aa). Jedoch gilt dies nicht für Wahlen, ein Vorstandsmitglied kann sich selber wählen (amtliche Begründung; *Isele* § 72 Anm. II. C. 1d cc). 4

5 Das **Abstimmungsverfahren** ist gesetzlich nicht geregelt. Dies zu regeln, unterliegt weitgehend der **Autonomie der Kammern** und der Vorstände, so dass die jeweilige **Geschäftsordnung** maßgeblich ist. Für die Kammerversammlung sind in der Rechtsprechung einige Grundsätze entwickelt worden: Die Wahl zum Vorstand einer RAK braucht nicht notwendig geheim zu erfolgen. Die Geschäftsordnung darf für die Abstimmung darüber, ob bei einer Wahl offen abgestimmt werden soll, eine qualifizierte Mehrheit vorschreiben. Sie darf vorschreiben, dass über diese Vorfrage offen abzustimmen ist. Mangels besonderer Bestimmung in der Geschäftsordnung ist die **Mehrheit** nicht von der Zahl der in der Kammerversammlung anwesenden, sondern **von der Zahl der sich an der Abstimmung beteiligenden Kammermitglieder zu berechnen** (BGHZ 52, 297 = NJW 1970, 46; → § 64 Rn. 2 ff.). Die gleichen Grundsätze gelten auch für den Kammervorstand und seine Geschäftsordnung (*Isele* § 72 Anm. II. D. 1.).

6 Hat die **Geschäftsordnung Lücken,** dann ist es zunächst Recht des Präsidenten diese auszufüllen, es sei denn, der Vorstand beschließt einen bestimmten anderen Abstimmungsmodus (*Isele* § 72 Anm. II. D. 2.).

6a § 71 Hs. 2 und § 72 Abs. 4 sollen **schriftliche Abstimmungen** des Vorstands ermöglichen. Diese sind in zweifacher Form möglich: Einmal in der Art des so genannten **Umlaufverfahrens,** dh ein Schriftstück mit bestimmten Beschlussvorschlägen wird vom Präsidenten nacheinander den Mitgliedern des Vorstands zur Billigung zugeleitet. Auch nach Erreichen der Mehrheit darf ein solches Verfahren nicht abgebrochen werden. Die zweite, schnellere Form der schriftlichen Abstimmung besteht darin, allen Vorstandsmitgliedern **gleichzeitig gleichlautende Schriftstücke** zuzuleiten. Ob sich eine Mehrheit iSd § 72 Abs. 1 gebildet hat und welcher Beschluss gefasst worden ist, hat der Präsident dann den Vorstandsmitgliedern bekannt zu geben. Die Zustimmung zur Einleitung eines schriftlichen Verfahrens kann im Voraus erteilt werden; eine Bindungswirkung mit der Folge eines Verlustes des Widerspruchsrechts (Abs. 4) entsteht dadurch aber grundsätzlich nicht (Stelkens/Bonk/Sachs/*Kallerhoff,* 8. Aufl. 2014, VwVfG § 90 Rn. 10; VGH Mannheim DÖV 1981, 584 mit Anm. *Kirchhof*).

II. Der Beschluss, die Meinungsäußerung

7 Nicht jede Meinungsäußerung des Vorstands einer Anwaltskammer, welche formell im Wege der Beschlussfassung zustande kommt, verkörpert zugleich einen „Beschluss" iSd § 112f, welcher auf Antrag durch den Anwaltsgerichtshof für nichtig erklärt werden könnte. Vielfach geht es bei Abstimmungen im Vorstand einer RAK auch oftmals nur um Meinungsbildungen und Meinungsäußerungen zu berufspolitischen Fragen.

8 Der **Begriff Beschluss in § 112f ist enger als in §§ 71, 72** und beschränkt sich auf Willensäußerungen, die materiell den Charakter eines Rechtsgeschäftes aufweisen (jeweils noch zu §§ 90, 91 aF BGHZ 37, 396 = NJW 1962, 2006 = AnwBl. 1962, 257; *Isele* § 72 Anm. II. E.; *Jessnitzer/Blumberg* § 72 Rn. 2; → § 112f Rn. 6 ff.).

III. Das Protokoll

9 **1. Bedeutung.** Die Ergebnisse einer Vorstandssitzung sind in einem Protokoll festzuhalten, Beschlüsse und Ergebnisse von Wahlen sind darin aufzunehmen. Dieses Protokoll dient bei der Anfechtung von Beschlüssen und Wahlen (§ 112f) als **Beweismittel** (amtliche Begründung zu §§ 90, 91 aF). Das Protokoll ist von dem Vorsitzenden (§ 80 Abs. 3) und dem Schriftführer (§ 78 Abs. 2 Nr. 3, § 82) zu unterzeichnen. Die Protokolle sind neben den jährlichen Berichten des Kammerpräsidenten (§ 81) bedeutsam für die Ausübung der Staatsaufsicht (§ 62 Abs. 2; *Isele* § 72 Anm. V. B. 1.).

10 **2. Beweiskraft.** Die Beweiskraft des Protokolls ist wie die jeder Privaturkunde. Danach besteht zwar eine **tatsächliche Vermutung für die Richtigkeit nicht** aber **für die Vollständigkeit** des Protokollierten. Das Protokollierte kann jederzeit widerlegt werden. Die Gültigkeit des protokollierten Vorganges, wie zB Wahlen, hängt nicht von der Ordnungsmäßigkeit des Protokolls ab (AGH Sachsen-Anhalt Beschluss vom 3.9.1999 – 1 AGH 13/99; *Isele* § 72 Anm. V. C. 1., 2.). – Bei **Meinungsverschiedenheiten** zwischen den beiden Urkundspersonen wird die Beweiskraft des Protokolls weiter gemindert. Die Meinungsverschiedenheiten sind erkennbar zu machen.

3. Notwendiger Inhalt. Notwendiger Inhalt des Protokolls sind die Wiedergabe der gefassten Beschlüsse, die Ergebnisse von Wahlen, die Unterschriften des Präsidenten und des Schriftführers. Über diesen Mindestinhalt hinaus sollte das Protokoll Ort und Zeit der Sitzung, die Namen der Anwesenden, die einzelnen Tagesordnungspunkte, die dazu gestellten Anträge sowie das Stimmenverhältnis bei den Abstimmungen und Wahlen enthalten (ebenso Henssler/Prütting/*Hartung* § 72 Rn. 17). 11

4. Berichtigung. Eine Berichtigung des Protokolls ist grundsätzlich möglich, wenn Präsident und Schriftführer dies gemeinsam tun. In sinngemäßer Anwendung des § 164 Abs. 3 ZPO ist die Berichtigung auf dem Protokoll zu vermerken, wobei auf Anlagen verwiesen werden kann, und vom Präsidenten (§ 80 Abs. 3) sowie dem Schriftführer (§ 82) zu unterschreiben (*Jessnitzer/Blumberg* § 72 Rn. 4). *Hartung* weist mit Recht darauf hin, dass es eine **zeitliche Begrenzung für die Berichtigung** des Protokolls nicht gibt. Das folgt aus der fehlenden Beweiskraft des Protokolls. Selbst nach Anfechtung gemäß § 112f oder Bekanntgabe des Beschlusses an die Beteiligten ist eine Berichtigung möglich (Henssler/Prütting/*Hartung* § 72 Rn. 18; ebenso Gaier/Wolf/Göcken/*Lauda* § 72 Rn. 19). 12

5. Einsichtsrecht. Ein Einsichtsrecht in die Protokolle haben stets uneingeschränkt die Landesjustizverwaltung im Zuge ihrer Rechtsaufsicht (§ 62 Abs. 2), alle Vorstandsmitglieder und darüber hinaus auch die Mitglieder der RAK, diese aber nur hinsichtlich Wahlen und nach § 112f anfechtbarer Beschlüsse, bei Verletzung eigener Rechte (vgl. *Isele* § 72 Anm. V. J. 4., allerdings zu § 90 aF, der aber inhaltlich in § 112f aufgegangen ist). 13

Im Übrigen unterliegen die Protokolle schon wegen der dem Vorstand obliegenden **Verschwiegenheitspflicht** (§ 76) keinem weitergehenden Einsichtsrecht, es sei denn es werde ausnahmsweise ein berechtigtes Interesse nachgewiesen (offengelassen von AGH NRW 1 AGH 14/15 v. 29.5.2015). Soweit ein Protokolleinsichtsrecht besteht, kann auch die Erteilung von **Protokollabschriften bzw. Ablichtungen** verlangt werden (**zum IFG** → § 76 Rn. 28a; *Isele* § 72 Anm. J. 4.b). 14

§ 73 Aufgaben des Vorstandes

(1) [1] **Der Vorstand hat die ihm durch Gesetz zugewiesenen Aufgaben zu erfüllen.** [2] **Ihm obliegen auch die der Rechtsanwaltskammer in diesem Gesetz zugewiesenen Aufgaben und Befugnisse.** [3] **Er hat die Belange der Kammer zu wahren und zu fördern.**

(2) **Dem Vorstand obliegt insbesondere,**

1. **die Mitglieder der Kammer in Fragen der Berufspflichten zu beraten und zu belehren;**
2. **auf Antrag bei Streitigkeiten unter den Mitgliedern der Kammer zu vermitteln; dies umfasst die Befugnis, Schlichtungsvorschläge zu unterbreiten;**
3. **auf Antrag bei Streitigkeiten zwischen Mitgliedern der Kammer und ihren Auftraggebern zu vermitteln; dies umfasst die Befugnis, Schlichtungsvorschläge zu unterbreiten;**
4. **die Erfüllung der den Mitgliedern der Kammer obliegenden Pflichten zu überwachen und das Recht der Rüge zu handhaben;**
5. **Rechtsanwälte für die Ernennung zu Mitgliedern des Anwaltsgerichts und des Anwaltsgerichtshofes vorzuschlagen;**
6. **Vorschläge gemäß §§ 107 und 166 der Bundesrechtsanwaltskammer vorzulegen;**
7. **der Versammlung der Kammer über die Verwaltung des Vermögens jährlich Rechnung zu legen;**
8. **Gutachten zu erstatten, die eine Landesjustizverwaltung, ein Gericht oder eine Verwaltungsbehörde des Landes anfordert;**
9. **bei der Ausbildung und Prüfung der Studierenden und der Referendare mitzuwirken, insbesondere qualifizierte Arbeitsgemeinschaftsleiter und Prüfer vorzuschlagen;**
10. **die anwaltlichen Mitglieder der juristischen Prüfungsausschüsse vorzuschlagen.**

(3) [1] **In Beschwerdeverfahren setzt der Vorstand den Beschwerdeführer von seiner Entscheidung in Kenntnis.** [2] **Die Mitteilung erfolgt nach Abschluss des Verfahrens einschließlich des Einspruchsverfahrens und ist mit einer kurzen Darstellung der wesentli-**

chen Gründe für die Entscheidung zu versehen. [3]§ 76 bleibt unberührt. [4]Die Mitteilung ist nicht anfechtbar.

(4) **Der Vorstand kann die in Absatz 1 Satz 2, Absatz 2 Nr. 1 bis 3 und Absatz 3 bezeichneten Aufgaben einzelnen Mitgliedern des Vorstandes übertragen.**

(5) **[1]Beantragt bei Streitigkeiten zwischen einem Mitglied der Rechtsanwaltskammer und seinem Auftraggeber der Auftraggeber ein Vermittlungsverfahren, so wird dieses eingeleitet, ohne dass es der Zustimmung des Mitglieds bedarf. [2]Ein Schlichtungsvorschlag ist nur verbindlich, wenn er von beiden Seiten angenommen wird.**

Schrifttum: *Ahlers,* Diskussion um Pflichtmitgliedschaft in den Kammern: Ist die Selbstverwaltung der Anwaltschaft in Gefahr?, AnwBl. 2006, 382; *Eichele,* Auswirkungen des Europarechts, insbesondere des Wettbewerbs- und Kartellrechts, auf das Anwaltsberufsrecht, 2005; *Ehlers/Lechleitner,* Die Aufgaben der Rechtsanwaltskammern, Schriftenreihe Anwaltsblatt 2006; *dies.,* Aufgaben der Rechtsanwaltskammern, AnwBl. 2006, 361; *Gaier,* Der verfassungsrechtliche Rahmen für die Organisation der Anwaltschaft, BRAK-Mitt 2012, 142; *Griga,* Verfassungsrechtliche Grundlagen der selbstverwalteten Anwaltschaft, Dissertation 2014; *Hartung,* Anwaltliche Selbstverwaltung im Wandel, AnwBl. 2000, 9; *Hellwig,* Die Selbstverwaltung durch Berufskammern in der europäischen Diskussion, AnwBl. 2007, 257; *Herrmann,* Recht der Kammern und Vorstände Freier Berufe, 1996; *Huff,* Die Finanzierung der Aus- und Fortbildung der Anwaltschaft durch die Anwaltskammern, NJW 2005, 1692; *Kloepfer,* Fortbildungskompetenz der Rechtsanwaltskammern, 2006; *Kluth,* Handbuch des Kammerrechts, 2005; *Kopp,* Die Selbstverwaltung der Rechtsanwälte, BRAK-Mitt. 2004, 242; *Lauda,* 130 Jahre Aufgaben der Rechtsanwaltskammern, BRAK-Mitt. 2008, 195; *Pietzcker,* Standesrecht durch Wettbewerbsklagen?, NJW 1982, 1840; *ders.,* Kammerrecht in Bewegung?, NJW 1987, 305; *Schöbener,* Verfassungsrechtliche Aspekte der Pflichtmitgliedschaft in wirtschafts- und berufsständischen Kammern, VerwArch 2000, 374; *Tettinger,* Kammerrecht, 1997; *ders.,* Wirtschaftliche und freiberufliche Selbstverwaltung – Aktuelle Rechts- und Organisationsfragen, BRAK-Mitt. 1995, 98; *ders.,* Freie Berufe und Kammerrechte im Wandel der Staatsaufgaben, DÖV 2000, 534; 25 Jahre BRAK, Schriftenreihe der BRAK, Band 6, 1984; *Vallone,* Auswirkungen des Kartellverbots auf das Standes- und Berufsrecht der verkammerten Freien Berufe, 2006.

Übersicht

I. Durch Gesetz zugewiesene Aufgaben

1. Pflicht zur Aufgabenerfüllung. Nach Abs. 1 hat der Kammervorstand die ihm durch Gesetz zugewiesenen Aufgaben zu erfüllen. Das bedeutet zum einen, der Vorstand hat die Pflicht, die ihm übertragenen Aufgaben auch wahrzunehmen und zum anderen bedarf die Übertragung und Übernahme neuer Aufgaben einer gesetzlichen Grundlage. Der Vorstand hat im Interesse der Rechtspflege und der Kammermitglieder öffentliche Aufgaben zu erfüllen, und zwar mit dem Ziel, einerseits die grundsätzliche Freiheit der Berufsausübung der Rechtsanwälte zu wahren, andererseits dafür Sorge zu tragen, dass der Anwaltschaft als solcher und der Rechtspflege keine Gefahren und Schäden erwachsen (*Laufhütte,* FS Pfeiffer, 1988, 959, 960). 1

2. Keine abschließende Regelung in § 73. Aus der einleitenden Regelung in Abs. 2 „Dem Vorstand obliegt „insbesondere" ergibt sich, dass die nachfolgende Aufzählung von Obliegenheiten des Vorstands nicht abschließend ist, sondern eine **„offene Aufgabenbeschreibung"** kennzeichnet (so zuletzt BGH NJW 2005, 1710 f.). Das ergibt sich auch aus der allgemeinen Aufgabenzuweisung des Abs. 1 S. 3, wonach er allgemein die Belange der Kammer, also aller in ihr zusammengefasster Mitglieder, nicht der einzelnen Kammermitglieder, zu wahren und zu fördern hat. Dies hat der Gesetzgeber im Rahmen der Beratungen des Gesetzes zur Neuordnung des anwaltlichen Berufsrechts (BGBl. 1994 I S. 2278) nochmals hervorgehoben. Dem Vorschlag des DAV in seiner Stellungnahme zu diesem Gesetzesentwurf vom Oktober 1993, 25/26, das Wort „insbesondere" in den §§ 73, 177 zu streichen, ist er nicht gefolgt. Um die beruflichen Belange der Gesamtheit der deutschen Anwaltschaft effektiv wahrnehmen zu können, müssen die Rechtsanwaltskammern, die RAK beim BGH und die BRAK über die in §§ 73 Abs. 2, 177 Abs. 2 enumerativ genannten Obliegenheiten hinaus Aufgaben erfüllen. Die Kataloge dieser Vorschriften sind **Basis der berufs- und rechtspolitischen Arbeit der Kammern;** zugleich sind sie aber auch **Ansatzpunkte** für die Bestimmung zulässiger, im Katalog nicht aufgeführter Aufgaben (ausdrücklich zustimmend Henssler/Prütting/*Hartung* § 73 Rn. 3). Die Regelungstechnik des **nicht abschließenden Katalogs** findet sich auch in § 1 IHKG, § 57 Abs. 2 WPO, § 76 Abs. 2 StBerG, § 78 BNotO, § 11 Abs. 1 HwO (Handwerkskammern) und § 54 Abs. 1 HwO (Innungen). 2

Der Begriff in § 73 Abs. 1 S. 3, Belange der Kammer zu „fördern", beinhaltet zudem den **Vorstoß in die Zukunft.** Eine Erweiterung und Mehrung dessen, was bereits vorhanden ist (*Isele* § 73 III. C. 1). Abs. 1 S. 3 als **Generalklausel** formuliert, enthält die Vollmacht, die den Vorstand berechtigt und verpflichtet, alle Belange der Mitglieder der Kammer in seinen Aufgabenbereich einzubeziehen (*Isele* § 73 II. B. 2; Henssler/Prütting/*Hartung* § 73 Rn. 4). 2a

Weitere gesetzliche Aufgabenzuweisungen ergeben sich aus anderen Bestimmungen der BRAO (§§ 6, 12, 12a, 14 Abs. 2–4, 17 Abs. 2, 29 Abs. 1 und 2, 29a Abs. 3, 31 Abs. 1, 36, 47 Abs. 1, 51 Abs. 6, 53 Abs. 2, 4, 5 und 6, 55 Abs. 1, 57 Abs. 1, 59g Abs. 1, 59h Abs. 3 und 5, 59m Abs. 1, 61 Abs. 1, 74 Abs. 1 und 5, 92 Abs. 2, 93 Abs. 2, 94 Abs. 2, 95 Abs. 2, 100 Abs. 2, 101 Abs. 2 und 3, 103 Abs. 2, 122 Abs. 2, 150a, 161 Abs. 1, 207, 209; *Jessnitzer/Blumberg* § 73 Rn. 2; *Isele* § 73 Anm. II. B. 1.), sie können aber auch aus gesetzlichen Regelungen außerhalb 3 der BRAO erwachsen. So zB dem **EuRAG** (→ Teil II Nr. 8): neben der Aufgabe des Kammervorstands nach § 32 EuRAG die Ausübung der nach diesem Gesetz zulässigen Tätigkeiten der dienstleistenden europäischen Anwälte aus Mitgliedstaaten der EU in der Bundesrepublik zu beaufsichtigen (*Jessnitzer/Blumberg* § 73 Rn. 2, BRAK-Mitt. 1985, 78; *v. Hehn* BRAK-Mitt. 1985, 183), sind die bisher nach § 41 Abs. 2 alte Fassung EuRAG auf die Rechtsanwaltskammern delegierbaren Aufgaben und Befugnisse den Kammern originär durch das Gesetz zur Stärkung der Selbstverwaltung der Rechtsanwaltschaft vom 26.3.2007 (BGBl. I S. 358) zugewiesen worden (vgl. Kommentierung zum EuRAG). Auch die Mitwirkung nach §§ 138c Abs. 2 S. 3 und 4, 138d Abs. 6 S. 2 StPO am Verfahren auf **Ausschließung eines Verteidigers** gehört hierher und die **Stellungnahme zu Gesuchen** auf Erteilung der Erlaubnis zur Besorgung fremder Rechtsangelegenheiten nach dem früheren RBerG (künftig RDG; *Altenhoff/Busch/Kampmann* Rn. 772; *Rennen/Caliebe,* 3. Aufl. 2001, 1. AVO § 11 Rn. 12; *Jessnitzer/Blumberg* § 73 Rn. 2). Nach § 4 Abs. 3 S. 1 RVG kann die Festsetzung der Vergütung eines Rechtsanwalts dem billigen Ermessen des Vorstands der RAK überlassen werden. Vor der Herabsetzung einer Vergütung im **Gebührenrechtsstreit** hat das Gericht nach § 4 Abs. 4 S. 2 RVG ein Gutachten des Vorstands der Rechtanwaltskammer einzuholen (vgl. auch § 14 Abs. 2 RVG). Gemäß § 411 AO hat in Bußgeldverfahren gegen Rechtsanwälte, bevor gegen sie wegen einer **Steuerordnungswidrigkeit,** die sie in Ausübung ihres Berufes bei der Beratung in Steuersachen begangen haben, ein Bußgeldbescheid erlassen wird, die Finanzbehörde der RAK Gelegenheit zu geben, die Gesichtspunkte vorzutragen, die von ihrem Standpunkt aus für die Entscheidung von Bedeutung sind. Diese Sondervorschrift bezieht sich aber nur auf die Beratung, nicht auf die Führung der Bücher des Steuerpflichtigen oder die Wahrnehmung der Pflichten des Steuerpflichtigen in der Eigenschaft eines gesetzlichen Vertreters iSd § 34 AO und erst recht nicht auf die Erfüllung der eigenen steuerrechtlichen Pflichten des Rechtsanwalts (*Franzen/Gast/Samson* Steuerstrafrecht, 3. Aufl. 1985, AO § 378 Rn. 61, AO § 411 Rn. 1 ff.).

II. Aufgabenbereich der RAK

4 **1. Ständig erweiterter Aufgabenbereich, Gesetz zur Stärkung der Selbstverwaltung der Rechtsanwaltschaft.** § 73, der die Aufgaben des Kammervorstands regelt, ist im Zusammenhang mit dem die Aufgaben der Kammerversammlung normierenden § 89 zu sehen. Aus beiden zusammen ergibt sich der gesamte Aufgabenbereich oder auch „Funktionsbereich" (jahrzehntelang geprägter Begriff der Rechtsprechung, zB BGHZ 33, 381 = NJW 1961, 221; BGHZ 35, 292 = NJW 1961, 1864; BGHZ 64, 301; BGHZ 66, 297 = NJW 1976, 1541; BGH NJW 1986, 992 = BRAK-Mitt. 1985, 223; BGHZ 109, 153 = NJW 1990, 578 = MDR 1990, 313 = BRAK-Mitt. 1990, 55; BGH NJW 1998, 2533 = BRAK-Mitt. 1998, 204) der RAK (ebenso Henssler/Prütting/*Hartung* § 73 Rn. 3; *Jessnitzer/Blumberg* § 73 Rn. 1; BGH EGE X 108, 109). Auch künftig können sich aus neuen Gesetzen neue Aufgaben des Vorstands ergeben (amtliche Begründung; → Rn. 2).

4a Der Aufgabenbereich der Rechtsanwaltskammern wurde bereits maßgeblich durch § 224a (aF) – Gesetz vom 31.8.1998, BGBl. I S. 2600; gestrichen durch Gesetz vom 26.3.2007, BGBl. I S. 358 – erweitert. Alle Landesjustizverwaltungen hatten durch Rechtsverordnung die diesen nach der BRAO zustehenden Aufgaben und Befugnisse in vollem Umfang auf die Rechtsanwaltskammern übertragen. Im Wesentlichen waren dies die Zulassung zur Rechtsanwaltschaft und deren Widerruf. Dadurch wurde die anwaltliche Selbstverwaltung ganz erheblich gestärkt. Das Gesetz zur Juristenausbildung vom 17.7.2002 (BGBl. I S. 2597), durch das im Ausbildungsbereich ein erheblicher Aufgabenzuwachs des Kammervorstands festgeschrieben wurde (→ Rn. 57 f.), führte zur nächsten Erweiterung der Aufgaben. Das Gesetz zur Stärkung der Selbstverwaltung der Rechtsanwaltschaft vom 26.3.2007 (BGBl. I S. 358) fixierte den über § 224a aF eingetretenen tatsächlichen Zustand, da ohne Rückgriff auf die einzelnen Delegationsverordnungen der Länder die Zuordnung der Aufgaben der BRAO nicht mehr erkennbar waren. Gleichzeitig wurde den Rechtsanwaltskammern auch die Zuständigkeit für die Vereidigung der neu zugelassenen Rechtsanwälte übertragen, die bis dahin bei den Gerichten lag. Auch die Lokalisation der Rechtsanwälte bei einem bestimmten Gericht der ordentlichen Gerichtsbarkeit (§ 18 aF) war ab der zum 1.1.2000 erfolgten Änderung des § 78 ZPO (Auftreten bei allen Land- und Familiengerichten) bzw. seit Mitte 2002 (Auftreten bei allen Oberlandesgerichten) überholt. Die **Aufgabe des Lokalisationsprinzips** sollte dann auch die hierauf aufbauenden weiteren Regelungen der §§ 19–36 stark vereinfachen und der RAK das Recht geben, bei berechtigtem Interesse Dritten **Auskunft über die Haftpflichtversicherung** eines Rechtsanwalts zu erteilen (amtliche Begründung, BT-Drs. 16/3837, 1, 2).

2. Abgrenzung durch Gesetz, Satzung und Zweck der RAK. Nach ständiger Recht- 5
sprechung umfasst der Funktionsbereich einer Körperschaft des öffentlichen Rechts nicht nur die ihr durch Gesetz und Satzung ausdrücklich zugewiesenen Aufgaben. Er erstreckt sich vielmehr darüber hinaus auf den Bereich, der im Blick auf den mit dem gesetzlich festgelegten Zusammenschluss ihrer Mitglieder erkennbar verfolgten Zweck als der Körperschaft zugedachter Wirkungskreis festzustellen ist. Der durch Gesetz und Satzung der öffentlich-rechtlichen Körperschaft zugewiesene Aufgabenkreis sowie der mit ihrer Schaffung verfolgte Zweck grenzen den legitimen Wirkungsbereich der Körperschaft des öffentlichen Rechts positiv und negativ ab (BGH NJW 1998, 2533; BGHZ 35, 292 = NJW 1961, 1864; vgl. auch EGH Frankfurt BRAK-Mitt. 1985, 170; → § 89 Rn. 1 ff.; **aA** *Kleine-Cosack* § 62 Rn. 5 ff.).

3. Angelegenheiten von allgemeiner, nicht rein wirtschaftlicher Bedeutung. Der 6
Funktionsbereich der Rechtsanwaltskammern erstreckt sich auf alle Angelegenheiten, welche von allgemeiner **nicht rein wirtschaftlicher Bedeutung** für die Rechtsanwaltschaft sind (BGHZ 66, 297 = NJW 1976, 1541; vgl. auch BVerfGE 54, 237; *Tettinger,* Zum Tätigkeitsfeld der BRAK, 16 ff., 21 f., 33 ff.; *Pietzcker* NJW 1982, 1840). Dieser Begriff darf **nicht zu eng** verstanden werden (BGHZ 66, 297 = NJW 1976, 1541).

Der RAK obliegen danach alle berufs- und standespolitischen Aufgaben und sie kann **alle** 7
Belange der Anwaltschaft in ihren Aufgabenbereich einbeziehen, wozu auch – wenn auch mit Einschränkungen – die wirtschaftlichen Belange der Anwaltschaft – nicht des einzelnen Rechtsanwalts – gehören (BGH NJW 1980, 186 mit Anm. *Redeker*).

Nach diesen Grundsätzen ist es zwar nicht die Aufgabe der Rechtsanwaltskammern die wirt- 8
schaftlichen Interessen ihrer Mitglieder allgemein und in jeder Hinsicht zu fördern; das ist vielmehr in dieser Allgemeinheit Sache der besonderen, freiwillig geschaffenen Berufsvertretungen, wie beispielsweise die des Anwaltsvereins. Die Rechtsanwaltskammern sind jedoch insbesondere verpflichtet, **sowohl ideelle wie wirtschaftliche Interessen** ihrer Mitglieder als Berufsstand überall dort zu berücksichtigen, zu wahren und zu fördern, wo diese Interessen die gesetzlichen – ausdrücklichen – Aufgaben der RAK berühren. Das gilt beispielsweise grundsätzlich für alle „Angelegenheiten, die von allgemeiner Bedeutung für die Rechtsanwaltschaft" sind (§ 89 Abs. 1), weiterhin – unter anderem – für die Entscheidungen über Beiträge, Fürsorgeeinrichtungen (§ 89 Abs. 2), Berufsausübung, Berufspflichten und anderes mehr. Rechtsanwaltskammern sind daher nicht berechtigt, in allen wirtschaftlichen Fragen der Anwaltschaft gewissermaßen die Augen zu schließen, sondern verpflichtet, den Interessen der Anwaltschaft – wirtschaftlich und ideell – ihre Aufmerksamkeit zu widmen (zustimmend Henssler/Prütting/*Hartung* § 73 Rn. 9). Dabei muss den **Rechtsanwaltskammern ein Ermessensspielraum** gewährt werden. So wie der Gesetzgeber nicht alle Aufgaben einer Körperschaft genau und in allen Einzelheiten vorschreibt (vgl. die §§ 89 Abs. 1 und 73 Abs. 1), muss auch die Körperschaft einen gewissen freien Rahmen eigener Entschließung besitzen. Die Grenze dieses Rahmens wird jedenfalls solange nicht überschritten, wie den Angehörigen der Körperschaft, die pflichtweise Mitglied sein müssen, keine besonderen Pflichten auferlegt oder Rechte genommen werden (EGH Frankfurt BRAK-Mitt. 1985, 170).

4. Maßgeblichkeit der Gesamtregelung. Bei der Entscheidung, ob eine von der RAK, 9
insbesondere von deren Vorstand, entfaltete Tätigkeit zu deren gesetzlich zugewiesenen Aufgaben gehört, ist maßgeblich, ob dieses Aufgabengebiet zum vorgesehenen Funktionsbereich der RAK als Körperschaft des öffentlichen Rechts gehört. Nicht die einzelne Zuweisungsnorm ist entscheidend für die Frage, ob eine Tätigkeit des Vorstands noch im Rahmen der „ihm durch Gesetz zugewiesenen Aufgaben" liegt, vielmehr ist auf die Gesamtregelung der BRAO abzustellen, nämlich ob mit dem korporativen Zusammenschluss aller Rechtsanwälte eines OLG-Bezirks (§ 60 Abs. 1) zu einer RAK als Körperschaft des öffentlichen Rechts erkennbar der Zweck verfolgt wird, der RAK und damit dem Vorstand auch diesen Wirkungskreis zuzuweisen (BGHZ 33, 381 = NJW 1961, 221 zu § 177; BGH NJW 1980, 186; BGHZ 35, 292 = NJW 1961, 1864; BGH NJW 1986, 992; EGH Hamburg NJW 1985, 1084 = BRAK-Mitt. 1985, 51; im Übrigen → § 89 Rn. 1 ff.)

10 **5. Ziele außerhalb des Verbandszwecks.** Weder die Kammerversammlung noch der Vorstand der Kammer können und dürfen aber Aufgaben wahrnehmen, die nicht gruppenspezifischen Zielen der Rechtsanwälte dienen. Solche Aufgaben stehen außerhalb des Verbandszwecks; ihre Vergemeinschaftung verletzt die individuelle Freiheitssphäre der Pflichtmitglieder (BGH NJW 1986, 992; vgl. auch BVerwGE 59, 231; *Pietzcker* NJW 1982, 1840; *Tettinger,* Zum Tätigkeitsfeld der BRAK, 40 ff., 74 ff.; → § 89 Rn. 6).

11 So ist der Vorstand der RAK **nicht legitimiert zur Geltendmachung von Grundrechten der Mitglieder** der Kammer im Wege der Verfassungsbeschwerde (BVerfGE 10, 134). Haushaltsmittel dürfen nicht für verbandsfremde Zwecke verwendet werden (BVerwG AnwBl. 1982, 65). Den Rechtsanwaltskammern steht wie allen anderen Körperschaften mit Pflichtmitgliedschaft auch kein **allgemeinpolitisches Mandat** zu, da dies als Pflichtzusammenschluss ihrer Mitglieder mit deren „Hauptfreiheitsrecht" nach Art. 2 Abs. 1 GG unvereinbar wäre (BGH NJW 1986, 992; BVerwGE 59, 231; 64, 281; VGH Kassel NVwZ-RR 1992, 637; Henssler/Prütting/*Hartung* § 73 Rn. 22; *Kleine-Cosack* § 62 Rn. 18; → § 89 Rn. 5).

12 **6. Mitgliedschaft in anderen Zusammenschlüssen.** Mitgliedschaften in anderen Organisationen, Verbänden, Vereinen und auch Vereinigungen sind zulässig, soweit deren Satzungszweck mit dem gesetzlich zugewiesenen Aufgabenkreis der RAK vereinbar ist (ebenso Henssler/Prütting/*Hartung* § 73 Rn. 20).

13 Ob sich der Beitritt und die Mitgliedschaft in einem **Landesverband der freien Berufe** im Rahmen der der RAK und ihrem Vorstand gesetzlich zugewiesenen Aufgabe hält, ist umstritten. Maßgeblich ist insoweit die inhaltliche Begriffsbestimmung der der Körperschaft obliegenden Aufgaben. Soweit diese eher eingrenzend erfolgt, wird diese Mitgliedschaft für mit dem Aufgabenkreis einer RAK unvereinbar gehalten (BVerwG NJW 1987, 337 = AnwBl. 1986, 307 zur Mitgliedschaft einer Steuerberaterkammer; VG Bremen AnwBl. 1992, 187 zur Mitgliedschaft einer Ärztekammer; OVG Bremen NJW 1994, 1606 = AnwBl. 1993, 537 zur Mitgliedschaft einer Ärztekammer; demgegenüber hält das VG Frankfurt Urteil vom 29.7.2004 – 12 E 2790/95 (3) – die Mitgliedschaft der Ärztekammer Hessen im Verband Freier Berufe in Hessen für zulässig; vgl. auch Henssler/Prütting/*Hartung* § 73 Rn. 21).

13a Diesen ausschließlich verwaltungsrechtlichen Entscheidungen kann jedoch nicht gefolgt werden, da von diesen der Aufgabenkreis einer RAK zu eng gefasst wird (NdsAGH BRAK-Mitt. 1996, 207). Die übergeordneten gemeinsamen Interessen der freien Berufe und ihre Beziehungen untereinander gehören auch in den Kreis der Angelegenheiten, die iSd § 89 von allgemeiner Bedeutung für die Rechtsanwaltschaft sind (EGH Frankfurt BRAK-Mitt. 1995, 170; NdsAGH BRAK-Mitt. 1996, 207; **BGH** BRAK-Mitt. 1996, 126 = AnwBl. 1996, 284 = NJW 1996, 1899 – Mitgliedschaft der Patentanwaltskammer im Bundesverband der freien Berufe). Im Anschluss an diese Entscheidung hat das BMJV in einem Schreiben an das Bundesministerium der Finanzen vom 22.1.2002 die Auffassung vertreten": ... Die BRAK, die Bundesnotarkammer und die Patentanwaltskammer sind Mitglied des Bundesverbandes der Freien Berufe. Nach den diesen Kammern zugewiesenen Aufgaben bestehen keine Bedenken hinsichtlich der Rechtmäßigkeit der Mitgliedschaft. ...".

13b Der Streit ist heute indes von untergeordneter Bedeutung, da die Landesverbände und auch der Bundesverband der freien Berufe darauf reagiert und die Satzungen entsprechend geändert haben. Nunmehr ist die **Erhaltung und der Ausbau des freien Berufs der Satzungszweck** der Verbände. Dies steht unzweifelhaft in Übereinstimmung mit dem Aufgabenbereich der Rechtsanwaltskammern, so dass es auch die Mitgliedschaft in diesen Verbänden ist (→ § 89 Rn. 8; ebenso Henssler/Prütting/*Hartung* § 73 Rn. 21; *Jessnitzer/Blumberg* § 73 Rn. 1).

14 Schon wegen des Fortbildungsangebotes ist die Mitgliedschaft einer RAK im **Deutschen Anwaltsinstitut (DAI)** mit den dem Vorstand zugewiesenen Aufgaben vereinbar (ebenso Henssler/Prütting/*Hartung* § 73 Rn. 17 f.; Gaier/Wolf/Göcken/*Lauda* § 73 Rn. 19; *Jessnitzer/Blumberg* § 73 Rn. 15; **aA** *Ehlers/Lechleitner* 109). Das DAI ging 1978 aus dem Institut für Steuerrecht der Rechtsanwaltschaft e. V. hervor, das wiederum seinen Ursprung in einem Zusammenschluss von Rechtsanwälten im OLG-Bezirk Hamm hatte. Gegründet im Jahre 1947 ging es dabei um die Vertretung der Interessen der Fachanwälte für Steuerrecht und die Erhaltung des Steuerrechts als der Anwaltschaft originär Zuzuordnendes. Das DAI verfolgt als gemeinnütziger eingetragener Verein die Förderung der Ausbildung und Fortbildung der Rechtsanwälte und Notare sowie deren Nachwuchs auf allen Rechtsgebieten und die wissenschaftliche Beratung der

Rechtsanwälte und Notare sowie der Rechtsanwalts- und Notarkammern in allen berufsständischen Angelegenheiten. Das DAI wird daher heute unter anderem durch Mitgliedschaft von fast allen regionalen Rechtsanwaltskammern und auch von fast allen regionalen Notarkammern sowie auch der Bundesrechtsanwalts- und Bundesnotarkammer unterstützt.

Keinen Bedenken unterliegt beispielsweise auch die Mitgliedschaft einer RAK im **Verein zur Förderung des Instituts für Anwaltsrecht** an der **Universität zu Köln e. V.** (auch Henssler/Prütting/*Hartung* § 73 Rn. 20). Das Institut, das sich der Förderung der Belange der Anwaltschaft seit 1988 annimmt, versucht die Justizlastigkeit deutscher Juristenausbildung zu vermindern, die Kooperation von Rechtswissenschaft und anwaltlicher Praxis zu vertiefen und die anwaltliche Denk- und Arbeitsweise den Jura-Studenten näher zu bringen. Gleiches gilt beispielsweise für die vergleichbare **Fördergesellschaft für Anwalts- und Notarrecht in Bielefeld e. V.,** da Zweck dieses gemeinnützigen Vereins ebenfalls die Förderung der Wissenschaft im Bereich des Anwalts- und Notarrechts durch das an der Universität eingerichtete Institut ist, das unter anderem den Bielefelder Kompaktkurs Anwalts- und Notartätigkeit als universitäre Wahlstation für Referendare und Aufbaukurse anbietet. 15

7. Verband zur Förderung selbständiger beruflicher Interessen. Die Rechtsanwaltskammern sind, wie auch die anderen Kammern freier Berufe (BGH NJW 1987, 2087 = BRAK-Mitt. 1987, 100; BGHZ 98, 330 = NJW 1987, 1323), da sie nicht nur die berufliche Tätigkeit ihrer Mitglieder zu beaufsichtigen, sondern auch die beruflichen Interessen ihrer Mitglieder zu wahren und zu fördern haben, **Verbände zur Förderung gewerblicher Interessen** iSd § 13 UWG aF – seit 8.7.2004 des **§ 8 Abs. 3 Nr. 2 UWG** (Nachweise zu § 13 UWG: BGHZ 109, 153 = NJW 1990, 578; BGH GRUR 1957, 425 = NJW 1956, 591; zur Handelskammer: RGSt 44, 348; zur Ärztekammer: BGHSt 2, 396; BGH MDR 1998, 353; zur Steuerbevollmächtigtenkammer BGH GRUR 1972, 607; zur Steuerberaterkammer BGH NJW 1987, 2087; BGHZ 79, 390 = NJW 1981, 2519 = GRUR 1981, 596; BGH NJW 2004, 1099 = AnwBl. 2004, 447 = BRAK-Mitt. 2004, 91) und daher **prozessführungsbefugt und aktivlegitimiert iSd § 13 Abs. 2 Nr. 2 UWG aF** (BVerfGE 111, 366 = NJW 2004, 3765 = BRAK-Mitt. 2005, 22 betreffend eine Steuerberaterkammer, als „Verband zur Förderung selbständiger beruflicher Interessen" steht berufsständigen Kammern grundsätzlich eine **Klagebefugnis** gemäß § 13 Abs. 2 UWG **wegen Verletzung von Berufspflichten durch ihre Mitglieder zu** – jetzt **§ 8 Abs. 3 Nr. 2 UWG** – (zustimmend, die Entscheidung untermauernd *Bürglen,* FS Ullmann, 2006, 913 ff.; BGH MDR 2004, 894 = GRUR 2004, 346; NJW 1999, 2444 = GRUR 1999, 748; NJW 1998, 2533; EBE 1997, 414; BGHZ 109, 153 = NJW 1990, 578; damit bestätigt: OLG Karlsruhe BRAK-Mitt. 1988, 214 = GRUR 1988, 707 mit Anm. *Feuerich* GRUR 1989, 282; OLG Karlsruhe BRAK-Mitt. 1990, 179 = (insoweit nicht abgedruckt) NJW 1990, 3093; OLG Köln MDR 2006, 840; Henssler/Prütting/*Hartung* § 73 Rn. 10; *Baumbach/Hefermehl,* 22. Aufl. 2001, UWG § 13 Rn. 30a; *Köhler/Piper,* 3. Aufl. 2002, UWG § 3 Rn. 516; *Rennen/Caliebe,* 3. Aufl. 2001, RBerG Art. 1 § 1 Rn. 209; *Tettinger,* Zum Tätigkeitsfeld der BRAK, 86 ff.; *Jessnitzer/Blumberg* § 73 Rn. 1; *Schäfer/Gölz* GRUR 1987, 679; **aA** *Grunewald* NJW 2002, 1369; *Pietzcker* NJW 1982, 1840; *Redeker* NJW 1980, 187; 1982, 1266; *Sack* BB 1986, 2205, 2216; *Schmidt* AnwBl. 1987, 127) und zum früheren § 13 Abs. 2 Nr. 2 AGBG (jetzt § 3 Abs. 1 Nr. 2 UKlaG) *Schäfer/Gölz* GRUR 1987, 679; *Tettinger,* Zum Tätigkeitsfeld der BRAK, 86 ff.; Staudinger/*Schlosser,* 12. Aufl. 1980, AGBG § 13 Rn. 22; BGHZ 81, 229 zu den Architektenkammern. 16

Seit dem Inkrafttreten des **neuen UWG** im Jahre 2004 ergibt sich die **Klagebefugnis einer Kammer aus § 8 Abs. 3 Nr. 2 UWG:** „rechtsfähige Verbände zur Förderung selbständiger beruflicher Interessen" sind explizit erwähnt; der Gesetzgeber hat die hM durch sein neues UWG bestätigt und den Streit entschieden; sie haben berufliche Belange ihrer Mitglieder zu wahren und zu fördern; die Anspruchsberechtigung und damit die Klagebefugnis ist mit der öffentlich-rechtlichen Aufgabenstellung der Kammern vereinbar (Köhler/Bornkamm/*Bornkamm,* 29. Aufl. 2011, UWG § 8 Rn. 3.33 unter Hinweis auf die vorgenannte Rechtsprechung). 16a

Auch die **Verfolgung von Wettbewerbsverstößen,** soweit dadurch der Wettbewerb von Mitgliedern der Kammer hinsichtlich ihrer Dienstleistung, der Rechtsberatung, berührt wird, fällt in den Funktionsbereich und Aufgabenkreis der RAK (BGH NJW-Spezial 2006, 336; BVerfG NJW 2004, 3765, 3766: die Steuerberaterkammer hat einen Unterlassungsanspruch wegen einer Verletzung von Berufspflichten, die zugleich wettbewerbswidrig ist; BGH NJW 1998, 2533; 16b

GRUR 1997, 912 und 914). Der BGH sieht den Weg einer Unterlassungsklage zur Durchsetzung der Berufspflichten allerdings nur dann eröffnet, wenn diese Maßnahme **verhältnismäßig** ist. Die Kammer muss vor ihrer Entscheidung den Zivilrechtsweg zu wählen, **sorgfältig abwägen,** ob dieses Vorgehen angemessen ist und nicht unverhältnismäßig in die Berufsausübungsfreiheit des betroffenen Kammermitglieds eingreift. Bei einer **unlauteren Werbung** eines Kammermitglieds, die geeignet ist, den Wettbewerb zum Nachteil der anderen Berufsangehörigen und der Verbraucher zu beeinträchtigen und das Ansehen des gesamten Berufsstands zu schädigen, kann aber **regelmäßig von einer Verhältnismäßigkeit** ausgegangen werden. Die Möglichkeit, zivilrechtlich gegen berufswidrige Werbung eines Kammermitglieds vorzugehen, steht grundsätzlich neben den Befugnissen die der Kammer als Berufsaufsicht zustehen. Ein **Verweisen auf das Ergreifen berufsrechtlicher Maßnahmen** ist schon deshalb **nicht angezeigt,** weil der Kammer mit der Zuerkennung verschuldensunabhängiger wettbewerbsrechtlicher Unterlassungsansprüche ein vergleichsweise einfacher und schneller Weg zur Unterbindung berufswidrigen Verhaltens zur Verfügung steht (BGH NJW-Spezial 2006, 336; vgl. auch BVerfG NJW 2004, 3765; BGH GRUR 2002, 717; NJW 2003, 504: „Ein Vorstand einer Anwaltskammer hat keine Befugnis dazu, festgestellten Verstößen gegen berufsrechtliche Bestimmungen mit einer Unterlassungsverfügung zu begegnen“).

16c Ebenso kann die Kammer Dritte, die in Wettbewerbsförderungsabsicht oder auch als Störer ohne eine solche Absicht zur Förderung des Wettbewerbs von Rechtsanwälten beitragen, in Anspruch nehmen (BGH GRUR 1997, 313).

16d Die **Möglichkeit, aufgrund desselben Sachverhalts berufsrechtliche Maßnahmen** zu ergreifen, also ein berufsgerichtliches Verfahren einzuleiten, schließt den ordentlichen Rechtsweg, die Geltendmachung von wettbewerbsrechtlichen Ansprüchen, nicht aus. Das gilt jedenfalls dann, wenn das beanstandete Verhalten nach der Klagebegründung neben der Verletzung beruflicher Pflichten auch einen Verstoß gegen die allgemeinen Regeln des Wettbewerbs enthält und aus diesem Verstoß die geltend gemachte Rechtsfolge hergeleitet wird (BGH NJW 2002, 2039; GRUR 1957, 131, 132; 1972, 607; BGHZ 79, 390 = GRUR 1981, 596). Es ist **Sache der RAK zu entscheiden, wie sie die ihr im öffentlichen Interesse übertragenen Aufgaben wahrnimmt** (BGH NJW 1998, 2533; MDR 2002, 971; *Köhler/Piper,* 3. Aufl. 2002, UWG § 3 Rn. 516, vgl. auch BGHZ 79, 390 zu Apotheken-Steuerberatungsgesellschaft). „Eine **Beschränkung der Klagebefugnis** gemäß § 13 Abs. 2 Nr. 2 UWG (aF) auf die Verfolgung von Wettbewerbsverstößen von Nichtanwälten oder Nichtmitgliedern der betreffenden RAK lässt sich dem **Gesetz nicht entnehmen“** (BGH NJW 1998, 2533). Dass die Kammern auch berufsrechtliche Maßnahmen gegen ihre Mitglieder ergreifen können, schließt ein wettbewerbsrechtliches Vorgehen nicht aus, zumal damit ein vergleichsweise einfaches und schnelles Vorgehen zur Unterbindung berufswidrigen Verhaltens möglich ist (BGH GRUR 2006, 598 Rn. 14 = BRAK-Mitt. 2006, 180 = NJW 2006, 2481 – Zahnarztbriefbogen; Köhler/Bornkamm/*Bornkamm,* 29. Aufl. 2011, UWG § 8 Rn. 3.33).

17 Zu den dagegen im Hinblick auf die „Formenvertauschung“ bzw. den „Formenmissbrauch“ und die **Unvereinbarkeit eines Vorgehens nach § 13 UWG** (aF) mit den öffentlich-rechtlichen Befugnissen der Kammer und ihres Vorstands (Auskunfts- und Akteneinsichtsrecht nach §§ 56, 57, Rügerecht nach § 74) geltend gemachten Bedenken vgl. *Grunewald* NJW 2002, 1369; *Pietzcker* NJW 1982, 1840; *Redeker* NJW 1980, 187; *ders.* NJW 1982, 1266; *Büttner,* FS Vieregge, 1995, 99 ff.

17a Der von einer RAK ihren Mitgliedern empfohlene Verzicht auf eine nach dem RVG entstandene Gebühr in einem bestimmten Falle kann nicht als ein Gebot rechtlich-sittlicher Pflicht oder als eine Regel angesehen werden, die dem Wettbewerb zwischen den Anwälten des Kammerbezirks unmittelbar dient. In einem Zuwiderhandeln gegen eine solche Empfehlung liegt daher nur dann ein Wettbewerbsverstoß iSv § 1 UWG, wenn der Rechtsanwalt bewusst in der Absicht handelt, sich einen Gebührenvorteil vor den anderen Anwälten des Kammerbezirks zu verschaffen (OLG Karlsruhe AnwBl. 1988, 642 zur BRAGO).

17b Zur **Abmahnbefugnis der örtlichen Anwaltsvereine** bei unerlaubter Rechtsberatung vgl. *Gross* AnwBl. 1987, 565.

18 **8. Wahrung der Belange der Rechtsanwaltschaft.** Die gesamte Tätigkeit des Vorstands steht unter dem allgemeinen Gebot, dass er die Belange der Kammer zu wahren und zu fördern hat (amtliche Begründung). Diese Aufgabe umfasst auch die Wahrung und Förderung der

Belange der Rechtsanwaltschaft. Es ist der RAK deshalb auch gestattet, **Mittel für Öffentlichkeitsarbeit** auszugeben (NdsAGH BRAK-Mitt. 1996, 207), um die Öffentlichkeit über aktuelle Fragen der Rechtspolitik zutreffend zu informieren und zu einseitigen oder gar unzutreffenden Meldungen und Berichten in den Medien angemessen zu reagieren (AGH Brem BRAK-Mitt. 1996, 86; NdsAGH BRAK-Mitt. 1996, 207). Auch das Betreiben eines **Anwaltsuchservice mit ihren Mitgliedern** ist der RAK erlaubt (AGH Hess Beschluss vom 9.6.1997 – 1 AGH 4/96). Derzeit betreiben mehr als die Hälfte der insgesamt 28 regionalen Rechtsanwaltskammern einen Anwaltsuchdienst mit und für ihre Mitglieder. Eine Kammer verstößt nicht gegen ihre Pflichten im Rahmen der ihr gesetzlich übertragenen Aufgaben, wenn sie bei der Vermittlung von im amerikanischen Recht erfahrenen Mitgliedern nicht ausschließlich auf die Tatsache der Zulassung als Rechtsanwalt in den USA abstellt.

Im Verfahren über die **Eintragung oder Löschung einer Rechtsanwalts-GmbH** im 19
Handelsregister ist die örtlich zuständige RAK zu hören (→ § 59g Rn. 3 ff.; → § 59h Rn. 8 ff.; vgl. auch BayObLG BRAK-Mitt. 1996, 217 = NJW 1996, 3217 = AnwBl. 1996, 583). Das Partnerschaftsregistergericht soll den betroffenen Berufskammern ebenfalls in zweifelhaften Fällen vor **Eintragung einer Partnerschaftsgesellschaft** und Änderungen im Register Gelegenheit zur Stellungnahme geben (§ 4 Partnerschaftsregisterverordnung vom 16.6.1995, BGBl. I S. 800). In Fällen der Erteilung einer **Erlaubnis** nach Art. 1 § 1 RBerG (jetzt **RDG**) wurde dem Vorstand Gelegenheit zur Stellungnahme gegeben (AV-RBerG des JM vom 29.5.1995, JMBl. NW S. 147).

9. Abgrenzung zur BRAK. Soweit jedoch Aufgaben der BRAK übertragen sind, ist die 20
RAK nicht zuständig; sie überschreitet ihre Befugnisse, wenn sie auf Gebieten, die durch § 177 Abs. 2 der BRAK zugewiesen sind, tätig wird (→ § 89 Rn. 13). Der Austausch von Erfahrungen in Gebührenabteilungen der Rechtsanwaltskammern ist eine Frage, die die Gesamtheit der Rechtsanwaltskammern angeht; die Organisation des Erfahrungsaustausches in der **„Konferenz der Gebührenreferenten der Rechtsanwaltskammern"** (*Eich/Strohm,* 25 Jahre BRAK, 157 ff.) ist deshalb Aufgabe der BRAK (§ 177 Abs. 2 Nr. 1), die zu dieser Konferenz auch regelmäßig einlädt, wenngleich die Ausrichtung dann wechselnd von den regionalen Rechtsanwaltskammern übernommen wird.

Demgegenüber handelt es sich bei der ebenfalls jährlich stattfindenden **„Konferenz der** 21
Geschäftsführer der Rechtsanwaltskammern" (*Gralla,* 25 Jahre BRAK, 190 ff.) nicht um eine Angelegenheit der BRAK. Initiator der Geschäftsführerkonferenz ist nicht die BRAK, sondern eine regionale RAK, die zu dieser Konferenz alle Geschäftsführer aller Rechtsanwaltskammern, auch die der BRAK, einlädt. Es geht bei dieser Geschäftsführerkonferenz nicht darum, im Interesse der Gesamtheit der Rechtsanwaltskammern, bzw. der Gesamtheit der Rechtsanwaltschaft (so *Zuck/Quaas* BRAK-Mitt. 1982, 141), die Auffassung der einzelnen regionalen Kammern zu ermitteln. Auf der Geschäftsführerkonferenz werden keine Beschlüsse gefasst, die für die Gesamtheit der Rechtsanwaltskammern verbindlich wären. Vielmehr dient die Geschäftsführerkonferenz dazu, die bei regionalen Kammern auftretenden Probleme im großen Kreis der Geschäftsführer zu erörtern, um ein Problembewusstsein zu schaffen, Denkanstöße für Lösungsmöglichkeiten aufzuzeigen bzw. zu erarbeiten oder aber aus dem Erfahrungsschatz anderer regionaler Kammern zu schöpfen, die möglicherweise bereits ein ähnliches Problem zu bewältigen hatten.

Die Wahrnehmung der Interessen der deutschen **Anwaltschaft in Europa** ist ausschließlich 22
Aufgabe der BRAK. Über die Hauptversammlung der BRAK ist es den Rechtsanwaltskammern möglich, ihre Auffassung zur Geltung zu bringen. Die Mitgliedschaft in der „UIA" (Union Internationale des Avocats) oder der „IBA" (International Bar Association) ist nur der BRAK gestattet. Der Aufbau von Beziehungen einer RAK zu Kasachstan durch gegenseitige Einladungen auf Kosten der RAK ist ebenso wenig durch den Aufgabenkreis der Rechtsanwaltskammern gedeckt wie die Teilnahme eines Kammerpräsidenten auf Kosten der RAK bei einem internationalen Kongress der UIA oder IBA. **Internationale Kontakte** sind den Rechtsanwaltskammern nur insoweit gestattet, als sie nach § 32 EuRAG die Aufsicht über dienstleistende europäische Rechtsanwälte ausüben, die zulässigerweise Dienstleistungen in Deutschland erbringen. So wäre es zB der RAK Celle gestattet, Kontakte zu Anwaltsorganisationen in Griechenland mit gegenseitigen Besuchen zu pflegen, nicht jedoch mit einem Barreau in Frankreich (vgl. § 32 Abs. 4 Nr. 2 und 7 EuRAG).

23 Stellungnahmen in **Gesetzgebungsverfahren des Bundes** sind, wie sich aus einem Umkehrschluss des § 73 Abs. 2 Nr. 8 ergibt, nur der BRAK erlaubt. Die Kammern bringen ihre Auffassung durch Stellungnahmen gegenüber BRAK oder Landesbehörden ein. Gespräche von Mitgliedern des Kammervorstands mit Bundestagsabgeordneten, um Einfluss auf die Gesetzgebung des Bundesgesetzgebers auszuüben, sind möglich, auch wenn eine Beauftragung durch die BRAK nicht vorliegt, da es sich oftmals um eigene Kammermitglieder handelt und diese „Nähe" letztlich der Sache dienlich sein kann. Wird der Vertreter des Kammervorstands für die BRAK tätig, hat diese auch insoweit die Kosten zu übernehmen. Einfluss können Rechtsanwaltskammern auf die Bundesgesetzgebung auch dann nehmen, wenn eine Landesbehörde die RAK um Stellungnahme bittet, um ihr Votum im Bundesrat vorzubereiten.

24 Die **Förderung der beruflichen Fortbildung** ist nach § 177 Abs. 2 Nr. 6 explizit Aufgabe der BRAK. Aufgrund der Tatsache, dass der Katalog des § 73 Abs. 2 nicht abschließend ist („insbesondere"), **dürfen auch regionale Rechtsanwaltskammern ihren Mitgliedern allgemein Fortbildungsveranstaltungen anbieten.** Eine Beschränkung nur auf Fälle „besonderer regionaler Belange – zB örtliche Rechtsprechung in Miet- und Familiensachen –" gibt es insoweit nicht (ebenso *Kleine-Cosack* § 73 Rn. 20; *Quaas/Sieben* BRAK-Mitt. 2002, 162, 164; *Kloepfer,* Rechtsgutachten, erstellt im Auftrag der BRAK, „Anwaltliche Fortbildungsveranstaltungen durch regionale Rechtsanwaltskammern", Humboldt-Universität Berlin, August 2005, 15, 26, 79 ff.; so auch Henssler/Prütting/*Hartung* § 73 Rn. 19; Gaier/Wolf/Göcken/*Lauda* § 73 Rn. 19).

24a Zudem beinhaltet der Begriff in § 73 Abs. 1 S. 3 BRAO, Belange der Kammer zu „fördern", den **Vorstoß in die Zukunft,** Erweiterung und Mehrung dessen, was bereits vorhanden ist (vgl. auch Rn. 2; *Isele* § 73 III. C. 1). **Abs. 1 S. 3 als Generalklausel formuliert,** enthält die Vollmacht, die den Vorstand berechtigt und verpflichtet, alle Belange der Mitglieder der Kammer in seinen Aufgabenbereich einzubeziehen (*Isele* § 73 II. B. 2; ebenso Henssler/Prütting/*Hartung* § 73 Rn. 4). Die Aufgabenzuweisung in Form einer Generalklausel begegnet keinen verfassungsrechtlichen Bedenken (*Kloepfer,* Rechtsgutachten, erstellt im Auftrag der BRAK, „Anwaltliche Fortbildungsveranstaltungen durch regionale Rechtsanwaltskammern", Humboldt-Universität Berlin, August 2005).

24b Auch angesichts der bei der Berufsrechtsnovellierung 1994 in den Katalog der beruflichen Grundpflichten aufgenommenen Fortbildungspflicht der Rechtsanwälte (§ 43a Abs. 6) und der später zusätzlich bei Schaffung der FAO für Fachanwälte in § 15 FAO festgeschriebenen Fortbildungspflicht von zehn Zeitstunden im Fachgebiet, durfte sich die **RAK auch dieser Aufgabe stellen.** Nicht zuletzt unter Berücksichtigung des Dienstleistungsgedankens und des Serviceangebotes, ist es den Rechtsanwaltskammern gestattet, ihren Mitgliedern anwaltliche Fortbildung auf allen Rechtsgebieten, auch zu neuen Bundesgesetzen, anzubieten. Hiervon machen zahlreiche regionale Rechtsanwaltskammern in unterschiedlichem Umfang Gebrauch.

24c Die rechtliche Zulässigkeit der **anwaltlichen Fortbildungsveranstaltungen durch regionale Rechtsanwaltskammern** wurde durch den DAV nachhaltig in Frage gestellt, obgleich unstreitig von den diese in Anspruch nehmenden Kollegen dieses Dienstleistungsangebot der regionalen Kammern nicht nur von allen außerordentlich geschätzt wird, sondern diese Fortbildungen von den Kammermitgliedern – die sicher zum großen Teil auch über die regionalen Anwaltvereine dem DAV angehören – auch sehr gut angenommen werden, mit dem ausdrücklichen Wunsch, diese beizubehalten. Sie sind in der Regel innerhalb weniger Tage nach Veröffentlichung eines Seminarprogramms nicht nur restlos ausgebucht, sondern weit überbucht, so beispielsweise bei der RAK Hamm, obgleich für 2014 über 185 halbtägige Fortbildungen angeboten wurden, an denen über 7.500 Mitglieder teilgenommen haben.

24d Der **DAV** hatte ein **Gutachten beauftragt,** indem die Verfasser *Ehlers* und *Lechleitner* (Die Aufgaben der Rechtsanwaltskammern, Schriftenreihe Anwaltsblatt) zu dem Ergebnis kommen, dass die Fortbildungstätigkeit der Rechtsanwaltskammern nur **subsidiär zu derjenigen der BRAK** zulässig sei. Seminare zur Rechtsentwicklung im Bezirk oder zum Landesrecht sowie Halbtagsseminare seien gestattet (*Ehlers/Lechleitner* S. 111), allerdings soll durch die RAK begründet werden können, warum die Veranstaltung nicht auch von der BRAK durchgeführt werden könne (*Ehlers/Lechleitner* S. 108), auf der anderen Seite könne jedoch der Bedarf nach ortsnaher Versorgung eigene Halbtags-Fortbildungen legitimieren (*Ehlers/Lechleitner* S. 109).

24e Dass eine wie auch immer geartete Abhängigkeit in der Kompetenz der regionalen Kammern zum Angebot von Fortbildungen von der diesbezüglichen Aktivität der BRAK bestehen soll, entspricht **nicht** dem **gesetzgeberischen Willen:** „Deshalb haben sich bereits die Rechtsanwaltskammern neben dem deutschen Anwaltverein bemüht, durch Kurse, Tagungen, Veröffentlichungen und andere Maßnahmen den Rechtsanwälten die Möglichkeit zu geben, ihre Rechtskenntnisse zu vertiefen und zu erweitern. Entsprechend dieser Entwicklung soll im Interesse des gesamten Anwaltsstandes auch die BRAK die berufliche Fortbildung der Rechtsanwälte und Anwaltsassessoren fördern" (BT-Drs. 3/120, 114). Dem Gesetzgeber ging es also erkennbar um ein *zusätzliches* Tätigwerden der BRAK *neben* den begonnenen dezentralen Fortbildungen der regionalen Rechtsanwaltskammern. Damit hat er diese Aktivitäten aber implizit auch für rechtlich unbedenklich erklärt.

Die Durchführung eines **„Anwaltsgerichtstages für Anwaltsrichter"** ist weder Aufgabe 25
der Rechtsanwaltskammern noch der BRAK. Auch der Anschein der Einflussnahme auf die Rechtsprechung der Anwaltsgerichte, aber auch der Anwaltsgerichtshöfe muss vermieden werden. Es kann nur Aufgabe der Rechtsanwaltskammern sein, die finanziellen Mittel zur Verfügung zu stellen, damit ein Erfahrungsaustausch der Anwaltsrichter ihres Bezirks oder Landes erfolgen kann; entsprechend wäre es Aufgabe der BRAK die finanziellen Mittel für einen Erfahrungsaustausch der Anwaltsgerichtshöfe (s. zur „Arbeitsgemeinschaft des Präsidenten der Anwaltsgerichtshöfe" *Lehmann,* 25 Jahre BRAK, 57, 60) zur Verfügung zu stellen.

10. Rechtsschutz bei Aufgabenüberschreitung. Überschreitet die Kammer ihre Aufgaben, 26
so steht den Mitgliedern zwar **kein Beitragsverweigerungsrecht** (BVerwGE 59, 242 = MDR 1980, 608 = DVBl. 1980, 567 mit Anm. *Redeker* = DÖV 1980, 605 mit Anm. *Bachof*), wohl aber ein auf die Verletzung der Grundrechte wie Art. 2 GG gestützter **öffentlich-rechtlicher Unterlassungsanspruch** zu, der im Wege der Klage (ggf. Anfechtungsklage) nach §§ 112a ff. verfolgt werden kann (zu Beschlüssen nach §§ 90, 91 aF BGH NJW 1986, 992 = BRAK-Mitt. 1985, 223; ebenso Henssler/Prütting/*Hartung* § 73 Rn. 61 f.; → § 89 Rn. 6).

Zur Anwendung des GWB bei Überschreiten des Aufgabenbereichs der Kammer vgl. BGH 26a
NJW-RR 1991, 1067 = MDR 1991, 611 = ZIP 1991, 539 (Apothekerkammer) und zur Anwendung von Wettbewerbsrecht auf Freie Berufe *Lammel* WuW 1984, 853.

Ein Schreiben des Vorstands der RAK, das sich unter Bezugnahme auf eine entsprechende 26b
Anfrage des betroffenen Rechtsanwalts in der Mitteilung einer Rechtsansicht zu einem beabsichtigten Verhalten und der Empfehlung, von dem beabsichtigten Verhalten abzusehen, erschöpft, ist nicht der gerichtlichen Kontrolle unterworfen. Es handelt sich um eine **präventive Auskunft** auf Anfrage zur Beseitigung künftiger Zweifel ohne Bewertung eines bestimmten zurückliegenden Vorganges und ohne irgendeinen Schuldvorwurf; eine derartige Beratung und Belehrung beeinträchtigt die Rechte des betroffenen Rechtsanwalts nicht und ist deshalb auch nicht nach § 112a ff. anfechtbar (zu § 223 aF EGH München BRAK-Mitt. 1993, 224; BVerfGE 50, 16 = NJW 1979, 1159; → § 73 Rn. 29 ff.; 7. Aufl. § 223 Rn. 6, 28).

11. Berufsrechtliche Aufsicht. Die berufsrechtliche Aufsicht der RAK über ihre Mitglieder 27
dient nicht der Wahrung individueller Belange, sondern dem öffentlichen Interesse, so dass **Dritte keinen Anspruch** gegen die Kammer auf eine Aufsichtsmaßnahme oder bei einer fehlerhaften Ermessensentscheidung über ein etwaiges Einschreiten gegen ein Mitglied haben (BVerwG NJW 1993, 2066 = NVwZ 1993, 896 = Stbg 1994, 458; Verfassungsbeschwerde wurde nicht angenommen – Beschluss vom 16.3.1993 – 1 BvR 181/93 nv; BVerwG *Buchholz* 350 zu § 73 Nr. 2; ebenso Henssler/Prütting/*Hartung* § 73 Rn. 61).

III. Besondere Aufgaben (Abs. 2)

In Abs. 2 werden aus dem Aufgabenbereich des Vorstands die Angelegenheiten genannt, die von allgemeiner Bedeutung sind (amtliche Begründung). Im Einzelnen handelt es sich um folgende Aufgaben:

1. Beratung und Belehrung der Kammermitglieder (Abs. 2 Nr. 1). Die Beratung und 28
Belehrung der Kammermitglieder in Fragen der Berufspflichten ist eine vorsorgende Tätigkeit (amtliche Begründung) des Kammervorstands, die dieser in Form öffentlich-rechtlichen Handelns wahrnimmt (BGH NJW 1984, 1042 = BRAK-Mitt. 1984, 84).

a) Beratung und Belehrung. Auf Anfrage von Kammermitgliedern erteilt der Vorstand 29
Auskunft über berufsrechtliche Fragen und berät die Kammermitglieder. Da dem Kammervor-

stand nach Abs. 2 Nr. 4 eine umfassende Überwachungspflicht hinsichtlich der Erfüllung der den Kammermitgliedern obliegenden Pflichten zukommt, kann er auch ohne entsprechende Anfrage von Kammermitgliedern diesen von sich aus, aus gegebenem Anlass zur Beseitigung bestehender oder künftiger Zweifel zu Berufsfragen **Belehrungen** erteilen, diesen seine Auffassung zu einer bestimmten berufsrechtlichen Frage mitteilen (BVerfGE 50, 16 = NJW 1979, 1159 = AnwBl. 1979, 426; BGH NJW 1984, 1042). Das Beratungs-, Belehrungs- und Überwachungsrecht nach § 73 Abs. 2 Nr. 1 und 4 beinhaltet auch die Berechtigung des Vorstands, standeswidriges Verhalten eines Kammermitglieds zu untersagen (AGH RhPf NJW 2001, 1586 = AnwBl. 2001, 298; BGH NJW 1984, 1042).

30 Da **Beratungen** und **Belehrungen** keine Bewertung eines bestimmten zurückliegenden Vorganges und auch keinen Schuldvorwurf gegen den beratenen bzw. belehrten Rechtsanwalt enthalten, sind sie **in aller Regel nicht geeignet, die Rechte** und damit auch nicht die Grundrechte **des Rechtsanwalts zu beeinträchtigen.** Sie können daher nicht Gegenstand einer Verfassungsbeschwerde gemäß Art. 93 Abs. 1 Nr. 4a GG, § 90 Abs. 1 BVerfGG sein (BVerfGE 50, 16 = NJW 1979, 1159). Sie sind auch grundsätzlich nicht anwaltsgerichtlich anfechtbar und können auch nicht mit einem Verpflichtungsantrag erzwungen werden (AGH NRW BRAK-Mitt. 1998, 47; → § 112c Rn. 26 ff.; § 112f Rn. 7 ff.). Wenn die bloße Beratungs- und Belehrungstätigkeit des Vorstands nach Abs. 2 Nr. 1 einer allgemeinen gerichtlichen Kontrolle auf ihre Richtigkeit unterworfen wäre, wäre dies mit der Stellung der RAK nicht vereinbar (BGH BRAK-Mitt. 1997, 40 = NJW-RR 1997, 759 = AnwBl. 1997, 176; EGH München BRAK-Mitt. 1984, 197; *v. Gerkan* BRAK-Mitt. 1984, 90).

31 Würde die Berücksichtigung des in der Äußerung des Kammervorstands vertretenen Rechtsstandpunktes jedoch dazu führen, dass dem anfragenden oder **belehrten Rechtsanwalt erhebliche künftige Nachteile entstehen,** dann ist er durch die Belehrung in seinen Rechten betroffen und kann nach § 112f (vgl. BVerfGE 50, 16 = NJW 1979, 1159 noch zu § 223 aF) diese Äußerungen des Kammervorstands **anfechten** (alle noch zu § 223 aF: BGH Beschluss vom 21.7.1997 – AnwZ (B) 14/96 nv; EGH Hamburg BRAK-Mitt. 1984, 89; **aA** *v. Gerkan* BRAK-Mitt. 1984, 90; EGH München BRAK-Mitt. 1993, 224). Andernfalls wäre der belehrte Rechtsanwalt gezwungen, bewusst gegen die von dem Kammervorstand zum Ausdruck gebrachte Auffassung zu verstoßen, um schließlich im Rahmen eines berufsrechtlichen Disziplinarverfahrens die Rechtmäßigkeit der Auffassung des Kammervorstands und seiner Auffassung überprüfen zu lassen. Das aber kann nicht rechtens sein (EGH Hamburg BRAK-Mitt. 1984, 89).

32 Ebenso **anfechtbar** ist die **Belehrung** durch den Kammervorstand, wenn mit dieser die Aufforderung zu einem entsprechenden **künftigen Tun oder Unterlassen verbunden** ist (EGH Stuttgart BRAK-Mitt. 1982, 129; AnwBl. 1988, 245; AGH RhPf NJW 2001, 1586; BGH NJW 1984, 1042, 1044; 7. Aufl. § 223 Rn. 28). Mangels Rechtsgrundlage ist die **RAK nicht berechtigt,** festgestellten Berufrechtsverstößen mit einer Belehrung/Rüge zu begegnen, soweit diese **mit einer selbständigen Unterlassungsverfügung verknüpft** ist (BGH NJW 2003, 504; *Isele* § 73 II. D. 4a ccb 1; **aA** *Jessitzer/Blumberg* § 73 Rn. 4). Demgegenüber ist eine Belehrung des Anwalts über sein Fehlverhalten verknüpft mit einer Anregung zur Verhaltensänderung unter Hinweis auf ihn eventuell erwartende Sanktionsmöglichkeiten nicht zu beanstanden. Es darf nicht in Rechtspositionen eingegriffen werden, wenn dem ein von der RAK geschaffener Vertrauenstatbestand entgegensteht, zB bei jahrelanger Duldung einer später als unrechtmäßig angesehenen Sozietät (EGH Stuttgart AnwBl. 1988, 245).

33 **b) Folge der Beratung und Belehrung.** Die Beratung bzw. Belehrung durch den Kammervorstand gewährt dem Kammermitglied kein einer Konzession ähnliches Recht, sie ist vielmehr nur eine **präventive Auskunft,** die der Beseitigung von Zweifeln dienen soll. Wurde ein Rechtsanwalt vom Kammervorstand dahingehend beschieden, dass ein von ihm vorgesehenes Tun berufsrechtlich unbedenklich sei, dann kann, wenn diese Auskunft unzutreffend war, der Rechtsanwalt, nachdem er auf diesen Fehler hingewiesen wurde, sich auf die **fehlerhafte Belehrung** nicht berufen und sein Tun fortsetzen. Die fehlerhafte Beratung und Belehrung durch den Vorstand bewirkt nur, dass dem Betroffenen für sein Handeln bis zur Äußerung der gegenteiligen Auffassung durch den Kammervorstand kein Schuldvorwurf gemacht werden kann (EGH München BRAK-Mitt. 1984, 197).

34 **c) Informationspflicht des Rechtsanwalts.** Jeder Rechtsanwalt muss sich über das Berufsrecht unterrichten (§ 43a Abs. 6) und kann sich nicht auf Unkenntnis berufen. Ein Rechtsanwalt,

der das nicht tut, insbesondere auch nicht von der Beratungsmöglichkeit durch den Kammervorstand Gebrauch macht, kann sich grundsätzlich nicht auf einen unvermeidbaren Verbotsirrtum berufen (BGHSt 18, 192, 197; EGH Frankfurt AnwBl. 1984, 629; vgl. auch BGH NJW 1991, 49 = AnwBl. 1991, 97).

d) Abgrenzung der Belehrung von der Rüge. Hinsichtlich der in der Rechtsprechung und Literatur immer noch umstrittenen Abgrenzung der Belehrung, insbesondere der „missbilligenden" Belehrung von der Rüge nach § 74 und zur Anfechtbarkeit der „missbilligenden" oder „beanstandenden" Belehrung → § 74 Rn. 5 ff. und *Hartstang* I 158 ff. 35

2. Vermittlung bei Streitigkeiten unter Mitgliedern der Kammer (Abs. 2 Nr. 2). Dem Vorstand obliegt es, auf Antrag bei Streitigkeiten unter den Mitgliedern der Kammer zu vermitteln. Dies umfasst seit dem 1.9.2009 ausdrücklich auch die Befugnis, Schlichtungsvorschläge zu unterbreiten, Gesetz zur Modernisierung von Verfahren im anwaltlichen und notariellen Berufsrecht, zur Errichtung einer Schlichtungsstelle der Rechtsanwaltschaft sowie zur Änderung sonstiger Vorschriften vom 30.7.2009 (BGBl. I S. 2449). Es handelt sich bei dieser Ergänzung des Gesetzestextes nur um eine Klarstellung, dass die Durchführung solcher Schlichtungsverfahren von der Aufgabe erfasst ist, bei Streitigkeiten zu vermitteln (amtliche Begründung, BT-Drs. 16/11385, 39). 36

a) Antrag. Die vermittelnde Tätigkeit zwischen Mitgliedern der Kammer ist nur dann eine **Pflichtaufgabe** des Vorstands, wenn er wenigstens von einem der Beteiligten angerufen wird. Durch ein selbständiges Eingreifen könnte das Vertrauen, von dem die Vermittlungstätigkeit des Vorstands getragen sein muss, erschüttert oder gar zerstört werden (amtliche Begründung; *Jessnitzer/Blumberg* § 73 Rn. 7; *Isele* § 73 Anm. II D 2a). Jedoch bleibt dem Kammervorstand das Recht und auch die Pflicht einzugreifen, wenn der **Verdacht pflichtwidrigen Verhaltens** entsteht (*Isele* § 73 Anm. II D 2a; *Lingenberg/Hummel/Zuck/Eich* § 20 Rn. 4). Der Gegenstand der Streitigkeiten wird regelmäßig aus Anlass der Berufstätigkeit entstanden sein; er kann aber auch aus dem privaten Bereich der beteiligten Rechtsanwälte kommen (*Isele* § 73 Anm. II D 2e; *Lingenberg/Hummel/Zuck/Eich* § 20 Fn. 1). 37

b) Berufspflichten. Berufsrechtlich sind die streitbeteiligten Rechtsanwälte, wenn sie in eigener Sache einen Kollegen zu verklagen beabsichtigen, nicht (mehr) verpflichtet, zuvor eine außergerichtliche Beilegung zu versuchen. Die Bestimmung des § 19 Abs. 2 und 3 RichtlRA kann nicht mehr zur Konkretisierung des § 43 herangezogen werden (*Zuck* in: *Lingenberg/Hummel/Zuck/Eich* N Rn. 52; *Feuerich* AnwBl. 1988, 81, 84). Bei **Meinungsverschiedenheiten über Berufspflichten** darf nach **§ 25 BORA** derjenige Anwalt, der den anderen auf Berufspflichtverletzungen hinweisen will, dies nur vertraulich tun, um die Mandanten nicht zu verunsichern und ihr Vertrauen in ihre Anwälte und damit zugleich in die gesamte Anwaltschaft nicht zu schmälern (→ BORA § 25 Rn. 1; ebenso Hartung/*Scharmer* BORA § 25 Rn. 16). Ausnahmen sind möglich, wenn die Interessen des Mandanten oder eigene Interessen eine Reaktion in anderer Weise erfordern (§ 25 BORA). 38

3. Vermittlung bei Streitigkeiten zwischen Kammermitgliedern und ihren Auftraggebern (Abs. 2 Nr. 3). Dem Vorstand obliegt, **auf Antrag** bei Streitigkeiten zwischen Mitgliedern der Kammer und ihren Auftraggebern zu vermitteln. Dies umfasst seit dem 1.9.2009 ausdrücklich auch die Befugnis, Schlichtungsvorschläge zu unterbreiten (Gesetz zur Modernisierung von Verfahren im anwaltlichen und notariellen Berufsrecht, zur Errichtung einer Schlichtungsstelle der Rechtsanwaltschaft sowie zur Änderung sonstiger Vorschriften vom 30.7.2009, BGBl. I S. 2449). Es handelt sich bei dieser Ergänzung des Gesetzestextes nur um eine Klarstellung, dass die Durchführung solcher Schlichtungsverfahren von der Aufgabe erfasst ist, bei Streitigkeiten zu vermitteln (amtliche Begründung, BT-Drs. 16/11385, 39). Auch bei Streitigkeiten zwischen einem Kammermitglied und dessen Auftraggeber kann der Vorstand die Vermittlung nur übernehmen, wenn dies von einem der Beteiligten beantragt wird. **Von Amts wegen** kann er **nicht tätig werden,** es sei denn es bestehe der Verdacht auf ein pflichtwidriges Verhalten (amtliche Begründung; *Isele* § 73 Anm. II D 3a). Es genügt der Antrag eines der Beteiligten (*Jessnitzer/Blumberg* § 73 Rn. 8). 39

40 Auf Antrag ist der **Vorstand zur vermittelnden Tätigkeit verpflichtet,** aber der **Auftraggeber,** der in keinerlei Rechtsbeziehung zum Kammervorstand steht, ist **zur Mitwirkung nicht verpflichtet.**

40a Für das Mitglied ist eine derartige Verpflichtung seit 1.9.2009 normiert (§ 56 Abs. 2). Die **RAK** hat insoweit ein **gebundenes Ermessen,** einzelfallbezogen angemessen vorzugehen, wozu auch die **zwangsgeldbewehrte (§ 57) Erscheinungspflicht des Kammermitglieds** dient (§ 56 Abs. 2), soweit die RAK ein Gespräch für sinnvoll ansieht und einen entsprechenden Termin bestimmt. Nur in ungeeigneten Fällen soll vom persönlichen Erscheinen Abstand genommen werden, weil die Anwesenheit der Beteiligten in vielen Fällen dazu geeignet ist, die außergerichtliche Konfliktbeilegung zu unterstützen (amtliche Begründung, BT-Drs. 16/ 11385, 38). Nunmehr wird das eigene Kammermitglied schlechter gestellt, als der Auftraggeber des Rechtsanwalts, der Mandant. Etwas anderes gilt dann, wenn der Kammervorstand aufgrund der Angaben des Auftraggebers Anlass zur aufsichtsrechtlichen Überprüfung nach § 56 sieht oder wenn ein Schlichtungsverfahren iSv Abs. 5 iVm § 56 Abs. 2 eingeleitet wird; → § 73 Rn. 40b, 40c, 69 und § 56 Rn. 37 ff.

40b **a) Stärkung des Schlichtungsverfahrens.** Um eine Stärkung des Schlichtungsverfahrens zu erreichen, haben sich mit großer Mehrheit die Kammerpräsidenten dafür ausgesprochen, das **Kammermitglied zu verpflichten,** sich bei einem Antrag eines Beschwerdeführers auf Durchführung einer Schlichtung, dieser zu stellen. Es wurde daher dem BMJV vorgeschlagen, insoweit § 56 wie folgt zu ergänzen: „Beantragt der Auftraggeber eines Rechtsanwalts die Einleitung eines Schlichtungsverfahrens durch die RAK, ist der Rechtsanwalt verpflichtet an diesem Schlichtungsverfahren teilzunehmen“. Eine solche Verpflichtung des Kammermitglieds wurde in der 7. Aufl. befürwortet, da diese Verpflichtung auch zumutbar wäre und letztlich auch den Interessen des Mitglieds dient, wenn ein solcher Streit – kostenfrei – auf Kammerebene erledigt würde, ohne alternativ vom Auftraggeber in ein Gerichtsverfahren hineingezogen zu werden.

40c Mit dem Gesetz zur Modernisierung von Verfahren im anwaltlichen und notariellen Berufsrecht, zur Errichtung einer Schlichtungsstelle der Rechtsanwaltschaft sowie zur Änderung sonstiger Vorschriften vom 30.7.2009 (BGBl. I S. 2449) hat der Gesetzgeber diese Anregung zur Stärkung des Schlichtungsverfahrens aufgegriffen und entsprechende Änderungen durch einen neuen Abs. 2 in § 56 und in § 73 (Abs. 2 Nr. 2 und 3; neuer Abs. 5) – (→ Rn. 36 ff., 69) – vorgenommen.

40d **b) Schlichtungstätigkeit bei Gebührenrechnungen.** Problematisch in diesem Zusammenhang ist die Frage, ob Abs. 2 Nr. 3 eine Einschränkung hinsichtlich des Gegenstands enthält, insbesondere, ob eine Schlichtungstätigkeit bei Gebührenrechnungen auch hierunter zu subsumieren ist. Dagegen spricht, dass eine Überprüfung von Honorarrechnungen nach dem Wortlaut nicht erfasst ist und eine Zurückhaltung auch deswegen geboten ist, weil die Kammer später bei einer gerichtlichen Auseinandersetzung über die Höhe von Rahmengebühren zur Erstattung eines Gebührengutachtens nach § 14 Abs. 2 RVG gesetzlich verpflichtet (Abs. 2 Nr. 8) ist. Der Vorstand könnte im Hinblick auf seine Verpflichtung zur Erstattung eines solchen Gutachtens in eine Konfliktsituation geraten. Es könnten später Bedenken hinsichtlich der Neutralität bestehen.

40e Die **Pflicht aus § 14 Abs. 2 RVG** zur Mitwirkung an einem gerichtlichen Verfahren **geht der außergerichtlichen Vermittlung vor.** Der Vorstand muss in solchen Fällen die Vermittlung ablehnen, um seine Neutralität und Objektivität bei Erstattung des Gutachtens zu wahren (ebenso Henssler/Prütting/*Hartung* § 73 Rn. 31). Dem kann auch nicht wirksam mit einer **personellen Trennung der Aufgabenwahrnehmung** begegnet werden, da jeder Abteilung des Vorstands das Recht verbleiben muss, in einer schwierigen Frage die der Abteilung übertragene oder zugewiesene Aufgabe wieder an den Gesamtvorstand, sei es auch wegen übergeordneter Bedeutung der Angelegenheit, zurückzugeben.

41 **4. Überwachung und Rügerecht (Abs. 2 Nr. 4).** Dem Kammervorstand obliegt, die Erfüllung der den Mitgliedern der Kammer obliegenden Pflichten zu überwachen und das Recht der Rüge zu handhaben.

42 **a) Aufsichtführung.** Die Aufsichtsführung gehört zu den **öffentlichen Aufgaben,** die der Kammer und insbesondere dem Vorstand als ihrem Organ vom Staat überlassen wurde. Diese Aufsicht ist unerlässlich, um rechtzeitig Missstände zu beseitigen, die zu einer Schädigung der Allgemeinheit führen könnten. Der Staat kann die Aufgabe, auf die Erfüllung der Berufspflichten

durch die Anwälte zu achten, den Anwaltskammern selbst in gewissem Umfang (vgl. aber §§ 115a, 119, 120) übertragen, nachdem sie als Körperschaften des öffentlichen Rechts (§ 62 Abs. 1) die geeignete Rechtsform erhalten haben (amtliche Begründung).

Das Aufsichtsrecht macht den Kammervorstand nicht zum Vorgesetzten der Kammermitglieder, weil der Rechtsanwalt als unabhängiges Organ der Rechtspflege (§ 1) nicht in einem allgemeinen Abhängigkeitsverhältnis zu dem Vorstand steht. Der Vorstand kann deshalb auch nicht wegen Beleidigung eines Kammermitglieds Strafantrag nach § 194 Abs. 3 StGB stellen (*Isele* § 73 Anm. II D 4a). **43**

Die **Überwachungspflicht** des Vorstands erstreckt sich auf den gesamten Pflichtenkreis des Rechtsanwalts. Auch die Gehilfenausbildung durch den Rechtsanwalt ist Aufsichtssache gemäß §§ 56, 73, Abs. 2 Nr. 4 (EG Kassel EGE XIV, 280). Der Vorstand muss möglichen Pflichtverletzungen von Kammermitgliedern **nicht nur aufgrund Beschwerde, sondern auch von Amts wegen nachgehen** (*Isele* § 73 Anm. II D 4a bb cc; *Jessnitzer/Blumberg* § 73 Rn. 9). Zum Umfang des Fragerechts des Kammervorstands → § 56 Rn. 17 ff. **43a**

b) Entscheidung des Kammervorstands. Problematisch ist, ob und inwieweit ein Dritter – neben Kammermitglied und Staatsanwaltschaft (§ 74 Abs. 4) – vom Inhalt der Entscheidung des Kammervorstands, den **Gründen, erfahren** darf; im Einzelnen dazu der neue Abs. 3 des § 73 (→ Rn. 64). Die Verschwiegenheitspflicht (§ 76) ist hier mit dem Aufsichtsrecht, der Verpflichtung der RAK, die Belange der Kammer zu wahren und zu fördern (§ 73 Abs. 1 S. 3), also berufswidriges Verhalten zu ahnden, unter Berücksichtigung der gesetzlichen Vorgabe aus Abs. 3 abzuwägen (→ § 74 Rn. 45 ff.; ebenso Henssler/Prütting/*Hartung* § 74 Rn. 34–43). Nach Prüfung des Sachverhalts fasst der Vorstand, sofern er Maßnahmen gegen den Rechtsanwalt für geboten hält, den Beschluss auf Aussetzung, Einstellung, oder, soweit er Maßnahmen gegen den Rechtsanwalt für geboten hält, den Antrag auf Einleitung eines anwaltsgerichtlichen Ermittlungsverfahrens bzw. Erteilung einer Rüge. Weisungen in der Sache selbst vermag der Vorstand dem Rechtsanwalt nicht zu erteilen, weil der Rechtsanwalt nicht in einem allgemeinen Abhängigkeitsverhältnis zu dem Vorstand steht. Wohl aber können allgemeine Belehrungen in Frage kommen (Abs. 2 Nr. 1). Reichen sie nicht aus, so kann der Vorstand je nach den näheren Umständen des Falles von dem ihm zustehenden Rügerecht (§ 74) Gebrauch machen oder bei der Staatsanwaltschaft (§ 120) beantragen, gegen den Rechtsanwalt ein anwaltsgerichtliches Verfahren einzuleiten (amtliche Begründung). **44**

Zur Möglichkeit des Vorstands, von dem Rechtsanwalt ein bestimmtes künftiges Tun oder Unterlassen zu fordern und zur Anfechtbarkeit solcher Verlangen, → § 73 Rn. 32. **45**

c) Kein Anspruch des Mandanten auf Tätigwerden des Kammervorstands. Der Mandant eines Kammermitglieds hat keinen Anspruch auf ein Tätigwerden des Vorstands im Rahmen der berufsrechtlichen Überwachungspflicht (VGH Mannheim NJW 1982, 2011; VG Freiburg NJW 1978, 967; *Jessnitzer/Blumberg* § 73 Rn. 9). Die berufsrechtliche Aufsicht der RAK über ihre Mitglieder dient **nicht der Wahrung individueller Belange,** sondern dem öffentlichen Interesse, so dass **Dritte keinen Anspruch** gegen die Kammer auf eine Aufsichtsmaßnahme oder auf eine fehlerfreie Ermessensentscheidung über ein etwaiges Einschreiten gegen ein Mitglied haben (BVerwG NJW 1993, 2066 = NVwZ 1993, 896). **46**

Für die Klage eines Mandanten eines Rechtsanwalts auf Verpflichtung des Vorstands, seine berufsrechtliche Überwachungspflicht wahrzunehmen, ist nicht der Rechtsweg zum AGH, sondern der **Verwaltungsgerichtsweg** gegeben. Als **anwaltliches Berufsgericht ist der AGH** nur zur Entscheidung von Streitigkeiten in Berufsangelegenheiten zwischen Rechtsanwälten, Anwaltsbewerbern, im Rechtsanwaltsverzeichnis bereits gelöschten Rechtsanwälten (BGH EGE VII, 95; XIV, 138; EGH Frankfurt BRAK-Mitt. 1987, 93), Kammerrechtsbeiständen (§ 209; EGH München BRAK-Mitt. 1987, 93; EGH Frankfurt Rbeistand 1988, 109), niedergelassenen Anwälten aus EU-Mitgliedstaaten (§ 10 RADG) auf der einen Seite und dem Vorstand der RAK (§ 80 Abs. 1; BVerfGE 50, 16 = NJW 1979, 1159; BGH BRAK-Mitt. 1986, 104; 1985, 170) auf der anderen Seite berufen. Allerdings haben solche Klagen aus den vorgenannten Gründen (BVerwG NJW 1993, 2066) keinerlei Aussicht auf Erfolg. **46a**

Zu Fragen der Wahrnehmung der Berufsaufsicht durch Wettbewerbsklagen → § 73 Rn. 16, 17. Der Rechtsanwalt hat grundsätzlich keinen zivilrechtlich durchsetzbaren Anspruch auf Unterlassung ihn beleidigender Eingaben bei der RAK (OLG Hamburg MDR 1971, 1009 = VersR 1972, 162). **46b**

47 **d) Mitteilungen.** Die Ausübung der Überwachungstätigkeit des Vorstands wird durch die Auskunfts- und Vorlagepflicht des Kammermitglieds nach § 56 erleichtert. Darüber hinaus wird er nach Nr. 23 der bundeseinheitlichen Anordnung über **Mitteilungen in Strafsachen** informiert. Die **MiStra,** aufgrund derer die RAK über Maßnahmen gegen Kammermitglieder in Strafsachen unterrichtet wird, war am 1.6.1998 in Kraft getreten, BAnz. Nr. 99a vom 30.5.1998, berichtigt BAnz. Nr. 128 = Schönfelder Erg.-Bd. Nr. 90c. Sie wurde am 19.5.2008 neu gefasst und gilt seit dem 1.6.2008 in ihrer Neufassung (BAnz. vom 21.8.2008; zur MiStra → § 36 Rn. 11. Die **Nr. 23** betrifft Strafsachen gegen Rechtsanwälte, Notare, Patentanwälte, Geschäftsführer von Rechtsanwalts- oder Patentanwaltsgesellschaften mit beschränkter Haftung und Rechtsberater, Rechtsbeistände usw.

47a Über zivilrechtliche Klagen, Vollstreckungsmaßnahmen, Aufträge zur Bestimmung eines Termins zur Abgabe der eidesstattlichen Versicherung, Eintragungen in das Schuldnerverzeichnis nach § 915 ZPO, Verhaftungsaufträge, pp. gegen Kammermitglieder wird der Vorstand aufgrund **Mitteilungen in Zivilsachen (MiZi;** in Kraft seit 1.6.1998, veröffentlicht in JMBl. NW 1998, 133) unterrichtet. Dazu auch die Änderungen vom 18.7.2005 (BAnz. Nr. 150 vom 11.8.2005 S. 12239), vom 10.7.2006 (BAnz. Nr. 144 vom 3.8.2006 S. 5419) und vom 1.10.2014 (BAnz. AT 29.9.2014 B1).

48 Solche Mitteilungen sind, soweit dabei die Grenzen des § 36 Abs. 2 beachtet werden, nicht verfassungswidrig, sie verletzen insbesondere nicht den durch Art. 2 Abs. 1 GG geschützten Persönlichkeitsbereich des Kammermitglieds (vgl. BVerwG NJW 1976, 258; OLG Hamm JMBl. NW 1988, 57; EGH Hamm Beschluss vom 11.5.1985 – 1 ZU 17/85). Sie berühren nicht die berufliche Existenz des Rechtsanwalts. Ein Antrag auf gerichtliche Entscheidung dagegen ist unzulässig. Soweit derartige Mitteilungen die Einleitung eines Verfahrens zum Widerruf der Zulassung wegen Vermögensverfalls zur Folge haben, hat der Rechtsanwalt in diesem Verfahren ausreichend Gelegenheit, seine Rechte wahrzunehmen (BGH BRAK-Mitt. 1988, 52).

49 **5. Vorschlagsrecht betreffend die anwaltlichen Mitglieder des Anwaltsgerichtshofs und der Anwaltsgerichte (Abs. 2 Nr. 5).** Dem Vorstand obliegt, Rechtsanwälte für die Ernennung zu Mitgliedern des Anwaltsgerichts und des Anwaltsgerichtshofes vorzuschlagen. Die Vorschlagsliste des Vorstands muss mindestens die Hälfte mehr als die von der Landesjustizverwaltung bestimmte Zahl von Mitgliedern des Anwaltsgerichts enthalten, um die Möglichkeit einer Auswahl zu geben (amtliche Begründung). Auch wenn eine Bindung der Landesjustizverwaltung an diese (erste) Vorschlagsliste nicht gegeben ist, kann zum Mitglied des Anwaltsgerichts nur ernannt werden, wer vom Vorstand vorgeschlagen worden ist (BVerfGE 26, 186 = NJW 1969, 2192; → § 94 Rn. 112; → § 103 Rn. 9).

50 **6. Vorschläge gemäß §§ 107 und 166 an die BRAK (Abs. 2 Nr. 6).** Dem Vorstand obliegt, Vorschläge gemäß §§ 107 und 166 der BRAK vorzulegen. Zu den Vorschlägen der Rechtsanwaltskammern für die von dem Präsidium der BRAK einzureichende Vorschlagsliste für die anwaltlichen Beisitzer im Senat des BGH für Anwaltssachen → § 107 Rn. 3 ff.; zu den Vorschlägen der Kammern für die Vorschlagsliste der BRAK für die Benennung durch den Wahlausschuss für Rechtsanwälte beim BGH → § 166 Rn. 3 ff.

51 **7. Rechenschaftslegung über die Verwaltung des Vermögens (Abs. 2 Nr. 7).** Dem Vorstand obliegt, der Versammlung der Kammer über die Verwaltung des Vermögens jährlich Rechnung zu legen. Die Verwaltung des Vermögens selbst liegt in den Händen des Präsidiums (§ 79 Abs. 2) und des Schatzmeisters (§ 83 Abs. 1). Die Abrechnung, die der Vorstand über die Einnahmen und Ausgaben sowie die Vermögensverwaltung jährlich offen legen muss, wird von der Kammerversammlung geprüft (→ § 89 Rn. 28; → § 79 Rn. 3; → § 83 Rn. 2), wobei die eigentliche Prüfung vorbereitend durch einen oder mehrere **Kassenprüfer** oder einen Ausschuss erfolgt. Zur Haushaltsprüfung → § 62 Rn. 10. Haushaltsmittel dürfen nicht für verbandsfremde Zwecke verwendet werden (BVerwG AnwBl. 1982, 65; → § 73 Rn. 18, 58).

52 **8. Erstattung von Gutachten (Abs. 2 Nr. 8).** Dem Vorstand obliegt, Gutachten zu erstatten, die eine Landesjustizverwaltung, ein Gericht oder eine Verwaltungsbehörde des Landes anfordert.

53 **a) Zweck der Regelung.** Im Hinblick auf die Stellung des Rechtsanwalts als eines Organs der Rechtspflege sollen die vielfältigen Erfahrungen der Rechtsanwaltschaft auf allen Rechtsgebieten

für die Gestaltung und Durchführung der Rechtspflege und der sonstigen Rechtsanwendung nutzbar gemacht werden. Gegenstand des Gutachtens können daher Angelegenheiten aus jedem Rechtsgebiet sein, nicht nur Fragen des anwaltlichen Berufsrechts (amtliche Begründung; *Jessnitzer/Blumberg* § 73 Rn. 10; **aA** *Isele* § 73 Anm. II D 8c; vgl. auch §§ 4 Abs. 3, 14 Abs. 2 RVG).

b) Berechtigte. Zu den Berechtigten, die ein Gutachten anfordern können, gehören auch die **nachgeordneten Behörden** pp. So kann auch die **Staatsanwaltschaft** zB in einem Ermittlungsverfahren wegen des Verdachts der Gebührenüberhebung (§ 352 StGB) ein Gebührengutachten einfordern (Konferenz der Gebührenreferenten BRAK-Mitt. 1985, 142). Ist im Gesetz die Erstattung eines Gutachtens durch den Kammervorstand vorgesehen (vgl. zB § 8 Abs. 2, 3; §§ 4 Abs. 3, 14 Abs. 2 RVG), kann der Vorstand die Erstattung des Gutachtens nicht ablehnen; die Ablehnung wäre pflichtwidrig und könnte zudem Maßnahmen der Staatsaufsicht (§ 62 Abs. 2) auslösen. Im Übrigen ist eine Ablehnung nach pflichtgemäßem Ermessen möglich (*Isele* § 73 Anm. II D 8d). Wenn der Rechtsanwalt nur die sog. „Mittelgebühr" fordert und weder Anhaltspunkte vorliegen oder substantiiert behauptet werden, die gegen den Ansatz der Mittelgebühr sprechen, bedarf es der Einholung eines Gutachtens der RAK nicht (LG Flensburg JurBüro 1987, 1515). **54**

c) Aufgabe des Gesamtvorstands. Die Erstattung eines Gutachtens obliegt stets dem Gesamtvorstand bzw. einer vom Vorstand gemäß § 77 gebildeten Abteilung. Aus Abs. 4 ergibt sich, dass die Erstattung des Gutachtens nicht auf ein einzelnes Mitglied des Vorstands, auch nicht auf den aus seiner Mitte gewählten Präsidenten übertragen werden kann (BGH EGE VI 81, 85). **Zuständig** ist die **RAK,** der der **Rechtsanwalt,** dessen Gebührenrechnung geprüft werden soll, zum Zeitpunkt **angehört** hat, als er die gebührenpflichtigen Tätigkeiten vorgenommen hat. Zur Erstattung von Gebührengutachten bei nicht ausreichender Klärung des Sachverhalts und unvollständiger Auftragserteilung vgl. *Schmidt* AnwBl. 1979, 133. Aus Art. IX des Kostenänderungsgesetzes 1957 ergibt sich, dass der Kammervorstand auch im Gebührenrechtsstreit eines Rechtsbeistandes, selbst wenn dieser nicht Mitglied einer RAK ist, zur Erstattung eines Gutachtens nach § 14 Abs. 2 RVG verpflichtet ist, es sei denn, dass es sich um Frachtführer oder Inkassobüros handelt (auch *Jessnitzer/Blumberg* § 73 Rn. 10; *Mümmler* JurBüro 1986, 995). **55**

d) Rechtsnatur. Strittig ist die Rechtsnatur und die **verfahrensrechtliche Einordnung** der Gutachten, insbesondere der Gebührengutachten nach § 14 Abs. 2 RVG (früher § 12 BRAGO; *Jessnitzer/Blumberg* § 73 Rn. 10; *Eich/Strohm,* Schriftenreihe der BRAK, Band 6, 157, 160; OLG Frankfurt AnwBl. 1983, 182). **56**

Nach der nunmehr wohl **überwiegenden Auffassung** handelt es sich bei den Gutachten um **amtliche Äußerungen** der Kammern als Körperschaften des öffentlichen Rechts, wobei der Kammervorstand seine Sachkunde nicht zur Klärung streitiger Tatsachen anwendet. Vielmehr ist diese Sachkunde unstreitige Grundlage für die Stellungnahme, auf die die Parteien keine Einflussnahme ausüben können, wie dies für das Beweisverfahren typisch ist (*/Strohm,* Schriftenreihe der BRAK, Band 6, 157, 160). Das Gutachten ist ein „Beweismittel besonderer Art"/"eigenartig ausgestaltetes Informationsmittel" (Riedel/Sußbauer/*Fraunholz* 9. Aufl. RVG § 4 Rn. 10). Demgemäß ist das Gutachten **kein Sachverständigengutachten** iSd §§ 402 ff. ZPO, §§ 72 ff., 256 StPO, §§ 26, 65 VwVfG und auch nicht als Mittel der Beweisaufnahme iSd Vorbemerkung zu § 3 Abs. 2, VV 3100, 3200, 3206 RVG anzusehen. Die Einholung des Gutachtens gemäß § 14 Abs. 2 RVG **lässt eine Beweisgebühr nicht entstehen** (vgl. OLG Schleswig JurBüro 1989, 1679 = SchlHA 1990, 11; OLG München JurBüro 1989, 1680; OLG Frankfurt AnwBl. 1983, 182 mwN; OLG Köln Rpfleger 1974, 444; OLG Celle NJW 1973, 203 = MDR 1973, 147 = AnwBl. 1973, 144; OLG Hamm JurBüro 1985, 1188; OLG München MDR 1989, 922 = BRAK-Mitt. 1989, 220, nur Ls. = Rbeistand 1989, 65; LG Kempten MDR 1980, 412; *Göttlich/Mümmler/Rehberg/Xanke* 21. Aufl. S. 79; Gerold/Schmidt/*Mayer* RVG § 14 Rn. 35 ff.; Riedel/Sußbauer/*Fraunholz*, 9. Aufl. 2000, RVG § 15 Rn. 14; *Jessnitzer/Blumberg* § 73 Rn. 10; *Eich/Strohm,* Schriftenreihe der BRAK, Band 6, 157, 160; **aA** LG Berlin AnwBl. 1971, 227 = MDR 1974, 763 mit abl. Anm. *Schneider; Heinrich* AnwBl. 1973, 124). **56a**

Durch die Anordnung des § 14 Abs. 2 RVG ist der Berufsvertretung der Anwälte im Gebührenrechtsstreit eine besondere Art der Mitwirkung am Prozessverfahren eingeräumt. Das Gutachten ist auch dann einzuholen, wenn die Parteien gar nicht um tatsächliche Fragen streiten. **56b**

Anders als das Beweisaufnahmeverfahren der ZPO dient das Gutachten des Kammervorstands nicht der Klärung streitiger Tatsachen. Vielmehr soll das Gutachten lediglich sicherstellen, dass im **Rechtsstreit um Rahmengebühren** die sachkundige Auffassung der Berufsvertretung bei der Entscheidungsbildung des Gerichts bekannt ist. Das Gutachten ist somit nicht mehr als ein **besonders ausgestaltetes Informationsmittel,** ein **unverbindlicher Vorschlag** zur rechtlichen Beurteilung, welcher dem Gericht eine Hilfe für die eigene Beurteilung gibt. Das Gutachten des Kammervorstands **ähnelt** mehr einem **Rechtsgutachten** (Riedel/Sußbauer/*Fraunholz,* 8. Aufl. 2000, BRAGO § 3 Rn. 41), wenn darin auch das Erfahrungswissen und die besondere Sachkunde des Vorstands einfließt. Die dabei angelegten Vergleichsmaßstäbe dienen aber nicht der Klärung von streitigen Tatsachen, einer begriffsnotwendigen Voraussetzung für eine Beweiserhebung, sondern sind lediglich die – unstreitige – Grundlage für die vom Kammervorstand abzugebende gutachterliche Stellungnahme (OLG Schleswig JurBüro 1989, 1679 = SchlHA 1990, 11). Folgerichtig kann auch eine mündliche Erläuterung des Gutachtens vor Gericht durch dessen Verfasser nach Maßgabe des § 411 Abs. 3 ZPO nicht erfolgen (OLG Celle NJW 1973, 203; *Eich/Strohm,* Schriftenreihe der BRAK, Band 6, 157, 160; *Strohm/Herrmann* BRAK-Mitt. 1983, 19, 20). Dem Kammervorstand kann **keine Frist** gemäß § 411 Abs. 1 S. 2 ZPO gesetzt und gegen ihn keine Ordnungsstrafe gemäß § 411 Abs. 2 ZPO verhängt werden.

56c Dem Gericht steht keine Auswahlmöglichkeit und den **Parteien kein Ablehnungsrecht** zu (OLG Schleswig JurBüro 1989, 1679 = SchlHA 1990, 11). Für die Gutachten werden von der Kammer **keine Gebühren erhoben (aA** *Göttlich/Mümmler/Rehberg/Xanke,* 20. Aufl. 2001, S. 79). Zur Erteilung einer schreibauslagenfreien Urteilsabschrift an den Kammervorstand in den Fällen, in denen er ein Gutachten erstattet hat, vgl. AV des JM NW vom 25.10.1985 – 5605 – I B.37, JMBl. 1985, 265.

57 **9. Mitwirkung bei der Ausbildung und Prüfung der Studierenden und der Referendare (Abs. 2 Nr. 9).** Auch wenn die Ausbildung des Referendars primär Aufgabe des Rechtsanwalts, der den Referendar im Vorbereitungsdienst beschäftigt, ist (§ 59; *Isele* § 73 Anm. II D 9 A; *Lingenberg/Hummel/Zuck/Eich* Anm. zu § 33 RichtlRA und Anm. zu § 59), sind daneben ab **1.7.2003** durch das Gesetz zur Reform der Juristenausbildung vom 17.7.2002 (BGBl. I S. 2592) auch die einzelnen **Rechtsanwaltskammern verpflichtet worden,** verstärkt bei der Juristenausbildung mitzuwirken. Anders als bisher sollen die Kammern nicht nur bei der Ausbildung der Referendare mitwirken, sondern auch bereits bei der Ausbildung und Prüfung der Studierenden. Ausdrücklich wird den Vorständen der Kammern außerdem zur Aufgabe gemacht, qualifizierte Prüfer für beide Prüfungen und qualifizierte Arbeitsgemeinschaftsleiter vorzuschlagen (amtliche Begründung, BT-Drs. 14/7176 zu Art. 2).

57a Der Gesetzgeber nimmt die Rechtsanwaltskammern hier ausdrücklich in die Pflicht. Das gesetzgeberische Ziel der Reform der Juristenausbildung, die Vorbereitung des Juristennachwuchses auf die Anforderungen der beruflichen, insbesondere der anwaltlichen Praxis zu verbessern, machte es nötig, im Rahmen des Vorbereitungsdienstes der anwaltlichen Ausbildung ein größeres Gewicht (grundsätzlich neun Monate) zu geben. Dieses Ziel kann nur erreicht werden, wenn die anwaltliche Mitwirkung an der Ausbildung durch Arbeitsgemeinschaftsleiter und Prüfer aus der Anwaltschaft verstärkt wird, aber auch anwaltsspezifische Kurse an Ausbildungseinrichtungen der Anwaltschaft angeboten werden (amtliche Begründung, BT-Drs. 14/7176).

58 Die **finanzielle Beteiligung der Rechtsanwaltskammern an der Juristenausbildung,** die Frage, ob auf Kosten aller Kammermitglieder die Ausbildung zukünftiger Anwälte unterstützt werden darf, ist inzwischen abschließend geklärt, wobei es der RAK freigestellt bleiben muss, wie diese Beteiligung finanziell bewerkstelligt wird, ob also beispielsweise durch Beiträge oder eigens dafür beschlossener Umlage oder aus dem Kammervermögen. Aufhänger dieser gerichtlichen Klärung war eine zu diesem Zweck von einer regionalen RAK mit Beschluss der Kammerversammlung erhobene zweckgebundene Umlage von 25 Euro im Jahr pro Kammermitglied. Durch **alle Instanzen** ist diese Umlage als **verhältnismäßig und vom Regelungsgehalt des Abs. 2 Nr. 9 umfasst** beurteilt worden. Das **BVerfG** hat die **Verfassungsbeschwerde** gegen den Beschluss des BGH vom 18.4.2005 (NJW 2005, 1710), der die Erhebung von Umlagen für die Finanzierung der anwaltsbezogenen Referendarausbildung für rechtens erklärt hat, am 24.8.2005 nicht zur Entscheidung angenommen, weil die Voraussetzungen für die Annahme nicht vorlägen und Gründe für eine Verletzung von Grundrechten nicht ersichtlich seien (BVerfG

vom 24.8.2005 – 1 BvR 1260/05 nv; zuvor AGH Hmb NJW 2004, 1174 mit zust. Anm. *Axmann* NJW 2004, 1141; BGH NJW 2005, 1710 mit zust. Anm. *Huff* NJW 2005, 1692; zustimmend *Ehlers/Lechleitner* 139; kritisch *Ewer* AnwBl. 2005, 488; ablehnend DAV, zB Schreiben an alle Anwalts- und Notarvereine vom 26.2.2004). Auch für den BGH, wie bereits den AGH Hmb ergibt sich die Pflicht der Kammern, sich an der vom Gesetz zugewiesenen Aufgabe zu beteiligen, aus der Formulierung der gesetzlichen Aufgabenzuweisung „obliegt insbesondere". Hätte der Gesetzgeber die Kompetenz der Rechtsanwaltskammern auf Vorschläge qualifizierter Arbeitsgemeinschaftsleiter und Prüfer begrenzen wollen, hätte er anlässlich der Reform für den Regelungsgegenstand des § 73 Abs. 2 Nr. 9 eine Formulierung ohne das Wort „insbesondere" gewählt und wählen müssen (AGH Hmb NJW 2004, 1174, 1178). Denn die Diskussion um dasselbe Wort in Abs. 2 desselben Paragrafen dürfte dem Gesetzgeber bekannt gewesen sein.

Unter Berücksichtigung dieser Entscheidungen ist es ebenfalls nicht zu beanstanden, dass **58a** regionale Anwaltskammern eine **Halbtagskraft im Landesjustizministerium** für die anwaltsbezogene Referendarausbildung, unter anderem auch für die Erstellung von Anwaltsklausuren für das 2. juristische Staatsexamen finanzieren, wie das beispielsweise die drei nordrhein-westfälischen Kammern (Düsseldorf, Hamm und Köln), sowie die drei niedersächsischen Kammern (Braunschweig, Celle und Oldenburg) erfolgreich praktizieren.

10. Vorschlag der anwaltlichen Mitglieder der juristischen Prüfungsausschüsse **59** **(Abs. 2 Nr. 10).** Der Vorstand hat die Möglichkeit, den Justizprüfungsämtern anwaltliche Mitglieder für juristische Prüfungsausschüsse zur Abnahme der Ersten und Zweiten Juristischen Staatsprüfung vorzuschlagen (Abs. 2 Nr. 10). Alle Justizausbildungsverordnungen bzw. die Justizausbildungsgesetze der Länder sehen die Möglichkeit zur Bestellung von Rechtsanwälten bereits jetzt vor. Im Interesse der Anwaltschaft sollte der Vorstand bemüht sein, möglichst viele Rechtsanwälte als Prüfer für die Zweite Juristische Staatsprüfung zu gewinnen (Henssler/Prütting/*Hartung* § 73 Rn. 49), da die Zahl der Assessoren, die in die Anwaltschaft strömt, rasant zunimmt.

Angesichts der durch Gesetz (→ Rn. 57) zugewiesenen erweiterten Aufgabe, ist es mit den **59a** Aufgaben der RAK **vereinbar,** etwa **neben der staatlichen Prüfervergütung den anwaltlichen Mitgliedern von Prüfungsausschüssen auch finanzielle Unterstützung** zu gewähren (zustimmend *Ehlers/Lechleitner* 138; ablehnend der DAV, zB Schreiben an alle Anwalts- und Notarvereine vom 26.2.2004). Die ordnungsgemäße Ausbildung der Studenten und Referendare ist eine Angelegenheit, die alle Rechtsanwälte angeht, ist daher eine Angelegenheit von allgemeiner Bedeutung für die Rechtsanwaltschaft. Auch wenn es Aufgabe des Staates bleibt, für die Ausbildung zu sorgen, ist es den Anwälten nicht verwehrt, selbst einzuspringen, wenn die öffentliche Hand ihren Aufgaben nicht oder nur unzureichend nachkommt. Angesichts des Kostendrucks in der Kanzlei und der wirtschaftlichen Reizlosigkeit dieser Prüferaufgabe, wird es anderenfalls schwer sein, die Zahl der Prüfer aus der Rechtsanwaltschaft nennenswert zu erhöhen.

Auch die Gewährung von **Zuschüssen an nebenberufliche Lehrkräfte** (wie Rechtsanwälte **59b** und Bürovorsteher) für den Fachkundeunterricht an den Berufsschulen des Kammerbezirks zur Ausbildung der Rechtsanwalts- und Notarfachangestellten ist vom Aufgabenbereich der Kammer erfasst (BGH NJW 1976, 1541; ebenso EGH Celle in der Vorinstanz).

IV. Übertragung von Vorstandsaufgaben

1. Gesamtverantwortlichkeit. Grundsätzlich hat der Vorstand die ihm obliegenden Auf- **60** gaben gesamtverantwortlich zu erfüllen. Soweit es die Geschäftsordnung der Kammer vorsieht (§ 77 Abs. 1) hat er aber die Möglichkeit, durch **Bildung von Abteilungen** eine Entlastung des Gesamtvorstands zu erreichen (vgl. Anm. zu § 77). Die Aufgabenvielfalt und auch die Größe einzelner Kammervorstände lässt kaum die Möglichkeit, die Vorstandsarbeit ohne Abteilungsbildung bewältigen zu können. Alle Rechtsanwaltskammern im Bundesgebiet haben von der Befugnis zur Abteilungsbildung Gebrauch gemacht, da die zahlreichen Aufgaben anders gewissenhaft nicht mehr zu bewältigen sind und eine erhebliche Beschleunigung der Vorstandsarbeit erreicht wird.

2. Übertragungsbefugnis. a) Einzelne Vorstandsmitglieder. Da gerade die Erfüllung der **61** Obliegenheiten nach Abs. 2 Nr. 1–3 zu umfangreichen Verhandlungen und Erörterungen mit den Beteiligten führen kann, die den Gesamtvorstand zu stark belasten würden, wird der Vorstand in Abs. 4 ermächtigt, diese Aufgaben auf einzelne Mitglieder des Vorstands zu übertragen (amtliche Begründung). Durch Vorstandsbeschluss kann dies für den Einzelfall oder auch generell geschehen. Die Übertragungsbefugnis ist durch § 32 Abs. 2 EuRAG auf die in § 32 Abs. 1 Nr. 1, 3–5 EuRAG bezeichneten Aufgaben erweitert worden (→ Teil II Nr. 8).

62 **b) Keine Disponibilität.** Eine **weitergehende Übertragungsbefugnis** bezüglich der Aufgaben nach § 73 Abs. 2 hat der Vorstand **nicht** (BGH EGE VI, 81, 85); selbst dann nicht, wenn es die Geschäftsordnung zuließe oder die Kammerversammlung es beschließen würde (zutreffend *Isele* § 73 IV A 3; ebenso Henssler/Prütting/*Hartung* § 73 Rn. 58).

63 **c) Anwaltvereine.** Auch eine Übertragung von Aufgaben der Rechtsanwaltskammern auf **(Anwalt-)Vereine** ist, selbst wenn sich dies bewährt hätte, nicht möglich. So müssen die Rechtsanwaltskammern auch die Aufgaben im Rahmen der Ausbildung der Auszubildenden selbst übernehmen. Der örtliche Anwaltverein kann nicht als **„beliehener Unternehmer"** tätig werden. Die vertraglich abgesicherte Unterstützung durch privat-rechtlich organisierte Anwaltvereine bei der Ausbildung der Rechtsanwaltsfachangestellten mit Hilfe von **Ausbildungsbeauftragten** ist unzulässig, da mit §§ 34, 35 BBiG nicht vereinbar (BGH BRAK-Mitt. 2014, 166 = NJW-RR 2014, 943).

64 **3. Keine Erweiterung durch Gesetz vom 26.3.2007.** Mit der **Verweisung** über den veränderten Abs. 3 (ab 1.9.2009: Abs. 4, Gesetz vom 30.7.2009) auf den in Abs. 1 **neu eingefügten S. 2** (durch Gesetz vom 26.3.2007, BGBl. I S. 358) könnte man – so jedenfalls der neue Wortlaut – annehmen, dass der Gesetzgeber es der RAK ermöglichen wollte, alle der RAK in der BRAO zugewiesenen Aufgaben und Befugnisse jedem einzelnen Vorstandsmitglied übertragen zu können. Das steht aber im Widerspruch zu der Regelung in Abs. 2 derselben Norm, wonach enumerativ nur einzelne Aufgaben übertragen werden dürfen. Daran sollte nichts geändert werden, wie aus der Intention des Gesetzgebers abzuleiten ist. Es handelt sich vielmehr um ein redaktionelles Versehen: „§ 73 Abs. 1 und 3 wird entsprechend der Regelung des bisherigen § 224a Abs. 4 S. 1 und 2 redaktionell an die veränderte Zuständigkeit angepasst" (BT-Drs. 15/5223, 35). § 224a Abs. 4 aF sollte es der RAK ermöglichen die Verwaltungstätigkeit der über § 224a aF übertragenen Aufgaben effizient organisieren zu können (BT-Drs. 13/9610, 7). Daraus folgt, dass der Querverweis in § 73 auch nur diese vormals über § 224a aF übertragenen Aufgaben meinen kann und soll, nicht aber die bereits zuvor bestehenden, also nicht die in Abs. 2 Nr. 4–10 aufgezählten Aufgaben.

V. Unterrichtung des Beschwerdeführers (Abs. 3)

65 Mit Gesetz zur Modernisierung von Verfahren im anwaltlichen und notariellen Berufsrecht, zur Errichtung einer Schlichtungsstelle der Rechtsanwaltschaft sowie zur Änderung sonstiger Vorschriften vom 30.7.2009 (BGBl. I S. 2449) wird die von den Rechtsanwaltskammern geübte Praxis, beschwerdeführende Personen über den Ausgang des von ihnen eingeleiteten Beschwerdeverfahrens zu unterrichten, ab 1.9.2009 durch den neu eingefügten Abs. 3 gesetzlich normiert. Zur **Erhöhung der Transparenz** von Beschwerdeverfahren wird zugleich bestimmt, dass die Mitteilung **knapp zu begründen** ist, insbesondere, aber nicht nur, wenn das Verfahren eingestellt wird (amtliche Begründung, BT-Drs. 16/11385, 39). Hierbei ist nach Abs. 3 S. 2 zu beachten, dass tatsächliche Umstände, die dem Beschwerdeführer nicht bekannt sind, wegen der **Verschwiegenheitspflicht aus § 76** (Abs. 3 S. 3) nicht mitgeteilt werden dürfen. Allein die Mitteilung, „ein Berufsrechtsverstoß ist nicht feststellbar", genügt dieser gesetzlichen Vorgabe sicher nicht.

66 Da § 76 auch im Rahmen des neu eingeführten Abs. 3, der Unterrichtung des Beschwerdeführers, unberührt bleibt, zudem auch Beschwerdevorgänge zu den Personalakten gehören, gibt es kein Akteneinsichtsrecht des Beschwerdeführers in den Beschwerdevorgang (ebenso – sehr ausführlich – *Güldenzoph* BRAK-Mitt. 2011, 4 ff.).

67 Die Unterrichtung der beschwerdeführenden Person ist nach Abs. 3 S. 3 nicht anfechtbar, was geltendem Recht entspricht (amtliche Begründung, BT-Drs. 16/11385, 39; vgl. BGH BRAK-Mitt. 1998, 41). Zu Einzelheiten → § 76 Rn. 29 ff.

68 Der bisherige Abs. 3 wurde etwas abgeändert zu Abs. 4.

VI. Vermittlungsverfahren (Abs. 5)

69 „Die Stellung der Rechtsanwältinnen und –anwälte als Organ der Rechtspflege verpflichtet sie in besonderem Maße, bei Streitigkeiten mit ihren Mandantinnen oder Mandanten eine außergerichtliche Streitbeilegung zu Fördern" (amtliche Begründung, BT-Drs. 16/11385, 39). Das Gesetz zur Modernisierung von Verfahren im anwaltlichen und notariellen Berufsrecht, zur Errichtung einer Schlichtungsstelle der Rechtsanwaltschaft sowie zur Änderung sonstiger Vorschriften vom 30.7.2009 (BGBl. I S. 2449) sieht daher vor, dass die Durchführung eines beantragten Vermittlungsverfahrens in diesen Fällen, anders als bei Streitigkeiten von zwei Kammermitgliedern, nicht von dem Einverständnis bzw. der Zustimmung des betroffenen Kammermitglieds abhängig ist. Der RAK soll es im Wege eines **gebundenen Ermessens** überlassen sein, einzelfallbezogen angemessen vorzugehen, wozu auch die **zwangsgeldbewehrte (§ 57) Erscheinungspflicht** des Kammermitglieds dient (§ 56 Abs. 2), soweit die RAK ein Gespräch für sinnvoll ansieht und einen entsprechenden Termin bestimmt. Nur in ungeeigneten Fällen soll vom persönlichen Erscheinen Abstand genommen werden, weil die Anwesenheit der Beteiligten in vielen Fällen dazu geeignet ist, die außergerichtliche Konfliktbeilegung zu unterstützen (amtliche Begründung, BT-Drs. 16/11385, 38).

§ 73a Einheitliche Stelle

[1]Die Länder können durch Gesetz den Rechtsanwaltskammern allein oder gemeinsam mit anderen Stellen die Aufgaben einer einheitlichen Stelle im Sinne des Verwaltungsverfahrensgesetzes übertragen. [2]Das Gesetz regelt die Aufsicht und kann vorsehen, dass die Rechtsanwaltskammern auch für Antragsteller tätig werden, die nicht als Rechtsanwalt tätig werden wollen.

1 Gemäß Art. 6 RL 2006/123/EG vom 12.12.2006 über Dienstleistungen im Binnenmarkt (ABl. EG Nr. L 376 S. 36; → Teil II Nr. 7) sind sog. **„Einheitliche Ansprechpartner"** zu benennen. Dieser Einheitliche Ansprechpartner in der öffentlichen Verwaltung soll für Dienstleister eine **zentrale Anlauf- und Kontaktstelle** sein, um alle Vorgänge und Formalitäten abzuwickeln, die für die Aufnahme der geplanten Dienstleistungstätigkeit erforderlich sind.

2 Der Bundesgesetzgeber hat den Ländern mit § 73a die Befugnis eingeräumt, den Rechtsanwaltskammern – allein oder gemeinsam mit anderen Stellen – per Gesetz die Aufgaben einer Einheitlichen Stelle iSd Verwaltungsverfahrensgesetzes zu übertragen. Der in § 73a verwandte Begriff **„Einheitliche Stelle"** stimmt dabei mit dem in der Dienstleistungsrichtlinie verwandten Begriff „Einheitlicher Ansprechpartner" überein (BR-Drs. 580/08, 26 f.). Nach den §§ 71a ff. VwVfG ist dem Bürger durch eine einheitliche Stelle eine Orientierung über die von ihm zu beachtenden Vorschriften, die erforderlichen Verfahren und die jeweils zuständigen Behörden zu geben (*Bader/Ronellenfitsch* VwVfG § 71a Rn. 30 ff.) Die einheitliche Stelle ist also weder für die Durchführung des Verwaltungsverfahrens noch für den Erlass der beantragten Verwaltungsmaßnahme zuständig. Sie ist vielmehr **Verfahrenslotse.** Die Einschaltung bzw. die Inanspruchnahme ist **freiwillig.** Eine Unterscheidung zwischen EU-Ausländern und Inländern hat der Gesetzgeber nicht vorgenommen (*Schmitz-Prell* NVwZ 2009, 1 ff.).

3 Durch das Gesetz zur Modernisierung von Verfahren im anwaltlichen und notariellem Berufsrecht vom 30.7.2009 (BGBl. I S. 2449) wurde die Möglichkeit geschaffen, die vor den Rechtsanwaltskammern durchzuführenden Verwaltungsverfahren über eine einheitliche Stelle abzuwickeln. § 32 S. 2 sieht vor, dass die Verwaltungsverfahren über eine einheitliche Stelle abgewickelt werden können (im Einzelnen → § 32 Rn. 12 f.).

4 § 73a Abs. 1 S. 2 bestimmt, dass ein Gesetz, durch das einer Rechtsanwaltskammer die Aufgaben einer einheitlichen Stelle übertragen werden, auch die Aufsicht über die Rechtsanwaltskammern als einheitliche Stellen zu regeln hat. Unter Aufsicht ist zur Wahrnehmung staatlicher Aufgaben normalerweise die Fach- und Rechtsaufsicht zu verstehen. Dies passt jedoch nicht zum System des anwaltlichen Berufsrechts, das in § 62 Abs. 2 nur eine Rechtsaufsicht verankert hat. Solange der jeweilige Landesgesetzgeber die Fachaufsicht nicht ausdrücklich in seinem Gesetz über die einheitliche Stelle bestimmt hat, verbleibt es bei der Rechtsaufsicht; so auch Gaier/Wolf/Göcken/*Siegmund* § 73a Rn. 4b.

5 Zwischenzeitlich haben alle Bundesländer ein Gesetz über eine einheitliche Stelle bzw. einen einheitlichen Ansprechpartner erlassen:

- In **Baden-Württemberg** sind die örtlich zuständigen Rechtsanwaltskammern einheitliche Ansprechpartner für Rechtsdienstleistungen.
- Auch in **Bayern** sind die örtlich zuständigen Rechtsanwaltskammern einheitliche Ansprechpartner für Rechtsdienstleistungen.
- Im Geschäftsbereich der für Wirtschaft zuständigen Senatsverwaltung in **Berlin** ist eine Organisationseinheit „Einheitliche Ansprechpartner“ eingerichtet worden. Diese schließt mit öffentlich-rechtlichen Körperschaften, Verbänden und Gewerkschaften Kooperationsvereinbarungen zur Erfüllung ihrer Aufgaben.
- In **Brandenburg** gibt es einen einzigen „Einheitlichen Ansprechpartner für das Land Brandenburg“.
- In **Bremen** ist die WFB Wirtschaftsförderung Bremen GmbH einheitlicher Ansprechpartner.
- In **Hamburg** ist die Rechtsanwaltskammer Hamburg einheitlicher Ansprechpartner.
- In **Hessen** ist der „Einheitliche Ansprechpartner Hessen“ beim Regierungspräsidium angesiedelt.
- In **Mecklenburg-Vorpommern** sind bei den diversen Industrie- und Handelskammern sowie bei den Handwerkskammern „Einheitliche Ansprechpartner“ errichtet.
- In **Niedersachsen** sind die örtlich zuständigen kommunalen Körperschaften oder das für Wirtschaft zuständige Ministerium einheitlicher Ansprechpartner.
- In **Nordrhein-Westfalen** sind die Kreise und kreisfreien Städte einheitliche Ansprechpartner. Sie arbeiten mit den jeweils zuständigen Kammern zusammen und die Bezirksregierungen führen die Sonderaufsicht über die einheitlichen Ansprechpartner.
- In **Rheinland-Pfalz** sind die Struktur- und Genehmigungsdirektionen Nord und Süd einheitliche Ansprechpartner.
- Im **Saarland** ist die Rechtsanwaltskammer des Saarlandes einheitlicher Ansprechpartner.
- In **Sachsen** ist die Landesdirektion Sachsen einheitlicher Ansprechpartner.
- In **Sachsen-Anhalt** ist das Landesverwaltungsamt einheitlicher Ansprechpartner.
- In **Schleswig-Holstein** ist eine Anstalt des öffentlichen Rechts für die Aufgaben des einheitlichen Ansprechpartners geschaffen worden. Sie heißt „Einheitlicher Ansprechpartner Schleswig-Holstein“.
- In **Thüringen** ist die Rechtsanwaltskammer Thüringen einheitlicher Ansprechpartner.

§ 73b Verwaltungsbehörde

(1) **Die Rechtsanwaltskammer ist im Sinne des § 36 Absatz 1 Nummer 1 des Gesetzes über Ordnungswidrigkeiten Verwaltungsbehörde für Ordnungswidrigkeiten nach § 6 der Dienstleistungs-Informationspflichten-Verordnung, die durch ihre Mitglieder begangen werden.**

(2) **Die Geldbußen aus der Ahndung von Ordnungswidrigkeiten nach Absatz 1 fließen in die Kasse der Verwaltungsbehörde, die den Bußgeldbescheid erlassen hat.**

(3) [1] **Die nach Absatz 2 zuständige Kasse trägt abweichend von § 105 Absatz 2 des Gesetzes über Ordnungswidrigkeiten die notwendigen Auslagen.** [2] **Sie ist auch ersatzpflichtig im Sinne des § 110 Absatz 4 des Gesetzes über Ordnungswidrigkeiten.**

1 Am 17.5.2010 ist die Dienstleistungs-Informationspflichten-Verordnung – **DL-InfoV** – in Kraft getreten. Sie dient der Umsetzung der Dienstleistungsrichtlinie (RL 2006/123/EG) vom 12.12.2006 (ABl. EG Nr. L 376 S. 36).

2 Die DL-InfoV regelt **Inhalt, Umfang und Art der Informationen,** die ein Dienstleistungserbringer einem Dienstleistungsempfänger allgemein oder auf Anforderung zur Verfügung stellen muss. Sie findet selbstverständlich auch auf die anwaltliche Tätigkeit Anwendung.

3 Zahlreiche der in der DL-InfoV geregelten Informationspflichten sind deckungsgleich mit denen aus dem Telemediengesetz (TMG).

4 Der Verordnungsgeber unterscheidet zwischen stets zur Verfügung zu stellenden und nur auf Anfrage zur Verfügung zu stellenden Informationen. Zu ersteren gehören zB die Angabe von Rechtsform, Registernummer, Umsatzsteuer-Identifikationsnummer und Berufshaftpflichtver-

sicherung. Zu letzteren zählen Angaben zu berufsrechtlichen Regelungen, außergerichtlichen Streitschlichtungsverfahren und zum Preis der Dienstleistung.

Stellt der Rechtsanwalt seiner Mandantschaft die Informationen nicht, nicht richtig, nicht vollständig, nicht in der vorgeschriebenen Weise oder nicht rechtzeitig zur Verfügung, kann dies nach § 6 DL-InfoV iVm §§ 6c, 146 Abs. 2 Nr. 1, Abs. 3 GewO als Ordnungswidrigkeit mit einer **Geldbuße bis zu 1000 Euro** geahndet werden. 5

Die BRAK hat **umfassende Informationen für Rechtsanwälte** zur Handhabung der DL-InfoV gegeben. Sie sind abrufbar über http://www.brak.de/w/files/02_fuer_anwaelte/dl_infov.pdf (zuletzt abgerufen am 1.3.2015) zum Stichwort DL-InfoV-Merkblatt. 6

Die Rechtsanwaltskammern sind und waren schon nach § 73 Abs. 2 Nr. 4 für die Überwachung der Einhaltung der sich aus der DL-InfoV ergebenden und im unmittelbaren Zusammenhang mit der Berufsausübung stehenden Pflichten ihrer Mitglieder zuständig. Es lag deshalb nahe, den Rechtsanwaltskammern die Zuständigkeit für die Ahndung von Ordnungswidrigkeiten nach § 6 DL-InfoV zu übertragen und die Aufsichts- und Überwachungszuständigkeit nicht den Gewerbeämtern zu überlassen. 7

Dass die Geldbußen aus der Ahndung von Ordnungswidrigkeiten nach § 6 DL-InfoV gemäß § 73b Abs. 2 in die Kasse der Rechtsanwaltskammer fließen, ist sachlich gerechtfertigt. Eine nachhaltige Überwachung der Einhaltung der DL-InfoV ist nämlich zeit- und somit kostenaufwendig. 8

Es bleibt zu hoffen, dass die Kammern ihrer Überwachungspflicht mit der gebotenen Gründlichkeit nachkommen. Einer großen Zahl von Rechtsanwälten scheint die DL-InfoV nämlich noch unbekannt zu sein; zumindest drängt sich dieser Eindruck insbesondere beim Besuch anwaltlicher Internetpräsenzen auf. 9

Mit der Berechtigung, die verhängten Geldbußen zu vereinnahmen, korrespondiert die in Abs. 3 geregelte Verpflichtung, ggf. die notwendigen Auslagen iSd § 105 Abs. 2 OWiG zu tragen und die Entschädigungspflicht für Vermögensschäden iSd § 110 Abs. 4 und 1 OWiG zu übernehmen. 10

Die Rechtsanwaltskammer hat aufgrund der Vorschrift des Abs. 3 bei Erlass ihrer Bescheide eine Kosten- und Auslagenentscheidung in sinngemäßer Anwendung von § 464 Abs. 1 und 2 StPO zu treffen, soweit eine den Verfahrenszug abschließende Entscheidung getroffen wird. Die Entscheidung über die Pflicht zur Kosten- und Auslagentragung ist eine Entscheidung dem Grunde nach. 11

Wird keine ausdrückliche Kostenentscheidung getroffen, so trägt die Rechtsanwaltskammer die Kosten. Eine Nachholung der Kostenentscheidung ist unzulässig. Insoweit gilt nichts anderes als im Strafverfahren; soch auch Gaier/Wolf/Göcken/*Siegmund* § 73b Rn. 14. 12

In analoger Anwendung des § 464b StPO setzt die Rechtsanwaltskammer die Höhe der notwendigen Auslagen fest, sobald der Betroffene einen entsprechenden Antrag gestellt hat; **aA** Gaier/Wolf/Göcken/*Siegmund* § 73b Rn. 14, der § 106 OWiG für einschlägig hält. 13

Ein Verstoß gegen die Vorschriften der DL-InfoV stellt häufig auch eine **Berufsrechtsverletzung** dar. Somit stellt sich die Frage, ob die Rechtsanwaltskammer ein Ordnungswidrigkeitenverfahren **und** ein Aufsichtsverfahren einleiten darf oder ob ihr ein **Wahlrecht** zusteht, nur eines der beiden Verfahren durchzuführen. Im Gesetzgebungsverfahren ist nicht zum Ausdruck gekommen, dass mit der Aufgabenzuteilung, Ordnungswidrigkeiten nach der DL-InfoV zu ahnden, eine berufsrechtliche Sanktionierung ausgeschlossen werden sollte. Folglich bleibt es die **Pflicht der Kammer, berufsrechtliche Verstöße zu ahnden,** auch wenn derselbe Sachverhalt bereits zur Einleitung eines Ordnungswidrigkeitenverfahrens geführt hat (so auch Gaier/Wolf/Göcken/*Siegmund* § 73b Rn. 19). 14

§ 74 Rügerecht des Vorstandes

(1) [1]**Der Vorstand kann das Verhalten eines Rechtsanwalts, durch das dieser ihm obliegende Pflichten verletzt hat, rügen, wenn die Schuld des Rechtsanwalts gering ist und ein Antrag auf Einleitung eines anwaltsgerichtlichen Verfahrens nicht erforderlich erscheint.** [2]**§ 113 Abs. 2 und 3, § 115b und § 118 Abs. 2 gelten entsprechend.**

(2) [1]**Der Vorstand darf eine Rüge nicht mehr erteilen, wenn das anwaltsgerichtliche Verfahren gegen den Rechtsanwalt eingeleitet ist oder wenn seit der Pflichtverletzung**

mehr als drei Jahre vergangen sind. [2]Eine Rüge darf nicht erteilt werden, während das Verfahren auf den Antrag des Rechtsanwalts nach § 123 anhängig ist.

(3) **Bevor die Rüge erteilt wird, ist der Rechtsanwalt zu hören.**

(4) **[1]Der Bescheid des Vorstandes, durch den das Verhalten des Rechtsanwalts gerügt wird, ist zu begründen. [2]Er ist dem Rechtsanwalt zuzustellen. [3]Eine Abschrift des Bescheides ist der Staatsanwaltschaft bei dem Oberlandesgericht mitzuteilen.**

(5) **[1]Gegen den Bescheid kann der Rechtsanwalt binnen eines Monats nach der Zustellung bei dem Vorstand Einspruch erheben. [2]Über den Einspruch entscheidet der Vorstand; Absatz 4 ist entsprechend anzuwenden.**

(6) **Die Absätze 1 bis 5 sind auf Personen, die nach § 60 Abs. 1 Satz 3 einer Rechtsanwaltskammer angehören, entsprechend anzuwenden.**

Schrifttum: *Grunewald,* Die Berufsgerichtsbarkeit der Freien Berufe, NJW 2002, 1369; *König,* Die Berufsaufsicht, FS zum 125-jährigen Bestehen der Rechtsanwaltskammer für den Oberlandesgerichtsbezirk Hamm, 2004, 235; *Kopp,* Rügebescheide ohne Nennung der Vorstandsmitglieder, BRAK-Mitt. 2000, 234; *Peus,* Rügebescheide der Rechtsanwaltskammern, AnwBl. 2005, 524; *ders.,* Rügebescheid als Kollegialhandeln, BRAK-Mitt. 2007, 194; *Römermann,* Richtiges Verhalten bei einem möglichen Berufsrechtsverstoß, MDR 2003, 12; *Saerbeck,* Die RAK und die Anwaltsgerichtsbarkeit, FS zum 125-jährigen Bestehen der Rechtsanwaltskammer für den Oberlandesgerichtsbezirk Hamm, 2004, 183; *Weyland,* Schlüssiges System der Rechtsmittel bei Aufsichtsmaßnahmen des Kammervorstands?, FS zum 125-jährigen Bestehen der Rechtsanwaltskammer für den Oberlandesgerichtsbezirk Hamm, 2004, 419.

Übersicht

I. Allgemeines

1 **1. Betroffener Personenkreis.** Dem Vorstand der RAK steht gegenüber allen Mitgliedern der Kammer (→ § 60 Rn. 4) ein Aufsichtsrecht (amtliche Begründung) und ein dieses umfassendes Rügerecht zu (§ 73 Abs. 2 Nr. 4). Der Vorstand der RAK bzw. die von ihm gebildete Abteilung (§ 77) können das Verhalten eines Rechtsanwalts und eines anderen Kammermitglieds, durch das der Betroffene die ihm obliegenden Pflichten verletzt hat, rügen, wenn die Schuld gering ist und ein Antrag auf Einleitung eines anwaltsgerichtlichen Verfahrens nicht erforderlich

erscheint (Abs. 1). Nach § 60 Abs. 1 S. 3 sind auch die Geschäftsführer der Rechtsanwaltsgesellschaften, soweit sie nicht bereits als Rechtsanwälte oder Berufsangehörige im Sinne der §§ 206, 209 Abs. 1 der RAK angehören, Kammermitglieder. Damit und mit § 74 Abs. 6, der mit § 115c im Zusammenhang steht, werden auch diese Geschäftsführer von Rechtsanwaltsgesellschaften dem Aufsichts- und Rügerecht der Kammer sowie dem anwaltsgerichtlichen Verfahren zur Ahndung von Pflichtverletzungen unterworfen. Die Geschäftsführer haben insbesondere auf die Einhaltung der beruflichen Pflichten zu achten, denen die Rechtsanwaltsgesellschaft nach § 59m Abs. 2 unterliegt. Sie haben auch – soweit sie hierauf Einfluss nehmen können – dafür Sorge zu tragen, dass die für den Fortbestand der Zulassung relevanten Vorschriften der §§ 59c, 59e, 59f, 59i, 59j eingehalten werden (amtliche Begründung, BR-Drs. 1002/97, 20).

2. Grundsätzliche Voraussetzungen. Der mit der Angelegenheit befasste Vorstand der RAK hat stets zu prüfen, ob gegen den Rechtsanwalt pp. ein förmliches Verfahren eingeleitet, ob gegen den Rechtsanwalt, der die ihm obliegenden Pflichten verletzt hat, die Einleitung eines anwaltsgerichtlichen Verfahrens beantragt werden soll. Hier liegt die Entschließung darüber, ob die anwaltsgerichtliche Zwangsgewalt überhaupt ausgeübt werden soll, zunächst im **pflichtmäßigen Ermessen** des Vorstands. Ist die Schuld des Rechtsanwalts gering, so werden die Umstände, die ein anwaltsgerichtliches Einschreiten angezeigt erscheinen lassen, gegenüber denen, die zu seinen Gunsten sprechen, besonders sorgfältig abzuwägen sein. Gelangt der Vorstand zu der Überzeugung, dass ein Antrag auf Einleitung eines anwaltsgerichtlichen Verfahrens in einem einzelnen Falle nicht erforderlich erscheint, so kann er von einem solchen Antrag absehen und lediglich von dem Aufsichtsmittel der Rüge Gebrauch machen (amtliche Begründung, BR-Drs. 1002/97, 20). 2

Allerdings kann das Kammermitglied die Erteilung einer Rüge verhindern, indem es gemäß § 123 Abs. 1 bei der Staatsanwaltschaft einen **Selbstreinigungsantrag** stellt (Abs. 2 S. 2). Die §§ 74, 74a gelten gemäß § 32 Abs. 3 EuRAG entsprechend für die nach diesem Gesetz in der Bundesrepublik dienstleistenden europäischen Rechtsanwälte (→ Teil II Nr. 8). 2a

Voraussetzung der **Rüge** ist, dass der Rechtsanwalt bzw. das sonstige Kammermitglied **schuldhaft eine Pflichtverletzung** begangen hat (→ § 113 Rn. 8 ff.) und sein Verschulden gering ist, dh sein Verschulden bei Vergleich mit Pflichtverletzungen gleicher Art nicht unerheblich unter dem Durchschnitt liegt, so dass ein Antrag auf Einleitung eines anwaltsgerichtlichen Verfahrens nicht erforderlich erscheint. Auf diese Ermessensentscheidung, keinen Antrag auf anwaltsgerichtliche Ahndung zu stellen, folgt die weitere **Ermessensentscheidung** des Vorstands, ob er die Erteilung einer Rüge für erforderlich erachtet. Er kann zB von einer Rüge trotz schuldhafter Pflichtverletzung absehen, weil das geringfügige berufsrechtliche Fehlverhalten gegenüber einem längeren einwandfreien Verhalten nicht ins Gewicht fällt (ebenso Henssler/Prütting/*Hartung* § 74 Rn. 4). Das **Legalitätsprinzip** (§ 152 Abs. 2 StPO) gilt für den Kammervorstand nicht. Es gilt der **Opportunitätsgrundsatz.** Die Entscheidung, eine Pflichtverletzung in eigener Zuständigkeit durch Erteilung einer Rüge zu ahnden, trifft der Vorstand bzw. dessen Abteilung ohne vorherige Anhörung der Staatsanwaltschaft (§ 120). 3

Die Staatsanwaltschaft kann ein bei ihr anhängiges anwaltsgerichtliches Ermittlungsverfahren dem Vorstand der RAK vorlegen zum Zwecke der **Übernahme in das Rügeverfahren,** wenn sie die Einleitung eines anwaltsgerichtlichen Verfahrens (§ 121) nicht für erforderlich erachtet. Übernimmt der Kammervorstand das Verfahren in das Rügeverfahren, stellt die Staatsanwaltschaft das anwaltsgerichtliche Ermittlungsverfahren ein. 4

II. Verhältnis zum anwaltsgerichtlichen Verfahren

1. Missbilligende Belehrung, Rüge und anwaltsgerichtliches Verfahren. Die Entscheidung, ob eine Rüge oder ein Antrag auf Einleitung eines anwaltsgerichtlichen Verfahrens in Betracht kommt, wirft die Frage nach dem Verhältnis der Rüge zum anwaltsgerichtlichen Verfahren auf, wobei hinsichtlich der Rüge wiederum die immer noch **umstrittene Abgrenzung zur Belehrung** nach § 73 Abs. 2 Nr. 1 problematisch sein kann (BVerfGE 50, 16 = NJW 1979, 1159 = AnwBl. 1979, 426; BGH NJW 1984, 1042 = BRAK-Mitt. 1984, 84; EGH Stuttgart BRAK-Mitt. 1982, 77; *Isele* § 73 Anm. II. D. 1; *Jessnitzer/Blumberg* § 73 Rn. 6; *Kalsbach* BRAO 1960 nach § 43 Vorspruch Anm. 8, § 73 Anm. 2; *Kleine-Cosack* § 73 Rn. 3 f., § 74 Rn. 1; *Dittmar* AnwBl. 1980, 174). 5

6 **a) Rüge.** Die Rüge ist eine **Missbilligung,** die der Kammervorstand als Sanktion für begangene **schuldhafte Pflichtwidrigkeiten** aussprechen kann und die an die Stelle einer anwaltsgerichtlichen Ahndung der Berufspflichtverletzung tritt. Unter den Begriff der Rüge fallen **alle missbilligenden Äußerungen** ohne Rücksicht darauf, ob der Vorstand den Betroffenen „ermahnt", ihm „Vorhaltungen macht", sein Verhalten „rügt" oder sonst „missbilligt" (amtliche Begründung, BR-Drs. 1002/97, 20; BVerfGE 50, 16 = NJW 1979, 1159 = AnwBl. 1979, 426). Eine Rüge ist somit unbeschadet der Ausdrucksweise des Vorstands immer dann gegeben, wenn dieser in einem schriftlichen Bescheid feststellt, dass der Rechtsanwalt **schuldhaft,** und sei es auch nur leicht fahrlässig, gegen seine Berufspflichten verstoßen hat und der Vorstand dieses Verhalten deshalb missbillige (BGH NJW 1984, 1042 = BRAK-Mitt. 1984, 84). Die Rüge ist keine anwaltsgerichtliche Strafe. Der Bescheid, durch den die Rüge erteilt wird, ist auch nicht der materiellen Rechtskraft fähig. Deshalb schließt die Rüge es nicht aus, dass gegen den Rechtsanwalt später wegen desselben Sachverhalts ein anwaltsgerichtliches Verfahren eingeleitet wird. Die **Staatsanwaltschaft,** der eine Abschrift des Rügebescheids zugeht (§ 74 Abs. 4), ist an die **Auffassung des Vorstands der RAK nicht gebunden** (amtliche Begründung, BR-Drs. 1002/97, 20; § 115a).

7 **b) Belehrung.** Die Belehrung nach § 73 Abs. 2 Nr. 1 ist eine **präventive Unterrichtung** des Kammermitglieds darüber, ob der Kammervorstand ein bestimmtes bereits vorliegendes oder künftiges ins Auge gefasstes Verhalten eines Kammermitglieds für objektiv pflichtwidrig erachtet oder nicht, **ohne** dass bezüglich des bereits vorliegenden Geschehens der Vorwurf eines **schuldhaften Verhaltens** erhoben wird. Eine solche „Belehrung" des betroffenen Rechtsanwalts belastet diesen nicht mit dem Makel der Pflichtverletzung. Eine Belehrung oder eine Rüge geht, selbst wenn sie im anwaltsgerichtlichen Verfahren bestätigt wird (§ 74a), nicht weiter als ein Feststellungsurteil. Der RAK stehen nach der BRAO keine der zivilrechtlichen Unterlassungsklage entsprechenden berufsrechtlichen Mittel zu Gebote. Daher kann es ihr auch unter dem Gesichtspunkt eines möglichst schonenden Umgangs mit ihren Mitgliedern nicht verwehrt werden die ihr nach § 8 Abs. 3 Nr. 2 UWG zustehende Klagebefugnis wahrzunehmen (BGH NJW 2002, 2039; ausführlich → § 73 Rn. 16 f.).

8 **c) Hoheitliche Maßnahme zwischen Belehrung und Rüge.** In der **Praxis** hat sich für die Rechtsanwaltskammern die Notwendigkeit ergeben, für berufsrechtswidriges Verhalten ihrer Mitglieder eine hoheitliche Maßnahme zur Verfügung zu haben, für das noch nicht das Mittel der Rüge (§ 74) gerechtfertigt ist, für das aber eine einfache Belehrung nach § 73 Abs. 2 Nr. 1 kein adäquates Mittel mehr darstellt und vor allem über eine solche bloße Belehrung ohne Schuldzuweisung hinausgeht.

8a Dieses **Zwischeninstrumentarium,** das sich in der Praxis durchgängig als zweckmäßig erwiesen hat wird als **„belehrender Hinweis"** oder als **„missbilligende Belehrung",** gelegentlich auch als **„beanstandende Belehrung"** oder **„schuldzuweisende Belehrung"** bezeichnet und ist in der Regel mit einer Rechtsmittelbelehrung versehen. Anlass einer solchen hoheitlichen Maßnahme ist sehr häufig ein schon vorliegendes Verhalten eines Kammermitglieds, dass der Kammervorstand für pflichtwidrig erachtet, wie beispielsweise eine berufsrechtswidrige Briefkopfgestaltung oder Zeitungsanzeige, bei dem das zugrunde liegende Verschulden aber nicht für so gravierend gehalten wird, um gleich eine Rüge ausbringen zu wollen. Sehr oft hat allerdings die Nichtbeachtung der Auffassung des Kammervorstands die Einleitung des Rügeverfahrens oder die Einleitung eines anwaltsgerichtlichen Verfahrens zur Folge (vgl. AGH NRW NJW 2004, 1537; BGH NJW 2003, 346), wenn der missbilligende Vorwurf einer begangenen Pflichtverletzung mit der Aufforderung verbunden ist, künftig ein entsprechendes Verhalten zur Vermeidung einer an sich gerechtfertigten Rüge zu unterlassen (vgl. BVerfG NJW 1979, 1159 f.).

9 In der neueren Rechtsprechung des **BGH** ist das hoheitliche Instrument der **„missbilligenden Belehrung"** bzw. des **„belehrenden Hinweises"** als ein den Rechtsanwaltskammern zustehendes Maßregelinstrumentarium **anerkannt.** „Diese Praxis der Rechtsanwaltskammern ist für sich genommen nicht zu beanstanden, da dem betroffenen Rechtsanwalt die möglichen Konsequenzen seines Verhaltens deutlich vor Augen geführt werden und er zudem ausreichend Gelegenheit hat, die Rechtslage zu prüfen, ohne unmittelbare Sanktionen fürchten zu müssen. Erteilt der Vorstand einer Rechtsanwaltskammer einem Kammermitglied eine derartige mißbilligende Belehrung, so stellt diese nach der Rechtsprechung des Senats eine hoheitliche Maßnahme dar", die den Rechtsanwalt in seinen Rechten beeinträchtigen kann und als solche

anfechtbar ist (BGH BRAK-Mitt 2003, 82 = NJW 2003, 662 = AnwBl. 2003, 304; ferner BGH BRAK-Mitt. 2015, 45 = AnwBl. 2015, 91 = NJW 2015, 72; BRAK-Mitt 2012, 224 = AnwBl. 2012, 769 = NJW 2012, 3039; NJW 2007, 3349 = BRAK-Mitt 2007, 268 = AnwBl. 2007, 790; NJW 2005, 2692; NJW 2003, 346).

Auch das **BVerfG** hat am 20.11.2007 (NJW 2008, 502) implizit durch Nichtannahme der **9a** gegen die voran gegangene Entscheidung des BGH vom 13.8.2007 eingelegten Verfassungsbeschwerde auch von Verfassungswegen keine Bedenken gesehen, gegen das Instrument des **„belehrenden Hinweises"** einzuschreiten.

Bereits *Isele* hat die Auffassung vertreten, dass im Grenzbereich zwischen korrektem und **10** standeswidrigen Verhalten Belehrungen auch als repressive Reaktion auf ein bestimmtes zurückliegendes Verhalten, also eine Missbilligung unterhalb der Rüge zulässig sein muss § 73 Anm. II D 1; **aA –** trotz Anerkennung durch die ständige Rechtsprechung von Anwaltsgerichtshöfen BGH und BVerfG – Gaier/Wolf/Göcken/*Lauda* § 74 Rn. 9; Henssler/Prütting/*Hartung* § 74 Rn. 10.

Das Recht der RAK einem Mitglied einen „belehrenden Hinweis" oder eine „missbilligende **11** Belehrung" zu erteilen, hat sie allerdings nur in dem formalisierten und die Rechte des betroffenen Kammermitglieds wahrenden Verfahren entsprechend § 74 Abs. 1–4, 6. Dem Rechtsanwalt steht nämlich die grundrechtlich geschützte Freiheit zu, seinen Beruf grundsätzlich frei von Reglementierungen eigenverantwortlich auszuüben. Der missbilligende Vorwurf einer begangenen Pflichtverletzung beeinträchtigt den Betroffenen in seiner Berufsehre und ist geeignet, ihn in dieser grundrechtlich geschützten Freiheit zu beschränken (BVerfG NJW 1979, 1159). Auch der Vorstand der RAK darf gemäß Art. 12 Abs. 1 GG in die freie anwaltliche Berufsausübung nur aufgrund eines Gesetzes und nur durch Maßnahmen eingreifen, die materiellrechtlich den Anforderungen an Berufsausübungsregelungen genügen (vgl. BVerfGE 36, 212, 219 = NJW 1974, 232). Im Übrigen unterliegt die anwaltliche Berufsausübung unter der Herrschaft des Grundgesetzes der freien und unreglementierten Selbstbestimmung des Einzelnen (BVerfG NJW 1979, 1159).

Schuldzuweisende Belehrungen in Form eines „belehrenden Hinweises" oder einer „miss- **12** billigenden Belehrung" auf Grundlage des § 73 Abs. 2 Nr. 1 (AGH NRW NJW 2004, 1537) sind im Interesse des betroffenen Rechtsanwalts und entsprechen damit letztlich auch dem Gemeinwohl. Sie sind, wie die Praxis zeigt, erforderlich und stellen ein geeignetes Mittel dar, dass durch die verfahrensrechtliche Ausgestaltung auch zumutbar ist; sie erfüllen damit die Anforderungen, die an eine nach Art. 12 Abs. 1 GG zulässige Berufsausübungsregelung zu stellen sind (vgl. BGH MDR 2007, 3499; NJW 2007, 3349, die gegen die Entscheidung des BGH eingelegte Verfassungsbeschwerde hat das **BVerfG** am 20.11.2007, NJW 2008, 502, nicht zur Entscheidung angenommen und damit auch von Verfassungs wegen keine Bedenken gesehen, gegen das Instrument des „belehrenden Hinweises" einzuschreiten; BGH NJW 2005, 2692; 2003, 346).

Vernünftige Erwägungen des Gemeinwohls führten dazu, der RAK die Obliegenheiten auf- **13** zuerlegen, die Erfüllung der ihren Mitgliedern obliegenden Pflichten zu überwachen, sie zu belehren (§ 73 Abs. 2 Nr. 1) und das Recht der Rüge zu handhaben (§ 73 Abs. 2 Nr. 4). Auch wenn das Rügerecht im einzelnen gesetzlich geregelt (§ 74) ist, folgt daraus nicht, dass die dem anwaltsgerichtlichen Verfahren vorgelagerte Ahndung pflichtwidrigen Verhaltens durch Rüge das einzige Mittel des Vorstands der RAK ist, mit dem sie ihrer umfassenden Überwachungspflicht nachkommen darf. Häufig erweist es sich in der täglichen Praxis der Rechtsanwaltskammern als notwendig, gegen Verhaltensweisen vorzugehen, die zwar **schuldhaft** begangen sind, **aber eine Rüge (noch) nicht rechtfertigen.** Nicht nur die RAK wäre in der Erfüllung ihrer gesetzlichen Aufgaben entscheidend behindert, wäre ihr in solchen Fällen der Weg des „belehrenden Hinweises" oder einer „missbilligenden Belehrung versagt. Auch dem Kammermitglied dient dieses Zwischeninstrument unterhalb der Rüge. Der Kammervorstand müsste anderenfalls gegen ihn, um seiner Überwachungspflicht nach § 73 Abs. 2 Nr. 4 nachzukommen, eine Rüge erteilen, obgleich er der Meinung ist, eine die Rüge rechtfertigende Pflichtverletzung des Mitglieds liege noch nicht vor, es reiche auch ein Weniger als eine Rüge, um ihm seinen schuldhaften Berufsrechtsverstoß vor Augen zu führen. Es ist kein Grund erkennbar, warum **ein Weniger an Berufsausübungsregelung,** anstatt also eine Rüge auszusprechen, lediglich gegenüber dem Rechtsanwalt den missbilligenden Vorwurf einer begangenen Pflichtverletzung in Form einer Belehrung zu erheben, einen unzulässigen Eingriff der Rechtsanwaltskammern in die Rechte ihrer Mitglieder darstellen soll. Wenn doch der gravierendere Eingriff – die Rüge – unstreitig als verfassungskonform angesehen wird, muss es doch erst recht ein Weniger einer Rüge sein, wenn das Weniger in einem dem gesetzlichen Rügeverfahren entsprechenden Verfahren verhängt wird, in § 73 Abs. 2 Nr. 1 eine gesetzliche Ermächtigung hat (AGH NRW NJW 2004, 1537) und zudem Rechtsschutz besteht.

14 **d) Rechtsschutz.** Der Gewährung rechtlichen Gehörs bei „belehrenden Hinweisen" oder „missbilligenden Belehrungen" vor der Entscheidung des Vorstands ist durch eine entsprechende Anwendung des § 74 Abs. 3 Rechnung getragen. Auch wenn der Rechtsschutz gegen „belehrende Hinweise" oder „missbilligende Belehrungen" auf der Grundlage des § 73 Abs. 2 Nr. 1 anders als bei der Rüge mangels ausdrücklicher gesetzlicher Regelung nur über **§ 112a** möglich ist, der einheitlich für alle verwaltungsrechtlichen Streitigkeiten (auch in Fällen hoheitlichen Handelns, das keinen Verwaltungsakt darstellt) im anwaltlichen Berufsrecht den Zugang zur Anwaltsgerichtsbarkeit eröffnet (zu § 223 aF vgl. BVerfG NJW 1979, 1159, 1160 f.), gewährt dieses Verfahren dem Betroffenen ebenfalls einen **uneingeschränkten umfassenden Rechtsschutz,** der sicherlich nicht weniger Rechtsschutz bietet, als das Verfahren gegen eine Rüge nach §§ 74 Abs. 5, 74a. Das Verfahren über § 112a wird beim Anwaltsgerichtshof, der Senat ist mit fünf Richtern besetzt (§ 104) – statt beim Anwaltsgericht mit drei Richtern (§ 96), ohne Rechtsmittelinstanz – geführt, zudem mit der Möglichkeit einer zweiten Instanz beim BGH, soweit die Berufung wegen Rechtsfragen von grundsätzlicher Bedeutung vom AGH oder auf Antrag vom BGH zugelassen worden ist (§ 112e).

15 Auch wenn das Verfahren nach § 112a nicht nach den Regeln der StPO geführt wird, wie im Verfahren wegen einer Pflichtverletzung es sonst der Fall ist (§§ 74a Abs. 2 S. 2, 116 S. 2), es gelten nach § 112c die Vorschriften der Verwaltungsgerichtsordnung entsprechend, ergeben sich daraus keine Nachteile für das Kammermitglied. Das gesamte Verwaltungsverfahren nach der BRAO ist auf das VwVfG und das gerichtliche Verfahren in Verwaltungsstreitigkeiten nach der BRAO, dem EuRAG und der BNotO einheitlich auf die VwGO umgestellt worden (Gesetz zur Modernisierung von Verfahren im anwaltlichen und notariellen Berufsrecht, zur Errichtung einer Schlichtungsstelle der Rechtsanwaltschaft sowie zur Änderung sonstiger Vorschriften vom 30.7.2009 (BGBl. I S. 2449).

16 In der **Praxis** wird von einigen – zunehmend mehr – Rechtsanwaltskammern auch deswegen von dem „belehrenden Hinweis" bzw. der „missbilligenden Belehrung" häufig Gebrauch gemacht, da vom Gesetz inkonsequenterweise gegen diese Maßnahme der Kammer als Rechtsmittel bis zum 1.9.2009 der Antrag auf gerichtliche Entscheidung gemäß § 223 aF beim Anwaltsgerichtshof vorgesehen war, jetzt ersetzt durch die Anfechtungsklage nach §§ 112a, 112c gerichtet an den Anwaltsgerichtshof, mit der weiteren Option bei Zulassung der Berufung (§ 112e) eine Überprüfung der Entscheidung des Anwaltsgerichtshofs durch den BGH erreichen zu können (→ Rn. 14, 8). Demgegenüber ist für die von der Kammer zu verhängende schärfste Maßnahme, die Rüge, der Rechtsweg nach kammerinterner Überprüfung beim Anwaltsgericht zu Ende (ausführlich zu diesem **gesetzlichen Wertigkeitswiderspruch** *Weyland,* FS zum 125-jährigen Bestehen der RAK Hamm, 2004, 419–433). Gerade aber für berufsrechtliche Fallgestaltungen und Rechtsfragen, die nicht eindeutig sind oder die im Bundesgebiet von den Rechtsanwaltskammern unterschiedlich gesehen werden, ist es wünschenswert, eine höchstrichterliche Entscheidung anstreben zu können, um eine **Rechtsvereinheitlichung** zu erreichen.

17 Sofern der betroffene Rechtsanwalt im Falle eines „belehrenden Hinweises" oder einer „missbilligenden Belehrung" versehentlich nach Abs. 5 Einspruch beim Vorstand der RAK einlegt, da die Rechtsmittelbelehrung fehlte, ist der Rechtsanwalt wegen der fehlenden ausdrücklichen Regelung in der BRAO auf den Rechtsweg nach §§ 112a ff. hinzuweisen. Weist das Anwaltsgericht den Antrag auf gerichtliche Entscheidung mit der Begründung zurück, es liege keine überprüfbare Rüge des Kammervorstands vor, kommt das Verfahren nach §§ 112a ff. in Betracht.

18 **2. Vorrang des anwaltsgerichtlichen Verfahrens.** Das Verhältnis des Rügeverfahrens zum anwaltsgerichtlichen Verfahren ist geprägt von dem **absoluten Vorrang** des anwaltsgerichtlichen Verfahrens vor dem Rügeverfahren (BVerfG EGE VIII, 137; BVerfGE 50, 16 = NJW 1979, 1159 = AnwBl. 1979, 426; EGH München EGE XIII, 193; → § 114 Rn. 1 ff.; → § 115a Rn. 1 ff.). Der Vorstand darf eine Rüge nicht mehr erteilen, wenn das anwaltsgerichtliche Verfahren eingeleitet (§ 121) ist. Hat die Staatsanwaltschaft bei dem Anwaltsgericht wegen derselben Tat des Rechtsanwalts (§ 116 iVm § 264 StPO) eine Anschuldigungsschrift eingereicht, dann darf der Kammervorstand den Rechtsanwalt wegen dieses angeschuldigten Verhaltens nicht rügen. Die

anwaltsgerichtliche Maßnahme muss als ein anderes und wesentlich stärkeres Mittel den Vorrang haben.

Das **Rügerecht** des Vorstands **erlischt und lebt auch nicht wieder auf,** wenn gegen den Rechtsanwalt das anwaltsgerichtliche Verfahren einmal eingeleitet ist (EGH München EGE XIII, 193), und zwar auch dann nicht, wenn das Verfahren eingestellt oder der Beschuldigte freigesprochen wird (amtliche Begründung). Abs. 1 S. 2 soll sicherstellen, dass der Vorstand nur eine Pflichtverletzung rügen darf, die an sich auch anwaltsgerichtlich geahndet werden könnte. Bei einem **unkorrekten Verhalten im privaten Bereich,** das nach § 113 Abs. 2 nur in Fällen, in denen der Rechtsanwalt gegen straf- oder bußgeldbewehrte Vorschriften verstößt, überhaupt eine anwaltsgerichtlich zu ahndende Pflichtverletzung darstellt, oder bei einem Verhalten, für das bereits im Strafverfahren eine Strafe oder in einem anderen Verfahren eine anderweitige Maßnahme verhängt worden ist (§ 115b), wird eine Rüge, mit der nur geringfügige Verstöße gegen die anwaltlichen Berufspflichten missbilligt werden können, lediglich in besonders gelagerten Ausnahmefällen in Betracht kommen (amtliche Begründung; vgl. auch § 74a Abs. 3 S. 2). 18a

Eine Rüge darf auch nicht mehr erteilt werden, solange das Verfahren auf den Antrag des Rechtsanwalts nach § 123 anhängig ist. Die Anhängigkeit des **Selbstreinigungsverfahrens** nach § 123 tritt dabei schon mit der Einreichung des Antrags des Rechtsanwalts bei der Staatsanwaltschaft ein (EG Köln BRAK-Mitt. 1982, 38). Eine Rüge ist unzulässig, wenn das Kammermitglied „zur Zeit der Tat" der Anwaltsgerichtsbarkeit nicht unterstand (§ 113 Abs. 3) oder wenn es im gerichtlichen Verfahren nach § 118 Abs. 2 freigesprochen wurde. 19

III. Das Rügeverfahren

1. Verfahren von Amts wegen. Das Rügeverfahren gliedert sich in **drei Verfahrensabschnitte:** in ein Aufsichtsverfahren (§ 56), ein Einspruchsverfahren (§ 74 Abs. 5) und ein anwaltsgerichtliches Antragsverfahren (§ 74a). Das Aufsichtsverfahren ist ein Verfahren von Amts wegen. Erlangt der **Kammervorstand** Kenntnis von zureichenden tatsächlichen Anhaltspunkten für das Vorliegen einer Pflichtverletzung, ist er **verpflichtet,** ein entsprechendes Aufsichtsverfahren einzuleiten. Woraus sich die Anhaltspunkte ergeben, ist gleichgültig; sie können sich aus „Anzeigen" und „Beschwerden", aus Akten, die dem Kammervorstand vorgelegt werden oder aus eigenen Wahrnehmungen von Vorstandsmitgliedern ergeben (*Isele* § 74 Anm. III C 1). 20

Ein Rechtsanwalt kann grundsätzlich nicht die Unterlassung solcher Äußerungen verlangen, die ein Dritter im Rahmen einer bei der RAK eingereichten Beschwerde über vermeintliche Versäumnisse des Rechtsanwalts macht, es sei denn, es handele sich um konkrete, dem Beweis zugängliche Tatsachenbehauptungen oder Schmähkritik. Denn der Vorstand der RAK ist von Gesetzes wegen dazu berufen, die Erfüllung der den Rechtsanwälten obliegenden Pflichten zu gewissenhafter Berufsausübung zu überwachen (§ 73 Abs. 2 Nr. 3). Es kann daher niemandem untersagt werden, sich mit einer **Beschwerde über die Berufsausübung** eines Rechtsanwalts an die RAK zu wenden; darüber, ob die Beschwerde berechtigt ist, hat der Vorstand der RAK in eigener Kompetenz zu entscheiden (OLG Köln JMBl. NRW 1999, 265; BGH NJW 1962, 243). Der Vorstand muss den Sachverhalt vollständig aufklären, um sich eine Überzeugung bilden zu können, ob eine schuldhafte Pflichtverletzung vorliegt oder nicht (*Isele* § 74 Anm. III C. 1b). 20a

2. Aufklärungsmöglichkeiten. Die Aufklärungsmöglichkeiten des Kammervorstands sind jedoch **nur eingeschränkt.** Der Kammervorstand kann zwar von allen Kammermitgliedern, also auch von dem betroffenen Rechtsanwalt selbst, im Rahmen der §§ 56, 57 Auskünfte und Vorlage der Handakte verlangen. 21

Bei nicht der eigenen Kammer Angehörigen kann der Vorstand der RAK den Vorstand einer anderen RAK bitten, von ihren Kammerangehörigen (§§ 60 Abs. 1, 207, 209) entsprechende Auskünfte einzuholen. Im Wege der **Amtshilfe** (Art. 35 GG) haben die Rechtsanwaltskammern als Körperschaften des öffentlichen Rechts (§ 62 Abs. 1) und damit als „Behörden" im Sinne des Art. 35 GG (*Schmidt-Bleibtreu* GG Art. 35 Rn. 5; *v. Mangoldt/Klein* GG Art. 35 Anm. III 1) sich die erbetene Amtshilfe untereinander zu leisten, da solche Ersuchen in Ausübung hoheitlicher Aufgaben ergehen, die von der einheitlichen Staatsgewalt abgeleitet sind. Bei der Wahrnehmung der Berufsaufsicht über die Mitglieder übt die RAK öffentliche Gewalt aus (BVerfGE 18, 203, 212; BVerfGE 50, 16 = NJW 1979, 1159 = AnwBl. 1979, 426). 22

Die RAK kann dementsprechend auch Behörden und Gerichte des Bundes und der Länder nach Art. 35 Abs. 1 GG um Amtshilfe bitten und von diesen Auskünfte und die Vorlage von 23

Urkunden oder Akten verlangen. Der Kammervorstand kann auch dritte Personen um die Erteilung von Auskünften bitten. Diese sind jedoch nicht verpflichtet zu antworten. Daher hat der Vorstand auch nicht das Recht von Gerichten oder Behörden die Vernehmung solcher Zeugen zu verlangen (*Isele* § 74 Anm. III C. 1. b bb cc). Im Übrigen sind § 36 Abs. 2 nF und §§ 12 ff. EGGVG zu beachten.

24 **3. Rechtliches Gehör, Ausschließung und Ablehnung, Stellungnahme des Beschwerdegegners.** Eine Rüge darf nicht erteilt werden, bevor der Rechtsanwalt Gelegenheit hatte, sich zur Sache zu äußern. Ihm muss rechtliches Gehör gewährt werden. Kommt der Kammervorstand alsbald dazu, dass die gegen den Rechtsanwalt erhobenen Vorwürfe unberechtigt sind, kann der Kammervorstand das Verfahren **ohne Anhörung des Rechtsanwalts einstellen.** Wie im anwaltsgerichtlichen Antragsverfahren (→ § 74a Rn. 7) sind auch in den beiden vorausgehenden Verfahrensabschnitten (→ § 74 Rn. 20) die **§§ 22 ff. StPO entsprechend** anzuwenden. Da die Entscheidung des Kammervorstands bzw. seiner Abteilung die Vorstufe zum anwaltsgerichtlichen Antragsverfahren ist, ist die entsprechende Anwendung wie in jenem sachgerecht, zumal diese Regelung Ausdruck allgemeiner Grundsätze ist, wie sie auch sonst im Verwaltungsverfahren gelten (§ 32 BRAO; §§ 20, 71 VwVfG). Über die Verwerfung eines **Ablehnungsgesuchs** als unzulässig entscheidet der Vorstand bzw. seine Abteilung unter Mitwirkung des Abgelehnten. Über die Begründetheit wird ohne den Abgelehnten entschieden. Eine Anfechtung ist nur zusammen mit der des Rügebescheids möglich.

24a Zur Weitergabe einer Stellungnahme des Beschwerdegegners an den Beschwerdeführer → § 76 Rn. 28b.

25 **4. Akteneinsicht.** Im Rügeverfahren hat der Rechtsanwalt auch ein Akteneinsichtsrecht. Dies ergibt sich zwar nicht aus § 117b (→ § 117b Rn. 1), der nur für das anwaltsgerichtliche Verfahren gilt und in der Verweisungsvorschrift des § 74 Abs. 1 S. 2 nicht aufgeführt wird. Ein solches Recht ergibt sich aus der allgemeinen Vorschrift des **§ 58.** Die Vorgänge über das **Rügeverfahren gehören zu den Personalakten** im Sinne dieser Vorschrift. Dagegen spricht nicht, dass diese Akten erst nach Abschluss des Verfahrens zu den Personalakten genommen werden, vorher aber bei der RAK gesondert geführt werden. Der **Begriff der Personalakte** iSd § 58 ist nicht formell, sondern **materiell** zu fassen (ausführlich → § 76 Rn. 28b, 28c; BGH NJW 2011, 2303 Rn. 11 = BRAK-Mitt 2011, 143; NJW-RR 2014, 883; → § 58 Rn. 6; ebenso Gaier/Wolf/Göcken/*Zuck* § 58 Rn. 4, 8). Die Akten über Aufsichtsmaßnahmen der RAK nach § 74 gehören ihrer Natur nach von Anfang an zu den Personalakten.

25a Der Rechtsanwalt kann aber **nicht verlangen,** dass ihm die **Personalakten** (zum Begriff ausführlich → § 76 Rn. 28b, 28c) **in** seine **Geschäfts- oder Wohnräume** zur Einsichtnahme **übersandt werden** (EGH Hamm AnwBl. 1973, 53; → § 58 Rn. 13 f.). Ihm steht das Recht auf Akteneinsicht in seine Personalakte **nicht jederzeit und nicht ohne vorherige Anmeldung** und nicht unabhängig von der Anwesenheit eines Geschäftsführers in den Geschäftszeiten der RAK in deren Räumlichkeiten zu. Der RAK bleibt es selbst überlassen, wie sie ihre Arbeitsabläufe organisiert. Ihr ist mangels näherer inhaltlicher Ausgestaltung durch gesetzliche Vorschriften ein etwaiges Akteneinsichtsbegehren vorab kundzutun und Gelegenheit zu geben, gemäß ihrem pflichtgemäßen Ermessen die Akteneinsicht mit ihren Arbeitsabläufen zu koordinieren (NdsAGH NJW-RR 2013, 116 = BRAK-Mitt 2012, 230, nur Ls.).

25b Hat die Staatsanwaltschaft ihre Vorgänge dem Kammervorstand vorgelegt mit der Anregung, gegen den Rechtsanwalt ein Rügeverfahren durchzuführen und kommt der Kammervorstand der Anregung nach, unterliegen auch die staatsanwaltschaftlichen Vorgänge der Akteneinsicht. In der Übersendung der Vorgänge mit der Anregung auf Durchführung eines Rügeverfahrens liegt die Zustimmung der Staatsanwaltschaft zur Einsichtgewährung. Zieht der Vorstand der RAK von sich aus die Akten einer anderen Verwaltung bei, darf er dem Rechtsanwalt in diese **nur mit Zustimmung dieser Verwaltung Einsicht gewähren** (vgl. Nr. 187 Abs. 2 S. 2 RiStBV entsprechend). Ohne die Möglichkeit der Akteneinsicht darf im Hinblick auf den Grundsatz des rechtlichen Gehörs der Inhalt solcher Akten nicht zum Nachteil des Rechtsanwalts verwertet werden.

26 **5. Entscheidungsmöglichkeiten des Kammervorstands.** Da die Rüge eine Aufsichtsmaßnahme darstellt, bleibt dem Vorstand bei der Handhabung des Rügerechts ein gewisser **Ermessensspielraum,** wie dies bei Bagatellsachen zweckmäßig ist (amtliche Begründung). Die Ent-

scheidung des Vorstands besteht entweder in der Aussetzung, Einstellung, Abgabe an die Staatsanwaltschaft oder in der Erteilung einer Rüge:

a) Aussetzung des Verfahrens. Das Verfahren kann ausgesetzt werden unter den Voraussetzungen des § 118b, zB weil die Staatsanwaltschaft wegen desselben Verhaltens des Rechtsanwalts ein anwaltsgerichtliches Ermittlungsverfahren eingeleitet hat. Das Verfahren **muss ausgesetzt** werden, wenn wegen desselben Verhaltens die öffentliche Klage im strafrechtlichen Verfahren erhoben wird (§ 118 Abs. 1; *Isele* § 74 Anm. III C 3a bb), zumal es im Rügeverfahren einen dem § 118 Abs. 4 entsprechenden Wiederaufnahmegrund nicht gibt. Ferner ist das Verfahren auszusetzen, während ein Verfahren nach § 123 anhängig ist (→ Rn. 19). 27

b) Einstellung wegen eines Verfahrenshindernisses. Das Verfahren ist einzustellen wegen eines Verfahrenshindernisses: 28

- wenn die Zulassung zur Rechtsanwaltschaft erloschen, zurückgenommen oder widerrufen ist (§ 139 Abs. 3 Nr. 1), 29
- wenn gegen den Rechtsanwalt ein **anwaltsgerichtliches Verfahren wegen desselben Sachverhalts eingeleitet** (§ 121) wird. Gleichgültig, wie das anwaltsgerichtliche Verfahren ausgeht, lebt das Rügerecht des Kammervorstands nach Abschluss des anwaltsgerichtlichen Verfahrens nicht wieder auf (EGH München EGE XIII, 193; unentschieden EGH Schleswig-Holstein EGE IX, 204) und zwar auch dann nicht, wenn das Verfahren durch Einstellung nach § 116 S. 1 iVm §§ 153 Abs. 2, 153a Abs. 2 StPO beendet wurde (amtliche Begründung; → § 74 Rn. 18; ebenso Gaier/Wolf/Göcken/*Lauda* § 74 Rn. 20; **aA** *Isele* § 74 Anm. III C 3a cc; III C 3b bb). Dem **anwaltsgerichtlichen Verfahren gebührt der absolute Vorrang** vor dem Rügeverfahren und wenn im anwaltsgerichtlichen Verfahren festgestellt wurde, dass – aus welchen Gründen auch immer – eine anwaltsgerichtliche Maßnahme nicht erforderlich ist, ist der Kammervorstand nicht mehr befugt, wegen dieses Verhaltens gleichwohl auch nur eine Rüge auszusprechen. 30
- Das Verfahren ist einzustellen, wenn **seit der Pflichtverletzung mehr als drei Jahre vergangen** sind. Danach ist eine Pflichtverletzung bis zum Eintritt der Verjährung (§ 115) nur noch anwaltsgerichtlich verfolgbar. Bei den in die Zuständigkeit des Kammervorstands fallenden Pflichtverletzungen mit geringer Schuld des Rechtsanwalts schwindet das Bedürfnis nach Ahndung schneller als bei Pflichtverletzungen, bei denen wegen ihres Gewichtes eine anwaltsgerichtliche Ahndung erforderlich ist. Eine **Unterbrechung** bzw. ein **Ruhen der Dreijahresfrist** scheidet aus, da es sich bei dieser um eine echte Ausschlussfrist und nicht um eine Verfolgungsverjährung handelt (zustimmend Gaier/Wolf/Göcken/*Lauda* § 74 Rn. 24; ebenso Henssler/Prütting/*Hartung* § 74 Rn. 28). Die Frist ist gewahrt, wenn der Vorstand die Rüge vor Ablauf der drei Jahre erteilt. **Maßgeblicher Zeitpunkt ist die Zustellung des Rügebescheids** an das betroffene Kammermitglied. Sie muss spätestens an dem Tag erfolgen, an welchem vor drei Jahren die pflichtwidrige Handlung begangen wurde (ebenso Henssler/Prütting/*Hartung* § 74 Rn. 28). Die Rüge ist deshalb nicht aufzuheben, wenn die Frist erst während des Einspruchverfahrens (§ 74 Abs. 5) oder des gerichtlichen Prüfungsverfahrens nach § 74a verstreicht (amtliche Begründung). 31
- Das Verfahren ist einzustellen, wenn die Pflichtverletzung eines Rechtsanwalts, der zugleich der Disziplinar- oder Berufsgerichtsbarkeit eines anderen Berufes untersteht, überwiegend **mit der Ausübung des anderen Berufs im Zusammenhang steht** (§ 118a Abs. 1) oder das Gericht einer Disziplinar- oder Berufsgerichtsbarkeit sich zuvor rechtskräftig für zuständig erklärt hat (§ 118a Abs. 3). Der Senat für Notarsachen des BGH (BGHZ 47, 340 = NJW 1967, 894) hat in Bezug auf § 110 BNotO die Frage, nach welchem Verfahren über die Verfehlung eines Notars zu entscheiden ist, der zugleich Rechtsanwalt ist, auch darauf abgestellt, ob die Verfehlung vorwiegend mit dem einen oder anderen Beruf im Zusammenhang steht; steht die Verfehlung vorwiegend mit dem Amt des Notars in Zusammenhang, dann ist im Disziplinarverfahren nach der BNotO zu entscheiden; dagegen ist im anwaltsgerichtlichen Verfahren nach der BRAO zu entscheiden, wenn die Verfehlung vorwiegend mit der Tätigkeit als Anwalt im Zusammenhang steht. Besteht ein solcher überwiegender Zusammenhang nicht, dann ist bei einem Anwaltsnotar im anwaltsgerichtlichen Verfahren für Rechtsanwälte zu entscheiden. Der gegenteiligen Auffassung von *Hartung,* § 118a Abs. 1 und 3 sei nicht anzuwenden (Henssler/Prütting/*Hartung* § 74 Rn. 30), kann nicht gefolgt werden. Wenn selbst das anwaltsgerichtliche 32

Verfahren zurückzutreten hat (→ § 118a Rn. 7 ff.), muss dies erst recht das Rügeverfahren tun, demgegenüber dem anwaltsgerichtlichen Verfahren der Vorrang gebührt. Dies gilt insbesondere auch in Fällen des § 118a Abs. 3 (zustimmend Gaier/Wolf/Göcken/*Lauda* § 74 Rn. 22).

33 **c) Sachliche Einstellung.** Das Verfahren ist sachlich einzustellen, wenn der Vorstand zu der Überzeugung gelangt, der Vorwurf einer schuldhaften Pflichtverletzung sei unbegründet, weil entweder eine Pflichtverletzung objektiv nicht vorliegt oder nicht beweisbar ist oder aber weil dem Rechtsanwalt subjektiv kein Vorwurf zu machen ist. Der Vorstand kann aber auch, da er nicht zur Erteilung einer Rüge bei Vorliegen einer Pflichtverletzung verpflichtet ist – er „kann", muss aber nicht eine Rüge erteilen – nach pflichtgemäßem Ermessen von der Erteilung einer Rüge absehen. Der Vorstand wird sich dabei an den Grundsätzen des **§ 153 Abs. 1 S. 1 StPO** orientieren (vgl. auch *Isele* § 74 Anm. III C 3c). Das Verfahren ist ferner einzustellen, wenn das Verhalten des Rechtsanwalts bereits anderweitig im Sinne des § 115b geahndet ist und ein disziplinärer Überhang nicht mehr besteht (*Isele* § 74 Anm. III C 3c).

34 **d) Abgabe an die Staatsanwaltschaft.** Der Vorstand kann die Sache abgeben an die Staatsanwaltschaft entweder mit dem Antrag auf Einleitung des anwaltsgerichtlichen Verfahrens (§ 121). Dieses setzt voraus, dass der Kammervorstand ein objektiv und subjektiv pflichtwidriges Verhalten des Rechtsanwalts bejaht und dessen Verschulden als nicht gering wertet. Oder der Kammervorstand kann das Verfahren abgeben an die Staatsanwaltschaft, weil er mit den ihm zu Gebote stehenden Ermittlungsmöglichkeiten den Sachverhalt nicht weiter aufklären kann und er nach dem gegenwärtigen Ermittlungsstand das Vorliegen einer nicht unerheblichen Pflichtverletzung jedenfalls nicht ausschließen kann. Der Kammervorstand entscheidet nach **pflichtgemäßem Ermessen,** dem Legalitätsprinzip unterliegt er auch insoweit nicht (**aA** Henssler/Prütting/*Hartung* § 74 Rn. 32; Gaier/Wolf/Göcken/*Lauda* § 74 Rn. 18, beide verneinen ein Ermessen und gehen von einer ermessensunabhängigen Abgabepflicht aus).

35 **e) Erteilung einer Rüge.** Bejaht der Kammervorstand die Voraussetzung für die Erteilung einer Rüge (→ Rn. 6) und erscheint diese ihm auch geboten, so rügt er das Verhalten des Rechtsanwalts in einem zu begründenden Bescheid (Abs. 4). Die **Begründung** ist schon deshalb erforderlich, weil der Rechtsanwalt gegen den Bescheid Einspruch einlegen (Abs. 5) und gegen dessen Zurückweisung Antrag auf anwaltsgerichtliche Entscheidung (§ 74a) stellen kann. Die Begründung muss folglich darstellen, worin die **objektive Pflichtverletzung und die subjektive Vorwerfbarkeit** gesehen werden. Nur so wird der Rechtsanwalt in die Lage versetzt, eine sachgemäße Entscheidung über die Wahrnehmung seiner Möglichkeiten aus Abs. 5 und § 74a zu treffen, seine Anträge sachgerecht zu begründen und nur so besteht eine ausreichende Grundlage für die Prüfung nach Abs. 5 und § 74a (AnwG Berlin NJW-RR 2002, 1350; vgl. auch *Meyer-Goßner* StPO § 34 Rn. 1).

36 **f) Formalien von Rügebescheiden.** Hinsichtlich der Formalien von Rügebescheiden bestehen – ausgelöst durch die Entscheidung des Anwaltsgerichts Hamm vom 25.8.1999 (MDR 2000, 55 mit abl. Anm. *Hartung;* ablehnend auch *Kopp* BRAK-Mitt. 2000, 234) – in Literatur und Rechtsprechung ganz unterschiedliche Auffassungen (dazu im Einzelnen sehr eingehend *Peus* AnwBl. 2005, 524 mzN auf die verschiedenen Stimmen in Literatur und Rechtsprechung). Es besteht die Gefahr dass Rügebescheide allein schon aus rein formalen Gründen aufgehoben werden. Der Auffassung von *Peus* ist insgesamt zuzustimmen (ebenso AnwG Zweibrücken vom 17.2.2006 – 5 EV 20/02), sie ist zwischen den vertretenen Extrempositionen vermittelnd, inhaltlich überzeugend und nicht zuletzt auch in der Kammerarbeit – ohne überzogene Anforderungen – durchaus praktikabel:

36a Die an der Begründung einer Rüge mitwirkenden (Kollegiums-)Abteilungsmitglieder müssen bis zur Endfassung, also am genauen Text der Begründung, an der Rüge mitwirken, wobei das auch im Fax-Austausch mit Einverständnisvermerk möglich ist (zustimmend Henssler/Prütting/*Hartung* § 74 Rn. 33), da Formvorschriften insoweit nicht gegeben sind. Eine Originalunterschrift im Aktenexemplar ist nicht erforderlich, soweit der Vorsitzende der Abteilung die Stellungnahmen sammelt und zum Vorgang nimmt. Im herausgehenden Bescheid sind die Namen aller mitwirkenden Mitglieder des Kollegiums, der Aufsichtsabteilung, des tätig gewordenen Vorstands, anzuführen. Diesen herausgehenden Rügebescheid müssen – entgegen der mit *Peus* abzulehnenden Auffassung des AnwG Berlin (NJW-RR 2002, 1350), das die Unterschrift der Kollegiumsmitglieder wohl auch auf dem herausgehenden Bescheid verlangt – nicht alle mitwirkenden Mitglieder des Spruchkörpers unterschreiben, weder in einer Aktenfassung, noch in dem herausgehenden Bescheid. Die Unterschrift des Vorsitzenden des Spruchkörpers genügt, soweit nicht die Geschäftsordnung eine andere Zeichnung vorsieht. Es liegt im pflichtgemäßen Ermessen des Vorstands, allgemein in seiner Geschäftsordnung (→ § 63 Rn. 12 ff.) oder im Einzelfall durch Beschluss festzulegen, dass seine Entscheidungen nur vom Präsidenten oder nur vom Abteilungsvorsitzenden oder auch nur von einem sonstigen Vorstandsmitglied unterschrieben zu werden brauchen (ebenso Gaier/Wolf/Göcken/*Lauda* § 74 Rn. 47).

Wenn auch in § 74 das Wort „rügen" verwendet wird, muss sich der Kammervorstand nicht desselben Wortes bedienen. Der Vorstand kann statt des Wortes „Rüge" beispielsweise eine „Ermahnung" aussprechen oder dem Anwalt „Vorhaltungen machen". Die Missbilligung kann als solche auch differenziert ausgesprochen werden, zB als „einfache", „scharfe" oder „schärfste" Missbilligung (*Dittmar* AnwBl. 1980, 174). Diese **Differenzierung** gibt nur den **Grad der Ablehnung** wieder, auf den das Verhalten des betroffenen Rechtsanwalts bei dem Vorstand der RAK gestoßen ist, es handelt sich nicht etwa um eine gesetzlich nicht vorgesehene eigenständige Maßnahme (amtliche Begründung; EG Köln Beschluss vom 30.7.1982 – EV 71/82; vgl. auch BVerfGE 50, 16 = NJW 1979, 1159). **37**

g) Tilgung einer Rüge. Zur Tilgung einer Rüge in der Personalakte vgl. § 205a Abs. 5. **38**

h) Auslagen. Die im Rügeverfahren entstandenen Auslagen sind von den Beteiligten selbst zu tragen (EGH Stuttgart BRAK-Mitt. 1983, 138 = AnwBl. 1983, 331). **39**

Nach der **bisherigen Rechtslage** konnte wegen der Gebührenfreiheit des sich an ein Rügeverfahren anschließenden anwaltsgerichtlichen Verfahrens nach §§ 195 aF, 197a die vom Kammervorstand erteilte Rüge wie auch die Durchführung des Einspruchsverfahrens (§ 74) nicht mit einer Verwaltungsgebühr belegt werden (BGH NJW 2001, 444 = BRAK-Mitt. 2001, 85 = AnwBl. 2001, 570; → § 89 Rn. 18). **40**

Mit der Neufassung des § 195 durch das Zweite Gesetz zur Modernisierung der Justiz vom 22.12.2006 (BGBl. I S. 3416) ist die **Gebührenfreiheit** aus § 195 aF **für das Verfahren nach § 74a entfallen,** dh dass bei entsprechender Gebührenordnung (vgl. § 89 Abs. 2 Nr. 2) durch die RAK, Gebühren für das Rüge- und Einspruchsverfahren erhoben werden können. Der Neuregelung zu § 195 iVm § 192 nF ist die Rechtfertigung zu entnehmen, den Betroffenen an den von ihm verursachten Verwaltungskosten der Kammer beteiligen zu können (so bereits zur alten Regelung BGH NJW 2001, 444; *Vogel,* FS Geiger, 1989, 518 f., 524, 535 f.). Denn die vom Vorstand erteilte Rüge als Aufsichtsmaßnahme der RAK sowie die Durchführung des Einspruchverfahrens kommen grundsätzlich als die Erhebung einer Gebühr rechtfertigende Tatbestände in Betracht (BGH BRAK-Mitt. 2001, 85); → § 195 Rn. 1 ff. **40a**

Soweit auf der Grundlage einer rechtswidrigen Verwaltungsgebührenordnung einer Kammer ein **unanfechtbarer Gebührenbescheid** ergangen ist und die Gebühr gezahlt wurde, besteht für die Kammer im Hinblick auf diese BGH-Entscheidung keine Verpflichtung (§ 32 BRAO, § 51 VwVfG), das Verfahren wieder aufzunehmen und einen Zweitbescheid zu erteilen. Die Abwägung der Grundsätze der Rechtssicherheit und der Gerechtigkeit zwingen die Kammer nicht dazu (AGH Zweibrücken Beschluss vom 30.8.2001 – 1 AGH 11 und 18/01). **41**

6. Mitteilung der Entscheidung; Änderung von § 73 Abs. 3 zum 1.9.2009. Die Entscheidung ist dem Betroffenen, dh dem Anzeigenden bzw. Beschwerdeführer, dem Rechtsanwalt und teilweise auch der Staatsanwaltschaft mitzuteilen. **42**

Zur **Optimierung der bewährten Berufsaufsicht** durch die Rechtsanwaltskammern wurde zunächst eine Änderung von § 74 Abs. 4 und § 76 in BMJV und den regionalen Rechtsanwaltskammern diskutiert. Es sollte den Rechtsanwaltskammern möglich sein, sachliche Auskünfte über von ihr in Beschwerdeangelegenheiten ergriffene Maßnahmen zu erteilen, um mehr **Transparenz des Beschwerdeverfahrens** zu erreichen. Der Beschwerdeführer sollte unter Mitteilung der wesentlichen Gründe über eine ausgesprochene Rüge unterrichtet werden dürfen, soweit das Verfahren von dem Kammervorstand abgeschlossen und die Rechtsmittelfrist abgelaufen ist. Neben der erforderlichen entsprechenden Ergänzung des § 74 Abs. 4, in dem der RAK ausdrücklich das Recht über die wesentlichen Entscheidungsgründe nach Ablauf der in Abs. 5 geregelten Einspruchsfrist zu unterrichten, eingeräumt werden sollte, war auch eine Ergänzung **43** des § 76 um einen Abs. 4 im Gespräch, wonach das in § 74 Abs. 4 eingeräumte Recht von der sich aus § 76 ergebenden Verschwiegenheitspflicht unberührt bleiben sollte.

44 Der Gesetzgeber hat im Ergebnis diese Überlegungen aufgegriffen, technisch aber anders umgesetzt (Gesetz zur Modernisierung von Verfahren im anwaltlichen und notariellen Berufsrecht, zur Errichtung einer Schlichtungsstelle der Rechtsanwaltschaft sowie zur Änderung sonstiger Vorschriften vom 30.7.2009, BGBl. I S. 2449, in Kraft getreten 1.9.2009). Die von den Rechtsanwaltskammern geübte Praxis, beschwerdeführende Personen über den Ausgang von Beschwerdeverfahren zu unterrichten, ist in **§ 73 Abs. 3** normiert worden. Um die **Transparenz von Beschwerdeverfahren** zu erhöhen, wurde zugleich bestimmt, dass die Mitteilung knapp zu begründen ist, insbesondere bei Verfahrenseinstellungen. Allerdings ist bei der Mitteilung von tatsächlichen **Umständen, die die beschwerdeführende Person nicht kennt,** das Verschwiegenheitsgebot aus § 76 zu beachten, was durch die ausdrückliche Verweisung auf § 76 in § 73 Abs. 3 S. 2 klargestellt wurde (amtliche Begründung, BT-Drs. 16/11385, 61); → § 76 Rn. 29 ff. Im Einzelnen gilt Folgendes:

45 **a) Einstellung des Verfahrens.** Wird das Verfahren eingestellt, ist der Anzeigeerstatter bzw. der **Beschwerdeführer** unter Angabe der Gründe **stets zu unterrichten** (bereits *Isele* § 74 Anm. III C 6b bb). Aber auch im Falle der Rüge hat der Beschwerdeführer ein berechtigtes Interesse an einer entsprechenden Unterrichtung (zustimmend Gaier/Wolf/Göcken/*Lauda* § 74 Rn. 48). Immer hat der Kammervorstand darauf zu achten, dass er seine Verschwiegenheitspflicht (§ 76) nicht verletzt. Wird in der Entscheidung ausschließlich das vom Beschwerdeführer Vorgetragene verwertet, bestehen keine Bedenken, wenn der Vorstand der RAK dem Beschwerdeführer den Inhalt seiner Entscheidung mitteilt. Sind in dem Bescheid auch sonstige Umstände wie Vorbelastungen des Anwalts, Mitteilungen Dritter, Auszüge aus Gerichtsakten pp. verwertet worden, wird regelmäßig eine Mitteilung des Bescheids an den Beschwerdeführer ausscheiden. Dann gebietet die Verschwiegenheitspflicht, dem Beschwerdeführer lediglich mit knapper Begründung mitzuteilen, welche Entscheidung getroffen wurde (jetzt auch amtliche Begründung, BT-Drs. 16/11385, 61; ebenso Henssler/Prütting/*Hartung* § 74 Rn. 43; *Jungfer* BRAK-Mitt. 2001, 167, 170).

46 Der **beschuldigte Rechtsanwalt** ist immer dann **zu bescheiden,** wenn er zu den gegen ihn erhobenen Vorwürfen gehört worden ist, oder wenn er auf sonstigem Wege von dem Aufsichtsverfahren Kenntnis erlangt, um einen Bescheid gebeten hat oder wenn ein besonderes Interesse an der Benachrichtigung ersichtlich ist (vgl. § 170 Abs. 2 StPO; *Isele* § 74 Anm. III C 6b). Bei Einstellung nach § 115b → § 74 Rn. 47. Die **Staatsanwaltschaft** wird nicht unterrichtet.

47 Die **Einstellungsmitteilungen** sind weder für den Anzeigeerstatter bzw. Beschwerdeführer noch für den Rechtsanwalt anfechtbar (ebenso Gaier/Wolf/Göcken/*Lauda* § 74 Rn. 50) und können daher formlos übermittelt werden. Eine Zustellung ist nicht erforderlich. Die **Ablehnung berufsrechtlicher Maßnahmen** gegen einen beschuldigten Rechtsanwalt ist **nicht anfechtbar** (zustimmend *Gaier/Wolf/Göcken/Lauda* § 74 Rn. 50), weil ein Rechtsinstitut wie das Klageerzwingungsverfahren nach den §§ 172 ff. StPO der BRAO fremd ist (EGH Stuttgart BRAK-Mitt. 1981, 35). Ein Anzeigeerstatter bzw. Beschwerdeführer kann sich lediglich beschwerdeführend an die Landesjustizverwaltung wenden, damit diese ihre Staatsaufsicht nach § 62 Abs. 2 ausübe. Er kann auch denselben Sachverhalt erneut der Staatsanwaltschaft (§ 120) zur Entscheidung unterbreiten.

48 Wird nach § 115b iVm Abs. 1 S. 2 von der Erteilung einer **Rüge abgesehen,** ist der Rechtsanwalt **stets** unter Angabe der Gründe **zu bescheiden.** Diese Entscheidung, die eine schuldhafte Pflichtverletzung feststellt und nur von einer Verfolgung wegen der anderweitigen Ahndung absieht (→ § 115b Rn. 5 ff.), belastet den Rechtsanwalt und gibt ihm die Möglichkeit, sich über die Stellung eines Antrags nach § 123 von dem Vorwurf der Pflichtverletzung zu reinigen (*Isele* § 74 Anm. III. C. 6c bb). Das setzt die Kenntnis der Gründe für die Annahme der Pflichtverletzung voraus und lässt deren Zustellung angezeigt sein.

49 **b) Abgabe an die Staatsanwaltschaft.** Die Entscheidung des Vorstands, die Sache an die Staatsanwaltschaft abzugeben, ist ebenfalls **unanfechtbar.** Der Vorstand wird den Anzeigeerstatter bzw. Beschwerdeführer mit Zwischenbescheid, etwa, dass weitere Ermittlungen notwendig sind (→ § 76 Rn. 29 ff.), und den Rechtsanwalt über die Abgabe informieren (*Jungfer* BRAK-Mitt. 2001, 167, 170).

c) Erteilung einer Rüge. Der Beschluss, durch den der Vorstand eine Rüge erteilt, ist dem Rechtsanwalt zuzustellen (§ 74 Abs. 4 S. 2). Eine Abschrift des Bescheids ist der Staatsanwaltschaft (§ 120) mitzuteilen, damit der Staatsanwaltschaft eine selbständige Prüfung des Sachverhalts auf seinen Unrechtsgehalt ermöglicht wird und sie sich entscheiden kann, ob sie Anlass sieht, ein anwaltsgerichtliches Ermittlungsverfahren einzuleiten (→ § 115a Rn. 5 f.; § 116 Rn. 22 zu § 152 StPO; *Isele* § 74 Anm. III. C. 6b cc). **50**

Die **Staatsanwaltschaft** ist an die Auffassung des Vorstands der RAK **nicht gebunden** (amtliche Begründung). Dem Bescheid ist auf Grund des allgemeinen Rechtsgedankens des § 35a StPO eine schriftliche Rechtsmittelbelehrung über das Einspruchsrecht nach Abs. 5 beizufügen. Bei Nichtbelehrung kommt in entsprechender Anwendung des § 44 S. 2 StPO die Wiedereinsetzung in den vorigen Stand in Betracht (*Isele* § 74 Anm. III D 5). **51**

Gibt eine Beschwerde Anlass zu Maßnahmen des Kammervorstands (Belehrung, Rüge), steht das Recht des Rechtsanwalts auf informationelle Selbstbestimmung und die Vertraulichkeit des Verfahrens einer Mitteilung von Art und Höhe der getroffenen Maßnahme an den Beschwerdeführer entgegen (AGH NRW BRAK-Mitt. 1998, 47; *Jessnitzer/Blumberg* § 56 Rn. 1). Ihm ist aber mit knapper Begründung mitzuteilen, dass die Beschwerde für berechtigt gehalten und das Erforderliche veranlasst worden ist (→ Rn. 42–44). **52**

7. Einspruch gegen den Rügebescheid. Gegen den Rügebescheid kann der Rechtsanwalt **binnen eines Monats** nach der Zustellung bei dem Vorstand Einspruch erheben. Eine besondere **Form** ist dabei **nicht** vorgesehen (zustimmend Gaier/Wolf/Göcken/*Lauda* § 74 Rn. 53; Henssler/Prütting/*Hartung* § 74 Rn. 51). Da es sich bei dem Rügeverfahren aber um ein schriftliches Verfahren handelt, sollte der Einspruch schriftlich erfolgen. Eine **Begründungspflicht** besteht für den Einspruch nicht; eine solche ist aber dringend anzuraten, soweit dem Vorstand neue Informationen mitgeteilt werden sollen. Nach Erteilung der Rüge entfällt für den Rechtsanwalt die Möglichkeit, die Einleitung des anwaltsgerichtlichen Verfahrens zu beantragen (§ 123 Abs. 1 S. 2). **53**

a) Zuständigkeit des Kammervorstands. Die Entscheidung über den Einspruch obliegt wieder dem Vorstand der RAK. Das Gericht kann der Rechtsanwalt in diesem Stadium nicht anrufen (amtliche Begründung). Auch wenn bei dem Vorstand mehrere Abteilungen gebildet sind (§ 77), muss über den Einspruch **nicht notwendigerweise eine andere Abteilung** entscheiden. Ob ein Wechsel eintritt oder nicht, unterliegt der Zuständigkeitsregelung innerhalb des Vorstands. Der Vorstand prüft zunächst, ob der Einspruch rechtzeitig eingelegt wurde, andernfalls ist er – sofern nicht Wiedereinsetzung in den vorigen Stand in Betracht kommt – als unzulässig zu verwerfen. **54**

b) Entscheidungsmöglichkeiten. Der Vorstand hat sodann im Einspruchsverfahren folgende Entscheidungsmöglichkeiten: **55**

- Feststellung, der Rügebescheid sei im Hinblick auf ein anwaltsgerichtliches Urteil wegen desselben Verhaltens unwirksam (§ 74a Abs. 5 S. 2 iVm § 115a Abs. 2),
- Aussetzung des Verfahrens (§ 118b),
- Aufhebung des Rügebescheids und Einstellung des Verfahrens wegen Vorliegens eines Verfahrenshindernisses, oder weil eine Rüge nicht (mehr) erforderlich sei (Opportunitätsgrundsatz),
- Aufhebung des Rügebescheids aus sachlichen Gründen, weil eine Pflichtverletzung nicht feststellbar ist oder wenn nunmehr festgestellt wird, dass ein disziplinärer Überhang nicht vorliegt (§ 115b) oder wenn die Voraussetzungen des § 118 Abs. 2 vorliegen.
- Der Einspruch kann als unbegründet zurückgewiesen werden.
- Der Rügebescheid wird aufgehoben und die Sache an die Staatsanwaltschaft ins anwaltsgerichtliche Ermittlungsverfahren abgegeben. Das **Verbot der reformatio in peius** gilt nicht.

c) Mitteilung, Rechtsmittelbelehrung, Auslagen, Vergütung. Über die Entscheidung des Vorstands ist dem Rechtsanwalt ein begründeter Bescheid zu erteilen, der dem Rechtsanwalt zuzustellen und der Staatsanwaltschaft mitzuteilen ist (Abs. 5 S. 2 iVm Abs. 4). Wird der Einspruch des Rechtsanwalts zurückgewiesen, ist ihm eine Rechtsmittelbelehrung über die Möglichkeit des Antrags auf gerichtliche Entscheidung gemäß § 74a zu erteilen (*Isele* § 74 Anm. III E 6; ebenso Gaier/Wolf/Göcken/*Lauda* § 74 Rn. 55). **56**

57 Angefallene **Auslagen** sind von der RAK und dem betroffenen Kammermitglied jeweils selbst zu tragen (vgl. auch Rn. 40, 40a). Eine **Verteidigervergütung** für die eigene Person kann – unabhängig vom Ausgang des Verfahrens – nicht erstattet werden (EGH Stuttgart BRAK-Mitt. 1983, 138 = AnwBl. 1983, 331 mit abl. Anm. *Schmidt* AnwBl. 1983, 332; ebenso Gaier/Wolf/Göcken/*Lauda* § 74 Rn. 57).

58 Demgegenüber sollen **Kosten bei Verteidigung durch einen anderen Rechtsanwalt** in analoger Anwendung des § 197a Abs. 3 S. 2 von der RAK zu erstatten sein, Henssler/Prütting/*Hartung* § 74 Rn. 54. Dem ist zuzustimmen, weil zu Recht darauf verwiesen wird, anderenfalls ohne Äußerung gegenüber der RAK das anwaltsgerichtliche Verfahren zu provozieren, um dort dann einen Kostenerstattungsanspruch realisieren zu können.

§ 74a Antrag auf anwaltsgerichtliche Entscheidung

(1) [1]**Wird der Einspruch gegen den Rügebescheid durch den Vorstand der Rechtsanwaltskammer zurückgewiesen, so kann der Rechtsanwalt innerhalb eines Monats nach der Zustellung die Entscheidung des Anwaltsgerichts beantragen.** [2]**Zuständig ist das Anwaltsgericht am Sitz der Rechtsanwaltskammer, deren Vorstand die Rüge erteilt hat.**

(2) [1]**Der Antrag ist bei dem Anwaltsgericht schriftlich einzureichen.** [2]**Auf das Verfahren sind die Vorschriften der Strafprozeßordnung über die Beschwerde sinngemäß anzuwenden.** [3]**Die Gegenerklärung (§ 308 Abs. 1 der Strafprozeßordnung) wird von dem Vorstand der Rechtsanwaltskammer abgegeben.** [4]**Die Staatsanwaltschaft ist an dem Verfahren nicht beteiligt.** [5]**Eine mündliche Verhandlung findet statt, wenn sie der Rechtsanwalt beantragt oder das Anwaltsgericht für erforderlich hält.** [6]**Von Zeit und Ort der mündlichen Verhandlung sind der Vorstand der Rechtsanwaltskammer, der Rechtsanwalt und sein Verteidiger zu benachrichtigen.** [7]**Art und Umfang der Beweisaufnahme bestimmt das Anwaltsgericht.** [8]**Es hat jedoch zur Erforschung der Wahrheit die Beweisaufnahme von Amts wegen auf alle Tatsachen und Beweismittel zu erstrecken, die für die Entscheidung von Bedeutung sind.**

(3) [1]**Der Rügebescheid kann nicht deshalb aufgehoben werden, weil der Vorstand der Rechtsanwaltskammer zu Unrecht angenommen hat, die Schuld des Rechtsanwalts sei gering und der Antrag auf Einleitung des anwaltsgerichtlichen Verfahrens nicht erforderlich.** [2]**Treten die Voraussetzungen, unter denen nach § 115b von einer anwaltsgerichtlichen Ahndung abzusehen ist oder nach § 118 Abs. 2 ein anwaltsgerichtliches Verfahren nicht eingeleitet oder fortgesetzt werden darf, erst ein, nachdem der Vorstand die Rüge erteilt hat, so hebt das Anwaltsgericht den Rügebescheid auf.** [3]**Der Beschluß ist mit Gründen zu versehen.** [4]**Er kann nicht angefochten werden.**

(4) [1]**Das Anwaltsgericht, bei dem ein Antrag auf anwaltsgerichtliche Entscheidung eingelegt wird, teilt unverzüglich der Staatsanwaltschaft bei dem Oberlandesgericht eine Abschrift des Antrags mit.** [2]**Der Staatsanwaltschaft ist auch eine Abschrift des Beschlusses mitzuteilen, mit dem über den Antrag entschieden wird.**

(5) [1]**Leitet die Staatsanwaltschaft wegen desselben Verhaltens, das der Vorstand der Rechtsanwaltskammer gerügt hat, ein anwaltsgerichtliches Verfahren gegen den Rechtsanwalt ein, bevor die Entscheidung über den Antrag auf anwaltsgerichtliche Entscheidung gegen den Rügebescheid ergangen ist, so wird das Verfahren über den Antrag bis zum rechtskräftigen Abschluß des anwaltsgerichtlichen Verfahrens ausgesetzt.** [2]**In den Fällen des § 115a Abs. 2 stellt das Anwaltsgericht nach Beendigung der Aussetzung fest, daß die Rüge unwirksam ist.**

(6) **Die Absätze 1 bis 5 sind auf Personen, die nach § 60 Abs. 1 Satz 3 einer Rechtsanwaltskammer angehören, entsprechend anzuwenden.**

(7) **§ 116 Absatz 2 gilt entsprechend.**

Schrifttum: *Weyland,* Schlüssiges System der Rechtsmittel bei Aufsichtsmaßnahmen des Kammervorstands?, FS zum 125-jährigen Bestehen der RAK für den Oberlandesgerichtsbezirk Hamm, 2004, 419–433.

Übersicht

I. Der Antrag

1. Einreichung des Antrags. Der Kammervorstand, der gemäß § 74 Abs. 1 eine Rüge erteilt, übt öffentliche Gewalt aus. Dieser öffentlich-rechtliche Akt beeinträchtigt den Rechtsanwalt bzw. die anderen Mitglieder der RAK (→ § 60 Rn. 4; → § 74 Rn. 1, 6) in ihrer Rechtsstellung. Der Rügebescheid muss deshalb in einem gerichtlichen Verfahren nachgeprüft werden können (Art. 19 Abs. 4 GG; amtliche Begründung). § 74a gibt dem durch eine Rügeentscheidung des Vorstands der RAK (§ 74; EGH Hamm BRAK-Mitt. 1983, 141) betroffenen Rechtsanwalt die Möglichkeit, die Entscheidung **durch das Anwaltsgericht überprüfen** zu lassen. Dies gilt ab 1.3.1999 (→ § 59c Rn. 1) nach Abs. 6 auch entsprechend für die nichtanwaltlichen Geschäftsführer von Rechtsanwaltsgesellschaften (→ § 60 Rn. 4; → § 74 Rn. 1). Gegen die als „Missbilligung" bezeichnete Rüge sind allein die Rechtsbehelfe nach § 74 Abs. 5 und § 74a gegeben (EGH Hamm BRAK-Mitt. 1983, 141; → § 74 Rn. 35). Das Anwaltsgericht hat in diesem Rahmen gemäß § 74a die Entscheidung eines Verwaltungsorgans, des Vorstands der RAK, zu überprüfen (EGH Hamm BRAK-Mitt. 1983, 90; *Isele* § 74a Anm. V G 3). 1

Der Antrag ist bei dem Anwaltsgericht **schriftlich** (Abs. 2 S. 1) einzureichen, das zuständig ist für den Bezirk der RAK, deren Vorstand die Rüge erteilt hat. Eine Erklärung zu Protokoll der Geschäftsstelle reicht aus. Die anwaltsgerichtlichen Verfahren richten sich ergänzend nach den Verfahrensvorschriften der StPO (vgl. § 306 Abs. 1 StPO; → Rn. 6 ff.). Seit 1.9.2009 richten sich die verwaltungsrechtlichen Streitigkeiten nach der VwGO, und nicht mehr nach dem FGG (§ 11 FGG erlaubte keine Protokollierung des Antrags), vgl. § 112c, § 81 Abs. 1 S. 2 VwGO. Der Antrag ist innerhalb **eines Monats** nach der Zustellung der Einspruchsentscheidung des Vorstands der RAK (§§ 74a Abs. 1 S. 1, 74 Abs. 5) zu stellen. 2

Wird die Frist versäumt, und ein Antrag auf Wiedereinsetzung in den vorigen Stand zurückgewiesen, ist gegen diesen Beschluss die **Berufung nicht gegeben.** Da gegen die Entscheidung des Anwaltsgerichts in der Hauptsache ein Rechtsmittel nicht gegeben ist (Abs. 3 S. 4), kann auch die Entscheidung über die Wiedereinsetzung in den vorigen Stand nicht mit der Berufung angefochten werden (noch zur Rechtslage bis zum 1.9.2009, als es keine Berufung, sondern noch die sofortige Beschwerde in der BRAO gab: EGH Frankfurt EGE XIII, 182; vgl. auch BGH EGE XII, 46 zu § 91). 3

Eine **Begründung des Antrags** nach Abs. 1 ist zwar nicht vorgeschrieben aber doch empfehlenswert. 4

2. Mitteilung des Antrags. Das Anwaltsgericht teilt unverzüglich der Staatsanwaltschaft (§ 120) eine Abschrift des Antrags mit (Abs. 4 S. 1), damit diese in die Lage versetzt wird zu prüfen, ob Anlass besteht, gegen den Rechtsanwalt wegen des Vorgangs, der Gegenstand der Rüge ist, ein anwaltsgerichtliches Ermittlungsverfahren einzuleiten (folgend Henssler/Prütting/*Hartung* § 74a Rn. 5. Aus denselben Gründen ist der Staatsanwaltschaft später eine Abschrift der Entscheidung des Anwaltsgerichts mitzuteilen (Abs. 4 S. 2). 5

II. Sinngemäße Anwendung der StPO

1. Grund für sinngemäße Anwendung. Wenn auch in Verfahren nach § 74a das Anwaltsgericht die Funktion hat, die Entscheidung eines Verwaltungsorgans zu überprüfen, würde es nahe liegen, für die Überprüfung das Verfahren bei Anträgen auf gerichtliche Entscheidung 6 vorzusehen, indem allgemein Rechtsschutz bei Verwaltungsakten auf dem Gebiete des Anwaltsrechts gewährt wird (§§ 112a ff.). Das wäre indes nicht sachgerecht. Eine solche Regelung hätte den Nachteil, dass der Vorstand der RAK in eine **förmliche Parteirolle** als Gegner des betroffenen Rechtsanwalts gedrängt würde, die sich mit seiner Stellung als Organ der Berufsaufsicht nicht vereinbaren ließe. Auch müsste das Anwaltsgericht nach Vorschriften verfahren, die es sonst im Rahmen seines Aufgabenbereichs nicht anzuwenden hat. Daher ist **das Verfahren den Vorschriften der StPO über die Beschwerde** (§§ 304 ff. StPO) **unterstellt.** Damit wird einerseits erreicht, dass die vom Vorstand erteilte Rüge in tatsächlicher und rechtlicher Hinsicht durch ein Gericht uneingeschränkt nachgeprüft wird. Andererseits wird dem Bagatellcharakter der Rügesachen dadurch Rechnung getragen, dass im Rügeprüfungsverfahren nicht die strengen Förmlichkeiten, welche die StPO für das Hauptverfahren vorsieht, anzuwenden sind (amtliche Begründung).

7 **2. Anwendungsfälle.** Die **StPO** gilt für das Verfahren nach § 74a **nur insoweit,** als die Vorschriften über die Beschwerde **„sinngemäß"** anzuwenden sind (EGH Hamm BRAK-Mitt. 1983, 90). Daraus folgt auch, dass sowohl die Wiederaufnahmemöglichkeit nach §§ 359 ff. StPO als auch die nach § 79 Abs. 1 BVerfGG ausscheidet (EG Düsseldorf Beschluss vom 28.6.1988 – EV 21/86 GStA Köln; *Feuerich* AnwBl. 1988, 84, 85; → § 116 Rn. 35). §§ 22 ff. StPO gelten entsprechend (→ § 74 Rn. 24). Die Staatsanwaltschaft ist an dem Verfahren nicht beteiligt (vgl. aber Abs. 4; → § 74a Rn. 5).

8 Dem Vorstand der RAK ist der Antrag und die Antragsbegründung zum Zwecke der Abgabe der Gegenerklärung (§ 308 Abs. 1 StPO) mitzuteilen. Er ist auch sonst im Verlaufe des Verfahrens als Beteiligter zu hören, wenn dies der Verlauf des Verfahrens geboten erscheinen lässt (amtliche Begründung; vgl. auch § 308 Abs. 1 StPO iVm Abs. 2 S. 3; folgend Henssler/Prütting/*Hartung* § 74a Rn. 8).

9 **a) Grundsätzlich schriftliches Verfahren.** Die Entscheidung über den Antrag ergeht grundsätzlich entsprechend § 309 Abs. 1 StPO im schriftlichen Verfahren **ohne mündliche Verhandlung.** Das Anwaltsgericht kann zur Vorbereitung seiner Entscheidung Ermittlungen anordnen oder selbst vornehmen (Abs. 2 S. 2 iVm § 308 Abs. 2 StPO; *Isele* § 74a Anm. III B).

10 **b) Ausnahmsweise mündliche Verhandlung.** In Abweichung von der Regel des schriftlichen Verfahrens steht es dem Anwaltsgericht nach **pflichtgemäßem Ermessen** aber frei, eine mündliche Verhandlung anzuberaumen, um tatsächliche oder rechtliche Fragen, welche die Überprüfung der Rüge aufwirft, mit dem Vorstand der RAK und dem Antragsteller zu erörtern (amtliche Begründung).

11 Auch wenn der Rechtsanwalt eine **mündliche Verhandlung fordert,** muss das Anwaltsgericht eine solche anberaumen und zwar gilt die Bindung an den Antrag solange, als es noch nicht mit Beschluss in der Sache entschieden hat.

12 Durch Abs. 2 S. 5 wurde insoweit § 309 Abs. 1 StPO abgeändert. Ordnet das Anwaltsgericht **mündliche Verhandlung** an, so ist es an die **Vorschriften der StPO grundsätzlich nicht gebunden.** Die StPO gilt für das Verfahren nach § 74a nur insoweit, als die Vorschriften über die Beschwerde „sinngemäß" anzuwenden sind. Im Übrigen aber finden die Vorschriften der StPO mangels einer Verweisung auf § 116 keine Anwendung (EGH Hamm BRAK-Mitt. 1983, 90). Für den Fall einer mündlichen Verhandlung enthält daher Abs. 2 S. 6–8 besondere Bestimmungen:

13 Von Zeit und Ort der mündlichen Verhandlung sind der Vorstand der RAK, der Rechtsanwalt und sein Verteidiger zu benachrichtigen. Ladungsfrist und Form der Benachrichtigung bestimmt der Vorsitzende nach pflichtgemäßem Ermessen. Die Frist zwischen Empfang der Benachrichtigung und dem Termin muss aber angemessen sein (*Isele* § 74a Anm. IV A). Eine **Verpflichtung zum Erscheinen** gibt es ebenso wenig wie im anwaltsgerichtlichen Verfahren (§ 134; *Isele* § 74a Anm. IV D 2; ebenso Henssler/Prütting/*Hartung* § 74a Rn. 12). Sowohl der Vorstand der RAK als auch der Rechtsanwalt kann einen Vertreter bestellen (amtliche Begründung).

14 Das Anwaltsgericht ist weder an die Formvorschriften der StPO zur Beweisaufnahme noch an Beweisanträge der Beteiligten gebunden. Jedoch wird an dem Grundsatz des § 244 Abs. 2 StPO festgehalten, nach dem das Gericht zur Erforschung der Wahrheit die **Beweisaufnahme von Amts wegen** auf alle Tatsachen und Beweismittel zu erstrecken hat, die für seine Entscheidung von Bedeutung sind. Es hat nach dem **Untersuchungsgrundsatz** alle Beweismittel zur Auf-

klärung des Vorganges auszuschöpfen, wobei es die Beweise in den Formen des Freibeweises erheben kann, auch wenn eine mündliche Verhandlung stattfindet. **Vernehmungen** durch die Staatsanwaltschaft, wie sie im Beschwerdeverfahren nach der StPO in Betracht kommen, scheiden jedoch aus, zumal die Staatsanwaltschaft weder bei der Erteilung der Rüge noch in das Rügeprüfungsverfahren eingeschaltet ist (amtliche Begründung; *Jessnitzer/Blumberg* § 74a Rn. 3).

3. Keine Anwendung der §§ 138a, 138c StPO. Da das Anwaltsgericht in dem Verfahren nach § 74a lediglich die Entscheidung eines Verwaltungsorgans, des Kammervorstands, überprüft und auf dieses Verfahren außer den Vorschriften der StPO über die Beschwerde die übrigen Vorschriften der StPO keine sinngemäße Anwendung finden, sind in diesem Verfahren auch nicht die Vorschriften über den **Verteidigerausschluss** (§§ 138a, 138c StPO) sinngemäß anwendbar. Ein Beschluss des Anwaltsgerichts, mit dem die Entscheidung des AGH über die Ausschließung herbeigeführt werden soll, ist unzulässig (EGH Hamm BRAK-Mitt. 1983, 90). 15

4. Entscheidung des Anwaltsgerichts. Die Anwaltsgerichtsentscheidung ergeht, gleichgültig ob aufgrund einer mündlichen Verhandlung oder im schriftlichen Verfahren, stets durch Beschluss, der **unanfechtbar** ist (Abs. 3 S. 4), aber gleichwohl wegen der Wirkungen nach § 115a **zu begründen ist** (Abs. 3 S. 3). Die entsprechende Anwendung des § 34 StPO ist insoweit ausgeschlossen (amtliche Begründung). Eine **Nachholung des rechtlichen Gehörs** entsprechend Abs. 2 S. 2 iVm § 311a StPO ist möglich. Da es sich bei Rügen in aller Regel um Bagatellfälle handelt, braucht ein Rechtsmittel gegen die Entscheidung des Anwaltsgerichts nicht zugelassen zu werden (amtliche Begründung). 16

a) Beschlussarten. Der Beschluss kann lauten:

aa) Verwerfung als unzulässig. Der Antrag wird als unzulässig verworfen, zB bei Überschreitung der Antragsfrist nach Abs. 1 S. 1. 17

bb) Aussetzung des Verfahrens. Das Verfahren wird bis zum rechtskräftigen Abschluss des anwaltsgerichtlichen Verfahrens ausgesetzt, wenn die Staatsanwaltschaft wegen desselben Verhaltens, das der Kammervorstand gerügt hat, ein anwaltsgerichtliches Verfahren gegen den Rechtsanwalt eingeleitet hat (§ 121), bevor die Entscheidung über den Antrag auf anwaltsgerichtliche Entscheidung gegen den Rügebescheid ergangen ist (Abs. 5 S. 1). Auf diese Weise wird ein Nebeneinander zweier Verfahren wegen derselben Pflichtverletzung, in denen jeweils dieselben Beweise erhoben werden müssten und vielleicht einander widersprechende Entscheidungen ergehen könnten, vermieden. Die Aussetzung des Rügeprüfungsverfahrens ist auch deshalb geboten, weil sich die Entscheidung in dem anwaltsgerichtlichen Verfahren auf den Bestand der Rüge auswirken kann (amtliche Begründung). 18

Mit **rechtskräftigem Abschluss** des anwaltsgerichtlichen Verfahrens endet die Aussetzung (§ 74a Abs. 5 S. 2; § 115a Abs. 2). Die **Rüge wird unwirksam,** wenn wegen desselben Verhaltens ein rechtskräftiges anwaltsgerichtliches Urteil ergangen ist, das auf Freispruch oder eine anwaltsgerichtliche Maßnahme lautet (§ 115a Abs. 2 S. 1), oder wenn rechtskräftig wegen desselben Verhaltens die Eröffnung des Hauptverfahrens abgelehnt ist, weil eine schuldhafte Pflichtverletzung nicht festzustellen ist (§ 115a Abs. 2 S. 2; § 74a Abs. 5 S. 2). Das Anwaltsgericht spricht dann aus, dass die Rüge unwirksam geworden ist. 19

Findet das anwaltsgerichtliche Verfahren seinen Abschluss, ohne dass ein Fall des § 115a Abs. 2 vorliegt (zB wenn das anwaltsgerichtliche Verfahren wegen Geringfügigkeit eingestellt wird, § 116 S. 2 iVm § 153 Abs. 2 StPO), so ist das Rügeprüfungsverfahren fortzusetzen und nunmehr über den Antrag auf anwaltsgerichtliche Entscheidung gegen den Rügebescheid zu erkennen (amtliche Begründung). 20

cc) Aufhebung. Der Rügebescheid wird aufgehoben, wenn die Voraussetzungen, unter denen nach § 115b von einer anwaltsgerichtlichen Ahndung abzusehen ist oder nach § 118 Abs. 2 ein anwaltsgerichtliches Verfahren nicht eingeleitet oder fortgesetzt werden darf, erst eintreten, nachdem der Vorstand die Rüge erteilt hat (Abs. 3 S. 2). 21

Der Rügebescheid ist ebenfalls **aufzuheben,** wenn dem Vorstand **verfahrensrechtliche Fehler** unterlaufen sind, so wenn er eine Rüge erteilt hat, obwohl gegen das Kammermitglied bereits ein anwaltsgerichtliches Verfahren eingeleitet war oder wenn seit der Pflichtverletzung schon über drei Jahre vergangen waren (§ 74 Abs. 2 S. 1; → § 74 Rn. 18, 31). 22

23 Der Rügebescheid wird **nicht aufgehoben,** wenn er als solcher in der Sache gerechtfertigt und verfahrensfehlerfrei zustande gekommen ist und **lediglich die Einspruchsentscheidung verfahrensfehlerhaft** ist, während der Rügebescheid als solcher inhaltlich von der Einspruchsentscheidung „unangetastet" geblieben, also auch in der Begründung nicht modifiziert worden ist (so zutreffend AnwG Rostock BRAK-Mitt. 2009, 292 = AnwBl. 2010, 67 = NJW-Spezial 2009, 783, Kurzwiedergabe; AnwG Hamm – II. Kammer – vom 10.12.2008 – AR 06/08). Im verwaltungsgerichtlichen Widerspruchsverfahren führen allgemein **Verfahrensfehler** nicht aus sich heraus zur Rechtswidrigkeit des ursprünglichen Verwaltungsakts (*Schoch/Schmidt-Aßmann/Pietzner* VwGO § 79 Rn. 4 Abs. 2; AnwG Hamm BRAK-Mitt. 2009, 292).

24 In einem solchen Fall ist dann nur die verfahrensfehlerhafte Einspruchsentscheidung aufzuheben und das Verfahren an den Vorstand der RAK zur weiteren Entscheidung zurückzuverweisen, wenn das Anwaltsgericht einen relevanten Mangel im Verfahren nicht beheben kann, weil über § 74a Abs. 2 S. 1 auf das Verfahren die Vorschriften der StPO über die Beschwerde (hier § 309 StPO) sinngemäß anzuwenden sind (vgl. *Meyer-Goßner* StPO § 309 Rn. 8 mwN; AnwG Rostock BRAK-Mitt. 2009, 292 = AnwBl. 2010, 67). Im Fall der Entscheidung des AnwG Rostock haben an der Begründung der Einspruchsentscheidung die Mitglieder des Vorstands der RAK nicht mitgewirkt, sondern nur auf Grundlage des unbegründeten Entscheidungsvorschlags der Berichterstatterin beschlossen, den Einspruch zurückzuweisen. Das ist nicht ausreichend, da die Mitwirkung des entscheidenden Gremiums sich auch auf die Begründung der Einspruchsentscheidung bis hin zur Endfassung erstrecken muss (→ § 74 Rn. 36; der Kommentierung folgend AnwG Rostock BRAK-Mitt. 2009, 292 = AnwBl. 2010, 67).

25 Die **II. Kammer des AnwG Hamm** würde diesen Sachverhalt des AnwG Rostock wohl anders sehen und **grundsätzlich nicht zurückverweisen.** Zwar bleibt auch danach der Rügebescheid in einer solchen Konstellation unangetastet, weil eine so weitreichende Rechtsfolge der Systematik und Funktion des Verfahrensschrittes einer Entscheidung über einen Einspruch gegen eine Rüge nicht gerecht würde (vom 10.12.2008 – AR 06/08). Doch beinhalte das Einspruchsverfahren **keine isolierte verfahrensrechtliche Garantie,** wonach auch der Schritt einer Selbstkontrolle auf der Ebene der RAK **auf jeden Fall verfahrensfehlerfrei vollzogen** werden müsse. Die II. Kammer des AnwG Hamm vertritt in ständiger Rechtsprechung die Auffassung, „dass etwaige Verfahrensfehler in Teilen der aufsichtsbehördlichen Verfahrensschritte nicht etwa deswegen zu einer Aufhebung und einer Art Zurückweisung führen müssen, oder auch nur dürfen, wenn im Übrigen eine sowohl verfahrensrechtlich tragfähige als auch inhaltlich berechtigte Rüge vorliegt" (vom 10.12.2008 – AR 06/08 – unter Hinweis auf die Entscheidung vom 18.6.2008 – AR 13/07, in der im Einspruchsbescheid die Namen der mitwirkenden Kollegiumsmitglieder nicht erwähnt worden sind). In der Entscheidung vom 10.12.2008 ging es verfahrensrechtlich um die Frage, ob sich ein Antrag auf Befangenheit gegen die Abteilung insgesamt richten darf (so die Abteilung und der Gesamtvorstand der RAK) oder nur gegen die einzelnen Abteilungsmitglieder (wird vom AnwG für ausreichend gehalten, Frage der Besorgnis der Befangenheit wurde selbst geprüft), wobei zudem Mittel der Glaubhaftmachung nicht genannt wurden).

26 **dd) Zurückweisung als unbegründet.** Der Antrag auf anwaltsgerichtliche Entscheidung wird als unbegründet zurückgewiesen, weil der Kammervorstand das Vorliegen einer schuldhaften Pflichtverletzung mit Recht bejaht hat.

27 Das **Anwaltsgericht darf nicht ein anwaltsgerichtliches Verfahren eröffnen** und eine anwaltsgerichtliche Maßnahme verhängen, wenn es die Rüge nicht für ausreichend erachtet. Es kann auch nicht die Rüge mit der Begründung aufheben, der Vorstand habe seine Kompetenz überschritten, indem er eine Rüge für eine Pflichtverletzung erteilt habe, die wegen ihrer Schwere anwaltsgerichtlich geahndet werden müsse. Ein solches Verfahren verbietet sich deshalb, weil der Rechtsanwalt, der sich mit einem ihm zustehenden Rechtsmittel gegen eine vorangegangene Aufsichtsmaßnahme wendet, **nicht mit einer härteren Sanktion** belegt werden darf. Auch in den Fällen, in denen eine Rüge erteilt und ein Antrag auf anwaltsgerichtliche Entscheidung über die Rüge gestellt worden ist, soll es **Sache der Staatsanwaltschaft** (§ 120) sein, ein anwaltsgerichtliches Verfahren, das durch die Rüge nicht ausgeschlossen wird (§ 115a Abs. 1 S. 1), in Gang zu bringen. Damit die Staatsanwaltschaft sich möglichst bald schlüssig werden kann, ob sie das anwaltsgerichtliche Verfahren einleiten will, ist sie nach Abs. 4 zu unterrichten (amtliche Begründung; Abs. 3 S. 1).

ee) Aufhebung entsprechend § 309 Abs. 2 StPO. Der Rügebescheid wird in entsprechender Anwendung des § 309 Abs. 2 StPO aufgehoben, zB aus sachlichen Gründen, weil ein pflichtwidriges Verhalten aus tatsächlichen oder rechtlichen Gründen nach den Feststellungen des Anwaltsgerichts nicht gegeben ist. 28

Dem betroffenen Rechtsanwalt kann bei „Freispruch" im gerichtlichen Rügeverfahren eine **Verteidigervergütung** für seine eigene Person **nicht erstattet** werden (EGH Stuttgart BRAK-Mitt. 1983, 138 = AnwBl. 1983, 331; vgl. auch BVerfG NJW 1998, 2205). **Anders** verhält es sich, wenn sich der Rechtsanwalt nicht selbst verteidigt hat, sondern einen Dritten als Verteidiger hatte (→ Rn. 31; → § 74 Rn. 58). 29

b) Keine Einstellung nach §§ 153, 153a StPO. Das Anwaltsgericht ist im Verfahren nach § 74a nicht berechtigt, das Verfahren aus Opportunitätserwägungen nach §§ 153, 153a StPO einzustellen, weil die Vorschriften der StPO insoweit im Rügeverfahren keine Anwendung finden (EGH Hamm BRAK-Mitt. 1983, 90; *Isele* § 74a Anm. V G). 30

c) Auferlegung der notwendigen Auslagen/Vergütung. Hinsichtlich der Auferlegung der notwendigen Auslagen des Rechtsanwalts bei Aufhebung des Rügebescheids oder bei Feststellung von dessen Unwirksamkeit gilt § 197a Abs. 3 S. 2 (→ § 197a Rn. 4). Zu den notwendigen Auslagen **gehört die Vergütung eines Verteidigers** nach Teil 6 Abschnitt 2 VV 6200–6216 RVG. 31

Mit der Neufassung des § 195 durch das Zweite Gesetz zur Modernisierung der Justiz vom 22.12.2006 (BGBl. I S. 3416) ist die Gebührenfreiheit auch für das Verfahren nach § 74a entfallen (→ § 74 Rn. 40; → § 195 Rn. 1 ff.; dies begrüßend Gaier/Wolf/Göcken/*Lauda* § 74a Rn. 19). Die Höhe der Gerichtsgebühren ergibt sich aus der Anlage 1 zu § 195 S. 1, die unterteilt ist in „Anwaltsgerichtliche Verfahren" einerseits und „Gerichtliche Verfahren in verwaltungsgerichtlichen Anwaltssachen" andererseits. 32

§ 75 Ehrenamtliche Tätigkeit des Vorstandes

[1] Die Mitglieder des Vorstandes üben ihre Tätigkeit unentgeltlich aus. [2] Sie erhalten jedoch eine angemessene Entschädigung für den mit ihrer Tätigkeit verbundenen Aufwand sowie eine Reisekostenvergütung.

I. Allgemeiner Grundsatz der Unentgeltlichkeit

Die Mitglieder des Vorstands üben ihre Tätigkeit ebenso wie die Mitglieder der Fachanwaltsausschüsse (vgl. § 21 FAO und Übergangsregelung in Art. 21 Abs. 11 Gesetz vom 2.9.1994, BGBl. I S. 2278; → § 43c Rn. 1 ff.), des Anwaltsgerichts (§ 95 Abs. 1), die anwaltlichen Mitglieder des AGH (§ 103 Abs. 2), die anwaltlichen Beisitzer des BGH (§ 110 Abs. 1) und die Mitglieder des Präsidiums der BRAK (§ 183) **ehrenamtlich,** dh unentgeltlich aus. Soweit sie tätig werden bei der Bearbeitung der nach der BRAO den Rechtsanwaltskammern obliegenden Aufgaben, erhalten sie weder eine Bezahlung, noch dürfen ihnen irgendwelche Vorteile dafür gewährt werden. 1

Erteilt der Vorstand der Kammer einem seiner Mitglieder den Auftrag, in Ausführung der gesetzlichen Aufgaben der BRAO die **RAK anwaltlich zu vertreten,** so hat auch dieses Vorstandsmitglied die ihm übertragene Aufgabe ehrenamtlich, also unentgeltlich wahrzunehmen. Für die Wahrnehmung von **Gerichtsterminen im Zulassungsverfahren** durch Vorstandsmitglieder entsteht daher kein Anspruch auf Rechtsanwaltsvergütung (EGH Stuttgart NJW 1962, 1403 = EGE VII, 203); ehrenamtliche Tätigkeit ist dann konsequenter Weise auch die Terminswahrnehmung vor dem BGH (*Isele* § 75 Anm. III A. 2. mit Hinweis auf Beschluss des 1. Senats des EGH beim OLG Hamm). 2

II. Aufwandsentschädigung und Reisekostenvergütung

Unentgeltliche Tätigkeit bedeutet aber **nicht das Verbot,** eine Schlechterstellung des Vorstandsmitglieds zu verhindern (*Isele* § 75 Anm. III B). Folglich dürfen bare Auslagen erstattet werden; außerdem erhalten die Vorstandsmitglieder eine Aufwandsentschädigung (für aus eigener 3

Kanzlei eingesetzte Schreibkräfte, Telefonkosten, Papier, etc) sowie eine Reisekostenvergütung gemäß den von der Kammerversammlung nach § 89 Abs. 2 Nr. 5 aufgestellten „Richtlinien für die Aufwandsentschädigung und Reisekostenvergütung der Mitglieder des Vorstands und des Anwaltsgerichts" (→ § 89 Rn. 27ff.; → § 95 Rn. 17; → § 103 Rn. 16ff.). Dabei kann dem Präsidenten und seinen Vertretern eine **pauschalierte Aufwandsentschädigung** zugebilligt werden (*Isele* § 75 III B 3b; nur auf den Präsidenten **beschränkend:** Henssler/Prütting/*Hartung* § 75 Rn. 2 und ihm folgend Gaier/Wolf/Göcken/*Lauda* § 75 Rn. 6; warum dies nur für den Präsidenten gelten soll, also bei den Präsidiumsmitgliedern zu unterscheiden sein soll, bleibt bei beiden unbegründet). Der Repräsentant der Kammer, aber auch dessen Vertreter, haben eine Fülle von Verpflichtungen und Aufgaben, für die der Aufwand nicht im Einzelnen errechenbar ist, so dass nur über eine Pauschalierung verfahren werden kann. Unter Beachtung dieser Richtlinien setzt der Schatzmeister nach § 83 Abs. 1 im Einzelfall die Entschädigung fest (*Isele* § 75 IV B); dazu auch § 89 Abs. 2 Nr. 5.

4 Für die **Teilnahme an Kammerversammlungen** erhalten weder die Vorstandsmitglieder noch die übrigen Kammermitglieder eine Entschädigung, da es sich dabei lediglich um die **Ausübung von Mitgliedschaftsrechten** handelt, wenn die Teilnahme auch als nobile officium gilt, besteht dennoch keine Verpflichtung zur Teilnahme.

5 Lediglich der Präsident und der Schriftführer, die in dieser Eigenschaft in der Kammerversammlung anwesend sein und dort bestimmte Funktionen ausüben müssen (§§ 80 Abs. 3, 82 S. 1), üben mit dem Besuch der Kammerversammlung eine Vorstandstätigkeit aus und können dafür eine Aufwandsentschädigung erhalten (*Isele* § 75 Anm. V, VI A).

§ 76 Pflicht der Vorstandsmitglieder zur Verschwiegenheit

(1) [1]**Die Mitglieder des Vorstandes haben – auch nach dem Ausscheiden aus dem Vorstand – über die Angelegenheiten, die ihnen bei ihrer Tätigkeit im Vorstand über Rechtsanwälte, Bewerber und andere Personen bekannt werden, Verschwiegenheit gegen jedermann zu bewahren.** [2]**Das gleiche gilt für Rechtsanwälte, die zur Mitarbeit herangezogen werden, und für Angestellte der Rechtsanwaltskammer.**

(2) **In gerichtlichen Verfahren dürfen die in Absatz 1 bezeichneten Personen über solche Angelegenheiten, die ihnen bei ihrer Tätigkeit im Vorstand über Rechtsanwälte, Bewerber und andere Personen bekannt geworden sind, ohne Genehmigung nicht aussagen.**

(3) [1]**Die Genehmigung zur Aussage erteilt der Vorstand der Rechtsanwaltskammer nach pflichtmäßigem Ermessen.** [2]**Die Genehmigung soll nur versagt werden, wenn Rücksichten auf die Stellung oder die Aufgaben der Rechtsanwaltskammer oder berechtigte Belange der Personen, über welche die Tatsachen bekannt geworden sind, es unabweisbar erfordern.** [3]**§ 28 Abs. 2 des Gesetzes über das Bundesverfassungsgericht bleibt unberührt.**

Schrifttum: *v. Galen,* Das Gesetz steht im Weg, Berliner AnwBl. 2001, 455; *Jungfer,* Die Verschwiegenheitspflicht des Vorstandes der RAK nach § 76 BRAO de lege lata et de lege ferenda, BRAK-Mitt. 2001, 167; *Hartung,* Das Aufsichtsverfahren der Anwaltskammer und die Verschwiegenheit (§ 76 BRAO), AnwBl. 2013, 582.

Übersicht

I. Geschichtliche Entwicklung

Die Pflicht zur Verschwiegenheit, die nach § 76 den Mitgliedern des Vorstands und anderen Personen auferlegt wird, war in der Rechtsanwaltsordnung vom 1.7.1878 nicht ausdrücklich geregelt. Diese Lücke sollte nach dem Vorschlag der 20. Vertreterversammlung des Deutschen Anwaltvereins (Stuttgart 1927) und nach den später gefertigten Entwürfen durch eine Ergänzung der Rechtsanwaltsordnung geschlossen werden. Durch eine ausdrückliche gesetzliche Vorschrift sollte die Verpflichtung der Mitglieder des Kammervorstands, über die in ihrer Amtstätigkeit bekannt gewordenen Angelegenheiten, deren Geheimhaltung ihrer Natur nach erforderlich ist, Verschwiegenheit zu beobachten, gesetzlich anerkannt werden, und zwar auch für die Zeit, nachdem das Mitglied aus dem Kammervorstand ausgeschieden ist. Ferner sollte nach den damaligen Vorschlägen in dem Gesetz ausgesprochen werden, dass einzelne Mitglieder des Vorstands über Umstände, auf die sich die Pflicht zur Verschwiegenheit bezieht, als Zeugen nur mit Genehmigung des Gesamtvorstands der Kammer vernommen werden könnten (AnwBl. 1927, Anlage zu Heft 8 S. 61, AnwBl. 1930, 236 zu § 57a, AnwBl. 1931, 91 zu § 57a). Zu einer gesetzlichen Normierung ist es jedoch bis zum Jahre 1933 nicht mehr gekommen. Nach 1945 ist die Frage erstmals in der Rechtsanwaltsordnung für die Britische Zone vom 10.3.1949 (§ 70) in dem früher angeregten Sinne geregelt worden (amtliche Begründung, in BT-Drs. 3/120 S. 88; *Isele* § 76 Anm. I). Die BRAO hat sich dem mit § 76 angeschlossen. 1

II. Sinn und Zweck der Regelung

Sinn und Zweck der Regelung des § 76 ist es, eine gedeihliche Arbeit des Kammervorstands zu ermöglichen. Eine solche ist nur möglich, wenn er das Vertrauen der Rechtsanwälte und auch der Rechtsuchenden besitzt (amtliche Begründung). Rechtsanwälte unterliegen als Pflichtmitglieder (§ 60 Abs. 1) der Aufsicht des Kammervorstands (§§ 56, 57, 73 Abs. 2 Nr. 4), diesem obliegt, über sie das Recht der Rüge zu handhaben (§§ 73 Abs. 2 Nr. 4, 74) und der Rechtsanwalt hat in diesem Zusammenhang besondere Pflichten gegenüber dem Vorstand der RAK. Er muss in **Aufsichts- und Beschwerdesachen** dem Vorstand oder einem beauftragten Mitglied des Vorstands grundsätzlich Auskunft geben und ihm auf Verlangen seine Handakten vorlegen; bestimmte Umstände hinsichtlich eines Beschäftigungsverhältnisses muss er von sich aus dem Kammervorstand unverzüglich anzeigen (→ § 56 Rn. 1 ff.; vgl. § 24 BORA; *Feuerich* AnwBl. 1992, 61). In Beschwerdesachen werden zudem auch von Dritten, zB Beschwerdeführern, dem Vorstand häufig wichtige, einen Rechtsanwalt oder andere Personen betreffende Mitteilungen gemacht. 2

Ferner entscheidet der Kammervorstand in **Zulassungssachen** sowie im Verfahren bei Rücknahme oder Widerruf der Zulassung (§ 14) eigenverantwortlich und darf bzw. muss dazu eigene Ermittlungen führen (vgl. § 6 Rn. 2 ff.; § 7 Rn. 3 ff.; § 36 Abs. 1–3; § 36 Rn. 1 ff.). Dabei hat der Kammervorstand Anspruch auf Einsicht in alle relevanten Unterlagen sowie gemäß § 36 Abs. 1 das Recht auf **unbeschränkte Auskunft nach § 41 Abs. 1 Nr. 11 BZRG** als **Regelanfrage.** Diese Befugnis wurde mit Wirkung zum 1.6.2007 durch das Gesetz zur Stärkung der Selbstverwaltung der Rechtsanwaltschaft vom 26.3.2007 (BGBl. I S. 358) neu eingefügt in S. 2 des § 36a Abs. 1 aF. 2a

2b § 36 Abs. 2 bestimmt demgemäß allgemein, dass Gerichte und Behörden personenbezogene Daten, die für die Entstehung oder das Erlöschen der Mitgliedschaft in einer RAK, die Rücknahme oder für den Widerruf einer Erlaubnis, Befreiung oder zur Einleitung eines Rüge- oder anwaltsgerichtlichen Verfahrens von Bedeutung sein können, der für die Entscheidung zuständigen Stelle übermittelt werden dürfen, sofern nicht im Einzelfall schutzwürdige Interessen des Betroffenen beeinträchtigt würden oder besondere gesetzliche Verwendungsregelungen entgegenstehen. **Zuständige Stelle** in diesem Sinne ist wegen ihrer alleinigen Entscheidungsbefugnis in Zulassungs- und Widerrufssachen (§§ 6, 33 Abs. 1, 3) sowie im Rügeverfahren (§ 74) bzw. aufgrund ihrer Mitwirkungsrechte (§§ 120a, 122) die RAK.

2c Der zum 1.6.2007 um einen Satz ergänzte Abs. 3 des ehemaligen § 36a (jetzt § 36) **erweitert die Kompetenzen** der RAK im Zulassungswiderrufsverfahren wegen Vermögensverfalls nicht unerheblich, indem ihr entgegen § 30 AO das Recht eingeräumt wird, Informationen über die **Höhe rückständiger Steuerschulden** bei den Finanzämtern einzuholen.

3 Schon diese keinesfalls vollständige Aufzählung der Aufgaben des Kammervorstands (→ § 73 Rn. 1 ff.) zeigt, dass beim Vorstand der RAK eine Fülle von Informationen über einzelne Kammermitglieder anfällt. Aber auch über nicht der Kammer angehörende Personen können zahlreiche Daten bekannt werden, zB wenn die mitgeteilten Straf-, Zivil- oder Verwaltungsentscheidungen auch andere Personen betreffen, oder wenn ein Beschwerdeführer auch Mitteilungen über sich und andere macht. Auch der Rechtsanwalt kann aus Gründen der Wahrnehmung seiner Rechte gegenüber dem Kammervorstand Veranlassung sehen, gegenüber dem Kammervorstand Dritte betreffende Angaben zu machen (→ § 56 Rn. 26 ff.; Lingenberg/Hummel/Zuck/Eich/*Zuck* § 17 Rn. 7; *Hartstang* I 180, 181).

4 Die Betroffenen haben ein berechtigtes Interesse daran, dass diese personenbezogenen Daten und Erkenntnisse nicht zur Kenntnis Unbefugter gelangen. Müssten Rechtsanwälte, Anwaltsbewerber, Gerichte, Behörden und Rechtsuchende befürchten, dass solche Informationen, die dem Kammervorstand zugehen, von diesem unkontrolliert an Dritte weitergegeben werden könnten, dann wären sie ihrerseits mit Informationen an den Kammervorstand, auf die dieser aber zur Erfüllung seiner Aufgaben angewiesen ist, zumindest zurückhaltend oder würden solche Informationen völlig unterlassen. Sie machen ihre Angaben gegenüber dem Kammervorstand im Vertrauen darauf, dass diese nur für die Aufgabenerfüllung des Kammervorstands verwendet werden. Dieses Vertrauen darf nicht erschüttert werden. Deshalb werden die Mitglieder des Vorstands verpflichtet, über die Angelegenheiten, die ihnen bei ihrer Tätigkeit im Vorstand über Rechtsanwälte, Bewerber und andere Personen bekannt werden, Verschwiegenheit gegen jedermann zu bewahren (Abs. 1 S. 1).

4a Die Pflicht zur Verschwiegenheit wird durch das **Ausscheiden aus dem Vorstand** nicht berührt; sie muss fortdauern, weil es das Interesse der Arbeit des Vorstands gebietet (amtliche Begründung). Zum anwaltlichen Berufsgeheimnis insgesamt vgl. *Henssler* NJW 1994, 1817.

III. Kreis der Schweigepflichtigen

5 Der Kreis der nach § 76 zur Verschwiegenheit Verpflichteten muss zur Sicherung des Zwecks der Regelung weit gefasst sein (amtliche Begründung). Er umfasst alle Mitglieder des Vorstands und die zur Mitarbeit vom Vorstand herangezogenen Rechtsanwälte. Das sind beispielsweise solche Rechtsanwälte, die ohne dem Kammervorstand anzugehören, Mitglieder der Fachanwaltsauschüsse (§ 17 FAO) oder mit Spezialaufgaben betraut sind, wie zB der Erstattung von Gutachten in einer vom Kammervorstand zu bearbeitenden Sache (*Isele* § 76 Anm. II. B 2). Diese Rechtsanwälte werden zwar regelmäßig Mitglied der Kammer sein, notwendig ist das aber nicht.

5a Ein Kammervorstand kann grundsätzlich auch einen Rechtsanwalt, der **Mitglied einer anderen Kammer** ist, mit dessen Einverständnis zur Mitarbeit heranziehen, zB wenn es um Spezialfragen geht, zu denen gerade dieser Rechtsanwalt besondere Kenntnisse und Erfahrungen hat. Die Pflicht zur Verschwiegenheit obliegt ferner allen **Angestellten der RAK** (Abs. 1 S. 2). Dies können Mitglieder der Kammer sein wie die Geschäftsführer, aber regelmäßig werden es keine Rechtsanwälte sein wie Sachbearbeiterinnen, Sekretärinnen, Schreibkräfte, Registraturbeauftragte usw (*Kalsbach* § 76 Rn. 1).

6 Es ist Berufspflicht des Kammervorstands jeden Angestellten der Kammer, soweit er nicht Rechtsanwalt ist und daher seine Schweigepflicht kennt (zur Belehrung von Rechtsanwälten über ihre Rechte im Berufsrecht vgl. auch *Feuerich* AnwBl. 1992, 61, 64), über Art, Umfang, Grenzen und Dauer der Schweigepflicht zu belehren.

IV. Sachlicher Umfang der Verschwiegenheitspflicht

1. Grundsatz. Die Pflicht zur Verschwiegenheit besteht für den in § 76 genannten Personenkreis **über § 203 StGB hinaus** und erstreckt sich grundsätzlich **auf alles,** was ihnen bei ihrer Tätigkeit im oder für den Vorstand der RAK über Rechtsanwälte, Bewerber und andere Personen bekannt wird, es sei denn, es handele sich um **Tatsachen,** die **offenkundig** sind, oder ihrer Bedeutung nach keiner Geheimhaltung bedürfen, deren Geheimhaltung ihrer Natur nach also nicht erforderlich ist (amtliche Begründung; vgl. auch § 43a Abs. 2). Durch die Fassung „andere Personen" wird verdeutlicht, dass die Schweigepflicht auch insoweit weit auszudehnen ist, als es völlig gleichgültig ist, auf welche Personen sich die bekannt gewordenen Angelegenheiten beziehen (*Kalsbach* § 76 Rn. 1). 7

Bei ihrer Tätigkeit im bzw. für den Vorstand der RAK sind den Verpflichteten Angelegenheiten bekannt geworden, wenn sie der Betroffene in der dienstlichen Tätigkeit, **im Zusammenhang** mit ihr oder auch **nur bei Gelegenheit,** also **unmittelbar oder mittelbar** im Zusammenhang mit dem Dienst im Kammervorstand oder für diesen erfahren hat (*Schütz,* Beamtenrecht des Bundes und der Länder, zu LBG NW § 64 Rn. 5). Erzählungen von Vorstandskollegen, Mitarbeitern und Angestellten reichen aus. Dabei kommt es nicht darauf an, ob die Angelegenheit dem Verpflichteten zulässigerweise, geschäftsordnungsmäßig oder unzulässigerweise, zB unter Bruch von Schweigepflichten oder des geschenkten Vertrauens zur Kenntnis gelangt ist (*Schütz* LBG NW § 64 Rn. 5). Insgesamt erstreckt sich die Pflicht zur Verschwiegenheit auf alle im Zusammenhang mit der Tätigkeit im oder für den Kammervorstand erlangten Kenntnisse, sie ist umfassend (*Eich* MDR 1991, 385). Diese Verpflichtung zur **umfassenden Verschwiegenheit** umfasst auch die Pflicht, zur Bearbeitung mit nach Hause genommene Vorgänge vor der Einsicht durch Unbefugte zu bewahren (*Schütz* LBG NW § 64 Rn. 6). 8

2. Einschränkungen. Die Pflicht zur Verschwiegenheit entfällt, wenn der Betroffene die Schweigepflichtigen von ihrer **Verschwiegenheitspflicht befreit.** Im Übrigen ist die Pflicht zur Verschwiegenheit nach § 76 weitgehend vergleichbar der Pflicht zur Amtsverschwiegenheit der Beamten (§ 67 BBG nF, § 61 BBG aF). Dabei fällt auf, dass die dort vorgesehene Einschränkung, die Pflicht zur Amtsverschwiegenheit gelte nicht für Mitteilungen im dienstlichen Verkehr oder über Tatsachen, die offenkundig sind oder ihrer Bedeutung nach keiner Geheimhaltung bedürfen **(§ 67 Abs. 2 Nr. 2 BBG nF),** in § 76 nicht ausdrücklich aufgeführt ist. Dies bedeutet indes nicht, dass nicht auch im Bereich des § 76 vergleichbare **Einschränkungen** gelten (**aA** *Eich* MDR 1991, 385; Henssler/Prütting/*Hartung* § 76 Rn. 5). Auch die nach § 76 zur Verschwiegenheit Verpflichteten dürfen im dienstlichen Verkehr Mitteilungen machen (vgl. § 36 Abs. 3, 4) über **Tatsachen, die offenkundig** sind oder ihrer Bedeutung nach **keiner Geheimhaltung bedürfen.** Diese Einschränkung ergibt sich aus dem Gesetz und den Gesetzesmotiven. 9

a) Nicht geheimhaltungsbedürftige Angelegenheiten. Dass nur Angelegenheiten, deren Geheimhaltung ihrer Natur nach erforderlich ist, der Verpflichtung zur Verschwiegenheit nach § 76 unterliegen sollen, ergibt sich schon aus den **Gesetzesmotiven** zu § 76, in denen dies als Ziel der Regelung aufgeführt wird. Es heißt dazu, durch eine ausdrückliche gesetzliche Vorschrift solle „die Verpflichtung der Mitglieder des Kammervorstands, über die in ihrer Amtstätigkeit bekannt gewordenen Angelegenheiten, **deren Geheimhaltung ihrer Natur nach erforderlich ist,** Verschwiegenheit zu beobachten, gesetzlich anerkannt werden" (amtliche Begründung). Damit wurde vorausgesetzt, dass die Verschwiegenheitspflicht sich nicht auf Angelegenheiten beziehen soll, deren Geheimhaltung ihrer Natur nach nicht erforderlich ist. Der Gesetzgeber ging somit davon aus, dass es **nicht geheimhaltungsbedürftige Angelegenheiten** gibt, auf die sich dann auch eine Pflicht zur Verschwiegenheit nicht bezieht. Dies ist nunmehr auch ausdrücklich für die Verschwiegenheitspflicht des Rechtsanwalts in § 43a Abs. 2 S. 3, der auch im Rahmen des § 76 heranzuziehen ist, klargestellt worden. 10

Tatsachen bedürfen ihrer Bedeutung und Natur nach keiner Geheimhaltung, wenn es sich um Angelegenheiten handelt, deren Kenntnis nach Gesetz und Gesetzeszweck nicht auf einen geschlossenen oder schließbaren Kreis von Mitwissern beschränkt sein soll. **Nicht geheimhaltungsbedürftig** sind auch Tatsachen, die **offenkundig** sind, da die Offenkundigkeit den 11

Geheimnischarakter einer Tatsache beseitigt (ebenso *Jungfer* BRAK-Mitt. 2001, 167, 169; Henssler/Prütting/*Henssler* § 43a Rn. 45; Schönke/Schröder/*Lenckner* StGB § 203 Rn. 6). **Offenkundig** sind dabei nur Tatsachen, von denen regelmäßig jeder verständige Mensch Kenntnis hat oder über die er sich aus zuverlässigen und erreichbaren Quellen ohne besondere Fachkunde unterrichten kann, dh Tatsachen, die jedermann weiß, die allgemein bekannt oder jederzeit feststellbar sind. Die Allgemeinkundigkeit braucht nicht in allen Landesteilen vorhanden zu sein (*Schütz* LBG NW § 64 Rn. 8, 9; *Meyer-Goßner* StPO § 244 Rn. 51; BVerfGE 10, 177, 183 = NJW 1960, 31). Im Einzelfall können diese eine Verschwiegenheitspflicht ausschließenden Umstände sich überschneiden.

12 **aa) Kanzleisitz, Zweigstellen.** In der Praxis bedeuten diese Grundsätze zB, dass es sich bei dem Kanzleisitz oder etwaigen Zweigstellen eines Rechtsanwalts nicht um Angelegenheiten handelt, die von der Schweigepflicht nach § 76 erfasst werden, weil es sich um Angelegenheiten handelt, deren Geheimhaltung ihrer Natur nach nicht erforderlich und die zudem über Praxisschild und das Anwaltsverzeichnis nach § 31 offenkundig sind (vgl. *Jungfer* BRAK-Mitt. 2001, 167, 171). Dies ergibt sich aus der Gesamtregelung der §§ 27, 29, 29a und 31. Nach § 27 muss der Rechtsanwalt im Bezirk der RAK, deren Mitglied er ist, eine Kanzlei einrichten und unterhalten. Diese Pflicht wird in den nachfolgenden Bestimmungen konkretisiert und teilweise relativiert. **Kanzleipflicht** bedeutet, der Rechtsanwalt muss einen oder mehrere Räume haben, in denen er gewöhnlich seinen Berufsgeschäften nachgeht und in denen er zu den üblichen Geschäftsstunden normalerweise erreichbar ist. Dabei muss den Rechtsuchenden in einer verkehrsüblichen Weise erkennbar gemacht werden, dass dies der Fall ist; dh der Rechtsanwalt muss ausreichende organisatorische Vorsorge treffen, um der Öffentlichkeit seinen Willen, bestimmte Räumlichkeiten als Kanzlei zu verwenden, dort dem Publikum anwaltliche Dienste bereitzustellen, zu offenbaren.

12a Dazu gehören als **Mindestanforderung** ein **Praxisschild** und ein **Telefonanschluss** (näher → § 27 Rn. 5 ff.; BVerfGE 72, 26 = NJW 1986, 1801 = BRAK-Mitt. 1986, 101 = AnwBl. 1986, 202; BGH bei *Zuck* BRAK-Mitt. 1990, 194; BGH BRAK-Mitt. 1984, 36; 1983, 190; EGH Celle BRAK-Mitt. 1991, 103; 1983, 90). Der Kanzleisitz ist, um den gesetzlichen Sinn und Zweck der Kanzleipflicht überhaupt erfüllen zu können, ein auf Öffentlichkeit angelegtes und angewiesenes Faktum. Eine Geheimhaltung des Kanzleisitzes ist nicht nur der Natur nach nicht erforderlich, sondern würde dem Sinn und Zweck der Regelung über die Kanzleipflicht widersprechen. Deshalb sind der Kanzleisitz und etwaige Zweigstellen auch im Rechtsanwaltsverzeichnis (§ 31) zu vermerken; durch Einsicht in dieses elektronische Verzeichnis kann sich jedermann zuverlässig darüber unterrichten. Kanzleisitz und Zweigstellen sind somit keine Angelegenheiten, auf die sich die Pflicht zur Verschwiegenheit erstreckt (vgl. *Jungfer* BRAK-Mitt. 2001, 167, 171 zum Kanzleisitz; zweifelnd *Eich* MDR 1991, 385).

13 Da sich eine diesbezügliche Auskunft auf die berufliche Tätigkeit eines Kammermitglieds bezieht, hält sich die Kammer mit einer Auskunft über den Kanzleisitz oder Zweigstellen auch im Rahmen ihres Funktionsbereichs, wie er sich insbesondere aus § 73 ergibt (→ § 73 Rn. 5 ff.). Das Recht des Rechtsanwalts auf **informationelle Selbstbestimmung** steht einer Bekanntgabe solcher seine berufliche Tätigkeit betreffenden Fakten **nicht entgegen.** Der Rechtsanwalt muss, da er als Organ der Rechtspflege (§ 1) der rechtsuchenden Bevölkerung dienen soll, es hinnehmen, dass dieser alle seine berufliche Tätigkeit betreffenden Mitteilungen bekannt gemacht werden, die erforderlich sind um feststellen zu können, wo gerade dieser Rechtsanwalt seinen beruflichen Mittelpunkt hat, wo er erreichbar ist. Auch müssen die Rechtsuchenden über alle beruflichen Umstände unterrichtet werden dürfen, die notwendig sind um festzustellen, ob und wo dieser Rechtsanwalt zugelassen ist. Diese Fakten können, da sie der Rechtsuchende, der sich eines bestimmten Rechtsanwalts bedienen will, oder dem gegenüber ein Rechtsanwalt auftritt, wissen muss, ihrer Natur nach nicht geheim gehalten werden. Der Zulassung als Rechtsanwalt immanent ist die **Publizität der Fakten seines beruflichen Mittelpunkts** und seines beruflichen Dürfens.

14 Die **Privatanschrift** des Rechtsanwalts darf nicht mitgeteilt werden, weil diese mit der beruflichen Stellung des Anwalts nichts zu tun hat. Für die berufliche Tätigkeit des Rechtsanwalts ist allein entscheidend, dass er unter seiner Kanzleianschrift erreichbar ist. Seine Privatanschrift ist insoweit bedeutungslos, so dass sein Interesse am Schutz seiner Privatsphäre die Geheimhaltung seiner Privatanschrift gebietet.

Anders ist es, wenn eine **Kanzleianschrift** trotz der Verpflichtung zur Mitteilung nach § 24 Abs. 1 Nr. 2 BORA **nicht mehr festzustellen ist.** Dann ist die Privatanschrift als Kanzleianschrift anzusehen (*Jungfer* BRAK-Mitt. 2001, 167, 171) und darf bei berechtigtem Interesse, das die RAK sorgfältig zu prüfen hat, mitgeteilt werden, da der Schutz von Rechtsverkehr und Rechtspflege höherrangig zu bewerten sind, als das Individualinteresse des Rechtsanwalts an der Nichtbekanntgabe. 14a

bb) Weitere berufsbezogene Angelegenheiten. Ausgehend davon gibt es neben Kanzleisitz und Zweigstelle weitere berufsbezogene Angelegenheiten des einzelnen Rechtsanwalts, auf die sich die **Schweigepflicht** nach § 76 **nicht bezieht,** weil die Geheimhaltung der Angelegenheit ihrer Natur nach nicht erforderlich ist, sie vielmehr auf Öffentlichkeit angelegt ist. Dazu gehören die weiter nach § 31 Abs. 3 in das **Rechtsanwaltsverzeichnis einzutragenden Umstände.** 15

Auch die Berechtigung zur Führung bestimmter **Fachanwaltsbezeichnungen** ist von Natur aus zur Kenntnisnahme durch die Rechtsuchenden bestimmt und keine Angelegenheit, auf die sich die Pflicht zur Verschwiegenheit erstreckt. 16

Die Bestellung eines **allgemeinen Vertreters** (§ 53) oder eines **Abwicklers** (§ 55) berührt unmittelbar die rechtlichen Interessen desjenigen, der mit dem Vertretenen, dem Vertreter, dem Abwickler, dem verstorbenen oder früheren Rechtsanwalt in beruflicher Beziehung steht oder stand. Dies gilt auch für **Berufs- und Vertretungsverbote.** Diese Umstände müssen mithin bekannt gemacht werden. Die Bestellung eines Vertreters oder Abwicklers ist damit ebenfalls keine Angelegenheit, auf die sich die Pflicht zur Verschwiegenheit erstreckt. Auch Einschränkungen des rechtlichen Dürfens, zB durch rechtskräftige Verurteilung zu einem Vertretungsverbot (§ 114 Abs. 1 Nr. 4, § 114a), durch ein vorläufiges Berufs- oder Vertretungsverbot (§§ 150 ff.) oder durch eine für sofort vollziehbar erklärte Rücknahme- oder Widerrufsverfügung (§ 14 Abs. 4) berühren die Außenwirkung der beruflichen Stellung des Rechtsanwalts und müssen nicht nur den Gerichten und Behörden bekannt sein (vgl. §§ 14 Abs. 4, 156 Abs. 2, 160), sondern sind auf entsprechende Anfrage auch den Rechtsuchenden bekannt zu geben, zumal über das im Jahre 2007 neu eingeführte elektronische Verzeichnis gemäß § 31 Abs. 1, 3 und 4 sich ohnehin jedermann entsprechende Kenntnis verschaffen kann. Allerdings ist dabei zu **beachten,** dass **nur** das **Faktum** zB eines allgemeinen Tätigkeitsverbots oder eines Vertretungsverbotes auf bestimmten Rechtsgebieten seiner Natur nach wegen der Außenwirkungen nicht geheimhaltungsbedürftig ist. Die **Gründe,** die zu diesem Tätigkeits-/Vertretungsverbot geführt haben, gehören aber ausschließlich zum anwaltlichen „Binnenraum", sind für Außenstehende ohne rechtlichen Belang und damit ihrer Natur nach weiter **geheimhaltungsbedürftig.** 17

b) Mitteilungen im dienstlichen Verkehr. Die Pflicht zur Verschwiegenheit steht auch nicht den Mitteilungen der Kammer im dienstlichen Verkehr mit **(Anwalts-)Gerichten, Justizverwaltung, Staatsanwaltschaft und anderen Kammern** entgegen. Damit ist nicht etwa Amtshilfe der Kammer für diese gemeint (→ Rn. 27, 28), sondern es sind dies Mitteilungen, die im Rahmen eigener Aufgabenerfüllung der Kammer durch diese an Justizverwaltung, Gerichte, Staatsanwaltschaft und andere Kammern erforderlich sind (vgl. § 32 BRAO, § 4 Abs. 2 Nr. 2 VwVfG; § 36 Abs. 3, 4 BRAO). Den Rechtsanwaltskammern sind in der BRAO als den Trägern der beruflichen Selbstverwaltung der Rechtsanwälte vielfältige Aufgaben übertragen, die sie meist in vollständig eigener Selbstverwaltung innerhalb bestimmter Grenzen und unter der bloßen Rechtsaufsicht der Landesjustizverwaltung (§ 62 Abs. 2) zu erfüllen haben. 18

Teilweise bestehen die Aufgaben auch darin, gemeinsam mit Justizverwaltung, Gerichten und Staatsanwaltschaft an der Erfüllung bestimmter Aufgaben mitzuwirken. Dabei kann dieses **Mitwirken** von einem echten Mitbestimmen bis zu einem bloßen Anhörungsrecht der Kammer reichen. In all diesen Fällen des Zusammenwirkens zwischen Kammer, Justizverwaltung, Gericht und Staatsanwaltschaft kann die Weitergabe von Informationen, von „Angelegenheiten" im Sinne des § 76 erforderlich sein. Ist für Tätigkeiten der RAK innerhalb ihres Funktionsbereichs zu deren **sachgerechter Erledigung** die Weitergabe von Informationen erforderlich oder gerechtfertigt, dann steht dem die Verpflichtung aus § 76 nicht entgegen. Indem der Gesetzgeber der Kammer bestimmte Aufgaben ausdrücklich übertragen hat oder die Erfüllung einzelner Aufgaben von dem Funktionsbereich der Kammer umfasst wird, ist es der Kammer auch gestattet, die ihr bekannt gewordenen „Angelegenheiten" und Daten soweit erforderlich zu verwerten und, falls sie bei der Erfüllung ihrer Aufgaben mit anderen Stellen zusammenwirken muss, solche zu diesem Zweck in den Grenzen des § 36 Abs. 3 an diese weiterzugeben. 18a

19 Durch das Gesetz zur Stärkung der Selbstverwaltung der Rechtsanwaltschaft vom 26.3.2007 (BGBl. I S. 358) wurde § 36a mit Wirkung ab 1.6.2007 um einen Abs. 4 ergänzt (heute § 36 Abs. 3). Danach darf die RAK personenbezogene Informationen über einen Rechtsanwalt ihres Kammerbezirks an eine **andere Berufskammer übermitteln,** soweit die Kenntnis der Informationen aus Sicht der übermittelnden Kammer zur Erfüllung der Aufgaben der anderen Berufskammer im Zusammenhang mit der Zulassung zum Beruf oder der Einleitung eines Rügeverfahrens oder berufsgerichtlichen Verfahrens erforderlich ist und durch die Übermittlung schutzwürdige Interessen des Rechtsanwalts nicht beeinträchtigt werden oder das öffentliche Interesse das Geheimhaltungsinteresse des Rechtsanwalts überwiegt, solange besondere gesetzliche Verwendungsregelungen nicht entgegenstehen (→ § 36 Rn. 14, 15).

19a Mit dem Gesetz zur Modernisierung von Verfahren im anwaltlichen und notariellen Berufsrecht, zur Errichtung einer Schlichtungsstelle der Rechtsanwaltschaft sowie zur Änderung sonstiger Vorschriften vom 30.7.2009, in Kraft seit 1.9.2009 (BGBl. I S. 2449) wurde nicht nur aus § 36a die Norm § 36, sondern die Mitteilungspflicht in Abs. 4 hinzugefügt, wonach bei einem Anwaltsnotar das Ende der Mitgliedschaft durch die zuständige RAK unverzüglich der **Landesjustizverwaltung und der zuständigen Notarkammer mitzuteilen** ist. Die Verschwiegenheitspflicht greift also hier ebenfalls nicht.

20 **aa) BDSG.** Diese Weitergabe widerspricht auch nicht dem Bundesdatenschutzgesetz (BDSG; **aA** *Eich* MDR 1991, 385) und ist zudem ausdrücklich durch §§ 36 Abs. 3, 4, 74 Abs. 4 S. 3, 74a Abs. 4, 120a gedeckt. Die Übermittlung personenbezogener Daten an Behörden und sonstige öffentliche Stellen ist gemäß § 10 Abs. 1 S. 1 BDSG zulässig, wenn sie zur rechtmäßigen Erfüllung der in der Zuständigkeit der übermittelnden Stelle oder des Empfängers liegenden Aufgaben erforderlich ist. Die Übermittlungsbefugnis ist jedoch nach § 10 Abs. 1 S. 2 BDSG beschränkt, wenn die personenbezogenen Daten einem „Berufs- oder besonderen Amtsgeheimnis" unterliegen, wie das nach § 76 der Fall ist. In diesen Fällen ist die Übermittlung aber zulässig, wenn der Empfänger die Daten zur Erfüllung des gleichen Zwecks benötigt, zu dem die übermittelnde Stelle sie erhalten hat (zu den diesbezüglichen Einzelheiten vgl. *Gola/Schomerus,* 10. Aufl. 2010, BDSG § 10 Anm. 1, BDSG § 16 Anm. 5 ff.; *Steinbömer* DVBl. 1981, 340). Gerade dies ist aber bei den angesprochenen Mitteilungen der RAK im dienstlichen Verkehr mit Justizverwaltung, Gerichten, Staatsanwaltschaft, Notarkammer und anderen Rechtsanwaltskammern der Fall. Exemplarisch soll dies an einigen **Beispielen** deutlich gemacht werden:

21 **bb) Zulassungssachen.** In Zulassungssachen, in denen die RAK entscheidet (§§ 6, 14, 33), kann der Bewerber mit einer Klage gegen die RAK die Rechtslage durch den Anwaltsgerichtshof klären lassen (§ 112a). Die RAK muss den für die Entscheidung bedeutsamen Sachverhalt über das Vorliegen von Versagungsgründen (§ 7) oder Rücknahme- und Widerrufsgründe (§ 14) vollständig dem AGH unterbreiten (vgl. – das Zulassungsgeschäft betrieb noch die Landesjustizverwaltung – BGHZ 35, 199 = NJW 1961, 1579; BGHZ 94, 364 = NJW 1985, 1842). Diese Sachverhaltsmitteilung ist zur Aufgabenerfüllung des Kammervorstands unbedingt erforderlich und wird nicht von § 76 erfasst. Die Erfüllung der Aufgabe des Kammervorstands, darauf zu achten, dass nur geeignete Personen in der Anwaltschaft verbleiben, bedingt die Äußerung im anwaltsgerichtlichen Verfahren, das anderenfalls auch nicht durchführbar wäre, da die RAK alleinige Beklagte ist.

22 **cc) Öffentliche Zustellung.** Auch in Fällen der öffentlichen Zustellung von Widerrufsbescheiden (unter Umständen mit Anordnung der sofortigen Vollziehung), wenn nämlich eine Zustellung an die Kanzlei- oder Privatanschrift nicht möglich ist, liegt kein Verstoß gegen die Verschwiegenheitspflicht vor. Über § 32 BRAO, § 41 Abs. 3 VwVfG, § 10 VwZG ist eine öffentliche Zustellung möglich, so dass § 76 keine Anwendung finden kann.

23 **dd) Verlegung der Kanzlei.** In Fällen der Verlegung der Kanzlei in den Bezirk einer anderen RAK (§ 27 Abs. 3) wird der Rechtsanwalt nach vollzogenem Wechsel Mitglied der aufnehmenden Kammer und unterliegt damit nur noch deren Aufsichts- und Rügerecht. Infolge des Aufgabenübergangs von der abgebenden Kammer zur aufnehmenden Kammer, ist die Kammer, der der Rechtsanwalt zuvor angehört hat, berechtigt und verpflichtet, alle ihr bekannt gewordenen, den Rechtsanwalt betreffenden „Angelegenheiten" an die Kammer, der der Rechtsanwalt nunmehr angehört, weiterzugeben. Dies gilt insbesondere für ein Rücknahme- oder Widerrufsverfahren (§ 14) sowie alle Aufsichts- und Beschwerdevorgänge (§§ 36 Abs. 3; 56; 57).

ee) Berufshaftpflichtversicherung. Im Hinblick auf die bisher ebenfalls wegen § 76 heikle Frage Rechtsuchender oder auch von Kollegen nach der Berufshaftpflichtversicherung eines Rechtsanwalts, um diesen in Regress nehmen zu können, hat der Gesetzgeber diesen Konflikt durch Einfügung einer entsprechenden Erlaubnis in § 51 Abs. 6, soweit bestimmte Voraussetzungen gegeben sind (→ § 51 Rn. 34 ff.), gelöst. 24

ff) Mitteilung an Staatsanwaltschaft, Beschlagnahme anwaltlicher Personalakten. In der Praxis werden von den RAK immer wieder ihnen bekannt gewordene Angelegenheiten ihrer Mitglieder den Staatsanwaltschaften (§§ 121, 163) mitgeteilt. Dies dann, wenn sich daraus der **Verdacht pflichtwidrigen Verhaltens** ergibt und der Kammervorstand davon ausgeht, dass die Durchführung eines Rügeverfahrens (§§ 74, 74a) nicht ausreichen wird, um das Fehlverhalten ausreichend zu ahnden (→ § 74 Rn. 34, 48; zum Verhältnis der Rüge zum anwaltsgerichtlichen Verfahren → § 74 Rn. 5 ff.; → § 115a Rn. 1 ff.). Da dies **in Erfüllung der den Kammern auferlegten Pflicht** geschieht, die Erfüllung der ihren Mitgliedern obliegenden Pflichten zu überwachen und das Recht der Rüge zu handhaben (§ 73 Abs. 2 Nr. 4), und in diesen Fällen zudem stets die Voraussetzungen des § 36 Abs. 3 erfüllt sein werden, widerspricht auch diese Weitergabe nicht der Verpflichtung zur Verschwiegenheit (vgl. § 74 Abs. 1 S. 1 Hs. 2). 25

Ebenso steht die Verschwiegenheitspflicht nicht der **Beschlagnahme** von **anwaltlichen Personalakten** bei der RAK entgegen (LG Hamburg Beschluss vom 25.4.2000 – 631 Qs 23/00; → § 58 Rn. 18). Entgegen der von *Eich* vertretenen Auffassung kommt die RAK nicht „nur als Empfänger der vom Gericht oder anderen Behörden übermittelten Daten in Betracht" (*Eich* MDR 1991, 385). Vielmehr kann sie als Behörde auch ihr vorliegende personenbezogene Informationen an die Landesjustizverwaltung, Staatsanwaltschaft und andere Rechtsanwaltskammern zu den in § 36 Abs. 3 genannten Zwecken weiterleiten und sie wird das in Wahrnehmung der Belange der Kammer und der Anwaltschaft auch tun. 26

gg) Weitergabe von Daten. Da in Fällen der Weitergabebefugnis aufgrund eigener Aufgabenerfüllung iVm § 36 Abs. 3 es sich durchgängig um Aufgaben des Kammervorstands bzw. der Abteilungen des Vorstands handelt, darf die Weitergabe der Daten verbunden mit der entsprechenden Diensthandlung auch **nur von dem Vorstand bzw. der zuständigen Abteilung** (§ 77) erfolgen und nicht etwa durch den Geschäftsführer, es sei denn, dieser führt nur den entsprechenden Beschluss des Vorstands oder der Abteilung weisungsgemäß aus. Ohne eine solche zugrunde liegende Entscheidung des Kammervorstands oder der Abteilung verstoßen der Geschäftsführer oder sonstige Bedienstete der Kammer durch die Weitergabe solcher der Kammer bekannt gewordenen „Angelegenheiten" gegen § 76. Allerdings können der Vorstand oder seine Abteilungen den Geschäftsführer oder bestimmte andere Bedienstete auch generell beauftragen, in bestimmten Fällen die Vorgänge an das Anwaltsgericht, den Anwaltsgerichtshof, die Justizverwaltung und/oder die Staatsanwaltschaft sowie die Notarkammer weiterzuleiten. 27

hh) Geburtsdatum. Problematisch ist auch die in der Praxis nicht so seltene Anfrage öffentlicher Stellen (zB der Staatsanwaltschaft im Rahmen eines Ermittlungsverfahrens oder der Krankenversicherung) bei den Rechtsanwaltskammern nach dem Geburtsdatum eines Rechtsanwalts. Soweit im Einzelfall die Berufsbezogenheit der erbetenen Auskunft bejaht werden kann und wie in → Rn. 27 ausgeführt, es um eigene Aufgabenerfüllung des Kammervorstands geht, steht die Verschwiegenheitspflicht einer Auskunft nicht entgegen (nur im Ergebnis ebenso *v. Galen* Berliner AnwBl. 2001, 455; *Jungfer* BRAK-Mitt. 2001, 167 nimmt unrichtig ohne Begründung ein Recht der Behörde an, bei berechtigtem Interesse das Geburtsdatum erfahren zu dürfen, außerdem soll es sich beim Geburtsdatum nicht um eine Tatsache handeln, die dem Anwendungsbereich des § 76 unterfällt). 28

3. Einsichtnahme durch Mitglieder in Vorstandsprotokolle etc. aufgrund des IFG. Neben dem Gesetz zur Regelung des Zugangs zu Informationen des Bundes **(Informationsfreiheitsgesetz – IFG),** dieses gilt für Behörden des Bundes und gibt einen Anspruch auf Zugang zu amtlichen Informationen, gibt es derzeit in 11 Bundesländern eigene länderbezogene Informationsfreiheitsgesetze, wie zB in NRW, Berlin, Bremen, Mecklenburg-Vorpommern usw. Nach § 4 IFG-NRW beispielsweise hat jede natürliche Person, eigene Kammermitglieder sowie Externe, nach Maßgabe dieses Gesetzes gegenüber den in § 2 genannten Stellen Anspruch auf Zugang zu den bei der Stelle vorhandenen amtlichen Informationen, wobei im Rahmen dieses Gesetzes die Pflicht zur Amtsverschwiegenheit, also auch § 76, entfällt (→ § 72 Rn. 13). Die 28a

Nichtöffentlichkeit von Vorstandssitzungen steht Ansprüchen aus dem IFG nicht entgegen (OVG NRW GewArch 2007, 113). Die weite Fassung des § 2 erfasst auch die Rechtsanwaltskammern NRW als „sonstige der Aufsicht des Landes unterstehende juristische Person des öffentlichen Rechts", zumal als Behörde im Sinne dieses Gesetzes jede Stelle, die Aufgaben der öffentlichen Verwaltung wahrnimmt, definiert wird (AGH NRW NJW-RR 2013, 1329).

28b Einem Anspruch auf Einsichtnahme in Protokolle von Vorstandssitzungen (Abteilungssitzungen, etc) steht demnach § 76 nicht entgegen, zumal besondere Rechtsvorschriften über den Zugang zu amtlichen Informationen, die Auskunftserteilung oder die Gewährung von Akteneinsicht nicht bestehen und daher den Vorschriften des IFG-NRW nicht vorgehen können. Dennoch ist ein solches **Einsichtsrecht ausgeschlossen,** da § 7 IFG-NRW eine **Sonderregelung** (ähnlich in den anderen Ländern, zB § 6 IFG M-V) zum **Schutz des behördlichen Entscheidungsbildungsprozesses** enthält. Danach **ist** ein Antrag auf Informationszugang **abzulehnen** für Entwürfe zu Entscheidungen, für Arbeiten und Beschlüsse zu ihrer unmittelbaren Vorbereitung sowie für Protokolle vertraulicher Beratungen; dies keine Ermessensentscheidung (ebenso AGH NRW 1 AGH 14/15 v. 29.5.2015).

28c Akteneinsichtsanträge dürfen nicht allein mit Verweis auf § 76 abgelehnt werden; vielmehr bedürfe es einer Abwägung der widerstreitenden Interessen, also des Informationsinteresses einerseits und des Interesses auf Geheimhaltung personenbezogener Daten andererseits. § 76 sei keine Geheimhaltungsvorschrift iSd § 17 Abs. 4 IFG Berlin, die jedem Auskunftsanspruch vorginge (OVG Berlin-Brandenburg 12 B 14/12 NVwZ-RR 2015, 123 = ZD 2015, 137; VG Berlin v. 27.6.2012, 2 K 142.11 (Vorinstanz)).

28d **4. Bestandteile einer Personalakte – Weiterleitung der Stellungnahme des Beschwerdegegners an Beschwerdeführer.** In Beschwerdeverfahren stellt die Weitergabe einer Stellungnahme des Beschwerdegegners an den Beschwerdeführer jedenfalls dann einen Verstoß gegen die Verschwiegenheitspflicht der Vorstandsmitglieder dar, wenn der Betroffene nicht ausdrücklich zugestimmt hat (vgl. BGH NJW 2011, 2303 Rn. 11 = BRAK-Mitt 2011, 143). Der in § 58 verwendete Begriff der Personalakte ist **materiell** zu verstehen (BGH NJW 2011, 2303 Rn. 11; NJW-RR 2014, 883; → § 58 Rn. 6; ebenso Gaier/Wolf/Göcken/*Zuck* § 58 Rn. 4, 8), so dass **Bestandteile der Personalakte** somit auch Unterlagen aus einem gegen den Rechtsanwalt eingeleiteten Aufsichts- oder Beschwerdeverfahren sind, wobei unerheblich ist, auf welche Weise ein Vorgang geführt und an welcher Stelle er abgelegt wird; entscheidend ist allein, ob der Vorgang in unmittelbarem Zusammenhang mit der Tätigkeit des Rechtsanwalts steht (BGH NJW 2011, 2303 Rn. 11; → § 58 Rn. 6, 8; ebenso Gaier/Wolf/Göcken/*Zuck* § 58 Rn. 13; Henssler/Prütting/*Hartung* § 58 Rn. 2) bzw. er „den Anwalt in einem inneren Zusammenhang mit seinem Status als Rechtsanwalt betrifft" (BGH NJW-RR 2014, 883) also auch Stellungnahmen, die ein Rechtsanwalt zu Beschwerden oder ungünstigen Tatsachenbehauptungen abgibt, die gegen ihn gerichtet sind (BGH NJW 2011, 2303 Rn. 11 mit ausdrücklichem Hinweis auf → § 58 Rn. 8) oder auch die Akten bezüglich eines wettbewerbsrechtlichen Zivilverfahrens, das die RAK gegen ein Kammermitglied betreibt (BGH NJW-RR 2014, 883).

28e Insoweit ist es **nicht ausreichend,** wenn eine RAK ein **Schweigen** eines Beschwerdegegners zu der Frage, ob sein Einverständnis zur Weiterleitung seiner Stellungnahme an den Beschwerdeführer gegeben ist, **als (stillschweigende) Zustimmung wertet.** Diese Praxis findet sich bei regionalen Rechtsanwaltskammern, verstößt aber gegen die Verschwiegenheitspflicht aus § 76, da nur ausdrücklich, nicht mit Schweigen, von dieser Pflicht befreit werden kann (ebenso *Hartung* AnwBl. 2013, 582; Henssler/Prütting/*Hartung* § 73 Rn. 64). Der BGH hat am 15.2.2015 (AnwZ (Brfg) 42/14) die Berufung gegen ein Urteil des AGH NRW (vom 9.5.2014 – 1 AGH 6/14) zugelassen. Es geht um die Frage, ob eine RAK befugt ist, Stellungnahmen, die ein Rechtsanwalt im Rahmen eines ihn betreffenden Aufsichtsverfahrens abgibt, ohne ausdrückliche Zustimmung des Anwalts an den Beschwerdeführer weiterleiten darf. Aufgrund dieser Entscheidung des BGH ist eine solche Praxis zu hinterfragen.

28f Allerdings ist **nicht jeder Vorgang,** der im Zusammenhang mit einer Person entsteht, notwendig **Bestandteil von deren Personalakte.** Vorgänge, die von dem Dienst- oder sonstigen Rechtsverhältnis sachlich zu trennenden Zwecken dienen, gehören materiell nicht hinein, auch wenn das Dienst- oder Rechtsverhältnis dadurch berührt wird (vgl. § 106 Abs. 1 S. 6 BBG). Damit gehören **Arbeitsunterlagen oder innerbehördlicher Schriftverkehr,** die als solche keine Auswirkungen auf die Rechtsstellung des Betroffenen haben, ebenfalls nicht in die Personalakten (vgl. BAG

BeckRS 1985, 30715274); nur Unterlagen, die rechtlich relevant sind und sich auf die Rechtsstellung des Rechtsanwalts auswirken können, sind zu den Personalakten zu nehmen. Die **Korrespondenz** einer RAK **mit ihrem eigenen Prozessbevollmächtigten** gehört nicht zu den Personalakten des Anwalts, weil sie ihn nicht in seiner Stellung als Rechtsanwalt betrifft. Es fehlt ein unmittelbarer innerer Zusammenhang mit der Stellung als Rechtsanwalt (BGH NJW-RR 2014, 883). Zur **Einsichtnahme in die Personalakten** → § 74 Rn. 25a, 25b).

V. Verschwiegenheitspflicht und Berufsaufsicht, Einfügung des § 73 Abs. 3

1. Mehr Transparenz. Die **bewährte Berufsaufsicht** durch die Rechtsanwaltskammern über ihre Mitglieder wurde seit 1.9.2009 durch das Gesetz zur Modernisierung von Verfahren im anwaltlichen und notariellen Berufsrecht, zur Errichtung einer Schlichtungsstelle der Rechtsanwaltschaft sowie zur Änderung sonstiger Vorschriften vom 30.7.2009 (BGBl. I S. 2449) weiter optimiert. Die Rechtsanwaltskammern haben um die Transparenz von Beschwerdeverfahren zu erhöhen, die beschwerdeführenden Personen über den Ausgang des Beschwerdeverfahrens von ihrer Entscheidung mit einer **kurzen Darstellung der wesentlichen Gründe** zu unterrichten, was sicher in den Fällen der Einstellung des Verfahrens besonders bedeutsam sein wird. Allerdings ist bei der Mitteilung insbesondere von tatsächlichen Umständen, die die beschwerdeführende Person nicht kennt, das Verschwiegenheitsgebot aus § 76 zu beachten (§ 73 Abs. 3; BT-Drs. 16/11385, 39; vgl. auch § 73 Abs. 3, → § 73 Rn. 65; → § 74 Rn. 42 ff.). 29

Der Gesetzesänderung vorangegangen war eine nie endende Diskussion über das in der Praxis wohl umfassendste und häufigste Problem, das sich im Zusammenhang mit Mitteilungen im Rahmen von Beschwerdeverfahren an den Beschwerdeführer stellte. Nach der Rechtslage bis zum 1.9.2009 war es der RAK nämlich aufgrund der ihr obliegenden Verschwiegenheitspflicht kaum möglich, den Beschwerdeführer annähernd zufriedenstellend über das Ergebnis seiner Beschwerde zu informieren. Meist wurde er dahingehend beschieden, dass „das Erforderliche veranlasst" worden sei. Diese Auskunft wiederum führte sehr häufig zur Unzufriedenheit bei den Beschwerdeführern, die sich dann teilweise an die Rechtsaufsicht der RAK wendeten oder Petitionen im Landtag einbrachten, auch wenn die Landesjustizverwaltung insoweit ebenfalls nicht weiterhelfen konnte, da der RAK „ein Mehr" an Information bei der bis dahin geltenden Rechtslage nicht geben durfte. 30

2. Fallgestaltungen. Im Dezember 2010 wurde auf Anfrage durch die BRAK dem BMJV mitgeteilt, dass die Handhabung der regionalen Rechtsanwaltskammern zu der sich aus § 73 Abs. 3 ergebenden Mitteilungspflicht ein uneinheitliches Bild ergeben habe. Dies verwundert nicht, da der Gesetzgeber mit § 73 Abs. 3 S. 2 Hs. 1 nur pauschal vom „Abschluss des Verfahrens einschließlich des Einspruchsverfahrens" spricht und zugleich die Verschwiegenheitspflicht aus § 76 „unberührt" bleibt. Auch die Gesetzesbegründung hilft nicht weiter, um die missglückte Formulierung mit Leben füllen zu können (BT-Drs. 16/11385, 39). 30a

Daher sind folgende Fallkonstellationen zu unterscheiden: 31

a) Rechtskräftiger „Rügebescheid" bzw. „belehrender Hinweis", oder „kein berufsrechtswidriges Verhalten". Einigkeit besteht im Blick auf den rechtskräftig gewordenen Rügebescheid bzw. den erteilten belehrenden Hinweis und die diesbezügliche Mitteilung an den Beschwerdeführer, wie auch bei dem Ergebnis des eingeleiteten Verfahrens, dass kein berufsrechtswidriges Verhalten erkennbar ist. Vor Ablauf der Rechtsmittelfrist wäre eine Aufhebung des Rügebescheids im Einspruchsverfahren bzw. des belehrenden Hinweises im Klageverfahren noch möglich, so dass sich eine Mitteilung verbietet. Insoweit gibt es keine Probleme. 32

b) Nicht rechtskräftiger Rügebescheid. Unterschiedlich von den Rechtsanwaltskammern gehandhabt werden die Fälle des nicht rechtskräftigen Rügebescheids, sofern der Beschwerdegegner nach Zurückweisung seines Einspruchs gegen den Rügebescheid fristgerecht gemäß § 74a **anwaltsgerichtliche Überprüfung** beantragt hat. Die Mehrheit informiert den Beschwerdeführer erst nach Abschluss des anwaltsgerichtlichen Verfahrens darüber, dass gerügt oder im Ergebnis keine berufsrechtliche Maßnahme verhängt worden ist. Erst dann sei das Verfahren iSv § 73 Abs. 3 S. 2 abgeschlossen. Zudem werde durch diese Handhabung der Gefahr vorgebeugt, dass ein Beschwerdeführer mit der Mitteilung, ein Rechtsanwalt sei gerügt worden, in rufschädigender und irreversibler Weise „hausieren" gehen könnte, bevor tatsächlich ein endgültiger Beschluss über die Rechtmäßigkeit des Rügebescheids vorliegt. Dieser Auffassung ist zuzustim- 33 men, da nach dem Wortlaut des Gesetzes unter Berücksichtigung des gesetzgeberischen Willens mehr Transparenz in das Beschwerdeverfahren bringen zu wollen, der „Abschluss des Verfahrens“ nicht bedeuten kann, Abschluss des Verfahrens bei der RAK, sondern vollständiger Abschluss des gesamten Verfahrens, anderenfalls der Gesetzgeber „Abschluss des Verfahrens bei der RAK“ im Gesetzestext formuliert hätte.

33a **c) Reichweite der Mitteilungspflicht bei Abgabe an die Generalstaatsanwaltschaft.** Auch hier besteht Uneinheitlichkeit bei den Kammern. Die Mehrheit teilt dem Beschwerdeführer mit, den Vorgang an die Generalstaatsanwaltschaft abgegeben zu haben. Meist geschieht dies mit dem Hinweis, dass weitere erforderliche Ermittlungen nötig seien und daher zuständigkeitshalber an die Generalstaatsanwaltschaft abgegeben werden musste. Die Minderheit informiert den Beschwerdeführer nicht über eine Abgabe an die Generalstaatsanwaltschaft und teilt in Form einer Zwischenmitteilung allgemein mit, dass das Verfahren noch nicht rechtskräftig abgeschlossen ist, aber rechtlich gebotene Maßnahmen ergriffen wurden. Dieser Mindermeinung ist in der Vorzug zu geben. Bereits die Mitteilung der Abgabe an die Generalstaatsanwaltschaft kann zu einer nachhaltigen irreversiblen Rufschädigung des betroffenen Rechtsanwalt führen, der zumindest für die Dauer des Verfahrens damit belastet wäre, dass ein Verfahren bei der Staatsanwaltschaft gegen ihn abhängig ist. In aller Regel kann der Beschwerdeführer mangels Detailkenntnissen auch überhaupt nicht einordnen, warum eine Abgabe an die Generalstaatsanwaltschaft erfolgt, vielleicht nur, weil ein Beweis zu erheben ist, was die RAK nicht tun kann. Eine derartige Mitteilung an den Beschwerdeführer führt damit nicht zu der vom Gesetzgeber beabsichtigten Transparenz in berufsrechtlichen Verfahren. Vielmehr wird sich der Beschwerdeführer anschließend mit seinen Sachstandanfragen an die Generalstaatsanwaltschaft wenden, dort jedoch regelmäßig keine weitere Auskunft erhalten. Im Übrigen gilt das oben zu 2. Ausgeführte zum „Abschluss des Verfahrens“. Für diese Auffassung spricht ferner, dass nach Auskunft des Ministerialrats Sabel des BMJV vom 14.2.2011 einer Unterrichtung des Beschwerdeführers nach Abschluss des anwaltgerichtlichen Verfahrens bzw. der Beendigung des Verfahrens bei der Generalstaatsanwaltschaft, § 76 nicht entgegenstehe. Eine Ergänzung des § 73 um eine Befugnis zur Mitteilung des endgültigen Ausgangs eines gegen einen Rechtsanwalt durchgeführten Verfahrens zu unterrichten wird nicht für erforderlich gehalten.

VI. Besonderheiten im gerichtlichen Verfahren

34 **1. Grundsatz der Pflicht zur Verschwiegenheit.** Auch im gerichtlichen Verfahren und zwar auch im anwaltsgerichtlichen Verfahren besteht grundsätzlich für die nach Abs. 1 zur Verschwiegenheit Verpflichteten sachlich und zeitlich die gleiche absolute Schweigepflicht. Es besteht insoweit ein **Beweiserhebungsverbot.** Aussagepflicht und Aussagebefugnis entfallen, soweit die Verschwiegenheitspflicht nach § 76 reicht. Durch diese Regelung werden die Prozessgesetze (§ 54 StPO, § 376 ZPO) ergänzt (amtliche Begründung; *Isele* § 76 Anm. V A; *Meyer-Goßner* StPO § 54 Rn. 1, 2; *Eich* MDR 1991, 385).

35 **2. Erteilung der Aussagegenehmigung.** Nur für **gerichtliche Verfahren** ist eine **Ausnahme** von dem **absoluten Verschwiegenheitsgebot** vorgesehen (*Eich* MDR 1991, 385). Dazu gehört auch das staatsanwaltschaftliche Ermittlungsverfahren, in dem zu prüfen ist, ob genügender Anlass zur Einreichung der Anschuldigungsschrift besteht (§§ 116 S. 2, 121 iVm § 170 Abs. 1 StPO), weil nach der Beweislage eine Verurteilung in der Hauptverhandlung mit Wahrscheinlichkeit zu erwarten sein wird. Dies setzt eine Vorprüfung der in der Hauptverhandlung zu erhebenden Beweise durch die Staatsanwaltschaft voraus (vgl. *Isele* § 76 Anm. V. B. 1. a). Da die Tätigkeit des **Untersuchungsausschusses** des Bundestages (Art. 44 GG) und der Landesparlamente (vgl. zB Art. 41 VerfNRW) gerichtsähnlicher Natur ist (Maunz/Dürig/*Maunz* 2005 GG Art. 44 Rn. 2, 4), auf deren Verfahren im Wesentlichen die Vorschriften der StPO (Art. 44 Abs. 2 GG) oder entsprechende Regelungen (vgl. Art. 41 VerfNRW iVm dem Gesetz über die Einsetzung und das Verfahren von Untersuchungsausschüssen des Landtages NW) anzuwenden sind, gelten Abs. 2 und 3 auch in diesen Verfahren vor den Untersuchungsausschüssen.

35a Erst wenn die Aussagegenehmigung erteilt wird, tritt die allgemeine Zeugenpflicht mit den Möglichkeiten aus § 70 StPO, § 390 ZPO wieder in Kraft (*Isele* § 76 Anm. V A, C; *Meyer-*

Goßner StPO § 54 Rn. 1, 2). Zuständig für die Erteilung der **Genehmigung zur Aussage** ist der Vorstand der RAK.

a) Einholung der Genehmigung. Damit der zur Verschwiegenheit Verpflichtete als Zeuge oder Sachverständiger nicht mit der Pflicht zur Geheimhaltung in Widerstreit gerät, haben die Gerichte ähnlich wie in den Fällen des § 376 ZPO und des § 54 StPO die Genehmigung zur Aussage einzuholen (amtliche Begründung). Gleiches gilt für das staatsanwaltschaftliche Verfahren. Es bestehen allerdings keine Bedenken, dass der Schweigepflichtige selbst die Genehmigung einholt. Voraussetzung ist stets, dass bei Beantragung der Genehmigung das Beweisthema angegeben wird, da nur die Kenntnis des Beweisthemas dem Vorstand der RAK die Grundlage für die Entscheidung nach Abs. 3 verschafft. Daher reicht die erteilte Aussagegenehmigung nur soweit, wie das zuvor mitgeteilte Beweisthema (*Isele* § 76 Anm. V B 1a). 36

b) Entscheidung nach pflichtmäßigem Ermessen. Die Entscheidung des Kammervorstands ergeht nach pflichtmäßigem Ermessen. Das Gesetz geht davon aus, dass grundsätzlich die Genehmigung zur Aussage erteilt werden wird. Nur besondere Belange rechtfertigen es nach Abs. 3 S. 2 die Genehmigung zu versagen. Als **Versagungsgründe** werden in Abs. 3 S. 2 beispielhaft und nicht abschließend aufgeführt, wenn Rücksichten auf die Stellung oder Aufgaben der RAK oder Personen, über welche die Tatsachen bekannt geworden sind, es unabweisbar erfordern. Diese Fassung des Gesetzes ergibt, dass die Vorschrift eng auszulegen ist. Wenn durch die vorgesehene Aussage allenfalls eine Erschwerung der Aufgaben der Kammer besorgt werden kann, wird eine Versagung der Genehmigung nicht zu rechtfertigen sein (amtliche Begründung). 37

c) Bindende Entscheidung. Die Entscheidung des Vorstands der RAK hat für die Beteiligten bindende Wirkung. Ist die Genehmigung erteilt, so ist der Zeuge zu vernehmen, selbst wenn das Gericht Bedenken gegen die Offenbarung seines Wissens haben sollte, es sei denn der Zeuge kann sich auf ein Zeugnis- bzw. Auskunftsverweigerungsrecht aus anderen Gründen wie zB §§ 52, 55 StPO berufen. Ist die **Aussagegenehmigung versagt,** oder nur in **beschränktem Umfange erteilt,** so ist auch das bindend, die Vernehmung ganz oder in diesem Umfange verboten, selbst wenn das Gericht die angegebenen Versagungsgründe für gesetzwidrig hält (*Meyer-Goßner* StPO § 54 Rn. 24; *Isele* § 76 Anm. V C 1 und 2). Die Aufklärungspflicht (§ 116 S. 2 iVm § 244 Abs. 2 StPO) kann gebieten, dass das Gericht gegen die Versagung der Genehmigung **Gegenvorstellungen** erhebt (BGHZ NStZ 1981, 70), sofern die Entscheidung ermessensfehlerhaft erscheint (OLG Hamm NJW 1970, 821), nicht aber, wenn sie offenbar berechtigt ist (BGH NJW 1981, 770). Auch die Erhebung einer Dienstaufsichtsbeschwerde, dh Anrufung der Staatsaufsicht (§ 62 Abs. 2) kann angebracht sein (*Meyer-Goßner* StPO § 54 Rn. 27; *Isele* § 76 Anm. V C 3b bb). 38

Da die Versagung der Genehmigung nicht nur eine Prozesserklärung, sondern auch einen Verwaltungsakt darstellt, kann diese von den in Anwaltssachen Beteiligten (vgl. 7. Aufl. Anm. zu § 223) mit Klage nach § 112f in den Grenzen des § 76 Abs. 3 S. 1 angefochten werden mit der Behauptung, der Verwaltungsakt beeinträchtige den Antragsteller, weil er rechtswidrig sei (*Isele* § 76 Anm. V C 3b cc; *Meyer-Goßner* StPO § 54 Rn. 28, 29). Anderen Betroffenen steht der Verwaltungsgerichtsweg nach der VwGO offen (vgl. *Jessnitzer/Blumberg* § 76 Rn. 3). Derjenige, dem die Genehmigung zur Aussage erteilt wurde, kann die Erteilung der Aussagegenehmigung jedoch **nicht anfechten,** da durch die Genehmigung nur der in allen Prozessgesetzen normierte Regelzustand wiederhergestellt wird, dass Zeugen und Sachverständige zur Aussage verpflichtet sind (*Isele* § 76 Anm. V. C. 3a). 39

3. Besondere Regelung nach § 28 Abs. 2 BVerfGG. Lediglich zur Klarstellung wird in Abs. 3 S. 3 auf die besondere Regelung des § 28 Abs. 2 BVerfGG hingewiesen (amtliche Begründung). Demgemäß liegt die Entscheidung des Kammervorstands nicht in seinem pflichtmäßigen Ermessen, Abs. 3 S. 2 ist nicht anwendbar. Die Genehmigung darf nur verweigert werden, wenn es das Wohl des Bundes oder eines Landes erfordert. Diese Entscheidung des Kammervorstands ist durch das BVerfG überprüfbar. Erklärt das BVerfG mit einer Mehrheit von zwei Dritteln der Stimmen die Verweigerung der Aussagegenehmigung für unbegründet, so kann sich der Schweigepflichtige nicht auf seine Schweigepflicht berufen; es besteht Aussagezwang (*Isele* § 76 Anm. V B 2). 40

VII. Begrenzte Amtshilfe

41 **1. Grundsatz der gegenseitigen Unterstützungspflicht.** Auch wenn die Rechtsanwaltskammern als Behörden (*Isele* § 62 Anm. III A) nach Art. 35 Abs. 1 GG allen Gerichten und Behörden des Bundes und der Länder Amtshilfe zu leisten haben, so besagt dies nichts über den Umfang, den Inhalt und die Grenzen dieser Amtshilfe. Art. 35 Abs. 1 GG bringt nur den **Grundsatz der gegenseitigen Unterstützungspflicht** zum Ausdruck, regelt selbst aber nicht Voraussetzungen, Umfang, Inhalt und Grenzen der Amtshilfe, sondern überlässt dies der Konkretisierung durch einfaches Gesetz (Stelkens/Bonk/Sachs/*Schmitz*,8. Aufl. 2014, VwVfG § 4 Rn. 1, 3). Ob und inwieweit für die ersuchte Behörde Amtshilfeverbote und -beschränkungen bestehen, muss diese im Einzelfall auf der Grundlage des für sie maßgeblichen Rechts überprüfen. Die erbetene Amtshilfe kann nicht zu einer Erweiterung der Befugnisse der ersuchten Behörde führen (Stelkens/Bonk/Sachs/*Schmitz,* 8. Aufl. 2014, VwVfG § 4 Rn. 13; *Steinbömer* DVBl. 1981, 340, 345).

42 Für die RAK bedeutet das, sie muss auch im Rahmen der Amtshilfe § 76 beachten; die Amtshilfepflicht rechtfertigt nicht einen Verstoß gegen die Vorschriften über die Wahrung der Verschwiegenheit (*Eich* MDR 1991, 385, 387). Den um Amtshilfe ersuchenden Behörden darf die RAK nur Auskünfte erteilen, die nicht nach § 76 untersagt sind, dh regelmäßig nur über Tatsachen, die entweder offenkundig sind oder die ihrer Bedeutung nach keiner Geheimhaltung bedürfen. Nur soweit die Kammer zur **eigenen Aufgabenerfüllung** dienstlichen Verkehr mit Gerichten, Justizverwaltung pp. führt, darf sie nach den unter → Rn. 18 ff. näher dargestellten Grundsätzen auch auf deren Anfragen weitere Angaben machen. Im Übrigen → § 99 Rn. 2.

43 **2. Mitteilung von Bankverbindungen gegenüber Finanzbehörden.** Solange eine ausdrückliche Norm dies nicht verbietet, sei die RAK – nach Auffassung des Bundesfinanzhofs – unter ihr besonders darzulegenden Voraussetzungen den Finanzbehörden gegenüber verpflichtet, die **Bankverbindungen von steuersäumigen Kammermitgliedern** mitzuteilen.

43a Diese Voraussetzungen sind die Geeignetheit und Notwendigkeit einen Dritten zur Sachverhaltsaufklärung heranziehen zu müssen, außerdem müsse die Inanspruchnahme der RAK erforderlich, verhältnismäßig und zumutbar sein (BFH NJW 2007, 1305 = BRAK-Mitt. 2007, 137; vgl. BFHE 191, 211 = BStBl. 2000, 366; BFHE 158, 502, 508 = BStBl. II 1990, 198; BFHE 183, 45 = BStBl. II 1997, 499 mzN zu Rechtsprechung und Literatur).

44 Soweit diese Voraussetzungen von der Finanzbehörde dargelegt sind, könne sich die RAK weder auf die Verschwiegenheitspflicht ihres Kammervorstands noch auf das Auskunftsverweigerungsrecht für Angehörige der freien Berufe gemäß § 102 Abs. 1 Nr. 3 AO (1977) berufen. Die **Auskunftspflicht** aus § 93 Abs. 1 S. 1 AO **gehe** der **Verschwiegenheitspflicht** des Kammervorstands **vor,** da die Verschwiegenheitspflicht von Behörden oder sonstigen Stellen gerade nicht für Auskünfte gegenüber Finanzbehörden gelte. Das Auskunftsverweigerungsrecht nach § 102 Abs. 1 Nr. 3 AO (1977) schützte nur mandatsbezogene Geheimnisse, die einem Berufsträger oder einem seiner Mitarbeiter bei Ausübung oder Anbahnung eines Mandats bekannt geworden sind (vgl. *Klein/Brockmeyer,* 9. Aufl. 2006, AO § 102 Rn. 3, 6). Die RAK als Teil der mittelbaren Staatsverwaltung sei aber nicht einem solchen Berufsträger gleichzusetzen. Anders wäre es nur, wenn der Gesetzgeber die Anwendung der §§ 93, 105 AO 1977 im Einzelfall ausgeschlossen hätte (BFH NJW 2007, 1305; *Hübschmann/Hepp/Spitaler/Schuster* AO § 105 Rn. 18 ff.; *Tipke/Kruse* AO § 105 Rn. 1 ff.; *Klein/Brockmeyer* AO § 105 Rn. 1, 7). **§ 76 Abs. 1 sei keine** gegenüber den §§ 93, 105 AO 1977 **vorrangige speziellere Vorschrift:** § 76 Abs. 1 regele die Verschwiegenheitspflicht des Kammervorstands im Allgemeinen, § 105 AO 1977 den Fall der Kollision zwischen Verschwiegenheits- und Auskunftspflicht im Besteuerungsverfahren im Speziellen (BFH NJW 2007, 1305). Der Gesetzgeber habe in diesem Fall die RAK nicht begünstigen wollen, indem er sie von der Miteilungspflicht ausgenommen hat, wie etwa ausdrücklich in § 93a Abs. 2 AO 1977 geschehen. Dieser Regelung hätte es nicht bedurft, wenn die RAK bereits über ihre Schweigepflicht aus § 76 Abs. 1 an der Auskunft gegenüber den Finanzbehörden gehindert wäre (BFH NJW 2007, 1305).

45 Die zum 1.6.2007 erfolgte Einfügung des S. 3 in § 36a Abs. 3 aF (BGBl. I S. 358) steht dieser Auffassung, also dem vom BFH dargestellten gesetzgeberischen Willen, nicht entgegen. Mit dem Verhältnis von RAK und Finanzbehörden hat sich der Gesetzgeber beschäftigt und der RAK ein ausdrückliches Informationsrecht über rückständige Steuerschulden entgegen § 30 AO gegen-

über den Finanzbehörden eingeräumt (vgl. 7. Aufl. § 36a Rn. 16). Hätte der Gesetzgeber Handlungsbedarf im Hinblick auf die nicht gegebene Vorrangigkeit der Verschwiegenheitspflicht aus § 76 Abs. 1 gegenüber §§ 93, 105 AO 1977 gesehen, hätte er dies in diesem Zusammenhang klarstellen und § 76 Abs. 1 insoweit zur spezielleren Norm erklären müssen. Da das maßgebliche Auskunftsersuchen des Finanzamts aber zu einer Zeit erging, als es der Finanzverwaltung über die sog. **Kontenabfrage** nach § 93b Abs. 2 AO (in Kraft seit 1.4.2005) noch nicht möglich war, Kenntnis über die Existenz von Bankkonten der Steuerpflichtigen zu erhalten, hielt es der BFH nach damaliger Rechtslage im Rahmen der vorgenommenen Abwägung nach Ausschöpfen der seinerzeit gegebenen Möglichkeiten für „notwendig", die RAK zur Sachverhaltsaufklärung heranziehen zu dürfen.

Damit ist es dem Vorstand der RAK trotz der sich für ihn aus der Entscheidung des BFH **46** ergebenden grundsätzlichen Auskunftspflicht gegenüber der Finanzverwaltung möglich, seine Verschwiegenheitspflicht aus § 76 Abs. 1 weitestgehend wahren zu können. Es dürfte bei der heutigen (veränderten) Gesetzeslage der Finanzverwaltung, im Rahmen der **erforderlichen Verhältnismäßigkeitsprüfung,** die selbst der BFH in seiner Entscheidung für zwingend geboten erklärt hat, kaum gelingen darzulegen, dass zum einen die Notwendigkeit besteht, gerade die RAK zur Sachverhaltsaufklärung heranziehen zu müssen, zum anderen die Inanspruchnahme der RAK als erforderlich, verhältnismäßig und zumutbar darzustellen. Jede andere Möglichkeit, an die von der RAK begehrte Information heran zu kommen, beispielsweise auch die der eidesstattlichen Versicherung des Steuerpflichtigen nach § 284 AO, müsste nicht nur ausgeschöpft sein, sondern dürfte auch nicht zum gewünschten Ergebnis geführt haben.

VIII. Bruch der Verschwiegenheitspflicht

Der Bruch der Verschwiegenheitspflicht kann, soweit er durch **Rechtsanwälte** erfolgt, zu **47** Maßnahmen der Berufsaufsicht und des Anwaltsgerichts, zu strafrechtlichen Verfolgungen nach § 203 StGB und zu zivilrechtlichen Schadensersatzansprüchen, Unterlassungs- und Widerrufsklagen führen (*Eich* MDR 1991, 385).

Bei den **Angestellten der RAK,** die keine Rechtsanwälte sind, kann die Verletzung der **48** Schweigepflicht, wenn sie belehrt worden waren, zur fristlosen Entlassung, zu strafrechtlichen Sanktionen nach § 203 Abs. 3 StGB und zu zivilrechtlichen Schadensersatzansprüchen führen (*Isele* § 76 Anm. IX).

Zur Feststellung eines Verstoßes gegen § 76 und Verpflichtung zum Widerruf einer fehler- **49** haften Auskunft im Verfahren nach § 223 aF, Verstoß gegen die Schweigepflicht des Vorstands einer RAK durch **Mitteilung der Kanzleiadresse** gegenüber dem Finanzamt, die der betroffene Rechtsanwalt nicht als solche mitgeteilt hatte, vgl. EGH Berlin NJW 1992, 846 = BRAK-Mitt. 1992, 174 nur Ls. mit Anm. *Eich* MDR 1991, 385; 7. Aufl. § 223 Rn. 22.

Die **Weiterleitung der Stellungnahme des Beschwerdegegners** an Beschwerdeführer **50** ohne ausdrückliche Zustimmung stellt einen Verstoß gegen § 76 dar (→ Rn. 28c).

§ 77 Abteilungen des Vorstandes

(1) [1] **Der Vorstand kann mehrere Abteilungen bilden, wenn die Geschäftsordnung der Kammer es zulässt.** [2] **Er überträgt den Abteilungen die Geschäfte, die sie selbständig führen.**

(2) [1] **Jede Abteilung muss aus mindestens drei Mitgliedern des Vorstandes bestehen.** [2] **Die Mitglieder der Abteilung wählen aus ihren Reihen einen Abteilungsvorsitzenden, einen Abteilungsschriftführer und deren Stellvertreter.**

(3) [1] **Vor Beginn des Kalenderjahres setzt der Vorstand die Zahl der Abteilungen und ihrer Mitglieder fest, überträgt den Abteilungen die Geschäfte und bestimmt die Mitglieder der einzelnen Abteilungen.** [2] **Jedes Mitglied des Vorstandes kann mehreren Abteilungen angehören.** [3] **Die Anordnungen können im Laufe des Jahres nur geändert werden, wenn dies wegen Überlastung der Abteilung oder infolge Wechsels oder dauernder Verhinderung einzelner Mitglieder der Abteilung erforderlich wird.**

(4) **Der Vorstand kann die Abteilungen ermächtigen, ihre Sitzungen außerhalb des Sitzes der Kammer abzuhalten.**

(5) **Die Abteilungen besitzen innerhalb ihrer Zuständigkeit die Rechte und Pflichten des Vorstandes.**

(6) **An Stelle der Abteilung entscheidet der Vorstand, wenn er es für angemessen hält oder wenn die Abteilung oder ihr Vorsitzender es beantragt.**

Übersicht

I. Vorstandsbeschluss im Rahmen der Geschäftsordnung der Kammer

1 Zur Erleichterung der Vorstandsarbeit ist die Bildung von Abteilungen zulässig. Die Grundentscheidung der Frage, ob Abteilungen des Vorstands zu bilden sind, ist eine **Angelegenheit der Kammerversammlung.** Nur wenn die nach § 89 Abs. 3 von der Kammerversammlung beschlossene **Geschäftsordnung** der Kammer es vorsieht, kann der Vorstand mehrere Abteilungen bilden (amtliche Begründung). Ob tatsächlich dann auch Abteilungen gebildet werden, wie viele und mit welchen Zuständigkeitsbereichen dies sind, das unterliegt dann allein der Beschlussfassung des Vorstands (Abs. 3; *Isele* § 77 Anm. II B).

2 Allerdings muss der Vorstand, wenn er Abteilungen bilden will, **wenigstens zwei** bilden, da sonst nicht der Sinn und Zweck der Regelung erreichbar wäre, durch die Aufgliederung in Abteilungen die Führung der Vorstandsgeschäfte zu erleichtern (*Isele* § 77 Anm. III B 1).

II. Beschluss über die Bildung von Abteilungen

3 **1. Bestimmung der Mitglieder.** Durch den Vorstandsbeschluss (§§ 71, 72) muss auch die Zahl der Mitglieder der einzelnen Abteilungen festgesetzt werden; die Abteilungen müssen **mindestens aus drei Mitgliedern** des Vorstands bestehen. Der Vorstand kann auch die Bildung mehrerer Abteilungen mit unterschiedlichen Mitgliedszahlen beschließen, wobei jeweils die Mindestzahl von drei Mitgliedern nicht unterschritten werden darf. Das **Kollegialprinzip** darf nicht gestört werden (amtliche Begründung). Auch die den einzelnen Abteilungen zugehörigen Mitglieder des Vorstands werden durch Beschluss des Gesamtvorstands bestimmt. Dabei kann jedes Mitglied des Vorstands mehreren Abteilungen angehören. Wie für die Wahl des Gesamtvorstands können auch für die Mitglieder der Abteilungen keine Stellvertreter bestimmt werden (arg. aus § 69 Abs. 3; *Isele* § 77 Anm. III B 4).

4 **2. Übertragung der Geschäfte.** Durch den Vorstandsbeschluss werden auch die den einzelnen Abteilungen übertragenen Geschäfte bestimmt. Der Vorstand kann alle seine Geschäfte auf seine Abteilungen übertragen, nicht aber auch Geschäfte des Präsidiums. Der Vorstand kann auch **einzelne Geschäfte dem Gesamtvorstand vorbehalten** und die übrigen auf die Abteilungen übertragen.

5 Die Art der Verteilung der Geschäfte obliegt dem **Ermessen des Vorstands:** zB nach Bezirken, Sachgebieten, Anfangsbuchstaben der Beteiligten pp. So kann der Vorstand zB das Rügerecht des Vorstands (§ 74) den Abteilungen nach Bezirken, oder auch nach dem Anfangsbuchstaben des betroffenen Rechtsanwalts übertragen.

6 **3. Zeitpunkt der Beschlussfassung.** Die Beschlüsse des Vorstands über die Zahl der Abteilungen und ihrer Mitglieder, über die ihnen obliegenden Geschäfte und die Bestimmung, welche Vorstandsmitglieder den einzelnen Abteilungen angehören sollen, muss der Vorstand, wie bei der richterlichen Selbstverwaltung (§ 21e GVG) vor Beginn des Kalenderjahres jeweils für ein Jahr fassen. Diese Vorschrift ist **zwingend** (*Isele* § 77 Anm. III C).

Für das **laufende Jahr** können diese Anordnungen nur geändert werden, wenn dies wegen Überlastung der Abteilung oder infolge Wechsels (§§ 68, 69) oder dauernder Verhinderung einzelner Mitglieder der Abteilung erforderlich wird. Damit soll verhindert werden, dass einzelne Sachen ad hoc einer bestimmten Abteilung zur Entscheidung zugewiesen werden (*Jessnitzer/Blumberg* § 77 Rn. 2). 7

Fasst der Vorstand vor Ablauf des Kalenderjahres nicht erneut Beschluss über Bildung, Besetzung und Geschäftsverteilung der Abteilungen, so verlieren die Abteilungen mit Ablauf des 31.12. ihre Funktion und ist ab 1.1. wieder die alleinige Zuständigkeit des Gesamtvorstands begründet (*Isele* § 77 Anm. III D). 8

III. Tätigkeit der Abteilungen

1. Funktionsträger in den Abteilungen. Die einzelnen Abteilungen wählen aus ihren Reihen jeweils einen Abteilungsvorsitzenden, einen Abteilungsschriftführer und deren Stellvertreter, die innerhalb der Abteilungen jeweils dieselben Funktionen haben wie der Präsident der RAK (§ 80 Abs. 2, 3, 4) bzw. der Schriftführer der RAK (§ 82). 9

Die Kompetenz des Abteilungsvorsitzenden kann aber niemals weiter reichen als die des Präsidenten der RAK. So setzt die Mitteilung über die Festsetzung eines Zwangsgeldes (§ 57) einen entsprechenden Beschluss der Abteilung voraus, da der Abteilungsvorsitzende wie auch der Präsident der RAK keine Kompetenz hat, ein Zwangsgeld festzusetzen (EGH Stuttgart BRAK-Mitt. 1983, 195). 10

2. Rechte und Pflichten der Abteilungen. Die Abteilungen haben innerhalb ihrer vom Vorstand bestimmten Zuständigkeit die Rechte und Pflichten des Vorstands und führen die ihnen übertragenen Geschäfte selbständig. Sie treten damit für ihren Geschäftsbereich **an die Stelle des Gesamtvorstands** (amtliche Begründung). Auf die Abteilungen sind folglich die Vorschriften der §§ 70, 71, 72, 73 Abs. 4, 75, 76, 80 Abs. 2 und 3 und 82 entsprechend anwendbar (*Isele* § 77 Anm. IV B 2; *Jessnitzer/Blumberg* § 77 Rn. 1). 11

Die entsprechende Anwendung von § 73 Abs. 4 bedeutet, dass Obliegenheiten des Gesamtvorstands, die nach § 73 Abs. 4 nicht einzelnen Mitgliedern des Gesamtvorstands übertragen werden können, auch einzelnen Abteilungsmitgliedern nicht von der Abteilung übertragen werden können. Beispielsweise obliegt die Erstellung eines Gutachtens (§ 73 Abs. 1 Nr. 8) dem Vorstand oder der Abteilung. Aus § 73 Abs. 4 ergibt sich, dass die Erstattung des Gutachtens nicht auf ein einzelnes Mitglied des Vorstands oder der Abteilung, auch nicht auf den Präsidenten oder den Abteilungsvorsitzenden übertragen werden kann (BGH EGE VI, 81, 85). 12

Darüber hinaus sind auf die Abteilungen auch die für die ihnen übertragenen Geschäfte anwendbaren Bestimmungen entsprechend anwendbar, so zB bei Übertragung des Rügerechts die Bestimmungen des § 74. 13

Zur Vermeidung von **Brüchen in der Vorstandsarbeit,** insbesondere um unterschiedliche Sachbehandlungen in Aufsichtssachen zu vermeiden, müssen die Abteilungen sich untereinander austauschen. 13a

3. Sitzungen der Abteilungen. Die Sitzungen der Abteilungen finden regelmäßig am Sitz der Kammer statt (*Isele* § 77 Anm. IV B 4a). Die Abteilungen können ihre Sitzungen außerhalb des Sitzes der Kammer (§§ 60 Abs. 2, 61 Abs. 2) nur dann abhalten, wenn der Gesamtvorstand sie hierzu besonders ermächtigt hat. Damit soll Vorsorge getroffen werden, dass der Zusammenhalt zwischen den Abteilungen des Vorstands möglichst gewahrt bleibt (amtliche Begründung). 14

4. Verhältnis der Abteilungen zum Gesamtvorstand. Die Abteilungen unterliegen innerhalb ihrer Zuständigkeit nicht Eingriffen des Gesamtvorstands (*Isele* § 77 Anm. IV D 1). Im Interesse der Einheitlichkeit der Geschäftsführung ist jedoch die Möglichkeit offen gehalten, dass in geeigneten Fällen der Gesamtvorstand entscheiden kann. Er kann nach Abs. 6 durch Beschluss des Gesamtvorstands seine Zuständigkeit in eigener Initiative wieder begründen, wenn er eine Entscheidung durch das Plenum für angemessen erachtet. 15

Die Zuständigkeit des Gesamtvorstands kann aber auch dadurch begründet werden, dass die Abteilung oder ihr Vorsitzender die **Entscheidung des Gesamtvorstands beantragt.** Durch diesen Antrag wird der Gesamtvorstand zuständig, ohne dass es eines besonderen Beschlusses aller Mitglieder des Vorstands bedarf (amtliche Begründung). 16

17 In Angelegenheiten, die Vorstandsmitglieder betreffen, sollte immer der Gesamtvorstand und nicht nur eine Abteilung entscheiden, damit die Auffassung aller Vorstandsmitglieder zur Geltung kommen kann und die Entscheidung auf breitester Basis getragen wird (*Isele* § 77 Anm. IV D 3).

IV. Anfechtung von Bildung und Entscheidungen der Abteilung

18 Werden Abteilungen ohne Beachtung der zwingenden Vorschriften des § 77 gebildet oder weitergeführt, sind deren Beschlüsse und Wahlen nach § 112f anfechtbar (*Isele* § 77 Anm. V A, zu § 90 aF). Gleiches gilt, wenn eine Abteilung für den von ihr gefassten Beschluss sachlich nicht zuständig war (*Isele* § 77 Anm. V B). Aber auch sonst sind deren Entscheidungen wie die entsprechenden Entscheidungen des Gesamtvorstands anfechtbar.

2. Das Präsidium

§ 78 Zusammensetzung und Wahl

(1) **Der Vorstand wählt aus seiner Mitte ein Präsidium.**

(2) **Das Präsidium besteht aus**

1. dem Präsidenten,
2. dem Vizepräsidenten,
3. dem Schriftführer,
4. dem Schatzmeister.

(3) **Der Vorstand kann die Zahl der Mitglieder des Präsidiums erhöhen.**

(4) [1] **Die Wahl des Präsidiums findet alsbald nach jeder ordentlichen Wahl des Vorstandes statt.** [2] **Scheidet ein Mitglied des Präsidiums vorzeitig aus, so wird für den Rest seiner Amtszeit innerhalb von drei Monaten ein neues Mitglied gewählt.**

I. Der engere Vorstand

1 Das Präsidium ist der engere Vorstand der RAK. Es besteht ausschließlich aus Mitgliedern des Vorstands (§§ 63 ff.), die aus ihrer Mitte die Mitglieder des Präsidiums wählen. Weder kann die Kammerversammlung das Präsidium wählen, noch kann der Vorstand ein Kammermitglied in das Präsidium wählen, das nicht Mitglied des Vorstands ist (*Isele* § 78 Anm. II A).

II. Zusammensetzung des Präsidiums

2 Das Präsidium setzt sich aus **mindestens vier Mitgliedern** zusammen: nämlich aus dem Präsidenten als dem Vorsitzenden (Abs. 2 Nr. 1, §§ 80, 81, 85, 88 Abs. 5), dem Vizepräsidenten als dem stellvertretenden Vorsitzenden (Abs. 2 Nr. 2; → § 80 Rn. 8), dem Schriftführer (Abs. 2 Nr. 3, §§ 82, 88 Abs. 5) und dem Schatzmeister (Abs. 2 Nr. 4, §§ 83, 84).

3 Der Vorstand hat das Recht, die **Zahl der Mitglieder** des Präsidiums zu erhöhen. Die **Geschäftsordnungen** der Rechtsanwaltskammern regeln insoweit Einzelheiten. Die Erhöhung der Zahl bedeutet indes nicht, dass damit die klassischen Ämter des Präsidiums aufgeteilt werden könnten; die weiteren Präsidiumsmitglieder können nur mit besonderen Aufgaben betraut werden oder intern zur Entlastung der vier Amtsträger nach Abs. 2 herangezogen werden. Keines dieser zusätzlichen Mitglieder des Präsidiums kann ein eigentliches Präsidiumsmitglied **vertreten** (*Isele* § 78 Anm. II D 1).

4 Abgesehen vom Präsidenten der Kammer lässt das Gesetz in einem Präsidium formell **mehrere Vizepräsidenten** zu, da die Nutzung des Singular „dem Vizepräsidenten" in der Aufzählung des Abs. 2 nur im Zusammenhang mit der Mindestzahl von *vier* Präsidiumsmitgliedern gesehen werden kann; auch macht die Erhöhungsmöglichkeit der Anzahl der Mitglieder des Präsidiums in des Abs. 3 sonst keinen Sinn. In der **Praxis** handhaben dies nicht wenige Regionalkammern so, wie zB Berlin, Braunschweig, Celle, Frankfurt, Hamburg, Hamm, Köln, München, Stuttgart, …; → § 80 Rn. 8 (vgl. *Isele* § 78 Anm. II D 1; ebenso Gaier/Wolf/Göcken/*Lauda* § 78 Rn. 8; **aA** Henssler/Prütting/*Hartung* § 78 Rn. 4, 8, der argumentativ auf § 179 Abs. 2 Nr. 2 verweist; beim Präsidium der BRAK sind zwar „mindestens drei Vizepräsidenten" ausdrücklich vorgese-

hen, doch bezieht sich auch diese Zahlenvorgabe des Gesetzes auf die Minimumgröße des Präsidiums der BRAK, das insgesamt mindestens fünf Mitglieder haben muss, nämlich einen Präsidenten, einen Schatzmeister und drei Vizepräsidenten; daher kann dieser Auffassung von Hartung nicht gefolgt werden). Diese **zusätzlichen Präsidiumsmitglieder** müssen ebenfalls dem Vorstand angehören (amtliche Begründung), so dass das Präsidium niemals größer sein kann als der Vorstand.

Kammerrechtsbeistände (§ 209) dürfen nicht zum Präsidenten der Kammer gewählt werden (BGHZ 107, 215 = NJW 1989, 2892 = BRAK-Mitt. 1989, 158 = AnwBl. 1990, 270 = Rbeistand 1989, 86; 8. Aufl. § 209 Rn. 73). 5

III. Die Wahlen zum Präsidium

1. Zeitpunkt. Die Wahlen zum Präsidium finden alsbald, dh **unverzüglich,** also ohne schuldhaftes Zögern (*Isele* § 78 Anm. III C 1a) nach jeder ordentlichen Wahl des Vorstands (§ 68 Abs. 2, 3) statt (amtliche Begründung). Sieht die Satzung eine feste Wahlperiode zB mit Beginn zum 1.1. eines Jahres vor, wurden die Mitglieder des Vorstands aber bereits einige Zeit vor Beginn der Wahlperiode, zB im November des Vorjahres, gewählt, dann muss die Wahl des Präsidiums spätestens nach Beginn der neuen Wahlperiode, also nach dem 1.1. erfolgen. Der Begriff „Wahl" in Abs. 4 S. 1 meint den Beginn der Wahlperiode. 6

2. Ergänzungswahl. Bei Ersatzwahlen zum Vorstand (§ 69 Abs. 3) wird eine Wahl des Präsidiums nur erforderlich, wenn das ausgeschiedene Mitglied dem Präsidium angehört hat (Abs. 4 S. 2). Das Gesetz gewährt für diese Ergänzungswahl für den Rest der Amtszeit des Ausgeschiedenen einen Zeitraum bis zu **drei Monaten,** damit die Kammerversammlung zunächst nach § 69 Abs. 3 eine Entscheidung treffen kann (→ § 69 Rn. 3 ff.). Für die Wahl des Präsidiums aus der Mitte des Vorstands gilt § 72. 7

3. Wahlperiode. Die Wahlperiode des Präsidiums reicht nur über **zwei Jahre,** da alsbald nach jeder ordentlichen Wahl des Vorstands das Präsidium neu zu wählen ist (Abs. 4) und alle zwei Jahre die Hälfte der Mitglieder des Vorstands neu zu wählen ist. Die zweijährige Wahlperiode wird **abgekürzt bei einer Ersatzwahl** (Abs. 4; *Isele* § 78 Anm. III G). Eine Höchstdauer, wie bei einigen politischen Ämtern, sieht das Gesetz, anders als beispielsweise die Satzung des DAV (→ § 68 Rn. 3) nicht vor. 8

4. Annahmepflicht. Jedes Vorstandsmitglied muss seine Wahl in das Präsidium annehmen. Das kann aufgrund der ausdrücklichen Vorgabe des Gesetzes in den Geschäftsordnungen nicht geändert werden. Die Annahmepflicht ist aber in der Praxis ohne nennenswerte Bedeutung, da der Vorstand regelmäßig nur Kandidaten wählen wird, die bereit sind, diesen erhöhten Arbeitseinsatz auch bringen zu wollen. Das **Ablehnungsrecht des § 67** gilt nur für die Wahl in den Vorstand. Wer von diesem Ablehnungsrecht keinen Gebrauch gemacht hat und in den Vorstand gewählt wurde, kann die Übernahme bestimmter Ämter im engeren Vorstand, dem Präsidium, nicht ablehnen (*Isele* § 78 Anm. IV). 9

5. Ausscheiden. Das Präsidiumsmitglied scheidet aus dem Präsidium aus, wenn es nach Ablauf der Amtsperiode nicht in den Vorstand bzw. in das Präsidium wiedergewählt wird. Ferner scheidet es aus, wenn es nach § 69 Abs. 1 aus dem Vorstand ausscheidet oder durch Tod. 10

6. Anfechtbarkeit. Die Wahl ist gemäß § 112f anfechtbar. 11

§ 79 Aufgaben des Präsidiums

(1) **Das Präsidium erledigt die Geschäfte des Vorstandes, die ihm durch dieses Gesetz oder durch Beschluß des Vorstandes übertragen werden.**

(2) [1]**Das Präsidium beschließt über die Verwaltung des Kammervermögens.** [2]**Es berichtet hierüber dem Vorstand jedes Vierteljahr.**

I. Verwaltung des Kammervermögens

Dem **Präsidium** obliegt die Beschlussfassung über die Verwaltung des Kammervermögens. Die Verwaltung als solche wird zwar durch den Schatzmeister (§ 78 Abs. 2 Nr. 4, § 83) wahr- 1 genommen, der ist dabei aber an die Weisungen und Beschlüsse des Präsidiums gebunden (§ 83 Abs. 1 S. 1).

2 Wenn der Schatzmeister sich über diese Weisungen hinwegsetzt, können weder das Präsidium, noch der Vorstand, noch die Kammerversammlung ihn seines **Amtes entheben** (vgl. §§ 68, 69) oder seine Geschäfte übernehmen. Es kann allenfalls gegen ihn ein anwaltsgerichtliches Ermittlungsverfahren eingeleitet werden, das zur Anwendung des § 69 Abs. 4 führen kann (*Isele* § 79 Anm. II A 5, b). Ferner kommen Maßnahmen der Staatsaufsicht gegen ihn in Betracht (→ § 62 Rn. 8 ff.).

3 Über die Verwaltung des Kammervermögens **berichtet** das Präsidium **vierteljährlich** dem Gesamtvorstand. Eine besondere Form ist dafür nicht vorgesehen, der Bericht kann auch mündlich in einer Vorstandssitzung erstattet werden. Diese Berichte bilden die Grundlage für die jährliche Rechnungslegung des Kammervorstands gegenüber der Kammerversammlung nach § 73 Abs. 2 Nr. 7 (*Isele* § 79 Anm. II A 3, 4).

II. Sonstige Aufgaben

4 Darüber hinaus erledigt das Präsidium die Geschäfte des Vorstands (§ 73), die ihm entweder durch die BRAO oder durch Beschluss des Vorstands übertragen wurden. Abs. 1 ermächtigt den Vorstand, bestimmte Geschäfte dem Präsidium zur Erledigung zu übertragen und verpflichtet das Präsidium dazu, diese Geschäfte dann auch in eigener Verantwortung zu erledigen. Diese Regelung soll zur **schnelleren Erledigung der Geschäfte des Vorstands** beitragen, vor allem auch bei Kammern, die auf die Bildung von Abteilungen verzichtet haben (amtliche Begründung; *Isele* § 79 Anm. II C; *Jessnitzer/Blumberg* § 79 Rn. 2).

§ 80 Aufgaben des Präsidenten

(1) **Der Präsident vertritt die Kammer gerichtlich und außergerichtlich.**

(2) [1]**Der Präsident vermittelt den geschäftlichen Verkehr der Kammer und des Vorstandes.** [2]**Er führt die Beschlüsse des Vorstandes und der Kammer aus.**

(3) **Der Präsident führt in den Sitzungen des Vorstandes und in der Versammlung der Kammer den Vorsitz.**

(4) **Durch die Geschäftsordnungen des Vorstandes und der Kammer können ihm weitere Aufgaben übertragen werden.**

Übersicht

I. Rechte und Pflichten des Kammerpräsidenten

1 **1. Vertretungsrecht.** Der Präsident als oberstes Organ der RAK vertritt die Kammer **gerichtlich und außergerichtlich.** Er ist ihr öffentlich rechtlicher und ihr rechtsgeschäftlicher Vertreter (*Isele* Anm. II A 1).

2 Er allein kann namens der RAK klagen und ihm müssen gegen die Kammer gerichtete Klagen, nach §§ 112a ff. zugestellt werden; die Zustellung an den Vizepräsidenten genügt nur, wenn der Präsident verhindert ist. Die für und gegenüber der Kammer abzugebenden rechtsgeschäftlichen Erklärungen müssen von bzw. gegenüber dem Präsidenten abgegeben werden. Der Präsident der RAK ist **„Behördenchef"** im Sinne der Bestimmungen des StGB, in denen von Behörden die Rede ist (*Isele* § 80 Anm. II 1–4).

2. Vermittlung des geschäftlichen Verkehrs. Der Präsident vermittelt den geschäftlichen Verkehr der Kammer und des Vorstands, dh er führt den Verkehr der Kammer und des Vorstands mit Behörden, Gerichten, Verbänden, Privatpersonen pp. selbständig aus. Er gibt die Beschlüsse des Vorstands (§ 72) den Beteiligten bekannt (*Isele* § 80 Anm. II B). 3

3. Ausführung von Beschlüssen. Der Präsident führt die Beschlüsse des Vorstands und der Kammerversammlung aus. Dabei ist der Präsident an den Inhalt der Beschlüsse gebunden, er **muss** sie sinnentsprechend **ausführen,** andernfalls er seine gesetzliche und damit auch berufliche Pflicht verletzt (*Isele* § 80 Anm. II C). 4

4. Vorsitz in den Vorstandssitzungen und in der Kammerversammlung. Der Präsident führt in den Sitzungen des Vorstands (§ 70) und in der Versammlung der Kammer (§ 85) den Vorsitz (→ § 88 Rn. 1), nachdem er den Vorstand (§ 70 Abs. 1) und die Versammlung der Kammer (§§ 85 Abs. 1, 86 Abs. 1) einberufen hat. Auch die Einberufung des Präsidiums und die **Leitung** der Präsidiumssitzungen fällt in seine Kompetenz. Bei **Stimmengleichheit** im Vorstand, Präsidium und in der Kammerversammlung gibt die Stimme des Präsidenten den Ausschlag (§ 72 Abs. 1 S. 2; § 88 Abs. 3 S. 3). 5

5. Übertragung weiterer Aufgaben. Nach dem Grundsatz der Selbstverwaltung können durch die Geschäftsordnungen des Vorstands und der Kammer (§§ 63 Abs. 3, 89 Abs. 3) dem Präsidenten weitere Aufgaben übertragen werden (amtliche Begründung). Weitere gesetzliche Aufgaben des Präsidenten ergeben sich aus §§ 57 Abs. 2, 81 Abs. 1, 2, 82 S. 2, 188 und § 191a Abs. 4. 6

II. Der Vizepräsident

Der Vizepräsident (§ 78 Abs. 2 und Nr. 2) ist der geborene ständige Vertreter des Präsidenten, wenn dieser aus welchem Grund auch immer verhindert ist. Darüber hinaus kann der Präsident dem Vizepräsidenten bestimmte **Aufgaben** zur ständigen selbständigen Wahrnehmung **übertragen,** ohne dass eine Verhinderung des Präsidenten vorzuliegen braucht (*Isele* § 80 Anm. III B 2b). 7

Der Vorstand kann **mehrere Vizepräsidenten** wählen (→ § 78 Rn. 3; *Isele* § 78 Anm. II. D. 1.; Gaier/Wolf/Göcken/*Lauda* § 78 Rn. 8; **aA** Henssler/Prütting/*Hartung* § 78 Rn. 4, 8). In der **Praxis** haben von dieser Möglichkeit viele Rechtsanwaltskammern, nicht nur, aber vor allem die größeren, Gebrauch gemacht (zB Berlin, Braunschweig, Celle, Frankfurt, Hamburg, Hamm, Köln, München, Stuttgart, …). Im Falle der **Verhinderung des Präsidenten** und des/der Vizepräsidenten (bei mehreren Vizepräsidenten richtet sich die **Vertretungsreihenfolge** nach dem Dienstalter derselben, soweit die Geschäftsordnung keine andere Regelung vorsieht) wird die Kammer von dem Schriftführer, im Falle auch dessen Verhinderung von dem Schatzmeister vertreten. Sind all diese verhindert, folgen alle übrigen Mitglieder des Präsidiums (§ 78 Abs. 3) nach dem Dienstalter und bei gleichem Dienstalter nach dem Lebensalter. Für den unwahrscheinlichen Fall, dass alle Mitglieder des Präsidiums verhindert sein sollten, folgen die übrigen Vorstandsmitglieder in der Reihenfolge des Dienstalters und bei gleichem Dienstalter nach Lebensjahren (*Isele* § 80 Anm. IV B 2). 8

III. Der Geschäftsführer

Die Tätigkeit des Geschäftsführers der RAK ist in der BRAO **weder umschrieben noch** überhaupt **vorgesehen.** Sie ist nur in der Satzung der BRAK (→ § 175 Rn. 10, dort § 19) und in einigen Vorstands-Geschäftsordnungen (zB Karlsruhe und Koblenz) erwähnt (*Gralla,* Schriftenreihe der BRAK, Bd. 6, 189 ff.). 9

In der **Praxis** hat sich jedoch im Zuge wachsender Mitgliederzahlen und der Zunahme von Verwaltungsaufgaben die Notwendigkeit ergeben, die ehrenamtlich tätigen Präsidiumsmitglieder und die Mitglieder des Vorstands insbesondere von der reinen Büroleitung und dem Vollzug und der Erledigung von Aufgaben, die nicht Beschlussaufgaben sind und die nicht kraft Gesetzes einem Organ oder Funktionsträger allein vorbehalten sind (→ § 56 Rn. 16 f.), zu entlasten. Demgemäß sind auch **bei allen Rechtsanwaltskammern** ein oder mehrere hauptberufliche **Geschäftsführer** (daneben oftmals zusätzlich Referenten) **angestellt,** die regelmäßig selbst Rechtsanwälte sind. 10

11 Die Anstellung erfolgt durch den Präsidenten (§ 80 Abs. 1). Der Geschäftsführer untersteht der Aufsicht des Präsidenten, der auch die Aufgaben des Geschäftsführers bestimmt (vgl. Art. V Abs. 5 der bis zum 31.8.2015 geltenden Satzung der BRAK; → § 175 Rn. 8–10 und Rn. 9 in der 8. Aufl.). Zulässig ist, diese Aufsicht durch die Geschäftsordnung des Vorstands dem Präsidium insgesamt zu übertragen.

12 Die Tätigkeit als Geschäftsführer einer RAK ist **mit dem Beruf eines Rechtsanwalts vereinbar,** eine Gefährdung der Interessen der Rechtspflege durch die gleichzeitige Ausübung beider Tätigkeiten ist ausgeschlossen. Der **BGH** hat die entgeltliche **Geschäftsführertätigkeit** für die RAK und auch die für die Notarkammer wegen ihres berufsständigen Charakters **als genehmigungsfreie Anwaltstätigkeit gewertet** und als im weiteren Sinn zur Ausübung des Anwaltsberufs gehörend (BGHZ 98, 206, 209 = NJW 1986, 3210) bezeichnet. Die Tätigkeit als Geschäftsführer einer RAK neben der anwaltlichen Tätigkeit ist berufsrechtlich unbedenklich (nicht jedoch – beispielsweise – einer **Landesärztekammer,** da dort, anders als bei Rechtsanwaltskammern keine anwaltlichen Aufgaben berufsständischer Natur erfüllt werden, BGH NJW 2000, 3004 = AnwBl. 2000, 687 = BRAK-Mitt. 2001, 44). Die RAK muss daher die Gestattung nach § 47 Abs. 1 S. 2 aussprechen (ebenso Henssler/Prütting/*Hartung* § 63 Rn. 10).

13 Auch ein Rechtsanwalt, der aufgrund eines privatrechtlichen Vertrags als Angestellter der RAK die Geschäfte der RAK und der Notarkammer am Ort seiner Kanzlei führt, kann zum **Anwaltsnotar** bestellt werden (BGH NJW 1986, 3210 = DNotZ 1987, 160).

14 Zur Tätigkeit der **Konferenz der Geschäftsführer** der Rechtsanwaltskammern → § 73 Rn. 21; *Gralla,* Schriftenreihe der BRAK, Bd. 6, 189 ff.; vgl. auch BRAK-Mitt. 1984, 63; 1985, 87, 1986, 79; 1990, 79).

§ 81 Berichte über die Tätigkeit der Kammer und über Wahlergebnisse

(1) **Der Präsident erstattet der Landesjustizverwaltung jährlich einen schriftlichen Bericht über die Tätigkeit der Kammer und des Vorstandes.**

(2) **Der Präsident zeigt das Ergebnis der Wahlen zum Vorstand und zum Präsidium alsbald der Landesjustizverwaltung und der Bundesrechtsanwaltskammer an.**

I. Tätigkeitsbericht

1 Der Präsident erstattet der Landesjustizverwaltung jährlich einen schriftlichen Bericht über die Tätigkeit der Kammer und des Vorstands. Damit soll der Landesjustizverwaltung die Prüfung ermöglicht werden, ob im Wege der Staatsaufsicht (§ 62 Abs. 2) etwas zu veranlassen ist (amtliche Begründung; → § 62 Rn. 5 ff.; → § 185 Rn. 4). Es ist indes zweifelhaft, ob aus dem Jahresbericht Einzelheiten hervorgehen, die Aufschluss darüber geben, ob Gesetz und Satzung beachtet worden sind oder die RAK ihre Aufgaben erfüllt hat. Bisher hat es keinen Jahresbericht eines Präsidenten gegeben, der Maßnahmen der Staatsaufsicht ausgelöst hat. Es werden wohl eher ihr bekannt werdende Einzelvorgänge sein, die derartige Maßnahmen auslösen.

II. Anzeige der Wahlergebnisse

2 Der Präsident zeigt das Ergebnis der Wahlen zum Vorstand und zum Präsidium alsbald der Landesjustizverwaltung und der BRAK an, damit diese darüber unterrichtet sind, wer in der RAK die verantwortlichen Funktionsträger sind und wer Vertreter der RAK in der Hauptversammlung der BRAK ist (§ 188). Abschriften der Protokolle über die Wahlvorgänge brauchen nicht eingereicht zu werden.

3 Ferner soll die Landesjustizverwaltung damit in die Lage versetzt werden zu prüfen, ob Anlass besteht, einen Antrag nach § 112f zu stellen.

§ 82 Aufgaben des Schriftführers

[1] Der Schriftführer führt das Protokoll über die Sitzungen des Vorstandes und über die Versammlungen der Kammer. [2] Er führt den Schriftwechsel des Vorstandes, soweit es sich nicht der Präsident vorbehält.

I. Aufgaben des Schriftführers

1 **1. Protokollführer.** Der Schriftführer ist der berufene Protokollführer der Kammer, der die nach §§ 73 Abs. 3, 88 Abs. 5 vorgeschriebenen Protokolle fertigt (→ § 72 Rn. 9 ff.; → § 88 Rn. 12). Darüber hinaus kann durch die Geschäftsordnung des Vorstands eine weitergehende Protokollierung zB aller Beschlüsse des Präsidiums vorgesehen werden, die dann ebenfalls dem Schriftführer obliegt (*Isele* § 82 Anm. II A 4).

2 Einen **Vertreter des Schriftführers** sieht die BRAO nicht mehr vor, anders als noch § 46 RAO aF; hier lag die Vertretung beim stellvertretenden Schriftführer. An dessen Stelle ist als viertes Mitglied des Präsidiums der Schatzmeister getreten. Daraus kann man den Schluss ziehen, dass dieser den Schriftführer vertritt, soweit dies nicht abweichend in der Geschäftsordnung geregelt ist.

3 **2. Führung des Schriftwechsels.** Der Schriftführer führt darüber hinaus den Schriftwechsel des Vorstands, soweit dies sich nicht der Präsident vorbehält. Der **Präsident** hat somit für den Schriftverkehr des Vorstands ein **Prioritätsrecht** und der Schriftführer ist nur zuständig, soweit der Präsident ihm den Schriftverkehr überlässt. Wie der Präsident dies regelt, ob durch generelle oder durch Einzelweisungen, ist seiner Entscheidung überlassen (zustimmend Gaier/Wolf/Göcken/*Lauda* § 82 Rn. 3). Da es sich um eine **zwingende gesetzliche Regelung** handelt, kann durch die Geschäftsordnung nichts Abweichendes bestimmt werden (*Isele* § 82 Anm. II B).

II. Der Abteilungsschriftführer

4 Der Abteilungsschriftführer nach § 77 Abs. 2 S. 2 hat innerhalb seiner Abteilung die entsprechenden Aufgaben wie der Schriftführer als Mitglied des Präsidiums. Personenidentität besteht nicht (*Isele* § 82 Anm. II A 3).

§ 83 Aufgaben des Schatzmeisters

(1) [1] **Der Schatzmeister verwaltet das Vermögen der Kammer nach den Weisungen des Präsidiums.** [2] **Er ist berechtigt, Geld in Empfang zu nehmen.**

(2) **Der Schatzmeister überwacht den Eingang der Beiträge.**

I. Aufgaben des Schatzmeisters

1 Der Schatzmeister verwaltet das Kammervermögen nach den Weisungen des Präsidiums (§ 79 Abs. 2). Er ist berechtigt, Geld in Empfang zu nehmen und überwacht den Eingang der Beiträge. Daraus ergeben sich insbesondere folgende Kompetenzen des Schatzmeisters:

1. Er hat die von der Kammerversammlung beschlossenen Beiträge, Umlagen sowie Gebühren und Auslagen (§ 89 Abs. 2 Nr. 2) zum Fälligkeitstermin einzufordern (zustimmend AGH NRW v. 8.5.2015 – 1 AGH 5/15; *Isele* § 83 Anm. II B 2a).
2. Er überwacht den Eingang der Beiträge, Umlagen, Gebühren und Auslagen (zustimmend AGH NRW v. 8.5.2015 – 1 AGH 5/15).
3. Er zieht rückständige Beiträge ein (§ 84).
4. Er ist berechtigt für die Kammer Gelder in Empfang zu nehmen.
5. Im Rahmen der nach § 89 Abs. 2 Nr. 4 durch die Kammerversammlung bewilligten Mittel kann er über die eingehenden Beträge verfügen (*Isele* § 83 Anm. II D).
6. Er betreibt für die RAK die Vollstreckung einer Geldbuße (→ § 204 Rn. 4).
7. Er erteilt nach § 57 Abs. 4 die Bescheinigung der Vollstreckbarkeit des Festsetzungsbescheides und leitet die Vollstreckung ein.

II. Kontrolle des Schatzmeisters

2 Der Schatzmeister unterliegt hinsichtlich der Verwaltung des Kammervermögens der Kontrolle durch das Präsidium (§ 79 Abs. 2, § 83 Abs. 1 S. 1). Die Kassengeschäfte führt er aber in **eigener Verantwortung** (zustimmend AGH NRW v. 8.5.2015 – 1 AGH 5/15) und ist dabei **nicht an Weisungen** des Präsidiums **gebunden.** Damit das Präsidium gegenüber dem Vorstand seiner sich

aus § 79 Abs. 2, S. 2 ergebenden Darlegung der Verwaltung des Kammervermögens nachkommen kann, muss der Schatzmeister das Präsidium rechtzeitig darüber unterrichten. Er muss für den Vorstand der Kammerversammlung nach § 89 Abs. 2 Nr. 6 Abrechnung über die Einnahmen und Ausgaben der Kammer erstatten.

III. Vertretung des Schatzmeisters

3 Einen Vertreter des Schatzmeisters sieht die BRAO nicht mehr vor. Die Vertretung des Schriftführers durch den Schatzmeister (→ § 82 Rn. 1) lässt aus der historischen Entwicklung den Schluss zu, dass der Schriftführer umgekehrt auch den Schatzmeister vertritt, soweit dies nicht abweichend in der Geschäftsordnung geregelt ist.

§ 84 Einziehung rückständiger Beiträge

(1) **Rückständige Beiträge, Umlagen, Gebühren und Auslagen werden auf Grund der von dem Schatzmeister ausgestellten, mit der Bescheinigung der Vollstreckbarkeit versehenen Zahlungsaufforderung nach den Vorschriften beigetrieben, die für die Vollstreckung von Urteilen in bürgerlichen Rechtsstreitigkeiten gelten.**

(2) **Die Zwangsvollstreckung darf jedoch erst zwei Wochen nach Zustellung der vollstreckbaren Zahlungsaufforderung beginnen.**

(3) [1] **Auf Einwendungen, die den Anspruch selbst betreffen, ist die beschränkende Vorschrift des § 767 Abs. 2 der Zivilprozeßordnung nicht anzuwenden.** [2] **Für Klagen, durch die Einwendungen gegen den Anspruch selbst geltend gemacht werden, ist entsprechend dem Wert des Streitgegenstandes das Amtsgericht oder das Landgericht zuständig, bei dem der Schuldner im Inland seinen allgemeinen Gerichtsstand hat.**

Übersicht

I. Einziehung rückständiger Beiträge

1 **1. Recht zur Erhebung und Pflicht zur Zahlung.** Die Pflicht des einzelnen Kammermitglieds, Beiträge, Umlagen, Gebühren und Auslagen zu zahlen, findet ihre **Grundlage in der Mitgliedschaft** bei der Anwaltskammer als einer Körperschaft des öffentlichen Rechts (→ § 89 Rn. 15 ff.). Die Pflicht zur Zahlung von Gebühren und Auslagen durch **Nichtmitglieder** ergibt sich aus der Inanspruchnahme der RAK zB durch einen Antrag auf Zulassung zur Rechtsanwaltschaft (vgl. § 192). Die **Höhe** und die **Fälligkeit** der Beiträge wird nach § 89 Abs. 2 Nr. 2 durch die **Kammerversammlung** festgesetzt und in einer entsprechenden Gebühren- oder Beitragsordnung der Kammer niedergelegt (→ § 89 Rn. 15 ff.).

2 Die Beiträge einzuziehen und ihren Eingang zu überwachen ist Sache des Schatzmeisters (§ 83 Abs. 2). Die Einziehungsbefugnis der Rechtsanwaltskammern gilt für alle Beiträge, Umlagen, Gebühren und Auslagen sowie gleichermaßen auch für Verwaltungsgebühren infolge übertragener Zuständigkeiten (vgl. amtliche Begründung, BR-Drs. 816/97, 5 = BT-Drs. 13/9610, 6).

3 **2. Zwangsweise Beitreibung.** Wenn ein Zahlungspflichtiger seiner Zahlungsverpflichtung nicht nachkommt, können die Beiträge pp. zwangsweise beigetrieben werden. Wie bei anderen öffentlichen Abgaben ist es nicht erforderlich, dass vor der Beitreibung ein besonderer **gerichtlicher Titel** erwirkt wird. Die Anwaltskammer ist vielmehr als Körperschaft des öffentlichen Rechts ermächtigt, die **Grundlage für die Beitreibung selbst** zu **schaffen** (amtliche Begründung, Drs. 13/9610):

a) Titel. Der Titel besteht aus zwei Teilen: 4

- Die von dem Schatzmeister an den Zahlungspflichtigen gerichtete **Zahlungsaufforderung** beinhaltet die Angabe der Höhe und des Grundes des geschuldeten Betrages, die Feststellung der Fälligkeit und die Aufforderung zur Zahlung (*Isele* § 84 Anm. II B 1b, aa). Die Zahlungsaufforderung ist **Mahnung** und zugleich auch **vollstreckbarer Titel.**
- Ist der Schuldner der Zahlungsaufforderung nicht nachgekommen, setzt der Schatzmeister auf diese die **Vollstreckungsklausel,** dh er bescheinigt auf der Zahlungsaufforderung, dass diese für vollstreckbar erklärt wird.

b) Zustellung und die Wartefrist. Dieser **Vollstreckungstitel** muss dem Schuldner vor 5
Beginn der Zwangsvollstreckung zugestellt werden (Abs. 2, § 229). Es verbleibt mithin bei dem in der ZPO (§ 750 Abs. 1 ZPO) enthaltenen Grundsatz, dass die Zwangsvollstreckung nur beginnen darf, wenn der Titel bereits zugestellt ist. Die Möglichkeit, dass die Zwangsvollstreckung durchgeführt werden darf, wenn der Titel wenigstens gleichzeitig zugestellt wird (§ 750 Abs. 1 ZPO), ist im Interesse des Schuldners ausgeschlossen. Damit ihn die Vollstreckung nicht unvermutet trifft, verbleibt ihm zwischen Zustellung und frühestmöglichem Beginn der Beitreibung in Anlehnung an § 798 ZPO eine Wartefrist von zwei Wochen, innerhalb derer er durch Zahlung die Zwangsvollstreckung abwenden kann (amtliche Begründung). Die vollstreckbare Zahlungsaufforderung der RAK ist ein **Verwaltungsakt,** der **beim Anwaltsgerichtshof angefochten** werden kann, §§ 112a ff. (zu § 223 aF BGH NJW 1971, 705 = AnwBl. 1971, 118).

c) Zwangsvollstreckung. Die frühestens zwei Wochen nach der Zustellung des Titels begin- 6
nende Zwangsvollstreckung geschieht nach den Vorschriften, die für die Vollstreckung von Urteilen in bürgerlichen Rechtsstreitigkeiten gelten (§§ 803–945 ZPO).

II. Einwendungen gegen den Anspruch selbst und gegen die Art und Weise der Zwangsvollstreckung

In Abs. 3 werden für die Vollstreckungsgegenklage, die dem Schuldner zusteht, zwei Beson- 7
derheiten geregelt, die sich aus der Natur des Titels ergeben. Nach Abs. 3 iVm § 767 ZPO hat der Schuldner grundsätzlich die **Vollstreckungsgegenklage.** Die auf der Rechtskraft der gerichtlichen Urteile beruhende zeitliche Beschränkung des § 767 Abs. 2 ZPO gilt in diesem Falle nicht (amtliche Begründung), weil kein gerichtliches Verfahren vorausgegangen ist und der Schuldner Einwendungen jetzt erstmalig geltend machen kann (BGH NJW 1971, 705).

Hinsichtlich der **sachlichen Zuständigkeit** wird festgelegt, dass über die Vollstreckungs- 8
gegenklage entweder das Amtsgericht oder das Landgericht je nach Höhe des Streitwertes entscheidet. Die **örtliche Zuständigkeit** wird in Anlehnung an § 797 Abs. 5 ZPO ausdrücklich geregelt, weil hier an einen früheren Gerichtsstand nicht angeknüpft werden kann (amtliche Begründung).

Grundlage für die Höhe und Fälligkeit der Schuld ist der diesbezügliche Beschluss der 9
Kammerversammlung (§ 89 Abs. 2 Nr. 2). Unter „Einwendungen, die den Anspruch selbst betreffen", ist nicht der Einwand zu verstehen, dass das den Beitrag pp. schuldende Kammermitglied bzw. der sonstige Schuldner einer Verwaltungsgebühr die Wirksamkeit des Beschlusses der Kammerversammlung im Wege der Zwangsvollstreckungsgegenklage (§ 767 ZPO) überprüfen lassen kann (so auch Henssler/Prütting/*Hartung* § 84 Rn. 5). Der Schuldner kann im Verfahren nach § 767 ZPO **nicht** den **Einwand** erheben, dass der der Zahlungsaufforderung zugrunde liegende **Kammerbeschluss unwirksam** sei (BGH NJW 1971, 705; NdsAGH BeckRS 2009, 14661). Diese Prüfung steht nur dem Anwaltsgerichtshof im Verfahren nach §§ 112a ff. zu. Die vollstreckbaren Zahlungsaufforderungen einer RAK auf der Grundlage eines solchen Kammerbeschlusses sind Verwaltungsakte, die **beim Anwaltsgerichtshof angefochten** werden können (zu § 223 aF BGH NJW 1971, 705; NdsAGH BeckRS 2009, 14661; EGH München AnwBl. 1977, 271; OVG Berlin AnwBl. 1983, 288; *Isele* § 84 Anm. II B 3; so auch Henssler/Prütting/*Hartung* § 84 Rn. 5).

Sie können **nicht** im Verwaltungsprozess vor den allgemeinen **Verwaltungsgerichten** ange- 10
fochten werden (zur Rechtslage vor dem 1.9.2009, als die die BRAO ergänzenden Vorschriften noch nicht die VwGO und das VwVfG, sondern das FGG war (§ 32 nF), BGH NJW 1971, 705; BVerwG NJW 1984, 191; OVG Berlin AnwBl. 1983, 288; EGH München AnwBl. 1977, 271). Im Rahmen der Anfechtung der Zahlungsaufforderung gemäß § 112f ist dann auch die Vorfrage

nach der Wirksamkeit des Kammerbeschlusses durch den Anwaltsgerichtshof zu prüfen (NdsAGH BeckRS 2009, 14661; EGH München AnwBl. 1977, 271; EGH Hamburg BRAK-Mitt. 1992, 219, 220).

11 Auch die **ordentlichen Gerichte** können im Verfahren nach § 767 ZPO nicht darüber entscheiden, ob der der Zahlungsaufforderung zugrunde liegende Kammerbeschluss (§ 89 Abs. 2 Nr. 2) rechtswirksam ist.

12 Dass bei Einfordern rückständiger Beiträge pp. Einwendungen, „die den Anspruch selbst betreffen", mit der Vollstreckungsgegenklage geltend zu machen sind (§ 84 Abs. 3, § 767 ZPO), steht dem Verfahren vor dem Anwaltsgerichtshof nicht entgegen; denn die aus materiell-rechtlichen Gründen bezweifelte Wirksamkeit der Beitragsfestsetzung pp. hinsichtlich Höhe und Fälligkeit rechnet nicht zu diesen Einwendungen (EGH München AnwBl. 1977, 271). Im Hinblick auf die Zuständigkeit des Anwaltsgerichtshofs nach §§ 112a ff. erscheint es geboten, die Freistellung des Schuldners von der Beschränkung des § 767 Abs. 2 ZPO durch § 84 Abs. 3 S. 1 dahin auszulegen, dass unter die zulässigen Einwendungen nicht auch die Frage fällt, ob der den Zahlungsaufforderungen zugrunde liegende Kammerbeschluss rechtswirksam ist oder nicht. Diese Frage zu entscheiden muss vielmehr dem zuständigen Anwaltsgerichtshof überlassen werden (BGH NJW 1971, 705; → Rn. 5).

13 Die Einwendungen nach Abs. 3 beschränken sich damit vor allem auf den **Einwand der Erfüllung** durch Zahlung oder Aufrechnung (so auch Gaier/Wolf/Göcken/*Lauda* § 84 Rn. 6; Henssler/Prütting/*Hartung* § 84 Rn. 6). Kritisch zu dieser Aufsplitterung der Prüfungsmöglichkeiten *Kleine-Cosack* § 84 Rn. 4).

14 **Erinnerungen** gemäß § 766 ZPO gegen die Art und Weise der Zwangsvollstreckung und die **Drittwiderspruchsklage** nach § 771 ZPO sind weiterhin zulässig, werden also durch die Regelung nicht berührt (*Isele* § 84 Anm. III 1, 2; so auch Henssler/Prütting/*Hartung* § 84 Rn. 7).

3. Die Versammlung der Kammer

§ 85 Einberufung der Versammlung

(1) **Die Versammlung der Kammer wird durch den Präsidenten einberufen.**

(2) **Der Präsident muß die Versammlung der Kammer einberufen, wenn ein Zehntel der Mitglieder es schriftlich beantragt und hierbei den Gegenstand angibt, der in der Versammlung behandelt werden soll.**

(3) **Wenn die Geschäftsordnung der Kammer nichts anderes bestimmt, soll die Versammlung am Sitz der Rechtsanwaltskammer stattfinden.**

Übersicht

I. Pflicht des Präsidenten zur Einberufung

1 Die Versammlung der Kammer ist das oberste Organ der RAK, in der die Mitglieder ihren Willen in Form von Beschlüssen und Wahlen äußern. Nach § 85 ist es Sache des Präsidenten und nicht des Vorstands oder des Präsidiums, die Kammerversammlung einzuberufen (EGH Hamburg NJW 1985, 1084 = BRAK-Mitt. 1985, 51). Der Präsident hat nach **pflichtmäßigem Ermessen** in eigener Zuständigkeit zu entscheiden, ob er die Versammlung einberufen will. Damit die Mitglieder ihren Willen artikulieren können, hat er aber nur einen **engen Ermessensspielraum**

(ebenso Gaier/Wolf/Göcken/*Lauda* § 85 Rn. 3; Henssler/Prütting/*Hartung* § 85 Rn. 1). So kann sich für den Präsidenten eine **Pflicht** zur Einberufung ergeben, sei es aus der Geschäftsordnung der Kammer, aus einem Beschluss des Gesamtvorstands oder aber aus dem Verlangen einer Minderheit (amtliche Begründung; → Rn. 4).

Außer im Fall des Abs. 2 muss der Präsident die Versammlung einberufen, wenn 2

- dies nach dem pflichtgemäßen Ermessen des Präsidenten zur Durchführung der der Kammerversammlung nach § 89 obliegenden Aufgaben erforderlich ist (*Isele* § 85 Anm. III A; *Jessnitzer/Blumberg* § 85),
- der Vorstand es beschlossen hat (§ 80 Abs. 2 S. 2; amtliche Begründung; *Isele* § 85 Anm. III C; *Jessnitzer/Blumberg* § 85),
- die Kammerversammlung es beschlossen hat (*Isele* § 85 Anm. III D; *Jessnitzer/Blumberg* § 85),
- die Geschäftsordnung der Kammer es verlangt (amtliche Begründung; *Isele* § 85 Anm. III B; *Jessnitzer/Blumberg* § 85),
- die jährliche Rechnungslegung des Vorstands fällig ist (*Jessnitzer/Blumberg* § 85).

II. Zusammenstellung und Bekanntmachung der Tagesordnung

Das **Recht und die Pflicht des Präsidenten** zur Einberufung der Kammer impliziert, dass er 3
und nicht ein anderes Kammerorgan dabei die vorgegebene Tagesordnung (→ § 87 Rn. 1 ff.) zusammenzustellen und bekannt zu geben hat.

III. Minderheitenrecht und Recht des Gesamtvorstands (Abs. 2)

1. Ein Zehntel der Mitglieder, Verwerfungskompetenz. Der Präsident **muss** die Ver- 4
sammlung einberufen, wenn **ein Zehntel der Mitglieder** es schriftlich beantragt und hierbei den Gegenstand angibt, der in der Versammlung behandelt werden soll. Maßgeblich für die Berechnung ist der Mitgliederstand im Zeitpunkt der Antragstellung (*Isele* § 85 Anm. III E 1, 2). Der Präsident prüft zunächst, ob das Quorum von einem Zehntel der Mitglieder erreicht ist. Ist es nicht erreicht und ist der Gegenstand, der behandelt werden soll, unzulässig, darf er die Versammlung dazu nicht einberufen. Ist zwar das **Quorum nicht erreicht,** der **Behandlungsgegenstand** aber **zulässig,** entscheidet der Präsident nach **pflichtgemäßem Ermessen.** Ist das Quorum erreicht, muss der Präsident die Versammlung auch dann einberufen, wenn er den Gegenstand, der zur Behandlung durch die Versammlung vorgeschlagen wird, für unzulässig hält. Bei dem Antrag dieser qualifizierten Zahl von Mitgliedern *nach Abs. 2* **fehlt dem Präsidenten eine Verwerfungskompetenz** (BGH NJW-RR 2014, 750 = GewArch 2015, 74 = AnwBl. 2015, 179, nur Ls.; *Bulla* GewArch 2015, 62; EGH Hamburg NJW 1985, 1084 = BRAK-Mitt. 1985, 51; so auch Gaier/Wolf/Göcken/*Lauda* § 85 Rn. 5; Henssler/Prütting/*Hartung* § 85 Rn. 3; *Kleine-Cosack* § 87 Rn. 2).

2. Beschluss des Gesamtvorstands. Er muss ferner einen **Beschluss des Gesamtvor-** 5
stands, durch den die Einberufung gefordert wird, ausführen (§ 80 Abs. 2 S. 2), ohne selbst Bedenken erheben zu können (amtliche Begründung). Der Präsident kann aber bei der Einberufung der Versammlung seine Auffassung, der Behandlungsgegenstand sei unzulässig, darlegen.

3. Absenkung des Mindestquorums aus Abs. 2. Abs. 2 enthält hinsichtlich des erforderli- 6
chen Quorums lediglich **Mindestvorgaben,** so dass die RAK in der Geschäftsordnung **kein höheres Quorum** festsetzen darf. Es soll ihr aber nach dem BGH freistehen, das **Quorum abzusenken** (BGH NJW-RR 2014, 750 = GewArch 2015, 74; BayAGH (Vorinstanz) vom 15.7.2013 – I-19/12 unter II. 2. b.), da es angesichts der sehr gewachsenen Mitgliederzahlen in den Kammern und der durchweg geringen Beteiligung an den Kammerversammlungen praktisch nicht möglich sei, die 10 % der Kammermitglieder zu erreichen. Die Absenkungsmöglichkeit des gesetzlichen Quorums geht nach dem BayAGH aber zwingend mit dem dem Präsidenten grundsätzlich dann zustehenden Prüfungsrecht einher, ob nämlich die angemeldeten Anträge einen Gegenstand betreffen, der vom Funktionsbereich der Rechtsanwaltskammer abgedeckt ist und in die Zuständigkeit der Kammerversammlung falle. Diese Auffassung teilte der BGH nicht und hob den BayAGH auf (eingehend → Rn. 7 ff.).

IV. Anträge außerhalb des Funktionsbereichs der RAK

7 **1. BGH vom 3.11.2014.** In der aktuellen Entscheidung erklärt der BGH das Quorum des § 85 Abs. 2 zur Einberufung einer Kammerversammlung für disponibel und lässt unabhängig davon auch ein x-beliebiges Quorum ausreichen, um die Tagesordnung einer Kammerversammlung **ohne Rücksicht auf den Funktionsbereich einer RAK und ohne Einflussnahmemöglichkeit des Präsidenten,** fremdbestimmen zu lassen. Dem Präsidenten stehe – anders als bei Anträgen einzelner Kammermitglieder – bei einem nach der Geschäftsordnung qualifizierten Antrag (erreichtes Mindestquorum) kein Prüfungsrecht zu. Er müsse deshalb einen solchen Antrag auch dann auf die Tagesordnung setzen, wenn er die Behandlung des Themas auf der Kammerversammlung – zB weil der Antrag einen Gegenstand betrifft, der seiner Meinung nach nicht in den Funktionsbereich der Kammer fällt – für unzulässig hält. Der Präsident dürfe dann nur die Einhaltung der Formalia, insbesondere fristgerechter Eingang, Kammerzugehörigkeit der Antragsteller, überprüfen. Es sei dann Aufgabe der Kammerversammlung, selbst darüber zu beschließen, ob und wie sie einen solchen Gegenstand behandeln will. Dem Präsidenten bleibe es hierbei unbenommen, bereits im Zuge der Übermittlung der Tagesordnung seine Bedenken gegen die Zulässigkeit des Antrags deutlich zu machen. Dass abweichend von § 85 Abs. 2 dem Präsidenten trotz des eindeutigen Wortlauts in der GO ein materielles Prüfungsrecht zustehe, sei nicht ersichtlich (BGH NJW-RR 2014, 750 = GewArch 2015, 74 = AnwBl. 2015, 179, nur Ls.; zustimmend *Bulla* GewArch 2015, 62).

8 **2. Kritik an der Entscheidung des BGH.** Nach dem BGH kommt es auf das Anliegen des Kammermitglieds nicht an, wenn eine Geschäftsordnung vorgebe: „Ein Gegenstand ist auf die Tagesordnung zu setzen, wenn es von mindestens 25 Kammermitgliedern schriftlich beantragt wird". Dann fehle dem Präsidenten jegliche Prüfungs- und Verwerfungskompetenz hinsichtlich solcher Anträge zur Tagesordnung. Im Fall des BGH sollte eine RAK verpflichtet werden, Ihre Mitglieder über eine Rentenberechnung eines einzelnen Kammermitglieds zu unterrichten, die erwiesenermaßen nicht zutraf und die RAK sollte diese Rentenberechnung zudem in ihrem Veröffentlichungsorgan, den Kammermitteilungen, als *eigene* ausgeben. Der BGH beruft sich zur Begründung auf die – nach seiner Meinung – einhellige Auffassung in Literatur und Rechtsprechung, verkennt aber dabei, dass dieses Problem bisher überhaupt nicht gesehen und erörtert worden ist. Ausnahmslos alle beziehen sich an den zitierten Stellen auf das Quorum des § 85 Abs. 2, also 10 % der Kammermitglieder, *nicht* auf ein beliebig verändertes Quorum, auch nicht der EGH Hamburg, der vom BGH in Bezug genommen wird. Zudem greift die zitierte Literatur nur das Einberufen einer Kammerversammlung beim gesetzlichen Quorum, nicht aber das Fremdbestimmenlassen einer Tagesordnung zu einer solchen, auf. Dass § 85 Abs. 2 disponibel ist, findet sich weder in der Literatur noch beim EGH Hamburg.

9 Die vom BGH angenommene Disponibilität des § 85 Abs. 2 ergibt sich weder aus der BRAO, noch den Motiven dazu. Der Gesetzgeber hat vielmehr bewusst eine recht markante Hürde mit 10 % aller Kammermitglieder im Zeitpunkt der Antragstellung konstituiert. Denn auch bei Schaffung der BRAO, als die Rechtsanwaltskammern noch deutlich kleiner waren als heute (→ § 61 Rn. 2; → § 60 Rn. 3), war es bereits sehr schwierig, zehn Prozent der Kammermitglieder zusammenzubekommen. Der Gesetzgeber hat auch in der Folgezeit – trotz zahlreicher Änderungen der BRAO – in Kenntnis der stark gestiegenen Mitgliederzahlen aller Rechtsanwaltskammern keine Änderung des gesetzlichen 10 %-Quorums erwogen. Hintergrund kann nur (gewesen) sein, die als Körperschaft des öffentlichen Rechts ausgestaltete Rechtsanwaltskammer nicht zum „Spielball" einiger weniger werden zu lassen. Die historische Auslegung dieser Norm zeigt, dass nur ein höheres, kein niedrigeres Quorum durch die Geschäftsordnung festgesetzt werden konnte (Isele § 85 I. A. unter Hinweis auf die entsprechende Norm in § 52 RAO aF). Auch ein Blick in die Systematik offenbart den Willen des Gesetzgebers, das Quorum in Abs. 2 nicht durch eine Geschäftsordnung variieren lassen zu wollen. Denn § 85 Abs. 3 räumt die Möglichkeit ein, durch die Geschäftsordnung den grundsätzlich am Sitz der Kammer vorgesehenen Ort der Kammerversammlung variieren zu können, nicht aber das 10%ige Quorum des Abs. 2.

10 Der **BayAGH als Vorinstanz** des BGH meinte, es dürfe bloß „kein höheres Quorum" festgesetzt werden, wohl aber stünde es der RAK frei, „das Quorum abzusenken", weil das gesetzliche Quorum nach § 85 Abs. 2 wegen der geringen Beteiligungen an den Kammerver-

sammlungen regelmäßig nicht zu erreichen sei. Aus der zur Begründung vom BayAGH in Bezug genommenen Kommentierung *dieses* Kommentars ergibt sich dies indes nicht. Nur unter Einhaltung der gesetzlichen Vorgaben ist danach die Geschäftsordnung berechtigt, weitere Pflichten zur Einberufung der Kammerversammlung zu begründen. Der BayAGH korrigiert sein sich so ergebendes, nicht hinnehmbares Ergebnis dann durch die Prüfungs- und Verwerfungskompetenz des Präsidenten, die trotz eines möglichen geringeren als des gesetzlichen Quorums bestehen bliebe. Dies ist inkonsequent, weil unstreitig ist, dass bei Erreichen des gesetzlichen Quorum von zehn Prozent eine solche Prüfungs- und Verwerfungskompetenz jedenfalls nicht besteht. Warum soll es bei der angenommenen möglichen Verringerung dieses Quorums dann dennoch bestehen? Dies scheint der Korrektur des eigenen Ergebnisses geschuldet.

Dem BGH ist nicht zu folgen, **§ 85 Abs. 2 ist nicht disponibel,** anderenfalls könnten einige 11
wenige Kammermitglieder berechtigt sein (je nach Quorum einer Geschäftsordnung einer RAK), die RAK für eigene Interessen zu instrumentalisieren. Denn es ist zu berücksichtigen, dass eine solche Geschäftsordnung auch mit wenigen Stimmen wegen der schwachen Beteiligung an Kammerversammlungen beispielsweise ein Quorum von weniger als 25 wie im Ausgangsfall, also fünf oder zehn Kammermitglieder vorsehen könnte. Die vom Gesetzgeber recht stark ausgestaltete Position des Präsidenten könnte damit von wenigen Kammermitgliedern ausgehebelt werden.

Unstreitig in Literatur und Rechtsprechung ist in Bezug auf § 85 Abs. 2 jedenfalls, dass dem 12
Präsidenten eine Prüfungs- und Verwerfungskompetenz zusteht, wenn das Quorum des § 85 Abs. 2 nicht erreicht wird. Dem Gesetzgeber kann nicht unterstellt werden, dass er gewollt haben will, dass einzelne, 5, 10 oder 25 Kammermitglieder eine als Körperschaft des öffentlichen Rechts ausgestaltete RAK, für die eine Pflichtmitgliedschaft konstituiert wurde, der diverse hoheitliche Funktionen eingeräumt sind und nach und nach weitere übertragen werden, durch einige wenige Kammermitglieder instrumentalisiert werden können soll, und zwar unabhängig davon, ob der Aufgaben- und Funktionsbereich einer RAK überschritten ist. Der vom BGH in Bezug genommene EGH Hamburg hat diese vom BGH zu entscheidende Frage nicht im Sinn des BGH beantwortet. Der EGH hat vielmehr ausgeführt: „Der Präsident der Kammer müsste demnach einen nach Prüfung in diesem Sinne als unzulässig erkannten Antrag zurückweisen und es dem jeweiligen Antragsteller überlassen, im Verfahren nach § 223 Abs. 1 doch noch eine Aufnahme in die Tagesordnung zu erreichen zu suchen. Soweit die Antragsgegnerin eine Zulässigkeitsprüfung durch den Präsidenten grundsätzlich in Zweifel zieht und hierzu auf Regelungen in anderen öffentlich-rechtlichen Verbänden, insbesondere im Bereich des Kommunalrechts verweist, schlägt dies nicht durch". Der EGH hat nicht ausgeführt, dass bei einem anderen Quorum, etwa in einer Geschäftsordnung, diese gesetzliche Vorgabe abgeändert werden könne. Denn im in Bezug genommenen Kommunalrecht (§ 34 Abs. 4 SchlGO oder § 33 Abs. 1 NRWGO) ist gerade eine *gesetzliche Regelung* vorhanden, die den Vorsitzenden der Gemeindevertretung verpflichtet. Auch wenn § 85 Abs. 3 die Möglichkeit gibt, sich eine Geschäftsordnung zu geben, impliziert dies nicht, dass damit die Vorgaben der BRAO ausgehebelt oder umgangen werden dürften. Verkannt werden darf bei dem Ausflug in das Kommunalrecht nicht, dass ein Kammermitglied, anders als ein Gemeinderatsmitglied, keine eigenen Rechte als Organ bzw. als Organmitglied wahrnimmt, sondern Rechte als Kammermitglied, währenddessen der Präsident gerade als für die RAK handelndes Organ im Rahmen seiner Pflichten aus § 85 zu agieren verpflichtet ist (so zutreffend BayAGH vom 15.7.2013 – I-19/12).

Außer in den Fällen des gesetzlichen Quorums von 10 % aller Kammermitglieder **verbleibt es** 13
daher dabei, dass der **Präsident** die angemeldeten Anträge dahingehend **überprüft,** ob sie einen Gegenstand betreffen, der vom **Funktionsbereich der RAK** abgedeckt ist und in die Zuständigkeit der Versammlung fällt. Verneinendenfalls lehnt er die Aufnahme des Antrages in die Tagesordnung ab. Dies folgt aus der Verpflichtung eines öffentlich-rechtlichen (Zwangs-)Verbandes, sich angesichts der Freiheitsrechte seiner Mitglieder (Art. 2 Abs. 1 GG) auf eine **Betätigung im Rahmen seiner gesetzlich normierten Aufgabenstellung zu beschränken;** hiernach zu handeln sind alle Kammerorgane gleichermaßen angehalten. Nach ständiger und gefestigter Rechtsprechung des BVervG wäre anderenfalls ein rechtswidriger Eingriff in die Handlungsfreiheit seiner Mitglieder gegeben (BVerwGE 59, 231 = NJW 1980, 2595; BVerwGE 64, 298 = NJW 1982, 1300). Der Präsident der Kammer müsste demnach einen nach Prüfung in diesem Sinne als unzulässig erkannten Antrag zurückweisen und es dem jeweiligen Antragsteller überlassen, im Verfahren nach §§ 112a ff. doch noch eine Aufnahme in die Tagesordnung zu erreichen zu suchen

(EGH Hamburg NJW 1985, 1084 = BRAK-Mitt. 1985, 51; vgl. auch BGH BRAK-Mitt. 1985, 223).

IV. Ort der Kammerversammlung

14 Das Gesetz gibt beim Versammlungsort im Grundsatz den Sitz der RAK vor, soweit in der eigenen Geschäftsordnung dazu nichts anderes bestimmt ist, wobei die Versammlung in jedem Fall nur innerhalb des eigenen Kammerbezirks abgehalten werden darf (*Isele* § 85 Anm. IV A–C). In diesen Grenzen kann die Bestimmung des Orts der Kammerversammlung durch die Geschäftsordnung auch dem Vorstand, Präsidium oder Präsidenten vorbehalten bleiben (*Isele* § 85 Anm. IV A–C; so auch Henssler/Prütting/*Hartung* § 85 Rn. 5; Gaier/Wolf/Göcken/*Lauda* § 85 Rn. 6).

§ 86 Einladung und Einberufungsfrist

(1) **Der Präsident beruft die Versammlung der Kammer schriftlich oder durch öffentliche Einladung in den Blättern ein, die durch die Geschäftsordnung der Kammer bestimmt sind.**

(2) [1] **Die Versammlung ist mindestens zwei Wochen vor dem Tage, an dem sie stattfinden soll, einzuberufen.** [2] **Der Tag, an dem die Einberufung abgesandt oder veröffentlicht ist, und der Tag der Versammlung sind hierbei nicht mitzurechnen.**

(3) **In dringenden Fällen kann der Präsident die Versammlung mit kürzerer Frist einberufen.**

I. Die Einberufung

1 Die nach § 85 durch den Präsidenten vorzunehmende Einberufung der Kammerversammlung erfolgt entweder schriftlich – auch durch gedruckte oder vervielfältigte Einladungen, wenn feststeht, von wem sie herrühren (*Isele* § 86 Anm. II A 1) – oder aber durch **öffentliche Einladung** in den Blättern, die durch die Geschäftsordnung der Kammer benannt sind. Die Bestimmung der Blätter kann nicht dem Präsidenten oder dem Vorstand überlassen bleiben. Sind nach der Geschäftsordnung mehrere Blätter vorgesehen, muss die Bekanntmachung in allen Blättern erfolgen, solange diese bestehen (*Isele* § 86 Anm. II B). Auf diese Weise soll sichergestellt werden, dass die Mitglieder nach Möglichkeit Kenntnis von der Einladung erhalten (amtliche Begründung).

2 **Andere Formen der Einladung,** wie zB die telefonische, sind **unzulässig** und können auch nicht in der Geschäftsordnung vorgesehen werden. Sind in der Geschäftsordnung Blätter für die öffentliche Ladung vorgesehen, entscheidet der Präsident, ob er schriftlich oder öffentlich einladen will (*Isele* § 86 Anm. II C). Er hat die Wahl zwischen der schriftlichen Einzeleinladung oder der öffentlichen Bekanntmachung der Einladung (amtliche Begründung).

II. Die Einberufungsfrist

3 Die Einberufungsfrist beträgt für beide Einladungsformen, damit die Mitglieder sich vorbereiten und ihre Zeit einteilen können, **mindestens zwei Wochen,** kann aber länger sein. Dabei sind der Tag, an dem die Einberufung abgesandt oder veröffentlicht ist, und der Tag der Versammlung nicht mitzurechnen. In **dringenden Fällen,** wenn also die Belange der Kammer ein schnelles Handeln erfordern (amtliche Begründung), kann der Präsident die Versammlung mit **kürzerer Frist** einberufen. Bei Verstößen gegen § 85 können Beschlüsse und Wahlen der Kammerversammlung nach § 112f angefochten werden (*Isele* § 86 Anm. V).

§ 87 Ankündigung der Tagesordnung

(1) **Bei der Einberufung der Kammer ist der Gegenstand, über den in der Versammlung Beschluß gefaßt werden soll, anzugeben.**

(2) **Über Gegenstände, deren Verhandlung nicht ordnungsmäßig angekündigt ist, dürfen keine Beschlüsse gefaßt werden.**

I. Die Ankündigung der Tagesordnung

Sofern die Satzung der Kammer keine verschärfenden Anforderungen aufstellt, muss bei der Einberufung der Kammer nur der „Gegenstand, über den … Beschluss gefasst werden soll", angegeben werden. Wie genau das zu geschehen hat, richtet sich nach den **Erfordernissen des Einzelfalls.** Dabei sind die von der Rechtsprechung zu der vergleichbaren Regelung in § 32 Abs. 1 S. 2 BGB entwickelten Grundsätze entsprechend anzuwenden. Beide Vorschriften bezwecken, die **Mitglieder vor Überraschungen zu schützen** und ihnen ausreichend Gelegenheit zur Vorbereitung auf den Stoff der Tagesordnung zu geben. Erforderlich, aber auch genügend ist jede Ankündigung, die diesem Zweck gerecht wird. Dabei ist zu beachten, dass die Tagesordnung nur die Aufgabe zu erfüllen hat, die **Mitglieder im Allgemeinen zu unterrichten,** worüber verhandelt werden soll (BGHZ 64, 301 = NJW 1975, 1559). Mit der Tagesordnung legt der Präsident den Ablauf der Kammerversammlung fest. 1

Die **Bekanntgabe des Beratungsgegenstandes** ist Voraussetzung für die Beschlussfassung. Nur unter der **Garantie** des Abs. 2 kann der Wille der Kammerversammlung sich legitim äußern. Wenn aber alle Mitglieder der Kammer in der Versammlung erscheinen und über einen Gegenstand beschließen wollen, der nicht vorher ordnungsgemäß angekündigt worden ist, so kann einem einhellig bekundeten Willen, die Tagesordnung zu erweitern, nicht die Wirksamkeit versagt werden, weil hier ein zu schützendes Interesse nicht verletzt sein kann (amtliche Begründung). Dieser Gedanke der amtlichen Begründung ist sehr theoretisch und bei der heutigen Größe der Kammern und der schwachen Beteiligung an den Kammerversammlungen nicht denkbar, impliziert aber, dass diese Gesetzesvorgabe **zwingend** ist (im Ergebnis auch Gaier/Wolf/Göcken/*Lauda* § 87 Rn. 1; Henssler/Prütting/*Hartung* § 87 Rn. 1). Die Versammlung kann in **anderen Fällen,** in denen ein Verstoß gegen Abs. 1 nicht durch einen einstimmigen Beschluss aller Kammermitglieder geheilt werden kann, **nur** über den Gegenstand **beraten; Beschlüsse** in der Sache selbst sind **in keinem Falle zulässig.** Wohl aber kann die Vertagung oder die Einberufung einer neuen Versammlung beschlossen werden, weil hierdurch die Entschließung zur Sache noch vorbehalten bleibt (amtliche Begründung). 2

Es ist also nicht ausgeschlossen, dass der Präsident einen **Nachtrags-Tagesordnungspunkt** in der Versammlung bekannt gibt, wenn etwa kurz vor Beginn der Kammerversammlung ein solcher Antrag einzelner Mitglieder dem Präsidenten zugeht oder dazu ein begründeter Anlass besteht (vgl. *Isele* § 87 Anm. II B. 2. a). Die Kammerversammlung ist nicht gehindert, auch über diesen Gegenstand zu beraten, darf indes darüber keine Beschlüsse fassen. 3

Durfte mangels ordnungsmäßiger Ankündigung des Gegenstandes darüber ein Beschluss nicht gefasst werden (Abs. 2), dann kann der gleichwohl darüber gefasste Beschluss nach § 112 für nichtig erklärt werden. 4

II. Überprüfung der Tagesordnung

Der Präsident der RAK hat bei der Aufstellung der Tagesordnung für die Kammerversammlung die Aufgabe, die angemeldeten **Anträge** darauf zu **überprüfen,** ob sie einen Gegenstand betreffen, der vom Funktionsbereich der Kammer (→ § 85 Rn. 2; → § 73 Rn. 4 ff.) abgedeckt ist, insbesondere in die Zuständigkeit der Versammlung fällt, und verneinendenfalls die Aufnahme des Antrags in die Tagesordnung abzulehnen (ausführlich → § 85 Rn. 4–7; EGH Hamburg NJW 1985, 1084 = BRAK-Mitt. 1985, 51). 5

§ 88 Wahlen und Beschlüsse der Kammer

(1) **Die Voraussetzungen, unter denen die Versammlung beschlußfähig ist, werden durch die Geschäftsordnung der Kammer geregelt.**

(2) **Die Mitglieder können ihr Wahl- oder Stimmrecht nur persönlich ausüben.**

(3) [1] **Die Beschlüsse der Versammlung werden mit einfacher Stimmenmehrheit gefaßt.** [2] **Das gleiche gilt für die von der Kammer vorzunehmenden Wahlen.** [3] **Wird diese Mehrheit in zwei Wahlgängen nicht erreicht, so ist gewählt, wer in einem weiteren Wahlgang die meisten Stimmen erhält.** [4] **Bei Stimmengleichheit gibt die Stimme des Vorsitzenden den Ausschlag, bei Wahlen entscheidet das Los.**

(4) [1]**Ein Mitglied darf in eigenen Angelegenheiten nicht mitstimmen.** [2]**Dies gilt jedoch nicht für Wahlen.**

(5) **Über die Beschlüsse der Kammer und über die Ergebnisse von Wahlen ist ein Protokoll aufzunehmen, das von dem Vorsitzenden und dem Schriftführer zu unterzeichnen ist.**

Übersicht

I. Zwingende Regelung und Satzungsautonomie

1 § 88 beinhaltet für die nach § 64 vorgesehenen Vorstandswahlen und die nach § 89 zu fassenden Beschlüsse einige **unabdingbare Grundregeln,** die stets zu beachten sind. Insoweit ist eine Regelung **nicht** der **Satzungsautonomie** der RAK **überlassen.** Soweit eine Regelung fehlt oder diese ausdrücklich der Geschäftsordnung überlassen ist (§§ 64 Abs. 2, 88 Abs. 1), ist die RAK zu einer Regelung befugt (BGHZ 52, 297 = NJW 1970, 46; BGH NJW 1992, 1962 = BRAK-Mitt. 1992, 108 = AnwBl. 1992, 108; *Tettinger* S. 33 ff.; → § 64 Rn. 1 ff.).

1a **Versammlungsleiter** ist der Präsident der Kammer (§ 80 Abs. 3). Er ist nicht befugt, über Anträge zur Geschäftsordnung hinwegzugehen. Die Mitgliederversammlung steht über dem Versammlungsleiter und kann durch Beschluss zB eine bestimmte Reihenfolge der Tagesordnung vorschreiben oder auch die Vertagung der Versammlung anordnen. Ein solcher Antrag betrifft die Geschäftsordnung und ist zur Abstimmung zu stellen (AGH RhPf Beschluss vom 20.12.1995 – 2 AGH 7/95).

2 **1. Unabdingbare Grundregeln.** Nicht der Satzungsautonomie der RAK ist danach überlassen:

2a **a) Persönliche Ausübung.** Nach Abs. 2 können die Mitglieder der RAK ihr **Wahl- oder Stimmrecht ausnahmslos nur persönlich ausüben.** Die Ausübung des Wahl- und Stimmrechts durch einen Bevollmächtigten mit einer mehr oder weniger großen Anzahl von Vollmachten ist unzulässig. Dies widerspräche nicht nur dem Grundsatz der Unmittelbarkeit der Wahl, sondern wäre praktisch auch kaum zu händeln. Echtheit und Gültigkeit der Vollmachten wären im Rahmen einer Kammerversammlung kaum überprüfbar, was wiederum die Gefahr von Wahlanfechtungen nicht unerheblich erhöhen würde.

2b **b) Briefwahl.** Nach derzeitiger Rechtslage ist eine **Briefwahl** – anders als bei den Wahlen zur Satzungsversammlung (§ 191b Abs. 2 S. 1) – nicht vorgesehen und im Zuge der Einfügung des § 191b Abs. 2 S. 1 im Jahr 1994 vom Gesetzgeber auch nicht ergänzt worden. Um die Akzeptanz der Beschlüsse der Satzungsversammlung zu erhöhen, erfolgt die Wahl zur Satzungsversammlung nach den Grundsätzen der Persönlichkeitswahl und durch Briefwahl (BT-Drs. 12/7656, 51). Weitere gesetzliche Vorgaben zur Durchführung der Wahl hielt der Gesetzgeber nicht für erforderlich. Für zulässig erachtet er, dass auch im Rahmen einer Kammerversammlung den Teilnehmern Gelegenheit gegeben wird, ihren Stimmbrief abzugeben, sofern auch für die Nicht-Erschienenen diese Möglichkeit auf dem Postweg besteht (BT-Drs. 12/7656, 51).

c) Änderung des § 88 Abs. 2. Am 26.9.2014 hat die BRAK-HV mit der Mehrheit von 13 Kammern gegen elf ablehnende Stimmen bei drei Enthaltungen **beschlossen,** an den Bundesgesetzgeber heranzutreten, um eine Änderung des § 88 Abs. 2 **weg von der ausschließlich möglichen Präsenzwahl** in der Kammerversammlung gesetzlich zu ermöglichen. Hintergrund dieser Initiative ist die nach wie vor sehr schwache Präsenz der Kammermitglieder in den Kammerversammlungen und zwar unabhängig davon, ob Wahlen anstehen oder nicht. Im Durchschnitt sind dies nur knapp 1 bis zu 5 % der Kammermitglieder, woraus nur eine schwache demokratische Legitimation der Gewählten herrührt, während sich bei den beiden ersten Wahlen zur Satzungsversammlung im Bundesdurchschnitt in 2007 und 2011 **etwa ein Drittel** aller zugelassenen Rechtsanwälte/Rechtsanwältinnen beteiligten, wenngleich auch bei diesen Wahlen deutliche Unterschiede bei den einzelnen regionalen Rechtsanwaltskammern auftraten (in 2011 lag die Wahlbeteiligung zwischen 14,4 und 49,47 %). Dagegen vorgebrachte Argumente, wie etwa die persönliche Vorstellung der Kandidaten in der Kammerversammlung oder das Schwächen derselben durch eine Briefwahl, können angesichts dieser Wahlbeteiligung bei den ersten beiden Wahlen zur Satzungsversammlung oder der ohnehin marginalen Präsenz in Kammerversammlungen auch in Kammerbezirken, die nicht großflächig sind (keine weiten Wege), nicht wirklich durchgreifen. Auch das der **DAV** seinen Vorstand nicht durch Briefwahl bestimmt, ist angesichts des nicht vergleichbaren Wahlsystems, insbesondere durch die Möglichkeit der Vertretung in der Stimmabgabe, kein Gegenargument. 2c

d) Öffnungsklausel. Von der Mehrheit wird eine **Öffnungklausel in § 88 angestrebt,** die es jeder regionalen RAK ermöglichen soll, durch eine Kammerversammlung in der eigenen Geschäftsordnung die Wahlen zum Vorstand der RAK neben der nach wie vor möglichen Stimmabgabe in der Kammerversammlung für eine Briefwahl zu öffnen, wie es bei Vorstandswahlen anderer freier Berufe, wie etwa den Steuerberatern, Wirtschaftsprüfern und Ärzten inzwischen der Fall ist. 2d

e) Stimmenmehrheit. Nach Abs. 3 werden die Beschlüsse der Versammlung stets mit **einfacher Stimmenmehrheit** gefasst, dh entscheidend ist die **Mehrheit der abgegebenen Stimmen** und nicht die der Anwesenden (BGHZ 52, 297 = NJW 1969, 2202; BGHZ 106, 193 = NJW 1989, 1150 = BRAK-Mitt. 1989, 105). Das Gleiche gilt für die von der Kammer vorzunehmenden Wahlen. Bei Stimmengleichheit gibt die Stimme des Vorsitzenden (§ 80 Abs. 3) den Ausschlag, bei Wahlen entscheidet das Los. Hinsichtlich der Regelung des Stimmenverhältnisses bei Geschäftsordnungsentscheidungen → § 88 Rn. 8 ff.; BGHZ 52, 297 = NJW 1969, 2202). Die Geschäftsordnung der Kammer darf nicht bestimmen, dass **nicht ausgefüllte Stimmzettel** bei einer Wahl ungültig sind. Eine solche Regelung würde zu einem unerlaubten **Wahlzwang** führen (ebenso Gaier/Wolf/Göcken/*Lauda* § 88 Rn. 4b; *Henssler/Prütting/Hartung* § 88 Rn. 11). 3

Für die Wahl als solche darf eine **andere Mehrheit** durch Geschäftsordnung oder Beschluss der Kammerversammlung **nicht bestimmt** werden; lediglich für die Festlegung der Wahlmodalität kann etwas anderes gelten (BGHZ 52, 297 = NJW 1970). Das bedeutet, dass kein Kandidat als gewählt angesehen werden kann, der nicht die Mehrheit der abgegebenen Stimmen erreicht hat. Im Übrigen ist der **Begriff „einfache Stimmenmehrheit" der Auslegung zugänglich.** Sie ist je nach dem angewandten Wahlmodus geboten. Werden in einem Wahlgang mehrere Bewerber gewählt (**Blockwahl,** → § 64 Rn. 8), so werden sie Stimmenzahlen in unterschiedlicher Höhe auf sich vereinen. In einem derartigen Falle entspricht es einem selbstverständlichen demokratischen Prinzip, dass jeweils derjenige Kandidat gewählt ist, der die höhere Stimmenzahl auf sich vereint, also im Verhältnis zu den übrigen Kandidaten die Mehrheit der Stimmen erreicht. Dem steht die Regelung des § 88 Abs. 3 S. 2 nicht entgegen (BGHZ 106, 193 = NJW 1989, 1150 = BRAK-Mitt. 1989, 105; BGH NJW 1992, 1962 = BRAK-Mitt. 1992, 108 = AnwBl. 1992, 108). 4

f) Eigene Angelegenheiten. Nach Abs. 4 darf ein Mitglied in eigenen Angelegenheiten wegen des zu befürchtenden Widerstreits der Interessen **nicht mitstimmen.** Dies gilt nicht für Wahlen (→ § 72 Rn. 3). 5

g) Protokoll. Nach Abs. 5 ist über die Beschlüsse der Kammer und über die Ergebnisse der Wahlen ein Protokoll aufzunehmen, das von dem Vorsitzenden und dem Schriftführer zu unterzeichnen ist (→ § 72 Rn. 9 ff.). 6

7 **2. Regelung durch die Satzung.** Der eigenverantwortlichen Regelung im Rahmen der **Satzungsautonomie** der RAK ist insbesondere überlassen:

8 **a) Beschlussfähigkeit.** Nach Abs. 1 können die Voraussetzungen, unter denen die Kammerversammlung beschlussfähig ist, durch die Geschäftsordnung der Kammer (§ 89 Abs. 3) geregelt werden. Die Geschäftsordnung der Kammer muss daher eine entsprechende Regelung beinhalten. Ein Quorum kann hier anders als bei dem Vorstand (§ 71), bei dem die Verhältnisse sich eher überblicken lassen, nicht festgelegt werden, weil hier verschiedenen Umständen, so unter anderem der Ausdehnung des Bezirkes und den Verkehrsverhältnissen, Rechnung zu tragen ist. Eine angemessene Lösung, bei der ein Ausgleich unter den berechtigten Interessen zu suchen sein wird, kann nur durch die Kammer selbst im Rahmen ihrer Selbstverwaltung gefunden werden (amtliche Begründung). Regelmäßig wurde in den Geschäftsordnungen der einzelnen Kammern im Interesse der Funktionstüchtigkeit der Kammerversammlung bestimmt, dass diese **ohne Rücksicht auf die Zahl der erschienenen Mitglieder** beschlussfähig ist. Wie viele stimmberechtigte Kammermitglieder bei der Kammerversammlung anwesend sind, ist für die wirksame Beschlussfassung dann ohne Belang, so dass dies vor einer Beschlussfassung weder festgestellt noch mitgeteilt zu werden braucht (BGH BRAK-Mitt. 2000, 194).

9 **b) Art der Abstimmung.** Die Art der Abstimmung, ob offen oder schriftlich und geheim abgestimmt wird, unterliegt der Regelung durch die Geschäftsordnung. Diese kann auch vorsehen, dass über das Verfahren der Abstimmung der Versammlungsleiter entscheidet (BGH BRAK-Mitt. 2000, 194). Das gilt nach § 64 Abs. 2 (→ § 64 Rn. 1 ff.) auch für die Wahlen zum Vorstand (BGHZ 52, 297 = NJW 1970).

10 **c) Offene Abstimmung.** Die Geschäftsordnung einer RAK darf für die Abstimmung darüber, ob bei einem Beschluss oder bei einer Wahl offen abgestimmt werden soll, eine qualifizierte Mehrheit vorschreiben. Sie darf auch vorschreiben, dass über diese Vorfrage offen abzustimmen ist (BGHZ 52, 297 = NJW 1970).

11 **d) Stimmenmehrheit.** Die Geschäftsordnung kann bestimmen, ob bei Abstimmungen eine Zweidrittelmehrheit von der Zahl der in der Versammlung anwesenden Mitglieder oder von der Zahl der sich an der Abstimmung beteiligenden Kammermitglieder zu berechnen ist. Schweigt die Geschäftsordnung dazu, ist die Mehrheit von der Zahl der sich an der Abstimmung beteiligenden Kammermitglieder zu berechnen (BGHZ 52, 297 = NJW 1970).

12 **e) Weiterer Inhalt.** Über den Mindestinhalt des Protokolls nach Abs. 5 hinaus kann die Geschäftsordnung einen weiteren Inhalt vorschreiben, wie zB Namen der anwesenden Kammermitglieder, Stimmenverhältnisse usw (*Isele* § 88 Anm. VI).

13 **f) Öffentlichkeit der Versammlung.** Die Frage der Öffentlichkeit der Versammlung ist, da anders als bei den Sitzungen des Vorstands die Verschwiegenheitspflicht (§ 76) keine Rolle spielt, ebenfalls einer **Regelung durch die Geschäftsordnung zugänglich.** Beinhaltet die Geschäftsordnung keine Regelung, dann gilt der **Grundsatz,** dass die Kammerversammlung **nicht öffentlich** ist (*Isele* § 88 Anm. IV A).

II. Neufassung des Abs. 3 S. 3

14 2011 ist in Abs. 3 eine Änderung beim Wahlverfahren erfolgt (BGBl. 2010 I S. 2248; BGBl. 2011 I S. 223). Danach wurde der jetzige S. 3, wie zuvor von der 124. Hauptversammlung der BRAK am 7.5.2010 als Vorschlag unterbreitet, in § 88 Abs. 3 eingefügt und der bisherige S. 3 wurde zu S. 4. Es heißt nun: „Wird diese Mehrheit …“, statt, „Wird eine Mehrheit …“.

14a Die BRAK hatte die Änderung von § 88 Abs. 3 S. 3 vorgeschlagen, um dadurch das Wahlverfahren zum Vorstand einer RAK zu erleichtern und sicher zu stellen, dass alle in den Kammervorständen vakanten Sitze auch tatsächlich besetzt werden. Nach dem vorherigen Wortlaut des § 88 Abs. 3 war in den Vorstand einer RAK gewählt, wer die einfache Stimmenmehrheit der Kammerversammlung erreicht, dh ein Kandidat musste mindestens 50 % der abgegebenen Stimmen plus eine weitere Stimme erhalten. In der Praxis hatte dieser Modus bei mehreren Kammern (zuletzt Berlin und München) zu erheblichen Problemen geführt. Durch diese Änderung sollte die Arbeits- und Leistungsfähigkeit der Selbstverwaltungskörperschaften mit einem effektiveren Wahlrecht sichergestellt werden. In einem auch zeitlich angemessenen Wahlvorgang müsse die vollständige Besetzung aller Vorstandssitze sichergestellt werden, auch wenn am bisherigen gesetzlichen Erfordernis einer absoluten Stimmenmehrheit festgehalten werden soll. Erst im dritten Wahlgang soll dann eine relative Mehrheit genügen. Dieser Modus, der den grundgesetzlichen Vorgaben für die Wahl des Bundespräsidenten und des Bundeskanzlers entspricht, ist vernünftig, sachgerecht und baut auf dem bisherigen Wahlsystem der BRAO auf, um dann aber ggf. mit dem dritten Wahlgang eine Entscheidung mit relativer Mehrheit und einen Abschluss der Wahl erreichen zu können.

III. Nichtigkeitsanträge

Wahlen oder Beschlüsse der Versammlung der Kammer können unter den Voraussetzungen des § 112f auf Antrag der Landesjustizverwaltung als auch eines Mitglieds der Kammer für ungültig oder nichtig erklärt werden. **15**

Das Ergebnis der Wahlen zum Vorstand und zum Präsidium zeigt der Präsident alsbald der Landesjustizverwaltung und der BRAK an (§ 81 Abs. 2). **16**

§ 89 Aufgaben der Kammerversammlung

(1) [1] **Die Versammlung der Kammer hat die ihr durch Gesetz zugewiesenen Aufgaben zu erfüllen.** [2] **Sie hat Angelegenheiten, die von allgemeiner Bedeutung für die Rechtsanwaltschaft sind, zu erörtern.**

(2) **Der Versammlung obliegt insbesondere,**

1. **den Vorstand zu wählen;**
2. **die Höhe und die Fälligkeit des Beitrags, der Umlagen, Gebühren und Auslagen zu bestimmen;**
3. **Fürsorgeeinrichtungen für Rechtsanwälte und deren Hinterbliebene zu schaffen;**
4. **die Mittel zu bewilligen, die erforderlich sind, um den Aufwand für die gemeinschaftlichen Angelegenheiten zu bestreiten;**
5. **Richtlinien für die Aufwandsentschädigung und die Reisekostenvergütung der Mitglieder des Vorstandes und des Anwaltsgerichts sowie der Protokollführer in der Hauptverhandlung des Anwaltsgerichts aufzustellen;**
6. **die Abrechnung des Vorstandes über die Einnahmen und Ausgaben der Kammer sowie über die Verwaltung des Vermögens zu prüfen und über die Entlastung zu beschließen.**

(3) **Die Kammer gibt sich eine Geschäftsordnung.**

Schrifttum: *Cramer,* Das Versorgungswerk der Rechtsanwälte im Lande NRW, FS zum 125-jährigen Bestehen der Rechtsanwaltskammer Hamm, 2004, 575; *Finzel,* Anwaltliche Berufsorganisationen, 2003; *Griga,* Verfassungsrechtliche Grundlagen der selbstverwalteten Anwaltschaft, Disse. 2014; *Guyenz,* Die Entstehung der Versorgungseinrichtungen der Rechtsanwaltschaft in Nordrhein-Westfalen, FS zum 125-jährigen Bestehen der Rechtsanwaltskammer Hamm, 2004, 567; *Mollnau,* Wann, wenn nicht jetzt? – Eine Rechtsanwaltskammer muss sich zur NSA-Affäre äußern!, BRAK-Mitt. 2014, 174.

Übersicht

I. Gesetzlich zugewiesene Aufgaben

1 **1. Gesetzliche Zuweisung.** Die Versammlung der Kammer ist das oberste Organ der RAK. In ihr äußert die Gesamtheit der Mitglieder der Kammer ihren Willen in der Form von Beschlüssen und Wahlen. Ihre Zuständigkeit erstreckt sich auf alle Angelegenheiten der Kammer als einer Körperschaft des öffentlichen Rechts, soweit nicht bestimmte Aufgaben anderen Organen zugewiesen sind (§ 73); zusammen mit § 73 umschreibt § 89 den Funktionsbereich der Kammer (→ § 73 Rn. 4 ff.). Der Aufgabenkreis der Kammerversammlung kann **durch künftige Gesetze erweitert** werden (amtliche Begründung). Die Versammlung der Kammer hat die ihr durch Gesetz zugewiesenen Aufgaben, vornehmlich die im Katalog des Abs. 2 aufgeführten, zu erfüllen. Das bedeutet, dass die Kammerversammlung einerseits die Pflicht hat, die ihr übertragenen Aufgaben auch wahrzunehmen und andererseits die Übertragung und Übernahme neuer Aufgaben durch die Kammerversammlung einer gesetzlichen Grundlage (→ § 177 Rn. 1 ff.) bedarf.

2 **2. Funktionsbereich der RAK.** Mit der **Generalklausel** in Abs. 1 S. 2 wird die Kammerversammlung legitimiert, alle Angelegenheiten, die von allgemeiner Bedeutung für die Rechtsanwaltschaft sind, zu erörtern. Aus der Stellung der Kammer als einer Körperschaft des öffentlichen Rechts ergibt sich, dass sie nicht typische Koalitionszwecke verfolgen darf. Die Fragen, die erörtert werden, müssen die Rechtspflege als solche, an der mitzuwirken die Rechtsanwaltschaft berufen ist, irgendwie berühren (amtliche Begründung).

3 Der Funktionsbereich der RAK als Körperschaft des öffentlichen Rechts und damit auch der Kammerversammlung umfasst **nicht nur die ihr durch Gesetz und Satzung ausdrücklich zugewiesenen Aufgaben.** Er erstreckt sich vielmehr darüber hinaus auf den Bereich, der im Blick auf den mit dem gesetzlich festgelegten Zusammenschluss ihrer Mitglieder erkennbar verfolgten Zweck als der Körperschaft zugedachter Wirkungskreis festzustellen ist; der **Funktionsbereich und Aufgabenkreis der RAK umfasst** auch diejenigen Belange der Anwaltschaft, die den Berufsstand als Ganzen berühren (BGH NJW 1998, 2533). Der durch Gesetz und Satzung der öffentlich-rechtlichen Körperschaft zugewiesene Aufgabenkreis sowie der mit ihrer Schaffung verfolgte Zweck grenzen den legitimen Wirkungsbereich der Körperschaft des öffentlichen Rechts positiv und negativ ab (BGHZ 35, 292 = NJW 1961, 1864, 7; BGHZ 33, 381 = NJW 1961, 220; → § 73 Rn. 4 ff.; → § 177 Rn. 3–9). Der Funktionsbereich der Rechtsanwaltskammer und damit der auch der Kammerversammlung erstreckt sich damit auf **alle Angelegenheiten,** welche von **allgemeiner – nicht rein wirtschaftlicher – Bedeutung** für die Rechtsanwaltschaft sind und die Gesamtheit der Rechtsanwaltskammern berühren (BGHZ 64, 301 = NJW 1975, 1559; BGH NJW 1986, 992 = BRAK-Mitt. 1985, 223; BGH vom 12.3.2015 – AnwZ (Brfg) 82/13 Rn. 13; → § 73 Rn. 5 ff.; → § 177 Rn. 6, 7; EGH München BRAK-Mitt. 1993, 48 = AnwBl. 1993, 288; **aA** *Kleine-Cosack* § 62 Rn. 5 ff.). Die Vorschrift ist **extensiv auszulegen** (ebenso Henssler/Prütting/*Hartung* § 89 Rn. 4; Gaier/Wolf/Göcken/*Lauda* § 89 Rn. 21). Die RAK ist ein Verband zur Förderung gewerblicher Interessen iSd § 8 Abs. 3 Nr. 2 UWG, weil auch sie – ungeachtet ihrer öffentlich-rechtlichen Aufgabenstellung – die beruflichen Belange ihrer Mitglieder zu wahren und zu fördern hat (§ 73 Rn. 16–18; mit Hinweisen auf die ständige Rechtsprechung).

4 **a) Einzelfälle.** Fälle der **Rechtsprechung,** in denen die Zuständigkeit bejaht wurde, unter anderem:
- Beschlussfassung über eine **Umlageordnung zur Finanzierung des elektronischen Rechtsverkehrs** – beA – (AGH NRW vom 8.5.2015 – 1 AGH 5/15, nicht rechtskräftig, → Rn. 15c),
- Subventionierung des Berufsschulunterrichts für Rechtsanwaltsangestellte (→ Rn. 29a; BGH vom 12.3.2015 – AnwZ (Brfg) 82/13; AGH NRW NJW-RR 2014, 945),
- die Frage **bundeseinheitlicher Einführung des Anwalts-Notariats** (BGHZ 35, 292, 294 f. = NJW 1961, 1864; BGH NJW 1986, 992 = BRAK-Mitt. 1985, 223),

- die Frage **freiwilliger kostenloser außergerichtlicher Rechtshilfe** (BGHZ 64, 301, 306 ff. = NJW 1975, 1559; BGH NJW 1986, 992),
- die Frage **nebenberuflichen Rechtskundeunterrichts für Anwaltsgehilfen** und Gewährung eines Zuschusses für die Ausbilder (BGHZ 66, 297, 300 ff. = NJW 1976, 1541; BGH NJW 1986, 992),
- die **Bildung eines „Strafrechtsausschusses"**, der sich mit Fragen des Strafrechts und Strafprozessrechts einschließlich der Reform dieser Rechtsgebiete und der berufsrechtlichen Fragen der Verteidigung befasst (BGHZ 33, 381 = NJW 1961, 220),
- die **Gründung eines „Vertrauensschadensfonds"** und die Deckung des Fonds durch Beiträge (zur Zuständigkeit der Notarkammer: BGHZ 85, 173 = NJW 1983, 1000),
- eine **finanzielle Unterstützung** der Solidaraktion „50 Rechtsanwälte" zur Unterstützung der Vermögensämter der neuen Bundesländer bei der Bearbeitung und Abwicklung von Anträgen nach dem Gesetz zur Regelung offener Vermögensfragen (EGH München BRAK-Mitt. 1993, 48, bestätigt von BayVerfGHE 47, 203 = BayVBl. 1995, 380).
- die Einrichtung eines **Anwaltsuchservices** gehört zu den Aufgaben der RAK (AGH Hess Beschluss vom 9.6.1997 – 1 AGH 4/96),
- auch **Öffentlichkeitsarbeit** gehört zu den Aufgaben, die die Rechtsanwaltskammern auszuführen haben; sie ist im Grundsatz eine legitime Aufgabe der Rechtsanwaltskammern, soweit sie die Stellung der Anwaltschaft als Teil der Rechtspflege und des Selbstverständnisses anwaltlicher Tätigkeit betrifft. Dies ist nicht der Fall, wenn die angestrebten Maßnahmen nicht den **Belangen der Rechtsanwaltschaft insgesamt dienen,** sondern zu einer Kontrolle der Justiz in Einzelfällen führen würden. Eine solche Kontrolle der Justiz gehört nicht zu den Aufgaben der Rechtsanwaltskammern (BGH AnwBl. 2014, 448 = NJW-RR 2014, 173; AGH Hess BRAK-Mitt. 2008, 29 zur Öffentlichkeitsarbeit in Form einer Imagekampagne für die Rechtsanwaltschaft; vgl. auch AGH Brem BRAK-Mitt. 1996, 86; BVerfG NJW 1977, 751). Sie kann dazu eine **PR-Firma** beauftragen (NdsAGH BRAK-Mitt. 1996, 207; AGH Brem BRAK-Mitt. 1996, 86).

b) Tätigkeit außerhalb des Funktionsbereichs. Ein **allgemeines politisches Mandat** von Körperschaften des öffentlichen Rechts als Pflichtzusammenschlüsse ihrer Mitglieder ist mit deren „Hauptfreiheitsrecht" nach Art. 2 Abs. 1 GG unvereinbar und daher **keine legitime Aufgabe** solcher Körperschaften und damit auch nicht der RAK im Allgemeinen und der Kammerversammlung im Besonderen. Aufgaben, die nicht gruppenspezifischen Zielen dienen, stehen außerhalb des Verbandszwecks; ihre Vergemeinschaftung verletzt daher die individuelle Freiheitssphäre der Pflichtmitglieder. Auch auf dem Umweg über § 177 Abs. 2 Nr. 6 lässt sich nicht die Kompetenz der einzelnen Rechtsanwaltskammern begründen, zu allgemein politischen Fragen Stellung zu nehmen oder gar Beschlüsse zu fassen (BGH NJW 1986, 992 = BRAK-Mitt. 1985, 223; zur Ärztekammer VG Berlin NJW 1992, 777; vgl. auch EGH München BRAK-Mitt. 1993, 48 = AnwBl. 1993, 288). Zur **Abgrenzung** des Tätigkeitsbereichs der **RAK zur BRAK** → § 73 Rn. 20–25. 5

Im Hinblick auf die Pflichtmitgliedschaft aller Rechtsanwälte in der für ihren OLG-Bezirk bestehenden RAK (§ 60 Abs. 1) und die sich daraus ergebende Grundrechtsbetroffenheit (*Pietzcker* NJW 1987, 305) für den verkammerten Rechtsanwalt hat jedes der Pflichtmitglieder gegen die RAK einen **Anspruch auf Einhaltung des Aufgabenbereichs der Kammer.** Überschreitet die RAK ihren Aufgabenbereich, verletzt sie die individuelle Freiheitssphäre ihres Zwangsmitglieds (BGH NJW 1986, 992 = BRAK-Mitt. 1985, 223; EGH München BRAK-Mitt. 1993, 48 = AnwBl. 1993, 288). Das Gesetz mutet dem Pflichtmitglied nur zu, einer für ganz bestimmte Zwecke gegründeten Korporation kraft Gesetzes anzugehören und in ihr mitgliedschaftlich mitzuwirken. Der Antrag bei Gericht auf Abwehr nicht zugewiesener Aufgaben ist das **Gegenstück zur Austrittsmöglichkeit** eines Mitglieds eines privatrechtlichen Vereins (*Pietzcker* NJW 1987, 305). 6

Art. 2 Abs. 1 GG schützt grundrechtsmäßig vor einer Pflichtmitgliedschaft in öffentlich-rechtlichen Körperschaften, die nicht oder jedenfalls nicht in dem am Verhältnismäßigkeitsprinzip ausgerichteten Maße durch legitime öffentliche Aufgaben gerechtfertigt ist (BVerfGE 38, 281 = NJW 1975, 1265; BVerfGE 10, 89 = NJW 1959, 1675; BVerwG NJW 1987, 337 = AnwBl. 1986, 397). 6a

7 Da die **Einführung einer Wehrgerichtsbarkeit** eine allgemein-politische Grundentscheidung und keine Frage von allgemeiner Bedeutung speziell für die Anwaltschaft ist, überschreitet eine Stellungnahme der Kammerversammlung dazu deren Mandat, das diese in Wahrnehmung gruppenspezifischer Interessen der Anwälte hat (BGH NJW 1986, 992 = BRAK-Mitt. 1985, 223; vgl. dazu aber auch die Entscheidung des EGH Hamburg in derselben Sache NJW 1985, 1084 = BRAK-Mitt. 1985, 51; → § 85 Rn. 4–13).

8 Nach EGH Frankfurt BRAK-Mitt. 1985, 170 fällt die **Mitgliedschaft einer RAK in einem Landesverband der freien Berufe** in den Rahmen der der Kammer zugewiesenen Aufgaben und verletzt das einzelne Kammermitglied nicht in seinen Rechten (→ § 73 Rn. 13; BGH BRAK-Mitt. 1986, 104; NdsAGH Beschluss vom 27.8.1996 – AGH 3/96). Dagegen bestanden jedoch bis dahin Bedenken. Zwar obliegt es dem Bundesverband der freien Berufe vornehmlich, die gleichgerichteten Interessen der Freien Berufe auf den Gebieten der Steuer-, Sozial- und Bildungspolitik zu bündeln und zu artikulieren (Bericht über die Tätigkeit der BRAK, BRAK-Mitt. 1987, 122). Aber die Landesverbände der freien Berufe beschäftigten sich auch mit Fragen, mit denen sich die Rechtsanwaltskammern und ihre Organe nicht beschäftigen dürfen; diese Verbände nahmen nicht nur die Aufgaben der Rechtsanwaltskammern wahr, sondern auch ihrer anderen Mitglieder, so beschäftigten sie sich zB mit Fragen der Vertragsfreiheit anderer Berufe wie der Ärzte und mit den Honoraren und Gebühren für Architekten und Ingenieure sowie den Entschädigungssätzen für Sachverständige (BVerwG NJW 1987, 337 = AnwBl. 1986, 397; vgl. auch BVerwG NJW 1987, 338). Solche Themen gehören aber nicht zu den Angelegenheiten, die von allgemeiner – nicht rein wirtschaftlicher – Bedeutung für die Rechtsanwaltschaft sind und die Gesamtheit der Rechtsanwaltskammern berühren (BGH NJW 1986, 992 = BRAK-Mitt. 1985, 223).

9 Da sich die einzelnen Rechtsanwaltskammern und ihre Organe mit vielen Themen, die ständig Gegenstand der Verbandstätigkeit der Landesverbände der freien Berufe waren, nicht beschäftigen dürfen, durften sie dies auch nicht als Mitglieder des Landesverbandes der freien Berufe tun. Folgerichtig hat auch das BVerwG festgestellt, dass eine Steuerberaterkammer durch die mitgliedschaftliche Betätigung in einem als privatrechtlicher Verein organisierten Verband, der die Interessen aller freien Berufe vertreten will, die ihr durch § 76 Abs. 1 StBerG gesetzten Grenzen ihrer Tätigkeit überschreitet (BVerwG NJW 1987, 337 = AnwBl. 1986, 397).

10 Die gesamte Tätigkeit des privatrechtlichen Verbandes muss sich im Rahmen der Körperschaftsaufgaben der RAK halten, wenn deren Mitgliedschaft zulässig sein soll (*Pietzcker* NJW 1987, 305).

11 An der die Pflichtmitgliedschaft eines Rechtsanwalts in der RAK legitimierten berufsspezifischen Zielsetzung fehlte es daher bisher, wenn eine RAK sich in einem Landesverband der freien Berufe betätigte. Durch diese Betätigung erhielt die Mitgliedschaft des Rechtsanwalts in der RAK eine neue Qualität, indem der Rechtsanwalt durch seine Mitgliedschaft nicht nur das Eintreten für das gruppenspezifische Interesse der Rechtsanwälte, sondern die Interessenwahrung für alle freien Berufe mittragen musste. Dadurch wurde der Rechtsanwalt **unter Beeinträchtigung seiner Handlungsfreiheit mitgliedschaftsmäßig stärker in Anspruch genommen,** als dies vor dem Beitritt seiner Kammer zu dem Landesverband der freien Berufe der Fall war (BVerwG NJW 1987, 337 = AnwBl. 1986, 397; *Pietzcker* NJW 1987, 305). Der Bundesverband Freier Berufe (BFB) sowie die Landesverbände Freier Berufe haben inzwischen reagiert. Beide greifen nur noch Themen unter dem Gesichtspunkt der Wahrung der Freiberuflichkeit auf. Interessen einzelner freiberuflicher Mitgliedsverbände werden, wenn sie nicht einen für alle Freien Berufe geltenden Kern haben, nicht mehr behandelt. Die **Mitgliedschaft** der Rechtsanwaltskammern in den Landesverbänden Freier Berufe ist deshalb **nunmehr zulässig** (BGH AnwBl. 1996, 284; NdsAGH BRAK-Mitt. 1996, 207; → § 73 Rn. 13).

12 **3. Erörterungsrecht.** Nach Abs. 1 S. 2 hat die Kammerversammlung auch das Recht Angelegenheiten, die von allgemeiner Bedeutung für die Rechtsanwaltschaft sind, **zu erörtern.** Da eine extensive Auslegung angezeigt ist (→ Rn. 3) sind gesetzliche Regelungen, die Fragen der Rechtspflege, des Rechtsganges und der Verfahrensordnung zum Gegenstand haben, regelmäßig Angelegenheiten, die von allgemeiner Bedeutung für die Rechtsanwaltschaft sind (vgl. EGH Hamburg NJW 1985, 1084). Die Kammerversammlung darf mithin alle Angelegenheiten erörtern, die den Beruf des Rechtsanwalts und die Rechtspflege berühren (ebenso Henssler/Prütting/*Hartung* § 89 Rn. 4; Gaier/Wolf/Göcken/*Lauda* § 89 Rn. 21), soweit sie nicht rein wirt-

schaftlicher Bedeutung für die Rechtsanwaltschaft sind (vgl. BGHZ 35, 292 = NJW 1961, 1864).

Der Begriff „erörtern" in Abs. 1 S. 2 ist nicht so zu verstehen, das einzelne Kammermitglieder lediglich ihre Auffassung hierzu darlegen könnten, sondern schließt auch die Möglichkeit ein, aufgrund der Diskussion eine **Entscheidung durch die Versammlung zu fassen,** die allgemeine Meinungsäußerungen und auch konkrete Vorschläge für die Gesetzgebung enthalten kann, wobei das Gebot der politischen Neutralität der Rechtsanwaltskammer zu beachten ist (EGH Hamburg NJW 1985, 1084; zu weitgehend Gaier/Wolf/Göcken/*Lauda* § 89 Rn. 21, der meint, es gäbe keine nach Abs. 1 S. 2 zulässige Erörterung ohne die Möglichkeit der entsprechenden Wahl oder Beschlussfassung unter einer der Nummern des Abs. 2). Hält eine Rechtsanwaltskammer in einer Angelegenheit, welche von allgemeiner Bedeutung ist und die Gesamtheit der Rechtsanwaltskammern berührt, beispielsweise eine Gesetzesänderung für geboten, so kann sie einen Beschluss fassen, ggf. im Zusammenwirken mit anderen Kammern (vgl. § 189 Abs. 1 S. 2), dasjenige Material zu beschaffen, das ihr geeignet erscheint, die Mehrheit der Rechtsanwaltskammern von der Richtigkeit ihrer Auffassung zu überzeugen und ihrem Vorhaben zum Erfolg zu verhelfen. Welches Material als hierzu geeignet beschafft werden soll, kann die Kammerversammlung als oberstes Organ der RAK selbst bestimmen (BGHZ 35, 292 = NJW 1961, 1864). **12a**

Dieses Recht der Kammerversammlung schließt aber nicht das Recht ein, **Stellungnahmen** zu erarbeiten und diese unmittelbar an Staatsorgane wie die Bundesregierung oder an einzelne Bundesministerien heranzutragen. In Fragen, welche die Gesamtheit der Rechtsanwaltskammern angehen, hat allein die BRAK das Recht, die Auffassung der einzelnen Kammern zu ermitteln und im Wege der gemeinsamen Aussprache die Auffassung der Mehrheit festzustellen (§ 177 Abs. 2 Nr. 1). Initiativen einer oder mehrerer Rechtsanwaltskammern zB für die Anregung von Gesetzesänderungen müssen entsprechend dem organisatorischen Aufbau und der regionalen bzw. überregionalen Aufgabenverteilung zwischen den einzelnen Rechtsanwaltskammern und der BRAK immer in Richtung auf die ausschließliche Kompetenz der BRAK unternommen werden (→ § 73 Rn. 20). **12b**

Nur die **Bundesanwaltskammer** ist in Angelegenheiten von **allgemeiner überregionaler Bedeutung** für die Rechtsanwaltschaft befugt, die berufsspezifischen Belange auf Bundesebene gegenüber Organen oder Behörden der Bundesrepublik Deutschland zu vertreten. Die Kompetenz der einzelnen RAK zur Erörterung der Angelegenheiten, die von allgemeiner Bedeutung für die Rechtsanwaltschaft sind, schließt daher in Angelegenheiten von überregionaler Bedeutung die abschließende Beschlussfassung nur ein, soweit es sich um Initiativen gegenüber der BRAK handelt (BGH NJW 1986, 992 = BRAK-Mitt. 1985, 223; → § 73 Rn. 20 ff.). **13**

II. Besonders normierte Aufgaben

Der Versammlung obliegen insbesondere folgende Aufgaben:

1. Wahl des Vorstands (Abs. 2 Nr. 1). Die Versammlung hat den Vorstand zu wählen (vgl. Erläuterungen zu §§ 64 bis 69, 88 und Bestimmungen der jeweiligen Geschäftsordnung). Durch diese Wahl legitimiert die Versammlung der Kammer die Mitglieder, die ihr besonderes Vertrauen besitzen, als Repräsentanten der Kammer tätig zu sein. Wird dieses Vertrauen während der Amtszeit der Gewählten erschüttert, so können sie nicht durch ein **Misstrauensvotum** zum Rücktritt gezwungen werden (amtliche Begründung). **14**

2. Bestimmung des Beitrags, der Umlagen, der Gebühren und Auslagen (Abs. 2 Nr. 2), beA. Die Versammlung hat die Höhe und die Fälligkeit des Beitrags, der Umlagen sowie Gebühren und Auslagen zu bestimmen. Die **Ermächtigung zur Bestimmung der Höhe und Fälligkeit** der Umlagen und Verwaltungsgebühren wurde erst mit Gesetz vom 2.9.1994 (BGBl. I S. 2278) eingefügt. Die bisherige Regelung ermächtigte die Kammerversammlung nicht, Umlagen und Verwaltungsgebühren, zB **Umlagen** für einen Sozialfonds oder **Verwaltungsgebühren** für das Verfahren der Zulassung zur Rechtsanwaltschaft oder die Verleihung von Fachanwaltsbezeichnungen zu erheben. Dem von der Rechtsanwaltschaft geltend gemachten Bedürfnis trägt die Änderung Rechnung (amtliche Begründung, BT-Drs. 12/4993, 35 = BR-Drs. 93/93, 106). Das Recht, Beiträge, Umlagen und Verwaltungsgebühren zu erheben, ergibt sich aus **15**

der öffentlich-rechtlichen Stellung der Kammer (amtliche Begründung, BT-Drs. 12/4993, 35; → Rn. 15c ff.; → § 84 Rn. 1 ff.).

15a Beiträge dürfen nur insoweit erhoben werden, als die Kosten der Errichtung und Tätigkeit der nicht anderweitig gedeckt sind; sie dürfen daher **nicht der Bildung von Vermögen dienen** (zur Industrie- und Handelskammer: OVG Rheinland-Pfalz DVBl. 2015, 55 = AnwBl. 2014, 1056, nur Ls.; BVerwG NVwZ 1990, 1167). Das Prinzip der **Kostendeckung** gilt für alle Kammern mit Pflichtmitgliedern, was im Hinblick auf das Kammervermögen zu beachten ist.

15b Da auch die **Öffentlichkeitsarbeit** zu den legitimen Aufgaben der Kammer gehört, soweit sie die Stellung der Anwaltschaft als Teil der Rechtspflege und des Selbstverständnisses anwaltlicher Tätigkeit betrifft (BGH NJW-RR 2014, 173 = AnwBl. 2014, 448), können sie zu deren Finanzierung **Umlagen** erheben (→ Rn. 4; AGH Hess BRAK-Mitt. 2008, 29; AGH Brem BRAK-Mitt. 1996, 86; NdsAGH Beschluss vom 27.8.1996 – AGH 3/96; → § 73 Rn. 18).

15c Gemäß § 31a ist die BRAK verpflichtet, allen Rechtsanwälten ab 1.1.2016 ein **besonderes elektronisches Anwaltspostfach (beA)** zur Verfügung zu stellen. Die Kosten für die Entwicklung und Installation des beA, für 2014 und 2015 waren dies 63 Euro je Kammermitglied, legt die BRAK auf die regionalen Rechtsanwaltskammern um, die wiederum auf unterschiedliche Weise, ihre Mitglieder dazu heranziehen. Dies geschieht bei den regionalen Rechtsanwaltskammern zum Teil über die **Erhöhung des Kammerbeitrags** um diesen Betrag von 63 Euro, andere nutzen das Kammervermögen für den gesamten Betrag oder auch nur teilweise, um den Rest über die Erhöhung des Kammerbeitrags abzufangen, etwa ein Drittel der Kammern reicht die 63 Euro quasi direkt durch eine **Umlage** aufgrund einer entsprechenden Umlageordnung an die Mitglieder durch und bildet so einen Sonderhaushalt für das beA. Darüber entscheidet letztlich die Kammerversammlung. Rechtliche Wirksamkeitsbedenken gegen eine entsprechende Umlageordnung zur Finanzierung des elektronischen Rechtsverkehrs, einen Beschluss der Kammerversammlung über die Höhe der Umlage von 63 Euro, sowie die Verfassungsmäßigkeit von §§ 31a, 177 BRAO bestehen nicht (AGH NRW vom 8.5.2015 – 1 AGH 5/15 – Berufungsverfahren anhängig: BGH AnwZ (Brfg) 33/15).

15d Das Gesetz zur Modernisierung von Verfahren im anwaltlichen und notariellen Berufsrecht, zur Errichtung einer Schlichtungsstelle der Rechtsanwaltschaft sowie zur Änderung sonstiger Vorschriften vom 30.7.2009 (BGBl. I S. 2449) ersetzte den Begriff „Verwaltungsgebühren" ab 1.9.2009 durch „Gebühren und Auslagen", wodurch es den Rechtsanwaltskammern erlaubt werden sollte, alle ihnen zustehenden Geldforderungen näher zu regeln und auf einheitlichem Wege **beizutreiben** (amtliche Begründung, BT-Drs. 16/11385, 39).

15e Regelungen über die **Art und Weise der Beitragsbemessung** enthält § 89 Abs. 2 Nr. 2 im Gegensatz zu § 48 vom 21.2.1936 (RGBl. I S. 107) nicht. Damit ist der Kammer jedoch **keine unbeschränkte Befugnis** eingeräumt worden. Die Autonomie der Kammerversammlung findet ihre notwendige Begrenzung aus den geltenden Gesetzen, insbesondere dem rechtlich anerkannten Begriff des Beitrags, sowie der Satzung der RAK (vgl. BGHZ 55, 244 = NJW 1971, 1041; AGH NRW NJW-RR 2014, 945).

15f Als Selbstverwaltungskörperschaft des öffentlichen Rechts (§ 62 Abs. 1) sind die Rechtsanwaltskammern in besonderem Maße verpflichtet, ihre Mitglieder gleichmäßig zu behandeln. Daher können sie von ihren Mitgliedern ohne Differenzierung nach Beitragsbemessungsgrundlagen feste Beiträge erheben (BGH NJW 2002, 3026 zur Befugnis einer Notarkammer). Sie dürfen aber auch unterschiedlich hohe Beiträge festsetzen. Die gewählte Bemessungsgrundlage muss dann aber gewährleisten, dass ungerechtfertigte Belastungen vermieden werden (BGH NJW 1999, 1402 = BRAK-Mitt. 1999, 188). In diesem Rahmen ist die Kammerversammlung in der Art und Weise der Beitragsgestaltung bis zur Grenze der **Ermessensüberschreitung** oder des **Ermessensmissbrauchs** völlig frei; es ist ihr überlassen, nach welchen Kriterien und Maßstäben sie die Beiträge ihrer Höhe und Zusammensetzung nach bestimmt (EGH Schleswig-Holstein EGE XII, 81; zustimmend AGH NRW NJW-RR 2014, 945). Eine **gerichtliche Überprüfung,** insbesondere Zweckmäßigkeitserwägungen sind dem Gericht dagegen verwehrt, weil dies einen unberechtigten Eingriff in die Selbstverwaltung der RAK darstellen würde (AGH NRW, 2. Senat, NJW-RR 2014, 945; AGH NRW, 1. Senat, vom 8.5.2015 – 1 AGH 5/15).

15g **Mitgliedsbeiträge** zu den berufsständischen Kammern sind Beiträge im rechtlichen Sinne. Sie sollen der Abgeltung eines besonderen Vorteils, nämlich des sich aus der Mitgliedschaft ergebenden Nutzens dienen und müssen entsprechend bemessen werden. Dabei ist insbesondere das **Äquivalenzprinzip** und der **Gleichheitsgrundsatz** zu beachten (BGH NJW 1999, 1402 =

BRAK-Mitt. 1999, 188; BGH v. 12.3.2015 – AnwZ (Brfg) 82/13, Rn. 11; AGH NRW BRAK-Mitt. 2002, 284; BVerwGE 92, 24 zu den Beiträgen zur Ärztekammer; vgl. auch BVerwG NVwZ 1990, 1167). Es ist nicht zu beanstanden, alle Mitglieder einer RAK in gleicher Höhe zu dem allgemeinen Kammerbeitrag heranzuziehen, ohne auf die **Einkommenssituation des einzelnen Rechtsanwalts** abzustellen (BGH DNotZ 1988, 131 zur Höhe der Beiträge zur Notarkammer; AGH NRW NJW-RR 2014, 945 zur Höhe der Beiträge zur RAK; OVG Münster BRAK-Mitt. 1991, 62 zur Höhe der Beiträge zur Steuerberaterkammer; s. aber auch BVerwGE 92, 24 = NJW 1993, 3003 zur einkommensbezogenen Bemessung der Kammerbeiträge der an den Hochschulen ausschließlich theoretisch arbeitenden Grundlagenmediziner).

Bei der durchweg geringen Höhe des Kammerjahresbeitrags ist eine **Differenzierung nach den Einkommensverhältnissen des Kammermitglieds** nicht zwingend durch den Gleichheitsgrundsatz geboten, zumal die Beitragsordnungen oftmals Regelungen für Beitragsreduzierungen mit Rücksicht auf die individuellen Einkommensverhältnisse oder Ermäßigungen für die ersten Berufsjahre vorsehen (vgl. NdsAGH BRAK-Mitt. 1998, 201). Es ist aber auch **zulässig,** die Beiträge aus dem sozialen Gedanken, dass jedes Mitglied zur Erfüllung der Aufgaben seiner Berufsorganisation nach seinen Kräften beizutragen hat (BVerwG NJW 1962, 1311), **nach den wirtschaftlichen Verhältnissen** der Kammermitglieder zu gestalten (BGH NJW 1971, 1041 = AnwBl. 1971, 153; vgl. auch BVerwG NJW 1990, 786; VerfGH Berlin JR 1998, 57 zur entsprechenden Bemessung des Beitrages zur Ärztekammer) und entsprechende Ermäßigungen vorzusehen (OVG Münster BRAK-Mitt. 1990, 188). Als **Bemessungsgrundlage** können dabei die **Umsätze,** das berufliche oder auch das gesamte **Einkommen** des jeweiligen Kammermitglieds gewählt werden (BGH NJW 1971, 1041). Es verstieß auch nicht gegen den Gleichheitsgrundsatz, den Kammerbeitrag für die beim Landgericht und Oberlandesgericht simultan zugelassenen Rechtsanwälte höher festzusetzen als für Rechtsanwälte, die nur bei einem Landgericht oder einem Oberlandesgericht (singular) zugelassen waren, wenn sich der Erhöhungsbetrag in sachgemäßen Grenzen (zB ein Viertel des Beitrages der Singularanwälte) hielt (BGH NJW 1971, 1041). **15h**

Auch die Erhebung eines festen Kammergrundbeitrages und zusätzlich eines nach dem **Bruttoumsatz** berechneten Zuschlags zum Kammergrundbeitrag ist zulässig. Dabei kann die **Höhe des Umsatzes** bei Auskunftsverweigerung **geschätzt** werden (EGH Koblenz BRAK-Mitt. 1982, 131; AGH RhPf vom 24.4.2004 – 2 AGH 13/04). Eine regionale RAK macht den Kammerbeitrag auch vom Kanzleiumsatz abhängig (→ Rn. 15j). **15i**

Die **Jahresbeiträge der regionalen Rechtsanwaltskammern** liegen mit **Stand vom 1.1.2014** zwischen 150 und 333 Euro, wobei zu dem Betrag von 150,00 Euro noch umsatzabhängig aufgestockt wird. Für **2015** ist bei einigen Kammern dieser Jahresbeitrag wegen der Einführung des beA erhöht worden, soweit nicht der Weg über die Umlage gewählt wurde (→ Rn. 15c). Er liegt jetzt nun zwischen 160 und 363 Euro, ggf. zuzüglich einer Umlage von bis zu 63 Euro. **15j**

Ob der **Kammerbeitrag** für **Rechtsanwaltsgesellschaften** auf einen mehrfachen Kammerbeitrag einer natürlichen Person festgesetzt werden kann, ist **strittig** (nein: AGH NRW BRAK-Mitt. 2002, 284; ja: OLG München BRAK-Mitt. 2002, 287 zu § 82 PAO). Da die **höhere Leistungskraft** eines Kammermitglieds grundsätzlich in die Ausgestaltung des Beitrags mit einfließen darf, ist die erhöhte Beitragsfestsetzung grundsätzlich zulässig, da im Wege der Typisierung davon ausgegangen werden kann, dass die Leistungskraft einer GmbH größer ist als die einzelner Anwälte (OLG München BRAK-Mitt. 2002, 287). Aber auch ein **höherer Verwaltungsaufwand** als bei natürlichen Personen rechtfertigt eine solche Differenzierung. **15k**

Der Beitrag eines erst **im Verlaufe des Geschäftsjahres in die Kammer aufgenommenen** oder eines im Verlaufe dieser Zeit aus der Kammer ausscheidenden Mitglieds muss nicht ermäßigt werden (EGH Koblenz BRAK-Mitt. 1991, 52; *Isele* § 89 Anm. III B 3a). Auch die Erhebung eines Eintrittsgeldes ist grundsätzlich zulässig (*Isele* § 89 Anm. III B 3b); hiervon wird in der Praxis von den regionalen Rechtsanwaltskammern kein Gebrauch gemacht, zum Ausgleich des Verwaltungsaufwands werden Zulassungsgebühren erhoben. Bei einer auf berufliche Umsätze abstellenden Bemessung der Kammerbeiträge können sich **bei Doppelberuflern Schwierigkeiten** bei der Frage ergeben, ob auch die Einnahmen aus nicht typisch anwaltlicher Tätigkeit zu berücksichtigen sind. Nach EGH Hamburg (BRAK-Mitt. 1992, 219, 220) können bei einem Rechtsanwalt, der gleichzeitig Steuerberater ist, die typischen Einnahmen eines Steuerberaters nicht abgegrenzt werden von den für den Beruf eines Rechtsanwalts typischen Einnahmen, da **15l** ein Rechtsanwalt gemäß § 3 Abs. 1 Berater und Vertreter auch in sämtlichen Steuerangelegenheiten sei. Nach dem BGH dürfen Einnahmen aus typisch steuerberatender Tätigkeit nicht in gleicher Weise bei der Beitragsbemessung berücksichtigt werden. Kann eine Anknüpfung der Beiträge einer Mitgliedsgruppe an die gesamten beruflichen Einkünfte trotz der grundsätzlich zulässigen Typisierung und Pauschalierung nicht mehr im Hinblick auf die Vorteile aus der Kammermitgliedschaft gerechtfertigt werden, ist dies bei der Beitragsbemessung zu berücksichtigen. Zwar besteht zwischen dem Erhebungsanlass und dem Vorteil des Mitglieds nur ein mittelbarer Zusammenhang. Der Nutzen des einzelnen kann häufig nicht konkret erfasst werden. Bei der gebotenen typisierenden Betrachtung ist es daher im Ansatz gerechtfertigt anzunehmen, dass das Maß der aus der Kammermitgliedschaft herrührenden Vorteile mit der Höhe der beruflichen Einkünfte steigt. Jedoch trifft dies nur für solche Einnahmen zu, die in vergleichbarer Weise den Schluss auf einen entsprechenden Nutzen aus der Mitgliedschaft zulassen. Einnahmen eines Rechtsanwalts, der zugleich Steuerberater ist, können nicht in der danach erforderlichen Weise in voller Höhe mit Umsätzen aus anwaltlicher Berufsausübung gleichgesetzt werden. Ein solcher Rechtsanwalt gehört rechtlich zwingend zwei verschiedenen Kammern an. Daher ist typisierend im Rahmen einer Anwendung des Äquivalenzprinzips zwischen dem Nutzen zu unterscheiden, den ihm die Mitgliedschaft in der Anwaltskammer gewährt, und demjenigen, der mit der Mitgliedschaft in der Steuerberaterkammer verbunden ist. Diese Unterscheidung lässt sich nur so vornehmen, dass sie sich nach dem Verhältnis richtet, in dem die typisch steuerlichen zu den üblichen anwaltlichen Tätigkeiten stehen (Abgeltung durch Pauschbetrag als Zuschlag zum Kammergrundbeitrag AGH RhPf vom 24.4.2004 – 2 AGH 13/04). Wird die Berechnung des Beitrags der RAK von der Höhe der Einkünfte des Mitglieds abhängig gemacht, stellt es daher einen Verstoß gegen das Äquivalenzprinzip und den Gleichheitssatz dar, wenn die Einkünfte aus der Steuerberatertätigkeit uneingeschränkt mit herangezogen werden (BGH NJW 1999, 1402 = BRAK-Mitt. 1999, 188).

15m Die Kammerversammlung beschließt auch über die **Fälligkeit** des Jahresbeitrages; sie kann Zahlungen in einer Summe bis zu einem bestimmten Termin oder in monatlichen, viertel- oder halbjährlichen Teilbeträgen beschließen (ebenso Henssler/Prütting/*Hartung* § 89 Rn. 8). Die Versammlung kann auch allgemeine und besondere Grundsätze für eine **Stundung** und einen **Erlass** beschließen. Die Kammerversammlung kann insoweit ihre Rechte auf den Vorstand delegieren (*Isele* § 89 Anm. III B 5a, b, c). Zur **Beitreibung der Beiträge** pp. → § 84 Rn. 2 ff.

15n Eine Billigkeitsregelung zur **Stundung** oder für einen **(Teil-)Erlass des Kammerbeitrags** einer RAK kann in ihrer Beitragsordnung von dem Kammermitglied verlangen, dass es nicht nur seine Einkünfte aus anwaltlicher Tätigkeit darlegt, sondern seine gesamte Vermögenssituation – wozu zB auch jegliche **Unterhaltsverpflichtungen** gehören – offenbart. Darin liegt aufgrund seiner Mitwirkungspflicht weder ein Ermessensmissbrauch noch eine Überschreitung der Regelungskompetenz der Kammerversammlung, da die RAK in die Lage zu versetzen ist, den vorgetragenen Sachverhalt unter dem Gesichtspunkt der individuellen Lebensverhältnisse vollständig zu überprüfen (AGH Hess BRAK-Mitt. 2008, 272 = NJW-RR 2009, 845). Die Nichtberücksichtigung von Unterhaltspflichten bei der Beitragsbemessung stellt andererseits aber keinen Ermessensfehler dar (AGH Baden-Württemberg vom 5.12.2014 – AGH 14/2014 I).

15o Bei der Beitragsermäßigung spielt es keine Rolle, mit welcher **Intensität die anwaltliche Tätigkeit der Mitglieder** ausgeübt wird, da die von einer RAK angebotenen Dienstleistungen von allen Mitgliedern gleichermaßen abgerufen und in Anspruch genommen werden können (AGH Baden-Württemberg vom 5.12.2014 – AGH 14/2014 I). Eine Verpflichtung, das **Existenzminimum** zu wahren, gibt es nur bei direkt erhobenen Steuern und ist nicht ohne weiteres auf das Beitragsrecht übertragbar (AGH Baden-Württemberg vom 5.12.2014 – AGH 14/2014 I; VG Frankfurt vom 6.11.2007 – 5 E 4869/06).

16 Wie andere Kammerbeschlüsse auch können die Beitragsfestsetzung, die Bestimmung der Umlagen sowie Gebühren und Auslagen im Verfahren **nach § 112f angefochten** werden, wenn sie ihrem Inhalt nach mit Gesetz oder Satzung unvereinbar sind (AGH Baden-Württemberg vom 5.12.2014 – AGH 14/2014 I; noch zu §§ 90, 91 aF BGH NJW 1971, 1041 = AnwBl. 1971, 153).

17 Mit der Neufassung des § 195 (BGBl. I S. 3416) ist es der RAK bei entsprechender Gebührenordnung möglich, **Gebühren für das Rüge- und Einspruchsverfahren** zu erheben (→ § 74 Rn. 40, 40a).

Im Rahmen der Anfechtung einer Zahlungsaufforderung kann im Wege der **Inzidentkontrolle** im Verfahren nach § 112f auch die **Wirksamkeit des Kammerbeschlusses** nach § 89 Abs. 2 Nr. 2 vom Gericht geprüft werden (AGH NRW v. 8.5.2015 – 1 AGH 5/15; noch zum Rechtsweg nach § 223 BGH NJW 1999, 1402 = BRAK-Mitt. 1999, 188; AGH NRW BRAK-Mitt. 2002, 284; EGH Hamburg BRAK-Mitt. 1992, 219, 220; → § 84 Rn. 7–10). 18

3. Fürsorgeeinrichtungen (Abs. 2 Nr. 3). Der Kammerversammlung obliegt es, Fürsorgeeinrichtungen für Rechtsanwälte und deren Hinterbliebenen zu schaffen. Es bleibt ihrer Entschließung überlassen, welche organisatorischen Maßnahmen sie zur Erfüllung der Fürsorgeaufgabe treffen will (amtliche Begründung, BT-Drs. 3/120; EGH Celle BRAK-Mitt. 1982, 78). Diese Aufgabe kann die Kammer auf verschiedenen Wegen erfüllen. Sie kann zB mit Versicherungen, Kassen pp. entsprechende Verträge abschließen (*Isele* § 89 Anm. III C 3). Zur Erfüllung dieser Aufgabe durch Beitritt zur **„Hülfskasse Deutscher Rechtsanwälte"** vgl. *Stüwer* BRAK-Mitt. 1982, 99; näher zur Hülfskasse auch § 177 Rn. 22. Die Kammerversammlung kann auch eigene Fürsorgeeinrichtungen für ihre Mitglieder und deren Hinterbliebene schaffen. 19

Zu diesen gehören nicht die in den einzelnen Bundesländern aufgrund eigener Landesgesetze geschaffenen **Versorgungswerke** in Baden-Württemberg, Bayern, Berlin, Brandenburg, Bremen, Hamburg, Hessen, Mecklenburg-Vorpommern, Niedersachsen, Nordrhein-Westfalen, Rheinland-Pfalz, Saarland, Sachsen-Anhalt, Schleswig-Holstein und Thüringen. Diese sind die gesetzlichen Träger der Alters-, Invaliden- und Hinterbliebenenversorgung der Rechtsanwälte mit gesetzlicher Mitgliedschaft (ebenso Henssler/Prütting/*Hartung* § 89 Rn. 14; vgl. zu diesen *Kilger* AnwBl. 1991, 515; *Heinemann* BRAK-Mitt. 1982, 94; *Gralla* BRAK-Mitt. 1982 150; 1983, 8; *Guyenz* BRAK-Mitt. 1982, 5; *Reusch,* Versorgungswerke und Quellensteuer, BRAK-Mitt. 1988, 162; *Dehler,* Die freiberuflichen Versorgungswerke und Europa, BRAK-Mitt. 1986, 74; *Groepper,* Die Rechtsprechung des BVerwG zum berufsständischen Versorgungsrecht, NJW 1999, 3008; *Sensfelder* BRAK-Mitt. 1982, 44; *Reusch* BRAK-Mitt. 1983, 15; 1984, 98; Stellungnahme der BRAK zu dem „Rechtsweg für Streitigkeiten in Angelegenheiten der Berufsständischen Versorgung": BRAK-Mitt. 1982, 49; vgl. auch BRAK-Mitt. 1983, 62, 166; BRAK-Mitt. 1986, 11; BRAK-Mitt. 1987, 192). Zur Tätigkeit der Arbeitsgemeinschaft der Rechtsanwalts-Versorgungswerke vgl. BRAK-Mitt. 1986, 197; 1987, 121. Zum Stand der Rechtsanwaltsversorgung mit den Anschriften der einzelnen Versorgungswerke, Darstellung der Rechtsgrundlagen, der Leistungen und der Befreiungsmöglichkeiten vgl. *Kilger* AnwBl. 1990, 285 und *Heinemann* DAV-Ratgeber 1992, 259 ff.; zum Befreiungsrecht nach § 6 SGB VI vgl. *Kilger* AnwBl. 1999, 571; VGH Mannheim AnwBl. 1993, 306; zur „Alterssicherung in Freien Berufen" *Wasilewski* BRAK-Mitt. 1992, 79 und zur Funktion der Versorgungswerke im gegliederten Alterssicherungssystem vgl. Mitteilung der Arbeitsgemeinschaft Berufsständischer Versorgungseinrichtungen in BRAK-Mitt. 1990, Heft 3 S. V. Zur „Rentenreform und die berufsständischen Versorgungswerke" vgl. *Jung* BRAK-Mitt. 1990, 11, zu „Auswirkungen der Rentenreform 2001 auf die berufsständische Versorgung?" *Kilger* BRAK-Mitt. 2001, 165 sowie zu Befreiungsmöglichkeiten von der Pflichtversorgung der Rechtsanwälte bei anderweitiger Vorsorge VGH Mannheim NJW 1990, 2148; OVG Münster NWVBl. 1990, 271 = NWVBl. 1990, 165; Rbeistand 1989, 177; AnwBl. 1990, 522. Zur Gleichwertigkeit des Versicherungsschutzes in einem Versorgungswerk der Rechtsanwälte mit der gesetzlichen Rentenversicherung vgl. BSG NJW 1989, 1695 = BRAK-Mitt. 1989, 164; zur Frage, unter welchen Voraussetzungen ein Mitglied des Rechtsanwaltsversorgungswerks nach dessen Satzung Berufsunfähigkeitsrente auf Dauer erhält vgl. OVG Münster AnwBl. 1999, 611 und zur Bewertung von Versorgungsrechten beim anwaltlichen Versorgungswerk (Saarland) BGH MDR 1990, 525. 20

Der an die Mitgliedschaft in der gesetzlichen Rentenversicherung anknüpfende Befreiungstatbestand des § 2 Abs. 2 S. 1 Nr. 1 RAVG iVm § 6 Abs. 1 Satzung des Versorgungswerkes der rheinlandpfälzischen Rechtsanwaltskammern erfasst auch die erst nach Inkrafttreten des Rechtsanwaltsversorgungsgesetzes zugelassenen Rechtsanwälte (OVG Koblenz NJW 1991, 2788). Ob zur **Bemessungsgrundlage** des Versorgungsbeitrags in der Rechtsanwaltsversorgung **auch Einnahmen aus nichtanwaltlicher Tätigkeit oder Beschäftigung** herangezogen werden dürfen, ist **strittig** (für das baden-württembergische Landesrecht ja: VGH Mannheim NJW 1991, 1193; für das bayerische Landesrecht nein: VGH München NJW 1992, 1524 = BRAK-Mitt. 1992, 21

175, nur Ls.; → § 89 Rn. 15 ff.). Jedoch dürften hier die Grundsätze zur Bemessungsgrundlage der Beiträge (→ § 89 Rn. 15 ff.) entsprechend anzuwenden sein. Bundesrecht gebietet grundsätzlich nicht, geringfügig beschäftigte Rechtsanwälte von der Pflichtmitgliedschaft und Beitragspflicht in einem Rechtsanwalts-Versorgungswerk auszunehmen (BVerwG BRAK-Mitt. 1994, 245 = Rbeistand 1994, 99). Aber der von wirtschaftlich schlechter gestellten Rechtsanwälten erhobene Mindestbeitrag muss seiner Höhe nach verhältnismäßig sein. Die **Grenzen der Zumutbarkeit** sind überschritten, wenn ein berufsständisches Versorgungswerk auf die wirtschaftliche Belastbarkeit der Mitglieder keine Rücksicht nimmt (BVerwG NJW 1994, 1888; OVG Rheinland-Pfalz BRAK-Mitt. 2002, 237). Weiterhin ist vor dem Hintergrund des Grundsatzes der Verhältnismäßigkeit zu berücksichtigen, dass eine hinsichtlich der Gesamtheit der Berufsgruppe zumutbare und insgesamt verhältnismäßige Regelung gegen Art. 12 Abs. 1 GG iVm Art. 3 Abs. 1 GG verstoßen kann, wenn sie typischerweise innerhalb der Berufsgruppe bestehende Unterschiede außer Acht lässt, indem sie abgrenzbare Teile der Berufsgruppe ohne zureichenden Grund wesentlich stärker als andere belastet (BVerwG NJW 2001, 1592; OVG Rheinland-Pfalz Urteil vom 30.11.1999 – 6 A 10 183/99.OVG). Es verstößt nicht gegen höherrangiges Recht, insbesondere nicht gegen Art. 3 GG iVm Art. 6 Abs. 1 GG, dass die Satzung des Versorgungswerks der Rechtsanwälte in Baden-Württemberg von den Mitgliedern auch während der **Zeiten des Mutterschutzes und der Kindererziehung** Beitragsleistungen verlangt (VGH Mannheim AnwBl. 2001, 366 = NJW-RR 2001, 1138). Für andere berufliche Sondersituationen als für die ersten fünf Jahre nach der Zulassung, insbesondere für die Kindererziehungszeit, besteht keine Pflicht für das Versorgungswerk, einen besonderen Mindestbeitrag zu bestimmen (OVG Rheinland-Pfalz BRAK-Mitt. 2002, 237). Das Interesse an einer leistungsfähigen Solidargemeinschaft rechtfertigt eine Altersgrenze von 45 Jahren für den Eintritt in das Versorgungswerk der Rechtsanwälte (VG Stuttgart AnwBl. 2001, 691). Der unterschiedliche Beginn der Mitgliedschaft im Versorgungswerk für Pflichtmitglieder kraft Gesetzes und für Mitglieder auf Antrag verstößt nicht gegen das Willkürverbot oder den Vertrauensschutzgrundsatz (VG Stuttgart AnwBl. 2001, 690).

21a Ansprüche eines Rechtsanwalts gegen das Versorgungswerk einer RAK sind nur **pfändbar,** soweit die Pfändung der Billigkeit entspricht (LG Saarbrücken NJW 1988, 1222). Satzungsänderungen des Versorgungswerks einer RAK, die nach dem Ende der Ehezeit erfolgen und sich auf Qualität und Höhe der Versorgungsanwartschaften auswirken, sind bei der Entscheidung über den **Versorgungsausgleich** zu berücksichtigen (BGH BRAK-Mitt. 1990, 178). Anrechte im Versorgungswerk der Rechtsanwälte im Land Nordrhein-Westfalen sind **volldynamisch.** Dieser Wert unterliegt keiner Umwertung § 1587a Abs. 3 BGB aF (BGH NJW 1992, 174 = MDR 1991, 1173 zu § 1587a Abs. 3 BGB aF).

21b Die **Pflichtmitgliedschaft in** den einzelnen **Versorgungswerken** (→ Rn. 20) ist **nicht verfassungs- oder gesetzwidrig** (BVerfG NJW 1990, 1653 = VersR 1990, 409; BVerwG BRAK-Mitt. 1990, 118 = Rbeistand 1989, 176 für Baden-Württemberg, vgl. dazu auch BVerfG BRAK-Mitt. 1998, 198; BayVerfGH NJW 1988, 550 = BRAK-Mitt. 1988, 60 für Bayern; OVG Münster NJW 1990, 592 = BRAK-Mitt. 1990, 120 für Nordrhein-Westfalen; BVerwG NJW 1991, 1842 = BRAK-Mitt. 1991, 107; OVG Rheinland-Pfalz BRAK-Mitt. 1988, 216 für Rheinland-Pfalz). Die Pflicht zur Zahlung von Beiträgen an ein Versorgungswerk für Rechtsanwälte knüpft allein an die Zugehörigkeit zur inländischen RAK an. Sie gilt daher auch für Rechtsanwälte mit Kanzleien in anderen Staaten nach § 29a (BVerwG NJW 2001, 2111 = NJW-RR 2001, 785).

21c Die Satzungsregelung des Versorgungswerkes der rheinland-pfälzischen Rechtsanwaltskammern über die Reduzierung des Pflichtbeitrages im Falle von **„Nettovermögenserträgen"** ist verfassungsgemäß (BVerfG NJW 1992, 1496 = BRAK-Mitt. 1992, 175, nur LS). Ist nach der Satzung eines berufsständischen Versorgungswerks den Angehörigen eines Mitglieds nach dessen Tode eine **Hinterbliebenenrente** zu gewähren, so folgt aus Art. 3 Abs. 1 GG nicht, dass ein entsprechender Anspruch auch dem Partner einer gleichgeschlechtlichen Lebensgemeinschaft zusteht. Bundesrecht gebietet es grundsätzlich auch nicht, die Beiträge zu ermäßigen, wenn Ansprüche auf Hinterbliebenenversorgung deswegen voraussichtlich nicht entstehen werden, weil das Mitglied des Versorgungswerks in gleichgeschlechtlicher Gemeinschaft lebt (BVerwG BRAK-Mitt. 2001, 47). Zur Rechtmäßigkeit der in der Satzung des Versorgungswerks der Rechtsanwälte in Berlin vorgesehenen **Kapitalabfindung** für nicht eheliche Partnerinnen und Partner vgl. VG Berlin NJW-RR 2001, 1140.

Als eigene Fürsorgeeinrichtung kann die Kammer eine **eigene Sterbegeldeinrichtung** beschließen oder aber auch beschließen, dass aus den von der Kammerversammlung bewilligten und durch Umlage erhobenen Mitteln einmalig oder regelmäßig Beträge an Bedürftige zu zahlen sind (*Isele* § 89 Anm. III C 3). Bei der Ausgestaltung sind die Kammern weitgehend frei, solange sie nicht gegen bestehende Gesetze verstoßen und ermessensfehlerhaft handeln. Eine Sterbegeldregelung entspricht vernünftigen Gründen des Gemeinwohls und verletzt nicht den Grundsatz der Verhältnismäßigkeit, soweit die **Umlage** 25 Euro für jedes Kammermitglied beträgt und nicht von solchen Anwälten erhoben wird, die sich in einer Notlage befinden. Eine Regelung, die nach Einkommensstufen differenziert ist nicht geboten (AGH RhPf BRAK-Mitt. 2001, 239). Es ist rechtlich zulässig, auch **ausgeschiedenen Kammermitgliedern ein Sterbegeld** zu gewähren, wenn die Sterbegeldordnung dies vorsieht; es ist nicht zwingend notwendig, dass der Verstorbene zum Zeitpunkt seines Todes noch Mitglied der RAK war. Die zwar in die Freiheit der Berufsausübung der zahlungspflichtigen Kammermitglieder eingreifende Sterbegeldregelung ist **verfassungsmäßig** und findet ihre gesetzliche Grundlage in § 89 Abs. 2 Nr. 2 und 3 (BVerfG NJW 1990, 2122 = BRAK-Mitt. 1990, 54; EGH Schleswig-Holstein AnwBl. 1972, 295 = EGE XII, 81). Der Begriff der Fürsorgeeinrichtung bedeutet nicht, dass Leistungen nur für eng begrenzte und nachgewiesene Notlagen vorgesehen werden dürfen. Berufsrechtliche Solidaritätspflichten ergeben sich zwar erst dann, wenn Berufsgenossen der Hilfe bedürfen, das schließt aber eine typisierende Regelung nicht aus. Es genügt, dass der Anlass der Leistung typischerweise mit Bedrängnissen verbunden ist, die eine solidarische Unterstützung durch die Anwaltschaft angebracht erscheinen lassen. Das ist bei Todesfällen anzunehmen. 22

Zwar hat die BRAK gemäß § 177 Abs. 2 Nr. 3 im Jahre 1964 Fürsorge-Richtlinien aufgestellt, wonach eine unterstützungsfähige Notlage nur dann anzunehmen ist, wenn die Voraussetzungen des § 3 VO vom 24.12.1953 zur Durchführung der §§ 17 bis 19 des Steueranpassungsgesetzes (BGBl. I S. 1592) vorliegen (→ § 177 Rn. 26). Diese Regelung dient der Vereinheitlichung, kann aber die Regelungskompetenz der Rechtsanwaltskammern nicht verdrängen oder beschneiden (BVerfG NJW 1990, 2122). 22a

Die Zahlung eines **Sterbegeldes** ist eine einseitige Gewährung und **kein „Äquivalent" für zuvor erbrachte eigene Leistung.** Die Versammlung der Kammer kann beschließen, dass Zahlungen gemäß der Sterbegeldregelung der Kammer als einer Fürsorgeeinrichtung nach § 89 Abs. 2 Nr. 2 nur noch nach pflichtgemäßem Ermessen gewährt werden. Ein grundsätzlicher **Vertrauensschutz in den Bestand einer Sterbegeldregelung** besteht nicht (BVerfGE 52, 256 = NJW 1980, 337; EGH Berlin BRAK-Mitt. 1986, 230). 23

Erhebt ein Kammermitglied gegen den Beschluss, eine **Sterbegeldumlage** zu erheben, Widerspruch und wird dieser vom Vorstand zurückgewiesen, kann der Rechtsanwalt dagegen gemäß § 112f **Klage** erheben. Es ist aber nicht ermessensfehlerhaft, wenn der Kammervorstand bei der Entscheidung über die Gewährung von Sterbegeld unterlässt zu prüfen, ob der Verstorbene sich eines **unwürdigen Verhaltens** schuldig gemacht hat. Die Hinterbliebenen haben mit etwaigen Verfehlungen des verstorbenen Rechtsanwalts nichts zu tun. Es kann nicht Sinn und Zweck des Verfahrens auf Gewährung eines Sterbegeldes sein, nach dem Tode eines Rechtsanwalts dessen Verhalten einer umfassenden Prüfung zu unterziehen (EGH Schleswig-Holstein Beschluss vom 14.3.1989 – 1 EGH 20/88). 24

Ohne ausdrückliche Ermächtigung in der Sterbegeldordnung kann **Sterbegeld** regelmäßig nicht **an die Lebensgefährtin** anstelle der Angehörigen ausgezahlt werden. Den Angehörigen des verstorbenen Rechtsanwalts, die von der RAK die Auszahlung des Sterbegeldes verlangen, steht der Verwaltungsgerichtsweg (§ 40 VwGO) offen (VG München BRAK-Mitt. 1993, 229; vgl. 7. Aufl. § 223 Rn. 22). Sterbegeldumlagen der Rechtsanwälte sind Betriebsausgaben (FG Berlin EFG 1968, 247; **aA** BFH DB 1960, 803). Die berufsständischen Fürsorgeeinrichtungen unterstehen nicht nach § 1 VAG der Versicherungsaufsicht, sondern nach § 62 Abs. 2 der Staatsaufsicht der Landesjustizverwaltung. Zur Gesetz- und Verfassungsmäßigkeit der Sterbegeldeinrichtung einer RAK vgl. im Übrigen EGH Schleswig-Holstein EGE XII, 81 = AnwBl. 1972, 295. Zur Tätigkeit der **Pensionskasse** der Rechtsanwälte und Notare der OLG-Bezirke Hamm, Düsseldorf und Köln VVaG vgl. AnwBl. 1989, 151. Eine **Übersicht über die Fürsorgeeinrichtungen** in den einzelnen Kammerbezirken und deren Leistungen, Stand 1.3.2002, ist abgedruckt in AnwBl. 2002, 359. 24a

25 **4. Bewilligung der Mittel (Abs. 2 Nr. 4).** Der Kammerversammlung obliegt es, die Mittel zu bewilligen, die erforderlich sind, um den Aufwand für die gemeinschaftlichen Angelegenheiten zu bestreiten. Gemeinschaftliche Angelegenheiten sind alle der RAK und ihren Organen durch Gesetz zugewiesenen Aufgaben (zB alle Aufgaben nach § 89 aber auch nach §§ 95 Abs. 1 S. 3, 98 Abs. 2 pp.). Es gehören auch alle Veranstaltungen und Unternehmungen dazu, die sich innerhalb des Funktionsbereichs der RAK bewegen (→ § 89 Rn. 2; *Isele* § 89 Anm. III D 1b). Auch die Wahrnehmung von Repräsentationspflichten zählt dazu (*Isele* § 89 Anm. III D 1d). Die Kammerversammlung muss die erforderlichen **Mittel zur Erfüllung der gemeinschaftlichen Aufgaben** bewilligen. Die Zeiträume für die die Kammer die Bewilligung ausspricht, bestimmt die Kammerversammlung. Ebenfalls bestimmt sie, ob ein förmlicher **Haushaltsplan** aufgestellt wird, was in der Praxis regelmäßig der Fall ist (*Isele* § 89 Anm. III D 3 und 4). Haushaltsmittel dürfen nicht für verbandsfremde Zwecke verwendet werden (BVerwG AnwBl. 1982, 65).

26 Bei der Bewilligung der Mittel, die zur Bestreitung des Aufwandes für die gemeinschaftlichen Angelegenheiten erforderlich sind, und bei der jährlichen Rechnungsprüfung (Abs. 2 Nr. 6) übt die Versammlung der Kammer eine wirksame Verwaltungs- und Finanzkontrolle über die anderen Organe aus, denen bestimmte Aufgabengebiete zur selbständigen Erledigung zugewiesen sind (amtliche Begründung).

27 **5. Richtlinien für Aufwandsentschädigung und Reisekostenvergütung (Abs. 2 Nr. 5).** Der Kammerversammlung obliegt es, Richtlinien für die Aufwandsentschädigung und die Reisekostenvergütung der Mitglieder des Vorstands (§ 75 S. 2) und des Anwaltsgerichts sowie der Protokollführer in der Hauptverhandlung des Anwaltsgerichts aufzustellen. Die nach § 59b Abs. 2 Nr. 2 beschlossenen Fachanwaltsordnungen, in denen Regelungen über die Entschädigungsansprüche der Mitglieder der Fachgebietsausschüsse enthalten sind (vgl. § 21 FAO), gelten in entsprechender Anwendung des Art. 21 Abs. 11 Gesetz vom 2.9.1994 (BGBl. I S. 2278, 2294) fort. Diese Entschließung muss ihr überlassen werden, weil die finanzielle Belastung der Kammer sich auf die Gesamtheit der Mitglieder auswirkt (amtliche Begründung). Die Richtlinienkompetenz der Kammerversammlung für die Entschädigung des Protokollführers wurde durch das Gesetz zur Änderung des Berufsrechts der Rechtsanwälte und der Patentanwälte vom 13.12.1989 (BGBl. I S. 2135) eingeführt. Im Hinblick auf die in § 140 nunmehr festgeschriebene Pflicht, einer Bestellung zum Protokollführer in der Hauptverhandlung Folge zu leisten, hat die Kammerversammlung Richtlinien für die Entschädigung des Protokollführers zu treffen (amtliche Begründung).

27a Die **anwaltlichen Mitglieder des AGH** und die anwaltlichen Mitglieder des **Anwaltssenats beim BGH** erhalten eine **Aufwandsentschädigung** aus der Staats- bzw. Bundeskasse (§§ 103 Abs. 4, 112). Für diese gilt § 89 Abs. 2 Nr. 6 folglich nicht. Die Aufstellung der Richtlinien für die Aufwandsentschädigung und die Reisekostenvergütung der Mitglieder des Vorstands und des Anwaltsgerichts sowie der Protokollführer in der Hauptverhandlung des Anwaltsgerichts ist allein Sache der Kammerversammlung. Die Ausführung dieser Richtlinien erfolgt durch den Schatzmeister, der an die Beschlüsse der Kammerversammlung gebunden ist. Das **Anwaltsgericht ist nicht befugt,** für seine Mitglieder und auch nicht für einen Rechtsanwalt, der als Protokollführer gemäß § 140 tätig wird, eine Entschädigung festzusetzen und zu zahlen (EG Kassel EGE XIII, 212). Die Kammerversammlung beschließt, in welcher Höhe die Vorstandsmitglieder und die ehrenamtliche Richter sowie die Protokollführer zu entschädigen sind und nach welchen Grundsätzen die **Reisekostenvergütung** zu zahlen ist (→ § 75 Rn. 1 ff.; → § 103 Rn. 11 ff.).

28 **6. Abrechnung (Abs. 2 Nr. 6).** Der Kammerversammlung in ihrer Gesamtheit nicht einem einzelnen Mitglied der RAK obliegt es, die Abrechnung des Vorstands über die Einnahmen und Ausgaben der Kammer sowie über die Verwaltung des Vermögens zu prüfen und über die Entlastung zu beschließen (vgl. BGH vom 12.3.2015 – AnwZ (Brfg) 82/13 Rn. 9). Der Beschluss über die Entlastung des Vorstands beinhaltet **keinen Verzicht auf etwaige Schadensersatzansprüche** gegenüber dem Vorstand (BGH vom 12.3.2015 – AnwZ (Brfg) 82/13 Rn. 9; AGH NRW NJW-RR 2014, 945). Die Tätigkeit des Schatzmeisters (§ 83), des Präsidiums (§ 79) und des Vorstands (§ 73), soweit diese finanzielle Auswirkungen hat, ist von der Kammer zu prüfen. In der Regel wird eine Prüfung durch die Kammerversammlung unmöglich sein; vielmehr wird die Kammerversammlung einen oder mehrere **Kassenprüfer** oder einen **Prüfungsausschuss,** in den **auch Nichtkammermitglieder** wie zB Wirtschaftsprüfer hineingewählt werden können, mit dieser Aufgabe betrauen (ausdrücklich zustimmend AGH NRW

NJW-RR 2013, 1329). Dieser Prüfungsausschuss erstattet sodann Bericht, über den die Kammerversammlung Beschluss fassen muss (*Isele* § 89 Anm. III F 3). Es besteht für jedes Mitglied ein Anspruch auf **Einsicht in den vollständigen Prüfbericht** der Kassen-/Wirtschaftsprüfer nebst der Anlagen für das abgelaufene Geschäftsjahr. Gegen Erstattung der Kosten besteht auch ein Anspruch auf Übersendung des vollständigen Prüfberichts (AGH NRW NJW-RR 2013, 1329).

Die Entlastung des Kammervorstands bezieht sich nicht nur auf die ordnungsgemäße Behandlung der Einnahmen und Ausgaben und die Verwaltung des Vermögens, sondern auch auf die sonstige Tätigkeit des Vorstands (*Isele* § 89 Anm. III F 5). Wird die Entlastung verweigert, so kann das Anlass für ein Einschreiten der Staatsaufsicht sein (§ 62 Abs. 2). Weitere Rechtsfolgen ergeben sich aus der Verweigerung nicht (ebenso Henssler/Prütting/*Hartung* § 89 Rn. 19). **28a**

7. Regelung der Ausbildung und Prüfung von Lehrlingen/Rechtsanwaltsfachangestellten. Die Obliegenheit der Versammlung, die Ausbildung und Prüfung der Lehrlinge in Anwaltskanzleien zu regeln (§ 89 Abs. 2 Nr. 7 aF) wurde durch Gesetz vom 2.9.1994 (BGBl. I S. 2278) aufgehoben. Diese Vorschrift hatte im Hinblick auf § 44 BBiG aF, nach der die zuständige Stelle, also die RAK (§ 87 BBiG aF), die Durchführung der Berufsausbildung regelte, kaum mehr praktische Bedeutung (*Knopp/Kraegeloh* 3. Aufl. BBiG § 87 Rn. 3). Wo das BBiG Aufgaben der Berufsbildung anderen Stellen übertragen hat, darf die RAK nicht mehr nach § 89 Abs. 2 Nr. 7 tätig werden (*Isele* § 89 Anm. G 3). **29**

Die Förderung des Berufsschulunterrichts für Rechtsanwaltsfachangestellte durch eine RAK in Form der Subventionierung von 13 Euro je Unterrichtsstunde ist nicht zu beanstanden (AGH NRW NJW-RR 2014, 945; BGH v. 12.3.2015 – AnwZ (Brfg) 82/13 – Nichtzulassung der Berufung). **29a**

Die RAK ist nicht berechtigt, **Mindestsätze für die Ausbildungsvergütung** verbindlich festzusetzen und die Eintragung eines Ausbildungsvertrages in das **Verzeichnis der Berufsausbildungsverhältnisse** von der Anerkennung der von ihr festgelegten oder zukünftig beschlossenen Mindestsätze abhängig zu machen (BVerwGE 62, 117 = NJW 1981, 2209). Die RAK kann allerdings die Eintragung eines Ausbildungsverhältnisses davon abhängig machen, dass eine angemessene Vergütung iSd BBiG bezahlt wird. Zur „Reichweite der Kompetenzen der Rechtsanwaltskammern nach der Reform der Juristenausbildung" vgl. *Quaas/Sieben* BRAK-Mitt. 2002, 162; → § 73 Rn. 57. **30**

III. Geschäftsordnung

In Abs. 3 wird die Kammerversammlung ermächtigt, sich eine Geschäftsordnung zu geben. Die Erstellung der Geschäftsordnung ist Pflicht (*Isele* § 89 Anm. V B.; ebenso Henssler/Prütting/*Hartung* § 89 Rn. 20; **aA** Gaier/Wolf/Göcken/*Lauda* § 89 Rn. 44). Die BRAO setzt eine Geschäftsordnung der Kammer in verschiedenen Normen voraus, selbst wenn diese Geschäftsordnung in Ergänzung des Gesetzes unter Berücksichtigung der besonderen Verhältnisse der jeweiligen Kammer verschiedene Fragen näher regeln *kann,* aber nicht muss, soweit dies in §§ 64 Abs. 2, 77 Abs. 1, 80 Abs. 4, 85 Abs. 3, 86 Abs. 1, 88 Abs. 1 ausdrücklich vorgesehen ist. Darüber hinaus kann die Geschäftsordnung, soweit gesetzlich zulässig, weitere Bestimmungen enthalten (ebenso Henssler/Prütting/*Hartung* § 89 Rn. 20). In der Praxis ist diese Frage indes ohne Belang, da sich es nicht nur den Grundsätzen der Selbstverwaltung der Kammern entspricht, entsprechende Regelungen nach den eigenen Bedürfnissen zu treffen, sondern alle Kammern sich auch eine entsprechende Geschäftsordnung gegeben haben. **31**

Neben der Wahlordnung für die Wahl des Vorstands der Kammer (§ 64 Abs. 2) gehört auch die **Wahlordnung** für die Wahl der Mitglieder der **Satzungsversammlung** (§§ 191a ff.) zur Geschäftsordnung. Insoweit muss die Kammerversammlung aber die Bestimmungen des § 191b beachten (→ § 191b Rn. 1, 16 ff.). **31a**

Unklarheiten in der Formulierung der Geschäftsordnung einer RAK gehen zu Lasten der RAK, denn sie ist verantwortlich dafür, weil sie die Geschäftsordnung erstellt hat und anwenden will (EGH Koblenz BRAK-Mitt. 1982, 30). Die Geschäftsordnung kann als Teil der Satzung der RAK (*Isele* § 89 Anm. V C) gesetzliche Bestimmungen nicht abändern, sie kann den gesetzlichen Aufgabenbereich der RAK insbesondere nicht erweitern. Die Kammerversammlung kann **nicht eine Geschäftsordnung für den Kammervorstand beschließen;** dies ist Aufgabe des Vorstands (§ 63 Abs. 3). Im Übrigen zum Inhalt der Satzung → § 64 Rn. 1 ff.; → § 88 Rn. 1 ff. **31b**

32 Die **Geschäftsordnung ist auszufertigen** (VGH Kassel NJW 1994, 812; s. auch *Starke* NVwZ 1995, 1186). **Zwingende Voraussetzungen** einer wirksamen Ausfertigung sind (*Wolff/Bachof* Verwaltungsrecht I, 9. Aufl., § 28 I a):

- eine ihren Rechtscharakter (zB Verordnung oder Satzung) und ihren Gegenstand kennzeichnende Überschrift,
- die Angabe der Ermächtigung,
- Auskunft über die stattgehabte Zustimmung oder Anhörung beteiligungsberechtigter Stellen,
- die Bestimmung des Tages ihres Inkrafttretens,
- Datierung,
- die Bezeichnung des erlassenen Organs,
- Unterschrift des von dem hierzu zuständigen Amtswalter nach Abschluss des gesamten Rechtsetzungsverfahrens in einer den Text der Rechtsquelle enthaltenden Urkunde (vgl. auch BGH NJW 1999, 2678 = BRAK-Mitt. 1999, 233 zur Ausfertigung von BORA und FAO; → BORA § 35 Rn. 6 ff., § 26 FAO).

33 Zuständiger „Amtsverwalter" ist der Präsident der Kammer. Er bestätigt durch seine Unterschrift die Übereinstimmung des protokollierten Textes mit dem von der Kammerversammlung beschlossenen Text **(Authentizitätsnachweis)** und das formell ordnungsgemäße Zustandekommen **(Legalitätsnachweis;** ebenso Henssler/Prütting/*Hartung* § 89 Rn. 24). Die Geschäftsordnung ist **zu veröffentlichen,** entweder in dem durch Gesetz vorgeschriebenen Organ oder in einer allgemein zugänglichen Zeitschrift. Die Ausfertigung ist aufzubewahren. Zur **nachträglichen Heilung** von Fehlern bei Erstellung einer Ausfertigung (VGH Mannheim NVwZ 1985, 206).

Dritter Abschnitt. *[aufgehoben]*

§§ 90, 91 *[aufgehoben]*

1 Durch Gesetz zur Modernisierung von Verfahren im anwaltlichen und notariellen Berufsrecht, zur Errichtung einer Schlichtungsstelle der Rechtsanwaltschaft sowie zur Änderung sonstiger Vorschriften vom 30.7.2009 (BGBl. I S. 2449), am 1.9.2009 in Kraft getreten, wurde der gesamte Dritte Abschnitt, der die Nichtigkeit von Wahlen und Beschlüssen beinhaltete, aufgehoben, da das ganze bisherige Verfahrensrecht der BRAO mit Verweis auf das FGG auf die VwGO umgestellt wurde. Die frühere Regelung des § 90 ist in dem neuen § 112f im Vierten Abschnitt des Fünften Teils integriert worden.

Fünfter Teil. Die Gerichte in Anwaltssachen und das gerichtliche Verfahren in verwaltungsrechtlichen Anwaltssachen

Erster Abschnitt. Das Anwaltsgericht

Vorbemerkung (Vor § 92)

Schrifttum: *Geiersberger,* Gelebtes Berufsrecht – Gedanken zur Anwaltsgerichtsbarkeit heute, AnwBl. 2014, 292; *Haas,* Anwaltliche Berufsgerichtsbarkeit in Europa, BRAK-Mitt. 1997, 45; *Holly,* Geschichte der Ehrengerichtsbarkeit der deutschen Rechtsanwälte, 1989; *Huff/Terriuolo,* Die anwaltliche Gerichtsbarkeit – Ein Überblick, Kammerforum der RAK Köln 2013, 50; *Kirchberg,* Die Anwaltsgerichtsbarkeit nicht auszehren!, AnwBl. 2015, 44; *Kleine-Cosack,* Zukunft der Anwaltsgerichtsbarkeit, AnwBl. 1999, 565; *ders.,* Menschenrechtsbeschwerde im Berufsrecht der freien Berufe, AnwBl. 2009, 326; *Kopp,* Die Anwaltsgerichtsbarkeit – Geschichte, Rechtsnatur und Verfahren, BRAK-Mitt. 1998, 56; *Morisse,* Welch Fortschritt: Von der Ehrengerichtsbarkeit zur Anwaltsgerichtsbarkeit, BRAK-Mitt. 2011, 890; *Neuenfeld,* Das Verfahren der Anwaltsgerichtshöfe nach der Verwaltungsgerichtsordnung, AnwBl. 2009, 749; *Ostler,* Die deutschen Rechtsanwälte 1871 bis 1971, 2. Aufl. 1982; *Redeker,* Die Ehrengerichte als besondere Verwaltungsgerichte, AnwBl. 1992, 505; *Rennert,* Das Recht der Freien Berufe und die Verwaltungsgerichtsbarkeit, AnwBl. 2014, 905; *Saerbeck,* Die Rechtsanwaltskammer und die Anwaltsgerichtsbarkeit, FS zum 125-jährigen Bestehen der RAK Hamm, 2004, 183; *Sojka,* Standesrecht?, MDR 1989, 105; *Weißler,* Geschichte der Rechtsanwaltschaft, 1905; *Winkler,* Die Entwicklung der Anwaltsgerichtsbarkeit in Deutschland, AnwBl. 2004, 677; *ders.,* Die ehrenamtliche Tätigkeit des Rechtsanwalts als Richter am AGH im Spannungsverhältnis zwischen BRAO und DRiG, BRAK-Mitt. 2012, 254.

I. Aufgaben der Anwaltsgerichtsbarkeit

Die Anwaltsgerichtsbarkeit nimmt die **Aufgaben der Rechtsprechung in berufsrechtlichen Angelegenheiten der Mitglieder der Rechtsanwaltskammern** wahr. Sie ist damit zuständig für die Ahndung anwaltlicher Pflichtverletzungen sowie für die gerichtliche Nachprüfung von Rügeentscheidungen des Kammervorstands (§ 74a). Ferner ist sie zuständig für die richterliche Nachprüfung von Verwaltungsentscheidungen (§§ 57, 90, 91, 112a ff., 191); Das gerichtliche Verfahren in verwaltungsrechtlichen Anwaltssachen wurde mit Gesetz vom 30.7.2009 (BGBl. I S. 2449) in den neu eingefügten §§ 112a–112f geregelt. 1

II. Stellung der Anwaltsgerichtsbarkeit

Im Hinblick auf die grundgesetzliche Wertung, dass Behörden, die überwiegend mit Verwaltungsaufgaben betraut sind, nicht zugleich Recht sprechen können (Art. 20 Abs. 2 GG), zudem die rechtsprechende Gewalt durch staatliche Gerichte ausgeübt werden muss (BVerfGE 4, 74 = NJW 1955, 17), wurden die Anwaltsgerichte von der Verwaltung, den Rechtsanwaltskammern, gelöst (zur historischen Entwicklung vgl. 8. Aufl. Vor §§ 92 ff. Rn. 1 ff.). 2

Die Anwaltsgerichte sind **staatliche Gerichte** (BT-Drs. 3/120, 93) iSd Art. 92 GG iVm Art. 20 GG; sie genügen den Anforderungen, die das Grundgesetz an staatliche Gerichte stellt (BVerfGE 26, 186 = NJW 1969, 2192; BVerfGE 48, 300 = NJW 1978, 1795; BVerfG NJW 2006, 3049). Ihre Bildung beruht auf staatlichem Gesetz (§§ 92 ff.); sie dienen der Erfüllung staatlicher Aufgaben und ihre Bindung an den Staat ist auch in personeller Hinsicht ausreichend gewährleistet; der Staat wirkt bei der Berufung der Mitglieder des Anwaltsgerichts mit (§ 94). Die Mitglieder des Anwaltsgerichts sind ehrenamtliche Richter, die während der Dauer ihres Amtes die Stellung eines Berufsrichters haben (§ 95 Abs. 1); für sie gelten deshalb die Bestimmungen der §§ 44 ff. DRiG (→ § 95 Rn. 1). 3

Es ist auch gewährleistet, dass die Mitglieder des Anwaltsgerichts nichtbeteiligte Dritte sind und ihre richterlichen Aufgaben in **sachlicher und persönlicher Unabhängigkeit** wahrnehmen können (§ 45 DRiG). Die Anwaltsgerichte sind auch neutral, ihre richterlichen Mitglieder generell zur Ausübung ihres Richteramtes geeignet, da sie zumindest mehrheitlich die Befähigung zum Richteramt besitzen (§ 4) und aufgrund ihrer anwaltlichen Tätigkeit die erforderliche Sachkunde erworben haben (BVerfGE 48, 300 = NJW 1978, 1795; BVerfG NJW 2006, 3049; → § 93 Rn. 1; → § 101 Rn. 2; → § 108 Rn. 1; *Starke* BRAK-Mitt. 1991, 11). Diese für den Verfahrensgegenstand besondere Sachkunde ist dem Verfahrensziel sachgerechter und lebensnaher Entscheidungen förderlich (BGH BeckRS 2003, 09327 unter II 2b bb). 4

5 Europarechtliche Bedenken gegen die Besetzung des Anwaltsgerichts ausschließlich mit Rechtsanwälten bestehen nicht, und zwar auch dann nicht, wenn das Anwaltsgericht letztinstanzlich entscheidet. Zwar hat der EuGH im Fall „Wilson/Ordre des avocats du barreau de Luxembourg" (EuGH NJW 2006, 3697 mit Anm. *Eichele* BRAK-Mitt. 2006, 276; vgl. zum italienischen Consiglio Nazionale Forense EuGH NJW 2014, 2849 Rn. 15 ff. = BRAK-Mitt. 2014, 253 mit Anm. *Henssler/Glindemann* EuZW 2014, 785, 786) entschieden, dass das Luxemburger Anwaltsgericht, das als letzte Tatsacheninstanz entscheidet, nicht als Gericht iSd Gemeinschaftsrechts anzusehen sei. Es fehle den dortigen Mitgliedern des Gerichts an der erforderlichen Unabhängigkeit und Unparteilichkeit, weil es sich nicht um „Dritte" handele. Das Luxemburgische Anwaltsgericht sei ein „außergerichtliches Organ", so dass zu den Parteien nicht „ein gleicher Abstand" gewahrt sei. Diese Erwägungen sind nicht auf die Anwaltsgerichtsbarkeit zu übertragen. Das deutsche Anwaltsgericht ist kein „außergerichtliches Organ", sondern Teil der staatlichen Gerichtsbarkeit. Die deutsche Anwaltsgerichtsbarkeit gewährleistet in vollem Umfang eine unabhängige Überprüfung von Entscheidungen und Maßnahmen der RAK (BVerfGE 26, 186 = NJW 1969, 2192; BVerfGE 48, 300, 315 ff. = NJW 1978, 1795; BVerfG NJW 2006, 3049). Die deutsche Anwaltsgerichtsbarkeit erfüllt daher die **europarechtlichen Vorgaben** des Gerichtsbegriffs nach Art. 9 RL 98/5 (BGH BRAK-Mitt. 2008, 171, 172 Rn. 12; *Eichele* BRAK-Mitt. 2006, 276, 277; Henssler/Prütting/*Düttmann* § 92 Rn. 7; Gaier/Wolf/Göcken/*Quaas* § 94 Rn. 8; vgl. auch OVG Magdeburg BeckRS 2008, 32682; *Kahlert* AnwBl. 5/2007, XII; *Geiersberger* AnwBl. 2014, 292, 294; *Henssler/Glindemann* EuZW 2014, 785, 786; Bedenken bei *Kleine-Cosack* AnwBl. 2007, 210, 211). Im Übrigen wäre in einem dem Luxemburgischen Fall gleichgelagerten Fall nicht das AnwG, sondern – weil es um Fragen der Zulassung ging – der AGH zuständig (vgl. *Eichele* BRAK-Mitt. 2006, 276, 276 f.; Gaier/Wolf/Göcken/*Quaas* § 94 Rn. 8), dessen Charakter als staatliches Gericht außer Frage steht.

6 Die Anwaltsgerichte sind **Gerichte für besondere Sachgebiete** iSd Art. 101 Abs. 2 GG (BVerfGE 26, 186 = NJW 1969, 2192; BVerfG NJW 2006, 3049). Zur Selbständigkeit der Anwaltsgerichtshöfe → § 100 Rn. 4 ff. Zur Stellung des Anwaltssenats beim BGH → § 106 Rn. 4. Die Einrichtung der besonderen Gerichtsbarkeit für berufsrechtliche Angelegenheiten der Rechtsanwälte ist mit dem allgemeinen Gleichheitssatz vereinbar; der Gesetzgeber hat die Grenzen, die Art. 3 GG seiner Gestaltungsfreiheit setzt, nicht überschritten. Die besondere Aufgabe der Rechtsanwälte lässt es gerechtfertigt erscheinen, sie – anders als die Angehörigen der meisten sonstigen Berufe – einem besonderen Disziplinarrecht zu unterstellen. Dass zur Anwendung dieses Disziplinarrechts besondere Gerichte geschaffen wurden, in denen Berufsangehörige als sachkundige ehrenamtliche Richter mitwirken, ist ebenso wenig sachwidrig, wie die im Grundgesetz selbst vorgesehene Einrichtung von besonderen Dienststrafgerichten (Art. 96a Abs. 4 aF GG; BVerfGE 26, 186 = NJW 1969, 2192).

§ 92 Bildung des Anwaltsgerichts

(1) [1] **Für den Bezirk der Rechtsanwaltskammer wird ein Anwaltsgericht errichtet.** [2] **Es hat seinen Sitz an demselben Ort wie die Rechtsanwaltskammer.**

(2) [1] **Bei dem Anwaltsgericht werden nach Bedarf mehrere Kammern gebildet.** [2] **Die Zahl der Kammern bestimmt die Landesjustizverwaltung.** [3] **Der Vorstand der Rechtsanwaltskammer ist vorher zu hören.**

(3) **Die Aufsicht über das Anwaltsgericht führt die Landesjustizverwaltung.**

I. Errichtung des Anwaltsgerichts, Zuständigkeit

1 Für den Bezirk jeder RAK wurde durch Abs. 1 S. 1 kraft Gesetzes ein Anwaltsgericht errichtet. Es hat seinen Sitz stets an demselben Ort wie die RAK (Abs. 1 S. 2). Die Anwaltsgerichte sind **staatliche Gerichte für besondere Sachgebiete** (→ Vor § 92 Rn. 6). Sie sind die Eingangsgerichte (§ 119 Abs. 1) im dreizügigen Rechtszug (§§ 143 Abs. 1, 145 Abs. 1) für die Ahndung anwaltlicher Pflichtverletzungen. Unabhängig von der Zahl der Kammermitglieder gibt es für den Bezirk einer RAK immer nur ein Anwaltsgericht. Die Ausgestaltung der Anwaltsgerichte durch Bestimmung der Anzahl der Kammern nach Bedarf, die Bestellung der Vor-

sitzenden und Beisitzer ist der Landesjustizverwaltung unter Mitwirkung der Rechtsanwaltskammern übertragen (§§ 93, 94). „Nach Bedarf" werden weitere Kammern gebildet. Die Beteiligten, dh die Mitglieder des Anwaltsgerichts, die Landesjustizverwaltung und der Vorstand der RAK haben den eventuellen Wechsel im Geschäftsanfall bei dem Anwaltsgericht im Auge zu behalten und in dem Fall, dass das Anwaltsgericht diesen nicht in angemessener Zeit bewältigen kann, auf die Bildung einer oder erforderlichenfalls mehrerer weiterer Kammern hinzuwirken.

Die **Zahl der Kammern** bestimmt die Landesjustizverwaltung nach Bedarf, die auch die dafür erforderliche Zahl von Vorsitzenden und Beisitzern ernennt (§§ 92 Abs. 2 S. 2, 93, 94). Ist im Bezirk eines AGH nur ein AnwG eingerichtet, dann muss im Hinblick auf § 140a Abs. 3 S. 1 GVG iVm § 116 S. 2 dieses AnwG wenigstens zwei Kammern haben. Bevor die Landesjustizverwaltung eine oder mehrere neue Kammern bildet, muss sie den Vorstand der RAK dazu hören. Hatte der Kammervorstand von sich aus die Initiative ergriffen und der Landesjustizverwaltung die Bildung einer oder mehrerer neuer Kammern vorgeschlagen, dann liegt darin bereits die Anhörung, es sei denn, die Landesjustizverwaltung weicht von diesem Vorschlag ab. Dann muss sie dem Kammervorstand Gelegenheit geben, sich zu ihrem davon abweichendem Vorhaben zu äußern. 2

Die Zuständigkeit des Anwaltsgerichts ist beschränkt auf die Verhängung anwaltsgerichtlicher Maßnahmen gegen einen Rechtsanwalt (§§ 113, 114, 119) und – in den Fällen geringfügiger Pflichtverletzungen – auf eine gerichtliche Entscheidung gegen eine von der RAK erteilte Rüge (§§ 74, 74a). Für rechtliche Streitigkeiten, die aus Anlass eines solchen Verfahrens entstehen, ist grundsätzlich **keine Annexzuständigkeit des Anwaltsgerichts** begründet. Eine solche war bereits nach der bisherigen Rechtslage nicht gegeben (BGH NJW 2011, 2303 = BRAK-Mitt. 2011, 143). 3

II. Fortbestehen der Berufsgerichte in den neuen Bundesländern

Nach Aufhebung des RAG durch Art. 21 Abs. 1 Gesetz vom 2.9.1994 (BGBl. I S. 2278) und Inkrafttreten der BRAO auch in den neuen Bundesländern mit Wirkung zum 9.9.1994 (Art. 21 Abs. 1, 22 Abs. 1 Gesetz vom 2.9.1994) bestehen die auf der Grundlage der §§ 90 ff. RAG gebildeten Berufsgerichte für Rechtsanwälte und die Berufsgerichtshöfe für Rechtsanwälte als Anwaltsgerichte und Anwaltsgerichtshöfe fort. Ihre anwaltlichen und richterlichen Mitglieder (§§ 92, 99, 100 RAG) blieben für die Dauer ihrer auf der Grundlage des RAG ausgesprochenen Ernennung im Amt (Art. 21 Abs. 4 Gesetz vom 2.9.1994). 4

Allerdings waren nach Art. 21 Abs. 6 Gesetz vom 2.9.1994 in den neuen Bundesländern die §§ 93 Abs. 1 S. 3 und 101 Abs. 1 S. 2 nicht anzuwenden. Nach den genannten Vorschriften müssen bestimmte Mitglieder des Anwaltsgerichts bzw. des Anwaltsgerichtshofs die Befähigung zum Richteramt haben. Die in der früheren DDR ausgebildeten Juristen konnten diese Befähigung nicht erwerben. Eine Anwendung der genannten Vorschriften auch in den neuen Bundesländern hätte deshalb zur Folge, dass in der Anwaltsgerichtsbarkeit bestimmte Richterämter nur mit Rechtsanwälten, die die Befähigung zum Richteramt erworben haben, besetzt werden können. Das erscheint nicht gerechtfertigt. Nach Aufhebung des Art. 21 Gesetz vom 2.9.1994 gilt nunmehr nach § 214 Abs. 2 eine entsprechende Regelung im gesamten Bundesgebiet (vgl. Anm. zu § 214). Zu den berufsrichterlichen Mitgliedern der Anwaltsgerichtshöfe der neuen Bundesländer → § 102 Rn. 1. 5

Noch anhängige berufsrechtliche Verfahren – seien es gerichtliche, staatsanwaltliche, Rüge- oder Verwaltungsverfahren (§§ 6 ff., 33 ff., 72, 73, 88, 89, 116 ff., 193 RAG) – wurden nach Art. 21 Abs. 7 Gesetz vom 2.9.1994 nach der BRAO, dh nach deren entsprechenden Vorschriften (§§ 6 ff., 37 ff., 74, 74a, 90, 91, 116 ff., 191 ff., 223) im jeweiligen Verfahrensstand fortgesetzt. Fristen, die nach altem Recht des RAG in Gang gesetzt worden sind, liefen weiter. Da die Fristen des RAG mit denen der BRAO übereinstimmen, bedurfte es insofern einer näheren gesetzlichen Ausgestaltung nicht (amtliche Begründung, BT-Drs. 12/4993, 46, 47; → § 113 Rn. 4). 6

Die Aufhebung des RAG hat nach Art. 21 Abs. 5 Gesetz vom 2.9.1994 (BGBl. I S. 2278) auf die Wirksamkeit von Entscheidungen in berufsrechtlichen Angelegenheiten nach dem RAG keinen Einfluss. Mithin ist der Wegfall der jeweiligen rechtlichen Entscheidungsgrundlage nach dem RAG unbeachtlich (BT-Drs. 12/4993, 46). 7

III. Aufsicht

8 Da die Anwaltsgerichte staatliche Gerichte sind (→ Vor § 92 Rn. 3), führt die Landesjustizverwaltung die Aufsicht über die Anwaltsgerichte im Rahmen des Art. 95 Abs. 1 GG iVm § 26 Abs. 1 und 2 DRiG. Die nach Art. 20 Abs. 2 GG zu verlangende hinreichende organisatorische und personelle Trennung von den Verwaltungsbehörden, den Rechtsanwaltskammern (vgl. § 94 Abs. 3 S. 2 Nr. 1 und 2, § 95 Abs. 1a S. 1), ist gegeben. Bei der Führung der Aufsicht über die Anwaltsgerichte ist die Landesjustizverwaltung „gehalten, für die von den Ländern im Rahmen der Gesetze zu gewährleistenden Funktionstüchtigkeit der Anwaltsgerichte angemessen Sorge zu tragen. Dabei obliegt der Landesjustizverwaltung – bei voller Wahrung der richterlichen Unabhängigkeit – auch die Pflicht zu prüfen, ob die Ausführung der anwaltsrichterlichen Amtsgeschäfte ihrer Art nach ordnungsgemäß erfolgt ist, insbesondere ob solche Amtsgeschäfte unverzögert erledigt worden sind (§ 26 Abs. 1, 2 DRiG). Es besteht kein Anlass und wäre auch aus verfassungsrechtlicher Sicht nicht zu rechtfertigen, die Mitglieder der Anwaltsgerichte insoweit einer weniger strengen Aufsicht zu unterziehen, als die Richter der in Art. 95 Abs. 1 GG aufgeführten Gerichtszweige“ (so BVerfGE 48, 300 = NJW 1978, 1795). Die Landesjustizverwaltung kann die Aufsicht nach § 33 Abs. 2 S. 2, 3 übertragen (so in NRW durch § 3 Nr. 1 BRAOAusfV vom 22.4.2008, GVBl. S. 378, auf die OLG-Präsidenten).

§ 93 Besetzung des Anwaltsgerichts

(1) [1]**Das Anwaltsgericht wird mit der erforderlichen Anzahl von Vorsitzenden und weiteren Mitgliedern besetzt.** [2]**Sind mehrere Vorsitzende ernannt, so wird einer von ihnen zum geschäftsleitenden Vorsitzenden bestellt.** [3]**Der Vorsitzende und ein weiteres Mitglied der Kammer müssen die Befähigung zum Richteramt haben.**

(2) **Die Landesjustizverwaltung hat den Vorstand der Rechtsanwaltskammer vor der Ernennung der Vorsitzenden und der Bestellung des geschäftsleitenden Vorsitzenden zu hören.**

I. Besetzung des Anwaltsgerichts

1 **1. Besetzung nur mit Rechtsanwälten.** Bei dem Anwaltsgericht können nach Bedarf eine oder mehrere Kammern gebildet sein (§ 92 Abs. 2). Das Anwaltsgericht wird mit der danach erforderlichen Anzahl von Vorsitzenden und weiteren Mitgliedern besetzt, die alle Rechtsanwälte sind (§ 93 Abs. 1 S. 1, § 94 Abs. 1; → § 94 Rn. 1). Nach § 96 besteht jeder Spruchkörper des Anwaltsgerichts aus dem Vorsitzenden und zwei weiteren Mitgliedern (Beisitzern).

2 Andere Mitglieder der RAK, die keine Rechtsanwälte sind (→ § 60 Rn. 4 ff.), können nicht in der Anwaltsgerichtsbarkeit tätig sein. Ein Rechtsanwalt, der über die Eignungsprüfung nach §§ 16 ff. EuRAG den Zugang zum Beruf erlangt (→ § 4 Rn. 28 f.; §§ 16 ff. EuRAG), hat nach der Zulassung grundsätzlich die vollen berufsrechtlichen Rechte und Pflichten und kann auch Anwaltsrichter werden (*Schaich* AnwBl. 1990, 373, 376). Dies gilt auch für den europäischen Rechtsanwalt (§ 1 EuRAG), der durch Eingliederung nach §§ 11 ff. EuRAG den Zugang zur Rechtsanwaltschaft gefunden hat. Die Besetzung der Kammern des Anwaltsgerichts bestimmt sich nach § 96.

3 Nach § 28 Abs. 2 DRiG darf zwar der **Vorsitzende** eines Gerichts nur ein Berufsrichter sein. Die davon abweichende Regelung für die Besetzung der Anwaltsgerichte (§§ 93 Abs. 1, 94 Abs. 1) und des Anwaltsgerichtshofs (§§ 101, 103) lässt § 123 DRiG aber ausdrücklich unberührt (vgl. *Starke* BRAK-Mitt. 1991, 11). Durch Gesetz zur Umsetzung der Richtlinie des Rates vom 21.12.1988 über eine allgemeine Regelung zur Anerkennung der Hochschuldiplome, die eine mindestens dreijährige Berufsausbildung abschließen, für die Berufe des Rechtsanwalts und des Patentanwalts vom 6.7.1990 (BGBl. I S. 1349; → Teil II Nr. 6 und 7) wurde dem Abs. 1 der S. 3 angefügt. Die Ausnahme des Abs. 1 S. 3 ist deshalb vorgesehen, als damit der Rechtsprechung des Bundesverfassungsgerichts zu der Besetzung der Anwaltsgerichte und der Anwaltsgerichtshöfe mit ehrenamtlichen Richtern aus der Rechtsanwaltschaft (BVerfGE 48, 300 = NJW 1978, 1795; BVerfGE 26, 186 = NJW 1969, 2192) Rechnung getragen wird. Das Bundesverfassungsgericht hat Zweifel an dem Charakter der ausschließlich mit ehrenamtlichen Richtern besetzten Anwalts-

gerichte als staatliche Gerichte (vgl. *Schmidt-Räntsch* DRiG § 123 Rn. 1, 2) mit dem Hinweis auf die Befähigung der Rechtsanwälte zum Richteramt (§ 4 Alt. 1) zurückgewiesen. Da die Rechtsanwälte aus den anderen EU-Staaten (§ 4 Alt. 2) diese Befähigung nicht haben, soll sichergestellt werden, dass bei Anwaltsgerichten (§ 93 Abs. 1) und Anwaltsgerichtshöfen (§ 101 Abs. 1) **der die Verhandlung leitende Vorsitzende die Befähigung zum Richteramt hat und die Mehrheit der Spruchkörper aus Personen mit Befähigung zum Richteramt besteht** (amtliche Begründung, BT-Drs. 11/6154, 22). Nach Art. 21 Abs. 6 Gesetz vom 2.9.1994 (BGBl. I S. 2278) war § 93 Abs. 1 S. 3 in den neuen Bundesländern nicht anzuwenden (→ § 92 Rn. 5). Dort reichte die Befähigung zur anwaltlichen Tätigkeit nach § 4 RAG. Art. 21 Gesetz vom 2.9.1994 wurde durch Art. 43 Gesetz vom 13.4.2006 (BGBl. I S. 866, 872) aufgehoben und die Regelung des Art. 21 Abs. 8 Gesetz vom 2.9.1994 gleichzeitig durch Art. 42 Nr. 3 Gesetz vom 13.4.2006 als § 214 Abs. 2 in die BRAO überführt. **Die Regelung gilt nunmehr im gesamten Bundesgebiet** (Gaier/Wolf/Göcken/*Quaas* § 93 Rn. 3).

2. Anzahl der Vorsitzenden und Beisitzer. Die Anzahl der **Vorsitzenden** wird durch die 4 Zahl der gebildeten Kammern vorgegeben (→ § 92 Rn. 2). Es müssen so viele Kammervorsitzende ernannt werden, wie Kammern vorhanden sind, nicht mehr aber auch nicht weniger (BT-Drs. 3/120, 93 zu § 106; *Isele* § 93 Anm. II C). Auch **Beisitzer** müssen so viele ernannt werden, wie zur Besetzung der vorhandenen Kammern erforderlich sind. Nach § 96 ist jeder Spruchkörper (neben dem Vorsitzenden) mit zwei Beisitzern besetzt. Es ist zulässig auch mehr als zwei Beisitzer je Kammer zu bestellen. Eine unzulässige Überbesetzung liegt jedoch vor, wenn drei Spruchkörper mit je verschiedenen Beisitzern gebildet werden könnten (vgl. BVerfGE 18, 344 = NJW 1965, 1219; BGHSt 28, 183; → § 96 Rn. 3). Deshalb können je Kammer nicht mehr als vier Beisitzer bestellt werden.

3. Zuständigkeit für die Ernennung. Die Zuständigkeit für die Ernennung der Kammer- 5 vorsitzenden und der übrigen Mitglieder des Anwaltsgerichts liegt bei der Landesjustizverwaltung (§ 93 Abs. 2, § 94 Abs. 2), die diese wiederum übertragen kann (so in NRW durch § 3 Nr. 2, 3 BRAOAusfV vom 22.4.2008 auf die OLG-Präsidenten).

Die Vorsitzenden muss die Landesjustizverwaltung aus der Zahl der von ihr zu ernennenden 6 oder bereits ernannten Mitglieder des Anwaltsgerichts (vgl. § 94) auswählen (*Isele* § 93 Anm. II B 1a), wobei Abs. 1 S. 3 zu beachten ist (→ § 93 Rn. 3).

Vor der Ernennung der Kammervorsitzenden hat die Landesjustizverwaltung den Vorstand der 7 RAK zu hören, weil Belange der Rechtsanwaltschaft berührt werden (BT-Drs. 3/120, 93), ohne allerdings an dessen Votum gebunden zu sein.

II. Der geschäftsleitende Vorsitzende

Sind bei dem Anwaltsgericht mehrere Vorsitzende ernannt, was bei entsprechender Zahl der 8 eingerichteten Kammern regelmäßig der Fall sein wird, wird einer von ihnen von der Landesjustizverwaltung nach vorheriger Anhörung des Vorstands der RAK zum geschäftsleitenden Vorsitzenden bestellt (§ 93 Abs. 1 S. 2). Die Landesjustizverwaltung kann diese Aufgabe nach § 33 Abs. 2 S. 2, 3 wiederum übertragen (so in NRW durch § 3 Nr. 2 BRAOAusfV vom 22.4.2008, GVBl. S. 378, auf die OLG-Präsidenten).

Der geschäftsleitende Vorsitzende ist der **Behördenleiter des Anwaltsgerichts** und Dienst- 9 vorgesetzter (Gaier/Wolf/Göcken/*Quaas* § 93 Rn. 4). Er führt nach § 98 Abs. 3 die **Dienstaufsicht über die Geschäftsstelle** und ihm obliegt im Falle des § 92 Abs. 2 die Aufsicht. Darüber hinaus hat der geschäftsleitende Vorsitzende nach § 97 iVm §§ 21a–21i, 70 Abs. 1 GVG die Aufgaben der gerichtlichen Selbstverwaltung wahrzunehmen (Gaier/Wolf/Göcken/*Quaas* § 93 Rn. 4; → § 97 Rn. 1).

§ 94 Ernennung der Mitglieder des Anwaltsgerichts

(1) [1] **Zu Mitgliedern des Anwaltsgerichts können nur Rechtsanwälte ernannt werden.** [2] **Sie müssen der Rechtsanwaltskammer angehören, für deren Bezirk das Anwaltsgericht gebildet ist.**

(2) [1] **Die Mitglieder des Anwaltsgerichts werden von der Landesjustizverwaltung ernannt.** [2] **Sie werden der Vorschlagsliste entnommen, die der Vorstand der Rechts-**

anwaltskammer der Landesjustizverwaltung einreicht. [3] Die Landesjustizverwaltung bestimmt, welche Zahl von Mitgliedern erforderlich ist; sie hat vorher den Vorstand der Rechtsanwaltskammer zu hören. [4] Die Vorschlagsliste des Vorstandes der Rechtsanwaltskammer muß mindestens die Hälfte mehr als die erforderliche Zahl von Rechtsanwälten enthalten.

(3) **[1] Zum Mitglied des Anwaltsgerichts kann nur ein Rechtsanwalt ernannt werden, der in den Vorstand der Rechtsanwaltskammer gewählt werden kann (§§ 65, 66). [2] Die Mitglieder des Anwaltsgerichts dürfen nicht gleichzeitig**

1. **dem Vorstand der Rechtsanwaltskammer oder der Satzungsversammlung angehören,**
2. **bei der Rechtsanwaltskammer, der Bundesrechtsanwaltskammer oder der Satzungsversammlung im Haupt- oder Nebenberuf tätig sein oder**
3. **einem anderen Gericht der Anwaltsgerichtsbarkeit angehören.**

(4) **Die Mitglieder des Anwaltsgerichts werden für die Dauer von fünf Jahren ernannt; sie können nach Ablauf ihrer Amtszeit wieder berufen werden.**

(5) **§ 6 des Einführungsgesetzes zum Gerichtsverfassungsgesetz gilt entsprechend.**

Schrifttum: *Prütting,* Rechtsanwälte als Richter aus der Sicht der Wissenschaft, BRAK-Mitt. 2003, 210; *Stürner,* Unabhängigkeit der Richter aus der Sicht der Wissenschaft, BRAK-Mitt. 2003, 214; *Schmidt-Räntsch,* Kommentar zum DRiG, 6. Aufl. 2009, § 44a, Hindernisse für Berufungen als ehrenamtliche Richter.

Übersicht

I. Befähigung zum Amt des Anwaltsrichters

1 **1. Rechtsanwälte.** Zu Mitgliedern des Anwaltsgerichts können **nur Rechtsanwälte** ernannt werden, auch die Vorsitzenden müssen also Rechtsanwälte sein. Diese Abweichung von § 28 Abs. 2 DRiG, wonach Vorsitzender eines Gerichts nur ein Berufsrichter sein darf, lässt § 123 DRiG ausdrücklich unberührt und ist verfassungskonform (BVerfGE 48, 300, 320 = NJW 1978, 1795, 1796; *Starke* BRAK-Mitt. 1991, 11; kritisch *Sojka* MDR 1989, 105, 106). Die Regelung ist auch **europarechtskonform,** da trotz der Besetzung des Gerichts allein mit Rechtsanwälten die erforderliche Unabhängigkeit und Neutralität des Gerichts gewährleistet ist (ausführlich → Vor § 92 Rn. 5). Da nur Rechtsanwälte Mitglieder des Anwaltsgerichts sein können, erlischt das Amt eines ehrenamtlichen Richters am Anwaltsgericht von Gesetzes wegen, wenn der ehrenamtliche Richter aus der Rechtsanwaltschaft ausscheidet (§§ 13–16; § 95 Abs. 1a; AGH RhPf BRAK-Mitt. 1996, 209; OVG Münster NJW 1992, 1124 zu § 51 Abs. 1 Nr. 3 NRWDiszO). Die Beendigung des Amtes des ehrenamtlichen Mitglieds des AnwG vor Ablauf der vorgesehenen Amtszeit wegen Verlustes des Status als Rechtsanwalt bestimmt sich nach § 95 Abs. 1a nF. Da der Verlust der Zulassung als Rechtsanwalt nach § 60 Abs. 1 S. 3 zum Erlöschen der Mitgliedschaft in der RAK führt, endet nach § 95 Abs. 1a das Amt eines Mitglieds des Anwaltsgerichts. Stimmt das betroffene Mitglied der Beendigung nicht zu, entscheidet auf Antrag der Landesjustizverwaltung der AGH über die Beendigung (§ 95 Abs. 1a S. 3; → § 95 Rn. 19 ff.).

2 Rechtsbeistände, die Kammermitglieder sind (vgl. § 209), können nicht zu Mitgliedern des Anwaltsgerichts ernannt werden (BGH NJW 1988, 208, 209; BGHZ 107, 215, 221 = NJW 1989, 2892, 2893; vgl. auch §§ 209, 59), ebenso wenig nichtanwaltliche Geschäftsführer von Rechtsanwaltsgesellschaften (§ 60 Abs. 1 S. 2) und in Deutschland nach §§ 206, 207 BRAO, §§ 2–10 EuRAG (→ EuRAG § 6 Rn. 8) niedergelassene Anwälte. Denn die ersten drei Teile des

Fünften Teils gelten für diese nicht (→ § 207 Rn. 13; § 6 Abs. 1 EuRAG). Wohl aber können Rechtsanwälte, die über die Eignungsprüfung die Zulassung zur Rechtsanwaltschaft erreicht haben (→ § 4 Rn. 20 f.; §§ 16 ff. EuRAG) oder nach §§ 11 ff. EuRAG in die Rechtsanwaltschaft eingegliedert wurden, zu Beisitzern – nicht auch zu Vorsitzenden (→ § 93 Rn. 3) – ernannt werden.

2. Sachliche und persönliche Voraussetzungen, Hindernisse. Der Rechtsanwalt, der Mitglied des Anwaltsgerichts werden soll, muss zudem folgende Voraussetzungen erfüllen: 3

a) Mitglied der betroffenen RAK. Er muss der RAK angehören, für deren Bezirk das Anwaltsgericht gebildet ist (Abs. 1 S. 2). Diese Zugehörigkeit zu dieser Kammer muss auch während der gesamten Dauer seiner Amtszeit bestehen bleiben (→ § 95 Rn. 23). 3a

b) Wählbarkeit in den Vorstand der RAK. Er muss in den Vorstand der RAK wählbar sein (Abs. 3 S. 1 iVm §§ 65, 66). Das heißt, er muss Mitglied der RAK sein (§ 65 Nr. 1) und er muss den Beruf eines Rechtsanwalts seit mindestens fünf Jahren ohne Unterbrechung ausüben (§ 65 Nr. 2). Zum Wegfall der Altersgrenze nach § 65 Nr. 2 aF; → § 65 Rn. 3. Gegen ihn darf nicht ein anwaltsgerichtliches Verfahren eingeleitet oder ein Berufs- oder Vertretungsverbot (§§ 150, 161a) verhängt worden sein (§ 66 Nr. 1; → § 66 Rn. 2 ff.). Gegen ihn darf nicht die öffentliche Klage wegen einer Straftat, welche die Unfähigkeit zur Bekleidung öffentlicher Ämter zur Folge haben kann, erhoben sein (§ 66 Nr. 2; → § 66 Rn. 7 ff.) und gegen ihn darf nicht im anwaltsgerichtlichen Verfahren in den letzten fünf Jahren ein Verweis oder eine Geldbuße oder in den letzten zehn Jahren ein Vertretungsverbot (§ 114 Abs. 1 Nr. 4) verhängt oder in den letzten fünfzehn Jahren auf die Ausschließung aus der Rechtsanwaltschaft erkannt worden sein (§ 66 Nr. 3; → § 65 Rn. 1 ff.; → § 66 Rn. 1 ff.). Ein Recht zur Ablehnung entsprechend § 67 besteht mangels Bezugnahme auf § 67 nicht. Wohl aber kann entsprechend § 95 Abs. 3 die Ernennung aus gesundheitlichen Gründen abgelehnt werden (→ Rn. 18). 4

c) Hinderungsgründe. § 94 Abs. 3 S. 2 nennt Hinderungsgründe für die Ernennung zum Mitglied des Anwaltsgerichts. Die Regelung wurde zunächst mit Gesetz vom 26.3.2007 (BGBl. I S. 358) an den gleichzeitig eingefügten § 95 Abs. 1a angepasst, der die Beendigung des Amts eines Mitglieds des Anwaltsgerichts regelt. Danach endet dieses Amt unter anderem auch dann, wenn ein Mitglied des Anwaltsgerichts in den Vorstand (Präsidium, §§ 179 ff.) der BRAK gewählt wird oder eine Tätigkeit bei der BRAK oder der Satzungsversammlung aufnimmt (→ § 95 Rn. 22 ff.). Diese Beendigungsgründe mussten daher auch als Hinderungsgründe in § 94 Abs. 3 S. 2 aufgenommen werden (BR-Drs. 16/3837, 25). Mit Gesetz vom 30.7.2009 (BGBl. I S. 2449) wurden die persönlichen Voraussetzungen, die einer Ernennung als ehrenamtlicher Richter beim Anwaltsgericht entgegenstehen, übersichtlich neu gegliedert. 5

aa) Kein Mitglied des Vorstands der RAK, der BRAK oder der Satzungsversammlung. Nach der Neufassung des **Abs. 3 S. 2 Nr. 1** dürfen die Mitglieder des Anwaltsgerichts nicht gleichzeitig dem Vorstand der RAK oder der Satzungsversammlung angehören. Dieser Inkompatibilitätsgrund wurde gestrafft, indem die bisherige entsprechende Regelung zur Mitgliedschaft im Präsidium der BRAK gestrichen wurde. Diese gestrichene Regelung war überflüssig, weil ein Mitglied des Präsidiums der BRAK immer zugleich Mitglied des Vorstands der RAK ist, der er angehört (§§ 180, 188, 182 Abs. 3 Nr. 1; BT-Drs. 16/11385, 63). Mit Abs. 3 S. 2 Nr. 1 soll die Eigenständigkeit und Unabhängigkeit der Anwaltsgerichte gegenüber den Rechtsanwaltskammern und der Satzungsversammlung gewahrt werden. Diese Inkompatibilität ist aus verfassungsrechtlichen Gründen vorgesehen; ohne eine solche Trennung wäre der Gerichtscharakter des Anwaltsgerichts in Frage gestellt (BT-Drs. 3/120, 94 zu § 107; *Braun* ZRP 1996, 394, 396). Auch wird so gewährleistet, dass dem Anwaltsgericht kein Rechtsanwalt angehört, der mit dem zu entscheidenden Fall bereits im Zusammenhang mit seiner Tätigkeit für die RAK befasst war, zB im Rahmen eines Aufsichts- und Rügeverfahrens (vgl. Henssler/Prütting/*Dittmann* § 94 Rn. 7). Dass die Anwaltsgerichte haushaltsmäßig von den Kammern getragen werden und die Rechtsanwaltskammern die erforderlichen Bürokräfte zur Verfügung zu stellen haben (§§ 89 Abs. 2 Nr. 4, 98 Abs. 2), berührt die Eigenständigkeit der Anwaltsgerichte gegenüber der RAK nicht (BVerfGE 48, 300 = NJW 1978, 1795; → § 95 Rn. 10; → § 98 Rn. 4). Der spätere Eintritt dieses Hinderungsgrundes führt zur Beendigung des Amtes eines Mitglieds des Anwaltsgerichts kraft Gesetzes (§ 95 Abs. 1a Nr. 3; → § 95 Rn. 22). 6

7 **bb) Keine Tätigkeit bei der RAK, der BRAK oder der Satzungsversammlung.** Der ehrenamtliche Richter darf nicht bei der RAK, der BRAK oder der Satzungsversammlung im Haupt- oder Nebenberuf zB als Geschäftsführer tätig sein **(Abs. 3 S. 2 Nr. 2;** → § 95 Rn. 25 ff.). Auch damit soll die verfassungsmäßig gebotene Eigenständigkeit des Anwaltsgerichts gegenüber der RAK, der BRAK oder der Satzungsversammlung gewahrt werden, indem personelle Überschneidungen durch Doppelfunktionen vermieden werden (BT-Drs. 3/120, 94 zu § 107; Henssler/Prütting/*Dittmann* § 94 Rn. 7).

8 **cc) Keine Tätigkeit bei einem anderen Gericht der Anwaltsgerichtsbarkeit.** Mit dem mit Gesetz vom 30.7.2009 (BGBl. I S. 2449) eingefügten **Abs. 3 S. 2 Nr. 3** wurde der bisher nicht geregelte Grundsatz aufgenommen, dass zum Richter am Anwaltsgericht nur jemand ernannt werden darf, der bei keinem anderen Gericht der Anwaltsgerichtsbarkeit als Richter tätig ist (BT-Drs. 16/11385, 39 f.).

9 **dd) Verstoß gegen Grundsätze der Menschlichkeit oder der Rechtsstaatlichkeit.** Nach **§ 44a Abs. 1 DRiG** soll „zu dem Amt eines ehrenamtlichen Richters .. nicht berufen werden, wer 1. gegen die Grundsätze der Menschlichkeit oder der Rechtsstaatlichkeit verstoßen hat oder 2. wegen einer Tätigkeit als hauptamtlicher oder inoffizieller Mitarbeiter des Staatssicherheitsdienstes der ehemaligen Deutschen Demokratischen Republik iSd § 6 Abs. 4 Stasi-Unterlagen-Gesetz in der Fassung der Neubekanntmachung vom 18.2.2007 (BGBl. I S. 162) oder als diesen Mitarbeitern nach § 6 Abs. 5 Stasi-Unterlagen-Gesetz gleichgestellte Person für das Amt eines ehrenamtlichen Richters nicht geeignet ist". Diese Vorschrift ist als „Soll-Vorschrift" ausgestaltet. Das bedeutet aber nicht, dass sie etwa weniger streng beachtet werden soll. Hiermit sollte nur erreicht werden, dass die Wirksamkeit der Berufung zum ehrenamtlichen Richter als Rechtsakt nicht von der Einhaltung des § 44a DRiG abhängt (BT-Drs. 12/2169, 11; *Schmidt-Räntsch* DRiG § 44a Rn. 11). Die Vorschrift ist nicht auf Verstöße gegen die Menschlichkeit und Rechtsstaatlichkeit nach dem 8.5.1945 und vor dem 3.10.1990 in der SBZ bzw der DDR begrenzt. § 44a DRiG findet auch auf Verstöße im übrigen Bundesgebiet und im Ausland Anwendung. Nach § 44a Abs. 2 DRiG kann die Landesjustizverwaltung von dem Vorgeschlagenen eine schriftliche Erklärung verlangen, dass bei ihm die Voraussetzungen des § 44a Abs. 1 DRiG nicht vorliegen. Zu den Einzelheiten vgl. bei *Schmidt-Räntsch* DRiG § 44a Anm.

10 **ee) Sonstige Hinderungsgründe.** Das Erreichen einer **Altersgrenze** stellt nach der BRAO keinen Hinderungsgrund für eine Ernennung als Mitglied des Anwaltsgerichts dar. Vielmehr folgt aus den §§ 103 Abs. 2, § 94 Abs. 3 S. 1, §§ 65 ff., § 67 Nr. 1 BRAO, dass das Vollenden des fünfundsechzigsten Lebensjahres eine solche Altersgrenze nicht darstellt. Das DRiG enthält ebenfalls keine Altersgrenze für ehrenamtliche Richter. Die Spezialgesetze in den einzelnen Gerichtszweigen enthalten unterschiedliche Regelungen: So dürfen nach § 23 Abs. 1 Nr. 1 VwGO Personen, die die Regelaltersgrenze nach dem Sechsten Buch Sozialgesetzbuch erreicht haben, die Ernennung ablehnen. Nach § 35 Nr. 6 GVG steht ein solches Recht Personen zu, die das fünfundsechzigste Lebensjahr vollendet haben oder es bis zum Ende der Amtsperiode vollendet haben würden. Nach § 33 Nr. 2 GVG sollen nicht zu dem Amt eines Schöffen berufen werden Personen, die das siebzigste Lebensjahr vollendet haben oder es bis zum Beginn der Amtsperiode vollenden würden. Nach § 24 Abs. 1 Nr. 1 ArbGG können das Amt eines ehrenamtlichen Richters ablehnen oder niederlegen, wer die Regelaltersgrenze nach dem Sechsten Buch Sozialgesetzbuch erreicht hat. Soweit Landesjustizverwaltungen teilweise erneute Bestellungen aus Altersgründe ablehnen (so Henssler/Prütting/*Dittmann* § 94 Rn. 9), kann angesichts der vorbeschriebenen Regelungsvielfalt für eine ungeschriebene Altersgrenze für den Bereich der BRAO keine Rechtsgrundlage gefunden werden (vgl. BVerwG Buchholz 310 § 20 VwGO Nr. 1 für den Bereich der VwGO). Jedenfalls fehlt es nicht deshalb an einer vorschriftsmäßigen Besetzung, weil ein anwaltliches Mitglied zum Entscheidungszeitpunkt bereits das „Ruhestandsalter" erreicht hatte (BGH NJW-RR 2014, 439 Rn. 13). Allerdings können sich aus den Landesrichtergesetzen weitere Einschränkungen ergeben, so auch hinsichtlich der Altersgrenze der ehrenamtlichen Richter. Soweit Landesrichtergesetze (wie etwa § 6 LRiG NRW) für die ehrenamtlichen Richter auf die in Landesbeamtengesetzen für Ehrenbeamte getroffenen Regelungen verweisen, ist für die Herleitung einer Altersgrenze entscheidend, ob für die Ehrenbeamten eine solche gilt (ausdrücklich verneinend § 108 Abs. 1 Nr. 1 LBG NRW).

Zu den Erfordernissen gehört **nicht die Deutsche Staatsangehörigkeit** (so aber Henssler/Prütting/*Dittmann* § 92 Rn. 7). Nach § 94 Abs. 1 können Rechtsanwälte zu Mitgliedern der Anwaltsgerichte ernannt werden. Da ein Rechtsanwalt nicht Deutscher zu sein braucht, scheidet das Erfordernis auch hier aus (*Isele* § 95 Anm. VI B 2a bb). Die Regelungen in den § 31 S. 2 GVG, § 20 S. 1 VwGO, § 21 Abs. 2 Nr. 3 ArbGG enthalten keinen allgemeinen, auf die BRAO, die die deutsche Staatsangehörigkeit für eine Tätigkeit in der Anwaltsgerichtsbarkeit nicht ausdrücklich verlangt, übertragbaren allgemeinen Rechtsgedanken. Davon ist auch der Gesetzgeber bei der Regelung zu § 93 Abs. 1 S. 3 ausgegangen, indem er Rechtsanwälte, die über die Eignungsprüfung Rechtsanwälte geworden sind, zwar vom Vorsitz aber nicht als Beisitzer ausgeschlossen hat (→ § 93 Rn. 2; → § 94 Rn. 2). Rechtsanwälte, die die Eignungsprüfung abgelegt haben, werden aber nur im Ausnahmefall die deutsche Staatsangehörigkeit besitzen. Dementsprechend wurde auch durch Art. 4 Nr. 5 Gesetz vom 6.7.1990 (BGBl. I S. 1349, 1353) in § 87 Abs. 2 S. 1 PAO das Erfordernis der deutschen Staatsangehörigkeit gestrichen, um zu „ermöglichen, Patentanwälte, die mit einer fremden Staatsangehörigkeit aus anderen Mitgliedstaaten der EU zuwandern, zu ehrenamtlichen Richtern für die Gerichte in Patentanwaltssachen zu berufen" (amtliche Begründung, BT-Drs. 11/6154, 23; wie hier Gaier/Wolf/Göcken/*Quaas* § 94 Rn. 2). Das Fehlen der Deutschen Staatsangehörigkeit ist deshalb kein Hinderungsgrund für eine Ernennung. **10a**

II. Ernennung

1. Ernennung durch die Landesjustizverwaltung. Die Mitglieder des Anwaltsgerichts werden von der Landesjustizverwaltung ernannt (Abs. 2 S. 1). Dabei bestimmt die Landesjustizverwaltung nach vorheriger Anhörung des Vorstands der RAK, welche Zahl von Mitgliedern erforderlich ist (Abs. 2 S. 2; → § 92 Rn. 1 ff.; → § 93 Rn. 1). Welche Zahl von Mitgliedern erforderlich ist, knüpft an die nach § 92 Abs. 2 S. 2 bestimmte Zahl der Kammern und der für diese erforderlichen Mitglieder (§ 96). Das Amt eines Richters im Anwaltsgericht kann nur **durch einen staatlichen Akt** verliehen werden. Die Ernennung der Mitglieder des Anwaltsgerichts als staatlicher Akt muss der Landesjustizverwaltung vorbehalten bleiben, weil die Besetzung eines Gerichts innerhalb der Landeshoheit in Frage steht (BT-Drs. 3/120, 94 zu § 107). Die Landesjustizverwaltung kann ihre Zuständigkeit nach § 33 Abs. 2 S. 2, 3 wiederum übertragen (so in NRW durch § 3 Nr. 3 BRAOAusfV vom 22.4.2008, GVBl. S. 378, auf die OLG-Präsidenten). **11**

2. Vorschlagsliste. Bei der Auswahl der Mitglieder des Anwaltsgerichts wird die Anwaltschaft in der Weise beteiligt, dass der Vorstand der RAK Vorschläge für die Berufung macht. Dabei wird zugleich sichergestellt, dass der Landesjustizverwaltung geeignete Rechtsanwälte benannt werden. Die Auswahl der Richter erfolgt aus einer **Vorschlagsliste,** die der Vorstand der RAK der Landesjustizverwaltung einreicht. Dabei muss die Vorschlagsliste des Vorstands der RAK mindestens die Hälfte mehr als die von der Landesjustizverwaltung bestimmte Zahl von Mitgliedern des Anwaltsgerichts enthalten, um der Landesjustizverwaltung die Möglichkeit einer Auswahl zu geben (BT-Drs. 3/120, 94 zu § 107). Diese Bestimmung lässt keinen Zweifel darüber, dass die Landesjustizverwaltung nur solche Rechtsanwälte zu Mitgliedern des Anwaltsgerichts ernennen kann, die von der RAK vorgeschlagen worden sind (BVerfGE 26, 186 = NJW 1969, 2192 zu § 103 Abs. 2 S. 1 iVm § 94 Abs. 2 S. 2, 4). Da nach der Vorschrift des § 44 Abs. 1a DRiG in dem Verfahren zur Ernennung der ehrenamtlichen Richter **„Frauen und Männer angemessen berücksichtigt werden"** sollen (→ Rn. 14a), hat schon der Vorstand der RAK bei der Erstellung der Vorschlagsliste Rechtsanwältinnen und Rechtsanwälte angemessen zu berücksichtigen. **12**

Die Vorschlagsliste hat aber nicht den Charakter endgültiger und ausschließlicher Vorschläge, aus denen in jedem Fall die erforderlichen Ernennungen vorgenommen werden müssen. Eine Bindung der Landesjustizverwaltung an die Vorschläge des Vorstands der RAK kann nicht vorgesehen werden, weil eine solche Bindung mit den Grundsätzen des Gerichtsverfassungsrechts unvereinbar wäre (BT-Drs. 3/120, 94 zu § 107). Das Gesetz legt lediglich das Mindestmaß der Vorschläge fest („… muss mindestens … enthalten"). Dies bedeutet, dass die Liste umfangreicher sein und erweitert werden kann und, da das Verfahren die Besetzung der erforderlichen Richterstellen des „Gerichts" bezweckt, ggf. auch erweitert werden muss. Es ergibt sich also, dass nach dem Sinn des § 94 Abs. 2 die Justizverwaltung das Recht hat, erforderlichenfalls – dh falls die **13** ursprüngliche Liste nicht genügend geeignete Richter enthält (→ Rn. 14a, 14b) – eine Ergänzung zu verlangen. In dieser Auslegung begegnet die Vorschrift keinen Bedenken; dann sichert sie den ausreichenden Einfluss des Staates auf die Besetzung des Anwaltsgerichts (BVerfGE 26, 186 = NJW 1969, 2192).

14 Der Vorstand der RAK ist gesetzlich verpflichtet, die erforderliche Vorschlagsliste bzw. deren Ergänzung, wenn sie von der Landesjustizverwaltung verlangt wird, einzureichen (§ 73 Abs. 2 Nr. 5). Die Nichterfüllung dieser Verpflichtung kann zu Aufsichtsmaßnahmen führen (§ 62 Abs. 2) und die betreffenden Vorstandsmitglieder können berufsrechtlich zur Verantwortung gezogen werden. Ob sich die Landesjustizverwaltung bei der Ernennung der Mitglieder des Anwaltsgerichts bewusst war, dass sie eine Ergänzung der Vorschlagsliste verlangen kann, ist für die Verfassungsmäßigkeit der Besetzung des Anwaltsgerichts unerheblich (BGH EGE XI, 89).

14a **3. Ernennungsentscheidung der Landesjustizverwaltung.** Nach § 44 Abs. 1a DRiG „sollen Frauen und Männer angemessen berücksichtigt werden". Das bedeutet nicht zahlenmäßige Gleichheit, vielmehr kann auf das zahlenmäßige Verhältnis der Geschlechter unter den Mitgliedern der RAK abgestellt werden. Wenn dies trotz entsprechender ernsthafter Bemühungen nicht gelingt, erlaubt der Angemessenheitsvorbehalt des § 44 Abs. 1a DRiG aber Abweichungen. Die Vorschrift des § 44 Abs. 1a DRiG als Muss-Vorschrift auszugestalten, hätte zur Folge gehabt, dass Spruchkörper unerkannt fehlerhaft besetzt sein könnten und nicht den gesetzlichen Richter darstellten. Diese Folgen schienen dem Gesetzgeber nicht angemessen. Deshalb hat er (BT-Drs. 14/9006, 9) den § 44 Abs. 1a DRiG als Sollvorschrift ausgestaltet. Sie schränkt zwar nicht die Verpflichtung ein; ein Verstoß führt aber nicht zu Besetzungsfehlern bei den Kammern des Anwaltsgerichts (*Schmidt-Räntsch* DRiG § 44 Rn. 10).

14b Die nach dem Inhalt des von den Mitglieder des Anwaltsgerichts nach § 45 Abs. 2 DRiG zu leistenden Diensteids bzw. Gelöbnisses vorausgesetzten, den ehrenamtlichen Richtern auferlegten Pflichten, diese getreu dem Grundgesetz für die Bundesrepublik Deutschland und getreu dem Gesetz zu erfüllen, nach bestem Wissen und Gewissen ohne Ansehen der Person zu urteilen und nur der Wahrheit und Gerechtigkeit zu dienen, bieten einen wesentlichen Anhaltspunkt dafür, nach welchen **Kriterien** die Mitglieder der Anwaltsgerichte auszuwählen sind. Demgemäß haben die Landesjustizverwaltung (§ 94 Abs. 2 S. 1) streng darauf zu achten, dass nur solche Rechtsanwälte zu Mitgliedern der Anwaltsgerichte ernannt werden, die nach ihrem Persönlichkeitsbild und ihrer fachlichen Befähigung – einschließlich ihrer Einstellung zu den Grundentscheidungen der Verfassung – die Gewähr dafür bieten, dass sie die ihnen von Verfassung und Gesetzes wegen obliegenden, durch den Eid bekräftigten richterlichen Pflichten jederzeit uneingeschränkt erfüllen werden (BVerfGE 48, 300 = NJW 1978, 1795).

15 **4. Form der Ernennung.** Die Ernennung durch die Landesjustizverwaltung richtet sich nach dem DRiG iVm den Landesrichtergesetzen (→ § 95 Rn. 6). Die Ernennung erfolgt durch **Aushändigung einer Urkunde,** § 17 Abs. 2 Nr. 1 DRiG. Im Falle einer Wiederernennung muss erneut eine Urkunde ausgehändigt werden (→ § 95 Rn. 8). Das Mitglied des Anwaltsgerichts muss nach § 45 Abs. 2–4 DRiG einen Richtereid bzw. ein entsprechendes Gelöbnis leisten (näher → § 95 Rn. 2, 3). Die Mitglieder des Anwaltsgerichts werden jeweils für die Dauer von nunmehr fünf Jahren ernannt; die Wiederernennung ist unbeschränkt zulässig (Abs. 4; zur Frage der Annahme einer Höchstaltersgrenze → Rn. 10). In Verbindung mit der Verlängerung der Amtszeit auf fünf Jahre wurde mit Gesetz vom 21.12.2004 (BGBl. I S. 3599) **Abs. 5** angefügt. Der danach entsprechend anwendbare § 6 EGGVG beinhaltet allgemeine **Übergangsvorschriften** für Änderungen des Rechts der ehrenamtlichen Richter. § 6 Abs. 1 EGGVG bestimmt eine zwölfmonatige Schutzfrist für die Anwendung neuen Rechts um sicherzustellen, dass ausreichend Zeit für die Vorbereitung und Durchführung der Ernennung bleibt. Nach § 6 Abs. 2 EGGVG sind neue Vorschriften über die Dauer der Amtsperioden nicht für die im Zeitpunkt des Inkrafttretens der Änderung laufenden Amtsperioden anzuwenden.

16 Eine Ernennung für den Rest der Amtszeit eines ausgeschiedenen Mitglieds (vgl. § 69 Abs. 3 für den Vorstand der RAK) ist gesetzlich für die Mitglieder der Anwaltsgerichte nicht vorgesehen. Das führt dazu, dass sie unterschiedliche Ernennungsperioden haben. Entgegen der Auffassung von *Isele,* der eine dem § 69 Abs. 3 entsprechende Regelung befürwortet (*Isele* § 94 Anm. VIII), trägt diese Entwicklung aber gerade mit zur Gewährleistung der Kontinuität der Rechtsprechung der Anwaltsgerichte bei. Wenn im Fünfjahresturnus jeweils der ganze Spruchkörper neu ernannt werden müsste und dann unter Umständen alle bisherigen Mitglieder des Anwaltsgerichts durch neue Rechtsanwälte ersetzt werden, wäre die Kontinuität der Rechtsprechung des Anwaltsgerichts nicht mehr gewährleistet. Durch den sukzessiven Austausch der Mitglieder des Anwaltsgerichts ist ein Hineinwachsen der neuen Mitglieder in die Kontinuität der anwaltsgerichtlichen Rechtsprechung gewährleistet.

III. Rechtsstellung der Mitglieder des Anwaltsgerichts

Die Rechtsstellung der Mitglieder des Anwaltsgerichts bestimmt sich nach § 95 iVm DRiG (§ 45 DRiG) und dem Landesrichtergesetz (→ § 95 Rn. 6). Sie sind **„echte" Richter,** ihre Rechtsstellung entspricht derjenigen, die § 112 GVG den Handelsrichtern einräumt (BT-Drs. 3/120, 94 zu § 108). **17**

Der Rechtsanwalt kann die Übernahme des Amtes ablehnen, wenn er infolge Krankheit oder Gebrechens auf nicht absehbare Zeit nicht zur ordnungsgemäßen Amtsausübung in der Lage ist oder es ihm aus „gewichtigen persönlichen Gründen nicht zuzumuten ist" dieses Amt auszuüben (arg. aus § 95 Abs. 3). Zwar sieht § 94 kein Recht zur Ablehnung vor. Gleichwohl kann er die Übernahme aus diesen Gründen ablehnen. Da er unter diesen Voraussetzungen sogleich nach seiner Ernennung seine Entlassung beantragen könnte (→ § 95 Rn. 44, 45), ist es sachgerecht, dass die Landesjustizverwaltung schon vor der Ernennung diese Umstände berücksichtigt (**aA** Henssler/Prütting/*Dittmann* § 94 Rn. 9; Gaier/Wolf/Göcken/*Quaas* § 94 Rn. 11). **18**

§ 95 Rechtsstellung der Mitglieder des Anwaltsgerichts

(1) [1]**Die Mitglieder des Anwaltsgerichts sind ehrenamtliche Richter.** [2]**Sie haben in ihrer Eigenschaft als ehrenamtliche Richter des Anwaltsgerichts während der Dauer ihres Amtes die Stellung eines Berufsrichters.** [3]**Sie erhalten von der Rechtsanwaltskammer eine Entschädigung für den mit ihrer Tätigkeit verbundenen Aufwand sowie eine Reisekostenvergütung.**

(1a) [1]**Das Amt eines Mitglieds des Anwaltsgerichts endet, sobald die Mitgliedschaft in der Rechtsanwaltskammer endet oder nachträglich ein Umstand eintritt, der nach § 94 Abs. 3 Satz 2 der Ernennung entgegensteht, und das Mitglied jeweils zustimmt.** [2]**Das Mitglied und die Rechtsanwaltskammer haben Umstände nach Satz 1 der Landesjustizverwaltung und dem Anwaltsgericht unverzüglich mitzuteilen.** [3]**Über die Beendigung des Amtes nach Satz 1 entscheidet auf Antrag der Landesjustizverwaltung der Anwaltsgerichtshof, wenn das betroffene Mitglied der Beendigung nicht zugestimmt hat; Absatz 2 Satz 3 und 4 gilt entsprechend.**

(2) [1]**Ein Mitglied des Anwaltsgerichts ist auf Antrag der Landesjustizverwaltung seines Amtes zu entheben,**

1. wenn nachträglich bekannt wird, daß es nicht hätte ernannt werden dürfen;
2. wenn nachträglich ein Umstand eintritt, welcher der Ernennung entgegensteht;
3. wenn es eine Amtspflicht grob verletzt.

[2]**Über den Antrag entscheidet der Anwaltsgerichtshof.** [3]**Vor der Entscheidung sind der Rechtsanwalt und der Vorstand der Rechtsanwaltskammer zu hören.** [4]**Die Entscheidung ist endgültig.**

(3) **Die Landesjustizverwaltung kann ein Mitglied des Anwaltsgerichts auf seinen Antrag aus dem Amt entlassen, wenn es aus gesundheitlichen Gründen auf nicht absehbare Zeit gehindert oder es ihm aus gewichtigen persönlichen Gründen nicht zuzumuten ist, sein Amt weiter auszuüben.**

Schrifttum: *Albers,* Die Abberufung eines ehrenamtlichen Richters nach § 24 VwGO, MDR 1984, 888; *Cremer,* Gesetzliche Regelung zur Überprüfung ehrenamtlicher Richter, DRiZ 1992, 342; *Schmidt-Räntsch,* Abberufung von ehrenamtlichen Richtern, Anm. zu § 44b DRiG; *Sommer,* Ehrenamtliche Richter und Unabhängigkeit des Gerichtes, DRiZ 1992, 136.

Übersicht

I. Rechtsstellung der Mitglieder des Anwaltsgerichts (Abs. 1)

1 **1. Ehrenamtliche Richter.** Die Mitglieder des Anwaltsgerichts sind **ehrenamtliche Richter** (§ 45a DRiG). Für sie gelten deshalb die Bestimmungen der §§ 44 ff. DRiG (BVerfGE 48, 300 = NJW 1978, 1795). Sie stehen in einem besonderen öffentlich-rechtlichen „Ehrenrichterverhältnis" (*Schmidt-Räntsch* DRiG § 44 Rn. 7), weil sie nicht von Fall zu Fall zur Mitwirkung in der Rechtsprechung herangezogen werden, sondern den ausschließlichen personellen richterlichen Bestand des Anwaltsgerichts bilden (Henssler/Prütting/*Dittmann* § 95 Rn. 2). Sie haben für die Dauer von fünf Jahren, für die sie in ihr Amt berufen sind (§ 94 Abs. 4), innerhalb und außerhalb der Sitzung **alle Rechte und Pflichten eines Richters.** Äußerlich tritt ihre Stellung als Richter dadurch in Erscheinung, dass sie während der Sitzung die richterliche Amtstracht tragen können (BT-Drs. 3/120, 94 zu § 108).

2 **2. Eidesleistung oder Gelöbnis. a) Vor Amtsantritt.** Vor ihrem Amtsantritt haben die Mitglieder des Anwaltsgerichts den **Diensteid** zu leisten. Nach § 45 Abs. 2 und 3 DRiG schwört der ehrenamtliche Richter vor seiner „ersten Dienstleistung", die Pflichten eines ehrenamtlichen Richters getreu dem Grundgesetz für die Bundesrepublik Deutschland und getreu dem Gesetz zu erfüllen, nach bestem Wissen und Gewissen ohne Ansehen der Person zu urteilen und nur der Wahrheit und Gerechtigkeit zu dienen. Der Eid kann mit oder ohne religiöse Beteuerungsformel geleistet werden (§ 45 Abs. 3 S. 2 DRiG), worüber der Schwörende zuvor zu belehren ist (§ 45 Abs. 3 S. 3 DRiG). Nach § 45 Abs. 4 DRiG kann an die Stelle des Eides aus Glaubens- oder Gewissensgründen ein entsprechendes Gelöbnis treten. Nach § 45 Abs. 9 DRiG kann der Eid eine zusätzliche Verpflichtung auf die Landesverfassung enthalten. Hiervon hat zB § 6 Abs. 2 iVm § 2 S. 2 LRiG NRW Gebrauch gemacht, indem eine Erweiterung des Eides um die Worte „getreu der Verfassung für das Land Nordrhein-Westfalen" vorgenommen wird.

Der Eid bzw. das Gelöbnis ist vor der ersten Dienstleistung des Mitglieds des Anwaltsgerichts unter Beachtung der Vorschriften des § 45 Abs. 3–5, 7–9, 123 S. 2 DRiG zu leisten (§ 45 Abs. 2 S. 1 DRiG). Die Vereidigung wird in **öffentlicher Sitzung** des Gerichts, in dem er mitwirkt, von dem Vorsitzenden durchgeführt (*Schmidt-Räntsch* DRiG § 45 Rn. 14, DRiG § 123 Rn. 3). Dies ist dann nicht möglich, wenn gerade dieser Vorsitzende von dem Gericht vereidigt werden soll. Daher bestimmt § 123 S. 2 DRiG, dass die Landesjustizverwaltungen regeln, welches Gericht für die Vereidigung der Vorsitzenden eines Anwaltsgerichts oder eines Anwaltsgerichtshofs zuständig ist (*Schmidt-Räntsch* DRiG § 123 Rn. 3). Die Vereidigung gilt für die Dauer des Amtes, bei erneuter Bestellung auch für die sich unmittelbar anschließende Amtszeit (§ 45 Abs. 2 S. 2 DRiG). 3

b) Fehlen einer Vereidigung. Das Fehlen einer Vereidigung macht den ehrenamtlichen Richter zum **Nichtrichter,** weil diese für seine Berufung **konstitutiv** ist (BVerfGE 31, 184; BGHSt 3, 175, 176 = NJW 1952, 1305; BGHSt 48, 290, 291 = NJW 2003, 2545; BVerwGE 73, 78, 79 = NJW 1981, 1110). Fehler bei der Vereidigung lassen dagegen die Bestellung unberührt (BVerwGE 73, 78, 79 = NJW 1981, 1110 so etwa bei dem Fehlen der zwingend vorgeschriebenen Protokollierung, dem Nichterheben der rechten Hand, einem Verstoß gegen das Öffentlichkeitsgebot bei der Vereidigung; BFH BeckRS 2007, 25012356; *Schmidt-Räntsch* DRiG § 45 Rn. 13) Da die Vereidigung den Zweck hat, den ehrenamtlichen Richter in einer feierlichen Form in die Pflicht zu nehmen, um ihm damit eindrücklich bewusst zu machen, welcher verantwortungsvollen Aufgabe er sich in dieser Tätigkeit zu unterziehen hat, lässt auch eine Vereidigung vor einem unzuständigen Gericht die Wirksamkeit der Bestellung unberührt. 4

3. Gesetzesvorbehalt. Nach § 44 Abs. 1 DRiG dürfen bei einem Gericht nur aufgrund eines Gesetzes und unter den gesetzlich bestimmten Voraussetzungen ehrenamtliche Richter tätig werden. Für die Anwaltsgerichte ist in diesem Sinne das maßgebliche Gesetz die BRAO mit ihren Vorschriften §§ 92 ff. Die Bestimmung des § 94 Abs. 1, dass zu Mitgliedern des Anwaltsgerichts nur Rechtsanwälte ernannt werden können und folglich auch die Vorsitzenden (§ 93) Rechtsanwälte sind, wird nach § 123 Abs. 1 DRiG durch das Deutsche Richtergesetz (vgl. dort insbesondere § 28 Abs. 2 S. 1) nicht berührt. Diese verfassungskonforme Ausnahme von dem Grundsatz, dass Vorsitzender eines staatlichen Gerichts ein Berufsrichter sein muss (§ 28 Abs. 2 DRiG), wurde für die Anwaltsgerichte der Rechtsanwälte beibehalten, weil der Rechtsanwalt ein Organ der Rechtspflege (§ 1) ist und der Vorsitzende immer (→ § 93 Rn. 3) die Befähigung zum Richteramt besitzt (§ 4; BVerfGE 48, 300 = NJW 1978, 1795). 5

4. Stellung eines Berufsrichters. Die Mitglieder des Anwaltsgerichts haben in ihrer Eigenschaft als ehrenamtliche Richter des Anwaltsgerichts während der Dauer ihres Amtes die Stellung eines Berufsrichters (Abs. 1 S. 2). Dies bedeutet, dass sie während der Dauer ihres Amtes weitgehend auch den Vorschriften unterliegen, die für Berufsrichter gelten. Die Rechtsstellung der ehrenamtlichen Richter im Landesdienst (*Isele* § 95 Anm. III 5) folgt einmal aus §§ 44–45a DRiG, aber auch aus den übrigen Bestimmungen des Ersten Teils und des Dritten Teils des DRiG, aus den Landesrichtergesetzen und ergänzend aus der entsprechenden Anwendung des für Beamte geltenden Landesrechts (*Schmidt-Räntsch* DRiG Vor §§ 44 Rn. 3, DRiG Vor § 71 Rn. 1 ff.; AGH RhPf Beschluss vom 12.7.1995 – 1 AGH Gen. 6/95; vgl. auch BVerfGE 48, 300 = NJW 1978, 1795, wo das BVerfG von der Anwendbarkeit der §§ 18 Abs. 3, 19 Abs. 3, 26 Abs. 1 und 2 DRiG auf die ehrenamtlichen Richter ausgeht). 6

Die Vorschriften der §§ 1–43 DRiG sind auf die anwaltlichen ehrenamtlichen Richter mit der Maßgabe anzuwenden, dass mit der Übernahme des Richteramts im Anwaltsgericht, da es sich dabei um eine ehrenamtliche Tätigkeit handelt, keine Beschränkungen für die anwaltliche Berufstätigkeit verbunden sind (§ 14 Abs. 2 Nr. 5, § 47; BT-Drs. 3/120, 94 zu § 94). So gelten für sie nicht die Richterpflichten des § 41 DRiG, wonach die Erstattung von Rechtsgutachten und die entgeltliche Erteilung von Rechtsauskünften den Richtern untersagt ist (vgl. *Schmidt-Räntsch* DRiG § 44 Rn. 7). Im Einzelnen gilt: 7

a) Aushändigung der Urkunde. Der Richter am Anwaltsgericht wird durch Aushändigung einer Urkunde ernannt. Dadurch wird das Richterverhältnis begründet (§ 17 Abs. 1, Abs. 2 Nr. 1 DRiG; *Schmidt-Räntsch* DRiG § 17 Rn. 6 ff., § 44 Rn. 9). Da das Amt des Richters am Anwaltsgericht mit Ablauf der fünfjährigen Dauer (§ 94 Abs. 4) endet, muss bei der Wiederberufung erneut eine Urkunde ausgehändigt werden (*Isele* § 95 Anm. III B 3d). 8

9 **b) Amtsbezeichnung.** Die ehrenamtlichen Richter in der Anwaltsgerichtsbarkeit führen die Amtsbezeichnung **„Ehrenamtlicher Richter"** (§ 45a DRiG).

10 **c) Unabhängigkeit.** Der ehrenamtliche Richter ist im gleichen Maße wie ein Berufsrichter unabhängig und hat diese Unabhängigkeit zu wahren. Art. 97 Abs. 1 GG garantiert auch dem Richter am Anwaltsgericht **sachliche** Unabhängigkeit (§ 45 Abs. 1 S. 1 iVm § 25 DRiG; Art. 97 Abs. 1 GG). Die ehrenamtlichen Richter unterliegen bei der Rechtsfindung keinen Weisungen, sie sind nur dem Gesetz verpflichtet und entscheiden nach eigener richterlicher Überzeugung (*Schmidt-Räntsch* DRiG § 25 Rn. 5 ff., DRiG § 45 Rn. 3). Die **Weisungsfreiheit** ist dem Richter am Anwaltsgericht nach dem Grundgesetz und dem Deutschen Richtergesetz nur für seine richterliche Tätigkeit gewährt. Dazu dürfen ihm von keiner Seite Weisungen erteilt werden. Angesichts der gewährleisteten Unabhängigkeit darf ein staatliches Gericht auch mit Richtern besetzt sein, die demselben Verkehrskreis angehören wie die Rechtsuchenden (BGH BeckRS 2003, 09327 unter II 2b bb).

11 Aber auch Empfehlungen für bestimmte Verfahren und Einflussnahmen jeder Art sind unzulässig (*Schmidt-Räntsch* DRiG § 25 Rn. 6). „Zu dem Bereich der Unabhängigkeit gehören die Rechtsprechung, also die eigentliche Spruchtätigkeit, und alle Tätigkeiten, die mit der Rechtsfindung in unmittelbarem Zusammenhang stehen, sei es, dass sie der Vorbereitung einer Entscheidung dienen, wie die Terminbestimmung, Ladung, Sitzung, Abkürzung oder Verlängerung von Fristen oder die Einzelrichterbestellung" (§ 99 Abs. 3) „sei es, dass sie während der Verhandlung ausgeübt werden oder dass sie der Entscheidung nachfolgen, wie die Berichtigung einer Entscheidung" (*Schmidt-Räntsch* DRiG § 25 Rn. 10; BGHZ 42, 163 = NJW 1964, 2415). Nicht zur richterlichen Tätigkeit gehören die Gerichtsverwaltung und die Justizverwaltung (*Schmidt-Räntsch* DRiG § 25 Rn. 10).

12 **d) Dienstaufsicht.** Nach § 26 Abs. 1 DRiG iVm § 92 Abs. 3 untersteht der Richter am Anwaltsgericht – bei voller Wahrung seiner richterlichen Unabhängigkeit – in gleichem Maße der Dienstaufsicht wie die Richter der in Art. 95 Abs. 1 GG aufgeführten Gerichtszweige (BVerfGE 48, 300 = NJW 1978, 1795; → § 92 Rn. 8). Die Dienstaufsicht wird von der Landesjustizverwaltung ausgeübt (§ 92 Abs. 3) und umfasst bei Wahrung der richterlichen Unabhängigkeit auch die Befugnis, die ordnungswidrige Art der Ausführung eines Amtsgeschäfts vorzuhalten und zu ordnungsgemäßer, unverzögerter Erledigung der Amtsgeschäfte zu ermahnen (§ 26 Abs. 2 DRiG). Sofern das Landesrecht es zulässt, kann gegen den Richter am Anwaltsgericht eine Disziplinarmaßnahme verhängt werden (*Schmidt-Räntsch* DRiG § 45 Rn. 4).

13 Macht ein Richter am Anwaltsgericht geltend, dass eine Maßnahme der Dienstaufsicht seine Unabhängigkeit beeinträchtige, so entscheidet der AGH als Dienstgericht (§ 26 Abs. 3 DRiG iVm § 95 Abs. 2 S. 2 und Abs. 1a S. 3; *Isele* § 95 Anm. III B 4b; Gaier/Wolf/Göcken/*Quaas* § 95 Rn. 8; näher→ § 95 Rn. 33).

14 **e) Pflicht zur Wahrung seiner Unabhängigkeit.** Der Richter am Anwaltsgericht ist wie der Berufsrichter nach § 39 DRiG zur Wahrung seiner Unabhängigkeit verpflichtet. Diese gewährleistet § 45 DRiG iVm § 25 DRiG, Art. 97 GG (→ Vor § 92 Rn. 4). Wie die Berufsrichter sind die ehrenamtlichen Richter **nur dem Gesetz verpflichtet und entscheiden nach eigener freier Überzeugung.** Bei seiner richterlichen Tätigkeit ist er weisungsfrei (Gaier/Wolf/Göcken/*Quaas* § 95 Rn. 5). Er hat sich innerhalb und außerhalb seines Amtes, auch bei politischer Betätigung, so zu verhalten, dass das Vertrauen in seine Unabhängigkeit nicht gefährdet wird (VGH Kassel NJW 1985, 1105; VG Schleswig NJW 1985, 1098; *Schmidt-Räntsch* DRiG § 39 Rn. 2 ff., DRiG § 45 Rn. 22; *Göbel* NJW 1985, 1057; *Achterberg* NJW 1985, 3041 ff.).

15 **f) Wahrung des Berufs- und Abstimmungsgeheimnisses.** Die Richter am Anwaltsgericht haben wie die Berufsrichter die Pflicht, das Berufsgeheimnis und Abstimmungsgeheimnis zu wahren, dh sie haben über den Hergang bei der Beratung und Abstimmung auch nach Beendigung des Dienstverhältnisses zu schweigen (§§ 43, 45 Abs. 1 S. 2 DRiG). Aus der Pflicht zur Wahrung des Berufsgeheimnisses folgt, dass unter Ausschluss der Öffentlichkeit beraten und abgestimmt werden muss (§ 116 S. 2 iVm § 193 GVG) und dass die Teilnehmer an der Beratung und Abstimmung auch später Dritten darüber nichts mitteilen dürfen (*Schmidt-Räntsch* DRiG § 45 Rn. 4).

16 Die Pflicht zur Wahrung des Beratungsgeheimnisses ist von der **allgemeinen Pflicht zur Amtsverschwiegenheit** zu unterscheiden. Ob und wieweit der Richter über anhängige Streit-

sachen, den Inhalt der Akten, Schriftstücke, Urkunden und dergleichen zu schweigen hat, richtet sich nach den Vorschriften über die Amtsverschwiegenheit (§ 71 Abs. 1 DRiG und dem entsprechenden Landesrecht). Demgegenüber bezieht sich das Beratungsgeheimnis nicht auf den Akteninhalt oder den Gegenstand der Prozessakte, sondern auf die Beratung und Abstimmung, also auf einen Vorgang, unabhängig davon, ob der Gegenstand der Beratung seiner Natur nach unter die allgemeine Schweigepflicht fällt oder nicht. Eine Entbindung von der Pflicht zur Wahrung des Beratungsgeheimnisses ist – anders als bei der allgemeinen Schweigepflicht – ausgeschlossen (vgl. zum Ganzen *Schmidt-Räntsch* DRiG § 43 Rn. 4, 5).

II. Aufwandsentschädigung, Reisekostenvergütung (Abs. 1 S. 3), Benachteiligungsverbot (§ 45 Abs. 1a DRiG)

Nach Abs. 1 S. 3 erhalten die Mitglieder des Anwaltsgerichts von der RAK eine Entschädigung für den mit ihrer Tätigkeit verbundenen Aufwand sowie eine Reisekostenvergütung. Die Entschädigung und der Ersatz ihrer Fahrtkosten steht den Mitgliedern des Anwaltsgerichts auch dann zu, wenn sie am Sitz des Anwaltsgerichts (§ 92 Abs. 1 S. 2) wohnen oder ihre Kanzlei führen (BT-Drs. 3/120, 94 zu § 108). Nach § 89 Abs. 2 Nr. 5 stellt die Versammlung der RAK **Richtlinien für die Aufwandsentschädigung und die Reisekostenvergütung** der Mitglieder des Anwaltsgerichts auf. Die Eigenständigkeit der Gerichte gegenüber den Rechtsanwaltskammern wird dadurch nicht berührt, wie auch nicht durch den Umstand, dass die Anwaltsgerichte haushaltsmäßig von den Rechtsanwaltskammern getragen werden. Es handelt sich dabei um Regelungen organisatorischer Art, die nicht geeignet sind eine „Verzahnung" zwischen Anwaltsgerichten und Rechtsanwaltskammern zu begründen und damit die Unabhängigkeit der Anwaltsgerichte zu gefährden. Im Übrigen wird die Entschädigung nach allgemeinen Gesichtspunkten aufgrund von Richtlinien festgesetzt, deren Erlass und Beachtung durch die RAK von der Landesjustizverwaltung beaufsichtigt wird (§ 62 Abs. 2; BVerfGE 48, 300 = NJW 1978, 1795; vgl. auch BVerfGE 14, 56 = NJW 1962, 1611; → § 103 Rn. 16–24). Zur steuerrechtlichen Behandlung der Aufwandsentschädigung vgl. *Streck* AnwBl. 2010, 262. 17

Für angestellte Rechtsanwälte, die zu ehrenamtlichen Richtern berufen werden, gilt zudem das **Benachteiligungs- und Kündigungsverbot** des § 45 Abs. 1a DRiG. Sie sind insbesondere für die Zeit ihrer Amtstätigkeit von ihrem Arbeitgeber freizustellen. Die Kündigung des Anstellungsverhältnisses wegen der Übernahme oder der Ausübung des Amtes ist unzulässig. Zu den Einzelheiten vgl. *Schmidt-Räntsch* DRiG § 45 Rn. 5 ff. Die so motivierte Kündigung bzw. Verweigerung der Freistellung wäre für den anwaltlichen Dienstherrn auch eine Pflichtverletzung (§ 43). 18

III. Amtsbeendigung kraft Gesetzes (Abs. 1a)

1. Wiederholte Neuregelung. Durch Gesetz vom 26.3.2007 (BGBl. I S. 358) wurde Abs. 1a neu eingefügt. Aufgrund der früheren Regelung war ein Mitglied des Anwaltsgerichts auf Antrag der Landesjustizverwaltung seines Amtes zu entheben, wenn nachträglich ein Umstand eintrat, welcher der Ernennung entgegensteht (§ 94 Abs. 3). Dies führte dazu, dass in einer nennenswerten Zahl von Fällen die Tätigkeit ehrenamtlicher Richter mittels eines förmlichen Amtsenthebungsverfahrens beendet werden musste. Dies galt beispielsweise, wenn ein ehrenamtlicher Richter der Anwaltsgerichtsbarkeit Mitglied des Vorstands einer RAK oder der Satzungsversammlung wurde (§ 94 Abs. 3 S. 2). Eine weitere Fallgruppe bildeten Zulassungswechsel über den Bezirk einer RAK hinaus (§ 94 Abs. 1 S. 2). In beiden Fällen erlosch das Amt des ehrenamtlichen Richters nicht kraft Gesetzes, sondern es bedurfte des in § 95 Abs. 2 geregelten Gestaltungsakts. Dies erschien für die genannten Fälle unangemessen, was zum einen auf dem Begriff der Amtsenthebung und zum anderen darauf beruht, dass die genannten Fälle in der früheren Fassung des Gesetzes auf eine Stufe mit groben Pflichtverletzungen gestellt wurden (§ 95 Abs. 2 S. 1 Nr. 3). Zur Vermeidung des Amtsenthebungsverfahrens wurde daher in den in dem 2007 eingefügten Abs. 1a genannten Fällen eine Amtsbeendigung kraft Gesetzes vorgesehen (BT-Drs. 16/513, 17 zu § 95). Das heißt, wenn einer der in Abs. 1a angeführten Fälle eintritt, endet das Amt des ehrenamtlichen Richters unmittelbar kraft Gesetzes. 19

Durch Gesetz vom 30.7.2009 (BGBl. I S. 2449) wurde die Regelung zur Amtsbeendigung in Abs. 1a neu gefasst. Danach bleibt es dabei, dass die Beendigung des Amtes eines Mitglieds des 20

Anwaltsgerichts weiterhin anknüpft an das Ende der Mitgliedschaft in der RAK oder an den nachträglichen Eintritt eines Umstands, der nach § 94 Abs. 3 S. 2 der Ernennung entgegensteht. Aus verfassungsrechtlichen Gründen wurde die Amtsbeendigung aber davon abhängig gemacht, dass der ehrenamtliche Richter entweder dieser zustimmt oder der AGH darüber entscheidet. Damit trägt Abs. 1a nF dem Umstand Rechnung, dass nach der Rechtsprechung des BVerfG (BVerfGE 14, 56, 70; 26, 186, 198 ff.; 27, 312, 322; 42, 206, 209) das Amt eines ehrenamtlichen Richters **gegen seinen Willen nur durch Urteil** beendet werden kann, wie dies auch § 44 Abs. 2 DRiG vorsieht (BT-Drs. 16/11385, 40). Die ehrenamtlichen Richter dürfen nach § 44 Abs. 2 DRiG vor Ablauf ihrer Amtszeit (§ 94 Abs. 4) nur unter den gesetzlich bestimmten Voraussetzungen und gegen ihren Willen nur durch Entscheidung eines Gerichts abberufen werden (LSG Darmstadt NJW 1985, 2356; *Schmidt/Räntsch* DRiG § 44 Rn. 11, 14). Im Falle der Zustimmung des Mitglieds des Anwaltsgerichts zur Beendigung seines Amtes empfiehlt sich im Interesse der Rechtssicherheit die Einholung seiner schriftlichen Zustimmungserklärung. Es kommt dann zu einer schriftlichen Abberufung durch die Landesjustizverwaltung. Ist das Mitglied des Anwaltsgerichts mit seiner Abberufung nicht einverstanden, muss auf Antrag der Landesjustizverwaltung der AGH über die Beendigung des Amtes entscheiden (→ Rn. 30, 31).

21 **2. Vorrang des Abs. 1a vor Abs. 2.** Durch die Voranstellung der gesetzlichen Beendigungsgründe in Abs. 1a iVm § 94 Abs. 3 S. 2 wird verdeutlicht, dass die Regelung als spezialgesetzliche Bestimmung Vorrang hat vor Abs. 2 (BT-Drs. 16/513, 17 zu § 95). Insbesondere sollte auch das Verfahren bei fehlender Zustimmung des Mitglieds des Anwaltsgerichts nicht als Fall der Amtsenthebung nach Abs. 2, sondern als eigenständiges Verfahren im Rahmen des Abs. 1a, der Amtsbeendigung ausgestaltet werden (BT-Drs. 16/11385, 40). Ist das Amt nach Abs. 1a kraft Gesetzes beendet, ist kein Raum mehr für ein Amtsenthebungsverfahren nach Abs. 2, auch wenn dieses auf andere Tatsachen gestützt wird. Bei den Beendigungsgründen des Abs. 1a iVm § 94 Abs. 3 S. 2 handelt es sich um eindeutige, unzweifelhafte und sicher nachweisbare Tatsachen, an die die Folge der Amtsbeendigung geknüpft werden kann, ohne dass die Gefahr der Rechtsunsicherheit entstehen könnte, wenn auch bei fehlender Zustimmung des Betroffenen aus verfassungsrechtlichen Gründen der AGH über die Beendigung entscheiden muss (→ § 95 Rn. 20). Dem gegenüber handelt es sich in den Fällen der Amtsenthebung nach Abs. 2 um solche, in denen regelmäßig eine eingehende Beweiserhebung und Beweiswürdigung erforderlich ist. Daher ist es gerechtfertigt, die Amtsenthebung immer nur durch einen richterlichen Gestaltungsakt zu ermöglichen (→ § 95 Rn. 32 ff.).

22 **3. Fälle der Beendigung kraft Gesetzes.** Das Amt eines Mitglieds des Anwaltsgerichts endet in folgenden Fällen kraft Gesetzes:

23 **a) Wechsel der RAK.** Nach Abs. 1a Alt. 1 endet das Amt eines Mitglieds des Anwaltsgerichts, wenn es der RAK, für deren Bezirk das Anwaltsgericht gebildet ist (§ 92 Abs. 1), nicht mehr angehört, mit der Beendigung seiner Mitgliedschaft. Diese Bestimmung knüpft an die Ernennungsvoraussetzung des § 94 Abs. 1 an. Das Mitglied des Anwaltsgerichts muss nicht nur im Zeitpunkt seiner Ernennung dieser RAK angehören, sondern es muss auch während seiner gesamten Amtszeit (§ 94 Abs. 4) Mitglied der Kammer sein, für deren Bezirk das Anwaltsgericht gebildet ist. Mit dem **Verlust der Mitgliedschaft** in der RAK (→ § 60 Rn. 8), aus welchem Grund auch immer, endet auch das Amt als Mitglied des für diese Kammer gebildeten Anwaltsgerichts.

24 **b) Mitglied des Vorstands der Kammern bzw. der Satzungsversammlung.** Das Amt eines Mitglieds des Anwaltsgerichts endet nach Abs. 1a iVm § 94 Abs. 3 S. 2 Nr. 1 wenn es zum Mitglied des Vorstands der RAK (§§ 63, 64) oder des Vorstands der Satzungsversammlung gewählt wird, **mit der Annahme der Wahl.** Dieser Beendigungsgrund übernimmt den entsprechenden Hinderungsgrund des § 94 Abs. 3 S. 2 Nr. 1 für die Aufnahme der ehrenamtlichen Richtertätigkeit als gesetzlichen Beendigungsgrund (→ § 94 Rn. 6). Auch hier ist die Mitgliedschaft im Präsidium der BRAK erfasst, weil ein Mitglied des Präsidiums der BRAK immer zugleich Mitglied des Vorstands der RAK ist, der er angehört (§§ 180, 188 und 182 Abs. 3 Nr. 1; BT-Drs. 16/11385, 40). Die gesetzliche Folge der Beendigung des Amtes tritt jeweils mit der Annahme der Wahl ein (§§ 67, 181, 191b Abs. 3).

c) Tätigkeit bei den Kammern bzw. der Satzungsversammlung. Nach Abs. 1a iVm § 94 Abs. 3 S. 2 endet das Amt eines Mitglieds des Anwaltsgerichts, wenn es eine Tätigkeit im Haupt- oder Nebenberuf bei der RAK, der BRAK oder der Satzungsversammlung übernimmt, **mit der Aufnahme der Tätigkeit.** Dieser Beendigungsgrund übernimmt den entsprechenden Hinderungsgrund des § 94 Abs. 3 S. 2 Nr. 2 für die Aufnahme der ehrenamtlichen Richtertätigkeit (→ § 94 Rn. 7) als gesetzlichen Beendigungsgrund. Die gesetzliche Folge der Beendigung des Amtes tritt jeweils mit der Aufnahme der haupt- oder nebenberuflichen Tätigkeit bei der RAK, BRAK oder Satzungsversammlung ein. 25

Aber nur die entsprechende Tätigkeit bei der RAK, der der ehrenamtliche Richter selbst angehört (§§ 60, 94 Abs. 1 S. 2) und der das Anwaltsgericht, dem er angehört, zugeordnet ist (§ 92 Abs. 1), löst die Beendigung der Mitgliedschaft im Anwaltsgericht aus. Bei einer anderen RAK darf der ehrenamtliche Richter eine Tätigkeit aufnehmen. Durch eine solche wird weder der Grundsatz der Gewaltenteilung berührt, noch besteht Gefahr, dass der ehrenamtliche Richter auch in seiner anderen Funktion bei der RAK mit einer Angelegenheit befasst wird, die er auch richterlich zu beurteilen hat (→ § 94 Rn. 7). 26

Wurde das Amt als ehrenamtlicher Richter durch die Aufnahme einer in Abs. 1a iVm § 94 Abs. 3 S. 2 Nr. 2 genannten Tätigkeit beendet, kann dieses nicht durch die bloße Beendigung dieser Tätigkeit wiederhergestellt werden. Vielmehr bedarf es dann einer erneuten Ernennung (§ 94). 27

d) Richter bei einem Gericht des höheren Rechtszugs. Nach Abs. 1a iVm § 94 Abs. 3 S. 2 Nr. 3 endet das Amt eines Mitglieds des Anwaltsgerichts, wenn es zum ehrenamtlichen Richter bei einem Gericht des höheren Rechtszuges berufen wird, **mit seiner Ernennung** (§§ 103, 107, 108). Damit wird ermöglicht, dass Mitglieder des Anwaltsgerichts noch während ihrer Amtszeit (§ 94 Abs. 4) in ein Richteramt bei dem AGH oder dem Senat für Anwaltssachen beim BGH berufen werden können. Dies erleichtert es, erfahrene ehrenamtliche Richter für die Tätigkeit bei den höheren Instanzen zu gewinnen. 28

4. Anzeigepflicht. Abs. 1a S. 2 soll sicherstellen, dass der Landesjustizverwaltung, die für die Besetzung der Anwaltsgerichte mit ehrenamtlichen Richtern verantwortlich ist (§ 93), und dem Gericht, an dem der Richter tätig ist, die Umstände, die die Beendigung des Richteramtes begründen, unverzüglich bekannt werden. Dies wird durch eine Unterrichtung seitens des Mitglieds und der RAK gewährleistet, die von den Beendigungsgründen des § 95 Abs. 1a iVm § 94 Abs. 3 S. 2 Nr. 2 als Betroffene bzw. als Personalakten führende Stelle (§ 58) Kenntnis erlangen (BT-Drs. 16/513, 17 zu § 95). 29

5. Verfahren bei Amtsbeendigung. a) Mit Zustimmung. Mit Zustimmung des betroffenen Mitglieds des Anwaltsgerichts kann dieses von der Landesjustizverwaltung (§ 94 Abs. 2) bei Vorliegen eines Beendigungsgrundes (→ Rn. 22–28) vor Ablauf seiner Amtszeit (§ 94 Abs. 4) abberufen werden. Die Zustimmung braucht nach § 95 Abs. 1a nicht schriftlich erklärt zu sein. Im Interesse der Rechtssicherheit werden die landesrechtlichen Vorschriften indes regelmäßig eine schriftliche Zustimmungserklärung verlangen. Wirksamkeitsvoraussetzung für die Feststellung der Amtsbeendigung ist die Schriftform der Zustimmung nicht. Die Wirkung der Amtsbeendigung tritt ein, wenn sowohl der Beendigungsgrund entstanden ist und auch die Zustimmung des Mitglieds des Anwaltsgerichts zur Amtsbeendigung vorliegen (Henssler/Prütting/*Dittmann* § 95 Rn. 10). 30

b) Gegen den Willen. Gegen den Willen des ehrenamtlichen Richters ist die Amtsbeendigung nur aufgrund richterlicher Entscheidung zulässig (→ Rn. 20). Das Verfahren bei fehlender Zustimmung des Mitglieds des Anwaltsgerichts wurde nicht als Fall der Amtsenthebung nach Abs. 2, sondern als eigenständiges Verfahren im Rahmen des Abs. 1a ausgestaltet (BT-Drs. 16/11385, 63). Über die Beendigung des Amtes als ehrenamtlicher Richter nach Abs. 1a entscheidet bei fehlender Zustimmung des Richters auf Antrag der Landesjustizverwaltung der **AGH.** Für den Verfahrensgang gelten die S. 3 und 4 des Abs. 2 entsprechend (→ Rn. 42 f.). Da es bei dem Antrag der Landesjustizverwaltung um die Klärung der Frage geht, ob ein Grund vorliegt, der zur Beendigung des Amtes kraft Gesetzes geführt hat, ist die Feststellungsklage nach § 43 VwGO die richtige Klageart (Gaier/Wolf/Göcken/*Quaas* § 95 Rn. 16). 31

IV. Amtsenthebung (Abs. 2)

32 Durch Gesetz zur Änderung des Berufsrechts der Rechtsanwälte und der Patentanwälte vom 13.12.1989 (BGBl. I S. 2135) wurde Abs. 2 neu gefasst. Die Vorschriften über die Amtsenthebung eines ehrenamtlichen Richters beim Anwaltsgericht und beim AGH (§§ 95 Abs. 2, 103 Abs. 2) einerseits, beim Senat für Anwaltssachen beim BGH (§ 109 Abs. 1) andererseits, wichen ohne zwingenden Grund voneinander ab. Eine einheitliche Regelung nach dem Vorbild des § 109 Abs. 1 erschien geboten.

33 **1. AGH als Dienstgericht.** Über die Amtsenthebung entscheidet entsprechend der Vorgabe des § 44 Abs. 3 DRiG zur Sicherung der persönlichen Unabhängigkeit des ehrenamtlichen Richters (BVerfGE 14, 56 = NJW 1962, 1611; BVerfGE 18, 241 = NJW 1965, 343) nicht die Verwaltung, sondern ein Gericht, konkret der AGH. Diese Regelung steht nicht im Widerspruch zu den §§ 18 Abs. 3, 19 Abs. 3 DRiG. Nach diesen Vorschriften entscheidet in den vom Gesetz vorgesehenen Fällen über die Nichtigkeit und Rücknahme einer Ernennung nicht etwa ein ordentliches Gericht, sondern das Dienstgericht (§§ 62 Abs. 1 Nr. 3a und b, 78 Nr. 3a und 3b DRiG), also ein Gericht für besondere Sachgebiete iSd Art. 101 Abs. 2 GG. Für die Anwaltsgerichtsbarkeit gilt im Prinzip das gleiche. Auch der AGH, der über die Amtsenthebung eines Mitglieds des Anwaltsgerichts zu befinden hat, ist ein Gericht für besondere Sachgebiete (BVerfGE 26, 186 = NJW 1969, 2192). Er tritt im Falle des § 95 Abs. 2 als „Dienstgericht" für die Mitglieder des Anwaltsgerichts an die Stelle des Richter-Dienstgerichts. Damit ist auch der Vorschrift des § 44 Abs. 2 DRiG Genüge getan (BVerfGE 48, 300 = NJW 1978, 1795; *Schmidt-Räntsch* DRiG § 44 Rn. 11). Zur vorherigen Anhörung → § 109 Rn. 10.

34 **2. Enthebungsgründe.** Eine Enthebung nach **Abs. 2 S. 1 Nr. 1** kommt in Betracht, wenn **nachträglich** bekannt wird, dass der ehrenamtliche Richter nicht hätte ernannt werden dürfen, wenn also – aus welchem Grund auch immer – übersehen wurde, dass von vornherein die Voraussetzungen für die Ernennung fehlten. Damit sind alle Ernennungsvoraussetzungen des § 94 erfasst, aber auch die Hindernisse für die Berufung als ehrenamtlicher Richter nach § 44a DRiG (vgl. dazu § 94 Rn. 5 und § 44b DRiG sowie Anm. bei *Schmidt-Räntsch* zu §§ 44a, 44b DRiG). Fallen die Ernennungsvoraussetzungen nachträglich weg, greifen in den evidenten Fällen die Beendigungsgründe des Abs. 1a und im Übrigen die Enthebungsgründe des Abs. 2 S. 1 Nr. 2.

35 Auch nach Einfügung des Abs. 1a, der für eindeutige Fälle nachträglicher Änderung die Amtsbeendigung vorsieht (→ § 95 Rn. 18 ff.), war die Regelung des **§ 95 Abs. 2 S. 1 Nr. 2** beizubehalten. Dies gilt insbesondere im Hinblick auf solche Umstände, die nicht ohne weiteres festgestellt werden können, so dass aus Gründen der Rechtsklarheit ein richterlicher Gestaltungsakt unerlässlich ist. Beispielsfälle sind die Verhängung eines **Verweises** oder einer **Geldbuße** im anwaltsgerichtlichen Verfahren (§ 94 Abs. 3 S. 1 iVm § 114 Abs. 1 Nr. 4) oder die **Erhebung der öffentlichen Klage** wegen einer Straftat, welche die Unfähigkeit zur Bekleidung öffentlicher Ämter zur Folge haben kann (§ 94 Abs. S. 1 iVm § 66 Nr. 2; BT-Drs. 16/513, 17 zu § 95).

36 Nach **Abs. 2 S. 1 Nr. 3** ist eine **grobe Amtspflichtverletzung** ein Enthebungsgrund. Hinsichtlich der Voraussetzungen und des Umfangs der Verfolgbarkeit einer groben Amtspflichtverletzung eines Richters vgl. *Schmidt-Räntsch* DRiG Vor §§ 63 ff. Rn. 6 ff. sowie *Winkler* AnwBl. 2012, 254, 260. Dies entspricht der Neuregelung des § 51 Abs. 1 Nr. 1 GVG zur Amtsenthebung eines Schöffen vom 22.12.2010 (BGBl. I S. 2248, 2250). Die Pflichtverletzung braucht sich aber nicht ausschließlich auf die richterliche Tätigkeit zu beziehen, sondern liegt auch dann vor, wenn sich der ehrenamtliche Richter außerhalb seines Richteramts eines Verhaltens schuldig gemacht hat, das geeignet ist, das Vertrauen in die Objektivität und Integrität seiner richterlichen Tätigkeit ernsthaft zu gefährden. Das ergibt sich aus dem auch für den ehrenamtlichen Richter geltenden § 39 DRiG (AGH RhPf Beschluss vom 12.7.1995 – 1 AGH Gen. 6/95). Nach der Rechtsprechung des BVerfG unterliegen auch ehrenamtliche Richter einer Verfassungstreuepflicht (BVerfG NJW 2008, 2568). Der Staat hat also die Pflicht, ehrenamtliche Richter, die die freiheitliche, demokratische, rechts- und sozialstaatliche Ordnung ablehnen oder bekämpfen, ihres Amtes zu entheben (BR-Drs. 539/10 S. 20). Ein ehrenamtlicher Richter, der die Ausübung des Richteramts schroff und beharrlich verweigert, kann nicht durch Festsetzung

eines Ordnungsgeldes diszipliniert werden, sondern ist nach § 95 Abs. 2 Nr. 3 seines Amtes zu entheben (OVG Berlin DRiZ 1978, 371; *Schmidt-Räntsch* DRiG § 44 Rn. 14).

Im Übrigen sind auch die Fälle der **Nichtigkeit der Ernennung** (§ 18 DRiG) und der **Rücknahme der Ernennung** (§ 19 DRiG) Grundlage eines Antrags nach § 95 Abs. 2 (*Isele* § 95 Anm. VI B 2). Die ehrenamtlichen Richter am AnwG und AGH können nunmehr auch ohne Einleitung eines anwaltsgerichtlichen Verfahrens wegen der groben Amtspflichtverletzung (§ 95 Abs. 2 Nr. 3, § 66 Nr. 2) ihres Amtes enthoben werden. 37

a) Nichtigkeit der Ernennung (§ 18 DRiG). Die Nichtigkeit der Ernennung ist nach § 18 Abs. 1 DRiG gegeben, wenn sie von einer **sachlich unzuständigen Behörde** (§ 94 Abs. 2) ausgesprochen wurde. Sie ist ferner nach § 18 Abs. 2 DRiG gegeben, wenn der Ernannte **nicht die Fähigkeit zur Bekleidung öffentlicher Ämter** hatte (vgl. § 7 Nr. 2, 7, 9 und § 14 Abs. 1). Der Nichtigkeitsgrund der Entmündigung (§ 18 Abs. 2 Nr. 2 DRiG) ist mit Ablauf des 31.12.1991 entfallen (Art. 7 § 14, Art. 11 Betreuungsgesetz vom 12.9.1990, BGBl. I S. 2002). Der Nichtigkeitsgrund der fehlenden Deutschen Staatsangehörigkeit iSd Art. 116 GG (§ 18 Abs. 2 Nr. 1 DRiG) scheidet aus, weil der Rechtsanwalt nicht Deutscher zu sein braucht (*Isele* § 95 Anm. VI B 2a; → § 94 Rn. 10a). Die Nichtigkeit der Ernennung zum ehrenamtlichen Richter kann erst geltend gemacht werden, nachdem der AGH (§ 95 Abs. 2 S. 2) sie rechtskräftig festgestellt hat (§ 18 Abs. 3 DRiG). Zur vorläufigen Untersagung der Amtsführung → § 95 Rn. 42. 38

b) Zurücknahme der Ernennung (§ 19 DRiG). Die Ernennung ist bzw. kann in den in § 19 DRiG aufgeführten Fällen zurückgenommen werden. Dabei ist der Fall der **fehlenden Beteiligung eines Richterwahlausschusses** (§ 19 Abs. 1 Nr. 2 DRiG) unanwendbar, da bei der Ernennung der ehrenamtlichen Richter solche nicht beteiligt sind (§ 94 Abs. 2; *Isele* § 95 Anm. VI B 2b). Die **fehlende Befähigung zum Richteramt** (§ 19 Abs. 1 Nr. 1 DRiG) ist nur bei der Ernennung zum Vorsitzenden immer ein Rücknahmegrund; bei den Beisitzern ist es ein Rücknahmegrund, wenn weder diese Befähigung noch die Eignung nach §§ 11 ff., 16 ff. EuRAG (→ § 93 Rn. 3) gegeben ist (→ § 4 Rn. 20 f.). Wegen der übrigen Rücknahmegründe, die aber in der Praxis kaum aktuell werden dürften, s. *Schmidt-Räntsch* DRiG § 19 Rn. 1 ff. 39

c) Verweigerung der Eidesleistung. Der Berufsrichter ist zu entlassen, wenn er sich weigert, den Richtereid (§ 38 DRiG) zu leisten (§ 21 Abs. 2 Nr. 1 DRiG). Mit der Weigerung des ehrenamtlichen Richters den Richtereid (§ 45 Abs. 2–5, 7, 8 DRiG) zu leisten tritt nachträglich ein Umstand ein, der seiner Ernennung entgegensteht (*Isele* § 95 Anm. V 2e). Die Landesjustizverwaltung wird in solchen Fällen einen Antrag nach Abs. 2 stellen. 40

d) Verstoß gegen Grundsätze der Menschlichkeit oder der Rechtsstaatlichkeit (§§ 44, 44b DRiG). Nach § 44b Abs. 1 DRiG ist ein Mitglied des AnwG abzuberufen, wenn die Voraussetzungen des § 44a DRiG (→ § 94 Rn. 9) vorliegen. Für das Verfahren gilt die Regelung des § 95 Abs. 2 S. 2 ff. Nach § 44b Abs. 3 DRiG kann bei dringendem Verdacht, dass ein Abberufungsgrund nach § 44a Abs. 1 DRiG vorliegt, die Ausübung des Richteramtes vorläufig untersagt werden. Auch über diesen Antrag entscheidet der AGH. Ist die gerichtliche Anordnung der Abberufung unanfechtbar, kann der Betroffene aber binnen eines Jahres die gerichtliche Feststellung beantragen, dass die Voraussetzungen für seine Abberufung nicht vorlagen (Henssler/Prütting/*Dittmann* § 95 Rn. 16 ff.). 41

3. Das Verfahren. Es ist in Abs. 2 nur teilweise geregelt; im Übrigen gelten die entsprechenden Bestimmungen des Deutschen Richtergesetzes teilweise entsprechend. 42

a) Vorläufige Untersagung der Führung der Amtsgeschäfte. Nach § 35 DRiG iVm Abs. 2 kann der AGH auf Antrag der Landesjustizverwaltung (die dieses Antragsrecht nach § 33 Abs. 2 S. 1 übertragen kann, so in NRW durch § 3 Nr. 2 BRAOAusfV vom 22.4.2008, GVBl. S. 378, auf die OLG-Präsidenten) dem ehrenamtlichen Richter die Führung seiner Amtsgeschäfte vorläufig untersagen bis dem AGH eine abschließende Entscheidung nach § 95 Abs. 2 möglich ist (AGH RhPf Beschluss vom 12.7.1995 – 1 AGH Gen. 6/95; **aA** *Isele* § 95 Anm. VI E). Zu den Anforderungen an eine solche Entscheidung, an die im Hinblick auf die verfassungsrechtlich gesicherte Unabsetzbarkeit des Richters (Art. 98 GG) strenge Anforderungen zu stellen sind, vgl. *Schmidt-Räntsch* DRiG § 35 Rn. 3 ff. 42a

43 **b) Anwendung der Vorschriften der §§ 112a ff.** Für das gerichtliche Verfahren vor dem AGH über die Amtsenthebung (Abs. 2 S. 2; vgl. dazu BVerfGE 48, 300 = NJW 1978, 1795) gelten die Vorschriften der §§ 112a ff. Danach gelten wie bei Berufsrichtern im Landesdienst die Vorschriften der **VwGO entsprechend** (§ 112c). Die VwGO kennt eine solche Klage auf Amtsenthebung nicht; deshalb liegt eine verwaltungsrechtliche Streitsache eigener Art vor. Der AGH entscheidet nach § 101 VwGO auf Grund mündlicher Verhandlung gemäß § 107 VwGO durch Urteil (**aA** Henssler/Prütting/*Dittmann* § 95 Rn. 10: durch Beschluss ohne mündliche Verhandlung). Die Entscheidung des AGH ist endgültig (Abs. 2 letzter Satz).

V. Amtsentlassung (Abs. 3)

44 In dem 1989 eingefügten Abs. 3 (BGBl. I S. 2135) wird der nicht selten vorkommende Fall geregelt, dass ein Mitglied des Anwaltsgerichts durch **Krankheit auf nicht absehbare Zeit gehindert** ist, sein Amt ordnungsmäßig auszuüben. Es war strittig, ob in solchen Fällen eine Entlassung auf Antrag des ehrenamtlichen Richters stattfinden kann (verneinend *Isele* § 95 Anm. VI D 2; anders die Praxis einiger Landesjustizverwaltungen). Weil eine Vertretung des auf nicht absehbare Zeit erkrankten Mitglieds des AnwG die Arbeit des Gerichts behindern kann, wird die Entlassung **auf Antrag** in solchen Fällen nunmehr ausdrücklich vorgesehen. Durch Gesetz vom 27.4.2002 (BGBl. I S. 1467, 1476) wurde die Vorschrift sprachlich neu gefasst und der bisherige Anknüpfungspunkt „Krankheit oder Gebrechen“ durch „gesundheitliche Gründe“ ersetzt. Damit soll dem Anschein einer Diskriminierung entgegen gewirkt werden, eine Änderung des sachlichen Regelungsgehalts ist damit nicht verbunden (BT-Drs. 14/7420, 34).

45 Durch Gesetz vom 26.3.2007 (BGBl. I S. 358) hat Abs. 3 seine jetzige Fassung erhalten. Damit wurden die Möglichkeiten, dass das Mitglied des Gerichts aus gewichtigen, in seiner Person liegenden Gründen selbst den **Antrag** stellen kann, aus dem Amt entlassen zu werden, erweitert. Ein solcher Grund kann nunmehr beispielsweise die Einleitung eines strafrechtlichen Ermittlungsverfahrens sein, das zwar nicht die Voraussetzungen für ein Amtsenthebungsverfahren erfüllt, aber ein weiteres Verbleiben des anwaltlichen Mitglieds in seinem Amt als dem Ansehen der Anwaltsgerichtsbarkeit abträglich scheinen lässt (**aA** Henssler/Prütting/*Dittmann* § 95 Rn. 15). Auch sind Fälle denkbar, in denen zwar nicht das Mitglied des Anwaltsgerichts selbst, sondern ein naher Angehöriger so schwer erkrankt, dass dem Mitglied des Anwaltsgerichts ein weiteres Verbleiben im Amt nicht zugemutet werden kann (BT-Drs. 16/513, 17, 18 zu § 95). Die Landesjustizverwaltung kann nach § 33 Abs. 2 S. 1 das Recht zur Entlassung übertragen (so in NRW durch § 3 Nr. 4 BRAOAusfV vom 22.4.2008, GVBl. S. 378, auf die OLG-Präsidenten). Sollte die Landesjustizverwaltung einem Entlassungsantrag nicht entsprechen, kann der Rechtsanwalt dagegen einen Antrag nach §§ 112a ff. an den AGH stellen. Da auch hier nach § 112c die Vorschriften der VwGO entsprechend anzuwenden sind, dürfte es sich bei der richtigen Klageart um die Verpflichtungsklage handeln. Zur Berücksichtigung dieser Entlassungsgründe als Ablehnungsgründe vor der Ernennung → § 94 Rn. 18.

VI. Ausschließung und Besorgnis der Befangenheit

46 Neben den Fällen, in denen das Amt eines Mitglieds des Anwaltsgerichts generell endet oder er seines Amtes allgemein zu entheben ist (Abs. 1a und 2), kann **im Einzelfall** für ein bestimmtes Verfahren seine Ausschließung bzw. Ablehnung in Betracht kommen. Für diese Fälle sind die § 41 ff. ZPO, § 54 VwGO, §§ 22 ff. StPO sinngemäß heranzuziehen (→ § 116 Rn. 14). Bei der Ablehnung eines Richters müssen ernsthafte Umstände angeführt werden, die die Befangenheit des einzelnen Richters aus Gründen rechtfertigen, die in persönlichen Beziehungen dieses Richters zu den Verfahrensbeteiligten oder zu der zur Verhandlung stehenden Sache liegen. Ein Ablehnungsgesuch wegen Besorgnis der Befangenheit ist rechtsmissbräuchlich und damit unzulässig, wenn nicht einzelne Richter, sondern das Gericht als solches oder eine ganze Kammer abgelehnt wird (BGH BRAK-Mitt. 2008, 171).

§ 96 Besetzung der Kammern des Anwaltsgerichts

Die Kammern des Anwaltsgerichts entscheiden in der Besetzung von drei Mitgliedern einschließlich des Vorsitzenden.

I. Anwaltsgericht als Kollegialgericht

1 Mitglieder des Anwaltsgerichts und damit auch der einzelnen Kammern des Anwaltsgerichts können nur Rechtsanwälte sein (§ 94 Abs. 1 S. 1). Diese Besetzung des Anwaltsgerichts und seiner Kammern nur mit Rechtsanwälten ist verfassungskonform und beeinträchtigt nicht deren Neutralität (BVerfGE 48, 300 = NJW 1978, 1795). Im Hinblick auf § 93 Abs. 1 S. 3 darf auch ein Rechtsanwalt als Beisitzer mitwirken, der nicht die Befähigung zum Richteramt besitzt (→ § 93 Rn. 1, 2; → § 94 Rn. 1 ff.). Die Mitglieder der einzelnen Kammern werden aus der Zahl der Mitglieder des Anwaltsgerichts (§ 94) dem einzelnen Spruchkörper von dem Präsidium des Anwaltsgerichts zugewiesen (§ 97).

2 Die Kammern des Anwaltsgerichts entscheiden als **Kollegialgerichte** stets in der Besetzung von drei Mitgliedern einschließlich des Vorsitzenden, gleichgültig ob die Entscheidung aufgrund einer Hauptverhandlung (§§ 134 ff.) durch Urteil oder Beschluss, einer mündlichen Verhandlung (§§ 151 ff.) oder außerhalb der Hauptverhandlung durch Beschluss ergeht. **Ein einzelner ehrenamtlicher Richter** kann nur tätig werden bei der Leistung von Rechtshilfe nach § 99 Abs. 3 oder nach § 137 S. 1 (§§ 151 Abs. 2, 161a Abs. 2) als beauftragter Richter bei der Vernehmung von Zeugen oder Sachverständigen. **Der Vorsitzende allein** erteilt nach § 141 die Ausfertigungen und Auszüge der Entscheidungen des Anwaltsgerichts, nimmt sonstige Geschäfte der Justizverwaltung wahr und setzt nach § 199 die Kosten des Verfahrens vor dem Anwaltsgericht fest.

II. Überbesetzung

3 Über die gesetzliche Mindestzahl von drei Mitgliedern hinaus darf eine Kammer nur zwei weitere Mitglieder haben, da sie sonst in zwei personell voneinander verschiedenen Sitzungen verhandeln könnte oder durch Beschluss aller der Kammer angehörenden Richter (§§ 95 Abs. 1 S. 1, 116 S. 1 iVm § 21 GVG) drei Spruchkörper mit je verschiedenen Beisitzern gebildet werden könnten. Damit wäre eine Überbesetzung gegeben, die in vermeidbarer Weise die Möglichkeit zum willkürlichen Manipulieren bietet (BVerfGE 18, 344, 349, 350 = NJW 1965, 1219, 1220; BGHSt 28, 183, 185). Deshalb können je Kammer **nicht mehr als vier Beisitzer** bestellt werden (→ § 93 Rn. 4). Für den Spruchkörper muss zudem im Voraus nach abstrakten Merkmalen bestimmt sein (§ 21g GVG), welche Richter an den jeweiligen Verfahren mitzuwirken haben. Aus dieser Vorausbestimmung muss für den Regelfall die Bestimmung des zuständigen Spruchkörpers bei den einzelnen Verfahren ableitbar sein (BVerfGE 95, 322, 327 = NJW 1997, 1497 zur Heranziehung von Berufsrichtern; → § 105 Rn. 2; → § 106 Rn. 8).

§ 97 Geschäftsverteilung

Für die Geschäftsverteilung bei dem Anwaltsgericht gelten die Vorschriften des Zweiten Titels sowie § 70 Abs. 1 des Gerichtsverfassungsgesetzes entsprechend.

1 Für das Präsidium und die Geschäftsverteilung bei dem Anwaltsgericht gelten die §§ 21a–21i und § 70 Abs. 1 GVG entsprechend. Die Geschäftsverteilung wird der **Selbstverwaltung** des Anwaltsgerichts überlassen (BT-Drs. 3/120, 94 zu § 110). Insoweit kann auf die Kommentierungen zum GVG verwiesen werden. Soweit in den Bestimmungen des GVG der „Präsident" oder der „aufsichtsführende Richter" angesprochen ist, tritt an deren Stelle der „geschäftsleitende Vorsitzende" (§ 93 Abs. 1 S. 2; vgl. auch Anm. zu § 105). Unter anderem aufgrund der §§ 97, 105 Abs. 1 iVm § 21b Abs. 5 GVG hat die Bundesregierung mit Zustimmung des Bundesrates am 19.9.1972 eine „**Wahlordnung** für die Präsidien der Gerichte" (GerPräsWO) verordnet (BGBl. I S. 1821, zuletzt geändert durch Art. 209 Abs. 2 des Gesetzes vom 19.4.2006, BGBl. I S. 866). Diese enthält Einzelheiten des Verfahrens für die Wahl des Präsidiums gemäß § 21b GVG.

2 Vorrangige **Aufgabe des Präsidiums** des Anwaltsgerichts ist es, die Besetzung der einzelnen Kammern (§ 96) einschließlich der Vertretung zu regeln und die Geschäfte unter den Kammern des Gerichts zu verteilen (§ 21e GVG). Während der Vorsitzende, die weiteren Mitglieder und die Zahl der Kammern von der Landesjustizverwaltung bestimmt werden (§ 92 Abs. 2 S. 2, 93 Abs. 1), bestimmt das Präsidium in der Geschäftsverteilung, welches Mitglied der Kammer im Falle der Verhinderung des Vorsitzenden den Vorsitz führt. Ist der so bestimmte Stellvertreter

ebenfalls verhindert, führt das dienstälteste, bei gleichem Dienstalter das lebensälteste Mitglied der Kammer den Vorsitz (§ 21f Abs. 2 GVG). Ist eine Vertretung durch ein anderes Mitglied des Anwaltsgerichts nicht möglich, sorgt auf Antrag des Präsidiums des Anwaltsgerichts die Landesjustizverwaltung für eine Vertretungsregelung (§ 70 GVG). Über die **Geschäftsverteilung innerhalb der einzelnen Kammern** haben die Kammermitglieder (§ 93) entsprechend § 21g GVG vor Beginn des Geschäftsjahres durch Beschluss zu entscheiden. Der Beschluss ist schriftlich abzufassen (BGH VerGrSe NJW 1994, 1735).

3 Auch ein entgegen § 116 Abs. 1 S. 2 iVm § 21e Abs. 1 S. 2 GVG erst im Laufe eines Geschäftsjahres für dieses Geschäftsjahr festgestellter Geschäftsverteilungsplan entfaltet ab seiner Feststellung sofort Wirksamkeit für die Zukunft und genügt ab dann dem aus Art. 101 Abs. 1 S. 2 GG herzuleitenden Gebot der Vorausbestimmung des gesetzlichen Richters. In der Berufungsinstanz kommt es nicht mehr darauf an, ob das erstinstanzliche Gericht richtig besetzt war oder nicht. Selbst bei erstinstanzlich begangenen Verfahrensfehlern, die einen absoluten Revisionsgrund begründen, hat das Berufungsgericht gemäß § 143 Abs. 4 iVm § 328 StPO in der Sache selbst zu entscheiden (AGH Brem BRAK-Mitt. 2009, 286, 287; *Meyer-Goßner,* 57. Aufl. 2014, StPO § 328 Rn. 4).

4 Nach § 140a Abs. 2 GVG, § 116 Abs. 1 S. 2 erfolgt die Bestimmung der örtlichen Zuständigkeit für Wiederaufnahmesachen, die die Entscheidungen der Anwaltsgerichte betreffen, durch das Präsidium des Anwaltsgerichtshofs für dessen jeweiligen Bezirk, das insoweit an die Stelle des Präsidiums des Oberlandesgerichts tritt.

5 Im Rahmen der Aufsicht nach § 92 Abs. 3 kann die Landesjustizverwaltung regeln, wem die Geschäftsverteilungspläne des Anwaltsgerichts vorzulegen sind (so etwa durch Ziff. 3.4. AV-BRAO des JM NRW vom 1.2.2011, JMBl. NRW S. 30: OLG-Präsident und Leiter der Generalstaatsanwaltschaft).

§ 98 Geschäftsstelle und Geschäftsordnung

(1) **Bei dem Anwaltsgericht wird eine Geschäftsstelle eingerichtet.**

(2) **Die erforderlichen Bürokräfte, die Räume und die Mittel für den sonstigen sächlichen Bedarf stellt die Rechtsanwaltskammer zur Verfügung.**

(3) **Die Dienstaufsicht über die Geschäftsstelle führt der Vorsitzende des Anwaltsgerichts; im Fall des § 92 Abs. 2 obliegt die Aufsicht dem geschäftsleitenden Vorsitzenden.**

(4) [1]**Der Geschäftsgang bei dem Anwaltsgericht wird durch eine Geschäftsordnung geregelt, die von den Mitgliedern des Anwaltsgerichts beschlossen wird.** [2]**Sie bedarf der Bestätigung durch die Landesjustizverwaltung.**

I. Geschäftsstelle des Anwaltsgerichts

1 **1. Eigene Geschäftsstelle.** Da es sich bei dem Anwaltsgericht um ein selbständiges staatliches Gericht handelt (→ Vor § 92 Rn. 2 ff.), muss das Anwaltsgericht entsprechend § 153 GVG eine eigene Geschäftsstelle haben (BT-Drs. 3/120, 94 zu § 111), die **nicht identisch** mit der Geschäftsstelle der RAK sein darf (Gaier/Wolf/Göcken/*Quaas* § 98 Rn. 1). Die Geschäftsstelle des Anwaltsgerichts darf aber mit der Geschäftsstelle eines Senats des Oberlandesgerichts, an dessen Sitz es errichtet ist (§§ 60 Abs. 2, 92 Abs. 1 S. 2), organisatorisch verbunden sein (BGH BRAK-Mitt. 1983, 93, 94). So ist es für die Wirksamkeit einer Zustellung unerheblich, dass die Kanzlei auf dem für die Zustellungsurkunde benutzten Vordruck und dem Briefumschlag als Absender das Gericht der streitigen ordentlichen Gerichtsbarkeit angegeben hat, wenn das auf der Zustellungsurkunde und dem Briefumschlag befindliche Aktenzeichen des Anwaltsgerichts Zweifel über den Absender nicht aufkommen lässt (BGH BRAK-Mitt. 1983, 93, 94). Der Geschäftsgang der Geschäftsstelle bestimmt sich nach den diesbezüglichen Dienstordnungen der Länder (*Isele* § 98 Anm. VI B).

2 **2. Keine Urkundsbeamten.** Entgegen § 153 GVG ist die Geschäftsstelle des Anwaltsgerichts nicht mit „der erforderlichen Zahl von Urkundsbeamten" besetzt. Solche gibt es dort nicht. Die **Protokollführertätigkeit** in der Hauptverhandlung wird von einem Rechtsanwalt wahrgenom-

men (§ 140 Abs. 1). Ausfertigungen und Auszüge der Entscheidungen werden von dem Vorsitzenden des Anwaltsgerichts erteilt (§ 141) und für das Verfahren bei Zustellungen gelten die Vorschriften der ZPO entsprechend (§ 116 S. 2 iVm §§ 35, 36, 37 StPO). Mangels Urkundsbeamten der Geschäftsstelle gibt es im anwaltsgerichtlichen Verfahren nicht die Möglichkeit der Anbringung von Anträgen zu Protokoll der Geschäftsstelle (zu § 366 Abs. 2 StPO EGH Hamm Beschluss vom 4.8.1992 – (2) 6 EVY 5/92).

3. Bedarf des Anwaltsgerichts. Die erforderlichen Bürokräfte, die Räume und die Mittel für den sonstigen sächlichen Bedarf stellt die RAK zur Verfügung (Abs. 2). An der Eigenständigkeit der Anwaltsgerichte gegenüber den Rechtsanwaltskammern ändert die Tatsache nichts, dass sie haushaltsmäßig von den Kammern getragen werden und diese insbesondere die Entschädigungen und Reisekostenvergütungen der ehrenamtlichen Richter zu zahlen und die erforderlichen **Bürokräfte, Räume und Mittel für den sonstigen sächlichen Bedarf** der Anwaltsgerichte zur Verfügung zu stellen haben. Es handelt sich dabei um Regelungen organisatorischer Art, die nicht geeignet sind, eine „Verzahnung“ zwischen Anwaltsgerichten und Kammern zu begründen und damit die Unabhängigkeit der Anwaltsgerichte zu gefährden. Im Übrigen wird die Entschädigung nach allgemeinen Gesichtspunkten aufgrund von Richtlinien festgesetzt, deren Erlass und Beachtung durch die RAK von der Landesjustizverwaltung beaufsichtigt wird (§ 62 Abs. 2; BVerfGE 48, 300 = NJW 1978, 1795). 3

4. Dienstaufsicht über die Geschäftsstelle des Anwaltsgerichts. Sie führt, wenn mehrere Kammern gebildet wurden (§ 92 Abs. 2), der geschäftsleitende Vorsitzende des Anwaltsgerichts sonst der Vorsitzende des Anwaltsgerichts. Soweit es um die Tätigkeit auf der Geschäftsstelle des Anwaltsgerichts geht, sind die Bürokräfte nicht an Weisungen des Kammervorstands, von dem sie angestellt sind, gebunden (*Isele* § 98 Anm. IV). Zur Aufsicht über das Anwaltsgericht → § 92 Rn. 8. 4

II. Geschäftsordnung

Der Geschäftsgang bei dem Anwaltsgericht wird von einer Geschäftsordnung geregelt, die von den Mitgliedern des Anwaltsgerichts beschlossen wird. Die beschlossene Geschäftsordnung bedarf der **Bestätigung durch die Landesjustizverwaltung** (Abs. 4 iVm § 92 Abs. 3); die Landesjustizverwaltung kann nach § 33 Abs. 2 S. 2, 3 ihre Zuständigkeit übertragen (so in NRW durch § 3 Nr. 5 BRAOAusfV vom 22.4.2008, GVBl. S. 378, auf die OLG-Präsidenten). 5

§ 99 Amts- und Rechtshilfe

(1) **Die Anwaltsgerichte haben sich gegenseitig Amts- und Rechtshilfe zu leisten.**

(2) [1]**Auf Ersuchen haben auch andere Gerichte und Verwaltungsbehörden dem Anwaltsgericht Amts- und Rechtshilfe zu leisten.** [2]**Die gleiche Verpflichtung haben die Anwaltsgerichte gegenüber anderen Gerichten und Behörden.**

(3) **Bei den Anwaltsgerichten können die Rechtshilfeersuchen durch ein einzelnes Mitglied erledigt werden.**

I. Anwendbarkeit des Art. 35 Abs. 1 GG

Für die Anwaltsgerichte als staatliche Gerichte (→ Vor § 92 Rn. 14 ff.) gilt Art. 35 Abs. 1 GG, wonach alle Behörden des Bundes und der Länder sich gegenseitig Rechts- und Amtshilfe leisten. Behörde iSd Art. 35 Abs. 1 GG sind neben den Verwaltungsbehörden auch die Gerichte (Schmidt-Bleibtreu/Hofmann/Hopfauf/*Sannwald* GG Art. 35 Rn. 11, 18), also auch die Anwaltsgerichte, die Anwaltsgerichtshöfe und der Anwaltssenat beim BGH. Dabei ist die Rechts- und Amtshilfe, soweit besondere Bestimmungen bestehen, nach dem darin vorgesehenen Verfahren und dem darin vorgesehenen Umfang zu leisten (OLG Düsseldorf DVBl. 1957, 215). Um eine solche besondere Bestimmung handelt es sich bei § 99. 1

II. Rechts- und Amtshilfe (Begriff)

2 Rechts- und Amtshilfe unterscheiden sich dadurch, dass Rechtshilfe nur Gerichte leisten im Bereich der rechtsprechenden Tätigkeit. Amtshilfe als unterstützende Tätigkeit leisten Verwaltungsbehörden und Gerichtsverwaltungen. Bei der Unterscheidung, ob Rechts- oder Amtshilfe geleistet wird, ist nicht allein die ersuchte Behörde maßgeblich, sondern auch der Inhalt des Ersuchens selbst. Ein Ersuchen an Verwaltungsbehörden ist stets auf Amtshilfe gerichtet. Ein Ersuchen an Gerichte kann sowohl auf Rechts- als auch auf Amtshilfe gerichtet sein. Entscheidend ist, ob von dem Gericht eine Hilfe im Bereich seiner rechtsprechenden Funktion verlangt wird, wie zB eine Zeugenvernehmung durch einen Richter des ersuchten Gerichts (§§ 99 Abs. 3, 137 S. 2), dann liegt ein Rechtshilfeersuchen vor, oder ob lediglich von der Gerichtsverwaltung eine Unterstützung verlangt wird, wie zB die Bereitstellung eines Vernehmungsraumes für eine Zeugenvernehmung durch den Richter eines fremden Gerichts. Letzteres ist dann ein Fall der Amtshilfe (Stelkens/Bonk/Sachs/*Schmitz,* 8. Aufl. 2014, VwVfG § 4 Rn. 26; vgl. auch OLG Frankfurt NStZ 1981, 191; BayLSG NZS 1999, 574).

III. Amts- und Rechtshilfe der Anwaltsgerichte

3 Entsprechend der Regelung des § 156 GVG über die Rechtshilfe der ordentlichen Gerichte untereinander haben sich nach § 99 Abs. 1 die Anwaltsgerichte Amts- und Rechtshilfe zu leisten (BT-Drs. 3/120, 95 zu § 112). Die Zulässigkeit des Rechtshilfeersuchens setzt voraus, dass es rechtlich gestattet ist (*Meyer-Goßner,* 57. Aufl. 2014, GVG § 156 Rn. 2). Der wichtigste Anwendungsfall ist § 137 S. 2 (→ § 137 Rn. 1). Nach § 99 Abs. 2 S. 1 haben auch **alle anderen Gerichte und Verwaltungsbehörden im Geltungsbereich des Grundgesetzes** dem Anwaltsgericht Amts- und Rechtshilfe zu leisten. Umgekehrt sind auch die Anwaltsgerichte diesen anderen Behörden und Gerichten zur Amts- und Rechtshilfe verpflichtet (Abs. 2 S. 2). Dabei sind eventuelle Beschränkungen durch die nach § 112c Abs. 1 entsprechend anwendbaren §§ 99, 100 VwGO und die nach § 116 S. 2 entsprechend anwendbaren §§ 474–482, 487 StPO zu beachten. Im Übrigen gelten nach § 116 S. 2 die §§ 156–168 GVG sinngemäß. Für die Amts- und Rechtshilfe der sog. Gauck-Behörde gelten die besonderen gesetzlichen Bestimmungen des Stasi-Unterlagen-Gesetzes in der Fassung der Neubekanntmachung vom 18.2.2007 (BGBl. I S. 162).

4 **1. Erledigung der Rechtshilfeersuchen.** Von dem Anwaltsgericht ausgehende Rechtshilfeersuchen sind an das andere Amts- (§ 157 GVG) oder Anwaltsgericht zu richten, in dessen Bezirk die Amtshandlung vorgenommen werden soll. In Abweichung von dem Grundsatz des § 96 können nach § 99 Abs. 3 die Rechtshilfeersuchen durch ein einzelnes Mitglied des Anwaltsgerichts erledigt werden. Welches der Mitglieder der nach der Geschäftsverteilung zuständigen Kammer das Rechtshilfeersuchen erledigt, wird nach § 21g Abs. 1 GVG iVm § 97 durch **Beschluss aller dem Spruchkörper angehörenden Mitglieder** bestimmt (**aA** Gaier/Wolf/Göcken/*Quaas* § 99 Rn. 3; soweit die amtliche Begründung BT-Drs. 3/120, 95 zu § 112 von der Zuständigkeit des Vorsitzenden ausging, ist dies durch die seit dem 30.12.1999 gültige Neufassung des § 21g Abs. 1 GVG überholt).

5 **2. Grundsätzlich keine Ablehnung von Rechtshilfeersuchen.** Ein Rechtshilfeersuchen darf nicht abgelehnt werden (§ 158 Abs. 1 GVG), es sei denn die vorzunehmende Handlung ist nach dem Recht des ersuchten Gerichts verboten. Ist das ersuchte Gericht örtlich nicht zuständig, so gibt es das Ersuchen an das zuständige Gericht ab (§ 158 Abs. 2 GVG). Lehnt der Amtsrichter danach ein Rechtshilfeersuchen eines Anwaltsgerichts ab, oder hat er einem solchen entgegen § 158 Abs. 2 GVG stattgegeben, so entscheidet auf Antrag der Beteiligten oder des ersuchenden Gerichts das Oberlandesgericht nach § 159 GVG. War ein Anwaltsgericht um Rechtshilfe ersucht worden, so tritt in diesen Fällen der AGH an die Stelle des OLG (→ § 100 Rn. 4).

6 **3. Kosten und Auslagen der Rechtshilfe.** Sie werden von der ersuchenden Behörde nach § 164 Abs. 1 GVG nicht erstattet. Gebühren oder andere öffentliche Abgaben, denen die von der ersuchenden Behörde übersandten Schriftstücke (Urkunden, Protokolle) nach dem Recht der ersuchten Behörde unterliegen, bleiben außer Ansatz (§ 164 Abs. 2 GVG).

Zweiter Abschnitt. Der Anwaltsgerichtshof

§ 100 Bildung des Anwaltsgerichtshofes

(1) [1]**Der Anwaltsgerichtshof wird bei dem Oberlandesgericht errichtet.** [2]**§ 92 Abs. 3 ist entsprechend anzuwenden.**

(2) [1]**Bestehen in einem Land mehrere Oberlandesgerichte, so kann die Landesregierung durch Rechtsverordnung den Anwaltsgerichtshof für die Bezirke aller oder mehrerer Oberlandesgerichte bei einem oder einigen der Oberlandesgerichte oder bei dem obersten Landesgericht errichten, wenn eine solche Zusammenlegung der Rechtspflege in Anwaltssachen, insbesondere der Sicherung einer einheitlichen Rechtsprechung, dienlich ist.** [2]**Die Vorstände der beteiligten Rechtsanwaltskammern sind vorher zu hören.**

(3) **Durch Vereinbarung der beteiligten Länder können die Aufgaben, die in diesem Gesetz dem Anwaltsgerichtshof zugewiesen sind, dem hiernach zuständigen Anwaltsgerichtshof eines Landes auch für das Gebiet eines anderen Landes übertragen werden.**

(4) **Mehrere Länder können die Errichtung eines gemeinsamen Anwaltsgerichtshofes bei dem Oberlandesgericht oder dem obersten Landesgericht eines Landes vereinbaren.**

I. Anwaltsgerichtshof als verfassungsmäßiges Gericht für besondere Sachgebiete

Der AGH muss im Hinblick auf die ihm übertragenen Aufgaben als ein staatliches Gericht 1
gebildet sein (→ Vor § 92 Rn. 2 ff.). Demgemäß sind die Anwaltsgerichtshöfe für Rechtsanwälte nach § 100 als **eigenständige staatliche Gerichte** eingerichtet (BVerfG NJW 2006, 3049 = BRAK-Mitt. 2006, 221 mit Anm. *Eichele;* BGH NJOZ 2009, 2602 Rn. 4; BeckRS 2010, 14812 Rn. 4). Eine organisatorische Verbindung mit den staatlichen Rechtspflegeeinrichtungen wird dadurch hergestellt, dass der AGH bei dem OLG errichtet wird und seine Senate mit zwei Berufsrichtern besetzt sind (§ 101 Abs. 1, § 102). Die Anlehnung an das OLG liegt schon deshalb nahe, weil die Rechtsanwaltskammern für den Bezirk und am Sitz eines OLG gebildet sind (BT-Drs. 3/120, 95 zu § 113). Ihre Errichtung beruht auf staatlichem Gesetz und ihre personelle Zusammensetzung wesentlich auf staatlicher Mitwirkung (BVerfGE 26, 186 = NJW 1969, 2192; vgl. auch BVerfGE 48, 300 = NJW 1978, 1795; *Starke* BRAK-Mitt. 1991, 11).

Die Anwaltsgerichtshöfe sind wie die Anwaltsgerichte (§§ 92 ff.) für ein bestimmtes Sach- 2
gebiet, nämlich für das anwaltliche Berufsrecht, abstrakt und generell zur Entscheidung berufen. Die Anwaltsgerichtshöfe sind damit Gerichte für besondere Sachgebiete iSd Art. 101 Abs. 2 GG; sie sind keine nach Art. 101 Abs. 1 S. 1 GG verbotenen Ausnahmegerichte (BGH BeckRS 2014, 16471 Rn. 12). Dass die Beschränkung der Anwaltsgerichtshöfe auf das **Sachgebiet des anwaltlichen Berufsrechts** notwendigerweise zugleich eine Beschränkung auf einen bestimmten Personenkreis – nämlich auf Rechtsanwälte, auch ehemalige, und auf Bewerber um die Zulassung als Anwalt – bedeutet, begründet keinen Verstoß gegen Art. 101 Abs. 2 GG (vgl. VGH Mannheim NJW 1982, 2011; AGH BW NJW 2008, 1967 = BRAK-Mitt. 2008, 75). Nur wenn die Anwaltsgerichte für die Rechtsangelegenheiten der Rechtsanwälte schlechthin eingerichtet wären, wenn sie zB auch für Zivil- und Strafsachen gegen Rechtsanwälte zuständig wären, würde es sich um verfassungswidrige Sondergerichte handeln (BVerfGE 26, 186, 192 = NJW 1969, 2192; → § 112a Rn. 27).

Auch der AGH, der nach § 95 Abs. 2 über die Amtsenthebung eines Mitglieds des Anwalts- 3
gerichts zu befinden hat, ist ein Gericht für besondere Sachgebiete. Er tritt im Falle des § 95 Abs. 2 als **„Dienstgericht"** für die Mitglieder des Anwaltsgerichts an die Stelle des Richterdienstgerichts und damit ist der Vorschrift des § 44 Abs. 2 DRiG Genüge getan (BVerfGE 48, 300 = NJW 1978, 1795; → § 95 Rn. 33; → § 103 Rn. 14).

II. Anwaltsgerichtshof als selbständiges Gericht

1. Obergericht. Die Anwaltsgerichtshöfe entsprechen im anwaltsgerichtlichen Verfahren den 4
Oberlandesgerichten in strafgerichtlichen Verfahren (BGHSt 37, 356 = NJW 1991, 2916; BGH

BeckRS 2014, 21072 Rn. 6). Da nach § 304 Abs. 4 StPO, der gemäß § 116 S. 2 für das anwaltsgerichtliche Verfahren sinngemäße Anwendung findet, gegen Beschlüsse des Oberlandesgerichts, das im zweiten Rechtszug entschieden hat, keine Beschwerde zulässig ist, können auch entsprechende Beschlüsse des AGH nicht mit der Beschwerde angefochten werden (BGH BRAK-Mitt. 1982, 35; im Übrigen → § 116 Rn. 32 zu § 304 StPO und → Rn. 35 zu §§ 359 ff. StPO). In gerichtlichen Verfahren in verwaltungsrechtlichen Anwaltssachen (§§ 112a ff.) steht der AGH einem Oberverwaltungsgericht gleich (§ 112c Abs. 1; für das Berufungsverfahren stellt § 112e Abs. 1 S. 2 den AGH einem VG gleich).

5 **2. Unabhängigkeit.** Die Anwaltsgerichtshöfe sind von den Oberlandesgerichten, an die sie angebunden sind, unabhängig (vgl. BGH BeckRS 2002, 04840 unter II 1a (1)). Aber auch von den Rechtsanwaltskammern sind sie unabhängig. Als staatliche Gerichte unterliegen sie der Aufsicht der Landesjustizverwaltung (§§ 92 Abs. 3, 100 Abs. 1 S. 2). Weitere Belege für die Unabhängigkeit sind die Besetzung der Senate mit Berufsrichtern (§§ 101 Abs. 1, 102) sowie die Unvereinbarkeit der ehrenamtlichen Richtertätigkeit mit einer Funktion im Kammervorstand oder der Satzungsversammlung oder einer Tätigkeit bei der RAK oder der Satzungsversammlung im Haupt- oder Nebenberuf (§ 94 Abs. 3 iVm § 103 Abs. 2; BVerfG NJW 2006, 3049). Sie sind nicht in die ordentliche Gerichtsbarkeit eingegliedert, sondern selbständige Gerichte für besondere Sachgebiete iSv Art. 101 Abs. 2 GG (BVerfGE 48, 300 = NJW 1978, 1795; BGH BRAK-Mitt. 1998, 151).

6 **3. Gesetzliche Aufgabenzuweisung.** Die Anwaltsgerichtshöfe können nur im Rahmen der ihnen kraft Gesetzes übertragenen Aufgaben tätig werden. Das Verfahren nach § 74a fällt nicht darunter, so dass das Anwaltsgericht in diesem Verfahren auch nicht nach § 116 S. 2 iVm §§ 138a Abs. 1 Nr. 1, 138c StPO die Entscheidung des AGH einholen kann. Ein entsprechender Beschluss des Anwaltsgerichts ist unzulässig (EGH Hamm BRAK-Mitt. 1983, 90). Die Anwaltsgerichtshöfe sind die erstinstanzlichen Gerichte für das besondere Sachgebiet des anwaltlichen Berufsrechts, soweit diese Verfahren nach der VwGO abgewickelt werden. § 112a Abs. 1 eröffnet in verwaltungsrechtlichen Anwaltssachen den **Rechtsweg zum Anwaltsgerichtshof.** Von dieser weit gespannten Zuständigkeit sind alle Streitigkeiten umfasst, die aus der Anwendung der BRAO und der auf ihrer Grundlage erlassenen Rechtsverordnungen und Satzungen resultieren und die nicht ausdrücklich dem Anwaltsgericht oder einem anderen Gericht zugewiesen sind (BGH NJW 2011, 2303 = BRAK-Mitt. 2011, 143). Darüber hinaus sind die Anwaltsgerichtshöfe in anwaltsgerichtlichen Verfahren Berufungs- und Beschwerdeinstanz (§§ 142, 143, 157). Verneint der Anwaltsgerichtshof seine Zuständigkeit mit der Begründung, das Anwaltsgericht sei zur Entscheidung über den gestellten Antrag berufen, ist dessen Entscheidung unter den Voraussetzungen des § 17a Abs. 4 S. 4 GVG mit der Beschwerde zum BGH (§ 112a Abs. 2 Nr. 2) anfechtbar (BGH NJW 2011, 2303 = BRAK-Mitt. 2011, 143).

7 **4. Errichtung kraft Gesetzes.** Die Anwaltsgerichtshöfe wurden kraft Gesetzes nach § 100 Abs. 1 bei dem Oberlandesgericht errichtet, wobei es stets nur einen Anwaltsgerichtshof für den Bezirk eines jeden OLG gibt, gleichgültig wie hoch die Zahl der erfassten Rechtsanwälte ist und ob es in dem OLG-Bezirk eine weitere RAK (§ 61) gibt. Die Ausgestaltung der Anwaltsgerichtshöfe bedingt jedoch weitere staatliche Hoheitsakte (§§ 101–103). Die Aufsicht über die Anwaltsgerichtshöfe führt die Landesjustizverwaltung (§ 100 Abs. 1 S. 2 iVm § 92 Abs. 3; → § 92 Rn. 8). Da dann, wenn bei jedem Oberlandesgericht ein AGH errichtet worden wäre, eine große Rechtszersplitterung zu befürchten gewesen wäre, eröffnet das Gesetz im Interesse der Einheitlichkeit der Rechtsprechung innerhalb des einzelnen Landes die Möglichkeit, die Zahl der Anwaltsgerichtshöfe zu verringern. In den Ländern mit mehreren Oberlandesgerichten kann ein AGH für die Bezirke aller oder mehrerer Oberlandesgerichte errichtet werden (Abs. 2) und mehrere Länder können entweder einen gemeinsamen AGH errichten (Abs. 4) oder die Aufgaben des AGH dem AGH eines Landes auch für das Gebiet eines anderen Landes übertragen (Abs. 3). Auch der gemeinsame AGH (Abs. 4) muss bei einem OLG oder bei dem obersten Landesgericht eines Landes errichtet werden. Diese organisatorische Anlehnung ist nach § 100 Abs. 1 S. 1 notwendig. Sie schließt aber nicht aus, dass die beteiligten Länder über die Aufsicht, die über den gemeinsamen AGH als staatliches Gericht zu führen ist (§ 100 Abs. 1 S. 2 iVm § 92 Abs. 3), besondere Vereinbarungen treffen.

Von den Möglichkeiten des Abs. 2 wurde im Interesse der Rechtspflege in Anwaltssachen, insbesondere der Sicherung einer einheitlichen Rechtspflege in Anwaltssachen innerhalb der Länder mit mehreren Oberlandesgerichtsbezirken nach Anhörung der beteiligten Rechtsanwaltskammern Gebrauch gemacht. Die inzwischen abgeschlossene Entwicklung hat zur Bildung jeweils eines AGH in folgenden Ländern geführt: 8

a) Baden-Württemberg beim OLG Stuttgart für die OLG-Bezirke Karlsruhe und Stuttgart (VO vom 9.11.1959, GBl. S. 168),
b) in Bayern beim OLG München für die OLG-Bezirke München, Nürnberg und Bamberg (VO vom 8.10.1959, GVBl. S. 241),
c) in Niedersachsen beim OLG Celle für die OLG-Bezirke Braunschweig, Celle und Oldenburg (VO vom 29.8.1997, GVBl. S. 403),
d) in Nordrhein-Westfalen beim OLG Hamm für die OLG-Bezirke Düsseldorf, Hamm und Köln (VO vom 22.4.2008, GVBl. S. 378) und
e) in Rheinland-Pfalz beim OLG Koblenz für die OLG-Bezirke Koblenz und Zweibrücken (VO vom 8.3.1995, GVBl. S. 62).

In den neuen Bundesländern wurde jeweils nur ein AGH gebildet. 9

Von der gesetzlich vorgesehenen Möglichkeit, durch Staatsvertrag die Aufgaben des AGH auf 10
den AGH eines anderen Landes zu übertragen (Abs. 3), wurde ebenso wenig Gebrauch gemacht wie von der Möglichkeit der Errichtung eines gemeinsamen AGH (Abs. 4).

§ 101 Besetzung des Anwaltsgerichtshofes

(1) [1] Der Anwaltsgerichtshof wird mit einem Präsidenten, der erforderlichen Anzahl von weiteren Vorsitzenden sowie mit Rechtsanwälten und Berufsrichtern als weiteren Mitgliedern besetzt. [2] Der Präsident und die weiteren Vorsitzenden müssen die Befähigung zum Richteramt haben.

(2) [1] Bei dem Anwaltsgerichtshof können nach Bedarf mehrere Senate gebildet werden. [2] Die nähere Anordnung trifft die Landesjustizverwaltung. [3] Der Vorstand der Rechtsanwaltskammer ist vorher zu hören.

(3) [1] Zum Präsidenten des Anwaltsgerichtshofes und zu Vorsitzenden der Senate sind anwaltliche Mitglieder des Anwaltsgerichtshofes zu bestellen. [2] § 93 Abs. 2 gilt sinngemäß.

I. Besetzung des Anwaltsgerichtshofs durch die Landesjustizverwaltung

1. Sinn der Regelung. Die Vorschrift regelt die Besetzung des AGH als Gerichtsanstalt. Wie 1
es die §§ 59, 115 und 124 GVG, denen der § 101 entspricht, für die Kollegialgerichte der Zivil- und Strafrechtspflege vorsehen, ist der AGH mit einem Präsidenten sowie der erforderlichen Anzahl von weiteren Vorsitzenden und anderen richterlichen Mitgliedern besetzt. Für die Ausgestaltung des AGH sind zwei Gesichtspunkte bestimmend: einmal die Notwendigkeit, den AGH als ein staatliches Gericht zu bilden, und zum anderen das Bedürfnis, die Anwaltschaft an der Rechtsprechung in Anwaltssachen angemessen zu beteiligen. Deshalb wird in Abs. 1 vorgesehen, dass die Richter des AGH zum Teil aus der Zahl der Berufsrichter und zum Teil aus den Reihen der Anwaltschaft zu entnehmen sind (BT-Drs. 3/120, 95 zu § 114). Die **Mitwirkung von Berufsrichtern** rechtfertigt sich auch aus dem Gesichtspunkt, dass diese aufgrund ihrer ständigen Zusammenarbeit mit Rechtsanwälten wertvolle Erfahrungen in die Entscheidung über berufsrechtliche Sachverhalte von Anwälten einbringen können. Durch ihre Mitwirkung werden anwaltsgerichtliche Verfahren transparenter; dem eventuell entstehenden Eindruck der „Kameraderie“ bei den Entscheidungen der Anwaltsgerichtshöfe und des BGH in Anwaltssachen kann so wirksam vorgebeugt werden. Die gesamtgesellschaftliche Akzeptanz der Entscheidungen wird durch Ermöglichung einer Beurteilung anwaltlichen Verhaltens durch Externe wachsen (amtliche Begründung zur Ermöglichung der Mitwirkungsmöglichkeit von Anwälten an Richterdienstgerichten, BT-Drs. 15/1471, 6). Aus entsprechenden Gründen wurde mit Gesetz vom 7.6.2004 (BGBl. I S. 1054) in § 77 Abs. 4 DRiG den Ländern die Möglichkeit eröffnet, die Mitwirkung von Rechtsanwälten als ehrenamtliche Richter am Richterdienstgericht zu bestimmen. Zuständig

für die Besetzung des Anwaltsgerichtshofs ist die Landesjustizverwaltung. Diese ernennt die berufsrichterlichen und anwaltlichen Mitglieder des AGH (→ § 102 Rn. 1 ff.; → § 103 Rn. 1 ff.).

2 **2. Auswahl des Präsidenten und der Vorsitzenden.** Den Präsidenten und die Vorsitzenden der Senate wählt die Landesjustizverwaltung aus den von ihr zu ernennenden anwaltlichen Mitgliedern des AGH aus (Abs. 3). Diese Ausnahme von dem Grundsatz des § 28 Abs. 2 DRiG, dass Vorsitzender eines staatlichen Gerichts stets ein Berufsrichter sein muss, wurde durch § 123 DRiG für die Anwaltsgerichte und Anwaltsgerichtshöfe gestattet; sie sollte erhalten bleiben, weil der Rechtsanwalt ein Organ der Rechtspflege (§ 1) ist und die Befähigung zum Richteramt (§ 4) besitzt (BVerfGE 48, 300 = NJW 1978, 1795). Dass der Präsident und die die Verhandlung leitenden Vorsitzenden auch nach der Zulassung von Rechtsanwälten, die nicht die Befähigung zum Richteramt haben (→ § 4 Rn. 1 ff.), weiterhin die Befähigung zum Richteramt haben und auch die Mehrheit der Spruchkörper aus Personen mit Befähigung zum Richteramt besteht, wird durch den mit Gesetz vom 6.7.1990 (BGBl. I S. 1349) in Abs. 1 neu eingefügten S. 2 sichergestellt (amtliche Begründung, BT-Drs. 11/6154, 22). Danach müssen der Präsident und die weiteren Vorsitzenden die Befähigung zum Richteramt haben (vgl. § 214 Abs. 2). Zur weiteren Begründung dieser Neuregelung → § 93 Rn. 1 ff. Im Falle der Verhinderung des Vorsitzenden wird als Vertreter ein anwaltliches Mitglied tätig, für das ebenfalls Abs. 1 S. 2 gilt. Nach Art. 21 Abs. 6 Gesetz vom 2.9.1994 (BGBl. I S. 2278) war § 101 Abs. 1 S. 2 in den neuen Bundesländern nicht anzuwenden (verfassungsrechtlich unbedenklich, BGH BeckRS 2002, 04840 unter II 1a (2)). Nunmehr gilt § 214 Abs. 2 (→ § 92 Rn. 4 ff.; → § 93 Rn. 1 ff.; → § 214 Rn. 7). Vor der Ernennung des Präsidenten des AGH und der Vorsitzenden der Senate sind die Vorstände der beteiligten Rechtsanwaltskammern zu hören (§ 101 Abs. 3 S. 2 iVm § 93 Abs. 2). Die Anzahl der Vorsitzenden, in die der Präsident als Vorsitzender eines Senates einzubeziehen ist, bestimmt sich wie die Anzahl der weiteren Mitglieder nach der Zahl der gebildeten Senate (Abs. 2 S. 1).

3 **3. Die Beisitzer.** Bei den sonstigen Mitgliedern des Anwaltsgerichtshofs ist zwischen den berufsrichterlichen (§ 102) und anwaltlichen Mitgliedern (§ 103) strikt zu unterscheiden (BGH NJW 1966, 1084, 1085; BGHSt 28, 183, 185 f.). Neben dem Vorsitzenden, der Anwalt ist (Abs. 3), wirken immer zwei anwaltliche Mitglieder (→ § 93 Rn. 2) und zwei Berufsrichter als Beisitzer mit (§ 104). Das bedeutet, dass immer eine Hälfte der Beisitzer Berufsrichter und die andere Hälfte Rechtsanwälte sein müssen. Die Bestellung von Berufsrichtern zu Mitgliedern des Anwaltsgerichtshofs ist ein Moment der Sicherung der Unabhängigkeit des AGH (→ § 100 Rn. 5). Inwieweit eine Überbesetzung des Senates über die Mindestbesetzung nach § 104 zulässig ist und dass dies für die Gruppen der Rechtsanwälte und der Berufsrichter innerhalb der Senate getrennt voneinander zu prüfen ist vgl. BGH NJW 1966, 1084, 1085; BGHSt 28, 183, 186; → § 104 Rn. 4 ff.

4 **4. Anzahl der Senate.** Über die Zahl der Senate kann eine starre gesetzliche Regelung nicht getroffen werden, da die Verhältnisse sehr verschieden gelagert sein können. Die Anzahl der Senate bemisst sich in erster Linie nach dem Bedarf (→ § 92 Rn. 1 ff.). Jedoch muss im Hinblick auf § 103 Abs. 4 (→ § 103 Rn. 14) und auf §§ 116 S. 2, 146 Abs. 3 iVm § 354 Abs. 2 StPO, wenn in einem Lande nur ein AGH besteht, dieser wenigstens zwei Senate haben (BGH NJW 1966, 1084; → § 146 Rn. 8). Die Bildung weiterer Senate bei dem AGH als einem staatlichen Gericht wird der Landesjustizverwaltung vorbehalten; die Beteiligung der Anwaltschaft wird durch die Verpflichtung, den Vorstand der RAK vorher zu hören, sichergestellt (BT-Drs. 3/120, 95 zu § 114).

II. Der Präsident des Anwaltsgerichtshofs als Behördenleiter

5 Der Präsident des AGH ist der Behördenleiter des AGH und Dienstvorgesetzter. Er führt die Dienstaufsicht über die Geschäftsstelle des AGH.

§ 102 Bestellung von Berufsrichtern zu Mitgliedern des Anwaltsgerichtshofes

(1) [1] **Die Mitglieder des Anwaltsgerichtshofes, die Berufsrichter sind, werden von der Landesjustizverwaltung aus der Zahl der ständigen Mitglieder des Oberlandesgerichts für die Dauer von fünf Jahren bestellt.** [2] **In den Fällen des § 100 Abs. 2 können die**

Berufsrichter auch aus der Zahl der ständigen Mitglieder der anderen Oberlandesgerichte oder des obersten Landesgerichts bestellt werden.

(2) **Die Mitglieder eines gemeinsamen Anwaltsgerichtshofes, die Berufsrichter sind, werden aus der Zahl der ständigen Mitglieder der Oberlandesgerichte der beteiligten Länder nach Maßgabe der von den Ländern getroffenen Vereinbarung (§ 100 Abs. 4) bestellt.**

I. Auswahl der Berufsrichter

Die berufsrichterlichen Mitglieder des AGH (§ 101 Abs. 1, § 104) dürfen nur aus dem Kreis 1 der ständigen Mitglieder des OLG berufen werden. Nur vorübergehend beim OLG tätige Hilfsrichter dürfen nicht an den AGH abgeordnet werden (BT-Drs. 3/120, 95 zu § 115). Nach § 3 Abs. 3 des RpflAnpG vom 26.6.1992 (BGBl. I S. 1147), zuletzt geändert durch Art. 1 des Gesetzes vom 20.12.1996 (BGBl. I S. 2090) konnten abweichend von § 102 Abs. 1 S. 1 in den neuen Bundesländern bis zum Ablauf des 31.12.1996 zu berufsrichterlichen Mitgliedern des AGH neben den ständigen Mitgliedern des OLG auch andere Richter für die Dauer von (damals) vier Jahren bestellt werden. Es dürfen in dem Fall des § 100 Abs. 2 (→ § 100 Rn. 7, 8) die Berufsrichter auch aus der Zahl der ständigen Mitglieder der anderen Oberlandesgerichte oder des Obersten Landesgerichts bestellt werden (Abs. 1 S. 2). Das Nähere kann die Landesregierung in der Rechtsverordnung regeln, zu der sie nach § 100 Abs. 2 ermächtigt ist (BT-Drs. 3/120, 95 zu § 115). Die berufsrichterlichen Mitglieder eines gemeinsamen AGH (§ 100 Abs. 4) werden aus der Zahl der ständigen Mitglieder der Oberlandesgerichte der beteiligten Länder nach Maßgabe der von den Ländern getroffenen Vereinbarung (§ 100 Abs. 4) bestellt (Abs. 2). Im Übrigen lässt die Bestimmung den Ländern freie Hand, damit ihre Vereinbarung den besonderen Verhältnissen und Bedürfnissen angepasst werden kann. Den Ländern steht es zB frei, in ihrer Vereinbarung einen besonderen Schlüssel oder einen Turnus festzulegen, in dem Richter der einzelnen Oberlandesgerichte zu Mitgliedern des gemeinsamen AGH bestellt werden. Allerdings muss die gesetzlich festgelegte **Dauer von fünf Jahren,** für welche die einzelnen Mitglieder des AGH berufen sind (§ 102 Abs. 1 S. 1), eingehalten werden (vgl. BT-Drs. 3/120, 95 zu § 115).

II. Ernennung

Die Ernennung der Berufsrichter zu Mitgliedern des AGH erfolgt durch die Landesjustiz- 2 verwaltung für die Dauer von nunmehr **fünf Jahren.** Sie können nach Ablauf ihrer Amtszeit erneut berufen werden (BT-Drs. 3/120, 95 zu § 115). Die Ernennung erfolgt durch Aushändigung einer entsprechenden **Urkunde.** Das Bestellungsverfahren richtet sich nach den entsprechenden landesrechtlichen Vorschriften. Ein Anhörungsrecht besteht weder für die Vorstände der beteiligten Rechtsanwaltskammern noch für den Präsidenten des AGH. Im Hinblick auf das Erfordernis einer guten Zusammenarbeit aller Mitglieder des AGH für dessen Funktionstüchtigkeit sollte jedoch wenigstens dem Präsidenten des AGH (§ 101 Abs. 1 und 3) ein vorheriges Anhörungsrecht eingeräumt werden (*Isele* § 102 Anm. III C). Die Landesjustizverwaltung kann ihre Zuständigkeit nach § 33 Abs. 2 S. 2, 3 übertragen (so in NRW durch § 2 BRAOAusfV vom 22.4.2008, GVBl. S. 378, auf den Präsidenten des OLG Hamm).

III. Stellung der bestellten Berufsrichter

1. Berufsrichterliche Tätigkeit. Die zu Mitgliedern des AGH bestellten Berufsrichter blei- 3 ben auch bei der **Ausübung dieses richterlichen Nebenamtes** Berufsrichter; hinsichtlich der Mitglieder des AGH ist strikt zwischen den anwaltlichen (§ 103) und berufsrichterlichen Mitgliedern (§ 102) zu unterscheiden (BGHSt 28, 183 = NJW 1979, 2256; BGH NJW 1966, 1084). Nur für die anwaltlichen Mitglieder des AGH wird durch § 103 Abs. 2 S. 1 bestimmt, dass sie nach § 95 Abs. 1 S. 1 ehrenamtliche Richter sind. Für die berufsrichterlichen Mitglieder des AGH fehlt in § 102 eine entsprechende Verweisung auf § 95 Abs. 1 S. 1. Auf die Berufsrichter finden die Bestimmungen des DRiG und der Landesrichtergesetze unmittelbar Anwendung (*Isele* § 102 Anm. VI B). Auch bei ihrer Tätigkeit am AGH können sie im Einzelfall ausgeschlossen bzw. wegen Besorgnis der Befangenheit abgelehnt werden (§§ 41 ff. ZPO; § 54 VwGO; §§ 22 ff. StPO; → § 95 Rn. 46).

4 **2. Übernahmepflicht.** Der Berufsrichter ist nach § 42 DRiG zur Übernahme des Nebenamtes als berufsrichterliches Mitglied des AGH verpflichtet; es handelt sich dabei um die Übertragung eines weiteren Richteramtes bei einem anderen Gericht iSd § 27 Abs. 2 DRiG (richterliches Nebenamt, vgl. BGH NJW-RR 2009, 1578, 1579), dessen Wahrnehmung allerdings die Tätigkeit im Hauptamt nicht unangemessen beeinträchtigen darf. Die Übertragung des weiteren Richteramtes bedarf nur dann als Eingriff in die persönliche Unabhängigkeit der Zustimmung des Richters, wenn sie einer Versetzung gleichkommt. Das wäre dann der Fall, wenn auf das weitere Richteramt beim AGH mehr als die Hälfte der Arbeitskraft des Richters entfallen würde (BGH NJW 1977, 248; *Schmidt-Räntsch* DRiG § 27 Rn. 22, DRiG § 42 Rn. 9).

5 **3. Gleichberechtigung aller Richter.** Obwohl zwischen den anwaltlichen und berufsrichterlichen Mitgliedern des AGH strikt zu unterscheiden ist, sind diese bei ihrer richterlichen Tätigkeit **absolut gleichberechtigt** und gleichwertig (BVerfGE 26, 186 = NJW 1969, 2192; *Isele* § 102 Anm. X).

IV. Wechsel des Berufsrichters zu einem anderen Gericht

6 Wird ein ordnungsgemäß berufenes richterliches Mitglied des AGH von dem OLG weg zu einem anderen Gericht desselben Landes, in dem der AGH errichtet ist, in ein anderes richterliches Hauptamt berufen, dann ändert dies nichts an seinem Status als Mitglied des AGH. Die Besetzungsvoraussetzungen der §§ 101, 102 wären lediglich dann nicht eingehalten, wenn das berufsrichterliche Mitglied des AGH den für die Mitwirkung im AGH erforderlichen Status als Berufsrichter verloren hätte. Bleibt das berufsrichterliche Mitglied des AGH auch nach Verlassen des OLG (§ 100 Abs. 1) Berufsrichter, so dass dieser nur sein Amt als Berufsrichter am OLG, nicht hingegen seinen Status verändert, dann ändert dies nichts an seinem Status als Mitglied des AGH (BGH NJW-RR 2009, 1578, 1579).

§ 103 Ernennung von Rechtsanwälten zu Mitgliedern des Anwaltsgerichtshofes

(1) **Diejenigen Mitglieder des Anwaltsgerichtshofes, die Rechtsanwälte sind, werden von der Landesjustizverwaltung für die Dauer von fünf Jahren ernannt.**

(2) **Für die Ernennung von Rechtsanwälten zu Mitgliedern des Anwaltsgerichtshofes und für die Stellung der anwaltlichen Mitglieder des Anwaltsgerichtshofes gelten die §§ 94 und 95 Abs. 1 entsprechend.**

(3) **Für das Ende des Amtes eines Mitglieds des Anwaltsgerichtshofes gilt § 95 Abs. 1a Satz 1 und 2 entsprechend mit der Maßgabe, dass keine Mitgliedschaft mehr in einer der Rechtsanwaltskammern im Bezirk der Oberlandesgerichte besteht, für deren Bezirke der Anwaltsgerichtshof errichtet ist.**

(4) **Für die Amtsenthebung und die Entlassung aus dem Amt ist § 95 Abs. 1a Satz 3, Abs. 2 und 3 mit der Maßgabe anzuwenden, dass über die Amtsenthebung ein Senat des Anwaltsgerichtshofes entscheidet, dem der ehrenamtliche Richter nicht angehört.**

(5) [1]**In den Fällen des § 61 und des § 100 Abs. 2 soll die jeweilige Zahl der anwaltlichen Mitglieder verhältnismäßig der Mitgliederzahl der einzelnen Rechtsanwaltskammern entsprechen.** [2]**Die Mitglieder eines gemeinsamen Anwaltsgerichtshofes, die Rechtsanwälte sind, werden aus den Mitgliedern der in den beteiligten Ländern bestehenden Rechtsanwaltskammern nach Maßgabe der von den Ländern getroffenen Vereinbarung (§ 100 Abs. 4) ernannt.**

(6) [1]**Die anwaltlichen Mitglieder erhalten aus der Staatskasse für den mit ihrer Tätigkeit verbundenen Aufwand eine Entschädigung, die sich auf das Eineinhalbfache des in Nummer 7005 der Anlage 1 zum Rechtsanwaltsvergütungsgesetz genannten höchsten Betrages beläuft.** [2]**Außerdem haben die anwaltlichen Mitglieder Anspruch auf Ersatz ihrer Fahrt- und Übernachtungskosten nach Maßgabe der Nummern 7003, 7004 und 7006 der Anlage 1 zum Rechtsanwaltsvergütungsgesetz.**

Übersicht

I. Allgemeines

Die Vorschrift regelt die Ernennung und die Rechtsstellung der Mitglieder des Anwaltsgerichtshofs, die aus den Reihen der Rechtsanwälte entnommen werden (§ 101 Abs. 1). Um eine übersichtliche Regelung zu erreichen, wurde mit dem Gesetz vom 26.3.2007 (BGBl. I S. 358) der bisherige Abs. 2 durch die neuen Abs. 2–4 ersetzt und die bisherigen Abs. 3 und 4 zu den Abs. 5 und 6 bestimmt. Der Abs. 2 bestimmt dabei die grundlegenden Regeln für die Ernennung von Rechtsanwälten zu Mitgliedern des Anwaltsgerichtshofs. Der Abs. 3 beinhaltet die Bestimmungen zur Beendigung des Amtes eines Mitglieds des AGH und der Abs. 4 regelt die Amtsenthebung und die Entlassung aus dem Amt. Mit Gesetz vom 30.7.2009 (BGBl. I S. 2449) wurde die Neuregelung des § 95 Abs. 1a (→ § 95 Rn. 19–31) für den Bereich des AGH übernommen (Abs. 3 und 4 nF). 1

II. Ernennung der anwaltlichen Mitglieder (Abs. 1 und 2)

1. Inkompatibilität und Amtszeit. Die anwaltlichen Mitglieder des AGH (§§ 101 Abs. 1, 104 S. 2), die nicht gleichzeitig dem Anwaltsgericht, dem Senat für Anwaltssachen beim BGH, dem Vorstand der RAK, der BRAK (gemeint ist Präsidium, → § 94 Rn. 6) oder der Satzungsversammlung angehören dürfen und auch nicht bei der RAK, der BRAK oder der Satzungsversammlung im Haupt- oder Nebenberuf tätig sein dürfen (§§ 103 Abs. 4 S. 1, 108 Abs. 1 S. 2, 109 Abs. 2 iVm §§ 94 Abs. 3 S. 2, 95 Abs. 1a; → § 94 Rn. 5–10; → § 95 Rn. 19–31), werden auf die **Dauer von fünf Jahren** von der Landesjustizverwaltung ernannt. Nach Ablauf ihrer Amtszeit können sie wieder berufen werden (Abs. 2 S. 1 iVm § 94 Abs. 4; → § 94 Rn. 11 ff.). Die früher nur vierjährige Amtszeit (vgl. 6. Aufl. § 103 Rn. 1) wurde durch Art. 4 Nr. 3 des Gesetzes vom 21.12.2004 (BGBl. I S. 3599) auf fünf Jahre verlängert (vgl. auch die entsprechenden Änderungen zu §§ 94 Abs. 4, 102, 107 Abs. 1 und 2). 2

2. Bestimmung der Zahl der anwaltlichen Mitglieder. a) Anzahl. Die Zahl der zu ernennenden anwaltlichen Mitglieder des AGH orientiert sich an der Zahl der gebildeten Senate (→ § 101 Rn. 4) und die Landesjustizverwaltung bestimmt, welche Zahl von Mitgliedern erforderlich ist, wobei sie zuvor den Vorstand der RAK zu hören hat (Abs. 2 S. 1 iVm § 94 Abs. 2 S. 3; → § 94 Rn. 11 ff.; → § 109 Rn. 10). 3

b) Beteiligung mehrerer Rechtsanwaltskammern. Bestehen in dem Bezirk des OLG zwei Rechtsanwaltskammern (§ 61) oder bestehen in einem Land mehrere Oberlandesgerichte und hat die Landesregierung nach § 100 Abs. 2 bestimmt, dass der AGH für die Bezirke aller oder mehrerer Oberlandesgerichte bei einem oder einigen der Oberlandesgerichte oder bei dem obersten Landesgericht errichtet wird, dann soll die jeweilige Zahl der anwaltlichen Mitglieder verhältnismäßig der Mitgliederzahl der einzelnen Rechtsanwaltskammern entsprechen. Es han- 4 delt sich um eine Sollvorschrift, von der aber nicht ohne zwingenden Grund abgewichen werden sollte.

5 **3. Auswahl der anwaltlichen Mitglieder.** Es können nur solche Rechtsanwälte zu ehrenamtlichen Richtern des Anwaltsgerichtshofs ernannt werden, die einer RAK angehören, für die der AGH zuständig ist (Abs. 2 S. 1 iVm § 94 Abs. 1 S. 2).

6 **a) Bei einem gemeinsamen AGH.** Die anwaltlichen Mitglieder eines gemeinsamen AGH (§ 100 Abs. 4) werden nach **Abs. 5 S. 2** aus den Mitgliedern der in den beteiligten Ländern bestehenden Rechtsanwaltskammern entsprechend der von den Ländern getroffenen Vereinbarung (§ 100 Abs. 4) ernannt. Auch hier wird, um den Ländern für ihre Vereinbarung genügend Spielraum zu lassen, kein Verhältnis festgelegt, in dem die einzelnen Rechtsanwaltskammern zu berücksichtigen sind.

7 Für den Fall, dass durch Ländervereinbarung die Aufgaben des AGH eines Landes diesem auch für das Gebiet eines anderen Landes übertragen werden (§ 100 Abs. 3), also nicht die Errichtung eines gemeinsamen AGH nach § 100 Abs. 4 vereinbart wurde, beinhaltet § 103 keine besondere Regelung, so dass die anwaltlichen Mitglieder des AGH nur aus den Rechtsanwaltskammern des Landes berufen werden können, in dem der AGH gebildet ist und für die er zuständig ist (Abs. 3 S. 1 iVm § 94 Abs. 1, § 100 Abs. 2). Aus dem Gebiet des anderen Landes können keine Rechtsanwälte berufen werden (*Isele* § 103 Anm. III C 3).

8 **b) Befähigung und Rechtsstellung.** Für die Befähigung zum Amt des ehrenamtlichen Richters am AGH gilt nach Abs. 2 S. 1 die Regelung des § 94 Abs. 1 S. 1, Abs. 3 entsprechend (→ § 94 Rn. 1–10). Die anwaltlichen Mitglieder sind **echte Richter** und werden wie die Berufsrichter in ein öffentlich-rechtliches Richterverhältnis zum Staate berufen. Deshalb kann das Amt eines Beisitzers im AGH nur durch einen staatlichen Akt verliehen werden. Für die Rechtsstellung der anwaltlichen Mitglieder im AGH gilt im Einzelnen dasselbe, was zur Rechtsstellung der Mitglieder im AnwG in → § 95 Rn. 1 ff. ausgeführt ist (vgl. BT-Drs. 3/120, 95 zu § 116).

9 **c) Vorschlagsliste.** Für die Vorschlagsliste, für deren Erstellung in den Fällen in → § 103 Rn. 3 und 4 die beteiligten Rechtsanwaltskammern verantwortlich sind, gilt nach Abs. 2 S. 1 die Regelung des § 94 Abs. 2 (→ § 94 Rn. 12 ff.). Auch hier hat die Vorschlagsliste nicht den Charakter endgültiger und ausschließlicher Vorschläge, aus denen in jedem Fall die erforderlichen Ernennungen vorgenommen werden müssen. Die Landesjustizverwaltung hat vielmehr das Recht notfalls – dh falls die ursprüngliche Liste nicht genügend geeignete Richter enthält (→ § 94 Rn. 13, 14a, 14b) – eine Ergänzungsliste zu verlangen (BVerfGE 26, 186 = NJW 1969, 2192; → § 94 Rn. 11 – 13). Im Hinblick darauf, dass der AGH in großem Umfang über Anträge gegen Bescheide und Verfügungen der Landesjustizverwaltung zu entscheiden hat (§§ 112a ff.), erscheint es geboten, die Inkompatibilitätsregelung des § 22 Nr. 1 VwGO sinngemäß heranzuziehen (§ 112c) und keine Mitglieder des Bundestages, der gesetzgebenden Körperschaften eines Landes, der Bundesregierung oder der Landesregierung in die Vorschlagsliste aufzunehmen und zum Mitglied des AGH zu ernennen.

10 **d) Form der Ernennung.** Die Form der Ernennung durch die Landesjustizverwaltung und die Rechtsstellung des ehrenamtlichen Richters bestimmt sich nach dem DRiG und den Landesrichtergesetzen (Abs. 2 S. 1 iVm § 95 Abs. 1; → § 94 Rn. 15 ff.; → § 95 Rn. 8). Die Landesjustizverwaltung kann ihre Zuständigkeit nach § 33 Abs. 2 S. 2, 3 übertragen (so in NRW durch § 2 BRAOAusfV vom 22.4.2008, GVBl. S. 378, auf den Präsidenten des OLG Hamm). Nach § 123 S. 2 DRiG kann die Landesjustizverwaltung das Gericht bestimmen, vor dem Rechtsanwälte, die Vorsitzende eines Senats des AGH sind, auf ihr Amt verpflichtet werden (so etwa durch Ziff. 3.2. AV-BRAO des JM NRW vom 1.2.2011, JMBl. NRW S. 30: vor einem Senat des OLG Hamm). Die **Vereidigung von Rechtsanwälten,** die als Beisitzer eines Senats des AGH tätig werden, erfolgt durch den Vorsitzenden des Senates, in dem sie mitwirken (*Schmidt-Räntsch* DRiG § 123 Rn. 3; im Übrigen → § 95 Rn. 2–4).

10a Zu den Erfordernissen gehört **nicht die Deutsche Staatsangehörigkeit.** Da ein Rechtsanwalt nicht Deutscher zu sein braucht, scheidet ein solches Erfordernis auch hier aus (näher → § 94 Rn. 10a). Das Fehlen der Deutschen Staatsangehörigkeit ist deshalb kein Hinderungsgrund für eine Ernennung.

III. Amtsbeendigung kraft Gesetzes (Abs. 3)

Durch das Gesetz zur Stärkung der Selbstverwaltung der Rechtsanwaltschaft vom 26.3.2007 (BGBl. I S. 358) wurde S. 3 des bisherigen Abs. 2 als neuer Abs. 3 eingefügt und neu gefasst. Mit Gesetz vom 30.7.2009 (BGBl. I S. 2449) wurde Abs. 3 erneut neu gefasst. Die Neufassungen vollzogen für die anwaltlichen Mitglieder des AGH die Änderungen nach, die in § 95 für die Mitglieder des Anwaltsgerichts getroffen wurden (→ § 95 Rn. 19–31). 11

Bei Vorliegen der Voraussetzungen des § 95 Abs. 1a endet das Amt eines Mitglieds des Anwaltsgerichtshofs kraft Gesetzes. Es gelten im Wesentlichen die zu → § 95 Rn. 19 ff. angeführten Grundsätze. Soweit nach § 95 Abs. 1a S. 1 das Amt eines Mitglieds des Anwaltsgerichts endet, sobald die Mitgliedschaft in der RAK endet, für deren Bezirk das Anwaltsgericht gebildet ist (→ § 95 Rn. 23), muss bei dessen entsprechender Anwendung berücksichtigt werden, dass der AGH regelmäßig für mehrere Kammerbezirke errichtet ist. Folglich endet das Amt eines Mitglieds des AGH über § 103 Abs. 3 iVm § 95 Abs. 1a S. 1 nur dann, wenn keine Mitgliedschaft des Mitglieds des AGH mehr in einer der Rechtsanwaltskammern im Bezirk der Oberlandesgerichte besteht, für deren Bezirke der AGH errichtet ist. 12

Nach der Verweisung in Abs. 3 S. 2 auf § 95 Abs. 1 lit. a S. 2 gelten auch hier die entsprechenden **Anzeigepflichten** (→ § 95 Rn. 29). 13

IV. Amtsenthebung und Entlassung aus dem Amt (Abs. 4)

Nach dem 2007 neu eingefügten und 2009 abgeänderten Abs. 4 sind für die Amtsenthebung und die Entlassung aus dem Amt § 95 Abs. 1 lit. a S. 3, 2 und 3 mit der Maßgabe anzuwenden, dass über die Amtsenthebung ein Senat des Anwaltsgerichtshofs entscheidet, dem der ehrenamtliche Richter nicht angehört. Die zu → § 95 Rn. 32–45 gemachten Ausführungen gelten entsprechend. Auf sie wird Bezug genommen. 14

V. Ausschließung und Besorgnis der Befangenheit

Für die Ausschließung und Besorgnis der Befangenheit eines Richters **im Einzelfall** gelten auch hier die §§ 41 ff. ZPO, § 54 VwGO, §§ 22 ff. StPO entsprechend (→ § 95 Rn. 46). Die Ablehnung aller ehrenamtlichen Richter des AGH bzw. des erkennenden Senats ist rechtsmissbräuchlich und damit unzulässig (BGH BRAK-Mitt. 2008, 171). 15

VI. Aufwandsentschädigung, Übernachtungskosten (Abs. 6)

1. Grundsatz. § 103 Abs. 6, vormals Abs. 4, wurde im Zuge der Aufhebung der BRAGO und deren Ersetzung durch das Rechtsanwaltsvergütungsgesetz (RVG) mit Gesetz vom 5.5.2004 (BGBl. I S. 718, 788, 834) geändert und die entsprechenden Bestimmungen des RVG für anwendbar erklärt. Anders als die Mitglieder des Anwaltsgerichts erhalten die anwaltlichen Mitglieder des AGH keine Entschädigung von der RAK (§§ 89 Abs. 2 Nr. 5, 95 Abs. 1 S. 3), sondern sie erhalten aus der Staatskasse eine Entschädigung, die sich auf das 1½-fache des in VV 7005 RVG (Vergütungsverzeichnis) genannten höchsten Betrages beläuft. Ferner haben sie Anspruch auf die in den VV 7003, 7004 und 7006 RVG bestimmten Beträge, insbesondere auf Ersatz ihrer Übernachtungskosten. Nach Maßgabe der Vorschriften sollen die Fahrt- und Übernachtungskosten weiterhin neben der pauschalen Aufwandsentschädigung erstattungsfähig sein. 16

Die anwendbaren Regelungen der **Anlage 1 zum RVG** lauten: 17

VV 7003	Fahrtkosten für eine Geschäftsreise bei Benutzung eines eigenen Kraftfahrzeugs für jeden gefahrenen Kilometer Mit den Fahrtkosten sind die Anschaffungs-, Unterhaltungs- und Betriebskosten sowie die Abnutzung des Kraftfahrzeugs abgegolten.	0,30 Euro
VV 7004	Fahrtkosten für eine Geschäftsreise bei Benutzung eines anderen Verkehrsmittels, soweit sie angemessen sind	in voller Höhe
VV 7005	Tage- und Abwesenheitsgeld bei einer Geschäftsreise	
	1. von nicht mehr als vier Stunden	20,00 Euro
	2. von mehr als vier bis acht Stunden	35,00 Euro
	3. von mehr als acht Stunden	60,00 Euro
	Bei Auslandsreisen kann zu diesen Beträgen ein Zuschlag von 50 % berechnet werden.	
VV 7006	Sonstige Auslagen anlässlich einer Geschäftsreise, soweit sie angemessen sind	in voller Höhe.

18 **2. Zweck.** Zweck des Tage- und Abwesenheitsgeldes (VV 7005 RVG) ist es, die Mehrausgaben, die durch die Reisen entstehen, welche durch die Tätigkeit als Mitglied des AGH bedingt sind, pauschal abzugelten. Zu den pauschal abzugeltenden Mehrausgaben gehören insbesondere Verpflegung, inklusive Hotelfrühstück. Im Hinblick auf die Pauschalregelung, die eine vereinfachte Handhabung erreichen soll, kann der Rechtsanwalt höhere Auslagen auch dann nicht fordern, wenn er sie im Einzelnen belegen kann (Riedel/Sußbauer/*Ahlmann,* 10. Aufl. 2015, VV 7005 Rn. 15; Hartung/Römermann/Schons/*Hartung* VV 7003–7006 Rn. 15). Das Tage- und Abwesenheitsgeld ist nicht nur für jeden Sitzungstag, sondern auch für die Reisetage zu gewähren.

19 Für die Feststellung der Reisedauer sind die Begriffsbestimmungen des Reisekostenrechts für Bundesbeamte nicht entsprechend heranzuziehen. Die Reisedauer bemisst sich nach dem Sprachgebrauch, danach wird die „Geschäftsreise" mit dem Verlassen der Kanzlei bzw. der Wohnung des Rechtsanwalts begonnen und mit dem Wiederbetreten der Kanzlei bzw. Wohnung beendet. Eine „Geschäftsreise" liegt auch hier entsprechend der nunmehr eindeutigen Legaldefinition der Vorbemerkung 7 Abs. 2 VV RVG (entsprechend dem bisherigen § 28 Abs. 1 S. 2 BRAGO) vor, „wenn das Reiseziel außerhalb der Gemeinde liegt, in der sich die Kanzlei oder die Wohnung des Rechtsanwalts befindet". Gleichgültig ist dabei, welches Verkehrsmittel der Rechtsanwalt benutzt hat (Riedel/Sußbauer/*Ahlmann,* 10. Aufl. 2015, VV 7004 Rn. 11).

20 **3. Übernachtungskosten.** Zu den sonstigen Auslagen nach VV 7006 RVG gehören die angemessenen Übernachtungskosten (Hartung/Römermann/Schons/*Hartung* VV 7003–7006 RVG Rn. 16). Nach Abs. 4 S. 2 hat der Rechtsanwalt Anspruch auf Entschädigung für Übernachtung, aber nur, wenn er auswärts übernachtet hat, ihm dadurch Kosten erwachsen sind und die Übernachtung erforderlich war. War die Rückreise noch an demselben Tag zumutbar, hat er keinen Anspruch auf Übernachtungskosten. Übernachtet er bei Freunden oder Verwandten, die ihm dafür nichts berechnen, besteht kein Anspruch auf Übernachtungsauslagen; eine pauschale Abgeltung wie für Beamte gibt es nicht (Riedel/Sußbauer/*Ahlmann,* 10. Aufl. 2015, VV 7006 Rn. 19). Die Übernachtungskosten sind im Rahmen des Üblichen und Angemessenen in der tatsächlich entstandenen Höhe zu ersetzen. Ersetzbar sind auch die üblichen Trinkgelder, selbst dann, wenn die Übernachtung zum Beispiel bei Freunden selbst kostenlos blieb, aber der Hausangestellten ein Trinkgeld gegeben wurde. Die Frühstückskosten sind aus dem Tage- und Abwesenheitsgeld zu bezahlen. Sind sie nicht in der Hotelrechnung ausdrücklich ausgewiesen, dürften 10% der Pauschale des Tagegeldes abzuziehen sein (Riedel/Sußbauer/*Ahlmann,* 10. Aufl. 2015, VV 7006 Rn. 18).

21 **4. Wegeentschädigung.** Die Wegeentschädigung (Abs. 4 S. 2 iVm VV 7003 und 7004 RVG, früher § 28 Abs. 2 BRAGO) hängt ab von dem benutzten Verkehrsmittel. Das anwaltliche Mitglied des AGH ist bei der Wahl des Verkehrsmittels **frei.** Er muss nicht das billigste benutzen (*Isele* § 103 Anm. XIV D 2a; Hartung/Römermann/Schons/*Hartung* VV 7003–7006 RVG Rn. 7).

22 **a) Benutzung eines Kraftfahrzeugs.** Benutzt der Rechtsanwalt ein Kraftfahrzeug, erhält er Kilometergeld in Höhe von 0,30 Euro für jeden angefangenen Kilometer des Hin- und Rückwegs, unabhängig von den tatsächlichen Anschaffungs-, Unterhaltungs- und Betriebskosten sowie der tatsächlichen Abnutzung des Fahrzeugs. Die Kilometerentfernung rechnet von der Wohnung bzw. Kanzlei des Rechtsanwalts bis zu dem Ort, wo er seine richterliche Tätigkeit ausübt und zurück. Dabei ist der übliche, nicht unbedingt der kürzeste Weg zu wählen (Riedel/Sußbauer/*Ahlmann,* 10. Aufl. 2015, VV 7003 Rn. 7). Die mit Gesetz vom 5.5.2004 (BGBl. I S. 718) vorgenommene Erhöhung der Pauschale entspricht der Höhe der Wegstreckenentschädigung, die einem Beamten für eine Dienstreise mit seinem eigenen Kraftfahrzeug, das im überwiegenden dienstlichen Interesse gehalten wird, bei einer Fahrleistung für Dienstzwecke bis 10.000 km im Jahr zu gewähren ist. Sie entspricht ferner dem Betrag, der steuerlich bei der Benutzung privater Kraftfahrzeuge anerkannt wird. Zu den Fahrtkosten gehören neben der Kilometerpauschale auch Auslagen, die mit der Benutzung des eigenen Kraftfahrzeugs verbunden waren, beispielsweise Parkgebühren oder Kosten für die Benutzung einer Autobahn oder einer Fähre.

b) Benutzung anderer Verkehrsmittel. Bei Benutzung anderer Verkehrsmittel werden die tatsächlichen Aufwendungen ersetzt, soweit sie angemessen waren. Unter Berücksichtigung der Stellung des Rechtsanwalts und seiner richterlichen Tätigkeit sind die Kosten der 1. Wagenklasse der Deutschen Bahn AG immer angemessen. Die Kosten für zuschlagspflichtige Züge oder die Mehrkosten für die Benutzung eines Flugzeugs sind zu ersetzen, wenn ein Zeitgewinn erzielt wird, der nicht ganz unerheblich ist (zur Benutzung eines Flugzeugs LG Berlin AnwBl. 1994, 41). Schlafwagen oder Schlafkabinen werden im Rahmen der Üblichkeit und Zweckmäßigkeit ersetzt; ebenso die Kosten für eine Platzkarte. Taxikosten sind bei kürzeren Strecken angemessen, bei weiteren Strecken nur, wenn öffentliche Verkehrsmittel nicht günstiger sind (Hartung/Römermann/Schons/*Hartung* VV 7003–7006 RVG Rn. 11; LG Berlin JurBüro 1999, 526). 23

Die Auslagen für die Beförderung des Gepäcks werden im Rahmen der Angemessenheit vergütet, ebenso die Kosten einer Gepäckversicherung; ferner sind die Kosten einer Flugunfallversicherung als Reiseauslagen erstattungsfähig. Dabei sind Versicherungssummen von je 500.000 Euro für den Todes- bzw. Invaliditätsfall bei einem 43 Jahre alten, verheirateten Rechtsanwalt mit zwei Kindern und einem Jahresumsatz von rund 75.000 Euro nicht unangemessen (OLG Hamm NJW 1973, 2120). Auch die Kosten der Beförderung von der Wohnung bzw. Kanzlei zum Abreisebahnhof oder zum Flugplatz und vom Ankunftsbahnhof bzw. Flugplatz zum Ort der richterlichen Tätigkeit sowie umgekehrt sind erstattungsfähig (Riedel/Sußbauer/*Ahlmann,* 10. Aufl. 2015, VV Teil 7 Rn. 30). Zur steuerrechtlichen Behandlung der Aufwandsentschädigung vgl. *Streck* AnwBl. 2010, 262. 24

§ 104 Besetzung der Senate des Anwaltsgerichtshofes

[1] Die Senate des Anwaltsgerichtshofes entscheiden in der Besetzung von fünf Mitgliedern einschließlich des Vorsitzenden, soweit nicht gesetzlich bestimmt ist, dass anstelle des Senats der Vorsitzende oder der Berichterstatter entscheidet. [2] Als Beisitzer wirken zwei weitere anwaltliche Mitglieder und zwei Berufsrichter mit.

I. Die Senate des Anwaltsgerichtshofs als Kollegialgerichte

Während § 101 die Zusammensetzung des Anwaltsgerichtshofs als Gerichtsanstalt regelt, wird in § 104 bestimmt, wie der einzelne Senat des Anwaltsgerichtshofs als erkennendes Gericht (Spruchkörper) besetzt ist. Die Senate des AGH entscheiden regelmäßig als Kollegialgericht in der **Besetzung von fünf Mitgliedern einschließlich des Vorsitzenden,** der ein Rechtsanwalt ist (§ 101 Abs. 3). Das gilt sowohl für Entscheidungen in der Hauptverhandlung oder der mündlichen Verhandlung durch Beschluss oder Urteil als auch für Beschlüsse außerhalb der mündlichen Verhandlung oder Hauptverhandlung (*Isele* § 104 Anm. II A). Die anwaltlichen und berufsrichterlichen Mitglieder des AGH werden unter Beachtung der Besetzungsbestimmung des § 104 durch die Geschäftsverteilung (§ 105) den einzelnen Senaten zugewiesen. Im Verhinderungsfall wird der Vorsitzende durch ein anwaltliches Mitglied des AGH vertreten (Henssler/Prütting/*Dittmann* § 101 Rn. 6; → Rn. 2 zu § 101). Die anwaltlichen Beisitzer werden durch anwaltliche und die berufsrichterlichen Beisitzer durch berufsrichterliche Mitglieder des AGH vertreten (Henssler/Prütting/*Dittmann* § 104 Rn. 2, 3). Durch die Regelung, dass die Zahl der anwaltlichen Richter die der Berufsrichter um einen übersteigt (→ § 101 Rn. 2, 3), wird der staatliche Charakter des AGH nicht in Frage gestellt, weil auch die anwaltlichen Mitglieder durch die Landesjustizverwaltung zu Richtern bestellt werden (§ 103; BT-Drs. 3/120, 96 zu § 117). 1

Eine Tätigkeit eines einzelnen Mitglieds des AGH, die jedoch keine Sachentscheidung beinhalten kann, ist in anwaltsgerichtlichen Verfahren (§§ 116–161a) nur ausnahmsweise möglich. Nach § 143 Abs. 4 iVm § 137 (§§ 151 Abs. 2, 157 Abs. 3 S. 2, 161a Abs. 2) kann der Senat eines seiner Mitglieder beauftragen, außerhalb der Hauptverhandlung bzw. der mündlichen Verhandlung Zeugen oder Sachverständige zu vernehmen (→ § 99 Rn. 4). 2

Durch Gesetz vom 30.7.2009 (BGBl. I S. 2449), mit dem die Regelung für das gerichtliche Verfahren in verwaltungsrechtlichen Anwaltssachen in den Fünften Teil übernommen wurde (§§ 112a–112f), wurde der Grundsatz der Kollegialentscheidung eingeschränkt für den Fall einer gesetzlichen Bestimmung, „dass anstelle des Senats der Vorsitzende oder der Berichterstatter entscheidet". Dies sind insbesondere die Fälle des § 82 Abs. 2 S. 1 VwGO (Maßnahmen bei 3 regelwidriger Klageschrift) und des § 87a VwGO. Diese Möglichkeit ist auch für verwaltungsrechtliche Anwaltssachen eröffnet (§ 112c; BT-Drs. 16/11385, 40).

II. Überbesetzung

4 § 104 macht einen klaren Unterschied zwischen den einem Senat angehörenden Berufsrichtern und den ihm angehörenden Rechtsanwälten, wenn diese auch während der Dauer ihres Amtes alle Rechte und Pflichten eines Berufsrichters haben (§ 95 Abs. 1 S. 1, § 103 Abs. 2 S. 1). Das bedeutet, dass bei der Beurteilung der Frage, in welchem Maße die Besetzung eines Senats noch als zulässig angesehen werden kann, nicht unterschiedslos auf die Gesamtzahl der Mitglieder des Senats abgestellt werden kann. Vielmehr muss die Frage, welches Maß der Überbesetzung noch hingenommen werden kann, für die Gruppe der Rechtsanwälte und der Berufsrichter getrennt voneinander geprüft und entschieden werden (BGHSt 28, 183 = NJW 1979, 2256; BGH NJW 1966, 1084).

5 Die Rechtsprechung des BVerfG, wonach eine Überbesetzung, die in vermeidbarer Weise die Möglichkeit zum willkürlichen Manipulieren bietet, verfassungswidrig sei, ohne dass es im Einzelfall darauf ankomme, ob Willkür tatsächlich vorliege und dies jedenfalls dann der Fall sei, wenn die Zahl der Mitglieder eines Spruchkörpers es gestattet, dass sie in zwei personell voneinander verschiedenen Sitzungen Recht sprechen oder wenn der Vorsitzende drei Spruchkörper mit je verschiedenen Beisitzern bilden könne (BVerfGE 18, 344, 349, 350 = NJW 1965, 1219), kann somit nicht auf die Besetzung der Senate eines Anwaltsgerichtshofs insgesamt sondern immer nur getrennt auf die Gruppe der Rechtsanwälte und Berufsrichter angewendet werden (BGHSt 28, 183 = NJW 1979, 2256).

6 Wenn einem Senat neben dem Vorsitzenden vier anwaltliche und vier berufsrichterliche Mitglieder angehören, ist dieser folglich nicht in verfassungswidriger Weise überbesetzt. Der Vorsitzende muss bei jeder Spruchgruppe mitwirken und die Zahl der Mitglieder des Senats gestattet es nicht, in zwei personell voneinander verschiedenen Gruppen Recht zu sprechen. Das wäre nur bei der Zuteilung von mindestens sechs Rechtsanwälten möglich (BGHSt 28, 183, 185 = NJW 1979, 2256).

7 Ob eine Überbesetzung unvermeidbar, dh erforderlich ist, um eine geordnete Rechtsprechung zu gewährleisten, hat das Präsidium des Anwaltsgerichtshofs zu entscheiden (§ 105 Abs. 1; § 21e Abs. 1 GVG), und, soweit es um die Bestellung von Richtern in der notwendigen Zahl geht, die Landesjustizverwaltung (§§ 102, 103 Abs. 1). Dieser Problematik kann jedoch durch verfassungskonforme Geschäftsverteilungs- und Mitwirkungspläne (vgl. § 105) weitgehend begegnet werden (BVerfG NJW 1995, 2703; BGH NJW 1993, 1596).

8 Das Revisionsgericht kann nur nachprüfen, ob das Präsidium und die Justizverwaltung den Begriff der Unvermeidbarkeit verkannt oder ob sie eindeutig sachfremd entschieden haben (BVerfGE 18, 344, 350 = NJW 1965, 1219; BGHSt 28, 183 = NJW 1979, 2256).

§ 105 Geschäftsverteilung und Geschäftsordnung

(1) **Für die Geschäftsverteilung bei dem Anwaltsgerichtshof gelten die Vorschriften des Zweiten Titels sowie § 70 Abs. 1 des Gerichtsverfassungsgesetzes entsprechend.**

(2) **Der Geschäftsgang wird durch eine Geschäftsordnung geregelt, die von den Mitgliedern des Anwaltsgerichtshofes zu beschließen ist; sie bedarf der Bestätigung durch die Landesjustizverwaltung.**

I. Geschäftsverteilung

1 Für das Präsidium und die Geschäftsverteilung bei dem AGH gelten wie beim Anwaltsgericht (§ 97; → § 97 Rn. 1) die §§ 21a–21i und § 70 Abs. 1 GVG entsprechend. Die Geschäftsverteilung ist der **Selbstverwaltung des AGH** überlassen (BT-Drs. 3/120, 96 zu § 118). Insoweit kann auf die Kommentierungen zum GVG verwiesen werden. Unter anderem aufgrund der §§ 97, 105 Abs. 1 iVm § 21b Abs. 5 GVG hat die Bundesregierung mit Zustimmung des Bundesrates am 19.9.1972 eine „**Wahlordnung** für die Präsidien der Gerichte" (GerPräsWO) verordnet (BGBl. I S. 1821, zuletzt geändert durch Art. 209 Abs. 2 Gesetz vom 19.4.2006,

BGBl. I S. 866). Diese enthält Einzelheiten des Verfahrens für die Wahl des Präsidiums gemäß § 21b GVG.

Durch die Geschäftsverteilung werden die Geschäfte unter den verschiedenen Senaten verteilt, sowie die ständigen Mitglieder der einzelnen Senate und deren regelmäßige Vertreter bestimmt (§ 21 GVG, § 105). Damit braucht jedoch die Besetzung für die einzelnen Sitzungen noch nicht festzustehen. Häufig sind den Senaten durch die Geschäftsverteilung mehr Mitglieder zugeteilt als in der einzelnen Sitzung mitzuwirken haben. Dieses Verfahren ist zulässig (→ § 104 Rn. 4 ff.). Darüber, welche der von der Geschäftsverteilung einem Senat zugeteilten Richter an einer bestimmten Sitzung dieses Senats teilnehmen sollen, hat nicht das Präsidium in der Geschäftsverteilung und nicht wie früher nach § 21g GVG aF der Vorsitzende des Senats zu bestimmen. Darüber entscheiden sämtliche dem Spruchkörper angehörenden Berufsrichter (§ 21g GVG nF) und die anwaltlichen Mitglieder des Senats, die nach § 103 Abs. 2 iVm § 95 Abs. 1 S. 1 während der Dauer ihres Amtes die Stellung eines Berufsrichters haben. Der Beschluss ergeht vor Beginn des Geschäftsjahres für dessen Dauer (§ 21g Abs. 2 GVG). Zu den Einzelheiten vgl. § 21g Abs. 1–6 GVG. 2

Bei einem überbesetzten Spruchkörper müssen die nach § 21g Abs. 2 GVG aufzustellenden Grundsätze so gestaltet sein, dass sie hinsichtlich der Zusammensetzung des Spruchkörpers Ermessensentscheidungen weitgehend überflüssig machen (BGH NJW 1993, 1596). Dazu genügen nicht bloße Grundsätze im Sinne generelle Ausnahmen zulassender Regeln (*Sangmeister* JZ 1993, 736). Vielmehr müssen die von den Senatsmitgliedern aufzustellenden **Mitwirkungsgrundsätze mit abstrakten Merkmalen** regeln, welche Richter an der Entscheidung mitzuwirken haben. Sie müssen ein System in der Weise ergeben, dass die Besetzung des Spruchkörpers bei der einzelnen Entscheidung im Regelfall aus ihnen ableitbar ist. Diese Mitwirkungsgrundsätze müssen schriftlich abgefasst sein (BGH NJW 1994, 1735; *Leisner* NJW 1995, 285). Es ist unbedenklich, wenn der Geschäftsverteilungsbeschluss nach § 21g Abs. 1 GVG die Geschäfte innerhalb des Spruchkörpers in der Weise verteilt, dass zwei Spruchgruppen mit je zwei anwaltlichen und zwei berufsrichterlichen Mitgliedern gebildet werden, die abwechselnd in der Reihenfolge des Anfalls entscheiden (*Rössler,* FG Peters, 1984, 249, 255). 3

Beschlüsse des Präsidiums des AGH über die Geschäftsverteilung (§ 21e GVG, § 105) können im **Umlaufverfahren** gefasst werden (BGHSt, 44 161 = NJW 1999, 154, 155; im Übrigen → § 104 Rn. 4 ff.). 4

II. Geschäftsordnung

Die Geschäftsordnung wird von den Mitgliedern des AGH beschlossen und bedarf im Hinblick auf § 100 Abs. 1 S. 2 der Bestätigung durch die Landesjustizverwaltung. Für die geschäftliche Behandlung der bei dem Anwaltsgerichtshof aufgrund der BRAO zu erledigenden Angelegenheiten gelten, soweit die Landesjustizverwaltung nichts anderes bestimmt hat, die Vorschriften der Aktenordnung (vgl. zB AV des JM NW vom 19.6.1992 – 1454 – I B. 357, JMBl. NW S. 169, 171). Die Landesjustizverwaltung kann ihre Zuständigkeit nach § 33 Abs. 2 S. 2, 3 übertragen (so in NRW durch § 2 BRAOAusfV vom 22.4.2008, GVBl. S. 378, auf den Präsidenten des OLG Hamm). 5

Dritter Abschnitt. Der Bundesgerichtshof in Anwaltssachen

§ 106 Besetzung des Senats für Anwaltssachen

(1) [1]**Für Angelegenheiten, die in diesem Gesetz dem Bundesgerichtshof zugewiesen sind, wird bei dem Bundesgerichtshof ein Senat für Anwaltssachen gebildet.** [2]**Der Senat gilt, soweit auf das Verfahren die Vorschriften der Verwaltungsgerichtsordnung entsprechend anzuwenden sind, als Zivilsenat und, soweit für das Verfahren die Vorschriften der Strafprozeßordnung entsprechend gelten, als Strafsenat im Sinne des § 132 des Gerichtsverfassungsgesetzes.**

(2) [1]**Der Senat besteht aus dem Präsidenten des Bundesgerichtshofes sowie zwei Mitgliedern des Bundesgerichtshofes und zwei Rechtsanwälten als Beisitzern.** [2]**Den**

Vorsitz führt der Präsident des Bundesgerichtshofes oder in seiner Vertretung ein vom Präsidium des Bundesgerichtshofes bestimmter Vorsitzender Richter.

Schrifttum: *Glanzmann,* Berufsrecht beim BGH, FS 25 Jahre BGH, 1975, 185.

I. Verkleinerung des Senats für Anwaltssachen

1 Durch Gesetz vom 30.7.2009 (BGBl. I S. 2449) wurde der Senat für Anwaltssachen beim BGH verkleinert und umgebildet. Einerseits wurde Abs. 1 der Umstellung des gerichtlichen Verfahrens in verwaltungsrechtlichen Anwaltssachen vom FGG (§§ 40 Abs. 4, 42 Abs. 6 aF) auf die VwGO (§ 112c) angepasst. Zum anderen wurde die Besetzung des Anwaltssenats geändert. Statt wie bisher durch den Präsidenten des BGH sowie jeweils drei Mitgliedern des BGH und drei Rechtsanwälten als Beisitzern (§ 106 Abs. 2 aF) entscheidet der Senat nur noch durch den Präsidenten des BGH oder seinen Vertreter (Abs. 2 S. 2, → Rn. 8), jeweils zwei weiteren Mitgliedern des BGH und zwei Rechtsanwälten als Beisitzern. Als Grund für diese **Verkleinerung des Senats als Spruchkörper** wurde in dem Entwurf der Bundesregierung angeführt, die bisherige Besetzung binde sowohl richterliche als auch ehrenamtliche anwaltliche Arbeitskraft in erheblichem Maß und sei in Anbetracht der Besetzung vergleichbarer Spruchkörper (Notar-, Steuerberater- und Wirtschaftsprüfersenate – § 106 BNotO, § 97 Abs. 2 StBerG) nicht erforderlich, um die Qualität der Rechtsprechung des Anwaltssenats zu gewährleisten (BT-Drs. 16/11385, 63, 64).

2 Anders als im Regierungsentwurf entsprechend der Regelung in § 90 PAO, § 74 WPO vorgesehen (BT-Drs. 16/11385, 40) soll der Präsident des BGH wegen der besonderen Bedeutung des Anwaltssenats aber weiterhin der **„geborene Vorsitzende“** dieses Senats sein (BT-Drs. 16/12717, 55). Im Gesetzgebungsverfahren blieb es daher insoweit bei der bisherigen Regelung. Der BGH-Präsident kann sich bei Verhinderung aber jederzeit vertreten lassen. Ein Wechsel im Vorsitz zwischen dem Präsidenten und einem Senatsvorsitzenden am BGH ist aus jedem sachlichen Grund möglich (BGHZ 125, 288 = NJW 1994, 2751).

3 Die Regelung zur Verkleinerung des Senats gilt auch für Gerichtsverfahren, die bei Inkrafttreten der Regelung am 1.3.2009 anhängig waren (BGHZ 183, 73, 75 f. = NJW 2010, 377, 378 = BRAK-Mitt. 2010, 27; → § 215 Rn. 6). Dies gilt jedoch nicht, wenn die Beratung bereits vor dem 1.9.2009 in der vorher maßgeblichen Besetzung mit sieben Richtern begonnen hat (BGH NJW 2010, 1972).

II. Kein unzulässiges Sondergericht des Bundes

4 Der Anwaltssenat beim BGH ist Teil des BGH. Er ist in diesen eingegliedert als **Fachsenat mit besonderer Besetzung** (Abs. 2); damit ist er ein Spruchkörper des BGH (BGH BRAK-Mitt. 2008, 171, 172; NJW-RR 2009, 1578). Er ist kein unzulässiges Bundessondergericht. Dass neben einem Vorsitzenden sowie zwei weiteren Mitgliedern des BGH auch zwei Rechtsanwälte als ehrenamtliche Beisitzer mitwirken, macht den Senat nicht zu einem vom BGH getrennten Sondergericht. Die Besetzung der Spruchkörper der oberen Bundesgerichte ist der Regelung des Gesetzgebers überlassen; es ist ihm unbenommen, für besondere Sachgebiete eine besondere Besetzung und namentlich eine Beteiligung von ehrenamtlichen Richtern vorzusehen (BVerfGE 26, 186 = NJW 1969, 2192; BGHZ 34, 382 = NJW 1961, 1211). Auf die Mitwirkung anwaltlicher Beisitzer bei dem BGH kann nicht verzichtet werden. Durch dieses Hinzutreten anwaltlicher Beisitzer darf aber der BGH als Rechtsprechungskörper, wie er nach dem GVG gegeben ist, nicht verändert werden. Anderenfalls würde bei dem BGH ein besonderes Gericht gebildet werden, das im Grundgesetz nicht vorgesehen ist und deshalb nicht errichtet werden kann. Eine unzulässige Veränderung der Struktur des BGH müsste namentlich angenommen werden, wenn die Zahl der Berufsrichter in dem Senat für Anwaltssachen so weit herabgesetzt würde, dass der Charakter eines Senats des BGH nicht mehr erhalten bliebe. Bei Rechtsanwälten, die bei dem BGH zugelassen sind (§§ 162 ff.), tritt nach § 163 S. 3 der BGH sowohl an die Stelle des Anwaltsgerichts als auch des Anwaltsgerichtshofs. Für das anwaltsgerichtliche Verfahren (§§ 113 ff.) bedeutet dies, dass der BGH das erstinstanzliche Anwaltsgericht ist (§ 121). Berufung und Revision gegen seine Urteile gibt es nicht (→ § 163 Rn. 6).

III. Tätigkeitsbereiche

Der BGH hat in Anwaltssachen nicht nur Entscheidungen in anwaltsgerichtlichen Verfahren zu überprüfen, die mit der Strafrechtspflege verwandt sind (vgl. §§ 116, 145, 146), sondern auch Entscheidungen des AGH über Akte der Landesjustizverwaltung bzw. der RAK, die vorwiegend mit dem Verwaltungsverfahren zusammenhängen, wie in dem Verfahren bei Anträgen auf gerichtliche Entscheidungen in Zulassungssachen oder im Verfahren über die Nichtigkeit von Wahlen und Beschlüssen, in denen die Vorschriften der VwGO und zuvor im Verwaltungsverfahren die Vorschriften des VwVfG (§ 32) anzuwenden sind (§§ 112a ff.). Der Anwaltssenat beim BGH wird tätig als **Zivilsenat** in allen gerichtlichen Verfahren in verwaltungsrechtlichen Anwaltssachen (§§ 112a ff.). Der Sache nach wird der Anwaltssenat insoweit als Verwaltungsgericht tätig, weil er Hoheitsakte der Justizverwaltung oder der Anwaltskammern zu überprüfen hat (Gaier/Wolf/Göcken/*Quaas* § 106 Rn. 2). Er gilt nur gemäß § 106 Abs. 1 S. 2 als Zivilsenat (BGH BRAK-Mitt. 1999, 39). Er entscheidet als **Strafsenat,** soweit auf das Verfahren die Vorschriften der StPO entsprechend anzuwenden sind (§§ 145, 146, 157, 161a, 163). Die Regelung des Abs. 1 S. 2 ermöglicht, dass ein Großer Senat oder die Vereinigten Großen Senate des BGH nach § 132 GVG in einer Rechtsfrage, sei es im Hinblick auf das materielle Recht oder das Verfahrensrecht, entscheiden können (BT-Drs. 3/120, 96 zu § 119; BT-Drs. 16/11385, 40 zu § 106). § 106 Abs. 1 S. 2 wurde durch Art. 7 Abs. 5, 11 Abs. 1 Gesetz vom 17.12.1990 mit Wirkung zum 1.1.1992 dahingehend geändert, dass die Verweisung auf den mit Ablauf des 31.12.1991 aufgehobenen § 136 GVG (Art. 2 Nr. 12, Art. 11 Abs. 1 Gesetz vom 17.12.1990, BGBl. I S. 2847) entfällt. 5

IV. Mitglieder, Besetzung

Der Anwaltssenat beim BGH besteht aus dem Vorsitzenden sowie aus zwei weiteren Mitgliedern des BGH und zwei Rechtsanwälten als Beisitzern. Den **Vorsitz** führt der Präsident des BGH (→ Rn. 1, 4). 6

Die berufsrichterlichen Mitglieder des Anwaltssenats werden vom Präsidium des BGH durch den Geschäftsverteilungsplan des BGH bestimmt (§ 21e GVG). Die Bildung eines Senats für Anwaltssachen ermöglicht, dass sich dieser Senat entsprechend seinen Tätigkeitsbereichen hinsichtlich der Berufsrichter aus ständigen Mitgliedern der Straf- und Zivilsenate zusammensetzen kann (BT-Drs. 3/120, 96 zu § 119). Die berufsrichterlichen Mitglieder des Anwaltssenats beim BGH scheiden aus diesem Amt aus, wenn sie nicht mehr ständiges Mitglied des BGH sind (aber → § 102 Rn. 6). Die Berufung und Stellung der anwaltlichen Mitglieder des Anwaltssenats bestimmt sich nach §§ 107 ff. 7

Der Senat für Anwaltssachen entscheidet stets in der Besetzung von **fünf Richtern;** gleichgültig ob die Entscheidung durch Beschluss oder Urteil aufgrund einer mündlichen oder Hauptverhandlung oder durch Beschluss außerhalb der Hauptverhandlung ergeht (BGHSt 38, 177 = NJW 1992, 2037). § 106 betrifft, wie sich schon aus der Überschrift ergibt, lediglich die Besetzung des Senats bei der Entscheidungsfindung, verbietet nicht, ihm zur Erhaltung seiner Funktionsfähigkeit weitere Richter und Rechtsanwälte zuzuweisen. Eine verfassungswidrige Überbesetzung liegt nicht vor, wenn dem Senat neben dem Vorsitzenden drei Mitglieder des BGH als Beisitzer zugeteilt sind, weil dann der Vorsitzende nicht mit zwei personell voneinander verschiedenen Sitzgruppen Recht sprechen kann (BVerfGE 18, 344 = NJW 1965, 1219; BGHZ 125, 288 = NJW 1994, 2751; BGH BRAK-Mitt. 1985, 228). Daran ändert auch nichts der Umstand, dass die aus acht Beisitzern bestehende Gruppe der Rechtsanwälte im Anwaltssenat aus berücksichtigungsfähigen Erfordernissen der Praxis mehr Mitglieder als das Doppelte der gesetzlichen Mindestzahl umfasst (BGHZ 125, 288 = NJW 1994, 2751; BGH BRAK-Mitt. 1985, 228; → § 107 Rn. 4–6). Der Ausschluss von Manipulationen und die Gewährung des „gesetzlichen anwaltlichen Beisitzers" werden insoweit durch § 111 sichergestellt. 8

Nach Abs. 2 S. 2 führt den Vorsitz der Präsident des BGH oder in seiner Vertretung ein vom Präsidium des BGH bestimmter Vorsitzender Richter des BGH. Diese Vorschrift unterscheidet sich wesentlich von der für die Zivil- und die Strafsenate des BGH geltenden Bestimmungen des § 21f Abs. 2 S. 1 GVG. Danach wird der Vorsitzende lediglich bei Verhinderung und dann nicht von dem Vorsitzenden eines anderen Senats, sondern von einem Mitglied des Spruchkörpers vertreten. Durch die Regelung des § 106 Abs. 2 S. 2 ist – anders als im Falle der Vertretung nach 9

§ 21f Abs. 2 S. 1 GVG – sichergestellt, dass der Vorsitz im Senat für den Fall der Vertretung durch einen Richter wahrgenommen wird, der kraft seines Amtes auch sonst zur Leitung eines Senats beim BGH berufen ist. Die für die Anwendung des § 21f Abs. 1 GVG von der Rechtsprechung aufgestellten Beurteilungskriterien können daher nicht auf die Vertretung im Senat für Anwaltssachen übertragen werden. Eine Vertretung im Vorsitz ist also nicht nur bei Verhinderung des Präsidenten, sondern aus jedem sachlichen Grund zulässig (BGHZ 125, 288 = NJW 1994, 2751). Aus der Gegenüberstellung der gesetzlichen Regelungen in Abs. 2 und § 21f Abs. 2 GVG ist zu schließen, dass dem Anwaltssenat grundsätzlich neben dem Präsidenten des BGH auch der zum Präsidium für die Vertretung des Präsidenten bestimmte Vorsitzende Richter angehört. Deshalb unterliegt es der Beschlussfassung der berufsrichterlichen Mitglieder des Anwaltssenats nach § 21g Abs. 1 und 2 GVG, die Grundsätze für die Mitwirkung des Präsidenten und die seines Vertreters festzulegen (BGHZ 125, 288 = BGH 1994, 2751). § 21g GVG ist bezüglich des Anwaltssenats seinem Wortlaut entsprechend in der Weise anzuwenden, dass er eine Mitwirkung der anwaltlichen Mitglieder bei der Beschlussfassung über die Geschäftsverteilung im Senat nicht zulässt. Die anwaltlichen Beisitzer sind nicht als Richter in den BGH eingegliedert (→ § 110 Rn. 1).

10 Ist allerdings auch der vom Präsidium nach § 106 Abs. 2 S. 2 bestimmte Vorsitzende Richter wie der Präsident verhindert, dann gilt die allgemeine Regelung des § 21f Abs. 2 S. 2 GVG, wonach in diesem Fall das dienstälteste Mitglied des Spruchkörpers den Vorsitz führt (BGHZ 125, 288 = NJW 1994, 2751), dh also das dienstälteste Mitglied des BGH und nicht der dienstälteste anwaltliche Beisitzer.

§ 107 Rechtsanwälte als Beisitzer

(1) [1] **Die Beisitzer aus den Reihen der Rechtsanwälte werden von dem Bundesministerium der Justiz und für Verbraucherschutz auf die Dauer von fünf Jahren berufen.** [2] **Sie können nach Ablauf ihrer Amtszeit wieder berufen werden.**

(2) [1] **Die anwaltlichen Beisitzer werden der Vorschlagsliste entnommen, die das Präsidium der Bundesrechtsanwaltskammer auf Grund von Vorschlägen der Rechtsanwaltskammern dem Bundesministerium der Justiz und für Verbraucherschutz einreicht.** [2] **Im übrigen gilt § 94 Abs. 2 Satz 3, Abs. 5 entsprechend.** [3] **Die Vorschlagsliste soll mindestens die doppelte Zahl von Rechtsanwälten enthalten.**

(3) **Scheidet ein anwaltlicher Beisitzer vorzeitig aus, so wird für den Rest seiner Amtszeit ein Nachfolger berufen.**

Übersicht

I. Keine Mitwirkung des Richterwahlausschusses

1 Die Vorschriften der BRAO über die Berufung der anwaltlichen Mitglieder des Senats für Anwaltssachen bei dem BGH verstoßen nicht gegen Art. 95 Abs. 2 GG. Einer Mitwirkung des Richterwahlausschusses bei der Berufung der ehrenamtlichen Mitglieder der dort genannten Gerichte bedarf es nicht (BVerfGE 26, 186 = NJW 1969, 2192; BGHZ 33, 381 = NJW 1961, 220).

2 Die Rechtsanwälte sollen in einem staatlichen Gericht mitwirken; deshalb müssen sie von der Justizverwaltung ernannt werden. Da sie Beisitzer bei einem Gericht des Bundes werden, werden sie von dem BMJV (früher BMJ) auf die **Dauer von fünf Jahren** berufen (vgl. BT-Drs. 3/120, 96 zu § 120). Sie können nach Ablauf ihrer Amtszeit wieder berufen werden (Abs. 1). Die ursprünglich nur vierjährige Amtsperiode wurde durch Art. 4 Nr. 4 des Gesetzes vom 21.12.2004 (BGBl. I S. 3599) auf fünf Jahre verlängert. Gleichzeitig wurde durch die

Verweisung auf § 94 Abs. 5 in Abs. 2 S. 2 die Anwendbarkeit der Übergangsvorschrift für das Recht der ehrenamtlichen Richter in § 6 EGGVG sichergestellt. Nach § 6 Abs. 2 EGGVG war die neue Vorschrift über die nunmehr fünfjährige Amtsperiode nicht für die im Zeitpunkt des Inkrafttretens der Neuregelung am 1.1.2005 laufenden Amtsperioden anzuwenden (→ § 94 Rn. 15).

II. Vorschlagsliste

1. Bindung an die Vorschlagsliste. Auf die Auswahl der anwaltlichen Beisitzer wird der Anwaltschaft ein starker Einfluss eingeräumt. Das BMJV (früher BMJ) muss die von ihm zu ernennenden anwaltlichen Mitglieder aus der Vorschlagsliste entnehmen, die das Präsidium der BRAK aufgrund von Vorschlägen der Rechtsanwaltskammern einreicht. Ihm bleibt nur insofern für die Auswahl ein gewisser Spielraum, als die Vorschlagslisten mindestens die doppelte Zahl der an sich zu berufenden Rechtsanwälte enthalten sollen. Bei dieser Regelung ist also eine Beteiligung der Rechtsanwaltschaft an der Berufung der Beisitzer aus ihren Kreisen im größtmöglichen Umfang gesichert. Andererseits wird eine Bindung des BMJV (früher BMJ) an die Vorschläge der Anwaltschaft, die nach den Grundsätzen des Gerichtsverfassungsrechts unzulässig wäre, vermieden (BT-Drs. 3/120, 96 zu § 120). Es kann daher auch eine Ergänzung der Liste durch weitere Vorschläge fordern, wenn die Liste nicht genügend geeignete Rechtsanwälte enthält (→ Rn. 10). Zum Wesen und zur Bedeutung der Vorschlagsliste im Übrigen → § 94 Rn. 12–14 entsprechend. Nach Abs. 2 S. 2 iVm § 94 Abs. 2 S. 3 hat das BMJV (früher BMJ) auch darüber zu bestimmen, „welche Zahl von Mitgliedern erforderlich ist". Mithin können mehr Mitglieder als die erforderliche Mindestzahl berufen werden (→ § 106 Rn. 8). 3

Das gleiche Ergebnis folgt aus § 111, wonach die zu Beisitzern berufenen Rechtsanwälte zu den einzelnen Sitzungen in der Reihenfolge einer Liste heranzuziehen sind, die der Vorsitzende nach Anhörung der beiden ältesten anwaltlichen Beisitzer vor Beginn des Geschäftsjahres aufstellt. Die Liste muss also eine größere – in der BRAO nach oben nicht begrenzte – Zahl von Rechtsanwälten aufweisen können, als der Mindestzahl nach § 106 Abs. 2 S. 1 entspricht. Das Gesetz trägt damit der Notwendigkeit Rechnung, die Zahl der Richter dem Umfang der Geschäftslast, der Leistungsfähigkeit der Richter und möglichen Verhinderungsfällen entsprechend zu bestimmen (vgl. zu diesen Bestimmungskriterien BVerfGE 17, 294, 299, 300 = NJW 1964, 1020, 1021). 4

Da die zu Beisitzern berufenen Rechtsanwälte aus allen Rechtsanwaltskammern auszuwählen sind (§ 107 Abs. 2 S. 1), kommt eine Vielzahl von Verhinderungsfällen in Betracht, denen die Bestimmung Rechnung tragen muss (BGH BRAK-Mitt. 1985, 228; *Isele* § 107 Anm. II B). Dies muss auch bei dem Umfang der Vorschlagsliste (→ § 107 Rn. 9) berücksichtigt werden. 5

Zur Überbesetzung des Anwaltssenats → § 106 Rn. 8. Vor der Bestimmung der erforderlichen Zahl von anwaltlichen Mitgliedern des Anwaltssenats hat das BMJV (früher BMJ) das Präsidium der BRAK zu hören (Abs. 2 S. 2 iVm § 94 Abs. 2 S. 3 Hs. 2). 6

2. Pflichtaufgabe für das Präsidium der BRAK. Die Einreichung der Vorschlagsliste durch das Präsidium der BRAK ist für dieses gesetzliche Pflicht (§ 177 Abs. 1; *Isele* § 107 Anm. III B 1), deren Beachtung mit Mitteln der Staatsaufsicht (§ 176 Abs. 2) erzwungen werden kann. Das Präsidium der BRAK erstellt die Vorschlagsliste aufgrund von Vorschlägen, welche die Vorstände der Rechtsanwaltskammern (§ 73 Abs. 2 Nr. 6) ihm machen (Abs. 2 S. 1). 7

Das Präsidium der BRAK kann keinen Rechtsanwalt in die Vorschlagsliste aufnehmen, der nicht von dem Vorstand einer RAK vorgeschlagen ist. Aus der Zahl der von den Vorständen der Rechtsanwaltskammern vorgeschlagenen Rechtsanwälte wählt das Präsidium der BRAK seinerseits die ihm als geeignet erscheinenden Rechtsanwälte für seine dem BMJV (früher BMJ) einzureichende Vorschlagsliste aus (*Isele* § 107 Anm. III B 2b). Damit im Bedarfsfall die BRAK die Vorschlagsliste unverzüglich dem BMJV (früher BMJ) einreichen kann, insbesondere auch in Fällen des Abs. 3 (→ Rn. 12), sollten die Rechtsanwaltskammern in regelmäßigen Abständen ihre Vorschläge der BRAK einreichen, auf die die BRAK sodann in Fällen des Erfordernisses der Aufstellung einer Vorschlagsliste durch sie sogleich zurückgreifen kann. 8

3. Umfang der Vorschlagsliste. Die vom Präsidium der BRAK vorzulegende Vorschlagsliste soll mindestens die doppelte Zahl von Rechtsanwälten enthalten (Abs. 2 S. 3). Dabei hat die 9

Vorschlagsliste nicht den Charakter endgültiger und ausschließlicher Vorschläge, aus denen das BMJV (früher BMJ) in jedem Fall die erforderlichen Berufungen vornehmen muss.

10 Enthält die Vorschlagsliste nach Überzeugung des BMJV (früher BMJ) nicht genügend geeignete Richter, dann darf es zwar keine Rechtsanwälte zu Beisitzern am Anwaltssenat des BGH berufen, die nicht in der Vorschlagsliste enthalten sind (BT-Drs. 3/120, 96 zu § 120). Es kann aber von dem Präsidium der BRAK eine **Ergänzung der Vorschlagsliste** verlangen und das Präsidium der BRAK hat dem Ersuchen zu entsprechen. Nur so ist die ausreichende Mitwirkung des Staates bei der personellen Zusammensetzung des Anwaltssenats beim BGH gewährleistet (zu § 94 Abs. 2 S. 2 und 4, § 103 Abs. 2 S. 1: BVerfGE 26, 186 = NJW 1969, 2192; → § 94 Rn. 11 ff.; → § 103 Rn. 9).

III. Ernennung und Ausscheiden eines anwaltlichen Beisitzers

11 Die Ernennung zum Beisitzer im Senat für Anwaltssachen beim BGH erfolgt nach § 17 Abs. 1 und 2 Nr. 1 DRiG durch Aushändigung einer entsprechenden Urkunde. Da das Amt nach Abs. 1 S. 1 mit Ablauf von fünf Jahren endet, ist bei der Wiederberufung (Abs. 1 S. 2) die erneute Aushändigung einer Urkunde erforderlich. Für die Vereidigung des anwaltlichen Beisitzers gilt § 45 Abs. 2–8 DRiG (→ § 95 Rn. 2 ff.). Die erforderliche Zahl bestimmt nach Abs. 2 S. 2 iVm § 94 Abs. 2 S. 3 das BMJV (früher BMJ). Dabei wird es die bei Anwälten zu erwartenden häufigen Verhinderungsfälle berücksichtigen (BGH BRAK-Mitt. 1985, 228).

12 Scheidet ein anwaltlicher Beisitzer vorzeitig aus (→ § 95 Rn. 19 ff.; § 109), so wird lediglich für den Rest der Amtszeit des Ausgeschiedenen ein Nachfolger berufen. Das Berufungsverfahren für den Nachfolger richtet sich ebenfalls nach § 107 Abs. 1 und 2 (BT-Drs. 3/120, 96 zu § 120; → Rn. 8).

§ 108 Voraussetzungen für die Berufung zum Beisitzer und Recht zur Ablehnung

(1) [1] **Zum Beisitzer kann nur ein Rechtsanwalt berufen werden, der in den Vorstand der Rechtsanwaltskammer gewählt werden kann (§§ 65, 66).** [2] **§ 94 Abs. 3 Satz 2 gilt entsprechend.**

(2) **Die Übernahme des Beisitzeramtes kann aus den in § 67 angeführten Gründen abgelehnt werden.**

I. Wählbarkeit in den Vorstand der Rechtsanwaltskammer (Abs. 1 S. 1)

1 Voraussetzung für die Berufung eines Rechtsanwalts in den Senat für Anwaltssachen beim BGH ist zunächst, dass dieser in den Vorstand der RAK gewählt werden kann, also die Voraussetzungen seiner Wählbarkeit nach § 65 vorliegen und kein Ausschlussgrund für seine Wählbarkeit nach § 66 gegeben ist (BT-Drs. 3/120, 96, 97 zu § 121; → § 65 Rn. 1 ff.; → § 66 Rn. 1 ff.; → § 94 Rn. 3–10).

2 Auch ein Rechtsanwalt, der über §§ 11 ff., 16 ff. EuRAG den Zugang zum Beruf des Rechtsanwalts erlangt hat (→ § 4 Rn. 20, 21), kann Beisitzer im Senat für Anwaltssachen beim BGH sein. Er hat nach der Zulassung grundsätzlich die vollen berufsrechtlichen Rechte und Pflichten (amtliche Begründung, BT-Drs. 11/6154, 22; → § 93 Rn. 1, 2; → § 94 Rn. 2; *Schaich* AnwBl. 1990, 373, 376) und ist in den Kammervorstand wählbar (→ § 65 Rn. 4a). Einschränkungen dieser Rechte wie in § 93 Abs. 1 S. 3 und § 101 Abs. 1 S. 2 sind für die anwaltlichen Beisitzer im Senat für Anwaltssachen beim BGH nicht vorgesehen.

3 Durch die Besetzungsregelung des § 106 Abs. 2 ist auch für diese Fälle sichergestellt, dass der die Verhandlung leitende Vorsitzende und die Mehrheit des Senats stets aus Personen mit Befähigung zum Richteramt bestehen.

II. Hinderungsgründe (Abs. 1 S. 2)

4 § 108 Abs. 2 aF, der die Hinderungsgründe für die Berufung zum Beisitzer im Senat für Anwaltssachen bei dem BGH regelte (vgl. 7. Aufl. § 108 Rn. 4), wurde durch Gesetz vom 30.7.2009 (BGBl. I S. 2449) gestrichen. Der bisherige Regelungsgehalt des aufgehobenen Abs. 2

aF wird durch den Verweis in Abs. 1 S. 2 auf § 94 Abs. 3 S. 2 ersetzt. Es gelten die zu → § 94 Rn. 5–10a genannten Grundsätze.

III. Verpflichtung zur Übernahme des Beisitzeramtes

Die Übernahme des Beisitzeramtes kann aus den in § 67 angeführten Gründen abgelehnt 5 werden (Abs. 2; → § 67 Rn. 1 ff.). Aus der Regelung des Abs. 2 ist zu entnehmen, dass dann, wenn keinerlei Ablehnungsgründe des § 67 vorliegen, eine Verpflichtung zur Übernahme des Beisitzeramtes besteht. Der Rechtsanwalt kann die Übernahme des Amtes ablehnen, wenn er infolge Krankheit oder Gebrechen nicht zur ordnungsgemäßen Amtsausübung in der Lage ist (→ § 95 Rn. 44 f.).

§ 109 Beendigung des Amtes als Beisitzer

(1) **Für das Ende des Amtes des anwaltlichen Beisitzers gilt § 95 Abs. 1a Satz 1 und 2 entsprechend mit der Maßgabe, dass keine Mitgliedschaft in einer Rechtsanwaltskammer mehr besteht.**

(2) [1]**Für die Amtsenthebung und die Entlassung aus dem Amt des Beisitzers ist § 95 Abs. 1a Satz 3, Abs. 2 und 3 mit der Maßgabe anzuwenden, dass das Bundesministerium der Justiz und für Verbraucherschutz an die Stelle der Landesjustizverwaltung tritt und über die Amtsenthebung ein Zivilsenat des Bundesgerichtshofes entscheidet.** [2]**Bei der Entscheidung dürfen die Mitglieder des Senats für Anwaltssachen nicht mitwirken.** [3]**Vor der Entscheidung sind der Rechtsanwalt und die Bundesrechtsanwaltskammer zu hören.**

Übersicht

I. Wiederholte Neufassung des § 109

§ 109 wurde in der jüngeren Vergangenheit zweimal geändert. Zunächst wurde § 109 durch 1 das Gesetz zur Stärkung der Selbstverwaltung der Rechtsanwaltschaft vom 26.3.2007 (BGBl. I S. 358) neu gefasst (vgl. 7. Aufl.). Durch Gesetz vom 30.7.2009 (BGBl. I S. 2449) wurde § 109 erneut geändert und die Beendigung des Amtes der anwaltlichen Beisitzer im Senat des BGH für Anwaltssachen in Anlehnung an § 95 geregelt (vgl. auch § 103 Abs. 3, 4). Wie in §§ 95, 103 wird dabei klar zwischen der Amtsbeendigung kraft Gesetzes (Abs. 1) und der Amtsenthebung und Entlassung (Abs. 2) unterschieden. Auch hier wird durch die Voranstellung der gesetzlichen Beendigungsgründe (Abs. 1 iVm § 95 Abs. 1a S. 1 und 2) verdeutlicht, dass diese Regelung als spezialgesetzliche Bestimmung Vorrang hat vor der Amtsenthebung und Entlassung (Abs. 2 iVm § 95 Abs. 1a S. 3, Abs. 2 und 3). Bei einer Amtsbeendigung nach Abs. 1 ist kein Raum mehr für die Anwendung des Abs. 2 (→ § 95 Rn. 21). Nachdem Amtsenthebung und Entlassung in Abs. 2 zusammengefasst wurden, konnte Abs. 3 (Amtsenthebung) aufgehoben werden.

II. Amtsbeendigung kraft Gesetzes (Abs. 1)

§ 109 Abs. 1 regelt die Beendigung des Amtes der anwaltlichen Beisitzer im Anwaltssenat des 2 BGH in Anlehnung an § 95 Abs. 1a S. 1 und 2. Diese gelten hier entsprechend (→ § 95 Rn. 22–28).

Der Beendigungsgrund des Endes der Mitgliedschaft in der RAK nach § 95 Abs. 1a S. 1 3 (→ § 95 Rn. 23) gilt dabei mit der Maßgabe, dass keine Mitgliedschaft in irgendeiner RAK mehr besteht. Ein Zulassungswechsel (§ 27 Abs. 3) während der Amtszeit (§ 107 Abs. 1) führt nicht zur Beendigung des Amtes als Beisitzer, da der Anwaltssenat des BGH für das gesamte Bundesgebiet und damit für alle Rechtsanwaltskammern zuständig ist und der Beisitzer mit dem Zulassungswechsel weiterhin Mitglied einer Kammer, der aufnehmenden (§ 27 Abs. 3), bleibt (→ § 103 Rn. 12).

4 Das Amt des anwaltlichen Beisitzers im Senat des BGH für Anwaltssachen endet daher nach Abs. 1 iVm § 95 Abs. 1a S. 1 und 2, § 94 Abs. 3 S. 2, sobald der Beisitzer keiner RAK mehr angehört oder nachträglich ein Umstand eintritt, der nach § 94 Abs. 3 S. 2 der Ernennung zum Anwaltsrichter entgegensteht. Insoweit kann auf → § 95 Rn. 22–26 Bezug genommen werden. Die Beendigung des Amtes als Beisitzer nach Abs. 1 iVm §§ 95 Abs. 1a S. 1, 94 Abs. 3 S. 2 Nr. 3 knüpft dabei an die Tätigkeit bei irgendeiner RAK an, nicht nur an die Tätigkeit bei der Kammer, der der Beisitzer selbst angehört.

5 Wie in den Fällen der §§ 95 Abs. 1a, 103 Abs. 3 kann die Amtsbeendigung – hier vom BMJV (früher BMJ) – nur festgestellt werden, wenn der ehrenamtliche Richter dem zustimmt (§ 109 Abs. 1 iVm § 95 Abs. 1a S. 1; → § 95 Rn. 20). Bei fehlender Zustimmung entscheidet auf Antrag des BMJV (früher BMJ) der Anwaltssenat des BGH und nicht der in Abs. 2 S. 1 genannte Zivilsenat des BGH. Denn dessen Zuständigkeit ist in § 109 Abs. 2 S. 1 aE ausdrücklich allein für die Amtsenthebung des Beisitzers angeordnet (**aA** Gaier/Wolf/Göcken/*Quaas* § 109 Rn. 1). Von diesen Verfahren ist jedoch die vorzeitige Beendigung des Beisitzeramtes kraft Gesetzes gegen den Willen des anwaltlichen Beisitzers zu unterscheiden; hierfür bleibt es mangels gesetzlicher Zuständigkeitsbestimmung des Zivilsenats bei der Zuständigkeit des Anwaltssenats, auch wenn die Sachgründe für eine gesetzliche Anordnung der Zuständigkeit des Zivilsenats sprechen. Bei entsprechender Anwendung des § 95 Abs. 1a S. 2 (Verweis in § 109 Abs. 1) müssen auch hier der Beisitzer und die RAK sowie bei entsprechender Kenntnis auch die BRAK dem BMJV (früher BMJ) und dem Anwaltssenat des BGH Beendigungsgründe nach § 95 Abs. 1a unverzüglich mitteilen (→ § 95 Rn. 29; → § 103 Rn. 13).

III. Amtsenthebung und Entlassung aus dem Amt (Abs. 2)

6 **1. Amtsenthebung. a) Enthebungsgründe.** Auch die Amtsenthebung eines Beisitzers im Senat für Anwaltssachen wurde mit der Neuregelung vom 30.7.2009 (BGBl. I S. 2449) in Anlehnung an § 95 Abs. 1a S. 3, Abs. 2 geregelt (BT-Drs. 16/11385, 40). Die dazu gemachten Anmerkungen (→ § 95 Rn. 32–41; → § 103 Rn. 14) gelten hier entsprechend. Soweit dabei die Landesjustizverwaltung angesprochen ist, tritt an deren Stelle jeweils das BMJV (früher BMJ) (Abs. 2 S. 1).

7 Der anwaltliche Beisitzer im Senat für Anwaltssachen beim BGH kann direkt ohne Einleitung eines entsprechenden anwaltsgerichtlichen Verfahrens wegen einer groben Verletzung seiner Amtspflichten enthoben werden. Hinsichtlich der Voraussetzungen und des Umfangs der Verfolgbarkeit einer groben Amtspflichtverletzung eines Richters vgl. *Schmidt-Räntsch* DRiG Vor §§ 63 ff. Rn. 6 ff.

8 **b) Verfahrensablauf.** Für die Einleitung des **Amtsenthebungsverfahrens** ist ein Antrag des BMJV (früher BMJ) erforderlich. Liegt nach dessen Überzeugung eine grobe Pflichtverletzung des anwaltlichen Beisitzers vor, muss es den Antrag stellen, da nach dem Gesetz in diesen Fällen die Entlassung zwingend ist und andererseits die Einleitung des Entlassungsverfahrens von seinem Antrag abhängig ist.

9 Über den Amtsenthebungsantrag entscheidet als Dienstgericht ein Zivilsenat des BGH, der nach dem Geschäftsverteilungsplan (im Jahr 2015 zuständig der III. Zivilsenat) dafür vorgesehen ist, niemals der Anwaltssenat. An diesen Zivilsenat des BGH ist der Antrag des BMJV (früher BMJ) zu richten. Der Senat verhandelt und entscheidet in seiner regelmäßigen Besetzung, jedoch dürfen bei der Entscheidung Mitglieder des Senats für Anwaltssachen nicht mitwirken (Abs. 2 S. 2). Dies ist schon aus Gründen der Wahrung der Objektivität des Verfahrens erforderlich, da die Mitglieder des Anwaltssenats zuerst durch grobe Amtspflichtverletzungen anderer Mitglieder des Senats betroffen sein werden, sie häufig als Zeugen dafür in Betracht kommen und zudem als Betroffene regelmäßig in die Gefahr einer Kollision und Richterablehnung kommen werden (*Isele* § 109 Anm. III C).

10 Vor der Entscheidung sind der Rechtsanwalt und die BRAK zu hören (Abs. 2 S. 3, Art. 103 Abs. 1 GG). Der Rechtsanwalt muss Gelegenheit haben, sich dem entscheidenden Zivilsenat des BGH gegenüber zu den gegen ihn erhobenen Vorwürfen zu äußern (vgl. BVerfGE 60, 175, 210 = NJW 1982, 1579, 1582), Anträge zu stellen und Ausführungen zu machen (BVerfGE 36, 85,

87 = NJW 1974, 133). Das Gericht ist verpflichtet, seine Äußerungen zur Kenntnis zu nehmen und in seine Erwägungen einzubeziehen (BVerfGE 64, 135, 144 = NJW 1983, 2762). Das Grundrecht auf Gehör verbietet es dem Gericht, seiner Entscheidung Tatsachen und Beweisergebnisse zugrunde zu legen, zu denen sich der Betroffene nicht äußern konnte und gibt ihm einen Anspruch darauf, dass das Gericht rechtzeitiges und erhebliches Vorbringen nicht außer Betracht lässt, soweit es nicht nach den Vorschriften der jeweiligen Prozessordnung unberücksichtigt bleiben muss oder kann (BayVerfGH NJW 1994, 2280). Entsprechendes gilt für die Anhörung der BRAK. So wird durchgängig sichergestellt, dass immer der Rechtsanwalt und die Kammer, die ihn als Beisitzer vorgeschlagen hat, Gehör erhalten (BT-Drs. 16/11385, 40).

Für das gerichtliche Verfahren gelten nach § 112c die Vorschriften der VwGO entsprechend. **11**
Der entscheidende Senat wird zudem die §§ 63 ff. DRiG entsprechend anwenden.

Die VwGO kennt eine solche Klage auf Amtsenthebung nicht; deshalb liegt eine verwaltungs- **12**
rechtliche Streitsache eigener Art vor (**aA** Gaier/Wolf/Göcken/*Quaas* § 109 Rn. 3: Feststellungsklage nach § 43 VwGO). Der BGH entscheidet nach § 101 VwGO auf Grund mündlicher Verhandlung gemäß § 107 VwGO durch Urteil. Die Entscheidung ist endgültig und unanfechtbar. Entsprechend § 35 DRiG kann der Zivilsenat des BGH auf Antrag dem Beisitzer im Anwaltssenat des BGH die Führung seiner Amtsgeschäfte vorläufig untersagen bis dem Zivilsenat eine abschließende Entscheidung nach § 109 möglich ist (→ § 95 Rn. 42 f.).

2. Amtsentlassung. Da auch für die anwaltlichen Richter am Anwaltssenat des BGH ein **13**
Bedürfnis für eine dem § 95 Abs. 3 entsprechende Regelung zu bejahen ist (BT-Drs. 16/513, 18 zu § 109), wurde in Abs. 2 nF § 95 Abs. 3 für entsprechend anwendbar erklärt (→ § 95 Rn. 44, 45). Über einen Antrag des Rechtsanwalts (→ § 95 Rn. 45 aE) entscheidet der Anwalts- und nicht der Zivilsenat. Letzterer ist nach § 109 Abs. 2 S. 1 aE ausschließlich für Amtsenthebungsverfahren zuständig. Die Sachgründe sprechen dafür, auch hier die Zuständigkeit des Zivilsenats gesetzlich zu schaffen.

IV. Ausschließung und Besorgnis der Befangenheit

Für die Ausschließung und Ablehnung eines Richters wegen Besorgnis der Befangenheit **14**
gelten auch beim Anwaltssenat des BGH die §§ 41 ff. ZPO, § 54 VwGO, §§ 22 ff. StPO entsprechend (→ §§ 95 Rn. 46; → § 102 Rn. 3; → § 103 Rn. 15). Ein Ablehnungsgesuch wegen Besorgnis der Befangenheit ist rechtsmissbräuchlich und damit unzulässig, wenn nicht einzelne Richter, sondern das Gericht als solches oder ein ganzer Senat abgelehnt wird (BGH BRAK-Mitt. 2008, 171). Das gilt auch für die Ablehnung aller ehrenamtlichen Richter des Anwaltssenats beim BGH. Die Regelungen über die Zusammensetzung des Senats für Anwaltssachen beim BGH bieten eine hinreichende Gewähr für die Unparteilichkeit der Richter.

§ 110 Stellung der Rechtsanwälte als Beisitzer und Pflicht zur Verschwiegenheit

(1) [1] **Die Rechtsanwälte sind ehrenamtliche Richter.** [2] **Sie haben in der Sitzung, zu der sie als Beisitzer herangezogen werden, die Stellung eines Berufsrichters.**

(2) [1] **Die Rechtsanwälte haben über Angelegenheiten, die ihnen bei ihrer Tätigkeit als Beisitzer bekannt werden, Verschwiegenheit gegen jedermann zu bewahren.** [2] **§ 76 ist entsprechend anzuwenden.** [3] **Die Genehmigung zur Aussage erteilt der Präsident des Bundesgerichtshofes.**

I. Stellung der anwaltlichen Beisitzer

1. Stellung als ehrenamtlicher Richter. Die anwaltlichen Beisitzer im Senat für Anwalts- **1**
sachen des BGH sind nicht als Richter in den BGH eingegliedert, sie sind vielmehr unter Aufrechterhaltung ihrer Rechte und Pflichten als Rechtsanwälte **ehrenamtliche Richter in dem besonders besetzten Fachsenat des BGH** (→ § 106 Rn. 4).

Auf sie als ehrenamtliche Richter im Bundesdienst sind daher die §§ 44, 45, 45a DRiG **2**
anzuwenden (→ § 95 Rn. 1).

Ferner sind auf sie die Bestimmungen der §§ 1–45a DRiG weitgehend entsprechend an- **3**
zuwenden (→ § 95 Rn. 1 ff.).

4 Die im Grundsatz auf die ehrenamtlichen Richter im Bundesdienst anwendbaren §§ 46–48 DRiG sind für die anwaltlichen Beisitzer unpassend und können daher in der Praxis nicht angewendet werden (*Isele* § 110 Anm. II B 3a).

5 **2. Stellung eines Berufsrichters in der Sitzung.** Nur in der Sitzung, zu der sie als Beisitzer herangezogen werden, haben die Rechtsanwälte die Stellung eines Berufsrichters. Ihre Stellung entspricht also insoweit derjenigen der Schöffen (§ 30 Abs. 1 GVG; BT-Drs. 3/120, 97 zu § 123). Diese zeitliche Einschränkung erklärt sich aus dem Umstand, dass der anwaltliche Beisitzer nicht Mitglied des BGH ist, enthält jedoch keine sachliche Änderung gegenüber der Stellung der ehrenamtlichen Richter am Anwaltsgericht und beim AGH (*Isele* § 110 Anm. III). Hinsichtlich ihrer Stellung eines Berufsrichters kann somit auf → § 95 Rn. 1 ff. verwiesen werden. Praktische Bedeutung hat die Unterscheidung insofern, als ein anwaltliches Mitglied des Anwaltssenats des BGH dem Präsidium des BGH nicht angehören kann (Henssler/Prütting/*Dittmann* § 110 Rn. 1).

6 Unter „Sitzung" iSd Abs. 1 S. 2 ist nicht nur die eigentliche Gerichtsverhandlung mit den Beteiligten zu verstehen, sondern der Begriff umfasst auch die Zeit für Verrichtungen vor und nach der Sitzung, die mit der verhandelten oder noch zu verhandelnden Sache zusammenhängen, wie zB die erforderlichen Beratungen.

II. Verpflichtung zur Amtsverschwiegenheit

7 Die anwaltlichen Beisitzer unterliegen der Verpflichtung zur Amtsverschwiegenheit, dh sie haben über Angelegenheiten, die ihnen bei ihrer Tätigkeit als Beisitzer bekannt werden, Verschwiegenheit gegen jedermann zu bewahren. Umfang und Dauer der Verschwiegenheitspflicht bestimmt sich nach Abs. 2 S. 2 iVm § 76.

8 Die nach Abs. 2 S. 2 iVm § 76 Abs. 2 und 3 erforderlichen Aussagegenehmigungen erteilt der Präsident des BGH, da Vorgänge bei dem BGH in Frage stehen (BT-Drs. 3/120, 97 zu § 123). Die anwaltlichen Beisitzer haben nach § 43 DRiG auch die Pflicht, über den Hergang bei der Beratung und Abstimmung auch nach der Beendigung ihrer ehrenamtlichen Richtertätigkeit zu schweigen. Von dieser Pflicht zur Wahrung des Beratungsgeheimnisses kann der Rechtsanwalt grundsätzlich nicht entbunden werden (*Schmidt-Räntsch* DRiG § 43 Rn. 5 ff.; → § 95 Rn. 15, 16).

§ 111 Reihenfolge der Teilnahme an den Sitzungen

Die zu Beisitzern berufenen Rechtsanwälte sind zu den einzelnen Sitzungen in der Reihenfolge einer Liste heranzuziehen, die der Vorsitzende des Senats nach Anhörung der beiden ältesten der zu Beisitzern berufenen Rechtsanwälte vor Beginn des Geschäftsjahres aufstellt.

I. Allgemeines

1 Die zu Beisitzern berufenen Rechtsanwälte sind nicht Mitglieder des BGH und können nicht dem Präsidium des BGH angehören (§§ 21b, 125 GVG; → § 110 Rn. 5). Die Verteilung der Geschäfte innerhalb des Senats bestimmt in Abweichung von § 21g GVG nF (→ § 97 Rn. 1, 2; → § 105 Rn. 2) der Vorsitzende des Senats vor Beginn des Geschäftsjahres in einer Liste, aus der sich ergibt, nach welchen Grundsätzen die Mitglieder des Senats an den Verfahren mitwirken.

II. Regelung der Reihenfolge der Sitzungsteilnehmer

2 **1. Grund der Regelung.** Da die anwaltlichen Beisitzer **nur zu einzelnen Sitzungen** herangezogen werden, bedarf es dafür einer entsprechenden Regelung. Diese erfolgte in Anlehnung an § 31 ArbGG (BT-Drs. 3/120, 97 zu § 124). Dabei muss die Reihenfolge, in der die anwaltlichen Beisitzer mitwirken, in einer vor Beginn des Geschäftsjahres aufzustellenden Liste genau festgelegt werden, um so auszuschließen, dass anwaltliche Beisitzer für einen Einzelfall ad hoc herangezogen werden können. Ein Verstoß hiergegen könnte mit dem Prinzip, dass niemand seinem gesetzlichen Richter entzogen werden darf (Art. 101 Abs. 1 GG, § 16 GVG) nicht vereinbar sein (BT-

Drs. 3/120, 97 zu § 124). § 111 stellt somit eine Ausgestaltung der Garantie des gesetzlichen Richters (Art. 101 Abs. 1 S. 2 GG) im Einzelfall dar.

2. Regelung durch eine vom Vorsitzenden zu erstellende Liste. Zur Regelung der Heranziehung der anwaltlichen Beisitzer erstellt der Vorsitzende vor Beginn des Geschäftsjahres eine Liste, in der bestimmt wird, in welcher Reihenfolge die Beisitzer im nächsten Geschäftsjahr mitwirken sollen; dabei sind auch die Vertretungsverhältnisse zu regeln. Die Liste erstellt der Vorsitzende nach Anhörung der beiden nach dem Lebensalter ältesten anwaltlichen Beisitzer. An deren Wünsche und Vorstellungen ist der Vorsitzende aber bei der Aufstellung der Liste nicht gebunden; er stellt sie nach pflichtgemäßem Ermessen auf. 3

Der Vorsitzende ist im Laufe des Geschäftsjahres sodann an die Liste gebunden. Er darf den als nächsten Aufgeführten nicht etwa dann übergehen, wenn der Übernächste in dem zur Verhandlung anstehenden Fall besondere Fachkenntnisse hat. 4

Ein Übergehen ist nur dann zulässig, wenn der Nächstberufene für die Sitzung durch Krankheit, Urlaub, Ausschließung von der Ausübung des Richteramtes (§ 22 StPO iVm § 116 S. 2) verhindert ist (vgl. auch ErfK/*Koch,* 15. Aufl. 2015, ArbGG § 31 Rn. 2). Wird der Nächstaufgeführte übergangen, so bedeutet das nur dann eine nicht vorschriftsmäßige Besetzung des Gerichts, wenn der Vorsitzende willkürlich gehandelt hat; das nur irrtümliche Übergehen berührt die ordnungsgemäße Besetzung des Gerichts nicht (BVerfGE 18, 344 = NJW 1965, 1219; BVerfGE 22, 282, 286). § 111 setzt eine Besetzung des Senats mit mehr als zwei (früher drei) anwaltlichen Beisitzern voraus (BGH BRAK-Mitt. 1985, 228; → § 106 Rn. 8). 5

§ 112 Entschädigung der anwaltlichen Beisitzer

Für die Aufwandsentschädigung der anwaltlichen Beisitzer und für den Ersatz ihrer Reisekosten gilt § 103 Abs. 6 entsprechend.

Hinsichtlich Aufwandsentschädigung und Ersatz der Reisekosten sind die anwaltlichen Beisitzer im Senat für Anwaltssachen bei dem BGH den anwaltlichen Beisitzern in den Senaten des AGH gleichgestellt. Der Anspruch besteht gegenüber der Bundeskasse. Im Übrigen kann auf → § 103 Rn. 16 ff. verwiesen werden. 1

Vierter Abschnitt. Das gerichtliche Verfahren in verwaltungsrechtlichen Anwaltssachen

Vorbemerkung (Vor § 112a)

Schrifttum zum 4. Abschnitt: *Dahns,* Gesetz zur Modernisierung von Verfahren im anwaltlichen Berufsrecht, NJW-Spezial 2008, 286; *Güldenzoph,* Existiert ein Akteneinsichtsrecht für den Beschwerdeführer in berufsaufsichtsrechtlichen Beschwerdeverfahren bei den Rechtsanwaltskammern?, BRAK-Mitt. 2011, 4; *Johnigk/Kirchberg,* Die Neuregelung der verwaltungsrechtlichen Anwaltssachen, BRAK-Mitt. 2009, 214; *Kirchberg,* Die Anwaltsgerichtsbarkeit nicht auszehren!, AnwBl. 2015, 44; *Kleine-Cosack,* Novellierung des berufsrechtlichen Verfahrensrechts, AnwBl. 2009, 619; *ders.,* Massive Rechtsschutzverkürzung beim Widerruf der Anwaltszulassung, AnwBl. 2011, 939; *Kothe,* Überfällige Entrümpelung oder Erosion des Rechtsstaats?, AnwBl. 2009, 96; *Neuenfeld,* Das Verfahren der Anwaltsgerichtshöfe nach der Verwaltungsgerichtsordnung, AnwBl. 2009, 749; *Quaas,* Erste Erfahrungen mit den neuen Verfahrensregelungen für die verwaltungsrechtlichen Anwaltssachen, DVBl. 2012, 1413; *Quaas/Dahns,* BRAO-Reform, die nächste – Modernisierung von Verfahren im anwaltlichen Berufsrecht, NJW 2009, 2705; *Rennert,* Das Recht der Freien Berufe und die Verwaltungsgerichtsbarkeit, AnwBl. 2014, 905; *Seggewiße,* Das neue Verfahrensrecht ab dem 1.9.2008, Kammer Mitteilungen RAK Düsseldorf 2009, 230; *Wienhues,* Gibt es das Widerspruchsverfahren noch?, BRAK-Mitt. 2009, 111.

Das gerichtliche Verfahren in verwaltungsrechtlichen Anwaltssachen wurde durch das Gesetz zur Modernisierung von Verfahren im anwaltlichen und notariellen Berufsrecht, zur Errichtung einer Schlichtungsstelle der Rechtsanwaltschaft sowie zur Änderung sonstiger Vorschriften vom 30.7.2009 (BGBl. I S. 2449) den Grundsätzen verwaltungsrechtlicher Streitigkeiten der VwGO unterstellt; der Verweis auf das FGG und die Vorschriften der §§ 37 ff. aF (für Zulassungssachen), der §§ 90, 91, 191 aF (für Beschlüsse und Wahlen) und des § 223 aF (für Verwaltungsakte) sind entfallen und künftig die Regelungen der VwGO maßgeblich. Die im neuen 4. Abschnitt des 5. Teils der BRAO in den §§ 112a–112g zusammengefassten Vorschriften gehen als verfahrens- 1 bzw. prozessrechtliche Sonderregelungen den allgemeinen verwaltungsrechtlichen Vorschriften als das speziellere Recht vor (§ 40 Abs. 1 S. 1 VwGO). Während die §§ 112a–112f zum 1.9.2009 in Kraft getreten sind, ist § 112g mit Wirkung vom 3.12.2011 eingefügt worden. Zum Übergangsrecht vgl. § 215 Abs. 1.

2 Der Umstand, dass nicht bereits bei Erlass der BRAO im Jahr 1959 auf die VwGO zurückgegriffen wurde, hat seinen Grund darin, dass diese erst am 1.4.1960 in Kraft getreten ist und deshalb die Grundsätze der freiwilligen Gerichtsbarkeit vom Gesetzgeber zur Anwendung im anwaltsgerichtlichen Verwaltungsverfahren gebracht worden sind.

§ 112a Rechtsweg und sachliche Zuständigkeit

(1) **Der Anwaltsgerichtshof entscheidet im ersten Rechtszug über alle öffentlich-rechtlichen Streitigkeiten nach diesem Gesetz, einer auf Grund dieses Gesetzes erlassenen Rechtsverordnung oder einer Satzung einer der nach diesem Gesetz errichteten Rechtsanwaltskammern, einschließlich der Bundesrechtsanwaltskammer, soweit nicht die Streitigkeiten anwaltsgerichtlicher Art oder einem anderen Gericht ausdrücklich zugewiesen sind (verwaltungsrechtliche Anwaltssachen).**

(2) **Der Bundesgerichtshof entscheidet über das Rechtsmittel**

1. der Berufung gegen Urteile des Anwaltsgerichtshofes,

2. der Beschwerde nach § 17a Abs. 4 Satz 4 des Gerichtsverfassungsgesetzes.

(3) **Der Bundesgerichtshof entscheidet in erster und letzter Instanz**

1. über Klagen, die Entscheidungen betreffen, die das Bundesministerium der Justiz oder die Rechtsanwaltskammer bei dem Bundesgerichtshof getroffen hat oder für die das Bundesministerium der Justiz und für Verbraucherschutz oder die Rechtsanwaltskammer bei dem Bundesgerichtshof zuständig ist,

2. über die Nichtigkeit von Wahlen und Beschlüssen der Bundesrechtsanwaltskammer und der Rechtsanwaltskammer bei dem Bundesgerichtshof.

Übersicht

I. Allgemeines

1 § 112a Abs. 1 eröffnet für alle verwaltungsrechtlichen Streitigkeiten im anwaltlichen Berufsrecht den Zugang zur Anwaltsgerichtsbarkeit (amtliche Begründung, BT-Drs. 16/11385, 40). Den Begriff der verwaltungsrechtlichen Anwaltssachen hat der Gesetzgeber gewählt in Abgrenzung einerseits zu dem im Gesetzestext und der Praxis fest etablierten Begriff des „anwaltsgerichtlichen Verfahrens" (§ 116), das sich ergänzend nach den Verfahrensvorschriften der Strafprozessordnung (StPO) richtet, und andererseits zu dem Verfahren vor den allgemeinen Verwaltungsgerichten (BGH NJW 2011, 2303 Rn. 6 = BRAK-Mitt. 2011, 143).

2 § 112 Abs. 1 S. 1 enthält die **Legaldefinition des Begriffs der verwaltungsrechtlichen Anwaltssachen.** Es muss sich um eine öffentlich-rechtliche Streitigkeit nach der BRAO, einer

aufgrund dieses Gesetzes erlassenen Rechtsverordnung (zB RAEigPrV) oder einer Satzung der RAK oder der BRAK handeln; auch die von der Satzungsversammlung erlassenen BORA und FAO fallen darunter. Unter Satzung sind auch die Geschäftsordnungen nach den §§ 63 Abs. 3, 89 Abs. 3 und § 179 Abs. 3 zu verstehen (Henssler/Prütting/*Deckenbrock* § 112a Rn. 2). Diese verwaltungsrechtlichen Anwaltssachen sind sowohl von dem in den §§ 116 ff. geregelten „anwaltsgerichtlichen Verfahren" (Disziplinarrecht) zu unterscheiden, als auch von den Verfahren der allgemeinen Verwaltungsgerichtsbarkeit. Mit § 112a wird ein Rechtsweg eröffnet, der dem Verwaltungsrechtsweg aufgrund der bundesrechtlichen Regelung in der BRAO vorgeht (§ 40 Abs. 1 S. 1 VwGO). Gegenüber § 40 Abs. 1 S. 1 VwGO ist § 112a eine **abdrängende Sonderzuweisung** (Henssler/Prütting/*Deckenbrock* § 112a Rn. 1). Handelt es sich dagegen um eine öffentlich-rechtliche Streitigkeit aus der Anwendung anderer Normen, ist der Rechtsweg zur allgemeinen Verwaltungsgerichtsbarkeit gegeben (vgl. aber die rechtswegüberschreitende Kompetenz des § 17 Abs. 2 GVG).

Die Vorschrift des § 112a wird durch § 35 EuRAG ergänzt, der eine entsprechende Rechtswegzuweisung für Streitigkeiten aus dem EuRAG und den aufgrund des EuRAG erlassenen Rechtsverordnungen vorsieht. Das führt zu einer leichten Ausweitung der Zuständigkeit der Anwaltsgerichtsbarkeit (Gaier/Wolf/Göcken/*Schmidt-Räntsch* § 112a Rn. 3) obwohl die amtliche Begründung davon ausgeht, dass sich keinerlei Änderung ergeben hat (BT-Drs. 16/11385, 40). 3

Mit der Neuregelung des § 112a ist **keine Rechtsschutzverkürzung** verbunden. Im Hinblick auf das alte Recht ist festzuhalten, dass, soweit Anträge auf gerichtliche Entscheidung nach § 223 aF in der Vergangenheit zulässig waren, nunmehr entsprechende Klagen auch nach neuem Recht möglich sind. 4

II. Rechtsweg

Den Regelungen in der BRAO ist eindeutig zu entnehmen, dass der Gesetzgeber die berufs- und disziplinarrechtlichen Streitigkeiten, soweit sie Rechtsanwälte betreffen, den Verwaltungsgerichten entzogen und **ausschließlich der Anwaltsgerichtsbarkeit** zugewiesen hat (BVerwG NJW 1984, 191 = BRAK-Mitt. 1983, 199). Während die anwaltlichen Disziplinarsachen der Anwaltsgerichtsbarkeit durch § 116 BRAO zugewiesen worden sind, wobei das anwaltsgerichtliche Verfahren dreistufig aufgebaut ist, erfolgt die Zuweisung aller weiteren berufsrechtlichen Streitigkeiten vor die Anwaltsgerichtsbarkeit durch § 112a, wobei in diesen verwaltungsrechtlichen Anwaltssachen das Verfahren zweizügig ausgestaltet ist. 5

Die Eröffnung des Rechtswegs zum AGH für alle öffentlich-rechtlichen Streitigkeiten nach der BRAO, einer aufgrund dieses Gesetzes erlassenen Rechtsverordnung oder einer Satzung der RAK oder der BRAK, wozu auch die von der Satzungsversammlung erlassenen Regelungen der BORA und FAO zählen, ist **umfassend und generell.** Diese Rechtswegeröffnung findet ihre Grenzen nur in den dem Anwaltsgericht oder einem anderen Gericht ausdrücklich zugewiesenen Kompetenzen (BGH NJW 2011, 2303 Rn. 14 = BRAK-Mitt. 2011, 143) Alle Streitigkeiten, in denen nicht ausnahmsweise die Zuständigkeit einer anderen Gerichtsbarkeit eröffnet ist, sind dem AGH zugewiesen. So ist der Gesichtspunkt einer „Sachnähe" etwa zu einem Aufsichtsverfahren nicht geeignet, eine Annexkompetenz des Anwaltsgerichts zu begründen (BGH NJW 2011, 2303 Rn. 14; AGH NRW BRAK-Mitt. 2014, 325, 326). 6

Der Rechtsweg vor den AGH ist in verwaltungsrechtlichen Anwaltssachen nicht nur bei Vorliegen eines Verwaltungsakts oder bei einer Anfechtung von Wahlen oder Beschlüssen gegeben. Vielmehr soll der AGH nach dem Willen des Gesetzgebers auch zuständig sein für die Gewährung von **Rechtsschutz gegen hoheitliches Verwaltungshandeln,** das nicht in die Form eines Verwaltungsakts gekleidet, gleichwohl aber geeignet ist, in die berufsrechtlich begründeten Rechte und Pflichten der Beteiligten einzugreifen oder sie einzuschränken (BT-Drs. 16/11385, S. 40; BGH NJW 2011, 2303 Rn. 11, 15 = BRAK-Mitt. 2011, 143). 7

Wenn der Rechtsweg nach § 112a in der Hauptsache eröffnet ist, gilt Gleiches für einen Antrag auf vorläufigen Rechtsschutz (BGH NJW 2011, 2303 Rn. 6 = BRAK-Mitt. 2011, 143). Dies gilt für den Antrag auf **Wiederherstellung der aufschiebenden Wirkung** (§ 80 Abs. 5 S. 1 VwGO) ebenso wie für den Antrag auf **Erlass einer einstweiligen Anordnung** (§ 123 Abs. 2 S. 1 VwGO). 8

9 Die Geltendmachung von Schadensersatzansprüchen erfolgt vor den ordentlichen Gerichten, nicht vor dem AGH (§ 40 Abs. 2 VwGO). Im Übrigen folgt aus § 17 Abs. 2 GVG eine rechtswegüberschreitende Sachkompetenz.

III. Kreis der Beteiligten

10 Als anwaltliches Berufsgericht ist der AGH nur zur Entscheidung von Streitigkeiten in Berufsangelegenheiten zwischen Rechtsanwälten, Anwaltsbewerbern, im Einzelfall auch früheren, im Rechtsanwaltsverzeichnis bereits gelöschten Rechtsanwälten, Kammerrechtsbeiständen (§ 209), niedergelassenen Anwälten aus anderen Staaten (§§ 206, 207) und hier Dienstleistungen erbringenden Anwälten aus EU-Mitgliedsstaaten (EuRAG) auf der einen Seite und dem Vorstand der RAK (§ 80 Abs. 1), der BRAK, dem BMJV (früher BMJ) (vgl. § 191e) sowie der Landesjustizverwaltung auf der anderen Seite berufen, also nur zwischen solchen, die nach der BRAO an der Gestaltung des anwaltlichen Berufsrechts aktiv beteiligt oder davon unmittelbar betroffen sind. Damit sind auch das BMJV (früher BMJ), nicht aber die Satzungsversammlung im Rahmen des § 191e Beteiligte iSd § 112a.

11 Die Klage ist somit stets gegen die Behörde zu richten, die den auf Bestimmungen der BRAO gestützten „Verwaltungsakt" erlassen hat oder nach einem Antrag auf Erlass eines solchen „Verwaltungsaktes" untätig geblieben ist. Sehr häufig wird dies eine RAK sein; dies kann vereinzelt auch eine sonstige Behörde sein. Weist eine Behörde, zB eine Landesrentenbehörde einen Rechtsanwalt, der entgegen einem Berufs- oder Vertretungsverbot vor ihr auftritt, nach § 156 Abs. 2 zurück, dann kann der Rechtsanwalt eine solche im Verwaltungsverfahren erfolgte Zurückweisung vor dem AGH durch einen Antrag gegen diese Behörde anfechten (EGH Hamm EGE VIII, 93, 94 zu § 223 aF). Ist die Zurückweisung dagegen in einem gerichtlichen Verfahren erfolgt, gelten die Vorschriften der jeweiligen Verfahrensordnung (im Übrigen → § 156 Rn. 11).

12 Im Einzelfall kann auch der Vorstand der RAK Kläger sein, wenn er durch eine Maßnahme der Landesjustizverwaltung in seinen Rechten verletzt ist (*Isele* § 223 Anm. IV).

13 Die BRAO räumt einem **einzelnen Bürger** nicht die Befugnis ein, eine Entscheidung des AGH nach § 112a zu beantragen (EGH Hamm AnwBl. 1977, 82). Für **Dritte** ist der **Rechtsweg zur Anwaltsgerichtsbarkeit** auch dann **nicht** eröffnet, wenn diese ihren Klageanspruch aus Vorschriften der BRAO herzuleiten suchen, sie anwaltliches Fehlverhalten zu ihrem Nachteil geltend machen (BGH BRAK-Mitt. 1998, 41). Denn ein solcher Anspruch eines Bürgers wäre nicht dem Sachgebiet des anwaltlichen Berufsrechts zuzuordnen, er wäre nicht berufsrechtlicher, sondern allgemein öffentlich-rechtlicher Natur. Dass sich die Gerichtsbarkeit des AGH auch nach § 112a nur auf Berufsangehörige iSd Berufsordnung, Berufsbewerber und ehemalige Rechtsanwälte beschränkt, kommt im Wortlaut dieser Vorschrift zwar nicht zum Ausdruck; diese Einschränkung wird vielmehr als selbstverständlich vorausgesetzt. Sie ist in der Natur der Anwaltsgerichtsbarkeit als besonderer Gerichtsbarkeit nach Art. 101 Abs. 2 GG begründet. Diese Gerichte sind nur für ein bestimmtes Sachgebiet, das anwaltliche Berufsrecht, abstrakt und generell zur Entscheidung berufen. Die Beschränkung auf dieses Sachgebiet enthält notwendigerweise zugleich eine Beschränkung auf einen bestimmten Personenkreis (BVerfGE 26, 186, 192 = NJW 1969, 2192; VGH Mannheim NJW 1982, 2011; AGH BW NJW 2008, 1967 = BRAK-Mitt. 2008, 75).

14 Daher ist für die Klage des Mandanten eines Rechtsanwalts auf Verpflichtung des Vorstands der RAK, seine berufsrechtliche Überwachungspflicht wahrzunehmen (§ 73 Abs. 2 Nr. 4), nicht der Rechtsweg zum AGH (BGH BRAK-Mitt. 1997, 256; 1998, 41), sondern der Verwaltungsgerichtsweg gegeben (VGH Mannheim NJW 1982, 2011; VG Freiburg NJW 1978, 697; vgl. auch BVerwG NJW 1993, 2066; VG Köln BeckRS 2012, 51703; **aA,** aber ohne nähere Begründung, EGH Hamm EGE IX, 147; zur Unzulässigkeit der Klage eines Dritten gegen eine RAK vor dem Verwaltungsgericht festzustellen, dass deren Mitglieder berechtigt sind, für ihre Anwaltstätigkeit auf Juristen-Info-Tafeln zu werben vgl. VG Neustadt MDR 1999, 1231 = BRAK-Mitt. 1999, 276). Auch die Klage eines Bürgers an den AGH auf gerichtliche Entscheidung gegen den Bescheid des Vorstands der RAK, dass zu berufsrechtlichen Maßnahmen gegen einen Rechtsanwalt kein Anlass bestehe, ist unzulässig (EGH Celle AnwBl. 1976, 28; noch ungenau EGH Hamm EGE IX, 147, der auf das Fehlen eines „Verwaltungsaktes" und einer Beschwer abstellte). Ebenso können die Angehörigen eines verstorbenen Rechtsanwalts auch nicht nach § 112a gegen die RAK auf Auszahlung des Sterbegeldes aufgrund einer Sterbegeld-

ordnung der RAK klagen. Insoweit müssen sie Leistungsklage vor dem VG erheben (VG München BRAK-Mitt. 1993, 229).

Vor die Anwaltsgerichtsbarkeit gehört auch nicht die Klage eines Mandanten auf Auskunft über die Haftpflichtversicherung des Rechtsanwalts (AGH BW NJW 2008, 1967 = BRAK-Mitt. 2008, 75; VG Hamburg BRAK-Mitt. 2011, 97; AnwG Brandenburg AnwBl. 2010, 716, nur Ls.). Dies ist jedoch anders, wenn ein Rechtsanwalt klageweise die Erteilung einer solchen Auskunft durch die RAK verhindern will (BGH NJW 2013, 234 = BRAK-Mitt. 2013, 39). 15

Auch ein **ehemaliger Rechtsanwalt** kann gegen „Verwaltungsakte", die im Hinblick auf seine frühere Anwaltseigenschaft noch nach der BRAO ergehen, nach § 112a vorgehen. So kann ein früherer Rechtsanwalt, dessen Zulassung zur Rechtsanwaltschaft erloschen (§ 13), zurückgenommen oder widerrufen (§ 14) ist, die Bestellung eines Abwicklers für seine Kanzlei (§ 55 Abs. 6) anfechten (BGH EGE XIV, 138; EGH Frankfurt BRAK-Mitt. 1987, 93). Ein früherer Rechtsanwalt kann auch die Festsetzung der Vergütung des Abwicklers durch die RAK mit der Anfechtungsklage vor dem AGH angreifen (Hartung/*Scharmer* § 55 Rn. 104); dies gilt auch für den **Erben eines Rechtsanwalts** (**aA** NdsAGH Urteil vom 10.12.2012 – AGH 2/12). Lehnt der Kammervorstand das Gesuch eines früheren Rechtsanwalts ab, weiterhin an der Sterbegeldeinrichtung der Kammer teilnehmen zu dürfen, kann er diese Entscheidung vom AGH überprüfen lassen (BGH EGE VII, 95; AGH RhPf BeckRS 2012, 00822). Auch den Widerruf einer Erlaubnis nach § 17 Abs. 2 S. 1 kann der frühere Rechtsanwalt nach § 112a anfechten. 16

In seltenen Ausnahmefällen wird auch der **Vorstand der RAK** gegen die Landesjustizverwaltung gerichtlich vorgehen können, wenn er durch eine Maßnahme der Landesjustizverwaltung in seinen Rechten nach der BRAO verletzt ist. 17

Im Fall der Aufhebung der Satzung oder von Teilen derselben durch das BMJV (früher BMJ) (§ 191e) ist die BRAK aktivlegitimiert, wenn das BMJV (früher BMJ) einen Beschluss der Satzungsversammlung nach § 191c beanstandet (BGHZ 187, 31 Rn. 10 = NJW 2010, 3787 = BRAK-Mitt. 2010, 267; → Rn. 46). 18

IV. Sachliche Zuständigkeit des AGH

Entsprechend der bisherigen Rechtslage regelt § 112a Abs. 1 die sachliche Zuständigkeit der Anwaltsgerichtshöfe. Sie sind in verwaltungsrechtlichen Anwaltssachen ausschließlich **erstinstanzlich** zuständig, sofern die erstinstanzliche Zuständigkeit nicht nach § 112 Abs. 3 dem BGH zugewiesen ist. 19

1. Zuständigkeit für Zulassungssachen. In erster Linie fallen in die Zuständigkeit der Anwaltsgerichtshöfe in verwaltungsgerichtlichen Anwaltssachen **Zulassungsangelegenheiten,** somit Streitigkeiten über die Zulassung zur Rechtsanwaltschaft (§ 6) und die Rücknahme bzw. den Widerruf der Zulassung (§ 14). Hierzu gehören auch Streitigkeiten im Zusammenhang mit der Anordnung auf Vorlage eines ärztlichen Gutachtens (§ 15). Ausgenommen sind Streitigkeiten über die Zulassung als Rechtsanwalt beim BGH, in denen ausschließlich der BGH zuständig ist (§ 112a Abs. 3 Nr. 1). 20

2. Zuständigkeit für Wahl- und Beschlussanfechtungen. Die erstinstanzliche Zuständigkeit des AGH bezieht sich auch auf **Klagen gegen Wahlen und Beschlüsse der Rechtsanwaltskammern.** Das diesbezügliche Verfahren ist in § 112f geregelt; es gilt nicht in Bezug auf Beschlüsse der Satzungsversammlung. Bei Aufhebung der Satzung oder Teilen derselben durch das BMJV (früher BMJ) (§ 191e) ist lediglich die BRAK aktivlegitimiert; für die Anfechtungsklage ist ausschließlich der BGH zuständig (BGHZ 187, 31 Rn. 10 = NJW 2010, 3787 = BRAK-Mitt. 2010, 267). Ebenfalls ist der BGH zuständig für die Anfechtung von Wahlen und Beschlüssen der BRAK und der RAK beim BGH. 21

3. Zuständigkeit für Normenkontrolle. Ein **Normenkontrollverfahren nach § 47 VwGO** ist aufgrund der Bestimmung in § 112c Abs. 2 S. 1 in der BRAO nicht vorgesehen. Im Hinblick auf die gerichtliche Überprüfbarkeit von Wahlen und Beschlüssen wurde für die Zulassung eines Normenkontrollverfahrens kein Bedürfnis gesehen (amtliche Begründung, BT-Drs. 16/11385, 29). 22

4. Zuständigkeit für sonstige berufsrechtliche Streitigkeiten. Da der AGH erstinstanzlich für alle anderen nicht dem BGH zugewiesenen berufsrechtlichen Streitigkeiten verwaltungsrecht- 23 licher Art zuständig ist, ist von ihm auch **„sonstiges Verwaltungshandeln"** auf Antrag zu überprüfen.

Als Beispiele für derartige Klagen gegen sonstiges Verwaltungshandeln sind zu nennen:

24 – nach der **FAO** im Zusammenhang mit der Gestattung des Führens von Fachanwaltsbezeichnungen sowie mit dem Widerruf solcher Gestattungen;
– gegen **missbilligende Belehrungen (belehrende Hinweise)** der RAK, also gegen Beanstandungen berufsrechtlichen Verhaltens, die noch keine Rüge iSd §§ 73 ff. darstellen (BGH BeckRS 2014, 04687);
– betreffend die **Befreiung von der Kanzleipflicht** nach §§ 29, 29a;
– betreffend die **Bestellung eines Vertreters** nach § 53 Abs. 1 oder eines von Amts wegen zu bestellenden Vertreters nach § 53 Abs. 3 und dessen Vergütung (Gaier/Wolf/Göcken/*Schmidt-Räntsch* § 112a Rn. 10);
– betreffend die **Abwicklerbestellung,** § 55;
– betreffend das Begehren eines Rechtsanwalts, die RAK künftig an der **Weitergabe vertraulicher Aktenbestandteile** an nicht auskunftsberechtigte Dritte zu hindern; dies ist gegen ein hoheitliches, nicht in Form eines Verwaltungsakts ergehendes Verwaltungshandeln gerichtet; für eine entsprechende Unterlassungsklage ist der AGH zuständig (BGH NJW 2011, 2303 Rn. 11 ff. = BRAK-Mitt. 2011, 143);
– vor den AGH gehört auch die Klage eines Rechtsanwalts gegen die **Erteilung einer Auskunft über seine Haftpflichtversicherung** an den Mandanten (BGH NJW 2013, 234 = BRAK-Mitt. 2013, 39);
– bei Eintragungen in das **Rechtsanwaltsverzeichnis** (BGH NJW-RR 2013, 253).

25 Weitere Beispiele für Klagen gegen sonstiges Verwaltungshandeln, für die der AGH zuständig ist:

– bei **Unterrichtung eines Beschwerdeführers** über den Ausgang des aufsichtsrechtlichen Verfahrens vor der Kammer durch ein Mitglied des Beschwerdeausschusses der RAK (EGH Stuttgart BRAK-Mitt. 1985, 56);
– bei **Mitgliedschaft der RAK** im Landesverband der freien Berufe (EGH Frankfurt BRAK-Mitt. 1985, 170; BGH BRAK-Mitt. 1986, 104; → § 89 Rn. 8 ff.);
– bei Versagung der Führung eines **ausländischen akademischen Grades** (EGH Bremen EGE IX, 141, 142 f.; VGH Mannheim BeckRS 2012, 54976);
– bei vollstreckbaren Zahlungsaufforderungen nach § 84 Abs. 1;
– bei Ablehnung des Antrags auf Herabsetzung des **Kammerbeitrags** (OVG Berlin AnwBl. 1983, 288); und bei Schätzung des Zuschlags zum **Kammergrundbeitrag** (AGH RhPf BRAK-Mitt. 2005, 88);
– bei der Einforderung von **Sterbegeldzahlungen** und Umlagen aufgrund einer Sterbegeldregelung einer RAK;
– bei Herausgabe sogenannter **„Vortrittslisten"** durch eine RAK (BVerwG NJW 1984, 191 = BRAK-Mitt. 1983, 199);
– bei Verletzung der Verschwiegenheitspflicht (§ 76) durch **unzulässige Auskunftserteilung** (EGH Berlin NJW 1992, 846 = MDR 1991, 448 mit Anm. *Eich* MDR 1991, 385);
– bei Ablehnung des Antrags, dass in der **Sitzung einer Kammerversammlung** Tagesordnungspunkte abzuhandeln sind, die das Verhalten des Kammervorstands dem Rechtsanwalt gegenüber in verschiedenen Verfahren betrifft (AGH BW BRAK-Mitt. 2005, 88 AGH Hmb AnwBl. Online 2011, 216, 217);
– bei Beschränkungen der **Einsichtnahme in Personal- und Beschwerdeakten** (BGH NJW-RR 2014, 883; BGH NJW 2013, 2907 = BRAK-Mitt. 2013, 232; NdsAGH NJW-RR 2013, 116);
– bei Streit über den Anspruch eines Rechtsanwalts gegen die BRAK, dass diese **zukünftige Einwirkungen auf den Deutschen Anwaltsverein** unterlässt, durch die kritische Äußerungen des Rechtsanwalts über die BRAK im Anwaltsblatt unterbunden werden sollen (OVG Münster NJW 1995, 3403).

26 **5. Zuständigkeit in Zwangsgeldverfahren.** Verfahren auf Entscheidung gegen die **Androhung oder Festsetzung eines Zwangsgelds** nach § 57 Abs. 3 sind weder als verwaltungsrechtliche Anwaltssachen nach § 112a noch als anwaltsgerichtliche Verfahren nach § 116 einzuordnen.

Die Zuständigkeit des AGH wird hier durch § 57 Abs. 3 S. 1 geregelt; in § 57 Abs. 3 S. 5 wird die Anwendbarkeit der StPO angeordnet.

6. Fälle der Unzuständigkeit. Unzuständig ist der AGH, wenn keine öffentlich-rechtlichen Streitigkeiten nach der BRAO vorliegen. Dies ist insbesondere bei Streitigkeiten in Bezug auf die **anwaltlichen Versorgungswerke** gegeben. Deren Rechte und Pflichten sind in den Rechtsanwaltsversorgungsgesetzen der Länder geregelt. Die Versorgungswerke sind keine Fürsorgeeinrichtungen iSd § 89 Abs. 2 Nr. 3; diese sind die gesetzlichen Träger der Alters-, Invaliden- und Hinterbliebenenversorgung der Rechtsanwälte mit gesetzlicher Mitgliedschaft (→ § 89 Rn. 19 f.). Insoweit sind ausschließlich die Verwaltungsgerichte zuständig. Die Zuständigkeit ist auch nicht gegeben bei der Zurückweisung eines Rechtsanwalts durch eine Gemeindebehörde wegen Nichtbeachtung eines **kommunalrechtlichen Vertretungsverbots.** 27

Ferner ist der AGH nicht zuständig, wenn die Streitigkeit **ausdrücklich dem Anwaltsgericht** zugewiesen ist (BGH NJW 2011, 2303 Rn. 6 = BRAK-Mitt. 2011, 143). 28

Auch wenn die **gerichtliche Beiordnung** nach § 48 und die Bestellung als **Pflichtverteidiger** nach § 49 ihrer Natur nach Verwaltungsverfahren darstellen (Henssler/Prütting/*Deckenbrock* § 112a Rn. 16), erfolgen Bestellung und ihre Aufhebung nicht durch den AGH, sondern durch das für das jeweilige Verfahren zuständige Gericht. 29

Für die Geltendmachung von **Schadensersatzansprüchen** ist die Zuständigkeit der ordentlichen Gerichte, nicht die des AGH, gegeben (§ 40 Abs. 2 VwGO). Auch wenn für Ansprüche nach Bundes- bzw. Landes-IFG die Verwaltungsgerichte zuständig sind, kann sich eine Entscheidungskompetenz des AGH aus den §§ 173 S. 1 VwGO, 17 Abs. 2 GVG ergeben. 30

Für eine Entschädigungsklage wegen eines **überlangen Verfahrens vor dem AGH** ist ausschließlich zuständig das OLG (§ 112g S. 1 iVm § 201 Abs. 1 S. 1 GVG). Örtlich zuständig ist dasjenige OLG, bei dem der AGH nach § 100 Abs. 1 S. 1, Abs. 2 seinen Sitz hat. Auch für die Fälle der **Amtshaftung** nach § 839 BGB ist nicht der AGH zuständig; vielmehr ist die Sonderzuständigkeit der ordentlichen Gerichtsbarkeit begründet. 31

V. Sachliche Zuständigkeit des BGH

1. BGH als Rechtsmittelgericht. § 112a Abs. 2 Nr. 1 legt den Umfang der Rechtsmittelzuständigkeit des BGH in verwaltungsrechtlichen Anwaltssachen fest. Danach entscheidet der BGH über das Rechtsmittel der **Berufung gegen Urteile sowie gegen Gerichtsbescheide** (→ § 112e Rn. 4 ff.) des AGH sowie der **Beschwerde nach § 17a Abs. 4 S. 4 GVG.** 32

a) Rechtsmittel der Berufung. Nach § 112a Abs. 2 Nr. 1 ist Rechtsmittel gegen Urteile und Gerichtsbescheide des AGH die **Berufung,** zu deren Entscheidung der BGH für zuständig erklärt wird. Damit ist in verwaltungsrechtlichen Anwaltssachen eine zweite Tatsacheninstanz gegeben. Das Rechtsmittel der Berufung kann jedoch nur dann eingelegt werden, wenn die Berufung vom AGH oder vom BGH zugelassen wird (§ 112e). Auch das Zulassungsverfahren ist von dem Begriff des „Rechtsmittels der Berufung“ mitumfasst (Gaier/Wolf/Göcken/*Schmidt-Räntsch* § 112a Rn. 12) und fällt deshalb in die Zuständigkeit des BGH. 33

b) Rechtsmittel der Beschwerde. Rechtsmittelgericht ist der BGH nach § 112a Abs. 2 Nr. 2 auch für **Beschwerden nach § 17a Abs. 4 S. 4 GVG.** Mit dieser Vorschrift wird das Rechtsmittel der Beschwerde ausschließlich für den geregelten Fall eröffnet. 34

Die **Beschwerde nach § 17a Abs. 4 S. 4 GVG** bedarf der Zulassung durch den AGH. Gegen eine Nichtzulassung der Beschwerde durch den AGH ist kein Rechtsbehelf gegeben (BGH BeckRS 2012, 09053 Rn. 2). Der Anwendung des § 17 Abs. 4 S. 4 GVG steht nicht entgegen, dass die Rechtswegentscheidung in einem Verfahren des einstweiligen Rechtsschutzes getroffen worden ist (BGH NJW 2011, 2303 Rn. 3 = BRAK-Mitt. 2011, 143). § 17a Abs. 4 S. 4 GVG findet auch dann unmittelbar Anwendung, wenn der angerufene AGH seine Zuständigkeit mit der Begründung verneint, das AnwG sei zur Entscheidung über einen gestellten Antrag berufen (BGH NJW 2011, 2303 Rn. 3 = BRAK-Mitt. 2011, 143). 35

Beschlüsse sind einer Anfechtbarkeit in verwaltungsrechtlichen Anwaltssachen **durch Beschwerde weitgehend entzogen:** 36

Zwar ist für den Anwendungsbereich der VwGO in **§ 146 Abs. 1 VwGO** grundsätzlich eine Beschwerdemöglichkeit gegen Beschlüsse des VG vorgesehen; allerdings sind bereits nach § 146 Abs. 1 VwGO Ausschlüsse von einer Anfechtbarkeit mittels Beschwerde vorgesehen. Jedoch ist 37

§ 146 Abs. 1 VwGO im Hinblick auf die in § 112c Abs. 1 S. 2 enthaltene Gleichstellung des AGH mit einem OVG/VGH **nicht anwendbar;** die Gleichsetzung des AGH mit einem VG bezieht sich nach § 112e S. 2 ausdrücklich nur auf das Berufungs- und damit nicht auf das Beschwerdeverfahren.

38 Nach **§ 152 Abs. 1 VwGO** sind Entscheidungen des OVG der Anfechtbarkeit mittels Beschwerde grundsätzlich entzogen. Von den drei dort genannten Ausnahmen kommt in verwaltungsrechtlichen Anwaltssachen eine Beschwerde nach § 133 Abs. 1 VwGO von vornherein nicht in Betracht, weil sich diese auf die Nichtzulassung der Revision bezieht. Auch für die dort ebenfalls genannte Beschwerde nach § 99 Abs. 2 VwGO ist in verwaltungsrechtlichen Anwaltssachen kein Anwendungsbereich, weil die dort erfasste Vorlage- und Auskunftspflicht in verwaltungsrechtlichen Anwaltssachen nicht praktisch wird. Einen relevanten Anwendungsbereich in verwaltungsrechtlichen Anwaltssachen kann § 152 Abs. 1 VwGO deshalb allein für die Beschwerdemöglichkeit nach § 17a Abs. 4 S. 4 GVG haben.

39 Allerdings trifft § 112a Abs. 2 Nr. 2 für den Bereich der verwaltungsrechtlichen Anwaltssachen eine **eigenständige Regelung** hinsichtlich der Frage der Zulässigkeit einer Beschwerde nach § 17a Abs. 4 S. 4 GVG, so dass es insoweit eines Rückgriffs auf § 152 Abs. 1 VwGO nicht bedarf.

40 Darüber hinaus folgt aus § 112a Abs. 2 Nr. 2, dass über den dort geregelten Fall der Rechtswegbeschwerde hinaus **keine weitere Beschwerde in verwaltungsrechtlichen Anwaltssachen statthaft ist.** Dies ergibt sich daraus, dass das Gesetz allein für die Rechtswegbeschwerde nach § 17a Abs. 4 S. 4 GVG die Bestimmung des Beschwerdegerichts vorgenommen hat. Mangels gesetzlich vorgesehenen Beschwerdegerichts für anderweitige Beschwerden können diese nicht statthaft sein.

41 Eine über die Beschwerde nach § 17a Abs. 4 S. 4 GVG hinausgehende Rechtsmittelzuständigkeit des BGH für Beschwerden in verwaltungsrechtlichen Anwaltssachen ist nicht gegeben. Insbesondere ist keine Zuständigkeit für Beschwerden nach § 99 Abs. 2 VwGO gegeben (so aber Gaier/Wolf/Göcken/*Schmidt-Räntsch* § 112a Rn. 13). Abgesehen davon, dass ein praktischer Anwendungsbereich für § 99 Abs. 2 VwGO im Bereich der verwaltungsrechtlichen Anwaltssachen nicht vorstellbar erscheint, kommt eine analoge Anwendung des § 112a Abs. 2 Nr. 2 nicht in Betracht (so aber Gaier/Wolf/Göcken/*Schmidt-Räntsch* § 112a Rn. 13). Dafür fehlen nicht nur jegliche Analogievoraussetzungen; überdies ist ein Wille des Gesetzgebers, hier eine Beschwerdemöglichkeit zum BGH zuzulassen, nicht hinreichend erkennbar (amtliche Begründung, BT-Drs. 16/11385, 40 f.; im Übrigen → § 112e Rn. 9 ff.).

42 Aus der ausschließlichen Statthaftigkeit der Rechtswegbeschwerde nach § 17a Abs. 4 S. 4 GVG folgt, dass ein Rechtsmittel insbesondere **gegen folgende Beschlüsse des AGH nicht** gegeben ist (vgl. Henssler/Prütting/*Deckenbrock* § 112c Rn. 5): Anhörungsrügenzurückweisungsbeschlüsse (§ 152a Abs. 4 S. 2; BGH BeckRS 2011, 18248 Rn. 2), Befangenheitsbeschlüsse (BGH BeckRS 2015, 01419 Rn. 4; BeckRS 2013, 03513 Rn. 3), Beweisbeschlüsse, Prozesskostenhilfeverweigerungsbeschlüsse (BGH Beschluss vom 14.10.2014 – AnwZ (B) 2/12 Rn. 4 nv), Trennungsbeschlüsse, Verbindungsbeschlüsse, Verfahrenseinstellungsbeschlüsse (§ 92 Abs. 3 S. 2; BGH BeckRS 2012, 13124 Rn. 4; Beschluss vom 14.10.2014 – AnwZ (B) 2/12 Rn. 3 nv), Wiedereinsetzungsbewilligungsbeschlüsse (§ 60 Abs. 5), Wiedereinsetzungsverweigerungsbeschlüsse (BGH BeckRS 2011, 18248 Rn. 2); Entscheidung über die Erinnerung gegen den Kostenansatz (§ 193 S. 2 iVm § 66 Abs. 3 S. 3 GKG; BeckRS 2012, 13124 Rn. 5).

43 Damit sind auch Beschwerden gegen Beschlüsse des AGH in **vorläufigen Rechtsschutzverfahren** nicht mit einem Rechtsmittel angreifbar (BGH BeckRS 2013, 03514 Rn. 3). Allerdings kann bei einem anhängigen Berufungsverfahren ein neuer Antrag nach § 80 Abs. 5 VwGO bei dem BGH als dem Gericht der Hauptsache gestellt werden (BGH BeckRS 2013, 01634 Rn. 1). Zudem kann der BGH nach § 80 Abs. 7 VwGO einen bereits ergangenen Beschluss jederzeit ändern oder aufheben.

44 **2. BGH als erstinstanzliches Gericht.** Die in § 112a Abs. 3 genannten Vorgänge sind **verwaltungsrechtliche Anwaltssachen** iSd § 112a Abs. 1. Der BGH ist bezüglich der Fallgruppen in § 112a Abs. 3 Nr. 1 und 2 **erst- und letztinstanzlich** zuständig.

45 Die Zuständigkeit des BGH betrifft in § 112a Abs. 3 Nr. 1 zunächst Entscheidungen des BMJV (früher BMJ) nach § 163 S. 1 bezüglich **Rechtsanwälten beim BGH.** Dies sind insbesondere Entscheidungen über die Zulassung als BGH-Anwalt und des Erlöschens der Zu-

lassung (§ 170), die Einrichtung der Kanzlei (§ 172b), die Bestellung eines Vertreters (§§ 163 S. 1, 173, 53 Abs. 1), ebenso wie die Bestellung eines Abwicklers (§§ 63 S. 1, 173, 55). Auch findet § 112a Abs. 3 Nr. 1 Anwendung auf Entscheidungen im Zusammenhang mit den Zuständigkeiten nach § 163 S. 3, also insbesondere Entscheidungen bei der **Aufsicht über die RAK beim BGH** (§§ 163 S. 1, 62 Abs. 2).

Auch Maßnahmen der **Staatsaufsicht über die BRAK** nach § 176 Abs. 2, insbesondere die Aufhebung von Beschlüssen der Satzungsversammlung bei der BRAK (§ 191e) gehören zu den dem BMJV (früher BMJ) zugewiesenen Entscheidungen, die der Zuständigkeitsregel des § 112a Abs. 3 Nr. 1 unterliegen. Eine Klage der BRAK gegen die Aufhebung eines Satzungsbeschlusses der Satzungsversammlung ist eine öffentlich-rechtliche Streitigkeit nach der BRAO und als verwaltungsrechtliche Anwaltssache nach § 112a Abs. 3 Nr. 1 dem BGH zuständigkeitshalber zugewiesen (BGHZ 187, 31 Rn. 11 = NJW 2010, 3787 = BRAK-Mitt. 2010, 267; → Rn. 18). **46**

Von § 112a Abs. 3 Nr. 1 werden auch Wahlanfechtungen von Rechtsanwälten, die nicht in die **Vorschlagsliste für die Zulassung als Rechtsanwalt beim BGH** aufgenommen worden sind erfasst. Obwohl eine solche Wahlanfechtung sich nicht unmittelbar gegen eine Entscheidung des zur Entscheidung über die Zulassung zur Rechtsanwaltschaft beim BGH berufenen BMJV (früher BMJ) richtet, ist die Zuständigkeit des BGH gegeben, da das BMJV (früher BMJ) nur einen Bewerber zum Rechtsanwalt beim BGH berufen darf, den der Wahlausschuss für Rechtsanwälte beim BGH auch auf die Vorschlagsliste gewählt hat. Das BMJV (früher BMJ) hat keine Möglichkeit die Bewerberliste zu ändern oder dem Wahlausschuss eine solche Änderung vorzugeben. Deshalb kann das BMJV (früher BMJ) dem Zulassungsantrag von nicht auf diese Liste gewählten Bewerbern nicht entsprechen. Um Rechtsschutz zu gewähren ist zwingend die Entscheidung des BMJV (früher BMJ) aufzuheben. Die Wahlentscheidung des Richterausschusses und in Folge die Vorschlagsliste sind damit als Vorstufe für die Entscheidung des BMJV (früher BMJ) ebenfalls von der Zuständigkeitszuweisung nach § 112a Abs. 3 Nr. 1 erfasst (amtliche Begründung, BT-Drs. 16/11385, 41; vgl. VG Karlsruhe BeckRS 2014, 45666; VGH Mannheim BeckRS 2014, 51029 = BRAK-Mitt. 2014, 223, nur Ls.). **47**

Die erst- und letztinstanzliche Zuständigkeit des BGH ergibt sich aus § 112a Abs. 3 Nr. 1 auch für **Entscheidungen der RAK beim BGH.** Das sind nach § 163 S. 4 solche für die nicht durch § 163 S. 1–3 dem BMJV (früher BMJ) zugewiesenen Aufgaben; insbesondere für die Erteilung von belehrenden Missbilligungen und die Verleihung von Fachanwaltsbezeichnungen gemäß § 43c (vgl. BT-Drs. 16/12717, 56). **48**

Erst- und letztinstanzlich zuständig ist der BGH gemäß § 112a Abs. 3 Nr. 2 auch für **Anfechtungen von Wahlen und Beschlüssen der BRAK und der RAK beim BGH.** Diese Regelung tritt an die Stelle von § 163 S. 2 aF und § 191 Abs. 1 aF und erfasst Beschlüsse des Vorstands, Präsidiums und der Versammlung der RAK beim BGH und Beschlüsse des Präsidiums und der Hauptversammlung der BRAK. Ebenso sind erfasst die jeweiligen Wahlen. Mitgliedschafts- und Streitigkeiten über Organrechte in der BRAK fallen nicht in die Zuständigkeit des BGH. Diese sind vor dem AGH auszutragen (amtliche Begründung, BT-Drs. 16/11358, 41). Aus § 112f Abs. 1 erschließt sich, dass die Anfechtung von Beschlüssen der Satzungsversammlung nicht von § 112a Abs. 3 Nr. 2 erfasst wird. Solche Beschlüsse können – abgesehen von der Aufhebung durch das BMJV (früher BMJ) (§ 191e) → Rn. 18 – entsprechend der bisherigen Rechtslage nur einer mittelbaren Überprüfung unterzogen werden (Gaier/Wolf/Göcken/*Schmidt-Räntsch* § 112a Rn. 18). **49**

3. Sonstige Zuständigkeit des BGH. Sonstige Zuständigkeiten des BGH sind sowohl als Gericht der ersten Instanz als auch als Berufungsgericht für die **Gewährung einstweiligen Rechtsschutzes** gegeben. Dies gilt für den Antrag auf **Wiederherstellung der aufschiebenden Wirkung** (§ 80 Abs. 5 S. 1 VwGO) ebenso wie für den Antrag auf **Erlass einer einstweiligen Anordnung** (§ 123 Abs. 2 S. 1 VwGO). **50**

Ebenso ist der BGH für die **Bestimmung des zuständigen AGH** nach § 53 Abs. 2 VwGO zuständig (amtliche Begründung, BT-Drs. 16/11358, 41; Henssler/Prütting/*Deckenbrock* § 112a Rn. 26). **51**

VI. Verweisung

52 Für den Fall der Anrufung eines unzuständigen Gerichts gilt **§ 83 VwGO** für eine Verweisung innerhalb der Verwaltungsgerichtsbarkeit, in verwaltungsrechtlichen Anwaltssachen also für das Verhältnis des AGH und BGH zueinander (vgl. etwa den Fall BGH BeckRS 2015, 04593). Die Rechtswegverweisung regelt **§ 17a GVG.** Das Gericht hat den Rechtsstreit nach Anhörung der Parteien an das zuständige Gericht des zulässigen Rechtswegs zu verweisen (BVerwG BRAK-Mitt. 1993, 112; AGH BW NJW 2008, 1967). Damit findet § 17a Abs. 4 GVG auch dann unmittelbar Anwendung, wenn der angerufene AGH seine Zuständigkeit mit der Begründung verneint, das AnwG sei zur Entscheidung über einen gestellten Antrag berufen (BGH NJW 2011, 2303 Rn. 6 = BRAK-Mitt. 2011, 143).

53 Die rechtskräftige Bejahung der Zulässigkeit des Rechtswegs bindet nach § 17a Abs. 1 GVG auch alle anderen Gerichte. Dies kann nach § 17a Abs. 3 S. 1 GVG vorab ausgesprochen werden; eine Verpflichtung zu einer solchen Vorabentscheidung besteht nach § 17a Abs. 3 S. 2 GVG, wenn die Unstatthaftigkeit des gewählten Rechtswegs gerügt wird. Hält das angerufene Gericht den gewählten Rechtsweg für unzulässig, ist das Verfahren nach Gewährung rechtlichen Gehörs gemäß § 17a Abs. 2 GVG an das zuständige Gericht des zulässigen Rechtswegs zu verweisen. Diese Verweisung ist nach § 17a Abs. 2 S. 3 GVG hinsichtlich des Rechtswegs bindend, hat also aufdrängende Wirkung.

§ 112b Örtliche Zuständigkeit

[1] Örtlich zuständig ist der Anwaltsgerichtshof, der für den Oberlandesgerichtsbezirk errichtet ist, in dem der Verwaltungsakt erlassen wurde oder zu erlassen wäre; für hoheitliche Maßnahmen, die berufsrechtliche Rechte und Pflichten der Beteiligten beeinträchtigen oder verwirklichen, gilt dies sinngemäß. [2] In allen anderen Angelegenheiten ist der Anwaltsgerichtshof zuständig, der für den Oberlandesgerichtsbezirk errichtet ist, in dem der Beklagte seinen Sitz, seine Kanzlei oder ansonsten seinen Wohnsitz hat.

I. Allgemeines

1 In § 112b wird die **örtliche Zuständigkeit des AGH** geregelt. Die gewählte Formulierung „der für den Oberlandesgerichtsbezirk errichtet ist", hat ihren Grund in § 100 Abs. 2. Nach § 100 Abs. 1 S. 1 ist bei jedem OLG ein AGH zu errichten. Allerdings besteht nach § 100 Abs. 2 S. 1 in einem Land mit mehreren Oberlandesgerichten die Möglichkeit für die Bezirke aller oder mehrerer Oberlandesgerichte die Errichtung eines gemeinsamen AGH durch die Landesregierung anzuordnen. Gestützt auf § 100 Abs. 2 S. 1 sind Anwaltsgerichtshöfe für die Oberlandesgerichtsbezirke Karlsruhe und Stuttgart beim OLG Stuttgart, für die Oberlandesgerichtsbezirke Bamberg, Nürnberg und München beim OLG München, für die Oberlandesgerichtsbezirke Braunschweig, Celle und Oldenburg beim OLG Celle, für die Oberlandesgerichtsbezirke Düsseldorf, Hamm und Köln beim OLG Hamm sowie für die Oberlandesgerichtsbezirke Koblenz und Zweibrücken beim OLG Koblenz eingerichtet worden. In den neuen Bundesländern wurde jeweils nur ein AGH gebildet; für die dortigen Oberlandesgerichtsbezirke gilt die Regelung des § 100 Abs. 1 S. 1.

II. Zuständigkeit für Anfechtungs- und Verpflichtungsklagen (S. 1 Hs. 1)

2 In § 112b S. 1 Hs. 2 wird die Zuständigkeit geregelt, soweit ein Verwaltungsakt erlassen wurde oder zu erlassen wäre, also für **Anfechtungs- und Verpflichtungsklagen,** zB beim Widerruf der Zulassung, der Nichtverbescheidung oder der Ablehnung von (Zulassungs-)Anträgen. Erfasst wird auch die sog. **Untätigkeitsklage** nach § 75 VwGO (vgl. Gaier/Wolf/Göcken/*Schmidt-Räntsch* § 112b Rn. 3), die unter den dort normierten Voraussetzungen für Anfechtungs- und Verpflichtungsklagen den Klageweg eröffnet, ohne dass ein Bescheid der Ausgangsbehörde bzw. ein Widerspruchsbescheid vorliegen müsste.

3 Über die Verweisungskette des § 33 Abs. 3 (örtliche Zuständigkeit der RAK), § 60 Abs. 2 (Sitz der RAK am Ort des OLG) und § 100 Abs. 1 bzw. Abs. 2 (Bildung des AGH) wird damit die

örtliche Zuständigkeit abschließend festgelegt. Die Regelung orientiert sich an der in § 52 Nr. 1 S. 1 und 5 VwGO allgemein für Anfechtungs- und Verpflichtungsklagen getroffenen Bestimmung der örtlichen Zuständigkeit.

Die örtliche Zuständigkeit richtet sich deshalb grundsätzlich nach § 33 Abs. 3 S. 1 Nr. 1, so 4 dass es auf **die RAK ankommt, deren Mitglied der Rechtsanwalt** ist (§ 12 Abs. 3). Für das Verwaltungsverfahren räumt § 3 Abs. 3 VwVfG der RAK die Möglichkeit einer nach ihrem Ermessen zu treffenden **Fortführungsentscheidung** unter den dort normierten Voraussetzungen ein. Auf eine Zustimmung der nunmehr zuständigen RAK bezogen auf die Durchführung eines gerichtlichen Verfahrens durch die bisher zuständige RAK kommt es, wie § 112d Abs. 1 Nr. 1 zeigt, nicht an (BGH BeckRS 2013, 04942 Rn. 3). Soweit ein Antragsteller die Zulassung zur Rechtsanwaltschaft begehrt, kommt es nach § 33 Abs. 3 Nr. 1 auf die RAK an, deren Mitglied er werden möchte. Begehrt eine Gesellschaft ihre Zulassung als Rechtsanwaltsgesellschaft, kommt es nach § 33 Abs. 3 S. 1 Nr. 3 auf den Sitz dieser Gesellschaft an. Erstrebt ein Rechtsanwalt eine Umzulassung in eine andere RAK kommt es nach § 33 Abs. 3 S. 2 auf die RAK an, bei der die Aufnahme beantragt wird.

III. Zuständigkeit bei sonstigen hoheitlichen Maßnahmen (S. 1 Hs. 2)

Nach § 112b S. 1 Hs. 2 ist bei sonstigen hoheitlichen Maßnahmen, welche nach § 35 VwVfG 5 keine Verwaltungsakte sind, die jeweilige Kammermitgliedschaft des Rechtsanwalts ausschlaggebend. Hier kommen etwa in Betracht Streitigkeiten über Eintragungen im Rechtsanwaltsverzeichnis nach § 31 (vgl. BGH NJW-RR 2013, 253 = BRAK-Mitt. 2013, 38), über die Einsicht in Personalakten, über die Weitergabe von vertraulichen Personalaktenbestandteilen an nicht auskunftsberechtigte Dritte (vgl. BGH NJW-RR 2011, 2303 Rn. 11 = BRAK-Mitt. 2011, 143) oder über die Veröffentlichungen der RAK (Gaier/Wolf/Göcken/*Schmidt-Räntsch* § 112b Rn. 6). Insoweit gelten für die Bestimmung der örtlichen Zuständigkeit des AGH obige Ausführungen entsprechend. Die Regelung macht einen Streit über die Abgrenzung von Verwaltungsakten und sonstigen hoheitlichen Maßnahmen für die Bestimmung der örtlichen Zuständigkeit entbehrlich (vgl. Gaier/Wolf/Göcken/*Schmidt-Räntsch* § 112b Rn. 5).

IV. Auffangzuständigkeit (S. 2)

Eine Auffangzuständigkeit wird in § 112b S. 2 normiert. Es geht dabei um die Zuständigkeit 6 des AGH für Streitigkeiten, die nicht im Verhältnis zwischen dem Rechtsanwalt und der RAK angesiedelt sind, weil in ihrem Verhältnis stets ein Verwaltungsakt oder eine sonstige hoheitliche Maßnahme im Streit stehen wird. Diese Auffangzuständigkeit gilt für das Vorgehen gegen Wahlen und Beschlüsse der RAK durch die Landesjustizverwaltung (so die amtliche Begründung, BT-Drs. 16/11385, 41) oder Organstreitigkeiten innerhalb der RAK.

V. Gerichtliche Zuständigkeitsbestimmung durch den BGH

In Ansehung der umfassenden Regelung in § 112b sind Streitigkeiten über die örtliche 7 Zuständigkeit des AGH nicht in nennenswerter Zahl zu erwarten. Soweit dennoch Unklarheiten entstehen, hat nach § 112c Abs. 1 S. 1 iVm § 53 VwGO der BGH darüber zu entscheiden, der nach § 53 Abs. 3 von den am Rechtsstreit Beteiligten sowie seitens des befassten Gerichts angerufen werden kann.

Der Anwaltssenat des BGH entscheidet als das übergeordnete Gericht nach § 53 Abs. 1 Nr. 1, 8 Abs. 3 VwGO auch dann, wenn das zur Entscheidung berufene Gericht im Falle der Ablehnung von Richtern beschlussunfähig wird (so in BGH BeckRS 2005, 13010 zu § 45 Abs. 3 ZPO). Eine auf die Ablehnung von Richtern gestützte Gerichtsbestimmung nach § 53 VwGO kommt erst in Betracht, wenn das an sich zuständige Gericht durch die erfolgreiche Ablehnung von Richtern nicht mehr spruchfähig ist. Eine eventuelle vorübergehende Verhinderung des zuständigen Gerichts bis zur Entscheidung über das Ablehnungsgesuch durch Wartepflichten nach § 47 ZPO erfüllt die Voraussetzungen für eine Gerichtsbestimmung nach § 53 VwGO nicht (BGH BeckRS 2013, 02933 Rn. 6; 2013, 02934 Rn. 6).

VI. Fortgeltung einmal begründeter Zuständigkeit

9 Eine Kanzleiverlegung während eines rechtshängigen gerichtlichen Verfahrens berührt die örtliche Zuständigkeit des angerufenen AGH nicht. Es gilt der Grundsatz der Fortdauer der Zuständigkeit **(perpetuatio fori),** wie er in § 261 Abs. 3 Nr. 2 ZPO, § 83 S. 1 iVm § 17 Abs. 1 S. 1 GVG seinen allgemeinen Ausdruck gefunden hat.

§ 112c Anwendung der Verwaltungsgerichtsordnung

(1) [1] **Soweit dieses Gesetz keine abweichenden Bestimmungen über das gerichtliche Verfahren enthält, gelten die Vorschriften der Verwaltungsgerichtsordnung entsprechend.** [2] **Der Anwaltsgerichtshof steht einem Oberverwaltungsgericht gleich; § 112e bleibt unberührt.**

(2) [1] **Die Vorschriften der Verwaltungsgerichtsordnung über die Mitwirkung ehrenamtlicher Richter sowie die §§ 35, 36 und 47 der Verwaltungsgerichtsordnung sind nicht anzuwenden.** [2] **Die Fristen des § 116 Abs. 2 und des § 117 Abs. 4 der Verwaltungsgerichtsordnung betragen jeweils fünf Wochen.**

(3) **Die aufschiebende Wirkung der Anfechtungsklage endet abweichend von § 80b der Verwaltungsgerichtsordnung mit der Unanfechtbarkeit des Verwaltungsaktes.**

Übersicht

I. Regelungsgehalt

1 § 112c Abs. 1 S. 1 bestimmt, dass für das gerichtliche Verfahren gegen Entscheidungen der RAK sowie gegen andere Verwaltungsbehörden in verwaltungsrechtlichen Anwaltssachen die **Verwaltungsgerichtsordnung** Anwendung findet. Diese Regelung tritt an die Stelle des früheren Verweises in § 40 Abs. 4 aF auf die Bestimmungen des ebenfalls aufgehobenen FGG.

2 § 112c Abs. 1 S. 2 Hs. 1 ordnet die **Gleichstellung des AGH mit einem OVG** an. Die Anordnung in 112c Abs. 1 S. 2 Hs. 2, dass § 112e unberührt bleibe, bedeutet, dass die Gleichstellung des AGH mit einem OVG nicht gilt, soweit das Gesetz eine andere Zuordnung vorsieht. Diese ist in § 112e S. 2 gegeben, weil danach **für das Berufungsverfahren der AGH einem VG und der BGH einem OVG** gleichgestellt wird. Damit ergibt sich, dass im Berufungsverfahren der BGH dem OVG/VGH gleichsteht, während im erstinstanzlichen Verfahren der AGH dem OVG/VGH gleichsteht.

3 § 112c Abs. 2 S. 1 sieht vor, dass die anwaltlichen Mitglieder des AGH und des Senats für Anwaltssachen des BGH nicht den Sonderregelungen der VwGO für ehrenamtliche Verwaltungsrichter (vgl. § 5 Abs. 3 S. 2 VwGO) unterworfen sind. Das bedeutet zB, dass sie auch an Beschlüssen außerhalb der mündlichen Verhandlung mitwirken und diese sowie die Urteile unterschreiben. Dies trägt ihrem besonderen Status als Organe der Rechtspflege, die über die Befähigung zum Richteramt verfügen, Rechnung (BT-Drs. 16/11385, 41).

4 In § 112c Abs. 2 und 3 sind aus Gründen des anwaltlichen Berufsrechts erforderliche **Abweichungen zur VwGO** enthalten. Damit erfasst der in § 112c Abs. 1 S. 1 enthaltene Verweis auf die VwGO nicht solche Vorschriften der VwGO, für welche die BRAO eigenständige Regelungen enthält.

5 Im Einzelnen gilt insbesondere unter Heranziehung der Rechtsprechung des Anwaltssenats des BGH (zu weitergehenden Fragestellungen ist auf die Kommentierungen der VwGO zu verweisen) zum Verfahrensrecht der VwGO in verwaltungsrechtlichen Anwaltssachen Folgendes:

II. Klagearten

5a Es stehen dem Kläger alle Klagearten der VwGO zur Verfügung. In Betracht kommen vor allem Anfechtungs- und Verpflichtungsklage, Feststellungsklage, Fortsetzungsfeststellungsklage, allgemeine Leistungsklage nebst (auch vorbeugender) Unterlassungsklage, Nichtigkeitsfeststellungsklage sowie der Folgenbeseitigungsanspruch. Neben der Untätigkeitsklage besteht auch die Möglichkeit zur Wahlanfechtung. Nicht statthaft ist das Normenkontrollverfahren. Schließlich kommt eine Wiederaufnahmeklage in Betracht.

6 **1. Anfechtungsklage. a) Gegenstand.** Mit der Anfechtungsklage wird die **Aufhebung eines Verwaltungsakts** begehrt **(§ 42 Abs. 1 Alt. 1 VwGO).** Voraussetzung ist, dass der angefochtene Verwaltungsakt rechtswidrig und der Kläger dadurch in seinen Rechten verletzt ist (§ 113 Abs. 1 S. 1 VwGO). Der Verwaltungsakt ist in § 35 S. 1 VwVfG definiert als jede Verfügung, Entscheidung oder andere hoheitliche Maßnahmen, die eine Behörde zur Regelung eines Einzelfalls auf dem Gebiet des öffentlichen Rechts trifft und die auf unmittelbare Rechtswirkung nach außen gerichtet ist. In negativer Abgrenzung hierzu sind reine Vorbereitungshandlungen, Realakte, behördliche Wissenserklärungen, schlichte Belehrungen und behördliche Willenserklärungen ohne anordnenden Charakter keine Verwaltungsakte.

7 **b) Rechtsschutzbedürfnis.** Hat sich im Rahmen des vorgerichtlichen Verfahrens der Verwaltungsakt erledigt, kommt als Klageart die Fortsetzungsfeststellungsklage in Betracht, nicht mehr aber eine Anfechtungsklage.

8 Das Rechtsschutzbedürfnis für eine Anfechtungsklage fehlt, wenn der Kläger durch sein gesamtes Verhalten zu erkennen gibt, dass er mit der angegriffenen Rechtsfolge einverstanden ist. Dies ist etwa der Fall, wenn der Rechtsanwalt gegen eine Anordnung auf Gutachtenvorlage nach § 15 klagt, zugleich aber mehrfach im Klageverfahren zum Ausdruck bringt, dass er unverzüglich einer Vorladung, die er für rechtswidrig und unwürdig erachte, Folge leisten werde (AGH NRW

Urteil vom 12.9.2014 – 1 AGH 24/14). Ebenfalls fehlt das Rechtsschutzbedürfnis für eine Anfechtungsklage gegen einen Zulassungswiderrufsbescheid, wenn die Zulassung bereits aus anderem Grund bestandskräftig widerrufen ist (BGH BeckRS 2010, 16875 Rn. 2). Denn eine Aufhebung des angefochtenen Bescheids ist für den Kläger mit keinem rechtlichen oder tatsächlichen Vorteil mehr verbunden (AGH NRW Urteil vom 13.9.2013 – 1 AGH 21/13).

c) Anfechtbarkeit von Nebenbestimmungen. Mit der Anfechtungsklage kann nicht nur der Verwaltungsakt als solcher angefochten werden; zulässig ist auch die **isolierte Anfechtung belastender Nebenbestimmungen.** Nebenbestimmungen sind Regelungen, die auf einen bestimmten Verwaltungsakt bezogen sind, also mit dem Haupt-Verwaltungsakt stehen und fallen, ohne dass sie integrale Inhaltsbestimmungen des Hauptverwaltungsakts selbst darstellen. § 36 Abs. 2 VwVfG ist nicht abschließend; auch weitere dort nicht genannte Arten von Nebenbestimmungen können mit der Anfechtungsklage isoliert angegriffen werden. Scheidet eine isolierte Aufhebbarkeit offenkundig von vornherein aus, ist die Anfechtungsklage unstatthaft und damit unzulässig. Eine Teilanfechtung kommt nicht in Betracht, wenn die Aufhebung eines Teils des Verwaltsungsakts den Regelungsgehalt des verbleibenden Teils verändern würde (BGH NJW 2013, 429 Rn. 12 f. = BRAK-Mitt. 2013, 143). 9

d) keine Anfechtbarkeit von Vorbereitungshandlungen. Vorbereitungshandlungen, die der eigentlichen Entscheidung vorausgehen, sind keine anfechtbaren Verwaltungsakte. Übersendet die RAK nach Eingang eines Zulassungsantrags (§ 6) dem Bewerber eine Ablichtung des Erlasses über die Behandlung solcher Anträge sowie **Personal- und Fragebögen,** dann ist sie noch nicht einmal in eine Prüfung des Zulassungsantrags eingetreten, geschweige denn hat sie insoweit eine Entscheidung getroffen, so dass eine gegen die Übersendung gerichtete Anfechtungsklage unzulässig ist (vgl. EGH Frankfurt Beschluss vom 18.4.1988 – 2 EGH 4/86; Beschluss vom 10.11.1988 – 2 EGH 11/87). 10

Präventive Auskünfte der RAK über die Rechtmäßigkeit künftigen Verhaltens sind nicht mit der Anfechtungsklage anfechtbar, weil sie nicht in die Rechte des Rechtsanwalts eingreifen (BGH NJW 2006, 2926 Rn. 2 = BRAK-Mitt. 2006, 136, nur Ls.; BRAK-Mitt. 2001, 188, 189). 11

Schreiben der RAK, die der Anhörung des Rechtsanwalts nach § 28 VwVfG im Vorfeld von Widerrufsbescheiden dienen, stellen lediglich Vorbereitungsmaßnahmen im Hinblick auf einen möglicherweise beabsichtigten Verwaltungsakt dar und sind nicht selbständig anfechtbar (BGH BeckRS 2014, 14299 Rn. 10; NdsAGH BeckRS 2013, 20689). 12

Ebenfalls mit der Anfechtungsklage nicht anfechtbar ist die **Stellungnahme des Fachausschusses** nach § 24 Abs. 8 S. 1 FAO. Als Gegenstand der Anfechtungsklage kommt allein der ablehnende Bescheid des Kammervorstands in Betracht (Henssler/Prütting/*Deckenbrock* § 112c Rn. 5). Zur Frage, ob die Ladung zum Fachgespräch angefochten werden kann, → Rn. 18 ff. 13

e) Anwendungsbereich. aa) Widerruf und Rücknahmen. Im anwaltlichen Berufsrecht findet die Anfechtungsklage vor allem bei der **Rücknahme oder dem Widerruf der Zulassung** nach § 14 Anwendung, ebenso bei der **Rücknahme oder dem Widerruf der Erlaubnis zum Führen der Fachanwaltsbezeichnung** (§ 43c Abs. 4 BRAO iVm § 25 FAO). Auch gegen den **Widerruf der Befreiung von der Kanzleipflicht** (§§ 29 Abs. 2, 29a Abs. 3 S. 2) ist die Anfechtungsklage möglich. 14

bb) Missbilligende Belehrung bzw. belehrender Hinweis. Belehrende Hinweise bzw. missbilligende Belehrungen, die auf der Grundlage des § 73 Abs. 2 Nr. 1, 4 ergehen, sind nach der Rechtsprechung des BGH (NJW 2015, 72 Rn. 7 f. mit Anm. *Hartung;* NJW-RR 2015, 186 Rn. 7) namentlich dann, wenn sie mit einem Handlungsverbot verbunden sind, als **in die Rechtsstellung des Rechtsanwalts eingreifende Verwaltungsakte** anzusehen, die mit der Anfechtungsklage angefochten werden können (vgl. BGH NJW 2012, 3039 Rn. 5 = BRAK-Mitt. 2012, 769; NJW 2010, 1972 Rn. 7 = BRAK-Mitt. 2010, 439; NJW 2003, 504). 15

Zwar sind nach der Rechtsprechung des BGH zum alten Verfahrensrecht Auskünfte der RAK über die Rechtmäßigkeit künftigen Verhaltens des Rechtsanwalts grundsätzlich als nicht anfechtbar angesehen worden (BGH NJW 2006, 2926 Rn. 2 = BRAK-Mitt. 2006, 356, nur Ls.) mit der Erwägung, dass sie keine Schuld feststellten und nicht in die Rechte des Rechtsanwalts eingriffen. Anfechtbarkeit ist nach neuem Recht gegeben, wenn die Belehrung nach ihrem bei der Auslegung maßgebenden objektiven Erklärungswert aus Sicht des Empfängerhorizonts über 16 eine bloß präventive Auskunft hinausgeht. Dies ist etwa bereits dann anzunehmen, wenn die verwendete Entscheidungsformel feststellt, dass ein bestimmtes Verhalten rechtswidrig sei und ein konkretes Verbot bzw. Unterlassungsgebot ausspricht. Damit ist der Bereich präventiver Hinweise ohne Regelungscharakter verlassen. Dies ist ebenfalls dann zu bejahen, wenn die Belehrung erkennen lässt, dass sich die RAK im Vorgriff auf eine bei Zuwiderhandeln gegen das Verbot bzw. die Unterlassung ohne Weiteres erfolgende Einleitung eines Rügeverfahrens oder eines anwaltsgerichtlichen Verfahrens bereits auf eine verbindliche Regelung der aufgeworfenen Fragen festgelegt hat. Für das Vorliegen eines Verwaltungsakts spricht ferner, wenn die Belehrung mit einer Rechtsmittelbelehrung versehen und förmlich zugestellt worden ist (BGH NJW 2015, 72 Rn. 7; vgl. auch AGH NRW BRAK-Mitt. 2014, 207, 208).

17 **cc) Gutachtenanordnung nach § 15 Abs. 1.** Die Anordnung der RAK nach § 15 Abs. 1 über die **Einholung eines ärztlichen Gutachtens** ist nach § 15 Abs. 2 S. 2 mit der Anfechtungsklage anfechtbar. Zwar dient diese Anordnung allein der Vorbereitung eines möglichen Widerrufs nach § 14 Abs. 2 Nr. 3; wegen des möglichen Eingriffs in das Recht des betroffenen Rechtsanwalts auf Selbstbestimmung, stellt § 15 Abs. 2 S. 2 klar, dass die Anordnung als belastender Verwaltungsakt anzusehen ist und § 44a VwGO, der die selbständige Anfechtbarkeit von Zwischenverfügungen ausschließt, keine Anwendung findet (Henssler/Prütting/*Deckenbrock* § 112c Rn. 5).

18 **dd) Ladung zum Fachgespräch nach § 7 FAO.** Die Frage, ob ein Fachanwaltsbewerber die **Ladung zu einem Fachgespräch** (§§ 7 Abs. 1 S. 1, Abs. 2, 24 Abs. 5) mit der Anfechtungsklage anfechten kann, ist in Rechtsprechung und Lieteratur umstritten.

19 Der BGH hat ausgehend von seiner Rechtsprechung, dass die Entscheidung des Fachausschusses, den Bewerber zum Fachgespräch zu laden, gerichtlich überprüfbar ist (BGH NJW 1997, 1307 = BRAK-Mitt. 197, 120; NJW 1999, 2677 = BRAK-Mitt. 1999, 271), sich auf den Standpunkt gestellt, dass der Bewerber die Ladung zu einem Fachgespräch unmittelbar anfechten kann. Diese Rechtsprechung ist sowohl auf Zustimmung (BayAGH BRAK-Mitt. 1996, 205 f.; Beschluss vom 21.2.2007 – BayAGH I-14/06; Henssler/Prütting/*Hartung* FAO § 8 Rn. 18; → FAO § 7 Rn. 15) als auch auf Ablehnung gestoßen (NdsAGH BRAK-Mitt. 2014, 214; AGH NRW Beschluss vom 13.5.2009 – 1 AGH 87/08; Henssler/Prütting/*Deckenbrock* § 112c Rn. 5; *Deckenbrock* AnwBl. 2015, 365, 368; Hartung/*Scharmer* FAO § 7 Rn. 81; Gaier/Wolf/Göcken/*Schmidt-Räntsch* § 112c Rn. 55; Gaier/Wolf/Göcken/*Quaas* FAO § 7 Rn. 106; *Offermann-Burckart,* Fachanwalt werden und bleiben, 3. Aufl. 2012, Rn. 1173).

20 Aus dem (zutreffenden) Ausgangspunkt, dass die Ladung zum Fachgespräch in vollem Umfang der gerichtlichen Überprüfung durch die Gerichte unterliegt, kann nichts für die Frage der Statthaftigkeit einer isolierten Anfechtung der Ladung zum Fachgseprăch gewonnen werden. Denn eine derartige gerichtliche Kontrolle der Ladung zum Fachgespräch muss nicht notwendig mit der isolierten Anfechtbarkeit verknüpft werden; vollwertiger gerichtlicher Rechtsschutz kann auch gewährleistet werden innerhalb einer Anfechtungsklage des Bewerbers gegen den Ablehnungsbescheid des Kammervorstands. Ebenso wenig präjudiziell ist die Frage der Auslegung des § 7 FAO in der zum 1.1.2003 erfolgten Neufassung. Denn die Antwort auf die Frage, ob das Fachgespräch auch weiterhin allein die Funktion hat, die bei der Prüfung der Nachweise nach § 6 FAO festgestellten Defizite auszugleichen, wie der BGH annimmt, oder ob das Fachgespäch ein ergänzendes Nachweismittel darstellt, das von keinen besonderen Voraussetzungen abhängt, ist ohne Streitrelevanz. Sieht man das Fachgespräch als Regelnachweis an, der keiner weiteren Rechtfertigung bedarf, scheidet eine isolierte Anfechtbarkeit von vornherein aus. Das vom BGH mit seiner Gegenauffassung angestrebte Ziel der Rechtsschutzgewährleistung zugunsten des Fachanwaltsbewerbers kann auch hier gleichwertig durch den Verweis auf die Anfechtungsklage gegen den Ablehnungsbescheid des Kammervorstands erreicht werden.

21 Schon praktische Gründe sprechen gegen eine isolierte Anfechtbarkeit der Ladung zum Fachgespräch. Denn die Ladung erfolgt nach § 24 FAO aufgrund eines Beschlusses des Fachausschusses, während die Entscheidung über den Antrag seitens des Kammervorstands getroffen wird. Damit entfiele bei einer unmittelbaren Anfechtbarkeit der Ladung die filternde Kontrollwirkung gerade des entscheidungsbefugten Kammerorgans.

22 Entscheidend ist, dass nach der BRAO-Reform von 2009 eine isolierte Anfechtbarkeit der Ladung zum Fachgespräch nicht mehr angenommen werden kann. § 112c Abs. 1 S. 1 verweist, soweit die BRAO keine abweichenden Bestimmungen über das gerichtliche Verfahren enthält,

auf die VwGO und damit auch auf § 44a VwGO. Eine abweichende Bestimmung mit Bezug auf das Fachgespräch hat die BRAO anders als in § 15 Abs. 2 S. 2 für die Anordnung eines ärztlichen Gutachtens nicht getroffen. Nach der damit einschränkungslos anzuwendenden Regelung des § 44a VwGO können Rechtsbehelfe gegen behördliche Verfahrenshandlungen nur gleichzeitig mit dem gegen die Sachentscheidung zulässigen Rechtsbehelf geltend gemacht werden. Bei dem Fachgespräch handelt es sich um eine solche Verfahrenshandlung innerhalb eines laufenden Verwaltungsverfahrens. Damit ist eine isolierte Anfechtbarkeit der Ladung zum Fachgespräch nicht mehr gegeben.

ee) Beschlüsse von Kammerorganen. § 112f bietet Rechtsschutz gegen Beschlüsse der 23
Organe der Rechtsanwaltskammern, die **keinen Einzelfall regeln, sondern eine allgemeine Wirkung** gegenüber den Mitgliedern der betreffenden RAK haben. Soweit es um einen **Verwaltungsakt zur Regelung eines Einzelfalls** geht, ist ein Antrag nach § 112f unzulässig (BGHZ 69, 32 f. = NJW 1977, 1778; BGH NJW 1986, 992, 993 = BRAK-Mitt. 1985, 223). In diesem Fall ist der Beschluss mit der Anfechtungsklage nach § 42 VwGO anfechtbar. Voraussetzung ist allerdings, dass der Beschluss sowohl der äußeren Form nach als auch inhaltlich alle Merkmale eines Verwaltungsakts erfüllt (BGH NJW-RR 2013, 303 Rn. 9; BeckRS 2010, 29190 Rn. 8).

ff) Weiterer Anwendungsbereich der Anfechtungsklage. Anfechtungsklage ist zulässig 24
gegen die **Bestellung eines Vertreters oder Abwicklers** durch die RAK (§§ 53 Abs. 5 S. 1, 55 Abs. 5) sowie gegen die **Festsetzung der Vergütung eines Vertreters oder Abwicklers** durch die RAK §§ 53 Abs. 10 S. 5, 55 Abs. 3 S. 1 (Henssler/Prütting/*Deckenbrock* § 112c Rn. 5).

Die Anfechtungsklage ist des Weiteren möglich gegen **Anordnungen des Kammervor-** 25
stands, Auskunft zu erteilen, Handakten vorzulegen oder vor dem Vorstand zu erscheinen (§ 56). Als mit der Anfechtungsklage angreifbar kommt auch die **Zurückweisung eines Rechtsanwalts durch eine Behörde** nach § 156 Abs. 2 in Betracht (→ § 112a Rn. 11). Als Gegenstand einer Anfechtungsklage kommt auch die **Wahlentscheidung des Wahlausschusses für die Rechtsanwälte beim BGH** nach § 168 Abs. 2 in Betracht (vgl. Gaier/Wolf/Göcken/*Schmidt-Räntsch* § 112c Rn. 58).

2. Verpflichtungsklage. a) Gegenstand. Mit der Verpflichtungsklage kann die Verurteilung 26
einer Behörde zum Erlass eines abgelehnten oder unterlassenen Verwaltungsakts verlangt werden **(§ 42 S. 1 Alt. 2 VwGO).** Das Gericht kann nicht selbst den entsprechenden Verwaltungsakt erlassen, weil dies der Trennung zwischen Verwaltung und Rechtsprechung widerspricht. Deshalb lautet bei einer Verpflichtungsklage der Antrag auf Verpflichtung der Behörde zum Erlass des begehrten Verwaltungsakts (§ 113 Abs. 5 VwGO). Die Verpflichtungsklage richtet sich demnach gegen Versagungen (zB die Zulassung zur Rechtsanwaltschaft, der Gestattung des Führens einer Fachanwaltsbezeichnung) oder der Gewährung sonstiger Vorteile, auf die der Rechtsanwalt Anspruch hat oder die ihm nach Ermessen gewährt werden können. Sie zielt auf den Erlass eines positiven oder besseren Bescheids.

b) Anwendungsbereich. Der Anwendungsbereich der Verpflichtungsklage in verwaltungs- 27
rechtlichen Anwaltssachen ist breit:

So kommt eine Verpflichtungsklage in Betracht, wenn der Erlass eines begünstigenden Ver- 28
waltungsakts wie die Zulassung zur Rechtsanwaltschaft (§ 6), die Erteilung der Befugnis zum Führen einer Fachanwaltsbezeichnung (§ 43c BRAO iVm FAO), die Befreiung von der Kanzleipflicht nach §§ 29, 29a, die Erteilung der Erlaubnis zur Führung der Berufsbezeichnung nach § 17 Abs. 2, die Erteilung einer Ausnahmeerlaubnis bzw. Vertreterbestellung nach § 47 Abs. 1 S. 2 beantragt wird.

Gleiches gilt bei der Versagung der Berechtigung zur Führung eines ausländischen akademi- 29
schen Grades (EGH Bremen EGE IX, 141) oder bei Ablehnung eines Antrags auf Herabsetzung des Kammerbeitrags (OVG Berlin AnwBl. 1983, 288). Entsprechendes gilt grundsätzlich auch, soweit es um die Zulassung zur Rechtsanwaltschaft bei dem BGH durch das BMJV (früher BMJ) (§ 170) geht (Henssler/Prütting/*Deckenbrock* § 112c Rn. 7 f.). Auch die Klage eines Rechtsanwalts, die RAK zu verpflichten, eine Seminarteilnahmebestätigung als Fortbildungsnachweis iSd § 15 FAO anzuerkennen, ist als zulässige Verpflichtungsklage angesehen worden (BayAGH BRAK-Mitt. 2013 292 Rn. 15). Eine Verpflichtungsklage kommt auch in Betracht, wenn eine

RAK den Antrag eines Rechtsanwalts abgelehnt hat, ihn nach Löschung wieder in ein Internetverzeichnis aufzunehmen (BayAGH Beschluss vom 14.12.2005 – BayAGH I-21/05) oder bei Ablehnung einer Eintragung eines Berufsnamens im Anwaltsverzeichnis (AGH NRW Beschluss vom 23.1.2015 – 1 AGH 37/14). Auch die Klage eines Rechtsanwalts gegen die RAK auf Übersendung einer Abschrift des vollständigen Prüfberichts der Wirtschaftsprüfer nebst Anlage stellt eine Verpflichtungsklage dar (AGH NRW NJW-RR 2013, 1329 = BRAK-Mitt. 2014, 35, nur Ls.).

30 Ebenso ist eine Klage eines Rechtsanwalts auf Aufnahme von Anträgen in die Tagesordnung der Kammerversammlung als Verpflichtungsklage angesehen worden (AGH BW BRAK-Mitt. 2005, 88; Urteil vom 19.4.2013 – AGH 7/12; BayAGH Urteil vom 15.7.2013 – BayAGH I-19/12; die Entscheidungen des BGH in dieser Sache, BGH NJW-RR 2014, 750 = BRAK-Mitt. 2014, 106; BeckRS 2014, 22129, befassen sich mit dieser Fragestellung nicht). Nimmt die RAK eine Aussetzung nach § 10 vor, ist die Klage des Rechtsanwalts auf Bescheidung seines Zulassungsantrags jedenfalls dann als Verpflichtungsklage zulässig, wenn die Aussetzungsentscheidung in der äußeren Form eines Verwaltungsakts erfolgt ist (AGH NRW Beschluss vom 19.11.2010 – 1 AGH 31/10; → § 10 Rn. 10).

31 Will ein Rechtsanwalt Einsicht in eine seitens der RAK bei örtlichen Anwaltsvereinen geführten Ausbildungsakte nehmen, ist nach BGH NJW-RR 2014, 943 Rn. 21 = BRAK-Mitt. 2014, 166 die Verpflichtungsklage gegeben (und nicht die Leistungsklage).

32 **3. Feststellungsklage. a) Gegenstand.** Während nach früherem Recht Feststellungsanträge grundsätzlich unzulässig waren und die Zulässigkeit nur ausnahmsweise angenommen wurde, wenn die Rechtsschutzgarantie des Art. 19 Abs. 4 GG sonst leer gelaufen oder wenn der Antragsteller sonst in seinen Rechten beeinträchtigt gewesen wäre und die begehrte Feststellung eine Rechtsfrage hätte klären können, die sich bei künftigen Anträgen des Antragstellers erneut stellen konnte (vgl. BGH NJW 2006, 2926 Rn. 2), ist nach neuem Recht nunmehr über § 112 Abs. 1 S. 1 die Feststellungsklage nach § 43 VwGO uneingeschränkt statthaft. Nach § 43 Abs. 1 VwGO kann durch Klage die **Feststellung des Bestehens oder Nichtbestehens eines Rechtsverhältnisses** oder der **Nichtigkeit eines Verwaltungsakts** begehrt werden, wenn der Kläger **ein berechtigtes Interesse an der baldigen Feststellung** hat.

33 Unter einem **Rechtsverhältnis** iSd § 43 Abs. 1 VwGO ist die aus einem konkreten Sachverhalt aufgrund einer Rechtsnorm des öffentlichen Rechts sich ergebenden rechtlichen Beziehungen einer Person zu einer anderen Person oder zu einer Sache zu verstehen (BVerwGE 89, 327, 329 = NVwZ 1993, 64, 65). Keine Rechtsverhältnisse sind dagegen bloße Vorfragen oder einzelne, nicht für sich allein feststellungsfähige Teile von Rechtsverhältnissen, soweit sie nicht selbst Rechte oder Pflichten zum Gegenstand haben (BVerwGE 24, 355 = NJW 1967, 72; BGHZ 22, 43 = NJW 1957, 21). Rechtliche Beziehungen einer Person zu einer anderen haben sich mithin erst dann zu einem bestimmten konkretisierten Rechtsverhältnis verdichtet, wenn die Anwendung einer bestimmten Norm des öffentlichen Rechts auf einen bereits überschaubaren Sachverhalt streitig ist (BVerwGE 89, 327, 329 = NVwZ 1993, 64, 65). Deshalb können die Gerichte auch nicht mit einer Feststellungsklage befasst werden, mit der lediglich die Klärung einer abstrakten Rechtsfrage auf Grund eines nur erdachten oder eines solchen Sachverhalts erreicht werden soll, dessen Eintritt noch ungewiss, insbesondere von einer in ihren tatsächlichen und rechtlichen Auswirkungen noch nicht übersehbaren künftigen Entwicklung abhängig ist (BVerwG NJW 1962, 1690). Im anwaltlichen Berufsrecht sind die den konkreten Sachverhalt begründenden öffentlich-rechtlichen Normen die BRAO und die auf dieser gründenden Satzungen und Verordnungen.

34 Das geforderte **berechtigte Interesse** an der begehrten Feststellung ist nicht gleichbedeutend mit einem „rechtlichen Interesse", sondern schließt darüber hinaus jedes als schutzwürdig anzuerkennende Interesse, insbesondere auch wirtschaftlicher oder ideeller Art, ein. Daraus folgt indessen nicht, dass jeder in diesem Sinne Interessierte auch ohne eigene Rechtsbetroffenheit Feststellungsklage erheben kann. Klagen auf Feststellung des Bestehens oder Nichtbestehens eines Rechtsverhältnisses sind nur zulässig, wenn der Kläger geltend machen kann, in seinen Rechten verletzt zu sein, entweder weil er an dem festzustellenden Rechtsverhältnis selbst beteiligt ist oder weil von dem Rechtsverhältnis eigene Rechte abhängen (BVerwG NJW 1996, 2046, 2048).

35 Nach § 43 Abs. 2 S. 1 VwGO kann die Feststellung nicht begehrt werden, wenn der Kläger seine Rechte durch Gestaltungs- oder Leistungsklage verfolgen kann oder hätte verfolgen können **(Subsidiartität).** Damit soll eine Umgehung der besonderen Sachentscheidungsvoraussetzungen für Anfechtungs- und Verpflichtungsklagen (Fristen und Vorverfahren) verhindert werden (BVerwG NJW 1997, 2534, 2535). Im Hinblick darauf, dass davon auszugehen ist, dass eine RAK einem Feststellungsurteil freiwillig Folge leisten wird, kann in verwaltungsrechtlichen Anwaltssachen die Feststellungsklage auch anstelle der Leistungsklage erhoben werden (Henssler/Prütting/*Deckenbrock* § 112c Rn. 13).

b) Anwendungsbereich. Ein berechtigtes Interesse an der baldigen Feststellung kann auch aus einer Wiederholungsgefahr resultieren. Voraussetzung ist, dass die nahe liegende Möglichkeit besteht, dass ein im Wesentlichen vergleichbarer, nicht notwendig identischer Fall wieder eintreten und die Behörde auf ihn vergleichbar reagieren wird (BGH BRAK-Mitt. 2014, 279 Rn. 6). Ein berechtigtes Interesse kann sich ebenso aus einem Rehabilitationsinteresse des Klägers ergeben. Hierfür ist erforderlich, dass von der ursprünglich angegriffenen Maßnahme eine diskriminierende Wirkung ausgeht, die auch nach der Erledigung fortwirkt (BGH BGH BRAK-Mitt. 2014, 279 Rn. 7). **36**

Berühmt sich ein Rechtsanwalt aufgrund seiner Funktion als Ausbilder von Rechtsanwaltsfachangestellten des subjektiven Rechts, von der RAK zu verlangen, die Organisation der Berufsbildung ohne Zuhilfenahme von Anwaltsvereinen vorzunehmen, begehrt er hinreichend bestimmt die Feststellung des Bestehens eines Rechtsverhältnisses (BGH NJW-RR 2014, 943 Rn. 8). Das Feststellungsinteresse des Rechtsanwalts ergibt sich daraus, dass er durch die Verfahrensweise der RAK in seiner Funktion als Ausbilder unmittelbar betroffen ist (BGH NJW-RR 2014, 943 Rn. 9; offengelassen hat der BGH die Frage, ob der Rechtsanwalt allein wegen seiner Stellung als Kammermitglied wegen einer fehlerhaften Organisation der der RAK durch das Berufsbildungsgesetz zugewiesenen Aufgabe der Berufsbildung – Über- bzw. Unterschreitung des Aufgabenbereichs – klageberechtigt wäre). **37**

Zulässig ist die Klage eines Rechtsanwalts auf Feststellung, dass er nicht verpflichtet sei eine Haftpflichtversicherung für die Dauer seiner Befreiung von der Residenzpflicht zu unterhalten (BGH NJW 1998, 1078). Gegenstand einer Feststellungsklage können auch die Verpflichtung der Mitglieder des Kammervorstands zur Verschwiegenheit und ihr Umfang sein (Henssler/Prütting/*Deckenbrock* § 112c Rn. 14). Weigert sich eine RAK, einem Rechtsanwalt die Zusage zu erteilen, im Falle einer beabsichtigten erneuten Zulassung erneut die Befugnis zum Führen einer bereits erworbenen Fachanwaltsbezeichnung zuzuerkennen, ist eine Klage auf Feststellung einer solchen Berechtigung zulässig (AGH NRW BRAK-Mitt. 2011, 293 mit Anm. *Offermann-Burckart*). Geht ein Rechtsanwalt davon aus, dass er zum Führen der Fachanwaltsbezeichnung berechtigt sei und stellt dies die RAK in Abrede, soll ein Feststellungsinteresse für eine Klage auf Feststellung des Vorliegens einer Gestattung bestehen (AGH RhPf Beschluss vom 17.11.2010 – 2 AGH 12/10). Eine nachträglich entstandene Unklarheit über den Inhalt eines bestandskräftigen Bescheids kann unter Umständen im Wege einer Feststellungsklage beseitigt werden (BGH NJW-RR 2013, 429 Rn. 17 = BRAK-Mitt. 2013, 143). **38**

Als zulässig wurde die Klage eines Rechtsanwalts auf Feststellung erachtet, dass er seiner Fortbildungsverpflichtung als Fachanwalt nachgekommen sei (NdsAGH Urteil vom 5.12.2011 – AGH 19/11). Ferner wurde ein Antrag eines Zulassungsbewerbers, festzustellen, dass seiner Zulassung zur Rechtsanwaltschaft ein bestimmter Versagungsgrund nicht entgegenstehe, für zulässig erachtet (AGH RhPf NJW-RR 2000, 1662; NdsAGH BeckRS 2014, 13242). Ebenfalls als zulässig wurde die Klage eines Rechtsanwalts angesehen, festzustellen, dass er berechtigt sei, ohne Anmeldung und unabhängig von der Anwesenheit eines Geschäftsführers der RAK in deren Räumen seine Personalakte einzusehen (NdsAGH NJW-RR 2013, 116, 117). Begehrt der Kläger die Anerkennung einer Fortbildungsveranstaltung außerhalb eines Widerrufsverfahrens, ist die Feststellungsklage iSv § 43 VwGO zulässig (so BayAGH BRAK-Mitt. 2013, 292; **aA** für die Anerkennungsfähigkeit eines Online-Seminars BGH NJW 2006, 2926, allerdings zum alten Recht und damit überholt, wie hier auch Henssler/Prütting/*Deckenbrock* § 112c Rn. 14). **39**

Die Klage eines Rechtsanwalts auf Feststellung, dass ein gegen ihn ergangener Haftbefehl nicht die Vermutungswirkung des § 14 Abs. 2 Nr. 7 auslöse und er im Verwaltungsverfahren nicht zur Mitwirkung verpflichtet sei, ist unzulässig (BGH BeckRS 2006, 11039 Rn. 8). Ebenfalls unzulässig ist die Klage eines Rechtsanwalts auf Feststellung, dass er auch als Syndikusanwalt berechtigt sei, seinen Arbeitgeber vor Gericht zu vertreten (BGH NJW 2007, 3499 Rn. 6; **aA** Henssler/Prütting/*Deckenbrock* § 112c Rn. 14). Die Klage eines Rechtsanwalts auf Feststellung, dass eine künftige Anforderung einer Sterbegeldumlage durch die RAK rechtswidrig ist, ist **40** unzulässig, weil der Kläger seine Rechte durch Gestaltungs- bzw. Leistungsklage verfolgen kann, sobald ein ihn belastender Verwaltungsakt ergangen ist (AGH RhPf Urteil vom 12.5.2011 – 1 AGH 09/10). Ebenso unzulässig ist eine Klage auf Feststellung, dass Mitteilungen eines Gerichtsvollziehers an die RAK unzulässig gewesen seien (OLH Hamm BeckRS 2011, 08700). Die Klage auf Feststellung, dass eine Rechtsanwaltsgesellschaft in der Form einer GmbH & Co. KG zulässig sei, ist unzulässig, weil das Interesse, Rechtsauskünfte zu allgemein interessierenden Rechtsfragen im Zusammenhang mit der Zulassung zur Rechtsanwaltschaft zu erlangen, kein berechtigtes Interesse nach § 43 Abs. 1 VwGO darstellt (BayAGH Urteil vom 15.11.2010 – BayAGH I-1/10).

41 Die Klärung öffentlich-rechtlicher Vorfragen zur Vorbereitung eines Schadensersatzanspruchs kann ein Feststellungsinteresse iSd § 43 Abs. 1 VwGO nicht begründen, wenn es dem Kläger ohne weiteres möglich ist, sein Begehren sofort durch eine Leistungsklage auf Schadensersatz geltend zu machen (BGH BRAK-Mitt. 2014, 279 Rn. 8).

42 In Betracht nach § 173 S. 1 VwGO iVm § 256 Abs. 2 ZPO kommt auch die Erhebung einer Zwischenfeststellungsklage, dies auch für die beklagte Behörde durch Widerklage nach § 89 VwGO (AGH NRW Urteil vom 2.11.2012 – 2 AGH 10/12 Rn. 26).

43 In den Fällen einer Nichtigkeit des Verwaltungsakts kommt neben einer Klage auf Feststellung der Nichtigkeit des Verwaltsungsakts nach § 43 VwGO sowie einer Anfechtungsklage nach § 42 Abs. 1 VwGO auch die Nichtigkeitsfeststellungsklage nach § 44 VwVfG iVm § 32 Abs. 1 S. 1 in Betracht (Henssler/Prütting/*Deckenbrock* § 112c Rn. 15). Lässt die Klage nicht eindeutig erkennen, worum es dem Kläger geht, ist die Klage mangels hinreichend bestimmten Klageantrags nach § 82 VwGO unzulässig (AGH NRW Urteil vom 21.2.2014 – 1 AGH 43/13).

44 **4. Fortsetzungsfeststellungsklage.** Ebenso wie die Feststellungsklage war auch die Fortsetzungsfeststellungsklage nach altem Recht grundsätzlich unzulässig. Nur ausnahmsweise war die Möglichkeit gegeben, vom Anfechtungsantrag zum Feststellungsbegehren überzugehen, wenn sich die auf Beseitigung des Bescheids und Verpflichtung des Antragsgegners gerichtete Hauptsache während des gerichtlichen Verfahrens erledigt hat und der Antragsteller andernfalls ohne effektiven Rechtsschutz geblieben wäre, der ihm nach Art. 19 Abs. 4 GG garantiert ist. Diese Voraussetzung nahm die frühere Rechtsprechung an, wenn der Antragsteller in seinen Rechten beeinträchtigt war und die begehrte Feststellung eine Rechtsfrage klären half, die sich der RAK und dem Antragsteller bei künftigen Gegebenheiten ebenso stellen konnte (BGH BRAK-Mitt. 1993, 105; NJW 2003, 965).

45 Nach neuem Recht ist nunmehr über § 112 Abs. 1 S. 1 die **Fortsetzungsfeststellungsklage** nach § 113 Abs. 1 S. 4 VwGO **uneingeschränkt statthaft.** Hat sich der Verwaltungsakt durch Zurücknahme oder anders erledigt, so spricht das Gericht auf Antrag durch Urteil aus, dass der Verwaltungsakt rechtswidrig gewesen ist, wenn der Kläger ein berechtigtes Interesse an dieser Feststellung hat.

46 Nach dem Wortlaut erfasst § 113 Abs. 1 S. 4 VwGO lediglich den Fall, dass die Erledigung eines Verwaltungsakts nach Erhebung der **Anfechtungsklage** eintritt. Sie ermöglicht es dem Kläger dort, wo eine Aufhebung des Verwaltungsakts wegen seiner Erledigung nicht mehr in Betracht kommt und eine Anfechtungsklage wegen fehlenden Rechtsschutzbedürfnisses unzulässig wäre, seinen Anfechtungsantrag auf Feststellung der Rechtswidrigkeit des erledigten Verwaltungsakts umzustellen, sofern er hieran ein berechtigtes Interesse hat. Obwohl der Wortlaut der Norm auf die Anfechtungsklage abstellt, wird § 113 Abs. 1 S. 4 VwGO entsprechend auf weitere Prozesskonstellationen angewendet. Damit wird der gesamte Rechtsschutz gegen Rechtsverletzungen durch Verwaltungsakte oder durch die Unterlassung von Verwaltungsakten mittels Fortsetzungsfeststellungsklage abgewickelt (vgl. Kopp/*Schenke* VwGO § 113 Rn. 95). § 113 Abs. 1 S. 4 VwGO wird damit auch auf **Verpflichtungsklagen** angewendet (BVerwG NVwZ 2013, 1550) und erfasst auch Fälle der **Erledigung vor Rechtshängigkeit** (BVerwGE 87, 23, 25 = NJW 1991, 581).

47 Voraussetzung der Zulässigkeit der Fortsetzungsfeststellungsklage ist damit die **Erledigung des Verwaltungsakts.** Nach § 32 iVm § 43 Abs. 2 VwVfG bleibt ein Verwaltungsakt wirksam, solange und soweit er nicht zurückgenommen, widerrufen, anderweitig aufgehoben oder durch Zeitablauf oder auf andere Weise erledigt ist. Damit tritt die Erledigung eines Verwaltungsakts ein, wenn er nicht mehr geeignet ist, rechtliche Wirkungen zu erzeugen oder wenn die

Steuerungsfunktion, die ihm ursprünglich innewohnte, nachträglich entfallen ist (BVerwGE 139, 337 Rn. 14 = NVwZ 2012, 56; BGH NJW 2013, 177 Rn. 4 = BRAK-Mitt. 2012, 242).

So tritt etwa die **Erledigung einer Widerrufsverfügung** ein, wenn ein Widerruf aus anderen Gründen (zB Verzicht nach § 14 Abs. 2 Nr. 4) bestandskräftig geworden ist (BGH AnwBl. 2013, 145 Rn. 1; BeckRS 2004, 01951; unzutreffend AGH Bln Beschluss vom 24.2.2010 – I AGH 18/08: Erledigung bereits durch bloßen Verzicht auf Zulassung). Anders als nach früherem Recht tritt bei Wegfall des Widerrufsgrundes im laufenden Gerichtsverfahren durch Wiederherstellung geordneter finanzieller Verhältnisse oder Nachweis des erforderlichen Versicherungsschutzes durch die Vermögensschadenshaftpflichtversicherung keine Erledigung ein, weil nach der Rechtsprechung des BGH (BGHZ 190, 187 Rn. 10 = NJW 2011, 3234 = BRAK-Mitt. 2011, 246) tatsächliche Entwicklungen, die erst nach Abschluss des behördlichen Verwaltungsverfahrens eintreten und die zu einer abweichenden Beurteilung führen würden, nicht mehr im Anfechtungsverfahren, sondern erst in einem Wiederzulassungsverfahren Berücksichtigung finden können. 48

In **Fachanwaltsverfahren** tritt Erledigung ein, wenn dem Fachanwaltsbewerber während des Gerichtsverfahrens die Befugnis zur Führung der Fachanwaltsbezeichnung verliehen wird (BGH BeckRS 2013, 05336 Rn. 1 f.). Nach der Rechtsprechung des BGH (NJW-RR 2013, 177 Rn. 4 = BRAK-Mitt. 2012, 242) hat sich mit dem Erlöschen der Zulassung zur Rechtsanwaltschaft auch die Befugnis eines Rechtsanwalts zum Führen der Fachanwaltsbezeichnung erledigt. Das BVerfG hat diese BGH-Entscheidung aufgehoben und ausgeführt (BVerfG NJW 2015, 394 Rn. 26 = BRAK-Mitt. 2015, 50), dass sich aus § 43 Abs. 2 VwVfG nichts hinsichtlich der Anforderungen für die Wiedererteilung einer – hiernach etwa unwirksam gewordenen – Erlaubnis zur Führung der Fachanwaltsbezeichnung entnehmen lasse. 49

Ein **Zulassungswechsel** nach § 27 Abs. 3 führt nicht zur Erledigung eines gerichtlichen Verfahrens (BVerfG NJW 2002, 2022, 2023; BGH BeckRS 2013, 04942 Rn. 3; → § 112d Rn. 3). In Zulassungsverfahren führt der **Tod des Rechtsanwalts** zur Erledigung, weil es um höchstpersönliche, unvererbliche Rechte der Partei geht (BGH BeckRS 2013, 11591 Rn. 2; 2011, 07705 Rn. 2). Eine Verpflichtungsklage eines Rechtsanwalts auf Aufnahme von Anträgen auf die Tagesordnung einer Kammerversammlung erledigt sich durch die Durchführung dieser Versammlung (BayAGH Urteil vom 15.7.2013 – BayAGH I-19/12 Rn. 34). Ebenfalls **Erledigung durch Zeitablauf** tritt ein bei einer Klage auf Bestellung eines Vertreters für ein Kalenderjahr (AGH RhPf Beschluss vom 17.7.1997 – 2 AGH 17/96 Rn. 18). 50

Das desweiteren erforderliche **Fortsetzungsfeststellungsinteresse** iSd § 113 Abs. 1 S. 4 VwGO ist wie bei der allgemeinen Feststellungsklage des § 43 Abs. 1 VwGO gegeben, wenn der Kläger ein berechtigtes Interesse an der Feststellung hat, wofür jedes auf Grund von vernünftigen Erwägungen nach Lage des Falls anzuerkennende schutzwürdige Interesse rechtlicher, wirtschaftlicher oder auch ideeller Art genügt (BGH NJW-RR 2012, 57 Rn. 16 = BRAK-Mitt. 2011, 246 nur Ls.; BVerwG NVwZ-RR 2010, 154 Rn. 4; NVwZ 2013, 1481 Rn. 20). Dieses wird bejaht bei Wiederholungsgefahr, Rehabilitationsinteresse, Vorbereitung eines nicht offensichtlich aussichtslosen Amtshaftungsprozesses und Grundrechtsbeeinträchtigung (vgl. BGH NJW-RR 2012, 57 Rn. 16; NVwZ-RR 2010, 154 Rn. 4; NVwZ 2013, 1481 Rn. 20; Henssler/Prütting/*Deckenbrock* § 112c Rn. 18). 51

Soweit es um die Vorbereitung eines nicht offensichtlich aussichtslosen Amtshaftungsprozesses (zB wegen verzögerter Anwaltszulassung oder Gestattung der Führung einer Fachanwaltsbezeichnung) geht, ist der Anwaltssenat des BGH noch zum alten Recht von einem fehlenden Rechtsschutzinteresse ausgegangen (zu § 223 aF BGH BRAK-Mitt. 1993, 105); diese Rechtsprechung ist überholt (vgl. BGH Notarsenat NJW 2013, 1605 Rn. 13; Henssler/Prütting/*Deckenbrock* § 112c Rn. 18). 52

5. Leistungsklage. Soweit es nicht um den Erlass eines Verwaltungsakts geht oder um eine Maßnahme, die den Erlass eines Verwaltungsakts voraussetzt, ist die **allgemeine Leistungsklage** statthaft, mit der der Kläger die Vornahme einer Handlung begehren kann. Dies dürfte allerdings im Anwaltsbereich eine eher seltene Klagevariante darstellen. Ein Anwendungsfall ist die Klage eines Rechtsanwalts gegen die RAK auf Gestattung der Einsichtnahme in die Personalakte (AGH Hmb BRAK-Mitt. 2012, 230, 231 = BeckRS 2012, 21767; will ein Rechtsanwalt Einsicht in eine seitens der RAK bei örtlichen Anwaltsvereienen geführten Ausbildungsakte nehmen, ist nach BGH NJW-RR 2014, 943 Rn. 21 = BRAK-Mitt. 2014, 166 die Verpflichtungsklage 53 gegeben). Weiter handelt es sich um eine Leistungsklage bei dem Verlangen eines Rechtsanwalts auf Information vor Weiterleitung ihn betreffender Daten, auf Einräumung einer Mitsprachemöglichkeit bei Datenweitergaben sowie auf Löschung (AGH BW BeckRS 2013, 01234). Ebenfalls ist ein Anspruch auf Neuausstellung einer verloren gegangenen Zulassungsurkunde (§ 12) mit der Leistungsklage zu verfolgen (Gaier/Wolf/Göcken/*Schmidt-Räntsch* § 112c Rn. 61). Auch die Klage eines Rechtsanwalts gegen die RAK auf Vorlage ihrer „Gründungsurkunde" sowie auf Nachweis, dass die RAK für Zulassungssachen zuständig sei und diese ordnungsgemäß betreibe, stellt eine allgemeine Leistungsklage dar (AGH NRW Urteil vom 21.2.2014 – 1 AGH 43/13).

54 **6. Unterlassungsklage.** Einen **Sonderfall der Leistungsklage** stellt die Unterlassungsklage dar, mit der sich der Kläger erstmalig oder zum wiederholten Male gegen drohende Beeinträchtigungen wendet, die aufgrund schlichten Verwaltungshandelns oder wegen des Erlasses eines Verwaltungsakts entstehen können. Diese Klage wurde als statthaft erachtet, als ein Rechtsanwalt gegen die BRAK mit dem Ziel vorging, dass diese zukünftig Einwirkungen auf den Deutschen Anwaltverein unterlasse, durch die kritische Äußerungen des Rechtsanwalts über die BRAK im Anwaltsblatt unterbunden werden sollten (OVG Münster NJW 1995, 3403). Klageanträge eines Rechtsanwalts gegen die RAK es zu unterlassen die Behauptung aufzustellen, dass gegen den Rechtsanwalt vollstreckbare Forderungen bestünden, und eine Datensammlung mit ehemaligen bzw. aktuellen Verbindlichkeiten anzulegen, zu speichern und zu verwenden, sind als Unterlassungsklage zulässig (BGH BeckRS 2014, 14299 Rn. 5 ff.; AGH Bln BeckRS 2014, 14385). Wendet sich ein Rechtsanwalt gegen eine behauptete Weitergabe von Daten an Anwaltsportale bzw. Werbetreibende, kommt ebenfalls die Unterlassungsklage in Betracht (BGH NJW-RR 2013, 253 Rn. 7; AGH BW BeckRS 2013, 01234).

55 Im Interesse eines effektiven Rechtsschutzes ist auch die gesetzlich nicht näher geregelte **vorbeugende Unterlassungsklage** anerkannt, etwa, weil ansonsten vollendete Tatsachen geschaffen oder ein nicht wiedergutzumachender Schaden entstünde. Ein solches besonderes Rechtsschutzbedürfnis entfällt, wenn die auf künftige Unterlassung der Weiterleitung von Stellungnahmen in Anspruch genommene RAK eine entsprechende Erklärung abgibt; einer strafbewehrten Erklärung der RAK bedarf es nicht, weil davon auszugehen ist, dass sich ein Träger hoheitlicher Gewalt an eine gegebene Zusage auch ohne drohende Sanktionierung hält (AGH NRW BRAK-Mitt. 2014, 325, 327).

56 **7. Untätigkeitsklage. Nach altem Recht** (§§ 11 Abs. 3, 41 Abs. 3 aF) war ein Antrag auf gerichtliche Entscheidung zulässig, wenn ein Antrag auf Zulassung zur Rechtsanwaltschaft oder Vornahme eines Verwaltungsakts ohne zureichenden Grund innerhalb von drei Monaten nicht beschieden worden ist. War die Sache noch nicht zur Entscheidung reif, so sprach der AGH zugleich die Verpflichtung des Antragsgegners aus, den Antragsteller unter Beachtung der Rechtsauffassung des Gerichts zu bescheiden (§ 223 Abs. 4 aF iVm § 41 Abs. 3 aF). Dabei konnte der AGH der RAK nicht aufgeben, die beantragte Amtshandlung vorzunehmen, weil Gründe vorliegen konnten, aus denen sie zu versagen gewesen wäre. Das Verfahren konnte nur dazu führen, dem Antragsgegner zur Pflicht zu machen, dem Antragsteller einen begründeten Bescheid zu erteilen (§ 41 Abs. 4 aF). Gegenstand der Untätigkeitsklage nach altem Recht war die Untätigkeit als solche und nicht das eigentliche Sachanliegen (Gaier/Wolf/Göcken/*Schmidt-Räntsch* § 112c Rn. 165; *Deckenbrock* AnwBl. 2015, 365, 368 f.).

57 Nach **neuem Recht** ist die „Untätigkeitsklage" zwar keine statthafte Klageart, jedoch eröffnet **§ 75 VwGO** für Anfechtungs- und Verpflichtungsklagen abweichend von den §§ 68 ff., 74 VwGO den **unmittelbaren Klageweg.** Liegen die Voraussetzungen vor, hat der Kläger nicht mehr den Bescheid über seinen Antrag oder das Ergebnis des Widerspruchsbescheids abzuwarten. Gegenstand der Untätigkeitsklage nach neuem Recht ist die Rechtmäßigkeit des Bescheids und nicht die Verzögerung des Verfahrens (Gaier/Wolf/Göcken/*Schmidt-Räntsch* § 112c Rn. 166). Bleiben also Anfechtungs- oder Verpflichtungsklage ohne Erfolg, führt dies zur Klageabweisung. Ist eine Anfechtungsklage begründet, wird der Bescheid aufgehoben; bei begründeter Verpflichtungsklage wird die RAK zum Erlass des begehrten Bescheids verpflichtet.

58 § 75 S. 2 VwGO bestimmt, dass die Klage nicht vor Ablauf von drei Monaten seit der Einlegung des Widerspruchs oder seit dem Antrag auf Vornahme des Verwaltungsakts erhoben werden kann, außer wenn wegen besonderer Umstände des Falls eine kürzere Frist geboten ist. Grundsätzlich billigt also der Gesetzgeber im allgemeinen Verwaltungsverfahren eine **Regelbear-**

beitungsfrist von drei Monaten (AGH RhPf Beschluss vom 30.8.2010 – 1 AGH 12/09) seit der Einlegung des Widerspruchs oder seit dem Antrag auf Vornahme des Verwaltungsakts zu, bevor zulässigerweise Klage erhoben werden kann. Dies hat auch in § 32 Abs. 1 S. 1 seinen Niederschlag gefunden. Da § 32 keine Genehmigungsfiktion enthält (anders § 42a Abs. 1 VwVfG), ist § 75 VwGO für verwaltungsrechtliche Anwaltssachen nicht obsolet geworden (Henssler/Prütting/*Deckenbrock* § 112c Rn. 21).

Liegt kein zureichender Grund für die Bescheidung vor, sind Anfechtungs- und Verpflich- 59
tungsklage ohne Vorverfahren nach § 68 VwGO zulässig. Kann die Behörde rechtfertigen, dass der beantragte Verwaltungsakt noch nicht erlassen oder über den Widerspruch noch nicht entschieden ist, also ein zureichender Grund für die Überschreitung der Dreimonatsfrist vorliegt, so setzt das Gericht nach § 75 S. 3 VwGO das Verfahren bis zum Ablauf einer von ihm bestimmten – verlängerbaren – Frist aus. Wird dem Widerspruch innerhalb der vom Gericht gesetzten Frist stattgegeben oder der Verwaltungsakt innerhalb dieser Frist erlassen, so ist wegen des Wegfalls des Rechtsschutzbedürfnisses die Hauptsache für erledigt zu erklären (für die Kostenentscheidung gilt § 161 Abs. 3 VwGO). Wird dem Widerspruch nicht stattgegeben bzw. der beantragte Bescheid nicht erlassen, wird das gerichtliche Verfahren fortgesetzt.

Der Beginn der nach Maßgabe des § 42 Abs. 2 S. 3 VwVfG bei **Schwierigkeit der Angele-** 60
genheit verlängerbaren Dreimonatsfrist setzt den Eingang der vollständigen Unterlagen voraus (vgl. § 32 iVm § 42a Abs. 2 S. 2 VwVfG). In den Fällen des § 15 beginnt die Frist erst mit der Vorlage des ärztlichen Gutachtens (§ 32 Abs. 2 S. 2).

Das Vorliegen eines **zureichenden Grundes kann sich insbesondere aus Umfang und** 61
Schwierigkeiten der Sachverhaltsermittlung ergeben. Hinreichende Gründe für eine Verzögerung sind anzunehmen, wenn wie etwa in Fachanwaltssachen umfangreiche Ermittlungen erforderlich sind (AGH Hess BRAK-Mitt. 2012, 184) bzw. der Fachanwaltsbewerber daran nicht ausreichend mitwirkt (BayAGH Beschluss vom 9.1.2008 – BayAGH I-21/07). Auch eine berechtigte Aussetzung (§ 10) rechtfertigt eine Nichtentscheidung.

Verwaltungsinterne Verzögerungen rechtfertigen kein Überschreiten der Dreimonatsfrist. Die 62
RAK muss Vertretungsregelungen für die Mitglieder der Fachausschüsse schaffen (AGH BW BRAK-Mitt. 2003, 134). Der Umstand, dass die Mitglieder der Ausschüsse ehrenamtlich tätig sind, ändert nichts an dem bestehenden Anspruch auf zügige Entscheidung (AGH BW BRAK-Mitt. 2003, 134 f.; ThürAGH BRAK-Mitt. 2003, 137). Kammerinterne Engpässe, gegen die Vorkehrungen getroffen werden können, stellen keinen zureichenden Grund dar (AGH Bln Beschluss vom 27.10.2011 – II AGH 7/11). Auch eine große Zahl von Anträgen (AGH BW BRAK-Mitt. 2003, 134), ein Wechsel des Berichterstatters im Vorprüfungsausschuss (ThürAGH BRAK-Mitt. 2003, 84), lange Informationswege zwischen Fachausschuss und RAK (AGH RhPf Beschluss vom 7.9.2009 – 2 AGH 3/09) oder ein gemeinsamer Ausschuss mit einer anderen Rechtsanwaltskammer (AGH BW BRAK-Mitt. 2008, 274) sind kein zureichender Grund (vgl. *Wendt* AnwBl. 2010, 518). Ebenfalls stellt es keinen zureichenden Grund dar, wenn der Vorprüfungsausschuss und die RAK die vom Fachanwaltsbewerber in elektronischer Form (CD-Rom mit Word- und pdf-Dokumenten) vorgelegten Arbeitsproben zurückgewiesen hat (AGH NRW BRAK-Mitt. 2011, 204, 206).

8. Nichtigkeitsfeststellungsklage. In den Fällen einer Nichtigkeit des Verwaltungsakts 63
kommt neben einer Klage auf Feststellung der Nichtigkeit des Verwaltsungsakts nach § 43 VwGO sowie einer Anfechtungsklage nach § 42 Abs. 1 VwGO auch die Nichtigkeitsfeststellungsklage nach § 44 VwVfG iVm § 32 Abs. 1 S. 1 in Betracht (Henssler/Prütting/*Deckenbrock* § 112c Rn. 15). Lässt die Klage nicht eindeutig erkennen, worum es dem Kläger geht, ist die Klage mangels hinreichend bestimmten Klageantrags nach § 82 VwGO unzulässig (AGH NRW Urteil vom 21.2.2014 – 1 AGH 43/13).

9. Folgenbeseitigungsanspruch. Mit der Verweisung in § 112c Abs. 1 S. 1 auf die Vor- 64
schriften der VwGO gilt auch § 113 Abs. 2 S. 2 und 3 VwGO im verwaltungsrechtlichen Anwaltsverfahren. **§ 113 Abs. 1 S. 2 VwGO** bildet dabei selbst keine Rechtsgrundlage für den Folgenbeseitigungsanspruch, vielmehr geht diese Bestimmung von dessen Existenz aus (Kopp/*Schenke,* 20. Aufl. 2014, VwGO § 113 Rn. 81).

Dieser Folgenbeseitigungsanspruch ist nur auf die Herstellung des de-jure-Zustands gerichtet, 65
der bestehen würde, wenn die Behörde rechtmäßig gehandelt hätte. Er umfasst nicht den

Ausgleich für sonstige Schäden, die durch das rechtswidrige Verwaltungshandeln entstanden sind. Schadensersatzansprüche können nur im Rahmen des § 839 BGB und Art. 34 GG vor den ordentlichen Gerichten geltend gemacht werden (§ 40 Abs. 2 VwGO; Gaier/Wolf/Göcken/*Schmidt-Räntsch* § 112c Rn. 270a).

66 Die Folgenbeseitigungsverpflichtung kann als Korrelat der Aufhebung des angefochtenen Verwaltungsakts auf entsprechenden Verpflichtungsantrag im Beschluss neben dem Ausspruch der Aufhebung des Verwaltungsakts angeordnet werden (EGH Berlin NJW 1992, 846). War eine von der RAK einem Dritten erteilte Auskunft über einen Rechtsanwalt unzutreffend, so kann der Rechtsanwalt von der RAK verlangen, die Unrichtigkeit und Rechtswidrigkeit der Auskunft dem Auskunftsempfänger mitzuteilen (EGH Berlin NJW 1992, 846). Ein Folgenbeseitigungsanspruch kann auch bei Beitrags- oder Gebührenbescheidsstreitigkeiten zwischen Rechtsanwalt und RAK gegeben sein, soweit es um die Rückzahlung schon geleisteter Beträge geht. Dagegen kann ein Anspruch auf Ersatz von Einkommensnachteilen während eines Sofortvollzugs nur im Wege der Amtshaftung verfolgt werden (Gaier/Wolf/Göcken/*Schmidt-Räntsch* § 112c Rn. 270a).

67 **10. Wahlanfechtung.** Nach **§ 112f** findet die **gerichtliche Überprüfung von Wahlen und Beschlüssen** der RAK statt (§§ 90, 91, 191 aF). Eine Klageart hierfür ist in der VwGO nicht vorgesehen. Die Wahlanfechtung ist eine Sonderform der allgemeinen Gestaltungsklage und nicht an die besonderen Voraussetzungen der §§ 68 ff. VwGO gebunden (Gaier/Wolf/Göcken/*Schmidt-Räntsch* § 112c Rn. 13). Bei Erfolg wird die angefochtene Wahl für ungültig bzw. der angefochtene Beschluss für nichtig erklärt.

68 **11. Normenkontrollverfahren.** Nachdem § 112c Abs. 2 S. 1 ausdrücklich bestimmt, dass unter anderem **§ 47 VwGO** in verwaltungsrechtlichen Anwaltsgerichtsverfahren **keine Anwendung** findet, stellt das in § 47 VwGO geregelte Normenkontrollverfahren keine statthafte Klageart dar. Da mit der Anfechtbarkeit von Wahlen und Beschlüssen nach § 112f die Rechtmäßigkeit und Gültigkeit von Kammerentscheidungen in ausreichendem Maß kontrolliert werden können, hat der Gesetzgeber kein Bedürfnis für die Zulassung eines Normenkontrollverfahrens gesehen und die Anwendbarkeit des § 47 VwGO ausdrücklich ausgeschlossen (BT-Drs. 16/11385, 29).

69 **12. Wiederaufnahmeklagen.** Entscheidungen in anwaltsgerichtlichen Verwaltungssachen sind der **materiellen Rechtskraft** fähig (BGH BeckRS 2011, 00436 Rn. 5; NJW 2009, 138 Rn. 6 = BRAK-Mitt. 2009, 138, nur Ls.). Die Beteiligten können daher denselben Verfahrensgegenstand nach rechtskräftigem Abschluss eines Verfahrens über die Versagung, den Widerruf oder die Rücknahme der Anwaltszulassung nicht zur Nachprüfung durch die RAK oder die Gerichte stellen. Diese Bindung besteht, solange nicht **aufgrund neuer Umstände eine veränderte Sachlage eingetreten ist** oder ein **Grund für die Wiederaufnahme des gerichtlichen Verfahrens nach § 153 VwGO iVm §§ 578 ff. ZPO** oder die **Voraussetzungen für ein Wiederaufgreifen des Verfahrens nach § 51 VwVfG** gegeben sind (BGH NJW-RR 2011, 561 Rn. 10 = BRAK-Mitt. 2011, 80; NJW-RR 2011, 561 Rn. 5). In jedem Fall ist ein Antrag auf (Wieder-)Zulassung erforderlich; ein Antrag auf „isolierte" Aufhebung eines früheren Widerrufs ist unzulässig, weil ansonsten die speziellen Regelungen der §§ 6 ff. BRAO über die (Wieder-)Zulassung zur Rechtsanwaltschaft unterlaufen werden könnten (BGH NJW-RR 2011, 561 Rn. 10 = BRAK-Mitt. 2011, 80; BeckRS 2011, 00436 Rn. 6).

70 Die RAK ist durch die Rechtskraft einer gerichtlichen Entscheidung, mit der ein Widerrufsbescheid bestätigt worden ist, an dem Erlass eines **Zweitbescheids** gehindert, wenn eine wesentliche Änderung der Sachlage nicht dargelegt ist und deshalb die Voraussetzungen für ein Wiederaufgreifen des Verfahrens nach § 51 VwVfG nicht vorliegen. Hat die RAK das Verfahren aufgegriffen, obwohl die Voraussetzungen hierfür nicht gegeben waren, und im wieder aufgegriffenen Verfahren nach erneuter Prüfung das Anliegen des Rechtsanwalts durch einen Zweitbescheid abschlägig beschieden, so steht die Rechtskraft der gerichtlichen Entscheidung über den Erstbescheid einer erneuten Sachprüfung durch die Gerichte entgegen (BGH NJW 2009, 138 Rn. 7 ff. = BRAK-Mitt. 2009, 138, nur Ls.).

71 Die **Wiederaufnahme** des Verfahrens ist in verwaltungsrechtlichen Anwaltssachen nach § 153 VwGO iVm §§ 578 ff. ZPO grundsätzlich statthaft. Zulässig ist ein Wiederaufnahmeantrag aber nur, wenn er innerhalb eines Monats von dem Tag an gestellt wird, an dem der Antragsteller von dem Anfechtungsgrund Kenntnis erlangt (§ 586 Abs. 1 und Abs. 2 S. 1 ZPO), wenn innerhalb

dieser Frist die Erklärung abgegeben wird, ob Nichtigkeits- oder Restitutionsantrag gestellt werden soll (§ 587 ZPO) und wenn einer der in §§ 579, 580 ZPO bezeichneten Nichtigkeits- oder Restitutionsgründe behauptet wird (§ 588 Abs. 1 Nr. 1 ZPO (vgl. BGH BeckRS 2012, 01706 Rn. 3; 2012, 15225 Rn. 3). Die Zuständigkeit liegt nach § 584 Abs. 1 Hs. 1 ZPO grundsätzlich bei dem Gericht, das im ersten Rechtszug erkannt hat. Eine Zuständigkeit des BGH als Berufungsgericht ist nach § 584 Abs. 1 Hs. 2 ZPO nur dann gegeben, wenn das angefochtene Urteil von dem Berufungsgericht erlassen wurde (BGH BeckRS 2015, 04593 Rn. 4).

Ist ein Wiederaufnahmeantrag rechtsmissbräuchlich, soll es keiner mündlichen Verhandlung 72
bedürfen (so BGH BeckRS 2012, 01706 Rn. 5; 2012, 18029 Rn. 6).

III. Maßgeblicher Zeitpunkt für die Beurteilung der Sach- und Rechtslage

Soweit im laufenden Gerichtsverfahren vor dem AGH oder BGH sich die Sach- und Rechts- 73
lage ändert, stellt sich die Frage auf welchen Zeitpunkt für die Entscheidung abzustellen ist. Problembehaftet ist insoweit insbesondere die Änderung der Sachlage. Hierbei ist zwischen den Klagearten zu differenzieren.

1. Maßgeblicher Zeitpunkt bei der Anfechtungsklage. Praktisch besonders bedeutsam ist 74
die Anfechtungsklage, weil sie den Fall der Klage eines Rechtsanwalts gegen eine seitens der RAK ausgesprochene Widerrufsverfügung erfasst.

a) Ausgangspunkt: Sach- und Rechtslage bei Abschluss des Verwaltungsverfahrens. 75
Der bei Anfechtungsklagen für die gerichtliche Nachprüfung eines Verwaltungsakts maßgebliche Beurteilungszeitraum bestimmt sich nach dem zu Grunde liegenden materiellen Recht. Dieses legt nicht nur die tatbestandlichen Voraussetzungen für den Anspruch auf Aufhebung eines belastenden Verwaltungsakts fest, sondern bestimmt auch, zu welchem Zeitpunkt sie erfüllt sein müssen. Daher sind tatsächliche oder rechtliche Entwicklungen, die erst nach Abschluss des behördlichen Verwaltungsverfahrens oder gar erst nach Beendigung des erstinstanzlichen Gerichtsverfahrens eintreten und die zu einer abweichenden Beurteilung führen würden, nur dann der jeweiligen gerichtlichen Entscheidung zu Grunde zu legen, wenn das materielle Recht ihre Berücksichtigung zulässt (BGHZ 190, 187 Rn. 10 = NJW 2011, 3234 = BRAK-Mitt. 2011, 246).

Für verwaltungsbehördliche Rücknahme- oder Widerrufsverfügungen in berufs- oder gewer- 76
berechtlichen Zulassungsverfahren gibt das materielle Recht regelmäßig den Zeitpunkt des Abschlusses des Verwaltungsverfahrens als maßgebliche Beurteilungsgrundlage für die gerichtliche Überprüfung vor. Dies folgt vor allem daraus, dass das materielle Recht in den genannten Fällen ein – wenn auch nicht stets ausdrücklich geregeltes – eigenständiges Wiederzulassungsverfahren vorsieht, in dem alle nachträglichen Umstände Berücksichtigung finden (BGHZ 190, 187 Rn. 10 = NJW 2011, 3234).

Der BGH ist schon unter der Geltung des alten Verfahrensrechts des FGG stets davon 77
ausgegangen (BGHZ 75, 356, 357 = NJW 1980, 841), dass im anwaltlichen Berufsrecht für die gerichtliche Nachprüfung der Rechtmäßigkeit einer Rücknahme- oder Widerrufsverfügung grundsätzlich die Sach- und Rechtslage im Zeitpunkt ihres Erlasses (ein Widerspruchsverfahren war vor der BRAO-Reform 2009 nicht vorgesehen) maßgebend ist, weil der Betroffene bei nachträglichem Wegfall des Rücknahme- oder Widerrufsgrundes einen Wiederzulassungsantrag stellen kann. Für die Wiederzulassung zur Rechtsanwaltschaft nach vorangegangenem Verlust der Zulassung gelten die in §§ 6 f. genannten Voraussetzungen, die nicht auf die erstmalige Zulassung zur Rechtsanwaltschaft beschränkt sind, sondern für alle Zulassungsanträge gelten.

b) Bisherige Rechtslage: Berücksichtigung des Wegfalls des Widerrufsgrundes im 78
gerichtlichen Verfahren. Allerdings hat der BGH unter der Geltung des FGG, das das einzuhaltende Verfahren nur in Grundzügen regelte und damit Raum für flexible Gestaltungen bot, aus prozesswirtschaftlichen Erwägungen zugelassen, einen zweifelsfrei feststehenden nachträglichen Wegfall des Rücknahme- oder Widerrufsgrundes bereits im laufenden Gerichtsprozess zu berücksichtigen, um eine zeit- und kostenaufwändige Verdoppelung der Verfahren in den Fällen zu vermeiden, in denen dem Rechtsanwalt zunächst die Zulassung entzogen und anschließend sofort wieder erteilt werden müsste (BGHZ 75, 356, 357 = NJW 1980, 841).

79 **c) Rechtsprechungsänderung durch Beschluss des BGH vom 29.6.2011.** An dieser verfahrensökonomischen Handhabung hat der BGH unter der Geltung der Regeln der VwGO nicht mehr festgehalten. Unter ausdrücklicher Änderung seiner bisherigen Rechtsprechung geht der BGH seit seinem Beschluss vom 29.6.2011 (BGHZ 190, 187 = NJW 2011, 3234 = BRAK-Mitt. 2011, 246; seitdem ständig, vgl. etwa BGH NZI 2012, 106 Rn. 7; BRAK-Mitt. 2014, 164 Rn. 3; BeckRS 2014, 23697 Rn. 6) nunmehr davon aus, dass **der Abschluss des behördlichen Widerrufsverfahrens** eine auch im gerichtlichen Verfahren zu beachtende Zäsur bewirkt, durch die eine Berücksichtigung danach eintretender Umstände einem späteren Wiedererteilungsverfahren zugewiesen wird. Denn die VwGO gewährt den Gerichten nicht den Gestaltungsspielraum, eine vom materiellen Recht vorgegebene Trennung zwischen Widerrufsverfahren (Rücknahmeverfahren) und Wiederzulassungsverfahren aufzuheben (BGH BeckRS 2014, 23697 Rn. 19).

80 Dieser Rechtsprechungsänderung ist zuzustimmen (wie hier *Deckenbrock* AnwBl. 2015, 365, 374; kritisch *Kleine-Cosack* AnwBl. 2011, 939, 940 ff.; Henssler/Prütting/*Henssler* § 14 Rn. 80; offen Gaier/Wolf/Göcken/*Schmidt-Räntsch* § 14 Rn. 37). Denn zu Recht hat der BGH darauf abgestellt, dass sich die Berücksichtigung nachträglich eingetretener Umstände unter verfahrensökonomischen Gesichtspunkten nicht bewährt hatte. In vielen Fällen war es zu erheblichen Verfahrensverzögerungen und zudem zu einer Häufung von Prozessen gekommen, weil die RAK nachträglich den Sofortvollzug des Widerrufsbescheids ausgesprochen und die betroffenen Rechtsanwälte auch diese Verfügung angefochten haben. In der Praxis war die angestrebte Verfahrenserleichterung oftmals nicht erreicht worden. Zudem hatte das bisherige Recht dazu geführt, dass sich der maßgebliche Beurteilungszeitpunkt auf die mündliche Verhandlung vor dem Anwaltssenat des BGH verlagert hatte. Eine Rechtsschutzverkürzung ist damit nicht verbunden, weil dem Rechtsanwalt bei zweifelsfreiem Wegfall des Widerrufsgrundes ein ohne weiteres durchsetzbarer Anspruch auf Wiederzulassung zusteht (→ Rn. 83).

81 Die Rechtsprechungsänderung hat zur Folge, dass für die Beurteilung der Rechtmäßigkeit eines Widerrufs allein auf den Zeitpunkt des Abschlusses des behördlichen Widerrufsverfahrens abzustellen ist, also auf den Erlass des Widerspruchsbescheids oder, wenn das Vorverfahren entbehrlich ist, auf den Ausspruch der Widerrufsverfügung. Die Beurteilung danach eingetretener Entwicklungen ist einem Wiederzulassungsverfahren vorbehalten. Als entscheidender Zeitpunkt ist dabei auf die **Bekanntgabe des Verwaltungsakts** abzustellen (offengelassen von BGH BeckRS 2014, 23586 Rn. 6 ff.). Ein Verwaltungsakt erlangt nach § 41 Abs. 1 S. 1 VwVfG iVm § 32 Abs. 1 S. 1 erst durch Bekanntgabe seine äußere Wirksamkeit. Erst die Bekanntgabe bildet den Schlusspunkt des auf Erlass eines Verwaltungsakts gerichteten Verwaltungsverfahrens (§ 9 VwVfG); ein Erlass liegt deshalb erst mit Bekanntgabe vor (Stelkens/Bonk/Sachs/*Schmitz,* 8. Aufl. 2014, VwVfG § 9 Rn. 193; Stelkens/Bonk/Sachs/*Sachs* VwVfG § 35 Rn. 20 f., VwVfG § 41 Rn. 3, VwVfG § 43 Rn. 174, jeweils mwN auch zum Streitstand; Obermayer/Funke-Kaiser/*Wittinger,* 4. Aufl. 2014, VwVfG § 9 Rn. 37).

82 **d) Folgerungen für Klagen gegen den Widerruf der Zulassung.** Die Maßgeblichkeit des Zeitpunkts des Abschlusses des behördlichen Widerrufsverfahrens hat etwa zur Folge, dass es in Fällen des Widerrufs wegen Vermögensverfalls auf die weitere Entwicklung der Vermögensverhältnisse nicht ankommt (BGH BeckRS 2012, 25499 Rn. 15); eine nachträgliche Konsolidierung wird im Anfechtungsprozess über einen Zulassungswiderruf nicht berücksichtigt. Auch die Beurteilung, ob Vermögenswerte dem Rechtsanwalt liquide zur Verfügung stehen, ist auf diesen Zeitpunkt zu beziehen (BGH BeckRS 2015, 06885 Rn. 10). Auf spätere Löschungen von Eintragungen im Zentralen Schuldnerverzeichnis kommt es folglich nicht an (BGH BeckRS 2014, 12286 Rn. 4). Liegt ein die Vermutung für das Vorliegen eines Vermögensverfalls auslösender Tatbestand vor, muss sich die Widerlegung der Vermutung ebenfalls auf den Zeitpunkt des Abschlusses des behördlichen Widerrufsverfahrens beziehen. Auch die Voraussetzungen eines Ausnahmefalls, in dem die Interessen der Rechtsuchenden nicht gefährdet sind, müssen bei Abschluss des behördlichen Widerrufsverfahrens vorliegen (BGH BeckRS 2015, 05870 Rn. 7). Ist die Widerrufsverfügung auf § 14 Abs. 2 Nr. 9 gestützt, ist ein nach Erlass des Bescheids erfolgter Abschluss einer Berufshaftpflichtversicherung für die Beurteilung der Rechtmäßigkeit des Zulassungswiderrufs nicht maßgeblich (BGH BeckRS 2014, 23697 Rn. 9).

83 Der Rechtsanwalt hat bei nachträglichem Wegfall des Widerrufsgrundes einen Anspruch auf sofortige Wiederzulassung und kann jederzeit und uneingeschränkt, dh ohne Sperrfrist, einen

entsprechenden Antrag nach §§ 6f. stellen (BGHZ 190, 187 Rn. 18 = NJW 2011, 3234 = BRAK-Mitt. 2011, 246). Diesen Antrag auf Wiederzulassung kann er erforderlichenfalls im Wege der Verpflichtungsklage durchsetzen (BGH BeckRS 2013, 03972 Rn. 7). Eine solche Klage kann schon vor Abschluss eines gegen den Zulassungswiderruf angestrengten Anfechtungsverfahrens erhoben und ggf. mit diesem verbunden werden. Auf diese Weise kann bei zweifelsfreiem Wegfall des Widerrufsgrundes eine lückenlose Zulassung zur Rechtsanwaltschaft sichergestellt werden (BGH BeckRS 2012, 23750 Rn. 6; dies gilt auch, wenn der Rechtsanwalt durch den Zulassungswiderruf die Erlaubnis zum Führen einer Fachanwaltsbezeichnung verliert, s. BGH BeckRS 2015, 05870 Rn. 6). Stellt der Rechtsanwalt allerdings im Anfechtungsprozess einen Hilfsantrag auf Neuzulassung, bedarf es hierzu keiner Bescheidung durch den AGH, wenn sich ein solcher Antrag gegen die RAK richtet (BGH BeckRS 2014, 20923 Rn. 7).

Das Fehlen der Berücksichtigungsfähigkeit neuer Umstände im Anfechtungsverfahren gilt **84** nicht nur für Klagen des Rechtsanwalts gegen Widerrufsverfügungen aus den Gründen des Vermögensverfalls (§ 14 Abs. 2 Nr. 7), sondern für alle Klagen gegen Widerrufsbescheide, gleich auf welchen Widerrufsgrund diese gestützt sind (BGH NJW-RR 2012, 1336 Rn. 19 = BRAK-Mitt. 2012, 247).

Unbenommen bleibt die Möglichkeit, neue – aber erst später bekannt gewordene – Tatsachen **85** und Beweise bezogen auf den maßgeblichen Zeitpunkt in das gerichtliche Verfahren einzuführen (BGH BeckRS 2014, 20924 Rn. 13). Folglich hat die RAK im Anfechtungsprozess die Möglichkeit, den ausgesprochenen Zulassungswiderruf mit erst später bekannt gewordenen Umständen zu begründen. Eine Erweiterung der Bescheidsbegründung („Nachschieben von Gründen") mit nachträglich bekannt gewordenen Umständen ist stets möglich (BGH BeckRS 2005, 05847; AGH NRW Beschluss vom 18.1.2013 – AGH 43/12). So kann ein fehlerhafter Bescheid mit anderer Begründung aufrechterhalten werden, wenn sich ergibt, dass dies mit einer fehlerfreien Begründung möglich ist (BGH NJW 2012, 3039 Rn. 17 = BRAK-Mitt. 2012, 224); der Bescheid darf durch die Berücksichtigung der geänderten Begründung jedoch nicht in seinem Wesen verändert werden und die Rechtsverteidigung der Klagepartei darf hierdurch nicht unzumutbar beeinträchtigt werden. Unzulässig ist ein Nachschieben von Gründen insbesondere dann, wenn der Verwaltungsakt an einen anderen Sachverhalt anknüpft (BGH NJW 2012, 3039 Rn. 17 = BRAK-Mitt. 2012, 224).

Mittels neuer Tatsachen – also neu entstandener Tatsachen – kann ein Zulassungswiderruf **86** nicht aufrechterhalten werden. Lagen etwa die Voraussetzungen für einen Widerruf bei Erlass der Widerrufsverfügung nicht vor, kann eine im Laufe des Klageverfahrens erfolgende Eintragung in das Schuldnerverzeichnis nur noch die Grundlage eines neuen Widerrufs bilden; der erlassene Widerruf kann nicht im Nachhinein mittels dieser Vermutung gerechtfertigt werden (BGH BeckRS 2009, 19501 Rn. 14). Auch kann im Klageverfahren nicht seitens der RAK ein zunächst angenommener Widerrufsgrund durch einen anderen ersetzt werden (Henssler/Prütting/*Deckenbrock* § 112c Rn. 91; Gaier/Wolf/Göcken/*Schmidt-Räntsch* § 112c Rn. 265). Hier bleibt nur der Erlass einer erneuten Widerrufsverfügung (vgl. AGH NRW Beschluss vom 18.3.2011 – 1 AGH 101/10).

Unberührt bleibt, dass die Feststellung eines Vermögensverfalls nach § 14 Abs. 2 Nr. 7 auch **87** stets Elemente einer Prognoseentscheidung enthält (in ungeordnete schlechte finanzielle Verhältnisse gerät, die der Rechtsanwalt „in absehbarer Zeit nicht ordnen kann" (→ § 14 Rn. 59). Insoweit enthält die Entscheidung der RAK auch stets Gesichtspunkte, die sich auf den dem Erlass der Widerrufsverfügung nachfolgenden Zeitraum beziehen. Maßgeblich für die Frage der Rechtsmäßigkeit ist jedoch auch hier allein, ob im Zeitpunkt des Abschlusses des behördlichen Widerrufsverfahrens Umstände vorlagen, die mit Bezug auf diesen Zeitpunkt diese Prognose gerechtfertigt haben.

Eine Rückschau aus dem Zeitpunkt der letzten gerichtlichen Tatsachenverhandlung auf den **88** Zeitpunkt des Abschlusses des behördlichen Widerrufsverfahrens kann nur insoweit von Belang sein, wie es um die Bewertung der zum maßgeblichen Stichtag gegebenen tatsächlichen Umstände geht (AGH NRW BeckRS 2014, 05677).

e) Folgerungen für Klagen gegen den Widerruf der Gestattung des Führens einer **89** **Fachanwaltsbezeichnung.** Der Beschluss des BGH vom 29.6.2011 (BGHZ 190, 187 = NJW 2011, 3234) hat auch für die Klage eines Rechtsanwalts gegen den Widerruf der Gestattung eine Fachanwaltsbezeichnung wegen Nichteinhaltung der Fortbildungsverpflichtung Bedeutung.

90 Auch hier gilt (BGH NJW 2013, 2364 Rn. 10 = BRAK-Mitt. 2013, 181), dass sich der bei einer Anfechtungsklage für die gerichtliche Nachprüfung eines Verwaltungsakts maßgebliche Beurteilungszeitraum nach dem materiellen Recht richtet, auf welchem der angefochtene Verwaltungsakt beruht. Dieses legt nicht nur die tatbestandlichen Voraussetzungen für den Anspruch auf Aufhebung eines belastenden Verwaltungsakts fest, sondern bestimmt auch, zu welchem Zeitpunkt sie erfüllt sein müssen. Daher sind tatsächliche oder rechtliche Entwicklungen, die erst nach Abschluss des behördlichen Verwaltungsverfahrens eintreten und die zu einer abweichenden Beurteilung führen würden, nur dann der jeweiligen gerichtlichen Entscheidung zu Grunde zu legen, wenn das materielle Recht ihre Berücksichtigung zulässt.

91 Hierbei ist wie folgt zu unterscheiden (BGH NJW 2013, 2364 Rn. 10):

92 Die Fortbildungspflicht des Fachanwalts ist, wie sich aus § 15 Abs. 1 S. 2 FAO ergibt, in jedem Kalenderjahr aufs Neue zu erfüllen. Ob der Fachanwalt Fortbildungsveranstaltungen im danach erforderlichen Umfang besucht hat, steht erst nach Ablauf des jeweiligen Jahres fest, ändert sich dann aber auch nicht mehr. Ist ein Jahr verstrichen, kann sich der Rechtsanwalt in diesem Jahr nicht mehr fortbilden. Mit dem Ablauf des jeweiligen Jahres steht die Verletzung der Fortbildungspflicht, die Tatbestandsvoraussetzung für die Befugnis der RAK zum Widerruf ist, unumkehrbar fest. Eine die Verletzung der Fortbildungspflicht rückwirkend heilende „Nachholung" der Fortbildung im Folgejahr kommt schon deshalb nicht in Betracht (vgl. BGH NJW-RR 2014, 1083 Rn. 9 = BRAK-Mitt. 2014, 212). Hinsichtlich der tatbestandlichen Voraussetzungen des § 43c Abs. 4 S. 2 kommt es also weder auf den Zeitpunkt des Abschlusses des behördlichen Verwaltungsverfahrens noch auf den Zeitpunkt der letzten mündlichen Tatsachenverhandlung im gerichtlichen Verfahren an, sondern auf den Ablauf des jeweiligen Jahres.

93 Bei der Ausübung des in § 43c Abs. 4 S. 2 vorgesehenen Ermessens kann die RAK dagegen auch später eingetretene Umstände berücksichtigen, etwa dem Anwalt Gelegenheit geben, die versäumte Fortbildung im Folgejahr nachzuholen (vgl. BGH NJW 2013, 175 Rn. 9 = BRAK-Mitt. 2013, 46). Jedoch kann der Rechtsanwalt den Widerruf der Berechtigung des Führens der Fachanwaltsbezeichnung nicht unter Hinweis auf nach Erlass der Widerrufsverfügung erbrachte Fortbildungsbemühungen in Frage stellen. Denn auch hier bleiben nach Abschluss des behördlichen Verfahrens eingetretene Entwicklungen der Beurteilung in einem Verfahren auf Neuerteilung der Befugnis zum Führen der Fachanwaltsbezeichnung vorbehalten (BGH BeckRS 2014, 14861 Rn. 6).

94 In welcher Form und bis zu welchem Zeitpunkt die Erfüllung der Fortbildungspflicht nachgewiesen werden kann, ist dagegen eine Frage des Verfahrensrechts (BGH NJW 2013, 2364 Rn. 11 f. = BRAK-Mitt. 2013, 181). Danach ist der gesamte Streitstoff bis zum Schluss der mündlichen Verhandlung zu verwerten. Das Gericht entscheidet nach seiner freien, aus dem Gesamtergebnis des Verfahrens gewonnenen Überzeugung.

94a **f) Folgerungen für Klagen gegen belehrende Hinweise.** Geht die Wirkung eines belehrenden Hinweises über einen nur punktuellen Bezug auf die Verhältnisse zum Zeitpunkt des Erlasses hinaus und entwickelt er seiner Natur nach wegen der zum Ausdruck gebrachten Festlegung seitens der RAK für weitere Verfahren Wirkungen auch für die Zukunft, ist auf den Zeitpunkt der letzten mündlichen Verhandlung abzustellen (AGH NRW Urteil vom 17.4.2015 – 1 AGH 38/14).

95 **2. Maßgeblicher Zeitpunkt bei der Verpflichtungsklage.** Maßgeblicher Zeitpunkt für die Beurteilung der Begründetheit einer Verpflichtungsklage ist der der letzten mündlichen Verhandlung (BGH BeckRS 2012, 18855 Rn. 6; 2015, 04152 Rn. 5).

96 Dieser Grundsatz ist in der Berufungsinstanz auch im Berufungszulassungsverfahren zu beachten. Treten nach Verkündung des angefochtenen Urteils Umstände ein, die dem Erlass des begehrten Verwaltungsakts in jedem Fall entgegenstehen, kommt eine Zulassung der Berufung nicht in Betracht (BGH BeckRS 2012, 18855 Rn. 5).

97 Für Zulassungssachen hat die Maßgeblichkeit der letzten mündlichen Verhandlung zur Folge, dass es darauf ankommt, ob nach der zu diesem Zeitpunkt geltenden Sach- und Rechtslage ein Anspruch auf Zulassung besteht (Henssler/Prütting/*Deckenbrock* § 112c Rn. 90).

98 Für Klageverfahren, in denen ein Rechtsanwalt auf Gestattung des Führens einer Fachanwaltsbezeichnung klagt, bedeutet dies, dass AGH bzw. BGH alle Fälle, die der Rechtsanwalt zum Nachweis besonderer praktischer Erfahrungen nachgemeldet hat, bei ihrer Entscheidung zu berücksichtigen haben (→ Rn. 142 zur Klageänderung).

IV. Zulässigkeitsvoraussetzungen

1. Vorverfahren. a) Sinn und Zweck eines Vorverfahrens. Nach früherem Recht konnte der Widerruf bzw. die Rücknahme der Anwaltszulassung durch die RAK erfolgen, ohne dass ein Widerspruch gegen die Entscheidung möglich oder erforderlich war. Gegen die zuzustellende Rücknahme- oder Widerrufsverfügung (§ 16 Abs. 4 aF) war binnen eines Monats nach der Zustellung Antrag auf gerichtliche Entscheidung beim zuständigen AGH zu stellen (§ 16 Abs. 5 aF). Die in § 112c Abs. 1 S. 1 nunmehr vorhandene Verweisung auf die VwGO hat zur Folge, dass die Anfechtungs- und Verpflichtungsklage gegen Verwaltungsakte nach der BRAO jetzt grundsätzlich erst nach der Durchführung eines Vorverfahrens zulässig ist (§ 68 VwGO). **Sinn und Zweck** der Durchführung eines Widerspruchsverfahrens ist zunächst eine – zusätzliche – Rechtsschutzmöglichkeit. Diese geht auch über den auf die Einhaltung subjektiver öffentlicher Rechte beschränkten gerichtlichen Schutz hinaus, vor allem in Bezug auf Zweckmäßigkeitserwägungen bei Ermessensentscheidungen. Die Tatsachenbasis kann neu ermittelt werden, ebenso wie erstmalige oder neue Einwendungen bewertet werden können. Auch dient das Widerspruchsverfahren der Selbstkontrolle der Verwaltung und vermag zur Entlastung der Gerichte beizutragen (vgl. *Wienhues* BRAK-Mitt. 2009, 111). Im Gesetzgebungsverfahren sah dies der Bundesrat nicht als gegeben an und erhob die Befürchtung, dass das Vorverfahren zu einer erheblichen Verfahrensverlängerung führen werde, wobei zu erwarten sei, dass die verfolgten Ziele der Vereinfachung und Beschleunigung nicht erreicht werden könnten (BT-Drs. 16/11385, 60). Die Bundesregierung betonte demgegenüber den Gesichtspunkt der Selbstkontrolle und verwies darauf, dass es den einzelnen Ländern überlassen werden sollte, das Vorverfahren für verwaltungsrechtliche Anwaltssachen auszuschließen (BT-Drs. 16/11385, 29, 66). Der Einspruch des Bundesrates (BT-Drs. 16/13363) wurde deshalb zurückgewiesen (BT-Plenar-Prot. 16/227, 25172, 25132). 99

b) Erforderlichkeit eines Vorverfahrens. Die in § 112c Abs. 1 S. 1 enthaltene Verweisung auf die VwGO hat zur Folge, dass die Anfechtungs- und Verpflichtungsklage gegen Verwaltungsakte nach der BRAO jetzt grundsätzlich erst nach der Durchführung eines Vorverfahrens zulässig ist (§ 68 VwGO). Soll sich die Klage gegen eine Auskunftserteilung seitens der RAK richten, liegt kein Verwaltungsakt, sondern ein Realakt vor, so dass es keines Widerspruchsverfahrens bedarf (AGH BW Beschluss vom 20.10.2011 – AGH 10/11 Rn. 133 ff.; **aA** Gaier/Wolf/Göcken/*Tauchert/Dahns* § 51 Rn. 24). 100

§ 68 Abs. 1 S. 2 Nr. 1 und 2 VwGO bestimmt, dass es eines Vorverfahrens nicht bedarf, wenn ein Gesetz dies vorsieht oder wenn der betreffende Verwaltungsakt von einer **obersten Bundesbehörde** oder von einer **obersten Landesbehörde** erlassen worden ist, außer wenn ein Gesetz die Nachprüfung vorschreibt, oder der Abhilfebescheid oder der Widerspruchsbescheid erstmalig eine Beschwer enthält. Nach § 68 Abs. 2 VwGO gilt Entsprechendes für eine Verpflichtungsklage, wenn der Antrag auf Vornahme des Verwaltungsakts abgelehnt worden ist. Eines Vorverfahrens bedarf es dementsprechend nicht, wenn für den Erlass des Verwaltungsakts das BMJV (früher BMJ) zuständig ist (zB nach § 170 Abs. 1). 101

Ein Vorverfahren ist nach § 68 Abs. 1 S. 2 Alt. 1 VwGO ebenfalls entbehrlich, soweit **einzelne Bundesländer** das Erfordernis eines Widerspruchsverfahrens in verwaltungsrechtlichen Anwaltssachen ausschließen. Die Länder können das Vorverfahren daher durch Landesgesetz ausschließen oder fakultativ vorsehen. Teilweise wurde hiervon Gebrauch gemacht; **ua in den folgenden Bundesländern bedarf es deshalb in verwaltungsrechtlichen Anwaltssachen keines Vorverfahrens:** Bayern nach Art. 15 Abs. 2 BayAGVwGO, Berlin nach § 26 Abs. 5 S. 1 AZG Berlin; Hessen nach Nr. 10.4 Anlage zu § 16a AGVwGO Hessen; Niedersachsen nach § 8a Nds. AGVwGO, Nordrhein-Westfalen nach § 110 Abs. 1 JustG NRW, Sachsen-Anhalt nach § 8a AGVwGO LSA. Der Wirksamkeit eines solchen landesrechtlichen Ausschlusses steht das Fehlen der Gesetzgebungskompetenz der Länder nicht entgegen (AGH NRW Urteil vom 15.2.2013 – 1 AGH 45/11 Rn. 25; Henssler/Prütting/*Deckenbrock* § 112a Rn. 28; **aA** *Neuenfeld* AnwBl. 2009, 749). Die landesgesetzlichen Regelungen sind deshalb verfassungsgemäß (BGH NJW-RR 2014, 317 Rn. 4; BeckRS 2014, 03594 Rn. 9). Es stellt auch keine sachwidrige Ungleichbehandlung nach Art. 3 Abs. 1 GG dar, dass das Erfordernis eines Vorverfahrens in einigen Bundesländern besteht, in anderen nicht (BGH BeckRS 2013, 00248 Rn. 4). 102

103 Die Durchführung des Vorverfahrens als Zulässigkeitsvoraussetzung für eine Klage entfällt ferner dann, wenn die Beklagtenseite sich **rügelos zur Sache** einlässt. Denn dann bedeutete eine Abweisung der ohne Vorverfahren erhobenen Klage eine unnötige Förmelei (BGH NJW-RR 2013, 1215; Henssler/Prütting/*Deckenbrock* § 112a Rn. 29). Allerdings bedeutet allein die Stellung eines Klageabweisungsantrags noch nicht stets den Verzicht auf die Durchführung des Vorverfahrens (BGH NJW-RR 2012, 1336 Rn. 25). Hat sich der Verwaltungsakt **vor Klageerhebung erledigt,** kann der Betroffene ohne Durchführung eines Vorverfahrens und ohne Beachtung einer Frist Fortsetzungsfeststellungsklage erheben, wenn der Verwaltungsakt noch nicht rechtskräftig ist und die sonstigen Zulässigkeitsvoraussetzungen vorliegen (Henssler/Prütting/*Deckenbrock* § 112c Rn. 29).

104 Soweit ein Vorverfahren gesetzlich nicht ausgeschlossen ist, hat die RAK über ihre eigene Entscheidung nach § 112c Abs. 1 S. 1 iVm § 73 Abs. 1 S. 2 Nr. 3 VwGO nach erfolgter Widerspruchseinlegung selbst zu entscheiden, da sie eine **Selbstverwaltungskörperschaft** ist (BT-Drs. 16/11385, 29).

105 Ob das Widerspruchsverfahren tatsächlich dazu führt, dass eine Selbstprüfung durch die RAK erfolgt, ist zu bezweifeln. Näher liegt es, dass die Befürchtung des Bundesrats im Gesetzgebungsverfahren Platz greift und über das Vorverfahren sich Zulassungs- oder Widerrufsverfahren nur verlängern. Es ist davon auszugehen, dass die beteiligten Volljuristen sich tatsächlich hinreichend vor Erlass des Bescheids „ausgetauscht" haben, so dass die RAK die aufgrund ihrer Überprüfungen und Überlegungen zu einem Ergebnis gekommen ist, wie es im Bescheid seinen Niederschlag gefunden hat, nur ganz ausnahmsweise im Vorverfahren diese Meinung ändern wird. Im Übrigen hat die RAK unabhängig davon, ob ein Vorverfahren durchzuführen ist oder nicht, immer die Möglichkeit, ihren Bescheid zu Gunsten des Betroffenen zu ändern, wenn Fehler unterlaufen sind und sich dies im Verlauf des (gerichtlichen) Verfahrens herausstellt.

106 **c) Durchführung des Vorverfahrens. Form und Frist des Widerspruchs** ergeben sich aus § 70 VwGO. Der Widerspruch ist innerhalb eines Monats nach Bekanntgabe des Verwaltungsakts schriftlich oder zur Niederschrift bei der Behörde zu erheben, die den Verwaltungsakt erlassen hat (§ 70 Abs. 1 VwGO). Bei der Bekanntgabe eines Widerrufsbescheids (etwa in den Fällen des § 14 Abs. 2 Nr. 3) ist zu beachten, dass die notwendige Zustellung (§ 34) ggf. an einen Vertreter (§§ 32, 35 BRAO iVm § 16 VwVfG) zu erfolgen hat. Nach § 70 Abs. 1 S. 2 VwGO wird die Widerspruchsfrist auch dann gewahrt, wenn der Widerspruch bei der Behörde, die den Widerspruchsbescheid zu erlassen hat, eingelegt wird. Da grundsätzlich die RAK als Selbstverwaltungsbehörde selbst Widerspruchsstelle ist (§ 73 Abs. 1 Nr. 3 VwGO) ergibt sich kein konkreter Anwendungsbereich von § 70 Abs. 1 S. 2 VwGO.

107 Nach §§ 70 Abs. 2, 58 Abs. 1 VwGO beginnt die **Widerspruchsfris**t nur bei Vorliegen einer **Rechtsbehelfsbelehrung;** andernfalls läuft die Jahresfrist nach § 58 Abs. 2 VwGO. Bei Versäumung der Widerspruchsfrist kommt nach §§ 70 Abs. 2, 60 VwGO Wiedereinsetzung in den vorigen Stand in Betracht. Nach altem Recht mussten Rücknahme- und Widerrufsverfügungen keine Rechtsbehelfsbelehrung enthalten (BGHZ 107, 281 = NJW 1989, 2889 = BRAK-Mitt. 1989, 156), was damit begründet wurde, dass Rechtsanwälte über die erforderliche Sachkunde verfügen, um das Rechtsmittel selbst festzustellen (BGHZ 107, 281 = NJW 1989, 2889).

108 **d) Widerspruchsbescheid.** Das Widerspruchsverfahren ist mit dem Ergehen des Widerspruchsbescheids abgeschlossen, § 73 VwGO. Unter den Voraussetzungen des § 75 VwGO kann Klage bei Untätigkeit erhoben werden.

109 **2. Klagefrist. a) Monatsfrist nach § 74 VwGO.** Die Klagefrist ergibt sich für **Anfechtungs- und Verpflichtungsklage** aus § 74 VwGO. Bei der Anfechtungsklage muss die Klage nach § 74 Abs. 1 VwGO binnen Monatsfrist nach Zustellung des Widerspruchsbescheids oder, wenn ein solcher nicht erforderlich ist, binnen Monatsfrist nach Bekanntgabe des Verwaltungsakts erhoben werden. Für die Verpflichtungsklage gilt nach § 74 Abs. 2 VwGO Entsprechendes, wenn der Antrag auf Vornahme eines Verwaltungsakts abgelehnt worden ist. Für **Klagen von Kammermitgliedern gegen Wahlen und Beschlüsse** trifft § 112f Abs. 3 eine inhaltsgleiche Sonderregelung. Die Versäumung der Klagefrist führt zur Abweisung der Klage als unzulässig.

110 **b) Zustellung von Widerspruchsbescheid bzw. Verwaltungsakt.** Die **Zustellung** (zu ihrer Erforderlichkeit § 34) des Widerspruchsbescheids erfolgt nach § 73 Abs. 3 S. 2 VwGO nach den Vorschriften des VwZG. Die Zustellung des Verwaltungsakts erfolgt für den Bereich

der BRAO ebenfalls grundsätzlich nach dem VwZG (§ 32 Abs. 1 S. 1, § 2 Abs. 3 Nr. 1 VwVfG), es sei denn, Bundesländer haben von der Möglichkeit des § 1 Abs. 3 VwVfG Gebrauch gemacht; dann richtet sich die Zustellung des Verwaltungsakts nach den Zustellungsgesetzen der Länder. Ersatzzustellungen nach § 180 ZPO können auch außerhalb der Öffnungszeiten der Kanzlei erfolgen (BGH NJW 2007, 2186 Rn. 6). Wann der Rechtsanwalt von einem Verwaltungsakt Kenntnis erlangt, ist für die Wirksamkeit der Zustellung, die die Klagefrist in Gang setzt, unerheblich (AGH NRW Urteil vom 16.3.2012 – 1 AGH 57/11 Rn. 17). Eine Zustellung an einem Samstag löst den Fristbeginn aus (BGH BeckRS 2011, 07706 Rn. 3; 2012, 00753 Rn. 2). Fällt das Fristende auf einen Samstag, Sonntag oder Feiertag, verschiebt es sich nach den § 57 Abs. 2 VwGO, § 222 ZPO auf den Ablauf des nächsten Werktags. Ist der Sofortvollzug eines Zulassungswiderrufs angeordnet, verliert eine Kanzlei ihre Eigenschaft als Geschäftsraum (BGH NJW-RR 2011, 561 Rn. 3 = BRAK-Mitt. 2011, 80; ThürAGH BeckRS 2013, 18375). Wird eine Kanzlei aufgegeben, genügt der bloße, dem Empfänger zurechenbare Rechtsschein, dieser unterhalte unter der Anschrift eine Kanzlei, für eine ordnungsgemäße Zustellung nicht, es sei denn, der Rechtsanwalt hat den Zustellungsmangel gezielt herbeigeführt (BGH NJW 2013, 175 Rn. 5 f. = BRAK-Mitt. 2013, 46). Ist eine Zustellung unterblieben, läuft keine Klagefrist; die Klage kann innerhalb der Grenzen der Verwirkung und auf jeden Fall bis zum Ablauf der Jahresfrist des § 58 Abs. 2 VwGO erhoben werden (NdsAGH Urteil vom 10.12.2012 – AGH 2/12 Rn. 18). Für die Bewilligung einer öffentlichen Zustellung ist der AGH und nicht die RAK zuständig (AGH Brem BRAK-Mitt. 2006, 177; NdsAGH BRAK-Mitt. 2002, 281; BayAGH BRAK-Mitt. 2003, 184; zu den Voraussetzungen einer öffentlichen Zustellung s. BGH NJW-RR 2014, 377 Rn. 3 ff.; BRAK-Mitt. 2008, 170).

c) Wahrung der Frist. Die Klagefrist wird durch **Erhebung der Klage** (§ 81 VwGO) gewahrt, dh durch Einreichung einer den Mindestanforderungen der §§ 81 ff. VwGO entsprechenden Klageschrift bei Gericht. 111

Nimmt der Kläger während des Klageverfahrens eine **Erweiterung seiner Klage auf eine weitere Beklagte** vor, ist die geänderte Klage nicht deshalb unzulässig, weil die neue Beklagte erst nach Ablauf der Klagefrist in das Verfahren einbezogen worden ist (BayAGH Urteil vom 15.7.2013 – BayAGH I-19/12 Rn. 31). 112

Wenn für AGH und OLG eine **gemeinsame Posteinlaufstelle bzw. Faxannahmestelle** eingerichtet ist, genügt der rechtzeitige Eingang dort, wenn durch Adressierung oder auf andere Weise zum Ausdruck gebracht ist, dass eine Klageerhebung beim AGH beabsichtigt ist (BGH NJW-RR 2013, 830 Rn. 12). 113

Eine **Klageeinreichung bei der RAK** wahrt nicht die Klagefrist. Eine Pflicht der RAK, den Rechtsanwalt über eine ordnungsgemäße Rechtsmittelbelehrung hinaus telefonisch oder per Fax nochmals über die Notwendigkeit einer Klageerhebung gegenüber dem AGH zu unterrichten, besteht nicht (BGH BeckRS 2010, 28209 Rn. 10). Enthält die an die RAK gerichtete Eingabe zudem Anträge, die seitens der RAK zu bescheiden sind, entfällt zudem eine Pflicht zur Weiterleitung an den AGH (BGH BeckRS 2010, 28209 Rn. 10). 114

Bei einer Klageeinreichung bei einem unzuständigen Gericht ist zu differenzieren: Die Klageerhebung bei einem unzuständigen Gericht wahrt die Klagefrist, wenn der Kläger bei diesem Gericht Klage erheben wollte. Eine nachfolgend nach § 17a Abs. 2 GVG erfolgte **Rechtswegverweisung** lässt die Wirkungen der Rechtshängigkeit unberührt, so dass eine beim VG unzulässig erhobene Klage nach Verweisung die Klagefrist beim AGH nach § 17b Abs. 1 S. 2 GVG wahrt (vgl. AGH LSA NJW-RR 2006, 1215). Geht die Klage jedoch bei einem Gericht ein, an das die Klage nach Auslegung ihres Inhalts nicht gerichtet ist, liegt eine Klageerhebung iSd § 81 VwGO nicht vor. Eine Fristwahrung tritt nur dann ein, wenn aufgrund einer **Weiterleitung,** die allein im Rahmen des ordentlichen Geschäftsgangs zu erfolgen hat, ein Eingang beim tatsächlich angerufenen Gericht noch innerhalb der Klagefrist erfolgt. Eine weitergehende Verpflichtung, etwa eine beschleunigte Weiterleitung an das zuständige Gericht oder eine Verpflichtung, die Partei oder dessen Verfahrensbevollmächtigten durch Telefonat oder Telefax von der Einreichung bei einem unzuständigen Gericht zu unterrichten, ergibt sich von Verfassungs wegen nicht (BGH NJW-RR 2014, 2 Rn. 20; NJW 2013, 1308 Rn. 12). Der damit verbundene Zeitablauf geht zu Lasten des Klägers und kann letztlich zu einem nicht mehr fristgerechten Eingang beim AGH führen, ohne dass ein Wiedereinsetzungsgesuch Erfolg hätte; anders ist es nur, wenn zwischen dem Eingang beim unzuständigen Gericht und dem Fristablauf so viel Zeit liegt, dass die 115

Erwartung, bei einer Weiterleitung im ordentlichen Geschäftsgang werde der Schriftsatz das zuständige Gericht noch erreichen, gerechtfertigt ist (BGH NJW-RR 2014, 2 Rn. 21 ff.; NJW 2013, 1308 Rn. 13).

116 **d) Verlängerter Fristlauf nach § 58 Abs. 2 VwGO.** Rücknahme- und Widerrufsverfügungen mussten nach altem Recht keine **Rechtsbehelfsbelehrung** enthalten (BGHZ 107, 281 = NJW 1989, 2889 = BRAK-Mitt. 1989, 156; BeckRS 2011, 22668 Rn. 2), was damit begründet wurde, dass Rechtsanwälte über die erforderliche Sachkunde verfügen, um das Rechtsmittel selbst festzustellen (BGHZ 107, 281 = NJW 1989, 2889).

117 Nunmehr hat dieser Zustand mit der Verweisung in § 112c Abs. 1 S. 1 auf die VwGO sein Ende gefunden (BT-Drs. 16/11385, 29); zudem verweist § 32 auf das VwVfG. Durch die Ersetzung des bisherigen § 59 VwGO durch § 37 Abs. 6 VwVfG besteht nunmehr im Anwendungsbereich des VwVfG eine Pflicht dem Verwaltungsakt eine Rechtsbehelfsbelehrung beizufügen. Im Hinblick auf § 58 Abs. 1 VwGO, wonach sowohl die **Widerspruchs- als auch die Klagefrist erst mit der Erteilung einer – zutreffenden – Rechtsbehelfsbelehrung zu laufen beginnen,** ist deshalb stets die Erteilung einer Rechtsbehelfsbelehrung angebracht. Andernfalls oder für den Fall einer falsch erteilten Rechtsbehelfsbelehrung gilt nach § 58 Abs. 2 VwGO für die Anfechtungs- und Verpflichtungsklage (der Fristlauf des § 112f Abs. 3 setzt eine Rechtsmittelbelehrung nicht voraus, → § 112f Rn. 45) eine **Jahresfrist für die Rechtsbehelfseinlegung,** die es aus Gründen der Rechtssicherheit insbesondere im Zulassungs-, Widerrufs- und Rücknahmeverfahren zu vermeiden gilt.

118 **Fehlt** die Rechtsmittelbelehrung, ist sie **unrichtig oder falsch,** gilt die Jahresfrist des § 58 Abs. 2 VwGO. Zu den erforderlichen Inhalten der Rechtsmittelbelehrung gehört nach § 58 Abs. 1 VwGO die Bezeichnung der Art des in Betracht kommenden Rechtsbehelfs, der Verwaltungsbehörde oder des Gerichts, bei denen der Rechtsbehelf einzulegen ist, sowie der einzuhaltenden Frist. Anders als etwa § 232 S. 1 ZPO gehören Angaben zu Form und Frist nicht zum von § 58 Abs. 1 VwGO ausdrücklich geforderten Inhalt. Deshalb wird ein Hinweis auf den Vertretungszwang gemäß § 67 Abs. 4 VwGO nicht als erforderlich angesehen (BVerwG NVwZ-RR 2013, 128). Wird jedoch in den Blick genommen, dass die Belehrung von ihrem Zweck her so gestaltet sein soll, dass danach eine wirksame Rechtsmitteleinlegung möglich ist, so hat sie auf sämtliche zwingenden Formvorschriften hinzuweisen, also auch auf den Vertretungszwang nach § 67 Abs. 4 VwGO. Der Wortlaut des § 58 Abs. 1 VwGO steht der Notwendigkeit einer solchen Rechtsmittelbelehrung nicht entgegen, sondern gebietet diese vielmehr, da „über den Rechtsbehelf" zu belehren ist. Eine Belehrung über den Rechtsbehelf erfordert aber schon rein sprachlich eine Unterrichtung über die wesentlichen Einzelheiten des Rechtsbehelfs, zu denen auch ein bestehender Vertretungszwang gehört und nicht nur eine bloße Bezeichnung des Rechtsmittels (AGH NRW BeckRS 2011, 13428). Irreführend ist es, wenn eine Rechtsmittelbelehrung den Hinweis enthält, dass eine Klage vor dem AGH auch zur Niederschrift des Urkundsbeamten der Geschäftsstelle erhoben werden könne; dies folgt daraus, dass § 81 Abs. 1 S. 2 VwGO vor dem AGH nicht gilt.

119 **3. Klagebefugnis.** Für die Erhebung einer Anfechtungs- und Verpflichtungsklage sieht § 42 Abs. 2 VwGO vor, dass eine solche Klage nur zulässig ist, wenn der Kläger geltend macht, durch einen Verwaltungsakt oder durch die Ablehnung oder Unterlassung eines solchen **in seinen Rechten** verletzt zu sein. Gleichermaßen gilt dies für die Fortsetzungsfeststellungsklage, ebenso wie für die Leistungs- und Feststellungsklage (Henssler/Prütting/*Deckenbrock* § 112c Rn. 26). Die Frage, ob die behauptete Verletzung eigener Rechte tatsächlich vorliegt, gehört bei allen Klagearten zur Begründetheitsprüfung, so dass es für die Klagebefugnis ausreichend ist, dass die Möglichkeit einer Rechtsverletzung im Raum steht. Daraus ergibt sich, dass der von einem belastenden Verwaltungsakt Betroffene immer klagebefugt ist (AGH Bln NJW-RR 2012, 748, 749). Unzulässig ist eine Klage nur dann, wenn die geltend gemachten Rechte offensichtlich und eindeutig dem Kläger nicht zustehen (Henssler/Prütting/*Deckenbrock* § 112c Rn. 26). Dies ist etwa bei einer Konkurrentenklage im Zusammenhang mit Fachanwaltsverleihungen oder Vergünstigungen wie die Befreiung von der Kanzleipflicht der Fall (AGH NRW MDR 1998, 246, 247; Gaier/Wolf/Göcken/*Schmidt-Räntsch* § 112c Rn. 62). Unzulässig ist auch eine Klage gegen die RAK auf Vornahme bestimmter Handlungen der berufsrechtlichen Aufsicht, denn diese dient nicht der Wahrung individueller Belange, sondern dem öffentlichen Interesse (VG Köln KammerForum Köln 2012, 94).

Für die Klage eines Kammermitglieds gegen Beschlüsse von Organen der RAK enthält § 112f Abs. 2 S. 2 eine eigenständige Regelung der Klagebefugnis (→ § 112f Rn. 35 ff.). 120

4. Beteiligungs- und Prozessfähigkeit. Beteiligte in verwaltungsrechtlichen Anwaltssachen sind der Kläger, der Beklagte und der Beigeladene (§ 63 Nr. 1–3 VwGO). Die Vertreter des Bundesinteresses oder des öffentlichen Interesses (§ 63 Nr. 4 VwGO) sind nach § 112c Abs. 2 S. 1 nicht zugelassen. Die Beteiligtenfähigkeit von Rechtsanwälten, auch früheren, und Zulassungsbewerbern folgt ebenso wie für die RAK als Körperschaften des öffentlichen Rechts aus § 60 Nr. 1 VwGO (zum Kreis der Beteiligten in verwaltungsrechtlichen Anwaltssachen → § 112a Rn. 8 ff.). 121

Die **Prozessfähigkeit,** die insbesondere in Verfahren nach den §§ 7 Nr. 7; 14 Abs. 1, 14 Abs. 2 Nr. 3, 15 zweifelhaft sein kann, richtet sich nach § 62 VwGO (vgl. AGH BW NJW-Spezial 2014, 223 = BRAK-Mitt. 2014, 107 nur Ls.; BGH BeckRS 2010, 01610 Rn. 6 ff.). Eine im Verfahren fehlende Prozessfähigkeit schadet jedoch nicht, wenn zuvor noch im Zustand der Geschäftsfähigkeit eine Vollmacht zur gerichtlichen Vertretung erteilt wurde (§ 51 Abs. 3 ZPO iVm § 173 GVG; AGH NRW Urteil vom 21.2.2014 – 1 AGH 46/13). 122

V. Verfahren im ersten Rechtszug

1. Klageerhebung. Die Klagefrist wird durch Erhebung der Klage (§ 81 VwGO) gewahrt, dh durch Einreichung einer den Mindestanforderungen der §§ 81 ff. VwGO entsprechenden Klageschrift bei Gericht. Dies führt nach § 90 VwGO zur Rechtshängigkeit. 123

Im Hinblick auf die Gleichstellung des AGH mit einem OVG in § 112c Abs. 1 S. 2 gelten die eigens auf das Verfahren vor dem VG zugeschnittenen Vorschriften der VwGO in verwaltungsrechtlichen Anwaltssachen nicht. Deshalb gilt § 81 Abs. 1 S. 2 VwGO nicht, so dass eine Klage vor dem AGH **nicht auch zur Niederschrift des Urkundsbeamten** der Geschäftsstelle erhoben werden kann. 124

Das in § 81 Abs. 1 S. 1 VwGO aufgestellte Erfordernis der Schriftlichkeit der Klageerhebung verlangt nicht zwingend ein mit eigenhändiger Unterschrift versehenes Schriftstück. Denn ausnahmsweise ist das Fehlen einer eigenhändigen Unterschrift dann unschädlich, wenn sich aus anderen Anhaltspunkten eine der Unterschrift vergleichbare Gewähr für die Urheberschaft und den Willen ergibt, das Schreiben in den Rechtsverkehr zu bringen (BGH NJW-RR 2011, 483 Rn. 7). 125

Den **notwendigen Inhalt der Klage** definiert § 82 Abs. 1 S. 1 VwGO. Nach § 82 Abs. 1 S. 2 VwGO soll die Klage ferner einen bestimmten Klageantrag enthalten. Sein Fehlen führt indes nicht zur Unzulässigkeit der Klage, soweit der Klageantrag spätestens im Zeitpunkt der letzten mündlichen Verhandlung vorliegt. Das Erfordernis der Bestimmtheit des Klageantrags ist erfüllt, wenn das Ziel der Klage hinreichend erkennbar ist (vgl. NdsAGH BeckRS 2013, 20689). Dies ist dann nicht der Fall, wenn nicht erkennbar wird, in welcher Angelegenheit die Klage erhoben wird und gegen welchen Bescheid sich der Kläger wenden möchte (AGH NRW Beschluss vom 12.9.2014 – 1 AGH 22/14). Im Zweifel ist dasjenige gewollt, was nach der Rechtsordnung vernünftig und der recht verstandenen Interessenlage entspricht (AGH NRW Beschluss vom 28.1.2008 – 1 ZU 32/07). 126

Eine Bindung an die Fassung des Antrags besteht nach § 88 VwGO nicht; das Gericht darf jedoch nicht über das Klagebegehren hinausgehen (vgl. BGH NJW-RR 2013, 429 Rn. 14 = BRAK-Mitt. 2013, 143). Es reicht aus, wenn ein Klageantrag bis zum Schluss der mündlichen Verhandlung vorliegt (Henssler/Prütting/*Deckenbrock* § 112c Rn. 40). 127

2. Vertretungszwang. Das BRAO-Reformgesetz vom 30.7.2009 (BGBl. I S. 2449) hat für verwaltungsrechtliche Anwaltssachen den **Vertretungszwang nach Maßgabe des § 67 VwGO** eingeführt. Der Vertretungszwang umfasst **alle Prozesshandlungen für sämtliche Verfahrensarten** (Henssler/Prütting/*Deckenbrock* § 112c Rn. 47). Ausgenommen ist nach § 67 Abs. 4 S. 1 VwGO das Prozesskostenhilfeverfahren. 127a

Im Hinblick auf die in § 112c Abs. 1 S. 2 ausgesprochene Gleichstellung des AGH mit einem OVG gilt für das Verfahren vor dem AGH und dem BGH die Regelung des § 67 Abs. 4 VwGO, so dass sich die Beteiligten sowohl vor dem AGH und dem BGH durch Prozessbevollmächtigte vertreten lassen müssen. Als Bevollmächtigte kommen nach § 67 Abs. 4 S. 3 VwGO iVm § 67 Abs. 2 S. 1 VwGO **Rechtsanwälte und europäische Hochschullehrer** mit Befähigung zum 128

Richteramt (auch wenn sie nicht mehr aktiv sind, BGH BeckRS 2013, 03413 Rn. 4) in Betracht. Vor dem BGH bedarf es nicht der Vertretung durch einen beim BGH zugelassenen Rechtsanwalt; in verwaltungsrechtlichen Anwaltssachen sind beim BGH alle zugelassenen Rechtsanwälte vertretungsberechtigt (BGH BeckRS 2012, 16972 Rn. 4).

129 Nach § 67 Abs. 4 S. 8 VwGO ist **Selbstvertretung des Rechtsanwalts** sowohl vor dem AGH als auch vor dem BGH zulässig.

130 Die RAK, das BMJV (früher BMJ) und die Landesjustizverwaltung können sich durch eigene Beschäftigte mit Befähigung zum Richteramt oder durch ebensolche Beschäftigte anderer Behörden vertreten lassen. Entsprechend ausgewiesene Geschäftsführerinnen und Geschäftsführer einer Kammer können daher diese vor dem AGH und dem BGH vertreten, sofern sie nicht in ihrer Eigenschaft als Rechtsanwalt auftreten, sondern allein in ihrer Eigenschaft als Angestellte der Körperschaft des öffentlichen Rechts. Andernfalls steht § 46 entgegen.

131 Während alle zugelassenen Rechtsanwälte die Postulationsfähigkeit vor AGH und BGH innehaben, können sich **Zulassungsbewerber und ehemalige Rechtsanwälte** nicht selbst vertreten. Ein Rechtsanwalt, dessen Zulassung widerrufen worden ist, behält seine Postulationsfähigkeit nach § 13 bis zum Eintritt der Bestandskraft des Widerrufs (BGH NJW 2012, 2592 Rn. 6; NJW-RR 2012, 1336 Rn. 3).

132 Ein Rechtsanwalt ist nicht mehr befugt seine Rechtsanwaltstätigkeit auszuüben, wenn gegen ihn ein **(vorläufiges) Berufs- oder Vertretungsverbot** verhängt worden ist. Zwar bleibt ihm die Befugnis zur Vertretung in eigenen Angelegenheiten nach § 155 Abs. 4. Zu einer Postulationsfähigkeit in verwaltungsrechtlichen Anwaltssachen vor AGH und BGH verhilft ihm dies jedoch nicht, weil hier eine Vertretung durch Anwälte geboten ist. Tritt ein solcher gleichwohl vor AGH oder BGH auf, sollen die Gerichte ihn nach § 156 Abs. 2 zurückweisen. Gleichwohl unerlaubt vorgenommene Prozesshandlungen bleiben wirksam; ein Zurückweisungsbeschluss entfaltet seine Wirkung nur für die Zukunft (BGH NJW-RR 2012, 1336 = BRAK-Mitt. 2012, 247; NJW 2012, 2592; BRAK-Mitt. 2010, 145).

133 Hat die RAK die **sofortige Vollziehung einer Widerrufsverfügung** nach § 80 Abs. 2 Nr. 4 VwGO angeordnet, entfällt die Postulationsfähigkeit eines Rechtsanwalts nicht (BGH NJW-RR 2012, 1336 Rn. 3 = BRAK-Mitt. 2012, 247; BRAK-Mitt. 2014, 323 = BeckRS 2014, 15564 Rn. 7). Dies gilt auch dann, wenn die Anordnung des Sofortvollzugs durch den AGH bestätigt worden ist und sich das Verfahren in der Berufungsinstanz vor dem BGH befindet (BGH BeckRS 2014, 15564 Rn. 3). Allerdings hat die Anordnung des Sofortvollzugs nach § 14 Abs. 4 zur Folge, dass die für die Verhängung eines vorläufigen Berufs- oder Vertretungsverbots (§ 150) geltenden Bestimmungen der §§ 155 Abs. 2, 4 und 5, 156 Abs. 2 entsprechend anzuwenden sind. Der betroffene Rechtsanwalt darf seine Rechtsanwaltstätigkeit nicht weiter ausüben. Auch eine Vertretung in eigenen Angelegenheiten ist ihm verwehrt, soweit es sich um ein Verfahren handelt, in dem eine Vertretung durch Anwälte geboten ist (§ 155); dies ist in verwaltungsrechtlichen Anwaltsverfahren vor dem AGH und dem BGH der Fall (§ 67 Abs. 4 VwGO). Die von einem solchen Rechtsanwalt unerlaubterweise vorgenommenen Rechtshandlungen sind jedoch wirksam (BGH BeckRS 2014, 15564 Rn. 6; NJW 2012, 2592 Rn. 7 f.; BRAK-Mitt. 2012, 145; vgl. zur Kritik Gaier/Wolf/Göcken/*Johnigk* § 155 Rn. 13). Denn § 155 Abs. 5 bestimmt, dass verbotswidrig vorgenommene Rechtshandlungen zur Wahrung der Rechtssicherheit als wirksam zu gelten haben, es sei denn, es ist eine Zurückweisung des Rechtsanwalts nach § 156 Abs. 2 erfolgt. Dies gilt auch in den Fällen, in denen sich der Rechtsanwalt bewusst über das Berufs-/Tätigkeitsverbot hinwegsetzt (BGH BeckRS 2014, 15564 Rn. 6). Nach § 156 Abs. 2 „soll" durch das Gericht eine **Zurückweisungsentscheidung** ergehen, die in einem gesonderten Beschluss ausgesprochen wird. Verbotswidrig auftretende Rechtsanwälte sind deshalb zurückzuweisen, da es sich um einen besonders schwerwiegenden Verstoß gegen berufsrechtliche Pflichten handelt, der nach § 156 Abs. 1 zum Ausschluss aus der Rechtsanwaltschaft führt. Erst mit dieser Zurückweisung endet für die Zukunft die Postulationsfähigkeit eines Rechtsanwalts, der sich unerlaubt über einen sofort vollziehbaren Zulassungswiderruf hinwegsetzt (BGH NJW 2012, 2592 Rn. 8). Sollen prozessuale Fristen in Gang gesetzt werden oder sind Zustellungen zu bewirken, ist der Partei wegen der eingetretenen Unterbrechung des Verfahrens (BGHZ 111, 104 = NJW 1990, 1854; BGH BeckRS 2014, 07858 Rn. 3) zunächst eine Frist zur Bestellung eines Bevollmächtigten zu setzen (§§ 244 Abs. 2 S. 2, 249 Abs. 1 ZPO iVm § 173 S. 1 VwGO).

134 Fehlt einer Partei **schon bei Verfahrenseinleitung** die Postulationsfähigkeit und hat sie nicht für Vertretung gesorgt, bleiben die von ihr selbst vorgenommenen Prozesshandlungen ohne

Wirkung; Fristen können durch sie nicht gewahrt werden. Eine Heilung der fehlenden Postulationsfähigkeit mittels rückwirkender Genehmigung von fristgebundenen Prozesshandlungen durch einen nach Fristablauf bestellten Prozessbevollmächtigten kommt nicht in Betracht.

Verliert die Klagepartei nach Klageerhebung die Postulationsfähigkeit, kann sie die Klage nicht selbst wirksam zurücknehmen (AGH NRW Urteil vom 31.8.2012 – 1 AGH 10/12). 135

Stirbt der Prozessbevollmächtigte oder **erlischt die Zulassung eines sich selbst vertretenden Rechtsanwalts während des Klageverfahrens** tritt nach § 244 ZPO iVm § 173 S. 1 VwGO eine Unterbrechung ein. Im Falle einer verzögerten Anzeige eines neu bestellten Rechtsanwalts ist auf Antrag des Gegners eine Frist zur Bestellung eines Bevollmächtigten zu setzen, nach dessen fruchtlosem Verstreichen das Verfahren als aufgenommen anzusehen ist (§ 244 Abs. 2 ZPO iVm § 173 S. 1 VwGO; BGH BeckRS 2012, 18855 Rn. 2). 136

Wird über das Vermögen eines Rechtsanwalts das **Insolvenzverfahren eröffnet,** hat dies auf das Verfahren betreffend seine Rechte und Pflichten aus dem Rechtsanwaltsverhältnis oder seinen Anspruch auf Zulassung keinen Einfluss; gleiches gilt für die Anfechtung von Beschlüssen und Wahlen (Gaier/Wolf/Göcken/*Schmidt-Räntsch* § 112c Rn. 246). 137

Nach § 78b Abs. 1 ZPO iVm § 173 S. 1 VwGO kann einer Partei ein **Notanwalt** beigeordnet werden, wenn die Partei einen zu ihrer Vertretung bereiten Rechtsanwalt nicht findet und die Rechtsverfolgung oder Rechtsverteidigung nicht mutwillig oder aussichtslos erscheint. Dazu muss die Partei dartun, dass sie ausreichende Anstrengungen unternommen hat, um einen vertretungsbereiten Rechtsanwalt ausfindig zu machen. Dazu reicht es nicht, fünf Rechtsanwälte „vor Ort" erfolglos um Vertretung zu bitten (BGH BeckRS 2012, 16972 Rn. 4; ähnlich AGH NRW BeckRS 2012, 70713: „mehrere"). Ggf. muss sich die Partei auch an Anwälte in anderen Städten wenden (BGH BeckRS 2012, 01124 Rn. 5). Hat sie zunächst einen zu ihrer Vertretung bereiten Rechtsanwalt gefunden und entsprechend mandatiert, so kommt im Falle einer späteren Mandatsniederlegung die Bestellung nur dann in Betracht, wenn sie auch darlegt, dass die Beendigung des Mandats nicht auf ihr Verschulden zurückzuführen ist (BGH NJW 2014, 3247; BeckRS 2014, 23522). 138

3. Wiedereinsetzung. Ist eine gesetzliche Frist versäumt worden, kann nach § 60 Abs. 1 VwGO **Wiedereinsetzung in den vorigen Stand** gewährt werden. Zu den gesetzlichen Fristen gehört etwa die **Klagefrist,** die **Wiedereinsetzungsfrist,** die **Frist für den Antrag auf Zulassung der Berufung,** die **Berufungsfrist** sowie die **Berufungsbegründungsfrist.** Wiedereinsetzung ist zu bewilligen, wenn jemand ohne Verschulden gehindert war, die gesetzliche Frist einzuhalten. Unverschuldet ist eine Fristversäumung nur, wenn sie bei Anwendung der Sorgfalt, die unter Berücksichtigung der konkreten Sachlage im Verkehr erforderlich war und der Partei vernünftigerweise zugemutet werden konnte, nicht zu vermeiden war (BGH BeckRS 2012, 20649 Rn. 5). Verschulden von Prozessbevollmächtigten wird der Partei nach § 85 Abs. 2 ZPO zugerechnet (BGH BeckRS 2012, 20649 Rn. 5). Innerhalb der Antragsfrist für die Wiedereinsetzung muss die versäumte Rechtshandlung nachgeholt werden. Für einen Rechtsanwalt, der sich selbst vertritt, gelten dieselben Maßstäbe wie für jeden anderen anwaltlichen Bevollmächtigten (Gaier/Wolf/Göcken/*Schmidt-Räntsch* § 112c Rn. 123). 139

4. Klageänderung und Klagehäufung. § 91 VwGO lässt unter den dortigen Bedingungen eine **Klageänderung** zu. Allerdings stellt weder der Übergang von der Anfechtungs- oder Verpflichtungsklage auf eine Fortsetzungsfeststellungsklage noch der Übergang von einer Bescheidungs- auf eine Verpflichtungsklage wegen § 264 Nr. 2 ZPO iVm § 173 VwGO eine Klageänderung dar (Henssler/Prütting/*Deckenbrock* § 112c Rn. 44; AGH NRW BRAK-Mitt. 2011, 204, 207). 140

Eine zulässige Klageänderung ist angenommen worden in einem Fall, in dem der Kläger versehentlich die Anhörungsverfügung und nicht die Widerrufsverfügung angefochten hatte (NdsAGH BeckRS 2013, 20689) sowie im Falle des Auswechseln des Beklagten (BayAGH Urteil vom 15.7.2013 – BayAGH I-19/12 Rn. 28). 141

Auch das **Nachschieben von Fällen (Falllisten)** zu einem Fachanwaltsantrag (sog. alternative Antragstellung nach BGH BeckRS 2015, 05871; NJW-RR 2012, 298 Rn. 7 = BRAK-Mitt. 2012, 28; → FAO § 5 Rn. 7) im laufenden gerichtlichen Verfahren stellt eine Klageänderung nach § 91 VwGO dar, wenn dies zu einer Verschiebung des Referenzzeitraums führt (BayAGH BeckRS 2012, 02037 = BRAK-Mitt. 2011, 296, nur Ls.). Der BayAGH hat Sachdienlichkeit verneint im Hinblick darauf, dass Fälle aus einem neuen Referenzzeitraum erstmals geprüft 142 werden müssten, was zu einer erheblichen Verzögerung des Prozesses führen müsse, weil der RAK Gelegenheit gegeben werden müsse, die Fälle zu prüfen und Arbeitsproben anzufordern, um gegenüber dem AGH eine Stellungnahme abgeben zu können (die klagende RAin hat ihre hiergegen gerichtete Berufung zurückgenommen; BGH Einstellungsbeschluss BeckRS 2012, 14905). Der Sachdienlichkeit steht nicht schon entgegen, dass der Rechtsanwalt von einer ihm nach § 24 Abs. 4 S. 3 FAO eingeräumten Nachmeldemöglichkeit keinen Gebrauch gemacht hat; denn die dort angeordnete Rechtsfolge hat allein für den Ausschuss nach § 17 FAO und nicht für die RAK oder den AGH bzw. den BGH Bedeutung.

143 Um eine nach § 44 VwGO zulässige **Klagehäufung** handelt es sich, wenn ein Fachanwaltsbewerber in der Hauptsache zum einen die Aufhebung eines Bescheids einer RAK, mit dem er zum Fachgespräch geladen wurde, und zum anderen die Verpflichtung der RAK, ihm das Führen der Fachanwaltsbezeichnung zu gestatten beantragt sowie ferner hilfsweise die Bescheidung seines Fachanwaltsantrags unter Beachtung der Rechtsauffassung des AGH beantragt (NdsAGH BRAK-Mitt. 2014, 214, 215).

144 **5. Akteneinsicht.** Nach § 100 Abs. 1 VwGO haben Beteiligte das Recht auf Einsicht in die Gerichtsakten und die dem Gericht vorgelegten Akten.

145 Ob Akteneinsicht durch **Einsichtnahme auf der Geschäftsstelle** oder durch **Versendung an den Rechtsanwalt** gewährt wird, steht im pflichtgemäßen Ermessen des Vorsitzenden. Ist einem Beteiligten bereits Gelegenheit zur Akteneinsicht auf der Geschäftsstelle des AGH gegeben worden und ist die Akte danach zur Vorbereitung der Verhandlung unentbehrlich, sind Anhaltspunkte für eine fehlerhafte Ausübung des Ermessens nicht ersichtlich (BGH BeckRS 2011, 08311 Rn. 13 f.). Ist eine Übersendung von Akten an das Amtsgericht im Wege der Amtshilfe wegen eines kurz bevorstehendern Termins nicht möglich, gibt dies für eine Terminverlegung keine Veranlassung; in einem solchen Fall kann der Beteiligte auf die Akteneinsicht auf der Geschäftsstelle des erkennenden Gerichts verwiesen werden (BGH BeckRS 2001, 03178).

146 Den **Regelfall** bildet die Akteneinsicht auf der Geschäftsstelle des erkennenden Gerichts (BGH BeckRS 2006, 00422; → Rn. 149).

147 Einen Anspruch, dass die Akten an ein bestimmtes Amtsgericht seiner Wahl versandt werden, damit er sie dort einsehen kann, hat ein Beteiligter nicht (BGH BeckRS 2012, 22425 Rn. 3). Eine Versendung von umfangreichen Verfahrensakten an das Amtsgericht des Wohnorts hat der BGH im Interesse einer zügigen Verfahrensbeendigung abgelehnt in einem Fall, in dem sechs Antragsteller beteiligt waren und die Akteneinsicht „zahlreiche Versendungsvorgänge erfordert und einen Zeitraum von etlichen Monaten beansprucht" hätten (BGH BeckRS 2005, 04930); die Bewilligung von Prozesskostenhilfe zu Fahrten nach Karlsruhe hat der BGH aus dem Gesichtspunkt der fehlenden Erfolgsaussicht zurückgewiesen (BGH BeckRS 2005, 04930; vgl. den weiteren in dieser Sache ergangenen Beschluss des BGH vom 25.11.2005 zu den nachfolgenden Ablehnungsgesuchen).

148 Eine Versendung kann allein an den in § 67 Abs. 2 S. 1 und 2 Nr. 3–6 VwGO genannten Personenkreis erfolgen, zu dem auch Rechtsanwälte gehören. Erfasst ist auch der sich selbst vertretende Rechtsanwalt. Beteiligte außerhalb dieses Personenkreises können Akteneinsicht nach § 100 Abs. 2 S. 1 VwGO durch entgeltliche Übersendung von Fotokopien oder nach § 100 Abs. 1 VwGO durch persönliche Einsichtnahme in den Räumen des seinem Wohnsitz am nächsten gelegenen Amtsgerichts nehmen (vgl. VG Hamburg BRAK-Mitt. 2011, 97, 99).

149 Einem Rechtsanwalt ist in der Regel, wenn an dessen Zuverlässigkeit kein Zweifel besteht und die Akten unschwer kurzfristig entbehrt werden können, die Akteneinsicht dadurch zu gewähren, dass ihm die Mitnahme oder die Übersendung in seine Kanzlei gestattet wird (AGH NRW NJW-RR 2013, 1329 = BRAK-Mitt. 2014, 35, nur Ls.).

150 Gegen eine Entscheidung des Urkundsbeamten kann das Gericht nach § 151 VwGO angerufen werden; Entscheidungen, die nach § 100 Abs. 2 S. 2 an das Ermessen des Vorsitzenden gebunden sind, sind nicht anfechtbar. Eine zu Unrecht erfolgte Versagung der Akteneinsicht kann als Verletzung des Anspruchs auf rechtliches Gehör in der Berufungsinstanz gerügt werden.

151 **6. Prozesskostenhilfe.** Nach § 166 VwGO kommt nach Maßgabe der §§ 114 ff. ZPO Prozesskostenhilfe **auch in verwaltungsrechtlichen Anwaltssachen** in Betracht. Allerdings kann ein Rechtsanwalt nicht verlangen, dass er sich in eigener Sache selbst beigeordnet wird (Henssler/Prütting/*Deckenbrock* § 112c Rn. 41).

Ein Antrag auf Bewilligung von Prozesskostenhilfe vermag allein die Wahrung der Klagefrist zu bewirken. Hat der Kläger jedoch innerhalb der maßgeblichen Frist einen mit ausreichenden Unterlagen versehenen und unter Verwendung des amtlich vorgeschriebenen Vordrucks einen ordnungsgemäßen Prozesskostenhilfeantrag gestellt, kann ihm nach Entscheidung über das PKH-Gesuch nach § 60 VwGO **Wiedereinsetzung in den vorigen Stand** bewilligt werden (Henssler/Prütting/*Deckenbrock* § 112c Rn. 42). Soweit der BGH erwägt (vgl. BGH BeckRS 2013, 03230 Rn. 4), ob eine Wiedereinsetzung deshalb nicht in Betracht kommt, weil von in eigener Sache tätigen Rechtsanwälten erwartet werden kann, dass sie den Zulassungsantrag auch ohne vorherige Entscheidung über die Bewilligung von Prozesskostenhilfe begründen, erscheint es vorzugswürdig nach dem Sinn der Prozesskostenhilfe, den Hilfebedürftigen von Anwaltskosten freizustellen, was im Fall der Selbstbeiordnung nicht zum Tragen kommen kann, von vornherein eine **Selbstbeiordnung abzulehnen.** 152

Eine sofortige Beschwerde gegen eine die Bewilligung von Prozesskostenhilfe verweigernde Entscheidung eines AGH ist nicht statthaft (BGH BeckRS 2012, 22155 Rn. 2; 2014, 20922 Rn. 4; → § 112a Rn. 36 ff.). 153

Wird Prozesskostenhilfe für das Berufungsverfahren vor dem BGH beantragt, kann der BGH über die Zurückweisung des Zulassungsantrags zeitgleich mit der Ablehnung der Prozesskostenhilfe entscheiden, wenn sich zugleich ergibt, dass Wiedereinsetzung nicht gewährt werden kann (BGH BeckRS 2013, 03230 Rn. 4; 2012, 03297 Rn. 4). 154

7. Beiladung. Nach § 65 VwGO können bis zum Zeitpunkt des rechtskräftigen Verfahrensabschlusses von Amts wegen oder auf Antrag ein Dritter, dessen rechtliches Interesse durch die Entscheidung berührt wird, **beigeladen** werden. Ein solches rechtliches Interesse ist bereits dann gegeben, wenn die Möglichkeit besteht, dass die Entscheidung in der Hauptsache auf rechtliche Interessen des Dritten einwirken kann, dh wenn sich seine Rechtsposition durch das Unterliegen einer der Parteien in dem anhängigen Prozess verschlechtern oder verbessern könnte. Dagegen reicht die bloße Möglichkeit, künftig eine Rechtsposition zu erlangen, die ihrerseits durch den Prozessausgang beeinflusst werden könnte, nicht aus (BGH BeckRS 2014, 03468 Rn. 4). Kann die Entscheidung auch gegenüber an dem Streitverhältnis beteiligten Dritten nur einheitlich ergehen, liegt nach § 65 Abs. 2 VwGO eine **notwendige Beiladung** vor. Diese Voraussetzung ist nur dann erfüllt, wenn die Entscheidung aus Rechtsgründen einheitlich ergehen muss (BGH BeckRS 2014, 03468 Rn. 2). 155

Die zivilprozessualen Vorschriften über eine Streitverkündung (§§ 66 ff. ZPO) sind auch über § 173 VwGO nicht anwendbar. Schon nach bisherigem Verfahrensrecht hat der BGH die Vorschriften über die Beiladung anstelle der über die Streitverkündung herangezogen (BGHZ 171, 69 Rn. 6 ff. = BRAK-Mitt. 2007, 221 nur Ls.). 156

In verwaltungsrechtlichen Anwaltssachen betreffend Zulassungen zur Rechtsanwaltschaft kommt eine Beiladung in Betracht, weil die angegriffenen oder erstrebten Entscheidungen der RAK nicht die Interessen Dritter berühren (BGH BeckRS 2011, 00436 Rn. 4; 2011, 23619 Rn. 8; Gaier/Wolf/Göcken/*Schmidt-Räntsch* § 112c Rn. 138 f.). Anderes kann allerdings im Falle der **Zulassung zur Rechtsanwaltschaft beim BGH** gelten (vgl. BGH BeckRS 2008, 20199; 2008, 20198; 2014, 03467 Rn. 1 ff.; 2014, 03468 Rn. 1 ff.; 2014, 16102; Gaier/Wolf/Göcken/*Schmidt-Räntsch* § 112c Rn. 140). **Mandanten** eines Rechtsanwalts haben zwar ein allgemeines Interesse, von dem von ihnen gewählten Rechtsanwalt vertreten zu werden; dieses Interesse ist jedoch nicht rechtlich geschützt, so dass eine Beiladung nicht in Betracht kommt (BGHZ 171, 69 Rn. 10 = BeckRS 2007, 03794). Ebenso wenig kommt die Beiladung eines **Bundeslands** in einem Streitverfahren über die Zulassung in Betracht, auch wenn der Vermögensverfall im Wesentlichen auf hohen Steuerschulden beruht (BGH BeckRS 2008, 20200). Ebenfalls ist der **Berufshaftpflichtversicherer** im Streit über einen auf § 14 Abs. 2 Nr. 9 gestützten Widerruf nicht beizuladen (BGH NJW-RR 2012, 1336 Rn. 22 = BRAK-Mitt. 2012, 247). In einem Verfahren über einen auf § 14 Abs. 2 Nr. 7 gestützten Widerruf sind die mit dem Rechtsanwalt zur gemeinschaftlichen Berufsausübung **verbundenen Berufsträger** keine notwendig Beizuladende, dies gilt auch für zweigliedrige Sozietäten, in denen das Ausscheiden des Rechtsanwalts das Erlöschen der Gesellschaft nach sich zöge (BGH BeckRS 2013, 05201 Rn. 5; 2013, 05202 Rn. 5). 157

Im Falle der Anfechtung einer **Wahl zum Kammervorstand** sind die Gewählten notwendig beizuladen (BGH NJW-RR 2008, 1159 Rn. 3 = BRAK-Mitt. 2008, 169). 158

159 Geht es um die **Bestellung eines Abwicklers** für die Kanzlei eines verstorbenen Rechtsanwalts kommt die Beiladung der Erben in Betracht, weil diese nach den §§ 55 Abs. 3 S. 2 für die Vergütung des Abwicklers einzustehen haben (BGH NJW-RR 2013, 429 = BRAK-Mitt. 2013, 143 = BeckRS 2013, 00002 nur dort Rn. 1). Wendet sich der Rechtsanwalt, für dessen Kanzlei ein Abwickler bestellt worden war, gegen die Festsetzung der Abwicklervergütung durch die RAK, so wird der frühere Abwickler durch die Entscheidung unmittelbar in seinen eigenen Rechten berührt, so dass der Fall einer notwendigen Beiladung gegeben ist (AGH LSA Beschluss vom 23.1.2004 – 1 AGH 13/03 Rn. 32 ff.).

160 **8. Verbindung.** Die Verbindung mehrerer anhängiger Verfahren zu einer gemeinsamen Verhandlung und Entscheidung ist gemäß § 93 S. 1 VwGO zulässig, wenn sie den gleichen Gegenstand betreffen, gleichartig sind und die Klagebegehren im Wesentlichen auf – jedenfalls weitgehend – identischen oder zumindest gleichartigen tatsächlichen und rechtlichen Gründen beruhen (BGH BeckRS 2014, 14300 Rn. 1).

161 Eine Pflicht zur Prozessverbindung besteht nicht; die Verbindung ist in das **Ermessen des Gerichts** gestellt (BGH Beschluss vom 17.6.2014 – AnwZ 60/13 Rn. 2 nv). Auch bei einer Verbindung ist jeweils ein gesonderter Streitwert für den Zeitraum vor der Verbindung festzusetzen (BGH Beschluss vom 17.6.2014 – AnwZ 60/13 Rn. 2 nv).

162 **9. Aussetzung, Unterbrechung und Ruhen.** Nach § 94 VwGO sowie nach den §§ 238–251 ZPO iVm § 173 S. 1 VwGO kommen grundsätzlich auch in verwaltungsrechtlichen Anwaltssachen Aussetzung, Unterbrechung und Ruhen des Verfahrens in Betracht.

163 Durch den Verlust der Zulassung zur Rechtsanwaltschaft tritt bei Selbstvertretung eines Rechtsanwalts **Unterbrechung** nach § 244 ZPO ein (BGH BeckRS 2012, 18855 Rn. 2).

164 Für ein **Ruhen des Verfahrens** nach § 251 ZPO iVm § 173 S. 1 VwGO ist neben dem Vorliegen eines wichtigen Grundes stets das Vorliegen eines übereinstimmenden Antrags der Parteien erforderlich. Einen wichtigen Grund hatte der BGH nach altem Recht in einem Fall angenommen, in dem ein Rechtsanwalt, dessen Zulassung wegen Vermögensverfalls widerrufen worden war, einen Großteil der Forderungen zwischenzeitlich beglichen hatte, um diesem befristet die Gelegenheit zu geben, durch Vorlage von Unterlagen den Wegfall des Vermögensverfalls zu belegen (BGH BeckRS 2008, 21121). Nach neuem Recht, bei dem es für Anfechtungsklagen maßgeblich auf den Zeitpunkt des Abschlusses des behördlichen Widerrufsverfahrens ankommt und danach eingetretene Entwicklungen der Beurteilung in einem Wiederzulassungsverfahren vorbehalten bleiben, kommt eine solche Ruhensanordnung nicht mehr in Betracht (AGH BW BeckRS 2014, 04086). In Verfahren auf Gestattung des Führens einer Fachanwaltsbezeichnung kommt ein Ruhen nicht deshalb in Betracht, um dem Fachanwaltsbewerber Gelegenheit zu geben, einen zwischenzeitlich neu gestellten Antrag auf Gestattung des Führens einer Fachanwaltsbezeichnung bescheiden zu lassen (BGH BeckRS 2012, 12396 Rn. 5; 2012, 10716 Rn. 5).

165 Wird über das Vermögen eines Rechtsanwalts das **Insolvenzverfahren eröffnet,** hat dies auf Verfahren betreffend seine Rechte und Pflichten aus dem Rechtsanwaltsverhältnis oder seinen Anspruch auf Zulassung keinen Einfluss; gleiches gilt für die Anfechtung von Beschlüssen und Wahlen (Gaier/Wolf/Göcken/*Schmidt-Räntsch* § 112c Rn. 246). In Zulassungsverfahren führt der **Tod des Rechtsanwalts** zur Erledigung, weil es um höchstpersönliche, unvererbliche Rechte der Partei geht (BGH BeckRS 2013, 11591 Rn. 2; 2011, 07705 Rn. 2), wobei in einem solchen Fall den (unbekannten) Erben die Kosten auferlegt werden können (AGH NRW Beschluss vom 2.6.2010 – 1 AGH 19/10).

166 In Widerrufsverfahren kommt ein Ruhen des Verfahrens bis zum Abschluss von gesundheitlichen oder finanziellen Stabilisierungen nicht in Betracht (AGH BW BeckRS 2014, 04086), weil nach der Rechtsprechung des BGH (BGHZ 190, 187 Rn. 10 = NJW 2011, 3234 = BRAK-Mitt. 2011, 246) tatsächliche Entwicklungen, die erst nach Abschluss des behördlichen Verwaltungsverfahrens eintreten und die zu einer abweichenden Beurteilung führen würden, nicht mehr im Anfechtungsverfahren, sondern erst in einem Wiederzulassungsverfahren Berücksichtigung finden können. Schon nach altem Recht war eine Zurückstellung der Entscheidung, etwa durch Aussetzung des Verfahrens, nicht angezeigt (AGH BW BeckRS 2011, 23286).

10. Entscheidungen im vorbereitenden Verfahren. Entscheidungen im vorbereitenden Verfahren werden nach § 87a Abs. 1 VwGO durch den **Vorsitzenden** getroffen und, soweit er bestellt ist, nach § 87a Abs. 6 VwGO durch den **Berichterstatter.** Diese Norm gilt auch in verwaltungsrechtlichen Anwaltssachen, weil auch hier der Normzweck, die Freistellung des Kollegiums von weniger wichtigen Entscheidungen, zum Tragen kommt (Gaier/Wolf/Göcken/*Schmidt-Räntsch* § 112c Rn. 237). Sie gilt nach § 125 Abs. 1 S. 1 VwGO auch für das dem Berufungsverfahren vorgeschaltete Zulassungsverfahren vor dem BGH (BGH BeckRS 2012, 24406 Rn. 3). 167

Vorsitzender oder Berichterstatter sind statt des Gerichts als Spruchkörper für die in § 87a Abs. 1 Nr. 1–6 aufgezählten Nebenentscheidungen zuständig: 168

- Nr. 1: Aussetzung und Ruhen;
- Nr. 2: Rücknahme, Verzicht, Anerkenntnis (BGH BeckRS 2014, 18921 Rn. 3);
- Nr. 3: Erledigung in der Hauptsache (BGH BeckRS 2014, 04065 Rn. 3);
- Nr. 4: Streitwert (BGH BeckRS 2013, 07770 Rn. 3);
- Nr. 5: Kosten (BGH BeckRS 2014, 11167 Rn. 3);
- Nr. 6: Beiladung (BGH BeckRS 2013, 07089 Rn. 11).

Auch wenn der Spruchkörper bereits in seiner vollen Besetzung verhandelt hat, ist erneut die Zuständigkeit des Berichterstatters gegeben, wenn die Angelegenheit ihm wieder zur Vorbereitung der folgenden mündlichen Verhandlung zugewiesen ist (AGH NRW Beschluss vom 31.10.2012 – 1 AGH 14/12). 169

11. Ausschließung und Ablehnung von Gerichtspersonen. Nach § 54 Abs. 1 VwGO gelten für die Ausschließung und Ablehnung von Gerichtspersonen die §§ 41–49 ZPO. Bereits vor der BRAO-Reform 2009 waren diese Normen heranzuziehen gewesen (BGH BRAK-Mitt. 2008, 220). 170

a) Ausschließung von Gerichtspersonen. § 41 ZPO regelt den Ausschluss eines anwaltlichen Beisitzers von der Ausübung des Richteramts kraft Gesetzes. Die Aufzählung in § 41 Nr. 1–8 ZPO ist abschließend. Eine Erweiterung erfolgt durch § 54 Abs. 2 VwGO. Diese erfasst etwa die Mitglieder des Fachausschusses (§ 17 FAO), soweit es im Klageverfahren um die Führung einer Fachanwaltsbezeichnung geht. Eine weitere Sonderregelung hinsichtlich der Ausschließung von Mitgliedern der Fachgebietsausschüsse nach § 17 FAO trifft § 23 FAO. 171

Nach § 41 Nr. 1 ZPO ist ein anwaltlicher Beisitzer ausgeschlossen, wenn Streitpartei eine Rechtsanwaltsgesellschaft ist, deren Mitgesellschafter er ist (Gaier/Wolf/Göcken/*Schmidt-Räntsch* § 112c Rn. 78). Gleiches gilt, wenn eine Klagepartei Sozius eines Richters ist (Gaier/Wolf/Göcken/*Schmidt-Räntsch* § 112c Rn. 78). 172

Der Umstand, dass ein anwaltlicher Beisitzer Mitglied einer am Verfahren beteiligten RAK ist, führt nicht zum Ausschluss nach § 41 Nr. 1 ZPO. Zwar besteht zwischen dem anwaltlichen Beisitzer und „seiner“ RAK ein mitgliedschaftsrechtliches Verhältnis; im Hinblick darauf, dass der anwaltliche Beisitzer jedoch kraft gesetzlicher Anordnung einer RAK angehören muss, kann diese Mitgliedschaft nicht zugleich seine Ausschließung bewirken (BGH NJW 1968, 157; Gaier/Wolf/Göcken/*Schmidt-Räntsch* § 112c Rn. 79). 173

Nach § 41 Nr. 4 ZPO, § 54 Abs. 2 VwGO kommt eine Ausschließung von früheren Vorstandsmitgliedern einer RAK nur dann in Betracht, wenn sie an der in Rede stehenden Entscheidung mitgewirkt haben (Gaier/Wolf/Göcken/*Schmidt-Räntsch* § 112c Rn. 81). 174

Weder die anwaltlichen Mitglieder der Anwaltsgerichtshöfe noch die anwaltlichen Mitglieder des Anwaltssenats des BGH sind wegen ihrer Eigenschaft als Rechtsanwälte von der Ausübung des Richteramts ausgeschlossen (BGH BeckRS 2003, 09327). 175

Der Umstand, dass die Vorsitzende des Senats des AGH in anderen Verfahren als Vertreterin der RAK bestellt war, stellt keinen Ausschlussgrund nach § 6 Abs. 1 Nr. 4 FGG aF (entspricht § 41 Nr. 4 ZPO) dar (BGH BeckRS 2008, 09273 Rn. 5). 176

b) Ablehnung von Gerichtspersonen. Nach § 54 Abs. 3 VwGO ist eine Besorgnis der Befangenheit stets dann begründet, wenn der Abgelehnte der Vertretung einer Körperschaft angehört, deren Interessen durch das Verfahren berührt werden. Diese Vorschrift hat für verwaltungsrechtliche Anwaltssachen keine Bedeutung, weil anwaltliche Mitglieder des AGH oder des Anwaltssenats des BGH ohnehin nach den §§ 103 Abs. 2, 108 Abs. 1 S. 2, 94 Abs. 3 S. 2 Nr. 1 nicht dem Vorstand einer RAK angehören können. Im Umkehrschluss ist aus § 54 Abs. 3 177

VwGO zu folgern, dass es bei einer früheren Vorstandstätigkeit auf die Umstände des Einzelfalls ankommt, für den die nachstehenden Grundsätze gelten.

178 Nach § 42 Abs. 2 ZPO findet die Ablehnung eines Richters wegen der Besorgnis der Befangenheit statt, wenn ein Grund vorliegt, der geeignet ist, **Misstrauen gegen seine Unparteilichkeit** zu rechtfertigen. Dies ist dann der Fall, wenn der Ablehnende bei verständiger Würdigung des Sachverhalts Grund zu der Annahme hat, dass der abgelehnte Richter ihm gegenüber eine Haltung einnimmt, die seine Unparteilichkeit und Unvoreingenommenheit störend beeinflussen kann. Maßgeblich ist, ob aus der Sicht der ablehnenden Partei bei vernünftiger Würdigung aller Umstände Anlass gegeben ist, an der Unvoreingenommenheit und objektiven Einstellung des Richters zu zweifeln (BGH NJW-RR 2013, 1211 Rn. 6; BeckRS 2013, 20953 Rn. 8; 2014, 03027 Rn. 4).

179 Dafür genügt es, dass die Umstände geeignet sind, der Partei **Anlass zu begründeten Zweifeln** zu geben, weil es bei den Vorschriften der Befangenheit von Richtern darum geht, bereits den bösen Schein einer möglicherweise fehlenden Unvoreingenommenheit und Objektivität zu vermeiden. Die Vorschriften über die Richterablehnung dienen zugleich der Verwirklichung des verfassungsrechtlich gewährleisteten Anspruchs der Parteien, nicht vor einem Richter stehen zu müssen, dem es an der gebotenen Neutralität fehlt (BGH BeckRS 2012, 19564 Rn. 8).

180 Ausschließungs- und Ablehnungsgründe beziehen sich auf die prozessrechtliche Fähigkeit des abgelehnten Richters, sein Amt in einem bestimmten Rechtsstreit mit Rücksicht auf seine persönlichen Verhältnisse zu einer der Parteien oder zu dem Streitgegenstand wahrnehmen zu können. Die Mitwirkung des Richters in einem **konkreten Verfahren** wird aus Gründen in Frage gestellt, welche in der Person des Richters liegen (BGH IBRRS 96455 Rn. 7; BeckRS 2013, 07772 Rn. 1). Da nur solche Gründe die Besorgnis der Befangenheit rechtfertigen, die in persönlichen Beziehungen der abgelehnten Richter zu den Parteien oder zur Streitsache liegen, muss der Ablehnungsgrund durch nachvollziehbaren Bezug zum konkreten Rechtsstreit wenigstens ansatzweise substantiiert sein (BGH BeckRS 2008, 07419 Rn. 4).

181 Unrichtige Entscheidungen oder vermeintlich unrichtige Entscheidungen sind grundsätzlich ungeeignet, die Ablehnung wegen Befangenheit zu rechtfertigen. Denn sie zwingen nicht zu dem Schluss, dass der Richter, der sich im Rahmen seiner Befugnisse hält und das Recht in vertretbarer Weise anwendet, gegenüber einer Partei unsachlich, parteilich eingestellt ist. Das Ablehnungsverfahren darf nicht dazu dienen, richterliche Entscheidungen auf ihre Richtigkeit zu überprüfen. Erscheint die Rechtsanwendung des Richters vertretbar, so scheidet Ablehnung aus, falls nicht weitere Umstände auf eine parteiliche Einstellung schließen lassen. Gerechtfertigt ist die Ablehnung jedoch dann, wenn die richterliche Entscheidung oder Handlung so grob fehlerhaft ist, dass sie als Willkür erscheint (BGH BeckRS 2012, 07842 Rn. 7; 2013, 20953 Rn. 9).

182 Zur Entscheidung über ein Ablehnungsgesuch ist das Gericht **zuständig,** dem der abgelehnte Richter angehört, ohne dessen Mitwirkung (§ 45 Abs. 1 ZPO; BGH IBRRS 96455 Rn. 8); die Entscheidung ergeht durch Beschluss gemäß § 46 Abs. 1 ZPO.

183 Eine Sonderregelung auch hinsichtlich der Ablehnung von Mitgliedern der Fachgebietsausschüsse nach § 17 FAO trifft § 23 FAO. Der Umstand allein, dass der Berichterstatter des Ausschusses und der Fachanwaltsbewerber ihren Kanzleisitz in örtlicher Nähe zueinander haben, rechtfertigt nicht die Annahme der Besorgnis der Befangenheit (AGH NRW Beschluss vom 17.11.2000 – 1 ZU 30/00 Rn. 15).

184 **c) Unzulässigkeit von Ablehnungsgesuchen.** Der Ablehnende muss konkrete Tatsachen vortragen, die auf eine Besorgnis der Befangenheit der Abgelehnten auch nur ansatzweise hindeuten kann. Deshalb ist ein Ablehnungsgesuch **unzulässig,** das sich auf kein konkretes Tun der Abgelehnten bezieht. So reicht es nicht aus, in dem Ablehnungsgesuch lediglich die Rechtswidrigkeit des angefochtenen Bescheids zu rügen (BGH BeckRS 2010, 29190 Rn. 4).

185 Unzulässig ist ein Ablehnungsgesuch, wenn der Ablehnende **verfahrensfremde und erkennbar rechtsmissbräuchliche Ziele verfolgt** (BGH BeckRS 2010, 31030 Rn. 4) oder wenn das Ablehnungsgesuch nur Wertungen enthält, die nicht mit Tatsachen unterlegt sind (BGH BeckRS 2006, 00187 Rn. 5).

186 Unzulässig ist ein Ablehnungsgesuch, wenn der Ablehnende die bloße Tatsache beanstandet, die Richter hätten an früheren Entscheidungen mitgewirkt. Die Vorbefassung als solche begründet – abgesehen von dem Ausschließungstatbestand in § 41 Nr. 6 ZPO – die Besorgnis der Befangenheit grundsätzlich nicht. Anders verhält es sich lediglich beim Hinzutreten besonderer

Umstände, die über die Tatsache bloßer Vorbefassung als solcher und die damit notwendig verbundenen inhaltlichen Äußerungen hinausgehen. Dies kann etwa der Fall sein, wenn Äußerungen in früheren Entscheidungen nach der Sachlage unnötige und sachlich unbegründete Werturteile über den Ablehnenden enthalten oder wenn ein Richter sich bei einer Vorentscheidung in sonst unsachlicher Weise zum Nachteil des Ablehnenden geäußert hat. Dass die Richter in Erfüllung ihres gesetzlichen Auftrags das Ergebnis der erhobenen Beweise und die aufgeworfenen Rechtsfragen im früheren Verfahren anders gewürdigt haben als der Ablehnende, begründet noch nicht ihre Befangenheit (BGH BRAK-Mitt. 2008, 171 Rn. 13 ff.). Unzulässig ist ein Ablehnungsgesuch ferner dann, wenn der Ablehnende die bloße Tatsache beanstandet, der Abgelehnte habe an einer Zwischenentscheidung mitgewirkt (BGH BeckRS 2008, 19508 Rn. 3).

Ein Ablehnungsgesuch ist rechtsmissbräuchlich und damit unzulässig, wenn nicht nur einzelne **187** Richter, sondern das Gericht als solches oder ein ganzer Senat abgelehnt werden. Dies gilt auch für die Ablehnung aller ehrenamtlicher Richter des Anwaltssenats beim Bundesgerichtshof (BGH BRAK-Mitt. 2008, 171; BeckRS 2013, 07771 Rn. 1; 2013, 07772 Rn. 1). Gleiches gilt, wenn AGH-Richter allein im Hinblick auf ihre Zugehörigkeit zum Senat abgelehnt werden, ohne dass diese mit den gerügten Vorgängen befasst gewesen wären (AGH NRW Beschluss 24.1.2011 – 1 AGH 53/10), wenn alle Richter des Bundesgerichtshofs abgelehnt werden, welche Rechtsanwälte sind (BGH BeckRS 2013, 07768 Rn. 2 f.), oder wenn Richter allein wegen ihrer Zugehörigkeit zu einem nach Auffassung des Ablehnenden nach nicht verfassungsgemäßen Justizsystem abgelehnt werden (BGH BeckRS 2011, 00436 Rn. 6).

Unzulässig ist das Ablehnungsgesuch auch, wenn der Abgelehnte dem Spruchkörper nicht **188** mehr angehört (BGH BeckRS 2011, 00436 Rn. 8). Das Rechtsschutzbedürfnis zur Ablehnung eines Richters entfällt dann, wenn der Abgelehnte mit der Sache nicht, nicht mehr oder nicht wieder befasst werden kann (BGH BeckRS 2011, 13388 Rn. 8).

Über ein unzulässiges Ablehnungsgesuch entscheidet das Gericht nicht in der aus § 45 ZPO **189** folgenden Besetzung ohne die abgelehnten Mitglieder; er entscheidet vielmehr in der regulären Besetzung (BGH BRAK-Mitt. 2008, 171 Rn. 16) durch Beschluss gemäß § 46 Abs. 1 ZPO.

d) Dienstliche Äußerung, Wartefrist, Beschlussunfähigkeit. Der Einholung **dienstlicher** **190** **Stellungnahmen** (§ 44 Abs. 3 ZPO) des abgelehnten Richters bedarf es nicht, wenn sich die geltend gemachten Ablehnungsgründe sämtlich auf aktenkundige Vorgänge beziehen. Unter solchen Umständen könnte eine dienstliche Erklärung zur Sachaufklärung nichts beitragen und ist daher entbehrlich (BGH BeckRS 2013, 20953 Rn. 15; 2014, 03027 Rn. 8).

Im Falle eines offensichtlich unzulässigen oder sogar rechtsmissbräuchlichen Antrags kann der **191** abgelehnte Richter abweichend von § 45 Abs. 1 ZPO **selbst entscheiden** (BGH IBRRS 96455 Rn. 11; BeckRS 2013, 07772 Rn. 2). In einem solchen Fall entfällt auch die Wartepflicht nach § 47 Abs. 1 ZPO (BGH BeckRS 2013, 20953 Rn. 14).

Es liegt kein Verstoß gegen die **Wartefrist** nach § 47 ZPO vor, wenn der zunächst abge- **192** lehnte Richter wieder tätig wird, bevor eine noch offene Frist für die Erhebung einer Anhörungsrüge verstrichen ist. Die Besonderheit der Anhörungsrüge als außerordentlicher Rechtsbehelf nur zur Geltendmachung von Gehörsverletzungen spricht dagegen, die Wartepflicht noch weiter auszudehnen und die bloße Möglichkeit einer Anhörungsrüge gegen eine schon rechtskräftige Entscheidung als Hinderungsgrund für die weitere Tätigkeit des abgelehnten Richters anzusehen (BGH BeckRS 2012, 07842 Rn. 11; zur Frage der Statthaftigkeit einer Anhörungsrüge → Rn. 334).

Wird das zur Entscheidung berufene Gericht durch das Ausscheiden der abgelehnten Richter **193** **beschlussunfähig,** entscheidet der Anwaltssenat des BGH als das übergeordnete Gericht nach § 53 Abs. 1 Nr. 1 Abs. 3 VwGO (so im Fall BGH BeckRS 2005, 13010 zu § 45 Abs. 3 ZPO). Eine auf die Ablehnung von Richtern gestützte Gerichtsbestimmung nach § 53 VwGO kommt erst in Betracht, wenn das an sich zuständige Gericht durch die erfolgreiche Ablehnung von Richtern nicht mehr spruchfähig ist. Eine eventuelle vorübergehende Verhinderung des zuständigen Gerichts bis zur Entscheidung über das Ablehnungsgesuch durch Wartepflichten nach § 47 ZPO erfüllt die Voraussetzungen für eine Gerichtsbestimmung nach § 53 VwGO nicht (BGH BeckRS 2013, 02933 Rn. 6; 2013, 02934 Rn. 6).

Für die zunächst vom AGH zu treffende Entscheidung über das Ablehnungsgesuch enthält **194** § 45 Abs. 3 ZPO eine vorrangige Regelung. Sollte der AGH durch das Ausscheiden abgelehnter Mitglieder beschlussunfähig sein, dh wegen bestehender Wartepflichten unfähig, über die Richterablehnung zu entscheiden, müsste danach der BGH als nächsthöheres Gericht über die Ablehnungsgesuche entscheiden. Ob ein solcher Fall vorliegt, hängt indessen von der Behandlung des Ablehnungsgesuchs durch den zur Entscheidung grundsätzlich zuständigen AGH ab. Denn zunächst hat der AGH das Ablehnungsgesuch zu prüfen, wobei – soweit Wartepflichten bestehen – das Ablehnungsgesuch den nach dem Geschäftsverteilungsplan des AGH zur Vertretung berufenen Richtern zur Entscheidung vorzulegen, bzw. – soweit rechtsmissbräuchliche Ablehnungen vorliegen – die Abgelehnten selbst über diese zu entscheiden haben. Erst im Rahmen dieser Prüfung kann der AGH ggf. seine Beschlussunfähigkeit feststellen und die Akten dem BGH zur Entscheidung über die Ablehnungsgesuche vorlegen (BGH BeckRS 2013, 02933 Rn. 7; 2013, 02934 Rn. 7).

195 **e) Fälle, in denen ein Ablehnungsgrund verneint wurde.** Eine Ablehnung ist generell **bedingungsfeindlich.** Deshalb darf ein Ablehnungsgesuch nicht unter der aufschiebenden Bedingung stehen, dass die bisher mit der Sache befassten Richter dem Sachantrag des Ablehnenden nicht folgen und einen von ihnen gefassten Beschluss nicht selbst korrigieren (BGH BeckRS 2013, 20953 Rn. 6).

196 Eine **Vorbefassung** mit einer Sache ist – von den in § 41 Nr. 4–6 ZPO aufgeführten Ausnahmen abgesehen – allein kein Grund für die Annahme der Parteilichkeit eines Richters (BGH BeckRS 2008, 13486 Rn. 7). Eine mit dem geltenden Recht in Einklang stehende, für die Partei ungünstige Entscheidung rechtfertigt bei verständiger Betrachtung kein Misstrauen gegen eine unparteiliche Amtsausübung des entscheidenden Richters (BGH BeckRS 2013, 18832 Rn. 8). Ein Ablehnungsgesuch kann nicht allein mit der Mitwirkung an einer Gerichtsentscheidung begründet werden (BGH IBRRS 96455 Rn. 9).

197 Die Verweigerung einer beantragten **Terminverlegung** begründet die Besorgnis der Befangenheit nur dann, wenn erhebliche Gründe für eine Terminverlegung (§ 227 ZPO) offensichtlich vorliegen, die Zurückweisung des Antrags für die betreffende Partei schlechthin unzumutbar wäre und somit deren Grundrecht auf rechtliches Gehör verletzte oder sich aus der Ablehnung der Terminverlegung der Eindruck einer sachwidrigen Benachteiligung einer Partei aufdrängt (BGH BeckRS 2011, 08311 Rn. 8; AGH NRW Beschluss vom 3.2.2014 – 1 AGH 34/13).

198 Hat der abgelehnte Richter in einem Schreiben einen **Hinweis** darauf gegeben, dass ein Antrag unzulässig sein dürfte, liegt in einem solchen im Interesse des Antragstellers erfolgten rechtlichen Hinweis lediglich die Kundgabe einer vorläufigen Rechtsauffassung, die Zweifel an der Unvoreingenommenheit der abgelehnten Gerichtsperson nicht begründen kann. Nur wenn weitere Tatsachen hinzukommen aus denen zu erkennen ist, dass der Abgelehnte nicht bereit ist auf Argumente der Parteien einzugehen, oder dass er sich bereits vorzeitig endgültig festgelegt hat, könnte ein vom Ablehnenden angenommener Rechtsfehler zugleich Ausdruck einer Voreingenommenheit des Abgelehnten sein (BGH BeckRS 2005, 09441). Im Sinne eines offenen Austauschs zwischen den am Verfahren Beteiligten darf es einem Richter nicht verwehrt sein, den Verteidiger in der Hauptverhandlung spontan auf eine für ihn nicht nachvollziehbare oder lückenhafte Argumentation durch ein kritisches Hinterfragen aufmerksam zu machen (AnwG Köln BRAK-Mitt. 2014, 276).

199 Keine Besorgnis der Befangenheit ist anzunehmen, wenn der Präsident des BGH während eines anhängigen Berufungsverfahrens mit der beklagten RAK eine Vereinbarung über einen auf deren Kammerversammlung zu haltenden Vortrag vereinbart (BGH NJW-RR 2013, 1211 Rn. 8 = BRAK-Mitt. 2013, 247). **Allgemeine berufliche Kontakte** des Richters zu einer Partei ohne besondere Nähe oder Intensität genügen dafür nicht. Wenn das allgemein gewählte Thema in keinem Zusammenhang mit dem Gegenstand des anhängigen Rechtsstreits steht, lässt ein Fachvortrag vor der Versammlung aller Mitglieder der beklagten RAK auch keine Identifikation des Abgelehnten mit den Angelegenheiten der Geschäftsführung oder eine sonstige Nähe zur beklagten RAK befürchten (BGH NJW-RR 2013, 1211 Rn. 8). Auch einer Unterrichtung über den Vortrag vor und im Verhandlungstermin bedarf es ebenso wenig wie über die Umstände der getroffenen Vortragsvereinbarung (BGH NJW-RR 2013, 1211 Rn. 9 f.).

200 Der Umstand, dass der Richter in dem bisherigen oder in einem früheren Verfahren **Verstöße gegen Gesetzesvorschriften** begangen hat, reicht allein nicht als Befangenheitsgrund aus (BGH BeckRS 2008, 13 Rn. 8). Eine für einen Beteiligten ungünstige und möglicherweise für unrichtig gehaltene Rechtsauffassung in einem früheren Verfahren oder einem früheren Verfahrensabschnitt kommt grundsätzlich nicht als Grund für die Annahme von Parteilichkeit des Abge-

lehnten in Betracht (BGH BeckRS 2008, 13 Rn. 9). Anders ist es nur, wenn Anhaltspunkte dafür bestehen, dass ein möglicher Verstoß auf unsachlichen oder willkürlichen Erwägungen beruhte, wenn der Ablehnende durch eine mögliche Verletzung seines Persönlichkeitsrechts durch eine möglicherweise unberechtigte Datenübermittlung berechtigt das Vertrauen in die Sachlichkeit des abgelehnten Richters verloren haben könnte (BGH BeckRS 2008, 13 Rn. 8).

Der Umstand, dass ein Anwaltsrichter vor ca. zehn Jahren einen Zivilprozess gegen den Betroffenen eines anwaltsgerichtlichen Verfahrens geführt hat und als Vertreter eines Geschädigten Strafanzeige gegen den Betroffenen erstattet hat, ist nach AGH SchlH (BRAK-Mitt. 2010, 172; ergangen zu §§ 30, 24 StPO) nicht geeignet, Misstrauen gegen die Unparteilichkeit des Anwaltsrichters zu rechtfertigen, zumal wenn nicht geltend gemacht wird, dass der Anwaltsrichter bei der Vertretung des Geschädigten pflichtwidrig gehandelt habe oder die Strafanzeige leichtfertig ohne hinreichende Prüfung der Verdachtsmomente erstattet habe. **201**

Der Umstand, dass ein Senat eines AGH mit zwei Notaren besetzt ist, begründet keine Besorgnis der Befangenheit, da Notare in Niedersachsen auch Rechtsanwälte sind und sich aus der zusätzlichen Notartätigkeit keine generelle Befangenheit ergibt (NdsAGH Beschluss vom 21.9.2009 – AGH 6/08). **202**

Wird ein Rechtsanwalt, der gegen seinen Zulassungswiderruf klagt, im Beschluss des AGH als Assessor bezeichnet, so gibt dies keinen Anlass zu der Befürchtung einer Voreingenommenheit (BGH BeckRS 1993, 08323). **203**

Gegen ein Mitglied einer Kammer des Anwaltsgerichts soll nach AnwG Köln (NJW 2009, 1622 mit zust. Anm. *Grunewald* NJW 2009, 1563 und abl. Anm. *Winkler* NJW 2009 Nr. 28 XVIII = BRAK-Mitt. 2009, 86; ablehnend auch Henssler/Prütting/*Deckenbrock* § 112c Rn. 54) nicht bereits deswegen die Besorgnis der Befangenheit bestehen, weil der Richter über eine disziplinarrechtliche Maßnahme der Rechtsanwaltskammer zu entscheiden hat, an der als Vorstandsmitglied der RAK zuvor ein Sozius seiner Kanzlei mitgewirkt hat. **204**

Weder die Tätigkeit als Vorstandsmitglied einer Rechtsanwaltskammer noch die Zugehörigkeit zur Rechtsanwaltskammer und die Tätigkeit als Rechtsanwalt sollen für sich genommen Gründe darstellen, einen Richter eines Verfassungsgerichtshofs, der im Hauptberuf Rechtsanwalt ist, in einem das Berufsrecht von Rechtsanwälten tangierenden Verfahren (hier: Zwischenstreit über eine Richterablehnung in einem Schadensersatzprozess gegen die RAK wegen Nichtzulassung als Rechtsanwalt) für befangen oder als von der Ausübung des Richteramts ausgeschlossen zu erklären (BerlVerfGH NJW 2014, 3015; vgl. auch BerlVerfGH BeckRS 2014, 56452; 2014, 56453). **205**

f) Fälle, in denen ein Ablehnungsgrund bejaht wurde. Erteilt ein Richter am Anwaltsgericht einen Hinweis auf eine Unanfechtbarkeit einer Entscheidung und lässt er nicht erkennen, dass das Gericht von Amts wegen die Nachholung des rechtlichen Gehörs gemäß § 33a StPO erwogen hat, begründet der Umstand, dass eine Vielzahl von Anträgen schlicht „übersehen" worden sein soll und dem Richter die Vorschrift des § 33a StPO nicht bekannt sein soll, obwohl er ausweislich des Briefkopfs seiner persönlichen Schriftsätze zugleich auch Fachanwalt für Strafrecht ist, einen Anschein, der die Besorgnis rechtfertigt, dass der Abgelehnte nicht unparteilich ist, weil er nicht uneingeschränkt bereit erscheint, das Vorbringen des Ablehnenden zur Kenntnis zu nehmen und es unbefangen zu würdigen (AGH NRW BRAK-Mitt. 2011, 202). **206**

g) Fälle, in denen eine Selbstablehnung nach § 48 ZPO als begründet angesehen wurde. Eine Selbstablehnung nach § 48 ZPO ist in folgenden Fällen für begründet erklärt worden: **207**

- in einem Verfahren betreffend die Zulassung zur Rechtsanwaltsschaft beim BGH, wenn ein anwaltlicher Beisitzer des Anwaltssenats des BGH dieser Anwaltschaft angehört (BGH Beschluss vom 17.2.2005 – AnwZ 1/03 nv; Beschluss vom 30.9.2002 – AnwZ 3/01), **208**
- betreffend die Präsidentin des BGH in einem Verfahren auf Zulassung zur Rechtsanwaltsschaft beim BGH in Hinblick auf ihre Eigenschaft als Vorsitzende des Wahlausschusses für Rechtsanwälte beim BGH (BGH NJW-RR 2014, 1469), **209**
- wenn zwischen Partei und abgelehntem Richter eine enge Freundschaft besteht (BGH BeckRS 2011, 21393), **210**

211 – wenn der abgelehnte Richter von einer Partei schon vor Anhängigkeit auf den Gegenstand des vorliegenden Verfahrens mehrfach angesprochen worden ist und mit ihm über die damit verbundenen Rechtsfragen und ihre voraussichtliche Beurteilung durch die Anwaltsgerichtsbarkeit mehrfach gesprochen hat (BGH BeckRS 2011, 21391),

212 – wenn der abgelehnte Richter mit einem Ehepaar befreundet ist, das mit einer Partei mehrere Rechtsstreite führt, die in der Widerrufsverfügung nach § 14 Abs. 2 Nr. 7 behandelt werden, und der abgelehnte Richter mehrfach mit dem Ehepaar Gespräche über die rechtlichen Auseinandersetzungen geführt hat (BGH BeckRS 2001, 02405),

213 – wenn die Anwaltskanzlei des abgelehnten Richters, in der er seine Berufstätigkeit ausübt, zu früherer Zeit für eine Streitpartei tätig gewesen ist und das damalige Mandat auch Fragen mit Bedeutung für das anhängige Verfahren tangiert (AGH NRW Beschluss vom 25.8.2010 – 1 AGH 31/10 nv),

214 – wenn ein Mitglied des Anwaltssenats des BGH in mehreren Verfahren tätig geworden ist, in denen der klagende Rechtsanwalt die Mandanten in den Vorinstanzen vertreten hat (BGH BeckRS 2010, 01610),

215 – wenn der abgelehnte Richter den Ablehnenden früher gerichtlich vertreten hat (BGH BeckRS 2008, 12446).

216 **h) Rechtsbehelfe.** Beschwerden gegen die Zurückweisung von Befangenheitsanträgen durch den AGH sind **unzulässig** (BGH BeckRS 2014, 10054 Rn. 5; 2013, 03513 Rn. 3; 2013, 03514 Rn. 3; Gaier/Wolf/Göcken/*Schmidt-Räntsch* § 112c Rn. 91). Demgemäß unterliegt auch eine mögliche fehlerhafte Besetzung des Anwaltsgerichtshofs bei der Entscheidung über das Ablehnungsgesuch nicht der inhaltlichen Nachprüfung durch das Berufungsgericht (BGH Beschluss vom 23.4.2014 – AnwZ (BrfG) 9/14 Rn. 12 nv; BeckRS 2014, 12666 Rn. 28). Fehlerhafte Entscheidungen über Ablehnungsgesuche stellen deshalb keine im Zulassungsverfahren zu berücksichtigende Verfahrensfehler dar (BGH NJW-RR 2014, 317 Rn. 6). Die unrichtige Zurückweisung eines Ablehnungsgesuchs ist allerdings ausnahmsweise dann beachtlich, wenn mit ihr die Verletzung der verfassungsrechtlichen Garantie einer vorschriftsmäßigen Besetzung des Gerichts gemäß Art. 101 Abs. 1 S. 2 GG geltend gemacht wird. Dies setzt voraus, dass für die Entscheidung willkürliche oder manipulative Erwägungen maßgeblich waren (BGH BeckRS 2013, 18832 Rn. 7).

217 Im Berufungszulassungsverfahren kann ein Ablehnungsantrag gegen ein Mitglied des AGH im Zulassungsantrag nicht erstmals gestellt werden (BGH BeckRS 2014, 12666 Rn. 29).

218 Nach einer Entscheidung des Anwaltssenats des BGH sind unanfechtbare Entscheidungen über Ablehnungsgesuche wegen Besorgnis der Befangenheit einer Anhörungsrüge nicht zugänglich (BGH NJW 2007, 3786 mit. abl. Anm. *Fölsch* = BRAK-Mitt. 2008, 269). Im Gefolge von Entscheidungen des BVerfG (NJW 2009, 833; NVwZ-RR 2010, 545), wonach der Beschluss, mit dem ein Ablehenungsgesuch zurückgewiesen wird, mit der Anhörungsrüge angegriffen werden kann, haben Zivilsenate des BGH (BeckRS 2013, 00258 Rn. 3; NJW-RR 2011, 417) die Anhörungsrüge für statthaft erklärt. Es ist deswegen zu erwarten, dass auch der Anwaltssenat des BGH die Anhörungsrüge im hier gegebenen Fall unter Aufgabe seiner bisherigen entgegenstehenden Rechtsprechung für statthaft erachten wird (ebenso Gaier/Wolf/Göcken/*Schmidt-Räntsch* § 112c Rn. 91).

219 **12. Untersuchungsgrundsatz.** Nach § 86 Abs. 1 VwGO erforscht das Gericht den Sachverhalt von Amts wegen ohne an das Vorbringen oder die Beweisanträge der Beteiligten gebunden zu sein **(Untersuchungs- bzw. Amtsermittlungsgrundsatz).** Nach § 86 Abs. 3 VwGO hat der Vorsitzende Hinweispflichten; die Beteiligten sollen zur Vorbereitung der mündlichen Verhandlung Schriftsätze einreichen, so dass möglichst aufgrund einer einzigen Verhandlung entschieden werden kann (§ 87 VwGO, **Konzentrationsmaxime**). Die Beweismittel bestimmt das Gericht nach pflichtgemäßem Ermessen.

220 Das BRAO-Reformgesetz vom 30.7.2009 (BGBl. I S. 2449) hat hier an der Rechtslage nichts geändert. Im früheren Verfahrensrecht galt ebenfalls der Amtsermittlungsgrundsatz (§ 40 Abs. 4 BRAO aF, § 12 FGG). Bereits danach hatte das Gericht von Amts wegen die zur Feststellung der Tatsachen erforderlichen Ermittlungen zu veranlassen und die geeignet erscheinenden Beweise aufzunehmen. Ergänzend galt die in § 26 Abs. 2 VwVfG nachgebildete Vorschrift des § 36a Abs. 2 BRAO aF, wonach der Rechtsanwalt an der Ermittlung des Sachverhalts mitwirken sollte.

Die Ersetzung dieser Vorschrift durch § 32 Abs. 1 S. 1 BRAO, § 26 Abs. 2 VwVfG hat ebenfalls keine Änderung zur Folge (BGH BeckRS 2012, 05867 Rn. 29).

Die dem Gericht obliegenden **Hinweispflichten** dienen neben dem Zweck, eine materiell richtige Entscheidung herbeizuführen, auch dazu, zu verhindern, dass die Verwirklichung der den Beteiligten zustehenden formellen Verfahrensrechte und materiellen Ansprüche an deren Unerfahrenheit, Unbeholfenheit oder mangelnder Rechtskenntnis scheitert (BayAGH Beschluss vom 15.11.2010 – BayAGH I-1/10). 221

Der Untersuchungsgrundsatz verpflichtet das Gericht nicht, jeder auch nur denkbaren Möglichkeit nachzugehen; die Ermittlungen haben sich allein auf jene Gesichtspunkte zu erstrecken, die sich **nach Lage des Falles anbieten** (Gaier/Wolf/Göcken/*Schmidt-Räntsch* § 112c Rn. 231). 222

Die Amtsermittlung führt nicht stets zu einer vollständigen Überprüfung des gesamten Sachverhalts: Wendet sich ein Rechtsanwalt gegen einen Zulassungswiderruf aus den Gründen des § 14 Abs. 2 Nr. 7 BRAO, prüft das Gericht allein ob ein Vermögensverfall zum maßgeblichen Zeitpunkt vorlag. Ob andere Widerrufsgründe vorlagen, ist nicht Gegenstand der Untersuchungspflicht des Gerichts (Gaier/Wolf/Göcken/*Schmidt-Räntsch* § 112c Rn. 232). 223

In einem Klageverfahren betreffend § 14 Abs. 2 Nr. 7 muss das Gericht zur Klärung des Vorliegens eines Vermögensverfalls nicht von sich aus Beweiserhebungen durch Einholung von Auskünften der betroffenen Gläubiger oder von den kontoführenden Banken durchführen (BGH BeckRS 2012, 05867 Rn. 20). 224

Mittel der gerichtlichen Sachaufklärung ist auch die **Beiziehung der Personalakten** des Rechtsanwalts, zu deren Vorlage die RAK nach § 99 Abs. 1 S. 1 VwGO verpflichtet ist. Der Umstand, dass Personalakten Dritten gegenüber grundsätzlich geheimhaltungsbedürftig sind, steht ihrer Beiziehung in gerichtlichen Verfahren über den Widerruf der Zulassung zur Rechtsanwaltschaft nicht entgegen, weil die Vorlage in diesen Fällen zum Schutz höherwertiger Rechtsgüter (Interesse der Allgemeinheit an einer funktionsfähigen Rechtspflege) geboten ist (BGH BeckRS 2014, 17216 Rn. 3). Für das sog. in-camera-Verfahren nach § 99 Abs. 2 VwGO ergibt sich kein Anwendungsbereich. 225

Aus dem Amtsermittlungsgrundsatz folgt auch, dass das Gericht in Verfahren betreffend die Gestattung der Führung der Fachanwaltsbezeichnung gehalten ist, zur **Sachaufklärung** sich die Fallakten des Fachanwaltsbewerbers vorlegen zu lassen. Datenschutzrechtlichen Bedenken können dabei durch Schwärzung der personenbezogenen Daten Rechnung getragen werden; die Namen der Beteiligten sind zudem meist aus der Fallliste bekannt. Auch hier korrespondiert die Untersuchungspflicht des Gerichts mit einer Prozessförderungs- und Mitwirkungspflicht des Fachanwaltsbewerbers (AGH RhPf BeckRS 2012, 21769). 226

In Verfahren betreffend § 7 Nr. 5 entfalten Feststellungen in strafgerichtlichen Urteilen **keine Bindungswirkung,** weil § 118 allein für anwaltsgerichtliche Verfahren, nicht aber für verwaltungsrechtliche Anwaltssachen gilt. Deshalb greift hier der Untersuchungsgrundsatz ein, so dass der AGH hier ggf. selbst Feststellungen treffen muss (AGH NRW Urteil vom 23.4.2010 – 1 AGH 13/10; ebenso BGH BeckRS 2015, 04152 Rn. 6 ff.). 227

Weder der betroffene Rechtsanwalt noch die Rechtsanwaltskammer sind im Verwaltungsverfahren gehindert, zu demselben Sachverhalt eine von einem vorangegangenen Rügeverfahren abweichende oder dem Rügebescheid widersprechende Rechtsauffassung zu vertreten und sich im anwaltsgerichtlichen Verfahren darauf zu berufen (AGH Hmb BeckRS 2003, 16347). 228

In Widerrufsverfahren betreffend § 14 Abs. 2 Nr. 7 kommt der Eintragung im Schuldnerverzeichnis Tatbestandswirkung zu. Dies hat zur Folge, dass die Rechtmäßigkeit dieser Eintragung im Widerrufsverfahren nicht überprüft wird; es ist Sache des Rechtsanwalts, von den in der ZPO vorgesehenen Rechtsbehelfen gegen die Eintragung oder gegen die ihr zugrunde liegenden Titel Gebrauch zu machen (BGH Beschluss vom 20.10.2014 – AnwZ (Brfg) 32/14 Rn. 5 nv). 229

Der Amtsermittlungsgrundsatz wird in verwaltungsrechtlichen Anwaltssachen durch eine **weitgehende Mitwirkungslast** der Klagepartei eingeschränkt (Gaier/Wolf/Göcken/*Schmidt-Räntsch* § 112c Rn. 231; Henssler/Prütting/*Deckenbrock* § 112c Rn. 63). Denn der klagende Rechtsanwalt ist bereits im Verwaltungsverfahren vor der RAK nach § 32 Abs. 1 S. 1, § 26 Abs. 2 VwVfG gehalten, bei der Ermittlung des Sachverhalts mitzuwirken und insbesondere ihm bekannte Tatsachen und Beweismittel vollständig mitzuteilen. Diese Mitwirkungslast setzt sich im Verfahren vor dem Anwaltsgerichtshof fort, soweit es um Vorgänge geht, die nur ihm bekannt sind oder jedenfalls nur mit seiner Hilfe zuverlässig ermittelt werden können (BGH BeckRS 230

2013, 16310 Rn. 7). Unterbleibt die gebotene Mitwirkung, geht dies **zu Lasten des Antragstellers** (Gaier/Wolf/Göcken/*Schmidt-Räntsch* § 112c Rn. 231; Henssler/Prütting/*Deckenbrock* § 112c Rn. 63).

231 Deshalb hat die Klagepartei bereits im Verfahren vor dem AGH, insbesondere in der mündlichen Verhandlung, auf die Vornahme der Sachverhaltsaufklärung hinzuwirken (BGH BeckRS 2014, 02196 Rn. 7).

232 **13. Ausschluss verspäteten Vorbringens.** § 87b VwGO räumt dem Gericht in den Abs. 1 und 2 zur Beschleunigung des Verfahrens die Befugnis ein, für den **Vortrag von Tatsachen und die Beibringung von Beweismitteln** Fristen zu setzen und verbindet damit in Abs. 3 die Möglichkeit Erklärungen und Beweismittel, die erst nach Ablauf der Frist vorgebracht werden, zurückzuweisen und ohne weitere Ermittlungen zu entscheiden, wenn ihre Zulassung nach der freien Überzeugung des Gerichts die Erledigung des Rechtsstreits verzögern würde und der Beteiligte die Verspätung nicht genügend entschuldigt. Eine Verpflichtung des Gerichts zur Fristsetzung sowie zur Belehrung über die Folgen der Fristversäumung sieht das Gesetz aber nicht vor (BGH BeckRS 2012, 05867 Rn. 21). Eine Anwendung von § 87b VwGO ist insbesondere in Verfahren betreffend § 14 Abs. 2 Nr. 7 empfehlenswert, um zu einer straffen Förderung der Verfahren zu kommen (Gaier/Wolf/Göcken/*Schmidt-Räntsch* § 112c Rn. 241).

233 **14. Verfahrensbeendigung ohne Hauptsacheentscheidung. a) Klagerücknahme.** Bis zum rechtskräftigen Verfahrensabschluss kann der Kläger seine Klage nach § 92 VwGO **zurücknehmen.** Nach Stellung der Anträge ist hierzu die Einwilligung des Beklagten erforderlich (§ 92 Abs. 1 S. 2 VwGO), die unter den Voraussetzungen des § 92 Abs. 1 S. 3 VwGO als erteilt gilt. Bei Nichtbetreiben kommt nach Maßgabe des § 92 Abs. 2 eine gesetzliche Fiktion der Rücknahme in Betracht (vgl. zu den verfassungsrechtlichen Anforderungen BVerfG NVwZ 2013, 136).

234 Als **Folge einer Rücknahme** stellt das Gericht das Verfahren durch Beschluss nach § 92 Abs. 3 S. 1 VwGO ein und spricht dabei die Kostenfolge des § 155 Abs. 2 VwGO zu Lasten der Klagepartei aus. Dieser Beschluss ist nach § 92 Abs. 2 S. 2 VwGO unanfechtbar. Ein ggf. ergangenes Teilurteil ist nach § 173 VwGO, § 269 Abs. 3 S. 1 ZPO für wirkungslos zu erklären.

235 **b) Erledigung.** Zu einer Verfahrensbeendigung ohne Hauptsacheentscheidung kommt es auch bei einer **beiderseitigen Erledigungserklärung** (vorbehaltlich der Regelung in § 113 Abs. 1 S. 4 VwGO). Hierzu gehören insbesondere Fälle der Zulassung eines Zulassungsbewerbers, der Gestattung der Führung einer Fachanwaltsbezeichnung gegenüber dem Bewerber oder in Widerrufsverfahren der anderweitige Verlust der Zulassung. So tritt etwa die **Erledigung einer Widerrufsverfügung** ein, wenn ein Widerruf aus anderen Gründen (zB Verzicht nach § 14 Abs. 2 Nr. 7) bestandskräftig geworden ist (BGH AnwBl. 2013, 145 Rn. 1; BeckRS 2004, 01951; unzutreffend AGH Bln Beschluss vom 24.2.2010 – I AGH 18/08: Erledigung bereits durch bloßen Verzicht auf Zulassung). Erledigung tritt in Widerrufssachen auch durch Rechtskraft eines Urteils über den Ausschluss aus der Rechtsanwaltschaft ein. In Zulassungsverfahren führt der Tod des Rechtsanwalts ebenfalls zur Erledigung, weil es um höchstpersönliche, unvererbliche Rechte der Partei geht (BGH BeckRS 2013, 11591 Rn. 2; 2011, 07705 Rn. 2). In einem solchen Fall können den (unbekannten) Erben die Kosten auferlegt werden (AGH NRW Beschluss vom 2.6.2010 – 1 AGH 19/10).

236 Als **Folge der Erledigung** hat das Gericht nach § 161 Abs. 2 S. 1 VwGO allein über die **Kosten nach billigem Ermessen** zu entscheiden; hierbei ist der bisherige Sach- und Streitstand zu berücksichtigen. Hierbei kann auch berücksichtigt werden, dass Kosten, die durch Verschulden eines Beteiligten entstanden sind, diesem auferlegt werden können (BGH BeckRS 2012, 09959 Rn. 3). Die Kosten sind gegeneinander aufzuheben, wenn auf der Grundlage des bisher erreichten Sach- und Streitstands nicht mit hinreichender Sicherheit der voraussichtliche Verfahrensausgang festgestellt werden kann. Entsprechend § 92 Abs. 3 S. 1 VwGO stellt das Gericht das Verfahren ein und spricht die Kostenfolge aus; dieser Beschluss ist nach §§ 92 Abs. 2 S. 2, 158 Abs. 2 VwGO unanfechtbar (BGH BeckRS 2014, 20922 Rn. 3). Wenn die Parteien vergleichsweise auf Kostenfestsetzung und -erstattung verzichten, ist allein über die Gerichtskosten zu entscheiden (BGH BeckRS 2013, 05336 Rn. 4).

237 Bleibt die **seitens des Klägers einseitig erklärte Erledigung** streitig, hat das Gericht eine Erledigung der Hauptsache festzustellen oder die Klage abzuweisen. Eine **einseitige Erledi-**

gungserklärung des Beklagten ist prozessual folgenlos. Hebt die RAK den seitens des Rechtsanwalts angefochtenen Widerrufsbescheid rechtswirksam auf und erklärt ihrerseits die Hauptsache für erledigt, ohne dass der Kläger eine Erledigungserklärung abgibt, entfällt das Rechtsschutzinteresse für die Anfechtungsklage und diese ist abzuweisen (AGH NRW Beschluss vom 12.9.2014 – 1 AGH 25/14).

15. Mündliche Verhandlung. a) Entscheidung aufgrund mündlicher Verhandlung. Im früheren FGG war eine mündliche Verhandlung nicht vorgesehen. Abweichend hiervon gab die BRAO im gerichtlichen Verfahren in verwaltungsrechtlichen Anwaltssachen eine mündliche Verhandlung nach § 40 Abs. 2 S. 1 aF zwingend vor, wobei allerdings auf die mündliche Verhandlung verzichtet werden konnte (§ 40 Abs. 2 S. 2 aF). Die Rechtslage nach § 40 Abs. 2 aF entspricht der nunmehrigen Rechtslage, die in § 101 Abs. 1 und 2 VwGO geregelt ist. Danach entscheidet das Gericht **auf Grund mündlicher Verhandlung,** auf deren Durchführung die Beteiligten **verzichten** können. Eine Bindung des AGH an eine beiderseitige Verzichtserklärung besteht nicht (Gaier/Wolf/Göcken/*Schmidt-Räntsch* § 112c Rn. 250). Allerdings ist das Einverständnis der Beteiligten unwiderruflich (AGH BW BRAK-Mitt. 2011, 24, 35; ebenso zum alten Recht BGH BeckRS 2010, 06202 Rn. 18; **aA** Gaier/Wolf/Göcken/*Schmidt-Räntsch* § 112c Rn. 250). 238

In der VwGO sind allerdings weitere Ausnahmen vom **Grundsatz der mündlichen Verhandlung** sowohl im Verfahren im ersten wie im zweiten Rechtszug vorgesehen, die auch in Verfahren nach der BRAO gelten. So kann in allen Streitigkeiten vor dem AGH, auch in Zulassungssachen, durch **Gerichtsbescheid** (§ 84 VwGO) entschieden werden (allerdings erfasst nach BGHZ 198, 285 = NVwZ-RR 2014, 206 die im DRiG sinngemäß angeordnete Geltung der VwGO für das Prüfungsverfahren nicht die Bestimmung des § 84 VwGO). Da der AGH einem OVG gleichgestellt ist, entscheidet das Gericht unter Mitwirkung aller Richter einschließlich der anwaltlichen Mitglieder. § 5 Abs. 3 S. 2 VwGO findet keine Anwendung (§ 112c Abs. 2 S. 1). Voraussetzung für den Erlass eines Gerichtsbescheids ist, dass keine tatsächlichen oder rechtlichen Schwierigkeiten bestehen und der Sachverhalt geklärt ist. Die Rechte der Beteiligten werden dadurch gewahrt, dass sie vorher gehört werden (§ 84 Abs. 1 S. 2 VwGO) und stets eine mündliche Verhandlung oder weitere Tatsacheninstanz herbeiführen können (§ 84 Abs. 2 VwGO). Die Anwendung dieses Verfahrens bringt die Möglichkeit mit sich, dass klägerseits in seinem Verfahren Zeit gewonnen werden kann (*Kleine-Cosack* AnwBl. 2009, 619, 625; s. auch die Prozessgeschichte in dem Verfahren BGH BeckRS 2011, 25512 Rn. 3, wo zwischen Gerichtsbescheid und Urteil acht Monate liegen). 239

Der BGH, der nach § 125 Abs. 1 S. 2 VwGO in Berufungsverfahren nicht durch Gerichtsbescheid entscheiden kann, kann über ein unzulässiges Rechtsmittel ohne mündliche Verhandlung durch Beschluss entscheiden (§ 125 Abs. 2 S. 2 VwGO). Gleiches gilt nach § 130a VwGO, wenn er ein Rechtsmittel einstimmig für begründet oder unbegründet und eine mündliche Verhandlung nicht für erforderlich erachtet. 240

b) Terminverlegung – Verhandeln in Abwesenheit. Ein **Termin zur mündlichen Verhandlung** kann nach den §§ 227 Abs. 1 S. 1 ZPO iVm § 173 S. 1 VwGO bei Vorliegen von **erheblichen Gründen** aufgehoben oder verlegt werden. Auf Verlangen des Vorsitzenden (bei Vertagung auf Verlangen des Gerichts) sind die erheblichen Gründe glaubhaft zu machen (§ 227 Abs. 2 ZPO). Die Entscheidung ist kurz zu begründen; sie ist unanfechtbar (§ 227 Abs. 4 ZPO). Trotz der „Kann"-Formulierung in § 227 Abs. 1 S. 1 ZPO besteht kein Ermessensspielraum, wenn die Verlegung bzw. Vertagung zur Gewährung rechtlichen Gehörs erforderlich ist (Henssler/Prütting/*Deckenbrock* § 112c Rn. 68). Da § 227 Abs. 3 S. 1 ZPO nach § 104 Abs. 4 VwGO nicht gilt, muss auch ein auf den Zeitraum vom 1.7. bis zum 31.8. bezogener Antrag begründet werden (Henssler/Prütting/*Deckenbrock* § 112c Rn. 69). 241

Bei einer **Vorverlegung des Termins unter Beibehaltung des Terminstages** gelten die Ladungsfristen des § 102 Abs. 1 S. 1 VwGO nicht. Denn Ladungsfrist ist die Zeitspanne zwischen der Zustellung der Ladung und dem Tag des Verhandlungstermins, so dass sich die Regelungen über Ladungsfristen insoweit aber nur auf den Terminstag, nicht jedoch auch auf die Terminsstunde beziehen. Ein Hinweis nach § 102 Abs. 2 VwGO muss, wenn er in der ursprünglichen Ladung enthalten war, im Rahmen einer Vorverlegung der Terminsstunde nicht wiederholt werden (BGH BeckRS 2013, 10325 Rn. 5 f.). 242

243 Kein erheblicher Grund liegt in den Fällen von § 227 Abs. 1 S. 1 Nr. 1–3 ZPO. Ein Verschulden steht im Regelfall der Annahme eines erheblichen Grundes entgegen (Henssler/Prütting/*Deckenbrock* § 112c Rn. 69).

244 Als **erheblicher Grund** kommen folgende Fallgestaltungen in Betracht:

245 **aa) Erkrankung eines Beteiligten. Unerwartet** auftretende Erkrankungen stellen einen erheblichen Grund dar, wenn sie den Erkrankten daran hindern, selbst an der mündlichen Verhandlung teilzunehmen oder wenigstens einen umfassend informierten Bevollmächtigten zu bestellen (BGH BeckRS 2012, 10262 Rn. 2). Bei **längerfristigen oder vorhersehbaren Erkrankungen** obliegt es dagegen der Partei, sich auf solche Situationen einzustellen und entweder einen Verfahrensbevollmächtigten zu bestellen oder selbst schriftsätzlich vorzutragen (BGH BeckRS 2012, 24406Rn. 4; BRAK-Mitt. 2010, 213).

246 Eine ärztliche Bescheinigung ist zur **Glaubhaftmachung** nur dann geeignet, wenn ihr Inhalt Art und Schwere der Erkrankung (Diagnose) und das Maß etwaiger Beeinträchtigungen der Reise- und Verhandlungsunfähigkeit erkennen lässt und dem Gericht eine Beurteilung der Verhandlungsunfähigkeit erlaubt (BGH BeckRS 2015, 06668 Rn. 5). Eine bloße Arbeitsunfähigkeitsbescheinigung oder eine solche, die nur Arbeits- und Verhandlungsunfähigkeit bescheinigt, reicht nicht aus (BGH BeckRS 2012, 01707 Rn. 12; 2012, 12370 Rn. 3). Arbeitsunfähigkeit ist nicht mit Reise- oder Verhandlungsunfähigkeit gleichzusetzen (BGH BeckRS 2012, 06791 Rn. 6).

247 Tritt eine Erkrankung **akut erst am Tag der mündlichen Verhandlung** auf, muss die Erkrankung mit den geltend gemachten Folgen für die Verhandlungsfähigkeit nachvollziehbar dargelegt werden und die umgehende Vorlage eines Attests nach Arztbesuch angekündigt werden (AGH BW Urteil vom 16.11.2012 – AGH 20/12 (II) Rn. 36). Eine akute Erkrankung am Terminstag stellt allerdings dann keinen erheblichen Grund dar, wenn die erkrankte Partei durch einen Prozessbevollmächtigten vertreten ist, der an der Terminswahrnehmung nicht gehindert ist und die Partei in vollem Umfang Gelegenheit hatte, sich erschöpfend und sachgemäß zu erklären (AGH NRW BeckRS 2013, 14618; → Rn. 262). Nach Auffassung des AGH BW (BeckRS 2010, 05263 Rn. 27) gilt der Grundsatz: „Je kürzer vor dem Termin das Terminsänderungsgesuch gestellt wird, desto kritischer sind die Gründe zu prüfen".

248 Macht eine Partei geltend, wegen einer am Terminstag stattfindenden **ärztlichen Untersuchung** an einer Terminswahrnehmung gehindert zu sein, muss sie darlegen, dass sie nicht verlegt werden konnte oder aus medizinischen Gründen zwingend an diesem Tag durchgeführt werden müsse (NdsAGH BeckRS 2012, 01795).

249 Wird ein erster Termin verlegt und dem zweiten Antrag trotz Hinweises auf die Notwendigkeit der Beibringung eines **amtsärztlichen Attests** kein solches und auch kein aussagekräftiges Attest des Hausarztes beigefügt, muss der Termin nicht verlegt werden (BGH BeckRS 2012, 12370 Rn. 4). Macht eine Partei zum wiederholten Mal eine Reise- und Verhandlungsunfähigkeit aufgrund einer akuten Erkrankung geltend, kommt eine weitere Verlegung nur in Betracht, wenn die Reise- oder Verhandlungsunfähigkeit durch ein amtsärztliches Attest belegt ist (BGH BeckRS 2009, 22719 Rn. 12; 2013, 13620 Rn. 8). Der Hinweis des Gerichts auf die Notwendigkeit der Beibringung eines amtsärztlichen Attests dient selbst auch der Berechtigung zur Einholung eines solchen Attests (NdsAGH BeckRS 2013, 19220).

250 Bei der gebotenen, das prozessuale Verhalten einer Partei insgesamt berücksichtigenden Würdigung kann eine **überwiegende Wahrscheinlichkeit** für eine behauptete Reise- und Verhandlungsunfähigkeit verneint werden, wenn die Partei von Beginn an um eine Verzögerung des Beschwerdeverfahrens bemüht war, fünf Mal eine Verlängerung einer Schriftsatzfrist erwirkt, den wiederholt angekündigten Schriftsatz in einem mehr als vierzehn Monate anhängigen Verfahren jedoch bis zuletzt nicht vorgelegt hat und sie erfolglos versucht hat, eine weitere Fristverlängerung und eine Aussetzung des Verfahrens mit einem nicht ansatzweise belegten Vorbringen zu erreichen. Angesichts solcher Umstände liegt der Verdacht nicht fern, dass die Partei mit einem neuerlichen Verlegungsantrag lediglich eine weitere **Verfahrensverzögerung** beabsichtigt (BGH BeckRS 2009, 22719 Rn. 14).

251 In Widerrufssachen aus den Gründen des § 14 Abs. 2 Nr. 7 sind im Hinblick auf die durch einen Vermögensverfall indizierte Gefährdung der Interessen der rechtsuchenden Mandanten an den Verhinderungsgrund und dessen Glaubhaftmachung **strenge Anforderungen** zu stellen (BGH BeckRS 2012, 01707 Rn. 12; BGH BeckRS 2015, 06668 Rn. 5).

Gibt das Gericht einer Partei Gelegenheit, ein Attest als Mittel der Glaubhaftmachung nachzureichen, muss ihr eine entsprechende Auflage so rechtzeitig zugehen, dass sie noch vor Urteilsverkündung das Attest tatsächlich vorlegen kann (BGH BeckRS 2014, 04617 Rn. 4). 252

bb) Ortsabwesenheit, Urlaub. Als erheblicher Grund kommt auch ein langfristig geplanter **Urlaub** in Betracht Gaier/Wolf/Göcken/*Schmidt-Räntsch* § 112c Rn. 253; Henssler/Prütting/*Deckenbrock* § 112c Rn. 69). 253

cc) Beauftragung eines Bevollmächtigten. Die **Mandatsniederlegung** durch einen Prozessbevollmächtigten ist nur dann ein erheblicher Grund, wenn die Partei die Mandatsniederlegung nicht verschuldet hat und ihr bis zum Verhandlungstermin nicht genügend Zeit zur Bestellung und Information eines Prozessbevollmächtigten bleibt (Henssler/Prütting/*Deckenbrock* § 112c Rn. 70). 254

Ist ein Prozessbevollmächtigter verhindert, stellt dies nur dann keinen erheblichen Grund dar, wenn es sich um eine längere vorhersehbare Abwesenheit handelt (Henssler/Prütting/*Deckenbrock* § 112c Rn. 70). Bei **Terminskollisionen** ist regelmäßig zu versuchen, den zeitlich später anberaumten Termin zu verlegen; anders kann dies in Eilsachen sein oder wenn umfangreiche Beweisaufnahmen vorgesehen sind. 255

Hat eine Partei eine **Sozietät** beauftragt, stellt es nach Auffassung des Anwaltssenats des BGH (BeckRS 2013, 18832 Rn. 4) keinen erheblichen Grund dar, wenn der sachbearbeitende Prozessbevollmächtigte urlaubsbedingt an der Sitzungsteilnahme gehindert ist, weil kein Anspruch einer Partei auf vorrangige Vertretung durch ihren sachbearbeitenden Prozessbevollmächtigten bestehe. Allerdings sollte auch das Anliegen einer Partei, durch den informierten Anwalt des Vertrauens vertreten zu werden, abgewogen werden. 256

Hat sich eine Partei zunächst stets selbst vertreten, stellt die kurz vor der mündlichen Verhandlung mitgeteilte Absicht, nunmehr einen Bevollmächtigten bestellen zu wollen, keinen zureichenden Grund für eine Terminverlegung dar (BGH BeckRS 2013, 10325 Rn. 7). Ebenso liegt es, wenn eine Partei erst unmittelbar vor einem bereits seit langem anberaumten Termin einen neuen Bevollmächtigten beauftragt und dieser schon bei Mandatsübernahme an der Vorbereitung bzw. Wahrnehmung des Termins gehindert ist (AGH NRW BeckRS 2013, 16542). 257

Eine zu Unrecht erfolgte Zurückweisung eines Verlegungsantrags stellt eine Verletzung des Anspruchs des Klägers auf Gewährung rechtlichen Gehörs (Art. 103 Abs. 1 GG) dar, weil neuer Termin zur mündlichen Verhandlung zu bestimmen gewesen wäre (BGH BeckRS 2012, 14568 Rn. 3). 258

Bleibt eine Partei unentschuldigt einer Verhandlung fern und ist ihr ein Hinweis nach § 102 Abs. 2 VwGO erteilt worden, erfolgt keine Verlegung bzw. Vertagung; vielmehr wird einseitig mündlich verhandelt und aufgrund des schriftsätzlich unterbreiteten Streitstoffs und etwaiger zusätzlicher Erkenntnisse der mündlichen Verhandlung entschieden (Gaier/Wolf/Göcken/*Schmidt-Räntsch* § 112c Rn. 255). Wenn sich ergibt, dass weiterer Aufklärungsbedarf besteht, muss weiter aufgeklärt und ein neuer Termin zur Wahrung des Anspruchs auf rechtliches Gehör anberaumt werden (Gaier/Wolf/Göcken/*Schmidt-Räntsch* § 112c Rn. 255). 259

Eine Wiedereinsetzung in den vorigen Stand gegen die Versäumung eines Verhandlungstermins ist in verwaltungsrechtlichen Anwaltssachen nicht vorgesehen (BGH BeckRS 2005, 06106; 2012, 03578 Rn. 2 f.; Gaier/Wolf/Göcken/*Schmidt-Räntsch* § 112c Rn. 256; Henssler/Prütting/*Deckenbrock* § 112c Rn. 72). 260

Bleibt eine Partei einer mündlichen Verhandlung fern, ist nur dann ein neuer Termin zu bestimmen, wenn die ausgebliebene Partei ihr Fernbleiben genügend entschuldigt hat (BGH BeckRS 2009, 22719 Rn. 11). Dabei reichen kurzfristige Terminskollisionen nicht aus; es kann von einem Rechtsanwalt erwartet werden, dass er den für ihn berufsrechtlich bedeutsamen Terminen den Vorrang einräumt oder sich vertreten lässt (Gaier/Wolf/Göcken/*Schmidt-Räntsch* § 112c Rn. 254; Henssler/Prütting/*Deckenbrock* § 112c Rn. 69). 261

dd) Verhinderung eines durch einen Prozessbevollmächtigten vertretenen Beteiligten. Die Verhinderung eines durch einen Prozessbevollmächtigten vertretenen Beteiligten ist in der Regel kein Grund für eine Terminsverlegung; es sei denn, dass gewichtige Gründe vorliegen, weshalb die persönliche Anwesenheit des Beteiligten erforderlich ist (→ Rn. 245). Das bloße Anwesenheitsinteresse einer anwaltlich vertretenen Partei ist durch ihren Anspruch auf rechtliches Gehör nicht geschützt (BGH BeckRS 2015, 01419 Rn. 6). Gewichtige Gründe können nur 262 angenommen werden, wenn zur Begründung des Antrags auf Terminverlegung dargelegt wird, welche Tatsachen oder Erwägungen die Partei persönlich im Verhandlungstermin vortragen will, die nicht von ihrem Verfahrensbevollmächtigten vorgetragen werden können. Allein die erhebliche Bedeutung eines Zulassungswiderrufsverfahrens rechtfertigt nicht den Terminsverlegungsantrag einer anwaltlich vertretenen Partei (BGH BeckRS 2015, 01419 Rn. 7).

263 **c) Öffentlichkeit der Verhandlung.** Nach § 40 Abs. 3 aF fand die mündliche Verhandlung nur **beschränkt öffentlich** statt. Dies galt im Hinblick auf die zur Erörterung stehenden rein persönlichen Verhältnisse des antragstellenden Zulassungsbewerbers. Wegen der Bedeutung der Angelegenheit war jedoch den Beamten der Staatsanwaltschaft beim OLG und Mitgliedern oder Vertretern des Vorstands der RAK der Zutritt zu der Verhandlung gestattet. Der AGH, nicht der Vorsitzende allein, konnte nach Anhörung der Beteiligten auch andere Personen als Zuhörer zulassen. Auf Verlangen des Antragstellers musste und auf Antrag eines anderen Beteiligten konnte die Gesamtöffentlichkeit nach Anhörung aller Beteiligten hergestellt werden. Wurde die Öffentlichkeit hergestellt, waren die Vorschriften des GVG über die Öffentlichkeit sinngemäß anzuwenden. Entsprechendes galt auch bei mündlichen Verhandlungen über sonstige Verwaltungsakte gemäß § 223 aF (vgl. 7. Aufl. § 223 Rn. 40).

264 Die Neufassung durch das BRAO-Reformgesetz vom 30.7.2009 (BGBl. I S. 2449) verzichtet für verwaltungsrechtliche Anwaltssachen (für das anwaltsgerichtliche Verfahren sieht § 135 Abs. 1 S. 1 weiterhin die Nichtöffentlichkeit vor) auf eine Sonderregelung und sieht daher nach § 55 VwGO bzw. § 169 S. 1 GVG iVm § 173 S. 1 VwGO **grundsätzlich** eine **öffentliche Verhandlung** vor (verfassungsrechtlich unbedenklich, BGH BeckRS 2012, 05867 Rn. 12 ff., 27). Der Schutz der Privatsphäre wird über § 173 VwGO iVm §§ 171b, 172 GVG gewährleistet (BT-Drs. 16/11385, 30). Die öffentliche Verhandlung stellt also die Regel dar und der Ausschluss der Öffentlichkeit die Ausnahme. Der Kläger kann aber zum Schutz seiner Privatsphäre nach § 171b Abs. 2 GVG durch einen entsprechenden Antrag den Ausschluss der Öffentlichkeit herbeiführen. Dies kann durchaus bei Widerrufsverfahren der Zulassung wegen Vermögensverfall oder aus gesundheitlichen Gründen zum Tragen kommen. Zu Recht verweist in diesem Zusammenhang die Entwurfsbegründung darauf, dass diese Rechtslage schon immer bei Verfahren zur Beseitigung von Berufserlaubnissen anderer freier Berufe gegolten habe und sich dort diese Bestimmungen als genügend erwiesen hätten (BT-Drs. 16/11385, 30). Ein Ausschluss der Öffentlichkeit für die Verhandlung oder Teile von dieser ist auch nach § 172 GVG zulässig, wenn ein wichtiges Geschäfts-, Betriebs-, Erfindungs- oder Steuergeheimnis zur Sprache kommt, durch dessen öffentliche Erörterung überwiegende schutzwürdige Interessen verletzt würden, ein privates Geheimnis erörtert wird, dessen unbefugte Offenbarung durch den Zeugen oder Sachverständigen mit Strafe bedroht ist, oder eine Person unter 16 Jahren vernommen wird. Die Entscheidung über den Ausschluss der Öffentlichkeit ist unanfechtbar.

265 **d) Mündliche Verhandlung und persönliches Erscheinen.** Nach § 95 VwGO kann das Gericht das **persönliche Erscheinen** eines Beteiligten anordnen und für den Fall des Ausbleibens Ordnungsgeld androhen und bei schuldhaftem Ausbleiben das angedrohte Ordnungsgeld durch Beschluss festsetzen. Die Androhung und Festsetzung des Ordnungsgelds kann wiederholt werden. Für eine Anwaltsgesellschaft in Form einer juristischen Person gilt dies nach § 59f für den Geschäftsführer. Kammern als öffentlich-rechtlichen Körperschaften (§§ 62 Abs. 1, 176 Abs. 1) oder Behörden kann aufgegeben werden zur mündlichen Verhandlung einen Beamten oder Angestellten zu entsenden.

266 **e) Durchführung der mündlichen Verhandlung.** Die Durchführung der mündlichen Verhandlung obliegt nach den §§ 102, 103 VwGO dem **Vorsitzenden,** der diese eröffnet, leitet und schließt. Der Vorsitzende oder der Berichterstatter tragen den wesentlichen Inhalt der Akte vor; die Sach- und Rechtslage ist zu erörtern; die Beteiligten erhalten das Wort um ihre Anträge zu stellen und zu begründen. Nach § 105 VwGO ist nach Maßgabe der §§ 159 ff. ZPO ein Protokoll über die mündliche Verhandlung zu fertigen. Hinsichtlich der Einführung des Vorsitzenden in den Sach- und Streitstand reicht der Satz „Der Vorsitzende hielt Vortrag" (BGH BeckRS 2011, 08312 Rn. 2). Auch erteilte Hinweise sind nicht protokollpflichtig (BGH BeckRS 2011, 08312 Rn. 4); allerdings sind diese nach § 139 Abs. 4 S. 1 ZPO iVm § 173 S. 1 VwGO aktenkundig zu machen (Gaier/Wolf/Göcken/*Schmidt-Räntsch* § 112c Rn. 259). Sofern sich die Anträge hinreichend klar aus den eingereichten Schriftsätzen ergeben, ist eine ausdrück-

liche Stellung in der mündlichen Verhandlung nicht erforderlich. Die Anträge aus der Klageschrift gelten auch dann als gestellt, wenn die Klagepartei nicht im Verhandlungstermin erscheint (AGH NRW Urteil vom 12.12.2014 – 1 AGH 28/14).

Die sog. **Sitzungspolizei** hat nach § 55 VwGO iVm §§ 175 ff. GVG der Vorsitzende inne. Er **267** hat die Ordnung der mündlichen Verhandlung sicherzustellen.

Die **Gerichtssprache** ist deutsch (§ 55 VwGO iVm §§ 184 S. 1 GVG): nach § 184 S. 2 **268** GVG dürfen sorbische Beteiligte vor dem BbgAGH und Dresden sorbisch verhandeln (Gaier/Wolf/Göcken/*Schmidt-Räntsch* § 112c Rn. 98).

f) Beweisaufnahme. Beweis insbesondere durch Augenscheineinnahme, Vernehmung von **269** Zeugen und Sachverständigen, Heranziehung von Urkunden und Einholung von Auskünften wird nach § 96 Abs. 1 VwGO in der mündlichen Verhandlung erhoben. § 96 Abs. 2 VwGO räumt dem Gericht die Möglichkeit ein, schon vor der mündlichen Verhandlung durch eines seiner Mitglieder als beauftragten Richter Beweis zu erheben; auch kann ein anderes Gericht um Beweisaufnahme ersucht werden. Die Beweisaufnahme erfolgt nach § 98 VwGO nach den Vorschriften der ZPO.

Geht es bei Werbeaussagen darum, wie der Rechtsverkehr und das rechtsuchende Publikum **270** die Aussagen versteht, kann der Richter das Verkehrsverständnis ohne sachverständige Hilfe beurteilen, wenn er aufgrund seines Erfahrungswissens selbst über die erforderliche Sachkunde verfügt. Dies wird im Allgemeinen der Fall sein, wenn er selbst zu den angesprochenen Verkehrskreisen zählt, ist aber auch denkbar, wenn er durch die fragliche Werbung nicht angesprochen wird (BGH BeckRS 2012, 04738 Rn. 5). Die Richter der Anwaltsgerichtsbarkeit gehören zu den angesprochenen Verkehrskreisen. Sie können wie jeder andere Bürger der Bundesrepublik Deutschland auch in die Rolle einer Prozesspartei geraten oder aus anderen Gründen rechtliche Beratung in Anspruch nehmen müssen. Ihre berufsrechtliche Vorbefassung können die Richter bei der Urteilsfindung berücksichtigen (BGH BeckRS 2012, 04738 Rn. 5).

Feststellungen in strafgerichtlichen Urteilen – bedeutsam etwa in Verfahren betreffend § 7 **271** Nr. 5 – entfalten keine Bindungswirkung, weil § 118 allein für anwaltsgerichtliche Verfahren, nicht aber für verwaltungsrechtliche Anwaltssachen gilt. Deshalb greift hier der Untersuchungsgrundsatz ein, so dass der AGH hier ggf. selbst Feststellungen treffen muss (AGH NRW Urteil vom 23.4.2010 – 1 AGH 13/10). Allerdings kann von eigenen Ermittlungen abgesehen werden, wenn das Gericht im Einzelfall an der Richtigkeit der getroffenen Feststellungen keine Zweifel hat und auch nicht haben muss (Henssler/Prütting/*Deckenbrock* § 112c Rn. 79).

g) Schließung der mündlichen Verhandlung. Die Schließung der mündlichen Verhand- **272** lung nach § 104 Abs. 3 S. 1 VwGO hat zur Folge, dass neues Vorbringen nur berücksichtigt werden kann, wenn das Gericht die Wiedereröffnung nach S. 2 beschließt. Für die Gründe einer **Wiedereröffnung** gilt § 156 ZPO iVm § 173 S. 1 VwGO. Bei Vorliegen der Gründe des § 156 Abs. 2 hat eine Wiedereröffnung zu erfolgen; im Übrigen steht sie nach § 156 Abs. 1 ZPO im Ermessen des Gerichts. Wurde die mündliche Verhandlung ohne Verfahrensfehler geschlossen, also insbesondere der Partei ausreichend Gelegenheit gegeben, zur Sache Stellung zu nehmen und sich zu allen entscheidungserheblichen Gesichtspunkten zu äußern, besteht kein Grund für eine Wiedereröffnung (BGH BeckRS 2011, 08311 Rn. 23). Nach Schluss der mündlichen Verhandlung eingehende Schriftsätze sind stets dahin zu prüfen, ob sie Veranlassung zur Wiedereröffnung bieten (Gaier/Wolf/Göcken/*Schmidt-Räntsch* § 112c Rn. 258). Ist ein Urteil bereits verkündet, kann keine Wiedereröffnung erfolgen (AGH NRW BeckRS 2014, 23770).

VI. Entscheidung des AGH

1. Entscheidungsfindung. Nach § 108 Abs. 1 VwGO entscheidet das Gericht **nach seiner** **273** **freien, aus dem Gesamtergebnis des Verfahrens gewonnenen Überzeugung.** Dabei ist der gesamte Streitstoff bis zum Schluss der mündlichen Verhandlung zu verwerten (BGH NJW 2013, 2364 Rn. 12 = BRAK-Mitt. 2013, 181). Das Urteil kann nach § 112 VwGO nur von den Mitgliedern des Spruchkörpers gefällt werden, die an der dem Urteil zugrunde liegenden Verhandlung teilgenommen haben. Diese haben in der Beratung über das zu fällende Urteil zu befinden.

Nach § 194 Abs. 1 GVG **leitet der Vorsitzende die nicht öffentliche (§ 193 GVG)** **274** **Beratung** (zur Frage der Senatsberatung durch Telefonkonferenz vgl. BGH NJW-RR 2009, 286 und BGH NJW-RR 2014, 243), stellt die Fragen und sammelt die Stimmen. Es entspricht der Praxis, zunächst den Berichterstatter um sein Wort zu bitten (Gaier/Wolf/Göcken/*Schmidt-Räntsch* § 112c Rn. 102).

275 Mit der Aufhebung des Vierten Abschnitts des Zweiten Teils der BRAO ist die Sonderregelung des § 41 Abs. 1 S. 1 aF entfallen. Nach dieser Vorschrift konnte zum Nachteil der antragstellenden Partei im Gerichtsverfahren vor dem AGH nur mit einer Zweidrittelmehrheit der Richterstimmen entschieden werden. Nun ist § 196 GVG anzuwenden (§ 112c Abs. 1 S. 1 iVm § 173 VwGO), wonach mit absoluter Mehrheit die Entscheidung getroffen werden kann. Für eine für den Kläger negative Entscheidung sind beim AGH in Verwaltungssachen bei einer Besetzung mit drei Anwaltsrichtern und zwei Berufsrichtern nicht mehr vier Stimmen als erforderliche Mehrheit notwendig, sondern bereits **bei drei Stimmen die absolute Mehrheit** erreicht, mit der Folge, dass im Gegensatz zu § 41 Abs. 1 S. 1 aF beim AGH die Anwaltsrichter die beiden Berufsrichter überstimmen können (kritisch *Johnigk/Kirchberg* BRAK-Mitt. 2009, 214, 218). Bezüglich der Verfahrensvorschriften für den Anwaltssenat beim BGH (§ 42 aF) gab es keinen Verweis auf § 41 Abs. 1 S. 1 aF, weshalb dort bereits vor der BRAO-Novelle § 196 GVG anzuwenden war, womit die vier Berufsrichter die drei anwaltlichen Beisitzer überstimmen konnten und nunmehr auch die drei Berufsrichter die zwei anwaltlichen Beisitzer überstimmen können. Trotz der Änderung der Stimmgewichtung in verwaltungsrechtlichen Anwaltssachen vor dem AGH wurde die Gewichtung bei anwaltsgerichtlichen Disziplinarverfahren am AGH nicht geändert. Dort gilt § 116 iVm § 263 StPO (Zweidrittelmehrheit).

276 Aus § 197 Abs. 2 GVG ergibt sich die **Reihenfolge bei Abstimmungen** im Spruchkörper. Zuerst stimmen die anwaltlichen Mitglieder (das jüngere Mitglied vor dem älteren), sodann die Berufsrichter (der dienstjüngere vor dem älteren, bei gleichem Dienstalter nach dem Lebensalter) und schließlich der Vorsitzende ab. Ist ein Berichterstatter bestimmt, stimmt er zuerst. Jedes Mitglied des Spruchkörpers ist zur Mitwirkung bei der Abstimmung verpflichtet (§ 195 GVG).

277 Die anwaltlichen Mitglieder des AGH und des Anwaltssenats unterliegen ebenso wie die Berufsrichter dem **Beratungsgeheimnis** nach§ 43 DRiG (Henssler/Prütting/*Deckenbrock* § 112c Rn. 81; Gaier/Wolf/Göcken/*Schmidt-Räntsch* § 112c Rn. 101).

278 **2. Entscheidungsformen.** Nach § 107 VwGO entscheidet der **AGH –** wenn er von der Möglichkeit eines Gerichtsbescheids nach § 84 Abs. 1 VwGO keinen Gebrauch gemacht hat – in der Hauptsache durch **Urteil.** Über die Zulässigkeit der Klage kann durch **Zwischenurteil** vorab entschieden werden (§ 109 VwGO). Ebenso ist der Erlass eines **Teilurteils** (§ 110 VwGO) möglich, wenn der Rechtsstreit teilweise entscheidungsreif ist. Soweit bei einer Leistungsklage ein Anspruch im Hinblick auf den Grund und den Betrag streitig ist, kann durch ein Zwischenurteil über den Grund mit einem **Grundurteil** nach § 111 VwGO entschieden werden.

279 Über Anträge auf Wiederherstellung der aufschiebenden Wirkung von Widerspruch und Klage nach § 112c Abs. 1 BRAO iVm § 80 Abs. 5 VwGO entscheidet der AGH durch **Beschluss.** Entsprechendes gilt nach § 123 Abs. 4 VwGO für eine Entscheidung über eine einstweilige Anordnung.

280 Der **BGH,** der nach § 125 Abs. 1 S. 2 VwGO in Berufungsverfahren nicht durch Gerichtsbescheid entscheiden kann, entscheidet in der Hauptsache ebenfalls durch **Urteil.** Er kann über ein unzulässiges Rechtsmittel ohne mündliche Verhandlung durch **Beschluss** entscheiden (§ 125 Abs. 2 S. 2 VwGO). Gleiches gilt nach § 130a VwGO, wenn er ein Rechtsmittel einstimmig für begründet oder unbegründet und eine mündliche Verhandlung nicht für erforderlich erachtet. Im Berufungszulassungsverfahren entscheidet der BGH nach § 124a Abs. 5 S. 1 VwGO durch Beschluss.

281 **3. Spruchreife bei der Verpflichtungsklage.** Soweit die Ablehnung oder Unterlassung eines Verwaltungsakts rechtswidrig und der Kläger dadurch in seinen Rechten verletzt ist, spricht das Gericht die Verpflichtung der Verwaltungsbehörde aus, die beantragte Amtshandlung vorzunehmen (§ 113 Abs. 5 S. 1 VwGO). Ist die Sache nicht spruchreif, spricht das Gericht nach § 113 Abs. 5 S. 2 VwGO die Verpflichtung aus, den Kläger unter Beachtung der Rechtsauffassung des Gerichts zu bescheiden.

282 Letztere Situation ist etwa angenommen worden, wenn die RAK zu Unrecht die Zulassung aus den Gründen § 7 Nr. 5 verweigert hatte, die weiteren Zulassungsvoraussetzungen jedoch ungeprüft geblieben waren (BGH BeckRS 2010, 17001 Rn. 14; NdsAGH Urteil vom 9.12.2013 – AGH 19/13 Rn. 30). Ein Bescheidungsausspruch ist in Fachanwaltssachen erfolgt, in denen

bearbeitete Fälle eines Fachanwalts ebenfalls ungeprüft geblieben waren und ausreichende Feststellungen zu den Voraussetzungen nach den §§ 4–6 FAO dem angefochtenen Bescheid der RAK nicht zu entnehmen waren (BGH NJW 2001, 3130; BeckRS 2003, 01645). Ebenfalls eine Bescheidung wurde ausgesprochen, als eine Rechtsanwaltsgesellschaft auf Zulassung klagte, jedoch eine Handelsregistereintragung sowie eine Deckungszusage der Haftpflichtversicherung fehlten (AGH Bln BeckRS 2009, 28159).

Grundsätzlich ist das Gericht verpflichtet, **sämtliche Anspruchsvoraussetzungen rechtlich und tatsächlich in vollem Umfang zu klären** (BVerwGE 69, 198, 201 = NVwZ 1985, 35, 36; BVerwG NVwZ-RR 1993, 69, 70 f.). Daraus folgt die grundsätzliche Pflicht des Gerichts, **Spruchreife** herbeizuführen (Henssler/Prütting/*Deckenbrock* § 112c Rn. 84). Die Herbeiführung der Spruchreife steht nicht im Ermessen des Gerichts; Gründe der Prozessökonomie können hiervon nicht freistellen. 283

a) Spruchreife bei rechtlich gebundenen Verwaltungsakten. Handelt es sich um einen rechtlich gebundenen Verwaltungsakt ist es deshalb Sache des Gerichts, sämtliche Anspruchsvoraussetzungen in eigener Verantwortung zu prüfen. Dies gilt nicht nur bei einem Antrag auf Zulassung zur Rechtsanwaltschaft, sondern auch bei einem Antrag auf Gestattung des Führens einer Fachanwaltsbezeichnung. 284

Auch die Entscheidung über den **Antrag eines Fachanwaltsbewerbers** nach §§ 43c, 24 FAO ist eine gebundene Entscheidung, bei der die RAK, wenn die Voraussetzungen nach der FAO erfüllt sind, keinen Ermessens- oder Beurteilungsspielraum hat (BGHZ 197, 188 Rn. 40 = NJW 2013, 1599 = BRAK-Mitt. 2013, 135). Deshalb ist es etwa Sache des Gerichts festzustellen, ob ein vom Rechtsanwalt besuchter Fachanwaltslehrgang zum Erwerb und Nachweis der besonderen theoretischen Kenntnisse im Fachgebiet geeignet war und ob Vorprüfungsausschuss und Vorstand der RAK das Vorliegen der besonderen praktischen Erfahrungen vollständig und ordnungsgemäß geprüft haben (vgl. AGH NRW BRAK-Mitt. 2011, 204, 207 mit Anm. *Offermann-Burckart*). Auch die Gewichtung der Fälle nach § 5 Abs. 4 FAO unterliegt in rechtlicher und tatsächlicher Hinsicht grundsätzlich uneingeschränkt der richterlichen Nachprüfung (BGHZ 197, 188 Rn. 40 = NJW 2013, 1599). Das Gericht hat dazu auch eigene Sachverhaltsfeststellungen zu treffen, auch wenn sich die RAK mit den in Rede stehenden Gesichtspukten noch nicht befasst hat. Die Pflicht des Gerichts zum Spruchreifmachen ist in Fachanwaltssachen auch nicht deshalb eingeschränkt, weil die Entscheidung über den Antrag des Fachanwaltsbewerbers durch Gesetz oder Verordnung einem besonders qualifizierten Fachgremium oder mit besonderen Spezialkenntnissen ausgestatteten Behörden oder Ausschüssen übertragen worden wäre. Dies anzunehmen scheidet hier schon deshalb aus, weil die Entscheidung in vollem Umfang der gerichtlichen Überprüfung unterliegt. Ohnehin ist die RAK aufgrund ihrer Förderungs- und Mitwirkungspflicht im gerichtlichen Verfahren (BVerwGE 69, 198, 201 = NVwZ 1985, 35, 36) gehalten, ihre Sachkompetenz in das gerichtliche Verfahren einzubringen; dafür ist durch eine entsprechende Verfahrensgestaltung Gelegenheit zu bieten. Der Umstand, dass Vorprüfungsausschüsse nach § 19 Abs. 2 FAO in der Regel nur mit Fachanwälten aus dem jeweiligen Fachgebiet besetzt sind, hindert nicht die uneingeschränkte richterliche Kontrolle. Auch soweit die Prüfung der Anspruchsvoraussetzungen ergibt, dass ausnahmsweise die Voraussetzungen für die Durchführung eines Fachgesprächs nach § 7 FAO vorliegen, kommt ein bloßes Bescheidungsurteil nach § 113 Abs. 5 S. 2 VwGO nicht in Betracht (offengelassen von AGH NRW BRAK-Mitt. 2011, 204, 207). Da weder eine Aussetzung nach § 94 VwGO in Betracht kommt noch die Durchführung eines solchen Fachgesprächs in der Zuständigkeit des Gerichts steht, ist auch hier durch eine entsprechende Verfahrensgestaltung Gelegenheit zur Durchführung des Fachgesprächs zu geben. Die damit verbundene Verzögerung (vgl. § 24 Abs. 5 FAO) ist hinzunehmen. Die Frage, ob und ggf. in welchem Umfang der RAK bezogen auf das Fachgespräch ein Beurteilungsspielraum zusteht, ist in diesem Zusammenhang ohne Bedeutung, weil allein der Verpflichtungsantrag des Fachanwaltsbewerbers zur gerichtlichen Entscheidung steht, hinsichtlich dessen keinesfalls ein behördlicher Ermessens- oder Beurteilungsspielraum besteht. 285

b) Spruchreife bei Ermessensentscheidungen. Ist die Verwaltungsbehörde ermächtigt, nach ihrem Ermessen zu handeln, prüft das Gericht nach § 114 S. 1 VwGO allein, ob der Verwaltungsakt bzw. seine Ablehnung oder Unterlassung deshalb rechtswidrig ist, weil die rechtlichen Grenzen des Ermessens überschritten sind oder von dem Ermessen in einer dem Zweck der Ermächtigung nicht entsprechenden Weise Gebrauch gemacht worden ist. Das Gericht kann 286 somit kein eigenes Ermessen ausüben oder sein Ermessen an die Stelle des Ermessens der Behörde setzen. Nach § 114 S. 2 VwGO kann die Behörde ihre Ermessenserwägung auch noch im gerichtlichen Verfahren ergänzen. Ein Anwendungsfall ist etwa die Befreiung von der Kanzleipflicht nach § 29.

287 Bei Entscheidungen, die in das Ermessen der Behörde gestellt sind, fehlt es regelmäßig an einer Spruchreife. Anders ist dies nur, wenn eine Ermessensreduzierung auf Null gegeben ist (Henssler/Prütting/*Deckenbrock* § 112c Rn. 85; Gaier/Wolf/Göcken/*Schmidt-Räntsch* § 112c Rn. 269).

288 **4. Kosten. a) Grundsatz.** Jede verfahrensbeendende gerichtliche Entscheidung hat **von Amts wegen** eine Kostenentscheidung über die gesamten Kosten zu enthalten (§ 161 VwGO), einschließlich einer Entscheidung darüber, nach welchen Grundsätzen die Kosten zu tragen sind (§§ 154 ff. VwGO). Die Kosten eines Prozessbevollmächtigten sind nunmehr stets erstattungsfähig (§ 162 Abs. S. 1 VwGO). Auch ist über die Verweisung in § 173 VwGO die Anwendbarkeit von § 91 Abs. 2 S. 3 ZPO gegeben, so dass Anwälte, die sich selbst vertreten, ebenfalls einen **Erstattungsanspruch** haben (zum alten Recht vgl. 7. Aufl. § 40 Rn. 34).

289 **b) Kostengrundentscheidung.** Die Kostengrundentscheidung richtet sich nach den §§ 154 ff. VwGO. Nach § 154 Abs. 1 VwGO trägt **der unterliegende Teil** die Kosten des Verfahrens. Wenn ein Beteiligter teils obsiegt, teils unterliegt sind die Kosten nach § 155 Abs. 1 S. 1 VwGO gegeneinander aufzuheben (dann fallen die Gerichtskosten jedem Teil zur Hälfte zur Last) oder verhältnismäßig zu teilen. Wenn ein Beteiligter nur zu einem geringen Teil unterlegen ist, können dem anderen Beteiligten die Kosten nach § 155 Abs. 1 S. 3 VwGO ganz auferlegt werden. Die Rücknahme eines Antrags oder einer Klage führt nach § 155 Abs. 2 VwGO zur Kostentragungspflicht.

290 Nach § 155 Abs. 4 VwGO können Kosten, die durch ein **Verschulden** einer Partei entstanden sind, dieser auferlegt werden. Dies ist etwa dann zu bejahen, wenn es allein dem Kläger anzulasten ist, dass es überhaupt zu einem Widerrufsbescheid, zum Verfahren vor dem AGH und zu einem klageabweisenden Urteil erster Instanz gekommen ist, weil er nicht seinen Mitwirkungspflichten nachgekommen ist (BGH BeckRS 2012, 09959 Rn. 3). Dies ist etwa anzunehmen, wenn der Kläger im Verwaltungsverfahren vor der Kammer den Nachweis einer Zahlung nicht geführt hat, obwohl ihm dies möglich gewesen wäre (AGH NRW Beschluss vom 18.3.2011 – 1 AGH 79/10) oder wenn er den Bestand eines Berufshaftpflichtversicherungsvertrags vorgerichtlich nur behauptet, aber nicht nachweist (ThürAGH BeckRS 2013, 18375).

291 Einem **Beigeladenen** können Kosten nach § 154 Abs. 3 VwGO nur dann auferlegt werden, wenn er Anträge gestellt oder ein Rechtsmittel eingelegt hat, es sei denn, Kosten sind durch sein Verschulden entstanden (§ 155 Abs. 4 VwGO). Seine außergerichtlichen Kosten sind nach § 162 Abs. 3 VwGO nur dann erstattungsfähig, wenn sie das Gericht aus Billigkeit der unterlegenen Partei oder der Staatskasse auferlegt hat. Handelt es sich um den Fall einer notwendigen Beiladung kann das Gericht die Kosten der Beigeladenen auch dann der unterlegenen Partei auferlegen, wenn die Beigeladenen keinen eigenen Antrag gestellt und damit kein Kostenrisiko übernommen hatten (vgl. zu diesem Gesichtspunkt Henssler/Prütting/*Deckenbrock* § 112c Rn. 92 am Ende).

292 Bei einer Erledigung der Hauptsache hat das Gericht nach § 161 Abs. 2 S. 1 VwGO allein über die **Kosten nach billigem Ermessen** zu entscheiden; hierbei ist der bisherige Sach- und Streitstand zu berücksichtigen. Hierbei kann auch berücksichtigt werden, dass Kosten, die durch Verschulden eines Beteiligten entstanden sind, diesem auferlegt werden können (BGH BeckRS 2012, 09959 Rn. 3). Die Kosten sind gegeneinander aufzuheben, wenn auf der Grundlage des bisher erreichten Sach- und Streitstands nicht mit hinreichender Sicherheit der voraussichtliche Verfahrensausgang festgestellt werden kann. Das Gericht hat sich auf eine summarische Prüfung der Erfolgsaussichten zu beschränken; es ist nicht Zweck einer Kostenentscheidung nach Erledigung der Hauptsache, Rechtsfragen von grundsätzlicher Bedeutung zu klären oder das Recht fortzubilden, soweit es um Fragen des materiellen Rechts geht (BGH BeckRS 2009, 23002 Rn. 4). Weist etwa der Rechtsanwalt die Erfüllung der Fortbildungspflicht erst im Klageverfahren nach, hat die RAK zwar den Widerrufsbescheid zurückzunehmen; die Kosten des in der Hauptsache erledigten Rechtsstreits hat jedoch der Rechtsanwalt zu tragen (BGH NJW 2013, 2364 Rn. 16 = BRAK-Mitt. 2013, 181). Wenn die Parteien vergleichsweise auf Kostenfestsetzung und -erstattung verzichten, ist allein über die Gerichtskosten zu entscheiden (BGH

BeckRS 2013, 05336 Rn. 4). Im Falle der Fortsetzungsfeststellungsklage nach § 113 Abs. 1 S. 4 VwGO ergeht die Kostenentscheidung nach den §§ 154ff. VwGO und nicht nach § 161 Abs. 2 VwGO. Für die Untätigkeitsklage nach § 75 VwGO enthält § 161 Abs. 3 VwGO eine Sonderregelung; auf die Erfolgsaussichten der Klage kommt es dann nicht an (AGH Bln AnwBl. 2012, 280, nur Ls.).

Im Fall einer **Verweisung** sind dem Kläger die entstandenen Mehrkosten nach § 17b Abs. 2 S. 2 GVG auch dann aufzuerlegen, wenn er in der Hauptsache obsiegt (AGH NRW Urteil vom 2.11.2012 – 2 AGH 10/12 Rn. 49). 293

Nach § 21 Abs. 1 GKG kann von der Erhebung der **Gerichtskosten** abgesehen werden, wenn diese bei richtiger Behandlung der Sache nicht entstanden wären. So ist es etwa, wenn eine fehlerhafte Rechtsmittelbelehrung des AGH zur Einlegung einer unzulässigen Beschwerde geführt hat. In einem solchen Fall sind die den Beteiligten entstandenen Kosten analog § 21 GKG, § 155 Abs. 4 VwGO der Staatskasse aufzuerlegen (BGH BeckRS 2012, 17381 Rn. 2). 294

Eine **isolierte Anfechtung** einer durch den AGH ausgesprochenen Kostenentscheidung ist nach § 158 Abs. 1 VwGO unzulässig (BGH BeckRS 2013, 03972 Rn. 9). 295

c) Kostenfestsetzung. Die Festsetzung der erstattungsfähigen Kosten erfolgt nach § 164 VwGO durch den Urkundsbeamten des AGH; gegen seine Entscheidung kann der AGH angerufen werden (§ 165 VwGO iVm § 151 VwGO). Nach § 162 Abs. 1 VwGO gehören zu den Kosten zum einen die Gerichtskosten (Gebühren und Auslagen) und zum anderen die zur Rechtsverfolgung oder –verteidigung notwendigen Aufwendungen der Beteiligten. Die Kosten eines Prozessbevollmächtigten sind deshalb nunmehr stets erstattungsfähig (§ 162 Abs. S. 1 VwGO). Auch ist über die Verweisung in § 173 VwGO die Anwendbarkeit von § 91 Abs. 2 S. 3 ZPO gegeben, so dass Anwälte, die sich selbst vertreten, ebenfalls einen Erstattungsanspruch haben. 296

Das **Gebührenverzeichnis,** welches bisher nur für anwaltsgerichtliche Disziplinarverfahren galt, ist um einen **Teil 2** erweitert worden, der die Gebühren in **verwaltungsrechtlichen Anwaltssachen** regelt (§ 193 S. 1). Das **Verfahren im Allgemeinen vor dem AGH** kostet nach GV 2110 die vierfache Gebühr nach § 34 GKG. In Zulassungs- und Widerrufsverfahren mit einem Regelstreitwert von 50.000 Euro beträgt die Gerichtsgebühr somit 2.184 Euro (vier Mal 546 Euro, seit dem 1.8.2013). Die Umstellung der Gebührenstruktur auf die Gebühren des GKG hat demgemäß zu einer deutlichen Erhöhung des Gebührenniveaus gegenüber dem fürheren Recht geführt (132 Euro bei einem Geschäftswert von 50.000 Euro). Das Verfahren vor dem AGH wird demnach auch gebührenmäßig wie in Verfahren vor dem OVG behandelt. 297

Für das **Berufungsverfahren vor dem Anwaltssenat des BGH** wird nach GV 2202 die fünffache Gebühr erhoben, so dass in Zulassungs- und Widerrufsverfahren die Gebühren beim Anwaltssenat 2.730 Euro (bei einem Streitwert von 50.000 Euro) betragen. 298

Bei einer **Zurücknahme der Klage, bei Anerkenntnis- oder Verzichtsurteil, bei gerichtlichem Vergleich oder einer Erledigungserklärung,** wenn keine Entscheidung über die Kosten ergeht oder die Entscheidung einer zuvor mitgeteilten Einigung der Beteiligten über die Kostentragung folgt, verringert sich die Verfahrensgebühr. Die Gebühr nach GV 2110 beim AGH ermäßigt sich dann auf die zweifache Wertgebühr, aber nur, wenn den Ermäßigungstatbeständen keine weitere gerichtliche Entscheidung in der Hauptsache vorausgegangen ist. Beim Anwaltssenat des BGH ermäßigt sich die Gebühr nach GV 2204 auf das Dreifache der Wertgebühr. 299

Nur beim **vorläufigen Rechtsschutz** beträgt die Verfahrensgebühr beim AGH nach GV 2310 das Zweifache der Wertgebühr, also 1.092 Euro bei einem Streitwert von 50.000 Euro. 300

d) Vorauszahlungspflicht. Wie im bisherigen Verwaltungsprozess gibt es **keine Vorauszahlungspflicht** wie etwa in einem Zivilprozess nach § 10 GKG. Das jeweilige Anwaltsgericht und auch der BGH als Rechtsmittelgericht müssen dementsprechend tätig werden, auch wenn die Verfahrensgebühr nicht vorab eingezahlt wird. Allerdings wird die Verfahrensgebühr nunmehr nach § 6 Abs. 1 Nr. 4 GKG bereits mit der Einreichung der Klage bzw. der Rechtsmittelschrift auf Grundlage einer vorläufigen Streitwertfestsetzung nach § 63 Abs. 1 S. 1 GKG fällig. 301

5. Vollstreckbarkeit. Von Amts wegen ist bei Endurteilen die vorläufige Vollstreckbarkeit nach den § 167 Abs. 1 VwGO, §§ 708ff. ZPO auszusprechen. Nach § 167 Abs. 2 VwGO 302 können Urteile auf Anfechtungs- und Verpflichtungsklagen nur wegen der Kosten für vorläufig vollstreckbar erklärt werden.

303 Für die vorläufige Vollstreckbarkeit hinsichtlich der Kosten kommt es für die Frage, ob sie nur gegen Sicherheitsleistung angeordnet werden kann, allein auf die Kosten an, die voraussichtlich für die Erstattung in Betracht kommen. Lautet das Urteil auf Klageabweisung, zählen hierzu nicht die Gerichtskosten (zu den Einzelheiten vgl. *Dölling* NJW 2014, 2468).

304 Übersteigt der Wert der Vollstreckung wegen der Kosten nicht 1.500 Euro, ist das Urteil nach § 708 Nr. 11 ZPO ohne Sicherheitsleistung für vorläufig vollstreckbar zu erklären. Allerdings ist nach § 711 ZPO auszusprechen, dass der Schuldner die Vollstreckung des Gläubigers abwenden kann, indem er vor der Vollstreckung Sicherheit leistet. Dem Gläubiger steht es frei, vor der Vollstreckung seinerseits Sicherheit zu leisten. Dann kann der Schuldner die Vollstreckung nicht mehr abwenden. Zwar findet § 711 ZPO nach § 713 ZPO ausnahmsweise keine Anwendung, wenn die Voraussetzungen, unter denen ein Rechtsmittel stattfindet, unzweifelhaft nicht vorliegen. Da in verwaltungsrechtlichen Anwaltssachen gegen Urteile des AGH das Rechtsmittel der Berufung bzw. des Antrags auf Berufungszulassung gegeben ist, kommt § 713 ZPO hier nicht zur Anwendung. Da der aus einer unberechtigten Vollstreckung resultierende Schaden höher als der Vollstreckungsbetrag liegen kann, ist ein Zuschlag bei der Höhe der Sicherheit vorzunehmen, der in der Gerichtspraxis 10–20 % beträgt.

305 Kommt wegen der Kosten eine Vollstreckung im Wert von mehr als 1.500 Euro in Betracht, ist das Urteil gegen Sicherheitsleistung nach § 709 ZPO für vorläufig vollstreckbar zu erklären.

306 **6. Streitwert.** Der **Streitwert** ist nach § 194 Abs. 1 S. 2 von Amts wegen festzusetzen und bestimmt sich nach § 52 GKG. In Verfahren auf Zulassung oder Widerruf ist nach § 194 Abs. 2 S. 1 grundsätzlich ein Streitwert von 50.000 Euro anzunehmen. Damit wird der Regelstreitwert in Zulassungs- und Widerrufssachen, den der BGH schon bisher verwendet hat, gesetzlich festgeschrieben. Unter Berücksichtigung der Umstände des Einzelfalls, insbesondere des Umfangs und der Bedeutung der Sache sowie der Vermögens- und Einkommensverhältnisse des Klägers, kann das Gericht aber einen höheren oder einen niedrigeren Wert festsetzen (§ 194 Abs. 2 S. 2). Die Streitwertfestsetzung ist nicht selbständig anfechtbar und kann nur zusammen mit einer zulässigen Berufung oder von Amts wegen geändert werden (§ 194 Abs. 3).

307 Wegen der weiteren **Einzelheiten der Streitwertbestimmung** sowie zum **Streitwert-ABC** → § 194 Rn. 1 ff.

308 **7. Urteilsform.** Nach § 117 Abs. 1 S. 1 VwGO ergeht das Urteil **„Im Namen des Volkes"** und enthält die in § 117 Abs. 2 VwGO aufgezählten Bestandteile. Es ist nach § 117 Abs. 1 S. 2 VwGO schriftlich abzufassen und von den bei der Entscheidung mitwirkenden Richtern zu unterzeichnen. Dabei gilt § 117 Abs. 1 S. 4 VwGO für das verwaltungsrechtliche Anwaltsverfahren nicht; das Urteil ist auch von den anwaltlichen Mitgliedern zu unterzeichnen.

309 Für den **Tatbestand** genügt nach § 117 Abs. 3 VwGO eine gedrängte Darstellung des Sach- und Streitstands. Nach Maßgabe des § 117 Abs. 5 VwGO kann das Gericht von einer weiteren Darstellung der **Entscheidungsgründe** absehen.

310 **8. Urteilsverkündung.** Nach § 116 Abs. 1 VwGO wird das Urteil, wenn eine mündliche Verhandlung stattgefunden hat, in der Regel in dem Termin, in dem die mündliche Verhandlung geschlossen wird, verkündet, in besonderen Fällen in einem sofort anzuberaumenden Termin, der nicht über zwei Wochen hinaus angesetzt werden soll. Nach § 311 Abs. 2 ZPO iVm § 173 S. 1 VwGO erfolgt die Verkündung (nach § 136 Abs. 4 ZPO durch den Vorsitzenden und nach § 173 GVG stets öffentlich) durch Verlesung der Urteilsformel, die durch eine Bezugnahme auf die Urteilsformel ersetzt werden kann, wenn niemand erschienen ist. Die Urteilsverkündung kann nur durch ein Verkündungsprotokoll nachgewiesen werden (BGH BeckRS 2014, 04617 Rn. 5; 2015, 03999 Rn. 6). Aus § 117 Abs. 4 VwGO folgt, dass das Urteil abweichend von § 310 Abs. 2 ZPO auch bei einer Verkündung im Verkündungstermin nicht vollständig abgefasst sein muss.

311 Ist ein Urteil bei der Verkündung noch nicht vollständig abgefasst, ist es nach § 117 Abs. 4 S. 1 VwGO binnen einer Fünfwochenfrist (Verlängerung der Zweiwochenfrist des § 117 Abs. 4 VwGO wegen der Besonderheiten der Besetzung des Spruchkörpers beim AGH durch § 112c Abs. 2 S. 2) vollständig abgefasst der Geschäftsstelle zu übermitteln. Kann dies ausnahmsweise nicht geschehen, so ist innerhalb dieser Fünfwochenfrist nach § 117 Abs. 4 S. 2 VwGO das von

den Richtern unterschriebene Urteil (Rubrum und Urteilsformel) ohne Tatbestand, Entscheidungsgründe und Rechtsmittelbelehrung der Geschäftsstelle zu übermitteln. Die fehlenden Urteilsteile sind nach § 117 Abs. 4 S. 3 VwGO alsbald nachträglich niederzulegen, zu unterschreiben und der Geschäftsstelle zu übermitteln.

Auch wenn das Gericht aufgrund mündlicher Verhandlung entscheidet, kann das Urteil nach **312** § 116 Abs. 2 VwGO statt durch Verkündung durch Zustellung erlassen werden. In einem solchen Fall ist das Urteil binnen fünf Wochen (Verlängerung der Zweiwochenfrist des § 116 Abs. 2 VwGO wegen der Besonderheiten der Besetzung des Spruchkörpers beim AGH durch § 112c Abs. 2 S. 2) nach der mündlichen Verhandlung der Geschäftsstelle zu übermitteln.

Entscheidet das Gericht ohne mündliche Verhandlung, so tritt nach § 116 Abs. 3 VwGO an **313** die Stelle der Verkündung stets die Zustellung an die Beteiligten.

Die Verkündung des Urteils führt nach § 318 ZPO iVm § 173 S. 1 VwGO zu einer **314** Bindungswirkung, so dass das Urteil in der Instanz nicht mehr geändert werden kann. Der Fristlauf für die Einlegung der Berufung oder der Stellung des Zulassungsantrags wird nicht durch die Verkündung, sondern erst durch die Zustellung ausgelöst.

9. Zustellung. a) Allgemeines. Die Zustellung des Urteils des AGH erfolgt nach § 56 **315** VwGO von Amts wegen nach den **Vorschriften der ZPO** (§§ 166 ff. ZPO).

Eine erteilte Vollmacht ist nach § 87 Abs. 1 ZPO iVm § 173 S. 1 VwGO bis zur Anzeige der **316** Bestellung eines anderen Bevollmächtigten maßgeblich (BGH BeckRS 2013, 08226 Rn. 4).

Die Zustellung an einen Beteiligten persönlich ist ohne Bedeutung, wenn für ein gerichtliches **317** Verfahren ein Prozessbevollmächtigter bestellt ist, weil Zustellungen nach §§ 56 Abs. 2, 67 Abs. 6 S. 5 VwGO an diesen zu erfolgen haben (BGH BeckRS 2012, 03784 Rn. 3; 2013, 07090 Rn. 3). Dies gilt auch dann, wenn die Partei selbst postulationsfähig ist (Henssler/Prütting/*Deckenbrock* § 112c Rn. 98).

Eine wirksame Zustellung ist nur gegeben, wenn eine Wohnung oder ein Geschäftsraum des **318** Adressaten an dem Ort, an dem zugestellt werden soll, tatsächlich vom Adressaten genutzt wird. Fehlt es daran, kommt keine Ersatzzustellung in Betracht (BGH NJW 2013, 175 Rn. 5 = BRAK-Mitt. 2013, 46). Der bloße dem Empfänger zurechenbare Rechtsschein, dieser unterhalte unter der Anschrift eine Wohnung oder Geschäftsräume, genügt für eine ordnungsgemäße Zustellung nicht (BGH NJW 2013, 175 Rn. 5), es sei denn, der Rechtsanwalt hat den Zustellungsmangel gezielt herbeigeführt (BGH NJW 2013, 175 Rn. 5 f.).

Ist der **Sofortvollzug eines Zulassungswiderrufs** angeordnet, verliert eine Kanzlei ihre **319** Eigenschaft als Geschäftsraum (BGH NJW-RR 2011, 561 Rn. 3 = BRAK-Mitt. 2011, 80; ThürAGH BeckRS 2013, 18375).

Der Umstand, dass eine Zustellung an einem Samstag erfolgt, ist für eine Fristberechnung ohne **320** Belang. Anders als für das Fristende gilt für den Fristbeginn die Regelung des § 187 BGB, sodass auch eine an einem Samstag bewirkte Zustellung den Fristbeginn auslöst (BGH BeckRS 2011, 07706; 2012, 00753 Rn. 2).

b) Öffentliche Zustellung. Auch in anwaltsgerichtlichen Verwaltungssachen kommt eine **321** öffentliche Zustellung nach § 185 ZPO in Betracht.

Die Anordnung der öffentlichen Zustellung erfolgt nach § 186 ZPO durch das Prozessgericht, **322** also durch den AGH, soweit es um eine von ihm getroffene Entscheidung geht, ansonsten durch den BGH.

Allerdings löst eine unter Verstoß gegen § 185 ZPO angeordnete öffentliche Zustellung die **323** Zustellungsfiktion des § 188 ZPO jedenfalls dann nicht aus und setzt dementsprechend keine Frist in Lauf, wenn die Fehlerhaftigkeit für das Gericht erkennbar war; in einem solchen Fall kommt das Verfahren nicht zum Abschluss und ist bei Entdeckung des Fehlers fortzusetzen, ohne dass es einer Wiedereinsetzung bedarf (BGH NJW-RR 2014, 377 Rn. 5). Wegen der einschneidenden Wirkung des Widerrufs einer Rechtsanwaltszulassung sind an die Feststellung unbekannten Aufenthalts des Zustellungsadressaten hohe Anforderungen zu stellen (BGH NJW-RR 2014, 377 Rn. 3).

Der Aufenthalt eines Beteiligten ist dann nicht unbekannt, wenn zwar eine Zustellung an eine **324** inländische Adresse der seit Jahren im außereuropäischen Ausland lebenden Partei persönlich fehlgeschlagen und auch ein im Rechtshilfeweg mit Hilfe des Generalkonsulats der Bundesrepublik Deutschland im Land des Aufenthalts unternommener Zustellversuch erfolglos geblieben ist, jedoch eine Zustellung an einen benannten Zustellungsbevollmächtigten erfolgen kann.

Auch muss zunächst versucht werden, mit der Partei über eine im Briefkopf angegebene E-Mail-Adresse in Kontakt zu treten (vgl. BGH NJW-RR 2014, 377 Rn. 4).

325 **c) Heilung.** Fehlt – etwa mangels Zurücksendung des Empfangsbekenntnisses – ein Nachweis über die Zustellung an den Prozessbevollmächtigten, kommt eine **Heilung durch tatsächlichen Zugang** nach § 52 Abs. 2 VwGO, § 189 ZPO in Betracht, wenn der Beteiligte selbst die Entscheidung an seinen Bevollmächtigten ausgehändigt hat (BGH BeckRS 2012, 03784 Rn. 3).

326 Eine Heilung kann auch dadurch eintreten, dass der selbst vertretungsberechtigte Rechtsanwalt durch den von ihm selbst gestellten Antrag auf Zulassung der Berufung zu erkennen gegeben hat, dass er im weiteren Verfahren nicht mehr durch seine frühere Prozessbevollmächtigte vertreten sein will, ihre Prozessvollmacht mithin stillschweigend widerrufen hat, so dass die an den Rechtsanwalt selbst erfolgte Zustellung des Urteils deshalb zu diesem Zeitpunkt als bewirkt anzusehen ist (BGH BeckRS 2013, 07090 Rn. 3).

327 **10. Berichtigung und Ergänzung. a) Berichtigung offenbarer Schreibfehler (§ 118 VwGO).** Urteile können ebenso wie Beschlüsse (§ 122 VwGO) nach § 118 VwGO bei offenbaren Unrichtigkeiten (etwa Schreib- und Rechenfehlern) auf nicht fristgebundenen Antrag eines Beteiligten oder von Amts wegen berichtigt werden. Erfasst wird auch das Fehlen einer Rechtsmittelbelehrung (BGH BeckRS 2012, 10715). Einer mündlichen Verhandlung bedarf es nicht (§ 101 Abs. 3 VwGO). An der Berichtigung wirken nicht nur jene Richter mit, die an der Ausgangsentscheidung mitgewirkt haben.

328 **b) Berichtigung des Tatbestands (§ 119 VwGO).** Auf binnen zwei Wochen nach Zustellung zu stellenden Antrag können andere Unrichtigkeiten in den tatsächlichen Feststellungen– also nicht von § 118 VwGO erfasste – nach § 119 VwGO berichtigt werden. Nicht erfasst sind Tatsachenwertungen, Beweiswürdigungen und rechtliche Erwägungen. Eine mündliche Verhandlung ist freigestellt (§ 101 Abs. 3 VwGO). An der Beschlussfassung wirken nur diejenigen Richter mit, die an der Ausgangsentscheidung mitgewirkt haben.

329 Mit einem Tatbestandsberichtigungsantrag kann nicht erreicht werden, dass der schriftliche und mündliche Vortrag eines Beteiligten ungekürzt in den Entscheidungstext übernommen wird (BGH BeckRS 2011, 16286 Rn. 6). Denn nach § 117 Abs. 3 S. 1 VwGO ist im Tatbestand der Sach- und Streitstand lediglich seinem wesentlichen Inhalt nach in gedrängter Form darzustellen. Es besteht kein Anspruch auf Berichtigungen von für die Entscheidung unerheblichen Feststellungen sowie von nebensächlichen Punkten (Henssler/Prütting/*Deckenbrock* § 112c Rn. 100).

330 In verwaltungsrechtlichen Anwaltssachen kommt einer Tatbestandsberichtigung weniger praktische Bedeutung zu, weil der BGH in der Berufungsinstanz nach § 128 VwGO den Streitfall im gleichen Umfang wie der AGH prüft und auch neue Tatsachen und Beweismittel berücksichtigt (Henssler/Prütting/*Deckenbrock* § 112c Rn. 100).

331 **c) Ergänzung des Urteils (§ 120 VwGO).** Ist ein von einem Beteiligten gestellter Antrag oder die Kostenfolge bei der Entscheidung ganz oder teilweise übergangen worden, ist auf binnen zwei Wochen nach Zustellung zu stellenden Antrag das Urteil nach § 120 VwGO durch nachträgliche Entscheidung zu ergänzen. Bei dieser Ergänzungsentscheidung handelt es sich wiederum um ein Urteil, das auf Grund mündlicher Verhandlung zu ergehen hat. Das Gericht entscheidet nicht notwendig in derselben Besetzung wie bei der Ausgangsentscheidung.

332 Eine Anreicherung der Begründung kann nicht Gegenstand einer Ergänzung sein und ist auch sonst im Verfahrensrecht nicht vorgesehen (BGH BeckRS 2011, 14040 Rn. 2).

333 Trifft ein Urteil keine Aussage zur Zulassung der Berufung, kann eine hierauf bezogene Ergänzung auch nicht nach § 120 VwGO erfolgen. Denn in einem solchen Fall ist das Urteil nicht etwa lückenhaft; vielmehr ist eine Zulassung nicht erfolgt. Eine gleichwohl vorgenommene diesbezügliche Ergänzung bleibt wirkungslos (BGH BeckRS 2013, 07388 Rn. 4; → § 112e Rn. 84). Anderes kommt nur dann in Betracht, wenn der AGH nach einer Anhörungsrüge (§ 152a VwGO) das Verfahren aufgreift und sodann die Zulassung ausspricht (Gaier/Wolf/Göcken/*Schmidt-Räntsch* § 112c Rn. 283) oder wenn eine Berichtigung nach § 118 VwGO in Betracht kommt. In diesem Fall muss das bloß versehentliche Unterbleiben der Berufungszulassung nach außen hervortreten und selbst für Dritte ohne weiteres deutlich sein (Henssler/Prütting/*Deckenbrock* § 112c Rn. 101; Gaier/Wolf/Göcken/*Schmidt-Räntsch* § 112c Rn. 283).

11. Anhörungsrüge. Gegen Urteile des AGH kann die Anhörungsrüge nach § 152a VwGO nicht erhoben werden, weil gegen diese Urteile das Rechtsmittel der Berufung eröffnet ist (Gaier/Wolf/Göcken/*Schmidt-Räntsch* § 112c Rn. 294). Die Entscheidung BVerfG BRAK-Mitt. 2011, 141 = AnwBl. 2011, 863 betrifft das frühere Verfahrensrecht unter der Geltung von § 40 Abs. 4 aF, § 29a aF FGG (zur Anhörungsrüge gegen Entscheidungen des BGH → § 112e Rn. 151 ff.). 334

12. Gegenvorstellung. Inhalt, Wesen und Anwendungsbereich einer Gegenvorstellung im System der Rechtsbehelfe ist umstritten und weitgehend ungeklärt. Wegen der Einzelheiten ist auf die Kommentierungen von VwGO und ZPO zu verweisen. 335

Nach der Rechtsprechung des Anwaltssenats sind Sachentscheidungen außerhalb des Verfahrens der Anhörungsrüge unabänderlich (BGH BeckRS 2011, 08175 Rn. 2). Nach rechtskräftigem Verfahrensabschluss ist deshalb eine Gegenvorstellung unzulässig (BGH BeckRS 2014, 08447 Rn. 1; 2012, 03730; NJW 2007, 3786). 336

VII. Berufungs- und Beschwerdeverfahren

Der Rechtsweg in verwaltungsrechtlichen Anwaltssachen ist **zweistufig** ausgestaltet und beginnt nicht in der **ersten Instanz** beim Anwaltsgericht, sondern (rangmäßig in der zweiten Instanz) beim **AGH.** Dies hat im Wesentlichen historische Gründe (s. hierzu Gaier/Wolf/Göcken/*Schmidt-Räntsch* § 112c Rn. 26). Der Gesetzgeber hat dies mit der Bestimmung des § 112a nicht geändert. 337

Wie bisher entscheidet der **BGH** nicht als Revisions- sondern als **Berufungsgericht** und ist damit auch weiterhin zweite **Tatsacheninstanz.** Zuständig ist der BGH nur für die Berufung gegen Urteile des AGH und die Beschwerde gegen Rechtswegsentscheidungen des AGH nach § 17a Abs. 4 GVG. Die **Berufung** ist das **Rechtsmittel** gegen End-, Teil-, Grund- und Zwischenurteile und sie bedarf der Zulassung durch den AGH oder den BGH **(§ 112e).** 338

Generell bedeutet das neue Rechtsmittelsystem in Zulassungssachen, bei welchen bisher die Beschwerde in allen Fällen zulässig war (§ 42 aF), eher eine Verkürzung des Rechtsschutzes, weil regelmäßig (falls die Berufung nicht durch den AGH zugelassen wird) erst die Hürde der Berufungszulassung genommen werden muss, ehe es zu einer umfassenden Überprüfung der Entscheidung des AGH durch den BGH kommt. Bei den übrigen verwaltungsrechtlichen Anwaltssachen, insbesondere etwa bei Auseinandersetzungen über die Verleihung von Fachanwaltsbezeichnungen, eröffnet der Berufungszulassungsantrag den Beteiligten nach reformiertem Recht die Möglichkeit einer zweiten Instanz, während dies bisher von der Zulassung der Beschwerde zum BGH durch den AGH abhängig war (§ 223 Abs. 3 aF). 339

Gegen **Beschlüsse** des **AGH** ist ein Rechtsmittel nicht gegeben. Dieser ist zwar Eingangsinstanz, steht aber nach § 112c Abs. 1 S. 2 Hs. 1 einem OVG gleich. Eine Ausnahme gilt nach § 112a Abs. 2 Nr. 2 nur für Rechtswegentscheidungen nach § 17a Abs. 4 S. 4 GVG (näher → § 112a Rn. 35 ff.; → § 112e Rn. 9 ff.). 340

Zur Ausgestaltung des Berufungszulassungs- und des Berufungsverfahrens im Übrigen → § 112e Rn. 1 ff. 341

VIII. Aufschiebende Wirkung von Rechtsbehelfen und einstweiliger Rechtsschutz

1. Bisherige Rechtslage. Nur partiell geregelt war bisher die Problematik der **aufschiebenden Wirkung** von Rechtsbehelfen und der einstweilige Rechtsschutz. In § 16 Abs. 6 S. 1 aF war geregelt, dass bei der Rücknahme oder dem Widerruf der Zulassung zur Rechtsanwaltschaft oder als Rechtsanwaltsgesellschaft mbH der Antrag auf gerichtliche Entscheidung aufschiebende Wirkung hatte. Eine entsprechende Regel gab es für die Anfechtung anderer Verwaltungsakte nicht. Die Rechtsprechung entwickelte daher Grundsätze für die Gewährung des vorläufigen Rechtsschutzes, die sich teilweise bereits an der verwaltungsrechtlichen Rechtsprechung ausgerichtet hat (vgl. 7. Aufl. § 223 Rn. 23–25). Voraussetzung für den Erlass einer einstweiligen Anordnung und die Aussetzung der Vollziehung war ein dringendes Bedürfnis, das ein Abwarten der endgültigen Entscheidung nicht zuließ, um das Entstehen schwerer und unzumutbarer und anders nicht abwendbarer Nachteile abzuwenden, soweit deren nachträgliche Beseitigung durch die Hauptsacheentscheidung nicht mehr möglich gewesen wäre (7. Aufl. § 223 Rn. 23–25). Mit § 112c Abs. 1 wird nunmehr auch für das verwaltungsrechtliche Anwaltsverfahren auf die Vor- 342 schriften der VwGO betreffend die aufschiebende Wirkung von Rechtsbehelfen und den einstweiligen Rechtsschutz verwiesen. Keinen einstweiligen Rechtsschutz gibt es auch nach neuem Recht für die Anfechtung von Wahlen und Beschlüssen, nachdem eine Anfechtung nur „ex nunc“ wirken kann (→ § 112f Rn. 51).

343 **2. Aufschiebende Wirkung von Rechtsbehelfen.** Nunmehr richtet sich der **einstweilige Rechtsschutz bei belastenden Verwaltungsakten** nach § 80 VwGO. Danach haben Widerspruch und Klage aufschiebende Wirkung (§ 80 Abs. 1 S. 1 VwGO). Nach § 80 Abs. 1 S. 2 VwGO gilt dies auch bei rechtsgestaltenden und feststellenden Verwaltungsakten. Dies gilt jedoch nicht für sofort vollziehbare Verwaltungsakte wie eine Gutachtenanordnung nach § 15 Abs. 2 S. 3 und bei solchen Verwaltungsakten nach der BRAO, die im Einzelfall für sofort vollziehbar erklärt worden sind (§ 80 Abs. 2 S. 1 Nr. 3 VwGO). In solchen Fällen kann die aufschiebende Wirkung nach § 112c Abs. 1 S. 1 BRAO iVm § 80 Abs. 5 VwGO durch den AGH wieder hergestellt werden. Von diesen Ausnahmen abgesehen endet die aufschiebende Wirkung nach § 112c Abs. 3 abweichend von § 80b VwGO erst nach dem Eintritt der Bestandskraft.

344 Die Wiederherstellung der aufschiebenden Wirkung kommt nur in Betracht, solange die Hauptsache anhängig ist. Ist die Zulassung des Rechtsanwalts bestandskräftig widerrufen und damit erloschen (§ 13), ist ein auf vorläufige Regelungen über den Vollzug der Widerrufsverfügung gerichteter Antrag unzulässig (BGH BeckRS 2011, 24010 Rn. 5). Allerdings tritt die aufschiebende Wirkung unabhängig davon ein, ob der Rechtsbehelf zulässig oder begründet ist (Henssler/Prütting/*Deckenbrock* § 112c Rn. 103).

345 Keine aufschiebende Wirkung haben Widerspruch und Anfechtungsklage, so es um die Anforderung von öffentlichen Abgaben und Kosten geht (§ 80 Abs. 2 S. 1 Nr. 1 VwGO). Diese Ausnahme ist auch für Streitigkeiten in verwaltungsrechtlichen Anwaltssachen bedeutsam, weil die Rechtsanwaltskammern zur Erfüllung ihrer gesetzlichen Aufgaben auf die Beitragszahlungen und auf Zahlungen von Gebühren ihrer Mitglieder angewiesen sind. Deshalb unterfallen Kammerbeitrag und Umlagen der Regelung des § 80 Abs. 2 S. 1 Nr. 1 VwGO, nicht dagegen jedoch Bescheide über Gebühren und Auslagen, etwa für die Erteilung einer Fachanwaltsgestattung (Henssler/Prütting/*Deckenbrock* § 112c Rn. 106).

346 Als **Folge der aufschiebenden Wirkung** dürfen aus dem Verwaltungsakt keine Konsequenzen gezogen werden. Ein Rechtsanwalt, dem die Zulassung entzogen worden ist, bleibt Mitglied seiner Kammer; ein Rechtsanwalt, dem gegenüber die Gestattung der Führung eines Fachanwaltstitels widerrufen wurde, kann die Fachanwaltsbezeichnung weiterhin führen (Henssler/Prütting/*Deckenbrock* § 112c Rn. 105).

347 Die aufschiebende Wirkung einer Anfechtungsklage endet mit Ablehnung des Antrags auf Zulassung der Berufung (BGH BeckRS 2012, 21346 Rn. 11).

348 **3. Anordnung der sofortigen Vollziehung.** Eine RAK oder andere Verwaltungsbehörde kann nach § 80 Abs. 2 Nr. 4 VwGO die **sofortige Vollziehung** der Verfügung anordnen, wenn es hierfür ein öffentliches Interesse oder ein überwiegendes Interesse eines Beteiligten gibt. Hierfür bedarf es einer Interessenabwägung. Hohe Anforderungen sind insoweit in Rücknahme- und Widerrufsverfahren an die Interessenabwägung der Kammer zu stellen, da die Anordnung der sofortigen Vollziehung in der Konsequenz ein vorläufiges Berufsverbot nach § 150 darstellt (§ 14 Abs. 4). Aus verfassungsrechtlichen Gründen muss daher die Anordnung des Sofortvollzugs **zur Abwehr konkreter Gefahren für wichtige Gemeinschaftsgüter geboten** sein. In Zulassungssachen ist dies etwa zu bejahen, wenn Fremdgelder nicht ordnungsgemäß abgewickelt werden oder der Rechtsanwalt kein Anderkonto unterhält (vgl. BGH BeckRS 2002, 03390; NJW 2011, 457 Rn. 13).

349 Im Gesetz ist dies insoweit für den Fall vorgegeben, dass ein Rechtsanwalt keine Haftpflichtversicherung (§ 51) unterhält. § 14 Abs. 4 S. 2 sieht in einem solchen Fall vor, dass in der Regel die sofortige Vollziehung der zu erlassenden Widerrufsverfügung anzuordnen ist, damit keine weitere Tätigkeit des Anwalts ohne Versicherungsschutz, also zu Lasten des Mandanten, erfolgen kann.

350 Die Anordnung des Sofortvollzugs kann zusammen mit dem zugrunde liegenden Verwaltungsakt ergehen und ist besonders zu begründen (§ 80 Abs. 3 S. 1 VwGO). In Betracht kommt jedoch auch eine nachträgliche Anordnung. Dem **Begründungserfordernis** genügt allein eine auf den konkreten Einzelfall abstellende Darlegung; eine lediglich formelhafte Begründung reicht nicht aus. Ebenso genügt nicht, wenn sich die Gründe für den Sofortvollzug möglicherweise aus

dem Sachverhalt ergeben, diese im Bescheid jedoch nicht niedergelegt sind (AGH NRW Beschluss vom 28.2.2013 – 1 AGH 33/12).

Voraussetzung für die Anordnung des Sofortvollzugs ist zunächst, dass der Bescheid mit hoher Wahrscheinlichkeit Bestandskraft erlangen wird. Desweiteren ist erforderlich, dass die Anordnung des Sofortvollzugs im überwiegenden öffentlichen Interesse schon vor Bestandskraft des Bescheids zur notwendigen Abwehr konkreter Gefahren geboten ist (im Einzelnen → § 14 Rn. 107 ff.). 351

Hat die RAK die **sofortige Vollziehung einer Widerrufsverfügung** nach § 80 Abs. 2 Nr. 4 VwGO angeordnet, hat dies nach § 14 Abs. 4 die **Wirkung eines vorläufigen Berufs- und Vertretungsverbots.** Der betroffene Rechtsanwalt darf seine Rechtsanwaltstätigkeit nicht weiter ausüben. Auch eine Vertretung in eigenen Angelegenheiten ist ihm verwehrt, soweit es sich um ein Verfahren handelt, in dem eine Vertretung durch Anwälte geboten ist (§ 155); dies ist in verwaltungsrechtlichen Anwaltsverfahren vor dem AGH und dem BGH der Fall (§ 67 Abs. 4 VwGO). Allerdings sind von einem solchen Rechtsanwalt unerlaubterweise vorgenommene Rechtshandlungen jedoch wirksam bis zur Zurückweisung (BGH NJW 2011, 457 Rn. 6; 2012, 2592 Rn. 7 f.; BRAK-Mitt. 2012, 145; → Rn. 133). 352

4. Aussetzung der Vollziehung. Nach § 80 Abs. 4 VwGO kann die Behörde, die den Verwaltungsakt erlassen oder über den Widerspruch zu entscheiden hat, in den Fällen des § 80 Abs. 2 VwGO die Vollziehung aussetzen, soweit nicht bundesgesetzlich etwas anderes bestimmt ist. Bei der Anforderung von öffentlichen Abgaben und Kosten kann die Vollziehung auch gegen Sicherheit ausgesetzt werden. Die Aussetzung soll bei öffentlichen Abgaben und Kosten erfolgen, wenn ernstliche Zweifel an der Rechtmäßigkeit des angegriffenen Verwaltungsakts bestehen oder wenn die Vollziehung für die Abgaben- und Kostenpflichtigen eine unbillige, nicht durch überwiegende öffentliche Interessen gebotene Härte zur Folge hätte. Gegen eine Entscheidung der Behörde nach § 80 Abs. 4 VwGO ist kein eigenständiger Rechtsbehelf gegeben; in Betracht kommt allein ein Antrag nach § 80 Abs. 5 VwGO (Gaier/Wolf/Göcken/*Schmidt-Räntsch* § 112c Rn. 190). 353

5. Anordnung bzw. Wiederherstellung der aufschiebenden Wirkung. Auf Antrag kann das Gericht der Hauptsache nach § 80 Abs. 5 VwGO die aufschiebende Wirkung in den Fällen des § 80 Abs. 2 Nr. 1–3 VwGO ganz oder teilweise anordnen, im Fall des § 80 Abs. 2 Nr. 4 VwGO ganz oder teilweise wieder herstellen. Antragsbefugt ist entsprechend § 42 Abs. 2 VwGO, wer in der Hauptsache klagebefugt ist. Der Antrag auf **Wiederherstellung der aufschiebenden Wirkung** ist solange zulässig, wie die Anordnung der sofortigen Vollziehung besteht. Bei einer Änderung der Sach- oder Rechtslage kann das Gericht selbst seine Entscheidung aufheben (§ 80 Abs. 7 VwGO). 354

Gericht der Hauptsache ist grundsätzlich der AGH. Mit Eingang eines Antrags auf Zulassung der Berufung bzw. mit Eingang einer Berufungsschrift bei einer seitens des AGH zugelassenen Berufung wird der BGH als Gericht der Hauptsache zuständig. In Fällen einer erstinstanzlichen Zuständigkeit des BGH ist dieser ausschließliches Gericht der Hauptsache. 355

Ist die Zulassung des Rechtsanwalts bestandskräftig widerrufen und damit erloschen (§ 13), ist ein auf vorläufige Regelungen über den Vollzug der Widerrufsverfügung gerichteter Antrag unzulässig (BGH BeckRS 2011, 24010 Rn. 5). 356

Begründet ist der Antrag, wenn die vom Gericht vorzunehmende **Interessenabwägung** ergibt, dass das Interesse des Antragstellers an der Aussetzung der Vollziehung dem Interesse der Allgemeinheit oder eines anderen Beteiligten an der Vollziehung des Verwaltungsakts vorgeht **(Aussetzungsinteresse gegen Vollziehungsinteresse).** Eine summarische Überprüfung des Ausgangs in der Hauptsache ist der Interessenabwägung immanent (im Einzelnen → § 14 Rn. 112). 357

Das Gericht entscheidet durch Beschluss, wobei nach § 101 Abs. 3 die Durchführung einer mündlichen Verhandlung freigestellt ist. Das Gericht entscheidet in der vollen Spruchkörperbesetzung, es sei denn, der Vorsitzende entscheidet wegen Dringlichkeit allein (§ 80 Abs. 8 VwGO). Die Kostenentscheidung richtet sich nach den §§ 154 ff. VwGO; der Streitwert wird gegenüber dem für die Hauptsache geltenden Wertes reduziert (→ § 194 Rn. 60). 358

Entscheidungen des AGH im vorläufigen Rechtsschutzverfahren sind grundsätzlich nicht anfechtbar, unabhängig davon, ob die aufschiebende Wirkung wieder hergestellt oder der Antrag abgelehnt wird (§ 112c Abs. 1 S. 1 und 2 iVm § 152 Abs. 1 VwGO; BGH BRAK-Mitt. 2009, 359

129). Allerdings kann der BGH, sobald er im Instanzenzug mit Eingang einer Berufung oder eines Berufungszulassungsantrags als Gericht der Hauptsache zuständig geworden ist, nach § 80 Abs. 7 VwGO einen bereits ergangenen Beschluss des AGH nach § 80 Abs. 5 VwGO ändern oder aufheben (BGH BeckRS 2012, 21346 Rn. 2 ff.). Auch der AGH selbst kann bei einer nachträglichen Änderung der Sachlage nach § 80 Abs. 7 VwGO seine eigene Entscheidung ändern oder aufheben .Ein erneuter Antrag ist nach § 80 Abs. 7 S. 2 VwGO nur bei Vorliegen veränderter Umstände oder solcher Umstände, die im ursprünglichen Verfahren ohne Verschulden nicht geltend gemacht worden sind, zulässig (BGH BeckRS 2014, 16472 Rn. 1); diese Umstände müssen vorgetragen werden. Unberührt bleibt die Befugnis, die vorangegangene Entscheidung nach § 80 Abs. 7 S. 1 VwGO von Amts wegen abzuändern (BGH BeckRS 2014, 16472 Rn. 1).

360 **6. Einstweilige Anordnung. Einstweilige Anordnungen** sind in § 123 VwGO geregelt. Danach kann auf Antrag das Gericht eine einstweilige Anordnung in Bezug auf den Streitgegenstand treffen, wenn die Gefahr besteht, dass durch eine Veränderung des bestehenden Zustands die Verwirklichung eines Rechts des Antragstellers vereitelt oder wesentlich erschwert werden könnte. Das Gericht entscheidet nach freiem Ermessen, welche Anordnungen zur Erreichung des Zwecks erforderlich sind (§ 123 Abs. 2 VwGO, § 938 ZPO).

361 **Zuständig** ist der AGH und, wenn die Sache dort anhängig ist, der BGH. Ein Beschluss des AGH ist nicht mit der Beschwerde anfechtbar.

§ 112d Klagegegner und Vertretung

(1) **Die Klage ist gegen die Rechtsanwaltskammer oder Behörde zu richten,**

1. **die den Verwaltungsakt erlassen hat oder zu erlassen hätte; für hoheitliche Maßnahmen, die berufsrechtliche Rechte und Pflichten der Beteiligten beeinträchtigen oder verwirklichen, gilt dies sinngemäß;**
2. **deren Entschließung Gegenstand des Verfahrens ist.**

(2) **In Verfahren zwischen einem Mitglied des Präsidiums oder Vorstandes und der Rechtsanwaltskammer wird die Rechtsanwaltskammer durch eines ihrer Mitglieder vertreten, das der Präsident des zuständigen Gerichts besonders bestellt.**

I. Regelungsgegenstand

1 § 112d enthält zwei unterschiedliche Regelungsgegenstände: § 112d Abs. 1 beantwortet die **Frage nach dem richtigen Klagegegner.** § 112d Abs. 1 geht damit weiter als § 78 VwGO, der allein Anfechtungs- und Verpflichtungsklagen erfasst, nicht jedoch Feststellungs- und allgemeine Leistungsklagen. § 112d Abs. 2 enthält eine **Vertretungsregelung** für den Fall einer Interessenkollision und weicht von der Vertretungsregelung des § 80 Abs. 1, nach der die RAK gerichtlich von ihrem Präsidenten vertreten wird, ab.

II. Klagegegner (Abs. 1)

2 **1. Anfechtungs- und Verpflichtungsklagen (Abs. 1 Nr. 1 Hs. 1).** Nach § 112d Abs. 1 Nr. 1 Hs. 1 sind Klagen gegen die RAK oder Behörde (Justizverwaltung), die den Verwaltungsakt erlassen hat oder zu erlassen hätte, zu richten. Damit erfasst § 112d Abs. 1 Nr. 1 Hs. 1 **Anfechtungsklagen** (→ § 112c Rn. 6 ff.), **Verpflichtungsklagen** (→ § 112c Rn. 26) **und Nichtigkeitsfeststellungsklagen** (→ § 112c Rn. 63), wonach Beklagter für gewöhnlich die RAK ist, die den Verwaltungsakt erlassen hat und in der der betreffende Rechtsanwalt auch Mitglied ist. Deshalb ist für eine Klage auf Verleihung einer Fachanwaltsbezeichnung die RAK die richtige Beklagte, obgleich nach § 43 ihr Vorstand über den Antrag zu entscheiden hat (vgl. AGH Bln NJW-RR 2012, 748, 749 = BRAK-Mitt. 2012, 82). Klagen sind auch dann gegen die RAK zu richten, wenn ihre Organe für sie gehandelt haben (BGH NJW-RR 2014, 750 = BRAK-Mitt. 2014, 106: der Präsident einer RAK hatte als Organ seiner Kammer eine Entscheidung nach den §§ 85 Abs. 1, 87 Abs. 1 getroffen).

3 Durchbrochen wird dies im Hinblick auf die Kammermitgliedschaft dann, wenn im Rahmen eines laufenden Verwaltungsverfahrens nach § 3 Abs. 3 VwVfG die bisher zuständige RAK das

Verfahren zu Ende führt und sodann auch den Bescheid erlässt. Für diesen Fall ist dementsprechend die erlassende RAK die richtige Beklagte, auch wenn der Rechtsanwalt dort inzwischen nicht mehr Mitglied ist. Dies kann etwa gegeben sein, wenn in einem laufenden Verfahren auf Verleihung einer Fachanwaltsbezeichnung ein **Zulassungswechsel nach § 27 Abs. 3** erfolgt und aufgrund des fortgeschrittenen Verfahrens sodann die Ausgangskammer einen negativen Bescheid erlässt. Auf eine Zustimmung der nunmehr zuständigen RAK bezogen auf die Durchführung eines gerichtlichen Verfahrens durch die bisher zuständige RAK kommt es, wie § 112d Abs. 1 Nr. 1 zeigt, nicht an (BGH BeckRS 2013, 04942 Rn. 3).

2. Leistungs- und Unterlassungsklagen sowie Klagen aus Folgenbeseitigungsansprüchen (Abs. 1 Nr. 1 Hs. 2). Entsprechendes gilt für **Leistungsklagen** (→ § 112c Rn. 53) und **Unterlassungsklagen** (→ § 112c Rn. 54 f.), die in § 112d Abs. 1 Nr. 1 Hs. 2 geregelt werden. Allerdings gilt dies nur für Leistungs- und Unterlassungsklagen, die sich gegen oder auf andere hoheitliche Maßnahmen richten, welche berufsrechtliche Rechte und Pflichten der Beteiligten beeinträchtigen oder verwirklichen, ebenso für den Folgenbeseitigungsanspruch nach § 113 Abs. 1 S. 2 VwGO, nicht aber für andere Leistungsklagen. Diese können wie im allgemeinen verwaltungsrechtlichen Verfahren nur gegen den Rechtsträger selbst gerichtet werden (Gaier/Wolf/Göcken/*Schmidt-Räntsch* § 112d Rn. 8 f.). 4

3. (Fortsetzungs-)Feststellungsklagen (Abs. 1 Nr. 1 Hs. 2). Die Beklagteneigenschaft richtet sich für **Fortsetzungsfeststellungsklagen** (→ § 112c Rn. 44 ff.) nach § 112c Abs. 1 S. 1 BRAO iVm § 113 Abs. 1 S. 4 VwGO nach den Grundsätzen, die für die Anfechtungs- und Verpflichtungsklage gelten, weil sie sich auf die Feststellung der Rechtswidrigkeit des Ausgangsbescheids richtet, was auch für die Feststellungsklage auf Nichtigkeit gilt (der BGH hat in seinem Beschluss NJW-RR 2014, 750 = BRAK-Mitt. 2014, 106 § 112c ohne weiteres auf eine Fortsetzungsfeststellungsklage angewendet). Für alle anderen **Feststellungsklagen** (→ § 112c Rn. 32 ff.) gelten die Grundsätze wie für die allgemeine Leistungsklage. Diese sind, soweit sie sich gegen oder auf andere hoheitliche Maßnahmen beziehen, welche berufsrechtliche Rechte und Pflichten der Beteiligten beeinträchtigen oder verwirklichen, also außerhalb des Zuständigkeitsbereichs der RAK, gegen die betreffende Körperschaft zu richten (Gaier/Wolf/Göcken/*Schmidt-Räntsch* § 112d Rn. 11 f.). 5

4. Wahl- und Beschlussanfechtungen (Abs. 1 Nr. 2). Entschließungen iSd § 112d Abs. 1 Nr. 2 sind im Wesentlichen **Beschlüsse und Wahlen der Kammer bzw. Kammerversammlung** (vgl. amtliche Begründung, BT-Drs. 16/11385, 42). Die Klage betreffend diese Gegenstände ist gegen die RAK zu richten. Dies gilt auch, soweit der Präsident einer RAK als Organ seiner Kammer eine Entscheidung nach den §§ 85 Abs. 1, 87 Abs. 1 getroffen hat; Klagen sind auch dann gegen die RAK zu richten, wenn ihre Organe für sie gehandelt haben (BGH NJW-RR 2014, 750 = BRAK-Mitt. 2014, 106). Zur Beklagtenstellung bei Rechtsmitteln gegen Beschlüsse der Satzungsversammlung, der Wahlentscheidung des Wahlausschusses für Rechtsanwälte beim BGH sowie der Normenkontrolle bezüglich Rechtsverordnungen und Satzungen vgl. Gaier/Wolf/Göcken/*Schmidt-Räntsch* § 112d Rn. 13–16. 6

5. Antragsgegner bei einstweiligem Rechtsschutz. Verfahren des **einstweiligen Rechtsschutzes** werden in § 112d Abs. 1 nicht ausdrücklich erwähnt. Nachdem dies für § 78 VwGO anerkannt ist, findet § 112d Abs. 1 auch in Verfahren des einstweiligen Rechtsschutzes Anwendung (Kopp/*Schenke,* 20. Aufl. 2014, VwGO § 80 Rn. 140, VwGO § 123 Rn. 11a). Antragsgegner ist grundsätzlich der Beklagte im Hauptsacheverfahren. 7

6. Fehlerhafte Beklagtenbezeichnung. Wird in einer Klage der Beklagte unrichtig bezeichnet, lässt sich aber aus den Umständen klar erkennen gegen wen sich die Klage richten soll, kann das Gericht im Wege der **Auslegung** das Rubrum auch von Amts wegen berichtigen (BVerwG NVwZ-RR 1990, 44). Ist jedoch eine Umdeutung nach dem erkennbaren Ziel der Klage nicht möglich, kann eine Fehlerberichtigung nur im Wege der **Klageänderung** nach § 91 VwGO unter den dort genannten Voraussetzungen erfolgen. 8

III. Vertretung der RAK bei Interessenkonflikt (Abs. 2)

1. Vorliegen eines Interessenkonflikts. Nach § 80 Abs. 1 wird die RAK gerichtlich von ihrem Präsidenten vertreten. Ist jedoch der Präsident oder ein anderes Mitglied des Vorstands 9 selbst an einem Verfahren vor der Anwaltsgerichtsbarkeit beteiligt, sieht das Gesetz einen Interessenkonflikt nicht nur in der Person des jeweiligen Präsidiums- oder Vorstandsmitglieds, sondern für alle Mitglieder des Präsidiums bzw. Vorstands. Deshalb ordnet § 112d Abs. 2 für **alle gerichtlichen Verfahren** an, dass in Verfahren zwischen einem Mitglied des Präsidiums oder Vorstands und der RAK diese von einem ihrer Mitglieder vertreten wird, den der Präsident des für dieses Verfahren zuständigen Gerichts bestimmt. Hierbei kann es sich zB um einen Streit um die Frage handeln, ob bei einem Präsidiums- oder Vorstandsmitglied die Voraussetzungen für die Verleihung einer Fachanwaltsbezeichnung vorliegen oder um ein Wahl- bzw. Beschlussanfechtungsverfahren oder ein anderes Organstreitverfahren (vgl. Gaier/Wolf/Göcken/*Schmidt-Räntsch* § 112d Rn. 21 f.).

10 § 112d Abs. 2 gilt nur bei Streitigkeiten zwischen Vorstands- und Präsidialmitgliedern mit der eigenen Kammer, nicht aber zB bei einer Streitigkeit im Rahmen eines Zulassungswechsels mit der Kammer, in welche die Aufnahme begehrt wird.

11 **2. Bestellung eines Vertreters.** Bei Vorliegen eines solchen Interessenkonflikts bestimmt der Präsident des zuständigen Gerichts und damit nicht der Vorsitzende des zuständigen Spruchkörpers ein Kammermitglied als Vertreter für die Kammer. Dabei sind Mitglieder des Kammervorstands ausgeschlossen, da andernfalls die Regelung ad absurdum geführt werden würde. Der Vertreter, der zuvor anzuhören ist, darf die Übernahme des Amtes nur aus einem wichtigen Grund ablehnen (*Isele* § 91 Anm. V 2.b).

§ 112e Berufung

[1] Gegen Endurteile einschließlich der Teilurteile, Grundurteile und Zwischenurteile über die Zulässigkeit steht den Beteiligten die Berufung zu, wenn sie vom Anwaltsgerichtshof oder vom Bundesgerichtshof zugelassen wird. [2] Für das Berufungsverfahren gilt der Zwölfte Abschnitt der Verwaltungsgerichtsordnung mit der Maßgabe, dass der Anwaltsgerichtshof an die Stelle des Verwaltungsgerichts und der Bundesgerichtshof an die Stelle des Oberverwaltungsgerichts tritt.

Übersicht

I. Allgemeines

In § 112e wird die Berufung gegen die Entscheidungen des AGH geregelt. Vor der BRAO-Novelle 2009 waren diese Entscheidungen mit der sofortigen Beschwerde in allen Fällen des § 42 aF anfechtbar, in denen es um die Zulassung zur Rechtsanwaltschaft ging, im Übrigen nur, wenn sie durch das erstinstanzliche Gericht zugelassen wurde. In Verfahren, die Wahlen und Beschlüsse betrafen (§§ 91 Abs. 6, 191 aF), sollte die Zulassung nur bei grundsätzlicher Bedeutung der Sache erfolgen, bei sonstigem Verwaltungshandeln nach § 223 Abs. 3 S. 2 aF nur bei grundsätzlicher Bedeutung der zu entscheidenden Rechtsfrage. Die Entscheidung über die Zulassung der sofortigen Beschwerde war bindend und nicht anfechtbar. Insbesondere gab es keinen Antrag auf Zulassung des Rechtsmittels durch den BGH. Die sofortige Beschwerde eröffnete eine weitere Tatsacheninstanz. 1

Mit der Entscheidung des Gesetzgebers in § 112e S. 1 für eine Ausgestaltung der Berufung in verwaltungsrechtlichen Anwaltsverfahren entsprechend den Bestimmungen im Berufungsverfahren gegen erstinstanzliche Urteile der Verwaltungsgerichte nach den §§ 124 ff. VwGO und damit gegen das zulassungsfreie Berufungsverfahren ist eine Reduzierung des bisherigen Rechtsschutzes einher gegangen, in dem in allen Zulassungssachen die sofortige Beschwerde zulässig war, nunmehr aber die Hürde der Berufungszulassung genommen werden muss (*Johnigk/Kirchberg* BRAK-Mitt. 2009, 214, 221). Nach der amtlichen Begründung (BT-Drs. 16/11385, 31) rechtfertigten verwaltungsrechtliche Streitigkeiten im anwaltlichen Berufsrecht keine Privilegierung, da auch bei ähnlich bedeutsamen Entscheidungen etwa im Gewerberecht oder im Berufszulassungsrecht sonstiger freier Berufe das Institut der Zulassungsberufung gelte. Nach § 124 Abs. 1 VwGO ist demnach **gegen Urteile** nur noch die Berufung zum BGH statthaft, wenn sie vom **AGH** (§ 124a Abs. 1 VwGO) oder **BGH** (§ 124a Abs. 4 VwGO) **zugelassen** worden ist. Mit der bewussten Entscheidung für die Zulassungsberufung hat der Gesetzgeber nicht in unvertretbarer Weise in die Rechte der Betroffenen eingegriffen (BGH BeckRS 2012, 13389 Rn. 17). 2

§ 112c Abs. 1 S. 2 Hs. 1 ordnet die Gleichstellung des AGH mit einem OVG an; die Anordnung in 112c Abs. 1 S. 2 Hs. 2, dass § 112e unberührt bleibe, bedeutet, dass die Gleichstellung des AGH mit einem OVG nicht gilt, soweit das Gesetz eine andere Zuordnung vorsieht. Dies ist in § 112e S. 2 gegeben, weil danach **für das Berufungsverfahren der AGH einem VG und der BGH einem OVG** gleichgestellt wird. Damit hat die BRAO-Reform das Kompetenzgefüge der BRAO hin zum AGH als Eingangsgericht und zum BGH als Berufungs-, nicht aber als Revisionsgericht verschoben (*Johnigk/Kirchberg* BRAK-Mitt. 2009, 214, 219). Damit ergibt sich, dass im Berufungsverfahren der BGH dem OVG/VGH gleichsteht, während im erstinstanzlichen Verfahren der AGH dem OVG/VGH gleichsteht. 3

II. Berufungsfähige Entscheidungen

4 **1. Endurteile, Teil- und Grundurteile, Zwischenurteile.** Die Berufung ist statthaft gegen **Endurteile,** die nach § 107 VwGO grundsätzlich die instanzbeendende Entscheidungsform darstellen, soweit nichts anderes bestimmt ist. Unerheblich ist, ob es sich um ein Prozessurteil, das die Zulässigkeit der Klage verneint, oder um ein Sachurteil handelt.

5 Ist der Streitgegenstand des Verfahrens teilbar, kann die Berufung auch auf einen abtrennbaren, dh tatsächlich und rechtlich selbständigen Teil des Urteils des AGH beschränkt werden. Eine Beschränkung auf bestimmte Anspruchsgrundlagen oder Rechtsfragen ist nicht zulässig (vgl. BGHZ 189, 182 Rn. 14 = NJW 2011, 2796).

6 Die Berufung dient der Überprüfung des Urteils des AGH in tatsächlicher und rechtlicher Hinsicht. Mit der Berufung ist sowohl der **Suspensiv- als auch der Devolutiveffekt** verbunden. Der Suspensiveffekt ist nicht allein mit der Einlegung der Berufung, sondern bereits im Fall einer vom AGH nicht zugelassenen Berufung mit dem Antrag auf Zulassung der Berufung verbunden (Henssler/Prütting/*Deckenbrock* § 112e Rn. 4).

7 Den Endurteilen wird in § 112e S. 1 das Teil-, Grund- und Zwischenurteil gleichgestellt. Der Gesetzeswortlaut („einschließlich“) ist allerdings sprachlich missglückt, weil Grund- und Zwischenurteile keine Endurteile sind (Henssler/Prütting/*Deckenbrock* § 112e Rn. 4). Nach § 100 VwGO kann ein **Teilurteil** ergehen, wenn nur ein Teil des Streitgegenstands zur Entscheidung reif ist. Voraussetzung ist damit die Teilbarkeit des Streitgegenstands (vgl. im Einzelnen Kopp/*Schenke,* 14. Aufl. 2014, VwGO § 110 Rn. 2 ff.). Ein **Grundurteil** als Vorab-Entscheidung (Zwischenurteil) über den Grund eines Anspruchs kann nach § 111 VwGO ergehen, wenn ein Anspruch nach Grund und Höhe streitig ist (vgl. im Einzelnen Kopp/*Schenke,* 14. Aufl. 2014, VwGO § 111 Rn. 3 ff.). Gemäß § 109 VwGO kann durch ein **Zwischenurteil** über die Zulässigkeit einer Klage vorab entschieden werden (vgl. im Einzelnen Kopp/*Schenke,* 20. Aufl. 2014, VwGO § 109 Rn. 3 ff.).

8 Die Berufung ist auch statthaft **gegen Gerichtsbescheide,** obwohl diese in § 112e S. 1 nicht erwähnt sind. Die Statthaftigkeit der Berufung gegen Gerichtsbescheide ergibt sich aus § 112c Abs. 1 S. 1 BRAO iVm § 84 Abs. 2 VwGO (vgl. BGH BeckRS 2011, 18248 Rn. 2; Gaier/Wolf/Göcken/*Schmidt-Räntsch* § 112e Rn. 10; Henssler/Prütting/*Deckenbrock* § 112e Rn. 4). Ein Gerichtsbescheid wird in formaler und inhaltlicher Hinsicht wie ein Urteil erlassen (Kopp/*Schenke* VwGO § 84 Rn. 30); eine Gleichstellung nimmt auch § 146 Abs. 1 VwGO vor. Statthaft ist die Berufung nicht nur gegen solche Gerichtsbescheide, die das erstinstanzliche Verfahren insgesamt abschließen, sondern auch gegen solche, die statt eines Teil-, Grund- oder Zwischenurteils ergehen (Gaier/Wolf/Göcken/*Schmidt-Räntsch* § 112e Rn. 10).

9 **2. Beschlüsse. Nicht statthaft** ist die **Berufung gegen Beschlüsse** des AGH. Entscheidungen, die nicht Urteile oder Gerichtsbescheide sind, können mit der Berufung nicht angefochten werden.

10 Beschlüsse sind einer Anfechtbarkeit in verwaltungsrechtlichen Anwaltssachen auch **durch Beschwerde weitgehend entzogen.** Das Gesetz sieht für die verwaltungsrechtlichen Anwaltssachen allein im Fall des § 112a Abs. 2 Nr. 2 **(Rechtswegbeschwerde nach § 17a Abs. 4 S. 4 GVG)** eine Beschwerde gegen einen Beschluss des AGH vor. Weitere Beschwerden gegen Beschlüsse des AGH sind nicht statthaft (näher → § 112a Rn. 34 ff.).

11 **3. Kostenentscheidungen.** Ein Rechtsmittel gegen eine Kostenentscheidung ist nach § 158 Abs. 1 VwGO **nur zusammen** mit der Anfechtung der Entscheidung in der Hauptsache gegeben. Eine isolierte Beschwerde gegen eine Kostenentscheidung des AGH ist unzulässig (BGH BeckRS 2012, 13124 Rn. 4; 2013, 03972 Rn. 9). Ebenfalls ausgeschlossen ist ein Rechtsmittel gegen den Kostenansatz. Denn eine Beschwerde gegen die Entscheidung über die statthafte Erinnerung findet nicht statt (§ 193 S. 2 iVm § 66 Abs. 3 S. 3 GKG; BGH BeckRS 2012, 13124 Rn. 5; → § 193 Rn. 6).

12 **4. Streitwertfestsetzungen. Nicht statthaft** ist ferner ein Rechtsmittel gegen die Festsetzung des Streitwerts (§ 194 Abs. 3; BGH BeckRS 2012, 13124 Rn. 4). Allerdings kann der BGH nach § 194 Abs. 3 Hs. 2, § 63 Abs. 3 GKG während eines bei ihm anhängigen Berufungsverfahrens innerhalb von sechs Monaten nach Verfahrensbeendigung den Streitwert von Amts wegen ändern (→ § 194 Rn. 6 f.).

5. Prozessleitende Verfügungen. Nicht statthaft sind ferner Rechtsmittel gegen prozessleitende Verfügungen Henssler/Prütting/*Deckenbrock* § 112e Rn. 5). 13

III. Zulassungskompetenz

1. Zulassung durch den AGH. Bei Erlass eines End-, Teil-, Grund- bzw. Zwischenurteils hat der AGH nach § 124 Abs. 1 S. 1 VwGO über die Frage der Zulassung der Berufung zu entscheiden. Eines dahingehenden Antrags eines Beteiligten bedarf es hierzu nicht; diese Entscheidung obliegt dem AGH von Amts wegen. In Betracht kommt für den AGH als Zulassungsgrund nach § 124a Abs. 1 S. 1 VwGO allein das Vorliegen einer Rechtssache von **grundsätzlicher Bedeutung** nach § 124 Abs. 2 Nr. 3 VwGO und das Vorliegen einer relevanten **Divergenz** § 124 Abs. 2 Nr. 4 VwGO. Der Zulassungsgrund des ernstlichen Zweifels an der Richtigkeit des Urteils nach § 124 Abs. 2 Nr. 1 VwGO und das Vorliegen eines relevanten Verfahrensmangels nach § 124 Abs. 2 Nr. 5 VwGO kann sich für den AGH von vornherein nicht stellen: Sollte er in der Urteilsberatung von dem Vorliegen eines solchen Grundes ausgehen, wird er von der ins Auge gefassten Entscheidung Abstand nehmen und ggf. erneut in die mündliche Verhandlung einzutreten haben. In jedem Fall ist der BGH an die Entscheidung des AGH, die Berufung zuzulassen, gebunden (§ 124a Abs. 1 S. 2 VwGO). 14

2. Zulassung durch den BGH. Soweit der AGH die Berufung bereits zugelassen hat, bedarf es keiner Entscheidung über die Zulassung durch den BGH. Andernfalls ist es Sache des BGH über die Zulassung der Berufung zu entscheiden. Der BGH prüft dabei **sämtliche** in § 124 Abs. 2 Nr. 1–5 VwGO genannten Zulassungsgründe. 15

IV. Zulassungsgründe

Als Gründe für die Zulassung der Berufung kommen ausschließlich die in § 124 Abs. 2 Nr. 1–5 VwGO genannten Gründe in Betracht. Dabei hat der AGH seiner Zulassungsentscheidung die Zulassungsgründe nach § 124 Abs. 2 Nr. 3 und Nr. 4 VwGO und der BGH sämtliche Zulassungsgründe nach § 124 Abs. 2 Nr. 1–5 VwGO zugrunde zu legen. 16

Die tatbestandlichen Voraussetzungen für eine Zulassung der Berufung sind in der Antragsschrift „darzulegen" (§ 124a Abs. 4 S. 4 VwGO). Hierfür gelten im Grundsatz dieselben Anforderungen, wie sie die Rechtsprechung zur Beschwerde gegen die Nichtzulassung der Revision (§ 133 Abs. 3 S. 3 VwGO, § 544 Abs. 2 S. 3 ZPO) entwickelt hat. Daher müssen die aus Sicht des jeweiligen Antragstellers in Betracht kommenden Zulassungsgründe iSd § 124 Abs. 2 VwGO benannt und hinreichend erläutert, dh die Voraussetzungen des geltend gemachten Zulassungsgrundes substantiiert dargelegt werden (BGH AnwBl. 2012, 553 Rn. 2). 17

Die Gewährleistung eines effektiven Rechtsschutzes durch Art. 19 Abs. 4 GG verbietet den Gerichten eine Auslegung und Anwendung von Rechtsmittelvorschriften, die die Beschreitung des Rechtswegs in einer unzumutbaren, aus Sachgründen nicht mehr zu rechtfertigenden Weise erschweren. Deshalb dürfen die Anforderungen an die Darlegung der Zulassungsgründe nicht derart erschwert werden, dass sie auch von einem durchschnittlichen, nicht auf das gerade einschlägige Rechtsgebiet spezialisierten Rechtsanwalt mit zumutbarem Aufwand nicht mehr erfüllt werden können und dadurch die Möglichkeit, die Zulassung eines Rechtsmittels zu erstreiten, für den Rechtsmittelführer leer läuft (BVerfG NJW 2009, 3642). 18

Im Einzelnen gilt insbesondere **unter Heranziehung der Rechtsprechung des Anwaltssenats des BGH** (zu weitergehenden Fragestellungen vgl. die Kommentierungen der VwGO) zu den Zulassungsgründen Folgendes (**zu den Anforderungen an die Darlegung** im Rahmen der Begründung des Zulassungsantrags → Rn. 98). 19

1. § 124 Abs. 2 Nr. 1 VwGO (ernstliche Zweifel an der Richtigkeit). Der praktisch besonders bedeutsame Zulassungsgrund der ernstlichen Zweifel an der Richtigkeit des Urteils nach § 124 Abs. 2 Nr. 1 VwGO setzt gemäß den Vorgaben des BVerfG (vgl. BVerfGE 110, 77, 83 = NJW 2004, 2510; BVerfG NVwZ 2000, 1163, 1164; NJW 2009, 3642) voraus (zu den Darlegungserfordernissen → Rn. 103), dass ein **einzelner tragender Rechtssatz oder eine erhebliche Tatsachenfeststellung mit schlüssigen Argumenten** in Frage gestellt wird (BGH BeckRS 2015, 07398 Rn. 3; NJW-RR 2014, 439 Rn. 7; BRAK-Mitt. 2013, 197; NJW-RR 2012, 189 Rn. 5; 2013, 303 Rn. 9; 2013, 252 Rn. 4 = BRAK-Mitt. 2013, 38; BGHZ 190, 187 Rn. 3 = NJW 2011, 3234 = BRAK-Mitt. 2011, 246). 20

21 Die geltend gemachten Gesichtspunkte dürfen nicht rechtlich unerheblich sein (BGH BeckRS 2011, 24535 Rn. 5).

22 Es reicht aus, dass sich der Rechtsmittelführer mit beachtlichen Argumenten gegen die Gründe der angefochtenen Entscheidung wendet, deren abschließende Beurteilung dem Berufungsverfahren vorzubehalten ist, weil bei der im Zulassungsverfahren allein möglichen summarischen Überprüfung nicht ausgeschlossen werden kann, dass die vom Rechtsmittelführer angestrebte Berufung Erfolg hat (BGH BeckRS 2013, 06888 Rn. 3; 2013, 04496 Rn. 3; 2011, 18586 Rn. 3; 2012, 15720 Rn. 3). Fragestellungen, die einer näheren Prüfung im Berufungsverfahren bedürfen, sind nicht im Zulassungsverfahren zu entscheiden (BGH BeckRS 2013, 01855); dazu kann auch die Frage gehören, ob die Entscheidung möglicherweise im Ergebnis aus einem anderen Grund richtig ist (BGH BeckRS 2014, 00526 Rn. 4).

23 Bislang mangels Entscheidungsrelevanz offen gelassen hat der Anwaltssenat des BGH (BeckRS 2012, 08738 Rn. 6) die Frage, inwieweit sich ernstliche Zweifel iSd § 124 Abs. 2 Nr. 1 VwGO an einem angefochtenen Urteil auch aus einer **nachträglichen Veränderung der Sach- oder Rechtslage** ergeben können. Diese Frage ist in der verwaltungsrechtlichen Rechtsprechung kontrovers (vgl. die Nachweise bei Kopp/*Schenke,* 20. Aufl. 2014, VwGO § 124 Rn. 7c). Zwar ist nicht zu verkennen, dass der Sinn und Zweck des Zulassungsverfahrens in der Überprüfung besteht, ob das Erstgericht auf der Grundlage des ihm von den Beteiligten unterbreiteten Sachverhalts materiell bei der tatsächlichen und rechtlichen Würdigung (wahrscheinlich) falsch entschieden hat. Die Berücksichtigung eines neuen Sachverhalts liefe damit der Zielsetzung des Gesetzgebers zuwider, der die Rechtsmittel im Interesse der Verfahrensbeschleunigung und der Entlastung der zweiten Instanz beschränkt hat. Allerdings stellt der Zulassungsgrund der ernstlichen Zweifel maßgeblich auf die Erfolgsaussichten ab. Für diese Prüfung ist jedoch nach § 128 S. 2 VwGO auch neuer Vortrag zugrunde zu legen. Die Beurteilung der Erfolgsaussichten ist stets bezogen auf den Ausgang des Berufungsverfahrens, bei dem der BGH eine volle zweite Sachprüfung durchführt. Deshalb ist vorzugswürdig, neues tatsächliches Vorbringen und neue Beweismittel (unter Berücksichtigung der sich aus § 128a VwGO ergebenden Grenzen) ebenso wie Änderungen der Sach- oder Rechtslage im Zulassungsverfahren zu berücksichtigen (wie hier Gaier/Wolf/Göcken/*Schmidt-Räntsch* § 112e Rn. 21 ff.; Henssler/Prütting/*Deckenbrock* § 112e Rn. 11; so auch der Notarsenat des BGH NJW-RR 2012, 57 Rn. 12 mit Hinweis auf BVerwG NVwZ 2003, 490).

24 **2. § 124 Abs. 2 Nr. 2 VwGO (besondere Schwierigkeiten).** Der Zulassungsgrund der besonderen Schwierigkeit nach § 124 Abs. 2 Nr. 2 VwGO setzt voraus (zu den Darlegungserfordernissen → Rn. 106), dass die Rechtssache besondere tatsächliche oder rechtliche Schwierigkeiten aufweist. Dies ist dann der Fall, wenn sie wegen einer **erheblich über dem Durchschnitt liegenden Komplexität des Verfahrens oder der ihr zu Grunde liegenden Rechtsmaterie in tatsächlicher oder rechtlicher Hinsicht das normale Maß nicht unerheblich überschreitende Schwierigkeiten verursacht** und sich damit von den üblichen verwaltungsrechtlichen Anwaltsverfahren deutlich abhebt (BGH NJW-RR 2012, 1336 Rn. 18 = BRAK-Mitt. 2012, 247; BeckRS 2014, 12666 Rn. 15; 2014, 20923 Rn. 5). Auch kann die Gefahr einander widersprechender Entscheidungen innerhalb der Anwaltsgerichtsbarkeit die Annahme einer besonderen Schwierigkeit rechtfertigen (BGH BeckRS 2014, 10213 Rn. 8). Nicht ausreichend ist es, wenn eine Fallgestaltung vorliegt, die bei vielen Rechtsanwälten anzutreffen ist und keine besonders komplexe Tatsachen- und Rechtsfragen aufwirft, die die Beurteilung erschweren (BGH BeckRS 2011, 23621 Rn. 8; NJW-RR 2012, 189 Rn. 9 ff.). Der Umstand allein, dass die Verfahrensakte 1.300 Seiten umfasst, ergibt den Zulassungsgrund nicht (BGH BeckRS 2015, 06669 Rn. 23). Allerdings kommt es für die Frage nach dem Vorliegen besonderer Schwierigkeiten auf den voraussichtlichen Ausgang des Berufungsverfahrens nicht an (Henssler/Prütting/*Deckenbrock* § 112e Rn. 12; Gaier/Wolf/Göcken/*Schmidt-Räntsch* § 112e Rn. 26 f.).

25 **3. § 124 Abs. 2 Nr. 3 VwGO (grundsätzliche Bedeutung).** Der Zulassungsgrund der grundsätzlichen Bedeutung nach § 124 Abs. 2 Nr. 3 VwGO ist gegeben (vgl. zu den Darlegungserfordernissen → Rn. 107), wenn der Rechtsstreit eine **entscheidungserhebliche, klärungsbedürftige und klärungsfähige Rechtsfrage** aufwirft, die sich in einer **unbestimmten Vielzahl von Fällen** stellen kann und deshalb das abstrakte Interesse der Allgemeinheit an einer einheitlichen Entwicklung und Handhabung des Rechts berührt (BGH BeckRS 2015, 06669

Rn. 24; NJW-RR 2013, 253 Rn. 9 = BRAK-Mitt. 2013, 38; NJW-RR 2012, 1336 Rn. 14 = BRAK-Mitt. 2012, 247). Nicht ausreichend ist die Beanstandung der Anwendung des Rechts im konkreten Einzelfall (BGH NJW-RR 2013, 303 Rn. 8); die aufgeworfene Frage muss **verallgemeinerungsfähig** sein (BGH BeckRS 2012, 04154 Rn. 4). Ebenfalls muss die aufgeworfene Frage **entscheidungserheblich** sein (BGH BeckRS 2012, 21055 Rn. 7; NJW-RR 2012, 1336 Rn. 17 = BRAK-Mitt. 2012, 247).

Die Klärungsbedürftigkeit ist zu verneinen, wenn die Frage bereits **höchstrichterlich geklärt** ist (BGH BeckRS 2011, 00439 Rn. 3; NJW-RR 2014, 1083 Rn. 6). Eine solche Klärung ist anzunehmen, wenn der BGH zu der in Rede stehenden Frage bereits mehrfach grundlegende Entscheidungen getroffen hat und neue Umstände, die möglicherweise eine Fortführung, Ergänzung oder Änderung dieser Rechtsprechung erfordern würden, vom Zulassungsantrag nicht aufgezeigt werden (BGH NJW-RR 2014, 1083 Rn. 3; BeckRS 2013, 00248 Rn. 4). Es reicht auch nicht aus, dass der Rechtsmittelführer auf eine kritische Literaturmeinung verweist, wenn der BGH diese Kritik bereits in seiner Rechtsprechung berücksichtigt hat (BGH BeckRS 2014, 09236 Rn. 7). 26

Eine Klärungsbedürftigkeit kann auch aufgrund einer Klärung bei der Prüfung einer vorrangig anzustellenden Zulässigkeitsfrage in demselben Beschluss entfallen (BGH NJW-RR 2012, 1336 Rn. 14 = BRAK-Mitt. 2012, 247). Eine Klärungsbedürftigkeit besteht auch dann nicht, wenn sich die aufgeworfene Frage auf der Grundlage des Gesetzes problemlos beantworten lässt (BGH BeckRS 2012, 24720 Rn. 4). 27

Eine Klärungsbedürftigkeit ist anzunehmen, wenn eine Frage von den Rechtsanwaltskammern im Bundesgebiet uneinheitlich beurteilt wird, für eine unbestimmte Vielzahl von Fällen Bedeutung erlangen kann und höchstrichterlich bislang noch nicht geklärt ist und das Erfordernis nach einem korrigierenden Eingreifen des BGH dargelegt ist (BGH BeckRS 2014, 02852 Rn. 4). 28

4. § 124 Abs. 2 Nr. 4 VwGO (Divergenz). Der Zulassungsgrund der Divergenz nach § 124 Abs. 2 Nr. 4 VwGO setzt voraus (zu den Darlegungserfordernissen → Rn. 109), dass die angefochtene Entscheidung zum einen von einer Entscheidung des OVG/VGH, des BVerwG, des gemeinsamen Senats der obersten Gerichtshöfe des Bundes oder des BVerfG abweicht und zum anderen auf dieser Abweichung beruht. Damit stellt eine Abweichung von einer Entscheidung eines anderen AGH oder eines anderen Senats des entscheidenden AGH keinen Zulassungsgrund nach § 124 Abs. 2 Nr. 4 VwGO dar (**aA** *Kleine-Cosack* AnwBl. 2009, 619, 626). Der BGH hat in NJW-RR 2012, 1336 Rn. 15 = BRAK-Mitt. 2012, 247 eine Abweichung von einer konkret bezeichneten AGH-Entscheidung geprüft; in anderen Beschlüssen hat er darauf abgestellt, dass der AGH nicht von „einem anderen gleichrangigen" Gericht abgewichen sei (so etwa BGH BeckRS 2014, 23759 Rn. 18; 2012, 04154 Rn. 3; 2011, 23621 Rn. 12; wie hier Henssler/Prütting/*Deckenbrock* § 112e Rn. 16; *Quaas* DVBl. 2012, 1413, 1416). Die desweiteren angesprochene Divergenz zu einem OVG/VGH läuft nicht etwa deshalb ins Leere (so aber Gaier/Wolf/Göcken/*Schmidt-Räntsch* § 112e Rn. 43), weil mit „dem" OVG/VGH das dem VG übergeordnete OVG gemeint wäre. Diese Betrachtung hat zwar für den Bereich der VwGO seine Bedeutung (VGH Kassel NVwZ Beilage 1998, 111). Allerdings steht nach § 112e S. 2 in verwaltungsrechtlichen Anwaltsverfahren in Berufungsverfahren dem OVG/VGH der BGH gleich, so dass als „das" OVG der BGH anzusehen ist (Henssler/Prütting/*Deckenbrock* § 112e Rn. 16; auch der Anwaltssenat des BGH hat in BeckRS 2012, 21346 Rn. 9 sowie in BeckRS 2015, 06669 Rn. 22 eine Abweichung von seinen Entscheidungen geprüft). Eine Abweichung von anderen obersten Gerichtshöfen des Bundes (außer von BGH und von BVerwG, also von BAG, BFH und BSG) stellt keine Divergenz nach § 124 Abs. 2 Nr. 4 VwGO dar (so aber Gaier/Wolf/Göcken/*Schmidt-Räntsch* § 112e Rn. 43, 80). Eine Abweichung von einem Urteil eines Landgerichts kann eine Divergenz nicht begründen (BGH BeckRS 2014, 23759 Rn. 18). 29

Eine Abweichung liegt vor, wenn die anzufechtende Entscheidung **ein und dieselbe Rechtsfrage anders beantwortet** als die Vergleichsentscheidung, mithin einen Rechtssatz aufstellt, der sich mit einem in der Vergleichsentscheidung aufgestellten und diese tragenden Rechtssatz nicht deckt (BGH NJW-RR 2012, 1336 Rn. 15 = BRAK-Mitt. 2012, 247; BeckRS 2015, 04153 Rn. 5). Dazu muss der Rechtsmittelführer einen hinreichend bestimmten, die angefochtene Entscheidung tragenden abstrakten Rechtssatz, der von einem die Vergleichsentscheidung tragenden Rechtssatz abweicht, benennen. Die fehlerhafte oder unterbliebene Anwendung von Rechtssätzen stellt keine Divergenz iSd Zulassungsrechts dar (BGH BeckRS 2012, 04154 Rn. 3). 30

31 Die Divergenz muss **entscheidungserheblich** sein (BGH BeckRS 2011, 00439).

32 Die angefochtene Entscheidung beruht nicht mehr auf einer Abweichung, wenn die Vergleichsentscheidung wegen einer nach ihrem Erlass eingetretenen Gesetzesänderung oder einer wesentlichen Änderung der Verhältnisse als überholt anzusehen ist oder das betreffende Gericht die zunächst vertretene Rechtsauffassung inzwischen aufgegeben hat (Henssler/Prütting/*Deckenbrock* § 112e Rn. 17).

33 **5. § 124 Abs. 2 Nr. 5 VwGO (Verfahrensmangel).** Der Zulassungsgrund des Verfahrensmangels nach § 124 Abs. 2 Nr. 5 VwGO ist gegeben (zu den Darlegungserfordernissen → Rn. 110), wenn ein der Beurteilung des BGH als Berufungsgericht unterliegender **Verfahrensmangel** geltend gemacht wird und vorliegt, **auf dem die Entscheidung beruhen kann.** Ein Verfahrensmangel ist ein Verstoß gegen eine Vorschrift, die das gerichtliche Verfahren in Anwaltssachen betrifft, also nicht das Verwaltungs- oder Widerspruchsverfahren. Sowohl die unrichtige Anwendung als auch die unterbliebene Anwendung von Verfahrensvorschriften können einen Verfahrensmangel darstellen.

34 Der aus der Sicht des Rechtsmittelführers in Betracht kommende Zulassungsgrund muss nicht nur benannt, sondern auch **hinreichend erläutert** und zudem die Voraussetzungen des geltend gemachten Zulassungsgrundes substantiiert dargelegt werden. Mit einem pauschal gehaltenen Vortrag, der keinen tragfähigen Schluss auf ein verfahrensfehlerhaftes Vorgehen des AGH zulässt, darf sich der Rechtsmittelführer nicht begnügen (BGH BeckRS 2013, 04839 Rn. 4; 2014, 05522 Rn. 7).

35 Als Zulassungsgrund kommt allein ein solcher Verfahrensfehler in Betracht, auf dem die angefochtene Entscheidung beruhen kann. Auf einen Verfahrensfehler kommt es deshalb nicht an, wenn ein Beruhen des Urteils hierauf sicher auszuschließen ist (BGH BeckRS 2014, 10053 Rn. 5).

36 Macht der Berufungsführer geltend, dass der AGH den von ihm gehaltenen Vortrag übergangen habe, beruht das Urteil des AGH nicht auf einem gehörswidrigen Übergehen des Vortrags, wenn das Vorbringen nicht entscheidungserheblich war, also eine abweichende Beurteilung nicht gerechtfertigt hat (BGH BeckRS 2013, 19978 Rn. 3). Ebenso wenig kann eine Rüge eines Rechtsanwalts, die RAK habe sich wegen § 46 nicht durch eine angestellte RAin hätte vertreten lassen dürfen, Erfolg haben, weil das Urteil des AGH hierauf nicht beruhen kann (BGH BeckRS 2014, 16471 Rn. 12, insoweit in BRAK-Mitt. 2014, 316 nicht abgedruckt).

37 Mit dem Erfordernis, der Verfahrensfehler müsse der Beurteilung des Berufungsgerichts unterliegen, soll sichergestellt werden, dass unanfechtbare Verfahrensentscheidungen des Ausgangsgerichts (AGH) in der Berufungsinstanz nicht zur Überprüfung gestellt werden. Solche unanfechtbaren Verfahrensentscheidungen des AGH unterliegen deshalb auch nicht einer Inzidentüberprüfung durch den BGH (Gaier/Wolf/Göcken/*Schmidt-Räntsch* § 112e Rn. 45).

38 Als Beispiele aus der Rechtsprechung des Anwaltssenats des BGH sind folgende Anwendungsfälle von Verfahrensfehlern zu nennen:

39 **a) Verstoß gegen Amtsermittlungsgrundsatz.** Soll ein Verstoß gegen den Amtsermittlungsgrundsatz **(§ 86 Abs. 1 VwGO)** geltend gemacht werden (sog. Aufklärungsrüge), muss substantiiert dargelegt werden, hinsichtlich welcher tatsächlichen Umstände Aufklärungsbedarf bestanden hat, welche für geeignet und erforderlich gehaltenen Aufklärungsmaßnahmen hierfür in Betracht gekommen wären und welche tatsächlichen Feststellungen bei Durchführung der unterbliebenen Sachverhaltsaufklärung voraussichtlich getroffen worden wären. Weiterhin muss entweder dargelegt werden, dass bereits im Verfahren vor dem AGH, insbesondere in der mündlichen Verhandlung, auf die Vornahme der Sachverhaltsaufklärung, deren Unterbleiben nunmehr gerügt wird, hingewirkt worden ist oder dass sich dem Gericht die bezeichneten Ermittlungen auch ohne ein solches Hinwirken von sich aus hätten aufdrängen müssen (BGH BeckRS 2015, 01419 Rn. 10; 2013, 07251 Rn. 8; 2013, 03518 Rn. 10).

40 Es reicht also nicht pauschal die Nichterhebung von Beweisen und die Nichtberücksichtigung von Beweisanträgen zu rügen, diese jedoch nicht zu bezeichnen. Soweit die Nichtberücksichtigung von dem AGH vorgelegten Unterlagen gerügt werden soll, muss dem Vortrag des Rechtsmittelführers zu entnehmen sein, was sich hieraus zu seinen Gunsten hätte ergeben können (BGH BeckRS 2013, 19260 Rn. 9).

Soll gerügt werden, dass der AGH Beweisangeboten nicht nachgegangen sei, muss der Rechtsmittelführer im Einzelnen darlegen hinsichtlich welchen Gesichtspunktes welcher Beweis hätte erhoben werden müssen, welche Beweismittel dafür geeignet gewesen wären und welches Ergebnis die Beweisaufnahme gehabt hätte (BGH BeckRS 2011, 26034 Rn. 7). Hat die Partei selbst keinen entsprechenden Beweisantrag gestellt, ist weiter zu begründen, warum diese Beweismittel sich dem Gericht hätten aufdrängen müssen. Schließlich ist darzulegen, inwiefern die Beweiserhebung unter Zugrundelegung der Rechtsauffassung des Gerichts zu einer für die Partei günstigeren Entscheidung hätte führen können (BGH BeckRS 2011, 26270 Rn. 12). **41**

Die Rüge des Verstoßes gegen den Amtsermittlungsgrundsatz bleibt erfolglos, wenn der Rechtsmittelführer schon im Widerrufsverfahren gemäß § 32 Abs. 1 S. 1 BRAO, § 26 Abs. 2 VwVfG gehalten gewesen ist, bei der Ermittlung des Sachverhalts mitzuwirken und insbesondere ihm bekannte Tatsachen und Beweismittel vollständig mitzuteilen. Diese Mitwirkungslast setzt sich im Verfahren vor dem AGH fort; wenn es um Vorgänge geht, die nur dem Rechtsmittelführer bekannt waren oder jedenfalls nur mit seiner Hilfe zuverlässig ermittelt werden konnten (BGH BeckRS 2013, 16310 Rn. 7; 2012, 05867 Rn. 20). **42**

Ebenso bleibt die Rüge des Verstoßes gegen den Amtsermittlungsgrundsatz erfolglos, wenn der AGH bereits einen Hinweis gegeben bzw. eine Auflage hinsichtlich vorzulegender Unterlagen gemacht hat, denen der Rechtsmittelführer nicht nachgekommen war (BGH BeckRS 2012, 05867 Rn. 20; vgl. für die Einholung eines Sachverständigengutachtens BGH BeckRS 2012, 04738 Rn. 5). **43**

Ergeben sich in einem Zulassungswiderrufsklageverfahren keine Anhaltspunkte für eine fehlerhafte Anhörung durch die RAK im Verwaltungsverfahren, so stellt es keinen Verfahrensfehler dar, wenn der AGH die Frage der ordnungsgemäßen Anhörung des Klägers im Verwaltungsverfahren nicht weiter geprüft hat (BGH BeckRS 2015, 01419 Rn. 12). Wird dem Rechtsanwalt durch die RAK im Verwaltungsverfahren die Gelegenheit gegeben, sich allgemein zu den für die Entscheidung erheblichen Tatsachen zu äußern, so steht es dem Rechtsanwalt frei, sämtliche auch nicht ausdrücklich erfragte Umstände vorzutragen und ihre Relevanz für die Entscheidung der RAK zu erläutern (BGH BeckRS 2015, 01419 Rn. 14). **44**

b) Verletzung rechtlichen Gehörs (Art. 103 Abs. 1 GG). Die Rüge einer Verletzung des rechtlichen Gehörs wegen einer **zu kurzen Äußerungsfrist** vor Erlass des Widerrufsbescheids der RAK geht schon deswegen ins Leere, wenn sich der Rechtsanwalt im gerichtlichen Verfahren umfassend zu äußern vermochte (BGH BeckRS 2014, 13219 Rn. 12; 2013, 19260 Rn. 11). **45**

Ein **Übergehen** der von einer Partei vorgebrachten Umstände liegt nicht vor, wenn der AGH das Vorbringen zur Kenntnis genommen, jedoch aus Rechtsgründen für unerheblich erachtet hat (BeckRS 2014, 10053 Rn. 4; 2014, 02349 Rn. 11). Dies gilt auch für Beweisantritte (BGH BeckRS 2012, 15078 Rn. 8). Auf die Rüge einer unkorrekten Wiedergabe von Vorbringen kann der Zulassungsantrag im Hinblick auf die Möglichkeit, eine Urteilsberichtigung zu beantragen nicht gestützt werden (BGH BeckRS 2014, 14299 Rn. 12). **46**

Für die Frage, ob ein Gehörsverstoß deshalb vorliegt, weil Sachvortrag unberücksichtigt geblieben ist, ist auf den Rechtsstandpunkt des erstinstanzlichen Gerichts abzustellen. Kam es danach auf den in Rede stehenden Vortrag nicht an, liegt keine Gehörsverletzung vor (BGH BeckRS 2012, 07960 Rn. 13). **47**

Der Anspruch auf rechtliches Gehör verpflichtet das Gericht, den **Tatsachenvortrag** der Partei zur Kenntnis zu nehmen und bei der Entscheidungsfindung zu berücksichtigen, nicht jedoch, den Rechtsansichten der Partei zu folgen (BGH BeckRS 2014, 23586 Rn. 12). **48**

Aus dem Anspruch einer Partei auf rechtliches Gehör kann nicht abgeleitet werden, dass sich das Gericht mit jedem Vorbringen einer Partei in den Gründen der Entscheidung ausdrücklich zu befassen hätte (BGH BeckRS 2014, 10213 Rn. 13; 2011, 09189 Rn. 14). Grundsätzlich ist davon auszugehen, dass ein Gericht den Vortrag zur Kenntnis genommen und in Erwägung gezogen hat. Damit sich ein Verstoß gegen Art. 103 Abs. 1 GG feststellen lässt, müssen besondere Umstände deutlich gemacht werden, die zweifelsfrei darauf schließen lassen, dass das Vorbringen eines Beteiligten entweder überhaupt nicht zur Kenntnis genommen oder bei der Entscheidung nicht berücksichtigt wurde (BGH BeckRS 2011, 09189 Rn. 14). **49**

Will eine Partei als Verfahrensfehler rügen, dass ihr eine **Schriftsatzfrist** nicht eingeräumt worden sei, muss sie darlegen, was sie vorgetragen hätte, wenn ihr eine Schriftsatzfrist nachgelassen worden wäre (BGH NJW-RR 2014, 317, 318 Rn. 9). **50**

51 Macht ein Rechtsmittelführer geltend, er sei in der mündlichen Verhandlung vor dem AGH mit Vorbringen der Gegenseite konfrontiert worden, auf das er sich nicht habe vorbereiten können, ist damit ein Zulassungsgrund nicht bereits schlüssig dargelegt. Vielmehr muss der Rechtsmittelführer darlegen, was er vorgetragen hätte, wenn er den Vortrag vorab zur Kenntnis erhalten hätte oder ihm eine Schriftsatzfrist nachgelassen worden wäre (BGH BeckRS 2011, 26034 Rn. 8).

52 Stützt ein Rechtsanwalt seine Verfahrensrüge darauf, dass seine Personalakten zum Gegenstand der mündlichen Verhandlung gemacht worden seien, ohne dies anzukündigen, muss vorgetragen werden, was vor dem AGH vorgebracht worden wäre, wenn er vorab Einsicht in die Personalakten genommen hätte (BGH BeckRS 2014, 17216 Rn. 4).

53 **c) Verbot von Überraschungsentscheidungen.** Eine gerichtliche Entscheidung stellt sich als eine **unzulässige Überraschungsentscheidung** dar, wenn das Gericht einen bis dahin nicht erörterten rechtlichen oder tatsächlichen Gesichtspunkt zur Grundlage seiner Entscheidung macht und damit dem Rechtsstreit eine Wendung gibt, mit der die Beteiligten nach dem bisherigen Verlauf des Verfahrens nicht zu rechnen brauchten. Aus Art. 103 Abs. 1 GG folgt keine grundsätzliche Verpflichtung des Gerichts, bereits vor der Entscheidung auf seine Rechtsauffassung hinzuweisen. Eine entsprechende Hinweispflicht des Gerichts setzt vielmehr voraus, dass es bei seiner Entscheidung auf eine rechtliche Sichtweise oder eine bestimmte Bewertung des Sachverhalts abstellen will, mit der auch ein gewissenhafter und kundiger Prozessbeteiligter nach dem bisherigen Verlauf des Verfahrens unter Berücksichtigung der Vielfalt vertretbarer Rechtsauffassungen nicht zu rechnen braucht. Eine Partei muss auch damit rechnen, dass der AGH eine Rechtsfrage nach endgültiger Beratung ggf. anders beurteilen könnte als im Hinweis des Vorsitzenden. Ohnehin muss der Rechtsmittelführer den Vortrag, an welchem er durch den fehlenden Hinweis gehindert gewesen sei, nachholen (BGH BeckRS 2013, 18289 Rn. 6).

54 **d) Verstoß gegen Hinweispflichten.** Die Rüge einer Verletzung gerichtlicher Hinweispflichten setzt voraus, dass der Berufungsführer darlegt, welchen Vortrag er gehalten hätte und inwieweit dieser geeignet gewesen wäre, eine andere Beurteilung zu rechtfertigen (BGH NZI 2012, 106, 107 Rn. 12).

55 Will der Rechtsmittelführer rügen, im Termin zur mündlichen Verhandlung vor dem AGH sei ein rechtlicher Gesichtspunkt nicht erörtert worden, muss im Zulassungsantrag zu dessen Entscheidungserheblichkeit vorgetragen werden. Der Rechtsmittelführer muss substantiiert darlegen, was er vorgetragen hätte, wenn dieser Gesichtspunkt im Termin mündlich erörtert worden wäre und inwiefern dies möglicherweise zu einer abweichenden Entscheidung geführt hätte (BGH BeckRS 2012, 25537 Rn. 7); Letzteres ist zu verneinen, wenn dieser Gesichtspunkt ausweislich der Entscheidungsgründe des angefochtenen Urteils für die Entscheidung nicht tragend war (BGH BeckRS 2013, 19260 Rn. 10; 2012, 25537 Rn. 7).

56 Macht der Rechtsmittelführer geltend, der AGH hätte ihn darauf hinweisen müssen, dass sein Vortrag nicht ausreichend substantiiert sei, ist ein Zulassungsgrund dann nicht dargelegt, wenn das Vorbringen, welches nach seinem Vortrag vorgebracht worden wäre, bereits aus Rechtsgründen unbeachtlich gewesen wäre (BGH BeckRS 2014, 07661 Rn. 13).

57 Von einem Kläger, der selbst Rechtsanwalt ist und der zudem anwaltlich vertreten wird, darf erwartet werden, dass er in der Lage ist, Klageanträge entsprechend seinem Anliegen zu formulieren. Die Rüge, der AGH habe ihn nicht auf die richtige Form der Antragstellung hingewiesen, geht deshalb ins Leere (BGH BeckRS 2014, 12666 Rn. 24).

58 **e) Verletzung des Öffentlichkeitsgrundsatzes.** Ein relevanter Verstoß gegen den Öffentlichkeitsgrundsatz (§ 173 S. 1 VwGO, § 169 S. 1 GVG) ist nicht dargelegt, wenn nicht behauptet wird, die fehlerhafte Bezeichnung der Sache im Aushang am Sitzungssaal habe eine interessierte Person von der Anwesenheit bei der Verhandlung abgehalten. Auch muss dargelegt werden, inwieweit sich dieser Verfahrensverstoß auf das Urteil ausgewirkt hat (BGH BeckRS 2014, 12666 Rn. 26).

59 Allerdings kann grundsätzlich ein Verfahrensfehler in Betracht kommen, wenn der AGH seine Verhandlung verfahrensfehlerhaft in öffentlicher Sitzung durchgeführt hat. Dies ist jedoch nicht gegeben, wenn dem Protokoll zufolge öffentlich verhandelt, zeitweilig aber die Öffentlichkeit ausgeschlossen wurde, um dem Kläger nach § 171b Abs. 1 GVG Gelegenheit zu geben seinen Vortrag zu ergänzen, und wenn der Kläger von dieser Möglichkeit, durch das Protokoll belegt,

auch Gebrauch gemacht hat bevor die Öffentlichkeit wieder hergestellt wurde. Überdies verlangt das Darlegungserfordernis auch hier, dass der Rechtsmittelführer darlegt, welchen Vortrag er gehalten hätte, wenn die Öffentlichkeit entgegen den Vorschriften des Gerichtsverfassungsgesetzes durchgehend ausgeschlossen worden wäre (BGH BeckRS 2012, 05867 Rn. 17).

Eine versehentliche Bezeichnung des Anwaltsgerichtshofs als „Anwaltsgericht" im erstinstanzlichen Protokoll begründet keinen Verfahrensverstoß (BGH BeckRS 2002, 04840 unter II 3b). 60

f) Nichteinhaltung der Ladungsfristen. Ein Verstoß gegen die gesetzlichen Ladungsfristen liegt nicht vor, wenn es allein um die Vorverlegung der Terminsstunde geht. Denn die Regelungen über Ladungsfristen in der VwGO wie in anderen Verfahrensordnungen beziehen sich insoweit nur auf den Terminstag, nicht jedoch auch auf die Terminsstunde. Deshalb gelten die gesetzlichen Ladungsfristen bei Verlegungen der Terminsstunde am selben Terminstag nicht (BGH BeckRS 2013, 10325 Rn. 5). Ein Verstoß gegen § 102 Abs. 2 VwGO liegt nicht vor, wenn ein Hinweis darauf, dass beim Ausbleiben eines Beteiligten auch ohne ihn verhandelt und entschieden werden kann, nur bei der ursprünglichen Ladungsverfügung erfolgt ist. Im Rahmen einer Vorverlegung der Terminsstunde muss dieser Hinweis nicht wiederholt werden (BGH BeckRS 2013, 10325 Rn. 5). 61

g) Verhandeln in Abwesenheit. Hier kommt ein Verstoß gegen den Anspruch auf rechtliches Gehör in Betracht (→ § 112c Rn. 241 ff.): 62

Ist der Kläger wegen einer plötzlich aufgetretenen Erkrankung an der eigenen Teilnahme an der mündlichen Verhandlung oder an der Beauftragung eines umfassend informierten Kollegen gehindert, verletzt die unter Verstoß gegen § 173 Abs. 1 VwGO, § 227 Abs. 1 S. 1, Abs. 2 ZPO erfolgte Zurückweisung des Verlegungsantrags dessen Anspruch auf rechtliches Gehör (Art. 103 Abs. 1 GG). In einem solchen Fall kann nicht ausgeschlossen werden, dass die angefochtene Entscheidung des Anwaltsgerichtshofs auf diesem Verfahrensfehler beruht. Denn es ist damit nicht nur eine unzureichende Aufklärung des dem Gericht unterbreiteten Prozessstoffs, sondern die verfahrensfehlerhafte Verhinderung seiner Teilnahme an der mündlichen Verhandlung gerügt, so dass von ihm kein hypothetischer Sachvortrag dazu zu verlangen ist, was er im Falle seiner Teilnahme oder der Vertretung durch einen sachkundigen Kollegen in der mündlichen Verhandlung im Einzelnen vorgebracht hätte. Auf die Frage, was der Kläger in der mündlichen Verhandlung zusätzlich noch vorgetragen hätte und ob dieses Vorbringen erheblich gewesen wäre, kommt es in diesem Fall nicht an. In einem solchen Fall ist stets von einer für die Entscheidung des Gerichts maßgeblichen Verletzung des rechtlichen Gehörs auszugehen (BGH BeckRS 2014, 04617 Rn. 4; 2013, 14140 Rn. 5; 2012, 10262 Rn. 2). 63

In den Widerruf der Zulassung wegen Vermögensverfall betreffenden Verfahren sind im Hinblick auf die durch einen Vermögensverfall indizierte Gefährdung der Interessen der rechtsuchenden Mandanten strenge Anforderungen an den Verhinderungsgrund und seine Glaubhaftmachung zu stellen (BGH BeckRS 2013, 13620 Rn. 8; 2013, 14235 Rn. 3; 2013, 10325 Rn. 7). 64

In einem Fall, in dem ein Kläger zum wiederholten Mal eine krankheitsbedingte Verhinderung geltend machen will, kommt eine weitere Verlegung des Termins nur nach Vorlage eines amtsärztlichen Attests in Betracht (BGH BeckRS 2013, 13620 Rn. 7; 2012, 24406 Rn. 3). 65

Ein Attest, das keine Diagnose enthält, reicht nicht aus, weil es eine Überprüfung der (fehlenden) Verhandlungsfähigkeit nicht ermöglicht (BGH BeckRS 2013, 09457 Rn. 3). 66

Deshalb ist es verfahrensrechtlich nicht zu beanstanden, wenn der AGH dem Kläger im Vorfeld eines dritten Termins aufgegeben hat, im Falle einer erneuten Verhinderung diese durch ein amtsärztliches Attest zu belegen. Die bloße mündliche Erklärung des Klägers gegenüber der Geschäftsstelle, er sei krank, die auch in der Folgezeit durch kein (amts-)ärztliches Attest bestätigt worden ist, reicht zur Glaubhaftmachung nicht aus (BGH BeckRS 2013, 13620 Rn. 8). 67

Die Verhinderung eines durch einen Prozessbevollmächtigten vertreteten Beteiligten ist in der Regel kein Grund für eine Terminverlegung, es sei denn, dass substantiiert gewichtige Gründe vorgetragen werden, weshalb die persönliche Anwesenheit des Beteiligten erforderlich ist. Das bloße Anwesenheitsinteresse einer anwaltlich vertretenen Partei ist durch ihren Anspruch auf rechtliches Gehör nicht geschützt (BGH BeckRS 2015, 01419 Rn. 6). Ein Verfahrensfehler durch Übergehen dieser gewichtigen Gründe kann nur angenommen werden, wenn zur Begründung des Antrags auf Terminverlegung dargelegt worden war, welche Tatsachen oder Erwägungen die Partei persönlich im Verhandlungstermin hätte vortragen wollen, die nicht von ihrem 68

Verfahrensbevollmächtigten hätten vorgetragen werden können. Allein die erhebliche Bedeutung eines Zulassungswiderrufsverfahrens rechtfertigt nicht den Terminverlegungsantrag einer anwaltlich vertretenen Partei (BGH BeckRS 2015, 01419 Rn. 7).

69 **h) Befangenheit von Mitgliedern des AGH.** Eine als unrichtig gerügte Zurückweisung eines gegen ein Mitglied des AGH-Senats gerichteten Ablehnungsgesuchs kann keinen im Zulassungsverfahren zu berücksichtigenden Verfahrensfehler darstellen, da eine solche Entscheidung nach § 146 Abs. 2 VwGO nicht mit der Beschwerde angefochten werden kann und folglich gemäß § 173 S. 1 VwGO, § 512 ZPO einer inhaltlichen Überprüfung durch das Berufungsgericht entzogen ist (BGH NJW-RR 2014, 317, 318 Rn. 6; BeckRS 2014, 13219 Rn. 12; 2015, 01419 Rn. 4).

70 Demgemäß ist auch eine mögliche fehlerhafte Besetzung des AGH bei der Entscheidung über das Ablehnungsgesuch der Nachprüfung durch das Berufungsgericht entzogen (BGH NJW-RR 2014, 317, 318 Rn. 6; BeckRS 2014, 13219 Rn. 12).

71 Dies gilt unabhängig davon, ob hier über das Ablehnungsgesuch bereits durch gesonderten Beschluss des AGH oder erst im Zusammenhang mit dem Urteil entschieden worden ist (BGH BeckRS 2014, 13219 Rn. 12).

72 Auch kann im Zulassungsverfahren nicht erstmals die Befangenheit eines Mitglieds des AGH-Senats geltend gemacht werden; vielmehr hätte vor dem AGH ein Befangenheitsantrag gestellt werden müssen (§ 54 Abs. 1 VwGO, § 43 ZPO; BGH BeckRS 2014, 12666 Rn. 29).

73 Die unrichtige Zurückweisung eines Ablehnungsgesuchs ist allerdings ausnahmsweise dann beachtlich, wenn mit ihr die Verletzung der verfassungsrechtlichen Garantie einer vorschriftsmäßigen Besetzung des Gerichts gemäß Art. 101 Abs. 1 S. 2 GG geltend gemacht wird. Dies setzt voraus, dass für die Entscheidung willkürliche oder manipulative Erwägungen maßgeblich waren (BGH BeckRS 2013, 18832 Rn. 7).

74 **i) Fehlerhafte Besetzung des AGH.** Eine Besetzungsrüge ist nur dann zulässig vorgebracht, wenn der Rechtsmittelkläger die seiner Ansicht nach den Mangel begründenden Tatsachen in einer Weise vorträgt, die dem Rechtsmittelgericht eine abschließende Beurteilung ermöglicht. Dies erfordert eine Auseinandersetzung mit den Einzelheiten der Geschäftsverteilung sowie ggf. die Einholung von Auskünften des Gerichts und notfalls eigenen Ermittlungen, um sich über das Vorgehen des Gerichts hinreichende Gewissheit zu verschaffen. Mutmaßungen über die Gründe für die Mitwirkung der an dem angegriffenen Urteil beteiligten Richter können die erforderlichen Darlegungen nicht ersetzen (BGH BeckRS 2014, 08152 Rn. 13).

75 Eine fehlerhafte Besetzung des Gerichts, mithin ein Verstoß gegen Art. 101 Abs. 1 S. 2 GG, ist nicht bereits damit dargelegt, dass die Besetzung des AGH nach einer Terminverlegung wegen urlaubsbedingter Abwesenheit zweier Senatsmitglieder nicht der Besetzung gemäß der ursprünglichen Ladungsverfügung entsprach. Ein Verfahrensfehler ist erst dargetan, wenn zugleich behauptet wird, dass andere Richter als die im Nachfolgetermin anwesenden zur Entscheidung berufen gewesen sein könnten. Eine unterlassene Mitteilung einer Besetzungsänderung kommt nur dann als relevanter Verfahrensfehler in Betracht, wenn dargetan wird, dass in der Person eines neuen Senatsmitglieds ein Ausschließungsgrund (§ 54 Abs. 1 VwGO, § 41 ZPO, § 54 Abs. 2 VwGO) gegeben gewesen sein könnte, an dessen Geltendmachung der Kläger wegen einer unterlassenen Mitteilung hätte gehindert sein können (BGH NZI 2012, 106 Rn. 10 f.).

76 Eine vorschriftswidrige Besetzung des AGH kann auch nicht mit dem Hinweis dargetan werden, dass der Vorsitzende im Zeitpunkt der mündlichen Verhandlung bereits das „Ruhestandsalter" erreicht habe. Denn im Umkehrschluss aus § 103 Abs. 2, § 94 Abs. 3 S. 1, §§ 65 ff., § 67 Nr. 1 BRAO ergibt sich, dass ein Rechtsanwalt, der das fünfundsechzigste Lebensjahr vollendet hat, Mitglied des Anwaltsgerichtshofs sein kann (BGH NJW-RR 2014, 439 Rn. 13).

77 **j) Unterlassen einer notwendigen Beiladung.** Als Verfahrensfehler kommt ferner das Übergehen einer notwendigen Beiladung nach § 65 Abs. 2 VwGO in Betracht (BGH NJW-RR 2012, 1336 Rn. 22; 2012, 1336 = BRAK-Mitt. 2012, 247).

78 **k) Unterlassen einer Fristsetzung nach § 87b VwGO.** Das Unterlassen einer Fristsetzung nach § 87b Abs. 1 S. 1 VwGO kommt nicht als Verfahrensfehler in Betracht. Denn das Gericht ist zu einer solchen Fristsetzung nicht verpflichtet. Denn diese Norm räumt dem Gericht zur Beschleunigung des Verfahrens die Befugnis ein, für den Vortrag von Tatsachen und die Beibrin-

gung von Beweismitteln Fristen zu setzen und verbindet damit die Möglichkeit Erklärungen und Beweismittel, die erst nach Ablauf der Frist vorgebracht werden, zurückzuweisen und ohne weitere Ermittlungen zu entscheiden, wenn ihre Zulassung nach der freien Überzeugung des Gerichts die Erledigung des Rechtsstreits verzögern würde und der Beteiligte die Verspätung nicht genügend entschuldigt. Eine Verpflichtung des Gerichts zur Fristsetzung sieht das Gesetz aber nicht vor (BGH BeckRS 2012, 05867 Rn. 21).

l) Fehlen einer Urteilsverkündung. Die Urteilsverkündung (§ 116 Abs. 1 VwGO) kann 79 nur durch ein Verkündungsprotokoll (§ 105 VwGO, §§ 159–165 ZPO) nachgewiesen werden (§ 160 Abs. 3 Nr. 7, § 165 ZPO; BGH BeckRS 2014, 04617 Rn. 5). Der BGH (BeckRS 2014, 04617) hat das Vorliegen eines Verfahrensfehlers in einem Fall in Betracht gezogen, in dem lediglich ein Aktenvermerk des Vorsitzenden vorlag.

m) Ablehnung der Wiedereröffnung der mündlichen Verhandlung. Die Ablehnung der 80 Wiedereröffnung der mündlichen Verhandlung (§ 104 Abs. 3 S. 2 VwGO) kann einen Verfahrensfehler darstellen (BGH BeckRS 2013, 07251 Rn. 10).

n) Verstoß gegen Fünfmonatsfrist. Wird ein Urteil verkündet und ist es in diesem Zeit- 81 punkt noch nicht vollständig abgefasst, ist es innerhalb von fünf Wochen vollständig abgefasst der Geschäftsstelle zu übergeben (§ 117 Abs. 4 VwGO). Eine Verletzung dieser Fristanforderung ist ein Verfahrensfehler, der zur Zulassung der Berufung führt, sofern das Urteil auf ihm beruhen kann. Eine Kausalitätsvermutung hierfür enthält § 138 Nr. 6 VwGO, wenn das Urteil nicht mit Gründen versehen ist. Nicht mit Gründen versehen ist ein Urteil jedenfalls auch dann, wenn es nicht innerhalb der Frist von fünf Monaten vollständig abgefasst der Geschäftsstelle übergeben wird. Da es Sache des Rechtsmittelführers ist die Einzeltatsachen anzugeben, aus denen sich der behauptete Verfahrensfehler ergibt und dies auch für gerichtsinterne Vorgänge gilt, hat er auch zum Eingang des vollständig abgefassten Urteils auf der Geschäftsstelle des AGH vorzutragen (BGH BeckRS 2014, 05522 Rn. 8; vgl. auch BGH NJW-RR 2001, 1642 = BRAK-Mitt. 2002, 37).

V. Zulassungsverfahren

1. Zulassung im Urteil des AGH. Der AGH hat seine Entscheidung über die Zulassung der 82 Berufung im Urteil oder Gerichtsbescheid ohne Antrag von Amts wegen zu treffen. Ein Ermessen steht ihm hierbei nicht offen; geht er von dem Vorliegen der Zulassungsgründe nach **§ 124 Abs. 2 Nr. 3 und 4 VwGO** aus, hat er die Zulassung der Berufung auszusprechen.

Der Ausspruch der Zulassung hat im Urteil oder Gerichtsbescheid des AGH zu erfolgen; vgl. 83 § 124a Abs. 1 S. 1 VwGO. Es dient der Klarheit und ist deshalb empfehlenswert, wenn dieser Ausspruch über die Zulassung **im Tenor der Entscheidung** erfolgt. Erforderlich ist dies für die Wirksamkeit der Zulassung der Berufung nicht. Es reicht aus, wenn sich die Zulassung aus den Entscheidungsgründen ausdrücklich oder konkludent ergibt (BGH BeckRS 2013, 07388 Rn. 4; vgl. auch BGH NJW-RR 2014, 639). Die Rechtsmittelbelehrung kann nicht als Entscheidung über die Zulassung ausgelegt werden. Sie ist, auch wenn die Unterschriften der Richter ihr nachfolgen, nur formal ein Bestandteil der Entscheidung; sie hat als „Belehrung" nicht eine Willenserklärung, sondern eine Wissenserklärung zum Inhalt (BGH NJW-RR 2014, 639; vgl. auch BGH NJW 2014, 2879). Eine Begründung für die Zulassung der Berufung kann gegeben werden; Wirksamkeitsvoraussetzung ist dies ebenfalls nicht.

Da die Zulassung der Berufung in dem Urteil oder Gerichtsbeschluss zu erfolgen hat (vgl. 84 § 124a Abs. 1 S. 1 VwGO), kann eine versehentlich unterbliebene Zulassung der Berufung nicht in einem gesonderten Beschluss **nachgeholt** werden. In einem solchen Fall ist die Berufung nicht rechtswirksam zugelassen; eine eingelegte Berufung ist unzulässig (BGH BeckRS 2013, 07388 Rn. 4); allerdings ist die eingelegte Berufung nach dem Meistbegünstigungsgrundsatz als Antrag auf Zulassung der Berufung zu behandeln (BGH BeckRS 2013, 07388 Rn. 5). Auch eine Urteilsergänzung nach § 120 VwGO kommt nicht in Betracht (Henssler/Prütting/*Deckenbrock* § 112e Rn. 8).

Der BGH ist an die Entscheidung des AGH, die Berufung zuzulassen, **gebunden** (§ 124a 85 Abs. 1 S. 2 VwGO). Für die Frage der Zulassung der Berufung bedarf es keiner Überprüfung durch den BGH, ob der seitens des AGH angenommene Zulassungsgrund tatsächlich vorliegt.

Der BGH kann allerdings nach § 130a VwGO die Berufung ohne mündliche Verhandlung durch Beschluss zurückweisen, wenn er sie einstimmig für unbegründet erachtet.

86 Ist der Streitgegenstand des Verfahrens teilbar, kann die Zulassung der Berufung auch auf einen abtrennbaren, dh tatsächlich und rechtlich selbständigen Teil des Urteils des AGH beschränkt werden. Eine Beschränkung der Zulassung der Berufung auf bestimmte Anspruchsgrundlagen oder Rechtsfragen ist nicht zulässig. In der Praxis wird eine Teilzulassung nur selten erfolgen können. Die Zulassung zur Rechtsanwaltschaft sowie ihr Widerruf ist ebenso wenig teilbar wie die Gestattung oder der Widerruf einer Fachanwaltsbezeichnung (Gaier/Wolf/Göcken/*Schmidt-Räntsch* § 112e Rn. 54). In Betracht kommen Fälle des § 53 Abs. 10, der Anfechtung von Wahlen oder von Auflagen für die Befreiung von der Kanzleipflicht (Gaier/Wolf/Göcken/*Schmidt-Räntsch* § 112e Rn. 54).

87 Enthält das Urteil bzw. der Gerichtsbescheid des AGH **weder im Tenor noch in den Entscheidungsgründen** einen hinreichend deutlichen Ausspruch der Zulassung der Berufung, ist die Berufung **nicht** zugelassen.

88 **2. Nichtzulassung im Urteil des AGH.** Der AGH ist nach § 124a Abs. 1 S. 3 VwGO zu einer **Nichtzulassung der Berufung nicht befugt** (anders AGH BW Beschluss vom 11.12.2010 – 13/2010 (III): Ausspruch im Tenor). Ein gleichwohl erfolgter Ausspruch ist jedoch ohne Bedeutung; eine Bindung des BGH ist damit nicht verbunden. Ohnehin bleibt es von dem Nichtzulassungsverbot unberührt, wenn der AGH in sein Urteil bzw. seinen Gerichtsbescheid eine (kurze) Begründung für das von ihm angenommene Nichtvorliegen der Zulassungsgründe des § 124 Abs. 2 Nr. 3 und Nr. 4 VwGO aufnimmt.

89 **3. Zulassung durch den BGH. a) Adressat des Antrags.** Der Antrag auf Zulassung der Berufung ist nach § 124a Abs. 4 S. 2 VwGO beim **AGH als dem judex a quo** zu stellen. Eine Antragseinreichung beim BGH wahrt nicht die Antragsfrist und hat zur Folge, dass dieser den Antrag im Rahmen des ordentlichen Geschäftsgangs an den AGH weiterleitet. Eine weitergehende Verpflichtung, etwa eine beschleunigte Weiterleitung an das zuständige Gericht oder eine Verpflichtung, die Partei oder dessen Verfahrensbevollmächtigten durch Telefonat oder Telefax von der Einreichung des Rechtsmittels bei einem unzuständigen Gericht zu unterrichten, ergibt sich von Verfassungs wegen nicht (BGH NJW-RR 2014, 2 Rn. 20; NJW 2013, 1308 Rn. 12). Der damit verbundene Zeitablauf geht zu Lasten des Antragstellers und kann letztlich zu einem nicht mehr fristgerechten Eingang beim AGH führen, ohne dass ein Wiedereinsetzungsgesuch Erfolg hätte; anders ist es nur, wenn zwischen dem Eingang beim unzuständigen Gericht und dem Fristablauf so viel Zeit liegt, dass die Erwartung, bei einer Weiterleitung im ordentlichen Geschäftsgang werde der Schriftsatz das zuständige Gericht noch erreichen, gerechtfertigt ist (BGH NJW-RR 2014, 2 Rn. 21 ff.; NJW 2013, 1308 Rn. 13). Der Umstand, dass der Antrag beim AGH einzureichen ist, führt nicht dazu, dass dem AGH erneut die Möglichkeit zur Entscheidung über den Zulassungsantrag zukäme.

90 **b) Förmlichkeiten.** Der Antrag auf Zulassung der Berufung ist bei dem AGH **schriftlich** zu stellen. Wegen des **Vertretungszwangs** nach § 67 Abs. 4 S. 2 VwGO (BGH BeckRS 2012, 02537 Rn. 1) und im Hinblick auf § 81 Abs. 1 S. 2 VwGO ist eine Antragstellung durch Erklärung zu Protokoll der Geschäftsstelle nicht möglich. Der Antrag muss nach § 124a Abs. 4 S. 3 VwGO das angefochtene Urteil bezeichnen und erkennen lassen, wer diesbezüglich Antragsteller ist. Im Übrigen muss der Antrag mit **hinreichender Deutlichkeit** erkennen lassen, dass ein Zulassungsantrag gestellt werden soll. Ein als „sofortige Beschwerde" bezeichnetes Rechtsmittel kann als Zulassungsantrag ausgelegt werden (BGH BeckRS 2011, 25511 Rn. 1, 3). Ebenso kann eine Eingabe, mit der „Rechtsmittel gegen etwaige Urteile oder sonstige Entscheidungen" eingelegt wurden, als Antrag auf Zulassung der Berufung ausgelegt werden (BGH BeckRS 2011, 18250 Rn. 5). Bislang offen gelassen hat der Anwaltssenat die Frage, ob eine als „Berufung" bezeichnete Eingabe einer vom AGH ordnungsgemäß belehrten Partei als Antrag auf Zulassung der Berufung ausgelegt oder umgedeutet werden kann (BGH BeckRS 2014, 08151 Rn. 4; 2014, 03030 Rn. 4). Nach der Rechtsprechung des BVerwG (NVwZ 1999, 641, 642; BeckRS 2013, 46054 Rn. 4; ebenso VGH München NJW 2013, 3048) kommt eine solche Auslegung bzw. Umdeutung nicht in Betracht (vgl. kritisch *Unterreitmeier* NVwZ 2013, 399). Vorzuziehen ist es, dem Willen des Rechtsmittelführers, dasjenige Rechtsmittel einlegen zu wollen, das erkennbar zu dem von ihm erstrebten Erfolg führt, den Vorrang einzuräumen, zumal dann, wenn der AGH

die Berufung nicht zugelassen hat und der Antrag auf Zulassung der Berufung das einzige statthafte Rechtsmittel gegen das angefochtene Urteil darstellt. Nicht erforderlich, aber zulässig ist, dass bereits die Antragsschrift einen Antrag oder eine Begründung enthält (vgl. § 124a Abs. 4 S. 4 VwGO).

c) Frist. Nach § 124a Abs. 4 S. 1 VwGO ist der Antrag auf Zulassung **innerhalb eines Monats** nach Zustellung des vollständigen Urteils oder Gerichtsbescheids des AGH zu stellen. Die an ein vollständiges Urteil zu stellenden Erfordernisse ergeben sich aus § 117 Abs. 2 VwGO. Der Fristablauf beginnt mit der Zustellung an denjenigen Beteiligten des Ausgangsverfahrens, der Antragsteller im Zulassungsverfahren ist. Die Zustellung eines Beschlusses, mit dem das Urteil bzw. der Gerichtsbescheid berichtigt werden, ist nur dann maßgeblich, wenn erstmals aus dem Berichtigungsbeschluss die Beschwer erkennbar wird (BGHZ 113, 228 = NJW 1991, 1834). Eine Urteilsergänzung, die die nach § 112c Abs. 1, § 117 Abs. 2 Nr. 6 VwGO erforderliche Rechtsmittelbelehrung enthält, setzt den Fristlauf in Gang (BGH BeckRS 2011, 18250 Rn. 2). 91

Eine Verlängerung der Frist zur Stellung des Zulassungsantrags kommt **nicht** in Betracht. Denn nach § 112c Abs. 1 S. 1 iVm § 57 Abs. 2 VwGO und § 224 Abs. 2 ZPO können gesetzliche Fristen nur in den besonders bestimmten Fällen verlängert werden. Die VwGO sieht aber für die Frist zur Stellung des Zulassungsantrags nach § 124a Abs. 4 S. 1 VwGO anders als bei der Frist zur Begründung einer zugelassenen Berufung nach § 124a Abs. 3 S. 3 VwGO keine solche Möglichkeit vor. Ein **Antrag auf Bewilligung von Prozesskostenhilfe,** für den kein Vertretungszwang besteht, wahrt die Antragsfrist nicht; allerdings kommt auch hier **Wiedereinsetzung in den vorigen Stand** in Betracht. Der Prozesskostenhilfeantrag ist wie der Zulassungsantrag selbst (§ 124a Abs. 4 S. 2 VwGO) beim AGH zu stellen (Gaier/Wolf/Göcken/*Schmidt-Räntsch* § 112e Rn. 67); zur Entscheidung hierüber ist allerdings der BGH berufen. 92

d) Begründung des Zulassungsantrags. Aus § 124a Abs. 4 S. 4 VwGO folgt, dass bereits der bei dem AGH einzureichende Antrag auf Zulassung der Berufung eine Begründung enthalten kann. Wird die Antragsbegründung mit einem gesonderten Schriftsatz vorgelegt, ist dieser nach § 124a Abs. 4 S. 5 VwGO beim BGH **(iudex ad quem)** einzureichen. Die Einreichung bei dem AGH wahrt nicht die zweimonatige Begründungsfrist; der mit der im ordentlichen Geschäftsgang erfolgenden Weiterleitung seitens des AGH an den BGH verbundene Zeitverlust kann zur Verfristung führen (→ Rn. 89, 120). 93

Die Begründung muss **schriftlich** erfolgen und unterliegt dem **Vertretungszwang** (BGH BRAK-Mitt. 2012, 34). 94

Nach § 124a Abs. 4 S. 4 VwGO beträgt die Frist für die Begründung des Antrags auf Zulassung **zwei Monate nach Zustellung** des vollständigen Urteils oder Gerichtsbeschlusses an den Rechtsmittelführer. **Diese Frist kann nicht verlängert werden.** Nach § 112c Abs. 1 S. 1 iVm § 57 Abs. 2 VwGO und § 224 Abs. 2 ZPO können gesetzliche Fristen nur in den besonders bestimmten Fällen verlängert werden. Die VwGO sieht aber für die Frist zur Begründung des Zulassungsantrags nach § 124a Abs. 4 S. 4 VwGO anders als bei der Frist zur Begründung einer zugelassenen Berufung nach § 124a Abs. 3 S. 3 VwGO keine solche Möglichkeit vor. Eine Verlängerung kommt damit nicht in Betracht (BGH BeckRS 2015, 05731 Rn. 2; 2012, 20649 Rn. 6). Im Fall unverschuldeter Fristversäumung kann **Wiedereinsetzung** bewilligt werden (BGH BeckRS 2014, 14861 Rn. 3, 4). In der Rechtsmittelbelehrung braucht kein Hinweis darauf erteilt zu werden, dass eine Verlängerung der Frist zur Begründung des Zulassungsantrags nicht möglich ist (BGH BeckRS 2012, 20649 Rn. 3). 95

Für das Zulassungsverfahren ist ausschließlich der Inhalt der fristgerecht vorgelegten Begründung entscheidend; ein **Nachschieben** von weiterem Vortrag nach Fristablauf kann nicht erfolgen (Gaier/Wolf/Göcken/*Schmidt-Räntsch* § 112e Rn. 71). Der BGH prüft ausschließlich die dargelegten Zulassungsgründe; andere Zulassungsgründe, die nicht dargelegt sind, führen selbst bei ihrem Vorliegen nicht zur Zulassung der Berufung. 96

Der Antrag auf Zulassung der Berufung ist unzulässig, wenn er lediglich zum Ziel hat, dass die Kostenentscheidung geändert wird. Nach § 112c Abs. 1 S. 1, § 158 Abs. 1 VwGO ist die Anfechtung von Kostenentscheidungen unzulässig, wenn nicht gegen die Entscheidung in der Hauptsache ein Rechtsmittel eingelegt wird. Unerheblich ist, dass sich der Antrag bei formaler Betrachtung gegen das Urteil des AGH insgesamt wendet, wenn der Rechtsmittelführer in der Hauptsache nicht beschwert ist. Kann ein lediglich durch eine Kostenentscheidung beschwerter Verfahrensbeteiligter in der Hauptsache kein zulässiges Rechtsmittel einlegen, so gilt die Rechts- 97 mittelbeschränkung des § 158 Abs. 1 VwGO auch für ein Rechtsmittel, das formal die Hauptsacheentscheidung angreift (BGH BeckRS 2013, 18352 Rn. 2).

98 **e) Darlegung der Zulassungsgründe.** Nach § 124a Abs. 4 S. 4 VwGO muss die Begründungsschrift die Darlegung der Gründe, aus denen die Zulassung der Berufung erfolgen soll, enthalten. Bei gänzlichem Fehlen einer solchen Darlegung oder bei Nichtdarlegung auch nur eines Zulassungsgrundes ist der Antrag auf Zulassung der Berufung **unzulässig** (BGH BeckRS 2011, 06314 Rn. 4).

99 Die tatbestandlichen Voraussetzungen für eine Zulassung der Berufung sind in der Antragsschrift **„darzulegen"** (§ 124a Abs. 4 S. 4 VwGO). Hierfür gelten im Grundsatz dieselben Anforderungen, wie sie die Rechtsprechung zur Beschwerde gegen die Nichtzulassung der Revision (§ 133 Abs. 3 S. 3 VwGO, § 544 Abs. 2 S. 3 ZPO) entwickelt hat. Daher müssen die aus Sicht des jeweiligen Antragstellers in Betracht kommenden Zulassungsgründe iSd § 124 Abs. 2 VwGO **benannt und hinreichend erläutert,** dh die Voraussetzungen des geltend gemachten Zulassungsgrundes substantiiert dargelegt werden (BGH AnwBl. 2012, 553 Rn. 2; BeckRS 2014, 23697 Rn. 3).

100 Deshalb darf sich die Darlegung der Zulassungsgründe nicht auf einen pauschalen, allgemeinen Vortrag beschränken; das Vorliegen eines Zulassungsgrundes darf auch nicht nur behauptet werden. Deshalb genügt das bloße Benennen eines Zulassungsgrundes dem Darlegungserfordernis ebenso wenig wie eine bloße Wiederholung des erstinstanzlichen Vorbringens oder eine Bezugnahme hierauf (BGH NJW-RR 2012, 121 Rn. 5). Ebenfalls nicht ausreichend ist die Vorlage eines nach Inhalt und Zielsetzung nicht erläuterten Anlagenkonvoluts (BGH BeckRS 2011, 06314 Rn. 4). Erforderlich ist ein **näheres, substantiiertes Eingehen** auf einen Zulassungsgrund, so dass der BGH in die Lage versetzt wird, allein aufgrund der Zulassungsbegründung und der angefochtenen Entscheidung ohne Hinzuziehung des übrigen Akteninhalts das Vorliegen eines Zulassungsgrundes festzustellen (Gaier/Wolf/Göcken/*Schmidt-Räntsch* § 112e Rn. 74).

101 Die Gewährleistung eines effektiven Rechtsschutzes durch Art. 19 Abs. 4 GG verbietet den Gerichten eine Auslegung und Anwendung von Rechtsmittelvorschriften, die die Beschreitung des Rechtswegs in einer unzumutbaren, aus Sachgründen nicht mehr zu rechtfertigenden Weise erschweren. Deshalb dürfen die Anforderungen an die Darlegung der Zulassungsgründe nicht derart erschwert werden, dass sie auch von einem durchschnittlichen, nicht auf das gerade einschlägige Rechtsgebiet spezialisierten Rechtsanwalt mit zumutbarem Aufwand nicht mehr erfüllt werden können und dadurch die Möglichkeit, die Zulassung eines Rechtsmittels zu erstreiten, für den Rechtsmittelführer leer läuft (BVerfG NJW 2009, 3642; vgl. *Rudisile* NVwZ 2012, 1425; *Gaier* NVwZ 2011, 385).

102 Inhaltlich haben sich die Anforderungen an die Darlegung an dem jeweils geltend gemachten **Darlegungsgrund** auszurichten (**zu den inhaltlichen Gesichtspunkten der einzelnen Zulassungsgründe → Rn. 19 ff.**). Ist die angefochtene Entscheidung auf mehrere, jeweils für sich selbständig tragende Gründe gestützt, sind Zulassungsgründe wegen jedes die Entscheidung tragenden Grundes darzulegen (BGH BeckRS 2014, 23697 Rn. 3). Zu den Darlegungserfordernissen im Einzelnen wie folgt:

103 **aa) Ernstliche Zweifel an der Richtigkeit (§ 124 Abs. 2 Nr. 1 VwGO).** Bei der Darlegung des Zulassungsgrundes nach § 124 Abs. 2 Nr. 1 VwGO (zu den inhaltlichen Anforderungen → Rn. 20 ff.) muss der Rechtsmittelführer den Zulassungsgrund ernstlicher Zweifel nicht ausdrücklich geltend machen: Es genügt, wenn er die Richtigkeit des angefochtenen Urteils in Frage stellt und insoweit in der Sache den Zulassungsgrund geltend macht (BGH BeckRS 2012, 09565 Rn. 2; 2011, 13389 Rn. 4).

104 Soweit der Rechtsmittelführer die Verfassungswidrigkeit einer Norm geltend machen will, reichen pauschale Behauptungen nicht. Eine „Darlegung" der tatbestandlichen Voraussetzungen für eine Zulassung der Berufung (§ 124a Abs. 4 S. 4 VwGO) verlangt dann, wenn die Verfassungswidrigkeit einer Norm gerügt wird, zumal wenn es sich um eine bereits seit längerem in Kraft befindliche Regelung handelt, über die Bekundung der persönlichen Meinung des jeweiligen Antragstellers hinaus auch die Darlegung, dass ernstliche Zweifel an der Verfassungsmäßigkeit in Rechtsprechung oder Literatur überhaupt geäußert werden (BGH BeckRS 2013, 07390 Rn. 5); dies entspricht der Rechtsprechung zu § 124 Abs. 2 Nr. 3 VwGO (→ Rn. 27 ff.).

Der Rechtsmittelführer darf sich nicht auf pauschale Rügen beschränken; er hat sich mit der Begründung der angefochtenen Entscheidung auseinander zu setzen und dieser schlüssige Ausführungen entgegen zu setzen (BGH BeckRS 2012, 12396 Rn. 4). 105

bb) Besondere rechtliche und tatsächliche Schwierigkeiten (§ 124 Abs. 2 Nr. 2 VwGO). Bei der Darlegung des Zulassungsgrundes nach § 124 Abs. 2 Nr. 2 VwGO (zu den inhaltlichen Anforderungen → Rn. 24 ff.) sind die vom Bundesverfassungsgericht geforderten Erleichterungen (BVerfG NVwZ 2000, 1163, 1164; NJW 2009, 3642, 3643) zu beachten. Ergibt sich schon aus dem **Begründungsumfang** im angefochtenen Urteil, dass eine Sache in rechtlicher oder tatsächlicher Hinsicht schwierig ist, genügt der Antragsteller seiner Darlegungslast regelmäßig bereits mit erläuternden Hinweisen auf die einschlägigen Passagen des Urteils. Erblickt der Antragsteller die Schwierigkeiten des Falles dagegen darin, dass das Gericht in der angefochtenen Entscheidung auf bestimmte tatsächliche Aspekte nicht eingegangen ist oder notwendige Rechtsfragen nicht oder unzutreffend beantwortet hat, kann von ihm verlangt werden, dass er diese rechtlichen oder tatsächlichen Gesichtspunkte **in nachvollziehbarer Weise darstellt und ihren Schwierigkeitsgrad plausibel macht** (BGH DNotZ 2014, 311 Rn. 11; BeckRS 2011, 08506 Rn. 6; 2014, 12666 Rn. 15). 106

cc) Grundsätzliche Bedeutung (§ 124 Abs. 2 Nr. 3 VwGO). Zur schlüssigen Darlegung des Zulassungsgrundes der grundsätzlichen Bedeutung nach § 124 Abs. 2 Nr. 3 VwGO (zu den inhaltlichen Anforderungen → Rn. 25 ff.) gehören Ausführungen zur Klärungsbedürftigkeit und Klärungsfähigkeit der aufgeworfenen Rechtsfrage sowie ihre Bedeutung für eine unbestimmte Vielzahl von Fällen oder ihre Auswirkung auf die Allgemeinheit; begründet werden muss auch, warum ein korrigierendes Eingreifen des Berufungsgerichts erforderlich ist (BGH BeckRS 2015, 01419 Rn. 16; NJW-RR 2013, 253 Rn. 9 = BRAK-Mitt. 2013, 38; NJW-RR 2013, 303 Rn. 4). 107

Hierbei erfordert die schlüssige Darlegung der Klärungsbedürftigkeit regelmäßig, dass jedenfalls dann, wenn es um die Anwendung bereits seit längerem in Kraft befindlicher Regelungen geht, über die Darstellung der persönlichen Meinung des Klägers hinaus Ausführungen dazu erfolgen, aus welchen Gründen, in welchem Umfang und von welcher Seite die angebliche Grundsatzfrage umstritten ist, mithin dass die Ansicht des Klägers in Rechtsprechung oder Literatur überhaupt vertreten wird und insoweit aktuell ein Meinungsstreit besteht (BGH NJW-RR 2014, 1083 Rn. 5; BeckRS 2014, 06119 Rn. 3). Nicht ausreichend ist es deshalb, wenn die Antragsbegründung lediglich die persönliche Auffassung des Rechtsmittelführers enthält, ohne dass dieser auf Rechtsprechung und Literatur überhaupt eingeht und aufzeigt, dass die persönliche Meinung des Rechtsmittelführers in Rechtsprechung oder Literatur Gefolgschaft gefunden hätte (BGH BeckRS 2014, 06119 Rn. 6; 2013, 07390 Rn. 9). Wird mithin die Verfassungs- oder Europarechtswidrigkeit einer Norm gerügt, ist, zumal wenn es sich um eine bereits seit längerem in Kraft befindliche Regelung handelt, darzulegen, dass die persönliche Ansicht des Antragstellers in Rechtsprechung oder Literatur überhaupt vertreten wird und insoweit aktuell ein Meinungsstreit besteht (BGH BeckRS 2012, 24720 Rn. 6). 108

dd) Divergenz (§ 124 Abs. 2 Nr. 4 VwGO). Eine die Zulassung der Berufung gemäß § 124 Abs. 2 Nr. 4 VwGO eröffnende Divergenz (zu den inhaltlichen Anforderungen → Rn. 29 ff.) ist nur dann hinreichend bezeichnet, wenn die Zulassungsbegründung einen **inhaltlich bestimmten, die angefochtene Entscheidung tragenden abstrakten Rechtssatz** benennt, mit dem die Vorinstanz einem in der Rechtsprechung der in § 124 Abs. 2 Nr. 4 VwGO genannten Obergerichte aufgestellten, die betreffende Entscheidung tragenden Rechtssatz in Anwendung derselben Rechtsvorschrift widersprochen hat (BGH BeckRS 2013, 07390 Rn. 10; BeckRS 2015, 04153 Rn. 5). Erforderlich ist die Ausarbeitung entsprechender tragender Rechtssätze bezüglich des angefochtenen Urteils und der in Bezug genommenen Entscheidungen (BGH BeckRS 2013, 07390 Rn. 10). 109

ee) Verfahrensmangel (§ 124 Abs. 2 Nr. 3 VwGO). Ein die Zulassung der Berufung gemäß § 124 Abs. 2 Nr. 4 VwGO rechtfertigender Verfahrensmangel (zu den inhaltlichen Anforderungen → Rn. 33 ff.) erfordert die Darlegung eines Verfahrensverstoßes sowie die Darlegung, dass die angefochtene Entscheidung des AGH auf diesem Verfahrensmangel beruhen kann. 110

111 f) **Entscheidung des BGH über den Zulassungsantrag.** Nach § 124a Abs. 5 S. 1 VwGO entscheidet der BGH über den Antrag auf Zulassung der Berufung **durch Beschluss in der vollen Senatsbesetzung** (vorbehaltlich eines Vorgehens nach § 87 Abs. 2 VwGO, welches jedoch wegen der dann gegebenen Nichtbeteiligung der anwaltlichen Beisitzer nicht ermessensgerecht wäre).

112 Wenn der BGH das Vorliegen eines Zulassungsgrundes feststellen kann, lässt er die Berufung zu (§ 124a Abs. 5 S. 2 VwGO). Liegt ein teilbarer Streitgegenstand vor, beschränkt der BGH die Zulassung auf einen Teilbereich, falls nur insoweit ein Zulassungsgrund vorliegt. Die Kostenentscheidung bleibt auch dann der Entscheidung im Berufungsverfahren vorbehalten, wenn der BGH zugleich im Zulassungsbeschluss den Zulassungsantrag der Gegenpartei zurückweist (BGH NJW-RR 2012, 1525).

113 Kann der BGH einen Zulassungsgrund nicht feststellen, lehnt der BGH den Antrag auf Zulassung ab. Mit der Ablehnung des Antrags wird die angefochtene Entscheidung **rechtskräftig,** § 124a Abs. 5 S. 4 VwGO (vgl. BGH BeckRS 2013, 01058 Rn. 2; 2014, 10213 Rn. 16).

114 Nach § 124a Abs. 5 S. 3 VwGO soll der Beschluss des BGH kurz begründet werden.

115 Der dem Zulassungsantrag stattgebende Beschluss des BGH ist nach § 124a Abs. 6 S. 1 VwGO zuzustellen, weil dies die Frist zur Begründung der Berufung in Gang setzt (§ 173 Abs. 1 VwGO, § 329 Abs. 2 S. 2 ZPO). Im Hinblick auf die Möglichkeit, gegen einen den Zulassungsantrag zurückweisenden Antrag eine fristgebundene Anhörungsrüge gemäß § 152a VwGO zu erheben, empfiehlt sich auch die Zustellung des den Zulassungsantrag zurückweisenden Beschlusses des BGH (Gaier/Wolf/Göcken/*Schmidt-Räntsch* § 112e Rn. 90).

116 Der BGH ist an eine beschlossene Zulassung gebunden; die Aufhebung einer Zulassungsentscheidung ist gesetzlich nicht vorgesehen (vgl. BGH IBRRS 96455 Rn. 10).

117 Wird der Zulassungsantrag **zurückgenommen** (Vertretungszwang, aber Selbstvertretung zulässig, BGH BeckRS 2011, 08505 Rn. 3) ist das Zulassungsverfahren entsprechend § 92 Abs. 3 VwGO einzustellen (BGH BeckRS 2014, 20983 Rn. 1). Dieser Beschluss ist deklaratorisch, weil das Zulassungsverfahren kraft Gesetzes unmittelbar mit dem Eingang des Rücknahmeschriftsatzes beendet ist (BGH BeckRS 2011, 16918 Rn. 1). Der BGH entscheidet nach § 126 Abs. 3 S. 2 VwGO über die Kostenfolge, die sich (zwingend, BGH BeckRS 2011, 08505 Rn. 3) zu Lasten des Berufungsführers aus § 155 Abs. 2 VwGO ergibt. Zuständig für den Beschluss ist nach §§ 125 Abs. 1 S. 1, 87a Abs. 1 Nr. 2, Abs. 3 VwGO der Vorsitzende oder der Berichterstatter.

118 Soweit eine Antragsrücknahme nicht der Einwilligung des Gegners bedarf, wird sie mit Eingang beim BGH wirksam; damit findet das Zulassungsverfahren seinen rechtskräftigen Abschluss (vgl. § 126 Abs. 4 S. 6 VwGO). Unschädlich ist dabei, wenn die Rücknahmeerklärung zunächst bei dem hierfür unzuständigen AGH eingereicht wird, wenn dieser die Rücknahmeerklärung an den Bundesgerichtshof weiterleitet. Nach Eingang einer Rücknahmeerklärung ist für eine Erledigung der Hauptsache und damit für eine Kostenentscheidung nach § 161 Abs. 2 VwGO kein Raum mehr (BGH BeckRS 2011, 08505 Rn. 3).

119 g) **Wirkung der Berufungszulassung.** Nach § 124a Abs. 4 S. 6 VwGO hemmt bereits der Antrag auf Zulassung der Berufung den Eintritt der Rechtskraft. Die Klageerhebung hat somit weiterhin **aufschiebende Wirkung** nach § 80 Abs. 1 VwGO, soweit nicht die RAK die sofortige Vollziehbarkeit nach § 80 Abs. 2 S. 1 VwGO angeordnet hat. Allerdings kann der Rechtsanwalt nach § 80 Abs. 5 VwGO einen Antrag auf Wiederherstellung der aufschiebenden Wirkung stellen, für den der BGH als dem Gericht der Hauptsache zuständig ist.

VI. Einlegung der zugelassenen Berufung

120 **1. Bei Zulassung durch den AGH.** Die seitens des AGH zugelassene Berufung ist nach § 124a Abs. 2 S. 1 VwGO **bei dem AGH** einzulegen. Eine Berufungseinlegung beim BGH wahrt nicht die Frist und hat zur Folge, dass dieser die Berufungsschrift im Rahmen des ordentlichen Geschäftsgangs an den AGH weiterleitet; eine Pflicht zur Weiterleitung außerhalb des normalen Geschäftsablaufs besteht nicht. Der damit verbundene Zeitablauf geht zu Lasten des Berufungsführers und kann letztlich zu einem nicht mehr fristgerechten Eingang beim AGH führen, ohne dass ein Wiedereinsetzungsgesuch Erfolg hätte; anders ist es nur, wenn die Weiterleitung verzögert erfolgt (→ Rn. 89, 93).

Die Frist zur Einlegung der Berufung beträgt nach § 124a Abs. 2 S. 1 VwGO **einen Monat nach Zustellung des vollständigen Urteils.** Dieser Fristlauf setzt voraus, dass die angefochtene Entscheidung eine ordnungsgemäße Rechtsmittelbelehrung enthält. Fehlt diese, beträgt die Frist zur Berufungseinlegung nach § 58 Abs. 2 VwGO ein Jahr ab Verkündung. 121

Die Frist zur Einlegung der Berufung ist **nicht verlängerbar.** Denn nach § 112c Abs. 1 S. 1 iVm § 57 Abs. 2 VwGO und § 224 Abs. 2 ZPO können gesetzliche Fristen nur in den besonders bestimmten Fällen verlängert werden. Die VwGO sieht aber für die Frist zur Einlegung der Berufung nach § 124a Abs. 2 S. 1 VwGO anders als bei der Frist zur Begründung einer zugelassenen Berufung nach § 124a Abs. 3 S. 3 VwGO keine solche Möglichkeit vor. 122

Die Berufung ist schriftlich einzulegen. Zu den Mindestförmlichkeiten gehört nach § 124a Abs. 2 S. 2 VwGO die Bezeichnung des angefochtenen Urteils. Insgesamt ist erforderlich, aber ausreichend, wenn die Berufungsschrift erkennen lässt, dass es sich um eine Berufung handelt und gegen welches Urteil sich wessen Berufung richtet. 123

Im Umkehrschluss folgt aus § 124a Abs. 2 S. 4 VwGO, dass die Berufungsschrift noch keinen Antrag enthalten muss. 124

2. Bei Zulassung durch den BGH. Im Falle der Zulassung der Berufung durch den BGH wird das Zulassungsverfahren nach § 124a Abs. 5 S. 5 Hs. 1 VwGO als Berufungsverfahren fortgesetzt. Der Einlegung einer Berufung bedarf es nicht (§ 124a Abs. 5 S. 5 Hs. 2 VwGO). 125

VII. Begründung der Berufung, Antragstellung

1. Bei Zulassung durch den AGH. Falls die Berufungsbegründung zusammen mit der Einlegung der Berufung erfolgt, hat diese gegenüber dem AGH zu erfolgen § 124a Abs. 3 S. 2 VwGO. Ist die Berufungsbegründung nicht mit der Einlegung der Berufung verbunden, hat sie mit einem gesonderten Schriftsatz gegenüber dem BGH zu erfolgen (§ 124a Abs. 3 S. 2 VwGO). 126

Nach § 124a Abs. 3 S. 1 VwGO beträgt die Frist zur Begründung der Berufung zwei Monate nach Zustellung des vollständigen Urteils. Dieser Fristlauf setzt voraus, dass die angefochtene Entscheidung eine ordnungsgemäße Rechtsmittelbelehrung enthält. Fehlt diese, beträgt die Frist zur Berufungseinlegung nach § 58 Abs. 2 VwGO ein Jahr ab Verkündung. Bei unverschuldeter Versäumung der Berufungsbegründungsfrist kann Wiedereinsetzung gewährt werden (BGH BeckRS 2012, 14568 Rn. 9). 127

Die Berufungsbegründungsfrist kann nach § 124a Abs. 3 S. 3 VwGO auf einen vor ihrem Ablauf gestellten Antrag durch den Vorsitzenden des Senats verlängert werden. Der Verlängerungsantrag bedarf der Schriftform und unterliegt dem Vertretungszwang. Wegen der Gründe, die eine Verlängerung rechtfertigen können, kann nach § 173 S. 1 VwGO auf die Regelung des § 520 Abs. 2 S. 2 und 3 ZPO abgestellt werden. 128

Die Berufungsbegründung ist schriftlich einzureichen. Es besteht Vertretungszwang nach § 67 VwGO. 129

Nach § 124a Abs. 3 S. 4 VwGO muss die Berufungsbegründung einen bestimmten Antrag enthalten. Damit bezeichnet der Berufungsführer den Umfang der Nachprüfung der angefochtenen Entscheidung. Nach § 129 VwGO darf der BGH nicht über den gestellten Antrag hinaus gehen. 130

Die Begründungsschrift muss nach § 124a Abs. 3 S. 4 VwGO ferner die im einzelnen anzuführenden Gründe der Anfechtung (Berufungsgründe) enthalten. Die Darlegungen des Berufungsführers müssen erkennen lassen, in welchen Punkten tatsächlicher oder rechtlicher Art das angefochtene Urteil nach seiner Ansicht unrichtig ist und weshalb er die tatsächliche oder rechtliche Würdigung in der angefochtenen Entscheidung für fehlerhaft hält (BVerwG NVwZ 2012, 1490; BGH NJW-RR 1998, 354). Die Berufungsgründe müssen konkret auf den zu entscheidenden Fall bezogen sein (BVerwG NVwZ 2012, 1490; NJW 2013, 174 175). Eine inhaltliche Auseinandersetzung mit den Gründen der angefochtenen Entscheidung kann entbehrlich sein, soweit die Berufung auf neue Tatsachen gestützt ist (BGH NJW-RR 2007, 934). Der Rechtsmittelführer muss nicht zu allen ihm nachteiligen Gesichtspunkten Stellung nehmen; seine Begründung reicht aus, wenn er sich mit einem einzelnen den gesamten Streitgegenstand betreffenden Gesichtspunkt befasst (BGH NJW-RR 2012, 1207 Rn. 10). Betrifft die erstinstanzliche Entscheidung mehrere prozessuale Ansprüche, so ist für jeden Anspruch eine Begründung der Berufung erforderlich (BGH NJW-RR 2012 1207 Rn. 10). 131

Die bloße Bezugnahme auf das Vorbringen erster Instanz reicht nur aus, wenn die Berufungsbegründung darauf gestützt ist, dass sich die angefochtene Entscheidung mit diesem Vorbringen zu Unrecht nicht auseinander gesetzt habe (BGH NJW-RR 2007, 934 Rn. 8 f.; NJW 2013 174 Rn. 10). Rechtlich zutreffend oder schlüssig braucht die Berufungsbegründung nicht zu sein (BGH NJW-RR 2012, 440 Rn. 7). Ist die angefochtene Entscheidung auf mehrere, jeweils für sich selbständig tragende Gründe gestützt, sind die Berufungsgründe für jeden einzelnen die Entscheidung tragenden Grund darzulegen (BGH NJW 2013 174 Rn. 11; NJW-RR 2013, 509 Rn. 8).

132 Aus § 124a Abs. 3 S. 5 VwGO folgt, dass es sich bei der Darlegung der Berufungsgründe um ein Zulässigkeitserfordernis handelt. Eine unzureichende Berufungsbegründung führt deshalb zur Verwerfung der Berufung als unzulässig (vgl. § 125 Abs. 2 S. 1 VwGO).

133 **2. Bei Zulassung durch den BGH.** Hat der BGH die Berufung zugelassen, ist die Berufung nach § 124a Abs. 6 S. 1 VwGO zu begründen. § 124a Abs. 5 S. 5 Hs. 2 VwGO erklärt nur die Einlegung der Berufung für entbehrlich; einer Berufungsbegründung bedarf es auch hier.

134 Nach § 124a Abs. 6 S. 2 VwGO ist die Berufungsbegründung beim BGH innerhalb eines Monats nach Zustellung des Beschlusses über die Zulassung der Berufung einzureichen. Diese ist nach den §§ § 124a Abs. 6 S. 3, Abs. 3 S. 3 VwGO verlängerbar. Die inhaltlichen Anforderungen entsprechen denen bei der Begründung einer durch den AGH zugelassenen Berufung (vgl. Anm. zu Rn. 85).

135 Die Einreichung der Berufungsbegründung ist auch nicht im Hinblick darauf entbehrlich, dass der Rechtsmittelführer die aus seiner Sicht maßgeblichen Angriffe gegen das angefochtene Urteil bereits in seinem Antrag auf Zulassung der Berufung vorgebracht hat (BGH BeckRS 2012, 14568 Rn. 5). Es reicht nicht aus, wenn sich die Begründung und der Antrag dem Vorbringen im Zulassungsverfahren entnehmen lassen (BGH BeckRS 2012, 14568 Rn. 6); ausreichend ist allerdings, dass der Rechtsmittelführer in einem innerhalb der Berufungsbegründungsfrist eingereichten gesonderten Schriftsatz auf das Vorbingen im Zulassungsverfahren Bezug nimmt oder jedenfalls zum Ausdruck bringt, dass er die Berufung durchführen will und weshalb er sie für begründet hält (BGH BeckRS 2012, 14568 Rn. 7). Aus § 124a Abs. 3 S. 5 VwGO folgt, dass es sich dabei um ein Zulässigkeitserfordernis handelt. Eine unzureichende Berufungsbegründung führt deshalb zur Verwerfung der Berufung als unzulässig (vgl. § 125 Abs. 2 S. 1 VwGO).

136 **3. Anschlussberufung.** Nach § 127 Abs. 1, Abs. 2 VwGO können sich der Berufungsbeklagte und andere Beteiligte bis zum Ablauf eines Monats nach Zustellung der Berufungsbegründungsschrift des Rechtsmittelführers dem Berufungsverfahren anschließen. Die Anschlussberufung ist nach § 127 Abs. 1 S. 2 VwGO beim BGH einzulegen. Die Anschlussberufung ist gemäß § 127 Abs. 3, S. 1 und S. 2 VwGO in der Anschlussschrift zu begründen und mit einem Antrag zu versehen. Die Anschlussberufung bedarf nach § 127 Abs. 4 VwGO keiner Zulassung. Als unselbständiges Rechtsmittel teilt sie das Schicksal der Hauptberufung und verliert ihre Wirkung, wenn die Berufung zurückgenommen oder als unzulässig verworfen wird (§ 127 Abs. 5 VwGO).

VIII. Verwerfung bei Unzulässigkeit

137 Eine unzulässige Berufung ist nach § 125 Abs. 2 S. 1VwGO zu verwerfen. Dieser Verwerfungsbeschluss kann nach §§ 125 Abs. 2 S. 2, 101 Abs. 3 VwGO durch Beschluss ohne mündliche Verhandlung ergehen. Die Kostenfolge zu Lasten des Berufungsführers ergeht nach § 154 Abs. 2 VwGO. Ein Rechtsmittel gegen diesen Verwerfungsbeschluss ist nicht gegeben; § 125 Abs. 2 S. 4 VwGO finden in verwaltungsrechtlichen Anwaltsverfahren keine Anwendung (Gaier/Wolf/Göcken/*Schmidt-Räntsch* § 112e Rn. 116).

IX. Zurücknahme der Berufung, Erledigung

138 Bis zur Rechtskraft des Urteils kann die Berufung nach § 126 Abs. 1 S. 1 VwGO zurückgenommen werden. Sind in der mündlichen Verhandlung die Anträge gestellt worden, kann die Rücknahme der Berufung nur mit Einwilligung des Berufungsgegners zurück genommen werden (§ 126 Abs. 1 S. 2 VwGO).

139 Neben der Rücknahme aufgrund einer entsprechenden Rücknahmeerklärung (§ 126 Abs. 1 VwGO) kann es auch zu einer Rücknahme ohne entsprechende Rücknahmeerklärung kommen.

Denn nach § 126 Abs. 2 S. 1 VwGO gilt eine Rücknahme als zurückgenommen, wenn der Berufungskläger das Verfahren trotz Aufforderung des BGH länger als drei Monate nicht betreibt. Diese Aufforderung, die im Hinblick auf den Lauf der Dreimonatsfrist zuzustellen ist, ist zu verbinden mit einem Hinweis auf die mögliche Rücknahmefiktion und die Kostenfolge, § 126 Abs. 2 S. 3VwGO. Die Dreimonatsfrist ist nicht verlängerbar (Gaier/Wolf/Göcken/*Schmidt-Räntsch* § 112e Rn. 119). Die Fiktion der Rücknahme tritt mit fruchtlosem Ablauf der Frist ein. Der BGH stellt nach § 126 Abs. 2 S. 4 VwGO durch Beschluss fest, dass die Berufung als zurückgenommen gilt.

Nach § 126 Abs. 3 S. 1 VwGO bewirkt die Rücknahme den Verlust des eingelegten Rechtsmittels. Der BGH stellt durch Beschluss nach § 125 Abs. 1 S. 1, § 92 Abs. 3 VwGO das Berufungsverfahren ein. Der BGH entscheidet nach § 126 Abs. 3 S. 2 VwGO über die Kostenfolge, die sich zu Lasten des Berufungsführers aus § 155 Abs. 2 VwGO ergibt. Zuständig für den Beschluss ist nach §§ 125 Abs. 1 S. 1, 87a Abs. 1 Nr. 2, Abs. 3 VwGO der Vorsitzende oder der Berichterstatter. **140**

Die Zurücknahme eines Rechtsbehelfs hindert den Rechtsbehelfsführer grundsätzlich nicht daran, den Rechtsbehelf innerhalb der noch laufenden Frist erneut einzulegen. Etwas anderes gilt nur dann, wenn die Rechtsbehelfsrücknahme zugleich einen Rechtsbehelfsverzicht enthält (BGH DNotZ 2013, 76 Rn. 3). **141**

Nimmt der Kläger in der Berufungsinstanz seine Klage insgesamt zurück, ist das Verfahren nach § 92 Abs. 3 S. 1 VwGO einzustellen, das Urteil des AGH nach § 269 Abs. 3 S. 3 ZPO iVm § 173 VwGO für wirkungslos zu erklären; die Kosten des Verfahrens sind nach § 155 Abs. 2 dem Kläger aufzuerlegen. Zuständig für den Beschluss ist nach §§ 125 Abs. 1 S. 1, 87a Abs. 1 Nr. 2, Abs. 3 VwGO der Vorsitzende oder der Berichterstatter (BGH BeckRS 2014, 18631 Rn. 1). **142**

Haben die Parteien die Hauptsache für erledigt erklärt, ist gemäß § 125 Abs. 1 S. 1, § 92 Abs. 3 S. 1 VwGO das Berufungsverfahren einzustellen und entsprechend § 112c Abs. 1 S. 1 BRAO, § 173 S. 1 VwGO, § 269 Abs. 3 S. 1 ZPO zur Klarstellung auszusprechen, dass das angefochtene Urteil wirkungslos geworden ist. Für die gemäß § 161 Abs. 2 VwGO zu treffende Entscheidung über die Kosten des Verfahrens nach billigem Ermessen unter Berücksichtigung des bisherigen Sach- und Streitstands ist nach § 87a Abs. 1 Nr. 3, Abs. 3 VwGO, der Vorsitzende oder der Berichterstatter zuständig (BGH BeckRS 2015, 05870 Rn. 3). **143**

X. Umfang der Nachprüfung durch den BGH

Der BGH wendet als Verfahrensvorschriften nach § 125 Abs. 1 VwGO die Vorschriften des II. Teils der VwGO, also die §§ 54–123 VwGO, mit Ausnahme des § 84 VwGO (Gerichtsbescheid) an. **144**

Nach § 128 S. 1 VwGO prüft der BGH den Streitfall als weitere (zweite) Tatsacheninstanz ohne Bindung an den Vortrag der Parteien unter Zugrundelegung des gesamten Tatsachenstoffs aus dem erstinstanzlichen Verfahren. Der Prüfungsumfang ist nicht auf die Zulassungsgründe beschränkt, wegen derer die Zulassung der Berufung erfolgt ist. Allerdings ist der BGH nach § 129 VwGO an die Berufungsanträge gebunden. **145**

Bei seiner Entscheidung berücksichtigt der BGH auch neu vorgebrachte Tatsachen und Beweismittel, § 128 S. 2 VwGO. Damit werden etwaige Verstöße des AGH gegen den Grundsatz der Gewährung rechtlichen Gehörs geheilt. Eine Grenze der Berücksichtigungsfähigkeit bilden §§ 128a, 87b VwGO. **146**

Der BGH kann das Ergebnis einer erstinstanzlichen Beweisaufnahme verwerten. Er führt eine eigene Beweisaufnahme durch, wenn sich Zweifel an der Richtigkeit oder Vollständigkeit dieser Beweisaufnahme ergeben oder er die bereits erhobenen Beweise anders würdigen will oder diese aus anderen Gründen für notwendig erachtet (§ 130 VwGO). **147**

XI. Berufungsentscheidung des BGH

Der BGH hat in erster Linie in der Sache selbst zu entscheiden (§ 130 Abs. 1 VwGO). Bei fehlender Entscheidungsreife kann der BGH bei Vorliegen der Voraussetzungen des § 130 Abs. 2 VwGO die angefochtene Entscheidung aufheben und das Verfahren an den AGH zurückweisen. In einem solchen Fall ist der AGH an die Rechtsauffassung des BGH nach § 130 Abs. 4 VwGO gebunden. **148**

149 Wenn der BGH eine Berufung einstimmig für begründet oder unbegründet erachtet und eine mündliche Verhandlung nicht für erforderlich hält, kann er nach § 130a VwGO durch Beschluss entscheiden. Nach der amtlichen Begründung ist dies der Fall, wenn die erstinstanzliche Entscheidung auf offensichtlichen Fehlern beruht oder sich die Sach- oder Rechtslage geändert hat (BT-Drs. 16/11385, 42). Eine Entscheidung im Beschlusswege scheidet aber nach den Vorstellungen des Gesetzgebers aus, wenn einer beteiligten Person dadurch die Möglichkeit genommen würde, eine Entscheidung nach einer mündlichen Verhandlung zu erlangen, zB der Berufung eines Unterlegenen stattgegeben werden soll (BT-Drs. 16/11385, 43; Gaier/Wolf/Göcken/*Schmidt-Räntsch* § 112c Rn. 24).

150 Nach § 130b VwGO kann der BGH unter den dortigen Voraussetzungen auf den Tatbestand der Entscheidung sowie auf Entscheidungsgründe verzichten.

151 Ein Rechtsmittel gegen die Entscheidung des BGH gibt es nicht. Eine erfolgreiche **Anhörungsrüge nach § 152a VwGO** kann dazu führen, dass der BGH das Berufungsverfahren fortführt. Die Anhörungsrüge muss innerhalb der Zweiwochenfrist des § 152a Abs. 2 VwGO nach Kenntnis von der (vermeintlichen) Verletzung des rechtlichen Gehörs, damit zwei Wochen nach Zustellung des Beschlusses des BGH eingelegt werden (BGH BeckRS 2012, 20649 Rn. 3). Es gilt Vertretungszwang nach § 67 Abs. 4 VwGO (BGH BeckRS 2012, 10072 Rn. 1); Selbstvertretung ist auch zulässig.

152 Die Gerichte sind nach Art. 103 Abs. 1 GG verpflichtet, das Vorbringen der Parteien zur Kenntnis zu nehmen und in Erwägung zu ziehen. Hingegen ist es nicht erforderlich, alle Einzelpunkte des Parteivortrags in den Gründen der Entscheidung auch ausdrücklich zu bescheiden (BGH BeckRS 2014, 10214 Rn. 1). Das Gebot des rechtlichen Gehörs (Art. 103 Abs. 1 GG) gewährt keinen Schutz gegen Entscheidungen, die den Sachvortrag eines Beteiligten aus Gründen des formellen oder materiellen Rechts teilweise oder ganz unberücksichtigt lassen (BGH BeckRS 2012, 06233 Rn. 3). Die Anhörungsrüge dient nicht dazu, eine ergänzende Begründung der Ausgangsentscheidung zu erreichen (BGH BeckRS 2014, 14131 Rn. 1).

153 Wird die Anhörungsrüge zurückgewiesen, so sind die Kosten des Rügeverfahrens dem Rügeführer aufzuerlegen, weil das Anhörungsrügeverfahren einen Gebührentatbestand (Teil 2 Abschnitt 4 des Gebührenverzeichnisses, → § 195 Rn. 11 ff.) auslöst (BGH BeckRS 2011, 23619 Rn. 5).

154 Nach der Rechtsprechung des Anwaltssenats sind Sachentscheidungen außerhalb des Verfahrens der Anhörungsrüge unabänderlich (BGH BeckRS 2011, 08175 Rn. 2). Nach rechtskräftigem Verfahrensabschluss ist deshalb eine Gegenvorstellung unzulässig (BGH BeckRS 2014, 08447 Rn. 1; 2012, 03730; NJW 2007, 3786).

§ 112f Klagen gegen Wahlen und Beschlüsse

(1) **Wahlen und Beschlüsse der Organe der Rechtsanwaltskammern mit Ausnahme der Satzungsversammlung können für ungültig oder nichtig erklärt werden, wenn sie unter Verletzung des Gesetzes oder der Satzung zustande gekommen oder wenn sie ihrem Inhalt nach mit dem Gesetz oder der Satzung nicht vereinbar sind.**

(2) [1] **Die Klage kann durch die Behörde, die die Staatsaufsicht führt, oder ein Mitglied der Rechtsanwaltskammer erhoben werden.** [2] **Die Klage eines Mitglieds der Rechtsanwaltskammer gegen einen Beschluss ist nur zulässig, wenn es geltend macht, durch den Beschluss in seinen Rechten verletzt zu sein.**

(3) **Ein Mitglied der Kammer kann den Antrag nur innerhalb eines Monats nach der Wahl oder Beschlussfassung stellen.**

Übersicht

I. Regelungsgegenstand

1 Das gerichtliche Vorgehen gegen Wahlen und Beschlüsse der Kammern ist nunmehr einheitlich geregelt. § 112f fasst die Vorschriften der §§ 90, 91, 163 S. 2 und 191 aF in einer einzigen Bestimmung zusammen. Da mit dieser Vorschrift das Vorgehen gegen Wahlen und Beschlüsse von Organen der Rechtsanwaltskammern aus Sicht des Gesetzgebers (amtliche Begründung, BT-Drs. 16/11385, 41) hinreichend geregelt ist, wurde kein Bedürfnis für die Zulassung eines Normenkontrollverfahrens gesehen, weshalb § 47 VwGO über § 112c Abs. 2 für unanwendbar erklärt wurde.

2 Die Norm bietet Kammermitgliedern zusätzlichen umfassenden Rechtsschutz in der Gestalt einer Anfechtungsklage; die Antragsbefugnis soll eine Art „Eigenkontrolle" der Kammer durch ihre Mitglieder gewährleisten (BGHZ 66, 297, 299 = NJW 1976, 1541). Im Interesse der Rechtssicherheit und zum Schutze der autonomen Selbstverwaltung innerhalb der RAK sind eine fehlerhafte Wahl und ein fehlerhafter Beschluss grundsätzlich wirksam. Die Fehlerhaftigkeit führt nicht ipso jure zur Nichtigkeit, sondern bedarf erst der Einleitung eines Verfahrens (amtliche Begründung, BT-Drs. 3/120, 92 zu § 103). Das Fristerfordernis des Abs. 3 stellt sicher, dass die Frage der Gültigkeit einer Wahl oder der Nichtigkeit eines Beschlusses zeitnah geklärt wird (vgl. Henssler/Prütting/*Deckenbrock* § 112f Rn. 4). Unberührt bleibt jedoch die Möglichkeit jederzeit inzident die Nichtigkeit eines Beschlusses (zu Wahlen → Rn. 47, 52) geltend zu machen (BGHZ 55, 255, 258 = NJW 1971, 705, 706); andernfalls stünde neu in einem Kammerbezirk zugelassenen Rechtsanwälten keine Rechtsschutzmöglichkeit offen (BGHZ 55, 255, 258 = NJW 1971, 705, 706).

3 Die Anfechtungsklage nach § 112f (zu ihrer Rechtsnatur → § 112c Rn. 67) schließt jeden anderen Klageweg mit dem Verfahrensziel einer Aufhebung eines Wahlergebnisses oder eines Beschlusses aus (vgl. BGH BeckRS 2009, 87517 Rn. 9).

II. Wahlen

4 Wahlen iSd § 112f sind die Wahlen der **Mitglieder des Vorstands der RAK** nach §§ 64 ff., 88, 89 Abs. 2 Nr. 1, die Wahlen zu den **Abteilungen des Vorstands** nach § 77 Abs. 2 S. 2 (**aA** Henssler/Prütting/*Deckenbrock* § 112f Rn. 8; wie hier Gaier/Wolf/Göcken/*Schmidt-Räntsch* § 112f Rn. 2) und die Wahlen **zum Präsidium** durch den Vorstand nach § 78 (*Isele* § 90 Anm. II C), die Wahlen **zum Präsidium der Bundesrechtsanwaltskammer** durch die Hauptversammlung nach § 180 sowie der stimmberechtigten **Mitglieder der Satzungsversammlung** für den jeweiligen Kammerbezirk (§ 191b). Auch die **Briefwahl zur Satzungsversammlung** (§ 191b Abs. 2) ist eine Wahl der Versammlung der Kammer (§ 191a Abs. 4; Henssler/Prütting/*Deckenbrock* § 112f Rn. 6).

5 **Nicht in der BRAO vorgesehene** Wahlen wie zB die „Wahl" eines Ehrenpräsidenten der Kammer sind keine Wahlen iSd § 90 (AGH RhPf Beschluss vom 4.2.1997 – 2 AGH 9/96). Ebenso erfasst § 112f Abs. 1 nicht die Wahl der Bewerber für die Bestellung zum BGH-Anwalt durch den Wahlausschuss für Rechtsanwälte nach § 168. Nichtberücksichtigte Rechtsanwälte können nur nach § 112c Abs. 1 S. 1 BRAO iVm § 42 Abs. 1 VwGO vorgehen, da der Wahlausschuss kein Kammerorgan darstellt.

III. Beschlüsse

6 Als Beschlüsse iSd § 112f kommen in Betracht solche der Kammerversammlung (§§ 88, 89), des Vorstands (§§ 71, 72, 73), eines beauftragten Vorstandsmitglieds (§ 73 Abs. 3), der Abteilung des Vorstands (§ 77) und des Präsidenten (§ 80 Abs. 4).

7 **1. Begriff. Nicht jede Meinungsäußerung** des Vorstands pp., die formell im Wege der Beschlussfassung zustande gekommen ist, verkörpert zugleich einen „Beschluss" iSd § 112f. Der Vorschrift des § 112f unterliegen **nur** solche **Beschlüsse,** die **keinen Einzelfall regeln, sondern eine allgemeine Wirkung** gegenüber den Mitgliedern der betreffenden Anwaltskammer haben. Soweit es um einen Verwaltungsakt zur Regelung eines Einzelfalls geht, ist ein Antrag nach § 112f unzulässig (BGHZ 69, 32f. = NJW 1977, 1778; BGH NJW 1986, 992, 993 = BRAK-Mitt. 1985, 223). Überdies muss es sich um Willensäußerungen handeln, die **materiell einen rechtsgeschäftlichen Inhalt** aufweisen, der seinem Wesen nach überhaupt einer Nichtigerklärung zugänglich ist. Es muss um Entscheidungen gehen, die auf die unmittelbare Herbeiführung eines Rechtserfolgs abzielen und damit **materiell den Charakter eines Rechtsgeschäfts** aufweisen. Erforderlich ist das Vorliegen einer Gestaltungswirkung bezogen auf ein Rechtsverhältnis, einerlei ob es sich dabei um Organschaftsbeziehungen oder Mitgliedschaftsrechte oder -pflichten handelt (BGHZ 37, 396, 400 = NJW 1962, 2006, 2007). Bei anderen Erklärungen, die nicht auf die unmittelbare Herbeiführung eines Rechtserfolgs gerichtet sind, ist eine Nichtigkeit nicht vorstellbar (BGHZ 37, 396, 398ff. = NJW 1962, 2006, 2007; BGHZ 64, 301 = NJW 1975, 1559, 1560; BGHZ 69, 32f. = NJW 1977, 1778f.; BGH NJW 1986, 992, 993 = BRAK-Mitt. 1985, 223; BGH BRAK 1987, 152, 153). Daraus folgt, dass etwa bloße Mitteilungen, Meinungsäußerungen, gutachtliche Äußerungen über berufsrechtliche Fragen (BGHZ 37, 396 = NJW 1962, 2006, 2007) oder Rechtsbelehrungen keine Beschlussqualität iSd § 112f aufweisen, mögen sie auch in die äußere Form eines Beschlusses gekleidet sein (BGH BRAK-Mitt. 1987, 152; NJW 1986, 992, 993). Entscheidend ist dabei nicht die Bewertung durch die RAK pp., sondern der objektive Gehalt der Beschlüsse (BGHZ 37, 396, 401f. = NJW 1962, 2006, 2007). Damit ist der Begriff des Beschlusses in § 112f enger gefasst als in § 72 (vgl. BGH NJW 1986, 992, 993).

8 Dass nur eine allgemeine Wirkung gegenüber den Mitgliedern der Kammer bezweckende Beschlüsse unter § 112f fallen, ergibt schon die Gleichstellung der „Wahlen" und der „Beschlüsse" der Kammerorgane. Nach § 112f Abs. 2 kann eine Wahl oder ein Beschluss von der Landesjustizverwaltung oder einem Kammermitglied angefochten werden. Das ist deswegen sinnvoll und berechtigt, weil die Landesjustizverwaltung – neben der Kammer selbst – die Interessen der Rechtspflege im Allgemeinen im Auge zu halten und zu wahren hat. Nach dem erkennbaren Zweck des Gesetzes ist deswegen Voraussetzung der Anfechtungsmöglichkeit durch die Landesjustizverwaltung, dass es sich um einen Beschluss eines Kammerorgans handelt, der – gewährend oder versagend – in die Rechte der Kammermitglieder im allgemeinen eingreift.

9 Will der in Rede stehende „Beschluss" des Kammerorgans nur in die Rechte eines einzelnen Rechtsanwalts – gewährend oder versagend – eingreifen, so fehlt es an dem berechtigten Interesse der Landesjustizverwaltung, eine gerichtliche Überprüfung herbeizuführen. Es kann vielmehr dem einzelnen Rechtsanwalt überlassen bleiben, den dann gegebenen Verwaltungsakt der gerichtlichen Prüfung zu unterwerfen. Der Abs. 2 des § 112f gewährt nur neben der Landesjustizverwaltung „auch" dem einzelnen in seinen Rechten selbst betroffenen Kammermitglied das Recht auf Anrufung des Gerichts. Eine Erweiterung der Fälle, in denen nach Abs. 1 das Gericht angerufen werden kann, liegt darin nicht (BGHZ 69, 32f. = NJW 1977, 1778; BGH NJW 1986, 992). Die Feststellung der Nichtigkeit der Beitragsordnung kann das einzelne Mitglied nicht nach § 47 Abs. 1 VwGO, sondern nur nach § 112f erreichen (OVG Weimar NJW 2003, 1339).

10 **2. Bejahung eines Beschlusses in der Rechtsprechung.** Ausgehend von diesen Grundsätzen hat die Rechtsprechung das Vorliegen eines Beschlusses iSd §§ 90, 91 aF **bejaht:**

11 – bei Beschluss der Kammerversammlung über die **Erhebung einer Umlage zur Deckung der Kosten,** die durch Bildung von Ausschüssen entstehen, die das Ziel fördern sollen, die bundeseinheitliche Einführung des Anwaltsnotariats zu erreichen (BGHZ 35, 292 = NJW 1961, 1864) oder zur Deckung von **Kosten der Öffentlichkeitsarbeit** der Kammer (AGH Brem BRAK-Mitt. 1996, 86); ferner der Beschluss zur finanziellen **Beteiligung** der RAK **an**

der Juristenausbildung durch zweckgebundene Umlage (→ § 73 Rn. 58; BGH NJW 2005, 1710 f. = BRAK-Mitt. 2005, 120; AGH Hmb NJW 2004, 1174);
- bei Geltendmachung von **Bedenken gegen die Gültigkeit der Wahl zum Vorstand der RAK** (BGHZ 52, 297 = NJW 1970, 46; AGH RhPf Beschluss vom 20.12.1995 – 2 AGH 7/95; vgl. auch BGH NJW 1981, 129); 12
- bei **Festsetzung unterschiedlicher Kammerbeiträge** für singular und simultan zugelassene Rechtsanwälte (BGHZ 55, 244 = NJW 1971, 1041); 13
- wenn durch Kammerbeschluss bestimmt wird, dass die in der Kammer zusammengeschlossenen Rechtsanwälte auf begrenzte Zeit – zwei Jahre – bis zu anderweitiger gesetzlicher Regelung auf freiwilliger Grundlage nach näherer Maßgabe kostenlose **außergerichtliche Rechtshilfe für Minderbemittelte leisten müssen** (BGHZ 64, 301 = NJW 1975, 1559, 1560); 14
- wenn durch Kammerbeschluss bestimmt wird, dass die in der Kammer zusammengeschlossenen Rechtsanwälte den Lehrkräften, die an den Berufsschulen des Kammerbezirks nebenberuflich Rechtskundeunterricht für Anwaltsgehilfen erteilen, **Zuschüsse** gewähren (BGHZ 66, 297, 299 = NJW 1976, 1541, 1542); 15
- bei **Beitritt der RAK zum Verband der freien Berufe** (VG Kassel BRAK-Mitt. 1983, 200; vgl. auch EGH Frankfurt BRAK-Mitt. 1985, 170; BGH BRAK-Mitt. 1986, 104; → § 73 Rn. 13; → § 89 Rn. 8 ff.); 16
- bei Beschlüssen der RAK, **die die Grenzen ihres Funktionsbereichs überschreiten** (BGH NJW 1986, 992, 994 = BRAK-Mitt. 1985, 223; vgl. BVerfG NJW 1989, 2613); 17
- bei Beauftragung des Kammervorstands, einen aus sechs Mitgliedern der Kammer besetzten **Ausschuss einzusetzen,** der die geplante Änderung des Familienrechts prüfe, eine Stellungnahme erarbeite und diese dem BMJV (früher BMJ) vorlege (BGH NJW 1986, 922 = BRAK-Mitt. 1985, 223). 18

3. Verneinung eines Beschlusses in der Rechtsprechung. Die Rechtsprechung hat unter Anlegung dieser Grundsätze das Vorliegen eines Beschlusses iSd §§ 90, 91 aF **verneint:** 19
- bei **Ablehnung** der Feststellung, der Antragsteller sei zur Führung der Bezeichnung **„Fachanwalt für …"** berechtigt (BGHZ 69, 32 = NJW 1977, 1778; EGH Celle EGE VII, 208); 20
- bei **negativer Konkurrentenklage** eines Rechtsanwalts, die darauf abzielt, die Verleihung der Fachanwaltsbezeichnung an einen Kollegen zu widerrufen (AGH NRW MDR 1998, 246 mit Anm. *Nerlich*); 21
- bei **Kundgabe der Rechtsauffassung** des Kammervorstands zur „Vertretung von Angehörigen der Verbände durch den Syndikus-Anwalt des Verbandes" **durch Rundschreiben** (BGHZ 37, 396 = NJW 1962, 2006); 22
- die Meinungsäußerung der Kammerversammlung, wonach die von den örtlichen Anwaltsvereinen eingerichteten **Rechtsauskunftsstellen für Minderbemittelte** als Einrichtungen der Rechtsanwaltschaft iSd § 3 der Grundsätze des anwaltlichen Standesrechts anerkannt werden (EGH München EGE IX, 121); 23
- die Feststellung einer **besonderen Übung im Kammerbezirk** durch die Kammerversammlung (BGH BRAK-Mitt. 1987, 152, 153). 24

4. Beschlüsse der Satzungsversammlung. Für die Beschlüsse der Satzungsversammlung findet § 112f Abs. 1 keine Anwendung, da diese nach § 191e zu behandeln sind. Auch hier ist das Normenkontrollverfahren nach § 47 VwGO durch § 112c Abs. 2 ausgeschlossen. Die Formulierung in § 112f Abs. 1 zeigt, dass der Gesetzgeber die Satzungsversammlung als Organ der BRAK ansieht (BT-Drs. 16/11385, 42; BGHZ 187, 31 Rn. 14 = NJW 2010, 3787 = BRAK-Mitt. 2010, 267). Beanstandet das BMJV (früher BMJ) einen Beschluss der Satzungsversammlung nach § 191e, so ist die BRAK aktivlegitimiert (BGHZ 187, 31 Rn. 13 = NJW 2010, 3787). Für Streitigkeiten gegen eine Beanstandung nach § 191e ist nach § 112a Abs. 1, Abs. 3 Nr. 1 der Rechtsweg zum BGH eröffnet, der abschließend, also erst- und letztinstanzlich, entscheidet (BGHZ 187, 31 Rn. 10 = NJW 2010, 3787). Unberührt bleibt die Möglichkeit, dass Rechtsanwälte eine inzidente Kontrolle durch die Anwaltsgerichtsbarkeit erreichen können (Henssler/Prütting/*Deckenbrock* § 112f Rn. 12; Gaier/Wolf/Göcken/*Schmidt-Räntsch* § 112f Rn. 5). 25

IV. Verletzung des Gesetzes oder der Satzung

26 Im Interesse der Rechtssicherheit und zum Schutze der autonomen Selbstverwaltung innerhalb der Kammer müssen die Rechtsfolgen fehlerhafter Beschlüsse sorgsam abgewogen werden. Unter diesem Gesichtspunkt werden bei Wahlen oder Beschlüssen nur Fehler berücksichtigt, die in der Art des Zustandekommens dieser Akte oder in ihrem Inhalt liegen, und zwar mit der wesentlichen Beschränkung, dass sie **unter Verletzung des Gesetzes oder der Satzung zustande gekommen** sind oder dass sie ihrem **Inhalt nach mit dem Gesetz oder der Satzung nicht vereinbar** sind. Die Fehlerhaftigkeit soll **nicht ipso iure zur Nichtigkeit** führen, sondern es soll erst der Einleitung eines Verfahrens bedürfen, in dem die Wahlen für ungültig oder die Beschlüsse für nichtig erklärt werden. In dem eingeleiteten Verfahren können also nur Verstöße gegen eine Norm, sei es des Gesetzes oder der Satzung, mit Erfolg gerügt werden (amtliche Begründung, BT-Drs. 3/120, 92 zu § 103). Wahlen und Beschlüsse können somit sowohl wegen der Art und Weise ihres Zustandekommens als auch wegen ihres Inhalts für ungültig oder nichtig erklärt werden.

27 **1. Inhaltliche Mängel.** Gesetzeswidrig sind danach Wahlen oder Beschlüsse, wenn sie einen Inhalt haben, den ein Akt eines Selbstverwaltungskörpers oder jedenfalls dieses entscheidenden Organs nicht haben kann (*Isele* § 90 Anm. III 4a, b). So schließt die Kompetenz der einzelnen RAK zur Erörterung von Angelegenheiten, die von allgemeiner Bedeutung für die Rechtsanwaltschaft sind, die Kompetenz zur abschließenden Beschlussfassung in Angelegenheiten von überregionaler Bedeutung nur ein, soweit es sich um Initiativen gegenüber der BRAK handelt, nicht aber zB von Initiativen gegenüber der Bundesregierung. Nur die BRAK ist in Angelegenheiten von allgemeiner überregionaler Bedeutung für die Rechtsanwaltschaft befugt, die berufsspezifischen Belange auf Bundesebene gegenüber Organen oder Behörden der Bundesrepublik zu vertreten (BGH NJW 1986, 992 = BRAK-Mitt. 1985, 223; → § 73 Rn. 20–25; → § 175 Rn. 1 ff.; → § 177 Rn. 1 ff.). Werden **außerhalb des Verbandszwecks der RAK** stehende Aufgaben durch Beschluss wahrgenommen, wird also das Mandat, das eine RAK in Wahrnehmung gruppenspezifischer Interessen der Anwälte hat, überschritten, so kann das zur Nichtigkeitsanfechtung nach § 112f führen (Stellungnahme zur Einführung der Wehrgerichtsbarkeit: BGH NJW 1986, 992). Allerdings umfasst der Aufgabenbereich der RAK nicht nur die den Kammern ausdrücklich zugewiesenen Aufgaben, sondern erstreckt sich auf alle Angelegenheiten, welche von allgemeiner – nicht nur rein wirtschaftlicher – Bedeutung für die Rechtsanwaltschaft sind (BGH NJW 2005, 1710 = BRAK-Mitt. 2005, 120).

28 **2. Formelle Mängel.** Aber auch sonst unter Verstoß gegen das Gesetz oder die Satzung zustande gekommene Wahlen oder Beschlüsse können für ungültig oder nichtig erklärt werden. Von Bedeutung sind hier die Vorschriften über die Wählbarkeit (§§ 65, 66, 180), über die Beschlussfähigkeit (§§ 71, 88 Abs. 1), über die Stimmenmehrheit (§§ 72 Abs. 1, 88 Abs. 3), über die Beteiligung in eigener Sache (§§ 72 Abs. 2, 88 Abs. 4), über die höchstpersönliche Ausübung des Stimmrechts (§ 88 Abs. 2), über die richtige Losziehung (§§ 72 Abs. 1, 88 Abs. 2 S. 3), über die ordnungsgemäße Einberufung (§§ 70, 86, 87; vgl. BGHZ 64, 301 = NJW 1975, 1559), über die ordnungsgemäße Durchführung einer Vorstandswahl (vgl. BGHZ 52, 297 = NJW 1970, 46), über den richtigen Turnus der Vorstandswahl (§ 68 Abs. 2; vgl. BGH BRAK-Mitt. 2010, 169, 171 Rn. 15) sowie über die Vorschriften zur Wahl der stimmberechtigten Mitglieder der Satzungsversammlung (§ 191b).

29 Zwar kann eine Leitungsmaßnahme des Versammlungsleiters als solche nicht angefochten werden. Es können aber die sich anschließenden Wahlen oder Beschlüsse deshalb angefochten werden, weil eine unberechtigte Geschäftsordnungsmaßnahme des Versammlungsleiters vorausgegangen ist, die ihrem Inhalt nach mit dem Gesetz oder der Satzung nicht vereinbar ist und durch die die an der Versammlung teilnehmenden Mitglieder in ihren Rechten beeinträchtigt wurden (AGH RhPf Beschluss vom 20.12.1995 – 2 AGH 7/95; → § 87 Rn. 2).

30 Nicht jeder formelle Mangel führt zur Nichtigkeit des Beschlusses. Ein Satzungsverstoß kann dann als unerheblich behandelt werden, wenn klar zu Tage liegt, dass der Beschluss auch ohne den Verstoß in gleicher Weise zu Stande gekommen wäre, wenn also bei vernünftiger Beurteilung ausgeschlossen werden kann, dass der Mangel das Ergebnis beeinflusst hat (BGH NJW 2005, 1710 = BRAK-Mitt. 2005, 120).

Trotz einer Verletzung des Gesetzes oder der Satzung kann eine Wahl bei solchen Fehlern Bestand haben, die sich auf das Wahlergebnis weder tatsächlich ausgewirkt haben noch konkret und nicht nur theoretisch haben auswirken können (BGH BRAK-Mitt. 2010, 169, 171 Rn. 17). Selbst wenn sich die Verletzung des Gesetzes oder der Satzung konkret ausgewirkt hat, also ein ergebnisrelevanter Fehler vorliegt, kann das Gericht im Rahmen eines „begrenzten Ermessens" von der Ungültigkeitserklärung einer angefochtenen Wahl absehen, wenn dies ausnahmsweise auf Grund des wahlprüfungsrechtlichen Grundsatzes des geringstmöglichen Eingriffs geboten erscheint (BGH BRAK-Mitt. 2010, 169, 171 Rn. 21; s. auch BGH BeckRS 2010, 30048 Rn. 3). 31

3. Keine Zweckmäßigkeitsprüfung. Der AGH hat bei der inhaltlichen Kontrolle aber nicht zu prüfen, ob die Entscheidung zweckmäßig ist, eine andere Entscheidung sachdienlicher oder angemessener wäre (amtliche Begründung, BT-Drs. 3/120, 92 zu § 103). Die **Überprüfung beschränkt sich darauf,** ob eine Ermessensentscheidung **ermessensfehlerhaft** ist, ob die gesetzlichen Grenzen des Ermessens überschritten worden sind oder von dem Ermessen fehlerhaft Gebrauch gemacht wurde. Außerhalb des Ermessens bleibt die gerichtliche Überprüfung auf die Verletzung des Gesetzes oder der Satzung beschränkt (*Isele* § 90 Anm. IV B). Der Antrag, Vorstandswahlen für ungültig zu erklären, kann nicht auf die Behauptung gestützt werden, der Willensbildungsprozess einzelner Wähler sei durch eine – nicht auf dem Verhalten des Vorstands beruhende – Fehlinformation beeinflusst worden (BGHZ 77, 327 = NJW 1981, 129). 32

V. Klagebefugnis

1. Entscheidung nur auf Antrag. Der **AGH** oder der **BGH** (bei Wahlen und Beschlüssen der BRAK und der RAK bei dem BGH, § 112a Abs. 3 Nr. 2) können nur auf Antrag (Klage) tätig werden (§ 112a) und zwar entweder der Landesjustizverwaltung als Behörde der Staatsaufsicht (§ 62 Abs. 2), des BMJV (früher BMJ) (§§ 163 S. 3, 176 Abs. 2) oder auch eines Kammermitglieds (Abs. 2). Die Fehlerhaftigkeit von Wahlen und Beschlüssen soll **nicht ipso iure zur Nichtigkeit** führen, sondern es soll erst der Einleitung eines Verfahrens (Klage) bedürfen, in dem die Wahlen für ungültig, oder die Beschlüsse für nichtig erklärt werden (amtliche Begründung, BT-Drs. 3/120, 92 zu § 103). 33

2. Klagebefugnis der Landesjustizverwaltung. Die Berechtigung der Landesjustizverwaltung zur Antragstellung ergibt sich aus ihrer Befugnis und Pflicht, über die Kammer als einer Körperschaft des öffentlichen Rechts die Staatsaufsicht zu führen (§ 62 Abs. 2; amtliche Begründung, BT-Drs. 3/120, 92 zu § 103). Einen Beschluss kann die Landesjustizverwaltung **nur anfechten,** wenn dieser – gewährend oder versagend – in die **Rechte der Kammermitglieder im Allgemeinen** eingreift. Greift der Beschluss nur in die Rechte eines einzelnen Kammermitglieds ein, kann dieses den Beschluss eigenverantwortlich nach § 112f Abs. 2 S. 2 anfechten; die Landesjustizverwaltung hat kein berechtigtes Interesse an einer gerichtlichen Überprüfung (BGHZ 69, 32 = NJW 1977, 1778). 34

3. Klagebefugnis jedes Kammermitglieds. Antragsberechtigt ist auch jedes Mitglied der Kammer (§§ 60 Abs. 1, 206, 207, 209) und zwar **hinsichtlich von Wahlen uneingeschränkt** (AGH NRW NJW-RR 2014, 945, 947 Rn. 64); hinsichtlich eines Beschlusses jedoch nur dann, wenn es **durch den Beschluss in seinen subjektiven Rechten verletzt** ist (Abs. 2, BGH BeckRS 2015, 06669 Rn. 8 f.). Die Wahlanfechtung setzt nicht voraus, dass vor dem Wahlakt der geltend gemachte Verstoß gerügt wurde (BGH NJW-RR 2001, 995 = BRAK-Mitt. 2001, 40). Dafür, dem Rechtsanwalt auch hinsichtlich sämtlicher Beschlüsse eine Art Popularklage einzuräumen, besteht kein Bedürfnis, da die **Interessen der Allgemeinheit von der Landesjustizverwaltung wahrgenommen** werden (amtliche Begründung, BT-Drs. 3/120, 92 zu § 103; vgl. AGH NRW NJW-RR 2014, 945 946). Es reicht nicht aus, dass der Rechtsanwalt die Verletzung rein objektiven Rechts geltend macht (BGH NJW-RR 2001, 996, 997 = BRAK-Mitt. 2001, 88). 35

Die Antragsbefugnis gerichtet auf die Anfechtung eines Beschlusses setzt deshalb voraus, dass der Kläger mit seinem Antrag geltend macht, durch den angegriffenen Beschluss in seinen Rechten verletzt zu sein. Er muss schlüssig darlegen, dass eine Verletzung seiner Rechte aufgrund seines Tatsachenvortrags jedenfalls möglich ist. Daran fehlt es, wenn eine Verletzung in eigenen Rechten auch unter Berücksichtigung dieses Vortrags nach keiner Betrachtungsweise gegeben sein kann. Ist eine Verletzung in eigenen Rechten nicht ausreichend dargetan, fehlt dem Antrag- 36 steller die Antragsbefugnis, so dass eine Sachprüfung von vornherein ausscheiden muss; der Antrag ist in einem solchen Fall als unzulässig abzuweisen (BGH NJW 1986, 992; NJW-RR 2001, 996 = BRAK-Mitt. 2001, 88; AGH NRW NJW-RR 2014, 946).

37 Die Verletzung subjektiver Rechte kann schon aus den unmittelbaren Auswirkungen des Beschlusses auf die Leistungspflichten des Mitglieds gegenüber seiner Kammer folgen (vgl. AGH NRW NJW-RR 2014, 945 947). Deshalb ist der einzelne Rechtsanwalt zB in seinen Rechten verletzt, wenn er bei Aufrechterhaltung des beanstandeten Beschlusses einen erhöhten Kammerbeitrag (BGHZ 66, 297 = NJW 1976, 1541; BGH BeckRS 2015, 06669 Rn. 10 ff.) oder eine Umlage (BGH NJW-RR 2001, 996 = BRAK-Mitt. 2001, 88; AGH Bln BRAK-Mitt. 2000, 194) bezahlen müsste. Dies ist nicht der Fall bei einem Entlastungsbeschluss für den Vorstand, weil die Entlastung des Vorstands nicht die Wirkung eines Verzichts auf etwaige Schadensersatzansprüche gegenüber dem Vorstand der RAK hat (BGH BeckRS 2015, 06669 Rn. 9; vgl. BGH NJW-RR 2001, 996, 997 = BRAK-Mitt. 2001, 88).

38 Die Verletzung subjektiver Rechte kann jedoch auch in einer Verletzung des allgemeinen Freiheitsrechts des Rechtsanwalts aus Art. 2 Abs. 1 GG liegen. Dies ist dann der Fall, wenn durch den beanstandeten Beschluss außerhalb des Verbandszwecks der RAK stehende Aufgaben wahrgenommen werden sollen (BGH NJW 1986, 992, 993). Die Vergemeinschaftung solcher Aufgaben verletzt die individuelle Freiheitssphäre der Zwangsmitglieder (BGH NJW 1986, 992 = BRAK-Mitt. 1985, 223).

39 In der erneuten Beschlussfassung über eine im Vorjahr bereits beschlossene Umlage kann eine neue Rechtsverletzung (iSd § 90 Abs. 2 aF) gesehen werden (AGH Bln BRAK-Mitt. 2000, 194).

40 Eine Klagebefugnis ist nicht davon abhängig, dass das anwesende Kammermitglied schon in der Versammlung seine Bedenken geltend gemacht hat. Vielmehr ergibt sich aus § 112f Abs. 2 S. 2 und Abs. 3, dass das Kammermitglied nicht unmittelbar an Ort und Stelle, sondern erst nach einer **Überlegungsfrist** von höchstens einem Monat seine begründeten Bedenken vorzubringen hat (BGH NJW-RR 2001, 995 = BRAK-Mitt. 2001, 40).

41 Untersagt ein Beschluss der Kammerversammlung nur der Kammer ein bestimmtes Verhalten, entfaltet er aber gegenüber den einzelnen Kammermitgliedern keine rechtliche Wirkung, dann können einzelne Kammermitglieder gegen den Beschluss **keine Verfassungsbeschwerde** erheben (BVerfG NJW 1989, 2613 = BRAK-Mitt. 1989, 53). Mit der Behauptung, der Vorstand der RAK habe vor Abstimmung der Kammerversammlung über die Entlastung des Vorstands, den Nachtragshaushalt und den **Haushaltsplan** den Anforderungen an eine geordnete Rechnungslegung, Haushaltsaufstellung und an eine nachvollziehbare Vermögensverwaltung nicht genügt, ist eine Verletzung des Kammermitglieds in eigenen Rechten nicht dargetan. Die Wahrnehmung der Aufgaben nach § 89 Abs. 2 obliegt der Kammerversammlung in ihrer Gesamtheit, nicht ihrem einzelnen Mitglied (BGH NJW-RR 2001, 996 = BRAK-Mitt. 2001, 88).

42 **a) Bestehende Mitgliedschaft.** Eine Klagebefugnis besteht nur, solange der Antragsteller Mitglied der Kammer ist. Die Mitgliedschaft muss zur Zeit der Wahl oder der Beschlussfassung bereits bestehen und bis zur Beendigung des Klageverfahrens andauern (ebenso Henssler/Prütting/*Deckenbrock* § 112f Rn. 18). **Neue Mitglieder,** deren Mitgliedschaft nach Ablauf der einmonatigen Klagefrist des § 112f Abs. 3 beginnt, können vor ihrer Mitgliedschaft gefasste Beschlüsse nur inzidenter anfechten (ThürAGH OLGR 2005, 80 = NJOZ 2005, 660; vgl. BGHZ 55, 255, 258 = NJW 1971, 705, 707), wenn sie aufgrund eines solchen Beschlusses in Anspruch genommen werden. Wer auf seine Zulassung als Rechtsanwalt verzichtet hat und in den Listen der Rechtsanwälte (§ 31; Rechtsanwaltsverzeichnis) gelöscht worden ist, kann einen Antrag nach § 112f Abs. 2 nicht stellen. Erfolgt ein Kammerwechsel während des rechtshängigen Klageverfahrens, tritt Erledigung der Hauptsache ein (Gaier/Wolf/Göcken/*Schmidt-Räntsch* § 112f Rn. 16). Lehnt der Kammervorstand das Gesuch eines **früheren Rechtsanwalts** ab, weiterhin an der Sterbegeldeinrichtung der Kammer teilnehmen zu dürfen, ist der Antrag nach § 112f Abs. 2 unzulässig, wie dies schon nach § 90 aF galt. Eine Behandlung des Antrags fand aber anhand des Ersatzrechtsbehelfs nach § 223 aF statt (BGH EGE VII, 95), so dass nunmehr die Rechtsbehelfsmöglichkeiten der VwGO greifen, soweit sie ehemaligen Kammermitgliedern zugänglich sind (→ § 112a Rn. 1 ff.).

43 **b) Tod des Rechtsanwalts.** Das Klageverfahren, in dem ein Beschluss der Kammerversammlung für nichtig bzw. eine Wahl für ungültig erklärt werden soll, wird durch den Tod des Rechtsanwalts in der Hauptsache erledigt (BGHZ 66, 297 = NJW 1976, 1541). Die Klagebefug-

nis geht nicht auf den Erben über. Nach Erledigung der Hauptsache ist über die Gerichtskosten nach § 112c Abs. 1 S. 1 iVm § 161 Abs. 2 S. 1 VwGO nach billigem Ermessen zu entscheiden, wobei vor allem die Erfolgsaussichten der Klage zu berücksichtigen sind (vgl. BGHZ 66, 297 = NJW 1976, 1541).

VI. Klagefrist

1. Klage der Landesjustizverwaltung. Die schriftlich beim AGH zu erhebende Klage ist für die Landesjustizverwaltung **nicht fristgebunden** (Argument aus Abs. 3). Sie kann die Klage jederzeit erheben. Sollte die Landesjustizverwaltung an eine Frist gebunden werden, so würde die Staatsaufsicht, die sie mit dem Antrag wahrnimmt, in einem wesentlichen Punkt eingeschränkt werden. Dies wäre jedoch untunlich (amtliche Begründung, BT-Drs. 3/120, 92 zu § 104). 44

2. Klage eines Kammermitglieds. Ein Kammermitglied kann die Klage nur **innerhalb eines Monats** nach der Wahl oder der Beschlussfassung erheben (Abs. 3). Es ist Wert darauf zu legen, dass der einzelne Rechtsanwalt seine Zweifel und Bedenken gegenüber der Gültigkeit einer Wahl oder eines Beschlusses möglichst bald anmeldet, damit die Zusammenarbeit innerhalb der Kammer nicht gestört wird (amtliche Begründung, BT-Drs. 3/120, 92 zu § 104). Es ist aber nicht Voraussetzung, dass der geltend gemachte Verstoß schon vor der Wahl bzw. vor der Beschlussfassung gerügt wurde. Die in § 112f Abs. 3 bestimmte Monatsfrist sichert zudem, dass Zweifel an der Gültigkeit einer Wahl in überschaubarer Zeit geklärt werden können (BGH NJW-RR 2001, 995 = BRAK-Mitt. 2001, 40). Die Anfechtungsfrist von einem Monat beginnt bei Wahlen und Beschlüssen des Vorstands und des Präsidiums für Antragsteller, die nicht dem Vorstand angehören, nicht mit dem Augenblick der internen Beschlussfassung im Vorstand, sondern mit dem Zeitpunkt der **Bekanntmachung** des Vorstandsbeschlusses an den Antragsteller (BGHZ 37, 396 = NJW 1962, 2006; vgl. zum Begriff der Bekanntmachung AGH Hmb AnwBl. Online 2011, 216, 217). Der Fristlauf beginnt auch ohne Vorliegen einer Rechtsbehelfsbelehrung (Gaier/Wolf/Göcken/*Schmidt-Räntsch* § 112f Rn. 23). Die Frist des § 112f Abs. 3 ist auch dann einzuhalten, wenn Beschlüsse durch solche Mitglieder angefochten werden, die erst **nach der Beschlussfassung zur Anwaltschaft zugelassen** worden sind oder einen Kammerwechsel vorgenommen haben. Diese Rechtsanwälte haben – wie alle anderen Kammermitglieder – die Möglichkeit, eine Inzidentprüfung von Beschlüssen, die an keine Frist gebunden ist (ThürAGH NJOZ 2005, 662), im Rahmen des jeweils auf ihre Beschwer zutreffenden Klageverfahrens zu beantragen (ThürAGH OLGR 2005, 80 = NJOZ 2005, 660; vgl. BGHZ 55, 255, 258 = NJW 1971, 705, 707). 45

Hat bei Wahlen und Beschlüssen der Kammerversammlung der Rechtsanwalt eine Einladung mit Tagesordnung zur Kammerversammlung erhalten oder war er an der **Beschlussfassung beteiligt,** dann läuft die Frist **ab Beendigung der Wahl bzw. der Beschlussfassung** (AGH NRW NJW-RR 2014, 945, 947). Das gilt also auch, wenn er an der Versammlung nicht teilgenommen hat (EGH Hamm EGE XI, 148). 46

3. Fristversäumung. Wird die Frist versäumt, so ist der Antrag (Klage) als unzulässig zu verwerfen (BGH NJW-RR 2001, 995 = BRAK-Mitt. 2001, 40). Die Frage, ob bei Versäumung der Frist für einen Antrag nach § 112f gemäß § 112c Abs. 1 S. 1, § 60 VwGO **Wiedereinsetzung in den vorigen Stand** gewährt werden kann, wird streitig beantwortet. Während einerseits diese Möglichkeit umfassend bejaht wird (vgl. BGH EGE VIII, 15 16; EGE XII, 46, 49; *Isele* § 91 Anm. II B 2e; *Kleine-Cosack* § 112f Rn. 11; Gaier/Wolf/Göcken/*Schmidt-Räntsch* § 112f Rn. 24), wird andererseits jede Möglichkeit der Wiedereinsetzung für ausgeschlossen erachtet (vgl. Henssler/Prütting/*Deckenbrock* § 112f Rn. 26 und EGH Hamm EGE XI, 148, 150). Diese Frage wird differenziert zu beantworten sein. Soweit die Anfechtungsklage die Gültigkeit einer Wahl zum Inhalt hat, ist dem Bedürfnis nach Rechtssicherheit und Rechtsklarheit der Vorzug zu geben vor den Interessen dessen, der, wenn auch ohne sein Verschulden, die Einhaltung der Klagefrist versäumt hat. Dem entspricht es, dass die Möglichkeit einer inzidenten Prüfung der Gültigkeit einer Wahl in einem anderen Verfahren ausgeschlossen ist (BGH BeckRS 2009, 87517 Rn. 9; → Rn. 52). Soweit jedoch die Wirksamkeit von Beschlüssen in Frage steht, besteht das Bedürfnis nach Rechtssicherheit und Rechtsklarheit nicht in gleicher Weise. Deshalb kann bei unverschuldeter Fristversäumung Wiedereinsetzung gewährt werden wie auch eine Inzidentprüfung in anderen Verfahren erfolgen kann. 47

VII. Antragserfordernisse

48 Soweit es um Beschlüsse und Wahlen von **Rechtsanwaltskammern** geht, ist der Antrag schriftlich bei dem **AGH** einzureichen und gegen die RAK zu richten. Der Antrag kann sich stets nur gegen Wahlen bzw. Beschlüsse iSd § 112f Abs. 1 richten, er muss den Gegenstand der Anfechtung bezeichnen. Der Antragsteller **muss** in dem Antrag die **Gründe angeben,** aus denen die Wahl für ungültig oder der Beschluss für nichtig zu erklären ist. Das Gebot, die gegen die Gültigkeit der Wahl streitenden Gründe anzugeben, ist bestimmt und grundsätzlich auch geeignet, **missbräuchlichen Anträgen entgegenzuwirken** (BGH NJW-RR 2001, 995 = BRAK-Mitt. 2001, 40).

49 Fehlt in dem Antrag die Angabe dieser Gründe, muss er **als unzulässig verworfen** werden (BGH NJW-RR 2001, 995 = BRAK-Mitt. 2001, 40). Darüber hinaus sollen auch die Beweismittel im Einzelnen angeführt werden. Deren Fehlen macht aber den Antrag nicht unzulässig (Abs. 2).

50 Soweit es um Beschlüsse und Wahlen der **BRAK** oder der **RAK beim BGH** geht, ist die Zuständigkeit des BGH gegeben (§ 112a Abs. 3 Nr. 2).

VIII. Klageverfahren

51 Für das Klageverfahren gelten nach § 112c Abs. 1 die Vorschriften der VwGO entsprechend. Im Interesse der Rechtssicherheit und zum Schutz der autonomen Selbstverwaltung ist darauf verzichtet worden, an der Fehlerhaftigkeit einer Wahl oder eines Beschlusses ipso iure die Ungültigkeit oder Nichtigkeit zu knüpfen (→ Rn. 2). Deshalb ist bis zur rechtskräftigen Entscheidung von einem wirksamen Beschluss oder einer wirksamen Wahl auszugehen, dh die Unwirksamkeit gilt erst von dem Zeitpunkt an, an dem die Ungültigkeitserklärung durch das Gericht rechtskräftig geworden ist (**Wirkung ex nunc;** BGH BeckRS 2009, 87517 Rn. 9). Bei einer Wahlanfechtung hat dies dementsprechend die Folge, dass die Gewählten zunächst weiter im Amt bleiben; ein **einstweiliger Rechtsschutz** gegen Wahlen und Beschlüsse ist nicht möglich (Henssler/Prütting/*Deckenbrock* § 112f Rn. 32).

52 Die inzidente Prüfung der Gültigkeit einer Wahl in einem anderen Verfahren als dem Wahlanfechtungsverfahren ist ausgeschlossen (BGH BeckRS 2009, 87517 Rn. 9). Das Gesetz sieht in § 112f Abs. 1 ein besonderes Wahlanfechtungsverfahren vor, in dem darüber zu befinden ist, ob etwa festgestellte Verstöße gegen das Gesetz oder die Satzung die Nichtigkeit der Wahl zur Folge haben. Solche Verstöße führen also nicht ohne weiteres, sondern nur dann zur Nichtigkeit der Wahl, wenn diese Rechtsfolge in dem Verfahren nach § 112f rechtskräftig ausgesprochen wurde.

53 Etwaige bis zur rechtskräftigen Nichtigerklärung einer Wahl gefassten Beschlüsse des Vorstands haben trotz der für nichtig erklärten Wahl des Vorstands Bestand. Führte eine erfolgreiche Anfechtung einer Vorstandswahl rückwirkend zur Unwirksamkeit oder Anfechtbarkeit der von dem Vorstand zuvor gefassten Beschlüsse, so hätte dies erhebliche Rechtsunsicherheit zur Folge. Für die nicht kalkulierbare Dauer des Wahlanfechtungsverfahrens wäre die Funktionsfähigkeit der Rechtsanwaltskammer nicht mehr gewährleistet. Dies wäre mit dem vom Bundesverfassungsgericht hervorgehobenen Bedürfnis nach Rechtssicherheit und Rechtsklarheit nicht vereinbar (BGH BeckRS 2009, 87517 Rn. 11 unter Hinweis auf BVerfGE 1, 14, 38; 3, 41, 44; 34, 81, 103).

54 Zwar spricht der Wortlaut des § 112f Abs. 1 davon, dass Wahlen und Beschlüsse für ungültig bzw. nichtig erklärt werden können; hierdurch wird die Entscheidung nicht in das Belieben des Gerichts gestellt (BGH BRAK-Mitt. 2010, 169, 171 Rn. 17). Vielmehr ist die Nichtigkeit bzw. Ungültigkeit bei Vorliegen der entsprechenden Voraussetzungen ohne weiteres auszusprechen (Henssler/Prütting/*Deckenbrock* § 112f Rn. 33). Unberührt bleibt die Möglichkeit, im Rahmen eines „begrenzten Ermessens" von der Ungültigkeitserklärung einer angefochtenen Wahl abzusehen, wenn dies ausnahmsweise auf Grund des wahlprüfungsrechtlichen Grundsatzes des geringstmöglichen Eingriffs geboten erscheint (BGH BRAK-Mitt. 2010, 169, 171 Rn. 21; vgl. auch die Anm. bei Rn. 31).

55 In einem Wahlanfechtungsverfahren ist der Gewählte ein notwendig **Beizuladender** (BGH NJW-RR 2008, 1159 = BRAK-Mitt. 2008, 169). Der Beigeladene kann auch Rechtsmittel einlegen (BGH BRAK-Mitt. 2010, 169 Rn. 3), trägt dann allerdings auch ein Kostenrisiko (BGH BeckRS 2010, 30048 Rn. 5).

§ 112g Rechtsschutz bei überlangen Gerichtsverfahren

[1] Auf den Rechtsschutz bei überlangen Gerichtsverfahren sind die Vorschriften des Siebzehnten Titels des Gerichtsverfassungsgesetzes anzuwenden. [2] Die Vorschriften dieses Gesetzes, die die Besetzung des Senats für Anwaltssachen bei dem Bundesgerichtshof regeln, sind nicht anzuwenden.

Übersicht

I. Allgemeines

1 **1. Rechtsschutz gegen überlange Verfahren.** Ein Bedürfnis nach Rechtsschutz gegen überlange Verfahren besteht grundsätzlich auch in Verfahren nach der BRAO. Auch **Verfahren betreffend verwaltungsrechtliche Anwaltssachen** können unangemessen lange dauern. § 112g stellt für solche Verfahren einen effektiven Rechtsbehelf zur Verfügung, indem diese Norm die §§ 198 ff. GVG für anwendbar erklärt.

2 **2. Umsetzung der Rechtsprechung des EGMR.** Das **Gesetz über den Rechtsschutz bei überlangen Gerichtsverfahren und strafrechtlichen Ermittlungsverfahren vom 24.11.2011** (BGBl. I S. 2302) ist mit Wirkung vom 3.12.2011 in Kraft getreten. Dieses Artikelgesetz setzt die Rechtsprechung des EGMR um, der die Bundesrepublik Deutschland mit Urteil vom 2.9.2010 (NJW 2010, 3355) verpflichtet hatte, innerhalb eines Jahres einen wirksamen innerstaatlichen Rechtsbehelf einzuführen, mit dem eine angemessene und hinreichende Wiedergutmachung für überlange Verfahren entsprechend den Grundsätzen der EMRK gewährleistet werden kann. Das Gesetz vom 24.11.2012 geht insbesondere mit seiner Einbeziehung des strafrechtlichen Ermittlungsverfahrens und Verwaltungsrechtsstreitigkeiten über die Vorgaben des EGMR hinaus.

3 **3. Grundzüge der Entschädigungsklage nach §§ 198 ff. GVG.** Wer infolge unangemessener Dauer eines Gerichtsverfahrens als Verfahrensbeteiligter einen materiellen **Nachteil** erleidet, kann eine **angemessene Entschädigung** verlangen (§ 198 Abs. 1 S. 1 GVG). Das Vorliegen einer **unangemessenen Dauer** richtet sich dabei nach den Umständen des Einzelfalls (§ 198 Abs. 1 S. 1 GVG). Ein immaterieller Nachteil wird bei Vorliegen einer unangemessenen Dauer widerleglich vermutet (§ 198 Abs. 2 S. 1 GVG). Der regelmäßige Entschädigungsbetrag hierfür beträgt nach § 198 Abs. 2 S. 3 und 4 GVG 1.200 Euro für jedes Jahr der Verzögerung, soweit eine Wiedergutmachung nicht auf andere Weise ausreichend ist (§ 198 Abs. 2 S. 2; Abs. 4 GVG). Voraussetzung für den Entschädigungsanspruch ist, dass nach § 198 Abs. 3 GVG im Ausgangsverfahren eine **Verzögerungsrüge** erhoben worden ist. Die Entschädigungsklage darf nach § 198 Abs. 5 GVG frühestens sechs Monate nach Erhebung der Verzögerungsklage und muss spätestens sechs Monate nach Rechtskraft der das Ausgangsverfahren beendenden Entscheidung erhoben werden. Soll die Entschädigungsklage gegen ein Land erhoben werden, ist nach § 201 Abs. 1 S. 1 GVG das OLG ausschließlich **zuständig,** in dessen Bezirk das Ausgangsverfahren durchgeführt wurde. Bei Klage gegen den Bund ist der BGH nach § 201 Abs. 1 S. 2 GVG ausschließlich zuständig. Gegen Entscheidungen des OLG findet nach § 201 Abs. 2 S. 3 GVG das Rechtsmittel der Revision statt (§§ 543, 544 ZPO, § 26 Nr. 8 EGZPO). Wegen der weiteren Einzelheiten zu den Voraussetzungen, den Rechtsfolgen und zum Verfahren der Entschädigungs-

klage wird auf die Kommentierungen zu den §§ 198 ff. GVG sowie auf *Heine* MDR 2012, 327; *ders.* MDR 2013, 1081; *ders.* MDR 2013, 1147; *ders.* MDR 2014, 1008 verwiesen.

4 **4. Verweisungen in der BRAO auf die §§ 198 ff. GVG.** Das Artikelgesetz vom 24.11.2012 hat neben der Einführung der die Entschädigungsklage regelnden §§ 198–201 GVG zahlreiche weitere Gesetze geändert sowie Verweisungen auf die Neureglung im GVG vorgenommen. Für den Bereich der BRAO hat das Artikelgesetz **vier Verweisungen** (teils mittelbar, teil unmittelbar) auf die §§ 198 ff. GVG eingefügt:

- § 57 Abs. 3 S. 9: betreffend gerichtliche Verfahren zur Überprüfung von Zwangsgeldern,
- § 74a Abs. 7: betreffend gerichtliche Verfahren zur Überprüfung von Rügen,
- § 112g betreffend verwaltungsrechtliche Anwaltssachen,
- § 116 Abs. 2 betreffend anwaltsgerichtliche Verfahren.

5 Für den Bereich der verwaltungsrechtlichen Anwaltssachen ist der mittels § 112g geschaffene Verweis auf die §§ 198 ff. GVG nicht deshalb entbehrlich, weil sich deren Anwendbarkeit insoweit ohnehin aus § 112c Abs. 1 S. 1 iVm § 173 VwGO ergeben hätte. Denn § 173 S. 2 VwGO ändert die in § 201 Abs. 1 GVG angeordnete Zuständigkeit von OLG und BGH zugunsten einer Zuständigkeit von OVG und BVerwG und ersetzt die aus § 201 Abs. 2 GVG folgende Anwendbarkeit der ZPO durch eine solche der VwGO.

6 Allerdings geht der Verweis auch auf § 199 GVG für den Bereich der verwaltungsrechtlichen Anwaltssachen ins Leere, weil sich diese Norm allein mit Strafverfahren befasst.

II. Regelungsinhalt

7 **1. Keine Zuständigkeit der anwaltlichen Berufsgerichtsbarkeit.** Das Artikelgesetz vom 24.11.2012 hat für den Bereich der BRAO anders als bei den Verweisungen in den anderen Verfahrensordnungen nicht die „entsprechende Anwendung" der §§ 198 ff. GVG, sondern deren **„Anwendung"** angeordnet. Während der Regierungsentwurf (BT-Drs. 17/3802, 9) noch für § 112g eine „entsprechende Anwendung" vorgesehen hatte, mit der Folge, dass sich eine Zuständigkeit des AGH bzw. des Anwaltssenats des BGH für Entschädigungsklagen ergeben hätte, hat der Rechtsausschuss (BT-Drs. 17/7217, 29) empfohlen, dass bei überlangen Verfahren in berufsrechtlichen Streitigkeiten der Rechtsanwälte die Zuständigkeit wie bei den Notaren und Patentanwälten einheitlich bei den Oberlandesgerichten bzw. dem Bundesgerichtshof liegen soll. Eine Zuweisung der Verfahren an die ordentlichen Gerichte sei insbesondere deshalb erforderlich, weil im Hinblick auf die zahlenmäßig geringe personelle Besetzung der Anwaltsgerichtsbarkeit nur organisatorische Schwierigkeiten bei der Besetzung der entscheidenden Spruchkörper vermieden werden könnten. Der Gesetzgeber ist schließlich dieser Empfehlung des Rechtsausschusses gefolgt und hat Entschädigungsstreitigkeiten **nicht der Zuständigkeit der anwaltlichen Berufsgerichtsbarkeit zugewiesen, sondern auch insoweit die Zuständigkeit von OLG und BGH angeordnet** (kritisch *Kirchberg* BRAK-Mitt. 2012, 2, 4).

8 **2. Zuständigkeit ausschließlich von OLG und BGH.** Soll eine Entschädigung für ein **überlanges Verfahren vor dem AGH** verlangt werden, ist ausschließlich zuständig das OLG (§ 112g S. 1 iVm § 201 Abs. 1 S. 1 GVG). Örtlich zuständig ist dasjenige OLG, bei dem der AGH nach § 100 Abs. 1 S. 1, Abs. 2 seinen Sitz hat. Das Verfahren vor dem OLG ist nach § 112g S. 1, § 201 Abs. 2 GVG zweizügig ausgestaltet. Das statthafte Rechtsmittel ist jedoch nicht wie in den die verwaltungsrechtlichen Anwaltssachen betreffenden Ausgangsverfahren vor dem AGH die Berufung, sondern die Revision zum BGH nach Maßgabe der § 198 Abs. 2 S. 3 GVG, §§ 543, 544 ZPO, § 26 Nr. 8 EGZPO.

9 Zuständig für Entschädigungsklagen betreffend **überlange Verfahren vor dem Anwaltssenat des BGH** ist ausschließlich der BGH (§ 112g S. 1 iVm § 201 Abs. 1 S. 2 GVG). Dabei entscheidet der BGH erst- und letztinstanzlich.

10 § 112g S. 2 stellt klar, dass der BGH in Entschädigungsstreitigkeiten, auch soweit es um verwaltungsrechtliche Anwaltssachen geht, **in der für Zivilsachen vorgesehenen Besetzung** entscheidet (nach dem Geschäftsverteilungsplan des BGH für das Jahr 2015 ist der III. Zivilsenat zuständig). Auf der Ebene des OLG bedurfte es einer solchen Klarstellung nicht, weil die Verweisung auf das GVG eine Zuständigkeit des AGH von vornherein ausschließt (BT-Drs. 17/7217, 29).

3. Erfasste Verfahren. In jedem Verfahren einer verwaltungsrechtlichen Anwaltssache kann es zu einer unangemessenen Verfahrensdauer kommen. Neben dem Hauptsacheverfahren und dem Rechtsmittelverfahren werden nach § 112g S. 1, § 198 Abs. 6 Nr. 1 GVG erfasst Verfahren zur Bewilligung von Prozesskostenhilfe (§ 112c Abs. 1 S. 1 iVm § 173 S. 1 VwGO, §§ 114 ff. ZPO), der Beiordnung eines Rechtsanwalts (§ 112c Abs. 1 S. 1 iVm § 173 S. 1 VwGO, § 78b ZPO) sowie in Eilverfahren (§ 112c Abs. 1 S. 1 iVm §§ 80, 123 VwGO). Nicht erfasst, weil nicht zum Gerichtsverfahren gehörend, ist das Verwaltungs- und Widerspruchsverfahren vor der RAK (Gaier/Wolf/Göcken/*Schmidt-Räntsch* § 112g Rn. 5). 11

4. Mögliche Anspruchsberechtigungen. Anspruchsberechtigungen können entstehen in der Person eines an einer verwaltungsrechtlichen Anwaltssache **beteiligten Rechtsanwalts oder eines Rechtsanwaltsbewerbers.** Auch einem **Beigeladenen** kann ein Entschädigungsanspruch zustehen. 12

Im Grundsatz nicht entschädigungsberechtigt sind nach § 198 Abs. 6 Nr. 2 GVG **die Rechtsanwaltskammern sowie die Landesjustizverwaltungen und das BMJV (früher BMJ).** Denn die Träger öffentlicher Verwaltung und sonstige öffentliche Stellen gelten nicht als „Verfahrensbeteiligter" iSd § 198 Abs. 1 S. 1 GVG. Anderes gilt nur dann, wenn diese in **Wahrnehmung eines Selbstverwaltungsrechts** an einem Verfahren beteiligt sind (§ 198 Abs. 6 Nr. 2 Hs. 2 GVG). Es ist deshalb wie folgt zu differenzieren: 13

Erhebt ein Rechtsanwalt oder ein Rechtsanwaltsbewerber etwa im Zusammenhang mit seiner Zulassung oder einer Gestattung, die Fachanwaltsbezeichnung zu führen, Klage gegen eine RAK, so handelt die RAK als Träger der Staatsaufsicht über die Rechtsanwälte. In dieser Eigenschaft und nicht in Wahrnehmung eines Selbstverwaltungsrechts ist die RAK an einem solchen Klageverfahren beteiligt (Gaier/Wolf/Göcken/*Schmidt-Räntsch* § 112g Rn. 7). Gleiches gilt, wenn die RAK ein Zwangsgeld verhängt oder eine Rüge bzw. Belehrung erteilt. Insoweit ist die RAK nicht „Verfahrensbeteiligter" iSd § 198 Abs. 1 S. 1 GVG. 14

Erhebt ein Rechtsanwalt nach § 112f Abs. 2 S. 1 Alt. 2 Klage gegen eine Wahl oder einen Beschluss, so handelt die RAK auch hier als Träger der Staatsaufsicht über die Rechtsanwälte (Gaier/Wolf/Göcken/*Schmidt-Räntsch* § 112g Rn. 8). Auch insoweit ist die RAK nicht „Verfahrensbeteiligter" iSd § 198 Abs. 1 S. 1 GVG. 15

Erhebt die aufsichtsführende Stelle nach § 112f Abs. 2 S. 1 Alt. 1 Klage gegen eine Wahl oder einen Beschluss, verteidigt die RAK im Rahmen einer solchen Anfechtungsklage ihr Selbstverwaltungsrecht (Gaier/Wolf/Göcken/*Schmidt-Räntsch* § 112g Rn. 8). In diesem Klageverfahren ist die RAK „Verfahrensbeteiligter" iSd § 198 Abs. 1 S. 1 GVG. 16

Klagt die BRAK (zu ihrer Aktivlegitimation BGHZ 187, 31 Rn. 14 = NJW 2010, 3787 = BRAK-Mitt. 2010, 267) gegen einen Bescheid, mit dem das BMJV (früher BMJ) nach § 191e einen Beschluss der Satzungsversammlung aufgehoben hat, so handelt die BRAK dabei in Wahrnehmung ihres Selbstverwaltungrechts (Gaier/Wolf/Göcken/*Schmidt-Räntsch* § 112g Rn. 9). In diesem Klageverfahren ist die BRAK „Verfahrensbeteiligter" iSd § 198 Abs. 1 S. 1 GVG. 17

5. Anspruchsgegner: Die haftende Körperschaft. In § 112g S. 1 iVm § 200 GVG wird die **Passivlegitimation** für Entschädigungsklagen festgelegt. Danach haftet das **Land** für eine unangemessene Verfahrensdauer beim AGH, so dass die Klage gegen das jeweilige Bundesland zu richten ist. Für eine unangemessene Verfahrensdauer beim Anwaltssenat des BGH haftet der **Bund,** so dass eine Entschädigungsklage gegen die Bundesrepublik Deutschland zu richten ist. Eine Haftung der RAK ist damit in jedem Fall ausgeschlossen (Henssler/Prütting/*Deckenbrock* § 112g Rn. 5). 18

6. Wirksamkeitsvoraussetzungen für die Verzögerungsrüge. Mangels gesetzlicher Anordnung einer bestimmten Form gelten für eine zu erhebende Verzögerungsrüge diejenigen Anforderungen, die für Ausgangsverfahren allgemein gelten (Gaier/Wolf/Göcken/*Schmidt-Räntsch* § 112g Rn. 19). Hieraus folgt, dass die Verzögerungsrüge vor dem AGH bzw. dem Anwaltssenat des BGH **grundsätzlich schriftlich, in einer mündlichen Verhandlung auch mündlich** vorgebracht werden kann. Der nach Maßgabe von § 112c Abs. 1, § 67 Abs. 4 VwGO bestehende **Anwaltszwang** gilt auch für die Verzögerungsrüge (BT-Drs. 17/3802, 20; Gaier/Wolf/Göcken/*Schmidt-Räntsch* § 112g Rn. 19). 19

7. Angemessenheit der Verfahrensdauer iSd § 198 Abs. 1 GVG. Bei der nach den Umständen des Einzelfalls zu bemessenden Frage nach der Angemessenheit der Verfahrensdauer 20 werden zwar auch die **Besonderheiten des Verfahrens vor dem AGH** nicht außer Betracht gelassen werden können. So sind drei Mitglieder des mit fünf Richtern besetzten Spruchkörpers des AGH im Hauptberuf Rechtsanwälte, deren Kanzleien sich naturgemäß an verschiedenen Standorten befinden (OLG Köln NJW-RR 2014, 636, 637). Es ist jedoch nicht gerechtfertigt, allein wegen des ehrenamtlichen Charakters der anwaltlichen Mitglieder des AGH generell einen niedrigeren Standard als bei den Berufsrichtern anzulegen (OLG Köln NJW-RR 2014, 636, 637). Ihre regelmäßige Abwesenheit vom Sitz des Gerichts dürfte angesichts des allgemein erreichten Stands der modernen Büro- und Kommunikationstechnik die uneingeschränkte Möglichkeit, Gerichtsverfahren zügig zu fördern, nicht beeinträchtigen.

21 **8. Ersatzfähige materielle Nachteile.** Zu den ersatzfähigen materiellen Nachteilen gehören neben den für verwaltungsrechtliche Anwaltssachen unbedeutsamen Kostenerhöhungen im Ausgangsverfahren auch **Anwaltskosten für die vorprozessuale Verfolgung des Entschädigungsanspruchs.** Das Vorliegen materieller Nachteile wird nicht vermutet und bedarf des Nachweises nach den allgemeinen zivilprozessualen Grundsätzen.

22 In verwaltungsrechtlichen Anwaltssachen kommt entgangener Gewinn als materieller Schaden insbesondere im Falle einer unberechtigten Verweigerung der Zulassung zur Rechtsanwaltschaft und im Falle einer unberechtigten Verweigerung der Gestattung, eine Fachanwaltsbezeichnung zu führen, in Betracht. **Allerdings stellt entgangener Gewinn im Rahmen der Entschädigungsklage nach § 198 GVG keinen ersatzfähigen materiellen Nachteil dar.** Zwar war ursprünglich im Gesetzentwurf der Bundesregierung auch der Ersatz entgangenen Gewinns vorgesehen (BT-Drs. 17/3802, 19). Diese Einbeziehung ist im Gesetzgebungsverfahren später bewusst aufgegeben und ein Ersatz entgangenen Gewinns durch die sodann eingefügte Beschränkung auf eine „angemessene" Entschädigung ausgeschlossen worden (vgl. die im Gesetz umgesetzte Beschlussempfehlung des BT-Rechtsausschusses, BT-Drs. 17/7217, 3 und 28; s. *Heine* MDR 2012, 327, 330; *ders.* MDR 2013, 1081, 1087; **aA** Gaier/Wolf/Göcken/*Schmidt-Räntsch* § 112g Rn. 26, 27).

Sechster Teil. Die anwaltsgerichtliche Ahndung von Pflichtverletzungen

Vorbemerkung (Vor § 113)

Schrifttum: *Dölemeyer,* Anwaltschaft im Nationalsozialismus: Auf der Seite der Freiheit? Anwaltliche Ehrengerichtsbarkeit in der NS-Zeit, AnwBl. 2008, 853; *Feuerich,* Entwicklung und Stellung des anwaltsgerichtlichen Verfahrens zur Verfolgung anwaltlicher Pflichtverletzungen, FS Mehle, 2009, 183; *Geiersberger,* Gelebtes Berufsrecht – Gedanken zur Anwaltsgerichtsbarkeit, BRAK-Mitt. 2014, 292; *Haas,* Anwaltliche Berufsgerichtsbarkeit in Europa, BRAK-Mitt. 1997, 45; *Hess,* Die Pflichtverletzung im anwaltlichen Berufsrecht, FS Eichele, 2013, 192; *Jähnke,* Kritische Bemerkungen zum Grundsatz der Einheit der Standesverfehlung, FS Pfeiffer, 1988, 941; *Kleine-Cosack,* Zukunft der Anwaltsgerichtsbarkeit, AnwBl. 1999, 565; *Saerbeck, A*nwaltliches Fehlverhalten: Muss das Sanktionssystem neu geordnet werden?, FS Stüer, 2013, 645; *Schroeder,* Die anwaltliche Berufsgerichtsbarkeit, BRAK-Mitt. 1997, 11; *Schulz,* Berufsrechtliche Pflichtverletzung des Rechtsanwalts – Materiellrechtliche und verfahrensrechtliche Grundlagen, JA 2009, 206.

I. Allgemeines

1 Zur geschichtlichen Entwicklung des anwaltsgerichtlichen Verfahrens vgl. 8. Aufl. Vor §§ 92 ff. Nach der BRAO obliegt die Überwachung der Einhaltung der anwaltlichen Berufspflichten nicht nur der Berufsaufsicht der RAK (§§ 56, 57, 73 Abs. 2 Nr. 1, 4, 74, 74a, 162, 174, 207 Abs. 2, 209 Abs. 1), sondern auch der Anwaltsgerichtsbarkeit (*Kleine-Cosack* Vor § 113 Rn. 1). Die anwaltsgerichtliche Ahndung von anwaltlichen Pflichtverletzungen ist im Sechsten und Siebten Teil der BRAO geregelt. Der Sechste Teil (§§ 113–115c) enthält im Wesentlichen Vorschriften zu den Voraussetzungen und der Art der anwaltsgerichtlichen Ahndung einer Pflichtverletzung und der Siebte Teil (§§ 116–161a) Verfahrensvorschriften, die nach § 116 ergänzt werden durch Vorschriften des GVG und der StPO. Die anwaltsgerichtliche Ahndung erfolgt aufgrund einer Anschuldigung durch die Staatsanwaltschaft (§§ 120, 130) durch die Anwaltsgerichte (§§ 92 ff., 119). Diese sind Gerichte für besondere Sachgebiete iSd Art. 101 Abs. 2 GG, deren Einrichtung verfassungsgemäß ist (BVerfGE 48, 300 = NJW 1978, 1795; BVerfGE 26, 186 = NJW 1969, 2192; → Vor § 92 Rn. 6).

II. Verhältnis zu anderen Verfahren

2 Wie sich aus §§ 74a Abs. 5, 115a ergibt, hat das anwaltsgerichtliche Verfahren absoluten Vorrang vor dem Rügeverfahren der Kammer (→ § 74a Rn. 18; → § 114 Rn. 3; → § 115a Rn. 5 ff.). Die §§ 118, 118a regeln das **verfahrensmäßige Verhältnis von Straf- und Bußgeldverfahren** (§ 118) und bei Doppelberuflern der **Verfahren anderer Berufsgerichtsbarkeiten** (§ 118a) zum anwaltsgerichtlichen Verfahren.

3 Nach § 118 kommt regelmäßig dem Strafverfahren der Verfahrensvorrang zu. § 118a bestimmt – von Besonderheiten für Rechtsanwälte im öffentlichen Dienst (§ 118a Abs. 3) und für Anwaltsnotare (§ 118a Abs. 4) abgesehen – den weitgehenden Vorrang des anwaltsgerichtlichen Verfahrens vor der anderen Berufsgerichtsbarkeit (BGH NJW 2005, 1057 = BRAK-Mitt. 2005, 91). § 115b bestimmt für den Fall des rechtskräftigen Abschlusses des Verfahrens einer anderen Berufsgerichtsbarkeit und nach Abschluss des Straf- bzw. Bußgeldverfahrens im Rahmen der Bindungen aus § 118 Abs. 2 und 3 inwieweit **materiell** noch eine zusätzliche anwaltsgerichtliche Maßnahme neben der anderen Verurteilung zulässig ist (→ § 115b Rn. 1, 2; → § 118 Rn. 1, 2; → § 118a Rn. 1 ff.).

4 Das Verhältnis des anwaltsgerichtlichen Verfahrens zum **Rücknahme- bzw. Widerrufsverfahren** (§§ 14, 16, 17, 37 ff.) ist grundsätzlich gleichrangig. Ein materieller Vorrang des Verfahrens nach §§ 14 ff. besteht nicht. Das ergibt sich auch aus den Regelungen in §§ 139 Abs. 3 Nr. 1, 148 Abs. 1, 149. Diese Regelungen gelten unter anderem für den Fall, dass während des laufenden anwaltsgerichtlichen Verfahrens die Zulassung zur Rechtsanwaltschaft zurückgenommen oder widerrufen wird. In ihnen wird also von der Zulässigkeit eines Nebeneinanders von Rücknahme- und Widerrufsverfahren einerseits und eines anwaltsgerichtlichen Verfahrens andererseits ausgegangen. Allerdings kann nach § 118b das anwaltsgerichtliche Verfahren im Hinblick auf ein Rücknahme- bzw. Widerrufsverfahren ausgesetzt werden (→ § 118b Rn. 2), weil für den

Fall eines rechtskräftigen Widerrufs bzw. einer Rücknahme der Zulassung der Angeschuldigte der Anwaltsgerichtsbarkeit nicht mehr unterstehen wird, so dass das anwaltsgerichtliche Verfahren dann einzustellen ist (→ § 113 Rn. 3; → § 139 Rn. 13 ff.). Führt das Widerrufsverfahren aber nicht zum Widerruf der Zulassung, zB weil der Widerrufsgrund der fehlenden Berufshaftpflichtversicherung wegen Nichtzahlung der Versicherungsprämien (§ 14 Abs. 2 Nr. 9, § 51) nachträglich entfallen ist, dann kann das anwaltsgerichtliche Verfahren wegen schuldhafter Nichterfüllung der Verpflichtung aus § 51 fortgeführt werden.

III. Verfahrensvoraussetzungen

5 Wie sich aus der Verweisung des § 116 S. 2 auf § 260 Abs. 3 StPO ergibt, sind für das anwaltsgerichtliche Verfahren die strafprozessualen Verfahrenshindernisse zu beachten (→ § 116 Rn. 29). Dies sind insbesondere die anderweitige Rechtshängigkeit eines **anwaltsgerichtlichen** Verfahrens wegen derselben Pflichtverletzung und eine bereits rechtskräftige Entscheidung wegen derselben Sache durch **anwaltsgerichtliches** Urteil (Art. 103 Abs. 3 GG), sowie die Fälle eingeschränkter materieller Rechtskraft von **anwaltsgerichtlichen** Beschlüssen nach § 115a Abs. 1 S. 2 (→ § 115a Rn. 10), § 122 Abs. 4 iVm § 174 Abs. 2 StPO (→ § 122 Rn. 25), § 123 Abs. 4 (→ § 123 Rn. 16) oder § 132 (→ § 132 Rn. 3, 4).

6 Das Vorliegen der Voraussetzungen der Verfolgungsverjährung (§ 115) bewirkt ebenfalls ein Verfahrenshindernis (→ § 115 Rn. 1 ff.). Darüber hinaus muss das verhandelnde Anwaltsgericht sachlich und örtlich zuständig sein (§§ 92 ff., 119, 143, 145) und die ihm zugeordnete Staatsanwaltschaft muss die Aufgaben der Staatsanwaltschaft vor dem Gericht wahrnehmen (§§ 120, 144, 147). Die Verhandlungsunfähigkeit des Rechtsanwalts wirkt anders als im Strafverfahren (vgl. *Meyer-Goßner* StPO § 261 Rn. 34) wegen der Besonderheiten des anwaltsgerichtlichen Verfahrens nicht als Verfahrenshindernis, da in diesem grundsätzlich keine Anwesenheitspflicht besteht (§ 134). Unter den Voraussetzungen des § 134 kann in seiner Abwesenheit verhandelt werden (→ § 134 Rn. 1 ff.).

7 Als besondere Verfahrensvoraussetzung für das anwaltsgerichtliche Verfahren bestimmt § 113 Abs. 1, dass ein solches **nur gegen einen zugelassenen Rechtsanwalt** durchgeführt werden kann. Nach § 113 Abs. 3 muss er auch zur Zeit der Tat der Anwaltsgerichtsbarkeit unterstanden haben. Wird die Zulassung vor oder während des anwaltsgerichtlichen Verfahrens rechtskräftig zurückgenommen oder widerrufen (§§ 14, 16), ist das anwaltsgerichtliche Verfahren einzustellen (§ 139 Abs. 3 Nr. 1) und unter Umständen ein Beweissicherungsverfahren durchzuführen (§§ 148, 149). Wird der Betroffene dann später erneut als Rechtsanwalt zugelassen, kann das anwaltsgerichtliche Verfahren wegen der Pflichtverletzung vor der Zurücknahme bzw. dem Widerruf durchgeführt werden. Während der Zeit, zu der der Betroffene nicht als Rechtsanwalt zugelassen war, ruht die Verjährung (→ § 115 Rn. 14). Aus einigen Spezialbestimmungen ergibt sich, welche sonstigen Personen der Anwaltsgerichtsbarkeit unterstehen (→ § 113 Rn. 2 ff.).

8 Die gleichzeitige Unterstellung des Rechtsanwalts oder der ihm Gleichgestellten als **Doppelberufler** auch unter eine andere Berufsgerichtsbarkeit kann allenfalls ein temporäres Verfahrenshindernis für die Dauer des Verfahrens nach der anderen Berufsordnung ergeben (→ § 118a Rn. 3 ff.). Eine in jedem anderen Verfahren ausgesprochene Strafe oder Maßnahem kann aber dazu führen, dass nach § 115b von einer anderen anwaltsgerichtlichen Maßnahme abzusehen ist (→ § 115b Rn. 1 ff.; → § 139 Rn. 16).

§ 113 Ahndung einer Pflichtverletzung

(1) **Gegen einen Rechtsanwalt, der schuldhaft gegen Pflichten verstößt, die in diesem Gesetz oder in der Berufsordnung bestimmt sind, wird eine anwaltsgerichtliche Maßnahme verhängt.**

(2) **Ein außerhalb des Berufs liegendes Verhalten eines Rechtsanwalts, das eine rechtswidrige Tat oder eine mit Geldbuße bedrohte Handlung darstellt, ist eine anwaltsgerichtlich zu ahndende Pflichtverletzung, wenn es nach den Umständen des Einzelfalls in besonderem Maße geeignet ist, Achtung und Vertrauen der Rechtsuchenden in einer für die Ausübung der Anwaltstätigkeit bedeutsamen Weise zu beeinträchtigen.**

(3) **Eine anwaltsgerichtliche Maßnahme kann nicht verhängt werden, wenn der Rechtsanwalt zur Zeit der Tat der Anwaltsgerichtsbarkeit nicht unterstand.**

Schrifttum: *Hess,* Die Pflichtverletzung im anwaltlichen Disziplinarrecht, FS Karl Eichele, 2013, 192; *Jähnke,* Kritische Bemerkungen zum Grundsatz der Einheit der Standesverfehlung, FS Pfeiffer, 1988, 941; *Prütting,* Die rechtlichen Grundlagen anwaltlicher Berufspflichten und das System der Reaktionen bei anwaltlichem Fehlverhalten, AnwBl. 1999, 361; *Steffen,* Der Grundsatz der einheitlichen Pflichtverletzung, Bonn 2009.

Übersicht

I. Verfassungsmäßigkeit

1 Die Vorschrift des § 113 ist verfassungsmäßig (BVerfGE 26, 186; 76, 171; Gaier/Wolf/Göcken/*Zuck* § 113 Rn. 4). Der einzelne Rechtsanwalt hat als Organ der Rechtspflege und als Mitglied der RAK die Pflichten zu erfüllen, die ihm durch Gesetz und durch die Berufsordnung auferlegt sind. Aufgabe der Anwaltsgerichte ist es festzustellen, ob ein Rechtsanwalt die ihm vorgeworfene schuldhafte Verletzung dieser Pflichten tatsächlich begangen hat; stellt das Anwaltsgericht das fest, so hat es die angemessenen, im Gesetz vorgesehenen Maßnahmen zu verhängen. In mehreren Entscheidungen hat es das BVerfG als zulässig anerkannt, dass für die verschiedenen öffentlich-rechtlich geregelten Berufe durch Gesetz besondere Berufsgerichtsbarkeiten eingeführt sind (BVerfGE 4, 74; 18, 203; 18, 241). Dabei hatte sich die Entscheidung BVerfGE 18, 203 im Besonderen mit der anwaltlichen Berufsgerichtsbarkeit zu befassen. Die Vorschrift des § 113 widerstreitet somit nicht dem Grundgesetz (BGH EGE X, 108; vgl. auch BVerfGE 26, 186; BVerfG NJW 1981, 2239; BGH EGE XIV, 123; *Rössler,* FG Peters, 1984, 249, 251; *Redeker* NJW 1987, 2610, 2611; kritisch zur gesetzlichen Regelung der Anwaltsgerichtsbarkeit *Hartstang* I 175 ff.).

II. Der Anwaltsgerichtsbarkeit unterliegende Personen und Handlungen

2 Neben Rechtsanwälten unterstehen Kammerrechtsbeistände (→ § 209 Rn. 14, 15), hier niedergelassenen Anwälte aus anderen Staaten (→ § 207 Rn. 10, 11; § 6 EuRAG), hier Dienstleistungen erbringenden Anwälte aus anderen Staaten (§ 34 EuRAG) und Personen, die nach § 60 Abs. 1 S. 2 einer RAK angehören (§ 115c) der Anwaltsgerichtsbarkeit. Der Betroffene kann nur dann anwaltsgerichtlich belangt werden, wenn er zur Zeit der Tat der Anwaltsgerichtsbarkeit unterstand (Abs. 3). Der Anwaltsgerichtsbarkeit untersteht er von der Aushändigung der Urkunde über die Zulassung zur Rechtsanwaltschaft an (§ 12 Abs. 1) bzw. der Aufnahme in die RAK (§ 209 Abs. 1 iVm § 12 Abs. 1; § 207 Abs. 2 iVm § 12; §§ 6, 33, 34 EuRAG) oder während er in der Bundesrepublik nach §§ 25 ff. EuRAG Dienstleistungen erbringt.

3 Die Unterstellung unter die Anwaltsgerichtsbarkeit endet mit dem Verlust der Zulassung (§§ 13 ff.) bzw. der Mitgliedschaft in der RAK (→ § 207 Rn. 5a; → § 115c Rn. 6). Die Pflichtverletzungen müssen also **während der bestehenden Zulassung** bzw. Mitgliedschaft in der RAK begangen worden und der Betroffene im Zeitpunkt der anwaltsgerichtlichen Entscheidung auch noch (wieder) Rechtsanwalt bzw. Mitglied der RAK sein. War der Rechtsanwalt zwischenzeitlich zB infolge Verzichts auf die Rechte aus der Zulassung (§ 14 Abs. 2 Nr. 4) aus der Rechtsanwaltschaft ausgeschieden (§§ 13, 16) und später erneut zugelassen, kann er wegen während der Zeit der Nichtzulassung begangener Taten anwaltsgerichtlich nicht zur Verantwor-

tung gezogen werden, wohl aber wegen solcher Taten, die er während der Zeit der früheren Zulassung begangen hat (*Jessnitzer/Blumberg* § 113 Rn. 5; *Isele* § 113 Anm. IV A), sofern insoweit noch keine Verjährung eingetreten ist (§ 115). Während der Zeit der Nichtzulassung ruht die Verjährung (→ § 115 Rn. 14). Im Falle der Wiederzulassung erscheint es als ein natürliches Gebot der Gerechtigkeit, dass die Möglichkeit gegeben sein muss, gegen den Rechtsanwalt wegen der früheren Pflichtverletzung ein anwaltsgerichtliches Verfahren einzuleiten, weil er vordem anwaltsgerichtlich hätte zur Verantwortung gezogen werden können (BT-Drs. 3/120, 97; *Isele* § 113 Anm. VI A). Abs. 3 schließt somit die Ahndung rein voranwaltlicher Verfehlungen aus, andererseits können aber auch anwaltliche Pflichtverletzungen, die im anwaltlichen Beruf begangen worden sind, nach einem zeitweiligen Ausscheiden aus dem Beruf geahndet werden (BT-Drs. 3/120, 97).

4 Die in den neuen Bundesländern **nach dem RAG zugelassenen Rechtsanwälte** blieben auch nach Aufhebung des RAG zum 9.9.1994 ohne Unterbrechung Rechtsanwälte, sie sind nach der BRAO zugelassen und unterstehen somit der Anwaltsgerichtsbarkeit (Art. 21 Abs. 2 des Gesetzes vom 2.9.1994 (BGBl. I S. 2278), der nunmehr durch § 214 abgelöst wurde) auch wegen Pflichtverletzungen, die sie während ihrer Zulassung nach dem RAG begangen haben. Zur fortwährenden Verfolgbarkeit und den Ausschluss des Ruhens der Verjährung bei Zulassungswechsel vom Gebiet der BRAO in das des RAG → § 115 Rn. 16.

5 Die Rechtskraft eines im anwaltsgerichtlichen Verfahren ergangenen Urteils, durch welches der Rechtsanwalt zu einer anwaltsgerichtlichen Maßnahme verurteilt worden ist, hindert trotz Einheitlichkeit der Pflichtverletzung (→ § 113 Rn. 25 ff.) nicht, den Rechtsanwalt wegen einer vor jenem Urteil begangenen Pflichtverletzung in einem neuen Verfahren erneut zu verfolgen und zu „bestrafen" (BGHSt 19, 90, 93; EGH München Urteil vom 30.11.1982 – BayEGH II 20/82; *Isele* § 113 Anm. VI A 2), denn die Einheitstat entsteht allein durch die prozessuale Gemeinsamkeit. Wird diese nicht geschaffen, greift gegen die getrennte Aburteilung weder der Einwand anderweitiger Rechtshängigkeit noch – später – der des Verbrauchs der Disziplinarklage durch. Auch eine nachträgliche „Gesamtstrafenbildung" findet nicht statt (BGH BRAK-Mitt. 1992, 57; *Jähnke*, FS Pfeiffer, 1988, 941; aber → § 114 Rn. 70 ff.).

III. Pflichtverletzung

6 Materielle Voraussetzung für die Ahndung einer Tat des Rechtsanwalts im anwaltsgerichtlichen Verfahren ist die schuldhafte Verletzung einer Pflicht des Rechtsanwalts durch aktives Tun oder Unterlassen rechtlich Gebotenem. Diese Pflichten ergeben sich aus der BRAO und der Berufsordnung, dh auch aus § 43 iVm sonstigen Gesetzen (→ § 43 Rn. 3; → § 113 Rn. 10). Nach Abs. 2 kann auch ein außerberufliches Verhalten, das eine rechtswidrige Tat iSd § 11 Abs. 1 Nr. 5 StGB oder eine mit Geldbuße bedrohte Handlung (§ 1 OWiG) darstellt, unter den weiteren Voraussetzungen des Abs. 2 anwaltsgerichtlich geahndet werden (→ Rn. 12 ff.). Eine Tat kann aber nur dann anwaltsgerichtlich geahndet werden, wenn ihre Ahndbarkeit vor der Begehung gesetzlich bestimmt war (§ 1 StGB entsprechend). Als Tatzeit gilt im Falle eines Unterlassens rechtlich gebotenen Tuns diejenige Zeit, zu welcher der Anwalt hätte handeln müssen (§ 8 StGB entsprechend), wobei es bei Dauerdelikten aber ausreicht, wenn das Unterlassen bei Wirksamwerden der Bestimmung noch andauert (SaarlAGH Urteil vom 7.5.2001 – AGH 11/00). In welcher Form der Rechtsanwalt die Pflichtverletzung begeht, ob – strafrechtlich gesehen – Versuch, Beihilfe, Anstiftung oder Mittäterschaft vorliegt, ist für die disziplinare Beurteilung ohne Bedeutung. Es gibt stets nur eine (vollendete) Pflichtverletzung (*Claussen/Janzen* BDO Einl. B 1c; vgl. auch BVerwGE 103, 246). Diese kann in all diesen Formen verwirklicht werden. Auch der Versuch einer Straftat ist, wenn im Übrigen die Voraussetzungen des Abs. 2 vorliegen, disziplinarrechtlich eine vollendete Pflichtwidrigkeit (BVerwG DÖD 1994, 117 zum Disziplinarrecht der Beamten).

7 Liegt ein schuldhaftes Fehlverhalten (§§ 43, 113 Abs. 1 und 2) vor, dann kann dieses entweder mit einer Rüge (§ 74) oder einer Maßnahme nach §§ 113, 114 geahndet werden. Zum Verhältnis des Rügeverfahrens zum anwaltsgerichtlichen Verfahren, insbesondere zum Vorrang des anwaltsgerichtlichen Verfahrens → § 74 Rn. 18; → § 114 Rn. 1 ff.; → § 115a Rn. 1 ff.; BVerfG EGE VIII, 137; XIV, 322; EGH München EGE XIII, 193; *Isele* § 113 Anm. III. Subjektiv muss der Rechtsanwalt sowohl bei Ausspruch einer Rüge als auch bei Verhängung einer Maßnahme seine Pflichten schuldhaft verletzt haben. Dass die Pflichtverletzung schuldhaft begangen sein

muss, wird in Übereinstimmung mit dem allgemeinen Grundsatz, dass eine Strafe nur verhängt werden darf, wenn der Täter schuldhaft gehandelt hat, in Abs. 1 besonders hervorgehoben (BT-Drs. 3/120, 98). Dabei sind wie im allgemeinen Strafrecht **sämtliche Schuldformen** vom Vorsatz bis zur leichten Fahrlässigkeit möglich. Für die Begehung einer Pflichtwidrigkeit genügt grundsätzlich leichte Fahrlässigkeit. In Ausnahmefällen ist, wenn auf Ausschließung aus der Rechtsanwaltschaft zu erkennen ist, „wissentliches" Zuwiderhandeln erforderlich (§§ 114a Abs. 3, 156 Abs. 1; → § 114a Rn. 7). Da das anwaltliche Disziplinarrecht wie das Strafrecht besonders auf die Täterpersönlichkeit abstellt, kann mangels ausdrücklicher Regelung in der BRAO auf die von der strafgerichtlichen Rechtsprechung und Literatur zum Begriff der bewussten und unbewussten Fahrlässigkeit entwickelten Grundsätze zurückgegriffen werden. Insoweit kann auf die Kommentierungen zu § 15 StGB Bezug genommen werden (vgl. zB *Fischer*, StGB § 15 Rn. 12 ff.). Fehlende Schuld führt zum Entfallen der berufsrechtlichen Haftung (*Jähnke* NJW 1988, 1888; *Isele* § 113 Anm. V; → § 114 Rn. 66). Auch der Irrtum des Rechtsanwalts ist wie im allgemeinen Strafrecht zu bewerten. Die Grundsätze des § 16 StGB hinsichtlich des sog. **Tatbestandsirrtums** sind sinngemäß zu berücksichtigen. Ein **Verbotsirrtum** führt zur Straflosigkeit nur, wenn er unvermeidbar wäre (BGH EGE X, 105, 107). Das ist aber bei einem Rechtsanwalt als Rechtskundigem nicht schon dann der Fall, wenn ähnliche Entgleisungen wie die des angeschuldigten Rechtsanwalts anderen Rechtsanwälten auch schon unterlaufen und nicht geahndet worden sein sollen (BGH EGE XI, 87, 100). Vielmehr kann der Irrtum des Rechtsanwalts darüber, ob etwas berufsrechtswidrig ist oder nicht, ihn grundsätzlich nicht entlasten, da er verpflichtet ist, sich über das geltende Berufsrecht zu informieren (EGH Koblenz BRAK-Mitt. 1983, 141; EGH Stuttgart BRAK-Mitt. 1987, 160; vgl. auch § 43a Abs. 6). Zur Abgrenzung des Tatbestands- zum Verbotsirrtum vgl. auch BGH BRAK-Mitt. 1981, 38. Glaubt ein Rechtsanwalt etwas objektiv Pflichtwidriges im Hinblick auf eine von ihm für richtig gehaltene Weiterentwicklung des anwaltlichen Berufsrechts tun zu dürfen, ist das ein den Vorsatz unberührt lassender Verbotsirrtum. Er begründet, wenn er vermeidbar war, den Schuldvorwurf (BGH NJW 1991, 49 = AnwBl. 1991, 97; NdsAGH BRAK-Mitt. 2006, 283).

IV. Verletzung beruflicher Pflichten (Abs. 1)

§ 113 wurde durch Gesetz vom 2.9.1994 (BGBl. I S. 2278) grundlegend umgestaltet. Nach der Neuregelung soll nicht weiter die schuldhafte Verletzung der in der Generalklausel des § 43 zusammengefassten Pflichten Grundlage für eine disziplinarische Ahndung sein, sondern ein Verstoß gegen die „in diesem Gesetz", der BRAO oder in der Berufsordnung bestimmten Pflichten des Rechtsanwalts. Damit soll eine möglichst **weitreichende Konkretisierung der zu ahndenden Pflichtverstöße** angestrebt werden. Für die Rechtsanwälte soll insofern Rechtssicherheit hergestellt werden, als sie sich durch Einblick in die BRAO und die Berufsordnung Klarheit verschaffen können, welche beruflichen Pflichten für sie bestehen und unter welchen Voraussetzungen sie mit einer anwaltsgerichtlichen Ahndung rechnen müssen (BT-Drs. 12/4993, 35; Henssler/Prütting/*Dittmann* § 113 Rn. 11; Gaier/Wolf/Göcken/*Zuck* § 43 Rn. 26). 8

Die frühere Praxis, wonach die in der Generalklausel des § 43 verankerten aber nicht näher umschriebenen beruflichen Pflichten, insbesondere durch die in den „Grundsätzen des anwaltlichen Standesrechts" festgestellte „allgemeine Auffassung über Fragen der Ausübung des Anwaltsberufs" (§ 177 Abs. 2 Nr. 2) konkretisiert wurden (vgl. 2. Aufl. § 43 Rn. 7 ff.), war nach den Entscheidungen des BVerfG vom 14.7.1987 (BVerfGE 76, 171 = NJW 1988, 191; BVerfGE 76, 196 = NJW 1988, 194) nicht länger aufrechtzuerhalten. Nach diesen Entscheidungen konnten die Standesrichtlinien nur noch für eine Übergangszeit und nur unter bestimmten Voraussetzungen zur Konkretisierung der in der Generalklausel des § 43 verankerten beruflichen Pflichten herangezogen werden. In Zukunft waren danach die die Generalklausel des § 43 konkretisierenden „Grundsätze des anwaltlichen Standesrechts" durch Rechtsnormen zu ersetzen, wobei eine Regelung der statusbildenden Normen in der BRAO selbst zu erfolgen hat, verbunden mit Satzungsrecht, das von der berufsständischen Vertretung der Rechtsanwälte zu setzen ist. Dementsprechend wurden nunmehr in der BRAO die Pflichten des Rechtsanwalts, die für seinen Status von grundsätzlicher Tragweite sind, gesetzlich geregelt. Das sind Regelungen betreffend a) das berufliche Verhalten gegenüber Rechtsuchenden, Auftraggebern und Gegenparteien, gegenüber Gerichten und Behörden, gegenüber anderen Mitgliedern der RAK, b) die Zusammenarbeit und gemeinschaftliche Berufsausübung mit anderen Mitgliedern der RAK, mit 9

Angehörigen anderer Berufe oder rechtsberatenden Stellen, c) die beruflichen Pflichten gegenüber der RAK in Angelegenheiten der Aufsicht und d) der Werbung (§§ 43a ff.). Die zur Ergänzung der grundlegenden gesetzlichen Normen notwendigen Regelungen für die Berufsausübung können zudem künftig von den Berufsangehörigen durch eine Berufssatzung geschaffen werden (§§ 59b, 191a), was mit der BORA vom 29.11.1996 geschehen ist. Bei Bedarf unterliegt die BORA der Fortschreibung. Ihr kommt aber keine Rückwirkung zu (BGH EBE 1997, 164), dh sie ist auf Handlungen eines Rechtsanwalts vor Inkrafttreten der BORA am 11.3.1997 nicht anwendbar. Solches Verhalten ist nur nach der BRAO und den diese ausfüllenden Normen zu beurteilen (→ § 43 Rn. 3 ff.; BGH BRAK-Mitt. 1998, 98 mwN).

10 Mit den Pflichten, deren schuldhafte Verletzung nach § 113 Abs. 1 die Verhängung einer anwaltsgerichtlichen Maßnahme rechtfertigt, sind nunmehr **(nur) alle in der BRAO und der Berufsordnung geregelten Pflichten** gemeint, wobei aber auch weiterhin die Auffangfunktion des § 43 insoweit fortbesteht, als § 43 durch sonstige Gesetze ausgefüllt und konkretisiert werden kann, § 43 diese anderen gesetzlichen Verpflichtungen in das Berufsrecht überführt, soweit deren Verletzung materiell mit der Ausübung des Anwaltsberufes im Zusammenhang steht. Allein aus sich heraus kann § 43 aber keine Berufspflichten mehr konstituieren; vielmehr vermag § 43 nur in Verbindung mit sonstigen Normen, die konkret auf die Ausübung des Anwaltsberufes einwirken, auch außerhalb der BRAO und der BORA weitere Berufspflichten zu begründen (→ § 43 Rn. 13 ff.; Henssler/Prütting/*Prütting* § 43 Rn. 19 ff.; Gaier/Wolf/Göcken/*Zuck* § 113 Rn. 26; *Grunewald/Piepenstock* MDR 2000, 869; **aA** Henssler/Prütting/*Dittmann* § 113 Rn. 11; *Kleine-Cosack* § 113 Rn. 5). Nur soweit die Generalklausel des § 43 durch in der BRAO und/oder in der Berufsordnung sowie in sonstigen Gesetzen geregelte Pflichten konkretisiert wird, kann deren schuldhafte Verletzung eine anwaltsgerichtliche Maßnahme nach § 113 Abs. 1 auslösen (*Loewer* BRAK-Mitt. 1994, 186). § 43 kann durch außerhalb der BRAO bestehende gesetzliche Verpflichtungen näher ausgefüllt werden, gleichgültig ob es sich um anwaltsspezifische Pflichten (zB aus dem RVG) oder um für jedermann geltende Normen (zB das StGB) handelt (aber → § 43 Rn. 13 ff.). Entscheidend ist, dass deren Verletzung materiell berufsbezogen ist. So verstößt ein Rechtsanwalt gegen die nach der BRAO bestehende Verpflichtung seinen Beruf gewissenhaft auszuüben, wenn er die auf seine Praxis bezogene Abgabe der Umsatzsteuervoranmeldung nach den allgemeinen Steuergesetzen unterlässt (zur Steuererklärung EG Berlin Rbeistand 1989, 55; **aA** EG Hamburg BRAK-Mitt. 1987, 100), er die Anzeigepflicht nach § 55 Abs. 5 RVG verletzt (AGH BW Urteil vom 26.4.1997 – AGH 1/97 (III)), oder wenn er entgegen § 137 Abs. 1 S. 2 StPO sich als vierter Wahlverteidiger für denselben Angeklagten bestellt.

11 Mit den „in diesem Gesetz", der BRAO, bestimmten Pflichten sind nicht nur die in den §§ 43a ff. aufgeführten Pflichten gemeint, sondern **insgesamt alle sich aus der BRAO ergebenden Pflichten.** Somit können auch schuldhafte Verstöße gegen Bestimmungen aus anderen Teilen der BRAO als dem Dritten zu einer anwaltsgerichtlichen Maßnahme nach § 113 Abs. 1 führen. Dies kann zB bei völliger Nichtzahlung bzw. verspäteter Zahlung der nach §§ 84, 89 Abs. 2 Nr. 2 geschuldeten Kammerbeiträge der Fall sein, bei vorübergehender (sonst: § 14 Abs. 2 Nr. 10) Nichtaufrechterhaltung der Berufshaftpflichtversicherung (§ 51), oder bei Verstoß gegen Tätigkeitsverbote nach § 14 Abs. 2 Nr. 9. Auch Verstöße gegen Vertretungsverbote nach §§ 114 Abs. 1 Nr. 4, 114a Abs. 3, 150, 155, 156 Abs. 1, 161a können nach § 113 Abs. 1 zu anwaltsgerichtlichen Maßnahmen führen. Dies gilt auch, wenn nur fahrlässig gegen diese Verbote verstoßen wird (→ § 114a Rn. 9; → § 156 Rn. 6). Zur Auswirkung der Änderung des § 113 auf den Inhalt der Anschuldigungsschrift → § 130 Rn. 7.

V. Außerberufliches Fehlverhalten

12 **1. Eingeschränkte Verfolgbarkeit.** Ein außerberufliches Fehlverhalten des Rechtsanwalts (§ 43 S. 2 Alt. 2, § 113 Abs. 2) ist nur unter den in § 113 Abs. 2 genannten engen Voraussetzungen eine anwaltsgerichtlich zu ahndende Pflichtverletzung. Zum Begriff „Verhalten" in diesem Zusammenhang → § 113 Rn. 6 ff., 25 ff. Mit der Einfügung des Abs. 2 durch Art. I Nr. 21 des Gesetzes zur Änderung der BRAO und der Patentanwaltsordnung vom 15.1.1969 (BGBl. I S. 25) wurde die Tendenz verfolgt, rein private Verfehlungen nicht mehr als Pflichtverletzungen zu ahnden. Ein fehlerhaftes Verhalten im privaten Bereich ist zwar nach wie vor eine Pflichtverletzung, soll aber eine anwaltsgerichtliche Maßnahme nur noch dann zur Folge haben, wenn die zusätzlichen in § 113 Abs. 2 aF dargelegten Merkmale vorliegen (BGHSt 27,

305 = NJW 1978, 836; BGHSt 26, 241 = NJW 1976, 526; EGE XIII, 124; *Lehmann*, Schriftenreihe der BRAK, Band 6, 57, 61). Um übersteigerten Anforderungen an das „private Wohlverhalten" des Rechtsanwalts, zu denen die unbestimmte weite Fassung der Generalklausel des § 43 verleiten konnte, entgegenzuwirken, sollte der Tatbestand der unter anwaltsgerichtliche Sanktion stehenden Pflichtverletzung enger umschrieben werden. Wegen eines unkorrekten Verhaltens im privaten Bereich soll eine anwaltsgerichtliche Maßnahme nur noch dann verhängt werden, wenn es sich auf die Ausübung des Anwaltsberufs oder auf das allgemeine Ansehen der Anwaltschaft auswirkt und eine erhebliche Beeinträchtigung der Achtung und des Vertrauens, das der Beruf des Rechtsanwalts erfordert, darstellt. So brauchen zB leichtere Verstöße gegen die Straßenverkehrsvorschriften, die auf einem menschlichen Versagen beruhen, anwaltsgerichtliche Maßnahmen nicht nach sich zu ziehen (amtliche Begründung, BT-Drs. 5/2848, 23; EGH Stuttgart NJW 1982, 661; → § 115b Rn. 1 ff.).

Die mit Gesetz vom 2.9.1994 (BGBl. I S. 2278) eingefügte Einschränkung, dass nur ein solches außerhalb des Berufes liegendes Verhalten, „das eine rechtswidrige Tat oder eine mit Geldbuße bedrohte Handlung darstellt", unter den weiteren Voraussetzungen des Abs. 2 anwaltsgerichtlich als Pflichtverletzung geahndet werden kann, engt die Verfolgbarkeit außerberuflichen Verhaltens weiter ein und soll deutlich machen, dass außerberufliches Fehlverhalten eines Rechtsanwalts nur dann ahndungswürdig ist, wenn dies auch im Allgemeininteresse liegt (amtliche Begründung, BT-Drs. 12/4993, 36), weil es nach den für alle Bürger geltenden Bestimmungen straf- oder bußgeldbewehrt ist (Henssler/Prütting/*Dittmann* § 113 Rn. 13). § 2 Abs. 3 StGB ist sinngemäß anzuwenden; wegen der erhöhten Anforderung an die Verfolgbarkeit ist die Neufassung des § 113 Abs. 2 als das mildere Gesetz anzuwenden (NdsAGH Urteil vom 6.4.1995 – AGH 8/95 (I 3); → § 114 Rn. 7). Nur außerberufliches Fehlverhalten eines Rechtsanwalts, das eine **rechtswidrige Tat iSd § 11 Abs. 1 Nr. 5 StGB oder eine mit Geldbuße bedrohte Handlung (§ 1 OWiG)** darstellt, also den objektiven Tatbestand eines Strafgesetzes oder eines Gesetzes verwirklicht, das die Ahndung mit einer Geldbuße zulässt, kann überhaupt Gegenstand einer anwaltsgerichtlichen Ahndung nach § 113 Abs. 2 sein. Das Fallenlassen der ursprünglich vorgesehenen Fassung des Abs. 2, wonach das außerberufliche Verhalten des Rechtsanwalts gegen „straf- oder bußgeldbewehrte Vorschriften" verstoßen müsse und deren Ersetzung durch die jetzige Gesetzesfassung, dass das Verhalten eine „rechtswidrige Tat oder eine mit Geldbuße bedrohte Handlung" darstellen muss, stellt keine sachliche Änderung sondern nur eine redaktionelle Anpassung an den Sprachgebrauch des Strafgesetzbuches (§ 11 Abs. 1 Nr. 5 StGB) und des Ordnungswidrigkeitsgesetzes (§ 1 OWiG) dar (Beschlussempfehlung und Bericht des BT-Rechtsausschusses, BT-Drs. 12/7656, 17, 50). Der Tatbestand der Straf- bzw. Bußgeldbestimmung muss von dem Rechtsanwalt erfüllt worden und die Verwirklichung des Tatbestandes muss rechtswidrig sein, Rechtfertigungsgründe dürfen nicht vorliegen. In der Anschuldigungsschrift muss die rechtswidrige Tat oder die mit Geldbuße bedrohte Handlung bezeichnet werden (→ § 130 Rn. 7). 13

Darüber hinaus muss der Rechtsanwalt **schuldhaft, dh mindestens fahrlässig** (→ § 113 Rn. 6, 7) den Straf- oder Bußgeldtatbestand verwirklicht haben. Auch wenn der Straf- oder Bußgeldtatbestand Vorsatz verlangt (§ 15 StGB, § 10 OWiG), reicht die fahrlässige Verwirklichung des in dem Straf- oder Bußgeldtatbestand umschriebenen Verhaltens durch den Rechtsanwalt aus. § 113 Abs. 2 nF verlangt nicht, dass der Rechtsanwalt sich strafbar gemacht hat (§ 15 StGB) bzw. sein Tun auch als Ordnungswidrigkeit geahndet werden kann (§ 10 OWiG), sondern **es reicht die rechtswidrige Verwirklichung des Straf- bzw. Bußgeldtatbestandes aus.** Nur wird bei Fahrlässigkeiten eine besonders sorgfältige Prüfung der weiteren Ahndungsvoraussetzungen des Abs. 2 vorzunehmen sein und diese dann häufig fehlen. Das Fehlen eines Strafantrages hindert die anwaltsgerichtliche Ahndung nicht. Nicht mehr als Pflichtverletzungen können künftig über § 113 Abs. 2 Gesetzesverstöße des Rechtsanwalts im außerberuflichen Bereich geahndet werden, die keinen Straf- oder Bußgeldtatbestand erfüllen; eine anwaltsgerichtliche Ahndung solchen Fehlverhaltens liegt nicht im Allgemeininteresse. So sind schuldhafte Vertragsverletzungen eines Rechtsanwalts im privaten Bereich, zB ständig verspätete Zahlung der Miete für die Privatwohnung aber auch die schuldhafte Nichterfüllung öffentlich-rechtlicher Pflichten, die nicht straf- oder bußgeldbewehrt sind, nicht (mehr) anwaltsgerichtlich nach § 113 Abs. 2 ahndbar (unzutreffend *Kleine-Cosack* NJW 1994, 2249, 2253). 14

2. Abgrenzung. Für die Abgrenzung des Verhaltens eines Rechtsanwalts als berufliches (Abs. 1) oder außerberufliches (Abs. 2) kommt es nicht auf die formelle Berufsbezogenheit an, 15 dh ob der Rechtsanwalt während der Ausübung seiner beruflichen Tätigkeit gehandelt hat, ob das Fehlverhalten zeitlich und/oder örtlich mit der Berufsausübung verbunden ist, vielmehr kommt es auf die **materielle Berufsbezogenheit** des Verhaltens, nämlich drauf an, ob durch das Verhalten irgendwelche beruflichen Pflichten nach der BRAO oder der Berufsordnung verletzt worden sind, ob ein funktionaler und kausaler Zusammenhang zwischen der rechtswidrigen Tat bzw. der mit Geldbuße bedrohten Handlung (→ Rn. 13) und der Berufsausübung besteht. Verletzt der Rechtsanwalt Pflichten, die ihm kraft seines Berufes nach der BRAO oder der Berufsordnung obliegen oder die sich sonst auf seinen Beruf beziehen, findet § 113 Abs. 1 Anwendung. Nur dann, wenn das Verhalten nicht den Beruf betrifft, es nicht mit der freiberuflichen (§ 2), rechtsberatenden oder vertretenden Tätigkeit (§ 3) des Rechtsanwalts im weitesten Sinne in Verbindung steht, ist es, auch wenn es sich mit der Ausübung des Berufs zeitlich überschneidet, ein außerberufliches iSd § 113 Abs. 2. So ist ein schuldhafter Verkehrsverstoß bei einer Fahrt zu einem Gerichtstermin ein außerberufliches Verhalten. Das rechtfertigt sich aus der Überlegung, dass der Verstoß des Rechtsanwalts gegen Pflichten, die ihm im Interesse der Sicherung einer ordnungsgemäßen Berufsausübung obliegen, anderen Maßstäben unterworfen sein muss als ein Verhalten völlig außerhalb dieses Bereichs. So ist in der Regel die schriftstellerische Tätigkeit eines Rechtsanwalts, in der er sich mit dem Recht und seiner Anwendung durch die Gerichte oder mit Organen der Rechtspflege auseinandersetzt oder sich sonst damit befasst, nicht ein außerhalb des Berufs liegendes Verhalten. Dagegen liegt eine schriftstellerische Tätigkeit, die in keinem Zusammenhang zu Recht und Rechtsordnung steht, außerhalb des Anwaltsberufs. Wo die Grenze zwischen beidem verläuft, kann nicht generell, sondern jeweils nur im Einzelfall entschieden werden (BGH NJW 1996, 1836; EGH Stuttgart NJW 1982, 661 = BRAK-Mitt. 1982, 83; *Rössler,* FG Peters, 1984, 249, 252; kritisch Gaier/Wolf/Göcken/*Zuck* § 113 Rn. 31, 32; ablehnend *Hartstang* II 740; *Kleine-Cosack* § 113 Rn. 18 ff.).

16 Ausgehend von diesen Grundsätzen ist die Tätigkeit eines Rechtsanwalts als **Insolvenz-/ Konkursverwalter** (BGH BRAK-Mitt. 1982, 177; NJW 2005, 1057 = AnwBl. 2005, 149; AGH Saarland Urteil vom 31.3.2003 – AGH 3/03; *Isele* S. 513 Anm. II A; vgl. aber auch LG Aachen ZIP 1988, 111, das § 53 Abs. 1 Nr. 3 StPO auf den Rechtsanwalt als Konkursverwalter für unanwendbar hält; teilweise **aA** Gaier/Wolf/Göcken/*Zuck* § 113 Rn. 29, der es von der Bewertung im konkreten Fall abhängig macht), gerichtlich bestellter **Verwalter nach der Gesamtvollstreckungsordnung** (ThürAGH BRAK-Mitt. 1996, 264), **Liquidator** (EG Bremen BRAK-Mitt. 1988, 54) und als **Liquidationstreuhänder** (BGH BRAK-Mitt. 1982, 177; BGHZ 71, 309, 312) als berufliche zu werten. Er ist mit diesen Aufgaben nicht als Privatmann betraut worden, sondern im Hinblick auf seine berufliche Stellung, um diese Aufgaben nach rechtlichen Grundsätzen zu erfüllen (BGH AnwBl. 2005, 149 für die Insolvenzverwaltertätigkeit eines Wirtschaftsprüfers; **aA** EGH Celle Urteil vom 18.6.1984 – EGH 45/83 (I/7), der zu Unrecht darauf abstellt, dass der Rechtsanwalt dem Konkursgericht nicht als gleichberechtigtes Organ gegenübertrete; zur Rechtsstellung des Konkursverwalters vgl. *Schick* NJW 1991, 1328). Auch die Tätigkeit als **Nachlassverwalter** oder **Testamentsvollstrecker** (BFH NJW 1998, 2999) ist eine berufliche. Der zum Nachlassverwalter bestellte Rechtsanwalt ist nicht nur den Erben, sondern auch den Nachlassgläubigern und dem Nachlassgericht gegenüber verpflichtet (EGH Hamm BRAK-Mitt. 1984, 91). Ebenso wird ein Rechtsanwalt, der zum **Betreuer** bestellt wird, als solcher regelmäßig beruflich tätig. Er ist Berufsbetreuer iSd § 1836 BGB, wenn er zum Betreuer bestellt wird, weil rechtlich schwierige Probleme und überdurchschnittliche Schwierigkeiten im Umgang mit dem Betroffenen zu bewältigen sind (BayObLG AnwBl. 2001, 522). Auch das Unterlassen der Abgabe der **Umsatzsteuervoranmeldung** ist ein berufliches Verhalten, da diese Verpflichtung im funktionalen und kausalen Zusammenhang mit der Berufsausübung als Rechtsanwalt steht (EGH Berlin Urteil vom 13.1.1993 – II EGH 12/92; EGH München Urteil vom 30.3.1982 – BayEGH II 5/82; Gaier/Wolf/Göcken/*Zuck* § 113 Rn. 35; **aA** EG Hamburg BRAK-Mitt. 1987, 100; zur falschen Steuererklärung EG Berlin Rbeistand 1989, 55). Gibt der Rechtsanwalt sich nach außen schon durch das Tragen der Amtstracht zu erkennen und verfolgt er dabei berufliche Anliegen, dann handelt er innerhalb seines Berufes (EGH Celle Urteil vom 30.5.1988 – EGH 28/87 (I/10)). Auch die Anrufung der Staatsaufsicht (§ 62 Abs. 2) geschieht innerhalb des Berufes (BGH MDR 1971, 153 = EGE XI, 87). Bewahrt ein Rechtsanwalt unrechtmäßig eine voll funktionsfähige Maschinenpistole in seiner Kanzlei auf, wo auch seine Angestellten Zugang zu ihr haben und erschießt er sodann damit fahrlässig seine Büroangestellte und Lebensgefährtin, dann handelt es sich um ein berufliches Fehlverhalten

(BGH BRAK-Mitt. 1993, 102). Rät der Rechtsanwalt, der sich als Verteidiger der Anstiftung einer Zeugin zur Falschaussage schuldig gemacht hat, der Zeugin in dem gegen sie eingeleiteten Strafverfahren wegen uneidlicher Falschaussage bei einem zufälligen Zusammentreffen – ohne Mandatsverhältnis – zu interessewidrigem Verhalten in dem sie betreffenden Strafverfahren, steht dieses Verhalten in einem funktionalen und kausalen Zusammenhang mit seiner Berufsausübung als Rechtsanwalt und stellt ein berufliches Verhalten dar (BGH NJW 1996, 1836).

Anders ist es, wenn ein Rechtsanwalt **sich im Strafverfahren selbst verteidigt** (EGH München Urteil vom 21.10.1980 – BayEGH II 7/80). Ein Angeklagter, der selbst Rechtsanwalt ist, kann sich nicht selbst als Verteidiger wählen, er kann auch nicht als sein eigener Verteidiger zugelassen werden (BVerfG NJW 1998, 2205). Damit ist der Betroffene nicht innerhalb, sondern außerhalb seines Berufs tätig. Daran ändert auch nichts, wenn man der Ansicht ist, dass nach § 464a Abs. 2 Nr. 2 StPO, § 91 Abs. 2 S. 4 ZPO ein Rechtsanwalt, der Beschuldigter eines Strafverfahrens ist, im Falle eines Freispruchs als Gebühren und Auslagen das verlangen kann, was einem anderen Rechtsanwalt als Verteidiger nach dem RVG zustehen würde (zum Meinungsstand → § 116 Anm. zu § 464a StPO und *Meyer-Goßner* StPO § 464a Rn. 14). In der Möglichkeit eines freigesprochenen Rechtsanwalts nach dem RVG abzurechnen, wäre nämlich lediglich die spezielle Ausgestaltung der Erstattung notwendiger Auslagen an einen Verfahrensbeteiligten in einer besonderen Situation zu sehen (EGH München Urteil vom 21.10.1980 – BayEGH II 7/80). Auch ein Rechtsanwalt, der sich in eigener Sache selbst vertritt und hierbei beleidigende Äußerungen tätigt, ist außerberuflich tätig, selbst wenn er seinen Briefbogen als Rechtsanwalt verwendet hat (AnwG Frankfurt StraFo 2011, 241). 17

3. Bedeutsame Beeinträchtigung der Achtung und des Vertrauens. Die schon 1969 in Abs. 2 eingefügte „Würdigkeits- oder Wohlverhaltensklausel" knüpft nunmehr an die rechtswidrige Tat oder die mit Geldbuße bedrohte Handlung an. Selbst eine schuldhafte rechtswidrige Tat oder mit Geldbuße bedrohte Handlung im außerberuflichen Bereich soll nicht immer im anwaltsgerichtlichen Verfahren geahndet werden, sondern nur dann, wenn diese Tat bzw. Handlung „nach den Umständen des Einzelfalls in besonderem Maße geeignet ist, Achtung und Vertrauen der Rechtsuchenden in einer für die Ausübung der Anwaltstätigkeit bedeutsamen Weise zu beeinträchtigen". Nach den Umständen des Einzelfalls, insbesondere dem äußeren Verhalten, seinen Folgen und dem Grad des Verschuldens muss die Tat **aus der Sicht eines aufgeschlossenen und unvoreingenommenen Rechtsuchenden** in besonderem Maße geeignet sein, gerade in Bezug auf die anwaltliche Tätigkeit des Betroffenen dessen Ansehen und Vertrauenswürdigkeit in bedeutsamer Weise zu beeinträchtigen. 18

Dabei wird insbesondere zu berücksichtigen sein, ob es sich um ein einmaliges oder wiederholtes Fehlverhalten handelt. Nicht erforderlich ist, dass tatsächlich eine solche Achtung- oder Vertrauensminderung bei einem oder mehreren Rechtsuchenden eingetreten ist, sondern es genügt, dass das Verhalten des Rechtsanwalts geeignet ist, solche Folgen nach sich zu ziehen. Die an eine rechtswidrige Tat oder eine mit Geldbuße bedrohte Handlung allgemein anknüpfende Achtungs- und Vertrauensminderung reicht nicht aus, sondern die Tat bzw. Handlung muss geeignet sein zu bewirken, dass Rechtsuchende **gerade bezogen auf die Anwaltstätigkeit** des Betroffenen Zweifel an dessen Achtungs- und Vertrauenswürdigkeit bekommen können. Eine Beeinträchtigung der Achtungs- und Vertrauenswürdigkeit im Hinblick auf die Stellung des Rechtsanwalts wird vor allem dort in Betracht kommen, wo das außerberufliche Fehlverhalten Belange der Rechtspflege berührt. Das ist besonders dann der Fall, wenn die Verfehlung trotz ihres Begehens im außerberuflichen Bereich Zweifel an der beruflichen Zuverlässigkeit begründet. Eine erhebliche Beeinträchtigung des Ansehens der Rechtsanwaltschaft insgesamt braucht nicht mehr mit der Tat bzw. Handlung verbunden zu sein, auf das „Ansehen der Rechtsanwaltschaft" wird entgegen der früheren Fassung des § 113 Abs. 2 nicht mehr abgestellt. 19

In der Praxis werden bei einmaligen Fahrlässigkeitsdelikten die Voraussetzungen des § 113 Abs. 2 kaum zu bejahen sein. Bei Vorsatzdelikten, mehrfach wiederholtem Fehlverhalten (zB mehrfachen Trunkenheitsfahrten: EGH Berlin, EG Hamburg BRAK-Mitt. 1987, 97, 98), insbesondere wenn dies auf eine innere Gleichgültigkeit gegenüber dem rechtlich Gebotenen oder auf eine Bereitschaft, aus Eigennutz sich über die Rechtsordnung hinwegzusetzen, schließen lässt und bei Verursachung großer Schäden aus Gewinnsucht werden die Voraussetzungen häufig zu bejahen sein. Auch die Taten, die mit bewusst wahrheitswidrigen Angaben des Rechtsanwalts in Zusammenhang stehen, wie zB bei Betrug, werden die Voraussetzungen regelmäßig zu bejahen 20 sein; als Organ der Rechtspflege ist der Rechtsanwalt in besonderem Maße auch im außerberuflichen Bereich der Wahrheit verpflichtet und können Verstöße gegen die Wahrheitspflicht Rechtsuchende zweifeln lassen an der Achtungs- und Vertrauenswürdigkeit eines solchen Rechtsanwalts. Aber auch andere Vermögens- und Eigentumsdelikte sowie sonstige schwere Straftaten werden häufig diese Schlussfolgerung zulassen. Erfolgte wegen der Tat bereits eine anderweitige Ahndung zB im Strafverfahren, ist sodann zu prüfen, ob auch die Voraussetzung des § 115b vorliegt (→ § 115b Rn. 23).

21 **4. Zusammentreffen von beruflichen und außerberuflichen Pflichtverletzungen.** Die Staatsanwaltschaft darf außerberufliches Verhalten eines Rechtsanwalts nur bei Bejahung aller Voraussetzungen des Abs. 2 zum Gegenstand einer Anschuldigung machen (→ § 130 Rn. 7) und damit das anwaltsgerichtliche Verfahren einleiten (§ 121). Dies gilt auch dann, wenn Gegenstand des anwaltsgerichtlichen Ermittlungsverfahrens mehrere Taten iSd § 264 StPO sind, die teils berufliche und teils außerberufliche Pflichtverletzungen darstellen. Im **Ermittlungsverfahren** bewahren diese Taten (§ 264 StPO) ihre Selbständigkeit und werden erst durch die Anschuldigungsschrift und den Beschluss über die Eröffnung unter dem Gesichtspunkt der Einheitlichkeit der Pflichtverletzung zu einer prozessualen und materiellrechtlichen Einheit zusammengefasst (zu den Einzelheiten → § 113 Rn. 25 ff.). Solange diese prozessuale und materiellrechtliche Einheit nicht geschaffen worden ist, sind die Taten selbständig und als solche gesondert nach § 113 Abs. 1 oder Abs. 2 zu beurteilen. Die Staatsanwaltschaft hat jede Tat isoliert auf ihre Ahndungsmöglichkeit nach Abs. 1 und 2 zu beurteilen.

22 Wurde eine **Anschuldigungsschrift,** die dem Rechtsanwalt mehrere Taten iSd § 264 StPO mit teils beruflichen, teils außerberuflichen Pflichtverletzungen zur Last legt, insgesamt durch das Anwaltsgericht zugelassen (§§ 131, 116 S. 2 iVm § 203 StPO), bejahte das Gericht also hinreichenden Tatverdacht auch für das außerberufliche Fehlverhalten iSd § 113 Abs. 2, dann ist danach § 113 Abs. 2 insoweit nicht mehr anzuwenden, als es nunmehr nicht mehr erforderlich ist, dass die rechtswidrige Tat nach den Umständen des Einzelfalls in besonderem Maße geeignet sein muss, Achtung und Vertrauen der Rechtsuchenden in einer für die Ausübung der Anwaltstätigkeit bedeutsamen Weise zu beeinträchtigen. Aufgrund der von der Rechtsprechung angenommenen Einheitlichkeit der Pflichtverletzung bzgl. der in der zugelassenen Anschuldigungsschrift dem Rechtsanwalt angelasteten Taten, auch wenn diese teils beruflich und teils außerberuflich sind, liegt das Verhalten des Rechtsanwalts rechtlich insgesamt nicht außerhalb seines Berufes. Bei einem prozessualen Zusammentreffen von außerberuflichen und beruflichen Pflichtverletzungen kommt § 113 Abs. 2 grundsätzlich nicht zur Anwendung. Durch die Verschärfung der Anforderungen an die Ahndungsbedürftigkeit der außerberuflichen Pflichtverletzung in der Neufassung des § 113 Abs. 2 mit Gesetz vom 2.9.1994 (→ § 113 Rn. 12–14) wird dieser Grundsatz nicht berührt (BGH NJW 1996, 1836; BGHSt 27, 305 = NJW 1978, 836). Es kann deswegen auch nur eine anwaltsgerichtliche Maßnahme verhängt werden. Verletzt ein Rechtsanwalt seine Wahrheitspflicht dadurch, dass er als Fahrer nach erheblichen Geschwindigkeitsüberschreitungen jeweils einen Unbeteiligten veranlasst hat, sich nach Erhalt des Anhörungsbogens als Fahrer benennen zu lassen und er sich anschließend für diesen als Verteidiger bestellt hat, verstößt er insgesamt gegen § 113 Abs. 1. Zwar betreffen die Geschwindigkeitsüberschreitungen den außerberuflichen Bereich des Rechtsanwalts als Autofahrer. Das Verhalten ging dann aber in den beruflichen Bereich über, als der Rechtsanwalt sich gegenüber dem Gericht als Verteidiger bestellte (BayAGH BRAK-Mitt. 1996, 170).

23 Nur wenn das Anwaltsgericht **aufgrund der Hauptverhandlung** kein berufliches Fehlverhalten iSd § 113 Abs. 1 feststellen kann und nur die Tat mit dem außerberuflichen Fehlverhalten feststellbar ist, müssen für eine Verurteilung auch alle Voraussetzungen des Abs. 2 vom Gericht festgestellt werden. Liegen alle Pflichtverletzungen im außerberuflichen Bereich, hat das Gericht die Prüfung nach Abs. 2 bei einer zusammenfassenden Gesamtwürdigung aller Einzelakte vorzunehmen (BVerwGE 33, 162; *Jähnke,* FS Pfeiffer, 1988, 941).

24 Anders liegt es nur, wenn **einzelne Vorgänge völlig selbständig** sind, weil sie mit den anderen keinen äußeren oder inneren Zusammenhang aufweisen. Fehlt es an einem solchen Zusammenhang, der freilich schon in einer bestimmten Neigung oder in gewissen Charaktereigenschaften des Rechtsanwalts oder sonst in einer gemeinsamen Wurzel des Fehlverhaltens liegen kann (*Jähnke,* FS Pfeiffer, 1988, 941; BVerwGE 73, 166, 168), dann kann es geboten sein, die aus dem übrigen Sachverhalt herausfallenden Geschehnisse gesondert unter dem Gesichts-

punkt des Abs. 2 zu würdigen (*Jähnke,* FS Pfeiffer, 1988, 941; BGHSt 22, 157, 166 = NJW 1968, 2204; BGH DNotZ 1966, 409, 412). Ergibt diese Würdigung ein Ahndungsbedürfnis, sind alle Vorgänge, berufliche wie außerberufliche, nur mit einer Maßnahme zu belegen (*Jähnke,* FS Pfeiffer, 1988, 941).

VI. Einheitlichkeit der Pflichtverletzung

1. Grundsatz. Da im anwaltsgerichtlichen Verfahren wie im Strafverfahren der Anklagegrundsatz gilt (→ § 116 Rn. 25), ist Verfahrensgegenstand die durch Anschuldigungsschrift (§§ 121, 130) und Eröffnungsbeschluss (§ 131) umrissene Tat (*Jähnke,* FS Pfeiffer, 1988, 941). Tat ist dabei wie im Strafprozess (§§ 155, 264 StPO) zu verstehen. Gegenstand des anwaltsgerichtlichen Verfahrens können auch mehrere geschichtliche Vorkommnisse, also mehrere Taten iSd §§ 155, 264 StPO sein. Dies kann eintreten, wenn sich Anschuldigungsschrift und Eröffnungsbeschluss von vornherein auf mehrere Taten erstrecken, wenn eine Nachtragsanschuldigung erhoben und einbezogen wird oder wenn der Tatrichter mehrere bis dahin selbständige Verfahren verbindet (*Jähnke,* FS Pfeiffer, 1988, 941, 942). 25

In diesen Fällen gilt nach der umstrittenen (→ Rn. 47 ff.), aber herrschenden Rechtsprechung das aus § 113 Abs. 1 („eine anwaltsgerichtliche Maßnahme") hergeleitete Prinzip der Einheit der Pflichtverletzung. Danach darf **über das gesamte in den zugelassenen Anschuldigungsschriften als schuldhaft vorgeworfene Verhalten eines Rechtsanwalts nur einheitlich entschieden** werden (BGH AnwBl. 2008, 880, 882; BGHSt 16, 237, 240 = NJW 1961, 2219; BGHSt 27, 305 = NJW 1978, 836; EGE XI, 101; BGHSt 24, 81 = NJW 1971, 1048; EGH Hamm EGE XIII, 169; *Jähnke,* FS Pfeiffer, 1988, 941, 942; BGHSt 57, 289 = NJW 2012, 3251; **aA** AnwG Frankfurt/M BRAK-Mitt. 2010, 223 = AnwBl. 2010, 716). Die verschiedenen Taten werden nicht lediglich prozessual in einem Verfahren zusammengefasst, sie bilden vielmehr als das zu ahndende Gesamtverhalten eine einzige Verfehlung; sie werden **auch materiellrechtlich zu einer einheitlich zu bewertenden Pflichtverletzung** – einer sachlichrechtlichen Handlungseinheit – **zusammengefasst** durch die Anschuldigungsschrift und den Beschluss über die Eröffnung des Hauptverfahrens oder durch etwaige gerichtliche Beschlüsse, mehrere bei Gericht anhängige Verfahren miteinander zu verbinden (BGHSt 16, 237, 240 = NJW 1961, 2219; BGHSt 22, 157, 166 = NJW 1968, 2204; BGHSt 24, 81, 86 = NJW 1971, 1048; BGHSt 27, 305, 307 = NJW 1978, 836; BGHSt 29, 124, 128; BGHSt 30, 312 = NJW 1982, 1404; BGHSt 33, 225, 229 = NJW 1985, 3032; kritisch dazu NdsAGH Urteil vom 14.10.2002 – AGH 35/01; AnwG Celle NdsRPfl. 2001, 413; *Jähnke,* FS Pfeiffer, 1988, 941, 942; *Eylmann* AnwBl. 1999, 338; Gaier/Wolf/Göcken/*Zuck* § 114 Rn. 3). 26

Kommt es nicht zu einer prozessualen Einheit durch Verbindung pp., dann bleiben auch im anwaltsgerichtlichen Verfahren die einzelnen Taten iSd § 264 StPO selbständig und dürfen diese getrennt abgeurteilt werden, auch wenn in dem späteren Verfahren Vorgänge behandelt werden, die sich vor dem ersten Urteil zugetragen haben (BGHSt 19, 90; 30, 312 = NJW 1982, 1404; *Jähnke,* FS Pfeiffer, 1988, 941, 942). Für jede noch nicht in die prozessuale Einheit eingebundene Tat ist dann zB jeweils gesondert die Verjährung nach § 115 zu prüfen (AGH Hmb BRAK-Mitt. 2009, 129 = AnwBl. 2009, 455; aber → Rn. 34 ff.). Die Einheitlichkeit einer aus mehreren strafprozessualen Taten zusammengesetzten Pflichtverletzung entsteht allein durch die prozessuale Gemeinsamkeit; wird diese nicht geschaffen, greift gegen die getrennte Aburteilung weder der Einwand anderweitiger Rechtshängigkeit noch – später – der des Verbrauchs der Disziplinarklage durch. Wie bei der fortgesetzten Handlung (zur Änderung der Rechtsprechung zum Fortsetzungszusammenhang vgl. BGH GSSt NJW 1994, 1663) lässt die Einheitstat das Gesamtverhalten zu der kleinsten materiellrechtlichen Einheit werden, die auch prozessual nicht weiter aufteilbar ist. **Die verfahrensmäßige Zusammenfassung schafft sachlichrechtliche Handlungseinheit** (*Jähnke,* FS Pfeiffer, 1988, 941, 942, 948). 27

2. Konsequenzen. Aus der Einheitlichkeit der dem Gericht zur Entscheidung und Beurteilung unterbreiteten Pflichtverletzung ergeben sich für die herrschende Rechtsprechung (vgl. aber AnwG Frankfurt/M AnwBl. 2010, 716) eine Reihe materiellrechtlicher und prozessualer Konsequenzen: 28

a) Allgemeine Konsequenzen. Die Unterscheidung zwischen **Tateinheit und Tatmehrheit** wie im materiellen Strafrecht entfällt. Das gesamte Verhalten des Rechtsanwalts bildet eine 29

Einheit im Rechtssinne. Aus dem Tenor ergibt sich nicht, ob der Rechtsanwalt nur in einem Fall oder in mehreren Fällen seine Pflichten verletzt hat. Wegen aller angeschuldigten Verfehlungen kann nur eine Maßnahme (§ 113 Abs. 1) nach § 114 Abs. 1 und 2 festgesetzt werden. Es kann also nicht für jede der Verfehlungen eine Einsatzmaßnahme bestimmt werden, die dann zu einer Art Gesamtmaßnahme zusammengezogen werden (BGHSt 27, 305 = NJW 1978, 836); deshalb scheidet auch eine nachträgliche „Gesamtstrafenbildung" aus (BGH NJW 1991, 2916). Mehrere Verstöße büßen ihre durch prozessuale Einheit erlangte materielle Einheit auch nicht dadurch ein, dass der Rechtsanwalt zwischen den Einzelakten seine berufliche Stellung zeitweilig verloren hatte (*Jähnke,* FS Pfeiffer, 1988, 941, 944; *Isele* S. 1351; → § 113 Rn. 3). Der gesamte Zeitraum vom Beginn der ersten bis zum Ende des letzten Verstoßes gilt als Zeit der Tatbegehung. Ändert sich während dieses Zeitraumes das anzuwendende Gesetz, findet gemäß § 2 Abs. 2 StGB die Norm Anwendung, die an seinem Ende in Kraft ist (BGHSt 29, 124, 129; *Jähnke,* FS Pfeiffer, 1988, 941, 944; → § 114 Rn. 7, 8).

30 Sind von mehreren zu einer prozessualen und damit auch materiellrechtlichen Einheit verbundenen Pflichtverletzungen **einige beruflicher, andere außerberuflicher Art,** dann liegt „das Verhalten" des Rechtsanwalts rechtlich insgesamt nicht außerhalb seines Berufes. Es ist daher nicht entsprechend § 113 Abs. 2 zu überprüfen (BGH NJW 1996, 1836; BGHSt 27, 305 = NJW 1978, 836; *Jähnke,* FS Pfeiffer, 1988, 941, 944; → § 113 Rn. 21 ff.). Liegen alle Pflichtverletzungen im außerberuflichen Bereich, hat das Gericht die Prüfung entsprechend § 113 Abs. 2 bei einer zusammenfassenden Gesamtwürdigung aller Einzelakte vorzunehmen (BVerwGE 33, 162; *Jähnke,* FS Pfeiffer, 1988, 941, 944; → § 113 Rn. 21 ff.).

31 Ist von einem anwaltsgerichtlich zu beurteilenden Gesamtverhalten eines Rechtsanwalts, das aus mehreren strafprozessualen Taten (§ 264 StPO) besteht, **ein Teil der Taten strafgerichtlich abgeurteilt, ein anderer nicht,** dann hat das Anwaltsgericht nicht „dasselbe Verhalten" wie das Strafgericht zu würdigen. Deshalb findet § 115b S. 1, der die Verhängung einer anwaltsgerichtlichen Maßnahme für bereits abgeurteilte Straftaten an einen „disziplinären Überhang" knüpft, grundsätzlich keine Anwendung (BGHSt 27, 305 = NJW 1978, 836; → § 115b Rn. 7 ff.). Allerdings steht es der Annahme von Sachverhaltsidentität nicht entgegen, wenn die strafgerichtlich nicht abgeurteilte Tat lediglich ein bedeutungsloser, der Straftat nachgeordneter Annex ist; in dem Fall ist nach dem disziplinaren Ahndungsbedürfnis für das Gesamtgeschehen zu fragen (zu § 14 BDO aF BVerwGE 76, 371 = NJW 1986, 443).

32 Sind auch alle Einzelhandlungen der einheitlichen Pflichtverletzung Gegenstand des Strafverfahrens gewesen, muss das Anwaltsgericht nicht für jede Tat (§ 264 StPO) getrennt, sondern in einer Gesamtwürdigung nach § 115b untersuchen, ob eine zusätzliche anwaltsgerichtliche Ahndung erforderlich ist (*Jähnke,* FS Pfeiffer, 1988, 941, 944; BGHSt 27, 305 = NJW 1978, 836).

33 Sind einzelne durch die prozessuale Einheit zu einer einheitlichen Pflichtverletzung zusammengefassten Vorgänge völlig selbständig, weil sie mit den anderen keinen äußeren oder inneren Zusammenhang aufweisen, dann kann es nach der Rechtsprechung geboten sein, die aus dem übrigen Sachverhalt herausfallenden Geschehnisse gesondert unter dem Gesichtspunkt der §§ 113 Abs. 2, 115b zu würdigen (BGHSt 19, 22, 157, 166; BGH DNotZ 1966, 409, 412; BVerwGE 33, 314). Dabei ist allerdings zu berücksichtigen, dass der Zusammenhang sich schon aus einer bestimmten Neigung oder aus gewissen Charaktereigenschaften des Täters oder sonst aus einer gemeinsamen Wurzel des Fehlverhaltens ergeben kann (BVerwGE 73, 166, 168; EGH München BRAK-Mitt. 1984, 40; *Jähnke,* FS Pfeiffer, 1988, 941, 945). Ergibt diese Würdigung der völlig selbständigen Vorgänge ein Ahndungsbedürfnis iSd §§ 113 Abs. 2, 115b, dann hat es wieder bei der Einheitstat sein Bewenden (*Jähnke,* FS Pfeiffer, 1988, 941, 945).

34 **b) Prozessuale Konsequenzen.** Prozessual folgt aus dem Grundsatz der Einheitstat, so wie die Rechtsprechung sie versteht, dass die **Verjährung** erst am Ende der letzten Tat (§ 264 StPO) zu laufen beginnt, so dass eine Pflichtverletzung, die bei isolierter Betrachtung verjährt (§ 115) wäre, wegen der prozessualen Einbindung in die Einheitstat weiter verfolgt werden kann (BGHSt 22, 157 = NJW 1968, 2204; BGHSt 21, 232 = NJW 1967, 894). Anders ist es nur bei völlig selbständigen Vorgängen (→ Rn. 33). Einzelne Pflichtwidrigkeiten, die mit den übrigen Taten in keinem Zusammenhang stehen, sind bei der Prüfung der Verjährung isoliert zu behandeln (*Jähnke,* FS Pfeiffer, 1988, 941, 945; BGHSt 22, 157 = NJW 1968, 2204; BGHSt 33, 54, 58).

35 Die Staatsanwaltschaft (§ 120) muss, soweit sie nicht nach §§ 154, 154a StPO verfährt, über alle ihr vorliegenden und entscheidungsreifen Vorgänge von Pflichtverletzungen eines Rechts-

anwalts **gleichzeitig entscheiden** und sie durch Anschuldigung dem Gericht unterbreiten (BVerwGE 63, 123).

Die gesonderte Verfolgung ist zulässig, wenn diese Pflichtverletzung zur Zeit der früheren Entscheidung noch nicht bekannt war. Sonst darf eine Pflichtverletzung nur dann gesondert von der Staatsanwaltschaft verfolgt werden, wenn die Staatsanwaltschaft nach pflichtgemäßem Ermessen mit der Entscheidung über die bereits entscheidungsreifen Verfahren nicht warten will bis auch die anderen entscheidungsreif sind (BVerwGE 63, 123). **36**

Die Staatsanwaltschaft darf in Ausübung ihres pflichtgemäßen Ermessens selbst entscheiden, ob eine Pflichtverletzung des Rechtsanwalts durch Nachtragsanschuldigung noch in ein wegen einer anderen Pflichtverletzung bereits gerichtshängiges Verfahren eingeführt oder einer gesonderten gerichtlichen Verfolgung nach Abschluss des schon anhängigen anwaltsgerichtlichen Verfahrens zugeführt wird. Einem solchem gesonderten anwaltsgerichtlichen Verfahren steht der Grundsatz der Einheit der Pflichtverletzung nicht entgegen (BVerwGE 76, 90). Eine Nachtragsanschuldigung ist indes nicht erforderlich, wenn zu den bereits angeschuldigten Einzelvorgängen ein sachlicher und zeitlicher Zusammenhang besteht, insoweit genügt ein rechtlicher Hinweis gemäß § 265 StPO zum verfahrensrechtlichen Schutz des Berufsträgers (BGHSt 57, 289). **37**

Sind mehrere Verfahren beim Anwaltsgericht anhängig, **muss das Gericht die Verfahren verbinden** (*Isele* § 114 Anm. V B 4; *Jähnke,* FS Pfeiffer, 1988, 941, 945). Werden entscheidungsreife Sachen nicht gleichzeitig entschieden, ist dies beim Maßnahmenausspruch der letzten Verurteilung zu berücksichtigen. Dabei ist der Rechtsgedanke des **Härteausgleichs** zu berücksichtigen, wie er vom BGH entwickelt worden ist, sofern § 55 StGB (nachträgliche Gesamtstrafenbildung) nicht angewendet werden kann (*Fischer* StGB § 55 Rn. 8a ff.; EGH Hamburg Urteil vom 28.10.1987 – I EVY 5/87). **38**

Ist nur ein Teil der in der einheitlichen Pflichtverletzung zusammengefassten Geschehnisse Gegenstand eines Strafverfahrens, fehlt es an der Sachverhaltsidentität iSd § 118 Abs. 1, es sei denn die strafgerichtlich nicht angeklagten Teile seien nur ein bedeutungsloser, der Straftat nachgeordneter Annex. Im letzteren Fall kann unter den Voraussetzungen des § 118 Abs. 1 das anwaltsgerichtliche Verfahren ausgesetzt werden. Ist der nichtangeklagte Teil des angeschuldigten Gesamtverhaltens nicht bedeutungslos, dann fehlt es an der Sachverhaltsidentität, welche den Aussetzungszwang begründen kann (*Jähnke,* FS Pfeiffer, 1988, 941, 946). **39**

Will das Gericht **einzelne Teile** des Verfahrensgegenstandes aus dem Verfahren **ausscheiden, verfährt es nur nach § 116 S. 2 iVm § 154a StPO,** nicht nach § 154 StPO und zwar selbst dann nicht, wenn es sich bei den ausgeschiedenen Teilen der Pflichtverletzung um selbständige Taten iSd § 264 StPO handelt (BGHSt 21, 232, 236 = NJW 1967, 894; *Jähnke,* FS Pfeiffer, 1988, 941, 946). **40**

Im **Urteilstenor** erwähnt das Gericht weder die Zahl der begangenen Pflichtverletzungen (BGHSt 27, 305 = NJW 1978, 836), noch kann es auf Teilfreispruch erkennen, wenn nicht alle Anschuldigungspunkte zur Verurteilung führen (*Jähnke,* FS Pfeiffer, 1988, 941, 946; EG Düsseldorf Beschluss vom 25.2.1993 – 3/4 EV 33/88). Ergibt die Hauptverhandlung, dass ein Teil der erhobenen Vorwürfe unbegründet ist, dann ergibt sich das nur aus den Urteilsgründen (BGHSt 27, 305 = NJW 1978, 836; BGHSt 16, 237, 241 = NJW 1961, 2219; BGHSt 24, 81 = NJW 1971, 1048; BGHSt 30, 312 = NJW 1982, 1404; BGHSt 33, 225 = NJW 1985, 3032; BGH NJW 1961, 2219; **aA** AnwG Frankfurt/M AnwBl. 2010, 716). **41**

Legt der Rechtsanwalt gegen seine Verurteilung Berufung ein, dann muss der Berufungsrichter im Hinblick auf die Einheitlichkeit der Pflichtverletzung das **Urteil im ganzen überprüfen,** also auch hinsichtlich derjenigen Punkte, in denen nach dem angefochtenen Urteil eine Pflichtverletzung nicht zu sehen ist (BGHSt 38, 138 = NJW 1992, 1181 = MDR 1992, 810; BGHSt 16, 237 = NJW 1961, 2219; *Jähnke,* FS Pfeiffer, 1988, 941, 946, 947). **42**

Die Rechtsprechung hält eine **Beschränkung des Rechtsmittels auf bestimmte Anschuldigungspunkte für unwirksam** (BGH DNotZ 1966, 409; *Jähnke,* FS Pfeiffer, 1988, 941, 947; vgl. § 116 iVm § 318 StPO), scheidet grundsätzlich eine vertikale Teilrechtskraft aus, nicht aber die horizontale Teilrechtskraft (*Jähnke,* FS Pfeiffer, 1988, 941, 947). Auch erstreckt sich die wegen einer Pflichtverletzung ausgesprochene Zulassung der Revision (§ 145 Abs. 1 Nr. 3) auf das gesamte Urteil. Die eingelegte Revision berechtigt und verpflichtet den BGH, die gesamte Verurteilung im Rahmen der Revisionsbegründung auf formelle und sachliche Fehler zu überprüfen (BGH NJW 1987, 2451; BRAK-Mitt. 1981, 36 = StV 1981, 133; EGE VI, 135). **43**

44 Ergibt sich im **Revisionsverfahren** nur bezüglich eines von mehreren Anschuldigungspunkten ein Rechtsfehler, dann hat gleichwohl der Schuldspruch Bestand, da im anwaltsgerichtlichen Verfahren ein Sachverhalt, der sich aus mehreren Anschuldigungspunkten zusammensetzt, nur einheitlich beurteilt und die Frage, ob der Rechtsanwalt seine Pflichten schuldhaft verletzt hat, nur einheitlich entschieden werden kann (BGHSt 16, 237, 240 = NJW 1961, 2219). Der geringere Schuldumfang führt jedoch regelmäßig zur Teilaufhebung (zum Maßnahmenausspruch) des angefochtenen Urteils (BGH AnwBl. 2008, 880, 882), sofern das Revisionsgericht nicht selbst entscheiden kann (BGHSt 33, 225, 229 = NJW 1985, 3032). Von der Aufhebungspflicht lässt der BGH eine Ausnahme zu: ist der Rechtsanwalt in bestimmten Anschuldigungspunkten nicht verurteilt worden, so kann der BGH diese Anschuldigungspunkte, sofern ihre Beurteilung als nicht pflichtwidrig rechtsfehlerfrei ist, von einer im Übrigen gebotenen Aufhebung und Zurückverweisung ausnehmen (BGHSt 30, 312 = NJW 1982, 1404; *Jähnke,* FS Pfeiffer, 1988, 941, 947).

45 Da das anwaltsgerichtliche Verfahren eine **Wiederaufnahme** des Verfahrens nur mit dem Ziel des Freispruchs kennt (*Isele* S. 1539; *Jähnke,* FS Pfeiffer, 1988, 941, 947) und es einen Teilfreispruch nicht gibt (→ Rn. 41), ist eine Wiederaufnahme nur zulässig, wenn der geltend gemachte Wiederaufnahmegrund geeignet ist **sämtliche Anschuldigungspunkte,** in denen eine Verurteilung erfolgt ist, **zu beseitigen** (*Jähnke,* FS Pfeiffer, 1988, 941, 947; BayAGH BRAK-Mitt. 2001, 239; EG Düsseldorf Beschluss vom 25.2.1993 – 3/4 EV 33/88).

46 Fehlt es für einen Teil des Verfahrensgegenstandes an einer wirksamen Eröffnung des Hauptverfahrens, so gibt es mangels wirksamer prozessualer Gemeinsamkeit insoweit auch keine einheitlich zu beurteilende Berufspflichtverletzung. Stellt sich im berufsgerichtlichen Revisionsrechtszug heraus, dass in einem von mehreren verbundenen Verfahren ein wirksamer Eröffnungs- und Verbindungsbeschluss fehlt, so ist das berufsgerichtliche Verfahren insoweit einzustellen. Der Grundsatz der Einheitlichkeit der Berufspflichtverletzung steht in diesem Fall der Teileinstellung nicht entgegen. Die Staatsanwaltschaft ist nicht gehindert, den eingestellten Vorgang erneut anzuschuldigen (BGH NJW 1987, 2752).

47 **3. Kritik an dem bisherigen Verständnis der Einheit der Pflichtverletzung.** Die von der herrschenden Rechtsprechung und Lehre angenommene sachlichrechtliche Handlungseinheit verschiedener strafprozessualer Taten (§ 264 StPO) in der Einheitlichkeit der Pflichtverletzung nur aufgrund der verfahrensmäßigen Zusammenführung dieser prozessual selbständigen Taten begegnet vermehrt Kritik (*Jähnke,* FS Pfeiffer, 1988, 941, 948 ff.; *Eylmann* AnwBl. 1999, 338; *Prütting* AnwBl. 1999, 361; AGH Hmb BRAK-Mitt. 2009, 129 = AnwBl. 2009, 455; NdsAGH BRAK-Mitt. 2003, 36; AnwG Celle NdsRPfl. 2001, 413; AnwG Frankfurt/M AnwBl. 2010, 716). Dies umso mehr als diese verfahrensmäßige Verbindung entweder durch einen Willensakt der Staatsanwaltschaft (§§ 120, 121) oder des Gerichtes zustande kommt und die Staatsanwaltschaft sich dabei nach pflichtgemäßem Ermessen von Zweckmäßigkeitsgesichtspunkten leiten lassen muss.

48 *Jähnke* weist mit Recht darauf hin, dass Beurteilungseinheiten wie im Strafrecht die Einzelhandlung, die natürliche Handlungseinheit und die fortgesetzte Handlung sich nur aus dem Tatgeschehen selbst und nicht aus einer viel später liegenden prozessualen Behandlung ergeben können. Die Zahl der begangenen Taten bestimmt allein der Täter durch sein rechtlich zu bewertendes Verhalten. Wann dieses bekannt und geahndet wird, darf auf seine rechtliche Einordnung keinen Einfluss haben (*Jähnke,* FS Pfeiffer, 1988, 941, 948).

49 Entscheidend spricht gegen das bisherige Verständnis der Einheit der Pflichtverletzung in der Rechtsprechung, dass dieser **Grundsatz sich nicht folgerichtig durchführen lässt, immer neue Ausnahmen erforderlich macht und auch zu materiell-rechtlich sowie prozessual ungerechtfertigten Einzelergebnissen führt** (*Jähnke,* FS Pfeiffer, 1988, 941, 948 ff.; AnwG Celle NdsRPfl. 2001, 413). So wird im Zusammenhang mit der Prüfung des Verbrauchs der Disziplinarklage nicht auf die Einheit der Pflichtverletzung, sondern wieder auf den prozessualen Tatbegriff abgestellt (*Jähnke,* FS Pfeiffer, 1988, 941, 949; BGHSt 19, 90; 30, 312 = NJW 1982, 1404).

50 Zur Vermeidung ungereimter Ergebnisse im Bereich der Verjährung sowie der Ahndung außerberuflicher oder strafgerichtlich bereits abgeurteilter Verstöße (§§ 113 Abs. 2, 115, 115b) sah die Rechtsprechung sich genötigt, neben dem strafprozessualen Tatbegriff und der Einheit der Pflichtverletzung noch den Begriff der Selbständigkeit der Einzelverfehlung zu schaffen.

Verfehlungen, die keinen Zusammenhang mit dem übrigen Verhalten des Rechtsanwalts haben, können danach, obwohl sie Teil der einheitlichen Pflichtverletzung sind, gleichwohl isoliert gewertet werden (*Jähnke,* FS Pfeiffer, 1988, 941, 949; → Rn. 34).

Im Revisionsrecht hat der BGH trotz der Einheitlichkeit des angeschuldigten Verhaltens eine Art Teilfreispruch geschaffen, indem er die Anschuldigungspunkte von einer Urteilsaufhebung ausspart, in denen eine Verurteilung rechtsfehlerfrei unterblieben ist (BGHSt 30, 312 = NJW 1982, 1404; *Jähnke,* FS Pfeiffer, 1988, 941, 949; → Rn. 44). Erreicht der BGH mit dieser Ausnahme von der Einheitlichkeit der Pflichtverletzung zwar das wünschenswerte Ziel, den Rechtsanwalt nicht einer wiederholten Verhandlung über einen unbegründeten Vorwurf auszusetzen, so sind die Ergebnisse bei konsequenter Anwendung des Grundsatzes in anderen Fallgestaltungen aber bedenklich 51

Warum eine bereits verjährte Pflichtverletzung wieder verfolgbar sein soll, nur weil der Rechtsanwalt eine neue Pflichtwidrigkeit sich zu schulden kommen lässt, die die gleiche Wurzel hat wie die bereits verjährte (BGH NJW 1975, 1712; BGHSt 22, 157 = NJW 1968, 2204; BGHSt 21, 232 = NJW 1967, 894; BVerwGE 63, 88 = DÖD 1978, 211; EGH München BRAK-Mitt. 1984, 40), ist völlig unerfindlich, vor allem wenn man berücksichtigt, dass der Zusammenhang schon darin bestehen kann, dass das Verhalten des Rechtsanwalts in den verschiedenen Fällen auf eine auf Gleichgültigkeit und Laxheit beruhende Grundeinstellung schließen lässt (EGH München BRAK-Mitt. 1984, 40). Eine solche rückwirkende Beseitigung schon eingetretener Verfolgungsverjährung durch späteres Verhalten des Täters ist in unserer Rechtsordnung außerhalb des Disziplinarrechts unbekannt und ohne innere Rechtfertigung (→ § 115 Rn. 10). 52

Im Bereich des § 113 Abs. 2 und des § 115b führt die Annahme der Einheitlichkeit der Pflichtverletzung, wie die Rechtsprechung sie versteht, wenn von mehreren Anschuldigungspunkten nur ein Teil außerberuflich (§ 113 Abs. 2) ist oder bereits anderweitig geahndet wurde (§ 115b), zu einer weitgehenden Unanwendbarkeit dieser Regeln (→ Rn. 30) und damit zu einer Unterbindung einer dem Gesetz gemäßen Würdigung des Einzelfalles (vgl. eingehend *Jähnke,* FS Pfeiffer, 1988, 941, 950, 951). 53

Im Übrigen widerspricht es der **Prozessökonomie** bei einer Anfechtung des Urteils durch den Betroffenen auch die Vorwürfe zu untersuchen, in denen der erste Richter eine Pflichtwidrigkeit nicht erkannt hat (→ Rn. 42) und die vertikale Teilrechtskraft auszuschließen (→ Rn. 43). Setzt sich der Verfahrensgegenstand, die einheitliche Pflichtverletzung aus vielen an sich selbständigen Anschuldigungspunkten zusammen, muss das Berufungsgericht die gesamte Beweisaufnahme wiederholen, auch wenn der Beschwerdeführer sich nur gegen die Verurteilung in einem Punkt wehrt. Es widerstreitet der Prozessökonomie, dass das Revisionsgericht grundsätzlich das gesamte Urteil aufheben muss, wenn es die Verurteilung oder den Freispruch in nur einem von mehreren Punkten beanstandet (→ Rn. 44; *Jähnke,* FS Pfeiffer, 1988, 941, 951). 54

Insbesondere im **Wiederaufnahmerecht** führt der Einheitsgrundsatz zu ungerechtfertigten Ergebnissen, indem die Wiederaufnahme mit dem Ziel der Einstellung oder der Maßnahmenmilderung auch nicht ausnahmsweise statthaft ist (→ Rn. 45). *Jähnke* weist zutreffend darauf hin, es widerspricht elementaren Bedürfnissen der Gerechtigkeit, die Wiederaufnahme auszuschließen, weil die Verurteilung in einem vielleicht unbedeutenden Punkt nicht angreifbar ist, obwohl sie im Übrigen erkennbar zu Unrecht geschah. Ganz unbegreiflich und ungerechtfertigt ist dies, wenn in dem sachgleichen Strafverfahren, das die Teil-Wiederaufnahme bei Tatmehrheit kennt (BGHSt 14, 85, 88 = NJW 1960, 780; *Meyer-Goßner* StPO § 359 Rn. 3), ein einzelner Vorwurf oder gar die Mehrheit der Vorwürfe bereits weggefallen ist (*Jähnke,* FS Pfeiffer, 1988, 941, 952). 55

Da alle wesentlichen Probleme der Einheitlichkeit der Pflichtverletzung, so wie die Rechtsprechung sie sieht, dort einsetzen, wo diese einheitliche Pflichtverletzung den Rahmen der Tat iSd § 264 StPO überschreitet, ist es geboten, das Spannungsverhältnis zwischen Einheitsgrundsatz der Pflichtwidrigkeit und der angeschuldigten Tat iSd § 264 StPO aufzulösen (*Jähnke,* FS Pfeiffer, 1988, 941, 956), indem die Pflichtwidrigkeit bis zur Urteilsfindung auf den Umfang der Tat (§ 264 StPO) beschränkt wird. **Zentraler Anknüpfungspunkt** muss auch bei einer Einheitsstrafe **die einzelne Tat** bleiben, wie dies beispielsweise in § 31 JGG der Fall ist. Jede Tat hat dann ihre eigenen verfahrensrechtlichen Voraussetzungen NdsAGH BRAK-Mitt. 2003, 37; AGH Hmb BRAK-Mitt. 2009, 129 = AnwBl. 2009, 455; *Eylmann* AnwBl. 1999, 338). Dies berücksichtigt auch, dass nach der Neufassung der §§ 43–43c und nach Verabschiedung der BORA an die Stelle einer allgemeinen Berufspflicht weitgehend einzelne genau definierte konkrete Pflichten getreten sind. Damit sind zwangsläufig diese einzelnen Pflichten Gegenstand der anwalts- 56 gerichtlichen Prüfung, wobei in jedem Einzelfall ein schuldhafter Pflichtenverstoß gemäß § 113 festgestellt werden muss (AGH Hmb BRAK-Mitt. 2009, 129, 132 = AnwBl. 2009, 455).

57 Dabei ist zunächst festzustellen, dass das Gesetz den Begriff der Einheitlichkeit der Pflichtverletzung, so wie die Rechtsprechung ihn sieht, nicht kennt. Insbesondere lässt sich dieser Grundsatz nicht aus § 113 Abs. 1 herleiten (NdsAGH BRAK-Mitt. 2003, 37; AGH Hmb BRAK-Mitt. 2009, 129 = AnwBl. 2009, 455). Nach § 113 Abs. 1 wird „gegen einen Rechtsanwalt, der schuldhaft gegen Pflich*ten* verstößt … *eine* anwaltsgerichtliche Maßnahme *verhängt*". Demnach werden mehrere Verfehlungen eines Rechtsanwalts erst zusammengefasst durch das anwaltsgerichtliche Urteil und nicht bereits durch die Anschuldigungsschrift und den Beschluss über die Eröffnung des Hauptverfahrens oder durch etwaige gerichtliche Beschlüsse mehrere bei Gericht anhängige Verfahren miteinander zu verbinden (→ Rn. 26). Eine prozessual einheitliche Behandlung ist damit nicht verbunden. Die materiell-rechtliche Selbständigkeit der einzelnen Taten bleibt bestehen (AGH Hmb BRAK-Mitt. 2009, 129 = AnwBl. 2009, 455). Das Gesetz selbst geht in § 113 Abs. 1 (Pflichten) davon aus, dass mehrere Pflichtwidrigkeiten der einheitlich auszusprechenden Maßnahme zugrunde liegen können. **Das Gesetz verlangt nur, dass mehrere Pflichtwidrigkeiten, die gleichzeitig anwaltsgerichtlich geahndet werden, mit nur einer anwaltsgerichtlichen Maßnahme belegt werden.** Das rechtfertigt sich daraus, dass nicht die einzelne der mehreren Pflichtwidrigkeiten bei der Bestimmung der Ahndungsmaßnahme im Vordergrund stehen soll, sondern Gegenstand der anwaltsgerichtlichen Beurteilung ist die Persönlichkeit des angeschuldigten Rechtsanwalts, so wie sie sich aufgrund der Hauptverhandlung darstellt. Gewertet wird nicht der einzelne Verstoß, sondern die schuldhafte Minderung der Anwaltsehre schlechthin, die sich in dem Verstoß oder den Verstößen manifestiert (*Isele* S. 1420). § 113 Abs. 1 verlangt somit nur die einheitliche Behandlung der angeschuldigten Pflichtwidrigkeiten im Falle der gleichzeitigen Aburteilung, fasst sie für die Verurteilung materiell zu einer Beurteilungsgrundlage zusammen. Dies verlangt aber keineswegs, dass auch bis zu diesem Zeitpunkt und darüber hinaus die einzelnen Taten (§ 264 StPO) prozessual einheitlich behandelt werden müssen. Für die prozessuale Behandlung des Verfahrensstoffes ist allein der Begriff der prozessualen Tat (§ 264 StPO) maßgeblich und unentbehrlich (*Jähnke,* FS Pfeiffer, 1988, 941, 956; AGH Hmb BRAK-Mitt. 2009, 129 = AnwBl. 2009, 455). Die angeschuldigten prozessualen Taten bestimmen den Umfang der anwaltsgerichtlichen Untersuchung (§ 116 S. 2 iVm §§ 155 Abs. 1, 264 StPO) und den Umfang der Rechtskraft (*Jähnke,* FS Pfeiffer, 1988, 941, 956). Dies entspricht auch der Neuregelung des § 113 Abs. 1. Danach ist aufgrund des Änderungsgesetzes vom 2.9.1994 (BGBl. I S. 2278) Grundlage für eine anwaltsgerichtliche Ahndung nicht mehr eine nicht konkrete genannte Pflicht, die Generalklausel des § 43, sondern nur der Verstoß gegen solche Pflichten, „die in diesem Gesetz oder in der Berufsordnung bestimmt sind", dh auch solcher gesetzlicher Pflichten, die über § 43 in das anwaltliche Berufsrecht transformiert werden (→ § 43 Rn. 13 ff.; → § 113 Rn. 8 ff.). Mit dieser Normierung einzelner Berufspflichten sind nunmehr zwangsläufig auch die einzelnen Pflichten und der Verstoß dagegen der Gegenstand berufsrechtlicher Prüfung. Die Ahndung von Verstößen gegen das Berufsrecht setzt für jeden Einzelfall den schuldhaften Pflichtenverstoß voraus (§ 113). Damit hat jede einzelne materielle Tat, jeder Pflichtenverstoß iSd § 113 eigene verfahrensrechtliche Voraussetzungen (NdsAGH Urteil vom 14.10.2002 – AGH 35/01; AnwG Celle NdsRPfl. 2001, 413).

58 Wie im Strafprozess können die einzelnen Taten, die pflichtwidriges Handeln des angeschuldigten Rechtsanwalts beinhalten, prozessual selbständig behandelt werden. Sie können nach § 116 S. 2 iVm § 154 StPO ausgeschieden werden. Für jede Tat (§ 264 StPO) sind die Voraussetzungen der §§ 113 Abs. 2, 115b gesondert zu prüfen (AGH Hmb BRAK-Mitt. 2009, 129 = AnwBl. 2009, 455). und erst wenn danach diese Taten eine anwaltsgerichtliche Maßnahme rechtfertigen, sind diese in die nach § 113 Abs. 1 zu findende Einheitsmaßnahme einzubeziehen und für diese so zusammengefasste einheitliche Pflichtwidrigkeit eine angemessene Maßnahme zu verhängen (*Jähnke,* FS Pfeiffer, 1988, 941, 957 mit teilweise anderer Begründung).

59 Jeder selbständige Pflichtenverstoß unterliegt einer selbständigen Verfolgungsverjährung (AnwG Celle NdsRPfl. 2001, 413; AGH Hmb BRAK-Mitt. 2009, 129 = AnwBl. 2009, 455). Die bedenkliche Folge des nachträglichen Wegfalls einer bereits eingetretenen Verfolgungsverjährung (BGHSt 22, 157, 166 = NJW 1968, 2204) entfällt. Die Feststellung, dass eine von mehreren angeschuldigten selbständigen Taten verjährt ist, führt insoweit zur teilweisen Nichteröffnung bzw. nach Eröffnung nach § 116 S. 2 iVm §§ 206a, 260 Abs. 3 StPO zur Einstellung wegen Vorliegens des Verfahrenshindernisses der Verjährung (AnwG Celle NdsRPfl. 2001, 413;

AGH Hmb BRAK-Mitt. 2009, 129 = AnwBl. 2009, 455). Die Berücksichtigung bereits verjährten Geschehens, das prozessordnungsgemäß festgestellt ist, kann dann bei der Maßnahmenbemessung für eine nicht verjährte Pflichtwidrigkeit nur wie im Strafrecht (BGH bei *Holtz* MDR 1977, 809; Schönke/Schröder/*Sternberg-Lieben/Bosch,* 29. Aufl. 2014, StGB Vor §§ 78 ff. Rn. 6) ins Gewicht fallen (*Jähnke,* FS Pfeiffer, 1988, 941, 957; AGH Hmb BRAK-Mitt. 2009, 129 = AnwBl. 2009, 455).

Das Anwaltsgericht entscheidet nach pflichtgemäßem Ermessen, ob es mehrere Verfahren gegen einen Rechtsanwalt miteinander verbindet, wobei sich aus der wie zuvor der Staatsanwaltschaft auch dem Anwaltsgericht obliegenden Fürsorgepflicht gegenüber dem Betroffenen sowie aus den Grundsätzen der Beschleunigung und der Verfahrensökonomie eine grundsätzliche Verbindungspflicht ergeben wird, die das Gericht zu berücksichtigen haben wird (*Jähnke,* FS Pfeiffer, 1988, 941, 958). Nötigt § 118 Abs. 1 das Anwaltsgericht, das eine Verfahren auszusetzen, kann es von einer Verbindung absehen und wegen der in anderen Anschuldigungsschriften angeschuldigten Taten das Verfahren fortführen. Sind mehrere Taten (§ 264 StPO) in einer Anschuldigungsschrift angeschuldigt und muss nach § 118 Abs. 1 wegen einer der Taten ausgesetzt werden, kann das Anwaltsgericht diese Tat austrennen und wegen der übrigen das Verfahren weiter betreiben (*Jähnke,* FS Pfeiffer, 1988, 941, 946). So wird sichergestellt, dass jede Tat dem Gesetz entsprechend behandelt wird. 60

Da für die prozessuale Behandlung allein die prozessuale Tat (§ 264 StPO) entscheidend ist, ist Teilrechtskraft und vertikale Teilrechtskraft bei mehreren Taten möglich. Das Rechtsmittelgericht prüft dann nur die Anschuldigungspunkte, zu denen eine Beschwer des Rechtsmittelführers gegeben ist. Für den Maßnahmenausspruch – und nur für den – verlangt dann § 113 Abs. 1 wieder eine einheitliche Behandlung, so dass dieser wieder in vollem Umfang der Nachprüfung durch das Rechtsmittelgericht unterliegt. In gleicher Weise ist es dann auch möglich, die Wiederaufnahme gegen bestimmte, selbständige Taten betreffende Teile eines rechtskräftigen Urteils mit dem Ziel zu betreiben, insoweit freigesprochen zu werden mit der Folge der Maßnahmenminderung (*Jähnke,* FS Pfeiffer, 1988, 941, 958). Damit würde auch ein nicht zu unterschätzender Beitrag zur Erlangung materieller Gerechtigkeit geleistet. 61

Ungeachtet der vorstehenden Probleme und Ungereimtheiten **hält der BGH bislang an dem Grundsatz der Einheitlichkeit der Berufspflichtverletzung fest** (BGHSt 57, 289 = NJW 2012, 3251 = wistra 2013, 31 = DStR 2013, 375 = DStRE 2013, 573). Der Grundsatz der Einheitlichkeit der Pflichtverletzung gebietet demnach die Einbeziehung erkennbar sachlich und zeitlich zusammenhängender Pflichtverletzungen in einem gerichtlichen Verfahren. Nach berufsgerichtlicher Verurteilung hindert dies die spätere Ahndung so zusammenhängender Pflichtverletzungen in einem neuen Verfahren. Mit der Betonung der Kognitionspflicht wird zumindest das Ermessen der Staatsanwaltschaft und des Gerichts bei der Bestimmung des Verfahrensgegenstandes inhaltlich bestimmt und begrenzt. Des Weiteren wird dadurch die Reichweite des Disziplinarklageverbrauchs unter Vertrauensschutzgesichtspunkten konkretisiert. Es bleibt indes zweifelhaft, ob die Handhabbarkeit der Rechtsfigur der Einheitlichkeit der Pflichtveletzung für die Praxis dadurch verbessert wird. 62

§ 114 Anwaltsgerichtliche Maßnahmen

(1) **Anwaltsgerichtliche Maßnahmen sind**

1. **Warnung,**
2. **Verweis,**
3. **Geldbuße bis zu fünfundzwanzigtausend Euro,**
4. **Verbot, auf bestimmten Rechtsgebieten als Vertreter und Beistand für die Dauer von einem Jahr bis zu fünf Jahren tätig zu werden,**
5. **Ausschließung aus der Rechtsanwaltschaft.**

(2) **Die anwaltsgerichtlichen Maßnahmen des Verweises und der Geldbuße können nebeneinander verhängt werden.**

Schrifttum: *Görl,* Berufsverbot nach der BRAO und dem StGB, BRAK-Mitt. 1987, 54; *Gribbohm,* Die ehrengerichtlichen Berufs- und Vertretungsverbote in der Rechtsprechung des Senats für Anwaltssachen des Bundesgerichtshofes, FS Pfeiffer, 1988, 911; *Prütting,* Die rechtlichen Grundlagen anwaltlicher Berufspflichten und das System der Reaktionen bei anwaltlichem Fehlverhalten, AnwBl. 1999, 361.

Übersicht

I. Verhältnis der nach § 74 zu erteilenden Rüge zu den Maßnahmen des § 114

1 **1. Abgrenzung.** Die vom Kammervorstand nach § 74 erteilte Rüge und die im anwaltsgerichtlichen Verfahren verhängte Maßnahme nach § 114 dienen zwar dem gleichen Zweck, eine schuldhafte Pflichtverletzung eines Rechtsanwaltes zu ahnden, sie stehen aber im Verhältnis des aliud zueinander. Die Rüge ist keine Strafe, sie ist eine Verwaltungsmaßnahme, die aus dem Aufsichtsrecht, und der Aufsichtspflicht des Kammervorstandes resultiert; die anwaltsgerichtliche Maßnahme des § 114 führt zu einer echten Minderung der Berufsehre (*Isele* § 114 Anm. II B). Der Grundsatz des § 113 Abs. 1, dass Pflichtverletzungen anwaltsgerichtlich zu ahnden sind, erfährt in § 74 insofern eine Ausnahme, als geringere Pflichtverletzungen nach dem pflichtmäßigen Ermessen des Kammervorstandes durch eine Rüge geahndet werden können (amtliche Begründung zu § 113). Der Vorrang des anwaltsgerichtlichen Verfahrens bleibt dabei gewahrt (§ 115a).

2 **2. Wesen der Maßnahme.** Die anwaltsgerichtliche Maßnahme ist kein Zwangsmittel, durch welches der Rechtsanwalt zur Erfüllung seiner Pflichten in der Zukunft angehalten werden soll, sondern die Maßnahme, durch welche die Verletzung der Berufspflicht geahndet wird. Im anwaltsgerichtlichen Verfahren geht es nicht nur um die Wahrnehmung des allgemeinen öffentlichen Interesses, sondern um die des besonderen Berufsinteresses an der Integrität und Vertrauenswürdigkeit des Anwaltsstandes (BGH BRAK-Mitt. 1985, 173). Die Anwaltschaft kann die ihr im Rahmen der Rechtspflege zugewiesene Funktion nicht oder nicht in zufriedenstellender Weise ausüben, wenn das Vertrauen in ihre Integrität fehlt. Dabei wird nicht nur auf das individuelle Vertrauensverhältnis abgestellt, das zwischen Anwalt und Mandant besteht. Auch das

allgemeine Vertrauen der Öffentlichkeit in die Anwaltschaft ist zu berücksichtigen. Fehlt es an ihm, ist die Funktionsfähigkeit der Rechtsanwaltschaft als einem Organ der Rechtspflege in Frage gestellt. Das Vertrauen der Öffentlichkeit in die Integrität des Anwaltsstandes wird maßgebend auch von den Maßnahmen bestimmt, welche die Berufsgerichtsbarkeit gegen solche Mitglieder durchführt, die Verfehlungen begangen haben. Die im jeweiligen Fall zu verhängende anwaltsgerichtliche Maßnahme ist daher gerade auch unter dem Gesichtspunkt des Fortbestandes der Vertrauenswürdigkeit zu sehen. Eine Maßnahme, die in keinem Verhältnis zur Schwere der Verfehlung des Anwaltes stünde, würde das Vertrauen in gleicher Weise untergraben, wie ein Absehen von Maßnahmen überhaupt (EG Hamburg EGE XIV, 287, 290, 291).

3. Vorrang des anwaltsgerichtlichen Verfahrens. Auch wenn nach Auffassung des Anwaltsgerichts die Voraussetzungen vorliegen, unter denen der Verstoß durch eine Rüge des Vorstandes der RAK hätte geahndet werden können (§ 74), darf das Gericht in anwaltsgerichtlichen Verfahren weder die in § 114 als Maßnahme nicht vorgesehene Rüge aussprechen noch deshalb auf Freispruch erkennen. Bei der Rüge handelt es sich um eine verwaltungsmäßige Missbilligung durch den Vorstand der RAK, über die das AnwG nur im Verfahren nach § 74a befinden kann (Henssler/Prütting/*Dittmann* § 114 Rn. 3). Das anwaltsgerichtliche Verfahren hat den Vorrang vor dem Rügeverfahren (§ 115a). Das Rügerecht des Vorstandes erlischt und lebt auch nicht wieder auf, wenn gegen den Rechtsanwalt das anwaltsgerichtliche Verfahren eingeleitet ist (§ 74 Abs. 2). 3

Über die Einleitung des anwaltsgerichtlichen Verfahrens entscheidet die Staatsanwaltschaft (§ 121). Die Ausübung des Ermessens dieser Behörde hinsichtlich der Einleitung eines Verfahrens kann vom Gericht ebenso wenig nachgeprüft werden wie die hinsichtlich der Zustimmung zu einer Einstellung des Verfahrens nach § 153 StPO. Das ergibt sich aus der Aufteilung der Funktionen unter diesen Stellen. Genau wie ein Gericht ohne Anschuldigungsschrift nicht tätig werden kann, muss es nach Einleitung eines anwaltsgerichtlichen Verfahrens durch die Staatsanwaltschaft und bei festgestelltem Verschulden des Betroffenen, sei es auch noch so gering, die im Gesetz vorgesehenen Folgen aussprechen. 4

Es stellt keine Verletzung des Gleichheitssatzes dar, dass die Möglichkeit besteht, Verstöße gleicher Art entweder im Rügeverfahren oder im anwaltsgerichtlichen Verfahren zu ahnden. Dabei spielt immer das Ermessen des Kammervorstandes und der Staatsanwaltschaft eine gewisse Rolle. Wenn dieses Ermessen willkürlich ausgeübt würde, könnte im Einzelfall ein Verstoß gegen Art. 3 GG vorliegen (EGH München EGE XIII, 193). 5

II. Wahl der zu verhängenden Maßnahme

1. Kein fester „Strafrahmen". Bei der Wahl der zu verhängenden Maßnahme lässt die BRAO dem Anwaltsgericht freie Hand. Es gibt für einzelne Pflichtverletzungen keinen festen „Strafrahmen" und keine gesetzlichen „Grundsätze der Strafzumessung" iSd § 46 StGB (beachte aber § 114a Abs. 3, § 156 Abs. 1). Für die gesetzliche Stufenfolge des § 114 hat die Rechtsprechung bestimmte Grundsätze für die Maßnahmenzumessung herausgearbeitet (→ Rn. 67 ff.). Art und Höhe der anwaltsgerichtlichen Maßnahme zu ermitteln, ist dem pflichtgemäßen Ermessen des Tatrichters anvertraut. Dabei braucht er im Urteil nur die Umstände mitzuteilen, die für den Rechtsfolgenausspruch bestimmend waren. Das Revisionsgericht hat lediglich zu prüfen, ob dem Tatrichter bei der Verhängung der Maßnahme Rechtsfehler unterlaufen sind (BGH NStZ 1985, 173 = BRAK-Mitt. 1985, 173; 1983, 93; 1987, 159; *Gribbohm,* FS Pfeiffer, 1988, 911, 915). 6

2. Gesetzesänderungen. Das Gericht hat aufgrund der im Tatzeitraum und im Zeitpunkt der Entscheidung geltenden Regelung zu entscheiden; ein Abwarten einer absehbaren Gesetzesänderung ist aber nicht geboten (BGH NJW 1994, 141). Bei der Wahl einer zu verhängenden Maßnahme ist bei Gesetzesänderungen immer **das mildeste Gesetz** anzuwenden. Das **Rückwirkungsverbot** des Art. 103 Abs. 2 GG gilt nicht nur für Kriminalstrafen, sondern für alle staatlichen Maßnahmen, die eine missbilligende hoheitliche Reaktion auf ein schuldhaftes Verhalten enthalten (BVerfGE 26, 186, 203 f. = NJW 1969, 2192; BVerfGE 42, 261, 262 f.), mithin auch für anwaltsgerichtliche Sanktionen. Nach der Rechtsprechung des BVerfG ist nach Art. 103 Abs. 2 GG auch die rückwirkende Strafverschärfung unzulässig (BVerfGE 25, 269). Entsprechendes hat für die rückwirkende Verschärfung einer anwaltsgerichtlichen Maßnahme zu gelten 7

(BGHSt 15, 227 f. = NJW 1961, 230). Auch der BORA kommt keine Rückwirkung zu (BGH EBE 1997, 164). Wird die Norm, der die Sanktion zu entnehmen ist, geändert, so finden deshalb die Vorschriften des Strafgesetzbuches für entsprechende Fälle Anwendung. Rechtsgrundlage für solche Fälle ist § 2 Abs. 3 StGB, der einen allgemeinen und für das Disziplinarrecht geltenden Rechtsgrundsatz enthält. Ein außerhalb des Berufs liegendes Verhalten ist nur noch unter den engen Voraussetzungen des § 113 Abs. 2 nF ahndbar, auch wenn es vor dem 9.9.1994 begangen wurde (→ § 113 Rn. 12 ff.). § 114 Abs. 1 in der Fassung des Gesetzes zur Änderung des Strafgesetzbuches und anderer Gesetze vom 18.8.1976 (BGBl. I S. 2181) ist in Fällen, in denen der Ausschluss eines Rechtsanwalts aus der Rechtsanwaltschaft in Betracht kommt, wegen der Hinzufügung der demgegenüber eingeschränkten Sanktionsmöglichkeit des zeitigen Vertretungsverbots nach § 114 Abs. 1 Nr. 4 milder als das früher geltende Gesetz (BGHSt 28, 333 = NJW 1979, 1895, nur Ls.). Wird nach der Begehung einer im anwaltsgerichtlichen Verfahren zu ahndenden Pflichtverletzung der Höchstbetrag der angedrohten Geldbuße angehoben, so verstößt die Verhängung einer höheren Geldbuße als zur Tatzeit zulässig dann nicht gegen das Verbot rückwirkender Maßnahmenverschärfung nach Art. 103 Abs. 2 GG, wenn sonst die schwerere Maßnahme des Vertretungsverbots in Betracht käme, weil eine Geldbuße in der zur Tatzeit zulässigen Höhe zur Ahndung nicht ausreicht (BGH BRAK-Mitt. 1991, 53; vgl. auch EG Kassel BRAK-Mitt. 1991, 55).

8 Wird der Maßnahmenkatalog während der Begehung der Pflichtverletzung geändert, ist die Rechtslage bei Beendigung der Tat maßgebend (§ 2 Abs. 2 StGB). So stand der Verhängung einer Maßnahme nach § 114 Abs. 1 Nr. 4 nicht entgegen, dass das Fehlverhalten eines Rechtsanwalts begonnen hatte, ehe die gesetzliche Neuregelung dazu am 20.9.1976 in Kraft trat, wenn das Fehlverhalten einen einheitlichen Komplex bildet (BGHSt 29, 124 = NJW 1980, 897; BGHSt 28, 333 = NJW 1979, 1895, nur Ls.; BGH Urteil vom 30.9.1985 – AnwSt (R) 11/85 nv).

III. Stufenfolge der anwaltsgerichtlichen Maßnahmen

9 Die gegen den Angeschuldigten zu erkennende Maßnahme kann nur dem § 114 entnommen werden. Das Gesetz sieht eine Stufenfolge der gesetzlich zugelassenen anwaltsgerichtlichen Maßnahmen vor. Die Maßnahmen steigern sich ihrer Bedeutung nach. Jede schwerere Maßnahme schließt zugleich die mildere in sich ein, so dass zB die Geldbuße zugleich einen Verweis mit umfasst (amtliche Begründung, BT-Drs. 3/120, 98).

10 **1. Warnung.** Sie ist die leichteste Maßnahme, die nicht mit einer anderen Maßnahme verbunden werden kann (Argument aus Abs. 2). Diese wird zu verhängen sein, wenn der Rechtsanwalt sich einer ersten, einmaligen und leichten Verfehlung schuldig gemacht hat (*Isele* § 114 Anm. III A 2 und 3), durch die insbesondere die Interessen der Mandanten nicht berührt wurden (Henssler/Prütting/*Dittmann* § 114 Rn. 7; BGH EGE XIII, 137; EGH Frankfurt EGE XIII, 173; EG Hamburg EGE XIV, 273, 281). Sie hat keine weiteren Folgen. Ändert der Rechtsanwalt oder Kammerrechtsbeistand sein Verhalten jedoch nicht, sind in einem späteren anwaltsgerichtlichen Verfahren schärfere Maßnahmen zu erwarten (BVerfGE 82, 18 = NJW 1990, 2122). Der Rechtsanwalt bleibt weiterhin wählbar in den Vorstand der RAK (§ 66 Nr. 3) und er kann zum Mitglied des Anwaltsgerichts (§ 94 Abs. 3), des AGH (§ 103 Abs. 2) sowie zum Beisitzer des Senats für Anwaltssachen des BGH (§ 108 Abs. 1) berufen werden. Die Maßnahme unterliegt nach § 205a einer fünfjährigen Tilgungsfrist. Sie ist mit Art. 10 EMRK vereinbar (EGMR NJW 2003, 877).

11 In der Rechtsprechung wurde beispielsweise eine Warnung verhängt bei Verletzung der Anzeigepflicht nach § 55 Abs. 5 RVG, früher § 101 Abs. 3 BRAGO (AGH BW Urteil vom 26.4.1997 – AGH 1/97 (III)), bei Verletzung des Gebotes der Sachlichkeit (→ § 43a Rn. 31 ff.; BVerfG BRAK-Mitt. 2008, 123) gegenüber dem Gericht (EG Hamburg EGE XIV, 273, 281), Beschäftigung eines Rechtsbeistandes als Bürovorsteher (BGH EGE XIII, 137; vgl. aber § 209). Bezeichnung einer Anwaltsgemeinschaft als „Anwaltskollektiv" bzw. als „sozialistisches Anwaltskollektiv" (EGH Frankfurt EGE XIII, 173; BGH EGE XII, 65).

12 **2. Verweis.** Er ist bereits eine **erhebliche Disziplinarstrafe** und in der Stufenfolge der Maßnahmen die niedrigste, der im Gesetz bestimmte weitere Wirkungen beigemessen sind. Der mit ihr belegte Rechtsanwalt kann fünf Jahre lang nicht zum Mitglied des Vorstandes der RAK

(§ 66 Nr. 3) sowie der Satzungsverssammlung (§ 191b Abs. 3) gewählt und für dieselbe Zeit nicht zum Mitglied des Anwaltsgerichts (§ 94 Abs. 3), des AGH (§ 103 Abs. 2) und zum Beisitzer des Senats für Anwaltssachen des BGH (§ 108 Abs. 1), ein Anwaltsnotar nicht zum Notarbeisitzer im OLG-Senat für Notarsachen (§ 103 Abs. BNotO) berufen werden. Der Verweis wird nach § 205a Abs. 1 S. 1 erst nach zehn Jahren getilgt.

In der Rechtsprechung wurde ein Verweis ausgesprochen zB bei ständiger Weigerung vor Gericht in Robe aufzutreten (BGH EGE XIV, 155), bei übler Nachrede in Beziehung auf einen Richter nach erfolgter strafgerichtlicher Verurteilung (EGH München Urteil vom 20.11.1990 – BayEGH II 9/90) oder bei einmaligem Verstoß gegen § 12 BORA (AnwG Celle Urteil vom 6.5.2014 – 1 AnwG 3/2014). 13

3. Geldbuße. Sie ist die viertschwerste Maßnahme, die dieselben Folgen zeitigt wie der Verweis (§§ 66 Nr. 4, 94 Abs. 3, 103 Abs. 2, 108 Abs. 1) und nach § 205a Abs. 1 S. 1 einer zehnjährigen Tilgung unterliegt. Die Geldbuße kommt für schon **schwerere Pflichtverletzungen** in Betracht. Ist eine Geldbuße wegen der Schwere der Pflichtverletzung geboten, ist sie auch zu verhängen, wenn ihre Vollstreckung jedenfalls im Zeitpunkt der Verhängung aussichtslos erscheint. Dabei ist nicht nur zu berücksichtigen, dass der Rechtsanwalt ständig dem Druck der Zwangsvollstreckung ausgesetzt bleibt, keinerlei Tilgung erfolgen kann (§ 205a Abs. 3), sondern vor allem, dass bereits die Verhängung der Geldbuße als solche eine besonders schwere Maßnahme darstellt, die getroffen werden muss, um durch Auswahl und Höhe der Maßnahme das schwere pflichtwidrige Verhalten richtig einzuordnen (BayAGH Urteil vom 20.11.1997 – BayAGH II 11/97; *Isele* § 114 Anm. III C 2). 14

Durch das Gesetz zur Änderung des Berufsrechts der Rechtsanwälte und der Patentanwälte vom 13.12.1989 (BGBl. I S. 2135) wurde der Rahmen für die anwaltsgerichtliche Maßnahme der Geldbuße auf 50.000 DM erhöht. Der bisherige Rahmen bis zwanzigtausend DM reichte nach den Erfahrungen der in der Anwaltsgerichtsbarkeit tätigen Rechtsanwälte und der Rechtsanwaltskammern wegen der sehr unterschiedlichen Einkommensverhältnisse der Rechtsanwälte nicht mehr in jedem Fall für eine angemessene Ahndung aus. Deshalb wurde die Höchstgrenze der Geldbuße auf 50.000 DM angehoben (amtliche Begründung, BT-Drs. 11/3253, 25). Die Anhebung erweitert auch den Rahmen der Strafzumessung vor der Anwendung der schärfsten Maßnahmen nach § 114 Abs. 1 Nr. 4 und 5 (EG Kassel BRAK-Mitt. 1991, 55). Durch Gesetz vom 13.12.2001 (BGBl. I S. 3574) wurde der Höchstbetrag einer Geldbuße im Verhältnis 2:1 auf 25.000 Euro neu festgesetzt. 15

In der Rechtsprechung wurde die Maßnahme der Geldbuße verhängt bei pflichtwidriger Zusammenarbeit mit Kfz-Reparaturwerkstätten und Kreditinstituten bei der Unfallschadensabwicklung (EGH Hamm EGE XIII, 169), Beleidigungen und Körperverletzung als außerberuflichem Verhalten (EG Kassel EGE XIII, 208), Einstellung von mehr Auszubildenden als Ausbildungsplätze in der Kanzlei vorhanden sind (EG Kassel EGE XII; 151), Nichtbeantwortung der Anfragen von Mandanten, Kollegen und des Kammervorstandes (EGH München BRAK-Mitt. 1987, 159), wiederholtem Verstoß gegen das Werbeverbot (EGH München BRAK-Mitt. 1981, 40), bei Wahrnehmung widerstreitender Interessen (EGH München Urteil vom 20.6.1990 – BayEGH II 16/89), bei Nichtrücksendung von Empfangsbekenntnissen (EGH Berlin BRAK-Mitt. 1992, 225) und bei wiederholter Beleidigung von Kollegen in anwaltlichen Schriftsätzen (EGH München Urteil vom 27.3.1990 – BayEGH II 20/89). 16

4. Koppelung von Verweis und Geldbuße. Sie ist eine selbständige und zwar die drittschwerste Maßnahme (BGHSt 17, 149 = NJW 1962, 1118; EGH München Urteil vom 14.5.1991 – BayEGH II 10/89; EG Köln Urteil vom 15.12.1987 – EV 88/87; *Isele* § 114 Anm. III D 1 und 2). Sie kommt in Betracht bei erheblicheren Pflichtverletzungen, bei denen aber ein begrenztes Vertretungsverbot nach Abs. 1 Nr. 4 mit den regelmäßig eintretenden ganz erheblichen wirtschaftlichen Folgen für den Rechtsanwalt noch zu hart erscheint. Die Verbindung von Verweis und Geldbuße ist der eindringliche Hinweis des Gerichtes, dass dem Rechtsanwalt bei erneuten gravierenden Pflichtverletzungen die schwersten Maßnahmen des begrenzten Vertretungsverbots bzw. der Ausschließung drohen (SaarlAGH BRAK-Mitt. 2003, 179). 17

a) Koppelung als selbständige Maßnahme eigener Art. Der Auffassung, bei der Maßnahme nach § 114 Abs. 2 handele es sich nicht um eine **anwaltsgerichtliche Maßnahme eigner Art,** sondern lediglich um die Verbindung von zwei der in § 114 Abs. 1 abschließend 18 aufgeführten fünf Maßnahmen (*Jessnitzer/Blumberg* 4. Aufl. § 205a Rn. 1), kann nicht gefolgt werden. Diese Auffassung beachtet nicht genügend, dass der Gesetzgeber mit der Schaffung des § 114 Abs. 2 es den Anwaltsgerichten ermöglichen wollte, mit der Kumulierungsmöglichkeit der Vielfalt ahndungswürdiger Verhaltensweisen von Rechtsanwälten gerecht zu werden. Der Gesetzgeber wollte es den Anwaltsgerichten ermöglichen, je nach dem ahndungswürdigen Verhalten des Beschuldigten entweder nur einen Verweis oder nur eine Geldbuße oder aber einen Verweis und eine Geldbuße nebeneinander zu verhängen. Wenn es aber das Gesetz dem Richter ausdrücklich überlässt, den Täter mit Rücksicht auf die Ahndungswürdigkeit seines Verhaltens entweder nur mit einem Verweis oder nur mit einer Geldbuße oder aber mit beiden nebeneinander zu bestrafen, so tritt damit klar zutage, dass nach dem Willen des Gesetzes die Strafe des Verweises und der Geldbuße schwerer sein soll, als die Strafe des Verweises oder der Geldbuße allein (BGHSt 17, 149 = NJW 1962, 1118; SaarlAGH MDR 2001, 1197; Henssler/Prütting/*Dittmann* § 114 Rn. 10; *Jessnitzer/Blumberg* 5. Aufl. § 205a Rn. 1). Die BRAO schließt mit § 114 Abs. 2 im Übrigen die Verbindung mehrerer anwaltsgerichtlicher Maßnahmen aus, indem sie Verweis und Geldbuße zu einer selbständigen Maßnahme erklärt.

19 **b) Höhe der Geldbuße.** Die Geldbuße ist auch bei der Koppelung mit Verweis (Abs. 2) auf höchstens fünfundzwanzigtausend Euro begrenzt.

20 **c) Fälle aus der Rechtsprechung.** In der Rechtsprechung wurde die Maßnahme des Verweises gekoppelt mit einer Geldbuße verhängt zB bei Anstiftung eines Mandanten zur Abgabe einer falschen eidesstattlichen Versicherung und zum versuchten Betrug, um den Fortbezug von Sozialhilfe zu sichern (SaarlAGH MDR 2001, 1197); falscher Verdächtigung (AnwG Köln Urteil vom 20.2.2008 – 10 EV 362/06, Kammer Forum RAK Köln 6/2008, 5); bewusst falschen Angaben gegenüber Mandant und RAK (NdsAGH Urteil vom 23.6.2003 – AGH 23/02); Verstoß gegen das Verbot der Doppelverteidigung (EGH Koblenz BRAK-Mitt. 1983, 96; 1983, 143), fortgesetzter Umgehung der Briefkontrolle (§ 115 Abs. 1 Nr. 1 OWiG; EGH München Urteil vom 9.2.1993 – BayEGH II 17/92 – und vom 26.4.1995 – BayAGH II 17/94: Verweis und 8000 DM Geldbuße bei einmaligem Verstoß gegen § 115 OWiG); unsachlichen Äußerungen und Umgehung des Gegenanwaltes (EGH München Urteil vom 20.1.1993 – BayEGH II 12/92; AnwG Köln Urteil vom 30.9.2008 – 10 EV 107/08, vom 19.5.2008 – 10 EV 99/08 und vom 15.10.2008 – 10 EV 55/08); Bezeichnung eines Anwaltskollegen in Anwaltsschreiben an Dritte als „Ratte" und dessen Tätigkeit als „rattenhaft" (EGH München Urteil vom 19.5.1994 – BayEGH II 3/94; zur Bedeutung der Wahrnehmung berechtigter Interessen bei Beleidigungen und sonstigen Verstößen gegen das Sachlichkeitsgebot vgl. BVerfG BRAK-Mitt. 2008, 123; → § 43a Rn. 31 ff. zu § 43a Abs. 3); Verweis und 20.000 DM Geldbuße bei unerlaubter Mandatsvermittlung und Werbung über längere Zeit (BayAGH Urteil vom 18.6.1997 – BayAGH II 4/97); wiederholter Verletzung der Auskunftspflicht nach § 56 (EGH München Urteil vom 14.6.1989 – BayEGH II 6/88; Urteil vom 27.10.1992 – BayEGH II 7/92; EGE XIII, 177; BayAGH Urteil vom 8.3.2001 – BayAGH II 1/2001: Verweis und 10.000 DM Geldbuße; EGH Schleswig BRAK-Mitt. 1988, 151), bei Verletzung der Auskunftspflicht nach § 56 iVm Nichtrückgabe von Unterlagen, die ihm von einer Behörde zur kurzfristigen Auswertung überlassen worden waren (EGH München Urteil vom 19.1.1994 – BayEGH – II 8/93; bei Nichtrückgabe eines Empfangsbekenntnisses und Verstoß gegen § 56 (AnwG Köln Urteil vom 30.4.2008 – 10 EV 220/07, Kammer Forum RAK Köln 6/2008, 6) und unsachgemäßer Mandatsbearbeitung (EG Kassel BRAK-Mitt. 1991, 55), Verletzung der Pflichten nach dem Berufsbildungsgesetz und seinen Ausführungsbestimmungen (EGH Stuttgart BRAK-Mitt. 1987, 160; EG Kassel EGE XIII, 214), dauernder nachlässiger Mandatsbearbeitung (EGH Berlin BRAK-Mitt. 1983, 44; SaarlAGH BRAK-Mitt. 2003, 179), bei Parteiverrat in Tateinheit mit Beihilfe zur Untreue (EGH München Urteil vom 7.7.1993 – BayEGH II 4/93; AnwG Köln Urteil vom 12.3.2008 – 10 EV 245/06 in Kammer Forum RAK Köln 6/2008 S. 5); bei Gebührenüberhebung in der Form der überhöhten Vorschussanforderung, wahrheitswidriger Auskunft an Mandanten, verspäteter Rückgabe der Mandantenunterlagen und Nichtbeantwortung von Kammeranfragen (EGH München Urteil vom 17.8.1994 – BayEGH II 14/93; zum Anwendungsbereich des § 352 StGB bei Honorarvereinbarungen vgl. BGH AnwBl. 2006, 759); bei verspäteter und nicht nachvollziehbarer Abrechnung (AnwG Köln Urteil vom 23.1.2008 – 10 EV 414/06, Kammer Forum RAK Köln 6/2008, 6); bedenkenloser Erstattung von Strafanzeigen mit unhaltbaren strafrechtlichen Vorwürfen (EGH Hamburg Urteil vom 28.10.1987 – I EVY 5/87); bei mit Verleumdun-

gen verbundener ungerechtfertigter Dienstaufsichtsbeschwerde gegen einen Richter (EGH München Urteil vom 29.11.1988 – BayEGH II 9/88); bei unzulässiger Vereinbarung eines Erfolgshonorars (EGH München BRAK-Mitt. 1991, 103; vgl. nunmehr aber BVerfG NJW 2007, 979; → § 49b Rn. 14 ff.); bei bewusster Verletzung der Vertraulichkeit des Wortes durch heimliches Aufzeichnen eines Telefongesprächs zur Beweissicherung (BayAGH Urteil vom 26.2.2004 – BayAGH II 17/03).

5. Zeitlich begrenztes Vertretungsverbot

Schrifttum: *Gribbohm,* Die anwaltsgerichtlichen Berufs- und Vertretungsverbote in der Rechtsprechung des Senats für Anwaltssachen des Bundesgerichtshofs, FS Pfeiffer, 1988, 911; *Henssler/Deckenbrock,* Neue anwaltliche Betätigungsverbote bei Interessenkonflikten, NJW 2008, 1275.

Durch die mit der gesetzlichen Änderung des StGB und anderer Gesetze vom 18.8.1976 (BGBl. I S. 2181) neu geschaffene Möglichkeit, ein zeitlich und gegenständlich beschränktes Vertretungsverbot auszusprechen, wurde das System der anwaltsgerichtlichen Maßnahmen bei Verletzungen von Berufspflichten im Interesse einer schuldangemessenen Reaktion stärker aufgefächert, um die verhältnismäßig weite Spanne zwischen Geldbuße und der Ausschließung aus der Rechtsanwaltschaft zu überbrücken. Das Vertretungsverbot ist demnach für Fälle gedacht, in denen unter Berücksichtigung aller Umstände des Einzelfalles die Ausschließung aus dem Beruf als eine zu harte Reaktion erscheint, Verweis und Geldbuße sich aber nicht als ausreichend erweisen, um den Rechtsanwalt nachdrücklich an die Einhaltung seiner Berufspflichten zu mahnen und um dem Interesse an der Erhaltung einer integeren Anwaltschaft zu genügen. Anders als beim Ausschluss behält der Rechtsanwalt dann die Möglichkeit, seinen Beruf – wenn auch gegenständlich und zeitlich beschränkt – weiter auszuüben (BGH BRAK-Mitt. 1983, 93; BGH bei *Zuck* BRAK-Mitt. 1987, 111). 21

Das Vertretungsverbot setzt regelmäßig eine **schwere vorsätzliche Pflichtverletzung,** in der Regel sogar eine solche schwerster Art voraus (BGH Urteil vom 5.12.1983 – AnwSt (R) 9/83 nv); es ist nicht auf Pflichtverletzungen beschränkt, die bei Ausübung des Anwaltsberufs begangen werden (BGH BRAK-Mitt. 1983, 93; § 113 Abs. 2). Doch können unter Umständen, insbesondere bei anwaltsgerichtlicher und disziplinarischer Vorbelastung oder bei ständiger Wiederholung, auch für sich genommen geringere Verstöße, sogar Fahrlässigkeit ein Fehlverhalten insgesamt als so gewichtig erscheinen lassen, dass es die Verhängung eines Vertretungsverbots zu rechtfertigen vermag, so zB, wenn der Rechtsanwalt häufig Termine und Fristen versäumt, Mandanten und Kollegen nicht oder unzutreffend informiert, auf Anfragen trotz häufiger Erinnerungen nicht antwortet, trotz Aufforderung Unterlagen und Akten nicht herausgibt und öfter keine Abrechnung erteilt (*Gribbohm,* FS Pfeiffer, 1988, 911, 921; BGH BeckRS 1988, 06256; EGH München Urteil vom 28.9.1988 – Bay EGH II 8/88). 22

a) Abgrenzung zu anderen Maßnahmen. Liegt eine Pflichtverletzung schwerer Art vor und erscheinen Verweis und Geldbuße nebeneinander als nicht ausreichend, um den Rechtsanwalt nachdrücklich an die Einhaltung seiner Berufspflichten zu mahnen und dem öffentlichen Interesse an der Erhaltung einer integeren Anwaltschaft zu genügen (BGH Urteil vom 5.12.1983 – AnwSt (R) 9/83 nv; BRAK-Mitt. 1983, 93), dann ist unter Abwägung aller Umstände zu prüfen, ob der Betroffene als Rechtsanwalt noch tragbar ist, dh, ob ihm die umfassende Aufgabe noch anvertraut werden kann, unabhängiger Berater und Vertreter der Rechtsuchenden zu sein (§ 3; vgl. BGHSt 20, 73; 28, 333 = NJW 1979, 1895, nur Ls.; EGH München Urteil vom 5.5.82 – BayEGH II 6/82). Erscheint es danach noch vertretbar, von einem Berufsverbot abzusehen, dann kann statt auf ein Berufs- auf ein Vertretungsverbot nach Nr. 4 erkannt werden. 23

Der Ausschließung aus der Anwaltschaft wegen wiederholter berufsrechtlicher Verstöße geringerer Art hat regelmäßig die Verhängung eines Vertretungsverbots als mildere Maßnahme vorauszugehen (BGH BRAK-Mitt. 1988, 150; 1989, 111; NdsAGH BRAK-Mitt. 2008, 172). 24

Der Anwendung des § 114 Abs. 1 Nr. 4 steht nicht entgegen, dass die zu ahndende Pflichtverletzung außerhalb des Berufs begangen worden ist. Der Anwendungsbereich der Vorschrift ist nicht auf Pflichtverletzungen beschränkt, die bei Ausübung des Berufs eines Rechtsanwalts begangen wurden (BGH BRAK-Mitt. 1983, 93; EGH München Urteil vom 28.7.1987 – BayEGH II 5/87; *Gribbohm,* FS Pfeiffer, 1988, 911, 921). 25

b) In sich geschlossene Rechtsgebiete. Das Vertretungsverbot darf nur für ganze, in sich geschlossene Rechtsgebiete ausgesprochen werden (BGH AnwBl. 1983, 192; EGH Hamm 26

BRAK-Mitt. 1985, 112). Ein Vertretungsverbot nur für bestimmte Verfahrensgruppen (zB nur für Terroristenprozesse) ist unzulässig (EG Hamburg EGE XIV, 287, 293). Hiermit soll vermieden werden, dass es entweder zu Überschneidungen mit der Ausschließung aus einem einzelnen Verfahren (vgl. §§ 138a, 138b StPO) kommt, für die andere Zuständigkeiten bestehen, oder Zweifel über die Tragweite des Verbots begründet werden, wie sie etwa bei einem für bestimmte Verfahrensgruppen ausgesprochenen Verbot denkbar wären (amtliche Begründung, BT-Drs. 7/4005, 14). Es sollen so Unklarheiten über den Umfang der Anordnung vermieden werden. Andererseits sollen aber auch die Wirkungen des Vertretungsverbotes begrenzt werden, um es deutlich von einer auch nur zeitigen Ausschließung abzuheben. Zur vereinzelt abweichenden anwaltsgerichtlichen Rechtsprechung vgl. *Görl* BRAK-Mitt. 1987, 54. Das Verbot kann, wie sich aus dem Gesetzeswortlaut ergibt, **für mehrere Rechtsgebiete gleichzeitig** ausgesprochen werden (EGH München Urteil vom 28.7.1987 – BayEGH II 5/87). Aus einem Rechtsgebiet können aber **auch Teilbereiche ausgegrenzt** werden, zB Vertretungsverbot für das Zivilrecht mit Ausnahme des Arbeitsrechts (*Gribbohm,* FS Pfeiffer, 1988, 911, 923; EGH München Urteil vom 28.9.1988 – BayEGH II 8/88) und der Freiwilligen Gerichtsbarkeit (EGH München BRAK-Mitt. 1991, 54). Diese „Teilbereiche" sind iSd § 114 Abs. 1 Nr. 4 „bestimmte" in sich geschlossene Rechtsgebiete. Für diese kann ein Vertretungsverbot zusammen oder gesondert verhängt werden, so zB neben dem Zivilrecht für das Arbeitsrecht und die Freiwillige Gerichtsbarkeit und neben dem Strafrecht für das Ordnungswidrigkeitenrecht (BGHSt 38, 138 = NJW 1992, 1181 = MDR 1992, 810 = BRAK-Mitt. 1992, 56), das Disziplinarrecht und die anwaltliche Berufsgerichtsbarkeit. Es kann aber das Vertretungsverbot auch isoliert für das Arbeitsrecht, das Ordnungswidrigkeitenrecht (BGHSt 38, 138 = NJW 1992, 1181) usw. ausgesprochen werden. Da die Maßnahme des Vertretungsverbots einschneidend in die Freiheit der Berufsausübung des Rechtsanwalts eingreift, muss ihre **Reichweite daher genau bestimmt** werden. Ist dies nicht geschehen, so fehlt der Ahndung einer etwaigen Zuwiderhandlung (§ 114a Abs. 3) die eindeutige Grundlage. Das allgemeine Bestimmtheitsgebot verlangt, dass Sanktionen androhende Normen das Erlaubte vom Verbotenen deutlich abgrenzen. Dem trägt die Vorschrift des § 260 Abs. 2 StPO Rechnung, die im berufsgerichtlichen Verfahren sinngemäß anwendbar ist. Danach ist der verbotene Berufszweig im Urteil genau zu bezeichnen (BGHSt 38, 138 = NJW 1992, 1181). Durch einen pauschalierenden Hinweis zB auf die „mit dem Strafrecht zusammenhängenden Rechtsgebiete" wird daher das Ordnungswidrigkeitenrecht nicht ohne weiteres erfasst. Es muss vielmehr im Urteil ausdrücklich oder in eindeutig konkretisierbarer Weise genannt werden, wenn sich das Vertretungsverbot auch darauf erstrecken soll. Grundsätzlich geschieht dies durch ausdrückliche Nennung im Urteilstenor (§ 116 S. 2 iVm § 260 Abs. 2 StPO). Wird im Urteilstenor neben der Nennung eines bestimmten Rechtsgebietes die Pauschalisierung und die „damit zusammenhängenden Rechtsgebiete" gebraucht, dann muss deren Konkretisierung sich aber wenigstens eindeutig aus den Urteilsgründen ergeben. Dabei ist eine enge Auslegung geboten. Bezüglich des Strafrechts lässt die Pauschalierung und die „damit zusammenhängenden Rechtsgebiete" bei der gebotenen engen Auslegung des Urteilstenors die Deutung zu, dass mit ihr nur Randbereiche des Strafrechts wie das Nebenstrafrecht, der Strafvollzug, das Gnadenwesen, Justizverwaltungsakte auf dem Gebiet der Strafrechtspflege nach § 23 EGGVG pp. gemeint sind. Eine weitergehende Auslegung ist jedoch nicht ausgeschlossen bei entsprechend deutlichen Hinweisen in den Urteilsgründen. So umfasst zB das Strafrecht im Sinne des Gesetzgebungskatalogs des Art. 74 Nr. 1 GG auch das Ordnungswidrigkeitenrecht (BGHSt 38, 138 = NJW 1992, 1181). Zur Behebung bestehender Zweifel hinsichtlich des Umfanges eines verhängten Vertretungsverbotes durch eine verbindliche Interpretation des Urteils nach § 116 S. 2 iVm § 458 Abs. 1 StPO → § 116 Rn. 38. Zum Erfordernis der Bestimmtheit eines strafrechtliche Berufsverbotes vgl. OLG Karlsruhe NStZ 1995, 446.

27 **aa) Strafrecht.** Ein Vertretungsverbot kann somit ausgesprochen werden zB für das Gebiet des Strafrechts und die damit zusammenhängenden, aber genau zu bestimmenden (→ § 114 Rn. 26) Rechtsgebiete (Strafvollstreckungssachen, Ordnungswidrigkeitenrecht, Disziplinarrecht und anwaltsgerichtliches Verfahren) zB wegen wiederholter Verstöße gegen das Betäubungsmittelgesetz (BGH BRAK-Mitt. 1983, 93), schweren pflichtwidrigen Verhaltens bei der Verteidigung in Terroristenprozessen (EG Hamburg EGE XIV, 287), schwerer Straftaten außerhalb des Berufes (EGH München Urteil vom 5.5.1982, BayEGH II – 6/82), Erpressung (EGH Frankfurt EGE XIV, 266), versuchter Strafvereitelung (AnwG München BRAK-Mitt. 1995, 171; EG Köln

Urteil vom 7.6.1984 – EV 7/82; EG Stuttgart Urteil vom 5.2.1993 – 14 EV 48/90); hartnäckiger Nichtbeantwortung von Kammeranfragen (Urteil des EGH Koblenz vom 7.8.1981 – EVY 1/79); falscher uneidlicher Zeugenaussage (AnwG Hamburg StraFo 1998, 143); geheimdienstliche Agententätigkeit für das MfS der DDR (AGH Hmb Urteil vom 20.2.1997 – I EVY 1/96); Umgehung der Briefkontrolle durch unzulässige Weiterleitung von Schreiben eines U-Häftlings an dessen Verlobte, wobei der Rechtsanwalt den Inhalt der in türkischer Sprache abgefassten Schreiben nicht kannte (AGH SchlH NJW-RR 1999, 209); Versuch ein Handy mit Zubehör einem U-Häftling zu übergeben (AGH BW Urteil vom 31.1.2004 – AGH 48/2003 [III]); versuchter gemeinschaftlicher Erpressung verbunden mit wiederholtem Missbrauch der Kommunikationsrechte mit dem inhaftierten Mandanten (AGH Hmb BRAK-Mitt. 2014, 81); Untreue, Nichtbeantwortung von Kammeranfragen, verspätete Rückgabe von Empfangsbekenntnissen (zusätzlich Vertretungsverbot für Teile des Zivilrechts: AGH SchlH Urteil vom 16.8.2001 – 2 AGH 12/00 – EV 51/99). Anstiftung zur Falschaussage (BGH NJW 1996, 1836 iVm NdsAGH Urteil vom 6.4.1995 – AGH 8/95 (I 3)); gemeinschaftliche Nötigung (BayAGH Urteil vom 3.12.2002 – BayAGH II – 12/02); umfangreicher Steuerhinterziehung (Umsatz- und Einkommensteuer AGH SchlH Urteil vom 2.2.2001 – 1 AGH 7/00; **neben** dem Verbot für das Gebiet des Strafrechts auch für das Gebiet des **Steuerrechts;** BayAGH Urteil vom 9.7.1998 – BayAGH II – 19/97; AGH SchlH Urteil vom 18.11.1999 – 2 AGH 8/99).

bb) Zivilrecht. Ein Vertretungsverbot kann ausgesprochen werden für das Gebiet des Zivilrechts einschließlich der Familiensachen zB wegen Untätigkeit in einer Ehesache, Verstoßes gegen § 56 und unterlassener Abrechnung (BGH Urteil vom 5.12.1983 – AnwSt (R) 9/83 nv; BeckRS 1988, 06256); für das Gebiet des Zivilrechts, ausgenommen Arbeitsrecht und Freiwillige Gerichtsbarkeit, wegen Untätigkeit in einer Unterhaltssache, Nichtbeantwortung von Kollegen- und Kammeranfragen (EGH München Urteil vom 28.9.1988 – BayEGH II 8/88; BRAK-Mitt. 1991, 54) oder wegen Untreue (AGH Hmb Urteil vom 24.6.1997 – II EVY 4/96; NdsAGH Urteil vom 14.10.2002 – AGH 35/01; AnwG Hamburg Urteil vom 7.8.1996 – I 22/95 – EV 82/92), auch wenn der Schaden wieder gutgemacht wurde (EGH München Urteil vom 20.7.1994 – BayEGH II 8/94), für das Gebiet des Zivilrechts, ausgenommen Arbeitsrecht und Familienrecht, wegen Parteiverrats gemäß § 356 Abs. 1 StGB (BayAGH BRAK-Mitt. 2014, 80). Gegen einen Rechtsanwalt, der mehrfach in Familiensachen gegen seine Pflicht zur Weiterleitung von Fremdgeldern verstoßen hat, kann ein mehrjähriges Verbot zur Vertretung auf dem Rechtsgebiet des **Familienrechts** verhängt werden (AnwG Köln Urteil vom 6.11.2009 – 10 EV 401/07, Kammer Forum RAK Köln 2010, 18). **28**

cc) Asylverfahren. Ein Vertretungsverbot kann ausgesprochen werden für das Asylverfahren vor den Verwaltungsbehörden und Verwaltungsgerichten (*Gribbohm,* FS Pfeiffer, 1988, 911, 922). **29**

dd) Steuerrecht, die Testamentsvollstreckung, Pflegschaft und Betreuung. Ein Vertretungsverbot kann ausgesprochen werden für das Steuerrecht, die Testamentsvollstreckung, Pflegschaft und Betreuung bei Steuerverkürzung und fahrlässiger Versicherung an Eides Statt (BayAGH Urteil vom 22.11.2000 – BayAGH II-16/99). **30**

ee) Kapitalanlage- und Finanzdienstleistungsrecht. Ein Vertretungsverbot kann ausgesprochen werden für das **Kapitalanlage- und Finanzdienstleistungsrecht,** und zwar in zivilrechtlicher, strafrechtlicher und öffentlich-rechtlicher Hinsicht und als Treuhänder auf sämtlichen Rechtsgebieten (AGH Hmb Urteil vom 29.9.2005 – I EVY 1/05). **30a**

c) Auswahl des Rechtsgebiets. Welche Rechtsgebiete im Einzelfall für das Vertretungsverbot in Betracht kommen, ist unter Berücksichtigung der Schuld des Rechtsanwalts und des mit der Maßnahme verfolgten Zwecks zu entscheiden. Regelmäßig wird es sich hierbei um das **Rechtsgebiet handeln, auf dem sich der Rechtsanwalt Berufspflichtverletzungen schwerster Art hat zuschulden kommen lassen** (BGH Urteil vom 5.12.1983 – AnwSt (R) 9/83 nv; Urteil vom 29.9.1986 – AnwSt (R) 12/86 nv; NdsAGH BRAK-Mitt. 2008, 172 = NJW-Spezial 2008, 479; *Gribbohm,* FS Pfeiffer, 1988, 911, 992). Das Interesse der Öffentlichkeit gebietet, Anwälte von der Vertretung auf Rechtsgebieten auszuschließen, auf denen sie schwere vorsätzliche Berufspflichtverletzungen begangen haben (AGH SchlH Urteil vom 15.1.1996 – 2 AGH 6/95). Berührt das pflichtwidrige Verhalten **verschiedene Rechtsgebiete,** ist das beschränkte Vertretungsverbot für das Rechtsgebiet auszusprechen, auf dem der **Schwerpunkt der** **31**

Verfehlungen liegt (BGH BeckRS 1988, 06256). Ist ein Vertretungsverbot wegen berufsbezogener und/oder nicht berufsbezogener Straftaten zu verhängen, dann bietet sich ein Verbot für das Gebiet des Strafrechts an, da der Rechtsanwalt durch die Straftaten gezeigt hat, dass er auf dem Gebiet des Strafrechts und den damit zusammenhängenden Rechtsgebieten nicht mehr unabhängig ist (BGH BRAK-Mitt. 1983, 93; AGH SchlH Urteil vom 18.11.1999 – 2 AGH 8/99; EGH München Urteil vom 5.5.1982 – BayEGH II-6/82).

32 **d) Existenzverlust.** Das Urteil muss zur Überprüfbarkeit der Wahrung des Grundsatzes der Verhältnismäßigkeit Feststellungen darüber enthalten (BGH BRAK-Mitt. 1985, 173), wie sich die verhängte Maßnahme nach § 114 Abs. 1 Nr. 4 auf den Fortbestand der Praxis auswirken wird. Die Maßnahme darf nicht einem – rechtlich unzulässigen – Berufsverbot auf Zeit nahekommen (BGH BRAK-Mitt. 1992, 218; BGHSt 38, 138 = NJW 1992, 1181), sie darf nicht den Existenzverlust zur Folge haben (BGH Urteil vom 5.12.1983 – AnwSt (R) 9/83 nv). Dem Rechtsanwalt müssen Chancen zur weiteren Ausübung des Berufes verbleiben (NdsAGH BRAK-Mitt. 2008, 172). Eine Gefährdung der beruflichen Existenz infolge des Vollzugs der Maßnahme schließt deren Verhängung aber nicht aus. Es genügt, dass der Tatrichter sich von den Chancen des Rechtsanwalts zur weiteren Berufsausübung überzeugt hat (BGH BRAK-Mitt. 1986, 172). Die Notwendigkeit, nach Ablauf der Verbotsfrist den betroffenen Teil der Praxis neu aufzubauen, hindert die Verhängung der Maßnahme nicht. Erstreckt sich das Verbot nur auf ein eng begrenztes Rechtsgebiet (Strafrecht einschl. der damit zusammenhängenden Rechtsgebiete), dann können nähere Feststellungen zur Auswirkung auf die berufliche Existenz entfallen, da angesichts der noch verbleibenden Tätigkeitsgebiete ausgeschlossen werden kann, dass als zwangsläufige Folge dieser Maßnahme der wirtschaftliche Existenzverlust eintritt (BGH NJW 1996, 1836). Die Anrechnung eines gemäß § 150 oder § 161a ausgesprochenen Vertretungsverbots auf die zu verhängende Maßnahme bestimmt sich nach § 204 Abs. 5 S. 2; dh sie darf bei der Bemessung der Dauer des Verbots nicht berücksichtigt werden, da sie bei der Vollstreckung voll eingerechnet wird, es sei denn, der Rechtsanwalt habe durch das vorläufige Verbot besondere, ungewöhnliche Nachteile erlitten (*Jessnitzer/Blumberg* § 114 Rn. 3; **aA** *Gribbohm,* FS Pfeiffer, 1988, 911, 923). Zu den Wirkungen des Vertretungsverbots vgl. Anm. zu § 114a.

6. Ausschließung aus der Rechtsanwaltschaft

Schrifttum: *Gribbohm,* Die ehrengerichtlichen Berufs- und Vertretungsverbote in der Rechtsprechung des Senats für Anwaltssachen des Bundesgerichtshofes, FS Pfeiffer, 1988, 911; *Görl,* Berufsverbot nach der BRAO und dem StGB, BRAK-Mitt. 1987, 54.

33 Der Ausschluss aus der Rechtsanwaltschaft ist die schwerste anwaltsgerichtliche Maßnahme. Bei **Anwaltsnotaren** tritt die Rechtsfolge der Ausschließung aus der Rechtsanwaltschaft nach § 97 Abs. 5 BNotO kraft Gesetzes ein, wenn gegen den Anwaltsnotar die Disziplinarmaßnahme der Entfernung aus dem Amt verhängt wird (→ § 118a Rn. 39).

34 **a) Verfassungsmäßigkeit der Regelung.** Da die Ausschließung aus der Rechtsanwaltschaft nach Nr. 5 als Versagungsgrund nach § 7 Nr. 3 aF sich als lebenslanges Berufsverbot auswirkte und damit tief in das Grundrecht des Art. 12 GG eingriff, hat das BVerfG die Regelung des § 7 Nr. 3 aF für verfassungswidrig erklärt (BVerfGE 72, 51 = NJW 1986, 1802; vgl. auch BVerfGE 66, 337 = NJW 1984, 2341; *Eckertz-Höfer* ZRP 1986, 4). Die Regelung des § 114 Abs. 1 Nr. 5 ist unter der Voraussetzung, dass eine Ausschließung durch die Möglichkeit einer Wiederzulassung zeitlich begrenzbar ist, verfassungsrechtlich unbedenklich (BVerfGE 66, 337 = NJW 1984, 2341). Das wurde 1989 bei der Neufassung des § 7 Nr. 3 berücksichtigt (→ § 7 Rn. 22 ff.). Die Neuregelung des § 7 Nr. 3, durch den eine Mindestsperrfrist von acht Jahren eingeführt wurde, ist verfassungsgemäß (BGH BRAK-Mitt. 1991, 100).

35 **b) Sachliche Voraussetzungen.** Entscheidend ist zunächst, ob eine schuldhafte Tat von erheblicher objektiver Schwere gegeben ist (BGHSt 20, 73; EGH Hamm Urteil vom 15.4.1980 – (2) 6 EVY 2/78; *Gribbohm,* FS Pfeiffer, 1988, 911, 916 f.), dass von dem Rechtsanwalt eine Gefahr für die Rechtspflege ausgeht (NdsAGH BRAK-Mitt. 2008, 172). Dies kann auch ein außerberufliches Verhalten sein, wenn dieses nach § 113 Abs. 2 eine anwaltsgerichtlich zu ahndende Pflichtverletzung darstellt. Je nach den Umständen des Falles, insbesondere bei anwaltsgerichtlicher Vorbelastung des Beschuldigten und ständiger Wiederholung auch für sich genommen geringerer berufsrechtlicher Verstöße kann die Ausschließung aus der Rechtsanwaltschaft

gerechtfertigt sein. Doch ist stets sorgfältig zu prüfen, ob eine solche Tat nicht mit der milderen Maßnahme nach § 114 Abs. 1 Nr. 4 ausreichend geahndet werden kann, ob diese nicht ausreicht, um eine – weitere – Gefährdung der Rechtspflege zu verhindern (BGH StV 1992, 28; BRAK-Mitt. 1988, 150; Urteil vom 12.12.1988 – AnwSt (R) 5/88). Dies kann zB der Fall sein, wenn der Rechtsanwalt geständig ist und den Schaden zwischenzeitlich wieder gutgemacht hat (NdsAGH BRAK-Mitt. 2008, 172).

Das berufspolitische Bedürfnis, den Anwaltsstand „rein" zu halten, rechtfertigt eine Ausschlie- 36
ßung nur im Zusammenhang mit dem Schutz einer funktionstüchtigen Rechtspflege und kann dann nicht ausschlaggebend sein, wenn dieses Gemeinschaftsgut keines Schutzes vor dem Beschuldigten mehr bedarf (BVerfGE 66, 337 = NJW 1984, 2341; BGH StV 1992, 28; BRAK-Mitt. 1985, 173).

Der Schuldgehalt der Tat hat im Disziplinarrecht bei der Maßnahmenzumessung nicht die 37
gleiche überragende Bedeutung wie im allgemeinen Strafrecht (BGH BRAK-Mitt. 2013, 128, 129). Dass der Beschuldigte die Verfehlung im Zustand erheblich verminderter Schuldfähigkeit begangen hat, steht seiner Ausschließung demnach nicht notwendig entgegen (BGH EGE XI, 107; Urteil vom 18.10.1982 – AnwSt (R) 10/82 nv; *Gribbohm,* FS Pfeiffer, 1988, 911 ff.). Aber die Maßnahme kommt nach Art. 12 Abs. 1 GG nur in Betracht, wenn sie als Ahndung schwerer Pflichtverletzungen zum Schutze eines überragend wichtigen Gemeinschaftsgutes, nämlich des Interesses der Allgemeinheit an einer funktionstüchtigen Rechtspflege und der Wahrung des Vertrauens der Rechtsuchenden in die Integrität des Anwaltsstandes – soweit dies über bloße berufsständische Belange hinaus im Interesse der Rechtspflege liegt – geeignet und erforderlich ist und wenn eine Gesamtabwägung ergibt, dass mildere Maßnahmen nach § 114 Abs. 1 Nr. 4 nicht ausreichen. Deshalb genügt die Feststellung, dass der Rechtsanwalt eine schwerwiegende Pflichtverletzung begangen hat, für sich allein nicht. Zur Vermeidung unverhältnismäßiger Eingriffe in die Berufsfreiheit ist vielmehr eine **Gesamtwürdigung von Tat, Persönlichkeit und Gesamtverhalten** anzustellen; nur wenn sie nach dem Erkenntnisstand des Tatrichters zu der Prognose führt, dass der Betroffene weiterhin als Rechtsanwalt untragbar ist, weil von ihm noch eine Gefährdung der Rechtspflege ausgeht, darf auf die Ausschließung aus der Rechtsanwaltschaft erkannt werden (BGH StV 1992, 28; BGHSt 39, 281, 285 = NJW 1994, 206).

Im Zeitpunkt der Entscheidung muss es erforderlich sein, noch einer Gefährdung der 38
Rechtspflege und einer Minderung des Ansehens der Anwaltschaft durch den Ausschluss entgegenzuwirken (BGH BeckRS 1986, 31182513). Ob eine schuldhafte Tat von erheblicher objektiver Schwere mit der Ausschließung aus der Rechtsanwaltschaft zu ahnden ist, hängt somit entscheidend davon ab, ob der Angeschuldigte als Rechtsanwalt noch tragbar ist, dh ob ihm die umfassende Aufgabe noch anvertraut werden kann, unabhängiger Berater und Vertreter der Rechtsuchenden in allen Rechtsangelegenheiten zu sein (§ 3). Bei dieser Prüfung sind die äußeren Folgen der Tat, insbesondere im Hinblick auf das Ansehen des Anwaltsstandes und die Gefährdung der Rechtspflege ebenso zu würdigen, wie die Persönlichkeit des Rechtsanwalts und seines Gesamtverhaltens (BGHSt 20, 73; 28, 333 = NJW 1979, 1895, nur Ls.; BRAK-Mitt. 1985, 173; 1988, 150; 1987, 96, 159; EGH München Urteil vom 16.1.1990 – BayEGH II 13/89; *Gribbohm,* FS Pfeiffer, 1988, 911 ff.). Für die Prognoseentscheidung, ob der Rechtsanwalt sich künftig pflichtgemäß verhalten wird und ob von ihm weitere Gefahren ausgehen, kann auch ein strafgerichtlich noch nicht festgestelltes aber von dem Rechtsanwalt eingeräumtes oder sonst zur Überzeugung des Gerichts feststehendes Verhalten des Rechtsanwalts herangezogen werden (BayAGH Urteil vom 6.11.2000 – BayAGH II-8/00).

c) Ausnahmen. Liegt eine Tat von erheblicher objektiver Schwere vor, die den Angeschuldig- 39
ten in der Regel als Rechtsanwalt untragbar erscheinen lässt, kann die dann erforderliche Gesamtabwägung ergeben, dass auf Grund besonderer Umstände nicht auf Ausschluss zu erkennen ist (BGH BRAK-Mitt. 2013, 128; 1985, 230; EGH Hamm BRAK-Mitt. 1984, 143).

Dies kann dann der Fall sein, wenn sowohl die Tat als auch die Persönlichkeit des Rechts- 40
anwalts Besonderheiten aufweisen, die es rechtfertigen, von der schwersten in der BRAO vorgesehenen Maßnahme abzusehen. Infolge der besonderen Umstände des Falles müsste sein Unrechtsgehalt ausnahmsweise nicht so schwer wiegen, dass ein Verbleiben des Rechtsanwalts in der Anwaltschaft noch erträglich erscheint, etwa weil es sich bei der zu beurteilenden Pflichtverletzung um ein **einmaliges Versagen** bei sonst untadeligem Verhalten gehandelt hat und man trotzdem zu dem Betreffenden das Vertrauen haben kann, er werde sich in Zukunft des

Vertrauens würdig erweisen, dessen der Rechtsanwalt zur Ausübung seines Berufes bedarf. Die äußeren **Folgen der Tat,** insbesondere im Hinblick auf das Ansehen der Rechtsanwaltschaft, sind dabei von maßgeblicher Bedeutung (EGH Saarbrücken Urteil vom 12.9.1983 – 3/83). Zwar kann sich ein Rechtsanwalt bei berufsrechtlichen Verfehlungen in der Regel nicht mit beruflicher Überlastung entschuldigen (BGH EGE VI, 122, 124). Gleichwohl kann eine **berufliche Entlastung,** die auf Dauer angelegt ist, für die Frage der Ausschließung aus der Rechtsanwaltschaft von Bedeutung sein, weil sie unter Umständen die Erwartung zu rechtfertigen vermag, er werde sich wegen der Entlastung fortan pflichtgemäß verhalten (BGH BRAK-Mitt. 1988, 150). Auch das **Verhalten nach der Tat** kann erhebliche Besonderheiten aufweisen, die trotz objektiver Schwere der Pflichtverletzung ausnahmsweise ein Absehen von dem Ausschluss aus der Rechtsanwaltschaft rechtfertigen, so etwa bei gewerbsmäßigem Betrug zum Nachteil von Rechtsschutzversicherungen die Selbstanzeige gegenüber Geschädigten und Strafverfolgungsbehörden sowie die vorbehaltlose Aufarbeitung der Fälle und Schadenswiedergutmachung innerhalb weniger Tage (AGH NRW Urteil vom 2.3.2012 – 2 AGH 21/11).

41 Der lange **Zeitablauf** zwischen Tat und anwaltsgerichtlicher Entscheidung ist grundsätzlich nicht geeignet, die erforderliche Maßnahme der Ausschließung entfallen zu lassen (BayAGH BRAK-Mitt. 2013, 247). Dabei ist zu berücksichtigen, dass anwaltsgerichtliche Verfahren schon im Hinblick auf die Regelung des § 118 Abs. 1 S. 1 verzögert werden können. Dies ist nicht ungewöhnlich und muss in Kauf genommen werden (EGH Hamm Urteil vom 15.4.1980 – 6 EVY 2/78; EGH München BRAK-Mitt. 1991, 105). Jedoch können im Einzelfall ein mehr als zwölfjähriger Zeitablauf und ein beanstandungsfreies Verhalten des Betroffenen in der Zwischenzeit einen an sich gerechtfertigten Ausschluss hinfällig machen (EGH München BRAK-Mitt. 1984, 40).

42 Der Zeitablauf wie auch eine **günstige Zukunftsprognose** für das von dem Rechtsanwalt zu erwartende weitere berufliche Verhalten können selbst bei einer Vermögensstraftat gegenüber einem Mandanten zur Prüfung drängen, ob die Pflichtverletzung nicht durch ein befristetes Vertretungs- und Beistandsverbot ausreichend geahndet werden kann (BGHSt 28, 333 = NJW 1979, 1895, nur Ls.). In schwerwiegenden Fällen von Untreue oder Betrug wird eine Gefährdung der Rechtspflege und Minderung des Ansehens der Anwaltschaft nur selten zu verneinen sein und sich dazu besondere Ausführungen des Tatrichters erübrigen, dies auch dann, wenn ein Rechtsanwalt wiederholt erheblich gefehlt oder größeren Schaden verursacht hat (*Gribbohm,* FS Pfeiffer, 1988, 911, 917). Ansonsten hat der Tatrichter zu prüfen, ob der Rechtsanwalt nach der Art seiner Tat, seiner Persönlichkeit und seiner Lebensumstände (wirtschaftliche Lage) nicht die Gewähr dafür bietet, dass er seinen Beruf in Zukunft unter Beachtung seiner berufsrechtlichen Pflichten ausüben würde, wenn er Rechtsanwalt bliebe (BGH BRAK-Mitt. 1985, 173; EGE XIII, 123); sieht er die Gewähr nicht, ist auf Ausschluss zu erkennen. Ob Ausschließung geboten ist, bedarf der Darlegung und Erörterung vor allem in den Fällen, in denen der Strafrichter auf eine Freiheitsstrafe unter dem Maß dessen erkannt hat, das bei Beamten und Richtern kraft Gesetzes zum Verlust der Amtsstellung führt (vgl. etwa § 24 Abs. 1 BRRG aF). Die persönlichen Lebensumstände und die beruflichen Verhältnisse des Rechtsanwalts, der Umstand, ob er erstmals anwaltsgerichtlich belangt werden musste, das Verhalten des Betroffenen seit der Tatbegehung und der strafgerichtlichen Ahndung, sein Geständnis und seine Reueerklärung sind bestimmende Umstände iSd § 267 Abs. 3 S. 1 StPO, die von wesentlicher Bedeutung für die vom Tatrichter zu entscheidende Frage sind, ob im Zeitpunkt seiner Entscheidung von dem Rechtsanwalt noch eine Gefahr für die Rechtspflege und die Minderung des Ansehens der Anwaltschaft ausgeht (BGH StV 1992, 28 = BRAK-Mitt. 1991, 229).

43 **d) Verhältnis zu § 70 StGB.** Der Anordnung nach Nr. 5, den Rechtsanwalt aus der Rechtsanwaltschaft auszuschließen, steht nicht entgegen, dass gegen ihn bereits ein strafgerichtliches Berufsverbot nach § 70 StGB angeordnet worden ist (BGHSt 28, 84; BGH EGE XIII, 112; BRAK-Mitt. 1985, 173; *Görl* BRAK-Mitt. 1987, 54) und dies dazu führt, dass die achtjährige Wiederzulassungssperre des § 7 Nr. 3 sich entsprechend verlängert (NdsAGH Urteil vom 15.11.1999 – AGH 14/99 (I 3). Darin liegt auch kein Verstoß gegen das Verbot der Doppelbestrafung (BVerfGE 66, 337 = NJW 1984, 2341). **Strafrechtliches und anwaltsgerichtliches Verfahren bestehen nebeneinander.** Die Anwaltsgerichte sind, wie sich schon aus § 118 Abs. 3 S. 2 ergibt, nicht an die Entscheidungen des Strafrichters gemäß § 70 StGB gebunden. Auch soll das Berufsverbot nach § 70 StGB die Allgemeinheit vor weiterer Gefährdung schützen,

während die Ausschließung aus der Rechtsanwaltschaft nach § 114 Abs. 1 Nr. 5 nicht nur diesen Zweck hat, sondern zugleich wesentlich der Reinhaltung des Anwaltsstandes von untragbaren Mitgliedern dient (aber → § 114 Rn. 36). Ob die besonderen Voraussetzungen des § 114 Abs. 1 Nr. 5 als schwerste anwaltsgerichtliche Maßnahme vorliegen, haben die Anwaltsgerichte in eigener Verantwortung in jedem Einzelfall nach den dafür geltenden Kriterien gesondert zu prüfen und zu entscheiden. Demgegenüber ist der Strafrichter auf die Auslegung und Anwendung des § 70 StGB beschränkt (BGH NJW 1991, 1069 = BRAK-Mitt. 1991, 107; BRAK-Mitt. 1985, 173). § 70 StGB gilt nicht für das Amt des Notars, weil insoweit § 45 StGB, § 49 BNotO als Spezialgesetze vorgehen (BGH wistra 1987, 60). Zum Umfang des Strafklageverbrauchs bei Verurteilung wegen eines Verstoßes gegen das strafgerichtliche Berufsverbot vgl. BGH NStZ 1991, 549.

e) Fälle der Rechtsprechung, in denen regelmäßig auf Ausschluss zu erkennen ist. 44
Ausgehend von den zu a) bis c) dargelegten Grundsätzen (→ Rn. 34 ff.) hat die anwaltsgerichtliche Rechtsprechung typische Fallgruppen entwickelt, in denen regelmäßig auf Ausschluss aus der Rechtsanwaltschaft zu erkennen ist, da in diesen Fällen nahezu immer eine Pflichtverletzung von derart erheblicher objektiver Schwere gegeben ist, dass von dem Rechtsanwalt eine Gefahr für die Rechtspflege ausgeht und ihm kaum mehr die umfassende Aufgabe weiter anvertraut werden kann, unabhängiger Berater und Vertreter der Rechtsuchenden zu sein (§ 3). Schon aus Gründen der Gleichbehandlung kann im Falle des Vorliegens dieser Voraussetzungen nur ausnahmsweise von der Ausschließung abgesehen werden, wenn sowohl die Tat als auch die Persönlichkeit des Rechtsanwalts Besonderheiten aufweisen, die es ausnahmsweise rechtfertigen, eine weitere Gefährdung der Rechtspflege zu verneinen und von der regelmäßig zu verhängenden Maßnahme der Ausschließung abzusehen.

An der Bedeutung dieser Regelfälle hat sich grundsätzlich nichts geändert durch die Einfüh- 45
rung des Vertretungsverbotes nach § 114 Abs. 1 Nr. 4. Die Rechtsprechung hat auch nach dieser Einführung daran festgehalten, dass bei Verwirklichung eines Regelfalles grundsätzlich auf Ausschließung zu erkennen ist. Die Erfüllung eines Regelfalles wirkt wie eine widerlegbare Vermutung für die Untragbarkeit des betroffenen Rechtsanwalts. Die Fallgruppen erleichtern den Anwaltsgerichten die Anwendung des § 114 Abs. 1 Nr. 5 (*Gribbohm,* FS Pfeiffer, 1988, 911, 919). Aus der Charakterisierung der zu bezeichnenden Fallgruppen als Regelbeispiele der Untragbarkeit für den Rechtsanwaltsberuf folgt, dass Ausnahmen möglich sind. Und es darf **keinen Automatismus zwischen Feststellung eines solchen Regelfalles und der Ausschließung** geben. Auch in diesen Fällen muss eine einzelfallbezogene Gewichtung aller maßgeblichen Umstände vorgenommen werden (→ § 7 Rn. 57 entsprechend). Zum Regel-Ausnahme-Verhältnis → § 114a Rn. 8.

Der Tatrichter muss im Urteil näher prüfen, ob von der Regel abzuweichen ist, wenn 46
besondere Umstände, die etwa in einem geringeren Gewicht der Tat, einer längeren Bewährung bis zum Urteilsspruch oder der begründeten Erwartung künftigen Wohlverhaltens zu sehen sein können, eine solche Prüfung – auch unter dem Gesichtspunkt der Verhältnismäßigkeit – nahelegen. Sind bei ausreichender Indizwirkung des Regelbeispiels derartige besondere Umstände nicht ersichtlich, so liegt ein Aufhebungsgrund nicht schon in der Unterlassung des Tatrichters, die Persönlichkeit und das Gesamtverhalten des Rechtsanwalts zu würdigen (*Gribbohm,* FS Pfeiffer, 1988, 911, 920; BGH EGE XII, 68, 70). Das Gleiche gilt, wenn im Urteil nicht erwogen wird, ob statt der Ausschließung die Verhängung eines Vertretungsverbots oder sonst eine mildere Maßnahme zur anwaltsgerichtlichen Ahndung genügt (*Gribbohm,* FS Pfeiffer, 1988, 911, 920; BGH BRAK-Mitt. 1985, 230).

Die regelmäßige Folge der Ausschließung wurde in der Rechtsprechung bejaht: 47

– bei Verurteilung des Rechtsanwalts wegen **Untreue:** BGH EGE VI, 67; XI, 16; BGHSt 15, 372; BGH BRAK-Mitt. 1995, 70; 1986, 232; 1982, 25; 1985, 173; Urteil vom 27.6.1983 – AnwSt (R) 1/83; vgl. auch BGH wistra 1987, 65; BayAGH BRAK-Mitt. 2013, 247; NdsAGH BRAK-Mitt. 2010, 175; AGH BW Urteil vom 14.6.1997 – AGH 3/97 (III) – 2; BayAGH Urteil vom 6.11.2000 – BayAGH II-8/00; Urteil vom 27.11.2002 – BayAGH II- 2/02; EGH München Urteile vom 3.7.1990 – BayEGH II 9/89 und BayEGH 3/90; Urteil vom 19.11.1996 – BayAGH II-10/96; BRAK-Mitt. 1991, 105; EGH Saarbrücken Urteil vom 12.9.1983 – 3/83; EGH Celle BRAK-Mitt. 1982, 178; EG Hamburg EGE XI, 172; AnwG Hamburg Urteil vom 28.10.1996 – I 8/96 – EV 144/92; bei Kammerrechtsbeiständen: BGH

BRAK-Mitt. 1988, 212 = Rbeistand 1988, 48. Die Regel gilt selbst dann, wenn der Rechtsanwalt nicht in Bereicherungsabsicht gehandelt (BGH EGE IX, 85) oder angenommen hat, ein Dritter werde ihm notfalls jederzeit das Geld für die Erstattung zur Verfügung stellen (BGHSt 15, 372, 376 = NJW 1961, 931; *Gribbohm,* FS Pfeiffer, 1988, 911, 981);

48 – bei Verurteilung des Rechtsanwalts wegen **Betruges:** BGH EGE XII, 68 ff., XIV, 213 ff.; BRAK-Mitt. 1985, 173; 1987, 96; 1988, 53; Urteil vom 27.6.1983 – AnwSt (R) 1/83; EGH München Urteil vom 3.11.1988 – BayEGH II 17/86; EGH Hamm Urteil vom 15.4.1980 – (2) 6 EVY 2/78; AGH BW Urteil vom 25.1.1997 – AGH 22/96 (III) 5 wegen Betruges und Einkommensteuerhinterziehung; *Gribbohm,* FS Pfeiffer, 1988, 911, 918; BGH BeckRS 2004, 07804 wegen Unterstützung betrügerischer Schadensgeltendmachung des Mandanten bei dessen Haftpflichtversicherung; NdsAGH Urteil vom 2.12.2013 – AGH 12/13 wegen gewerbsmäßigen Betruges in Tateinheit mit gewerbsmäßiger Urkundenfälschung zum Nachteil von Rechtsschutzversicherungen;

49 – bei **Parteiverrat:** EGH Hamm BRAK-Mitt. 1984, 143; EGH München Urteil vom 28.4.1993 – BayEGH II 2/93; BayAGH Urteil vom 14.10.2013 – BayAGH II-10/13;

50 – bei **Aussagedelikten:** BGHSt 20, 73 = EGE VIII, 62 zur uneidlichen Falschaussage; BGH NJW 1966, 659 = EGE IX, 10, 14 zur Beihilfe zur Falschaussage eines Zeugen; EGH München BRAK-Mitt. 1982, 35 zur falschen eidesstattlichen Versicherung im Wiedereinsetzungsverfahren; EGH Celle BRAK-Mitt. 1982, 34; *Gribbohm,* FS Pfeiffer, 1988, 911, 819;

51 – bei **Begünstigung:** EGH Hamm BRAK-Mitt. 1984, 143;

52 – bei permanent nachlässiger, die Mandanten schädigender Berufsausübung: BGH EGE XIII, 111, 121; BRAK-Mitt. 1987, 96;

53 – bei dem Versuch, zur Erschleichung der Aufenthaltserlaubnis des Mandanten eine Scheinehe zu vermitteln: BGH NJW 1986, 2265 = BRAK-Mitt. 1985, 230;

54 – bei **Insolvenzverschleppung** (§§ 64, 85 GmbHG aF), **Beitragsvorenthaltung** (§ 529 RVO, § 150 AVG, § 225 AFG aF) und **Unterlassen der Umsatzsteuervoranmeldung:** BGH BRAK-Mitt. 1987, 159;

55 – bei **Urkundenfälschung:** BGH BRAK-Mitt. 1988, 53; NdsAGH Urteil vom 2.12.2013 – AGH 12/13 wegen gewerbsmäßigen Betruges in Tateinheit mit gewerbsmäßiger Urkundenfälschung zum Nachteil von Rechtsschutzversicherungen;

56 – bei **Hehlerei** und **Verstoß gegen ein strafgerichtliches Berufsverbot:** NdsAGH Urteil vom 15.11.1999 – AGH 14/99 (I 3);

57 – wegen der außerordentlichen Schwere und der Vielzahl der Pflichtverstöße: AnwG München BRAK-Mitt. 1997, 177; 1997, 208.

IV. Ausschluss der Verhängung von Maßnahmen

58 Die Verhängung von Maßnahmen kann in einer Reihe von Fällen ausgeschlossen sein oder die Maßnahme ist zu mildern:

59 **1. Außerberufliches Verhalten.** Das außerberufliche Verhalten des Rechtsanwalts ist nach § 113 Abs. 2 keine anwaltsgerichtlich zu ahndende Pflichtverletzung, wenn es sich nicht um eine rechtswidrige Tat oder eine mit Geldbuße bedrohte Handlung handelt oder diese nach den Umständen des Einzelfalles nicht im besonderen Maße geeignet ist, Achtung und Vertrauen der Rechtsuchenden in einer für die Ausübung der Anwaltstätigkeit bedeutsamen Weise zu beeinträchtigen (→ § 113 Rn. 12 ff.).

60 **2. Anderweitige Ahndung.** Sie kann nach § 115b dazu führen, dass von einer anwaltsgerichtlichen Ahndung wegen desselben Verhaltens abzusehen ist.

61 **3. Verjährung.** Die Verfolgung einer Pflichtverletzung kann nach § 115 durch Verjährung ausgeschlossen sein.

62 **4. Sonstige Verfahrenshindernisse.** Sie können nach § 116 iVm § 206a StPO zu einer Verfahrenseinstellung führen (*Isele* § 114 Anm. VI A–D; → § 116 Rn. 27; → § 139 Rn. 10 ff.).

63 **5. Materielle Umstände.** Auch diese können zu einem Fortfall bzw. zu einer Milderung einer Maßnahme führen:

a) Bewusstsein der Pflichtwidrigkeit. Ein Bewusstsein der Pflichtwidrigkeit ist nicht erforderlich (BGH EGE XIII, 137; *Isele* § 114 Anm. V E 2). 64

b) Irrtum. Der Irrtum darüber, ob etwas pflichtwidrig ist oder nicht, kann den Rechtsanwalt grundsätzlich nicht entlasten, da er berufsrechtlich verpflichtet ist, sich über das geltende Berufsrecht zu unterrichten (§ 43a Abs. 6) und er das Risiko der Nichtunterrichtung selbst zu tragen hat. Jeder Rechtsanwalt hat sich über das Berufsrecht zu unterrichten. Er kann sich nicht auf Unkenntnis berufen (EGH Koblenz BRAK-Mitt. 1983, 141; EGH Stuttgart BRAK-Mitt. 1987, 160). Hinsichtlich des **Tatbestandsirrtums** gelten die strafrechtlichen Grundsätze (BGH NJW 1989, 1939 = NStZ 1989, 475 mit Anm. *Dölp* NStZ 1989, 475; auch zum **Verbotsirrtum** → § 113 Rn. 7). 65

c) Verschulden. Fehlende Schuld führt zum Entfallen der berufsrechtlichen Haftung. Allerdings haftet der Rechtsanwalt berufsrechtlich für jedes fahrlässige Verhalten (§ 113 Abs. 1). Hinsichtlich **Schuldfähigkeit** und **verminderter Schuldfähigkeit** sind die allgemeinen strafrechtlichen Grundsätze zu beachten (vgl. *Isele* § 114 Anm. VI 6). 66

V. Zumessungserwägungen

Bei der Zumessung der zu erkennenden Maßnahme ist zunächst maßgeblich zu berücksichtigen, in welchem Maße durch die Pflichtverletzung das Vertrauen der Öffentlichkeit in die Integrität des Anwaltsstandes betroffen ist und damit das Ansehen der Rechtsanwaltschaft geschädigt wurde (zweifelnd unter Hinweis auf § 7 Nr. 8, § 14 Abs. 2 Nr. 9 Henssler/Prütting/*Dittmann* § 114 Rn. 5). Entscheidend ist sodann, welche Maßnahme erforderlich ist, um zu erreichen, dass der Rechtsanwalt künftig seinen beruflichen Pflichten nachkommt und von ihm keine weiteren Gefahren für das rechtsuchende Publikum und die Rechtspflege mehr ausgehen (AGH Brem BRAK-Mitt. 2009, 286, 290; Henssler/Prütting/*Dittmann* § 114 Rn. 5). Daneben können die auch im Strafrecht zulässigen Erschwerungs- und Milderungsgründe berücksichtigt werden. Dabei ist das Gesamtverhalten des Rechtsanwalts zu würdigen. 67

Wegen der **unterschiedlichen Zielsetzungen von Strafverfahren und anwaltsgerichtlichen Verfahren** ist eine unterschiedliche Wertung des Verhaltens des Rechtsanwalts gerechtfertigt. Während im Strafverfahren die Schuld des Täters die Grundlage der Strafzumessung ist (§ 46 Abs. 1 StGB), gilt dies nicht in gleichem Maße für das anwaltsgerichtliche Verfahren (→ § 114 Rn. 37). Der Schuldgehalt der Tat hat im berufsrechtlichen Verfahren eine geringere Bedeutung als im allgemeinen Strafrecht (BGH BRAK-Mitt. 2013, 128). Das Anwaltsgericht ist aber auch nicht gehindert, das Gewicht einer Straftat im anwaltsgerichtlichen Verfahren unter berufsrechtlichen Gesichtspunkten schwerer zu beurteilen, als es der Richter im Strafverfahren nach Maßgabe des sachlichen Strafrechts getan hat (*Gribbohm,* FS Pfeiffer, 1988, 911, 918). 68

Die **Art und Weise,** in der ein pflichtwidriges Verhalten begangen wurde, kann als **strafschwerender Umstand** gewertet werden. Zwar dürfen im allgemeinen Strafrecht Tatsachen, durch die ein Merkmal des gesetzlichen Straftatbestandes erfüllt wird, nicht noch strafschärfend gewertet werden. Dieser Grundsatz kann jedoch nicht ohne weiteres auf das anwaltsgerichtliche Verfahren übertragen werden. Das jeweilige Gesamtverhalten, soweit es gegen Berufspflichten verstößt, ist die zu bestrafende Tat. Schon deshalb könnte höchstens die Tatsache, dass der Beschuldigte pflichtwidrig gehandelt hat, als solche ein nicht bei der Strafzumessung verwertbares Tatbestandsmerkmal sein, nicht aber die Art und Weise, wie er sich dabei verhalten hat. Darin allein zeigt sich aber die größere oder geringere Schwere der Tat (BGH EGE IX, 85; *Gribbohm,* FS Pfeiffer, 1988, 911, 925). 69

Verjährte Verfehlungen dürfen bei der Auswahl der anwaltsgerichtlichen Maßnahme wie bei der Strafzumessung im Strafverfahren berücksichtigt werden (BGH NJW 1975, 1712; EGE XIII, 121, 124; → § 113 Rn. 59). 70

Bei der Bestimmung der zu verhängenden Maßnahme dürfen vielfältige Umstände beachtet werden, auch soweit sie nicht der Tat unmittelbar anhaften und nicht in der Anschuldigungsschrift verzeichnet sind. Umstände, die der Tat vorausgegangen oder ihr gefolgt sind, dürfen bei der Maßnahmenzumessung berücksichtigt werden, soweit sie für die Einstellung des Täters zu seiner Tat kennzeichnend sind und überhaupt ein Licht auf die Art seiner Persönlichkeit werfen. 71

Zwar darf das **Prozessverhalten** des Angeschuldigten, etwa sein Leugnen oder sein Geständnis, nicht um seiner selbst willen als Zumessungsgrund berücksichtigt werden; es ist aber zulässig und unter Umständen geboten, aus diesem Verhalten – auch soweit es erst nach der Anschuldigung entfaltet worden ist – Schlüsse zu ziehen, wie der Rechtsanwalt innerlich zu seiner Tat steht, und diesen Umstand bei der Zumessung zu berücksichtigen, soweit sich daraus Anhaltspunkte für das Maß seiner persönlichen Schuld oder seiner Gefährlichkeit ergeben. Unter diesem Gesichtspunkt kann auch die nach der Anschuldigung von dem Rechtsanwalt an den Tag gelegte „völlige Passivität" bei der Maßnahmenfindung berücksichtigt werden (BGH EGE IX, 97; *Gribbohm,* FS Pfeiffer, 1988, 911, 926). Da das anwaltsgerichtliche Verfahren auch dem Schutz des Ansehens der Rechtsanwaltschaft dient, darf eine Erregung der Öffentlichkeit jedenfalls dann zum Nachteil des Rechtsanwalts berücksichtigt werden, wenn er das Ansehen seines Berufsstandes durch die Verfehlung schuldhaft geschädigt hat (BGH EGE X, 102). Nicht angelastet werden kann ihm, wenn das **Aufsehen in der Öffentlichkeit** ohne Verschulden des Rechtsanwalts, etwa durch unberechtigte oder aufgebauschte Veröffentlichungen, verursacht worden ist (*Gribbohm,* FS Pfeiffer, 1988, 911, 926). Ebenso wenig kann der Umstand verwertet werden, dass die Pflichtverletzung von einem Rechtsanwalt begangen wurde, von dem eine besondere Nähe zum Recht zu erwarten ist, denn die Stellung als Rechtsanwalt eröffnet überhaupt erst über § 113 Abs. 3 die anwaltsgerichtliche Ahnbarkeit (§ 46 Abs. 3 StGB; Henssler/Prütting/*Dittmann* § 114 Rn. 6).

72 Unter Berücksichtigung dieser Grundsätze können folgende **Verschärfungsgründe** berücksichtigt werden:

- **lang andauernde Pflichtwidrigkeit:** BGH EGE XIII, 111; BayAGH Urteil vom 9.7.1998 – BayAGH II 19/97; EGH Hamm EGE XIII, 169; EGH Frankfurt EGE XIII, 197;

73 – **wiederholte Pflichtverletzung:** BGH BRAK-Mitt. 1987, 159; EGH München EGE XIII, 177; EG Kassel EGE XIII, 214; EGH Frankfurt EGE XIII, 185; BayAGH Urteil vom 9.7.1998 – BayAGH II 19/97; EGH München BRAK-Mitt. 1987, 159; EGH Celle Urteil vom 21.3.1988 – EGH 11/87;

74 – **fehlende Einsicht in Fehlverhalten:** BGH BRAK-Mitt. 1987, 159; EGH Frankfurt EGE XIII, 185; EGH München BRAK-Mitt. 1987, 159;

75 – **Schwere des angerichteten Schadens:** BayAGH Urteil vom 9.7.1998 – BayAGH II 19/97.

76 Unter Berücksichtigung dieser Grundsätze können folgende **Milderungsgründe** berücksichtigt werden:

- **einmalige bzw. erstmalige Pflichtverletzung:** EGH Hamm EGE XIII, 169; EGH Frankfurt EGE XIII 194; EG Hamburg EGE XIII, 205; XIV, 281;

77 – **anderweitige** für den Angeschuldigten **negative Tatfolgen:** EGH München EGE XIII, 177;

78 – das **Bemühen,** den angerichteten **Schaden gutzumachen:** EGH München EGE XIII, 177; BayAGH Urteil vom 9.7.1998 – BayAGH II 19/97; AGH NRW Urteil vom 2.3.2012 – 2 AGH 21/11. Besteht die Pflichtwidrigkeit in der Hilfe zu fremder Straftat, kann eine Anwendung der Rechtsprechungsgrundsätze zum Milderungsgrund der Wiedergutmachung des Schadens vor dessen Entdeckung dann in Betracht kommen, wenn der Rechtsanwalt seinen Umkehrwillen durch entsprechendes objektivierbares Verhalten deutlich macht. Dies setzt voraus, dass der Rechtsanwalt durch eigenes Handeln entweder die mit seiner Hilfe herbeigeführte Rechtsgutgefährdung bzw. -verletzung wieder rückgängig macht oder wenn dies nicht gelingt, hierfür alles ihm zumutbare unternimmt (BVerwG NJW 1994, 209 zu §§ 54, 77 BBG aF);

79 – **schweres persönliches Schicksal, Lebensführung, Alter:** BayAGH Urteil vom 9.7.1998 – BayAGH II 19/97; EGH Frankfurt EGE XIII, 192; EG Kassel EGE XIII, 218;

80 – **Geständnis, Einsicht:** BayAGH Urteil vom 9.7.1998 – BayAGH II 19/97; EGH Frankfurt EGE XIII, 192, 194; EG Kassel EGE XIII, 208; EGH München EGE XIV, 239;

81 – engagierter Einsatz für Mandantschaft, fehlender persönlicher Vorteil: BGH EGE XIV, 162;

82 – **mangelnde Berufserfahrung:** EGH München Urteil vom 18.3.1987 – BayEGH II 4/86. Mit beruflicher Überlastung kann sich ein Rechtsanwalt bei berufsrechtlichen Verfehlungen regelmäßig nicht entschuldigen (BGH BRAK-Mitt. 1988, 150; EGE VI 122, 124);

83 – **mäßige wirtschaftliche Verhältnisse:** EGH Celle Urteil vom 21.3.1988 – EGH 11/87.

VI. Fehlender „Strafvorschriftcharakter"

§ 114 gehört – unbeschadet der Frage, ob § 200 StPO überhaupt über § 116 ergänzend zu § 130 heranzuziehen ist (→ § 130 Rn. 7 ff.) – nicht zu den „anzuwendenden Strafvorschriften" iSd § 200 Abs. 1 StPO. Auf § 114 und seine Änderungen muss in der Anschuldigungsschrift daher nicht besonders hingewiesen werden (BGHSt 29, 214 = NJW 1980, 897). 84

VII. Vollstreckung

Die Vollstreckung der Maßnahme richtet sich nach § 204. Inwieweit die Maßnahme der Tilgung unterliegt, bestimmt § 205a. Zur Eintragung der Maßnahmen nach Abs. 1 Nr. 4 und 5 sowie der vorläufigen Maßnahmen nach §§ 150 ff. in das Bundeszentralregister → § 205a Rn. 19–23. Zur Mitteilung eines Verbotes nach § 114 Abs. 1 Nr. 4 → § 114a Rn. 11. 85

Wie durch das strafrechtliche Berufsverbot (§ 70 StGB; BGHZ 111, 104 = NJW 1990, 1854) tritt auch durch den rechtskräftigen Ausschluss nach § 114 Abs. 1 Nr. 5 sowie durch das rechtskräftige Verbot, auf dem Gebiet des Zivilrechts als Vertreter und Beistand tätig zu werden (§ 114 Abs. 1 Nr. 4) und durch ein entsprechendes vorläufiges Berufs- oder Vertretungsverbot (§§ 150 ff., 155 Abs. 1) nach § 244 ZPO eine Unterbrechung des Verfahrens ein, da der Rechtsanwalt dann unfähig ist, die Vertretung der Partei fortzuführen (Zöller/*Greger* ZPO § 244 Rn. 3; Stein/Jonas/*Schumann* 21. Aufl. ZPO § 244 Rn. 7 ff.; Baumbach/Lauterbach/Albers/*Hartmann* ZPO § 244 Rn. 4 ff.). Während der Dauer der Unterbrechung kann ein Urteil nicht wirksam zugestellt werden (BGHZ 111, 104 = NJW 1990, 1854). Zur Wirkung der Vertretungsverbote im Übrigen → § 114a Rn. 1 ff.; → § 155 Rn. 1 ff.; → § 156 Rn. 1 ff. 86

VIII. Sonderregelung für sonstige Mitglieder der RAK

Für die sonstigen Mitglieder der RAK, die keine Rechtsanwälte sind (→ § 113 Rn. 2), kommen hinsichtlich der schwerwiegenden Maßnahmen nach § 144 Abs. 1 Nr. 4 und 5 ihrer besonderen Stellung entsprechende abweichende Maßnahmen in Betracht. Dazu für die **europäischen Rechtsanwälte nach dem EuRAG** → EuRAG § 6 Rn. 12; → EuRAG § 34 Rn. 1; für **Anwälte aus Mitgliedstaaten der WHO** nach **§§ 206, 207** → § 207 Rn. 11; für **Kammerrechtsbeistände** nach **§ 209** → § 209 Rn. 14; für **nichtanwaltliche Geschäftsführer einer Rechtsanwaltsgesellschaft (§ 60 Abs. 1 S. 3)** → § 115c Rn. 8 ff. 87

IX. Kompensation bei rechtsstaatswidriger Verfahrensverzögerung

Auch im berufsrechtlichen Verfahren findet der rechtsstaatliche Grundsatz Anwendung, dass unangemessene Belastungen durch eine lange Verfahrensdauer zu vermeiden sind (BVerfG NStZ 1997, 591; NJW 2003, 2225; BGH BRAK-Mitt. 2010, 84). Die jeweils angemessene Verfahrensdauer ist nach den Umständen des Einzelfalles zu bestimmen. Solche, in die Gesamtwürdigung einzustellende Gesichtspunkte sind der Zeitraum der Verfahrensverlängerung, die Gesamtdauer des Verfahrens, die Schwere des Tatvorwurfs, die Schwierigkeit des Verfahrensgegenstandes, mögliche Ursachen im Verhalten des Betroffenen für die Verfahrensdauer sowie das Ausmaß der mit der Dauer des schwebenden Verfahrens für ihn verbundenen besonderen Belastungen. In Fällen besonders schwerwiegender Verfahrensverzögerung kommt **im Einzelfall eine Verfahrenseinstellung** in Betracht. Eine direkte Übertragung der so genannten **Vollstreckungslösung** (vgl. zur Geldstrafe BGHSt 52, 124, 145) kommt im Rahmen der Verhängung einer Geldbuße in Betracht. Ist auf eine Geldbuße erkannt worden, so wird diese in angemessener Höhe für das konkrete berufswidrige Verhalten im Urteil ausgesprochen. Zugleich wird in der Urteilsformel festgesetzt, dass ein zu beziffernder Teil der zugemessenen Geldbuße zur Kompensation erlittener rechtsstaatswidriger Verfahrensverzögerung als bereits vollstreckt gilt (BGH BRAK-Mitt. 2010, 84). Ist die rechtsstaatswidrige Verfahrensverzögerung kompensiert worden, kommt wegen immaterieller Nachteile eine weitergehende Entschädigung nach den Vorschriften über den Rechtsschutz bei überlangen Gerichtsverfahren und strafrechtlichen Ermittlungsverfahren (§§ 198–201 GVG) gemäß § 116 Abs. 2 S. 1 iVm §§ 199 Abs. 3, 198 Abs. 2 GVG nicht in Betracht. Nur, wenn eine Kompensation durch das Gericht nicht möglich ist, kommt ein Anspruch nach § 198 Abs. 2 GVG in Betracht (*Meyer-Goßner* GVG § 199 Rn. 3; *Sommer* StV 2012, 108). 88

§ 114a Wirkungen des Vertretungsverbots, Zuwiderhandlungen

(1) [1]Der Rechtsanwalt, gegen den ein Vertretungsverbot (§ 114 Abs. 1 Nr. 4) verhängt ist, darf auf dem ihm untersagten Rechtsgebiet nicht als Vertreter und Beistand in Person oder im schriftlichen Verkehr vor einem Gericht, vor Behörden, vor einem Schiedsgericht oder gegenüber anderen Personen tätig werden oder Vollmachten oder Untervollmachten erteilen. [2]Er darf jedoch die Angelegenheiten seines Ehegatten oder Lebenspartners und seiner minderjährigen Kinder wahrnehmen, soweit nicht eine Vertretung durch Anwälte geboten ist.

(2) [1]Die Wirksamkeit von Rechtshandlungen des Rechtsanwalts wird durch das Vertretungsverbot nicht berührt. [2]Das gleiche gilt für Rechtshandlungen, die ihm gegenüber vorgenommen werden.

(3) [1]Der Rechtsanwalt, der einem gegen ihn ergangenen Vertretungsverbot wissentlich zuwiderhandelt, wird aus der Rechtsanwaltschaft ausgeschlossen, sofern nicht wegen besonderer Umstände eine mildere anwaltsgerichtliche Maßnahme ausreichend erscheint. [2]Gerichte oder Behörden sollen einen Rechtsanwalt, der entgegen einem Vertretungsverbot vor ihnen auftritt, zurückweisen.

I. Umfang des Vertretungsverbots

1 Der Rechtsanwalt, gegen den ein Vertretungsverbot nach § 114 Abs. 1 Nr. 4 verhängt ist, darf auf diesem Rechtsgebiet nicht als Vertreter (vgl. §§ 3 Abs. 1, 48 Abs. 1 Nr. 2; § 141 StPO) und Beistand (§§ 90, 625 ZPO; § 67 VwGO; §§ 149, 397a, 406f, 406g StPO) persönlich oder im schriftlichen Verkehr vor einem Gericht, vor Behörden, vor einem Schiedsmann oder gegenüber anderen Personen tätig werden oder Vollmachten oder Untervollmachten erteilen. Vorhandene Mandate darf er nicht per Vollmacht auf andere Rechtsanwälte übertragen. Verboten ist nicht nur das persönliche Auftreten vor einem Gericht einschließlich der Teilnahme an Ortsterminen (BayAGH Urteil vom 9.12.1998 – BayAGH II 20/98) sondern auch das Einreichen von Schriftsätzen. Zur Tätigkeit im schriftlichen Verkehr vor einem Gericht gehören auch die Erhebung des Widerspruchs gegen einen Mahnbescheid, die Beantragung von Prozesskostenhilfe, das Einreichen eines Antrages auf Abgabe der eidesstattlichen Offenbarungsversicherung, die Mitteilung der ladungsfähigen Anschrift von Verfahrensbeteiligten, der Antrag auf Terminsverlegung sowie auf Erteilung des Rechtskraftvermerks, ebenso auch die Entgegennahme gerichtlicher Terminsladungen und sonstiger Zustellungen mit Unterzeichnung der Empfangsbekenntnisse. In allen diesen Fällen nimmt der Betroffene nach außen wirkende Handlungen als Vertreter seiner Mandanten vor. Das gilt auch für die Einreichung von Kostenfestsetzungsgesuchen (EGH München Urteil vom 7.7.1993 – BayEGH II 18/92). Daher ist es dem Rechtsanwalt, gegen den ein Vertretungsverbot auf dem Gebiet des Zivilrechts besteht, verboten, weiter entsprechende Mandate anzunehmen und diese durch Rechtsanwälte in Untervollmacht bearbeiten zu lassen, die nicht in einer Sozietät mit ihm verbunden, sondern für ihn als freie Mitarbeiter tätig sind, indem diese Schriftsätze an die Gerichte richten und Termine wahrnehmen (BGH Urteil vom 7.10.1991 – AnwSt (R) 10/91 nv; EGH München Urteil vom 18.12.1990 – BayEGH II 11/90). Anders als bei der Ausschließung aus der Rechtsanwaltschaft (§ 114 Abs. 1 Nr. 5) belässt die anwaltsgerichtliche Maßnahme des Vertretungsverbotes (§ 114 Abs. 1 Nr. 4) dem Rechtsanwalt die Möglichkeit, seinen Beruf – wenn auch gegenständlich für eine bestimmte Zeit beschränkt – weiter auszuüben (BGH MDR 1993, 280). Damit ist es dem Rechtsanwalt nicht untersagt, rechtliche Prüfungen auf dem ihm untersagten Rechtsgebiet vorzunehmen. Auch eine beratende Tätigkeit bleibt dem Rechtsanwalt auf dem von dem Verbot erfassten Rechtsgebiet erlaubt (BGH Urteil vom 30.9.1985 – AnwSt (R) 11/85 nv).

2 Verboten sind lediglich **nach außen wirkende und sichtbare Handlungen** als Vertreter oder Beistand in dem ausdrücklich genannten Rechtsgebiet; ihm darf daher für die vom Vertretungsverbot erfassten Rechtsgebiete kein amtlicher Vertreter bestellt werden (BGH MDR 1993, 280; EGH München Urteil vom 7.7.1993 – BayEGH II 18/92). Ist dem Rechtsanwalt nach § 114 Abs. 1 Nr. 4 verboten worden, auf dem Gebiet des Strafrechts tätig zu werden, dann kann er gleichwohl in einem Zivilverfahren strafrechtliche Vorfragen erörtern oder für einen anderen Rechtsanwalt Gutachten auf dem Gebiet des Strafrechts erstatten (BGH BRAK-Mitt. 1983, 93; MDR 1993, 280).

Die **Beratung** ist von dem Vertretungsverbot nicht mit erfasst, weil die Einhaltung eines hierauf bezüglichen Verbotes kaum zu kontrollieren wäre. Soweit der Rechtsanwalt mit einer Beratung zugleich eine nach außen gewendete Tätigkeit als Vertreter und Beistand entfalten würde – etwa bei dem schriftlichen Verkehr mit dem in Haft befindlichen Beschuldigten, der zugleich ein Tätigwerden vor einer Behörde in sich schließt – greift jedoch das einschlägige Verbot Platz (Abs. 1 S. 1; amtliche Begründung, BT-Drs. 7/4005). Trotz des Vertretungsverbot nach § 114 Abs. 1 Nr. 4 darf der Rechtsanwalt jedoch die **Angelegenheiten seines Ehegatten und seiner minderjährigen Kinder** auf diesem Rechtsgebiet wahrnehmen, soweit nicht eine Vertretung durch Anwälte geboten ist (→ § 52 Rn. 6 ff.). Aufgrund der Ergänzung des § 114a Abs. 1 durch Art. 3, § 14 des Lebenspartnerschaftsgesetzes vom 16.2.2001 (BGBl. I S. 266, 273) gilt dies auch für die Wahrnehmung von Angelegenheiten eines Lebenspartners, um der besonderen Verbundenheit der Lebenspartner Rechnung zu tragen (BT-Drs. 14/3751, 57). Auch hindert ein Vertretungsverbot einen Rechtsanwalt nicht, in eigener Sache vor dem Amtsgericht als Rechtsanwalt aufzutreten (BGHSt 38, 138 = NJW 1992, 1181). 3

Fraglich ist, ob ein Rechtsanwalt in **eigener Angelegenheit** tätig werden darf, wenn eine **Vertretung durch Anwälte geboten** ist (§ 78 ZPO). In Fällen des vorläufigen Vertretungsverbots darf er dies nach §§ 155 Abs. 4, 161a Abs. 2 nicht (→ § 155 Rn. 8), was die Annahme nahe legt, dass dies auch bei einem endgültigen Vertretungsverbot nach § 114 Abs. 1 Nr. 4 gelte. Andererseits sind in § 114a Abs. 1 S. 2 – anders als in § 155 Abs. 4 – die „eigenen Angelegenheiten" des Rechtsanwalts nicht ausdrücklich erwähnt. Dies rechtfertigt aber nicht den Schluss, dass dem Rechtsanwalt im Rahmen des § 114a eine Vertretung eigener Angelegenheiten im Anwaltsprozess gestattet sei und dass die Annahme eines Verbotes eine Überschreitung der „durch Art. 103 Abs. 2 GG, § 1 StGB gezogene Grenze zwischen zulässiger Auslegung und verbotener Analogie" darstellen würde (AnwG Düsseldorf Urteil vom 29.10.1998 – 3 EV 240/97; Henssler/Prütting/*Dittmann* § 114a Rn. 3, § 156 Rn. 4; offen gelassen von AGH NRW Urteil vom 20.4.1999 – (2) 6 EVY 2/99). § 114a knüpft über § 3 Abs. 2 an die allgemeine gesetzliche Terminologie an. Da § 114a Abs. 1 ausdrücklich ein Tätigwerden „als Vertreter … vor einem Gericht" verbietet und auch das Gesetz die Wahrnehmung eigener Interessen durch den Rechtsanwalt im Anwaltsprozess als Vertretung ansieht, § 78 Abs. 6 ZPO spricht auch insoweit von „vertreten", verbietet § 114a Abs. 1 auch die eigene Vertretung im Anwaltsprozess (Gaier/Wolf/Göcken/*Zuck* § 114a Rn. 18; *Kleine-Cosack* § 114a Rn. 2; **aA** Henssler/Prütting/*Dittmann* § 114a Rn. 3). Zum Erfordernis der ausreichenden Bestimmtheit des Verbotes → § 114 Rn. 26. Hat ein Berufsgericht gegen einen Rechtsanwalt ein Vertretungsverbot für bestimmte Rechtsgebiete verhängt und später durch eine Entscheidung nach § 116 S. 2 iVm § 458 StPO klargestellt, dass sich das Verbot nicht auf die Vertretung in Arbeitsrechtssachen bezieht, so hatte der Rechtsanwalt seine Postulationsfähigkeit vor den Landesarbeitsgerichten nie verloren und konnte demgemäß auch vor der Klarstellungsentscheidung des Gerichts Berufung gegen ein arbeitsgerichtliches Urteil einlegen (BAG NZA 1992, 617). Ist gegen einen Rechtsanwalt ein gegenständlich beschränktes Vertretungsverbot nach § 114 Abs. 1 Nr. 4 verhängt worden, so darf ihm die RAK für die vom Vertretungsverbot erfassten Rechtsgebiete keinen amtlichen Vertreter bestellen. § 161 ist nicht anwendbar (→ § 161a Rn. 7); er selbst darf auf dem ihm untersagten Rechtsgebiet auch nicht als amtlich bestellter Vertreter eines Rechtsanwalts tätig werden (BGH BRAK-Mitt. 1983, 91 = NJW 183, 1072, nur Ls.). Eine entsprechende Anwendung der §§ 53, 55 kommt nicht in Betracht, weil der Rechtsanwalt für eine anderweitige Vertretung der von der Einschränkung seiner Berufstätigkeit betroffenen Mandanten selbst sorgen kann und daher der Normzweck des § 53 nicht zutrifft. Die in § 55 geregelten Fälle, dass der Rechtsanwalt gestorben oder seine Zulassung zur Rechtsanwaltschaft erloschen, zurückgenommen oder widerrufen ist, sind dem des § 114 Abs. 1 Nr. 4 nicht rechtsähnlich (BGH MDR 1993, 280). Ergeht gegen einen Fachanwalt ein Vertretungsverbot für sein Fachgebiet (§ 1 FAO), dann darf er für die Dauer des Vertretungsverbots nicht weiter als „Fachanwalt für …" firmieren, da mangels Vertretungsrechts auf diesem Gebiet die Werbung mit der Fachanwaltsbezeichnung irreführend ist. 4

II. Wirksamkeit von Rechtshandlungen (Abs. 2)

Nimmt der Rechtsanwalt auf dem ihm verbotenem Gebiet Rechtshandlungen vor, oder werden solche ihm gegenüber vorgenommen, dann sind diese im Interesse der Rechtssicherheit wirksam (Abs. 2). Die Vorschrift bezweckt allgemein die Wahrung der Rechtssicherheit, indem 5 sie den Rechtsverkehr mit einem Rechtsanwalt nicht mit der Prüfung belastet, ob gegen ihn ein Vertretungsverbot besteht (zu § 155 OLG Celle NStZ 1989, 41 mit Anm. *Feuerich* NStZ 1989, 338). Die Wirksamkeit der von dem Rechtsanwalt oder der ihm gegenüber vorgenommenen Rechtshandlungen ist daher auch nicht davon abhängig, ob der Teilnehmer an diesen Rechtshandlungen gut- oder bösgläubig ist, ob er von dem Vertretungsverbot Kenntnis hat oder nicht (OLG Celle NStZ 1989, 41; → § 155 Rn. 9 ff. entsprechend).

6 Die Vorschrift gibt aber nicht dem Anwalt, der das gegen ihn ergangene Verbot kennt, also selbst bösgläubig ist, das Recht auch weiterhin entsprechend Rechtshandlungen vorzunehmen. Zu den sich daraus ergebenden Konsequenzen → § 155 Rn. 9 ff. entsprechend.

III. Verstoß gegen das Vertretungsverbot (Abs. 3)

7 Handelt ein Rechtsanwalt wissentlich einem gegen ihn ergangenen Vertretungsverbot zuwider, so beweist das in besonderem Maße seine Unzuverlässigkeit (amtliche Begründung, BT-Drs. 7/4005) und wird er regelmäßig aus der Rechtsanwaltschaft ausgeschlossen, es sei denn, wegen besonderer Umstände des Einzelfalles erscheine eine mildere anwaltsgerichtliche Maßnahme ausreichend.

8 **Wissentliche Zuwiderhandlungen** gegen ein Vertretungsverbot ziehen somit zwar in der Regel, aber keineswegs automatisch den **Ausschluss aus der Rechtsanwaltschaft** nach sich. Liegen besondere Umstände vor, die eine mildere anwaltsgerichtliche Maßnahme als ausreichend erscheinen lassen, so ist diese zu verhängen mit der Folge, dass ein Ausschluss aus der Rechtsanwaltschaft als schärfste Maßnahme ausscheidet. Es handelt sich um ein Regel-Ausnahme-Verhältnis, wie es sich auch sonst bei der Regelung von Rechtsfolgen für inkriminiertes Verhalten findet (vgl. etwa § 47 Abs. 1 StGB, § 56 Abs. 2 StGB), das der Tatrichter bei der Rechtsfolgenbemessung zu beachten, zu werten und aufzulösen hat. Ob „besondere Umstände" vorliegen, hat der Tatrichter hier wie auch sonst aufgrund einer **Gesamtwürdigung** aller für die Rechtsfolgenzumessung maßgeblichen Umstände des Einzelfalles zu entscheiden. Allerdings hat der Gesetzgeber in § 114a Abs. 3 S. 1 im Gegensatz etwa zu § 56 Abs. 2 StGB nF nicht näher festgelegt, worauf er die „besonderen Umstände" bezogen wissen will, die in die Gesamtwürdigung einzubeziehen sind. Doch lässt sich hierüber Klarheit aus Sinn und Zweck der Einfügung des Vertretungsverbotes in § 114 Abs. 1 Nr. 4 als neue anwaltsgerichtliche Maßnahme durch das Gesetz zur Änderung des Strafgesetzbuches und anderer Gesetze vom 18.8.1976 gewinnen. Das Vertretungsverbot ist für Fälle gedacht, in denen unter Berücksichtigung aller Umstände die Ausschließung aus dem Beruf als eine möglicherweise zu harte Reaktion auf anwaltliche Pflichtverletzungen erscheint, Verweis und Geldbuße nebeneinander sich aber nicht als ausreichend erweisen, um den Rechtsanwalt an die Einhaltung seiner Berufspflichten zu mahnen und dem öffentlichen Interesse an der Erhaltung einer integren Anwaltschaft zu genügen. Infolgedessen kommt den Umständen, die zur Anordnung (nur) des Vertretungsverbotes gemäß § 114 Abs. 1 Nr. 4 zur Abwendung einer Ausschließung aus der Anwaltschaft nach § 114 Abs. 1 Nr. 5 geführt haben, besondere Bedeutung auch im Rahmen der Gesamtwürdigung nach § 114a Abs. 3 S. 1 zu, ob „besondere Umstände" eine mildere anwaltsgerichtliche Maßnahme als den Ausschluss aus der Rechtsanwaltschaft als ausreichend erscheinen lassen (BGH BeckRS 1993, 31170532; 1991, 31173035; so auch EGH München Urteil vom 7.7.1993 – BayEGH II 18/92).

9 Strittig ist, wie zu verfahren ist, wenn der Rechtsanwalt nur **fahrlässig** dem Verbot zuwider handelt. Nach Auffassung des EGH München zu § 156 Abs. 1 stellt dies einen Verstoß gegen die anwaltlichen Berufspflichten (§§ 43, 113 Abs. 1) dar und ist anwaltsgerichtlich zu ahnden (EGH München EGE XIV, 248). Der BGH hat – ebenfalls zu § 156 – festgestellt, dass dies eine Sondervorschrift sei, die die allgemeine Bestimmung des § 113 Abs. 1 verdränge, deshalb genüge Fahrlässigkeit wie in der allgemeinen Sanktionsdrohung des § 113 nicht (BGH BRAK-Mitt. 1983, 91 = NJW 1983, 1072, nur Ls.). Diese Auffassung hat der BGH – ohne sich aber endgültig festzulegen – nunmehr auf § 114a Abs. 3 übertragen. Ergänzend hat er ausgeführt, für diese Ansicht, dass bei der Ahndung von Zuwiderhandlungen ein Rückgriff auf die Generalklausel des § 113 ausgeschlossen sei, spreche, dass der BRAO eine spezielle Sanktionsanordnung, wie sie § 114a Abs. 3 (und § 156 Abs. 1) enthält, sonst fremd ist, so dass eine abschließende Regelung durch die einschlägigen Sondernormen naheliege (BGHSt 38, 138 = NJW 1992, 1181). Dem ist nicht zu folgen. §§ 114a Abs. 3, 156 Abs. 1 sind nur Maßnahmefolgeregelungen und lassen die Grundregelung der §§ 43, 113, 114 im Übrigen unberührt. Als solche sind sie nur insofern

Sondervorschriften, als sie für den Fall der wissentlichen Zuwiderhandlung von dem Grundsatz der §§ 113 Abs. 1, 114 abweichen, wonach es für festgestellte Pflichtverletzungen grundsätzlich keinen festen „Strafrahmen" gibt, Art und Höhe der berufsgerichtlichen Maßnahme zu bestimmen, vielmehr dem pflichtgemäßen Ermessen des Tatrichters anvertraut ist (→ § 114 Rn. 6). Verstößt ein Rechtsanwalt wissentlich gegen das Verbot, so beweist dies aber in besonderem Maße seine Unzuverlässigkeit und soll deshalb durch die Regelung der §§ 114a, 156 sichergestellt werden, dass diese Pflichtverletzung im Regelfall zu der im berufsgerichtlichen Verfahren zu verhängenden Ausschließung aus dem Beruf führt (amtliche Begründung zu § 114a Abs. 3, BT-Drs. 7/4005, 15). Mit dieser Regelung soll aber nicht ausgeschlossen werden, dass ein Rechtsanwalt, der zwar nicht wissentlich wohl aber fahrlässig (→ § 113 Rn. 7) gegen ein Vertretungsverbot verstößt, entsprechend der allgemeinen Sanktionsnorm des § 113 verurteilt wird.

Der **Irrtum des Rechtsanwalts über die augenblickliche Geltung des Vertretungsverbots,** zB weil er infolge rechtlicher Fehlbeurteilung glaubt, die Anordnung sei noch nicht rechtskräftig, ist ein Tatbestandsirrtum. Der Tatbestand des § 114a Abs. 3 hat das Bestehen des Vertretungsverbotes zur Voraussetzung. Demgemäß verkennt, wer über die Geltung eines gegen ihn verhängten Vertretungsverbotes irrt, nicht nur die Rechtswidrigkeit seines Tuns, sondern bereits dessen Tatbestandsmäßigkeit (BGH NJW 1989, 1939 = NStZ 1989, 475 mit Anm. *Dölp* NStZ 1989, 475). Der Rechtsanwalt, gegen den ein Verbot nach § 114 Abs. 1 Nr. 4 für bestimmte Rechtsgebiete ergangen ist, darf auf diesen Rechtsgebieten auch nicht als amtlich bestellter Vertreter eines anderen Rechtsanwalts handeln (BGH NJW 1983, 1072, nur Ls. zu §§ 156, 161a; EGH Frankfurt AnwBl. 1984, 629). 10

Gerichte oder Behörden sollen einen Rechtsanwalt, der entgegen einem Vertretungsverbot im schriftlichen oder mündlichen Verkehr vor ihnen auftritt, als Sofortmaßnahme **zurückweisen** (amtliche Begründung, BT-Drs. 7/4005; → § 156 Rn. 7). Zwar existiert für das rechtskräftig verhängte und damit endgültig wirksame Vertretungs- und Beistandsverbot keine ausdrückliche Mitteilungsregelung wie für das vorläufige Berufs- oder Vertretungsverbot nach § 160. Das Zurückweisungsgebot nach § 114a Abs. 3 S. 2 setzt aber naturgemäß Kenntnis und Information voraus. Das Mitteilungserfordernis und die Berechtigung dazu ergibt sich mittelbar aus § 114a Abs. 3 S. 2 iVm § 36a Abs. 3. Ausführungsbestimmungen der Landesjustizverwaltung, die demgemäß regeln, dass entsprechende Mitteilungen über Vertretungs- und Beistandsverbote an die Gerichte der Gerichtsbarkeit, für die das Vertretungs- und Beistandsverbot ausgesprochen wurde, erfolgen sollen, verletzen nicht das informationelle Selbstbestimmungsrecht des Betroffenen (AGH SchlH NJW-RR 2000, 442; § 13 Abs. 1 Nr. 5 EGGVG). Bei Vertretungs- und Beistandsverboten für das Gebiet des Strafrechts ist auch die Staatsanwaltschaft zu unterrichten. 11

§ 115 Verjährung der Verfolgung einer Pflichtverletzung

(1) [1]**Die Verfolgung einer Pflichtverletzung, die nicht eine Maßnahme gemäß § 114 Abs. 1 Nr. 4 oder 5 rechtfertigt, verjährt in fünf Jahren.** [2]**§ 78 Abs. 1, § 78a Satz 1 sowie die §§ 78b und 78c Abs. 1 bis 4 des Strafgesetzbuches gelten entsprechend.**

(2) **Ist vor Ablauf der Verjährungsfrist wegen desselben Sachverhalts ein Strafverfahren eingeleitet worden, ist der Ablauf der Verjährungsfrist für die Dauer des Strafverfahrens gehemmt.**

Übersicht

I. Verfolgungs- und Vollstreckungsverjährung

1 § 115 regelt die Verjährung der anwaltsgerichtlichen Verfolgung einer anwaltlichen Pflichtverletzung. Soweit diese nicht die Maßnahme des Vertretungsverbots (§ 114 Abs. 1 Nr. 4) oder der Ausschließung aus der Rechtsanwaltschaft (§ 114 Abs. 1 Nr. 5) rechtfertigt, verjährt ihre Verfolgung in fünf Jahren. **Die Verjährung der Verfolgung einer Pflichtverletzung bestimmt sich ausschließlich nach § 115.** Der Umstand, dass die in der Pflichtverletzung liegende Straftat oder Ordnungswidrigkeit wegen Verjährung nicht mehr verfolgt werden kann, hindert nicht die Verfolgung der darin liegenden Verletzung von anwaltlichen Pflichten; hierfür ist ausschließlich die Verjährungsbestimmung des § 115 maßgebend (EGH München Urteil vom 9.2.1993 – BayEGH II 17/92; Urteil vom 26.4.1995 – BayAGH II 17/94). § 115 ist im Zulassungsverfahren nicht anzuwenden (BGH EGE VII, 94).

2 Eine **Vollstreckungsverjährung** ist dem anwaltsgerichtlichen Verfahren weitgehend fremd. Warnung und Verweis (§ 114 Abs. 1 Nr. 1 und 2) gelten mit der Rechtskraft des Urteils als vollstreckt (§ 204 Abs. 2). Die Ausschließung aus der Rechtsanwaltschaft und das Vertretungsverbot werden mit der Rechtskraft des Urteils wirksam (§ 204 Abs. 1 und 5). Lediglich bei der Geldbuße (§ 114 Abs. 1 Nr. 3) ist an die Möglichkeit einer Vollstreckungsverjährung zu denken. Nach § 205a Abs. 3 endet die bis zu zehnjährige Tilgungsfrist (§ 205a Abs. 1) nicht, solange ein auf Geldbuße lautendes Urteil noch nicht vollstreckt ist. Dort wird von der andauernden Vollstreckbarkeit der Geldbuße ausgegangen. Diese Vollstreckung erfolgt nach den Vorschriften, die für die Vollstreckung von Urteilen in bürgerlichen Rechtsstreitigkeiten gelten (§ 204 Abs. 3 iVm §§ 750 ff. ZPO). Das bedeutet, dass das rechtskräftig auf eine Geldbuße als Maßnahme erkennende anwaltsgerichtliche Urteil wie ein rechtskräftiges Zivilurteil, das auf die Zahlung eines bestimmten Geldbetrages lautet, zu vollstrecken ist. Das rechtfertigt es auch, § 197 Abs. 1 Nr. 3 BGB auf die Geldbuße entsprechend anzuwenden, so dass die rechtskräftig verhängte Geldbuße (§ 114 Abs. 1 Nr. 3) erst nach 30 Jahren verjährt (→ § 204 Rn. 8 mwN).

II. § 115 als echte Verjährungsregelung

3 Die Regelung des § 115 ist eine echte Verjährungsvorschrift (amtliche Begründung, BT-Drs. 5/2848, 24). Das ergibt sich insbesondere auch aus der Bezugnahme in § 115 Abs. 1 S. 2 auf Verjährungsvorschriften des StGB (BGHSt 24, 1 = NJW 1970, 2304). Dagegen spricht nicht, dass eine Pflichtverletzung, die ein beschränktes Vertretungsverbot (§ 114 Abs. 1 Nr. 4) oder die Ausschließung aus der Rechtsanwaltschaft (§ 114 Abs. 1 Nr. 5) rechtfertigt, nicht verjährt. Der doppeldeutige Begriff „rechtfertigt" in § 115 Abs. 1 S. 1 ist dahin zu verstehen, dass die konkret verhängte Maßnahme allein entscheidend ist. Es ist belanglos, dass nach der Art und Schwere der Pflichtverletzung auch eine Ausschließung aus der Rechtsanwaltschaft oder ein Vertretungsverbot hätte in Betracht kommen können, diese Maßnahme sonst grundsätzlich bei dieser Art Pflichtverletzungen verhängt wird.

4 Entscheidend für das Eingreifen der Verjährungsvorschrift ist, ob tatsächlich auf Ausschließung oder Vertretungsverbot erkannt wird (BGH NJW 1975, 1712; KG – Senat für Steuerberater- und Steuerbevollmächtigten-Sachen – Urteil vom 27.11.1981 – StO 1/81). Zur Wirkung des

Zeitablaufes auf die Erforderlichkeit einer Maßnahme nach § 114 Abs. 1 Nr. 5 → § 114 Rn. 41, 42; EGH Hamm Urteil vom 21.9.1982 – (2) 6 EVY 6/82; EGH München BRAK-Mitt. 1984, 40; 1991, 105. Da es auch im Disziplinarrecht der Rechtsanwälte grundsätzlich mit Ausnahme von §§ 114a Abs. 3, 156 keine festen „Strafrahmen" gibt (→ § 114 Rn. 6), für jede Pflichtverletzung vielmehr grundsätzlich sämtliche Maßnahmen des Maßnahmenkataloges nach § 114 zur Verfügung stehen (*Isele* S. 1356), kann häufig erst nach vollständiger Aufklärung des Sachverhalts festgestellt werden, welche Maßnahme gerechtfertigt ist und ob demgemäß Verjährung eingetreten ist oder nicht. Die Vorschrift schließt somit im Einzelfall, wenn nicht von vornherein klar ist, dass eine Maßnahme nach § 114 Abs. 1 Nr. 4 oder 5 nicht gerechtfertigt ist, Ermittlungen der Staatsanwaltschaft (§ 120) und unter Umständen sogar die Anschuldigung nicht aus, sondern kann auch erst in der Hauptverhandlung zum Einstellungsurteil führen, wenn dann erst klar wird, dass die Pflichtverletzung eine Maßnahme nach § 114 Abs. 1 Nr. 4 oder 5 nicht rechtfertigt (§ 139 Abs. 3 S. 1 iVm § 260 Abs. 3 StPO). Diese Möglichkeit schließt aber die Einordnung des § 115 als echte Verjährungsregelung und damit als Verfahrenshindernis (Schönke/Schröder/*Sternberg-Lieben*/*Bosch* StGB Vor § 78 Rn. 3; *Fischer* StGB Vor § 78 Rn. 3) nicht aus (**aA** *Claussen*/*Janzen* BDO § 4 Rn. 1).

Der Umstand, dass im Disziplinarrecht der Beamten nach § 15 BDG (früher § 4 BDO) die Verfolgung von Dienstvergehen eines Beamten bereits nach kürzeren Fristen ausgeschlossen ist, führt nicht dazu, dass § 115 wegen Verstoßes gegen den Gleichheitssatz (Art. 3 GG) verfassungswidrig ist. Art. 3 GG verbietet nur, dass gleiche Sachverhalte vom Gesetzgeber ungleich behandelt werden. Die Stellung des Rechtsanwalts einerseits und diejenige des Beamten andererseits sind nicht vergleichbar. Der Rechtsanwalt übt einen freien Beruf aus (§ 2 Abs. 1), der staatliche Kontrolle und Bevormundung prinzipiell ausschließt (BVerfGE 34, 293, 303 = NJW 1973, 696; BVerfGE 50, 16 = NJW 1979, 1159; BVerfGE 63, 266 = NJW 1983, 1535). Die Rechtsanwälte unterliegen daher auch nur einer sehr lockeren Aufsicht durch ihre beruflichen Selbstverwaltungsorgane, die Rechtsanwaltskammern (§§ 56, 57, 73 Abs. 2 Nr. 4, 74). Dagegen sind die Beamten einer ständigen wirksamen Dienstaufsicht ihrer Vorgesetzten unterworfen, so dass etwaige Pflichtverletzungen im allgemeinen verhältnismäßig leicht und rasch zur Kenntnis gelangen. Schon das rechtfertigt es, den Ausschluss der Verfolgung bei einem Rechtsanwalt vom Verstreichen einer längeren Frist abhängig zu machen als bei einem Beamten (BGH EGE XI, 87, 97). 5

III. Pflichtverletzung, Beginn der Verjährung

Während § 78 StGB an fest umrissene Straftatbestände anknüpft, regelt § 115 die Verjährung, dh den Ausschluss der Ahndung einer „Pflichtverletzung", knüpft also an den sehr komplexen Begriff der Pflichtverletzung in § 113 (zu dem Verständnis dieses Begriffes → § 113 Rn. 25 ff.) an. Pflichtverletzung iSd § 115 ist das gesamte Verhalten des Rechtsanwalts, das ihm zum Vorwurf gemacht wird. Dabei kommt dem einzelnen historischen Vorgang iSd § 264 StPO nach der Auffassung der Rechtsprechung grundsätzlich keine selbständige Bedeutung zu *Isele* § 115 S. 1382; BGHSt 22, 157 = NJW 1968, 2204; EGH München BRAK-Mitt. 1984, 40; kritisch dazu *Jähnke,* FS Pfeiffer, 1988, 941 ff.; → § 113 Rn. 25 ff.). Zur Auswirkung der „Einheitlichkeit der Pflichtverletzung" auf die Verjährung → § 113 Rn. 34; AGH Hmb BRAK-Mitt. 2009, 129 = AnwBl. 2009, 455. 6

Die **Verjährung beginnt,** sobald das eine Maßnahme rechtfertigende Verhalten des Rechtsanwalts beendet ist, also **mit der letzten Teilhandlung** der Pflichtverletzung. Auf den Eintritt des Erfolges kommt es, anders als nach § 78a S. 2 StGB, auf den in § 115 S. 2 kein Bezug genommen wird, nicht an. Allein entscheidend ist die Zeit der Handlung (*Isele* § 115, S. 1382). Allerdings führt die Beendigung der Tat über die bloße Verwirklichung des Tatbestandes (= Vollendung der Tat) zeitlich jedenfalls dann hinaus, wenn der Täter seine inkriminierten Handlungen fortsetzt, um sich die Früchte der Tat zu sichern oder sonst ihren Erfolg zu festigen. Dann beginnt die Verjährung erst mit der tatsächlichen Beendigung des Fehlverhaltens (BGH NStZ 1983, 595). Verstößt der Rechtsanwalt gegen das Berufsrecht durch die Vereinbarung eines Streitanteils bei noch unsicherem Verfahrensausgang, kommt eine Beendigung der Berufspflichtverletzung erst dann in Betracht, wenn er den begehrten Anteil erstritten hat (AGH NRW Beschluss vom 20.6.1995 – (2) 6 EVY 5/95; vgl. aber BVerfG NJW 2007, 979 = MDR 2007, 621 und Anm. zu § 49b). Bei **Unterlassungshandlungen** beginnt die Verjährung erst, wenn 7 die Pflicht zum Handeln fortfällt. Solange der Rechtsanwalt die von ihm zu erbringende Handlung noch vornehmen kann, beginnt die Verjährung noch nicht (EGH Celle Urteil vom 14.9.1981 – EGH 7/81 – [I/6]). Liegen mehrere unselbständige Teilakte des Gesamtverhaltens eines Rechtsanwalts vor, kann der Lauf der Verjährungsfrist erst mit der Beendigung der letzten Pflichtwidrigkeit beginnen, sofern die einzelnen Vorgänge nicht mehr als fünf Jahre auseinander liegen (EGH Frankfurt EGE XIII, 185) oder in einem inneren oder äußeren Zusammenhang mit dem letzten Tun stehen (EGH München BRAK-Mitt. 1984, 40). Bei einem Gesamtverhalten kommt es somit darauf an, wann der Rechtsanwalt die letzte Teilhandlung dieser Pflichtverletzung gesetzt hat; von da ab läuft die Fünfjahresfrist (BGHSt 22, 157 = NJW 1968, 2204; BGHSt 21, 232, 235 ff. = NJW 1967, 894).

8 Etwas anderes könnte nur gelten, wenn es sich um mehrere völlig selbständige, in keinerlei Zusammenhang stehende Verfehlungen handeln würde. Dann würde der Zeitablauf für jeden selbständigen Tatkomplex besonders zu berechnen sein (BGHSt 22, 157 = NJW 1968, 2204).

9 In die Verfolgung können auch Pflichtwidrigkeiten einbezogen werden, die bei Begehung des neuen Teilaktes der Pflichtwidrigkeit länger als fünf Jahre zurückliegen, die also, wenn es nicht zu der neuen Pflichtwidrigkeit gekommen wäre, allein wegen Verjährung nicht verfolgbar wären. Voraussetzung ist aber, dass die **länger als fünf Jahre zurückliegenden Verfehlungen in einem inneren oder äußeren Zusammenhang mit der später hinzugekommenen Pflichtverletzung stehen** (BGH EGE XIII, 112; BGHSt 22, 157 = NJW 1968, 2204; EGH München BRAK-Mitt. 1984, 40; BVerwGE 63, 88 = DÖD 1978, 211; BVerwG DÖD 1981, 35; kritisch dazu aber *Jähnke,* FS Pfeiffer, 1988, 941, 949, 957; AGH Hmb BRAK-Mitt. 2009, 129 = AnwBl. 2009, 455; → § 113 Rn. 27 ff.). Ein solcher Zusammenhang ist nach der Rechtsprechung schon gegeben, wenn die verschiedenen Pflichtwidrigkeiten auf eine auf Gleichgültigkeit und Laxheit beruhende Grundeinstellung des Betroffenen schließen lassen (EGH München BRAK-Mitt. 1984, 40). Diese Zusammenfassung zeitlich weit auseinanderliegender aber in einem Zusammenhang stehender Vorgänge rechtfertigt sich danach aus dem Sinn und Zweck der Ahndung pflichtwidrigen Verhaltens.

10 Das BVerwG hat in BVerwGE 63, 88 = DÖD 1978, 211 zu den Disziplinarangelegenheiten der Beamten ausgeführt, ein Beamter werde „nicht dienstlich gemaßregelt, weil er bestimmte Pflichten verletzt und dadurch das Erfordernis für einen Ausgleich der gestörten sittlichen Wertordnung begründet hätte, sondern weil er durch die Pflichtverletzung **Persönlichkeitsmängel** offenbart hat, die ihn für den öffentlichen Dienst untragbar erscheinen oder die eine Erziehungsmaßnahme geboten sein lassen. Gegenstand disziplinarrechtlicher Beurteilung ist mithin nicht eine bestimmte Tat, sondern die durch die Tat offenbar werdende Persönlichkeit des Beamten, orientiert an der Frage, ob und inwieweit er für den öffentlichen Dienst noch tragbar sei. Für den Verlust des disziplinarrechtlichen „Strafanspruchs" kann hiernach nicht der bloße Zeitablauf bestimmend sein, sondern allein das Wissen darum, ob das Verhalten des Beamten in seiner Persönlichkeit wurzelt oder nur als ein wesensfremdes Versagen zu werten ist. Der Zeitablauf dient in diesem Zusammenhang nur als Beweisanzeichen dafür, ob ein bestimmtes Missverhalten ein von der Täterpersönlichkeit weitgehend unabhängiges, dieser vielmehr wesensfremdes, situationsbedingtes, einmaliges Versagen darstellt. Diese Einbettung des Verjährungsgedankens in das das Disziplinarrecht beherrschende Prinzip von der Einheit des Dienstvergehens führt dazu, dass auch lange zurückliegende Pflichtverletzungen, die für sich allein betrachtet die in § 10 BDG (früher § 4 BDO) aufgezählten Disziplinarmaßnahmen wegen Zeitablaufs nicht gerechtfertigt hätten, erneut in die disziplinare Betrachtung einbezogen werden können und müssen, wenn weitere Pflichtverletzungen hinzutreten, die für sich allein oder zusammen mit den älteren eine nicht der „Verjährung" unterliegende Disziplinarmaßnahme notwendig machen. Die spätere Wiederholung ähnlicher Pflichtverletzungen zeigt nämlich, dass die an die ursprüngliche Nichtverfolgung geknüpfte Vorstellung, es handele sich um persönlichkeitsfremdes Missverhalten, nicht gerechtfertigt war, das Verhalten vielmehr doch in der Persönlichkeit des Beamten wurzelte. Folgerichtig sind aus der einheitlichen Betrachtungsweise nur solche Pflichtverletzungen auszuscheiden, die mit den übrigen, später hinzugetretenen in keinem inneren oder äußeren Zusammenhang stehen". Diese Grundsätze sind nach der anwaltsgerichtlichen Rechtsprechung ohne Einschränkung auf die Ahndung von Pflichtverletzungen durch Rechtsanwälte zu übertragen (EGH München BRAK-Mitt. 1984, 40). Zu Persönlichkeitsmängeln vgl. BGHSt 20, 73; BGH Urteil vom 21.9.1981 – AnwSt (R) 9/81; zur Überprüfung weit zurückliegender Pflichtverletzungen ohne inneren oder äußeren Zusammen-

hang BGHSt 22, 157 = NJW 1968, 2204; BGHSt 33, 54, 58; EGH München BRAK-Mitt. 1984, 40; *Jähnke,* FS Pfeiffer, 1988, 941, 945.

Zur Kritik an dem Verständnis der Rechtsprechung vom Begriff der „Pflichtwidrigkeit" und zu dem Vorschlag, die Pflichtwidrigkeit auf die Tat (§ 264 StPO) zu beschränken mit der Folge, dass jede strafprozessuale Tat selbständig auf ihre Verjährung zu überprüfen ist vgl. *Jähnke,* FS Pfeiffer, 1988, 941, 945, 949, 957; → § 113 Rn. 47 ff.). 11

IV. Ruhen der Verjährung (Abs. 1 Satz 2 iVm § 78b Abs. 1 und 2 StGB) Ablaufhemmung (Abs. 1 iVm § 78b Abs. 3 StGB, § 115 Abs. 2)

1. Grundsatz. Gemäß § 115 Abs. 1 S. 2 gilt die Vorschrift des § 78b StGB über das Ruhen der Verjährung im anwaltsgerichtlichen Verfahren entsprechend. Das Ruhen der Verjährung hemmt entweder den Beginn oder den Weiterlauf der Verjährung. Ein bereits abgelaufener Teil der Verjährungsfrist wird nicht vernichtet, der Rest der Verjährungszeit läuft nach dem Ende der Ruhezeit weiter. 12

2. Geltung des § 78b StGB. § 78b StGB gilt wegen der Besonderheiten des anwaltsgerichtlichen Verfahrens nur mit Einschränkung. Die Verjährung ruht, solange nach dem Gesetz die Verfolgung nicht begonnen oder nicht fortgesetzt werden kann. 13

a) Ausschluss der Unterbrechungsmöglichkeit. Voraussetzung ist, dass das Verfahren nicht so begonnen oder fortgesetzt werden kann, dass eine Unterbrechung nach § 115 Abs. 1 S. 2 iVm § 78c Abs. 1–4 StGB möglich ist. Es müssen alle Verfahrenshandlungen grundsätzlich ausgeschlossen sein, damit eine wirksame Unterbrechungshandlung nach § 78c StGB unmöglich ist. Dies ist zB der Fall, wenn der Betroffene vorübergehend aus der Rechtsanwaltschaft ausgeschieden war und dann erneut zugelassen worden ist, für die Zeit der Nichtzulassung. Ein Ruhen der Verjährungsfrist kommt ferner in Betracht, wenn das anwaltsgerichtliche Verfahren nach §§ 118 Abs. 1, 121 zwar eingeleitet, aber durch gerichtliche Entscheidung bis zur Beendigung des strafgerichtlichen Verfahrens wegen desselben Verhaltens ausgesetzt wird, die bloße Aussetzungsmöglichkeit reicht nicht aus (EGH München NJW 1976, 816). Da nach § 118 Abs. 1 ein Strafverfahren der Durchführung eines anwaltsgerichtlichen Verfahrens wegen desselben Verhaltens im Wege steht, wenn in dem strafgerichtlichen Verfahren die öffentliche Klage erhoben ist, besteht iSd § 115 Abs. 1 S. 2 iVm § 78b Abs. 1 StGB ein gesetzliches Verbot der Fortsetzung der Verfolgung (→ § 118 Rn. 2, 8). Greift das Fortsetzungsgebot des § 118 Abs. 1 S. 3 ein, tritt kein Ruhen der Verjährung ein, wohl aber eine Ablaufhemmung nach Abs. 2 (→ § 115 Rn. 18a). Das Ruhen beginnt erst mit der Aussetzungsentscheidung des Anwaltsgerichts nach § 118 Abs. 1 (EGH München NJW 1976, 816). 14

b) Aussetzung des Verfahrens nach § 118b. Eine Aussetzung des Verfahrens nach § 118b oder gar nur die bloße Möglichkeit einer solchen Aussetzung im Hinblick auf ein strafrechtliches Ermittlungsverfahren wegen desselben Verhaltens **führt nicht zum Ruhen der Verjährung.** Zwar ist ein staatsanwaltschaftliches Ermittlungsverfahren zu den „anderen gesetzlich geordneten Verfahren" iSd § 118b zu rechnen. Auch ist die Vorschrift, wie sich aus der Stellung im Gesetz ergibt, nicht nur für das Stadium des Verfahrens vor dem Anwaltsgericht selbst, sondern auch für das vorgerichtliche Verfahren anwendbar (EGH München NJW 1976, 816). Da aber trotz der staatsanwaltschaftlichen Ermittlungen im strafrechtlichen Ermittlungsverfahren in anwaltsgerichtlichen Verfahren und in anwaltsgerichtlichen Ermittlungsverfahren weiterhin die Möglichkeit der Verjährungsunterbrechung besteht und diese lediglich aufgrund der staatsanwaltschaftlichen bzw. gerichtlichen Aussetzung nach § 118b derzeit nicht vorgenommen wird, ist kein Grund ersichtlich, an diese Aussetzung nach § 118b ein Ruhen der Verjährung zu knüpfen. § 78b Abs. 1 S. 1 StGB setzt für das Ruhen der Verjährung voraus, dass eine Fortsetzung des Verfahrens rechtlich nicht möglich ist; bei § 118b handelt es sich aber um eine Kann-Vorschrift (Henssler/Prütting/*Dittmann* § 115 Rn. 7, § 118b Rn. 6; unentschieden EGH München NJW 1976, 817; vgl. auch BGHSt 33, 54 zu §§ 93, 109 StBerG). 15

Durch den Wechsel der Zulassung aus den alten Bundesländern in das Gebiet des (früheren) RAG (vgl. 2. Aufl. § 33 Rn. 23; zum Wechsel vom Gebiet des RAG in das der BRAO BGH BRAK-Mitt. 1992, 171) war kein Ruhen der Verjährung eingetreten für Pflichtverletzungen, die der Rechtsanwalt während seiner Zulassung nach der BRAO begangen hatte. Aus der Gleichstellungsklausel in Anlage I Kapitel III A. Abschnitt II Nr. 2 des Einigungsvertrages, die auch den 16 berufsrechtlichen Status des wechselnden Rechtsanwalts betrifft (Bundesregierung, BR-Drs. 605/90, 9; BGH BRAK-Mitt. 1992, 171), folgte, dass bei einem Zulassungswechsel vom Gebiet der BRAO in das des RAG die frühere Zulassung nach der BRAO gleichzustellen war der nach dem RAG. Das beinhaltete auch, die Unterstellung unter die Ehrengerichtsbarkeit der BRAO war gleichzustellen der Unterstellung unter die Berufsgerichtsbarkeit nach § 110 RAG und umgekehrt. Daraus folgt, die von dem nach der BRAO zugelassenen Rechtsanwalt begangenen Pflichtverletzungen konnten nach dem Zulassungswechsel nach dem RAG weiter verfolgt werden, was ein Ruhen der Verjährung ausschloss. Dem stand § 191 RAG nicht entgegen. Als Übergangsbestimmung für die vor dem Zeitpunkt des Inkrafttretens des RAG am 15.9.1990 (§ 194 Abs. 1 RAG) im Gebiet der ehemaligen DDR begangenen Berufspflichtverletzungen sollte mit § 191 RAG lediglich erreicht werden, dass auch über solche Verstöße nunmehr demokratisch legitimierte Berufsgerichte entscheiden konnten und dafür die in § 113 RAG vorgesehenen Verjährungsfristen nicht rückwirkend gelten sollten (*Treffkorn* DtZ 1990, 308, 312; → § 115 Rn. 33). Ein Ausschluss der Verfolgung von Pflichtverletzungen, die schon vorher nach der BRAO verfolgbar waren, war mit § 191 RAG nicht bezweckt; diese unterfielen nicht dem Regelungsbereich des § 191 RAG.

17 **c) Immunitätsschutz.** Geht man davon aus, die Mitgliedschaft im Deutschen Bundestag oder in einem Gesetzgebungsorgan eines Landes gewähre Immunitätsschutz (→ § 116 Rn. 3) und stehe der Verfolgung entgegen, dann beginnt die Verjährung mit dem Ablauf des Tages zu ruhen, an dem die Staatsanwaltschaft (§ 120) von der Pflichtverletzung und der Person der Rechtsanwalts Kenntnis erlangt oder eine Anzeige, Beschwerde, Antrag gegen den Rechtsanwalt bei einer der in § 158 StPO (§ 116 S. 2) aufgeführten Behörden oder dem Vorstand der RAK angebracht wird (*Isele* § 115, 1383).

18 **d) Ablaufhemmung. aa) Nach erstinstanzlichem Urteil (Abs. 1).** Die Verjährungsfrist läuft, wenn vor Ablauf der Verjährungsfrist ein anwaltsgerichtliches Urteil des ersten Rechtszuges ergangen ist, nicht vor dem Zeitpunkt ab, in dem das Verfahren rechtskräftig abgeschlossen ist (§ 115 Abs. 1 S. 2 iVm § 78b Abs. 3 StGB; BGHSt 21, 167 = NJW 1967, 893). Damit wird verhindert, dass im Rechtsmittelverfahren, das nur ausnahmsweise verjährungsunterbrechende Handlungen zulässt, die Verjährung eintritt. Das gilt auch bei fehlerhaften Urteilen, nicht jedoch bei nichtigen (Henssler/Prütting/*Dittmann* § 115 Rn. 9).

18a **bb) Nach Einleitung eines sachgleichen Strafverfahrens (Abs. 2).** § 115 Abs. 2, der einen für das anwaltsgerichtliche Verfahren speziellen Grund der Ablaufhemmung der Verjährungsfrist beinhaltet, wurde durch Gesetz vom 26.3.2007 (BGBl. I S. 358) angefügt. Diese Anfügung trägt dem Umstand Rechnung, dass durch die lange Dauer von Strafverfahren, deren Ausgang für das berufsgerichtliche Verfahren von Bedeutung ist, regelmäßig die Gefahr der Verjährung hinsichtlich der Verfolgung der Pflichtverletzungen besteht. Diese Gefahr wird durch den neuen Abs. 2 beseitigt (BT-Drs. 16/513, 18). Ist vor Ablauf der Verjährungsfrist (Abs. 1 S. 1) wegen desselben Sachverhalts (§ 264 StPO, → § 116 Rn. 29), der Gegenstand des anwaltsgerichtlichen (Ermittlungs-)Verfahrens ist, ein Strafverfahren eingeleitet worden, wobei die Einleitung eines strafrechtlichen Ermittlungsverfahrens ausreicht (*Meyer-Goßner* StPO Einl. Rn. 58 ff., StPO § 160 Rn. 7), dann ist der Ablauf der Verjährungsfrist für die Dauer des Strafverfahrens gehemmt, sofern nicht die Verjährung bereits ruhte (→ § 115 Rn. 14).

V. Unterbrechung der Verjährung

19 **1. Bedeutung der Unterbrechung.** Nach § 115 Abs. 1 S. 2 iVm § 78c Abs. 1–4 StGB kann die Verjährung unterbrochen werden. Die Unterbrechung der Verjährung bedeutet anders als das bloße Ruhen der Verjährung die Beseitigung des schon abgelaufenen Teils einer noch laufenden Verjährungsfrist durch bestimmte in § 78c Abs. 1 StGB näher bezeichnete Prozesshandlungen mit der Folge, dass die Frist von neuem voll zu laufen beginnt (§ 78c Abs. 3 S. 1 StGB). Die Verfolgung ist jedoch spätestens verjährt, wenn seit der Beendigung der Tat (§ 78a S. 1 StGB) das Doppelte der gesetzlichen Verjährungsfrist verstrichen ist. § 78b StGB (Ruhen der Verjährung) bleibt unberührt (§ 78c Abs. 3 StGB). Da es sich bei dem anwaltsgerichtlichen Verfahren um ein vom sachgleichen Strafverfahren vollkommen getrenntes und selbständiges Verfahren handelt, sind Verfolgungsmaßnahmen im Rahmen eines Strafverfahrens nicht geeignet, die Verfolgungsverjährung im sachgleichen anwaltsgerichtlichen Verfahren zu unterbrechen (EGH München

NJW 1976, 316; vgl. auch BGHSt 33, 54 zu §§ 93, 109 StBerG). Ebenso unterbrechen Ermittlungshandlungen wie die Anhörung des Rechtsanwalts in einem dem anwaltsgerichtlichen Ermittlungsverfahren eventuell vorausgegangenen Aufsichts- und Rügeverfahren (§§ 56, 74, 74a) nicht. Die Unterbrechung wirkt auch nur gegenüber demjenigen Rechtsanwalt, auf den sich die Unterbrechungshandlung nach § 78c Abs. 1 StGB bezieht (§ 78c Abs. 4 StGB). Die Handlung muss sich somit auf eine ganz bestimmte Person beziehen. Bei mehreren verdächtigen Rechtsanwälten wirkt die nur gegen den einen gerichtete Unterbrechungshandlung nicht auch gegen den anderen und zwar selbst dann nicht, wenn die Unterbrechungshandlung zugleich auch der Sachverhaltsaufklärung in Richtung gegen den anderen dienen soll. Darüber hinaus muss die Unterbrechungshandlung eine ganz bestimmte Tat betreffen, denn eine Verjährungsfrist gegenüber einem bestimmten Rechtsanwalt kann sich nur auf eine bestimmte Tat iSd § 264 StPO, auf einen geschichtlichen Gesamtvorgang im Sinne eines konkreten Vorkommnisses beziehen. Ist zweifelhaft, ob sich eine Unterbrechungshandlung auch auf einen anderen Rechtsanwalt bezieht, so gilt „in dubio pro reo" (OLG Hamburg MDR 1965, 677).

2. Anwendung des § 78c Abs. 1 StGB. a) Erste Vernehmung. Die Verjährung wird 20 unterbrochen durch die erste Vernehmung des Beschuldigten, die Bekanntgabe, dass gegen ihn das Ermittlungsverfahren eingeleitet ist, oder die Anordnung dieser Vernehmung oder Bekanntgabe. Dabei ist es gleichgültig, ob es sich um eine durch den Richter (§ 116 BRAO iVm § 136 StPO), den Staatsanwalt (§ 116 BRAO iVm §§ 163a Abs. 3, 136 StPO) oder die Polizei (§ 116 BRAO iVm §§ 136, 163a Abs. 4 StPO) erfolgte Vernehmung, Bekanntgabe oder Anordnung handelt.

b) Richterliche Vernehmung. Die Verjährung wird unterbrochen durch jede richterliche 21 Vernehmung des Beschuldigten oder deren **Anordnung** (§ 78c Abs. 1 Nr. 2 StGB). Richterliche Vernehmung im Sinne dieser Bestimmung ist nicht nur die Vernehmung durch das Anwaltsgericht oder einen beauftragten Richter des Anwaltsgerichts, sondern bereits die Vernehmung durch den Ermittlungsrichter im anwaltsgerichtlichen Ermittlungsverfahren (*Isele* § 115 S. 1383). Die Bestimmung des Termins für die richterliche Vernehmung des beschuldigten Rechtsanwalts im anwaltsgerichtlichen Ermittlungsverfahren unterbricht die Verjährung, auch wenn die Terminsbestimmung später wieder aufgehoben wird (EGH Stuttgart AnwBl. 1973, 54; *Jessnitzer/Blumberg* § 115 Rn. 1).

c) Beauftragung eines Sachverständigen. Die Verjährung wird unterbrochen durch die 22 Beauftragung eines Sachverständigen **durch den Richter** oder **Staatsanwalt** (§ 78c Abs. 1 Nr. 3 StGB), wenn vorher der Beschuldigte vernommen oder ihm die Einleitung des Ermittlungsverfahrens bekanntgegeben worden ist. Dazu gehört auch die Einholung eines Gutachtens des Vorstandes der RAK nach § 73 Abs. 2 Nr. 8.

d) Richterliche Beschlagnahme- oder Durchsuchungsanordnung. Die Verjährung wird 23 unterbrochen durch jede richterliche Beschlagnahme- oder Durchsuchungsanordnung und richterliche Entscheidungen, welche diese aufrechterhalten (§ 78c Abs. 1 Nr. 4 StGB).

e) Anschuldigungsschrift, Beweissicherung. Die Verjährung wird unterbrochen durch die 24 Einreichung einer Anschuldigungsschrift sowie die Anordnung auf Sicherung der Beweise (§ 78c Abs. 1 Nr. 6 StGB iVm §§ 121 Abs. 1 und 148).

f) Eröffnung des Hauptverfahrens. Die Verjährung wird unterbrochen durch die Eröffnung 25 des Hauptverfahrens (§ 78c Abs. 1 Nr. 7 StGB).

g) Anberaumung einer Hauptverhandlung. Die Verjährung wird unterbrochen durch jede 26 Anberaumung einer Hauptverhandlung (§ 78c Nr. 8 StGB).

h) Abwesenheit des Angeschuldigten. Die Verjährung wird unterbrochen durch die **vorläufige gerichtliche Einstellung des Verfahrens** wegen Abwesenheit des Angeschuldigten 27 sowie jede Anordnung des Richters oder Staatsanwalts, die nach einer solchen Einstellung des Verfahrens zur Ermittlung des Aufenthalts des Rechtsanwalts oder zur Sicherung des Beweises ergeht (§ 78c Abs. 1 Nr. 10 StGB; *Isele* § 115 Anm. II H 1g).

i) Verhandlungsunfähigkeit des Rechtsanwalts. Die Verjährung wird unterbrochen durch 28 die **vorläufige gerichtliche Einstellung des Verfahrens** wegen Verhandlungsunfähigkeit des

Rechtsanwalts sowie jede Anordnung des Richters oder Staatsanwalts, die nach einer solchen Einstellung des Verfahrens zur Überprüfung der Verhandlungsfähigkeit des Rechtsanwalts ergeht (§ 78c Abs. 1 Nr. 11 StGB).

29 **j) Untersuchungshandlung im Ausland.** Die Verjährung wird unterbrochen durch jedes **richterliche Ersuchen,** eine Untersuchungshandlung im Ausland vorzunehmen (§ 78c Abs. 1 Nr. 12 StGB).

30 **k) Haftbefehl.** § 78c Abs. 1 Nr. 5 (Erlass eines Haftbefehls, Unterbringungsbefehls und Vorführungsbefehls) und Nr. 9 (Strafbefehl oder eine andere dem Urteil entsprechende Entscheidung) kommen für das anwaltsgerichtliche Verfahren nicht in Betracht, da das anwaltsgerichtliche Verfahren den Haftbefehl pp. nicht kennt (§ 117).

31 **3. Anwendung des § 78c Abs. 2 StGB.** Die Verjährung ist bei einer schriftlichen Anordnung oder Entscheidung in dem Zeitpunkt unterbrochen, in dem die Anordnung oder Entscheidung unterzeichnet wird. Ist das Schriftstück nicht alsbald nach der Unterzeichnung in den Geschäftsgang gelangt, so ist der Zeitpunkt maßgebend, in dem es tatsächlich in den Geschäftsgang gegeben worden ist. Wird die Entscheidung in Gegenwart des Rechtsanwalts verkündet, so wird die Verjährung mit der Verkündung unterbrochen (*Isele* § 115 S. 1385).

VI. Zusammentreffen verschiedener Pflichtverletzungen

32 Treffen zwei nicht in einem inneren oder äußeren Zusammenhang stehende Vorwürfe (EGH München BRAK-Mitt. 1984, 40) zusammen und müsste von dem einen wegen fehlenden Schuldnachweises freigesprochen, wegen des anderen das Verfahren wegen Verjährung eingestellt werden, so **bestimmt die vorgeworfene schwerere Pflichtwidrigkeit den Urteilsspruch.** Gemäß der dem anwaltlichen Disziplinarrecht entsprechenden einheitlichen Betrachtung ist, wenn die verjährte Pflichtwidrigkeit die schwerere ist, insgesamt einzustellen und wenn es die andere ist, freizusprechen (EGH München BRAK-Mitt. 1984, 40; OLG Frankfurt NJW 1980, 2824 zu § 260 Abs. 3 StPO). Untersteht ein Rechtsanwalt zugleich der Disziplinar-, Anwalts- oder Berufsgerichtsbarkeit eines anderen Berufs, wird nach § 118a grundsätzlich im anwaltsgerichtlichen Verfahren für Rechtsanwälte entschieden, es sei denn, dass die Pflichtverletzung überwiegend mit der Ausübung des anderen Berufs in Zusammenhang steht. Die Vorschrift bestimmt nicht nur den Rechtsweg, also das zuständige Gericht, sondern schreibt damit gleichzeitig die Anwendung einer bestimmten Verfahrensordnung vor. Wird danach im anwaltsgerichtlichen Verfahren entschieden, dann wird damit auch die Verjährungsregelung nach § 115 für das Gesamtgeschehen maßgeblich. Es bestimmt sich dann nach der BRAO, welche Wirkung ein Zeitablauf auf die Verfehlung hat und welche Strafen oder Sanktionen gegen den Beschuldigten zulässig sind (BGHSt 21, 232 = NJW 1967, 894).

VII. Verjährung in den neuen Bundesländern

33 Nach § 191 Abs. 2 des RAG der DDR vom 13.9.1990 (GBl.-DDR I S. 1504) galt für Berufspflichtverletzungen, die vor dem Inkrafttreten des RAG, dh vor dem 15.9.1990 begangen worden waren, „die Verjährungsbestimmung der Verordnung vom 22. Februar 1990 über die Tätigkeit und Zulassung von Rechtsanwälten mit eigener Praxis". Nach § 21 Abs. 2 dieser DDR-Verordnung konnte „ein Disziplinarverfahren . . . nicht eingeleitet werden, wenn seit der vorgeworfenen Pflichtverletzung mehr als 1 Jahr vergangen ist".

34 Zu den Einzelheiten vgl. 2. Aufl. § 115 Rn. 23. Mit Inkrafttreten des RAG galt für alle Pflichtverletzungen, die nach dem 14.9.1990 begangen wurden, nach § 113 Abs. 1 RAG eine Verfolgungsverjährungsfrist von fünf Jahren und zwar auch dann, wenn ein Vertretungsverbot gerechtfertigt war. Auch insoweit vgl. zu den Einzelheiten 2. Aufl. § 115 Rn. 23. Seit der Einführung der BRAO auch in den neuen Bundesländern zum 9.9.1994 unterliegen auch dort die nach dem 14.9.1990 aber vor dem 9.9.1994 begangenen Pflichtverletzungen, die ein Vertretungsverbot oder die Ausschließung aus der Rechtsanwaltschaft rechtfertigen, nicht der Verjährung. Dies ist verfassungsrechtlich unbedenklich (BVerfGE 25, 269 = NJW 1969, 1059; Henssler/Prütting/*Dittmann* § 115 Rn. 18).

§ 115a Rüge und anwaltsgerichtliche Maßnahme

(1) [1]**Der Einleitung eines anwaltsgerichtlichen Verfahrens gegen einen Rechtsanwalt steht es nicht entgegen, daß der Vorstand der Rechtsanwaltskammer ihm bereits wegen desselben Verhaltens eine Rüge erteilt hat (§ 74).** [2]**Hat das Anwaltsgericht den Rügebescheid aufgehoben (§ 74a), weil es eine schuldhafte Pflichtverletzung nicht festgestellt hat, so kann ein anwaltsgerichtliches Verfahren wegen desselben Verhaltens nur auf Grund solcher Tatsachen oder Beweismittel eingeleitet werden, die dem Anwaltsgericht bei seiner Entscheidung nicht bekannt waren.**

(2) [1]**Die Rüge wird mit der Rechtskraft eines anwaltsgerichtlichen Urteils unwirksam, das wegen desselben Verhaltens gegen den Rechtsanwalt ergeht und auf Freispruch oder eine anwaltsgerichtliche Maßnahme lautet.** [2]**Die Rüge wird auch unwirksam, wenn rechtskräftig die Eröffnung des Hauptverfahrens abgelehnt ist, weil eine schuldhafte Pflichtverletzung nicht festzustellen ist.**

Schrifttum: *Mittelsteiner,* Rügerecht des Kammervorstandes, DStR 1993, 1043; *Peus,* Rügebescheide der Rechtsanwaltskammern – Zu einigen Formalien, AnwBl. 2005, 524.

I. Regelungsbereich

1. Allgemeines. Die §§ 115a, 115b, 118, 118a regeln bezogen auf denselben Sachverhalt das Verhältnis zwischen anwaltsgerichtlichem Verfahren einerseits und Rügeverfahren (§ 115a), Strafverfahren (§ 118), den Verfahren anderer Berufsgerichtsbarkeiten (§ 118a) und zu anderen bereits erfolgten Ahndungen (§ 115b) andererseits. § 115a regelt das Verhältnis vom Rügerecht des Kammervorstandes (§ 74) zum anwaltsgerichtlichen Verfahren und bestätigt den sich schon aus §§ 74 Abs. 2, 74a Abs. 5 ergebenden Vorrang des gerichtlichen Verfahrens dahingehend, dass auch dann, wenn der Vorstand der RAK dem Rechtsanwalt wegen desselben Verhaltens bereits eine Rüge erteilt hat, dies der Einleitung eines anwaltsgerichtlichen Verfahrens nicht entgegensteht (§ 115a Abs. 1 S. 1; amtliche Begründung, BT-Drs. 5/2848, 24; EGH München EGE XIII, 177). Kritisch zur Regelung des § 115a *Hartstang* I 179). 1

Da der anwaltsgerichtlichen Maßnahme „als einem anderen und wesentlich stärkeren Mittel ein Vorrang zukommt", steht die Rüge der Einleitung eines anwaltsgerichtlichen Verfahrens und der Verhängung einer anwaltsgerichtlichen Maßnahme wegen desselben Verhaltens ohne Verstoß gegen das Verbot der „Doppelbestrafung" nicht entgegen (amtliche Begründung, BT-Drs. 5/2848, 25). 2

2. Missbilligung nach § 94 BNotO und „Hinweis" des Vorstandes der RAK. Auch eine Missbilligung nach § 94 BNotO gegen einen Rechtsanwalt, der zugleich Notar ist (§ 118a), wegen einer Verfehlung, die auch eine Pflichtverletzung nach §§ 43, 113 darstellt, ist keine Disziplinarstrafe (vgl. § 97 BNotO) und führt nicht zu einem „Verbrauch der Strafklage"; sie steht einem anwaltsgerichtlichen Verfahren wegen derselben Verfehlung nicht entgegen (BGHSt 22, 157 = NJW 1968, 2204; vgl. § 94 Abs. 3 BNotO). 3

Wenn der Vorstand der RAK dem Rechtsanwalt statt einer förmlichen Rüge lediglich einen beanstandenden „Hinweis" erteilt hat, gegen den dieser Einspruch eingelegt hat, steht dies der Einleitung eines anwaltsgerichtlichen Verfahrens nicht entgegen. Da der „Hinweis" gegenüber der Rüge ein Minus darstellt, aber selbst bei Erteilung einer Rüge ein anwaltsgerichtliches Verfahren eingeleitet werden kann, kann dies auch nach Erteilung eines solchen „Hinweises" geschehen (EGH München Urteil vom 17.3.1982 – BayEGH II 2/82). Zur Anfechtbarkeit einer missbilligenden Belehrung nach § 223 aF, §§ 112a ff. vgl. BVerfGE 50, 16 = NJW 1979, 1159; BGH NJW 2007, 3349; 2005, 2692; → § 73 Rn. 28 ff. zu § 73 Abs. 2 Nr. 1. 4

II. Regelung im Einzelnen

Aus dem Zusammenklang der Regelung in den §§ 74, 74a, 115a ergeben sich folgende Möglichkeiten:

1. Rechtskräftiger Rügebescheid. Der Rechtsanwalt hat gegen die ihm erteilte Rüge des Kammervorstandes (§ 74) nichts unternommen, der Rügebescheid ist rechtskräftig. Die **Einleitung eines anwaltsgerichtlichen Verfahrens ist unbeschränkt zulässig** (§ 115a Abs. 1 S. 1). Die Staatsanwaltschaft entscheidet insoweit nach dem Opportunitätsprinzip. An die tatsäch- 5 lichen Feststellungen oder die rechtliche Beurteilung der RAK im Rügeverfahren ist die Staatsanwaltschaft dabei nicht gebunden (AGH Hmb BRAK-Mitt. 2006, 38). Stellt die Staatsanwaltschaft das anwaltsgerichtliche Ermittlungsverfahren ein, wird der Rügebescheid davon nicht betroffen.

6 Wenn auch das Nebeneinander der Rüge und der anwaltsgerichtlichen Maßnahme nicht als eine unzulässige „Doppelbestrafung" zu werten ist, so erscheint es doch misslich, dass dieselbe Pflichtverletzung „zwei Sanktionen" auslöst, die sich im Ergebnis berühren. Nach dem anerkannten Grundsatz, dass die Rüge dem anwaltsgerichtlichen Verfahren weichen muss, wird in § 115a Abs. 2 festgelegt, dass die Rüge neben einer anwaltsgerichtlichen Entscheidung, die auf Verurteilung oder Freispruch lautet, nicht mehr fortbesteht. Durch das im anwaltsgerichtlichen Verfahren ergehende rechtskräftige Sachurteil wegen desselben Verhaltens wird die Rüge unwirksam, egal ob das Urteil auf Freispruch oder eine anwaltsgerichtliche Maßnahme lautet (§ 115a Abs. 2 S. 1). Die Rüge wird auch unwirksam, wenn rechtskräftig die Eröffnung des Hauptverfahrens abgelehnt ist, weil eine schuldhafte Pflichtverletzung nicht festzustellen ist (§ 115a Abs. 2 S. 2). Dabei ist es nicht erheblich, ob das Gericht zu diesem Ergebnis aus rechtlichen (zB weil das Verhalten keine Pflichtwidrigkeit darstellt) oder aus tatsächlichen Gründen (zB weil dem Rechtsanwalt das ihm vorgeworfene Verhalten nicht nachgewiesen werden kann) kommt. Es macht auch keinen Unterschied, ob die Rüge von dem Rechtsanwalt angefochten worden ist oder nicht. Die Rüge wird mit der Rechtskraft der Verurteilung oder des Freispruchs oder der in Abs. 2 S. 2 angeführten Entscheidung ohne weiteres unwirksam. Einer besonderen Verfügung oder Aufhebung durch den Vorstand der RAK oder durch das Anwaltsgericht bedarf es nicht (amtliche Begründung, BT-Drs. 5/2848, 24).

7 Wird die Eröffnung des Hauptverfahrens aus prozessualen Gründen abgelehnt oder ergeht nur ein Prozessurteil (§ 139 Abs. 3, § 116 iVm § 260 Abs. 3 StPO), zB wegen Vorliegens des Verfahrenshindernisses der Verjährung (§ 115), dann bleibt die Rüge bestehen. Wird das anwaltsgerichtliche Verfahren nach § 116 iVm §§ 153 Abs. 2, 153a Abs. 2, 154 Abs. 2 StPO durch das Gericht eingestellt, dann bleibt die Rüge ebenfalls unberührt (→ § 74a Rn. 20). Nur eine endgültige gerichtliche Sachentscheidung soll nach der abschließenden Regelung des § 115a Abs. 2 zum Wegfall der Rüge führen. Hat das Gericht das dem Rügebescheid zugrundeliegende Verhalten jedoch nicht abschließend gewürdigt, verbleibt es bei dem Rügebescheid (vgl. auch amtliche Begründung, BT-Drs. 5/2848).

8 **2. Zurückweisung des Einspruchs.** Der Entscheidung des Anwaltsgerichts, mit der ein Rügebescheid bestätigt wurde, kann eine Rechtskraftwirkung nicht beigelegt werden; denn das Anwaltsgericht entscheidet in dem Rügeprüfungsverfahren nicht darüber, ob der Rügebescheid ausreicht oder ob nicht doch das Verhalten des Rechtsanwalts anwaltsgerichtlich geahndet werden müsste (§ 74a Abs. 3 S. 1; amtliche Begründung, BT-Drs. 5/2848, 25).

9 Hat der Rechtsanwalt gegen den Rügebescheid Einspruch eingelegt (§ 74 Abs. 5), der zurückgewiesen wurde (§ 74a Abs. 1 S. 1) und wurde der anschließende Antrag auf anwaltsgerichtliche Entscheidung (§ 74a) ebenfalls zurückgewiesen, dann gilt dasselbe wie zur Rn. 5–7 Gesagte (amtliche Begründung, BT-Drs. 5/2848).

10 **3. Gerichtliche Aufhebung des Rügebescheides.** Hat das Anwaltsgericht den Rügebescheid aufgehoben (§ 74a), weil es aus tatsächlichen oder rechtlichen Gründen eine schuldhafte Pflichtverletzung nicht festgestellt hat, so kommt dieser Entscheidung eine **beschränkte Rechtskraftwirkung** zu und kann ein anwaltsgerichtliches Verfahren wegen desselben Verhaltens nur aufgrund solcher Tatsachen oder Beweismittel eingeleitet werden, die dem Anwaltsgericht bei seiner Entscheidung nicht bekannt waren. Diese Wirkung eines Beschlusses, durch den die Rüge aus sachlichen Gründen aufgehoben wurde, ist gerechtfertigt, weil durch eine solche Entscheidung auch feststeht, dass eine Grundlage für eine anwaltsgerichtliche Maßnahme nicht gegeben ist. Diese Feststellung kann aber der Staatsanwaltschaft, die an dem Rügeprüfungsverfahren nach § 74a nicht beteiligt ist, nur in beschränktem Umfang entgegengehalten werden (amtliche Begründung, BT-Drs. 5/2848). Neue, dem Anwaltsgericht bei seiner Entscheidung nicht bekannte Tatsachen oder Beweismittel rechtfertigen die Einleitung eines anwaltsgerichtlichen Verfahrens. Es kommt nur darauf an, ob die neuen Tatsachen oder Beweismittel dem damaligen Gericht nicht bekannt waren, egal ob sie ihm hätten bekannt sein können oder damals schon bestanden (BGHSt 7, 64 zu § 211 StPO). **Rechtsirrtümer,** die zur Aufhebung des Rügebescheides geführt haben (§ 74a), können aber auch aufgrund des Bekanntwerdens neuer Tatsachen

oder Beweismittel nicht behoben werden. Ob die Grundlage der früheren Entscheidung (§ 74a) durch die Nova entfallen ist, wird vom Rechtsstandpunkt des früheren Gerichtes beurteilt. Der neue Richter ist in gleicher Weise wie im Verfahren nach § 211 StPO an eine als falsch erkannten Rechtsauffassung, auf der die frühere Entscheidung (§ 74a) beruht, gebunden (BGHSt 18, 225 zu § 211 f. StPO). Erfolgte die Aufhebung des Rügebescheides (§ 74a) indes aus anderen als materiell-rechtlichen Gründen, vielmehr aus lediglich prozessualen, so stellt diese Gerichtsentscheidung keinerlei Hindernis für die Einleitung eines anwaltsgerichtlichen Verfahrens dar.

§ 115b Anderweitige Ahndung

[1]Ist durch ein Gericht oder eine Behörde eine Strafe, eine Disziplinarmaßnahme, eine berufsgerichtliche Maßnahme oder eine Ordnungsmaßnahme verhängt worden, so ist von einer anwaltsgerichtlichen Ahndung wegen desselben Verhaltens abzusehen, wenn nicht eine anwaltsgerichtliche Maßnahme zusätzlich erforderlich ist, um den Rechtsanwalt zur Erfüllung seiner Pflichten anzuhalten und das Ansehen der Rechtsanwaltschaft zu wahren. [2]Einer Maßnahme gemäß § 114 Abs. 1 Nr. 4 oder 5 steht eine anderweitig verhängte Strafe oder Maßnahme nicht entgegen.

Schrifttum: *Deckenbrock/Fleckner,* Berufsgerichtliche Verfahren gegen mehrfach qualifizierte Berufsträger – Insolvenzverwaltung durch Wirtschaftsprüfer, NJW 2005, 1165; *Franz,* Zum Verbot der Doppelbestrafung im internationalen anwaltlichen Berufsrecht, FS Riess, 2002, 875; *Jähnke,* Kritische Bemerkungen zum Grundsatz der Einheit der Standesverfehlung, FS Pfeiffer, 1988, 941; *Paepcke,* Die Grenzen anwaltschaftlicher Ehrengerichtsbarkeit mit Rücksicht auf den Grundsatz ne bis in idem, FS Pfeiffer, 1988, 985.

Übersicht

I. Regelungszusammenhang zwischen § 115b und §§ 118, 118a

§ 115b steht im Sinnzusammenhang mit den §§ 118, 118a. Die **§§ 118, 118a** regeln das 1 **verfahrensmäßige Verhältnis** von Straf- und Bußgeldverfahren (§ 118) und bei Doppelberuflern der Verfahren anderer Berufsgerichtsbarkeiten (§ 118a) zum anwaltsgerichtlichen Verfahren. Nach § 118 kommt regelmäßig dem Strafverfahren der Verfahrensvorrang zu. Dieser wird dadurch verstärkt, dass nach Verurteilung oder Freispruch im Straf- oder Bußgeldverfahren für das anwaltsgerichtliche Verfahren dadurch Bindungswirkungen nach § 118 Abs. 2 und 3 eintreten. § 118a regelt in verfahrensmäßiger Hinsicht das Zusammentreffen des anwaltsgerichtlichen Verfahrens mit der Berufsgerichtsbarkeit anderer Berufe. Er bestimmt – von Besonderheiten für Rechtsanwälte im öffentlichen Dienst (§ 118a Abs. 3) und für Anwaltsnotare (§ 118a Abs. 4) abgesehen (→ § 118a Rn. 25–47) – den weitgehenden Vorrang des anwaltsgerichtlichen Verfahrens vor der anderen Berufsgerichtsbarkeit. Nur wenn die Pflichtverletzung überwiegend mit der Ausübung des anderen Berufes in Verbindung steht, wird in dessen Berufsgerichtsbarkeit entschieden. Für die Dauer des anderen berufsgerichtlichen Verfahrens besteht dann bezüglich der Verfolgung derselben Pflichtverletzung im anwaltsgerichtlichen Verfahren ein **temporäres**

Verfahrenshindernis (BGH NJW 2005, 1057). Nach **rechtskräftigem Abschluss** des anderen berufsgerichtlichen Verfahrens besteht verfahrensmäßig kein Hindernis für ein zusätzliches anwaltsgerichtliches Verfahren mehr (→ § 118a Rn. 3, 22 ff.).

2 **§ 115b** bestimmt für den Fall des rechtskräftigen Abschlusses des Verfahrens einer anderen Berufsgerichtsbarkeit und nach Abschluss des Straf- bzw. Bußgeldverfahrens im Rahmen der Bindungen aus § 118 Abs. 2 und 3, inwieweit **materiell** noch **eine zusätzliche anwaltsgerichtliche Maßnahme** neben der anderen Verurteilung zulässig ist. Ist demnach eine zusätzliche Ahndung erforderlich, erfolgt Verurteilung (§ 139 Abs. 2). Für den Fall, dass nach § 115b eine zusätzliche anwaltsgerichtliche Maßnahme nicht erforderlich ist, ist das Verfahren einzustellen. Die mit § 115b korrespondierende Vorschrift des § 139 Abs. 3 Nr. 2 sieht daher auch vor, dass im Falle der Entscheidung aufgrund Hauptverhandlung das Verfahren durch Urteil einzustellen ist. Mit der Einstellung wird dann dem im Einzelfall bestehenden materiellen Vorrang der anderen Gerichtsbarkeit Rechnung getragen.

II. Verfassungsmäßigkeit der Regelung

3 § 115b, der wegen desselben Verhaltens des Rechtsanwalts neben der Strafe, Disziplinarmaßnahme, berufsgerichtlichen Maßnahme, oder Ordnungsmaßnahme in einem anderen Verfahren unter bestimmten Voraussetzungen noch zusätzlich eine anwaltsgerichtliche Maßnahme zulässt, wenn es auch eine Pflichtverletzung iSd § 113 ist, **verstößt nicht gegen den Grundsatz „ne bis in idem"** des Art. 103 Abs. 3 GG (*Maunz/Dürig/Herzog* GG Art. 103 Rn. 128; *Schmidt-Bleibtreu/Hofmann/Hennecke* GG Art. 103 Rn. 83; *Paepcke,* FS Pfeiffer, 1988, 985, 986). Aus Entstehungsgeschichte und Zweck des Art. 103 Abs. 3 GG ist zu entnehmen, dass Disziplinargesetze und Berufsordnungen nicht als „allgemeine Strafgesetze" iSd Art. 103 Abs. 3 GG anzusehen sind (BVerfGE 66, 337 = NJW 1984, 2341). Art. 103 Abs. 3 GG sagt eindeutig, dass jemand nicht aufgrund der „allgemeinen Strafgesetze" mehrfach bestraft werden darf. Neben der Ahndung einer Tat aufgrund „allgemeiner Strafgesetze" ist eine Ahndung aufgrund besonderer Vorschriften, die nur für eine bestimmte Berufsgruppe, hier die der Rechtsanwälte, gelten, nicht verboten. Dass der Täter Rechtsanwalt ist und sich daraus für ihn besondere Pflichten (ggf. sogar wie bei § 356 StGB andere Straftatbestände) ergeben, wurde zwar in der Regel auch im Strafurteil bereits berücksichtigt und abgegolten (zur Zulässigkeit der Berücksichtigung beruflicher Nachteile eines Rechtsanwalts bei der Strafzumessung vgl. BGH StV 1991, 207). Damit ist teilweise, unter Umständen vollständig durch das Strafurteil die Sühnefunktion auch der Disziplinarstrafe „verbraucht".

4 Dem wird durch § 115b ausreichend Rechnung getragen, indem eine zusätzliche anwaltsgerichtliche Maßnahme nur dann noch für zulässig erklärt wird, wenn diese erforderlich ist, „um den Rechtsanwalt zur Erfüllung seiner Pflichten anzuhalten und das Ansehen der Rechtsanwaltschaft zu wahren". Dabei ist zu berücksichtigen, dass das Disziplinarrecht nicht nur eine Sühnefunktion hat, sondern auch der Reinhaltung des Anwaltstandes dient und schon von daher häufig die zusätzliche Ahndung von Pflichtwidrigkeiten eines Rechtsanwaltes zB neben der durch ein Strafurteil durch eine anwaltsgerichtliche Maßnahme erforderlich macht. Daraus erklärt sich auch die Regelung des § 115b S. 2, wenn die bereits anderweitig geahndete Pflichtverletzung so schwerwiegend ist, dass die Interessen der Öffentlichkeit und insbesondere auch das Interesse des Anwaltsstandes auf Erhaltung seiner Integrität ein Vertretungsverbot oder einen Ausschluss aus der Rechtsanwaltschaft erfordern (BGHSt 23, 257 = NJW 1970, 1466 mit Anm. *Traub* NJW 1970, 1887; BGHSt 26, 241 = NJW 1976, 526; EGH Stuttgart EGE XIV, 252). Das Verbot der Doppelbestrafung hindert nicht daran, jemanden nach Verhängung einer Kriminalstrafe wegen derselben Handlung als untragbar aus seiner beruflichen Stellung zu entfernen. Weder Art. 103 Abs. 3 GG noch andere Verfassungsgrundsätze gebieten es, eine solche Anordnung allein dem Strafrichter vorzuhalten und sie den Berufsgerichten immer dann zu untersagen, wenn die pflichtwidrige Handlung zugleich den Tatbestand einer strafbaren Handlung erfüllt (BVerfGE 66, 337 = NJW 1984, 2341).

III. Grundsatz des Ausschlusses einer zusätzlichen anwaltsgerichtlichen Maßnahme

5 Die anderweitige Ahndung der Pflichtverletzung des Rechtsanwalts steht in aller Regel einer zusätzlichen anwaltsgerichtlichen Maßnahme im Wege.

1. Dasselbe Verhalten. Unter dem Begriff „dasselbe Verhalten“ versteht die Rechtsprechung die Pflichtverletzung, die einheitliche Pflichtverletzung wie sie zu → § 113 Rn. 25 ff. näher dargestellt wurde. Indem das Gesetz in § 115b auf „dasselbe Verhalten“ abstellt, meint es danach die Einheitstat iSd §§ 113, 114 (*Jähnke,* FS Pfeiffer, 1988, 941, 944) und damit Sachverhaltsidentität. 6

Ist von mehreren berufsrechtlich erheblichen Taten (§ 264 StPO), die zur einheitlichen Pflichtverletzung zusammengefasst sind, nur ein Teil strafgerichtlich pp. abgeurteilt, der andere nicht, dann hat das Anwaltsgericht nicht „dasselbe Verhalten“ iSd § 115b wie das Strafgericht zu würdigen mit der Folge, dass grundsätzlich § 115b keine Anwendung findet (*Jähnke,* FS Pfeiffer, 1988, 941, 944; → § 113 Rn. 31 ff.; BGHSt 27, 305, 306 = NJW 1978, 836; BVerwGE 33, 314, 316; 43, 136; *Claussen/Janzen* BDO § 14 Rn. 3a). 7

Der Annahme von Sachverhaltsidentität iSd § 115b steht es aber nicht entgegen, wenn der strafrechtlich nicht geahndete Teil eines Tatgeschehens nur ein bedeutungsloser, nachgeordneter Annex des Gesamtgeschehens ist. Dann bleibt die Einstellung des Verfahrens wegen der sachgleichen strafgerichtlichen Verurteilung für das gesamte Geschehen zulässig. 8

Zwischen dem strafgerichtlich bereits geahndeten und dem nicht geahndeten Geschehen braucht keine Tatidentität (§ 264 StPO) zu bestehen, sie müssen aber sachlich eng zusammenhängen und das noch nicht bestrafte Tatgeschehen muss gemessen an der strafgerichtlich abgeurteilten Tat eine bedeutungslose zusätzliche Pflichtverletzung darstellen (zu § 14 BDO aF BVerwGE 76, 371 = NJW 1986, 443; *Jähnke,* FS Pfeiffer, 1988, 941, 944). Das kann zB der Fall sein, wenn der wegen Veruntreuung im Strafverfahren verurteilte Rechtsanwalt ein wegen dieses Vorganges an ihn vom Vorstand der RAK gerichtetes Auskunftsverlangen (§ 56) unbeachtet gelassen hat. 9

Sind alle Einzelhandlungen Gegenstand des Strafverfahrens gewesen, hat das Anwaltsgericht im Hinblick auf die Einheitlichkeit der Pflichtverletzung (→ § 113 Rn. 25 ff.) nicht für jede Einzelhandlung getrennt, sondern in einer Gesamtwürdigung zu untersuchen, ob eine zusätzliche berufsrechtliche Ahndung erforderlich ist (*Jähnke,* FS Pfeiffer, 1988, 941, 944; BGHSt 27, 305 = NJW 1978, 836; BVerwGE 46, 232, 234). 10

Ausnahmsweise kann es geboten sein, einzelne Handlungen der einheitlichen Pflichtverletzung gesondert unter dem Gesichtspunkt des § 115b zu prüfen, wenn einzelne Vorgänge völlig selbständig sind, weil sie mit den anderen Handlungen der einheitlichen Pflichtverletzung keinen inneren Zusammenhang aufweisen (*Jähnke,* FS Pfeiffer, 1988, 941, 945; BGHSt 22, 157, 166 = NJW 1968, 2204; BGH DNotZ 1966, 409). Ein solcher Zusammenhang kann sich allerdings schon aus einer bestimmten Neigung oder aus bestimmten Charaktereigenschaften des Rechtsanwalts oder sonst einer gemeinsamen Wurzel des Fehlverhaltens ergeben (→ § 113 Rn. 33; *Jähnke,* FS Pfeiffer, 1988, 941, 945). Ergibt diese Würdigung der Einzelgeschehnisse einen Ahndungsbedarf, einen disziplinären Überhang, bleibt es bei der Einheitlichkeit der Pflichtverletzung und ist das Gesamtgeschehen einheitlich zu ahnden. 11

Zur Kritik an diesem Verständnis „desselben Verhaltens“ und dem Vorschlag, es im Sinne „derselben Tat“ (§ 264 StPO) zu begreifen, vgl. *Jähnke,* FS Pfeiffer, 1988, 941, 941 ff., 944, 945, 950, 957; → § 113 Rn. 47 ff. 12

2. Anderweitige Ahndung. Es muss ein Gericht oder eine Behörde eine Strafe, eine Disziplinarmaßnahme, eine berufsgerichtliche Maßnahme oder eine Ordnungsmaßnahme verhängt haben. 13

Zu den Strafen gehören alle Verurteilungen nach dem Strafgesetzbuch oder nach strafrechtlichen Nebengesetzen zu Freiheitsentziehung oder Geldstrafe, auch die Verwarnung mit Strafvorbehalt nach § 59 StGB oder nach § 14 JGG mit Geldbuße, sogar bei Absehen von Strafe nach § 60 StGB (BVerwG NJW 1991, 2583 zu § 14 BDO, jetzt § 14 BDG), ferner alle förmlichen behördlichen Bestrafungen, die in einem bestimmten gesetzlich geordneten Verfahren ergehen wie zB nach dem OWiG (*Claussen/Janzen* BDO § 14 Rn. 3b). Unter Ordnungsmaßnahmen iSd § 115b sind nur solche – wie beispielsweise die nach dem Ordnungswidrigkeitsgesetz – mit Strafcharakter zu verstehen. 14

Das folgt aus dem Vergleich mit den im Zusammenhang weiter aufgezählten Maßnahmen dieser Bestimmung, die in Anlehnung an § 14 BDO, nunmehr § 14 BDG, in die BRAO eingefügt worden ist (BGHZ 68, 339 = NJW 1977, 398; BGHSt 28, 174 = NJW 1979, 770; BVerwG NJW 1991, 2583 zu § 14 BDO, jetzt § 14 BDG). Daraus folgt, dass **sitzungspolizei-** 15

liche Ordnungsmaßnahmen nach § 176 GVG eine Ahndung des zu der Maßnahme führenden Verhaltens nicht hindern. Auch Auflagen und Weisungen nach **§ 153a StPO** reichten nach bisher hM und Rechtsprechung nicht aus (BGHSt 28, 174 = NJW 1979, 770). Nachdem aber zwischenzeitlich in § 14 Abs. 1 BDG die Zulässigkeit von Disziplinarmaßnahmen eingeschränkt wurde für den Fall, dass eine Tat nach § 153a Abs. 1 S. 5 oder Abs. 2 S. 2 StPO nach der Erfüllung von Auflagen und Weisungen nicht mehr als Vergehen verfolgt werden darf, liegt schon aus Gründen der Gleichbehandlung eine entsprechende Handhabung im Bereich des § 115b nahe Dabei ist zu berücksichtigen, dass zB die Geldauflage nach § 153a StPO trotz der „freiwilligen" Selbstunterwerfung des Betroffenen für diesen in der Regel einen der Geldstrafe annähernd gleichen Belastungsumfang hat und diese Selbstunterwerfung im Rahmen des § 153a StPO von dem Angeschuldigten ein höheres Maß an Akzeptanz erwartet, als häufig ein Verurteilter der (Geld-) Strafe gegenüber aufbringt (AGH Hmb BRAK-Mitt. 2009, 129, 132 = AnwBl. 2009, 455 mit Anm. *Dahns* NJW-Spezial 2009, 526; **aA** Henssler/Prütting/*Dittmann* § 115b Rn. 7). Kann eine Pflichtverletzung nach der Erfüllung von Auflagen und Weisungen nicht mehr als Vergehen verfolgt werden (§ 153a StPO), dann ist nach § 115b zu verfahren (AGH Hmb AnwBl. 2009, 455). Einer Maßnahme gemäß § 114 Abs. 1 Nr. 4 oder 5 steht die Erfüllung von Auflagen und Weisungen nicht entgegen. Entsprechendes gilt, wenn in einem anderen berufsgerichtlichen Verfahren Auflagen und Weisungen nach § 153a StPO erfüllt wurden (zB § 153 StBerG und § 98 PAO iVm § 153a StPO; aber → Rn. 30 ff.). Strafen und Ordnungsmaßnahmen durch ausländische Gerichte und Behörden können berücksichtigt werden, wenn sie rechtsstaatlich zustande gekommen sind (BVerwGE 73, 257 zu § 14 BDO; *Kleine-Cosack* § 115b Rn. 5; Henssler/Prütting/*Dittmann* § 115b Rn. 7).

16 Maßnahmen der Einziehung im objektiven Verfahren, die Verfallerklärung nach §§ 73 ff. StGB im Falle der Verfahrenseinstellung, Ordnungsstrafen nach der StPO oder dem GVG, Beugemaßnahmen zur Zeugnis- und Eideserzwingung, gebührenpflichtige Verwarnungen, Eintragungen in die Verkehrssünderkartei oder sonstige Ermahnungen oder Belehrungen durch Gerichte oder Behörden hindern nicht eine zusätzliche anwaltsgerichtliche Ahndung (*Claussen/Janzen* BDO § 14 Rn. 3b; *Jessnitzer/Blumberg* § 115b Rn. 2). Auch die Rüge und die Entscheidung im Rügeprüfungsverfahren (§§ 74, 74a) sind keine anderweitige Ahndung iSd § 115b, insoweit gilt § 115a. § 115b gilt auch bei sachgleichen Strafen oder Ordnungsmaßnahmen durch ausländische Gerichte oder Behörden, sofern sie rechtsstaatlich zustande gekommen sind (BVerwGE 73, 252 zu § 14 BDO, jetzt § 14 BDG).

17 **3. Absehen von anwaltsgerichtlicher Ahndung.** Die Folge der anderweitigen Ahndung ist **grundsätzlich,** dass eine anwaltsgerichtliche Ahndung derselben Verhaltensweise nicht mehr stattfindet. Einer Belehrung nach § 73 Abs. 2 Nr. 1 steht S. 1 nicht entgegen.

18 Eine Rüge nach § 74 sollte nur unter den Voraussetzungen des S. 1 erfolgen (§ 74 Abs. 1 S. 2; *Jessnitzer/Blumberg* § 115b Rn. 3). Aus dem Persönlichkeitsbild des betroffenen Rechtsanwalts muss sich ergeben, dass eine zusätzliche Ahndung nicht notwendig ist, um ihn für die Zukunft zu einem berufsrechtlich akzeptablen Verhalten anzuhalten, und es darf nicht generell im Hinblick auf die Öffentlichkeit eine solche Ahndung notwendig sein (*Paepcke,* FS Pfeiffer, 1988, 985, 992). § 115b entspricht in seinem Kerngehalt der Bestimmung des § 14 BDG, früher § 14 BDO, der ebenso wie § 115b davon ausgeht, dass es bei anderweitiger Ahndung häufig an der Notwendigkeit fehlt, noch disziplinär einzuschreiten (vgl. *Isele* § 115b S. 1393).

19 Der **Zweck des § 115b** ist darin zu sehen, die anwaltsgerichtliche Ahndung der Pflichtverletzung eines Rechtsanwalts iSv § 113, wegen der bereits anderweitig auf Strafe, auf eine Disziplinarmaßnahme, auf eine berufsgerichtliche Maßnahme, oder eine Ordnungsmaßnahme erkannt worden ist, auf den Fall zu begrenzen, dass nach der anderweitigen Ahndung noch ein sog. **disziplinarer Überhang** vorliegt (EGH Hamm BRAK-Mitt. 1983, 96). Das „Bestrafungsverbot" des § 115b soll dazu dienen, disziplinare Maßnahmen zu vermeiden, wenn bei leichteren und mittleren Pflichtverletzungen dem Zweck des Disziplinarrechts schon durch die vorangegangene Strafe oder Ordnungsmaßnahme Genüge getan ist (amtliche Begründung, BT-Drs. 5/2848, 25).

20 **a) Feststellung der schuldhaften Pflichtverletzung.** Von der anwaltsgerichtlichen Ahndung eines dem beschuldigten Rechtsanwalt vorgeworfenen Verhaltens kann ein Anwaltsgericht – jedenfalls nach der Eröffnung des Hauptverfahrens – gemäß § 115b nur dann absehen, wenn es das Verhalten festgestellt und als schuldhafte Pflichtverletzung (§ 113) bewertet hat.

Bei einem außerhalb des Anwaltsberufes liegenden Verhalten hängt dies davon ab, dass auch die besonderen in § 113 Abs. 2 bezeichneten Voraussetzungen erfüllt sind. Kann das Anwaltsgericht nach der Eröffnung des Hauptverfahrens nicht feststellen, dass der Rechtsanwalt das ihm vorgeworfene Verhalten begangen hat oder dass es eine „anwaltsgerichtlich zu ahndende Pflichtverletzung" darstellt, so muss es ihn freisprechen. 21

Das „Absehen von der anwaltsgerichtlichen Ahndung" gemäß § 115b, das nach § 139 Abs. 3 Nr. 2 in die Form der Einstellung des Verfahrens zu kleiden ist, setzt also die Feststellung voraus, dass der Rechtsanwalt sich eine anwaltsgerichtlich zu ahndende Pflichtverletzung hat zuschulden kommen lassen (BGHSt 23, 257 = NJW 1970, 1466). Wie sich aus § 139 Abs. 3 Nr. 2 ergibt, bildet die „anderweitige Bestrafung" unter den Voraussetzungen des § 115b ein Hindernis für die anwaltsgerichtliche Ahndung, das zur Einstellung führt (amtliche Begründung, BT-Drs. 5/2848). Der Sache nach stellt diese Entscheidung eine Verurteilung dem Grunde nach dar, bei der aber von einer Maßnahme aus Gründen des Fehlens eines zusätzlichen Ahndungsbedürfnisses abgesehen wird. Es gilt § 205a Abs. 6. Die gerichtliche Einstellungsentscheidung ist eine echte Sachentscheidung, die in materielle Rechtskraft erwächst. 22

b) Außerberufliches Verhalten. Dass ein Rechtsanwalt durch ein außerhalb seines Berufes liegendes Verhalten, das eine rechtswidrige Tat oder eine mit Geldbuße bedrohte Handlung darstellt, seine Pflichten in hohem Maße schuldhaft verletzt und sich dadurch in besonders erheblicher Weise der Achtung und des Vertrauens der Rechtsuchenden unwürdig erwiesen hat (§ 113 Abs. 2), reicht aber noch nicht ohne weiteres dafür aus, gegen ihn eine anwaltsgerichtliche Maßnahme zu verhängen. Ist nämlich wegen des Verhaltens gegen den Rechtsanwalt durch ein Gericht bereits eine Strafe (oder ähnliche Maßnahme) verhängt worden, so bilden die anwaltsgerichtliche Feststellung eines solchen Verhaltens und die anwaltsgerichtliche Würdigung, dass das Verhalten als ein solches iSd § 113 Abs. 2 zu werten ist, erst die Voraussetzung dafür, dass vom Anwaltsgericht geprüft werden kann, ob gegen den Rechtsanwalt noch zusätzlich eine anwaltsgerichtliche Maßnahme angeordnet werden soll oder nicht (BGHSt 26, 241 = NJW 1976, 526). Erst wenn die besonderen Voraussetzungen des § 113 Abs. 2 bejaht werden können, stellt sich das Problem des § 115b (*Paepcke,* FS Pfeiffer, 1988, 985, 992). 23

c) Anwendung im Eröffnungsverfahren. Es versteht sich von selbst, dass das Verfahren aufgrund des „Bestrafungsverbotes" des § 115b nicht erst nach Durchführung der Hauptverhandlung durch ein Urteil des Anwaltsgerichts, sondern schon in einem früheren Stadium eingestellt werden kann, sobald feststeht, dass eine anwaltsgerichtliche Maßnahme wegen der anderweitigen Bestrafung nicht mehr zulässig ist (amtliche Begründung, BT-Drs. 5/2848). 24

Bereits im Eröffnungsverfahren kann § 115b zur Anwendung kommen. Das setzt voraus, dass das Gericht in einer für das Verfahren nach § 131 hinlänglichen Weise feststellt, dass die Voraussetzungen des § 113 Abs. 1 oder Abs. 2 vorliegen, es also den Rechtsanwalt der angeschuldigten Pflichtverletzung hinreichend verdächtig hält (§§ 131, 116 S. 2 iVm § 207 StPO) und darüber hinaus die Voraussetzungen verneint, unter denen eine anwaltsgerichtliche Maßnahme zusätzlich erforderlich erscheint (EGH Hamm BRAK-Mitt. 1983, 96). 25

Schon das Ermittlungsverfahren kann die Staatsanwaltschaft im Hinblick auf das Vorliegen der Voraussetzungen des § 115b einstellen. Die staatsanwaltschaftliche Entscheidung erwächst aber nicht in Bestands- bzw. Rechtskraft. 26

4. Doppelberufler. In § 115b ist zu berücksichtigen, dass ein Rechtsanwalt noch einen anderen Beruf ausüben und damit einer weiteren Berufsgerichtsbarkeit oder einer Disziplinargerichtsbarkeit unterstehen kann. Werden Maßnahmen in einem solchen Verfahren verhängt, so darf der Rechtsanwalt wegen desselben Verhaltens (→ Rn. 6 ff.) nur dann noch mit einer zusätzlichen anwaltsrechtlichen Sanktion belegt werden, wenn dies der „besondere Rechts- und Pflichtenstatus" gerade des Rechtsanwalts erforderlich macht (BVerfGE 21, 378 = NJW 1967, 1651), insoweit ein **bereichsspezifischer Überhang** in der BRAO besteht (BGH NJW 2005, 1057). 27

In diesem Zusammenhang kommt der Abgrenzung der Zuständigkeiten der verschiedenen Berufs- und Disziplinargerichtsbarkeiten, die berührt sein können, durch § 118a besondere Bedeutung zu (amtliche Begründung, BT-Drs. 5/2848). 28

5. Spätere anderweitige Bestrafung. Ein besonderes Aufhebungsverfahren für den Fall, dass die anderweitige Bestrafung erst nach Abschluss des anwaltsgerichtlichen Verfahrens verhängt 29 worden ist, ist nicht vorgesehen. Fälle dieser Art werden selten sein, weil sie durch die Vorschriften über die Aussetzung des anwaltsgerichtlichen Verfahrens (§ 118 Abs. 1, § 118b) sich weitgehend vermeiden lassen (amtliche Begründung, BT-Drs. 5/2848). Widersprechen die tatsächlichen Feststellungen, auf denen die Verurteilung oder der Freispruch im anwaltsgerichtlichen Verfahren beruht, den Feststellungen im strafgerichtlichen Verfahren, kommt nach § 118 Abs. 4 nunmehr eine Wiederaufnahme des Verfahrens in Betracht.

IV. Zusätzliche anwaltsgerichtliche Ahndung

30 **1. Grundsatz.** Trotz anderweitiger Ahndung ist die zusätzliche anwaltsgerichtliche Ahndung einer Pflichtverletzung iSd § 113, sei es eine solche bei der Berufsausübung oder eine solche außerhalb der Berufsausübung, aber unter zwei **Voraussetzungen** möglich, die **nebeneinander** nicht nur alternativ vorliegen müssen: Zum einen muss die anwaltsgerichtliche Maßnahme zusätzlich erforderlich sein, um den Rechtsanwalt zur **Erfüllung seiner Pflichten** anzuhalten, und zum anderen muss die anwaltsgerichtliche Maßnahme zusätzlich erforderlich sein, um das **Ansehen der Rechtsanwaltschaft** zu wahren (EGH Hamm BRAK-Mitt. 1983, 96; AnwG München BRAK-Mitt. 1995, 171). Ist danach eine zusätzliche anwaltsgerichtliche Maßnahme erforderlich, muss bei der Maßnahmenbemessung entsprechend dem Gesetzeszweck des § 115b die bereits verhängte Kriminalstrafe angemessen berücksichtigt werden. Das Zusammentreffen von Strafe und Maßnahme ist verfassungsrechtlich nur deshalb unbedenklich, weil bei Ausschluss einer Einstellung nach §§ 115b, 139 Abs. 3 Nr. 2 auch bei der Bemessung der zusätzlichen Maßnahme die Strafe zu berücksichtigen ist. Dies gilt insbesondere bei ähnlichen Sanktionen wie Geldstrafe und Geldbuße, wenn auch dabei nicht die volle rechnerische Anrechnung erforderlich ist (BVerfGE 21, 378 = NJW 1967, 1651; BVerfGE 27, 180 = NJW 1970, 507). Entscheidend ist, was zusätzlich zur Strafe an Maßnahme erforderlich ist.

31 **a) Persönlichkeitsbild und Maßnahmenzumessungserwägungen.** Aus dem Persönlichkeitsbild des betroffenen Rechtsanwalts muss sich ergeben, dass eine zusätzliche Ahndung erforderlich ist, um ihn für die Zukunft zu einem berufsrechtlich akzeptablen Verhalten anzuhalten, und es muss generell im Hinblick auf die Öffentlichkeit eine solche Ahndung notwendig sein.

32 Ansatz für die Prüfung der Frage, ob im konkreten Falle der Anwalt einer zusätzlichen Pflichtenmahnung durch eine anwaltsgerichtliche Ahndung bedarf, sind seine **Persönlichkeit** einerseits und die **Strafzumessungserwägungen** andererseits. Insbesondere soweit das Strafgericht in hohem Maße strafschärfend die Tatsache berücksichtigt hat, dass es sich bei dem Straftäter um einen Rechtsanwalt handelt, mindert sich in der Regel die Notwendigkeit einer zusätzlichen Ahndung, es sei denn das Verhalten des Rechtsanwalts zeigt, dass er dadurch bislang nicht ausreichend beeindruckt wurde; er setzte zB auch nach dem Strafurteil das beanstandete Verhalten fort. Andererseits erhöht sich die Notwendigkeit einer zusätzlichen anwaltsgerichtlichen Ahndung, wenn im Strafurteil zugunsten des Rechtsanwalts berücksichtigt wurde, dass er noch ein berufsgerichtliches Verfahren zu erwarten habe. Der berufsrechtliche Gehalt der Tat ist dann nicht durch das Strafurteil verbraucht (AnwG München BRAK-Mitt. 1995, 171). Auch eigennütziges Handeln wird die Notwendigkeit einer zusätzlichen Ahndung regelmäßig erhöhen (BayAGH BRAK-Mitt. 1996, 169).

33 Da grundsätzlich jedes mit der Berufstätigkeit des Anwalts zusammenhängende Delikt geeignet ist, das **Ansehen der Rechtsanwaltschaft** insgesamt in der Öffentlichkeit zu schädigen, wovon auch § 113 Abs. 2 ausgeht (AnwG München BRAK-Mitt. 1996, 169), müssen die Anwaltsgerichte im Einzelfall prüfen, ob wegen der besonderen Umstände des Falles wie zB psychische Ausnahmesituation, große familiäre Probleme des Rechtsanwalts pp. die Öffentlichkeit das Fehlverhalten des Rechtsanwalts nicht primär im Zusammenhang mit seiner beruflichen Position sieht und daraus Rückschlüsse auf den Berufsstand insgesamt zieht. Je geringer die persönliche Schuld des Betroffenen zu bewerten ist, umso eher wird das Anwaltsgericht dazu neigen können, eine negative Wirkung hinsichtlich des Ansehens der Rechtsanwaltschaft insgesamt zu verneinen. Die Zahl der Personen, denen das Fehlverhalten des Rechtsanwalts bekannt geworden ist, ist dabei nicht von entscheidender Bedeutung (BayAGH BRAK-Mitt. 1996, 169; *Paepcke,* FS Pfeiffer, 1988, 985, 993 ff.), es sei denn der Rechtsanwalt hat sein Fehlverhalten bewusst öffentlich gemacht.

34 Die Zugehörigkeit eines Rechtsanwalts zu einer bestimmten Gruppe innerhalb der Anwaltschaft zB als Fachanwalt für ein bestimmtes Rechtsgebiet oder Anwaltsnotar kann nicht zur

Begründung der Notwendigkeit einer zusätzlichen anwaltsgerichtlichen Maßnahme herangezogen werden (*Jessnitzer/Blumberg* § 115b Rn. 6; vgl. auch BVerwG NJW 1983, 1440 zu § 14 BDO, jetzt § 14 BDG).

b) Einzelfälle. Neben der Ahndung mit einer Geldbuße (§ 115 OWiG) ist bei **Missbrauch der Verteidigerrechte** zur unbefugten Übermittlung von Nachrichten oder Sachen aus oder in eine Vollzugsanstalt eine zusätzliche anwaltsgerichtliche Maßnahme erforderlich, um den Rechtsanwalt zur Erfüllung seiner Pflichten anzuhalten und das Ansehen der Rechtsanwaltschaft zu wahren (EGH München Urteil vom 15.7.1992 – BayEGH II 6/92; EGH Stuttgart EGE XIV, 252). Ein Rechtsanwalt verstößt auch gegen die Vorschriften des Berufsrechts, wenn er an einen in einer JVA einsitzenden mit ihm befreundeten, aber nicht von ihm vertretenen Inhaftierten mehrfach Haschisch bei einem Besuch übergibt. Gemäß § 115b ist neben der strafgerichtlichen Maßnahme (neun Monate auf Bewährung und 3000 Euro Geldbuße) eine zusätzliche anwaltsgerichtliche Maßnahme erforderlich (AnwG Köln Urteil vom 8.2.2010 – 10 EV 57/09 in Kammer Forum RAK Köln 4/2010 S. 119). Ein Rechtsanwalt, der wegen **Einkommensteuerhinterziehung** und wegen fortgesetzter **Umsatzsteuerhinterziehung** rechtskräftig verurteilt wird, indem er einen Strafbefehl diesen Inhalts gegen sich ergehen und rechtskräftig werden lässt und in dem sich daran anschließenden anwaltsgerichtlichen Verfahren zu den erhobenen Vorwürfen nicht Stellung nimmt und damit die ihm gewährte Möglichkeit, sein Verhalten zu erklären oder verständlich zu machen nicht wahrnimmt, erweckt damit den Anschein, dass er seine beruflichen Verpflichtungen in diesem Gebiet nicht erkennt und sie nicht einhalten will. Sind aber keinerlei Gesichtspunkte erkennbar, die den Verstoß des Rechtsanwalts gegen seine steuerlichen Pflichten verständlich machen oder weniger schwerwiegend erscheinen lassen, so ist stets davon auszugehen, dass eine zusätzliche anwaltsgerichtliche Maßnahme erforderlich ist, um den Rechtsanwalt zur Erfüllung seiner Pflichten anzuhalten und das Ansehen der Rechtsanwaltschaft zu wahren (EGH Berlin Urteil vom 13.1.1993 – II EGH 12/92). 35

Neben einer strafgerichtlichen Verurteilung wegen Verleumdung wird eine zusätzliche anwaltsgerichtliche Ahndung regelmäßig erforderlich sein, wenn der Rechtsanwalt in einer Dienstaufsichtsbeschwerde in Beziehung auf einen Richter wider besseres Wissen unwahre Tatsachen behauptet (EGH München Urteil vom 29.11.1988 – BayEGH II 9/88). Dies gilt auch bei übler Nachrede in Beziehung auf die dienstliche Tätigkeit eines Richters. Solche im Rahmen der Berufsausübung **gegenüber einem anderen Organ der Rechtspflege begangenen Verfehlungen** weisen neben ihrem allgemeinen strafrechtlichen einen besonders prägnanten berufsrechtlichen Unrechtsgehalt auf (EGH München Urteil vom 20.11.1990 – BayEGH II 9/90). Beihilfe zu einem unerlaubten Aufenthalt im Bundesgebiet in Verbindung mit einem Anwaltsmandat erfordert regelmäßig eine zusätzliche anwaltsgerichtliche Ahndung (EGH München Urteil vom 8.10.1991 – BayEGH II 10/91). 36

Auch bei **fortgesetzter Verletzung der Wahrheitspflicht** liegen regelmäßig beide Voraussetzungen des § 115b vor, ebenso bei **Betrug** (AnwG Köln Urteil vom 18.3.2009 – 10 EV 60/07). Gerade als Organ der Rechtspflege (§ 1) muss der Rechtsanwalt im besonderen Maße der Wahrheit dienen, bei der Erforschung der Wahrheit und damit bei der Rechtsfindung mitwirken. Die Verletzung der Wahrheitspflicht vor Gericht ist daher immer eine schwere Pflichtverletzung, die den Kernbereich des Berufes eines Rechtsanwalts berührt und die damit das Ansehen der Rechtsanwaltschaft insgesamt erheblich beeinträchtigt. Dies ist unabhängig davon, ob die Verletzung der Wahrheitspflicht innerhalb oder außerhalb der eigentlichen beruflichen Tätigkeit des Rechtsanwalts liegt, ob der Rechtsanwalt in einem eigenen Verfahren oder in einem fremden Verfahren für einen Mandanten die Unwahrheit gesagt hat. Eine anwaltliche Pflichtverletzung durch ein Aussagedelikt ist nahezu immer von derart erheblicher objektiver Schwere, dass dem Rechtsanwalt kaum mehr die umfassende Aufgabe weiter anvertraut werden kann, unabhängiger Berater und Vertreter der Rechtsuchenden (§ 3 Abs. 1) zu sein; ein Rechtsanwalt hat durch eine Falschaussage in der Regel eine so verwerfliche Gesinnung gezeigt, dass nicht zu erwarten ist, er werde sich künftig an die Gebote des Berufsrechts halten und charakterlich die nötige Garantie bieten, um ihn in seinem Anwaltsberuf zu belassen (BGHSt 20, 73 = EGE VIII, 62). Selbst wenn im Einzelfall eine Maßnahme nach § 114 Abs. 1 Nr. 4 oder 5 nicht gerechtfertigt ist, ist dann aber eine zusätzliche anwaltsgerichtliche Ahndung mit einer anderen Maßnahme geboten (EGH München Urteil vom 10.2.1988 – BayEGH II 8/87). 37

38 **2. Ahndung außerberuflicher Pflichtverletzungen.** Bei außerberuflichen Pflichtverletzungen des Rechtsanwalts sind **besonders strenge Maßstäbe** anzulegen: Nur wenn der Rechtsanwalt seine Pflichten in einer so schwerwiegenden Weise verletzt hat, dass er für den Anwaltsstand nicht mehr tragbar erscheint (vgl. BGHSt 20, 73 = EGE VIII, 62) oder ein Vertretungsverbot angezeigt ist (§ 115b S. 2), steht (ohne Dazu treten einer weiteren Voraussetzung) auch bei einer außerberuflichen Verfehlung eine anderweitig bereits verhängte Strafe der Anordnung der schwersten anwaltsgerichtlichen Maßnahmen der Ausschließung aus der Rechtsanwaltschaft und dem Vertretungsverbot nicht entgegen.

39 In allen anderen Fällen einer außerberuflichen Verfehlung – nicht nur bei leichten, sondern auch bei mittelschweren Pflichtverletzungen des Rechtsanwalts – soll nach der Maßregelung des Rechtsanwalts durch gerichtliche Bestrafung oder eine andere der in § 115b genannten Maßnahmen von der anwaltsgerichtlichen Ahndung wegen desselben Verhaltens grundsätzlich abgesehen werden. In solchen – selbst schwerwiegenden – Fällen darf eine anwaltsgerichtliche Maßnahme (anderer Art als die Ausschließung und das Vertretungsverbot) nur ausnahmsweise verhängt werden, nämlich dann, wenn sie „zusätzlich erforderlich ist, um den Rechtsanwalt zur Erfüllung seiner Pflichten anzuhalten und das Ansehen der Rechtsanwaltschaft zu wahren" (BGHSt 26, 241 = NJW 1976, 526).

40 Dabei kann selbst dann, wenn die besonderen berufsrechtlichen Pflichten des Rechtsanwalts bei der Bemessung der Höhe der anderweitigen Ahndung berücksichtigt worden sind, zusätzlich eine anwaltsgerichtliche Maßnahme erforderlich sein (EGH Stuttgart EGE XIV, 252). Dies wird insbesondere bei wiederholten Pflichtverletzungen der Fall sein. Sind gegen einen Rechtsanwalt bereits mehrfach berufsrechtliche Maßnahmen verhängt worden, kann auch bei einem geringeren Verstoß von der Summe her (Nicht-Auszahlung von 670 Euro Fremdgeld) neben der Verurteilung wegen Untreue noch eine anwaltsrechtliche Sanktion erforderlich sein (AnwG Köln Urteil vom 9.11.2009 – 10 EV 209/08).Zur Erforderlichkeit einer anwaltsgerichtlichen Maßnahme bei wiederholter strafgerichtlicher Verurteilung wegen einer Trunkenheitsfahrt vgl. EGH Berlin und EG Hamburg BRAK-Mitt. 1987, 97, 98 und bei Unfallflucht EGH Hamm BRAK-Mitt. 1983, 96.

41 **3. Ausschluss und Vertretungsverbot.** Hat der Rechtsanwalt sich so schwere Pflichtverletzungen zuschulden kommen lassen, dass er als Rechtsanwalt untragbar und seine Ausschließung aus der Rechtsanwaltschaft notwendig ist, oder dass ein Vertretungsverbot erforderlich ist (§ 114 Abs. 1 Nr. 4 und 5), kann eine strafrichterliche Verurteilung oder eine anderweitige Maßnahme einem anwaltsgerichtlichen Verfahren nicht entgegenstehen. Um Missverständnisse zu vermeiden, wurde diese Rechtslage in S. 2 des § 115b klargestellt (amtliche Begründung, BT-Drs. 5/2848). Wenn die Pflichtverletzung, die bereits durch eine Strafe oder Maßnahme anderweitig geahndet wurde, eine Maßnahme nach § 114 Abs. 1 Nr. 4 oder 5 rechtfertigt (zu den Voraussetzungen → § 114 Rn. 21 ff.), dann ist iSd § 115b diese Maßnahme zusätzlich erforderlich (BGHSt 26, 241 = NJW 1976, 526; NdsAGH BRAK-Mitt. 2008, 172; *Gribbohm,* FS Pfeiffer, 1988, 911, 924).

42 Der Tatrichter ist bei der Prüfung, ob die Ausschließung aus der Rechtsanwaltschaft oder ein Vertretungsverbot in Betracht kommt, auch nicht etwa an den sachlichen Inhalt einer Entscheidung des Strafgerichts über ein Berufsverbot nach § 70 StGB gebunden (*Gribbohm,* FS Pfeiffer, 1988, 911, 924; BGH NJW 1975, 1712; EGE X, 102, 104; → § 114 Rn. 43).

43 **4. Revision.** In der Revision unterliegt die Bejahung der Voraussetzungen für das Erfordernis einer zusätzlichen anwaltsgerichtlichen Maßnahme nur einer eingeschränkten Überprüfung durch das Revisionsgericht. Ob diese Voraussetzungen gegeben sind, haben die über die Tatfrage entscheidenden Anwaltsgerichte in eigener Verantwortung zu prüfen und nach ihrem tatrichterlichen Ermessen zu entscheiden. Das Revisionsgericht kann auf die Sachrüge hin, die Entscheidung des AGH nur beanstanden, wenn der AGH nicht die aufgezeigten Grundsätze beachtet hat, gegen Denkgesetze oder Erfahrungssätze verstoßen hat, einen naheliegenden Umstand außer Acht gelassen hat oder sonst einem Rechtsirrtum unterlegen ist (BGHSt 26, 241 = NJW 1976, 526). Durch das Urteil des AGH, welches das wegen eines außerberuflichen Verhaltens eingeleitete anwaltsgerichtliche Verfahren gemäß § 115b und § 139 Abs. 3 einstellt, ist auch der beschuldigte Rechtsanwalt beschwert. Er kann dagegen die Revision einlegen, falls sie gemäß § 145 zugelassen worden ist (BGHSt 23, 257 = NJW 1970, 1466).

V. Sofortige Beschwerde gegen den Nichteröffnungsbeschluss

Gegen den Nichteröffnungsbeschluss, der auf § 115b gestützt ist, steht der Staatsanwaltschaft nach § 131 Abs. 3 S. 2, § 116 iVm §§ 309, 311 StPO die sofortige Beschwerde zu (EGH Hamm Beschluss vom 19.10.1982 – (2) 6 EVY 4/82, teilweise abgedruckt in BRAK-Mitt. 1983, 96). Da zwar nicht in der Beschlussformel, aber – bei einer Entscheidung gemäß § 115b notwendig (→ Rn. 20 ff.) – in den Gründen zum Ausdruck gebracht werden muss, dass der Rechtsanwalt einer schuldhaften Pflichtverletzung hinreichend verdächtig sei (vgl. auch BGHSt 23, 257 = NJW 1970, 1466; EGH Hamm BRAK-Mitt. 1983, 96), muss auch, obwohl § 131 Abs. 3 dies nicht vorsieht, der Rechtsanwalt sich mit sofortiger Beschwerde gegen diesen „Schuldspruch" zur Wehr setzen können. Er ist durch den so begründeten Nichteröffnungsbeschluss beschwert (→ § 131 Rn. 8, 9; → § 139 Rn. 17). 44

§ 115c Vorschriften für Geschäftsführer von Rechtsanwaltsgesellschaften

[1] Die Vorschriften des Sechsten und Siebenten Teils, die §§ 195 bis 199 sowie die Vorschriften des Elften Teils sind entsprechend anzuwenden auf Personen, die nach § 60 Abs. 1 Satz 3 einer Rechtsanwaltskammer angehören. [2] An die Stelle der Ausschließung aus der Rechtsanwaltschaft tritt die Aberkennung der Eignung, eine Rechtsanwaltsgesellschaft zu vertreten und ihre Geschäfte zu führen.

I. Erstreckung der Anwaltsgerichtsbarkeit auf die nichtanwaltlichen Geschäftsführer

§ 115c, der erst am 1.3.1999 in Kraft trat (Art. 15 S. 3 des Gesetzes vom 31.8.1998, BGBl. I S. 2600, 2608), regelt die Möglichkeit, auch solche Geschäftsführer einer Rechtsanwaltsgesellschaft, die keine Rechtsanwälte oder Kammermitglieder nach §§ 206, 209 Abs. 1 BRAO, §§ 2 ff. EuRAG sind (§ 59f Abs. 2), für ihr Fehlverhalten im Zusammenhang mit ihrer Geschäftsführertätigkeit zur Verantwortung zu ziehen. Da die Rechtsanwaltsgesellschaft als juristische Person selbst anwaltsgerichtlich nicht belangt werden kann, können nur ihre verantwortlich handelnden Personen anwaltsgerichtlich zur Verantwortung gezogen werden. Soweit die Geschäftsführer Rechtsanwälte oder Kammermitglieder nach §§ 206, 207, 209 oder nach §§ 2 ff. EuRAG sind, können ihre Pflichtverletzungen – auch die, die sie im Rahmen ihrer Tätigkeit für die Rechtsanwaltsgesellschaft begangen haben, – unmittelbar bzw. über § 207 Abs. 2, § 209 Abs. 1 S. 3 oder §§ 6, 34 EuRAG nach §§ 113, 114 geahndet werden. Soweit es sich bei den Geschäftsführern dagegen nicht um Rechtsanwälte oder Kammermitglieder nach §§ 206, 209 Abs. 1 sondern um Angehörige sozietätsfähiger Berufe handelt (§§ 59a Abs. 1 S. 1, Abs. 3, 59f Abs. 2), die als Geschäftsführer einer Rechtsanwaltsgesellschaft gemäß § 60 Abs. 1 S. 3 der RAK angehören (→ § 60 Rn. 4, 5), unterliegen sie im Rahmen ihrer Tätigkeit als Geschäftsführer der Rechtsanwaltsgesellschaft nach § 115c ebenfalls der Anwaltsgerichtsbarkeit (Gaier/Wolf/Göcken/*Johnigk* § 118a Rn. 2; **aA** Henssler/Prütting/*Dittmann* § 115c Rn. 7). 1

§ 115c erklärt zu diesem Zweck die Bestimmungen zur anwaltsgerichtlichen Ahndung von Pflichtverletzungen (§§ 113–115b) sowie des hierfür vorgesehenen anwaltsgerichtlichen Verfahrens (§§ 114–161a) nebst den Kostenvorschriften der §§ 195–199 und den Vorschriften der §§ 204–205a auf schuldhafte Pflichtverstöße der Geschäftsführer von Rechtsanwaltsgesellschaften, die keine Rechtsanwälte oder Kammermitglieder nach den §§ 206, 209 Abs. 1 oder §§ 2 ff. EuRAG sind, für entsprechend anwendbar. 2

II. Ahndbare Pflichtverletzung

Verstößt ein Geschäftsführer, der nach § 60 Abs. 1 S. 3 der RAK angehört, schuldhaft gegen berufliche Pflichten, die ihm als Organ der Rechtsanwaltsgesellschaft obliegen, bei der er angestellt ist, so kann er mit anwaltsgerichtlichen Maßnahmen (§ 114) belegt werden (→ Rn. 8). 3

Auch der **nichtanwaltliche Geschäftsführer** hat aufgrund seiner beruflichen Stellung in der Rechtsanwaltsgesellschaft (§ 35 GmbHG) insbesondere auf die Einhaltung der beruflichen Pflichten zu achten, denen die Rechtsanwaltsgesellschaft zB nach § 59m Abs. 2 unterliegt (→ § 59m Rn. 5 ff.). Er hat auch – soweit er hierauf Einfluss nehmen kann – dafür Sorge zu 4 tragen, dass die für den Fortbestand der Zulassung als Rechtsanwaltsgesellschaft relevanten Vorschriften der §§ 59c, 59e, 59f, 59i und § 59j eingehalten werden (amtliche Begründung, BR-Drs. 1002/97, 20). Nur eine schuldhafte Verletzung dieser Pflichten führt zu einer anwaltsgerichtlichen Ahndung (→ § 113 Rn. 6, 7). Er kann sich aber nicht darauf berufen, dass nach den für seinen sozietätsfähigen Beruf geltenden Regeln ein Verhalten zulässig ist, das nach der BRAO und der BORA unzulässig ist. In Ausübung seiner Tätigkeit als Geschäftsführer einer Rechtsanwaltsgesellschaft ist er auch als Nicht-Anwalt verpflichtet, die eventuell strengeren Vorschriften für Rechtsanwälte zu beachten.

5 Entscheidend ist, dass der Betroffene **als Geschäftsführer** der Rechtsanwaltsgesellschaft gehandelt hat, wobei auch das Unterlassen rechtlich gebotenen Tuns darunter fällt. Auch § 113 Abs. 2 hinsichtlich außerberuflichen Fehlverhaltens gilt entsprechend, da § 115c S. 1 auch ihn für entsprechend anwendbar erklärt. Handelt der Geschäftsführer nicht für die Rechtsanwaltsgesellschaft, dann handelt es sich für ihn entsprechend § 113 Abs. 2 auch dann um ein „außerhalb des Berufs" – als Geschäftsführer – liegendes Verhalten, wenn er damit eine berufliche Tätigkeit im Sinne der Berufsvorschriften seines in § 59a Abs. 1 S. 1 genannten Berufes zB als Steuerberater ausübt. Es handelt sich dann zB um eine nach § 89 Abs. 1 StBerG berufsgerichtlich zu ahndende Pflichtverletzung und um ein außerberufliches Fehlverhalten, das unter § 113 Abs. 2 fällt, dessen enge Voraussetzungen (→ § 113 Rn. 12 ff.) vorliegen müssen und deren Verhältnis sich nach § 118a bestimmt.

6 Nach dem ebenfalls entsprechend anzuwendenden § 113 Abs. 3 muss der Betroffene aber zur Zeit der Tat wirksam zum Geschäftsführer der Rechtsanwaltsgesellschaft bestellt gewesen sein (vgl. Rowedder/Schmidt-Leithoff/*Schmidt-Leithoff* GmbHG § 6 Rn. 10 ff.; Rowedder/Schmidt-Leithoff/*Koppensteiner/Gruber* GmbHG § 46 Rn. 22 ff.), da er nur in dieser Eigenschaft Mitglied der RAK ist (§ 60 Abs. 1 S. 2) und nur als solcher der Anwaltsgerichtsbarkeit unterliegt (§ 113 Abs. 3, § 115c S. 1). Ebenso kann er entsprechend § 139 Abs. 3 Nr. 1 für eine Pflichtverletzung als Geschäftsführer anwaltsgerichtlich nicht mehr zur Verantwortung gezogen werden und ist das Verfahren gegen ihn einzustellen, wenn er nicht mehr Geschäftsführer der Rechtsanwaltsgesellschaft ist.

7 Soweit es bei Patentanwälten, Steuerberatern, Steuerbevollmächtigten, Wirtschaftsprüfern und vereidigten Buchprüfern, die Geschäftsführer einer Rechtsanwaltsgesellschaft sind (§§ 59a Abs. 1 S. 1, 59f Abs. 2), im Falle von Pflichtverletzungen zu einer Konkurrenz der verschiedenen Berufsgerichtsbarkeiten kommt, gilt § 118a entsprechend. Grundsätzlich ist auch in diesen Fällen nach § 118a Abs. 1 das anwaltsgerichtliche Verfahren vorrangig. Dies gilt auch bei außerberuflichem Fehlverhalten (→ § 118a Rn. 8). Ist schon in einem anderen Berufsgerichtsverfahren eine Maßnahme gegen den Betroffenen ausgesprochen worden, ist § 115b entsprechend zu beachten.

III. Anwaltsgerichtliche Maßnahmen

8 Gegen Geschäftsführer, die nach § 60 Abs. 1 S. 3 der RAK angehören, können wegen schuldhafter Pflichtverletzungen (→ Rn. 3, 4, 5) die in § 114 vorgesehenen anwaltsgerichtlichen Maßnahmen verhängt werden. Das **Vertretungsverbot auf bestimmten Rechtsgebieten** (§ 114 Abs. 1 Nr. 4) bedeutet, dass der Geschäftsführer die Rechtsanwalts-Gesellschaft auf diesem Rechtsgebiet nicht mehr vertreten darf. Das Verbot wird regelmäßig ein Rechtsgebiet des sozietätsfähigen Herkunftsberufes betreffen. Es kann aber auch sonstige Rechtsgebiete betreffen, auf denen der Geschäftsführer an sich rechtlich zulässig tätig werden darf. An die Stelle der Ausschließung aus der Rechtsanwaltschaft tritt die **Aberkennung der Eignung,** eine Rechtsanwaltsgesellschaft zu vertreten und ihre Geschäfte zu führen. Insoweit folgt die Bestimmung den Parallelregelungen in § 94 Abs. 1 und 2 StBerG, § 71 WPO (amtliche Begründung, BR-Drs. 1002/97, 21). Die Zulassung zum Herkunftsberuf kann im anwaltsgerichtlichen Verfahren nicht entzogen werden. Die rechtskräftige Aberkennung der Eignung führt nicht automatisch zum Verlust der Stellung als Geschäftsführer. Vielmehr müssen die Gesellschafter der Rechtsanwaltsgesellschaft den ungeeigneten Geschäftsführer umgehend abberufen. Insoweit besteht für sie eine anwaltliche Berufspflicht (Henssler/Prütting/*Dittmann* § 115c Rn. 10, 13).

9 Dementsprechend knüpft auch § 115b S. 2 nicht an den Ausschluss aus der Rechtsanwaltschaft an, sondern an die Aberkennung der Eignung, dh der Aberkennung der Eignung steht eine andere Strafe oder Maßnahme nicht entgegen. Nach § 115 verjährt die Verfolgung der Pflichtverletzung nicht, wenn sie die Aberkennung der Eignung, eine Rechtsanwaltsgesellschaft zu

vertreten und ihre Geschäfte zu führen, rechtfertigt. Entsprechend § 118a Abs. 1 S. 2 kann ein anwaltsgerichtliches Verfahren mit dem Ziel der Aberkennung dieser Eignung auch dann durchgeführt werden, wenn die Pflichtverletzung überwiegend mit der Ausübung eines anderen Berufs als dem des Geschäftsführers im Zusammenhang steht.

Auch die Regeln über das **Berufs- und Vertretungsverbot als vorläufige Maßnahme** 10 (§§ 150–161a) sind nach S. 1 entsprechend anzuwenden. Dies bedeutet, an die Stelle der dringend gerechtfertigten Prognose, „dass gegen einen Rechtsanwalt auf Ausschließung aus der Rechtsanwaltschaft erkannt werden wird" (§ 150 Abs. 1), tritt die Prognose, dem Geschäftsführer werde die Eignung iSd § 115c S. 2 aberkannt werden. Der nichtanwaltliche Geschäftsführer, gegen den eine vorläufige Maßnahme nach § 150 verhängt wurde, darf die Geschäftsführertätigkeit für die Rechtsanwaltsgesellschaft nicht weiter ausüben (§ 155 Abs. 2 entsprechend). Erst aufgrund einer Verurteilung auf Aberkennung der Eignung, eine Rechtsanwaltsgesellschaft zu vertreten und ihre Geschäfte zu führen (§§ 114 Abs. 1 Nr. 5, 115c S. 2, 139 Abs. 2) verliert der Geschäftsführer auch seine Eignung zur Geschäftsführertätigkeit (Henssler/Prütting/*Dittmann* § 150 Rn. 12), wie auch ein Rechtsanwalt erst aufgrund einer rechtskräftigen Verurteilung auf Ausschließung aus der Rechtsanwaltschaft seine Stellung als Rechtsanwalt verliert (→ § 204 Rn. 1) und nicht bereits durch ein Berufsverbot als vorläufige Maßnahme (→ § 155 Rn. 3). Das vorläufige Geschäftsführungs- und Vertretungsverbot berührt aber nicht die eigenständige Berufstätigkeit der in § 59a Abs. 1 S. 1 genannten Berufsgruppen der Patentanwälte, Steuerberater pp. Ob diesen auch die Ausübung ihres Berufs als Patentanwalt pp. vorläufig untersagt ist, bestimmt sich allein nach den jeweils anderen Berufsregelungen (*Kuhls/Schäfer* § 94 Rn. 13).

Siebenter Teil. Das anwaltsgerichtliche Verfahren

Erster Abschnitt. Allgemeines

§ 116 Vorschriften für das Verfahren und den Rechtsschutz bei überlangen Gerichtsverfahren

(1) [1] Für das anwaltsgerichtliche Verfahren gelten die nachstehenden Vorschriften. [2] Ergänzend sind das Gerichtsverfassungsgesetz und die Strafprozeßordnung sinngemäß anzuwenden.

(2) [1] Auf den Rechtsschutz bei überlangen Gerichtsverfahren sind die Vorschriften des Siebzehnten Titels des Gerichtsverfassungsgesetzes anzuwenden. [2] Die Vorschriften dieses Gesetzes, die die Besetzung des Senats für Anwaltssachen bei dem Bundesgerichtshof regeln, sind nicht anzuwenden.

Übersicht

I. Inhalt der Bestimmung, Gesetzesänderung

1 Für das anwaltsgerichtliche Verfahren gelten zunächst die §§ 117–161a (amtliche Begründung, BR-Drs. 1002/97). Daneben sind, soweit die Vorschriften der BRAO keine oder nur eine unvollständige Regelung enthalten, die Vorschriften des GVG (→ Rn. 8–10) und der StPO (→ Rn. 11–39) sinngemäß anzuwenden. Mit der ausdrücklichen Bezugnahme auf beide Gesetze ist die Anwendung der entsprechenden **Einführungsgesetze nicht mit einbezogen.** Weder das Einführungsgesetz zur StPO noch das zum GVG sind entsprechend anzuwenden (*Isele* § 116 Anm. II D). Zur Anwendung gerichtsverfassungs- und strafverfahrensrechtlicher Normen in der Anwaltsgerichtsbarkeit vgl. *Rössler,* FG Peters, 1984, 249 ff. Soweit in der BRAO weiterhin für das Aufsichtsverfahren (§§ 73 Abs. 2 Nr. 4, 74) ausdrückliche Vorschriften fehlen, die regeln, ob und ggf. wie sich der Betroffene gegen einzelne während des Verfahrens getroffene Ermittlungsmaßnahmen der RAK wehren kann, kommen die Regelungen des anwaltsgerichtlichen Verfahrens gemäß §§ 116 ff. und nicht die gemäß §§ 112a ff. zur Anwendung (AGH Hmb BRAK-Mitt. 2010, 271). Der durch Art. 4 Nr. 4 lit.c des Gesetzes über den Rechtsschutz bei überlangen Gerichtsverfahren und strafrechtlichen Ermittlungsverfahren vom 24.11.2011 (BGBl. I S. 2302) eingefügte **Abs. 2** regelt die Anwendung der §§ 198–201 GVG (→ Rn. 40 ff.).

2 Die Strafverfahrensvorschriften sind grundsätzlich in ihrer jeweils geltenden Fassung anzuwenden. Die **Anwendbarkeit neuer Verfahrensgesetze auf anhängige Prozesse** richtet sich in erster Linie nach der vom Gesetzgeber selbst durch sogenannte Überleitungsvorschriften getroffenen Anordnung. Fehlen solche Übergangsregelungen, gilt neues Verfahrensrecht grundsätzlich auch für bereits anhängige Verfahren. Sofern es nicht um nach altem Recht abgeschlossene Prozesshandlungen und endgültig eingetretene Prozesslagen geht, sind schwebende Verfahren mit Inkrafttreten des Änderungsgesetzes nach neuem Recht weiterzuführen (BGH BeckRS 1992, 31174683 unter Hinweis auf BVerfGE 11, 139; 39, 156; 45, 272; 65, 76; BGHZ 12, 254; 76, 305; 114, 1; BGHSt 3, 283; 22, 321). Dieser Grundsatz erfasst nicht nur Vorschriften, die das Verfahren des Gerichts regeln, sondern auch Bestimmungen, welche die Stellung von Verfahrensbeteiligten im Prozess sowie ihre Befugnisse und Pflichten betreffen (BGH BeckRS 1992, 31174683; BGHSt 22, 321). Seine Geltung in Fragen der Zulässigkeit von Rechtsmitteln in anhängigen Verfahren ist allerdings nicht unbestritten (bejahend RGZ 135, 121; OGHZ 1, 149;

Stein/Jonas/*Schlosser* 20. Aufl. EGZPO § 1 Rn. 4; Zöller/*Gummer* ZPO § 546 Rn. 16; *Jansen/Briesemeister* FGG § 27 Rn. 38; *Sieg* SJZ 1950, 878 und ZZP 65, 249; verneinend *Pieroth,* Rückwirkung und Übergangsrecht, 1981, 223; *v. Weber* DStR 1940, 75; grundsätzlich offen gelassen von BGH NJW 1978, 1260); danach sah der BGH, wenn Sinn und Zweck der Neuregelung zur Zulässigkeit von Rechtsmitteln für deren Anwendung auch auf anhängige Verfahren spricht, deren Anwendung auf solche Verfahren als gerechtfertigt an (BGH BeckRS 1992, 31174683). Das BVerfG hat insoweit Rechtssicherheit geschaffen: Danach gebietet der im Rechtsstaatsprinzip wurzelnde Schutz des Vertrauens eines Rechtsmittelführers in die nach Maßgabe der Grundsätze des intertemporalen Prozessrechts gewährleistete Rechtsmittelsicherheit, dass bei einem nachträglich festgelegten Rechtsmittelausschluss ein bereits zulässig eingelegtes Rechtsmittel zulässig bleibt, sofern das Gesetz nicht mit hinreichender Deutlichkeit etwas Abweichendes bestimmt (BVerfGE 87, 48 = NJW 1993, 1123).

II. Immunitätsschutz nach Art. 46 Abs. 2 GG

3 Der Immunitätsschutz nach Art. 46 Abs. 2 GG erstreckt sich nach Auffassung des BVerwG nicht auf Disziplinarverfahren, da Disziplinarmaßnahmen keine „Strafen" iSd Art. 46 Abs. 2 GG sind und ein Disziplinarverfahren kein „Strafverfahren" iSd Art. 46 Abs. 4 GG ist (zu Disziplinarverfahren gegen Beamte, Richter und Soldaten BVerwGE 83, 1 = NJW 1986, 2520 = DÖV 1985, 878 mit Anm. *Kemper* und Anm. *Bornemann* DÖV 1986, 93; zustimmend Henssler/Prütting/*Dittmann* § 115 Rn. 8; → § 115 Rn. 17).

4 Diese Rechtsauffassung des BVerwG steht jedoch im Widerspruch zu den **„Grundsätzen in Immunitätsangelegenheiten"**, die der Bundestag als Anlage 6 seiner Geschäftsordnung beschlossen hat (BGBl. 1980 I S. 1261 und die jeweils bei Beginn einer Wahlperiode neu beschlossen werden (vgl. § 107 Abs. 2 GO-BT und Übernahmebeschluss vom 14.1.2010, BGBl. I S. 24). In Nr. 10 dieser „Grundsätze" ist ausdrücklich bestimmt: „Verfahren vor Ehren- und Berufsgerichten, die öffentlich-rechtlichen Charakter haben, können nur nach Aufhebung der Immunität durchgeführt werden." Lediglich die Ermittlungsverfahren sind generell genehmigt, es sei denn, es handele sich um Beleidigungen politischen Charakters (Gaier/Wolf/Göcken/*Johnigk* § 116 Rn. 5). Der Ausschuss für Wahlprüfung Immunität und Geschäftsordnung des Deutschen Bundestages hat am 28.11.1985 im Zusammenhang mit einem ehrengerichtlichen Verfahren gegen einen Rechtsanwalt in Kenntnis des Urteils des BVerwG seine in den „Grundsätzen" niedergelegte Rechtsauffassung bekräftigt (vgl. auch BVerfGE 42, 312, 328 zu Disziplinarmaßnahmen gegen Beamte). Ein Konflikt mit der betreffenden gesetzgebenden Körperschaft über das Bestehen des Immunitätsschutzes kann nur dadurch vermieden werden, dass die das anwaltsgerichtliche Verfahren betreibende Stelle bei der gesetzgebenden Körperschaft die Genehmigung zur Durchführung des Verfahrens beantragt. Die Immunität der Abgeordneten ist in gleicher Weise zu beachten wie im ordentlichen Strafverfahren (NdsAGH Urteil vom 12.7.1999 – AGH 3/99; *Isele* S. 1469; vgl. auch Anm. zu § 152a StPO). Nr. 191–192b RiStBV und eventuellen Bestimmungen der Länder sind zu beachten. Bei nach Art. 46 Abs. 4 GG in der vorausgegangenen Wahlperiode ausgesetzten Ermittlungsverfahren muss nach Wiederwahl des Betroffenen eine erneute Entscheidung herbeigeführt werden, ob die Ermittlungen auch in der neuen Wahlperiode ausgesetzt bleiben sollen oder nicht (Beschluss des BT vom 5.2.1998 (TOP 17s), vgl. BT-Drs. 13/9519).

5 Der Immunitätsschutz ist nach dem entsprechend anwendbaren § 152a StPO auch für die Abgeordneten in den jeweiligen Landesparlamenten zu berücksichtigen. Die Immunität der Mitglieder des Europäischen Parlaments ist ebenfalls zu berücksichtigen. Sie bestimmt sich nach Art. 9, 10 EU-Vorrechte-Prot (Protokoll über die Vorrechte und Befreiungen der EG vom 8.4.1965, BGBl. II S. 1453, 1482).

III. Entschädigung für Verfolgungsmaßnahmen

6 Das **Gesetz über die Entschädigung für Strafverfolgungsmaßnahmen** (StrEG) ist **nicht entsprechend** anwendbar auf Verfolgungsmaßnahmen wegen einer anwaltsgerichtlich zu ahndenden Pflichtverletzung, zB bei Sicherstellung, Beschlagnahme und Hausdurchsuchung, da das StrEG nicht im außerstrafrechtlichen Bereich gilt (*Kunz,* Kommentar zum StrEG, Einl. Rn. 55; *Isele* Anhang 2 zu § 116, § 373 StPO), zu dem das anwaltsgerichtliche Verfahren aber gehört. Unberührt bleiben Ansprüche aus Amtspflichtverletzungen infolge schuldhafter Versäumnisse;

der Ermittlungsbehörde geht zB ein für die Entlastung des Rechtsanwalts entscheidendes Beweismittel unter, unsachgemäße Verwahrung führt zum Verlust beschlagnahmter Gegenstände (vgl. Nr. 74 RiStBV; *Kunz,* Kommentar zum StrEG, StrEG Einl. Rn. 62). Rechtsgrundlage für die Haftung ist Art. 34 GG iVm § 839 BGB (vgl. Palandt/*Sprau* BGB § 839 Rn. 140).

IV. Verständigung in der Hauptverhandlung

Im anwaltsgerichtlichen Verfahren sind wie im Strafverfahren nach den für dieses von der Rechtsprechung dazu entwickelten Grundsätzen Verfahrensabsprachen in der Hauptverhandlung möglich, die sich mit der Ablegung eines Geständnisses des Rechtsanwalts gegen Zusicherung einer Maßnahmenmilderung befassen (BGHSt 43, 195 = NJW 1998, 86). Solche Absprachen erfordern **1.** dass die Verständigung **in der Hauptverhandlung unter Mitwirkung aller Verfahrensbeteiligten** stattfindet. Vorgespräche außerhalb der Hauptverhandlung sind aber zulässig. **2.** Das Ergebnis der Verständigung muss als vorgeschriebene Förmlichkeit **im Hauptverhandlungsprotokoll niedergelegt** werden mit der Folge des § 274 StPO (BGH NStZ 2001, 554). **3.** Das Gericht muss das Geständnis daraufhin **überprüfen, ob es glaubhaft ist;** sich hierzu aufdrängende Beweiserhebungen dürfen nicht unterbleiben (§§ 244 Abs. 2, 261 StPO). **4.** Das Gericht darf **keine bestimmte Maßnahme zusagen,** jedoch eine Obergrenze angeben, die es nicht überschreiten werde. An diese Zusage ist das Gericht gebunden, es sei denn, in der Hauptverhandlung würden sich später neue, dem Gericht bisher unbekannte, schwerwiegende Umstände zu Lasten des Rechtsanwalts ergeben. Eine deswegen beabsichtigte Abweichung von der Zusage ist in der Hauptverhandlung mitzuteilen (*Meyer-Goßner* StPO Einl. Rn. 119e). Da die anwaltsgerichtlichen Maßnahmen (§ 114) weniger differenziert sind als die Strafen nach dem StGB, dürfen an das Verbot der Zusage einer bestimmten Maßnahme keine zu hohen Anforderungen gestellt werden. Der eingeschränkte Sanktionenkatalog muss dazu führen, dass die Abrede, im Gegenzug zu einem Geständnis lediglich auf eine schuldangemessene Warnung zu erkennen, nicht bereits daran scheitert, dass die Strafe genau bezeichnet ist (Henssler/Prütting/*Dittmann* § 116 Rn. 34). Wird eine milde Geldbuße zugesagt, darf diese aber nicht genau beziffert werden, es sei denn als Obergrenze. **5.** Auch die zugesagte Maßnahme muss **schuldangemessen** sein. Das Gericht hat daher bei der Zusage des Nichtüberschreitens einer Strafobergrenze die allgemeinen Maßnahmen-Zumessungsgesichtspunkte (→ § 114 Rn. 67 ff.) zu beachten. Dass das Geständnis im Rahmen einer Verständigung abgelegt worden ist, steht dessen strafmildernder Berücksichtigung aber nicht entgegen. **Unzulässig** sind aber **Absprachen über den Schuldspruch;** die anwaltsgerichtliche Bewertung eines Sachverhalts ist einer Vereinbarung nicht zugänglich. Ebenso ist die **Vereinbarung eines Rechtsmittelverzichts** mit dem Rechtsanwalt **vor der Urteilsverkündung** nicht zulässig (BGHSt 43, 195 = NJW 1998, 86; zu den Einzelheiten einer Verständigung im Strafverfahren vgl. *Meyer-Goßner* StPO Einl. Rn. 119–119l). 7

V. Entsprechende Anwendung der GVG-Vorschriften

Von den Vorschriften des GVG sind im anwaltsgerichtlichen Verfahren die folgenden Bestimmungen entsprechend anzuwenden: 8

§ 1 GVG (Richterliche Unabhängigkeit), → § 95 Rn. 1 ff.;

§§ 17–17b GVG (Klärung des Rechtswegs; AnwG Brandenburg AnwBl. 2010, 176; Gaier/Wolf/Göcken/*Johnigk* § 116 Rn. 7). Verneint der AGH seine Zuständigkeit mit der Begründung, das AnwG sei zur Entscheidung über den gestellten Antrag berufen, ist dessen Entscheidung unter den Voraussetzungen des § 17a Abs. 4 S. 4 GVG mit der Beschwerde zum BGH (§ 112a Abs. 2 Nr. 2) anfechtbar (BGH MDR 2011, 575 = BRAK-Mitt. 2011, 143). Das AnwG ist nicht zuständig für Auskunftsbegehren gegenüber der RAK auf Mitteilung der Haftpflichtversicherung eines Rechtsanwalts. Zuständig dafür sind die Verwaltungsgerichte (§ 40 VwGO); an dieser Zuständigkeit ändert sich nichts durch die Einfügung von § 112a durch das Gesetz zur Modernisierung von Verfahren im anwaltlichen und notariellen Berufsrecht vom 30.7.2009 (BGBl. I S. 2449; AnwG Brandenburg AnwBl. 2010, 716; → § 118a Rn. 14).

§§ 18–20 GVG (Befreiungen von Mitgliedern der diplomatischen Missionen und konsularischen Vertretungen, andere Exterritoriale; für Honorarkonsul: EGH München Urteil vom 4.10.1988 – BayEGH II 15/86 und 10/87);

§§ 21a–21j GVG (Präsidium und Geschäftsverteilung), → § 93 Rn. 9, § 97, → § 99 Rn. 4 und § 105;

§ 70 Abs. 1 GVG (Vertretung der Gerichtsmitglieder), vgl. §§ 97, 105 Abs. 1; BGH EGE VIII, 46;

§ 140a GVG (Zuständigkeit für Wiederaufnahmeverfahren in Strafsachen) mit Ausnahme von Abs. 5. Nach § 367 Abs. 1 S. 1 StPO iVm § 140a Abs. 1 GVG entscheidet über die Zulassung eines Wiederaufnahmeantrages ein anderes Gericht mit gleicher sachlicher Zuständigkeit als das Gericht, dessen Entscheidung mit dem Wiederaufnahmeantrag angefochten wird. Für den Fall, dass die Schuldfrage in der Berufungsinstanz nochmals überprüft wurde, richtet sich der Wiederaufnahmeantrag nicht gegen das Urteil 1. Instanz, sondern gegen das Berufungsurteil, dann ist also der AGH das erstinstanzliche Wiederaufnahmegericht (BGH NJW 1991, 2916; NJW 1991, 3034). Etwas anderes gilt nur dann, wenn der AGH die Berufung aus formellen Gründen verworfen hat oder nur über den Rechtsfolgenausspruch entschieden hat (EGH Hamm Beschluss vom 20.6.1989 – (2) 6 EVY 17/88). Ist der AGH Wiederaufnahmegericht, entscheidet nach § 140a Abs. 3 GVG ein anderer Senat. Eine Verbindung von gleichzeitig beim AnwG und beim AGH anhängiger selbständiger Wiederaufnahmeverfahren ist nach § 140a GVG nicht möglich (EGH Hamm Beschluss vom 19.10.1990 – (1) 6 EVY 5/90).

Von den Vorschriften über die **Staatsanwaltschaft** (§§ 141–152) die **§§ 143–152 GVG** mit Ausnahme von § 145 Abs. 2 und § 147 Nr. 3;

9 **§§ 156–168 GVG** (Rechtshilfe) – teilweise entsprechend anwendbar (→ § 99 Rn. 1 ff.; → § 137 Rn. 1 ff.).

Hinsichtlich der Bestimmungen über die **Öffentlichkeit und Sitzungspolizei (§§ 169–183 GVG)** ist Folgendes anzumerken: Im anwaltsgerichtlichen Verfahren gilt grundsätzlich die beschränkte Öffentlichkeit nach §§ 135, 143 Abs. 4 und 146 Abs. 3. Muss die Hauptverhandlung ganz oder teilweise außerhalb des Gerichtssaales stattfinden, muss, damit diese beschränkte Öffentlichkeit gewahrt werden kann, offen erkennbar darauf hingewiesen werden, wann und wo verhandelt wird. Wird jedoch die Öffentlichkeit auf Antrag der Staatsanwaltschaft oder des Rechtsanwalts hergestellt, sind die Vorschriften des GVG über die Öffentlichkeit sinngemäß anzuwenden (§ 135 Abs. 1 S. 2). Das bedeutet im Einzelnen:

Die **§§ 170–171a GVG** (Familien-, Kindschafts- und Unterbringungssachen) sind nicht entsprechend anwendbar. **§ 171b GVG (Schutz des Verletzten)** ist entsprechend anwendbar, wenn zuvor nach § 135 Abs. 1 S. 2 die Öffentlichkeit hergestellt war.

§ 172 GVG (Ausschluss der Öffentlichkeit) ist entsprechend anwendbar, wenn zuvor nach § 135 Abs. 1 S. 2 die Öffentlichkeit hergestellt war.

§ 173 GVG (Öffentliche Urteilsverkündung) ist nur dann entsprechend anwendbar, wenn zuvor nach § 135 Abs. 1 S. 2 die Öffentlichkeit hergestellt und diese dann nach § 172 GVG ausgeschlossen war oder die Öffentlichkeit hergestellt blieb (*Isele* Anhang I zu § 116, § 173 GVG).

Zu **§ 174 GVG** (Ausschließungsverhandlung; Schweigegebot) gilt das zu § 172 GVG Gesagte.

§ 175 Abs. 1 GVG (Versagung des Zutritts) ist entsprechend anwendbar, wenn nach § 135 Abs. 1 S. 2 die Öffentlichkeit hergestellt ist. Abs. 2 und 3 werden durch § 135 Abs. 2 ersetzt (*Isele* Anm. I zu § 116, § 175 GVG).

§ 176 GVG (Sitzungspolizei) ist entsprechend anwendbar (BVerfGE 28, 21 = NJW 1970, 851; *Isele* Anh. I zu § 116, § 176 GVG; Henssler/Prütting/*Dittmann* § 116 zu § 176 GVG).

§§ 177–182 GVG sind entsprechend anwendbar (vgl. *Isele* Anh. I zu § 116, §§ 177–182 GVG). Gegen einen Verteidiger im anwaltsgerichtlichen Verfahren (§ 117a) sind aber Zwangsmaßnahmen in der Hauptverhandlung unzulässig, da §§ 177, 178 GVG den Verteidiger als eine Person, gegen die eine solche Maßnahme erlassen werden könnte, nicht nennt (OLG Hamm BRAK-Mitt. 2003, 241 zum Strafverteidiger; vgl. auch LAG Niedersachsen in BRAK-Mitt. 2008, 282 zum Nicht-Tragen einer Robe).

§ 183 GVG (Straftaten in der Sitzung) ist entsprechend anwendbar und zwar auch bezüglich in der Sitzung begangener Pflichtverletzungen. Auf diese bezieht sich allerdings nach § 117 nicht das Festnahmerecht (*Isele* Anh. I zu § 116, § 183 GVG).

10 Die Vorschriften über die **Gerichtssprache (§§ 184–191a GVG)** sind entsprechend anwendbar (vgl. *Isele* Anh. I zu § 116; zur entsprechenden Anwendung von § 184 GVG vgl. auch LG Baden-Baden BRAK-Mitt. 1982, 88 = NStZ 1982, 81; *Prütting* AnwBl. 2010, 113). Bezüglich § 190 (Urkundsbeamter als Dolmetscher) ist zu bemerken, dass der beim Anwaltsgericht protokollierende Rechtsanwalt (§ 140) kein Urkundsbeamter iSd § 190 ist. Für den Dolmetscher, gilt § 189 (*Isele* Anh. I zu § 116, § 190 GVG).

Die Vorschriften des GVG über die **Beratung und Abstimmung (§§ 192–197 GVG)** gelten sinngemäß im anwaltsgerichtlichen Verfahren (*Isele* Anh. I zu § 116); zu § 193 ist anzumerken, dass nur die zur Entscheidung berufenen Richter bei der Beratung und Abstimmung zugegen sein dürfen. Auszubildende gibt es beim Anwaltsgericht nicht. § 196 Abs. 1 GVG wird durch § 116 S. 2 iVm § 263 Abs. 1 StPO und durch § 152 BRAO überlagert, dh für die Schuldfrage und für die Verhängung eines vorläufigen Berufs- oder Vertretungsverbots ist eine Zweidrittelmehrheit erforderlich Zur Auslegung der GVG-Vorschriften wird auf die einschlägigen Kommentierungen des GVG verwiesen.

Zu §§ 198–201 Rn. 40 ff.

VI. Entsprechende Anwendung der StPO-Vorschriften

Für die StPO gelten die folgenden Ausführungen. 11

Erstes Buch. Allgemeine Vorschriften

1. Abschnitt. Allgemeines 12

§ 1 StPO (Sachliche Zuständigkeit) ist nicht entsprechend anwendbar. § 1 StPO wird im anwaltsgerichtlichen Verfahren durch die §§ 119 Abs. 1, 143 Abs. 1 und 145 Abs. 1 ersetzt.

§ 2 StPO (Verbindung und Trennung zusammenhängender Sachen) ist **nicht** entsprechend anwendbar (*Isele* Anhang 2 zu § 116, § 2 StPO).

§ 3 StPO (Begriff des Zusammenhangs) ist entsprechend anwendbar. Zum Entstehen der Einheitlichkeit der Pflichtverletzung vgl. §§ 4, 264 StPO; → § 113 Rn. 25 ff.

§ 4 StPO (Verbindung und Trennung rechtshängiger Sachen) ist entsprechend anwendbar, soweit es um die Verbindung geht. Eine Trennung rechtshängiger Sachen scheidet im Hinblick auf die Einheitlichkeit der Pflichtverletzung (→ § 113 Rn. 25 ff.; aber → § 113 Rn. 60) aus. Im anwaltsgerichtlichen Verfahren kann ein Sachverhalt, der sich aus mehreren Anschuldigungspunkten zusammensetzt, nur einheitlich beurteilt und die Frage, ob der Rechtsanwalt seine Pflichten schuldhaft verletzt hat, nur einheitlich entschieden werden (BGHSt 16, 237 = NJW 1961, 2219). Die mehreren pflichtwidrigen Handlungen werden zu einer einheitlich zu beurteilenden Pflichtverletzung aber erst durch die Anschuldigungsschrift und den Beschluss über die Eröffnung des Hauptverfahrens, durch etwaige gerichtliche Beschlüsse, mehrere bei Gericht anhängige Verfahren miteinander zu verbinden (BGHSt 24, 81, 86 = NJW 1971, 1048) oder durch eine Nachtragsanschuldigungsschrift (§ 116 iVm § 226 StPO) und den Beschluss des Gerichts diese in das Verfahren einzubeziehen (BGH Urteil vom 14.12.1981 – AnwSt (R) 8/81 nv; BGHSt 27, 305 = NJW 1978, 836; BGH MDR 1966, 523; NStZ 1981, 354; vgl. auch Anm. zu § 264 StPO und → § 113 Rn. 25 ff.). Der Verbindungsbeschluss ist indes nur wirksam, wenn für die zu verbindenden Verfahren jeweils ein wirksamer Eröffnungsbeschluss vorliegt (näher → § 113 Rn. 46; → § 146 Rn. 11).

§ 5 StPO (Maßgebendes Verfahren) ist **nicht** entsprechend anwendbar, da es keine Eingangsgerichte verschiedener Ordnung gibt (§ 119).

§ 6 StPO (Prüfung von Amts wegen) gilt entsprechend. Zu beachten ist die Regelung in § 118a und in § 110 BNotO (*Isele* Anhang 2 zu § 116, § 6 StPO; → § 118a Rn. 23 ff.).

§ 6a StPO (Zuständigkeit besonderer Strafkammern) ist **nicht** entsprechend anwendbar.

2. Abschnitt. Gerichtsstand 13

Von den Vorschriften über den Gerichtsstand sind die **§§ 7–13a StPO nicht** entsprechend anwendbar. Es gilt § 119 Abs. 2 (amtliche Begründung zu § 119). Allenfalls **§ 13a StPO** (Zuständigkeitsbestimmung durch den BGH) könnte sinngemäß zur Anwendung kommen, wenn infolge eines Versehens eine Person der Anwaltsgerichtsbarkeit unterstünde, ohne einer RAK anzugehören oder ein dienstleistender europäischer Rechtsanwalt in mehreren Staaten niedergelassen ist, so dass mehrere Anwaltsgerichte örtlich zuständig sein könnten (§§ 32, 33 Abs. 1 S. 2 EuRAG; Henssler/Prütting/*Dittmann* § 116 Rn. 6 zu § 13a StPO).

Dagegen sind die **§ 14 StPO** (Zuständigkeitsstreit) und **§ 15 StPO** (Verhinderung des zuständigen Gerichts) entsprechend anwendbar (amtliche Begründung zu § 119).

§ 16 StPO (Prüfung der örtlichen Zuständigkeit) ist ebenfalls entsprechend anwendbar (*Isele* Anhang 2 zu § 116, § 16 StPO).

Auch **§ 19 StPO** (negativer Kompetenzstreit) kommt im anwaltsgerichtlichen Verfahren entsprechend zur Anwendung (BGH EGE VII, 190; amtliche Begründung zu § 119).

Gleiches gilt für die **§§ 20 StPO** (Untersuchungshandlungen eines unzuständigen Gerichts und **§ 21 StPO** (Notzuständigkeit; vgl. *Isele* Anhang 2 zu § 116, §§ 20, 21 StPO).

14 **3. Abschnitt. Ausschließung und Ablehnung der Gerichtspersonen**

Die Vorschriften der StPO über die Ausschließung und Ablehnung der Gerichtspersonen **(§§ 22–31 StPO)** kommen in anwaltsgerichtlichen Verfahren grundsätzlich sinngemäß zur Anwendung. Im Einzelnen gilt Folgendes:

§ 22 StPO (Ausschluss von Richtern) ist entsprechend anwendbar (BVerfG NJW 1969, 2192; BGH EGE XII, 77). Ein Richter ist nicht nach § 22 Nr. 5 StPO ausgeschlossen, wenn er als Zeuge in demjenigen Strafverfahren vernommen wurde, welches Anlass des anwaltsgerichtlichen Verfahrens ist, weil das Strafverfahren auf der einen und das anwaltsgerichtliche Verfahren auf der anderen Seite verfahrensrechtlich verschiedene Angelegenheiten sind (BGH Beschluss vom 12.12.1977 – AnwSt (B) 10/77). Es bleibt aber die Möglichkeit der Ablehnung wegen Besorgnis der Befangenheit (*Rössler,* FG Peters, 1984, 249, 255).

§ 23 StPO (Ausschluss wegen vorangegangener Mitwirkung) ist entsprechend anwendbar (BGH EGE VI, 126). Ein Richter ist aber nicht deswegen ausgeschlossen, weil er im Strafverfahren, das wegen desselben Sachverhalts gegen den Rechtsanwalt anhängig war, tätig wurde (BGH BRAK-Mitt. 2004, 38; BGHSt 15, 372 = NJW 1961, 931). Es bleibt aber die Möglichkeit der Ablehnung wegen Besorgnis der Befangenheit (*Rössler,* FG Peters, 1984, 249, 255).

§ 24 StPO (Ablehnung von Richtern) ist entsprechend anwendbar (BVerfG NJW 1969, 2192; BGH EGE XII, 74; EGH Stuttgart EGE XI, 165). Bei der Ablehnung eines Richters müssen ernsthafte Umstände angeführt werden, die die Befangenheit des einzelnen Richters aus Gründen rechtfertigen, die in persönlichen Beziehungen dieses Richters zu den Parteien oder zu der Verhandlung stehenden Streitsache liegen (BGH BRAK-Mitt. 2008, 171 = NJW-Spezial 2008, 510). Aus seinem eigenen Verhalten kann der Ablehnende keinen Ablehnungsgrund herleiten, sonst hätte er es in der Hand, sich nach seinem Belieben jedem Richter zu entziehen (BGH NJW 1952, 1425). So rechtfertigt der Umstand, dass er gegen den Richter Strafanzeige erstattet (BVerfG NJW 1996, 2022) bzw. ein Disziplinarverfahren beantragt hat, nicht die Ablehnung. Eine fehlerhafte Verfahrensentscheidung kann eine Richterablehnung nicht begründen (EGH Frankfurt BRAK-Mitt. 1981, 46). Eine ca. zweimonatige Bearbeitungszeit für einen Wiedereinsetzungsantrag rechtfertigt nicht die Besorgnis der Befangenheit der ehrenamtlichen Richter, die an verschiedenen Orten ihrer beruflichen Tätigkeit nachgehen. Ebenso wenig rechtfertigt dies die Fertigung eines Entscheidungsvorschlages zur Abweisung eines Befangenheitsantrages vor Anhörung des Beschwerdeführers und die Zurückweisung des Antrages nach darauf folgender nur zehnminütiger Beratung (BGH BeckRS 1987, 31180634). Allein die Tatsache, dass ein Anwaltsrichter mit einem Rechtsanwalt, der dem Vorstand der RAK im gleichen Bezirk angehört und an einer Rügeentscheidung sowohl in der zuständigen Abteilung wie im Gesamtvorstand mitgewirkt hat, in einer Sozietät verbunden ist, führt nicht zu der Besorgnis der Befangenheit, wenn keine weiteren Umstände (Gespräch über das Verfahren pp.) hinzutreten (AnwG Köln BeckRS 2008, 25273). Allein der Umstand, dass ein Anwaltsrichter vor zehn Jahren einen Zivilprozess gegen den Betroffenen geführt und als Vertreter des Geschädigten Strafanzeigen gegen den Betroffenen erstattet hat, ist nicht geeignet, Misstrauen gegen die Unparteilichkeit des Anwaltsrichters zu rechtfertigen. Die Mitwirkung eines Richters an Vorentscheidungen ist regelmäßig kein Ablehnungsgrund, da ein verständiger Betroffener davon ausgehen kann und muss, dass der Richter sich dadurch nicht für künftige Entscheidungen festgelegt hat (AGH SchlH BRAK-Mitt. 2010, 172). Ein Ablehnungsgesuch wegen Besorgnis der Befangenheit ist rechtsmissbräuchlich und damit unzulässig, wenn nicht einzelne Richter, sondern das Gericht als solches oder eine ganze Kammer abgelehnt wird (BGH BRAK-Mitt. 2008, 171; → § 95 Rn. 46). Gegen ein Mitglied des AnwG besteht nicht allein deshalb die Besorgnis der Befangenheit, weil der Richter über eine disziplinarrechtliche Maßnahme zu entscheiden hat, an der zuvor ein Sozius seiner Kanzlei als Vorstandsmitglied der RAK mitgewirkt hat (AnwG Köln bei *Dahns* NJW-Spezial 2009, 190 = BRAK-Mitt. 2009, 86). Es ist einem Richter auch nicht verwehrt, den Verteidiger in der Hauptverhandlung spontan auf eine für ihn nicht nachvollziehbare Argumentation aufmerksam zu machen (AnwG Köln BRAK-Mitt. 2014, 276).

§ 25 StPO (Zeitpunkt der Ablehnung) ist entsprechend anwendbar (BGH EGE XII, 74; EGHbritZ EGE V, 89).

§ 26 StPO (Ablehnungsverfahren) ist entsprechend anwendbar (BVerfG EGE X, 217; BGH EGE XII, 74; *Isele* Anhang 2 zu § 116, § 26 StPO).

§ 26a StPO (Unzulässige Ablehnung) ist entsprechend anwendbar (BGH Urteil vom 23.2.1987 – AnwSt (R) 22/86; EGE XII, 76; *Isele* Anhang 2 zu § 116, § 26a StPO).

§ 27 StPO (Entscheidung über das Ablehnungsgesuch) ist entsprechend anwendbar (EGH Hamm EGE VII, 236; EGH Stuttgart EGE XI, 165).

§ 28 StPO (Rechtsmittel) ist entsprechend anwendbar (EGH Hamm Beschluss vom 20.6.1989 – (2) 6 EVY 6/89; EGE VII, 236; EGH Stuttgart EGE XI, 165); AGH BW Beschluss vom 30.5.1996 – AGH 10/96 (III) – 3 – zu § 28 Abs. 2 S. 2). Gegen die Entscheidung des Revisionsgerichts (§§ 106 ff., 145 ff.) über einen Befangenheitsantrag ist allein die – befristete – Anhörungsrüge gemäß § 356a StPO statthaft (BGH AnwBl. 2009, 391 mit Anm. *Winkler* Praxis-Report extra 7/2009, 161; zur Verfassungsbeschwerde gegen einen abgelehnten Befangenheitsantrag vgl. BVerfG AnwBl. 2009, 390).

§ 29 StPO (Unaufschiebbare Amtshandlungen) ist entsprechend anwendbar (EGH Hamm EGE VII, 236; *Isele* Anhang 2 zu § 116, § 29 StPO).

§ 30 StPO (Selbstanzeige) ist entsprechend anwendbar (*Isele* Anhang 2 zu § 116, § 30 StPO; *Rössler,* FG Peters, 1984, 249, 257; BVerfG EGE X, 217; BGH BRAK-Mitt. 2004, 38). Entscheidend für die Zulässigkeit der Selbstablehnung eines Richters ist nicht, ob sich der Richter selbst für parteilich oder befangen hält, sondern ob nach Auffassung des Gerichts für einen am Verfahren Beteiligten bei vernünftiger Würdigung aller Umstände Anlass besteht, an der Unvoreingenommenheit und an der objektiven Einstellung des Richters zu zweifeln; dies ist jedenfalls dann der Fall, wenn zwischen den betreffendem Richter (Mitglied des Anwaltsgerichts) und einem Verfahrensbeteiligten eine Bürogemeinschaft besteht (BayVGH NVwZ-RR 1995, 58; OLG Bamberg vom 7.5.1986 – 2 WF 130/86).

§ 31 StPO (Schöffen, Urkundsbeamte) ist nur bezüglich des Protokollführers nach § 140 entsprechend anwendbar (*Isele* Anhang 2 zu § 116, § 31 StPO; BVerfG EGE X, 217).

4. Abschnitt. Gerichtliche Entscheidungen und ihre Bekanntmachung 15

Hinsichtlich der StPO-Bestimmungen über die **gerichtliche Entscheidung und ihre Bekanntmachung (§§ 33–41a StPO)** gilt:

§ 33 StPO (Anhörung der Beteiligten) ist mit Ausnahme von Abs. 4 S. 1 (vgl. § 117) entsprechend anwendbar (*Isele* Anhang 2 zu § 116, § 33 StPO).

§ 33a StPO (Nachholung des rechtlichen Gehörs) ist entsprechend anwendbar (*Isele* Anhang 2 zu § 116, § 33a StPO). Die nachträgliche Ablehnung von Richtern nach der Mitwirkung an einer gerichtlichen Entscheidung sieht das Prozessrecht nicht vor, weil das Ablehnungsrecht den Verfahrensbeteiligten nur zusteht, um sicherzustellen, dass an noch bevorstehenden gerichtlichen Entscheidungen nur unbefangene Richter mitwirken. Im Rahmen eines nachträglichen Anhörungsverfahrens gemäß § 33a StPO ist die Erhebung von Befangenheitsanträgen hingegen möglich. Wer einen derartigen Antrag gestellt hat, kann die Ablehnung für diese Entscheidung erklären. Ein Befangenheitsantrag ist begründet, wenn nicht erkannt werden kann, dass das Gericht von Amts wegen die Nachholung des rechtlichen Gehörs gemäß § 33a StPO erwogen hat, sondern vielmehr dargetan wird, dass der Vorwurf, Anträge auf mündliche Verhandlung übersehen zu haben, zutreffe und gleichwohl lediglich auf die Unanfechtbarkeit des Beschlusses hingewiesen worden ist (AGH Düsseldorf BRAK-Mitt. 2011, 202).

§ 34 StPO (Begründung) ist entsprechend anwendbar (BGH EGE VIII, 47). Für vorläufige Maßnahmen gilt § 154 S. 1.

§ 34a StPO (Rechtskraft durch Beschluss) ist entsprechend anwendbar.

§ 35 StPO (Bekanntmachung) ist entsprechend anwendbar (BGH EGE VII, 154). Für europäische Rechtsanwälte gelten zusätzlich §§ 10, 33 Abs. 2 EuRAG. Ferner ist bei vorläufigen Maßnahmen als Sonderregelung zu § 35 Abs. 1 S. 1 StPO § 154 S. 2 zu beachten (Gaier/Wolf/Göcken/*Johnigk* § 116 Rn. 10).

§ 35a Satz 1 StPO (Rechtsmittelbelehrung) ist entsprechend anwendbar (EGH Frankfurt EGE XIII, 184, 185; EGH München BRAK-Mitt. 1984, 93). **S. 2** ist insoweit anzuwenden, als über die Rechtsfolgen der §§ 329, 330 StPO zu belehren ist. Lediglich auf die Rechtsfolgen des § 40 Abs. 3 StPO ist nicht hinzuweisen (Gaier/Wolf/Göcken/*Johnigk* § 116 Rn. 10). Das Fehlen einer Rechtmittelbelehrung führt nicht notwendig zur Wiedereinsetzung, sondern nur dann, wenn die Fristversäumnis darauf beruht (*Rössler,* FG Peters, 1984, 249, 257). **S. 3** ist sinngemäß anwendbar, denn Verständigungen nach § 257c StPO sind möglich (Henssler/Prütting/*Dittmann* § 116 Rn. 8).

§ 36 StPO (Zustellung und Vollstreckung) ist entsprechend anwendbar (BGH BRAK-Mitt. 1983, 93 = NStZ 1983, 325; EGH Hamm Beschluss vom 4.8.1992 – (2) 6 EVY 5/92; *Isele* Anhang 2 zu § 116, § 36 StPO). Die Zustellung muss der Vorsitzende anordnen. Dabei reicht eine für einen Einzelfall getroffene, wenn auch allgemein gehaltene Anordnung („Urteil wie üblich zustellen") aus, wenn kein Zweifel darüber besteht, wann und wem zugestellt werden soll (BGH NStZ 1983, 325). Die ohne Anordnung des Vorsitzenden veranlasste Zustellung des Urteils ist unwirksam (BGH BRAK-Mitt. 1998, 239).

§ 37 StPO (Zustellungsverfahren) ist entsprechend anwendbar (*Isele* Anhang 2 zu § 116, § 37 StPO). Die Unvollständigkeit des zuzustellenden Schriftstücks (fehlende Seiten) führt zur Unwirksamkeit der Zustellung (BGH BB 1998, 1352 zu §§ 516, 552 ZPO). Das schriftliche Empfangsbekenntnis des Anwalts nach § 212a ZPO muss eigenhändig unterschrieben sein. Eine durch Faksimile-Stempel hergestellte Unterschrift genügt nicht (BGH MDR 1989, 352).

§ 38 StPO (unmittelbare Ladung) ist entsprechend anwendbar (*Isele* Anhang 2 zu § 116, § 38 StPO).

§ 40 StPO (öffentliche Zustellung) ist entsprechend anwendbar (vgl. § 143 Abs. 4 S. 2 aE; **aA** Henssler/Prütting/*Dittmann* § 116 Rn. 8 zu § 40 StPO und Gaier/Wolf/Göcken/*Johnigk* § 116 Rn. 10 zu § 40 StPO unter Hinweis auf den aufgehobenen § 229).

§ 41 StPO (Zustellung an die Staatsanwaltschaft) ist entsprechend anwendbar (*Isele* Anhang 2 zu § 116, § 41 StPO).

§ 41a StPO (elektronisches Dokument) ist entsprechend anwendbar.

16 **5. Abschnitt. Fristen und Wiedereinsetzung in den vorigen Stand (§§ 42–47 StPO):**

§ 42 StPO (Tagesfristen) ist entsprechend anwendbar (*Isele* Anhang 2 zu § 116, § 42 StPO).

§ 43 StPO (Wochen- und Monatsfristen) ist entsprechend anwendbar (BGH EGE VII, 153).

§ 44 StPO (Wiedereinsetzung in den vorigen Stand) ist entsprechend anwendbar (EGH Stuttgart BRAK-Mitt. 1985, 110; BGH EGE XI, 91). Dies gilt auch für den 2009 geänderten S. 2. Der Rechtsanwalt, der während urlaubsbedingter Abwesenheit mit der Zustellung einer anwaltsgerichtlichen Entscheidung zu rechnen hat, muss geeignete Vorkehrungen (wie Anordnungen und Weisungen) treffen, dass er von der Zustellung Kenntnis erhält, um die Rechtsmittelfrist wahren zu können (EGH Stuttgart BRAK-Mitt. 1985, 110). Die gewöhnliche Postlaufzeit zwischen Aufgabe- und Zustellungsort muss in Rechnung gestellt werden. Der Rechtsanwalt darf auch nach Erlass der Postuniversaldienstleistungsverordnung vom 15.12.1999 (BGBl. I S. 4218) darauf vertrauen, dass werktags im Bundesgebiet aufgegebene Postsendungen am folgenden Werktag im Bundesgebiet ausgeliefert werden. Anders liegt es nur, wenn konkrete Umstände vorliegen, welche die ernsthafte Gefahr der Fristversäumung begründen (BGH NJW-RR 2004, 1217 = BRAK-Mitt. 2004, 264 mit Anm. *Jungk*).

§ 45 StPO (Wiedereinsetzungsantrag) ist entsprechend anwendbar (BGH EGE XI, 91; AGH NRW Beschluss vom 29.11.1994 – (2) 6 EVY 9/94; EGH Stuttgart BRAK-Mitt. 1985, 110), das gilt auch für § 45 Abs. 2 S. 3 StPO (EGH Schleswig Urteil vom 19.7.1990 – 1 EGH 9/89).

§ 46 StPO (Entscheidung, Rechtsmittel) ist entsprechend anwendbar (BGH EGE XI, 91; EGH Stuttgart BRAK-Mitt. 1985, 110). In Verfahren nach § 74a ist die sofortige Beschwerde gegen die Versagung der Wiedereinsetzung nicht gegeben (EGH Frankfurt EGE XII, 182).

§ 47 StPO (Vollstreckung) ist entsprechend anwendbar (EGH Stuttgart BRAK-Mitt. 1985, 110; *Isele* Anhang 2 zu § 116, § 47 StPO).

17 **6. Abschnitt. Zeugen**

Von den **Vorschriften der StPO über die Zeugen (§§ 48–71)** sind die **§§ 48–61** entsprechend anwendbar (vgl. *Isele* Anhang 2 zu § 116, §§ 48–61 StPO; zu § 51 vgl. auch EGH Stuttgart EGE XII, 129 und EGH Hamm EGE VIII, 111; zu § 52 Abs. 1 Nr. 1 StPO (Verlöbnis) vgl. Anm. zu § 238 Abs. 2 StPO, → Rn. 29; zu § 60 Nr. 2 StPO BGH Urteil vom 26.6.1989 – AnwSt (R) 4/89). Das **anwaltliche Zeugnisverweigerungsrecht (§ 53 Abs. 1 Nr. 3 StPO)** umfasst alle Wahrnehmungen, die in unmittelbarem und innerem Zusammenhang mit der anwaltlichen Tätigkeit stehen (BGH StV 1987, 514; *Stahl* wistra 1990, 94). Unerheblich ist, ob zur Zeit der Wahrnehmung ein Mandatsverhältnis schon bestand und ob Äußerungen aus objektiver Sicht schutzwürdig erscheinen (BGH BRAK-Mitt. 2014, 148). Die Befugnis zur Zeugnisverweigerung bezieht sich auch auf die Identität des Mandanten und die Tatsache seiner Beratung; ergeben sich solche Tatsachen aus vorzulegenden Urkunden, so erstreckt sich das Zeugnisverweigerungsrecht auch darauf (BFH Urteil vom 14.5.2002 – IX R 31/00 zum Stb bei *Kleine Cosack* § 116 zu §§ 48–61 StPO; BGH NJW 1985, 2203). Das Zeugnisverweigerungsrecht aus § 53 Abs. 1 Nr. 2 und 3 StPO erstreckt sich aber nicht auf das, was einem Rechtsanwalt bei Gelegenheit einer Strafverteidigung dadurch bekanntgeworden ist, dass er eine strafbare Handlung begangen hat, die ohne jeden sachlichen Zusammenhang mit denkbaren Verteidigungszielen ist (BGH NJW 1992, 123). Bei der Tätigkeit eines Rechtsanwalts als Konkursverwalter sind die Voraussetzungen des § 53 Abs. 1 Nr. 3 StPO nicht erfüllt, da er insoweit keine anwaltsspezifische Tätigkeit ausübt (LG Aachen ZIP 1988, 111). Zur Entbindung der Berufsgeheimnisträger von Zeugnisverweigerungsrechten (§ 53 Abs. 2 StPO) durch juristische Personen vgl. *Passarge* BB 2010, 591. Vgl. im Übrigen die Anmerkungen zu § 97 StPO.

§ 62 StPO (Vereidigung im vorbereitenden Verfahren) ist sinngemäß anwendbar. § 149 Abs. 2, wonach im anwaltsgerichtlichen Beweissicherungsverfahren die Zeugen eidlich zu vernehmen sind, geht § 62 StPO vor (Henssler/Prütting/*Dittmann* § 116 Rn. 10 zu § 62 StPO).

Die **§§ 63 StPO** (Vereidigung bei kommissarischer Vernehmung) und **64 StPO** (Eidesform) sind entsprechend anwendbar (Henssler/Prütting/*Dittmann* § 116 Rn. 10).

§ 65 StPO (Bekräftigung der Wahrheit der Aussage) gilt ebenfalls entsprechend (Henssler/Prütting/*Dittmann* § 116 Rn. 10).

Ferner sind die **§§ 66–71 StPO** im anwaltsgerichtlichen Verfahren entsprechend anwendbar (Henssler/Prütting/*Dittmann* § 116 Rn. 10). Zu § 71 StPO → § 198 Rn. 7.

7. Abschnitt. Sachverständige und Augenschein 18

Von den Bestimmungen über **Sachverständige und Augenschein (§§ 72–93 StPO)** sind die **§§ 72** (Anwendung der Zeugenvorschriften) und **73 StPO** (Auswahl) entsprechend anwendbar (*Isele* Anhang 2 zu § 116, §§ 72, 73 StPO).

§ 74 StPO (Ablehnung) ist mit Ausnahme der Regelung zur Privatklage entsprechend anwendbar (*Isele* Anhang 2 zu § 116, § 74 StPO).

Auch die **§§ 75–80 StPO** kommen sinngemäß zur Anwendung (vgl. *Isele* Anhang 2 zu § 116, §§ 75–80 StPO).

Die **§§ 80a StPO** (Zuziehung im Vorverfahren) und **81 StPO** (Unterbringung zur Beobachtung) sind im Hinblick auf § 117 S. 2 **nicht** entsprechend anwendbar (*Isele* Anhang 2 zu § 116, §§ 80a, 81 StPO). Die Anwendung des § 81 StPO würde der Natur des anwaltsgerichtlichen Verfahrens widerstreiten (amtliche Begründung zu § 117).

Die **§§ 81a StPO** (körperliche Untersuchung des Beschuldigten) und **81b StPO** (Identifizierungsmaßnahmen; Erkennungsdienstliche Behandlung) sind im Hinblick auf § 117 **nicht** entsprechend anwendbar (*Isele* Anhang 2 zu § 116, §§ 81a, 81b StPO).

Dagegen ist **§ 81c StPO** (Untersuchung anderer Personen) im anwaltsgerichtlichen Verfahren entsprechend anwendbar (*Isele* Anhang 2 zu § 116, § 81c StPO).

§ 81d StPO (Körperliche Untersuchung einer Person) ist teilweise entsprechend anwendbar. Die Vorschrift ist insoweit anwendbar, als es um die Untersuchung einer „anderen Person" iSd § 81c StPO geht (Henssler/Prütting/*Dittmann* § 116 Rn. 11).

§§ 81e–81h StPO (DNA) können nur insoweit sinngemäß anwendbar sein, als es um andere Personen als den Rechtsanwalt geht (Gaier/Wolf/Göcken/*Johnigk* § 116 Rn. 13).

Die **§§ 82–86 StPO** gelten sinngemäß (*Isele* Anhang 2 zu § 116, §§ 82–86 StPO).

Dagegen sind die **§§ 87–91 StPO nicht** entsprechend anwendbar (*Isele* Anhang 2 zu § 116, §§ 87–91 StPO; Henssler/Prütting/*Dittmann* § 116 Rn. 11).

§ 92 StPO (Gutachten bei Geld- oder Wertzeichenfälschung) ist, wenn eine entsprechende Verfehlung Gegenstand des anwaltsgerichtlichen Verfahrens ist, entsprechend anwendbar (Henssler/Prütting/*Dittmann* § 116 Rn. 11 zu § 92 StPO).

§ 93 StPO (Schriftvergleichung) ist entsprechend anwendbar (*Isele* Anhang 2 zu § 116, § 93 StPO).

8. Abschnitt. Beschlagnahme, Überwachung des Fernmeldeverkehrs, Rasterfahndung, Einsatz technischer Mittel, Einsatz Verdeckter Ermittler und Durchsuchung 19

Die Vorschriften über die Beschlagnahme, die Überwachung des Fernmeldeverkehrs und die Durchsuchung **(§§ 94–111p StPO)** sind im anwaltsgerichtlichen Verfahren überwiegend sinngemäß anzuwenden. Im Einzelnen gilt hier folgendes:

Die Abs. 1 und 2 des **§ 94 StPO** (Sicherstellung von Beweisgegenständen) sind ebenso wie **§ 95 StPO** (Herausgabepflicht) entsprechend anwendbar (*Isele* Anhang 2 zu § 116, §§ 94, 95 StPO). Zur Berücksichtigung des § 53 StPO bei der Anordnung der Durchsuchung einer Kanzlei vgl. BVerfG BRAK-Mitt. 2011, 79.

Auch **§ 96 StPO** (Schriftstücke in Ämtern) ist entsprechend anwendbar (*Isele* Anhang 2 zu § 116, § 96 StPO; vgl. auch Anm. zu § 161 StPO und OLG Karlsruhe NJW 1986, 145).

§ 97 StPO (Beschlagnahmefreie Gegenstände; vgl. LG Fulda StV 2000, 548 = BRAK-Mitt. 2000, 312) ist entsprechend anwendbar (*Isele* Anhang 2 zu § 116, § 97 StPO). Auf selbst beschuldigte Zeugnisverweigerungsberechtigte ist § 97 StPO indes nicht anwendbar (Löwe/Rosenberg/*Menges* StPO § 97 Rn. 5; *Meyer-Goßner* StPO § 97 Rn. 4). **Handakten** des Rechtsanwalts werden von dem Beschlagnahmeverbot nur dann erfasst, wenn der Mandant Beschuldigter ist (LG Koblenz MDR 1983, 779; LG Berlin NJW 1990, 1058). Im Verfahren gegen den Rechtsanwalt selbst können sie daher beschlagnahmt werden (OLG Koblenz AnwBl. 1985, 314; LG Berlin NStZ 1993, 146; vgl. auch BVerfG NJW 2010, 2937; BGH NStZ 1983, 85 und *Gülzow* NJW 1981, 265; *Waldowski* AnwBl. 1975, 106; *Haffke* NJW 1975, 808; *Bandisch* AnwBl. 1987, 436; *Bauwens* wistra 1988, 100). Dies gilt auch für **elektronische Datenträger,** mit denen der Rechtsanwalt seine Handaktenführungspflicht erfüllt (§ 50 Abs. 5; BVerfG NJW 2005, 1917 = BB 2005, 1524 mit Anm. *Spatscheck* AnwBl. 2005, 566 und *Kutzner* NJW 2005, 2652; → § 50 Rn. 33). Die Beziehung eines Nichtbeschuldigten zu einem Berufsgeheimnisträger unterliegt nicht der Schutznorm des § 97 Abs. 1 StPO (BVerfG NJW 2009, 281). Der aus Art. 2 Abs. 1 GG beanspruchte Schutz des Vertrauensverhältnisses zwischen Rechtsanwalt und Mandant ist nicht darauf gerichtet, den Rechtsanwalt im Falle des Verdachts einer bei Gelegenheit seiner Berufsausübung begangenen Straftat oder Pflichtverletzung (§ 113) vor staatlichen (Straf-)Verfolgungsmaßnahmen zu schützen (BVerfG NJW 2002, 2090). In einem Strafverfahren (bzw. anwaltsgerichtlichen Verfahren) gegen einen Strafverteidiger stehen weder § 97 Abs. 1 Nr. 1 StPO noch § 148 Abs. 1 StPO der Beschlagnahme und Verwertung von Schreiben des beschuldigten Verteidigers an seinen Mandanten entgegen. Ein Mandatsverhältnis begründet keine Straffreiheit für persönliche Schmähungen Dritter, die ein, Strafverteidiger gegenüber seinem Mandanten äußert (BVerfG NJW 2010, 2937; BGH NJW 2009, 2690). Zur Beschlagnahmefreiheit von Verteidigerakten beim Syndikusanwalt vgl. LG Frankfurt StV 1993, 351, vgl. auch *Roxin* NJW 1995, 17. **Personalakten** des beschuldigten Rechtsanwalts bei der RAK gehören nicht zu den beschlagnahmefreien Gegenständen (LG Hamburg Beschluss vom 25.4.2000 – 631 Qs 23/00; → § 58 Rn. 20). **Anderkontounterlagen** unterliegen nicht dem Beschlagnahmeverbot des § 97 StPO, weil sie nicht im Gewahrsam des zur Verweigerung des Zeugnisses berechtigten Rechtsanwalts sind. Die Führung eines Rechtsanwaltsanderkontos betrifft die Berufsausübung allenfalls am Rande. Die Durchsuchung und Beschlagnahme der Unterlagen über das Anderkonto bei dem anderkontoführenden Kreditinstitut stellt keinen unzulässigen Eingriff in die Berufsausübungsfreiheit (Art. 12 Abs. 1 GG) dar; es liegt auch kein Verstoß gegen Art. 2 Abs. 1 GG in Verbindung mit dem Rechtsstaatsprinzip vor. Die bei dem Kreditinstitut geführten Anderkonto-Unterlagen sind nicht mit den nach § 97 Abs. 2 S. 2 und Abs. 3–5 StPO beschlagnahmefreien Gegenständen vergleichbar, so dass Art. 3 Abs. 1 GG nicht verletzt ist (BVerfG-Vorprüfungsausschuss wistra 1990, 97 mit Anm. *Stahl* wistra 1990, 94; LG Würzburg wistra 1990, 118). Das Beschlagnahmeverbot des § 97 Abs. 1 Nr. 1 StPO gilt auch soweit der Verteidiger im Zusammenhang mit der Vorbereitung des Wiederaufnahmeverfahrens als Zeugenbeistand für den Verurteilten tätig ist (BGH NJW 2001, 3793).

§ 98 StPO (Anordnung der Beschlagnahme) ist entsprechend anwendbar (*Isele* Anhang 2 zu § 116, § 98 StPO). Im Ermittlungsverfahren ist der Ermittlungsrichter beim Amtsgericht zuständig (§ 116 S. 2 iVm § 162 StPO). Die Beschlagnahmeanordnung muss die Gegenstände so genau bezeichnen, dass keine Zweifel darüber entstehen, ob sie von der Anordnung erfasst sind (BVerfG NStZ 1992, 91; NJW 1994, 2381). Die Anordnung der Durchsuchung von Kanzleiräumen ist unverhältnismäßig, sofern die mit der Durchsuchungsanordnung bezweckten Erkenntnisse auch ohne die Durchsuchung hätten erlangt werden können, etwa durch Vernehmung von Zeugen (AGH Rostock NJW 2013, 484). Nach Beendigung der Beschlagnahme – zB durch den rechtskräftigen Abschluss des Verfahrens – hat die Rückgabe der beschlagnahmten Sache an dem Ort zu erfolgen, an welchem diese aufzubewahren war; die zuständigen Justizbehörden sind nicht verpflichtet, die Sache dem Berechtigten an dessen Wohnsitz zu bringen (BGH BRAK-Mitt. 2005, 137; vgl. auch *Meyer-Goßner* StPO § 94 Rn. 22).

§§ 98a, 98b StPO (Rasterfahndung, Anordnung und Ausführung) sind teilweise entsprechend anwendbar. Dies gilt zwar nicht für die Anordnung, weil die schuldhafte Pflichtverletzung (§§ 43, 113) nicht im Katalog des § 98a genannt ist. Wohl aber ist aufgrund der von der Rechtsprechung zur sinngemäßen Anwendung von § 100a StPO entwickelten Grundsätze davon auszugehen, dass die durch die Rasterfahndung gewonnenen Erkenntnisse im anwaltsgerichtlichen Verfahren verwertet werden können, wenn die den Vorwurf der anwaltlichen Pflichtverletzung begründenden Tatsachen im Zusammenhang mit einer der in § 98a Abs. 1 StPO genannten Straftaten stehen (Henssler/Prütting/*Dittmann* § 116 Rn. 12 zu §§ 98a, 98b StPO).

§ 98c StPO (Datenabgleich) ist sinngemäß anwendbar. Über § 116 S. 2 tritt der Datenabgleich für Zwecke eines anwaltsgerichtlichen Verfahrens an die Stelle „für Zwecke eines Strafverfahrens". § 117 hindert die sinngemäße Anwendung nicht, denn der Datenabgleich stellt keine der Freiheitsentziehung entsprechende Maßnahme dar (Henssler/Prütting/*Dittmann* § 116 Rn. 12 zu § 98c StPO). Die **§§ 99, 100 StPO** über die Postbeschlagnahme sind ebenfalls sinngemäß anwendbar (*Isele* Anhang 2 zu § 116, §§ 99, 100 StPO; Henssler/Prütting/*Dittmann* § 116 Rn. 12).

§ 100a StPO (Überwachung des Fernmeldeverkehrs) ist teilweise entsprechend anwendbar. Im anwaltsgerichtlichen Verfahren darf Überwachung des Fernmeldeverkehrs nach § 100a StPO **nicht** angeordnet werden (*Isele* Anhang 2 zu § 116, § 100a StPO). Die im Strafverfahren bei einer nach § 100a StPO zulässigen Überwachung und Aufnahme des Fernmeldeverkehrs auf Tonträger gewonnenen tatsächlichen Erkenntnisse können im anwaltsgerichtlichen Verfahren aber auch gegen eine dritte Person grundsätzlich verwertet werden. Voraussetzung ist jedoch, dass die verwerteten, den Vorwurf des ehrenrührigen Verhaltens begründenden Tatsachen im **Zusammenhang** stehen mit dem Verdacht einer in dieser Vorschrift aufgezählten Straftat, einer sog. „Katalogtat" (BGHSt 26, 298 = NJW 1976, 1462; BGH NJW 1979, 1370).

Zwar ist es nicht stets unstatthaft, den Fernsprechanschluss eines **Strafverteidigers** nach § 100a StPO im Strafverfahren überwachen zu lassen, die von ihm geführten Gespräche aufzunehmen und deren Inhalt im Straf- und anwaltsgerichtlichen Verfahren zu verwerten. Auch Strafverteidiger sind nicht schlechthin von jeder Telefonüberwachung ausgenommen (BVerfGE 30, 1, 32 f.; BVerfG NJW 2007, 2749). Das Abhören berufsbezogener Gespräche eines Rechtsanwalts berührt aber den Schutzbereich des Grundrechts aus Art. 12 Abs. 1 GG, das dem Anwalt eine von staatlicher Kontrolle und Bevormundung freie Berufsausübung gewährleistet und dazu insbesondere das Vertrauensverhältnis zwischen Anwalt und Mandant schützt. Maßnahmen, die geeignet sind, das Entstehen eines Vertrauensverhältnisses zu stören oder gar auszuschließen, greifen in die Berufsausübungsfreiheit des Rechtsanwalts ein. Die Tätigkeit des Rechtsanwalts liegt dabei auch im Interesse der Allgemeinheit an einer wirksamen und geordneten Rechtspflege. Dies gebietet die besonders sorgfältige Beachtung der Eingriffsvoraussetzungen des § 100a StPO und des Grundsatzes der Verhältnismäßigkeit (BVerfG NJW 2007, 2752). Die Anordnung der telefonischen Überwachung eines Strafverteidigers kommt – sofern deren sonstige Voraussetzungen vorliegen – aber nur dann in Betracht, **wenn der Verteidiger selbst als Beschuldigter einer Katalogtat verdächtig** ist, wobei es keinen Unterschied macht, ob sich der Verdacht auf eine Täterschaft oder Teilnahme an der Katalogtat bezieht. Zu den Anforderungen an einen Durchsuchungs- und Abhörbeschluss gegen einen Rechtsanwalt vgl. BVerfG AnwBl. 2006, 666. Die Überwachung des Telefonanschlusses eines Strafverteidigers ist nicht nur einfach-rechtlich, sondern auch von Verfassungs wegen unstatthaft, wenn sie auf die Überwachung der Kommunikation mit seinem einer Katalogtat beschuldigten Mandanten abzielt (BVerfG NJW 2007, 2749). Der gegen einen Strafverteidiger bestehende Verdacht der Strafvereitelung zu Gunsten eines Mandanten, der einer Katalogtat iSv § 100a StPO verdächtig ist, berechtigt nicht zur Überwachung seines Telefonanschlusses. Der ungehinderte mündliche Verkehr zwischen Verteidiger und Beschuldigten unterliegt – anders als der schriftliche – keiner Überwachung. Das gilt auch für den fernmündlichen Verkehr, der sich lediglich als technisch vermittelte Form des mündlichen Verkehrs darstellt. Demgemäß muss die Zulässigkeit der Telefonüberwachung des Verteidigers dort enden, wo sein Recht auf ungehinderten mündlichen Verkehr mit seinem Mandanten beginnt (BVerfG NJW 2007, 2749; BGH AnwBl. 1986, 152 = MDR 1986, 251; BRAK-Mitt. 1986, 112; vgl. auch Anm. zu § 148 StPO und *Rössler,* FG Peters, 1984, 249, 258).

§ 100b StPO (Anordnung und Ausführung) ist **nicht** entsprechend anwendbar (*Isele* Anhang 2 zu § 116, § 100b StPO; Henssler/Prütting/*Dittmann* § 116 Rn. 12 zu § 100b StPO).

§ 100c StPO (Wohnraumüberwachung) ist nicht sinngemäß anwendbar, da eine „Katalogtat" iSd § 100a StPO notwendig ist (Henssler/Prütting/*Dittmann* § 116 Rn. 12 zu § 100c StPO).

§ 100d StPO (Verfahren bei der Wohnraumüberwachung) ist als Verfahrensregel zu § 100c StPO nicht sinngemäß anwendbar (Henssler/Prütting/*Dittmann* § 116 Rn. 12 zu § 100d StPO).

§ 100e StPO (Berichtspflicht) ist nicht sinngemäß anwendbar, da eine Maßnahme nach § 100c StPO nicht ergriffen werden darf (Henssler/Prütting/*Dittmann* § 116 Rn. 12 zu § 100e StPO).

§ 100f StPO (Abhören außerhalb von Wohnungen) ist wegen des Erfordernisses einer Katalogtat nicht sinngemäß anwendbar (Henssler/Prütting/*Dittmann* § 116 Rn. 12 zu § 100f StPO).

§ 100g StPO (Allgemeine Erhebungsbefugnis für Verkehrsdaten) ist nur insoweit anwendbar, als es um die Verwertung im strafrechtlichen Ermittlungsverfahren gewonnener Erkenntnisse geht. Eine Anordnung im anwaltsgerichtlichen Verfahren ist nicht statthaft (Henssler/Prütting/*Dittmann* § 116 Rn. 12).

§ 100h StPO (Einsatz weiterer technischer Mittel) und **100i** (IMSI-Catcher) sind nicht entsprechend anwendbar (Henssler/Prütting/*Dittmann* § 116 Rn. 12).

§ 100j StPO (Bestandsdatenauskunft) ist nur insoweit anwendbar, als es um die Verwertung im strafrechtlichen Ermittlungsverfahren gewonnener Erkenntnisse geht. Mit Blick auf § 113 Abs. 3 TKG ist eine Anordnung im anwaltsgerichtlichen Verfahren nicht statthaft (Henssler/Prütting/*Dittmann* § 116 Rn. 12).

§ 101 StPO (Grundrechtssichernde Verfahrensregelungen) ist nur insoweit sinngemäß anwendbar, als Maßnahmen nach § 99 StPO getroffen worden sind, oder der Rechtsanwalt von Maßnahmen nach § 101 Abs. 1 StPO betroffen war (Henssler/Prütting/*Dittmann* § 116 Rn. 12).

§ 102 StPO (Durchsuchung beim Verdächtigen) ist teilweise entsprechend anwendbar. Eine Durchsuchung der Person des Rechtsanwalts und eine Durchsuchung zum Zwecke der Ergreifung des Rechtsanwalts (§ 117) ist unzulässig. Im Übrigen entsprechend anwendbar (*Isele* Anhang 2 zu § 116, § 102 StPO; Henssler/Prütting/*Dittmann* § 116 Rn. 12). Eine Durchsuchung darf nicht der Ermittlung von Tatsachen dienen, die zur Begründung eines Anfangsverdachtes erforderlich sind; denn sie setzt einen Tatverdacht bereits voraus (BVerfG BRAK-Mitt. 2014, 166). Bei der Beurteilung des Anfangsverdachts müssen die Fachgerichte der Ausstrahlungswirkung der Berufsausübungsfreiheit des Strafverteidigers angemessene Rechnung tragen. Der besondere Schutz von Berufsgeheimnisträgern gebietet bei der Anordnung der Durchsuchung einer Rechtsanwaltskanzlei die besonders sorgfältige Prüfung der Eingriffsvoraussetzungen und des Grundsatzes der Verhältnismäßigkeit. Die Strafverfolgungsbehörden haben dabei auch das Ausmaß der – mittelbaren – Beeinträchtigung der beruflichen Tätigkeit des Betroffenen zu berücksichtigen. Besteht der Verdacht auf eine strafbare Handlung gemäß § 84 AsylVfG, ist den besonderen Schwierigkeiten bei der Abgrenzung zwischen dem tatbestandlichen Handeln und einer zulässigen Rechtsberatung dadurch Rechnung zu tragen, dass eine Durchsuchung von Kanzleiräumen nur bei konkreten Hinweisen auf eine strafbare Handlung und nach sorgfältiger Prüfung der objektiven Umstände und des Vorsatzes vorgenommen wird (BVerfG BRAK-Mitt. 2011, 79; vgl. auch BayVerfGH BRAK-Mitt. 2011, 214). Die herausgehobene Bedeutung der Berufsausübung eines Rechtsanwalts für die Rechtspflege und für die Wahrung der Rechte seiner Mandanten gebietet aber die besonders sorgfältige Beachtung der Eingriffsvoraussetzungen und des Grundsatzes der Verhältnismäßigkeit bei der Anordnung einer Durchsuchung bei einem als Strafverteidiger tätigen Anwalt, der selbst Beschuldigter in einem Strafverfahren ist. **Die Durchsuchung ist rechtswidrig, wenn sich der Tatvorwurf** (zB Beleidigung eines Richters in einem Schriftsatz) **aus einer Gerichtsakte ergibt und die Durchsuchung nur den Zugriff auf die Verteidigerakte ermöglichen soll** (BVerfG AnwBl. 2008, 539). Bei der Durchsuchung einer Anwaltskanzlei muss ein Dritter anwesend sein, der den Schutz der anwaltlichen Verschwiegenheit sicherstellt (EGMR Urteil vom 21.1.2010 – 43757/05, vgl. AnwBl. 2010, Heft 4, XII).

Die Durchsuchung ist unverhältnismäßig, wenn ein kaum über bloße Vermutungen hinausreichender Tatverdacht besteht und der angerichtete Schaden gering ist (BVerfG AnwBl. 2008, 294). Auch wenn eine solche Durchsuchung nicht unmittelbar den Schutzbereich der Berufsfreiheit berührt, haben die Strafverfolgungsbehörden das Ausmaß der mittelbaren Beeinträchtigung der beruflichen Tätigkeit des Betroffenen zu berücksichtigen (BVerfG AnwBl. 2008, 539). § 261 Abs. 2 Nr. 1 StGB bedeutet für den Strafverteidiger einen Eingriff in sein Grundrecht auf freie Berufsausübung aus Art. 12 Abs. 1 S. 1 GG. Das Risiko, sich durch die Entgegennahme eines Honorars oder Vorschusses im Rahmen eines Wahlmandats wegen **Geldwäsche** strafbar zu machen, gefährdet das Recht des Strafverteidigers, seine berufliche Leistung in angemessenem Umfang wirtschaftlich zu verwerten. Der Anfangsverdacht auf Geldwäsche setzt auf Tatsachen beruhende, greifbare Anhaltspunkte für die Annahme voraus, dass der Strafverteidiger zum Zeitpunkt der Honorarannahme bösgläubig war. Indikatoren für die subjektive Tatseite können beispielsweise in der außergewöhnlichen Höhe des Honorars oder in der Art und Weise der Erfüllung der Honorarforderungen gefunden werden (BVerfG NJW 2005, 1707; BVerfG BRAK-Mitt. 2004, 126; vgl. auch LG Berlin NJW 2003, 2694). Da mit einer Kanzleidurchsuchung schwerwiegend in das Grundrecht aus Art. 13 Abs. 1 GG, das auch beruflich genutzte Räume schützt (BVerfGE 32, 54; 97, 228, 265), eingegriffen wird, besteht für deren Anordnung ein besonderes Rechtfertigungsbedürfnis nach dem Grundsatz der Verhältnismäßigkeit. Die Durchsuchung muss im Blick auf den bei der Anordnung verfolgten gesetzlichen Zweck erfolgversprechend sein. Ferner muss gerade diese Zwangsmaßnahme zur Ermittlung und Verfolgung der vorgeworfenen Tat erforderlich sein; dies ist nicht der Fall, wenn andere, weniger einschneidende Mittel zur Verfügung stehen. Schließlich muss der jeweilige Eingriff in angemessenem Verhältnis zu der Schwere der Tat und der Stärke des Tatverdachts stehen. Wie die Durchsuchung einer Anwaltskanzlei wegen Verkehrsordnungswidrigkeiten grundsätzlich unverhältnismäßig ist und den Rechtsanwalt in seinem Grundrecht auf Unverletzlichkeit der Wohnung verletzt (BVerfG NJW 2006, 3411), so ist dies im anwaltsgerichtlichen Verfahren ebenso der Fall, wenn dem Rechtsanwalt lediglich eine geringfügige Pflichtverletzung angelastet wird, wegen der wahrscheinlich nur eine leichte Maßnahme (§ 114) gegen ihn verhängt werden wird. Ein Beschluss zur Durchsuchung der Kanzleiräume ist rechtswidrig, wenn das dem Beschuldigten angelastete Verhalten nicht so geschildert wird, dass es – wenn es wirklich begangen worden sein sollte – den Tatbestand eines Strafgesetzes bzw. einer Pflichtverletzung erfüllt (BVerfG AnwBl. 2006, 850). Bei Mitgewahrsam mehrerer Personen (Sozietät, Bürogemeinschaft), von denen nur ein Teil verdächtig ist, gilt § 102 StPO und nicht § 103 StPO (BVerfG NJW 2002, 2090; BGH NStZ 1986, 84; Löwe/Rosenberg/*Schäfer* StPO § 102 Rn. 12). Die Durchsuchungsanordnung muss die aufzuklärende Pflichtverletzung durch tatsächliche Angaben konkretisieren, die Art und den denkbaren Inhalt der zu suchenden Beweismittel erkennen lassen und die zu durchsuchenden Räume bezeichnen (BVerfG NStZ 1992, 91; NJW 1994, 2381).

§ 103 StPO (Durchsuchung bei anderen Personen) ist teilweise entsprechend anwendbar. Zum Zwecke der Ergreifung des Rechtsanwalts ist § 103 StPO nach § 117 nicht entsprechend anwendbar, wohl aber im Übrigen (*Isele* Anhang 2 zu § 116, § 103 StPO). Die Durchsuchung einer Anwaltskanzlei aufgrund einer Anordnung nach § 103 StPO in einem Ermittlungsverfahren ist ein „Eingriff" in das „Privatleben" und in die „Wohnung" des betroffenen Rechtsanwalts (Art. 8 Abs. 1 EMRK). Eine solche Durchsuchung ist daher nur dann konventionskonform, wenn sie den Anforderungen des Art. 8 Abs. 2 EMRK entspricht (EGMR NJW 1993, 718). Es ist mit Art. 13 Abs. 1 GG nicht vereinbar, Kanzleiräume von Rechtsanwälten als nichtverdächtigen Dritten, die den Beschuldigten nach Auffassung der Ermittlungsbehörde hinsichtlich bestimmter steuerrechtlicher Fragestellungen beraten haben sollen, auf der Grundlage von § 103 StPO zu durchsuchen, um Unterlagen über die Beratung von Mandanten, die mit dem Ermittlungsverfahren in keinem Zusammenhang stehen, zu erhalten und um hieraus Rückschlüsse auf den Inhalt der Beratung des Beschuldigten zu ziehen. Die Suche nach Beratungsunterlagen hinsichtlich unverdächtiger Mandanten steht ferner in einem offenkundigen Missverhältnis zu der damit verbundenen Beeinträchtigung des Grundrechts der unverdächtigen Mandanten auf informationelle Selbstbestimmung (Art. 2 Abs. 1 iVm Art. 1 Abs. 1 GG) und der auch im Interesse der Allgemeinheit liegenden Vertrauensbeziehung zwischen Anwalt und Mandant (BVerfG NJW 2009, 2518).

Im Hinblick auf die erhöhten Anforderungen an die Prüfung der Verhältnismäßigkeit der Durchsuchung der Kanzleiräume eines nicht beschuldigten Rechtsanwalts und der Beschlagnahme einer Verfahrensakte verstoßen entsprechende Anordnungen gegen Art. 13 Abs. 1, 2, 14 Abs. 1 GG, wenn lediglich die vage und nicht näher begründete Möglichkeit besteht, dass die Handakte neue verfahrensrelevante Erkenntnisse enthalten würde, die Vernehmung von Mitarbeitern des Mandanten des Rechtsanwalts als Zeugen sowie die Anfertigung von Kopien der Handakte in Betracht kommen und sich das Gericht nicht mit der Schwere der aufzuklärenden Straftat auseinandersetzt (BVerfG NJW 2009, 281).

§ 104 StPO Abs. 1 (nächtliche Hausdurchsuchung) ist insoweit, als Gefahr im Verzug ist, entsprechend anwendbar. Auch Abs. 3 ist entsprechend anwendbar. Abs. 2 ist bedeutungslos (*Isele* Anhang 2 zu § 116, § 104 StPO).

§ 105 StPO (Anordnung und Ausführung von Durchsuchungen) ist sinngemäß anwendbar. Übernimmt der Ermittlungsrichter einen Antrag der Staatsanwaltschaft zum Erlass eines

Durchsuchungsbefehls, so liegt darin allein noch kein Verstoß gegen den Richtervorbehalt. Wenn das Gericht allerdings eigene Wertungen gar nicht vornimmt, obwohl sich solche aufdrängten oder sich weitere Anhaltspunkte dafür ergeben, dass es nicht eigenständig geprüft hat, so liegt darin ein Verstoß gegen Art. 13 Abs. 2 GG (BVerfG NJW 2009, 2516 = jurisPR 7/2009, 159).

§ 106 StPO (Zuziehung des Inhabers) gilt ebenso wie **§ 107 StPO** (Mitteilung; Verzeichnis) im anwaltsgerichtlichen Verfahren sinngemäß (*Isele* Anhang 2 zu § 116, §§ 105–107 StPO).

§ 108 StPO (Zufallsfunde) ist entsprechend anwendbar sowohl hinsichtlich solcher, die auf weitere Pflichtverletzungen als auch solcher, die auf Straftaten hindeuten (*Isele* Anhang 2 zu § 116, § 108 StPO).

Die **§§ 109, 110 StPO** (Kennzeichnung beschlagnahmter Gegenstände, Durchsicht von Papieren) sind entsprechend anwendbar (*Isele* Anhang 2 zu § 116, §§ 109, 110 StPO). Die vom BVerfG zur zeitlichen Geltung von Durchsuchungsbeschlüssen aufgestellten Grundsätze (BVerfGE 96, 44 = NJW 1997, 2165) sind auf die Phase der Durchsicht von Unterlagen nach § 110 StPO nicht anzuwenden (BVerfG NJW 2002, 1410).

§§ 110a–110c StPO (verdeckte Ermittler) sind nicht entsprechend anwendbar.

§ 111 StPO (Kontrollstellen) ist **nicht** entsprechend anwendbar.

Auch die **§§ 111a–111c StPO** (vorläufige Entziehung der Fahrerlaubnis, Sicherstellung von Gegenständen und ihre Beschlagnahme) sind **nicht** entsprechend anwendbar (*Isele* Anhang 2 zu § 116, § 111c StPO).

§ 111d StPO (dinglicher Arrest) ist teilweise entsprechend anwendbar. Wegen einer Geldbuße und der voraussichtlichen Kosten des anwaltsgerichtlichen Verfahrens ist die Anordnung des dinglichen Arrestes im anwaltsgerichtlichen Verfahren zulässig, ansonsten nicht (*Isele* Anhang 2 zu § 116, § 111d StPO).

§ 111e StPO (Anordnungskompetenz) ist teilweise entsprechend anwendbar, im Hinblick auf § 111d StPO (*Isele* Anhang 2 zu § 116, § 111e StPO).

§ 111f StPO Abs. 3 (Vollstreckungskompetenz) ist im Hinblick auf § 111d StPO entsprechend anwendbar. Sonst ist § 111f StPO nicht entsprechend anwendbar (*Isele* Anhang 2 zu § 116, § 111f StPO).

Dagegen sind die **§§ 111g–111i StPO** (Vorrangige Befriedigung von Ansprüchen des Verletzten, Rangänderung zugunsten des Verletzten bei Sicherungshypothek, Beschlagnahmeverlängerung zugunsten des Verletzten) **nicht** entsprechend anwendbar.

§ 111k StPO (Herausgabe sichergestellter Sachen an den Verletzten) ist ebenfalls **nicht** entsprechend anwendbar (*Isele* Anhang 2 zu § 116, 111k StPO).

§ 111l StPO (Notveräußerung) ist hinsichtlich § 111d StPO entsprechend anwendbar, sonst nicht (*Isele* Anhang 2 zu § 116, § 111l StPO).

§ 111m StPO (Beschlagnahme von Schriften und Herstellungsmitteln) und

§ 111n StPO (Anordnung und Aufhebung der Beschlagnahme von Druckwerken) sind **nicht** entsprechend anwendbar.

§§ 111o, 111p StPO (dinglicher Arrest bei erwarteter Vermögensstrafe, Vermögensbeschlagnahme) sind nicht anwendbar. Nachdem das BVerfG mit Urteil vom 20.3.2002 (BVerfGE 105, 135 = NJW 2002, 1779) entschieden hat, dass die Vermögensstrafe nach § 43a StGB verfassungswidrig ist, ist im Strafverfahren für die §§ 111o, 111p StPO kein Anwendungsbereich mehr gegeben (*Meyer-Goßner* Anm. zu StPO § 111o und StPO § 111p). Damit scheidet auch eine sinngemäße Anwendung über § 116 S. 2 aus.

20 **9. Abschnitt. Verhaftung und vorläufige Festnahme**

Die **§§ 112–130 StPO** (Verhaftung und vorläufige Festnahme) sind nach § 117 im anwaltsgerichtlichen Verfahren **nicht** anzuwenden (→ § 117 Rn. 2). Verteidigt ein Rechtsanwalt einen in Untersuchungshaft einsitzenden Mandanten, muss er aber die für diesen geltende Regelung des § 119 StPO beachten. Auch der Strafverteidiger, der zugleich als Zivilanwalt tätig wird, darf ohne Genehmigung des für die Briefkontrolle zuständigen Richters oder Staatsanwalts seinem in Untersuchungshaft einsitzenden Mandanten nur solche Schriftstücke dritter Personen aushändigen oder nur solche ihm von seinem Mandanten übergebene Schriftstücke aus der Haftanstalt an dritte Personen weiterleiten, die unmittelbar der Vorbereitung oder Durchführung der Strafverteidigung dienen (BGH EGE XIII, 133). Das Übermitteln von Kassibern pp. durch den Verteidiger unterfällt dem § 115 OWiG (Göhler/*Gürtler* OWiG § 115 Rn. 21).

9a. Abschnitt. Weitere Maßnahmen zur Sicherstellung der Strafverfolgung und Strafvollstreckung 21

§§ 131–131c StPO (Ausschreibung zur Festnahme) sind nach § 117 nicht anwendbar, soweit sie sich gegen den beschuldigten Rechtsanwalt richten. Sie sind jedoch entsprechend anwendbar, wenn der Aufenthalt eines zum Nachweis schwerer anwaltlicher Pflichtverletzungen unverzichtbaren Zeugen ermittelt werden muss (Henssler/Prütting/*Dittmann* § 116 Rn. 14; Gaier/Wolf/Göcken/*Johnigk* § 116 Rn. 16).

§ 132 StPO (Sicherstellung der Strafverfolgung) ist im Hinblick auf § 117 nicht entsprechend anwendbar (Henssler/Prütting/*Dittmann* § 116 Rn. 14; **aA** *Isele* Anhang zu § 116, § 132 StPO).

9b. Abschnitt. Vorläufiges Berufsverbot 22

§ 132a StPO (vorläufiges Berufsverbot) ist nicht entsprechend anwendbar, im anwaltsgerichtlichen Verfahren gelten die §§ 150–161a (*Isele* Anhang 2 zu § 116, § 132a StPO). Zum vorläufigen strafprozessualen Berufsverbot gegen einen Rechtsanwalt vgl. BGHSt 28, 84 und *Görl* BRAK-Mitt. 1987, 54 ff.

10. Abschnitt. Vernehmung des Beschuldigten 23

§ 133 StPO Abs. 1 (Ladung) ist entsprechend anwendbar, Abs. 2 ist im Hinblick auf § 117 nicht anwendbar (EGH Stuttgart EGE XII, 121; amtliche Begründung zu § 117 (*Isele* Anhang 2 zu § 116, § 133 StPO).

§ 134 StPO (Vorführung) ist **nicht** entsprechend anwendbar (§ 117; amtliche Begründung zu § 117; *Isele* Anhang 2 zu § 116, § 134 StPO).

§ 135 StPO (Unverzügliche Vorführung und Vernehmung) ist **nicht** entsprechend anwendbar (§ 117; *Isele* Anhang 2 zu § 116, § 135 StPO).

§ 136 StPO (erste richterliche Vernehmung) ist entsprechend anwendbar (*Isele* Anhang 2 zu § 116, § 136 StPO).

§ 136a StPO (verbotene Vernehmungsmethoden) ist entsprechend anwendbar (*Isele* Anhang 2 zu § 116, § 136a StPO).

11. Abschnitt. Verteidigung 24

Die StPO-Vorschriften über die **Verteidigung (§§ 137–149)** sind im anwaltsgerichtlichen Verfahren ganz überwiegend anzuwenden. Im Einzelnen ist Folgendes anzumerken:

Die **§§ 137, 138 StPO** über den Wahlverteidiger sind entsprechend anwendbar (*Isele* Anhang 2 zu § 116, §§ 137, 138 StPO). Für die Beauftragung des Wahlverteidigers ist eine besondere Form nicht vorgeschrieben. Der Verteidiger muss die „Verteidigervollmacht" nicht unbedingt schriftlich beibringen; die Wirksamkeit der Verteidigerbestellung hängt nicht von der Vorlage einer Vollmachtsurkunde ab. Für den Nachweis des Verteidigerverhältnisses genügt die Anzeige des beschuldigten Rechtsanwalts oder des Verteidigers, insbesondere auch das gemeinsame Auftreten in der Hauptverhandlung. Die Vermutung spricht für die Bevollmächtigung des Rechtsanwalts, der sich als Verteidiger meldet und eine Prozesshandlung für den Beschuldigten vornimmt. Wenn im Einzelfall Zweifel an der Bevollmächtigung bestehen, kann aber die Vorlage einer Vollmachtsurkunde verlangt werden (*Meyer-Goßner* StPO Vor § 137 Rn. 9 mzN). Der Tod des angeschuldigten Rechtsanwalts führt unmittelbar zur Beendigung des anwaltsgerichtlichen Verfahrens und damit auch zum Erlöschen der Vollmacht des Verteidigers (OLG Düsseldorf NJW 1993, 546; *Meyer-Goßner* StPO Vor § 137 Rn. 7 mwN). Zur Vergütung des Verteidigers im anwaltsgerichtlichen Verfahren vgl. Überblick bei *Hansens* JurBüro 1989, 1625. Die von einem Juristen, der nicht Rechtsanwalt oder Rechtslehrer an einer deutschen Hochschule ist, im Lauf seiner theoretischen und praktischen Ausbildung erworbenen üblichen Kenntnisse im Straf- und Strafverfahrensrecht reichen allein nicht aus, um die für eine Zulassung als Verteidiger nach § 138 Abs. 2 StPO vorauszusetzende besondere Befähigung zur Verteidigung zu begründen. Der Ausnahmecharakter des § 138 Abs. 2 StPO zwingt zu einer engen Auslegung der Vorschrift (OLG Karlsruhe NJW 1988, 2549). Die Erteilung der Genehmigung nach § 138 Abs. 2 StPO ist in das pflichtgemäße Ermessen des Gerichts gestellt. Es ist verfassungsrechtlich nicht zu beanstanden, wenn sich das Gericht bei der Ausübung des Ermessens am Maßstab der in § 43a geregelten Grundpflichten eines Rechtsanwalts orientiert (BVerfG NJW 2006, 1503). Zur Übernahme einer Verteidigung durch eine Rechtsanwaltsgesellschaft → § 591 Rn. 7 ff. Die Ablehnung der Genehmigung nach § 138 Abs. 2 StPO ist mit der Beschwerde anfechtbar. Das Beschwerdegericht kann die angefochtene Entscheidung nur auf Rechtsfehler, insbesondere auf die fehlerhafte Ausübung des Ermessens hin überprüfen (OLG Düsseldorf StV 1988, 377).

Auch **§ 138a StPO** (Ausschließung des Verteidigers) ist entsprechend anwendbar (BGH EGE XIV 192) und zwar auch auf den Pflichtverteidiger (BGH Beschluss vom 20.3.1996 – 2 AR 20/96). § 138a StPO räumt dem Ausschließungsrichter kein Ermessen ein. Der Gesetzgeber hat dem bei der Ausschließung des Verteidigers zu beachtenden Grundsatz der Verhältnismäßigkeit dadurch Rechnung getragen, dass er die Voraussetzungen hierfür in mehreren unterschiedliche Anforderungen stellenden Tatbestandsvarianten typisiert hat. Ist der Verteidiger tatsächlich dringend (entsprechend § 112 StPO) oder in einem die Eröffnung des Hauptverfahrens rechtfertigenden Grade (entsprechend § 203 StPO) verdächtig, an der Tat des von ihm Verteidigten selbst beteiligt zu sein, so besteht nach der in § 138a Abs. 1 Nr. 1 StPO getroffenen Entscheidung des Gesetzgebers die Gefahr, dass im Strafverfahren ein Verteidiger mitwirkt, der wegen seiner mutmaßlichen Tatbeteiligung außerstande ist, seine Verteidigeraufgabe so wahrzunehmen, wie es seine Stellung als Beistand des Beschuldigten und als unabhängiges Organ der Rechtspflege verlangt. Dies gilt sinngemäß auch im anwaltsgerichtlichen Verfahren. Darauf, ob die zu untersuchende Tat weniger schwer ist, stellt das Gesetz nicht ab. Der nur auf „bestimmte Tatsachen" gestützte Verdacht (§ 138a Abs. 2, § 152 Abs. 2 StPO), der nicht den in § 138a Abs. 1 StPO erforderlichen Intensitätsgrad eines dringenden oder hinreichenden Verdachts erreicht, rechtfertigt die Ausschließung des Verteidigers nicht (BGHSt 37, 395 = NJW 1991, 2780). Bedingter Vorsatz reicht für die subjektive Tatseite der Beihilfe durch einen Rechtsanwalt aus (BGH wistra 1993, 181). Die Vorschriften über den Verteidigerausschluss (§§ 138a, 138c StPO) sind aber im Verfahren zur Entscheidung über eine Rüge durch das Anwaltsgericht nicht anwendbar, da der AGH an dem Verfahren nach § 74a nicht beteiligt ist. Ein Beschluss des Anwaltsgerichts, mit dem die Entscheidung des AGH über die Ausschließung herbeigeführt werden soll, ist unzulässig (EGH Hamm BRAK-Mitt. 1983, 90).

Der Beteiligungsverdacht kann grundsätzlich nicht auf die Erteilung eines (falschen) Rechtsrates gestützt werden. Das Bewusstsein und der Wille eines Rechtsanwalts sind bei Erteilung eines Rechtsrats in der Regel darauf gerichtet, pflichtgemäß Rat zu erteilen, und nicht darauf, eine Straftat zu fördern (BGH NJW 1992, 3047). Erteilt ein Strafverteidiger nach vertretbarer Auffassung einen unrichtigen Rechtsrat, der dazu führt, dass der Beratene eine strafbare Handlung begeht, so ist der Verteidiger deshalb nicht Beteiligter an dieser Straftat (OLG Stuttgart NJW 1987, 2883). Es ist dem Verteidiger nicht schlechthin verboten, über drohende Zwangsmaßnahmen seinen Mandanten zu informieren und ihm etwa auch darauf gerichtete aus den Akten ersichtliche Schritte mitzuteilen (OLG Hamburg BRAK-Mitt. 1987, 163 mit Anm. *Dahs*). Die Ausschließung des Verteidigers wegen hinreichenden Verdachts der versuchten Strafvereitelung setzt nicht voraus, dass wegen dieses Vorwurfs gegen ihn ein Ermittlungsverfahren eingeleitet und bis zur Anklagereife gediehen ist (Abkehr von BGH AnwBl. 1981, 115: BGHSt 36, 133 = NJW 1989, 1813; OLG Düsseldorf NStZ 1991, 299; vgl. auch *Milzer* MDR 1990, 587). Strittig ist, ob das Einwirken eines Verteidigers auf einen Zeugen mit dem Ziel, diesen zu einer Falschaussage zu veranlassen, einen seine Ausschließung rechtfertigenden strafbaren Versuch der Strafvereitelung darstellt, solange der Zeuge nicht falsch aussagt (ja: *Fischer* StGB § 258 Rn. 11 mwN; nein: OLG Frankfurt StV 1992, 360). Der der Wahrung des Verhältnismäßigkeitsgrundsatzes dienende Abs. 3 und dort insbesondere Nr. 3 sind zu beachten. Ist nicht spätestens ein Jahr nach der Ausschließung wegen des Sachverhaltes, der zur Ausschließung geführt hat, das Hauptverfahren im Strafverfahren oder im anwalts- oder berufsrechtlichen Verfahren eröffnet oder ein Strafbefehl erlassen worden, ist die Ausschließung aufzuheben. Dies ist auch der Fall, wenn wegen des Sachverhaltes nur eine Rüge (§ 74) erteilt wurde. Ein Rechtsanwalt, der dem Mitwirkungsverbot aus § 138a StPO zuwider tätig wird, handelt pflichtwidrig (§§ 43, 113 Abs. 1). Solange ein Strafverteidiger in einem Verfahren von der Verteidigung seines Mandanten nach § 138a Abs. 4 S. 1 StPO ausgeschlossen ist, kann er diesen auch in anderen gesetzlich geordneten Verfahren nicht verteidigen. Bei einem DNA-Identitätsfeststellungsverfahren (§ 81g StPO) handelt es sich um ein solches gesetzlich geordnetes Verfahren (NdsAGH BRAK-Mitt. 2006, 283). Zur Zurückweisung eines Rechtsanwalts, der selbst Angeschuldigter in einem anwaltsgerichtlichen Verfahren ist, als Verteidiger eines Mitangeschuldigten vgl. OLG Celle NJW 2001, 3564 und Anm. zu § 146a StPO.

§ 138b StPO (Ausschließung in Staatsschutzsachen) ist **nicht** entsprechend anwendbar (*Isele* Anhang 2 zu § 116, § 138b StPO).

§ 138c StPO (Verfahren) ist entsprechend anwendbar (BGH NJW 1991, 2780; EGE XIV, 192; *Isele* Anhang 2 zu § 116, § 138c StPO), nicht aber im Verfahren nach § 74a (EGH Hamm

BRAK-Mitt. 1983, 90). An die Stelle des OLG tritt der AGH (BGH NJW 1991, 2780; → § 100 Rn. 4).

§ 138d StPO (mündliche Verhandlung; Rechtsmittel) ist entsprechend anwendbar (BGH NJW 1991, 2780; EGE XIV, 192; *Isele* Anhang 2 zu § 116, § 138d StPO). Hat der AGH ohne mündliche Verhandlung entschieden, so leidet das Verfahren an einem wesentlichen Mangel. Gegen diese Entscheidung ist die sofortige Beschwerde zulässig (*Rössler,* FG Peters, 1984, 249, 258). Der Anwaltssenat hat als Beschwerdegericht die Annahme des AGH, dringender oder hinreichender Beteiligungsverdacht liege vor, nicht nur auf Rechtsfehler zu überprüfen, sondern das Ermittlungsergebnis im Hinblick auf den aus ihm abzuleitenden Verdachtsgrad selbst zu würdigen. Dabei ist es nicht seine Aufgabe, den in der Ausschließungsvorlage des AnwG bezeichneten und sich aus den Akten ergebenden Sachverhalt durch eigene Ermittlungen zu erweitern (BGH NJW 1991, 2780). Der Beschluss schließt ein Zwischenverfahren ab und ist daher mit einer Kostenentscheidung zu versehen. Wird der Verteidiger ausgeschlossen, trägt er entsprechend § 197 Abs. 1 BRAO, § 465 Abs. 1 StPO die Kosten. Wird die Ausschließung abgelehnt, so sind nach § 198 Abs. 1 der RAK entsprechend § 467 Abs. 1 StPO die Kosten aufzuerlegen (BGH NJW 1991, 2780).

§ 139 StPO (Referendare) ist zwar entsprechend anwendbar; jedoch sollte niemand einem außerhalb der anwaltlichen Berufspflichten stehenden Referendar die Verteidigung vor dem Anwaltsgericht übertragen (*Isele* Anhang 2 zu § 116, § 139 StPO).

§ 140 StPO (notwendige Verteidigung) ist teilweise entsprechend anwendbar, soweit im anwaltsgerichtlichen Verfahren Fälle notwendiger Verteidigung bestehen (*Isele* Anhang 2 zu § 116, § 140 StPO). Zu den Einzelheiten → § 117a Rn. 1 ff.

§ 141 StPO (Bestellung des Verteidigers) ist entsprechend anwendbar (*Isele* Anhang 2 zu § 116, § 141 StPO) vgl. Anm. zu § 117a.

Die **§§ 142–145 StPO** (Auswahl, Rücknahme der Bestellung und Ausbleiben des Verteidigers) sind ebenfalls anzuwenden (*Isele* Anhang 2 zu § 116, §§ 142–145 StPO). Zur Frage der Auswahl des Pflichtverteidigers und des Pflichtverteidigerwechsels vgl. BGH NJW 1992, 1841; OLG Düsseldorf AnwBl. 1987, 495, sowie zur Beiordnung eines auswärtigen Verteidigers OLG Hamm und OLG Schleswig StV 1987, 478. Trägt der Verteidiger in der Hauptverhandlung keine weiße Krawatte, so rechtfertigt das nicht die Bestellung eines weiteren Pflichtverteidigers (OLG Zweibrücken NStZ 1988, 144). Ein Pflichtverteidiger kann nicht wirksam Untervollmacht erteilen (OLG Düsseldorf NJW 1993, 2002). Er kann auch gegen die Rücknahme seiner Bestellung grundsätzlich nicht im eigenen Namen Beschwerde einlegen. Etwas anderes gilt allenfalls dann, wenn die Entpflichtung willkürlich ist (*Meyer-Goßner* StPO § 143 Rn. 7; OLG Hamm MDR 1993, 1226). Zu den Voraussetzungen des § 145 Abs. 4 vgl. BVerfG BRAK-Mitt. 2009, 128 und OLG Düsseldorf StV 1990, 55. Im Übrigen → § 49 Rn. 1 ff.

§ 145a StPO (Zustellungsvollmacht) ist entsprechend anwendbar mit Ausnahme von Abs. 2 S. 2 (BGH BRAK-Mitt. 1983, 94; *Isele* Anhang 2 zu § 116, § 145a StPO). Im Hinblick auf die Regelung in § 232 Abs. 4 StPO nF kann die Zustellung an den Verteidiger (§ 145a Abs. 1 StPO) auch für den Beginn der Frist in § 146 Abs. 1 S. 3 maßgeblich sein. Die auf die frühere Regelung in § 232 Abs. 4 StPO abstellende gegenteilige Rechtsprechung des BGH (NJW 1971, 1373) ist damit hinfällig. § 145a Abs. 3 StPO ist nur eine Ordnungsvorschrift (BGH NJW 1977, 640). Unterbleibt die Benachrichtigung, so ist die Zustellung gleichwohl wirksam; für den Fristenablauf ist nur die Zustellung, nicht die Benachrichtigung nach § 145a Abs. 3 StPO maßgebend (*Meyer-Goßner* StPO § 145a Rn. 14; AGH Hmb Beschluss vom 15.8.1997 – I EVY 2/96).

§ 146 StPO (Verbot der Mehrfachverteidigung) ist entsprechend anwendbar (*Isele* Anh. 2 zu § 116, § 146 StPO; BVerwG NJW 1994, 1019 zu § 85 WDO). Zum Umfang des Verbotes vgl. BVerfGE 43, 79; BGH NJW 1994, 2302; MDR 1991, 801; OLG Düsseldorf StV 1991, 251; *Nestler-Tremel* NStZ 1988, 103 und zum Entfallen des Honoraranspruches bei einem Verstoß gegen § 146 StPO AG Arnsberg NJW-RR 1999, 63; *Wasmuth* NStZ 1989, 348. Der Honoraranspruch ist aber nicht deshalb nach § 146 StPO iVm § 134 BGB ausgeschlossen, weil bei der Verteidigung ein anderer Rechtsanwalt intern mitgearbeitet hat, der früher einen inzwischen rechtskräftig verurteilten Mitbeschuldigten verteidigt hatte (BGH NJW 1991, 3095 = NStZ 1991, 398).

Auch **§ 146a StPO** (Zurückweisung des Verteidigers) gilt entsprechend. Gegen den Verteidiger, der zugleich Mitbeschuldigter im selben Verfahren ist, kommt keine Ausschließung nach § 138a StPO, sondern seine Zurückweisung entsprechend §§ 146, 146a StPO iVm § 116 S. 2 durch das für das Hauptverfahren zuständige Gericht in Betracht (OLG Celle NJW 2001, 3564).

§ 147 StPO (Akteneinsicht) ist ebenfalls entsprechend anwendbar. Hinsichtlich des Akteneinsichtsrechts des beschuldigten Rechtsanwalts selbst vgl. Anm. zu § 117b und zum Umfang des Akteneinsichtsrechts BGH NJW 1991, 435. Nach Abs. 7 kann auch der beschuldigte Rechtsanwalt Auskünfte und Abschriften verlangen. Die Akteneinsicht an Nichtverfahrensbeteiligte regeln nunmehr die §§ 474 ff. StPO (vgl. dort Anm.). Die Entscheidungen des Staatsanwalts über die Akteneinsicht Verfahrensbeteiligter im Ermittlungsverfahren sind Prozesshandlungen, gegen die zwar Dienstaufsichtsbeschwerde zulässig ist, aber nicht der Antrag nach §§ 23 ff. EGGVG (BVerfG NJW 1994, 573; NJW 1985, 1019).

§ 148 StPO (Verkehr mit dem Verteidiger) ist entsprechend anwendbar (*Isele* Anhang 2 zu § 116, § 148 StPO). „Der ungehinderte mündliche Verkehr zwischen Verteidiger und Beschuldigtem unterliegt – anders als der schriftliche – keiner Überwachung. Die frühere Fassung des § 148 Abs. 3 StPO ermächtigte den Richter noch zu der Anordnung, dass Unterredungen zwischen dem Verteidiger und dem wegen Verdunkelungsgefahr verhafteten Beschuldigten im Zeitraum vor Eröffnung des Hauptverfahrens in Gegenwart eines Richters stattzufinden hätten. Diese Einschränkung ist durch Art. 3 Nr. 6 des Gesetzes zur Änderung der Strafprozessordnung und des Gerichtsverfassungsgesetzes vom 19.12.1964 (BGBl. I S. 1067) beseitigt worden. Scheidet hiernach jede Überwachung des mündlichen Verkehrs zwischen Verteidiger und Beschuldigtem aus, so gilt das in gleicher Weise auch für den fernmündlichen Verkehr, der sich lediglich als technisch vermittelte Form des mündlichen Verkehrs darstellt (BVerfG NJW 2007, 2749; NJW 2007, 2752; § 116 Anm. zu § 100a StPO; vgl. *Meyer-Goßner* StPO § 148 Rn. 16; s. auch die Gleichstellung von Ferngesprächen und Besuchen in § 32 S. 2 StVollzG). Demgemäß muss die Zulässigkeit der Telefonüberwachung des Verteidigers dort enden, wo sein Recht auf ungehinderten mündlichen Verkehr mit seinem Mandanten beginnt. Es ist mithin unstatthaft, den nicht tat- oder teilnahmeverdächtigen Verteidiger als Gesprächspartner seines Mandanten einer Überwachung des Fernsprechverkehrs zu unterwerfen; § 100a StPO bietet dafür keine Rechtsgrundlage (so auch *Meyer-Goßner* StPO § 100a Rn. 13; Löwe/Rosenberg/*Hauck* StPO § 100a Rn. 94; *Roxin/Schünemann,* Strafverfahrensrecht, 28. Aufl. 2014; *Beulke,* Der Verteidiger im Strafverfahren, 1980, 211; BGH AnwBl. 1986, 152; vgl. auch Anm. zu § 100a StPO und BGH EGE XIII, 133, 135). § 148 StPO hindert die Durchsicht und Beschlagnahme auch eines Schriftwechsels zwischen dem Beschuldigten und dem Verteidiger dann nicht, wenn gewichtige Anhaltspunkte dafür bestehen, dass der Verteidiger sich an der Tat beteiligt hat, die dem Beschuldigten zur Last gelegt wird (BGH NJW 1973, 2035 = MDR 1973, 945). Es ist von Verfassungs wegen nicht zu beanstanden, wenn die §§ 97, 148 StPO dahin ausgelegt werden, dass sie in einem Strafverfahren (bzw. anwaltsgerichtlichen Verfahren) gegen einen Strafverteidiger der Beschlagnahme und Verwertung von Schreiben des beschuldigten Verteidigers an seinen Mandanten nicht entgegenstehen (BVerfG NJW 2010, 2937). Der Telefonanschluss des Verteidigers darf im Hinblick auf § 148 StPO nicht abgehört werden (BGHSt 33, 347 = JR 1987, 75 mit Anm. *Rieß; Meyer-Goßner* StPO § 100a Rn. 13). § 148 Abs. 1 StPO erfasst nur den Verkehr des Beschuldigten mit dem Verteidiger, nicht aber den Verkehr des Beschuldigten mit einem außenstehenden Dritten (zB einem Presseorgan), welchen der Verteidiger als Bote vermittelt. Ein Rechtsanwalt verletzt seine Berufspflichten nach den §§ 43, 113 Abs. 1, wenn er die Rechte des § 148 Abs. 1 StPO für ein von dieser Vorschrift ersichtlich nicht erfasstes Verhalten, einer solchen Vermittlung, in Anspruch nimmt (BGH Beschluss vom 6.7.1992 – AnwSt (B) 4/92; vgl. auch BGHSt 26, 304 und § 115 OWiG).

§ 148a StPO (Durchführung der Überwachung) ist wie **§ 149 StPO** (Zulassung von Beiständen) entsprechend anwendbar (*Isele* Anhang 2 zu § 116, §§ 148, 149 StPO).

Zweites Buch. Verfahren im ersten Rechtszug

25 **1. Abschnitt. Öffentliche Klage**

Für die Vorschriften der StPO über die **öffentliche Klage (§§ 151–157)** gilt Folgendes:

§ 151 StPO (Anklageprinzip) ist entsprechend anwendbar (vgl. §§ 121, 130; *Isele* Anhang 2 zu § 116, § 151 StPO).

§ 152 StPO (Offizial- und Legalitätsprinzip) ist entsprechend anwendbar (EGH Hamm EGE VI, 217; *Isele* Anhang 2 zu § 116, § 152 StPO). Hat der Vorstand der RAK das Verhalten des Rechtsanwalts bereits gerügt (§ 74), ist das Legalitätsprinzip eingeschränkt. Im Falle der Übersendung des Rügebescheides (§ 74 Abs. 4 S. 3) prüft die Staatsanwaltschaft nach dem Opportunitätsprinzip, ob noch die Einleitung eines anwaltsgerichtlichen Verfahrens geboten ist. „Zur Geltung des Legalitätsprinzips bei der Verfolgung beruflicher Pflichtverletzungen" vgl. *Waechter* WKP-Mitt. 1993, 149.

§ 152a StPO (Immunität der Abgeordneten) ist entsprechend anwendbar (*Isele* Anhang 2 zu § 116, § 152a StPO; → § 116 Rn. 3 ff.).

§ 153 StPO (Einstellung wegen Geringfügigkeit) ist mit Ausnahme des Abs. 1 S. 2 entsprechend anwendbar (amtliche Begründung zu § 115a; BVerfGE 18, 203 = NJW 1965, 291; BGH EGE VII, 171, 175; EGH Hamm EGE VII, 242; EGH München EGE XIII, 192 und Beschluss vom 20.1.1987 – BayEGH II-13/86; EG Köln AnwBl. 1982, 40 = BRAK-Mitt. 1982, 38; *Jessnitzer/Blumberg* § 116 Rn. 11–14; *Isele* Anhang 2 zu § 116, § 153 StPO). Zur Unanwendbarkeit des § 153 Abs. 1 S. 2 StPO vgl. BRAK-Mitt. 1993, 118.

§ 153a StPO (Einstellung nach Erfüllung von Auflagen) ist bis auf Abs. 1 S. 7 entsprechend anwendbar (EG Köln BRAK-Mitt. 1982, 38 = AnwBl. 1982, 40; EGH-Präsidenten-Konferenz BRAK-Mitt. 1984, 24; *Jessnitzer/Blumberg* § 116 Rn. 15, 16; BRAK-Mitt. 1993, 118; **aA** *Isele* Anhang 2 zu § 116, § 153a StPO). Auch eine Einstellung des Strafverfahrens gegen den Rechtsanwalt nach § 153a StPO rechtfertigt die Anwendung des § 115b (§ 14 Abs. 1 BDG entsprechend; → § 115b Rn. 15; **aA** BGH EGE XIV, 206). Das Prozesshindernis des § 153a Abs. 1 S. 5 bezieht sich nicht auf eine Verfolgung wegen derselben Pflichtverletzung, wenn diese mit einer Maßnahme nach § 114 Abs. 1 Nr. 4 oder 5 geahndet werden kann (vgl. auch § 115 S. 1 Hs. 1, § 115b S. 2; *Kleine-Cosack* § 116 Rn. 4 zu § 153a StPO; **aA** Gaier/Wolf/Göcken/*Johnigk* § 116 Rn. 20 zu § 153a StPO, da das Prozesshindernis nur entfalle, wenn sich dieselbe Tat im Nachhinein als Verbrechen herausstelle). Berufspflichtverletzungen könne man nicht „in die Kategorien von Vergehen und Verbrechen einordnen… Allenfalls die Vertretung widerstreitender Interessen im Einverständnis mit der Gegenpartei käme dafür in Betracht, weil diese Tatbegehung nach § 356 Abs. 2 StGB ein Verbrechen ist. Im Übrigen steht keine Berufspflichtverletzung einem Verbrechen gleich. Der Verweis auf § 115b St. 2 BRAO geht fehl, denn dort geht es um das Verhältnis von Sanktionen außerhalb der Anwaltsgerichtsbarkeit zu solchen innerhalb der Anwaltsgerichtsbarkeit. Die Frage, ob ein Verfahrenshindernis besteht, wenn sich nachträglich herausstellt, dass die anwaltliche Pflichtverletzung gravierender ist als ursprünglich angenommen, wird in § 115b S. 2 BRAO nicht behandelt" (Gaier/Wolf/Göcken/*Johnigk* § 116 Rn. 20).

§ 116 S. 2 bestimmt aber die „sinngemäße" und nicht wortgetreue Anwendung des § 153a StPO. Sinn und Zweck des § 153a Abs. 1 S. 5 StPO ist es, dass dann, wenn bei der Einstellung wegen eines vermeintlichen Vergehens übersehen wurde, dass in Wirklichkeit eine Straftat vorlag, die mit einer Mindeststrafe von einem Jahr oder drüber bedroht (§ 12 Abs. 1 StGB) ist, insoweit kein Strafklageverbrauch eintritt und die Tat als Verbrechen verfolgt werden kann.

Wenn auch im anwaltsgerichtlichen Verfahren eine Unterscheidung wie zwischen Verbrechen und Vergehen nicht erfolgt, dort vielmehr immer von einer „Pflichtverletzung" gesprochen wird, so werden aber, wie im Strafrecht an die unterschiedliche schweren Straftaten unterschiedliche Strafen geknüpft werden, auch an die Pflichtverletzungen unterschiedlicher Stärke unterschiedliche Maßnahmen geknüpft (§ 114).

Wie es im Strafrecht gerechtfertigt ist, dann, wenn bei der Einstellung übersehen wurde, dass die Tat mit mindestens einem Jahr Freiheitsstrafe zu ahnden ist, die Tat weiter zu verfolgen, so ist es gerechtfertigt, eine Pflichtverletzung bzgl. der bei der Einstellung nach § 116 S. 2 iVm § 153a StPO übersehen wurde, dass diese mit einer Maßnahme nach § 114 Abs. 1 Nr. 4 oder 5 geahndet werden kann, diese weiter unter diesem Gesichtspunkt zu verfolgen. Diesen schwersten anwaltsgerichtlichen Maßnahmen steht nicht nur eine anderweitig verhängte Strafe oder Maßnahme nicht entgegen (§ 115b S. 2), sondern erst recht nicht die Erfüllung einer in der Regel unbedeutenderen Auflage oder Weisung nach § 153a StPO. Stellt sich im weiteren Verfahren aber heraus, dass eine Maßnahme nach § 114 Abs. 1 Nr. 4 oder 5 nicht gerechtfertigt ist, dann greift wieder das Verfahrenshindernis aus § 153a Abs. 1 S. 5 StPO.

Die **§§ 153b–153f StPO** gelten in anwaltsgerichtlichen Verfahren **nicht** entsprechend (vgl. *Isele* Anhang 2 zu § 116, §§ 153b–153e StPO).

§ 154 StPO (Mehrfachtäter) ist im **anwaltsgerichtlichen Ermittlungsverfahren** uneingeschränkt **anwendbar.** Im **anwaltsgerichtlichen Verfahren** verfährt das Gericht im Hinblick auf den Grundsatz der Einheitlichkeit der Pflichtverletzung (→ § 113 Rn. 25 ff.) nach **§ 154a StPO** (→ § 113 Rn. 35, 40). Der Umstand allein, dass ein weiteres anwaltsgerichtliches Ermittlungsverfahren gegen den Rechtsanwalt nach § 116 S. 2 iVm § 154 Abs. 1 Nr. 1 StPO vorläufig eingestellt wurde, darf ihm bei der Bestimmung der Rechtsfolgen für ein angeschuldigtes pflichtwidriges Verhalten nicht angelastet werden (*Gribbohm,* FS Pfeiffer, 1988, 911, 925).

§ 154a StPO (Beschränkung der Strafverfolgung) ist entsprechend anwendbar (BGHSt 24, 81 = NJW 1971, 1048).

§ 154b StPO (Auslieferung und Ausweisung) ist **nicht** entsprechend anwendbar (*Isele* Anhang 2 zu § 116, § 154b StPO).

§ 154c StPO (Ermessensfreiheit bei Nötigung oder Erpressung) ist entsprechend anwendbar (*Isele* Anhang 2 zu § 116, § 154c StPO).

§ 154d StPO (Entscheidung einer Vorfrage) ist **nicht** entsprechend anwendbar (*Isele* Anhang 2 zu § 116, § 154d StPO; → § 118b Rn. 1 ff.).

§ 154e StPO (falsche Verdächtigung; Beleidigung) ist **nicht** entsprechend anwendbar.

§ 154f StPO (Vorläufige Einstellung des Verfahrens) ist entsprechend anwendbar. Die Vorschrift gilt im anwaltsgerichtlichen Ermittlungsverfahren, nach Anschuldigung des Rechtsanwalts greift § 205 StPO.

§ 155 StPO (Umfang der Untersuchung) ist entsprechend anwendbar (*Isele* Anhang 2 zu § 116, § 155 StPO; *Jähnke,* FS Pfeiffer, 1988, 941). Im anwaltsgerichtlichen Verfahren gilt der Anklagegrundsatz, nach dem Verfahrensgegenstand die durch die Anschuldigungsschrift (§ 130) umrissene Tat (§§ 155, 264 StPO) ist (AGH NRW Beschluss vom 20.6.1996 – (2) 6 EVY 5/95).

§ 155a StPO (Täter-Opfer-Ausgleich) ist nicht entsprechend anwendbar, ebenso nicht **§ 155b StPO (Ausgleichsstelle).**

§ 156 StPO (Klagerücknahme) ist entsprechend anwendbar (*Isele* Anhang 2 zu § 116, § 156 StPO; BGH EGE IX, 116, 117).

§ 157 StPO (Angeschuldigter, Angeklagter) ist **nicht** entsprechend anwendbar. In allen Stadien des Verfahrens verwendet die BRAO den Begriff „Rechtsanwalt" (*Isele* Anhang 2 zu § 116, § 157 StPO).

26 **2. Abschnitt. Vorbereitung der öffentlichen Klage**

Hinsichtlich der Vorschriften über die **Vorbereitung der öffentlichen Klage** (§§ 158–177 StPO) gilt:

§ 158 StPO (Strafanzeige und -antrag) ist teilweise entsprechend anwendbar. Auch der Vorstand der RAK ist zur Entgegennahme von Anzeigen über pflichtwidriges Verhalten berechtigt und verpflichtet. „Strafanträge" gibt es im anwaltsgerichtlichen Bereich nicht. Pflichtverletzungen werden stets von Amts wegen verfolgt, es gilt das Offizial- und Legalitätsprinzip. Die falsche Verdächtigung einer Berufspflichtverletzung kann von § 164 Abs. 2 StGB erfasst werden (*Fischer* StGB § 164 Rn. 11).

§ 159 StPO (Unnatürlicher Tod) ist **nicht** entsprechend anwendbar (*Isele* Anhang 2 zu § 116, § 159 StPO).

§ 160 StPO (Ermittlungsverfahren) ist dagegen entsprechend anwendbar (*Isele* Anhang 2 zu § 116, § 160 StPO).

§ 160a StPO (Ermittlungsmaßnahmen gegen zeugnisverweigerungsberechtigte Personen) ist entsprechend anwendbar. Seit der zum 1.2.2011 in Kraft getretenen Änderung des § 160a StPO sind mandatsbezogene Informationen bei allen Rechtsanwälten umfassend gegen staatsanwaltliche Ermittlungsmaßnahmen geschützt.

§ 160b StPO (Erörterung mit den Verfahrensbeteiligten) ist entsprechend anwendbar.

Auch **§ 161 StPO** (Ermittlungen) ist entsprechend anwendbar (*Isele* Anhang 2 zu § 116, § 161 StPO). Die durch ein an eine Behörde gerichtetes staatsanwaltschaftliches Auskunfts- und Herausgabeverlangen begründete Informationspflicht geht der Pflicht zur Wahrung des allgemeinen Dienstgeheimnisses vor. Sie findet ihre Grenze lediglich in Beschlagnahmeverboten nach § 97 StPO, dem Grundsatz der Verhältnismäßigkeit und besonderen Geheimhaltungspflichten. In einem anwaltsgerichtlichen Ermittlungsverfahren ist nach dieser Maßnahme der Staatsanwaltschaft der Zugriff auf die **Personalakten des Rechtsanwalts** (§ 58) eröffnet. Sie kann auch die Herausgabe von **Personal-, Dienst- und disziplinarrechtlichen Ermittlungsakten** aus einem früheren Dienstverhältnis des Rechtsanwalts unter diesen Voraussetzungen verlangen. Die Offenbarung gegenüber der Staatsanwaltschaft ist dann befugt. Das Recht auf informationelle Selbstbestimmung (BVerfGE 65, 1 = NJW 1984, 419) steht dem nicht entgegen (OLG Karlsruhe NJW 1986, 145; vgl. auch EGH Stuttgart EGE XII, 120; → § 36 Rn. 1 ff.).

§ 161a StPO (Zeugen- und Sachverständigenvernehmung durch die Staatsanwaltschaft) ist entsprechend anwendbar (*Isele* Anhang 2 zu § 116, § 161a StPO).

§ 162 StPO (Ermittlungsrichter) ist entsprechend anwendbar (EGH Stuttgart EGE XII, 120 = AnwBl. 1973, 54). Aus § 162 Abs. 3 StPO ergibt sich, dass der Richter lediglich die Zulässigkeit der angestrebten Untersuchungshandlung prüfen, nicht jedoch auch über die Notwendigkeit, Zweckmäßigkeit oder Angemessenheit der begehrten Handlung befinden darf. Insbesondere darf er den Antrag auf richterliche Zeugenvernehmung nicht mit dem Hinweis auf die Möglichkeit der Staatsanwaltschaft, nach § 161a StPO zu verfahren, ablehnen (*Meyer-Goßner* StPO § 162 Rn. 14, 17).

§ 163 StPO (erster Zugriff der Polizei) ist **nicht** entsprechend anwendbar (*Isele* Anhang 2 zu § 116, § 163 StPO).

§ 163a StPO (Vernehmungen im Ermittlungsverfahren) ist mit Ausnahme von Abs. 3 entsprechend anwendbar (EGH Stuttgart EGE XII, 120 = AnwBl. 1973, 54; *Isele* Anhang 2 zu § 116, § 163a StPO). Wie sich aus § 134 ergibt, kann der Rechtsanwalt generell nicht zum Erscheinen verpflichtet werden, seine Vorführung ist nach § 117 unzulässig (*Isele* Anhang 2 zu § 116, § 163a StPO).

Die **§§ 163b und 163c StPO** (Identitätsfeststellung, Festhalten zur Identitätsfeststellung) sind **nicht** entsprechend anwendbar (vgl. § 117).

§ 163d StPO (Netzfahndung) ist **nicht** entsprechend anwendbar.

§§ 163e, 163f StPO (polizeiliche Beobachtung, Längerfristige Observation) sind nicht entsprechend anwendbar.

§ 164 StPO (Festhalten von Störern) ist entsprechend anwendbar (*Isele* Anhang 2 zu § 116, § 164 StPO).

§ 165 StPO (Notstaatsanwalt) ist sinngemäß anwendbar, zB kann der Richter bei Unerreichbarkeit des Staatsanwalts die Sicherstellung von Beweismitteln nach § 94 StPO veranlassen (Henssler/Prütting/*Dittmann* § 116 Rn. 19 zu § 165 StPO; **aA** Gaier/Wolf/Göcken/*Johnigk* § 116 Rn. 21).

§ 166 StPO (Beweisanträge) ist entsprechend anwendbar. Die Alt. 2 des Abs. 1 ist aber im anwaltsgerichtlichen Verfahren undenkbar (§ 117; *Isele* Anhang 2 zu § 116, § 166 StPO).

§ 167 StPO (weitere Verfügung) ist bezüglich § 166 StPO entsprechend anwendbar, nicht aber hinsichtlich § 165 StPO (*Isele* Anhang 2 zu § 116, § 167 StPO).

Die **§§ 168–168e StPO** sind entsprechend anzuwenden (vgl. auch *Isele* Anhang 2 zu § 116, §§ 168–168e StPO; *Kleine/Cosack* § 116 Rn. 4; Henssler/Prütting/*Dittmann* § 116 Rn. 19).

§ 169 StPO (Ermittlungsrichter des OLG und des BGH) ist dagegen **nicht** entsprechend anwendbar (*Isele* Anhang 2 zu § 116, § 169 StPO).

§ 169a StPO (Abschluss der Ermittlungen) ist entsprechend anwendbar (*Isele* Anhang 2 zu § 116, § 169a StPO).

§ 170 StPO (Abschluss des Ermittlungsverfahrens) ist entsprechend anwendbar mit Ausnahme des Abs. 2 bezüglich des Haftbefehls (vgl. § 117). Im Falle des Abs. 1 tritt die Anschuldigungsschrift an die Stelle der Anklageschrift, und zuständiges Gericht ist immer das Anwaltsgericht (§§ 119, 130). Durch die Einreichung der Anschuldigungsschrift wird das anwaltsgerichtliche Verfahren eingeleitet (§ 121).

§ 171 StPO S. 2 (Bescheid an den Antragsteller) ist, da dem Antragsteller, der zugleich der Verletzte ist, die Klageerzwingung nicht zusteht (→ § 122 Rn. 1) **nicht** entsprechend anwendbar. **S. 1** ist entsprechend anzuwenden (*Isele* Anhang 2 zu § 116, § 171 StPO).

§ 172 StPO (Klageerzwingungsverfahren) ist **nicht** entsprechend anwendbar. Die früher strittige Frage (EGH Frankfurt EGE VII, 224 mwN) ist heute durch § 122 Abs. 5 dahingehend entschieden, dass § 172 StPO nicht anzuwenden ist (amtliche Begründung zu § 122). Zum Antragsrecht des Vorstandes der RAK → § 122 Rn. 1 ff.

§ 173 StPO (Verfahren des Gerichts) ist für das Verfahren vor dem AGH nach § 122 Abs. 4 vollständig und nach § 123 Abs. 3 teilweise entsprechend anwendbar (→ § 122 Rn. 1 ff.; → § 123 Rn. 1 ff.).

§ 174 StPO (Verwerfungsbeschluss) ist für das Verfahren vor dem AGH nach § 122 Abs. 4 entsprechend anwendbar (vgl. Anm. zu § 122; EGH Frankfurt Beschluss vom 28.2.1991 – 1 EGH 2/90).

§ 175 StPO (Anordnung der Klageerhebung) ist für das Verfahren vor dem AGH nach § 122 Abs. 4 entsprechend anwendbar (EGH Schleswig Beschluss vom 7.9.1990 – 2 EGH 8/89; vgl. Anm. zu § 122).

§ 176 StPO (Sicherheitsleistung) ist **nicht** entsprechend anwendbar (*Isele* Anhang 2 zu § 116, § 176 StPO).

§ 177 StPO (Kosten) ist im Rahmen des Verfahrens nach § 122 iVm § 174 StPO entsprechend anwendbar (Henssler/Prütting/*Dittmann* § 116 Rn. 19; **aA** Gaier/Wolf/Göcken/*Johnigk* § 116 Rn. 21).

3. Abschnitt *(weggefallen)*

27 **4. Abschnitt. Entscheidung über die Eröffnung des Hauptverfahrens**

Zu den Vorschriften über die **Entscheidung zur Eröffnung des Hauptverfahrens (§§ 199–212b StPO)** ist Folgendes anzumerken:

§ 199 StPO Abs. 1 und Abs. 2 S. 1 (Vorlegung der Anklageschrift) sind **nicht** entsprechend anwendbar. Statt Abs. 1 gilt § 119 und Abs. 2 S. 1 wird durch § 130 S. 3 ersetzt. § 199 Abs. 2 S. 2 ist entsprechend anwendbar (→ § 130 Rn. 1 ff.).

§ 200 StPO (Inhalt der Anklageschrift) ist **nicht** entsprechend anwendbar. Im anwaltsgerichtlichen Verfahren gilt die abschließende Regelung des § 130 (vgl. Anm. zu § 130; offen gelassen von BGHSt 29, 124 = NJW 1980, 897 = EGE XIV 218).

§ 201 StPO (Mitteilung der Anklageschrift) ist ebenso wie **§ 202 StPO** (weitere Aufklärung) entsprechend anwendbar (amtliche Begründung zu § 131; *Isele* Anhang 2 zu § 116, §§ 201, 202 StPO).

§ 202 StPO (weitere Aufklärung) ist entsprechend anwendbar.

§ 202a StPO (Erörterung vor Eröffnung des Hauptverfahrens) ist ebenfalls entprechend anwendbar (Henssler/Prütting/*Dittmann* § 116 Rn. 20).

Auch **§ 203 StPO** (Eröffnung des *Hauptverfahrens*) ist entsprechend anwendbar und wird durch § 131 Abs. 1 ergänzt (amtliche Begründung zu § 131; BGH NStZ 1985, 420; *Isele* Anhang 2 zu § 116, § 203 StPO).

§ 204 StPO (Nichteröffnung) ist teilweise entsprechend anwendbar. Im anwaltsgerichtlichen Verfahren gilt § 131 Abs. 3 S. 1, der aber durch § 204 Abs. 1 StPO dahingehend ergänzt wird, dass aus dem Beschluss hervorgehen muss, ob die Nichteröffnung auf tatsächlichen oder auf Rechtsgründen beruht (→ § 131 Rn. 6). § 204 Abs. 2 StPO gilt im anwaltsgerichtlichen Verfahren entsprechend (vgl. auch EGH Schleswig EGE VII, 262; EG Hamm EGE VI, 246).

§ 205 StPO (vorläufige Einstellung) ist entsprechend anwendbar (*Isele* Anhang 2 zu § 116, § 205 StPO).

§ 206 StPO (Freiheit des Gerichts) gilt ebenfalls entsprechend (*Isele* Anhang 2 zu § 116, § 206 StPO).

§ 206a StPO (Einstellung bei Verfahrenshindernissen) ist entsprechend anwendbar (BGHSt 19, 269 = NJW 1964, 1037; BGHSt 34, 248 = NJW 1987, 2752). Die sofortige Beschwerde nach § 206a Abs. 2 StPO ist aber nur unter der Voraussetzung zulässig, dass den Einstellungsbeschluss ein Gericht erlassen hat, gegen dessen Beschlüsse die Beschwerde allgemein zulässig ist. Ein das anwaltsgerichtliche Verfahren einstellender Beschluss des Anwaltsgerichtshofs kann daher nicht mit der Beschwerde angefochten werden (BGH EGE VI 115; BGHSt 37, 356 = NJW 1991, 2916; vgl. Anm. zu § 304 StPO). Da die Zurücknahme der Zulassung im anwaltsgerichtlichen Verfahren ähnlich wie ein Prozesshindernis wirkt, kann dann das anwaltsgerichtliche Verfahren in entsprechender Anwendung des § 206a StPO außerhalb der Hauptverhandlung durch Beschluss und nicht nur aufgrund einer Hauptverhandlung durch Urteil (§ 139 Abs. 3 Nr. 1) eingestellt werden (BGH BRAK-Mitt. 1987, 44; NdsAGH Beschluss vom 20.6.2012 – AGH 6/12 (I 2)); → § 139 Rn. 10 ff. zu § 139 Abs. 3). Entsteht das Verfahrenshindernis durch Verlust der Zulassung zur Rechtsanwaltschaft erst nach Erlass aber vor Rechtskraft des Urteils, hat das Tatgericht das Verfahren entsprechend § 206a StPO einzustellen. Das Urteil wird gegenstandslos, ohne dass es aufgehoben werden müsste (KK-StPO/*Tolksdorf* StPO § 206a Rn. 3).

§ 206b StPO (Einstellung wegen Gesetzesänderung) ist entsprechend anwendbar (*Isele* Anhang 2 zu § 116, § 206b StPO).

§ 207 StPO (Eröffnungsbeschluss) ist nur teilweise entsprechend anwendbar. § 207 Abs. 1 StPO wird durch § 131 Abs. 1 ersetzt. Die Bezeichnung des Gerichtes, vor dem die Hauptverhandlung stattfinden soll, entfällt im anwaltsgerichtlichen Verfahren, da diese immer nur vor dem Anwaltsgericht stattfinden kann (§ 119).

§ 207 Abs. 2 StPO ist entsprechend anwendbar (vgl. § 130 S. 1). Das gilt nach der Neufassung des § 113 Abs. 1 und 2 auch für die Ziffern 3 und 4 (→ § 130 Rn. 7).

§ 207 Abs. 3 S. 1 StPO gilt entsprechend (§ 130 S. 1). S. 2 ist nicht entsprechend anwendbar, da nach § 130 im anwaltsgerichtlichen Verfahren ein wesentliches Ergebnis der Ermittlungen stets entfallen kann (→ § 130 Rn. 3).

§ 207 Abs. 4 StPO ist nicht entsprechend anwendbar. Im anwaltsgerichtlichen Verfahren gibt es keine Untersuchungshaft bzw. einstweilige Unterbringung (§ 117); vgl. auch: BGHSt 29, 124 = NJW 1980, 897 und amtliche Begründung zu § 117).

§ 209 StPO (Zuständigkeit im Eröffnungsverfahren) ist **nicht** entsprechend anwendbar, da im anwaltsgerichtlichen Verfahren im ersten Rechtszug stets das Anwaltsgericht zuständig ist (§ 119 Abs. 31).

§ 209a StPO (Strafkammern mit besonderer Zuständigkeit) ist nicht entsprechend anwendbar (vgl. § 119).

§ 210 StPO (Anfechtung) ist weitgehend entsprechend anwendbar (amtliche Begründung zu § 131). Abs. 1 entspricht § 131 Abs. 2 und ist entsprechend anwendbar (EGH Hamm Beschluss vom 17.5.1988 – (2) 6 EVY 7/88). Abs. 2 entspricht § 131 Abs. 3.

Von Abs. 3 ist S. 2 auf das anwaltsgerichtliche Verfahren nicht anwendbar. S. 1 ist im anwaltsgerichtlichen Verfahren entsprechend anwendbar.

§ 211 StPO (Wirkung der Ablehnung) ist **nicht** entsprechend anwendbar. Die Vorschrift wird im anwaltsgerichtlichen Verfahren durch § 132 ersetzt.

§ 212 StPO (Erörterung nach Eröffnung) ist sinngemäß anwendbar.

5. Abschnitt. Vorbereitung des Hauptverfahrens 28

Die Vorschriften über die **Vorbereitung der Hauptverhandlung (§§ 213–225a StPO)** gelten fast ausnahmslos sinngemäß im anwaltsgerichtlichen Verfahren. Im Einzelnen gilt:

§ 213 StPO (Terminsbestimmung) ist entsprechend anwendbar (EGH Stuttgart EGE XI, 166).

§ 214 StPO (Ladungen) gilt entsprechend (*Isele* Anhang 2 zu § 116, § 214 StPO).

Dagegen ist **§ 215 StPO** (Zustellung des Eröffnungsbeschlusses) **nicht** entsprechend anwendbar. Im anwaltsgerichtlichen Verfahren gilt der sachgleiche § 133.

§ 216 StPO (Ladung des Angeklagten) ist teilweise entsprechend anwendbar. Im Hinblick auf § 117 ist die Warnung, dass im Falle des unentschuldigten Ausbleibens Verhaftung oder Vorführung erfolgen werde, unzulässig (*Isele* Anhang 2 zu § 116, § 216 StPO).

§ 217 StPO (Ladungsfrist) ist entsprechend anwendbar; vgl. auch Anm. zu § 134. Gleiches gilt für die **§§ 218, 219 StPO** (Ladung des Verteidigers, Beweisanträge des Angeklagten) (*Isele* Anhang 2 zu § 116, §§ 218, 219 StPO).

§ 220 StPO (Ladung durch den Angeklagten) ist entsprechend anwendbar (*Isele* Anhang 2 zu § 116, § 220 StPO). Gegen den Beschluss des Anwaltsgerichts, durch den es abgelehnt wird, die unmittelbare Ladung eines Zeugen gemäß § 220 StPO durch Verhängung einer Ordnungsstrafe gemäß § 51 StPO zu sanktionieren, ist die Beschwerde unzulässig (EGH Stuttgart EGE XII, 129).

Die **§§ 221, 222 StPO** sind ebenfalls entsprechend anzuwenden (vgl. *Isele* Anhang 2 zu § 116, §§ 221, 222 StPO). Die **§§ 222a und 222b StPO** (Mitteilung der Gerichtsbesetzung, Besetzungseinwand) sind nicht entsprechend anwendbar (Gaier/Wolf/Göcken/*Johnigk* § 116 Rn. 23; *Meyer-Goßner* StPO § 222a Rn. 2; BT-Drs. 8/976, 45; offen gelassen von BGH NJW 1994, 206 zum berufsgerichtlichen Verfahren nach dem StBerG); **aA** – entsprechend anwendbar – Henssler/Prütting/*Dittmann* § 116 Rn. 21 zu §§ 222a, 222b.

§ 223 StPO (Kommissarische Vernehmung) ist nicht entsprechend anwendbar. Dessen Regelung wird im anwaltsgerichtlichen Verfahren durch die weitergehende Regelung des § 137 ersetzt.

§ 224 StPO (Terminsnachricht) ist entsprechend anwendbar (EGH Hamm EGE VII, 238; *Isele* Anhang 2 zu § 116, § 224 StPO). § 224 Abs. 2 StPO gilt im Hinblick auf § 117 nur, wenn der Rechtsanwalt in anderer Sache in Haft ist.

Auch **§ 225 StPO** (richterlicher Augenschein) gilt sinngemäß (*Isele* Anhang 2 zu § 116, § 225 StPO).

§ 225a StPO (Zuständigkeitsverschiebung vor der Hauptverhandlung) ist jedoch **nicht** entsprechend anwendbar (vgl. § 119).

6. Abschnitt. Hauptverhandlung 29

Die Vorschriften über die Hauptverhandlung (§§ 226–275 StPO) sind im anwaltsgerichtlichen Verfahren überwiegend entsprechend anwendbar. Im Einzelnen gilt Folgendes:

§ 226 StPO (ununterbrochene Gegenwart) gilt entsprechend. An die Stelle des Urkundsbeamten der Geschäftsstelle tritt der Protokollführer nach § 140 (*Isele* Anhang 2 zu § 116, § 226 StPO).

Auch die **§§ 227–229 StPO** sind entsprechend anzuwenden (vgl. *Isele* Anhang 2 zu § 116, §§ 227–229 StPO).

§ 230 StPO (Ausbleiben des Angeklagten) ist **nicht** entsprechend anwendbar. Im anwaltsgerichtlichen Verfahren gilt § 134 (vgl. Anm. zu § 134; *Isele* Anhang 2 zu § 116, § 230 StPO). Die Nichtanwendbarkeit des Abs. 2 folgt zudem aus § 117 (amtliche Begründung, BT-Drs. 3/120, 99 zu § 117).

§ 231 StPO (Anwesenheitspflicht des Angeklagten) ist **nicht** entsprechend anwendbar. Im anwaltsgerichtlichen Verfahren gilt § 134 (vgl. Anm. zu § 134; *Isele* Anhang 2 zu § 116, § 231 StPO).

§ 231a StPO (herbeigeführte Verhandlungsunfähigkeit) ist entsprechend anwendbar. Der Rechtsanwalt kann sich nicht auf sein Recht auf Anwesenheit berufen (→ § 134 Rn. 4), wenn die Voraussetzungen des § 231a StPO vorliegen (*Isele* Anhang 2 zu § 116, § 231a StPO).

§ 231b StPO (Abwesenheit wegen ordnungswidrigen Benehmens) ist entsprechend anwendbar (*Isele* Anhang 2 zu § 116, § 231b StPO).

§ 231c StPO (Beurlaubung des Angeklagten) ist ebenfalls anwendbar.

§ 232 StPO Abs. 3 und 4 (Hauptverhandlung trotz Ausbleibens) sind im Rahmen des § 134 entsprechend anwendbar (zu Abs. 4 BGH BRAK-Mitt. 1999, 236; EGE XII, 72; *Isele* Anhang 2 zu § 116, § 232 StPO). Abs. 1 und 2 sind nicht entsprechend anwendbar; insoweit gilt § 134 (*Isele* Anhang 2 zu § 116, § 232 StPO).

§ 233 StPO (Entbindung vom Erscheinen) ist **nicht** anwendbar, der Rechtsanwalt ist nicht zur Anwesenheit verpflichtet (§ 134; *Isele* Anhang 2 zu § 116, § 233 StPO).

§ 234 StPO (Vertretung bei Abwesenheit) ist, da der Rechtsanwalt nicht zur persönlichen Anwesenheit verpflichtet ist und die Hauptverhandlung in seiner Abwesenheit stattfinden kann, entsprechend anwendbar (**aA** *Isele* Anhang 2 zu § 116, § 234 StPO).

§ 234a StPO (Hauptverhandlung ohne Anwesenheit des Angeklagten) ist weitgehend entsprechend anwendbar. Der erste Hs. ist anwendbar (vgl. Anm. zu § 265 StPO; → § 130 Rn. 7). Der zweite Hs. ist bzgl. § 61 Nr. 5 StPO und § 245 Abs. 1 S. 2 entsprechend anwendbar.

§ 235 StPO (Wiedereinsetzung in den vorigen Stand) ist entsprechend anwendbar (OLG Stuttgart MDR 1990, 463 zu § 121 StBerG; EGH britZ EGE V, 56; *Isele* Anhang 2 zu § 116, § 235 StPO).

§ 236 StPO (persönliches Erscheinen) ist **nicht** entsprechend anwendbar. Der Rechtsanwalt ist niemals zur Anwesenheit verpflichtet (§ 134; amtliche Begründung, BT-Drs. 3/120, 99 zu § 117; *Isele* Anhang 2 zu § 116, § 236 StPO).

§ 237 StPO (Verbindung von Strafsachen) ist entsprechend anwendbar (vgl. Anm. zu §§ 3 und 264 StPO sowie § 114 Rn. 48 ff.; *Isele* Anhang 2 zu § 116, § 237 StPO; EGH München Urteil vom 3.7.1990 – BayEGH II 9/89 und 3/90).

Die **§§ 238–243 StPO** sind ebenfalls im anwaltsgerichtlichen Verfahren entsprechend anzuwenden (*Isele* Anhang 2 zu § 116, §§ 238–243 StPO). Die in die Hauptverhandlung eingeführte Bewertung des Vorsitzenden, eine Zeugin sei nicht mit dem Angeschuldigten verlobt, kann von dem Angeschuldigten nur dann zur Grundlage einer Verfahrensrüge gemacht werden, wenn er eine Entscheidung des Gerichts gemäß § 238 Abs. 2 StPO herbeigeführt hat (BGH NJW 2010, 1824 = jurisPR extra 2010, 178 mit Anm. *Winkler*).

Auch **§ 244 StPO** (Beweisaufnahme) ist entsprechend anwendbar (BGH Urteil vom 12.12.1988 – AnwSt (R) 5/88; EGE VII, 184; VIII, 45; XI, 87, 96; XI, 107; *Isele* Anhang 2 zu § 116, § 244 StPO). Das gilt auch für § 244 Abs. 5 S. 2 StPO nF. Im Verfahren nach §§ 150 ff. ist § 151 Abs. 4 zu beachten (Gaier/Wolf/Göcken/*Johnigk* § 116 Rn. 24).

Entsprechend anwendbar sind auch die **§§ 245, 246 StPO** (präsente Beweismittel, verspätete Beweisanträge) (*Isele* Anhang 2 zu § 116, §§ 245, 246 StPO).

§ 246a StPO (Zuziehung eines Sachverständigen) ist **nicht** entsprechend anwendbar (vgl. § 117; *Isele* Anhang 2 zu § 116, § 246a StPO).

Die **§§ 247–249 StPO** gelten dagegen sinngemäß (*Isele* Anhang 2 zu § 116, §§ 247–249 StPO; zu § 249 Abs. 2 StPO EGH München Urteil vom 7.7.1993 – BayEGH II 18/92).

§ 250 StPO (Grundsatz der persönlichen Vernehmung) ist **nicht** entsprechend anwendbar. Im anwaltsgerichtlichen Verfahren gelten die §§ 137, 138 (→ § 138 Rn. 1 ff.; *Isele* Anhang 2 zu § 116, § 250 StPO, § 138 Anm. IV; *Görl* AnwBl. 7/1990, XXV; **aA** *Kohlhaas* AnwBl. 1990, 89).

§ 251 StPO (Urkundenbeweis mit Protokollen) ist teilweise entsprechend anwendbar und zwar nur Abs. 3 und Abs. 4 S. 2 (→ § 138 Rn. 11). Im Übrigen gelten im anwaltsgerichtlichen

Verfahren die Regelung der §§ 137, 138 (→ § 138 Rn. 11; *Isele* § 138 Anm. IV; *Görl* AnwBl. 7/1990, XXV).

§ 252 StPO (Verbot der Protokollverlesung nach Zeugnisverweigerung) ist ebenso wie **§ 253 StPO** (Protokollverlesung zur Gedächtnisunterstützung) entsprechend anwendbar (*Isele* Anhang 2 zu § 116, §§ 252, 253 StPO). Auch im anwaltsgerichtlichen Verfahren erstreckt sich das Verwertungsverbot des § 252 StPO nicht auf das Auskunftsverweigerungsrecht nach § 55 StPO, weil dieses nur dem Schutz des Zeugen und seiner Angehörigen, dagegen nicht auch dem des Angeklagten dient (*Rössler,* FG Peters, 1984, 249, 257).

Auch **§ 254 StPO** (Verlesung von Geständnisprotokollen) ist entsprechend anwendbar (EGH Stuttgart EGE XII, 121, 122; *Isele* Anhang 2 zu § 116, § 254 StPO).

§ 255 StPO (Protokollierung) ist entsprechend anwendbar (*Isele* Anhang 2 zu § 116, § 255 StPO).

§ 255a StPO (Vorführung der Bild-Ton-Aufzeichnung) ist sinngemäß anwendbar.

§ 256 StPO (behördliches Zeugnis oder Gutachten) ist entsprechend anwendbar (BGH Urteil vom 18.1.1965 – AnwSt (R) 14/64, teilweise abgedruckt bei *Isele* Anhang 2 zu § 116, § 256 StPO). Auch Mitteilungen der RAK fallen darunter (*Kolhaas* AnwBl. 1990, 89). Das gilt aber nicht für Kammeranfragen an einen Rechtsanwalt im Rahmen der §§ 56, 57. Bei diesen Anfragen ist die RAK selbst Partei. Diese Schriftstücke können aber nach § 249 StPO verlesen werden (*Görl* AnwBl. 7/1990, XXV).

§ 257 StPO (Befragung des Angeklagten; Erklärungsrecht des Staatsanwalts und des Verteidigers) ist entsprechend anwendbar (*Isele* Anhang 2 zu § 116, § 257 StPO).

§ 257a StPO (Anordnung schriftlicher Antragstellung) ist entsprechend anwendbar.

§ 257b StPO (Erörterung des Verfahrensstandes mit den Verfahrensbeteiligten) ist entsprechend anwendbar.

§ 257c StPO (Verständigung mit den Verfahrensbeteiligten) ist weitgehend entsprechend anwendbar. Die Vorschrift wurde erst durch Gesetz vom 29.7.2009 (BGBl. I S. 2280, 2350) in die StPO eingefügt. Sie knüpft an die von der Rechtsprechung entwickelten Grundsätze zur Verständigung in der Hauptverhandlung an (vgl. 7. Aufl. § 116 Rn. 5). Durch die Einfügung des § 257c StPO ist nun eindeutig geklärt, dass Verständigungen außerhalb des § 257c StPO – insbesondere heimliche Absprachen, die nicht in die Hauptverhandlung eingeführt wurden – schlechthin unzulässig sind; aus ihnen können keine Ansprüche hergeleitet werden, sie sind für das Verfahren unbeachtlich (*Meyer-Goßner,* 55. Aufl. 2012, StPO § 257c Rn. 4).

Während es vor der Einfügung des § 257c StPO nach der Rechtsprechung lediglich erlaubt war, dass das Gericht dem Rechtsanwalt für den Fall eines glaubhaften Geständnisses verbindlich zusagte, dass bei der Maßnahmenbestimmung eine bestimmte Obergrenze nicht überschritten werde, kann es nunmehr nach § 257c StPO zu einer Vereinbarung des Gerichts mit den Verfahrensbeteiligten (§ 257c StPO Abs. 1 S. 1, Abs. 3 S. 4) über den weiteren Fortgang und das Ergebnis des Verfahrens kommen. Dabei soll ein Geständnis des Rechtsanwalts Bestandteil der Vereinbarung sein (§ 257c Abs. 2 S. 2 StPO).

Die Verständigungsmöglichkeit ist sowohl verfahrensrechtlich als auch inhaltlich beschränkt. Verfahrensrechtlich ist sie in zweierlei Hinsicht eingeschränkt. Einmal darf eine Verständigung nur in „geeigneten Fällen" erfolgen und „§ 244 Abs. 2 bleibt unberührt" (§ 257c Abs. 1 StPO). Daraus ergibt sich, dass im Bereich der schwersten Pflichtverletzungen, in denen eine Ausschließung aus der Rechtsanwaltschaft (§ 114 Abs. 1 Nr. 4) in Betracht kommt, eine Verständigung dahingehend, dass im Falle eines Geständnisses von einer solchen abgesehen und eine geringere Maßnahme verhängt werde, unzulässig ist (Henssler/Prütting/*Dittmann* § 116 Anm. zu § 257c StPO). In diesen Fällen geht es um Pflichtverletzungen erheblicher Schwere, so dass ein solcher Täter grundsätzlich als Rechtsanwalt nicht mehr tragbar ist, dem die Aufgaben aus § 3 anvertraut werden können, ohne dass es zu einer Gefährdung der Rechtsuchenden, der Rechtspflege und des Ansehens der Rechtsanwaltschaft kommt. Wegen dieser Gefahren ist in solchen Fällen eine Verständigung nicht geeignet und sind die Aufklärungspflichten des Gerichts nach § 116 S. 2 iVm § 244 Abs. 2 StPO vorrangig. Aus gleichen Gründen darf das Gericht auch nicht zusagen, dass bis zur Rechtskraft eines eventuellen Urteils von einem vorläufigen Berufsverbot (§ 150) abgesehen werde. § 257c Abs. 2 S. 3 StPO verbietet, für das Strafverfahren Maßregeln der Sicherung und Besserung zum Gegenstand einer Verständigung zu machen. § 150 dient, ähnlich wie im Strafrecht die Maßregeln der Sicherung und Besserung, dem Schutz der Allgemeinheit vor Gefahren, die von dem Rechtsanwalt ausgehen. Wie im Strafrecht wegen dieses

Zwecks eine Verständigung darüber ausgeschlossen ist (*Meyer-Goßner* 55. Aufl. StPO § 257c Rn. 9), gilt dies hier entsprechend für die vorläufige Maßnahme eines Berufsverbots.

Nach § 257c Abs. 2 S. 3 StPO darf auch der Schuldspruch nicht Gegenstand der Verständigung sein. Da aber infolge des Geständnisses eine Pflichtverletzung festzustellen sein wird, läuft dieses Verbot im anwaltsgerichtlichen Verfahren ins Leere (Henssler/Prütting/*Dittmann* § 116 Anm. zu § 257c StPO).

Hat das Gericht wegen eines in Betracht kommenden Berufsverbotes seiner Amtsermittlungspflicht folgend (§ 116 S. 2 iVm §§ 244 Abs. 2, 257c Abs. 1 S. 2 StPO) weitere Beweise erhoben und ergeben diese, dass ein Ausschluss jedenfalls ausgeschlossen erscheint, dann ist wieder Raum für eine Verständigung.

Eine weitere Verpflichtung zur Amtsaufklärung ist aber mit der Einführung des zumindest teilweise konsensualen Verfahrens kaum möglich, so dass sich der Gehalt des § 257c Abs. 1 S. 2 StPO darauf beschränkt, „dass das Gericht und die Verfahrensbeteiligten nicht etwa einfach eine bestimmte Rechtsfolge für ein nicht näher aufgeklärtes Tatgeschehen vereinbaren dürfen" (*Meyer-Goßner,* 55. Aufl. 2012, StPO § 257c Rn. 4).

Nach § 257c Abs. 3 StPO gibt das Gericht vor der Verständigung bekannt, „welchen Inhalt die Verständigung haben könnte". Über diesen vorgeschlagenen Verständigungsinhalt muss das Gericht nach § 116 S. 2 iVm § 263 Abs. 1 StPO mit einer Mehrheit von zwei Dritteln entscheiden, weil diese eine Maßnahme (§ 114) und damit eine für den Rechtsanwalt nachteilige Entscheidung beinhaltet (*Meyer-Goßner,* 55. Aufl. 2012, StPO § 257c Rn. 23). In seinem Vorschlag kann das Gericht unter freier Würdigung aller Umstände des Falles und der allgemeinen Maßnahmenzumessungserwägungen (→ § 114 Rn. 67 ff.) auch eine Ober- und Untergrenze der zu verhängenden Maßnahme angeben (§ 257c Abs. 3 S. 2 StPO). Im Hinblick auf den spezifischen Katalog der Maßnahmen nach § 114 können die Anwaltsgerichte aber dazu nicht gezwungen werden. Dem Zweck des § 257c Abs. 3 StPO durch Offenlegung der Vorstellungen des Gerichts, insbesondere den Angeschuldigten vor Überraschungen zu schützen und ihm in Kenntnis und Abwägung aller Umstände eine Entscheidung über die Verständigung zu ermöglichen, kann auch dadurch genüge getan werden, dass das Gericht die für angemessen erachtete Maßnahme benennt (Henssler/Prütting/*Dittmann* § 116 Anm. zu § 257c StPO).

Die Verfahrensbeteiligten erhalten Gelegenheit zur Stellungnahme. Die Verständigung kommt zustande, wenn der Rechtsanwalt und die Staatsanwaltschaft dem Vorschlag des Gerichts zustimmen (§ 257c Abs. 3 S. 3 und 4 StPO). Staatsanwaltschaft und Rechtsanwalt sind dann an ihre Zustimmung zur Verständigung gebunden. Das gilt grundsätzlich auch für das Gericht, jedoch nur für das Tatgericht, bei dem die Verständigung erfolgte; die Rechtsmittelgerichte und das Gericht, an das die Sache nach § 354 Abs. 2 S. 1 StPO zurückverwiesen wurde, sind an die Verständigung nicht gebunden. Allerdings gilt für diese Gerichte das Verbot der reformatio in peius (§ 116 S. 2 iVm §§ 331 Abs. 1, 358 Abs. 2 S. 1 StPO; *Meyer-Goßner,* 55. Aufl. 2012, StPO § 257c Rn. 25).

Nach § 257c Abs. 4 StPO entfällt die Bindung des Gerichts an eine Verständigung, „wenn rechtlich oder tatsächlich bedeutsame Umstände übersehen worden sind oder sich neu ergeben haben und das Gericht deswegen zu der Überzeugung gelangt, dass der in Aussicht gestellte Strafrahmen nicht mehr tat- oder schuldangemessen ist". Gleiches gilt, wenn das weitere Prozessverhalten des „Rechtsanwalts" nicht dem Verhalten entspricht, das der Prognose des Gerichts zugrunde gelegt worden ist. Das Geständnis des „Rechtsanwalts" darf in diesen Fällen nicht verwertet werden. Das Gericht hat eine Abweichung unverzüglich mitzuteilen. Auf Grund des Geständnisses – zulässigerweise – bereits erlangte weitere Beweise sind aber grundsätzlich verwertbar (*Meyer-Goßner,* 55. Aufl. 2012, StPO § 257c Rn. 28).

Im Hinblick auf die mit einer Verständigung für den Rechtsanwalt auch verbundenen Gefahren ist dieser nach § 257c Abs. 5 StPO schon vor der Verständigung „über die Voraussetzungen und Folgen einer Abweichung des Gerichtes von dem in Aussicht gestellten Ergebnis" zu belehren. Sowohl die Mitteilung nach § 257c Abs. 4 S. 4 StPO über die beabsichtigte Abweichung als auch die Belehrung sind nach § 116 S. 2 iVm § 273 Abs. 1a S. 2 StPO in das Hauptverhandlungsprotokoll aufzunehmen (*Meyer-Goßner,* 55. Aufl. 2012, StPO § 257c Rn. 31).

Die **§§ 258, 259 StPO** (Schlussvorträge, Dolmetscher) kommen ebenfalls entsprechend zur Anwendung (*Isele* Anhang 2 zu § 116, §§ 258, 259 StPO).

§ 260 StPO (Urteil) ist teilweise entsprechend anwendbar. Abs. 1 wird durch § 139 Abs. 1 ersetzt. Abs. 2 ist sinngemäß anwendbar; danach ist der verbotene Berufszweig (§ 114 Abs. 1

Nr. 4) im Urteil genau zu bezeichnen (BGHSt 38, 138 = NJW 1992, 1181). Abs. 3 ist anwendbar (→ Vor § 113 Rn. 5 ff.), jedoch wird er durch § 139 Abs. 3 um weitere Einstellungsgründe erweitert. Von Abs. 4 sind S. 1 und S. 6 entsprechend anwendbar, im Übrigen ist Abs. 4 nicht anwendbar. Da die Geldbuße keine Geldstrafe iSd §§ 40 ff. StGB, § 260 Abs. 4 S. 3 StPO ist (*Isele* § 114 Anm. III C 1), bestimmen sich Zahlungserleichterungen auch nicht entsprechend § 42 StGB und ist darüber nicht im Tenor zu entscheiden. Über Zahlungserleichterungen entscheidet die RAK im Rahmen der Vollstreckung (§ 204 Abs. 3 S. 3). Abs. 5 ist entsprechend anwendbar (*Isele* Anhang 2 zu § 116, § 260 StPO; zu Abs. 1 und 3 BGH EGE VI, 116, 118).

§ 261 StPO (freie Beweiswürdigung) ist entsprechend anwendbar (BGH EGE VI, 123; *Isele* Anhang 2 zu § 116, § 261 StPO). Da das Geständnis im Strafprozess keinen absolut sicheren Erkenntniswert und im Unterschied zum Zivilprozess auch nicht die Wirkung hat, dass das Zugestandene als wahr zu unterstellen ist, unterliegt es als Beweismittel der freien richterlichen Beweiswürdigung. Nach § 116 iVm § 261 StPO hat das Anwaltsgericht über das Ergebnis der Beweisaufnahme nach seiner freien, aus dem Inbegriff der Verhandlung geschöpften Überzeugung zu entscheiden. Freie Beweiswürdigung bedeutet, dass es für die Beantwortung der Schuldfrage allein darauf ankommt, ob der Tatrichter die Überzeugung von einem bestimmten Sachverhalt erlangt hat oder nicht; diese persönliche Gewissheit ist für die Verurteilung notwendig, aber auch genügend. Der Begriff der Überzeugung schließt die Möglichkeit eines anderen, auch gegenteiligen Sachverhaltes nicht aus; vielmehr gehört es gerade zu ihrem Wesen, dass sie sehr häufig dem objektiv möglichen Zweifel ausgesetzt bleibt (BGHSt 10, 208 = NJW 1957, 1039). Das Anwaltsgericht hat daher die Einlassung des Rechtsanwalts ebenso wie seinen äußeren Eindruck und sein ganzes Verhalten in der Verhandlung ohne Voreingenommenheit frei zu würdigen. Es kann das Geständnis des Rechtsanwalts für glaubhaft erklären, obwohl es widerrufen worden ist; es kann aber bei entsprechender Würdigung der Gesamtumstände des Einzelfalles den Widerruf des Geständnisses als glaubhaft ansehen, weil dafür eine hinreichende überzeugende Erklärung gegeben ist und durchgreifende Zweifel am Wahrheitsgehalt des Geständnisses bestehen (BVerwG NJW 1987, 1036 zu §§ 77, 85 WDO iVm § 261 StPO). Der strafrechtliche Grundsatz „in dubio pro reo" gilt sinngemäß auch im anwaltsgerichtlichen Verfahren (*Gribbohm,* FS Pfeiffer, 1988, 911, 925). Eventuelle Beweisverwertungsverbote (vgl. *Meyer-Goßner* StPO Einl. Rn. 55 ff.) sind wie im Strafverfahren zu berücksichtigen. Aus dem Ankauf von Daten, die eine Privatperson rechtswidrig erlangt hat, ergibt sich kein Beweisverwertungsverbot (LG Düsseldorf BeckRS 2010, 25621 mit Anm. *Küpper* jurisPR-extra 2/2011, 36).

§ 262 StPO Abs. 1 (Vorfragen aus anderen Rechtsgebieten) ist entsprechend anwendbar. Im Übrigen gilt § 118b.

§ 263 StPO (Abstimmung) ist entsprechend anwendbar (*Isele* Anhang 2 zu § 116, § 263 StPO).

§ 264 StPO (Gegenstand des Urteils) ist entsprechend anwendbar (BGHSt 16, 237 = NJW 1961, 2219; BGHSt 19, 90; 24, 81 = NJW 1971, 1048; BGH NStZ 1981, 354; BRAK-Mitt. 1982, 78, 79; EGH München Urteil vom 30.11.1982 – BayEGH II 20/82; EGH Stuttgart EGE IX, 184, 189; *Isele* Anhang 2 zu § 116, § 264 StPO).

Gegenstand des anwaltsgerichtlichen Verfahrens und damit auch des Urteils ist nur die **Tat,** der Sachverhalt, der einem Rechtsanwalt im Eröffnungsbeschluss in Verbindung mit der Anschuldigungsschrift vorgeworfen wird (BGHSt 24, 81 = NJW 1971, 1048; BGH BRAK-Mitt. 1982, 78, 79). Durch den Eröffnungsbeschluss in Verbindung mit der Anschuldigungsschrift wird, ebenso wie im Strafverfahren, festgelegt, welches Tatgeschehen Gegenstand des Verfahrens und der Urteilsfindung ist. Mit anderen als im Eröffnungsbeschluss umschriebenen Anschuldigungspunkten darf sich das anwaltsgerichtliche Verfahren nicht befassen (BGH BRAK-Mitt. 1982, 79).

Unter „Tat" ist dabei ein „konkretes Vorkommnis", ein einheitlicher geschichtlicher Vorgang, der sich von anderen ähnlichen oder gleichartigen unterscheidet (BGHSt 22, 375, 385) und innerhalb dessen der Angeschuldigte eine Pflichtverletzung (§ 113) begangen hat oder haben soll, zu verstehen. „Zur Tat im Sinn des § 264 StPO, die den Verfahrensgegenstand bildet, gehören die mit dem im Eröffnungsbeschluss bezeichneten Vorgang zusammenhängenden und darauf bezüglichen Vorkommnisse und tatsächlichen Umstände, die geeignet sind, das in diesen Bereich fallende Tun des Betroffenen unter irgendeinem rechtlichen Gesichtspunkt als strafbar – hier pflichtwidrig – erscheinen zu lassen, also das gesamte Verhalten, soweit es mit dem durch den Eröffnungsbeschluss bezeichneten geschichtlichen Vorkommnis nach der Auffassung des Lebens einen einheitlichen Vorgang bildet (BGHSt 23, 143, 145). **Mehrere Handlungen** bilden dann eine Tat, wenn die einzelnen Handlungen nicht nur äußerlich ineinander übergehen, sondern wegen der ihnen zugrundeliegenden Vorkommnisse unter Berücksichtigung ihrer rechtlichen Bedeutung auch innerlich derart miteinander verknüpft sind, dass der Unrechts- und Schuldgehalt der einen nicht ohne die Umstände, die zu der anderen Handlung geführt haben, richtig gewürdigt werden kann und ihre getrennte Würdigung und Aburteilung als unnatürliche Aufspaltung eines einheitlichen Lebensvorgangs empfunden wird (BGH MDR 1981, 417, 418). Das kann auch zutreffen, wenn aktives Tun und nachfolgendes Unterlassen zu beurteilen sind (BGHSt 16, 200). Ein größerer zeitlicher Abstand zwischen den einzelnen Geschehnissen kann der Annahme einer einheitlichen Tat im verfahrensrechtlichen Sinne entgegenstehen (BGH BRAK-Mitt. 1982, 79).

Der **Tatbegriff** im **anwaltsgerichtlichen Verfahren** ist somit der **gleiche wie im Strafverfahren** und im Art. 103 Abs. 2 GG (BVerfGE 45, 434 = NJW 1978, 414) und hat im anwaltsgerichtlichen Verfahren die gleiche Funktion wie im Strafverfahren. Ist eine Tat Gegenstand der anwaltsgerichtlichen Anschuldigung, muss das Gericht sie nach allen Richtungen aufklären und würdigen, auch wenn sie in der Anschuldigungsschrift unvollständig oder unzutreffend dargestellt sein sollte (AGH NRW Beschluss vom 20.6.1995 – (2) 6 EVY 5/95; *Jähnke*, FS Pfeiffer, 1988, 941 ff.: zur Abgrenzung der Tat von der einheitlichen Pflichtverletzung → § 113 Rn. 25 ff.). Art. 103 Abs. 2 GG bezieht sich nicht nur auf Kriminalstrafen, sondern – allerdings mit gewissen Einschränkungen, die sich aus der Natur des Rechtsgebiets ergeben – auch auf anwaltsgerichtliche und Disziplinarstrafen (BVerfGE 26, 186 = NJW 1969, 2192). Etwas anderes gilt nicht etwa deshalb, weil im anwaltsgerichtlichen Verfahren gegen einen Rechtsanwalt ein Sachverhalt, der sich aus mehreren Anschuldigungspunkten zusammensetzt, nur einheitlich beurteilt und die Frage, ob der Rechtsanwalt seine Pflichten schuldhaft verletzt hat, nur einheitlich entschieden werden kann (vgl. BGHSt 16, 237 = NJW 1961, 2219; BGHSt 19, 90; BGHSt 24, 81 = NJW 1971, 1048; EGH München Urteil vom 30.11.1982 – BayEGH II 20/82; → § 113 Rn. 25 ff.). Mehrere pflichtwidrige Handlungen werden zu einer **einheitlich zu beurteilenden Pflichtverletzung** erst durch die Anschuldigungsschrift und den Beschluss über die Eröffnung des Hauptverfahrens, durch etwaige gerichtliche Beschlüsse, mehrere bei Gericht anhängige Verfahren miteinander zu verbinden (BGHSt 24, 81, 86 = NJW 1971, 1048) oder durch eine Nachtragsanschuldigungsschrift (§ 116 iVm § 266 StPO) und den Beschluss des Gerichts, diese in das Verfahren einzubeziehen (BGH BRAK-Mitt. 1982, 79).

Die mehreren, einheitlich zu beurteilenden Pflichtverletzungen (Taten) werden durch die gemeinsame Verurteilung aber nicht zu einer rechtlichen Einheit verbunden, wie dies im Kriminalstrafrecht für mehrere Teilakte einer fortgesetzten Handlung zutrifft (BGHSt 19, 93; BGHSt 16, 273 = NJW 1961, 2266; BGH BRAK-Mitt. 1982, 78; → § 113 Rn. 25 ff.). Folglich hindert auch die Rechtskraft eines im anwaltsgerichtlichen Verfahren ergangenen Urteils, durch welches der Rechtsanwalt zu einer anwaltsgerichtlichen Maßnahme verurteilt worden ist, nicht daran, den Täter wegen einer vor jenem Urteil begangenen Pflichtverletzung in einem neuen Verfahren erneut zu verfolgen und zu „bestrafen" (BGHSt 19, 90, 93; EGH München Urteil vom 30.11.1982 – BayEGH II 20/82). Für die zu verbindenden pflichtwidrigen Handlungen müssen aber alle Verfahrensvoraussetzungen vorliegen und dürfen keine Verfahrenshindernisse gegeben sein. Stellt sich in den Rechtszügen heraus, dass in einem von mehreren verbundenen Verfahren ein wirksamer Eröffnungs- und Verbindungsbeschluss fehlt, so ist das betroffene Verfahren einzustellen. Der Grundsatz der Einheitlichkeit der Berufspflichtverletzung steht in diesem Fall der Teileinstellung nicht entgegen. Der eingestellte Vorgang kann sodann neu angeschuldigt werden (BGH NJW 1987, 2752; aber → § 113 Rn. 25 ff.).

§ 265 StPO (Veränderung des rechtlichen Gesichtspunkts) ist weitgehend entsprechend anwendbar.

§ 265 **Abs. 1** ist nunmehr entsprechend anwendbar. § 265 StPO ist bezogen auf die inhaltlichen Erfordernisse des Eröffnungsbeschlusses (zugelassene Anklage, § 207 StPO). Er enthält den Grundsatz, dass das Gericht, wenn es abweichend von ihm verurteilen will, den Eröffnungsbeschluss zuvor umgestalten muss, und dass der Angeklagte, solange dies nicht geschehen ist, seine Verteidigung nur auf den Inhalt des Eröffnungsbeschlusses einzurichten braucht (BGHSt 16, 47, 49). Was aber nicht zum notwendigen Inhalt der Anklageschrift gehört, kann auch nicht Gegenstand einer Umgestaltung der Strafklage nach § 265 StPO sein (BGHSt 29, 124 = NJW 1980, 897; BGHSt 22, 336, 338). Da aber die „anzuwendenden Strafvorschriften", dh die gesetzliche Umschreibung der angeschuldigten Pflichtverletzung nunmehr zum notwendigen Inhalt der

Anschuldigungsschrift gehören (→ § 130 Rn. 7), ist Abs. 1 entsprechend anwendbar. Besondere Umstände, welche die Strafbarkeit erhöhen, Maßnahmen der Sicherung und Besserung kennt das anwaltliche Disziplinarrecht nicht, ebenso wenig Umstände, welche die Anwendung eines schwereren Strafgesetzes zulassen. § 114, der nur die für alle Pflichtverletzungen eines Rechtsanwalts geltenden Maßnahmen aufzählt, ist kein Strafgesetz iSd § 265 StPO (BGHSt 29, 124 = NJW 1980, 897). § 265 **Abs. 2 und 3 StPO** kann damit im anwaltsgerichtlichen Verfahren auch nicht entsprechend angewendet werden.

§ 265 **Abs. 4 StPO** ist entsprechend anwendbar. Bei veränderter Sachlage kann das Gericht von Amts wegen oder auf Antrag die Hauptverhandlung aussetzen, falls dies zur Vorbereitung der Anschuldigung oder der Verteidigung angemessen erscheint. Die Möglichkeit eines Antrages nach § 265 Abs. 4 StPO hat hauptsächlich bei einseitiger Änderung der Sachlage Bedeutung aber auch bei Veränderung auf prozessualem Gebiet, zB beim Nachschieben eines Beweismittels, bei Verteidigerwechsel aufgrund Interessenkollision in einem Parallelverfahren (BGH BRAK-Mitt. 2000, 99), beim Ausbleiben des Verteidigers wegen plötzlicher Erkrankung oder unvorhersehbarer Niederlegung des Mandats, Tod des Verteidigers (BayObLG BRAK-Mitt. 1983, 198), wenn die Durchführung der Hauptverhandlung dadurch für den Angeschuldigten unzumutbar wird (*Meyer-Goßner* StPO § 265 Rn. 43; Urteil des BGH vom 20.12.1982 – AnwSt (R) 16/82 nv).

§ 265a StPO (Befragung nach freiwilligen Bewährungsleistungen) ist **nicht** entsprechend anwendbar (*Isele* Anhang 2 zu § 116, § 265a StPO).

§ 266 StPO (Nachtragsanklage) ist entsprechend anwendbar (*Isele* Anhang 2 zu § 116, § 266 StPO; BGH BRAK-Mitt. 1982, 79). In der Berufungsinstanz ist eine Nachtragsanschuldigung aber unzulässig (OLG Celle Beschluss vom 21.12.1987 – StO 2/87 zu § 153 StBerG iVm § 266 StPO). Dem steht entgegen, dass der AGH für die nachgeschobene Anschuldigung funktionell unzuständig ist, dh überhaupt keine erstinstanzliche Entscheidungszuständigkeit besitzt (vgl. zB *Meyer-Goßner* StPO § 266 Rn. 10 für die kleine Strafkammer) und dem Angeschuldigten sonst ein Rechtszug genommen würde. Soweit der Entzug einer Instanz durch Erhebung einer Nachtragsklage im Berufungsrechtzug für das Strafverfahren mit der Erwägung gerechtfertigt wird, bei Einreichung einer selbständigen Anklage anstelle einer Nachtragsanklage könne das Berufungsgericht das neue Verfahren nach der Eröffnung des Hauptverfahrens jederzeit sogar gegen den Willen des Angeklagten mit dem Berufungsverfahren zum Zwecke gleichzeitiger Verhandlung und Entscheidung verbinden (Löwe/Rosenberg/*Gollwitzer* StPO § 266 Rn. 11), führt dies jedenfalls für das anwaltsgerichtliche Verfahren zu keiner anderen Beurteilung. Denn eine solche Verbindung wäre im anwaltsgerichtlichen Verfahren nicht zulässig. Die allein gemäß § 237 StPO in Betracht kommende Verbindung eines erst- und eines zweitinstanzlichen Verfahrens ist nur dann möglich, wenn beide Verfahren vor demselben Gericht anhängig sind und wenn das verbindende Berufungsgericht allgemein auch eine erstinstanzliche Entscheidungszuständigkeit besitzt. So darf eine kleine Strafkammer ein bei ihr laufendes Berufungsverfahren nicht mit einem vor einer großen Strafkammer desselben Gerichts anhängigen erstinstanzlichen Verfahren verbinden; nur umgekehrt kann die große Strafkammer ein bei der kleinen Strafkammer anhängiges Berufungsverfahren mit einem bei ihr anhängigen erstinstanzlichen Verfahren verbinden (BGHSt 26, 271, 274). Der AGH ist im anwaltsgerichtlichen Verfahren aber ausschließlich zweitinstanzlich tätig (§§ 119 Abs. 1, 143 Abs. 1). Eine Zulässigkeit der Nachtragsanschuldigung in der Berufungsinstanz ergibt sich auch nicht aus dem Grundsatz der Einheitlichkeit der Pflichtverletzung (→ § 113 Rn. 25 ff.), denn mehrere pflichtwidrige Handlungen werden zu einer einheitlich zu beurteilenden Pflichtverletzung erst durch die Anschuldigungsschrift und den Beschluss über die Eröffnung des Hauptverfahrens, durch etwaige gerichtliche Beschlüsse, mehrere bei Gericht anhängige Verfahren miteinander zu verbinden (BGHSt 24, 81, 86 = NJW 1971, 1048), oder auch durch eine Nachtragsanschuldigungsschrift und den Beschluss des Gerichts, diese in das Verfahren einzubeziehen (BGH BRAK-Mitt. 1982, 79). Für die Vorfrage, welche Einzelakte in welchem Verfahrensstadium im Wege der Nachtragsanschuldigung in ein anwaltsgerichtliches Verfahren einzubeziehen sind, erlangt der Grundsatz der Einheitlichkeit der Pflichtverletzung keine maßgebende Bedeutung. Wird in der Berufungsinstanz gleichwohl eine Nachtragsanschuldigung erhoben, lehnt der AGH deren Zulassung ab. Eine Eröffnung vor dem Anwaltsgericht kann der AGH nicht aussprechen. Nach § 209 StPO, der als Rechtsgrundlage allein in Betracht käme, kann ein Gericht höherer Ordnung vor einem Gericht niedriger Ordnung nur dann ein Hauptverfahren eröffnen, wenn bezüglich der sachlichen Zuständigkeit ein Kompetenzkonflikt vorliegt; für sonstige Kompetenzkonflikte gilt § 209 StPO nicht. Bei Nachtragsanschuldigung zum AGH geht es indessen gerade nicht um die sachliche Zuständigkeit des AGH für die die in der Nachtragsanschuldigungsschrift enthaltenen Vorwürfe, sondern um die funktionelle Zuständigkeit des AGH (Beschluss vom 21.12.1987 – StO 2/87 – zu § 153 StBerG iVm § 266 StPO). Reicht die Staatsanwaltschaft während des Berufungsverfahrens beim Anwaltsgericht eine neue Anschuldigungsschrift ein und strebt sie eine einheitliche Beurteilung der Pflichtverletzungen an, kann sie bis zum Schluss der mündlichen Verhandlung vor dem AGH die Aussetzung des Berufungsverfahrens beantragen (zu § 67 BDO aF vgl. *Claussen/Janzen* BDO § 67 Rn. 8). In der Berufungsinstanz können die Verfahren dann verbunden werden (→ § 113 Rn. 38).

Auch **§ 267 StPO** (Urteilsgründe) ist entsprechend anwendbar (BGH EGE VI 129, 130; VII, 167; XII, 70; *Isele* Anhang 2 zu § 116, § 267 StPO), insbesondere auch § 267 Abs. 3 S. 1 StPO (BGH StV 1992, 28 = BRAK-Mitt. 1991, 229; → § 114 Rn. 42). Das AnwG darf auf Feststellungen eines Strafurteils verweisen, an die es gemäß § 118 Abs. 3 gebunden ist (BGHSt 33, 59 = NJW 1985, 1089). Ist dem Urteil eine Verständigung (§ 257c StPO) vorausgegangen, ist auch dies in den Urteilsgründen anzugeben (§ 267 Abs. 3 S. 5 StPO). Der EGH darf auf das Urteil des AnwG in derselben Sache verweisen, wenn er zum äußeren Tatgeschehen ganz oder teilweise dieselben Feststellungen getroffen hat, wie in dem aufrechterhaltenen ersten Urteil, und genau angegeben wird, in welchem Umfang dessen Inhalt übernommen wird (BGH BRAK-Mitt. 1988, 150).

§ 268 StPO (Urteilsverkündung) ist ebenfalls entsprechend anwendbar (BGH EGE VII, 154; *Isele* Anhang 2 zu § 116, § 268 StPO).

Hingegen sind die **§§ 268a–270 StPO** im anwaltsgerichtlichen Verfahren **nicht** entsprechend anzuwenden (Henssler/Prütting/*Dittmann* § 116 Rn. 22; Gaier/Wolf/Göcken/*Johnigk* § 116 Rn. 24).

§ 271 StPO (Verhandlungsprotokoll) ist entsprechend anwendbar; an die Stelle des Urkundsbeamten der Geschäftsstelle tritt im erstinstanzlichen Verfahren der nach § 140 zum Protokollführer bestellte Rechtsanwalt (BGH EGE X 111; *Isele* Anhang 2 zu § 116, § 271 StPO).

§ 272 StPO (Protokollinhalt) ist entsprechend anwendbar (*Isele* Anhang 2 zu § 116, § 272 StPO).

§ 273 StPO (Beurkundung der Hauptverhandlung) ist entsprechend anwendbar (BGH EGE X, 111; VIII, 47; *Isele* Anhang 2 zu § 116, § 273 StPO). Dies gilt auch hinsichtlich der Protokollierung einer Verständigung (Abs. 1a) und einer Erörterung nach § 257b (Abs. 1 S. 2).

§ 274 StPO (Beweiskraft des Protokolls) ist entsprechend anwendbar (BGH EGE VIII, 47; *Isele* Anhang 2 zu § 116, § 274 StPO). Die protokollierte Rechtsmittelverzichtserklärung nimmt an der Beweiskraft des Protokolls nach § 274 StPO teil, wenn die Protokollierung vorgelesen und genehmigt wurde (OLG Jena jurisPR 5/2009, 111 mit Anm. *Peglau*).

§ 275 StPO (schriftliches Urteil) ist weitgehend entsprechend anwendbar (BGH NJW 1977, 1406; EGE XIV, 197; XI, 94; XII, 68BGH BRAK-Mitt. 1983, 94). Der absolute Revisionsgrund, dass das Urteil mit Gründen zu spät zur Geschäftsstelle gelangt ist (vgl. BGH StV 1991, 247), rechtfertigt für sich nicht die Zulassung der Revision auf Nichtzulassungsbeschwerde hin (BGH NJW 1977, 1406), er greift aber bei nach § 145 zulässiger Revision (BGH BRAK-Mitt. 1997, 93; → § 146 Rn. 9). Auch der Rechtsanwalt als Berichterstatter muss sich grundsätzlich an die in § 275 Abs. 1 S. 2 und 3 StPO bestimmten Fristen halten und kann nur in dem Ausnahmefall des Satzes 4 davon befreit sein (BGH Urteil vom 6.10.1980 – AnwSt (R) 6/80 nv; EGE XIV, 197). Abs. 4 gilt nicht für die Entscheidungen des Anwaltsgerichts, insoweit ist nach § 141 zu verfahren (*Isele* Anhang 2 zu § 116, § 275 StPO). Ist gegen § 275 Abs. 1 S. 2 und 4 StPO verstoßen worden, dann nötigt dieser Verfahrensmangel bei zulässiger Revision zur Aufhebung des Urteils, ohne dass zu prüfen wäre, ob es auf dem Mangel beruht (§ 338 Nr. 7 StPO; BGH Urteil vom 6.10.1980 – AnwSt (R) 6/80 nv). § 275 Abs. 2 S. 3 StPO ist nicht anwendbar. Aus dem Umstand, dass alle Mitglieder des Anwaltsgerichts Rechtsanwälte sind, folgt die Pflicht aller zur Unterzeichnung des Urteils nach § 275 Abs. 3 S. 1 StPO (BGHSt 39, 281 = NJW 1994, 206). Nach dem Ausscheiden aus dem Richteramt ist der frühere Richter verhindert, einem noch unter seiner Mitwirkung gefällten Urteil seine Unterschrift beizufügen (BGH StV 1994, 641; 1993, BVerwG NJW 1991, 1192 zu §§ 117, 132, 133 VwGO; BVerwG NJW 1992, 2657).

§ 275a StPO (Entscheidung über vorbehaltene Sicherungsverwahrung) ist nicht entsprechend anwendbar.

8. Abschnitt. Verfahren gegen Abwesende 30

Die **§§ 276–295 StPO** über das Verfahren gegen Abwesende sind im anwaltsgerichtlichen Verfahren **nicht** entsprechend anwendbar (*Isele* Anhang 2 zu § 116, §§ 276–295 StPO). Da ein Haftbefehl nicht ergehen darf (§ 117), ist auch eine Beschlagnahme des Vermögens nicht zulässig (amtliche Begründung zu § 117, BT-Drs. 3/120; → § 117 Rn. 2).

Für die Anwendung der Vorschriften über die **Rechtsmittel (§§ 296–358 StPO)** gilt Folgendes:

Drittes Buch. Rechtsmittel 31

1. Abschnitt. Allgemeine Vorschriften

§ 296 StPO (Anfechtungsberechtigte) ist entsprechend anwendbar (*Isele* Anhang 2 zu § 116, § 296 StPO). Auch im anwaltsgerichtlichen Verfahren ist eine Beschwer Voraussetzung für die Zulässigkeit eines Rechtsmittels des **Rechtsanwalts.** Die Beschwer besteht in einer unmittelbaren Beeinträchtigung der Rechte oder schutzwürdigen Interessen des Betroffenen, sie muss sich aus dem Entscheidungssatz ergeben. Die Einstellung nach §§ 139 Abs. 3 Nr. 2, 115b BRAO beschwert den Rechtsanwalt, weil sie eine schuldhafte Pflichtverletzung feststellt (→ § 139 Rn. 16) und lediglich eine zusätzliche anwaltsgerichtliche Ahndung für entbehrlich hält (BGHSt 23, 257 = NJW 1970, 1466 mit Anm. *Traub* NJW 1970, 1887; Gaier/Wolf/Göcken/*Johnigk* § 116 Rn. 27). Für die **Staatsanwaltschaft** gelten wie im Strafverfahren besondere Grundsätze bei der Einlegung von Rechtsmitteln. Sie ist generell berechtigt, nach pflichtgemäßem Ermessen Entscheidungen anzufechten, die, gleichviel ob sie jemanden beschweren, den Geboten der Rechtspflege nicht entsprechen. Die Staatsanwaltschaft kann daher auch ein Urteil mit Berufung oder Revision anfechten, obgleich es dem Antrag ihres Sitzungsvertreters entspricht (*Meyer-Goßner* StPO Vor § 296 Rn. 16; NdsAGH AnwBl. 2002, 304). Die Staatsanwaltschaft kann Revision auch einlegen, wenn sie das erste Urteil nicht oder nur zugunsten des Rechtsanwalts angefochten oder wenn sie sich im Gegensatz zu dem Rechtsanwalt mit einer Strafmaßberufung begnügt hatte (*Meyer-Goßner* StPO Vor § 296 Rn. 16). Als unzulässig erweist sich aber auch ein Rechtsmittel der Staatsanwaltschaft, wenn sie lediglich die Begründung eines Urteils angreift und durch diesen Angriff allein eine Rechtsfrage zu erneuter Entscheidung bringen will. Die Staatsanwaltschaft kann deshalb eine Entscheidung nicht mit dem Ziel anfechten, sie mit einer anderen Begründung aufrechtzuerhalten (*Meyer-Goßner* StPO Vor § 296 Rn. 16; NdsAGH AnwBl. 2002, 304). Ein Rechtsmittel zugunsten des Rechtsanwalts kann aber auch die Staatsanwaltschaft nur einlegen, wenn der Rechtsanwalt durch die angefochtene Entscheidung beschwert ist, dies aber auch dann, wenn der Rechtsanwalt damit nicht einverstanden ist, dem sogar widerspricht (*Meyer-Goßner* StPO § 296 Rn. 14).

Die **§§ 297, 298 StPO** (Verteidiger, gesetzlicher Vertreter) kommen entsprechend zur Anwendung (*Isele* Anhang 2 zu § 116, §§ 297, 298 StPO).

§ 299 StPO (Beschuldigter in Verwahrung) ist hingegen **nicht** entsprechend anwendbar (*Isele* Anhang 2 zu § 116, § 299 StPO).

Jedoch sind die **§§ 300, 301 StPO** (Falsche Bezeichnung, Rechtsmittel der Staatsanwaltschaft) entsprechend anwendbar (*Isele* Anhang 2 zu § 116, §§ 300, 301 StPO).

§ 302 StPO (Zurücknahme und Verzicht) ist entsprechend anwendbar (BGH BRAK-Mitt. 1984, 37; 1985, 111; EGH Celle XIII, 176; EGH München BRAK-Mitt. 1987, 96; Urteile vom 29.4.1992 – BayEGH II 8/91; 5.10.1993 – BayEGH II 5/93; 10.2.1988 – BayEGH II 8/87 – und 20.3.1990 – BayEGH II 17/89; *Isele* Anhang 2 zu § 116, § 302 StPO). Hat der Verteidiger ohne weitere Ausführungen zum Ziel des Rechtsmittels Revision eingelegt und erklärt er erst in der Revisionsbegründung, dass das Urteil nur in beschränktem Umfang angefochten werden solle, so liegt darin weder eine Teilrücknahme der Revision noch ein Teilverzicht in Bezug auf den nicht angefochtenen Teil des Urteils; es wird lediglich der Umfang der Anfechtung konkretisiert (BGH AnwBl. 1991, 599).

§ 303 Satz 1 StPO (Zustimmung des Gegners) ist entsprechend anwendbar (BGH BRAK-Mitt. 1984, 37), **Satz 2** nicht (*Isele* Anhang 2 zu § 116, § 303 StPO; BGH BRAK-Mitt. 1984, 37; 1985, 111; EGH München BRAK-Mitt. 1987, 96).

2. Abschnitt. Beschwerde 32

§ 304 StPO (Zulässigkeit der Beschwerde) ist weitgehend entsprechend anwendbar (vgl. Anm. zu § 142; BGH EGE VI, 115, 121; XII, 73; BRAK-Mitt. 1982, 35). Ein vom Anwaltsgerichtshof gefällter Beschluss steht iSd § 304 Abs. 4 S. 2 StPO einem oberlandesgerichtlichen Beschluss gleich, so dass die Beschwerde gegen Beschlüsse des AGH, die nicht im ersten Rechtszug erlassen worden sind, generell ausgeschlossen ist (BGH BRAK-Mitt. 2008, 221; BGH NJW-RR 2009, 1581; BGHSt 37, 356 = NJW 1991, 2916; BGH EGE VI, 115; X, 101, 102; BRAK-Mitt. 1982, 35; BGH bei *Zuck* BRAK-Mitt. 1989, 122; → § 100 Rn. 4; *Isele* Anhang 2 zu § 116, § 304 StPO). Die Regelungen in § 304 Abs. 4 S. 2 Hs. 2 können aber nicht auf das anwaltsgerichtliche Verfahren übertragen werden. Diese Regelung für Sachen, in denen die Oberlandesgerichte im ersten Rechtszug tätig sind, betrifft nur die in § 120 GVG aufgezählten Staatsschutz-Strafsachen. Die Anwaltsgerichtshöfe werden aber nicht erstinstanzlich, sondern nur als Berufungsgerichte tätig (BGHSt 37, 356 = NJW 1991, 2916).

§ 305 StPO (Einschränkung der Beschwerde im Hauptverfahren) ist weitgehend entsprechend anwendbar, zu **S. 1** vgl. BGH BeckRS 2005, 13238. S. 2 gilt aber nur bezüglich Beschlagnahmen sowie aller Entscheidungen, durch die Dritte betroffen werden (EGH Stuttgart EGE XII, 129; *Isele* Anhang 2 zu § 116, § 305 StPO).

§ 305a StPO (eingeschränkte Beschwerde gegen Strafaussetzungsbeschluss) ist **nicht** entsprechend anwendbar (*Isele* Anhang 2 zu § 116, § 305a StPO).

§ 306 StPO (Einlegung der Beschwerde) ist entsprechend anwendbar (*Isele* Anhang 2 zu § 116, § 306 StPO; BGH Beschluss vom 12.12.1977 – AnwSt (B) 10/77 nv).

§ 307 StPO (keine Vollzugshemmung) ist entsprechend anwendbar (EGH Stuttgart EGE VIII, 131; EGH Schleswig EGE VII, 230; *Isele* Anhang 2 zu § 116, § 307 StPO).

§ 308 StPO (Befugnisse des Beschwerdegerichts) ist entsprechend anwendbar (*Isele* Anhang 2 zu § 116, § 308 StPO).

§ 309 StPO (Entscheidung) ist entsprechend anwendbar (BGH EGE XIV, 192; VIII, 58; EGH Hamm EGE VII, 261).

§ 310 StPO Abs. 1 (weitere Beschwerde) ist **nicht** entsprechend anwendbar. **Abs. 2** ist entsprechend anwendbar (BGH EGE VII, 176, 178; EGH Frankfurt EGE XIII, 184; *Isele* Anhang 2 zu § 116, § 310 StPO).

§ 311 StPO (sofortige Beschwerde) ist dagegen entsprechend anwendbar (*Isele* Anhang 2 zu § 116, § 311 StPO; EGH Stuttgart BRAK-Mitt. 1987, 98). Die einwöchige Frist des § 311 Abs. 2 StPO beginnt auch im anwaltsgerichtlichen Verfahren erst mit der auf einer Anordnung des Vorsitzenden beruhenden Zustellung (§ 116 S. 2 iVm § 36 Abs. 1 S. 1 StPO; BGH BRAK-Mitt. 1983, 93 = NStZ 1983, 325; EGH Hamm, Beschlüsse vom 4.8.1992 – (2) 6 EVY 5/92 – und 21.6.1994 – (2) 6 EVY 4/94).

Auch **§ 311a StPO** (Nachholen des rechtlichen Gehörs) kommt sinngemäß zur Anwendung (*Isele* Anhang 2 zu § 116, § 311a StPO). Die Überprüfungsentscheidung ist grundsätzlich nicht selbständig anfechtbar (BGH Beschluss vom 12.12.1977 – AnwSt (B) 10/77 nv).

33 **3. Abschnitt. Berufung**

§ 312 StPO (Zulässigkeit der Berufung) ist nicht entsprechend anwendbar. Im anwaltsgerichtlichen Verfahren gilt § 143 (amtliche Begründung zu § 143; *Isele* S. 1519).

§ 313 StPO (Annahme der Berufung) ist nicht entsprechend anwendbar. Die Zulässigkeit der Berufung im anwaltsgerichtlichen Verfahren ist in § 143 abschließend geregelt (amtliche Begründung zu § 143).

Auch **§ 314 StPO** (Berufungseinlegung) kommt nicht entsprechend zur Anwendung. Hier gilt § 143 Abs. 2 (amtliche Begründung zu § 143; *Isele* S. 1519).

§ 315 StPO (Wiedereinsetzung und Berufung) ist nach § 143 Abs. 4 entsprechend anwendbar (*Isele* Anhang 2 zu § 116, § 315 StPO).

§ 316 StPO (Hemmung der Rechtskraft) ist entsprechend anwendbar (§ 143 Abs. 4 S. 1; EGH Stuttgart EGE VII, 230; *Isele* Anhang 2 zu § 116, § 316 StPO).

§ 317 StPO (Berufungsbegründung) ist entsprechend anwendbar (§ 143 Abs. 4 S. 1; EGH Stuttgart EGE VII, 230; *Isele* Anhang 2 zu § 116, § 317 StPO). Eine Erklärung zu Protokoll der Geschäftsstelle scheidet aber nach § 143 Abs. 3 aus. Eine Berufungsrechtfertigung ist aber nicht zwingend vorgeschrieben (→ § 143 Rn. 4).

§ 318 StPO (Beschränkung der Berufung)

1. § 318 StPO ist nach § 143 Abs. 4 entsprechend anwendbar (BGH BRAK-Mitt. 1986, 232; 1985, 111; 1984, 37; EGH Celle EGE XIII, 177; EGH München BRAK-Mitt. 1987, 96; Urteil vom 15.7.1992 – BayEGH II 6/92; Urteil vom 10.2.1988 – BayEGH II 8/87; Urteil vom 26.7.1988 – BayEGH II 7/88; *Isele* Anhang 2 zu § 116, § 318 StPO; *Gribbohm,* FS Pfeiffer, 1988, 911, 914). Die Berufung kann in zulässiger Weise auf einen Teil der angefochtenen Entscheidung beschränkt werden, soweit nach der besonderen Lage des Falles der angefochtene Teil der

Entscheidung losgelöst von dem nicht angegriffenen Teil einer selbständigen Prüfung und Beurteilung zugänglich ist, ohne ein erneutes Eingehen auf diesen nicht angegriffenen Teil notwendig zu machen (BGHSt 16, 237 = NJW 1961, 2219). Wird eine Berufung in der hiernach zulässigen Weise beschränkt, so tritt für die nicht angegriffenen Teile des angefochtenen Urteils **Rechtskraft** ein. Die Teilrechtskraft schränkt für das Berufungsgericht den Grundsatz des § 264 StPO ein; sie verbietet es, den nicht angefochtenen Teil des Ersturteils zu überprüfen (BGHSt 16, 237 = NJW 1961, 2219; BayAGH Urteil vom 9.7.1998 – BayAGH II-19/97; Urteil vom 27.11.2002 – BayAGH II-2/02).

2. Der teilweisen Anfechtung steht es gleich, wenn ein das Ersturteil anfechtender Beschwerdeführer **nur von einem Teil dieses Urteils beschwert** ist. Betrifft die Beschwerde einen Teil des allein von dem Beschwerdeführer angefochtenen Urteils, der losgelöst von dem übrigen Teil selbständig geprüft und beurteilt werden kann, ohne ein erneutes Eingehen auf diesen übrigen Teil notwendig zu machen, so ist dieser übrige Teil in Rechtskraft erwachsen (BGHSt 16, 237 = NJW 1961, 2219).

3. Die wirksame Beschränkung auf den Maßnahmenausspruch macht den Schuldspruch rechtskräftig. Das Berufungsgericht ist damit an die tatsächlichen Feststellungen zur äußeren und inneren Tatseite und an die rechtliche Beurteilung des Tatgeschehens als Pflichtverletzung gebunden, zB auch an die Entscheidung darüber, ob der Rechtsanwalt vorsätzlich oder fahrlässig gehandelt hat. Wegen der Einheitlichkeit der Entscheidung darf es für den Maßnahmenausspruch keine Tatsachen feststellen, die den rechtskräftigen Feststellungen zur Schuldfrage widersprechen. Die wirksame Beschränkung der Berufung auf den Maßnahmenausspruch schließt es nicht aus, dass der AGH Verfahrenshindernisse berücksichtigt, die einer Verurteilung im Wege stehen, und dass er das Verfahren ggf. einstellt, zB wenn der Eröffnungsbeschluss des AnwG fehlt (*Gribbohm,* FS Pfeiffer, 1988, 911, 915). Im Hinblick auf **die Einheitlichkeit des angeschuldigten pflichtwidrigen Verhaltens** (vgl. Anm. zu § 264 StPO) zwingt die Berufung des Rechtsanwalts, die sich nur gegen den verurteilenden Teil des Ersturteils wendet, den Berufungsrichter dazu, das Urteil **im Ganzen,** also auch soweit Freispruch erfolgte, zu überprüfen (BGHSt 16, 237 = NJW 1961, 2219). Ist der Rechtsanwalt zu der selbständigen Maßnahme des Verweises und der Geldbuße (§ 114 Abs. 2; → § 114 Rn. 18–21) verurteilt worden, dann ist die Beschränkung der Berufung auf die Höhe der Geldbuße zulässig (EGH Celle EGE XIII, 176). Der Rechtsanwalt, der zu einem Vertretungsverbot (§ 114 Abs. 1 Nr. 4) verurteilt wurde und zunächst unbeschränkt Berufung eingelegt hatte, kann diese nachträglich, erforderlichenfalls mit Zustimmung der Staatsanwaltschaft (§ 303 StPO), auf den Ahndungsausspruch beschränken. In der Erklärung, dass er die Berufung auf den Ahndungsausspruch beschränke, liegt dann eine Teilrücknahme, die gemäß § 116 S. 2 iVm §§ 302, 303 StPO in gleicher Weise und in gleichem Umfang zulässig ist, wie eine von vornherein erklärte Beschränkung des Rechtsmittels (BGHSt 33, 59 = NJW 1985, 1089; EGH München Urteile vom 20.3.1990 – BayEGH II 17/89 – und 15.7.1992 – BayEGH II 6/92). § 318 StPO lässt iVm § 116 S. 2 eine Beschränkung des Rechtsmittels auf den Rechtsfolgenausspruch zu (BGH Urteil vom 1.7.1985 – AnwSt (R) 5/85 nv). Die Berufung kann auf die Voraussetzungen des § 115b beschränkt werden (zu § 14 BDO aF BVerwG NJW 1986, 445). Eine wirksame Rechtsmittelbeschränkung auf den Rechtsfolgenausspruch im anwaltsgerichtlichen Verfahren setzt voraus, dass die Feststellungen des erstinstanzlichen Urteils zum Schuldspruch eine taugliche Grundlage für die Entscheidung des Berufungsgerichts bilden (BGH BRAK-Mitt. 1984, 37).

§ 319 StPO (Verwerfung durch das Amtsgericht) ist entsprechend anwendbar (*Isele* Anhang 2 zu § 116, § 319 StPO). Das gilt auch hinsichtlich des Abs. 2 (BGH bei *Zuck* BRAK-Mitt. 1989, 122; EGH München Beschluss vom 13.9.1989 – BayEGH II 8/89).

Auch **§ 320 StPO** (Mitwirkung der Staatsanwaltschaft) ist entsprechend anwendbar (*Isele* Anhang 2 zu § 116, § 320 StPO; §§ 120, 144, 147 BRAO).

§ 321 StPO (Aktenvorlage an das Berufungsgericht) ist entsprechend anwendbar, allerdings kann die Staatsanwaltschaft für beide Rechtszüge dieselbe (§§ 120, 144) sein.

§ 322 StPO Abs. 1 (Beschlussverwerfung durch das LG) ist entsprechend anwendbar (Gaier/Wolf/Göcken/*Johnigk* § 116 Rn. 29 zu § 322 StPO; **aA** Henssler/Prütting/*Dittmann* § 116 Rn. 26). Abs. 2 ist im Hinblick auf § 142, § 116 S. 2 iVm § 304 Abs. 4 S. 2 StPO nicht anwendbar (BGH Beschluss vom 23.7.1990 – AnwSt (R) 3/90, nv; → § 143 Rn. 5; *Isele* Anhang 2 zu § 116, § 322 StPO), es sei denn, das angefochtene Urteil laute auf eine Maßnahme nach § 114 Abs. 1 Nr. 4 oder 5 (zur Begründung → § 143 Rn. 7).

§ 322a StPO (Annahmeentscheidung) ist nicht entsprechend anwendbar; vgl. Anm. zu § 313 StPO.

§ 323 StPO (Vorbereitung der Hauptverhandlung) ist teilweise entsprechend anwendbar. Abs. 1 S. 2 ist durch §§ 134, 143 Abs. 4 ersetzt. Abs. 2–4 gelten entsprechend, soweit sich im Einzelfall nicht aus §§ 137, 138 Abweichendes ergibt. Hinsichtlich Abs. 1 S. 1 sind die Anmerkungen zu §§ 214, 216–255 StPO zu beachten (*Isele* Anhang 2 zu § 116, § 323 StPO).

§ 324 StPO (Gang der Berufungsverhandlung) ist entsprechend anwendbar (BGH EGE XII, 75; *Isele* Anhang 2 zu § 116, § 324 StPO; § 143 Abs. 4). Es ist kein durchgreifender Verfahrensfehler, dass der Pflichtverteidiger im anwaltsgerichtlichen Verfahren der Verlesung des erstinstanzlichen Urteils in der Berufungsverhandlung nur teilweise beigewohnt hat (BGH BRAK-Mitt. 1987, 43 = NStZ 1987, 135). Die gemäß § 118 Abs. 3 S. 1 bindenden tatsächlichen Feststellungen des Strafurteils muss der AGH im Rahmen der Beweisaufnahme in die Berufungsverhandlung einführen. Die Verlesung des erstinstanzlichen Urteils im Rahmen des Sachberichtes nach § 324 Abs. 1 S. 2 StPO genügt, auch wenn darin das Strafurteil mitgeteilt wird, hierfür nicht. Diese Verlesung ist nicht Teil der Beweisaufnahme (BGH BeckRS 1988, 31398928; NStZ 1987, 135, 136).

§ 325 StPO (Verlesung von Schriftstücken) ist teilweise entsprechend anwendbar, soweit es um die Verlesung nach §§ 249, 251 Abs. 2–4, 253 StPO geht. Im Übrigen ist nach §§ 137, 138 zu verfahren (§ 143 Abs. 4; *Isele* Anhang 2 zu § 116, § 325 StPO; *Görl* AnwBl. 7/1990, XXV).

§ 326 StPO (Schlussanträge) ist entsprechend anwendbar (§ 143 Abs. 4; *Isele* Anhang 2 zu § 116, § 326 StPO).

§ 327 StPO (Prüfung des Gerichts) ist teilweise entsprechend anwendbar, nämlich soweit eine Teilanfechtung zulässig ist (vgl. Anm. zu § 318 StPO; BGH BRAK-Mitt. 1984, 37; EGH München BRAK-Mitt. 1987, 96; Urteil vom 9.2.1993 – BayEGH II 17/92; EGH Celle Urteil vom 21.3.1988 – EGH 11/87). Ist durch die wirksame Beschränkung der Berufung auf den Maßnahmeausspruch des AnwG eine Bindungswirkung an die nicht angefochtenen Feststellungen eingetreten, darf sich der AGH nicht durch die Annahme einer anderen Vorsatzform in einem für den Schuldspruch wesentlichen Punkt in Widerspruch zu den bindend gewordenen Feststellungen des AnwG setzen (BGH BRAK-Mitt. 2010, 168). An der Bindungswirkung nehmen die Teile der Sachverhaltsdarstellung teil, die der Tat ihr entscheidendes Gepräge gegeben haben (BGH NStZ-RR 2013, 91).

§ 328 StPO (Inhalt des Berufungsurteils) ist entsprechend anwendbar (§ 143 Abs. 4; zu Abs. 2: EGH Hamburg Urteil vom 28.10.1987 – I EVY 5/87). In Strafsachen kann ein Berufungsurteil, sofern dadurch die Gesamtdarstellung nicht unklar wird, in der Weise auf das erste Urteil Bezug nehmen, dass genau angegeben wird, in welchem Umfang dessen Inhalt übernommen wird (BGHSt 30, 225; 33, 59 = NJW 1985, 1089; BGH NStZ 1987, 374). Es bestehen keine Bedenken, diesen Grundsatz auch für ein anwaltsgerichtliches Berufungsurteil gelten zu lassen, in dem zum äußeren Tatgeschehen ganz oder teilweise dieselben Feststellungen getroffen worden sind wie in dem aufrechterhaltenen ersten Urteil (BGH BRAK-Mitt. 1988, 150).

§ 329 StPO (Ausbleiben des Angeklagten) ist nach § 143 Abs. 4 S. 2 teilweise entsprechend anwendbar, nämlich § 329 Abs. 1 S. 1 und 2, Abs. 3 StPO. Im Übrigen ist § 329 StPO nicht entsprechend anwendbar (→ § 143 Rn. 14 ff.; AGH SchlH BRAK-Mitt. 2004, 180).

§ 330 StPO (Verfahren bei Berufung des gesetzlichen Vertreters) ist teilweise entsprechend anwendbar. Abs. 1 ist entsprechend anwendbar, jedoch ist eine Vorführung des Rechtsanwalts nach § 117 unzulässig (§ 143 Abs. 4; *Isele* Anhang 2 zu § 116, § 330 StPO). Abs. 2 ist entsprechend anwendbar (→ § 143 Rn. 14 ff.).

§ 331 StPO (Verbot der Schlechterstellung) ist teilweise entsprechend anwendbar. **Abs. 2** ist **nicht** entsprechend anwendbar. **Abs. 1** ist entsprechend anwendbar (§ 143 Abs. 4; BGH EGE VI, 135; AGH Hmb BRAK-Mitt. 2009, 129, 133 = AnwBl. 2009, 455; EGH München Urteil vom 27.10.1992 – BayEGH II 7/92; EGH Stuttgart EGE XI, 158; *Isele* Anhang 2 zu § 116, § 331 StPO; *Rössler,* FG Peters, 1984, 249, 252). Ein Verstoß gegen das Verschlechterungsverbot wegen Verschärfung der Sanktion liegt nicht vor, wenn der Schuldumfang durch den Gegenstand eines weiteren zulässigerweise verbundenen Berufungsverfahrens sich erhöht hat (BGH Beschluss vom 4.5.1998 – AnwSt (R) 13/97 nv).

§ 332 StPO (Allgemeine Verweisung) ist entsprechend anwendbar (§ 143 Abs. 4; BGH EGE VII, 154; *Isele* Anhang 2 zu § 116, § 332 StPO).

4. Abschnitt. Revision 34

§ 333 StPO (Zulässigkeit der Revision) ist nicht entsprechend anwendbar, Im anwaltsgerichtlichen Verfahren gilt § 145.

§ 335 StPO (Sprungrevision) ist nicht entsprechend anwendbar (→ § 145 Rn. 1; BGH BRAK-Mitt. 1999, 193; Henssler/Prütting/*Dittmann* § 116 Rn. 27).

§ 336 StPO (Vorausgegangene Entscheidungen) ist entsprechend anwendbar (→ § 146 Rn. 8 ff.: *Isele* Anhang 2 zu § 116, § 336 StPO).

§ 337 StPO (Revisionsgründe) ist entsprechend anwendbar (→ § 146 Rn. 8 ff.; *Isele* Anhang 2 zu § 116, § 337 StPO).

§ 338 StPO (absolute Revisionsgründe) ist entsprechend anwendbar (BGH EGE XI, 87; XIII; 111; BGH NJW 1977, 1406; BGHSt 28, 183 = MDR 1979, 418). Bei Mitwirkung eines aus der Rechtsanwaltschaft ausgeschiedenen ehrenamtlichen Richters (→ § 94 Rn. 1) ist das Gericht nicht vorschriftsmäßig besetzt. Der absolute Revisionsgrund, dass das Urteil mit Gründen zu spät zur Geschäftsstelle gelangt ist, rechtfertigt aber für sich nicht die Zulassung der Revision auf Nichtzulassungsbeschwerde hin (BGH NJW 1977, 1406), er greift aber bei nach § 145 zulässiger Revision (BGH BRAK-Mitt. 1997, 92).

§ 339 StPO (Rechtsnormen zugunsten des Angeklagten) ist entsprechend anwendbar (→ § 146 Rn. 8 ff.: *Isele* Anhang 2 zu § 116, § 339 StPO).

§ 341 StPO (Revisionseinlegung) ist nicht entsprechend anwendbar. Im anwaltsgerichtlichen Verfahren gilt § 146 (*Isele* Anhang 2 zu § 116, § 341 StPO; → § 146 Rn. 2 ff.).

§ 342 StPO (Wiedereinsetzung und Revision) ist entsprechend anwendbar (§ 146 Abs. 3 S. 1; → Rn. 8 ff. zu § 146; *Isele* Anhang 2 zu § 116, § 342 StPO).

§ 343 StPO (Hemmung der Rechtskraft) ist entsprechend anwendbar (BGHSt 17, 21 = NJW 1962, 824; *Isele* Anhang 2 zu § 116, § 343 StPO).

§ 344 StPO (Revisionsbegründung) ist entsprechend anwendbar (BGH EGE VI, 122; XI 91; XII, 70; XIII, 114; BGH Urteil vom 30.9.1985 – AnwSt (R) 11/85 nv; Urteil vom 26.6.1989 – AnwSt (R) 4/89 nv; → § 146 Rn. 6, 7; *Isele* Anhang 2 zu § 116, § 344 StPO). Hinsichtlich der Revisionsbeschränkung gilt das zu § 328 StPO Gesagte entsprechend (vgl. auch *Gribbohm,* FS Pfeiffer, 1988, 911, 914).

§ 345 StPO (Begründungsfrist und -form) ist teilweise entsprechend anwendbar. **Abs. 1** ist entsprechend anwendbar (BGHSt 17, 21 = NJW 1962, 824; *Isele* Anhang 2 zu § 116, § 354 StPO). Der unterzeichnende Rechtsanwalt muss die volle Verantwortung für den Inhalt der Schrift übernehmen. Zu den sich daraus ergebenden Anforderungen an die Formwirksamkeit einer anwaltlichen Unterschrift vgl. BayObLG NJW 1991, 2095 mit Anm. *Hansens* JurBüro 1992, 352. Nach Ablauf der Revisionsbegründungsfrist ist eine Wiedereinsetzung in den vorigen Stand zur Nachholung von Verfahrensrügen grundsätzlich nicht zulässig (BGHSt 1, 44). Nur bei besonderen Verfahrenslagen, in denen dies zur Wahrung des Anspruchs des Rechtsanwalts auf rechtliches Gehör (Art. 103 Abs. 1 GG) unerlässlich erscheint, kommen Ausnahmen von diesem Grundsatz in Betracht, etwa wenn der Rechtsanwalt durch äußere Umstände gehindert worden ist, die Verfahrensrüge innerhalb der Revisionsbegründungsfrist geltend zu machen (BGHSt 14, 330; 31, 161; BGH NStZ 1981, 110; 1983, 34; 132; BGH bei *Dallinger* MDR 1966, 25), oder wenn der Rechtsanwalt durch Maßnahmen des Gerichts an der rechtzeitigen Revisionsbegründung gehindert worden ist oder wenn Begründungsmängel auf im Einflussbereich des Gerichts liegende Ursachen zurückzuführen sind. Solchen Gründen steht der Fall, dass der Verteidiger nach Ablauf der Revisionsbegründungsfrist von einer Änderung der Rechtsprechung erfährt, auf die er nunmehr eine Verfahrensrüge stützen will, nicht gleich (BGH AnwBl. 1994, 92). **Abs. 2** ist durch § 146 Abs. 2 ersetzt. Das bedeutet, die Revisionseinlegung zu Protokoll der Geschäftsstelle ist unzulässig. Andererseits kann der Rechtsanwalt auch als Beschuldigter die Revision einlegen und begründen, dies selbst dann, wenn gegen ihn ein Berufsverbot verhängt worden ist (BGH NJW 1971, 1373; vgl. auch BGH BRAK-Mitt. 1986, 232).

§ 346 StPO (Verwerfung durch das Tatgericht) ist ebenso wie **§ 347 StPO** (weiteres Verfahren) entsprechend anwendbar (*Isele* Anhang 2 zu § 116, §§ 346, 347 StPO), jedoch nicht § 347 Abs. 1 S. 3 (→ § 98 Rn. 2).

§ 348 StPO (Unzuständigkeit des Revisionsgerichts) ist **nicht** entsprechend anwendbar, da es im anwaltsgerichtlichen Verfahren nur ein Revisionsgericht gibt (§§ 106 ff., 145 Abs. 1; *Isele* Anhang 2 zu § 116, § 348 StPO).

§ 349 StPO (Entscheidung durch Beschluss) ist entsprechend anwendbar. Dies gilt grundsätzlich auch für die Abs. 2 und 3 (Beschlussverwerfung bei offensichtlich unbegründeten Revisionen). Allerdings macht der BGH von dieser Möglichkeit so gut wie keinen Gebrauch (*Gribbohm,* FS Pfeiffer, 1988, 911, 913).

Die **§§ 350, 351 StPO** (Terminsmitteilung, Hauptverhandlung) gelten sinngemäß (*Isele* Anhang 2 zu § 116, §§ 350, 351 StPO).

§ 352 StPO (Umfang der Prüfung) ist ebenfalls entsprechend anwendbar (*Isele* Anhang 2 zu § 116, § 352 StPO). Die Zulassungsbegründung des AGH (§ 145 Abs. 1 Nr. 3, Abs. 2) beinhaltet keine Beschränkung der Revision (→ § 145 Rn. 8 ff.; BGH BRAK-Mitt. 1981, 36; EGE VI, 135).

§ 353 StPO (Revisionsurteil) ist entsprechend anwendbar (*Isele* Anhang 2 zu § 116, § 353 StPO; BGHSt 36, 316 = NJW 1990, 1373; BGH BRAK-Mitt. 1982, 78).

§ 354 StPO (eigene Sachentscheidung; Zurückverweisung) ist teilweise entsprechend anwendbar. **Abs. 1** ist entsprechend anwendbar, soweit es um Freispruch oder Einstellung geht (BGHSt 38, 138 = NJW 1992, 1181; BGHSt 36, 316 = NJW 1990, 1373; BGH EGE VIII, 48). Wie sich aus § 146 Abs. 3 S. 1 iVm § 139 Abs. 3 Nr. 1 ergibt, ist das Verfahren im Revisionsrechtszug auch dann einzustellen, wenn die Zulassung des Beschuldigten zur Rechtsanwaltschaft erloschen oder zurückgenommen ist (BGHSt 15, 227 = NJW 1961, 230; BGHZ 35, 384 = NJW 1961, 230). Auch **Abs. 1a** ist sinngemäß anwendbar, ebenso **Abs. 2 S. 1.** Durch die §§ 146 Abs. 3, 139 ist eine Zurückverweisung der Sache nach § 354 Abs. 2 StPO nicht ausgeschlossen (BGHSt 15, 227 = NJW 1961, 230). Besteht in einem Lande nur ein einziger AGH, so ist die Errichtung mindestens zweier Senate infolge der Vorschrift des § 354 Abs. 2 StPO geboten (BGH NJW 1966, 1084; amtliche Begründung zu § 103 nF).

§ 354 Abs. 1b StPO ist nicht sinngemäß anwendbar, weil es in der BRAO keine Gesamtstrafe gibt (Gaier/Wolf/Göcken/*Johnigk* § 116 Rn. 30). **§ 354 Abs. 2 S. 2 und Abs. 3** sind nicht entsprechend anwendbar (*Isele* Anhang 2 zu § 116, § 354 StPO).

§ 354a StPO (Entscheidung bei Gesetzesänderung) ist entsprechend anwendbar (BGH EGE VIII, 51; BGH BRAK-Mitt. 1991, 53 = NJW 1991, 1241).

Die **§§ 355–357 StPO** sind ebenfalls entsprechend anzuwenden (*Isele* Anhang 2 zu § 116, §§ 355–357 StPO; zu § 357 StPO BGHSt 37, 361 = NJW 1991, 3034; → § 145 Rn. 24). Gegen die Entscheidung des Revisionsgerichts über einen Befangenheitsantrag ist allein die – befristete Anhörungsrüge gemäß **§ 356a StPO** statthaft (BGH AnwBl. 2009, 391 mit Anm. *Winkler* jurisPR 7/2009, 161).

§ 358 StPO (Bindung des Untergerichts; Verbot der Schlechterstellung) ist teilweise entsprechend anwendbar. **Abs. 1** ist entsprechend anwendbar (*Isele* Anhang 2 zu § 116, § 358 StPO). **Abs. 2 S. 2** ist nicht entsprechend anwendbar (vgl. auch § 117 S. 2). **Abs. 2 S.** 1 ist entsprechend anwendbar (BGH EGE VIII, 51; XII, 73; EGH Stuttgart EGE XI, 157; EGH Frankfurt AnwBl. 1984, 629). Das Verschlechterungsverbot ist auch nach Zurückweisung zu beachten (EGH Frankfurt AnwBl. 1984, 629; EGH München Urteil vom 14.5.1991 – BayEGH II 10/89).

35 **Viertes Buch. Wiederaufnahme**

Von den Vorschriften über die Wiederaufnahme eines **abgeschlossenen Verfahrens (§§ 359–373a StPO)** sind die §§ 359–370 StPO im anwaltsgerichtlichen Verfahren entsprechend anzuwenden (vgl. *Isele* Anhang 2 zu § 116, §§ 359–370 StPO; vgl. § 197 Abs. 3, zu § 363 StPO s. auch EGH Schleswig EGE IX, 211; zu § 365 StPO s. auch EGH britZ EGE V, 28; zu § 366 StPO s. auch EGH Schleswig EGE IX, 211; zu § 367 Abs. 1 s. auch BGHSt 37, 356 = NJW 1991, 2916; EGH Hamm Beschluss vom 19.10.1990 – (1) 6 EVY 5/90). Jedoch ist eine Wiederaufnahme im anwaltsgerichtlichen Verfahren nur zulässig, wenn der geltend gemachte Wiederaufnahmegrund geeignet ist, sämtliche Anschuldigungspunkte, in denen eine Verurteilung erfolgt ist, zu beseitigen (BayAGH BRAK-Mitt. 2001, 239; → § 113 Rn. 45). Der rechtskräftig aus der Rechtsanwaltschaft ausgeschlossene frühere Rechtsanwalt kann den Antrag auf Wiederaufnahme nicht selbst zeichnen; eine Anbringung des Wiederaufnahmeantrages zu Protokoll der Geschäftsstelle scheidet für das anwaltsgerichtliche Verfahren aus (EGH Hamm Beschluss vom 4.8.1992 – (2) 6 EVY 5/92; → § 98 Rn. 2).

Der besondere Wiederaufnahmegrund nach **§ 79 Abs. 1 BVerfGG** (Nichtigerklärung einer Norm oder Unvereinbarkeitserklärung einer bestimmten Auslegung durch das BVerfG) gilt auch für anwaltsgerichtliche Urteile. § 79 Abs. 1 BVerfGG ist auf jedes hoheitliche Erkenntnis, zu denen auch die Urteile der Anwaltsgerichte gehören (BVerfGE 48, 300 = NJW 1978, 1795; BGH EGE XIV, 124) anzuwenden, das nach strafprozessualen Regeln zustande gekommen ist. Unerheblich ist hierbei, ob die Vorschriften der StPO unmittelbar oder nur kraft Verweisung, wie hier nach § 116 S. 2 anwendbar waren. Dem § 79 BVerfGG liegt der Rechtsgedanke zugrunde, dass niemand gezwungen sein soll, den Makel der „Bestrafung" wegen eines schuldhaften Gesetzesverstoßes auf sich lasten zu lassen, die auf verfassungswidriger Grundlage beruht (*Maunz/Schmidt-Bleibtreu/Klein/Ulsamer* BVerfGG § 79 Rn. 10). Daher ist § 79 BVerfGG auch auf anwaltsgerichtliche Urteile anwendbar (BGHSt 37, 356 = NJW 1991, 2916; BGH Beschluss vom 25.3.1991 – AR Anw 2/90; EG Düsseldorf, Beschlüsse vom 31.3.1992 – 4 EV 26/88 und 3/4 EV 33/88 – und vom 25.2.1993 – 3/4 EV 33/88; *Umbach/Clemens* BVerfGG, 1992, § 79 Rn. 24; **aA** BVerfG NVwZ 1999, 1331 = BRAK-Mitt. 2000, 98 und OVG Koblenz NVwZ-RR 1998, 170 zum Verfahren nach dem Heilberufsgesetz). Nicht anwendbar ist er auf die Entscheidungen nach §§ 74, 74a. Die Entscheidung nach § 74 kommt nicht nach strafprozessualen Regeln zustande und auf das Verfahren nach § 74a sind nur die Vorschriften der StPO über die Beschwerde sinngemäß anwendbar (§ 74a Abs. 2 S. 1), die übrigen Vorschriften der StPO finden keine sinngemäße Anwendung (EGH Hamm BRAK-Mitt. 1983, 90) und damit scheidet auch die Anwendung der allgemeinen Regeln über die Wiederaufnahme nach §§ 359 ff. StPO und des besonderen Wiederaufnahmegrundes nach § 79 BVerfGG aus (vgl. *Maunz/Schmidt-Bleibtreu/Klein/Ulsamer* BVerfGG § 79 Rn. 20; *Feuerich* AnwBl. 1988, 81, 84). § 79 BVerfGG normiert einen neuen, gegenüber den in §§ 359, 362 StPO an sich erschöpfend aufgezählten Wiederaufnahmegründen andersartigen Wiederaufnahmegrund (KMR/*Eschelbach* StPO Vor § 359 Rn. 77 ff.). Damit wird nicht eine Überprüfung der dem angegriffenen Urteil zugrunde gelegten Sachverhalte ermöglicht. § 79 BVerfGG dient der Beseitigung verfassungswidriger Rechtsanwendung. Die Tatsachenfeststellungen des zur Disposition gestellten Urteils bleiben deshalb maßgeblich und wären nur unter den weiteren und zusätzlichen Wiederaufnahmevoraussetzungen des § 359 StPO einer Neubewertung zugänglich. Der dem angegriffenen Urteil zugrunde gelegte Sachverhalt darf im Rahmen des § 79 BVerfGG nur darauf überprüft werden, ob es auch unter Berücksichtigung der Entscheidung des BVerfG (zB der vom 14.7.1987: BVerfGE 76, 171, 196) zu einer Verurteilung gekommen wäre oder nicht (EG Düsseldorf Beschluss vom 25.2.1993 – 3/4 EV 33/88).

Im Hinblick auf die Einheitlichkeit der Pflichtverletzung ist die Wiederaufnahme nur mit dem Ziel des Freispruchs nicht aber mit dem der Maßnahmenminderung zulässig (*Jähnke,* FS Pfeiffer, 1988, 941, 948, 952; aber → § 113 Rn. 25 ff.). Das gilt auch bei einer Wiederaufnahme nach § 79 BVerfGG (EG Düsseldorf Beschluss vom 25.2.1993 – 3/4 EV 33/88). Zum Wiederaufnahmegrund des § 118 Abs. 4 → § 118 Rn. 17, 57. Hinsichtlich des Wiederaufnahmegerichtes ist § 140a GVG zu beachten (§ 116 S. 2). War über eine Berufung vom AGH sachlich in vollem Umfang entschieden worden, dann ist auch der AGH Wiederaufnahmegericht (BGHSt 37, 356 = NJW 1991, 2916; *Meyer-Goßner* GVG § 140a Rn. 6; → § 116 Rn. 9). Hatte der AGH über die Schuldfrage nicht zu entscheiden (Strafmaßberufung), dann ist das Anwaltsgericht (§ 140a Abs. 1 GVG) Wiederaufnahmegericht (*Meyer-Goßner* GVG § 140a Rn. 6).

§ 371 StPO (Freisprechung ohne Hauptverhandlung) ist bis auf Abs. 3 S. 2 entsprechend anwendbar (*Isele* Anhang 2 zu § 116, § 371 StPO).

§ 372 StPO (sofortige Beschwerde) ist weitgehend entsprechend anwendbar (BGHSt 37, 356 = NJW 1991, 2916; BGH EGE X, 101; EGH Schleswig EGE IX, 211). Auch im anwaltsgerichtlichen Verfahren ist gemäß § 372 StPO gegen Entscheidungen, die aus Anlass eines Antrags auf Wiederaufnahme des Verfahrens von dem Gericht im ersten Rechtszug ergangen sind, grundsätzlich die sofortige Beschwerde zulässig. Gericht des ersten Rechtszuges im Sinne dieser Vorschrift ist nicht das Gericht, das erstinstanzlich im rechtskräftig abgeschlossenen Verfahren, sondern das Gericht, das erstinstanzlich über die Zulässigkeit und Begründetheit des Wiederaufnahmeantrags entschieden hat (vgl. Anm. zu § 140a GVG, → § 116 Rn. 9). Ist danach der AGH erstinstanzliches Wiederaufnahmegericht, dann ist die Verwerfung eines Wiederaufnahmeantrages durch diesen nicht mit der sofortigen Beschwerde anfechtbar. Beschlüsse des AGH sind, soweit sich nicht aus der BRAO oder den für die Oberlandesgerichte geltenden Bestimmungen der StPO etwas anderes ergibt, unanfechtbar (→ § 116 Rn. 32). Die Unanfechtbarkeit solcher Wiederaufnahmeentscheidungen des AGH gilt auch, wenn es bei der Wiederaufnahme um die Ausschließung des Beschuldigten aus der Rechtsanwaltschaft geht (BGHSt 37, 356 = NJW 1991, 2916; noch offen gelassen in BGH EGE X, 101). Zwar kann den Vorschriften der §§ 42, 145

Abs. 1 Nr. 1 oder 2, 157, 161a Abs. 2 der allgemeine Rechtsgedanke entnommen werden, dass eine von der Zulassung durch den AGH unabhängige gerichtliche Überprüfung durch den Anwaltssenat des BGH dann stattfinden soll, wenn die anzufechtende Entscheidung **unmittelbar** in die berufliche Existenz des Rechtsanwalts eingreift oder die Staatsanwaltschaft eine solche Entscheidung für erforderlich hält. Diese gesetzgeberische Intention spricht für die Anfechtbarkeit von Beschlüssen des AGH nach § 116 S. 2 iVm § 372 StPO, wenn es sich um eine **abschließende** Entscheidung darüber handelt, ob die Verurteilung zur Ausschließung aus der Rechtsanwaltschaft oder zu einem Vertretungsverbot im Wiederaufnahmeverfahren aufzuheben ist. Auch solche Fälle erfasst § 372 StPO, nämlich dann, wenn der Verurteilte ausnahmsweise ohne Erneuerung der Hauptverhandlung freigesprochen wird (vgl. BGHSt 8, 383; BGH NJW 1976, 431). Die von § 372 StPO erfassten Beschlüsse, die im Zwischenverfahren über die Zulässigkeit und Begründetheit des Wiederaufnahmeantrags ergehen, behandeln aber lediglich die Frage, ob Umstände vorliegen, die es rechtfertigen, in eine tatsächliche Prüfung des geltend gemachten Wiederaufnahmegrunds einzutreten (Beschlüsse über die Zulässigkeit des Wiederaufnahmeantrags nach § 368 StPO) oder einen zulässigen Wiederaufnahmegrund als genügend bestätigt anzusehen (Beschlüsse über die Begründetheit des Wiederaufnahmeantrags nach § 370 StPO). Wird der Wiederaufnahmeantrag für zulässig und begründet erklärt, so ordnet das Gericht die Erneuerung der Hauptverhandlung an. Bei dem Wiederaufnahmegrund des § 79 Abs. 1 BVerfGG können die Beschlüsse über die Zulassung und Begründetheit zusammengefasst werden, wenn nicht nach § 371 Abs. 2 StPO verfahren wird. Andernfalls wird erst in der neuen Hauptverhandlung entschieden, ob die Ausschließung aus der Rechtsanwaltschaft oder das Vertretungsverbot gemäß § 116 S. 2 iVm § 373 Abs. 1 StPO aufrechterhalten wird. Gegen diese Entscheidung sind die nach allgemeinen Vorschriften zulässigen Rechtsmittel, also auch die Revision an den BGH nach Maßgabe des § 145 gegeben. Da die Entscheidungen des AGH nach § 116 S. 2 iVm §§ 368, 370 StPO die Sach- und Rechtslage im Hinblick auf das Wiederaufnahmeziel nicht abschließend neu bewerten, greifen sie nicht unmittelbar in die berufliche Existenz des Verurteilten ein, sondern beschränken sich auf die Nachprüfung des jeweils geltend gemachten Wiederaufnahmegrunds. Eine Rechtsanalogie zu den Vorschriften der BRAO, die die Entscheidungen über den Zugang zur Rechtsanwaltschaft oder die Ausschließung aus ihr letztinstanzlich dem BGH zuweisen, ist daher nicht gerechtfertigt (BGHSt 37, 356 = NJW 1991, 2916).

§ 373 StPO (erneute Hauptverhandlung) ist bis auf Abs. 2 S. 2 entsprechend anwendbar (*Isele* Anhang 2 zu § 116, § 373 StPO).

§ 373a StPO (Strafbefehl) ist **nicht** entsprechend anwendbar (*Isele* Anhang 2 zu § 116, § 373a StPO).

36 **Fünftes Buch. Beteiligung des Verletzten am Verfahren**

Die **§§ 374–406h StPO** (Beteiligung des Verletzten am Verfahren) sind nicht sinngemäß anwendbar.

37 **Sechstes Buch. Besondere Arten des Verfahrens**

Die Vorschriften des sechsten Buches **(§§ 407–444 StPO)** über das Verfahren bei Strafbefehlen, das Sicherungsverfahren, das Verfahren bei Einziehungen und Vermögensbeschlagnahmen, das Beschleunigte Verfahren und das Verfahren bei Festsetzung von Geldbuße gegen juristische Personen und Personenvereinigungen sind im anwaltsgerichtlichen Verfahren **nicht** entsprechend anwendbar (*Isele* Anhang 2 zu § 116, §§ 407–444 StPO).

38 **Siebtes Buch. Strafvollstreckung und Kosten des Verfahrens**

Hinsichtlich der Vorschriften über die **Strafvollstreckung (§§ 449–463d StPO)** ist folgendes anzumerken:

§ 449 StPO (Vollstreckbarkeit) ist entsprechend anwendbar (*Isele* Anhang 2 zu § 116, § 449 StPO).

§ 450 StPO (Anrechnung der Untersuchungshaft) ist **nicht** entsprechend anwendbar (*Isele* Anhang 2 zu § 116, § 450 StPO).

§ 450a StPO (Anrechnung von Auslieferungshaft) ist **nicht** entsprechend anwendbar (*Isele* Anhang 2 zu § 116, § 450a StPO).

§ 451 StPO (Vollstreckungsbehörden) ist **nicht** entsprechend anwendbar (§§ 204, 205; *Isele* Anhang 2 zu § 116, § 451 StPO; vgl. § 204 Abs. 3).

§ 452 StPO (Begnadigungsrecht) ist entsprechend anwendbar, das Begnadigungsrecht steht regelmäßig den Ländern zu (*Isele* Anhang 2 zu § 116, § 452 StPO; *Hartstang* I 110; BVerfGE 66, 337 = NJW 1984, 2341; BGH BRAK-Mitt. 1996, 121; Beschluss vom 25.3.1991 – AR Anw 2/

90). Dem Bund steht das Begnadigungsrecht zu, wenn der BGH nach § 163 S. 2 als Gericht erster Instanz gegen einen Rechtsanwalt beim BGH entschieden hat (*Jessnitzer/Blumberg* § 116 Rn. 31).

§§ 453–455a StPO (Strafvollstreckung) sind **nicht** entsprechend anwendbar (*Isele* Anhang 2 zu § 116, §§ 453–455 StPO; → § 204 Rn. 1 ff.).

§ 456 StPO (vorübergehender Vollstreckungsaufschub) ist entsprechend anwendbar, die Entscheidung trifft nach § 204 Abs. 3 S. 3 hinsichtlich der Geldbuße die RAK (*Isele* Anhang 2 zu § 116, § 456 StPO).

§ 456a StPO (absehen von Vollstreckung bei Auslieferung und Ausweisung) ist **nicht** entsprechend anwendbar (*Isele* Anhang 2 zu § 116, § 456a StPO).

Die entsprechende Anwendung des **§ 456c StPO** (Aufschub und Aussetzung des Berufsverbots) ist sehr umstritten (nicht anwendbar: *Kleine-Cosack* 5. Aufl. § 116, § 456c StPO; anwendbar: AGH SchlH NJW-RR 2000, 874 = MDR 1999, 1168; Gaier/Wolf/Göcken/*Johnigk* § 116 Rn. 34 zu § 456c StPO; Henssler/Prütting/*Dittmann* § 116 Rn. 31). Dem AGH SchlH ist zuzugeben, dass es sich bei der Anordnung eines anwaltsgerichtlichen Vertretungsverbotes und eines strafrechtlichen Berufsverbotes (§ 70 StGB), das ebenfalls zeitlich befristet und auch auf einzelne Zweige beschränkt sein kann, um vergleichbare Sachverhalte handelt. Grundsätzliche Gründe sprechen daher nicht gegen eine entsprechende Anwendbarkeit des § 456c StPO. In Fällen, in denen nach §§ 150 ff., 153, 161a bis zur Rechtskraft des Urteils ein vorläufiges Berufs- oder Vertretungsverbot ausgesprochen wird, scheidet aber ein **Aufschub** nach § 456c Abs. 1 StPO durch das erkennende Gericht aus. Da die Aussetzung von Sofortmaßnahmen sinnwidrig wäre (→ § 157 Rn. 11), scheidet auch der Aufschub des erst mit der Urteilsrechtskraft wirksam werdenden Vertretungsverbotes (§ 204 Abs. 5) im Zusammenhang mit dem Erlass des Urteils aus. Ein Aufschub (§ 456c Abs. 1 StPO) kommt daher nur in Betracht, wenn auch bis zur Rechtskraft des Urteils keine vorläufige Maßnahme nach §§ 150 ff. vom Gericht beschlossen wird. Eine **Aussetzung** nach Rechtskraft des Urteils (§ 456c Abs. 2 StPO) ist unter den sachlichen Voraussetzungen des § 456c Abs. 1 StPO in den Fällen, in denen keine vorläufige Maßnahme nach §§ 150 ff. ergangen war, grundsätzlich möglich. In Fällen, in denen eine solche ergangen war, ist eine Aussetzung nur ganz ausnahmsweise denkbar, wenn die Voraussetzungen für die Verhängung der vorläufigen Maßnahme eindeutig nicht mehr vorliegen (vgl. auch § 159).

§ 457 StPO (Ermittlungen, Vorführung; Haftbefehl; Festnahme) ist **nicht** entsprechend anwendbar (§ 117; *Isele* Anhang 2 zu § 116, § 457 StPO).

§ 458 StPO (gerichtliche Entscheidung). **Abs. 1** ist entsprechend anwendbar. Danach können bei einer Maßnahme nach § 114 Abs. 1 Nr. 4 bestehende Zweifel hinsichtlich des erfassten Rechtsgebietes durch eine verbindliche gerichtliche Interpretation beseitigt werden (BAG NZA 1992, 617; offen gelassen von BGHSt 38, 138 = NJW 1992, 1181); → § 204 Rn. 6. Bezüglich Geldbußen (§ 114 Abs. 1 Nr. 3, Abs. 2) kann auch über die Frage einer eventuellen Vollstreckungsverjährung (→ § 204 Rn. 8) entschieden werden (AGH NRW Beschluss vom 6.4.2001 – (2) 6 EVY 2/01). Funktionell zuständig ist das erkennende Gericht (BGH BeckRS 2014, 21072; AGH NRW Beschluss vom 9.5.2014 – 2 AGH 4/14). **Abs. 2** gilt nur bezüglich der Entscheidung nach § 456 StPO. **Abs. 3 S. 2** ist unanwendbar (*Isele* Anhang 2 zu § 116, § 458 StPO; BGHZ 42, 360 = NJW 1964, 2109).

§ 459 StPO (Vollstreckung der Geldstrafe) ist **nicht** entsprechend anwendbar. Im anwaltsgerichtlichen Verfahren gelten die §§ 204, 205 (*Isele* Anhang 2 zu § 116, § 459 StPO).

§ 459a StPO (Zahlungserleichterungen) ist teilweise entsprechend anwendbar. **Abs. 3 und Abs. 2** bzgl. der Entscheidung nach § 42 StGB sind nicht anwendbar. Ansonsten ist die Bestimmung entsprechend anwendbar (*Isele* Anhang 2 zu § 116, § 459a StPO).

Die **§§ 459b, 459c StPO** (Verrechnung von Teilbeträgen, Beitreibung der Geldstrafe) sind entsprechend anwendbar (*Isele* Anhang 2 zu § 116, §§ 459b, 459c StPO).

Die **§§ 459d–459g StPO** sind hingegen **nicht** entsprechend anzuwenden (*Isele* Anhang 2 zu § 116, §§ 459d–459g StPO).

§ 459h StPO (Einwendungen) ist teilweise entsprechend anwendbar, nämlich bezüglich §§ 459a und § 459c StPO iVm § 116 (*Isele* Anhang 2 zu § 116, § 459h StPO).

§ 459i StPO (Vollstreckung der Vermögensstrafe) ist gegenstandslos (vgl. BVerfG NJW 2002, 1779).

§ 460 StPO (nachträgliche Gesamtstrafenbildung) ist ebenso wie **§ 461 StPO** (Anrechnung von Krankenhausaufenthalt) **nicht** entsprechend anwendbar (BGH Beschluss vom 25.3.1991 –

AnwSt (B) 27/90 = EBE 1991, 159; EG Köln Beschluss vom 13.3.1991 – EV 396/83; *Jähnke,* FS Pfeiffer, 1988, 941, 942; *Isele* Anhang 32 zu § 116, §§ 460, 461 StPO).

§ 462 StPO (gerichtliches Verfahren; sofortige Beschwerde) ist hinsichtlich §§ 458, 459a, 459b und 459c StPO entsprechend anwendbar (*Isele* Anhang 2 zu § 116, § 462 StPO; BGHZ 42, 360 = NJW 1964, 2109; AGH NRW Beschluss vom 6.4.2001 – (2) 6 EVY 2/01).

§ 462a StPO (Zuständigkeit der Strafvollstreckungskammer) ist weitgehend unanwendbar. Lediglich Abs. 2 S. 1 ist insoweit entsprechend anwendbar, dass die in Betracht kommenden Entscheidungen von dem Anwaltsgericht erster Instanz zu treffen sind (*Isele* Anhang 2 zu § 116, § 462a StPO).

Die **§§ 463–463d StPO** (weitere Vollstreckungsmaßnahmen) sind **nicht** entsprechend anwendbar (*Isele* Anhang 2 zu § 116, §§ 463–463d StPO).

Für die sinngemäße Anwendung der Vorschriften über die **Kosten des Verfahrens (§§ 464–473a StPO)** gilt Folgendes:

§ 464 StPO (Kosten- und Auslagenentscheidung) ist in Ergänzung zu §§ 195 ff. entsprechend anwendbar (BGH NJW 1986, 3150; BRAK-Mitt. 1982, 35; → § 195 Rn. 2). Fehlt entgegen § 464 Abs. 1 StPO in einer das anwaltsgerichtliche Verfahren abschließenden Entscheidung eine ausdrückliche Bestimmung darüber, von wem die Kosten des Verfahrens zu tragen sind, verbleiben die notwendigen Auslagen bei demjenigen, dem sie entstanden sind. Eine Ergänzung der verfahrensabschließenden Entscheidung mit Abänderung der Auslagenregelung ist nur durch die sofortige Beschwerde gemäß § 464 Abs. 3 StPO zu erreichen (EGH Hamm Beschluss vom 21.6.1994 – (2) 6 EVY 4/94; *Meyer-Goßner* StPO § 464 Rn. 12).

§ 464a StPO (Kosten des Verfahrens; notwendige Auslagen) ist, nachdem die Gebührenfreiheit im anwaltsgerichtlichen Verfahren (vgl. 6. Aufl. § 195 Rn. 1) entfallen ist (→ § 195 Rn. 1 ff.), nunmehr in vollem Umfang entsprechend anwendbar. Dem Rechtsanwalt können bei Freispruch Verteidigergebühren für seine eigene Person nicht erstattet werden (BVerfGE 53, 207 = NJW 1980, 1677; BVerfG MDR 1988, 552 = NStZ 1988, 282; AGH Bln BRAK-Mitt. 1997, 176; EGH Stuttgart BRAK-Mitt. 1983, 138 = AnwBl. 1983, 331 mit abl. Anm. *Schmidt; Meyer-Goßner* StPO § 464a Rn. 14 mwN; *Mümmler* JurBüro 1989, 1082; **aA** EGH Koblenz AnwBl. 1981, 415; AG Itzehoe AnwBl. 1980, 471; AG Gießen AnwBl. 1983, 331). Eine Auslegung des § 464a Abs. 2 Nr. 2 StPO, wonach einem Rechtsanwalt, der sich im Strafprozess „selbst verteidigt" hat, kein anwaltlicher Gebühren- und Auslagenanspruch zusteht, ist unter verfassungsrechtlichen Gesichtspunkten nicht zu beanstanden (BVerfG NStZ 1988, 282; vgl. auch BVerfG NJW 1998, 2205).

§ 464b StPO (Kostenfestsetzung) ist entsprechend anwendbar (vgl. Anm. zu § 199).

§ 464c StPO (Auslagen des Dolmetschers) ist entsprechend anwendbar.

§ 464d StPO (Bruchteilsverteilung) ist entsprechend anwendbar.

§ 465 StPO (Kosten und Auslagen bei Verurteilung) ist ebenfalls teilweise entsprechend anwendbar (vgl. Anm. zu §§ 195, 197; BGHSt 24, 81 = NJW 1971, 1048).

§§ 466 StPO (Haftung Mitverurteilter) ist entsprechend anwendbar (→ § 197 Rn. 15).

§ 467 StPO (Kosten und Auslagen bei Nichtverurteilung) ist entsprechend anwendbar (BGHSt 38, 138 = NJW 1992, 1181; BGH NJW 1986, 3150; BGHSt 21, 211; AGH NRW BRAK-Mitt. 2000, 198 zu § 467 Abs. 3 S. 2 Nr. 1 StPO; EGH München BRAK-Mitt. 1985, 58; EGE XIV, 262 und Beschluss vom 20.1.1987 – BayEGH II 13/86; EGH Celle EGE X, 164; → § 195 Rn. 9; → § 198 Rn. 3).

§ 467a StPO (Auslagen bei Einstellung des Ermittlungsverfahrens) ist entsprechend anwendbar (→ § 195 Rn. 9; *Isele* Anhang 2 zu § 116, § 467a StPO).

§ 468 StPO (Kostenentscheidung bei Straffreierklärung) ist **nicht** entsprechend anwendbar (→ § 195 Rn. 8).

§ 469 StPO (Kostenpflicht des Anzeigenden) ist entsprechend anwendbar (→ § 195 Rn. 9).

Dagegen sind die **§§ 470–472b StPO nicht** entsprechend anwendbar (→ § 195 Rn. 8).

§ 473 StPO (Kosten und Auslagen bei Rechtsmitteln) ist mit Ausnahme von Abs. 1 S. 2 und 3 und Abs. 5 zu § 197 ergänzend anwendbar (BGH EGE XI, 101; IX, 106; EGH Frankfurt EGE XIII, 185; → § 195 Rn. 9).

§ 473a StPO (Kosten bei gesonderter Entscheidung über die Rechtmäßigkeit einer Ermittlungsmaßnahme) ist entsprechend anwendbar (Henssler/Prütting/*Dittmann* § 116 Rn. 32).

39 **Achtes Buch. Erteilung von Auskünften und Akteneinsicht pp.**

§ 474 StPO (Akteneinsicht und Auskünfte für Justizbehörden und andere öffentliche Stellen) ist sinngemäß anwendbar. Das Anwaltsgericht, dem im Falle der Einreichung der Anschuldigungsschrift (§ 121) die Verfahrensakten und die bedeutsamen Beiakten vorzulegen sind (→ § 121 Rn. 2), kann auch in andere Akten der Anwaltsgerichte und Staatsanwaltschaft Einsicht nehmen, wenn dies für Zwecke der Rechtspflege erforderlich ist. Justizbehörde iSd § 474 Abs. 1 StPO kann auch die RAK sein, wenn sie die Akteneinsicht für Aufgaben fordert, die sie kraft Gesetzes wahrnimmt und die unmittelbar der Pflege der Anwaltsgerichtsbarkeit dienen (vgl. *Meyer-Goßner* EGGVG § 23 Rn. 2). Dies wird zB der Fall sein, wenn sie die Akteneinsicht im Rahmen des Verfahrens nach § 122 verlangt oder wenn sie diese benötigt für Zwecke der Erstellung von Vorschlagslisten für Mitglieder des Anwaltsgerichts und des AGH (§§ 73 Abs. 2 Nr. 5, 94 Abs. 2, 103 Abs. 2). In anderen Fällen kann die Kammer nach § 474 Abs. 2 StPO Akteneinsicht und Auskünfte verlangen.

§ 475 StPO (Auskünfte und Akteneinsicht für Privatpersonen und für sonstige Stellen) ist sinngemäß anwendbar. Damit kann insbesondere den Interessen Geschädigter aus anwaltlichen Pflichtverletzungen gedient werden, zumal sie regelmäßig das für die Informationserteilung notwendige berechtigte Interesse nachweisen können (Henssler/Prütting/*Dittmann* § 116 Rn. 33 zu § 475 StPO). Ein Akteneinsichtsrecht entsteht aber erst mit Übersendung der Anschuldigungsschrift der Generalstaatsanwaltschaft, im Beschwerdeverfahren vor der Rechtsanwaltskammer lässt sich ein Einsichtsrecht aus § 475 StPO nicht ableiten (*Güldenzoph* BRAK-Mitt. 2011, 4).

§ 476 StPO (Übermittlung personenbezogener Informationen für wissenschaftliche Zwecke) ist sinngemäß anwendbar (Henssler/Prütting/*Dittmann* § 116 Rn. 33 zu § 476 StPO).

§ 477 StPO (Zulässigkeit der Informationsübermittlung) ist sinngemäß anwendbar (Henssler/Prütting/*Dittmann* § 116 Rn. 33 zu § 477 StPO).

§ 478 StPO (Zuständigkeit, beigezogene Akten, Rechtsbehelfe) ist sinngemäß anwendbar (Henssler/Prütting/*Dittmann* § 116 Rn. 33 zu § 478 StPO).

§ 479 StPO (Informationsübermittlung von Amts wegen) ist in Ergänzung zu § 36 Abs. 3 sinngemäß anwendbar, soweit es darum geht, personenbezogene Informationen **aus** dem anwaltsgerichtlichen Verfahren mitzuteilen (Henssler/Prütting/*Dittmann* § 116 Rn. 33 zu § 479 StPO).

§ 480 StPO (Vorbehalt für Spezialvorschriften) ist sinngemäß anwendbar (Henssler/Prütting/*Dittmann* § 116 Rn. 33 zu § 480 StPO).

§ 481 StPO (Informationen aus Strafverfahren für die Polizei) ist sinngemäß anwendbar (Henssler/Prütting/*Dittmann* § 116 Rn. 33 zu § 481 StPO).

§ 482 StPO (Benachrichtigung der Polizei über den Ausgang des Strafverfahrens) ist nur hinsichtlich dessen **Abs. 1** sinngemäß anwendbar. Die Staatsanwaltschaft teilt danach der Polizeibehörde, die schon mit der Angelegenheit im Auftrag der Generalstaatsanwaltschaft befasst war, ihr Aktenzeichen mit, damit diese zB eventuelle Nachgänge unmittelbar der Staatsanwaltschaft zum Vorgang übersenden kann (**aA** Gaier/Wolf/Göcken/*Johnigk* § 116 Rn. 36 zu § 482). Im Übrigen ist die Vorschrift nicht sinngemäß anwendbar. Bei berechtigtem Behördeninteresse kann Polizeibehörden nach § 474 Abs. 2 StPO Auskunft erteilt werden (vgl. Henssler/Prütting/*Dittmann* § 116 Rn. 33 zu § 482 StPO).

Die **§§ 483–491 StPO** (Dateiregelungen) sind sinngemäß anwendbar. Allerdings bietet Abs. 3 von § 483 StPO (Strafverfahrensdatei) für das anwaltsgerichtliche Verfahren keinen Raum. Dies gilt auch bzgl. Abs. 4 von § 484 StPO (Verwendung von Daten für künftige Strafverfahren). § 485 StPO (Vorgangsverwaltung) gilt auch für die RAK als Vollstreckungsbehörde (§ 204; Henssler/Prütting/*Dittmann* § 116 Rn. 33 zu §§ 483–491 StPO).

Die **§§ 492–495 StPO** (Länderübergreifendes staatsanwaltschaftliches Verfahrensregister) sind nicht sinngemäß anwendbar. Da nach §§ 119 Abs. 2, 120 immer die Staatsanwaltschaft beim OLG zuständig ist, in deren Bezirk das Anwaltsgericht seinen Sitz hat und die örtliche Zuständigkeit des Anwaltsgerichts sich – unabhängig vom Tatort – immer nach dem Sitz der RAK bestimmt, welcher der Rechtsanwalt zur Zeit der Einleitung des Verfahrens angehört, bedarf es keines Informationsaustausches durch das länderübergreifende staatsanwaltschaftliche Verfahrensregister (Henssler/Prütting/*Dittmann* § 116 Rn. 33 zu §§ 492–495 StPO).

VII. Rechtsschutz bei überlanger Verfahrensdauer im Anwaltsgerichtsverfahren

Das Gesetz über den Rechtsschutz bei überlangen Gerichtsverfahren und strafrechtlichen Ermittlungsverfahren vom 24.11.2011 (BGBl. I S. 2302) ist am 3.12.2011 in Kraft getreten. Es 40 sieht als Folge von Entscheidungen des EGMR (insbesondere EGMR NJW 2006, 2389; 2010, 3355) einen neuen staatshaftungsrechtlichen Entschädigungsanspruch wegen überlanger Dauer eines gerichtlichen Verfahrens oder eines strafrechtlichen Ermittlungsverfahrens vor. Während durch den bestehenden konkurrierenden Amtshaftungsanspruch gemäß § 839 BGB iVm Art. 34 GG unter der Voraussetzung eines schuldhaften Verhaltens umfassender Schadensersatz einschließlich entgangenen Gewinns nach den Regeln der §§ 249 ff. BGB gewährt wird, ist durch die neue Regelung ein **verschuldensunabhängiger** Anspruch auf Entschädigung für Nachteile geschaffen worden, die durch eine unangemessene Verfahrensdauer eingetreten sind. Die Vorschriften **(§§ 198–201 GVG)** sind gemäß **§ 116 Abs. 2** im anwaltsgerichtlichen Verfahren **unmittelbar** anwendbar. Für die verwaltungsrechtlichen Anwaltssachen enthält § 112g eine wortgleiche Regelung.

41 Die **Angemessenheit der Verfahrensdauer** richtet sich nach den Umständen des Einzelfalles, beispielhaft hat der Gesetzgeber insoweit die Schwierigkeit und Bedeutung des Verfahrens sowie das Verhalten der Verfahrensbeteiligten und Dritter benannt. Unangemessen ist die Verfahrensdauer dann, wenn eine insbesondere an den Merkmalen des § 198 Abs. 1 S. 2 GVG ausgerichtete und den Gestaltungsspielraum der Gerichte bei der Verfahrensführung beachtende Gewichtung und Abwägung aller bedeutsamen Umstände des Einzelfalles ergibt, dass die aus Art. 2 Abs. 1 iVm Art. 20 Abs. 3 GG und Art. 19 Abs. 4 GG sowie Art. 6 Abs. 1 EMRK folgende Verpflichtung des Staates, Gerichtsverfahren in angemessener Zeit zum Abschluss zu bringen, verletzt ist (BVerwG BayVBl. 2014, 149; BGHZ 199, 87 = NJW 2014, 220). Bei der Beurteilung des Verhaltens des Gerichts darf der Grundsatz der richterlichen Unabhängigkeit nicht unberücksichtigt bleiben (BGHZ 199, 87). Zu berücksichtigen sind auch Umfang und Komplexität des Prozessstoffs, die Gesamtdauer des Verfahrens, die Schwere des Tatvorwurfs sowie das Ausmaß der mit dem Andauern des Verfahrens verbundenen Belastungen (BGH BeckRS 2013, 00981; *Meyer-Goßner* GVG § 198 Rn. 2; *Deckers* BRAK-Mitt. 2013, 266). Eine generelle Festlegung der angemessenen Verfahrensdauer, etwa durch einen Vergleich zwischen regelmäßig anzunehmender und tatsächlich gegebener Verfahrensdauer, ist vom Gesetzgeber nicht gewollt (OLG Frankfurt Urteil vom 10.7.2013 – EntV 3/13; OLG Köln NJW-RR 2014, 636 = VersR 2014, 981). Der für die Verfahrensdauer zu berücksichtigende Zeitraum beginnt, sobald dem Beschuldigten offiziell mitgeteilt wird, dass ihm die Begehung einer Zuwiderhandlung vorgeworfen wird oder seine Rechtsposition durch Ermittlungsmaßnahmen ernsthaft beeinträchtigt ist (BT-Drs. 17/3802, 24; *Kissel/Mayer* GVG § 198 Rn. 13; BGHZ 199, 87 = NJW 2014, 220). Verzögerungen, die auf zulässigem Verteidigungsverhalten beruhen, können dem Rechtsanwalt nicht angelastet werden (*Graf* NZWiSt 2012, 124), rechtsmissbräuchliches oder willkürliches Verhalten des Anspruchstellers kann eine unangemessene Verfahrensdauer dagegen nicht begründen. Kann das anwaltsgerichtliche Verfahren von Gesetzes wegen nicht gefördert werden (§ 118 Abs. 1 S. 1 und 2), ist die dadurch entstehende Verzögerung nicht „unangemessen"; anders, wenn das Verfahren entgegen § 118 Abs. 1 S. 3 nicht wieder aufgenommen wird (Henssler/Prütting/*Dittmann* § 116 Rn. 34). In Betracht zu ziehen sind auch die Besonderheiten des Anwaltsgerichtsverfahrens, etwa, dass sich die ehrenamtlichen Richter des AnwG regelmäßig nicht am Gerichtsort aufhalten, andererseits kann allein der ehrenamtliche Charakter der Tätigkeit nicht generell zu einem niedrigeren Standard als bei Berufsrichtern führen (OLG Köln NJW-RR 2014, 636 = VersR 2014, 981).

42 Im Falle einer unangemessenen Verfahrensdauer wird zugunsten des Geschädigten widerlegbar vermutet, dass ein **immaterieller Schaden** entstanden ist (§ 198 Abs. 2 S. 1 GVG). Diese Vermutungsregelung soll der Tatsache Rechnung tragen, dass im Bereich der nicht auf das Vermögen bezogenen Nachteile ein Beweis oft nur schwierig oder gar nicht zu führen ist. Die Höhe der Entschädigung beträgt im Regelfall 1.200 Euro für jedes Jahr der Verzögerung (§ 198 Abs. 2 S. 3 GVG), Abweichungen aus Billigkeitsgründen sind im Ausnahmefall möglich. Schuldhafte Verfahrensfehler der Strafverfolgungsbehörden gebieten eine Erhöhung des Pauschbetrages nicht (BGHZ 199, 87 = NJW 2014, 220). Eine Entschädigung für immaterielle Nachteile kommt jedoch nur in Betracht, soweit nicht **Wiedergutmachung auf andere Weise ausreichend** ist (§ 198 Abs. 2 S. 2, Abs. 4 GVG). Der wegen der Anlehnung an das Strafverfahren auch im Anwaltsgerichtsverfahren geltende § 199 GVG (Henssler/Prütting/*Dittmann* § 116 Rn. 34) gestaltet diesen Grundsatz näher aus. Wird demnach eine unangemessen lange Verfahrensdauer bereits durch die Anwaltsgerichtsbarkeit kompensiert (→ § 114 Rn. 88), scheidet eine Entschädigung nach § 198 Abs. 2 GVG für immaterielle Nachteile aus, § 199 Abs. 3 GVG.

Davon unberührt bleibt jedoch die Entschädigung für **materielle Nachteile,** für die § 198 GVG weiterhin Anwendung findet. Gewährt wird insoweit nicht voller Ersatz, sondern nur eine angemessene Entschädigung; die Anspruchsvoraussetzungen sind von dem Geschädigten nach den allgemeinen Regeln nachzuweisen.

Das **Verfahren** ist zweistufig ausgestaltet: Zunächst ist die Erhebung einer **Verzögerungs-** 43
rüge gegenüber der Staatsanwaltschaft oder dem Gericht, das mit der Sache befasst ist, erforderlich (§ 198 Abs. 3 GVG). Eine nicht an das mit der Sache befasste Gericht gerichtete Dienstaufsichtsbeschwerde ist nicht als Verzögerungsrüge anzusehen (OLG Köln NJW-RR 2014, 636 = VersR 2014, 981). Die Rüge kann erst erhoben werden, wenn Anlass zu der Besorgnis besteht, dass das Verfahren nicht in einer angemessenen Zeit abgeschlossen wird (§ 198 Abs. 2 S. 2 GVG), damit soll verfrühten Rügen ins Blaue hinein vorgebeugt werden (BT-Drs. 17/3808, 20). Die Rüge muss erkennen lassen, dass der Betroffene mit der Dauer des Verfahrens nicht einverstanden ist, eine weitergehende Begründungspflicht besteht nicht. § 198 Abs. 3 S. 3 GVG bestimmt indes, dass der Betroffene auf für die Verfahrensförderung erhebliche Umstände hinweisen muss, die noch nicht in das Verfahren eingeführt worden sind. Tut er das nicht, werden diese Umstände bei der Bestimmung der angemessenen Verfahrensdauer nicht berücksichtigt (§ 198 Abs. 3 S. 4 GVG). Dabei sind solche Umstände gemeint, die in der Sphäre des Rügenden liegen und die Folgen der Verzögerung in besonderem Maße verschlimmern können (BT-Drs. 17/3808, 21).

Erst auf der zweiten Stufe kann die **Entschädigungsklage** erhoben werden. Anspruchsgegner ist der Rechtsträger der Gerichtsbarkeit, aus dessen Verfahrensverzögerung ein Entschädigungsanspruch resultiert (§ 200 GVG). Aus der unmittelbaren, nicht nur entsprechenden Anwendbarkeit der Vorschriften des GVG folgt, dass für die Entschädigungsklage in anwaltsgerichtlichen Verfahren das Oberlandesgericht zuständig ist, in dessen Bezirk das streitgegenständliche Verfahren durchgeführt wurde, bzw. der BGH für Klagen gegen den Bund (§ 201 Abs. 1 GVG). Die Gerichte entscheiden dabei in der für Zivilverfahren vorgesehenen Besetzung, was § 116 Abs. 2 S. 2 für den BGH klarstellt. Die zunächst vorgesehene Zuständigkeit des Anwaltsgerichtshofes für die Entschädigungsklage ist im Verlauf des Gesetzgebungsverfahrens fallen gelassen worden, insbesondere weil mit Blick auf die schwache personelle Besetzung der Anwaltsgerichtsbarkeit durch die Zuweisung der Verfahren an die ordentlichen Gerichte organisatorische Schwierigkeiten bei der Besetzung der entscheidenden Spruchkörper vermieden werden sollten (BT-Drs. 17/7217, 28 f.).

§ 117 Keine Verhaftung des Rechtsanwalts

[1]Der Rechtsanwalt darf zur Durchführung des anwaltsgerichtlichen Verfahrens weder vorläufig festgenommen noch verhaftet oder vorgeführt werden. [2]Er kann nicht zur Vorbereitung eines Gutachtens über seinen psychischen Zustand in ein psychiatrisches Krankenhaus gebracht werden.

I. Grundsatz

Nach § 117 sind im anwaltsgerichtlichen Verfahren die Zwangsmaßnahmen der Verhaftung, 1
vorläufigen Festnahme, Vorführung und Untersuchung nach § 81 StPO gegen den beschuldigten Rechtsanwalt absolut unzulässig. Sie sind teilweise auch nicht erforderlich und widerstreiten der Natur des anwaltsgerichtlichen Verfahrens.

Das anwaltsgerichtliche Verfahren kann ohne diese persönlichen Eingriffe durchgeführt 2
werden (vgl. § 134). Gehen von dem Rechtsanwalt erhebliche Gefahren für wichtige Gemeinschaftsgüter, insbesondere die Rechtspflege aus, weil zu befürchten ist, dass er weiterhin erhebliche Pflichtverletzungen begehen werde, können gegen ihn schon vor der Anschuldigungserhebung bzw. einem Urteil das Berufs- oder Vertretungsverbot als vorläufige Maßnahme verhängt werden (§§ 150 ff.), so dass ein Haftgrund der Wiederholungsgefahr (§ 112a StPO) ebenfalls nicht die Verhaftung rechtfertigt. Mit § 117 sind die §§ 112–132, 134, 230 Abs. 2, 236 StPO für unanwendbar erklärt. Da ein Haftbefehl nicht ergehen darf, ist auch eine Beschlagnahme des Vermögens (§ 290 StPO) nicht zulässig (amtliche Begründung, BT-Drs. 3/120, 99).

II. Geltungsbereich

3 Diese Bestimmung bezieht sich ausschließlich auf das anwaltsgerichtliche Verfahren. Im Strafverfahren, das wegen desselben geschichtlichen Ereignisses gegen den Rechtsanwalt geführt wird, bleiben diese Zwangsmöglichkeiten nach Maßgabe der entsprechenden Regelung in der Strafprozessordnung zulässig. Auch dürfen die im Strafverfahren dabei gewonnenen Erkenntnisse, zB ein psychiatrisches Gutachten über den Rechtsanwalt, im anwaltsgerichtlichen Verfahren verwertet werden (vgl. auch § 118 Abs. 2 und 3, § 138). Bei gegebenen Anlass kann das Gericht (im Ermittlungsverfahren die Staatsanwaltschaft) aber das Verfahren aussetzen und die Akten der RAK vorlegen zwecks Prüfung, ob nach §§ 8, 16 Abs. 3a ein ärztliches Gutachten zur Frage der Berufsfähigkeit des Rechtsanwalts iSd § 14 Abs. 2 Nr. 3 herbeigeführt werden soll. Das Ergebnis dieser Untersuchung kann dann auch im anwaltsgerichtlichen Verfahren verwertet werden.

4 In anwaltsrechtlichen Verwaltungssachen (§§ 4 ff.) gilt § 117 nicht (Gaier/Wolf/Göcken/*Johnigk* § 117 Fn. 1). In Verwaltungsverfahrenssachen gelten neben den Regelungen der §§ 32 ff. ergänzend die Regelungen des Verwaltungsverfahrensgesetzes (§ 32). Aber auch für das anwaltsgerichtliche Verwaltungsverfahren (§§ 112–112f) gelten entgegen OLG Stuttgart MDR 2006, 1439 die Bestimmungen des § 117 nicht. Nach § 112c sind dort die Vorschriften der VwGO (vgl. § 95 VwGO) entsprechend heranzuziehen. Zu Einzelheiten → § 112c Rn. 1 ff.

III. Ausschluss sonstiger Zwangsmittel

5 Da das anwaltsgerichtliche Verfahren auch weder als Maßnahme (§ 114) noch als Sicherungsmittel eine Freiheitsentziehung kennt, kann iVm § 117 daraus geschlossen werden, dass gegen den Rechtsanwalt auch sonstige Zwangsmittel nicht ergriffen werden dürfen, die zu einer erheblichen Beschränkung seiner Freiheit führen würden, so dass auch die Untersuchungen nach §§ 81a und 81b StPO gegen ihn unzulässig sind.

IV. Andere Personen

6 Untersuchungen anderer Personen sind jedoch über § 116 iVm § 81c und § 81d StPO zulässig (*Isele* § 117 VI C; § 81c und § 81d StPO in Anm. zu § 116). § 117 verbietet die dort angeführten Zwangsmaßnahmen gegen den Beschuldigten als Organ der Rechtspflege. Es ist kein Grund ersichtlich, weswegen andere Personen, die zur Urteilsfindung herangezogen werden, nicht denselben Regeln unterliegen wie im Strafprozess. Dafür spricht auch, dass § 117 für den Rechtsanwalt, nicht aber für andere Personen eine Ausnahmeregelung von § 116 iVm §§ 81 ff. StPO ausdrücklich aufstellt.

V. Freiwillige Untersuchung

7 Der freiwillige Aufenthalt des Rechtsanwalts zum Zwecke der Beobachtung in einem psychiatrischen Krankenhaus und seine freiwillige Mitwirkung zum Zwecke der Erstellung eines psychiatrischen Gutachtens sind stets zulässig.

§ 117a Verteidigung

Auf die Verteidigung im anwaltsgerichtlichen Verfahren ist § 140 Abs. 1 Nr. 1 bis 3, 6, 7 und 9 der Strafprozeßordnung nicht anzuwenden.

Schrifttum: *Burhoff/Stephan,* Strafvereitelung durch Strafverteidiger, 2008; *Weigend/Walther/Grunewald,* Strafverteidigung vor neuen Herausforderungen, 2008.

Übersicht

I. Sinngemäße Anwendung von § 140 StPO

§ 117a geht davon aus, dass § 140 StPO grundsätzlich über § 116 S. 2 sinngemäß anwendbar ist und nimmt davon lediglich **§ 140 Abs. 1 Nr. 1–3 sowie Nr. 6, 7 und 9 StPO ausdrücklich aus.** Nur in den Fällen des § 140 Abs. 1 Nr. 5 (Anstaltsunterbringung) und Nr. 8 StPO (Ausschließung des bisherigen Verteidigers) soll die Verteidigung notwendig sein (amtliche Begründung, BT-Drs. 5/2848, 26 f.). 1

Es ist nicht erforderlich, für jedes anwaltsgerichtliche Verfahren die Mitwirkung eines Verteidigers vorzusehen. Dem angeschuldigten Rechtsanwalt ist es möglich, die eigene Verteidigung vorzubereiten (vgl. auch §§ 117b, 137 S. 3, 138 Abs. 2) und in der Hauptverhandlung das Verfahren durch geeignete Anträge zu beeinflussen. Die Beschuldigten sind Rechtsanwälte. Es kann also erwartet werden, dass sie in berufsrechtlichen Fragen und auf dem Gebiete des anwaltsgerichtlichen Verfahrens hinreichend rechts- und sachkundig sind. Außerdem entscheidet das Anwaltsgericht auch über Pflichtverletzungen leichterer Art und ist im anwaltsgerichtlichen Verfahren ein zweiter tatrichterlicher Rechtszug vorgesehen (§ 143), während das Landgericht im Strafverfahren erstinstanzlich für die Aburteilung der mittleren bis schweren Kriminalität zuständig ist und dann nur ein tatrichterlicher Rechtszug zur Verfügung steht (§§ 312, 333 StPO). Damit erscheint es gerechtfertigt, die Regelung des § 140 Abs. 1 Nr. 1 StPO (notwendige Verteidigung wenn die Hauptverhandlung im ersten Rechtszug vor dem Oberlandesgericht oder dem Landgericht stattfindet) nicht zu übernehmen (amtliche Begründung, BT-Drs. 5/2848, 26 f.). 2

Soweit danach ein Fall der notwendigen Verteidigung nicht vorliegt, kann der beschuldigte Rechtsanwalt sich selbst verteidigen. Dadurch erlangt er aber nicht die prozessuale Stellung eines Verteidigers mit ihren besonderen Rechten und Pflichten (BVerfG NJW 1998, 2205 = NStZ 1998, 363; EGH Stuttgart AnwBl. 1983, 331). Ihm können daher auch nicht die Gebühren und Auslagen erstattet werden, die ein als Verteidiger bevollmächtigter Rechtsanwalt erstattet verlangen könnte (*Jessnitzer/Blumberg* § 117a Rn. 3; EGH Stuttgart AnwBl. 1983, 331; vgl. auch § 116, Anm. zu § 464a StPO; **aA** EGH Koblenz AnwBl. 1981, 415). 3

Im Übrigen schützt § 140 Abs. 2 StPO, nach dem der Vorsitzende des Gerichts bei schwierigen Fällen einen Verteidiger bestellen kann, den Rechtsanwalt in ausreichendem Maße (amtliche Begründung, BT-Drs. 5/2848, 26 f.). 4

II. Fälle der notwendigen Verteidigung

Nach § 116 S. 2 iVm § 117a sind von § 140 Abs. 1 StPO lediglich die Nr. 5 und 8 sinngemäß anwendbar (Nr. 4 wurde aufgehoben durch Gesetz zur Änderung der StPO vom 17.5.1988 (BGBl. I S. 606), → Rn. 10, 12). Damit ist ein Fall notwendiger Verteidigung gemäß § 116 S. 2 gegeben: 5

1. § 140 Abs. 1 Nr. 5 StPO. Nach § 140 Abs. 1 Nr. 5 StPO, wenn der Beschuldigte sich mindestens drei Monate aufgrund richterlicher Anordnung oder mit richterlicher Genehmigung in einer Anstalt befunden hat und nicht mindestens zwei Wochen vor der Hauptverhandlung entlassen wird. Grund der Regelung ist, dass der Rechtsanwalt dann regelmäßig nicht in der Lage ist, seine Verteidigung in der Hauptverhandlung selbst vorzubereiten und daher ein Verteidiger für seine angemessene Verteidigung sorgen muss. Die **Freiheitsentziehung aufgrund richterlicher Entscheidung** muss vor der Hauptverhandlung in der ersten oder in der Berufungsinstanz (Tatsacheninstanzen) **ununterbrochen drei Monate** gedauert haben (OLG Hamburg MDR 1973, 336; **aA** OLG Bremen StV 1984, 13). Dabei soll die Freiheitsentziehung erst von dem Zeitpunkt an zählen, in dem der Verwahrte „Beschuldigter" im anwaltsgerichtlichen Ermittlungsverfahren geworden ist, dh die Staatsanwaltschaft gegen ihn ein anwaltsgerichtliches Ermittlungsverfahren eingeleitet hat (zu § 140 StPO Löwe/Rosenberg/*Dünnebier* StPO § 140 Rn. 21, Einl. Nr. 76; Gaier/Wolf/Göcken/*Johnigk* § 117a Rn. 3). Im Hinblick auf den Grund der 6

Regelung erscheint dies aber für das anwaltsgerichtliche Verfahren nicht sinnvoll zu sein (Henssler/Prütting/*Dittmann* § 117a Rn. 2). Zu der Freiheitsentziehung iSd Nr. 5 gehört auch Straf- und Untersuchungshaft im Ausland und die Unterbringung durch den Betreuer mit betreuungsgerichtlicher Genehmigung nach § 1906 BGB sowie nach den Unterbringungsgesetzen der Länder oder in einer Drogentherapie-Einrichtung nach § 35 BtMG (zu § 1800 Abs. 2 BGB aF OLG Celle NJW 1965, 2069; *Meyer-Goßner* StPO § 140 Rn. 15, 16).

7 **2. § 140 Abs. 1 Nr. 8 StPO.** Nach § 140 Abs. 1 Nr. 8 StPO, wenn der bisherige Verteidiger durch eine Entscheidung nach §§ 138a ff. StPO von der Mitwirkung in dem Verfahren ausgeschlossen ist. Dabei ist gleichgültig, ob der bisherige Verteidiger ein Pflicht- oder Wahlverteidiger war und ob die Verteidigung sonst notwendig gewesen wäre. Ist nur einer von mehreren Wahlverteidigern ausgeschlossen worden, so gilt Nr. 8 nicht (*Meyer-Goßner* StPO § 140 Rn. 20).

III. Bestellung je nach Art des Falles

8 Nach § 140 Abs. 2 StPO bestellt der Vorsitzende in anderen Fällen (als denen zu → Rn. 6, 7) auf Antrag oder von Amts wegen einen Verteidiger, wenn wegen der Schwere der Tat oder wegen der Schwierigkeit der Sach- oder Rechtslage die Mitwirkung eines Verteidigers geboten erscheint oder wenn ersichtlich ist, dass sich der Beschuldigte nicht selbst verteidigen kann (zur Anwendbarkeit von § 140 Abs. 2 StPO vgl. auch EGH-Präsidentenkonferenz in BRAK-Mitt. 1984, 24).

9 **1. Schwere der Tat.** Die Schwere der Tat beurteilt sich nach der zu erwartenden Rechtsfolgenentscheidung (zu § 140 Abs. 2 StPO BGHSt 6, 199; OLG Hamburg NStZ 1984, 281). Wenn eine **Maßnahme nach § 114 Abs. 1 Nr. 4 und 5** oder ein Berufs- oder Vertretungsverbot als vorläufige Maßnahme (§§ 150 ff.) zu erwarten ist, wird immer wegen der Schwere der Tat die Bestellung eines Verteidigers erforderlich sein, da solche Maßnahmen immer die berufliche Existenz des Rechtsanwalts tangieren. Ist eine gravierende Geldbuße (§ 114 Abs. 1 Nr. 3), möglicherweise gekoppelt mit einem Verweis (§ 114 Abs. 2) zu erwarten, kann je nach Verteidigungsfähigkeit des Rechtsanwalts im Einzelfall ebenfalls eine Verteidigerbestellung erforderlich sein.

10 **2. Schwierigkeiten der Sachlage.** Eine schwierige Sachlage kann sich aus dem Umfang des Prozessstoffes ergeben und liegt vor bei schwieriger Beweislage, zB schwierigen Indizienbeweisen, schwer zu beurteilenden Zeugenaussagen zB solcher kindlicher oder geistig behinderter Zeugen. Eine Verteidigerbestellung kann danach auch bei Schwerhörigkeit oder sonstigen gravierenden Behinderungen des Rechtsanwalts, durch die Verständigungsschwierigkeiten entstehen können, erforderlich sein (BVerfGE 64, 135 = NJW 1983, 2762).

11 **3. Schwierigkeit der Rechtslage.** Eine schwierige Rechtslage wird in anwaltsgerichtlichen Verfahren entgegen der Auffassung von *Isele* (*Isele* Anhang 2 zu § 116, § 140 StPO Anm. IV, B 2) nur ausnahmsweise die Bestellung eines Verteidigers rechtfertigen. Der rechtskundige Angeschuldigte ist verpflichtet und grundsätzlich auch in der Lage, selbst sein Berufsrecht zu kennen und anzuwenden. Im Einzelfall mag aber eine Bestellung gerechtfertigt sein für Kammermitglieder nach §§ 206, 207 und 209 sowie für Rechtsanwälte, die über die Eignungsprüfung oder die Eingliederung (§§ 11 ff., 16 ff. EuRAG) die Zulassung zur Rechtsanwaltschaft erreicht haben und mit der Rechtslage für eine angemessene Verteidigung nicht hinreichend vertraut sind. Dies gilt ebenso, wenn der Beschuldigte wegen sprachlicher Schwierigkeiten daran gehindert ist, sich wirksam zu verteidigen (Henssler/Prütting/*Dittmann* § 117a Rn. 5).

12 **4. Fehlende Verteidigungsfähigkeit im Einzelfall.** Wenn im Einzelfall ersichtlich ist, dass sich der Rechtsanwalt nicht selbst verteidigen kann, ist ebenfalls ein Verteidiger zu bestellen. *Isele* weist mit Recht darauf hin, dass diese Fälle äußerst selten sein werden. Sie berühren den Grenzbereich, innerhalb dessen es zweifelhaft, ist, ob überhaupt das anwaltsgerichtliche Verfahren in Betracht kommt oder vielmehr der Widerruf der Zulassung zu prüfen ist (*Isele* Anhang 2 zu § 116, § 140 StPO Anm. IV C). Die früher in § 140 Abs. 1 Nr. 4 StPO (blinde, taube oder stumme Beschuldigte; → Rn. 5) erfassten Fälle werden nunmehr von § 140 Abs. 2 StPO erfasst. Dem Antrag eines hör- oder sprachbehinderten Beschuldigten ist danach zu entsprechen (vgl. auch *Hamm* NJW 1988, 1820).

IV. Wiederaufnahmeverfahren und Aufhebung der Bestellung

Im Wiederaufnahmeverfahren (§ 116 S. 2, § 118 Abs. 4 iVm §§ 359 ff. StPO) kommt eine Verteidigerbestellung nach §§ 364a, 364b StPO in Betracht. Nach § 116 S. 2 iVm § 140 Abs. 3 StPO kann die Bestellung des Verteidigers nach § 140 Abs. 1 Nr. 5 StPO aufgehoben werden, wenn der Beschuldigte mindestens zwei Wochen vor Beginn der Hauptverhandlung aus der Anstalt entlassen wird. Dieser Widerruf ist indes nicht zwingend und in der Regel nicht angezeigt, zumal der Rechtsanwalt sich auf den Beistand eines Verteidigers eingerichtet hat und dann unter Umständen einen neuen Verteidiger wählt, der sich erst in das Verfahren einarbeiten muss. Das kann unter Umständen zu einer Aussetzung der Hauptverhandlung führen. 13

V. Verfahrensweise

Hält das AnwG danach die Mitwirkung eines Verteidigers für erforderlich, fordert es den Rechtsanwalt auf, innerhalb einer vom Gericht zu bestimmenden Frist einen Wahlverteidiger zu bestellen. Da der Rechtsanwalt in eigener Sache weder Wahl- noch Pflichtverteidiger sein kann, kann er sich nicht selbst zum Verteidiger benennen. Folgt er daher der Aufforderung des Gerichts zur Bestellung eines Wahlverteidigers nicht, kann das Gericht ihm einen Pflichtverteidiger beiordnen; dadurch wird der Rechtsanwalt nicht beschwert (BVerfG NJW 1998, 2205 = NStZ 1998, 363). 14

VI. Verteidigergebühr

Die **Höhe der Verteidigergebühren** bestimmen sich gemäß § 2 Abs. 2 RVG nach dem Vergütungsverzeichnis (VV) des RVG und zwar nach dessen Teil 6 Abschnitt 2 VV 6200–6216. Auch im **Rügeverfahren** hat der betroffene Rechtsanwalt das Recht, sich durch einen Rechtsanwalt seiner Wahl beraten und vertreten zu lassen (§ 3 Abs. 3). Die ersten beiden Verfahrensabschnitte (Aufsichts- und Einspruchsverfahren, → § 74 Rn. 20 ff., 53 ff.) zählen aber gebührenrechtlich **nicht zu den berufsgerichtlichen Verfahren** wegen Verletzung einer Berufspflicht iSd Vergütungsverzeichnisses zum RVG, Teil 6 Abschnitt 2. Insbesondere sind diese Verfahrensabschnitte nicht die außergerichtlichen Teile des berufsgerichtlichen Verfahrens iSd Nr. 6202 VV. Die in diesen Verfahrensabschnitten geleisteten anwaltlichen Dienste werden nach VV Teil 2 vergütet (*Gebauer/Schneider/Wahlen* 2. Aufl. RVG-VV Vorbem. 6.2 Rn. 16). Das berufsgerichtliche Verfahren iSd Gebührenvorschriften nach VV 6200 beginnt erst mit dem Antrag auf gerichtliche Entscheidung (§ 74a Abs. 1) bzw. mit der Einleitung des anwaltsgerichtlichen Verfahrens durch die Staatsanwaltschaft (§§ 74a Abs. 5, 121), da die Rüge des Vorstandes keine berufsgerichtliche Maßnahme ist (§ 114; *Gebauer/Schneider/Wahlen* 2. Aufl. RVG-VV Vorbem. 6.2 Rn. 16). Zum absoluten Aufrechnungsverbot für den Staat bei Pflichtverteidigergebühren vgl. BVerfG AnwBl. 2009, 551. 15

§ 117b Akteneinsicht

[1] Der Vorstand der Rechtsanwaltskammer und der Rechtsanwalt, der einer Verletzung seiner Pflichten beschuldigt wird, sind befugt, die Akten, die dem Gericht vorliegen oder diesem im Falle der Einreichung einer Anschuldigungsschrift vorzulegen wären, einzusehen sowie amtlich verwahrte Beweisstücke zu besichtigen. [2] Für die Akteneinsicht durch den Rechtsanwalt ist § 147 Abs. 2 Satz 1, Abs. 3, 5 und 6 der Strafprozeßordnung entsprechend anzuwenden.

Übersicht

I. Grundsatz

1 Die Regelung der Akteneinsicht durch den Vorstand der RAK und den beschuldigten Rechtsanwalt nach § 117b bezieht sich ausschließlich auf das anwaltsgerichtliche Verfahren; dazu gehört das Rügeverfahren nach § 74 nicht. In der Verweisungsvorschrift des § 74 Abs. 1 S. 2 ist § 117b nicht aufgeführt (EGH Hamm EGE XII, 99). Für die Vorgänge über das Rügeverfahren als Bestandteile der Personalakten gilt die Akteneinsichtsregelung des § 58 (EGH Hamm EGE XII, 99). Für das Akteneinsichtsrecht des Verteidigers gilt § 117b nicht, sondern § 147 StPO uneingeschränkt über § 116 S. 2 (→ Rn. 10, 11).

2 Bezüglich des anwaltsgerichtlichen Verfahrens und anwaltsgerichtlichen Ermittlungsverfahrens ist das Akteneinsichtsrecht nach § 117b der Vorschrift des § 147 StPO nachgebildet (amtliche Begründung, BT-Drs. 5/2848, 27); es kann daher insoweit grundsätzlich auf die Kommentierungen zu § 147 StPO verwiesen werden. Jedoch gelten insbesondere für die Akteneinsicht durch den beschuldigten Rechtsanwalt selbst die in → § 117b Rn. 12–15 angeführten Grundsätze.

II. Gegenstand des Akteneinsichtsrechts

3 **1. Dem Gericht vorliegende oder vorzulegende Akten.** Gegenstand des Akteneinsichtsrechts sind die Akten und Beiakten, die dem Gericht vorliegen oder diesem im Falle der Einreichung der Anschuldigungsschrift nach § 116 iVm § 199 Abs. 2 S. 2 StPO vorzulegen wären, dh alle von Anfang an gesammelten be- und entlastenden Schriftstücke, Ton- oder Bildaufnahmen, Strafregisterauszüge (zu § 147 StPO BVerfGE 62, 338 = NJW 1983, 1046), die nach Anschuldigungserhebung entstandenen Aktenteile und die vom Gericht herangezogenen oder von der Staatsanwaltschaft nachgereichten Beiakten (zu § 147 StPO BGHSt 30, 131, 138).

4 Es ist unzulässig, Schriftstücke, Ton- und Bildaufnahmen, aus denen sich relevante Umstände für Schuld- oder Maßnahmenausspruch ergeben könnten, nicht in die Akten aufzunehmen und so das Akteneinsichtsrecht zu unterlaufen. Was von der Staatsanwaltschaft und dem Gericht für das Verfahren geschaffen worden ist, darf der Akteneinsicht nicht entzogen werden (zu § 147 StPO BGH NJW 1991, 435; OLG Koblenz NJW 1981, 1570), da sonst der Anspruch auf rechtliches Gehör verletzt würde (zu § 147 StPO BVerfGE 18, 405). Es gilt der Grundsatz der Aktenvollständigkeit (*Meyer-Goßner* StPO § 147 Rn. 14).

5 Das Akteneinsichtsrecht erstreckt sich auch auf beigezogene Akten anderer Behörden, die den Rechtsanwalt betreffen, zB auf Aufsichtsvorgänge des Kammervorstandes und Strafakten, nicht aber auf nach Ansicht der Verteidigung noch beizuziehende Akten (**aA** *Riemer* DVBl. 2014, 802). Sind solche Akten nur zur vertraulichen Behandlung übersandt worden, so darf zwar in sie keine Einsicht gewährt werden (Henssler/Prütting/*Dittmann* § 117b Rn. 3; **aA** BGHSt 42, 71 = NStZ 1997, 43 mit Anm. *Gillmeister;* Gaier/Wolf/Göcken/*Johnigk* § 117b Rn. 5; vgl. auch § 187 Abs. 2 RiStBV), sie dürfen dann aber auch nicht in dem Verfahren verwertet werden (zu § 147 StPO *Meyer-Goßner* StPO § 147 Rn. 16; OLG Schleswig StV 1989, 95; OLG Hamm StV 1984, 373). § 147 StPO gibt weder dem Rechtsanwalt noch seinem Verteidiger einen Anspruch auf gerichtliche Übersendung von Fotokopien aus den Gerichtsakten einschließlich des Hauptverhandlungsprotokolls. Diese Vorschrift verstößt nicht gegen Grundrechte des Angeschuldigten (BVerfG AnwBl. 1984, 261; *Meyer-Goßner* StPO § 147 Rn. 6 mwN). Der Verteidiger kann sich jedoch, wenn nicht besondere Gründe entgegenstehen, Abschriften oder Ablichtungen selbst anfertigen oder auf seine Kosten anfertigen lassen (BGHSt 18, 369).

6 **2. Amtlich verwahrte Beweisstücke.** Das Recht auf Besichtigung der amtlich verwahrten Beweisstücke (→ § 117b Rn. 10, 11) ergänzt das Akteneinsichtsrecht und umfasst alle Beweisgegenstände, die nach § 116 iVm §§ 94–100, 101–110 StPO in amtlichen Gewahrsam gelangt sind, dies auch dann, wenn sie nicht in die Akten eingeordnet werden.

7 **3. Handakten der Staatsanwaltschaft.** Die Handakten der Staatsanwaltschaft und andere innerdienstliche Vorgänge sind nicht Bestandteil der Akten und unterliegen damit nicht der Akteneinsicht (*Meyer-Goßner* StPO § 147 Rn. 13; Nr. 187 Abs. 2 RiStBV).

III. Zeitpunkt und Umfang des Akteneinsichtsrechts

Das Akteneinsichtsrecht gilt im Vor-, Zwischen- und Hauptverfahren, auch im Vollstreckungsverfahren im weitesten Sinne (§§ 204–205a) und im Antragsverfahren auf Wiederaufnahme (§ 116, § 118 Abs. 4 iVm §§ 359 ff. StPO). Die Akteneinsicht muss ausreichend und in zumutbarer Weise gewährt werden (OLG Hamm NJW 1972, 1096) unter Umständen mehrfach, wenn der Akteninhalt umfangreicher geworden ist. Die Dauer der Überlassung der Akten und Unterlagen richtet sich nach den Umständen des Einzelfalls (*Meyer-Goßner* StPO § 147 Rn. 12). 8

IV. Akteneinsicht durch den Vorstand der RAK

Die Akteneinsicht durch den Vorstand der RAK wird häufig mit der ersten Unterrichtung durch die Staatsanwaltschaft nach § 120a zusammenfallen und in der Form geschehen, dass dem Vorstand der RAK die kompletten Akten übersandt werden. Der Kammervorstand kann dieses Recht wiederholt wahrnehmen und die Akten auch bei der Staatsanwaltschaft einsehen. Eine Beschränkungsmöglichkeit der Akteneinsicht vor Abschluss der Ermittlungen wie es in § 147 Abs. 2 StPO vorgesehen ist, gibt es, wie sich aus der Regelung des § 117b S. 2 ergibt, der nur für die Akteneinsicht durch den beschuldigten Rechtsanwalt § 147 Abs. 2 StPO für entsprechend anwendbar erklärt, gegenüber dem Vorstand der RAK nicht. 9

V. Akteneinsicht durch den Verteidiger

§ 117b regelt nicht das Akteneinsichtsrecht des Verteidigers, für ihn gilt über § 116 S. 2 § 147 StPO uneingeschränkt. Er hat das gleiche Akteneinsichtsrecht wie im Strafverfahren (§ 116 iVm § 147 StPO, vgl. im Einzelnen die strafprozessuale Kommentierung). Ihm gegenüber gelten die Beschränkungsmöglichkeiten des § 147 Abs. 2 StPO in den Grenzen des § 147 Abs. 3 und 5 StPO, dh wenn durch die Akteneinsicht vor Abschluss der Ermittlungen der Untersuchungszweck gefährdet werden kann (vgl. *Meyer-Goßner* StPO § 147 Rn. 24 ff.). Der Verteidiger hat keinen Rechtsanspruch auf Aktenaushändigung zur Mitnahme (§ 147 Abs. 4 StPO, vgl. BGH MDR 1984, 443), ihm sollen aber auf Antrag die Akten mit Ausnahme der Beweisstücke zur Einsichtnahme mitgegeben oder übersandt werden, soweit nicht wichtige Gründe entgegenstehen (§ 147 Abs. 4 StPO, Nr. 189 Abs. 2 RiStBV). 10

Beweisstücke dürfen niemals aus dem amtlichen Gewahrsam entlassen werden (BGH NStZ 1981, 95; § 147 Abs. 4 StPO). Im Rahmen der Möglichkeiten muss dem Verteidiger aber die Möglichkeit zur Fertigung von Lichtbildern oder Ablichtungen davon eingeräumt werden. Zur Weitergabe der durch die Akteneinsicht erlangten Kenntnisse an den beschuldigten Rechtsanwalt ist der Verteidiger berechtigt und in der Regel auch verpflichtet (BGHSt 29, 99 = JR 1981, 73 mit Anm. *Müller-Dietz*), zumal dem Rechtsanwalt auch selbst Akteneinsicht zu gewähren ist (→ Rn. 12 ff.). In gleichem Umfang, wie der Verteidiger seinen Mandanten über den Akteninhalt mündlich unterrichten darf, ist er prozessual auch berechtigt, ihm Abschriften oder Ablichtungen des Akteninhalts auszuhändigen (*Meyer-Goßner* StPO § 147 Rn. 20 ff. mwN). 11

VI. Akteneinsicht durch den beschuldigten Rechtsanwalt

Anders als im Strafverfahren (vgl. aber LG Hamburg NJW 1993, 3152) hat der beschuldigte Rechtsanwalt im anwaltsgerichtlichen Verfahren ein **eigenes Akteneinsichtsrecht,** für das die Beschränkungen des § 147 Abs. 2 StPO mit den Grenzen des § 147 Abs. 3 StPO gelten. Falls er keinen Verteidiger hat, kann er nach § 116 S. 2 iVm § 147 Abs. 7 StPO auch Aktenauskünfte und Abschriften bzw. Ablichtungen aus den Akten verlangen (vgl. *Meyer-Goßner* StPO § 147 Rn. 4). Dass § 117b S. 2 nicht auch § 147 Abs. 7 für entsprechend anwendbar erklärt, bedeutet nicht dessen Unanwendbarkeit im anwaltsgerichtlichen Verfahren, sondern erklärt sich daraus, dass § 147 Abs. 7 StPO erst später in das Gesetz eingefügt wurde. Für eine Schlechterstellung des Rechtsanwalts gegenüber dem Beschuldigten im allgemeinen Strafverfahren bietet sich kein Anhaltspunkt (Henssler/Prütting/*Dittmann* § 117b Rn. 5). 12

Dem beschuldigten Rechtsanwalt dürfen aber anders als dem Verteidiger (§ 147 Abs. 4 StPO) niemals die Akten in seine Geschäftsräume oder Wohnung zur Einsichtnahme mitgegeben werden. Die entsprechende Vorschrift des § 147 Abs. 4 StPO ist von der Verweisung in § 117b S. 2 ausdrücklich ausgenommen (amtliche Begründung, BT-Drs. 5/2848, 27; EGH Hamm EGE 13

XII, 97). Diese Beschränkung in der Form der Gewährung des Akteneinsichtsrechts an den beschuldigten Rechtsanwalt dient dem Schutz der Integrität der Akten.

14 Der Beschuldigte im anwaltsgerichtlichen Verfahren ist in der gleichen Lage wie ein Beschuldigter im ordentlichen Strafverfahren. Er ist hier nicht der Rechtsanwalt als Organ der Rechtspflege, dem das Vertrauen entgegengebracht werden kann, er werde die Integrität der Akten wahren (*Isele* § 117b Anm. II B). Daher darf die zu gewährende Akteneinsicht, um den beschuldigten Rechtsanwalt gar nicht erst in Versuchung zu führen, von der die Akteneinsicht gewährenden Stelle, im vorbereitenden Verfahren der Staatsanwaltschaft, im Übrigen dem Vorsitzenden des mit der Sache befassten Gerichtes (§ 117b S. 2 iVm § 147 Abs. 5 StPO), nur in der Art und Weise gewährt werden, dass Manipulationen durch den Beschuldigten von vornherein ausgeschlossen sind. Das bedeutet in praxi, dass der Beschuldigte bei der Ausübung des Akteneinsichtsrechts in zweckentsprechender Weise überwacht werden muss (*Isele* § 117b Anm. II B 3).

15 Im Hinblick auf die Stellung des Beschuldigten als gleichrangiges Organ der Rechtspflege sollte diese Überwachung durch einen Richter oder Staatsanwalt erfolgen.

VII. Akteneinsicht durch Dritte

16 Für die Akteneinsicht durch Dritte fehlte es im anwaltsgerichtlichen Bereich – wie im allgemeinen Strafprozessrecht – lange Zeit an einer gesetzlichen Regelung. Die Rechtsprechung und Lehre hatten dazu aber einige Grundsätze entwickelt, die eine Akteneinsicht durch Dritte – insbesondere durch Geschädigte einer Straftat bzw. einer anwaltlichen Pflichtverletzung – bei Glaubhaftmachung eines berechtigten rechtlichen Interesses ermöglichten, es sei denn, das Geheimhaltungsinteresse des Rechtsanwalts überwiege (vgl. 7. Aufl. § 117b Rn. 16). Das Problem ist nunmehr durch den 1. Abschnitt des Achten Buches der StPO, §§ 474–482 StPO, gelöst. Diese Bestimmungen sind über § 116 S. 2 sinngemäß anwendbar, soweit es um Auskünfte und Akteneinsicht in anwaltsgerichtliche Akten für Privatpersonen und sonstige Stellen geht (→ § 116 Rn. 39 zu § 474 StPO). Nach § 116 S. 2 iVm § 475 StPO können Privatpersonen und „sonstige Stellen" durch einen Rechtsanwalt (§ 475 Abs. 1 StPO) Aktenauskünfte und -Einsicht erhalten; Akteneinsicht allerdings nur, wenn die Erteilung von Auskünften nicht ausreichen würde oder einen unverhältnismäßigen Aufwand erfordern würde. Ein Geschädigter wird dabei das erforderliche berechtigte Interesse regelmäßig darlegen können. Der beschuldigte Rechtsanwalt wird dagegen regelmäßig nicht damit durchdringen können, er habe ein schutzwürdiges Interesse an der Versagung. Der beauftragte Rechtsanwalt kann unter den Voraussetzungen von § 475 Abs. 3 S. 2 StPO die Akten zur Einsichtnahme ausgehändigt erhalten. Privatpersonen und „sonstige Stellen" erhalten, wenn sie sich keiner anwaltlichen Hilfe bedienen, bei Vorliegen der übrigen Voraussetzungen von § 475 StPO Abs. 1 Auskünfte aus den Akten (Henssler/Prütting/*Dittmann* § 117b Rn. 8).

§ 118 Verhältnis des anwaltsgerichtlichen Verfahrens zum Straf- oder Bußgeldverfahren

(1) [1]**Ist gegen einen Rechtsanwalt, der einer Verletzung seiner Pflichten beschuldigt wird, wegen desselben Verhaltens die öffentliche Klage im strafgerichtlichen Verfahren erhoben, so kann gegen ihn ein anwaltsgerichtliches Verfahren zwar eingeleitet, es muß aber bis zur Beendigung des strafgerichtlichen Verfahrens ausgesetzt werden.** [2]**Ebenso muß ein bereits eingeleitetes anwaltsgerichtliches Verfahren ausgesetzt werden, wenn während seines Laufes die öffentliche Klage im strafgerichtlichen Verfahren erhoben wird.** [3]**Das anwaltsgerichtliche Verfahren ist fortzusetzen, wenn die Sachaufklärung so gesichert erscheint, daß sich widersprechende Entscheidungen nicht zu erwarten sind, oder wenn im strafgerichtlichen Verfahren aus Gründen nicht verhandelt werden kann, die in der Person des Rechtsanwalts liegen.**

(2) **Wird der Rechtsanwalt im gerichtlichen Verfahren wegen einer Straftat oder einer Ordnungswidrigkeit freigesprochen, so kann wegen der Tatsachen, die Gegenstand der gerichtlichen Entscheidung waren, ein anwaltsgerichtliches Verfahren nur dann eingeleitet oder fortgesetzt werden, wenn diese Tatsachen, ohne den Tatbestand einer Straf-**

vorschrift oder einer Bußgeldvorschrift zu erfüllen, eine Verletzung der Pflichten des Rechtsanwalts enthalten.

(3) [1]**Für die Entscheidung im anwaltsgerichtlichen Verfahren sind die tatsächlichen Feststellungen des Urteils im Strafverfahren oder Bußgeldverfahren bindend, auf denen die Entscheidung des Gerichts beruht.** [2]**In dem anwaltsgerichtlichen Verfahren kann ein Gericht jedoch die nochmalige Prüfung solcher Feststellungen beschließen, deren Richtigkeit seine Mitglieder mit Stimmenmehrheit bezweifeln; dies ist in den Gründen der anwaltsgerichtlichen Entscheidung zum Ausdruck zu bringen.**

(4) [1]**Wird ein anwaltsgerichtliches Verfahren nach Absatz 1 Satz 3 fortgesetzt, ist die Wiederaufnahme des rechtskräftig abgeschlossenen anwaltsgerichtlichen Verfahrens auch zulässig, wenn die tatsächlichen Feststellungen, auf denen die Verurteilung oder der Freispruch im anwaltsgerichtlichen Verfahren beruht, den Feststellungen im strafgerichtlichen Verfahren widersprechen.** [2]**Den Antrag auf Wiederaufnahme des Verfahrens kann die Staatsanwaltschaft oder der Rechtsanwalt binnen eines Monats nach Rechtskraft des Urteils im strafgerichtlichen Verfahren stellen.**

Schrifttum: *Deckenbrock/Fleckner,* Berufsgerichtliche Verfahren gegen mehrfach qualifizierte Berufsträger – Insolvenzverwaltung durch Wirtschaftsprüfer, NJW 2005, 1165; *Wagner,* Die Konkurrenz zwischen dem Strafverfahren und dem anwaltsgerichtlichen Verfahren in gleicher Sache, 2005.

Übersicht

I. Verfahrensmäßiger Vorrang des strafgerichtlichen Verfahrens

Während § 115b das materiellrechtliche Verhältnis mehrerer Verfahren wegen derselben Pflichtverletzung regelt, also entscheidet, ob und wann wegen derselben Pflichtverletzung in verschiedenen Verfahren mehrere Strafen, Maßnahmen pp.) verhängt werden können (→ § 115b Rn. 1 ff.), bestimmen die §§ 118, 118a das verfahrensrechtliche Verhältnis verschiedener Verfahren wegen derselben Pflichtverletzung zueinander (→ § 118a Rn. 1 ff.). § 118 statuiert den unbedingten Vorrang des strafgerichtlichen Verfahrens vor dem anwaltsgerichtlichen Verfahren (BGHSt 28, 178 = NJW 1979, 1171; BGHSt 33, 155 = NJW 1985, 2037) im **verfahrensmäßigen** Sinne (BGH NJW 2005, 1057). Dem liegt die Erwägung zugrunde, dass die gleichzeitige Durchführung verschiedener gerichtlicher Verfahren, die dasselbe Verhalten des Rechtsanwalts (→ § 113 Rn. 25 ff.) zum Gegenstand haben, vermieden werden soll, weil dies unzweck- 1 mäßig sein kann, zumal in ihnen möglicherweise dieselben Beweise zu erheben wären; zudem die Gefahr widersprechender Entscheidungen bestünde (BGHSt 28, 178 = NJW 1979, 1171; BGH NStZ 1992, 538) und im Strafverfahren im Allgemeinen die umfangreicheren Mittel für die Tatsachenfeststellung zur Verfügung stehen (amtliche Begründung zur Änderung des § 118 durch Gesetz zur Änderung des Berufsrechts der Rechtsanwälte und der Patentanwälte vom 13.12.1989, BGBl. I S. 2135).

2 Das Anwaltsgericht hat nicht von Gesetzes wegen die Aufgabe, strafgerichtliche Feststellungen nachzuprüfen (BGHSt 33, 155 = NJW 1985, 2037). § 118 gilt damit **nicht für das anwaltsgerichtliche Ermittlungsverfahren**. Dieses kann, obwohl der Beschuldigte wegen desselben Verhaltens im Strafverfahren bereits angeklagt ist, fortgeführt werden (amtliche Begründung, BT-Drs. 3/120, 99). Andererseits kann auch das Anwaltsgericht das Verfahren ohne weiteres fortführen, wenn im strafrechtlichen Ermittlungsverfahren wegen desselben Verhaltens noch keine Anklage erhoben wurde. Das bedeutet auch, in diesen Fällen kann die Verfolgung fortgesetzt werden und folglich ruht die Verjährung während dieser Zeit nicht (§ 115 iVm § 78b StGB; vgl. auch BGHSt 33, 54 zu §§ 93, 109 StBerG). Jedoch können die nach § 115 S. 2 iVm § 78c Abs. 1–4 StGB möglichen Unterbrechungshandlungen (→ § 115 Rn. 19 ff.) vorgenommen werden. Dies gilt auch, wenn das anwaltsgerichtliche Verfahren nach § 118 Abs. 1 S. 3 fortgesetzt wird (→ Rn. 12 ff.). Einer dem § 93 Abs. 2 StBerG entsprechende Regelung, wonach dann, wenn vor Ablauf der Verjährungsfrist wegen desselben Sachverhalts ein Strafverfahren eingeleitet worden ist, der Ablauf der Verjährungsfrist für die Dauer des Strafverfahrens gehemmt ist, wurde mit § 115 Abs. 2 Rechnung getragen (→ § 115 Rn. 18a). § 118 gilt lediglich für das anwaltsgerichtliche (§§ 116 ff.), hingegen nicht für das gerichtliche Verfahren in verwaltungsrechtlichen Anwaltssachen (§§ 112a ff.). Für dieses gilt gemäß § 112c der Untersuchungsgrundsatz nach § 86 VwGO, demzufolge der Sachverhalt durch das Gericht von Amts wegen zu ermitteln ist (AGH NRW Urteil vom 23.4.2010 – 1 AGH 13/10).

II. Abwarten des strafgerichtlichen Verfahrens nach Abs. 1 S. 1 und S. 2

3 **1. Voraussetzungen. a) Bereits erfolgte Anklageerhebung.** Gegen den Rechtsanwalt muss bereits die öffentliche Klage im strafgerichtlichen Verfahren erhoben sein. Erhoben wird die öffentliche Klage im strafgerichtlichen Verfahren durch „Einreichung einer Anklageschrift bei dem zuständigen Gericht" (§ 170 Abs. 1 StPO). Der **Eingang der Anklageschrift bei Gericht** ist damit maßgeblicher Zeitpunkt.

4 Der Einreichung der Anklageschrift stehen gleich der Strafbefehlsantrag (§ 407 Abs. 1 S. 4 StPO), die Antragstellung auf Aburteilung im beschleunigten Verfahren (§§ 417 ff. StPO), die Nachtragsanklage (§ 266 StPO), die Anberaumung der Hauptverhandlung nach § 408 Abs. 3 S. 2 StPO, die Übernahmeerklärung der Staatsanwaltschaft im Privatklageverfahren nach § 377 StPO, die Anordnung der Klageerhebung im Klageerzwingungsverfahren nach § 175 StPO (Henssler/Prütting/*Dittmann* § 118 Rn. 4; **aA** Gaier/Wolf/Göcken/*Johnigk* § 118 Rn. 2) und der Beschluss, durch den das Wiederaufnahmegericht nach § 370 Abs. 2 StPO die Wiederaufnahme des Strafverfahrens und die Erneuerung der Hauptverhandlung anordnet (*Claussen/Janzen* BDO § 17 Rn. 2a). Da es sich bei der Privatklage (§ 381 StPO) nicht um eine „öffentliche Klage" im strafgerichtlichen Verfahren handelt, greift § 118 dann nicht ein (amtliche Begründung, BT-Drs. 3/120, 99). Ein Bußgeldverfahren wird von § 118 Abs. 1 ebenfalls nicht erfasst; es sei denn, das Verfahren wird nach § 81 OWiG in das Strafverfahren übergeleitet, da dann die Wirkung der Erhebung einer öffentlichen Klage eintritt.

5 **b) Dasselbe Verfahren.** Strafverfahren und anwaltsgerichtliches Verfahren müssen dasselbe Verhalten desselben Rechtsanwalts betreffen. „Maßgebend ist das zur Aburteilung in beiden Verfahren stehende Lebensverhältnis (vgl. *Vollmer,* Reichs-Rechtsanwaltsordnung, 1936, § 67 Anm. 1), das einheitliche geschichtliche tatsächliche Ereignis (BGHSt 23, 141, 144 ff. zu § 264 StPO), ohne Rücksicht auf die rechtliche Wertung der Verhaltensweise und auf die in den beiden Verfahren zu ziehenden oder gezogenen rechtlichen Folgerungen" (BGHSt 28, 178 = NJW 1979, 1171); vgl. auch OVG Münster JMBl. NW 1986, 251 zu § 14 DONW).

6 Dasselbe Verhalten ist somit die **angeschuldigte einheitliche Pflichtverletzung** (§ 113; zum Verständnis des Begriffes → § 113 Rn. 25 ff.). Zur Bedeutung des Begriffes der einheitlichen Pflichtverletzung, für § 118 insbesondere in dem Fall, dass die in der anwaltsgerichtlichen Einheitstat zusammengefassten Geschehnisse über den Gegenstand des Strafverfahrens hinausreichen

und es damit an der Sachverhaltsidentität fehlt (*Jähnke,* FS Pfeiffer, 1988, 941 ff., 946), → § 113 Rn. 39, 60). Enthält die Anklage im Strafverfahren weitere Vorwürfe, die berufsrechtlich irrelevant sind, fehlt es zwar an der Sachverhaltsidentität. Doch dies ist unproblematisch für die Aussetzung, da die Anschuldigung dann eine „Teilmenge" der Anklage ist und der Vorrang des Strafverfahrens für die gesamte Anschuldigung gilt (Gaier/Wolf/Göcken/*Johnigk* § 118 Rn. 7).

2. Folgen. a) Aussetzung des anwaltsgerichtlichen Verfahrens. Ist wegen desselben Verhaltens des Rechtsanwalts die öffentliche Klage im strafgerichtlichen Verfahren erhoben, so kann das anwaltsgerichtliche Verfahren zwar eingeleitet, muss dann aber, wenn nicht die Voraussetzungen des Abs. 1 S. 3 vorliegen (→ Rn. 12 ff.), bis zur Beendigung des strafgerichtlichen Verfahrens **ausgesetzt** werden. Dh., die Staatsanwaltschaft kann zwar noch bei dem Anwaltsgericht eine Anschuldigungsschrift einreichen (§ 121), durch die die Verjährung im anwaltsgerichtlichen Verfahren unterbrochen wird (§ 115 iVm § 78c Abs. 1 Nr. 6 StGB) und die Anschuldigungsschrift kann dem Rechtsanwalt noch mitgeteilt werden (§ 116 iVm § 201 StPO; amtliche Begründung, BT-Drs. 3/120, 99), das Anwaltsgericht und sein Vorsitzender müssen sich aber vorbehaltlich Abs. 1 S. 3 jeder weiteren Förderung des Verfahrens enthalten. Das Anwaltsgericht darf keine weitere Aufklärung anordnen oder gar über die Eröffnung des Hauptverfahrens beschließen (§§ 131, 116 iVm §§ 202, 203, 205 StPO). Allein zulässig in diesem Verfahrensstadium ist der Beschluss des Anwaltsgerichts, das Verfahren werde ausgesetzt (*Isele* § 118 II B. 2a; amtliche Begründung, BT-Drs. 3/120, 99). Es besteht also ein **temporäres Verfahrenshindernis** bis zum Abschluss des Strafverfahrens (BGH NJW 2005, 1057 zu §§ 38, 83a Abs. 1 und 3 WPO). 7

b) Ruhen der Verjährung. Ab diesem Zeitpunkt **ruht dann auch die Verjährung** der Verfolgung der angeschuldigten Pflichtverletzung (§ 115 iVm § 78b StGB), da ab diesem Zeitpunkt nach § 118, also nach dem Gesetz, die Verfolgung der Pflichtverletzung nicht fortgesetzt werden kann, ab diesem Zeitpunkt alle Verfolgungsmaßnahmen ausgeschlossen sind, die eine wirksame Unterbrechungshandlung nach § 115 iVm § 78c StPO ermöglichten (vgl. BGHSt 33, 54 zu § 109 StBerG). 8

c) Aussetzung bei späterer Anklageerhebung. Wird während eines laufenden anwaltsgerichtlichen Verfahrens die öffentliche Klage im strafrechtlichen Verfahren erhoben, so muss vorbehaltlich Abs. 1 S. 3 das anwaltsgerichtliche Verfahren **sofort ausgesetzt werden und zwar auch noch in der Berufungsinstanz.** Das Revisionsverfahren als solches kann fortgesetzt werden, da dann das anwaltsgerichtliche Verfahren sachlich hinsichtlich der Sachverhaltsfeststellung bereits abgeschlossen ist. Wird aber das angefochtene Urteil in der Revisionsinstanz aufgehoben und zurückverwiesen (§§ 116, 146 Abs. 3 iVm § 354 StPO), dann muss nunmehr das Verfahren nach § 118 Abs. 1 ausgesetzt werden. Die Verletzung des Aussetzungsgebotes stellt einen wesentlichen Verfahrensmangel dar. 9

d) Bedeutungslosigkeit für das Verfahren nach §§ 150 ff. Die Verpflichtung zur Aussetzung im Falle der Erhebung der öffentlichen Klage im strafgerichtlichen Verfahren **gilt nicht für das Verfahren nach §§ 150 ff.** Die Aussetzung des anwaltsgerichtlichen Verfahrens steht der Verhängung eines Berufs- oder Vertretungsverbots nach §§ 150 ff. nicht entgegen (BVerfGE 44, 105 = NJW 1977, 892; *Jessnitzer/Blumberg* § 118 Rn. 5; → § 150 Rn. 25, 26). 10

e) Dauer der Aussetzung. Das anwaltsgerichtliche Verfahren ist regelmäßig bis zum endgültigen Abschluss des strafgerichtlichen Verfahrens auszusetzen. Nach Erhebung der öffentlichen Klage wird das strafgerichtliche Verfahren mit der Rechtskraft eines ergangenen Urteils (vgl. §§ 260, 449 StPO) oder mit einem nicht mehr anfechtbaren Einstellungsbeschluss (§§ 204, 206a, 206b, 211 StPO) beendet (amtliche Begründung, BT-Drs. 3/120, 99). Hier sind aber → Rn. 18, 19 zu beachten. 11

III. Fortsetzung des anwaltsgerichtlichen Verfahrens

1. Gesicherte Sachaufklärung. Von dem Grundsatz des Abs. 1 S. 1 und S. 2 ist abzuweichen und das anwaltsgerichtliche Verfahren fortzusetzen, wenn die Sachaufklärung so gesichert erscheint, dass sich widersprechende Entscheidungen nicht zu erwarten sind, oder wenn im strafgerichtlichen Verfahren aus Gründen nicht verhandelt werden kann, die in der Person des Rechtsanwalts liegen. 12

13 Die in § 118 Abs. 1 S. 3 aF getroffene Regelung, wonach nur unter bestimmten Voraussetzungen das anwaltsgerichtliche Verfahren fortgesetzt werden konnte, „hat in der Vergangenheit wiederholt zu Schwierigkeiten, insbesondere auch zu dem Vorwurf zögerlichen Einschreitens wegen der berufsrechtlichen Seite der gegen einen Rechtsanwalt erhobenen Beschuldigungen, geführt. Als besonders misslich erwies sich dies in Fällen, in denen das strafgerichtliche Verfahren wegen des Umfangs der Beschuldigungen, der Schwierigkeiten für deren Nachweis oder Wahrnehmung von Rechtsmitteln eine erhebliche Zeit beanspruchte" (amtliche Begründung zur Neufassung des Abs. 1 S. 3).

14 Daher wurde durch den mit Gesetz zur Änderung des Berufsrechts der Rechtsanwälte und der Patentanwälte vom 13.12.1989 (BGBl. I S. 2135) neu gefassten Abs. 1 S. 3 unter den dort aufgestellten Voraussetzungen ein **Fortsetzungszwang** („ist") eingeführt. In der amtlichen Begründung heißt es dazu weiter: „Der Vorrang des Strafverfahrens in § 118 Abs. 1 ist darin begründet, dass einander widersprechende Entscheidungen in zwei getrennten Verfahren vermieden werden sollen, die sich zur gleichen Zeit – wenn auch unter verschiedenen Aspekten – mit demselben Sachverhalt befassen und dass im Strafverfahren im allgemeinen die umfangreicheren Mittel für die Tatsachenfeststellung zur Verfügung stehen. Die zeitliche Zurückstellung der berufsrechtlichen Würdigung ist jedoch dort problematisch, wo bei vernünftiger Überlegung die Gefahr einander widersprechender Entscheidungen im Hinblick auf die in der Hauptverhandlung vor dem Anwaltsgericht zu erhebenden Beweise gering erscheint.

15 Durch Art. I Nr. 27 lit. a des Gesetzes zur Änderung der BRAO und der Patentanwaltsordnung vom 13.1.1969 (BGBl. I S. 25) ist daher in § 118 Abs. 1 S. 3 als Ausnahme von dem vorher nahezu unbeschränkten Vorrang des Strafverfahrens aufgenommen worden, dass **„die Sachaufklärung gesichert ist"**. Diese Gesetzesänderung hat wegen des Meinungsstreits darüber, wann die Sachaufklärung in diesem Sinne gesichert sei, nur einen bescheidenen Beitrag zur Beschleunigung des anwaltsgerichtlichen Verfahrens geleistet.

16 Es ist daher angezeigt, die Auslegung des BGH (BGHSt 28, 178, 181 = NJW 1979, 1171) zu § 118 Abs. 1 S. 3 ausdrücklich in diese Vorschrift aufzunehmen. Hiernach kann trotz eines gleichzeitigen strafgerichtlichen Verfahrens das anwaltsgerichtliche Verfahren fortgesetzt werden, wenn die Sachaufklärung als durch die Verhandlung im anwaltsgerichtlichen Verfahren so gesichert erscheint, dass bei vernünftiger Überlegung **eine entgegenstehende Entscheidung hinsichtlich der tatsächlichen Feststellungen in dem später abgeschlossenen strafgerichtlichen Verfahren nicht zu befürchten ist.** In einem solchen Fall ist die Fortsetzung des Verfahrens gesetzlich anzuordnen.

17 Für den Fall, dass sich diese Prognose als unrichtig erweisen sollte, ist in Abs. 4 ein zusätzlicher Grund für die Wiederaufnahme des anwaltsgerichtlichen Verfahrens (zugunsten wie zu ungunsten des Rechtsanwalts) vorzusehen. In der erneuten Hauptverhandlung im anwaltsgerichtlichen Verfahren (und unter Anwendung des § 118 Abs. 2, 3) kann sodann für die möglichst weitgehende Übereinstimmung der Entscheidungen gesorgt werden" (amtliche Begründung, BT-Drs. 11/3253).

18 Eine entgegenstehende Entscheidung im später abgeschlossenen Strafverfahren ist bei vernünftiger Überlegung insbesondere nicht zu befürchten (BGHSt 28, 178, 181 = NJW 1979, 1171) bei einem **rechtskräftigen Schuldspruch** aber fehlendem rechtskräftigem Strafausspruch im Strafverfahren und **bei einem Geständnis** des Betroffenen. So kann auch ein anwaltsgerichtliches Verfahren beim AGH fortgesetzt werden, nachdem dort die Berufung wirksam auf den Maßnahmenausspruch beschränkt worden ist, obwohl ein sachgleiches Strafverfahren nunmehr anhängig ist (zu § 17 Abs. 1 BDO aF BVerwGE 76, 87). Darauf ist die Ausnahme des § 118 Abs. 1 S. 3 indes nicht beschränkt.

19 Immer dann, wenn nach den Umständen des Einzelfalles der Tatrichter in vernünftiger Beurteilung der Sachlage und nach sachgemäßer Prüfung mit Recht zu der Auffassung gelangt ist, dass die Fortsetzung des anwaltsgerichtlichen Verfahrens die Verteidigung des Rechtsanwalts nicht beeinträchtige und aller Voraussicht nach auch nicht zu einer Entscheidung führe, die zu einer später ergehenden Entscheidung im Strafverfahren in Widerspruch stehen würde, verstößt die weitere Durchführung des anwaltsgerichtlichen Verfahrens nicht gegen das Aussetzungsgebot des § 118 Abs. 1 (BGHSt 28, 178 = NJW 1979, 1171; BGH NStZ 1991, 538).

20 **2. Verhandlungshindernis in der Person des Rechtsanwalts.** Aus Gründen, die in der Person des Rechtsanwalts liegen, kann namentlich dann im Strafverfahren nicht verhandelt

werden, wenn der Rechtsanwalt abwesend oder verhandlungsunfähig ist, wenn das Strafverfahren nach § 205 StPO also nur vorläufig eingestellt wird (amtliche Begründung, BT-Drs. 3/120, 99). Auch in diesem Fall ist das anwaltsgerichtliche Verfahren fortzusetzen. Praktische Bedeutung hat diese Regelung nicht erlangt, zumal der verhandlungsunfähige Rechtsanwalt über § 116 iVm § 205 StPO auch im anwaltsgerichtlichen Verfahren die vorläufige Einstellung wird erreichen können.

Endet das Strafverfahren ohne Urteil, zB durch Einstellung nach §§ 153 ff. StPO oder aufgrund einer Amnestie, dann ist das anwaltsgerichtliche Verfahren ebenfalls fortzusetzen. 21

3. Wirkungsbereich des Abs. 1 S. 3. Die Regelung des § 118 Abs. 1 S. 3 hat Bedeutung insbesondere für anwaltsgerichtliche Verfahren, in denen es um schwerwiegende Pflichtverletzungen geht, die eine Maßnahme nach § 114 Abs. 1 Nr. 4 oder 5 erwarten lassen (vgl. § 115b S. 2). 22

Im Übrigen wird Abs. 1 S. 3 überlagert von der Regelung der §§ 115b, 118b. Kommt nur eine geringere Maßnahme in Betracht und liegt es nahe, dass neben der zu erwartenden strafgerichtlichen Verurteilung für dasselbe Verhalten des Rechtsanwalts (→ § 113 Rn. 25 ff.) eine zusätzliche anwaltsgerichtliche Maßnahme nicht erforderlich sein wird, um den Rechtsanwalt zur Erfüllung seiner Pflichten anzuhalten und das Ansehen der Rechtsanwaltschaft zu wahren (§ 115b S. 1), dann kann mit Rücksicht darauf die Aussetzung des anwaltsgerichtlichen Verfahrens nach § 118b in Betracht kommen (→ § 115b Rn. 30; → § 118b Rn. 3 ff.; vgl. auch BRAK-Mitt. 1990, 62). 23

IV. Freispruch im strafgerichtlichen Verfahren

1. Freispruch als Prozesshindernis und der disziplinare Überhang. Ist der Rechtsanwalt im gerichtlichen Verfahren wegen einer Straftat oder einer Ordnungswidrigkeit rechtskräftig freigesprochen worden, dann sind die Staatsanwaltschaft und das Anwaltsgericht an das Urteil gebunden. **Abs. 3 S. 1 gilt entsprechend** (→ § 118 Rn. 28 ff.). Die Bindung tritt insoweit ein, als das straf- und anwaltsgerichtliche Verfahren sich auf denselben Gegenstand beziehen (amtliche Begründung, BT-Drs. 3/120, 99). Es steht im anwaltsgerichtlichen Verfahren mit bindender Wirkung fest, dass die in dem rechtskräftigen Urteil festgestellten Tatsachen keinen Straftatbestand und keine Ordnungswidrigkeit darstellen. Wenn die in diesem Urteil festgestellten Tatsachen, unbeschadet dessen, dass sie weder als Straftat noch als Ordnungswidrigkeit gewertet werden können, gleichwohl eine Verletzung der Pflichten des Rechtsanwalts enthalten **(disziplinarer Überhang),** kann deswegen ein anwaltsgerichtliches Verfahren entweder eingeleitet oder fortgesetzt werden. Das ist zB dann der Fall, wenn eine Verurteilung wegen Parteiverrats lediglich am fehlenden Nachweis des Vorsatzes scheiterte, dann kann gleichwohl bei Fahrlässigkeit (§ 113 Abs. 1) eine Pflichtverletzung nach §§ 43, 43a Abs. 4, 113 Abs. 1 in Betracht kommen (amtliche Begründung, BT-Drs. 3/120, 99; EGH Stuttgart BRAK-Mitt. 1983, 195). 24

Ist ein disziplinarer Überhang nicht vorhanden, dann stellt der strafgerichtliche **Freispruch ein Prozesshindernis** dar, das die anwaltsgerichtliche Verfolgung insoweit unzulässig macht (zu 17 BDO aF BVerwGE 76, 347 = NJW 1986, 444; BVerwG NJW 1990, 3289). Das temporäre Verfahrenshindernis (→ Rn. 7) schlägt um in ein endgültiges. Die prozesshindernde Wirkung, die in jedem Verfahrensstadium von Amts wegen zu berücksichtigen ist, tritt nur ein, wenn und soweit der Rechtsanwalt in dem wegen derselben Tat (§ 264 StPO), des identischen Sachverhalts (NJW 1990, 3289), anhängigen Strafverfahren, auch Privatklageverfahren, nach Prüfung der Schuld und Tatfrage durch rechtskräftiges Urteil des Strafgerichts freigesprochen wird, weil das Strafgericht die vorgeworfene Tat nicht für erwiesen oder den gesetzlichen Tatbestand aus Rechtsgründen nicht für erfüllt hält, sei es weil Rechtfertigungsgründe vorliegen oder weil die Schuld mangels Vorsatzes, Fahrlässigkeit oder wegen eines Schuldausschließungsgrundes nach Auffassung des Strafgerichts entfällt. Dabei ist es unerheblich, ob die rechtliche und tatsächliche Würdigung des Prozessstoffes durch das Strafgericht zutrifft. Die **Sperrwirkung des § 118 Abs. 2 gilt auch für offensichtlich fehlerhafte Freisprüche** und reicht so weit, wie der Freispruch die strafgerichtliche Klage verbraucht (zu § 17 Abs. 5 BDO aF *Claussen/Janzen* BDO § 17 Rn. 15a; BVerwG NJW 1990, 3289; zum Verbrauch der Strafklage durch ein Strafurteil vgl. *Meyer-Goßner* StPO Einl. Rn. 171 ff.). Ein Lösungsbeschluss des Anwaltsgerichts entsprechend § 118 Abs. 3 S. 2 ist nicht möglich (zu § 17 Abs. 5 BDO aF *Claussen/Janzen* BDO § 17 Rn. 17a). Wird ein Rechtsanwalt vom Strafgericht mit der Begründung freigesprochen, be- 25 stimmte ihm zur Last gelegte Verhaltensweisen stellten keine Sorgfaltspflichtverletzung dar, so steht der Freispruch einer anwaltsgerichtlichen Verfolgung wegen dieses Verhaltens unter dem Gesichtspunkt, der Rechtsanwalt habe hierdurch seine anwaltliche Sorgfaltspflicht verletzt, entgegen (zu § 17 Abs. 5 BDO aF BVerwG NJW 1990, 3289).

26 Ein **Freispruch iSv § 118 Abs. 2 liegt auch vor,** wenn das Strafgericht das Verfahren eingestellt hat, obwohl es auf Freispruch hätte erkennen müssen wegen des Vorranges des Freispruchs vor der Einstellung (*Claussen/Janzen* BDO § 17 Rn. 15b zu § 17 Abs. 5 BDO aF; zu den Fällen des Vorranges des Freispruchs vgl. *Meyer-Goßner* StPO § 260 Rn. 44 ff.; Löwe/Rosenberg/*Gollwitzer* StPO § 260 Rn. 100 ff.), oder wenn das Strafgericht einen Freispruch nicht ausspricht, weil es rechtsirrig Tateinheit zwischen der nicht erwiesenen und der zur Verurteilung führenden Tat annimmt (*Meyer-Goßner* StPO § 260 Rn. 46). In diesen Fällen kommt dem auf Einstellung oder Verurteilung lautenden Strafurteil die Wirkung eines Freispruchs iSv § 118 Abs. 2 aber nur so weit zu, wie der Rechtsanwalt einen Anspruch auf Freispruch hatte, also nur hinsichtlich des nicht erwiesenen oder aus Rechtsgründen entfallenden Straftatbestandes, nicht aber hinsichtlich des übrigbleibenden geringeren Delikts, das lediglich wegen Verjährung, fehlenden Strafantrags oder aus anderen Gründen nicht verfolgt werden kann. Wegen dieses geringeren Delikts ist ein anwaltsgerichtliches Verfahren zulässig (zu § 17 Abs. 5 BDO aF *Claussen/Janzen* BDO § 17 Rn. 15b; *Köhler/Ratz* BDO § 17 Rn. 15). Auch ein nicht mehr anfechtbarer **Nichteröffnungsbeschluss** des Strafgerichts (§§ 204, 210 Abs. 2, 211 StPO) steht einem Freispruch iSd § 118 Abs. 2 gleich (Henssler/Prütting/*Dittmann* § 118 Rn. 14; *Kleine-Cosack* § 118 Rn. 4; **aA** zu § 17 Abs. 5 BDO aF *Claussen/Janzen* BDO § 17 Rn. 16a; *Köhler/Ratz* BDO § 17 Rn. 15; Gaier/Wolf/Göcken/*Johnigk* § 118 Rn. 23). § 211 StPO bezweckt, den Angeschuldigten ebenso wie ein freisprechendes Urteil vor erneuter Anklageerhebung wegen derselben Tat zu schützen, gleichviel unter welchen veränderten rechtlichen Gesichtspunkten diese etwa gestellt wird. Der Schutz versagt nur dann, wenn die erneute Klageerhebung in dem Hervortreten neuer Tatsachen oder Beweismittel ihren Grund und ihre Rechtfertigung findet. In allen übrigen Fällen ist die Strafklage verbraucht wie bei einem freisprechenden Urteil (BGHSt 18, 225 = NJW 1963, 1019; KK-StPO/*Treier* StPO § 211 Rn. 1). Soweit danach der nicht mehr anfechtbare Nichteröffnungsbeschluss einem freisprechenden Urteil gleichsteht, steht er auch im Rahmen des § 118 Abs. 2 dem gleich. Das heißt, nur aufgrund neuer Tatsachen und Beweismittel kann der Rechtsanwalt wegen derselben Tat, hinsichtlich der die Eröffnung des Strafverfahrens abgelehnt wurde, im anwaltsgerichtlichen Verfahren verfolgt werden (vgl. auch Anm. zu § 132) oder bei einem disziplinaren Überhang.

27 Ein **Freispruch iSd § 118 Abs. 2 liegt nicht vor,** wenn die Staatsanwaltschaft das Ermittlungsverfahren einstellt (§ 170 Abs. 2 StPO) und bei auf Einstellung des Strafverfahrens lautenden Gerichtsentscheidungen, gleich ob sie auf prozessrechtlichen oder materiellrechtlichen Gründen beruhen, so zB Einstellung wegen Verjährung, mangels Strafantrag, wegen Verhandlungsunfähigkeit pp. (zu § 17 Abs. 5 BDO aF *Claussen/Janzen* BDO § 17 Rn. 16a; *Köhler/Ratz* BDO § 17 Rn. 15). Eine Sperrwirkung des § 118 Abs. 2 scheidet auch aus, bei strafgerichtlichen Entscheidungen, in denen eine Straftat zwar festgestellt, eine Kriminalstrafe gleichwohl nicht verhängt, von ihr abgesehen wird (vgl. zB §§ 83a, 84 Abs. 4, 85 Abs. 3, 86 Abs. 4, 86a Abs. 3, 87 Abs. 3, 89 Abs. 3, 98 Abs. 2, 99 Abs. 3, 129 Abs. 5, 139, 157, 158, 163 Abs. 2, 173 Abs. 3, 258 Abs. 6, 316a Abs. 2 StGB). Die Strafgerichte können oder müssen in diesen Fällen aus kriminalpolitischen Gründen, mit Rücksicht auf Familienbande oder aus anderen Gründen von einer Strafsanktion absehen. Diese Gründe sind disziplinarrechtlich unerheblich, so dass die Freistellung von krimineller Strafe die Wirkungen des § 118 Abs. 2 nicht auslösen kann (zu § 17 Abs. 5 BDO aF *Claussen/Janzen* BDO § 17 Rn. 16a). § 118 Abs. 2 ist aber auf einen Freispruch anzuwenden, der wegen Fehlens einer objektiven Bedingung der Strafbarkeit (vgl. *Fischer* StGB § 16 Rn. 24; → Vor § 32 Rn. 18; → § 104a Rn. 1; → § 186 Rn. 12; → Vor § 283 Rn. 12; → § 323a Rn. 8) oder wegen Vorliegens von Rechtfertigungsgründen (vgl. *Fischer* StGB Vor § 32 Rn. 2) ergangen ist (*Claussen/Janzen* BDO § 17 Rn. 16b zu § 17 Abs. 5 BDO aF). Das Prozesshindernis des § 118 Abs. 2 entfällt, wenn der Rechtsanwalt im strafgerichtlichen Wiederaufnahmeverfahren verurteilt wird (zu § 17 Abs. 5 BDO aF *Claussen/Janzen* BDO § 17 Rn. 18). In dem neuen anwaltsgerichtlichen Verfahren ist aber § 115b zu beachten.

28 **2. Substantiierungspflicht bei Anschuldigung trotz Freispruch im Strafverfahren.** Der **disziplinare Überhang** muss zwecks hinreichender Substantiierung einer Pflichtverletzung in

der Anschuldigungsschrift bzw. in einer nachträglichen Stellungnahme zu dem strafgerichtlichen Freispruch **sorgfältig herausgearbeitet und ausdrücklich als Pflichtverletzung gewertet** werden. Diese Substantiierungspflicht ergibt sich aus § 130. Danach ist in der Anschuldigungsschrift die dem Rechtsanwalt zur Last gelegte Pflichtverletzung unter Anführung der sie begründenden Tatsachen zu bezeichnen. Dementsprechend muss die Anschuldigungsschrift im Einzelnen anführen, worin trotz strafgerichtlichen Freispruchs ein disziplinarer Überhang, der die anwaltsgerichtliche Verfolgung rechtfertigt, liegen soll. Hierzu gehört eine so hinreichende Substantiierung, dass dem Rechtsanwalt eine sachgerechte Verteidigung möglich und das Anwaltsgericht in der Lage ist, den in bestimmter Hinsicht erhobenen Vorwürfen nachzugehen, ohne seinerseits genötigt zu sein, aus einem allgemeinen Sachverhalt nach seinem eigenen pflichtgemäßem Ermessen das herauszuschälen, was als Verletzung der Berufspflichten in Betracht kommt (zu § 65 BDO aF BVerwGE 76, 347 = NJW 1986, 444).

V. Bindung an die tatsächlichen Feststellungen verurteilender Erkenntnisse

Ob neben der strafgerichtlichen Verurteilung wegen derselben Pflichtverletzung eine anwalts- 29
gerichtliche Maßnahme zusätzlich erforderlich ist, bestimmt sich nach § 115b. Dabei muss im Hinblick auf die Bindung an das Strafurteil (§ 118 Abs. 3) dies auf der Grundlage des Strafurteils entschieden werden.

1. Grundsatz der Bindung des Anwaltsgerichts. a) Umfang der Bindung. Ist der 30
Rechtsanwalt rechtskräftig im Straf- oder Bußgeldverfahren verurteilt worden, dann sind die tatsächlichen Feststellungen in dem Urteil sowohl zur objektiven als auch zur subjektiven Tatseite bindend (BGHSt 33, 59 = NJW 1985, 1089). Die Rechtskraft braucht sich aber nur auf die Tat- und Schuldfrage zu erstrecken, die Anfechtung des Strafurteils nur zur Straffrage hindert somit die Anwendung des § 118 Abs. 3 nicht (*Claussen/Janzen* BDO § 18 Rn. 5). Bindung tritt daher auch ein, wenn das Revisionsgericht den Schuldspruch bestätigt und das angefochtene Strafurteil nur im Strafausspruch aufhebt. Ein in einem höheren Rechtszug eingestelltes Strafverfahren (zB nach §§ 153 Abs. 2, 153a Abs. 2 StPO) löst die Bindungswirkung auch dann aus, wenn die einen rechtskräftigen Schuldspruch tragenden tatsächlichen Feststellungen des unteren Gerichts infolge der Beschränkung des Rechtsmittels auf das Strafmaß gemäß § 318 S. 1 StPO vor der Verfahrenseinstellung unangreifbar geworden waren. Insoweit liegt auch kein Verstoß gegen die Vermutung der Schuldlosigkeit vor (BVerwG NVwZ-RR 2000, 364; BVerwGE 83, 228 zu § 18 BDO aF).

Die vom Strafgericht verwerteten **Tatumstände und Tatmotive nehmen an der Bin-** 31
dungswirkung teil. Dazu zählen die vom Strafrichter festgestellten Umstände, die dem rechtskräftigen Schuldspruch des strafgerichtlichen Urteils zugrunde liegen und diesen tragen (vgl. KK-StPO/*Pikart* § 353 Rn. 25). Dazu gehören neben den Tatumständen, welche die gesetzlichen Merkmale der dem Angeklagten zur Last gelegten Tat ausfüllen, die Bestandteile der Sachverhaltsschilderung, aus denen der Strafrichter seine Überzeugung von der Schuld des Täters abgeleitet hat, und solche, die das Tatgeschehen iSd geschichtlichen Vorgangs näher umschreiben (BGHSt 30, 340, 344 = NJW 1982, 1295), die dem geschichtlichen Vorgang das entscheidende Gepräge geben (KK-StPO/*Pikart* StPO § 353 Rn. 25; BGHSt 24, 214 = NJW 1972, 548).

Bildet der geschichtliche Vorgang, der dem Schuldspruch des Strafurteils zugrunde liegt, ein 32
geschlossenes Ganzes, dann könnte er bei einer Teilrechtskraft des Schuldspruchs des strafgerichtlichen Urteils nicht zum Gegenstand neuer, abweichender Feststellungen gemacht werden. Es handelt sich dann um Feststellungen, auf denen die Entscheidung des Strafrichters beruht. Solche Feststellungen sind nach § 118 Abs. 3 S. 1 im anwaltsgerichtlichen Verfahren bindend, wenn sie dort nicht nach § 118 Abs. 3 S. 2 bezweifelt werden (BGH BRAK-Mitt. 1988, 53).

Bindend sind nur die tatsächlichen Feststellungen, auf denen die Entscheidung des Gerichts 33
beruht. Das Urteil beruht auf diesen tatsächlichen Feststellungen zur äußeren oder inneren Tatseite dann, wenn ohne diese Feststellungen möglicherweise anders entschieden worden wäre. Als bindend stehen nicht etwaige Zeugenaussagen fest, sondern nur alle tatsächlichen positiven und negativen Feststellungen des Strafgerichts, die sich auf die gesetzlichen Tatbestandsmerkmale beziehen (*Schütz/Schmiemann,* Disziplinarrecht des Bundes und der Länder, BDG § 23 Rn. 8 ff.). Die Bindung erstreckt sich auch auf die tatsächlichen Feststellungen zur Schuldfähigkeit des Rechtsanwalts iSv § 20 StGB (BGH EGE VIII, 45, 47), zum Schuldumfang (BGH BRAK-Mitt. 1984, 37; vgl. aber EGH Hamm EGE IX, 176), zu anderen subjektiven Tatbestandsmerkmalen, zum Ursachenzusammenhang und zu Rechtfertigungs- und Schuldausschließungsgründen, auch

wenn sie sich nur mittelbar aus dem Strafurteil ergeben, dieses aber ohne sie nicht denkbar wäre. Nur die tragenden Feststellungen sind bindend. Insoweit nehmen auch tatsächliche Schlussfolgerungen des Strafgerichts an der Bindung teil, so die aus bestimmten Indizien gezogene Folgerung, dass der Angeklagte der Täter sei. Bindend ist auch die tatsächliche Feststellung, dass ein freiwilliger Rücktritt vom Versuch nicht vorliegt. Hat das Strafgericht bei Tateinheit nur wegen einer Handlung verurteilt, weil es den Tatbestand der anderen nicht für nachgewiesen erachtet, dann besteht auch insoweit Bindung. Die Umstände, unter denen das Geständnis des Rechtsanwalts im Strafverfahren zustande gekommen ist, sind ebenso wie etwaige weitere Beweisanzeichen, aus denen der Strafrichter die Schuld des Rechtsanwalts hergeleitet hat, nochmaliger Prüfung durch das Anwaltsgericht entzogen (BGHSt 33, 155 = NJW 1985, 2037).

34 Maßgebend für die Bindungswirkung sind die Feststellungen der **letzten strafgerichtlichen Tatsacheninstanz** (EG Stuttgart Urteil vom 5.2.1993 – 14 EV 48/90), bei strafmaßbeschränkter Berufung also nicht die des Berufungsgerichts, sondern die des unteren Strafgerichts (*Claussen/Janzen* BDO § 18 Rn. 9b). Die Bindung reicht nur so weit, wie der strafgerichtlich festgestellte Sachverhalt durch die Anschuldigungsschrift in Verbindung mit dem Eröffnungsbeschluss zum Gegenstand des anwaltsgerichtlichen Verfahrens gemacht worden ist (*Claussen/Janzen* BDO § 18 Rn. 11). Eine bestehende Bindung darf nicht durch Wahrunterstellung einer abweichenden Behauptung umgangen werden (*Claussen/Janzen* BDO § 18 Rn. 14a).

35 **b) Bindung als Regel.** Da die Bindung die Regel ist, bedarf das Festhalten an ihr keiner Begründung im Urteil. Solange diese Bindung besteht (→ Rn. 47 ff.), ist dem Anwaltsgericht eine Beweisaufnahme über die tragenden Feststellungen des Strafurteils verschlossen, darauf abzielende **Beweisanträge sind unzulässig.** Das gilt auch, wenn die Feststellungen in dem Strafurteil nur mittelbar angegriffen werden. Nur die Beseitigung von Unklarheiten oder Widersprüchen im Strafurteil oder die Ermittlung zusätzlicher, ihm nicht zugrunde liegender Tatsachen darf Gegenstand einer Beweisaufnahme und damit eines zulässigen Beweisantrages sein (BGHSt 33, 155 = NJW 1985, 2037). Trotz Bindung hat der Rechtsanwalt Anspruch auf rechtliches Gehör zu der festgestellten Straftat, weil diese berufsrechtlich unter anderen Gesichtspunkten zu bewerten ist, als durch den Strafrichter und weil der Rechtsanwalt womöglich auf Gesichtspunkte hinweisen kann, die einen richterlichen Lösungsbeschluss veranlassen könnten (*Claussen/Janzen* BDO § 18 Rn. 14b).

36 Hat der AGH den Sachverhalt entgegen der Bindungswirkung in eigener Verantwortung geprüft, und gelangt er zu denselben Feststellungen wie im Strafurteil auf Grund einer selbständigen Beweiswürdigung, welche auf dem Inbegriff der Berufungshauptverhandlung beruht, dann beruht das Urteil des AGH nicht auf diesem Verfahrensfehler (BGH BeckRS 1988, 31398928).

37 **2. Feststellungen ohne Bindungswirkung.** Nicht bindend sind unzureichende, in sich widerspruchsvolle, gegen die Denkgesetze verstoßende nicht zum Straftatbestand gehörende oder sonst unschlüssige tatsächliche Feststellungen, weil diese nicht geeignet sind, den Urteilsspruch zu tragen (BGHSt 33, 155 = NJW 1985, 2037; BGH EGE VIII, 45; EG Stuttgart Urteil vom 5.2.1993 – 14 EV 48/90). Das gilt auch, wenn das Strafgericht den tatsächlichen Hergang offen gelassen und aus Rechtsgründen freigesprochen hat.

38 Ebenfalls nicht bindend sind bloße Rechtsauffassungen des Strafgerichts etwa über das Vorliegen von Rechtfertigungs- oder Schuldausschließungsgründen, die rechtliche Qualifizierung eines in tatsächlicher Hinsicht bindend festgestellten Irrtums als Verbots- oder Tatbestandsirrtum oder Wahrunterstellungen (*Claussen/Janzen* BDO § 18 Rn. 10a, 10b).

39 Auch Ausführungen zum Strafmaß sind nicht bindend, wie etwa die vom Strafrichter geäußerte Erwartung, der Rechtsanwalt müsse wegen der angeklagten Straftat im anwaltsgerichtlichen Verfahren mit seiner Ausschließung aus der Rechtsanwaltschaft oder sonst einer schweren Maßnahme rechnen (vgl. auch BGHSt 33, 59 = NJW 1985, 1089), wenn auch die zu erwartende Ausschließung aus der Rechtsanwaltschaft als anwaltsgerichtliche Folge der Tat im Strafverfahren strafmildernd berücksichtigt werden kann (BGH NStZ 1987, 550).

40 **3. Bindende Erkenntnisse.** Die Bindung geht grundsätzlich nur von rechtskräftigen Urteilen deutscher Gerichte in Straf- und Bußgeldverfahren aus. Die Bindung besteht auch bei einem nur in abgekürzter Form erlassenen Urteil (§ 267 Abs. 4 StPO), wenn in ihm ausreichende tatsächliche Feststellungen enthalten sind (BGH BRAK-Mitt. 1988, 212 = Rbeistand 1988, 48; AGH

BW Urteil vom 25.1.1997 – AGH 22/96 (III) – 5 zum Disziplinarrecht der Beamten; *Schütz/Schmiemann,* Disziplinarrecht des Bundes und der Länder, BDG § 23 Rn. 5 ff.; *Claussen/Janzen* BDO § 18 Rn. 3a). Auch die tatsächlichen Feststellungen eines Urteils im Privatklageverfahren gegen den Rechtsanwalt sind bindend, denn auch ein solches Urteil ergeht in demselben Verfahren wie ein auf Grund öffentlicher Klage ergangenes Urteil (§ 384 Abs. 1 StPO) und hat dieselben Wirkungen (*Isele* § 118 Anm. IV D 3). Zwar bestimmt das Gericht nach § 384 Abs. 3 StPO den Umfang der Beweisaufnahme; dies aber unbeschadet seiner Pflicht aus § 244 Abs. 2 StPO. Darin liegt keine grundsätzliche Abwendung vom allgemeinen Strafprozess (*Claussen/Janzen* BDO § 18 Rn. 3c).

Ausländische Strafurteile lösen keine Bindungswirkung aus (*Claussen/Janzen* BDO § 18 41
Rn. 3a), es sei denn nach Art. 54 SDÜ (vgl. *Meyer-Goßner,* 55. Aufl. 2012, StPO Einl. Rn. 177a, 216) führen diese einen Strafklageverbrauch herbei und entsprechen inhaltlich den Anforderungen eines deutschen Strafurteils insbesondere zu den Feststellungen (Gaier/Wolf/Göcken/*Johnigk* § 118 Rn. 28). Keine Bedingungswirkung lösten die Urteile der Alliierten Militärgerichte (BGHSt 12, 36 = JZ 1958, 752) aus, da diese niemals deutsche Gerichtsbarkeit ausgeübt haben. Strafurteile der früheren DDR bleiben nach Art. 18 Abs. 1 des Einigungsvertrages wirksam und lösen die Bindungswirkung aus. Das Anwaltsgericht muss im Einzelfall prüfen, ob Anlass besteht, die Richtigkeit von Feststellungen zu bezweifeln.

Entgegen EGH München Urteil vom 3.7.1990 – BayEGH II 9/89 und BayEGH 3/90; EGH 42
Celle in EGE X, 160; AnwG München Urteil vom 17.6.1996 – I AG Nr. 65/95; EG Kassel in EGE XIII, 208, wobei letzteres sich zu Unrecht auf BGHSt 23, 257 = NJW 1970, 1466 = EGE XI, 78 beruft, der sich mit § 118 in dieser Entscheidung nicht befasst, geht von **Strafbefehlen,** Bußgeldbescheiden und Steuerstrafbescheiden **keine Bindungswirkung** aus (*Isele* § 118 Anm. IV D 2; *Claussen/Janzen* BDO § 18 Rn. 3c; für Strafbefehle BGHSt 45, 46 = NJW 1999, 2288; BayAGH BRAK-Mitt. 2006, 176; *Bockemühl* BRAK-Mitt. 2000, 164). Zwar steht ein Strafbefehl, gegen den nicht rechtzeitig Einspruch erhoben worden ist, einem rechtskräftigen Urteil gleich (§ 410 Abs. 3 StPO in der Fassung des Strafverfahrensänderungsgesetzes 1987, BGBl. I S. 475). Gleichwohl widerspräche die Gleichstellung des Strafbefehls mit einem Urteil nicht nur dem Wortlaut der Norm – „Urteil" –, sondern auch dem Sinn und Zweck des § 118 Abs. 3 (BGHSt 45, 46 = NJW 1999, 2288; BayAGH BRAK-Mitt. 2006, 176; Henssler/Prütting/*Dittmann* § 118 Rn. 22, 23).

Mit der Bindungswirkung der Urteile sollen einander widersprechende Tatsachenfeststellungen 43
verschiedener Gerichte in ähnlich ausgestalteten Verfahren möglichst vermieden werden, weil dies der Rechtssicherheit widerstreiten würde. Dabei wird dem auf eine Wahrheitsermittlung von Amts wegen optimal ausgerichteten Strafverfahren die Prärogative zugebilligt, was auch durch einen grundsätzlich vorgesehenen zeitlichen Vorlauf (§§ 118 Abs. 1, 118b) abgesichert ist. Im Gegensatz zu dem notwendig nach mündlicher Hauptverhandlung auf der Grundlage richterlicher Überzeugung getroffenen Strafurteil ergeht der Strafbefehl nach vergleichsweise summarischer Prüfung, regelmäßig nur nach Aktenlage auf der Grundlage der Annahme hinreichenden Tatverdachts bei nicht entgegenstehenden weiteren richterlichen Bedenken. Die Annahme einer Bindungswirkung durch eine auf dieser deutlich schmaleren Basis ergangene richterliche Entscheidung für ein Urteil im anwaltsgerichtlichen (oder sonstigen disziplinarrechtlichen) Verfahren, welches seinerseits sichere gerichtliche Überzeugung als Grundlage einer Verurteilung verlangt, ist nicht gleichermaßen naheliegend, auch wenn Belange der Rechtssicherheit generell durch divergierende Entscheidungen im Straf- und im Disziplinarverfahren berührt werden. Der Umstand, dass sich derjenige, der gegen einen Strafbefehl keinen Einspruch erhoben hat, der Aburteilung in diesem Verfahren gleichsam unterworfen hat, kann das Defizit der Erkenntnisgrundlage des Strafbefehlsverfahrens im Vergleich zum strafgerichtlichen Urteilsverfahren nicht vollständig ausgleichen.

Der Unterschied zwischen den Erkenntnisgrundlagen ist prinzipieller Art. Zwar geht auch die 44
Aktenlage, auf welcher der Strafbefehlserlass beruht, auf ein rechtsstaatlich geordnetes, auf Wahrheitsermittlung zielendes Verfahren zurück. Andererseits kann ein Strafurteil trotz Hauptverhandlung im Einzelfall nur eine sehr pauschal gewonnene Grundlage haben. Durch solche Erwägungen lässt sich der beachtliche Unterschied zwischen Strafurteil und Strafbefehl aber nur relativieren, nicht indes grundlegend beseitigen. Es kommt hinzu, dass sich das Unterlassen eines rechtzeitigen Einspruchs gegen den Strafbefehl nicht stets, kaum regelmäßig, als auch nur weitgehendes Eingeständnis des Tatvorwurfs im Sinne einer „Unterwerfung" unter das Strafbefehls-

erkenntnis verstehen lässt, sondern dass es auf vielfältige andere Motive oder sonstige Begleitumstände zurückgehen kann. Dies hätte bei Annahme einer Bindungswirkung nach § 118 Abs. 3 S. 1 zur Folge, dass in Fällen dieser Art häufiger als sonst eine nochmalige Prüfung von Schuldfeststellungen nach § 118 Abs. 3 S. 2 veranlasst sein dürfte.

45 Auf der anderen Seite bleibt der Umstand, dass gegen den Rechtsanwalt ein Strafbefehl ergangen ist, gegen den er keinen Einspruch erhoben hat, auch ohne die formale Bindungswirkung des § 118 Abs. 3 selbstverständlich nicht etwa bedeutungslos. Dies wird vielmehr im anwaltsgerichtlichen Verfahren regelmäßig ein gewichtiges Indiz für seine Schuld iSd Strafbefehlsvorwurfs sein. Vor diesem Hintergrund wird, auch wenn der Rechtsanwalt den mit dem Gegenstand des Strafbefehls identischen Vorwurf im anwaltsgerichtlichen Verfahren nicht einräumt, die anwaltsgerichtliche Aufklärungspflicht eine besonders ausführliche und kritische Beweiserhebung, insbesondere die Einholung möglichen Entlastungsbeweises von Amts wegen, regelmäßig nicht gebieten; vielmehr wird weitgehend eine erleichterte Form der Beweisführung angezeigt sein (vgl. nur § 138 Abs. 1). Der hauptsächliche praktische Unterschied wird darin liegen, dass auf Entlastung abzielende Beweisanträge nicht mit Rücksicht auf die Regelung in § 118 Abs. 3 als unzulässig abgelehnt werden dürfen (vgl. BGHSt 23, 362; 33, 155, 156). Damit stehen auch unabweisbare Bedürfnisse der gerichtlichen Praxis der Annahme mangelnder Bindungswirkung des Strafbefehls nicht entgegen (BGHSt 45, 46 = NJW 1999, 2288; Henssler/Prütting/*Dittmann* § 118 Rn. 22 f.).

46 An auf Einstellung lautende strafgerichtliche Entscheidungen sind die Anwaltsgerichte nicht gebunden, denn in solchen Entscheidungen werden im allgemeinen – weil überflüssig – keine sorgfältigen tatsächlichen Feststellungen getroffen, die Voraussetzung für die Bindung nach § 118 Abs. 3 sind (zu § 18 BDO aF BVerwGE 83, 180; BVerwG DVBl. 1987, 255; *Claussen/Janzen* BDO § 18 Rn. 7).

47 Im Hinblick auf den Sinn und Zweck der Regelung des § 118 Abs. 3 löst aber ein in einem höheren Rechtszug eingestelltes Strafverfahren die Bindungswirkung aus, wenn die einen rechtskräftigen Schuldspruch tragenden tatsächlichen Feststellungen des unteren Gerichts infolge Beschränkung des Rechtsmittels auf das Strafmaß gemäß § 318 S. 1 StPO vor der Einstellung unangreifbar geworden waren (BVerwG DVBl. 1987, 255; *Claussen/Janzen* BDO § 18 Rn. 7).

48 Die Bindungswirkung besteht fort, solange ein rechtskräftiges Strafurteil vorliegt. Die Absicht des Rechtsanwalts, die Wiederaufnahme des durch rechtskräftiges Urteil abgeschlossenen Strafverfahrens zu betreiben, vermag die Bindungswirkung der tatsächlichen Feststellungen des Strafurteils nicht zu beseitigen. Diese Absicht rechtfertigt auch eine Aussetzung des anwaltsgerichtlichen Verfahrens nach § 118b nicht (EGH München Urteil vom 14.2.1990 – BayEGH II 12/89).

49 **4. Nochmalige Prüfung.** Eine Bindung besteht nur dann, wenn nicht das Gericht mit Stimmenmehrheit beschließt, bestimmte Feststellungen erneut zu prüfen, weil es deren Richtigkeit bezweifelt. Diese Beschlussmöglichkeit steht sowohl dem Anwaltsgericht als auch dem Anwaltsgerichtshof zu. Der Anwaltsgerichtshof ist an einen Beschluss des Anwaltsgerichts nach § 118 Abs. 3 nicht gebunden. Der Lösungsbeschluss des Anwaltsgerichts hebt die Bindungen an die tatsächlichen Feststellungen des Strafurteils nur für die erste Instanz auf und äußert keine Wirkungen für den AGH als Berufungsgericht. Dieser muss vielmehr aufgrund einer uneingeschränkt eingelegten Berufung die Sache in jeder Hinsicht neu beurteilen, also auch hinsichtlich § 118 Abs. 3 (AGH NRW Urteil vom 1.12.2000 – (2) 6 EVY 4/00 AGH NRW). Wenn das Anwaltsgericht von der Bindungswirkung ausgegangen ist, kann der Anwaltsgerichtshof nach § 118 Abs. 3 S. 2 die erneute Prüfung beschließen. Hat das Anwaltsgericht erneut überprüft, kann der Anwaltsgerichtshof sich entschließen, von der Bindungswirkung nach § 118 Abs. 3 auszugehen, weil er die tatsächlichen Feststellungen im Strafurteil nicht bezweifelt. Eine Nachprüfung nach § 118 Abs. 3 steht dem Revisionsgericht nicht zu (BGHSt 20, 73 = EGE VIII, 62). Die innerprozessuale Bindung als Folge der Beschränkung eines Rechtsmittels gegen ein anwaltsgerichtliches Urteil auf Art und Höhe der Maßnahme nach § 114 geht der Bindung aus § 118 Abs. 3 vor. Der AGH ist also bei maßnahmebeschränkter Berufung an die tatsächlichen Feststellungen des AnwG selbst dann gebunden, wenn dieses sich entweder irrig an Feststellungen eines Strafurteils für gebunden erachtet oder eigene abweichende Feststellungen ohne einen Lösungsbeschluss nach § 118 Abs. 3 S. 2 getroffen hat (*Claussen/Janzen* BDO § 18 Rn. 126).

a) Gerichtsbeschluss. Lediglich in dem Fall, in dem das Gericht von den tatsächlichen Feststellungen des Urteils im Strafverfahren oder Bußgeldverfahren abweichen will, bedarf es eines begründeten Gerichtsbeschlusses, der zu protokollieren ist (§ 116 iVm § 273 Abs. 1 StPO), sofern er nicht schon mit dem Eröffnungsbeschluss ergangen ist. In den Gründen der anwaltsgerichtlichen Entscheidung ist diese Beschlussfassung zum Ausdruck zu bringen. Dabei darf das Stimmenverhältnis nicht bekannt gegeben werden. Die unter Berufung auf BVerwGE 73, 161 zu § 77 WDO vertretene gegenteilige Auffassung (7. Aufl. § 118 Rn. 48) verkannte, dass es in der BRAO eine dem § 77 Abs. 1 S. 3 WDO entsprechende Regelung nicht gibt (Gaier/Wolf/Göcken/*Johnigk* § 118 Rn. 35, Fn. 101). Geht das Gericht von der im Gesetz als Regelfall angesehenen Bindungswirkung aus, bedarf es lediglich einer entsprechenden Mitteilung des Vorsitzenden, die nicht protokolliert und begründet zu werden braucht (BGHSt 33, 155 = NJW 1985, 2037). 50

Die Frage, ob Zweifel an der Richtigkeit der strafgerichtlichen Feststellungen angebracht sind, und welches Gewicht ihnen zukommt, hat das Anwaltsgericht **allein anhand des Strafurteils** zu prüfen; es muss unter Berücksichtigung der ihm vorgetragenen Bedenken – allenfalls unter Heranziehung des Akteninhalts der Strafakten zwecks Aufhellung von Unklarheiten – entscheiden, ob die Feststellungen des Strafrichters aus sich heraus Anlass zu Zweifeln geben (BGHSt 33, 155 = NJW 1985, 2037; AGH NRW Urteil vom 1.12.2000 – (2) 6 EVY 4/00 AGH NRW). Das Anwaltsgericht muss sich mit der Stimmenmehrheit schlüssig werden, ob es die tragenden tatsächlichen Feststellungen des Urteils im Straf- oder Bußgeldverfahren für richtig und damit bindend erachtet oder ob es diese bezweifelt. Entweder haben die Mitglieder des Gerichts mehrheitlich Zweifel an der Richtigkeit der Urteilsfeststellungen, dann beschließen sie deren Nachprüfung; oder sie haben derartige Zweifel nicht, dann sind sie gemäß § 118 Abs. 3 S. 1 gebunden. 51

Dabei nötigt noch nicht jede Unsicherheit bezüglich der Richtigkeit der tatsächlichen Feststellungen das Anwaltsgericht zur nochmaligen Prüfung, sondern **nur Zweifel an der Richtigkeit.** Die fehlende Überzeugung von der Richtigkeit der strafgerichtlichen Feststellungen ist aber Zweifel iSd § 118 Abs. 3 S. 2; eine rechtlich fassbare Grenzlinie, von der an eine Unsicherheit der Mitglieder des Anwaltsgerichts in Zweifel umschlägt, lässt sich dabei nicht ziehen (BGHSt 33, 155 = NJW 1985, 2037). Eine Lösung von den tatsächlichen Feststellungen im Strafurteil ist nur statthaft, wenn die Richtigkeit der Feststellungen zu Zweifeln Anlass gibt. Wie die Bindung eines Revisionsgerichts an die Feststellungen der Tatsacheninstanz nicht dazu berechtigt, die getroffenen Feststellungen an der eigenen Würdigung zu messen, so ist es auch bei der Entscheidung über die Lösung iSv § 118 Abs. 3 S. 2 **unzulässig, das eigene richterliche Ermessen – die eigene Entscheidungsfreiheit – an die Stelle der Entscheidung des Strafrichters zu setzen.** Strafgerichtliche Feststellungen, die insbesondere auf einer nicht gegen die Denkgesetze oder Erfahrungssätze verstoßenden Beweiswürdigung beruhen, sind daher auch dann für die Disziplinargerichte bindend, wenn diese aufgrund einer eigenen anderen Würdigung hiervon abweichende Feststellungen für richtig halten würden. Wie grundsätzlich ein Revisionsgericht nicht zur Nachprüfung der von einem Instanzgericht getroffenen tatsächlichen Feststellungen befugt ist, sind auch die Anwaltsgerichte keine Überprüfungsinstanz für Strafurteile. Das Strafverfahren ist mit den strengsten rechtsstaatlichen Garantien ausgestattet; das gilt im besonderen Maße für das Zustandekommen der tatsächlichen Feststellungen. Deshalb **reichen nur erhebliche Zweifel zur Herbeiführung eines Lösungsbeschlusses aus** (zu § 18 Abs. 1 S. 2 BDO aF BVerwG DVBl. 1987, 255). Diese Grundsätze gelten nach BGHSt 33, 155 = NJW 1985, 2037 uneingeschränkt auch zu § 118 Abs. 3 S. 2 (AGH NRW Urteil vom 1.12.2000 – (2) 6 EVY 4/00 AGH NRW). 52

Voraussetzung ist stets, dass die Zweifel der Mitglieder des Gerichts sich auf denselben Teil der tatsächlichen Feststellungen des strafgerichtlichen Urteils beziehen. Die Nachprüfung kann also nicht beschlossen werden, wenn die Zweifel der Mitglieder des mit dem anwaltsgerichtlichen Verfahren befassten Gerichts sich, gesondert betrachtet, auf verschiedene Teile des Tatbestandes erstrecken, obgleich sie im Ergebnis darin übereinstimmen, dass dem strafgerichtlichen Urteil nicht gefolgt werden könne (amtliche Begründung, BT-Drs. 3/120, 99 f.). 53

Zweifel werden in der Regel gegeben sein, wenn die tatsächlichen Feststellungen des Strafurteils auf Verfahrensfehlern beruhen. Würde sich das Anwaltsgericht solchen Bedenken verschließen, würde es nicht nur den § 244 StPO, sondern auch den grundgesetzlich geschützten Anspruch auf rechtliches Gehör verletzen. Nur mit dieser Einschränkung gilt der Grundsatz, dass 54 das Anwaltsgericht im Rahmen der Bindung Beweisanträge ohne besondere Begründung ablehnen kann (*Rössler,* FG Peters, 1984, 249, 259; → § 118 Rn. 35). Unterschiedliche Feststellungen über die Beteiligung eines Rechtsanwalts an einer Straftat in einem Straf- und einem Zivilurteil, die beide Rechtskraft erlangt haben, sind geeignet, erhebliche Zweifel an der Richtigkeit der tatsächlichen Feststellungen im Strafurteil zu begründen und rechtfertigen einen Lösungsbeschluss nach § 118 Abs. 3 S. 2 (zu § 18 Abs. 1 S. 2 BDO aF BVerwG NJW 1989, 2074).

55 **b) Gegenstand der erneuten Überprüfung.** Falls sich das Anwaltsgericht oder der Anwaltsgerichtshof zur nachträglichen Prüfung mit Mehrheit entschließt, können sie diese Prüfung **auf alle Feststellungen des Urteils oder einzelne erstrecken,** je nachdem ob alle oder nur einzelne Feststellungen in dem Urteil bezweifelt werden.

56 Da dem Gesetz auch kein Hinweis dafür zu entnehmen ist, dass die Nachprüfung stets in sich geschlossene Beurteilungseinheiten umfassen müsse, ist auch nicht der Auffassung *Iseles* (S. 1567) zu folgen, wonach zwar einzelne abtrennbare Teile einer Pflichtverletzung isolierter Nachprüfung zugänglich seien, nicht hingegen innerhalb desselben Vorgangs etwa die äußere oder innere Tatseite. Jene Auffassung würde den Tatrichter zu einer Beweisaufnahme nötigen, die er nicht für erforderlich hält. Sie widerspräche dem Zweck des § 118 Abs. 3, der wiederholte Beweisaufnahmen über denselben Gegenstand tunlichst zu vermeiden sucht. Deshalb hat der Tatrichter den Umfang seiner Ermittlungen zunächst nach seinem pflichtgemäßen Ermessen zu bestimmen. Eine Frage des Einzelfalles ist es alsdann, ob Zweifel an der Richtigkeit einer Feststellung wegen der logischen oder beweismäßigen Anknüpfung des Tatsachenstoffs zur Nachprüfung auch anderer Feststellungen zwingen. Das Anwaltsgericht kann somit eine nochmalige Prüfung tatsächlicher Feststellungen des im Strafverfahren ergangenen Urteils auf solche zur inneren Tatseite beschränken, wenn es nur deren Richtigkeit bezweifelt (BGHSt 33, 155 = NJW 1985, 2037).

57 Eine Beweiserhebung des Anwaltsgerichts darüber, **ob Zweifel an der Richtigkeit der strafgerichtlichen Feststellungen angebracht sind und welches Gewicht sie haben, ist unzulässig.** Das Anwaltsgericht hat diese Frage allein an Hand des Urteils im Straf- oder Bußgeldverfahren zu prüfen. Es muss unter Berücksichtigung der ihm vorgetragenen Bedenken – allenfalls unter Heranziehung des Akteninhalts zwecks Aufhellung von Unklarheiten – entscheiden, ob die Feststellungen des Richters im Straf- oder Bußgeldverfahren aus sich heraus Anlass zu Zweifeln geben. Insoweit besteht weder eine gerichtliche Aufklärungspflicht noch die rechtliche Möglichkeit, Ermittlungen im Freibeweisverfahren anzustellen. Entweder das Gericht hat mehrheitlich Zweifel an den Urteilsfeststellungen, dann muss es einen Prüfungsbeschluss nach § 118 Abs. 3 S. 2 fassen und in die entsprechende Beweisaufnahme nach den Regeln des Strengbeweisverfahrens eintreten oder es hat solche Zweifel nicht, dann ist es an die tragenden tatsächlichen Urteilsfeststellungen gebunden; keinesfalls kann es vor einer Entscheidung nach § 118 Abs. 3 S. 2 im Freibeweisverfahren Ermittlungen anstellen, ob Anlass zu Zweifeln sich ergeben können. Dies stellt eine Verlagerung unstatthafter Beweiserhebungen in das Stadium vor der Beschlussfassung nach § 118 Abs. 3 S. 2 dar (BGHSt 33, 155 = NJW 1985, 2037; BGH BRAK-Mitt. 1988, 53).

58 **5. Verweisung auf Feststellungen eines Strafurteils.** Das Anwaltsgericht darf auf Feststellungen eines Strafurteils verweisen, an die es gemäß § 118 Abs. 3 S. 1 gebunden ist (BGHSt 33, 59 = NJW 1985, 1089). Der Umfang der in Bezug genommenen Feststellungen muss jedoch eindeutig und zweifelsfrei erkennbar sein.

VI. Wiederaufnahme des anwaltsgerichtlichen Verfahrens

59 In Abs. 4 ist ein die §§ 359 ff. StPO ergänzender Wiederaufnahmegrund aus den Motiven zu → § 118 Rn. 17 geschaffen worden. Damit wurde eine Korrekturmöglichkeit für den Fall eingeräumt, dass das anwaltsgerichtliche Verfahren nach Abs. 1 S. 3 fortgesetzt wurde aufgrund einer Prognose, die sich im Nachhinein als falsch herausgestellt hat. Voraussetzung für die Wiederaufnahme des anwaltsgerichtlichen Verfahrens ist, dass dieses rechtskräftig abgeschlossen ist und die zu demselben Verhalten getroffenen Feststellungen im anwaltsgerichtlichen Urteil im Widerspruch stehen zu den Feststellungen des Strafgerichts. Bedeutungslos ist, ob das anwaltsgerichtliche Urteil auf Freispruch oder Verurteilung lautet; die Wiederaufnahme kann von der Staatsanwaltschaft zum Nachteil des Rechtsanwalts oder von dieser und dem Rechtsanwalt auch zu Gunsten des Rechtsanwalts betrieben werden (Henssler/Prütting/*Dittmann* § 118 Rn. 29). Auf

das Wiederaufnahmeverfahren sind die Regeln der §§ 360 ff. StPO, § 140a GVG entsprechend anzuwenden (§ 116 S. 2). In der neuen Hauptverhandlung sind dann bezüglich des abweichenden Strafurteils die Abs. 2 und 3 zu beachten.

§ 118a Verhältnis des anwaltsgerichtlichen Verfahrens zu dem Verfahren anderer Berufsgerichtsbarkeiten

(1) [1] **Über eine Pflichtverletzung eines Rechtsanwalts, der zugleich der Disziplinar-, Ehren- oder Berufsgerichtsbarkeit eines anderen Berufs untersteht, wird im anwaltsgerichtlichen Verfahren für Rechtsanwälte entschieden, es sei denn, daß die Pflichtverletzung überwiegend mit der Ausübung des anderen Berufs in Zusammenhang steht.** [2] **Dies gilt nicht für die Ausschließung oder für die Entfernung aus dem anderen Beruf.**

(2) [1] **Beabsichtigt die Staatsanwaltschaft, gegen einen solchen Rechtsanwalt das anwaltsgerichtliche Verfahren einzuleiten, so teilt sie dies der Staatsanwaltschaft oder Behörde mit, die für die Einleitung eines Verfahrens gegen ihn als Angehörigen des anderen Berufs zuständig wäre.** [2] **Hat die für den anderen Beruf zuständige Staatsanwaltschaft oder Einleitungsbehörde die Absicht, gegen den Rechtsanwalt ein Verfahren einzuleiten, so unterrichtet sie die Staatsanwaltschaft, die für die Einleitung des anwaltsgerichtlichen Verfahrens gegen den Rechtsanwalt zuständig wäre (§§ 120 und 163 Satz 6).**

(3) **Hat das Gericht einer Disziplinar-, Ehren- oder Berufsgerichtsbarkeit sich zuvor rechtskräftig für zuständig oder unzuständig erklärt, über die Pflichtverletzung eines Rechtsanwalts, der zugleich der Disziplinar-, Ehren- oder Berufsgerichtsbarkeit eines anderen Berufs untersteht, zu entscheiden, so sind die anderen Gerichte an diese Entscheidung gebunden.**

(4) **Die Absätze 1 bis 3 sind auf Rechtsanwälte im öffentlichen Dienst, die ihren Beruf als Rechtsanwalt nicht ausüben dürfen (§ 47), nicht anzuwenden.**

(5) **§ 110 der Bundesnotarordnung bleibt unberührt.**

Schrifttum: *Chemnitz,* Konkurrenzen der Berufsgerichtsbarkeit, NJW 1961, 2097; *Deckenbrock/Fleckner,* Berufsgerichtliche Verfahren gegen mehrfach qualifizierte Berufsträger – Insolvenzverwaltung durch Wirtschaftsprüfer, NJW 2005, 1165; *Jähnke,* Kritische Bemerkungen zum Grundsatz der Einheit der Standesverfehlung, FS Pfeiffer, 1988, 941; *Paepcke,* Die Grenzen anwaltschaftlicher Ehrengerichtsbarkeit mit Rücksicht auf den Grundsatz ne bis in idem, FS Pfeiffer, 1988, 985.

Übersicht

I. Zweck der Regelung

1 **1. Pflichtverletzung nach verschiedenen Berufsordnungen.** Eine Verfehlung, die ein Rechtsanwalt, der einen zweiten Beruf ausübt, begeht, kann nicht nur ein Verstoß gegen die anwaltlichen Berufspflichten, sondern auch eine Verletzung der Pflichten des anderen Berufs sein. In diesen Fällen können mehrere Verfahren nach verschiedenen Berufsgesetzen zeitlich neben- oder nacheinander durchgeführt werden und die Zuständigkeiten verschiedener Ehren-, Berufs- und Disziplinargerichte sich überschneiden. Es ist aber misslich, wenn dasselbe Verhalten gleichzeitig Gegenstand verschiedener gerichtlicher Verfahren ist. Abgesehen davon, dass im Interesse des betroffenen Rechtsanwalts eine solche Konkurrenz von Verfahren vermieden werden muss, besteht auch die Gefahr, dass in den Verfahren einander widersprechende Entscheidungen ergehen oder Doppelmaßnahmen verhängt werden (amtliche Begründung, BT-Drs. 3/120, 5/2848, 28).

2 § 118a Abs. 1 iVm Abs. 3 soll daher verhindern, dass ein Rechtsanwalt, der neben dem Beruf des Rechtsanwalts einen weiteren ausübt, in dem er ebenfalls einer Disziplinargerichtsbarkeit untersteht bzw. ein nichtanwaltlicher Geschäftsführer einer Rechtsanwalts-GmbH (vgl. dazu § 115c Rn. 1) wegen einer Verfehlung, die eine Verletzung der Pflichten in beiden Berufen darstellt, in verschiedenen parallel laufenden Verfahren abgeurteilt wird.

3 § 118a regelt somit in Verbindung mit den korrespondierenden Normen der anderen Berufsordnungen (§ 102a PAO, § 110 StBerG, § 83 WPO, § 110 BNotO) das **verfahrensrechtliche** Verhältnis der verschiedenen berufsgerichtlichen Verfahren zueinander. Demgegenüber bestimmen § 115b und die damit korrespondierenden Normen der anderen Berufsordnungen (§ 103a PAO, § 92 StBerG, § 69a WPO) das **materielle** Verhältnis mehrfacher Ahndung in verschiedenen Berufsgerichtsbarkeiten zueinander (*Kuhls/Kuhls* StBerG § 92 Rn. 1, 2, StBerG § 110 Rn. 1, 2). Die weitgehende Verhinderung einer Doppelbestrafung wegen desselben Sachverhalts in mehreren Verfahren nacheinander ist nicht die Aufgabe des § 118a (**aA** EGH Celle BRAK-Mitt. 1988, 212; 6. Aufl. § 118a Rn. 4). Diese Kollisionsnorm will nur eine zeitgleiche Behandlung desselben Sachverhalts in unterschiedlichen berufsgerichtlichen Verfahren verhindern. Eine Sperrwirkung im Sinne einer materiellen Ne-bis-in-idem-Regelung dergestalt, dass der rechtskräftige Abschluss des Verfahrens nach einer Berufsordnung gegen den Angehörigen mehrerer Berufsordnungen die spätere Ahndung desselben Pflichtenverstoßes nach einer anderen Berufsordnung stets verhindern würde, ist § 118a nicht zu entnehmen (BGH NJW 2005, 1057 zu § 83a WPO).

4 **2. Anknüpfung an Einheit der Pflichtverletzung.** § 118a knüpft an den Grundsatz der Einheit der Pflichtverletzung an (→ § 113 Rn. 25 ff.), der sowohl in der Berufsgerichtsbarkeit als auch im gesamten Disziplinarrecht herrscht. Wie ein Rechtsanwalt, der mehrere Pflichtverletzungen begangen hat, nicht wegen mehrerer Pflichtverletzungen, sondern nur wegen einer alles umfassenden Pflichtverletzung angeschuldigt und gegen ihn nur eine einheitliche Maßnahme nach § 114 verhängt werden kann (BGH NStZ 1981, 354), so fasst § 118a die Pflichtverletzung als Anwalt, die zugleich eine Pflichtverletzung in dem anderen Beruf darstellt, zu einer Einheit zusammen (zu § 110 BNotO BGHSt 22, 157 = NJW 1968, 2204). Macht sich ein Rechtsanwalt eines Verstoßes gegen seine Berufspflichten nach §§ 43, 113 schuldig, der zugleich einen Verstoß gegen seine Pflichten aus dem anderen Beruf darstellt, so werden beide Verstöße als eine Pflichtverletzung angesehen und in einem Verfahren verfolgt und nur mit einer Maßnahme geahndet (zu § 110 BNotO BGHSt 21, 232 = NJW 1967, 894).

5 Es ist unzulässig, aus derselben **„Tat“** iSd § 116 iVm § 264 StPO (BGH NStZ 1981, 354) einzelne Pflichtverletzungen auszusondern, weil sie jeweils nur den einen oder anderen Beruf betreffen und sie getrennt zu verfolgen. Sie können und müssen einheitlich behandelt werden.

6 Wohl aber ist es zulässig, Pflichtverletzungen, die verschiedene Taten iSd § 116 iVm § 264 StPO sind und die unterschiedliche Berufe betreffen, auch getrennt in den verschiedenen Berufsgerichtsbarkeiten zu verfolgen. Dem steht nicht die Einheitlichkeit einer Pflichtverletzung entgegen, dass also ein Sachverhalt, der sich aus mehreren Anschuldigungspunkten zusammensetzt,

nur einheitlich beurteilt und die Frage, ob der Rechtsanwalt seine Pflichten schuldhaft verletzt hat, nur einheitlich entschieden werden kann (BGHSt 16, 237 = NJW 1961, 2219). Denn mehrere pflichtwidrige Handlungen werden zu einer einheitlich zu beurteilenden Pflichtverletzung erst durch die Anschuldigungsschrift und den Beschluss über die Eröffnung des Hauptverfahrens, durch etwaige gerichtliche Beschlüsse, mehrere bei Gericht anhängige Verfahren miteinander zu verbinden, oder auch durch eine Nachtragsanschuldigungsschrift und den Beschluss des Gerichts, dies in das Verfahren einzubeziehen (BGH NStZ 1981, 354; → § 113 Rn. 25 ff.).

II. Verfahrensrechtliche Vorrangregelung

1. Vorrang der Anwaltsgerichtsbarkeit. Liegt in diesem Sinne nur eine Pflichtverletzung 7
des Rechtsanwalts vor, die aber auch zugleich eine Pflichtverletzung ist, die nach der Disziplinar-, Ehren- oder Berufsgerichtsbarkeit eines anderen Berufes zu ahnden ist, dann stellt § 118a Abs. 1 dafür den Grundsatz auf, dass diese Pflichtverletzung nur einheitlich in einem gerichtlichen Verfahren verfolgt werden darf, wobei regelmäßig der Anwaltsgerichtsbarkeit der Vorrang vor anderen Berufsgerichtsbarkeiten eingeräumt wird (amtliche Begründung, BT-Drs. 5/2848, 28; *Isele* § 118a Anm. I). Dies gilt entsprechend auch für Pflichtverletzungen von niedergelassenen Anwälten (§§ 206, 207 Abs. 2) und Erlaubnisinhabern (§ 209 Abs. 1), die in Deutschland zugleich der Gerichtsbarkeit eines anderen Berufes unterstehen. Unter dieser Voraussetzung gilt es auch für niedergelassene europäische Rechtsanwälte (§ 6 Abs. 1 EuRAG) und für dienstleistende europäische Rechtsanwälte (§ 34 Abs. 1 EuRAG). Für die Dauer des anwaltsgerichtlichen Verfahrens besteht dann für Verfahren nach anderen Berufsordnungen wegen derselben Pflichtverletzung ein **temporäres Verfahrenshindernis** (→ § 118a Rn. 23).

2. Vorrang der anderen Berufsgerichtsbarkeit. Steht im Einzelfall die Pflichtverletzung 8
aber überwiegend mit der Ausübung des anderen Berufes im Zusammenhang, dann wird in der dafür vorgesehenen Disziplinar-, Ehren- oder Berufsgerichtsbarkeit des anderen Berufes entschieden und für deren Dauer besteht für das anwaltsgerichtliche Verfahren ein temporäres Verfahrenshindernis (BGH NJW 2005, 1057; BVerwGE 112, 1). Insoweit sperren § 118a Abs. 1 und die korrespondierenden Vorschriften anderer Berufsordnungen (vgl. zB § 110 StBerG; § 83a Abs. 1 WPO, § 102a PAO) die gleichzeitige Anwendung verschiedener Berufsordnungen auf den mehrfach qualifizierten Berufsangehörigen (BGH NJW 2005, 1057). Bei **ahndbaren außerberuflichen Verfehlungen** iSd § 113 Abs. 2 können diese niemals mit der Ausübung des anderen Berufs überwiegend in Zusammenhang stehen, so dass dann **stets die Anwaltsgerichtsbarkeit** gegeben ist (vgl. auch § 110 Abs. 1 S. 2 BNotO). Erfüllt das außerberufliche Verhalten des Rechtsanwalts aber nicht die besonderen Anforderungen des § 113 Abs. 2, weil es keine rechtswidrige Tat oder eine mit Geldbuße bedrohte Handlung darstellt, ist es keine anwaltsgerichtlich zu ahndende Pflichtverletzung und kann es nach der jeweils anderen Berufsordnung geahndet werden, wenn es nach dieser ahndbar ist (vgl. zB §§ 14 Abs. 3, 95 BNotO).

a) Überwiegende Pflichtverletzung. Bei beruflichem Fehlverhalten ist entscheidend, ob das 9
Gesamtverhalten des Rechtsanwalts **überwiegend von der anwaltlichen Pflichtverletzung oder von der Verletzung seiner Pflichten zB als Notar geprägt** ist (BGHSt 22, 157 = NJW 1968, 2204). Entscheidend ist, ob das Verhalten zum typischen Berufsbild des Rechtsanwalts oder des Zweitberufs gehört. Rechtsberatung in Steuersachen gehört nicht nur zum Berufsbild des Steuerberaters sondern auch des Rechtsanwalts. Verstößt ein Rechtsanwalt und Steuerberater daher bei Rechtsberatung in Steuersachen gegen seine Berufspflichten, wird das nur ausnahmsweise überwiegend mit der Ausübung seines Berufes als Steuerberater stehen. Reine Buchhaltertätigkeit ist demgegenüber dem Aufgabenbereich des steuerberatenden Berufs zuzuordnen, ebenso alle Tätigkeiten, die mehr der technischen Abwicklung von steuerlichen Vorgängen zuzurechnen sind, wie zB einfache Steuererklärungen, Stundungsanträge an das Finanzamt etc (*Kuhls/Schäfer,* 2. Aufl. 2004, StBerG § 110 Rn. 14). Ist auch nur zweifelhaft, ob die Pflichtverletzung überwiegend mit der Ausübung des Anwaltsberufes oder des anderen Berufes im Zusammenhang steht, oder stehen die Verletzungen zumindest gleichgewichtig nebeneinander (EGH Schleswig Urteil vom 15.2.1993 – 2 EGH 12/91), dann ist das Anwaltsgericht sachlich zuständig (vgl. auch § 110 Abs. 1 S. 2 BNotO). Maßgeblicher Zeitpunkt für die Bewertung, welche Pflichtwidrigkeit überwiegt, ist der, in dem das gerichtliche Verfahren eingeleitet wird

oder die Rechtshängigkeit beginnt. Dabei bedeutet der Begriff „Verfehlung" soviel wie „Verfehlungen" und umfasst den gesamten Sachverhalt sowie alle historischen Vorkommnisse, auf Grund deren der Vorwurf der Pflichtverletzung erhoben wird (BGHSt 21, 232 = NJW 1967, 894). Wirbt ein Rechtsanwalt, der auch als Steuerberater zugelassen ist, durch dieselbe Handlung in unzulässiger Weise sowohl für seine Praxis als Rechtsanwalt als auch für seine Steuerberaterpraxis, ist das Anwaltsgericht zur Entscheidung über die Pflichtverletzung zuständig (EG Schleswig AnwBl. 1990, 207). Gleiches gilt bei unzulässiger Werbung eines Rechtsanwalts und Notars sowohl für seine anwaltliche als auch seine notarielle Praxis (EGH Schleswig Urteil vom 9.12.1991 zu EV 134/89 GStA Schleswig).

10 **b) Besonders schwerwiegende Pflichtverletzung.** Von der Vorrangregelung des Abs. 1 S. 1 wird in Abs. 1 S. 2 für die schwerwiegenden Verfehlungen eine Ausnahme gemacht, die zur Ausschließung aus dem Beruf oder zur Entfernung aus dem Dienst führen können. Die für einen bestimmten Beruf bestellten Gerichte können nicht darüber erkennen, ob der Betroffene auch für den anderen Beruf untragbar geworden ist (amtliche Begründung, BT-Drs. 5/2848, 28).

11 Ist die Pflichtverletzung so schwerwiegend, dass im anwaltsgerichtlichen Verfahren auf Ausschließung (§ 114 Abs. 1 Nr. 5) und in dem anderen Verfahren auf Entfernung aus dem anderen Beruf zu erkennen wäre, dann können beide Verfahren gleichzeitig und getrennt durchgeführt werden (Abs. 1 S. 2; aber → Rn. 26). Kommt es in dem anderen Verfahren zuerst zu einer Entscheidung, dann bleibt für das anwaltsgerichtliche Verfahren nur eine Ahndung nach Maßgabe des § 115b offen.

III. Unterrichtungspflicht

12 Damit der Zweck des Abs. 1, dass eine Verfehlung des Rechtsanwalts zunächst auch nur in einem Verfahren verfolgt wird (Abs. 1 S. 1), andererseits bei schwersten Verstößen, die die Ausschließung aus dem jeweiligen Beruf nach sich ziehen können, beide Verfahren auch durchgeführt werden, erreicht wird, müssen die beteiligten Staatsanwaltschaften bzw. Einleitungsbehörden (vgl. § 113 StBerG, § 84 WPO, § 105 PAO, § 96 BNotO) sich gegenseitig über ihre Absicht, gegen den Rechtsanwalt ein Verfahren einzuleiten, unterrichten (Abs. 2). Diese gegenseitige Unterrichtung dient somit dazu, dass der Grundsatz der „Einmaligkeit des Verfahrens" von vornherein zur Geltung kommt und ein Nebeneinander von Verfahren möglichst vermieden wird.

13 Ferner stellt die Fühlungnahme der für die verschiedenen Berufe zuständigen Stellen sicher, dass die Ermittlungen ggf. auf die beiden Tätigkeitsbereiche ausgedehnt und alle Gesichtspunkte geltend gemacht werden können (amtliche Begründung, BT-Drs. 5/2848, 28).

IV. Verfahren

14 **1. Zuständigkeitsentscheidung durch Staatsanwaltschaft und Gericht.** Die Entschließung der Staatsanwaltschaft oder der Einleitungsbehörde, bei welchem Gericht sie ihre Anschuldigungsschrift einreicht, welche Gerichtsbarkeit sie für gegeben erachtet, ist für das angerufene Gericht nicht bindend, weil es seine Rechtswegzuständigkeit selbst nach §§ 17–17b GVG zu prüfen hat und nicht nach § 6 StPO (so noch 7. Aufl. § 118a Rn. 14), der nur die örtliche und instanzielle Zuständigkeit innerhalb des Rechtswegs betrifft; die Anwaltsgerichtsbarkeit ist aber in den Tatsacheninstanzen eine eigenständige Gerichtsbarkeit (Gaier/Wolf/Göcken/*Johnigk* § 118a Rn. 14). Die **rechtskräftige Zuständigkeitsentscheidung** des angerufenen Gerichts ist für die anderen Gerichte der Ehren-, Disziplinar- oder Berufsgerichtsbarkeit aber bindend (Abs. 3). Ebenso bindend ist sie für die Rechtsmittelgerichte in der Anwaltsgerichtsbarkeit (§§ 143, 145; § 116 S. 2 iVm § 17a Abs. 5 GVG; Gaier/Wolf/Göcken/*Johnigk* § 118a Rn. 14).

15 Abs. 3 will positive oder negative Kompetenzkonflikte zwischen der Anwaltsgerichtsbarkeit einerseits und der Ehren-, Berufs- oder Disziplinargerichtsbarkeit für einen anderen Beruf andererseits vermeiden, wenn der Betroffene Rechtsanwalt und zugleich Angehöriger des anderen Berufs ist. Abs. 3 sieht daher vor, dass jedes Gericht der Ehren-, Berufs- oder Disziplinargerichtsbarkeit über seine eigene Zuständigkeit entscheidet und dass diese Entscheidung für die anderen Gerichte bindend ist. Dabei macht es keinen Unterschied, ob das Gericht diese Zuständigkeit bejaht oder verneint (amtliche Begründung, BT-Drs. 5/2848, 28).

2. Verneinung der anwaltsgerichtlichen Zuständigkeit. Verneint das angerufene Gericht seine Zuständigkeit, weil es den Rechtsweg zu den Anwaltsgerichten für unzulässig erachtet, verweist es die Sache an das zuständige Gericht. Die Verweisung von dem einen Rechtsweg zu dem anderen erfolgt nach § 17a Abs. 2 GVG, indem das angerufene Gericht den zu ihm beschrittenen Rechtsweg für unzulässig erklärt und die Rechtssache an das zuständige Gericht des zulässigen Rechtsweges verweist. Gegen den Beschluss ist nach § 116 S. 2 iVm § 17a Abs. 4 S. 3 GVG die sofortige Beschwerde gegeben (→ § 131 Rn. 10). Wird die Entscheidung rechtskräftig, so sind die anderen Gerichte an diese Entscheidung gebunden (§ 118a Abs. 3). 16

Hat zB das Anwaltsgericht sich rechtskräftig für unzuständig erklärt, weil das Verhalten nicht überwiegend mit der Ausübung des Anwaltsberufs in Verbindung stehe und auch nicht in den privaten Bereich falle, so darf nicht ein Gericht für Wirtschaftsprüfersachen seine Zuständigkeit mit der Begründung verneinen, die Pflichtverletzung berühre doch überwiegend die Anwaltstätigkeit und das Anwaltsgericht habe deshalb zu Unrecht seine Zuständigkeit verneint. Kein Gericht kann mit bindender Wirkung über die Zuständigkeit eines Gerichts der anderen Ehren-, Berufs- oder Disziplinargerichtsbarkeit entscheiden (amtliche Begründung, BT-Drs. 5/2848, 29). 17

Den Beschluss des Anwaltsgerichts, durch das dieses seine Zuständigkeit verneint, kann die Staatsanwaltschaft nach § 131 Abs. 3 S. 2 mit sofortiger Beschwerde anfechten. Für den Rechtsanwalt sieht § 131 keine Beschwerdemöglichkeit vor, weil dieser regelmäßig nicht durch eine Nichteröffnung beschwert ist. Das kann aber bei einer Nichteröffnung wegen Verneinung der sachlichen Zuständigkeit nach Abs. 3 anders sein. Ist die dann in Betracht kommende Disziplinar-, Ehren- oder Berufsgerichtsbarkeit eines anderen Berufes, die an die Entscheidung des Anwaltsgerichts gebunden ist (Abs. 3), zB in den Rechtsmittelbezügen oder seiner Regelung der Verjährung (BGHSt 21, 232 = NJW 1967, 894) ungünstiger, dann ist der Rechtsanwalt durch die Ablehnung der Eröffnung im anwaltsgerichtlichen Verfahren beschwert und muss ihm entsprechend § 131 Abs. 3 S. 2 ebenfalls die sofortige Beschwerde zustehen (Schippel/*Lemke* BNotO § 110 Rn. 11; Eylmann/Vaasen/*Stockebrand* BNotO § 110 Rn. 20). 18

3. Bejahung der anwaltsgerichtlichen Zuständigkeit. Die **Bejahung** seiner Zuständigkeit **durch das angerufene Gericht** bedarf keines besonderen Beschlusses. Es ist eine – sei es auch nur inzidente – Bejahung in den Urteilsgründen ausreichend, jedoch ist das Rechtsmittelgericht nicht daran gebunden (§ 6 StPO). Wird die Entscheidung rechtskräftig, dann – und erst dann – tritt für die anderen Gerichte Bindungswirkung ein. Theoretisch könnte bis zur Rechtskraft dieser Entscheidung auch in der anderen Berufsgerichtsbarkeit ein gerichtliches Verfahren anhängig gemacht werden und so zeitweilig mehrere Verfahren wegen derselben Pflichtwidrigkeit vor verschiedenen Gerichten anhängig sein. Dies zu vermeiden dient auch die Unterrichtungspflicht nach Abs. 2. Nur im Einzelfall kann vor rechtskräftiger Zuständigkeitsentscheidung die Einleitung eines weiteren berufsgerichtlichen Verfahrens sinnvoll sein, um bei drohender Verjährung (§ 115) eine Unterbrechung herbeizuführen. 19

Da sämtliche den Gegenstand des anwaltsgerichtlichen Verfahrens bildenden Pflichtverletzungen eine Einheit darstellen (→ § 113 Rn. 25 ff.) und in einem Anwaltsgerichtsverfahren verfolgt werden, sind auch nur die Vorschriften des anwaltsgerichtlichen Verfahrens anzuwenden und zwar auch soweit Pflichtverletzungen betroffen sind gegen die Berufspflichten anderer Berufe. § 118a bestimmt nicht nur den Rechtsweg, sondern auch die anwendbare Verfahrensordnung; nach dieser Verfahrensordnung richtet sich dann auch, welche Wirkung ein Zeitablauf auf die Verfolgung hat, wann Verjährung eintritt und welche Maßnahmen gegen den Angeschuldigten zulässig sind (für § 110 BNotO BGHSt 21, 232 = NJW 1967, 894; Eylmann/Vaasen/*Stockebrand* BNotO § 110 Rn. 22). 20

Das Anwaltsgericht kann also keine Maßnahme oder Sanktionen verhängen, die nicht in der BRAO (§ 114), wohl aber in der Verfahrensordnung der Gerichtsbarkeit des anderen Berufes vorgesehen sind. Die materielle Frage, ob der Beschuldigte seine Pflichten verletzt hat, bestimmt sich jedoch allein nach dem jeweils anzuwendenden materiellen Berufsrecht (Schippel/*Bracker/Lemke* BNotO § 110 Rn. 6; Seybold/*Hornig*, 6. Aufl. 1995, BNotO § 110 Rn. 6). 21

4. Keine materiellrechtlichen Folgen. Neben der Verhinderung der zeitgleichen Behandlung desselben Sachverhalts in unterschiedlichen berufsgerichtlichen Verfahren bezweckt § 118a **keine materielle,** insbesondere **keine Ne-bis-in-idem-Regelung** (→ Rn. 3; **aA** EGH Celle BRAK-Mitt. 1988, 212; 6. Aufl. § 118a Rn. 4). Dem stünden auch folgende systematischen 22

Erwägungen entgegen: Nach § 115b S. 1, der im Zusammenhang mit den materiellrechtlichen Vorschriften der anwaltsgerichtlichen Ahndung von Pflichtverletzungen im Sechsten Teil der BRAO steht, ist unter anderem dann von einer anwaltsgerichtlichen Ahndung desselben Verhaltens abzusehen, wenn eine anderweitige berufsgerichtliche Maßnahme (dh die Maßnahme des Gerichts einer anderen Berufsordnung) verhängt worden ist und eine anwaltsgerichtliche Maßnahme nach der BRAO nicht zusätzlich erforderlich ist, um den Rechtsanwalt zur Erfüllung seiner Pflichten anzuhalten und das Ansehen der Rechtsanwaltschaft zu wahren. Hiermit korrespondiert § 139 Abs. 3 Nr. 2, wonach das Gericht über die Fälle des § 260 Abs. 3 StPO hinaus das Verfahren durch Urteil einstellt, wenn nach § 115b S. 1 von einer anwaltsgerichtlichen Ahndung abzusehen ist. Sowohl § 115b als auch § 139 Abs. 3 Nr. 2 wären obsolet, wenn § 118a Abs. 3 eine dem strafprozessualen Strafklageverbrauch vergleichbare Wirkung zukäme (BGH NJW 2005, 1057 zu §§ 69a, 83a, 103 Abs. 3 Nr. 2 WPO).

23 § 118a Abs. 3 und die damit korrespondierenden Vorschriften anderer Berufsordnungen (§ 102a PAO, § 110 StBerG, §§ 83a, 130 WPO, § 110 BNotO) begründen lediglich ein **temporäres, der anderweitigen Rechtshängigkeit vergleichbares Verfahrenshindernis** (so für das Recht der Steuerberater im Ergebnis auch *Gehre/Koslowski* StBerG § 92 Rn. 1; *Kuhls/Kuhls* StBerG § 92 Rn. 3). Jedenfalls der Freispruch nach einer Berufsordnung kann die Verfolgung nach einer anderen Berufsordnung nicht sperren. Ansonsten würden möglicherweise bestehende Unterschiede in der Ausprägung einzelner Berufspflichten unterschiedlicher Berufsordnungen potentiell nivelliert. Dies folgt auch aus dem Rechtsgedanken des Verhältnisses zwischen Strafprozess und berufsgerichtlichen Verfahren (§ 118 Abs. 2). So wie dort im Anschluss an einen strafgerichtlichen Freispruch noch Raum für die Ahndung des disziplinarischen Überhangs besteht, muss auch im Verhältnis mehrerer Berufsordnungen nach dem Freispruch in einer Berufsordnung Raum für den bereichsspezifischen disziplinarischen Überhang einer anderen Berufsordnung verbleiben. In den Grenzen des § 115b kann ein Verfahren wegen des spezifisch BRAO-rechtlichen disziplinarischen Überhangs durchgeführt werden, sobald das vorgreifliche Verfahren nach der anderen Berufsordnung abgeschlossen ist. Die Voraussetzungen für einen solchen Überhang iSv § 115b sind dann aber im Einzelnen darzulegen (BGH NJW 2005, 1057 zu §§ 69a, 83a WPO).

24 Entsprechendes gilt auch nach rechtkräftiger **Verurteilung in einem anderen berufsgerichtlichen Verfahren.** Auch dann muss Raum für die Verfolgung des bereichsspezifischen Überhangs nach der BRAO verbleiben. §§ 115b, 139 Abs. 3 Nr. 2 setzen gerade die Möglichkeit eines weiteren anwaltsgerichtlichen Verfahrens nach der BRAO nach der Verurteilung in einem anderen berufsgerichtlichen Verfahren voraus, knüpfen diese aber an bestimmte Voraussetzungen. In den Grenzen des § 115b kann das anwaltsgerichtliche Verfahren wegen des spezifisch BRAO-rechtlichen disziplinarischen Überhangs durchgeführt werden, sobald das vorgreifliche Verfahren nach der anderen Berufsordnung abgeschlossen ist (BGH NJW 2005, 1157).

V. Rechtsanwälte im öffentlichen Dienst

25 Nach Abs. 4 sind die Abs. 1–3 auf Rechtsanwälte im öffentlichen Dienst, die ihren Beruf als Rechtsanwalt nicht selbst ausüben dürfen (§ 47), nicht anzuwenden. Weil die Tätigkeit im öffentlichen Bereich so stark im Vordergrund steht, kann dem anwaltsgerichtlichen Verfahren gegenüber der Disziplinargerichtsbarkeit kein Vorrang eingeräumt werden (amtliche Begründung, BT-Drs. 5/2848, 29). Die Anwaltsgerichtsbarkeit kann daher nur eingreifen, wenn die Einleitung oder Eröffnung eines Disziplinarverfahrens rechtskräftig abgelehnt worden oder ein solches rechtskräftig abgeschlossen ist und wenn dies nach § 115b möglich ist (*Isele* § 118a Anm. IV A, B; → § 47 Rn. 14a). Bis zum Abschluss des Disziplinarverfahrens des öff. Dienstes wird daher das anwaltsgerichtliche (Ermittlungs-)Verfahren regelmäßig nach § 118b ausgesetzt (→ § 115b Rn. 27 ff.; → § 118b Rn. 6). Der Vorrang der staatlichen Disziplinargerichtsbarkeit für Angehörige des öffentlichen Dienstes betrifft jedoch nur Pflichtverletzungen im öffentlichen Dienst, nicht auch anwaltliche Pflichtverletzungen, die vor Aufnahme der Tätigkeit im öffentlichen Dienst begangen wurden. Der Vorrang des Disziplinarverfahrens greift nicht, wenn der Rechtsanwalt das öffentliche Amt ehrenamtlich ausübt oder wenn ihm die RAK die weitere Berufsausübung gestattet hat (§ 118a Abs. 4 iVm § 47 Abs. 1) und die Pflichtverletzung bei der Ausübung des Anwaltsberufs begangen wurde (Gaier/Wolf/Göcken/*Johnigk* § 118a Rn. 12).

VI. Rechtsanwälte, die zugleich Notar sind

Schrifttum: *Altemeier,* Neue Aufgaben für (Anwalts-)Notare: „Wir können das.", AnwBl. 2010, 603; *Becker,* Anwaltsnotare – Unterschiedliche Haftung und Deckung, AnwBl. 2010, 618; *Cramer,* Die Politik des closed shop im Anwaltsnotariat, AnwBl. 1990, 68; *Dahns,* Die Neuregelung des Zugangs zum Anwaltsnotariat, NJW-Spezial 2009, 222; *Grebe,* Einige Gedanken zur Situation des Anwaltsnotariats in Deutschland, FS zum 125-jährigen Bestehen der RAK Hamm, 2004, 657; *Haeder,* Die Neuordnung des Zugangs zum Anwaltsnotariat in Deutschland, Verlag Peter Lang, Frankfurt 2009; *Hüttenbrink,* Zugang zum Anwaltsnotariat im Umbruch, FS zum 125-jährigen Bestehen der RAK Hamm, 2004, 677; *Lerch,* Neues zur Neubestellung von Anwaltsnotaren, AnwBl. 2007, 282; *Meyer,* Die Abgrenzung von anwaltlicher und notarieller Tätigkeit beim Anwaltsnotar, Diss. Bielefeld; *Schmucker,* STAR: Die Berufssituation von Anwaltsnotaren, BRAK-Mitt. 2004, 213; *Wendt,* Zugang zum Anwaltsnotariat – wie geht es weiter?, AnwBl. 2009, 54.

1. Anwendung des § 110 BNotO. Für Rechtsanwälte, die zugleich Notar sind, bleibt nach Abs. 5 § 110 BNotO unberührt. Daher ist **nur nach § 110 BNotO** zu entscheiden, ob über die Pflichtverletzung eines Anwaltsnotars im notariellen Disziplinarverfahren oder im anwaltsgerichtlichen Verfahren zu entscheiden ist. Dies gilt selbst dann, wenn die Ausschließung aus der Anwaltschaft oder die Entfernung aus dem Notaramt als Sanktion in Betracht kommt. Eine dem § 118a Abs. 1 S. 2 entsprechende Ausnahme für diese Fälle ist in § 110 BNotO nicht enthalten. Im Hinblick auf umfangreiche Erstreckungsmöglichkeiten in das jeweils andere Berufsrecht (→ § 118a Rn. 38 ff.) bedarf es dessen auch nicht. Es besteht daher nicht die Möglichkeit, gegen einen Anwaltsnotar nach Belieben im notariellen Disziplinarverfahren oder im anwaltsgerichtlichen Verfahren die Entfernung aus dem Amt bzw. die Ausschließung aus der Rechtsanwaltschaft zu betreiben (Eylmann/Vaasen/*Stockebrand* BNotO § 110 Rn. 5), vielmehr muss in dem nach § 110 BNotO maßgeblichen Verfahren entschieden werden. Der Vorrang des § 110 BNotO rechtfertigt sich aus dem Umstand, dass der Anwaltsnotar ein staatlich gebundenes Amt innehat, das einer strengen Dienstaufsicht unterliegt (Eylmann/Vaasen/*Stockebrand* BNotO § 110 Rn. 11). Eine Kollision zwischen notariellem Disziplinarverfahren und anwaltsgerichtlichen Verfahren liegt aber nicht vor, wenn der Rechtsanwalt nach der Pflichtverletzung seines Notaramtes enthoben worden ist und damit allein die Durchführung eines anwaltsgerichtlichen Verfahrens in Betracht kommt. Hat ein Rechtsanwalt noch als früherer Anwaltsnotar Untreuehandlungen im Zusammenhang mit einem notariellen Verwahrungsgeschäft begangen, liegt hierin ein Verstoß gegen die Generalklausel gemäß § 43, der insofern eine Transformations- und Abschichtungsfunktion (→ § 43 Rn. 8 ff.) zukommt. Da Untreuehandlungen allgemein einen so gravierenden Verstoß gegen die Kernpflicht anwaltlicher Tätigkeit darstellen, ist auch dann die Ausschließung aus der Rechtsanwaltschaft die regelmäßige Folge (NdsAGH BRAK-Mitt. 2010, 174). § 110 BNotO lautet: 26

§ 110 BNotO [Maßgebliches Verfahren]

(1) [1] Ob über eine Verfehlung eines Notars, der zugleich Rechtsanwalt ist, im Disziplinarverfahren oder im anwaltsgerichtlichen Verfahren für Rechtsanwälte zu entscheiden ist, bestimmt sich danach, ob die Verfehlung vorwiegend mit dem Amt als Notar oder der Tätigkeit als Rechtsanwalt im Zusammenhang steht. [2] Ist dies Zweifelhaft oder besteht ein solcher Zusammenhang nicht, so ist, wenn es sich um einen Anwaltsnotar handelt, im anwaltsgerichtlichen Verfahren für Rechtsanwälte, andernfalls im Disziplinarverfahren zu entscheiden. 27

(2) Hat ein Anwaltsgericht oder ein Disziplinargericht sich zuvor rechtskräftig für zuständig oder unzuständig erklärt, so ist das andere Gericht an diese Entscheidung gebunden.

2. Anwaltsnotare und Notaranwälte. Die Regelung des § 110 BNotO gilt über Abs. 5 für Anwaltsnotare iSd § 3 Abs. 2 BNotO. Die frühere Regelung über Notaranwälte in § 3 Abs. 3 BNotO aF wurde mit Gesetz vom 31.8.1998 (BGBl. I S. 2585) aufgehoben. 28

a) Anwaltsnotar. Der Anwaltsnotar (§ 3 Abs. 2 BNotO) ist Notar im Nebenberuf, nämlich neben dem Beruf eines Rechtsanwalts. Anwaltsnotare können nur in den Gerichtsbezirken bestellt werden, in denen beim Inkrafttreten der Bundesnotarordnung am 1.4.1961 das Notaramt im Nebenberuf ausgeübt wurde (§§ 3 Abs. 2, 116 BNotO). In den Bundesländern Berlin, Bremen, Hessen, Niedersachsen und Schleswig-Holstein gibt es ausschließlich das Anwaltsnotariat. Darüber hinaus gibt es in einigen Teilen der Bundesländer Baden-Württemberg und Nordrhein-Westfalen Anwaltsnotare. Zu den Einzelheiten hinsichtlich einiger regionaler Abweichungen vgl. bei Eylmann/Vaasen/*Schmitz-Valckenberg* BNotO § 3 Rn. 14 ff. Zu Anwaltsnotaren können nur Rechtsanwälte mit der Befähigung zum Richteramt und deutscher Staatsangehörigkeit bestellt werden (§ 5 BNotO; *Arndt/Lerch/Sandkühler* BNotO § 3 Rn. 11) und die die 29

Voraussetzungen des mit Gesetz vom 2.4.2009 (BGBl. I S. 696) neu eingefügten § 6 Abs. 2–4 BNotO erfüllen. Insbesondere muss der Bewerber die notarielle Fachprüfung nach §§ 7a ff. BNotO bestanden haben (§ 6 Abs. 2 Nr. 3 BNotO). Der Anwaltsnotar wird nur für die Dauer seiner Mitgliedschaft bei der für den Gerichtsbezirk zuständigen RAK berufen (§ 3 Abs. 2 BNotO). Die Beendigung dieser Mitgliedschaft bewirkt den Verlust des Amtes als Notar (§ 47 Nr. 3 BNotO). Das Notaramt erlischt dann gemäß § 47 Nr. 3 BNotO. Die Verlegung des Amtssitzes eines Anwaltsnotars kann nur vorgenommen werden, solange die Kammermitgliedschaft am Ort des ersten Amtssitzes fortbesteht (BGH DNotZ 1989, 328). Umgekehrt bewirkt die Entfernung aus dem Amt des Notars im Disziplinarverfahren zugleich den Ausschluss aus der Anwaltschaft (§ 97 Abs. 5 BNotO; *Arndt/Lerch/Sandkühler* BNotO § 92 Rn. 52). Nach dem mit Art. 3 Nr. 1a des Gesetzes vom 26.3.2007 (BGBl. I S. 358, 365) eingefügten S. 3 in § 10 Abs. 2 BNotO müssen „beim Anwaltsnotar … die Geschäftsstelle und die Kanzlei nach § 27 Abs. 1 der BRAO örtlich übereinstimmen". Es stellt eine irreführende Werbung eines Anwaltsnotars dar, wenn er auf dem Kanzleischild seiner **anwaltlichen Zweigstelle** (§ 27 Abs. 2) die Amtsbezeichnung Notar führt, ohne zugleich auf seinen Amtssitz als Notar hinzuweisen (BVerfG AnwBl. 2008, 799 = BRAK-Mitt. 2008, 270).

30 Zur Neuregelung der **Zulassungsvoraussetzungen zum Anwaltsnotariat** vgl. BVerfG AnwBl. 2004, 519 mit Anm. *Kleine-Cosack* und Gesetz zur Neuregelung des Zugangs zum Anwaltsnotariat vom 2.4.2009 (BGBl. I S. 696) vgl. dazu AnwBl. 2009, 279 und *Dahns* NJW-Spezial 2009, 222. Auch ein Rechtsanwalt, der aufgrund eines privatrechtlichen Vertrags als Angestellter der RAK die Geschäfte der RAK und der Notarkammer am Ort seiner Kanzlei führt, kann zum Anwaltsnotar bestellt werden (BGH NJW 1986, 3210). Ein Rechtsanwalt ist nicht schon deshalb von der Bestellung zum Anwaltsnotar ausgeschlossen, weil er zugleich Steuerberater ist (BVerfGE 80, 269 = NJW 1989, 2611; BGHZ 53, 103 = NJW 1970, 425; *Dithmar* AnwBl. 1989, 475, 479; **aA** *Stober* NJW 1981, 1529, 1534; vgl. § 8 Abs. 2 S. 2 BNotO nF), bzw. eine genehmigungsfähige Nebenbeschäftigung ausübt (BGH BRAK-Mitt. 1999, 277). Das frühere Verbot einer Sozietät zwischen Anwaltsnotaren und Wirtschaftsprüfern (BVerfGE 54, 237; → § 59a Rn. 49) verstößt gegen Art. 3 Abs. 1 GG, solange der Anwaltsnotar selbst Steuerberater sein darf und auch nicht gehindert ist, sich mit Nur-Steuerberatern zur gemeinsamen Berufsausübung zusammenzuschließen (BVerfGE 98, 49 = NJW 1998, 2269 = MDR 1998, 864 mit Anm. *Römermann* 821). § 9 Abs. 2 BNotO bestimmt daher nunmehr, dass ein Notar sich auch mit einem Wirtschaftsprüfer zur gemeinsamen Berufsausübung verbinden darf. Dem Anwaltsnotar kann die Nebenbeschäftigung als vereidigter Buchprüfer im Hinblick auf die nunmehr akzeptierte Sozietätsfähigkeit eines vereidigten Buchprüfers nach § 9 Abs. 2 BNotO nicht weiter verwehrt werden (so aber noch BGH AnwBl. 1992, 546). Zu den Sozietätsmöglichkeiten des Anwaltsnotars insgesamt vgl. *Dithmar* AnwBl. 1989, 475, 479. Zur Abgrenzung des Nur-Notars vom Anwaltsnotar vgl. BVerfG NJW 1964, 1515; zum Tätigkeitsbereich des Anwaltsnotars *Hartstang* I 204 ff.; zur Haftpflicht *Jungk* AnwBl. 1999, 343, 404 und zur Inkompatibilität des Anwaltsnotars *Hartstang* II 246 ff. **Tätigkeitsverbote** für Notare nach § 14 Abs. 4 BNotO gelten auch für den Anwaltsnotar. Er darf die ihm als Notar verbotenen Geschäfte auch nicht in seiner Eigenschaft als Rechtsanwalt tätigen (Eylmann/Vaasen/*Frenz* BNotO § 14 Rn. 42). So ist es Anwaltsnotaren nach § 8 BNotO auch nicht gestattet, nebenberuflich als Geschäftsführer einer Unternehmens- und Wirtschaftsberatungs-GmbH tätig zu werden, selbst wenn die Tätigkeit nach dem beabsichtigten Geschäftsführervertrag auf die Vertretung der Gesellschaft in ihren eigenen inneren Angelegenheiten beschränkt sein soll (BGH BRAK-Mitt. 2006, 40). Auch Rechtsanwälte, die sich mit einem Anwaltsnotar zu gemeinsamer Berufsausübung verbunden haben (→ § 59a Rn. 45 ff.), dürfen keine Maklerverträge über Grundstücke schließen (BGH NJW 2001, 1569; zur Werbung → § 43b Rn. 30).

31 Einwendungen gegen die Pflicht zur Zahlung von Notarkosten sind auch dann im Wege der Beschwerde nach § 127 GNotKG (früher § 156 KostO) geltend zu machen, wenn sie aus einer behaupteten Verletzung anwaltlicher und notarieller Beratungs- oder Belehrungspflichten des Anwaltsnotars hergeleitet werden. Eine negative Feststellungsklage ist unzulässig (BGH NJW 1988, 563). Zur Abgrenzung der Anwaltstätigkeit von der Notartätigkeit des Anwaltsnotars → § 51b Rn. 12 ff.; *Mümmler* JurBüro 1988, 693. Zur Geltung notarieller Berufspflichten für mit Anwaltsnotar verbundenen Rechtsanwalt vgl. *Michalski* NZG 2001, 646 im Anschluss an BGH NJW 2001, 1569; → § 45 Rn. 40).

b) Notaranwalt. Zu der aufgehobenen Regelung des § 3 Abs. 3 BNotO über Notaranwälte (→ Rn. 28) vgl. 3. Aufl. § 118a Rn. 29. 32

3. Verfehlungen. Liegt die Verfehlung eines Rechtsanwalts vor, der zugleich Notar ist (§ 3 Abs. 2 BNotO), dann ist nach Abs. 5 iVm § 110 Abs. 1 BNotO entscheidend, ob die Verfehlung **vorwiegend** mit dem Amt als Notar oder mit der Tätigkeit als Anwalt im Zusammenhang steht. 33

a) Vorwiegend betroffenes Verfahren. Zu entscheiden ist in dem Verfahren, das vorwiegend betroffen ist. Ob eine Verfehlung vorwiegend mit dem Amt des Notars oder der Tätigkeit des Rechtsanwalts im Zusammenhang steht, entscheidet sich danach, auf welchem Gebiet der **Schwerpunkt der Verfehlung** liegt. Der Unrechtsgehalt der Verfehlung gegen das anwaltliche Berufsrecht ist abzuwägen gegen die Verfehlung als Notar. Die Teilakte einer einheitlichen Verfehlung (→ Rn. 4) sind zunächst dem Anwalts- bzw. Notarberuf zuzuordnen. Sodann ist zu bestimmen, ob durch das Gesamtverhalten vorwiegend notarielle oder vorwiegend anwaltliche Berufspflichten verletzt worden sind. Dabei sind **Intensität, Anzahl und Dauer** der jeweiligen Verfehlungen wertend zu betrachten (Eylmann/Vaasen/*Stockebrand* BNotO § 110 Rn. 14). Wiegt der Unrechtsgehalt des Verstoßes gegen anwaltliches Berufsrecht schwerer, dann ist die Anwaltsgerichtsbarkeit gegeben, es gilt das unter Rn. 20 Gesagte. Wiegt aber der Unrechtsgehalt der Verletzung der Pflichten als Notar schwerer, dann ist das Disziplinarverfahren für Notare durchzuführen (BGHSt 21, 232 = NJW 1967, 894; BGHSt 22, 157 = NJW 1968, 2204). 34

Ein Verstoß gegen § 45 ist als vorwiegend anwaltliche Verfehlung anzusehen, auch wenn zugleich die notarielle Neutralitätspflicht (§ 14 Abs. 1 S. 1 BNotO) verletzt ist (BGHSt 22, 157 = NJW 1968, 2204; AnwG Frankfurt/M BRAK-Mitt. 2010, 223 zu § 45 Abs. 1 S. 1; **aA** Eylmann/Vaasen/*Stockebrand* BNotO § 110 Rn. 15). Rät ein Anwaltsnotar, der als Rechtsanwalt die steuerliche Beratung eines Mandanten übernommen hat, diesem aus steuerlichen Gründen zum Erwerb einer bestimmten Eigentumswohnung und beurkundet dann, nachdem der Mandant sich zum Kauf entschlossen hat, als Notar den Kaufvertrag, so gehört die dem Kaufentschluss vorangegangene Beratung zur anwaltlichen Tätigkeit. Die Pflichten eines Rechtsanwalts, der einen Mandanten steuerlich berät, beurteilen sich nach denselben Grundsätzen wie bei der Beratung in anderen Rechtsangelegenheiten. Empfiehlt der Anwalt aus steuerlichen Gründen einen bestimmten Vermögenserwerb, so hat er den Mandanten in der durch die Sachlage gebotenen Weise auch umfassend über die mit dem Geschäft zusammenhängenden zivilrechtlichen Fragen zu belehren und vor Risiken zu bewahren, die sich erkennbar aus diesem Rechtsbereich ergeben (BGH NJW 1988, 563; vgl. auch BGH NJW 1986, 1050). 35

b) Fehlendes Überwiegen. Lässt sich ein Überwiegen nicht feststellen, dh bezieht sich die Verfehlung weder vorwiegend auf die Notartätigkeit noch vorwiegend auf die Tätigkeit als Rechtsanwalt – zB bei außerberuflichen Verfehlungen – oder ist dies zweifelhaft, dann wird **gegen Anwaltsnotare** (§ 3 Abs. 2 BNotO) **im anwaltsgerichtlichen Verfahren** entschieden und gegen einen früheren Notaranwalt (§ 3 Abs. 3 BNotO aF; → Rn. 28) wurde im Disziplinarverfahren nach der Bundesnotarordnung entschieden (EGH Celle BRAK-Mitt. 1988, 212; *Arndt/Lerch/Sandkühler* BNotO § 110 Rn. 4 ff.). 36

c) Entscheidung durch Staatsanwaltschaft und Gericht. Der maßgebliche Zeitpunkt für die Entscheidung, ob das Disziplinarverfahren oder das anwaltsgerichtliche Verfahren gegeben ist, ist zunächst der Beginn des Verfahrens, nämlich der Zeitpunkt, in dem das gerichtliche Verfahren eingeleitet wird (EGH Celle BRAK-Mitt. 1988, 212); für die anderen Gerichte bindend wird die Entscheidung aber erst mit Eintritt der Rechtskraft (→ Rn. 16). Zunächst muss die Staatsanwaltschaft entscheiden, auf welchem Gebiet sie den Schwerpunkt der Verfehlung sieht, oder ob nach § 110 Abs. 1 S. 2 BNotO zu verfahren ist. Dazu wird sie zuvor zur entsprechenden Abklärung nach § 118a Abs. 2 mit der Notarkammer (§§ 65 ff. BNotO) bzw. der Aufsichtsbehörde (§ 92 BNotO) Kontakt aufnehmen. Die abschließende Entscheidung über den richtigen Rechtsweg trifft das mit der Sache befasste Anwalts- bzw. Disziplinargericht, das an die vorherigen Entscheidungen der Staatsanwaltschaft und der Berufskammern bzw. Aufsichtsbehörden nicht gebunden ist (Eylmann/Vaasen/*Stockebrand* BNotO § 110 Rn. 19; § 6 StPO). Nach Rechtskraft der gerichtlichen Entscheidung ist aber das andere Gericht daran gebunden, so dass mit der ersten rechtskräftigen Entscheidung der Rechtsweg endgültig feststeht (*Arndt/Lerch/Sandkühler* BNotO § 110 Rn. 4 ff.). 37

38 **d) Erstreckungsmöglichkeit auf das jeweils andere Berufsrecht.** Grundsätzlich bedarf es im Hinblick auf die wechselseitigen Erstreckungsmöglichkeiten in das jeweils andere Berufsrecht nach §§ 47 Nr. 3, 54 Abs. 2, 3 und 4 Nr. 2, 3, 97 Abs. 5 BNotO jeweils nur eines Verfahrens, des Disziplinarverfahrens oder des anwaltsgerichtlichen Verfahrens, wobei sich die Wahl der jeweiligen Verfahrensart nach § 110 BNotO bestimmt (*Arndt/Lerch/Sandkühler* BNotO § 110 Rn. 9, 10; → § 118a Rn. 26).

39 Nach **§ 97 Abs. 5 BNotO** hat die Disziplinarmaßnahme der **Entfernung aus dem Amt** (§ 97 Abs. 1 BNotO „bei einem Notar, der zugleich Rechtsanwalt ist, zugleich die **Ausschließung aus der Rechtsanwaltschaft zur Folge**". Voraussetzung ist dabei die dauernde Entfernung aus dem Amt als Notar. Nicht darunter fallen die Entfernung vom bisherigen Amtssitz (§ 97 Abs. 2 BNotO) und die Entfernung aus dem Amt auf bestimmte Zeit (§ 97 Abs. 3 BNotO).

40 Nach **§ 47 Nr. 3 BNotO erlischt** bei einem Anwaltsnotar **das Amt des Notars durch den bestandskräftigen Wegfall der** Mitgliedschaft bei der für den Gerichtsbezirk zuständigen RAK.

41 Nach **§ 54 Abs. 2 BNotO** kann ein Anwaltsnotar auch ohne Einleitung eines förmlichen Disziplinarverfahrens **durch das Disziplinargericht** (§ 99 BNotO) **vorläufig seines Amtes als Notar enthoben** werden, wenn gegen ihn ein **anwaltsgerichtliches Verfahren nach der BRAO eingeleitet** (§ 121) worden ist. – Ist gemäß § 110 BNotO über die Verfehlungen eines Anwaltsnotars im anwaltsgerichtlichen Verfahren zu entscheiden, sind die Voraussetzungen für eine in diesem Fall nach § 54 Abs. 2 BNotO zulässige vorläufige Amtsenthebung aber nur gegeben, wenn im anwaltsgerichtlichen Verfahren die Ausschließung aus der Rechtsanwaltschaft (§ 114 Abs. 1 Nr. 5) oder die Verhängung eines Berufs- oder Vertretungsverbots (§ 150) oder ein Vertretungsverbot für das Gebiet des Zivilrechts (§ 114 Abs. 1 Nr. 4) zu erwarten ist. Dies gilt jedenfalls dann, wenn das Verfahren allein Verfehlungen im Zusammenhang mit der Tätigkeit als Rechtsanwalt zum Gegenstand hat (BGH BRAK-Mitt. 2002, 131; → § 150 Rn. 29).

42 Wird ein Anwaltsnotar nach Einleitung des nach § 110 BNotO maßgeblichen Disziplinarverfahrens **vorläufig seines Amtes als Notar enthoben** (§ 54 Abs. 2 BNotO), so kann das **Disziplinargericht gegen ihn ein Berufs- oder Vertretungsverbot als vorläufige Maßnahme** nach § 150 verhängen, wenn zu erwarten ist, dass im Disziplinarverfahren gegen ihn auf Entfernung aus dem Amt (§ 97 Abs. 1 BNotO) erkannt werden wird **(§ 54 Abs. 3 BNotO).** Der Beschluss des Disziplinargerichts mit der Verhängung der vorläufigen Maßnahme nach § 150 kann gemäß § 105 BNotO in der Fassung des Gesetzes vom 17.6.2009 (BGBl. I S. 1282) nach den Vorschriften des BDG über die Anfechtung von Entscheidungen des Verwaltungsgerichts (§§ 64 ff. BDG) angefochten werden, § 157 greift nicht. Für die Anfechtung von Entscheidungen des OLG galten nach § 105 BNotO noch bis zum 1.1.2010 die Vorschriften der BDO entsprechend.

43 Umgekehrt treten bei einem Anwaltsnotar die **Wirkungen der vorläufigen Amtsenthebung als Notar** (§ 54 BNotO) **nach § 54 Abs. 4 Nr. 2 BNotO kraft Gesetzes** ein, wenn gegen ihn im **anwaltsgerichtlichen Verfahren ein Berufs- oder Vertretungsverbot** als vorläufige Maßnahme nach § 150 **oder ein Vertretungsverbot für das Gebiet des Zivilrechts nach § 114 Abs. 1 Nr. 4** verhängt ist. Die vorläufige Amtsenthebung tritt nach § 54 Abs. 4 Nr. 3 BNotO bei einem Anwaltsnotar ferner **kraft Gesetzes ein, wenn die Rücknahme oder der Widerruf der Zulassung zur Rechtsanwaltschaft nach § 16 mit sofortiger Vollziehung verfügt** ist. Die nach § 54 Abs. 4 Nr. 2 und 3 BNotO kraft Gesetzes eintretenden Wirkungen bestehen für die Dauer der Maßnahme nach § 150 bzw. solange die sofortige Vollziehung nach § 16 angeordnet ist.

44 **e) Anwaltsgerichtliches Verfahren nach Beendigung des Disziplinarverfahrens.** Steht die Verfehlung eines Anwaltsnotars vorwiegend mit dem Amt als Notar in Zusammenhang und wurde daher gegen ihn ein Disziplinarverfahren (§§ 95 ff. BNotO) eingeleitet, stellt sich die Frage, ob nach dessen Beendigung noch wegen desselben Verhaltens ein anwaltsgerichtliches Verfahren durchgeführt werden kann.

45 Im Falle der Entfernung aus dem Amt (§ 97 Abs. 1 BNotO) stellt sich wegen der gesetzlichen Folge der gleichzeitigen Ausschließung aus der Rechtsanwaltschaft (§ 97 Abs. 5 BNotO) diese Frage allerdings nicht, da ein anwaltsgerichtliches Verfahren nur gegen einen zugelassenen Rechtsanwalt durchgeführt werden kann (§§ 113 Abs. 1 und 3, 139 Abs. 3 Nr. 1).

Im Übrigen sind die Auffassungen geteilt. Einerseits wird die Auffassung vertreten, § 118a Abs. 5 iVm § 110 BNotO solle nicht nur das Nebeneinander mehrerer Verfahren vor verschiedenen Gerichten vermeiden, sondern diese Vorschriften sollen auch verhindern, dass wegen desselben Sachverhalts mehrere Verfahren hintereinander durchgeführt werden. Danach sollen diese Vorschriften nicht nur verfahrensrechtliche Regelungen sondern auch eine materiellrechtliche ne-bis-in-idem-Regelung beinhalten. Demgemäß hat der EGH in Celle entschieden, „§ 110 BNotO dient der Vermeidung von Doppelbestrafungen und schließt deshalb die Einleitung eines ehrengerichtlichen Verfahrens aus, wenn die zu ahndende Verfehlung überwiegend mit der notariellen Tätigkeit zusammenhängt“ (EGH Celle BRAK-Mitt. 1988, 213). Dies gelte selbst dann, wenn das notarielle Disziplinarverfahren wegen Entlassung aus dem Notaramt vom Disziplinargericht eingestellt worden ist (EGH Celle BRAK-Mitt. 1988, 213). 46

Dem ist nicht zuzustimmen. Das abgeschlossene Disziplinarverfahren sperrt eine nachfolgende anwaltsgerichtliche Ahndung wegen desselben Vorganges grundsätzlich nicht. Wie § 118a nach seiner systematischen Stellung im Gefüge der BRAO nur eine verfahrensrechtliche und keine materiellrechtliche Regelung beinhaltet, gilt dies auch für § 110 BNotO und dessen Stellung im Gefüge der BNotO. § 110 BNotO ist eingerahmt von Verfahrensvorschriften. Die materiellen Erstreckungsregeln stehen an anderen Stellen (vgl. zB §§ 54 Abs. 2 ff., 97 Abs. 5). Zudem lässt § 115b ausdrücklich auch nach einer Disziplinarmaßnahme (§ 97 BNotO) eine zusätzliche anwaltsgerichtliche Ahndung unter den Voraussetzungen des § 115b zu. Im Übrigen gilt das zu Rn. 22 ff. Gesagte entsprechend. Demgemäß ist nicht nur nach Einstellung des Disziplinarverfahrens die Durchführung eines anwaltsgerichtlichen Verfahrens zulässig (Schippel/*Bracker/Lemke* BNotO § 110 Rn. 5; **aA** EGH Celle BRAK-Mitt. 1988, 213), sondern dieses ist grundsätzlich auch nach Verhängung einer Disziplinarmaßnahme – dann aber nur unter den Voraussetzungen des § 115b – möglich. Da in diesen Fällen die verfahrensrechtliche Funktion des § 118a Abs. 5 iVm § 110 BNotO, zwei gleichzeitige Verfahren auszuschließen, erfüllt ist, bestimmt sich nunmehr ausschließlich nach der BRAO, dh vornehmlich nach § 115b, ob eine anderweitige Ahndung nach der BRAO zulässig und erforderlich ist. 47

§ 118b Aussetzung des anwaltsgerichtlichen Verfahrens

Das anwaltsgerichtliche Verfahren kann ausgesetzt werden, wenn in einem anderen gesetzlich geordneten Verfahren über eine Frage zu entscheiden ist, deren Beurteilung für die Entscheidung im anwaltsgerichtlichen Verfahren von wesentlicher Bedeutung ist.

I. Anwendungsbereich

Die Bestimmung ergänzt die Regelung des § 118 Abs. 1. Aber anders als bei § 118 Abs. 1 ist die Aussetzung nach § 118b nicht zwingend, sie unterliegt vielmehr dem pflichtgemäßen Ermessen (Henssler/Prütting/*Dittmann* § 118b Rn. 5). Sie verlangt auch anders als die §§ 118, 118a nicht, dass „dasselbe Verhalten“ des Rechtsanwalts auch Gegenstand des „anderen gesetzlich geordneten Verfahrens“ ist. Es reicht, dass in dem anderen Verfahren über eine für das anwaltsgerichtliche Verfahren entscheidungserhebliche Frage entschieden wird (→ Rn. 3 ff.). Um Doppelermittlungen mit der Gefahr unterschiedlicher Feststellung zu vermeiden, eröffnet die Bestimmung die Möglichkeit der Aussetzung, um die Ergebnisse anderer gesetzlich geordneter Verfahren abzuwarten (Henssler/Prütting/*Dittmann* § 118b Rn. 1). § 118b ist auch im Zusammenhang mit § 115b zu sehen. Ist für das Anwaltsgericht oder die Staatsanwaltschaft noch nicht absehbar, ob eine in einem anderen Verfahren zu erwartende Strafe, Disziplinarmaßnahme, berufsgerichtliche Maßnahme oder Ordnungsmaßnahme eine anwaltsgerichtliche Ahndung nach § 115b ausschließen wird, kann im Hinblick auf jenes Verfahren das Anwaltsgericht oder die Staatsanwaltschaft das anwaltsgerichtliche Verfahren bzw. Ermittlungsverfahren nach § 118b aussetzen (amtliche Begründung zu §§ 115b und § 118b; → § 115b Rn. 29; → § 118 Rn. 23). Auch wenn der Ausgang des anderen Verfahrens zur Einstellung des anwaltsgerichtlichen Verfahrens führen kann, kann das anwaltsgerichtliche (Ermittlungs-)Verfahren ausgesetzt werden. Da nach § 139 Abs. 3 Nr. 1 das Verfahren einzustellen ist, „wenn die Zulassung zur Rechtsanwaltschaft erloschen, zurückgenommen oder widerrufen ist (§§ 13–16)“, kann bei einem schon 1 laufenden Rücknahme- oder Widerrufsverfahren das anwaltsgerichtliche (Ermittlungs-)Verfahren ausgesetzt werden. Das bietet sich jedenfalls dann an, wenn jenes Verfahren bereits zur Rücknahme- bzw. Widerrufsverfügung (§ 16 Abs. 4) gediehen ist. Wie sich aus der Stellung des § 118b im Gesetz ergibt, gilt § 118b nicht nur für das Verfahren vor dem Anwaltsgericht selbst, sondern auch für das anwaltsgerichtliche Ermittlungsverfahren (EGH München NJW 1976, 816; Gaier/Wolf/Göcken/*Johnigk* § 118b Rn. 1; *Isele* § 118b Anm. II). Die Entscheidung ergeht nach pflichtgemäßem Ermessen. Ein Zwang zur Aussetzung wird nicht festgelegt; eine solche Regelung würde zu weit gehen (amtliche Begründung, BT-Drs. 5/2848, 29).

II. Voraussetzungen

2 **1. Anderes gesetzlich geordnetes Verfahren.** Ein anderes „gesetzlich geordnetes Verfahren" als das Straf- oder Bußgeldverfahren (vgl. dazu § 118) ist zunächst einmal jedes gerichtliche Verfahren, zB Zivil-, Verwaltungsgerichts-, Arbeitsgerichts-, Sozialgerichtsverfahren pp. Dazu gehören aber auch behördliche Verfahren, deren Gang durch Rechtsnormen, wenn auch nicht unbedingt durch formelles Gesetz, geregelt ist, wie zB das Bußgeldverfahren nach dem OWiG, das Verfahren zur Versetzung in den Ruhestand nach § 47 BBG nF (früher § 44 BBG aF). Gesetzlich geordnet in diesem Sinne sind auch das staatsanwaltschaftliche, polizeiliche (EGH München NJW 1976, 816), finanzamtliche Ermittlungsverfahren (*Claussen/Janzen* BDO § 17 Rn. 5), sowie das Verfahren über die Feststellung des Verlustes der Dienstbezüge nach § 9 BBesG (BVerwG DÖV 1987, 734 zu § 18 Abs. 2 BDO aF, vgl. nunmehr §§ 10 ff., 79, 80 BDG) und das Rücknahme- und Widerrufsverfahren nach §§ 14–16. Nicht gesetzlich geordnet sind die Verwaltungsverfahren, deren Gang nicht durch Rechtsnormen geregelt ist (*Claussen/Janzen* BDO § 17 Rn. 5).

3 **2. Vorgreifliche Verfahren.** Das andere Verfahren muss für das anwaltsgerichtliche Verfahren in dem Sinne vorgreiflich sein, dass die dort zu entscheidende Frage für die Entscheidung im anwaltsgerichtlichen Verfahren **„von wesentlicher Bedeutung"** ist. Das wird regelmäßig der Fall sein, wenn in dem anderen Verfahren bezüglich desselben Sachverhalts über Tatbestandsmäßigkeit, Rechtswidrigkeit und Schuld des Rechtsanwalts zu entscheiden ist (EGH München Urteil vom 27.11.1984 – BayEGH II 10/84).

4 Das andere Verfahren ist auch dann vorgreiflich, wenn es lediglich Teilaspekte der anwaltlichen Pflichtverletzung betrifft wie die Höhe des vom Rechtsanwalt verursachten Schadens (Henssler/Prütting/*Dittmann* § 118b Rn. 3), oder wenn durch den Ausgang des anderen Verfahrens ein Verfahrenshindernis entstehen kann (→ § 139 Rn. 13, 14).

5 Die Aussetzung ist ausgeschlossen, wenn es an der Vorgreiflichkeit fehlt. Das wäre zB der Fall, wenn in dem anderen Verfahren etwa über eine Frage zu entscheiden wäre, für die das Anwaltsgericht ausschließlich zuständig ist, wie für die Bewertung eines bestimmten Verhaltens als Pflichtverletzung. Auch die Beurteilung bestimmter Umstände, die für die Wertung der Gesamtpersönlichkeit des Rechtsanwalts oder für die Art und Höhe der gegen ihn zu verhängenden Maßnahme von Bedeutung sein können, ist nicht vorgreiflich. Auch die Beurteilung der Glaubwürdigkeit eines Zeugen in einem anderen Verfahren rechtfertigt die Aussetzung nicht (*Claussen/Janzen* BDO § 17 Rn. 6c).

III. Aussetzung

6 Die Aussetzung ist in jedem Stadium des Verfahrens möglich und geschieht im gerichtlichen Verfahren durch Beschluss. Der Beschluss des Anwaltsgerichts ist nach § 116 S. 2 iVm § 304 StPO mit der einfachen Beschwerde anfechtbar. Der entsprechende Beschluss des Anwaltsgerichtshofs ist unanfechtbar (§ 116 S. 2 iVm § 304 Abs. 4 S. 2 StPO). Gegen die Aussetzungsverfügung der Staatsanwaltschaft ist die Dienstaufsichtsbeschwerde gegeben.

7 Unter den Voraussetzungen des § 122 Abs. 3 kann die RAK einen Antrag auf gerichtliche Entscheidung stellen. Im Übrigen gibt es gegen die Entschließung der Staatsanwaltschaft Anträge auf gerichtliche Entscheidung nach §§ 122, 123 nur, wenn es sich dabei um abschließende Entscheidungen der Staatsanwaltschaft handelt, zu denen die Aussetzung nach § 118b nicht gehört (vgl. auch Henssler/Prütting/*Dittmann* § 118b Rn. 5). Die Aussetzung des Verfahrens nach § 118b führt **nicht zum Ruhen der Verjährung,** weil kein gesetzliches Hindernis nach § 115 Abs. 1 BRAO iVm § 78 Abs. 1 Nr. 2 StGB vorliegt, sondern nur eines aus Zweckmäßig-

keitserwägungen, bei denen ein Ruhen wie in §§ 396 Abs. 3 AO, 153a Abs. 3 StPO, 154e Abs. 3 StPO ausdrücklich angeordnet werden muss (Gaier/Wolf/Göcken/*Johnigk* § 118b Rn. 7; → § 115 Rn. 15; unentschieden EGH München NJW 1976, 816; vgl. auch BGHSt 33, 54 zu §§ 93, 109 StBerG).

Die Aussetzung endet zwingend mit dem Abschluss des anderen Verfahrens, dh spätestens bei Eintritt der Unanfechtbarkeit der darin getroffenen abschließenden Entscheidung. Das ist beim Strafverfahren regelmäßig die rechtskräftige Entscheidung zur Tat- und Schuldfrage, auch wenn wegen der Straffrage das Verfahren weiter betrieben wird. Schon vorher kann das Verfahren nach pflichtgemäßem Ermessen fortgesetzt werden, insbesondere wenn die Sachaufklärung gesichert ist (*Claussen/Janzen* BDO § 17 Rn. 10a, 10b). 8

Zweiter Abschnitt. Das Verfahren im ersten Rechtszug

1. Allgemeine Vorschriften

§ 119 Zuständigkeit

(1) **Für das anwaltsgerichtliche Verfahren ist im ersten Rechtszug das Anwaltsgericht *für Rechtsanwälte* zuständig.**

(2) **Die örtliche Zuständigkeit des Anwaltsgerichts bestimmt sich nach dem Sitz der Rechtsanwaltskammer, welcher der Rechtsanwalt zur Zeit der Einleitung des Verfahrens angehört.**

Anmerkung: Die Worte „für Rechtsanwälte" wurden offenbar versehentlich nicht gestrichen (vgl. Art. 1 Nr. 39 und 40 des Gesetzes vom 2.9.1994, BGBl. I S. 2278).

I. Sachliche Zuständigkeit

Sachlich zuständig ist im ersten Rechtszug des anwaltsgerichtlichen Verfahrens stets das Anwaltsgericht (§§ 92–99), gleichgültig welche der Maßnahmen nach § 114 zu erwarten ist. Im Rügeprüfungsverfahren ist es abschließend zuständig gemäß § 74a. In Zulassungssachen (§§ 37–42, 59g Abs. 5, 59h Abs. 5) und zur sonstigen gerichtlichen Nachprüfung von Wahlen und Beschlüssen sowie von Verwaltungsakten (§§ 90, 91 191, 112a ff.) ist das Anwaltsgericht nicht zuständig. Insofern ist der AGH zuständig (vgl. zB §§ 11 Abs. 2, 16 Abs. 5, 29 Abs. 3, 29a Abs. 3, 37 ff., 57 Abs. 3, 59g Abs. 5, 59h Abs. 5, 91, 112a ff.). Auch eine Annexzuständigkeit des Anwaltsgerichts für rechtliche Streitigkeiten, die aus Anlass eines anwaltsgerichtlichen Verfahrens entstehen, besteht grundsätzlich nicht (BGH BRAK-Mitt. 2011, 143). Zur abweichenden sachlichen Zuständigkeit des BGH für die Rechtsanwälte beim BGH vgl. § 163 S. 5 (→ § 163 Rn. 6). 1

II. Örtliche Zuständigkeit

Die örtliche Zuständigkeit des Anwaltsgerichts wird abweichend von §§ 7–15 StPO geregelt. Der Gerichtsstand wird stets durch den Sitz der Kammer bestimmt, welcher der Rechtsanwalt zurzeit der Einleitung des Verfahrens (§ 121) angehört (§ 60), bzw. beim dienstleistenden europäischen Rechtsanwalts durch den Sitz der Kammer, deren Aufsicht er untersteht (§§ 32 Abs. 4, 33 Abs. 1 S. 2 EuRAG). Die Mitgliedschaft zur Kammer beginnt bei der ersten Zulassung bereits mit der Aushändigung der Urkunde (§ 12), die Eintragung in das Rechtsanwaltsverzeichnis (§ 31) ist dazu nicht erforderlich. **Der einmal begründete örtliche Gerichtsstand bleibt für den gesamten Verlauf des anwaltsgerichtlichen Verfahrens erhalten,** selbst wenn der Rechtsanwalt nach dessen Einleitung seine Kanzlei in einen anderen Kammerbezirk verlegt (§ 27 Abs. 3). 2

Hier war der Gerichtsstand zur Zeit der Einleitung des Verfahrens im Bereich der ersten Kammer und damit die Zuständigkeit ihres Anwaltsgerichts begründet. Wenn auch der Beschuldigte nunmehr einer anderen Kammer angehört, so unterliegt er als Rechtsanwalt gleichwohl unverändert der anwaltsgerichtlichen Strafgewalt. Ist aber diese Voraussetzung gegeben, so bleibt das Anwaltsgericht, bei dem das Verfahren eingeleitet ist, nach dem Grundsatz der perpetuatio 3 fori zuständig. Fälle gerade dieser Art werden kaum zu Schwierigkeiten führen. Die örtliche Zuständigkeit der Staatsanwaltschaft kann im anwaltsgerichtlichen Ermittlungsverfahren wechseln. Wird der beschuldigte Rechtsanwalt im Verlaufe des anwaltsgerichtlichen Ermittlungsverfahrens Mitglied einer anderen RAK, dann ist nach § 119 Abs. 2 eine eventuelle Anschuldigungsschrift beim Anwaltsgericht im Bezirk der neuen Kammer einzureichen und folglich die Staatsanwaltschaft für dieses Anwaltsgericht örtlich zuständig (§ 120).

III. Zuständigkeitsstreit

4 Für einen in der Praxis kaum vorkommenden Zuständigkeitsstreit zwischen mehreren Anwaltsgerichten, die Verhinderung des zuständigen Gerichts und die Prüfung der örtlichen Zuständigkeit gelten nach § 116 S. 2 die §§ 14, 15, 16 und 19 StPO entsprechend (*Isele* § 119 Anm. IV; → § 116 Rn. 13 zu §§ 14–16, 19 StPO).

5 Den Zuständigkeitsstreit entscheidet das gemeinschaftliche obere Gericht (§ 116 S. 2 iVm § 14 StPO). Als solches kann ein AGH oder der BGH in Frage kommen. Gehören die über die Zuständigkeit streitenden Anwaltsgerichte zum Geschäftsbereich desselben AGH, so entscheidet dieser, sonst der Anwaltssenat des BGH (Henssler/Prütting/*Dittmann* § 119 Rn. 4). Diesem gemeinschaftlichen oberen Gericht kommt auch die Aufgabe zu, anstelle eines Anwaltsgerichts, das in einem einzelnen Falle an der Ausübung seiner Tätigkeit rechtlich oder tatsächlich verhindert ist, ein anderes Anwaltsgericht als zuständig zu bestimmen (§ 116 S. 2 iVm § 15 StPO). Zur Zuständigkeit in Wiederaufnahmeverfahren vgl. Anm. zu §§ 140a GVG und 367 StPO bei § 116.

§ 120 Mitwirkung der Staatsanwaltschaft

Die Staatsanwaltschaft bei dem Oberlandesgericht, in dessen Bezirk das Anwaltsgericht seinen Sitz hat (§ 119 Abs. 2), nimmt in den Verfahren vor dem Anwaltsgericht die Aufgaben der Staatsanwaltschaft wahr.

Schrifttum: *Waechter,* Zur Geltung des Legalitätsprinzips bei der Verfolgung beruflicher Pflichtverletzungen, WPK-Mitt. 1993, 149.

Übersicht

I. Geschichtliche Entwicklung

1 Bis in das neunzehnte Jahrhundert hinein unterstanden in den deutschen Staaten die Advokaten, Anwälte oder wie die Anwaltsbezeichnungen in den verschiedenen Ländern auch immer lauteten (vgl. *Ostler* S. 3, 4), grundsätzlich der Disziplinargewalt der Gerichte. Eine Trennung zwischen gerichtlicher Tätigkeit und der Funktion eines Anklägers gab es nicht. Das Gericht bestimmte das Verfahren nach eigenem Ermessen. In der ersten Hälfte des neunzehnten Jahrhunderts wurden in fast allen Partikulargesetzen neue Regelungen geschaffen. Ihnen diente als Vorbild und als erster Anhaltspunkt die französische Gesetzgebung. Nunmehr wurde für die Verfolgung von Standesverstößen ein geregeltes Verfahren und dabei die Mitwirkung der neu geschaffenen Staatsanwaltschaft vorgesehen (*Hartstang* I 18 ff.; *Holly,* Geschichte der Ehrengerichtsbarkeit der deutschen Rechtsanwälte, Europäische Hochschulschriften, Reihe II Rechtswissenschaft, 1989, 87 ff., 221 ff.; *Huffmann,* Geschichte der rheinischen Rechtsanwaltschaft, 1969, 82 ff.; Motive des Entwurfs der RAO von 1878, abgedruckt bei *Max Siegel,* Die gesamten Materialien zu der Rechtsanwaltsordnung vom 1. Juli 1878, 277). In der Vorbereitung eines reichseinheitlichen Anwaltsrechts nach der Reichsgründung 1871 wurde aus der Anwaltschaft vielfach das Verlangen geäußert, dass an der anwaltlichen Disziplinargerichtsbarkeit weder Berufsrichter (*Haenle* JW 1878, 134; *Ostler* 23) noch Staatsanwälte beteiligt sein sollten. Insbesondere die Beteiligung einer mit dem Anklagemonopol versehenen Staatsanwaltschaft wurde mit einer

freien Advokatur als unvereinbar angesehen. So verlangten in der Vorbereitung zur Rechtsanwaltsordnung die Anwälte des preußischen Obertribunals in einer gutachtlichen Äußerung, dass „der Rechtsanwaltschaft bezüglich ihrer Standesangelegenheiten und besonders der Disziplin, eine vollkommen selbständige, von jeder staatlichen Einwirkung und Mitwirkung freie Stellung zugestanden werden" müsse (JW 1876, 73, 78). Der VI. Anwaltstag 1878 in Frankfurt forderte, eine im Entwurf zur RAO vorgesehene Beteiligung der Staatsanwaltschaft nicht zu realisieren. Stattdessen sollten „die Verrichtungen der Staatsanwaltschaft … von dem von der Anwaltskammer gewählten Syndicus wahrgenommen" werden, „bei dem Reichsgericht von dem Syndicus der Anwaltskammer des Reichsgerichts" (JW 1878, 157, 162).

Bei der Beratung im Reichstag sah der Abgeordnete *von Schmid* durch die Beteiligung der 2
Staatsanwaltschaft „den ganzen Advokatenstand eigentlich unter das Damoklesschwert der Staatsanwaltschaft für immer" gestellt (JW 1878, 112, 113). Und der Abgeordnete *Windthorst* wertete es als „recht schlimm, dass der Rechtsanwalt, welcher durch seinen Beruf gerade dem Staatsanwalt jeden Augenblick auf das energischste entgegenzutreten veranlasst ist, in solcher Weise der Korrektur des Staatsanwaltes unterworfen sein soll" (JW 1878, 113, 117). Nach längeren Auseinandersetzungen wurde mit der Rechtsanwaltsordnung (RAO) von 1878 eine einheitliche freie deutsche Rechtsanwaltschaft mit beruflicher Selbstverwaltung im ganzen deutschen Reich geschaffen. Die Anwaltschaft wurde der richterlichen Disziplinaraufsicht entzogen (zur Geschichte und zum Inhalt der RAO von 1878 vgl. *Holly,* Geschichte der Ehrengerichtsbarkeit der deutschen Rechtsanwälte, Europäische Hochschulschriften, Reihe II Rechtswissenschaft, 1989, 221; *Hartstang* I 21 ff.; *Ostler* 11; *Weißler,* Geschichte der Rechtsanwaltschaft, 1905, S. 572 ff.; *Max Siegel,* Die gesamten Materialien zu der Rechtsanwaltsordnung vom 1. Juli 1878, 1 ff.). Die Forderung nach Ausschluss der Berufsrichter und der Staatsanwaltschaft aus der Ehrengerichtsbarkeit dagegen blieb weitgehend unberücksichtigt. Der Staat wollte sich nicht jede Eingriffsmöglichkeit in diesem Bereich nehmen lassen. In den Motiven zum Entwurf der Rechtsanwaltsordnung heißt es deutlich: „Der Entwurf geht davon aus, dass der Staat ein hohes Interesse an der gewissenhaften Handhabung der Disziplinarstrafgewalt hat; diesem Interesse entspricht es, wenn wie im gewöhnlichen Strafprozesse die Staatsanwaltschaft von vornherein mitwirkt. … Nicht nachahmungswerth dagegen erschien die Bestimmung …, nach welcher die Geschäfte der Staatsanwaltschaft … von einem Mitgliede der Anwaltskammer wahrgenommen werden" (Motive bei *Max Siegel,* Die gesamten Materialien zu der Rechtsanwaltsordnung vom 1. Juli 1878, 277).

In der Anwaltschaft blieb es aber zunächst weiterhin ein Reformziel, die Zuständigkeit 3
staatlicher Rechtspflegeorgane in der Standesaufsicht, die als sachfremd und der freien Advokatur unangemessen angesehen wurde, möglichst zurückzudrängen (*Ostler* S. 52). Diese Bestrebungen hatten bis zum Ende des 2. Weltkrieges keinen Erfolg. Nach Kriegsende wurde in den einzelnen Besatzungszonen und später in den Ländern der Bundesrepublik die Ehrengerichtsbarkeit in den Grundzügen zunächst so geregelt, wie sie vor 1933 nach der RAO von 1878 bestanden hatte, also mit einer Beteiligung der Generalstaatsanwaltschaft (zu den Einzelheiten vgl. *Holly,* Geschichte der Ehrengerichtsbarkeit der deutschen Rechtsanwälte, Europäische Hochschulschriften, Reihe II Rechtswissenschaft, 1989, 251 ff.; *Hartstang* I 52 ff.; *Ostler* 305 ff.; *Cüppers,* Rechtsanwaltsordnung für die britische Zone, 1949, 152). Schon am 21.8.1950 leitete die „Arbeitsgemeinschaft der Anwaltskammervorstände im Bundesgebiet" unter Mitwirkung des DAV dem BMJV einen Entwurf zur BRAO zu (vgl. *Heins* NJW 1950, 617; *Ostler* 343, 344; *Schultz* MDR 1950, 533). Dieser Entwurf sah abweichend von früheren Bestrebungen die Mitwirkung der Generalstaatsanwaltschaft am ehrengerichtlichen Verfahren vor.

Nach § 119 Abs. 1 BRAO-E sollte er im Wege einer Art Organleihe für den Kammer- 4
vorstand als „Staatsanwaltschaft bei dem Ehrengericht" tätig werden und nach § 120 Abs. 1 des Entwurfes verpflichtet sein, „die Klage im ehrengerichtlichen Verfahren zu erheben oder zu beantragen, dass das Berufs- oder Vertretungsverbot verhängt werde, wenn der Vorstand ihn darum ersucht". Auch wollte man ihn verpflichten, „den Präsidenten über seine Ermittlungen im ehrengerichtlichen Verfahren zu unterrichten und ihn auf dem Laufenden zu halten" (§ 120 Abs. 2 BRAO-E). Andererseits war auch seine Befugnis vorgesehen, „aus eigener Entschließung die Einleitung des ehrengerichtlichen Verfahrens" zu verfügen (§ 109 Abs. 2b BRAO-E). Dieser Entwurf wurde aber kein Gesetz. Es dauerte noch ca. neun Jahre bis am 1.10.1959 die BRAO (BRAO) vom 1.8.1959 in Kraft trat. Damit wurden die heute noch geltenden Regeln der §§ 120, 144, 147 über die Mitwirkung der Staatsanwaltschaft in der anwaltlichen Berufsgerichtsbarkeit Gesetz.

II. Stellung und Funktion der Generalstaatsanwaltschaft

5 Im anwaltsgerichtlichen Verfahren gilt das **Offizial- und Legalitätsprinzip** (§ 116 S. 2 iVm § 152 StPO) sowie das **Anklageprinzip** (§ 116 S. 2 iVm § 151 StPO). Die danach erforderliche Tätigkeit der Staatsanwaltschaft wird, da die RAK und das Anwaltsgericht für den Bezirk eines OLG zuständig sind (§§ 60, 119 Abs. 2), im anwaltsgerichtlichen Verfahren durch die Staatsanwaltschaft bei dem Oberlandesgericht (Generalstaatsanwaltschaft) wahrgenommen (§ 120 iVm § 142 Abs. 1 Nr. 2 GVG; amtliche Begründung, BT-Drs. 3/120, 100). Örtlich zuständig ist die Generalstaatsanwaltschaft, in deren Bezirk das örtlich zuständige Anwaltsgericht (§ 119 Abs. 2) seinen Sitz hat. Wie im Strafverfahren ist auch im Bereich der Anwaltsgerichtsbarkeit die Generalstaatsanwaltschaft ein dem Anwaltsgericht gleichgeordnetes notwendiges Organ der anwaltsgerichtlichen Rechtspflege, dem die Verfolgung anwaltlicher Pflichtverletzungen und die Mitwirkung im anwaltsgerichtlichen Verfahren obliegt. Bei ihrer Tätigkeit ist die Generalstaatsanwaltschaft vom Vorstand der RAK unabhängig. Insbesondere ist sie an deren Anträge nicht gebunden, wenn sie diese auch in bestimmten Fällen zu unterrichten hat (vgl. § 120a). Soweit sich die Verfolgungsbefugnis der Generalstaatsanwaltschaft bei geringer Schuld des Rechtsanwalts mit der Rügebefugnis des Kammervorstandes nach §§ 74, 74a, 115a überschneidet, besteht ein Vorrang des anwaltsgerichtlichen Verfahrens (zu den Einzelheiten → § 74 Rn. 18 ff.; → § 115a Rn. 2–10).

6 Die Generalstaatsanwaltschaft führt in ihrem Verfahren die Ermittlungen (§ 116 S. 2 BRAO iVm § 160 StPO). Dabei trägt sie die Verantwortung für die Rechtmäßigkeit und Ordnungsmäßigkeit aber auch die Gründlichkeit des Ermittlungsverfahrens. Sie entscheidet in alleiniger Zuständigkeit, ob die abgeschlossenen Ermittlungen genügenden Anlass zur Einreichung der Anschuldigungsschrift geben oder ob das Verfahren einzustellen ist (§ 116 S. 2, 121, 130 BRAO, § 170 StPO). Mit der Einreichung der Anschuldigungsschrift bei dem Anwaltsgericht leitet die Generalstaatsanwaltschaft das anwaltsgerichtliche Verfahren ein (§ 121) und schafft damit die Voraussetzungen für die Ausübung der Rechtsprechung durch die Anwaltsgerichte. Es gilt somit wie im Strafverfahren das Anklageprinzip und das Anklagemonopol der Staatsanwaltschaft (§ 116 S. 2 BRAO iVm §§ 151, 152 Abs. 1 StPO). Als notwendiges Korrelat zu diesem Anklagemonopol unterliegt die Generalstaatsanwaltschaft dem Legalitätsprinzip (§ 116 S. 2 BRAO iVm § 152 Abs. 2 StPO). Dieses wird abgesichert durch das Recht des Kammervorstandes in bestimmten Fällen eine gerichtliche Entscheidung über die Entschließungen der Generalstaatsanwaltschaft herbeizuführen (→ § 122 Rn. 1 ff.). Die Generalstaatsanwaltschaft nimmt die Aufgaben der Staatsanwaltschaft in der Hauptverhandlung vor dem Anwaltsgericht wahr (§§ 116 S. 2, 138 iVm §§ 226, 227 StPO) und fördert durch Anträge und Anregungen die rechtsprechende Tätigkeit des Anwaltsgerichts. Sie entscheidet über die Wahrnehmung des Rechtes der Beschwerde und der Berufung (§§ 142, 143). Die Generalstaatsanwaltschaft betreibt auch das Verfahren auf Verhängung eines Berufs- oder Vertretungsverbotes als vorläufige Maßnahme (§§ 150–161a) durch entsprechende Antragstellung beim Anwaltsgericht. Wird ein anwaltsgerichtliches Verfahren gegen den Rechtsanwalt eingestellt, weil seine Zulassung zum Rechtsanwalt erloschen oder zurückgenommen ist (§ 139 Abs. 3 Nr. 1), so kann nur auf Antrag der Generalstaatsanwaltschaft, wenn zu erwarten ist, dass auf Ausschließung aus der Rechtsanwaltschaft erkannt worden wäre (§§ 114 Abs. 2 Nr. 5, 114a Abs. 3, 156 Abs. 1), vom Anwaltsgericht die Sicherung der Beweise angeordnet werden (§§ 148, 149), um so die Prüfung eines eventuellen späteren erneuten Zulassungsgesuches nach § 7 Nr. 5 und 6 zu erleichtern. Zur Mitwirkung der Staatsanwaltschaft vor dem Anwaltsgerichtshof und vor dem BGH vgl. §§ 144, 147.

III. Rechtfertigung der Beteiligung der Generalstaatsanwaltschaft an der Anwaltsgerichtsbarkeit

7 Wenn auch die Beteiligung der Generalstaatsanwaltschaft an der Anwaltsgerichtsbarkeit nach dem 2. Weltkrieg von der Anwaltschaft selbst vorgeschlagen worden ist und BRAK und DAV in ihren Änderungsvorschlägen zum Berufsrecht dazu keinen Änderungsbedarf anmelden (Gemeinsamer Vorschlag der BRAK und des DAV zur Neuordnung des anwaltlichen Berufsrechts in AnwBl. 1991, 624 f. in Verbindung mit dem „Vorschlag Neues Berufsrecht“ des DAV-Vorstands in Beilage zu AnwBl. 4/1990 und Vorschlag der BRAK im Beiheft zum Augustheft der BRAK-Mitt. 1990; vgl. auch *Schardey* AnwBl. 1991 2; Tätigkeitsbericht der DAV-Geschäftsführung

1990/91 in AnwBl. 1991, 387 ff.; *Heyl* BRAK-Mitt. 1982, 138), so wurde und wird in der Literatur weiterhin daran Kritik geübt.

Es wird beanstandet, dass den Staatsanwälten die erforderliche Sachkunde hinsichtlich anwaltsrechtlicher Besonderheiten fehle und die Beachtung anwaltlicher Anschauungen durch sie nicht gesichert sei; dies könne auch zu einer „milderen Beurteilung" pflichtwidriger Verhaltensweisen führen. Schon *Isele* hat diese Bedenken mit der Erwägung zurückgewiesen, dass von einem Staatsanwalt, der auch bei der Bearbeitung strafrechtlicher Ermittlungsverfahren sich häufig in fremde Materien einarbeiten muss, erwartet werden kann, dass er sich mit diesem Rechtsgebiet vertraut macht (vgl. bei *Isele* 1577; *Cüppers,* Rechtsanwaltsordnung für die britische Zone, 1949, 115). Hinzu kommt, dass der Staatsanwalt bei Bedarf auf die Unterstützung durch den Kammervorstand zurückgreifen kann, indem er von diesem Auskünfte und im Einzelfall auch Gutachten einfordert (§ 73 Abs. 2 Nr. 8). Wie er sich sonstiger Sachverständiger bedienen kann, deren Gutachten er in eigener Unabhängigkeit selbständig zu beurteilen hat, hat der Staatsanwalt auch die Gutachten des Kammervorstandes nach eigener unabhängiger Bewertung zu berücksichtigen. 8

Grundsätzlicher ist die insbesondere von *Hartstang* geäußerte Kritik, wonach es mit der Stellung des Rechtsanwalts als „unabhängiges Organ der Rechtspflege", der einen freien Beruf ausübt (§§ 1, 2 Abs. 1), weder vereinbar sei, dass Berufsrichter an der Anwaltsgerichtsbarkeit beteiligt sind, noch dass das Entscheidungsrecht darüber, ob das Verhalten des Rechtsanwalts „eine ehrengerichtliche Ahndung erfahren soll, ausschließlich bei der Staatsanwaltschaft liegt". Damit werde die Rechtsanwaltschaft „deutlich in ihrer Unabhängigkeit und Ranggleichheit zu den anderen Rechtspflegeorganen beschnitten" (*Hartstang* I 179, 180; *Hartstang* II 738; vgl. auch *Redeker* NJW 1987, 2610; *Husmann* NJW 1970, 1070; 1971, 1021; aber auch *Lingenberg/Hummel,* Kommentar zu den Grundsätzen des anwaltlichen Standesrechts, 1. Aufl. 1981, 12; *Sojka* MDR 1989, 105, der sich gegen die Besetzung der Spruchkörper mit Rechtsanwälten wendet). 9

Aus der Beteiligung der Berufsrichter und „der Staatsanwaltschaft an der anwaltlichen Disziplinargerichtsbarkeit" ergibt sich indes keine Beschränkung der „Unabhängigkeit und Ranggleichheit zu den anderen Rechtspflegeorganen". Die Unabhängigkeit eines Rechtspflegeorgans ist nicht dadurch bedingt, dass die dem Rechtspflegeorgan zugehörigen Personen ihre Disziplinarangelegenheiten in eigener Regie besorgen können. In letzter Konsequenz wären dann auch die Richter nicht unabhängig sowie Richter und Staatsanwälte nach dem Verständnis von *Hartstang* keine den Rechtsanwälten „gleichrangigen Organe der Rechtspflege", da an beider Disziplinarangelegenheiten Staatsanwälte bzw. die Justizverwaltung beteiligt sind (vgl. §§ 61 ff., 63, 77 ff. DRiG), und Rechtsanwälte nach § 77 Abs. 4 DRiG iVm entsprechenden landesrechtlichen Regelungen als ehrenamtliche Richter am Richterdienstgericht mitwirken können (→ § 101 Rn. 1). Wenn auch nach dem Akkusationsprinzip (§ 116 S. 2 iVm § 151 StPO) die anwaltsgerichtliche Ahndung einer anwaltlichen Pflichtverletzung von der Einreichung einer Anschuldigungsschrift durch die Generalstaatsanwaltschaft abhängig ist (§ 121), hat damit die Generalstaatsanwaltschaft nicht ausschließlich das Entscheidungsrecht darüber, ob das Verhalten eines Rechtsanwaltes eine anwaltsgerichtliche Ahndung erfahren soll. Die abschließenden Entscheidungen der Generalstaatsanwaltschaft unterliegen generell der anwaltsgerichtlichen Kontrolle. Ob das Hauptverfahren aufgrund der Anschuldigung der Generalstaatsanwaltschaft eröffnet wird, ob eine Ahndung erfolgt oder nicht, darüber entscheidet allein das Anwaltsgericht (§§ 116 S. 2, 131, 139 BRAO iVm §§ 203 ff. StPO). Wenn die Generalstaatsanwaltschaft wegen geringer Schuld und fehlenden bzw. möglicherweise zu beseitigendem öffentlichen Interesse das Verfahren einstellen will (§ 116 iVm §§ 153, 153a StPO), kann sie dies nur mit Zustimmung des Anwaltsgerichts tun. Im Zwischen- und Hauptverfahren ist das Anwaltsgericht an entsprechende staatsanwaltschaftliche Anträge nicht gebunden. Gibt die Generalstaatsanwaltschaft einem Antrag des Vorstandes der RAK, gegen einen Rechtsanwalt ein anwaltsgerichtliches Verfahren einzuleiten, keine Folge oder verfügt sie die Einstellung oder trifft sie innerhalb einer gewissen Zeit keine Entschließung, steht dem Vorstand der RAK das Anschuldigungserzwingungsverfahren nach § 122 zur Verfügung. Die anwaltsgerichtliche Kontrolle der Generalstaatsanwaltschaft ist auch in diesem Bereich gewahrt. Neben den aufgezeigten Bindungen besteht für die Generalstaatsanwaltschaft eine solche an gerichtliche und behördliche Entscheidungen wegen desselben Verhaltens eines Rechtsanwalts (→ § 115b Rn. 1 ff.; → § 118 Rn. 1 ff.). 10

Durch die gesetzlich eng umgrenzte Mitwirkung der Generalstaatsanwaltschaft an der Anwaltsgerichtsbarkeit ist einerseits eine Beschneidung der Unabhängigkeit und Ranggleichheit der Rechtsanwälte zu den anderen Rechtspflegeorganen nicht gegeben. Andererseits wird damit 11 erreicht, dass das anwaltliche Berufsrecht nicht nur aus der Enge der eigenen Betroffenheit gesehen wird. Gleichzeitig wird damit die Stellung der Gerichte der Anwaltsgerichtsbarkeit als staatliche Gerichte (→ § 92 Rn. 2 ff.) unterstrichen (Henssler/Prütting/*Dittmann* § 120 Rn. 3).

12 Zudem ist die Beteiligung der Generalstaatsanwaltschaft geeignet, eventuell aufkommendes Misstrauen der Öffentlichkeit gegen ein anwaltsgerichtliches Verfahren, an dem ausschließlich Berufsangehörige beteiligt sind, zu vermeiden. Zum Schutz des angeschuldigten Rechtsanwalts wird in Anwaltsgerichtssachen von dem Grundsatz, dass Gerichtsverhandlungen nach allgemein verfassungsrechtlichen Grundsätzen öffentlich stattfinden sollen, abgesehen. Nach §§ 135, 143 Abs. 4, 146 Abs. 3 ist die Hauptverhandlung nicht öffentlich. Durch die Beteiligung der von den Organen der Anwaltschaft unabhängigen Generalstaatsanwaltschaft an anwaltsgerichtlichen Verfahren ist gleichwohl von vornherein ausgeschlossen, dass der unbegründete Verdacht einer „Vetternwirtschaft" innerhalb der Anwaltschaft überhaupt erst aufkommen kann.

IV. Geschäftliche Behandlung der Verfahren

13 Für die geschäftliche Behandlung der bei der Generalstaatsanwaltschaft (und bei den Anwaltsgerichtshöfen, → § 105 Rn. 5) aufgrund der BRAO zu erledigenden Angelegenheiten gelten, soweit die Landesjustizverwaltung nicht etwas anderes bestimmt hat, die Vorschriften der Aktenordnung (vgl. zB AV des JM NW vom 6.7.1992 (1281-I A.5) – JMBl. NW S. 169) und die Nr. 743, 744 der Aufbewahrungsbestimmungen.

§ 120a Gegenseitige Unterrichtung von Staatsanwaltschaft und Rechtsanwaltskammer

Die Staatsanwaltschaft und der Vorstand der Rechtsanwaltskammer unterrichten sich gegenseitig, sobald sie von einem Verhalten eines Rechtsanwalts Kenntnis erlangen, das den Verdacht einer schuldhaften Verletzung seiner Pflichten, die mit einer der anwaltsgerichtlichen Maßnahmen nach § 114 Abs. 1 Nr. 3 bis 5 geahndet werden kann, begründet.

I. Zweck der Regelung

1 Die Verpflichtung zur gegenseitigen Unterrichtung dient dazu, dass die Staatsanwaltschaft in die Lage versetzt wird, gemäß dem Legalitätsprinzip (§ 116 S. 2 iVm § 152 Abs. 2 StPO) zu handeln und der Vorstand der RAK seine gesetzlichen Aufgaben in Bezug auf den Rechtsanwalt erfüllen kann, indem die bei einer der genannten Stellen vorhandenen Erkenntnisse auch der anderen zur Erfüllung ihrer gesetzlichen Aufgaben zugänglich gemacht werden (Henssler/Prütting/*Dittmann* § 120a Rn. 1).

II. Umfang der Unterrichtungspflicht

2 Die gegenseitige Unterrichtung ist nur geboten, wenn nach der Prognose der Staatsanwaltschaft bzw. des Kammervorstandes wegen des ihnen bekannt gewordenen Verhaltens des Rechtsanwalts zu erwarten ist, dass in einem anwaltsgerichtlichen Verfahren gegen ihn wenigstens die Maßnahme einer Geldbuße (§ 114 Abs. 1 Nr. 3) verhängt werden wird. Ob eine solche Maßnahme zu erwarten ist, hängt mangels fester „Strafrahmen" für die einzelnen Pflichtverletzungen (→ § 114 Rn. 6) von der Prognoseentscheidung der Generalstaatsanwaltschaft bzw. der RAK ab, damit aber auch die Frage der Unterrichtungspflicht. Im Interesse der Sicherstellung einer stets angemessenen Beteiligung des Vorstandes der RAK sollte die Generalstaatsanwaltschaft diesen über die Einleitung eines jeden anwaltsgerichtlichen Ermittlungsverfahrens unterrichten. Die Unterrichtung geschieht in der Praxis in der Regel durch Übersendung der Vorgänge zum Zwecke der Einsichtnahme. Aufgrund landesrechtlicher Bestimmungen kann eine weitergehende Unterrichtungspflicht der Staatsanwaltschaft gegenüber den Rechtsanwaltskammern bestehen. So teilt der Generalstaatsanwalt nach der AV des JM NW vom 30.6.1999 (3170 – I B. 81) – JMBl. NW S. 169 dem Präsidenten der RAK mit:

1. Die Anschuldigungsschrift und den Antrag auf Anordnung eines Berufs- oder Vertretungsverbots,
2. den Beschluss des Anwaltsgerichts über die Eröffnung des Hauptverfahrens,

3. den Beschluss über die Anordnung des Berufs- oder Vertretungsverbots und hierzu ergehende weitere Entscheidungen in beglaubigter Abschrift (§§ 160, 161a BRAO),
4. die die Instanz oder das Verfahren abschließenden Entscheidungen.

2. Die Einleitung des Verfahrens

§ 121 Einleitung des anwaltsgerichtlichen Verfahrens

Das anwaltsgerichtliche Verfahren wird dadurch eingeleitet, daß die Staatsanwaltschaft bei dem Anwaltsgericht eine Anschuldigungsschrift einreicht.

I. Anschuldigungsmonopol der Staatsanwaltschaft

Nach § 116 S. 2 iVm § 152 Abs. 1 StPO ist zur Erhebung der Anschuldigung allein die Staatsanwaltschaft befugt. Dabei nimmt im anwaltsgerichtlichen Verfahren die Staatsanwaltschaft beim OLG die Aufgaben der Staatsanwaltschaft wahr (§ 120). Weder der Vorstand der RAK noch der Rechtsanwalt selbst können unmittelbar ein anwaltsgerichtliches Verfahren in Gang bringen. Wie sich aus §§ 122, 123 ergibt, können sie dies nur bei der Staatsanwaltschaft beantragen und gegen deren ablehnende Entscheidung Antrag auf gerichtliche Entscheidung stellen (§§ 122 Abs. 2, 3, 123 Abs. 2). Auch das Anwaltsgericht selbst kann nicht von sich aus tätig werden, da auch im anwaltsgerichtlichen Verfahren das Anklageprinzip gilt (§ 116 S. 2 iVm § 151 StPO; kritisch *Hartstang* I 178). Ein Privatklageverfahren findet nicht statt (→ § 116 Rn. 36). 1

II. Einreichung der Anschuldigungsschrift und deren Folgen

Durch die Einreichung der Anschuldigungsschrift, deren Inhalt sich nach § 130 bestimmt, wird das anwaltsgerichtliche Verfahren eingeleitet, wird es anhängig. Mit der Eröffnung (§ 131 Abs. 1) wird es rechtshängig (BGHSt 20, 219; EG Köln BRAK-Mitt. 1982, 38; vgl. auch BGHSt 33, 54 zu § 109 StBerG). Mit der Anschuldigungsschrift werden dem Anwaltsgericht die Akten vorgelegt. Dazu gehören alle Vorgänge, die bei der Staatsanwaltschaft entstanden sind mit Ausnahme von deren Handakten. Die Staatsanwaltschaft hat insoweit kein Auswahlrecht, sie darf kein be- und entlastendes Material zurückhalten, braucht aber die für diesen Angeschuldigten bedeutungslosen Vorgänge nicht vorzulegen (streitig, ausführlich dazu *Meyer-Goßner* NStZ 1982, 356). Dementsprechend sind Beiakten nur beizufügen, wenn ihr Inhalt von Bedeutung für die Schuld- oder Rechtsfolgenfrage sein kann (BGHSt 30, 131 = StV 1981, 500 mit abl. Anm. *Dünnebier*). Unter den Voraussetzungen des § 96 StPO (Schriftstücke in Ämtern) kann aber die Herausgabe von Akten oder Aktenteilen verweigert werden (*Meyer-Goßner* StPO § 199 Rn. 2 mwN). In andere Akten der Anwaltsgerichte, Strafgerichte und Staatsanwaltschaften kann das Anwaltsgericht unter den Voraussetzungen des § 474 StPO iVm § 116 S. 2 Einsicht nehmen. 2

Nach Einreichung der Anschuldigungsschrift darf der Vorstand der RAK wegen derselben Pflichtverletzung keine Rüge mehr erteilen (§ 74 Abs. 2 S. 1) und ein ergangenes Berufs- oder Vertretungsverbot (§§ 150 ff.) unterliegt nicht mehr der dreimonatigen Kontrolle nach § 159a. Nach § 115 Abs. 1 S. 2 iVm § 78c Abs. 1 Nr. 6 StGB unterbricht die Einreichung der Anschuldigungsschrift die Verjährung. 3

Ein Notar, der zugleich Anwalt ist, kann nach § 54 Abs. 2 BNotO auch ohne Einleitung eines förmlichen Disziplinarverfahrens durch das Disziplinargericht vorläufig seines Notaramtes enthoben werden, wenn gegen ihn ein anwaltsgerichtliches Verfahren nach der BRAO eingeleitet worden ist. Ist gemäß § 110 BNotO über die Verfehlungen eines Anwaltsnotars im anwaltsgerichtlichen Verfahren zu entscheiden, sind die Voraussetzungen für eine in diesem Fall nach § 54 Abs. 2 BNotO zulässige vorläufige Amtsenthebung nur gegeben, wenn im anwaltsgerichtlichen Verfahren die Ausschließung aus der Rechtsanwaltschaft (§ 114 Abs. 1 Nr. 5) oder die Verhängung eines Berufs- oder Vertretungsverbots (§ 150) oder ein Vertretungsverbot für das Gebiet des Zivilrechts (§ 114 Abs. 1 Nr. 4) zu erwarten ist. Dies gilt jedenfalls dann, wenn das Verfahren allein Verfehlungen im Zusammenhang mit der Tätigkeit als Rechtsanwalt zum Gegenstand hat (BGH NJW-RR 2002, 922). 4

§ 122 Gerichtliche Entscheidung über die Einleitung des Verfahrens

(1) Gibt die Staatsanwaltschaft einem Antrag des Vorstandes der Rechtsanwaltskammer, gegen einen Rechtsanwalt das anwaltsgerichtliche Verfahren einzuleiten, keine Folge oder verfügt sie die Einstellung des Verfahrens, so hat sie ihre Entschließung dem Vorstand der Rechtsanwaltskammer unter Angabe der Gründe mitzuteilen.

(2) [1] Der Vorstand der Rechtsanwaltskammer kann gegen den Bescheid der Staatsanwaltschaft binnen eines Monats nach der Bekanntmachung bei dem Anwaltsgerichtshof die gerichtliche Entscheidung beantragen. [2] Der Antrag muß die Tatsachen, welche die Einleitung des anwaltsgerichtlichen Verfahrens begründen sollen, und die Beweismittel angeben.

(3) [1] Trifft die Staatsanwaltschaft innerhalb eines Monats seit dem Antrag des Vorstandes der Rechtsanwaltskammer, gegen einen Rechtsanwalt das anwaltsgerichtliche Verfahren einzuleiten, keine Entschließung nach Absatz 1 und reicht sie auch innerhalb dieser Frist keine Anschuldigungsschrift ein, so gibt sie dem Vorstand der Rechtsanwaltskammer Gelegenheit zur Stellungnahme. [2] Hat der Vorstand der Rechtsanwaltskammer innerhalb von drei Wochen unter Darlegung der Gründe einen schleunigen Abschluß des Ermittlungsverfahrens als erforderlich und möglich bezeichnet, und trifft die Staatsanwaltschaft innerhalb zweier weiterer Monate keine der in Satz 1 genannten Entscheidungen, so kann der Vorstand der Rechtsanwaltskammer bei dem Anwaltsgerichtshof die gerichtliche Entscheidung über die Einleitung des anwaltsgerichtlichen Verfahrens beantragen. [3] Absatz 2 Satz 2 ist anzuwenden. [4] Der Antrag ist nur zulässig, wenn der Verdacht einer so schweren Pflichtverletzung begründet ist, daß die Verhängung einer der in § 114 Abs. 1 Nr. 3 bis 5 bezeichneten Maßnahmen in Betracht kommt.

(4) Auf das Verfahren vor dem Anwaltsgerichtshof sind §§ 173 bis 175 der Strafprozeßordnung entsprechend anzuwenden.

(5) § 172 der Strafprozeßordnung ist nicht anzuwenden.

Übersicht

I. Ausschluss des Klageerzwingungsverfahrens

1 Das Klageerzwingungsrecht des „Verletzten" ist durch § 122 Abs. 5 kraft Gesetzes ausgeschlossen. Zwar schützt das anwaltliche Berufsrecht mittelbar auch den durch anwaltliches Fehlverhalten Betroffenen. Dabei handelt es sich aber lediglich um Auswirkungen der berufsrechtlichen Normen. In erster Linie dienen die Normen des Berufsrechts der Integrität der Anwaltschaft. Darüber zu wachen ist aber Aufgabe der Selbstverwaltungsorgane der Rechtsanwaltschaft (vgl. § 73 Abs. 1 und 2 Nr. 1, 2, 3, 4 und § 177 Abs. 2 Nr. 2, 4, 5). Folgerichtig wurde nach § 122 das Überprüfungs- und Erzwingungsrecht dem Vorstand der RAK übertragen, deren Mitglied der Rechtsanwalt ist (§ 60 Abs. 1). Dies sichert hinreichend die Wahrung des Legalitätsprinzips (amtliche Begründung, BT-Drs. 3/120, 100 f.; kritisch zu der gesetzlichen Regelung *Hartstang* I 175 ff.).

II. Antragsrecht des Vorstandes der RAK

Im anwaltsgerichtlichen Verfahren kann allein die RAK auf die Tätigkeit der Staatsanwaltschaft mit eigenen prozessualen Mitteln Einfluss nehmen. Der Vorstand der RAK hat sowohl gegen die Einstellungsverfügung der Staatsanwaltschaft als auch im Falle, dass die Staatsanwaltschaft einem Antrag des Vorstandes der RAK, das anwaltsgerichtliche Verfahren einzuleiten (§ 121), nicht in bestimmter Zeit nachkommt, das Recht, die gerichtliche Entscheidung durch den AGH zu beantragen. Diese Regelung erscheint geeignet, dem Vorstand der RAK den Einfluss auf die Einleitung des Verfahrens einzuräumen, der ihm im Rahmen der Selbstverwaltung gebührt. Die Möglichkeit, eine Entscheidung des AGH herbeizuführen, dürfte dazu beitragen, dass Spannungen zwischen dem Vorstand der RAK, der im Einzelfall die Einleitung des anwaltsgerichtlichen Verfahrens für geboten hält, und der Staatsanwaltschaft, die den Sachverhalt hiervon abweichend beurteilt, vermieden werden (amtliche Begründung, BT-Drs. 3/120, 100 f.). 2

1. Antragsrecht gegen die Einstellung des Verfahrens und die Ablehnung, das anwaltsgerichtliche Verfahren einzuleiten (Abs. 1 und 2). a) Voraussetzung. Voraussetzung des Antragsrechts nach § 122 Abs. 2 ist, dass der Vorstand der RAK oder seine zuständige Abteilung (§ 77) bei der Staatsanwaltschaft den Antrag gestellt hat, gegen einen Rechtsanwalt das anwaltsgerichtliche Verfahren einzuleiten. Die abweichende Auffassung des AGH Hmb (AGH Hmb Beschluss vom 5.9.2013 – AGH I EVY 1/13 = BRAK-Mitt. 2014, 81), entspricht nicht dem Wortlaut der Vorschrift. Zudem ist jedenfalls in den Fällen, in denen die Staatsanwaltschaft den Vorstand der RAK unterrichtet, sobald sie Kenntnis von einer möglichen Berufspflichtverletzung erlangt (§ 120a), kein Grund ersichtlich, dem Vorstand der RAK ein Antragsrecht gemäß § 122 Abs. 2 zuzubilligen, wenn er zuvor trotz Sachverhaltskenntnis einen Antrag auf Einleitung eines anwaltsgerichtlichen Verfahrens nicht gestellt hat. Dem Antrag auf Einreichung einer Anschuldigungsschrift (§ 121) steht gleich, dass der Vorstand der RAK bei der Staatsanwaltschaft die Einleitung eines anwaltsgerichtlichen Ermittlungsverfahrens beantragt hat (§ 116 iVm §§ 152, 158 StPO). In beiden Fällen muss die Staatsanwaltschaft, wenn sie dem Antrag keine Folge gibt oder sie die Einstellung des Verfahrens verfügt, ihre Entschließung dem Vorstand der RAK unter Angabe der Gründe mitteilen. Aus welchen Gründen die Staatsanwaltschaft das Verfahren einstellt ist unerheblich. Weil durch die Mitteilung die Monatsfrist des Abs. 2 in Gang gesetzt wird, ist nach § 116 S. 2 iVm § 35 Abs. 2 S. 1 StPO deren Zustellung erforderlich (Gaier/Wolf/Göcken/*Johnigk* § 122 Rn. 5). 3

b) Fehlende Antragsverfolgung. Die Staatsanwaltschaft kann dem Antrag keine Folge geben, wenn 4

– sie zwar das Vorliegen einer Pflichtverletzung bejaht, das Verschulden des Rechtsanwalts aber gering ist und eine anwaltsgerichtliche Ahndung nicht erforderlich ist, weil eine **Ahndung im Rügeverfahren ausreichend** ist (§ 74); 5

– das beanstandete **außerberufliche Verhalten** des Rechtsanwalts nach den Umständen des Einzelfalles nicht im besonderen Maße geeignet ist, Achtung und Vertrauen der Rechtsuchenden in einer für die Ausübung der Anwaltstätigkeit bedeutsamen Weise zu beeinträchtigen (§ 113 Abs. 2); 6

– gegen den Rechtsanwalt wegen desselben Verhaltens bereits durch ein Gericht oder eine Behörde eine Strafe, eine Disziplinarmaßnahme, eine berufsgerichtliche Maßnahme oder eine Ordnungsmaßnahme verhängt worden ist, und eine anwaltsgerichtliche Maßnahme nicht zusätzlich erforderlich ist, um den Rechtsanwalt zur Erfüllung seiner Pflichten anzuhalten und das Ansehen der Rechtsanwaltschaft zu wahren **(§ 115b S. 1),** anders aber, wenn eine Maßnahme gemäß § 114 Abs. 1 Nr. 4 oder 5 in Betracht kommt (§ 115b S. 2); 7

8 – der Rechtsanwalt, der zugleich der Disziplinar-, Ehren- oder Berufsgerichtsbarkeit eines anderen Berufes unterliegt, einer Pflichtverletzung beschuldigt wird, die überwiegend mit der Ausübung des anderen Berufes im Zusammenhang steht **(§ 118a Abs. 1 S. 1)**;

9 – sie aus **Opportunitätserwägungen** nach § 116 iVm §§ 153 Abs. 1, 153a Abs. 1, 154 Abs. 1, 154c StPO von einer Verfolgung der Pflichtverletzung absieht. Da nach § 122 Abs. 5 § 172 StPO nicht anzuwenden ist, gilt für das Recht des Kammervorstandes, einen Antrag auf gerichtliche Entscheidung zu stellen, auch nicht die Einschränkung des § 172 Abs. 2 S. 3 StPO, sondern allein § 122 Abs. 2, der eine entsprechende Einschränkung nicht vorsieht. Dies ist auch gerechtfertigt, weil es gerade die RAK ist, die über die Beachtung der berufsrechtlichen Normen zu wachen berufen ist und daher auch in der Lage sein muss, ihre gegenteiligen Auffassungen zur Opportunität der Verfolgung einer Pflichtverletzung Geltung zu verschaffen und zwar notfalls auch mit den Mitteln des Antrags auf gerichtliche Entscheidung, was jedoch nur in Betracht kommt, wenn zur Verfolgung der Pflichtverletzung das Rügerecht des Kammervorstandes nicht ausreichen würde (EGH Berlin BRAK-Mitt. 1982, 134). – Im Falle der endgültigen Einstellung nach § 153a Abs. 1 StPO ist im Hinblick auf § 153a Abs. 1 S. 4 StPO das Antragsrecht des Kammervorstandes grundsätzlich ausgeschlossen.

10 – Die Staatsanwaltschaft stellt das Verfahren nach § 116 iVm § 170 Abs. 2 StPO ein, wenn die Ermittlungen **keinen genügenden Anlass zur Erhebung der Anschuldigung** bieten. Das Fehlen eines solchen genügenden Anlasses kann sachliche oder rechtliche Gründe haben. Die Einstellung kann zB auf einem Verfahrenshindernis beruhen oder darauf, dass hinreichender Tatverdacht nicht zu bejahen ist.

11 **c) Inhalt und Form des Antrages.** Binnen eines Monats nach Bekanntmachung des Bescheides der Staatsanwaltschaft nach § 122 Abs. 1 kann der Vorstand der RAK bei dem AGH die gerichtliche Entscheidung beantragen. Da das Antragsrecht dem Vorstand der RAK (§ 63) zusteht, setzt diese Antragsstellung grundsätzlich einen Beschluss des Vorstandes der Kammer voraus (§ 72) und muss der Antrag sodann von dem die RAK gemäß § 80 Abs. 1 vertretenden Präsidenten unterzeichnet werden und nicht nur von dem Geschäftsführer (ThürAGH Beschluss vom 30.5.1999 – AGH 9/98; EGH Berlin Beschluss vom 13.3.1985 – EV 58/84; AGH Bln Beschluss vom 6.3.2000 – I AGH 8/99).

12 Sind im Vorstand mehrere Abteilungen gebildet und einer die Geschäfte der Wahrung der Rechte des Kammervorstandes im Bereich der Anwaltsgerichtsbarkeit übertragen (§ 77 Abs. 1), dann besitzt die Abteilung insgesamt die Rechte und Pflichten des Vorstandes (§ 77 Abs. 5). Der Antrag nach § 122 setzt dann einen Beschluss der gesamten Abteilung voraus (EGH Berlin Beschluss vom 13.3.1985 – EV 58/84). Ohne ermächtigenden Beschluss des Vorstandes bzw. der Abteilung ist der Antrag unzulässig (AGH Bln Beschluss vom 6.3.2000 – I AGH 8/99). Die Antragsschrift muss die Tatsachen, welche die Einleitung des anwaltsgerichtlichen Verfahrens begründen sollen, und die Beweismittel angeben (§ 122 Abs. 2 S. 2). Das bedeutet, dass auch für den Antrag gemäß § 122 Abs. 2 entsprechend § 172 Abs. 3 S. 1 StPO eine geschlossene, aus sich heraus verständliche Sachdarstellung des Antragstellers notwendig ist, die es dem AGH ermöglicht, ohne Rückgriff auf den gesamten Inhalt der Ermittlungsakten eine Überprüfung der Einstellungsentscheidung vorzunehmen (EGH Berlin Beschluss vom 13.3.1985 – EV 58/84; BVerfG NJW 2000, 1027 zu § 172 StPO). Die Sachdarstellung muss auch in groben Zügen den Gang des Ermittlungsverfahrens, den Inhalt des angegriffenen Bescheides und die Gründe für dessen behauptete Unrichtigkeit mitteilen (zu § 172 StPO BVerfG NJW 1979, 364). Eine Bezugnahme auf die Akten oder andere Schriftstücke ist zur Darstellung des Sachverhalts unzulässig (zu § 172 StPO OLG Koblenz NJW 1977, 1461; *Meyer-Goßner* StPO § 172 Rn. 27 ff.). Allerdings dürfen die Anforderungen an die Darstellung des Ermittlungsverfahrens nicht weitergehen, als es durch ihren Zweck geboten ist. Sind nach der Sachlage keine sachlichen Gründe für die Forderung nach einer detaillierten Schilderung des Ermittlungsverfahrens erkennbar, kann dies auch nicht verlangt werden, zB dann nicht, wenn die Kammer den Ermittlungsgang erst nach Akteneinsicht schildern könnte (BVerfG NJW 2000, 1027 zu § 172 StPO). Der Tatzeitpunkt muss angegeben werden, damit die Verjährung geprüft werden kann (BayAGH BRAK-Mitt. 2005, 195 = NJW-RR 2005, 1225). Auch der Tag der Zustellung der Mitteilung ist anzugeben, wenn die Einhaltung der Monatsfrist (Abs. 2) nicht offensichtlich ist (BVerfG NStZ 2004, 215; BayAGH BRAK-Mitt. 2005, 195; Gaier/Wolf/Göcken/*Johnigk* § 122 Fn. 12).

d) Ausschluss des Antragsrechts bei Rügemöglichkeit. Der Antrag des Kammervorstandes ist stets unbegründet, wenn das Rügerecht des Kammervorstandes ausreichen würde, um die von der Kammer angenommene Pflichtverletzung zu ahnden (EGH Berlin BRAK-Mitt. 1982, 134). 13

2. Antragsrecht des Kammervorstandes ohne abschließende Entscheidung der Staatsanwaltschaft (Abs. 3). Bei schwerwiegenden Vorwürfen kann der Vorstand der RAK im Falle der „Untätigkeit" der Staatsanwaltschaft nach einem Antrag von ihr, gegen einen Rechtsanwalt das anwaltsgerichtliche Verfahren einzuleiten, ebenfalls eine gerichtliche Entscheidung erzwingen, um so das von der Staatsanwaltschaft geführte Verfahren zu beschleunigen (Henssler/Prütting/*Dittmann* § 122 Rn. 7). Voraussetzung ist: 14

a) Erwartung einer Maßnahme nach § 114 Abs. 1 Nr. 3–5. Der Verdacht muss so schwerwiegend sein, dass zu erwarten ist, in der künftigen Hauptverhandlung würde eine der in § 114 Abs. 1 Nr. 3–5 bezeichneten Maßnahmen gegen den Rechtsanwalt verhängt werden (Abs. 3 S. 4). Kommt lediglich eine Maßnahme nach § 114 Abs. 1 Nr. 1 und 2 in Betracht, dann muss der Kammervorstand entweder die Entschließung der Staatsanwaltschaft nach Abs. 1 abwarten, um dann ggf. gerichtliche Entscheidung zu beantragen, oder aber sie muss, wenn sie meint auf eine zügigere Entschließung der Staatsanwaltschaft drängen zu müssen, bei dieser vorstellig werden und ggf. Dienstaufsichtsbeschwerde einlegen. 15

b) Vorheriger Antrag der RAK. Der Vorstand der RAK muss bei der Staatsanwaltschaft beantragt haben, gegen einen Rechtsanwalt ein anwaltsgerichtliches Verfahren einzuleiten, 16

c) Einmonatige „Untätigkeit" der Staatsanwaltschaft. Die Staatsanwaltschaft muss daraufhin innerhalb eines Monats weder eine Entschließung nach Abs. 1 getroffen noch innerhalb dieser Zeit eine Anschuldigungsschrift eingereicht haben. 17

d) Begründung der Staatsanwaltschaft für ihr Verhalten. Die Staatsanwaltschaft muss nunmehr dem Vorstand der RAK Gelegenheit zur Stellungnahme geben. Dabei muss die Staatsanwaltschaft ihre Gründe darlegen, weswegen sie weder eine Entschließung nach Abs. 1 getroffen noch eine Anschuldigungsschrift eingereicht hat. Zwar ist dies im Gesetz nicht ausdrücklich geregelt. Da aber der Kammervorstand nur dann sachgemäß eine Begründung nach Abs. 3 S. 2 geben kann, wenn er die Gründe der Staatsanwaltschaft für deren Verhalten kennt, ist die Staatsanwaltschaft gehalten, dieses gegenüber dem Kammervorstand zu erläutern. 18

e) Antrag auf gerichtliche Entscheidung. Erklärt der Vorstand der RAK daraufhin innerhalb von drei Wochen unter Darlegung der Gründe einen schleunigen Abschluss des Ermittlungsverfahrens für erforderlich und möglich und trifft die Staatsanwaltschaft innerhalb zwei weiterer Monate keine Entschließung nach Abs. 1 und reicht sie auch nicht eine Anschuldigungsschrift ein, dann kann der Vorstand der RAK bei dem Anwaltsgerichtshof die gerichtliche Entscheidung über die Einleitung des anwaltsgerichtlichen Verfahrens (§ 121) beantragen. Für den Antrag gilt das in → Rn. 11, 12 Gesagte entsprechend. 19

III. Das gerichtliche Verfahren

1. Anzuwendende Vorschriften. Für die Antragsverfahren nach Abs. 2 und 3 vor dem Anwaltsgerichtshof sind die §§ 173–175 StPO entsprechend anzuwenden (EGH Schleswig Beschluss vom 7.9.1990 – 2 EGH 8/89). Das Verfahren vor dem AGH ist nach § 173 StPO weitgehend in das pflichtgemäße Ermessen des Gerichts gestellt. Die Entscheidung des AGH ist unanfechtbar (→ § 116 Rn. 32, § 304 StPO). 20

a) Vorlage der Akten durch die Staatsanwaltschaft. Auf Verlangen des Gerichts hat ihm die Staatsanwaltschaft die Akten vorzulegen. Die Staatsanwaltschaft ist stets vor der Entscheidung des AGH zu hören (§ 116 iVm § 33 Abs. 2 StPO). Sie kann ihre Entscheidung, gegen den sich der Antrag des Kammervorstandes richtet, ändern, solange der AGH nicht entschieden hat. Erhebt die Staatsanwaltschaft nunmehr Anschuldigung, dann wird der Antrag nach § 122 gegenstandslos. 21

b) Anhörung des Beschuldigten durch den AGH. Gibt der AGH dem Antrag nicht statt, braucht er den Beschuldigten vorher nicht zu hören. Er kann jedoch nach pflichtgemäßem 22

Ermessen nach § 173 Abs. 2 StPO den Antrag unter Bestimmung einer Frist dem Beschuldigten zur Erklärung mitteilen. Kommt aber in Betracht, dass das Gericht dem Antrag stattgibt, dann muss es den Beschuldigten, wie sich aus § 175 S. 1 StPO ergibt, zuvor zur Sache hören (BVerfGE 42, 172 = NJW 1976, 1629).

23 **c) Vorbereitende Ermittlungen.** Der AGH kann zur Vorbereitung seiner Entscheidung Ermittlungen anordnen und mit ihrer Vornahme einen beauftragten oder ersuchten Richter betrauen (§ 173 StPO). Diese lückenfüllenden Beweiserhebungen werden vom AGH veranlasst, wenn sie erwarten lassen, dass sich hinreichender Tatverdacht ergeben wird. Das Gericht kann auch die Staatsanwaltschaft um Ausführung des Beschlusses bitten, die diesem Ersuchen nachzukommen hat (Löwe/Rosenberg/*Graalmann-Scheerer* StPO § 173 Rn. 16).

24 **2. Verwerfung des Antrags. a) Unzulässigkeit des Antrages.** Ergibt die Zulässigkeitsprüfung des Antrages, dass der Antrag die Formerfordernisse nicht erfüllt, zB die Fristen des Abs. 2 und 3 durch den Vorstand der RAK nicht beachtet sind (→ § 122 Rn. 11–13, 16–20), so ist der Antrag als unzulässig zu verwerfen. Dem Beschuldigten wird der Beschluss nur übersandt, wenn er zuvor vom AGH gehört wurde (§ 173 Abs. 2 StPO). Für den Beschluss, durch den der Antrag als unzulässig verworfen wurde, gilt § 174 Abs. 2 StPO nicht.

25 **b) Unbegründetheit des Antrages.** Ergibt die Prüfung durch den AGH keinen genügenden Anlass zur Einreichung der Anschuldigungsschrift, dann verwirft der AGH den Antrag als unbegründet mit der Kostenfolge aus § 196 Abs. 2 und setzt den Kammervorstand, die Staatsanwaltschaft und den Beschuldigten von der Verwerfung in Kenntnis (§ 174 Abs. 1 StPO; EGH Frankfurt NJW 1991, 1618 mit Anm. *Feuerich* 1591). Der Beschluss ist unanfechtbar. Er erlangt beschränkte materielle Rechtskraft. Die Anschuldigung kann nunmehr nur noch aufgrund neuer Tatsachen oder Beweismittel erhoben werden (§ 174 Abs. 2 StPO). Neu sind solche Tatsachen oder Beweismittel, die dem AGH bei seinem Beschluss nicht bekannt waren und ausgehend von seiner Rechtsauffassung in dem Verwerfungsbeschluss geeignet wären, eine andere Beurteilung zu rechtfertigen (vgl. § 132). Im Falle der Verwerfung sind die Kosten, die durch das Verfahren über den Antrag veranlasst wurden, der RAK aufzuerlegen (§ 196 Abs. 2).

26 **3. Anordnung der Einleitung des anwaltsgerichtlichen Verfahrens.** Erachtet der AGH nach Anhörung des Beschuldigten (→ § 122 Rn. 22) den Antrag für begründet, so beschließt er die Einleitung des anwaltsgerichtlichen Verfahrens (§ 121). Die Durchführung dieses Beschlusses obliegt der Staatsanwaltschaft (§ 175 StPO; EGH Schleswig Beschluss vom 7.9.1990 – 2 EGH 8/89). Der Anordnungsbeschluss des AGH muss das Wesentliche enthalten, das die Staatsanwaltschaft in ihre Anschuldigungsschrift (§ 130) aufzunehmen hat (EGH Hamm Beschluss vom 7.8.1989 – 2 6 EVY 9, 10, 11/87). Der Beschluss tritt nicht an die Stelle der Anschuldigungsschrift, sondern verpflichtet die Staatsanwaltschaft nunmehr, diese so einzureichen, wie es vom AGH beschlossen ist. Die Staatsanwaltschaft ist an den Beschluss in tatsächlicher und rechtlicher Hinsicht gebunden und kann das Verfahren nicht mehr aus Opportunitätserwägungen (§ 116 iVm §§ 153ff. StPO) einstellen.

27 Nach Einleitung des anwaltsgerichtlichen Verfahrens (§ 121) ist das Gericht jedoch nicht gehindert, nach §§ 153ff. StPO zu verfahren. Die Staatsanwaltschaft darf die erforderlichen Zustimmungen erteilen. Nach Einleitung des anwaltsgerichtlichen Verfahrens (§ 121) bindet der Beschluss des AGH weder das Gericht noch die Staatsanwaltschaft. Das Gericht kann auch die Eröffnung des Verfahrens ablehnen (§ 131 Abs. 3). Zu den **Kosten** bei Anträgen auf Einleitung des anwaltsgerichtlichen Verfahrens → § 196 Rn. 2f.

28 **4. Rücknahme des Antrags.** Der Antrag auf gerichtliche Entscheidung kann bis zur Entscheidung des AGH zurückgenommen werden (arg. aus § 156 StPO); die Rücknahme wie auch vorher der Antrag hindern die Staatsanwaltschaft nicht, gleichwohl das Verfahren nach § 121 einzuleiten. Damit ist der Antrag auf gerichtliche Entscheidung erledigt. Im Übrigen gilt § 139 Abs. 3 entsprechend. Die Kosten bei wirksamer Rücknahme trägt die Anwaltskammer (§ 198 Abs. 1).

§ 123 Antrag des Rechtsanwalts auf Einleitung des anwaltsgerichtlichen Verfahrens

(1) [1]**Der Rechtsanwalt kann bei der Staatsanwaltschaft beantragen, das anwaltsgerichtliche Verfahren gegen ihn einzuleiten, damit er sich von dem Verdacht einer Pflichtverletzung reinigen kann.** [2]**Wegen eines Verhaltens, wegen dessen Zwangsgeld angedroht oder festgesetzt worden ist (§ 57) oder das der Vorstand der Rechtsanwaltskammer gerügt hat (§ 74), kann der Rechtsanwalt den Antrag nicht stellen.**

(2) [1]**Gibt die Staatsanwaltschaft dem Antrag des Rechtsanwalts keine Folge oder verfügt sie die Einstellung des Verfahrens, so hat sie ihre Entschließung dem Rechtsanwalt unter Angabe der Gründe mitzuteilen.** [2]**Wird in den Gründen eine schuldhafte Pflichtverletzung festgestellt, das anwaltsgerichtliche Verfahren aber nicht eingeleitet, oder wird offengelassen, ob eine schuldhafte Pflichtverletzung vorliegt, kann der Rechtsanwalt bei dem Anwaltsgerichtshof die gerichtliche Entscheidung beantragen.** [3]**Der Antrag ist binnen eines Monats nach der Bekanntmachung der Entschließung der Staatsanwaltschaft zu stellen.**

(3) [1]**Auf das Verfahren vor dem Anwaltsgerichtshof ist § 173 Abs. 1 und 3 der Strafprozeßordnung entsprechend anzuwenden.** [2]**Der Anwaltsgerichtshof entscheidet durch Beschluß, ob eine schuldhafte Pflichtverletzung des Rechtsanwalts festzustellen ist.** [3]**Der Beschluß ist mit Gründen zu versehen.** [4]**Erachtet der Anwaltsgerichtshof den Rechtsanwalt einer anwaltsgerichtlich zu ahnenden Pflichtverletzung für hinreichend verdächtig, so beschließt er die Einleitung des anwaltsgerichtlichen Verfahrens.** [5]**Die Durchführung dieses Beschlusses obliegt der Staatsanwaltschaft.**

(4) **Erachtet der Anwaltsgerichtshof eine schuldhafte Pflichtverletzung nicht für gegeben, so kann nur auf Grund neuer Tatsachen oder Beweismittel wegen desselben Verfahrens ein Antrag auf Einleitung des anwaltsgerichtlichen Verfahrens gestellt oder eine Rüge durch den Vorstand der Rechtsanwaltskammer erteilt werden.**

Übersicht

I. Antrag des Rechtsanwalts bei der Staatsanwaltschaft

Um sich von dem Verdacht einer Pflichtverletzung zu reinigen, kann der Rechtsanwalt bei der Staatsanwaltschaft (§ 120) beantragen, das anwaltsgerichtliche Verfahren gegen ihn einzuleiten (§ 121). Ziel seines Antrags ist, die Staatsanwaltschaft bzw. das Anwaltsgericht zu veranlassen festzustellen, dass der gegen ihn erhobene Verdacht, eine Pflichtwidrigkeit begangen zu haben, unbegründet ist (Henssler/Prütting/*Dittmann* § 123 Rn. 1). 1

1. Begründung des Antrages. Zwar verlangt das Gesetz nicht ausdrücklich, dass der Antrag begründet werden muss. Aus der Natur der Sache ergibt sich aber, dass der Antragsteller angeben muss, welcher Verdacht, von wem geäußert worden ist und dass der Verdacht, wäre er denn wahr, den Tatbestand einer (noch) anwaltsgerichtlich verfolgbaren Pflichtwidrigkeit erfüllen würde. 2

3 Dem Selbstreinigungsverfahren ist die Möglichkeit immanent, dass der Antrag (noch) zu einem anwaltsgerichtlichen Verfahren und möglicherweise (noch) zu einer Verurteilung des Anwalts wegen der verdächtigen Pflichtverletzung führen kann. Wenn diese Möglichkeit nicht oder nicht mehr besteht, ist auch eine Selbstreinigung nicht – mehr – möglich. Ergibt schon der mitgeteilte Sachverhalt, dass die danach eventuell in Betracht kommende Pflichtverletzung nicht oder nicht mehr verfolgt werden kann, weil zB Verjährung (§ 115) eingetreten ist oder ein sonstiges Verfahrenshindernis vorliegt, ist dies kein ausreichender Antrag. Trägt der Rechtsanwalt in diesem Sinne nichts für einen Verdacht iSd § 116 iVm § 160 StPO vor, ist der Antrag unzulässig, da es nicht Aufgabe der Staatsanwaltschaft ist, losgelöst von einem nicht durchführbaren anwaltsgerichtlichen Verfahren nur theoretische Probleme zu lösen (*Isele* § 123 Anm. IV B 5a; AGH Bln Beschluss vom 17.11.2000 – II AGH 17/98, der dies aber nur im Rahmen der Begründetheit berücksichtigen will; **aA** Gaier/Wolf/Göcken/*Johnigk* § 123 Rn. 5). Der Rechtsanwalt muss ferner erklären, dass der gegen ihn geäußerte Verdacht falsch ist und soll dies nach Möglichkeit unter Angabe von Beweismitteln begründen.

4 **2. Ausschluss des Antragsrechtes.** Der Rechtsanwalt kann den Antrag aber nicht stellen wegen eines Verhaltens, wegen dessen vom Kammervorstand Zwangsgeld angedroht oder festgesetzt worden ist (§ 57) oder das dieser gerügt hat (§ 74). In diesen Fällen hat der Rechtsanwalt die Möglichkeit, entweder die Entscheidung des Anwaltsgerichtshofes zu beantragen (§ 57 Abs. 3) oder er kann gegen den Bescheid nach vergeblichem Einspruch die Entscheidung des Anwaltsgerichts beantragen (§§ 74 Abs. 5, 74a). Damit kann er in diesen Fällen immer eine gerichtliche Entscheidung herbeiführen, so dass er des Antragsrechts nach § 123 nicht bedarf.

5 Ein solcher Antrag wird von der Staatsanwaltschaft als unzulässig zurückgewiesen. Andererseits darf der Kammervorstand nach § 74 Abs. 2 S. 2 gegen den Rechtsanwalt eine Rüge nicht mehr erteilen, wenn wegen desselben Verhaltens bereits ein Antragsverfahren des Rechtsanwalts nach § 123 anhängig ist. Die Anhängigkeit dieses Selbstreinigungsverfahrens nach § 123 tritt mit der Einreichung des Antrages des Rechtsanwalts bei der Staatsanwaltschaft ein (EG Köln BRAK-Mitt. 1982, 38). Voraussetzung ist aber stets, dass Gegenstand des Verfahrens nach §§ 57, 74, 123 dasselbe Verhalten (§ 264 StPO) des Rechtsanwalts ist. Kann der Rechtsanwalt den Antrag nicht stellen, dann weist die Staatsanwaltschaft einen gleichwohl gestellten Antrag als unzulässig zurück.

II. Entschließung der Staatsanwaltschaft

6 Auf Grund eines zulässigerweise gestellten Antrags betreibt die Staatsanwaltschaft das anwaltsgerichtliche Ermittlungsverfahren bis ihr eine Entschließung nach § 116 S. 2 iVm § 170 StPO oder nach § 123 Abs. 2 möglich ist. Bestehen zureichende tatsächliche Anhaltspunkte für ein strafbares Verhalten des Rechtsanwalts, kann die Staatsanwaltschaft die Einleitung eines strafrechtlichen Ermittlungsverfahrens veranlassen und das anwaltsgerichtliche Ermittlungsverfahren gemäß § 118b bis zum Abschluss des strafrechtlichen Ermittlungsverfahrens aussetzen.

7 **1. Einleitung des anwaltsgerichtlichen Verfahrens.** Besteht danach genügender Anlass zur Erhebung der Anschuldigung, dann leitet die Staatsanwaltschaft das anwaltsgerichtliche Verfahren durch Einreichung der Anschuldigungsschrift ein (§ 121). Das weitere Verfahren richtet sich dann nach den allgemeinen Vorschriften (*Isele* § 123 Anm. IV C 2c).

8 **2. Zurückweisung des Antrags.** Gibt die Staatsanwaltschaft dem Antrag des Rechtsanwalts keine Folge, dh liegt nach Auffassung der Staatsanwaltschaft eine Pflichtverletzung zwar vor, die aber anwaltsgerichtlich nicht – mehr – zu ahnden ist (§§ 113 Abs. 2, 115, 115b, 118a Abs. 1 S. 1 letzter Hs.: ausreichende Ahndungsmöglichkeit im Rügeverfahren; *Isele* § 123 Anm. IV C 2a iVm § 122 Anm. III A 2a, → § 122 Rn. 4 ff.), oder verfügt sie die Einstellung, weil ein hinreichender Tatverdacht für eine anwaltsgerichtlich zu ahndende Pflichtverletzung nicht besteht (§ 116 S. 2 iVm § 170 Abs. 2 StPO), so hat sie ihre Entschließung dem Rechtsanwalt unter Angabe von Gründen mitzuteilen.

III. Beendigung des Verfahrens durch Entschließung der Staatsanwaltschaft

9 Stellt die Staatsanwaltschaft in den Gründen fest, dass eine schuldhafte Pflichtverletzung des Rechtsanwalts nicht vorliegt, ist das Verfahren beendet (*Isele* § 123 Anm. IV C 4a). Ebenso beendet ist das Verfahren, wenn die Staatsanwaltschaft dieses nach § 116 S. 2 iVm § 153 Abs. 1

StPO mit Zustimmung des Anwaltsgerichts einstellt (*Isele* § 123 Anm. IV C 2b, bb), da dazu die Zustimmung des Rechtsanwalts nicht erforderlich ist (**aA** Gaier/Wolf/Göcken/*Johnigk* § 123 Rn. 18).

IV. Antrag auf gerichtliche Entscheidung

Wird in den Gründen eine schuldhafte Pflichtverletzung festgestellt, das anwaltsgerichtliche Verfahren aber nicht eingeleitet im Hinblick auf §§ 74, 113 Abs. 2, 115b, 118a Abs. 1 S. 1 letzter Hs., oder wird im Hinblick auf diese Bestimmungen offen gelassen, ob eine schuldhafte Pflichtverletzung vorliegt, dann kann der Rechtsanwalt bei dem Anwaltsgerichtshof die gerichtliche Entscheidung beantragen mit dem Ziel festzustellen, dass die Staatsanwaltschaft zu Unrecht von dem Verdacht einer schuldhaften Pflichtverletzung ausgehe. Damit ihm dieses Recht nicht genommen wird, kann der Vorstand der RAK, solange der Antrag noch gestellt werden kann, wegen desselben Verhaltens keine Rüge erteilen (EG Köln BRAK-Mitt. 1982, 38). 10

1. Antrag. Der Antrag ist binnen eines Monats nach der Bekanntmachung der Entschließung der Staatsanwaltschaft zu stellen. Darüber ist der Rechtsanwalt mit dem Einstellungsbescheid zu belehren (§ 116 S. 2 iVm § 35a StPO). Der Antrag ist auf die Feststellung gerichtet, es liege eine schuldhafte Pflichtverletzung nicht vor. Eine Begründung des Antrages ist nicht vorgeschrieben, aber dringend zu empfehlen, um den AGH darauf hinzuweisen, worin nach Auffassung des Antragstellers die Fehler in der Entschließung der Staatsanwaltschaft liegen (*Isele* § 123 Anm. IV D 2d). Nimmt der Rechtsanwalt den Antrag zurück, sind ihm die durch dieses Verfahren entstandenen Kosten aufzuerlegen (§ 196 Abs. 1). 11

2. Verfahren vor dem AGH. Das Verfahren bestimmt sich nach § 173 Abs. 1 und 3 StPO. Auf Verlangen des AGH hat ihm die Staatsanwaltschaft die bisher von ihr geführten Verhandlungen vorzulegen (§ 173 Abs. 1 StPO). Das Gericht kann zur Vorbereitung seiner Entscheidung Ermittlungen anordnen und mit ihrer Vornahme einen beauftragten oder ersuchten Richter betrauen (§ 173 Abs. 3 StPO). Zu dem Beweisergebnis muss der Antragsteller gehört werden, bevor es zu seinem Nachteil verwertet wird (§ 116 S. 2 iVm § 33 Abs. 3 StPO). 12

3. Entscheidung des AGH. Die Entscheidung erfolgt durch Beschluss, der zu begründen aber, da der AGH dem OLG entspricht (→ § 100 Rn. 4; BGH EGE VI, 115, 121, 122; XII 74), nicht anfechtbar ist (§ 116 S. 2 iVm § 304 Abs. 4 S. 2 StPO). 13

a) Einleitung des anwaltsgerichtlichen Verfahrens. Erachtet der AGH den Rechtsanwalt einer anwaltsgerichtlich zu ahndenden Pflichtverletzung für hinreichend verdächtig, so beschließt er die Einleitung des anwaltsgerichtlichen Verfahrens (§ 121). Der Beschluss des AGH muss das Wesentliche enthalten, das die Staatsanwaltschaft (§ 120) in ihre Anschuldigungsschrift (§ 130) aufzunehmen hat, denn auszuführen hat den Beschluss die Staatsanwaltschaft. Sie ist an den Beschluss in tatsächlicher und rechtlicher Hinsicht gebunden und kann das Verfahren nicht mehr nach § 116 S. 2 iVm §§ 153 Abs. 1, 153a Abs. 1 StPO einstellen oder nach §§ 113 Abs. 2, 115b, 118a Abs. 1 S. 1 von der Einreichung der Anschuldigungsschrift absehen. 14

b) Einstellung nach § 153 StPO. Der AGH kann bei Bejahung einer schuldhaften Pflichtverletzung auch mit Zustimmung der Staatsanwaltschaft das Verfahren nicht nach § 116 S. 2 iVm § 153 StPO einstellen (*Meyer-Goßner* StPO § 174 Rn. 3). 15

c) Verneinung einer schuldhaften Pflichtverletzung. Erachtet der AGH eine schuldhafte Pflichtverletzung nicht für gegeben, so sind die Kosten des Antragsverfahrens nach § 198 Abs. 1 der RAK aufzuerlegen und es tritt eine beschränkte Rechtskraftwirkung ein. Nur aufgrund neuer Tatsachen oder Beweismittel kann wegen desselben Verhaltens des Rechtsanwalts ein Antrag auf Einleitung des anwaltsgerichtlichen Verfahrens gestellt oder eine Rüge durch den Kammervorstand erteilt werden. Neu sind dabei solche erheblichen Tatsachen oder Beweismittel, die dem AGH bei seinem Beschluss nicht bekannt waren. Dabei gilt die fünfjährige Beschränkung des § 132 entsprechend (*Isele* § 123 Anm. IV E 3a, bb). 16

Hatte die Staatsanwaltschaft ihrerseits das aufgrund einer Selbstanzeige des Rechtsanwalts eingeleitete Verfahren eingestellt (→ § 123 Rn. 9), dann ist sie selbst bei unverändertem Sachstand nicht gehindert, das Verfahren später wieder aufzunehmen (BGH BRAK-Mitt. 1981, 36). 17

18 **d) Feststellung einer anwaltsgerichtlich nicht zu ahndenden Pflichtverletzung.** Der Fall, dass der AGH zwar eine schuldhafte Pflichtverletzung feststellt, aber gleichzeitig davon ausgeht, diese sei anwaltsgerichtlich nicht zu ahnden, ist gesetzlich nicht geregelt. In diesem Fall ist die RAK nicht gehindert, eine Rüge zu verhängen. Die **Kosten** des Antragsverfahrens sind dem Antragsteller aufzuerlegen (§ 196 Abs. 1 entsprechend; **aA** Gaier/Wolf/Göcken/*Johnigk* § 123 Rn. 25). Für die Einleitung eines anwaltsgerichtlichen Verfahrens wegen desselben Verhaltens bleibt es bei der beschränkten Rechtskraftwirkung (→ § 123 Rn. 16, 17), weil der AGH die Notwendigkeit eines anwaltsgerichtlichen Verfahrens gerade verneint hatte (*Isele* § 123 Anm. IV E 3b).

§§ 124–129 *[aufgehoben]*

§ 130 Inhalt der Anschuldigungsschrift

[1]In der Anschuldigungsschrift (§ 121 dieses Gesetzes sowie § 207 Abs. 3 der Strafprozeßordnung) ist die dem Rechtsanwalt zur Last gelegte Pflichtverletzung unter Anführung der sie begründenden Tatsachen zu bezeichnen (Anschuldigungssatz). [2]Ferner sind die Beweismittel anzugeben, wenn in der Hauptverhandlung Beweise erhoben werden sollen. [3]Die Anschuldigungsschrift enthält den Antrag, das Hauptverfahren vor dem Anwaltsgericht zu eröffnen.

Übersicht

I. Bedeutung der Anschuldigungsschrift

1 Nach S. 1 hat die Staatsanwaltschaft in der Anschuldigungsschrift, durch die sie nach § 121 das anwaltsgerichtliche Verfahren einleitet, bzw. die sie nach Änderung des sachlichen Gegenstandes des Verfahrens durch den Eröffnungsbeschluss (§ 116 S. 2 iVm § 207 Abs. 2 Nr. 1 und 2 StPO) nach § 130 S. 1 iVm § 207 Abs. 3 StPO neu einzureichen hat, die dem Rechtsanwalt zur Last gelegte Pflichtverletzung unter Anführung der sie begründenden Tatsachen zu bezeichnen (Anschuldigungssatz).

2 Die Anschuldigung ist damit die Grundlage für das weitere anwaltsgerichtliche Verfahren, weil sie die Grenzen festlegt, in denen sich die gerichtliche Untersuchung und Entscheidung zu halten hat (§ 116 S. 2 iVm §§ 155 Abs. 1, 264, 265 StPO). Das Gericht darf dem Eröffnungsbeschluss (§§ 131, 132) und der Urteilsfindung (§ 139) nur die in der Anschuldigungsschrift bezeichnete Tat (§ 116 S. 2 iVm § 264 StPO) zugrunde legen. Neben der Bestimmung des Prozessgegenstandes dient die Anschuldigungsschrift auch der Unterrichtung des Angeschuldigten und seines Verteidigers über die für die Verteidigung und die Durchführung des Verfahrens notwendigen Umstände, wozu nunmehr auch die Angabe der gesetzlichen bzw. in der Berufsordnung angeführten Merkmale der Pflichtwidrigkeit und die anzuwendenden Bestimmungen über die Pflichtwidrigkeit gehören (→ § 113 Rn. 8 ff.; → § 116 Rn. 29 zu § 265 StPO; → § 130 Rn. 7). Da der in der Anschuldigungsschrift enthaltene Anschuldigungssatz durch die Zulassung notwendig integrierender Bestandteil des Eröffnungsbeschlusses (§ 131 Abs. 1) wird, sind das Fehlen und Mängel des Anschuldigungssatzes zugleich Mängel des Eröffnungsbeschlusses (BGH NStZ 1984, 133; KK-StPO/*Treier* StPO § 200 Rn. 1).

II. Abschließende Regelung

3 § 130 beinhaltet eine abschließende Regelung des notwendigen Inhalts einer Anschuldigungsschrift nach § 121 und einer sog. nachgereichten Anschuldigungsschrift entsprechend § 116 S. 2 iVm § 207 Abs. 3 StPO. § 200 StPO ist nicht über § 116 S. 2 ergänzend heranzuziehen (dies offen gelassen hat: BGHSt 29, 124 = NJW 1980, 897; **aA** *Isele* § 130 Anm. III). Der Wortlaut der Regelung lässt klar erkennen, dass mit § 130 der notwendige Inhalt einer Anschuldigungsschrift abschließend geregelt sein soll. Jedoch ist nach der Änderung des § 113 (→ § 113 Rn. 8 ff.), an den § 130 anknüpft, der Streit um die Zulässigkeit der ergänzenden Heranziehung des § 200 StPO (vgl. BGHSt 29, 124 = NJW 1980, 897; EGH Celle Urteil vom 30.5.1988 – EGH 28/87 (I/10); 2. Aufl. § 130 Rn. 1–6; *Kleine-Cosack* § 130 Rn. 2; *Isele* § 130 Anm. III; *Jessnitzer/Blumberg* § 130) weitgehend bedeutungslos, da nach § 130 iVm § 113 nunmehr ebenfalls die Merkmale der Pflichtwidrigkeit und die anzuwendenden gesetzlichen Bestimmungen bzw. die Bestimmungen der Berufsordnung anzugeben sind (→ § 130 Rn. 7). Bedeutsam ist die Streitfrage aber noch hinsichtlich des Erfordernisses eines wesentlichen Ergebnisses der Ermittlungen (§ 200 Abs. 2 StPO).

4 Hinsichtlich des wesentlichen Ergebnisses der Ermittlungen wurde im Gesetzgebungsverfahren ganz bewusst darauf verzichtet, dieses als notwendigen Inhalt einer Anschuldigungsschrift im Gesetz aufzuführen. Die amtliche Begründung sagt dazu: „Das wesentliche Ergebnis der Ermittlungen, das nach § 200 Abs. 2 S. 1 StPO grundsätzlich in die Anklageschrift aufzunehmen ist, wird für die Anschuldigungsschrift im ehrengerichtlichen Verfahren nicht zwingend als Inhalt vorgeschrieben, weil es neben der Darstellung über den tatsächlichen Hergang, in dem die Pflichtverletzung des Beschuldigten zu erblicken ist, entbehrt werden kann" (amtliche Begründung zu § 130, BT-Drs. 3/120, 102; *Isele* § 130 Anm. III F 1). Wenn § 200 StPO über § 116 S. 2 ergänzend sinngemäß zur Anwendung käme, könnte dem Gesetz aber nicht entnommen werden, inwiefern dies nicht für § 200 Abs. 2 StPO gelten sollte, zumal die Anschuldigungsschrift niemals beim „Strafrichter", sondern stets beim Kollegialgericht (§§ 96, 121) eingereicht wird und bei sinngemäßer Anwendung des § 200 Abs. 2 StPO demnach im anwaltsgerichtlichen Verfahren ein wesentliches Ergebnis der Ermittlungen stets erforderlich wäre.

5 Gleichwohl wird in der Praxis häufig ein wesentliches Ergebnis der Ermittlungen in die Anschuldigungsschrift aufgenommen. In ihm werden die Tatsachen mit Beweisgrundlagen angeführt, aus denen sich der hinreichende Tatverdacht ergibt. Dabei können Nebenumstände der Tat, ihre Vorgeschichte und Daten aus der Lebensgeschichte des Angeschuldigten angeführt werden, soweit sie von Bedeutung sind. Auch die persönlichkeitsbezogenen Rechtsfolgenumstände, wie verwertbare Vorverurteilungen, können hier angeführt werden (zu § 200 Abs. 2 StPO *Meyer-Goßner* StPO § 200 Rn. 18, 19).

III. Inhalt der Anschuldigungsschrift

6 **1. Angaben zur Person.** Die Staatsanwaltschaft muss Angaben zur Person des Rechtsanwalts machen, damit eindeutig festgestellt ist, gegen welchen Rechtsanwalt das Verfahren sich richten soll. Die Staatsanwaltschaft orientiert sich sachgerechterweise dazu an Nr. 110 Abs. 2a RiStBV. Auch der Name eines eventuellen Verteidigers ist in entsprechender Weise anzugeben (Nr. 110 Abs. 2b RiStBV). Darüber hinaus gehört im Hinblick auf §§ 12, 119 Abs. 2, 139 Abs. 3 Nr. 1 auch die Angabe hinzu, seit wann der Rechtsanwalt als Rechtsanwalt zugelassen ist und welcher RAK er angehört (§§ 12 Abs. 3, 27, 60).

7 **2. Bezeichnung der Pflichtverletzung.** Der notwendige Inhalt der Anschuldigungsschrift hat sich infolge der Neufassung des § 113 durch Gesetz vom 2.9.1994 (BGBl. I S. 2278; → § 113 Rn. 8 ff.) bezüglich der Bezeichnung der Pflichtverletzung entscheidend geändert. Indem § 130 im Anschuldigungssatz die Bezeichnung der „Pflichtverletzung" verlangt, knüpft er an die Regelung des § 113 an, der die Ahndung einer Pflichtverletzung regelt. Die alte Fassung des § 113 Abs. 1 bestimmte auf der Grundlage, dass die Pflichten des Rechtsanwalts nur vereinzelt in verschiedenen Bestimmungen der BRAO und außerhalb der BRAO aber im wesentlichen in der Generalklausel des § 43 bestimmt waren (vgl. 2. Aufl. § 43 Rn. 1 ff.; → § 113 Rn. 6 ff.), dass gegen einen Rechtsanwalt, „der seine Pflichten schuldhaft verletzt, … eine ehrengerichtliche Maßnahme verhängt" wird. Die Pflichten waren regelmäßig nicht näher gesetzlich konkretisiert. Mangels konkreter Pflichtentatbestände brauchten und konnten in der Anschuldigungsschrift

somit außer der Wiedergabe der §§ 43, 113 und der Angabe der die Pflichtwidrigkeit begründenden Tatsachen keine „gesetzlichen Merkmale" der Pflichtwidrigkeit und die „anzuwendenden Strafvorschriften", dh die anzuwendenden Pflichtentatbestände angegeben zu werden (vgl. 2. Aufl. § 130 Rn. 4; BGHSt 29, 124 = NJW 1980, 897; *Jessnitzer/Blumberg* § 130). Nach der Neufassung des § 113 Abs. 1 ist aber die Ahndung einer Pflichtverletzung begrenzt auf die Verletzung von „Pflichten …, die in diesem Gesetz oder in der Berufsordnung bestimmt sind" (im Einzelnen → § 113 Rn. 6 ff.). Zur Bezeichnung dieser durch die BRAO und/oder die Berufsordnung konkretisierten Pflichten des § 113 Abs. 1 muss folglich nunmehr auch die entsprechende Bestimmung der BRAO bzw. der Berufsordnung im Anschuldigungssatz angeführt werden. Nur damit wird auch der Zweck der Änderung des § 113 Abs. 1 erreicht, eine „möglichst weitreichende Konkretisierung der zu ahndenden Pflichtverstöße" zu erlangen, damit für die Rechtsanwälte Rechtssicherheit und die Möglichkeit besteht, sich Klarheit über die zu beachtenden und verletzten beruflichen Pflichten zu verschaffen (amtliche Begründung, BT-Drs. 12/4993, 33). Anders als bisher müssen im Anschuldigungssatz zur Bezeichnung der angeschuldigten Pflichtverletzung die in der BRAO oder in der Berufsordnung angeführten Merkmale der Pflichtverletzung und die anzuwendenden Bestimmungen über die Pflichtverletzung (§ 113 Abs. 1) bezeichnet werden. Gleiches gilt für außerberufliches Fehlverhalten, bei dem § 113 Abs. 2 nF nunmehr eine „rechtswidrige Tat oder eine mit Geldbuße bedrohte Handlung" verlangt. Auch dies ist im Anschuldigungssatz zu bezeichnen (Gaier/Wolf/Göcken/*Johnigk* § 130 Rn. 4; **aA** Henssler/Prütting/*Dittmann* § 130 Rn. 7, 8, der diese Angaben für wünschenswert aber nicht für verpflichtend hält).

8 Wie bisher müssen ferner zur Bezeichnung der dem Rechtsanwalt zur Last gelegten Pflichtverletzung die sie begründenden Tatsachen angeführt werden. Das heißt, die anzuschuldigende Tat im strafprozessualen Sinne (→ § 116 Rn. 25 zu §§ 155, 264 StPO; *Jähnke,* FS Pfeiffer, 1988, 941) wird mit Zeit- und Ortsangabe als historisches Ereignis in einer Weise geschildert, dass die Identität des gemeinten geschichtlichen Vorganges zweifelsfrei klargestellt wird (zu § 200 StPO *Meyer-Goßner* StPO § 200 Rn. 7). Die tatsächlichen Vorgänge, in denen eine Verletzung der allgemeinen Berufspflichten gesehen wird, sind wiederzugeben. Zu den Tatsachen iSd § 130 gehören auch die subjektiven Tatbestandsmerkmale, die Angabe der Schuldform. Allerdings steht eine Anschuldigungsschrift, die dem Rechtsanwalt eine fahrlässige Pflichtverletzung vorwirft, einer Verurteilung wegen vorsätzlichen Fehlverhaltens nicht entgegen, denn in einem angeschuldigten Sachverhalt ist auch ein schwerer wiegender stets mitangeschuldigt (BVerwGE 103, 69 = NVwZ-RR 1995, 152 zu §§ 74, 96, 103 WDO). Gegenstand eines berufsrechtlichen Vorwurfs kann auch ein bestimmtes Gesamtverhalten sein, aus dem der Schluss gezogen wird, der angeschuldigte Rechtsanwalt habe sich iSd §§ 43, 113 nicht der Achtung und des Vertrauens würdig erwiesen, die seine Stellung erfordert.

9 **3. Beweismittel.** Nach S. 2 sind von der Staatsanwaltschaft ferner die Beweismittel anzugeben, „wenn in der Hauptverhandlung Beweise erhoben werden sollen". Dies wird regelmäßig der Fall sein. Nur wenn aufgrund eines umfassenden Geständnisses des Rechtsanwalts entschieden werden kann, findet keine Beweisaufnahmestatt. Die Vernehmung des angeschuldigten Rechtsanwalts ist keine Beweisaufnahme im formellen Sinn (*Meyer-Goßner* StPO § 244 Rn. 2; Henssler/Prütting/*Dittmann* § 130 Rn. 5).

10 **4. Antrag auf Eröffnung des Hauptverfahrens.** Letztlich muss die Anschuldigungsschrift den Antrag beinhalten, das Hauptverfahren vor dem Anwaltsgericht zu eröffnen (S. 3). Die Staatsanwaltschaft legt die Anschuldigungsschrift mit den Akten (§ 116 S. 2 iVm § 199 Abs. 2 S. 2 StPO; → § 117b Rn. 3 ff.) dem Gericht (§ 119) vor. Dazu gehören alle Vorgänge, die bei der Staatsanwaltschaft entstanden sind mit Ausnahme der Handakten. Auch die Beiakten sind beizufügen, wenn ihr Inhalt von Bedeutung für die Schuld- und Rechtsfrage sein kann (zu § 199 StPO BGHSt 30, 131 = NJW 1981, 2267).

11 **5. Unterzeichnung der Anschuldigungsschrift.** Da die Anschuldigung nur schriftlich, dh durch Einreichung einer Anschuldigungsschrift erhoben werden kann (§ 121) und es zur Schriftform gehört, dass aus dem Schriftstück auch die Person, von der die schriftliche Erklärung ausgeht, schon im Zeitpunkt des Einganges der Erklärung bei Gericht hinreichend zuverlässig entnommen werden kann (gemeinsamer Senat der obersten Gerichtshöfe des Bundes NJW 1980, 172, 174; BGHSt 30, 182 = NJW 1982, 532; BGH NJW 1984, 1974), und dass es sich nicht nur

um einen Entwurf handelt, sondern dass die Anschuldigungsschrift mit Wissen und Willen des Berechtigten dem Gericht zugeleitet worden ist, wird regelmäßig die Unterzeichnung der Anschuldigungsschrift durch den Staatsanwalt erforderlich sein. Die handschriftliche Unterzeichnung ist aber dann nicht unbedingt erforderlich, wenn in sonstiger Weise die Urheberschaft sicher feststellbar ist (BVerfGE 15, 288 = NJW 1963, 755). Es kann daher ein Handzeichen genügen, wenn dieses nicht nur die Fertigung des Entwurfs abschließt (BayObLG NJW 1962, 1527). Auch ein Faksimilestempel (OLG Stuttgart NJW 1976, 1905) oder eine behördlich beglaubigte Abschrift kann genügen (gemeinsamer Senat der obersten Gerichtshöfe des Bundes NJW 1980, 172; vgl. auch *Meyer-Goßner* StPO Einl. Rn. 128 ff., StPO § 37 Rn. 1 ff.).

6. Besondere inhaltliche Anforderungen bei Freispruch im Strafverfahren. Zu den besonderen inhaltlichen Anforderungen an eine Anschuldigungsschrift, wenn der Rechtsanwalt bezüglich des anzuschuldigenden Verhaltens im Strafverfahren freigesprochen wurde, → § 118 Rn. 28; BVerwGE 76, 347). 12

IV. Mängel der Anschuldigungsschrift

Beinhaltet die Anschuldigungsschrift das in § 130 Aufgeführte, dann ist damit eine wesentliche Prozessvoraussetzung für die gerichtliche Untersuchung gegeben. Mängel der Anschuldigungsschrift können sich unterschiedlich auswirken: Fehlt es an einer genügenden Identifizierung des Angeschuldigten oder der Pflichtverletzung in der Anschuldigungsschrift, dann gibt das Gericht die Anschuldigungsschrift zwecks Nachbesserung an die Staatsanwaltschaft zurück. Wird der Mangel weder im Eröffnungsverfahren noch in der Hauptverhandlung durch entsprechende Klarstellung behoben, so sind Anschuldigungsschrift und Eröffnungsbeschluss unwirksam, was zur Einstellung des Verfahrens führt (zu § 200 StPO BGH MDR 1980, 107; GA 73, 111; → § 139 Rn. 12; → § 146 Rn. 11). Andere Mängel im Aufbau, im Äußeren und die versehentlich fehlende Unterschrift machen die Anschuldigungsschrift nicht unwirksam und führen nicht zu einem Verfahrenshindernis (zu § 200 StPO *Meyer-Goßner* StPO § 200 Rn. 26, 27). 13

§ 131 Entscheidung über die Eröffnung des Hauptverfahrens vor dem Anwaltsgericht

(1) **In dem Beschluß, durch den das Hauptverfahren eröffnet wird, läßt das Anwaltsgericht die Anschuldigung zur Hauptverhandlung zu.**

(2) **Der Beschluß, durch den das Hauptverfahren eröffnet worden ist, kann von dem Rechtsanwalt nicht angefochten werden.**

(3) [1]**Der Beschluß, durch den die Eröffnung des Hauptverfahrens abgelehnt wird, ist zu begründen.** [2]**Gegen den Beschluß steht der Staatsanwaltschaft die sofortige Beschwerde zu.**

I. Gang des Zwischenverfahrens

Nachdem durch Einreichung der Anschuldigungsschrift das anwaltsgerichtliche Verfahren eingeleitet wurde (§ 121), hat das Anwaltsgericht darüber zu entscheiden, ob das Hauptverfahren zu eröffnen ist. Zur Vorbereitung der Entscheidung muss der Vorsitzende zunächst gemäß § 116 S. 2 iVm § 201 StPO die Anschuldigungsschrift mitteilen, und dem Rechtsanwalt Gelegenheit zur Äußerung geben. Das Anwaltsgericht – nicht sein Vorsitzender allein – kann nach § 116 S. 2 iVm § 202 StPO weitere Beweiserhebungen anordnen, die es entweder durch die Staatsanwaltschaft durchführen lässt oder aber selbst ausführt bzw. durch ein beauftragtes Kammermitglied oder einen ersuchten Richter (§§ 99, 137) ausführen lässt. Das AnwG entscheidet dann nach § 116 S. 2 iVm §§ 203, 204 StPO über die Eröffnung oder Nichteröffnung des Hauptverfahrens, ohne dabei an die Anträge der Staatsanwaltschaft gebunden zu sein (§ 116 S. 2 iVm § 206 StPO). Insoweit kann auf die Kommentare zur StPO verwiesen werden. 1

II. Eröffnung des Hauptverfahrens

Bejaht das Anwaltsgericht den hinreichenden Tatverdacht für das Vorliegen einer Pflichtverletzung und nimmt es also bei vorläufiger Tatbewertung die Wahrscheinlichkeit der späteren Ver- 2 urteilung wegen einer Pflichtverletzung an (§ 116 S. 2 iVm § 203 StPO), dann entscheidet es durch Beschluss, durch den es das Hauptverfahren eröffnet und die Anschuldigung zur Hauptverhandlung zulässt (§ 116 S. 2 iVm § 207 StPO).

3 **Hinreichender Tatverdacht** besteht, wenn bei vorläufiger Tatbewertung die Wahrscheinlichkeit der späteren Verurteilung wegen einer Pflichtverletzung gegeben ist (EGH Schleswig EGE IX 204). Es genügt nicht nur die vorläufige Tatbewertung, dass wahrscheinlich später eine schuldhafte Pflichtverletzung festgestellt wird, vielmehr muss auch festgestellt werden, dass diese Pflichtverletzung später eine anwaltsgerichtliche Maßnahme erforderlich macht. Ist zB neben der strafgerichtlichen Verurteilung wegen desselben Verhaltens nach § 115b eine anwaltsgerichtliche Maßnahme zusätzlich nicht erforderlich, dann ist trotz Vorliegens einer Pflichtverletzung die Eröffnung abzulehnen, da eine spätere anwaltsgerichtliche Verurteilung wegen dieser Pflichtverletzung nicht wahrscheinlich ist. Es muss also für ein nach § 114 zu ahndendes Verhalten genügender Beweis vorliegen (EGH Schleswig in EGE IX, 204).

4 § 131 Abs. 1 entspricht dem § 207 Abs. 1 StPO mit der Ausnahme, dass die Benennung des Gerichts entfällt, vor dem die Hauptverhandlung stattfinden soll, da eine Hauptverhandlung stets vor dem eröffnenden Anwaltsgericht und regelmäßig auch vor der eröffnenden Kammer stattfindet (§§ 92, 97 iVm § 21e GVG). Lediglich die Zuständigkeit der Kammer kann nachträglich infolge Änderung der Geschäftsverteilung sich ändern (§ 21e Abs. 3 GVG). Für den Inhalt des Eröffnungsbeschlusses gilt über § 116 S. 2, § 207 Abs. 2 StPO entsprechend (zu § 207 StPO → § 116 Rn. 27). Aus der allgemeinen Verweisung auf die Vorschriften der StPO (§ 116 S. 2) ergibt sich, dass das Anwaltsgericht nach § 207 Abs. 2 StPO die Anschuldigung mit Änderungen zur Hauptverhandlung zulassen kann (amtliche Begründung, BT-Drs. 5/2848, 30). Da die Einheit der Pflichtverletzung erst durch die Anschuldigungsschrift **und** den Eröffnungsbeschluss oder durch die Verbindung mehrerer bei Gericht angeschuldigter Verfahren hergestellt wird (→ § 113 Rn. 26), ist es zulässig und widerspricht nicht dem Grundsatz der Einheit der Pflichtverletzung, einzelne Anschuldigungspunkte von der Zulassung für das Hauptverfahren auszuschließen (BGHSt 24, 81 = NJW 1971, 1048). Soweit das Gericht die Anschuldigungsschrift nicht in vollem Umfang zulässt, hat es § 207 Abs. 2 StPO zu beachten (→ § 116 Rn. 27 zu § 207 StPO). Das Fehlen eines wirksamen Eröffnungsbeschlusses führt zur Einstellung des Verfahrens gemäß § 116 S. 2 iVm § 206a StPO (AGH Bln BRAK-Mitt. 2000, 197).

5 Der Beschluss, durch den das Hauptverfahren eröffnet worden ist, kann von dem Rechtsanwalt nicht angefochten werden (§ 131 Abs. 2 StPO; aber → § 115b Rn. 44; → § 139 Rn. 17). Ist aber die Gewährung rechtlichen Gehörs zuvor versäumt worden (→ Rn. 1), kann dieses dem Rechtsanwalt nachträglich nach § 116 S. 2 iVm § 33a StPO gewährt werden.

III. Nichteröffnung des Hauptverfahrens

6 Der Beschluss, durch den die Eröffnung des Hauptverfahrens abgelehnt wird, ist zu begründen (§ 131 Abs. 3 S. 1). Der Inhalt dieser Begründung ergibt sich über § 116 S. 2 aus § 204 StPO. Aus dem Beschluss muss somit hervorgehen, ob er auf tatsächlichen oder rechtlichen Gründen beruht. Der Nichteröffnungsbeschluss ist entweder eine reine **Prozessentscheidung** oder eine **Sachentscheidung,** wobei sich lediglich aus den Gründen nicht aus dem Entscheidungssatz ergibt, was für eine Art der Entscheidung es ist.

7 Liegt ein **Verfahrenshindernis** vor, führt dies zur Nichteröffnung aus diesem Grund. Insoweit kann auf die strafprozessuale Judikatur und Literatur verwiesen werden. Klarstellend ist anzumerken, dass auch im anwaltsgerichtlichen Zwischenverfahren die Einstellung nach § 116 S. 2 iVm § 153 Abs. 2 und die endgültige nach § 153a Abs. 1 und 2 StPO möglich ist (EG Köln BRAK-Mitt. 1982, 38; EGH-Präsidentenkonferenz BRAK-Mitt. 1984, 24) und zu einem Verfahrenshindernis führt.

IV. Anfechtung der Nichteröffnung

8 Gegen den die Eröffnung ablehnenden Beschluss steht grundsätzlich nur der Staatsanwaltschaft (§ 120) die sofortige Beschwerde zu (Abs. 3 S. 2), gleichgültig ob die Ablehnung auf der Verneinung des hinreichenden Tatverdachts oder auf einem Verfahrenshindernis beruht. Der Rechtsanwalt kann mangels Beschwer den Nichteröffnungsbeschluss grundsätzlich nicht anfechten.

9 Davon ist aber eine Ausnahme zu machen, wenn der Rechtsanwalt ausnahmsweise doch einmal durch den Nichteröffnungsbeschluss beschwert ist. Das kann dann der Fall sein, wenn

unter Feststellung einer Pflichtverletzung ein disziplinärer Überhang nach § 115b verneint wird (→ § 115b Rn. 44; ablehnend Gaier/Wolf/Göcken/*Johnigk* § 131 Rn. 9).

Soweit in der 7. Aufl. die Auffassung vertreten wurde, eine entsprechende Anwendung des § 131 Abs. 3 S. 2 für den Rechtsanwalt sei ebenfalls möglich, wenn das Anwaltsgericht nach § 118a Abs. 3 seine sachliche Zuständigkeit verneint, daher die Eröffnung abgelehnt hat und die dann in Betracht kommende Disziplinar-, Ehren- oder Berufsgerichtsbarkeit eines anderen Berufes ungünstiger sei (7. Aufl. § 131 Rn. 9; Schippel/*Lemke,* 7. Aufl. 1999, BNotO § 110 Rn. 11; Henssler/Prütting/*Dittmann* § 131 Rn. 7), kann dies nicht aufrechterhalten werden. Gegen den Beschluss nach § 118a ist nach **§ 116 S. 2, § 17a Abs. 4 S. 3 GVG** die sofortige Beschwerde gegeben (→ § 118a Rn. 16; Gaier/Wolf/Göcken/*Johnigk* § 118a Rn. 17, § 131 Rn. 10). 10

§ 132 Rechtskraftwirkung eines ablehnenden Beschlusses

Ist die Eröffnung des Hauptverfahrens durch einen nicht mehr anfechtbaren Beschluß abgelehnt, so kann der Antrag auf Einleitung des anwaltsgerichtlichen Verfahrens nur auf Grund neuer Tatsachen oder Beweismittel und nur innerhalb von fünf Jahren, seitdem der Beschluß rechtskräftig geworden ist, erneut gestellt werden.

I. Ausschlussfrist für neue Anschuldigung

§ 132 verleiht den Beschlüssen, durch welche die Eröffnung des Hauptverfahrens endgültig abgelehnt worden ist, entsprechend § 211 StPO eine beschränkte Rechtskraft (amtliche Begründung, BT-Drs. 3/120, 102). Der nicht mehr anfechtbare Beschluss, durch den die Eröffnung des Hauptverfahrens abgelehnt worden ist (§ 131 Abs. 3), führt entsprechend § 211 StPO zu einer **beschränkten Sperrwirkung** für eine neue Anschuldigung. § 132 gilt für jeden Fall der Nichteröffnung des Hauptverfahrens, sowohl bei einer Sachentscheidung durch Verneinung des hinreichenden Tatverdachts als auch bei Nichteröffnung wegen eines Verfahrenshindernisses, das der Sachentscheidung im Ganzen entgegensteht (*Meyer-Goßner* § 211 Rn. 1). 1

Die erneute Einleitung des anwaltsgerichtlichen Verfahrens ist – anders als nach § 211 StPO – immer nur innerhalb einer Frist von fünf Jahren möglich, die mit der Rechtskraft des die Eröffnung ablehnenden Beschlusses beginnt. Diese Ausschlussfrist wird nur durch die Einreichung einer Anschuldigungsschrift bei dem Anwaltsgericht gewahrt (§ 121; *Isele* § 132 Anm. III D). Diese zeitliche Beschränkung ist in den Fällen, in denen die Verjährung einer Pflichtverletzung nicht eintreten kann (§ 115 erster Hs.), nicht gerechtfertigt, während in den übrigen Fällen, in denen eine Pflichtverletzung nach fünf Jahren verjährt (§ 115 S. 1), in der Tat nach einem so langen Zeitablauf ein beachtliches Interesse an der Verfolgung einer Pflichtverletzung nicht mehr bestehen wird (*Isele* § 132 Anm. III D 4). 2

II. Sachliche Voraussetzungen für neue Anschuldigung

Sachliche Voraussetzung für die erneute Anschuldigungserhebung ist, dass **neue** Tatsachen oder Beweismittel die erneute Anschuldigung rechtfertigen. Diese dem § 211 StPO nachgebildete Vorschrift besagt wie im Strafprozess, dass die Nova der ablehnenden Entscheidung nach § 131 Abs. 3 die Grundlage entziehen müssen. Je nachdem, ob die Ablehnung der Eröffnung aus sachlichen Gründen oder wegen Fehlens von Verfahrensvoraussetzungen ausgesprochen worden ist, bestimmt sich die Art der erforderlichen neuen Tatsachen oder Beweismittel. Bei der Verneinung des Tatverdachts ist die neue Anschuldigung nur zulässig, wenn die Nova dieser Sachentscheidung die Grundlage entziehen; bei der Ablehnung wegen eines Verfahrenshindernisses ist ein neues Verfahren nur zulässig, wenn die Nova der Feststellung des Prozesshindernisses die Grundlage entziehen, oder wenn das angenommene Verfahrenshindernis beseitigt wird (*Meyer-Goßner* StPO § 211 Rn. 1; Gaier/Wolf/Göcken/*Johnigk* § 132 Rn. 4). Ist die Ablehnung zB auf Unwirksamkeit der Anschuldigungsschrift zB mangels Konkretisierung der anzuschuldigenden Pflichtwidrigkeit (→ § 130 Rn. 13) gestützt, so stellt die Behebung des Mangels in der neuen Anschuldigungsschrift eine die Sperrwirkung beseitigende neue Tatsache dar (OLG Düsseldorf NStZ 1982, 335). 3

4 Im Übrigen kommt es nur darauf an, ob die neuen Tatsachen oder Beweismittel dem damaligen Beschlussgericht nicht bekannt waren, gleichviel, ob sie ihm hätten bekannt sein können oder damals schon bestanden (BGHSt 7, 64). Beruhte der Ablehnungsbeschluss auf einem Irrtum, so kann er daher nicht widerrufen werden, weil das Erfordernis der Nova dadurch umgangen würde. Ob die Grundlage des früheren Beschlusses durch die Nova entfallen ist, wird vom Rechtsstandpunkt des früheren Richters beurteilt. Der neue Beschlussrichter ist – auch wenn er derselbe ist – an eine als falsch erkannte Rechtsauffassung, auf der der frühere Beschluss beruht, gebunden (BGHSt 18, 225). Wenn er aber aufgrund dieser Rechtsauffassung wiederaufnehmen kann, legt er dem neuen Eröffnungsbeschluss die richtige Auffassung zugrunde (*Meyer-Goßner* StPO § 211 Rn. 3, 4).

III. Entscheidung der Staatsanwaltschaft

5 Wenn die genannten Voraussetzungen vorliegen, kann die Staatsanwaltschaft innerhalb von fünf Jahren (→ Rn. 2) das anwaltsgerichtliche Verfahren erneut durch Einreichung einer Anschuldigungsschrift einleiten (§ 121). Für die erneute Verfolgung der Pflichtverletzung gilt wiederum das Legalitätsprinzip (§ 116 S. 2 iVm § 152 StPO), solange die Nova (→ Rn. 3) nicht entfallen; insoweit ist dann auch § 122 anwendbar (*Meyer-Goßner* StPO § 211 Rn. 5; Henssler/Prütting/*Dittmann* § 132 Rn. 5). Eines Antrages des Vorstandes der RAK (§ 122 Abs. 1) bedarf es aber im Hinblick auf das geltende Legalitätsprinzip nicht (*Isele* § 130 Anm. III C). Die neue Anschuldigungsschrift hat die neuen Tatsachen oder Beweismittel besonders zu bezeichnen, die die Sperrwirkung beseitigen. Nur insofern besteht eine Verbindung des neuen Verfahrens mit dem früheren, die allerdings während des ganzen neuen Verfahrens andauert (*Meyer-Goßner* StPO § 211 Rn. 6, 7).

IV. Neues Eröffnungsverfahren

6 Ein Eröffnungsbeschluss (§ 131) kann in dem neuen Verfahren nur erlassen werden, wenn die neuen Tatsachen oder Beweismittel (→ Rn. 3) so erheblich sind, dass sie dem früheren Ablehnungsbeschluss die Grundlage entziehen. Dieser wird mit dem neuen Eröffnungsbeschluss aber nicht aufgehoben, denn das frühere Verfahren bleibt abgeschlossen, das neue ist selbständig und nur hinsichtlich der Sperrklausel von dem früheren abhängig. Da die Neuheit der Tatsachen oder Beweismittel Voraussetzung für das neue Verfahren ist, obliegt ihre Prüfung auch weiter dem jeweils mit der neuen Sache befassten Gericht (BGHSt 18, 225; *Meyer-Goßner* § 211 Rn. 7)

§ 133 Zustellung des Eröffnungsbeschlusses

[1]Der Beschluß über die Eröffnung des Hauptverfahrens ist dem Rechtsanwalt spätestens mit der Ladung zuzustellen. [2]Entsprechendes gilt in den Fällen des § 207 Abs. 3 der Strafprozeßordnung für die nachgereichte Anschuldigungsschrift.

I. Zustellung an Angeschuldigte und Verteidiger

1 Die Vorschrift entspricht § 215 StPO (amtliche Begründung, BT-Drs. 3/120, 103). Der Eröffnungsbeschluss ist dem Angeschuldigten zuzustellen. Die Anordnung trifft der Vorsitzende (§ 116 S. 2 iVm § 36 StPO). Die Anschuldigungsschrift, die bereits nach § 116 S. 2 iVm § 201 Abs. 1 StPO zugestellt ist, braucht nicht erneut zugestellt zu werden. Hat der Angeschuldigte einen Verteidiger, dann ist § 145a Abs. 1 und 3 StPO iVm § 116 S. 2 zu beachten. Die Mitteilung des Beschlusses an die Staatanwaltschaft erfolgt nach § 116 S. 2 iVm § 35 Abs. 2 StPO.

II. Zeitpunkt der Zustellung

2 Die Zustellung muss spätestens mit der Ladung erfolgen. Kann der Termin noch nicht mit Erlass des Eröffnungsbeschlusses bestimmt werden, ist gleichwohl die sofortige Zustellung des Eröffnungsbeschlusses angezeigt, damit der Angeschuldigte die Möglichkeit erhält, seine Verteidigung rechtzeitig vorzubereiten. Auch die entsprechend § 207 Abs. 3 StPO nachgereichte Anschuldigungsschrift (§ 130 S. 1) muss zugestellt werden.

III. Unterbleiben der Zustellung

Die Revision kann wie im Strafprozess grundsätzlich nicht mit Erfolg auf das Unterbleiben der Zustellung gestützt werden, sondern nur darauf, dass ein deswegen gestellter Aussetzungsantrag zu Unrecht zurückgewiesen worden ist. Der Mangel wird in der Hauptverhandlung durch Bekanntgabe und Unterlassen eines Aussetzungsantrages geheilt (Löwe/Rosenberg/*Gollwitzer* StPO § 215 Anm. 9; *Meyer-Goßner* StPO § 215 Rn. 8). 3

3. Die Hauptverhandlung vor dem Anwaltsgericht

§ 134 Hauptverhandlung trotz Ausbleibens des Rechtsanwalts

[1]Die Hauptverhandlung kann gegen einen Rechtsanwalt, der nicht erschienen ist, durchgeführt werden, wenn er ordnungsmäßig geladen und in der Ladung darauf hingewiesen ist, daß in seiner Abwesenheit verhandelt werden kann. [2]Eine öffentliche Ladung ist nicht zulässig.

I. Keine Anwesenheitspflicht

Im Gegensatz zum Angeklagten im Strafverfahren (§ 230 Abs. 1 StPO) ist der Rechtsanwalt im anwaltsgerichtlichen Verfahren nicht zur Anwesenheit verpflichtet und kann deshalb auch durch Zwangsmittel nicht zum Erscheinen in der Hauptverhandlung gezwungen werden (§ 117; amtliche Begründung, BT-Drs. 3/120, 103). Indem § 134 die Durchführung der Hauptverhandlung in Abwesenheit des angeschuldigten Rechtsanwalts ermöglicht, wird die Durchführung des Verfahrens – unabhängig von der Bereitschaft des Rechtsanwalts zur Teilnahme – gesichert. § 134 dient damit der Sicherung der Verfahrensdurchführung (Henssler/Prütting/*Dittmann* § 134 Rn. 2). 1

1. Ordnungsgemäße Ladung. Der Rechtsanwalt ist in seiner Entscheidung, ob er im Hauptverhandlungstermin erscheinen will, völlig frei. Daraus resultiert andererseits, dass die Hauptverhandlung auch in Abwesenheit des Rechtsanwalts durchgeführt werden kann. § 230 Abs. 1 StPO, der eine Hauptverhandlung gegen einen ausgebliebenen Angeklagten grundsätzlich nicht gestattet, ist in dem anwaltsgerichtlichen Verfahren wegen der im § 134 getroffenen Regelung nicht anwendbar (amtliche Begründung, BT-Drs. 3/120, 103). Damit der Rechtsanwalt die allein ihm zustehende Entscheidung, ob und ggf. wie er das ihm zustehende Recht auf rechtliches Gehör (Art. 103 Abs. 1 GG) wahrnehmen will, auch treffen kann und um ihn nicht in der Verteidigung zu beeinträchtigen, lässt § 134 eine Verhandlung in Abwesenheit des Rechtsanwalts aber nur zu, wenn er ordnungsgemäß geladen und in der Ladung darauf hingewiesen worden ist, dass in seiner Abwesenheit verhandelt werden kann (BGH NJW 1978, 2403; BRAK-Mitt. 1983, 1; *Isele* § 134 Anm. II, III). Dieser Hinweis ist erforderlich, um die Berechtigung dafür zu schaffen, dass der Wille des Rechtsanwalts, selbst in Kenntnis der Folgen seines Ausbleibens nicht zur Hauptverhandlung zu erscheinen, unterstellt werden kann (amtliche Begründung, BT-Drs. 3/120, 103). 2

Die Ladung muss, um nachweisbar zu sein, dem Rechtsanwalt zugestellt werden (vgl. Nr. 117 Abs. 1 RiStBV entsprechend). Das **Zustellungsverfahren** richtet sich nach § 116 S. 2 iVm §§ 35 Abs. 2, 214, 216 StPO. Damit der Beschuldigte in seiner Verteidigung nicht beeinträchtigt wird, ist eine öffentliche Ladung unzulässig; § 40 StPO ist nicht anwendbar (amtliche Begründung, BT-Drs. 3/120, 103). Die **Ladungsfrist** des § 217 StPO iVm § 116 S. 2 ist zu wahren (*Isele* § 134 Anm. III A 1). In der Ladung muss darauf hingewiesen werden, dass im Falle des Nichterscheinens in Abwesenheit des Rechtsanwalts verhandelt werden kann. Die Tatsache dieses Hinweises muss aus der Ladungsurkunde ersichtlich sein. Fehlt der entsprechende Nachweis, ist die Hauptverhandlung in Abwesenheit des Rechtsanwalts nicht zulässig (*Isele* § 134 Anm. III A 2; Gaier/Wolf/Göcken/*Johnigk* § 134 Rn. 8). 3

2. Recht zur Teilnahme und auf rechtliches Gehör. Das Fehlen einer Verpflichtung des Rechtsanwalts zur Anwesenheit berührt aber nicht sein Recht, an der Hauptverhandlung teilzunehmen. Dabei ist das Recht auf persönliche Teilnahme an der Hauptverhandlung nur eine der Möglichkeiten, mit denen der Rechtsanwalt sich rechtliches Gehör verschaffen und seine Interes- 4 sen wahrnehmen kann. Will er sich im Verfahren äußern, kann er auch eine schriftliche Erklärung zur Sache abgeben, die in der mündlichen Verhandlung zu beachten ist und vom Gericht in geeigneter Weise zB durch Verlesung oder Überlassung von Ablichtungen den Verfahrensbeteiligten zur Kenntnis gebracht werden muss. Er kann sich auch durch einen Verteidiger vertreten lassen. Es erscheint für das anwaltsgerichtliche Verfahren nicht angebracht, das Recht des Beschuldigten, sich zu verteidigen, durch den Ausschluss seines Verteidigers zu beeinträchtigen, wenn der Beschuldigte selbst nicht zur Hauptverhandlung erscheint (amtliche Begründung, BT-Drs. 3/120, 103). Welche dieser verschiedenen Möglichkeiten er ausnutzt, unterliegt seiner eigenen Entscheidung (BGHSt 28, 35 = NJW 1978, 2403; BGH BRAK-Mitt. 1983, 138, *Isele* § 134 Anm. III). Hat das AnwG Kenntnis davon, dass der angeschuldigte Rechtsanwalt an der Hauptverhandlung teilnehmen will, darf es nicht in seiner Abwesenheit verhandeln, wenn der Rechtsanwalt an der Teilnahme verhindert ist. Einem Vertagungsantrag muss grundsätzlich dann entsprochen werden, wenn der Rechtsanwalt den Termin selbst wahrnehmen will, hieran jedoch durch zwingende Gründe gehindert ist (BGHSt 28, 35, 40 = NJW 1978, 2403; BGH BRAK-Mitt. 1987, 213). Das Recht des Rechtsanwalts an der Hauptverhandlung teilzunehmen, darf nicht beeinträchtigt werden (amtliche Begründung, BT-Drs. 3/120, 103; Henssler/Prütting/*Dittmann* § 134 Rn. 5).

II. Hauptverhandlung in Abwesenheit des Angeschuldigten

5 Ist der Rechtsanwalt ordnungsgemäß mit dem Hinweis, dass in seiner Abwesenheit verhandelt werden kann, geladen worden, und erscheint er in der Hauptverhandlung nicht, dann kann das Gericht in seiner Abwesenheit verhandeln. Die Entscheidung darüber, ob in Abwesenheit des Rechtsanwalts verhandelt werden soll, liegt im pflichtgemäßen Ermessen des Anwaltsgerichts (amtliche Begründung, BT-Drs. 3/120, 103).

6 War der Rechtsanwalt zunächst zur Hauptverhandlung erschienen, hat er sich aber später entfernt, dann deckt der Hinweis in der Ladung auch die Fortführung der Hauptverhandlung in Abwesenheit des Rechtsanwalts, wenn er nicht tatsächlich an der weiteren Teilnahme verhindert war. Die Voraussetzungen des § 231 Abs. 2 StPO brauchen nicht vorzuliegen. Verhandelt das Anwaltsgericht nach § 134 berechtigt in Abwesenheit des Rechtsanwalts, dann wird nach einer Unterbrechung der Verhandlung (§ 228 StPO) die Fortsetzung der Verhandlung in Abwesenheit des Rechtsanwalts ebenfalls durch den Hinweis in der ursprünglichen Ladung gedeckt (*Isele* § 134 Anm. III B 2). Auch bei Verhandlung in Abwesenheit des Rechtsanwalts gilt die Amtsaufklärungspflicht (§ 116 S. 2 iVm § 244 Abs. 2 StPO) und sind für die Feststellung der Schuld- und Rechtsfolgentatsachen die Regeln des Strengbeweises zu beachten mit den Erleichterungen nach §§ 137, 138 (*Kohlhaas* AnwBl. 1990, 89).

III. Darlegungspflicht des Rechtsanwalts und Nachprüfung in der Revision

7 Ein Verfahrensfehler ist grundsätzlich nur gegeben, wenn nachgewiesen wird, dass der Rechtsanwalt sich für die Teilnahme an der Hauptverhandlung entschieden hat und tatsächlich an der Teilnahme verhindert war. Diese Umstände muss er dem Gericht unverzüglich nach Eintritt des Hinderungsgrundes unter Angabe von Einzelheiten so substantiiert mitteilen, dass das Gericht in der Lage ist, den angegebenen Hinderungsgrund nachzuprüfen und dazu etwa erforderliche Ermittlungen anzustellen oder dem Rechtsanwalt ergänzende Nachweise aufzugeben. Keineswegs genügt eine einfache, nicht durch Einzeltatsachen belegte pauschale Behauptung einer Verhinderung. Würde man diese ausreichen lassen, könnte der Rechtsanwalt jederzeit nach seinem Belieben die Durchführung der Hauptverhandlung verhindern und das Verfahren verschleppen, dies um so mehr, als eine Verhaftung oder Vorführung des Rechtsanwalts im anwaltsgerichtlichen Verfahren nicht zulässig ist (§ 117).

8 Deshalb ist das Gericht, falls der Rechtsanwalt in der Hauptverhandlung nicht erscheint und die Voraussetzungen des § 134 vorliegen, in der Regel zur Vertagung der Hauptverhandlung nur verpflichtet, wenn in **nachweisbarer Weise** ein Hindernis für die Teilnahme geltend gemacht wird. Im Falle einer Erkrankung gehört dazu die nähere Angabe des körperlichen Zustandes (zB bettlägerig, Höhe des Fiebers usw). Ob ein privatärztliches Attest zum Nachweis des Hinderungsgrundes ausreicht, hängt von dessen Inhalt, der Art der Krankheit und etwaigen sonstigen Umständen ab. Damit das Gericht in der Lage ist, den Hinderungsgrund nachzuprüfen, kann es zur richtigen Angabe der Verhinderung erforderlich sein, dass der Rechtsanwalt den behandeln-

den Arzt von der Schweigepflicht entbindet (zweifelnd Henssler/Prütting/*Dittmann* § 134 Rn. 5). Erforderlichenfalls kann ein amtsärztliches Attest verlangt werden. Kommt der Rechtsanwalt dieser Darlegungspflicht nicht nach, hat er es sich selbst zuzuschreiben, dass in seiner Abwesenheit verhandelt wird. Er kann sich dann nicht mehr auf sein Teilnahmerecht berufen. Der Rechtsanwalt darf sich nicht einfach auf den Standpunkt stellen, ohne Rücksicht auf eine Abwägung im Einzelfall gehe der Termin eines Mandanten stets einem anwaltsgerichtlichen Verfahren vor (BGH BRAK-Mitt. 1987, 213).

Ob die Nachprüfung des Vorbringens im Freibeweis einen Hinderungsgrund für das Erscheinen des Rechtsanwalts in der Hauptverhandlung ergibt, unterliegt ebenso wie die Entscheidung über die Verhandlungsfähigkeit des Angeklagten im Strafverfahren in erster Linie der Würdigung des Tatrichters. Ein vom Revisionsgericht zu beachtender, vom Tatrichter nicht verschuldeter Verfahrensfehler liegt allerdings dann vor, wenn der Hinderungsgrund unmittelbar vor der Hauptverhandlung, etwa durch einen Verkehrsunfall, eingetreten ist und der Rechtsanwalt nicht in der Lage war, den Anwaltsgerichtshof rechtzeitig zu benachrichtigen. In einem solchen Falle trifft ihn kein Verschulden daran, dass trotz Teilnahmeabsicht und Vorliegen eines Hinderungsgrundes in seiner Abwesenheit verhandelt worden ist; ihm fehlte vielmehr die Möglichkeit, tatsächlich und rechtlich so, wie beabsichtigt, zur Sache Stellung zu nehmen. Diese Möglichkeit muss ihm noch nachträglich, je nach Lage des Verfahrens eröffnet werden (BGHSt 28, 35, 41 = NJW 1978, 2403; BGH BRAK-Mitt. 1982, 25). Daher kann ihm auch – vergleichbar den Fällen der §§ 235, 329 Abs. 3 StPO, § 143 Abs. 4 S. 2 BRAO – nach § 116 S. 2 iVm §§ 44, 45 StPO **Wiedereinsetzung in den vorigen Stand** gegen die Versäumung der Hauptverhandlung gewährt werden. Dies geht aber nur auf seinen Antrag. Eine Wiedereinsetzung ohne Antrag von Amts wegen (§ 45 Abs. 2 S. 2 StPO) scheidet aus. Denn ob der Rechtsanwalt das Verfahren fortgesetzt haben will, das infolge seines Nichterscheinens zum Abschluss gekommen ist, muss ihm selbst überlassen bleiben (*Meyer-Goßner* StPO § 45 Rn. 12). 9

Rügt der Rechtsanwalt in der **Berufungsinstanz,** das Anwaltsgericht habe zu Unrecht in seiner Abwesenheit verhandelt, ist dies folgenlos. Das Berufungsgericht muss in der Sache selbst entscheiden. Eine Zurückverweisung an das Anwaltsgericht deswegen scheidet aus (Henssler/Prütting/*Dittmann* § 134 Rn. 12; *Meyer-Goßner* StPO § 328 Rn. 4). 10

§ 135 Nichtöffentliche Hauptverhandlung

(1) [1] **Die Hauptverhandlung vor dem Anwaltsgericht ist nicht öffentlich.** [2] **Auf Antrag der Staatsanwaltschaft kann, auf Antrag des Rechtsanwalts muß die Öffentlichkeit hergestellt werden; in diesem Fall sind die Vorschriften des Gerichtsverfassungsgesetzes über die Öffentlichkeit sinngemäß anzuwenden.**

(2) [1] **Zu nichtöffentlichen Verhandlungen ist Vertretern der Landesjustizverwaltung, dem Präsidenten des Oberlandesgerichts oder seinem Beauftragten, den Beamten der Staatsanwaltschaft bei dem Oberlandesgericht und den Rechtsanwälten im Bereich der Rechtsanwaltskammer der Zutritt gestattet.** [2] **Das Anwaltsgericht kann nach Anhörung der Beteiligten auch andere Personen als Zuhörer zulassen.**

I. Nichtöffentliche Hauptverhandlung

Wenn auch gerichtliche Verhandlungen nach allgemein verfassungsrechtlichen Grundsätzen öffentlich stattfinden sollen (vgl. §§ 169 ff. GVG), lässt die Besonderheit des anwaltsgerichtlichen Verfahrens eine hiervon abweichende Regelung zu (BVerfGE 4, 74 ff., 94 = NJW 1955, 17 zu § 72 S. 4 RÄO; amtliche Begründung, BT-Drs. 3/120, 103). Die Hauptverhandlung ist, wie sich aus Abs. 2 ergibt, grundsätzlich nichtöffentlich. 1

Nach Abs. 2 sind zu den „nichtöffentlichen Verhandlungen" stets folgende Personen zugelassen: 2

a) Vertreter der Landesjustizverwaltung,
b) der Präsident des Oberlandesgerichts oder seine Beauftragten,
c) die Beamten der Staatsanwaltschaft bei dem Oberlandesgericht und

d) alle Rechtsanwälte im Bereich der RAK (vgl. die insoweit engere Regelung zu § 40 Abs. 3 S. 2). Die zu a) bis c) Genannten müssen als die berufenen Organe des Staates jederzeit in der Lage sein, sich über den Verlauf der Verhandlung zu unterrichten. Den Rechtsanwälten im Bereich der RAK wird ebenfalls das Recht eingeräumt, der Verhandlung beizuwohnen, weil sie einen Anspruch darauf haben, an dem Geschehen innerhalb ihrer Gemeinschaft teilzunehmen (amtliche Begründung, BT-Drs. 3/120, 103). Das Teilnahmerecht haben auch die Geschäftsführer von Rechtsanwaltsgesellschaften (§ 60 Abs. 1 S. 2), die Kammerrechtsbeistände (§ 209) und die niedergelassenen Anwälte (§§ 206, 207), für die nach §§ 115c, 209 Abs. 1 S. 3 und 207 Abs. 2 S. 1 die Bestimmung des § 135 sinngemäß anwendbar ist.

e) § 135 Abs. 2 wird ergänzt durch § 9 Abs. 4 S. 2 EuRAG. In anwaltsgerichtlichen Verfahren gegen niedergelassene europäische Rechtsanwälte (→ EuRAG § 2 Rn. 1; → EuRAG § 6 Rn. 6) ist auch zu nichtöffentlichen Verhandlungen **Vertretern der zuständigen Stelle des Herkunftsstaates** der Zutritt gestattet (→ EuRAG § 9 Rn. 10). Über § 33 Abs. 2 EuRAG gilt dies auch in anwaltsgerichtlichen Verfahren gegen dienstleistende europäische Rechtsanwälte (§ 25 Abs. 1 EuRAG).

3 Darüber hinaus kann das Anwaltsgericht nach Anhörung der Beteiligten auch andere Personen als Zuhörer zulassen. Das Gericht, nicht nur der Vorsitzende allein, entscheidet nach pflichtgemäßem Ermessen über einen entsprechenden Antrag. Ein Anspruch auf Zulassung besteht nicht. Die Zulassung kann aus sitzungspolizeilichen Gründen zurückgenommen werden (§ 177 GVG iVm § 135 Abs. 1 S. 2 letzter Hs.). Das Recht des Zutritts, das nach Abs. 2 bestimmten Personen eingeräumt ist, hebt den nichtöffentlichen Charakter der Sitzung nicht auf. Dieses Zutrittsrecht bedarf auch keiner äußeren Hervorhebung am Eingang des Sitzungssaals, weil es sich aus dem Gesetz ergibt. Dort ist also der Hinweis anzubringen, dass die Verhandlung nichtöffentlich ist (BGH BeckRS 1988, 31398928).

II. Herstellung der Öffentlichkeit

4 **1. Antrag des Rechtsanwalts.** Wegen der Bedeutung des Grundsatzes der Öffentlichkeit und da die Regelung über die Nichtöffentlichkeit der Hauptverhandlung vor dem Anwaltsgericht in erster Linie eine Schutzvorschrift für den Rechtsanwalt ist, **ist** auf dessen Antrag die Öffentlichkeit stets herzustellen. Den Antrag kann der Rechtsanwalt während des gesamten Verlaufs der Hauptverhandlung stellen. Seinem Antrag muss entsprochen werden.

5 Das Gericht hat keinen Ermessensspielraum. Die Herstellung der Öffentlichkeit wirkt aber für die ganze Instanz und kann nicht auf den einzelnen Verhandlungstag und auf bestimmte Verhandlungsabschnitte beschränkt werden. Macht der Rechtsanwalt von seinem Recht, die Herstellung der Öffentlichkeit zu beantragen, Gebrauch, dann bleiben er und das Gericht für diese Instanz gebunden (*Isele* § 135 Anm. II D 1).

6 **2. Antrag der Staatsanwaltschaft.** Die Öffentlichkeit **kann** ferner hergestellt werden, wenn die Staatsanwaltschaft es beantragt. Über den Antrag entscheidet das Gericht nach pflichtgemäßem Ermessen und nach Anhörung der Beteiligten (arg. aus Abs. 2 S. 2).

7 **3. Geltung der Vorschriften über die Öffentlichkeit.** Wird die Öffentlichkeit auf Antrag des Rechtsanwalts oder der Staatsanwaltschaft hergestellt, dann sind die Vorschriften des GVG über die Öffentlichkeit (§§ 169 ff. GVG) sinngemäß anzuwenden. Die Gründe für einen Ausschluss der Öffentlichkeit nach §§ 171b und 172 GVG können dann wieder zum Ausschluss der Öffentlichkeit für einzelne Verfahrensabschnitte führen (Henssler/Prütting/*Dittmann* § 135 Rn. 7). Wird ausnahmsweise öffentlich verhandelt, dann kann bei Verletzung der Vorschriften über die Öffentlichkeit des Verfahrens die Revisionsrüge nach § 116 S. 2 iVm § 338 Nr. 6 StPO in Betracht kommen (BGH EGE XIII, 111).

III. Anwendung im Berufungs- und Revisionsverfahren

8 § 135 gilt auch im Berufungs- (§ 143 Abs. 4) und Revisionsverfahren (§ 146 Abs. 3; BGH EGE XIII, 111). Das Anwesenheitsrecht nach Abs. 2 S. 2 bleibt auch in diesen Fällen auf die Rechtsanwälte der Kammer beschränkt, der der Rechtsanwalt angehört (*Isele* § 135 Anm. II B, 4b).

§ 136 *[aufgehoben]*

§ 137 Beweisaufnahme durch einen beauftragten oder ersuchten Richter

[1]Das Anwaltsgericht kann eines seiner Mitglieder beauftragen, Zeugen oder Sachverständige zu vernehmen. [2]Es kann auch ein anderes Anwaltsgericht oder das Amtsgericht um die Vernehmung ersuchen. [3]Der Zeuge oder Sachverständige ist jedoch auf Antrag der Staatsanwaltschaft oder des Rechtsanwalts in der Hauptverhandlung zu vernehmen, es sei denn, daß er voraussichtlich am Erscheinen in der Hauptverhandlung verhindert ist oder ihm das Erscheinen wegen großer Entfernung nicht zugemutet werden kann.

I. Bedeutung der Vorschrift

Von dem Grundsatz der Unmittelbarkeit der Beweisaufnahme, der für die Hauptverhandlung im strafgerichtlichen Verfahren nur in wenigen Fällen durchbrochen wird (§§ 250, 251 StPO), können im anwaltsgerichtlichen Verfahren weitergehende Ausnahmen zugelassen werden. Im § 137 wird es daher dem pflichtmäßigen Ermessen des Anwaltsgerichts überlassen, ob Zeugen oder Sachverständige in der Hauptverhandlung oder durch einen beauftragten oder ersuchten Richter vernommen werden sollen (amtliche Begründung, BT-Drs. 3/120, 104). Die aus der RAO aF übernommene Vorschrift knüpft an, an die damals im ehrengerichtlichen Verfahren regelmäßig durchgeführte Voruntersuchung. Da die Hauptverhandlung im anwaltsgerichtlichen Verfahren sich aufgrund der allgemeinen Verweisung des § 116 S. 2 nunmehr der Hauptverhandlung im Strafprozess weitgehend angeglichen hat und die Voruntersuchung abgeschafft ist, hat die Vorschrift heute keine größere praktische Bedeutung als die entsprechende strafprozessuale Vorschrift des § 223 StPO (*Isele* § 137 Anm. I). 1

II. Vernehmung von Zeugen und Sachverständigen außerhalb der Hauptverhandlung

Durch Gerichtsbeschluss, nicht nur durch Anordnung des Vorsitzenden (*Kohlhaas* AnwBl. 1990, 89, 91), kann ein Mitglied der Kammer des Anwaltsgerichts, bei dem die Sache anhängig ist, beauftragt werden, Zeugen oder Sachverständige zu vernehmen. Der Beschluss kann außerhalb oder in der Hauptverhandlung gefasst werden. Das Anwaltsgericht kann auch ein anderes Anwaltsgericht oder das Amtsgericht um die Vernehmung ersuchen. Diese haben dem Ersuchen des Anwaltsgerichts nach § 99 Abs. 1 bzw. Abs. 2 Folge zu leisten (*Isele* § 137 Anm. III A, B 1, 2a, 3). 2

Bei den ersuchten Anwaltsgerichten können entgegen der Auffassung von *Isele* (§ 137 Anm. III B 2b) nach § 99 Abs. 3 die Rechtshilfeersuchen durch ein einzelnes Mitglied erledigt werden (*Jessnitzer/Blumberg* § 137 Rn. 2 iVm § 99 Rn. 3; → § 99 Rn. 4). Für Terminsnachricht und Anwesenheitsrecht des Prozessbeteiligten gilt über § 116 S. 2 die Regelung des § 224 StPO entsprechend. 3

III. Antragsrecht des Angeschuldigten und der Staatsanwaltschaft

Nach S. 3 haben jedoch die Staatsanwaltschaft und der Rechtsanwalt ein Recht zu beantragen, den Zeugen oder Sachverständigen in der Hauptverhandlung zu vernehmen. Damit beide dieses Antragsrecht ausüben können, muss das Anwaltsgericht, wenn es nach S. 1 oder S. 2 verfahren will, ausnahmslos der Staatsanwaltschaft und dem Rechtsanwalt Gelegenheit zur Stellungnahme geben (*Kohlhaas* AnwBl. 1990, 89; *Isele* § 137 Anm. III D, E 1, 2). Sowohl der Staatsanwalt als auch der Rechtsanwalt werden einen entsprechenden Antrag regelmäßig stellen, weil keine noch so sorgfältige Vernehmung durch einen beauftragten oder ersuchten Richter die Vernehmung in der Hauptverhandlung ersetzen kann (*Isele* § 137 Anm. III E 2) und sie sich nur so die Möglichkeit aus § 138 Abs. 3 S. 2 erhalten können. 4

Einem entsprechenden Antrag des Staatsanwalts oder des Rechtsanwalts muss das Anwaltsgericht grundsätzlich entsprechen, es sei denn, dass der Zeuge oder Sachverständige voraussichtlich am Erscheinen in der Hauptverhandlung verhindert ist oder ihm das Erscheinen wegen 5 großer Entfernung nicht zugemutet werden kann. Hat das Anwaltsgericht es verabsäumt, dem Staatsanwalt oder dem Rechtsanwalt rechtliches Gehör zu gewähren, so gilt § 138 Abs. 3 S. 1 nicht und bleiben dem Staatsanwalt und dem Rechtsanwalt ihre vollen Rechte in der Hauptverhandlung erhalten (*Isele* § 137 Anm. III E 2b), dh ihnen bleibt das Widerspruchsrecht nach § 138 Abs. 3 S. 2 erhalten (Gaier/Wolf/Göcken/*Johnigk* § 137 Rn. 6).

6 Aus dieser gesetzlichen Zwangsläufigkeit ergibt sich, dass die Anwaltsgerichte eine kommissarische Vernehmung in der Praxis nur anordnen, wenn die Voraussetzung des § 223 StPO vorliegen (*Isele* § 137 Anm. III E 2c).

§ 138 Verlesen von Protokollen

(1) **Das Anwaltsgericht beschließt nach pflichtmäßigem Ermessen, ob die Aussage eines Zeugen oder eines Sachverständigen, der bereits in dem anwaltsgerichtlichen oder in einem anderen gesetzlich geordneten Verfahren vernommen worden ist, zu verlesen sei.**

(2) [1] **Bevor der Gerichtsbeschluß ergeht, kann der Staatsanwalt oder der Rechtsanwalt beantragen, den Zeugen oder Sachverständigen in der Hauptverhandlung zu vernehmen.** [2] **Einem solchen Antrag ist zu entsprechen, es sei denn, daß der Zeuge oder Sachverständige voraussichtlich am Erscheinen in der Hauptverhandlung verhindert ist oder ihm das Erscheinen wegen großer Entfernung nicht zugemutet werden kann.** [3] **Wird dem Antrag stattgegeben, so darf das Protokoll über die frühere Vernehmung nicht verlesen werden.**

(3) [1] **Ist ein Zeuge oder Sachverständiger durch einen beauftragten oder ersuchten Richter vernommen worden (§ 137), so kann der Verlesung des Protokolls nicht widersprochen werden.** [2] **Der Staatsanwalt oder der Rechtsanwalt kann jedoch der Verlesung widersprechen, wenn ein Antrag gemäß § 137 Satz 3 abgelehnt worden ist und Gründe für eine Ablehnung des Antrags jetzt nicht mehr bestehen.**

Übersicht

I. Durchbrechung des Unmittelbarkeitsgrundsatzes

1 Abs. 1 beinhaltet im Prinzip eine Durchbrechung des Unmittelbarkeitsgrundsatzes nach § 250 StPO (*Isele* § 138 Anm. III B; *Görl* AnwBl. 1990, Heft 7 S. XXV) weit über § 251 StPO hinaus (amtliche Begründung, BT-Drs. 3/120, 104), denn während § 250 StPO den Vorrang des Personalbeweises vor dem Urkundenbeweis bestimmt (BGHSt 15, 253), stellt es § 138 Abs. 1 in das pflichtmäßige Ermessen des Anwaltsgerichts, ob die Aussage eines Zeugen oder eines Sachverständigen, der bereits in dem anwaltsgerichtlichen oder in einem anderen gesetzlich geordneten Verfahren vernommen worden ist, zu verlesen sei.

II. Frühere Vernehmung

2 **1. Anderes gesetzlich geordnetes Verfahren.** Das Anwaltsgericht darf aber nur die Verlesung solcher Aussagen eines Zeugen oder Sachverständigen anordnen, die bereits in dem

anwaltsgerichtlichen oder in einem anderen gesetzlich geordneten Verfahren vernommen worden sind. „Bereits in dem anwaltsgerichtlichen Verfahren" vernommen worden ist insbesondere der nach § 137 in dem Verfahren vernommene Zeuge oder Sachverständige, aber auch derjenige, der in demselben Verfahren im Ermittlungsverfahren, Zwischenverfahren oder in einer früheren Hauptverhandlung vernommen worden ist. Der Begriff „anderes gesetzlich geordnetes Verfahren" ist wie bei § 118b zu verstehen (→ § 118b Rn. 2). Es fällt zunächst jedes gerichtliche Verfahren darunter. Ferner sind es behördliche Verfahren, deren Gang durch Rechtsnormen im materiellen Sinn, wenn auch nicht durch formelles Gesetz, geregelt ist, wie das Bußgeldverfahren nach dem OWiG, das Verfahren zur Versetzung in den Ruhestand nach § 47 BBG nF (früher § 44 BBG aF), ein Disziplinarverfahren. Aber gesetzlich geordnet sind auch das **staatsanwaltschaftliche, polizeiliche oder finanzamtliche Ermittlungsverfahren;** denn die die Aussagefreiheit von Beschuldigten und Zeugen, Zeugnisverweigerungsrecht und Belehrungspflichten regelnden Vorschriften der StPO und die allgemeine Pflicht zur wahrheitsgemäßen Sachverhaltserforschung gelten auch für diese Verfahren (*Claussen/Janzen* BDO § 17 Rn. 5).

Die weitergehende Auffassung von *Isele* (vgl. dort § 138 Anm. III C 4), dass in der Bundesrepublik als einem Rechtsstaat Vernehmungen in einem gesetzlich nicht geordneten Verfahren kaum denkbar seien und folglich die Verlesung aller durch Behörden der Bundesrepublik erfolgten Vernehmungen nach § 138 Abs. 1 angeordnet werden könne, ist nicht zu folgen (*Jessnitzer/Blumberg* § 138). Da die in der anwaltsgerichtlichen Hauptverhandlung zu verlesenden und zu verwertenden Aussagen früher vernommener Zeugen oder Sachverständiger deren Vernehmung durch das erkennende Gericht in der Hauptverhandlung ersetzen sollen, gebietet das Rechtsstaatsgebot, dass bei der zu verlesenden früheren Vernehmung rechtsstaatliche Mindeststandards beachtet worden sind, die ein ordnungsgemäßes Zustandekommen und wahrheitsgemäße Angaben ermöglichen. Als solche Mindeststandards sind die Ermahnung zur Wahrheitspflicht und die Belehrung über etwaige Aussageverweigerungsrechte anzusehen (Henssler/Prütting/*Dittmann* § 138 Rn. 3). Vernehmungsprotokolle aus einem nicht gesetzlich geordneten Verwaltungsverfahren, dessen Gang nicht durch Rechtsnormen geregelt ist, können nicht nach § 138 Abs. 1 verlesen werden. 3

2. Wechsel der prozessualen Stellung des Vernommenen. Abs. 1 setzt nicht voraus, dass der jetzige Zeuge in dem anderen „gesetzlich geordneten Verfahren" bereits in seiner Eigenschaft als Zeuge vernommen worden ist. Für die Zulässigkeit der Verlesung ist nicht die Stellung der Auskunftsperson maßgebend, die sie zur Zeit der Vernehmung hatte, sondern die Rolle, die sie bei einer Vernehmung im jetzigen anwaltsgerichtlichen Verfahren einnehmen würde (zu § 251 StPO BGHSt 10, 186 = NJW 1957, 918). Auch die Aussage zB eines früheren Beschuldigten im strafrechtlichen Ermittlungsverfahren kann nach § 138 Abs. 1 verlesen werden, wenn er im anwaltsgerichtlichen Verfahren Zeuge wäre. Das Anwaltsgericht muss aber bei der Verwertung dieser Aussage deren geringeren Beweiswert berücksichtigen (BGHSt 10, 186 = NJW 1957, 918). Ist der Zeuge früher als Beschuldigter vernommen worden, so darf die Niederschrift darüber aber nicht verlesen werden, wenn ihm im anwaltsgerichtlichen Verfahren ein Zeugnisverweigerungsrecht nach §§ 52 ff. StPO und nicht nur ein Auskunftsverweigerungsrecht nach § 55 StPO zustehen würde (BGHSt 10, 186 = NJW 1957, 918; *Meyer-Goßner* StPO § 251 Rn. 4). 4

III. Antrag des Rechtsanwalts oder der Staatsanwaltschaft auf Vernehmung des Zeugen oder Sachverständigen in der Hauptverhandlung

1. Mitteilungspflichten des Gerichts. Bevor das Anwaltsgericht die Verlesung nach Abs. 1 beschließt, muss es seine Absicht dem Rechtsanwalt und dem Staatsanwalt mitteilen, damit diese sich entscheiden können, ob sie beantragen wollen, den Zeugen oder Sachverständigen in der Hauptverhandlung zu vernehmen (Abs. 2 S. 1). Gegebenenfalls ist die Anhörung nach § 116 S. 2 iVm § 33a StPO nachzuholen. Der Antrag nach Abs. 2 S. 1 zielt auf die persönliche Vernehmung in der Hauptverhandlung und damit auf die Wiederherstellung des Unmittelbarkeitsgrundsatzes (§ 250 StPO) ab. Ob der Rechtsanwalt sich nur einen persönlichen Eindruck von dem Zeugen oder Sachverständigen verschaffen oder auch – ggf. aufgrund ergänzender Fragen – andere Aussagen erwartet, braucht er nicht offenzulegen. Enthält der Antrag aber das Verlangen des Rechtsanwalts, über eine die Schuld- oder Rechtsfolgenfrage betreffende Behauptung durch bestimmte, nach der StPO und BRAO zulässige Beweismittel Beweis zu erheben (BGHSt 1, 29, 5

31; 6, 128), dann liegt auch ein Beweisantrag vor, so dass dann neben den Ablehnungsgründen des Abs. 2 S. 2 (→ Rn. 6 ff.) auch die zur Ablehnung eines Beweisantrages (vgl. *Meyer-Goßner* StPO § 244 Rn. 41a ff.; Löwe/Rosenberg/*Gollwitzer* StPO § 244 Rn. 132 ff.) zu beachten sind (Gaier/Wolf/Göcken/*Johnigk* § 138 Rn. 11, 12). Zur Abgrenzung eines Beweisantrages von einem solchen nach Abs. 2 S. 1 vgl. BGH EGE VIII, 47. Einem Antrag nach Abs. 2 S. 1 muss das Anwaltsgericht grundsätzlich Folge leisten, da bei einem solchen Antrag regelmäßig ein beachtliches Interesse der Prozessbeteiligten an der Vernehmung in der Hauptverhandlung zu unterstellen ist (amtliche Begründung, BT-Drs. 3/120, 104). Das Gericht, nicht nur der Vorsitzende, ordnet die Verlesung durch Beschluss an, wobei es § 251 Abs. 4 S. 2 StPO beachtet (→ Rn. 11).

6 **2. Ablehnungsgründe.** Das Gericht kann, ohne einen darüber hinausgehenden Ermessensspielraum zu haben, einen solchen Antrag nur aus drei Gründen ablehnen:

7 **a) Tatsächliche Verhinderung.** Es darf den Antrag ablehnen, wenn der Zeuge oder Sachverständige voraussichtlich am Erscheinen in der Hauptverhandlung verhindert ist, wenn zB Krankheit, Gebrechlichkeit, Unauffindbarkeit seinem Erscheinen entgegenstehen.

8 **b) Unzumutbarkeit.** Der Antrag darf ferner abgelehnt werden, wenn dem Zeugen oder Sachverständigen das Erscheinen in der Hauptverhandlung wegen großer Entfernung **nicht zugemutet werden kann.** Zu berücksichtigen sind dabei außer der geographischen Lage die persönlichen Verhältnisse der Beweisperson (zu § 223 Abs. 2 StPO BGH GA 64, 275) und die Verkehrsverhältnisse (zu § 223 Abs. 2 StPO OLG Köln GA 53, 186).

9 Dabei sind die Interessen des Zeugen gegen die Bedeutung der Sache, die Wichtigkeit der Zeugenaussage und die Notwendigkeit der zügigen Durchführung des Verfahrens abzuwägen (zu § 223 Abs. 2 StPO BGH NStZ 1981, 271). Je wichtiger der Aufklärungswert der Aussage wahrscheinlich ist, desto weniger kommt es auf die Entfernung des Zeugen vom Gerichtssitz an (zu § 223 Abs. 2 StPO BGH StV 1983, 44; OLG Hamm VRS 41, 376; *Isele* § 138 Anm. IV C; *Meyer-Goßner* StPO § 223 Rn. 8, 9). Wenn es zB um eine Maßnahme nach § 114 Abs. 1 Nr. 4 oder 5 geht, wird es dem Zeugen, wenn seine Aussage von erheblicher Bedeutung sein kann, sogar zuzumuten sein, aus Übersee anzureisen (zu § 223 Abs. 2 StPO BGHSt 9, 230).

10 **c) Vernehmung durch einen beauftragten oder ersuchten Richter.** Wenn ein Zeuge oder Sachverständiger durch einen beauftragten oder ersuchten Richter vernommen wurde (§ 137), kann der Verlesung des Protokolls nicht widersprochen werden (Abs. 3 S. 1), so dass ein gleichwohl erhobener Widerspruch zurückgewiesen werden kann. Der Widerspruch ist aber zu beachten, wenn der Widersprechende früher einen Antrag nach § 137 S. 3 gestellt hatte und nunmehr die Gründe für eine Ablehnung des Antrages nicht mehr bestehen, also jetzt eine Ablehnung nach Rn. 7–9 nicht möglich ist (amtliche Begründung, BT-Drs. 3/120, 104; *Isele* § 138 Anm. III D 3c). Ebenso ist der Widerspruch zu beachten, wenn das Anwaltsgericht im Verfahren nach § 137 das rechtliche Gehör nicht gewährt hatte und folglich der Antrag nach § 137 S. 3 nicht gestellt wurde.

IV. Verhältnis zu § 251 StPO

11 Durch § 138 wird die Verlesbarkeit von Vernehmungsprotokollen im anwaltsgerichtlichen Verfahren gesondert und abschließend geregelt. Deshalb ist § 251 Abs. 1 und 2 StPO im anwaltsgerichtlichen Verfahren nicht anwendbar (*Isele* § 138 Anm. IV F; → § 116 Rn. 29). § 251 Abs. 3 StPO, der die Verlesung zu anderen Zwecken regelt, ist auch über § 116 S. 2 im anwaltsgerichtlichen Verfahren entsprechend anwendbar; die BRAO behandelt diese Frage sonst überhaupt nicht (*Isele* § 138 Anm. IV G). § 251 Abs. 4 StPO ist mit Ausnahme des Satzes 2 im anwaltsgerichtlichen Verfahren nicht entsprechend anwendbar. Das Anwaltsgericht hat nach Abs. 4 S. 2 die maßgeblichen Gründe für die Verlesung jedenfalls dann anzugeben, wenn Staatsanwaltschaft oder der angeschuldigte Rechtsanwalt die Vernehmung in der Hauptverhandlung beantragt haben (Henssler/Prütting/*Dittmann* § 138 Rn. 8; → § 116 Rn. 29; **aA** *Isele* § 138 Anm. IV H).

V. Verlesung

12 Wenn nach § 138 eine Verlesung statthaft ist und das Gericht sie beschlossen hat, muss das Protokoll in vollem Umfang in der Hauptverhandlung verlesen werden. Eine Teilverlesung ist

nur mit Zustimmung aller Prozessbeteiligten zulässig (BGH NStZ 1988, 283). Durch einen Bericht des Vorsitzenden darf die Verlesung nicht ersetzt werden (*Meyer-Goßner* StPO § 251 Rn. 39). Lediglich bei dem kombinierten Zeugen- und Urkundenbeweis nach § 253 StPO iVm § 116 S. 2 (§ 253 Abs. 1: Verlesung zur Gedächtnisunterstützung; § 253 Abs. 2: Verlesung zur Feststellung oder Behebung von Widersprüchen) ist auch eine Teilverlesung zulässig (Henssler/Prütting/*Dittmann* § 138 Rn. 9).

VI. Revision

Die im Berufungsverfahren nach § 138 erfolgte Verlesung kann, wenn sie fehlerhaft war, mit 13
der Revision angefochten werden. Das Revisionsgericht prüft auf entsprechende Verfahrensrüge, ob der die Verlesung anordnende Beschluss rechtsfehlerhaft war und die Verlesung hätte unterbleiben müssen. Rechtsfehlerhaft kann der Beschluss insbesondere sein, wenn die notwendige Gewährung rechtlichen Gehörs unterblieben ist oder die vom Gesetz vorgesehenen Gründe, die eine Verlesung rechtfertigen, nicht vorlagen (Henssler/Prütting/*Dittmann* § 138 Rn. 11; *Meyer-Goßner* StPO § 251 Rn. 45). Im Einzelfall kann auch die Aufklärungsrüge erfolgreich sein, wenn zB das Gericht ein Vernehmungsprotokoll verlesen hat, obwohl es sich auf Grund seiner Sachaufklärungspflicht (§ 244 Abs. 2 StPO iVm § 116 S. 2) gedrängt sehen musste, den Zeugen oder Sachverständigen selbst in der Hauptverhandlung zu vernehmen. Das wird insbesondere dann der Fall sein, wenn der Aussage besondere Bedeutung für die Entscheidung zukommt und/oder die Aussage im Widerspruch zu anderen Erkenntnissen steht, so dass von der Beweiswürdigung das Urteil abhängt (Henssler/Prütting/*Dittmann* § 138 Rn. 12; *Meyer-Goßner* StPO § 244 Rn. 80).

§ 139 Entscheidung des Anwaltsgerichts

(1) **Die Hauptverhandlung schließt mit der auf die Beratung folgenden Verkündung des Urteils.**

(2) **Das Urteil lautet auf Freisprechung, Verurteilung oder Einstellung des Verfahrens.**

(3) **Das anwaltsgerichtliche Verfahren ist, abgesehen von dem Fall des § 260 Abs. 3 der Strafprozeßordnung, einzustellen,**

1. wenn die Zulassung zur Rechtsanwaltschaft erloschen ist (§ 13);
2. wenn nach § 115b von einer anwaltsgerichtlichen Ahndung abzusehen ist.

Übersicht

I. Beratung und Abstimmung

Nach der Beratung und Abstimmung (vgl. § 116 iVm §§ 192–197 GVG, § 263 StPO), die 1
nicht Bestandteil der Hauptverhandlung sind, ergeht das Urteil. Dabei ist zu jeder dem Rechtsanwalt nachteiligen Entscheidung über die Schuldfrage und die Rechtsfolgen der Pflichtverletzung eine Mehrheit von zwei Dritteln der Stimmen erforderlich (§ 116 S. 2 iVm § 263 Abs. 1 StPO). Das Gericht muss sich zur Beratung und Abfassung der Urteilsformel nicht in das Beratungszimmer zurückziehen.

Es muss jedoch darauf achten, dass das Beratungsgeheimnis (§ 95 iVm §§ 43, 45 DRiG) 2
gewahrt bleibt (BGHSt 19, 156; 24, 171). Vor den Schlussvorträgen (§ 116 iVm § 258 StPO) darf das bisherige Ergebnis von den Richtern vorbereitend besprochen werden (BGHSt 17, 337).

Findet nach Wiedereintritt in die Hauptverhandlung eine **Nachberatung** im Sitzungssaal selbst statt, so muss sich der Vorsitzende erkennbar an alle Richter wenden, damit diese und die Verhandlungsbeteiligten erkennen, dass es sich um eine nochmalige Beratung und Abstimmung in abgekürzter Form handelt. Das Beratungsgeheimnis und das Recht der Beteiligten auf Beachtung ihrer Ausführungen darf nicht verletzt werden (BGHSt 19, 156).

II. Verkündung des Urteils, Wiedereintritt in die Verhandlung

3 **1. Verkündung des Urteils.** Sie ist nach §§ 139 Abs. 1, 116 iVm § 35 StPO zwingend vorgeschrieben und erfolgt regelmäßig im Anschluss an die Beratung in der Hauptverhandlung. Wird das Urteil nicht im Anschluss an die Beratung sogleich verkündet, muss der Vorsitzende einen besonderen Verkündungstermin, der Teil der Hauptverhandlung ist, anberaumen und zu dem in der Hauptverhandlung mündlich, sonst schriftlich geladen wird (BayObLG NZV 1999, 306; *Meyer-Goßner* StPO § 268 Rn. 16). Dabei ist die Elftagesfrist des § 268 Abs. 3 StPO zu beachten. Das Urteil ergeht „im Namen des Volkes" (§ 116 iVm § 268 Abs. 1 StPO), wie sich auch die weitere Form der Urteilsverkündung nach § 268 StPO regelt. Die Verlesung der Urteilsformel und die Eröffnung der Urteilsgründe bilden zusammen die Urteilsverkündung (§ 116 iVm § 268 Abs. 2 S. 1 StPO).

4 Abgeschlossen ist die Urteilsverkündung mit der mündlichen Bekanntgabe der Gründe (BGHSt 25, 333, 335; NStZ 1984, 279). Schon durch Verlesen der Urteilsformel wird das Urteil jedoch wirksam (BGHSt 8, 40; 15, 263; OLG Düsseldorf MDR 1984, 604; **aA** BVerwG ZBR 1991, 214 zu § 78 Abs. 1 BDO aF).

5 **2. Wiedereintritt in die Verhandlung.** Sie ist bis zum Abschluss der Urteilsverkündung zulässig. Vor Beendigung der Mitteilung der wesentlichen Urteilsgründe ist das Gericht noch nicht an das bereits Verlesene bzw. Mitgeteilte gebunden (BGHSt 25, 333, 335; BVerwGE 86, 370). Nimmt der Vorsitzende während der Urteilsverkündung einen Beweisantrag entgegen, wozu er nicht verpflichtet ist (BGH MDR 1975, 24), entscheidet er nach pflichtgemäßem Ermessen im Rahmen seiner Aufklärungspflicht (§ 116 iVm § 244 Abs. 2 StPO) über die Wiedereröffnung. Er kann über die Frage des Wiedereintritts in die Hauptverhandlung jedoch auch eine Beratung durchführen (BGH MDR 1975, 24). Lehnt der Vorsitzende die Entgegennahme des Antrags ab, gilt § 116 S. 2 iVm § 238 Abs. 2 StPO (*Meyer-Goßner* StPO § 244 Rn. 33).

6 Ist die Urteilsverkündung beendet, ist eine Änderung oder Ergänzung des Urteils nicht mehr zulässig (BGHSt 25, 333). Nur offensichtliche Schreibversehen und offensichtliche Unrichtigkeiten können durch Gerichtsbeschluss berichtigt werden (BVerfGE 9, 235; BGH NStZ 1984, 279).

III. Arten des Urteils

7 Der Inhalt des Urteils wird in Abs. 2 bestimmt. Eine weitere Entscheidung zur Hauptsache kommt nicht in Betracht (amtliche Begründung, BT-Drs. 3/120, 104). Das Urteil, das auf Freisprechung oder Verurteilung lautet, ist ein **Sachurteil,** durch das materiellrechtlich abschließend für die jeweilige Instanz über die angeschuldigte Pflichtverletzung entschieden wird. Das die Einstellung des Verfahrens aussprechende Urteil ist ein bloßes **Prozessurteil.**

8 **1. Freispruch.** Ein Freispruch ergeht nur, wenn eine Verurteilung wegen der angeschuldigten Tat (§ 264 StPO) unter keinem rechtlichen Gesichtspunkt in Betracht kommt, keine Pflichtverletzung dadurch verwirklicht wurde. Ein Teilfreispruch kommt nicht in Betracht (→ § 113 Rn. 41). Da die Kostenregelung der §§ 195 ff. insbesondere der §§ 197, 198 keine abschließende Regelung darstellt, können oder müssen auch im anwaltsgerichtlichen Verfahren die notwendigen Auslagen eines freigesprochenen Beschuldigten der RAK (§ 198) auferlegt werden, sofern die Voraussetzung des entsprechend anzuwendenden § 467 StPO gegeben sind (BGHSt 21, 211 = NJW 1967, 894; BGHSt 34, 85 = NJW 1986, 3150).

9 **2. Verurteilung.** Die Verurteilung besteht aus dem Schuldspruch, dem Rechtsfolgenausspruch, durch den eine der in § 114 aufgeführten Maßnahmen verhängt wird und dem Ausspruch über Verfahrenskosten und -auslagen (§ 197). Im Urteilstenor wird dabei weder die Zahl der begangenen Pflichtverletzungen erwähnt, noch wird auf Teilfreispruch erkannt, wenn nicht

alle Anschuldigungspunkte zur Verurteilung führen (BGHSt 16, 237 = NJW 1961, 2219; BGHSt 24, 81 = NJW 1971, 1048; BGHSt 30, 312 = NJW 1982, 1404; BGHSt 33, 225 = NJW 1985, 3032; *Jähnke,* FS Pfeiffer, 1988, 941, 946).

3. Einstellung. Die Einstellung des anwaltsgerichtlichen Verfahrens ist im Abs. 3 besonders geregelt. Das Urteil lautet auf Einstellung des Verfahrens nicht nur wenn ein Verfahrenshindernis besteht (so § 260 Abs. 3 StPO), sondern darüber hinaus auch wenn die Zulassung zur Rechtsanwaltschaft erloschen (§ 13) ist, oder wenn nach § 115b von einer anwaltsgerichtlichen Ahndung abzusehen ist. Die Einstellung ist dann zwingend vorgeschrieben. Aber auch im anwaltsgerichtlichen Verfahren gilt der Vorrang des Freispruchs (→ § 118 Rn. 25). Danach hat das Anwaltsgericht den Rechtsanwalt freizusprechen, wenn in der Hauptverhandlung feststeht, dass ihm ein Pflichtverletzung nicht anzulasten ist, auch wenn die Voraussetzungen für ein Einstellungsurteil ansonsten vorlägen (Henssler/Prütting/*Dittmann* § 139 Rn. 10; *Meyer-Goßner* StPO § 260 Rn. 44 ff.). 10

a) Voraussetzungen und Wirkung. Das Einstellungsurteil nach §§ 139 Abs. 3, 116 iVm § 260 Abs. 3 StPO setzt voraus, dass das **Verfahrenshindernis nicht nur vorübergehender Art** ist. Das Einstellungsurteil stellt das Verfahrenshindernis ebenso fest wie der Nichteröffnungsbeschluss, der auf ein Verfahrenshindernis gestützt wird oder der außerhalb der Hauptverhandlung ergehende Einstellungsbeschluss (§ 116 iVm § 206a StPO). In all diesen Fällen gilt, wenn sich aufgrund neuer Tatsachen oder Beweismittel später ergibt, dass das Verfahrenshindernis nicht besteht, kann neue Anschuldigung erhoben werden, wobei das Legalitätsprinzip zu beachten ist. 11

Ein Verfahrenshindernis besteht zB bei Verjährung (§ 115), rechtskräftigem Sachurteil bezüglich der angeschuldigten Pflichtverletzung, Einstellung nach § 153 Abs. 2 StPO, endgültiger Einstellung nach § 153a Abs. 1 und 2 StPO, Fehlen einer ordnungsgemäßen Anschuldigung (§ 130) oder eines ordnungsgemäßen Eröffnungsbeschlusses (vgl. im Übrigen *Meyer-Goßner* StPO Einl. Rn. 150 ff., StPO § 260 Rn. 43). Der Tod des Rechtsanwalts führt unmittelbar zur Beendigung des anwaltsgerichtlichen Verfahrens (OLG Düsseldorf MDR 1993, 162 = BRAK-Mitt. 1993, 64, nur Ls., zum Strafverfahren). Das Verfahren muss jedoch zu einem ordnungsgemäßen Abschluss gebracht werden; es ist daher – wie auch sonst bei Vorliegen eines unbehebbaren Verfahrenshindernisses – nach §§ 139 Abs. 3 S. 1, 116 S. 2 iVm § 206a StPO einzustellen (*Meyer-Goßner* StPO § 206a Rn. 8 mwN). 12

b) Einstellung bei Erlöschen der Zulassung. Abs. 3 Nr. 1 wurde durch Gesetz vom 30.7.2009 (BGBl. I S. 2449) neu gefasst. Die Wörter „erloschen, zurückgenommen oder widerrufen ist §§ 13–16“ wurden durch die Wörter „erloschen ist (§ 13)“ ersetzt. Die Rücknahme und der Widerruf der Rechtsanwaltszulassung (§§ 14, 16) sind Unterfälle ihres Erlöschens (§ 13), so dass sie nicht gesondert genannt werden müssen (BT-Drs. 16/11385, 42). Erloschen (§ 13) ist die Zulassung zur Rechtsanwaltschaft iSd § 139 Abs. 3 Nr. 1 dann, wenn entweder ein rechtskräftiges Ausschlussurteil (§ 13) oder eine unanfechtbare Rücknahme- oder Widerrufsverfügung vorliegt. 13

Ist die Zulassung durch bestandskräftige Verfügung zurückgenommen oder widerrufen worden, kann ein noch anhängiges anwaltsgerichtliches Verfahren – auch vor Eröffnung des Hauptverfahrens (NdsAGH Beschluss vom 20.6.2012 – AGH 6/12 (I 2)) und in der Revisionsinstanz – außerhalb der Hauptverhandlung in entsprechender Anwendung des § 206a Abs. 1 StPO durch Beschluss entsprechend § 139 Abs. 3 Nr. 1 eingestellt werden (→ § 116 Rn. 27). Der Widerruf der Zulassung wirkt im anwaltsgerichtlichen Verfahren ähnlich wie ein Prozesshindernis, er hat die Verfahrenseinstellung zwingend zur Folge (BGH BRAK-Mitt. 1987, 44; Beschlüsse vom 6.7.1992 – AnwSt (B) 2/92 – und 17.12.1990 – AnwSt (R) 18/90; EGH Hamm, Beschlüsse vom 21.6.1994 – (2) 6 EVY 2/94 – und – (2) 6 EVY 4/94). Entsprechend § 206a Abs. 2 StPO ist der Einstellungsbeschluss mit der sofortigen Beschwerde anfechtbar. Der formell rechtskräftige Beschluss bedeutet die bindende Feststellung des Verfahrenshindernisses. Er kann daher nicht deshalb wieder aufgehoben werden, weil er auf einem Irrtum über die Voraussetzungen des § 139 Abs. 3 Nr. 1 beruht. Ein solcher Widerruf wäre wirkungslos. Entfallen die Voraussetzungen des § 139 Abs. 3 Nr. 1 nachträglich, so kann die Staatsanwaltschaft neu anschuldigen (*Meyer-Goßner* StPO § 206a Rn. 10, 11). Die Anordnung der RAK nach § 16 Abs. 6 S. 2 rechtfertigt die Einstellung nicht. 14

15 Im Übrigen greift § 139 Abs. 3 Nr. 1 nicht ein, „wenn das anwaltsgerichtliche Verfahren **sachlich bereits abgeschlossen ist, bevor die Zulassung zur Rechtsanwaltschaft erlischt".** Eine verspätet eingelegte Beschwerde nach § 145 Abs. 3 ist deshalb als unzulässig zu verwerfen, wenn der Rechtsanwalt nach der Einlegung des Rechtsmittels über den Verzicht gemäß § 14 Abs. 2 Nr. 4 den Widerruf der Zulassung herbeiführt (BGH Beschluss vom 5.12.1983 – AnwSt (b) 4/83). In gleicher Weise rechtskräftig abgeschlossen ist das anwaltsgerichtliche Verfahren, sofern der Rechtsanwalt nach Verwerfung seiner Revision durch den Tatrichter (§ 346 Abs. 1 StPO) die ihm für einen Antrag auf Entscheidung des Revisionsgerichts eröffnete Frist des § 346 Abs. 2 StPO ungenutzt verstreichen lässt. Auch in einem solchen Fall kann er sich der gegen ihn verhängten anwaltsgerichtlichen Maßnahmen nicht mehr entziehen (BGH Beschluss vom 13.5.1985 – AnwSt (R) 24/84). Die Kostenentscheidung im Falle der Einstellung nach § 139 Abs. 3 Nr. 1 richtet sich nach § 197 Abs. 1 S. 2.

16 **c) Einstellung im Hinblick auf § 115b.** Die Einstellung ist ferner auszusprechen, wenn nach § 115b **von einer anwaltsgerichtlichen Ahndung abzusehen ist,** da dann kein anwaltsgerichtliches Urteil in der Sache ergehen kann. Die Einstellung hat zu erfolgen, sobald sich ergibt, dass § 115b einem Urteil in der Sache entgegensteht (amtliche Begründung, BT-Drs. 5/2848, 30). Das einstellende Urteil geht von der Feststellung aus, dass eine Pflichtverletzung zwar vorliegt, aber im Hinblick auf eine anderweitige Ahndung (§ 115b) davon abgesehen werden könne, zusätzlich eine anwaltsgerichtliche Maßnahme zu verhängen. Zur Kostenentscheidung in diesem Fall gilt § 197 Abs. 1 S. 3. Zur früheren Rechtslage vgl. EGH München EGE XIV, 261.

17 **d) Rechtsmittel.** Mangels Beschwer kann der Angeschuldigte gegen das Einstellungsurteil nach § 139 Abs. 3 Nr. 1 **kein Rechtsmittel einlegen.** Durch ein Urteil, welches das wegen eines außerberuflichen Verhaltens eingeleitete anwaltsgerichtliche Verfahren gemäß § 115b einstellt, kann der beschuldigte Rechtsanwalt beschwert sein (BGHSt 23, 257 = NJW 1970, 1466; → § 115b Rn. 44; → § 131 Rn. 8, 9) und kann er Rechtsmittel einlegen. Im Ermittlungsverfahren kann die Staatsanwaltschaft das Verfahren entsprechend § 139 Abs. 3 Nr. 1 einstellen.

§ 140 Protokollführer

(1) [1]**In der Hauptverhandlung vor dem Anwaltsgericht werden die Aufgaben des Protokollführers von einem Rechtsanwalt wahrgenommen.** [2]**Der Protokollführer wird von dem Vorsitzenden oder, bei einem Anwaltsgericht mit mehreren Kammern, von dem geschäftsleitenden Vorsitzenden bestellt.** [3]**Er ist verpflichtet, der Bestellung Folge zu leisten.**

(2) **Der Vorsitzende der Kammer des Anwaltsgerichts verpflichtet den Protokollführer vor der ersten Dienstleistung durch Handschlag auf die gewissenhafte Erfüllung der Obliegenheiten eines Protokollführers.**

(3) [1]**Der Protokollführer hat über die Angelegenheiten, die ihm bei seiner Tätigkeit bekannt werden, Verschwiegenheit gegen jedermann zu bewahren.** [2]**§ 76 ist entsprechend anzuwenden.** [3]**Die Genehmigung zur Aussage erteilt der Vorsitzende der Kammer des Anwaltsgerichts.**

I. Auswahl und Folgepflicht des Rechtsanwalts

1 Gemäß § 140 Abs. 1 werden die Aufgaben des Protokollführers in der Hauptverhandlung **vor dem Anwaltsgericht** von einem Rechtsanwalt wahrgenommen. Protokollführer ist also stets ein Rechtsanwalt. Im Hinblick auf §§ 207 Abs. 2 S. 1 und 209 Abs. 1 S. 3 können in geeigneten Fällen auch kammerangehörige Anwälte aus anderen Staaten und Kammerrechtsbeistände zum Protokollführer bestellt werden (**aA** Henssler/Prütting/*Dittmann* § 140 Rn. 2, der stets einen Rechtsanwalt als Protokollführer verlangt). Es hat sich bei dem Anwaltsgericht die Übung ergeben, jüngere Anwälte zu dem Amt des Protokollführers in der Hauptverhandlung heranzuziehen, um ihnen auf diese Weise Gelegenheit zu geben, Einblicke in Art und Bedeutung der Berufsgerichtsbarkeit für Rechtsanwälte zu nehmen. Die vorübergehend dienstleistenden, nicht hier niedergelassenen europäischen Rechtsanwälte (§ 25 EuRAG) können mangels einer ent-

sprechenden Gleichstellungsklausel wie § 6 Abs. 1 EuRAG nicht zu Protokollführer bestellt werden (Gaier/Wolf/Göcken/*Johnigk* § 140 Fn. 1).

Die Übernahme des Protokollführeramtes ist aufgrund des durch das Gesetz zur Änderung des Berufsrechts der Rechtsanwälte und der Patentanwälte vom 13.12.1989 (BGBl. I S. 2135) neu eingefügten Abs. 1 S. 3 gesetzliche Pflicht. Der Rechtsanwalt hat nicht das Recht, die Übernahme der Protokollführung beim Anwaltsgericht zu verweigern. 2

Es bleibt dem Ermessen des Vorsitzenden vorbehalten, ob er einen geltend gemachten Verhinderungsgrund anerkennt (EGH Berlin EGE XIV, 265). Die **grundlose Weigerung,** in der Hauptverhandlung des Anwaltsgerichts das Amt des Protokollführers zu übernehmen, ist pflichtwidrig (EG Hamburg EGE X, 178). 3

Die Auswahl des Protokollführers erfolgt aus dem Kreis der der jeweiligen RAK angehörenden Rechtsanwälte durch den Vorsitzenden des Anwaltsgerichts bzw. bei Anwaltsgerichten mit mehreren Kammern durch den geschäftsleitenden Vorsitzenden (§ 93 Abs. 1 S. 2). Die diesbezüglichen Zweifel, insbesondere hinsichtlich einer Mitwirkung des Präsidenten der RAK, wurden durch Abs. 1 S. 2 ausgeräumt (amtliche Begründung, BT-Drs. 11/3253, 25). 4

Wenn ein Rechtsanwalt rechtlich auch unbegrenzt für eine Vielzahl von Verhandlungen herangezogen werden kann, was in Abs. 2 (vor der ersten Dienstleistung …) vorausgesetzt wird, so muss der Vorsitzende aus Gründen der Kollegialität jedoch darauf achten, dass die Heranziehung des Rechtsanwalts zur Tätigkeit des Protokollführers nicht zu einer Überforderung führt. 5

II. Umfang der Tätigkeit des Protokollführers

Der Umfang der Tätigkeit des Protokollführers beschränkt sich auf die Protokollierung in der Hauptverhandlung, die mit dem Aufruf der Sache beginnt (§ 116 iVm § 243 Abs. 1 S. 1 StPO) und mit der Verkündung des Urteils endet (§§ 139, 116 iVm § 268 StPO). Für den Inhalt des Protokolls gelten nach § 116 die Regeln der §§ 271–273 StPO. Insoweit kann auf die Kommentierung zur StPO verwiesen werden (→ § 116 Rn. 29 ff. iVm §§ 271–273 StPO). 6

III. Besondere Pflichten des Protokollführers

1. Gewissenhafte Erfüllung der Obliegenheiten. Der Vorsitzende der Kammer des Anwaltsgerichts verpflichtet den Protokollführer vor der ersten Dienstleistung durch Handschlag auf die gewissenhafte Erfüllung der Obliegenheit eines Protokollführers (Abs. 2). Das Unterlassen dieser Verpflichtung hat jedoch bezüglich der Rechtsgültigkeit des Protokolls keinerlei Konsequenzen (*Isele* § 140 VII B). 7

2. Ausschließung und Ablehnung. Der Rechtsanwalt unterliegt als Protokollführer wie der Urkundsbeamte der Geschäftsstelle in Strafsachen der Ausschließung und Ablehnung nach §§ 22 ff. StPO (§ 116 iVm § 31 StPO). 8

3. Tragen der Amtstracht. Der Rechtsanwalt ist als Protokollführer verpflichtet, Amtstracht zu tragen (§ 20 BORA; BVerfGE 28, 21 = NJW 1970, 851; *Isele* § 140 VIII), weil seine Tätigkeit als Protokollführer als Rechtsanwalt vor Gericht ausgeübt wird, also anwaltliche Tätigkeit ist. 9

4. Verschwiegenheit. Nach Abs. 3, der § 76 angeglichen ist, unterliegt der Protokollführer der Verpflichtung zur Verschwiegenheit bezüglich aller Angelegenheiten, die ihm bei seiner Tätigkeit als Protokollführer bekannt werden (näher → § 76 Rn. 1 ff.). Die Genehmigung zur Aussage erteilt jedoch der Vorsitzende der Kammer des Anwaltsgerichts. 10

IV. Aufwandsentschädigung

Das Anwaltsgericht ist nicht befugt, einem Rechtsanwalt, der als Protokollführer tätig wird, eine Entschädigung festzusetzen und zu zahlen. Jedoch hat die jeweilige Kammerversammlung nach § 89 Abs. 2 Nr. 5 Richtlinien für die Aufwandsentschädigung und Reisekostenvergütung aufzustellen (→ § 89 Rn. 27). 11

§ 141 Ausfertigung der Entscheidungen

Ausfertigungen und Auszüge der Entscheidungen des Anwaltsgerichts werden von dem Vorsitzenden der Kammer des Anwaltsgerichts erteilt.

1 Da es beim Anwaltsgericht einen Urkundsbeamten der Geschäftsstelle nicht gibt (§ 140; → § 98 Rn. 2) und wegen der Bedeutsamkeit der Aufgabe (amtliche Begründung, BT-Drs. 3/120, 105), ordnet § 141 an, dass Ausfertigungen und Auszüge der Entscheidungen des Anwaltsgerichts von dem Vorsitzenden der Kammer des Anwaltsgerichts, die die Entscheidung erlassen hat, erteilt werden.

2 Die Ausfertigung besteht in einer Abschrift bzw. Ablichtung der Entscheidung mit Ausfertigungsvermerk, der vom Vorsitzenden unterschrieben und mit Dienstsiegel des Anwaltsgerichts versehen wird. Die Urschrift des Urteils ist in den Akten zu belassen.

Dritter Abschnitt. Die Rechtsmittel

1. Die Rechtsmittel gegen Entscheidungen des Anwaltsgerichts

§ 142 Beschwerde

Soweit Beschlüsse des Anwaltsgerichts mit der Beschwerde angefochten werden können, ist für die Verhandlung und Entscheidung über dieses Rechtsmittel der Anwaltsgerichtshof zuständig.

I. Zulässigkeit der Beschwerde

1 Die Fälle der Zulässigkeit einer Beschwerde ergeben sich nach § 116 aus den Vorschriften der StPO, den §§ 304, 305 StPO (amtliche Begründung, BT-Drs. 3/120, 105). In der BRAO sind darüber hinaus in §§ 131 Abs. 3 S. 2, 145 Abs. 3, 157 und 199 Abs. 2 S. 3 Fälle von Beschwerden geregelt. Dabei handelt es sich in den Fällen der §§ 131 Abs. 3, 157 und § 199 Abs. 2 S. 3 um solche der sofortigen Beschwerde. Sonst können Beschlüsse des AnwG mit der einfachen Beschwerde angefochten werden. Für das Verfahren der einfachen Beschwerde gelten die §§ 306–309 StPO entsprechend (§ 116 S. 2). Das Verfahren über die sofortige Beschwerde richtet sich nach § 116 S. 2 iVm § 311 StPO.

II. Zuständigkeit für die Beschwerdeentscheidung

2 Zuständig für eine Beschwerdeentscheidung ist ausschließlich der AGH (amtliche Begründung, BT-Drs. 3/120, 105). Auch dann, wenn Beschlüsse und Verfügungen des ersuchten Anwaltsgerichts und seines Vorsitzenden angefochten werden, ist der diesem Anwaltsgericht übergeordnete AGH zuständig (*Isele* § 142 Anm. III B 1b). Für Beschwerden gegen Beschlüsse und Verfügungen des Ermittlungsrichters (§ 116 S. 2 iVm § 162 StPO) ist die Beschwerdekammer für Strafsachen des dem Ermittlungsrichter vorgeordneten Landgerichts zuständig.

III. Ausschluss der weiteren Beschwerde

3 Eine weitere Beschwerde ist nach § 116 S. 2 iVm § 310 Abs. 2 StPO ausgeschlossen. Hat der AGH als Beschwerdegericht entschieden, dann ist eine weitere Beschwerde nicht statthaft. Das bedeutet, dass dann, wenn der AGH auf die sofortige Beschwerde der Staatsanwaltschaft (§ 157 Abs. 2) statt des im ersten Rechtszug verhängten Vertretungsverbots ein Berufsverbot als vorläufige Maßnahme ausgesprochen hat, eine – weitere – Beschwerde des Beschuldigten nicht statthaft ist (BGHSt 19, 4 = NJW 1963, 2038; BGHSt 20, 68 = NJW 1964, 2119). Selbst wenn für eine zulässige Beschwerde eine Entscheidung aufgrund einer mündlichen Verhandlung vorgesehen ist, kann eine vom Gesetz nicht vorgesehene weitere Beschwerde ohne mündliche Verhandlung als unzulässig verworfen werden (BGHSt 19, 4 = NJW 1963, 2038).

IV. Beschwerden gegen Entscheidungen des AGH

Gegen Entscheidungen des AGH gibt es nur in zwei Fällen Beschwerden, nämlich nach § 145 Abs. 3 und § 157 Abs. 2, 3. Ansonsten sind Beschwerden gegen Entscheidungen des AGH nach § 116 S. 2 iVm § 304 Abs. 4 S. 2 Hs. 1 StPO unzulässig. Die Anwaltsgerichtshöfe entsprechen im Anwaltsgerichtsverfahren bei ergänzender und sinngemäßer Anwendung des GVG und der StPO den Oberlandesgerichten (BGH EGE VI, 115; BRAK-Mitt. 2001, 139; → § 100 Rn. 4). 4

§ 143 Berufung

(1) Gegen das Urteil des Anwaltsgerichts ist die Berufung an den Anwaltsgerichtshof zulässig.

(2) [1] Die Berufung muß binnen einer Woche nach Verkündung des Urteils bei dem Anwaltsgericht schriftlich eingelegt werden. [2] Ist das Urteil nicht in Anwesenheit des Rechtsanwalts verkündet worden, so beginnt für diesen die Frist mit der Zustellung.

(3) Die Berufung kann nur schriftlich gerechtfertigt werden.

(4) [1] Auf das Verfahren sind im übrigen neben den Vorschriften der Strafprozeßordnung über die Berufung §§ 134, 135, 137 bis 139 dieses Gesetzes sinngemäß anzuwenden. [2] Hat der Rechtsanwalt die Berufung eingelegt, so ist bei seiner Abwesenheit in der Hauptverhandlung § 329 Abs. 1 Satz 1 und 2 und Abs. 3 der Strafprozeßordnung entsprechend anzuwenden, falls der Rechtsanwalt ordnungsgemäß geladen und in der Ladung ausdrücklich auf die sich aus seiner Abwesenheit ergebende Rechtsfolge hingewiesen wurde; dies gilt nicht, wenn der Rechtsanwalt durch öffentliche Zustellung geladen worden ist.

Übersicht

I. Zulässigkeit der Berufung

Bei der weittragenden Bedeutung, welche die erstinstanzlichen Entscheidungen des Anwaltsgerichts für den Rechtsanwalt haben kann, muss gegen sie eine zweite Tatsacheninstanz eröffnet werden. Nach § 143 ist gegen alle Urteile der Anwaltsgerichte (§§ 92–99; § 139) die Berufung an den AGH (§§ 100 ff.) sowohl für den Angeschuldigten als auch für die Staatsanwaltschaft zulässig. Voraussetzung für die Zulässigkeit der **Berufung des Rechtsanwalts** ist, dass der Berufungsführer durch den Tenor des erstinstanzlichen Urteils beschwert ist. Daran fehlt es, wenn der Rechtsanwalt bei Freispruch mangels Beweises sich nur durch diese Art der Begründung 1 beschwert fühlt, weil er einen Freispruch wegen erwiesener Unschuld erstrebte. Für die **Staatsanwaltschaft** gelten besondere Grundsätze. Da sie im anwaltsgerichtlichen Verfahren wie im Strafverfahren nicht Partei ist, sondern allgemein Aufgaben der staatlichen Rechtspflege vor dem Anwaltsgericht als staatlichem Gericht (→ § 92 Rn. 1) erfüllt, ist sie berechtigt, nach pflichtgemäßem Ermessen Entscheidungen anzufechten, die gleichviel, ob sie jemanden beschweren, den Geboten der Rechtspflege nicht entsprechen. Legt die Staatsanwaltschaft das Rechtsmittel aber zugunsten des angeschuldigten Rechtsanwalts ein, muss der Rechtsanwalt durch das angefochtene Urteil beschwert sein, sonst ist auch die Berufung der Staatsanwaltschaft unzulässig (*Meyer-Goßner* StPO Vor § 296 Rn. 8 ff., 16, StPO § 296 Rn. 14). Dass das Urteil dem ausdrücklichen Antrag der Staatsanwaltschaft entsprochen hat, steht der Berufung der Staatsanwaltschaft nicht entgegen. Auch ein Rechtsmittel der Staatsanwaltschaft ist unzulässig, wenn es lediglich die Begründung eines Urteils angreift und allein durch diesen Angriff eine Rechtsfrage zu erneuter Entscheidung bringen will. Die Staatsanwaltschaft kann deshalb eine Entscheidung nicht mit dem Ziel anfechten, sie mit einer anderen Begründung aufrechtzuerhalten (NdsAGH AnwBl. 2002, 304; → § 116 Rn. 31 zu § 296 StPO). Eine Beschwer kann vorliegen bei einem Einstellungsurteil, wenn stattdessen ein Freispruch hätte erfolgen müssen (→ § 139 Rn. 10; Henssler/Prütting/*Dittmann* § 143 Rn. 1). Im Übrigen → § 139 Rn. 17. Für die Berufung der Staatsanwaltschaft gilt über § 116 auch § 301 StPO, dh die Berufung der Staatsanwaltschaft wirkt stets auch zu Gunsten des Angeschuldigten, und zwar ebenso, wie wenn er selbst Rechtsmittel eingelegt hätte (BGH BRAK-Mitt. 1983, 93). § 313 StPO (Annahmeberufung) ist nicht sinngemäß anwendbar.

II. Einlegungsfrist und Wiedereinsetzung in den vorigen Stand

2 Die Frist für die Berufungseinlegung beträgt eine Woche. Sie wird nach § 116 S. 2 iVm § 43 StPO berechnet. Der Lauf der Frist beginnt mit der Verkündung des Urteils. Geschah dies nicht in Anwesenheit des Angeschuldigten, beginnt für ihn die Frist mit der Zustellung des Urteils. Bleibt auch nach Aufklärungsversuchen von Amts wegen (vgl. dazu BVerwG Praxis Report, Beilage zum AnwBl. 2/2009, 47) zweifelhaft, ob eine Berufung fristgemäß eingelegt wurde, so ist zugunsten des Rechtsanwalts zu entscheiden; nur die zu seinen Ungunsten eingelegte Berufung der Staatsanwaltschaft ist dann zu verwerfen (BGH StV 1995, 454). Gegen die Versäumung der Berufungseinlegungsfrist kann nach § 116 iVm § 44 StPO Wiedereinsetzung in den vorigen Stand gewährt werden. Voraussetzung ist, dass der Rechtsanwalt ohne Verschulden daran gehindert war, die Berufungseinlegungsfrist zu wahren.

3 Ein Rechtsanwalt, der während urlaubsbedingter Abwesenheit mit der Zustellung einer anwaltsgerichtlichen Entscheidung zu rechnen hat, muss geeignete Vorkehrungen wie Anordnungen und Weisungen treffen, dass er von der Zustellung Kenntnis erhält, um die Rechtsmittelfrist wahren zu können (EGH Stuttgart BRAK-Mitt. 1985, 110; AGH SchlH Beschluss vom 7.1.2002 – 1 AGH 11/01). Unverschuldet ist die Versäumung der Berufungsfrist nach § 116 S. 2 iVm § 44 S. 2 StPO, wenn die nach § 116 S. 2 iVm § 35a StPO notwendige Belehrung über das Rechtsmittel der Berufung unterblieben ist (Henssler/Prütting/*Dittmann* § 143 Rn. 5). Der Wiedereinsetzungsantrag kann nach § 116 S. 2 iVm § 45 Abs. 1 S. 1 StPO an das Anwaltsgericht gerichtet werden, weil bei ihm auch die Berufungseinlegungsfrist wahrzunehmen gewesen wäre (§ 143 Abs. 2 S. 1; Gaier/Wolf/Göcken/*Johnigk* § 143 Rn. 6; **aA** noch 7. Aufl. Rn. 3 zu § 143 und Henssler/Prütting/*Dittmann* § 143 Rn. 5). Es genügt aber auch, wenn der Antrag rechtzeitig bei dem AGH gestellt wird (§ 116 S. 2 iVm § 45 Abs. 1 S. 2 StPO), weil dieser bei rechtzeitiger Berufungseinlegung zur Entscheidung in der Sache selbst berufen wäre (§§ 143 Abs. 1, 116 S. 2 iVm §§ 45 Abs. 1 S. 2, 46 Abs. 1 StPO; Gaier/Wolf/Göcken/*Johnigk* § 143 Rn. 6). Die Berufung kann schon vor der Zustellung des Urteils eingelegt werden (BVerwGE 63, 274 zu § 80 Abs. 1 BDO aF).

III. Schriftform

4 Die Berufung kann nach Abs. 3 nur schriftlich eingelegt und gerechtfertigt werden. Eine Einlegung und Rechtfertigung zu Protokoll der Geschäftsstelle ist nicht zulässig. Ein Bedürfnis für eine solche zusätzliche Regelung ist in diesem Verfahren, an dem nur Rechtsanwälte beteiligt sind, nicht gegeben (amtliche Begründung, BT-Drs. 3/120, 105). Die Einlegung muss bei dem Anwaltsgericht, dessen Urteil angefochten werden soll, und nicht bei dem AGH eingelegt

werden. Die Berufungsschrift muss zweifelsfrei die Absicht erkennen lassen, das erstinstanzliche Urteil einer Überprüfung durch den AGH zu unterstellen. Eine Kennzeichnung als „Berufung“ ist dann entbehrlich, wenn die Auslegung der Rechtsmittelschrift zweifelsfrei die Absicht der Berufungseinlegung ergibt (BGH BRAK-Mitt. 2008, 262 zu § 511 ZPO mit Anm. *Grams*). Die Berufungsrechtfertigung ist aber nicht zwingend vorgeschrieben (EGH Stuttgart EGE VII, 230). Zur Schriftform → § 146 Rn. 1. Die Versendung der Berufungsschrift durch Einschreiben mit Rückschein kann das Fehlen der eigenhändigen Unterschrift nicht ersetzen (BVerwG NJW 1991, 120). An die rechtliche Würdigung des Sachverhalts in der Anschuldigungsschrift ist die Staatsanwaltschaft bei ihrer Berufung nicht gebunden (zu §§ 80 ff. BDO aF BVerwG DVBl. 1990, 1228).

IV. Beschlussverwerfung unzulässiger Berufungen

5 Ist die Berufung verspätet eingelegt, hat das AnwG diese nach § 116 S. 2 iVm § 319 Abs. 1 StPO durch Beschluss als unzulässig zu verwerfen. Aus anderen Gründen kann das AnwG die Berufung nicht verwerfen. Der Beschwerdeführer hat gegen den Verwerfungsbeschluss das Antragsrecht nach § 116 S. 2 iVm § 319 Abs. 2 StPO zum AGH. Der Antrag ist beim AnwG zu stellen; die Entscheidung des AGH ist unanfechtbar (§ 116 S. 2 iVm § 304 Abs. 4 S. 2 StPO).

6 Erachtet der AGH die Vorschriften über die Einlegung der Berufung nicht für beobachtet, weil zB Frist und Form (Abs. 2) nicht beachtet, der Beschwerdeführer nicht beschwert (→ § 143 Rn. 1) oder aus anderen Gründen nicht zur Anfechtung befugt ist, zB als Verteidiger nicht bevollmächtigt oder nicht nach § 138 Abs. 2 StPO zugelassen ist, oder weil wirksam Rechtsmittelverzicht erklärt worden ist (*Meyer-Goßner* StPO § 322 Rn. 1), dann kann der AGH die Berufung nach § 116 S. 2 iVm § 322 Abs. 1 StPO durch Beschluss als unzulässig verwerfen (*Isele* Anhang II zu § 116, § 322 StPO; → § 116 Rn. 33). Das scheitert entgegen der von *Dittmann* vertretenen Auffassung nicht deshalb, weil § 322 Abs. 2 StPO nicht anwendbar ist (Henssler/Prütting/*Dittmann* § 143 Rn. 7, 8; → § 116 Rn. 33). Dass § 322 Abs. 2 StPO iVm § 116 S. 2 im Hinblick auf § 304 Abs. 4 S. 2 StPO grundsätzlich nicht angewendet werden kann (BGHSt 37, 356 = NJW 1991, 2916; → § 116 Rn. 33), so dass das Berufungsgericht abschließend durch Beschluss über die Zulässigkeit der Berufung entscheiden kann, ist nicht systemwidrig, wie *Dittmann* meint, sondern entspricht der Grundregelung des anwaltsgerichtlichen Verfahrens, dass grundsätzlich nur zwei Rechtszüge gegeben sind, das Verfahren mit der Entscheidung des AGH beendet ist (→ § 145 Rn. 4). Auch im anwaltsgerichtlichen Verfahren ist der AGH das zentrale Rechtsprechungsorgan, dessen Entscheidungen nur ausnahmsweise der Überprüfung durch den BGH unterliegen.

7 Solche Ausnahmen ergeben sich für das anwaltsgerichtliche Verfahren aus § 145 Abs. 1. Lautet das anwaltsgerichtliche Urteil auf eine Maßnahme gemäß § 114 Abs. 1 Nr. 4 oder 5, kann daher der Verwerfungsbeschluss des AGH gleichwohl entsprechend § 322 Abs. 2 mit der sofortigen Beschwerde zum BGH angefochten werden. Wie sich aus § 304 Abs. 4 S. 2 Hs. 2 StPO ergibt, der auf andere Fälle in engstem Rahmen entsprechend anwendbar ist (BGHSt 27, 96; 30, 168; *Meyer-Goßner* StPO § 304 Rn. 12), ist in Fällen höchster Bedeutung, in denen die Entscheidung besonders nachhaltig in die Rechtssphäre des Betroffenen eingreift, ausnahmsweise eine Anfechtung von Entscheidungen des OLG mit der Beschwerde zulässig. Bei Entscheidungen nach § 114 Abs. 1 Nr. 4 oder 5, die durch eine Verwerfung der Berufung nach § 322 Abs. 1 StPO iVm § 116 S. 2 rechtskräftig würden, handelt es sich um solche Fälle höchster Bedeutung. Hebt der BGH den Beschluss des AGH auf, kommt es zur Berufungshauptverhandlung.

V. Beschränkung der Berufung

8 **1. Beschränkung auf das Maß der Ahndung.** Die Prüfung kann nach Abs. 4 iVm § 318 StPO auf das Maß der Ahndung beschränkt werden (BGH BRAK-Mitt. 1986, 232; BGHSt 16, 237 = NJW 1961, 2219; EGH München Urteil vom 20.7.1994 – BayEGH II 8/94; EGH Celle EGE XIII, 176; *Jähnke,* FS Pfeiffer, 1988, 941, 947; → § 116 Rn. 33).

9 **a) Selbständige Überprüfbarkeit.** Voraussetzung einer wirksamen Rechtsmittelbeschränkung ist, dass die tatsächlichen Feststellungen des erstinstanzlichen Urteils zum Schuldspruch eine taugliche Grundlage für die Entscheidung des Berufungsgerichts bilden. Daran fehlt es, wenn der Schuldumfang nicht oder nicht ausreichend festgestellt ist (BGH BRAK-Mitt. 1984, 37). Ob

eine wirksame Beschränkung vorliegt, ist stets von Amts wegen zu prüfen. Es muss geprüft werden, ob der angefochtene Teil der Entscheidung losgelöst von dem nicht angegriffenen Teil einer selbständigen Prüfung und Beurteilung zugänglich ist, ohne ein erneutes Eingehen auf diesen nicht angegriffenen Teil notwendig zu machen (BGHSt 16, 237 = NJW 1961, 2219; BGHSt 33, 59 = NJW 1985, 1089).

10 **b) Teilrechtskraft.** Die wirksame Beschränkung auf den Maßnahmenausspruch bewirkt, dass der vom Anwaltsgericht getroffene Schuldspruch rechtskräftig wird und für den AGH nach § 116 iVm § 327 StPO die Feststellungen des Anwaltsgerichts insoweit bindend sind (BGH BRAK-Mitt. 1984, 37; BGHSt 16, 237 = NJW 1961, 2219; BayEGH Urteil vom 9.2.1993 – BayEGH II 17/92). An der Bindungswirkung nehmen auch jene Teile der Sachverhaltsdarstellung teil, die das Tatgeschehen im Sinne eines geschichtlichen Vorgangs näher beschreiben, etwa die Umstände schildern, die der Tat das entscheidende Gepräge gegeben haben (BGH NStZ-RR 2013, 91). Die Teilrechtskraft schränkt für das Berufungsgericht den Grundsatz des § 264 StPO ein; sie verbietet es, den nicht angefochtenen Teil des Ersturteils zu überprüfen. Der teilweisen Anfechtung steht es gleich, wenn ein das Ersturteil anfechtender Beschwerdeführer nur von einem Teil dieses Ersturteils beschwert ist. Betrifft die Beschwer einen Teil des allein von dem Beschwerdeführer angefochtenen Urteils, der losgelöst von dem übrigen Teil selbständig geprüft und beurteilt werden kann, ohne ein erneutes Eingehen auf diesen übrigen Teil notwendig zu machen, so sind diese übrigen Teile in Rechtskraft erwachsen (BGHSt 16, 237 = NJW 1961, 2219). Die wirksame Berufungsbeschränkung auf den Maßnahmeausspruch und damit die Rechtskraft des Schuldspruchs hindert nicht die Überprüfung von Amts wegen zu berücksichtigender Verfahrenshindernisse, zB des fehlenden Eröffnungsbeschlusses (Gaier/Wolf/Göcken/*Johnigk* § 143 Rn. 13).

11 **c) Beschränkung innerhalb des Maßnahmenausspruchs.** Der Rechtsanwalt kann auch innerhalb des Maßnahmenausspruchs wirksam seine Berufung beschränken, wenn dann gleichwohl das Berufungsgericht die Möglichkeit hat, den angefochtenen Teil des Urteils losgelöst vom übrigen Urteilsinhalt selbständig zu prüfen und rechtlich zu beurteilen. Unter dieser Voraussetzung kann die Berufung zB auf die Höhe der Geldbuße (§ 114 Abs. 1 Nr. 3) oder die Dauer eines Verbotes nach § 114 Abs. 1 Nr. 4 beschränkt werden (vgl. auch EGH Celle EGE XIII, 176). Die Berufung kann auf die Voraussetzungen des § 115b beschränkt werden (zu § 14 BDO aF BVerwG NJW 1986, 445).

12 **2. Keine Beschränkung zum Schuldspruch.** Da im anwaltsgerichtlichen Verfahren gegen einen Rechtsanwalt ein Sachverhalt, der sich aus mehreren Anschuldigungspunkten zusammensetzt, nur einheitlich beurteilt und die Frage, ob der Rechtsanwalt seine Pflichten schuldhaft verletzt hat, nur einheitlich entschieden werden darf (→ § 113 Rn. 25 ff.), ist es aber unzulässig, den Rechtsanwalt von einzelnen der in demselben Verfahren erhobenen Anschuldigungspunkten freizusprechen, ihn aber zugleich wegen anderer Beschuldigungen zu bestrafen (→ § 113 Rn. 41). Der Schuldspruch hat vielmehr Bestand. Der geringere Schuldumfang führt jedoch zur Teilaufhebung des angefochtenen Urteils (BGH AnwBl. 2008, 880, 882). Einem gleichwohl ergangenen Teilfreispruch kommt keine rechtliche Bedeutung zu. Die Berufung des Angeschuldigten, die sich nur gegen den verurteilenden Teil des Ersturteils wendet, zwingt den AGH dazu, das Urteil im Ganzen zu überprüfen (BGHSt 16, 237 = NJW 1961, 2219; *Jähnke,* FS Pfeiffer, S. 941, 947). Wird auf Antrag der Staatsanwaltschaft ein vom Anwaltsgericht nach § 116 S. 2 iVm § 154a Abs. 2 StPO ausgeschiedener Tatteil wieder gemäß § 116 S. 2 iVm § 154a Abs. 3 StPO in das Verfahren einbezogen, ist das Verhalten des Rechtsanwalts auch insoweit in der Berufungsinstanz zu würdigen, als es den wieder einbezogenen Teil der Anschuldigungsschrift betrifft (EGH Hamburg Urteil vom 9.2.1993 – II EVY 2/92).

VI. Berufungsrücknahme

13 Nimmt der Verteidiger die Berufung zurück, dann bedarf er dazu der Ermächtigung des Angeschuldigten (§ 116 iVm § 302 Abs. 2 StPO) und nach Beginn der Hauptverhandlung zusätzlich der Zustimmung der Staatsanwaltschaft (§ 116 iVm § 303 StPO; BGH BRAK-Mitt. 1984, 37). Auch bei Vorliegen der Ermächtigung nach § 302 Abs. 2 StPO ist die von dem Verteidiger nach Anordnung des Sofortvollzuges des Widerrufs seiner Zulassung zur Rechtsanwaltschaft erklärte Zurücknahme der Berufung unwirksam (OLG Karlsruhe AnwBl. 1996,

584). Eine von der Generalstaatsanwaltschaft zugunsten des Rechtsanwalts eingelegte Berufung kann nach § 116 S. 2 iVm § 302 Abs. 1 S. 2 StPO nicht ohne dessen Zustimmung zurückgenommen werden.

VII. Berufungshauptverhandlung

Für das Verfahren vor dem AGH sind zunächst die Vorschriften der StPO für das Berufungsverfahren sinngemäß anzuwenden, insbesondere §§ 315 ff. StPO. Nach Abs. 4 S. 1 wird § 329 Abs. 2 StPO durch § 134 ersetzt, auch die Berufungshauptverhandlung auf eine Berufung der Staatsanwaltschaft findet trotz Ausbleibens des Rechtsanwalts statt. Hat der Rechtsanwalt Berufung eingelegt, gilt bei seiner Abwesenheit Abs. 4 S. 2. Die Regelung über die Verlesung nach § 325 StPO wird durch die besondere Regelung in § 138 ersetzt (Abs. 4). Zur Verlesung eines nach § 118 Abs. 3 S. 1 bindenden Strafurteils → § 116 Rn. 33 zu § 324 StPO. Nach Abs. 4 iVm § 137 kann auch im Berufungsverfahren eine Beweisaufnahme durch einen beauftragten oder ersuchten Richter durchgeführt werden. Die Berufungshauptverhandlung ist nach Abs. 4 S. 1 iVm § 135 ebenfalls grundsätzlich nicht öffentlich. Mangels Verweisung auf § 140 nimmt vor dem AGH nicht ein Rechtsanwalt, sondern ein Urkundsbeamter der Geschäftsstelle als Protokollführer teil (§ 116 S. 2 iVm § 168 StPO). 14

VIII. Ausbleiben des Rechtsanwalts

1. Zweck und Anwendungsbereich. Abs. 4 S. 2 wurde durch Gesetz vom 2.9.1994 (BGBl. I S. 2278) angefügt und ermöglicht bei Berufung des Rechtsanwalts im Falle seiner Abwesenheit in der Hauptverhandlung unter bestimmten Voraussetzungen die entsprechende Anwendung von § 329 Abs. 1 S. 1 und 2, Abs. 3 StPO. Nach der bisherigen Rechtslage mussten Berufungsverhandlungen auch durchgeführt werden, wenn der Rechtsanwalt, der die Berufung eingelegt hatte, zu der Verhandlung nicht erschien. Die Neufassung ermöglicht in solchen Fällen in der Regel eine Verwerfung der Berufung durch Urteil. Das dient der Entlastung der Anwaltsgerichtshöfe und der Beschleunigung der Verfahren (amtliche Begründung, BT-Drs. 12/4993, 36 = BR-Drs. 93/93, 107). 15

Die Verwerfung nach Abs. 4 S. 2 iVm § 329 Abs. 1 S. 1 und 2 StPO ist nicht nur in der ersten Berufungsverhandlung zulässig und bei Vorliegen der gesetzlichen Voraussetzungen zwingend, sondern auch, wenn eine Verhandlung ausgesetzt war (§ 118 Abs. 1; § 118b; § 116 S. 2 iVm §§ 228, 246, 265 Abs. 4 StPO) und dann eine neue Berufungsverhandlung beginnt (BGHSt 27, 236 = NJW 1977, 2273; *Meyer-Goßner* StPO § 329 Rn. 3). Dies gilt auch, wenn eine neue Verhandlung stattfindet, nachdem gegen ein Verwerfungsurteil Wiedereinsetzung nach § 329 Abs. 3 StPO iVm § 143 Abs. 4 S. 2 bewilligt worden war (*Meyer-Goßner* StPO § 329 Rn. 3) oder nach vergeblicher Einstellung nach § 116 S. 2 iVm § 153a Abs. 2 StPO und Fortsetzung des Verfahrens (OLG Düsseldorf MDR 1987, 517). Dagegen ist § 329 Abs. 1 S. 1 StPO nicht anzuwenden, wenn die Hauptverhandlung nur unterbrochen (§ 116 S. 2 iVm § 229 StPO) und der Rechtsanwalt im Fortsetzungstermin nicht erschienen ist (*Meyer-Goßner* StPO § 329 Rn. 3); dann kann nur nach § 134 verfahren werden. 16

Nach Zurückverweisung durch das Revisionsgericht (§ 116 S. 2 iVm §§ 354 Abs. 2 S. 1, 355 StPO) ist die Verwerfung unzulässig (§ 329 Abs. 1 S. 2 StPO); denn auch ein säumiger Rechtsanwalt soll nicht an einem Zwischenergebnis festgehalten werden, das vom Revisionsgericht für unrichtig erklärt worden ist (BGHSt 27, 236 = NJW 1977, 2273; *Meyer-Goßner* StPO § 329 Rn. 4). Im Falle der Säumnis des Rechtsanwalts ist dann ebenfalls nach § 134 zu verfahren. Da die Folge des Festhaltens an einem vom Revisionsgericht für unrichtig erklärten Urteil nicht eintritt, wenn die Berufung schon durch das aufgehobene Urteil nach § 143 Abs. 4 S. 2 iVm § 329 Abs. 1 S. 1 StPO verworfen worden war (§ 116 S. 2 iVm § 342 StPO), kann in diesem Fall nach Zurückverweisung durch das Revisionsgericht erneut nach § 143 Abs. 4 S. 2 iVm § 329 Abs. 1 S. 1 StPO verfahren werden (BGHSt 27, 236 = NJW 1977, 2273; *Meyer-Goßner* StPO § 329 Rn. 4). 17

Über die gleichzeitig eingelegte Berufung der Staatsanwaltschaft kann im Falle der Verwerfung der Berufung des Rechtsanwalts nach § 134 in dessen Abwesenheit verhandelt werden; die Verwerfung der Berufung des Rechtsanwalts wird durch die Verhandlung auf die Berufung der Staatsanwaltschaft nicht ausgeschlossen (*Meyer-Goßner* StPO § 329 Rn. 4). Die Anwesenheit des Verteidigers hindert die Verwerfung der Berufung nicht (AGH Hmb Urteil vom 3.11.1997 – II 18

EVY 1/94), es sei denn der Verteidiger habe ausdrückliche **schriftliche Vertretungsvollmacht** (§ 116 S. 2 iVm § 234 StPO). § 143 Abs. 4 S. 2 iVm § 329 Abs. 1 S. 1 StPO ist so zu verstehen, dass die Berufung des Rechtsanwalts nur verworfen werden kann, wenn dieser in der Hauptverhandlung ohne genügende Entschuldigung abwesend ist und nicht durch einen mit entsprechender Vertretungsvollmacht versehenen Verteidiger vertreten ist. Die Vertretung setzt eine **schriftliche Vertretungsvollmacht** voraus. Die gewöhnliche Verteidigervollmacht reicht nicht aus. Die Vertretungsvollmacht kann aber sogleich in oder mit der Verteidigervollmacht erteilt werden. Sie muss nur klar zum Ausdruck bringen, dass der Verteidiger mit der Vertretung des Angeschuldigten beauftragt ist. Ist der nicht erschienene Angeschuldigte durch einen mit Vertretungsvollmacht versehenen Verteidiger vertreten, muss im Verfahren vor dem AGH über die Berufung des Angeschuldigten in Anwesenheit dieses Vertreters verhandelt werden (AGH SchlH BRAK-Mitt. 2004, 180). Aber auch die Abwesenheit des Verteidigers, dessen Mitwirkung nach § 140 StPO notwendig ist (→ § 116 Rn. 24 zu § 140 StPO; → § 117a Rn. 5 ff.), schließt die Verwerfung der Berufung nicht aus (*Meyer-Goßner* StPO § 329 Rn. 5).

19 **2. Voraussetzungen des Verwerfungsurteils. a) Zulässige Berufung.** Die Verwerfung der Berufung setzt eine zulässige Berufung voraus. Ist sie unzulässig, muss sie nach § 116 S. 2 iVm § 322 Abs. 1 S. 2 StPO verworfen werden; diese Entscheidung hat den Vorrang (BGHSt 30, 98 = NJW 1981, 2422; *Meyer-Goßner* StPO § 329 Rn. 7). Ist erst in der Berufungsinstanz der Fall des § 139 Abs. 3 Nr. 1 entstanden, dann geht die Einstellung des Verfahrens aus diesem Grund ebenfalls vor, da das anwaltsgerichtliche Verfahren noch andauert, als die Zulassung zur Rechtsanwaltschaft erlischt. Durch das Erlöschen pp. wird das anwaltsgerichtliche Verfahren unzulässig.

20 **b) Ordnungsgemäße Ladung.** Die Verwerfung der Berufung setzt die ordnungsgemäße Ladung des Rechtsanwalts (→ § 134 Rn. 2, 3) voraus (BGHSt 24, 143 = NJW 1971, 1278). Ordnungsgemäß ist die Ladung auch bei Zustellung an den Verteidiger nach § 116 S. 2 iVm § 145a Abs. 2 S. 1 StPO (*Meyer-Goßner* StPO § 329 Rn. 9). Niemals ist eine öffentliche Zustellung der Ladung ausreichend (Abs. 4 S. 2 vgl. auch § 143 Abs. 4 S. 1 iVm § 134 S. 2). Die Ladung muss den ausdrücklichen **Hinweis auf die Folgen des Ausbleibens** enthalten. Sein Fehlen steht der Anwendung des § 329 Abs. 1 StPO entgegen. Der Hinweis auf die Belehrung in einer früheren Ladung genügt nicht (OLG Koblenz NJW 1981, 2074). Dagegen schließt die Nichteinhaltung der Ladungsfrist (§ 116 S. 2 iVm § 217 Abs. 1 StPO) die Verwerfung nicht ohne weiteres aus (BGHSt 24, 143 = NJW 1971, 1278). Die Nichteinhaltung der Ladungsfrist gibt dem Rechtsanwalt das Recht, die Aussetzung des Verfahrens zu verlangen (§ 116 S. 2 iVm § 217 Abs. 2 StPO), sie lässt aber die Wirksamkeit der Ladung unberührt. Allerdings kann sie insofern von Bedeutung sein, als nach den Umständen des Einzelfalles das Ausbleiben des Rechtsanwalts als entschuldigt anzusehen ist (BGHSt 24, 143 = NJW 1971, 1278). Im Übrigen sind allgemein Fehler bei der Ladung für die Anwendung des Abs. 4 S. 2 iVm § 329 Abs. 1 S. 1 StPO nur von Bedeutung, wenn sie verhindert haben, dass der erscheinungswillige Rechtsanwalt an der Berufungsverhandlung teilnehmen konnte (KK-StPO/*Ruß* StPO § 329 Rn. 3; OLG Karlsruhe MDR 1980, 955).

21 **c) Nicht genügende Entschuldigung.** Nur bei nicht genügend entschuldigtem Ausbleiben des Rechtsanwalts bei Beginn der Berufungshauptverhandlung ist die Verwerfung der Berufung gerechtfertigt. Entfernt sich der Rechtsanwalt später ohne Erlaubnis, ist die Verwerfung nicht gerechtfertigt, vielmehr ist weiter nach § 134 zu verfahren (→ § 134 Rn. 6). Auch das verspätete Erscheinen des Rechtsanwalts führt nicht zur Verwerfung, wenn bis zu seinem Eintreffen das Verwerfungsurteil, mit dem angemessene Zeit, dh in der Regel 15 Minuten, zu warten ist (*Meyer-Goßner* StPO § 329 Rn. 13 mwN), noch nicht ergangen ist. Der Begriff des Nichterscheinens umfasst auch die geistige Abwesenheit des Rechtsanwalts bei Verhandlungsfähigkeit infolge schuldhafter Trunkenheit (BGHSt 23, 331 = NJW 1970, 2253) oder des Genusses anderer berauschender Mittel in Kenntnis der dadurch verursachten Vereitelung der Hauptverhandlung (*Meyer-Goßner* StPO § 329 Rn. 14 mwN).

22 Bei der Prüfung, ob das Ausbleiben des Rechtsanwalts genügend entschuldigt ist, muss das Gericht alle Entschuldigungsgründe beachten, egal, wie sie ihm bekannt geworden sind, denn es kommt nicht darauf an, ob sich der Rechtsanwalt entschuldigt hat, sondern ob er tatsächlich entschuldigt ist (BGHSt 17, 391 = NJW 1962, 2020; BayAGH Urteil vom 14.10.1999 – BayAGH II 8/99). Hat das Gericht Anhaltspunkte dafür, dass das Ausbleiben des Rechtsanwalts

entschuldigt sein kann, so muss es ihnen durch Ermittlungen im Freibeweis nachgehen; dabei darf es aber nur solche Beweise erheben, die sofort zur Verfügung stehen. Sind keine Umstände ersichtlich, die das Ausbleiben des Rechtsanwalts entschuldigen können, ist das Gericht zu Nachforschungen nicht verpflichtet (*Meyer-Goßner* StPO § 329 Rn. 19, 20 mwN). Genügend entschuldigt ist das Ausbleiben nur, wenn es glaubhaft erscheint, dass den Rechtsanwalt daran kein Verschulden trifft. Bloße Zweifel an der Richtigkeit des tatsächlichen Vorbringens des Rechtsanwalts und der Beweiskraft der vorgelegten Urkunden rechtfertigen die Verwerfung nicht. Nur die bestimmte Feststellung, nicht der bloße Verdacht, dass die Entschuldigung unwahr ist, lässt sie als ungenügend erscheinen. Bei der Verschuldensfrage ist zugunsten des Rechtsanwalts eine weite Auslegung geboten. Maßgebend ist, ob dem Rechtsanwalt nach den Umständen des Falles wegen seines Ausbleibens billigerweise ein Vorwurf zu machen ist oder nicht (*Meyer-Goßner* StPO § 329 Rn. 21 ff. mit Fallbeispielen), ob ihm ein Erscheinen zum Berufungshauptverhandlungstermin zuzumuten ist oder nicht. Nicht zuzumuten ist es zB, wenn die Niederkunft der Ehefrau unmittelbar bevorsteht (BayAGH Urteil vom 14.10.1999 – BayAGH II 8/99).

3. Verwerfungsurteil. Bestehen gegen die Zulässigkeit der Berufung keine Bedenken, liegen 23
auch keine Verfahrenshindernisse vor (dann Einstellungsurteil nach § 116 S. 2 iVm § 260 Abs. 3 StPO; KK-StPO/*Ruß* StPO § 329 Rn. 13), dann muss bei Vorliegen der Voraussetzungen des § 329 Abs. 1 S. 1 StPO iVm § 143 Abs. 4 S. 2 die Berufung des Rechtsanwalts ohne Sachverhandlung verworfen werden, für eine vorläufige Einstellung des Verfahrens wegen Abwesenheit des Rechtsanwalts ist kein Raum (OLG Stuttgart MDR 1982, 775). Der AGH hat keinen Ermessensspielraum, er darf nicht nach § 134 in Abwesenheit des Rechtsanwalts verhandeln, auch nicht, wenn er Bedenken gegen die Richtigkeit des erstinstanzlichen Urteils hat (KK-StPO/*Ruß* StPO § 329 Rn. 13). Eine Änderung des angefochtenen Urteils ist nicht zulässig, auch keine Klarstellung entsprechend § 329 Abs. 1 S. 3 StPO. Die Entscheidung ergeht ohne Berichterstattung (§ 116 S. 2 iVm § 324 StPO), ohne Beweisaufnahme und ohne sachliches Eingehen auf das erstinstanzliche Urteil (KK-StPO/*Ruß* StPO § 329 Rn. 13).

4. Wiedereinsetzung. Der Rechtsanwalt kann gegen das Verwerfungsurteil die Wiedereinset- 24
zung in den vorigen Stand unter den Voraussetzungen der §§ 44, 45 StPO beanspruchen (§ 329 Abs. 3 StPO). Der Wiedereinsetzungsantrag ist beim AGH anzubringen und zwar binnen einer Woche nach Zustellung des Verwerfungsurteils (§ 116 S. 2, § 45 StPO). Wiedereinsetzung von Amts wegen nach § 45 Abs. 2 S. 2 StPO ist ausgeschlossen (*Meyer-Goßner* StPO § 45 Rn. 12, StPO § 329 Rn. 40). Nach § 45 Abs. 2 S. 1 StPO sind die Tatsachen zur Begründung des Wiedereinsetzungsgesuchs im Wiedereinsetzungsantrag darzulegen. Dieser Vortrag ist Zulässigkeitsvoraussetzung für den Wiedereinsetzungsantrag (AGH BW Beschluss vom 1.7.1996 – AGH 22/95 (III) – 6). Der AGH entscheidet über den Wiedereinsetzungsantrag durch Beschluss (§ 116 S. 2 iVm § 46 Abs. 1 StPO) grundsätzlich außerhalb der Hauptverhandlung. Die Entscheidung kann aber auch noch in der Hauptverhandlung ergehen, in der das Verwerfungsurteil ergangen ist, wenn der Rechtsanwalt dann doch noch erschienen ist und die Gründe glaubhaft macht, die sein verspätetes Erscheinen als entschuldigt erscheinen lassen. Wird dem Rechtsanwalt Wiedereinsetzung gewährt, so ist damit das Verwerfungsurteil beseitigt. Wird nach gewährter Wiedereinsetzung ein neuer Termin zur Berufungshauptverhandlung bestimmt und bleibt der Rechtsanwalt wieder aus, ist bei Vorliegen der Voraussetzungen des § 329 Abs. 1 S. 1 wieder die Berufung zu verwerfen (KK-StPO/*Ruß* StPO § 329 Rn. 24).

5. Revision. a) Zulässigkeit. Unter den Voraussetzungen des § 145 ist gegen das Verwer- 25
fungsurteil die Revision zulässig und zwar auch neben dem Wiedereinsetzungsantrag, dann gilt § 342 Abs. 2 StPO (§ 116 S. 2). Zwar ist nach § 145 Abs. 1 die Revision des Rechtsanwalts nur zulässig, wenn das Urteil des AGH auf eine Maßnahme gemäß § 114 Abs. 1 Nr. 4 oder 5 lautet (Nr. 1), oder wenn der AGH sie in dem Urteil zugelassen hat (Nr. 3). Die Revision nach § 145 Abs. 1 Nr. 2 kann nur die Staatsanwaltschaft, nicht auch der Rechtsanwalt einlegen (BGHSt 17, 21 = NJW 1962, 824; → § 145 Rn. 4). Die Revision des Rechtsanwalts nach § 145 ist somit nur gegen bestimmte Sachurteile des AGH zulässig. Das Verwerfungsurteil nach § 143 Abs. 4 S. 2 iVm § 329 Abs. 1 S. 1 StPO ist aber ein reines Prozessurteil (BGHSt 17, 391 = NJW 1962, 2020; KK-StPO/*Ruß* StPO § 329 Rn. 14), enthält eine solche Sachentscheidung nicht. Durch dieses Prozessurteil wird aber das mit der Berufung angefochtene Sachurteil des AnwG aufrechterhalten. Treffen auf das so aufrechterhaltene Urteil des AnwG die Voraussetzungen des § 145 Abs. 1 Nr. 1

zu, ist die Folge des Verwerfungsurteils die Aufrechterhaltung des Maßnahmeausspruchs nach § 114 Abs. 1 Nr. 4 oder 5. Aus diesem Grund ist ein solches Verwerfungsurteil mit der Revision anfechtbar (§ 145 Abs. 1 Nr. 1). Auch in diesem Fall greift die Absicht des Gesetzes, den dritten Rechtszug dann zu gewähren, wenn die berufliche Existenz des Rechtsanwalts auf dem Spiele steht (→ § 145 Rn. 4). Andererseits wird so auch der Sinn und Zweck der Bestimmung des § 329 Abs. 1 StPO iVm § 143 Abs. 4 S. 2 erreicht, der darin besteht, den Rechtsanwalt daran zu hindern, die Sachentscheidung über seine Berufung dadurch zu verhindern, dass er sich der Verhandlung entzieht (BGHSt 17, 188 = NJW 1962, 1117; BGHSt 27, 236 = NJW 1977, 2273; *Meyer-Goßner* StPO § 329 Rn. 2). § 329 StPO dient der Beschleunigung und nicht unbedingt der Beendigung des Verfahrens. Es ist damit nicht Sinn und Zweck der Regelung des § 143 Abs. 4 S. 2 iVm § 329 Abs. 1 StPO, an das Verhalten des Rechtsanwalts im Berufungsverfahren auch die weitergehende Folge zu knüpfen, dass damit auch eine sonst mögliche Revision ausgeschlossen sein soll. Da es in der Anwaltsgerichtsbarkeit anders als in der Jugendgerichtsbarkeit keine generelle Beschränkung auf nur 1 Rechtsmittel (§ 55 Abs. 2 JGG: nur Berufung oder Revision) gibt, sondern die Beschränkung der Revision sich aus der Art des Maßnahmeausspruchs in dem angefochtenen Urteil ergibt, kann anders als im Jugendrecht (vgl. BGHSt 30, 98 = NJW 1981, 2422) an die Verwerfung der Berufung nach § 329 Abs. 1 StPO im anwaltsgerichtlichen Verfahren sich kein Verlust der Revisionsmöglichkeit knüpfen, wenn Ergebnis des Berufungsurteils eine dem § 145 Abs. 1 Nr. 1 entsprechende Bedrohung der beruflichen Existenz des Rechtsanwalts ist.

26 **b) Rügemöglichkeit.** Mit der Revision gegen das Verwerfungsurteil kann nur die Verletzung des § 329 StPO iVm § 143 Abs. 3 S. 2 geltend gemacht werden. Das Revisionsgericht (§ 145 Abs. 1) prüft auf entsprechende Rüge im Freibeweis, ob der Rechtsanwalt ordnungsgemäß geladen wurde mit Belehrung nach § 143 Abs. 4 S. 2, oder ob die besondere Vollmacht des Verteidigers nach § 116 S. 2 iVm § 145a Abs. 2 S. 1 StPO (→ § 116 Rn. 24) vorlag (*Meyer-Goßner* StPO § 329 Rn. 48). Im Übrigen kann das Urteil auf die Revision nur darauf überprüft werden, ob das Berufungsgericht seine Aufklärungspflicht verletzt und daher seine Entscheidung nicht alle in diesem Zeitpunkt erkennbaren Entschuldigungsgründe zugrunde gelegt oder ob es die Rechtsbegriffe des Ausbleibens oder der genügenden Entschuldigung verkannt hat (*Meyer-Goßner* StPO § 329 Rn. 48 mwN). An die tatsächlichen Feststellungen des Urteils, die in der Revisionsbegründungsschrift nicht wiederholt zu werden brauchen, ist das Revisionsgericht gebunden; es darf sie weder prüfen noch ergänzen (BGHSt 28, 384 = NJW 1979, 2319; *Meyer-Goßner* StPO § 329 Rn. 48). Nachträgliches Entschuldigungsvorbringen ist unbeachtlich. Nur auf die Rüge, dass das Berufungsgericht seine Ermittlungspflicht verletzt habe, ist dem Revisionsgericht die Möglichkeit des Freibeweises eröffnet (BGHSt 28, 384 = NJW 1979, 2319; *Meyer-Goßner* StPO § 329 Rn. 48). Zweifel über das Vorliegen einer genügenden Entschuldigung oder über die Wirksamkeit der Ladung führen zur Urteilsaufhebung. Die Sachrüge führt nur zur Prüfung, ob Verfahrenshindernisse vorliegen (BGHSt 21, 242 = NJW 1967, 1476; *Meyer-Goßner* StPO § 329 Rn. 49).

27 Im Hinblick auf diese eingeschränkte Prüfungsmöglichkeit des Revisionsgerichts bei Revision gegen ein Verwerfungsurteil nach § 329 Abs. 1 StPO iVm § 143 Abs. 4 S. 2 kommt bei Verwerfungsurteilen eine Zulassung der Revision nach § 145 Abs. 1 Nr. 3 und Abs. 2 nicht in Betracht. Fragen der anwaltlichen Berufspflichten werden von dieser Prüfungsmöglichkeit nicht umfasst. Aber auch Rechtsfragen, die von grundsätzlicher Bedeutung sind (§ 145 Abs. 2) können im Zusammenhang mit § 329 StPO im Hinblick auf die jahrzehntelange gefestigte Rechtsprechung der Strafgerichte dazu praktisch nicht mehr auftreten.

28 Damit das Revisionsgericht die für die Verwerfung maßgeblichen Gründe überprüfen kann, muss der AGH sein Prozessurteil begründen (BGHSt 17, 391 = NJW 1962, 2020; KK-StPO/*Ruß* StPO § 329 Rn. 14). Aus den Gründen des Verwerfungsurteils müssen sich alle Tatsachen ergeben, die als Entschuldigungsgründe vorgebracht wurden oder als solche sonst in Betracht kommen (KK-StPO/*Ruß* StPO § 329 Rn. 14).

IX. Zeitpunkt des Eintritts der Rechtskraft

29 Ist die Revision gegen das Berufungsurteil nach § 145 Abs. 1 zulässig, tritt die Rechtskraft des Berufungsurteils nach Verstreichen der Revisionseinlegungsfrist (§ 146 Abs. 1) ein. Da nach § 145 Abs. 3 die Nichtzulassung der Revision selbständig mit der Beschwerde innerhalb eines

Monats nach Zustellung des Urteils angefochten werden kann und die Beschwerde die Rechtskraft des Urteils hemmt (§ 145 Abs. 4), wird das Urteil des AGH frühestens mit Ablauf der Beschwerdefrist nach § 145 Abs. 3 rechtskräftig (BGH BRAK-Mitt. 1983, 93; BGHSt 17, 21 = NJW 1962, 824; *Jessnitzer/Blumberg* § 143 Rn. 6).

§ 144 Mitwirkung der Staatsanwaltschaft vor dem Anwaltsgerichtshof

Die Aufgaben der Staatsanwaltschaft in den Verfahren vor dem Anwaltsgerichtshof werden von der Staatsanwaltschaft bei dem Oberlandesgericht oder dem obersten Landesgericht wahrgenommen, bei dem der Anwaltsgerichtshof errichtet ist.

In dem Verfahren vor dem AGH vertritt die Staatsanwaltschaft (§ 120) die öffentlichen 1
Interessen, die in diesem Verfahren zu wahren sind (amtliche Begründung, BT-Drs. 3/120, 105). Die Regelung knüpft an §§ 142 Abs. 1 Nr. 2, 143 Abs. 1 GVG an. Die Generalstaatsanwaltschaft bei dem OLG, bei dem der Anwaltsgerichtshof errichtet ist, entscheidet auch über die Geltendmachung des Rechtes der Revision und bei deren Nichtzulassung über die Beschwerdeeinlegung (§ 145 Abs. 3). Ist gegen den Beschluss, durch den der Anwaltsgerichtshof es abgelehnt hat, ein Berufs- oder Vertretungsverbot als vorläufige Maßnahme zu verhängen, nach § 157 Abs. 2 die sofortige Beschwerde zulässig, so entscheidet über deren Einlegung ebenfalls die Staatsanwaltschaft. Im Übrigen vgl. Anm. zu § 120. Ein oberstes Landesgericht (§ 9 EGGVG) existiert in keinem Lande mehr; das oberste Landesgericht in Bayern wurde 2006 aufgelöst (*Meyer-Goßner* EGGVG § 8 Rn. 1).

2. Das Rechtsmittel gegen Entscheidungen des Anwaltsgerichtshofes

§ 145 Revision

(1) **Gegen ein Urteil des Anwaltsgerichtshofes ist die Revision an den Bundesgerichtshof zulässig,**

1. **wenn das Urteil auf eine Maßnahme gemäß § 114 Abs. 1 Nr. 4 oder 5 lautet;**
2. **wenn der Anwaltsgerichtshof entgegen einem Antrag der Staatsanwaltschaft nicht auf eine Maßnahme gemäß § 114 Abs. 1 Nr. 4 oder 5 erkannt hat;**
3. **wenn der Anwaltsgerichtshof sie in dem Urteil zugelassen hat.**

(2) **Der Anwaltsgerichtshof darf die Revision nur zulassen, wenn er über Rechtsfragen oder Fragen der anwaltlichen Berufspflichten entschieden hat, die von grundsätzlicher Bedeutung sind.**

(3) [1]**Die Nichtzulassung der Revision kann selbständig durch Beschwerde innerhalb eines Monats nach Zustellung des Urteils angefochten werden.** [2]**Die Beschwerde ist bei dem Anwaltsgerichtshof einzulegen.** [3]**In der Beschwerdeschrift muß die grundsätzliche Rechtsfrage ausdrücklich bezeichnet werden.**

(4) **Die Beschwerde hemmt die Rechtskraft des Urteils.**

(5) [1]**Wird der Beschwerde nicht abgeholfen, so entscheidet der Bundesgerichtshof durch Beschluß.** [2]**Der Beschluß bedarf keiner Begründung, wenn die Beschwerde einstimmig verworfen oder zurückgewiesen wird.** [3]**Mit Ablehnung der Beschwerde durch den Bundesgerichtshof wird das Urteil rechtskräftig.** [4]**Wird der Beschwerde stattgegeben, so beginnt mit Zustellung des Beschwerdebescheides die Revisionsfrist.**

Übersicht

I. Zulässigkeit der Revision

1 § 145 regelt die Zulässigkeit der Revision im anwaltsgerichtlichen Verfahren abschließend. §§ 333, 335 StPO sind nicht sinngemäß anwendbar. Eine Sprungrevision gegen Urteile des AnwG ist nicht statthaft. Der Rechtsmittelzug für das strikt dreistufige Verfahren zur anwaltsgerichtlichen Ahndung von Pflichtverletzungen ist in §§ 143, 145 abschließend geregelt. Für die sinngemäße Anwendung des § 335 StPO nach § 116 S. 2 ist danach kein Raum (BGH BRAK-Mitt. 1999, 193 mit Anm. *Johnigk;* Henssler/Prütting/*Dittmann* § 143 Rn. 16; **aA** *Isele* § 145 Anm. II A). Die Revision wird nur für besonders bedeutsame Fälle zugelassen. Diese Privilegierung der Fälle rechtfertigt sich dadurch, dass es hier um die Existenz des Betroffenen (BGH EBE 1991, 159) und um die Reinhaltung der Rechtsanwaltschaft geht. Die tatsächlichen Feststellungen des vorausgegangenen Verfahrens sind für das Revisionsgericht bindend (amtliche Begründung, BT-Drs. 3/120, 105). Zur Zuständigkeit des BGH in verwaltungsrechtlichen Anwaltssachen vgl. Anm. zu §§ 112c, 112e iVm §§ 124a, 132 VwGO.

2 **1. Verurteilung zu einer Maßnahme nach § 114 Abs. 1 Nr. 4 oder 5.** Nach § 145 Abs. 1 Nr. 1 ist die Revision an den BGH zulässig, wenn das Urteil auf Ausschließung aus der Rechtsanwaltschaft oder ein Vertretungsverbot lautet. Das Rechtsmittel der Revision ist danach gegeben, wenn es in der Revisionsinstanz noch um die Ausschließung aus der Rechtsanwaltschaft oder das Vertretungsverbot geht. Es ist daher ohne Bedeutung, ob es sich um den erstmaligen Ausschluss, bzw. das erstmalige Verbot, um die Verwerfung einer Berufung gegen ein Ausschließungsurteil – auch als unzulässig (BGH BRAK-Mitt. 1999, 236) – oder Urteil mit Vertretungsverbot oder um die Bestätigung einer Ausschließung bzw. eines Verbotes im Wiederaufnahmeverfahren handelt (BGH EGE VII, 189; *Gribbohm,* FS Pfeiffer, 1988, 911, 913). Bei nichtanwaltlichen Geschäftsführern einer Rechtsanwaltsgesellschaft (§ 59f) tritt an die Stelle der Ausschließung gemäß § 115c S. 2 die Aberkennung der Eignung zur Geschäftsführung, bei dienstleistenden europäischen Rechtsanwälten nach § 34 Nr. 2 EuRAG das Verbot in Deutschland Dienstleistungen zu erbringen und bei niedergelassenen europäischen Rechtsanwälten gemäß § 6 Abs. 3 S. 2 EuRAG das Verbot in Deutschland fremde Rechtsangelegenheiten zu besorgen. Dies gilt auch für die Frage der Zulässigkeit der Revision (Henssler/Prütting/*Dittmann* § 145 Rn. 3; Gaier/Wolf/Göcken/*Johnigk* § 145 Rn. 6). Revisionsführungsberechtigt ist stets der Rechtsanwalt, weil er durch das Urteil des AGH beschwert ist, aber auch der Staatsanwaltschaft steht bei Verurteilung zu einer Maßnahme nach § 114 Abs. 1 Nr. 4 die Revision zu Gunsten oder zu Ungunsten des Rechtsanwalts zu (BGHSt 17, 21 = NJW 1962, 824). Gegen ein auf Ausschließung aus der Rechtsanwaltschaft erkennendes Urteil kann die Staatsanwaltschaft nur zu Gunsten des Rechtsanwalts Revision einlegen (Henssler/Prütting/*Dittmann* § 145 Rn. 3). Zur Zulässigkeit der Revision gegen ein Verwerfungsurteil nach § 143 Abs. 4 S. 2 iVm § 329 StPO → § 143 Rn. 24 ff. und zur sofortigen Beschwerde gegen eine Beschlussverwerfung der Berufung → § 143 Rn. 5.

3 **2. Ablehnung der Verhängung einer Maßnahme nach § 114 Abs. 1 Nr. 4 oder 5.** Nach Abs. 1 Nr. 2 ist die Revision zulässig, wenn der AGH entgegen einem Antrag der Staatsanwaltschaft nicht auf die Maßnahme gemäß § 114 Abs. 1 Nr. 4 oder 5 erkannt hat. Entscheidend ist, dass das Urteil des AGH trotz eines entsprechenden Antrages der Staatsanwaltschaft nicht auf ein zeitlich beschränktes Vertretungsverbot (§ 114 Abs. 1 Nr. 4) oder auf Ausschließung aus der Rechtsanwaltschaft (§ 114 Abs. 1 Nr. 5) lautet, gleichgültig ob der AGH auf Berufung ein entsprechendes Urteil des AGH aufgehoben und auf eine geringere Maßnahme oder gar Freispruch erkannt hat oder ob schon das Anwaltsgericht die Verhängung einer solchen Maßnahme abgelehnt hatte und die Berufung der Staatsanwaltschaft erfolglos war. Die Staatsanwaltschaft kann Revision auch einlegen, wenn das Gericht statt wie beantragt auf Ausschließung nur auf ein Vertretungsverbot erkannt hat.

Die Revision nach Abs. 1 Nr. 2 kann nur die Staatsanwaltschaft, nicht auch der Rechtsanwalt einlegen (BGHSt 17, 21 = NJW 1962, 824). Aus § 145 Abs. 1 ergibt sich, dass im anwaltsgerichtlichen Verfahren grundsätzlich nur zwei Rechtszüge gegeben sind. Mit einem Urteil des Anwaltsgerichtshofes, das auf Verwarnung, Verweis oder Geldbuße allein oder nebeneinander lautet, endet in der Regel das anwaltsgerichtliche Verfahren. Sieht man vom Fall der Grundsatzrevision nach § 145 Abs. 1 Nr. 3, Abs. 2 ab, so ist der dritte Rechtszug dem Beschuldigten eröffnet, wenn er zur Maßnahme nach § 114 Abs. 1 Nr. 4 oder 5 verurteilt ist, sowie der Staatsanwaltschaft, wenn sie mit ihrem Antrag auf Ausschließung oder Vertretungsverbot nicht durchgedrungen ist, dieses Ziel aber weiterhin verfolgt (Abs. 1 Nr. 2). In diesen Fällen tritt die Absicht des Gesetzes zutage, den dritten Rechtszug dann zu gewähren, wenn die berufliche Existenz des Beschuldigten auf dem Spiele steht. Um diese ginge es nicht, wenn der Beschuldigte, gegen den die Staatsanwaltschaft ohne Erfolg die Ausschließung oder die Verhängung eines Vertretungsverbots betrieben hatte, gegen das ihn zu geringerer Strafe verurteilende Erkenntnis die Revision führen dürfte; denn zu einer Verschärfung der Strafe könnte das Rechtsmittel nicht führen (§ 358 Abs. 2 StPO, § 146 Abs. 3; BGHSt 17, 21 = NJW 1962, 824). 4

3. Zulassung der Revision durch den AGH. Nach Abs. 1 Nr. 3 ist die Revision ferner zulässig, wenn der AGH sie in dem Urteil zugelassen hat. Sie ist dann nicht an Art und Schwere der vom AGH verhängten oder bestätigten Maßnahme gebunden, allerdings ist die Zulassung gegenstandslos, wenn die Revision schon kraft Gesetzes gemäß § 145 Abs. 1 Nr. 1 oder 2 zugelassen wäre (BGHSt 17, 21 = NJW 1962, 824). Ohne eine solche Zulassung ist die Revision nicht statthaft. Die Zulassung nach Abs. 2 hat vor allem Bedeutung, wenn eine Entscheidung des BGH zur Wahrung der Rechtseinheit geboten ist (amtliche Begründung, BT-Drs. 3/120, 106). Auch eine zugelassene Revision kann nur von dem eingelegt werden, der durch die Entscheidung des AGH beschwert ist. Durch ein Einstellungsurteil gemäß § 139 Abs. 3 Nr. 2 iVm § 115b ist der Rechtsanwalt beschwert. Er kann dagegen die Revision einlegen, falls sie gemäß § 145 Abs. 1 Nr. 3, Abs. 2 zugelassen worden ist (BGHSt 23, 257 = NJW 1970, 1466 mit Anm. *Traub* NJW 1970, 1887). 5

a) Entscheidung des AGH über die Zulassung. Die Entscheidung des AGH über die Zulassung der Revision ergeht, wenn kein Fall des Abs. 1 Nr. 1 oder 2 vorliegt, stets von Amts wegen und erfolgt in dem Urteil, sie ist mit zu verkünden (BVerfG NJW 1991, 417 zu § 72 Abs. 2 Nr. 2 ArbGG; vgl. auch BAG NJW 1991, 1197). Die sich erst aus den Gründen des Urteils ergebende Zulassung der Revision macht die eingelegte Revision jedoch nicht unstatthaft (Gaier/Wolf/Göcken/*Vorwerk* § 145 Rn. 10); da auch sie „in dem Urteil zugelassen" wurde. Lässt der AGH die Revision zu, ist die Entscheidung unanfechtbar und für den BGH bindend (*Isele* § 145 Anm. II C 3a, bb,b 1). Die Zulassung ist selbst dann bindend, wenn sie offenbar verfehlt ist (*Rössler,* FG Peters, 1984, 249, 263). Die Begründung des AGH, wegen welcher Frage von grundsätzlicher Bedeutung (Abs. 2) er die Revision zulässt, beinhaltet keine Beschränkung der Revision auf den Teil des Urteils, der nach Auffassung des AGH grundsätzliche Bedeutung hat, sondern ist nur eine Begründung für die Zulassung. 6

Die dann unbeschränkt eingelegte Revision berechtigt und verpflichtet den BGH, die gesamte Verurteilung im Rahmen der Revisionsbegründung auf formelle und sachliche Fehler zu überprüfen (BGH BRAK-Mitt. 1987, 158; 1981, 36 = StV 1981, 133; EGE VI, 135; → § 146 Rn. 12). 7

Die Nichtzulassung der Revision durch den AGH erfolgt ebenfalls in dem Urteil und ist im Hinblick auf seine selbständige Anfechtbarkeit mit der Beschwerde (Abs. 3) zu begründen (§ 116 S. 2 iVm § 34 StPO). Die Revision kann aber bei einem Einstellungsurteil beschränkt auf die Kostenentscheidung zugelassen werden (BGH EGE IX, 86, 88, 104). Auch ansonsten kann eine **Beschränkung** in engen Grenzen vorgenommen werden. Zwar findet eine Beschränkung der Nachprüfung auf die zur Zulassung führende Frage nicht statt (Henssler/Prütting/*Dittmann* § 145 Rn. 7). Eine Beschränkung ist jedoch möglich, „wenn sie sich auf Beschwerdepunkte bezieht, die nach dem inneren Zusammenhang des Urteils losgelöst von seinem nicht angegriffenen Teil beurteilt werden können, ohne eine Prüfung der gesamten Entscheidung erforderlich zu machen" (Gaier/Wolf/Göcken/*Vorwerk* § 145 Rn. 11; *Meyer-Goßner* § 344 Rn. 7 iVm § 318 Rn. 1 ff.). 8

9 **b) Zulassungsvoraussetzungen.** Zulassen darf der AGH die Revision aber nur, wenn er über Rechtsfragen oder Fragen der anwaltlichen Berufspflichten entschieden hat, die von grundsätzlicher Bedeutung sind (Abs. 2). Voraussetzung hierfür ist, dass es in dem zu entscheidenden Fall auf eine grundsätzliche, abstrakt formulierbare und über den Einzelfall hinaus bedeutsame Rechtsfrage oder Frage der anwaltlichen Berufspflichten ankommt (*Odersky* AnwBl. 1991, 238, 241). Eine Entscheidung über eine solche Frage liegt auch dann vor, wenn der AGH stillschweigend von einer bestimmten Rechtsansicht über diese Frage ausgegangen ist (BGHSt 17, 21 = NJW 1962, 824). Es genügt dabei für sich allein nicht, wenn das Verfahren vor dem AGH irgendwie fehlerhaft gewesen sein sollte, der AGH über die zugrundeliegende Rechtsfrage aber nicht entschieden hat. Es genügt auch nicht, dass die Entscheidung des AGH für den Rechtsanwalt schwerwiegende Folgen hat (BGH EGE VIII, 68; BRAK-Mitt. 1983, 93).

10 Grundsätzliche Bedeutung in diesem Sinne haben nur Rechtsfragen oder Fragen der anwaltlichen Berufspflichten, deren Beantwortung nicht selbstverständlich ist und auf die es für die Entscheidung in der Sache ankommt (BGHSt 17, 21 = NJW 1962, 824; BGH EGE VIII 68).

11 Danach können Fragen, deren Lösung sich unmittelbar aus dem Gesetz ergibt, nicht zur Zulassung der Revision führen. Fragen, deren Lösung zweifelsfrei ist oder die in der höchstrichterlichen Rechtsprechung bereits geklärt sind und für deren Lösung keine wesentlich neuen Gesichtspunkte vorgetragen werden, können ebenfalls nicht als klärungsbedürftig und darum als Fragen von grundsätzlicher Bedeutung anerkannt werden.

12 Ebenso wenig kann zur Klärung einer Rechtsfrage oder einer Frage der anwaltlichen Berufspflichten, über die der AGH gar nicht entschieden hat und über die demgemäß das Revisionsgericht nicht zu entscheiden braucht, die Revision zugelassen werden (BGH EGE VII, 162; BGHSt 17, 21 = NJW 1962, 824; BRAK-Mitt. 1983, 93).

13 Folglich können auch absolute Revisionsgründe, wie der, dass das Urteil mit Gründen zu spät zur Geschäftsstelle gelangt ist (§§ 275 Abs. 1 S. 2, 338 Nr. 7 StPO iVm § 116 S. 2 BRAO) für sich nicht die Zulassung rechtfertigen, da diese sich zweifelsfrei aus dem Gesetz ergeben (BGH NJW 1977, 1406). Ebenso ist es keine Rechtsfrage von grundsätzlicher Bedeutung, ob die Anwaltsgerichte nach § 118 Abs. 3 S. 1 daran gebunden sind, dass im strafgerichtlichen Urteil der Ausschluss der Zurechnungsfähigkeit des Beschuldigten verneint und demgemäß die Schuldfähigkeit bejaht worden ist (BGHSt 19, 269 = NJW 1964, 1037) und auch nicht die Frage der Auslegung des § 115b (BGH BRAK-Mitt. 1983, 93). Ebenso ist es keine rechtsgrundsätzliche Frage in diesem Sinne, dass auch Verteidiger prozessleitende Anordnungen des Vorsitzenden zu befolgen haben und diese nicht beharrlich unterlaufen dürfen. Das ergibt sich unmittelbar aus § 176 GVG iVm § 238 StPO. Inwieweit der Tatrichter verpflichtet ist, in dem anwaltsgerichtlichen Urteil die Vorgeschichte für die dem Rechtsanwalt zur Last gelegte Pflichtverletzung, zB eine Beleidigung darzustellen, hängt von den Umständen des Einzelfalles ab (vgl. BGHSt 35, 200) und ist daher ebenfalls keine rechtsgrundsätzliche Frage iSd § 145 Abs. 2 (BGH Beschluss vom 14.3.1994 – AnwSt (B) 18/93 nv). Grundsätzlich bedeutsam sind nur solche Fragen, deren Beantwortung dazu beitragen kann, eine einheitliche Rechtsauffassung durchzusetzen oder die – über den zu entscheidenden Einzelfall hinaus – von allgemeiner Tragweite sind (*Rössler,* FG Peters, 1984, 249, 262).

II. Die Nichtzulassungsbeschwerde

14 **1. Beschwerdeberechtigung.** Hat der AGH die Revision nicht zugelassen, dann kann diese Nichtzulassung sowohl von dem Rechtsanwalt als auch von der Staatsanwaltschaft mit der Beschwerde angefochten werden (Abs. 3), wenn eine Beschwer gegeben ist, also eine andere Entscheidung der Frage von grundsätzlicher Bedeutung eine für den Beschwerdeführer und seinen Standpunkt günstigere Entscheidung ermöglicht (*Isele* § 145 Anm. II D 1).

15 Hat der AGH die Verhängung eines Verweises und einer Geldbuße bestätigt, so steht dem Rechtsanwalt die Beschwerde gegen die Nichtzulassung der Revision auch zu, wenn er auf Rechtsmittel gegen das Urteil des Anwaltsgerichts verzichtet und die Staatsanwaltschaft ihre auf den Rechtsfolgenausspruch beschränkte Berufung zu seinen Ungunsten eingelegt hatte (BGH BRAK-Mitt. 1983, 93). Eine verfassungskonforme Auslegung des § 145 Abs. 2 und 3 kann im Falle der Verletzung rechtlichen Gehörs durch den AGH ebenfalls die Nichtzulassungsbeschwerde rechtfertigen (Gaier/Wolf/Göcken/*Vorwerk* § 145 Rn. 24, 28).

2. Beschwerdefrist. Sie beträgt einen Monat nach wirksamer Zustellung des Urteils (→ § 116 Rn. 15 zu § 36 StPO). Dabei ist gleichgültig, ob der Rechtsanwalt bei der Verkündung des Urteils zugegen war oder nicht. Daraus folgt, dass Berufungsurteile, gegen die eine Nichtzulassungsbeschwerde in Betracht kommt, stets an den Rechtsanwalt und die Staatsanwaltschaft zuzustellen sind. Ohne die Zustellung werden diese Urteile nicht rechtskräftig; denn da eine eingelegte Beschwerde die Rechtskraft des Urteils hemmt (Abs. 4), kann diese auch nicht eintreten, solange die Beschwerdefrist noch läuft oder noch gar nicht begonnen hat (BGHSt 17, 21 = NJW 1962, 824; BGHSt 19, 269 = NJW 1964, 1037). 16

Die Zustellung an den Rechtsanwalt kann, nicht nur wenn er bei der Verkündung des Urteils anwesend war, an seinen Verteidiger erfolgen (§ 145a Abs. 1 StPO iVm § 116 S. 2; → § 116 Rn. 24; AGH Hmb Beschluss vom 15.8.1997 – I EVY 2/96). 17

3. Beschwerdeeinlegung und -begründung. Die Beschwerde ist bei dem AGH, der die Entscheidung erlassen hat, einzulegen und zu begründen. Dies muss schriftlich erfolgen. Eine Erklärung zu Protokoll der Geschäftsstelle ist nicht möglich (*Isele* § 145 Anm. II D, 5, 6). In der Beschwerdebegründung muss der Beschwerdeführer alle grundsätzlichen Rechtsfragen, auf die er das Rechtsmittel stützen will, innerhalb der Monatsfrist bezeichnen. Eine Ergänzung innerhalb der Monatsfrist ist zulässig. Dabei reicht die Aufzählung angeblich verletzter Vorschriften ohne weitere Begründung nicht aus und macht die Beschwerde unzulässig (BGH EGE VIII, 52; BRAK-Mitt. 1983, 93). Ebenfalls nicht ausreichend ist es, einen Verstoß gegen Art. 5 GG zu behaupten und die ehrverletzenden Äußerungen mit dem Bemühen um Änderung der Praxis der Berufsgerichte zu erklären (BGH BeckRS 2012, 14178). Soweit der Beschwerdeführer Verfahrensfragen als grundsätzliche Rechtsfragen bezeichnen will, ist er im Rahmen des § 145 Abs. 3 S. 3 BRAO zu einem der Form des § 344 Abs. 2 S. 2 StPO iVm § 116 S. 2, § 146 Abs. 3 S. 1 BRAO genügenden Sachvortrag verpflichtet (BGH Beschluss vom 12.2.2001 – AnwSt (B) 1/00 nv). 18

4. Beschwerdeentscheidung. Aufgrund der Beschwerde hat zunächst der AGH zu entscheiden, ob er ihr abhilft oder nicht (§ 116 S. 2 iVm § 306 Abs. 2 StPO). Über die Unzulässigkeit der Beschwerde kann der AGH allerdings nicht entscheiden. 19

a) Abhilfe durch den AGH. Hilft der AGH der Beschwerde ab, lässt er die Revision zu, wobei er anzugeben hat, worin er die Frage von grundsätzlicher Bedeutung sieht und muss nunmehr der Beschluss zugestellt werden. Mit der Zustellung des Beschlusses beginnt die Revisionseinlegungsfrist (*Isele* § 145 Anm. II D 8a, aa, bb). 20

b) Entscheidung durch den BGH. Hilft der AGH der Beschwerde nicht ab, kann diese Entscheidung formlos, zB durch Aktenvermerk erfolgen und braucht dem Rechtsanwalt nicht zugestellt werden, da die Entscheidung nicht selbständig anfechtbar ist (*Meyer-Goßner* StPO § 306 Rn. 9). Ist bei der Abhilfeprüfung auf neues erhebliches Vorbringen einzugehen, dann muss in der Abhilfeentscheidung die ursprüngliche Begründung so ergänzt werden, als wäre das neue Vorbringen schon vor der angefochtenen Entscheidung geltend gemacht worden (OLG München NJW 1973, 1143; **aA** *Meyer-Goßner* StPO § 306 Rn. 9). 21

Der AGH gibt die Vorgänge sodann an den BGH ab. 22

Der BGH kann die Beschwerde als unzulässig verwerfen, zB bei Versäumung der Beschwerdefrist oder nicht ordnungsgemäßer Begründung. Ergeht der Beschluss einstimmig, bedarf er keiner Begründung, sonst ist er zu begründen. Weist der BGH die Beschwerde sachlich zurück, ist der Beschluss ebenfalls nur zu begründen, wenn er nicht einstimmig erfolgte. Mit der Ablehnung der Beschwerde durch den BGH wird das Urteil rechtskräftig (Abs. 5 S. 3). Gibt der BGH der Beschwerde statt, dann beginnt mit Zustellung des Beschwerdebescheides die Revisionsfrist. 23

Die Vorschrift des § 357 StPO über die Revisionserstreckung auf Mitverurteilte ist in dem Beschwerdeverfahren wegen Nichtzulassung der Revision gegen ein Urteil eines AGH nicht analog anwendbar (BGHSt 37, 361 = NJW 1991, 3034). 24

§ 146 Einlegung der Revision und Verfahren

(1) [1]**Die Revision ist binnen einer Woche bei dem Anwaltsgerichtshof schriftlich einzulegen.** [2]**Die Frist beginnt mit der Verkündung des Urteils.** [3]**Ist das Urteil nicht in Anwesenheit des Rechtsanwalts verkündet worden, so beginnt für diesen die Frist mit der Zustellung.**

(2) **Seitens des Rechtsanwalts können die Revisionsanträge und deren Begründung nur schriftlich angebracht werden.**

(3) [1] **Auf das Verfahren vor dem Bundesgerichtshof sind im übrigen neben den Vorschriften der Strafprozeßordnung über die Revision §§ 135 und 139 Abs. 3 dieses Gesetzes sinngemäß anzuwenden.** [2] **In den Fällen des § 354 Abs. 2 der Strafprozeßordnung kann die Sache auch an den Anwaltsgerichtshof eines anderen Landes zurückverwiesen werden.**

Übersicht

I. Schriftform

1 Die Revision muss schriftlich eingelegt werden, eine Erklärung zu Protokoll der Geschäftsstelle ist unzulässig. Ein Bedürfnis für eine solche Form der Einlegung ist ebenso wie bei der Berufung (→ § 143 Rn. 4) nicht gegeben (amtliche Begründung, BT-Drs. 3/120, 106; *Isele* § 146 Anm. II A). Eine telefonische Erklärung reicht nicht aus (*Meyer-Goßner* StPO Einl. Rn. 140). Zur Telekopie vgl. BAG NJW 1986, 1778; NJW 1987, 341. Zum Telebrief vgl. BGH BRAK-Mitt. 1987, 43. Zur Schriftform vgl. *Meyer-Goßner* StPO Einl. Rn. 128 ff.; → § 143 Rn. 4.

II. Einlegung beim AGH

2 Die Revision ist bei dem AGH einzulegen, dessen Urteil angefochten wird. Eine Einlegung beim BGH ist unzulässig. Wird die Revision mit einem an den AGH zu Händen des Vorsitzenden gerichteten Schreiben eingelegt und geht dieses Schreiben rechtzeitig bei dem Vorsitzenden ein, dann ist Form und Frist gewahrt, selbst wenn das Schreiben erst nach Ablauf der Revisionseinlegungsfrist bei der Geschäftsstelle eingeht (BGH Urteil vom 28.4.1969 – AnwSt (R) 1/69, insoweit abgedruckt bei *Isele* § 146 Anm. II B, teilweise abgedruckt in EGE X, 108). Ein Irrtum in der Bezeichnung des zulässigen Rechtsmittels ist unschädlich (§§ 116, 146 Abs. 3 S. 1 BRAO, § 300 StPO). Entscheidend ist, dass in dem Schriftsatz zum Ausdruck kommt, dass der Rechtsanwalt das nach dem Gesetz zulässige Rechtsmittel gegen die Berufungsentscheidung einlegen will (BGH NJW 1991, 1241).

III. Einlegungsfrist

3 Die Einlegungsfrist beträgt immer eine Woche. Dabei ist der Fristbeginn unterschiedlich. Für die Staatsanwaltschaft beginnt die Frist immer, da sie ausnahmslos bei der Verkündung des Urteils vertreten ist, mit der Verkündung des Urteils des AGH, ebenso für den Rechtsanwalt, wenn er bei der Verkündung anwesend war. War der Rechtsanwalt nicht anwesend, beginnt für ihn diese Frist mit der Zustellung des Urteils (Abs. 1 S. 3; BGHSt 17, 21 = NJW 1962, 824).

4 Hatte die Nichtzulassungsbeschwerde (§ 145 Abs. 3–5) Erfolg, dann beginnt die Revisionseinlegungsfrist für Staatsanwaltschaft und Rechtsanwalt mit der Zustellung des der Beschwerde stattgebenden Beschlusses (§ 145 Abs. 5 S. 4). Die Wirksamkeit der Urteilszustellung wird nicht dadurch in Frage gestellt, dass die der Urteilsausfertigung beigefügte Rechtsmittelbelehrung falsch ist (BGH BRAK-Mitt. 1991, 53). Der Fall der falschen Belehrung in einem wesentlichen Punkt ist entsprechend § 44 S. 2 StPO zu behandeln (*Meyer-Goßner* StPO § 35a Rn. 13, 15).

IV. Revisionsführungsberechtigte

5 Revisionsführungsberechtigt sind im Falle des § 145 Abs. 1 Nr. 1 sowohl der Rechtsanwalt als auch die Staatsanwaltschaft, letztere aber im Falle der Ausschließung (§§ 114 Abs. 1 Nr. 5, 145

Abs. 1 Nr. 1) nur zu Gunsten des Rechtsanwalts (*Isele* § 146 Anm. IV A; → § 145 Rn. 2). Im Falle des § 145 Abs. 1 Nr. 2 ist nur die Staatsanwaltschaft revisionsführungsberechtigt (BGHSt 17, 21 = NJW 1962, 824; → § 145 Rn. 4). Im Falle des § 145 Abs. 1 Nr. 3 sind es Staatsanwaltschaft und Rechtsanwalt (BGH BRAK-Mitt. 1981, 36; EGE VI, 135; § 145), soweit sie beschwert sind.

V. Revisionsanträge

Seitens des Rechtsanwalts können die Revisionsanträge und deren Begründung nur schriftlich angebracht werden (Abs. 2). Damit ist nicht nur gesagt, dass die Begründung zu Protokoll der Geschäftsstelle ausgeschlossen sein soll (amtliche Begründung, BT-Drs. 3/120, 106). Vielmehr hat § 146 Abs. 2 im Ganzen eine selbständige Bedeutung. Dieser Vorschrift gegenüber muss im anwaltsgerichtlichen Verfahren der Abs. 2 des § 345 StPO ganz außer Betracht bleiben. Im anwaltsgerichtlichen Verfahren kann somit außer dem Verteidiger (§ 137 Abs. 1 StPO iVm § 116 S. 2) der beschuldigte Rechtsanwalt selbst – auch der nicht anwaltliche Geschäftsführer einer Rechtsanwaltsgesellschaft (§ 115c) – seine Revision wirksam begründen. 6

Der Wirksamkeit der Revisionsbegründung steht es dabei nicht entgegen, dass gegen den Rechtsanwalt in dem Verfahren bereits ein Berufsverbot verhängt worden ist (BGH NJW 1971, 1373; → § 155 Rn. 14). Für die Revisionsanträge und die Revisionsbegründung gelten aber im Übrigen die Vorschriften der StPO, also §§ 344, 345 StPO (BGH EGE VI, 123). 7

VI. Verfahren vor dem BGH

Auf das Verfahren vor dem BGH sind die Vorschriften der Strafprozessordnung über die Revision sinngemäß anwendbar (Abs. 3 S. 1). Das bedeutet die **sinngemäße Anwendung der §§ 333–358 StPO.** Die danach über § 354 Abs. 2 StPO mögliche Zurückweisung an den AGH (BGHSt 15, 227 = NJW 1961, 230) hat zur Folge, dass in Ländern mit nur einem AGH bei diesem die Errichtung mindestens zweier Senate erforderlich ist (BGH NJW 1966, 1084; → § 101 Rn. 4), obwohl nach Abs. 3 S. 3 nunmehr in Fällen der Zurückverweisung nach § 354 Abs. 2 StPO die Sache auch an den Anwaltsgerichtshof eines anderen Landes zurückverwiesen werden kann. 8

Da auch die §§ 275 Abs. 1 S. 2 und 4, 338 Nr. 7 StPO entsprechend anzuwenden sind, ist ein Urteil eines AGH ohne jede weitere rechtliche Prüfung aufzuheben und die Sache an einen anderen Senat des AGH zurückzuverweisen, wenn die Gründe des angefochtenen Urteils nicht innerhalb des in § 275 Abs. 1 S. 2 und 4 StPO vorgeschriebenen Zeitraums zu den Akten gelangt sind (BGH BRAK-Mitt. 1997, 92). Nach dem ebenfalls anwendbaren § 354a StPO iVm dem auch für das anwaltliche Disziplinarrecht geltenden Rechtsgrundsatz des § 2 Abs. 3 StGB hat das Revisionsgericht eine Gesetzesänderung zu berücksichtigen, wenn sie den Täter günstiger stellt oder stellen kann. Ob das der Fall ist, bestimmt sich danach, ob die bei der Entscheidung des Revisionsgerichts oder die bei der Entscheidung des Berufungsgerichts geltende Regelung nach den besonderen Umständen des Einzelfalls die dem Täter günstigere Beurteilung zulässt (BGH BRAK-Mitt. 1991, 53; BGHSt 28, 333 = NJW 1979, 1895, nur Ls.; → § 114 Rn. 7). Die Rüge der Verletzung des Rechts auf gerichtliche Entscheidung innerhalb angemessener Frist nach Art. 6 Abs. 1 S. 1 EMRK ist aufgrund einer Sachbeschwerde zu beachten (BGH BeckRS 1990, 31175231; BGHSt 24, 239 = NJW 1972, 402). 9

Für das Verfahren vor dem BGH gelten im Übrigen neben den Vorschriften der StPO über die Revision auch die **§§ 135, 139 Abs. 3 sinngemäß.** Aus der sinngemäßen Anwendung des § 139 Abs. 3 ergibt sich nicht, dass der BGH in Anwaltssachen stets in der Sache selbst entscheiden müsse (*Bülow* § 146 Anm. 9), so dass eine Aufhebung und Zurückverweisung nicht in Betracht komme. § 139 Abs. 2 ist ausdrücklich nicht für sinngemäß anwendbar erklärt worden. Die sinngemäße Anwendung der §§ 135 und 139 Abs. 3 bedeutet im Wesentlichen nur, dass auch für den BGH die Vorschriften des § 135 über die Nichtöffentlichkeit der Hauptverhandlung anzuwenden und im Revisionsrechtszug das Verfahren auch dann einzustellen ist, wenn die Zulassung des Beschuldigten zur Rechtsanwaltschaft erloschen zurückgenommen, oder widerrufen ist (vgl. auch BGH BRAK-Mitt. 1987, 44; → § 139 Rn. 13). Nur letzteres ist die Besonderheit des § 139 Abs. 3 gegenüber der Vorschrift des § 260 Abs. 1 und 3 StPO. Könnte der BGH die Sache nicht zurückverweisen, so dürfte er entweder einen Verfahrensmangel überhaupt nicht prüfen oder er müsste nötigenfalls selbst Beweise erheben oder eine tatrichterliche Entscheidung 10 treffen, ohne dass ihm die Möglichkeiten des Tatrichters für eine notwendige vollständige Beweisaufnahme zur Verfügung ständen (BGHSt 15, 227 = NJW 1961, 230; *Gribbohm,* FS Pfeiffer, 1988, 911, 915).

11 Stellt sich im Revisionsrechtszug heraus, dass in einem von mehreren verbundenen Verfahren ein wirksamer Eröffnungs- und Verbindungsbeschluss fehlt, so ist das Verfahren insoweit einzustellen. Der Grundsatz der Einheitlichkeit der Berufspflichtverletzung steht in diesem Fall der Teileinstellung nicht entgegen (BGHSt 34, 248 = NJW 1987, 2752; vgl. auch AGH Bln BRAK-Mitt. 2000, 197; → § 113 Rn. 25 ff.). Zum Ruhen der Verjährung in der Revisionsinstanz → § 115 Rn. 18. Die Abwesenheit des Rechtsanwalts und seines Verteidigers bei der Verkündung des Revisionsurteils steht dem sofortigen Eintritt der Rechtskraft nicht entgegen. Ist somit ein Ausschlussurteil (§ 114 Abs. 1 Nr. 5) rechtskräftig geworden, dann geht ein danach erklärter Verzicht auf die Rechte aus der Zulassung ins Leere (BGH BeckRS 1991, 31172974).

VII. Umfang der Prüfung

12 Für den Umfang der Prüfung durch das Revisionsgericht gilt die über Abs. 3 S. 1 entsprechend anwendbare Regelung des § 352 StPO (Gaier/Wolf/Göcken/*Vorwerk* § 146 Rn. 12). Ist die Revision zugelassen, ist der BGH berechtigt und verpflichtet, das gesamte Urteil im Rahmen der Revisionsbegründung zu überprüfen. In der Zulassung liegt selbst dann keine Beschränkung des Rechtsmittels, wenn nach Ansicht des Anwaltsgerichtshofs nur ein Teil des Urteils grundsätzliche Bedeutung hat (BGH BRAK-Mitt. 1987, 158; BGHSt 30, 312 = NJW 1982, 1404). Qualitative oder quantitative Zulassungsbeschränkungen sind daher unbeachtlich (*Rössler,* FG Peters, 1984, 249, 263; → § 145 Rn. 7).

13 Art und Höhe der anwaltsgerichtlichen Maßnahme zu ermitteln, ist dem pflichtgemäßen Ermessen des Tatrichters überlassen; das Revisionsgericht kann lediglich prüfen, ob dem Tatrichter dabei Rechtsfehler unterlaufen sind (BGH BRAK-Mitt. 1991, 53; BGHSt 15, 372 = MDR 1961, 410; BGH BRAK-Mitt. 1986, 172; → § 114 Rn. 6).

14 Es ist dem Revisionsgericht verwehrt, die Beweiswürdigung des Tatrichters durch eine eigene zu ersetzen oder dessen Beweisaufnahme ganz oder teilweise zu wiederholen (BGHSt 10, 208; 29, 18 = NJW 1979, 2318). Ob der Tatrichter den ihm vorgelegten Sachverhalt auch anders hätte würdigen können, ist vom BGH nicht zu erörtern (BGH MDR 1985, 865; BGHSt 26, 56).

15 Das Verwerfungsurteil (§ 116 S. 2 iVm § 353 StPO) ist endgültig, der Rechtsweg nach der BRAO damit erschöpft. Gegen das Urteil kommt allenfalls die Verfassungsbeschwerde zum BVerfG und gegen dessen Entscheidung die Individualbeschwerde zum Europäischen Gerichtshof für Menschenrechte (EGMR) in Betracht. Der Rechtsanwalt muss dann geltend machen können, dass seine Grundrechte bzw. seine Menschenrechte aus der EMRK und ihren Zusatzprotokollen verletzt seien (vgl. *Kleine-Cosack* AnwBl. 2009, 326; *Rudolf/v. Raumer* AnwBl. 2009, 313, 318).

§ 147 Mitwirkung der Staatsanwaltschaft vor dem Bundesgerichtshof

Die Aufgaben der Staatsanwaltschaft in den Verfahren vor dem Bundesgerichtshof werden von dem Generalbundesanwalt wahrgenommen.

1 Die bisher vertretene Auffassung, die Regelung des § 147 entspreche der des § 142 Abs. 1 Nr. 1 GVG (vgl. 7. Aufl.; Henssler/Prütting/*Dittmann* § 147), kann nicht weiter aufrechterhalten werden. *Vorwerk* weist mit Recht darauf hin, dass § 147 eine für die BRAO spezifische eigene Regelung beinhaltet. Die Aufgaben der Staatsanwaltschaft vor dem BGH werden danach vom Generalbundesanwalt persönlich oder bei Verhinderung von seinem Vertreter im Amt wahrgenommen. Dafür spricht neben der Entstehungsgeschichte des § 147 auch, dass „es des § 147 im Hinblick auf § 116 nicht bedurft hätte, wenn lediglich die Regelung des § 142 Abs. 1 Nr. 1 GVG mit ihr hat aufgenommen werden sollen" (Gaier/Wolf/Göcken/*Vorwerk* § 147).

Vierter Abschnitt. Die Sicherung von Beweisen

§ 148 Anordnung der Beweissicherung

(1) [1] **Wird ein anwaltsgerichtliches Verfahren gegen den Rechtsanwalt eingestellt, weil seine Zulassung zur Rechtsanwaltschaft erloschen ist, so kann in der Entscheidung zugleich auf Antrag der Staatsanwaltschaft die Sicherung der Beweise angeordnet werden, wenn zu erwarten ist, daß auf Ausschließung aus der Rechtsanwaltschaft erkannt worden wäre.** [2] **Die Anordnung kann nicht angefochten werden.**

(2) [1] **Die Beweise werden von dem Anwaltsgericht aufgenommen.** [2] **Das Anwaltsgericht kann eines seiner Mitglieder mit der Beweisaufnahme beauftragen.**

I. Zweck und Bedeutung des Verfahrens

1 §§ 148, 149 sollen die Prüfung eines eventuellen späteren Zulassungsgesuches im Hinblick auf § 7 Nr. 5 und 6 erleichtern (*Isele* § 148 Anm. II D 1, 2). Die Befürchtung eines auf Ausschließung lautenden Urteils könnte nämlich einen Angeschuldigten veranlassen, auf seine Zulassung zur Rechtsanwaltschaft zu verzichten (§ 14 Abs. 2 Nr. 4), um so einem Ausschlussurteil zu entgehen (§ 139 Abs. 3 Nr. 1), damit eine gerichtliche Aufklärung des Sachverhalts zu verhindern und um dann alsbald einen neuen Zulassungsantrag zu stellen. Da in diesem Wiederzulassungsverfahren die Pflichtverletzung, die Gegenstand des anwaltsgerichtlichen Verfahrens war, als Versagungsgrund berücksichtigt werden kann (§ 7 Nr. 5), geben §§ 148, 149 die Möglichkeit zur Beweissicherung für das Wiederzulassungsverfahren (*Isele* § 148 Anm. I, II D 2), um so der Gefahr vorzubeugen, dass das Vorliegen einer Pflichtverletzung nicht mehr festgestellt werden kann, wenn seit der Einstellung des anwaltsgerichtlichen Verfahrens mehrere Jahre verstrichen sind und die Beweismittel nicht mehr zur Verfügung stehen (amtliche Begründung, BT-Drs. 3/120, 106).

2 Das Verfahren hat allerdings **keine praktische Bedeutung** erlangt. Da Verfahren, in denen mit Ausschließung zu rechnen ist, in der Regel ein Verhalten des Rechtsanwalts zugrunde liegt, das auch einen erheblichen Straftatbestand erfüllt (→ § 114 Rn. 44 ff.), und folglich regelmäßig schon ein rechtskräftiges Strafurteil vorliegen wird (§ 118), das im Wiederzulassungsverfahren berücksichtigt werden kann, hat die Staatsanwaltschaft in solchen Fällen in der Regel keine Veranlassung, einen Antrag auf Anordnung der Beweissicherung zu stellen.

II. Geltungsbereich

3 §§ 148, 149 gelten nur für den Fall, dass nach Einleitung des anwaltsgerichtlichen Verfahrens (§ 121) das Verfahren gegen den Rechtsanwalt durch das Gericht nach § 139 Abs. 3 Nr. 1 durch Urteil oder Beschluss (vgl. BGH BRAK-Mitt. 1987, 44) eingestellt wird, weil seine Zulassung zur Rechtsanwaltschaft erloschen (§ 13; → § 139 Rn. 13) ist. Für entsprechende Einstellungen des Ermittlungsverfahrens durch die Staatsanwaltschaft gelten die §§ 148, 149 nicht. Es muss ferner nach dem Stand des anwaltsgerichtlichen Verfahrens zu erwarten sein, dass auf Ausschließung aus der Rechtsanwaltschaft (§ 114 Abs. 1 Nr. 5) erkannt worden wäre. Der Begriff der Ausschließungsvermutung ist trotz der unterschiedlichen Zielrichtung der Verfahren hier derselbe wie im Verfahren nach §§ 150 ff. (→ § 150 Rn. 11–13; *Isele* § 148 Anm. II D 1, 2; **aA** – „ausreichende Prognose" – Gaier/Wolf/Göcken/*Johnigk* § 148 Rn. 2).

III. Antrag der Staatsanwaltschaft

4 Formelle Voraussetzung des Beweissicherungsverfahrens ist ein entsprechender Antrag der Staatsanwaltschaft. Von Amts wegen kann das Gericht die Beweissicherung nicht durchführen; es kann allenfalls bei der Staatsanwaltschaft eine entsprechende Antragstellung anregen. Der Antrag muss nach dem eindeutigen Gesetzeswortlaut bereits vor der Entscheidung des Gerichts nach § 139 Abs. 3 Nr. 1, zu der die Staatsanwaltschaft zuvor gehört werden muss (§ 116 S. 2 iVm § 33 StPO), von der Staatsanwaltschaft gestellt sein. Eine Stellung des Antrages erst nach der Entscheidung des Gerichts nach § 139 Abs. 3 Nr. 1 ist unzulässig (*Isele* § 148 Anm. III B), es sei

denn, das Gericht habe die Staatsanwaltschaft vorher nicht zu der beabsichtigten Einstellung nach § 139 Abs. 3 Nr. 1 gehört (§ 116 S. 2 iVm § 33a StPO).

IV. Entscheidung des Gerichts

5 Zuständig für die Entscheidung ist das Gericht, das die Einstellung nach § 139 Abs. 3 Nr. 1 beschließt. Die Sicherung der Beweise wird von dem Anwaltsgericht, dem AGH oder dem BGH zugleich mit der Einstellung des anwaltsgerichtlichen Verfahrens angeordnet (amtliche Begründung, BT-Drs. 3/120, 106). Ist der Antrag ordnungsgemäß und bejaht das Gericht die Erwartung, dass auf Ausschließung aus der Rechtsanwaltschaft erkannt worden wäre, dann ordnet das Gericht an, dass die Beweise zu sichern sind. Verneint das Gericht das Vorliegen der gesetzlichen Voraussetzungen, dann weist es den Antrag zurück. Je nachdem, ob die Entscheidung nach § 139 Abs. 3 Nr. 1 durch Urteil in der Hauptverhandlung oder außerhalb durch Beschluss erfolgt (→ § 139 Rn. 13; → § 148 Rn. 3), ergeht auch die Entscheidung nach § 148 entweder durch Urteil oder durch Beschluss.

6 Die Aufnahme der Beweise erfolgt durch das Anwaltsgericht und zwar auch dann, wenn der AGH oder der BGH die Anordnung getroffen hat. Das Anwaltsgericht kann eines seiner Mitglieder mit der Beweisaufnahme beauftragen (Abs. 2). Bei Vorliegen der Voraussetzungen des § 137 S. 3 zweiter Hs. kann die Vernehmung durch einen ersuchten Richter (§ 157 GVG) angeordnet werden.

V. Beschwerde

7 Die Anordnung der Beweissicherung ist unanfechtbar (Abs. 1 S. 2). Ein Rechtsmittel gegen die Anordnung des Gerichts kann entbehrt werden, weil die Entscheidung über den Antrag des Staatsanwalts in erster Linie von Zweckmäßigkeitserwägungen und von der Würdigung des bisher ermittelten Sachverhalts abhängt und weil sie keinen Eingriff in die Rechtsstellung des Beschuldigten darstellt (amtliche Begründung, BT-Drs. 3/120, 106). Hat das Anwaltsgericht die Anordnung abgelehnt, steht der Staatsanwaltschaft die Beschwerde zu (§ 116 S. 2 iVm § 304 StPO), egal ob das Gericht durch Beschluss oder Urteil entschieden hat, weil die Ablehnung eine Nebenentscheidung ist und selbständig nicht mit Berufung oder Revision angefochten werden kann (Gaier/Wolf/Göcken/*Johnigk* § 148 Rn. 6; **aA** Henssler/Prütting/*Dittmann* § 148 Rn. 6). In diesen Fällen will die Staatsanwaltschaft nicht die Hauptsacheentscheidung anfechten, die Einstellung wird regelmäßig auf ihren Antrag hin erfolgt sein, sondern sie will ausschließlich die Nebenentscheidung nach § 148 anfechten. Nebenentscheidungen im Urteil können allein aber nicht mit Berufung oder Revision angefochten werden (*Meyer-Goßner* StPO § 312 Rn. 2, StPO § 333 Rn. 3). Eine weitere Beschwerde findet nicht statt (§ 116 S. 2 iVm § 310 Abs. 2 StPO). Hat der AGH die Anordnung abgelehnt, dann steht der Staatsanwaltschaft dagegen, da der AGH dem OLG gleich zu achten ist (BGH EGE VI 115, 121; XII 74), nach § 116 S. 2 iVm § 304 Abs. 4 S. 2 StPO keine Beschwerde zu. Die Entscheidung des AGH kann auf Antrag der Generalstaatsanwaltschaft nur dann überprüft werden, wenn diese zulässigerweise Revision einlegen kann (Gaier/Wolf/Göcken/*Johnigk* § 148 Rn. 7). Hat der BGH die Anordnung abgelehnt, ist die Beschwerde unzulässig (§ 116 S. 2 iVm § 304 Abs. 4 S. 1; *Isele* § 148 Anm. V).

§ 149 Verfahren

(1) [1] **Das Anwaltsgericht hat von Amts wegen alle Beweise zu erheben, die eine Entscheidung darüber begründen können, ob das eingestellte Verfahren zur Ausschließung aus der Rechtsanwaltschaft geführt hätte.** [2] **Den Umfang des Verfahrens bestimmt das Anwaltsgericht nach pflichtmäßigem Ermessen, ohne an Anträge gebunden zu sein; seine Verfügungen können insoweit nicht angefochten werden.**

(2) **Zeugen sind, soweit nicht Ausnahmen vorgeschrieben oder zugelassen sind, eidlich zu vernehmen.**

(3) [1] **Die Staatsanwaltschaft und der frühere Rechtsanwalt sind an dem Verfahren zu beteiligen.** [2] **Ein Anspruch auf Benachrichtigung von den Terminen, die zum Zwecke der Beweissicherung anberaumt werden, steht dem früheren Rechtsanwalt nur zu, wenn er sich in einem Mitgliedsstaat der Europäischen Union oder einem Vertragsstaat des Abkommens über den Europäischen Wirtschaftsraum aufhält und seine Anschrift dem Anwaltsgericht angezeigt hat.**

I. Zweck und Abschluss des Verfahrens

Für den Umfang der Beweisaufnahme ist das Ziel der Beweissicherung bestimmend, eine spätere Entscheidung im Wiederzulassungsverfahren darüber zu ermöglichen, ob die Pflichtverletzung einen Versagungsgrund nach § 7 Nr. 5 und 6 darstellt (amtliche Begründung, BT-Drs. 3/120, 106). Der Zweck des Verfahrens ist erreicht, folglich das Verfahren abzuschließen, wenn das von dem Anwaltsgericht gesammelte Material eine solche Folgerung in positiver oder negativer Hinsicht ermöglicht. An die Folgerung ist allerdings weder die RAK noch der AGH in einem neuen Zulassungsverfahren (§§ 9, 11 Abs. 2, 37 ff.) gebunden (*Isele* § 149 Anm. II; Gaier/Wolf/Göcken/*Johnigk* § 149 Rn. 2). 1

II. Umfang und Art der Beweiserhebung

Das Anwaltsgericht bzw. sein beauftragtes Mitglied (§ 148 Abs. 2 S. 2) erhebt von Amts wegen die erforderlichen Beweise, die eine Entscheidung darüber begründen können, ob das eingestellte Verfahren zur Ausschließung aus der Rechtsanwaltschaft geführt hätte. Das Anwaltsgericht bestimmt den Umfang und auch die Art der Beweiserhebung nach seinem pflichtmäßigen Ermessen. Allerdings müssen Zeugen eidlich vernommen werden, soweit nicht Ausnahmen (§ 116 S. 2 iVm §§ 59–61, 63 StPO) vorgeschrieben sind. 2

Die Rechte und Pflichten der Zeugen (§ 116 S. 2 iVm §§ 48–58 StPO) sind ebenfalls zu beachten (*Isele* § 149 Anm. III A, B 1–4a). An Anträge des Rechtsanwalts und der Staatsanwaltschaft ist das Gericht nicht gebunden, da die Beweissicherung nicht der Vorbereitung einer anwaltsgerichtlichen Bestrafung dient (amtliche Begründung, BT-Drs. 3/120, 106). Seine Verfügungen hinsichtlich Umfang und Art des Verfahrens können nicht angefochten werden. 3

III. Beteiligung von Staatsanwaltschaft und früherem Rechtsanwalt

Die Staatsanwaltschaft und der frühere Rechtsanwalt müssen an dem Verfahren beteiligt werden, sie haben Anspruch auf rechtliches Gehör; der frühere Rechtsanwalt schon deshalb, weil die Ergebnisse der vorsorglichen Beweisaufnahme später gegen ihn verwendet werden können, wenn er seine Wiederzulassung zur Rechtsanwaltschaft erstrebt (amtliche Begründung, BT-Drs. 3/120, 106). Dazu gehört auch das Recht auf Benachrichtigung von Terminen, die zum Zwecke der Beweissicherung anberaumt werden, damit sie die Möglichkeit haben, an diesen Terminen teilzunehmen und Fragen an den Zeugen oder den Sachverständigen zu richten. 4

Der Rechtsanwalt hat aber nur dann einen Anspruch auf Benachrichtigung von den Terminen, wenn er sich im Inland oder in einem anderen Mitgliedstaat der EU oder einem Vertragsstaat des Abkommens über den Europäischen Wirtschaftsraum aufhält und seine Anschrift dem Anwaltsgericht angezeigt hat. Die Erweiterung über das Inland hinaus erfolgte durch Art. 2e des Gesetzes vom 6.8.1998 (BGBl. I S. 2030, 2034). Die Vorschrift ist verfassungskonform dahingehend auszulegen, dass das Anwaltsgericht den Rechtsanwalt zwar unter seiner aktenkundigen Anschrift über die Termine unterrichtet, bei einem Wohnsitzwechsel des früheren Rechtsanwalts das Anwaltsgericht aber nicht verpflichtet ist, dessen neue Anschrift zu ermitteln. Dann hat er einen Anspruch auf Terminsnachricht nur, wenn er von sich aus seine Anschrift im Inland pp. dem Anwaltsgericht mitteilt (vgl. auch *Isele* § 149 Anm. III B, 4b, bb). 5

IV. Kosten

Die Kosten der Beweissicherung sind Kosten des anwaltsgerichtlichen Verfahrens (§ 197 Abs. 1 S. 2). 6

Fünfter Abschnitt. Das Berufs- und Vertretungsverbot als vorläufige Maßnahme

§ 150 Voraussetzung des Verbotes

(1) [1] **Sind dringende Gründe für die Annahme vorhanden, daß gegen einen Rechtsanwalt auf Ausschließung aus der Rechtsanwaltschaft erkannt werden wird, kann gegen**

ihn durch Beschluß ein vorläufiges Berufs- oder Vertretungsverbot verhängt werden. [2]§ 118 Abs. 1 Satz 1 und 2 ist nicht anzuwenden.

(2) [1]**Die Staatsanwaltschaft kann vor Einleitung des anwaltsgerichtlichen Verfahrens den Antrag auf Verhängung eines Berufs- oder Vertretungsverbotes stellen. [2]In dem Antrag sind die Pflichtverletzung, die dem Rechtsanwalt zur Last gelegt wird, sowie die Beweismittel anzugeben.**

(3) **Für die Verhandlung und Entscheidung ist das Gericht zuständig, das über die Eröffnung des Hauptverfahrens gegen den Rechtsanwalt zu entscheiden hat oder vor dem das anwaltsgerichtliche Verfahren anhängig ist.**

Übersicht

I. Entwicklungsgeschichte

1 Zur Entwicklungsgeschichte der vorläufigen Maßnahme eines Berufs- und Vertretungsverbots vgl. Ziff. I des Beschlusses des BVerfG vom 2.3.1977 in BVerfGE 44, 105 = NJW 1977, 892 und *Heym,* Schriftenreihe der BRAK, Band 6, 64; *Isele* § 150 Anm. I. Um die vorläufige Maßnahme nach § 150 deutlicher von der Maßnahme nach § 114 Abs. 1 Nr. 4 abzugrenzen, wird sie nunmehr ausdrücklich als vorläufiges Berufs- oder Vertretungsverbot bezeichnet (amtliche Begründung, BT-Drs. 11/3253, 25).

II. Verfassungsrechtliches

2 Die Regelung des § 150, wonach in einem summarischen Verfahren aufgrund einer vorläufigen Tatbewertung unter bestimmten Voraussetzungen ohne endgültigen Nachweis einer gravierenden Pflichtverletzung ein vorläufiges Berufs- oder Vertretungsverbot verhängt werden darf, dient der Abwehr von Gefahren für die Allgemeinheit, die dieser bei einer weiteren uneingeschränkten beruflichen Tätigkeit des Rechtsanwalts drohen. Die Vorschrift verstößt nicht gegen **Art. 6 Abs. 2 EMRK,** wonach bis zum gesetzlichen Nachweis einer Schuld vermutet wird, dass der wegen einer strafbaren Handlung Angeklagte unschuldig ist (BGHSt 20, 68 = MDR 1964, 939; BVerwG NVwZ 1990, 373; *Gribbohm,* FS Pfeiffer, 1988, 911, 912).

3 Dass schon vor der rechtskräftigen Feststellung der Schuld eines Betroffenen gegen ihn vorläufige Maßnahmen zum Schutze der Rechtsprechung, der Rechtspflege oder der Allgemeinheit vor weiteren Gefahren unter gesetzlich bestimmten Voraussetzungen in einem gesetzlich geregelten Verfahren durch Richterspruch angeordnet werden können, wie im Strafverfahren etwa durch Anordnung von Untersuchungshaft (§§ 112 ff. StPO) oder der vorläufigen Entziehung der Fahrerlaubnis (§ 111a StPO), so im anwaltsgerichtlichen Verfahren durch die Verhängung eines Vertretungs- oder Berufsverbots (§§ 150 ff.), steht zu dem Gedanken des Art. 6 Abs. 2 EMRK nicht in Widerspruch (BGHSt 20, 69 = NJW 1964, 2119; vgl. auch BVerwG NVwZ 1990, 373).

4 Die Bestimmung des § 150 ist bei verfassungskonformer Auslegung, die neben dem Gegebensein der in § 150 ausdrücklich genannten Voraussetzungen auch noch voraussetzt, dass die Maßnahme zur Abwehr konkreter Gefahren für wichtige Gemeinschaftsgüter geboten ist, verfassungsgemäß (BVerfGE 44, 105 = NJW 1977, 892; BVerfGE 48, 292 = NJW 1978, 1479; EGH Hamm

BRAK-Mitt. 1982, 37). Die verfassungskonforme Auslegung von § 150 Abs. 1 gebietet es, die Verhängung eines vorläufigen Berufsverbots von einem zusätzlichen Sicherungsgrund abhängig zu machen. Für die Begründung eines präventiven Berufsverbots ist daher positiv die Feststellung einer Gefährdung erforderlich, die ein Zuwarten bis zur Rechtskraft des Hauptverfahrens ausschließt (AGH SchlH BRAK-Mitt. 2010, 271). Zu den Voraussetzungen einer vorläufigen Maßnahme im Einzelnen → Rn. 11 ff.

III. Allgemeines zum Wesen und zur Notwendigkeit der vorläufigen Maßnahme

Der Rechtsanwalt, der die ihm obliegenden Pflichten so gröblich verletzt, dass er aus der Rechtsanwaltschaft entfernt werden muss, weil von ihm Gefahren für die Rechtspflege ausgehen, darf nicht in der Öffentlichkeit als Rechtsanwalt tätig sein. In krassen Fällen kann es auch erforderlich sein, ihm die interne Berufsausübung (Rechtsberatung) zu untersagen, um die Allgemeinheit vor weiterer Gefährdung zu schützen (amtliche Begründung, BT-Drs. 3/120, 107 vor § 150). Ist ein Rechtsanwalt zB hinreichend verdächtig, Mandantengelder veruntreut und vielleicht auch noch zur Verschleierung Urkundenfälschungen begangen zu haben, so wären Rechtsuchende, die sich nunmehr an diesen Rechtsanwalt wenden, im höchsten Maße in der Gefahr, ebenfalls Schaden zu leiden und darüber hinaus wäre das Vertrauen der Allgemeinheit in die Zuverlässigkeit und Integrität des gesamten Anwaltsstandes ernstlich gefährdet. **5**

Wollte man in solchen Fällen abwarten, bis die Vorwürfe in allen Einzelheiten aufgeklärt und durch die Instanzen rechtskräftig festgestellt sind, dann würde dies zu unvertretbaren Gefahren und Schäden für die Mandantschaft dieses Rechtsanwalts und der Rechtspflege insgesamt führen, zumal die anwaltgerichtlichen Verfahren im Hinblick darauf, dass häufig erst die Beendigung des sachgleichen, strafgerichtlichen Verfahrens abgewartet wird (§ 118 Abs. 1 S. 1 und 2), erst lange Zeit nach dem Tatgeschehen durchgeführt werden können. **6**

Der Schutz der Allgemeinheit und der Schutz der funktionstüchtigen Anwaltschaft verlangt in solchen Fällen die sofortige Unterbindung der weiteren Tätigkeit dieses Anwaltes im ganzen oder auf Teilgebieten. Dies ermöglicht die Regelung der §§ 150, 153, 161a. **7**

Das Wesen der vorläufigen Maßnahme nach §§ 150, 153, 161a besteht darin, dass unter Umständen in einem sehr frühen Stadium des Verfahrens aufgrund einer vorläufigen Tatbewertung in einem summarischen Verfahren mit einem hohen Grad von Wahrscheinlichkeit festgestellt wird, der Betroffene habe sich einer Pflichtverletzung schuldig gemacht, die später in der anwaltsgerichtlichen Hauptverhandlung zu seinem Ausschluss aus der Anwaltschaft führen wird, weil der Schutz wichtiger Gemeinschaftsgüter auf dem Spiele steht. **8**

Darüber hinaus muss aber noch die zusätzliche Feststellung vom Gericht getroffen werden, dass die vorläufige Maßnahme „schon vor Rechtskraft des Hauptverfahrens als Präventivmaßnahme zur **Abwehr konkreter Gefahren für wichtige Gemeinschaftsgüter erforderlich ist"** (BVerfGE 44, 105 = NJW 1977, 892). **9**

Die Wirkungen eines nach §§ 150, 153 ausgesprochenen Verbotes sind in § 155 Abs. 2–5 geregelt; zum unterschiedlichen Inhalt der beiden Verbote des § 150 → § 155 Rn. 3–7. Ein bereits im Strafverfahren nach § 70 StGB ausgesprochenes Berufsverbot hindert nicht eine endgültige Maßnahme nach § 114 Abs. 1 Nr. 4, 5 oder ein vorläufiges Verbot nach § 150 (BGH NJW 1975, 1712). Ebenso steht die Möglichkeit der Verhängung eines vorläufigen Berufsverbotes nach § 150 einem vorläufigen Berufsverbot nach § 132a StPO nicht entgegen (BGHSt 28, 84; *Görl* BRAK-Mitt. 1987, 54 ff.). **10**

IV. Materielle Voraussetzungen des Verbotes im Einzelnen

1. Erwartung einer entsprechenden endgültigen Maßnahme. Es müssen dringende Gründe für die Annahme vorhanden sein, dass gegen den Rechtsanwalt auf Ausschließung aus der Rechtsanwaltschaft erkannt werden wird. Die begründete Erwartung, es werde gegen ihn eine Maßnahme nach § 114 Abs. 1 Nr. 4 verhängt werden, reicht nicht aus (vgl. aber § 161a). Die vorläufige Tatbewertung muss also wie bei der Anordnung der Untersuchungshaft nach § 112 StPO „dringenden" Tatverdacht (*Meyer-Goßner* StPO § 112 Rn. 5 ff.) für eine schwerwiegende Pflichtverletzung ergeben und die Annahme rechtfertigen, das Hauptverfahren werde mit hoher Wahrscheinlichkeit zu einer entsprechenden endgültigen Maßnahme nach § 114 Abs. 1 Nr. 5 führen (AGH SchlH BRAK-Mitt. 2010, 271; EGH Hamm BRAK-Mitt. 1982, 37; Beschluss vom 19.1.1988 – (2) 6 EVY 15/87). **11**

12 Diese Erwartung muss sowohl nach der Schwere der dem Rechtsanwalt zur Last gelegten Verfehlung wie nach den bisherigen Ermittlungsergebnissen begründet sein. Eine solche hohe Wahrscheinlichkeit besteht, wenn nach dem gegenwärtigen Stand der Ermittlungen, der gegenwärtigen, unter Umständen durchaus noch nicht voll gesicherten Beweislage die Wahrscheinlichkeit groß ist, der Rechtsanwalt habe sich einer solchen Pflichtverletzung schuldig gemacht, die eine Maßnahme nach § 114 Abs. 1 Nr. 5 in der Hauptverhandlung erwarten lässt. Der Sachverhalt braucht nicht vollkommen aufgeklärt zu sein, denn eine endgültige Entscheidung kann nur im Hauptverfahren selbst getroffen werden (amtliche Begründung, BT-Drs. 3/120, 107).

13 Ob die Pflichtverletzung, deren der Rechtsanwalt dringend verdächtig gehalten wird, eine solche künftige Maßnahme rechtfertigt, ist unter Anlegung der Kriterien zu beurteilen, die für Maßnahmen nach § 114 Abs. 1 Nr. 5 gelten.

14 **2. Erforderlichkeit als Präventivmaßnahme.** Zusätzlich ist die Feststellung erforderlich, dass das Berufs- oder Vertretungsverbot schon jetzt vor Rechtskraft des Hauptverfahrens als Präventivmaßnahme **zur Abwehr konkreter Gefahren für wichtige Gemeinschaftsgüter erforderlich ist** (BVerfGE 44, 105 = NJW 1977, 892; BVerfGE 48, 292 = NJW 1978, 1479; AGH SchlH BRAK-Mitt. 2010, 271; EGH Hamm BRAK-Mitt. 1982, 37; Beschluss vom 19.1.1988 – (2) 6 EVY 15/87; Beschluss vom 20.3.1990 – (2) 6 EVY 1 und 2/90; *Kleine-Cosack* NJW 2004, 2473).

15 Das BVerfG leitet dieses zusätzliche Erfordernis aus dem Rechtsstaatsgebot und der nach Art. 12 Abs. 1 GG gewährleisteten Freiheit der Berufswahl, die auch die Entscheidung, ob und wie lange der Beruf fortgesetzt werden soll, beinhaltet, her. Neben der Annahme, es werde in der künftigen Hauptverhandlung zu einer Maßnahme nach § 114 Abs. 1 Nr. 5 kommen, müssen somit besondere Gründe vorliegen, die die Anordnung dieser Maßnahme als Sofortmaßnahme zur Abwehr konkreter Gefahren für wichtige Gemeinschaftsgüter schon jetzt gebieten.

16 Es muss also bei vorausschauender Betrachtung im Falle des Unterlassens eines vorläufigen Verbotes eine Gefährdung und Verletzung wichtiger Gemeinschaftsgüter durch die weitere Tätigkeit des Rechtsanwalts wahrscheinlicher sein als deren Ausbleiben. Eine solche konkrete Gefährdung und Schädigung muss für den Fall, dass kein Verbot nach §§ 150, 153 ausgesprochen wird, als naheliegende Möglichkeit in Betracht kommen. Es muss mehr Wahrscheinlichkeit für die Erwartung bestehen, der Rechtsanwalt werde wichtige Gemeinschaftsgüter konkret gefährden oder schädigen als für die Erwartung, seine weitere Tätigkeit werde keine konkreten Gefahren für wichtige Gemeinschaftsgüter hervorrufen.

17 Zu den wichtigen Gemeinschaftsgütern, die durch eine weitere Tätigkeit des Rechtsanwalts gefährdet werden müssten, gehören eine **funktionierende Rechtspflege, die Integrität der Anwaltschaft und das Vertrauen der Rechtsuchenden in diese.** Ein bloßes berufsständisches Interesse und die Gefahr von deren Verletzung durch den Betroffenen rechtfertigen die Präventivmaßnahmen nach §§ 150, 153 allerdings nicht (BVerfGE 44, 105 = NJW 1977, 892). Je nach Art und Schwere der Pflichtverletzung, deren der Betroffene hinreichend verdächtig gehalten wird, können die **Anforderungen an die Begründung der konkreten Gefährdung** für wichtige Gemeinschaftsgüter größer oder geringer sein. „Auf besondere Feststellungen über eine konkrete Gefährdung wichtiger Gemeinschaftsgüter könnte dann verzichtet werden, wenn bereits Art und Schwere der Pflichtwidrigkeit als solche eine derartige Gefährdung indizieren würden" (BVerfGE 44, 105 = NJW 1977, 892).

18 Hat der Rechtsanwalt beispielsweise wegen eigener wirtschaftlicher Schwierigkeiten sich mehrfach an Mandantengeldern vergriffen, und dauern seine wirtschaftlichen Schwierigkeiten an, besteht mehr Wahrscheinlichkeit für die Erwartung, er werde sich erneut an Mandantengeldern vergreifen, als für eine gegenteilige Erwartung (EGH Hamm Beschluss vom 19.6.1984 – (2) 6 EVY 12/84; Beschluss vom 20.3.1990 – (2) 6 EVY 1 und 2/90). Eine konkrete Gefährdung der Rechtsuchenden und damit die konkreten Gefahren für wichtige Gemeinschaftsgüter sind damit indiziert.

19 Ob über §§ 150, 151, 161a unter den aufgezeigten Voraussetzungen ein Berufs- oder Vertretungsverbot (§ 150) oder ein beschränktes Vertretungsverbot (§ 161a) zu verhängen ist, hängt davon ab, ob bei vorausschauender Betrachtung die Erwartung gerechtfertigt ist, zur Abwehr konkreter Gefahren für wichtige Gemeinschaftsgüter sei unbedingt ein vorläufiges Berufsverbot erforderlich oder diese Gefahr könne auch durch das weniger einschneidende generelle Vertretungsverbot (§ 150 Alt. 2; → § 155 Rn. 6, 7) oder das vorläufige Vertretungsverbot auf be-

stimmten Rechtsgebieten (§ 161a) hinreichend beseitigt werden (EGH Stuttgart BRAK-Mitt. 1987, 98). Zur Auswirkung der Rechtsprechung des BVerfG zu § 150 auf die Praxis vgl. *Hartstang* I 181 ff.; *ders.* II 736 ff. In der Praxis ist die Verhängung eines Vertretungsverbots nach § 150 die Ausnahme. In der Regel kommt entweder ein Berufsverbot (§ 150 Alt. 1) oder ein gegenständlich beschränktes Vertretungsverbot (§ 161a) in Betracht.

V. Antrag der Staatsanwaltschaft

1. Pflicht der Staatsanwaltschaft zur Antragstellung. Für die Verhängung eines vorläufigen Verbotes nach § 150 ist **grundsätzlich** ein **Antrag der Staatsanwaltschaft erforderlich** (Abs. 2). Vor Verkündung eines auf Ausschließung erkennenden Urteils kann das zuständige Gericht von Amts wegen nicht tätig werden (Henssler/Prütting/*Dittmann* § 150 Rn. 7; **aA** Gaier/Wolf/Göcken/*Johnigk* § 150 Rn. 19, wonach schon nach Einleitung des anwaltsgerichtlichen Verfahrens (§ 121) das AnwG von Amts wegen ein vorläufiges Berufsverbot verhängen könne). Der Staatsanwaltschaft kommt ein Antragsmonopol zu. Aber auch insoweit gilt für sie als notwendiges Korrelat zum Antragsmonopol das **Legalitätsprinzip** (§ 116 S. 2 iVm § 152 StPO). Die Staatsanwaltschaft (§ 120) ist, wenn sie die aufgezeigten Voraussetzungen für die Verhängung eines Verbotes nach §§ 150, 161a für gegeben erachtet, entgegen der Ansicht von Isele (*Isele* § 150 S. 1658) verpflichtet, einen entsprechenden Antrag einzureichen. 20

Das „kann" in §§ 150, 161a „gibt der Anschuldigungsbehörde oder dem Anwaltsgericht lediglich die Möglichkeit, der Entscheidung pflichtgemäßes Ermessen zugrunde zu legen. Sind die Tatbestandsvoraussetzungen danach erfüllt und geben die Besonderheiten des Einzelfalles keinen Anlass, das Ermessen – ausnahmsweise – zugunsten des … Rechtsanwalts durch Verzicht auf Beantragung oder Verhängung einer vorläufigen Maßnahme auszuüben, so gibt es keinen sonstigen Ermessensspielraum mehr, sondern es muss die vorläufige Maßnahme beantragt und verhängt werden" (*Heym,* Schriftenreihe der BRAK, Band 6, 69; vgl. auch *Hartstang* I 182; *ders.* II 736 ff.). **Lediglich im Anschluss an die Hauptverhandlung,** in der auf Ausschließung aus der Rechtsanwaltschaft erkannt wurde, **hat das Gericht auch ohne Antrag der Staatsanwaltschaft von Amts wegen über eine vorläufige Maßnahme zu befinden** (→ § 153 Rn. 1, 2). 21

2. Erzwingung des Antrages. Das auch insoweit geltende Legalitätsprinzip wird abgesichert durch das Recht des Vorstandes der RAK nach § 150a iVm § 122 zur Erzwingung des Antrages der Staatsanwaltschaft. Gerade die Einräumung des Antragsrechts zeigt, dass bei Vorliegen der Voraussetzungen des § 150 der Staatsanwaltschaft keine Entscheidungsfreiheit zukommt, ob sie den Antrag stellen will oder nicht. Der Antrag kann in jeder Lage des anwaltsgerichtlichen Ermittlungsverfahrens und des anwaltsgerichtlichen Verfahrens gestellt werden, solange das anwaltsgerichtliche Verfahren nicht beendet ist oder ein nicht auf Ausschluss lautendes Urteil ergangen ist (vgl. § 158). 22

3. Inhalt des Antrages. In dem Antrag der Staatsanwaltschaft ist die dem Rechtsanwalt zur Last gelegte Pflichtverletzung anzugeben. Darüber hinaus sind die Beweismittel anzugeben, deren Verwendung in der mündlichen Verhandlung von der Staatsanwaltschaft für notwendig erachtet wird. Wenn auch nach der gesetzlichen Regelung anders als in der Anschuldigungsschrift (§ 130 S. 1) und in der Ladung zur mündlichen Verhandlung (§ 151 Abs. 3 S. 1) in der Antragsschrift nach § 150 die die Pflichtverletzung „begründenden Tatsachen" nicht angeführt zu werden brauchen, ist es jedoch in der Praxis üblich und auch sachgerecht, dass die Staatsanwaltschaft auch die Tatsachen, aus denen sich die Pflichtverletzung ergibt, anführt, zumal das Gericht diese in der ersten Ladung zu bezeichnen hat (§ 151 Abs. 3 S. 1). Anders kann auch gar nicht die Pflichtverletzung genau genug umschrieben werden. Dies kann durch Bezugnahme geschehen, wenn bereits eine Anschuldigungsschrift eingereicht wurde oder gleichzeitig eingereicht wird (vgl. § 151 Abs. 3 S. 2). Durch den Antragsinhalt wird dem Rechtsanwalt Gelegenheit gegeben, seine Verteidigung in der mündlichen Verhandlung (§ 151) vorzubereiten, wenn auch das Gericht an die Beweisanregungen der Staatsanwaltschaft nicht gebunden ist (§ 151 Abs. 4). 23

VI. Gerichtliche Entscheidung

1. Zuständigkeit. Zuständig für die Verhandlung und Entscheidung über den Antrag der Staatsanwaltschaft ist das Gericht, das über die Eröffnung des Hauptverfahrens gegen den Rechtsanwalt zu entscheiden hat oder vor dem das anwaltsgerichtliche Verfahren bereits anhängig ist 24

(Abs. 3). Die Zuständigkeit des Gerichts in den Fällen, in denen noch kein anwaltsgerichtliches Verfahren anhängig ist, bestimmt sich somit nach § 119. Die Entscheidung erfolgt immer durch Beschluss, der im Falle der Verhängung des Verbotes nur aufgrund mündlicher Verhandlung (§ 151) ergehen darf (EGH Stuttgart EGE XIV 249; **aA** *Isele* § 151 S. 1667).

25 **2. Keine Aussetzung nach § 118 Abs. 1.** Um das Verhältnis der vorläufigen Maßnahme nach §§ 150 ff. zum anwaltsgerichtlichen Verfahren eindeutig klarzustellen, wurde durch das Gesetz zur Änderung des Berufsrechts der Rechtsanwälte und der Patentanwälte vom 13.12.1989 (BGBl. I S. 2135) Abs. 1 S. 2 eingefügt. Dadurch wird die Aussetzung des Verfahrens nach § 118 Abs. 1 S. 1 und 2 ausgeschlossen.

26 In der anwaltsgerichtlichen Rechtsprechung war die Auffassung vertreten worden, auch das auf die Entscheidung über ein vorläufiges Berufs- oder Vertretungsverbot gerichtete Verfahren sei, da es im Siebten Teil des Gesetzes mit der Überschrift ‚Das anwaltsgerichtliche Verfahren' geregelt werde, ein ‚anwaltsgerichtliches Verfahren'. Daher sei § 118 Abs. 1 S. 1 und 2 zu beachten. Tatsächlich jedoch liegt der Regelung des § 150 die Absicht zugrunde, in den Fällen, in denen wegen eines gleichzeitigen strafgerichtlichen Verfahrens das anwaltsgerichtliche Verfahren ausgesetzt werden muss, wenigstens eine vorläufige berufsrechtliche Maßnahme zu ermöglichen (amtliche Begründung, BT-Drs. 11/3253, 25; → § 118 Rn. 10).

27 **3. Entscheidung gegen einen EU-Anwalt.** Für EU-Anwälte darf das Verbot nach §§ 150, 153, 161a und die nach § 161 erfolgende Bestellung eines Vertreters gemäß §§ 6 Abs. 3, 34 Nr. 2 EuRAG nur für Deutschland erfolgen (→ EuRAG § 6 Rn. 6; → EuRAG § 34 Rn. 1, 2). Zum in der Bundesrepublik niedergelassenen ausländischen Rechtsanwalt (§ 206) vgl. § 207 Abs. 2 S. 2 (→ § 207 Rn. 11). Für vorläufige Maßnahmen gegen **nichtanwaltliche Geschäftsführer von Rechtsanwaltsgesellschaften** gilt das zu → § 115c Rn. 10 Gesagte.

28 **4. Entscheidung gegen einen Notar, der zugleich Anwalt ist.** Wenn gegen einen Notar, der zugleich Rechtsanwalt ist, bereits ein Berufs- oder Vertretungsverbot nach § 150 ausgesprochen worden ist, hat ein solches Verbot kraft Gesetzes die Wirkung der vorläufigen Amtsenthebung des Notars nach § 54 Abs. 4 Nr. 2 BNotO (→ § 118a Rn. 43), diese endet mit dem Außerkrafttreten (§ 158) bzw. der Aufhebung des Verbots (§ 159).

29 Aber auch wenn ein Berufsverbot nach § 150 nicht ergangen ist, kann das Bedürfnis nach einer vorläufigen Amtsenthebung des Notars eintreten. Da nach § 110 BNotO neben dem anwaltsgerichtlichen Verfahren nach der BRAO nicht zugleich ein Disziplinarverfahren nach der BNotO durchgeführt werden kann, und nach §§ 114, 121 ff. die vorläufige Amtsenthebung hinsichtlich des Notaramtes nicht möglich ist, ist in § 54 BNotO ein Ergänzungsbeschluss vorgesehen. Für einen Notar, der zugleich Anwalt ist, sieht § 54 Abs. 2 BNotO eine vorläufige Amtsenthebung durch das Disziplinargericht schon vor Einleitung des förmlichen Disziplinarverfahrens vor, wenn gegen den Beschuldigten nur ein anwaltsgerichtliches Verfahren nach § 121 eingeleitet worden ist und in diesem noch kein Berufs- oder Vertretungsverbot nach §§ 150 ff. ausgesprochen worden ist. Dafür gelten die landesrechtlichen Vorschriften über eine vorläufige Amtsenthebung des Notars nach Einleitung des förmlichen Disziplinarverfahrens entsprechend. Die Voraussetzungen für eine nach § 54 Abs. 2 BNotO zulässige vorläufige Amtsenthebung sind aber nur gegeben, wenn im anwaltsgerichtlichen Verfahren die Ausschließung aus der Rechtsanwaltschaft (§ 114 Abs. 1 Nr. 5) oder die Verhängung eines Berufs- oder Vertretungsverbots als vorläufige Maßnahme (§ 150) oder ein Vertretungsverbot für das Gebiet des Zivilrechts (§ 114 Abs. 1 Nr. 4) zu erwarten ist. Dies gilt jedenfalls dann, wenn das Verfahren allein Verfehlungen im Zusammenhang mit der Tätigkeit als Rechtsanwalt zum Gegenstand hat (BGH BRAK-Mitt. 2002, 131; → § 118a Rn. 41).

30 Führt das anwaltsgerichtliche Verfahren nach der BRAO zur Ausschließung aus der Anwaltschaft, dann erlischt nach § 47 Nr. 3 BNotO das Notaramt kraft Gesetzes. § 54 Abs. 3 BNotO sieht vor, dass gegen den Notar, der zugleich Anwalt ist, auch ein Berufs- oder Vertretungsverbot für den anwaltlichen Bereich ergeht, wenn nach der Notarordnung ein Disziplinarverfahren eingeleitet ist und der Notar hier vorläufig seines Amtes als Notar enthoben ist. Das Notar-Disziplinargericht verhängt das Verbot, wenn zu erwarten ist, dass im Disziplinarverfahren gegen den Notar auf dauernde Entfernung aus dem Amt (§ 97 Abs. 1 BNotO) erkannt werden wird, es sich also um erhebliche Verfehlungen handelt. Denn wenn das Disziplinarverfahren gegen den Notar zur Entfernung aus dem Amt führt, hat das nach § 97 Abs. 5 BNotO zugleich die

Ausschließung aus der Rechtsanwaltschaft zur Folge (*Arndt/Lerch/Sandkühler* BNotO § 54 Rn. 9; → § 118a Rn. 42). Die in § 97 Abs. 3 BNotO geregelte Entfernung aus dem Amt auf bestimmte Zeit reicht als Erwartung nicht aus, dass das Disziplinargericht nach § 54 Abs. 3 BNotO ein Berufs- oder Vertretungsverbot nach § 150 verhängen kann (Schippel/Bracker/*Bracker* BNotO § 54 Rn. 18). Ein zeitlich oder gegenständlich begrenztes Vertretungsverbot (§§ 114 Abs. 1 Nr. 4, 161a) wird ebenfalls nicht von § 54 Abs. 3 BNotO erfasst (aber → § 118a Rn. 42).

5. Eintragung in das Bundeszentralregister. Zur Eintragung der vorläufigen Maßnahmen nach §§ 150 ff. in das Bundeszentralregister gemäß § 10 BZRG → § 205a Rn. 21 ff. 31

§ 150a Verfahren zur Erzwingung des Antrags der Staatsanwaltschaft

[1]Hat der Vorstand der Rechtsanwaltskammer gegenüber der Staatsanwaltschaft beantragt, daß diese den Antrag auf Verhängung eines Berufs- oder Vertretungsverbotes stellen solle, so ist § 122 entsprechend anzuwenden. [2]Jedoch beträgt die in § 122 Abs. 3 Satz 1 bezeichnete Frist zwei Wochen, die in § 122 Abs. 3 Satz 2 für die weitere Tätigkeit der Staatsanwaltschaft bezeichnete Frist einen Monat.

I. Entscheidung der Staatsanwaltschaft

1. Zweck der Regelung. Das Verfahren zur Erzwingung des Antrages der Staatsanwaltschaft nach § 150 Abs. 2 oder § 161a **sichert das Legalitätsprinzip** zugunsten der RAK, die die Verhängung eines Verbotes nach § 150 oder § 161a wünscht, aber wegen des Antragsmonopols der Staatsanwaltschaft selbst keinen Antrag stellen kann. Das Antragsmonopol der Staatsanwaltschaft nach §§ 150, 161a wird dadurch nicht durchbrochen; der Vorstand der RAK kann aber erreichen, dass die Staatsanwaltschaft zur Antragstellung gezwungen wird. 1

2. Voraussetzung. Voraussetzung des Verfahrens, auf das § 122 entsprechend anzuwenden ist, ist, dass der Vorstand der RAK bei der Staatsanwaltschaft beantragt hat, diese möge gegen den Rechtsanwalt den Antrag auf Verhängung eines Berufs- oder Vertretungsverbotes stellen. Gibt die Staatsanwaltschaft dem Antrag keine Folge oder verfügt sie sogar die Einstellung des Verfahrens, so hat sie ihre Entscheidung dem Vorstand der RAK unter Angabe der Gründe mitzuteilen (§ 150a S. 1 iVm § 122 Abs. 1). 2

3. Untätigkeit der Staatsanwaltschaft. Trifft die Staatsanwaltschaft innerhalb von zwei Wochen nach dem Antrag des Vorstandes der RAK, gegen den Rechtsanwalt einen Antrag nach §§ 150, 161a zu stellen, keine Entschließung, so gilt § 122 Abs. 3 entsprechend (§ 150a S. 1 und S. 2) mit den sich aus § 150a S. 2 ergebenden veränderten Fristen. 3

II. Antrag auf gerichtliche Entscheidung

Der Vorstand der RAK kann dann innerhalb eines Monats nach der Bekanntmachung der staatsanwaltschaftlichen Entscheidung bei dem AGH die gerichtliche Entscheidung beantragen (§ 150a S. 1 iVm § 122 Abs. 2 S. 1). Für das zur Fristversäumung führende Verschulden seines Verfahrensbevollmächtigten muss der Vorstand einstehen (zu § 172 StPO OLG Düsseldorf NStZ 1989, 193). 4

1. Inhalt des Antrages. Der Antrag muss die Tatsachen, welche die Verhängung eines Berufs- oder Vertretungsverbots begründen sollen und die Beweismittel angeben (§ 150a S. 1 iVm § 122 S. 2 Abs. 2). Diese dem § 172 Abs. 3 S. 1 StPO entsprechende Formulierung bedeutet trotz § 122 Abs. 5, der lediglich das Klageerzwingungsrecht des Verletzten ausschließen soll, dass für den Inhalt des Antrages die gleichen Anforderungen zu stellen sind wie für einen Klageerzwingungsantrag nach der StPO (*Isele* § 122 S. 1583; EGH Frankfurt EGE VII 224; → § 122 Rn. 12). 5

Das heißt, der Kammervorstand muss in der Antragsschrift an den AGH eine aus sich heraus verständliche Schilderung des Sachverhalts wiedergeben, der bei Unterstellung des hinreichenden Tatverdachts ein vorläufiges Berufs- oder Vertretungsverbot rechtfertigen wird. Der AGH soll dadurch in die Lage versetzt werden, ohne Rückgriff auf die Ermittlungsakten, Beiakten und Eingaben eine Schlüssigkeitsprüfung vorzunehmen (für § 172 StPO BVerfG NJW 1979, 364; 6

OLG Schleswig NStZ 1989, 286; **aA** OLG Celle NJW 1989, 1102 = NStZ 1989, 43). Der Antragsschrift muss die Wahrung der Frist des § 150a S. 1 iVm § 122 Abs. 2 zu entnehmen sein (für § 172 StPO OLG Karlsruhe MDR 1982, 953). Eine Bezugnahme auf die Akten, frühere Eingaben pp. ist zur Darstellung des Sachverhaltes grundsätzlich nicht zulässig (zu § 172 StPO OLG Köln NJW 1977, 1461).

7 Nimmt der Kammervorstand jedoch in einer Weise auf Anlagen, die eine ergänzende klare Sachdarstellung des Antrags beinhalten, Bezug, wobei erkennbar wird, dass der Kammervorstand die Verantwortung für den Inhalt der Anlage übernimmt, dann wird diese Anlage damit Teil der Antragsschrift (für § 172 StPO OLG Köln JR 1954, 390). Es können auch neue Tatsachen oder Beweismittel angebracht werden. Die Sachdarstellung muss in groben Zügen den Gang des bisherigen Verfahrens, den Inhalt der Entschließung der Staatsanwaltschaft und die Gründe für deren behauptete Unvertretbarkeit mitteilen. Dabei muss sich der Kammervorstand eingehend mit den Argumenten der Staatsanwaltschaft auseinandersetzen (für § 172 StPO BVerfG NJW 1979, 364; *Meyer-Goßner* StPO § 172 Rn. 27 ff.).

8 **2. Verfahren vor dem AGH.** Es richtet sich nach § 150a S. 1 iVm § 122 Abs. 4 nach §§ 173–175 StPO entsprechend. Insoweit kann auf die Kommentierung zu § 122 (→ § 122 Rn. 1 ff.) und die strafprozessuale Kommentierung verwiesen werden. Der Antrag des Vorstandes der RAK ist unbegründet, wenn das Rügerecht des Vorstandes der RAK ausreicht, die Pflichtverletzung zu ahnden (EGH Berlin Beschluss vom 15.3.1982 – II EGH 4/81).

9 **3. Anordnung der Antragstellung.** Erachtet der AGH nach Anhörung des beschuldigten Rechtsanwalts den Antrag für begründet, so beschließt er die Antragstellung. Die Durchführung des Beschlusses obliegt der Staatsanwaltschaft (§§ 150a S. 1, 122 Abs. 4 iVm § 175 StPO). Der AGH kann das vorläufige Berufs- oder Vertretungsverbot nicht unmittelbar aussprechen. Das gilt selbst dann, wenn das anwaltsgerichtliche Verfahren bereits in der Berufungsinstanz bei dem AGH anhängig ist (§ 150 Abs. 3). Für das Antragserzwingungsverfahren gelten nach § 150a iVm § 122 nämlich die Bestimmungen der §§ 173–175 StPO, während die Verhängung der vorläufigen Maßnahmen den besonderen Verfahrensvorschriften von §§ 151, 152 unterliegt und nur mit Zweidrittelmehrheit aufgrund mündlicher Verhandlung ausgesprochen werden kann. Zudem ist gegen die Entscheidung im Erzwingungsverfahren ein Rechtsbehelf nicht gegeben (§ 116 S. 2 iVm § 304 Abs. 4 S. 2 StPO; BGH BRAK-Mitt. 2001, 139), während auch das vom AGH ausgesprochene Berufs- oder Vertretungsverbot mit der sofortigen Beschwerde angegriffen werden kann (§ 157 Abs. 1; Henssler/Prütting/*Dittmann* § 150a Rn. 5). Letztlich kann und darf durch das Erzwingungsverfahren auch das Antragsmonopol der Staatsanwaltschaft nicht durchbrochen werden. Dies ist ausschließlich für den Fall einer nicht rechtskräftigen Verurteilung zur Ausschließung aus der Rechtsanwaltschaft nach § 153 vorgesehen.

§ 151 Mündliche Verhandlung

(1) **Der Beschluß, durch den ein Berufs- oder Vertretungsverbot verhängt wird, kann nur auf Grund mündlicher Verhandlung ergehen.**

(2) **Auf die Ladung und die mündliche Verhandlung sind die Vorschriften entsprechend anzuwenden, die für die Hauptverhandlung vor dem erkennenden Gericht maßgebend sind, soweit sich nicht aus den folgenden Vorschriften etwas anderes ergibt.**

(3) [1] **In der ersten Ladung ist die dem Rechtsanwalt zur Last gelegte Pflichtverletzung durch Anführung der sie begründenden Tatsachen zu bezeichnen; ferner sind die Beweismittel anzugeben.** [2] **Dies ist jedoch nicht erforderlich, wenn dem Rechtsanwalt die Anschuldigungsschrift bereits mitgeteilt worden ist.**

(4) **Den Umfang der Beweisaufnahme bestimmt das Gericht nach pflichtmäßigem Ermessen, ohne an Anträge der Staatsanwaltschaft oder des Rechtsanwalts gebunden zu sein.**

I. Entscheidung aufgrund mündlicher Verhandlung

1 **1. Der Grundsatz.** Der Beschluss des Anwaltsgerichts oder auf sofortige Beschwerde (§ 157 Abs. 1 und 2) die Beschlüsse des AGH oder des BGH, durch die ein Berufs- oder Vertretungs-

verbot **verhängt** oder deren Verhängung bestätigt werden, können stets nur aufgrund mündlicher Verhandlung ergehen (§ 151 Abs. 1, § 157 Abs. 3 S. 2). Es ist damit eine wesentliche Garantie für eine gründliche Erörterung und Prüfung gegeben (amtliche Begründung, BT-Drs. 3/120, 108). Wird ein **Anwaltsnotar** nach Einleitung des nach § 110 BNotO maßgeblichen Disziplinarverfahrens (§ 118a Abs. 5; §§ 92 ff. BNotO) vorläufig seines Amtes als Notar enthoben (§ 54 Abs. 1 BNotO), so kann das **Disziplinargericht** (§ 99 BNotO) gegen ihn ein Berufs- oder Vertretungsverbot als vorläufige Maßnahme verhängen, wenn zu erwarten ist, dass im Disziplinarverfahren gegen ihn auf Entfernung aus dem Amt (§ 97 Abs. 1 BNotO) erkannt werden wird (§ 54 Abs. 3 BNotO; → § 118a Rn. 42; → § 150 Rn. 28 ff.).

2. Die Ausnahme. Kommt nach Überzeugung (§ 152) des Anwaltsgerichts oder in der 2
Beschwerdeinstanz des AGH bzw. des BGH (§ 157) nach Aktenlage die Verhängung eines Berufs- oder Vertretungsverbots nicht in Betracht, dann kann der Beschluss ohne mündliche Verhandlung ergehen (EGH Stuttgart EGE XIV, 249; **aA** *Isele* § 151 S. 1667, § 157 S. 1690). § 151 Abs. 1 will wegen der besonderen Bedeutung und tiefgreifenden Wirkung eines Berufs- oder Vertretungsverbotes für den betroffenen Rechtsanwalt deren Verhängung nur aufgrund einer eingehenden Prüfung in einer mündlichen Verhandlung gestatten, in der der Rechtsanwalt und die Staatsanwaltschaft noch einmal ihre Rechte wahren können. Für den Fall, dass nach Überzeugung (§ 152) des entscheidenden Gerichts ein solches Verbot aber nicht in Betracht kommt, ordnet § 151 Abs. 1 eine mündliche Verhandlung nicht an. Der BGH hat den über § 157 Abs. 3 S. 2 für das Beschwerdeverfahren geltenden § 151 Abs. 1 auch für unanwendbar erklärt, wenn die – weitere – Beschwerde überhaupt unstatthaft ist. Auch zur Verwerfung der im Gesetz nicht vorgesehenen weiteren Beschwerde (→ § 142 Rn. 3) bedarf es keiner mündlichen Verhandlung (BGHSt 19, 4 = NJW 1963, 2038 = EGE VII, 176).

II. Anzuwendende Vorschriften

Auch im Verfahren nach §§ 150 ff. ist die Ablehnung von Richtern nach §§ 24 ff. StPO iVm 3
§ 116 S. 2 möglich (EGH Hamm EGE VII, 236). Der Beschluss, durch den die Ablehnung als unzulässig verworfen oder als unbegründet zurückgewiesen wird, kann nur zusammen mit dem Beschluss über das Verbot nach § 157 angefochten werden (§ 28 Abs. 2 S. 2 StPO). Die sofortige Beschwerde nach § 28 Abs. 2 S. 1 StPO ist auch mit Wirkung für das Verfahren nach §§ 150 ff. zulässig, wenn der abgelehnte Richter nicht erkennender Richter iSv § 28 Abs. 2 StPO ist (EGH Hamm EGE VII, 236). Für die Ladung und die mündliche Verhandlung sind die Vorschriften entsprechend anwendbar, die für die Hauptverhandlung vor dem erkennenden Gericht maßgebend sind (§ 116 iVm § 214 StPO, §§ 134 ff.). Die mündliche Verhandlung ist ebenso wie die anwaltsgerichtliche Hauptverhandlung im Allgemeinen nicht öffentlich (Abs. 2 iVm §§ 135, 143 Abs. 4, 146 Abs. 3). Auch hier kann gegen einen Rechtsanwalt, der nicht erschienen ist, die mündliche Verhandlung durchgeführt werden, wenn er ordnungsgemäß geladen und in der Ladung darauf hingewiesen ist, dass in seiner Abwesenheit verhandelt werden könne (§ 134); es gilt § 117 (amtliche Begründung, BT-Drs. 3/120, 108). Als Besonderheit gilt insoweit aber:

1. Ladung. Eine öffentliche Ladung (§ 40 StPO) ist ausgeschlossen (Abs. 2 iVm §§ 134, S. 2, 4
143 Abs. 4). In der Ladung muss die dem Rechtsanwalt zur Last gelegte Pflichtverletzung durch Anführung der sie begründenden Tatsachen bezeichnet werden und sind die Beweismittel anzugeben. Durch das Gesetz zur Änderung des Berufsrechts der Rechtsanwälte und der Patentanwälte vom 13.12.1989 (BGBl. I S. 2135) ist nunmehr klargestellt, dass diese Angaben nur in der ersten Ladung zu erfolgen haben. Da in Verfahren nach § 150 mitunter mehrere Ladungen zu mündlichen Verhandlungen notwendig sind, hatten sich in der Praxis Zweifel ergeben, ob in solchen Fällen bei allen Ladungen nach dieser Vorschrift verfahren werden muss. Durch die Mitteilung der Pflichtverletzung und der sie begründenden Tatsachen soll sichergestellt werden, dass der Rechtsanwalt rechtzeitig darüber unterrichtet wird, welche Pflichtverletzung ihm zur Last gelegt wird, und dass er sich auf seine Verteidigung vorbereiten kann. Ist wegen derselben Pflichtwidrigkeit bereits Anschuldigung erhoben und die Anschuldigungsschrift dem Rechtsanwalt mitgeteilt, dann kann diese Mitteilung in der Ladung unterbleiben, da der Rechtsanwalt dann schon ausreichend unterrichtet ist (amtliche Begründung, BT-Drs. 3/120, 108). Die Mitteilungspflicht entfällt aber nur insoweit, als der Gegenstand der Anschuldigungsschrift und der des Antragsverfahrens einschließlich der Beweismittel identisch sind. Sinn und Zweck der Mit-

teilungspflichten nach § 151 Abs. 3 verlangen, dass neue Tatumstände oder Beweismittel, die noch nicht Gegenstand der Anschuldigungsschrift sind, mitgeteilt werden, wenn sie den Antrag auf Verhängung einer vorläufigen Maßnahme stützen sollen (Henssler/Prütting/*Dittmann* § 151 Rn. 5). Die Staatsanwaltschaft kann auch einen Antrag auf vorläufige Maßnahmen mit der Anschuldigungsschrift verbinden.

5 **2. Beweisaufnahme.** Den Umfang der Beweisaufnahme bestimmt das Gericht nach pflichtgemäßem Ermessen. Es ist dabei nicht an Anträge der Staatsanwaltschaft oder des Rechtsanwalts gebunden. Da die Entscheidung nach §§ 150ff. unter Umständen schon in einem frühen Stadium des Verfahrens ergeht, kann und soll das Anwaltsgericht nicht endgültig feststellen, ob der Rechtsanwalt eine schwerwiegende Pflichtverletzung begangen hat und wie diese zu werten ist. Vielmehr soll es bei vorläufiger Tatbewertung darüber befinden, ob im Zeitpunkt seiner Entscheidung dringende Gründe für die Annahme vorliegen, der Rechtsanwalt habe eine so schwerwiegende Pflichtverletzung begangen, dass im anwaltsgerichtlichen Hauptverfahren mit seinem Ausschluss aus der Rechtsanwaltschaft zu rechnen sei und dass die Maßnahme zur Abwehr konkreter Gefahren für wichtige Gemeinschaftsgüter geboten sei (→ § 150 Rn. 14ff.).

6 Da die restlose Aufklärung des Sachverhalts nicht erforderlich, regelmäßig in diesem Verfahren auch nicht möglich ist, brauchen die zugrundeliegenden Tatsachen nicht zur vollen richterlichen Überzeugung festgestellt zu werden, es genügt, wenn diese Tatsachen dem Anwaltsgericht wahrscheinlich sind. Daraus ergibt sich die Freiheit des Gerichts, den Umfang der Beweisaufnahme nach pflichtgemäßem Ermessen zu bestimmen und (Beweis-) Anträge der Staatsanwaltschaft oder des Rechtsanwalts ohne die Grenzen aus § 116 S. 2 iVm § 244 Abs. 3–6 StPO zurückweisen zu können. Mit der Natur des Verfahrens, das nicht zur Festsetzung endgültiger Maßnahmen führt, ist es vereinbar, die Entscheidung über den Umfang der Beweisaufnahme abweichend von § 244 StPO dem pflichtgemäßen Ermessen des Gerichts zu überlassen, das über das Verbot zu entscheiden hat (amtliche Begründung, BT-Drs. 3/120, 108).

III. Entscheidung

7 Die Entscheidung des Anwaltsgerichts ist keine Ermessensentscheidung. Liegen die Voraussetzungen für ein Berufs- oder Vertretungsverbot vor, dann muss das Gericht das Verbot erlassen (*Isele* § 151 Anm. III E 1). Zu dem Inhalt des Beschlusses vgl. § 154.

§ 152 Abstimmung über das Verbot

Zur Verhängung des Berufs- oder Vertretungsverbotes ist eine Mehrheit von zwei Dritteln der Stimmen erforderlich.

1 Zur Verhängung des Verbots ist in Abweichung von § 196 GVG ein qualifiziertes Stimmenverhältnis von zwei Drittel der Stimmen erforderlich. Das gilt auch in der Beschwerdeinstanz (§ 157). Die Vorschrift enthält damit eine wesentliche Rechtsgarantie zugunsten des Beschuldigten (amtliche Begründung, BT-Drs. 3/120, 108; BVerfGE 44, 105, 116 = NJW 1977, 892).

§ 153 Verbot im Anschluß an die Hauptverhandlung

[1] Hat das Gericht auf Ausschließung aus der Rechtsanwaltschaft erkannt, so kann es im unmittelbaren Anschluß an die Hauptverhandlung über die Verhängung des Berufs- oder Vertretungsverbotes verhandeln und entscheiden. [2] Dies gilt auch dann, wenn der Rechtsanwalt zu der Hauptverhandlung nicht erschienen ist.

I. Pflicht zur Anschlussverhandlung und -entscheidung

1 Die Vorschrift hat ausschließlich verfahrensrechtlichen Charakter (Henssler/Prütting/*Prütting* § 153 Rn. 1). Verkündet das Gericht (Anwaltsgericht oder AGH) ein auf Ausschließung aus der Rechtsanwaltschaft lautendes Urteil, dann muss es im unmittelbaren Anschluss daran in die mündliche Verhandlung über die Verhängung eines Berufs- oder Vertretungsverbots auch ohne entsprechenden Antrag der Staatsanwaltschaft von Amts wegen eintreten und darüber entscheiden (BVerfGE 48, 292 = NJW 1978, 1479). Dabei ist § 152 zu beachten.

Die Vorschrift ist trotz des Wortes „kann" **zwingend.** Es besteht trotz des Wortes „kann" eine Pflicht des Gerichts zur Verhandlung und Entscheidung im unmittelbaren Anschluss an die Verkündung eines auf Ausschließung aus der Rechtsanwaltschaft lautenden Urteils, ohne dass ein entsprechender Antrag der Staatsanwaltschaft gestellt worden ist (*Kleine-Cosack* § 153 Rn. 1; Henssler/Prütting/*Dittmann* § 153 Rn. 1; **aA** Gaier/Wolf/Göcken/*Johnigk* § 153, wonach eine Pflicht zur Anschlussverhandlung nur besteht, wenn das Gericht anschließend ein vorläufiges Verbot verhängen will). „Kann" bedeutet nur, dass es keiner besonderen, neu anberaumten mündlichen Verhandlung, keiner extra Ladung der Beteiligten und vor allem keines Antrages der Staatsanwaltschaft bedarf. Der in der Ladung zur Hauptverhandlung erteilte Hinweis nach § 134 S. 1 behält nach S. 2 für diese Anschlussverhandlung nach § 151 Abs. 1 seine Wirksamkeit (amtliche Begründung, BT-Drs. 3/120, 108; *Isele* § 153 Anm. III). Die anschließende Verhandlung ist auch dann zulässig, wenn die Hauptverhandlung nach §§ 134, 143 Abs. 4 in Abwesenheit des Rechtsanwalts stattgefunden hat. Dies gilt auch, wenn seine Berufung nach § 143 Abs. 4 S. 2 iVm § 329 Abs. 1 StPO verworfen wurde und das angefochtene Urteil auf Ausschließung aus der Rechtsanwaltschaft lautet. 2

II. Prüfung der Verbotsvoraussetzungen

§ 153 ist keine materiell-rechtliche Regelung in dem Sinne, dass im Falle eines Ausschlussurteils die Verhängung eines Berufsverbotes zwingend sein solle, sofern ein Vertretungsverbot nicht genügt, und dass es einer Prüfung der in § 150 Abs. 1 genannten Voraussetzungen für eine solche Präventivmaßnahme nicht mehr bedürfe. Lediglich die Ausschließungsprognose des § 150 Abs. 1 (→ § 150 Rn. 11) wird dabei durch das auf Ausschließung erkennende Urteil ersetzt (Gaier/Wolf/Göcken/*Johnigk* § 153 Rn. 1). Vielmehr muss auch dann, wenn das Berufs- oder Vertretungsverbot im Anschluss an eine Hauptverhandlung gemäß § 153 verhängt wird, dieses sofortige Einschreiten durch eine solche vorläufige Maßnahme zur Abwehr konkreter Gefahren für wichtige Gemeinschaftsgüter geboten sein, wobei allerdings auch hier die Art und Schwere der Pflichtwidrigkeit als solche diese Gefährdung indizieren kann (BVerfGE 48, 292 = NJW 1978, 1479; EGH Schleswig BRAK-Mitt. 1983, 143). 3

Selbst nach Erlass zweier auf Ausschließung erkennender Urteile kann ein vorläufiges Berufs- oder Vertretungsverbot nach § 153 nur verhängt werden, wenn überwiegende öffentliche Belange unaufschiebbare Maßnahmen im Interesse des allgemeinen Wohls rechtfertigen (EG Kassel EGE XIV, 277). 4

Da das Gericht in der Anschlussverhandlung regelmäßig die im Hauptverfahren erhobenen Beweise gemäß § 151 Abs. 4 verwerten wird, wird es nach pflichtmäßigem Ermessen allenfalls noch zu der Frage, ob von dem Rechtsanwalt bis zur Rechtskraft des Urteils eine Gefährdung wichtiger Gemeinschaftsgüter zu befürchten ist (→ § 150 Rn. 14 ff.), Beweis erheben. 5

§ 154 Zustellung des Beschlusses

[1]Der Beschluß ist mit Gründen zu versehen. [2]Er ist dem Rechtsanwalt zuzustellen. [3]War der Rechtsanwalt bei der Verkündung des Beschlusses nicht anwesend, ist ihm zusätzlich der Beschluß ohne Gründe unverzüglich nach der Verkündung zuzustellen.

I. Begründungspflicht

Der Beschluss ist stets zu begründen und zwar auch dann, wenn er erst auf sofortige Beschwerde erging (§ 157) und nicht anfechtbar ist (→ § 157 Rn. 8; teilweise Abweichung von § 116 iVm § 34 StPO). Daraus folgt, dass der Beschluss immer abzusetzen ist, selbst wenn alle Verfahrensbeteiligten bei der Verkündung anwesend waren und er nicht anfechtbar ist (Henssler/Prütting/*Dittmann* § 154 Rn. 1). Der Beschluss ist, wie sich aus § 155 Abs. 1 ergibt, zu verkünden (amtliche Begründung, BT-Drs. 3/120, 108). 1

II. Zustellungspflicht

Dem Rechtsanwalt ist der Beschluss immer zuzustellen, und zwar in Abweichung von § 35 Abs. 1 StPO auch dann, wenn dieser in Anwesenheit des Rechtsanwalts verkündet worden ist. Das Zustellungsverfahren richtet sich nach § 116 S. 2 iVm § 37 StPO. War der Rechtsanwalt bei 2 der Verkündung anwesend, muss ihm schon im Anschluss an die Verkündung nach § 116 S. 2 iVm § 35 StPO die Rechtsmittelbelehrung erteilt werden, damit die Wochenfrist für die sofortige Beschwerde (§ 157) mit der Verkündung des Beschlusses in Lauf gesetzt wird (§ 116 S. 2 iVm § 35 StPO). War der Rechtsanwalt nicht anwesend, dann beginnt die Wochenfrist mit Zustellung des Beschlusses mit Gründen und Rechtsmittelbelehrung. Die Zustellung des Beschlusses ohne Gründe nach S. 3 setzt die Wochenfrist nicht in Lauf, da es sich nur um eine zusätzliche Zustellung handelt und der Rechtsanwalt nur bei Kenntnis der Gründe in der Lage ist, eine sachgemäße Entscheidung über sein weiteres prozessuales Vorgehen (§ 157) zu treffen. S. 2 will sicherstellen, dass der Rechtsanwalt stets eindeutig über den Umfang des gegen ihn ergangenen Verbots informiert wird, so dass er sich im Rahmen des § 156 Abs. 1 nicht etwa auf Unkenntnis oder Missverstehen des Beschlusses berufen kann (*Isele* § 154 Anm. III C 2).

3 Die mit Gesetz zur Änderung des Berufsrechts der Rechtsanwälte und der Patentanwälte vom 13.12.1989 (BGBl. I S. 2135) in S. 3 angeordnete zusätzliche Zustellung der Beschlussformel sofort nach deren Verkündung an den Rechtsanwalt, welcher der mündlichen Verhandlung ferngeblieben ist, ist nach den Erfahrungen der Praxis wegen § 156 Abs. 1 angezeigt (amtliche Begründung, BT-Drs. 11/3253, 26). Einer Zustellung an die Staatsanwaltschaft bedarf es grundsätzlich nicht, da diese in der mündlichen Verhandlung immer vertreten ist (§§ 151 Abs. 2, 153, 157, 161a, 116 S. 2 iVm § 226 StPO).

4 Im Falle der Zurückweisung des Antrags der Staatsanwaltschaft ohne mündliche Verhandlung (→ § 151 Rn. 2 ff.) erfolgt die dann notwendige Zustellung an sie nach § 116 S. 2 iVm § 41 StPO (Henssler/Prütting/*Dittmann* § 154 Rn. 4).

§ 155 Wirkungen des Verbotes

(1) **Der Beschluß wird mit der Verkündung wirksam.**

(2) **Der Rechtsanwalt, gegen den ein Berufsverbot verhängt ist, darf seinen Beruf nicht ausüben.**

(3) **Der Rechtsanwalt, gegen den ein Vertretungsverbot (§ 150 Abs. 1) verhängt ist, darf nicht als Vertreter und Beistand in Person oder im schriftlichen Verkehr vor einem Gericht, vor Behörden, vor einem Schiedsgericht oder gegenüber anderen Personen tätig werden oder Vollmachten oder Untervollmachten erteilen.**

(4) **Der Rechtsanwalt, gegen den ein Berufs- oder Vertretungsverbot verhängt ist, darf jedoch seine eigenen Angelegenheiten, die Angelegenheiten seines Ehegatten oder Lebenspartners und seiner minderjährigen Kinder wahrnehmen, soweit nicht eine Vertretung durch Anwälte geboten ist.**

(5) [1] **Die Wirksamkeit von Rechtshandlungen des Rechtsanwalts wird durch das Berufs- oder Vertretungsverbot nicht berührt.** [2] **Das gleiche gilt für Rechtshandlungen, die ihm gegenüber vorgenommen werden.**

Übersicht

I. Zeitpunkt des Wirksamwerdens

1 Der Beschluss durch den ein Berufs- oder Vertretungsverbot als vorläufige Maßnahme verhängt wird, wird auch dann, wenn der Rechtsanwalt bei der Verkündung nicht anwesend war, bereits **mit der Verkündung wirksam.** Er ist dann auch schon vor der Zustellung an ihn nach § 156 Abs. 2 zurückzuweisen. Für rechtskräftige Vertretungsverbote nach § 114 Abs. 1 Nr. 4 gilt nur § 114a. Nach § 161a Abs. 2 gelten die Abs. 1, 3–5 entsprechend für das gegenständlich beschränkte Vertretungsverbot nach § 161a (Gaier/Wolf/Göcken/*Johnigk* § 155 Rn. 1).

Die obligatorische Zustellung an ihn (§ 154) bewirkt regelmäßig den Ausschluss der Einwendung des Rechtsanwalts, er habe den Beschluss nicht gekannt bzw. nicht richtig verstanden (→ § 154 Rn. 3; → § 156 Rn. 4). Die Vollziehung des Beschlusses kann nicht nach § 307 Abs. 2 StPO iVm § 157 Abs. 3 S. 2 ausgesetzt werden (→ § 157 Rn. 11). Das vorläufige Berufs- oder Vertretungsverbot führt dazu, dass der Rechtsanwalt im Anwaltsprozess iSd § 244 Abs. 1 ZPO unfähig wird, die Vertretung der Partei fortzuführen, dh **in Anwaltsprozessen** tritt eine **Unterbrechung** des Verfahrens auch dann ein, wenn das erkennende Gericht davon nichts weiß (BGHZ 111, 104 = NJW 1990, 1854; OLG Hamm AnwBl. 2008, 632; Baumbach/Lauterbach/Albers/*Hartmann* ZPO § 244 Rn. 9). Eine gleichwohl durchgeführte Beweisaufnahme ist zu wiederholen; ein ergangenes Urteil ist nicht nichtig, jedoch auf die Berufung hin aufzuheben und der Rechtsstreit an das Gericht erster Instanz zurückzuverweisen (OLG Hamm AnwBl. 2008, 632). 2

II. Inhalt des Verbotes

1. Berufsverbot. Der Rechtsanwalt, gegen den ein Berufsverbot verhängt ist, behält zwar die Eigenschaft eines Rechtsanwalts und auch seine Zulassung wird durch die vorläufige Maßnahme nicht berührt (BGHZ 111, 104 = NJW 1990, 1854; BGH AnwBl. 2010, 361; *Isele* § 155 Anm. III A). Er ist aber nicht mehr befugt, den Beruf auszuüben (Abs. 2). Eine Ausnahme gilt in dem Fall ohne Anwaltszwang für eigene Angelegenheiten (zu Abs. 4 → Rn. 8; → § 115c Rn. 10; → § 150 Rn. 27). 3

Das Berufsverbot schließt das Vertretungsverbot ein; es geht noch darüber hinaus und verbietet dem Rechtsanwalt jede geschäftsmäßige rechtsbesorgende Tätigkeit einschließlich der Erteilung von Rechtsrat. Dem Betroffenen ist daher auch verboten, Sprechstunden abzuhalten oder sonst beratend tätig zu werden. Ihm ist es nicht nur untersagt, als Rechtsanwalt in der Öffentlichkeit tätig zu sein, sondern **auch die interne Berufsausübung (Rechtsberatung) durch ihn ist unzulässig** (amtliche Begründung, BT-Drs. 3/120, 108). Jede Form der beruflichen Tätigkeit ist ihm damit verboten. 4

Er darf weder persönlich vor Gericht auftreten noch schriftlich mit Gerichten, Staatsanwaltschaft, Behörden, Parteien, anderen Anwälten pp. verhandeln. Er darf daher auch nicht seinen Mitarbeitern in der Kanzlei (Sozien, freien Mitarbeitern, angestellten Anwälten, Kanzleipersonal) Anweisungen erteilen. Auch einen nach § 161 bestellten Vertreter darf er nicht anweisen. Er kann auch nicht Vertreter (§ 53) oder Abwickler (§ 55) sein. Ebenso kann er nicht als Bevollmächtigter eines anderen Rechtsanwalts nach § 58 Abs. 2 Personalakten einsehen. Zur sinngemäßen Anwendung der §§ 155 Abs. 2, 4, 5, 156 Abs. 2 auf Fälle, in denen die Vollziehbarkeit einer Rücknahme- oder Widerrufsverfügung angeordnet wurde (§ 16 Abs. 6 S. 2), vgl. § 16 Abs. 7; OLG Celle NStZ 1989, 41 mit Anm. *Feuerich;* zur sinngemäßen Anwendung auf beim BGH zugelassene Rechtsanwälte → § 172 Rn. 7 und in Fällen des § 45 → § 45 Rn. 43. Mit der Verhängung des vorläufigen Berufsverbotes entfällt die Rechtswirkung von §§ 1, 3, 10 ff. RDG und unterliegt der Rechtsanwalt dem Verbot zur geschäftsmäßigen Besorgung fremder Rechtsangelegenheiten nach § 3 RDG; Henssler/Prütting/*Dittmann* § 155 Rn. 3). 5

2. Vertretungsverbot. Die Wirkungen eines rechtskräftigen Vertretungsverbotes nach § 114 Abs. 1 Nr. 4 bestimmen sich nach § 114a. Das generelle Vertretungsverbot des § 150 Abs. 1 hat gegenüber dem Berufsverbot als vorläufige Maßnahme nur begrenzte Wirkungen. Es schließt nur eine schriftliche oder mündliche Berufsbetätigung aus, die nach außen sichtbar wird. So ist dem Rechtsanwalt verboten, vor einem Gericht, vor Behörden oder einem Schiedsgericht in Person aufzutreten, Vollmachten oder Untervollmachten zu erteilen und mit Gerichten, Behörden, Schiedsgerichten, Rechtsanwälten oder anderen Vertretern in Rechtssachen zu verkehren (amtliche Begründung, BT-Drs. 3/120, 108). Das Vertretungsverbot erfasst damit jegliche Tätigkeit des Rechtsanwalts als Vertreter und Beistand (Verteidiger), die über eine nicht nach außen hin hervortretende Beratung hinausgeht. § 155 Abs. 3 ist damit § 114a Abs. 1 angepasst (amtliche Begründung, BT-Drs. 7/4005, 15). Er darf somit auch nicht die vorhandenen Mandate per Untervollmacht an Kollegen weitergeben. Dagegen kann der Rechtsanwalt im Übrigen seinen Beruf ausüben, also zB Rat erteilen und Sprechstunden abhalten (amtliche Begründung, BT-Drs. 3/120, 108; BGH Urteil vom 30.9.1985 – AnwSt (R) 11/85 nv – zu § 114a). 6

Das Verbot umfasst auch die Herstellung des Einvernehmens nach § 28 EuRAG (Henssler/Prütting/*Dittmann* § 155 Rn. 4). Das generelle Vertretungsverbot nach §§ 150 Abs. 1, 155 7

Abs. 3 erfasst sämtliche Rechtsgebiete, während das gegenständlich beschränkte Vertretungsverbot nach § 161a nur bestimmte Rechtsgebiete erfasst. § 155 Abs. 3 ist nach § 161a Abs. 2 auch auf das gegenständlich beschränkte Vertretungsverbot des § 161a entsprechend anzuwenden. Ist dem Rechtsanwalt beispielsweise verboten, auf dem Gebiet des Strafrechts als Vertreter und Beistand tätig zu werden (§ 161a), dann kann er gleichwohl in einem Zivilverfahren strafrechtliche Vorfragen erörtern oder für einen anderen Rechtsanwalt Gutachten auf dem Gebiet des Strafrechts erstatten (BGH BRAK-Mitt. 1983, 93 zu § 114a).

8 **3. Tätigkeit in eigenen Angelegenheiten.** In Abs. 4 wird sowohl bei dem Vertretungs- als auch bei dem Berufsverbot als Ausnahme zugelassen, dass der Rechtsanwalt seine eigenen Angelegenheiten sowie die Angelegenheiten seines Ehepartners und seiner minderjährigen Kinder wahrnehmen darf, soweit nicht eine Vertretung durch Anwälte geboten ist (§ 78 ZPO; amtliche Begründung, BT-Drs. 3/120, 108; BGH MDR 2010, 779; SächsAGH BRAK-Mitt. 2010, 173). Aufgrund der Ergänzung des § 155 Abs. 4 durch Art. 3, § 14 LPartG vom 16.2.2001 (BGBl. I S. 266, 273) gilt dies auch für die Wahrnehmung von Angelegenheiten eines Lebenspartners, um so der besonderen Verbundenheit der Lebenspartner Rechnung zu tragen. Im Anwaltsprozess (§ 78 ZPO) darf er auch eigene Angelegenheiten nicht vertreten, dh auch dann tritt eine Unterbrechung des Verfahrens ein (→ § 155 Rn. 2). Keine eigene Angelegenheit ist die Festsetzung und Einziehung der Gebühren.

III. Wirksamkeit von verbotswidrigen Rechtshandlungen (Abs. 5)

9 Rechtshandlungen, die ein Rechtsanwalt entgegen dem Berufs- oder Vertretungsverbot vornimmt, müssen im Interesse der Rechtssicherheit wirksam bleiben (Abs. 5), selbst wenn die Prozessvollmacht infolge des Berufsverbotes entfällt (BAG MDR 2007, 1459; BGHZ 166, 117 = NJW 2006, 2260). Das Gleiche gilt für Rechtshandlungen, die ihm gegenüber vorgenommen werden (amtliche Begründung, BT-Drs. 3/120, 108). Dies gilt bis zu seiner Zurückweisung nach § 156 Abs. 2 (BGH NJW 1990, 1854). Die Vorschrift bezweckt allgemein die Wahrung der Rechtssicherheit, indem sie den Rechtsverkehr mit einem Rechtsanwalt nicht mit der Prüfung belastet, ob gegen ihn ein Berufs- oder Vertretungsverbot besteht (OLG Celle NStZ 1989, 41 mit Anm. *Feuerich* NStZ 1989, 338). §§ 155 Abs. 5, 156 Abs. 2 finden keine Anwendung auf den bestandskräftigen Widerruf der Zulassung (BGH BRAK-Mitt. 2014, 323).

10 Die Wirksamkeit der von dem Rechtsanwalt oder der ihm gegenüber vorgenommenen Rechtshandlungen ist daher auch unabhängig davon, ob der Teilnehmer an diesen Rechtshandlungen gut- oder bösgläubig ist, ob er von dem Berufs- oder Vertretungsverbot Kenntnis hat oder nicht (OLG Celle NStZ 1989, 41; **aA** Gaier/Wolf/Göcken/*Johnigk* § 155 Rn. 9). Trotz des Berufsverbots ist außerhalb eines Anwaltsprozesses, in dem das Berufs- oder Vertretungsverbot nach § 244 ZPO zur Unterbrechung führt (BGH AnwBl. 2010, 361) auch eine Zustellung nach § 212a ZPO aF = § 174 ZPO nF an den Rechtsanwalt möglich. Im Anwaltsprozess ist aber § 244 ZPO zu beachten (BGHZ 111, 104 = NJW 1990, 1854; → § 155 Rn. 1, 8; → § 204 Rn. 3 ff.). Im Parteiprozess findet § 244 Abs. 1 ZPO aber – selbst bei Anwaltsvertretung – keine Anwendung (BGH FamRZ 1992, 48; AnwBl. 2010, 361). Die besonderen Vorschriften der ZPO zur **Verfahrensunterbrechung von Anwaltsprozessen** (§ 244 ZPO) gehen der Regelung in § 155 Abs. 5 vor (BGHZ 111, 104 = NJW 1990, 1854). Bis zum Ende der Unterbrechung können an ihn selbst trotz der Regelung in § 155 Abs. 5 keine wirksamen Zustellungen erfolgen (OLG Karlsruhe AnwBl. 1995, 97).

11 Auch bei **Verstößen** gegen das Berufs- oder Vertretungsverbot **in eigenen Angelegenheiten** (Abs. 4) sind die Rechtshandlungen des Rechtsanwalts als wirksam zu behandeln. So verlangen im Zivilverfahren, in dem auch im Anwaltsprozess (§ 78 ZPO) sich der beim Prozessgericht zugelassene Rechtsanwalt selbst vertreten kann (§ 78 Abs. 3 ZPO), die Interessen der anderen Partei an Rechtsklarheit und Rechtssicherheit nach Abs. 5 die Wirksamkeit der entgegen Abs. 4 vorgenommenen Rechtshandlungen (BGHZ 111, 104 = NJW 1990, 1854; *Stein/Jonas* 20. Aufl. ZPO § 78 Rn. 39) bis zur Zurückweisung nach § 156 Abs. 2 (OLG Karlsruhe AnwBl. 1995, 97). Wegen des eindeutigen, einer Auslegung nicht zugänglichen Wortlauts des § 155 Abs. 5 S. 1 und des darin zum Ausdruck kommenden Willens des Gesetzgebers, aus Gründen der Rechtssicherheit Rechtshandlungen eines Rechtsanwalts auch dann als wirksam zu behandeln, wenn der Rechtsanwalt damit einem ihm gegenüber verhängten Berufsverbot als vorläufige Maßnahme zuwider handelt, muss – ungeachtet der damit verbundenen, den Rechtsanwalt unbillig begüns-

tigenden Rechtsfolgen – auch die fristgerechte Einlegung der Berufung durch einen sich in einer Zivilsache selbst vertretenden Rechtsanwalt, der in Kenntnis des gegen ihn verhängten Berufsverbots und unter Verstoß gegen § 155 Abs. 2 iVm § 155 Abs. 4 letzter Hs. handelt, als fristwahrende, wirksame Berufung behandelt werden (BGH AnwBl. 2010, 361 = BRAK-Mitt. 2010, 145 = MDR 2010, 779 mit Anm. *Dahns* NJW-Spezial 2010, 254).

Auch in **Sachen der freiwilligen Gerichtsbarkeit,** in denen ein Rechtsanwalt eine weitere Beschwerde in eigener Sache selbst zeichnen kann (BayObLG Rpfleger 1972, 142), ist diese Unterzeichnung, obwohl eine Vertretung durch Anwälte geboten ist (§ 29 FGG; jetzt Rechtsbeschwerde, § 71 Abs. 1 FamFG) und der Rechtsanwalt Abs. 4 zuwider handelt, wirksam (BayObLGZ 68, 227 = MDR 1969, 153). 12

Auch kann ein Rechtsanwalt, der selbst angeklagt ist, die Revisionsbegründung in eigener **Strafsache** selbst unterzeichnen, solange er als Rechtsanwalt zugelassen ist (RGSt 69, 377; BayObLGSt 1975, 154; Löwe/Rosenberg/*Hanack* StPO § 345 Rn. 19; *Meyer-Goßner* StPO § 345 Rn. 13). Gleiches gilt für einen von dem Rechtsanwalt selbst unterzeichneten Wiederaufnahmeantrag (§ 366 Abs. 2 StPO) in eigener Sache (KK-StPO/*Meyer-Goßner* StPO § 366 Rn. 5; KMR/*Paulus* StPO § 345 Rn. 13, StPO § 366 Rn. 15). Auch die entgegen Abs. 4 vorgenommenen Rechtshandlungen der Revisionsbegründung und Unterzeichnung des Wiederaufnahmeantrages in eigener Sache sind wirksam (RGSt 69, 377 zu § 91b RAO; BGH NJW 1971, 1373; BayObLG MDR 1969, 153; OLG Oldenburg NdsRPfl. 1963, 117; *Jessnitzer/Blumberg* § 155 Rn. 3; KMR/*Paulus* StPO § 345 Rn. 13, StPO § 366 Rn. 15; **aA** OLG Karlsruhe AnwBl. 1996, 584; EGH Hamm Beschluss vom 4.8.1992 – (2) 6 EVY 5/92; KG NJW 1969, 338; OLG Karlsruhe MDR 1971, 320; Löwe/Rosenberg/*Hanack* StPO § 345 Rn. 19, StPO § 366 Rn. 9; KK-StPO/*Meyer-Goßner* StPO § 366 Rn. 5; *Meyer-Goßner* StPO § 345 Rn. 13). 13

Bereits aus der besonderen Regelung des § 146 Abs. 2, der gegenüber im anwaltsgerichtlichen Verfahren der Abs. 2 des § 345 StPO ganz außer Betracht bleiben muss, ergibt sich, dass der von einem Verbot nach §§ 150 ff. betroffene Rechtsanwalt im **anwaltsgerichtlichen Verfahren** selbst seine Revision wirksam begründen kann (BGH NJW 1971, 1373 = MDR 1971, 773; **aA** Gaier/Wolf/Göcken/*Johnigk* § 155 Rn. 12). 14

In Literatur und Instanzrechtsprechung wird indes für den Antrag des Rechtsanwalts auf Zulassung der Berufung trotz angeordneten **Sofortvollzugs des Zulassungswiderrufs** eine Einschränkung des Anwendungsbereiches des § 155 Abs. 5 S. 1 vertreten. Demnach soll diese Bestimmung nicht gelten, wenn die Interessen Dritter an der Rechtssicherheit durch Prozesshandlungen des Rechtsanwalts nicht berührt sein können. Im Verfahren vor dem AGH (§§ 112a ff.) darf sich ein Rechtsanwalt, dessen Zulassung zur Anwaltschaft sofort vollziehbar, aber nicht rechtskräftig widerrufen ist, nicht selbst vertreten. Tut er es gleichwohl, soll eine entsprechende Anwendung des § 155 Abs. 5 S. 1 nicht in Betracht kommen, denn das öffentliche Bedürfnis nach Rechtssicherheit rechtfertige nicht die Wirksamkeit solcher verbotwidrig vorgenommener Rechtshandlungen, die allein den Rechtsanwalt selbst betreffen (SächsAGH BRAK-Mitt. 2010, 173; OLG Karlsruhe AnwBl. 1996, 584; Gaier/Wolf/Göcken/*Johnigk* § 155 Rn. 11 f.). 15

Der BGH ist dieser Ansicht zu Recht nicht gefolgt (BGH BRAK-Mitt. 2012, 247). Die einschränkende Auslegung findet im Gesetz keine Stütze, die Vorschrift des § 155 Abs. 5 S. 1 gilt nach ihrem Wortlaut uneingeschränkt. Dafür, dass nach dem Willen des Gesetzgebers die Anwendung der Norm von einer konkreten Beeinträchtigung der Rechtssicherheit abhängen soll, ist nichts ersichtlich. Vielmehr hat der Gesetzgeber eine generalisierende Betrachtung angestellt (BGH WM 2010, 777; *Jessnitzer/Blumberg* § 155 Rn. 3) und auf Differenzierungen verzichtet. Für eine uneingeschränkte Geltung spricht zudem, dass die Regelung über den Fortbestand der Postulationsfähigkeit in der BRAO selbst und nicht etwa in den jeweiligen Verfahrensordnungen enthalten ist. 16

IV. Auswirkung auf Notartätigkeit

Wird ein Berufs- oder Vertretungsverbot nach §§ 150, 153, 161a gegen einen Rechtsanwalt verhängt, der zugleich Notar ist (§ 3 Abs. 2 BNotO; → § 118a Rn. 26 ff.), so führt das nach § 54 Abs. 4 Nr. 2 BNotO kraft Gesetzes zu einer vorläufigen Amtsenthebung als Notar für die Dauer des Verbots. 17

§ 156 Zuwiderhandlungen gegen das Verbot

(1) **Der Rechtsanwalt, der einem gegen ihn ergangenen Berufs- oder Vertretungsverbot wissentlich zuwiderhandelt, wird aus der Rechtsanwaltschaft ausgeschlossen, sofern nicht wegen besonderer Umstände eine mildere anwaltsgerichtliche Maßnahme ausreichend erscheint.**

(2) **Gerichte oder Behörden sollen einen Rechtsanwalt, der entgegen einem Berufs- oder Vertretungsverbot vor ihnen auftritt, zurückweisen.**

Übersicht

I. Ausschließung aus der Rechtsanwaltschaft

1 Der Rechtsanwalt, der wissentlich einem Berufs- oder Vertretungsverbot nach §§ 150, 153, 161a zuwiderhandelt, wird aus der Rechtsanwaltschaft ausgeschlossen, es sei denn, dass ausnahmsweise wegen besonderer Umstände eine mildere Maßnahme (§ 114) ausreichend erscheint. Diese Strafsanktion ist geboten, damit der Rechtsanwalt davon abgehalten wird, dem Verbot zuwiderzuhandeln (amtliche Begründung, BT-Drs. 3/120, 108). § 156 Abs. 1 ist ein selbständiger materiell-rechtlicher Tatbestand der wissentlichen Zuwiderhandlung gegen das Verbot, der für den Fall der wissentlichen Zuwiderhandlung – und nur für diesen – die allgemeine Regelung zur Ahndung von Pflichtverletzungen in allen Schuldformen (→ § 113 Rn. 7) ohne einen bestimmten Maßnahmenrahmen (→ § 114 Rn. 6) ersetzt durch die Anknüpfung an eine bestimmte Schuldform und der Androhung einer bestimmten Regelmaßnahme. Damit ist § 156 eine Sondervorschrift nur für eine wissentliche Pflichtverletzung ohne damit für den Fall der fahrlässigen Pflichtverletzung die allgemeine Regelung der §§ 113, 114 zu verdrängen (*Isele* § 156 Anm. II A; *Kleine-Cosack* § 156 Rn. 1; EGH München EGE XIV, 248). Nach **aA** stellt § 156 Abs. 1 insgesamt „eine Sondervorschrift" dar, „die die allgemeine Bestimmung verdrängt" (BGH NJW 1983, 1072 = BRAK-Mitt. 1983, 91; Henssler/Prütting/*Dittmann* § 156 Rn. 2).

2 **1. Fälle der Zuwiderhandlung.** Wann eine Zuwiderhandlung vorliegt, ergibt sich aus dem in §§ 150, 153, 161a Abs. 2 iVm § 155 Abs. 1, 2 und 3 festgelegten Inhalt des Verbots (BGH NJW 1983, 1072). Für Verstöße gegen ein rechtskräftiges Vertretungsverbot nach § 114 Abs. 1 Nr. 4 ergeben sich die Folgen nur aus § 114a Abs. 3 (Gaier/Wolf/Göcken/*Johnigk* § 156 Rn. 1). Eine Zuwiderhandlung liegt somit vor, wenn der Rechtsanwalt nach Verkündung des Beschlusses (§ 155 Abs. 1) entweder trotz des vorliegenden Verbotes seinen Beruf weiter ausübt (§ 155 Abs. 2) oder trotz des generellen Vertretungsverbotes (§ 150 Alt. 2) weiterhin nach außen als Rechtsanwalt tätig ist (§ 155 Abs. 3; → § 155 Rn. 6, 7) oder bei einem gegenständlich beschränkten Vertretungsverbot (§ 161a) auf dem betroffenen Rechtsgebiet weiterhin als Vertreter und Beistand in Person oder im schriftlichen Verkehr vor einem Gericht, vor Behörden, vor einem Schiedsgericht oder gegenüber anderen Personen tätig wird, oder Vollmachten oder Untervollmachten erteilt (§ 155 Abs. 3 iVm § 161a Abs. 2).

3 Ist gegen einen Rechtsanwalt ein vorläufiges Verbot verhängt, auf bestimmten Rechtsgebieten als Vertreter oder Beistand tätig zu werden, darf er insofern auch nicht als amtlich bestellter Vertreter eines anderen Rechtsanwalts handeln. Tut er es doch, liegt eine Zuwiderhandlung iSd § 156 vor (BGH NJW 1983, 1072).

4 **2. Bewusstsein der Pflichtwidrigkeit.** Der Tatbestand des § 156 Abs. 1 verlangt eine „wissentliche" Zuwiderhandlung, deren Voraussetzungen im Urteil festzustellen sind, dh das Bewusstsein des Rechtsanwalts von der Pflichtwidrigkeit seiner anwaltlichen Handlung muss festgestellt werden können. Fahrlässigkeit wie in der allgemeinen Sanktionsandrohung des § 113 genügt, um die Sanktionsandrohung des § 156 Abs. 1 auszulösen, nicht, da § 156 insoweit eine Sondervorschrift ist, die die allgemeine Bestimmung des § 113 Abs. 1 insoweit verdrängt. Der

Rechtsanwalt muss im Bewusstsein von der Pflichtwidrigkeit seines Tuns handeln (BGH NJW 1983, 1072; BGHSt 38, 138 = NJW 1992, 1181). Spätestens nach Zustellung des Beschlusses (§ 154) wird der Rechtsanwalt sich nur in Ausnahmefällen noch auf Unkenntnis berufen können. Um eine Berufung auf Unkenntnis auszuschließen, ist nach § 154 S. 3 die zusätzliche Zustellung der Beschlussformel sofort nach deren Verkündung an den Rechtsanwalt, welcher der mündlichen Verhandlung ferngeblieben ist, angezeigt (amtliche Begründung zu § 154 S. 3). Bei Zweifeln über den Umfang eines Vertretungsverbotes gilt § 458 Abs. 1 StPO entsprechend (BGHSt 38, 138 = NJW 1992, 1181). Zum Tatbestandsirrtum → § 114a Rn. 8 ff. entsprechend und BGH NJW 1983, 1072, nur Ls. = BRAK-Mitt. 1983, 91. Zweifel am Bewusstsein hinsichtlich der Pflichtwidrigkeit sind nach den Regeln des strafrechtlichen Verbotsirrtums zu beurteilen (BGH NJW 1983, 1072; BRAK-Mitt. 1981, 36).

3. Folgen der Zuwiderhandlung. Regelmäßige Folge einer **wissentlichen** Zuwiderhandlung ist der Ausschluss aus der Anwaltschaft. Nur bei Vorliegen besonderer Umstände, die eine mildere anwaltsgerichtliche Maßnahme rechtfertigen, was im Urteil näher dargelegt werden muss, kann auf eine mildere anwaltsgerichtliche Maßnahme erkannt werden (BGH EGE VIII, 65). 5

Handelt der Rechtsanwalt **nicht wissentlich** dem Verbot zuwider, **wohl aber fahrlässig,** dann erfüllt dies zwar nicht den Tatbestand des § 156, stellt aber einer Pflichtverletzung nach §§ 43, 113 Abs. 1, 150, 155, 161a dar, für dessen Ahndung der gesamte Maßnahmenkatalog des § 114 zur Verfügung steht (EGH München EGE XIV, 248; *Kleine-Cosack* § 156 Rn. 1). Der BGH hat dies bislang offen gelassen (BGHSt 38, 138 = NJW 1992, 1181; BGH NJW 1983, 1072). Zum Versuch der Begründung der hier vertretenen Auffassung → § 114a Rn. 9. 6

II. Zurückweisungsverpflichtung

Die Postulationsfähigkeit wird durch ein vorläufiges Berufs- oder Vertretungsverbot nicht beeinträchtigt. Der von dem Verbot betroffene Rechtsanwalt ist nicht kraft Gesetzes vom Verhandeln vor Gericht pp. ausgeschlossen; er soll aber zurückgewiesen werden (Stein/Jonas/*Roth* ZPO § 157 Rn. 9; Wieczorek/Schütze/*Steiner,* 3. Aufl. 1994, ZPO § 78 Rn. 19). Nach Abs. 2 sind alle Gerichte und Behörden verpflichtet, einen Rechtsanwalt zurückzuweisen, der entgegen einem Berufs- oder Vertretungsverbot vor ihnen auftritt. § 156 Abs. 2 geht § 157 ZPO vor und führt dazu, dass der Rechtsanwalt sowohl im Anwalts- als auch im Parteiprozess zurückgewiesen werden kann und muss (amtliche Begründung, BT-Drs. 3/120, 108; Baumbach/Lauterbach/Albers/*Hartmann* ZPO § 157 Rn. 1 ff.). Im Hinblick auf die eng umgrenzte Mitteilungsregel des § 160 hat die Zurückweisungsmöglichkeit nur geringe praktische Bedeutung (Henssler/Prütting/*Dittmann* ZPO § 156 Rn. 6). 7

Zwar erweitert § 156 Abs. 2 für das Gebiet der ZPO den Anwendungsbereich des § 157 ZPO, der ohne diese zusätzliche Vorschrift nicht für den Rechtsanwalt gelten würde (amtliche Begründung, BT-Drs. 3/120, 108). Aber in der Zurückweisungsmöglichkeit in der mündlichen Verhandlung entsprechend § 157 ZPO erschöpft sich die Wirkung dieser Bestimmung nicht, was sich allein schon daraus ergibt, dass auch Behörden nach § 156 Abs. 2 zurückweisen sollen. 8

Der Begriff des Auftretens vor Gericht und Behörden erfasst nicht nur das Auftreten in einer mündlichen Verhandlung, die es im Übrigen im behördlichen Verfahren nur ausnahmsweise einmal geben wird, sondern darunter ist auch der schriftliche (*Kleine-Cosack* § 156 Rn. 2; **aA** *Jessnitzer/Blumberg* § 155 Rn. 3; *Wieczorek* 3. Aufl. ZPO § 78 Rn. 7; Henssler/Prütting/*Dittmann* § 156 Rn. 7, 8; OLG Oldenburg NdsRPfl. 1963, 117; zweifelnd OLG Karlsruhe AnwBl. 1995, 97) und mündliche Verkehr mit Gericht und Behörde zu verstehen. Demgemäß ist in der amtlichen Begründung zu der entsprechenden Vorschrift des § 114a Abs. 3 S. 2 auch ausgeführt, die Zurückweisung solle erfolgen, wenn der Rechtsanwalt ‚entgegen dem Verbot im schriftlichen oder mündlichen Verkehr auftritt'. Es ist nicht erkennbar, aus welchem Grund das zu § 156 Abs. 2 anders zu verstehen sein sollte. § 156 Abs. 2 ist nur eine besondere Ausgestaltung des allen Verfahrensordnungen gemeinsamen Grundsatzes, dass den Gerichten aufgegeben ist, für einen dem geltenden Recht entsprechenden Verfahrensablauf Sorge zu tragen und dabei auch die Frage der prozessualen Zulässigkeit des Auftretens von Bevollmächtigten im schriftlichen und mündlichen Verkehr zu prüfen (vgl. § 67 VwGO; § 157 ZPO; § 146a StPO; zum kommunalen Vertretungsverbot vgl. BVerfGE 52, 42 = NJW 1980, 33; → § 45 Rn. 44 ff.). Nach diesen 9

Verfahrensordnungen können auch Schriftsätze des Rechtsanwalts den Anlass zur Zurückweisung geben und dann sind die danach eingereichten Schriftsätze prozessual unwirksam (zu § 146a StPO *Meyer-Goßner* StPO § 146a Rn. 6).

10 Da § 156 Abs. 2 anknüpft an die Regelung des § 155 Abs. 5, wonach zunächst aus Gründen der Rechtssicherheit die Rechtshandlungen des von dem Verbot betroffenen Rechtsanwalts wirksam sind (OLG Celle NStZ 1989, 41 mit Anm. *Feuerich* NStZ 1989, 338; → § 155 Rn. 9 ff.), die Zurückweisung nur Wirkung ex nunc hat (OLG Karlsruhe AnwBl. 1995, 97), ist auch im Falle der Zurückweisung aufgrund schriftlicher Eingaben für alle Beteiligten die Rechtslage klar. Da alle bis zur Zurückweisung vorgenommenen Rechtshandlungen wirksam bleiben (§ 155 Abs. 5; BGH AnwBl. 2010, 361), können auch in diesen Fällen nicht die vom OLG Oldenburg befürchteten ‚nicht abwendbaren Nachteile' (OLG Oldenburg NdsRPfl. 1963, 117) entstehen.

11 Die Zurückweisung des Rechtsanwalts durch die Behörde stellt einen Verwaltungsakt dar, der nach der BRAO ergeht, und ist daher nach §§ 112a ff. beim AGH anfechtbar (EGH Hamm EGE VIII, 93 zu § 223 aF Die Zurückweisung durch ein Gericht ist nach den Vorschriften der jeweiligen Verfahrensordnung anfechtbar (Gaier/Wolf/Göcken/*Johnigk* § 156 Rn. 9; *Wieczorek* 2. Aufl. § 157 ZPO Anm. C IIIb 1; OVG Hamburg AnwBl. 1968, 65).

12 § 156 Abs. 2 ist im Falle der Anordnung der sofortigen Vollziehung einer Widerrufs- oder Rücknahmeverfügung der RAK (§ 14) entsprechend anwendbar (§ 14), ebenso bei Verstößen gegen § 45 (VG Freiburg Beschluss vom 10.5.1996 – 6 K 520/94; → § 45 Rn. 43) und bei Tätigkeiten des beim BGH zugelassenen Rechtsanwalts entgegen § 172 (→ § 172 Rn. 9).

§ 157 Beschwerde

(1) [1] **Gegen den Beschluß, durch den das Anwaltsgericht oder der Anwaltsgerichtshof ein Berufs- oder Vertretungsverbot verhängt, ist die sofortige Beschwerde zulässig.** [2] **Die Beschwerde hat keine aufschiebende Wirkung.**

(2) **Gegen den Beschluß, durch den das Anwaltsgericht oder der Anwaltsgerichtshof es ablehnt, ein Berufs- oder Vertretungsverbot zu verhängen, steht der Staatsanwaltschaft die sofortige Beschwerde zu.**

(3) [1] **Über die sofortige Beschwerde entscheidet, sofern der angefochtene Beschluß von dem Anwaltsgericht erlassen ist, der Anwaltsgerichtshof und, sofern er vor dem Anwaltsgerichtshof ergangen ist, der Bundesgerichtshof.** [2] **Für das Verfahren gelten neben den Vorschriften der Strafprozeßordnung über die Beschwerde § 151 Abs. 1, 2 und 4 sowie §§ 152 und 154 dieses Gesetzes entsprechend.**

Übersicht

I. Zulässigkeit der sofortigen Beschwerde

1 **1. Sofortige Beschwerde als einziges Rechtsmittel.** Bei der Tragweite des vorläufigen Verbotes ist gegenüber dem Beschluss, durch den ein solches Verbot verhängt wird, dem Betroffenen das Recht einzuräumen, eine zweite Instanz anzurufen (amtliche Begründung, BT-

Drs. 3/120, 108). Allein mit der sofortigen Beschwerde kann die Entscheidung des Anwaltsgerichtes bzw. des Anwaltsgerichtshofes über die Verhängung eines Berufs- oder Vertretungsverbotes angefochten werden. Der Verwaltungsgerichtsweg ist ausgeschlossen (VG Oldenburg EGE XI, 209). Der Antrag der Generalstaatsanwaltschaft, gegen einen Rechtsanwalt ein Berufs- oder Vertretungsverbot zu verhängen, ist nicht nach §§ 112a ff. anfechtbar, da Anträge der Staatsanwaltschaft oder anderer zur Mitwirkung im anwaltsgerichtlichen Verfahren berufener Stellen, die dazu dienen, ein anwaltsgerichtliches Verfahren herbeizuführen oder die in einem solchen Verfahren gestellt werden, keine anfechtbaren Verwaltungsakte sind.

Unmittelbare Rechtswirkungen, die den Betroffenen beeinträchtigen können, gehen erst von der durch den Antrag ausgelösten Maßnahme oder Entscheidung des Gerichtes aus (EGH Hamm EGE VII, 234). Ist die Entscheidung, durch welche gegen einen Rechtsanwalt ein Vertretungsverbot verhängt worden ist, nicht mehr selbständig anfechtbar, macht aber der Rechtsanwalt Nichtigkeit dieser Entscheidung geltend, so kann darüber nach § 116 S. 2 in sinngemäßer Anwendung der §§ 458 Abs. 1, 462 StPO von dem Anwaltsgericht entschieden werden, das im Verfahren über die Verhängung des Vertretungsverbots als Gericht des ersten Rechtszuges tätig war (BGH NJW 1964, 2109). 2

2. Fälle statthafter sofortiger Beschwerde. Die sofortige Beschwerde ist in folgenden Fällen statthaft: 3

a) Entscheidung des Anwaltsgerichtes. Gegen die Entscheidung des Anwaltsgerichtes: 4

- Das Anwaltsgericht hat dem Antrag der Staatsanwaltschaft folgend ein Berufs- oder Vertretungsverbot verhängt. Dem Rechtsanwalt steht die sofortige Beschwerde an den AGH zu.
- Das Anwaltsgericht lehnt es ab, das beantragte Verbot zu erlassen. Nunmehr steht der Staatsanwaltschaft die sofortige Beschwerde zu.
- Das Anwaltsgericht verhängt statt des beantragten Berufsverbots nur ein generelles (§ 150) oder gegenständlich beschränktes (§ 161a) Vertretungsverbot. Sowohl der Staatsanwaltschaft als auch dem Rechtsanwalt, die beide beschwert sind, steht die sofortige Beschwerde zum AGH zu. Ebenso ist es, wenn statt des beantragten generellen nur ein beschränktes Vertretungsverbot verhängt wird.

Beschwerdeentscheidung des AGH. Die Beschwerdeentscheidung des AGH ist in allen drei Fällen **endgültig.** Eine **weitere Beschwerde** gegen die Entscheidung des AGH ist **niemals statthaft,** also auch nicht für den erstmals durch die Beschwerdeentscheidung des AGH Beschwerten (BGHSt 19, 4 = NJW 1963, 2038; EGE VIII, 56; BGHSt 20, 68 = NJW 1964, 2118). Hatte zB das Anwaltsgericht gegen den Rechtsanwalt nur ein Vertretungsverbot verhängt, und ist auf die sofortige Beschwerde der Staatsanwaltschaft durch den AGH gegen den Rechtsanwalt ein Berufsverbot ausgesprochen worden, ist für den Rechtsanwalt eine weitere Beschwerde unstatthaft (BGHSt 19, 4 = NJW 1963, 2038). 5

Aber auch der Staatsanwaltschaft steht keine weitere Beschwerde zu, wenn auf die sofortige Beschwerde des Rechtsanwalts das vom Anwaltsgericht gegen ihn verhängte Berufs- oder Vertretungsverbot durch den AGH aufgehoben wurde. § 157 regelt erschöpfend die Anfechtbarkeit der nach § 150 ergangenen Entscheidungen und sieht eine weitere Beschwerde nicht vor (BGHSt 19, 4 = NJW 1963, 2038; BGHSt 20, 68 = NJW 1964, 2119). 6

Art. 13 EMRK gibt ebenfalls kein selbständiges Beschwerderecht gegen eine nach deutschem Recht nicht weiter anfechtbare Entscheidung (BGHSt 20, 68 = NJW 1964, 2119; *Gribbohm,* FS Pfeiffer, 1988, 911, 912). 7

b) Entscheidung des AGH. Gegen die Entscheidung des AGH ist die **sofortige Beschwerde zum BGH** statthaft, wenn die Staatsanwaltschaft oder der Rechtsanwalt gegen ein Urteil des Anwaltsgerichts Berufung eingelegt haben, das Anwaltsgericht keine Entscheidung nach §§ 150 ff. getroffen und erst der AGH während der Anhängigkeit des Verfahrens bei ihm (§ 150 Abs. 3) spätestens im Anschluss an die Hauptverhandlung (§ 153) ein Berufs- oder Vertretungsverbot verhängt oder einen erstmals jetzt gestellten Antrag der Staatsanwaltschaft abgelehnt hat (BGHSt 19, 4 = NJW 1963, 2038). Hat der BGH die Entscheidung erlassen (§ 163), so ist eine Anfechtung nicht möglich (amtliche Begründung, BT-Drs. 3/120, 109). 8

II. Entscheidung des Beschwerdegerichts

9 Die Entscheidung des Beschwerdegerichts lautet auf Zurückweisung, weil die sofortige Beschwerde zB wegen Fristversäumung unzulässig ist (§ 157 Abs. 3 S. 2 iVm §§ 305, 311 Abs. 2 StPO) oder weil sie unbegründet ist. Das Beschwerdegericht kann der Beschwerde in vollem Umfange oder teilweise stattgeben, indem es zB das verhängte Berufsverbot aufhebt oder in ein Vertretungsverbot umwandelt oder indem es nunmehr das vom Anwaltsgericht abgelehnte Berufsverbot verhängt oder zumindest ein Vertretungsverbot ausspricht.

10 Für das Beschwerdeverfahren gilt der **Grundsatz der reformatio in peius nicht,** so dass gegen einen Rechtsanwalt, der sich mit der sofortigen Beschwerde gegen ein gegen ihn verhängtes Vertretungsverbot wehrt, durch das Beschwerdegericht ein Berufsverbot ausgesprochen werden kann (EGH Stuttgart EGE VII, 239).

III. Verfahren

11 **1. Aufschiebende Wirkung und Aussetzung.** Die sofortige Beschwerde hat keine aufschiebende Wirkung (Abs. 1 S. 2 iVm § 307 Abs. 1 StPO; EGH Schleswig BRAK-Mitt. 1983, 143). Da Abs. 3 S. 2 die Vorschriften der StPO über die Beschwerde im Übrigen für entsprechend anwendbar erklärt und § 307 Abs. 2 (§ 311) StPO eine Aussetzung der Vollziehung durch das Beschwerdegericht ermöglicht, hat der EGH Schleswig daraus geschlossen, dass das Beschwerdegericht die Vollziehung eines Beschlusses, durch den ein Berufsverbot oder ein Vertretungsverbot verhängt worden ist, aussetzen kann (EGH Schleswig BRAK-Mitt. 1983, 143; Henssler/Prütting/*Dittmnn* § 157 Rn. 3; *Kleine-Cosack* § 155 Rn. 1, § 157 Rn. 4). Dieser Auffassung kann nicht gefolgt werden. Sofortmaßnahmen nach §§ 150 ff., die erforderlich sind, weil wichtige Gemeinschaftsgüter auf dem Spiel stehen, können nicht außer Vollzug gesetzt werden, wenn sie ihren Sinn behalten sollen. Die Vollziehung des Berufs- oder Vertretungsverbotes kann abweichend von § 307 Abs. 2 StPO nicht ausgesetzt werden. Eine solche Hemmung des Vollzuges ist nicht erforderlich, weil bereits hinreichende Rechtsgarantien dadurch gegeben sind, dass der angefochtene Beschluss mit Zweidrittel-Mehrheit ergangen sein muss (§ 152; amtliche Begründung, BT-Drs. 3/120, 108; *Görl* BRAK-Mitt. 1987, 54; *Isele* § 157 Anm. V B; EGH Schleswig EGE VII, 230; vgl. auch EGH Hamm EGE VII, 261; Gaier/Wolf/Göcken/*Johnigk* § 157 Rn. 2) und nach §§ 159–159b regelmäßiger Kontrolle unterliegt.

12 **2. Anzuwendende Verfahrensregeln.** Für das Verfahren gelten zunächst die Regeln der StPO über die Beschwerde (Abs. 3).

a) Frist für die Einlegung. Die Frist für die Einlegung der sofortigen Beschwerde beträgt 1 Woche (Abs. 3 S. 2 iVm § 311 Abs. 2 S. 2 StPO). Sie beginnt mit der Bekanntmachung der Entscheidung (§ 116 S. 2 iVm § 35 StPO).

13 **b) Schriftform.** Die Beschwerde muss schriftlich beim iudexa quo (Abs. 3 S. 2 iVm § 306 Abs. 1 StPO) eingelegt werden. Eine Einlegung zu Protokoll der Geschäftsstelle ist ausgeschlossen (→ § 98 Rn. 2).

14 **c) Begründung.** Eine Begründung der Beschwerde ist nicht vorgeschrieben. Jedoch ist sie ratsam und die Staatsanwaltschaft ist nach der insoweit entsprechend anwendbaren Regelung der Nr. 156 RiStBV verpflichtet, ihr Rechtsmittel zu begründen.

15 **d) Terminsbestimmung.** Die Terminsbestimmung geschieht durch den Vorsitzenden und für die Ladung gilt nach Abs. 3 S. 2 § 151 Abs. 2 (nicht auch Abs. 3) entsprechend.

16 **e) Mündliche Verhandlung.** Auch in der Beschwerdeinstanz ist die mündliche Verhandlung grundsätzlich nur dann erforderlich, wenn durch Beschluss ein Berufs- oder Vertretungsverbot verhängt oder bestätigt wird (Abs. 3 S. 2 iVm § 151 Abs. 1). Kommt nach dem Akteninhalt ein Berufs- oder Vertretungsverbot nicht in Betracht und sind auch keine Anhaltspunkte dafür vorhanden, dass eine mündliche Verhandlung neue Umstände ergeben könnte, die noch zu einem Berufs- oder Vertretungsverbot führen könnten, dann gilt der allgemeine Grundsatz (§ 116 S. 2 iVm § 309 Abs. 1 StPO), dass im Beschwerdeverfahren ohne mündliche Verhandlung entschieden wird. § 151 Abs. 1, der über Abs. 3 S. 2 auch für das Beschwerdeverfahren zur Anwendung kommt, ist als Ausnahmevorschrift eng auszulegen und verlangt nach dem Wortlaut

nur, dass die Verhängung der vorläufigen Maßnahme nur aufgrund einer mündlichen Verhandlung erfolgen darf (Gaier/Wolf/Göcken/*Johnigk* § 157 Rn. 9). Hätte der Gesetzgeber stets eine mündliche Verhandlung gewollt, dann hätte es nahegelegen, zu bestimmen, dass stets über den Antrag bzw. die sofortige Beschwerde aufgrund mündlicher Verhandlung zu entscheiden ist (EGH Stuttgart EGE XIV, 249). Dementsprechend bedarf es auch zur Verwerfung der im Gesetz gar nicht vorgesehenen weiteren Beschwerde keiner mündlichen Verhandlung (BGHSt 19, 4 = NJW 1963, 2038).

Hat der AGH den Rechtsanwalt zur Berufungshauptverhandlung und zur Verhandlung über die sofortige Beschwerde gegen den Beschluss über die Verhängung einer vorläufigen Maßnahme in einem Termin geladen und wird die Berufung des Rechtsanwalts nach § 143 Abs. 4 iVm § 329 Abs. 1 S. 1 StPO ohne Verhandlung zur Sache verworfen (→ § 143 Rn. 15 ff.), dann muss der AGH nach § 157 Abs. 3 iVm § 151 Abs. 1 gleichwohl über die sofortige Beschwerde in mündlicher Verhandlung in Abwesenheit des Rechtsanwalts (→ § 151 Rn. 2) verhandeln (Henssler/Prütting/*Dittmann* § 157 Rn. 8), es sei denn, die vorläufige Maßnahme werde nicht bestätigt (→ § 151 Rn. 2; → § 157 Rn. 16). 17

f) Abstimmung, Begründung, Zustellung. Für die **Abstimmung** gilt § 152 und der Beschluss ist, wenn eine mündliche Verhandlung stattfindet, in der mündlichen Verhandlung zu verkünden (Abs. 3 S. 2 iVm §§ 151 Abs. 2, 139 Abs. 1). Der Beschluss ist **stets zu begründen** (Abs. 3 S. 2 iVm § 154 S. 1; § 34 StPO). Er ist auch stets dem Rechtsanwalt **zuzustellen** (Abs. 3 S. 2 iVm § 154 S. 2), und zwar auch dann, wenn er in Anwesenheit des Rechtsanwalts verkündet worden ist. 18

Wird der Beschluss über die Verhängung eines Berufs- oder Vertretungsverbots zwar aufgrund einer mündlichen Verhandlung gefasst, aber nicht in dieser verkündet, sondern später zugestellt, dann ist dieser Beschluss weder nichtig noch unwirksam (BGHSt 20, 68 = NJW 1964, 2119). 19

§ 158 Außerkrafttreten des Verbotes

Das Berufs- oder Vertretungsverbot tritt außer Kraft,

1. wenn ein nicht auf Ausschließung lautendes Urteil ergeht;
2. wenn die Eröffnung des Hauptverfahrens vor dem Anwaltsgericht abgelehnt wird.

I. Fälle des Außerkrafttretens des Verbotes

1. Fälle des § 158. Das Berufs- oder Vertretungsverbot ist nur eine vorläufige Maßnahme, wie sich aus den §§ 158, 159 ergibt. Die Beschränkungen fallen entweder kraft Gesetzes (§ 158) oder kraft gerichtlicher Entscheidung (§ 159) weg (amtliche Begründung, BT-Drs. 3/120, 109). 1

a) Nicht auf Ausschließung lautendes Urteil. Das Verbot tritt kraft Gesetzes außer Kraft, wenn ein nicht auf Ausschließung lautendes Urteil verkündet wird, weil damit die Voraussetzung für das Verbot (§ 150) entfällt. Die Wirkung tritt bereits mit **Verkündung** des Urteils gleich welcher Instanz ein, selbst wenn die Hauptverhandlung trotz Ausbleibens des Rechtsanwalts durchgeführt wurde (§ 134). Ein Abwarten der Rechtskraft des Urteils ist nicht erforderlich (amtliche Begründung, BT-Drs. 3/120, 109; EGH Stuttgart Urteil vom 29.4.1989 – EGH 2/89 (I)). Soweit danach ein vorläufiges Vertretungsverbot auch dann außer Kraft tritt, wenn das Urteil auf Verhängung eines Vertretungsverbots nach § 114 Abs. 1 Nr. 4 lautet, ist diese gesetzliche Regelung jedenfalls dann nicht gerechtfertigt, wenn das Verbot nach § 114 Abs. 1 Nr. 4 sich auf dasselbe Gebiet (→ § 114 Rn. 26 ff.) bezieht wie die vorläufige Maßnahme (weitergehend Henssler/Prütting/*Dittmann* § 158 Rn. 1; **aA** Gaier/Wolf/Göcken/*Johnigk* § 158 Rn. 4). Nach § 153 kann das Gericht aber nach Verkündung des Urteils auf Verhängung eines Vertretungsverbots (§ 114 Abs. 1 Nr. 4) ein neues Verbot verhängen, wenn die Voraussetzungen dazu weiter vorliegen (→ § 153 Rn. 3). 2

b) Ablehnung der Eröffnung des Hauptverfahrens. Ferner tritt das Berufs- oder Vertretungsverbot außer Kraft, wenn die Eröffnung des Hauptverfahrens von dem Anwaltsgericht abgelehnt wird (§ 131 Abs. 3). Die gesetzliche Folge tritt ein mit dem Beschluss des Gerichts, dh in dem Augenblick, in dem das Gericht sich des Nichteröffnungsbeschlusses entäußert, ihn in den Geschäftsgang gibt zum Zwecke der Zustellung an die Staatsanwaltschaft und Bekannt- 3 machung an den Rechtsanwalt (§§ 131 Abs. 3, 116 S. 2 iVm § 204 Abs. 2 StPO; Henssler/Prütting/*Dittmann* § 158 Rn. 2; **aA** Gaier/Wolf/Göcken/*Johnigk* § 158 Rn. 5: erst mit Bekanntmachung an Generalstaatsanwaltschaft und Rechtsanwalt). Die Rechtskraft des Beschlusses ist nicht erforderlich (amtliche Begründung, BT-Drs. 3/120, 109). Wie selbst ein Urteil iSd Nr. 1, das in Abwesenheit des Rechtsanwalts ergeht, sofort mit seiner Verkündung die Wirkung des § 158 entfaltet, gilt das entsprechend für den Nichteröffnungsbeschluss, wenn das Gericht sich seiner zum Zwecke der Zustellung entäußert. Einer Kenntnisnahme durch Generalstaatsanwaltschaft und Rechtsanwalt bedarf es in beiden Fällen nicht.

4 **2. Weitere Fälle.** Darüber hinaus gibt es weitere Fälle, die kraft Gesetzes dazu führen, dass das Verbot außer Kraft tritt:

- Wird **ein auf Ausschließung aus der Rechtsanwaltschaft lautendes Urteil rechtskräftig,** tritt das Erlöschen der Zulassung zur Rechtsanwaltschaft (§§ 13, 204 Abs. 1) an die Stelle des vorläufigen Verbotes.
- Wird die **Zulassung zur Rechtsanwaltschaft rechtskräftig zurückgenommen oder widerrufen** (§§ 14, 15, 16), verliert das vorläufige Verbot ebenfalls seine Wirkung, da es sich nur gegen einen Rechtsanwalt richten kann (*Isele* § 158 Anm. III B).

II. Kein Strafklageverbrauch

5 Durch das Verbot nach §§ 150 ff. tritt kein „Strafklageverbrauch" ein. Eine Verletzung des Grundsatzes „ne bis in idem" tritt wie bei anderen vorläufigen Maßnahmen (Erlass eines Haftbefehles, einstweilige Unterbringung, vorläufige Entziehung der Fahrerlaubnis) durch die endgültige Entscheidung nicht ein (BGH EGE X, 108, 110; EGH Frankfurt EGE XII, 122).

§ 159 Aufhebung des Verbotes

(1) **Das Berufs- oder Vertretungsverbot wird aufgehoben, wenn sich ergibt, daß die Voraussetzungen für seine Verhängung nicht oder nicht mehr vorliegen.**

(2) **Über die Aufhebung entscheidet das nach § 150 Abs. 3 zuständige Gericht.**

(3) [1] **Beantragt der Rechtsanwalt, das Verbot aufzuheben, so kann eine erneute mündliche Verhandlung angeordnet werden.** [2] **Der Antrag kann nicht gestellt werden, solange über eine sofortige Beschwerde des Rechtsanwalts nach § 157 Abs. 1 noch nicht entschieden ist.** [3] **Gegen den Beschluß, durch den der Antrag abgelehnt wird, ist eine Beschwerde nicht zulässig.**

Übersicht

I. Voraussetzungen für die Aufhebung des Verbotes

1 Das Berufs- oder Vertretungsverbot ist aufzuheben, wenn die Voraussetzungen für seine Verhängung nicht oder nicht mehr vorliegen. Diese Regelung ergibt sich zwangsläufig aus der vorläufigen Natur des Verbotes (amtliche Begründung, BT-Drs. 3/120, 109).

2 Die Voraussetzungen für seine Verhängung liegen nicht vor, wenn das Verbot aufgrund zu Unrecht angenommener oder falsch bewerteter Umstände zu Unrecht verhängt worden ist (*Isele* § 159 II A 1). Die Voraussetzungen des Verbots liegen nicht mehr vor, wenn nach dem Eintritt

der Rechtskraft des Verbotsbeschlusses Umstände eingetreten sind, die eine andere Beurteilung rechtfertigen. Das können tatsächliche oder rechtliche Umstände sein.

Es kommen zB Einstellung des anwaltsgerichtlichen Ermittlungsverfahrens nach § 116 S. 2 iVm § 170 Abs. 2 StPO in Betracht, weil die weiteren Ermittlungen keinen hinreichenden Tatverdacht ergeben haben, oder aber auch Einstellungen nach §§ 153, 153a, 154 StPO iVm § 116 S. 2, weil die weiteren Ermittlungen nur einen Verdacht ergeben, der eine Anwendung dieser Opportunitätsregeln rechtfertigt. Der Fall kann auch eintreten bei Bejahung der Voraussetzungen des § 115b (*Isele* § 159 Anm. II B). 3

II. Verfahren

1. Zuständigkeit. Zuständig für die Entscheidung ist, solange das Hauptverfahren noch nicht anhängig ist, das Anwaltsgericht, das über die Eröffnung des Hauptverfahrens zu entscheiden hätte. Das gilt auch, wenn der Verbotsbeschluss auf die sofortige Beschwerde der Staatsanwaltschaft erst vom Anwaltsgerichtshof erlassen wurde (§ 157 Abs. 2). In allen anderen Fällen ist das Gericht zuständig, bei dem das Verfahren gerade anhängig ist (*Isele* § 159 Anm. III A). 4

2. Entscheidung von Amts wegen. Das für die Entscheidung zuständige Gericht muss die Entscheidung ggf. von Amts wegen treffen. Es ist dazu nicht von einem Antrag der Staatsanwaltschaft, die diesen aber stellen kann und ggf. auch stellen muss, abhängig (amtliche Begründung, BT-Drs. 3/120, 109). Gericht und Staatsanwaltschaft, die mit der Sache befasst sind, müssen stets im Auge behalten, ob die Voraussetzungen für das Verbot noch vorliegen. Ist das anwaltsgerichtliche Verfahren noch nicht eingeleitet, gelten die besonderen Vorschriften §§ 159a und 159b. 5

3. Antrag des Rechtsanwalts. Der betroffene Rechtsanwalt kann auch einen Antrag auf Aufhebung des Verbots stellen. Das ist aber ausgeschlossen, wenn er sofortige Beschwerde gegen den Verbotsbeschluss nach § 157 Abs. 1 eingelegt hat und über diese sofortige Beschwerde noch nicht entschieden ist. In einem solchen Falle kann ein Rechtsschutzinteresse des Rechtsanwalts an dem besonderen Antrag nicht anerkannt werden (amtliche Begründung, BT-Drs. 3/120, 109). Eine sofortige Beschwerde der Staatsanwaltschaft nach § 157 hindert einen Antrag des Rechtsanwalts nach § 159 Abs. 3 S. 2 nicht. Nur die unerledigte sofortige Beschwerde des Rechtsanwalts hat absoluten Vorrang vor einem Aufhebungsantrag des Rechtsanwalts nach § 159. 6

4. Gang des Verfahrens. Er ist unterschiedlich, je nachdem, ob das Verfahren vom Gericht von Amts wegen oder auf Antrag der Staatsanwaltschaft aufgenommen wird, oder aber ob ein Antrag des Rechtsanwalts dazu Veranlassung gab. 7

Nimmt das Gericht das Verfahren von Amts wegen oder auf Antrag der Staatsanwaltschaft auf, dann findet keine mündliche Verhandlung statt. Eine solche ist dann nicht erforderlich. Das Gericht wird von Amts wegen nur tätig werden, wenn es die Voraussetzungen für eine Verbotsaufhebung als gegeben erachtet. Die Staatsanwaltschaft wird einen Antrag ebenfalls nur stellen, wenn sie die Voraussetzungen für das Verbot nicht mehr für gegeben erachtet. Aber auch in diesen Fällen muss das rechtliche Gehör gewährt werden. 8

Ein Antrag des Rechtsanwalts hat insofern Bedeutung, als er unter Umständen zu einer mündlichen Verhandlung führen kann (Abs. 3). Darüber, ob erneut mündlich verhandelt werden soll, hat das Gericht, das in der Sache zu entscheiden hat, nach seinem Ermessen zu befinden (amtliche Begründung, BT-Drs. 3/120, 109; *Isele* § 159 Anm. III 3c). 9

5. Entscheidung. Hat das Gericht von Amts wegen geprüft, ergeht eine förmliche Entscheidung durch Beschluss nur, wenn das Gericht das Verbot aufhebt oder ein Berufs- in ein Vertretungsverbot umwandelt. Liegen Anträge der Staatsanwaltschaft und/oder des Rechtsanwalts vor, muss das Gericht durch Beschluss entscheiden. Das Gericht kann entweder den Antrag auf Aufhebung des Verbots ablehnen, dem Antrag stattgeben, oder unter Zurückweisung des weitergehenden Antrags ein Berufs- in ein Vertretungsverbot umwandeln (*Isele* § 159 Anm. IV). 10

III. Rechtsmittel

1. Keine Beschwerde des Rechtsanwalts. Der Rechtsanwalt hat gegen den Beschluss, durch den sein Aufhebungsantrag abgelehnt wurde, keine Beschwerde (Abs. 3 S. 3), weil dieser zwischenzeitlich nur das bereits verhängte Verbot bestätigt, das seinerseits mit der Beschwerde (§ 157) angefochten werden konnte (amtliche Begründung, BT-Drs. 3/120, 109). Dieser Aus- 11 schluss der Beschwerdemöglichkeit ist **verfassungskonform,** denn die Verfassung gewährleistet gegenüber den Entscheidungen staatlicher Gerichte, die die Anwaltsgerichte sind, keinen Instanzenzug (BVerfGE 48, 300 = NJW 1978, 1795 = EGE XIV, 310, 318). Die Unanfechtbarkeit des Beschlusses rechtfertigt sich daraus, dass bereits die Verhängung des Berufs- oder Vertretungsverbots mit einer ausreichenden Rechtsmittelgarantie ausgestattet ist. Der Ablehnung des Antrages iSd Abs. 3 S. 3 steht gleich die Umwandlung des Berufsverbotes in ein Vertretungsverbot (BGH EGE VI, 119, 121; *Wagner* NJW 1963, 417, 418; *Gribbohm,* FS Pfeiffer, 1988, 911, 912).

12 **2. Sofortige Beschwerde der Staatsanwaltschaft.** Der Staatsanwaltschaft steht gegen einen Beschluss nach § 159, durch den das Verbot aufgehoben wird, die sofortige Beschwerde zu. § 159 Abs. 3 S. 3 ist als Ausnahmeregelung lediglich zu entnehmen, dass die Aufrechterhaltung des Verbots der Beschwerdeanfechtung durch den Rechtsanwalt entzogen sein soll. Da andererseits im Bereich der vorläufigen Maßnahmen nach §§ 150 ff. regelmäßig eine beschleunigte Klärung der Anfechtbarkeit einer Entscheidung erforderlich ist und in § 157 demgemäß für verschiedene Fälle die sofortige Beschwerde vorgesehen ist, ist dem der gesetzliche Wille zu entnehmen, dass im Bereich der vorläufigen Maßnahmen nur die sofortige Beschwerde zulässig sein soll (Gaier/Wolf/Göcken/*Johnigk* § 159 Rn. 8; **aA** – einfache Beschwerde – Henssler/Prütting/*Dittmann* § 159 Rn. 9).

§ 159a Dreimonatsfrist

(1) **Solange das anwaltsgerichtliche Verfahren noch nicht eingeleitet ist, darf ein Berufs- oder Vertretungsverbot über drei Monate hinaus nur aufrechterhalten werden, wenn die besondere Schwierigkeit oder der besondere Umfang der Ermittlungen oder ein anderer wichtiger Grund die Einleitung des anwaltsgerichtlichen Verfahrens noch nicht zuläßt und die Fortdauer des Verbotes rechtfertigt.**

(2) **In den Fällen des Absatzes 1 ist das Verbot nach Ablauf der drei Monate aufzuheben, wenn der Anwaltsgerichtshof nicht dessen Fortdauer anordnet.**

(3) **Werden die Akten dem Anwaltsgerichtshof vor Ablauf der in Absatz 2 bezeichneten Frist vorgelegt, so ruht der Fristenlauf bis zu dessen Entscheidung.**

Übersicht

I. Grundsatz der Verhältnismäßigkeit

1 Die §§ 159a, 159b sollen, ohne die sachlich gerechtfertigte Wirksamkeit des vorläufigen Verbots zu beeinträchtigen, die gebotenen rechtsstaatlichen Garantien sichern. Die in den §§ 159a, 159b vorgesehenen Einschränkungen erscheinen notwendig, da auch das bloß vorläufige Berufs- oder Vertretungsverbot für Rechtsanwälte einen schwerwiegenden Eingriff in den Beruf und damit in die Lebensgrundlage des Betroffenen darstellt. Die Regelung nimmt als Vorbild die Vorschrift des § 121 StPO für die Untersuchungshaft (Bericht der Abgeordneten *Gnädinger* und *Kunz* BT-Drs. 7/5401). Der Grundsatz der Verhältnismäßigkeit setzt den vorläufigen Maßnahmen nach §§ 150 ff. auch enge zeitliche Grenzen. § 159a soll den betroffenen Rechtsanwalt vor einem Übermaß an vorläufigen Maßnahmen schützen und verpflichtet zunächst die Staatsanwaltschaft, anwaltsgerichtliche Ermittlungsverfahren gegen einen Rechtsanwalt, der im Hinblick auf den Ermittlungsgegenstand von einer vorläufigen Maßnahme

betroffen ist, mit besonderem Nachdruck zu fördern. Dabei müssen die Ermittlungen in höchster Dringlichkeitsstufe auf stetige Überprüfung der Bestandsvoraussetzungen für das Verbot gerichtet sein. Um dies sicherzustellen, unterliegt das Berufs- und Vertretungsverbot einer stetigen gerichtlichen Kontrolle in dreimonatigen Abständen und kann die Fortdauer nur unter besonderen Voraussetzungen angeordnet werden.

II. Anwendungsbereich der §§ 159a, 159b

§§ 159a, 159b gelten nur, solange das anwaltsgerichtliche Verfahren noch nicht eingeleitet ist. 2
Nach Einleitung des anwaltsgerichtlichen Verfahrens durch Einreichung einer Anschuldigungsschrift durch die Staatsanwaltschaft bei dem Anwaltsgericht (§§ 121, 130) sind diese Vorschriften nicht mehr anzuwenden. Danach ist der Angeschuldigte vor einem Übermaß an vorläufigen Maßnahmen ausreichend durch § 159 geschützt.

III. Voraussetzungen für die Aufrechterhaltung des Verbots

1. Dreimonatsfrist. Sie berechnet sich ab Verkündung des Verbotsbeschlusses (§ 155 Abs. 1), 3
auch wenn der Rechtsanwalt bei der Verkündung nicht anwesend war (→ § 151 Rn. 3; § 153 S. 2, § 154 S. 3). Das Verbot darf über diese Zeit ohne Einleitung des anwaltsgerichtlichen Verfahrens nur aufrechterhalten werden, wenn ein wichtiger Grund die Einleitung des anwaltsgerichtlichen Verfahrens noch nicht zulässt und die Fortdauer des Verbots rechtfertigt. Wäre es bei der erforderlichen beschleunigten Bearbeitung durch die Staatsanwaltschaft möglich gewesen, die Sache vor Ablauf der drei Monate bis zur Einreichung der Anschuldigungsschrift (§ 121) zu fördern, so scheidet eine Fortdauer des Verbots aus.

2. Wichtige Gründe. Ob die „besondere Schwierigkeit oder der besondere Umfang der 4
Ermittlungen oder ein anderer wichtiger Grund" die Einleitung des anwaltsgerichtlichen Verfahrens (§ 121) noch nicht zulässt, muss anhand der Besonderheiten des Einzelfalles überprüft werden und ergibt sich aus einem Vergleich mit ähnlichen Verfahren und ob dieses normalerweise bei der gebührenden Beschleunigung innerhalb von drei Monaten bis zur Anschuldigungserhebung gefördert werden kann.

a) Schwierigkeit und Umfang der Ermittlungen. Bei der Schwierigkeit und dem Umfang 5
der Ermittlungen müssen namentlich die **Zahl** der Beschuldigten, der Zeugen und Sachverständigen berücksichtigt werden. Ferner ist, wenn Gutachten erforderlich sind, die **Zeit** zu berücksichtigen, die Sachverständige benötigen, um das Gutachten zu erstellen. Auch die Erreichbarkeit von Zeugen, die Art ihrer Aussagen und die eventuelle Notwendigkeit, Zweifel und Widersprüche in ihren Aussagen zu klären, ist zu berücksichtigen.

b) Anderer wichtiger Grund. Der andere wichtige Grund muss in seiner Bedeutung dieser 6
besonderen Schwierigkeit oder dem besonderen Umfang der Ermittlungen gleichstehen. Eine enge Auslegung ist geboten (BVerfGE 20, 45 = NJW 1966, 1259; BVerfGE 53, 152 = NJW 1980, 1448, jeweils zu § 121 StPO). Ein wichtiger Grund kann in schicksalhaften Ereignissen und anderen unabwendbaren Zufällen liegen, wie in der Verhinderung unentbehrlicher Verfahrensbeteiligter oder Beweispersonen infolge Krankheit. Bearbeitungsengpässe bei der Staatsanwaltschaft kommen grundsätzlich nicht in Betracht.

Ein wichtiger Grund für die Verlängerung der Verbotszeit fehlt regelmäßig, wenn die Staats- 7
anwaltschaft nicht alle zumutbaren Maßnahmen ergriffen hat, um die Ermittlungen so schnell wie möglich abzuschließen und die Anschuldigungsschrift einzureichen (zu § 121 StPO BVerfGE 36, 264). Dazu gehören zB die Anlegung von Doppelakten (Nr. 12 RiStBV entsprechend; zu § 121 StPO OLG Frankfurt MDR 1973, 780) oder Geschäftsverteilungsmaßnahmen der Staatsanwaltschaft. Das Anwaltsgericht (§ 159b Abs. 1) bzw. der AGH (§§ 159a, 159b Abs. 1) können über den Grund der Verzögerung dienstliche Äußerungen einholen, zB von dem sachbearbeitenden Staatsanwalt, weshalb er noch nicht zum Abschluss des Ermittlungsverfahrens gekommen ist.

c) Sachgleiches strafrechtliches Ermittlungsverfahren. Der Umstand, dass wegen des 8
Verhaltens des Rechtsanwalts, das Anlass zu dem Verbot gegeben hat, auch ein strafrechtliches Ermittlungsverfahren anhängig ist oder die öffentliche Klage im strafgerichtlichen Verfahren erhoben worden ist, kann als solcher keinen wichtigen Grund iSd § 159a abgeben. Ist im Strafverfahren bereits Anklage erhoben, ist kaum ein Fall denkbar, dass dann nicht auch die

Einreichung der Anschuldigungsschrift (§ 121) möglich wäre. Im Übrigen ist die Staatsanwaltschaft durch ein strafrechtliches Ermittlungsverfahren bzw. ein strafgerichtliches Verfahren nach § 118 nicht gehindert, das anwaltsgerichtliche Ermittlungsverfahren weiter zügig voranzutreiben (→ § 115 Rn. 15 ff.; → § 118 Rn. 2 ff.). Dass die strafrechtlichen Ermittlungen andauern, kann unter der Voraussetzung, dass diese mit der gebotenen Beschleunigung betrieben wurden, aber ein Indiz dafür sein, dass ein wichtiger Grund die Einleitung des anwaltsgerichtlichen Verfahrens noch nicht zulässt.

9 **3. Rechtfertigung der Fortdauer des Verbots.** Die besondere Schwierigkeit oder der besondere Umfang der Ermittlungen oder der andere wichtige Grund müssen nicht nur die Anschuldigung noch nicht zulassen, sondern zudem die Fortdauer des Verbots rechtfertigen. Die Rechtfertigungsgründe sind eng auszulegen (für § 121 StPO BVerfGE 53, 152 = NJW 1980, 1448). An sie sind umso strengere Anforderungen zu stellen, je länger das Verbot bereits andauert. Da das Verbot grundsätzlich nur so lange vollzogen werden darf, als dies unerlässlich ist zur Abwehr konkreter Gefahren für wichtige Gemeinschaftsgüter, ist die Verbotsverlängerung nur gerechtfertigt, wenn die Schwierigkeiten pp. unabwendbar sind und unabwendbar gewesen sind.

10 Dies ist nicht der Fall, wenn den Umständen, die die Anschuldigungserhebung noch nicht zulassen, entgegengewirkt werden konnte und sei es ggf. durch eine Begrenzung des Ermittlungsstoffs (§ 116 S. 2 iVm §§ 154, 154a StPO). Allerdings kann im Einzelfall es auch unerlässlich sein, alle Vorwürfe gegen den Rechtsanwalt gleichzeitig anzuschuldigen, wenn nur auf diese Weise eine gerechte Rechtsfindung sichergestellt werden kann, nur so eine umfassende Aufklärung zu erlangen ist.

11 **4. Entscheidung.** In den Fällen des Abs. 1, dh wenn weder die besondere Schwierigkeit oder der besondere Umfang der Ermittlungen noch ein anderer wichtiger Grund die Einleitung des anwaltsgerichtlichen Verfahrens innerhalb von drei Monaten seit Verkündung des Verbotes (§ 155 Abs. 1) verhindert haben oder die Fortdauer des Verbotes rechtfertigen, ist das Verbot aufzuheben und zwar ggf. bereits durch das AnwG (§ 159 Abs. 1, § 159b Abs. 1). Auf Vorlage hat dies jedenfalls der AGH zu tun (Abs. 2). Ließen jedoch die besondere Schwierigkeit, der besondere Umfang der Ermittlungen oder ein sonstiger wichtiger Grund die Einleitung des anwaltsgerichtlichen Verfahrens (§ 121) noch nicht zu und rechtfertigen sie die Fortsetzung des Verbots, dann kann der AGH die Fortdauer des Verbots anordnen. Diese Anordnung setzt stets das Fortbestehen der Voraussetzungen des § 150 Abs. 1 voraus.

IV. Ruhen des Fristablaufs

12 Werden die Akten dem AGH vor Ablauf der Dreimonatsfrist vorgelegt (§ 159a Abs. 1), so ruht der Fristenablauf bis zur Entscheidung des AGH (Abs. 3). Das Ruhen des Fristablaufs soll den AGH vor einem unsachgemäßen Zeitdruck schützen. Da der AGH an der Dreimonatswende entscheiden muss, sind ihm die Akten immer vor Ablauf der Frist vorzulegen, notfalls unter Abkürzung des vorgeschriebenen Vorlageweges (§ 159b Abs. 1).

13 Die Vorlage der Akten beim AGH entbindet die Staatsanwaltschaft nicht von ihrer Verpflichtung, auch zwischenzeitlich das Verfahren weiter zügig zu fördern. Zu diesem Zweck sind ggf. Zweitakten anzulegen (Nr. 12 Abs. 2 RiStBV entsprechend). Die verspätete Vorlage der Akten beim AGH allein führt nicht zur Aufhebung des Verbotes (für § 121 StPO OLG Stuttgart MDR 1982, 517; OLG Bamberg NStZ 1981, 403). §§ 159a undb wollen keine automatischen und mechanischen Verbotsfolgerungen an den Fristablauf knüpfen, sondern sicherstellen, dass um die Dreimonatsfrist eine materielle Verbotsentscheidung mit Prüfung des Verlängerungsgrundes ergeht.

V. Neues Verbot nach dessen Aufhebung

14 War das Verbot nach Abs. 1 aufgehoben worden, dann darf in derselben Sache grundsätzlich gegen denselben Beschuldigten wegen derselben Pflichtverletzung kein neues Verbot verhängt werden. Dies kann nur dann anders sein, wenn die Aufhebungsvoraussetzungen eindeutig dadurch entfallen, dass sich die Verfahrenslage wesentlich geändert hat (zu § 121 StPO BVerfGE 21, 184 = MDR 1967, 463; KK-StPO/*Boujong* StPO § 121 Rn. 31; *Kleine-Cosack* § 159a Rn. 5; **aA** *Meyer-Goßner* StPO § 122 Rn. 19). Hat das AnwG das neue Verbot erlassen, so ist das Verfahren nach den §§ 159a undb dann alsbald durchzuführen (zu § 121 StPO OLG Stuttgart NJW 1967, 66).

§ 159b Prüfung der Fortdauer des Verbotes

(1) **In den Fällen des § 159a legt das Anwaltsgericht die Akten durch Vermittlung der Staatsanwaltschaft dem Anwaltsgerichtshof zur Entscheidung vor, wenn es die Fortdauer des Verbotes für erforderlich hält oder die Staatsanwaltschaft es beantragt.**

(2) **Vor der Entscheidung des Anwaltsgerichtshofes ist der Rechtsanwalt zu hören.**

(3) **Die Prüfung der Fortdauer des Verbotes muß jeweils spätestens nach drei Monaten von dem Anwaltsgerichtshof wiederholt werden, solange das anwaltsgerichtliche Verfahren noch nicht eingeleitet ist.**

I. Vorprüfung durch das Anwaltsgericht und die Staatsanwaltschaft

Der Entscheidung des AGH ist eine Vorprüfung durch das AnwG und die Staatsanwaltschaft vorgeschaltet. 1

1. Prüfung der Verhängungs- und Verlängerungsvoraussetzungen. Das Anwaltsgericht prüft stets nicht nur das Vorliegen der Verlängerungsvoraussetzungen nach § 159a Abs. 1, sondern zunächst nach §§ 150, 159 Abs. 1, ob die materiellen Voraussetzungen des Verbotes noch vorliegen, weil sich durch eine etwaige Anwendung des § 159 das besondere Prüfungsverfahren nach §§ 159a und 159b erübrigen würde. Erst wenn das Anwaltsgericht die Voraussetzungen für die Verhängung des Verbotes weiterhin für gegeben erachtet und es folglich nicht nach § 159 das Verbot aufhebt, prüft es das Vorliegen der Verlängerungsvoraussetzungen (§ 159a Abs. 1, § 159b Abs. 1). 2

Beantragt die Staatsanwaltschaft die Vorlegung an den AGH, muss das AnwG die Sache dem AGH vorlegen, ohne dass es zum Verlängerungsgrund Stellung zu nehmen braucht. An eine Verneinung des Verlängerungsgrundes nach § 159a Abs. 1 durch die Staatsanwaltschaft ist das AnwG nicht gebunden. 3

2. Weiterleitung der Akten an den AGH. Das AnwG gibt die Akten an die für es zuständige Staatsanwaltschaft zur Weiterleitung. Aus Gründen der Beschleunigung wird es, zumal die Staatsanwaltschaft beim AnwG schon an der Vorprüfung durch Aktenvorlage beim AnwG beteiligt war, ausnahmsweise zur Fristwahrung zulässig sein, die Akten vom AnwG unmittelbar dem AGH zu übersenden, der dann seiner Staatsanwaltschaft Gelegenheit zur Antragstellung gibt. Die Weiterleitung kann weder von dem Rechtsanwalt noch von der Staatsanwaltschaft angefochten werden. 4

II. Verfahren vor dem Anwaltsgerichtshof

1. Anhörung des Rechtsanwalts. Der Rechtsanwalt ist vor der Entscheidung des AGH zu hören. Im Vorprüfungsverfahren durch das AnwG ist seine Anhörung nicht vorgeschrieben, aber zulässig. War dem Rechtsanwalt und ggf. seinem Verteidiger schon in diesem Vorschaltverfahren Gelegenheit zur Äußerung gegeben worden, dann genügt es, wenn klargestellt ist, dass es nicht nur um die Voraussetzungen nach § 159 Abs. 1, sondern auch um die zu § 159a Abs. 1 geht. Die Stellungnahme der Staatsanwaltschaft beim AGH braucht dem Rechtsanwalt nicht zugeleitet werden, es sei denn, dass diese ausnahmsweise neue Tatsachen oder Beweisergebnisse geltend macht (§ 116 S. 2 iVm § 33 Abs. 3 StPO). 5

2. Entscheidung des AGH. Der Beschluss des AGH ergeht nach Aktenlage, eventuell nach einzelnen Beweiserhebungen im Freibeweisverfahren. Der AGH kann aber, da er nicht nur über die Verlängerungsvoraussetzungen nach § 159a Abs. 1, sondern auch über die Voraussetzungen nach § 150 Abs. 1 zu entscheiden hat, in entsprechender Anwendung der §§ 151 Abs. 2 und 4, 152 und 154 aufgrund mündlicher Verhandlung entscheiden. Ein Anspruch des Rechtsanwalts auf mündliche Verhandlung besteht nicht. Der Beschluss ist zu begründen. Er ist unanfechtbar (§ 116 S. 2 iVm § 304 Abs. 4 S. 2 Hs. 1 StPO; → § 116 Rn. 32 zu § 304 StPO). 6

III. Weitere besondere Verbotsprüfung

Die weitere besondere Verbotsprüfung nach Abs. 3 ist Sache des AGH. Sie entfällt, wenn zwischenzeitlich das anwaltsgerichtliche Verfahren eingeleitet (§ 121) wurde. Solange dies nicht 7 der Fall ist, muss der AGH mindestens alle drei Monate eine Entscheidung treffen; der AGH kann jedoch eine kürzere Frist bestimmen. Die Frist beginnt mit dem Tag des Beschlusses bei der vorangegangenen Verbotsprüfung durch den AGH nach § 159b.

8 Tritt innerhalb der Frist für die besondere Verbotsprüfung (Abs. 3) die Voraussetzung des § 159 Abs. 1 ein, kann das AnwG das Verbot aufheben. Das muss nicht etwa ebenfalls der AGH tun. § 159b Abs. 3 beinhaltet keine Änderung der Zuständigkeit nach § 159 Abs. 2, sondern führt lediglich zu einer zusätzlichen besonderen Prüfung durch den AGH, die sich durch eine etwaige Anwendung des § 159 Abs. 1 erübrigen würde.

§ 160 Mitteilung des Verbotes

(1) [1] **Der Beschluß, durch den ein Berufs- oder Vertretungsverbot verhängt wird, ist alsbald dem Präsidenten der Rechtsanwaltskammer in beglaubigter Abschrift mitzuteilen.** [2] **Gehört der Rechtsanwalt zugleich einer Notarkammer an, so ist eine beglaubigte Abschrift unverzüglich der Landesjustizverwaltung und der Notarkammer zu übersenden.**

(2) **Tritt das Berufs- oder Vertretungsverbot außer Kraft oder wird es aufgehoben oder abgeändert, so ist Absatz 1 entsprechend anzuwenden.**

I. Mitteilungsempfänger

1 Mit Gesetz vom 26.3.2007 (BGBl. I S. 358) wurde die Regelung des § 160 über die Mitteilung eines Berufsverbotes redaktionell angepasst. Mit Gesetz vom 30.7.2009 (BGBl. I S. 2449) wurde Abs. 1 S. 2 angefügt. Dieser regelt die Mitteilung des Berufs- und Vertretungsverbots an die für die Überwachung der Notare zuständigen Behörden. Diese ist erforderlich, weil durch Berufs- und Vertretungsverbote kraft Gesetzes eine vorläufige Enthebung vom Notaramt bewirkt wird (§ 54 Abs. 4 Nr. 2 BNotO und § 14 Abs. 4 BRAO iVm § 54 Abs. 4 Nr. 3 BNotO; BT-Drs. 16/11385, 69).

2 Dem Präsidenten der RAK ist nach Abs. 1 eine beglaubige Abschrift des Verbotsbeschlusses mit Gründen mitzuteilen. Der veranlasst sodann nach § 31 Abs. 3 die Eintragung des Verbotes im Rechtsanwaltsverzeichnis, damit die Gerichte und Behörden darüber informiert sind und nach § 156 Abs. 2 verfahren können (→ § 31 Rn. 39).

II. Mitteilungspflicht

3 § 160 regelt nicht, wer zu den Mitteilungen verpflichtet ist. Als solche Verpflichtete kommen das Gericht oder die Staatsanwaltschaft in Betracht. Wenn im Verwaltungswege keine andere Anordnung getroffen wird, wird das entscheidende Gericht als der Urheber der Entscheidung zu der Mitteilung verpflichtet sein. In den meisten Bundesländern wurde die Verpflichtung aber sachgerechterweise auf die Generalstaatsanwaltschaft übertragen (vgl. zB 7.3.3 der AV des JM NW vom 30.6.1999 – 3170-I B. 81 – JMBl. NW S. 169).

4 Die Mitteilungspflicht bei Außerkrafttreten, Aufhebung und Abänderung des Verbotes besteht in gleicher Weise wie bei der Verhängung des Verbots (Abs. 2). Bei den Mitteilungen sind die nach Inkrafttreten des JuMiG im Juli 1989 (Art. 37 des JuMiG vom 18.6.1997, BGBl. I S. 1430) nach § 12 Abs. 5 EGGVG vom BMJV erlassenen Verwaltungsvorschriften in diesem Bereich zu beachten; → § 36 Rn. 11).

III. Anfechtbarkeit der Mitteilung

5 Eine Klage nach §§ 112a ff. (bzw. früher nach § 223) gegen die erfolgten Mitteilungen nach § 160 ist unzulässig, da es sich dabei lediglich um den Vollzug des vom Gericht ausgesprochenen Verbotes handelt (AGH SchlH Beschluss vom 26.2.1999 – 2 AGH 24/98). Macht der Rechtsanwalt die Nichtigkeit der Verbotsentscheidung geltend, die mitgeteilt wurde, so kann darüber nach § 116 S. 2 in sinngemäßer Anwendung der §§ 458 Abs. 1, 462 StPO von dem Anwaltsgericht entschieden werden, das im Verfahren über die Verhängung des Verbots als Gericht des ersten Rechtszuges tätig war (BGH NJW 1964, 2109 = EGE VIII, 22).

§ 161 Bestellung eines Vertreters

(1) [1] **Für den Rechtsanwalt, gegen den ein Berufs- oder Vertretungsverbot verhängt ist, wird im Fall des Bedürfnisses von der Rechtsanwaltskammer ein Vertreter bestellt.** [2] **Vor der Bestellung ist der Rechtsanwalt zu hören.** [3] **Der Rechtsanwalt kann einen geeigneten Vertreter vorschlagen.**

(2) **§ 53 Abs. 4, Abs. 5 Satz 3, Abs. 7 bis 10 ist entsprechend anzuwenden.**

Übersicht

I. Bedürfnis für die Bestellung eines Vertreters

1 § 161 soll den Nachteilen, die aus der Verhängung des Berufs- oder generellen (§§ 150, 155 Abs. 2; nicht aber bei § 161a, → § 161a Rn. 7) Vertretungsverbotes für die Auftraggeber des betroffenen Rechtsanwalts entstehen, begegnen (amtliche Begründung, BT-Drs. 3/120, 109). Wird ein vorläufiges Berufs- oder Vertretungsverbot verhängt, weil mit der Ausschließung aus der Rechtsanwaltschaft zu rechnen ist (§ 150), kann ein Bedürfnis für die Bestellung eines allgemeinen Vertreters entstehen, weil der Rechtsanwalt vorläufig seinen Beruf insgesamt nicht ausüben oder jedenfalls generell nicht mehr als Vertreter oder Beistand eines Mandanten auftreten darf (§ 155; BGH MDR 1993, 280 = BRAK-Mitt. 1992, 218). Ob von einem Bedürfnis für die Vertreterbestellung auszugehen ist, hängt regelmäßig von den Umständen des Einzelfalles ab. Neben dem Zuschnitt der Praxis wird es eine erhebliche Rolle spielen, ob der Rechtsanwalt seinen Beruf zusammen mit Kollegen in einer Sozietät oder in Einzelpraxis ausgeübt hat (Henssler/Prütting/*Dittmann* § 161 Rn. 3). Im Falle eines Bedürfnisses kann man für den Rechtsanwalt entweder auf seinen Antrag hin oder aber von Amts wegen, durch den Vorstand der RAK ein Vertreter bestellt werden. Auch bei **nichtanwaltlichen Geschäftsführern von Rechtsanwaltsgesellschaften** kann im Einzelfall ein Bedürfnis für die Bestellung eines Vertreters bestehen, wenn es zB die Mandanteninteressen gebieten, dass ein Angehöriger des sozietätsfähigen Herkunftsberufes der Geschäftsführung der Rechtsanwaltsgesellschaft weiterhin angehört. Praktische Bedeutung dürfte dies aber nur haben, wenn die übrigen Mitglieder der Rechtsanwaltsgesellschaft daran interessiert sind und nicht selbst gesellschaftsrechtlich reagieren (Henssler/Prütting/*Dittmann* § 161 Rn. 3).

II. Auswahl und Bestellung des Vertreters

2 **1. Anhörung des Rechtsanwalts.** Vor der Bestellung des Vertreters ist der Rechtsanwalt zu hören, dem auch das Recht zusteht, einen geeigneten Vertreter vorzuschlagen. Auch zur Frage, ob eine Vertreterbestellung überhaupt erforderlich ist, kann er sich äußern.

3 **2. Der in Betracht kommende Personenkreis.** Die RAK kann jeden Rechtsanwalt, aber auch andere Personen, welche die Befähigung zum Richteramt erlangt haben oder Referendare, die seit mindestens zwölf Monaten im Vorbereitungsdienst beschäftigt sind, zum Vertreter bestellen (§ 161 Abs. 2 iVm § 53 Abs. 4). Insoweit gilt das zu §→ 53 Rn. 22 ff. Gesagte.

4 **3. Entscheidung der RAK.** Die Bestellung des Vertreters ist abweichend von § 53 Abs. 2 S. 1 in jedem Fall der RAK vorbehalten, so dass der Anwalt nicht selbst einen Vertreter bestellen kann (amtliche Begründung, BT-Drs. 3/120, 109). Die RAK entscheidet nach pflichtgemäßem

Ermessen sowohl über die Bedürfnisfrage als auch über die Person des Vertreters. An Vorschläge des Rechtsanwalts ist die RAK nicht gebunden (*Isele* § 161 Anm. III B 1). Für die Vertreterbestellung kann die RAK eine Verwaltungsgebühr erheben (§ 89 Abs. 2 Nr. 2 iVm § 192).

5 **4. Ablehnung der Vertretungsübernahme.** Der von der RAK vorgesehene Rechtsanwalt kann die Übernahme der Vertretung nur aus einem wichtigen Grunde ablehnen (Abs. 2 iVm § 53 Abs. 5 S. 3). Die Übernahme ist für ihn grundsätzlich Rechts- und Berufspflicht. Ein wichtiger Grund kann gegeben sein bei Unzumutbarkeit, zB weil der Vertretene den Vertreter grundlos angezeigt hat, er gegen ihn Regressansprüche geltend macht; aber auch Krankheit, Überlastung des Vertreters oder der Umstand, dass die Praxen in vielen Fällen Gegner sind, kann einen wichtigen Grund darstellen. Ein nichtanwaltlicher Vertreter kann auch ohne wichtigen Grund die Übernahme der Vertretung ablehnen. Über die Ablehnung entscheidet die RAK (§ 33 Abs. 1). Gegen den die Ablehnung verwerfenden Beschluss kann der Vertreter nach §§ 112a ff. eine Entscheidung des AGH herbeiführen.

III. Befugnisse des Vertreters

6 **1. Allgemeines.** Der amtlich bestellte Vertreter hat nach Abs. 2 iVm § 53 Abs. 7 die anwaltlichen Befugnisse des Rechtsanwalts, den er vertritt (→ § 53 Rn. 42 ff.). Der Vertreter ist in seiner Stellung gegenüber dem Vertretenen frei (amtliche Begründung, BT-Drs. 3/120, 109). Er ist an irgendwelche Weisungen des Vertretenen nicht gebunden. Der Vertretene verstößt vielmehr gegen das Berufsverbot, wenn er solche Weisungen zu erteilen versucht, und der Vertreter handelt pflichtwidrig, wenn er solche Weisungen akzeptiert. Ist gegen den Vertretenen nur ein Vertretungsverbot (§ 150 Alt. 2) verhängt, darf er insoweit ebenfalls keine Weisungen erteilen. Der Vertreter führt sein Amt unter eigener Verantwortung, jedoch für Rechnung und auf Kosten des Vertretenen (Abs. 2 iVm § 53 Abs. 9; vgl. weiter dortige Anm.). Er ist wie der nach § 53 amtlich bestellte Vertreter grundsätzlich **gesetzlicher Vertreter** des von ihm vertretenen Anwalts. Deshalb scheidet eine Eigenhaftung des Vertreters regelmäßig aus (BGH BRAK-Mitt. 2005, 137).

7 **2. Gebühren.** Die während des Berufs- oder Vertretungsverbots verdienten Gebühren stehen nicht dem amtlich bestellten Vertreter, sondern dem Rechtsanwalt zu, gegen den das Verbot verhängt ist (Abs. 2 iVm § 53 Abs. 9). Dieser kann jedoch sowohl die vor Erlass des Verbots entstandenen Gebühren als auch die während des Verbots erwachsenen Gebühren nicht einziehen. Dieses Recht steht allein dem amtlich bestellten Vertreter zu. Nach § 155 Abs. 4 darf zwar der Rechtsanwalt, gegen den ein Berufs- oder Vertretungsverbot verhängt ist, seine eigenen Angelegenheiten wahrnehmen, soweit nicht eine Vertretung durch Anwälte geboten ist.

8 Um eine eigene Angelegenheit im Sinne dieser Vorschrift handelt es sich indessen nicht bei der Einziehung der Gebühren des vertretenen Rechtsanwalts aus seiner Praxis. Die Einziehung der Gebühren erfolgt aufgrund der Verträge mit den Mandanten des Vertretenen. Der Rechtsanwalt ist nach § 10 RVG, früher § 18 BRAGO, verpflichtet, dem Mandanten eine von ihm unterzeichnete Rechnung zu übersenden, in der die Beträge der einzelnen Gebühren und Auslagen, Vorschüsse sowie die angewandten Gebührenvorschriften anzugeben sind. Zur Berechnung der Gebühren steht dem Rechtsanwalt ein eigenes Antrags- und Beschwerderecht bezüglich des Streitwertes zu (§ 32 RVG, früher § 9 BRAGO). Falls der Mandant nicht freiwillig zahlt, kann der Rechtsanwalt im vereinfachten Verfahren nach § 11 RVG, früher § 19 BRAGO, einen Titel wegen seiner Gebühren und Auslagen erwirken. Aus diesen gebührenrechtlichen Vorschriften ergibt sich, dass auch die Festsetzung und Einziehung der Gebühren eine anwaltliche Tätigkeit ist, die der Vertretene infolge des Berufs- oder Vertretungsverbotes nicht mehr ausüben kann, sondern die allein von dem amtlich bestellten Vertreter erfolgen muss (OLG Hamburg NJW 1961, 2217; im Übrigen → § 53 Rn. 46 ff. zu § 53 Abs. 9).

IV. Vergütungsanspruch des Vertreters

9 Der Vertretene hat dem Vertreter eine angemessene Vergütung zu zahlen (Abs. 2 iVm § 53 Abs. 10; → § 53 Rn. 59 ff. zu § 53 Abs. 10). Was angemessen ist, ist Gegenstand der Einzelfallentscheidung. Zunächst ist dies weitgehend der Vereinbarung des Vertreters mit dem Vertretenen überlassen. Kommt eine Einigung nicht zustande, dann wird auf Antrag des Vertretenen oder des Vertreters der Vorstand der RAK diese Vergütung festsetzen. Der Festsetzungsbeschluss des Kammervorstandes muss begründet werden, weil er nach §§ 112a ff. sowohl von dem Vertrete-

nen als auch dem Vertreter angefochten werden kann. Da es sich bei dem Begriff „angemessene Vergütung" um einen unbestimmten Rechtsbegriff handelt, kann insoweit der Festsetzungsbeschluss voll überprüft werden.

Der Vertreter ist befugt, Vorschüsse zu entnehmen, und zwar sowohl auf eine vereinbarte, als 10 auch auf die vom Kammervorstand festgesetzte Vergütung. Für die vom Kammervorstand festgesetzte Vergütung haftet die RAK dem Vertreter wie ein Bürge, nicht aber für die lediglich mit dem Vertretenen vereinbarte Vergütung (Abs. 2 iVm § 53 Abs. 10 S. 6).

Zu einer Befriedigung seiner Ansprüche gegen den Vertretenen durch Entnahme ist der 11 Vertreter grundsätzlich verpflichtet, wenn die Vergütung von der RAK festgesetzt worden ist. Der Vertreter kann die RAK nach Treu und Glauben dann nicht als Bürge in Anspruch nehmen, wenn er seine Entnahmebefugnis nicht ausgenutzt hat. Die im öffentlichen Interesse liegende Vertretung des suspendierten Anwalts darf nicht dadurch unmöglich gemacht werden, dass Gläubiger des Vertretenen den Vertreter im Wege der Zwangsvollstreckung zwingen, eingezogene Gebühreneinnahmen zur Befriedigung des Pfändungsgläubigers herauszugeben und sich der Mittel zu entblößen, die er für die Weiterführung der Kanzlei benötigt, wozu auch seine Vergütung gehört. Sie können den Vertreter nicht auf seine Ansprüche gegen die RAK verweisen (AG Neumünster AnwBl. 1989, 100).

V. Beendigung der Vertretung

Die Vertretung endet von selbst, wenn das Berufs- oder Vertretungsverbot (§ 150) außer 12 Kraft tritt (§ 158) oder aufgehoben (§§ 159, 159a Abs. 2) wird, nicht jedoch, wenn ein Berufsverbot in ein Vertretungsverbot nach § 150 Abs. 1 umgewandelt wird oder umgekehrt (amtliche Begründung, BT-Drs. 3/120, 109; *Isele* § 161 Anm. V A). Im Falle der Umwandlung des Verbotes kann jedoch die RAK den Vertretungsbereich nach Anhörung des Vertretenen entsprechend ändern. Die Bestellung des Vertreters kann in entsprechender Anwendung des § 53 Abs. 8 aus wichtigem Grund widerrufen werden (*Isele* § 161 Anm. V B). Stirbt der Vertretene, gilt § 54. Wird ein Berufs- oder Vertretungsverbot nach § 150 in ein gegenständlich beschränktes Vertretungsverbot nach § 161a umgewandelt, endet die Vertretung. § 161 ist im Bereich des § 161a nicht anwendbar, ist in § 161a Abs. 2 nicht unter den entsprechend anwendbaren Vorschriften aufgeführt (BGH NJW-RR 1993, 440 = MDR 1993, 280). Wird der Vertretene rechtskräftig zur Maßnahme der Ausschließung verurteilt, erlischt die Zulassung zur Rechtsanwaltschaft (§§ 13, 204 Abs. 1) und statt des Vertreters nach § 161 ist ein Abwickler der Kanzlei nach § 55 zu bestellen (BGH NJW-RR 1993, 440 = MDR 1993, 280). Für die von oder gegenüber dem Vertreter in der Zeit zwischen dem rechtskräftigen Ausschluss und der Bestellung des Abwicklers vorgenommenen Rechtshandlungen gilt § 54 entsprechend.

VI. Antrag des Vertretenen auf gerichtliche Entscheidung

Der **Vertretene** kann nach §§ 112a ff. klagen, wenn die RAK entgegen seinem Antrag auf 13 Vertreterbestellung ein Bedürfnis hierfür verneint (*Isele* § 161 Anm. III B 2a, aa), wenn sein Antrag auf Vertreterbestellung ohne ausreichenden Grund innerhalb von drei Monaten nicht beschieden wird (§ 223 Abs. 2 aF; Untätigkeitsklage nach §§ 112a ff. iVm §§ 42, 75 VwGO), wenn die RAK die Bedürfnisfrage entgegen einer verneinenden Stellungnahme des Rechtsanwalts bei seiner Anhörung nach Abs. 1 S. 2 bejaht (*Isele* § 161 Anm. III B 2b) und wenn er Einwendungen gegen die Auswahl des von der RAK bestellten Vertreters geltendmachen will, vor allem wenn diese nicht seinem Vorschlag nach Abs. 1 S. 3 entspricht (*Isele* § 161 Anm. IV C 1a, b).

Greift ein Rechtsanwalt, gegen den ein Vertretungsverbot verhängt worden ist, die auf der 14 Grundlage des Vertretungsverbots erlassenen **Vollziehungsmaßnahmen** (§§ 160, 161) deswegen an, weil er den das Vertretungsverbot aussprechenden Beschluss für nichtig hält, dann kann darüber nach § 116 S. 2 in sinngemäßer Anwendung der §§ 458 Abs. 1, 462 StPO von dem AnwG entschieden werden, das im Verfahren über die Verhängung des Verbots als Gericht des ersten Rechtszugs tätig war (BGH NJW 1964, 2109; *Kleine-Cosack* § 160 Rn. 2).

Der **Vertreter** kann den Verwaltungsakt seiner Bestellung ebenfalls nach §§ 112a ff. anfechten 15 (Henssler/Prütting/*Dittmann* § 161 Rn. 10).

§ 161a Gegenständlich beschränktes Vertretungsverbot

(1) **Sind dringende Gründe für die Annahme vorhanden, daß gegen einen Rechtsanwalt auf eine Maßnahme gemäß § 114 Abs. 1 Nr. 4 erkannt werden wird, so kann gegen ihn durch Beschluß ein vorläufiges Verbot, auf bestimmten Rechtsgebieten als Vertreter und Beistand tätig zu werden, angeordnet werden.**

(2) **§ 150 Abs. 1 Satz 2, Abs. 2, 3, §§ 150a bis 154, § 155 Abs. 1, 3 bis 5, §§ 156 bis 160 sind entsprechend anzuwenden.**

I. Voraussetzungen für das Verbot

1 **1. Hohe Wahrscheinlichkeit für die Verhängung einer Maßnahme nach § 114 Abs. 1 Nr. 4.** Sind dringende Gründe für die Annahme vorhanden, dass gegen den Rechtsanwalt auf ein Verbot erkannt wird, auf bestimmten Rechtsgebieten als Vertreter und Beistand für die Dauer von einem Jahr bis zu fünf Jahren tätig zu werden, so kann gegen ihn durch Beschluss ein vorläufiges Verbot, auf bestimmten Rechtsgebieten als Vertreter und Beistand tätig zu werden, angeordnet werden. Die vorläufige Tatbewertung muss also die Annahme rechtfertigen, das Hauptverfahren werde mit hoher Wahrscheinlichkeit zu einer entsprechenden endgültigen Maßnahme nach § 114 Abs. 1 Nr. 4 führen.

2 Eine solch hohe Wahrscheinlichkeit besteht, wenn nach dem gegenwärtigen Stand der Ermittlungen, der gegenwärtigen, unter Umständen durchaus noch nicht voll gesicherten Beweislage die Wahrscheinlichkeit groß ist, der Rechtsanwalt habe sich einer solchen Pflichtverletzung schuldig gemacht, die eine Maßnahme nach § 114 Abs. 1 Nr. 4 in der Hauptverhandlung erwarten lässt. Ob die Pflichtverletzung, deren der Rechtsanwalt dringend verdächtig gehalten wird, eine solche künftige Maßnahme rechtfertigt, ist unter Anlegung der Kriterien zu beurteilen, die für Maßnahmen nach § 114 Abs. 1 Nr. 4 gelten (→ § 114 Rn. 21 ff.).

3 **2. Verbot zur Gefahrenabwehr geboten.** Zusätzlich ist die Feststellung erforderlich, dass das Teilberufsverbot vor Abschluss des Hauptverfahrens zur Abwehr konkreter, von dem Rechtsanwalt ausgehender Gefahren für wichtige Gemeinschaftsgüter geboten ist (BVerfGE 44, 105 = NJW 1977, 892; EGH Stuttgart EGE XIV, 256). Es muss bei vorausschauender Betrachtung im Falle des Unterlassens eines vorläufigen Verbotes eine Gefährdung und Verletzung wichtiger Gemeinschaftsgüter durch die weitere Tätigkeit des Rechtsanwalts wahrscheinlicher sein als deren Ausbleiben (→ § 150 Rn. 14 ff.).

4 Diese Gefährdung kann sich insbesondere auch daraus ergeben, dass der Rechtsanwalt dringend verdächtig ist, unbeeindruckt durch frühere Verurteilungen sich weiterer erheblicher Verletzungen seiner allgemeinen Berufspflicht seinen Mandanten gegenüber, insbesondere durch unkorrekten Umgang mit Mandantengeldern, schuldig gemacht zu haben (EGH Stuttgart EGE XIV, 256). In formeller Hinsicht gilt für das Verbotsverfahren das zu → § 150 Rn. 20 ff., §§ 150a–154, 155 Abs. 1, 3–5 und §§ 156–160 Gesagte entsprechend.

II. Umfang und Wirkung des Verbotes

5 Das gegenständlich beschränkte Vertretungsverbot kann in gleicher Weise wie die endgültige Maßnahme nach § 114 Abs. 1 Nr. 4 ausschließlich auf bestimmte Rechtsgebiete beschränkt werden (→ § 114 Rn. 26 ff.). Eine Beschränkung nur auf die Vertretung weiblicher Personen in Unterbringungssachen ist somit unzulässig (EGH Schleswig BRAK-Mitt. 1982, 177; *Görl* BRAK-Mitt. 1987, 54).

6 Ist gegen den Rechtsanwalt ein vorläufiges Verbot verhängt, auf bestimmten Rechtsgebieten als Vertreter und Beistand tätig zu werden, darf er insofern auch nicht als amtlich bestellter Vertreter eines anderen Rechtsanwalts handeln (BGH BRAK-Mitt. 1983, 91 = NJW 1983, 1072; EGH Frankfurt AnwBl. 1984, 629).

7 Das Verbot nach Abs. 1 kann neben der Ausschließung des Verteidigers nach § 138a StPO verhängt und auf denselben Sachverhalt gestützt werden (Gaier/Wolf/Göcken/*Johnigk* § 161a Rn. 4; *Jessnitzer/Blumberg* § 161a Rn. 2). § 161, Bestellung eines Vertreters, ist nicht entsprechend anwendbar, weil ein Vertreter nur für einzelne Rechtsgebiete, auf die sich das Verbot erstreckt, nicht zweckmäßig ist (amtliche Begründung, BT-Drs. 7/4005; *Jessnitzer/Blumberg* § 161a Rn. 3). Das gegenständlich beschränkte Verbot nimmt dem Betroffenen nicht generell

die Befugnis als Rechtsanwalt aufzutreten (→ § 161 Rn. 1). § 161a Abs. 2 schließt daher die entsprechende Anwendung des § 161 aus, indem er § 161 nicht für entsprechend anwendbar erklärt (BGH MDR 1993, 280 = BRAK-Mitt. 1992, 218). Bei **nichtanwaltlichen Geschäftsführern** von Rechtsanwaltsgesellschaften erstreckt sich das Verbot nur auf die Tätigkeit als Geschäftsführer für die Gesellschaft, nicht auch auf die auf der Zulassung zum Herkunftsberuf beruhende Tätigkeit (Henssler/Prütting/*Dittmann* § 161a Rn. 5).

Achter Teil. Die Rechtsanwaltschaft bei dem Bundesgerichtshof

Erster Abschnitt. Allgemeines

§ 162 Entsprechende Anwendung von Vorschriften

Für die Rechtsanwaltschaft bei dem Bundesgerichtshof gelten der Erste bis Siebente Teil dieses Gesetzes, soweit sich nicht aus den nachstehenden Vorschriften etwas Besonderes ergibt.

Schrifttum: *Birnkraut,* Freiheit der Advokatur auch durch freie Zulassung beim BGH?, BRAK-Mitt. 1994, 194; *Borchert,* Die Zulassung als Rechtsanwalt beim BGH NJW 2001, 514; *Brändel,* Die Rechtsanwaltschaft am BGH nach der Zivilprozessrechtsreform – ein Auslaufmodell?, ZRP 2001, 112; *Braun/Köhler,* Zulassung zur Rechtsanwaltschaft beim BGH, Verfassungsmäßigkeit des Zulassungsverfahrens nach §§ 164–171 BRAO, NJW 2005, 2592; *Dahns,* Die Wahl neuer Rechtsanwälte beim BGH, NJW-Spezial 2007, 93; *ders.,* Die besondere Zulassung der Rechtsanwälte beim BGH, NJW-Spezial 2005, 381; *Deckenbrock,* Keine Abschaffung oder Neuordnung des Zulassungsverfahrens für BGH-Anwälte?, ZRP 2006, 26; *Droege,* Die Rechtsanwaltschaft bei dem BGH im verfassungsrechtlichen Gegenwind, NJW 2002, 175; *Gerhardt,* Souffleure der Rechtsprechung – Die Anwälte beim BGH; Wahrheit im Profil, FG 50 Jahre BGH, 2000, 1; *Gross,* Die Reform der Zivilgerichtsbarkeit und die Anwaltschaft beim BGH, AnwBl. 2001, 20; *Hartung,* Die Zulassung zur Rechtsanwaltschaft bei dem BGH, JZ 1994, 117; *ders.*, Schlusswort, JZ 1994, 403; *Jahn,* BGH-Anwälte dürfen unter sich bleiben, BRAK-Magazin 3/2008, 6; *Kerscher,* Die Rechtsanwälte beim BGH – Elite-Juristen unter sich, FG 50 Jahre BGH, 2000, 153; *Krämer,* Die Zulassung zur Rechtsanwaltschaft beim BGH, JZ 1994, 400; *ders.,* Die Rechtsanwaltschaft beim BGH-Rechtsstellung und Verfassungsmäßigkeit, Schriftenreihe des Instituts für Anwaltsrecht der Universität Bonn/Köln, Bd. 61; *Nirk,* Berechtigung und Bewährung einer besonderen Anwaltschaft beim BGH, Liber amicorum Rabe, 1995, 113; *Schimansky,* Die Zulassung als Rechtsanwalt beim BGH, FS Odersky, 1996, 1083; *Schneider,* Einfluß und Aufgaben der Anwaltschaft beim BGH, FS 25 Jahre BGH, 1975, 71; *ders.,* Die Anwaltschaft beim Reichsgericht und beim BGH, FG 50 Jahre BGH, 2000, 43; *v. Stackelberg,* Die Rechtsanwaltschaft bei dem BGH, FS 25 Jahre BGH, 1975, 295; *ders.,* Die Anwaltschaft bei dem BGH, FG 50 Jahre BGH, 2000, 61; *Streck,* Exklusive Sonderzulassung für Fachanwälte bei den Obersten Bundesgerichten?, BRAK-Mitt. 1995, 96; *Tilmann,* Die Zulassung zur Rechtsanwaltschaft beim BGH, BRAK-Mitt. 1994, 118; *Verein der beim BGH zugelassenen Rechtsanwälte e. V.,* Fortitudo Temperantia, Die Rechtsanwälte am Reichsgericht und beim BGH, FG 50 Jahre BGH, 2000; *Weigel,* Anwaltschaft vor den anderen Obersten Bundesgerichten, insbesondere Sonderzulassungen beim Bundesfinanzhof und beim Bundesverwaltungsgericht, BRAK-Mitt. 1995, 2; *Zuck,* Die Berufsfreiheit der freien Berufe, NJW 2001, 2055.

I. Berufsbild des Rechtsanwalts bei dem BGH

Die besondere Stellung der Rechtsanwaltschaft bei dem BGH gegenüber der Anwaltschaft bei 1 den Gerichten der Länder ist durch ihren Wirkungskreis bei dem oberen Bundesgericht für das Gebiet der ordentlichen Gerichtsbarkeit bedingt (zur Entstehungsgeschichte der Rechtsanwaltschaft bei dem BGH vgl. Henssler/Prütting/*Hartung* § 162 Rn. 1–3; Gaier/Wolf/Göcken/*Vorwerk* §§ 162, 163 Rn. 1 ff.). Sie bleibt aber ein Teil der gesamten Anwaltschaft (BT-Drs. 3/120, 110 zu § 176). Insbesondere hat sich ihre Tätigkeit nicht zu einem eigenständigen Berufsbild entwickelt. Rechtsanwälte bei dem BGH üben keinen eigenständigen Beruf aus, sondern betätigen sich in einem bestimmten Teilbereich des durch die Rechtstradition geprägten Anwaltsberufs. Ihre berufliche Tätigkeit unterscheidet sich von der anderer Rechtsanwälte nicht wesensmäßig und sie treten in der sozialen Wirklichkeit nicht als eigene Berufsgruppe in Erscheinung (BVerfG NJW 2008, 1293 = BRAK-Mitt. 2008, 125). Anwälte bei dem BGH sind wie die übrigen Rechtsanwälte Organe der Rechtspflege (§ 1) und wie diese berufen, die rechtlichen Interessen ihrer Mandanten zu vertreten (§ 3). Sie haben lediglich ein durch die besondere Prozesssituation der ihnen übertragenen Mandate bestimmtes, spezialisiertes Tätigkeitsfeld und die besondere Aufgabe, zur Sicherung der Qualität der Rechtsprechung in zivilrechtlichen Revisions-, Nichtzulassungsbeschwerde- und Rechtsbeschwerdeverfahren vor dem BGH beizutragen (BGHZ 170, 137 = NJW 2007, 1136 = BRAK-Mitt. 2007, 77). Deshalb können auch für sie die Vorschriften, die für die Anwaltschaft bei den Gerichten der Länder maßgebend sind, im Allgemeinen gelten. Abweichungen sind nur insoweit erforderlich, als sie sich durch die Sonderstellung der Anwaltschaft bei dem BGH ergeben (BT-Drs. 3/120, 110 zu § 176). Die Vorschriften für die Zulassung zu diesem speziellen Tätigkeitsfeld des Anwaltsberufs sind verfassungsmäßige Berufsausübungsregelungen (BVerfG NJW 2008, 1293; BGHZ 170, 137 = NJW 2007, 1136). Das Berufsbild des Rechtsanwalts bei dem BGH ist geprägt von dem hochqualifizierten Einzelanwalt (wie schon beim RG, bei dem die zugelassenen Rechtsanwälte alle in Einzelpraxen tätig waren), der sich dadurch auszeichnet, dass er das Zivilrecht in seiner gesamten Breite für den Bedarf anwaltlicher Betreuung und Vertretung beherrscht. Die an ihn gestellten hohen Anforderungen finden ihre Grundlage in den besonderen Schwierigkeiten des Revisionsrechts in Zivilsachen sowie in der von ihm erwarteten Mitwirkung an der Fortbildung des Zivilrechts. Die Rechtsanwaltschaft bei dem BGH soll, wie früher die Rechtsanwaltschaft bei dem RG, eine Sonderstellung einnehmen.

2 Wie es einst das Ziel der Rechtsanwaltsordnung vom 1.7.1878 war, bei dem RG als dem höchsten Gerichtshof eine Rechtsanwaltschaft zu schaffen, die sich in besonderem Maße durch wissenschaftliche Arbeit und praktische Erfahrung auszeichnete und aus dem ganzen Stande heraushob, so soll jetzt bei dem BGH eine Anwaltschaft gebildet und erhalten werden, die den an sie zu stellenden hohen Anforderungen gerecht wird (BGH NJW 1984, 1042 = BRAK-Mitt. 1984, 84). Aus der Regelung über die Zulassung des Rechtsanwalts bei dem BGH (§§ 164 ff.) ergibt sich, dass für die Zulassung bei dem BGH vor allem qualifizierte und erfahrene Rechtsanwälte in Betracht kommen, die sich in ihrem bisherigen Berufsleben bereits eine Existenz geschaffen haben.

3 Aus der Gesamtregelung der BRAO hat der BGH hergeleitet, dass es den bei dem BGH zugelassenen Anwälten verboten ist, sich zu einer Sozietät zusammenzuschließen, die mehr als zwei Personen umfasst (BGH NJW 1984, 1042). Diese von der Rechtsprechung erzwungene und gebilligte Praxis wurde mit § 172a Gesetz (→ § 172a Rn. 1 ff.).

II. Anzuwendende Vorschriften und Besonderheiten

4 Der bei dem BGH zugelassene Rechtsanwalt hat zwar besondere Aufgaben und nimmt daher eine Sonderstellung ein. Als Rechtsanwalt unterliegt er jedoch wie jeder andere seiner Berufskollegen grundsätzlich denselben materiellen und formellen Vorschriften des Anwaltsrechts. Abweichungen sind nur insoweit erforderlich, als sie sich durch die Sonderstellung der Anwaltschaft bei dem BGH ergeben (BT-Drs. 3/120, 110 zu § 176). Auch für ihn gelten daher die §§ 1–161a, soweit sich nicht aus den §§ 163–174 Besonderheiten ergeben, die den besonderen Zugang zu dieser Anwaltschaft betreffen.

5 Im einzelnen zu den Besonderheiten: Da der Rechtsanwalt bei dem BGH bei einem Gericht des Bundes zugelassen ist, ergeben sich daraus Zuständigkeitsänderungen (§ 163). Im Hinblick auf sein besonderes Berufsbild und die besondere Bedeutung der Rechtsanwaltschaft bei dem BGH ist die Zulassung dazu gesondert geregelt (§§ 164–171). Aus der Besonderheit der Stellung der Rechtsanwälte bei dem BGH ergeben sich besondere Rechte und Pflichten (§§ 172, 172a, 173). Die Zulassungsbeschränkung und das Verfahren der Wahl der Rechtsanwälte bei dem BGH sind **verfassungsgemäß.** Die Auswahlkriterien sind ausreichend bestimmt und durch hinreichende Gründe des Gemeinwohls gerechtfertigt (BVerfG NJW 2008, 1293; BGHZ 162, 199 = NJW 2005, 2304; BGHZ 170, 137 = NJW 2007, 1136; → § 164 Rn. 1 aE; **aA** Henssler/Prütting/*Hartung* § 162 Rn. 6 ff.).

§ 163 Sachliche Zuständigkeit

[1]Von den Aufgaben, die nach den Vorschriften des Ersten bis Siebenten Teils dieses Gesetzes der Rechtsanwaltskammer zugewiesenen sind, nimmt das Bundesministerium der Justiz und für Verbraucherschutz die Aufgaben wahr, die die Zulassung zur Rechtsanwaltschaft und ihr Erlöschen, die Kanzlei sowie die Bestellung eines Vertreters oder Abwicklers betreffen. [2]Das Bundesministerium der Justiz und für Verbraucherschutz ist die zuständige Stelle nach § 51 Abs. 7 dieses Gesetzes. [3]Es nimmt auch die Aufgaben wahr, die der Landesjustizverwaltung zugewiesen sind. [4]Die Wahrnehmung der übrigen Aufgaben obliegt der Rechtsanwaltskammer bei dem Bundesgerichtshof. [5]An die Stelle des Anwaltsgerichts und des Anwaltsgerichtshofes tritt in Verfahren zur Ahndung von Pflichtverletzungen der Bundesgerichtshof. [6]Der Generalbundesanwalt beim Bundesgerichtshof nimmt die Aufgaben der Staatsanwaltschaft wahr.

Schrifttum: *Ehlers/Lechleitner,* Die Aufgaben der Rechtsanwaltskammern, AnwBl. 2006, 361; *Tettinger,* Zum Tätigkeitsfeld der BRAK, Schriftenreihe der BRAK, Bd. 7.

I. Verweisung der Aufgaben der Landesjustizverwaltung und der RAK auf das BMJV (früher BMJ)

Die bei dem BGH zugelassenen Rechtsanwälte wirken grundsätzlich nur bei diesem oberen Bundesgericht (§ 172). Gleichwohl gelten für die Rechtsanwaltschaft bei dem BGH gemäß § 162 grundsätzlich die allgemeinen Regelungen der §§ 1–161a. § 163 regelt in diesem Zusammenhang die Zuständigkeiten für die Wahrnehmung von Aufgaben im Bereich der Rechtsanwaltschaft bei dem BGH. Die Regelungen wurden durch Gesetz vom 30.7.2009 (BGBl. I S. 2449) klarer gefasst (BT-Drs. 16/12717, 55 f.). 1

Das BMJV (früher BMJ), das über den Antrag auf Zulassung als Rechtsanwalt bei dem BGH entscheidet (§ 170), soll weiterhin auch über alle Fragen entscheiden, die die Zulassung und deren Rücknahme oder Widerruf betreffen (Abs. 1 S. 1). Es nimmt auch diejenigen Aufgaben wahr, die in einem engen Zusammenhang mit diesen Zulassungsaufgaben stehen: Dabei handelt es sich um die Aufgaben, die die Kanzlei bzw. eventuelle Zweigstellen betreffen (§§ 27, 29, 29a; vgl. § 172b S. 2), sowie die Aufgaben, die die Bestellung eines Vertreters oder Abwicklers betreffen (§§ 53, 55, 173). Auch die Zuständigkeit nach § 117 Abs. 2 VVG nF iVm § 51 Abs. 7 (→ § 51 Rn. 34), die in engem Zusammenhang mit der Aufgabe steht, die Zulassung bei fehlendem Versicherungsschutz zu widerrufen (§ 14 Abs. 2 Nr. 9), liegt beim BMJV (früher BMJ) (§ 163 S. 2) Darüber hinaus soll das BMJV (früher BMJ) die Aufgaben erfüllen, die der Landesjustizverwaltung zugewiesen sind (§ 163 S. 3). Das gilt insbesondere für die Aufsicht über die RAK bei dem BGH (§§ 62 Abs. 2, 174), aber auch für die Entgegennahme der Berichte des Kammerpräsidenten über die Tätigkeit der Kammer und über Wahlen (§ 81). Die Befugnis des BMJV (früher BMJ), die ihm übertragenen Aufgaben auf den Präsidenten des BGH zu übertragen (§ 33 Abs. 2 S. 1), besteht fort (BT-Drs. 16/12717 S. 56). 2

Die übrigen nach den Vorschriften des Ersten bis Siebenten Teils der BRAO den RAK obliegenden Aufgaben werden für die Rechtsanwälte bei dem BGH durch die RAK bei dem BGH (§ 174) wahrgenommen (§ 163 S. 4). Das gilt insbesondere für die Aufgaben der Kammer nach § 73 Abs. 2 und das Rügerecht nach § 74. Aber auch die Führung des Rechtsanwaltsverzeichnisses nach § 31, die Entscheidung über den Antrag auf Erteilung der Erlaubnis eine Fachanwaltsbezeichnung zu führen (§ 43c Abs. 2) und die Auskunftserteilung nach § 51 Abs. 6 S. 2 werden von der RAK beim BGH wahrgenommen (BT-Drs. 16/12717, 56). 3

Von der Befugnis nach § 224 aF, nunmehr § 33 Abs. 2 S. 1, zur Übertragung seiner Befugnisse aus § 163 hat das BMJV (früher BMJ) Gebrauch gemacht mit seinem **„Erlass über die Ermächtigung des Präsidenten des BGH in Rechtsanwaltssachen"** vom 10.8.1959 (BAnz. Nr. 162). Der Erlass lautet: 4

I.

Auf Grund des § 224 der BRAO vom 1. August 1959 (Bundesgesetzbl. I S. 565) übertrage ich die Befugnis zur Bestellung eines Vertreters nach § 173 Abs. 1 und nach § 53 Abs. 3 in Verbindung mit § 163 S. 1 der BRAO sowie zur Bestellung eines Abwicklers nach § 173 Abs. 3 daselbst auf den Präsidenten des BGH in Karlsruhe.

II.

Diese Anordnung tritt am 1. Oktober 1959 in Kraft.

Der Erlass vom 18.7.2007 (BAnz. Nr. 180 S. 7614) zur „Übertragung der Befugnisse zur Führung des Verzeichnisses der bei dem BGH zugelassenen Rechtsanwältinnen und Rechtsanwälte" ist mit Inkrafttreten des Gesetzes vom 30.7.2009 (BGBl. I S. 2449) am 1.9.2009 gegenstandslos geworden, da die Führung des Anwaltsverzeichnisses nunmehr gesetzlich der RAK beim BGH zugewiesen ist (§§ 31 Abs. 1, 163 S. 4). 5

II. Verweisung von Aufgaben des Anwaltsgerichts und des Anwaltsgerichtshofs an den BGH

Die **erst- und letztinstanzliche Zuständigkeit** des BGH in verwaltungsrechtlichen Anwaltssachen ergibt sich für Rechtsanwälte bei dem BGH aus § 112a Abs. 3. § 163 S. 5 beinhaltet daher nur noch für das anwaltsgerichtliche Verfahren (§§ 116 ff.) eine Sonderregelung, indem es in diesem ebenfalls die Alleinzuständigkeit des BGH bestimmt (BR-Drs. 700/08 S. 69). Der BGH ist das erstinstanzliche Anwaltsgericht. Berufung und Revision gegen seine Urteile gibt es nicht. Die staatsanwaltlichen Aufgaben nimmt der Generalbundesanwalt wahr, der damit an die 6

Stelle der Staatsanwaltschaft beim Oberlandesgericht tritt (§§ 120, 147; vgl. auch § 142 Abs. 1 Nr. 1 GVG; BT-Drs. 3/120, 110 zu § 177).

Zweiter Abschnitt. Die Zulassung als Rechtsanwalt bei dem Bundesgerichtshof

§ 164 Besondere Voraussetzung für die Zulassung

Bei dem Bundesgerichtshof kann als Rechtsanwalt nur zugelassen werden, wer durch den Wahlausschuß für Rechtsanwälte bei dem Bundesgerichtshof benannt wird.

Schrifttum: *Schimansky,* Die Zulassung als Rechtsanwalt beim BGH, FG 50 Jahre BGH, 2000, 109.

I. Zweck des Wahlverfahrens

1 Wer seine Zulassung als Rechtsanwalt bei dem BGH anstrebt, muss bereits im Besitz der Zulassung zur Rechtsanwaltschaft sein. Die Zulassung bei dem BGH macht also nicht eine neue Zulassung zur Rechtsanwaltschaft erforderlich, sie stellt sich rechtlich als ein besonderer Fall des Wechsels der Zulassung dar (BGHZ 162, 199 = NJW 2005, 2304 mit Anm. *Braun/Köhler* NJW 2005, 2592 = BRAK-Mitt. 2005, 190; BT-Drs. 3/120, 110 zu § 178). Die besondere Stellung der Rechtsanwaltschaft bei dem BGH beinhaltet **kein eigenständiges Berufsbild** des Rechtsanwalts bei dem BGH, sondern ist nur durch ihren Wirkungskreis bedingt, sie bleibt aber ein Teil der gesamten Anwaltschaft (BVerfG NJW 2008, 1293 = BRAK-Mitt. 2008, 125; BGHZ 162, 199 = NJW 2005, 2304; BGHZ 170, 137 = NJW 2007, 1136 = BRAK-Mitt. 2007, 77). Zweck des in §§ 164 ff. geregelten Wahlverfahrens ist es, für die Tätigkeit als bei dem BGH zugelassener Rechtsanwalt nur die besten Rechtsanwälte zu gewinnen und das hohe Ansehen gerade dieses Anwaltskreises zu bewahren (BGH BRAK-Mitt. 1983, 135; EGH Stuttgart BRAK-Mitt. 1983, 139). Die Rechtsanwaltschaft bei dem BGH soll wie früher die Rechtsanwaltschaft bei dem Reichsgericht eine Sonderstellung einnehmen. Es kommen für die Zulassung beim BGH vor allem qualifizierte und erfahrene Rechtsanwälte in Betracht, die sich dadurch auszeichnen, dass sie das Zivilrecht in seiner ganzen Breite für den Bedarf anwaltlicher Betreuung beherrschen (BGH NJW 1984, 1042 = BRAK-Mitt. 1984, 84; BRAK-Mitt. 1983, 135; → § 162 Rn. 1). Bei der Auswahl müssen alle Kräfte zusammenwirken, die ein berechtigtes Interesse an der Auswahl haben. Unter diesem Gesichtspunkt ist die allgemeine Rechtsanwaltschaft, aus welcher der Bewerber hervorgeht, und die besondere Gemeinschaft bei dem BGH, in der er wirken soll, berufen, den geeigneten Bewerber zu bestimmen. Als sachdienliche Form, in der diese gemeinsame Entschließung getroffen werden kann, sieht die BRAO die Wahl vor. Deshalb wird bei dem BGH ein Wahlausschuss für Rechtsanwälte gebildet (BT-Drs. 3/120, 110 zu § 178; → § 165 Rn. 1 ff.). Die Vorschriften für die Zulassung zu diesem speziellen Tätigkeitsfeld des Anwaltsberufs sind **verfassungsgemäße Berufsausübungsregelungen** (BGHZ 162, 199 = NJW 2005, 2304; BGHZ 170, 137 = NJW 2007, 1136). Zur Förderung und Weiterentwicklung der höchstrichterlichen Rechtsprechung in Zivilsachen sind das Auswahlverfahren und insbesondere die Zulassungsbegrenzung nach § 168 Abs. 2 geeignet, erforderlich und zumutbar (BVerfG NJW 2008, 1293). Kammerrechtsbeistände (§ 209) können nicht als Rechtsanwalt beim BGH zugelassen werden (BGHZ 107, 215 = NJW 1989, 2892 = BRAK-Mitt. 1989, 158). Die **Singularzulassung** der Rechtsanwälte beim BGH ist **mit dem Grundgesetz vereinbar.** Sie dient in besonderem Maße einer sachgerechten Beratung der Parteien sowie der Erhaltung der Funktionsfähigkeit der höchstrichterlichen Rechtsprechung in Zivilsachen (BGHZ 150, 70 = NJW 2002, 1725 = BRAK-Mitt. 2002, 132, bestätigt durch BVerfGE 106, 216 = NJW 2002, 3765 = BRAK-Mitt. 2002, 271 mit Anm. *Kirchberg;* BGHZ 162, 199 = NJW 2005, 2304). Auch das Wahlverfahren ist verfassungsgemäß (→ § 166 Rn. 21).

II. Besondere Voraussetzungen für die Zulassung

2 Voraussetzung für die Zulassung als Rechtsanwalt bei dem BGH (§ 170) ist, dass der Betroffene **durch den Wahlausschuss** für Rechtsanwälte bei dem BGH (§ 165) benannt worden ist. Das BMJV (früher BMJ) kann niemandem die Zulassung als Rechtsanwalt bei dem BGH erteilen, der

nicht vom Wahlausschuss benannt (§ 168) worden ist (BGH NJW 2005, 2304 Anm. *Braun/Köhler* NJW 2005, 2592 = BRAK-Mitt. 2005, 190; BGHZ 169, 77 = NJW 2007, 1133 = BRAK-Mitt. 2007, 28; → § 170 Rn. 1; aber → § 168 Rn. 8, 9). Der Wahlausschuss seinerseits ist an Vorschlagslisten (§ 166) gebunden.

In die Vorschlagslisten kann nur aufgenommen werden und damit kann auch nur benannt werden, wer das **35. Lebensjahr vollendet** hat und den Beruf des Rechtsanwalts **seit mindestens fünf Jahren** ohne Unterbrechung ausübt (§ 166 Abs. 3; BGH NJW 1984, 1042 = BRAK-Mitt. 1984, 84). 3

Die weiteren sachlichen und persönlichen Voraussetzungen ergeben sich aus den §§ 166, 167 (vgl. die Anmerkungen dort). 4

III. Anfechtbarkeit der Entscheidung

Ein Bewerber, den der Wahlausschuss dem BMJV (früher BMJ) benannt hat, kann die Wahl auch dann nicht isoliert anfechten, wenn er einen ungünstigen Platz in der zweiten Hälfte der Liste erreicht hat; er kann einen Antrag auf gerichtliche Entscheidung nur gegen den Bescheid des BMJV (früher BMJ) nach § 170 Abs. 1 richten (BGHZ 169, 77). Daran hat sich auch nach der neuen Rechtslage (§§ 112a ff. iVm § 42 VwGO) im Ergebnis nichts geändert. Die – ungünstige – Wahlplatzierung ist nämlich nur eine verwaltungsinterne Zwischenentscheidung in einem gestuften Verwaltungsverfahren (BGHZ 162, 199, 204 = NJW 2005, 2304; BGHZ 169, 77 = NJW 2007, 1133; BGH NJW-RR 2014, 174 = BRAK-Mitt. 2014, 14) ohne unmittelbare Außenwirkung, durch die die Rechte des Bewerbers nicht verletzt (§ 42 Abs. 2 VwGO) werden. Durch die Benennung seitens des Wahlausschusses wird für alle Benannten ein Anspruch auf Zulassung als Rechtsanwalt bei dem BGH nicht begründet. Der entscheidende BMJV (früher BMJ) ist auch an die Reihenfolge der Vorschlagsliste nicht gebunden (BGH NJW-RR 2014, 174 = BRAK-Mitt. 2014, 14; → § 168 Rn. 6 ff.; → § 170 Rn. 1 ff.). Zur Anfechtung der Entscheidung des BMJV (früher BMJ) → § 170 Rn. 15, 16; zur Verfassungsmäßigkeit des Vorschlags- und Wahlverfahrens vgl. BGH BRAK-Mitt. 1983, 135; BVerfGE 24, 268; → § 166 Rn. 21. 5

§ 165 Wahlausschuß für Rechtsanwälte bei dem Bundesgerichtshof

(1) **Der Wahlausschuß besteht aus dem Präsidenten und den Senatspräsidenten der Zivilsenate des Bundesgerichtshofes sowie aus den Mitgliedern des Präsidiums der Bundesrechtsanwaltskammer und des Präsidiums der Rechtsanwaltskammer bei dem Bundesgerichtshof.**

(2) [1] **Den Vorsitz in dem Wahlausschuß führt der Präsident des Bundesgerichtshofes.** [2] **Er beruft den Wahlausschuß ein.**

(3) **Die Einladung muß die Tagesordnung für die Sitzung des Wahlausschusses enthalten und den Mitgliedern mindestens eine Woche vor der Sitzung zugehen.**

(4) **Die Sitzungen sind nicht öffentlich.**

(5) **Über jede Sitzung wird ein Protokoll aufgenommen.**

I. Zusammensetzung des Wahlausschusses

Dem Wahlausschuss gehören an: 1

- der Präsident des BGH,
- die zwölf Senatspräsidenten der Zivilsenate des BGH,
- die Mitglieder des Präsidiums der BRAK (§ 179 Abs. 2),
- die Mitglieder des Präsidiums der RAK bei dem BGH (§§ 78 Abs. 2, 174).

Sinn dieser personellen Zusammensetzung des Wahlausschusses ist es, durch die Beteiligung von Richtern und Rechtsanwälten einen möglichst weiten Kreis derer, die ein berechtigtes Interesse an der Auswahl der Rechtsanwälte bei dem BGH haben, an der Auswahl der neu beim BGH zuzulassenden Rechtsanwälte zu beteiligen (*Isele* § 165 I A). 2

Unter diesem Gesichtspunkt ist die allgemeine Rechtsanwaltschaft, aus welcher der Bewerber hervorgeht, und die besondere Gemeinschaft bei dem BGH, in der er wirken soll, berufen, den geeigneten Bewerber zu bestimmen (BT-Drs. 3/120, 110 zu § 178). Diese Mitglieder dürften 3 auch am ehesten in der Lage sein zu beurteilen, ob der Bewerber die fachlichen oder persönlichen Anforderungen erfüllt, die an einen bei dem BGH zugelassenen Rechtsanwalt zu stellen sind, ob er das Zivilrecht in seiner gesamten Breite für den Bedarf anwaltlicher Betreuung und Vertretung beherrscht und persönlich die Gewähr bietet, dass das hohe Ansehen der Anwaltschaft beim BGH gewahrt bleibt (BGH NJW 1984, 1042 = BRAK-Mitt. 1984, 84; BGHZ 170, 137 = NJW 2007, 1136 = BRAK-Mitt. 2007, 77; EGH Stuttgart BRAK-Mitt. 1983, 139). Diese Zusammensetzung des Wahlkörpers und das Wahlverfahren sind verfassungsgemäß (BGHZ 162, 199 = NJW 2005, 2304 mit Anm. *Braun/Köhler* NJW 2005, 2592 = BRAK-Mitt. 2005, 190; BGHZ 170, 137 = NJW 2007, 1136; *Tilmann* BRAK-Mitt. 1994, 118; *Krämer* JZ 1994, 400; **aA** *Hartung* JZ 1994, 117 und 403) und bieten die Gewähr dafür, dass die Eignung des Bewerbers nach der sachlichen und persönlichen Seite hin erschöpfend geprüft werden kann (BT-Drs. 3/120, 110 zu § 179). Die Ablehnung eines Mitglieds des Wahlausschusses wegen Befangenheit ist zulässig. Jeder Bewerber kann dazu beim BMJV (früher BMJ) die Zusammensetzung des Wahlausschusses in Erfahrung bringen. Befangenheitsanträge sind nach den Regeln des für den Bund geltenden VwVfG zu stellen (§ 32 BRAO iVm § 21 VwVfG; Gaier/Wolf/Göcken/*Vorwerk* § 165 Rn. 6).

II. Sitzungen des Wahlausschusses

4 Den **Vorsitz** im Wahlausschuss führt der Präsident des BGH, der hierzu nach seiner Stellung berufen ist (BT-Drs. 3/120, 110 zu § 179). Er beruft den Wahlausschuss ein. Die Voraussetzungen, unter denen zu einer Sitzung einzuladen ist, ergeben sich aus der Aufgabe des Wahlausschusses von Fall zu Fall, so dass eine gesetzliche Regelung nicht notwendig ist (BT-Drs. 3/120, 110 zu § 179). Der Wahlausschuss muss danach einberufen werden, wenn eine Vorschlagsliste (§ 166) vorgelegt wird. Für die **Einladung** ist keine besondere Form vorgesehen, sie muss nur mindestens eine Woche vor der Sitzung ergehen, dh sie muss mindestens eine Woche vor der Sitzung den Mitgliedern des Wahlausschusses zugehen. In der Einladung muss die **Tagesordnung** mitgeteilt werden. Die Tagesordnung muss den Gegenstand der Beratung erkennen lassen. Deshalb ist es nötig, dass sie die einzelnen Vorschläge enthält, über die beraten und durch die Wahl entschieden werden soll (amtliche Begründung, BT-Drs. 3/120, 110 zu § 179). Die vom Präsidenten des BGH geleiteten Sitzungen sind nicht öffentlich. Im Falle der Verhinderung wird der Präsident des BGH durch seinen Vertreter im Amt als Präsident des BGH vertreten.

5 Die **Beschlussfähigkeit** des Wahlausschusses richtet sich nach § 168 Abs. 1. Über jede Sitzung ist ein **Protokoll** aufzunehmen. Inhalt des Protokolls und die Bestimmung des Protokollführers ist Sache des Vorsitzenden. Aus dem Protokoll muss jedoch ersichtlich sein, dass die Bestimmungen der §§ 166–168 beachtet wurden und welches Ergebnis die Wahlen hatten (§ 169). Im Übrigen sind für die Sitzungen die §§ 88 ff. VwVfG maßgebend (Gaier/Wolf/Göcken/*Vorwerk* § 165 Rn. 16).

§ 166 Vorschlagslisten für die Wahl

(1) **Die Wahl findet auf Grund von Vorschlagslisten statt.**

(2) **Vorschlagslisten können einreichen**

1. **die Bundesrechtsanwaltskammer auf Grund von Vorschlägen der Rechtsanwaltskammern,**
2. **die Rechtsanwaltskammer bei dem Bundesgerichtshof.**

(3) **In die Vorschlagslisten kann nur aufgenommen werden, wer das fünfunddreißigste Lebensjahr vollendet hat und den Beruf des Rechtsanwalts seit mindestens fünf Jahren ohne Unterbrechung ausübt.**

Übersicht

I. Grundsatz

Der Wahlausschuss für Rechtsanwälte bei dem BGH (§ 165) sucht nicht selbst die Bewerber für die bei dem BGH zuzulassenden Rechtsanwälte aus, diese können sich auch nicht direkt bei ihm bewerben (BT-Drs. 3/120, 110 zu § 180). Vielmehr kann der Wahlausschuss nur solche Bewerber dem BMJV (früher BMJ) zur Zulassung als Rechtsanwalt bei dem BGH vorschlagen (§§ 168, 169, 170), die ihm entweder von der BRAK auf Grund von Vorschlägen der Rechtsanwaltskammern (§ 73 Abs. 2 Nr. 6; → § 73 Rn. 50) oder von der RAK beim BGH auf **Vorschlagslisten** benannt worden sind (§ 166 Abs. 1). Ein Bewerber, der nicht in die Vorschlagsliste aufgenommen wird, ist endgültig gescheitert. Zu einer förmlichen Ablehnung seines Zulassungsgesuchs durch das an sich zuständige BMJV (früher BMJ) (§ 170 Abs. 1) kommt es nicht mehr (BGH BRAK-Mitt. 1983, 135). Allerdings folgt aus dem Recht auf Chancengleichheit die Pflicht der Kammern zur öffentlichen Bekanntmachung der Öffnung der Vorschlagslisten in den jeweiligen Mitteilungsblättern der Kammern. Um die notwendige bundeseinheitliche Chancengleichheit zu gewährleisten, ist die Bewerbungsfrist bundeseinheitlich auf einen bestimmten Stichtag festzulegen (Gaier/Wolf/Göcken/*Vorwerk* § 166 Rn. 1a). 1

II. Voraussetzungen in der Person des Bewerbers

In die Vorschlagsliste kann nur aufgenommen werden, wer das 35. Lebensjahr vollendet hat und zudem den Beruf des Rechtsanwalts seit mindestens fünf Jahren ohne Unterbrechung ausübt (Abs. 3; vgl. § 65). Anders als bei der Regelung der Voraussetzungen der Wählbarkeit in den Kammervorstand (→ § 65 Rn. 3) wurde hier das Erfordernis der Vollendung des 35. Lebensjahres beibehalten. Auch ein Rechtsanwalt, der über die Eingliederung oder die Eignungsprüfung nach §§ 11 ff., 16 ff. EuRAG den Zugang zum Beruf erlangt hat (→ § 4 Rn. 20, 21), kann in die Vorschlagsliste aufgenommen werden, wenn er die Voraussetzungen erfüllt. Er hat nach der Zulassung grundsätzlich die vollen berufsrechtlichen Rechte und Pflichten (amtliche Begründung, BT-Drs. 11/6154, 22). Ein niedergelassener europäischer Rechtsanwalt (§ 2 EuRAG) kann nicht Rechtsanwalt bei dem BGH werden (→ EuRAG § 6 Rn. 9), ebenso nicht nach §§ 206, 207 niedergelassene Anwälte (→ § 207 Rn. 14) und Kammerrechtsbeistände, da für diese der Achte Teil nicht sinngemäß gilt (§ 209 Abs. 1; BGHZ 107, 215 = NJW 1989, 2892 = BRAK-Mitt. 1989, 158). Im Übrigen muss der Rechtsanwalt in fachlicher und charakterlicher Hinsicht die hohen Anforderungen erfüllen, die an einen Rechtsanwalt beim BGH zu stellen sind (→ § 162 Rn. 1, 2; → § 164 Rn. 1; § 167 Abs. 1). 2

III. Berechtigung zur Einreichung von Vorschlagslisten

Berechtigt, Vorschlagslisten beim Wahlausschuss einzureichen, sind nur die BRAK und die RAK bei dem BGH (Abs. 2). Das Vorschlagsrecht wird damit nur den zuständigen Organen der Rechtsanwaltschaft eingeräumt. Dass es auf die Anwaltschaft beschränkt bleiben soll, ergibt sich als eine natürliche Folgerung aus dem Grundgedanken, der Anwaltschaft die Selbstverwaltung möglichst weitgehend zu überlassen. Beide Organe prüfen in eigener Zuständigkeit, ob der Bewerber in die Vorschlagsliste aufzunehmen ist (BT-Drs. 3/120, 110 zu § 180). 3

1. BRAK. Die BRAK kann aber nur solche Rechtsanwälte auf die Vorschlagsliste setzen, die ihr von den örtlichen Rechtsanwaltskammern vorgeschlagen wurden. Ein eigenes von diesen Vorschlägen der RAK unabhängiges Recht steht der BRAK nicht zu. Bewirbt sich somit ein Bewerber direkt bei der BRAK, muss diese die Bewerbung an die einzelnen Rechtsanwaltskammern weiterleiten und erst wenn eine dieser Rechtsanwaltskammern, nicht unbedingt die, der der Bewerber selbst angehört, ihn der BRAK vorschlägt, kann die BRAK ihn auf die Vorschlagsliste setzen (BGH BRAK-Mitt. 1983, 135). Für die Prüfung der Eignung eines 4

Bewerbers zur Aufnahme in die Vorschlagsliste gemäß § 166 Abs. 2 Nr. 1 hat die jeweilige RAK einen Beurteilungsspielraum, der sich im Kern gerichtlicher Kontrolle entzieht (BGH BRAK-Mitt. 1983, 135). Das Vorschlagsrecht der BRAK auf der Grundlage der Vorschläge der Rechtsanwaltskammern gewährleistet eine flächendeckende Einbeziehung aller geeigneten Bewerber und bietet Bewerbern aus allen Rechtsanwaltskammern die Chance, an der Wahl teilzunehmen. Die Vorstände der Rechtsanwaltskammern beurteilen die Eignung eines Bewerbers aufgrund ihrer Erfahrungen hinsichtlich dessen bisheriger anwaltlicher Tätigkeit. Die BRAK vergleicht darüber hinaus die Bewerber aus den verschiedenen RAK-Bezirken miteinander (BGHZ 162, 199 = NJW 2005, 2304 mit Anm. *Braun/Köhler* NJW 2005, 2592 = BRAK-Mitt. 2005, 190).

5 **2. RAK beim BGH.** Die RAK beim BGH kann aus eigenem Recht, unabhängig von einem Vorschlag einer anderen RAK, Vorschläge einreichen. Sie bringt die besondere Sachkunde der bei dem BGH bereits zugelassenen Rechtsanwälte im Vorschlagsverfahren ein, ohne dass deren Interessen bei dem Vorschlagsrecht oder im Wahlausschuss ein Übergewicht erlangen können (BGHZ 162, 199 = NJW 2005, 2304 mit Anm. *Braun/Köhler* NJW 2005, 2592 = BRAK-Mitt. 2005, 190).

IV. Erstellung der Vorschlagsliste

6 **1. Beschluss.** Die Vorschlagsliste der BRAK wird nach § 187 auf der Hauptversammlung beschlossen (*Isele* § 166 IV C 3). Jedoch kann die Beschlussfassung auch auf das Präsidium der BRAK delegiert werden, was aus Gründen der Praktikabilität und Verschwiegenheit auch empfehlenswert ist. Die Vorschläge der Rechtsanwaltskammern, auf denen die Vorschlagsliste der BRAK basieren muss, werden von ihren Vorständen beschlossen (§ 73 Abs. 2 Nr. 6).

7 Die Vorschlagsliste der RAK beim BGH wird gemäß § 174 Abs. 2 iVm § 73 Abs. 2 Nr. 6 ebenfalls durch den Kammervorstand und nicht durch die Kammerversammlung beschlossen.

8 **2. Prüfungsrecht und Prüfungspflicht.** Zwar wird ein Prüfungsrecht und eine Prüfungspflicht der an der Erstellung der Vorschlagslisten Beteiligten im Gesetz in § 166 Abs. 3 nur am Rande und auch nur hinsichtlich der formellen Voraussetzungen, die an den Bewerber zu stellen sind, erwähnt. Die Einreichung von Vorschlagslisten ist aber nur sinnvoll, wenn die an ihrer Aufstellung Beteiligten überprüfen, ob der Bewerber die für einen Rechtsanwalt beim BGH erforderlichen **sachlichen und persönlichen Voraussetzungen** erfüllt (BT-Drs. 3/120, 110f. zu § 180; BGHZ 162, 199 = NJW 2005, 2304 mit Anm. *Braun/Köhler* NJW 2005, 2592 = BRAK-Mitt. 2005, 190; EGH Stuttgart BRAK-Mitt. 1983, 139). Somit haben sowohl die Kammervorstände, die der BRAK Vorschläge für deren Vorschlagsliste machen, als auch die BRAK (**aA** Gaier/Wolf/Göcken/*Vorwerk* § 166 Rn. 8; Henssler/Prütting/*Hartung* § 166 Rn. 6) und die RAK bei dem BGH bei der Aufstellung ihrer Vorschlagslisten eine Prüfungskompetenz hinsichtlich der Frage, ob der Bewerber die sachlichen und persönlichen Voraussetzungen für einen Rechtsanwalt bei dem BGH erfüllt (BGH BRAK-Mitt. 1983, 135).

9 **a) Voraussetzungen nach § 166 Abs. 3.** Die Prüfung erstreckt sich zunächst auf das Vorliegen der Voraussetzungen nach § 166 Abs. 3 (BGH EGE XIV, 57; *Isele* § 166 IV B 1).

10 **b) Prüfung, ob er zu den „besten Rechtsanwälten" gehört.** Die Prüfungskompetenz erstreckt sich entsprechend dem Zweck der §§ 164ff. auch darauf, ob der Bewerber zu den besten Rechtsanwälten gehört, die sich dadurch auszeichnen, dass sie das Zivilrecht in seiner ganzen Breite für den Bedarf der anwaltlichen Betreuung und Vertretung beherrschen und persönlich die Gewähr bieten, dass das hohe Ansehen der Rechtsanwaltschaft beim BGH gewahrt bleibt (BGH NJW 1984, 1042 = BRAK-Mitt. 1984, 84; BGHZ 162, 199 = NJW 2005, 2304 mit Anm. *Braun/Köhler* NJW 2005, 2592 = BRAK-Mitt. 2005, 190; EGH Stuttgart BRAK-Mitt. 1983, 139). Die einzelnen Rechtsanwaltskammern sollen ihre besondere Kenntnis von der Person und der bisherigen Tätigkeit des Bewerbers berücksichtigen (BGH BRAK-Mitt. 1983, 135).

11 Es muss somit überprüft werden, ob der Bewerber fachlich in der Lage ist, die hohen Anforderungen zu erfüllen, die an einen Rechtsanwalt bei dem BGH zu stellen sind und ob er persönlich in seiner Berufsausübung integer ist. Ein Rechtsanwalt erscheint für eine Zulassung beim BGH dann ungeeignet, wenn er in seiner beruflichen Führung einen gravierenden Verstoß gegen seine Berufspflichten begangen hat.

Dabei können auch nicht rechtskräftig festgestellte, einem Bewerber nachteilige Tatsachen bei der Beurteilung seiner Geeignetheit herangezogen werden, wenn sich der Verdacht einer gravierenden Pflichtverletzung im Rahmen eines noch anhängigen Aufsichts- oder anwaltsgerichtlichen Ermittlungsverfahrens hinreichend verdichtet hat (EGH Stuttgart BRAK-Mitt. 1983, 139). 12

Im Rahmen dieser den Vorständen der Rechtsanwaltskammern und der Hauptversammlung der BRAK obliegenden Prüfungskompetenz steht diesen ein **Beurteilungsspielraum** zu, der sich der gerichtlichen Kontrolle im Kern entzieht (BGH BRAK-Mitt. 1983, 135; EGH Stuttgart BRAK-Mitt. 1983, 139). 13

V. Anfechtung der Entscheidung

Hat ein Bewerber einen Antrag gestellt, ihn auf die Vorschlagsliste zu setzen und ist dieser Antrag abgelehnt worden, so konnte nach der bisherigen Regelung der Bewerber dagegen einen Antrag auf gerichtliche Entscheidung stellen (§ 223 Abs. 1, Abs. 3 iVm §§ 37, 39–42 aF; vgl. 7. Aufl. § 164 Rn. 5, § 167a und BGHZ 162, 199 = NJW 2005, 2304 = BRAK-Mitt. 2005, 190; BGHZ 170, 137 = NJW 2007, 1136 = BRAK-Mitt. 2007, 77; BGH BRAK-Mitt. 1983, 135; BGHZ 34, 244, 250 = NJW 1961, 922, 923). Diese Möglichkeit besteht nur noch vorübergehend in den Fällen der Übergangsregelung nach § 215 Abs. 2 und 3. Gegen die Entscheidung des AGH war und ist, soweit noch die **Übergangsregelung** des § 215 greift, die sofortige Beschwerde nur zulässig, wenn der AGH sie gemäß § 223 Abs. 3 aF zugelassen hat (7. Aufl. § 223 Rn. 46 ff.). 14

Nunmehr gelten die §§ 112a ff. iVm § 42 VwGO. Weiterhin ist die Ablehnung, den Rechtsanwalt auf die Vorschlagsliste zu setzen, **nur** einer **eingeschränkten Kontrolle** unterworfen. Die die Qualifikation eines Bewerbers verneinende Entscheidung kann von dem Gericht lediglich daraufhin überprüft werden, ob der Prüfende **rechtsstaatliche Verfahrensgrundsätze** eingehalten, die anzuwendenden **Begriffe der persönlichen und sachlichen Eignung richtig erkannt,** ferner die **gültigen Beurteilungsregeln -Willkürverbot, vollständige und richtige Verwertung des Sachverhalts, Beachtung des Verhältnismäßigkeitsgrundsatzes** – beachtet hat und sich **nicht von sachfremden Erwägungen hat leiten lassen** (vgl. BGH BRAK-Mitt. 1983, 135; EGH Stuttgart BRAK-Mitt. 1983, 139; *Tilmann* BRAK-Mitt. 1994, 118; Henssler/Prütting/*Hartung* § 166 Rn. 9). 15

Je nachdem, in welchem Verfahrensstadium und von wem die Ablehnung erfolgt, bestimmt sich die gerichtliche Zuständigkeit und der Klagegegner. Klagegegner ist diejenige RAK, die den Verwaltungsakt erlassen hat oder zu erlassen hätte, oder deren Entschließung Gegenstand des Verfahrens ist (§ 112d Abs. 1 Nr. 1 und 2). Die gerichtliche Zuständigkeit bestimmt sich entsprechend § 112a danach, wessen Verwaltungsakt angefochten wird, bzw. von wem eine Entscheidung erstrebt wird: 16

Hat eine **regionale RAK (§§ 60 ff.) es abgelehnt,** den Rechtsanwalt der BRAK zur Aufnahme in deren Vorschlagsliste (§ 166 Abs. 1 Nr. 1) vorzuschlagen, muss die Klage des Abgelehnten sich gegen **diese RAK als Klagegegner** richten (§ 112d Abs. 1) und ist **örtlich und sachlich der AGH** zuständig, der für den OLG-Bezirk errichtet ist, in dem die RAK ihren Sitz hat. Gegen das Urteil des AGH ist im Falle der Zulassung (§ 112e) die Berufung zum BGH (§ 112a Abs. 2 Nr. 1) zulässig (Henssler/Prütting/*Hartung* § 166 Rn. 15; Gaier/Wolf/Göcken/*Vorwerk* § 166 Rn. 11). 17

Nimmt die **BRAK** einen von einer regionalen RAK vorgeschlagenen Rechtsanwalt nicht in ihre Vorschlagsliste (§ 166 Abs. 2 Nr. 1) auf, dann kann der von ihr nicht berücksichtigte Bewerber gegen die BRAK (§ 112d Abs. 1) Klage vor dem für den Sitz der BRAK örtlich zuständigen **AGH in Berlin** erheben (§ 112a Abs. 1). Eine erstinstanzliche Zuständigkeit des BGH (§ 106) ist für Klagen gegen Entscheidungen der BRAK nicht vorgesehen, § 112a Abs. 3 Nr. 1 (Henssler/Prütting/*Hartung* § 166 Rn. 18). Gegen das Urteil des AGH ist dann Berufung zum BGH nur zulässig, wenn sie vom AGH oder vom BGH zugelassen ist (§ 112e). 18

Hat die **RAK beim BGH (§ 174)** es abgelehnt, den Rechtsanwalt **in ihre Vorschlagsliste** (§ 166 Abs. 2 Nr. 2) aufzunehmen, kann der abgelehnte Bewerber **gegen die RAK beim BGH,** § 112d Abs. 1 Klage **beim BGH** erheben (Henssler/Prütting/*Hartung* § 166 Rn. 20). Nach § 112a Abs. 3 Nr. 1 entscheidet der BGH in erster und letzter Instanz über Klagen, die Entscheidungen betreffen, die die RAK beim BGH getroffen hat. Soweit im Gesetzgebungs- 19 verfahren ursprünglich geplant war, die erstinstanzliche Zuständigkeit des BGH in allen diesen Verfahren beizubehalten (BT-Drs. 16/11385, 41, 43), ist dies so nicht Gesetz geworden (vgl. Henssler/Prütting/*Hartung* § 166 Rn. 22–29).

20 Die Klage ist als **Verpflichtungsklage** einzureichen, denn Klageziel ist die Verurteilung der verklagten Kammer, den abgelehnten Rechtsanwalt vorzuschlagen bzw. in die Vorschlagsliste aufzunehmen (Henssler/Prütting/*Hartung* § 166 Rn. 31). Nach Abschluss des Wahlverfahrens zur Zulassung von Rechtsanwälten bei dem BGH fehlt Verpflichtungs- und Feststellungsanträgen das Rechtsschutzbedürfnis, es sei denn, der Antragsteller würde sonst in seinen Rechten verletzt und die begehrte Feststellung würde zur Klärung einer Rechtsfrage beitragen, welche bei künftigen Bewerbungen sich ebenso stellen wird (BGH BRAK-Mitt. 1984, 36).

VI. Verfassungsmäßigkeit der Regelung

21 § 166 und das Verfahren der Wahl der Rechtsanwälte bei dem BGH insgesamt sind **verfassungsgemäß** (BVerfG NJW 2008, 1293 = BRAK-Mitt. 2008, 125; BGHZ 170, 137 = NJW 2007, 1136 = BRAK-Mitt. 2007, 77). Die §§ 164 ff. enthalten zwar eine Regelung der anwaltlichen Berufsausübung, die Elemente beinhalten, die einer Beschränkung der Berufswahl nahekommen. Angesichts der für die anwaltliche Berufsausübung verbleibenden vielfältigen Möglichkeiten werden Rechtsanwälte dadurch aber weder unverhältnismäßig beeinträchtigt, noch werden im Übrigen die durch Art. 12 GG gezogenen Grenzen der gesetzgeberischen Regelungsbefugnis überschritten, wenn der Gesetzgeber Zulassungsbeschränkungen für einen speziellen Teil der anwaltlichen Tätigkeit aus schwerwiegenden Gemeinschaftsbelangen (Sicherung der Leistungs- und Funktionsfähigkeit der Rechtsanwaltschaft bei dem BGH als eines wichtigen Organs der Rechtspflege) als unerlässlich erachtet. Da die Zulassungsbeschränkungen nur einen Teil der Berufsausübung und nicht die Berufswahl (BGHZ 150, 70 = NJW 2002, 1725 = BRAK-Mitt. 2002, 132; bestätigt durch BVerfGE 106, 216 = NJW 2002, 3765 = BRAK-Mitt. 2002, 271 mit Anm. *Kirchberg;* BGHZ 162, 199 = NJW 2005, 2304 mit Anm. *Braun/Köhler* NJW 2005, 2592 = BRAK-Mitt. 2005, 190) betreffen und dieser Teil infolge Beschränkung des Zugangs zur Revisionsinstanz seinerseits begrenzt ist, unterliegen diese Zulassungsbeschränkungen als Berufsausübungsregelungen (BVerfG NJW 2008, 1293 = BRAK-Mitt. 2008, 125; BGHZ 170, 137 = NJW 2007, 1136 = BRAK-Mitt. 2007, 77) nicht den gleichen strengen Anforderungen wie in den Fällen, in denen qualifizierten Bewerbern der Zugang zu einem Beruf aufgrund von Bedürfnisprüfungen schlechthin versperrt wird (BVerfGE 24, 268; BGH BRAK-Mitt. 1983, 135; *Tilmann* BRAK-Mitt. 1994, 118; *Krämer* JZ 1994, 400; **aA** *Hartung* JZ 1994, 117 und 403; *Kleine-Cosack* Vor § 164 Rn. 1 ff.). Die Singularzulassung der Rechtsanwälte beim BGH ist **mit dem Grundgesetz vereinbar.** Sie dient in besonderem Maße einer sachgerechten Beratung der Parteien sowie der Erhaltung der Funktionsfähigkeit der höchstrichterlichen Rechtsprechung in Zivilsachen (BVerfG NJW 2008, 1293; BGHZ 150, 70 = NJW 2002, 1725; BVerfGE 106, 216 = NJW 2002, 3765; BGHZ 162, 199 = NJW 2005, 2304; BGHZ 170, 137 = NJW 2007, 1136). Allerdings wurden im Rechtsausschuss des Deutschen Bundestages bei der Beratung des Gesetzes vom 2.9.1994 Bedenken hinsichtlich des Wahlverfahrens geäußert und insbesondere die starke richterliche Beteiligung am Wahlverfahren beanstandet. Es wurde gefordert, die Zahl der bei dem BGH zugelassenen Rechtsanwälte zu vergrößern. Letzteres ist zwischenzeitlich geschehen. Das bisherige Wahlverfahren habe zu einem „Syndrom der Verarmung" geführt; das Wahlverfahren müsse in der nächsten Legislaturperiode geändert werden (Protokoll der 125. Sitzung des Rechtsausschusses vom 27.4.1994, Protokoll Nr. 125 S. 35, 36). Zur Kritik an der Regelung der §§ 164 ff. vgl. auch *Kleine-Cosack* Vor § 164 Rn. 1 ff.; Gaier/Wolf/Göcken/*Vorwerk* § 164 Rn. 8 ff.

§ 167 Prüfung des Wahlausschusses

(1) **Der Wahlausschuß prüft, ob der Vorgeschlagene die sachlichen und persönlichen Voraussetzungen für die Tätigkeit als Rechtsanwalt bei dem Bundesgerichtshof besitzt.**

(2) **Zur Vorbereitung der Wahl bestellt der Wahlausschuß zwei seiner Mitglieder als Berichterstatter.**

I. Umfang der Prüfung durch den Wahlausschuss

Die Prüfung durch den Wahlausschuss ist in dem Zulassungsverfahren den Prüfungen durch die Vorschlagenden (§ 166 Abs. 2) nachgeschaltet. Wie diese hat der Wahlausschuss zu prüfen, ob der Vorgeschlagene die sachlichen und persönlichen Voraussetzungen für die Tätigkeit als Rechtsanwalt bei dem BGH besitzt. 1

Die Prüfung erstreckt sich somit erneut auf die Voraussetzungen des § 166 Abs. 3; darüber hinaus prüft der Wahlausschuss erneut, ob der Bewerber zu den Rechtsanwälten gehört, die sich dadurch auszeichnen, dass sie das Zivilrecht in seiner ganzen Breite für den Bedarf anwaltlicher Betreuung und Vertretung beherrschen und persönlich die Gewähr bieten, dass das hohe Ansehen der Rechtsanwaltschaft beim BGH bewahrt bleibt (BGH NJW 1984, 1042 = BRAK-Mitt. 1984, 84; BGHZ 162, 199 = NJW 2005, 2304 mit Anm. *Braun/Köhler* NJW 2005, 2592 = BRAK-Mitt. 2005, 190; EGH Stuttgart BRAK-Mitt. 1983, 139; im Einzelnen → § 164 Rn. 8 ff.; → § 166 Rn. 8). Die Regelung ist **verfassungsgemäß** (BVerfG NJW 2008, 1293 = BRAK-Mitt. 2008, 125; **aA** *Braun/Köhler* NJW 2005, 2592). 2

II. Rechtfertigung der wiederholten Prüfung

Die wiederholte Prüfung hinsichtlich der sachlichen und persönlichen Voraussetzungen des Bewerbers für die Tätigkeit als Rechtsanwalt bei dem BGH ist sachgerecht. Die Vorstände der Rechtsanwaltskammern können die sachliche Eignung eines Bewerbers beurteilen aufgrund ständiger Beobachtungen und Erfahrungen hinsichtlich der Bewerber bei ihrer bisherigen Arbeit als Rechtsanwalt. 3

Die BRAK und die RAK bei dem BGH beurteilen die Bewerber anhand der gerade ihnen bekannten, an einen Bewerber zu stellenden Anforderungen und können somit am besten Vergleiche anstellen mit Bewerbern aus anderen RAK-Bezirken. Im Wahlausschuss kommen die Berufsrichter hinzu, die die aus der Sicht des BGH zu stellenden Anforderungen an einen Bewerber einbringen können (BGHZ 162, 199 = NJW 2005, 2304 mit Anm. *Braun/Köhler* NJW 2005, 2592 = BRAK-Mitt. 2005, 190). 4

III. Tätigkeit der Berichterstatter

Zur Vorbereitung der Wahl bestellt der Wahlausschuss zwei seiner Mitglieder als Berichterstatter (Erst- und Zweitberichterstatter). Die Bestellung erfolgt durch den gesamten Ausschuss, nicht nur durch den Vorsitzenden. Die Berichterstatter müssen das gesamte über den Bewerber vorliegende Material sichten und prüfen. Sie tragen als Ergebnis ihrer Prüfung dem Wahlausschuss alles vor, was für bzw. gegen die Annahme spricht, der Vorgeschlagene erfülle die sachlichen und persönlichen Voraussetzungen für die Tätigkeit als Rechtsanwalt bei dem BGH. 5

§ 167a Akteneinsicht

(1) **Der Rechtsanwalt, der in die Vorschlagsliste aufgenommen wurde, hat das Recht, die Protokolle des Wahlausschusses einzusehen.**

(2) **Die persönlichen, beruflichen und wirtschaftlichen Verhältnisse des Rechtsanwalts werden in einem gesonderten Bericht dargestellt, den der Rechtsanwalt einsehen kann.**

(3) **§ 58 Abs. 2 und 3 ist entsprechend anzuwenden.**

Die Bestimmung wurde durch das Gesetz zur Änderung des Berufsrechts der Rechtsanwälte und der Patentanwälte vom 13.12.1989 (BGBl. I S. 2135) neu eingefügt. Anlass hierfür war der Beschluss des BGH vom 14.5.1975 – AnwZ 7/75 (amtliche Begründung, BT-Drs. 11/3253, 26; vgl. auch BGH BRAK-Mitt. 1983, 135; 1984, 36; → § 166 Rn. 14, 15; → § 168 Rn. 10). Vor dem Hintergrund, dass sich die gerichtliche Überprüfung der Entscheidung des Wahlausschusses (§ 164) insbesondere darauf ersteckt, ob das für den Wahlausschuss vorgeschriebene Verfahren eingehalten worden ist, bedarf der übergangene Bewerber, um die Aussicht eines Rechtsbehelfs zu prüfen, der Einsicht in das Protokoll des Wahlausschusses (§ 165 Abs. 5), aus dem sich das vom Ausschuss angewandte Verfahren ergibt (amtliche Begründung, BT-Drs. 11/3253, 26). Ein berechtigtes Interesse des Bewerbers ist jedoch nur insoweit anzuerkennen, als es um die Darstellung 1 seiner persönlichen, beruflichen und wirtschaftlichen Verhältnisse geht, nicht aber um die Darstellung der Verhältnisse der Mitbewerber oder das mit dem Vergleich unter den Bewerbern begründete Votum für den Wahlausschuss (amtliche Begründung, BT-Drs. 11/3253, 26).

2 Nach Abs. 3 iVm § 58 Abs. 2 kann das Recht auf Einsicht in die Personalakten nur durch den Rechtsanwalt persönlich oder durch einen von ihm bevollmächtigten Rechtsanwalt ausgeübt werden. Der entsprechend anwendbare § 58 Abs. 3 gestattet dem Rechtsanwalt oder seinem von ihm bevollmächtigten Vertreter, sich eine Aufzeichnung über den Inhalt der eingesehenen Akten oder Abschriften einzelner Schriftstücke zu fertigen. Zu den Einzelheiten → § 58 Rn. 14 ff.

3 Neben dem Recht, nach § 167a Abs. 1 die Protokolle des Wahlausschusses einzusehen, besteht nach § 167a Abs. 2 das Recht auf Einsichtnahme in den gesonderten Bericht, der sich auf die persönlichen, beruflichen und wirtschaftlichen Verhältnisse des Rechtsanwalts bezieht. Kein Einsichtsrecht besteht in den bewertenden Teil der Gutachten der Berichterstatter (BGH NJW 2013, 2907 Rn. 10 = BRAK-Mitt. 2013, 232); dies gilt jedenfalls solange der Wahlausschuss noch nicht seine Entscheidung getroffen hat (BGH NJW 2013, 2907 Rn. 11 = BRAK-Mitt. 2013, 232).

§ 168 Entscheidung des Wahlausschusses

(1) [1]**Der Wahlausschuß ist beschlußfähig, wenn die Mehrzahl sowohl der dem Bundesgerichtshof angehörenden Mitglieder als auch der Mitglieder der Präsidien der Bundesrechtsanwaltskammer und der Rechtsanwaltskammer bei dem Bundesgerichtshof anwesend ist.** [2]**Er entscheidet mit einfacher Stimmenmehrheit.** [3]**Die Abstimmung ist geheim.**

(2) **Der Wahlausschuß benennt aus den Vorschlagslisten die doppelte Zahl von Rechtsanwälten, die er für die Zulassung bei dem Bundesgerichtshof für angemessen hält.**

(3) **Durch die Benennung wird für den Bewerber ein Anspruch auf Zulassung als Rechtsanwalt bei dem Bundesgerichtshof nicht begründet.**

Übersicht

I. Sitzung des Wahlausschusses

1 **1. Beschlussfähigkeit.** Der Wahlausschuss ist beschlussfähig, wenn die Mehrheit sowohl der dem BGH angehörenden Mitglieder einerseits als auch der Mitglieder der Präsidien der BRAK und der RAK bei dem BGH andererseits anwesend sind. Von den richterlichen und von den anwaltlichen Mitgliedern muss je die Mehrzahl anwesend sein (amtliche Begründung, BT-Drs. 3/120, 111 zu § 182). Die Mitglieder der BRAK und RAK bei dem BGH werden insoweit als Einheit betrachtet. Die Ablehnung eines Mitglieds des Wahlausschusses wegen Befangenheit ist zulässig (*Kleine-Cosack* § 168 Rn. 1).

2 **2. Ablauf des Verfahrens.** Den Vorsitz führt der Präsident des BGH (§ 165 Abs. 2). Die Sitzung ist nicht öffentlich (§ 165 Abs. 4). Die Protokollierung regelt sich nach § 165 Abs. 5. Der Ablauf des Verfahrens ist **gesetzlich nicht geregelt.** Aus der Bestellung von Berichterstattern (§ 167 Abs. 2) ergibt sich jedoch, dass die Sitzung des Wahlausschusses mit den Vorträgen der Berichterstatter beginnt und dann auf der Grundlage dieser Berichte der Wahlausschuss bezüglich jedes einzelnen Bewerbers erörtert, ob er die sachlichen und persönlichen Voraus-

setzungen für die Tätigkeit bei dem BGH erfüllt oder nicht. Im Übrigen bleibt der Verfahrensablauf dem Vorsitzenden (§ 165 Abs. 2) bzw. dem Ausschuss insgesamt überlassen.

3. Entscheidung. Die Erörterung endet mit der **geheimen Abstimmung,** es entscheidet die **einfache Stimmenmehrheit.** Bei Stimmengleichheit ist die Wahl abgelehnt (BT-Drs. 3/120, 111 zu § 182). Der Wahlausschuss soll aus den Vorschlagslisten die doppelte Anzahl von Rechtsanwälten nennen, die er für die Zulassung bei dem BGH für angemessen hält. Aus der Zahl der Vorschläge des Wahlausschusses ergibt sich für das BMJV (früher BMJ), wie viele Zulassungen von ihm insgesamt erwartet werden. 3

Es ist bei seiner Entscheidung nach § 170 Abs. 1 aber nur an den Kreis der Listenbewerber, aber weder an die Zahl der von dem Wahlausschuss für angemessen erachteten Neuzulassungen noch an eine von dem Wahlausschuss bestimmte Rangfolge der Bewerber gebunden (BGHZ 169, 77 = NJW 2007, 1133 = BRAK-Mitt. 2007, 28). Zur Förderung und Weiterentwicklung der höchstrichterlichen Rechtsprechung in Zivilsachen (→ § 172 Rn. 1, 2) sind das Auswahlverfahren und insbesondere die Zulassungsbegrenzung nach § 168 Abs. 2 geeignet, erforderlich und zumutbar (BVerfG NJW 2008, 1293 = BRAK-Mitt. 2008, 125). 4

II. Kein Anspruch auf Zulassung

Außerhalb des Wahlverfahrens nach §§ 164 ff. besteht keine Möglichkeit als Rechtsanwalt beim BGH zugelassen zu werden (§ 164; BGHZ 162, 199 = NJW 2005, 2304 mit Anm. *Braun/Köhler* NJW 2005, 2592 = BRAK-Mitt. 2005, 190; BGHZ 169, 77 = NJW 2007, 1133). Nach Abs. 3 begründet aber auch die Benennung durch den Wahlausschuss für den Bewerber keinen Anspruch auf Zulassung als Rechtsanwalt bei dem BGH. Das ergibt sich auch schon daraus, dass der Wahlausschuss die doppelte Zahl von Rechtsanwälten benennt, die er für die Zulassung bei dem BGH für angemessen hält (Abs. 2). Mindestens die Hälfte der von ihm Vorgeschlagenen soll nach seiner Auffassung somit nicht als Rechtsanwalt beim BGH zugelassen werden. 5

III. Bindung des BMJV

1. Bindung an den Kreis der Benannten. Das BMJV (früher BMJ) kann nur einen solchen Bewerber zulassen, den der Wahlausschuss benannt hat (§ 164; BGHZ 169, 77 = NJW 2007, 1133 = BRAK-Mitt. 2007, 28). Der von *Isele* § 168 Anm. IV B 1 und 2 iVm § 94 Anm. VII vertretenen Auffassung, es gebe jedoch Fälle, in denen diese Bindung nicht eintrete, zum Beispiel wenn die Prüfung durch das BMJV (früher BMJ) ergebe, dass der Zulassung eines oder mehrerer der Vorgeschlagenen gesetzliche Hinderungsgründe entgegenstehen oder einer oder mehrere der Vorgeschlagenen ungeeignet sind, kann nicht gefolgt werden. 6

Aus § 164 ergibt sich eindeutig, dass bei dem BGH als Rechtsanwalt nur zugelassen werden kann, wer durch den Wahlausschuss der Rechtsanwälte bei dem BGH benannt wird (→ § 164 Rn. 2). Das BMJV (früher BMJ) kann daher niemandem die Zulassung als Rechtsanwalt bei dem BGH erteilen, der nicht vom Wahlausschuss benannt worden ist. Es hat keine Möglichkeit die Bewerberliste selbst zu verändern (BGHZ 169, 77 = NJW 2007, 1133; BGHZ 162, 199 = NJW 2005, 2304 mit Anm. *Braun/Köhler* NJW 2005, 2592 = BRAK-Mitt. 2005, 190; *Tilmann* BRAK-Mitt. 1994, 118). 7

2. Erweiterung der Vorschlagsliste. Das bedeutet aber nicht, dass das BMJV (früher BMJ) jeden der vom Wahlausschuss Vorgeschlagenen akzeptieren muss. Es hat ein **eigenes Prüfungsrecht** (BGHZ 169, 77 = NJW 2007, 1133 = BRAK-Mitt. 2007, 28; BGHZ 162, 199 = NJW 2005, 2304 mit Anm. *Braun/Köhler* NJW 2005, 2592 = BRAK-Mitt. 2005, 190; BGH NJW-RR 2014, 174 Rn. 4 f. = BRAK-Mitt. 2014, 14; vgl. § 170 Abs. 1, 2 und 4). Es ist auch nicht an eine vom Wahlausschuss festgestellte Rangfolge der Bewerber noch an die Zahl der von ihm für erforderlich erachteten Neuzulassungen gebunden (BGH NJW-RR 2014, 174 Rn. 4 = BRAK-Mitt. 2014, 14; Gaier/Wolf/Göcken/*Vorwerk* § 168 Rn. 5). Hat das BMJV (früher BMJ) gegen einen oder mehrere der vom Wahlausschuss Gewählten Bedenken und steht ihm dann nicht mehr die nötige Anzahl von Vorgeschlagenen zur Verfügung, um die von ihm für notwendig erachtete Zahl von neuen Rechtsanwälten bei dem BGH zuzulassen (§ 168 Abs. 2), und können seine Bedenken im Anhörungsverfahren nach § 170 Abs. 3 nicht behoben werden, dann kann das BMJV (früher BMJ) nicht etwa von ihm selbst ausgesuchte und nicht vom Wahlausschuss gewählte Bewerber zum Rechtsanwalt bei 8 dem BGH zulassen, es bleibt nur der Weg über die Erweiterung der Vorschlagsliste durch den Wahlausschuss. Das BMJV (früher BMJ) hat somit das Recht, erforderlichenfalls – dh falls in die ursprüngliche Wahlliste Bewerber aufgenommen wurden, die vom BMJV (früher BMJ) unberücksichtigt bleiben müssen (§ 170 Abs. 2 und 4) – eine Ergänzung der Vorschlagsliste durch den Wahlausschuss zu verlangen.

9 Soweit *Isele* (§ 168 Anm. IV B 2 iVm § 94 Anm. VII) einen Fortfall der Bindung für das BMJV (früher BMJ) an die Entscheidung des Wahlausschusses damit begründet, dass auch die Landesjustizverwaltung bei der Ernennung der Mitglieder des Anwaltsgerichts bzw. der Anwaltsgerichtshöfe dann nicht mehr an die Vorschlagsliste der RAK gebunden sei, wenn diese nicht genug Bewerber vorschlage, ist dem nicht zu folgen. Auch diese Richter können ausnahmslos nur der Vorschlagsliste entnommen werden, die der Vorstand der RAK der Landesjustizverwaltung einreicht (§§ 94 Abs. 2 S. 2, 103 Abs. 2 S. 1). Reicht der Landesjustizverwaltung die Vorschlagsliste nicht aus, dann kann die Landesjustizverwaltung nicht selbst geeignete Bewerber aussuchen. Sie muss vielmehr auf die Erweiterung der Vorschlagsliste hinwirken (BVerfGE 26, 186, 196 f. = NJW 1969, 2192, 2193). Dass der Vorstand der RAK seiner Verpflichtung zur Aufstellung solcher Vorschlagslisten (§§ 73 Abs. 2 Nr. 5, 94 Abs. 2 S. 2, 103 Abs. 2 S. 1) nachkommt, kann erforderlichenfalls mit Mitteln der Staatsaufsicht (§ 62 Abs. 2) sichergestellt werden (→ § 94 Rn. 12 ff.; → § 103 Rn. 9). Wenn aber selbst bei der Besetzung der staatlichen Anwaltsgerichte und Anwaltsgerichtshöfe die Landesjustizverwaltung an die Vorschlagsliste gebunden ist, dann ist kein Grund ersichtlich, weshalb dies entgegen dem klaren Wortlaut des § 164 bei der Zulassung als Rechtsanwalt bei dem BGH anders sein sollte.

IV. Anfechtbarkeit der Entscheidung des Wahlausschusses

10 Die von dem Wahlausschuss nach § 168 Abs. 2 durch Wahl vorgenommenen Benennungen einschließlich des Listenplatzes sowie die Bedarfsbestimmung können nach der BRAO – sowohl nach altem als auch nach neuem Recht (§§ 112a ff.; § 215 nF iVm § 223 aF) – nicht selbständig angegriffen werden (→ § 164 Rn. 5; → § 166 Rn. 14 ff.). Denn bei der Bestimmung des Bedarfs und der Benennung der Bewerber durch den Wahlausschuss handelt es sich nicht um Verwaltungsakte, die nach der BRAO ergangen sind. Beide Entscheidungen führen zwar zu einer weiteren Begrenzung des Kreises der berücksichtigungsfähigen Bewerber und damit zu einer Verengung des Spielraums des BMJV (früher BMJ) bei seiner Entscheidung über die Anträge der Listenbewerber auf Zulassung zur Rechtsanwaltschaft bei dem BGH. Das ändert aber nichts daran, dass sie lediglich verwaltungsinterne Zwischenentscheidungen in einem gestuften Verwaltungsverfahren sind (BGHZ 162, 199, 204 ff. = NJW 2005, 2304, 2305; BGHZ 169, 77 = NJW 2007, 1133; BGH NJW-RR 2014, 174 = BRAK-Mitt. 2014, 14). Die Entscheidung über die Zulassungsanträge ist nach § 170 Abs. 1 nicht dem Wahlausschuss, sondern allein dem BMJV (früher BMJ) zugewiesen. Deshalb ist es auch erst und nur das BMJV (früher BMJ), das verbindlich gegenüber den Bewerbern über ihre Zulassungsanträge entscheidet. Erst seine abschließende Entscheidung ist geeignet, etwaige Rechte des Antragstellers zu beeinträchtigen, und damit ein **anfechtbarer Verwaltungsakt** (BGHZ 169, 77 = NJW 2007, 1133 = BRAK-Mitt. 2007, 28). Der Bewerber ist durch die Platzierung nicht in seinen Rechten verletzt (§§ 112a ff. iVm § 42 Abs. 2 VwGO; → § 164 Rn. 5).

11 Eine Anfechtung der Wahlentscheidungen des Wahlausschusses hat der BGH nur bei Bewerbern zugelassen, die bei der Wahl nicht die erforderliche Mehrheit für ihre Aufnahme in die dem BMJV (früher BMJ) vorzulegende Liste gefunden haben, da sie dann mit ihrer Bewerbung endgültig gescheitert sind. Diesen Bewerbern konnte der effektive Rechtsschutz anders nicht gewährt werden, den sie nach Art. 19 Abs. 4 GG von Verfassungs wegen beanspruchen können (7. Aufl. § 223 Rn. 6). Das ergibt sich aus § 169 Abs. 2, wonach dem BMJV (früher BMJ) die Bewerbungen und Bewerbungsunterlagen der gewählten Bewerber vorzulegen sind. Damit aber erfahren die Bewerber, die vom Wahlausschuss nicht benannt worden sind, keine Bescheidung ihrer Zulassungsanträge durch das BMJV (früher BMJ). Das BMJV (früher BMJ) kann diesen Anträgen nicht entsprechen, weil es nach § 164 an die Benennung durch den Wahlausschuss gebunden ist und keine Möglichkeit hat, die Bewerberliste selbst zu verändern (BGHZ 170, 137 = NJW 2007, 1136 = BRAK-Mitt. 2007, 77; BGHZ 169, 77 = NJW 2007, 1133 = BRAK-Mitt. 2007, 28). Nach neuem Recht regelt sich die Anfechtbarkeit nach §§ 112a Abs. 3 Nr. 1 iVm § 42 VwGO. Durch die Nicht-

Benennung durch den Wahlausschuss kann der Bewerber iSd § 42 Abs. 2 VwGO in seinen Rechten verletzt sein (→ § 166 Rn. 14, 15).

In einer vergleichbaren Lage wie vom Wahlausschuss nicht benannte Bewerber befindet sich ein Bewerber, der einen Platz auf der vom Wahlausschuss aufgestellten Bewerberliste gefunden hat, selbst dann nicht, wenn es sich hierbei um einen ungünstigen Platz in der zweiten Hälfte dieser Liste handelt. Er kann die Wahl nicht isoliert anfechten (→ Rn. 10). Er kann, zumal das BMJV (früher BMJ) an die bestimmte Rangfolge der Benennungen in der Bewerberliste des Wahlausschusses nicht gebunden ist, eine Klage nach §§ 112a ff. nur gegen den Bescheid des BMJV (früher BMJ) richten (BGHZ 170, 137 = NJW 2007, 1136 = BRAK-Mitt. 2007, 77; BGHZ 169, 77 = NJW 2007, 1133 = BRAK-Mitt. 2007, 28; → § 164 Rn. 5). Ein benannter Bewerber kann nicht iSd § 42 Abs. 2 VwGO geltend machen, in seinen Rechten verletzt zu sein, wenn er in der zweiten Hälfte der Liste platziert ist. 12

V. Verfassungsmäßigkeit der Regelung des Abs. 2

Gegen die Regelung des § 168 Abs. 2 werden in der Literatur verfassungsrechtliche Bedenken erhoben. Beanstandet wird vor allem, dass die Zulassung von einer Bedürfnisprüfung abhängig gemacht wird und bei Verneinung des Bedürfnisses dies die Wirkung einer Zugangssperre zur Anwaltschaft bei dem BGH hat. Erschwerend komme hinzu, dass die Festlegung des Bedarfs dem uneingeschränkten und nicht kontrollierbaren Ermessen des Wahlausschusses überlassen bleibe (Henssler/Prütting/*Hartung* § 168 Rn. 13 ff.). Der BGH hat schon 1983 diese Bedenken aufgegriffen, sie aber als nicht durchschlagend angesehen (BGH BRAK-Mitt. 1983, 135). Im Jahr 2005 hat der BGH die Regelung des Abs. 2, nach welcher der Wahlausschuss aus den Vorschlagslisten die doppelte Anzahl von Rechtsanwälten benennt, die er für die Zulassung bei dem BGH für angemessen hält, ausdrücklich für **verfassungsgemäß** erklärt, zumal diese Entscheidung des Wahlausschusses der gerichtlichen Kontrolle unterliege (BGHZ 162, 199 = NJW 2005, 2304 mit Anm. *Braun/Köhler* NJW 2005, 2592 = BRAK-Mitt. 2005, 190) und er zuletzt eine Bindung des BMJV (früher BMJ) weder an die Zahl der von dem Wahlausschuss für angemessen erachteten Neuzulassungen noch an eine von dem Wahlausschuss bestimmte Rangfolge der Bewerber ausgeschlossen hat (BGHZ 169, 77 = NJW 2007, 1133 = BRAK-Mitt. 2007, 28). 13

Das BVerfG hat die das Wahlverfahren für die besondere Zulassung der Rechtsanwälte bei dem BGH regelnden Vorschriften der BRAO insgesamt für verfassungsgemäß angesehen. Die Auswahlkriterien seien ausreichend bestimmt und durch hinreichende Gründe des Gemeinwohls gerechtfertigt. Die Angemessenheit der Zahl der zuzulassenden Rechtsanwälte werde einerseits durch die Gewährleistung hinreichender Auswahlmöglichkeiten der Rechtsuchenden sowie andererseits durch die Sicherung ausreichender Betätigungsmöglichkeiten der Rechtsanwälte bei dem BGH begrenzt. Eine genauere gesetzliche Regelung erscheine nach der Eigenart des zu ordnenden Sachverhalts und mit Rücksicht auf den Normzweck kaum möglich. Zur Förderung der Weiterentwicklung der höchstrichterlichen Rechtsprechung in Zivilsachen seien das Auswahlverfahren und insbesondere die Zulassungsbegrenzung nach § 168 Abs. 2 geeignet, erforderlich und zumutbar (BVerfG NJW 2008, 1293 = BRAK-Mitt. 2008, 125). 14

§ 169 Mitteilung des Wahlergebnisses

(1) **Der Vorsitzende des Wahlausschusses teilt das Ergebnis der Wahlen dem Bundesministerium der Justiz und für Verbraucherschutz mit.**

(2) **Die Anträge der vom Wahlausschuß benannten Rechtsanwälte, sie beim Bundesgerichtshof zuzulassen, sind der Mitteilung beizufügen.**

Damit das BMJV (früher BMJ) in der Lage ist, eine Entscheidung nach § 170 Abs. 1 zu treffen, muss der Vorsitzende des Wahlausschusses das Ergebnis der Wahlen (§ 168) dem BMJV (früher BMJ) mitteilen. Dabei müssen die Anträge der vom Wahlausschuss benannten Rechtsanwälte auf Zulassung bei dem BGH der Mitteilung beigefügt werden. Die Unterlagen der nicht vom Wahlausschuss vorgeschlagenen Bewerber werden nicht beigefügt. 1

§ 170 Entscheidung über den Antrag auf Zulassung

(1) [1] **Über den Antrag auf Zulassung als Rechtsanwalt bei dem Bundesgerichtshof entscheidet das Bundesministerium der Justiz und für Verbraucherschutz.** [2] **Die Zulassung kann aufschiebend befristet werden.** [3] **Die Frist soll drei Monate nicht überschreiten.**

(2) **Die Entscheidung über den Antrag auf Zulassung kann ausgesetzt werden, wenn einer der in § 10 Abs. 1 bezeichneten Gründe vorliegt.**

(3) **Der Vorstand der Rechtsanwaltskammer bei dem Bundesgerichtshof ist nur dann zu hören, wenn gegen die Zulassung Bedenken bestehen.**

(4) **Für die Zulassung gilt § 166 Abs. 3 entsprechend.**

Übersicht

I. Prüfung des BMJV

1 **1. Bindung des BMJV an den Kreis der vom Wahlausschuss Benannten.** Die Zulassung bei dem BGH kann nur durch einen staatlichen Verwaltungsakt erteilt werden. Die Regelung ist verfassungsgemäß (BVerfG NJW 2008, 1293 = BRAK-Mitt. 2008, 125). Zur Entscheidung über den Zulassungsantrag ist das BMJV (früher BMJ) berufen (BT-Drs. 3/120, 111 zu § 184). Durch die Entscheidung des Wahlausschusses wird die Entscheidung des BMJV (früher BMJ) nur hinsichtlich des Kreises der Listenbewerber präjudiziert, aus dem es Rechtsanwälte bei dem BGH zulassen kann (§ 164; → § 168 Rn. 6 ff.; BGHZ 169, 77 = NJW 2007, 1133 = BRAK-Mitt. 2007, 28). Dem BMJV (früher BMJ) ist nicht die Befugnis eingeräumt, Bewerber unabhängig von deren Benennung durch den Wahlausschuss, dh außerhalb des Wahlverfahrens nach §§ 164 ff. zur Rechtsanwaltschaft bei dem BGH zuzulassen (BGHZ 162, 199 = NJW 2005, 2304 mit Anm. *Braun/Köhler* NJW 2005, 2592 = BRAK-Mitt. 2005, 190). Stehen dem BMJV (früher BMJ) wegen Bedenken gegen einige der vom Wahlausschuss benannten Bewerber nicht mehr soviel benannte Bewerber (§ 168 Abs. 2) zur Auswahl, wie es zu ernennen beabsichtigt, dann muss das BMJV (früher BMJ) auf eine **Erweiterung der Vorschlagsliste** durch den Wahlausschuss hinwirken. Keinesfalls kann das BMJV (früher BMJ) von ihm selbst ausgesuchte und nicht vom Wahlausschuss gewählte Bewerber zum Rechtsanwalt bei dem BGH zulassen (*Tillmann* BRAK-Mitt. 1994, 118; BGHZ 162, 199 = NJW 2005, 2304 mit Anm. *Braun/Köhler* NJW 2005, 2592 = BRAK-Mitt. 2005, 190; BGHZ 169, 77 = NJW 2007, 1133 = BRAK-Mitt. 2007, 28).

2 **2. Eigenverantwortliche Prüfung durch das BMJV.** Im Übrigen muss das BMJV (früher BMJ) eigenverantwortlich prüfen, ob die vom Wahlausschuss vorgeschlagenen Bewerber die Voraussetzungen für diesen von ihnen angestrebten Zulassungswechsel zum BGH erfüllen, ob die formellen und materiellen Voraussetzungen für eine Ernennung vorliegen. Die Entscheidung des Wahlausschusses ist insoweit nicht präjudiziell.

3 **a) Voraussetzungen.** Diese Prüfungspflicht erfasst zunächst die in § 170 ausdrücklich erwähnten Voraussetzungen:

4 Da nach § 170 Abs. 4 **§ 166 Abs. 3** entsprechend gilt, muss das BMJV (früher BMJ) erneut prüfen, ob dessen Voraussetzungen (→ § 166 Rn. 2, 9) vorliegen (BGHZ 162, 199 = NJW 2005, 2304 mit Anm. *Braun/Köhler* NJW 2005, 2592 = BRAK-Mitt. 2005, 190).

Durch Gesetz vom 30.7.2009 (BGBl. I S. 2449) wurde die Verweisung in § 170 Abs. 2 auf § 33 Abs. 2 aF (vgl. 7. Aufl. § 170 Rn. 5) aufgehoben und durch die Verweisung auf **§ 10 Abs. 1** angepasst. § 33 Abs. 2 aF war durch das Gesetz zur Stärkung der Selbstverwaltung der Rechtsanwaltschaft vom 26.3.2007 (BGBl. I S. 358) aufgehoben worden. § 10 Abs. 1 erfasst zwar das anwaltsgerichtliche Verfahren nicht, ist aber im Übrigen regelungsgleich mit § 33 Abs. 2 aF (BT-Drs. 16/11385, 70). Entsprechend § 10 Abs. 1 kann die Entscheidung über den Antrag auf Zulassung als Rechtsanwalt bei dem BGH vom BMJV (früher BMJ) ausgesetzt werden, wenn gegen den Bewerber wegen des Verdachts einer Straftat ein Ermittlungsverfahren oder ein strafgerichtliches Verfahren schwebt. Je nach Schwere des im Raum stehenden Vorwurfs einer Pflichtverletzung (§ 113) oder einer Straftat kann dies aber auch gleich zur Versagung der Zulassung führen, weil allein schon der erhebliche Verdacht einer schwerwiegenden Pflichtverletzung (EGH Stuttgart BRAK-Mitt. 1983, 139) und erst recht einer Straftat die Versagung rechtfertigen. Eine Prüfung der Versagungsgründe nach § 20 Abs. 1 Nr. 2 und 3 aF ist bereits aufgrund des Gesetzes vom 16.2.2001 (BGBl. I S. 266, 273) entfallen (vgl. 6. Aufl. § 170 Rn. 4). Im Übrigen kann eine Aussetzung nach allgemeinen verfahrensrechtlichen Grundsätzen erfolgen, wenn sie im Einzelfall notwendig und sachdienlich ist (vgl. auch BGH EGE XI, 65). 5

b) Beurteilungsspielraum des BMJV. Das BMJV (früher BMJ) hat bei der Zulassung von Rechtsanwälten bei dem BGH **in Ansehung der erforderlichen Zahl von Neuzulassungen** einen **eigenen Beurteilungsspielraum;** es ist nicht an die Zahl von Rechtsanwälten gebunden, deren Zulassung der Wahlausschuss für angemessen erachtet (§ 168 Abs. 2; BGHZ 169, 77 = NJW 2007, 1133 = BRAK-Mitt. 2007, 28; BGH NJW-RR 2014, 174 Rn. 4 = BRAK-Mitt. 2014, 14; Henssler/Prütting/*Hartung* § 168 Rn. 6 ff.). 6

Eine solche Bindung wurde bisher in der Rechtsprechung und der Literatur weitgehend angenommen (BGHZ 162, 199 = NJW 2005, 2304 mit Anm. *Braun/Köhler* NJW 2005, 2592 = BRAK-Mitt. 2005, 190; 6. Aufl. § 170 Rn. 7, 8; Henssler/Prütting/*Hartung* 2. Aufl. § 168 Rn. 7, § 170 Rn. 2; **aA** *Tilmann* BRAK-Mitt. 1994, 118, 120). Auch der Wahlausschuss und das BMJV (früher BMJ) gingen bisher von einer solchen aus § 168 Abs. 2 hergeleiteten Bindung aus (BGHZ 169, 77 = NJW 2007, 1133). 7

Der BGH hat demgegenüber nunmehr ausdrücklich festgestellt, dass das BMJV (früher BMJ) bei seiner Entscheidung nach § 170 Abs. 1 nur an den Kreis der Listenbewerber (§ 168 Abs. 2), aber nicht an die Zahl der von dem Wahlausschuss für angemessen erachteten Neuzulassungen gebunden ist (BGHZ 169, 77 = NJW 2007, 1133 = BRAK-Mitt. 2007, 28). 8

Hierzu hat der BGH (NJW 2007, 1133 Rn. 19 ff.) darauf abgestellt, dass schon dem Wortlaut des § 168 Abs. 2 BRAO eine solche Bindung des BMJV (früher BMJ) nicht zu entnehmen sei. Eine Beschränkung der Entscheidungskompetenz des BMJV (früher BMJ) sei vom Gesetzgeber auch nicht beabsichtigt gewesen; dies ergebe sich aus dem Gesetzgebungsverfahren zur heutigen Fassung des § 168 Abs. 2 und den amtlichen Begründungen zu §§ 168, 170. Allerdings werde das BMJV (früher BMJ) von der Einschätzung des Wahlausschusses über die erforderliche Anzahl von Neuzulassungen, der wegen dessen Sachnähe und hoher Kompetenz großes Gewicht zukommt, nicht ohne sachlichen Grund abweichen. Es könne im Interesse der Rechtspflege etwa auch darauf hinwirken, durch eine begrenzte Ausweitung der von dem Wahlausschuss für erforderlich gehaltenen Neuzulassungen weitere besonders qualifizierte Rechtsanwälte für die Rechtsanwaltschaft bei dem BGH zu gewinnen. 9

Damit ist die Kritik, das Zulassungsverfahren enthalte eine unzulässige Bedürfnisprüfung (so Henssler/Prütting/*Hartung* § 168 Rn. 16), obsolet (Gaier/Wolf/Göcken/*Vorwerk* § 170 Rn. 2). 10

c) Eigenständige Entscheidung des BMJV (früher BMJ). Das BMJV (früher BMJ) hat eigenständig zu entscheiden, welche der vom Wahlausschuss nach § 168 Abs. 2 benannten Bewerber für die Zulassung als Rechtsanwalt bei dem BGH am besten geeignet sind (BGHZ 162, 199 = NJW 2005, 2304 mit Anm. *Braun/Köhler* NJW 2005, 2592 = BRAK-Mitt. 2005, 190; BGHZ 169, 77 = NJW 2007, 1133 = BRAK-Mitt. 2007, 28). Auch durch die **vom Wahlausschuss bestimmte Rangfolge** der Bewerber wird es **nicht inhaltlich präjudiziert.** Bei seiner Entscheidung hat es zwar die von dem Ausschuss bestimmte Rangfolge der Bewerber als wesentlichen Gesichtspunkt zu berücksichtigen. Zu prüfen hat das Ministerium auch, ob die Rechtsanwaltschaft bei dem BGH im Falle einer Zulassung der auf die erste Hälfte der Bewerberliste gewählten Bewerber auch in ihrer Gesamtheit den Erfordernissen einer geordneten Rechtspflege entspricht. Es hat dabei der Frage nachzugehen, ob es sachlich geboten ist, im Rahmen des 11 auch ihm zukommenden Beurteilungsspielraums eigene Akzente zu setzen, etwa um eine stärkere Verjüngung der Rechtsanwaltschaft bei dem BGH oder eine Verstärkung ihres Frauenanteils zu erreichen (BGHZ 169, 77, 81 f. Rn. 15 = NJW 2007, 1133).

12 **3. Anhörung der RAK bei dem BGH (Abs. 3).** Nur wenn das BMJV (früher BMJ) aufgrund seiner eigenständigen Prüfung Bedenken hat, einen der Vorgeschlagenen zuzulassen, egal ob es sich um Bedenken formeller Art oder um Zweifel an der Befähigung des Bewerbers handelt, ist die RAK bei dem BGH von ihm zu hören. Sonst ist eine Anhörung nicht erforderlich, da der Kammervorstand bereits am Wahlverfahren beteiligt war (BT-Drs. 3/120, 111 zu § 184; §§ 165 Abs. 1, 166 Abs. 2 Nr. 2, 167, 168), er dort seine Auffassung zur Geltung bringen konnte und das BMJV (früher BMJ) andere Bewerber als die vom Wahlausschuss benannten nicht in seinen Entscheidungsprozess nach § 170 einbeziehen kann (→ § 168 Rn. 6; → § 170 Rn. 1).

II. Entscheidung

13 **1. Zulassung.** Nach § 162 gelten für die Zulassung bei dem BGH die allgemeinen Zulassungsregeln des Zweiten Teils, soweit sich nicht aus §§ 163 ff. etwas Besonderes ergibt. Das bedeutet, die Zulassung erfolgt durch Verwaltungsakt des BMJV (früher BMJ), nämlich durch Aushändigung einer von dem BMJV (früher BMJ) ausgestellten Urkunde (§§ 12, 34). Mit der Zulassung wird der Bewerber Mitglied der RAK bei dem BGH (§§ 12, 162, 163, 174). Der Rechtsanwalt ist nunmehr verpflichtet, seine Kanzlei am Sitz des BGH einzurichten und zu unterhalten (§ 172b). Zum Ruhen der Mitgliedschaft in der bisherigen RAK für die Dauer der Zulassung beim BGH → § 174 Rn. 1.

14 **2. Aufschiebende Befristung der Zulassung.** Mit Gesetz vom 30.7.2009 (BGBl. I S. 2449) wurden in Abs. 1 die S. 2 und 3 angefügt. Mit der Zulassung gelten für die neu ernannten Rechtsanwälte bei dem BGH die Beschränkungen des § 172, so dass sie nicht mehr vor den Untergerichten auftreten dürfen. Die aufschiebende Befristung der Zulassung schafft einen zeitlichen Abstand zwischen dem Zugang des Zulassungsbescheids und dem Eintritt seiner Rechtswirkungen, der für eine zügige Übertragung der laufenden gerichtlichen Mandate auf einen Nachfolger genutzt werden kann. Hierfür ist die in Abs. 1 S. 3 vorgesehene Frist von drei Monaten in der Regel ausreichend (BR-Drs. 700/08, 69 = BT-Drs. 16/11385, 43).

15 **3. Versagung der Zulassung.** Mit der Zulassung der vom BMJV (früher BMJ) für erforderlich erachteten Anzahl von Bewerbern zum Rechtsanwalt bei dem BGH ist zwangsläufig die Versagung der Zulassung der übrigen vom Wahlausschuss benannten Rechtsanwälte verbunden. Den Bewerbern, die nicht zugelassen werden, ist ein Bescheid über die Versagung zu erteilen (*Isele* § 170 Anm. V B 1).

16 **a) Antrag auf gerichtliche Entscheidung.** Nach altem – nur noch übergangsweise geltendem (§ 215) – Recht konnte der abgewiesene Bewerber beim BGH den Antrag auf gerichtliche Entscheidung stellen (BGHZ 162, 199 = NJW 2005, 2304 mit Anm. *Braun/Köhler* NJW 2005, 2592 = BRAK-Mitt. 2005, 190). Da es sich bei der Entscheidung des BMJV (früher BMJ) nach § 170 um eine Ermessensentscheidung handelt, konnte der Antragsteller nach § 37 Abs. 4 seinen Antrag nur darauf stützen, dass die gesetzlichen Grenzen des Ermessens überschritten seien oder dass von dem Ermessen in einer dem Zweck der Ermächtigung nicht entsprechenden Weise Gebrauch gemacht worden sei.

17 **b) Rechtsschutz nach neuem Recht.** Nach neuem Recht regelt sich der gerichtliche Rechtsschutz des abgewiesenen Bewerbers nach §§ 112a Abs. 3 Nr. 1 iVm den Regeln der VwGO (§ 112c; → § 112c Rn. 1 ff.). Dies umfasst auch die Beiladung nach §§ 65 ff. VwGO (vgl. zur Beiladung auch BGH BeckRS 2014, 03467; 2014, 03468).

18 Das Verfahren des BMJV (früher BMJ) ist so gestaltet, dass der Antragsteller seine Rechte im Fall einer Zurückweisung seines Zulassungsantrags effektiv wahrnehmen kann. Das BMJV (früher BMJ) würde zwar, wenn es gleichzeitig mit der Versagung der Zulassung die Zulassung der von ihm für erforderlich erachteten Anzahl von neuen Rechtsanwälten bei dem BGH aussprechen würde, dadurch das Kontingent der von ihm für erforderlich gehaltenen Zulassungen erschöpfen und damit die Chance der Abgewiesenen nachhaltig vermindern, ihre Zulassung durch einen Antrag auf gerichtliche Entscheidung an den BGH durchzusetzen. Das BMJV (früher BMJ) hat

gegenüber dem BGH aber verbindlich zugesichert, es werde zunächst diejenigen Bewerber bescheiden, deren Zulassungsanträge zurückgewiesen werden sollten, und die vorgesehenen Zulassungen erst zwei Wochen später vornehmen, um den unterlegenen Bewerbern Gelegenheit zu geben, einstweiligen Rechtsschutz zu beantragen. Das reicht zur Sicherung der Rechte der nicht berücksichtigten Bewerber aus (BGHZ 169, 77 = NJW 2007, 1133 = BRAK-Mitt. 2007, 28). Überdies wäre es dem BMJV (früher BMJ) nicht unmöglich eine zusätzliche Zulassung vorzunehmen: Falls der Bedarf erheblich höher liegt als vom BMJV (früher BMJ) angenommen und dieses seinen Beurteilungsspielraum überschritten hat, kann das BMJV (früher BMJ) zusätzlich zu den bisher vorgesehenen und dann bereits zugelassenen Rechtsanwälten auch einen weiteren Bewerber berücksichtigen. Falls sich der angenommene Bedarf zwar im Rahmen des Beurteilungsspielraums des BMJV (früher BMJ) hält, aber dieses seinen Spielraum bei der Auswahl der Kandidaten zum Nachteil eines Bewerbers überschritten hätte, wird mit der weiteren Zulassung dieses Bewerbers dem Anliegen Rechnung getragen, einen noch besser und damit besonders geeigneten Rechtsanwalt bei dem BGH zuzulassen, was ebenfalls im Rahmen des Beurteilungsspielraums des BMJV (früher BMJ) Berücksichtigung finden darf (BGH NJW-RR 2014, 174 Rn. 6 = BRAK-Mitt. 2014, 14).

§ 171 *[aufgehoben]*

§ 171 wurde durch Gesetz vom 26.3.2007 (BGBl. I S. 358) aufgehoben. Es handelt sich um eine Folgeänderung zum Wegfall der Zulassung bei Gericht (→ Vor § 4 Rn. 7 f.). Die Aufhebung des Verbots, nach dem Rechtsanwälte bei dem BGH nicht zugleich bei einem anderen Gericht zugelassen sein können, führt nicht dazu, dass Rechtsanwälte bei dem BGH künftig bei Gerichten auftreten können, bei denen ihnen eine Vertretung bisher verwehrt ist. Denn die Beschränkung der Vertretungsbefugnis auf die obersten Gerichtshöfe des Bundes und das BVerfG (§ 172) bleibt unverändert (BT-Drs. 16/3837, 26; § 78 Abs. 1 S. 3 ZPO nF). **1**

Dritter Abschnitt. Die besonderen Rechte und Pflichten der Rechtsanwälte bei dem Bundesgerichtshof

§ 172 Beschränkung des Auftretens vor anderen Gerichten

(1) [1] **Die bei dem Bundesgerichtshof zugelassenen Rechtsanwälte dürfen nur vor dem Bundesgerichtshof, den anderen obersten Gerichtshöfen des Bundes, dem Gemeinsamen Senat der obersten Gerichtshöfe und dem Bundesverfassungsgericht auftreten.** [2] **Das Recht, vor internationalen oder gemeinsamen zwischenstaatlichen Gerichten aufzutreten, wird hierdurch nicht berührt.**

(2) **In dem Verfahren vor dem ersuchten Richter dürfen sie auch vor einem anderen Gericht auftreten, wenn das Ersuchen von einem der in Absatz 1 genannten Gerichte ausgeht.**

Übersicht

I. Beschränkung der Postulationsfähigkeit

1 **1. Zweck der Regelung.** Auch nach Aufhebung des § 171 (→ § 171 Rn. 1) verwehrt § 172 weiterhin den beim BGH zugelassenen Rechtsanwälten ein Auftreten bei anderen als den in § 172 aufgeführten Gerichten, selbst wenn vor diesen kein Anwaltszwang besteht. § 172 beschränkt die Postulationsfähigkeit der bei dem BGH zugelassenen Rechtsanwälte dahingehend, dass sie, von geringen Ausnahmen abgesehen, nur vor dem BGH, den anderen obersten Gerichtshöfen des Bundes und dem BVerfG auftreten dürfen, um so eine möglichst leistungsfähige und hochqualifizierte Anwaltschaft bei dem BGH zu sichern (BVerfGE 106, 216 = NJW 2002, 3765 = BRAK-Mitt. 2002, 271 mit Anm. *Kirchberg;* BGHZ 150, 70 = NJW 2002, 1725 = BRAK-Mitt. 2002, 132; BGHZ 162, 199 = NJW 2005, 2304 mit Anm. *Braun/Köhler* NJW 2005, 2592 = BRAK-Mitt. 2005, 190; BGH NJW 1984, 1042 = BRAK-Mitt. 1984, 84). Das Vertretungsverbot vor den anderen Gerichten beginnt mit der Bestandskraft der Zulassung bei dem BGH (→ § 170 Rn. 13 ff.).

2 Auf diesem Wege soll erreicht werden, „dass die Rechtsanwaltschaft mit den Rechtsanschauungen des BGH und der darauf beruhenden Auslegung und Weiterbildung des Rechts auf das Genaueste vertraut ist. Auf Grund dieser Kenntnisse wird die Rechtsanwaltschaft die Prozessparteien über die Aussichten eines Rechtsmittels sachgemäß beraten können. Sie kann auf diese Weise dazu beitragen, dass in Sachen, in denen ein Erfolg nicht zu erwarten ist, ein Rechtsmittel nicht eingelegt wird. Wenn so aussichtslose Sachen nicht in die Revisionsinstanz gelangen, so werden einmal den Parteien unnötige Weiterungen und Kosten erspart. Zum anderen aber trägt eine solche vorbeugende Beratung dazu bei, dass der BGH nicht mit aussichtslosen Revisionen belastet wird, sondern dass er sich wirklich bedeutsamen Aufgaben widmen kann" (BT-Drs. 3/120, 111 zu § 185; BVerfGE 106, 216 = NJW 2002, 3765; BGHZ 150, 70 = NJW 2002, 1725). Dass ein bei dem BGH zugelassener Rechtsanwalt nur bei den in § 172 aufgeführten Gerichten auftreten darf, ist mit Art. 12, Art. 3 GG vereinbar (zu dem aufgehobenen § 171 s. BGH BRAK-Mitt. 2003, 281; BGHZ 162, 199 = NJW 2005, 2304). Daraus, dass es bei anderen obersten Bundesgerichten keine nur dort vertretungsberechtigte Rechtsanwaltschaft gibt, kann nicht gefolgert werden, auf eine besondere Rechtsanwaltschaft könne ohne Nachteile für wesentliche Belange des Gemeinwohls auch beim BGH verzichtet werden. § 172 dient in besonderem Maße einer sachgerechten Beratung der Parteien sowie der Erhaltung der Funktionsfähigkeit der höchstrichterlichen Rechtsprechung in Zivilsachen und genügt deshalb den verfassungsrechtlichen Anforderungen. Zur Erreichung dieser Zwecke stellt es auch keine gleich geeignete Alternative dar, den Zugang zu den Zivilsenaten des BGH unter Aufgabe der gemäß § 172 eingeschränkten Postulationsfähigkeit noch einzuführenden Fachanwälten für Revisionsrecht oder im jeweiligen Rechtsgebiet der bisherigen Fachanwaltschaften zu eröffnen. Die begrenzte Zahl von jährlich etwa 4000 Revisionsverfahren, Nichtzulassungsbeschwerden und Rechtsbeschwerden in Zivilsachen schließt es aus, dass eine größere Anzahl von Fachanwälten eine ausreichende forensische Erfahrung in Revisionssachen sammeln könnte (so BVerfG NJW 2008, 1293 = BRAK-Mitt. 2008, 125).

3 **2. Umfang der Beschränkungen.** Die Beschränkungen gelten nicht nur für Verfahren, auf welche die Zivilprozessordnung, die Strafprozessordnung oder die Insolvenzordnung Anwendung findet, wie früher nach der Entstehungsgeschichte der Rechtsanwaltsordnung vom 1.7.1878 angenommen wurde (vgl. *Friedlaender,* Kommentar zur Rechtsanwaltsordnung vom 1.7.1878, 3. Aufl. 1930, § 100 Rn. 5), sondern ganz allgemein für das Auftreten vor anderen Gerichten jedweder Art (BT-Drs. 3/120, 111 zu § 186).

4 Das Verbot, vor anderen Gerichten aufzutreten, schließt auch das Verbot ein, Schriftsätze für andere als die in § 172 genannten Gerichte zu unterzeichnen und bei ihnen einzureichen (Löwe/Rosenberg/*Lüderssen/Jahn* 26. Aufl. StPO § 138 Rn. 5).

5 Die Revisionseinlegung, Revisionsanträge und Revisionsbegründung in Strafsachen sowie Anfragen beim Instanzgericht, zB in Bezug auf die Gesetzmäßigkeit der Besetzung, gehören jedoch schon zur Verteidigung vor dem BGH und stehen daher auch dem bei dem BGH zugelassenen Rechtsanwalt zu, wenn auch die Schriften nach §§ 341 Abs. 1, 345 Abs. 1 StPO beim Landgericht einzureichen sind (Löwe/Rosenberg/*Lüderssen/Jahn* 26. Aufl. StPO § 138 Rn. 5; KK-StPO/*Laufhütte/Willnow* 7. Aufl. StPO § 138 Rn. 3). Dies gilt auch für andere

Rechtsmittel, über die der BGH zu entscheiden hat, die aber beim Richter a quo einzulegen und/oder zu begründen sind (Gaier/Wolf/Göcken/*Vorwerk* § 172 Rn. 5 ff.).

3. Folgen eines Verstoßes gegen § 172. Das erlaubte Auftreten der Rechtsanwälte beim BGH vor einem der in § 172 genannten Gerichte führt zur rechtlichen Wirksamkeit der vorgenommenen Prozesshandlungen. 6

Ein unerlaubtes Auftreten ist verboten und berufsrechtlich zu ahnden. Entgegen der von *Isele* (§ 172 Anm. II A 2) vertretenen Ansicht sind diese Handlungen indes nicht ohne weiteres prozessual unwirksam (Henssler/Prütting/*Hartung* § 172 Rn. 6; Gaier/Wolf/Göcken/*Vorwerk* § 172 Rn. 4). 7

Vielmehr sind im Interesse der Rechtssicherheit und Rechtsklarheit die §§ 155 Abs. 4 und 5, 156 Abs. 2 entsprechend heranzuziehen. Die Gerichte sollen einen Rechtsanwalt, der entgegen § 172 vor ihnen auftritt, entsprechend § 156 Abs. 2 zurückweisen. 8

Andererseits wird man es auch einem BGH-Anwalt nicht verwehren können, seine eigenen Angelegenheiten, die Angelegenheiten seines Ehegatten und seiner minderjährigen Kinder vor anderen Gerichten wahrzunehmen, soweit nicht eine Vertretung durch Anwälte geboten ist; insoweit darf er auch nicht zurückgewiesen werden (§ 155 Abs. 4 entsprechend). 9

II. Gerichte, vor denen der bei dem BGH zugelassene Rechtsanwalt auftreten darf

1. BGH. Das Auftreten vor dem BGH als dem Zulassungsgericht ist ohne Einschränkung erlaubt. 10

2. Andere oberste Gerichtshöfe des Bundes. Vor allen anderen Obersten Gerichtshöfen des Bundes darf der Rechtsanwalt bei dem BGH auftreten, dh vor dem Bundesarbeitsgericht, dem Bundessozialgericht, dem Bundesverwaltungsgericht und dem Bundesfinanzhof (Art. 95 Abs. 1 GG). Auch dort ist der besonders qualifizierte und durch wissenschaftliche Arbeit und praktische Erfahrung ausgezeichnete Rechtsanwalt gefordert. Es soll so ermöglicht werden, dass die Rechtsanwälte ihre Erfahrungen, die sie in der Revisionsinstanz vor dem BGH gesammelt haben, auch in den Verfahren vor den anderen Bundesgerichten im Interesse der Rechtspflege verwerten können (BT-Drs. 3/120, 111 zu § 186). 11

3. Gemeinsamer Senat der Obersten Gerichtshöfe. Vor dem gemeinsamen Senat der Obersten Gerichtshöfe (Art. 95 Abs. 3 GG) darf der bei dem BGH zugelassene Rechtsanwalt insbesondere deswegen auftreten, um einen Anwaltswechsel zu vermeiden, wenn der BGH eine Sache dem Gemeinsamen Senat vorlegt und weil auch dort ein besonders qualifizierter Anwalt erforderlich ist (vgl. BT-Drs. 3/120, 111 zu § 186). 12

4. BVerfG. Vor dem BVerfG (Art. 93 GG) darf der Rechtsanwalt bei dem BGH auftreten, um seine besonderen, in der Revisionsinstanz vor dem BGH gesammelten Erfahrungen einbringen zu können (BT-Drs. 3/120, 111 zu § 186). 13

5. Internationale oder gemeinsame zwischenstaatliche Gerichte. Vor internationalen oder gemeinsamen zwischenstaatlichen Gerichten darf der Rechtsanwalt beim BGH ebenfalls auftreten, soweit dies einem deutschen Rechtsanwalt nach den internationalen Verträgen gestattet ist. Ist dieses deutschen Rechtsanwälten überhaupt gestattet, dann darf es auch der bei dem BGH zugelassene Rechtsanwalt tun. Internationale Gerichte in diesem Sinne sind insbesondere der Internationale Gerichtshof in Den Haag, der Europäische Gerichtshof für Menschenrechte (vgl. *Lenz* BRAK-Mitt. 1998, 259), der EuGH, das Oberste Rückerstattungsgericht in Entschädigungssachen, die Zentralkommission in Rheinschifffahrtssachen und der Berufungsausschuss der Moselkommission in Moselschifffahrtssachen. 14

6. Ersuchter Richter. Vor dem ersuchten Richter eines jeden anderen Gerichts darf der Rechtsanwalt bei dem BGH auftreten, wenn das Ersuchen von einem der in Abs. 1 genannten Gerichte ausgeht (Abs. 2). Dies erklärt sich daraus, dass ein Verfahren vor dem ersuchten Richter nur ein Teil des Gesamtverfahrens ist, in dem der Rechtsanwalt tätig ist (BT-Drs. 3/120, 111 zu § 186). 15

7. Oberstes Landesgericht. § 172 Abs. 2 aF, der gestattete, dass die Rechtsanwälte bei dem BGH vor einem Obersten Landesgericht auftreten, soweit § 8 Abs. 1 des Einführungsgesetzes zur Zivilprozessordnung eine Vertretung durch sie vorsah (vgl. 5. Aufl. § 172 Rn. 16, 17), wurde 16 durch Art. 36 des Gesetzes zur Reform des Zivilprozesses vom 27.7.2001 (BGBl. I S. 1887, 1920) als Folgeänderung zu der durch Art. 3 des genannten Gesetzes erfolgten Aufhebung des § 8 EGZPO ersatzlos gestrichen.

§ 172a Sozietät

[1]Rechtsanwälte, die beim Bundesgerichtshof zugelassen sind, dürfen nur untereinander eine Sozietät eingehen. [2]Eine solche Sozietät darf nur zwei Rechtsanwälte umfassen.

I. Grund der Neuregelung

1 Die Bestimmung wurde durch Gesetz vom 2.9.1994 (BGBl. I S. 2278) in die BRAO eingefügt. Die vom BVerfG gebilligte und vom BGH ausdrücklich befürwortete Praxis (BGH NJW 1984, 1042 = BRAK-Mitt. 1984, 84), dass beim BGH zugelassene Rechtsanwälte sich allenfalls zu zweit zur gemeinsamen Berufsausübung zusammenschließen dürfen (zustimmend *v. Stackelberg,* FS Pfeiffer, S. 1004; kritisch *Hirsch* NJW 1984, 2079), wurde mit dieser Bestimmung aufgegriffen. Die Ermöglichung der Zweiersozietät stellt einerseits das Berufsbild des Revisionsrechtsanwalts, der seine Mandate persönlich wissenschaftlich bearbeitet (→ § 162 Rn. 1, 2), nicht in Frage, eröffnet aber für Vertretungsfälle und Kanzleiübergaben in jüngere Hände erhebliche Erleichterungen. Die bisherige auf Standesrecht gestützte Praxis sollte daher von Gesetzes wegen fortgesetzt werden (amtliche Begründung, BT-Drs. 12/4993, 36). Einer überörtlichen Sozietät eines BGH-Anwalts mit anderen Rechtsanwälten, die nicht bei dem BGH zugelassen sind, steht § 172a entgegen, auch wenn sich an dieser nicht mehr als zwei Rechtsanwälte bei dem BGH beteiligen. Zur entsprechenden Regelung der Beteiligung an einer Rechtsanwaltsgesellschaft m. b. H. → Rn. 6; → § 59e Rn. 4 .

II. Sachliche Rechtfertigung der Beschränkung

2 Ein Zulassungswechsel zum BGH ist für einen Rechtsanwalt vielfach auch ein persönlich tiefer Einschnitt. Gute und erfolgreiche Anwälte werden ihn nur wagen, wenn sie ein ausreichendes Betätigungsfeld erwarten dürfen. Das Interesse der Rechtspflege an der Gewinnung entsprechend hochqualifizierter Bewerber gebietet es deshalb, zugunsten der bereits vorhandenen Anwälte wirkende und vom Gesetz nicht vorgesehene Zugangserschwernisse zu vermeiden (BGH NJW 1984, 1042 = BRAK-Mitt. 1984, 84). Ein solches vom Gesetz nicht vorgesehenes Zugangserschwernis wäre die Bildung von Großpraxen beim BGH. Die Zulassung von Großpraxen würde für die in diesen verbundenen Rechtsanwälte erhebliche wirtschaftliche Vorteile mit sich bringen. Derartige Großpraxen müssen einem den Wechsel zum BGH erwägenden Rechtsanwalt als übermächtiges Hindernis einer Bewerbung erscheinen. Er muss damit rechnen, dass Instanzanwälte Großpraxen bei der Mandatierung bevorzugen, weil sie eine Spezialisierung der darin zusammengeschlossenen Rechtsanwälte erwarten. Er muss ferner als neu zugelassener Einzelanwalt wirtschaftliche Unterlegenheit gegenüber Sozietäten fürchten. Daraus erwächst die Gefahr, dass künftig lediglich nicht ausreichend qualifizierte oder aber solche Bewerber vorhanden sein werden, die bereits Aussicht auf Aufnahme in eine bestehende Sozietät haben. In dem zuerst bezeichneten Fall wäre die Leistungsfähigkeit der Rechtsanwaltschaft bei dem BGH nicht mehr gewährleistet. Im zuletzt erwähnten Fall läge die Steuerung des Zugangs zur Rechtsanwaltschaft bei dem BGH im Ergebnis in der Hand der bereits hier zugelassenen Anwälte. Das wäre eine vom Gesetzeszweck nicht gedeckte faktische Verengung der Zulassungsmöglichkeiten und eine Aushöhlung des gesetzlich vorgesehenen Wahl- und Zulassungsverfahrens (BGH NJW 1984, 1042 = BRAK-Mitt. 1984, 84).

3 Der BGH hatte daher schon der Gesamtregelung der BRAO entnommen, dass es den bei dem BGH zugelassenen Anwälten verboten ist, sich zu einer Sozietät zusammenzuschließen, die mehr als zwei Personen umfasst. Der Einzelanwalt entspricht dem Berufsbild des Rechtsanwalts bei dem BGH. Dies entspricht auch der Interessenlage des Instanzanwalts und seines Mandanten. Würden sich bei dem BGH zugelassene Rechtsanwälte zu Großpraxen zusammenschließen, würde nicht nur dieses Berufsbild verändert, vielmehr wäre auch die Möglichkeit der Auswahl unter verschiedenen Rechtsanwälten für den Rechtsuchenden entscheidend verringert. Er könnte nicht mehr zwischen einer Vielzahl von Rechtsanwälten, sondern nur zwischen wenigen

Sozietäten wählen. Bei Verfahren mit einer Vielzahl von Prozessbeteiligten wäre unter Umständen eine Auswahlmöglichkeit überhaupt nicht mehr gegeben. Das kann auch nicht durch eine Vergrößerung der Zahl der bei dem BGH zugelassenen Rechtsanwälte vermieden werden. Abgesehen davon, dass eine Vergrößerung dieser Zahl nicht zwingend zu einer Vermehrung der Rechtsanwaltskanzleien führen würde, stehen dem die Erfordernisse einer Erhaltung der Leistungsfähigkeit der Anwaltschaft bei dem BGH entgegen. Die zahlenmäßige Begrenzung der bei dem BGH zugelassenen Rechtsanwälte ist geboten, weil ihre Postulationsfähigkeit beschränkt ist. Nach § 172 dürfen sie, von geringen Ausnahmen abgesehen, nur vor dem BGH, den anderen Obersten Gerichtshöfen des Bundes und dem BVerfG auftreten. Praktisch begrenzt der Geschäftsanfall der Zivilsenate des BGH damit die mögliche Zahl der hier zugelassenen Rechtsanwälte. Über diese Grenze hinausgehende Zulassungen wären allenfalls mit Minderungen der persönlichen Qualifikation möglicher Bewerber zu erkaufen. Das wäre unvereinbar mit dem bei der Schaffung der Rechtsanwaltschaft bei dem BGH verfolgten Gesetzeszweck (BGH NJW 1984, 1042 = BRAK-Mitt. 1984, 84).

Diesem Berufsbild des Rechtsanwalts bei dem BGH widerspricht nicht die Zulassung von Zweiersozietäten. Denn das Bild der Anwaltschaft bei dem BGH hat sich auch durch das Hinzutreten von Zweiersozietäten nicht grundlegend verändert: Mit der Bildung solcher Zusammenschlüsse kann vor allem die Alters- und Hinterbliebenenversorgung ausscheidender Revisionsanwälte geregelt und die Bestellung eines Vertreters in Krankheitsfällen sowie eines etwaigen Kanzleiabwicklers vermieden werden. Insofern liegt die Bildung der Sozietät aus zwei Rechtsanwälten im Interesse der Rechtspflege. Das personale Moment, welches bei größeren Sozietäten in den Hintergrund tritt, bleibt dabei noch gewahrt. Gerade das auch im Interesse der Sache gerechtfertigte Bestreben der Instanzanwälte, Revisionsmandate auf einen bestimmten persönlich bekannten BGH-Anwalt zu übertragen, lässt daher – anders als bei der Bildung von Dreier- und größeren Sozietäten – den ungefährdeten Fortbestand der Einzelpraxis beim BGH erwarten (BGH NJW 1984, 1042 = BRAK-Mitt. 1984, 84; zustimmend *v. Stackelberg,* FS Pfeiffer, 1988, 1004; kritisch *Hirsch* NJW 1984, 2079 und Henssler/Prütting/*Hartung* § 172a Rn. 6). 4

Zwar stellt die Beschränkung der Rechtsanwälte bei dem BGH auf die Tätigkeit als Einzelanwalt mit allenfalls der Möglichkeit der Bildung von Zweiersozietäten eine Beschränkung ihrer Berufsausübung dar. Die durch Art. 12 Abs. 1 S. 2 GG gewährleistete Freiheit der Ausübung des Berufs umfasst grundsätzlich auch das Recht, mit anderen Anwälten eine Sozietät einzugehen. Eine Beschränkung dieser freien Berufsausübung bedarf eines Gesetzes oder einer formell ausreichenden sonstigen Grundlage. § 172a bietet diese Grundlage. 5

§ 172a hindert die bei dem BGH zugelassenen Rechtsanwälte nicht, eine Anwalts-GmbH (§§ 59c ff.) zu gründen. Die Beschränkungen auf zwei Rechtsanwälte gilt aber auch für diese (arg. § 59e Abs. 1 S. 3; Henssler/Prütting/*Henssler* § 59e Rn. 8; Gaier/Wolf/Göcken/*Bormann* § 59e Rn. 5). 6

§ 172b Kanzlei

[1]Der beim Bundesgerichtshof zugelassene Rechtsanwalt hat seine Kanzlei am Sitz des Bundesgerichtshofes einzurichten und zu unterhalten. [2]§ 14 Abs. 3 gilt mit der Maßgabe, dass die Zulassung als Rechtsanwalt bei dem Bundesgerichtshof widerrufen werden kann.

I. Kanzleipflicht

§ 172b wurde durch Gesetz vom 26.3.2007 (BGBl. I S. 358) neu eingefügt. Es handelt sich um eine Folgeänderung zur Neufassung des § 27 Abs. 1 (→ § 27 Rn. 1 ff.), da die generelle Bestimmung, dass sich der Kanzleisitz nach dem Ort des Zulassungsgerichts richtet, entfallen ist. 1

Nach § 174 Abs. 1 S. 1 wird der Rechtsanwalt mit seiner Zulassung bei dem BGH Mitglied der RAK bei dem BGH. Für die Dauer der Zulassung bei dem BGH ruht die Mitgliedschaft in der bisherigen RAK (§ 174 Abs. 1 S. 2). Nach § 162 iVm § 14 Abs. 3 Nr. 1 muss der Rechtsanwalt daher binnen drei Monaten seit seiner Zulassung bei dem BGH (→ § 170 Rn. 13, 14) seine Kanzlei am Sitz des BGH einrichten, sofern ihm nicht nach § 29 eine längere Frist eingeräumt wird. 2

II. Verstoß gegen die Kanzleipflicht

3 S. 2 wurde durch Gesetz vom 30.7.2009 (BGBl. I S. 2449) angefügt. Er regelt die Folgen eines Verstoßes gegen die Kanzleipflicht durch bei dem BGH zugelassene Rechtsanwälte. Ein solcher Verstoß stellt ebenfalls einen Widerrufsgrund nach § 14 Abs. 3 dar. Allerdings ist nur der Widerruf der Zulassung bei dem BGH und nicht der Widerruf der Zulassung zur Rechtsanwaltschaft gerechtfertigt. Dies entspricht der Rechtslage vor Erlass des Gesetzes zur Stärkung der Selbstverwaltung der Rechtsanwaltschaft vom 26.3.2007 (BGBl. I S. 358).

4 Nach dem Widerruf der BGH-Zulassung ist ein solcher Rechtsanwalt gemäß § 174 Abs. 1 S. 2 Mitglied der RAK, der er vor seiner Zulassung beim BGH angehört hat. Er ist dann nach § 27 verpflichtet, seine Kanzlei im dortigen Kammerbezirk (wieder) einzurichten (BT-Drs. 16/11385, 43). Kommt er dem nicht binnen drei Monaten nach, kann nach § 14 Abs. 3 Nr. 1 die Zulassung zur Rechtsanwaltschaft widerrufen werden. Die Neufassung des § 14 Abs. 3 Nr. 1 weitet den Widerrufsgrund des § 14 Abs. 3 Nr. 1 auch auf diejenigen Fälle aus, in denen die Pflicht, eine Kanzlei einzurichten, erst später entsteht (BT-Drs. 16/11385, 34), zB wenn der Rechtsanwalt bei dem BGH zugelassen wird (§ 172b S. 1).

III. Zweigstelle

5 Nachdem das Zweigstellenverbot des § 28 aF 2007 (BGBl. I S. 358) aufgehoben wurde, darf ein Rechtsanwalt Zweigstellen errichten und auswärtige Sprechtage abhalten (*Römermann* AnwBl. 2007, 609). Da eine Zweigstelle stets als eine weitere, der ersten nachgeordnete Kanzlei verstanden wurde (8. Aufl. § 27 Rn. 31c–31e; Henssler/Prütting/*Hartung* § 172b Rn. 9) und der Rechtsanwalt bei dem BGH seine Kanzlei nur am Sitz des BGH zu errichten hat, darf er aber allein am Sitz des BGH, der Stadt Karlsruhe (vgl. § 123 GVG), eine Zweigstelle errichten und unterhalten. Außerhalb der Stadt Karlsruhe ist ihm dies verboten. Deshalb ist auch die Errichtung oder Unterhaltung einer Zweigstelle am Sitz der anderen obersten Gerichtshöfe, des EGMR oder des EuGH ausgeschlossen (**aA** Henssler/Prütting/*Hartung* § 172b Rn. 11).

§ 173 Bestellung eines Vertreters und eines Abwicklers der Kanzlei

(1) [1]**Das Bundesministerium der Justiz und für Verbraucherschutz soll zum Vertreter einen bei dem Bundesgerichtshof zugelassenen Rechtsanwalt bestellen.** [2]**Es kann auch einen Rechtsanwalt bestellen, der das fünfunddreißigste Lebensjahr vollendet hat und den Beruf seit mindestens fünf Jahren ohne Unterbrechung ausübt.**

(2) [1]**Absatz 1 gilt entsprechend für die Bestellung eines Abwicklers der Kanzlei (§ 55).** [2]**Weist die Rechtsanwaltskammer bei dem Bundesgerichtshof nach, dass für die Erledigung der laufenden Aufträge in einer Weise gesorgt ist, die den Rechtsuchenden nicht schlechter stellt als die Anwendung des § 55, unterbleibt die Bestellung eines Abwicklers.**

(3) [1]**Für die Bestellung eines Vertreters (§ 47 Abs. 2, § 53 Abs. 2 Satz 2, Abs. 5, § 161 Abs. 1 Satz 1, § 163) wird eine Gebühr von 25 Euro erhoben.** [2]**Die Gebühr wird mit der Beendigung der Amtshandlung fällig.** [3]**Sie kann schon vorher eingefordert werden.** [4]**§ 192 Abs. 2 gilt entsprechend.**

I. Neufassung des § 173 (Abs. 1)

1 § 173 wurde durch Gesetz vom 30.7.2009 (BGBl. I S. 2449) insgesamt neu gefasst. Der bisherige Abs. 1, wonach das BMJV (früher BMJ) für die Bestellung eines Vertreters zuständig ist, wurde aufgehoben, da sich bereits aus § 163 S. 1 ergibt, dass das BMJV (früher BMJ) an die Stelle der im Übrigen zuständigen Rechtsanwaltskammern tritt. Der neue Abs. 1 regelt die Auswahl des Vertreters. Dabei stellen S. 1 und 2, der dem bisherigen Abs. 2 entspricht, sicher, dass auch der Vertreter den besonderen Aufgaben der Revisionsinstanz gerecht wird. Der neue Abs. 2 ist der bisherige Abs. 3 und der neue Abs. 3 bestimmt die Gebühren (BT-Drs. 16/11385, 43).

II. Bestellung eines Vertreters (Abs. 1)

§ 173 ergänzt für Rechtsanwälte bei dem BGH die Regelung der §§ 53, 55 und passt sie den Besonderheiten der Anwaltschaft bei dem BGH an. Die Bestellung eines Vertreters zB in Krankheitsfällen sowie eines etwaigen Kanzleiabwicklers wird fast immer zu Verzögerungen in der Sachbearbeitung führen. Um solche Unzulänglichkeiten zu vermeiden, ist mit § 172a die Bildung von Zweiersozietäten durch Rechtsanwälte bei dem BGH zugelassen worden, da insofern die Bildung der Sozietät aus zwei Rechtsanwälten im Interesse eines geordneten Geschäftsgangs bei den Zivilsenaten des BGH und damit letztlich im Interesse auch der Rechtspflege liegt. Diese Sozien können sich gegenseitig vertreten und so kann die Bestellung eines Vertreters in Krankheitsfällen vermieden werden (BGH NJW 1984, 1042 = BRAK-Mitt. 1984, 84). 2

Für die Bestellung eines Vertreters gilt § 53 Abs. 1 und 2 entsprechend. Der Rechtsanwalt selbst kann seine Vertretung nach § 53 Abs. 1 und 2 nur einem bei dem BGH zugelassenen Rechtsanwalt übertragen. Wenn der Rechtsanwalt danach seinen Vertreter nicht selbst bestellen kann, hat dies das BMJV (früher BMJ) zu tun. 3

Das BMJV (früher BMJ) – bzw. im Falle der Übertragung der Aufgaben und Befugnisse nach § 33 Abs. 2 auf den Präsidenten des BGH dieser (→ § 163 Rn. 4) – soll zum Vertreter einen bei dem BGH zugelassenen Rechtsanwalt bestellen. Es kann aber auch ein Rechtsanwalt bestellt werden, der die Voraussetzungen erfüllt, um in die Vorschlagsliste nach § 166 Abs. 3 aufgenommen zu werden. So soll sichergestellt werden, dass auch der Vertreter den besonderen Aufgaben der Revisionsinstanz gerecht werden wird (amtliche Begründung, BT-Drs. 3/120, 112 zu § 187). Der Vertreter braucht aber nicht in einer der Vorschlagslisten schon aufgeführt zu sein. Er muss nur das 35. Lebensjahr vollendet haben und den Beruf des Rechtsanwalts seit mindestens fünf Jahren ohne Unterbrechung ausüben. Da andere als zugelassene Rechtsanwälte nicht zum Vertreter bestellt werden dürfen, gilt § 53 Abs. 4 S. 2 nicht. 4

III. Bestellung eines Abwicklers der Kanzlei

Für die Bestellung zum Abwickler der Kanzlei ist § 55 grundsätzlich anwendbar mit der Ausnahme, dass an die Stelle der RAK in § 55 Abs. 1 S. 1 das BMJV (früher BMJ) tritt (§ 163). Auch zum Abwickler darf nur ein Rechtsanwalt bestellt werden, der das 35. Lebensjahr vollendet hat und den Beruf des Rechtsanwalts seit mindestens fünf Jahren ohne Unterbrechung ausübt. 5

Nach Abs. 2 S. 2, der durch das Gesetz zur Änderung des Berufsrechts der Rechtsanwälte und der Patentanwälte vom 13.12.1989 (BGBl. I S. 2135) eingefügt wurde, darf die Bestellung eines Abwicklers unterbleiben, wenn für die Erledigung der laufenden Aufträge in einer Weise gesorgt ist, die den Rechtsuchenden nicht schlechter stellt als die Anwendung des § 55. In der amtlichen Begründung für die Neuregelung heißt es: 6

In der kleinen Gruppe der Rechtsanwälte bei dem BGH haben sich besondere Verfahren – wie die Verteilung der beim Tod eines Rechtsanwalts schwebenden Angelegenheiten auf die übrigen Rechtsanwälte – herausgebildet, welche die Einsetzung eines Abwicklers entbehrlich machen können. Wenn nach der Feststellung der RAK bei dem BGH dafür gesorgt ist, dass bei einem solchen Verfahren der Rechtsuchende nicht schlechter gestellt ist, als er es bei Anwendung des § 55 (vor allem im Hinblick auf bereits gezahlte Vorschüsse) wäre, sollten die schwebenden Angelegenheiten in dieser die Besonderheiten der Rechtsanwälte bei dem BGH berücksichtigenden Weise erledigt werden. 7

IV. Vergütung, Gebühren

Für die Vergütung des Vertreters und des Abwicklers gelten die allgemeinen Regeln der §§ 53 Abs. 10 und 55 Abs. 3 (→ § 53 Rn. 59 ff.; → § 55 Rn. 20 ff.). Kann er sich mit dem Vertretenen nicht einigen, setzt nach § 53 Abs. 10 S. 5 der Vorstand der RAK bei dem BGH die Höhe der Vergütung fest und haftet die Kammer für die festgesetzte Vergütung wie ein Bürge (§ 53 Abs. 10 S. 7). 8

Der mit Gesetz vom 30.7.2009 (BGBl. I S. 2449) neu angefügte Abs. 3 setzt für die in S. 1 im Klammerzusatz enthaltenen Sachverhalte die zu erhebende Gebühr auf 25 Euro fest. Die Beendigung der Amtshandlung, von der der Eintritt der Fälligkeit nach Abs. 3 S. 2 abhängt, ist die Bestellung des Vertreters (Henssler/Prütting/*Hartung* § 173 Rn. 12). Allerdings kann die 9

Gebühr nach Abs. 3 S. 3 auch schon vorher verlangt werden, so dass die vorherige Zahlung der Gebühr zur Voraussetzung der Vertreterbestellung gemacht werden kann.

Vierter Abschnitt. Die Rechtsanwaltskammer bei dem Bundesgerichtshof

§ 174 Zusammensetzung und Vorstand

(1) [1]**Die Rechtsanwälte, die bei dem Bundesgerichtshof zugelassen sind, bilden die Rechtsanwaltskammer bei dem Bundesgerichtshof.** [2]**Für die Dauer der Zulassung bei dem Bundesgerichtshof ruht die Mitgliedschaft in der bisherigen Rechtsanwaltskammer.**

(2) [1]**Die Zahl der Mitglieder des Vorstandes wird durch die Geschäftsordnung der Kammer festgesetzt.** [2]**§ 63 Abs. 2 ist nicht anzuwenden.**

Schrifttum: *Ehlers/Lechleitner,* Die Aufgaben der Rechtsanwaltskammern, AnwBl. 2006, 361; *Haas,* Gegen Stimmengewichtung, BRAK-Mitt. 1984, 7; *Hummel,* Zur Geschichte der Bundesrechtsanwaltskammer, Schriftenreihe der BRAK, Bd. 6; *Kleine-Cosack,* Staatsabbau durch Selbstverwaltungsaufbau?, FS Gülzow, 1989, 255; *ders.,* Kammer und Verein – Eine unheilige deutsche Allianz, AnwBl. 2006, 368; *Tettinger,* Zum Tätigkeitsfeld der BRAK, Schriftenreihe der BRAK, Bd. 7; *ders.,* Kammerrecht, 1997.

I. Zusammensetzung (Abs. 1)

1 Die Rechtsanwälte, die bei dem BGH zugelassen sind, bilden die RAK bei dem BGH. Mit Gesetz vom 30.7.2009 (BGBl. I S. 2449) wurde Abs. 1 der S. 2 angefügt. Dieser ordnet das Ruhen der Mitgliedschaft in der Herkunfts-RAK für die Dauer der BGH-Zulassung an. Hierdurch wird zunächst die Möglichkeit gleichzeitiger Mitgliedschaft in zwei Rechtsanwaltskammern ausgeschlossen, die sich durch die Änderung des § 60 Abs. 1 im Gesetz zur Stärkung der Selbstverwaltung der Rechtsanwaltschaft vom 26.3.2007 (BGBl. I S. 358) ergeben hatte. Zugleich verhindert die Regelung, dass ein Rechtsanwalt, der die Gerichtszulassung bei dem BGH, nicht aber die Zulassung zur Rechtsanwaltschaft verliert (→ § 172b Rn. 3, 4), keiner RAK mehr angehört (BT-Drs. 16/11385, 43).

II. Vorstand (Abs. 2)

2 Für die RAK bei dem BGH gelten nach § 162 die Bestimmungen der §§ 56, 57, 60–91 entsprechend, soweit nicht abweichende Regelungen sich ergeben. Das bedeutet, dass § 63 Abs. 2 (Zahl der Vorstandsmitglieder) nicht anwendbar ist, da § 174 Abs. 2 bestimmt, die Zahl der Mitglieder des Vorstands werde durch die Geschäftsordnung der Kammer bestimmt.

3 Da die RAK bei dem BGH nur die bei dem BGH zugelassenen Rechtsanwälte umfasst und damit nicht so viele Mitglieder wie die Kammern in den Bezirken der Oberlandesgerichte hat, erscheint es nicht ratsam, für den Vorstand unmittelbar im Gesetz eine bestimmte Zahl von Mitgliedern vorzusehen. Den besonderen Verhältnissen kann die Kammer am ehesten in ihrer Geschäftsordnung (§§ 174, 162, 89 Abs. 3) Rechnung tragen. Auch § 61 (Bildung einer weiteren RAK) ist nicht anwendbar, da § 174 die Bildung nur einer RAK bei dem BGH vorsieht. Bei der entsprechenden Anwendung der §§ 60–91 ist die Zuständigkeitsregelung des § 163 zu beachten. Zu den Aufgaben des Vorstands der BRAK → § 163 Rn. 3.

Neunter Teil. Die Bundesrechtsanwaltskammer

Erster Abschnitt. Allgemeines

§ 175 Zusammensetzung und Sitz der Bundesrechtsanwaltskammer

(1) **Die Rechtsanwaltskammern werden zu einer Bundesrechtsanwaltskammer zusammengeschlossen.**

(2) **Der Sitz der Bundesrechtsanwaltskammer wird durch ihre Satzung bestimmt.**

Schrifttum: *Cramer,* Das Stimmrecht in der Bundesrechtsanwaltskammer, AnwBl. 1989, 140; *Hummel,* Zur Geschichte der Bundesrechtsanwaltskammer, in 25 Jahre Bundesrechtsanwaltskammer, Schriftenreihe der BRAK, Bd. 6; *Papier,* Stimmrechtsverteilung in der Bundesrechtsanwaltskammer, NJW 1987, 1308; *Tettinger,* Zum Tätigkeitsfeld der Bundesrechtsanwaltskammer, Schriftenreihe der BRAK, Bd. 7; zum 40-jährigen Bestehen der BRAK s. *Dombek* BRAK-Mitt. 1999, 242 und *Limbach* BRAK-Mitt. 1999, 245.

Übersicht

I. Geschichte der BRAK

In der amtlichen Begründung wird zur Geschichte der BRAK in der Einleitung zum Neunten Teil Folgendes ausgeführt: 1

> *„Die Rechtsanwaltsordnung vom 1. Juli 1878 hat sich seinerzeit hinsichtlich der Organisation der Anwaltschaft darauf beschränkt, die Rechtsanwälte in den einzelnen Oberlandesgerichtsbezirken und bei dem Reichsgericht zu Anwaltskammern zusammenzuschließen. Eine amtliche Berufsvertretung, die das gesamte Reichsgebiet umfasste, fehlte. Aber schon wenige Jahre (1886) nach dem Inkrafttreten der Rechtsanwaltsordnung vom 1. Juli 1878 wurde aus der Anwaltschaft heraus der Wunsch geäußert, eine Gesamtorganisation zu schaffen, die sich an die Kammern und an deren Vorstände anschließen sollte (vgl. Friedlaender: Kommentar zur Rechtsanwaltsordnung vom 1. Juli 1878, 3. Aufl., Exkurs zu § 61 Anm. 2; Magnus: Die Rechtsanwaltschaft, S. 32/33). Nach zwei vorbereitenden Zusammenkünften der Delegierten der Anwaltskammervorstände (1886 und 1907) wurde im Jahre 1909 eine „Vereinigung der Vorstände der deutschen Anwaltskammern" als eine Gesellschaft des bürgerlichen Rechts begründet. Sie hatte nach ihrem Statut (Anwaltsblatt 1929 S. 129) folgenden Zweck:*
>
> *„1. Aussprache über die den Vorständen nach der Rechtsanwaltsordnung obliegenden Pflichten und Befugnisse;*
> *2. Vorbereitung gemeinsamer Anträge an die Justizverwaltung;*
> *3. Förderung der Interessen der deutschen Rechtsanwaltschaft."*

Die Vereinigung blieb in dieser ursprünglichen Form einer privaten Gesellschaft bis zum Jahre 1933 bestehen. Sie sollte aber nach den übereinstimmenden Entschließungen der Vereinigung Anwaltskammervorstände und des Deutschen Anwaltsvereins durch eine amtliche Berufsvertretung, für welche die Bezeichnung „Reichsanwaltskammer" gedacht war, abgelöst werden. Nach langen Vorbereitungen und Verhandlungen (vgl. AnwBl. 1928, 174, 211, 290, 317, 348, 353; AnwBl. 1929, 6, 29, 77, 103, 124, 138, 144; AnwBl. 1931, 18, 77) legte die Reichsregierung im April 1932 dem Reichstag den „Entwurf eines Gesetzes über die Reichs-Rechtsanwaltskammer" vor (Reichstags-Drs. 5/1930 Nr. 1447). Dieser Entwurf wurde nicht mehr von dem Reichstag verabschiedet. Sein Inhalt wurde jedoch unverändert in die Verordnung des Reichspräsidenten 1a über Maßnahmen auf dem Gebiete der Finanzen, der Wirtschaft und der Rechtspflege vom 18.3.1933 (Kap. XIII, Art. I Nr. 2, RGBl. I S. 109) übernommen. Die so errichtete Reichs-Rechtsanwaltskammer hatte die besondere Aufgabe, eine ständige Verbindung unter den Vorständen der Anwaltskammern herzustellen. Sie war verpflichtet, Gutachten zu erstatten, die von einer der an der Gesetzgebung des Reichs beteiligten Körperschaften oder ihren Ausschüssen, von einer obersten Reichsbehörde oder dem Ehrengerichtshof erfordert wurden.

1b Diese aus der Entwicklung **vor 1933** hervorgegangene **Reichs-Rechtsanwaltskammer** blieb nur bis zum Jahre 1935 bestehen. An ihre Stelle trat die neue „Reichs-Rechtsanwaltskammer" (Zweites Gesetz zur Änderung der Rechtsanwaltsordnung vom 13.12.1935, RGBl. I S. 1470). Sie hatte mit ihrer Vorgängerin nur den Namen gemein. Die früheren Anwaltskammern wurden beseitigt. Die gesamte Anwaltschaft im Reichsgebiet wurde in der neuen Reichs-Rechtsanwaltskammer zusammengefasst (vgl. §§ 46 ff. Reichs-Rechtsanwaltsordnung 1936). Diese Neubildung war damit das Gegenstück zu der Verreichlichung der Justizverwaltung. Sämtliche Organe – Präsident, Präsidium, Beirat der Reichs-Rechtsanwaltskammer – wurden nicht mehr gewählt, sondern berufen. Die Einrichtung beruhte also auf rein nationalsozialistischen Gedankengängen.

1c Mit dem Zusammenbruch hat die Reichs-Rechtsanwaltskammer zu bestehen aufgehört. **Nach 1945** entstanden in den Ländern wieder Rechtsanwaltskammern, die in ihrem Aufbau und in ihrem Wesen den Kammern der Rechtsanwaltsordnung vom 1.7.1878 entsprechen. Wiederum setzten sehr bald – zunächst in den Ländern der britischen Zone – Bestrebungen ein, die Rechtsanwaltskammern zusammenzufassen. So wurde am 1.2.1946 aus den Rechtsanwaltskammern der britischen Zone in den Oberlandesgerichtsbezirken Braunschweig, Celle, Düsseldorf, Hamburg, Hamm, Kiel, Köln und Oldenburg eine „Vereinigung der Rechtsanwaltskammern der Britischen Zone" gebildet. Diese Vereinigung, zu der später die neugebildete RAK bei dem Obersten Gerichtshof für die Britische Zone hinzutrat, wurde durch die Verordnung über den Zusammenschluss der Rechtsanwaltskammern in der Britischen Zone vom 25.2.1948 (VOBl. BZ S. 45) als Körperschaft des öffentlichen Rechts anerkannt. Sie hatte den Zweck (§ 2):

a) die Belange der Rechtsanwälte der britischen Zone zu behandeln und zu fördern;
b) die ständige Verbindung unter den Rechtsanwaltskammern herzustellen;
c) Gutachten zu erstatten, die von einer der an der Gesetzgebung beteiligten Behörden, Körperschaften oder ihren Ausschüssen oder von dem Ehrengerichtshof angefordert wurden.

Sie ähnelte also in ihrem Aufgabenkreis und in ihrer Stellung der ersten Reichs-Rechtsanwaltsordnung von 1933–1935.

1d In den Ländern der amerikanischen Zone schlossen sich die Rechtsanwaltskammern lediglich zu einer losen Vereinigung zusammen. In den Ländern der französischen Zone blieb die Entwicklung noch zurück.

1e Nach der Errichtung des Bundes gründeten die Rechtsanwaltskammern aus allen Ländern die **„Arbeitsgemeinschaft der Anwaltskammervorstände im Bundesgebiet".** Dieser in der Form einer Gesellschaft des bürgerlichen Rechts gebildeten Vereinigung ist im Art. 8 Nr. 89 Abs. 2 des Gesetzes zur Wiederherstellung der Rechtseinheit auf dem Gebiete der Gerichtsverfassung, der bürgerlichen Rechtspflege, des Strafverfahrens und des Kostenrechts vom 12.9.1950 (BGBl. S. 455) als der gemeinsamen Spitze der Kammervorstände ein Mitwirkungsrecht bei der Zulassung der Rechtsanwälte beim BGH eingeräumt worden. Bei der Zuweisung dieser Aufgabe zeigte sich bereits, ähnlich wie vor 1933, dass ein Bedürfnis besteht, der deutschen Anwaltschaft eine Gesamtvertretung mit öffentlich-rechtlicher Stellung zu geben. Wie die Erfahrungen gelehrt haben, „konnte" die Vereinigung der Rechtsanwaltskammern im Bundesgebiet, wie die Arbeitsgemeinschaft sich später nannte, „ihre Aufgaben als Spitzenorganisation der amtlichen Berufsvertretungen in der losen Form einer Gesellschaft des bürgerlichen Rechts auf die Dauer nicht erfüllen. Die genannte Vereinigung hat deshalb den dringenden Wunsch geäußert, dass eine Bundesrechtsanwaltskammer errichtet werden möge. Der Deutsche Anwaltverein hat sich diesem Wunsche angeschlossen."

1f Die BRAO trägt diesem als berechtigt anzuerkennendem Wunsche durch die **Errichtung der BRAK** Rechnung. Durch Inkrafttreten des § 175 am **1.10.1959** wurde die BRAK förmlich ins Leben gerufen. Sie feierte im Jahre 2009 ihr **50-jähriges Bestehen** (zur Entstehungsgeschichte der BRAK Gaier/Wolf/Göcken/*Göcken* § 175 Rn. 1–11).

„Die Bundesrechtsanwaltskammer ist weder in ihrer Struktur noch in ihrem Aufgabenkreis mit der Reichs-Rechtsanwaltskammer der Reichs-Rechtsanwaltsordnung von 1936 zu vergleichen. Eine An-

lehnung in dieser Richtung verbietet sich nach den nationalsozialistischen Gedankengängen, denen jene Reichs-Rechtsanwaltskammer ihre Entstehung und Ausgestaltung verdankte, von selbst. Da zwischen der Bundesrechtsanwaltskammer und der ***Reichs-Rechtsanwaltskammer*** *keine Verbindung besteht, kann sie auch nicht etwa in vermögensrechtlicher Hinsicht die Rechtsnachfolge antreten.*

Dagegen besteht eine Ähnlichkeit zwischen der Bundesrechtsanwaltskammer und der von der Rechtsanwaltschaft erstrebten ersten Reichs-Rechtsanwaltskammer (Notverordnung vom 18.3.1933, RGBl. I S. 109, Kap. XIII, Art. I Nr. 2). Sie liegt darin, dass die Selbständigkeit der Rechtsanwaltskammern nicht angetastet wird und dass der Spitzenorganisation ihnen gegenüber kein Weisungsrecht zusteht. Die Bundesrechtsanwaltskammer hat vornehmlich die Funktion, das Bindeglied für die Anwaltskammervorstände zu sein. Sie soll dabei einen Ausgleich unter den Kammern fördern und eine einheitliche Willensbildung ermöglichen. Nach außen wird sie die Gesamtheit der Rechtsanwaltskammern gegenüber Behörden und Organisationen vertreten" (amtliche Begründung).

Seit der **Wiedervereinigung** gehören auch die nach § 188 iVm §§ 60 ff. RAG in den neuen Bundesländern neu errichteten Rechtsanwaltskammern der BRAK an (Anlage II, Kapitel III, Geschäftsbereich des BMJV, Sachgebiet A: Rechtspflege, Abschnitt III 1.c zum Einigungsvertrag). Diese Rechtsanwaltskammern sind nach Art. 21 Abs. 3 des Gesetzes vom 2.9.1994 (BGBl. I S. 2278) auch nach Aufhebung des RAG durch Art. 21 Abs. 1 des genannten Gesetzes bestehen geblieben (→ § 60 Rn. 11). **1g**

II. Die BRAK als Verbandskörperschaft, Anschrift

Die BRAK ist mittelbar die Dachorganisation der 28 Rechtsanwaltskammern (BGHZ 33, 381 = NJW 1961, 220); alle Rechtsanwaltskammern in den Ländern und beim BGH werden zu einer BRAK zusammengeschlossen, sind also **kraft Gesetzes korporative Mitglieder** der BRAK (amtliche Begründung). Mitglieder der BRAK sind also nicht die einzelnen Rechtsanwälte, sondern alle Rechtsanwaltskammern. Die Personalkörperschaften, die Rechtsanwaltskammern (§ 60), sind Mitglieder der Verbandskörperschaft BRAK (→ § 176 Rn. 3). Wie für die in einem OLG-Bezirk zugelassenen Rechtsanwälte Pflichtmitgliedschaft in der zugehörigen RAK besteht (§ 60 Abs. 1), so sind kraft Gesetzes alle Rechtsanwaltskammern der Bundesrepublik Deutschland in der BRAK zusammengeschlossen (zustimmend Henssler/Prütting/*Hartung* § 175 Rn. 5; **aA** Gaier/Wolf/Göcken/*Göcken* § 175 Rn. 19, es handele sich um einen freiwilligen Zusammenschluss). **2**

Die **Anschrift der BRAK** lautet: 10179 Berlin, Littenstraße 9, Tel. 0 30/28 49 39-0, Telefax 0 30/28 49 39-11, Internet: www.brak.de. **2a**

III. Folgen des zwangsweisen Zusammenschlusses

Aus dem zwangsweisen Zusammenschluss ergeben sich **rechtliche Konsequenzen für den Aufgabenbereich und die Handlungsweise** der BRAK. Da die einzelne RAK über ihre Mitgliedschaft in der BRAK nicht frei entscheiden und ihren Austritt erklären kann, sondern auch entgegen ihrem Willen getroffene Mehrheitsentscheidungen gegen sich gelten lassen muss (§ 190 Abs. 3 und 4), müssen die Aufgaben und Rechte der BRAK eng und klar umschrieben sein, damit die Eigenverantwortlichkeiten der einzelnen Rechtsanwaltskammern gewahrt werden (*Tettinger* S. 40). Demgemäß bedürfen die von der BRAK wahrgenommenen Aufgaben stets einer gesetzlichen Grundlage und sind die Befugnisse der Organe der BRAK gesetzlich näher umschrieben (vgl. § 177; *Tettinger* S. 40 ff.; *Zuck* und *Quaas* BRAK-Mitt. 1982, 141; BGH NJW 1985, 3032 = AnwBl. 1986, 34; BVerwG AnwBl. 1986, 34). **3**

IV. Satzung der BRAK

1. Satzungskompetenz. Nach § 175 Abs. 2 wird der **Sitz** der BRAK durch ihre Satzung bestimmt. Nach Art. I der Satzung ist die Hauptstadt der Bundesrepublik Sitz der BRAK. Das ist nach Art. 2 Abs. 1 Einigungsvertrag vom 31.8.1990 (BGBl. II S. 890) **Berlin.** In §§ 175 Abs. 2, 180 Abs. 2, 185 Abs. 5 und 190 Abs. 2 und 3 wird die Kompetenz der BRAK zum Erlass einer Satzung vorausgesetzt. **4**

a) Rechtsnatur der Satzung und Satzungsautonomie. Satzungen sind Rechtsvorschriften, die von einer dem Staat eingeordneten juristischen Person des öffentlichen Rechts im Rahmen **5**

der gesetzlich verliehenen Autonomie mit Wirksamkeit für die ihr angehörigen und unterworfenen Personen erlassen werden (BVerfGE 33, 125 ff., 156: „Facharztbeschluss").

6 Wenn auch die Kompetenz zum Erlass von Satzungen durch öffentlich-rechtliche Körperschaften im Grundgesetz nicht geregelt ist, so fügt sich die Satzungsautonomie der Kammern doch sinnvoll in das System der grundgesetzlichen Ordnung ein. Die Verleihung von **Satzungsautonomie** hat ihren guten Sinn darin, gesellschaftliche Kräfte zu aktivieren, den entsprechenden gesellschaftlichen Gruppen die Regelung solcher Angelegenheiten, die sie selbst betreffen und die sie in überschaubaren Bereichen am sachkundigsten beurteilen können, eigenverantwortlich zu überlassen und dadurch den Abstand zwischen Normgeber und Normadressat zu verringern. Zugleich wird der Gesetzgeber davon entlastet, sachliche und örtliche Verschiedenheiten berücksichtigen zu müssen, die für ihn oft schwer erkennbar sind und auf deren Veränderungen er nicht rasch genug reagieren könnte (BVerfGE 33, 125 ff., 156).

7 **b) Begrenzung der Satzungskompetenz.** Wenn sich auch aus Art. 80 Abs. 1 GG keine Begrenzung der Satzungskompetenz für die BRAK ergibt (vgl. BVerfGE 33, 125 ff., 157 zur Satzungskompetenz der Ärztekammer), so ergibt sich jedoch eine Begrenzung der Satzungsautonomie aus dem Demokratie- und Rechtsstaatprinzip sowie durch Wesen und Aufgabenstellung einer Körperschaft. Der Zweck der Autonomie begrenzt die Satzungskompetenz (BVerfGE 33, 125 ff., 157 ff.). Die **Kompetenz der BRAK** wird somit durch die Aufgaben der BRAK **begrenzt;** zu den Aufgaben der BRAK vgl. § 177.

7a Neben die in §§ 175 Abs. 2, 180 Abs. 2, 185 Abs. 5, 190 Abs. 2 und 3 angesprochene Satzung der BRAK, die deren Geschäftsordnung darstellt und die Wirksamkeit gegen und für die eigenen Mitglieder der BRAK, die Rechtsanwaltskammern hat, und nicht zu verwechseln ist mit der Geschäftsordnung des Präsidiums (→ § 179 Rn. 5) sowie der der Hauptversammlung (abgedruckt in BRAK-Mitt. 1988, 252), tritt nunmehr die von der Satzungsversammlung bei der BRAK (§§ 191a ff.) erlassene **Berufsordnung** für alle Mitglieder der einzelnen Rechtsanwaltskammern (in Kraft getreten am **11.3.1997;** zur Entstehungsgeschichte Hartung/*Hartung* BORA Einf. Rn. 27 ff.).

8 **2. Satzung der BRAK.** Die Satzung der BRAK wird von deren Hauptversammlung (§§ 187 ff.) beschlossen (*Isele* § 175, IV B) und bedarf der Ausfertigung (→ § 63 Rn. 11 entsprechend). Diese Satzung, die sich bislang Organisationssatzung der BRAK nannte, beschlossen am 20.10.1994, geändert am 3.5.1996 sowie 8.5.1998 (Ausfertigungen in BRAK-Mitt. 1994, 226, 227; 1996, 156; 1998, 187), wurde am 1.6.2015 durch Beschluss der 63. Präsidentenkonferenz als 147. Hauptversammlung grundlegend verändert (amtliche Bekanntmachung der BRAK in BRAK-Mitt. 2015, 175–197).

9 Die bislang eigenständigen Satzungen der BRAK, die **Organisationssatzung**, die **Geschäftsordnung der Hauptversammlung** vom 2.10.1987, zuletzt geändert am 1.10.2010 sowie die **Wahlordnung** vom 3.5.1996 wurden in die (neue) **„Satzung der BRAK"** bestehend aus vier Teilen (Teil 4 Schlussbestimmungen) zusammengefasst. Die inhaltlichen Änderungen dieser drei Satzungen tragen insbesondere dem Umstand Rechnung, dass inzwischen einige Regelungen obsolet geworden sind (Stichwort: Bonn) und sich zwischenzeitlich auch Überarbeitungsbedarf auf Grund von Änderungen der BRAO, wie etwa § 180 Abs. 1 S. 2, ergeben haben. Daneben soll die Neufassung der besseren Übersichtlichkeit und Lesbarkeit dienen, sowie das Wahlverfahren verständlicher und eindeutiger darstellen. Die neue Satzung trat nach Verkündung in den BRAK-Mitt. vom August 2015 (4/2015) am **1.9.2015 in Kraft**.

10 **Satzung der Bundesrechtsanwaltskammer**

vom 1.6.2015 (BRAK Mitt. 2015, 175)

Teil 1. Organisationssatzung

§ 1 Geltungsbereich

(1) Diese Organisationssatzung regelt Sitz und Geschäftsjahr sowie die Beschlussfassung in Präsidium und Hauptversammlung der Bundesrechtsanwaltskammer, die Einsetzung von Ausschüssen und Arbeitsgruppen der Hauptversammlung und den Zeitraum der Wahlen zur Satzungsversammlung.

(2) Die Vorbereitung und Durchführung der Wahlen zum Präsidium der Bundesrechtsanwaltskammer sind in der Wahlordnung, die Einberufung und Durchführung der Hauptversammlung (§ 187 BRAO) sind in der Geschäftsordnung der Bundesrechtsanwaltskammer geregelt.

§ 2 Sitz der Bundesrechtsanwaltskammer

(1) Der Sitz der Bundesrechtsanwaltskammer ist die Hauptstadt der Bundesrepublik Deutschland.

(2) Die Bundesrechtsanwaltskammer kann aufgrund eines Beschlusses der Hauptversammlung weitere Büros unterhalten.

§ 3 Geschäftsjahr

(1) Das Geschäftsjahr entspricht dem Kalenderjahr.

(2) Die Haushaltsrechnung ist durch einen Wirtschaftsprüfer zu erstellen. Der Bericht über die Erstellung der Haushaltsrechnung ist den Rechtsanwaltskammern zur Verfügung zu stellen.

§ 4 Sitzungen des Präsidiums

Der/Die PräsidentIn beruft die Sitzungen des Präsidiums ein. Diese sollen mindestens in jedem Vierteljahr einmal stattfinden. Eine Sitzung ist auch dann einzuberufen, wenn zwei Präsidiumsmitglieder dies schriftlich beantragen und hierbei den Gegenstand angeben, der in der Sitzung behandelt werden soll. Ergänzend gilt § 185 BRAO.

§ 5 Vertretungsregelung

(1) Der/Die PräsidentIn führt in den Sitzungen des Präsidiums den Vorsitz (§ 185 Abs. 3 BRAO). Bei Verhinderung wird er/sie von den VizepräsidentInnen in der Reihenfolge des § 30 vertreten.

(2) Der/Die SchatzmeisterIn wird von dem/der zweitjüngsten VizepräsidentIn, bei dessen/deren Verhinderung von dem/der jüngsten VizepräsidentIn vertreten.

§ 6 Beschlussfassung des Präsidiums

(1) Das Präsidium ist beschlussfähig bei Teilnahme von mindestens drei Mitgliedern. Es beschließt mit einfacher Mehrheit. Bei Stimmengleichheit gibt die Stimme des/r Vorsitzenden den Ausschlag.

(2) Beschlüsse des Präsidiums können auch in Textform ergehen, sofern hiergegen kein Widerspruch erfolgt. Abs. 1 gilt entsprechend.

(3) Über den Verlauf der Präsidiumssitzung ist ein Protokoll aufzunehmen, das von dem/der Vorsitzenden und einem/r VizepräsidentIn als SchriftführerIn zu unterzeichnen ist. Die Präsidiumsmitglieder und die Kammern erhalten jeweils eine Abschrift des Protokolls. Das Protokoll muss innerhalb von sechs Wochen nach der Präsidiumssitzung an die Rechtsanwaltskammern übermittelt werden. Beschlüsse des Präsidiums, mit Ausnahme von Beschlüssen der laufenden Geschäftsführung, über Personalfragen oder geheimhaltungsbedürftige Angelegenheiten, sind Teil des Protokolls. Beschlüsse nach Abs. 2 sind spätestens in das Protokoll der folgenden Präsidiumssitzung aufzunehmen.

(4) Die Schriftführung obliegt den VizepräsidentInnen in umgekehrter Reihenfolge ihres Lebensalters.

§ 7 Ausschüsse des Präsidiums

(1) Das Präsidium kann zu allen Beratungsgegenständen andere Personen zuziehen und vorbereitende Ausschüsse bilden. Es kann ferner ständige Ausschüsse bilden und deren Aufgaben im Rahmen des § 177 Abs. 2 BRAO festlegen. In ständige Ausschüsse können auch RechtsanwältInnen und andere Personen, die nicht von Kammern benannt wurden, berufen werden.

(2) Die Dauer der Berufungsperiode der nach Abs. 1 Satz 1 berufenen Personen und eventuell weitere, insoweit notwendige Regelungen einschließlich der Abberufung bestimmt das Präsidium. Für die Dauer der Berufungsperiode der nach Abs. 1 Satz 2 berufenen Personen gelten § 10 Abs. 2 bis 4 entsprechend.

(3) Die Kosten, die den nach Abs. 1 berufenen Personen entstehen, trägt die Bundesrechtsanwaltskammer.

(4) Die Vorsitzenden der nach Abs. 1 gebildeten Ausschüsse werden vom Präsidium ernannt.

§ 8 Einberufung der Hauptversammlung

(1) Die Hauptversammlung ist jährlich mindestens zweimal einzuberufen.

(2) Sie kann auch an einem anderen Ort als an dem Sitz der Bundesrechtsanwaltskammer einberufen werden. Die Einberufung erfolgt schriftlich unter Bekanntgabe der Tagesordnung.

(3) Ergänzend gilt § 189 BRAO.

§ 9 Beschlussfähigkeit und Beschlussfassung der Hauptversammlung

(1) Die Hauptversammlung ist beschlussfähig, wenn zwei Drittel der Kammern vertreten sind. Dies gilt auch bei Wahlen zum Präsidium. Jede Kammer hat eine Stimme. Die Stimmabgabe kann nur durch die VertreterInnen der Kammern (§ 188 BRAO) persönlich erfolgen.

(2) Ist eine ordnungsgemäß einberufene Hauptversammlung nicht beschlussfähig, so ist die mit der gleichen Tagesordnung einzuberufende neue Hauptversammlung ohne Rücksicht auf die Zahl der vertretenen Kammern beschlussfähig.

(3) Beschlüsse können in der Hauptversammlung nur über solche Gegenstände gefasst werden, die in dem Einberufungsschreiben angegeben sind. Die Hauptversammlung kann im Einzelfall etwas anderes beschließen, sofern dies einstimmig erfolgt und die nicht vertretenen Kammern die entsprechende Beschlussfassung genehmigen.

(4) Auf Antrag einer Kammer oder auf Vorschlag des Präsidiums können in dringenden Angelegenheiten Beschlüsse der Hauptversammlung auch in Textform gefasst werden. Die Mitteilung hierüber erfolgt durch den/die PräsidentIn der Bundesrechtsanwaltskammer. Die Frist zur Stimmabgabe beträgt mindestens sieben Kalendertage. Sie beginnt mit dem Zugang der Mitteilung über die Beschlussfassung, spätestens einen Tag nach Datum des Mitteilungsschreibens. Die Beschlussfassung in Textform muss unterbleiben, wenn fünf Kammern innerhalb der vorgenannten Frist dem Verfahren in Textform widersprechen.

(5) Die Schriftführung nach § 190 Abs. 5 BRAO obliegt den VizepräsidentInnen in umgekehrter Reihenfolge ihres Lebensalters.

§ 10 Ausschüsse und Arbeitsgruppen der Hauptversammlung

(1) Die Hauptversammlung kann Ausschüsse und Arbeitsgruppen bilden.

(2) Die Ausschussmitglieder werden vom Präsidium aus Vorschlägen der Kammern für die Dauer von vier Jahren berufen. Die Berufungsperiode entspricht dem Kalenderjahr. Wiederberufung ist zulässig.

(3) Scheidet ein Ausschussmitglied vorzeitig aus, so kann für den Rest der Berufungsperiode ein neues Ausschussmitglied berufen werden. Ein Ausschussmitglied kann auf eigenen Wunsch, auf begründeten Antrag seiner Rechtsanwaltskammer oder aus wichtigem Grund vom Präsidium entpflichtet werden.

(4) Die während einer laufenden Berufungsperiode erstmals eingerichteten Ausschüsse werden bei ihrer Erstberufung nur für die Restdauer der laufenden Berufungsperiode berufen. Entsprechendes gilt für Ausschussmitglieder, die während einer laufenden Berufungsperiode in einen Ausschuss berufen werden.

(5) Die Besetzung, die Dauer der Berufungsperiode der Arbeitsgruppen und eventuell weitere, insoweit notwendige Regelungen einschließlich der Abberufung bestimmt die Hauptversammlung.

(6) Die Vorsitzenden der nach Abs. 1 gebildeten Ausschüsse und Arbeitsgruppen werden vom Präsidium berufen.

(7) Die Kosten, die den nach Abs. 2 berufenen Personen entstehen, trägt die Bundesrechtsanwaltskammer.

§ 11 Kosten

(1) Die Rechtsanwaltskammern tragen die durch die Teilnahme ihrer VertreterInnen an den Hauptversammlungen und den Sitzungen der Satzungsversammlung entstehenden Kosten.

(2) Die Teilnahme des/der PräsidentIn der Bundesrechtsanwaltskammer oder seiner/ihrer Vertretung an den Hauptversammlungen und den Sitzungen der Satzungsversammlung ist ein Geschäft des Präsidiums. Gleiches gilt für die Teilnahme an Hauptversammlungen von Mitgliedern des Präsidiums, die nicht VertreterIn einer Kammer sind.

(3) Die durch die Geschäfte des Präsidiums und die Teilnahme an Ausschuss- und Arbeitsgruppensitzungen gemäß §§ 7 und 10 entstehenden Kosten der Mitglieder des Präsidiums trägt die Bundesrechtsanwaltskammer.

(4) Die Sachkosten (Raummiete, Technik), die bei Tagungen der Hauptversammlung und der Satzungsversammlung anfallen, trägt die Bundesrechtsanwaltskammer.

§ 12 Wahlen zur Satzungsversammlung

(1) Die Wahlen zur Satzungsversammlung finden statt in der Zeit zwischen dem 1. Januar und dem 30. April des Wahljahres.

(2) Die vierjährige Wahlperiode beginnt mit dem ersten Tag des Zusammentretens der Satzungsversammlung nach der Wahl, spätestens am 1. Juli des Wahljahres.

§ 13 Ausfertigung/Verkündung

Das von der Satzungsversammlung der Bundesrechtsanwaltskammer nach den Vorschriften der Bundesrechtsanwaltsordnung beschlossene und nach § 191e BRAO nicht beanstandete Satzungsrecht wird durch den/die PräsidentIn der Bundesrechtsanwaltskammer als Vorsitzende/r der Satzungsversammlung ausgefertigt und in den BRAK-Mitteilungen verkündet.

Teil 2. Geschäftsordnung der Hauptversammlung

§ 14 Geltungsbereich

Die Bundesrechtsanwaltskammer gibt sich zur Einberufung und Durchführung der Hauptversammlung (§ 187 BRAO) diese Geschäftsordnung.

§ 15 Einberufung der Hauptversammlung

Für die Einberufung der Hauptversammlung gelten § 8 Abs. 1 und 2 sowie § 189 BRAO.

§ 16 Beschlussfähigkeit, Beschlussfassung

Für die Beschlussfähigkeit und die Beschlussfassung der Hauptversammlung gelten die §§ 187, 190 BRAO und § 9.

§ 17 Öffentlichkeit

Die Hauptversammlung ist nicht öffentlich. Der/Die PräsidentIn kann jedoch Gäste an Teilen oder der gesamten Hauptversammlung zulassen.

§ 18 Tagesordnung, Berichterstatter

(1) Der/Die PräsidentIn setzt die Tagesordnung der Hauptversammlung fest und bestimmt die Reihenfolge, in der über die Gegenstände der Tagesordnung beraten wird. Ein Gegenstand ist auf die Tagesordnung zu setzen, wenn eine Rechtsanwaltskammer dies schriftlich beantragt. Der Antrag muss vier Wochen vor der Hauptversammlung bei der Bundesrechtsanwaltskammer eingegangen sein.

(2) Der/Die PräsidentIn kann zu jedem Tagesordnungspunkt BerichterstatterInnen bestellen. Auch eine Rechtsanwaltskammer kann zur Berichterstatterin bestellt werden.

§ 19 Weitere Teilnehmer

(1) Neben den Vertretern der Rechtsanwaltskammern (§ 188 BRAO) und den Mitgliedern des Präsidiums der Bundesrechtsanwaltskammer können andere, von den Rechtsanwaltskammern benannte Vorstandsmitglieder und Mitglieder der Geschäftsführung anwesend sein.

(2) Die Hauptversammlung kann etwas anderes beschließen.

§ 20 Vorsitz

Der/Die PräsidentIn führt den Vorsitz in der Hauptversammlung (§ 185 Abs. 3 BRAO). Bei Verhinderung wird er/sie von den VizepräsidentInnen in der Reihenfolge des § 30 vertreten. Bei Verhinderung aller VizepräsidentInnen erfolgt die Vertretung durch den/die SchatzmeisterIn. Bei Verhinderung des gesamten Präsidiums führt der/die nach Lebensjahren älteste anwesende KammerpräsidentIn den Vorsitz.

§ 21 Versammlungsleitung

(1) Der/die Vorsitzende (Versammlungsleitung) eröffnet, leitet und schließt die Versammlung.

(2) Die Versammlungsleitung kann die Sitzung unterbrechen und jederzeit, auch außerhalb der Rednerliste, das Wort ergreifen.

(3) Die Versammlungsleitung oder deren Beauftragte prüfen die Ordnungsmäßigkeit der Einberufung und die Anwesenheit der stimmberechtigten Kammervertreter. Über Einsprüche gegen die Tagesordnung oder Änderungsanträge hierzu entscheidet die Versammlung ohne Aussprache. Die Versammlungsleitung kann eine Änderung der Tagesordnung vorschlagen. Hierüber ist ohne Aussprache abzustimmen.

§ 22 Wortmeldungen

(1) Die Versammlungsleitung erteilt das Wort entsprechend der Reihenfolge der Wortmeldungen. Sie ist berechtigt, im Rahmen eines Redebeitrags auf den Gegenstand der Verhandlung hinzuweisen und gegebenenfalls das Wort zu entziehen. Gegen die Entziehung des Wortes steht den Betroffenen der sofortige Einspruch zu, über den die Hauptversammlung ohne Aussprache endgültig entscheidet.

(2) Berichterstatter und Antragsteller erhalten auf Verlangen das Wort zu Beginn und am Ende der Aussprache ihres Tagesordnungspunktes. Sie können sich zu ihrem Tagesordnungspunkt auch außerhalb der Rednerliste zu Wort melden. Die Versammlungsleitung soll dieser Wortmeldung nachkommen.

§ 23 Anträge zur Geschäftsordnung

(1) Für Anträge zur Geschäftsordnung ist außerhalb der Reihenfolge der Rednerliste das Wort zu erteilen. Der Antragsteller soll zu erkennen geben, dass es sich um einen Geschäftsordnungsantrag handelt.

(2) Zu dem Antrag soll nur eine Gegenrede zugelassen werden. Über Anträge zur Geschäftsordnung ist außerhalb der Rednerliste sofort abzustimmen, nachdem AntragstellerInnen und gegebenenfalls GegenrednerInnen gesprochen haben.

(3) Die Namen der in der Rednerliste noch eingetragenen RednerInnen sind vor der Abstimmung über einen Antrag auf Schluss der Debatte, Schließung der Rednerliste oder Begrenzung der Redezeit zu verlesen. Im Übrigen ist über Geschäftsordnungsanträge ohne Aussprache zu beschließen.

§ 24 Abstimmung

(1) Vor der Abstimmung ist die Reihenfolge der zur Abstimmung kommenden Anträge bekannt zu geben. Die Anträge sind einzeln zu verlesen.

(2) Werden mehrere Anträge zu einem Tagesordnungspunkt gestellt, ist über den weitestgehenden Antrag zuerst abzustimmen. Bei Unklarheit darüber, welcher Antrag der weitestgehende ist, entscheidet die Versammlungsleitung.

(3) Die Abstimmung erfolgt durch Handzeichen. Die Versammlungsleitung kann eine namentliche Abstimmung nach Rechtsanwaltskammern oder eine geheime Abstimmung anordnen. Diese sind anzuordnen, wenn sie von einer Rechtsanwaltskammer beantragt werden. Ergänzend gilt § 28 Abs. 2.

§ 25 Stimmenmehrheit

(1) Jede Rechtsanwaltskammer hat eine Stimme (§ 190 Abs. 1 BRAO).

(2) Die Beschlüsse der Hauptversammlung werden mit einfacher Stimmenmehrheit gefasst (§ 190 Abs. 3 Satz 1 BRAO). Ungültige Stimmen und Stimmenthaltungen werden bei der Feststellung des Abstimmungsergebnisses nicht mitgezählt.

(3) Das Abstimmungsergebnis wird von der Versammlungsleitung festgestellt und bekannt gegeben.

§ 26 Protokoll

Über den Verlauf der Hauptversammlung ist ein Protokoll anzufertigen, das von der Versammlungsleitung und der Schriftführung zu unterzeichnen ist. Das Protokoll muss innerhalb von sechs Wochen nach der Hauptversammlung an die Rechtsanwaltskammern abgesandt sein.

§ 27 Schriftführung

SchriftführerIn ist der/die an Lebensjahren jüngste anwesende VizepräsidentIn der Bundesrechtsanwaltskammer, bei Verhinderung aller VizepräsidentInnen der/die jüngste anwesende KammerpräsidentIn.

§ 28 Schlussbestimmungen

(1) Über die Auslegung dieser Geschäftsordnung entscheidet die Hauptversammlung.

(2) Zu sitzungsleitenden Entscheidungen der Versammlungsleitung kann die Hauptversammlung auf Antrag einer Rechtsanwaltskammer eine andere Handhabung beschließen.

Teil 3. Wahlordnung

§ 29 Geltungsbereich

Diese Wahlordnung regelt die Vorbereitung und Durchführung der Wahlen zum Präsidium der Bundesrechtsanwaltskammer.

§ 30 Zusammensetzung des Präsidiums

Das Präsidium besteht aus

- dem/der PräsidentIn
- dem/der (1.) VizepräsidentIn
- dem/der (2.) VizepräsidentIn
- dem/der (3.) VizepräsidentIn

- dem/der (4.) VizepräsidentIn
- dem/der SchatzmeisterIn (§ 179 Abs. 2 Nr. 3 BRAO).

§ 31 Wahlausschuss

(1) Die Hauptversammlung beruft aus ihrer Mitte (§ 188 Abs. 1 BRAO) durch Akklamation einen Wahlausschuss, der aus der Wahlleitung und der Schriftführung besteht.

(2) Wird ein Mitglied des Wahlausschusses zur Kandidatur vorgeschlagen, ist an seiner Stelle ein neues Mitglied zu berufen.

(3) Die Wahlleitung leitet die Ermittlung der Kandidaten und die Wahlen, die Schriftführung protokolliert den Ablauf der Wahlen. Das Protokoll ist von ihr und der Wahlleitung zu unterzeichnen.

§ 32 Wahlberechtigung, Wählbarkeit

(1) Wahlberechtigt sind die PräsidentInnen (§ 188 Abs. 1 BRAO) oder deren VertreterInnen (§ 188 Abs. 2 BRAO).

(2) Voraussetzung für die Erstwahl in das Präsidium der Bundesrechtsanwaltskammer ist, dass der/die KandidatIn das PräsidentInnenamt einer Rechtsanwaltskammer innehat. Für die Wiederwahl in das Präsidium reicht die Mitgliedschaft im Vorstand einer Rechtsanwaltskammer aus (§ 180 Abs. 1 Satz 2 BRAO).

§ 33 Ablauf der Wahl

(1) Die Wahlen zum Präsidium erfolgen in sechs einzelnen Wahlvorgängen, beginnend mit der PräsidentInnenwahl und anschließend in der Reihenfolge des § 30.

(2) Die KandidatInnen für die einzelnen Wahlvorgänge können erst dann benannt werden, wenn der jeweils vorangegangene Wahlvorgang beendet ist.

(3) Die KandidatInnen, die im jeweils vorangegangenen Wahlvorgang nicht gewählt wurden, können in den jeweils nachfolgenden Wahlvorgängen wieder als KandidatInnen benannt werden.

§ 34 Ermittlung der KandidatInnen, Wahlvorschlagsschein

(1) Vor Beginn des jeweiligen Wahlvorgangs zu den einzelnen Funktionen im Präsidium stellt die Wahlleitung die Anzahl der anwesenden Stimmberechtigten fest und gibt diese bekannt.

(2) Für jeden Sitz des Präsidiums werden vor dem jeweiligen Wahlvorgang die KandidatInnen gesondert ermittelt.

(3) Jedem/r Wahlberechtigten wird zu jedem Wahlvorgang ein Wahlvorschlagsschein ausgehändigt, der die Namen aller KammerpräsidentInnen und gegebenenfalls aller wählbaren KandidatInnen (§ 32 Abs. 2 Satz 2) enthält. Auf diesem Wahlvorschlagsschein können die Wahlberechtigten eine/n oder mehrere KandidatInnen durch Ankreuzen vorschlagen.

§ 35 Wahlvorschlagsliste

Der Wahlausschuss stellt gesondert für jeden Wahlvorgang die Wahlvorschlagsliste fest und gibt die Namen der Vorgeschlagenen in alphabetischer Reihenfolge ohne Hinweise auf die Anzahl der Benennungen bekannt.

§ 36 KandidatInnenvorstellung

Die Wahlleitung gibt den Vorgeschlagenen Gelegenheit, sich vorzustellen und Fragen der Wahlberechtigten zu beantworten sowie Gründe mitzuteilen, die die Nichtübernahme des mit dem jeweiligen Wahlvorgang verbundenen Amtes rechtfertigen könnten (§ 181 BRAO).

§ 37 Wahl, Wahlschein

(1) Der jeweilige Wahlvorgang erfolgt schriftlich und geheim nach Maßgabe der nachstehenden Regelungen.

(2) Jedem/Jeder Wahlberechtigten wird ein Wahlschein ausgehändigt, der nur die in der Wahlvorschlagsliste festgestellten Namen aller Vorgeschlagenen in alphabetischer Reihenfolge enthält.

(3) Jede/r PräsidentIn einer Rechtsanwaltskammer oder dessen/deren VertreterIn (§ 188 Abs. 2 BRAO) hat eine Stimme. Die Wahl erfolgt dadurch, dass der Name des/der zu Wählenden auf dem Wahlschein angekreuzt wird.

(4) Das Anbringen von Zusätzen führt zur Ungültigkeit des Wahlscheins. Gleiches gilt, wenn aus dem Wahlschein nicht eindeutig hervorgeht, wer gewählt wurde.

(5) Ein leerer Wahlschein gilt als Stimmenthaltung.

§ 38 Feststellung des Wahlergebnisses

(1) Nach Abschluss des jeweiligen Wahlvorgangs stellt der Wahlausschuss das Wahlergebnis fest.

(2) Gewählt ist, wer mehr als die Hälfte der gültigen Stimmen auf sich vereint. Stimmenthaltungen zählen mit. Ungültige Stimmen (§ 37 Abs. 4) werden nicht berücksichtigt.

(3) Ergibt sich keine Mehrheit nach Abs. 2, erfolgt ein zweiter Wahlvorgang. Gewählt ist, wer die meisten Stimmen auf sich vereint. Ergibt sich hierbei eine Stimmengleichheit, entscheidet das Los.

(4) Lehnt die/der Gewählte die Wahl ab (§ 181 BRAO), ist für diesen Sitz im Präsidium sofort eine Ersatzwahl durchzuführen.

(5) Die Bestellung wird mit der Feststellung des Wahlergebnisses wirksam.

§ 39 Ersatz- und Ergänzungswahlen

Nach diesen Regeln ist entsprechend zu verfahren, wenn Ersatz- oder Ergänzungswahlen stattfinden. Ergänzend gilt § 182 Abs. 2 und 3 BRAO.

§ 40 Ende des Wahlvorganges

Nach Abschluss sämtlicher Einzelwahlen stellt die Wahlleitung das Ende aller Wahlvorgänge fest und gibt das Gesamtergebnis bekannt. Der Wahlausschuss verschließt in gesonderten Umschlägen die Wahlvorschlagsscheine und die Wahlscheine und versiegelt sie. Sie sind bis zum Ablauf der Wahlperiode aufzubewahren.

Teil 4. Schlussbestimmungen

§ 41 Satzungsänderung

Beschlüsse der Hauptversammlung, die auf die Änderung dieser Satzung gerichtet sind, können nur mit einer Mehrheit von drei Vierteln aller Kammern gefasst werden.

§ 42 Ausfertigung und Inkrafttreten

Diese Satzung sowie Änderungen dieser Satzung sind von dem/der PräsidentIn auszufertigen und in den BRAK-Mitteilungen zu verkünden. Sie treten am ersten Tage des ihrer Verkündung folgenden Monats in Kraft.

3. Neue Wahlordnung der BRAK, gültig ab 1.9.2015. Die neue Wahlordnung, Teil 3 der Satzung (BRAK-Mitt. 2015, 175 ff. (178)), hat das Wahlverfahren deutlich einfacher und verständlicher ausgestaltet (vgl. 8. Aufl. § 175 Rn. 11). Im **ersten Wahlgang** bedarf es nunmehr für jedes Präsidiumsmitglied einer **Mehrheit von mehr als die Hälfte** der gültigen Stimmen, wobei Stimmenthaltungen mitgezählt werden. Vorher reichte bereits die Mehrheit einer Stimme, so dass bereits im ersten Wahlgang ein Mitglied des Präsidiums mit seiner Stimme und der eines anderen Präsidenten gewählt werden konnte, wenn zB sich die übrigen Präsidenten alle selbst vorgeschlagen und gewählt hätten. Im **zweiten Wahlgang** ist gewählt, wer die meisten Stimmen auf sich vereint, bei Stimmengleichheit entscheidet das Los. 11

§ 36 der Satzung gibt den Vorgeschlagenen vor der Wahl Gelegenheit, ihre fehlende Bereitschaft für die Nichtübernahme des jeweiligen Amtes darzulegen, damit die Wahlberechtigten dies bei ihrer Entscheidung berücksichtigen können. Auch nach der Wahl hat der Gewählte nochmals die Möglichkeit, die Wahl abzulehnen (§ 38 Abs. 4 Satzung der BRAK, § 181). 12

Der Zwang zur Annahme einer Wahl durch ein gegen seinen Willen gewähltes Präsidiumsmitglied ist nach wie vor gegeben, aber durch Änderung der Mehrheitsverhältnisse für eine Wahl weit weniger wahrscheinlich geworden. Die Satzung der BRAK konnte die BRAO nicht ändern. § 181 macht dies möglich, wenn keiner der dortigen Gründe gegeben ist (→ § 181 Rn. 1), auch wenn es nicht sinnvoll ist, zumal nach § 182 Abs. 3 Nr. 2 jederzeit das Amt niedergelegt werden kann. Bei der 78. Hauptversammlung der BRAK kam es einmal zu einer solchen Wahl gegen den zuvor mit Gründen erklärten Willen des Präsidenten einer regionalen RAK nicht in das Präsidium der BRAK gewählt werden zu wollen. 13

§ 176 Stellung der Bundesrechtsanwaltskammer

(1) **Die Bundesrechtsanwaltskammer ist eine Körperschaft des öffentlichen Rechts.**

(2) **[1]Das Bundesministerium der Justiz und für Verbraucherschutz führt die Staatsaufsicht über die Bundesrechtsanwaltskammer. [2]Die Aufsicht beschränkt sich darauf, daß Gesetz und Satzung beachtet, insbesondere die der Bundesrechtsanwaltskammer übertragenen Aufgaben erfüllt werden.**

I. Verbandskörperschaft

Die BRAK ist wie auch die Rechtsanwaltskammern eine juristische Person des öffentlichen Rechts in der besonderen Rechtsform der **öffentlich-rechtlichen Körperschaft.** Sie kann als Spitzenorganisation der deutschen Anwaltschaft ihre öffentliche Aufgabe (§ 177) nur sachgemäß erfüllen, wenn ihr diese Eigenschaft und damit die **Rechtsfähigkeit** verliehen wird (amtliche Begründung). Sie ist somit eine rechtsfähige, mitgliedschaftlich strukturierte Organisation, die öffentliche Aufgaben mit hoheitlichen Mitteln unter staatlicher Aufsicht wahrnimmt. 1

Die zu ihrer Errichtung notwendige gesetzliche Grundlage ergibt sich aus §§ 175 ff. (*Tettinger* S. 38), die wiederum auf Art. 87 Abs. 3 S. 1 GG basieren. Die BRAK ist als Körperschaft des öffentlichen Rechts ein rechtsfähiges Subjekt, vom Wechsel ihrer Mitglieder unabhängig und kann Träger von Rechten und Pflichten sein. Sie ist Herr ihres Vermögens und **parteifähig.** Sie kann somit vor Gericht klagen und verklagt werden (vgl. auch § 62). 2

Da in der BRAK nicht Einzelpersonen, wie die einzelnen Rechtsanwälte in den Personalkörperschaften der verschiedenen Rechtsanwaltskammern (§ 60 Abs. 1) zusammengeschlossen sind, sondern sämtliche Rechtsanwaltskammern (§ 175 Abs. 1), also andere öffentlich-rechtliche Körperschaften ihre Mitglieder sind, handelt es sich bei ihr um eine sogenannte **Verbandskörper-** 3

schaft. Da die einzelnen Rechtsanwälte nicht selbst Mitglieder der BRAK sind, beschränkt sich deren Aufgabenbereich nur auf solche Angelegenheiten, welche die Gesamtheit der Rechtsanwaltskammern, ihre Mitglieder, angehen (§ 177 Abs. 2 Nr. 1, 3 und 4). In die Rechte des einzelnen Rechtsanwalts darf sie nicht eingreifen. Dafür ist allein die Satzungsversammlung nach den §§ 191a ff. zuständig (ebenso *Kleine-Cosack* § 175 Rn. 4). Nur im weiteren Sinne kann die BRAK als „die **Dachorganisation der Rechtsanwälte** in ihrer Eigenschaft als unabhängige Organe der Rechtspflege auf Bundesebene" (BGH NJW 1961, 220) bezeichnet werden, weil sie über die Rechtsanwaltskammern, denen sie zwangsweise angehören (§ 60 Abs. 1), durch deren Zusammenschluss in der BRAK zusammengefasst werden. Die BRAK kann als **Unternehmensvereinigung** iSv Art. 81 Abs. 1 und Art. 86 EGV angesehen werden, wenn sie die Rechtsanwälte bei ihrer Wirtschaftstätigkeit zu einem bestimmten Verhalten veranlasst (zur Niederländischen Rechtsanwaltskammer EuGH NJW 2002, 877 = BRAK-Mitt. 2002, 79; ebenso Gaier/Wolf/Göcken/*Göcken* § 176 Rn. 3; Henssler/Prütting/*Hartung* § 176 Rn. 1).

II. Staatsaufsicht

4 Die BRAK unterliegt, da sie öffentliche Aufgaben wahrnimmt, der Staatsaufsicht. Da es sich bei der BRAK um eine **bundesunmittelbare Körperschaft** handelt, übt die Aufsicht das BMJV aus.

5 **1. Rechtsaufsicht.** Die Aufsicht beschränkt sich darauf, dass Gesetz und Satzung beachtet, insbesondere die der BRAK übertragenen Aufgaben (§ 177) erfüllt werden. Die Aufsicht kann die Maßnahmen der BRAK nur auf ihre Rechtmäßigkeit, nicht auch auf ihre Zweckmäßigkeit hin überprüfen. Die Staatsaufsicht über die BRAK ist somit eine reine **Rechts- und keine Fachaufsicht** (ebenso Gaier/Wolf/Göcken/*Göcken* § 176 Rn. 5 ff.). Dem BMJV steht kein allgemeines Weisungs- und Leitungsrecht zu (so auch Gaier/Wolf/Göcken/*Göcken* § 176 Rn. 9), wie es zB im Rahmen der Dienstaufsicht die vorgesetzte Behörde gegenüber einer nachgeordneten Behörde hat. Das **BMJV** hat **nicht** die **Dienstaufsicht über die BRAK.**

6 **2. Zweck der Staatsaufsicht.** Die Staatsaufsicht dient dem Schutz vor rechtswidrigem Verhalten der BRAK, sie soll aber auch die BRAK und ihre Mitglieder gegen gesetz- und satzungswidrige Maßnahmen der Organe der BRAK schützen (vgl. Schippel/Bracker/*Püls* BNotO § 66 Rn. 7). Rechtswidrig ist es aber nicht, wenn die BRAK nach mehrheitlicher Meinungsbildung eine Rechtsauffassung vertritt, die das BVerfG nicht teilt (so auch Henssler/Prütting/*Hartung* § 176 Rn. 3).

7 **3. Staatsaufsicht über alle Organe der BRAK.** Der Staatsaufsicht unterliegen die BRAK und alle ihre Organe (§§ 179 ff.). Damit das BMJV regelmäßig über die Tätigkeit der BRAK informiert ist, erstattet der Präsident der BRAK dem BMJV jährlich einen **schriftlichen Bericht** über die Tätigkeit der BRAK und des Präsidiums. Er zeigt ihm ferner das Ergebnis der Wahlen zum Präsidium an (§ 185 Abs. 4).

8 **4. Nichtigkeitsantrag.** Nach § 191 Abs. 1 kann das BMJV beim BGH den Antrag stellen, Wahlen oder Beschlüsse des Präsidiums oder der Hauptversammlung der BRAK für ungültig oder nichtig zu erklären, wenn sie unter Verletzung des Gesetzes oder der Satzung zustande gekommen oder wenn sie ihrem Inhalt nach mit dem Gesetz oder der Satzung nicht vereinbar sind. Gegen ein **Untätigbleiben der Bundesrechtsanwaltskammer** und ihrer Organe kann das BMJV jedoch nur vorgehen, wenn die BRAK durch Gesetz oder Satzung zum Handeln verpflichtet ist, ihr Untätigbleiben somit rechtswidrig ist; nicht kann es jedoch einschreiten, wenn ihm ein bestimmtes Handeln der BRAK lediglich zweckmäßig erscheint (so auch Gaier/Wolf/Göcken/*Göcken* § 176 Rn. 7). Zur Staatsaufsicht über Beschlüsse der Satzungsversammlung vgl. § 191e.

III. Haushaltsrecht

9 Die BRAK als bundesunmittelbare Körperschaft des öffentlichen Rechts zählt zu den Organen der mittelbaren Staatsverwaltung, deren Haushaltsführung weitgehend den Maßstäben der Bundesverwaltung unterworfen ist (§ 105 BHO). Daher kann die Hauptversammlung mit einem Entlastungsbeschluss **Haushaltsüberschreitungen** genehmigen oder haushaltsrechtliche Mängel

formeller Art heilen. In dieser haushaltsrechtlichen Bedeutung liegt in erster Linie die Wirkung einer Entlastung.

Die Annahme eines im Wege der Entlastung bewirkten Verzichts auf Schadenersatzforderungen hingegen widerspräche der öffentlich-rechtlichen Verfassung der BRAK, die über ihre Mittel nicht willkürlich verfügen darf. Die Körperschaft des öffentlichen Rechts darf eine Forderung nur ganz oder teilweise erlassen, wenn die Einziehung für den Anspruchsgegner eine besondere Härte bedeuten würde (§ 59 Abs. 1 Nr. 3 BHO). Die Regelung findet ihren inneren Grund darin, dass die Mittel der BRAK letztlich aus Pflichtbeiträgen herrühren (§§ 84, 89 Abs. 2 Nr. 2, 178), welche die Gesamtheit der Rechtsanwälte der Bundesrepublik aufgebracht hat. Diese Mittel sind der BRAK zu treuen Händen überlassen. Ein **Verzicht auf Vermögensgegenstände,** welche der BRAK zustehen, kann daher nur in engen Grenzen statthaft sein. Auch die Gesamtregelung des Prüfungswesens (§§ 98, 109, 111 BHO) belegt, dass die Verzichtswirkung des Entlastungsbeschlusses mit dem Wesen der öffentlich-rechtlichen Körperschaft nicht vereinbar ist (BGH NJW 1989, 1151 = AnwBl. 1989, 288). 10

§ 177 Aufgaben der Bundesrechtsanwaltskammer

(1) **Die Bundesrechtsanwaltskammer hat die ihr durch Gesetz zugewiesenen Aufgaben zu erfüllen.**

(2) **Der Kammer obliegt insbesondere,**

1. **in Fragen, welche die Gesamtheit der Rechtsanwaltskammern angehen, die Auffassung der einzelnen Kammern zu ermitteln und im Wege gemeinschaftlicher Aussprache die Auffassung der Mehrheit festzustellen;**
2. **Richtlinien für die Fürsorgeeinrichtungen der Rechtsanwaltskammern (§ 89 Abs. 2 Nr. 3) aufzustellen;**
3. **in allen die Gesamtheit der Rechtsanwaltskammern berührenden Angelegenheiten die Auffassung der Bundesrechtsanwaltskammer den zuständigen Gerichten und Behörden gegenüber zur Geltung zu bringen;**
4. **die Gesamtheit der Rechtsanwaltskammern gegenüber Behörden und Organisationen zu vertreten;**
5. **Gutachten zu erstatten, die eine an der Gesetzgebung beteiligte Behörde oder Körperschaft des Bundes oder ein Bundesgericht anfordert;**
6. **die berufliche Fortbildung der Rechtsanwälte zu fördern;**
7. **die elektronische Kommunikation der Rechtsanwälte mit Gerichten, Behörden und sonstigen Dritten zu unterstützen.**

Schrifttum: *Eichele,* Auswirkungen des Europarechts, insbesondere des Wettbewerbs- und Kartellrechts, auf das Anwaltsberufsrecht, 2005; *Gaier,* Der verfassungsrechtliche Rahmen für die Organisation der Anwaltschaft, BRAK-Mitt 2012, 142; *Griga,* Verfassungsrechtliche Grundlagen der selbstverwalteten Anwaltschaft, Diss. 2014; *Hartung,* Anwaltliche Selbstverwaltung im Wandel, AnwBl. 2000, 9; *Hellwig,* Die Selbstverwaltung durch Berufskammern in der europäischen Diskussion, AnwBl. 2007, 257; *Kleine-Cosack,* Berufsständische Autonomie und Grundgesetz; *dies.,* Staatsabbau durch Selbstverwaltungsaufbau?, FS Gülzow, 1999, 255; *Taupitz,* Die Standesordnungen der freien Berufe, 1991; *Tettinger,* Zum Tätigkeitsfeld der Bundesrechtsanwaltskammer, Schriftenreihe der BRAK, Bd. 7; 25 Jahre Bundesrechtsanwaltskammer, Schriftenreihe der BRAK, Bd. 6; *Vallone,* Auswirkungen des Kartellverbots auf das Standes- und Berufsrecht der verkammerten Freien Berufe, 2006.

Übersicht

I. Aufgabenzuweisung durch Gesetz

1 **1. Gesetzliche Grundlage für die Übertragung und Übernahme neuer Aufgaben.** Nach Abs. 1 hat die BRAK die ihr durch Gesetz zugewiesenen Aufgaben zu erfüllen. Das bedeutet einerseits, die BRAK hat die Pflicht, die ihr übertragenen Aufgaben auch wahrzunehmen und andererseits bedarf die Übertragung und Übernahme neuer Aufgaben durch die BRAK einer gesetzlichen Grundlage; bloße satzungsmäßige Festlegungen reichen hierfür nicht aus (amtliche Begründung; *Tettinger* S. 16, 17).

2 Aus der einleitenden Regelung in Abs. 2: „Der Kammer obliegt insbesondere …" ergibt sich, dass die folgende **Aufzählung** von Obliegenheiten der BRAK **nicht abschließend** ist (ebenso Henssler/Prütting/*Hartung* § 177 Rn. 11; *Kleine-Cosack* § 177 Rn. 3; *Tettinger,* Kammerrecht, 1997, S. 13). Dies hat der Gesetzgeber im Rahmen der Beratungen des Gesetzes zur Neuordnung des anwaltlichen Berufsrechts (BGBl. 1994 I S. 2278) nochmals hervorgehoben. Dem Vorschlag des DAV in seiner Stellungnahme zu diesem Gesetzesentwurf vom Oktober 1993, S. 25/26, das Wort „insbesondere" in den §§ 73, 177 zu streichen, ist er nicht gefolgt. Um die beruflichen Belange der Gesamtheit der deutschen Anwaltschaft effektiv wahrnehmen zu können, müssen die Rechtsanwaltskammern, die RAK beim BGH und die BRAK über die in §§ 73 Abs. 2, 177 Abs. 2 enumerativ genannten Obliegenheiten hinaus Aufgaben erfüllen. Die Kataloge dieser Vorschriften sind Basis der berufs- und rechtspolitischen Arbeit der Kammern; zugleich sind sie aber auch Ansatzpunkte für die Bestimmung zulässiger, im Katalog nicht aufgeführter Aufgaben. Die Regelungstechnik des nicht abschließenden Kataloges findet sich auch in § 1 Abs. 1 IHKG, § 57 Abs. 2 WPO, § 76 Abs. 2 StBerG, § 78 BNotO, § 11 Abs. 1 HwO (Handwerkskammern) und § 54 Abs. 1 HwO (Innungen). Weitere gesetzliche Aufgabenzuweisungen ergeben sich aus anderen Bestimmungen in der BRAO (§ 107 Abs. 2, § 165 Abs. 1, § 166 Abs. 2 Nr. 1, § 178, § 186), können aber auch aus gesetzlichen Regelungen außerhalb der BRAO erwachsen. Letztlich ergibt sich aus der Einleitung zu § 177 Abs. 2, dass der **Gesetzgeber auch künftig der BRAK weitere Aufgaben** innerhalb und außerhalb der Regelung der BRAO **übertragen** kann (amtliche Begründung; *Tettinger* S. 1, 17; *Isele* § 177 II C).

3 **2. Abgrenzung der Aufgaben der BRAK.** Das Postulat der gesetzlichen Zuweisung von Aufgaben bedeutet indes nicht, die BRAK könne und dürfe nur solche Tätigkeiten entfalten, die unmittelbar unter eine der im Gesetz, insbesondere unter die in dem Katalog des § 177 Abs. 2 aufgeführten Aufgaben zu subsumieren ist. Der Funktionsbereich der BRAK als Körperschaft des öffentlichen Rechts umfasst **nicht nur die ihr durch Gesetz ausdrücklich zugewiesenen Aufgaben.** Er erstreckt sich vielmehr darüber hinaus auf den Bereich, der im Blick auf den mit dem gesetzlich festgelegten Zusammenschluss ihrer Mitglieder erkennbar verfolgten Zweck als der Körperschaft zugedachter Wirkungskreis festzustellen ist. Der durch Gesetz und Satzung der

öffentlich-rechtlichen Körperschaft zugewiesene Aufgabenkreis sowie der mit ihrer Schaffung verfolgte Zweck grenzen den legitimen Wirkungsbereich der Körperschaft des öffentlichen Rechts positiv und negativ ab (BGH NJW 1961, 1864; vgl. auch BVerfGE 54, 237 = NJW 1980, 2123).

Bei der Entscheidung, ob eine von der BRAK entwickelte Tätigkeit zu den ihr gesetzlich zugewiesenen Aufgaben gehört, ist somit maßgeblich, „ob dieses Aufgabengebiet zum vorgesehenen Funktionskreis einer verbandskörperschaftlichen Dachorganisation auf Bundesebene im Anwaltsberufsrecht zählt" (*Tettinger* S. 21, 22 33). 4

Nicht die einzelne Zuweisungsnorm ist somit maßgeblich für die Entscheidung der Frage, ob eine Tätigkeit der BRAK noch im Rahmen der „ihr durch Gesetz zugewiesenen Aufgaben" liegt, sondern **abzustellen ist auf die Gesamtregelung der BRAO,** ob mit dem korporativen Zusammenschluss der Rechtsanwaltskammern zur BRAK als Körperschaft des öffentlichen Rechts erkennbar der Zweck verfolgt wird, der BRAK auch diesen Wirkungskreis zuzuweisen (BVerfGE 50, 16 = NJW 1979, 1159 = AnwBl. 1979, 426; BGH NJW 1984, 1042 = BRAK-Mitt. 1984, 84; NJW 1961, 221; 1980, 186). Zu den Befugnissen öffentlich-rechtlich verfasster Berufsorganisationen vgl. BGH NJW 1985, 3032 = AnwBl. 1986, 34; BVerwG AnwBl. 1986, 34. 5

a) Funktionskreis einer verbandskörperschaftlichen Dachorganisation auf Bundesebene im Anwaltsberuf. Dazu (*Tettinger* S. 21, 22) zählen alle Angelegenheiten, die – wie sich aus der Zusammenfassung aller Rechtsanwälte über deren Rechtsanwaltskammern in der BRAK ergibt **– von allgemeiner – nicht nur wirtschaftlicher – Bedeutung** für die Rechtsanwaltschaft sind und die Gesamtheit der Rechtsanwaltskammern berühren (amtliche Begründung; *Tettinger* S. 16 ff., 21 f., 33 ff.). 6

Aufgaben, die nicht gruppenspezifischen Zielen der Rechtsanwälte dienen, stehen außerhalb des Verbandszweckes von Rechtsanwaltskammern; ihre Vergemeinschaftung verletzt daher die individuelle Freiheitssphäre der Zwangsmitglieder (BGH NJW 1986, 992 = BRAK-Mitt. 1985, 223). Die wahrgenommenen Aufgaben müssen somit – um als durch Gesetz zugewiesen zu erscheinen – stets berufsbezogen sein und der Wahrnehmung der Gesamtinteressen der Rechtsanwaltschaft dienen. Das ist immer dann der Fall, wenn die Tätigkeit der Berufsaufsicht, der Vertretung des Gesamtinteresses der Rechtsanwaltschaft nach außen hin oder der Förderung des Berufsstandes allgemein dient (*Tettinger* S. 65; BVerfGE 36, 212, 223 = NJW 1974, 232). 6a

Der Aufgabenbereich der beruflichen Interessenvertretung durch die BRAK ist weit gefasst und die BRAK kann auf diesem Gebiet – „soweit keine spezifizierten gesetzlichen Vorgaben bestehen, über Ansprechpartner, Ausdrucksmittel, Umfang und Intensität der beabsichtigten Einwirkung eigenverantwortlich" entscheiden und dabei alle als geeignet und verhältnismäßig erscheinenden Handlungsformen wählen (*Tettinger* S. 73). 7

b) Keine Vertretung rein wirtschaftlicher Interessen. Nur die Vertretung rein wirtschaftlicher Interessen der Anwaltschaft und des einzelnen Rechtsanwalts gehört nicht zum Aufgabenkreis der BRAK (amtliche Begründung). Entscheidend ist dabei, ob die Tätigkeit der BRAK ausschließlich der Vertretung wirtschaftlicher Interessen der Rechtsanwälte dient, nur dann ist die Zuständigkeit der BRAK nicht gegeben. Berührt ihre Tätigkeit neben der Förderung wirtschaftlicher Interessen der Rechtsanwaltschaft auch die Organisation der Rechtspflege und die Stellung und den Tätigkeitsbereich der Rechtsanwaltschaft und der Rechtsanwälte im allgemeinen, dann ist wiederum die Zuständigkeit der BRAK gegeben (BGH NJW 1961, 1864; 1975, 1559; 1976, 1541; 1983, 1000, allerdings zu §§ 67, 73 BNotO; *Tettinger* S. 82 ff.). 8

Für zulässig wurde es von der Rechtsprechung erachtet, wenn die BRAK einen „Strafrechtsausschuss" bildet, der sich mit Fragen des Strafrechts und des Strafprozessrechts einschließlich der Reform dieser Rechtsgebiete und der berufsrechtlichen Fragen der Verteidigung befasst (BGH NJW 1961, 221). Zulässig ist es auch, dass die BRAK eine **Public-Relation-Firma** beauftragt und diese Öffentlichkeitsarbeit nicht nur für die Selbstverwaltungsorganisation BRAK, sondern für die Anwaltschaft selbst betreibt; für diese Aufgaben können **Finanzmittel bei jeder RAK durch Umlage** erhoben werden (AGH Brem BRAK-Mitt. 1996, 86). 9

Die **Beteiligung oder wirtschaftliche Unterstützung** eines einzelnen Unternehmens ist der BRAK nicht gestattet. Eine Körperschaft des öffentlichen Rechtes kann und darf die wirtschaftlichen Interessen Einzelner nicht unterstützen. **Bedenklich** war deshalb auch die bis 2011 bestehende Kooperation der BRAK mit der **Anwalt-Suchservice-GmbH** (Verlag Dr. Otto 9a

Schmidt, Köln), zumal dort nur Anwälte aufgenommen werden, die dafür eine Gebühr zahlen und somit nicht alle Rechtsanwälte die Leistungen des Anwalt-Suchservice in Anspruch nehmen können. Kritisch zu sehen ist, dass die BRAK nur für einen Teil der Rechtsanwaltschaft aktiv wird (ebenso Henssler/Prütting/*Hartung* § 177 Rn. 8, wenn Hartung indes jetzt in der 4. Aufl. 2014 meint, „neuerdings auch Feuerich/Weyland/Weyland" irrt er, da dies schon so seit der 6. Aufl. 2003 vertreten wird; **aA** Gaier/Wolf/Göcken/*Göcken* § 177 Rn. 21, „beratende Mitwirkung" in damals neuer bundesweiter Einrichtung). Hinzu kommt, dass die BRAK sich bei ihren Aktivitäten selbstverständlich auch an die Gesetze zu halten hat; Verstöße gegen das UWG, etwa durch die Angabe von falschen Werbeaussagen, können wettbewerbsrechtlich beanstandet werden (OLG Köln ZIP 1993, 1491 = MDR 1994, 516 = BB 1993, 2042; AnwBl. 1997, 120 = NJW-RR 1997, 991: Irreführend ist die Werbung eines gewerblichen „Anwaltssuchdienstes", wenn darin die Worte „in Kooperation mit der Bundesrechtsanwaltskammer"„verwendet werden und die konkrete Anordnung und Gestattung des Hinweises dem Leser den Eindruck vermittelt, der Anwalt-Suchservice werde mit der Bundesrechtsanwaltskammer gemeinsam getragen).

10 **c) Kein allgemeines politisches Mandat.** Der BRAK und den Rechtsanwaltskammern kommt als Körperschaften des öffentlichen Rechts mit Zwangszusammenschluss ihrer Mitglieder kein allgemeines politisches Mandat zu (vgl. BGH NJW 1986, 992; so auch Gaier/Wolf/Göcken/*Göcken* § 177 Rn. 19). Dies wäre auch mit dem „Hauptfreiheitsrecht" ihrer Mitglieder nach Art. 2 Abs. 1 GG unvereinbar und daher keine legitime öffentliche Aufgabe.

11 Beispielsweise ist die **Einführung einer Wehrgerichtsbarkeit** eine allgemeinpolitische Grundentscheidung und keine Frage von allgemeiner Bedeutung speziell für die Anwaltschaft; eine Stellungnahme dazu überschreitet das Mandat, das eine RAK und die BRAK in Wahrnehmung gruppenspezifischer Interessen der Anwälte hat (BGH NJW 1986, 992; **aA** EGH Hamburg NJW 1985, 1084 = BRAK-Mitt. 1985, 52).

11a **Zweifelhaft** sind deshalb auch die Aktivitäten der BRAK im Rahmen der **Aussöhnung mit Israel.** Soweit Kontakte mit der israelischen Anwaltschaft gepflegt werden, müssen bei den Gesprächen anwaltliche, nicht allgemein-politische Themen im Vordergrund stehen.

12 **3. Abgrenzung der Zuständigkeiten der Rechtsanwaltskammern und der BRAK.** Da die BRAK die Rechtsanwaltskammern, nicht aber unmittelbar die einzelnen Anwälte als Mitglieder umfasst, gehören zu ihrem Aufgabenkreis nur solche Angelegenheiten, welche die **Gesamtheit der Rechtsanwaltskammern,** nicht aber die einzelnen Anwälte oder die Anwaltschaft in einem Lande angehen. Die BRAK soll das **Bindeglied zwischen den Rechtsanwaltskammern** sein. Sie darf nicht auf die Selbstverwaltung der Rechtsanwaltskammern mit Beschlüssen, zB über die Höhe der Beiträge zu den Rechtsanwaltskammern, einwirken, weil damit die Rechtsanwaltskammern ihre selbständige Stellung einbüßen würden.

12a Deshalb **muss sich die Tätigkeit der BRAK darauf beschränken,** zunächst die Auffassung der einzelnen Kammern zu ermitteln und alsdann im Wege gemeinschaftlicher Aussprache die Auffassung der Mehrheit festzustellen (§ 177 Abs. 2 Nr. 1; amtliche Begründung). Der BRAK wurden nur die für die gesamte Anwaltschaft bedeutsamen zentralen Angelegenheiten übertragen, die also die Gesamtheit der Rechtsanwaltskammern angehen. Zunächst sind die „Angelegenheiten, die von allgemeiner Bedeutung für die Rechtsanwaltschaft sind", von der örtlichen RAK wahrzunehmen (vgl. § 89 Abs. 1 S. 2). Erst wenn die Angelegenheiten „nicht lediglich einzelne, sondern infolge ihrer überregionalen, über den Kammerbezirk oder ein Bundesland hinausreichenden Bedeutung die **Gesamtheit der Rechtsanwaltschaft** angehen", ist die Kompetenz der BRAK gegeben.

13 Die BRAK muss die Eigenverantwortlichkeit der einzelnen Rechtsanwaltskammern innerhalb ihres Bezirkes wahren. „Erst wenn jene Angelegenheiten die Gesamtheit der Rechtsanwaltskammern berühren, damit also bundesweite für die Rechtspflege bedeutsame Fragen in Rede stehen, sind Aktivitäten der Bundeskammer angezeigt" (*Tettinger* S. 2, 89; *Isele* § 177 III A; vgl. auch § 89 Rn. 1 ff.). Aber selbst dann, wenn ein Thema eine über ein Bundesland hinausreichende Bedeutung hat, hat die BRAK abzuwägen, ob und in welchem Umfang sie tätig wird. So wäre es zB nicht zulässig, mehr als 50 % der Aktivitäten der BRAK auf ein Gebiet zu verlagern, das nur einen kleinen, wenn auch bundesweit betroffenen Kreis betrifft. So muss auch heute noch bedacht werden, dass überwiegend die deutsche Anwaltschaft nicht im europäischen oder außereuropäischen Bereich tätig ist. **Schwerpunkt der Arbeit der BRAK muss** deshalb immer das **innerstaatliche Recht** sein (**aA** Gaier/Wolf/Göcken/*Göcken* § 177 Rn. 17).

II. Aufgabenkatalog des Abs. 2

Die bisherigen Nr. 2 (Feststellung der allgemeinen Auffassung über Fragen der Ausübung des Anwaltsberufs in Richtlinien) und Nr. 8 (Aufstellung von Richtlinien für die Lehrlingsausbildung in Anwaltskanzleien) wurden mit Gesetz vom 2.9.1994 (BGBl. I S. 2278) ersatzlos gestrichen. Die bisherigen Nr. 3, 4, 5, 6 und 7 wurden die Nr. 2, 3, 4, 5 und 6. Angesichts der Einführung einer Ermächtigung zum Erlass einer Berufsordnung durch die Rechtsanwaltschaft (vgl. §§ 59b, 191a–191e) ist für die Feststellung der Standesauffassung durch die BRAK kein Raum mehr. Auch die Aufstellung der Ausbildungsrichtlinien für die Auszubildenden obliegt nunmehr nach § 59b Abs. 2 Nr. 8 der Satzungsversammlung (amtliche Begründung, BT-Drs. 12/4993, 36 = BR-Drs. 93/93, 108). Gesetzlich besonders **normiert** sind nunmehr noch folgende **Aufgaben** der BRAK: 14

1. Feststellung der Mehrheitsauffassung (Abs. 2 Nr. 1). Der Kammer obliegt in Fragen, welche die Gesamtheit der Rechtsanwaltskammern angehen, die Auffassung der einzelnen Kammern zu ermitteln und im Wege gemeinschaftlicher Aussprache die Auffassung der Mehrheit festzustellen. Wie die Kammerversammlung der einzelnen Rechtsanwaltskammern nach § 89 Abs. 1 S. 2 die Aufgabe hat, „Angelegenheiten, die von allgemeiner Bedeutung für die Rechtsanwaltschaft sind, zu erörtern", so hat die BRAK dies auf höherer Ebene ebenfalls zu tun. Sie hat in allen Fragen, welche nicht lediglich einzelne, sondern infolge ihrer überregionalen über den Kammerbezirk oder ein Bundesland hinausreichenden Bedeutung die Gesamtheit der Rechtsanwaltskammern angehen, eine faire, auf der Autonomie der einzelnen Kammern basierende und auf Harmonisierung angelegte Meinungsbildung herbeizuführen (*Tettinger* S. 2; BGH NJW 1961, 1864). 15

Diese gemeinsame Auffassung kann sie dann gegenüber den zuständigen Gerichten und Behörden zur Geltung bringen (Abs. 2 Nr. 3). Das bedeutet, dass sie auch die so ermittelte Auffassung der Mehrheit gegenüber der für eine Gesetzesvorlage zuständigen Bundes- oder Landesregierung zur Geltung bringen kann (BGH NJW 1961, 1864; → Rn. 12). Sie allein ist berechtigt, die Mehrheitsauffassung gegenüber der für eine Gesetzesvorlage zuständigen Bundes- oder Landesregierung zur Geltung zu bringen. **Interne Abstimmungsergebnisse** müssen von ihr nicht offen gelegt werden. Jede andere Handhabung würde eine erfolgreiche Tätigkeit der BRAK im Sinne der Mehrheitsauffassung der Rechtsanwaltskammern konterkarieren. Die BRAK stellt die Auffassung der Mehrheit in einem abgestuften Verfahren fest: Zunächst ermittelt sie die Auffassung der einzelnen Kammern, sodann führt sie mit diesen eine gemeinschaftliche Aussprache durch und auf dieser Basis wird sodann die Mehrheitsauffassung festgestellt (*Tettinger* S. 2). 16

2. Feststellung der Fürsorgerichtlinien (Abs. 2 Nr. 2). Der BRAK obliegt es, Richtlinien für die Fürsorgeeinrichtungen der Rechtsanwaltskammern (§ 89 Abs. 2 Nr. 3) aufzustellen. 17

a) Allgemeine Richtlinien. Die BRAK hat auf ihrer 13. Hauptversammlung am 4.5.1964 in Düsseldorf die folgenden allgemeinen Richtlinien – als unverbindliche Empfehlungen – aufgestellt: 18

„a) Die Fürsorgeeinrichtungen sind dazu bestimmt, in solchen Fällen einzugreifen, wo anderweitige Hilfe nicht zu erlangen ist.
Ein Rechtsanspruch auf Unterstützungen besteht nicht. Die freiwillig und widerruflich gewährte Unterstützung soll den Hilfsbedürftigen einen bescheidenen Lebensunterhalt ermöglichen.

b) Eine Unterstützung kann Rechtsanwälten und früheren Rechtsanwälten gewährt werden, die durch Krankheit oder Alter erwerbsunfähig geworden oder unverschuldet in Not geraten sind. Eine Unterstützung kann auch Anwaltswitwen, Waisen und anderen Angehörigen grundsätzlich gewährt werden.
Eine unterstützungsfähige Notlage besteht nur dann, wenn die Voraussetzungen des § 3 der VO vom 24.12.1953 zur Durchführung der §§ 17 bis 19 des Steueranpassungsgesetzes (BGBl. I, 1592) vorliegen.

c) Die Unterstützung kann davon abhängig gemacht werden, dass vorhandene Eigenmittel in zumutbarem Umfang eingesetzt werden. Die Unterstützungen können auch unter einer Auflage gegeben werden. Es können laufende und einmalige Unterstützungen gewährt werden.
Es ist nicht die Aufgabe der Fürsorgeeinrichtung, durch Gewährung einer Unterstützung dem Hilfsbedürftigen oder seinen Erben etwa vorhandene Vermögenswerte zu erhalten.

d) Der von dem Hilfsbedürftigen zu unterzeichnende Antrag hat die Erklärung zu enthalten, dass ihm die freiwillige Natur der Unterstützung und der Ausschuss jeden Rechtsanspruchs auf Unterstützungsleistungen bekannt sind.
Für die Unterstützung zuständig ist die Rechtsanwaltskammer, der der Rechtsanwalt angehört oder zuletzt angehört hat. Besteht danach keine Zuständigkeit einer Rechtsanwaltskammer im Bundesgebiet, so ist die

Kammer zuständig, in der der Bedürftige zur Zeit seines Amtes seinen Wohnsitz hatte. Ist auch danach keine Zuständigkeit gegeben, so ist für die Entscheidung über das Gesuch und die einstweilige Zahlung die Bundesrechtsanwaltskammer zuständig."

19 **b) Fürsorgeeinrichtungen als Regelungsaufgabe der RAK.** Obwohl die Fürsorgeeinrichtungen für Rechtsanwälte und deren Hinterbliebene Regelungsaufgabe der Kammerversammlungen der einzelnen Rechtsanwaltskammern ist (§ 89 Abs. 2 Nr. 3), hat die BRAK die Kompetenz zur Aufstellung allgemeiner Richtlinien, um so ein Mindestmaß an Einheitlichkeit in allen Kammerbezirken zu erreichen bei Wahrung der grundsätzlichen Eigenverantwortlichkeit der einzelnen Kammer (amtliche Begründung; *Tettinger* S. 7). Die Regelungskompetenz der Rechtsanwaltskammern wird dadurch nicht verdrängt oder beschnitten (BVerfG NJW 1990, 2122; → § 89 Rn. 22).

20 **c) BRAK als Koordinierungsstelle der Kammertätigkeiten im Fürsorgebereich.** Die der BRAK übertragene Koordinierung der Kammertätigkeiten im Fürsorgebereich hat in ihrer **praktischen Bedeutung** im Hinblick auf die angestrebte und heute in allen Bundesländern verwirklichte gesetzliche Alterssicherung für Rechtsanwälte durch **eigene Versorgungswerke** erheblich abgenommen. Zur Rechtsnatur der berufsständischen Versorgungswerke als eigenfinanzierte Selbsthilfeeinrichtungen vgl. BRAK-Mitt. 1983, 62; → § 89 Rn. 20 ff.

21 **d) Bedeutung der Fürsorgeeinrichtungen.** Die Fürsorgeeinrichtungen werden aber auch weiterhin in Not- und Grenzfällen bedeutsam bleiben, in denen die gesetzliche Vorsorge lückenhaft bleiben oder nicht schnell genug helfen kann. Hier sind die Fürsorgeeinrichtungen für eine unbürokratische und schnelle Hilfe weiter erforderlich.

22 **e) Hülfskasse Deutscher Rechtsanwälte.** Die bekannteste Fürsorgeeinrichtung ist die als nicht eingetragener Verein organisierte und seit 1885 existierende „Hülfskasse Deutscher Rechtsanwälte" in 20457 Hamburg, Kleine Johannisstraße 6, die am 8.3.2010 ihren 125. Geburtstag feierte. Ihr gehören heute nur noch die Rechtsanwaltskammern beim BGH, Braunschweig, Hamburg und Schleswig-Holstein als Mitglieder an. Jeder anderen RAK steht der Beitritt frei. Sie dient der Unterstützung notleidender Kammermitglieder und deren Angehörigen. Ihre Konten sind über die homepage unter www.huelfskasse.de einzusehen. Zur Entstehung und Entwicklung der Hülfskasse vgl. *Jensen* BRAK-Mitt. 1985, 75, aber auch FS 100 Jahre Hülfskasse Deutscher Rechtsanwälte, 1985; *Schröder,* 125 Jahre Hülfskasse Deutscher Rechtsanwälte, BRAK 2010, 55; *Strüwer* BRAK-Mitt. 1982, 99; *Ranz* NJW 1964, 1016; *Ostler,* Die deutschen Rechtsanwälte, 2. Aufl. 1982, 371 ff.

23 **3. Geltendmachung der Auffassung der BRAK gegenüber Gerichten und Behörden (Abs. 2 Nr. 3).** Die BRAK hat in allen die Gesamtheit der Rechtsanwaltskammern berührenden Angelegenheiten die Auffassung der BRAK den zuständigen Gerichten und Behörden gegenüber zur Geltung zu bringen.

24 **a) Pflichtaufgabe im Rahmen pflichtgemäßen Ermessens.** Wie § 177 Abs. 2 Nr. 1 der BRAK die Aufgabe zuweist, innerhalb der Gesamtanwaltschaft die Auffassung der Mehrheit zu Fragen, welche die Gesamtheit der Rechtsanwaltskammern angeht, festzustellen, so gibt Nr. 3 der BRAK die Möglichkeit, aber auch die Pflicht, im Rahmen pflichtgemäßen Ermessens diese Mehrheitsauffassung bezüglich der die Gesamtheit der Rechtsanwaltskammern berührenden Angelegenheiten gegenüber den zuständigen Gerichten und Behörden zur Geltung zu bringen.

25 Darunter ist **nicht die Meinung des Präsidiums der BRAK** gemeint (ebenso Henssler/Prütting/*Hartung* § 177 Rn. 14). Das Präsidium ist an die **Mehrheitsentscheidung der Rechtsanwaltskammern** gebunden (amtliche Begründung). Inhaltlich muss es um Angelegenheiten der Gesamtheit der Rechtsanwaltskammern gehen. Das bedeutet, dass es sich um bundesweite Angelegenheiten handeln muss. Die Betroffenheit einer einzelnen Kammer genügt ebenso wenig wie diejenige einer Vielzahl oder sogar der Mehrheit der Kammern. Dabei sind mit Angelegenheiten der Kammern die der in diesen zusammengefassten Rechtsanwälte pp. (§ 60) gemeint, so dass es letztlich um Angelegenheiten der gesamten deutschen Anwaltschaft gehen muss (*Ehlers/Lechleitner* AnwBl. 2006, 361, 366). Die Vertretung der gemeinsamen Kammerinteressen, des Gesamtinteresses der deutschen Rechtsanwaltschaft, ist eine der wesentlichen Aufgaben der BRAK als der verbandskörperschaftlichen Dachorganisation der deutschen Rechtsanwälte auf Bundesebene (BGH NJW 1986, 992).

b) Interne Meinungsfeststellung. Einer solchen Interessenvertretung nach außen muss stets zuvor die interne Meinungsfeststellung entsprechend § 177 Abs. 2 Nr. 1 vorausgegangen sein, wobei entsprechend der Regelung für die Hauptversammlung der BRAK eine **einfache Mehrheit** der jeweils eine Stimme habenden Rechtsanwaltskammern ausreicht (§ 190 Abs. 1 und 3). Durch diese Bindung an den Willen der Mehrheit, der innerhalb der BRAK festgestellt werden muss, wird ausgeschlossen, dass etwa das Präsidium der BRAK aus eigener Macht, unabhängig von der Entschließung der Gesamtheit der Mitglieder, eine Auffassung nach außen vertritt (amtliche Begründung). 26

c) Weiter Adressatenkreis. Der von der BRAK nach § 177 Abs. 2 Nr. 3 ansprechbare Adressatenkreis ist weit gefasst. Die BRAK hat in allen die Gesamtheit der Rechtsanwaltskammern berührenden Angelegenheiten die Auffassung der BRAK allen zuständigen Behörden – so auch der für eine Gesetzesvorlage zuständigen Bundesregierung – gegenüber zur Geltung zu bringen (BGH NJW 1961, 1864). Dabei kann sie ihre Auffassung auf jede geeignete oder erlaubt erscheinende Weise auch drängend (BGH NJW 1976, 1541) zur Geltung bringen. Der BRAK steht dabei „die gesamte Klangfülle des aus dem politischen Raum bekannten und namentlich von Interessenverbänden mit unterschiedlicher Virtuosität gehandhabten Instrumentariums" zur Verfügung (*Tettinger* S. 9; beachte auch § 89 Rn. 12, 13). So ist es ihr gestattet, **Pressekonferenzen** abzuhalten, **Presseerklärungen** zu verteilen, eine **Public-Relations-Firma** zu beauftragen (→ Rn. 9), um das Ansehen der Anwaltschaft zu verbessern oder auf deren Leistungsangebot hinzuweisen. Auch kann sie die üblicherweise von Berufsorganisationen durchgeführten **„parlamentarischen Abende"** veranstalten. Eine Fachzeitschrift – wie die **BRAK-Mitteilungen** – kann sie herausgeben. Die Kosten für diese Zeitschrift können durch Werbeanzeigen gesenkt werden (BGH NJW 1971, 237; *Tettinger* S. 172). Es ist der BRAK auch gestattet, Berufsangehörigen kostenlos zu gestatten, in den BRAK-Mitteilungen Stellenanzeigen oder Stellengesuche zu veröffentlichen. 27

4. Vertretung gegenüber Behörden und Organisationen (Abs. 2 Nr. 4). Die BRAK vertritt die Gesamtheit der Rechtsanwaltskammern gegenüber Behörden und Organisationen. Die Nr. 4 gibt der BRAK als notwendige Ergänzung zu der vorhergehenden Aufgabenzuweisung eine **Legitimation für jede nach außen wirkende Tätigkeit** (*Isele* § 177 III E; *Tettinger* S. 10), damit diese ihre Funktion als Bindeglied der Rechtsanwaltskammern nicht nur nach innen, sondern auch nach außen wirksam erfüllen kann (amtliche Begründung; *Tettinger* S. 10). „Der Kreis der möglichen Ansprechpartner der BRAK, die im Gesetz mit den Begriffen „Behörden" und „Organisationen" umschrieben werden, ist ersichtlich weit zu ziehen. Insbesondere die Verwendung des letzteren der beiden Termini und der Verzicht auf eine verdeutlichendere Spezifizierung lässt erkennen, dass alle für die politische Willensbildung relevanten staatlichen und gesellschaftlichen Einheiten, ungeachtet der konkreten (öffentlich-rechtlichen oder privat-rechtlichen) Organisationsform, als potentielle Adressaten einer Vertretung von Anwaltsbelangen durch die BRAK in Frage kommen sollen" (*Tettinger* S. 10; so auch Henssler/Prütting/*Hartung* § 177 Rn. 15; Gaier/Wolf/Göcken/*Göcken* § 177 Rn. 30). Daraus folgt, dass aufgrund des immer stärker werdenden europäischen Einflusses auf die Gesetzgebung des Bundes es der BRAK auch gestattet ist, eine **Vertretung in Brüssel** (Avenue des Nerviens 85, bte 9 B, 1040 Brüssel; brak.bxl@brak.eu) zu unterhalten (so auch Henssler/Prütting/*Hartung* § 177 Rn. 15; Gaier/Wolf/Göcken/*Göcken* § 177 Rn. 33). 28

5. Erstattung von Gutachten (Abs. 2 Nr. 5). Der BRAK obliegt es, Gutachten zu erstatten, die eine an der Gesetzgebung beteiligte Behörde oder **Körperschaft des Bundes oder ein Bundesgericht anfordert.** Wie die RAK nach § 73 Abs. 2 Nr. 8 die Aufgabe hat, Gutachten zu erstatten, die eine Landesjustizverwaltung, ein Gericht oder eine Verwaltungsbehörde des Landes anfordert, so enthält § 177 Abs. 2 Nr. 5 eine vergleichbare Regelung für die Ebene des Bundes. In ihrer Stellung als Körperschaft des Bundes kann die BRAK nur mit Bundesinstanzen zusammenarbeiten, wenn sie nicht in die Zuständigkeit der Rechtsanwaltskammern eingreifen soll (amtliche Begründung). Der BRAK kommen damit auf Bundesebene **zwei Gutachterfunktionen** zu, einmal die Gutachtenerstattung im Gesetzgebungsverfahren und zum anderen die im Rahmen eines Rechtsstreits. 29

a) Gutachterfunktion im Gesetzgebungsverfahren. Wenn auch der Regierungsentwurf unter Nr. 5 der BRAK aufgab: „an den Aufgaben der Gesetzgebung des Bundes und an der 30

Gestaltung und Durchführung der Rechtspflege innerhalb des Bundes gutachterlich mitzuarbeiten," so bedeutet die Streichung dieser Bestimmung und die Beschränkung nur auf Anforderung Gutachten zu erstatten, keine Beschränkung der Rechte der BRAK, sondern lediglich eine Eingrenzung ihrer Pflichten (BGH NJW 1986, 992; *Tettinger* S. 12, 13; *Isele* § 177 III F 2; **aA** *Kalsbach* § 177 Anm. 7). Auch der BGH ist unter Hinweis auf die Entstehungsgeschichte des § 177 davon ausgegangen, dass durch die Streichung der Nr. 5 des Regierungsentwurfs eine **Beschränkung des Aktions- und Wirkungskreises der BRAK nicht eingetreten** ist. Der BGH hat in diesem Zusammenhang ausgeführt, „angesichts dessen, dass die BRAK danach über die einzelnen Rechtsanwaltskammern die gesamte Rechtsanwaltschaft korporativ zusammenfasst und insoweit die Dachorganisation der Rechtsanwälte in ihrer Eigenschaft als unabhängige Organe der Rechtspflege (§ 1) auf der Bundesebene bildet," liege „die Erörterung und Behandlung von Fragen, die die Rechtspflege im Rahmen der Zuständigkeit des Bundes berühren und zu dieser einen unmittelbaren inneren Bezug haben, auch außerhalb der ihr ausdrücklich vom Gesetz zugewiesenen Aufgaben in dem legitimen Lebens- und Wirkungsbereich der BRAK und „sei" diese … insoweit nicht auf die Behandlung standesrechtlicher Fragen beschränkt" (BGHZ 22, 281, 286).

31 Folglich geht auch die Rechtsprechung davon aus, dass die Regelung in Nr. 5 hinsichtlich „Gutachtenerstattung im Gesetzgebungsverfahren auf Bundesebene" lediglich einen schmalen Ausschnitt darstellt aus dem Spektrum der für eine Einflussnahme auf den Gang der Gesetzgebung zur Verfügung stehenden Möglichkeiten der BRAK (*Tettinger* S. 13). Auch die Streichung des im Regierungsentwurf vorgesehenen einschränkenden Zusatzes: „In Angelegenheiten der Rechtsanwaltschaft" zeigt, dass der **Gesetzgeber eine Erweiterung des Aufgaben- und Wirkungskreises der BRAK** und nicht deren Einschränkung wollte (*Tettinger* S. 14; so auch Henssler/Prütting/*Hartung* § 177 Rn. 19).

32 Zur Gutachtenerstattung im Gesetzgebungsverfahren kommt es auf Anforderung zB der Regierung, des Bundestages, des Bundesrates oder einer Fraktion des Deutschen Bundestages. Die Gutachtenerstattung im Gesetzgebungsverfahren wird nach *Isele* (§ 177 Anm. IIIf 2) „solange von untergeordneter Bedeutung sein, als die BRAK ihre in § 177 Abs. 2 Nr. 4 normierte Aufgabe erfüllt und von sich aus bei der Gesetzgebung des Bundes aktiv wird. Es gibt kaum ein Gesetzgebungsvorhaben, durch das die Gesamtheit der Rechtsanwaltskammern nicht berührt wird, und dabei geht es meist überhaupt nicht, allenfalls nur am Rande, um wirtschaftliche Interessen, sondern um Recht und Gerechtigkeit". Gleichwohl hat diese Regelung zur Gutachtenerstattung im Gesetzgebungsverfahren ein gewisses Eigengewicht dadurch, „dass den angesprochenen Behörden und Legislativkörperschaften die Möglichkeit eröffnet wird, aus eigener Initiative solche BRAK-Gutachten anzufordern, deren Erstattung als gesonderte Obliegenheit der BRAK festgeschrieben wurde" (*Tettinger* S. 13).

33 **b) Gutachten auf Anforderung von Bundesgerichten.** Die **gutachtliche Tätigkeit der BRAK** auf Anforderung von Bundesgerichten insbesondere auch des BVerfG, die zunächst als unbedeutende Nebenaufgabe erschien, ist mit der wachsenden Anerkennung der sachlichen Arbeit der BRAK und der daraus resultierenden Zunahme ihres Ansehens zu einer **besonders wichtigen Aufgabe geworden** (*Isele* § 177 Anm. III F 3). Dies zeigen die Tätigkeitsberichte der BRAK, die zunächst in den BRAK-Mitteilungen veröffentlicht wurden, wegen des Umfangs dann später nicht mehr: 1989, 128; 1991, 196, 132; 1992, 189; 1993, 193; 1997, 16, 97, 149 f.; 1998, 173, 223; 2000, 290.

34 **6. Förderung der beruflichen Fortbildung der Rechtsanwälte (Abs. 2 Nr. 6).** Die BRAK hat die berufliche Fortbildung der Rechtsanwälte zu fördern.

35 Es ist Berufspflicht jedes Rechtsanwalts, sich beruflich fortzubilden (BVerwGE 64, 115, 122; BGH NJW 1983, 1665; → § 3 Rn. 9; § 43a Abs. 6; *Tettinger* S. 14). Um seinen Beruf gewissenhaft ausüben zu können, muss der Rechtsanwalt sich kontinuierlich über die neueste Gesetzgebung und Rechtsprechung jedenfalls in seinem zentralen Arbeitsgebiet orientieren, nur so kann er seiner Aufgabe gerecht werden, „der berufene unabhängige Berater und Vertreter in allen Rechtsangelegenheiten" zu sein (→ § 3 Rn. 9, 10; amtliche Begründung) und zu bleiben. Ein Verstoß gegen die Fortbildungspflicht kann berufsrechtlich geahndet werden (vgl. § 43a Abs. 6; ebenso Henssler/Prütting/*Eylmann* 2. Aufl. § 43a Rn. 175). Mit der Aufgabenzuweisung des § 177 Abs. 2 Nr. 6 wird demgemäß der Zweck verfolgt, die Qualität der anwaltlichen Beratung sicherzustellen und den Rechtsanwälten die Möglichkeiten zur beruflichen Weiterqualifikation

zu gewährleisten. Neben dieser mit Art. 12 Abs. 1 GG zu vereinbarenden Aufgabenzuweisung an die BRAK sind auch die Regionalkammern nach der Generalklausel des § 73 Abs. 1 S. 2 zu ergänzenden regional begrenzten Fortbildungsmaßnahmen berechtigt (ausführlich § 73 Rn. 24a ff.). Die Kompetenz der Rechtsanwaltskammern zur Fortbildung ihrer Mitglieder wird durch § 177 Abs. 2 Nr. 6 nicht ausgeschlossen (*Kloepfer/Quast* BRAK-Mitt. 2007, 2, 4). Wie die BRAK der gesetzlichen Obliegenheit, die Rechtsanwälte in ihrer beruflichen Fortbildung zu fördern, nachkommt, unterliegt ihrer Organisationsgewalt. Sie kann selbst eigene Einrichtungen dazu schaffen oder aber entsprechende Anstrengungen Dritter unterstützen (ebenso Gaier/Wolf/Göcken/*Göcken* § 177 Rn. 41; Henssler/Prütting/*Hartung* § 177 Rn. 21).

Seit 1965 unterstützt die BRAK das **„Deutsche Anwaltsinstitut e. V."** (vgl. BRAK-Mitt. 36
1990, 16, 37; 2003, 272) in seiner Aufgabe, die Aus- und Fortbildung der Rechtsanwälte und Notare und ihres Nachwuchses auf allen Rechtsgebieten zu fördern und zu beraten (zur Entwicklung und Aufgabe des Instituts vgl. den Beitrag von *Haas,* Das Deutsche Anwaltsinstitut – ein Beispiel für die Notwendigkeit berufsständischer Aus- und Fortbildungsarbeit, Schriftenreihe der BRAK, Bd. 6, S. 135–143; vgl. auch *Fenner* BRAK-Mitt. 1985, 18).

Zulässig ist es auch, dass die BRAK **Mitglied in Fördervereinen von Instituten für** 37
Anwaltsrecht ist, die inzwischen an vielen Universitäten, wie zB in Köln, Bielefeld, München, Heidelberg, Rostock und Berlin bestehen. Daneben unterstützt die BRAK die Fortbildungsbemühungen des Deutschen Anwaltvereins und der örtlichen Rechtsanwaltskammern, soweit diese sich in zulässiger Weise der Fortbildung ihrer Mitglieder annehmen dürfen.

7. Förderung der elektronischen Kommunikation der Rechtsanwälte mit Gerichten, 37a
Behörden und sonstigen Dritten (Abs. 2 Nr. 7). Das Gesetz zur Förderung des elektronischen Rechtsverkehrs mit den Gerichten vom 10. Oktober 2013 (BGBl. I S. 3786) erweiterte zum 1.7.2014 mit Abs. 2 Nr. 7 den Aufgabenkatalog der BRAK. Diese Norm ist im Zusammenhang mit der zwingenden Verpflichtung der BRAK aus § 31a zu sehen (beide Normen sind verfassungsgemäß, AGH NRW vom 8.5.2015 – 1 AGH 5/15; nicht rechtskräftig), für jeden in § 31 eingetragenen Rechtsanwalt bis zum 1.1.2016 ein besonderes elektronisches Anwaltspostfach einzurichten (→ § 31a Rn. 1 ff.; → § 31 Rn. 66 ff.). Der BRAK wird damit die rechtliche Möglichkeit gegeben, die Rechtsanwälte im Rahmen ihrer Aufgabenzuweisung bei der Verwirklichung der elektronischen Kommunikation mit Gerichten, Behörden und sonstigen Dritten in jeglicher Art „zu unterstützen", um die gesetzliche Vorgabe erreichen zu können. Die dafür notwendigen Kosten für die Errichtung, Erhaltung und Weiterentwicklung der besonderen elektronischen Anwaltspostfächer hat aufgrund der gesetzlichen Aufgabenzuweisung die BRAK zu tragen, kann sie aber über § 178 Abs. 1 von den regionalen Rechtsanwaltskammern erheben. Insoweit haben die Rechtsanwaltskammern beschlossen, für 2014 und 2015 einen Betrag von insgesamt 63 Euro, sowie für 2016 67 Euro je Kammermitglied an die BRAK zur Finanzierung dieser Aufgabe zu zahlen (→ § 89 Rn. 15c).

III. Weitere Aufgabenzuweisungen

Außerhalb des Aufgabenkatalogs in § 177 Abs. 2 enthält die BRAO weitere Zuweisungen an 38
die BRAK:

1. Vorschlagslisten für die Wahl zum Rechtsanwalt beim BGH. Nach § 166 Abs. 2 38a
Nr. 1 ist die BRAK befugt, Vorschlagslisten für die Wahl zum Rechtsanwalt beim BGH einzureichen. Die Vorschlagsliste ist auf der Hauptversammlung (§ 187) zu beschließen (*Isele* § 166 IV C 3; EGH Stuttgart BRAK-Mitt. 1983, 139). Die Hauptversammlung kann die Aufstellung der Vorschlagsliste dem Präsidium der BRAK übertragen.

2. Mitglieder des Wahlausschusses für Rechtsanwälte beim BGH. Die Mitglieder des 39
Präsidiums der BRAK (§ 179) sind kraft Gesetzes Mitglieder des Wahlausschusses für Rechtsanwälte beim BGH (§ 165 Abs. 1).

3. Vorschlagsliste für die anwaltlichen Beisitzer des Anwaltssenats beim BGH. Das 40
Präsidium der BRAK reicht dem BMJV aufgrund von Vorschlägen der Rechtsanwaltskammern eine Vorschlagsliste ein für die anwaltlichen Beisitzer des Senates für Anwaltssachen beim BGH (§ 107 Abs. 2).

41 **4. Erhebung von Beiträgen.** Nach § 178 Abs. 1 erhebt die BRAK von den Rechtsanwaltskammern Beiträge, die zur Deckung des persönlichen und sächlichen Bedarfs bestimmt sind. Zur Bedeutung dieser Norm vergleiche die Kommentierung zu § 178.

42 **5. Vermögensverwaltung.** Gemäß § 186 verwaltet der Schatzmeister der BRAK (§ 179 Abs. 2 Nr. 3) das Vermögen der BRAK und hat über die Einnahmen und Ausgaben sowie über die Verwaltung des Vermögens jährlich der Hauptversammlung Rechnung zu legen (→ § 186 Rn. 1 ff.; → § 176 Rn. 9, 10).

IV. Organisationsfragen

43 Auf welche Weise die BRAK ihre Aufgaben wahrnimmt, ob dies unmittelbar im Rahmen der allgemeinen Geschäftstätigkeit durch ihre Organe, durch Mitgliedschaften oder durch Schaffung und Betreuung besonderer Einrichtungen geschieht, bleibt der Organisationsgewalt der BRAK überlassen. So kann die BRAK zur Durchsetzung ihrer Aufgaben Mitgliedschaften in Vereinen eingehen. Zulässig ist die Mitgliedschaft der BRAK im **Bundesverband Freier Berufe** (BFB), da die satzungsgemäßen Zwecke des BFB mit den Aufgaben der BRAK harmonieren (ebenso *Tettinger* S. 151; → § 89 Rn. 8 ff.). Dem steht auch nicht entgegen, dass dem BFB vereinsrechtlich strukturierte Zusammenschlüsse angehören; eine Körperschaft des Öffentlichen Rechts – wie die BRAK – kann auch in Vereinigungen tätig sein, in denen Vereine Mitglieder sind (so auch *Tettinger* S. 153 ff.; Schippel/Bracker/*Püls* BNotO § 67 Rn. 14). Daraus folgt dann auch, dass die BRAK Mitglied im Trägerverein des Deutschen **Instituts für Freie Berufe** an der Universität Erlangen-Nürnberg sein kann, da dieser Trägerverein freiberufliche Interessen unterstützt und damit den Aufgabenbereich der BRAK abdeckt (ebenso *Tettinger* S. 161).

44 Die Zusammenschlüsse können nicht nur national sein, sondern auch international. Der **BRAK** ist deshalb zur Förderung der Interessen der Anwaltschaft **gestattet,** Mitglied der International Bar Association **(IBA),** der Union Internationale des Avocats **(UIA)** oder der Fédération des Grands Barraux **(FBE)** zu sein.

45 Die BRAK kann sich allerdings auch zur Durchsetzung der Interessen ihrer Mitglieder **privatrechtlicher Rechtsformen,** etwa eines eingetragenen Vereins, einer GmbH oder AG, bedienen (ebenso *Tettinger* S. 148 ff.; *Küchenhoff,* Gutachten über die Vereinigungsfreiheit von Körperschaften des Öffentlichen Rechts – dargestellt am Deutschen Handwerkskammertag und dem Zentralverband des Deutschen Handwerks, 1972, S. 14 ff.; *Starck,* Die Wahrnehmung von Kammeraufgaben durch Handelsgesellschaften – dargestellt am Beispiel der Apothekerkammer –, in *Rüthers/Stern* (Hrsg.), Freiheit und Verantwortung im Verfassungsstaat, 1984, 433 ff., s. dazu auch BGHZ 33, 381, 384 = NJW 1961, 220; OLG Karlsruhe GewArch 1983, 227, 229).

§ 178 Beiträge zur Bundesrechtsanwaltskammer

(1) **Die Bundesrechtsanwaltskammer erhebt von den Rechtsanwaltskammern Beiträge, die zur Deckung des persönlichen und sächlichen Bedarfs bestimmt sind.**

(2) **Die Höhe der Beiträge wird von der Hauptversammlung festgesetzt.**

(3) **Die Hauptversammlung kann einzelnen wirtschaftlich schwächeren Kammern Erleichterungen gewähren.**

I. Festsetzung der Beiträge

1 Der BRAK steht als einer Körperschaft des öffentlichen Rechts die Befugnis zu, von den Rechtsanwaltskammern als ihren Mitgliedern Beiträge zu erheben (amtliche Begründung), da sie ihre Aufgaben nur erfüllen kann, wenn sie über die zur Deckung des persönlichen und sachlichen Bedarfs notwendigen Mittel verfügt. Die Festsetzung der Beiträge (Umlagen) bedarf nach §§ 107, 108 BHO der **Genehmigung der Bundesminister der Justiz und der Finanzen.** Auch der Haushaltsplan, der für eine ordnungsgemäße Haushaltsführung und für die Rechnungslegung und Rechnungsprüfung erforderlich ist, bedarf der Genehmigung des BMJV (§ 108 BHO; → § 176 Rn. 9, 10).

1a Die Höhe der Beiträge einschließlich der Fälligkeitstermine festzusetzen ist Aufgabe der Hauptversammlung (§ 178 Abs. 2), die darüber mit einfacher Mehrheit beschließt (§ 190 Abs. 1,

Abs. 3 S. 1 und Abs. 4 S. 2; BGH NJW 1961, 220). Die **Beitragspflicht als solche** ist, da sie auf dem Gesetz beruht, einer Entscheidung der Hauptversammlung nicht zugänglich (ebenso Henssler/Prütting/*Hartung* § 178 Rn. 2; Gaier/Wolf/Göcken/*Göcken* § 178 Rn. 1).

Die Höhe der Beiträge bestimmt sich nach dem persönlichen und sächlichen Bedarf. Dabei 2
sind zunächst die zwangsläufig anfallenden Aufwendungen für den Bürobetrieb, Miete, Gehälter für Angestellte und was sonst zwangsläufig mit der Unterhaltung des Bürobetriebs anfällt (EDV, Telekommunikation, Papier, Porto pp.), gemeint. Darüber hinaus fallen darunter auch die Mittel für eine sachgerechte Wahrnehmung der Repräsentationspflichten und zur Deckung von Reisekostenvergütungen und Aufwandsentschädigungen (→ § 89 Rn. 27). Insoweit werden die Sachzwänge die Höhe des Bedarfs weitgehend bestimmen.

Die BRAK muss und darf aber auch **die zur Erfüllung ihrer Aufgaben nach § 177** 3
erforderlichen Mittel in die Beitragsbemessung einbeziehen. Nimmt die BRAK iSd § 177 zulässigerweise eine Aufgabe wahr, dann ist sie auch befugt und verpflichtet, die dafür erforderlichen Mittel durch Beitragsbestimmung einzuziehen (BGH NJW 1961, 1864). Bei der Bestimmung der Höhe der für die einzelnen Aufgaben erforderlichen Mittel und damit letztlich bei der Bemessung des Beitrages für die einzelne RAK hat die BRAK den Grundsatz der Verhältnismäßigkeit zu beachten. Aus den Beiträgen können alle Kosten gedeckt werden, die der BRAK durch die Wahrnehmung ihrer legitimen Aufgaben entstehen (BGH NJW 1961, 220).

II. Beitragsbemessung

Einen **Maßstab** für den auf die einzelne Kammer entfallenden Beitrag **stellt das Gesetz nicht** 4
auf. Die Hauptversammlung ist daher nicht verpflichtet, die Beiträge nach der Mitgliedszahl der einzelnen Rechtsanwaltskammern auszurichten (*Isele* § 178 Anm. II E 1). Daraus ergibt sich auch die Regelung, dass die Hauptversammlung einzelnen **„wirtschaftlich schwächeren Kammern"**, dh kleineren Kammern, **Erleichterungen gewähren** kann. Denn da die einzelnen Kammern ihre Beiträge wiederum auf ihre Mitglieder abwälzen (§ 89 Abs. 2 Nr. 2 und 4), wird die wirtschaftliche Stärke einer Kammer im Sinne dieser Bestimmung von der Zahl der Kammermitglieder abhängig sein (amtliche Begründung). Auch den seinerzeit im Aufbau befindlichen Kammern der neuen Bundesländer konnte danach bei verminderter Finanzkraft Erleichterung gewährt werden.

III. Fälligkeitstermine, Säumnis

Die Hauptversammlung beschließt auch mit einfacher Mehrheit die Fälligkeitstermine. Dies 5
kann in einer Beitragssatzung erfolgen, auch aber bei der jährlichen Verabschiedung des Haushaltes. Im Falle der Säumnis hat die BRAK gegenüber der einzelnen Kammer **nicht die Möglichkeit der zwangsweisen Beitreibung (**so auch Henssler/Prütting/*Hartung* § 178 Rn. 6; Gaier/Wolf/Göcken/*Göcken* § 178 Rn. 4). § 84 gilt nicht im Verhältnis BRAK zu der einzelnen Kammer. Erfüllt eine Kammer ihre Verpflichtung nicht, ist die Anrufung der Staatsaufsicht (§ 62 Abs. 2) und/oder die Einleitung anwaltsgerichtlicher Verfahren gegen die Verantwortlichen dieser Kammer möglich (*Isele* § 178 Anm. III).

Zweiter Abschnitt. Die Organe der Bundesrechtsanwaltskammer

1. Das Präsidium

§ 179 Zusammensetzung des Präsidiums

(1) Die Bundesrechtsanwaltskammer hat ein Präsidium.

(2) Das Präsidium besteht aus

1. dem Präsidenten,
2. mindestens drei Vizepräsidenten,
3. dem Schatzmeister.

(3) Das Präsidium gibt sich eine Geschäftsordnung.

(4) Die Hauptversammlung kann weitere Vizepräsidenten bestimmen.

I. Zusammensetzung des Präsidiums

1 Das Präsidium ist neben der Hauptversammlung (§§ 187 ff.) eines der beiden Organe der BRAK und entspricht dem Vorstand der RAK. Hinzu kommt als neues, **selbständiges Beschlussorgan,** organisatorisch bei der BRAK angesiedelt, die mit Gesetz vom 2.9.1994 (BGBl. I S. 2278) eingerichtete Satzungsversammlung (vgl. §§ 191a ff.; *Hartung* NJW 1993, 2276 = AnwBl. 1993, 549; *ders.* AnwBl. 1994, 377; jetzt auch Henssler/Prütting/*Hartung* § 179 Rn. 1 unter Aufgabe der Ansicht der 3. Aufl.). Eine Unterscheidung zwischen Kammervorstand und dem daraus zu wählenden Präsidium wie bei der RAK gibt es bei der BRAK nicht, weil nach dem Willen des Gesetzgebers der Schwerpunkt der Aufgaben der BRAK bei der Hauptversammlung liegen soll (amtliche Begründung).

2 Neben dem Präsidium braucht hier, anders als bei den regionalen Rechtsanwaltskammern, ein weiteres Organ für die Geschäfte des Vorstands nicht vorgesehen zu werden (amtliche Begründung). Die Zahl der Präsidiumsmitglieder ist auf **mindestens fünf Mitglieder** festgeschrieben, die aus der Mitte der Hauptversammlung gewählt werden (§§ 180, 188). Diese Mitglieder haben bestimmte Ämter und führen bestimmte Funktionen aus (§§ 179 Abs. 2, § 185, 186), wobei die Verteilung und Bestimmung der Funktionen im Einzelnen der autonomen Regelung in der Geschäftsordnung überlassen ist. Das **Präsidium besteht aus** einem Präsidenten, mindestens drei Vizepräsidenten und dem Schatzmeister.

3 Durch Gesetz vom 2.9.1994 (BGBl. I S. 2278) wurde bestimmt, dass „mindestens" drei Vizepräsidenten dem Präsidium angehören müssen, gleichzeitig wurde Abs. 4 eingefügt. Die Einfügung der Worte „mindestens drei Vizepräsidenten" soll es ermöglichen, die Zahl der Präsidiumsmitglieder angesichts des durch die deutsche Einheit gewachsenen Aufgabenkatalogs zu erhöhen. Eine derartige **Erhöhung der Zahl der Präsidiumsmitglieder** hat durch Beschluss der Hauptversammlung zu geschehen (Abs. 4; amtliche Begründung, BT-Drs. 12/4993, 36 = BR-Drs. 93/93, 108) und führt auch zu einer Erhöhung der Zahl der anwaltlichen Mitglieder des Wahlausschusses für Rechtsanwälte beim BGH (§ 165 Abs. 1).

4 Die BRAK hat nach der Wahlordnung nunmehr **vier Vizepräsidenten** (§ 30 BRAK-Satzung, → § 175 Rn. 10). **Kammerrechtsbeistände** können keine Aufgaben in der BRAK wahrnehmen (BGH NJW 1989, 2892 = BRAK-Mitt. 1989, 158 = AnwBl. 1990, 270 = Rbeistand 1989, 86; → § 209 Rn. 1 ff.).

II. Aufgaben des Präsidiums

5 Anders als bei der RAK, bei der sich die **Aufgabenzuweisungsnormen** jeweils bei den einzelnen Organen, dem Vorstand (§ 73), dem Präsidium und dem Präsidenten (§§ 79, 80) und der Kammerversammlung (§ 89) befinden, weist § 177 der BRAK und nicht nur einzelnen ihrer Organe bestimmte Aufgaben zu. Darüber hinaus ergeben sich bestimmte Zuweisungen für das Präsidium bzw. einzelne seiner Mitglieder aus §§ 185, 186. Daraus ergibt sich insgesamt, dass das Präsidium im Rahmen des in § 177 dargestellten Aufgabenbereiches alles tun kann und muss, was zur **Wahrung und Förderung der Belange der Rechtsanwaltschaft** erforderlich ist, sofern es nicht der Beschlussfassung der Hauptversammlung vorbehalten ist.

6 Aus der der BRAK als öffentlich-rechtlicher Körperschaft zustehenden Organisationsgewalt ergibt sich, dass die BRAK von ihr legitimer Weise übernommene Aufgaben (vgl. § 177) nicht unbedingt durch eines ihrer gesetzlichen Organe (Präsidium und Hauptversammlung) wahrzunehmen braucht, sie kann damit auch einen besonderen **Ausschuss betrauen** (BGH NJW 1961, 143; *Tettinger* S. 21). Die **Satzung** der BRAK vom 1.6.2015 sieht in §§ 7, 10 (→ § 175 Rn. 10) ausdrücklich die Bildung von vorbereitenden und ständigen Ausschüssen vor. In diesen können **auch Rechtsanwälte berufen werden, die nicht Vertreter von Mitgliedskammern sind.** Die zuständige Rechtsanwaltskammer ist vorher zu hören. Von dieser Möglichkeit wurde reichlich Gebrauch gemacht; es gibt heute mehr als 30 ständige Ausschüsse, wie zB für Abwickler/Vertreter, Anwaltsnotariat, Berufsbildung, Bewertung von Anwaltskanzleien, Datenschutz, Elektronischer Rechtsverkehr, Juristenausbildung, Rechtsanwaltsvergütung, Juristenausbildung bis hin zum Ausschuss für ZPO/GVG (vgl. die Aufstellung der BRAK-Ausschüsse nebst ihrer Mitglieder auf www.brak.de/die-brak/organisation/ausschuesse). Häufig nehmen Ausschussmitglieder als Experten an Anhörungen in Ministerien oder im Parlament teil. Die Ausschussmitglieder werden auf vier Jahre berufen und arbeiten ehrenamtlich. Die **Praxis** zeigt, dass das **Präsidium**

die maßgebliche Institution der BRAK geworden ist, da dieses anders als die Hauptversammlung schnell und beweglich auf Ereignisse reagieren und das Erforderliche veranlassen kann (*Isele* § 179 Anm. IV; zustimmend Henssler/Prütting/*Hartung* § 179 Rn. 3). Dennoch ist über § 189 Abs. 1 S. 2 der **Einfluss der Rechtsanwaltskammern stark ausgeprägt,** da bereits drei Kammern auch gegen den Willen des Präsidiums die Einberufung einer Hauptversammlung und auch die Erörterung von Themen erzwingen können, außerdem **Willens- und Meinungsbildungen** wie auch **Beschlussfassungen** ausschließlich der Hauptversammlung vorbehalten bleiben. Die Entlastung des Präsidiums und der Geschäftsführung zählen gemäß §§ 187, 89 Abs. 2 Nr. 6 zu den originären Aufgaben der Hauptversammlung (BGH NJW 1989, 1151 = AnwBl. 1989, 288).

III. Geschäftsordnung

Die Verteilung und Bestimmung der Funktionen im Einzelnen ist der **autonomen Regelung** 7
in der Geschäftsordnung überlassen (amtliche Begründung). Das Präsidium hat sich nach Abs. 3 eine Geschäftsordnung zu geben. Die Geschäftsordnung des Präsidiums ist seit der Neufassung der **Satzung der BRAK** durch die 63. Präsidentenkonferenz als 147. Hauptversammlung am 1.6.2015 in Teil 1 „Organisationssatzung" integriert worden (zum Abdruck → § 175 Rn. 4 ff.)

§ 180 Wahlen zum Präsidium

(1) [1]**Das Präsidium der Bundesrechtsanwaltskammer wird von der Hauptversammlung aus ihrer Mitte gewählt.** [2]**In das Präsidium kann wiedergewählt werden, wer Mitglied des Vorstandes einer Rechtsanwaltskammer ist.**

(2) **Das Nähere bestimmt die Satzung der Kammer.**

I. Wählbarkeit

Wählbar in das Präsidium der BRAK sind **bei der Erstwahl,** wie sich aus § 188 Abs. 1 ergibt, 1
nur Präsidenten einer RAK (§§ 78 Abs. 2 Nr. 1, 80), nicht aber auch andere Mitglieder des Vorstands einer RAK, die entsprechend § 188 Abs. 2 den Präsidenten der RAK in der Hauptversammlung vertreten (*Isele* § 180 Anm. II C; *Jessnitzer/Blumberg* § 180 Rn. 1).

Die aus der gleichzeitigen Tätigkeit als Präsident der BRAK und einer RAK resultierende 2
Geschäftslast erschwert es aber, auf längere Zeit beide Ämter zugleich ausüben zu können. Da wegen der Bedeutung des Amtes des Präsidenten der BRAK eine gewisse Kontinuität in seiner Besetzung wünschenswert ist, wurde schon mit Änderung des § 180 durch das Gesetz vom 9.12.1986 (BGBl. I S. 2326) seine **Wiederwahl zulässig,** wenn er zwar **nicht mehr Präsident einer RAK ist,** aber noch deren Vorstand angehört.

Da insbesondere mit der gestiegenen Zahl der Rechtsanwälte und der Pflege der Verbindungen 3
zu anderen Staaten der Umfang der Aufgaben des Präsidiums der BRAK (§ 179) insgesamt gewachsen ist, trifft die größere Arbeitsbelastung aber nicht nur den Präsidenten, sondern auch die übrigen Mitglieder des Präsidiums.

Auch die Aufgaben der Präsidenten der regionalen Kammern haben nicht nur mit der stets 4
anwachsenden Zahl der Rechtsanwälte, sondern vor allem auch durch Übertragung von weiteren Aufgaben von der Landesjustizverwaltung auf die Rechtsanwaltskammern enorm zugenommen. Mit Gesetz vom 26.3.2007 (BGBl. I S. 358) wurde § 180 Abs. 1 S. 2 daher dahingehend geändert, dass wie der Präsident der BRAK künftig auch alle weiteren Mitglieder des Präsidiums der BRAK nur bei ihrer Erstwahl Präsident einer regionalen RAK sein müssen. Bei der **Wiederwahl genügt nunmehr die Zugehörigkeit zum Vorstand** der Regionalkammer (BT-Drs. 16/3837, 27, 45).

Folgerichtig wirkt es sich auch nicht auf das Amt des Präsidenten und eines sonstigen Präsidiums- 5
mitgliedes der BRAK aus, wenn der Amtsinhaber zwar aus dem Amt des Präsidenten einer RAK ausscheidet, jedoch weiterhin dem Vorstand einer RAK angehört (§ 182 Abs. 3 Nr. 1; Bericht der Abgeordneten *Buschbom, Eylmann, Kleinert* (Hannover), *Lambinus* und *Mann,* BT-Drs. 10/6400; BT-Drs. 16/3837, 46), dh der Präsident der BRAK und die übrigen Präsidiumsmitglieder der BRAK können ohne Amtsverlust nach ihrer Erstwahl ihr Amt als Präsident der RAK niederlegen, wenn sie weiter Mitglied des Vorstands einer regionalen RAK bleiben (BT-Drs. 16/3837, 46; ebenso Gaier/Wolf/Göcken/*Göcken* § 180 Rn. 4; Henssler/Prütting/*Hartung* § 180 Rn. 4).

II. Wahlberechtigung, Wahlvorgang

6 Die Wahlberechtigung ergibt sich aus § 188 und die Amtsdauer aus § 182. Das Nähere hinsichtlich des Wahlvorganges wird durch die Wahlordnung der BRAK, Teil 3 Satzung der BRAK vom 1.6.2015 bestimmt (→ § 175 Rn. 10; → § 190 Rn. 3 ff.; BGH NJW 1970, 46).

§ 181 Recht zur Ablehnung der Wahl

Die Wahl zum Mitglied des Präsidiums kann ablehnen,

1. wer das fünfundsechzigste Lebensjahr vollendet hat;

2. wer in den letzten vier Jahren Mitglied des Präsidiums gewesen ist.

I. Grundsätzliche Pflicht zur Annahme der Wahl

1 § 181 geht von der Pflicht zur Annahme der Wahl aus. Diese Pflicht ist Berufspflicht des Rechtsanwalts. Die **gesetzlich anerkannten Gründe zur Ablehnung** der Wahl sind **abschließend.** Sie können weder in der Satzung noch durch die Hauptversammlung generell oder für den Einzelfall beschränkt oder aufgehoben, aber auch nicht erweitert werden (*Isele* § 181 Anm. III iVm § 67 Anm. III B). **§§ 36, 38 Abs. 4 BRAK-Satzung** (→ § 175 Rn. 1–13) kann daher nicht so verstanden werden, dass der Vorgeschlagene sich weigern könnte zu kandidieren. Er ist vielmehr als **Appell an die Wahlberechtigten** zu verstehen, aus den von ihm geltend gemachten Gründen von seiner Wahl abzusehen; nur so kann es die Hauptversammlung der BRAK bei Schaffung dieser Norm gemeint haben (→ § 175 Rn. 1–13: im Ergebnis ebenso Gaier/Wolf/Göcken/*Göcken* § 181 Rn. 7; Henssler/Prütting/*Hartung* § 181 Rn. 4: der Gedanke an eine Verfassungswidrigkeit liege nicht fern). Soweit *Göcken* zur Satzung vor dem 1.6.2015 – nun bereits unverändert in 2. Aufl. – ausführt, *Feuerich* hielte § 3 Abs. 4 S. 2 Wahlordnung für „nichtig“, ist dies nicht richtig; *Göcken* wird wohl S. 3, nicht S. 2 meinen, dazu aber wird bereits seit der 7. Aufl. 2008 die Auffassung wie in dieser Rn. 1 vertreten.

2 **Ablehnen kann** also **nur,** wer im Zeitpunkt der Wahl bzw. seiner Erklärung dazu entweder das 65. Lebensjahr vollendet hat oder in den letzten vier Jahren Mitglied des Präsidiums gewesen ist. Wenn diese Voraussetzungen vorliegen, hat der Rechtsanwalt ein Recht zur Ablehnung. Er braucht es aber nicht geltend zu machen. Die Einschränkung der Ablehnungsgründe kann durch eine **alsbaldige Niederlegung des Amtes** nach dessen Wahl gemäß § 182 Abs. 3 Nr. 2 umgangen werden (so auch Henssler/Prütting/*Hartung* § 181 Rn. 3).

3 Über die Berechtigung der Ablehnung entscheidet die Hauptversammlung. Als Rechtsfolge einer **unberechtigten Ablehnung** könnte sich ein anwaltsgerichtliches Verfahren nach §§ 43, 113 Abs. 1 ergeben (Henssler/Prütting/*Hartung* § 181 Rn. 3).

II. Kein Ablehnungsrecht wegen Krankheit oder Gebrechens

4 Das in **§ 67 aufgeführte Ablehnungsrecht** wegen Krankheit oder Gebrechens fehlt hier, weil davon ausgegangen wird, dass diese Voraussetzungen nicht vorliegen, wenn der Gewählte das Amt im Vorstand der RAK trotz seines Ablehnungsrechts nach § 67 Nr. 3 angenommen und beibehalten hat (amtliche Begründung; *Isele* § 181 Anm. VIII).

§ 182 Wahlperiode und vorzeitiges Ausscheiden

(1) **Die Mitglieder des Präsidiums werden auf vier Jahre gewählt.**

(2) **Scheidet ein Mitglied vorzeitig aus, so wird für den Rest seiner Amtszeit ein neues Mitglied gewählt.**

(3) [1] **Ein Rechtsanwalt scheidet als Mitglied des Präsidiums vorzeitig aus,**

1. wenn er nicht mehr Mitglied des Vorstandes einer Rechtsanwaltskammer ist;

2. wenn er sein Amt niederlegt.

[2] **Der Rechtsanwalt hat die Erklärung, daß er das Amt niederlege, dem Präsidium gegenüber schriftlich abzugeben.** [3] **Die Erklärung kann nicht widerrufen werden.**

Übersicht

I. Wahlperiode, Wiederwahl

1 **1. Wahlperiode.** Die Mitglieder des Präsidiums werden auf **vier Jahre** gewählt. Einen turnusmäßigen Wechsel iSv § 68 Abs. 2 gibt es nicht. Dies erklärt sich daraus, dass das Amt im Präsidium der BRAK hinsichtlich der Dauer **in enger Beziehung zu dem Amt als Präsident oder sonstiges Vorstandsmitglied einer RAK** steht (→ § 182 Rn. 4–6; ausdrücklich zustimmend Henssler/Prütting/*Hartung* § 182 Rn. 1). Endet das Amt als Präsident und Vorstandsmitglied einer RAK, ist der Gewählte nicht mehr befugt, die RAK in der Hauptversammlung zu vertreten (§ 188) und scheidet daher aus dem Präsidium der BRAK aus. Ein Präsidiumsmitglied (§ 179) der BRAK kann als solches weiter amtieren, wenn es zwar nicht mehr Präsident einer RAK wohl aber noch Mitglied des Vorstands der RAK ist (§ 182 Abs. 3 Nr. 1; → § 182 Rn. 4 ff.).

2 Der Wechsel im Vorstand einer RAK bewirkt somit grundsätzlich auch einen solchen im Präsidium der BRAK, sofern das ausscheidende Vorstandsmitglied auch diesem angehörte. Wenn dazu auch noch ein turnusmäßiger Wechsel im Präsidium der BRAK käme, würde die Zusammensetzung des Präsidiums der BRAK sich unter Umständen so häufig ändern, dass eine gedeihliche Zusammenarbeit gestört würde (amtliche Begründung; *Isele* § 182 Anm. II A).

3 **2. Wiederwahl.** Wenn auch eine dem § 68 Abs. 1 S. 2 entsprechende Bestimmung fehlt, ist es jedoch unstrittig, dass die **Wiederwahl zulässig** ist (*Isele* § 182 Anm. III; so auch Henssler/Prütting/*Hartung* § 182 Rn. 3); diese Möglichkeit wird auch in § 180 Abs. 1 S. 2 und in § 181 Nr. 2 vorausgesetzt. Das Wahlverfahren regelt sich nach der Wahlordnung der BRAK, jetzt §§ 29 ff. BRAK-Satzung (→ § 175 Rn. 10).

II. Vorzeitiges Ausscheiden aus dem Präsidium

4 **1. Ausscheiden als Mitglied des Vorstands einer RAK.** Außer durch Tod scheidet der Rechtsanwalt als Mitglied des Präsidiums der BRAK vorzeitig aus, wenn er nicht mehr Mitglied des Vorstands einer RAK ist. Die Regeln über das vorzeitige Ausscheiden aus dem Präsidium der BRAK wurden mit Gesetz vom 26.3.2007 (BGBl. I S. 358) als Folgeänderung zur Änderung des § 180 Abs. 1 S. 2 (→ § 180 Rn. 2–4) geändert.

5 Wie bei der Wiederwahl in das Präsidium (§ 180 Abs. 1 S. 2) darauf abgestellt wird, dass der Betroffene wenigstens noch Mitglied des Vorstands einer regionalen Kammer und nicht unbedingt deren Präsident sein muss, scheidet ein Präsidiumsmitglied andererseits aber aus dem Präsidium vorzeitig aus, wenn er nicht mehr Mitglied des Vorstands einer RAK ist. Die bisherige **unterschiedliche Behandlung** des Präsidenten der BRAK und der übrigen Präsidiumsmitglieder (dazu 6. Aufl. § 182 Rn. 4 ff.) wurde aufgegeben (zur Begründung → § 180 Rn. 3). Sämtliche Mitglieder des Präsidiums der BRAK sollen künftig nur noch dann vorzeitig aus diesem ausscheiden, wenn sie nicht mehr Mitglied des Vorstands einer örtlichen RAK sind (BT-Drs. 16/3837, 46).

6 Dabei spielt es **keine Rolle, aus welchem Grund** sie ihre Mitgliedschaft im Vorstand der RAK verloren haben. Dies kann der Fall sein infolge Verlustes der Kammermitgliedschaft (§§ 13 ff., 31 Abs. 4, 60), Verlustes der Wählbarkeit (§ 66 Nr. 3, § 69 Abs. 1 Nr. 1), wenn sie nach dem Ende der Wahlperiode nicht wiedergewählt werden (§ 68) oder ihr Amt im Vorstand der RAK niederlegen (§ 69 Abs. 1 Nr. 2).

7 **2. Niederlegung des Amtes.** Ein Rechtsanwalt scheidet als Mitglied des Präsidiums ferner vorzeitig aus, wenn er sein Amt niederlegt (Abs. 3 Nr. 2). Amt iSd § 182 Abs. 3 Nr. 2 ist das Amt im Präsidium der BRAK und nicht das Amt als Präsident der regionalen RAK. Der Gesetzeswortlaut ist eindeutig: Abs. 3 unterscheidet einerseits mit Nr. 1 zwischen dem Ausschei-

den aus dem Amt des Präsidenten einer RAK und andererseits der Niederlegung des Amtes im Präsidium der BRAK (Nr. 2). Legt er sein Amt im Vorstand der RAK nieder (§ 69 Abs. 1 Nr. 2), scheidet er schon nach § 182 Abs. 3 Nr. 1 aus dem Präsidium der BRAK aus (so auch Henssler/ Prütting/*Hartung* § 182 Rn. 8).

8 Die Erklärung, dass er sein Amt niederlege, hat der Rechtsanwalt nach Abs. 3 S. 2 **schriftlich** gegenüber dem Präsidium abzugeben. Mit Zugang beim Präsidium wird die Erklärung wirksam, zudem kann der Rechtsanwalt sie nicht mehr widerrufen (Abs. 3 S. 3).

9 **Gründe** für die Amtsniederlegung braucht der Rechtsanwalt nicht anzugeben. Dies kann leicht zu einer Umgehung der engen Regelung des § 181 führen.

10 **3. Ergänzungswahl.** Infolge des vorzeitigen Ausscheidens des bisherigen Präsidiumsmitglieds **muss** – jedoch **nicht in der nächsten Hauptversammlung** – ein neues Präsidiumsmitglied gewählt werden (nunmehr unstreitig: ausdrücklich zustimmend Gaier/Wolf/Göcken/*Göcken* § 182 Rn. 7 und nunmehr in der 4. Aufl. auch Henssler/Prütting/*Hartung* § 182 Rn. 11 wegen der „überzeugenden Argumente" in dieser Kommentierung). Entgegen § 69 Abs. 3 S. 1 – nach dieser Vorschrift ist grundsätzlich in der nächsten Kammerversammlung ein neues Mitglied bei vorzeitigem Ausscheiden zu wählen –, sieht § 182 Abs. 3 eine **derartige Verpflichtung nicht** vor. Das korreliert auch mit der entsprechenden Regelung in der Satzung der BRAK. Nach § 6 Abs. 1 BRAK-Satzung (→ § 175 Rn. 10) tritt **Beschlussunfähigkeit** des Präsidiums erst ein, wenn weniger als drei Präsidiumsmitglieder anwesend sind.

11 Soweit die Hauptversammlung – oder auch nur drei Kammern – entgegen der Auffassung des Präsidiums eine **unverzügliche Ersatzwahl** für nötig erachtet, kann sie jederzeit von ihrem Recht nach § 189 Abs. 1 S. 2 Gebrauch machen und einen entsprechenden Antrag stellen. Der Präsident hat insoweit unverzüglich das Erforderliche zu veranlassen, um den gesetzlichen Zustand wiederherzustellen (→ § 175 Rn. 10; § 39 BRAK-Satzung; → § 189 Rn. 1). Die **Amtszeit des neu gewählten Ersatzmitgliedes** endet in dem Zeitpunkt, zu dem die Amtszeit des ausgeschiedenen Mitgliedes geendet hätte (*Isele* § 185 Anm. VII; so auch Gaier/Wolf/Göcken/ *Göcken* § 182 Rn. 8).

III. Ruhen der Mitgliedschaft

12 Wenn hinsichtlich eines Präsidiumsmitgliedes einer der in § 69 Abs. 4 geschilderten Fälle eintritt, ist es unvertretbar, dass dieser Rechtsanwalt weiterhin als Repräsentant der BRAK auftritt, während er von der Repräsentation der RAK nach § 69 Abs. 4 ausgeschlossen ist. Deshalb muss das Ruhen der Mitgliedschaft im Vorstand der regionalen RAK, obwohl § 182 eine dem § 69 Abs. 4 entsprechende Regelung nicht kennt, **automatisch auch das Ruhen der Mitgliedschaft in dem Präsidium der BRAK** zur Folge haben (*Isele* § 182 Anm. VIII; ebenso Henssler/Prütting/*Hartung* § 182 Rn. 12; Gaier/Wolf/Göcken/*Göcken* § 182 Rn. 9).

13 Dementsprechend **ruht die Mitgliedschaft im Präsidium** der BRAK, wenn gegen das Präsidiumsmitglied die öffentliche Klage wegen einer Handlung erhoben worden ist, welche die Unfähigkeit zur Bekleidung öffentlicher Ämter zur Folge haben kann, wenn gegen ihn ein anwaltsgerichtliches Verfahren eingeleitet ist und solange ein Berufs- oder Vertretungsverbot verhängt worden ist (*Isele* § 182 Anm. VIII; so auch Gaier/Wolf/Göcken/*Göcken* § 182 Rn. 10).

§ 183 Ehrenamtliche Tätigkeit des Präsidiums

[1]Die Mitglieder des Präsidiums üben ihre Tätigkeit unentgeltlich aus. [2]Sie erhalten jedoch eine angemessene Entschädigung für den mit ihrer Tätigkeit verbundenen Aufwand sowie eine Reisekostenvergütung.

1 § 183 ist wörtlich aus § 75 übernommen; auf dessen Erläuterungen wird verwiesen (→ § 75 Rn. 1 ff.).

2 Die Höhe der den Mitgliedern des Präsidiums zustehenden **Aufwandsentschädigung** und der **Reisekostenvergütung** wird nach § 190 Abs. 4 S. 2 durch Beschluss der Hauptversammlung mit einfacher Stimmenmehrheit festgesetzt. Die 120. Hauptversammlung der BRAK hat im Mai 2009 die Aufwandsentschädigung des Präsidenten auf 120.000 Euro (davor 90.000 Euro) festgesetzt.

§ 184 Pflicht zur Verschwiegenheit

Für die Pflicht der Mitglieder des Präsidiums und der Angestellten der Bundesrechtsanwaltskammer zur Verschwiegenheit ist § 76 entsprechend anzuwenden.

Der Wortlaut des § 184 S. 1 **vor dem 20.12.1989** wich etwas von demjenigen des § 76 Abs. 1 S. 1 ab, ohne dass hiermit eine Besonderheit hinsichtlich des Umfangs der Schweigepflicht seitens des Gesetzgebers beabsichtigt war. Um die Übereinstimmung deutlich zu machen, wird aufgrund der Änderung des § 184 durch das Gesetz zur Änderung des Berufsrechts der Rechtsanwälte und der Patentanwälte vom 13.12.1989 (BGBl. I S. 2135) nunmehr vollständig auf § 76 Bezug genommen (amtliche Begründung). 1

Die Pflicht zur Verschwiegenheit ist eine **notwendige Voraussetzung** für eine gedeihliche Zusammenarbeit innerhalb des Präsidiums, ebenso wie sie für die Tätigkeit des Vorstands des RAK unerlässlich ist (amtliche Begründung). 2

Der **Kreis der zur Verschwiegenheit Verpflichteten** besteht aus den Mitgliedern des Präsidiums, denjenigen Rechtsanwälten, die zur Mitarbeit im Präsidium herangezogen werden (§ 76 Abs. 1 S. 2) und den Angestellten der BRAK (*Isele* § 184 Anm. II; *Heyl* BRAK-Mitt. 1982, 141). 3

Für Gegenstand, zeitlichen und personellen Bereich der Verschwiegenheitspflicht und **Erteilung der Genehmigung zur Aussage** gilt das zu § 76 Gesagte entsprechend. Zuständig für die Erteilung der Genehmigung zur Aussage nach § 184 S. 3 iVm § 76 Abs. 3 ist das Präsidium der BRAK, da es dem Vorstand der RAK entspricht (*Isele* § 184 Anm. V; *Jessnitzer/Blumberg* § 184; so auch Henssler/Prütting/*Hartung* § 184 Rn. 2). 4

§ 185 Aufgaben des Präsidenten

(1) **Der Präsident vertritt die Bundesrechtsanwaltskammer gerichtlich und außergerichtlich.**

(2) [1] **Der Präsident vermittelt den geschäftlichen Verkehr der Bundesrechtsanwaltskammer und des Präsidiums.** [2] **Er führt die Beschlüsse des Präsidiums und der Hauptversammlung der Kammer aus.**

(3) **Der Präsident führt in den Sitzungen des Präsidiums und in der Hauptversammlung den Vorsitz.**

(4) [1] **Der Präsident erstattet dem Bundesministerium der Justiz und für Verbraucherschutz jährlich einen schriftlichen Bericht über die Tätigkeit der Bundesrechtsanwaltskammer und des Präsidiums.** [2] **Er zeigt ihm ferner das Ergebnis der Wahlen zum Präsidium an.**

(5) **Durch die Satzung der Kammer können dem Präsidenten weitere Aufgaben übertragen werden.**

I. Rechte und Pflichten des Präsidenten im Allgemeinen

Die gesetzlichen Aufgaben des Präsidenten der BRAK sind in den §§ 185, 189, 191a Abs. 4, 191c und 191d Abs. 1 geregelt. Dem Präsidenten wird in § 185 Abs. 1 die rechtliche Vertretung der BRAK im Rechtsverkehr übertragen (amtliche Begründung). Der Präsident ist **allein** der öffentlich-rechtliche und **rechtsgeschäftliche Vertreter der BRAK.** Dieses Recht kann ihm weder durch die Satzung (§§ 175 Abs. 2, 180 Abs. 2, 185 Abs. 5, 190 Abs. 2) noch durch einen Beschluss des restlichen Präsidiums **entzogen oder beschränkt** werden. Er allein kann namens der BRAK klagen, ihm müssen Klagen gegen die Kammer zugestellt werden. Der Präsident kann Rechtsgeschäfte im Namen der Kammer abschließen und rechtsgeschäftliche Erklärungen abgeben. Bei der Ausübung seiner Vertretungsmacht muss der Präsident sich aber an die **gesetzlichen Grenzen** und an die **verbindlichen Weisungen und Beschlüsse des Präsidiums und der Hauptversammlung** halten. Eine Überschreitung dieser Beschlüsse ist aber nach außen bedeutungslos. Nach außen dürfte Nichtigkeit der Vertretungshandlung des Präsidenten nur eintreten, wenn der Präsident für die BRAK auf einem Gebiet tätig werden würde, das völlig außerhalb des 1 der BRAK zugedachten Wirkungskreises liegt (→ § 175 Rn. 3; → § 177 Rn. 3–13), wenn er zB für die BRAK deren Beteiligung an einem Wirtschaftsunternehmen erklären würde.

II. Rechte und Pflichten des Präsidenten im Besonderen

2 **1. Geschäftlicher Verkehr.** Der Präsident führt die Geschäfte der BRAK außerhalb der Hauptversammlungen. Der Präsident vermittelt den geschäftlichen Verkehr der BRAK und des Präsidiums, dh dass er den Verkehr der Kammer und des Präsidiums mit Behörden und Privatpersonen autoritativ vornimmt (*Isele* § 185 Anm. II B iVm § 80 Anm. II B 1). In seiner Hand liegt auch der interne Geschäftsverkehr zwischen dem Präsidium und der Hauptversammlung.

3 **2. Ausführung der Beschlüsse.** Der Präsident führt die Beschlüsse des Präsidiums und der Hauptversammlung aus, wobei er an den Inhalt dieser Beschlüsse **gebunden** ist. Er ist zur Ausführung **verpflichtet.** Führt er sie nicht oder nicht sinngemäß aus, so verletzt er seine gesetzliche und seine Berufspflicht und macht sich berufsrechtlich verantwortlich (*Isele* § 185 Anm. II C iVm § 80 Anm. II C; ebenso Gaier/Wolf/Göcken/*Göcken* § 185 Rn. 1).

4 **3. Führung des Vorsitzes.** Der Präsident führt in den Sitzungen des Präsidiums, in der Hauptversammlung und in der Satzungsversammlung (§ 191d) den Vorsitz. Damit im Zusammenhang steht sein Recht und seine Pflicht, die Hauptversammlung sowie die Satzungsversammlung einzuberufen (§§ 189, 191c) und – obwohl im Gesetz nicht ausdrücklich erwähnt – selbstverständlich auch sein Recht zur Einberufung des Präsidiums. Sein bisheriges Recht, bei **Stimmengleichheit** durch seine Stimme den Ausschlag zu geben, ist entfallen (→ § 190 Rn. 15).

5 **4. Berichterstattung.** Der Präsident erstattet dem BMJV jährlich einen schriftlichen Bericht über die Tätigkeit der BRAK und des Präsidiums. Damit soll dem BMJV die Prüfung erleichtert werden, ob im Wege der Staatsaufsicht (§ 176 Abs. 2) von ihm etwas zu veranlassen ist. Da diese Aufsicht darauf beschränkt ist, dass Gesetz und Satzung beachtet, insbesondere die der BRAK übertragenen Aufgaben erfüllt werden (§ 176 Abs. 2 S. 2), hat der **Bericht als Mindestinhalt** die Aktivitäten der BRAK und ihrer Organe im abgelaufenen Jahr zusammenfassend darzustellen. Auf Anforderung durch das BMJV hat der Präsident darüber hinaus über bestimmte einzelne Angelegenheiten oder Maßnahmen gesondert Bericht zu erstatten (→ § 62 Rn. 10). Da seit Jahrzehnten mindestens zwei Hauptversammlungen der BRAK jährlich, ergänzend dazu zunehmend Präsidentenkonferenzen, stattfinden und zu jeder dieser Hauptversammlungen ein Tätigkeitsbericht erstellt wird, erhält das BMJV Ablichtungen dieser beiden Tätigkeitsberichte.

6 **5. Anzeige der Wahlergebnisse.** Der Präsident zeigt dem BMJV das Ergebnis der Wahlen zum Präsidium an. Sinn dieser Mitteilung ist es, dieses in die Lage zu versetzen zu prüfen, ob es von seinem Anfechtungsrecht nach § 191 Gebrauch machen muss.

7 **6. Aufgabenzuweisung durch die Satzung.** Die Satzung kann dem Präsidenten im Rahmen des der BRAK zugedachten Wirkungskreises (→ § 177 Rn. 3–11) weitere Aufgaben zur selbständigen Erledigung übertragen, so dass insoweit weder eine Beschlussfassung des Präsidiums noch der Hauptversammlung erforderlich ist.

III. Die Vizepräsidenten

8 Der Präsident wird im Falle seiner Verhinderung in allen Funktionen **durch einen Vizepräsidenten vertreten.** Der Präsident kann aber auch ohne seine Verhinderung dem Vizepräsidenten bestimmte Aufgaben zur ständigen selbständigen Erledigung übertragen (*Isele* § 185 Anm. III iVm § 80 Anm. III B). Sind sowohl der Präsident als auch die Vizepräsidenten verhindert, dann ist der **Schatzmeister** (§ 179 Abs. 2 Nr. 3) **zur Vertretung berechtigt** und verpflichtet (im Übrigen → § 179 Rn. 5).

IV. Die Geschäftsführer

9 Zur Erledigung der laufenden Geschäfte können wie bei den Rechtsanwaltskammern Geschäftsführer bestellt werden (vgl. Art. IV Abs. 5 der bis 31.8.2015 geltenden Satzung der BRAK, → § 175 Rn. 8–10 und 8. Aufl. § 175 Rn. 9; → § 80 Rn. 9, 10). Die Bestellung der Geschäftsführer erfolgt regelmäßig privatrechtlich; sie sind hauptberuflich tätig.

Theoretisch könnte sie auch durch Berufung in das Beamtenverhältnis erfolgen. Denn die BRAK ist juristische Person des öffentlichen Rechts, hat als solche Dienstherreneigenschaft und kann durch öffentlich-rechtlichen Akt Beamte ernennen, wenn dies in ihrer Satzung vorgesehen ist und diese Satzung staatlich genehmigt wurde (§ 121 Nr. 2 BRRG). Daneben kann das Präsidium einen **Hauptgeschäftsführer** bestellen; dieser muss Rechtsanwalt sein (so auch Gaier/Wolf/Göcken/*Göcken* § 185 Rn. 5). Voraussetzung ist jedoch, dass die Bestellung der Geschäftsführer und des Hauptgeschäftsführers durch die Hauptversammlung beschlossen wird. 10

Die Geschäftsführung, aber insbesondere der Hauptgeschäftsführer, hat Einfluss auf die Berufspolitik der BRAK; dies folgt zum einen schon daraus, dass sie nicht nur ehrenamtlich, sondern hauptberuflich sich mit den Belangen der Anwaltschaft befassen. Darüber hinaus verfügen sie auch häufig über eine längere Erfahrung in berufspolitischen Fragen als Mitglieder des Präsidiums der BRAK. 11

§ 186 Aufgaben des Schatzmeisters

(1) [1] **Der Schatzmeister verwaltet das Vermögen der Bundesrechtsanwaltskammer nach den Weisungen des Präsidiums.** [2] **Er ist berechtigt, Geld in Empfang zu nehmen.**

(2) **Über die Einnahmen und Ausgaben sowie über die Verwaltung des Vermögens hat er jährlich der Hauptversammlung Rechnung zu legen.**

I. Aufgaben des Schatzmeisters

Der Schatzmeister verwaltet das Vermögen der BRAK nach den **Weisungen des Präsidiums.** Das Präsidium muss folglich über die Verwaltung des Kammervermögens grundsätzliche Weisungen erteilen; es kann auch Einzelweisungen erteilen und von dem Schatzmeister jederzeit Rechenschaft verlangen, ob seine Weisungen auch beachtet wurden. 1

Der Schatzmeister überwacht – wie sich aus seiner funktionellen Stellung ergibt – den Eingang der Beiträge (*Isele* § 186 Anm. II B; ebenso Henssler/Prütting/*Hartung* § 186 Rn. 1), dh er muss die von der Hauptversammlung festgesetzten Beiträge (§ 178) einziehen. Er ist berechtigt, Geld in Empfang zu nehmen und im Rahmen der von der Hauptversammlung bewilligten Mittel (§ 190) über eingehende Beiträge zu verfügen (*Isele* § 186 Anm. II D). 2

II. Kontrolle des Schatzmeisters

Über die Einnahmen und Ausgaben sowie über die Verwaltung des Vermögens hat der Schatzmeister der Hauptversammlung **jährlich Rechnung zu legen** (vgl. auch § 73 Abs. 2 Nr. 7). Die Entlastung, die alljährlich dem Schatzmeister zu erteilen ist, bietet der Hauptversammlung Gelegenheit, auf die Haushaltsführung Einfluss zu nehmen (amtliche Begründung). Die Haushaltsführung der BRAK unterliegt der **Prüfung durch den Bundesrechnungshof** (§§ 105 ff. BHO; amtliche Begründung). 3

Die **Haushaltsführung** der BRAK ist gebunden an ihre Verwaltungsaufgaben. Dem hat der Gesetzgeber dadurch Rechnung getragen, dass er die Haushaltsführung der BRAK als einer bundesunmittelbaren Körperschaft des öffentlichen Rechts gemäß § 105 BHO weitgehend den rechtlichen Maßstäben der unmittelbaren Bundesverwaltung unterworfen hat. 4

Durch einen entsprechenden Entlastungsbeschluss der Hauptversammlung der BRAK wird nicht auf etwaige Schadensersatzansprüche gegen Mitglieder des Präsidiums verzichtet (BGH NJW 1989, 1151 = AnwBl. 1989, 288; → § 176 Rn. 9, 10). 5

2. Die Hauptversammlung

§ 187 Versammlung der Mitglieder

Die Bundesrechtsanwaltskammer faßt ihre Beschlüsse regelmäßig auf Hauptversammlungen.

I. Die Hauptversammlung bestimmt die Richtlinien der Berufspolitik

1 Nach der Vorstellung des Gesetzgebers sollte das Schwergewicht der Tätigkeit der BRAK bei der Hauptversammlung liegen. Ihr sollten die wesentlichen Beschlüsse vorbehalten sein (amtliche Begründung). Die **Praxis** hat sich jedoch dahingehend entwickelt, dass das **Präsidium und die Geschäftsführung** zwischen den Hauptversammlungen alles Wesentliche selbständig erledigen müssen und durch die Vorbereitung der Hauptversammlung auch auf diese einen **maßgeblichen Einfluss** ausüben (ebenso Henssler/Prütting/*Hartung* § 187 Rn. 1).

2 *Isele* (§ 187 Anm. III; → § 188 Rn. 1) hat dazu schon 1976 zutreffend festgestellt:

> *„Dass das zu einer Verschiebung des vom Gesetzgeber unter anderen Voraussetzungen geplanten Kräfteverhältnisses hat führen müssen, ist eine zwangsläufige Folge, durch die jedoch die Arbeit effektiver geworden ist, als man ursprünglich erwarten konnte."*

3 Der **Hauptversammlung** sind **alle Entscheidungen vorbehalten,** die ihrem Aufgabenkreis eigen sind (amtliche Begründung S. 270; vgl. auch § 177). Dazu gehören die Willens- und Meinungsbildung hinsichtlich aller die Rechtsanwaltskammern in ihrer Gesamtheit berührenden Fragen (→ § 177 Rn. 15 ff.), die Festsetzung der Beiträge (§ 178 Abs. 2), die Wahlen zum Präsidium (§ 180), die Entlastung des Präsidiums und der Geschäftsführung (§ 186 Abs. 2; → § 186 Rn. 4; BGH NJW 1989, 1151 = AnwBl. 1989, 288) und die Beschlussfassung über alle sonstigen Fragen, die in den **Funktionskreis der BRAK** gehören (→ § 177 Rn. 6) und die vom Präsidenten oder auf Antrag einer RAK (§ 2 der Geschäftsordnung; → § 189 Rn. 2) auf die Tagesordnung gesetzt werden. Schlagwortartig kann dies dahin zusammengefasst werden, dass die Hauptversammlung die **Richtlinien der Berufspolitik der BRAK** bestimmt (ebenso Henssler/Prütting/*Hartung* § 187 Rn. 2).

II. Geschäftsordnung der Hauptversammlung

4 Die Geschäftsordnung der Hauptversammlung der BRAK vom 2.10.1987 (BRAK-Mitt. 1988, 252), zuletzt geändert durch Beschluss der Hauptversammlung vom 1.10.2010, wurde mit Inkrafttreten der Satzung der BRAK (beschlossen am 1.6.2015) am 1.9.2015 in diese als „Teil 2" integriert (Abdruck → § 175 Rn. 10).

§ 188 Vertreter der Rechtsanwaltskammern in der Hauptversammlung

(1) **Die Rechtsanwaltskammern werden in der Hauptversammlung durch ihre Präsidenten vertreten.**

(2) **Der Präsident einer Rechtsanwaltskammer kann durch ein anderes Vorstandsmitglied vertreten werden.**

I. Zweck der Bestimmung

1 Die Rechtsanwaltskammern müssen als Mitglieder der BRAK (§ 175 Abs. 1) in den Hauptversammlungen vertreten werden (amtliche Begründung). **Ziel des § 188** ist es, die Zahl der Teilnehmer an der Hauptversammlung möglichst klein zu halten, damit die **Hauptversammlung nicht zu schwerfällig** wird und die Aufwendungen der einzelnen Kammern in erträglichen Grenzen bleiben (*Isele* § 188 Anm. V). Aus diesem Grund hat **jede Kammer nur eine Stimme** (§ 190 Abs. 1) und wird das Stimmrecht grundsätzlich durch den Präsidenten der RAK ausgeübt. Zu der Vertretung der RAK sind ihre Präsidenten, die aus den Wahlen der Kammern (§§ 64, 89 Abs. 2 Nr. 1) und des Vorstands (§ 78 Abs. 1) hervorgegangen sind, nach ihrer Stellung innerhalb der Gemeinschaft berufen, ohne dass es eines besonderen Aktes der Bestellung bedürfte. Die Wahl eines besonderen Vertreters der RAK in der BRAK vorzusehen, erscheint weder geboten noch zweckmäßig (amtliche Begründung). Da teilweise die RAK mit dem gesamten Präsidium und der Geschäftsführung an den Hauptversammlungen teilnehmen, blieben die Kosten (auch wenn diese die regionalen Rechtsanwaltskammern nach § 11 Abs. 1 BRAK-Satzung selbst tragen, → § 175 Rn. 10), nicht in erträglichen Grenzen; die Hauptversammlung ist zu schwerfällig geworden; deshalb fanden und finden Hauptversammlungen auch in Form der **Präsidentenkonferenz** statt (→ § 185 Rn. 5), an der gewöhnlich jeweils nur ein Vertreter der

Kammer, meist der Präsident, gelegentlich der Vizepräsident, der Präsident der BRAK sowie Teile der Geschäftsführung der BRAK teilnehmen.

II. Vertretung des Präsidenten

Der Präsident kann sich durch den **Vizepräsidenten** oder ein **anderes Vorstandsmitglied** 2 vertreten lassen. Aber auch der Kammervorstand (§ 63) kann nach Abs. 2 beschließen, dass an Stelle des Präsidenten ein anderes Vorstandsmitglied (§ 63) die Kammer in der Hauptversammlung vertritt. Da aber der Präsident kraft Gesetzes die Kammer in der Hauptversammlung der BRAK vertritt, stellt die Bestellung eines anderen Vorstandsmitglieds nach Abs. 2 einen Eingriff in die gesetzlichen Rechte des Präsidenten dar, der nur mit dessen ausdrücklicher Genehmigung statthaft ist (*Isele* § 188 Anm. III B 2). **Mit** dessen **Zustimmung** ist die Bestellung eines anderen Kammervorstandsmitglieds aber nicht nur auf die Fälle der Verhinderung des Präsidenten beschränkt, sondern **allgemein zulässig** (amtliche Begründung; *Jessnitzer/Blumberg* § 188; so auch Henssler/Prütting/*Hartung* § 188 Rn. 6).

Ist der Präsident der RAK Mitglied des Präsidiums der BRAK, so **gilt § 188 Abs. 2 nicht** für 3 seine Vertretung in dieser Eigenschaft. Weder der Vizepräsident der Kammer noch ein anderes nach § 188 Abs. 2 bestimmtes Mitglied des Vorstands kann den Präsidenten als Mitglied des Präsidiums der BRAK vertreten (*Isele* § 188 Anm. IV; zustimmend Henssler/Prütting/*Hartung* § 188 Rn. 7; Gaier/Wolf/Göcken/*Göcken* § 188 Rn. 6).

Kammerrechtsbeistände (§ 209) dürfen weder zum Präsidenten der RAK noch nach § 188 4 Abs. 2 zu dessen Vertreter bestellt werden (BGH NJW 1989, 2892 = BRAK-Mitt. 1989, 158 = AnwBl. 1990, 270 = Rbeistand 1989, 86; vgl. 7. Aufl. § 209 Rn. 72 ff.).

Da auch ein Rechtsanwalt, der über die Eingliederung niedergelassener **europäischer** 5 **Rechtsanwälte** (§§ 11 ff. EuRAG) oder über die Eignungsprüfung nach §§ 16 ff. EuRAG (→ EuRAG § 16 Rn. 1) den Zugang zum Beruf gefunden hat, ohne Funktionseinschränkung in den Vorstand der RAK gewählt werden kann (→ § 65 Rn. 7; → EuRAG § 6 Rn. 4, 5), kann er auch die RAK in der Hauptversammlung vertreten. Aber auch nur niedergelassene europäische Rechtsanwälte (§ 2 EuRAG) können die RAK in der Hauptversammlung vertreten (→ EuRAG § 6 Rn. 4, 5).

III. Beteiligung von Beratern

§§ 188 und 190 Abs. 1 hindern nicht, dass der Präsident der RAK zur Hauptversammlung der 6 BRAK andere Vorstandsmitglieder seiner RAK als Berater mitbringt. Dies wird schon deshalb häufig nötig sein, weil der Präsident zumindest in größeren Kammern gar nicht in der Lage sein wird, alle wichtigen Vorgänge selbst zu bearbeiten oder auch nur zu kennen, sondern dort die anfallende Arbeit auf die Vorstandsmitglieder aufgeteilt werden muss (*Isele* § 188 Anm. V; vgl. auch §§ 7 Abs. 1, 18 Abs. 2 BRAK-Satzung; → § 175 Rn. 10; ebenso Henssler/Prütting/*Hartung* § 188 Rn. 2).

§ 189 Einberufung der Hauptversammlung

(1) [1] **Die Hauptversammlung wird durch den Präsidenten schriftlich einberufen.** [2] **Der Präsident muß die Hauptversammlung einberufen, wenn mindestens drei Rechtsanwaltskammern es schriftlich beantragen und hierbei den Gegenstand angeben, der in der Hauptversammlung behandelt werden soll.**

(2) **Bei der Einberufung ist der Gegenstand, über den in der Hauptversammlung Beschluß gefaßt werden soll, anzugeben.**

(3) [1] **Die Hauptversammlung ist mindestens drei Wochen vor dem Tage, an dem sie zusammentreten soll, einzuberufen.** [2] **Der Tag, an dem die Einberufung abgesandt ist, und der Tag der Hauptversammlung sind hierbei nicht mitzurechnen.**

(4) [1] **In dringenden Fällen kann der Präsident die Hauptversammlung mit kürzerer Frist einberufen.** [2] **Die Vorschrift des Absatzes 2 braucht hierbei nicht eingehalten zu werden.**

I. Einberufung der Hauptversammlung durch den Präsidenten

1 Die Einberufung der Hauptversammlung erfolgt stets durch den Präsidenten, im Falle der Verhinderung durch den Vizepräsidenten (im Übrigen → § 85 Rn. 1 ff.). Die Einberufung steht grundsätzlich im **pflichtgemäßen Ermessen des Präsidenten,** soweit nicht durch Gesetz oder Satzung (Abdruck → § 175 Rn. 10) eine Verpflichtung dazu besteht (vgl. auch § 8 BRAK-Satzung).

2 Der Präsident **muss die Versammlung einberufen,**

a) wenn dies nach seiner pflichtgemäßen Überzeugung notwendig ist, um die der Versammlung übertragenen Aufgaben sachlich und zeitlich ordnungsgemäß zu erfüllen (*Isele* § 189 Anm. III A),
b) wenn nach V der Satzung die beiden jährlichen Pflichtversammlungen fällig sind,
c) wenn das Präsidium es beschließt (§ 185 Abs. 2 S. 2; Art. V Abs. 1 der Satzung der BRAK),
d) wenn die letzte Hauptversammlung dies selbst beschlossen hat (*Isele* § 185 Anm. III D) und
e) wenn mindestens drei Rechtsanwaltskammern dies schriftlich beantragen und dabei den Gegenstand angeben, der in der Hauptverhandlung behandelt werden soll (Abs. 1 S. 2; Art. V Abs. 1 der Satzung der BRAK).

II. Ort der Hauptversammlung, Inhalt der Einladung, Öffentlichkeit

3 **1. Ort der Hauptversammlung, Inhalt der Einladung.** Der Ort der Hauptversammlung ist grundsätzlich der **Sitz der BRAK,** also Berlin (§ 175 Abs. 2 iVm § 8 Abs. 2 BRAK-Satzung, **Abdruck** → § 175 Rn. 10). Sie kann auch an einem anderen Ort einberufen werden (Art. V Abs. 2 der Satzung der BRAK). Die Einberufung der Hauptversammlung muss **schriftlich** erfolgen. Die **Einberufungsfrist** beträgt drei Wochen. Dabei zählen der Tag, an dem die Einberufung abgesandt ist und der Tag der Eröffnung der Hauptversammlung nicht mit (Abs. 3). In **dringenden Fällen** kann die **Frist abgekürzt** werden und braucht auch nicht der Gegenstand, über den Beschluss gefasst werden soll, angegeben zu werden (Abs. 4); nach § 9 Abs. 3, 4 BRAK-Satzung ist dies modifiziert worden. Grundsätzlich muss bei der Einberufung (Ausnahme Abs. 4) der Gegenstand, über den in der Hauptversammlung Beschluss gefasst werden soll, angegeben werden. Das bedeutet, dass der Präsident zuvor eine **Tagesordnung** auszuarbeiten hat. Was der Präsident zum Tagesordnungspunkt bestimmt, kann sich ergeben aus Beschlüssen des Präsidiums (§ 185 Abs. 2 S. 2), der vorangegangenen Hauptversammlung, einem Antrag der Minderheit (§ 189 Abs. 1 S. 2), aus Anregungen und Anträgen einzelner Rechtsanwaltskammern und aus sonstigen Punkten, über die der Präsident nach pflichtgemäßem Ermessen eine Beschlussfassung der Hauptversammlung für notwendig erachtet.

4 Zur **Prüfungspflicht des Präsidenten** und zur Angabe des Gegenstands → § 85 Rn. 2 und BGH NJW 1975, 1559; EGH Hamburg BRAK-Mitt. 1985, 51. Beschlüsse, die unter Verletzung der **zwingenden Vorschriften des § 189** zustande gekommen sind, können unter den Voraussetzungen des § 191 von dem BMJV (§ 191 Abs. 1) bzw. einer einzelnen RAK (§ 191 Abs. 2) beim BGH angefochten werden (*Isele* § 189 Anm. IX; *Jessnitzer/Blumberg* § 189 Rn. 2). Vgl. im Übrigen die Geschäftsordnung der Hauptversammlung in Teil 2 der Satzung der BRAK (→ § 175 Rn. 10).

5 **2. Öffentlichkeit.** Ob die Hauptversammlung öffentlich ist oder nicht, ist **im Gesetz nicht geregelt.** Möglich wäre deshalb, eine Regelung in der Satzung der BRAK oder der Geschäftsordnung für die Hauptversammlung zu treffen. Dies ist in § 3 (→ § 187 Rn. 4) geschehen. Wenn die Geschäftsordnung schweigt, gilt der Grundsatz, dass die Hauptversammlung nicht öffentlich – **nicht einmal anwaltsöffentlich** – ist (ebenso *Isele* § 88 Anm. IV A 2.; *Kleine-Cosack* § 190 Rn. 5).

6 Der Präsident kann gemäß § 7 BRAK-Satzung **Gäste zulassen.** Dass nicht einmal Anwaltsöffentlichkeit besteht, hält *Hartung* für bedenklich, da sich die Bundesrechtanwaltskammer selbst als berufsrechtliche Vertretung aller Rechtsanwälte der Bundesrepublik verstehe (Henssler/Prütting/*Hartung* § 189 Rn. 6). Die einzelnen Rechtsanwälte selbst sind indes nicht Mitglieder der BRAK, sondern nur ihrer eigenen Regionalkammer (→ § 175 Rn. 2). Für jede(n) Institution, Körperschaft, Verband, Verein usw. gilt grundsätzlich, dass deren Sitzungen bzw. Versammlungen

nichtöffentlich sind, um selbst entscheiden zu können, was nach außen kommuniziert werden soll, anderenfalls Dritte auch der Institution vorgreifen könnten (ebenso Gaier/Wolf/Göcken/*Göcken* § 190 Rn. 7).

§ 190 Beschlüsse der Hauptversammlung

(1) **Jede Rechtsanwaltskammer hat eine Stimme.**

(2) **Die Voraussetzungen, unter denen die Hauptversammlung beschlußfähig ist, werden durch die Satzung geregelt.**

(3) [1]**Die Beschlüsse der Hauptversammlung werden, soweit nicht die Satzung etwas anderes vorschreibt, mit einfacher Stimmenmehrheit gefaßt.** [2]**Das gleiche gilt für die von der Hauptversammlung vorzunehmenden Wahlen.** [3]**Bei Wahlen entscheidet bei Stimmengleichheit das Los.**

(4) [1]**Beschlüsse, welche die einzelnen Rechtsanwaltskammern wirtschaftlich belasten, kann die Hauptversammlung nur einstimmig fassen.** [2]**Dies gilt jedoch nicht für die Beschlüsse, durch welche die Höhe der Beiträge der Rechtsanwaltskammern sowie die Höhe der Aufwandsentschädigung und der Reisekostenvergütung für die Mitglieder des Präsidiums festgesetzt werden.**

(5) **Über die Beschlüsse der Hauptversammlung und über die Ergebnisse von Wahlen ist ein Protokoll aufzunehmen, das von dem Vorsitzenden und von einem Vizepräsidenten als Schriftführer zu unterzeichnen ist.**

Übersicht

I. Gesetzliche Regelung und Satzungsautonomie

Wie § 88 für Wahlen und Beschlüsse der Rechtsanwaltskammern einige unabdingbare Grundregeln aufstellt (→ § 88 Rn. 1), bestimmt § 190 ebenfalls einige **unabdingbare Grundregeln** für Beschlüsse der Hauptversammlung der BRAK, die stets zu beachten sind und überlässt die übrige Regelung der Satzungsautonomie der BRAK. 1

Nur soweit eine Regelung fehlt oder diese ausdrücklich der Geschäftsordnung überlassen ist (→ § 175 Rn. 8; § 190 Abs. 2 und 3; § 180 Abs. 2), ist die BRAK zu einer Regelung befugt (*Tettinger* S. 33 ff.; zu §§ 64, 88, 90 s. BGH NJW 1970, 46); → § 64 Rn. 1 ff.). 2

II. Zwingende Vorschriften

1. Gleichwertigkeit der Stimmen. Jede RAK verfügt in der Hauptversammlung nur über **je eine Stimme.** Die **Größe der** einzelnen **Kammern** ist also für ihre Vertretung in der Hauptversammlung **ohne Belang.** Nach der Größe der Kammern kann das Stimmrecht nicht bemessen werden, weil die Rechtsanwaltskammern als Mitglieder der BRAK bei der Ausübung ihres Mitgliedschaftsrechts zwangsläufig ohne Rücksicht auf die Zahl der eigenen Mitglieder gleich behandelt werden müssen und weil sie deshalb nur ein gleiches Stimmrecht besitzen können. 3

4 Die einzelne RAK könnte, auch wenn jeder Kammer gleichmäßig ein mehrfaches Stimmrecht eingeräumt würde, ihre Stimme nur einheitlich abgeben, weil andernfalls eine klare Mehrheitsbildung unter den Kammern als Mitgliedern der BRAK in Frage gestellt würde. Deshalb genügt es, jeder RAK nur eine Stimme zu geben. Auf diese Weise lässt es sich auch erreichen, dass die einzelnen Kammern nur je einen Vertreter zu entsenden brauchen (amtliche Begründung).

5 Gegen die **Stimmengleichheit jeder Kammer** sind im Schrifttum angesichts der äußerst unterschiedlichen Mitgliederzahlen (Aufstellung → § 60 Rn. 13), **Bedenken** geltend gemacht worden (*Haas* BRAK-Mitt. 1984, 7; *Kirchhof* BRAK-Mitt. 1984, 6; *Papier* NJW 1987, 1308; *Cramer* AnwBl. 1989, 140; *Wagner* AnwBl. 1989, 269; Henssler/Prütting/*Hartung* § 190 Rn. 2, „verfassungsrechtlich bedenklich"; *Kleine-Cosack,* Berufsständische Autonomie und Grundgesetz, S. 181 ff.; **aA** Gaier/Wolf/Göcken/*Göcken* § 190 Rn. 2). Insbesondere im Hinblick auf die in § 177 Abs. 2 Nr. 2 aF übertragene Kompetenz zur Feststellung der allgemeinen Standesauffassungen wurde das Prinzip der Stimmengleichheit deshalb als ein Verstoß gegen das Demokratieprinzip des Grundgesetzes angesehen (vgl. 2. Aufl. § 190 Rn. 5 ff.).

6 Mit der Aufhebung des § 172 Abs. 2 Nr. 2 aF und der Schaffung der Satzungsversammlung (§§ 191a ff.) verloren diese Bedenken an Bedeutung. Die übrigen Aufgaben der BRAK berühren die Rechte der einzelnen Rechtsanwälte, die ja nicht selbst Mitglieder der BRAK sind (vgl. § 175 Abs. 1), nicht in solchem Maße, dass durchgreifende Bedenken gegen die Regelung des § 190 Abs. 1 daraus hergeleitet werden könnten.

7 Der **BGH** (BRAK-Mitt. 1989, 43 = AnwBl. 1989, 45) hat daher entschieden, dass § 190 Abs. 1 mit dem Grundgesetz vereinbar ist und hat dies unter anderem wie folgt begründet: Die nach Wegfall der Kompetenz zur Feststellung der RichtlRA als Eingriffsgrundlage der BRAK verbleibenden Aufgaben, wie sie insbesondere in § 177 Abs. 2 geregelt sind, greifen in erheblich geringerem Maße als die RichtlRA in die Rechtsstellung der „Mitgliedsmitglieder" ein.

8 Selbst wenn man den Gesetzeswortlaut „Gesamtheit der Rechtsanwaltskammern" iSv „Gesamtheit der Rechtsanwälte" versteht, berühren die in diesen Angelegenheiten gefassten Beschlüsse die Rechtsstellung des einzelnen Rechtsanwalts sehr viel weniger, als die Feststellung der RichtlRA dies getan hat.

9 Kein Verstoß gegen das **Demokratieprinzip** des Grundgesetzes ist darin zu sehen, dass bei der Beschlussfassung über derartige Gegenstände die einzelnen Rechtsanwaltskammern unabhängig von der Anzahl ihrer Mitglieder nur eine Stimme haben. Auch wenn man davon ausgeht, dass die BRAK als Körperschaft des öffentlichen Rechts und Trägerin der mittelbaren Staatsverwaltung eine demokratische Binnenstruktur aufweisen muss, so ist doch dem Gesetzgeber bei der Ausgestaltung dieser Binnenstruktur ein weiter Ermessensspielraum einzuräumen (vgl. BGH BRAK-Mitt. 1989, 43 = AnwBl. 1989, 45). Es gibt durchaus sachliche Gesichtspunkte für die in § 190 Abs. 1 getroffene Stimmrechtsregelung (→ § 190 Rn. 3, 4).

10 Die Regelung dient auch dem **Minderheitenschutz.** Wenn die Stimmen einseitig nach der Mitgliederstärke der Kammern gewichtet würden, könnten einige mitgliederstarke Kammern die Mehrzahl der übrigen Kammern sehr leicht majorisieren. Im Übrigen sind nach der geltenden Regelung die einzelnen Rechtsanwälte keinesfalls von der Willensbildung der BRAK ausgeschlossen. Als Mitglieder der jeweiligen Kammer können sie auf deren Willensbildung und damit auf deren Stimmabgabe einwirken. Dass dabei die Stimme des einzelnen Anwalts wegen der unterschiedlichen Mitgliederstärke der Kammern ein unterschiedliches Gewicht hat, erscheint – jedenfalls für den nach Wegfall der Feststellung der RichtlRA verbleibenden Aufgabenkreis der BRAK – hinnehmbar. Entsprechendes gilt für die von der Hauptversammlung der BRAK vorzunehmenden Wahlen. Hier sind in erster Linie die Mitglieder der BRAK (§ 175 Abs. 1) selbst betroffen, denen nach § 190 Abs. 1 je eine Stimme zusteht (BGH AnwBl. 1989, 45 = BRAK-Mitt. 1989, 43 mit Anm. *Cramer* AnwBl. 1989, 140, *Wegner* AnwBl. 1989, 269 und *Zuck* BRAK-Mitt. 1989, 124; **aA** Henssler/Prütting/*Hartung* § 190 Rn. 2 ff.).

10a Unter den regionalen Rechtsanwaltskammern und auch in der Hauptversammlung wird erneut über die Gleichwertigkeit der Stimmen jeder RAK diskutiert, ob also die bisherige Abstimmungsregel „jede Kammer – eine Stimme", nicht doch abzuändern ist (126. Hauptversammlung der BRAK als Präsidentenkonferenz vom 22.12.2010). Diskutiert wird, unter anderem ob zur Abmilderung einer Stimmgewichtung ein „Bundesratsmodell" eingeführt werden solle, wonach die Stimmenzahl von bestimmten Größenklassen abhängig gemacht werden könnte. Bis zur Drucklegung dieser Auflage ist eine Änderung der Gewichtung der Stimmen nicht wirklich konkret geworden.

Derartige Diskussionen wurden bereits 1987 und 2000 in Hauptversammlungen geführt. Nach dem derzeitigen System ist es möglich, dass 15 Rechtsanwaltskammern mit insgesamt lediglich 17 % aller Mitglieder, die restlichen 13 Kammern mit 83 % aller Rechtsanwälte/-innen überstimmen könnten (Mitgliederstand 2011). Bereits bei der Diskussion im Jahr 2000 wurde vorgebracht, dass sieben Rechtsanwaltskammern, in denen lediglich 7 % aller Rechtsanwälte Mitglieder sind, sechs Rechtsanwaltskammern mit 52,7 % aller Rechtsanwälte, bei Stimmenthaltungen der übrigen Kammern, überstimmen könnten. **10b**

2. Ausübung des Stimmrechts. Nach § 188 wird das Stimmrecht der Rechtsanwaltskammern nur durch deren Präsidenten bzw. durch ein anderes Vorstandsmitglied ausgeübt. **Kammerrechtsbeistände** dürfen dazu nicht bestellt werden (→ § 188 Rn. 3). **11**

3. Erfordernis der Einstimmigkeit. Gewisse Grenzen der in Abs. 3 vorgesehenen autonomen Regelung ergeben sich aus Abs. 4, nach dem Beschlüsse, welche die **Rechtsanwaltskammern wirtschaftlich belasten,** einstimmig gefasst werden müssen. In diesen Fällen kann nur ein **einstimmiger Beschluss** zugelassen werden, weil sonst die gedeihliche Zusammenarbeit unter den Rechtsanwaltskammern leiden könnte. Es würde mit erheblichen Unzuträglichkeiten und Missstimmungen zu rechnen sein, wenn bei wirtschaftlichen Belastungen, die den Haushalt kleinerer Kammern erschüttern könnten, eine Minderheit sich einer Mehrheit fügen sollte. Außerdem wird das Erfordernis, dass diese Entschließungen von dem einstimmigen Willen der Mitglieder getragen sein müssen, den allgemeinen Bestrebungen, die wirtschaftlichen Belastungen auf das notwendige Maß zu beschränken, nur dienlich sein können (amtliche Begründung). **12**

Zu den **Beschlüssen,** die **nach Abs. 4 nur einstimmig** gefasst werden können, gehören solche, durch die nicht alle Kammern, sondern nur eine oder mehrere wirtschaftlich belastet werden, durch die die Kammern nicht gleichmäßig belastet werden, die eine Sonderbelastung einer oder einzelner Rechtsanwaltskammern darstellen (zB eine RAK soll die Kosten einer in ihrem Bezirk abzuhaltenden Tagung der BRAK allein tragen) und es gehören dazu Beschlüsse, die über die normalen Belastungen, die sich aus der Erfüllung der gesetzlichen Aufgaben der BRAK ergeben, hinausgehen, die zu einer unmittelbaren wirtschaftlichen Belastung der einzelnen RAK führen (zB die Rechtsanwaltskammern müssten nach dem Beschluss bestimmtes hauptamtliches Personal anstellen oder Bibliotheken mit bestimmtem Bestand unterhalten; BGH NJW 1961, 220; *Isele* § 190 Anm. VI B). Für die übrigen Beschlüsse, die Ausgaben für gesetzliche Aufgaben betreffen, gilt die Regelung des Abs. 3, auch wenn sie die Kammern wirtschaftlich belasten. **13**

Eine besondere Vorsorge nach Abs. 4 S. 1 ist gegenüber **normalen Belastungen,** die aus den **Beiträgen zur BRAK** (§ 178) und aus der Aufwandsentschädigung für die Mitglieder des Präsidiums (§ 183 S. 2) entstehen, nicht notwendig, weil sie sich aus den Aufgaben der BRAK zwangsläufig ergeben. Deshalb können diese Beschlüsse mit **einfacher Stimmenmehrheit** gefasst werden, wenn nicht die Satzung etwas anderes vorschreibt (amtliche Begründung). Weil die Höhe der von den Rechtsanwaltskammern zu leistenden Beiträge zur BRAK mit einfacher Stimmenmehrheit festgesetzt werden kann (Abs. 3 S. 1), bedürfen auch **Beschlüsse über Ausgaben, die aus dem Beitragsaufkommen gedeckt werden dürfen,** nur der einfachen Stimmenmehrheit. Dazu gehört auch etwa ein Beschluss über den Ankauf eines Bürogebäudes für eine Geschäftsstelle der BRAK, nicht jedoch die Kosten für die Aufstellung eines Sozialplans für die Mitarbeiter der BRAK beim Umzug der Geschäftsstelle von Bonn nach Berlin, solange die BRAK nicht sozialplanpflichtig ist. Aus den Beiträgen können alle Kosten gedeckt werden, die der BRAK durch die Wahrnehmung ihrer legitimen Aufgaben entstehen (BGH NJW 1961, 220). Da ein **Entlastungsbeschluss** keine unmittelbaren wirtschaftlichen Auswirkungen hat (→ § 176 Rn. 9), bedarf er keiner Einstimmigkeit (BGH NJW 1989, 1151 = AnwBl. 1989, 288). **14**

4. Stimmengleichheit bei Wahlen. Nach Abs. 3 ist auch für Wahlen die **einfache Stimmenmehrheit** erforderlich und entscheidet bei Stimmengleichheit nach Abs. 3 S. 3 letztlich das **Los** (vgl. auch § 88 Rn. 3; Wahlordnung als Teil 3 der Satzung der BRAK, §§ 29 ff. BRAK-Satzung, → § 175 Rn. 10). Die bisherige Regelung in § 5 Abs. 4 Wahlordnung der BRAK vom 3.5.1996 zur Stichwahl ist zum 1.9.2015 entfallen. **15**

Der Präsident der BRAK kann, wenn er von der in § 180 Abs. 1 S. 2 und § 182 Abs. 3 Nr. 1 eröffneten Möglichkeit seiner Entlastung Gebrauch macht, in der Hauptversammlung nicht mehr als **„geborener Vertreter" seiner RAK** mitstimmen. Der Verzicht auf die bisherige Regelung **15a** verursacht auch nach den Erfahrungen der BRAK keine praktischen Probleme (Bericht der Abgeordneten *Buschbom, Eylmann, Kleinert* (Hannover), *Lambinus* und *Mann,* BT-Drs. 10/6400). Entsprechend der Ermächtigung in Abs. 3 S. 1 hat die BRAK in §§ 4, 6 ihrer Satzung (Abdruck → § 175 Rn. 10) teilweise abweichende Regelungen getroffen.

16 **5. Protokollführung.** Nach Abs. 5 ist über die Beschlüsse der Hauptversammlung und über die Ergebnisse der Wahlen ein Protokoll aufzunehmen, das von dem Vorsitzenden (§ 185 Abs. 3) und von einem Vizepräsidenten als Schriftführer zu unterzeichnen ist (→ § 88 Rn. 6). Diese urkundlichen Unterlagen können insbesondere in dem Anfechtungsverfahren nach § 191 Bedeutung erlangen (amtliche Begründung).

III. Regelung durch die Satzung der BRAK

Der eigenverantwortlichen Regelung durch die BRAK ist im Wesentlichen Folgendes überlassen:

17 **1. Beschlussfähigkeit.** Nach Abs. 2 werden die Voraussetzungen, unter denen die Hauptversammlung beschlussfähig ist, durch die Satzung (§ 175 Abs. 2) geregelt (→ § 88 Rn. 7 ff.; → § 175 Rn. 8, Art. VI 1, 2).

18 **2. Stimmenmehrheit.** Anders als bei den Rechtsanwaltskammern (→ § 88 Rn. 3) **kann** nach Abs. 3 die **Satzung** der BRAK **bestimmen, mit welcher Stimmenmehrheit** Beschlüsse gefasst werden und Wahlen vorzunehmen sind. Nur wenn die Satzung keine Regelung beinhaltet, gilt die einfache Stimmenmehrheit. Die BRAK hat von dieser Möglichkeit teilweise Gebrauch gemacht (→ § 175 Rn. 10, §§ 24, 25, 41 BRAK-Satzung).

19 Diese Regelung gilt auch für die die Kammern wirtschaftlich belastenden Beschlüsse (Abs. 4 S. 2), soweit nicht die Bestimmung des Abs. 4 S. 1 eingreift (→ § 190 Rn. 12, 13). Das bedeutet, für Beschlüsse, durch welche die Höhe der Beiträge der Rechtsanwaltskammern sowie die Höhe der Aufwandsentschädigungen und der Reisekostenvergütung für die Mitglieder des Präsidiums festgesetzt werden, gilt die Regelung des Abs. 3 und nicht des Abs. 4 S. 1. Da der Gegenstand dieser Beschlüsse zu den **gesetzlichen Aufgaben der BRAK** gehört (§§ 178 Abs. 2, 183, 190 Abs. 4 S. 2), darf nicht die Gegenstimme einer einzelnen RAK die Erledigung dieser gesetzlichen Aufgaben verhindern (*Isele* § 190 Anm. VI B 3).

19a Nach Wegfall der Kompetenz der BRAK zur Feststellung der Standesrichtlinien ist § 190 Abs. 1, nach dem **jede RAK auf der Hauptversammlung der BRAK eine Stimme** hat, mit dem Grundgesetz vereinbar (BGH BRAK-Mitt. 1989, 43 = AnwBl. 1989, 45).

20 **3. Abstimmungsverfahren.** Das Abstimmungsverfahren, ob **offen oder geheim** abgestimmt wird, unterliegt der Regelung durch die Geschäftsordnung (→ § 88 Rn. 9, 10; → § 175 Rn. 10, § 24 Abs. 3 BRAK-Satzung zu § 90 aF BGH NJW 1970, 46).

21 **4. Protokollinhalt.** Über den Mindestinhalt des Protokolls nach Abs. 5 hinaus können in der Satzung weitere Inhaltserfordernisse für das Protokoll aufgestellt werden, wie zB hinsichtlich der Namen der Anwesenden, des Stimmverhältnisses usw (→ § 88 Rn. 12; → § 175) Rn. 10; § 2 BRAK-Satzung.

22 **5. Öffentlichkeit.** Die Frage der Öffentlichkeit der Hauptversammlung unterliegt ebenfalls der Regelung durch die Satzung (→ § 88 Rn. 13). Nach § 17 BRAK-Satzung ist diese **nicht öffentlich** (Abdruck → § 175 Rn. 10; § 17 BRAK-Satzung; ausführlich → § 189 Rn. 4 f.).

IV. Ausführung der Beschlüsse, Unterrichtung des BMJV

23 Die Beschlüsse der Hauptversammlung werden nach § 185 Abs. 2 S. 2 von dem Präsidenten der BRAK ausgeführt. Über das Ergebnis der Wahlen zum Präsidium unterrichtet er nach § 185 Abs. 4 S. 2 das BMJV, dem er auch einen schriftlichen **Bericht über die Tätigkeit** der BRAK (→ § 185 Rn. 5) und des Präsidiums erstattet (§ 185 Abs. 4). Wahlen oder Beschlüsse der Hauptversammlung unterliegen der Anfechtung.

V. Anfechtung von Beschlüssen

24 Sowohl für das BMJV im Wege der Staatsaufsicht nach § 176 Abs. 2 als **auch für jede regionale RAK** sind Beschlüsse und Wahlen der Hauptversammlung der BRAK mit der Klage

gemäß § 112f innerhalb einer Frist von einem Monat anfechtbar. Die Klage ist nur zulässig, wenn geltend gemacht wird, durch den angefochtenen Beschluss in seinen Rechten verletzt zu sein (§ 112f Abs. 2).

3. Die Satzungsversammlung

§ 191 *[aufgehoben]*

§ 191a Einrichtung und Aufgabe

(1) **Bei der Bundesrechtsanwaltskammer wird eine Satzungsversammlung eingerichtet.**

(2) **Die Satzungsversammlung erläßt als Satzung eine Berufsordnung für die Ausübung des Rechtsanwaltsberufes unter Berücksichtigung der beruflichen Pflichten und nach Maßgabe des § 59b.**

(3) **Die Satzungsversammlung gibt sich eine Geschäftsordnung.**

(4) **Der Satzungsversammlung gehören an ohne Stimmrecht der Präsident der Bundesrechtsanwaltskammer, die Präsidenten der Rechtsanwaltskammern, mit Stimmrecht die von der Versammlung der Kammer nach Maßgabe des § 191b zu wählenden Mitglieder.**

Schrifttum: *Aranowski,* Sie haben die Wahl – Wahl der 5. Satzungsversammlung, AnwBl. 2011, 26; *Ahrens,* Regelungsprinzipien des anwaltlichen Berufsrecht in der BORA, AnwBl. 2013, 2; *Busse,* Die Satzungsversammlung bei der Bundesrechtsanwaltskammer: Was bleibt zu tun?, AnwBl. 2007, 729; *Deckenbrock,* 5. Satzungsversammlung: Chance für die überfällige Modernisierung der BORA, AnwBl. 2011, 705; *Eichele,* Rechtsaufsicht des Bundesjustizministeriums über die Positivbeschlüsse der Satzungsversammlung der Anwaltschaft, NJW 2004, 2342; *Filges,* Akzente Starker Gestalter, BRAK-Mitt. 2014, 169; *Göcken,* Die Satzungsversammlung – Organ einer autonomen Anwaltschaft, NJW-aktuell 40/2013, 16; *Hartung,* Die Satzungsversammlung, AnwBl. 1994, 377; *ders.,* Anwaltliche Selbstverwaltung im Wandel, AnwBl. 2000, 9; *ders.,* Gesetz zur Stärkung der Selbstverwaltung der Rechtsanwaltschaft, AnwBl. 2007, 438; *ders.,* Satzungsversammlung: Ein kritischer Parforceritt durch 20 Jahre, AnwBl. 2014, 703; *Hellwig,* Die Kompetenz der Satzungsversammlung – eine Erwiderung, AnwBl. 2014, 819; *Henssler,* Satzungsrecht der verkammerten Berufe und europäisches Kartellverbot, JZ 2002, 983; *Kilian,* Fachanwaltsordnung – Reformaufgabe auch für die 5. Satzungsversammlung?, BRAK-Mitt. 2011, 262; *Kleine-Cosack,* Neuordnung des anwaltlichen Berufsrechts, NJW 1994, 2249; *ders.,* Anfang vom Ende der Satzungsversammlung, AnwBl. 2007, 409; *Loewer,* Neuordnung des anwaltlichen Berufsrechts, BRAK-Mitt. 1994, 186; *Lührig,* Wählen und gewählt werden – Kandidaten und Wähler für die neue Satzungsversammlung gesucht, AnwBl. 2007, 118; *Prütting,* Der BGH-Beschluss zur Kompetenz der Satzungsversammlung die Zweigstelle als Kanzlei zu regeln, AnwBl. 2011, 46; *Quaas,* Das Fachanwaltskonzept der 2. Satzungsversammlung, BRAK-Mitt. 2014, 122; *Redeker,* Probleme der Satzungsversammlung, AnwBl. 1995, 217; *Römermann,* Abschiedsgeschenk der 3. Satzungsversammlung, AnwBl. 2007, 411; *Tausch,* Die neue Satzungsversammlung – eine Bestandsaufnahme, BRAK-Mitt. 2007, 210; *Wagner,* Fortbildungspflicht und Satzungskompetenz, BRAK-Mitt. 2014, 201; *Wirtz,* Die Regelungskompetenz der Satzungsversammlung; *Zuck,* Zwischen Morgengrauen und Abenddämmerung: Impressionen von der Satzungsversammlung, NJW 1996, 3189.

Übersicht

I. Sinn und Zweck

Aus **zwei Gründen** war die Schaffung eines neuen Organs der BRAK notwendig. Zum einen 1 können Satzungen, also Rechtsvorschriften, die von einer juristischen Person des öffentlichen Rechts mit Wirksamkeit für die ihr angehörigen Personen erlassen werden, nur von einem Organ erlassen werden, dem die Berufsangehörigen unmittelbar angehören. Die Rechtsanwälte gehören nicht der BRAK, sondern nur den Rechtsanwaltskammern an. Mitglieder der BRAK sind nur die Rechtsanwaltskammern. Zum anderen muss angesichts der mit einer entsprechenden Berufsordnung verbundenen Konkretisierung von Eingriffen in die Berufsfreiheit die Satzung durch ein demokratisch legitimiertes Organ erlassen werden. „Eine solche Legitimation ist nur gewährleistet, wenn das mit Satzungsgewalt betraute Organ sich aus Mitgliedern zusammensetzt, deren

Mitgliedschaft auf eine Wahlentscheidung der Anwälte **unmittelbar** zurückzuführen ist.“ (BT-Drs. 12/4994, 36 = BR-Drs. 93/93, 109).

2 Die Satzungsversammlung ist ein **Beschlussorgan bei der Bundesrechtsanwaltskammer.** „Mit der Ansiedlung des neuen Organs bei der BRAK wird auf bewährte Strukturen zurückgegriffen.“ (BT-Drs. 12/4993, 36).

3 Die Bedeutung der Regelung in § 191a Abs. 1 ist im Schrifttum umstritten. Teilweise wird die Satzungsversammlung als Organ der Bundesrechtsanwaltskammer verstanden, teilweise als selbständige Einrichtung des öffentlichen Rechts. Praktische Bedeutung erlangt die Frage nach der Stellung der Satzungsversammlung vor allem im Falle eines Streites über die Berechtigung einer Aufhebung der Satzung oder eines Teils derselben durch das Bundesministerium der Justiz gemäß § 191e; im Übrigen hat sie weitgehend akademische Bedeutung (Henssler/Prütting/*Hartung* § 191a Rn. 9; zum Anwaltsparlament → Rn. 5a). Es handelt sich, wie *Kleine-Cosack* es ausdrückt, um die „neuartige Konstruktion einer autonomen basisdemokratischen Versammlung in einer Verbandskörperschaft des Bundes“ (*Kleine-Cosack* § 191a Rn. 5). Die Satzungsversammlung ist zwar kein völlig selbständiges, von der BRAK unabhängiges Gremium. Sie ist aber mit eigenen Rechten ausgestattet, in die die BRAK nicht eingreifen kann. Den Organen der BRAK stehen – außerhalb gesetzlicher Regelungen – keine materiellen Entscheidungskompetenzen gegenüber der Satzungsversammlung zu. Diese hat ihre Geschäftsordnung (→ Rn. 6 ff.) wie auch die Aufstellung der Satzung autonom zu beschließen (ebenso *Kleine-Cosack* § 191a Rn. 6). Insbesondere entscheidet auch nur sie, ob Beanstandungen der Satzung durch das BMJV (§ 191e) gerichtlich angefochten werden sollen (→ § 191e Rn. 3).

II. Zuständigkeit

4 Die Aufgabe der Satzungsversammlung ist der Erlass einer Berufsordnung für die Ausübung des Anwaltsberufs unter Berücksichtigung der beruflichen Pflichten und nach Maßgabe des § 59b BRAO (§ 191a Abs. 2; *Hartung* AnwBl. 2014, 704). Der Regelungsumfang der Satzungskompetenz ist in § 59b abschließend bestimmt. Diese Kompetenz ist allerdings dadurch eingeschränkt, als die „beruflichen Pflichten“ berücksichtigt werden müssen. Soweit der Gesetzgeber, insbesondere im Dritten Teil, Regelungen getroffen hat, können diese in ihrem Kerngehalt durch die Berufsordnung nicht geändert werden. Lediglich in der Ausgestaltung dieser beruflichen Pflichten kann die Satzungsversammlung Regelungen treffen. Die Satzungsversammlung hat am 5.5.2014 beschlossen, an den Gesetzgeber heranzutreten und diesen um die Befugnis zur Regelung der anwaltlichen Fortbildungspflicht zu bitten. Dazu soll in die BRAO eine entsprechende Ermächtigung eingefügt werden (BRAK-Mitt. 2014, 201; → § 59b Rn. 10).

4a Zu den **Grenzen der Satzungskompetenz** → § 59b Rn. 2. Zur Verfassungsmäßigkeit *Kleine-Cosack* NJW 1994, 2249, 2256; s. auch *Domcke* ZRP 1988, 348, 351. Aus einem Umkehrschluss zu Art. 21 Nr. 12 des Gesetzes zur Neuordnung des anwaltlichen Berufsrechtes (BGBl. 1994 I S. 2278) ergibt sich, dass die Berufsordnung in einer Satzung oder in mehreren Regelungen (Berufsordnung und Fachanwaltsordnung) beschlossen werden kann (*Braun* ZRP 1996, 395; *Kleine-Cosack* § 191a Rn. 15). Weitere Zuständigkeiten hat die Satzungsversammlung nicht (so auch Henssler/Prütting/*Hartung* § 191a Rn. 13 ff.). Sie kann insbesondere nicht auf Gebieten tätig werden, die durch § 177 der BRAK bzw. durch §§ 73, 89 den Rechtsanwaltskammern übertragen sind.

III. Stellung der Satzungsversammlung

5 Dem Wortlaut des § 191a Abs. 1 ist die Satzungsversammlung „bei der Bundesrechtsanwaltskammer“ eingerichtet worden, so ist die Satzungsversammlung an sich als eigenes von der Bundesrechtsanwaltskammer grundsätzlich unabhängiges Rechtsetzungsorgan anzusehen, das lediglich in personeller und organisatorischer Hinsicht der Bundesrechtsanwaltskammer angegliedert worden ist. Mit Beschluss vom 13.9.2010 (NJW 2010, 3787) hat der BGH nunmehr klargestellt, dass die Satzungsversammlung ein Beschlussorgan der Bundesrechtsanwaltskammer ist.

5a Im Rahmen der **Resolution** zum NSA-Skandal hat sich die Satzungsversammlung auch als **„Anwaltsparlament“** verstanden. Die Satzungsversammlung bei der BRAK als demokratisch gewählte Vertreterversammlung aller Rechtsanwältinnen und Rechtsanwälte in der Bundesrepublik Deutschland hat in der Sitzung am 6.12.2013 in Berlin eine Resolution beschlossen in der sie sich gegen die massenhaften Abhörmaßnahmen von Geheimdiensten wendet (BRAK Presseerklärung Nr. 21 vom 6.12.2013). Mit dieser Beschlussfassung stellt sich die Frage, ob sich die Satzungsversammlung mit ihrem Appell an den Gesetzgeber in eine unzulässige Konfliktsituation zur BRAK begeben hat. Gemäß § 177 Abs. 2 S. 3 ist es Aufgabe der BRAK, in allen die Gesamtheit der Rechtsanwaltskammern berührenden Angelegenheiten die Auffassung der BRAK den zuständigen Gerichten und Behörden gegenüber zur Geltung zu bringen. Es stellt sich die Frage, ob sich die Satzungsversammlung auf eine eigene Zuständigkeitsregelung berufen kann, die ihr die Befugnis einräumt, ihre eigenen Auffassungen nicht über die BRAK, sondern unmittelbar an die Gesetzgeber heranzutragen. *Hartung* versteht die Satzungsversammlung nach Sinn und Zweck des § 191a Abs. 2 als ein legislatives Organ der BRAK. Es kann deshalb nicht zweifelhaft sein, dass es auch ihr selbst grundsätzlich erlaubt sein muss, sich mit Fragen an den Gesetzgeber zu wenden, die mit ihrer gesetzlichen Aufgabe des Erlasses einer Berufsordnung in Zusammenhang steht (*Hartung* AnwBl. 2014, 703).

IV. Geschäftsordnung

Die Satzungsversammlung gibt sich eine Geschäftsordnung. Dabei ist sie autonom, soweit sie nicht an zwingende gesetzliche Regelungen, wie insbesondere §§ 191b Abs. 3, 191d, gebunden ist (ebenso Henssler/Prütting/*Hartung* § 191a Rn. 15). Diese Selbstverständlichkeit bedurfte einer Regelung, um klarzustellen, dass weder die Hauptversammlung der BRAK noch andere Organisationen berechtigt sind vorzuschreiben, nach welchen Bestimmungen die Satzungsversammlung verfahren soll. Wenn der Gesetzgeber gerade eine Selbständigkeit der Satzungsversammlung wollte, dann ist es nicht opportun, dass BRAK, Rechtsanwaltskammern (so aber RAK Hamburg Kammerreport 5/1994, 3) oder vereinsrechtliche Zusammenschlüsse den Versuch unternehmen, der Satzungsversammlung durch Vorgabe von Geschäftsordnungsentwürfen ihr Verfahren vorzuschreiben. 6

Die **Geschäftsordnungsautonomie** der Satzungsversammlung wird nicht durch die Regelung in Art. IX der Organisationssatzung der BRAK zum Zeitpunkt der Wahl (→ § 175 Rn. 10) verletzt. Da die Wahlen zur Satzungsversammlung von den regionalen Rechtsanwaltskammern durchgeführt werden und die Satzungsversammlung nicht legitimiert ist, die Wahlen in den regionalen Kammern zu regeln (→ § 191b Rn. 1 ff.), sind deren Präsidenten im Interesse möglichst zeitgleicher Wahlen in den jeweiligen Kammerbezirken berechtigt, den Zeitraum für die Wahlen zur Satzungsversammlung festzulegen. Von dieser Berechtigung haben die regionalen Kammern durch ihre Präsidenten in der Organisationssatzung der BRAK Gebrauch gemacht. So wird vermieden, dass die Wahlperioden der aus 28 verschiedenen Kammerbezirken stammenden Mitglieder zu unterschiedlichen Zeitpunkten beginnen bzw. enden (so auch Henssler/Prütting/*Hartung* § 191a Rn. 15). 6a

Die Satzungsversammlung hat in ihren ersten beiden Sitzungen am 9.9.1995 eine Geschäftsordnung verabschiedet, die vom Vorsitzenden und Schriftführer der Satzungsversammlung ausgefertigt und in BRAK-Mitt. 1995, 199 verkündet wurde; sie trat am 1.1.1996 in Kraft. Die Geschäftsordnung wurde geändert am 21.2.2005 (BRAK-Mitt. 2005, 79) und am 6.12.2010 (BRAK-Mitt. 2011, 25). Die Geschäftsordnung von 2010 hatte als wesentliche Neuerung die Einrichtung eines Versammlungsrats (§ 3 GO) und einer aktuellen Stunde (§ 4 GO). Die derzeit geltende Geschäftsordnung wurde am 13.11.2012 beschlossen und ist am 1.5.2013 in Kraft getreten (BRAK-Mitt. 2013, 34). Die Änderung umfasst die geschlechtsneutrale Fassung der Geschäftsordnung. Die jeweils aktuelle Fassung ist veröffentlich auf http://www.brak.de/die-brak/satzungsversammlung. Sie lautet: 7

Geschäftsordnung der Satzungsversammlung

vom 13. November 2012

Aufgrund § 191a Abs. 3 Bundesrechtsanwaltsordnung gibt sich die Satzungsversammlung diese Geschäftsordnung:

§ 1 Einberufung

(1) Die Satzungsversammlung wird durch die Präsidentin oder den Präsidenten der Bundesrechtsanwaltskammer (Versammlungsleitung, § 7) schriftlich einberufen. Dies kann auch durch Telefax geschehen. Mit Zustimmung des Mitglieds genügt die elektronische Übermittlung oder Möglichkeit zum elektronischen Herunterladen, soweit gesetzlich zulässig. Die Ladungsfrist beträgt mindestens einen Monat.

(2) Termin und Ort der Satzungsversammlung sollen in den Mitteilungen der Bundesrechtsanwaltskammer öffentlich bekannt gemacht werden. Form oder Zeitpunkt der Veröffentlichung haben keinen Einfluss auf die Wirksamkeit der Einberufung.

§ 2 Vorbereitung der Satzungsversammlung

(1) Die Versammlungsleitung setzt die Tagesordnung der Satzungsversammlung fest.

(2) Ein Gegenstand ist auf die Tagesordnung zu setzen, wenn dies von mindestens fünf Rechtsanwaltskammern, einem stimmberechtigten Mitglied oder einem Ausschuss der Satzungsversammlung unter Angabe des Gegenstandes schriftlich beantragt wird.

(3) Alle Anträge zu Gegenständen der Tagesordnung, die spätestens bis zum zehnten Tag vor Beginn der Sitzung bei der Geschäftsstelle eingegangen sind, sind den Mitgliedern der Satzungsversammlung sodann unverzüglich zu übersenden.

(4) Die Satzungsversammlung kann zu einzelnen Rechts- oder Sachgebieten sowie zur Vorbereitung eines jeden Tagesordnungspunktes Berichterstatterinnen und Berichterstatter bestellen, Gutachterinnen und Gutachter beauftragen oder Ausschüsse einsetzen.

(5) Berichterstatterinnen und Berichterstatter sowie Mitglieder von Ausschüssen müssen Mitglieder der Satzungsversammlung sein.

§ 3 Versammlungsrat

(1) Die Satzungsversammlung bildet einen Versammlungsrat. Dieser unterstützt und berät die Satzungsversammlung und deren Versammlungsleitung bei der Erfüllung ihrer Aufgaben.

(2) Der Versammlungsrat setzt sich zusammen aus der oder dem Vorsitzenden der Satzungsversammlung (zugleich Vorsitzende bzw. Vorsitzender des Versammlungsrates) sowie fünf weiteren stimmberechtigten Mitgliedern der Satzungsversammlung, die jeweils in der zweiten Sitzung einer neuen Wahlperiode zu wählen sind.

(3) Zur Wahl des Versammlungsrates schlägt die Versammlungsleitung bis zu zehn Kandidatinnen und Kandidaten vor. Mit der Einladung zu dieser (zweiten) Sitzung verschickt die Versammlungsleitung ihren Wahlvorschlag. Jedes Mitglied der Satzungsversammlung kann bis zehn Kalendertage vor Beginn der Sitzung bei der Geschäftsstelle weitere Personen zur Wahl in den Versammlungsrat vorschlagen. Gewählt sind diejenigen fünf Kandidatinnen und Kandidaten, die die meisten Stimmen auf sich vereinigen. Dabei hat jedes stimmberechtigte Mitglied bis zu fünf Stimmen, wobei jeder Kandidatin und jedem Kandidaten nur eine Stimme gegeben werden kann. Bei Stimmengleichheit entscheidet das von der Versammlungsleitung zu ziehende Los.

(4) Die Einberufung obliegt der Versammlungsleitung. Der Versammlungsrat ist einzuberufen, wenn zwei Mitglieder des Versammlungsrates, ein Ausschuss oder fünf stimmberechtigte Mitglieder der Satzungsversammlung es verlangen.

§ 4 Aktuelle Stunde

(1) Eine Aussprache zu Themen von allgemeinem aktuellem berufsrechtlichem Interesse (Aktuelle Stunde) ist auf die Tagesordnung zu setzen, wenn sie vom Versammlungsrat oder von fünf stimmberechtigten Mitgliedern der Satzungsversammlung vorgeschlagen wurde.

(2) Die Aktuelle Stunde soll nicht länger als eine Stunde dauern. Die Redezeit ist auf fünf Minuten beschränkt; §§ 8 und 9 gelten – bis auf die Redezeit – entsprechend.

§ 5 Antragstellung

(1) Anträge zur Berufs- und/oder zur Fachanwaltsordnung (Änderung, Ergänzung oder Beschlussfassung in einer als solcher bezeichneten Grundsatzfrage) sind zulässig, wenn sie von einem stimmberechtigten Mitglied der Satzungsversammlung oder einem Ausschuss der Satzungsversammlung oder von mindestens fünf der Rechtsanwaltskammern, die nach § 191c BRAO die Einberufung der Satzungsversammlung oder nach § 2 Abs. 2 Geschäftsordnung den Gegenstand zur Tagesordnung beantragt haben, gestellt werden.

(2) Der Antrag bedarf der Textform. Der beantragte Beschluss muss unter Benennung der zu ändernden Vorschrift im Wortlaut formuliert werden und eine Begründung in Textform enthalten. Aus dem Antrag soll die Einhaltung der Zulässigkeitsvoraussetzungen des Abs. 1 hervorgehen.

(3) Anträge nach Abs. 1 können in der Satzungsversammlung behandelt werden, wenn sie spätestens bis zum zehnten Tag vor Beginn der Sitzung bei der Geschäftsstelle eingegangen sind. Sie sind den Mitgliedern der Satzungsversammlung unverzüglich zu übersenden.

(4) Jedes stimmberechtigte Mitglied der Satzungsversammlung kann zu Anträgen nach Abs. 1 jederzeit Änderungsanträge stellen. Diese Änderungsanträge bedürfen der Textform und sie sollen eine Begründung in Textform enthalten.

(5) Andere Anträge als Anträge nach Abs. 1 können von allen Mitgliedern der Satzungsversammlung jederzeit gestellt werden. Sie sollen in Textform verfasst sein. § 8 Abs. 4 bleibt unberührt.

§ 6 Öffentlichkeit

(1) Die Satzungsversammlung ist öffentlich. Sie kann im Einzelfall mit der Mehrheit der anwesenden stimmberechtigten Mitglieder beschließen, die Öffentlichkeit auszuschließen.

(2) Öffentlich sind auch die Protokolle der Plenarsitzungen mit den Beschlussanträgen nebst Begründung.

§ 7 Versammlungsleitung

(1) Den Vorsitz der Satzungsversammlung führt die Präsidentin oder der Präsident der Bundesrechtsanwaltskammer.

(2) Bei Verhinderung der Präsidentin oder des Präsidenten der Bundesrechtsanwaltskammer übernehmen die Leitung der Versammlung die oder der älteste anwesende Vizepräsidentin oder Vizepräsident der Bundesrechtsanwaltskammer, bei deren Verhinderung die oder der älteste anwesende Kammerpräsidentin oder Kammerpräsident.

(3) Außerhalb der Sitzungen richtet sich die Vertretung nach den entsprechenden Bestimmungen der Organisationssatzung der Bundesrechtsanwaltskammer.

(4) Die Versammlungsleitung eröffnet, leitet und schließt die Satzungsversammlung. Die Versammlungsleitung ist berechtigt, die Sitzung zu unterbrechen. Die Sitzung kann nur vertagt werden, wenn die Satzungsversammlung dies beschließt.

(5) Die Versammlungsleitung bestimmt die gemeinsame Beratung gleichartiger oder im Sachzusammenhang stehender Verhandlungsgegenstände. Eine Trennung kann durch Geschäftsordnungsbeschluss der Satzungsversammlung erfolgen.

(6) Die Versammlungsleitung bestimmt Termin und Ort der nächsten Sitzung der Satzungsversammlung, sofern die Versammlung diese nicht selbst festgesetzt hat.

§ 8 Wortmeldung und Worterteilung

(1) Die Versammlungsleitung erteilt entsprechend der Reihenfolge der Meldungen das Wort. Sie darf hiervon abweichen, um Gelegenheit zu geben, Gegenmeinungen vorzutragen.

(2) Die Rednerinnen und Redner sprechen grundsätzlich im freien Vortrag. Sie können hierbei Aufzeichnungen benutzen. Die Redezeit ist auf zehn Minuten beschränkt. Auf den Ablauf der Redezeit weist die Versammlungsleitung die Rednerin oder den Redner hin. Die Satzungsversammlung kann die Redezeit verlängern. Nach Ablauf der Redezeit entzieht die Versammlungsleitung nach einmaliger Mahnung das Wort.

(3) Die Versammlungsleitung ist berechtigt, eine Rednerin oder einen Redner auf den Gegenstand der Verhandlung hinzuweisen und bei wiederholter Zuwiderhandlung das Wort zu entziehen.

(4) Für Anträge zur Geschäftsordnung ist jederzeit das Wort zu erteilen. Diese Anträge bedürfen nicht der Textform.

§ 9 Schluss der Aussprache

(1) Ist die Redeliste erschöpft und meldet sich niemand zu Wort, so erklärt die Versammlungsleitung die Aussprache für geschlossen. Weitere Redebeiträge zur Sache sind dann nur zulässig, wenn die Satzungsversammlung zuvor die Wiedereröffnung der Aussprache beschlossen hat.

(2) Die Satzungsversammlung kann jederzeit auf Antrag eines ihrer Mitglieder den Schluss der Aussprache zu einem Tagesordnungspunkt oder zu einem Antrag zur Geschäftsordnung beschließen. Der Antrag auf Schluss der Aussprache kann auch mit der Maßgabe gestellt werden, dass vor Schluss der Aussprache die bei der Antragstellung vorliegenden Wortmeldungen noch zuzulassen sind. Dieser Antrag bedarf nicht der Textform.

(3) Über diese Anträge ist ohne Aussprache zu beschließen. Die Versammlungsleitung hat jedoch je eine Rede für und gegen die Verfahrensanträge zuzulassen.

§ 10 Beschlussfassung

(1) Die Satzungsversammlung fasst ihre Beschlüsse zur Berufs- und Fachanwaltsordnung mit der Mehrheit aller stimmberechtigten Mitglieder. Sonstige Beschlüsse, einschließlich Beschlüsse über Verfahrensfragen werden mit der Mehrheit der anwesenden stimmberechtigten Mitglieder gefasst.

(2) Die Versammlungsleitung kann zwecks Strukturierung der Aussprache und der Abstimmung das Meinungsbild der Satzungsversammlung im Wege der Abstimmung feststellen.

(3) Nach Schluss der Aussprache lässt die Versammlungsleitung über die Anträge zum Tagesordnungspunkt abstimmen.

(4) Vorbehaltlich einer anderen Beschlussfassung durch die Satzungsversammlung bestimmt die Versammlungsleitung die Reihenfolge, in der über die Anträge abgestimmt wird.

(5) Vorbehaltlich einer anderen Beschlussfassung durch die Satzungsversammlung kann die Versammlungsleitung bei der Abstimmung mehrere Anträge zusammenfassen.

(6) Das Abstimmungsergebnis wird von der Versammlungsleitung festgestellt, verbunden mit der Feststellung, ob die erforderliche Mehrheit vorliegt. Beides gibt sie der Satzungsversammlung bekannt.

(7) Wird vor Beginn einer Abstimmung die Beschlussfähigkeit von einem Mitglied der Satzungsversammlung oder der Versammlungsleitung bezweifelt, so ist die Beschlussfähigkeit vor oder zugleich mit der Abstimmung festzustellen.

§ 11 Art der Abstimmung

(1) Die Abstimmung erfolgt durch Handzeichen mit Stimmkarte.

(2) Die Versammlungsleitung kann namentliche oder eine andere Art der Abstimmung anordnen; namentliche oder geheime Abstimmung ist anzuordnen, wenn dies von fünf stimmberechtigten Mitgliedern der Satzungsversammlung beantragt wird.

(3) Wahlen erfolgen geheim, sofern nicht alle anwesenden Stimmberechtigten in nicht geheimer Abstimmung darauf verzichten.

§ 12 Einsprüche über Entscheidungen der Versammlungsleitung

Über Entscheidungen der Versammlungsleitung, die die Leitung der Versammlung, die Worterteilung, den Wortentzug oder das Abstimmungsverfahren betreffen, entscheidet bei Einspruch die Satzungsversammlung.

§ 13 Protokoll und dessen Berichtigung

(1) Über den wesentlichen Verlauf und die Beschlüsse der Satzungsversammlung ist ein Protokoll anzufertigen, das von der Versammlungsleitung und der Schriftführerin oder dem Schriftführer zu unterzeichnen und bei der Geschäftsstelle zu verwahren ist.

(2) Jedem Mitglied der Satzungsversammlung ist binnen sechs Wochen, spätestens zwei Wochen vor Beginn der nächsten Sitzung, eine Abschrift des Protokolls zuzuleiten.

(3) Offenbare Unrichtigkeiten des Protokolls können jederzeit von der Versammlungsleitung und der Schriftführerin oder dem Schriftführer von Amts wegen berichtigt werden. Anträge auf Berichtigung von Beschlusswieder-

gaben und andere wesentliche Korrekturen können binnen einer Frist von einem Monat nach Zugang des Protokolls bei der Geschäftsstelle angebracht werden. Jeder Berichtigungsantrag ist mit den Stellungnahmen der Versammlungsleitung und der Schriftführerin oder des Schriftführers innerhalb einer weiteren Frist von einem Monat seit dem Zugang des Berichtigungsantrages mit dem Entscheidungsvorschlag der Versammlungsleitung an die Mitglieder der Satzungsversammlung zu versenden. Entsprechend dem Entscheidungsvorschlag wird verfahren, wenn nicht die Mehrheit der teilnehmenden Mitglieder der betreffenden Sitzung der Satzungsversammlung innerhalb eines weiteren Monats seit Zugang des Entscheidungsvorschlages widerspricht. Im Übrigen wird das Protokoll auf der nächsten Satzungsversammlung genehmigt.

(4) Protokoll sowie weitergeleitete Protokollberichtigungsanträge und Entscheidungsvorschläge gelten am dritten Tage nach der Absendung als zugegangen.

(5) Jedes Mitglied der Satzungsversammlung hat das Recht, Einsicht in die Sitzungsprotokolle der Satzungsversammlung und der Ausschüsse zu nehmen. Anderen Personen kann die Versammlungsleitung Einsicht in nicht nach § 6 Abs. 2 öffentliche zugängliche Materialien der Satzungsversammlung und ihrer Ausschüsse gewähren, wenn ein berechtigtes Interesse dargelegt wird.

§ 14 Begründung der Beschlüsse zur Änderung der Berufsordnung oder Fachanwaltsordnung

Dem Beschluss zur Änderung der Berufsordnung oder Fachanwaltsordnung soll mit Übermittlung an das Bundesministerium der Justiz nach § 191e Bundesrechtsanwaltsordnung dessen Begründung unter Berücksichtigung der Beratungen der Satzungsversammlung beigefügt werden.

§ 15 Ausschüsse

(1) Jedes Mitglied der Satzungsversammlung kann Mitglied in den von der Satzungsversammlung eingesetzten Ausschüssen werden, es sei denn, die Satzungsversammlung beschließt etwas anderes.

(2) Die Versammlungsleitung teilt der Satzungsversammlung nach der Einsetzung eines Ausschusses dessen Zusammensetzung mit. Dies gilt auch für den Fall des Neueintritts und des Ausscheidens eines Mitglieds. Stimmberechtigt in den Ausschüssen sind nur die der Satzungsversammlung durch die Versammlungsleitung bekannt gegebenen Mitglieder.

(3) Die Ausschusssitzungen sind nicht öffentlich. Die oder der Ausschussvorsitzende kann im Einzelfall Gäste zulassen.

(4) Die Ausschüsse erledigen die ihnen von der Satzungsversammlung übertragenen Aufgaben. Sie können darüber hinaus in den ihnen zugewiesenen Rechts- oder Sachgebieten Anträge in der Satzungsversammlung stellen.

(5) Die Ausschüsse bestimmen ihre Vorsitzenden und deren Stellvertreterinnen und Stellvertreter.

(6) § 13 Absätze 1 bis 4 gelten für die Ausschüsse entsprechend.

§ 16 Geschäftsstelle

Die Geschäftsstelle der Satzungsversammlung ist bei der Bundesrechtsanwaltskammer.

8 Der **Inhalt der Geschäftsordnung** wird bestimmt durch die Notwendigkeit, der Satzungsversammlung eine sachgerechte Beschlussfassung im Rahmen ihrer Satzungskompetenz (§ 59b) zu ermöglichen und dazu eine straffe Sitzungsleitung zu gewährleisten. Geregelt werden können unter anderem die Einberufung, Vorbereitung der Sitzungen, die Rechte und Pflichten der Mitglieder der Satzungsversammlung, die Teilnahme von weiteren, nicht gewählten Personen, die Versammlungsleitung, Worterteilung, Wortmeldung, Anträge zur Geschäftsordnung, der Schluss der Aussprache, die Beschlussfassung, Abstimmung, Protokoll und dessen Berichtigung, die Ausfertigung und Verkündung von Beschlüssen. Die Satzungsversammlung muss aufgrund § 6 ihrer Geschäftsordnung **öffentlich** sein.

9 Da die Satzungsversammlung als Organ der BRAK kein eigenes Haushaltsrecht hat, kann die Geschäftsordnung keine Regelungen über die **Entschädigung der Mitglieder der Satzungsversammlung** enthalten (ebenso *Kleine-Cosack* § 191a Rn. 19; Henssler/Prütting/*Hartung* § 191a Rn. 17; **aA** *Hartung* AnwBl. 1994, 377, 378). Die Mitglieder der Satzungsversammlung sind nach Art. IX der Satzung der BRAK (BRAK-Mitt. 1994, 226) von den Rechtsanwaltskammern, in dessen Bezirken sie gewählt wurden, zu entschädigen. Lediglich die Entschädigung des Vorsitzenden der Satzungsversammlung (§ 191d Abs. 1) erfolgt durch die BRAK. Die sächlichen Kosten (Raummiete, Konferenzbewirtung) sind von der BRAK zu tragen. Die Frage der häufigen Sitzungen der Satzungsversammlung und der damit verbundenen Kosten wird von *Hartung* in seinem Aufsatz kritisch hinterfragt (AnwBl. 2014, 703).

V. Mitglieder

10 Gegenüber dem ursprünglichen Gesetzesentwurf der Bundesregierung (BT-Drs. 12/4993, 10 = BR-Drs. 93/93, 23) unterscheidet das Gesetz zwischen **geborenen und gekorenen Mitgliedern mit und ohne Stimmrecht.** Geborene Mitglieder sind die Präsidenten aller 28 Rechtsanwaltskammern sowie der Präsident der BRAK.

11 **Stimmberechtigte Mitglieder** der Satzungsversammlung sollen ausschließlich aus Wahlen der Mitglieder der Kammern hervorgehen. „Dies schließt nicht aus, dass auch der Präsident der BRAK und die Präsidenten der Rechtsanwaltskammern als Mitglieder der Satzungsversammlung

gewählt werden können, so dass sie dann stimmberechtigt sind.“ (BT-Drs. 12/7656, 51). Eine Übersicht der aktuellen Mitglieder der Satzungsversammlung, geordnet nach Rechtsanwaltsbezirken, findet sich auf der Homepage der BRAK/Satzungsversammlung.

Präsident der Bundesrechtsanwaltskammer und die **Präsidenten der Rechtsanwaltskammern** können bei Verhinderung durch ihre Vizepräsidenten **nicht vertreten** werden (BT-Drs. 12/7656, 51 zu § 191d; so auch Henssler/Prütting/*Hartung* § 191a Rn. 17). Dies folgt zum einen schon aus der Entstehungsgeschichte, § 191d Abs. 3 S. 3 (BT-Drs. 12/4993, 10) sah vor: „… Im Fall der Verhinderung werden die Präsidenten durch ihre Vertreter im Amt vertreten …“ Die Tatsache, dass diese Regelung ersatzlos gestrichen wurde, ergibt ein erstes Indiz dafür, dass Präsidenten sich in der Satzungsversammlung nicht vertreten lassen können. Gleiches ergibt sich aus der Gesetzesbegründung in der Beschlussempfehlung des Rechtsausschusses. Dort heißt es: „… Darüber hinaus hat der Ausschuss die in dem Entwurf der Bundesregierung enthaltene Vertretungsregelung geändert. Angesichts der Bedeutung der Beschlüsse der Satzungsversammlung für das anwaltliche Berufsrecht ist der Ausschuss der Auffassung, dass die Satzungsversammlung in ihrer der Wahl entsprechenden, ursprünglichen Zusammensetzung entscheidet, eine Vertretung mithin nicht stattfinden soll. Dies soll auch gelten für den Fall, dass der Präsident der BRAK und die Präsidenten der Rechtsanwaltskammern der Satzungsversammlung ohne Stimmrecht angehören (§ 191d Abs. 4 BRAO) …“ Gegen eine Vertretungsmöglichkeit spricht auch eine Auslegung aller Vorschriften, die die Satzungsversammlung betreffen. Stimmberechtigte Mitglieder der Satzungsversammlung dürfen sich nicht vertreten lassen; es wäre seltsam, wenn die mit schwächeren Rechten ausgestatteten Präsidenten der Rechtsanwaltskammern demgegenüber jedoch eine Vertretungsregelung für sich in Anspruch nehmen könnten. Geht man darüber hinaus davon aus, dass es sich bei der Satzungsversammlung um ein „Anwaltsparlament“ handelt, so folgt schon allein aus dieser Tatsache, dass eine Vertretungsregelung nicht möglich ist. Auch die Abgeordneten des Deutschen Bundestages und der Landtage können sich bei zeitweiser Verhinderung nicht vertreten lassen. Schließlich hat der Gesetzgeber lediglich den Fall des Ausscheidens in § 191b Abs. 3 S. 2 geregelt; danach tritt das nicht gewählte Kammermitglied mit der nächsthöheren Stimmenzahl in die Satzungsversammlung mit ein, wenn ein stimmberechtigtes Mitglied der Satzungsversammlung ausscheidet. Eine Regelung über die Vertretung von Kammerpräsidenten ist ausdrücklich nicht vorgesehen (*Braun* ZRP 1996, 397). 12

Bezüglich der Vertretungsbefugnis des Präsidenten der BRAK ist die **Möglichkeit der Vertretung** aus seiner Stellung in der Satzungsversammlung zu entscheiden. Soweit er als Vorsitzender tätig wird, also bei der Einberufung und Leitung der Versammlung, kann er vertreten werden; dies ergibt sich, da die Satzungsversammlung ein Organ der BRAK ist, aus Art. V Abs. 6 der Organisationssatzung der BRAK; die Regelung wird in § 7 der Geschäftsordnung der Satzungsversammlung unnötigerweise wiederholt; sie hat lediglich deklaratorische Bedeutung. Soweit der Präsident der BRAK daneben Mitglied der Satzungsversammlung ist, kann er sich nicht in der Satzungsversammlung vertreten lassen (*Braun* ZRP 1996, 398). 13

§ 191b Wahl der stimmberechtigten Mitglieder der Satzungsversammlung

(1) [1] **Die Zahl der stimmberechtigten Mitglieder der Satzungsversammlung bemißt sich nach der Zahl der Kammermitglieder.** [2] **Es sind zu wählen für je angefangene 2000 Kammermitglieder ein Mitglied der Satzungsversammlung.** [3] **Maßgebend ist die Zahl der Kammermitglieder am 1. Januar des Jahres, in dem die Wahl erfolgt.**

(2) [1] **Die stimmberechtigten Mitglieder der Satzungsversammlung werden von den Mitgliedern der Kammer aus dem Kreis der vorgeschlagenen Mitglieder in geheimer und unmittelbarer Wahl durch Briefwahl gewählt.** [2] **Die Wahlvorschläge müssen von mindestens zehn Kammermitgliedern unterzeichnet sein.** [3] **Wahlvorschläge bezüglich der Mitglieder der Rechtsanwaltskammer bei dem Bundesgerichtshof von mindestens drei Kammermitgliedern.** [4] **Gewählt sind die Bewerber, die die meisten Stimmen auf sich vereinigen.**

(3) [1] **Die §§ 65, 66, 67, 68 Abs. 1, § 69 Abs. 1, 2 und 4, §§ 75, 76 gelten entsprechend.** [2] **Scheidet ein stimmberechtigtes Mitglied der Satzungsversammlung aus, so tritt das nicht gewählte Kammermitglied mit der nächsthöheren Stimmenzahl in die Satzungsversammlung ein.**

Übersicht

I. Sinn und Zweck

1 Den Rechtsanwaltskammern gehören jeweils alle zugelassenen Rechtsanwälte und die weiteren nach dem Gesetz vorgesehenen Personen an (→ § 60 Rn. 4 ff.). Sie bestimmen die Tätigkeit der Rechtsanwaltskammern in den jeweiligen Kammerversammlungen. Demokratischen Grundsätzen soll es deshalb entsprechen, wenn die Mitglieder der Satzungsversammlung und ihre Vertreter (soweit es sich nicht um geborene Mitglieder handelt) von den Kammermitgliedern gewählt werden. Um die Akzeptanz der Beschlüsse der Satzungsversammlung zu erhöhen, erfolgt die Wahl nach den Grundsätzen der Persönlichkeitswahl und durch Briefwahl (BT-Drs. 12/7656, 51). Weitere gesetzliche Vorgaben zur Durchführung der Wahl hielt der Gesetzgeber nicht für erforderlich. „Für zulässig erachtet er, dass auch im Rahmen einer Kammerversammlung den Teilnehmern Gelegenheit gegeben wird, ihren Stimmbrief abzugeben, sofern auch für die Nicht-Erschienenen diese Möglichkeit auf dem Postweg besteht (BT-Drs. 12/7656, 51). Die Satzungsversammlung ist so zu strukturieren, dass sie durch **Zahl und Zusammensetzung** ihrer Mitglieder der schwierigen Aufgabe gewachsen ist, die Berufsordnung aufzustellen und ständig fortzuentwickeln. Vertreten sein sollten deshalb Mitglieder der RAK mit **unterschiedlichen Spezialisierungen,** aus **unterschiedlichen Praxisgrößen;** die **örtlichen Gegebenheiten** sollten ebenfalls Berücksichtigung finden (BT-Drs. 12/4993, 37 = BR-Drs. 93/93, 110). Gerade die aktuelle Wahl zur 6. Satzungsversammlung zeigt, dass von der Vorgabe dieser Struktur erheblich abgewichen wird. Im Bezirk der RAK München wurden von elf Mitgliedern fünf Syndikusanwälte gewählt. Ähnliche Ergebnisse finden sich in weiteren RAK-Bezirken (→ Rn. 7).

II. Zahl der Mitglieder

2 In jeder Kammer war ursprünglich je angefangene 1000 Mitglieder ein Mitglied der Satzungsversammlung zu wählen. Da die Zahl der zugelassenen Rechtsanwälte weiter steigt, vergrößert sich bei künftigen Wahlen auch die Satzungsversammlung, der 2007 137 wahlberechtigte Mitglieder (§ 191b) angehörten. Der 4. Satzungsversammlung – Wahlperiode vom 1.7.2007-30.6.2011 – gehörten durch die stetig wachsende Gesamtzahl aller Rechtsanwälte bereits 178 Mitglieder an. Der 6. Satzungsversammlung – Wahlperiode vom 1.7.2015-30.6.2019 – gehören 120 Mitglieder an, von denen 95 stimmenberechtigt sind. Die aktuellen Mitglieder der 6. Satzungsversammlung finden sich auf der Homepage der BRAK. Die 1. Sitzung der 6. Satzungsversammlung ist am 9.11.2015 in Berlin zusammengetreten.

3 Um die **Arbeitsfähigkeit der Satzungsversammlung** zu erhalten, auch zur Einsparung von Kosten, wurde durch Gesetz vom 26.3.2007 (BGBl. I S. 358) bestimmt, dass daher nicht mehr für je angefangene 1000 Kammermitglieder, sondern **künftig** nur noch für **je angefangene 2000 Kammermitglieder ein Rechtsanwalt** in die Satzungsversammlung gewählt wird. Die neun kleinsten Rechtsanwaltskammern sind danach künftig mit einem Mitglied in der Satzungsversammlung vertreten, die größten fünf Kammern München (11), Frankfurt (10), Hamm (7), Berlin (7) und Köln (7) stimmberechtigte Mitglieder – Berechnung nach dem Mitgliederstand am 1.1.2015. Die repräsentative Zusammensetzung der Satzungsversammlung bleibt gewährleistet (BT-Drs. 16/3837, 46). Da das Gesetz auf die **Mitglieder der Kammer** abstellt, sind bei der Berechnung der zu wählenden Mitglieder der RAK auch die verkammerten Rechtsbeistände (§ 209), die Geschäftsführer von Rechtsanwaltsgesellschaften (§§ 59 f., 60 Abs. 1 S. 2), die Rechtsanwaltsgesellschaften (§ 60 Abs. 1 S. 1), die niedergelassenen europäischen Rechtsanwälte (§§ 2 ff. EuRAG) und Mitglieder nach § 206 zu berücksichtigen.

4 Die **Zahl der Mitglieder bemisst sich** nach der Zahl der Kammermitglieder am 1. Januar des Jahres, in dem die Wahl erfolgt (ebenso Henssler/Prütting/*Hartung* § 191b Rn. 3; *Kleine-Cosack* § 191b Rn. 1). Sinkt die Zahl der Mitglieder nach durchgeführter Wahl, so dass ggf. bei späterer Durchführung einer Wahl eine geringere Zahl von Mitgliedern für die jeweilige RAK zu

wählen gewesen wäre, so hat dies keinen Einfluss auf die Zahl der gewählten Mitglieder. Das Gleiche gilt, wenn in den danach folgenden Jahren die Zahl der Mitglieder steigt und ggf. bei Durchführung der Wahl in einem nachfolgenden Jahr eine größere Zahl von Mitgliedern für die RAK in die Satzungsversammlung zu wählen gewesen wäre.

Wenn ein **gewähltes** Mitglied nicht mehr der RAK angehört, für die es gewählt wurde, so scheidet dieses Mitglied nach § 191b Abs. 3 iVm § 69 Abs. 1 Nr. 1 aus; es rückt das nächste gewählte Mitglied der RAK nach, aus der das bisherige Mitglied ausgeschieden ist. **5**

III. Wahlberechtigung und Wählbarkeit

Wahlberechtigt und wählbar ist jedes natürliche Mitglied der Kammer (→ § 60 Rn. 4 ff.), also auch ein nichtanwaltlicher Geschäftsführer einer Rechtsanwaltsgesellschaft – nicht aber eine Rechtsanwaltsgesellschaft (§§ 59c ff., 60 Abs. 1 S. 1). Zu den wählbaren Mitgliedern gehören zugelassener ausländische Anwalt nach §§ 206, 207, nach dem EuRAG in die RAK aufgenommener europäischer Rechtsanwalt (→ § 207 Rn. 10 ff.; → EuRAG § 6 Rn. 4, 5; → EuRAG § 11 Rn. 11), ein verkammerter Rechtsbeistand (so auch *Kleine-Cosack* § 191b Rn. 8; Gaier/Wolf/Göcken/*Dahns* § 191b Rn. 3; Henssler/Prütting/*Hartung* § 191b Rn. 4, allerdings mit entgegengesetzter Auffassung in Henssler/Prütting/*Hartung* § 209 Rn. 16). **6**

Ebenso wahlberechtigt und wählbar sind **Syndikusanwälte;** sie gehören zu den natürlichen Mitgliedern einer Kammer. Es ist zu erwarten, dass der 6. Satzungsversammlung, ab 1.7.2015, mehr Syndikusanwälte als bisher angehören werden. Der Bundesminister der Justiz und für Verbraucherschutz hat auf dem Neujahrsempfang des Deutschen Anwaltvereins (DAV) am 13.1.2015 sein Eckpunktepapier für eine „Neuregelung des Rechts der Syndikusanwälte" vorgestellt (*Hellwig* AnwBl. 2015, 2; *Filges* NZA 2013, 257). Auch hier gilt, dass für die Berechnung der Zahl der zu wählenden stimmberechtigten Mitglieder der Satzungsversammlung einer RAK auch die Syndikusanwälte mitberechnet werden (§ 191b Abs. 1). **7**

§ 209, der nicht den neunten Teil der BRAO für entsprechend anwendbar erklärt, steht dem nicht entgegen. Einer entsprechenden Anwendung bedurfte es nicht, da über die direkte Anwendung des § 191b festgelegt ist, dass auch **verkammerte Rechtsbeistände** wahlberechtigt sind und wählen dürfen. Da die von der Satzungsversammlung zu beschießende Berufsordnung auch für die Ausübung des Berufs als Kammerrechtsbeistand verbindlich ist (§ 34 Abs. 4 BORA), ist es auch sachgerecht, dass auch Kammerrechtsbeistände an der Satzungsversammlung mitwirken. Zu berücksichtigen ist auch, dass für die Berechnung der Zahl der zu wählenden stimmberechtigten Mitglieder der Satzungsversammlung einer RAK auch die Rechtsbeistände (§ 209) mitberechnet werden. Verstöße führen zur Anfechtbarkeit der Wahl. **8**

Wählen können und wählbar sind auch die **ausländische Rechtsanwälte,** die den Zugang zur Rechtsanwaltschaft durch Eingliederung nach §§ 11 ff. EuRAG oder über die Eignungsprüfung (§§ 16 ff. EuRAG) erlangt haben. Der Rechtsanwalt, Rechtsbeistand, nach §§ 206, 207 bzw. §§ 2 ff. EuRAG niedergelassene Rechtsanwalt sowie derjenige, der die Eignungsprüfung bestanden hat oder in den Beruf eingegliedert wurde, muss den Beruf des Rechtsanwalts seit **mindestens fünf Jahren** ohne Unterbrechung ausüben (Abs. 3 iVm § 65 Nr. 2, → § 65 Rn. 5 f.). Ausländische Rechtsanwälte bedürfen nicht einer fünfjährigen Anwaltstätigkeit in Deutschland; Tätigkeiten in anderen Staaten werden in vollem Umfang angerechnet; da nach der Begründung (BT-Drs. 12/4993 = BR-Drs. 93/93) die Erfahrung aller Kammermitglieder bei der Verabschiedung der Berufsordnung einfließen soll, ist es sachgerecht, auch die Wählbarkeit von niedergelassenen ausländischen Rechtsanwälten anzuerkennen, wenn sie insgesamt auf eine fünfjährige Berufstätigkeit zurückweisen können; dies gilt auch für die nichtanwaltlichen Geschäftsführer einer Rechtsanwaltsgesellschaft. Die Wählbarkeit in die Satzungsversammlung ist nicht von einem Mindestalter abhängig. **9**

Die Wählbarkeit ist entsprechend der Regelung der Wahl zum Kammervorstand ausgeschlossen, wenn in der Person des Bewerbers die Voraussetzungen des § 66 vorliegen. **10**

Mitglieder des Anwaltsgerichts (§ 94 Abs. 3 Nr. 3), **des Anwaltsgerichtshofs** (§ 103 Abs. 2) und des **Anwaltssenats beim BGH** (§ 108 Abs. 2) dürfen nicht Mitglied der Satzungsversammlung werden. Gemäß dem mit Gesetz vom 26.3.2007 (BGBl. I S. 358) neu eingefügten Abs. 1a in § 95 (im Einzelnen → § 95 Rn. 24) – auf den die Normen § 103 Abs. 3 sowie § 109 Abs. 2 Bezug nehmen – enden die Ämter, sobald eine Wahl in die Satzungsversammlung erfolgt ist von Gesetzes wegen automatisch (zutreffend Gaier/Wolf/Göcken/*Dahns* § 191b Rn. 5). Der **11**

Streit, ob **Mitglieder des Anwaltsgerichts oder des Anwaltsgerichthofs** sich zur Wahl stellen können und nach abgeschlossener Wahl das Amt des Anwaltsrichters niederlegen müssen, wenn sie Mitglied der Satzungsversammlung werden wollen, oder ob schon zu Beginn der Wahl, dh mit Schließung und Erstellung der Wahllisten der zu Wählende sich entschieden haben muss, ob er sich zur Wahl zur Satzungsversammlung stellt oder das Amt des Anwaltsrichters niederlegt, ist damit obsolet geworden (vgl. 8. Aufl. § 191b Rn. 5). Das ist letztlich auch deswegen sachgerecht, da ein erzwungenes Niederlegen des Richteramtes vor einer Wahl zur Satzungsversammlung schlichtweg unsinnig wäre. Würde der derjenige dann nicht gewählt, hätte er auch sein Richteramt verloren. Es ist völlig ausreichend, auf den späteren Zeitpunkt des Wahlausgangs abzustellen. Zutreffend weist *Dahns* darauf hin, dass dann der Gesetzgeber bei Neuschaffung des § 95 Abs. 1a dann eine andere Formulierung gewählt hätte (Gaier/Wolf/Göcken/*Dahns* § 191b Rn. 5).

12 Das Recht zur **Ablehnung der Wahl** bestimmt sich nach § 191b Abs. 3 iVm § 67. Die Mitglieder der Satzungsversammlung werden auf **vier Jahre** nach § 68 Abs. 1 gewählt. § 68 Abs. 2 ist nicht anwendbar; in § 191b Abs. 3 erfolgt nur eine Verweisung auf den Abs. 1 dieser Norm. Die **Wiederwahl** ist zulässig (§ 68). Die **Wahlperiode** beginnt nach § 12 BRAK-Satzung (→ § 175 Rn. 10) mit dem ersten Tag des Zusammentretens der Satzungsversammlung nach der Wahl, spätestens am 1. Juli des Wahljahres.

13 **Scheidet** ein stimmberechtigtes **Mitglied** der Satzungsversammlung **aus** (§§ 191b Abs. 3, 69 Abs. 1–3), so tritt das nicht gewählte Kammermitglied mit der nächst höheren Stimmenzahl in die Satzungsversammlung ein. Die Mitgliedschaft in der Satzungsversammlung **ruht,** wenn gegen ein Mitglied eine öffentliche Klage iSd § 66 Nr. 2 erhoben oder ein anwaltsgerichtliches Verfahren eingeleitet wird, §§ 191b Abs. 3, 69 Abs. 4. Ist ein Berufs- oder Vertretungsverbot verhängt (§§ 150, 161a), so ruht die Mitgliedschaft für dessen Dauer.

14 Die Tätigkeit der Mitglieder der Satzungsversammlung ist **ehrenamtlich** (§ 75). Sie erhalten jedoch von der RAK, der sie angehören, eine angemessene Entschädigung für den mit ihrer Tätigkeit verbundenen Aufwand sowie eine Reisekostenvergütung.

IV. Verschwiegenheit

15 Die Mitglieder der Satzungsversammlung unterliegen wie Vorstandsmitglieder der RAK der **Verschwiegenheit gemäß § 76,** dies folgt aus Abs. 3 durch Bezugnahme auch auf diese Norm (so auch Gaier/Wolf/Göcken/*Dahns* § 191b Rn. 14; **aA** *Kleine-Cosack* § 191a Rn. 17; offen: Henssler/Prütting/*Hartung* § 191b Rn. 19). Jedoch bezieht sich die Verpflichtung nur auf solche Vorgänge, die die Mitglieder der Satzungsversammlung in dieser Eigenschaft erfahren haben und die nicht offenkundig sind oder ihrer Bedeutung nach einer Geheimhaltung bedürfen (→ § 76 Rn. 9 ff.). Da die **Sitzungen** der Satzungsversammlung in der Regel **öffentlich** sind (§ 6 Abs. 1 der Geschäftsordnung der Satzungsversammlung, → § 191a Rn. 7) und die Ergebnisse der nicht öffentlichen Ausschusssitzungen (§ 6 Abs. 2 Geschäftsordnung) durch deren Erörterung im Plenum öffentlich bekannt werden, wird die Verschwiegenheitspflicht sich nur auf wenige geheimhaltungsbedürftige Angelegenheiten beziehen (ebenso Henssler/Prütting/*Hartung* § 191b Rn. 19). Zu denken ist zB an vertrauliche Hintergrundinformationen, die den Mitgliedern im Einzelfall gegeben werden als Anlass zu bestimmten Satzungsänderungen. Keinesfalls bezieht sich die in § 191b Abs. 3 angeordnete entsprechende Anwendung des § 76 wie auch die des § 75 nicht nur auf die Wahl zur Satzungsversammlung (so aber *Kleine-Cosack* § 191a Rn. 17), sondern betrifft die Stellung der Mitglieder der Satzungsversammlung im Zusammenhang mit ihrer Tätigkeit in dieser.

V. Wahlordnung

16 **Zuständig** für den Erlass der Wahlordnung ist die jeweilige RAK, nicht die BRAK. Zwar ist § 64 Abs. 2 in § 191b Abs. 3 aufgrund eines Versehens des Gesetzgebers nicht für entsprechend anwendbar erklärt worden, jedoch folgt die Zuständigkeit der RAK aus dem Sachzusammenhang (so auch *Kleine-Cosack* § 191b Rn. 4; **aA** *Hartung* AnwBl. 1994, 377). Nur sie hat rechtlich und tatsächlich die Möglichkeit, die Wahlen durchzuführen. Zwar sind der BRAK nunmehr die Namen und Adressen aller Mitglieder einer RAK bekannt (§ 31), aber § 177 sieht keine Kompetenz der BRAK für die Durchführung der Wahl zur Satzungsversammlung vor. Zuständiges Organ der Kammer ist die Kammerversammlung (§§ 85 ff.; ebenso Henssler/Prütting/*Hartung* § 191b Rn. 7).

Der **Inhalt der Wahlordnung** ist teilweise durch das Gesetz vorgegeben. Die **geheime** und **unmittelbar** Wahl durch **Briefwahl** wird ebenso vorgeschrieben wie das **Quorum der Vorschlagsberechtigten;** darüber hinaus erfolgen durch Verweisung auf die §§ 65 ff. Regelungen über das **aktive und passive Wahlrecht.** 17

Die übrigen Bestimmungen können die Rechtsanwaltskammern in eigener Kompetenz regeln. **Zwingend** ist nichts vorgeschrieben. Es muss lediglich sichergestellt werden, dass jede Stimme gleiches Gewicht erhält und jeder Vorzuschlagende die gleichen Chancen hat, in die Satzungsversammlung gewählt zu werden. So kann die Wahlordnung Bestimmungen enthalten über die Konstituierung und Aufgaben des Wahlausschusses, der ersten Wahlbekanntmachung, der Mitteilung an die Wahlberechtigten hinsichtlich des Wählerverzeichnisses, des Wählerverzeichnisses selbst, der Auflegung des Wählerverzeichnisses, der Wahlhelfer, der Rechtsbehelfe gegen das Wählerverzeichnis, der endgültigen Feststellung des Wählerverzeichnisses, der Wahlvorschläge, der Prüfung, Zulassung und Bekanntmachung der Wahlvorschläge, der Abstimmungsunterlagen, der Stimmabgabe, der Wahl, der Ermittlung des Wahlergebnisses, der Wahlniederschrift, der Bekanntmachung des Wahlergebnisses, der Wahlanfechtung, der Aufbewahrung der Wahlunterlagen und des Inkrafttretens. 18

Soweit **Kompetenzen der Kammerversammlung** auf den Wahlausschuss übertragen werden, ist immer im Einzelnen zu prüfen, ob dies rechtlich möglich ist. Der Wahlausschuss hat die Durchführung der Wahl zu leiten, nicht aber Grundsatzentscheidungen zu treffen. So wäre es zB unzulässig, wenn die Frage, ob ein Rechtsanwalt wahlberechtigt oder wählbar ist, der am 1. 1. oder erst am 1. 3. des Wahljahres zugelassen ist, auf den Wahlausschuss übertragen würde. 19

Geheime und unmittelbare Wahl. Die Wahl erfolgt in geheimer und unmittelbarer Wahl. Die geheime Wahl schützt vor der Offenbarung, wie jemand wählen will, wählt oder gewählt hat. Beschränkt ist sie nicht auf den Vorgang der Stimmabgabe, sondern erstreckt sich auch auf die Wahlvorbereitungen, die zwingend zur Verwirklichung des Wahlrechts gehören (BVerfGE 4, 375, 386; 12, 33, 35; 12, 135, 139). Dieses Wahlgeheimnis verpflichtet die RAK zu Maßnahmen, die die geheime Stimmabgabe gewährleisten und Missbräuche zu verhindern, die das Wahlgeheimnis gefährden (BVerfGE 59, 119, 127). 20

Die **Unmittelbarkeit** der Wahl „verlangt, dass die Mitglieder … direkt ohne die Einschaltung von **Wahlmännern** gewählt werden. Dies schließt jedes Wahlverfahren aus, bei denen zwischen Wähler und Wahlbewerber nach der Wahlhandlung eine Instanz eingeschaltet ist, die nach ihrem Ermessen den Vertreter auswählt und damit dem einzelnen Wähler die Möglichkeit nimmt, die zukünftigen Mitglieder … durch die Stimmabgabe selbständig zu bestimmen" (BVerfGE 47, 253, 279). Der Grundsatz der Unmittelbarkeit hindert nicht daran, dass die Wahl eines Vertreters von der Mitwahl weiterer Vertreter abhängig gemacht wird; **Listenwahl** ist deshalb durch den Grundsatz der Unmittelbarkeit nicht ausgeschlossen (BVerfGE 7, 63, 69; 21, 355, 356; 47, 253, 283). 21

Der Begriff der **Briefwahl** erhält in der BRAO eine **neue Bedeutung.** Im Gegensatz zu § 36 BWG ist es nicht notwendig, dass Wahlschein und Stimmzettel versandt werden müssen; ausreichend ist es, dass beides in einem Briefumschlag in der Kammerversammlung übergeben wird (so auch *Kleine-Cosack* § 191b Rn. 3). Die Ausgestaltung der Briefwahl bleibt der Wahlordnung der RAK vorbehalten (BT-Drs. 12/7656, 51). 22

Die zunächst im Gesetzentwurf nicht vorgesehene Briefwahl wurde auf Empfehlung des Rechtsausschusses aufgenommen, um eine möglichst hohe **Wahlbeteiligung** zu erreichen. Denn die Kammerversammlungen der Regionalkammern werden (leider) durchweg nur von einem ganz geringen Prozentsatz ihrer Mitglieder besucht. Mit der Briefwahl stimmten immerhin bei der Wahl zur 1. Satzungsversammlung rund 45 %, bei der Wahl zur 2. Satzungsversammlung rund 37 % der Mitglieder und bei der Wahl zur 5. Satzungsversammlung nur noch 25 %. Die Ergebnisse der Wahlbeteiligung der 6. Satzungsversammlung lagen zum Zeitpunkt der Manuskripterstellung nicht vor; diese sind auf der Website der BRAK abrufbar. 23

Zehn Kammermitglieder müssen den **Wahlvorschlag** bezüglich der Mitglieder der RAK, drei bezüglich der der RAK bei dem BGH unterzeichnen. Ein derartiges **Unterschriftenquorum** ist, da es angemessen begrenzt ist, zulässig, um die Ernsthaftigkeit von Wahlvorschlägen nachzuweisen (BVerfGE 12, 10, 27; 12, 135, 137; 60, 162, 168). Gewählt sind die Bewerber, die die meisten Stimmen auf sich vereinigen (§ 191b Abs. 2 S. 4). 24

Die einzelnen **Wahlordnungen** wurden verabschiedet und veröffentlicht: 25

– Bamberg: 16.12.1994, Anlage zu Mitteilungsblatt RAK Bamberg Nr. 145

- Berlin: 23.11.1994, Anlage zu TOP 3 der außerordentlichen Kammerversammlung RAK Berlin
- Brandenburg: 13.1.1995, Rundschreiben RAK Brandenburg
- Braunschweig: 2.12.1994, Anlage zu Rundschreiben RAK Braunschweig 2/95
- Bremen: 2.11.1994, Rundschreiben-Nr. RAK Bremen 4/94
- Celle: 1.2.1995, KKM RAK Celle 2/95
- Düsseldorf: 30.11.1994, Mitteilungsblatt RAK Düsseldorf 6/94
- Frankfurt: 26.11.1994, Mitteilungen RAK Frankfurt 1/95
- Freiburg: 3.12.1994, Rundschreiben RAK Freiburg Nr. 152 vom 20.1.95
- Hamburg: 29.11.1994, Amtlicher Anzeiger, Teil II des Hamburgischen Gesetz- und Verordnungsblattes, 1995, S. 20
- Hamm: 26.11.1994, Informationen RAK Hamm 1/95, S. 16 ff.
- Karlsruhe: 11.2.1995, Baden-Württembergischer Staatsanzeiger vom 25.2.95
- Kassel: 26.11.1994, Mitteilungen RAK/NotK Kassel 3/94, S. 7
- Koblenz: 29.3.1995, Kammerreport 1/95, Anlage
- Köln: 7.12.1994, Mitteilungen RAK Köln 1/95, S. 12
- Mecklenburg: 19.12.1994, Kammerrundschreiben vom 19.12.94
- München: Vorstandsbeschluss, Mitteilungen RAK München 2/94, S. 1
- Nürnberg: 18.11.1994, Mitteilungen RAK Nürnberg 6/94, Beilage
- Oldenburg: 15.10.1994, Mitteilungsblatt RAK Oldenburg 3/94, S. 1/2
- Saarbrücken: 7.12.1994, Rundschreiben RAK Saarbrücken 1/95, Anlage (§§ 14–22 Geschäftsordnung RAK Saarland)
- Sachsen: 20.1.1995, Rundschreiben RAK Sachsen 1/95, S. 23
- Sachsen-Anhalt: 12.12.1994, Rundschreiben RAK Sachsen-Anhalt 3/94
- Schleswig: 30.11.1994, SchlHA 1994, 320
- Stuttgart: 20.10.1994, Anlage zu Kammerreport 4/1994
- Thüringen: 18.1.1995, Mitteilungsblatt RAK Thüringen 1/95, Beilage
- Tübingen: 10.9.1994, Rundschreiben RAK Tübingen 12/94, Beilage, §§ 13–39 Geschäftsordnung RAK Tübingen
- Zweibrücken: 10.12.1994, Kammerreport 5/94, S. 4, §§ 14 ff. Geschäftsordnung RAK Zweibrücken

§ 191c Einberufung und Stimmrecht

(1) **Die Satzungsversammlung wird durch den Präsidenten der Bundesrechtsanwaltskammer schriftlich einberufen.**

(2) [1]**Der Präsident der Bundesrechtsanwaltskammer muß die Satzungsversammlung einberufen, wenn mindestens fünf Rechtsanwaltskammern oder ein Viertel der stimmberechtigten Mitglieder der Satzungsversammlung es schriftlich beantragen und hierbei den Gegenstand angeben, der in der Satzungsversammlung behandelt werden soll.** [2]**Für das weitere Verfahren gilt § 189 entsprechend.**

I. Einberufung

1 Der Präsident der BRAK ruft die Satzungsversammlung ein. Die Einberufung steht grundsätzlich im pflichtgemäßen **Ermessen des Präsidenten,** soweit nicht durch Gesetz (§ 191c Abs. 2) oder Geschäftsordnung (§ 191a Abs. 3) eine Verpflichtung dazu besteht.

2 Der Präsident **muss die Satzungsversammlung einberufen,**

a) wenn dies nach seiner pflichtgemäßen Überzeugung notwendig ist, um die der Satzungsversammlung übertragenen Aufgaben sachlich und zeitlich ordnungsgemäß zu erfüllen,
b) wenn die letzte Satzungsversammlung dies beschlossen hat oder
c) wenn mindestens fünf Rechtsanwaltskammern oder ein Viertel der stimmberechtigten Mitglieder der Satzungsversammlung es schriftlich beantragen und hierbei den Gegenstand angeben, der in der Satzungsversammlung behandelt werden soll (§ 191c Abs. 2).

3 Aus dem eigenen Antragsrecht der Mitglieder der Satzungsversammlung ergeben sich besondere Pflichten des Vorsitzenden der Satzungsversammlung; damit dieses Antragsrecht auch ausgeübt

werden kann, sind den gewählten, stimmberechtigten Mitgliedern der Satzungsversammlung die Namen und Adressen der übrigen stimmberechtigten Mitglieder zur Verfügung zu stellen, damit diese die für den Antrag notwendigen Stimmen sammeln können. Das Recht der Einberufung steht nicht nur den Mitgliedern, sondern auch den Rechtsanwaltskammern zu, obwohl sie selbst nicht Mitglied der Satzungsversammlung sind (Henssler/Prütting/*Hartung* § 191c Rn. 1). Mithin muss der Präsident die Satzungsversammlung zwingend einberufen, wenn mindestens fünf Rechtsanwaltskammern oder ein viertel der stimmberechtigten Mitglieder der Satzungsversammlung dies schriftlich beantragt haben und hierbei den Gegenstand angeben, der in der Satzungsversammlung behandelt werden soll. Die Vorschrift wird ergänzt durch die Geschäftsordnung (GO), die sich die Satzungsversammlung gegeben hat (§ 191a Abs. 3).

II. Verfahren

Die **Einberufung** der Satzungsversammlung muss **schriftlich,** dh auch per Telefax (§ 1 Abs. 1 Geschäftsordnung (GO); BRAK-Mitt. 2013, 34) erfolgen. Die gesetzliche **Einberufungsfrist** beträgt mindestens drei Wochen (§ 191c Abs. 2 S. 2 iVm § 189 Abs. 3 S. 1). Nach § 1 Abs. 1 S. 3 GO (→ § 191a Rn. 7) beträgt die **Ladungsfrist** mindestens einen Monat. Sie ist durch § 1 Abs. 1 GO auf mindestens einen Monat verlängert worden. Dabei zählen der Tag, an dem die Einberufung abgesandt ist und der Tag der Eröffnung der Hauptversammlung nicht mit (§§ 191c Abs. 2 S. 2, 189 Abs. 3 S. 2). In dringenden Fällen kann die Frist **abgekürzt** werden und es braucht auch nicht der Gegenstand, über den Beschluss gefasst werden soll, angegeben werden (§§ 191c Abs. 2 S. 2, 189 Abs. 4). 4

III. Tagesordnung

Daraus folgt, dass der Vorsitzende zuvor eine **Tagesordnung** auszuarbeiten hat. Was der Vorsitzende zum Tagesordnungspunkt bestimmt, kann sich aus Beschlüssen der vorangegangenen Satzungsversammlungen, einem Antrag nach § 191c Abs. 2 S. 1, aus dem Antrag von zehn stimmberechtigten Mitgliedern der Satzungsversammlung (§ 2 Abs. 2 GO), aus Anregungen oder Anträgen einzelner Rechtsanwaltskammern und aus sonstigen Punkten, über die der Vorsitzende nach pflichtgemäßem Ermessen eine Beschlussfassung der Satzungsversammlung für notwendig erachtet, ergeben. 5

Soweit entsprechend § 2 Abs. 2 GO (→ § 191a Rn. 7) oder § 191c Abs. 2 der zu behandelnde Gegenstand von den Antragstellern benannt wurde, hat der Präsident **kein Ermessen** ihn auf die Tagesordnung zu setzen. Es gilt das zu → § 85 Rn. 3 Gesagte entsprechend. Zur Prüfungspflicht des Vorsitzenden und zur Angabe des Gegenstandes im Übrigen → § 87 Rn. 4; → § 189 Rn. 3. Alle Anträge zur Bestimmung der Tagesordnung, die spätestens bis zum zehnten Tag vor Beginn der Sitzung bei der Geschäftsstelle eingehen, sind den Mitgliedern der Satzungsversammlung unverzüglich zu übersenden (§ 2 Abs. 3 GO). Die Satzungsversammlung kann zu jedem Tagesordnungspunkt Berichterstatter bestellen, Gutachter beauftragen oder Ausschüsse einsetzen (§ 2 Abs. 4 GO). Eine Vergütung für die Gutachter, die nicht Mitglieder der Satzungsversammlung sein müssen, kann sie nicht vereinbaren. Insoweit fehlt der Satzungsversammlung die Kompetenz. 6

§ 191d Leitung der Versammlung, Beschlußfassung

(1) [1]**Den Vorsitz der Satzungsversammlung führt der Präsident der Bundesrechtsanwaltskammer.** [2]**Der Vorsitzende bestimmt den Schriftführer aus der Mitte der Versammlung.**

(2) **Die Satzungsversammlung ist beschlußfähig, wenn drei Fünftel ihrer stimmberechtigten Mitglieder anwesend sind.**

(3) [1]**Die Beschlüsse zur Berufsordnung werden mit der Mehrheit aller stimmberechtigten Mitglieder gefaßt, sonstige Beschlüsse mit der Mehrheit der anwesenden stimmberechtigten Mitglieder.** [2]**Jedes Mitglied hat eine Stimme, ist an Weisungen nicht gebunden und kann seine Stimme nur persönlich abgeben.** [3]**Eine Vertretung findet nicht statt.**

(4) **Der Wortlaut der von der Satzungsversammlung gefaßten Beschlüsse ist in einer Niederschrift festzuhalten, die vom Vorsitzenden und vom Schriftführer zu unterzeichnen und bei der Geschäftsstelle der Bundesrechtsanwaltskammer zu verwahren ist.**

(5) **Die von der Satzungsversammlung gefaßten Beschlüsse treten mit dem ersten Tag des dritten Monats in Kraft, der auf die Veröffentlichung in den für Verlautbarungen der Bundesrechtsanwaltskammer bestimmten Presseorganen folgt.**

Übersicht

I. Leitung der Versammlung

1 Der **Präsident der Bundesrechtsanwaltskammer** leitet die Satzungsversammlung. Das Nähere dazu bestimmt die Geschäftsordnung (→ § 191a Rn. 7). Mit seinem Recht zur Leitung im Zusammenhang steht sein Recht und seine Pflicht, die Satzungsversammlung einzuberufen (§ 191c Abs. 1; § 1 GO). Er kann sich nicht **vertreten lassen** in seiner Stellung als Mitglied der Satzungsversammlung, jedoch in seiner Funktion als Vorsitzender der Satzungsversammlung (→ § 191a Rn. 10; BT-Drs. 12/7656, 51 zu § 191d). In der Versammlung wird der Vorsitzende durch den ältesten anwesenden Vizepräsidenten der BRAK vertreten, bei Abwesenheit aller Vizepräsidenten durch den ältesten anwesenden Kammerpräsidenten (§ 7 Abs. 2 Geschäftsordnung, GO). Außerhalb der Sitzungen richtet sich seine Vertretung nach der entsprechenden Bestimmung der Organisationssatzung der BRAK (§ 7 Abs. 3 GO).

2 Der Vorsitzende bestimmt den **Schriftführer** (aktuell eine Schriftführerin) aus der Mitte der Versammlung. Ein Geschäftsführer der BRAK kann, falls er nicht in die Satzungsversammlung gewählt wurde, nicht Schriftführer sein. Der Vorsitzende kann jedoch zur Unterstützung des Schriftführers einen Geschäftsführer der BRAK dem Schriftführer zur Unterstützung bei der Erstellung des Protokolls zuordnen (ebenso Henssler/Prütting/*Hartung* § 191d Rn. 3). Das Recht, den Schriftführer zu bestimmen, schließt auch die Möglichkeit ein, einen Stellvertreter zu bestimmen, damit die Protokollierung durchgehend gesichert ist.

II. Beschlussfähigkeit

3 Beschlussfähigkeit ist nur gegeben, wenn **drei Fünftel** der stimmberechtigten Mitglieder der Satzungsversammlung anwesend sind. Dieses „Quorum stellt die Arbeitsfähigkeit der Satzungsversammlung sicher“ (BT-Drs. 12/4993, 37 = BR-Drs. 93/93, 111). Der Vorsitzende und die geborenen Mitglieder (§ 191a Abs. 4) bleiben bei der Feststellung der Beschlussfähigkeit unberücksichtigt. Die Feststellung der Beschlussunfähigkeit bestimmt sich nach § 10 Abs. 1 GO.

III. Stimmabgabe

4 Jedes stimmberechtigte Mitglied hat nur eine Stimme. Eine **Kumulierung der Stimmen** auf ein stimmberechtigtes Mitglied der Satzungsversammlung ist nicht möglich. Die Stimme kann **nur persönlich,** nicht durch einen Stellvertreter abgegeben werden. Die Rechte des stimmberechtigten Mitglieds können auch **nicht auf einen Vertreter** übertragen werden. Eine Übertragung der Rechte erfolgt nur beim Ausscheiden des stimmberechtigten Mitglieds (§§ 191b Abs. 3, 69 Abs. 1–3). § 191d sieht lediglich die Stimmabgabe von stimmberechtigten Mitgliedern vor; sie stellt damit klar, dass weder der Vorsitzende noch die Präsidenten der Rechtsanwaltskammern bei irgendeiner Abstimmung mitstimmen können. Die nicht stimmberechtigten Mitglieder haben lediglich ein **Rederecht** und ein **Anregungsrecht** für die Bestimmung von Tagesordnungspunkten.

Die stimmberechtigte Mitglieder sind an Weisungen nicht gebunden. Sichergestellt werden soll damit, dass jedes Mitglied nur seinem Gewissen verantwortlich ist; ein **imperatives Mandat** ist ausgeschlossen; nicht zulässig ist es deshalb, wenn vereinsrechtliche Zusammenschlüsse oder Rechtsanwaltskammern den stimmberechtigten Mitgliedern ihres Bezirks Weisungen erteilen (ebenso Henssler/Prütting/*Hartung* § 191d Rn. 10; Gaier/Wolf/Göcken/*Dahns* § 191b Rn. 3). 5

Beschlüsse zur Berufsordnung erfordern die **Mehrheit aller stimmberechtigten** Mitglieder; **sonstige Beschlüsse** bedürfen nur der **Mehrheit der anwesenden stimmberechtigten** Mitglieder. Aus dem Wortlaut des § 191d Abs. 3 S. 1 folgt, dass sonstige Beschlüsse all die sind, die nicht zur Berufsordnung ergehen. Dies sind zB Beschlüsse über die Geschäftsordnung der Satzungsversammlung, den Tagungsort oder die Einsetzung von Ausschüssen. Mit den sonstigen Beschlüssen sind somit alle Beschlüsse der Satzungsversammlung umfasst, die nicht zur Berufsordnung ergehen; daraus folgt, dass die nicht stimmberechtigten Mitglieder nie stimmberechtigt sind; dies gilt auch für „sonstige Beschlüsse". Etwas anderes ist auch nicht in der Geschäftsordnung der Satzungsversammlung bestimmt; zu Mehrheitsverhältnissen bei Beschlussfassungen fehlt es an einer Vorschrift der Geschäftsordnung. Eine derartige Bestimmung wäre auch im Hinblick auf das höherrangige Recht in § 191d Abs. 3 rechtlich nicht möglich gewesen. Probeabstimmungen oder Meinungserforschung bedürfen ebenfalls der Mehrheitsverhältnisse des § 191d Abs. 3 (**aA** Henssler/Prütting/*Hartung* § 191d Rn. 14). Es ist deshalb nicht – wie geschehen – möglich, dass in sog. Probeabstimmungen mit Mehrheitsverhältnissen von 42 zu 41 Stimmen – wie etwa bei der Abstimmung über die Streichung des Verbots der Fernseh- und Radiowerbung – ein Text der Berufsordnung verabschiedet wird, der zur Grundlage der endgültigen Abstimmung nach § 191d Abs. 3 gemacht wird. Das Abstimmungsverfahren bestimmt sich nach § 10 GO. 6

IV. Niederschrift/Protokoll

Nicht nur die gefassten Beschlüsse, sondern auch deren Mehrheitsverhältnisse sind in der Niederschrift festzuhalten. Über die gesetzlichen Mindestanforderungen hinaus hat die Satzungsversammlung in § 13 Abs. 1 GO bestimmt, dass auch der wesentliche **Verlauf der Satzungsversammlung** zu protokollieren ist. Die Niederschrift ist allen Mitgliedern der Satzungsversammlung (§ 191a Abs. 4) zuzusenden, obwohl entgegen dem ursprünglichen Vorschlag der Bundesregierung ein **Anfechtungsrecht der Rechtsanwaltskammern nicht (mehr) besteht.** 7

Vorsitzender und Schriftführer müssen das Protokoll unterschreiben. Das Protokoll ist bei der Geschäftsstelle der BRAK für die Dauer der Frist des § 191e aufzubewahren. Nach Schluss der Sitzung muss innerhalb von sechs Wochen, spätestens aber zwei Wochen vor Beginn der nächsten Sitzung der Satzungsversammlung eine Abschrift des Protokolls den Mitgliedern der Satzungsversammlung zugeleitet werden. Die Berichtigung des Protokolls ist umfassend in § 13 Abs. 3 GO geregelt. 8

V. Inkrafttreten

Die Berufsordnung ist auszufertigen (VGH Kassel NJW 1994, 812) und zu veröffentlichen. Hinsichtlich der Ausfertigung gilt das zu → § 89 Rn. 32 Gesagte entsprechend. Die Ausfertigung kann nicht im Nachhinein nach der Veröffentlichung vorgenommen werden (VGH Mannheim NVwZ 1985, 206; s. auch *Starke* NVwZ 1995, 1186). 9

Die von der Satzungsversammlung gefassten Beschlüsse werden nach §§ 191d Abs. 5, 191e **mit dem ersten Tag des dritten Monats** gültig, der auf die Veröffentlichung in den dafür vorgesehenen Presseorganen folgt (§ 191d Abs. 5). Gleichzeitig bestimmt § 191e, dass die Satzung drei Monate nach Übermittlung an das BMJV in Kraft tritt, soweit nicht die Satzung oder Teile derselben durch das Ministerium aufgehoben werden (BGH NJW 1999, 2678 = BRAK-Mitt. 1999, 233 = AnwBl. 1999, 562). 10

§ 191d **Abs. 5** steht **nicht in Widerspruch zu § 191e** (**aA** Henssler/Prütting/*Hartung* § 191d Rn. 22). In welchem Verhältnis § 191d Abs. 5 einerseits und § 191e andererseits stehen, wurde im Gesetzgebungsverfahren nicht erörtert. Die **Fristen** des § 191d Abs. 5 und des § 191e **laufen nebeneinander** und bei unterschiedlichem Beginn ist der spätere Endzeitpunkt maßgebend (BGH NJW 1999, 2678; § 35 Abs. 1 BORA, § 26 Abs. 1 FAO). 11

12 Die durch § 191e angeordnete Rechtsaufsicht ist **keine Wirksamkeitsvoraussetzung** für die Berufsordnung, die Vorschrift ermächtigt das BMJV lediglich zur Aufhebung der beschlossenen Satzung. Schon die Wortwahl des § 191e deutet darauf hin, dass der Gesetzgeber selbst davon ausgegangen ist, die Satzung werde im Zeitpunkt der Entscheidung des BMJV bereits verkündet und ausgefertigt sein (**aA** entgegen BGH Henssler/Prütting/*Hartung* § 191d Rn. 21, der davon ausgeht, dass Ausfertigung und Veröffentlichung erst vollzogen werden dürfen, nachdem die Beschlüsse dem BMJV übermittelt und von ihm innerhalb von drei Monaten nicht beanstandet worden sind). Das Inkrafttreten der Satzung ist auch nicht von einer Rechtshandlung des BMJV abhängig gemacht worden. Die **Rechtsfolge des § 191e** wird schon **dadurch ausgelöst,** dass das BMJV die dort normierte **Frist verstreichen lässt** (BGH NJW 1999, 2678; → BORA § 35 Rn. 3 ff.; → FAO § 26 Rn. 1).

13 Zu **veröffentlichen** ist die Berufsordnung in den von der BRAK bestimmten Presseorganen (§ 191d Abs. 5). Die Satzung der BRAK (BRAK-Mitt. 1994, 226 f.) sieht als Organ die BRAK-Mitteilungen in § 42 BRAK-Satzung vor.

14 Eine **Frist** für die Verkündung besteht nicht; entsprechend der Regelung für Art. 82 GG ist jedoch anzunehmen, dass die Berufsordnung in angemessener Frist verkündet werden muss; die Angemessenheit der Frist richtet sich nach dem Umfang des Prüfungsrechts des Vorsitzenden (s. auch Maunz/Dürig/*Herzog* GG Art. 82 Rn. 6).

§ 191e Prüfung von Beschlüssen der Satzungsversammlung durch die Aufsichtsbehörde

Die Satzung tritt drei Monate nach Übermittlung an das Bundesministerium der Justiz in Kraft, soweit nicht das Bundesministerium der Justiz und für Verbraucherschutz die Satzung oder Teile derselben aufhebt.

Übersicht

I. Staatsaufsicht

1 **1. Sinn und Zweck.** Das im Rahmen der Satzungsautonomie gesetzte Recht muss mit höherrangigem Recht, vor allem mit dem Grundgesetz, voll in Übereinstimmung stehen. Für die Beachtung dieser Schranke der Satzungskompetenz kommt der Staatsaufsicht eine wichtige Funktion zu, die sie nicht im Wege der Veranlassung lediglich einer gerichtlichen Nachprüfung delegieren kann. Dem Gebot der staatlichen Aufsicht über die Satzungsgebung von Selbstverwaltungseinheiten der Freien Berufe wird dadurch Rechnung getragen, dass die Aufsichtsbehörde die Möglichkeit erhält, die Satzung oder einzelne Bestimmungen aufzuheben, dieses aber – im Interesse der unverzichtbaren Rechtssicherheit – nur innerhalb der vom Gesetzgeber vorgegebenen Frist (BT-Drs. 12/7656, 51). Im Hinblick darauf, dass der Gesetzgeber der Satzungsversammlung Vorgaben zum Gegenstand und Inhalt der Satzung gibt (§ 59b) und dem Staat die Letztentscheidungsbefugnis (§ 191e) vorbehält, sind die Regeln der Satzung **nicht am europäischen Wettbewerbsrecht zu messen** (EuGH BRAK-Mitt. 2002, 79 = AnwBl. 2002, 234; *Weil* BRAK-Mitt. 2002, 50).

2 **2. Übermittlung.** Die Satzungsversammlung ist verpflichtet, ihre **Beschlüsse zur Berufsordnung** nach § 191d Abs. 3 dem BMJV zu übermitteln. Auf die sonstigen Beschlüsse nach § 191d Abs. 3 Hs. 2 erstreckt sich die Vorschrift nicht. Ungeregelt ist, wie verfahren werden soll, wenn die Satzungsversammlung einen Beschluss als sonstigen Beschluss versteht, den sie mit der Mehrheit der anwesenden stimmberechtigten Mitglieder fasst, den das BMJV jedoch als Beschluss

zur Berufsordnung wertet, welcher der Mehrheit aller stimmberechtigten Mitglieder bedarf (Henssler/Prütting/*Hartung* § 191e Rn. 2).

3. Rechtsaufsicht

Schrifttum: *Eichele,* Rechtsaufsicht des Bundesjustizministeriums über die Positivbeschlüsse der Satzungsversammlung der Anwaltschaft, NJW 2004, 2342.

Es besteht nur eine **Rechtsaufsicht** des BMJV (BGH NJW 1999, 2678 = BRAK-Mitt. 1999, 233; *Kleine-Cosack* § 191e Rn. 1; Gaier/Wolf/Göcken/*Dahns* § 191e Rn. 1; **aA** Henssler/Prütting/*Hartung* § 191e Rn. 3, danach ist das Aufsichtsrecht des BMJV nicht als bloße Rechtsaufsicht, sondern als eine Staatsaufsicht zu qualifizieren). Zu dieser Rechtsaufsicht gehört es, dass die Einhaltung der Ermächtigung des § 59b mit der Ordnungsmäßigkeit des Verfahrens und die Übereinstimmung der Satzung mit höherrangigem Recht geprüft wird. 3

Zur Prüfungsbefugnis gehört es nach *Redeker* auch, dass das BMJV bei seiner Prüfung den **Grundsatz der Verhältnismäßigkeit** berücksichtigt (*Redeker* AnwBl. 1995, 217, 220; BVerfGE 87, 287 = NJW 1993, 317; BVerfG AnwBl. 1993, 344). Eine solche Einengung der Satzungsautonomie wird aber durch die Rechtsaufsicht nicht bezweckt (Henssler/Prütting/*Hartung* § 191e Rn. 4). Zweckmäßigkeitserwägungen darf das BMJV bei seiner Prüfung nicht berücksichtigen. Wohl aber können bei der Rechtmäßigkeitsprüfung insbesondere von Bestimmungen der FAO die jeweiligen Marktverhältnisse eine Rolle spielen. Beispielsweise hat das BMJV bei der Prüfung der Erweiterung der Fachanwaltsbezeichnungen mit Bescheid vom 25.2.2005 unter anderem folgendes ausgeführt: „Die Rechtsmäßigkeitsprüfung ist auf der Grundlage der gegenwärtigen Marktverhältnisse erfolgt. Änderungen der tatsächlichen Gegebenheiten könnten unter Umständen dazu führen, dass Änderungen der Fachanwaltsordnung erforderlich sind, damit ihre Vorschriften auch künftig als rechtmäßig beurteilt werden können.“ (BRAK-Mitt. 2005, 78). 4

Nicht zur Staatsaufsicht gehören reine **Zweckmäßigkeitserwägungen.** Das entspricht der allgemeinen Auffassung zum Umfang der Aufsichtskompetenz bei autonomen Selbstverwaltungseinrichtungen (Gaier/Wolf/Göcken/*Dahns* § 191e Rn. 5). 4a

4. Umfang und Frist. Das BMJV kann die Satzung **insgesamt oder Teile derselben aufheben.** Unter „Teile der Satzung“ sind nicht einzelne Wörter eines Absatzes der Bestimmung der Berufsordnung zu verstehen, da anderenfalls das BMJV als Satzungsgeber und nicht mehr als Genehmigungsbehörde tätig wird (**aA** Gaier/Wolf/Göcken/*Dahns* § 191e Rn. 3). 5

Die Frist ist eine **Ausschlussfrist.** Sie kann nicht verlängert werden. Zum **Verhältnis der Fristen aus § 191d Abs. 5 und § 191e** vgl. BGH NJW 1999, 2678; → § 191d Rn. 8 ff.; → BORA § 35 Rn. 3 ff.; § 26 FAO. 6

Die **Vereinbarkeit** einzelner Normen der Berufsordnung mit **höherrangigem Recht** hat sowohl das BMJV (beispielsweise Bescheid vom 25.2.1999 zu § 31 Abs. 2 BORA, BRAK-Mitt. 1999, 121; Bescheid vom 21.2.2003 zu § 9 BORA, BRAK-Mitt. 2003, 68; Bescheid zu einem Absatz des § 7 BORA, BRAK-Mitt. 2005, 184) wie auch das BVerfG (beispielsweise wurde § 13 BORA aufgehoben, NJW 2000, 347) in den vergangenen Jahren wiederholt beschäftigt; zu den Beispielen ausführlich Gaier/Wolf/Göcken/*Dahns* § 191e Rn. 2, 8, 9. 7

Zuletzt hat das BMJV mit Bescheid vom 30.9.2009 die Regelung zur **Zweigstelle** in § 5 BORA, BRAK-Mitt. 2009, 279, für unwirksam gehalten. Dagegen hat die BRAK beim BGH erfolgreich geklagt (AnwBl. 2010, 873 = BRAK-Mitt. 2010, 267 = NJW 2010, 3787; im Einzelnen → § 27 Rn. 26a, 26b; → BORA § 5 Rn. 1; zur Möglichkeit der Klage → Rn. 10). Mit Bescheid vom 4.3.2015 hat das BMJV eine Teilaufhebung nach § 191e angeordnet. Betroffen war der Beschluss zur Änderung der BORA der 7. Sitzung der 5. Satzungsversammlung vom 10./11.11.2014 zu § 2 BORA-E. Danach sei die Satzungsversammlung nicht befugt, aufgrund Gesetzesvorbehalt, neue Befugnisnormen für mögliche Verstöße gegen die anwaltliche Verschwiegenheit zu schaffen. Der Bescheid wurde nach Gesprächen und Vorlage weiterer Materialien aufgehoben. Die Änderungsbeschlüsse treten am 1.7.2015 in Kraft (Amtliche Bekanntmachung, BRAK-Mitt. 2015, 83, 84). 7a

II. Rechtsschutz

1. Rechtsmittel gegen die Aufhebung. Durch das Urteil des BGH vom 13.9.2010 (AnwBl. 2010, 873 = BRAK-Mitt. 2010, 267 = NJW 2010, 3787) ist der **Rechtsschutz** im Hinblick auf 8

die Aufhebung eines Beschlusses der Satzungsversammlung durch das BMJV nunmehr geklärt. Zum vorherigen Stand der Diskussion vgl. 7. Aufl. § 191e Rn. 3 ff. mwN.

9 Der Aufhebungsbescheid ist ein **belastender Verwaltungsakt** des BMJV (BGH NJW 2010, 3787; Henssler/Prütting/*Hartung* § 191e Rn. 7 ff.; *Kleine-Cosack* § 191e Rn. 6 ff.), der innerhalb eines Monats ab der Bekanntgabe des Aufhebungsbescheids mit der Anfechtungsklage nach § 112c iVm §§ 42, 74 Abs. 1 S. 2, 68 Abs. 1 S. 2 Nr. 1 VwGO angefochten werden kann.

10 Für **Klagen** gegen Entscheidung des BMJV bei Aufhebung von Beschlüssen der Satzungsversammlung ist gemäß §§ 112a Abs. 3 Nr. 1, 191e Hs. 2 ausschließlich der BGH in erster und letzter Instanz zuständig (BGH NJW 2010, 3787; Gaier/Wolf/Göcken/*Dahns* § 191b Rn. 17 f.; Henssler/Prütting/*Hartung* § 191e Rn. 9). Zu einer Klage kam es erstmalig im Jahr 2009 im Zusammenhang mit einer von der Satzungsversammlung beschlossenen Regelung zur Zweigstelle in § 5 BORA. Einen dazu ergangenen Beschluss der Satzungsversammlung hatte das Ministerium mit Bescheid vom 30.9.2009 wegen vermeintlich fehlender Satzungskompetenz aufgehoben (BRAK-Mitt. 2009, 279). Der BGH hob den Bescheid des BMJV wieder auf, so dass die von der Satzungsversammlung beschlossene Regelung des § 5 BORA am 1.11.2011 in Kraft treten konnte (BGH BRAK-Mitt. 2010, 267).

11 Zur Erhebung einer Anfechtungsklage gegen einen Bescheid, durch den ein Beschluss der Satzungsversammlung bei der BRAK nach § 191e Hs. 2 aufgehoben wird, ist allein die BRAK, nicht die bei ihr eingerichtete Satzungsversammlung **aktivlegitimiert** (BGH NJW 2010, 3787 = BRAK-Mitt. 2010, 267).

12 Die Satzungsversammlung ist vom Gesetzgeber als **„neues Beschlussorgan der BRAK"**, keine von der BRAK zu trennende Einrichtung, sondern als **besonderes Organ, dem die Rechtsetzungsaufgaben der BRAK übertragen sind,** eingerichtet worden (amtliche Begründung, BT-Drs. 12/4993, 36). Dieses Verständnis von der Satzungsversammlung ergibt sich auch aus dem neuen § 112f Abs. 1 – sowie der Begründung zu der BRAO-Novelle 2009 –, der gegen Wahlen und Beschlüsse der Organe der BRAK die Beschlussanfechtungsklage zulässt, ausdrücklich aber die Beschlüsse der Satzungsversammlung ausnimmt und damit indirekt deren Stellung als Organ der BRAK klarstellt (BT-Drs. 16/11385, 42; BGH NJW 2010, 3787).

13 **2. Weiterer Rechtsschutz.** Mitglieder der Satzungsversammlung und Rechtsanwälte als Adressaten der Satzung können nur mittelbar gegen Satzungsbeschlüsse und Wahlen der Satzungsversammlung gerichtlich vorgehen. Sie haben nur die Möglichkeit einer **mittelbaren Kontrolle** der Satzung im anwaltsgerichtlichen Verfahren (ebenso *Kleine-Cosack* § 191e Rn. 9).

14 Bei Streitigkeiten innerhalb der Satzungsversammlung und zwischen der Satzungsversammlung und der BRAK kommt ein dem Kommunalverfassungsstreit vergleichbarer **Organstreit** vor dem AGH Bln in Betracht (*Kleine-Cosack* § 191e Rn. 12).

Dritter Abschnitt. Schlichtung

§ 191f Schlichtungsstelle der Rechtsanwaltschaft

(1) [1]**Bei der Bundesrechtsanwaltskammer wird eine unabhängige Stelle zur Schlichtung von Streitigkeiten zwischen Mitgliedern von Rechtsanwaltskammern und deren Auftraggebern eingerichtet.** [2]**Die Stelle führt den Namen „Schlichtungsstelle der Rechtsanwaltschaft".**

(2) [1]**Der Präsident der Bundesrechtsanwaltskammer bestellt einen oder mehrere Schlichter, die allein oder als Kollegialorgan tätig werden.** [2]**Zum Schlichter, der allein tätig wird, darf nur bestellt werden, wer die Befähigung zum Richteramt besitzt, weder Rechtsanwalt ist noch in den letzten drei Jahren vor Amtsantritt war und weder im Haupt- noch im Nebenberuf bei der Bundesrechtsanwaltskammer, einer Rechtsanwaltskammer oder einem Verband der Rechtsanwaltschaft tätig ist oder in den letzten drei Jahren vor Amtsantritt tätig war.** [3]**Erfolgt die Schlichtung durch ein Kollegialorgan, muss mindestens einer der Schlichter die Befähigung zum Richteramt besitzen; höchstens die Hälfte seiner Mitglieder dürfen Rechtsanwälte sein.** [4]**Nichtanwaltliches Mitglied des Kollegialorgans darf nur sein, wer in den letzten drei Jahren vor Amtsantritt nicht Rechtsanwalt war und weder im Haupt-**

noch im Nebenberuf bei der Bundesrechtsanwaltskammer, einer Rechtsanwaltskammer oder einem Verband der Rechtsanwaltschaft tätig ist oder in den letzten drei Jahren vor Amtsantritt tätig war. 5 Anwaltliche Mitglieder des Kollegialorgans dürfen nicht dem Vorstand einer Rechtsanwaltskammer oder eines Verbandes der Rechtsanwaltschaft angehören oder im Haupt- oder Nebenberuf bei der Bundesrechtsanwaltskammer, einer Rechtsanwaltskammer oder einem Verband der Rechtsanwaltschaft tätig sein.

(3) **1 Es wird ein Beirat errichtet, dem Vertreter der Bundesrechtsanwaltskammer, von Rechtsanwaltskammern, Verbänden der Rechtsanwaltschaft und Verbänden der Verbraucher angehören müssen. 2 Andere Personen können in den Beirat berufen werden. 3 Höchstens die Hälfte der Mitglieder des Beirats dürfen Rechtsanwälte sein. 4 Dem Beirat ist vor der Bestellung von Schlichtern und vor Erlass und Änderung der Satzung Gelegenheit zur Stellungnahme zu geben. 5 Er kann eigene Vorschläge für die Bestellung von Schlichtern und die Ausgestaltung der Satzung unterbreiten.**

(4) **Die Schlichtungsstelle veröffentlicht jährlich einen Tätigkeitsbericht.**

(5) **Die Hauptversammlung der Bundesrechtsanwaltskammer regelt die Einzelheiten der Organisation der Schlichtungsstelle, der Errichtung und Aufgaben des Beirates einschließlich der Berufung weiterer Beiratsmitglieder, der Bestellung der Schlichter, der Geschäftsverteilung und des Schlichtungsverfahrens durch Satzung nach folgenden Grundsätzen:**

1. **durch die Unabhängigkeit der Schlichtungsstelle muss unparteiisches Handeln sichergestellt sein;**
2. **die Beteiligten müssen Tatsachen und Bewertungen vorbringen können und rechtliches Gehör erhalten;**
3. **die Schlichter und ihre Hilfspersonen müssen die Vertraulichkeit der Informationen gewährleisten, von denen sie im Schlichtungsverfahren Kenntnis erhalten;**
4. **die Durchführung des Schlichtungsverfahrens darf nicht von der Inanspruchnahme eines Vermittlungsverfahrens nach § 73 Abs. 2 Nr. 3 abhängig gemacht werden;**
5. **das Schlichtungsverfahren muss zügig und für die Beteiligten unentgeltlich durchgeführt werden;**
6. **die Schlichtung muss jedenfalls für vermögensrechtliche Streitigkeiten bis zu einem Wert von 15 000 Euro statthaft sein;**
7. **die Verfahrensregeln müssen für Interessierte zugänglich sein.**

Übersicht

I. Entstehungsgeschichte

Die **Vermittlung bei Streitigkeiten zwischen Rechtsanwälten und ihren Auftraggebern** war und ist gemäß § 73 Abs. 2 Nr. 3 eine Aufgabe der Rechtsanwaltskammern. Diese 1

Aufgabe wurde und wird aber eher stiefmütterlich wahrgenommen. Eingaben unzufriedener Mandanten werden allzu häufig als Beschwerden behandelt, die zum Anlass für ein Aufsichtsverfahren iSv § 73 Abs. 2 Nr. 4 genommen werden.

2 Die BRAK-Hauptversammlung vom 23.11.2006 schlug dem Gesetzgeber vor, § 56 dahingehend zu ergänzen, dass ein Rechtsanwalt verpflichtet sei, an einem Schlichtungsverfahren teilzunehmen, das sein Mandant beantragt habe. Für die Einrichtung einer Schiedsstelle spreche die Stärkung der Selbstverwaltung. Dem Rechtsuchenden werde ein transparentes und bürgerfreundliches Verfahren geboten, ohne ihn zu zwingen, sofort einen Anwalt zu beauftragen. Ferner entspreche die Einrichtung einer unabhängigen Stelle zur Prüfung derartiger Forderungen dem Geist der Zeit, weil durch eine Schlichtungsstelle schnelle und kostengünstige Hilfestellung geboten werde. Schließlich könne eine solche Institution auch zur Entlastung der Justiz führen.

3 Die BRAK-Hauptversammlung vom 28.2.2008 befasste sich mit einem vom Bundesministerium der Justiz vorgelegten Referentenentwurf eines Gesetzes zur Modernisierung von Verfahren im anwaltlichen und notariellen Berufsrecht. Sie schlug die Einführung eines **Ombudsmannes bei der BRAK** vor (BRAK-Stellungnahme Nr. 17/2008, 14 f.). Darüber hinaus empfahl sie, die Einführung des Ombudsmannes noch in dem durch den Referentenentwurf eingeleiteten Gesetzgebungsverfahren zu berücksichtigen.

4 Die Bundesregierung folgte der Empfehlung mit dem im September 2008 vorgelegten Entwurf eines Gesetzes zur Modernisierung von Verfahren im anwaltlichen und notariellen Berufsrecht, zur Errichtung einer Schlichtungsstelle der Rechtsanwaltschaft sowie zur Änderung sonstiger Vorschriften (BT-Drs. 16/11385, 43 ff. zu Nr. 54).

5 Danach wurde das Gesetz auf der Grundlage des Entwurfs der Bundesregierung mit nur geringen Änderungen durch den Bundestag beschlossen und im Bundesgesetzblatt verkündet. Es ist am 1.9.2009 in Kraft getreten.

II. Status der Schlichtungsstelle

6 Der Gesetzgeber hat die Vorschrift des § 191f in einem neuen dritten Gesetzesabschnitt angesiedelt, der dem Abschnitt „Organe der Bundesrechtsanwaltskammer" folgt, um deutlich zu machen, dass die Schlichtungsstelle der Rechtsanwaltschaft kein Organ der BRAK, sondern eine **eigenständige Einrichtung** ist. Zwar ist die Schlichtungsstelle bei der BRAK angesiedelt, sie ist jedoch von dieser unabhängig und neutral.

7 Die Berufsaufsicht der regionalen Kammern wird durch die Tätigkeit der Schlichtungsstelle der Rechtsanwaltschaft in keiner Weise berührt. Somit obliegt der Schlichtungsstelle auch nicht die Beurteilung, ob ein Rechtsanwalt berufsrechtliche Pflichten verletzt hat. Folglich wird sich die Schlichtungsstelle der Rechtsanwaltschaft zu verweigern haben, wenn sie wegen anderer als zivilrechtlicher Streitigkeiten angerufen wird.

8 Verschiedene regionale Rechtsanwaltskammern haben zwischenzeitlich eigene Schlichtungsstellen eingerichtet. Die Schlichtungsordnung der Rechtsanwaltskammer Hamm zB ist in weiten Teilen mit der Schlichtungsordnung der BRAK inhaltsgleich.

9 Der Mandant kann sich aussuchen, ob er die Hilfe der regionalen Schlichtungsstelle oder aber der BRAK-Schlichtungsstelle in Anspruch nimmt. Wenn er sich entschieden hat, ist die Inanspruchnahme einer weiteren Schlichtungsstelle unzulässig. Dies gilt sowohl für die gleichzeitige als auch für die zeitlich nachfolgende Inanspruchnahme.

III. Organisation der Schlichtungsstelle

10 **1. Organisationsbefugnis und Status quo.** Die Besetzung der Schlichtungsstelle obliegt dem Präsidenten der BRAK. Er kann einen oder mehrere Schlichter bestellen, die entweder allein oder aber als Kollegialorgan tätig werden. Nach derzeitiger Beschlusslage wird in der Schlichtungsstelle nur eine Schlichterin bzw. ein Schlichter tätig.

11 Die Schlichtungsstelle besteht seit dem 1.1.2010. Dort sind zur Zeit neben der amtierenden Schlichterin eine Rechtsanwältin als Geschäftsführerin, fünf Rechtsanwälte als Sachbearbeiter und drei weitere Fachkräfte tätig. Die Kosten sind pro Rechtsanwalt mit 3 Euro p. a. veranschlagt worden, sollen demnächst aber auf 4 Euro erhöht werden. Laut Tätigkeitsbericht für das Jahr 2013 belaufen sich die jährlichen Kosten auf „weniger als 500.000 Euro", ohne dass – wie man es von einem Tätigkeitsbericht erwartet – konkrete Zahlen genannt werden.

Die **Bedeutung** der Schlichtungsstelle hält sich in Grenzen. Gingen im Jahr 2012 951 Schlichtungsanträge ein, waren es im Jahre 2013 ebenso wenige, nämlich 946. Im Jahr 2013 wurden 199 Anträge für unzulässig erklärt. In 361 Fällen mussten Ablehnungen ausgesprochen werden. Von den 212 unterbreiteten Schlichtungsvorschlägen wurden 109 angenommen. 11a

2. Einzelperson als Schlichter. Nach § 191f Abs. 2 darf zum einzeln tätigen Schlichter nur bestellt werden, wer die Befähigung zum Richteramt besitzt, nicht Rechtsanwalt ist und in den letzten drei Jahren vor Amtsantritt gewesen ist, und weder im Haupt- noch im Nebenberuf bei der BRAK, einer Rechtsanwaltskammer oder einem Verband der Rechtsanwaltschaft tätig ist oder in den letzten drei Jahren vor Amtsantritt tätig war. 12

Durch das Erfordernis der Befähigung zum Richteramt ist die juristische Qualifikation gewährleistet, die gegeben sein muss, um der Aufgabe gerecht zu werden. 13

Das Anforderungsprofil entspricht Ziffer I. der Empfehlung der Kommission 98/257/EG vom 30.3.1998 betreffend die Grundsätze für Einrichtungen, die für die außergerichtliche Beilegung von Verbraucherstreitigkeiten zuständig sind (ABl. Nr. L 115 S. 31). Die Anforderungen sollen ein Garant dafür sein, dass die schlichtende Person nicht Interessenvertreter einer Seite ist und auch nicht als deren Interessenvertreter wahrgenommen werden kann. So wird denn in der Begründung des Regierungsentwurfs ausgeführt, die Anforderungen sollten die Grundlage dafür bieten, dass die Schlichtungsstelle größtmögliche Akzeptanz bei allen Beteiligten erreichen kann (BT-Drs. 16/11385, 44 zu Nr. 54 zu Abs. 2). Hierbei ist freilich übersehen worden, dass der Schlichter, wenn er denn nicht Rechtsanwalt sein darf, sehr wohl einem Lager angehört, nämlich dem nicht-anwaltlichen. Dass dies keine Akzeptanz steigernde Wirkung hat, liegt auf der Hand (so wohl auch *Römermann* AnwBl. 2008, 815 f.; *Hartung* § 191f Rn. 19). 14

3. Kollegialorgan als Schlichter. Soweit in § 191f Abs. 2 die Rede von einem Kollegialorgan ist, ist eine **Schlichtungskommission** gemeint. Zur Anzahl der Mitglieder sagt das Gesetz nichts, so dass auch ein **zweiköpfiges Kollegialorgan denkbar und zulässig** ist. 15

§ 191f Abs. 2 S. 3 sieht vor, dass mindestens einer der Schlichter die Befähigung zum Richteramt besitzen muss und dass höchstens die Hälfte der Mitglieder Rechtsanwalt sein darf. Bei einer zB zweiköpfigen Kommission darf also ein Mitglied Rechtsanwalt sein, das andere Mitglied darf kein Rechtsanwalt sein und braucht nicht die Befähigung zum Richteramt zu haben. 16

Auch bei einer Schlichtungskommission dürfen die nichtanwaltlichen Mitglieder in den letzten drei Jahren vor Amtsantritt nicht Rechtsanwalt gewesen und weder im Haupt- noch im Nebenberuf bei der BRAK, einer Rechtsanwaltskammer oder einem Verband der Rechtsanwaltschaft tätig oder in den letzten drei Jahren vor Amtseintritt tätig gewesen sein. 17

Die anwaltlichen Mitglieder des Kollegialorgans dürfen nicht dem Vorstand der Rechtsanwaltskammer oder eines Verbandes der Rechtsanwaltschaft angehören und auch nicht im Haupt- oder Nebenberuf bei der BRAK, einer Rechtsanwaltskammer oder einem Verband der Rechtsanwaltschaft tätig sein. 18

Die Besetzungsregeln dienen der Sicherung der Unabhängigkeit der Schlichtungsstelle gegenüber den Rechtsanwaltskammern und den sonstigen Anwaltsorganisationen. Ferner stärken sie das Vertrauen der Öffentlichkeit in die Unabhängigkeit der Einrichtung. 19

Es mag eine Reihe von Streitigkeiten geben, die von einem Einzelschlichter sachgerecht bearbeitet werden können. Viele Streitigkeiten lassen sich jedoch nur mit dezidierter Kenntnis der anwaltlichen Pflichten und Rechte sachgerecht bearbeiten, so dass der Präsident der BRAK zusätzlich zu der bereits bestellten Schlichterin zumindest einen weiteren Schlichter bestellen sollte, der den Beruf des Rechtsanwalts ausübt und als Mitglied eines Kollegialorgans tätig werden kann. Zuvor ist eine Änderung von § 1 der Satzung der Schlichtungsstelle notwendig. Derzeit arbeiten der amtierenden Schlichterin fünf Rechtsanwälte zu, so dass eventuelle Erfahrungsdefizite der Schlichterin bezüglich der anwaltlichen Arbeit ausgeglichen werden. 20

IV. Verfahrensgrundsätze

Der Gesetzgeber hat in § 191f Abs. 5 insgesamt sieben Grundsätze aufgestellt, die das Schlichtungsverfahren kennzeichnen müssen: 21

1. Unparteilichkeit durch Unabhängigkeit der Schlichtungsstelle (Abs. 5 Nr. 1). Ohne Unabhängigkeit ist Unparteilichkeit nicht möglich. Beide Anforderungen sind sowohl in Ziff. I der Empfehlung der Kommission 98/257/EG als auch in § 14 Abs. 2 Nr. 1 des Unterlassungs- 22

klagengesetzes enthalten. Sie sind unverzichtbare Voraussetzung für jede Schlichtungstätigkeit und gelten für die unmittelbare Tätigkeit der Schlichter und des Schlichtungsverfahrens, bei dem gewährleistet sein muss, dass keine Interessenkollision eintritt.

23 Die Unabhängigkeit der Schlichtungsstelle ist institutionell schon deshalb gegeben, weil sie **kein Organ der Bundesrechtsanwaltskammer,** sondern eine **eigenständige Einrichtung** ist. In persönlicher Hinsicht sind Unabhängigkeit und Unparteilichkeit dadurch sichergestellt, dass der bzw. die Schlichter weder dem Vorstand von Kammern oder Anwaltsverbänden angehören noch dafür haupt- oder nebenberuflich tätig sein dürfen. In materieller Hinsicht sorgt eine angemessene Honorierung der Schlichtungstätigkeit für Unabhängigkeit und somit für Unparteilichkeit.

24 **2. Tatsachenvortrag und rechtliches Gehör (Abs. 5 Nr. 2).** Die am Schlichtungsverfahren Beteiligten müssen Gelegenheit erhalten, Tatsachen und Bewertungen vorzubringen, ferner ist ihnen rechtliches Gehör zu gewähren. Hiermit ist der Gesetzgeber den Vorgaben von Ziffer III der Empfehlungen der Kommission 98/257/EG gefolgt. Die Regelung entspricht im Übrigen § 14 Abs. 2 Nr. 3 UKlaG.

25 Der Gesetzgeber hat eine mündliche Verhandlung nicht für obligatorisch erklärt. In der amtlichen Begründung hat er angedeutet, dass eine mündliche Verhandlung angezeigt sein kann, um das Schlichtungsverfahren erfolgreich durchführen zu können (BT-Drs. 16/11385, 75).

26 Gemäß § 4 Nr. 5 der Satzung findet eine mündliche Verhandlung nicht statt. Der Schlichter kann die Beteiligten jedoch in ihm geeignet erscheinender Art und Weise anhören, wenn er der Meinung ist, dass die Einigung hierdurch gefördert werden kann.

27 **3. Vertraulichkeit (Abs. 5 Nr. 3).** Der Grundsatz der Vertraulichkeit verbietet die Preisgabe von Informationen, die der Schlichter und seine Hilfspersonen im Schlichtungsverfahren erhalten haben. Das Verbot bezieht sich auch auf die Weitergabe von Informationen an die Rechtsanwaltskammern und die BRAK.

28 Der Grundsatz der Vertraulichkeit gilt auch für die Mitglieder der Beirats, nicht hingegen für die Beteiligten des Schlichtungsverfahrens. Insbesondere die anspruchstellenden Mandanten sind nicht daran gehindert, die Einlassung des Rechtsanwalts im Schlichtungsverfahren zum Gegenstand einer Beschwerde bei der zuständigen Rechtsanwaltskammer zu machen, um auf diese Weise ein Aufsichtsverfahren in die Wege zu leiten (so auch *Hartung* § 191f Rn. 41).

29 **4. Unzulässigkeit der Forderung nach einem Vermittlungsverfahren gemäß § 73 Abs. 2 Nr. 3.** Die Schlichtungsstelle darf ihre Tätigkeit nicht davon abhängig machen, dass der Anspruchsteller bei einer regionalen Rechtsanwaltskammer ein Vermittlungsverfahren gemäß § 73 Abs. 2 Nr. 3 erfolglos in Anspruch genommen hat. Durch dieses Verbot wird die Wahlfreiheit des Anspruchstellers sichergestellt. Er soll frei entscheiden können, ob er ein Vermittlungsverfahren einer regionalen Rechtsanwaltskammer oder aber eine Schlichtung der Schlichtungsstelle in Anspruch nimmt.

30 Die Schlichtungsstelle darf ihre Tätigkeit verweigern, wenn bereits an anderer Stelle ein Schlichtungsverfahren durchgeführt wird oder durchgeführt worden ist (BT-Drs. 16/11385, 45 Nr. 54 zu Abs. 5 Nr. 4). Die Umsetzung ist in § 3 Nr. 2 lit. d der Satzung der Schlichtungsstelle erfolgt. Dort sind auch weitere Tatbestände geregelt, die sich mit der Unzulässigkeit eines Schlichtungsverfahrens befassen.

31 **5. Zügigkeit und Unentgeltlichkeit des Schlichtungsverfahrens (Abs. 5 Nr. 5).** Mit der Vorgabe, das Verfahren zügig durchzuführen, soll die Akzeptanz des Schlichtungsangebots gesteigert werden. Dasselbe gilt für die Unentgeltlichkeit.

32, 33 Obgleich die Unentgeltlichkeit des Verfahrens manchen Querulanten ermuntern dürfte, die Dienste der Schlichtungsstelle in Anspruch zu nehmen, ist sie im Ergebnis zu befürworten. Einerseits entlastet die Schlichtungsstelle die Justiz. Andererseits ist Schlichten besser als Richten. Hierbei ist zu berücksichtigen, dass alle in Deutschland tätigen Ombudsstellen kostenfrei arbeiten.

34 **6. Streitwertobergrenze von 15.000 Euro (Abs. 5 Nr. 6).** Die Vorschrift regelt zweierlei. Einerseits soll sich die Schlichtungsstelle nur mit vermögensrechtlichen Streitigkeiten befassen. Andererseits dürfen Streitigkeiten mit einem Wert von über 15.000 Euro per Satzung von der Schlichtung ausgenommen werden.

Die Satzung der Schlichtungsstelle erklärt ein **Schlichtungsverfahren für unzulässig,** wenn ein **Anspruch von mehr als 15.000 Euro geltend gemacht wird.** Bei einem Teilanspruch ist der gesamte strittige Anspruch zur Wertbemessung zu berücksichtigen. Die Schlichtungsstelle soll also nur bei relativ niedrigen Streitwerten Tätigkeit entfalten. 35

Eine Streitwertgrenze ist sinnvoll, um die Schlichtungsstelle vor Großschadensfällen mit der damit zusammenhängenden Mühsal zu schützen. Die Grenze auf 15.000 Euro festzusetzen, erscheint jedoch entschieden zu niedrig. 36

7. Zugänglichkeit der Verfahrensregeln (Abs. 5 Nr. 7). Die Verfahrensregeln müssen für Interessierte zugänglich sein. Dies ist eine Selbstverständlichkeit, da das Verfahren anderenfalls intransparent wäre. Die Regel entspricht § 14 Abs. 2 Nr. 2 UKlaG. Im Übrigen sollte die Schlichtungsstelle sie als Aufruf verstehen, über ihre Existenz und ihre Arbeitsweise nachhaltig in der Öffentlichkeit zu berichten. 37

V. Beirat

Der nach § 191f Abs. 3 zu errichtende Beirat ist Garant dafür, dass die Schlichtungsstelle ihre Arbeit vollständig unabhängig ausüben kann. Demzufolge wirkt er bei der Bestellung der Schlichter, bei Satzungsänderungen und bei grundlegenden Organisationsentscheidungen mit. 38

Dem Beirat müssen Vertreter der BRAK, von Rechtsanwaltskammern, Verbänden der Rechtsanwaltschaft und Verbänden der Verbraucher angehören. Gemäß § 2 Abs. 1 der Satzung besteht der Beirat aus höchstens neun Personen. Ihm gehören mindestens jeweils ein Vertreter der BRAK, von Rechtsanwaltskammern, Verbänden der Rechtsanwaltschaft, Verbänden der Verbraucher und des Gesamtverbandes der Deutschen Versicherungswirtschaft an. Höchstens die Hälfte der Mitglieder des Beirats dürfen Rechtsanwälte sein. 39

Die Mitglieder des Beirats werden vom Präsidium der BRAK ausgewählt und vom Präsidenten der BRAK ernannt. 40

VI. Satzung der Schlichtungsstelle

Die Hauptversammlung der BRAK hat von ihrem Satzungsgebungsrecht gemäß § 191f Abs. 5 Gebrauch gemacht. Die Satzung der Schlichtungsstelle der Rechtsanwaltschaft ist am 9.10.2009 beschlossen worden. Aufgrund eines Redaktionsversehens musste § 4 Abs. 1 S. 2 am 7.5.2010 neu gefasst werden. Weitere Änderungen wurden am 11.5.2012 beschlossen. Nachfolgend ist die derzeit gültige Fassung abgedruckt: 41

§ 1 Die Schlichtungsstelle besteht aus dem Schlichter und der Geschäftsstelle. Diese unterstützt den Schlichter bei seiner Tätigkeit.

§ 2 Bestellung und Tätigkeit des Schlichters

1. Der Präsident der Bundesrechtsanwaltskammer bestellt einen oder mehrere Schlichter, die allein oder als Kollegialorgan tätig werden. Das Kollegialorgan besteht aus 3 Schlichtern, dem ein Rechtsanwalt angehören muss. Vorschlagsberechtigt sind die Rechtsanwaltskammern und der gemäß § 3 dieser Satzung gebildete Beirat. Zum Schlichter, der allein tätig wird, darf nicht bestellt werden, wer Rechtsanwalt ist oder in den letzten drei Jahren vor Amtsantritt war oder im Haupt- oder Nebenberuf bei der Bundesrechtsanwaltskammer, einer Rechtsanwaltskammer oder einem Verband der Rechtsanwaltschaft tätig ist oder in den letzten drei Jahren vor Amtsantritt tätig war. Zum nichtanwaltlichen Mitglied des Kollegialorgans darf nur bestellt werden, wer in den letzten drei Jahren vor Amtsantritt nicht Rechtsanwalt war und weder im Haupt- noch im Nebenberuf bei der Bundesrechtsanwaltskammer, einer Rechtsanwaltskammer oder einem Verband der Rechtsanwaltschaft tätig ist oder in den letzten drei Jahren vor Amtsantritt tätig war. Zum anwaltlichen Mitglied des Kollegialorgans darf nicht bestellt werden, wer dem Vorstand einer Rechtsanwaltskammer oder eines Verbandes der Rechtsanwaltschaft angehört oder im Haupt- oder Nebenberuf bei der Bundesrechtsanwaltskammer, einer Rechtsanwaltskammer oder einem Verband der Rechtsanwaltschaft tätig ist.
2. Vor der Bestellung eines Schlichters ist dem gemäß § 3 gebildeten Beirat Gelegenheit zur Stellungnahme innerhalb einer Frist von 2 Monaten zu geben. Ihm sind der Name und der berufliche Werdegang der als Schlichter vorgesehenen Person mitzuteilen. Nach erfolgter Anhörung bestellt der Präsident der Bundesrechtsanwaltskammer den Schlichter.
3. Jeder Schlichter, der allein tätig sein soll, und der Vorsitzende des Kollegialorgans müssen die Befähigung zum Richteramt haben. Die Amtszeit beträgt 4 Jahre. Eine einmalige Wiederbestellung ist zulässig.
4. Der Schlichter ist unabhängig und an Weisungen nicht gebunden. Er kann vom Präsidenten der Bundesrechtsanwaltskammer abberufen werden, wenn Tatsachen vorliegen, die eine unabhängige Schlichtertätigkeit nicht mehr erwarten lassen, wenn der Schlichter nicht nur vorübergehend an der Wahrnehmung seines Amtes gehindert ist oder ein anderer wichtiger Grund vorliegt.
5. Bei der Bestellung von mehreren Personen zu Schlichtern legen diese die Geschäftsverteilung einschließlich Vertretungsregelung vor jedem Geschäftsjahr fest, und zwar für den Fall, dass die Schlichter allein oder als Kollegialorgan entscheiden. Die Regelung in § 5 Nr. 4 Satz 1 bleibt unberührt. Eine Änderung der Geschäftsverteilung ist während des Geschäftsjahres nur aus wichtigem Grund zulässig. Das Geschäftsjahr ist das Kalenderjahr.

§ 3 Bestellung und Aufgaben des Beirats

1. Die Schlichtungsstelle der Rechtsanwaltschaft erhält einen Beirat, der aus höchstens neun Personen besteht.
2. Dem Beirat gehören an mindestens jeweils ein Vertreter der Bundesrechtsanwaltskammer, von Rechtsanwaltskammern, Verbänden der Rechtsanwaltschaft, Verbänden der Verbraucher und des Gesamtverbandes der Deutschen Versicherungswirtschaft. Andere Personen können in den Beirat berufen werden. Höchstens die Hälfte der Mitglieder des Beirates dürfen Rechtsanwälte sein.
3. Die Mitglieder des Beirates werden vom Präsidium der Bundesrechtsanwaltskammer auf Vorschlag der Bundesrechtsanwaltskammer, der Rechtsanwaltskammern, des Deutschen Anwaltvereins, des Bundesverbandes für Verbraucherzentralen und Verbraucherverbände und des Gesamtverbandes der Deutschen Versicherungswirtschaft ausgewählt und vom Präsidenten der Bundesrechtsanwaltskammer ernannt. Die Amtszeit beträgt vier Jahre. Eine einmalige Wiederbestellung ist zulässig. Der Beirat wählt aus seiner Mitte einen Vorsitzenden und seinen Vertreter. Dem Beirat ist vor der Bestellung von Schlichtern, vor Änderung der Satzung und vor Veröffentlichung des Tätigkeitsberichtes Gelegenheit zur Stellungnahme zu geben. Im Übrigen berät er den Schlichter auf dessen Anforderung in allen für das Schlichtungsverfahren wesentlichen Fragen. Der Beirat tritt mindestens einmal im Jahr zusammen.

§ 4 Zulässigkeit des Schlichtungsverfahrens

1. Die Schlichtungsstelle kann bei vermögensrechtlichen Streitigkeiten aus einem bestehenden oder beendeten Mandatsverhältnis angerufen werden.
2. Ein Schlichtungsverfahren ist unzulässig, wenn
   a) ein Anspruch von mehr als 15 000,00 Euro geltend gemacht wird; bei einem Teilanspruch ist der gesamte strittige Anspruch zur Wertbemessung zu berücksichtigen;
   b) die Streitigkeit bereits vor einem Gericht anhängig war oder ist, durch einen außergerichtlichen Vergleich beigelegt oder ein Antrag auf Prozesskostenhilfe abgewiesen wurde, weil die beabsichtigte Rechtsverfolgung keine Aussicht auf Erfolg bot oder mutwillig erschien;
   c) von einem der an dem Schlichtungsverfahren Beteiligten Strafanzeige im Zusammenhang mit dem der Schlichtung zugrunde liegenden Sachverhalt erstattet wurde und/oder eine berufsrechtliche oder strafrechtliche Überprüfung des beanstandeten Verhaltens bei der zuständigen Rechtsanwaltskammer oder der Staatsanwaltschaft oder den Anwaltsgerichten anhängig und dieses Verfahren noch nicht abgeschlossen ist,
   d) vor einer Rechtsanwaltskammer ein Verfahren gemäß § 73 Abs. 2 Nr. 3 BRAO durchgeführt wird oder wurde,
   e) im Zeitpunkt des Eingangs des Schlichtungsantrages der beauftragte Rechtsanwalt oder die beauftragen Rechtsanwälte nicht mehr einer Rechtsanwaltskammer angehören,
   f) einer der unter b) bis e) aufgeführten Gründe nachträglich eintritt.
3. Der Schlichter kann die Durchführung oder die Fortsetzung eines beantragten Schlichtungsverfahrens ablehnen, wenn
   a) die Klärung des Sachverhaltes eine Beweisaufnahme erfordert, es sei denn, der Beweis kann durch die Vorlage von Urkunden geführt werden;
   b) er unter Zugrundelegung der ihm vorgelegten Unterlagen zu der Auffassung gelangt, dass die Schlichtung keine Aussicht auf Erfolg hat,
   c) die behauptete Schlechtleistung im Zeitpunkt der Antragstellung länger als 5 Jahre zurückliegt. Dies gilt unabhängig von der Kenntnis des Geschädigten.

§ 5 Verfahren

1. Der Antrag auf Durchführung der Schlichtung ist unter kurzer schriftlicher Schilderung des Sachverhaltes und Beifügung der für die Prüfung erforderlichen Unterlagen an die Schlichtungsstelle zu richten. Der Antragsteller hat in dem von ihm gestellten Antrag zu versichern, dass die in § 3 Abs. 2b) bis d) aufgeführten Ausschlussgründe nicht vorliegen. Treten diese Gründe nach Einleitung des Schlichtungsverfahrens ein, hat er hiervon die Schlichtungsstelle zu unterrichten.
2. Die Geschäftsstelle prüft die Unterlagen, übersendet dem Antragsteller die Satzung und fordert ihn gegebenenfalls unter Setzen einer angemessenen Frist auf, den Sachvortrag zu ergänzen und/oder fehlende Unterlagen nachzureichen. Sie ist befugt, die ihr notwendig erscheinenden Auskünfte einzuholen.
3. Anschließend entscheidet der Schlichter über die Zulässigkeit des Schlichtungsverfahrens. Ist dieses unzulässig oder macht der Schlichter von seinem Ablehnungsrecht Gebrauch, weist er den Schlichtungsantrag zurück. Hiervon soll er den Antragsgegner unterrichten.
4. Ist das Verfahren zulässig, entscheidet der Schlichter, ob er allein oder das etwa eingerichtete Kollegialorgan tätig werden soll. Für das Kollegialorgan gelten die nachfolgenden Vorschriften entsprechend. Über die Zulässigkeit des Antrages und über den weiteren Verfahrensverlauf unterrichtet er den Antragsteller. Gleichzeitig übermittelt er dem Antragsgegner die Satzung und den Antrag mit der Aufforderung, innerhalb einer angemessenen Frist hierzu Stellung zu nehmen. Beide Parteien weist er darauf hin, dass unabhängig vom Lauf des Schlichtungsverfahrens etwaige Regressansprüche verjähren können.
5. Nach Vorlage der Stellungnahmen beider Beteiligten oder nach Fristablauf kann der Schlichter eine ergänzende Stellungnahme der Beteiligten einholen, soweit er eine weitere Aufklärung des Sachverhaltes für notwendig hält. Eine mündliche Verhandlung findet nicht statt. Der Schlichter kann die Beteiligten in ihm geeignet erscheinender Art und Weise anhören, wenn er der Überzeugung ist, dass hierdurch eine Einigung gefördert werden kann.
6. Der Schlichter kann sämtliche von ihm gesetzten Fristen als Ausschlussfristen bestimmen.

§ 6 Schlichtungsvorschlag

1. Der Schlichter unterbreitet nach Vorliegen der Stellungnahmen der Beteiligten einen schriftlichen Schlichtungsvorschlag. Hierzu ist er in ihm geeignet erscheinenden Fällen auch dann berechtigt aber nicht verpflichtet, wenn der Antragsgegner eine Stellungnahme nicht abgegeben hat. Der Vorschlag muss zum Inhalt haben, wie der Streit der Beteiligten auf Grund der sich aus dem Sachvortrag und den vorgelegten Unterlagen ergebenden Sach- und Rechtslage angemessen beigelegt werden kann. Er ist kurz und verständlich zu begründen und den Beteiligten zuzustellen.

2. Die Beteiligten sind darauf hinzuweisen, dass
   a) sie zur Annahme nicht verpflichtet sind und bei Nichtannahme beiden Beteiligten der Rechtsweg offen steht;
   b) der Schlichtungsvorschlag von den Beteiligten durch eine schriftliche Mitteilung, die innerhalb einer Frist von einem Monat bei dem Schlichter eingegangen sein muss, angenommen werden kann und
   c) die Frist mit Zustellung des Schlichtungsvorschlages beginnt.
3. Nach Ablauf der Frist teilt der Schlichter den Beteiligten das Ergebnis mit. Mit dieser Mitteilung ist das Schlichtungsverfahren beendet. Kommt es nicht zu einer Einigung, ist die Mitteilung als Bescheinigung über einen erfolglosen Einigungsversuch nach § 15a) Abs. 3 Satz 3 EGZPO zu bezeichnen. In der Bescheinigung sind die Namen der Beteiligten und der Verfahrensgegenstand anzugeben.

§ 7 Vertraulichkeit

Der Schlichter und die Mitarbeiter der Schlichtungsstelle sind zur Verschwiegenheit verpflichtet. Sie sind berechtigt, sich bei den in § 4 Ziffer 2b) und c) aufgeführten Stellen zu vergewissern, ob dort Verfahren anhängig sind. Im Übrigen sind sie nicht befugt, Informationen, von denen sie im Schlichtungsverfahren Kenntnis erhalten, Dritten zu offenbaren. Dies gilt auch für die Zeit nach Beendigung der Tätigkeit bei der Schlichtungsstelle.

§ 8 Jahresbericht/Verfahrensregeln

1. Die Schlichtungsstelle veröffentlicht innerhalb von sechs Monaten nach Ende des Geschäftsjahres einen schriftlichen Bericht über die Tätigkeit im abgelaufenen Geschäftsjahr und die dabei gewonnenen Erfahrungen. Vor der Veröffentlichung ist dem Beirat Gelegenheit zur Stellungnahme zu geben.
2. Die Verfahrensregeln sind in der Geschäftsstelle zur Einsicht auszulegen und auf Anforderung Interessierten zuzusenden.

§ 9 Kosten

1. Die Durchführung des Schlichtungsverfahrens ist kostenfrei. Auslagen werden von der Schlichtungsstelle nicht erstattet.
2. Jede Partei trägt die eigenen Kosten und Auslagen, es sei denn es wird Abweichendes vereinbart.

§ 10 Inkrafttreten

Die Satzung tritt am Ersten des Monats in Kraft, der auf die Veröffentlichung in den BRAK-Mitteilungen folgt.

VII. Schlichtung und Berufshaftpflichtversicherung

Nach den Bedingungen der Berufshaftpflichtversicherer ist der Rechtsanwalt bzw. Versicherungsnehmer verpflichtet, seinem Versicherer jeden **Versicherungsfall unverzüglich anzuzeigen.** Die Beachtung der versicherungsvertraglichen Obliegenheiten ist für den Deckungsschutz von essentieller Bedeutung. Hieran ändert auch die Durchführung eines Schlichtungsverfahrens nichts (*Knöpnadel* AnwBl. 2010, 131 f.). 42

Da der Versicherungsschutz die Abwehr unberechtigter Schadensersatzansprüche und die Freistellung von berechtigten Schadensersatzverpflichtungen umfasst, ist es Aufgabe des Versicherers zu prüfen, ob ein Anspruch begründet ist oder abgewehrt werden muss. Mit Sicht auf den Deckungsschutz ist es auch im Schlichtungsverfahren unerlässlich, dass der in Anspruch genommene Rechtsanwalt seinen Berufshaftpflichtversicherer von der Einleitung des Schlichtungsverfahrens unverzüglich in Kenntnis setzt. 43

Wenn das Verfahren durchgeführt wird, hat der Rechtsanwalt auch sein weiteres Verhalten in dem Schlichtungsverfahren mit seiner Versicherung abzustimmen. Selbstverständlich ist der **Vorschlag des Schlichters weder für den beteiligten Rechtsanwalt noch für seine Versicherung bindend.** 44

Der an dem Schlichtungsverfahren beteiligte Rechtsanwalt sollte in jedem Falle das Einverständnis des Haftpflichtversicherers mit dem vom Schlichter unterbreiteten Schlichtungsvorschlag abwarten, bevor er den Schlichtungsvorschlag annimmt. Durch die in § 5 der Satzung eingeräumte **Annahmefrist von einem Monat** verbleibt in der Regel ausreichend Zeit, das weitere Vorgehen mit dem Berufshaftpflichtversicherer abzustimmen. Anderenfalls trägt der Rechtsanwalt das Risiko eines voreiligen Anerkenntnisses, da er doch seinen Anspruch auf die Versicherungsleistung im Deckungsverhältnis mit der Begründung gegen die Versicherung durchsetzen muss, er sei dem weiteren Beteiligten, nämlich seinem ehemaligen Mandanten, tatsächlich zum Ersatz des behaupteten Schadens verpflichtet (*Knöpnadel* AnwBl. 2010, 132). 45

Lässt sich der Rechtsanwalt im Schlichtungsverfahren anwaltlich vertreten, stellt sich die Frage, ob er gegenüber seiner Versicherung Anspruch auf Erstattung der von ihm zu zahlenden Gebühren hat. Da bedingungsgemäß nur die Kosten eines gegen den Versicherungsnehmer anhängig gewordenen und gedeckten Haftpflichtanspruch betreffenden Haftpflichtprozesses übernommen werden, sind im Rahmen des Schlichtungsverfahrens entstandene Gebühren grundsätzlich nicht zu erstatten. Der Versicherer stellt nämlich im außergerichtlichen Bereich den Abwehrschutz und damit auch die Unterstützung bei der Teilnahme an einem Schlichtungs- 46 verfahren durch seine Schadenabteilung zur Verfügung. Demzufolge ist lediglich im Einzelfall zu prüfen, ob die Einschaltung eines externen Rechtsanwalts bereits im Schlichtungsverfahren sinnvoll erscheint. Nur wenn dies bejaht werden sollte und der erforderliche Abwehrschutz durch die Schadenabteilung selbst ausnahmsweise nicht zur Verfügung gestellt werden kann, wird der Versicherer bereits Abwehr- und Kostenschutz auch für das Schlichtungsverfahren zur Verfügung stellen (*Knöpnadel* AnwBl. 2010, 132).

Zehnter Teil. Die Kosten in Anwaltssachen

Erster Abschnitt. Die Kosten in Verwaltungsverfahren der Rechtsanwaltskammern

§ 192 Erhebung von Gebühren und Auslagen

[1]Die Rechtsanwaltskammer kann für Amtshandlungen nach diesem Gesetz, insbesondere für die Bearbeitung von Anträgen auf Zulassung zur Rechtsanwaltschaft und auf Bestellung eines Vertreters sowie für die Prüfung von Anträgen auf Erteilung der Erlaubnis zur Führung einer Fachanwaltsbezeichnung, zur Deckung des Verwaltungsaufwands Gebühren nach festen Sätzen und Auslagen erheben. [2]Das Verwaltungskostengesetz in der bis zum 14. August 2013 geltenden Fassung findet mit der Maßgabe Anwendung, dass die allgemeinen Grundsätze für Kostenverordnungen (§§ 2 bis 7 des Verwaltungskostengesetzes in der bis zum 14. August 2013 geltenden Fassung) beim Erlass von Satzungen auf Grund des § 89 Absatz 2 Nummer 2 entsprechend gelten.

Übersicht

I. Neuregelung

Die Neufassung des § 192 durch das Gesetz vom 30.7.2009 (BGBl. I S. 2449) ist eine Folge 1
der Stärkung der Selbstverwaltung der Anwaltschaft durch den Übergang von Aufgaben der Justizverwaltung auf die Rechtsanwaltskammern. S. 1 stellt klar, dass den Rechtsanwaltskammern im Rahmen ihrer gesetzlichen Aufgabenerfüllung **das Recht zur Erhebung von Gebühren und Auslagen** zusteht. S. 2 ordnet die Anwendbarkeit des Verwaltungskostengesetzes an und macht Vorgaben für die von den Kammerversammlungen nach § 89 Abs. 2 Nr. 2 zu erlassenden Kosten- und Gebührensatzungen. Dabei ist die Verweisung auf das Verwaltungskostengesetz statisch, weil allein dessen bis zum 14.8.2013 geltende Fassung anzuwenden ist. Das Verwaltungskostengesetz ist am 15.8.2013 außer Kraft getreten; an seine Stelle ist das Gesetz über Gebühren und Auslagen des Bundes (Bundesgebührengesetz – BGebG) getreten, Art. 5 Abs. 1 Gesetz über die Strukturreform des Gebührenrechts des Bundes (BGBl. I S. 3154).

II. Die möglichen Gebührentatbestände und Auslagen

1. Tatbestände nach der BRAO. Es steht grundsätzlich im Ermessen der Rechtsanwalts- 2
kammern, für welche Gebührentatbestände im Einzelnen Gebühren und Auslagen erhoben werden. Die Festlegung erfolgt durch die Kammerversammlung in einer Kosten- und Gebührensatzung (§ 89 Abs. 2 Nr. 2). Das Ermessen der Rechtsanwaltskammern ist jedoch durch die ausdrückliche Nennung der Amtshandlungen im Zusammenhang mit der **„Zulassung zur Rechtsanwaltschaft“** (§§ 6, 11, 12) und **„auf Bestellung eines Vertreters“** (§§ 47, 53 Abs. 2

S. 4, Abs. 5, 161) „sowie für die Prüfung von Anträgen **auf Erteilung der Erlaubnis zur Führung einer Fachanwaltsbezeichnung**" (§ 43c BRAO, § 24 Abs. 1 FAO) im Gesetz hinsichtlich dieser Tatbestände **gebunden** (BT-Drs. 16/11385, 46). Diese Amtshandlungen sollen in jedem Fall eine Gebührenerhebung auslösen.

3 Das der Kammerversammlung als dem zuständigen Organ der Rechtsanwaltskammer eingeräumte **Ermessen** bei der Festlegung von Kostensatzungen findet seine Grenze darin, dass Gebühren allein für „Amtshandlungen nach diesem Gesetz" erhoben werden dürfen. Zwar bringt dies zum Ausdruck, dass sich die Gebührenerhebung auf eine nach der BRAO der Rechtsanwaltskammer zugewiesene Aufgabe beziehen muss. Mit dem Begriff der Amtshandlung ist jedoch keine Verengung auf Tätigkeiten mit administrativem Charakter verbunden (anders Gaier/Wolf/Göcken/*Riedel* § 192 Rn. 4). Es reicht jede Handlung (Leistungserbringung) in Ausübung des öffentlichen Amtes mit Außenwirkung. Da es sich bei der Zulassung zur Rechtsanwaltsgesellschaft (§ 59g) um eine Zulassung der Gesellschaft zur Rechtsanwaltschaft handelt, fällt auch diese in den Bereich des gebundenen Ermessens der Kammer und sie hat diesbezüglich Gebühren und Auslagen zu erheben.

4 Demgemäß kann die RAK Gebühren und Auslagen nach ihrem Ermessen insbesondere erheben für die **Zulassungsrücknahme** bzw. den **Widerruf** (§§ 14, 16, 59h), die **Erlaubniserteilung, sich weiterhin Rechtsanwalt zu nennen** (§ 17 Abs. 2), die **Registrierung einer Zweigstelle** (§ 27 Abs. 2), die **Aufnahme in eine andere Kammer** (§ 27 Abs. 3), die **Befreiung von der Kanzleipflicht** (§§ 29 Abs. 1, 29a Abs. 2), die **Gestattung den Beruf trotz Tätigkeit im öffentlichen Dienst selbst auszuüben** (§ 47), die **Auskunft über die Berufshaftpflichtversicherung** (§ 51 Abs. 6 S. 2), die **Ausstellung eines Ausweises** über die Mitgliedschaft in der Rechtsanwaltskammer nach § 60 Abs. 1 S. 2, die **Aufnahme in die Rechtsanwaltskammer von in § 60 Abs. 1 S. 3 genannten Personen,** das **Erstellen von Gebührengutachten** nach § 73 Abs. 2 Nr. 8, soweit nicht nach § 14 Abs. 2 S. 2 RVG Kostenfreiheit gegeben ist, die **Durchführung eines Ordnungswidrigkeitenverfahrens** nach § 73b, das **Rügeverfahren mitsamt dem Einspruchsverfahren** (§ 74; die Entscheidung BGH BRAK-Mitt. 2001, 850 = AnwBl. 2001, 570 ist durch die Neufassung des § 195, der nunmehr auch für das Verfahren nach § 74a den Anfall von Gerichtskosten vorsieht, gegenstandslos), die Durchführung eines Widerspruchsverfahrens nach den § 112c Abs. 1 S. 1, § 68 VwGO, die **Prüfung und Entscheidung über die Bewerbung, von einer RAK der Bundesrechtsanwaltskammer zur Aufnahme in die Vorschlagsliste** zur Zulassung als Rechtsanwalt beim BGH vorgeschlagen zu werden (§ 166), die **Aufnahme ausländischer Rechtsanwälte** (§ 207), die **Aufnahme von Rechtsbeiständen** in die Rechtsanwaltschaft (§ 209) sowie die Überwachung der Einhaltung der **Fortbildungsanforderungen nach § 15 FAO.**

5 Dagegen ist die **Bestellung eines Abwicklers** (§§ 55, 173) nach § 192 S. 2 iVm § 13 VwKostG nicht gebühren- und auslagenpflichtig. Da derjenige, der das Verwaltungshandeln in Fällen der Bestellung eines Abwicklers auslöst, entweder nicht mehr lebt (§ 55 Abs. 1) bzw. aus der Rechtsanwaltschaft ausgeschieden ist (§ 55 Abs. 5), sind die eventuellen Gebührenpflichtigen außenstehende Dritte (zB Erben, § 55 Abs. 1) oder sie stehen jedenfalls jetzt außerhalb des Kammerverbandes (§ 55 Abs. 5). Dritte mit Verwaltungsgebühren zu belegen, ist dann gerechtfertigt, wenn das Verwaltungshandeln in deren Interesse und auf deren Antrag wie zB im Falle des § 51 Abs. 6 S. 2 erfolgt. Die Bestellung eines Abwicklers einer Kanzlei erfolgt aber auch im öffentlichen Interesse (→ § 55 Rn. 1 ff.). Damit fehlt es an einem von § 13 VwKostG erfassten Kostenschuldner (anders Gaier/Wolf/Göcken/*Riedel* § 192 Rn. 7).

6 **2. Tatbestände nach dem EuRAG.** Auf die Erhebung und Beitreibung von Gebühren und Auslagen für Amtshandlungen der RAK nach dem **EuRAG** (§§ 2, 3, 4, 11 und 13 EuRAG) sind nach § 39 EuRAG die Vorschriften der BRAO entsprechend anzuwenden.

III. Bestimmung der einzelnen Gebühren- und Auslagentatbestände, Höhe und Beitreibung

7 Die einzelnen Gebührentatbestände sowie Fälligkeit und Höhe der Verwaltungsgebühren werden von der Kammerversammlung bestimmt (§ 89 Abs. 2 Nr. 2). Sie hat dabei den **Grundsatz der Gebührendeckung** zu beachten, darf also keine über den entstandenen Verwaltungsaufwand hinausgehenden Gebühren festsetzen (§ 3 S. 2 VwKostG). Dies entspricht einer Vorgabe aus Art. 13 Abs. 2 S. 2 RL 2006/123/EG des Europäischen Parlaments und des Rates vom

12.12.2006 über Dienstleistungen im Binnenmarkt (ABl. EU Nr. L 376 S. 36). Außerdem sind nach dem ausdrücklichen Wortlaut von § 192 S. 1 nur Gebühren nach festen Sätzen zulässig, also weder Wert- noch Rahmengebühren (anders § 4 VwKostG; BT-Drs. 16/11385, 46). Im Rahmen der Rechtsaufsicht nach § 62 Abs. 2 können unangemessene Gebührensätze beanstandet werden (Gaier/Wolf/Göcken/*Riedel* § 192 Rn. 9). Rückständige Gebühren und Auslagen werden nach § 84 beigetrieben. Mit der Leistungserbringung regelmäßig verbundene Kosten sollen als Gebühren erhoben werden; Kosten, die nicht stets oder in wechselnder Höhe anfallen, sind als Auslagen erstattungsfähig.

IV. Anwendbarkeit des VwKostG

1. Grundsatz. Die **Anwendbarkeit des VwKostG** (abgedruckt in → Rn. 17) ist durch S. 2 klarstellend geregelt. Nach § 1 Abs. 1 Nr. 2 VwKostG gilt das VwKostG für die Gebühren und Auslagen aller der Aufsicht des Landes unterstehenden juristischen Personen des öffentlichen Rechts, wenn sie Bundesrecht ausführen. Zu diesen Einrichtungen zählen die Rechtsanwaltskammern (§ 62 Abs. 1). Für die Rechtsanwaltskammer bei dem Bundesgerichtshof gilt § 1 Abs. 1 Nr. 2 VwKostG (Henssler/Prütting/*Dittmann* § 192 Rn. 3). Der Anwendung des VwKostG auf die Erhebung von Gebühren und Auslagen für die Verwaltungstätigkeit der Rechtsanwaltskammern steht auch nicht § 1 Abs. 3 VwKostG entgegen. Denn die Rechtsanwaltskammern als Selbstverwaltungskörperschaften des öffentlichen Rechts (§ 62) sind von dieser Ausnahme nicht erfasst. Auch in § 1 Abs. 3 Nr. 7 VwKostG, der bestimmte der Aufsicht des Landes unterstehende juristische Personen des öffentlichen Rechts, nämlich Industrie- und Handelskammern sowie Handwerkskammern, Handwerksinnungen und Kreishandwerkerschaften, von der Anwendbarkeit des VwKostG ausnimmt, werden die Rechtsanwaltskammern ausdrücklich nicht genannt, obwohl diese – ebenso wie die Handwerkskammern – berufsständische Zusammenschlüsse sind (BT-Drs. 16/11385, 46). 8

Allerdings enthält das VwKostG keine gesonderten Regelungen über den Erlass kostenrechtlicher Regelungen durch Selbstverwaltungskörperschaften wie der RAK. Deshalb sieht § 192 S. 2 nF vor, dass die allgemeinen Grundsätze des 2. Abschnitts des VwKostG, die sich nur auf den Erlass von Kosten*verordnungen* beziehen, auch beim Erlass von Kosten*satzungen* der Rechtsanwaltskammern nach § 89 Abs. 2 Nr. 2 entsprechend anwendbar sind. Die Anwendbarkeit dieser Grundsätze macht zugleich Sonderregelungen in der BRAO, etwa über die Zulässigkeit von Kostenermäßigungen und –befreiungen entbehrlich. Der bisherige § 192 Abs. 2 (Absehen von der Gebührenerhebung aus Billigkeitsgründen) konnte daher ebenso aufgehoben werden wie die Regelung im bisherigen Abs. 1 S. 2 über die Gebühren bei Antragsrücknahmen, für die nunmehr § 6 VwKostG bzw. § 15 Abs. 2 VwKostG gelten (BT-Drs. 16/11385, 46). 9

2. Einzelne Folgerungen aus der Anwendbarkeit des VwKostG. a) Höhe der Gebühren. Da die Kammer nach § 192 S. 1 für ihre Amtshandlungen „**zur Deckung des Verwaltungsaufwands** Gebühren nach festen Sätzen und Auslagen" erhebt (→ Rn. 7), „sind die Gebührensätze so zu bemessen, dass das geschätzte Gebührenaufkommen den auf die Amtshandlungen entfallenden durchschnittlichen Personal- und Sachaufwand für den betreffenden Verwaltungszweig nicht übersteigt" (**Kostendeckungsprinzip, § 3 S. 2 VwKostG,** dazu BGH BeckRS 2011, 27242 Rn. 4 = BRAK-Mitt. 2012, 28 nur Ls.). Das Kostendeckungsprinzip beruht auf dem Grundsatz des annähernden Gleichgewichts zwischen errechnetem Verwaltungsaufwand, dh dem gesamten, auf die Amtshandlungen entfallenden durchschnittlichen Personal- und Sachaufwand für den betreffenden gesamten Verwaltungszweig und dem auf Grund von Schätzung erwarteten gesamten Gebührenaufkommen, wie sie im Haushaltsplan (→ § 89 Rn. 25, 26) veranschlagt sind; nicht etwa nur die Kosten eines Teilbereichs des Verwaltungszweigs sind zu berücksichtigen. 10

Bei der **gerichtlichen Kontrolle** gilt zu beachten, dass dem Normgeber bei der Festsetzung von Gebühren im Rahmen der §§ 2 ff. VwKostG ein Entscheidungs- und Gestaltungsspielraum zusteht (BGH BeckRS 2011, 27242 Rn. 7 = BRAK-Mitt. 2012, 28, nur Ls.). Die Kontrolle der Gebührenbemessung, die ihrerseits häufig komplexe Kalkulationen, Bewertungen, Einschätzungen und Prognosen voraussetzt, darf deshalb nicht überspannt werden. Der Normgeber ist berechtigt, generalisierende, typisierende und pauschalierende Regelungen zu treffen. Dementsprechend beschränkt sich die judikative Kontrolle darauf, ob die maßgeblichen Grundsätze der 11

Gebührenbemessung gröblich verletzt worden sind. Nur eine solche grobe Verletzung des Kostendeckungsprinzips kann zur Aufhebung angefochtener Gebührenbescheide führen.

12 **b) Kostenermäßigung und Kostenbefreiung.** Kostenermäßigung und Kostenbefreiung kann die Kammerversammlung nach § 6 VwKostG in der Gebührensatzung für bestimmte Arten von Amtshandlungen aus Gründen der Billigkeit oder des öffentlichen Interesses vorsehen. Es steht im Ermessen der Kammerversammlung, ob sie von den Möglichkeiten des § 6 VwKostG Gebrauch machen will. Im Rahmen der von der Kammerversammlung vorgegebenen Regeln kann der Vorstand sodann im Einzelfall über diese befinden. Die Kammerversammlung muss die Amtshandlungen genau bezeichnen, bei denen eine Ermäßigung bzw. Befreiung zugelassen werden kann. Eine Generalklausel genügt nicht. Der Ermessensspielraum des Vorstands muss wegen des Grundsatzes der Gesetzmäßigkeit der Verwaltung durch Begrenzung der in Frage kommenden Amtshandlungen ausreichend umschrieben sein. Für die in § 15 Abs. 2 Hs. 2 VwKostG genannten Fälle ist ebenfalls eine Billigkeitsregelung vorgesehen. Schließlich kommt im Einzelfall nach § 19 VwKostG nach den wirtschaftlichen Verhältnissen des Gebührenschuldners eine Stundung, Niederschlagung oder Erlass in Betracht. Auch die Einräumung von Ratenzahlungen kann in Betracht kommen.

13 **c) Entstehung und Fälligkeit.** Die Gebührenschuld entsteht nach § 11 Abs. 1 VwKostG, soweit ein Antrag notwendig ist, mit dessen Eingang bei der RAK, im Übrigen mit der Beendigung der gebührenpflichtigen Amtshandlung. Die Verpflichtung zur Erstattung von Auslagen entsteht nach § 11 Abs. 1 VwKostG mit der Aufwendung des zu erstattenden Betrages. Über die Fälligkeit der Gebühren und Auslagen bestimmt die Kammerversammlung (§ 89 Abs. 2 Nr. 2). Entsprechend § 17 VwKostG wird sie die Fälligkeit an die Bekanntgabe der Kostenentscheidung knüpfen. Eine Amtshandlung, die auf Antrag vorzunehmen ist, kann von der Zahlung eines angemessenen Vorschusses oder von einer angemessenen Sicherheitsleistung bis zur Höhe der voraussichtlich entstehenden Kosten abhängig gemacht werden (§ 16 VwKostG).

14 **d) Festsetzung von Amts wegen.** Die Kosten werden von der RAK von Amts wegen festgesetzt (§ 14 Abs. 1 S. 1 VwKostG). Nach der Sollvorschrift des § 14 Abs. 1 S. 2 VwKostG soll die Entscheidung über die Kosten zusammen mit der Sachentscheidung ergehen. Soweit dies im Einzelfall nicht möglich ist, ist eine von der Sachentscheidung getrennte Kostenentscheidung möglich. Solange ein Kostenanspruch nicht verjährt ist (§ 20 VwKostG), kann eine Kostenentscheidung nachgeholt oder berichtigt werden, auch zuungunsten des Kostenschuldners.

15 Die Kostenentscheidung kann in eine Gebühren- und eine Auslagenentscheidung aufgeteilt werden. Insbesondere kann eine Auslagenerstattung sogleich nach Aufwendung des zu erstattenden Betrages (Auslagen nach § 10 VwKostG) verlangt werden.

16 **e) Verjährung.** Der Anspruch der Kammer auf Zahlung der Kosten verjährt nach § 20 Abs. 1 S. 1 VwKostG nach **drei Jahren,** spätestens mit dem Ablauf des vierten Jahres nach der Entstehung (§ 11 VwKostG). Im Falle der Anfechtung einer Kostenentscheidung (§ 22 VwKostG) erlöschen Ansprüche aus ihr nicht vor Ablauf von sechs Monaten, nachdem die Kostenentscheidung unanfechtbar geworden ist oder das Verfahren sich auf andere Weise erledigt hat (§ 20 Abs. 6 VwKostG). „Auf andere Weise erledigen" kann sich das Verfahren zB durch Leistung, Vergleich oder Zurücknahme des Rechtsmittels.

V. Anhang: VwKostG

17 **Verwaltungskostengesetz**

vom 23. Juni 1970 (BGBl. I S. 821),
zuletzt geändert durch Gesetz vom 7. März 2011 (BGBl. I S. 338),
außer Kraft gesetzt durch Gesetz vom 7. August 2013 (BGBl. I S. 3154)

Der Bundestag hat mit Zustimmung des Bundesrates das folgende Gesetz beschlossen:

1. Abschnitt. Anwendungsbereich

§ 1 Anwendungsbereich

(1) Dieses Gesetz gilt für die Kosten (Gebühren und Auslagen) öffentlich-rechtlicher Verwaltungstätigkeit der Behörden

1. des Bundes, der bundesunmittelbaren Körperschaften, Anstalten und Stiftungen des öffentlichen Rechts,
2. der Länder, der Gemeinden und Gemeindeverbände, der sonstigen der Aufsicht des Landes unterstehenden juristischen Personen des öffentlichen Rechts, wenn sie Bundesrecht ausführen,

3. soweit die bei Inkrafttreten dieses Gesetzes geltenden bundesrechtlichen Vorschriften für eine besondere Inanspruchnahme oder Leistung der öffentlichen Verwaltung (kostenpflichtige Amtshandlung) die Erhebung von Verwaltungsgebühren oder die Erstattung von Auslagen vorsehen und keine inhaltsgleichen oder entgegenstehenden Bestimmungen enthalten oder zulassen.

(2) 1 Dieses Gesetz gilt ferner für Kosten auf Grund von Bundesgesetzen, die nach Inkrafttreten dieses Gesetzes erlassen werden,

1. wenn die Gesetze von den in Absatz 1 Nr. 1 bezeichneten Behörden ausgeführt werden,
2. wenn die Gesetze von den in Absatz 1 Nr. 2 bezeichneten Behörden im Auftrag des Bundes ausgeführt werden.
3. 2 Im übrigen gilt dieses Gesetz nur, soweit es durch Bundesgesetz mit Zustimmung des Bundesrates für anwendbar erklärt wird.

(3) Dieses Gesetz gilt nicht für die Kosten

1. des Auswärtigen Amtes und der Vertretungen des Bundes im Ausland,
2. der Gerichte,
3. der Behörden der Justizverwaltung und der Gerichtsverwaltungen sowie des Deutschen Patentamtes,
4. der Behörden nach Absatz 1, soweit sie in den in § 51 des Sozialgerichtsgesetzes bezeichneten Angelegenheiten tätig werden,
5. der Bundes- und Landesfinanzbehörden im Verwaltungsvollstreckungsverfahren nach der Abgabenordnung,
6. (aufgehoben)
7. der Industrie- und Handelskammern, der Handwerkskammern, Handwerksinnungen und Kreishandwerkerschaften.

(4) Behörde im Sinne dieses Gesetzes ist jede Stelle, die Aufgaben der öffentlichen Verwaltung wahrnimmt.

Anmerkung: Zur Anwendbarkeit des VwKostG → Rn. 1, 8.

2. Abschnitt. Allgemeine Grundsätze für Kostenverordnungen

§ 2 Bindung des Verordnungsgebers

Beim Erlaß von Rechtsverordnungen, die auf Grund bundesrechtlicher Ermächtigung gebührenpflichtige Tatbestände, Gebührensätze sowie die Auslagenerstattung regeln, hat der Verordnungsgeber sich im Rahmen der Vorschriften dieses Abschnitts zu halten.

Anmerkung: Der Bindung des Verordnungsgebers bei dem Erlass von Kostenverordnungen entspricht die Bindung der Rechtsanwaltskammer bei dem Erlass einer Satzung nach § 89 Abs. 2 Nr. 2.

§ 3 Gebührengrundsätze

1 Die Gebührensätze sind so zu bemessen, daß zwischen der den Verwaltungsaufwand berücksichtigenden Höhe der Gebühr einerseits und der Bedeutung, dem wirtschaftlichen Wert oder dem sonstigen Nutzen der Amtshandlung andererseits ein angemessenes Verhältnis besteht. 2 Ist gesetzlich vorgesehen, daß Gebühren nur zur Deckung des Verwaltungsaufwandes erhoben werden, sind die Gebührensätze so zu bemessen, daß das geschätzte Gebührenaufkommen den auf die Amtshandlungen entfallenden durchschnittlichen Personal- und Sachaufwand für den betreffenden Verwaltungszweig nicht übersteigt.

Anmerkung: Im Hinblick auf § 192 S. 1, der die Gebühren- und Auslagenerhebung auf die „Deckung des Verwaltungsaufwands" beschränkt, ist nicht § 3 S. 1 VwKostG, dem das Äquivalenzprinzip zugrunde liegt, sondern allein § 3 S. 2 VwKostG anwendbar. Zur Bedeutung und Tragweite des somit geltenden Kostendeckungsprinzips → Rn. 10 f.

§ 4 Gebührenarten

Die Gebühren sind durch feste Sätze, Rahmensätze oder nach dem Wert des Gegenstandes zu bestimmen.

Anmerkung: § 4 VwKostG ist nicht anwendbar, da § 192 S. 1 nur „Gebühren nach festen Sätzen" vorsieht. Weder Wert- noch Rahmengebühren können in der Satzung bestimmt werden (→ Rn. 7).

§ 5 Pauschgebühren

1 Zur Abgeltung mehrfacher gleichartiger Amtshandlungen für denselben Gebührenschuldner können Pauschgebühren vorgesehen werden. 2 Bei der Bemessung der Pauschgebührensätze ist der geringere Umfang des Verwaltungsaufwandes zu berücksichtigen.

Anmerkung: § 192 S. 1 (feste Sätze) schließt Pauschgebühren nicht aus. Diese werden nach § 9 Abs. 3 VwKostG im Voraus für einen bestimmten Zeitraum festgesetzt, in dem ein Antragsteller mehrere gleichartige Amtshandlungen begehren wird. Für die Verwaltung (RAK) wie für den Kostenschuldner entsteht damit eine Verringerung des Aufwands, da nur einmal die Gebühren abgerechnet und gezahlt werden müssen. Dies kann im Bereich der Vertreterbestellung sinnvoll sein (Henssler/Prütting/*Dittmann* § 192 Rn. 4).

§ 6 Kostenermäßigung und Kostenbefreiung

Für bestimmte Arten von Amtshandlungen können aus Gründen der Billigkeit oder des öffentlichen Interesses Gebührenermäßigung und Auslagenermäßigung sowie Gebührenbefreiung und Auslagenbefreiung vorgesehen oder zugelassen werden.

Anmerkung: § 6 VwKostG ist nicht bereits im Hinblick darauf, dass § 192 S. 1 es weitgehend in das Ermessen der RAK stellt, für welche Amtshandlung sie eine Gebühr erhebt, gegenstandslos. Denn Kostenermäßigung und Kostenbefreiung kann die Kammerversammlung in der Gebührensatzung für bestimmte Arten von Amtshandlungen aus Gründen der Billigkeit oder des öffentlichen Interesses vorsehen. Im Rahmen der von der Kammerversammlung vorgegebenen Regeln kann der Vorstand sodann im Einzelfall über diese befinden. Eine weitere Billigkeitsregelung findet sich in § 15 Abs. 2 Hs. 2 VwKostG; → Rn. 12.

§ 7 Sachliche Gebührenfreiheit

Gebühren sind nicht vorzusehen für

1. mündliche und einfache schriftliche Auskünfte,
2. Amtshandlungen in Gnadensachen und bei Dienstaufsichtsbeschwerden,
3. Amtshandlungen, die sich aus einem bestehenden oder früheren Dienst- oder Arbeitsverhältnis von Bediensteten im öffentlichen Dienst oder aus einem bestehenden oder früheren öffentlich-rechtlichen Amtsverhältnis ergeben,
4. Amtshandlungen, die sich aus einer bestehenden oder früheren gesetzlichen Dienstpflicht oder einer Tätigkeit ergeben, die an Stelle der gesetzlichen Dienstpflicht geleistet werden kann.

Anmerkung: § 7 VwKostG ist anwendbar. Die entsprechende Anwendbarkeit dieser Norm führt dazu, dass für arbeitsrechtliche Auseinandersetzungen mit Mitarbeitern der RAK keine Gebühren- oder Auslagenerstattung vorgesehen werden kann (Henssler/Prütting/*Dittmann* § 192 Rn. 4).

3. Abschnitt. Allgemeine kostenrechtliche Vorschriften

§ 8 Persönliche Gebührenfreiheit

(1) Von der Zahlung der Gebühren für Amtshandlungen sind befreit:

1. Die Bundesrepublik Deutschland und die bundesunmittelbaren juristischen Personen des öffentlichen Rechts, deren Ausgaben ganz oder teilweise auf Grund gesetzlicher Verpflichtung aus dem Haushalt des Bundes getragen werden,
2. die Länder und die juristischen Personen des öffentlichen Rechts, die nach den Haushaltsplänen eines Landes für Rechnung eines Landes verwaltet werden,
3. die Gemeinden und Gemeindeverbände, sofern die Amtshandlungen nicht ihre wirtschaftlichen Unternehmen betreffen.

(2) Die Befreiung tritt nicht ein, soweit die in Absatz 1 Genannten berechtigt sind, die Gebühren Dritten aufzuerlegen.

(3) Gebührenfreiheit nach Absatz 1 besteht nicht für Sondervermögen und Bundesbetriebe im Sinne des Artikels 110 Abs. 1 des Grundgesetzes, für gleichartige Einrichtungen der Länder sowie für öffentlich-rechtliche Unternehmen, an denen der Bund oder ein Land beteiligt ist.

(4) Zur Zahlung von Gebühren bleiben die in Absatz 1 genannten Rechtsträger für Amtshandlungen folgender Behörden verpflichtet:

1. Bundesanstalt für Bodenforschung,
2. Physikalisch-Technische Bundesanstalt,
3. Bundesanstalt für Materialprüfung,
4. Bundessortenamt,
5. Deutsches Hydrographisches Institut,
6. Bundesamt für Schiffsvermessung,
7. See-Berufsgenossenschaft,
8. Bundesamt für Strahlenschutz,
9. Akkreditierungsstelle

Anmerkung: § 8 VwKostG ist grundsätzlich anwendbar, jedoch ohne praktische Bedeutung.

§ 9 Gebührenbemessung

(1) Sind Rahmensätze für Gebühren vorgesehen, so sind bei der Festsetzung der Gebühr im Einzelfall zu berücksichtigen

1. der mit der Amtshandlung verbundene Verwaltungsaufwand, soweit Aufwendungen nicht als Auslagen gesondert berechnet werden, und
2. die Bedeutung, der wirtschaftliche Wert oder der sonstige Nutzen der Amtshandlung für den Gebührenschuldner sowie dessen wirtschaftliche Verhältnisse.

(2) Ist eine Gebühr nach dem Wert des Gegenstandes zu berechnen, so ist der Wert zum Zeitpunkt der Beendigung der Amtshandlung für die Berechnung maßgebend.

(3) Pauschgebühren werden nur auf Antrag festgesetzt; sie sind im Voraus festzusetzen.

Anmerkung: Da Rahmen- und Wertgebühren nach § 192 S. 1 ausgeschlossen sind, sind die Abs. 2 und 3 grundsätzlich unanwendbar. Nur wenn Pauschgebühren (vgl. § 5 VwKostG) bestimmt sind, ist Abs. 3 anwendbar (Henssler/Prütting/*Dittmann* § 192 Rn. 4).

§ 10 Auslagen

(1) Soweit die Auslagen nicht bereits in die Gebühr einbezogen sind und die Erstattung von Auslagen vorgesehen ist, die im Zusammenhang mit einer Amtshandlung entstehen, werden vom Gebührenschuldner folgende Auslagen erhoben:

1. Fernsprechgebühren im Fernverkehr, Telegrafen- und Fernschreibgebühren,
2. Aufwendungen für weitere Ausfertigungen, Abschriften und Auszüge, die auf besonderen Antrag erteilt werden; für die Berechnung der als Auslagen zu erhebenden Schreibgebühren gelten die Vorschriften des § 136 Abs. 3 bis 6 der Kostenordnung,
3. Aufwendungen für Übersetzungen, die auf besonderen Antrag gefertigt werden,
4. Kosten, die durch öffentliche Bekanntmachung entstehen, mit Ausnahme der hierbei erwachsenden Postgebühren,
5. die in entsprechender Anwendung des Justizvergütungs- und -entschädigungsgesetzes zu zahlenden Beträge; erhält ein Sachverständiger auf Grund des § 1 Abs. 2 Satz 2 jenes Gesetzes keine Vergütung, so ist der Betrag zu erheben, der ohne diese Vorschrift nach dem Gesetz zu zahlen wäre,
6. die bei Geschäften außerhalb der Dienststelle den Verwaltungsangehörigen auf Grund gesetzlicher oder vertraglicher Bestimmungen gewährten Vergütungen (Reisekostenvergütung, Auslagenersatz) und die Kosten für die Bereitstellung von Räumen,

7. die Beträge, die anderen in- und ausländischen Behörden, öffentlichen Einrichtungen oder Beamten zustehen; und zwar auch dann, wenn aus Gründen der Gegenseitigkeit, der Verwaltungsvereinfachung und dergleichen an die Behörden, Einrichtungen oder Beamten keine Zahlungen zu leisten sind,
8. die Kosten für die Beförderung von Sachen, mit Ausnahme der hierbei erwachsenden Postgebühren, und die Verwahrung von Sachen.

(2) Die Erstattung der in Absatz 1 aufgeführten Auslagen kann auch verlangt werden, wenn für eine Amtshandlung Gebührenfreiheit besteht oder von der Gebührenerhebung abgesehen wird.

Anmerkung: § 10 VwKostG ist anwendbar, da § 192 Satz 1 ausdrücklich die Erhebung von Auslagen „zur Deckung des Verwaltungsaufwands" zulässt. Nach § 10 Abs. 2 VwKostG kann die Satzung auch die Erhebung solcher Auslagen anordnen, die bei der Ausführung von Amtshandlungen anfallen, für die keine Gebührenerhebung erfolgt.

§ 11 Entstehung der Kostenschuld

(1) Die Gebührenschuld entsteht, soweit ein Antrag notwendig ist, mit dessen Eingang bei der zuständigen Behörde, im Übrigen mit der Beendigung der gebührenpflichtigen Amtshandlung.

(2) Die Verpflichtung zur Erstattung von Auslagen entsteht mit der Aufwendung des zu erstattenden Betrages, in den Fällen des § 10 Abs. 1 Nr. 5 zweiter Halbsatz und Nr. 7 zweiter Halbsatz mit der Beendigung der kostenpflichtigen Amtshandlung.

Anmerkung: § 11 VwKostG ist anwendbar (→ Rn. 13). Für die Anordnung einer Erstattungspflicht sog. fiktiver Kosten (§ 10 Abs. 1 Nr. 5 Hs. 2 und Nr. 7 Hs. 2 VwKostG) ist gegenüber der Rechtsanwaltschaft kein Raum (Henssler/Prütting/*Dittmann* § 192 Rn. 4).

§ 12 Kostengläubiger

Kostengläubiger ist der Rechtsträger, dessen Behörde eine kostenpflichtige Amtshandlung vornimmt.

Anmerkung: Nach § 192 S. 1 ist Kostengläubiger die Rechtsanwaltskammer.

§ 13 Kostenschuldner

(1) Zur Zahlung der Kosten ist verpflichtet,
1. wer die Amtshandlung veranlaßt oder zu wessen Gunsten sie vorgenommen wird,
2. wer die Kosten durch eine vor der zuständigen Behörde abgegebene oder ihr mitgeteilte Erklärung übernommen hat,
3. wer für die Kostenschuld eines anderen kraft Gesetzes haftet.

(2) Mehrere Kostenschuldner haften als Gesamtschuldner.

Anmerkung: § 13 VwKostG ist anwendbar. Diese Regelung führt dazu, dass Gebühren für die Bestellung eines Abwicklers (§§ 55, 173) nicht erhoben werden können (→ Rn. 5).

§ 14 Kostenentscheidung

(1) [1] Die Kosten werden von Amts wegen festgesetzt. [2] Die Entscheidung über die Kosten soll, soweit möglich, zusammen mit der Sachentscheidung ergehen. [3] Aus der Kostenentscheidung müssen mindestens hervorgehen
1. die kostenerhebende Behörde,
2. der Kostenschuldner,
3. die kostenpflichtige Amtshandlung,
4. die als Gebühren und Auslagen zu zahlenden Beträge sowie
5. wo, wann und wie die Gebühren und die Auslagen zu zahlen sind.

[4] Die Kostenentscheidung kann mündlich ergehen; sie ist auf Antrag schriftlich zu bestätigen. [5] Soweit sie schriftlich ergeht oder schriftlich bestätigt wird, ist auch die Rechtsgrundlage für die Erhebung der Kosten sowie deren Berechnung anzugeben.

(2) [1] Kosten, die bei richtiger Behandlung der Sache durch die Behörde nicht entstanden wären, werden nicht erhoben. [2] Das gleiche gilt für Auslagen, die durch eine von Amts wegen veranlaßte Verlegung eines Termins oder Vertagung einer Verhandlung entstanden sind.

Anmerkung: § 14 VwKostG ist anwendbar.

§ 15 Gebühren in besonderen Fällen

(1) Wird ein Antrag ausschließlich wegen Unzuständigkeit der Behörde abgelehnt, so wird keine Gebühr erhoben.

(2) Wird ein Antrag auf Vornahme einer Amtshandlung zurückgenommen, nachdem mit der sachlichen Bearbeitung begonnen, die Amtshandlung aber noch nicht beendet ist, oder wird ein Antrag aus anderen Gründen als wegen Unzuständigkeit abgelehnt, oder wird eine Amtshandlung zurückgenommen oder widerrufen, so ermäßigt sich die vorgesehene Gebühr um ein Viertel; sie kann bis zu einem Viertel der vorgesehenen Gebühr ermäßigt oder es kann von ihrer Erhebung abgesehen werden, wenn dies der Billigkeit entspricht.

Anmerkung: § 15 VwKostG ist anwendbar. Vgl. im Übrigen Anmerkung zu § 6 VwKostG (→ Rn. 12).

§ 16 Vorschußzahlung und Sicherheitsleistung

Eine Amtshandlung, die auf Antrag vorzunehmen ist, kann von der Zahlung eines angemessenen Vorschusses oder von einer angemessenen Sicherheitsleistung bis zur Höhe der voraussichtlich entstehenden Kosten abhängig gemacht werden.

Anmerkung: § 16 VwKostG ist anwendbar.

§ 17 Fälligkeit

Kosten werden mit der Bekanntgabe der Kostenentscheidung an den Kostenschuldner fällig, wenn nicht die Behörde einen späteren Zeitpunkt bestimmt.

Anmerkung: § 17 VwKostG ist anwendbar. Diese Regelung räumt die Möglichkeit zur Stundung ein.

§ 18 Säumniszuschlag

(1) Werden bis zum Ablauf eines Monats nach dem Fälligkeitstag Gebühren oder Auslagen nicht entrichtet, so kann für jeden angefangenen Monat der Säumnis ein Säumniszuschlag von eins vom Hundert des rückständigen Betrages erhoben werden, wenn dieser 100 Deutsche Mark übersteigt.

(2) Absatz 1 gilt nicht, wenn Säumniszuschläge nicht rechtzeitig entrichtet werden.

(3) Für die Berechnung des Säumniszuschlages wird der rückständige Betrag auf volle 100 Deutsche Mark nach unten abgerundet.

(4) Als Tag, an dem eine Zahlung entrichtet worden ist, gilt

1. bei Übergabe oder Übersendung von Zahlungsmitteln an die für den Kostengläubiger zuständige Kasse der Tag des Eingangs;
2. bei Überweisung oder Einzahlung auf ein Konto der für den Kostengläubiger zuständigen Kasse und bei Einzahlung mit Zahlkarte oder Postanweisung der Tag, an dem der Betrag der Kasse gutgeschrieben wird.

Anmerkung: § 18 VwKostG ist anwendbar. Der in S. 1 genannte Betrag von 100 DM entspricht gerundet 51,13 EUR. Bei Abs. 3 sollte in Anlehnung an § 16 Abs. 3 BGebG auf volle 50 EUR abgerundet werden.

§ 19 Stundung, Niederschlagung und Erlaß

[1] Für die Stundung, die Niederschlagung und den Erlaß von Forderungen des Bundes auf Zahlung von Gebühren, Auslagen und sonstigen Nebenleistungen gelten die Vorschriften der Bundeshaushaltsordnung. [2] In Fällen, in denen ein anderer Rechtsträger als der Bund Kostengläubiger ist, gelten die für ihn verbindlichen entsprechenden Vorschriften.

Anmerkung: Die einzelfallbezogene Regelung des § 19 VwKostG ist anwendbar. Die Anwendbarkeit der Bundeshaushaltsordnung (§ 59 BHO) gemäß S. 1 gilt nur für die Rechtsanwaltskammer beim Bundesgerichtshof; für die anderen Rechtsanwaltskammern gelten nach S. 2 die Haushaltsordnungen der jeweiligen Länder.

§ 20 Verjährung

(1) [1] Der Anspruch auf Zahlung von Kosten verjährt nach drei Jahren, spätestens mit dem Ablauf des vierten Jahres nach der Entstehung. [2] Die Verjährung beginnt mit Ablauf des Kalenderjahres, in dem der Anspruch fällig geworden ist. [3] Mit dem Ablauf dieser Frist erlischt der Anspruch.

(2) Die Verjährung ist gehemmt, solange der Anspruch innerhalb der letzten sechs Monate der Frist wegen höherer Gewalt nicht verfolgt werden kann.

(3) Die Verjährung wird unterbrochen durch schriftliche Zahlungsaufforderung, durch Zahlungsaufschub, durch Stundung, durch Aussetzen der Vollziehung, durch Sicherheitsleistung, durch eine Vollstreckungsmaßnahme, durch Vollstreckungsaufschub, durch Anmeldung im Insolvenzverfahren und durch Ermittlungen des Kostengläubigers über Wohnsitz oder Aufenthalt des Zahlungspflichtigen.

(4) Mit Ablauf des Kalenderjahres, in dem die Unterbrechung endet, beginnt eine neue Verjährung.

(5) Die Verjährung wird nur in Höhe des Betrages unterbrochen, auf den sich die Unterbrechungshandlung bezieht.

(6) Wird eine Kostenentscheidung angefochten, so erlöschen Ansprüche aus ihr nicht vor Ablauf von sechs Monaten, nachdem die Kostenentscheidung unanfechtbar geworden ist oder das Verfahren sich auf andere Weise erledigt hat.

Anmerkung: § 20 VwKostG ist anwendbar. Während § 214 Abs. 1 BGB dem Schuldner bei Verjährungseintritt ein einredeweise geltend zu machendes Leistungsverweigerungsrecht einräumt, führt § 20 Abs. 1 S. 3 zu einem Erlöschen des Anspruchs.

§ 21 Erstattung

(1) Überzahlte oder zu Unrecht erhobene Kosten sind unverzüglich zu erstatten, zu Unrecht erhobene Kosten jedoch nur, soweit eine Kostenentscheidung noch nicht unanfechtbar geworden ist; nach diesem Zeitpunkt können zu Unrecht erhobene Kosten nur aus Billigkeitsgründen erstattet werden.

(2) Der Erstattungsanspruch erlischt durch Verjährung, wenn er nicht bis zum Ablauf des dritten Kalenderjahres geltend gemacht wird, das auf die Entstehung des Anspruchs folgt; die Verjährung beginnt jedoch nicht vor der Unanfechtbarkeit der Kostenentscheidung.

Anmerkung: § 21 VwKostG ist anwendbar. § 21 Abs. 1 Hs. 1 ist ein Anwendungsfall des allgemeinen öffentlich-rechtlichen Erstattungsanspruchs.

§ 22 Rechtsbehelf

(1) Die Kostenentscheidung kann zusammen mit der Sachentscheidung oder selbständig angefochten werden; der Rechtsbehelf gegen eine Sachentscheidung erstreckt sich auf die Kostenentscheidung.

(2) Wird eine Kostenentscheidung selbständig angefochten, so ist das Rechtsbehelfsverfahren kostenrechtlich als selbständiges Verfahren zu behandeln.

Anmerkung: § 22 VwKostG ist anwendbar.

4. Abschnitt. Schlußvorschriften

§ 23 Verwaltungsvorschriften

Der Bundesminister des Innern wird ermächtigt, zur Durchführung dieses Gesetzes mit Zustimmung des Bundesrates allgemeine Verwaltungsvorschriften zu erlassen.

§ 24 Gesetzesänderungen

(nicht abgedruckt)

§ 25 Berlin-Klausel
(gegenstandslos)

§ 26 Inkrafttreten
Dieses Gesetz tritt am Tage nach der Verkündung in Kraft.

Anmerkung: Das VwKostG wurde am 26.6.1970 verkündet. Es ist am 15.8.2013 außer Kraft getreten. Nach § 192 S. 2 findet die bis zum 14.8.2013 geltende Fassung weiterhin Anwendung.

Zweiter Abschnitt. Die Kosten in gerichtlichen Verfahren in verwaltungsrechtlichen Anwaltssachen

§ 193 Gerichtskosten

[1] In verwaltungsrechtlichen Anwaltssachen werden Gebühren nach dem Gebührenverzeichnis der Anlage zu diesem Gesetz erhoben. [2] Im Übrigen sind die für Kosten in Verfahren vor den Gerichten der Verwaltungsgerichtsbarkeit geltenden Vorschriften des Gerichtskostengesetzes entsprechend anzuwenden, soweit in diesem Abschnitt nichts anderes bestimmt ist.

I. Regelungszusammenhang

Während § 192 die Kosten in Verwaltungsverfahren der Rechtsanwaltskammern erfasst, beziehen sich die Regelungen des Zweiten Abschnitts des Zehnten Teils (§§ 193 und 194) auf die **Kosten in gerichtlichen Verfahren in verwaltungsrechtlichen Anwaltssachen** und die Regelungen des Dritten Abschnitts (§§ 195–199) auf die Kosten in anwaltsgerichtlichen Verfahren. Für die gerichtlichen Gebühren und Auslagen in verwaltungsrechtlichen Anwaltssachen (§§ 112a ff.), für die bis 2009 die Kostenordnung galt, und für das anwaltsgerichtliche Verfahren gilt nach § 193 S. 1 in erster Linie das mit Gesetz vom 30.7.2009 (BGBl. I S. 2449) geschaffene Gebührenverzeichnis, dessen Teil 1 sich auf das anwaltsgerichtliche Verfahren und dessen Teil 2 sich auf das gerichtliche Verfahren in verwaltungsrechtlichen Anwaltssachen beziehen (hier abgedruckt bei § 195). Nach § 193 S. 2 letzter Hs. ist in zweiter Linie für die Verfahren nach §§ 112a ff. auf die Regelungen des Zweiten Abschnitts des Zehnten Teils (§§ 193 und 194) abzustellen, also hinsichtlich des Streitwerts auf § 194. In dritter Linie sind nach § 193 S. 2 Hs. 1 die vor den Gerichten der Verwaltungsgerichtsbarkeit geltenden Vorschriften des Gerichtskostengesetzes entsprechend anzuwenden. 1

II. Norminhalt des § 193

Nach **Satz 1** werden die Gebühren für gerichtliche Verfahren in verwaltungsrechtlichen Anwaltssachen nunmehr nach dem **Gebührenverzeichnis zur BRAO** (vgl. **Anlage nach § 195**) neu angefügten Teil 2 erhoben. Dieser Teil 2 des Gebührenverzeichnisses enthält die Gebühren für den Ersten Rechtszug (Abschnitt 1), die Zulassung und Durchführung der Berufung (Abschnitt 2), den Vorläufigen Rechtsschutz (Abschnitt 3) sowie eine Festgebühr für Verfahren über die Rüge wegen Verletzung des Anspruchs auf rechtliches Gehör (Abschnitt 4). Die Gebühren orientieren sich an den Bestimmungen des GKG für Verfahren vor den Gerichten der Verwaltungsgerichtsbarkeit (BT-Drs. 16/11385, 46, 49). 2

Satz 2 sieht im Übrigen die Anwendung der **Kostenvorschriften des GKG** für Verfahren vor den Verwaltungsgerichten vor, soweit in §§ 193, 194 nichts anderes bestimmt ist. Damit gelten folgende Bestimmungen des GKG entsprechend: 3

- § 1 Geltungsbereich (vgl. auch §§ 112a ff.)
- § 3 Höhe der Kosten.
- § 4 Verweisungen
- § 5 Verjährung, Verzinsung
- § 6 Fälligkeit der Gebühren im Allgemeinen
- § 9 Fälligkeit der Gebühren in sonstigen Fällen (Abs. 2 und 3)
- § 10 Grundsatz für die Anhängigmachung
- § 19 Kostenansatz

- § 20 Nachforderung
- § 21 Nichterhebung von Kosten wegen unrichtiger Sachbehandlung
- § 28 Auslagen in weiteren Fällen
- § 29 Weitere Fälle der Kostenhaftung
- § 30 Erlöschen der Zahlungspflicht
- § 31 Mehrere Kostenschuldner
- § 34 Wertgebühren
- § 36 Teile des Streitgegenstands
- § 37 Zurückverweisung
- § 38 Verzögerung des Rechtsstreits
- § 39 Grundsatz der Wertbestimmung
- § 40 Zeitpunkt der Wertberechnung
- § 47 Rechtsmittelverfahren
- § 52 Verfahren vor Gerichten der Verwaltungs-, Finanz- und Sozialgerichtsbarkeit
- § 61 Angabe des Wertes
- § 63 Wertfestsetzung für Gerichtsgebühren
- § 66 Erinnerung gegen den Kostenansatz, Beschwerde
- Die Geltung von § 52 GKG (Verfahren vor Gerichten der Verwaltungs-, Finanz- und Sozialgerichtsbarkeit) und von § 63 GKG (Wertfestsetzung für Gerichtsgebühren) ergibt sich aufgrund der ausdrücklichen Verweisung in § 194 (→ § 194 Rn. 1 ff.).

4 Die Bestimmungen des Teiles 5 „Verfahren vor den Gerichten der Verwaltungsgerichtsbarkeit" des als Anlage 1 zu § 3 Abs. 2 GKG geltenden Kostenverzeichnisses sind ersetzt durch Teil 2 der Anlage 2 zu § 193 (hier abgedruckt bei § 195). Für die Erhebung von Auslagen sind die für das verwaltungsgerichtliche Verfahren geltenden Vorschriften des GKG, insbesondere Teil 9 des Kostenverzeichnisses (Nr. 9000–9018), anzuwenden (vgl. BT-Drs. 16/11385, 46).

5 Aus der allgemeinen Regelung in § 10 GKG folgt, dass die Tätigkeit des Gerichts in verwaltungsrechtlichen Anwaltssachen nicht von der Zahlung eines Vorschusses abhängig gemacht werden kann.

6 Aus der **Verweisung auf das GKG** ergibt sich auch, dass zur Entscheidung über eine Kostenerinnerung dasjenige Gericht zuständig ist, dessen Kostenbeamter den Kostenansatz erstellt hat (§ 193 S. 2 iVm § 66 Abs. 1 S. 1 GKG). Dabei werden die Kosten in Verfahren vor dem AGH und vor dem BGH in erstinstanzlichen Verfahren jeweils bei diesen und die Kosten des Rechtsmittelverfahrens bei dem BGH angesetzt (§ 193 S. 2 iVm § 19 Abs. 1 S. 1 Nr. 1 und 2 GKG; die Entscheidung BGH BRAK-Mitt. 1999, 41 ist durch die Aufhebung des § 203 überholt). Für die Kostenerinnerung ist der Einzelrichter nach § 193 S. 2 iVm § 66 Abs. 6 S. 1 GKG zuständig; es besteht die Möglichkeit der Übertragung auf die Kammer oder den Senat unter den Voraussetzungen des § 66 Abs. 6 S. 2 GKG (zum weiteren Verfahren vgl. *Hartmann,* Kostengesetze, 44. Aufl. 2014, § 66 GKG Rn. 29). Eine Beschwerde gegen die Entscheidung über die Erinnerung findet nicht statt; für eine vom AGH beschiedene Kostenerinnerung folgt dies aus § 193 S. 2 iVm § 66 Abs. 3 S. 3 GKG (BGH BeckRS 2012, 13124 Rn. 5) und für eine vom BGH beschiedene Erinnerung bereits aus dem Fehlen eines nächsthöheren Gerichts (§ 193 S. 2 iVm § 66 Abs. 3 S. 2 GKG).

§ 194 Streitwert

(1) [1]**Der Streitwert bestimmt sich nach § 52 des Gerichtskostengesetzes.** [2]**Er wird von Amts wegen festgesetzt.**

(2) [1]**In Verfahren, die Klagen auf Zulassung zur Rechtsanwaltschaft oder deren Rücknahme oder Widerruf betreffen, ist ein Streitwert von 50 000 Euro anzunehmen.** [2]**Unter Berücksichtigung der Umstände des Einzelfalls, insbesondere des Umfangs und der Bedeutung der Sache sowie der Vermögens- und Einkommensverhältnisse des Klägers, kann das Gericht einen höheren oder einen niedrigeren Wert festsetzen.**

(3) **Die Festsetzung ist unanfechtbar; § 63 Abs. 3 des Gerichtskostengesetzes bleibt unberührt.**

Übersicht

I. Der Streitwert

1 **1. Bedeutung des Streitwerts.** Der Streitwert in verwaltungsrechtlichen Anwaltssachen (§ 112a) bestimmt sich nach **§ 52 GKG.** Er ist maßgeblich für die Berechnung der Gebühren im gerichtlichen Verfahren (§ 3 GKG) und für die Anwaltsgebühren nach § 23 RVG.

2 **2. Streitwertfestsetzung.** Der Streitwert ist nach Abs. 1 S. 2 stets **von Amts wegen** festzusetzen. Da die Fälligkeit der Gebühren nach § 193 S. 2 iVm § 6 Abs. 1 S. 1 Nr. 5 GKG mit der Vornahme der verfahrenseinleitenden Parteihandlung eintritt, hat das Gericht für die Gebühren nach § 193 S. 2 iVm § 63 Abs. 1 S. 1 GKG sogleich den Wert ohne Anhörung der Parteien durch Beschluss vorläufig festzusetzen. Zuständig hierfür ist nach § 112c Abs. 1 S. 1 iVm § 87a VwGO der Vorsitzende bzw. der Berichterstatter nach dessen Bestellung. Die endgültige Wertfestsetzung erfolgt nach § 193 S. 2 iVm § 63 Abs. 2 S. 1 GKG bei Ergehen einer Entscheidung über den gesamten Streitgegenstand oder bei Eintritt einer anderweitigen Erledigung (Vergleich, Erledigung, Rücknahme, Aussetzung sowie Ruhen des Verfahrens). Zuständig für diesen Streitwertbeschluss ist im vorbereitenden Verfahren der Vorsitzende bzw. der Berichterstatter nach § 87a VwGO und im Übrigen das Gericht als Ganzes.

3 **3. Höhe des Streitwerts.** Abs. 2 S. 1 sieht für **Verfahren, die Klagen auf Zulassung zur Rechtsanwaltschaft oder deren Rücknahme oder Widerruf betreffen,** einen Regelstreitwert vor. Dieser beträgt in Anlehnung an die Rechtsprechung des BGH zum alten Recht (BGH Beschluss vom 26.11.2007 – AnwZ (B) 102/05) **50.000 Euro.** Das Gericht kann jedoch nach Abs. 2 S. 2 unter Berücksichtigung der Umstände des Einzelfalls, insbesondere des Umfangs und der Bedeutung der Sache sowie der Vermögens- und Einkommensverhältnisse des Klägers, einen höheren oder einen niedrigeren Wert festsetzen. So können beschränkte Einkommens- und Vermögensverhältnisse des Klägers im Einzelfall einen geringeren Streitwert rechtfertigen. Andererseits kann die bisherige Stellung des Klägers im Wirtschaftsleben, die Höhe seiner bisherigen Einnahmen und Vergütungen, die der Kläger zu Gunsten seiner erstrebten Anwaltszulassung aufgeben will, einen höheren Streitwert rechtfertigen.

4 In anderen als den in Abs. 2 S. 1 genannten Streitgegenständen bestimmt das Gericht nach § 52 Abs. 1 GKG den Streitwert **nach der sich aus dem Antrag des Klägers für ihn ergebenden Bedeutung der Sache** nach seinem Ermessen. Soweit jedoch der Antrag des Klägers eine **bezifferte Geldleistung** oder einen hierauf bezogenen Verwaltungsakt betrifft, ist nach § 52 Abs. 3 S. 1 GKG deren Höhe maßgebend. Liegt jedoch eine **Zukunftsbedeutung** gemäß § 52 Abs. 3 S. 2 GKG vor, ist die Höhe des Streitwerts um den Betrag der offensichtlich absehbaren zukünftigen Auswirkungen auf bis zum Dreifachen anzuheben. Regelungen über einen Mindestwert fehlen; der Höchstwert beträgt nach § 39 Abs. 2 GKG 30 Millionen Euro.

5 Bietet der Sach- und Streitstand für die Bestimmung des Streitwerts keinen genügenden Anhaltspunkt, ist nach § 52 Abs. 2 GKG der **„Auffangwert“** (*Hartmann,* Kostengesetze, 44. Aufl. 2014, GKG § 52 Rn. 20, 21) mit 5.000 Euro anzunehmen. Dieser Wert gilt je Kläger und je Streitgegenstand.

II. Rechtsmittel

6 Nach Abs. 3 Hs. 1 ist jede Streitwertfestsetzung **unanfechtbar.** Eine **Streitwertbeschwerde** gegen Wertfestsetzungen durch den AGH an den BGH findet nicht statt; die Regelung der §§ 66 Abs. 3 S. 3, 68 Abs. 1 S. 5 GVG findet keine Anwendung. Auch gegen die Wertfestsetzung durch den BGH gibt es kein Rechtsmittel. Die Kostenfreiheit nach § 68 Abs. 3 S. 1 GKG gilt nur für statthafte Rechtsmittel, so dass bei unzulässigen Beschwerden dem Beschwerdeführer die Kosten aufzuerlegen sind (BGH NJW 2014, 1597).

7 Eine **Änderung der Festsetzung von Amts wegen nach Abs. 3 Hs. 2, § 63 Abs. 3 GKG** bleibt aber möglich (BT-Drs. 16/11385, 47). Die Änderung ist nur innerhalb von sechs Monaten zulässig, nachdem die Entscheidung in der Hauptsache Rechtskraft erlangt oder das Verfahren sich anderweitig erledigt hat (§ 63 Abs. 3 S. 2 GKG). Eine Änderung der endgültigen Festsetzung des Kostenstreitwerts ist dann, wenn die Rechtslage es verlangt, nicht nur zulässig, sondern auch notwendig. Das Wort „kann" in § 63 Abs. 3 S. 1 GKG stellt keinen Ermessensspielraum zur Verfügung, sondern regelt nur die Zuständigkeit des Gerichts. Die Änderung ist von Amts wegen oder auf Grund der Anregung des Klägers bzw. Beklagten zulässig und erforderlich. Ein förmlicher Antrag ist nicht erforderlich. Die von einer Änderung einer Wertfestsetzung zu unterscheidende bloße Berichtigung einer als offenbar unrichtig erkannten Wertfestsetzung bleibt unberührt (*Hartmann,* Kostengesetze, 44. Aufl. 2014, GKG § 63 Rn. 38, 39).

III. Wertbestimmung in Einzelfällen

8 Der nachfolgende **Wertkatalog** behandelt in alphabetischer Reihenfolge die Wertbestimmung in häufiger vorkommenden Einzelfällen (bei Entscheidungen, die vor Einführung des Euro ergangen sind, wurde eine Umrechnung von 2:1 vorgenommen):

9 **Abwickler.** Der Wert einer Klage gegen die seitens der Rechtsanwaltskammer festgesetzte **Abwicklervergütung** richtet sich nach der Höhe der festgesetzten Vergütung (BGH BeckRS 2013, 08226). Erstrebt ein Abwickler eine höhere Vergütung als bisher festgesetzt so bestimmt sich der Wert seiner Klage nach der Höhe der verlangten Mehrvergütung (AGH RhPf Beschluss vom 21.1.2005 – 1 AGH 27/01).

10 Die Klage einer RAK gegen den von ihr bestellten Abwickler auf **Rückzahlung geleisteter Vorschüsse auf die Abwicklervergütung** bemisst sich nach der Höhe der zurückverlangten Beträge (BGH BeckRS 2004, 01100). Die Klage einer Abwicklerin auf Feststellung, dass ein zu ihren Gunsten ergangener Festsetzungsbescheid ihre Büro- und Personalkosten nicht umfasse, ist nach § 52 Abs. 2 GKG mit 5.000 Euro bewertet worden (AGH NRW Urteil vom 11.11.2011 – 2 AGH 55/10).

11 Eine Klage auf **Aufhebung der Abwicklung** ist nach § 52 Abs. 2 GKG mit 5.000 Euro bewertet worden (BGH BeckRS 2012, 02537); ein Aufhebungsantrag verbunden mit Anträgen auf Auskehr aller Gelder und Herausgabe aller in Beitz genommenen Gegenstände ist mit 10.000 Euro bemessen worden (BGH BeckRS 2011, 21410). Der NdsAGH (Urteil vom 10.12.2012 – AGH 2/12) hat einen Antrag eines Rechtsanwalts auf Aufhebung der Abwicklerbestellung mit 1/10 der streitigen Abwickleransprüche bewertet (der Rechtsanwalt hatte sich von der Anfechtung der Abwicklerbestellung Auswirkungen auf die zivilgerichtliche Inanspruchnahme durch den Kanzleiabwickler versprochen).

12 Der Wert einer Klage eines Rechtsanwalts auf **Bestellung eines Abwicklers** für seinen verstorbenen Sozius ist mit 10.000 Euro bewertet worden (BayAGH Beschluss vom 18.1.2010 – BayAGH I-4/05).

13 **Akteneinsicht.** Verlangt ein Rechtsanwalt **Akteneinsicht in die Akten der RAK** insbesondere in deren Korrespondenz mit ihrem Prozessbevollmächtigten in einem wettbewerbsrechtlichen Zivilverfahren, ist der Wert auf 5.000 Euro festzusetzen (BGH NJW-RR 2014, 883), auf den halben Wert, wenn lediglich Kopien verlangt werden (AGH NRW Beschluss vom 12.4.2013 – 2 AGH 13/12).

14 **Anwaltsverzeichnis.** Die Klage eines Rechtsanwalts auf **Eintragung ins Anwaltsverzeichnis** ist mit 3.000 Euro bewertet worden (BayAGH Beschluss vom 14.12.2005 – BayAGH I-21/05). Die Klage einer RAin, die RAK zu verpflichten, vor Weitergabe ihrer Daten sie zu informieren und die Weitergabe von ihrer Zustimmung abhängig zu machen, ist mit 5.000 Euro bewertet worden (AGH BW BeckRS 2013, 01234). Ein Antrag auf Wiedereintragung in das Anwaltsverzeichnis, auf Benachrichtigung von Gerichten und Behörden hinsichtlich des Fortbestands der Zulassung, auf Vorlage von Korrespondenz und Telefongesprächsnotizen ist mit 10.000 Euro bewertet worden (BayAGH Urteil vom 11.3.2011 – BayAGH I-7/2010).

15 **Aufnahme in RAK.** Den Antrag eines Rechtsbeistands auf Aufnahme in die RAK hat der BGH mit 7.500 Euro bewertet (BGH BeckRS 2008, 10570).

16 **Ausbildung von RA-Fachangestellten.** Klagt ein Rechtsanwalt mittels Feststellungsklage dagegen, dass die RAK zur **Organisation der Berufsbildung** Anwaltsvereine heranzieht und

diesen auch die Führung der Ausbildungsakten überlässt, beträgt der Wert 50.000 Euro (BGH NJW-RR 2014, 943).

Auskunft. Der Wert einer Klage auf Erteilung einer **Auskunft über die Berufshaftpflicht-versicherung** beträgt nach § 52 Abs. 2 GKG 5.000 Euro (BGH NJW 2013, 234). 17

Befangenheit. Den Streitwert einer Beschwerde gegen Beschlüsse des AGH zur Befangenheit setzt der BGH nach § 52 Abs. 2 GKG auf 5.000 Euro fest (BGH BeckRS 2014, 10055). 18

Befreiung von der Kanzleipflicht. Verlangt ein Rechtsanwalt Befreiung von der Kanzleipflicht, beträgt der Wert 5.000 Euro nach § 52 Abs. 2 GKG (BGH BeckRS 2014, 16471; BeckRS 2014, 10054). Wendet sich ein Rechtsanwalt gegen eine ihm aufgegebene Benennung eines Zustellungsbevollmächtigten für die Dauer der Befreiung von der Kanzleipflicht, beträgt der Streitwert 5.000 Euro (BGH BeckRS 2014, 16471); den Streitwert für einen in dieser Sache gestellten Antrag nach § 80 Abs. 7 S. 2 VwGO hat der BGH mit 2.500 Euro bewertet (BGH BeckRS 2014, 16472). 19

Beitragsbescheid der RAK. Wendet sich ein Rechtsanwalt gegen einen Beitragsbescheid, bestimmt sich der Wert gemäß § 52 Abs. 3 GKG nach der Höhe der mit Beitragsbescheid festgesetzten Beträge (BGH BeckRS 2012, 03297; 2013, 03230). 20

Belehrender Hinweis. Erteilt eine RAK einem Rechtsanwalt einen belehrenden Hinweis (missbilligende Belehrung), richtet sich der Streitwert einer hiergegen gerichteten Klage **nach der sich für ihn ergebenden Bedeutung der Sache** (§ 52 Abs. 1 GKG). Bietet der Sach- und Streitstand für die Bestimmung des Streitwerts keine genügenden Anhaltspunkte, ist nach § 52 Abs. 2 KGK ein Streitwert von 5.000 Euro anzunehmen. In der Rechtsprechung sind folgende Bewertungen vorgenommen worden: 21

Nachstehend werden nicht nur Entscheidungen erfasst, die sich auf belehrende Hinweise (synonym verwendet: missbilligende Belehrungen) beziehen, sondern auch solche, die sich auf Unterlassungs- bzw. Untersagungsverfügungen beziehen, die von der RAK bis zur Entscheidung BGH NJW 2003, 504 = BRAK-Mitt. 20013, 22 ausgesprochen wurden. 22

3.000 Euro. Hinweis betreffend: Tragweite des Vertretungsverbots nach § 46 Abs. 1 BRAO (BayAGH Beschluss vom 24.3.2004 – BayAGH I-14/03); Tätigkeitsverbot für einen Anwalt bei Vorbefassung mit derselben Rechtssache als Notar (NdsAGH Beschluss vom 29.12.2004 – AGH 13/04); Werbung mit Bezeichnung „Rechtsanwälte für Arbeitsrecht" (AGH SchlH Beschluss vom 5.2.2009 – 2 AGH 6/07); Unterlassung jeglichen Hinweises auf ehemaligen Rechtsanwalt (NdsAGH Beschluss vom 30.10.2006 – AGH 30/05). 23

5.000 Euro. Hinweis betreffend: Erteilung juristischer Ratschläge im redaktionellen Teil einer Zeitung (AGH BW Beschluss vom 1.7.1996 – AGH 29/93); Angabe eines kanzleibezogenen Tätigkeitsschwerpunkts auf dem Briefbogen (AGH BW Beschluss vom 2.10.1999 – AGH 11/99); Briefkopfgestaltung bei Verwendung der Bezeichnung „Dipl.-Wirtschaftsjurist (AGH RhPf Beschluss vom 6.9.2000 – 2 AGH 23/99); Briefkopfgestaltung bei Verwendung der Zusatzbezeichnung „Mediator" (AGH RhPf Beschluss vom 22.10.2001 – 1 AGH 10/00); Verwendung der Bezeichnung: „Kanzlei für Arbeitsrecht und allgemeines Zivilrecht" (BGH NJW 2001, 1573); Firmierung einer RA-GmbH (BGH BeckRS 2003, 03545); Verstoß gegen Verbot der Vertretung widerstreitender Interessen (AGH NRW BeckRS 2011, 22464; BGH NJW 2012, 3039; § 52 Abs. 2 GKG); Verstoß gegen das Sachlichkeitsgebot durch herabsetzende Äußerungen in einem Schriftsatz (NdsAGH NJW-RR 2012, 750; BGH BeckRS 2014, 23759); irreführende Werbung durch Verwendung der Bezeichnung „Steuerberatung – Rechtsberatung durch RA-Sozietät" (AGH NRW BeckRS 2011, 17188); Briefkopfgestaltung und Internetdomain durch Verwendung des Zusatzes „&Partner" ohne eine Partnerschaftsgesellschaft zu sein (AGH NRW Urteil vom 2.12.2011 – 2 AGH 9–12/11); Irreführung durch Zusatz: „Rechtsanwalt beim LG und OLG" auf dem Briefbogen (BGH BeckRS 2012, 04738); Verwendung der Bezeichnung Sozietät durch einen Zusammenschluss von Rechtsanwälten, die keine Sozietät in Form einer Gesellschaft bürgerlichen Rechts betreiben (BGH NJW 2012, 3102; da 34 Rechtsanwälte als Kläger auftraten, handelte es sich um 34 Prozessrechtsverhältnisse, so dass der BGH den Gesamtstreitwert mit 170.000 Euro bemaß); Zulässigkeit der Verwendung der Bezeichnung „Vorsorgeanwalt" im Briefkopf (AGH NRW NJW 2013, 318); Verteilung irreführender Gutscheine (AGH NRW NJW-RR 2014, 1335). 24

7.500 Euro. Hinweis betreffend Zulässigkeit von Werbung auf Linienbus (AGH NRW AnwBl. 1999, 557 = MDR 1999, 1099); Bezeichnung als Testamentsvollstrecker und Vorsorgeanwalt (AGH NRW BeckRS 2011, 07438). 25

26 **8.000 Euro.** Hinweis betreffend den Zusatz „Libra“ auf einem Kanzleibriefbogen (BGH BeckRS 2005, 00081).

27 **10.000 Euro.** Hinweis betreffend Irreführung durch Verwendung einer Internetadresse zur Bezeichnung einer Anwaltshomepage (AGH Bln MMR 2002, 609); Irreführung über berufliche Qualifikationen der Sozietätsmitglieder auf dem Kanzleibriefbogen (BGH NJW 2003, 346); Untersagung eines Domain-Namens (BGH NJW 2003, 504; 2003, 662); Unzulässigkeit kostenloser Rechtsberatung (AGH Bln BeckRS 2008, 05494).

28 **12.500 Euro.** Hinweis betreffend Angabe von „Schwerpunkten“ auf Kanzleibriefbögen und Kanzleischild (BGH NJW 2001, 1138); Verwendung der Bezeichnung „Mediator“ auf anwaltlichem Briefbogen (AGH BW Beschluss vom 12.6.2001 – AGH 6/00); Briefkopfgestaltung durch Zusatz „& Partner“ (BGH BeckRS 2001, 05729); Führung der Bezeichnung „Mediator“ auf dem Briefkopf bzw. -bogen (BGH NJW 2002, 2948); Unzulässigkeit einer Sozietät mit einem wissenschaftlichen Mitarbeiter ohne sozietätsfähigem Beruf (NdsAGH NJW-RR 2003, 129); Unzulässigkeit einer Sozietät mit einem Mediator ohne sozietätsfähigem Beruf (NdsAGH NJW-RR 2003, 129); Gebotsverfügung betreffend Zulässigkeit einer Bürogemeinschaft mit Steuerberatungsgesellschaft (BGH NJW 2003, 3548); Ausgestaltung des Briefkopfes; Kooperation mit einer nicht sozietätsfähigen Person (AGH NRW Beschluss vom 7.11.2003 – 2 ZU 10/13); Irreführung durch Verwendung des englischen Begriffs „Associates“ (AGH NRW Beschluss vom 5.12.2003 – 2 ZU 15/03; BGH NJW 2005, 1770); Kanzleibriefbogen mit Angabe von Architekten als „Kooperationspartner“ (BGH NJW 2005, 2692); Unzulässigkeit der Fortsetzung einer Sozietät mit einem Diplom-Ökonomen (NdsAGH NJW-RR 2006, 927); Verwendung des Zusatzes „und Kollegen“ (AGH NRW Beschluss vom 7.4.2006 – 2 ZU 17/05 nv); Gestaltung des Kanzleibriefbogens (BGH NJW 2007, 3349).

29 **14.000 Euro.** Hinweis betreffend Zusatz „Spezialist für Erbrecht“ (NdsAGH BeckRS 2008, 21908).

30 **15.000 Euro.** Hinweis betreffend einer unzulässigen Werbung durch Briefkopfgestaltung (BGH BeckRS 2003, 09187; NdsAGH Beschluss vom 3.2.2003 – AGH 15/02 nv).

31 **20.000 Euro.** Hinweis betreffend Gestaltung und Verwendung des Briefkopfes und -bogens; Firmierung mit Angaben zu E-Mail-Adresse und Internetdomain (BGH BeckRS 2012, 24720).

32 **25.000 Euro.** Hinweis betreffend telefonischer Rechtsberatung unter einer 0190-Nummer (AGH NRW NJW-RR 1999, 1582); Ausgestaltung des Briefkopfs einer internationalen Kanzlei (AGH NRW NJW 2001, 2555); Ausgestaltung des Briefkopfs, Frage der Zulässigkeit der Verwendung der Bezeichnung „& Partner“ (AGH NRW Beschluss vom 2.6.2000 – 2 ZU 4/00 nv); Pflicht zur Angabe aller Sozietätsmitglieder auf den Kanzleibriefbögen (BGH NJW 2002, 1419); Briefkopfangabe, dass die Namen der Sozien im Internet einsehbar seien (BGH BeckRS 2002, 07272); Ausgestaltung des Briefkopfs einer RA-GmbH insbesondere Aufnahme einer nicht sozietätsfähigen Person (AGH NRW NJW-RR 2002, 1494); Verwendung einer Kurzbezeichnung für eine fortgeführte Sozietät (BGH BeckRS 2003, 03684); Briefkopfgestaltung (BGH NJW-RR 2003, 1501); Verwendung der Bezeichnung „zertifizierter Testamentsvollstrecker“ auf dem Kanzleibriefbogen (NdsAGH BeckRS 2009, 09378); Unterlassung eines bestimmten Auftretens im Rechtsverkehr an einer Zweigniederlassung der RA-GmbH (BGH NJW 2003, 2025).

33 **50.000 Euro.** Hinweis betreffend Untersagung einer parallelen Berufsausübung in zwei Sozietäten (AGH Hmb AnwBl. 1999, 226); Unzulässigkeit der Gestaltung des Briefbogens, weil nicht die Namen aller Gesellschafter aufgeführt seien (AGH Hmb NJW 2001, 2553); Untersagung der Verwendung von Elementen der Briefpapiergestaltung (AGH Hmb NJW 2002, 3557).

34 **Beratung und Belehrung durch RAK.** Den Wert einer Klage, mit der ein Rechtsanwalt Beratung und Belehrung durch die RAK zu Fragen der Berufspflichten anstrebte, hat der AGH NRW (Beschluss vom 18.4.1997 – 1 ZU 78/96) mit 2.500 Euro bemessen.

35 **Einstweilige Anordnung auf Feststellung der Zulassung.** Den Wert einer Klage, mit der ein Rechtsanwalt im einstweiligen Anordnungsverfahren die Feststellung begehrte, dass er zugelassener Rechtsanwalt sei, hat der AGH NRW (Beschluss vom 21.10.2005 – 1 ZU 52/05) mit 15.000 Euro bemessen.

36 **Erlaubnis nach § 17 Abs. 2.** Begehrt ein Rechtsanwalt die Gestattung der Führung der Berufsbezeichnung „Rechtsanwalt“, beträgt der Wert 2.500 Euro (BGH BeckRS 2000, 06416; 2010, 05653).

Fachanwalt – Gestattung und Widerruf. Der BGH setzt in Verfahren, die das **Führen von Fachanwaltsbezeichnungen** betreffen, den Streitwert regelmäßig auf **12.500 Euro** fest (BGH BeckRS 2015, 05871 Rn. 65; NJW 2013, 175 Rn. 13; 2013, 2364 Rn. 17; ebenso BVerfG BeckRS 2014, 58320: dort Tenor zu Ziffer 3). Dies gilt in Klageverfahren betreffend sowohl die Gestattung des Führens der Fachanwaltsbezeichnung wie auch den Widerruf einer solchen Gestattung. 37

Während einige Anwaltsgerichthöfe den Streitwert in Fachanwaltssachen wie der BGH ebenfalls auf 12.500 Euro festsetzen (etwa ThürAGH Urteil vom 21.3.2012 – AGH 2/10; AGH NRW Beschluss vom 22.8.2008 – 1 AGH 36/08), setzen andere Anwaltsgerichtshöfe den Streitwert in Fachanwaltssachen höher fest (auf 25.000 Euro etwa AGH Bln Urteil vom 27.3.2012 – AGH 12/11; SächsAGH Beschluss vom 12.9.2008 – AGH 2/08; AGH Hess Beschluss vom 29.3.2012 – 2 AGH 16/11; AGH RhPf Urteil vom 6.6.2012 – 2 AGH 3/11; AGH SchlH Beschluss vom 20.5.2010 – 2 AGH 10/09; BayAGH BeckRS 2014, 07799; NdsAGH Beschluss vom 18.1.2010 – AGH 18/09; auf 50.000 Euro etwa AGH Hess Urteil vom 3.6.2013 – 2 AGH 17/12). 38

Fachanwalt – Fortbildung. Den Wert einer Klage auf Feststellung der **Anerkennungsfähigkeit einer Veranstaltung** als Fortbildung iSd § 15 FAO hat der BGH (Beschluss vom 2.4.2001 – AnwZ (B) 28/00) mit 2.500 Euro bemessen. Der Verpflichtungsklage eines Rechtsanwalts auf **Anerkennung einer Bestätigung** eines Veranstalters hat der BayAGH (Urteil vom 10.6.2013 – BayAGH I-28/12) einen Wert von 7.500 Euro zuerkannt. Die Klage eines Rechtsanwalts auf Feststellung der **Anerkennungsfähigkeit eines Onlineseminars** als Fortbildung iSd § 15 FAO hat der AGH SchlH (Beschluss vom 17.3.2005 – 1 AGH 1/05) auf 5.000 Euro festgesetzt. Den Wert einer Klage eines Rechtsanwalts auf Feststellung, dass seine **Veröffentlichungen in einer juristischen Fachzeitschrift** als wissenschaftliche Publikationen nach § 15 FAO anzuerkennen seien, hat der AGH SchlH (Beschluss vom 14.12.2005 – 2 AGH 9/05) mit 3.000 Euro beziffert. 39

Fachanwalt – Fachgespräch. Will ein Rechtsanwalt mittels Verpflichtungsantrag die **Anwesenheit seines anwaltlichen Vertreters** als Zuhörer beim Fachgespräch erreichen, beträgt der Wert 5.000 Euro (AGH RhPf Beschluss vom 10.11.2010 – 2 AGH 11/10). 40

Fachanwalt – Ablehnung eines Ausschussmitglieds. Den Wert für eine Klage mit dem Ziel die beklagte RAK zu verpflichten, einen **Bescheid über die Zurückweisung** eines Ablehnungsgesuchs (§ 23 Abs. 1 S. 1 FAO) zu begründen, hat der NdsAGH (Urteil vom 29.8.2011 – AGH 24/10) auf 25.000 Euro festgesetzt (richtigerweise wäre hier nach § 52 Abs. 2 GKG ein Wert von 5.000 Euro anzusetzen gewesen). 41

Gebühr. Klagt ein Rechtsanwalt gegen eine **Gebühr gemäß Verwaltungsgebührenordnung** einer RAK, bemisst sich der Wert nach der Höhe der durch Kostenfestsetzungsbescheid festgesetzten Gebühr (BGH NJW 2001, 444; BeckRS 2011, 27242). Werden Mahngebühr und Zustellungskosten vollstreckt, so bestimmen diese den Wert (BGH BeckRS 2014, 20922). 42

Gestattung nach § 47 Abs. 1 S. 2. Den Wert einer Klage eines Rechtsanwalts auf Gestattung nach § 47 Abs. 1 S. 1 setzt der BGH (NJW-RR 2010, 491) auf 12.500 Euro fest. Der AGH Bln (BeckRS 2002, 31142856) sowie der AGH NRW (Beschluss vom 12.12.2008 – 1 AGH 93/08) setzen den Wert mit 20.000 Euro fest; der AGH RhPf (Urteil vom 21.9.2012 – 1 AGH 4/11 nv) beziffert ihn auf 25.000 Euro. 43

Gründungsurkunde. Den Wert einer Klage eines Rechtsanwalts gegen die RAK auf Vorlage ihrer Gründungsurkunde zum Nachweis, eine Körperschaft öffentlichen Rechts zu sein, hat der AGH NRW (Urteil vom 21.2.2014 – 1 AGH 43/13 nv) auf 500 Euro beziffert. 44

Kammerbeitrag. Maßgeblich ist die **Höhe der angeforderten bzw. festgesetzten Beträge** (BGH BeckRS 2005, 13600; 2006, 11087; AGH NRW Beschluss vom 9.5.2014 – 1 AGH 1/14). Der Wert einer Klage eines Rechtsanwalts **gegen die Verwendung von Kammerbeiträgen** in einem bestimmten Sinn, von Briefpapier mit bestimmter Überschrift im dienstlichen Briefverkehr mit der Generalstaatsanwaltschaft, Feststellung der Unwirksamkeit einer Geschäftsordnung und Unterlassung einer bestimmten Art von Öffentlichkeitsarbeit, hat der NdsAGH (Beschluss vom 27.8.1996 – AGH 3/96) auf 10.000 Euro festgesetzt. 45

Kammerversammlung. Der Wert eines Streits um Verlegung eines Termins, Aufnahme von Tagesordnungspunkten hat der AGH BW (Beschluss vom 11.12.2004 – AGH 15/03) mit 4.000 Euro bewertet. Jeweils mit 5.000 Euro sind Klagen auf Feststellung einer Pflicht zur Aufnahme eines Antrags eines Rechtsanwalts in die Tagesordnung der Kammerversammlung bewertet 46 worden (BGH BeckRS 2014, 22129; Beschluss vom 5.11.2013 – AnwZ (B) 37/13 nv; AGH BW Urteil vom 19.4.2013 – AGH 7/12 und BayAGH Urteil vom 15.7.2013 – BayAGH I-19/12).

47 **Klagen gegen Wahlen (§ 191f).** Den Wert der Anfechtung einer Wahl eines Vorstandsmitglieds hat der AGH Hmb (Urteil vom 22.6.2011 – II ZU 4/10; Beschluss vom 24.6.2009 – II ZU 8/07) mit 10.000 Euro bemessen. Der BGH (NJW-RR 2001, 995) hat den Wert der Anfechtung einer Wahl von sieben Vorstandsmitgliedern auf 17.500 Euro festgesetzt.

48 **Klagen gegen Beschlüsse (§ 191f).** Eine Klage auf Nichtigerklärung eines Beschlusses betreffend den Haushaltsplan hat der BGH (NJW-RR 2001, 995) mit 15.000 Euro bewertet; betreffend einen Geschäftsführervertrag der BGH (BeckRS 2005, 00629) mit 3.000 Euro; einer Satzungsregelung betreffend die Vorstandsmitglieder einer Rechtsanwaltskammer der ThürAGH (Beschluss vom 4.2.2003 – AGH 12/01) mit 10.000 Euro; einer Umlage zur Finanzierung der Referendarausbildung mit 25 Euro pro Jahr der AGH Hmb (Beschluss vom 13.2.2004 – II ZU 9/03) mit 10.000 Euro,; einer Satzungsregelung betreffend Referendarausbildung der BGH (Beschluss vom 18.4.2005 – AnwZ (B) 27/04) mit 10.000 Euro, einer Auflösung der Sterbegeldrücklage der AGH Hess (Beschluss vom 14.9.2006 – 2 AGH 27/05) mit 20.000 Euro, einer Bereitstellung von 300.000 Euro für Image-Kampagne der AGH Hess (Beschluss vom 5.11.2007 – 2 AGH 18/06) mit 20.000 Euro; betreffend Beschlüsse zu Haushaltsplan und Entlastung des Vorstands der AGH NRW (Beschluss vom 6.3.2009 – 2 AGH 15/08) mit 20.000 Euro bewertet und betreffend Beschlüsse zur Entlastung des Vorstands, der Festsetzung des Kammerbeitrags, Neu- und Wiederwahl von Vorstandsmitgliedern der AGH NRW (BeckRS 2013, 22250; ebenso BGH BeckRS 2015, 06669 Rn. 29) mit 25.000 Euro.

49 **Medizinisches Gutachten nach § 15.** Den Wert einer Klage eines Rechtsanwalts gegen die **Anordnung** nach § 15, ein medizinischen Gutachten vorzulegen, legt der BGH bislang nicht einheitlich fest: auf 3.000 Euro (BGH BeckRS 2006, 02666; 2006, 11039), auf 5.000 Euro nach § 52 Abs. 2 GKG (BGH BeckRS 2012, 13124), auf 10.000 Euro (BGH BeckRS 2011, 04561; 2013, 07770), auf 15.000 Euro (BGH BeckRS 2014, 08152), auf 20.000 Euro (BGH BeckRS 2005, 06104), sowie auf 25.000 Euro (BGH BeckRS 2002, 09759). Zwar steht die Anordnung der Gutachtenvorlage im Zusammenhang mit Versagung bzw. Widerruf der Zulassung; sie dient jedoch lediglich der vorbereitenden Klärung medizinischer Fragen, so dass ein Wert auch unter Berücksichtigung des Interesses des Rechtsanwalts an der Vermeidung der Kosten der Begutachtung und seines ideellen Interesses am Schutz seines allgemeinen Persönlichkeitsrechts von 10.000 Euro angemessen erscheint (AGH NRW Urteil vom 21.2.2014 – 1 AGH 46/13). Klagt eine RAK auf Erstattung verauslagten **Honorars für ein medizinisches Gutachten** bestimmt sich der Wert nach der Höhe der eingeklagten Aufwendungen (BGH NJW-RR 2014, 439; AGH NRW Urteil vom 2.11.2012 – 2 AGH 10/12).

50 **Missbilligende Belehrung:** siehe Belehrender Hinweis.

51 **Personalakte.** Der Wert eines Antrags auf einstweilige Anordnung zu unterlassen, unbeteiligten Dritten Bestandteile der Personal- oder Beschwerdeakte zu überlassen, beträgt 5.000 Euro (BGH NJW 2011, 2303). Den Wert einer Klage gerichtet auf Feststellung, dass die Beibehaltung von Unterlagen eines Aufsichtsverfahrens rechtswidrig gewesen sei, hat der AGH NRW (Beschluss vom 9.5.2014 – AnwZ 2/14) ebenfalls mit 5.000 Euro bewertet. Je mit 5.000 Euro bewertet hat der AGH NRW (Urteil vom 9.5.2014 – 1 AGH 6/14) eine Klage auf Feststellung, dass die Weiterleitung von Stellungnahmen in einem Aufsichtsverfahren an eine andere RAK rechtswidrig gewesen sei sowie eine vorbeugende Unterlassungsklage betreffend die künftige Weiterleitung ohne ausdrückliches Einverständnis.

52 **Rechtswegverweisung.** Wendet sich eine Partei gegen einen Beschluss, mit dem ein AGH den Rechtsstreit an ein VG verwiesen hat, beläuft sich der Wert auf 1/5 der Hauptsache (BGH BeckRS 2012, 09053).

53 **Satzungsversammlung.** Den Wert einer Klage der BRAK gegen das BMJV (früher BMJ) auf Aufhebung eines Beschlusses, mit dem eine Änderung der BORA erfolgt war, hat der BGH mit 15.000 Euro bemessen und sich dabei an dem Festsetzungsvorschlag orientiert, den der Streitwertkatalog für die Verwaltungsgerichtsbarkeit in Nr. 22.5 für die Kommunalaufsicht vorsieht (BGH NJW 2010, 3787).

54 **Schadensersatzverpflichtung der RAK.** Der Wert eines Feststellungsantrags eines Rechtsanwalts, dass die beklagte RAK ihm gegenüber zum Ersatz des ihm durch den Widerruf entstandenen Schadens verpflichtet ist, hat der AGH NRW (Urteil vom 21.2.2014 – 1 AGH 43/13) mit 5.000 Euro (§ 52 Abs. 2 GKG) bewertet.

Sterbegeldumlage. Klagt ein Rechtsanwalt auf **Rückzahlung,** bestimmt sich der Wert nach der Höhe des Rückforderungsbetrages (AGH RhPf Urteil vom 12.5.2011 – 1 AGH 09/10). Den Antrag festzustellen, dass die **Anforderung** einer Sterbegeldumlage rechtswidrig sei, hat der AGH RhPf mit 500 Euro bewertet. 55

Übertragung von Verwaltungsaufgaben der RAK auf Anwaltsvereine. Der Wert einer gegen eine solche Übertragung gerichteten Klage beträgt 50.000 Euro (BGH NJW-RR 2014, 943). 56

Unvereinbarkeit von Funktionen. Der Wert einer Klage eines Rechtsanwalts auf Feststellung der Unvereinbarkeit der Mitgliedschaft des Chefs einer Landtagsfraktion im Richterwahlausschuss des Landes sowie der Funktion als Fraktionschef mit der gleichzeitigen Mitgliedschaft im Vorstand einer RAK beträgt 5.000 Euro, § 52 Abs. 2 GKG (BGH BeckRS 2014, 03028). 57

Verfassungsmäßigkeit der BRAO. Den Antrag eines Rechtsanwalts, dass die beklagte RAK den Nachweis führe, dass die BRAO das Zitiergebot des Art. 19 Abs. 1 S. 2 GG erfülle, hat der AGH NRW (Urteil vom 21.2.2014 – 1 AGH 43/13) mit 500 Euro bewertet. 58

Vertretervergütung, Vertreterbestellung. Klagt ein Rechtsanwalt gegen einen **Vergütungsfestsetzungsbeschluss** der RAK zugunsten seines Krankenvertreters beläuft sich der Wert auf die Höhe der festgesetzten Vergütung (AGH Rostock NJOZ 2011, 1336). Mit 10.000 Euro sind Klagen auf **Bestellung eines weiteren allgemeinen Vertreters** (BayAGH Beschluss vom 25.3.1996 – BayAGH I-11/95) und auf Bestellung eines allgemeinen Vertreters für alle Behinderungsfälle innerhalb eines Kalenderjahres (AGH RhPf Beschluss vom 17.7.1997 – 2 AGH 17/96) bewertet worden. 59

Vorläufiger Rechtsschutz (§ 80 VwGO). Der BGH setzt in Zulassungssachen für Verfahren nach § 80 Abs. 5 VwGO den Streitwert gemäß § 53 Abs. 2 Nr. 2 GKG auf 10.000 Euro (1/5 des Hauptsachewertes) (BGH NJW 2011, 457; BeckRS 2009, 89329). Während einige Anwaltsgerichtshöfe hierin dem BGH folgen (etwa AGH NRW Beschluss vom 30.10.2009 – 1 AGH 53/09), setzen andere Anwaltsgerichthöfe den Wert höher fest: auf 12.500 Euro (NdsAGH BeckRS 2012, 17419), auf 15.000 Euro (SächsAGH BeckRS 2011, 23734), auf 25.000 Euro (BayAGH BeckRS 2011, 24039; AGH SchlH Beschluss vom 26.2.2009 – 2 AGH 2/09). Wendet sich ein Rechtsanwalt mit einem Antrag nach § 80 Abs. 7 S. 2 VwGO gegen eine ihm aufgegebene Benennung eines Zustellungsbevollmächtigten für die Dauer der Befreiung von der Kanzleipflicht, beträgt der Streitwert 2.500 Euro (BGH BeckRS 2014, 16472). 60

Widerruf der Zulassung zur Rechtsanwaltschaft. § 194 Abs. 2 S. 1 sieht für **Verfahren, die Klagen auf Zulassung zur Rechtsanwaltschaft oder deren Rücknahme oder Widerruf betreffen,** in Anlehnung an die Rechtsprechung des BGH (vgl. BGH BeckRS 2008, 01655) einen **Regelstreitwert von 50.000 Euro** vor. 61

Das Gericht kann jedoch nach Abs. 2 S. 2 unter Berücksichtigung der Umstände des Einzelfalls, insbesondere des Umfangs und der Bedeutung der Sache sowie der Vermögens- und Einkommensverhältnisse des Klägers, einen höheren oder einen niedrigeren Wert festsetzen. So können beschränkte Einkommens- und Vermögensverhältnisse des Klägers im Einzelfall einen geringeren Streitwert rechtfertigen. Andererseits kann die bisherige Stellung des Klägers im Wirtschaftsleben, die Höhe seiner bisherigen Einnahmen und Vergütungen, die der Kläger zu Gunsten seiner erstrebten Anwaltszulassung aufgeben will, einen höheren Streitwert rechtfertigen. 62

Herabsetzungen auf 20.000 Euro haben der AGH RhPf (Beschluss vom 3.5.2006 – 2 AGH 31/05) im Hinblick auf das Alter; auf 25.000 Euro der AGH Bln (Beschluss vom 6.4.2009 – AGH 24/07) im Hinblick auf eine nur noch reduzierte anwaltliche Tätigkeit, der AGH BW (BeckRS 2014, 04086) im Hinblick auf die wirtschaftlichen Verhältnisse sowie der AGH BW (Urteil vom 16.11.2012 – AGH 20/2012) wegen einer außergewöhnlich hohen Verschuldung vorgenommen. 63

Dagegen legt der BGH trotz mutmaßlicher schlechter Vermögens- und Einkommensverhältnisse des betroffenen Rechtsanwalts in Zulassungssachen den Streitwert von 50.000 Euro zugrunde (BGH BeckRS 2014, 11167; 2014, 12286), was zutreffend erscheint, weil Umfang und Bedeutung auch solcher Zulassungsverfahren nicht geringer als in anderen Verfahren sind, die den Widerruf der Zulassung zur Rechtsanwaltschaft zum Gegenstand haben. Auch das Alter allein nimmt der BGH zu Recht nicht zum Anlass einer Herabsetzung des Regelstreitwerts von 64

50.000 Euro (BGH BeckRS 2009, 87517). Der Regelstreitwert ist auch dann maßgeblich, wenn die Anwaltstätigkeit neben einem weiteren Beruf ausgeübt werden soll (Gaier/Wolf/Göcken/*Riedel* § 194 Rn. 4). Ist allerdings die Fähigkeit zur Ausübung der anwaltlichen Tätigkeit aus gesundheitlichen Gründen dauerhaft herabgesetzt, kann ein Streitwert von 25.000 Euro ermessensgerecht sein (BGH BeckRS 2014, 17216). Denn bereits die Zugehörigkeit zur Rechtsanwaltschaft stellt ein hohes Gut dar, unabhängig davon, welcher wirtschaftlicher Nutzen daraus gezogen wird; der Regelbemessung liegt die Höhe der Einnahmen zugrunde, die ein Rechtsanwalt im Laufe von fünf bis zehn Jahren verdienen kann (AGH NRW Beschluss vom 16.5.2011 – 1 AGH 72/10; AGH RhPf Beschluss vom 30.5.2008 – 1 AGH 10/07; Henssler/Prütting/*Dittmann* § 194 Rn. 2).

65 **Wiederaufnahme.** Der Wert eines Wiederaufnahmeantrags nach § 580 ZPO beträgt 1/2 des Wertes in Zulassungssachen, wenn dem Ausgangsverfahren ein Zulassungswiderruf zugrunde liegt (BGH BeckRS 2007, 06500).

66 **Wirksamkeit der BRAO.** Den Streitwert für einen Verpflichtungsantrag dahin, die beklagte RAK habe den Nachweis zu führen, dass die BRAO wirksam sei, hat der AGH NRW (Urteil vom 21.2.2014 – 1 AGH 43/13) mit 500 Euro bewertet.

67 **Zulassung einer RA-AG.** Der Streitwert eines eine RA-AG betreffenden Zulassungsverfahrens hat der BGH auf 75.000 Euro festgesetzt (BGH NJW 2006, 1132).

68 **Zulassung als Rechtsanwalt bei dem BGH.** Den Wert von einstweiligen Anordnungsverfahren setzt der BGH auf 12.500 Euro fest (Beschlüsse vom 11.10.2013 – AnwZ (B) 2/13 nv, AnwZ (B) 4/13 nv, AnwZ (B) 5/13 nv). Der Wert der Hauptsacheverfahren beträgt 25.000 Euro (BGH BeckRS 2014, 22059; NJW 2005, 2304; 2002, 1725).

69 **Zulassung – Rechtsanwalt nach EuRAG.** Die Rechtsprechung der AGH ist uneinheitlich: Während der BayAGH den Wert auf 20.000 Euro (Beschluss vom 12.11.2009 – BayAGH I-47/08), der AGH LSA auf 25.000 Euro (Beschluss vom 19.5.2006 – 1 AGH 14/05) haben der AGH Hess (Beschluss vom 6.11.2006 – 2 AGH 15/05) und der NdsAGH (Beschluss vom 27.7.2006 – AGH 14/05) auf 50.000 Euro festgesetzt, was nunmehr § 194 Abs. 2 S. 1 entspricht.

70 **Zulassung zur Rechtsanwaltschaft – Unterlassungsklage.** Den Wert einer vorbeugenden Unterlassungsklage, mit der sich ein Rechtsanwalt gegen Vorbereitungsmaßnahmen im Hinblick auf einen möglicherweise beabsichtigten Zulassungswiderruf wegen Vermögensverfalls wendete, hat der BGH mit 25.000 Euro beziffert (BGH BeckRS 2014, 14299).

71 **Zulassung zur Rechtsanwaltschaft – Verwaltungsverfahren.** Den Wert eines Verfahrens, in dem ein Rechtsanwalt von der RAK den Nachweis verlangte, dass sie sich in Zulassungssachen nicht den Methoden des Nationalsozialismus bediene, hat der AGH NRW (Urteil vom 21.2.2014 – 1 AGH 43/13) mit 500 Euro bewertet.

72 **Zulassung der Berufung.** Nach der auch für den Bereich der VwGO geltenden Vorschrift des § 47 Abs. 3 VwGO gilt im Berufungszulassungsverfahren der für das Berufungsverfahren maßgebliche Wert.

73 **Zuständigkeit der RAK.** Verlangt ein Rechtsanwalt mit seiner Klage, dass die beklagte RAK den Nachweis führe, dass sie für Zulassungen zuständig sei, beträgt der Wert 500 Euro (AGH NRW Urteil vom 21.2.2014 – 1 AGH 43/13).

74 **Zustellungsbevollmächtigter.** Wendet sich ein Rechtsanwalt gegen eine ihm aufgegebene Benennung eines Zustellungsbevollmächtigten für die Dauer der Befreiung von der Kanzleipflicht, beträgt der Streitwert 5.000 Euro (BGH BeckRS 2014, 16471); den Streitwert für einen in dieser Sache gestellten Antrag nach § 80 Abs. 7 S. 2 VwGO hat der BGH mit 2.500 Euro bewertet (BGH BeckRS 2014, 16472).

75 **Zwangsgeld – Festsetzung, Androhung.** Für die Festsetzung maßgeblich ist die Höhe des festgesetztes Betrages (BGH BeckRS 2006, 03088; AGH NRW Beschluss vom 30.4.2014 – 1 AGH 42/13). Im Fall einer Androhung ist maßgeblich die Höhe des festgesetztes Betrages (AGH NRW Beschluss vom 6.2.2014 – 1 AGH 37/13). Erfolgen Festsetzung eines Zwangsgelds und Androhung eines weiteren Zwangsgelds zusammen in einem Beschluss bestimmt sich der Streitwert nach Addition des festgesetzten und angedrohten Zwangsgeldes (AGH NRW Beschluss vom 15.2.2014 – 1 AGH 40/10).

Dritter Abschnitt. Die Kosten in dem anwaltsgerichtlichen Verfahren und in dem Verfahren bei Anträgen auf anwaltsgerichtliche Entscheidung gegen die Androhung oder die Festsetzung des Zwangsgelds oder über die Rüge

§ 195 Gerichtskosten

[1] Im anwaltsgerichtlichen Verfahren, im Verfahren über den Antrag auf Entscheidung des Anwaltsgerichts über die Rüge (§ 74a Abs. 1) und im Verfahren über den Antrag auf Entscheidung des Anwaltsgerichtshofs gegen die Androhung oder die Festsetzung eines Zwangsgelds (§ 57 Abs. 3) werden Gebühren nach dem Gebührenverzeichnis der Anlage zu diesem Gesetz erhoben. [2] Im Übrigen sind die für Kosten in Strafsachen geltenden Vorschriften des Gerichtskostengesetzes entsprechend anzuwenden.

Schrifttum: *Rick,* Gerichtsgebühren für berufsgerichtliche Verfahren, AnwBl. 2007, 213.

I. Regelungszusammenhang

Durch Art. 8 des 2. Justizmodernisierungsgesetzes vom 22.12.2006 (BGBl. I S. 3416, 3418) wurde die auf die Regelung in § 94 RAO aus dem Jahre 1878 zurückgehende Gebührenfreiheit im anwaltsgerichtlichen Verfahren endgültig aufgehoben. Da der finanzielle Aufwand der Kammern im anwaltsgerichtlichen und im Rügeverfahren nicht unerheblich ist, erscheint es sachgerecht, die betroffenen Rechtsanwälte als deren Verursacher durch die Erhebung angemessener Gebühren an diesem Aufwand zu beteiligen (*Rick* AnwBl. 2007, 213). Wie im bisherigen Recht sollen Auslagen weiterhin nach den Vorschriften des GKG erhoben werden (BT-Drs. 16/3038, 33). 1

Die Regelungen des Dritten Abschnitts (§§ 195–199) beziehen sich auf die **Kosten in anwaltsgerichtlichen Verfahren;** die Kosten in gerichtlichen Verfahren in verwaltungsrechtlichen Anwaltssachen werden von den Regelungen des Zweiten Abschnitts des Zehnten Teils (§§ 193 und 194) erfasst; § 192 bezieht sich auf die Kosten in Verwaltungsverfahren der Rechtsanwaltskammern. Für die gerichtlichen Gebühren und Auslagen in verwaltungsrechtlichen Anwaltssachen (§§ 112a ff.) und für das anwaltsgerichtliche Verfahren gilt nach § 193 S. 1 in erster Linie das mit Gesetz vom 30.7.2009 (BGBl. I S. 2449) geschaffene Gebührenverzeichnis, dessen Teil 1 sich auf das anwaltsgerichtliche Verfahren und dessen Teil 2 sich auf das gerichtliche Verfahren in verwaltungsrechtlichen Anwaltssachen beziehen (hier abgedruckt bei § 195). Nach § 195 S. 2 sind in zweiter Linie die für Kosten in Strafsachen geltenden Vorschriften des Gerichtskostengesetzes entsprechend anzuwenden. In dritter Linie sind nach § 116 S. 2 die Vorschriften der StPO sinngemäß anzuwenden. 2

II. Gebührenpflicht gemäß Gebührenverzeichnis

In den in § 195 genannten Verfahren (anwaltsgerichtliches Verfahren, Verfahren über den Antrag auf Entscheidung des Anwaltsgerichts über die Rüge nach § 74a Abs. 1, Verfahren über den Antrag auf Entscheidung des Anwaltsgerichtshofs gegen die Androhung oder die Festsetzung eines Zwangsgelds nach § 57 Abs. 3) werden **Gerichtsgebühren** nach dem Gebührenverzeichnis (GV) erhoben, das als Anlage zu § 195 S. 1 angefügt ist. Für Verfahren, die das Berufs- oder Vertretungsverbot als vorläufige Maßnahme betreffen (§§ 150 ff.), sieht das Gesetz mit Ausnahme der Gebühr für das Beschwerdeverfahren (GV 1220 und 1321), keine besonderen Gebühren vor. Die Tätigkeit des Gerichts wird in diesen Fällen durch die im anwaltsgerichtlichen Hauptsacheverfahren anfallenden Gebühren abgegolten (BT-Drs. 16/3038, 33). 3

Gemäß der Vorbem. 1 Abs. 1 KV bemessen sich im anwaltsgerichtlichen Verfahren die **Gerichtsgebühren** vorbehaltlich des Abs. 2 für alle Rechtszüge nach der rechtskräftig verhängten Maßnahme. Damit übernimmt das Gebührenverzeichnis die Regelungsstruktur des nach § 3 Abs. 2 GKG geltenden Kostenverzeichnisses (KV); dort wird nach der Vorbem. 3.1. Abs. 1 KV auf die rechtskräftig erkannte Strafe abgestellt. Damit orientieren sich die Gerichtsgebühren für alle Rechtszüge nach der schließlich rechtskräftig verhängten Maßnahme. Wird ein Rechtsmittel oder ein Antrag auf anwaltsgerichtliche Entscheidung nur teilweise verworfen oder 4 zurückgewiesen, so hat nach Vorbem. 1 Abs. 2 KV das Gericht die Gebühr zu ermäßigen, soweit es unbillig wäre, den Rechtsanwalt damit zu belasten. Für Wiederaufnahmeverfahren gilt Vorbem. 1 Abs. 3 KV.

III. Entsprechend anwendbare Vorschriften des GKG

5 **Auslagen** werden nach den Vorschriften des GKG erhoben. Es gelten nach § 3 Abs. 2 GKG die im Kostenverzeichnis für Auslagen bestimmten Regelungen der KV 9000 ff. Es kommen insbesondere in Betracht KV 9000 (Pauschale für die Herstellung und Überlassung von Dokumenten), KV 9002 (Auslagen für Zustellung mit Zustellungsurkunde oder Einschreiben gegen Rückschein), KV 9003 (Versendung von Akten auf Antrag je Sendung pauschal) und KV 9005 (nach dem JVEG zu zahlende Beträge).

6 Hinsichtlich der Kostenhaftung (§ 29 GKG), der Fälligkeit der Kostenforderung (§§ 8 f. GKG) und der Rechtsbehelfe gegen den Kostenansatz (§ 66 GKG) gelten die für Kosten in Strafsachen geltenden Vorschriften des GKG entsprechend. Zu den sich aus der Verweisung ua auf § 66 GKG ergebenden Folgerungen hinsichtlich Kostenerinnerung und -beschwerde → § 193 Rn. 6.

IV. Sinngemäß anwendbare Vorschriften der StPO

7 Ergänzend sind, da die §§ 195–199 nur eine unvollständige Regelung des Kostenrechts beinhalten, gemäß § 116 S. 2 die Kostenregeln der StPO (§§ 464 ff. StPO) heranzuziehen (BGHSt 21, 211, 212 = NJW 1967, 894; BGHSt 24, 81, 89 = NJW 1971, 1048, 1050).

1. Nicht entsprechend anwendbare Vorschriften.

8
- **§ 468 StPO,** Kostenentscheidung bei Straffreierklärung;
- **§ 470 StPO,** Zurücknahme des Strafantrags;
- **§ 471 StPO,** Privatklagekosten;
- **§ 472 StPO,** Nebenklagekosten;
- **§ 472a StPO,** Kosten des Entschädigungsanspruchs;
- **§ 472b StPO,** Kosten bei Nebenbeteiligten.

2. Entsprechend anwendbare Vorschriften.

9
- Nach **§ 464 StPO** muss eine Kosten- und Auslagenentscheidung ergehen (BGHSt 21, 211, 212 = NJW 1967, 894; BGHSt 24, 81, 89 = NJW 1971, 1048, 1050). Bei der Kostenentscheidung des AGH ist aber § 304 Abs. 4 S. 2 StPO zu beachten, danach sind Beschwerden gegen Beschlüsse des OLG, dem der AGH gleichkommt (→ § 100 Rn. 4 ff.), in der Regel ausgeschlossen. Der Ausschluss muss auch für die Anfechtung einer Kosten- und Auslagenentscheidung gelten; denn sie wird, mag sie auch Bestandteil eines Urteils sein, vom Gesetz hinsichtlich der Anfechtbarkeit wie ein Beschluss oder eine Verfügung behandelt und nicht unter den Ausnahmen des § 304 Abs. 4 S. 2 Nr. 1–5 und S. 3 StPO aufgeführt (BGH BRAK-Mitt. 1982, 35).
- **§ 464a StPO,** Erstattung notwendiger Auslagen. Dem betroffenen Rechtsanwalt können bei Freispruch Verteidigergebühren für seine eigene Person nicht erstattet werden (vgl. AGH Bln BRAK-Mitt. 1997, 176; NdsAGH BRAK-Mitt. 2002, 147 Ls. 3 und 4; verfassungsgemäß BVerfGE 53, 207, 212 = NJW 1980, 1677; BVerfG NStZ 1988, 282; NJW 1994, 242; → § 116 Rn. 38 zu § 464a StPO).
- **§ 464b StPO,** Kostenfestsetzung. Die Bestimmung wird aber für die erste Instanz teilweise durch § 199 ersetzt.
- **§ 464c StPO,** Auslagen des Dolmetschers, ist entsprechend anwendbar.
- **§ 465 StPO,** Kosten und Auslagen bei Verurteilung (BGHSt 24, 81, 89 = NJW 1971, 1048, 1050).
- **§ 466 StPO,** Haftung Mitverurteilter.
- **§ 467 StPO,** Kosten und Auslagen bei Nichtverurteilung (BGHSt 21, 211 = NJW 1967, 894; → § 197 Rn. 8; → § 198 Rn. 3). Schafft der angeschuldigte Rechtsanwalt erst in der Beschwerdeinstanz die Voraussetzungen dafür, dass das öffentliche Interesse an der Verfolgung einer möglichen Pflichtverletzung entfällt, ist es iSv § 467 Abs. 4 StPO unbillig, die RAK mit den notwendigen Auslagen zu belasten (EGH München BRAK-Mitt. 1985, 58). Die notwendigen Auslagen des in der Berufung obsiegenden Rechtsanwalts sind nicht der RAK auf-

zuerlegen, wenn dieser durch wahrheitswidrige Angaben die Erhebung der Anschuldigungsschrift veranlasst hatte (AGH NRW BRAK-Mitt. 2000, 198).
- **§ 467a StPO,** Auslagen bei Einstellung des Ermittlungsverfahrens.
- **§ 469 StPO,** Kostenpflicht des Anzeigenden.
- **§ 473 StPO,** Kosten und Auslagen bei Rechtsmitteln (BGH BeckRS 2013, 00679 Rn. 10).

V. Gebührenverzeichnis

Teil 2 des Gebührenverzeichnisses wurde mit Gesetz vom 30.7.2009 (BGBl. I S. 2449) angefügt. Er ersetzt die bisher in § 202 aF enthaltenen Gebührenbestimmungen bei Klageverfahren in Zulassungssachen, über Wahlen und Beschlüsse und bei Klagen gegen Verwaltungsakte. Die Gebühren orientieren sich nunmehr an den Bestimmungen des GKG für Verfahren vor den Gerichten der Verwaltungsgerichtsbarkeit (BT-Drs. 16/11385, 49). **10**

Anlage (zu § 193 Satz 1 und § 195 Satz 1)

Teil 1. Anwaltsgerichtliche Verfahren **11**

Nr.	Gebührentatbestand	Gebührenbetrag oder Satz der jeweiligen Gebühr 1110 bis 1112
Vorbemerkung 1: (1) Im anwaltsgerichtlichen Verfahren bemessen sich die Gerichtsgebühren vorbehaltlich des Absatzes 2 für alle Rechtszüge nach der rechtskräftig verhängten Maßnahme. (2) Wird ein Rechtsmittel oder ein Antrag auf anwaltsgerichtliche Entscheidung nur teilweise verworfen oder zurückgewiesen, so hat das Gericht die Gebühr zu ermäßigen, soweit es unbillig wäre, den Rechtsanwalt damit zu belasten. (3) [1] Im Verfahren nach Wiederaufnahme werden die gleichen Gebühren wie für das wiederaufgenommene Verfahren erhoben. [2] Wird jedoch nach Anordnung der Wiederaufnahme des Verfahrens das frühere Urteil aufgehoben, gilt für die Gebührenerhebung jeder Rechtszug des neuen Verfahrens mit dem jeweiligen Rechtszug des früheren Verfahrens zusammen als ein Rechtszug. [3] Gebühren werden auch für Rechtszüge erhoben, die nur im früheren Verfahren stattgefunden haben.		
	Abschnitt 1. Verfahren vor dem Anwaltsgericht	
	Unterabschnitt 1. Anwaltsgerichtliches Verfahren erster Instanz	
1110	Verfahren mit Urteil bei Verhängung einer oder mehrerer der folgenden Maßnahmen: 1. einer Warnung, 2. eines Verweises, 3. einer Geldbuße	240,00 EUR
1111	Verfahren mit Urteil bei Verhängung eines Vertretungs- und Beistandsverbots nach § 114 Abs. 1 Nr. 4 der Bundesrechtsanwaltsordnung	360,00 EUR
1112	Verfahren mit Urteil bei Ausschließung aus der Rechtsanwaltschaft	480,00 EUR
	Unterabschnitt 2. Antrag auf gerichtliche Entscheidung über die Rüge	
1120	Verfahren über den Antrag auf gerichtliche Entscheidung über die Rüge nach § 74a Abs. 1 der Bundesrechtsanwaltsordnung: Der Antrag wird verworfen oder zurückgewiesen	160,00 EUR
	Abschnitt 2. Verfahren vor dem Anwaltsgerichtshof *Unterabschnitt 1. Berufung*	
1210	Berufungsverfahren mit Urteil	1,5
1211	Erledigung des Berufungsverfahrens ohne Urteil Die Gebühr entfällt bei Zurücknahme der Berufung vor Ablauf der Begründungsfrist.	0,5

Nr.	Gebührentatbestand	Gebührenbetrag oder Satz der jeweiligen Gebühr 1110 bis 1112
	Unterabschnitt 2. Beschwerde	
1220	Verfahren über Beschwerden im anwaltsgerichtlichen Verfahren, die nicht nach anderen Vorschriften gebührenfrei sind: Die Beschwerde wird verworfen oder zurückgewiesen	50,00 EUR
	Von dem Rechtsanwalt wird eine Gebühr nur erhoben, wenn gegen ihn rechtskräftig eine anwaltsgerichtliche Maßnahme verhängt worden ist.	
	Unterabschnitt 3. Antrag auf gerichtliche Entscheidung über die Androhung oder die Festsetzung eines Zwangsgelds	
1230	Verfahren über den Antrag auf gerichtliche Entscheidung über die Androhung oder die Festsetzung eines Zwangsgelds nach § 57 Abs. 3 der Bundesrechtsanwaltsordnung: Der Antrag wird verworfen oder zurückgewiesen	200,00 EUR
	Abschnitt 3. Verfahren vor dem Bundesgerichtshof *Unterabschnitt 1. Revision*	
1310	Revisionsverfahren mit Urteil oder mit Beschluss nach § 146 Abs. 3 Satz 1 der Bundesrechtsanwaltsordnung i. V. m. § 349 Abs. 2 oder Abs. 4 StPO	2,0
1311	Erledigung des Revisionsverfahrens ohne Urteil und ohne Beschluss nach § 146 Abs. 3 Satz 1 der Bundesrechtsanwaltsordnung i. V. m. § 349 Abs. 2 oder Abs. 4 StPO	1,0
	Die Gebühr entfällt bei Zurücknahme der Revision vor Ablauf der Begründungsfrist.	
	Unterabschnitt 2. Beschwerde	
1320	Verfahren über die Beschwerde gegen die Nichtzulassung der Revision: Die Beschwerde wird verworfen oder zurückgewiesen	1,0
1321	Verfahren über sonstige Beschwerden im anwaltsgerichtlichen Verfahren, die nicht nach anderen Vorschriften gebührenfrei sind: Die Beschwerde wird verworfen oder zurückgewiesen	50,00 EUR
	Von dem Rechtsanwalt wird eine Gebühr nur erhoben, wenn gegen ihn rechtskräftig eine anwaltsgerichtliche Maßnahme verhängt worden ist.	
	Unterabschnitt 3. Verfahren wegen eines bei dem Bundesgerichtshof zugelassenen Rechtsanwalts	
1330	Anwaltsgerichtliches Verfahren mit Urteil bei Verhängung einer Maßnahme	1,5
1331	Verfahren über den Antrag auf gerichtliche Entscheidung über die Androhung oder die Festsetzung eines Zwangsgelds nach § 57 Abs. 3 i. V. m. § 163 Satz 2 der Bundesrechtsanwaltsordnung: Der Antrag wird verworfen oder zurückgewiesen	240,00 EUR
1332	Verfahren über den Antrag auf gerichtliche Entscheidung über die Rüge nach § 74a Abs. 1 i. V. m. § 163 Satz 2 der Bundesrechtsanwaltsordnung: Der Antrag wird verworfen oder zurückgewiesen	240,00 EUR
	Abschnitt 4. Rüge wegen Verletzung des Anspruchs auf rechtliches Gehör	
1400	Verfahren über die Rüge wegen Verletzung des Anspruchs auf rechtliches Gehör: Die Rüge wird in vollem Umfang verworfen oder zurückgewiesen	50,00 EUR

Teil 2. Gerichtliche Verfahren in verwaltungsrechtlichen Anwaltssachen

Nr.	Gebührentatbestand	Gebührenbetrag oder Satz der Gebühr nach § 34 GKG
	Abschnitt 1. Erster Rechtszug Unterabschnitt 1. Anwaltsgerichtshof	
2110	Verfahren im Allgemeinen	4,0
2111	Beendigung des gesamten Verfahrens durch 1. Zurücknahme der Klage a) vor dem Schluss der mündlichen Verhandlung, b) wenn eine solche nicht stattfindet, vor Ablauf des Tages, an dem das Urteil, der Gerichtsbescheid oder der Beschluss in der Hauptsache der Geschäftsstelle übermittelt wird, c) im Fall des § 112c Abs. 1 Satz 1 der Bundesrechtsanwaltsordnung i. V. m. § 93a Abs. 2 VwGO vor Ablauf der Erklärungsfrist nach § 93a Abs. 2 Satz 1 VwGO, 2. Anerkenntnis- oder Verzichtsurteil, 3. gerichtlichen Vergleich oder 4. Erledigungserklärungen nach § 112c Abs. 1 Satz 1 der Bundesrechtsanwaltsordnung i. V. m. § 161 Abs. 2 VwGO, wenn keine Entscheidung über die Kosten ergeht oder die Entscheidung einer zuvor mitgeteilten Einigung der Beteiligten über die Kostentragung oder der Kostenübernahmeerklärung eines Beteiligten folgt, es sei denn, dass bereits ein anderes als eines der in Nummer 2 genannten Urteile, ein Gerichtsbescheid oder Beschluss in der Hauptsache vorausgegangen ist: Die Gebühr 2110 ermäßigt sich auf Die Gebühr ermäßigt sich auch, wenn mehrere Ermäßigungstatbestände erfüllt sind.	2,0
	Unterabschnitt 2. Bundesgerichtshof	
2120	Verfahren im Allgemeinen	5,0
2121	Beendigung des gesamten Verfahrens durch 1. Zurücknahme der Klage a) vor dem Schluss der mündlichen Verhandlung, b) wenn eine solche nicht stattfindet, vor Ablauf des Tages, an dem das Urteil oder der Gerichtsbescheid der Geschäftsstelle übermittelt wird, c) im Fall des § 112c Abs. 1 Satz 1 der Bundesrechtsanwaltsordnung i. V. m. § 93a Abs. 2 VwGO vor Ablauf der Erklärungsfrist nach § 93a Abs. 2 Satz 1 VwGO, 2. Anerkenntnis- oder Verzichtsurteil, 3. gerichtlichen Vergleich oder 4. Erledigungserklärungen nach § 112c Abs. 1 Satz 1 der Bundesrechtsanwaltsordnung i. V. m. § 161 Abs. 2 VwGO, wenn keine Entscheidung über die Kosten ergeht oder die Entscheidung einer zuvor mitgeteilten Einigung der Beteiligten über die Kostentragung oder der Kostenübernahmeerklärung eines Beteiligten folgt, es sei denn, dass bereits ein anderes als eines der in Nummer 2 genannten Urteile, ein Gerichtsbescheid oder Beschluss in der Hauptsache vorausgegangen ist: Die Gebühr 2120 ermäßigt sich auf Die Gebühr ermäßigt sich auch, wenn mehrere Ermäßigungstatbestände erfüllt sind.	3,0

Nr.	Gebührentatbestand	Gebührenbetrag oder Satz der Gebühr nach § 34 GKG
	Abschnitt 2. Zulassung und Durchführung der Berufung	
2200	Verfahren über die Zulassung der Berufung: Soweit der Antrag abgelehnt wird	1,0
2201	Verfahren über die Zulassung der Berufung: Soweit der Antrag zurückgenommen oder das Verfahren durch anderweitige Erledigung beendet wird Die Gebühr entsteht nicht, soweit die Berufung zugelassen wird.	0,5
2202	Verfahren im Allgemeinen	5,0
2203	Beendigung des gesamten Verfahrens durch Zurücknahme der Berufung oder der Klage, bevor die Schrift zur Begründung der Berufung bei Gericht eingegangen ist: Die Gebühr 2202 ermäßigt sich auf Erledigungserklärungen nach § 112c Abs. 1 Satz 1 der Bundesrechtsanwaltsordnung i. V. m. § 161 Abs. 2 VwGO stehen der Zurücknahme gleich, wenn keine Entscheidung über die Kosten ergeht oder die Entscheidung einer zuvor mitgeteilten Einigung der Beteiligten über die Kostentragung oder der Kostenübernahmeerklärung eines Beteiligten folgt.	1,0
2204	Beendigung des gesamten Verfahrens, wenn nicht Nummer 2203 erfüllt ist, durch 1. Zurücknahme der Berufung oder der Klage a) vor dem Schluss der mündlichen Verhandlung, b) wenn eine solche nicht stattfindet, vor Ablauf des Tages, an dem das Urteil oder der Beschluss in der Hauptsache der Geschäftsstelle übermittelt wird, oder c) im Fall des § 112c Abs. 1 Satz 1 der Bundesrechtsanwaltsordnung i. V. m. § 93a Abs. 2 VwGO vor Ablauf der Erklärungsfrist nach § 93a Abs. 2 Satz 1 VwGO, 2. Anerkenntnis- oder Verzichtsurteil, 3. gerichtlichen Vergleich oder 4. Erledigungserklärungen nach § 112c Abs. 1 Satz 1 der Bundesrechtsanwaltsordnung i. V. m. § 161 Abs. 2 VwGO, wenn keine Entscheidung über die Kosten ergeht oder die Entscheidung einer zuvor mitgeteilten Einigung der Beteiligten über die Kostentragung oder der Kostenübernahmeerklärung eines Beteiligten folgt, es sei denn, dass bereits ein anderes als eines der in Nummer 2 genannten Urteile oder ein Beschluss in der Hauptsache vorausgegangen ist: Die Gebühr 2202 ermäßigt sich auf Die Gebühr ermäßigt sich auch, wenn mehrere Ermäßigungstatbestände erfüllt sind.	3,0
	Abschnitt 3. Vorläufiger Rechtsschutz	

Vorbemerkung 2.3:
(1) Die Vorschriften dieses Abschnitts gelten für einstweilige Anordnungen und für Verfahren nach § 112c Abs. 1 Satz 1 der Bundesrechtsanwaltsordnung i. V. m. § 80 Abs. 5 und § 80a Abs. 3 VwGO.
(2) Im Verfahren über den Antrag auf Erlass und im Verfahren über den Antrag auf Aufhebung einer einstweiligen Anordnung werden die Gebühren jeweils gesondert erhoben. Mehrere Verfahren nach § 112c Abs. 1 Satz 1 der Bundesrechtsanwaltsordnung i. V. m. § 80 Abs. 5 und 7 und § 80a Abs. 3 VwGO gelten innerhalb eines Rechtszugs als ein Verfahren.

Nr.	Gebührentatbestand	Gebührenbetrag oder Satz der Gebühr nach § 34 GKG
	Unterabschnitt 1. Anwaltsgerichtshof	
2310	Verfahren im Allgemeinen	2,0
2311	Beendigung des gesamten Verfahrens durch 1. Zurücknahme des Antrags a) vor dem Schluss der mündlichen Verhandlung oder, b) wenn eine solche nicht stattfindet, vor Ablauf des Tages, an dem der Beschluss der Geschäftsstelle übermittelt wird, 2. gerichtlichen Vergleich oder 3. Erledigungserklärungen nach § 112c Abs. 1 Satz 1 der Bundesrechtsanwaltsordnung i. V. m. § 161 Abs. 2 VwGO, wenn keine Entscheidung über die Kosten ergeht oder die Entscheidung einer zuvor mitgeteilten Einigung der Beteiligten über die Kostentragung oder der Kostenübernahmeerklärung eines Beteiligten folgt, es sei denn, dass bereits ein Beschluss über den Antrag vorausgegangen ist: Die Gebühr 2310 ermäßigt sich auf Die Gebühr ermäßigt sich auch, wenn mehrere Ermäßigungstatbestände erfüllt sind.	0,75
	Unterabschnitt 2. Bundesgerichtshof als Rechtsmittelgericht in der Hauptsache	
2320	Verfahren im Allgemeinen	1,5
2321	Beendigung des gesamten Verfahrens durch 1. Zurücknahme des Antrags a) vor dem Schluss der mündlichen Verhandlung oder, b) wenn eine solche nicht stattfindet, vor Ablauf des Tages, an dem der Beschluss der Geschäftsstelle übermittelt wird, 2. gerichtlichen Vergleich oder 3. Erledigungserklärungen nach § 112c Abs. 1 Satz 1 der Bundesrechtsanwaltsordnung i. V. m. § 161 Abs. 2 VwGO, wenn keine Entscheidung über die Kosten ergeht oder die Entscheidung einer zuvor mitgeteilten Einigung der Beteiligten über die Kostentragung oder der Kostenübernahmeerklärung eines Beteiligten folgt, es sei denn, dass bereits ein Beschluss über den Antrag vorausgegangen ist: Die Gebühr 2320 ermäßigt sich auf Die Gebühr ermäßigt sich auch, wenn mehrere Ermäßigungstatbestände erfüllt sind.	0,5
	Unterabschnitt 3. Bundesgerichtshof	
Vorbemerkung 2.3.3:	Die Vorschriften dieses Unterabschnitts gelten, wenn der Bundesgerichtshof auch in der Hauptsache erstinstanzlich zuständig ist.	
2330	Verfahren im Allgemeinen	2,5

Nr.	Gebührentatbestand	Gebührenbetrag oder Satz der Gebühr nach § 34 GKG
2331	Beendigung des gesamten Verfahrens durch 1. Zurücknahme des Antrags a) vor dem Schluss der mündlichen Verhandlung oder, b) wenn eine solche nicht stattfindet, vor Ablauf des Tages, an dem der Beschluss der Geschäftsstelle übermittelt wird, 2. gerichtlichen Vergleich oder 3. Erledigungserklärungen nach § 112c Abs. 1 Satz 1 der Bundesrechtsanwaltsordnung i. V. m. § 161 Abs. 2 VwGO, wenn keine Entscheidung über die Kosten ergeht oder die Entscheidung einer zuvor mitgeteilten Einigung der Beteiligten über die Kostentragung oder der Kostenübernahmeerklärung eines Beteiligten folgt, es sei denn, dass bereits ein Beschluss über den Antrag vorausgegangen ist: Die Gebühr 2330 ermäßigt sich auf Die Gebühr ermäßigt sich auch, wenn mehrere Ermäßigungstatbestände erfüllt sind.	1,0
	Abschnitt 4. Rüge wegen Verletzung des Anspruchs auf rechtliches Gehör	
2400	Verfahren über die Rüge wegen Verletzung des Anspruchs auf rechtliches Gehör: Die Rüge wird in vollem Umfang verworfen oder zurückgewiesen	50,00 EUR

§ 196 Kosten bei Anträgen auf Einleitung des anwaltsgerichtlichen Verfahrens

(1) **Einem Rechtsanwalt, der einen Antrag auf gerichtliche Entscheidung über die Entschließung der Staatsanwaltschaft (§ 123 Abs. 2) zurücknimmt, sind die durch dieses Verfahren entstandenen Kosten aufzuerlegen.**

(2) **Wird ein Antrag des Vorstandes der Rechtsanwaltskammer auf gerichtliche Entscheidung in den Fällen des § 122 Abs. 2, 3, des § 150a oder des § 161a Abs. 2 verworfen, so sind die durch das Verfahren über den Antrag veranlaßten Kosten der Rechtsanwaltskammer aufzuerlegen.**

I. Kostenpflicht in Verfahren nach § 123 (Abs. 1)

1 Nimmt ein Rechtsanwalt seinen Antrag auf gerichtliche Entscheidung über die Entschließung der Staatsanwaltschaft (§ 123 Abs. 2) zurück, dann sind ihm die durch das Verfahren entstandenen Kosten aufzuerlegen. Hat der Rechtsanwalt mit seinem Antrag nach § 123 Abs. 2 in der Weise Erfolg, dass das Vorliegen einer Pflichtverletzung vom AGH verneint wird, hat die RAK nach § 198 die Kosten zu tragen. Bleibt der Antrag des Rechtsanwalts erfolglos, weil er unzulässig oder unbegründet ist, treffen ihn auch in diesem von der Norm nicht unmittelbar erfassten Fall die Kosten (Henssler/Prütting/*Dittmann* § 196 Rn. 2). Da das Gebührenverzeichnis zu § 195 für das Verfahren nach § 123 Abs. 2 keinen Gebührentatbestand vorsieht, fallen keine Gerichtsgebühren an. Die Kostenentscheidung bezieht sich somit allein auf die Auslagen des Gerichts bzw. der Verfahrensbeteiligten (Gaier/Wolf/Göcken/*Riedel* § 196 Rn. 1).

II. Kostenpflicht in Verfahren nach § 121 Abs. 2, 3, § 150a, § 161a Abs. 2 (Abs. 2)

2 Wird ein Antrag des Vorstands der RAK auf gerichtliche Entscheidung in den Fällen des § 122 Abs. 2 und 3, § 150a oder des § 161a Abs. 2 verworfen, so sind die durch das Verfahren über den Antrag veranlassten Kosten (→ § 195 Rn. 3–5) der RAK aufzuerlegen. Bei Zurückweisung des Antrags nach § 122 findet eine Erstattung außergerichtlicher Kosten des betroffenen Anwalts nicht statt, da er nicht Beteiligter des Verfahrens ist, sondern lediglich anzuhören ist (ThürAGH Beschluss vom 30.5.1999 – AGH 9/98; BayAGH NJW 2012, 2596).

Wenn der Antrag des Vorstands der RAK Erfolg hat und der AGH nach § 122 Abs. 4 (§ 150a, § 161a Abs. 2) iVm § 175 StPO die Einreichung der Anschuldigungsschrift beschließt, bestimmt sich die Pflicht zur Tragung der Kosten nach dem Ausgang des anwaltsgerichtlichen Verfahrens (Henssler/Prütting/*Dittmann* § 196 Rn. 3). Für den Fall, dass der Vorstand der RAK seinen Antrag zurücknimmt, fehlt zwar eine ausdrückliche Regelung. In entsprechender Anwendung des § 196 Abs. 1, § 197 Abs. 2, § 473 Abs. 1 StPO sind aber der RAK die Kosten des Verfahrens aufzuerlegen. 3

§ 197 Kostenpflicht des Verurteilten

(1) **1 Dem Rechtsanwalt, der in dem anwaltsgerichtlichen Verfahren verurteilt wird, sind zugleich die in dem Verfahren entstandenen Kosten ganz oder teilweise aufzuerlegen. 2 Dasselbe gilt, wenn das anwaltsgerichtliche Verfahren wegen Erlöschens der Zulassung zur Rechtsanwaltschaft eingestellt wird und nach dem Ergebnis des bisherigen Verfahrens die Verhängung einer anwaltsgerichtlichen Maßnahme gerechtfertigt gewesen wäre; zu den Kosten des anwaltsgerichtlichen Verfahrens gehören in diesem Fall auch diejenigen, die in einem anschließenden Verfahren zum Zwecke der Beweissicherung (§§ 148, 149) entstehen. 3 Wird das Verfahren nach § 139 Abs. 3 Nr. 2 eingestellt, kann das Gericht dem Rechtsanwalt die in dem Verfahren entstandenen Kosten ganz oder teilweise auferlegen, wenn es dies für angemessen erachtet.**

(2) **1 Dem Rechtsanwalt, der in dem anwaltsgerichtlichen Verfahren ein Rechtsmittel zurückgenommen oder ohne Erfolg eingelegt hat, sind zugleich die durch dieses Verfahren entstandenen Kosten aufzuerlegen. 2 Hatte das Rechtsmittel teilweise Erfolg, so kann dem Rechtsanwalt ein angemessener Teil dieser Kosten auferlegt werden.**

(3) **Für die Kosten, die durch einen Antrag auf Wiederaufnahme des durch ein rechtskräftiges Urteil abgeschlossenen Verfahrens verursacht worden sind, ist Absatz 2 entsprechend anzuwenden.**

Übersicht

I. Allgemeines

Jedes Urteil und jede eine Untersuchung einstellende gerichtliche Entscheidung muss eine Entscheidung darüber treffen, von wem die Kosten (→ § 195 Rn. 3 ff.) des Verfahrens zu tragen sind (§ 116 S. 2 iVm § 464 Abs. 1 StPO). Darüber, welche Kosten in Ansatz zu bringen sind, sagt diese Entscheidung nichts, so dass auch in der Urteilsformel nicht nur über die Tragung der Auslagen (→ § 195 Rn. 5), sondern der Kosten zu entscheiden ist. 1

Die Fälle der Kostentragungspflicht des Rechtsanwalts sind in §§ 195 ff., insbesondere in §§ 197, 197a nicht abschließend geregelt. Es sind die Grundsätze des Gebührenverzeichnisses in der Anlage zu § 195, insbesondere der in der Vorbemerkung 1, zu beachten. Gemäß § 116 S. 2 sind daneben die entsprechenden Vorschriften der StPO sinngemäß anzuwenden (BGHSt 21, 211, 212 = NJW 1967, 894; BGHSt 24, 81, 89 = NJW 1971, 1048, 1050; BGH BRAK-Mitt. 2008, 221). 2

II. Kosten bei Verurteilung

3 Dem Rechtsanwalt, der in dem anwaltsgerichtlichen Verfahren verurteilt wird oder gegen den ein Berufs- oder Vertretungsverbot verhängt wird, sind nach Abs. 1 S. 1, der mit § 465 Abs. 1 StPO übereinstimmt, die Kosten (§ 195) aufzuerlegen. Er hat dann auch die Auslagen zu tragen, die durch die ihm „aufgedrängte" Bestellung eines Verteidigers (→ § 117a Rn. 2, 5 ff.) entstanden sind (OLG Zweibrücken NJW 1991, 309 mit Anm. *Neumann* NJW 1991, 264).

4 Wenn es auch im anwaltsgerichtlichen Verfahren keinen Teilfreispruch gibt (→ § 113 Rn. 41), sind dem Rechtsanwalt doch die Kosten des Verfahrens nur insoweit aufzuerlegen, als er verurteilt wird (vgl. Vorbem. 1 Abs. 1 GV). Sinn und Zweck der Regelung des Abs. 1 S. 1 ebenso wie die der kostenrechtlichen Bestimmungen der §§ 464 ff. StPO ist, dass derjenige, gegen den sich ein anwaltsgerichtliches Verfahren oder ein Strafverfahren richtet, Kosten und Auslagen in der Regel nur zu tragen hat, wenn und soweit er verurteilt wird. Ist der Rechtsanwalt nur wegen eines Teils der ihm im Hauptverfahren gemachten Vorwürfe für überführt angesehen, hinsichtlich des anderen Teils aber nicht, dürfen ihm nicht die durch die Verfolgung in diesem anderen Fall entstandenen Kosten auferlegt werden. Dass dem verurteilten Rechtsanwalt die entstandenen Kosten auch nur teilweise auferlegt werden können, besagt schon der Wortlaut des § 197 Abs. 1. Im Übrigen sind im anwaltsgerichtlichen Verfahren gemäß § 116 die entsprechenden Vorschriften der Strafprozessordnung sinngemäß anzuwenden (BGHSt 21, 211, 212 = NJW 1967, 894). Nach § 465 Abs. 2 StPO braucht der Angeklagte im Strafverfahren nicht die besonderen Auslagen des Gerichts zu tragen, die durch Untersuchungen zur Aufklärung bestimmter belastender oder entlastender Umstände in der Voruntersuchung und im Hauptverfahren entstanden sind, wenn die Untersuchung zu Gunsten des Angeklagten ausgegangen ist und wenn es unbillig wäre, den Angeklagten damit zu belasten. Danach ist es für die Kostenentscheidung ohne Bedeutung, dass über den Vorwurf einer aus mehreren Anschuldigungspunkten zusammengesetzten Berufspflichtverletzung nur einheitlich entschieden werden darf. Dieser Grundsatz gilt sowohl für abtrennbare Teile einer Tat wie auch für eine von mehreren vorgeworfenen Gesetzesverletzungen (BGHSt 24, 81, 90 = NJW 1971, 1048, 1050). Zum Ausspruch der Auslagenteilung zwischen RAK und Verurteiltem vgl. *Meyer-Goßner,* 57. Aufl. 2014, StPO § 465 Rn. 5 ff.

III. Kosten bei Einstellung nach Erlöschen der Zulassung

5 Durch Gesetz vom 30.7.2009 (BGBl. I S. 2449) wurden in Abs. 1 S. 2 nach dem Wort „Erlöschen" die Wörter „Rücknahme oder Widerrufs" gestrichen, da sie als Unterfälle des Erlöschens (§ 13) nicht gesondert genannt werden müssen (BT-Drs. 16/11385, 47). Wird das anwaltsgerichtliche Verfahren wegen Erlöschens der Zulassung zur Rechtsanwaltschaft eingestellt (§ 139 Abs. 3 Nr. 1), so muss der Rechtsanwalt die entstandenen Kosten (→ § 195 Rn. 3 ff.) ebenfalls tragen, soweit nach dem Ergebnis des bisherigen Verfahrens die Verhängung einer anwaltsgerichtlichen Maßnahme gerechtfertigt gewesen wäre (EGH Hamm Beschluss vom 21.6.1994 – (2) 6 EVY 2/94). Das Gericht muss also unter Zugrundelegung des Akteninhalts und des Beweisergebnisses bis zur Einstellungsentscheidung prüfen, wie es im Zeitpunkt der Einstellung (§ 139 Abs. 3 Nr. 1) geurteilt hätte, ob danach die Verhängung einer anwaltsgerichtlichen Maßnahme gerechtfertigt gewesen wäre. Bei dieser Würdigung gilt der Grundsatz in dubio pro reo, der sinngemäß auch im anwaltsgerichtlichen Verfahren zu beachten ist (EGH Hamm Beschluss vom 21.6.1994 – (2) 6 EVY 4/94). Lässt sich nicht feststellen, dass die Verhängung einer anwaltsgerichtlichen Maßnahme gerechtfertigt gewesen wäre, sind die Kosten nach § 198 der RAK aufzuerlegen (NdsAGH Beschluss vom 13.6.2012 – AGH 5/12 (I1)). Aus der Regelung des § 197 Abs. 1 S. 3 ergibt sich, dass lediglich für die Entscheidung über die Kosten weitere Ermittlungen nicht zu treffen sind.

6 Wird nach der Einstellung des Verfahrens ein Verfahren zum Zwecke der Beweissicherung (§§ 148, 149) durchgeführt, zählen die Kosten (§ 195) dieses Beweissicherungsverfahrens zu den Kosten des anwaltsgerichtlichen Verfahrens; für ein solches Beweissicherungsverfahren bedarf es deshalb keiner eigenen Kostenentscheidung.

IV. Kosten in den übrigen Fällen der Einstellung

7 **1. Tod des Rechtsanwalts.** Wird das Verfahren wegen des Todes des Rechtsanwalts eingestellt, dann gilt § 465 Abs. 3 StPO, dh der Nachlass des Verstorbenen haftet nicht für die Kosten (→ § 139 Rn. 12).

2. Einstellung nach § 139 Abs. 3 Nr. 2 iVm § 115b. Auch bei einer Einstellung des Hauptverfahrens nach § 139 Abs. 3 Nr. 2 können dem Rechtsanwalt die Kosten ganz oder teilweise auferlegt werden, wenn hierfür triftige Gründe bestehen. 8

3. Einstellung nach § 116 S. 2 iVm § 260 Abs. 3 StPO. Wird das Verfahren nach § 116 S. 2 iVm § 260 Abs. 3 StPO wegen eines Verfahrenshindernisses eingestellt, dann gilt für die Kosten und Auslagenentscheidung § 467 StPO entsprechend (BGHSt 21, 211, 212 = NJW 1967, 894). 9

4. Einstellung nach §§ 153 ff. StPO. Wird das Verfahren nach §§ 153 ff. StPO eingestellt, dann gilt wegen der notwendigen Auslagen des Rechtsanwalts nach § 116 S. 2 die einschränkende Vorschrift des § 467 Abs. 4 StPO. 10

5. Einstellung in der Rechtsmittelinstanz. In der Rechtsmittelinstanz gelten bei Einstellung des Verfahrens dieselben Grundsätze wie im erstinstanzlichen Verfahren (EG Köln Beschluss vom 20.4.1994 – EV 216/91). Hat die Staatsanwaltschaft zu Gunsten des Rechtsanwalts ein Rechtsmittel gegen ein verurteilendes erstinstanzliches Urteil eingelegt und muss nunmehr das Verfahren eingestellt werden, so ist Abs. 1 S. 2 mit der Maßgabe entsprechend anzuwenden, dass nicht geprüft wird, ob nach den Ergebnissen des bisherigen Verfahrens das Rechtsmittel der Staatsanwaltschaft zu einem für den Rechtsanwalt ungünstigeren Ergebnis geführt hätte, sondern nur, ob nach dem Ergebnis des bisherigen Verfahrens die Verhängung einer anwaltsgerichtlichen Maßnahme gerechtfertigt gewesen wäre. Im Übrigen ist Nr. 1211 und 1311 des Gebührenverzeichnisses zu § 195 zu berücksichtigen. 11

V. Kosten bei erfolglosen oder zurückgenommenen Rechtsmitteln

Nach Abs. 2, der insoweit identisch ist mit § 473 Abs. 1 StPO, sind dem Rechtsanwalt, der ein Rechtsmittel zurückgenommen oder ohne Erfolg eingelegt hat, zugleich die durch dieses Verfahren entstandenen Kosten (§ 195) aufzuerlegen. Hatte das Rechtsmittel nur teilweise Erfolg, dann kann dem Rechtsanwalt ein angemessener Teil der Kosten auferlegt werden (Abs. 2 S. 2). Dabei ist ergänzend § 473 Abs. 4 S. 1 StPO heranzuziehen (BGH BeckRS 2013, 00679 Rn. 10). 12

Die Rechtsmittel mehrerer Beteiligter gegen ein und dieselbe Entscheidung sind hinsichtlich ihres Erfolgs getrennt zu betrachten (BGH EGE IX, 104). 13

VI. Kosten im Wiederaufnahmeverfahren

Nach Abs. 3 ist für die Kosten (§ 195), die durch einen Antrag auf Wiederaufnahme des durch ein rechtskräftiges Urteil abgeschlossenen Verfahrens verursacht worden sind, Abs. 2 entsprechend anwendbar. Zudem gelten die im Gebührenverzeichnis zu § 195 in der Vorbem. 1 Abs. 3 GV festgelegten Grundsätze. Hat der Wiederaufnahmeantrag im Ganzen keinen Erfolg, muss der Rechtsanwalt die gesamten Kosten tragen. Hat der Wiederaufnahmeantrag teilweise Erfolg, kann dem Rechtsanwalt nach Abs. 3, Abs. 2 S. 2 ein angemessener Teil der Kosten auferlegt werden. Wird der Wiederaufnahmeantrag als unzulässig verworfen, ist er erfolglos und sind dem Rechtsanwalt ebenfalls die Kosten des Wiederaufnahmeverfahrens aufzuerlegen (EGH Schleswig EGE IX, 213). 14

VII. Haftung Mitverurteilter

Sind mehrere Rechtsanwälte wegen derselben Tat im selben Verfahren zu einer anwaltsgerichtlichen Maßnahme verurteilt worden, ist § 466 StPO entsprechend anzuwenden. Sie haften für die Kosten nach § 195, also auch für die Auslagen als Gesamtschuldner. Sind aber Auslagen durch Untersuchungshandlungen entstanden, die sich ausschließlich gegen einen der Mitverurteilten richten, so hat das Gericht den anderen Mitverurteilten von der Mithaftung für diese Auslagen zu befreien. 15

VIII. Freispruch des Rechtsanwalts

Im Falle des Freispruchs des Rechtsanwalts können die Kosten (§ 195) weder dem Rechtsanwalt noch einem Dritten auferlegt werden und folglich fallen diese der RAK zur Last (§ 198 Abs. 1, § 116 S. 2 iVm § 467 Abs. 1 StPO; BGHSt 21, 211, 212 = NJW 1967, 894). Gleiches 16 gilt im Falle der Feststellung der Rechtswidrigkeit in einem vom Ausgang der Hauptsache unabhängigen Zwischenverfahren (AGH Rostock Beschluss vom 20.9.2012 – AGH 5/12 (I/3)). Zu den zu erstattenden notwendigen Auslagen des freigesprochenen Rechtsanwalts zählen auch die Kosten für seinen Verteidiger, soweit diese sich im Rahmen der Gebührenordnung halten (→ § 199 Rn. 6). Da ein beschuldigter Rechtsanwalt nicht sein eigener Verteidiger sein kann (BGH NJW 1954, 1415; → § 117a Rn. 3), wäre es inkonsequent und widersprüchlich, bei der Bemessung der notwendigen Auslagen zu unterstellen, der Rechtsanwalt sei doch als sein eigener anwaltlicher Verteidiger tätig geworden. **Folglich können dem Rechtsanwalt bei Freispruch im anwaltsgerichtlichen und im gerichtlichen Rügeverfahren nach § 74a Verteidigergebühren für seine eigene Person nicht erstattet werden** (vgl. AGH Bln BRAK-Mitt. 1997, 176; NdsAGH BRAK-Mitt. 2002, 147 Ls. 3 und 4; verfassungsgemäß BVerfGE 53, 207, 212 = NJW 1980, 1677; BVerfG NStZ 1988, 282; NJW 1994, 242; → § 116 Rn. 38 zu § 464a StPO). Die Kosten des Verfahrens, die der Angeschuldigte durch eine schuldhafte Säumnis verursacht hat, werden ihm auferlegt (§ 467 Abs. 2 StPO).

IX. Anfechtung der Kostenentscheidung

17 Die sofortige Beschwerde (§ 116 S. 2 iVm § 464 Abs. 3 S. 1 StPO) gegen die Kostenentscheidung des AGH ist nach § 116 S. 2 iVm § 304 Abs. 4 S. 2 StPO unzulässig (BGH BRAK-Mitt. 1982, 35; 2008, 221; BeckRS 2012, 07430 Rn. 2). Gegen die Kostenentscheidung des Anwaltsgerichts ist die **sofortige Beschwerde** nach § 116 S. 2 iVm § 464 Abs. 3 StPO zulässig, wenn die Wertgrenze von 200 Euro erreicht ist (§ 116 S. 2 iVm § 304 Abs. 3 StPO).

§ 197a Kostenpflicht in dem Verfahren bei Anträgen auf anwaltsgerichtliche Entscheidung gegen die Androhung oder die Festsetzung des Zwangsgelds oder über die Rüge

(1) [1] **Wird der Antrag auf anwaltsgerichtliche Entscheidung gegen die Androhung oder die Festsetzung des Zwangsgelds oder über die Rüge als unbegründet zurückgewiesen, so ist § 197 Abs. 1 Satz 1 entsprechend anzuwenden.** [2] **Stellt das Anwaltsgericht fest, daß die Rüge wegen der Verhängung einer anwaltsgerichtlichen Maßnahme unwirksam ist (§ 74a Abs. 5 Satz 2) oder hebt es den Rügebescheid gemäß § 74a Abs. 3 Satz 2 auf, so kann es dem Rechtsanwalt die in dem Verfahren entstandenen Kosten ganz oder teilweise auferlegen, wenn es dies für angemessen erachtet.**

(2) **Nimmt der Rechtsanwalt den Antrag auf anwaltsgerichtliche Entscheidung zurück oder wird der Antrag als unzulässig verworfen, so gilt § 197 Abs. 2 Satz 1 entsprechend.**

(3) [1] **Wird die Androhung oder die Festsetzung des Zwangsgelds aufgehoben, so sind die notwendigen Auslagen des Rechtsanwalts der Rechtsanwaltskammer aufzuerlegen.** [2] **Das gleiche gilt, wenn der Rügebescheid, den Fall des § 74a Abs. 3 Satz 2 ausgenommen, aufgehoben wird oder wenn die Unwirksamkeit der Rüge wegen eines Freispruchs des Rechtsanwalts im anwaltsgerichtlichen Verfahren oder aus den Gründen des § 115a Abs. 2 Satz 2 festgestellt wird (§ 74a Abs. 5 Satz 2).**

1 Im Falle der Zurückweisung der Anträge nach §§ 57 Abs. 3 und 74a als unbegründet, gilt § 197 Abs. 1 S. 1 entsprechend. Zudem sind GV 1120 und 1230 zu beachten. Auch hier kommt eine teilweise Auferlegung der Kosten (§ 195) in Betracht, wenn das Anwaltsgericht zwar den Antrag nach § 74a zurückweist, aber es einen Teil der im Rügebescheid angesehenen Verfehlungen als nicht gegeben ansieht (→ § 197 Rn. 4). In den Fällen des § 74a Abs. 5 S. 2 und 74a Abs. 3 S. 2 kann das Anwaltsgericht dem Rechtsanwalt die in dem Verfahren entstandenen Kosten ganz oder teilweise auferlegen, wenn es dies für angemessen erachtet (vgl. auch Vorbem. 1 Abs. 2 GV). Dies wird in den dem § 467 Abs. 2 und 3 StPO entsprechenden Fällen gerechtfertigt sein.

2 Nimmt der Rechtsanwalt den Antrag auf anwaltsgerichtliche Entscheidung zurück oder wird der Antrag als unzulässig verworfen, gilt § 197 Abs. 2 S. 1 entsprechend, dh es sind ihm die Kosten aufzuerlegen (→ § 197 Rn. 12). Hat der Rechtsanwalt mit seinem Antrag auf gerichtliche Entscheidung über die Rüge (§ 74a) Erfolg, trägt nach Abs. 3 die RAK die notwendigen

Auslagen des Rechtsanwalts, es sei denn, die Rüge wird im Hinblick auf eine anderweitige Ahndung aufgehoben (Abs. 3 S. 2).

3 Ist der Antrag auf anwaltsgerichtliche Entscheidung gegen die Androhung oder die Festsetzung des Zwangsgelds unbegründet, sind nach §§ 197a Abs. 1 S. 1, 197 Abs. 1 S. 1 die Kosten dem Rechtsanwalt aufzuerlegen (AGH NRW Beschluss vom 22.11.2013 – 1 AGH 28/13). Ist der Antrag unzulässig, folgt die Kostentragungspflicht des Rechtsanwalts aus §§ 197a Abs. 2 S. 1, 197a Abs. 2 S. 1 (vgl. AGH NRW Beschluss vom 8.11.2011 – 1 AGH 4/09). Wird die Androhung oder Festsetzung des Zwangsgelds aufgehoben, hat die RAK nach § 197a Abs. 3 dem Rechtsanwalt dessen notwendigen Auslagen zu erstatten (AGH NRW Beschluss vom 15.7.2011 – 1 AGH 26/11). Gleiches gilt, wenn die Auskunft zeitlich nach dem Beschluss der RAK erteilt wird und diese dem Antrag auf gerichtliche Entscheidung nicht abhilft, weil auch in diesem Fall der Beschluss der RAK im gerichtlichen Verfahren aufzuheben ist (AGH NRW Beschluss vom 31.8.2012 – 1 AGH 9/11). Wird die Auskunft im gerichtlichen Verfahren erst nach der Nichtabhilfeentscheidung erteilt und hebt die RAK trotz gerichtlichen Hinweises ihren Beschluss nicht vor der Beschlussfassung des Anwaltsgerichtshofs auf, sind ihr ebenfalls nach § 197a Abs. 3 die außergerichtlichen Auslagen des Rechtsanwalts aufzuerlegen, auch wenn nicht nur der Beschluss, sondern auch die Nichtabhilfeentscheidung zu Recht ergangen ist. Denn die RAK ist zur Vermeidung der Folgen aus § 197a Abs. 3 gehalten, auch die im Verlauf des weiteren Verfahrens vor dem AGH erteilten Auskünfte zu erteilen und ergangene Beschlüsse auch zu diesem Zeitpunkt noch aufzuheben. Geschieht dies, so tritt Erledigung der Hauptsache ein mit der Folge, dass unter Berücksichtigung der in § 197a vorgesehenen Kostenfolgen nach billigem Ermessen zu entscheiden ist (AGH NRW Beschluss vom 28.3.2014 – 1 AGH 47/12).

4 Ein Anspruch des Rechtsanwalts auf Ersatz der notwendigen Auslagen bei Aufhebung des Rügebescheids besteht auch dann, wenn der Betroffene sich nicht zur Sache eingelassen hat (EGH Berlin BRAK-Mitt. 1984, 93). Gemäß Abs. 3 S. 1 iVm §§ 464 Abs. 2, 467 StPO muss das Gericht ausdrücklich und eindeutig über die notwendigen Auslagen des Rechtsanwalts entscheiden, auch wenn der Rügebescheid aufgehoben wird. Die Entscheidung lediglich über die Kosten des Verfahrens enthält keine Entscheidung über die notwendigen Auslagen des Rechtsanwalts. Fehlt eine derartige Entscheidung, hat derjenige die Auslagen zu tragen, bei dem sie entstanden sind (AGH Bln BRAK-Mitt. 1996, 265; AGH NRW Beschluss vom 6.6.2014 – 2 AGH 6/14). Dem betroffenen Rechtsanwalt können aber bei Freispruch im gerichtlichen Rügeverfahren gemäß § 74a die Verteidigergebühren für seine eigene Person nicht erstattet werden (vgl. AGH Bln BRAK-Mitt. 1997, 176; NdsAGH BRAK-Mitt. 2002, 147 Ls. 3 und 4; verfassungsgemäß BVerfGE 53, 207, 212 = NJW 1980, 1677; BVerfG NStZ 1988, 282; NJW 1994, 242; → § 116 Rn. 38 zu § 464a StPO).

§ 198 Haftung der Rechtsanwaltskammer

(1) **Auslagen, die weder dem Rechtsanwalt noch einem Dritten auferlegt oder von dem Rechtsanwalt nicht eingezogen werden können, fallen der Rechtsanwaltskammer zur Last, welcher der Rechtsanwalt angehört.**

(2) [1] **In dem Verfahren vor dem Anwaltsgericht haftet die Rechtsanwaltskammer den Zeugen und Sachverständigen für die ihnen zustehende Entschädigung oder Vergütung in dem gleichen Umfang, in dem die Haftung der Staatskasse nach der Strafprozeßordnung begründet ist.** [2] **Bei weiterer Entfernung des Aufenthaltsorts der geladenen Personen ist ihnen auf Antrag ein Vorschuß zu bewilligen.**

I. Allgemeines

1 Durch Gesetz vom 22.12.2006 (BGBl. I S. 3416, 3418) wurde in § 198 Abs. 1 S. 1 das Wort „Kosten“ durch das Wort „Auslagen“ ersetzt. In Abs. 2 wurden nach dem Wort „Entschädigung“ die Wörter „oder Vergütung“ eingefügt. Durch die Änderung des Abs. 1 wurde sichergestellt, dass die Haftung der RAK in dem Umfang beibehalten bleibt, in dem sie bereits nach dem bisherigen Recht bestand. Danach haftete die RAK aber nur für die Auslagen und nicht auch für die Gerichtskosten (6. Aufl. § 195 Rn. 1 ff.; § 198 Rn. 1). Die Regelung stellt sicher, dass dies so bleibt und eine Haftung der RAK für die neu eingeführten Gerichtsgebühren (§ 195) nicht

begründet wird (BT-Drs. 16/3038, 33; *Rick* AnwBl. 2007, 213, 214). Denn die berufsgerichtlichen Verfahren finden im öffentlichen Interesse statt und dienen in erster Linie dem Schutz der rechtsuchenden Bürger.

2 Die Änderung in § 198 Abs. 2 S. 1 ist eine Folge der Umstellung der Sachverständigenvergütung vom Entschädigungsprinzip auf das Vergütungsprinzip durch das Kostenrechtsmodernisierungsgesetz von 2004 (BT-Drs. 16/3038, 33). So wird sichergestellt, dass auch die Vergütung des Sachverständigen von der Haftung der RAK nach § 198 weiter erfasst wird.

II. Auffanghaftung der RAK (Abs. 1)

3 Nach Abs. 1, der für alle Instanzen des anwaltsgerichtlichen Verfahrens gilt, fallen die Auslagen, die weder dem Rechtsanwalt (§ 197) noch einem Dritten (zB Zeugen oder Verteidiger: § 116 S. 2 iVm §§ 51 Abs. 1, 145 Abs. 4 StPO) auferlegt oder von dem Rechtsanwalt nicht eingezogen werden können, der RAK zur Last, welcher der Rechtsanwalt angehört. Wird der Rechtsanwalt rechtskräftig freigesprochen, gleichgültig in welcher Instanz und auf wessen Rechtsmittel hin der Freispruch erfolgt ist, sind folglich die Auslagen nicht der Staatskasse, sondern der RAK aufzuerlegen (vgl. BGHSt 21, 211, 212 = NJW 1967, 894). Zu den Gerichtskosten vgl. § 195.

4 Hat das Gericht in einem rechtskräftigen Urteil zu Unrecht der Staatskasse statt der RAK die Kosten eines Rechtsmittels und die dem Rechtsanwalt entstandenen notwendigen Auslagen auferlegt, ist eine nachträgliche Berichtigung verfahrensrechtlich nicht möglich. Die Auswechslung des Kostenschuldners im Tenor des verkündeten Urteils wäre eine sachliche Änderung, die über die bloße Beseitigung einer offenbaren Unrichtigkeit hinausgeht (vgl. *Meyer-Goßner,* 57. Aufl. 2014, StPO § 268 Rn. 10). Können die Auslagen von dem Rechtsanwalt, dem sie auferlegt wurden (§ 197), nicht eingezogen werden (§§ 199, 205), fallen sie ebenfalls der RAK zur Last.

5 Da die §§ 195–199 keine Regelung für die Erstattung der Auslagen beinhalten, sie aber auch keine erschöpfende Regelung darstellen, durch die eine Erstattung von Auslagen im anwaltsgerichtlichen Verfahren ausgeschlossen wird, muss nach § 116 S. 2 die entsprechende Vorschrift der StPO sinngemäße Anwendung finden. Gemäß § 467 Abs. 1 StPO müssen daher die notwendigen Auslagen eines freigesprochenen Angeschuldigten der RAK auferlegt werden (BGHSt 21, 211, 212 = NJW 1967, 894; → § 195 Rn. 9).

6 Dazu gehören die Verteidigergebühren im Rahmen der Gebührenordnung; nicht aber auch im Falle der Selbstverteidigung ein entsprechendes Verteidigerhonorar (vgl. AGH Bln BRAK-Mitt. 1997, 176; NdsAGH BRAK-Mitt. 2002, 147 Ls. 3 und 4 = Beschluss vom 22.11.2001 – AGH 26/01; verfassungsgemäß: BVerfGE 53, 207, 212 = NJW 1980, 1677; BVerfG NStZ 1988, 282; NJW 1994, 242; → § 116 Rn. 38 zu § 464a StPO). Die Kosten eines eingestellten anwaltsgerichtlichen Ermittlungsverfahrens können nicht der RAK auferlegt werden. Sie sind, abgesehen von dem Sonderfall des § 469 StPO, von der Staatskasse zu tragen (EGH Hamm EGE X, 150).

III. Zeugen- und Sachverständigenentschädigung (Abs. 2)

7 Abs. 2 S. 1 gilt lediglich für das erstinstanzliche Verfahren vor dem Anwaltsgericht. Die RAK haftet den Zeugen und Sachverständigen für die ihnen zustehende Entschädigung im gleichen Umfang, in dem durch §§ 71, 84 StPO iVm dem Justizvergütungs- und -entschädigungsgesetz (JVEG) die Haftung der Staatskasse begründet ist. In dem Verfahren vor dem Anwaltsgerichtshof und dem BGH haftet die Staatskasse (§ 71 StPO). Zeugen und Sachverständige, die aus weiter Entfernung zum Gericht – gleich welcher Instanz – anreisen, muss auf Antrag ein Vorschuss bewilligt werden (Abs. 2 S. 2; vgl. auch § 3 JVEG).

§ 199 Festsetzung der Kosten des Verfahrens vor dem Anwaltsgericht

(1) **Die Kosten, die der Rechtsanwalt in dem Verfahren vor dem Anwaltsgericht zu tragen hat, werden von dem Vorsitzenden der Kammer des Anwaltsgerichts durch Beschluß festgesetzt.**

(2) [1] **Gegen den Festsetzungsbeschluß kann der Rechtsanwalt binnen einer Notfrist von zwei Wochen, die mit der Zustellung des Beschlusses beginnt, Erinnerung ein-**

legen. 2 Über die Erinnerung entscheidet das Anwaltsgericht, dessen Vorsitzender den Beschluß erlassen hat. 3 Gegen die Entscheidung des Anwaltsgerichts kann der Rechtsanwalt sofortige Beschwerde einlegen. 4 Die Verfahren sind gebührenfrei. 5 Kosten werden nicht erstattet.

I. Geltungsbereich der Vorschrift

Die Entscheidung über die Kosten (§ 197) enthält nur die Feststellung, dass der Verurteilte die Kosten zu tragen hat. Sie ergeht, ohne dass vorher zu prüfen wäre, in welcher Höhe Kosten entstanden sind. Diese Fragen werden in dem nachfolgenden Festsetzungsverfahren geklärt. Nach Abs. 1 können ausschließlich **Kosten aus dem Verfahren vor dem Anwaltsgericht,** also nur dem ersten Rechtszug, festgesetzt werden. Kosten, die vor dem AGH oder dem BGH entstanden sind, werden wie Kosten im Strafverfahren festgesetzt (§ 116 S. 2 iVm § 464b StPO) und nach § 205 Abs. 2 nach den Bestimmungen für die Beitreibung von Gerichtskosten eingezogen (EGH München BRAK-Mitt. 1984, 93). 1

II. Kostenfestsetzung zu Lasten des Rechtsanwalts (Abs. 1)

Voraussetzung für die Kostenfestsetzung nach Abs. 1 ist, dass eine rechtskräftige Kostengrundentscheidung vorliegt, dem Rechtsanwalt die Kosten des Verfahrens ganz oder teilweise (§§ 196–197a) auferlegt worden sind. Zuständig für die Kostenfestsetzung ist der Vorsitzende der Kammer des Anwaltsgerichts, die das verurteilende Erkenntnis erlassen hat. **Gegenstand der Festsetzung** sind nur die im ersten Rechtszug entstandenen Kosten (→ § 195 Rn. 3 f.). Der Kostenbetrag aus der Berufungsinstanz ist im Verfahren nach § 199 nicht zu berücksichtigen (EGH München BRAK-Mitt. 1984, 93). Der Vorsitzende prüft, ob die Voraussetzungen für eine Festsetzung gegeben sind und entscheidet durch Beschluss, der, da gegen ihn die befristete Erinnerung gegeben ist (Abs. 2), zu begründen (§ 116 S. 2 iVm § 34 StPO entsprechend; OLG Düsseldorf JurBüro 1981, 1540) und mit einer Rechtsmittelbelehrung zu versehen ist (§ 116 iVm § 35a StPO). Der Kostenfestsetzungsbeschluss muss insbesondere das Vollstreckungsverhältnis, dh die Bestimmung der Verfahrensbeteiligten, unter denen die Vollstreckung stattfinden soll und die Bezeichnung der Kostengrundentscheidung umfassen (NdsAGH BRAK-Mitt. 2002, 147 Ls. 1). Der Beschluss ist dem Rechtsanwalt zuzustellen (Abs. 2 iVm § 116 S. 2, § 35 Abs. 2 S. 1 StPO), im Falle einer Teilfestsetzung mit einer Teilantragszurückweisung beiden Seiten. Für die Beitreibung gilt § 205. 2

III. Erinnerung, sofortige Beschwerde (Abs. 2)

Gegen den Kostenfestsetzungsbeschluss des Vorsitzenden der Kammer des Anwaltsgerichts kann der Rechtsanwalt binnen einer Notfrist (§ 37 Abs. 1 S. 2 StPO, § 187 S. 2 ZPO) von zwei Wochen **Erinnerung** einlegen. Die Notfrist beginnt mit der Zustellung des Beschlusses. Der Vorsitzende kann der Erinnerung abhelfen. Hilft der Vorsitzende der Erinnerung nicht ab, entscheidet darüber die Kammer des Anwaltsgerichts, dessen Vorsitzender den Beschluss erlassen hat. Da die BRAO für das Verfahren der Kammer keine Bestimmung trifft, ist § 104 Abs. 3 S. 3 ZPO entsprechend anzuwenden. Hiernach kann ohne mündliche Verhandlung entschieden werden. Die Entscheidung ergeht durch Beschluss, der mit Gründen zu versehen ist (§ 116 S. 2 iVm § 34 StPO) und dem Rechtsanwalt zuzustellen (§ 116 S. 2 iVm § 35 Abs. 2 S. 1 StPO) ist. Dem Rechtsanwalt ist dabei eine Rechtsmittelbelehrung über die Möglichkeit der sofortigen Beschwerde zu erteilen. Eine solche ist in entsprechender Anwendung des § 35a StPO auch bei den mit einem befristeten Rechtsmittel anfechtbaren Entscheidungen im Kostenfestsetzungsverfahren nach § 199 erforderlich (EGH München BRAK-Mitt. 1984, 93). Gegen die Entscheidung des Anwaltsgerichts kann der Rechtsanwalt binnen einer Woche **sofortige Beschwerde** einlegen. Für das Verfahren gelten die §§ 311, 311a StPO iVm § 116 S. 2. Die Zulässigkeit der sofortigen Beschwerde ist anders als in § 66 Abs. 2 S. 1 GKG vorgesehen nicht davon abhängig, dass der Wert des Beschwerdegegenstands 200 Euro übersteigt (Gaier/Wolf/Göcken/*Riedel* § 199 Rn. 4). Auf eine zulässige Beschwerde prüft das Beschwerdegericht die angefochtene Entscheidung grundsätzlich in vollem Umfang (NdsAGH BRAK-Mitt. 2002, 147). War dem Rechtsanwalt keine Rechtsmittelbelehrung über die Möglichkeit der sofortigen Beschwerde erteilt worden, kann ihm gegen die Versäumung der Beschwerdefrist auch ohne ausdrücklichen Antrag 3

Wiedereinsetzung in den vorigen Stand gewährt werden (EGH München BRAK-Mitt. 1984, 93). Zuständig zur Entscheidung über die sofortige Beschwerde ist der Anwaltsgerichtshof. Eine weitere Beschwerde findet nach § 195 S. 2, § 66 Abs. 3 S. 3 GKG nicht statt (BGH BeckRS 2012, 14808). Mit dem durch Gesetz vom 22.12.2006 (BGBl. I S. 3416, 3418) angefügten S. 4 soll erreicht werden, dass die Gebühr nach GV 1220 (→ § 195 Rn. 11 Anh.) nicht auch auf Kostenbeschwerden Anwendung findet. Dies entspricht der Regelung in § 66 Abs. 8 GKG (BT-Drs. 16/3038, 33). Deshalb ergeht die Entscheidung des AGH gebührenfrei und ohne Kostenerstattung (S. 4 und S. 5).

IV. Kostenfestsetzung zugunsten des Rechtsanwalts

4 Im Falle des Freispruchs des Rechtsanwalts und wenn er Anspruch auf Erstattung seiner etwaigen Auslagen hat oder ihm die Kosten nur teilweise auferlegt wurden (→ § 197 Rn. 4), sind nach § 116 S. 2 iVm § 464b StPO die dem Rechtsanwalt zu erstattenden Auslagen im Verfahren vor dem Anwaltsgericht in gleicher Weise nach § 199 festzusetzen wie die von ihm zu zahlenden Kosten. In diesem Fall hat die RAK die gleichen Rechtsbehelfe, wie sie der Rechtsanwalt nach Abs. 2 hat (Henssler/Prütting/*Dittmann* § 199 Rn. 5). Auch diese sind gebührenfrei (Abs. 2 S. 4). Der Auffassung des AGH Bln (BRAK-Mitt. 1997, 176, ihm folgend Gaier/Wolf/Göcken/*Riedel* § 199 Rn. 7), dass § 199 nicht anzuwenden, sondern entsprechend § 116 S. 2 BRAO, § 464b S. 3 StPO iVm § 104 Abs. 1 ZPO vielmehr das Gericht, also die Kammer des Anwaltsgerichts zuständig sei, ist nicht zu folgen (wie hier NdsAGH BRAK-Mitt. 2002, 147). Der Regelung des § 199 ist zu entnehmen, dass im Verfahren vor dem Anwaltsgericht die Kosten durch den Vorsitzenden festzustellen sind, weil dieser an die Stelle des Urkundsbeamten der Geschäftsstelle tritt, den es beim Anwaltsgericht nicht gibt (→ § 141 Rn. 1). Zum Ausschluss der Erstattung von Verteidigergebühren **bei eigener Verteidigung** vgl. AGH Bln BRAK-Mitt. 1997, 176; NdsAGH BRAK-Mitt. 2002, 147 Ls. 3 und 4; verfassungsgemäß BVerfGE 53, 207, 212 = NJW 1980, 1677; BVerfG NStZ 1988, 282; NJW 1994, 242; → § 116 Rn. 38 zu § 464a StPO.

V. Kostenfestsetzung zugunsten von Zeugen und Sachverständigen

5 Für die Kostenfestsetzung zugunsten von Zeugen und Sachverständigen gilt das Justizvergütungs- und -entschädigungsgesetz (JVEG) vom 5.5.2004 (BGBl. I S. 3416). Nach § 4 JVEG erfolgt die gerichtliche Festsetzung, wenn sie beantragt wird, durch die Kammer des Anwaltsgerichts und nicht durch den Vorsitzenden allein. Hinsichtlich säumiger Zeugen gelten nach § 116 S. 2 die §§ 51, 464b StPO entsprechend (→ § 116 Rn. 38).

VI. Vergütung des Verteidigers

6 Die Vergütung des bestellten Verteidigers wird nach den Vorschriften der §§ 45 ff. RVG iVm VV 6200 RVG festgesetzt.

Dritter Abschnitt *[aufgehoben]*

§§ 200–203 *[aufgehoben]*

Elfter Teil. Die Vollstreckung der anwaltsgerichtlichen Maßnahmen und der Kosten. Die Tilgung

§ 204 Vollstreckung der anwaltsgerichtlichen Maßnahmen

(1) **Die Ausschließung aus der Rechtsanwaltschaft (§ 114 Abs. 1 Nr. 5) wird mit der Rechtskraft des Urteils wirksam.**

(2) **Warnung und Verweis (§ 114 Abs. 1 Nr. 1 und 2) gelten mit der Rechtskraft des Urteils als vollstreckt.**

(3) **[1]Die Geldbuße (§ 114 Abs. 1 Nr. 3) wird auf Grund einer von dem Vorsitzenden der Kammer des Anwaltsgerichts erteilten, mit der Bescheinigung der Rechtskraft versehenen beglaubigten Abschrift der Entscheidungsformel nach den Vorschriften vollstreckt, die für die Vollstreckung von Urteilen in bürgerlichen Rechtsstreitigkeiten gelten. [2]Sie fließt der Rechtsanwaltskammer zu. [3]Die Vollstreckung wird von der Rechtsanwaltskammer betrieben.**

(4) **Die Beitreibung der Geldbuße wird nicht dadurch gehindert, daß der Rechtsanwalt nach rechtskräftigem Abschluß des Verfahrens aus der Rechtsanwaltschaft ausgeschieden ist.**

(5) **[1]Das Verbot, als Vertreter und Beistand auf bestimmten Rechtsgebieten tätig zu werden (§ 114 Abs. 1 Nr. 4), wird mit der Rechtskraft des Urteils wirksam. [2]In die Verbotsfrist wird die Zeit eines gemäß § 150 oder § 161a angeordneten vorläufigen Verbots eingerechnet.**

I. Ausschließung aus der Rechtsanwaltschaft

1. Vollstreckung. Mit der Rechtskraft des Ausschließungsurteils (§ 114 Abs. 1 Nr. 5) erlischt unmittelbar und kraft Gesetzes die Zulassung zur Rechtsanwaltschaft (§ 13). Der Betroffene verliert seine durch die Zulassung erlangte (§§ 6, 12) Eigenschaft als Rechtsanwalt. 1

Abs. 1 S. 2 wurde durch Gesetz vom 30.7.2009 (BGBl. I S. 2449) aufgehoben. § 204 Abs. 1 S. 2 aF regelte die Streichung der Verurteilten aus den Anwaltslisten, die bis zum 1.6.2007 bei Gericht geführt wurden (§ 31 aF). Nachdem diese Listen durch das Gesetz zur Stärkung der Selbstverwaltung der Rechtsanwaltschaft vom 26.3.2007 (BGBl. I S. 358) abgeschafft worden waren, konnte § 204 Abs. 1 S. 2 aF entfallen (BT-Drs. 16/11385, 47; → § 31 Rn. 1 ff.). 2

2. Wirkungen. Nach der Ausschließung aus der Rechtsanwaltschaft darf der frühere Rechtsanwalt die Berufsbezeichnung nicht mehr führen (→ § 13 Rn. 3; § 132a Abs. 1 Nr. 2 StGB). Im Rechtsanwaltsverzeichnis wird er nach § 31 Abs. 4 S. 1 gelöscht. Selbst zur Erbringung außergerichtlicher Rechtsdienstleistungen ist er nicht mehr berechtigt (§ 3 RDG). Der Verlust der Zulassung lässt wegen der Schutzbedürftigkeit des Mandanten zugleich die einem Rechtsanwalt erteilte Vollmacht entfallen (Baumbach/Lauterbach/Albers/*Hartmann*, 73. Aufl. 2015, ZPO § 86 Rn. 6; Zöller/*Vollkommer*, 30. Aufl. 2014, ZPO § 86 Rn. 5; dazu ebenfalls neigend BGHZ 166, 117, 123 = NJW 2006, 2260, 2261 f.; offengelassen von BGH NJW-RR 2008, 1290; **aA** Musielak/*Weth*, 11. Aufl. 2012, ZPO § 86 Rn. 7; Stein/Jonas/*Bork*, 22. Aufl. 2004, ZPO § 86 Rn. 10). Die nach dem Verlust der Zulassung von dem Betroffenen für die von ihm im Anwaltsprozess vertretene Partei vorgenommenen Prozesshandlungen sind unwirksam. Im Parteiprozess sind sie nicht allein wegen der beendeten Zulassung unwirksam (BGHZ 166, 117, 123 = NJW 2006, 2260, 2261). Ferner tritt in anhängigen Anwaltsprozessen durch den Ausschluss des Prozessbevollmächtigten aus der Rechtsanwaltschaft gemäß § 244 Abs. 1 ZPO eine Unterbrechung des Verfahrens ein (BGHZ 111, 104, 106 = NJW 1990, 1854; Musielak/*Stadler*, 11. Aufl. 2012, ZPO § 244 Rn. 3; Zöller/*Greger*, 30. Aufl. 2014, ZPO § 244 Rn. 3; → § 155 Rn. 2, 10). Dies wiederum hat nach § 249 Abs. 1 ZPO zur Folge, dass der Lauf aller prozessualen Fristen aufhört und nach Beendigung der Unterbrechung von neuem beginnt. Während der Dauer der Unterbrechung kann das Urteil nicht wirksam zugestellt werden (BGHZ 111, 104, 108 = NJW 1990, 1854). 3

4 Wird dem Betroffenen gegen die Versäumung der Frist zur Berufung gegen das Ausschließungsurteil Wiedereinsetzung in den vorigen Stand gewährt, so wird die zunächst eingetretene Rechtskraft des angefochtenen Urteils mit rückwirkender Kraft beseitigt, das angefochtene Urteil wird also als solches behandelt, dem von Anfang an die Endgültigkeit gefehlt hat (BGHZ 98, 325, 328 = NJW 1987, 327, 328).

5 Daraus ergibt sich, dass auch die Rechtsfolgen der zunächst eingetretenen Rechtskraft mit rückwirkender Kraft entfallen. Deshalb gilt sowohl das Erlöschen seiner Zulassung als Anwalt als auch die Unterbrechung des Rechtsstreits als nicht eingetreten. Prozesshandlungen, die der Rechtsanwalt zwischen der – zunächst eingetretenen – Rechtskraft des Ausschließungsurteils und der Gewährung der Wiedereinsetzung vornimmt, sind wirksam (BGHZ 98, 325, 239 = NJW 1987, 327, 328, **aA** soweit es um die Beseitigung der Unterbrechungswirkung in einem von diesem Anwalt geführten anderen Prozess geht Zöller/*Greger,* 30. Aufl. 2014, ZPO § 244 Rn. 6 mwN). Für eine erneute Zulassung gilt § 7 Nr. 3.

II. Vertretungsverbot

6 Das Verbot, als Vertreter und Beistand auf bestimmten Rechtsgebieten tätig zu werden (§ 114 Abs. 1 Nr. 4), wird mit der Rechtskraft des Urteils wirksam und ist in das Rechtsanwaltsverzeichnis einzutragen (§ 31 Abs. 3). Die Verbotszeit verkürzt sich um die Zeit, für die nach § 150 oder § 161a in demselben Verfahren ein vorläufiges Verbot bestand (Abs. 5 S. 2). Dabei kommt es nicht darauf an, ob das Rechtsgebiet, für das das Verbot nach § 114 Abs. 1 Nr. 4 ausgesprochen ist, identisch ist mit dem, für das das vorläufige Vertretungsverbot bestand. Zu Aufschub und Aussetzung des Vertretungsverbots → § 116 Rn. 38 zu § 456c StPO und zur gerichtlichen Entscheidung über die Auslegung des Urteils vgl. § 116 iVm § 458 StPO. Das Vertretungsverbot bedarf, wie sich aus § 114a Abs. 3 S. 2 ergibt, zu seiner Durchsetzung der Mitteilung an die betroffenen Gerichte (→ § 114a Rn. 11). Betrifft das Vertretungsverbot das Gebiet des Zivilrechts, wird der Rechtsanwalt ebenfalls unfähig, die Vertretung der Partei fortzuführen und im Anwaltsprozess tritt eine Unterbrechung des Verfahrens ein (BGHZ 66, 58, 61; Zöller/*Greger,* 30. Aufl. 2014, ZPO § 244 Rn. 3). Auch im Anwaltsprozess nach anderen Verfahrensordnungen (zB vor dem BVerwG und dem OVG, § 67 Abs. 3 S. 1 VwGO) kann eine Unterbrechung eintreten, wenn das Vertretungsverbot dieses Rechtsgebiet erfasst.

III. Geldbuße

7 Die Geldbuße (§ 114 Abs. 1 Nr. 3) wird aufgrund einer von dem Vorsitzenden der Kammer des Anwaltsgerichts erteilten, mit der Bescheinigung der Rechtskraft versehenen beglaubigten Abschrift der Entscheidungsformel vollstreckt. Auch hier ist gleichgültig, welche Instanz der Anwaltsgerichtsbarkeit das rechtskräftige Urteil erlassen hat, so dass der Vorsitzende der Kammer des Anwaltsgerichts auch dann zuständig ist, wenn ein Gericht höherer Instanz auf die Geldbuße erkannt hat. Die Vollstreckung erfolgt nach den Vorschriften, die für die Vollstreckung von Urteilen in bürgerlichen Rechtsstreitigkeiten gelten (§§ 750 ff. ZPO; BGH NJW-RR 2009, 1581 = BRAK-Mitt. 2009, 177). Mit dieser auf die ursprüngliche Fassung der BRAO zurückgehenden Regelung wollte der Gesetzgeber für die Vollstreckung von Geldbußen die gleiche Rechtslage herstellen wie für die Vollstreckung von Kammerbeiträgen nach dem heutigen § 84 Abs. 3 (→ § 84 Rn. 7 ff.) und des Zwangsgelds nach dem heutigen § 57 Abs. 4. Danach kann sich der Rechtsanwalt gegen Verstöße gegen formelles Vollstreckungsrecht mit der **Erinnerung nach § 766 ZPO an das Vollstreckungsgericht (§ 764 ZPO)** zur Wehr setzen. Gegen die Vollstreckung des Kammerbeitrags ist nach § 84 Abs. 3 die **Vollstreckungsgegenklage** (§ 767 ZPO) zulässig, und zwar **zu den ordentlichen Gerichten,** die allerdings an die Kammerbeschlüsse gebunden sind (BGHZ 55, 255 = NJW 1971, 705). § 116 S. 2 iVm § 458 Abs. 1 StPO ist insoweit nicht anwendbar. Angesichts des Willens des Gesetzgebers, die gleiche Rechtslage zu schaffen, liegt es sowohl beim Zwangsgeld nach § 57 als auch bei der Geldbuße nach § 204 Abs. 3 genauso (BGH NJW-RR 2009, 1581 = BRAK-Mitt. 2009, 177), so dass das ordentliche Gericht an die Maßnahmenentscheidung zu § 114 Abs. 1 Nr. 4 gebunden ist.

8 Die Vollstreckung wird **von der RAK als Titelgläubigerin** betrieben, dh – sofern die Kammerversammlung nicht Abweichendes beschließt – von dem Schatzmeister (§ 83). Die Geldbuße fließt der RAK zu (Abs. 3 S. 3). Diese Regelung ist dadurch gerechtfertigt, dass die Anwaltskammer nach § 98 Abs. 2 die finanziellen Lasten der Anwaltsgerichtsbarkeit zu tragen

hat (§ 89 Abs. 2, § 95 Abs. 1 S. 3). Abweichend von § 750 Abs. 1 ZPO ist bei Vollstreckung der Geldbuße eine vorherige oder gleichzeitige Zustellung der Entscheidungsformel nicht erforderlich; einer Vollstreckungsklausel bedarf es nicht. Auf die Geldbuße ist § 197 Abs. 1 Nr. 3 BGB entsprechend anwendbar, so dass diese erst nach dreißig Jahren verjährt (*Feuerich* AnwBl. 1988, 133; Henssler/Prütting/*Dittmann* § 115 Rn. 1).

Die Beitreibung der Geldbuße wird nicht dadurch gehindert, dass der Rechtsanwalt nach rechtskräftigem Abschluss des Verfahrens aus der Rechtsanwaltschaft ausgeschieden ist (Abs. 4). Endigt die Mitgliedschaft des Verurteilten bei der Kammer erst nach der Rechtskraft der Entscheidung, so soll dies der Vollstreckung nicht hindernd entgegenstehen, wenn nur der Verurteilte während der ganzen Dauer des Verfahrens der Zwangsgewalt der Anwaltskammer unterlag. Erlischt die Zulassung des Angeschuldigten zur Rechtsanwaltschaft vorher oder wird sie vorher zurückgenommen oder widerrufen, dann ist das Verfahren nach § 139 Abs. 3 Nr. 1 einzustellen mit der Kostenfolge aus § 197 Abs. 1 S. 2 (→ § 197 Rn. 5, 6). 9

IV. Warnung und Verweis

Warnung und Verweis (§ 114 Abs. 1 Nr. 1 und 2) gelten nach Abs. 2 mit der Rechtskraft des Urteils als vollstreckt, einer Vollstreckung im engeren Sinne sind auch sie nicht fähig. Dies gilt auch bei der selbständigen anwaltsgerichtlichen Maßnahme der **Koppelung von Verweis und Geldbuße** (§ 114 Abs. 2; → § 205a Rn. 6; → § 114 Rn. 17, 18) hinsichtlich des Maßnahmeanteils des Verweises. Die Vollstreckung hinsichtlich der Geldbuße erfolgt auch in diesem Fall nach Abs. 3. 10

§ 205 Beitreibung der Kosten

(1) **Die Kosten, die in dem Verfahren vor dem Anwaltsgericht entstanden sind, werden auf Grund des Festsetzungsbeschlusses (§ 199) entsprechend § 204 Abs. 3 beigetrieben.**

(2) [1]**Die Kosten, die vor dem Anwaltsgerichtshof oder dem Bundesgerichtshof entstanden sind, werden nach den Vorschriften eingezogen, die für die Beitreibung der Gerichtskosten gelten.** [2]**Die vor dem Anwaltsgerichtshof entstandenen Kosten hat die für das Oberlandesgericht zuständige Vollstreckungsbehörde beizutreiben, bei dem der Anwaltsgerichtshof errichtet ist.**

(3) **§ 204 Abs. 4 ist entsprechend anzuwenden.**

I. Verfahrenskosten beim Anwaltsgericht

Die Beitreibung der in Verfahren vor dem Anwaltsgericht entstandenen Kosten geschieht auf der Grundlage einer Kostenentscheidung nach § 116 in Verbindung mit § 464 StPO und der dementsprechenden Festsetzung der Kosten durch den Vorsitzenden der Kammer des Anwaltsgerichts nach § 199. Dieser Festsetzungsbeschluss des Kammervorsitzenden muss mit der Bescheinigung der Rechtskraft versehen sein, die auf der beglaubigten Abschrift des Festsetzungsbeschlusses angebracht wird (§§ 204 Abs. 3, 205 Abs. 1). 1

Die Vollstreckung wird sodann nach den §§ 205 Abs. 1, 204 Abs. 3 S. 2 von der **RAK als Titelgläubiger** betrieben. Die beigetriebenen Kosten fließen aus den zu § 204 angeführten Gründen der RAK zu (→ § 204 Rn. 8). Die Kosten der Berufung können vom Kammervorsitzenden nicht nach § 199 Abs. 1 mit festgesetzt werden (EGH München BRAK-Mitt. 1984, 93). 2

II. Verfahrenskosten beim AGH und BGH

Die **Beitreibung** der in dem Verfahren vor dem AGH entstandenen Kosten, zu denen neben den Gerichtskosten des anwaltsgerichtlichen Verfahrens auch die in den Verfahren nach §§ 57 Abs. 3, 112a ff. entstehenden gehören werden nach den Vorschriften des Gerichtskostengesetzes und der Kostenordnung angesetzt. Die Beitreibung erfolgt nach Abs. 2 durch die für das OLG zuständige Vollstreckungsbehörde, bei dem der AGH errichtet ist, nach den Vorschriften, die für 3 die Beitreibung der Gerichtskosten gelten, also nach den Vorschriften der Justizbeitreibungsordnung (EGH München BRAK-Mitt. 1984, 93).

4 Für die Beitreibung der in dem Verfahren vor dem BGH entstandenen Kosten gelten die gleichen Grundsätze wie für den AGH. Zuständig für die Beitreibung ist nach § 2 Abs. 2 JBeitrO das Bundesamt für Justiz.

III. Ausscheiden des Rechtsanwalts aus der Rechtsanwaltschaft

5 Nach § 205 Abs. 3 iVm § 204 Abs. 4 wird die Beitreibung der Kosten nicht dadurch gehindert, dass der Rechtsanwalt nach rechtskräftigem Abschluss des Verfahrens aus der Rechtsanwaltschaft ausgeschieden ist.

§ 205a Tilgung

(1) [1] **Eintragungen in den über den Rechtsanwalt geführten Akten über eine Warnung sind nach fünf, über einen Verweis oder eine Geldbuße nach zehn Jahren zu tilgen, auch wenn sie nebeneinander verhängt wurden.** [2] **Die über diese anwaltsgerichtlichen Maßnahmen entstandenen Vorgänge sind aus den über den Rechtsanwalt geführten Akten zu entfernen und zu vernichten.** [3] **Nach Ablauf der Frist dürfen diese Maßnahmen bei weiteren anwaltsgerichtlichen Maßnahmen nicht mehr berücksichtigt werden.**

(2) **Die Frist beginnt mit dem Tage, an dem die anwaltsgerichtliche Maßnahme unanfechtbar geworden ist.**

(3) **Die Frist endet nicht, solange gegen den Rechtsanwalt ein Strafverfahren, ein anwaltsgerichtliches oder ein berufsgerichtliches Verfahren oder ein Disziplinarverfahren schwebt, eine andere berufsgerichtliche Maßnahme oder bei Anwaltsnotaren eine Disziplinarmaßnahme berücksichtigt werden darf oder ein auf Geldbuße lautendes Urteil noch nicht vollstreckt worden ist.**

(4) **Nach Ablauf der Frist gilt der Rechtsanwalt als von anwaltsgerichtlichen Maßnahmen nicht betroffen.**

(5) [1] **Die Absätze 1 bis 4 gelten für Rügen des Vorstandes der Rechtsanwaltskammer entsprechend.** [2] **Die Frist beträgt fünf Jahre.**

(6) [1] **Eintragungen über strafgerichtliche Verurteilungen oder über andere Entscheidungen in Verfahren wegen Straftaten, Ordnungswidrigkeiten oder der Verletzung von Berufspflichten, die nicht zu einer anwaltsgerichtlichen Maßnahme oder Rüge geführt haben, sowie über Belehrungen der Rechtsanwaltskammer sind auf Antrag des Rechtsanwalts nach fünf Jahren zu tilgen.** [2] **Absatz 1 Satz 2 sowie die Absätze 2 und 3 gelten entsprechend.**

Übersicht

I. Folge der Tilgung für anwaltsgerichtliche Verfahren und Zulassungsverfahren

§ 205a regelt die Tilgung bestimmter anwaltsgerichtlicher Maßnahmen und Rügen des Kammervorstands aus den über den Rechtsanwalt geführten Akten mit der Folge, dass diese bei weiteren anwaltsgerichtlichen Maßnahmen und Rügeverfahren nicht mehr berücksichtigt werden dürfen. Dabei macht es keinen Unterschied, ob die Akten bei den Behörden der Justizverwaltung oder bei den Rechtsanwaltskammern geführt werden. Elektronisch geführte Akten sind in der Weise zu bereinigen, dass eine Wiederherstellung der Eintragung ausgeschlossen ist (Gaier/Wolf/Göcken/*Riedel* § 205a Rn. 2). 1

Neben den eigentlichen Personalakten (§ 58) sind auch die bei den Rechtsanwaltskammern über den Rechtsanwalt geführten Akten, soweit sie Vorgänge über anwaltsgerichtliche Verfahren und solche der in Abs. 6 genannten Art enthalten, einbezogen. Die staatsanwaltlichen oder anwaltsgerichtlichen Akten selbst fallen dagegen nicht unter die Bestimmung des § 205a; für ihre Vernichtung gelten die allgemeinen Vorschriften (vgl. die Aufbewahrungsbestimmungen der Länder). Bis zum Eintritt der Tilgungsreife nach § 205a Abs. 1 und 2 dürfen Eintragungen über anwaltsgerichtliche Maßnahmen und die Rüge verwertet werden (BGH NJW-RR 1996, 244 = AnwBl. 1996, 52). § 205a gilt für das Zulassungsverfahren nur eingeschränkt. Zur Verwertbarkeit im Zulassungsverfahren nach Straftilgung → § 7 Rn. 49. 2

II. Tilgbare und untilgbare Eintragungen

Die gesetzliche Tilgungsregelung des § 205a gilt lediglich für die Maßnahmen der Warnung, des Verweises, der Geldbuße (§ 114 Abs. 1 Nr. 1–3) einschließlich der gemäß § 114 Abs. 2 kumulativ verhängten Maßnahmen und für die Rügen des Vorstands der RAK, soweit es um deren Verwendung bei weiteren anwaltsgerichtlichen Maßnahmen bzw. Rügeentscheidungen des Kammervorstands geht. 3

Die schwerwiegenden Maßnahmen des Verbots nach § 114 Abs. 1 Nr. 4 und der Ausschließung aus der Rechtsanwaltschaft (§ 114 Abs. 1 Nr. 5) werden niemals getilgt, da für sie in § 205a Abs. 1 eine Tilgungsregelung nicht vorgesehen ist (Henssler/Prütting/*Dittmann* § 205a Rn. 2). Da bei Vorliegen einer solchen niemals zu tilgenden Maßnahme iSd § 205a Abs. 3 ständig „eine andere anwaltsgerichtliche Maßnahme berücksichtigt werden darf", führt das dazu, dass auch andere Eintragungen, die sonst nach Ablauf der Tilgungsfrist gelöscht werden könnten, niemals mehr gelöscht werden können (Gaier/Wolf/Göcken/*Riedel* § 205a Rn. 17). Nicht der Tilgung unterliegende Maßnahmen und Rügen können sowohl in einem weiteren Rügeverfahren als auch im anwaltsgerichtlichen Verfahren zum Nachteil des Rechtsanwalts berücksichtigt werden. 4

Durch Art. 4 Nr. 2 des Gesetzes zur Änderung der BNotO und anderer Gesetze vom 31.8.1998 (BGBl. I S. 2585, 2596) wurde in § 205a Abs. 1 S. 1 bestimmt, dass auch die nebeneinander verhängten Maßnahmen eines Verweises und einer Geldbuße (§ 114 Abs. 2) einer zehnjährigen Tilgungsfrist unterliegen. Damit soll eine dem § 110a BNotO entsprechende Tilgungsregelung auch für die BRAO gelten (amtliche Begründung, BT-Drs. 13/4184, 39). 5

III. Tilgungsfristen

1. Fristen. Die Maßnahmen der Warnung, des Verweises, der Geldbuße (§ 114 Abs. 1 Nr. 1–3, Abs. 2) und die Rüge des Vorstands der RAK (§ 74) sind nach dem Ablauf bestimmter Fristen zu tilgen: 6

- Die vom Anwaltsgericht verhängte Maßnahme der Warnung ist nach fünf Jahren zu tilgen (§ 205a Abs. 1 S. 1).
- Auch eine vom Vorstand der RAK ausgesprochene Rüge ist nach Ablauf von fünf Jahren zu tilgen (§ 205a Abs. 5 S. 2).
- Die vom Anwaltsgericht verhängten Maßnahmen des Verweises, der Geldbuße und der kumulativ verhängten Maßnahmen des Verweises und der Geldbuße (§ 114 Abs. 2) sind nach zehn Jahren zu tilgen (§ 205a Abs. 1 S. 1).

6a Die genannten Fristen sind auch dann maßgebend, wenn die anwaltsgerichtliche Maßnahme oder die Rüge auf einem Sachverhalt gründet, der Gegenstand einer strafrechtlichen Verurteilung war und die Eintragung dieser Verurteilung im Bundeszentralregister einer kürzeren Tilgungsfrist gemäß § 51 BZRG unterliegt (Gaier/Wolf/Göcken/*Riedel* § 205a Rn. 11; BGH NJW-RR 1996, 244 = AnwBl. 1996, 52).

7 **2. Beginn der Frist.** Die Tilgungsfrist für die der Tilgung unterliegenden Maßnahmen und Rügen (→ § 205a Rn. 2–6) beginnt an dem Tag, an dem die anwaltsgerichtliche Maßnahme bzw. die Rüge des Kammervorstands unanfechtbar geworden ist (§ 205a Abs. 2 und Abs. 5 S. 1).

8 **3. Ablauf der Frist.** Nach Ablauf der Frist gilt der Rechtsanwalt in einem neuen anwaltsgerichtlichen bzw. Rügeverfahren als von anwaltsgerichtlichen Maßnahmen bzw. einer Rüge des Kammervorstands nicht betroffen (Abs. 4 iVm Abs. 5 S. 1). § 205a Abs. 4 gilt nicht für das Zulassungsverfahren (BGHZ 55, 242 = NJW 1971, 1041). Die Tilgungsfrist endet regelmäßig an dem gleichen Tage nach fünf oder zehn Jahren, an welchem sie begonnen hat.

9 **4. Hemmung der Frist.** Nach § 205a Abs. 3 ist aber der Fristenablauf in verschiedenen Fällen gehemmt. Das bedeutet, dass zunächst die Tilgungsfrist weiterläuft, aber dann, wenn im Zeitpunkt des Fristablaufs einer der Gründe des Abs. 3 noch vorliegt, die Frist gleichwohl nicht endet. Erst nach Beendigung des Strafverfahrens, des anwaltsgerichtlichen Verfahrens pp., dh nach Wegfall des Hindernisses für die Beendigung der Frist, entscheidet sich, ob sich aus dem vorläufigen Hindernis für den Fristablauf ein endgültiges (zB bei Verurteilung im anwaltsgerichtlichen Verfahren zu einer Maßnahme nach § 114 Abs. 1 Nr. 4 und 5, Abs. 2) oder ein neues vorläufiges Hindernis (zB bei Verurteilung zu einer Maßnahme nach § 114 Abs. 1 Nr. 1–3 oder ein neues anwaltsgerichtliches Verfahren) ergibt oder ob die Frist endgültig abgelaufen ist.

10 **a) Berücksichtigung anwaltsgerichtlicher Maßnahmen pp.** Die Frist endet nicht, solange eine andere berufsgerichtliche Maßnahme oder bei Anwaltsnotaren eine Disziplinarmaßnahme berücksichtigt werden darf. Maßgeblich für die Tilgungsreife ist immer die letzte gegen den Rechtsanwalt verhängte anwaltsgerichtliche Maßnahme (EGH Celle Urteil vom 21.3.1988 – EGH 11/87) oder die letzte Disziplinarmaßnahme. Eine noch nicht tilgungsreife Rüge des Kammervorstands hindert aber nicht den Ablauf der Tilgungsfrist für eine anwaltsgerichtliche Maßnahme (Henssler/Prütting/*Dittmann* § 205a Rn. 9). Ist also zuletzt eine nicht der Tilgung unterliegende Maßnahme (§ 114 Abs. 1 Nr. 4 und 5) verhängt worden, dann bleiben alle bis dahin noch nicht getilgten Maßnahmen und Rügen auf Dauer ungetilgt.

11 **b) Schwebendes Strafverfahren.** Die Frist endet nicht, solange gegen den Rechtsanwalt ein Strafverfahren schwebt, dh es muss nicht nur ein staatsanwaltschaftliches Ermittlungsverfahren eingeleitet, sondern bereits ein strafgerichtliches Verfahren anhängig sein. Das Ergebnis des Strafverfahrens ist für die Hemmung des Fristablaufs bedeutungslos.

12 Auch ein später durch Freispruch beendetes Strafverfahren hat die hemmende Wirkung. Die frühere Maßnahme oder Rüge wird getilgt, wenn das neue Verfahren mit einem Freispruch endet. Andernfalls richtet sich die Tilgung nach der Tilgung der nunmehr ausgesprochenen Maßnahme oder Rüge.

13 **c) Schwebendes anwaltsgerichtliches Verfahren.** Die Frist endet nicht, solange gegen den Rechtsanwalt ein anwaltsgerichtliches Verfahren schwebt. Wird der Rechtsanwalt in diesem anwaltsgerichtlichen Verfahren verurteilt, dann kann die früher verhängte Maßnahme in diesem Urteil berücksichtigt werden und richtet sich die Tilgungsfrist für die frühere Verurteilung nunmehr nach der Tilgungsfrist für die neue Verurteilung (BayAGH BRAK-Mitt. 1996, 171; Urteil vom 27.11.2002 – BayAGH II 2/02). Wenn der Rechtsanwalt rechtskräftig freigesprochen wird, wird die Zeit während der das anwaltsgerichtliche Verfahren schwebte, bei der Fristberechnung mitberücksichtigt, dh war im Zeitpunkt des rechtskräftigen Freispruchs die Tilgungsfrist bereits abgelaufen, ist nunmehr die Eintragung zu tilgen. Ist die Tilgungsfrist unter Einrechnung der Zeit des schwebenden anwaltsgerichtlichen Verfahrens noch nicht abgelaufen, läuft die Frist regulär weiter.

14 **d) Schwebendes berufsrechtliches oder Disziplinarverfahren.** Die Tilgungsfrist endet nicht, solange ein berufsgerichtliches Verfahren oder ein Disziplinarverfahren schwebt. Gemeint

sind die Verfahren des § 118a iVm § 115b. Zur Fristberechnung gilt das zu lit. c Gesagte (→ Rn. 13).

e) Fehlende Vollstreckung eines auf Geldbuße lautenden Urteils. Die Frist endet ebenfalls nicht, solange ein auf Geldbuße lautendes Urteil noch nicht vollstreckt worden ist, dh innerhalb der Tilgungsfrist die Geldbuße nicht gezahlt worden ist. Im Hinblick auf die zehnjährige Tilgungsfrist (§ 205a Abs. 1 S. 1) dürfte die Vorschrift keine große praktische Bedeutung haben. Auf die Geldbuße ist § 197 Nr. 3 BGB entsprechend anwendbar (→ § 204 Rn. 8). 15

IV. Entfernung aus den Personalakten

Ist die Tilgungsfrist abgelaufen, sind die über die zu tilgenden Maßnahmen bzw. Rüge entstandenen Vorgänge aus den über den Rechtsanwalt geführten Akten zu entfernen und zu vernichten (§ 205a Abs. 1 S. 2). Gemeint sind die über den Rechtsanwalt geführten Personalakten des § 58 und die bei dem Kammervorstand geführten Akten über den Rechtsanwalt, aber bei Doppelberuflern auch die Personalakten, die bei anderen Institutionen, zB der Notarkammer über ihn geführt werden (*Isele* § 205a Anm. IV A 1). 16

Die Handakten der Staatsanwaltschaft und die anwaltsgerichtlichen Akten sind davon nicht betroffen. Für ihre Vernichtung gelten die allgemeinen Vorschriften der Aktenordnung. Zu tilgende oder bereits getilgte Maßnahmen und Rügen dürfen bei weiteren Rügeverfahren und anwaltsgerichtlichen Maßnahmen nicht mehr berücksichtigt werden (§ 205a Abs. 1 S. 3). § 205a Abs. 1 S. 3 beinhaltet insoweit ein allgemeines Verwertungsverbot. Der Rechtsanwalt gilt demgemäß nach Abs. 4 nach Ablauf der Tilgungsfrist als von anwaltsgerichtlichen Maßnahmen und Rügen nicht betroffen und der Rechtsanwalt kann ohne Verstoß gegen das Wahrheitsgebot sich als unbestraft nach der BRAO bezeichnen. 17

V. Behandlung sonstiger den Rechtsanwalt betreffende Eintragungen

§ 205a Abs. 6 hat die Tilgungsmöglichkeit dadurch erweitert, dass auch Eintragungen über strafgerichtliche Verurteilungen oder andere Entscheidungen in Verfahren wegen Straftaten, Ordnungswidrigkeiten oder Verletzung von Berufspflichten, die nicht zu einer anwaltsgerichtlichen Maßnahme oder Rüge geführt haben, sowie über Belehrungen der RAK ebenfalls getilgt werden können. Der Rechtsanwalt kann jedoch, insbesondere zur Abwehr von zivilrechtlichen Ansprüchen, ein Interesse daran haben, dass die Vorgänge bei seinen Akten bleiben. Diese Vorgänge sollen daher nur auf Antrag des Rechtsanwalts aus den Personalakten entfernt werden (amtliche Begründung, BT-Drs. 11/3253, 27). Zu den „anderen Entscheidungen in Verfahren wegen Straftaten“ pp. gehören auch freisprechende Urteile, Einstellungsverfügungen nach § 170 Abs. 2 StPO und Einstellungen aus Opportunitätserwägungen nach §§ 153 ff. StPO. Bei Freisprüchen, insbesondere auch im Strafverfahren, kann es im Interesse des Rechtsanwalts liegen, diese bei den Personalakten zu belassen, um sich bei Wiederholung früherer Vorwürfe durch Verweis auf den Freispruch zu entlasten. Entsprechendes gilt auch für Einstellungen nach § 172 StPO. Die Gründe weswegen Verurteilungen, Freisprüche pp. nicht zu einer anwaltsgerichtlichen Maßnahme oder Rüge geführt haben, können unterschiedlicher Natur sein, zB das Fehlen der besonderen Ahndungsvoraussetzungen des § 113 Abs. 2, der Ausschluss einer zusätzlichen Ahndung gemäß § 115b, bzw. das Fehlen der besonderen Voraussetzungen des § 118 Abs. 2 oder die Einstellung aus Opportunitätserwägungen nach § 116 S. 2 iVm §§ 153 ff. StPO. Eine Tilgung dieser Eintragungen setzt den Ablauf der Fünfjahresfrist und das Vorliegen eines Tilgungsantrags des Rechtsanwalts voraus. Die Regelung betrifft aber nicht den sonstigen Inhalt der Personalakten wie Zivilurteile pp. (→ § 58 Rn. 6 ff., 10). Da auch Abs. 6 sich nicht nur auf die Personalakten im eigentlichen Sinne (§ 58) bezieht, sondern auch auf die bei den Rechtsanwaltskammern geführten Akten (→ § 205a Rn. 1, 16), wird damit zutreffend vorausgesetzt, dass der Rechtsanwalt auch ein Einsichtsrecht in diese über ihn geführten Akten hat, um ggf. die Entfernung solcher Eintragungen auch aus diesen Akten beantragen zu können. 18

VI. Eintragung berufsrechtlicher Entscheidungen im Bundeszentralregister

1. Zweck der Eintragung. Bestimmte berufsrechtliche Entscheidungen nach der BRAO sind nach § 10 Abs. 2 und 3 BZRG auch im Bundeszentralregister einzutragen. § 10 Abs. 2 BZRG 19 verfolgt den Zweck, den zuständigen Behörden die Kenntnis von Entscheidungen zu verschaffen, die für die Zulassung zu einem Beruf oder die Entfernung aus ihm benötigt werden. § 10 Abs. 3 BZRG regelt die Eintragung der Tatsache, dass eine nach Abs. 2 eingetragene vollziehbare Entscheidung unanfechtbar geworden ist (*Rebmann/Uhlig* 1985 BZRG § 10 Rn. 2; *Götz/Tolzmann,* 5. Aufl. 2015, BZRG § 10 Rn. 31).

20 **2. Eintragung von Entscheidungen der Landesjustizverwaltung bzw. der Rechtsanwaltskammer.** Nach § 10 BZRG ist somit jede Entscheidung der Landesjustizverwaltung bzw. nunmehr der RAK nach § 7 Nr. 1, 2, 5–7, durch die eine Zulassung zur Rechtsanwaltschaft versagt wird, eintragungspflichtig, da die Versagung in diesen Fällen regelmäßig wegen Unzuverlässigkeit, Ungeeignetheit oder Unwürdigkeit erfolgt. Zu §§ 7 Nr. 7; 14 Abs. 2 Nr. 3 vgl. auch *Kalf* StrV 1991, 580, „Die Behandlung von Schuldunfähigkeitsvermerken nach dem BZRG". Bei einer Versagung nach § 7 Nr. 3 und 4 bedarf es keiner Eintragung, da bei Entscheidungen dieser Art keine persönlichen Voraussetzungen geprüft werden und der Versagungsgrund bereits nach § 10 Abs. 2 Nr. 2 BZRG im Register einzutragen ist. Die Versagungsgründe nach § 7 Nr. 8, 9 und 10 führen dann zur Eintragung, wenn im Einzelfall die Versagung wegen Unzuverlässigkeit, Ungeeignetheit oder Unwürdigkeit erfolgte (*Götz/Tolzmann,* 5. Aufl. 2015, BZRG § 10 Rn. 22). Das ist im Einzelfall von der mitteilungspflichtigen Stelle zu prüfen. Auch bei dem Widerruf der Zulassung nach § 14 Abs. 2 Nr. 4 ist im Einzelfall zu prüfen, ob dies wegen Unzuverlässigkeit, Ungeeignetheit oder Unwürdigkeit geschieht, was zur Eintragungspflicht führt. Die Rücknahme bzw. der Widerruf der Zulassung in den übrigen Fällen des § 14 Abs. 1 und 2 ist grundsätzlich eintragungspflichtig, nicht aber in den Fällen des § 14 Abs. 3 nF Die Versagung der Zulassung bei einem Gericht nach dem aufgehobenen § 20 war nicht eintragungspflichtig. Der in § 7 nicht aufgeführte Versagungsgrund der fehlenden Befähigung zum Richteramt nach § 4 ist nicht im Register einzutragen, da das Fehlen der erwerbbaren Sachkunde keine Ungeeignetheit ergibt (*Götz/Tolzmann,* 5. Aufl. 2015, BZRG § 10 Rn. 23).

21 **3. Eintragung anwaltsgerichtlicher Entscheidungen.** Die anwaltsgerichtliche Ahndung von Pflichtverletzungen nach § 114 Abs. 1 Nr. 5 ist stets im Bundeszentralregister einzutragen. Die Tatsache, dass es sich bei dieser Entscheidung um eine Disziplinarmaßnahme handelt, berührt die Mitteilungspflicht nicht, da die Entscheidung des Anwaltsgerichts immer eine gerichtliche Entscheidung iSd § 10 Abs. 2 BZRG darstellt. Aus diesen Gründen ist auch die Verhängung eines Vertretungsverbots nach § 114 Abs. 1 Nr. 4 sowie des Berufs- und Vertretungsverbots als vorläufige Maßnahme nach §§ 150 ff. eintragungspflichtig.

22 **4. Zuständigkeit für die Mitteilungen.** Zuständig für die entsprechenden Mitteilungen ist nach § 1 Abs. 1 Nr. 2 und 3 der Allgemeinen Verwaltungsvorschrift zur Durchführung des Bundeszentralregistergesetzes vom 16.12.2008 (BZRGVwV) hinsichtlich der gerichtlichen Entscheidung das Gericht, hier also das Anwaltsgericht und im Übrigen die Verwaltungsbehörde, dh die jeweilige RAK.

23 **5. Verhältnis zum Bundeszentralregister.** Auch dann, wenn eine Eintragung in das Bundeszentralregister über eine strafgerichtliche Verurteilung wegen derselben Tat bereits getilgt worden oder zu tilgen ist, dürfen entsprechende Eintragungen über anwaltsgerichtliche Maßnahmen bis zum Eintritt der berufsrechtlichen Tilgungsreife nach § 205a Abs. 1 S. 1 und Abs. 2 verwertet werden. § 205a ist gegenüber den Regeln des BZRG die speziellere Regelung (BGH NJW-RR 1996, 244 = AnwBl. 1996, 52). Da im Übrigen nach § 115b die Tat nur bei Vorliegen eines standesrechtlichen Überhangs anwaltsgerichtlich verfolgt werden darf, führt dieses „Mehr" dazu, dass die Eintragung in den Personalakten in anwaltsgerichtlichen Verfahren wie auch in Zulassungsverfahren auch noch nach dem Eintritt der Tilgungsreife nach dem BZRG und damit auch noch nach dem Entstehen des Verwertungsverbots aus § 51 BZRG berücksichtigt werden darf. In diesen Verfahren wird das Verwertungsverbot erst mit dem Eintritt der Tilgungsreife nach § 205a Abs. 1 S. 1 und Abs. 2 wirksam. Dafür spricht auch, dass anderenfalls ausschließlich berufsrechtliche Pflichtverletzungen, die mit einer Maßnahme geahndet worden sind, in künftigen anwaltsgerichtlichen Verfahren länger verwertet werden dürften als die regelmäßig schwerer wiegenden Verfehlungen, die auch zu einer strafrechtlichen Verurteilung geführt haben (BGH NJW-RR 1996, 244 = AnwBl. 1996, 52).

Zwölfter Teil. Anwälte aus anderen Staaten

§ 206 Niederlassung (§ 34 Abs. 3 BORA)

(1) [1]Ein Angehöriger eines Mitgliedstaates der Welthandelsorganisation, der einen Beruf ausübt, der in der Ausbildung und den Befugnissen dem Beruf des Rechtsanwalts nach diesem Gesetz entspricht, ist berechtigt, sich unter der Berufsbezeichnung des Herkunftsstaates zur Rechtsbesorgung auf den Gebieten des Rechts des Herkunftsstaates und des Völkerrechts in Deutschland niederzulassen, wenn er auf Antrag in die für den Ort seiner Niederlassung zuständige Rechtsanwaltskammer aufgenommen ist. [2]Das Bundesministerium der Justiz und für Verbraucherschutz wird ermächtigt, durch Rechtsverordnung ohne Zustimmung des Bundesrates die Berufe zu bestimmen, die in der Ausbildung und den Befugnissen dem Beruf des Rechtsanwalts nach diesem Gesetz entsprechen.

(2) [1]Für die Angehörigen anderer Staaten, die einen in der Ausbildung und den Befugnissen dem Beruf des Rechtsanwalts nach diesem Gesetz entsprechenden Beruf ausüben, gilt Absatz 1 mit der Maßgabe, daß die Befugnis zur Rechtsbesorgung auf das Recht des Herkunftsstaates beschränkt ist, entsprechend, wenn die Gegenseitigkeit mit dem Herkunftsstaat verbürgt ist. [2]Das Bundesministerium der Justiz und für Verbraucherschutz wird ermächtigt, durch Rechtsverordnung ohne Zustimmung des Bundesrates die Staaten, für deren Angehörige dies gilt, und die Berufe zu bestimmen.

Schrifttum: *Barth,* Das Allgemeine Übereinkommen über den internationalen Dienstleistungshandel (GATS), EuZW 1994, 455; *ders.,* Die GATS 2000-Verhandlungen zur Liberalisierung des internationalen Dienstleistungshandels, ZEuS 2000, 273; *Errens,* Auswirkungen des GATS-Abkommens auf den Beruf des Rechtsanwalts, EuZW 1994, 460; *dies.,* Folgen des GATS-Abkommens für den Rechtsanwalt, AnwBl. 1994, 461; *Ewig,* Internationaler Dienstleistungshandel und neue Tätigkeitsfelder für die Anwaltschaft (GATS-Abkommen), NJW 1995, 434; *ders.,* Systematik und Auswirkungen des GATT-Welthandelsabkommens auf den Beruf des Rechtsanwalts, BRAK-Mitt. 1994, 205; *Henssler,* Anwaltliche Berufspflichten bei grenzüberschreitender Tätigkeit, NJW 2009, 1556; *Julius,* Die Anwaltschaft im Rahmen der deutsch-chinesischen Rechtskooperation, BRAK-Mitt. 2008, 251; *Kilian,* Vorübergehende grenzüberschreitende Rechtsdienstleistungen, Hinweise zur Neuregelung im RDG, AnwBl. 2008, 394; *Knapp,* Das Allgemeine Abkommen über den Handel mit Dienstleistungen (GATS) und seine Bedeutung für die Anwaltschaft, MittBayNot 2000, 29; *Kröber,* Vertrauensvolle Zusammenarbeit der Anwaltschaften – ein Baustein für die rechtsstaatlichen Ordnungen in Osteuropa, BRAK-Mitt. 2008, 245; *Prusak,* Deutsch-Polnische Perspektiven auf dem Rechtsberatungsmarkt, BRAK-Mitt. 2008, 247; *Rabe,* Internationales Anwaltsrecht – Dienstleistung und Niederlassung, NJW 1987, 2185; *Sassenbach/Stöhr,* Die Niederlassung ausländischer Rechtsanwälte in Deutschland, BRAK-Mitt. 2007, 155; *Schwörer,* Anwaltstitel aus dem EU-Ausland, AnwBl. 2014, M 302; *Vetter,* Die wichtigsten Änderungen der BRAO, BRAK-Mitt. 1990, 2; *Weckerling,* Gemeinsame Projekte der deutschen Anwaltschaft mit der Deutschen Stiftung für internationale rechtliche Zusammenarbeit e. V., BRAK-Mitt. 2008, 249.

I. Neuregelung des Niederlassungsrechts

Vor der BRAO-Novelle vom 13.12.1989 (BGBl. I S. 2135) bedurften ausländische Anwälte, **1** sofern sie nicht die Befähigung zum Richteramt nach deutschem Recht hatten, zur Aufnahme ihrer Tätigkeit in Deutschland einer Erlaubnis zur geschäftsmäßigen Besorgung nach Art. 1 § 1 Abs. 1 S. 2 Nr. 6 des mittlerweile aufgehobenen RBerG. Diese Erlaubnis war auf die Beratung im Recht des Herkunftsstaates sowie im Gemeinschaftsrecht beschränkt (Henssler/Prütting/*Schroeder* § 206 Rn. 1). Mit der BRAO Novelle erfolgte eine Änderung der §§ 206 und 207 und es wurde den ausländischen Anwälten die Möglichkeit eröffnet, Mitglied einer RAK zu werden. Gemäß § 206 Abs. 1 aF konnten sich Staatsangehörige von EU/EWR-Staaten zunächst als Rechtsanwälte unter der Berufsbezeichnung ihres Herkunftsstaates in Deutschland niederlassen. Ihre Befugnis zur Rechtsberatung war jedoch beschränkt auf die Gebiete des ausländischen und internationalen Rechts. Die Rechtsbesorgung im deutschen Recht, einschließlich deutschen Prozessrechts, war ausgeschlossen. Demgemäß war auch ein Auftreten vor deutschen Gerichten bei einer Niederlassung gemäß § 206 Abs. 1 aF nicht möglich (vgl. 4. Aufl. § 206 Rn. 3–7 mwN).

Die **RL 98/5/EG** (→ Teil II Nr. 9) sieht demgegenüber eine Liberalisierung der Nieder- **2** lassungsmöglichkeiten für Rechtsanwälte innerhalb der Europäischen Gemeinschaft vor. Nach dieser Richtlinie können sich Rechtsanwälte aus den Mitgliedstaaten der Europäischen Union und den Vertragsstaaten des Europäischen Wirtschaftsraums in anderen Mitglied- oder Vertragsstaaten niederlassen und ihren Beruf unter der Berufsbezeichnung des Herkunftsstaates ausüben. Dabei sind sie den Rechtsanwälten des Aufnahmestaates weitgehend gleichgestellt. Insbesondere erstreckt sich ihre Befugnis zur Rechtsberatung auf das Recht des Aufnahmestaates. Nach dreijähriger Tätigkeit im Aufnahmestaat unter der Berufsbezeichnung des Herkunftsstaates ist ihnen unter bestimmten Voraussetzungen die Vollintegration in die Anwaltschaft des Aufnahmestaates zu gewähren (BR-Drs. 567/99, 1, 56).

3 Mit dem Gesetz über die Tätigkeit **europäischer Rechtsanwälte** in Deutschland (näher zum EuRAG → Teil II Nr. 7) vom 9.3.2000 (BGBl. I S. 182) wurde diese RL 98/5/EG umgesetzt und die Niederlassungsmöglichkeiten europäischer Rechtsanwälte darin umfassend geregelt (vgl. §§ 1–15 EuRAG). Damit konnte die Vorschrift des bisherigen § 206 Abs. 1 entfallen, sie wird durch das EuRAG ersetzt. Durch Art. 2 Nr. 4a und b des Gesetzes vom 9.3.2000 (BGBl. I S. 190) wurde daher § 206 Abs. 1 aF gestrichen und wurden die bisherigen Abs. 2 und 3 die neuen Abs. 1 und 2. Gleichzeitig wurde der neue Abs. 1 (Abs. 2 aF) sprachlich neu gefasst. Der Regelungsbereich des **§ 206 nF** ist damit eingeschränkt auf Angehörige der Mitgliedstaaten der Welthandelsorganisation (Abs. 1 nF; → § 29a Rn. 20) und auf Angehörige anderer Staaten, die weder unter § 206 Abs. 1 noch des EuRAG fallen (Abs. 2 nF). Auch die durch Art. 49 AEUV (früher Art. 43 EG) garantierte Niederlassungsfreiheit verpflichtet keinen der Mitgliedstaaten, einen Bürger des eigenen oder eines anderen Mitgliedstaates, der nur einen berufsqualifizierenden Abschluss eines Drittstaates aufzuweisen hat, ohne weiteres – insbesondere ohne Prüfung der Qualifikation – zu einem qualifizierten Beruf zuzulassen (BGH AnwBl. 2004, 53 = BRAK-Mitt. 2004, 37).

II. Angehörige der Mitgliedstaaten der Welthandelsorganisation (Abs. 1)

4 Die Neuregelung des Abs. 1 (→ § 206 Rn. 1 ff.) gilt nur für die Angehörigen aus den Vertragsstaaten des Übereinkommens vom 15.4.1994 zur Errichtung der **Welthandelsorganisation** (WTO, World Trade Organization). Gemeint sind die Angehörigen der entsprechenden Berufe in den Mitgliedstaaten der WTO Staaten. Staatsangehörigkeit dieser Staaten ist nicht erforderlich; sie können auch Deutscher sein (BGH AnwBl. 2004, 53 = BRAK-Mitt. 2004, 37). Die Angehörigen aus den Vertragsstaaten dürfen eine Niederlassung in Deutschland errichten, wenn ihre Ausbildung und Stellung in ihrem Herkunftsland derjenigen eines Rechtsanwalts entspricht und sie Mitglied einer RAK geworden sind. Das Verfahren der Aufnahme in die RAK ist in § 207 geregelt (*Vetter* BRAK-Mitt. 1990, 2, 3; Gaier/Wolf/Göcken/*Eichele* § 206 Rn. 14; *Ewig* NJW 1995, 434; vgl. auch BVerwG NJW 1999, 3572; VGH Baden-Württemberg BRAK-Mitt. 2006, 45).

5 Die frühere Regelung, wonach eine Zulassung unter der Berufsbezeichnung des Herkunftsstaates nur zulässig war, sofern die **Gegenseitigkeit** mit dem Herkunftsstaat des betreffenden Rechtsanwalts verbürgt war (vgl. 2. Aufl. § 206 Rn. 8 ff.; BRAK in BRAK-Mitt. 1991, 132; 1992, 87, 128), war mit den Verpflichtungen aus dem Allgemeinen Übereinkommen über den Handel mit Dienstleistungen (GATS) nicht vereinbar. Die Regelung des § 206 Abs. 1 verzichtet daher bei Angehörigen von GATS-Vertragsstaaten (heute WTO Staaten) auf das Gegenseitigkeitserfordernis und räumt ihnen sowohl das Recht zur Beratung im Recht des Heimatstaates als auch im Völkerrecht ein (4. Aufl. § 206 Rn. 9; BT-Drs. 12/7655, 7; Henssler/Prütting/*Schroeder* § 206 Rn. 7).

6 Ist ein rechtsberatender Beruf eines Mitgliedstaates durch Rechtsverordnung des BMJV als kompatibel bestimmt worden, richtet sich das **Aufnahmeverfahren** nach § 207. Auch der WTO-Anwalt hat eine Berufshaftpflichtversicherung bei einem inländischen Versicherungsunternehmen (§ 51 Abs. 1 S. 2) nachzuweisen (vgl. *Ewig* NJW 1995, 434). Er darf nur unter der Berufsbezeichnung seines Herkunftsstaates rechtsbesorgend tätig sein; er darf sich nicht Rechtsanwalt nennen. Er ist aber berechtigt, im beruflichen Verkehr zugleich die Bezeichnung „Mitglied der Rechtsanwaltskammer" zu verwenden (vgl. § 207 Abs. 3 S. 2).

6a Die **Befugnis zur Rechtsberatung** ist im Bereich des Abs. 1 beschränkt auf das Recht des Herkunftsstaates und des Völkerrechts. Die Befugnis zur Beratung im EU-Recht wurde für die Berechtigten nach Abs. 1 von der Europäischen Kommission ausgenommen, da es nicht als internationales Recht sondern als eigene Rechtsordnung der EU-Mitgliedstaaten, die mit dem nationalen Recht eng verknüpft ist, angesehen wird. Der 206er-Anwalt ist nicht postulationsfähig gemäß § 78 ZPO (OLG Karlsruhe BeckRS 2013, 07637; bestätigt durch BGH BeckRS 2013,

07633). Da vor Gericht auch immer deutsches Prozessrecht eine Rolle spielt und er auf diesem Gebiet schon nicht befugt ist zu beraten, scheidet sein Auftreten vor Gericht aus. Für ihn gilt außerhalb seiner Rechtsbesorgungsbefugnis das Vertretungsverbot nach Abs. 1 S. 1 das RDG wie für jedermann. Gemäß § 157 ZPO wird das Gericht diesen ausländischen Rechtsanwalt in der Regel zurückweisen. Hierzu begründet das BSG (BeckRS 2013, 70614): „Soweit eine Tätigkeit als oder wie ein Rechtsanwalt in Deutschland auf dem Gebiet des Sozialversicherungsrechts nicht schon im Ansatz ausgeschlossen ist (§ 206), setzt sie entweder eine Rechtsanwaltszulassung nach § 6 Abs. 1 BRAO, §§ 11, 13, 16 Abs. 1 EuRAG oder eine Aufnahme in die für den Ort der Niederlassung zuständige Rechtsanwaltskammer nach § 2 Abs. 1 EuRAG oder die Zusammenarbeit mit einem in Deutschland zugelassenen Rechtsanwalt nach § 28 EuRAG voraus." Eine bloß gelegentliche Rechtsberatung ohne Niederlassung in der Bundesrepublik ist den Angehörigen der Mitgliedstaaten der Welthandelsorganisation verwehrt (*Ewig* NJW 1995, 434).

Der ausländische Anwalt muss durch Vorlage einer entsprechenden Bescheinigung der zustän- **7**
digen Behörde des Herkunftslandes nachweisen, dass er einen in der Ausbildung und den Befugnissen dem Beruf des Rechtsanwalts nach diesem Gesetz entsprechenden Beruf ausübt (§ 207 Abs. 1). Nach der **Verordnung zur Durchführung des § 206** vom 18.7.2002, zuletzt geändert durch die Gesetze zur Anpassung von Rechtsvorschriften des Bundes infolge des Beitritts der Republik Kroatien zur EU vom 17.6.2013 (BGBl. I S. 1555) und durch die 7. Veränderungsordnung zur Änderung der Verordnung zur Durchführung des § 206 der BRAO vom 27.11.2014 (BGBl. I S. 1993) mit Niederlassung Berufsangehöriger aus Hongkong, sind die in der Anlage 1 der Verordnung aufgeführten Anwaltsberufe genannten Berufsbezeichnungen als dem des deutschen Rechtsanwalts anerkannt. § 206 Abs. 1 S. 1 ist gemäß der Anlage zur Durchführung des § 206 auf folgende Staaten anwendbar:

Anlage 1 (zu § 1 Absatz 1)

Anwaltsberufe in Staaten und Gebieten, die Mitglieder der Welthandelsorganisation sind

– in Ägypten:	Muhami
– in Albanien:	Avokat
– in Argentinien:	Abogado
– in Australien:	Barrister, Solicitor, Legal Practitioner
– in Bolivien:	Abogado
– in Brasilien:	Advogado
– in Chile:	Abogado
– in China:	Lü shi
– in Chinesisch Taipei:	Lü shi
– in Ecuador:	Abogado
– in El Salvador:	Abogado
– in Georgien:	Adwokati
– in Ghana:	Lawyer, Legal Practitioner, Solicitor, Barrister
– in Hongkong:	Barrister/Solicitor
– in Indien:	Advocate
– in Indonesien:	Advokat
– in Israel:	Orech-Din
– in Japan:	Bengoshi
– in Kamerun:	Avocat, Advocate
– in Kanada:	Barrister, Solicitor
– in Kolumbien:	Abogado
– in der Republik Korea:	Beyonhosa, Lawyer
– in Malaysia:	Peguambela&Peguamcara, Advocate and Solicitor
– in Marokko:	Mohamin
– in Mazedonien:	Advokat
– in Mexiko:	Abogado
– in Moldau:	Avocat
– in Namibia:	Legal Practitioner, Advocate, Attorney
– in Neuseeland:	Barrister, Solicitor
– in Nigeria:	Legal Practitioner
– in Pakistan:	Wakeel, Advocate
– in Panama:	Abogado
– in Peru:	Abogado
– in den Philippinen:	Attorney

– in Singapur:	Advocate and Solicitor
– in Sri Lanka:	Attorney at law
– in Südafrika:	Attorney, Prokureur, Advocate, Advokaat
– in Thailand:	Tanaaykwaam
– in der Türkei:	Avukat
– in Tunesien:	Avocat
– in der Ukraine:	Advokat
– in Uruguay:	Abogado
– in Venezuela:	Abogado
– in den Vereinigten Staaten von Amerika	Attorney at law

III. Staatsangehörige anderer Staaten (Abs. 2)

8 Der bisherige Abs. 3 bleibt nach Art. 2 Nr. 4b Gesetz vom 9.3.2000 (BGBl. I S. 190) als neuer Abs. 2 bestehen und betrifft nur noch die Angehörigen solcher Staaten, die weder der Europäischen Union, dem EWR (vgl. EuRAG) noch den WTO-Staaten (Abs. 1) angehören. Für diese soll das Erfordernis der Gegenseitigkeitsverbürgung bestehen bleiben (amtliche Begründung, BT-Drs. 12/7655, 7). Durch den 1989 auf Vorschlag des Rechtsausschusses des Bundestages eingefügten Abs. 3, jetzt 2, wird dem Anliegen Rechnung getragen, auch Angehörigen anderer Staaten als der EU-Mitgliedstaaten und der anderen Vertragsstaaten des Abkommens über den Europäischen Wirtschaftsraum und des GATS (Abs. 1 und 2) die Befugnis zur Rechtsbesorgung auf dem Gebiet des Rechts des Herkunftslandes zu geben, wenn die Gegenseitigkeit mit dem Herkunftsland verbürgt ist (Bericht der Abgeordneten *Eylmann* und *de With*, BT-Drs. 11/5264, 34). Dies wird insbesondere Staaten betreffen, mit denen eine intensive wirtschaftliche Zusammenarbeit stattfindet, die ein Bedürfnis nach qualifizierter Beratung und Vertretung in dem Recht dieses ausländischen Staates weckt.

9 Die der Ausbildung dieser ausländischen Rechtsanwälte entsprechende Beschränkung auf das Recht des Herkunftsstaates ist an dem bestehenden Bedürfnis nach entsprechender Beratung und Vertretung ausgerichtet und im Interesse und zum Schutze der Rechtsuchenden erforderlich (*Vetter* BRAK-Mitt. 1990, 2, 3). Die Gegenseitigkeit mit dem Herkunftsstaat gilt nur dann als verbürgt, wenn eine Rechtsverordnung des BMJV dies ausdrücklich feststellt (Henssler/Prütting/*Schroeder* § 206 Rn. 14). In Anlehnung an die Regelung in Abs. 1 ist das BMJV ermächtigt, die in Abs. 2 S. 2 vorgesehene Rechtsverordnung ohne Zustimmung des Bundesrates zu erlassen. Dies hat dann konstitutive Wirkung. In der Verordnung zur Durchführung des § 206 Abs. 2 ist bisher die Russische Föderation und Serbien (Advokat) aufgeführt.

10 Wie Abs. 1 beinhaltet Abs. 2 eine abschließende Regelung für die Niederlassung von Anwälten aus Drittstaaten unter ihrer heimatlichen Berufsbezeichnung. Die **Rechtsbesorgungsbefugnis** ist nach Abs. 2 noch weiter eingeschränkt als nach Abs. 1, nämlich nur auf das Recht des Herkunftsstaates. Insoweit gilt das zu Rn. 6 Gesagte entsprechend. Eine Tätigkeit auf der Grundlage einer Erlaubnis nach dem RBerG ist nunmehr nicht mehr möglich. Sie können allerdings als Rechtsdienstleister in einem ausländischen Recht nach § 10 Abs. 1 Nr. 3 RDG dauerhaft in Deutschland tätig werden (Henssler/Prütting/*Schroeder* § 206 Rn. 13a).

§ 207 Verfahren, berufliche Stellung (§ 34 Abs. 3 BORA)

(1) [1]**Dem Antrag auf Aufnahme ist eine Bescheinigung der im Herkunftsstaat zuständigen Behörde über die Zugehörigkeit zu dem Beruf beizufügen.** [2]**Diese Bescheinigung ist der Rechtsanwaltskammer jährlich neu vorzulegen.** [3]**Kommt das Mitglied der Rechtsanwaltskammer dieser Pflicht nicht nach oder fallen die Voraussetzungen des § 206 weg, ist die Aufnahme in die Rechtsanwaltskammer zu widerrufen.**

(2) [1]**Für die Entscheidung über den Antrag, die Rechtsstellung nach Aufnahme in die Rechtsanwaltskammer sowie die Rücknahme und den Widerruf der Aufnahme in die Rechtsanwaltskammer gelten sinngemäß der Zweite Teil mit Ausnahme der §§ 4 bis 6, 12 und 12a, der Dritte und Vierte Teil, der Vierte Abschnitt des Fünften Teils, der Sechste, Siebente, Zehnte, Elfte und Dreizehnte Teil dieses Gesetzes.** [2]**Vertretungsverbote nach § 114 Abs. 1 Nr. 4 sowie den §§ 150 und 161a sind für den Geltungsbereich dieses Gesetzes auszusprechen.** [3]**An die Stelle der Ausschließung aus der Rechtsanwaltschaft (§ 114 Abs. 1 Nr. 5) tritt das Verbot, im Geltungsbereich dieses Gesetzes fremde**

Rechtsangelegenheiten zu besorgen; mit der Rechtskraft dieser Entscheidung verliert der Verurteilte die Mitgliedschaft in der Rechtsanwaltskammer.

(3) [1]**Der Anwalt hat bei der Führung seiner Berufsbezeichnung den Herkunftsstaat anzugeben.** [2]**Er ist berechtigt, im beruflichen Verkehr zugleich die Bezeichnung „Mitglied der Rechtsanwaltskammer" zu verwenden.**

Übersicht

I. Zulassung zu einem dem Beruf des Rechtsanwalts entsprechendem Beruf im Ausland

1 § 207 regelt das Verfahren zur **Aufnahme** in die RAK als Voraussetzung für die **Niederlassung** im Kammerbezirk nach § 206 und die berufliche Stellung des Anwalts aus anderen Staaten. Die Vorschrift wurde durch Gesetz vom 26.3.2007 (BGBl. I S. 358) den Änderungen im Zulassungsrecht allgemein folgend redaktionell angepasst. Mit Gesetz vom 30.7.2009 (BGBl. I S. 2449) wurde S. 1 von Abs. 1 aufgehoben und in dem bisherigen S. 2, jetzt S. 1, wurden nach dem Wort „Antrag" die Wörter „auf Aufnahme" eingefügt. § 207 Abs. 1 S. 1 aF war entbehrlich, da sich die Zuständigkeit der RAK für die Aufnahme von Anwälten aus anderen Staaten nunmehr bereits aus § 33 ergibt (BT-Drs. 16/11385, 79).

1a In § 207 wird vorausgesetzt, dass der Anwalt aus anderen Staaten als der EU oder einem der anderen Vertragsstaat des Abkommens in seinem Herkunftsstaat einen in der Ausbildung und den Befugnissen dem Beruf des Rechtsanwalts entsprechenden Beruf ausübt. Aus diesem Grunde muss der Antragsteller nach § 207 Abs. 1 S. 1 seinem Antrag auf Aufnahme in die RAK eine **Bescheinigung der in seinem Herkunftsstaat** zuständigen Behörde über die Zugehörigkeit (Zulassung) zu dem Beruf beifügen. Auf die Vorlage der erforderlichen fremdsprachigen Urkunden gilt § 32 iVm § 23 VwVfG entsprechend. Danach kann die RAK von dem Bewerber eine Übersetzung der Urkunden verlangen. Wird die verlangte Übersetzung nicht unverzüglich vorgelegt, kann die RAK auf Kosten des Antragstellers selbst eine Übersetzung beschaffen (§ 23 Abs. 2 S. 2 VwVfG). Die RAK kann den Sachverhalt selbst hinreichend klären, so dass damit die Anwendungsmöglichkeit des § 36a Abs. 2 zur Zurückweisung des Antrages wegen fehlender Mitwirkung entfällt (**aA** AGH Bln BRAK-Mitt. 2000, 93). Nur der im Herkunftsstaat nach den dortigen Rechtsvorschriften zugelassene „Anwalt" kann in die RAK aufgenommen werden und sich im Kammerbezirk als Anwalt niederlassen. Das Niederlassungsrecht nach §§ 206, 207 ist im Entstehen und Fortbestehen abhängig von der Berechtigung des Anwalts nach dem Recht seines Herkunftslandes dort als Anwalt oder in einem dem entsprechenden Beruf tätig zu sein. Wie die fehlende Befähigung zum Richteramt (§ 4) sich als zusätzlicher Versagungsgrund oder als Rücknahmegrund auswirkt (*Isele* § 4 Anm. XI; § 7 Anm. III A), führt auch das Fehlen der Berechtigung, im Ausland als Anwalt oder in einem dem entsprechenden Beruf tätig zu sein, dazu, dass entweder von vornherein der Antragsteller nicht in die RAK aufgenommen werden darf oder, wenn seine diesbezügliche fehlende Berechtigung erst nachträglich bekannt wird, dass die Aufnahme in die RAK entsprechend § 14 Abs. 1 zurückzunehmen ist (→ EuRAG § 4 Rn. 12 ff.).

2 Durch Gesetz vom 2.9.1994 (BGBl. I S. 2278) wurden dem Abs. 1 die S. 3 und 4 – jetzt S. 2 und 3 – angefügt. Diese Anfügung soll eine Regelungslücke schließen. Bisher fehlte eine eindeutige Regelung, die sicherstellt, dass die RAK über die Berechtigung unterrichtet bleibt und von einem möglichen Wegfall derselben Kenntnis erhält. Mit der Pflicht des in die RAK Aufgenommenen, der RAK **jährlich eine neue Bescheinigung** über die Zugehörigkeit zu seinem Beruf im Herkunftsland vorzulegen, hat die Verwaltung die erforderliche Überprüfungsmöglichkeit.

3 Eine Verletzung dieser Pflicht oder der Wegfall der Voraussetzungen des § 206 zieht den Widerruf der Aufnahme in die RAK nach sich. Damit soll verhindert werden, dass in Deutschland ausländische Anwälte tätig sind, die in ihrem Herkunftsland ihre Berechtigung zu anwaltlicher Tätigkeit verloren haben und die auch hier nicht die persönlichen Voraussetzungen für den

Zugang zum Beruf des Rechtsanwalts erfüllen. §§ 7 und 14 über die Versagung der Zulassung und die Rücknahme und Widerruf der Zulassung sind entsprechend anzuwenden (§ 207 Abs. 2 S. 1).

4 Zugleich soll sichergestellt werden, dass nicht Anwälte aus anderen Staaten, die der Europäischen Union oder einem der anderen Vertragstaaten des Abkommens über den Europäischen Wirtschaftsraum nicht angehören (vgl. Bestimmungen des EuRAG), Mitglieder der Rechtsanwaltskammern bleiben, wenn das Recht der Heimatstaaten dieser ausländischen Anwälte entsprechende Möglichkeiten für deutsche Anwälte im Wege der Gegenseitigkeit nicht – mehr – bietet (amtliche Begründung, BT-Drs. 12/4993, 37 = BR-Drs. 93/93, 112).

II. Aufnahmeverfahren, Rechtsstellung (Abs. 2)

5 Abs. 2 regelt, welche Vorschriften der BRAO im Verfahren über den Antrag auf Aufnahme von Anwälten aus anderen Staaten in die RAK anwendbar sind. Antragsformulare für den Aufnahmeantrag können bei der jeweiligen RAK angefordert werden. Entsprechende Antragsformulare bieten die Kammern auf ihren Websites an.

5a Für das Verfahren der Aufnahme des ausländischen Anwalts in die RAK, seine Rechtsstellung nach der Aufnahme sowie die Rücknahme und den Widerruf der Aufnahme gelten sinngemäß der Zweite Teil der BRAO mit Ausnahme der §§ 4–6, 12, 12a. Ferner gelten sinngemäß der Dritte und Vierte Teil, der Vierte Abschnitt des Fünften Teils, der Sechste, Siebente, Zehnte, Elfte und Dreizehnte Teil der BRAO. Es gelten somit die §§ 7–11, 13–91, 112a–161a, 192–205a, 208–215 sinngemäß.

6 Bei der Aufnahme des ausländischen Anwalts in die RAK wird eine Befähigung nach § 4 als allgemeine Voraussetzung für die Zulassung zur Rechtsanwaltschaft nicht verlangt, an diese Stelle tritt der Nachweis der Zugehörigkeit zu dem Beruf durch eine **Bescheinigung des Herkunftsstaates** (Abs. 1).

6a Für seine Tätigkeit in Deutschland bedarf er einer **Berufshaftpflichtversicherung** (→ § 51 Rn. 3). Die Versicherung kann auch bei einem ausländischen Versicherer abgeschlossen sein. Für die Berufshaftpflicht gilt deutsches Recht, da die Pflicht zu Abschluss des Vertrages auf § 51 beruht. Verfahrensrechtliche Konsequenz hiervon ist, dass ein ausländischer Versicherer seine allgemeinen Versicherungsbedingungen beim Bundesaufsichtsamt eingereicht haben muss (§ 110a Abs. 2 Nr. 2 VAG; § 51 Abs. 1 S. 2 BRAO). Der Inhalt des Versicherungsvertrages muss den Anforderungen von § 51 entsprechen.

7 Im Übrigen kann dem Aufnahmeantrag aus den Gründen nicht stattgegeben werden, aus denen die Zulassung zur Rechtsanwaltschaft nach § 7 versagt werden müsste, weil zB der Antragsteller sich im Vermögensverfall (§ 7 Nr. 9) befindet (*Vetter* BRAK-Mitt. 1990, 2, 3). Insoweit und wegen des Verfahrens (§§ 8 ff.) kann auf die Anmerkungen zu §§ 7–11 Bezug genommen werden, ebenso hinsichtlich Erlöschen, Rücknahme und Widerruf auf §§ 13–17. Da ausländische Anwälte nicht zur **Eidesleistung** verpflichtet sein sollen, die seit 2007 in § 12a geregelt ist, wurde diese Vorschrift durch Gesetz vom 30.7.2009 (BGBl. I S. 2449) von der Anwendbarkeit ausgenommen.

8 Dagegen ist künftig die **Kanzleipflicht** der ausländischen Anwälte über die Anwendbarkeit der §§ 27 ff. geregelt; eine Sonderregelung war entbehrlich, nachdem die Kanzleipflicht nicht mehr an eine Gerichtszulassung geknüpft ist. Ein Verstoß gegen die Kanzleipflicht kann über die Verweisung in Abs. 2 S. 1 auf § 14 Abs. 3 Nr. 1 und 4 den Widerruf der Aufnahme in die RAK nach sich ziehen (AGH Bln Urteil vom 2.9.2913 – 1 AGH 5/13, BRAK 2014, 31). Darüber hinaus sind die ausländischen Anwälte auch aus den von den Rechtsanwaltskammern geführten **Verzeichnissen** zu ersehen; § 31 findet insoweit Anwendung. Wie bei dem Widerruf der Zulassung nach § 14 Abs. 3 wird aber auch hier stets eine besonders behutsame Prüfung der einzelnen Gründe erforderlich sein, die zur Nichterfüllung der Kanzleipflicht geführt haben, da der Widerruf der Aufnahme in die RAK einen gravierenden Eingriff in die Berufsfreiheit des Anwaltes darstellt. Das bisherige Zweigstellenverbot (§ 28 aF) ist entfallen.

9 Außer seiner heimischen **Berufsbezeichnung** muss der Anwalt seinen Herkunftsstaat angeben (Abs. 3). Damit ist sichergestellt, dass für die Rechtsuchenden eine Verwechslung mit einem nach den Vorschriften der BRAO zugelassenen deutschen Rechtsanwalt selbst dann vermieden wird, wenn der ausländische Anwalt in seinem Herkunftsstaat berechtigt ist, die Berufsbezeichnung „Rechtsanwalt" zu führen (*Vetter* BRAK-Mitt. 1990, 2, 3). Der Anwalt ist berechtigt, aber nicht

verpflichtet, im beruflichen Verkehr zugleich die Bezeichnung „Mitglied der RAK" zu verwenden.

III. Berufsaufsicht

Der Anwalt unterliegt der **Berufsaufsicht der RAK,** die ihn aufgenommen hat (§§ 56, 57, 73 Abs. 2 Nr. 1 und Nr. 4, 74, 74a; *Vetter* BRAK-Mitt. 1990, 2, 3), soweit es sich um berufliche Tätigkeit des ausländischen Anwalts in Deutschland handelt. Die Berufsaufsicht der RAK erstreckt sich nicht auf dessen anwaltliche Tätigkeit im Ausland (Henssler/Prütting/*Schroeder* § 207 Rn. 8 ff.; Gaier/Wolf/Göcken/*Eichele* § 207 Rn. 1; VG Schleswig NJW 1989, 1178). **10**

Da auch der Dritte Teil (§§ 43 ff.) sinngemäß Anwendung findet, gelten für den hier niedergelassenen Anwalt auch die **allgemeinen und besonderen Berufspflichten** (§§ 43 ff.) wie für Rechtsanwälte. So gelten für ihn auch die Vergütungsregeln des § 49b, die ihn im Einzelfall hindern können, Erfolgshonorare zu vereinbaren (→ § 49b Rn. 1 ff.; *Kilian* AnwBl. 2003, 452, 458; vgl. BVerfG NJW 2007, 979 = MDR 2007, 621 = BRAK-Mitt. 2007, 63 mit Anm. *Kirchberg* = AnwBl. 2007, 297 mit Anm. *Hamacher* = BB 2007, 617 mit Anm. *Römermann*) und bemisst sich seine Vergütung (Gebühren und Auslagen) für anwaltliche Tätigkeiten gemäß § 1 Abs. 1 S. 3 RVG nach dem RVG. Er steht nach § 1 Abs. 1 S. 3 als „anderes Mitglied einer RAK" einem Rechtsanwalt iSd RVG gleich (*Hartung/Römermann* § 1 Rn. 90, 91). Insbesondere darf er nach § 43a Abs. 4 auch keine widerstreitenden Interessen vertreten. Eine Strafbarkeit wegen Parteiverrats (§ 356 StGB) scheidet aber wegen des sich aus § 1 StGB ergebenden Analogieverbots aus. Abgesehen davon, dass Anwälte nach §§ 206, 207 ihren Beruf in Deutschland nur unter der Berufsbezeichnung ihres Herkunftslandes ausüben dürfen, ist auch ihr Tätigkeitsbereich eingeschränkt (→ § 206 Rn. 6) und die Vorschriften der BRAO sind auf sie nur teilweise anwendbar (§ 207 Abs. 2), so dass sie nicht als Anwälte iSd § 356 StGB angesehen werden können. Demgemäß hat der Gesetzgeber auch in vergleichbaren Fällen die Anwendung des § 356 StGB ausdrücklich normiert (vgl. Zweiter Abschnitt des bisherigen RADG, 4. Aufl. S. 1362; § 42 EuRAG), weil andernfalls einer Anwendung des § 356 StGB das Analogieverbot entgegenstehen würde (→ EuRAG § 42 Rn. 1). Umstritten ist, ob die Frage des Zeugnisverweigerungsrechtes für außer europäische Anwälte gilt (vgl. hierzu Gaier/Wolf/Göcken/*Eichele* § 207 Rn. 8). **10a**

Nach **§ 34 Abs. 3 BORA** gelten für den Anwalt aus anderen Staaten (§ 206) hinsichtlich seiner Tätigkeit in der Bundesrepublik die §§ 1–33 BORA sowie die „Berufsregeln der Rechtsanwälte der Europäischen Union" entsprechend; **10b**

Zur gewissenhaften Berufsausübung, zu der die Anwälte verpflichtet sind, gehört auch die Verpflichtung, sich über das für sie verbindliche deutsche Berufsrecht zu informieren (§ 43a Abs. 6). Übt der ausländische Rechtsanwalt seine Tätigkeit für einen Mandanten in Deutschland nicht ausschließlich in Deutschland aus, dann unterliegt seine Auslandstätigkeit jedenfalls dann dem deutschen Berufsrecht sowie der Aufsicht der RAK, wenn das Mandat in Deutschland übernommen wurde oder der Mandant aus sonstigen Gründen Anlass zu der Annahme hat, dass der beauftragte Anwalt sich an die deutschen Regeln halten wird (Henssler/Prütting/*Schroeder* § 207 Rn. 11; vgl. auch § 34 Abs. 3 BORA). **10c**

Die Vorschriften über das **anwaltsgerichtliche Verfahren** (§§ 113 ff.) finden mit der Maßgabe Anwendung, dass Vertretungsverbote nach §§ 114 Abs. 1 Nr. 4, 150, 161a nur für den Geltungsbereich der BRAO ausgesprochen werden können. An die Stelle der Ausschließung aus der Rechtsanwaltschaft tritt das Verbot, in der Bundesrepublik fremde Rechtsangelegenheiten zu besorgen (*Vetter* BRAK-Mitt. 1990, 2, 3); mit der Rechtskraft dieser Entscheidung verliert der Verurteilte kraft Gesetzes seine Mitgliedschaft in der RAK. **11**

IV. Anwaltliche Selbstverwaltung

Da die berufliche Stellung des Anwalts weitgehend an der des deutschen Rechtsanwalts ausgerichtet ist (amtliche Begründung, BT-Drs. 3/120) und der Vierte Teil (§§ 60 ff.) sinngemäß anzuwenden ist, können ausländische Anwälte ähnlich wie Kammerrechtsbeistände (§ 209) zum **Mitglied des Kammervorstandes** gewählt werden, wenn sie seit ihrer Aufnahme in die Kammer ihren Beruf seit mindestens fünf Jahren ohne Unterbrechung ausgeübt haben (§ 65 gilt entsprechend; BGHZ 107, 215 = NJW 1989, 2892 = BRAK-Mitt. 1989, 158 = AnwBl. 1990, 270 = Rbeistand 1989, 86 zu § 209). **12**

13 Mitglieder nach §§ 206, 207 dürfen weder zum Präsidenten der RAK noch nach § 188 Abs. 2 zu dessen Vertreter bestellt werden. Der Aufgabenkreis nach § 188 ist den **Präsidenten** der Rechtsanwaltskammern und den Vorstandsmitgliedern übertragen, die diese nach § 188 Abs. 2 vertreten. Diese Regeln begrenzen somit die Wählbarkeit von Vorstandsmitgliedern der Rechtsanwaltskammern, die nach §§ 206, 207 Mitglieder der RAK sind. Das führt aber nicht dazu, dass auch schon die Wählbarkeit in den Vorstand der Rechtsanwaltskammern für die hier nach §§ 206, 207 niedergelassenen ausländischen Anwälte ausgeschlossen ist (BGHZ 107, 215 = NJW 1989, 2892 zu § 209).

14 Mit der Herausnahme der ersten drei Abschnitte des Fünften (§§ 92–112) und des und Achten (§§ 162 ff.) Teils der BRAO ist zum Ausdruck gebracht, dass die Mitglieder der Rechtsanwaltskammern nach §§ 206, 207 **keine richterlichen Aufgaben** in der Anwaltsgerichtsbarkeit wahrnehmen und auch nicht zum Rechtsanwalt beim BGH gewählt werden können. Aus dem Ausschluss der Anwendbarkeit des Neunten Teils (§§ 175 ff.) ist zu entnehmen, dass nur Rechtsanwälte Aufgaben in der BRAK wahrnehmen dürfen.

15 Zur Wahl in die **Satzungsversammlung** → § 191b Rn. 2. Zur unterschiedlichen **Rechtsberatungsbefugnis** der Angehörigen eines EU-Staates sowie der anderen Vertragsstaaten des Abkommens über den Europäischen Wirtschaftsraum und der Angehörigen anderer Staaten → § 206 Rn. 1 ff.; → EuRAG § 1 Rn. 9 ff.; → EuRAG § 4 Rn. 1 ff.; → EuRAG § 6 Rn. 2, 3; → EuRAG § 11 Rn. 11; §§ 16 ff. EuRAG.

Dreizehnter Teil. Übergangs- und Schlußvorschriften

§ 208 Landesrechtliche Beschränkungen der Parteivertretung und Beistandschaft

[1] Ist durch Landesgesetz im Verfahren vor dem Schiedsmann oder vor anderen Güte- oder Sühnestellen der Ausschluss von Bevollmächtigten oder Beiständen vorgesehen, so kann er auch auf Rechtsanwälte erstreckt werden. [2] Auf Grund von landesrechtlichen Vorschriften können Rechtsanwälte nicht als Bevollmächtigte oder Beistände zurückgewiesen werden.

I. Bedeutung der Norm

Obwohl es seine systematische Stellung als „Schlussvorschrift" nicht vermuten lässt (vgl. BVerwG 15, 248, 249 zur Vorgängerregelung des § 225 aF), enthält § 208 S. 1 eine Durchbrechung der in § 3 verankerten grundsätzlichen Regelung, dass der Rechtsanwalt der Vertreter in „allen Angelegenheiten" (§ 3 Abs. 1) und dass sein unbeschränktes allgemeines Vertretungsrecht nur durch ein Bundesgesetz beschränkbar ist (§ 3 Abs. 2). Denn für die Verfahren vor dem Schiedsmann oder vor anderen Güte- und Sühnestellen kann das Vertretungsrecht auch durch Landesgesetz beschränkt werden. Diese Beschränkung des universellen Vertretungsrechts des Rechtsanwalts kann der Landesgesetzgeber anordnen, wenn er aus in der Natur oder dem Gegenstand des Verfahrens liegenden Gründen die Vertretung durch Bevollmächtigte oder Beistände schlechthin ausschließen will, um eine Aussprache zwischen den Parteien und dem Schiedsmann persönlich und unmittelbar zu ermöglichen (vgl. dazu die Zusammenstellung landesrechtlicher Regelungen bei *Meyer-Goßner,* 57. Aufl. 2014, StPO § 380 Rn. 3). 1

II. Inhalt der Norm: Landesrechtliche Beschränkungen

§ 208 S. 1 lässt allein den landesgesetzlichen **grundsätzlichen** Ausschluss zu; eine Möglichkeit der **Zurückweisung der Vertretung im Einzelfall** kann nach § 208 S. 2 landesgesetzlich nicht angeordnet werden. Soweit durch Landesgesetz die Möglichkeit vorgesehen ist, dass der Schlichter oder Schiedsmann einen ungeeigneten Bevollmächtigten zurückweisen kann, gilt dies deshalb nicht im Fall der Vertretung durch einen Rechtsanwalt. 2

III. Gleichstellung von Kammerrechtsbeiständen

Kammerrechtsbeistände stehen Rechtsanwälten auch im Anwendungsbereich des § 208 gleich, da gemäß § 209 Abs. 1 S. 3 auch der Dreizehnte Teil und damit auch § 208 entsprechend anwendbar ist. 3

§ 209 Kammermitgliedschaft von Inhabern einer Erlaubnis nach dem Rechtsberatungsgesetz (§ 34 Abs. 4 BORA)

(1) **[1] Natürliche Personen, die im Besitz einer uneingeschränkt oder unter Ausnahme lediglich des Sozial- oder Sozialversicherungsrechts erteilten Erlaubnis zur geschäftsmäßigen Rechtsbesorgung sind, sind auf Antrag in die für den Ort ihrer Niederlassung zuständige Rechtsanwaltskammer aufzunehmen. [2] Sie dürfen im beruflichen Verkehr zugleich die Bezeichnung „Mitglied der Rechtsanwaltskammer" führen. [3] Für die Entscheidung über den Antrag, die Rechtsstellung nach Aufnahme in die Rechtsanwaltskammer sowie die Aufhebung oder das Erlöschen der Erlaubnis gelten sinngemäß der Zweite Teil mit Ausnahme der §§ 4 bis 6, 12 und 12a, der Dritte und Vierte Teil, der Vierte Abschnitt des Fünften Teils, der Sechste, Siebente, Zehnte, Elfte und Dreizehnte Teil dieses Gesetzes. [4] Der Erlaubnisinhaber kann auf besondere Kenntnisse in einem der in § 43c Abs. 1 Satz 2 genannten Gebiete durch den Zusatz „Fachgebiet" mit höchstens zwei der in § 43c Abs. 1 Satz 2 geregelten Gebiete hinweisen.**

(2) [1]**Die Aufnahme in die Rechtsanwaltskammer wird auf Antrag des Erlaubnisinhabers widerrufen.** [2]**Die Entscheidung über den Widerruf wird ausgesetzt, solange gegen den Erlaubnisinhaber ein anwaltsgerichtliches Verfahren schwebt.**

(3) [1]**Bei einem Wechsel des Ortes der Niederlassung ist auf Antrag des Erlaubnisinhabers nur der in der Erlaubnis bestimmte Ort zu ändern.** [2]**Die Änderung wird von der Rechtsanwaltskammer verfügt, in deren Bezirk der neugewählte Ort der Niederlassung liegt.** [3]**Mit der Änderung wird der Erlaubnisinhaber Mitglied der nunmehr zuständigen Rechtsanwaltskammer.**

Übersicht

I. Rechtsbeistände alten und neuen Rechts, registrierte Personen (§§ 10 ff. RDG)

1 Durch das Fünfte Gesetz zur Änderung der Bundesgebührenordnung für Rechtsanwälte vom 18.8.1980 (BGBl. I S. 1503) wurde das Recht der Rechtsbeistände neu geregelt und der Beruf des sog. Vollrechtsbeistands geschlossen. Damit wurde die ursprünglich bestehende Möglichkeit, auch ohne volljuristische Ausbildung unter bestimmten Voraussetzungen eine umfassende Rechtsberatungsbefugnis für den außergerichtlichen Bereich und die Vertretung im Parteiprozess ohne Anwaltspflichten zu erlangen, beseitigt. Aus Bestandsschutzgründen bot der Gesetzgeber Inhabern der früheren Vollerlaubnis und den Inhabern einer Erlaubnis unter Ausnahme lediglich des Sozial- und Sozialversicherungsrechts die Möglichkeit, Mitglied einer Rechtsanwaltskammer zu werden (sog. **Kammerrechtsbeistände,** legal definiert in § 1 Abs. 2 RDGEG). Die Regelung in § 209 Abs. 1 S. 1 ist verfassungskonform (BGH NJW 1999, 1116, 1117; 2003, 3765, 3766).

2 Die **Zahl der Rechtsbeistände,** die im Jahr 1980 die Voraussetzungen für die Aufnahme in eine RAK erfüllten, nimmt ständig ab. Während es am 1.1.1986 im Bundesgebiet insgesamt 440 Kammerrechtsbeistände (AnwBl. 1988, 235) gab, ist die Zahl (Stand 1.1.2015) auf 266 gesunken (www.brak.de).

3 Wegen der deshalb sich immer weiter vermindernden Bedeutung dieser Vorschrift wird für eine ausführliche Darstellung auf die 8. Aufl. Rn. 1 ff. verwiesen.

4 Das Recht zur Rechtsdienstleistungserbringung durch Nichtanwälte wurde unter Aufhebung des RBerG zum 1.1.2008 durch das RDG vom 12.12.2007 (BGBl. I S. 2840) neu geregelt. Rechtsdienstleistungen, die besonderer Sachkunde bedürfen, dürfen nach §§ 10 ff. RDG nur noch durch registrierte Personen erbracht werden und zwar als Inkassodienstleistungen, Rentenberatung und im ausländischen Recht (§ 11 RDG). Diese registrierten Personen können wie die Rechtsbeistände neuen Rechts nicht nach § 209 in die RAK aufgenommen werden, zumal sie nicht zur uneingeschränkten geschäftsmäßigen Rechtsbesorgung befugt sind. Abweichend von § 1 Abs. 1 RDG bedürfen Kammerrechtsbeistände, solange sie Mitglied einer RAK sind, zum Erhalt ihrer Rechtsdienstleistungsbefugnis keiner Registrierung im Rechtsdienstleistungsregister (§§ 12 ff. RDG). Sie unterliegen der Kammeraufsicht, Aufhebung und Erlöschen ihrer Erlaubnis ist in § 209 Abs. 1 S. 3 besonders geregelt.

II. Allgemeine Stellung der Kammerrechtsbeistände

5 Im Zusammenhang mit der Neugestaltung des Rechts der Rechtsbeistände im Jahre 1980 sind natürliche Personen, denen nach altem Recht (also vor 1980) eine uneingeschränkte, dh eine Vollerlaubnis zur Besorgung fremder Rechtsangelegenheiten bzw. eine solche lediglich unter Ausschluss des Sozial- oder Sozialversicherungsrechts erteilt worden ist, und die sie auch unter dem neuen Recht behalten, **auf Antrag in die für den Ort ihrer Niederlassung zuständige RAK aufzunehmen** (§ 209 Abs. 1 S. 1). Rechtsbeistände alten Rechts, denen aber nur für

einen Teilbereich der Rechtsangelegenheiten, in denen ein Rechtsbeistand mit einer Vollerlaubnis tätig werden kann, die Erlaubnis erteilt wurde, können nicht in die RAK aufgenommen werden.

Im Rahmen seiner Befugnisse ist er unabhängiger und eigenverantwortlicher Berater und Vertreter der Rechtsuchenden und damit den **freien Berufen** zuzuordnen (BVerfGE 80, 269, 283 = NJW 1989, 2611, 2612). Die Stellung der aufgenommenen Rechtsbeistände ist weitgehend der des Rechtsanwalts angeglichen (BVerfG BRAK-Mitt. 1998, 282, 283 = AnwBl. 1998, 410, 411). Allerdings ist eine vollständige Angleichung der Kammerrechtsbeistände an die Rechtsanwälte angesichts der regelmäßig unterschiedlichen Qualifikation sachlich nicht gerechtfertigt (BGH NJW-RR 2008, 366, 367 = BRAK-Mitt. 2008, 27, 28). 6

Mit der Aufnahme in die RAK erlangen die unter § 209 fallenden **Rechtsbeistände alten Rechts** grundsätzlich die vollen Mitgliedschaftsrechte und Mitgliedschaftspflichten wie die anwaltlichen Mitglieder (BVerfG BRAK-Mitt. 1998, 282, 283 = AnwBl. 1998, 410, 411). Als Mitglied der RAK dürfen sie unabhängig davon, ob sie bisher als Prozessagenten zugelassen waren, als Prozessbevollmächtigte und Beistände in bestimmten Fällen auftreten; auch kann ihnen der weitere Vortrag dort nicht mit der Begründung versagt werden, ihnen fehle die Fähigkeit zum geeigneten Vortrag. 7

Der **Aufnahmeanspruch** nach § 209 Abs. 1 S. 1 ist nicht durch zwischenzeitlichen Zeitablauf obsolet geworden. Er besteht nicht nur in den Fällen, in denen Vollrechtsbeistände alten Rechts bis zum 31.12.2008 (Ablauf der Sechsmonatsfrist des § 1 Abs. 1 S. 1 RDGEG) einen Antrag auf Registrierung nach § 13 RDGEG gestellt haben (so aber Henssler/Prütting/*Hartung* § 209 Rn. 5; Gaier/Wolf/Göcken/*Johnigk* § 209 Rn. 6). Denn § 1 Abs. 1 S. 1 RDGEG enthält keine Ausschlussfrist (BT-Drs. 16/3655, 78; *Dreyer/Lamm/Müller* § 1 RDGEG Rn. 7; Deckenbrock/Henssler/*Deckenbrock* RDGEG § 1 Rn. 3 f.), so dass Alterlaubnisinhaber zeitlich unbeschränkt den Registrierungsantrag stellen und so die erloschene Befugnis im ursprünglichen Umfang wiedererlangen können (BT-Drs. 16/3655, 78). 8

§ 3 Abs. 1 RDGEG (in seiner bis zum 31.12.2017 geltenden Fassung) wahrt für **Kammerrechtsbeistände** nach Wegfall von § 25 EGZPO den bisherigen Status quo. Kammerrechtsbeistände **stehen danach „in den nachfolgenden Vorschriften einem Rechtsanwalt gleich“:** 9

1. § 79 Abs. 2 S. 1, § 88 Abs. 2, § 121 Abs. 2, § 133 Abs. 2, §§ 135, 157, 169 Abs. 2, §§ 174, 195, 317 Abs. 4 S. 2 (redaktionelles Versehen des Gesetzgebers: gemeint ist § 317 Abs. 5 S. 2), § 397 Abs. 2 und § 811 Nr. 7 (ebenfalls redaktionelles Versehen: gemeint ist § 811 Abs. 1 Nr. 7 ZPO,
2. § 10 Abs. 2 S. 1 und § 11 S. 3 FamFG,
3. § 11 Abs. 2 S. 1 ArbGG,
4. § 73 Abs. 2 S. 1 und Abs. 6 S. 5 SGG, wenn nicht die Erlaubnis das Sozial- und Sozialversicherungsrecht ausschließt,
5. § 67 Abs. 2 S. 1 und Abs. 6 S. 4 VwGO,
6. § 62 Abs. 2 S. 1 und Abs. 6 S. 4 FGO, wenn die Erlaubnis die geschäftsmäßige Hilfeleistung in Steuersachen umfasst.

III. Sinngemäße Anwendung von Vorschriften der BRAO

1. Allgemeines. Soweit nach § 209 Abs. 1 S. 3 Vorschriften des Zweiten (mit Ausnahme der §§ 4–6, 12 und 12a), Dritten, Vierten, Fünften (nur 4. Abschnitt), Sechsten, Siebenten, Zehnten, Elften und Dreizehnten Teils der BRAO sinngemäß für die Entscheidung über den Antrag auf Aufnahme in die RAK, die Rechtsstellung nach Aufnahme sowie die Aufhebung oder das Erlöschen der Erlaubnis gelten, bedeutet dies **keine schematische Anwendung** dieser Vorschriften auch auf den Kammerrechtsbeistand (BGH NJW-RR 2008, 366, = BRAK-Mitt. 2008, 27, 28). Näher ausführlich 8. Aufl. Rn. 24 ff. Hier sollen wegen der verbliebenen praktischen Bedeutung folgende Fragestellungen herausgehoben werden: 10

2. Fachgebietsbezeichnungen (§ 43c). Die Rechtsprechung, ein Kammerrechtsbeistand könne das dem Rechtsanwalt zustehende Recht, nach Gestattung durch die RAK die Bezeichnung „Fachanwalt für …“ zu führen, auch in entsprechender Anwendung nicht für sich in Anspruch nehmen (EGH München Rbeistand 1987, 110), ist durch § 209 Abs. 1 S. 4 insoweit 11 überholt, als er sich zwar weiterhin nicht Fachanwalt nennen darf, er aber auf ein Fachgebiet hinweisen darf. Die nach Neufassung des § 209 gesetzlich zu führende Bezeichnung lautet **„Fachgebiet …"** bzw. **„Fachgebiet für …"**, und nicht etwa „Fachrechtsbeistand" oder „Fachbeistand für …" oder „Rechtsbeistand für …" (Gaier/Wolf/Göcken/*Johnigk* § 209 Rn. 18; Henssler/Prütting/*Hartung* § 209 Rn. 12; unzutreffend AnwG Frankfurt BRAK-Mitt. 2011, 36).

12 Die Regelung soll es Rechtsbeiständen, die nach § 209 Mitglieder einer RAK geworden sind und auf den von ihnen zulässigerweise betreuten Rechtsgebieten besondere Kenntnisse erworben haben, ermöglichen, hierauf durch eine Fachgebietsbezeichnung entsprechend § 43c hinzuweisen (NdsAGH BRAK-Mitt. 2001, 300). Die §§ 1 ff. FAO sind **analog** anzuwenden (BGH NJW 2002, 2946, 2947 = BRAK-Mitt. 2002, 230, 231). Die Voraussetzungen sind die gleichen, die bei einem Rechtsanwalt zum Erwerb einer Fachanwaltsbezeichnung nötig sind, dh der Rechtsbeistand muss die besonderen theoretischen Kenntnisse und besonderen praktischen Erfahrungen im Umfang der entsprechenden FAO-Fachanwaltsbezeichnung nachweisen (BGH BeckRS 2012, 12396 Rn. 3).

13 Nur durch ein Redaktionsversehen ist erklärlich, dass § 209 Abs. 1 S. 4 die Beschränkung auf „zwei Rechtsgebiete" aufrechterhalten hat, obschon § 43c Abs. 1 S. 3 vorsieht, dass einem Rechtsanwalt die Befugnis zum Führen von drei Fachanwaltsbezeichnungen erteilt werden kann. Deshalb kann einem kammerangehörigen Rechtsbeistand nicht das Führen von drei Fachgebietsbezeichnungen verwehrt werden (Gaier/Wolf/Göcken/*Johnigk* § 209 Rn. 18).

14 **3. Anwaltsgerichtliches Verfahren (§§ 43, 113 ff.).** Durch die Mitgliedschaft in der RAK ist die Stellung des Rechtsbeistands der eines Rechtsanwalts angenähert. Er unterliegt insbesondere auch der Anwaltsgerichtsbarkeit für Rechtsanwälte (BVerfGE 80, 269, 283 = NJW 1989, 2611, 2612; BGHZ 107, 215, 219 = NJW 1989, 2892). Die sinngemäße Anwendung des § 43 besagt, dass der Rechtsbeistand seinen Beruf gewissenhaft auszuüben hat und sich innerhalb und außerhalb des Berufs der Achtung und des Vertrauens, welche die Stellung des Rechtsbeistands erfordert, würdig zu erweisen hat, er die **Pflichten aus der BRAO und nach der Berufsordnung** zu erfüllen hat (§ 113). Nach § 34 Abs. 4 BORA gelten für die Kammerrechtsbeistände die §§ 2–13, 15–19, 21–33 BORA sowie die Berufsregeln der Rechtsanwälte der EU entsprechend. Pflichtverletzungen sind gemäß § 209 Abs. 1 S. 3 nach dem Sechsten Teil (§§ 113 ff.) zu ahnden, und zwar in einem Verfahren, wie es auch für Rechtsanwälte im Siebten Teil (§§ 116 ff.) vorgesehen ist.

15 Die gemäß § 114 vorgesehene schärfste anwaltsgerichtliche Maßnahme der Ausschließung aus der Rechtsanwaltschaft ist auf Rechtsbeistände nicht unmittelbar anwendbar. Ihre sinngemäße Anwendung bedeutet nicht, dass lediglich der Ausschluss aus der RAK anzuordnen ist. Die BRAO kennt eine bloße Aufhebung der Kammerzugehörigkeit nicht. Schon dem Wortlaut des § 209 Abs. 1 S. 3 ist zu entnehmen, dass im anwaltsgerichtlichen Verfahren die Aufhebung der Erlaubnis zur geschäftsmäßigen Rechtsbesorgung angeordnet werden kann. Nur diese Maßnahme ist mit der schärfsten Sanktion des anwaltsgerichtlichen Verfahrens, der Ausschließung aus der Rechtsanwaltschaft, vergleichbar. Sie ist deshalb zu verhängen, wenn die Pflichtverletzung eines Rechtsbeistands so schwer wiegt, dass eine andere der in § 114 vorgesehenen Sanktionen nicht in Betracht kommt, so zB bei der Verurteilung wegen Untreue (BGH BRAK-Mitt. 1988, 212).

16 **4. Beiordnung im Zivilprozess (§ 48).** Die **zivilprozessualen** Befugnisse der Kammerrechtsbeistände bestimmen sich nach § 3 Abs. 1 Nr. 1 RDGEG. Durch die Verweisung auf § 79 Abs. 2 S. 1 ZPO wird sichergestellt, dass die Kammerrechtsbeistände im Parteiprozess als Bevollmächtigte tätig werden können. Eine Untersagung der weiteren Vertretung ist bei ihnen nicht möglich (§ 79 Abs. 3 S. 1 ZPO). Der Kammerrechtsbeistand darf daher als Prozessbevollmächtigter und Beistand in der mündlichen Verhandlung vor dem Amtsgericht auftreten; auch kann ihm der weitere Vortrag dort nicht mit der Begründung versagt werden, ihm fehle die Fähigkeit zum geeigneten Vortrag (BGHZ 83, 350, 356 = NJW 1982, 1880, 1881). Durch § 3 Abs. 1 Nr. 1 RDGEG ist geklärt, dass Kammerrechtsbeistände im Verfahren vor dem AG wie Rechtsanwälte im Wege der PKH nach § 121 Abs. 2 ZPO beigeordnet werden können (*Krenzler/Offermann-Burckart* RDGEG § 3 Rn. 18; Deckenbrock/Henssler/*Dötsch* RDGEG § 3 Rn. 11; **aA** Henssler/Prütting/*Hartung* § 209 Rn. 18). Soweit andere Verfahrensordnungen auf § 121

Abs. 2 ZPO verweisen, gilt dies entsprechend (Krenzler/*Offermann-Burckart* RDGEG § 3 Rn. 18; *Dreyer/Lamm/Müller* RDGEG § 3 Rn. 18).

Im **familiengerichtlichen Verfahren** gilt § 121 Abs. 2 ZPO in Ehesachen (§ 121 FamFG) und Familienstreitsachen (§ 112 FamFG) nach § 113 Abs. 1 FamFG entsprechend. Für den Anwendungsbereich des § 78 FamFG hat § 3 Abs. 1 Nr. 2 RDGEG keine Gleichstellung von Rechtsanwalt und Kammerrechtsbeistand angeordnet, obwohl sich § 78 FamFG eng an § 121 ZPO anlehnt (vgl. Keidel/*Zimmermann,* 18. Aufl. 2014, FamFG § 78 Rn. 1). Da jedoch § 76 Abs. 1 FamFG auch auf § 121 Abs. 2 ZPO verweist, lässt bereits § 3 Abs. 1 Nr. 1 RDGEG durch die dort für § 121 Abs. 2 ZPO ausgesprochene Gleichstellung von Kammerrechtsbeiständen mit Rechtsanwälten eine Beiordnung von Kammerrechtsbeiständen in allen familiengerichtlichen Verfahren zu. 17

Die frühere Rechtsprechung zum **sozialgerichtlichen Verfahren,** wonach Kammerrechtsbeistände zwar sowohl vor den Sozialgerichten als auch vor dem Landessozialgericht in der mündlichen Verhandlung auftreten dürfen, sofern ihre Erlaubnis das Sozialversicherungsrecht einschließt, ihre Beiordnung im Rahmen der Prozesskostenhilfe jedoch nicht erfolgen konnte, ist im Hinblick auf die in § 3 Abs. 1 Nr. 4 RDGEG normierte Gleichstellung des Kammerrechtsbeistands mit dem Rechtsanwalt im Rahmen des § 121 Abs. 2 ZPO überholt, zumal § 73a SGG auch auf § 121 Abs. 2 ZPO verweist. Kammerrechtsbeistände können deshalb im Verfahren vor dem Sozialgericht und dem Landessozialgericht im Weg der Prozesskostenhilfe beigeordnet werden (Meyer-Ladewig/Keller/*Leitherer,* 11. Aufl. 2014, SGG § 73a Rn. 9). Aus der Einschränkung in § 3 Abs. 1 Nr. 4 RDGEG folgt jedoch, dass Kammerrechtsbeistände, die nur über eine Erlaubnis unter Ausklammerung des Sozial- und Sozialversicherungsrechts verfügen, von der Prozessführung in sozialgerichtlichen Verfahren ausgeschlossen sind, dh sie dürfen dort weder in der mündlichen Verhandlung auftreten noch schriftsätzlich vortragen. Nach § 3 Abs. 1 Nr. 4 RDGEG stehen Kammerrechtsbeistände bezüglich des SGG lediglich in den Vorschriften des § 73 Abs. 2 S. 1 und Abs. 6 S. 5 SGG einem Rechtsanwalt gleich, nicht aber in § 73 Abs. 4 S. 1 und 2 SGG, so dass sie vor dem BSG nicht postulationsfähig sind (BSG NJW 2010, 1166). 18

Die für das **verwaltungsgerichtliche Verfahren** vertretene Auffassung, dass ein Kammerrechtsbeistand nach § 67 VwGO vor dem Verwaltungsgericht – nicht auch vor dem OVG und BVerwG – auftreten darf (BVerfGE 41, 378, 393 = NJW 1976, 1349; OVG Münster NJW 2009, 386), jedoch bei Bewilligung von Prozesskostenhilfe ausschließlich die Beiordnung eines Rechtsanwalts, nicht jedoch die Beiordnung eines Rechtsbeistands zulässig sei (OVG Münster Rbeistand 1986, 152; 1987, 54; 1996, 69), ist im Hinblick auf § 3 Abs. 1 Nr. 5 RDGEG für den Bereich der Kammerrechtsbeistände nicht mehr haltbar. Ohnehin verweist § 166 VwGO auch auf § 121 Abs. 2 ZPO, so dass bereits § 3 Abs. 1 Nr. 1 RDGEG durch die dort für § 121 Abs. 2 ZPO ausgesprochene Gleichstellung von Kammerrechtsbeiständen mit Rechtsanwälten eine Beiordnung von Kammerrechtsbeiständen in verwaltungsgerichtlichen Verfahren zulässt (Krenzler/*Offermann-Burckart* RDGEG § 3 Rn. 29). 19

Gleiches gilt für die zum **arbeitsgerichtlichen Verfahren** vertretene Auffassung, dass von der Vertretung der Parteien in der mündlichen Verhandlung vor den Arbeitsgerichten Kammerrechtsbeistände ausgeschlossen seien (BAGE 58, 132 = AnwBl. 1989, 53) und dass nur Prozesshandlungen außerhalb der mündlichen Verhandlung wie die Klageerhebung seitens des Rechtsbeistands wirksam vorgenommen werden könnten (BAG BRAK-Mitt. 1997, 96). Denn dies ist durch die in § 3 Abs. 1 Nr. 3 RDGEG, § 11 Abs. 2 S. 1 ArbGG enthaltene Gleichstellung mit einem Rechtsanwalt überholt (Krenzler/*Offermann-Burckart* RDGEG § 3 Rn. 23; Dreyer/Lamm/*Müller* RDGEG § 3 Rn. 27; Deckenbrock/Henssler/*Dötsch* RDGEG § 3 Rn. 15; **aA** Henssler/Prütting/*Hartung* § 209 Rn. 19). Zudem verweist § 11a Abs. 1 ArbGG auch auf § 121 Abs. 2 ZPO, so dass bereits § 3 Abs. 1 Nr. 1 RDGEG durch die dort für § 121 Abs. 2 ZPO ausgesprochene Gleichstellung von Kammerrechtsbeiständen mit Rechtsanwälten eine Beiordnung von Kammerrechtsbeiständen in arbeitsgerichtlichen Verfahren zulässt. 20

Für **finanzgerichtliche Verfahren** folgt aus § 3 Abs. 1 Nr. 6 RDGEG, § 62 Abs. 2 S. 1 FGO, dass sich die Beteiligten vor dem Finanzgericht auch durch einen Kammerrechtsbeistand vertreten lassen können, wenn die Erlaubnis die geschäftsmäßige Hilfeleistung in Steuersachen umfasst. Diese Gleichstellung hat zur Folge, dass auch ein solcher Kammerrechtsbeistand im Wege der Prozesskostenhilfe beigeordnet werden kann. Im Übrigen verweist § 142 Abs. 1 21

FGO auch auf § 121 Abs. 2 ZPO, so dass bereits § 3 Abs. 1 Nr. 1 RDGEG durch die dort für § 121 Abs. 2 ZPO ausgesprochene Gleichstellung von Kammerrechtsbeiständen mit Rechtsanwälten eine Beiordnung von Kammerrechtsbeiständen in finanzgerichtlichen Verfahren zulässt.

22 **5. Zustellung gegen Empfangsbekenntnis.** Auch die früher umstrittene **Zustellung** an einen Rechtsbeistand **gegen Empfangsbekenntnis** (§ 174 ZPO) und die **Zustellung** an ihn **„von Anwalt zu Anwalt"** (§ 195 ZPO) ist nunmehr durch § 3 Abs. 1 Nr. 1 RDGEG ausdrücklich für zulässig erklärt worden und der Kammerrechtsbeistand auch insoweit einem Rechtsanwalt gleichgestellt worden.

§ 210 Bestehenbleiben von Rechtsanwaltskammern

Am 1. September 2009 bestehende Rechtsanwaltskammern, die ihren Sitz nicht am Ort eines Oberlandesgerichts haben, bleiben bestehen.

I. Regelungsgegenstand

1 § 210 garantiert als Sonderregelung zu § 60 Abs. 2, wonach jede Rechtsanwaltskammer ihren Sitz am Ort des Oberlandesgerichts hat, den Bestand der nicht an dem Ort eines Oberlandesgerichts errichteten Rechtsanwaltskammern. Hat am 1.9.2009 eine Rechtsanwaltskammer – gleich in welchem Bundesland – ihren Sitz nicht am Ort eines Oberlandesgerichts, bleibt sie bestehen. Entscheidend ist allein, ob die jeweilige Rechtsanwaltskammer am 1.9.2009 ihren Sitz nicht am Ort eines Oberlandesgerichts hatte. Diese Kammern können sich angesichts der gesetzlichen Formulierung „bleiben bestehen" nicht selbst auflösen. Allerdings schließt es § 210 aus, dass andere Kammern neu an Orten errichtet werden, die nicht Sitz eines Oberlandesgerichts sind.

II. Praktische Bedeutung der Norm

2 Von 27 Regionalkammern haben 21 Kammern ihren Sitz am Ort eines Oberlandesgerichts. Aufgrund der Bestandsgewährleistung des § 210 bestehen weiterhin nicht am Ort eines Oberlandesgerichts die Rechtsanwaltskammern in Freiburg, Kassel, Tübingen, Erfurt, Magdeburg und Schwerin. Die vorgenannten Kammern aus den alten Bundesländern, an deren Sitz früher ein Oberlandesgericht beheimatet war, hatten von der ihnen bei Inkrafttreten der BRAO am 1.8.1959 eingeräumten Möglichkeit der Selbstauflösung binnen sechs Monaten keinen Gebrauch gemacht. Die vorgenannten Kammern aus den neuen Bundesländern waren nicht am Sitz des Oberlandesgerichts, sondern der Landesregierung errichtet worden (zu den historischen Bezügen ausführlich Henssler/Prütting/*Offermann-Burckart* § 210 Rn. 8–15).

§§ 211–213 *[aufgehoben]*

§ 214 Befreiung von der Voraussetzung der Befähigung zum Richteramt

(1) **Die Befähigung zur anwaltlichen Tätigkeit besitzen auch Personen, die bis zum 9. September 1996 die fachlichen Voraussetzungen für die Zulassung zur Rechtsanwaltschaft nach § 4 des Rechtsanwaltsgesetzes vom 13. September 1990 (GBl. I Nr. 61 S. 1504) erfüllt haben.**

(2) **Rechtsanwälte, die schon nach dem Rechtsanwaltsgesetz vom 13. September 1990 zugelassen waren oder die auf Grundlage des Absatzes 1 zugelassen sind, erfüllen die Voraussetzungen der Befähigung zum Richteramt gemäß § 93 Abs. 1 Satz 3 und § 101 Abs. 1 Satz 2.**

I. Entstehungsgeschichte

1 § 214 wurde durch Art. 42 Nr. 3 Gesetz vom 13.4.2006 (BGBl. I S. 866, 872) in die BRAO eingefügt. Dabei stellt Abs. 1 die Übernahme der bis dahin in Art. 21 Abs. 6 Gesetz zur Neu-

ordnung des Berufsrechts der Rechtsanwälte und der Patentanwälte vom 2.9.1994 (BGBl. I S. 2278, 2294; vgl. 6. Aufl. § 4 Rn. 30 ff.) enthaltenen Regelung dar. Abs. 2 überführt die Vorschrift des Art. 21 Nr. 6 des Gesetzes vom 2.9.1994 mit Ausnahmeregeln für die Stellung der Diplomjuristen in der Anwaltsgerichtsbarkeit der neuen Bundesländer in die BRAO allgemein.

II. Regelungsgegenstand

Die Befähigung zum Richteramt (§ 5 DRiG) ist Voraussetzung sowohl der Zulassung zur 2
Rechtsanwaltschaft (§ 4 Alt. 1) als auch der Tätigkeit in der Anwaltsgerichtsbarkeit (§§ 93 Abs. 1 S. 3, 101 Abs. 1 S. 2). Diese Qualifikation konnten die in der DDR ausgebildeten Juristen nicht erwerben. Ihnen stand jedoch nach Maßgabe des § 4 RAG (Rechtsanwaltsgesetzes vom 13.9.1990, GBl. I Nr. 61 S. 1504) die Möglichkeit der Zulassung zur Rechtsanwaltschaft offen. Nach § 214 Abs. 1 haben auch nach Aufhebung von § 4 RAG Personen, die bis zum 9.9.1996 die fachlichen Voraussetzungen für die Zulassung zur Rechtsanwaltschaft nach § 4 RAG erfüllt haben, weiterhin einen unbefristeten Anspruch auf Zulassung zur Rechtsanwaltschaft, sofern nicht Gründe aus § 7 dem entgegenstehen. § 214 Abs. 2 eröffnet diesem Personenkreis auch den Zugang zu den Richterämtern in der Anwaltsgerichtsbarkeit.

III. Befähigung zur anwaltlichen Tätigkeit (Abs. 1)

Personen, die am 9.9.1994, dem Zeitpunkt des Inkrafttretens des Gesetzes vom 2.9.1994, 3
bereits nach dem RAG zugelassene Rechtsanwälte waren, waren nach Art. 21 Abs. 2 des Gesetzes „nach der BRAO zugelassen". Dies gilt auch nach Aufhebung des Art. 21 des Gesetzes vom 2.9.1994 fort. Deren Zulassung kann nur nach den Regeln der BRAO enden (§§ 13, 14, 114 Abs. 1 Nr. 5). Nur wenn diese Personen zwischenzeitlich aus der Rechtsanwaltschaft ausgeschieden waren, gilt für sie die Neuregelung des § 214.

Die Befähigung zur anwaltlichen Tätigkeit ist sachlich an das Vorliegen der Voraussetzungen 4
des § 4 RAG geknüpft. Nach § 4 Abs. 1 RAG kann zur Rechtsanwaltschaft zugelassen werden, wer ein umfassendes juristisches Hochschulstudium in der DDR absolviert und mit dem akademischen Grad eines Diplom-Juristen abgeschlossen hat und auf mindestens zwei Jahre juristische Praxis in der Rechtspflege oder in einem rechtsberatenden Beruf verweisen kann. Nach § 4 Abs. 2 RAG kann auch zugelassen werden, wem die Lehrbefähigung für Recht an einer Hochschule oder Universität der DDR verliehen wurde. Ausführlich zu den Voraussetzungen des § 4 RAG s. 8. Aufl. § 214 Rn. 4–12, 14 f.

Zeitlich setzt der Zulassungsanspruch nach § 214 S. 1 voraus, dass die Voraussetzungen des § 4 5
RAG bis zum 9.9.1996 erworben wurden. Auch die notwendige zweijährige Praxis konnte nur noch innerhalb von zwei Jahren nach Inkrafttreten des Gesetzes vom 2.9.1994 erworben werden (BGH BRAK-Mitt. 1997, 198). Damit ist Vertrauensschutzgesichtspunkten in der notwendigen Weise Rechnung getragen; dagegen besitzen Diplomjuristen, die erst nach Inkrafttreten des Gesetzes vom 2.9.1994 mit der notwendigen zweijährigen juristischen Praxis begonnen haben, keinen Vertrauensschutz (amtliche Begründung, BT-Drs. 12/4993, 47). Bei der Feststellung der zweijährigen Praxis ist es nicht angemessen, übliche Probezeiten und nicht übermäßige Fehlzeiten, etwa durch Krankheit oder Urlaub, die während der ausgeübten Tätigkeiten anfielen, davon in Abzug zu bringen (BGH NJ 2003, 56).

Bei Vorliegen der sachlichen und zeitlichen Voraussetzungen entfällt das Erfordernis der 6
Befähigung zum Richteramt nach § 4 Alt. 1. Der Befähigung zum Richteramt steht die Befähigung zur anwaltlichen Tätigkeit nach § 4 RAG damit im Zulassungsrecht völlig gleich.

IV. Tätigkeit in der Anwaltsgerichtsbarkeit (Abs. 2)

Es ist nicht gerechtfertigt, dass in der DDR ausgebildete Juristen, wenn sie als Rechts- 7
anwälte zugelassen sind, in der Anwaltsgerichtsbarkeit zu Richterämtern keinen Zugang haben. Deshalb stellt § 214 Abs. 2 sicher, dass diese Rechtsanwälte, wenn sie entweder nach § 4 RAG oder nach § 210 Abs. 1 die Voraussetzungen für die Zulassung zur Rechtsanwaltschaft erfüllen, auch Vorsitzende bzw. Mitglieder der Kammern eines Anwaltsgerichts (§ 93 Abs. 1 S. 3) sowie Präsidenten des Anwaltsgerichtshofs bzw. dort Vorsitzende (§ 101 Abs. 1 S. 2) werden können.

§ 215 Übergangsregelungen

(1) [1]**Die vor dem 1. September 2009 eingeleiteten Verwaltungsverfahren in Anwaltssachen werden in der Lage, in der sie sich an diesem Tag befinden, nach diesem Gesetz in der ab diesem Tag geltenden Fassung fortgeführt, soweit nichts anderes bestimmt ist.** [2]**Maßnahmen, die auf Grund des bis zum 31. August 2009 geltenden Rechts getroffen worden sind, bleiben rechtswirksam.** [3]**Auf Verwaltungsverfahren in Anwaltssachen, die vor dem 1. September 2009 eingeleitet wurden, sind die bis zu diesem Tag geltenden kostenrechtlichen Regelungen weiter anzuwenden.**

(2) **Die Zulässigkeit von Rechtsbehelfen gegen Entscheidungen, die vor dem 1. September 2009 ergangen sind, bestimmt sich ebenso wie das weitere Verfahren nach dem bis zu diesem Tag geltenden Recht.**

(3) **Die vor dem 1. September 2009 anhängigen gerichtlichen Verfahren in verwaltungsrechtlichen Anwaltssachen werden nach den bis zu diesem Tag geltenden Bestimmungen einschließlich der kostenrechtlichen Regelungen fortgeführt.**

I. Überblick

1 Die Übergangsbestimmungen des neuen § 215 regeln den Fortgang von Verfahren, die bei Inkrafttreten des Änderungsgesetzes am 1.9.2009 (Art. 10 S. 1 Gesetz vom 30.7.2009) noch nicht abgeschlossen waren. Der Gesetzgeber hat sich stellende Überleitungsprobleme für drei Konstellationen behandelt: Die Frage der Fortführung anhängiger Verwaltungsverfahren (§ 215 Abs. 1), die Frage der Anfechtbarkeit erlassener, aber noch nicht gerichtshängiger Entscheidungen (§ 215 Abs. 2) und die Frage der Fortführung anhängiger Gerichtsverfahren (§ 215 Abs. 3).

II. Norminhalt

2 § 215 Abs. 1 enthält die **Übergangsbestimmung für die Verwaltungsverfahren.** § 215 Abs. 1 S. 1 ordnet an, dass bereits vor dem 1.9.2009 eingeleitete Verwaltungsverfahren ab dem 1.9.2009 nach dem Verwaltungsverfahrensgesetz (§ 32) fortgeführt werden. Soweit das Landesgesetz die Durchführung eines Widerspruchsverfahrens vorsieht, ist es auch in Altfällen durchzuführen (ThürAGH BeckRS 2012, 13163). Soweit bereits eine Verfügung oder ein Verwaltungsakt aufgrund des bis zum 31.8.2009 geltenden Altrechts ergangen ist, bleiben diese nach § 215 Abs. 1 S. 2 wirksam. Für die vor dem 1.9.2009 eingeleiteten Verwaltungsverfahren in Anwaltssachen gelten nach § 215 Abs. 1 S. 3 die alten Kostenregelungen.

3 § 215 Abs. 2 bezieht sich auf **Rechtsbehelfe** gegen vor dem Stichtag ergangene Entscheidungen der Rechtsanwaltskammern. Für Rechtsbehelfe, die sich gegen nach altem Recht ergangene Entscheidungen der Kammern richten, gilt altes Recht einschließlich der bisherigen kostenrechtlichen Regelungen. Altrecht gilt sowohl für die Frage der Zulässigkeit des Rechtsmittels als auch für das gerichtliche Verfahren. Darauf, ob das Rechtsmittel vor dem 1.9.2009 eingelegt worden ist, kommt es nicht an. Ist der das gerichtliche Verfahren einleitende Antrag auf Fortsetzung eines vorangegangenen Gerichtsverfahrens gerichtet, gilt Altrecht, auch wenn der Antrag nach dem 1.9.2009 gestellt wird (BGH BeckRS 2011, 25512 Rn. 7). Ist das vorangegangene gerichtliche Verfahren jedoch bereits abgeschlossen, unterliegt ein neuer Antrag dem neuen Verfahrensrecht (BGH BeckRS 2011, 25512 Rn. 7). Wenn die Beratung bereits vor dem 1.9.2009 in der vorher maßgeblichen Besetzung mit sieben Richtern begonnen hat, ist das Verfahren mit dieser Besetzung fortzuführen (BGH NJW 2010, 1972).

4 § 215 Abs. 3 ordnet an, dass die **am 31.8.2009 anhängigen Gerichtsverfahren** nach altem Recht (einschließlich altem Kostenrecht) fortgeführt werden. Ist gegen die Widerrufsverfügung der RAK nach § 215 Abs. 2 und 3 iVm § 16 Abs. 6 und 7 aF der Antrag auf gerichtliche Entscheidung gegeben, richtet sich die sofortige Vollziehung der Verfügung nach § 16 Abs. 6 S. 2 aF, wenn diese erst nachträglich nach dem 31.8.2009 angeordnet wird. Die Wiederherstellung der aufschiebenden Wirkung kann in diesem Fall nach §§ 16 Abs. 6 S. 4, 42 Abs. 5 S. 2 aF beantragt werden (BGH NJW 2011, 457 = BRAK-Mitt. 2010, 213).

5 Im Hinblick insbesondere auf die tiefgreifenden Änderungen, die sich daraus ergeben, dass nunmehr ergänzend die Vorschriften der VwGO (§ 112c Abs. 1) anstelle derjenigen des früheren FGG (§ 40 Abs. 4 aF) entsprechend anzuwenden sind, sowie die Reform des Rechtsmittelrechts

ließ das Vertrauen der Betroffenen in den Bestand ihrer Rechtsschutzmöglichkeiten die Anwendung des neuen Verfahrensrechts auf Altfälle nicht zu (BGHZ 183, 73, 75 f. = NJW 2010, 377, 378 = BRAK-Mitt. 2010, 27).

Von § 215 nicht erfasst sind die gerichtsverfassungsrechtlichen Änderungen. Änderungen von Vorschriften über die Verfassung und das Verfahren der Gerichte sind mit ihrem Inkrafttreten sofort und ohne Unterschied auf alle Verfahren und damit auch auf bereits anhängige Sachen anzuwenden, es sei denn, dass der Gesetzgeber ausdrücklich etwas anderes regelt (BVerfGE 11, 139, 146; BGHZ 7, 161, 167). Die hierzu getroffene Regelung des § 215 Abs. 3, wonach die vor dem 1.9.2009 anhängigen gerichtlichen Verfahren in verwaltungsrechtlichen Anwaltssachen nach den bis dahin geltenden Bestimmungen fortgeführt werden, betrifft jedoch nur das Verfahrensrecht, nicht die geänderte Besetzung des Senats für Anwaltssachen bei dem BGH (BGHZ 183, 73, 76 f. = NJW 2010, 377, 378 = BRAK-Mitt. 2010, 27). Mit „Bestimmungen" (Abs. 3) ist nur das Verfahrensrecht gemeint, nicht die geänderte Besetzung des Senats für Anwaltssachen beim BGH. Deshalb entscheidet der Senat für Anwaltssachen des BGH vom 1.9.2009 an auch in Altverfahren in der seitdem maßgeblichen verkleinerten Besetzung nach § 106 Abs. 2. 6

§§ 216–237 *[aufgehoben]*

Anlage (zu § 193 S. 1 und § 195 S. 1): Gebührenverzeichnis
(Abdruck → § 195 Rn. 11)

2. Berufsordnung (BORA)

vom 29.11.1996 (BRAK-Mitt. 1996, 241),

zuletzt geändert durch Beschlüsse der 5. Satzungsversammlung in deren 7. Sitzung am 10./11.11.2014

Änderungen der BORA

Lfd. Nr.	Paragraph	Art der Änderung	geändert durch Beschlüsse der Satzungs-versammlung vom	ausgefertigt am	Bescheid des BMJ	veröffentlicht in BRAK-Mitt. von ..., Seite	Inkrafttreten am
1	4	geändert	5./6.11.1998	1.12.1998	25.2.1999	1999, 121	1.9.1999
2	3	geändert	21./22.3.1999	25./26.3.1999	20.5.1999	1999, 121	1.9.1999
3	29, 31, 34	geändert	15./16.2.2001	10./12.4.2001	5.7.2001	2001, 177	1.12.2001
4	4	geändert	22.11.2001	14./16.1.2002	2.2.2002	2002, 48	1.5.2002
5	7a	eingefügt	25./26.4.2002	27./29.5.2002	30.8.2002	2002, 219	1.1.2003
	6, 7, 8, 9	geändert					
6	7	geändert	7.11.2002	13./15.11.2002	21.2.2003	2003, 67	1.7.2003
7	9 Abs. 2, 3	gestrichen	26.4.2004	11./12.5.2004	3.6.2004	2004, 177	1.11.2004
8	6, 10	geändert	21.2.2005	23./24.2.2005	26.5.2005	2005, 183	1.11.2005
9	7	geändert	21. 2. und 7.11.2005	17.11.2005	26.5.2005	2005, 273	1.3.2006
10	3	geändert	7.11.2005	17.11.2005	10.3.2006	2006, 79, 80	1.7.2006
11	31	aufgehoben	18.1.2008	5./7.2.2008	29.2.2008	2008, 65	1.7.2008
12	4	geändert	14.11.2008	6./15.12.2008	12.3.2009	2009, 64	1.7.2009
13	16a	eingefügt	14.11.2008	3./8.5.1009	12.3.2009	2009, 120	1.9.2009
14	24	geändert	15.6.2009	25./29.6.2009	30.9.2009	2009, 279	1.3.2010
15	6, 10, 23	geändert		17./19.11.2009	24.2.2010	2010, 69	1.7.2010
16	5	geändert	15.6.2009	25./29.6.2009		2010, 207	1.1.2011
17	8, 9, 32 Abs. 3	geändert	25./26.6.2010	7./12.7.2010	28.9.2010	2010, 253	1.3.2011
	13	aufgehoben					
18.	7 Abs. 3	geändert	1.4.2011	11./14.4.2011	10.6.2011	2011, 194	1.11.2011
19.	30	geändert	14.5.2012	5./6.6.2012	17.7.2012	2012, 172	1.11.2012
20.	7a, 34	geändert	13.11.2012	26./.28 11. 2012	21.12.2012	2013, 34	1.5.2013
21.	§ 8, 10, 30, 32, 33	geändert	15.4.2013	23.4.2013	11.7.2013	2013, 174	1.11.2013
22.	29	aufgehoben	15.4.2013	23.4.2013	11.7.2013	2013, 174	1.11.2013
23.	29a, 29b	eingefügt	15.4.2013	23.4.2013	11.7.2013	2013, 174	1.11.2013
24.	23	geändert	6./7.12.2013	11./13.12.2013	21.3.2014	2014, 145	1.9.2014
25.	3	ergänzt	5.5.2014	13./14.5.2014	6.8.2014	2014, 252	1.1.2015
26.	2, 6, 11	geändert	10./11.11.2014	26.11.2014	4.3.2015/ 31.3.2015	2015, 83	1.7.2015

Die Rechtsanwältinnen und Rechtsanwälte in der Bundesrepublik Deutschland sowie die weiteren Mitglieder der Rechtsanwaltskammern geben sich durch die Versammlung ihrer frei gewählten Vertreterinnen und Vertreter folgende Berufsordnung, in der der Begriff Rechtsanwalt neutral als Berufsbezeichnung verwendet ist:

Erster Teil. Freiheit der Berufsausübung

§ 1 Freiheit der Advokatur

(1) **Der Rechtsanwalt übt seinen Beruf frei, selbstbestimmt und unreglementiert aus, soweit Gesetz oder Berufsordnung ihn nicht besonders verpflichten.**

(2) **[1] Die Freiheitsrechte des Rechtsanwalts gewährleisten die Teilhabe des Bürgers am Recht. [2] Seine Tätigkeit dient der Verwirklichung des Rechtsstaats.**

(3) **Als unabhängiger Berater und Vertreter in allen Rechtsangelegenheiten hat der Rechtsanwalt seine Mandanten vor Rechtsverlusten zu schützen, rechtsgestaltend, konfliktvermeidend und streitschlichtend zu begleiten, vor Fehlentscheidungen durch Gerichte und Behörden zu bewahren und gegen verfassungswidrige Beeinträchtigung und staatliche Machtüberschreitung zu sichern.**

I. Allgemeines

1 Zur Entwicklung des anwaltlichen Berufsrechts → BRAO § 43 Rn. 1 ff.; zur Entstehungsgeschichte der BORA vgl. *Hartung* Einf. Rn. 1 ff., § 1 Rn. 18–56; Henssler/Prütting/*Prütting* BRAO § 43 Rn. 1 ff.; Henssler/Prütting/*Koch* BRAO § 59b Rn. 1 ff.

2 Gemäß Art. 20 Abs. 3 GG, der auch für Satzungen wie die BORA und die FAO gilt, müssen alle in ihnen enthaltenen Bestimmungen von der Satzungsautonomie gedeckt und mit höherrangigen Gesetzen vereinbar sein. Deshalb darf die BORA **Rechte,** die den Rechtsanwälten von der BRAO oder anderen Gesetzen gewährt werden, **nur konkretisieren und nicht einschränken.** Sie darf aber auch keine Berufspflichten feststellen, deren Begründung der Satzungsversammlung nicht aufgrund eines Gesetzes (Art. 12 Abs. 1 GG), hier konkret durch § 59b BRAO übertragen worden ist. Der Gesetzesvorbehalt ist zu beachten. Die Berührung oder gar Einschränkung der Rechte Dritter ist nur mit ausdrücklicher Ermächtigung möglich (BVerfGE 101, 312 = NJW 2000, 347 = BRAK-Mitt. 2000, 36 = AnwBl. 2000, 122; → BRAO § 59b Rn. 2 f., 14; § 13; *Hartung* Einf. Rn. 62 ff.; *Kleine-Cosack* BRAO § 59b Rn. 16 f.).

3 Die in der BORA enthaltenen Bestimmungen müssen jeweils mit den Grundrechten vereinbar sein, insbesondere mit dem Grundrecht der Freiheit der Berufsausübung (Art. 12 GG). Alle Eingriffe in dieses Grundrecht müssen verhältnismäßig und zum Schutz von Gemeinschaftsgütern wie der Funktionsfähigkeit der Rechtspflege geeignet, erforderlich und zumutbar sein. Darüber hinaus folgt aus dem in Art. 20, 28 GG verankerten Rechtsstaatsprinzip und dem daraus abzuleitenden Bestimmtheitsgebot, dass die **Festschreibung von Berufspflichten** in der BORA **nur zulässig** ist, wenn diese einen **ausreichend bestimmten Inhalt** haben. Der Rechtsanwalt, der von der Berufsordnung betroffen ist, muss vorhersehen können, welche Berufspflichten er zu befolgen hat (*Kleine-Cosack* BRAO § 59b Rn. 29; → BRAO § 113 Rn. 8 ff.).

4 Der **persönliche Geltungsbereich** der Satzung ist grundsätzlich begrenzt auf diejenigen, die an der Setzung der sie betreffenden Berufspflichten mitzuwirken berechtigt sind (BVerfGE 33, 125; *Kleine-Cosack* BRAO § 59b Rn. 26; *Hartung* Einf. Rn. 63). Damit ist die Satzungskompetenz aus § 59b BRAO auf die Kammermitglieder (→ BRAO § 60 Rn. 4) beschränkt. Die BORA ist nicht – auch nicht analog – anwendbar auf eine Rechtsanwaltsgesellschaft (§§ 59c ff. BRAO) und eine Rechtsanwalts-AG. Die in ihnen verbundenen Rechtsanwälte müssen aber nach § 33 Abs. 2 gewährleisten, dass die Regeln der BORA auch von diesen Organisationen eingehalten werden (→ BRAO § 59m Rn. 5; → § 33 Rn. 1, 2; OLG Nürnberg AnwBl. 2004, 57 mit Anm. *Pluskat* AnwBl. 2004, 22; BGH NJW 2004, 1099 = BRAK-Mitt. 2004, 91 = AnwBl. 2004, 447 zu § 9). Allerdings ist eine gewisse Berührung mit den Interessen und Rechten Dritter bei den Berufsregelungen, die von der Satzungsversammlung autonom auf der Grundlage der BRAO erlassen werden, unvermeidlich (BVerfGE 101, 312 = NJW 2000, 347; → BRAO § 59b Rn. 2, 3; § 13; vgl. dort auch zu den Grenzen dieser Satzungsbefugnis).

5 **Räumlich** ist die Geltung der BORA auf das Gebiet der Bundesrepublik Deutschland beschränkt. Für die grenzüberschreitende Anwaltstätigkeit gibt es nach der Aufhebung von § 29

nur noch § 29a und § 29b als besondere Berufspflichten iSv § 59b Abs. 2 Nr. 9 BRAO: § 29a regelt die zwischenanwaltliche Korrespondenz und § 29b begründet unter bestimmten Voraussetzungen eine Honorarhaftung des deutschen Rechtsanwalts bezüglich der Forderungen des ausländischen Rechtsanwalts.

Die BORA ist **kein Verbotsgesetz iSd § 134 BGB.** Die Kammern und auch die Satzungsversammlung haben keine Rechtsetzungskompetenz für den zivilrechtlichen Bereich der Kammermitglieder und – mangels Außenrechtsetzungskompetenz (→ BRAO § 59b Rn. 2, 3) – auch nicht für deren Außenverhältnis zu Mandanten oder Angestellten (*Kleine-Cosack* BRAO § 59b Rn. 32). Durch sie können auch keine zivilrechtlichen Ansprüche Dritter begründet werden (BGH VersR 1987, 1191; *Henssler* AnwBl. 2000, 215 zu § 26). Wohl aber kommt einzelnen Bestimmungen der BORA über §§ 1, 3 UWG eine beschränkte wettbewerbsrechtliche Bedeutung zu (*Kleine-Cosack* BRAO § 59b Rn. 32). 6

Die Zielsetzung des § 1 UWG, die Lauterkeit des Wettbewerbs im Interesse der Marktbeteiligten und der Allgemeinheit zu schützen, erfordert regelmäßig eine – am Schutzzweck des § 1 UWG auszurichtende – Würdigung des Gesamtcharakters des Verhaltens nach seinem konkreten Anlass, seinem Zweck, den eingesetzten Mitteln, seinen Begleitumständen und Auswirkungen (BGH NJW 2001, 208 = MDR 2001, 527 = AnwBl. 2001, 298). Auch ein Verstoß gegen eine sog. wertbezogene Norm indiziert daher nicht zwingend einen Verstoß gegen § 3 UWG. Ein Anspruch aus § 1 UWG in Fällen, in denen ein beanstandetes Verhalten gegen ein Gesetz oder die BORA verstößt, kommt nur dann in Betracht, wenn von dem Verstoß zugleich eine unlautere Störung des Wettbewerbs auf dem Markt ausgeht. Der Gesetzesverstoß ist aber dann nicht unlauter iSd § 3 UWG, wenn die verletzte Norm nicht zumindest auch eine wettbewerbsbezogene, dh – entsprechend dem Normzweck des § 1 UWG – eine auf die Lauterkeit des Wettbewerbs bezogene Schutzfunktion hat (BGH NJW 2004, 1099 = BRAK-Mitt. 2004, 91 = AnwBl. 2004, 447). Es muss daher jeweils im Einzelfall geprüft werden, ob die verletzte Norm der BORA eine in diesem Sinne wettbewerbsbezogene Schutzfunktion hat. Berufsrechtlich erlaubte Handlungen können aber nicht wettbewerbswidrig sein (*Kamps/Alvermann* NJW 2001, 2121 (→ BRAO § 43b Rn. 7). 7

II. Regelung des § 1

Abs. 1 ist eine zusammenfassende Feststellung des Regelungsgegenstandes der §§ 1 und 2 BRAO. Insoweit kann auf die Kommentierung der §§ 1 und 2 BRAO Bezug genommen werden. 8

Abs. 2 umschreibt iSd § 3 BRAO, dass der Rechtsanwalt die ihm in den verschiedensten Gesetzen zugestandenen Freiheitsrechte (insbesondere § 3 Abs. 2 BRAO) nicht seiner selbst willen hat, sondern dass sie der Teilhabe des einzelnen Bürgers am Recht dienen (§ 3 Abs. 3 BRAO), dass diesem gegenüber – mit Hilfe des Anwalts – rechtsstaatlich verfahren wird. Das bedeutet aber nicht, dass der Rechtsanwalt verpflichtet ist, durch seine Tätigkeit aktiv zur Verwirklichung des Rechtsstaates beizutragen. Er darf im Gegenteil die freiheitlich-demokratische Grundordnung sogar ablehnen und bekämpfen, solange dies nicht in strafbarer Weise geschieht (→ § 7 Rn. 68 ff.). So wird sichergestellt, dass Mandanten, die die verfassungsmäßige Ordnung ablehnen, Anwälte ihres Vertrauens finden und auch für sie alle rechtsstaatlichen Garantien für die Wahrnehmung ihres Rechts aus § 3 Abs. 3 BRAO gelten. 9

Abs. 3 gibt die Umschreibung des anwaltlichen Aufgabenbereichs wieder, wie das BVerfG sie in seiner Entscheidung vom 14.7.1997 (BVerfGE 76, 171 = NJW 1988, 191 = BRAK-Mitt. 1988, 54) vorgenommen hat. Die Umschreibung stellt eine Konkretisierung des in § 3 Abs. 1 BRAO festgeschriebenen Aufgabenbereiches dar (→ § 3 Rn. 1 ff.). Die Pflicht, seinen Mandanten „vor Rechtsverlusten zu schützen“, konkretisiert lediglich eine sich aus § 242 BGB im Hinblick auf das anwaltliche Vertrauensverhältnis ergebende Verpflichtung (OLG Düsseldorf NJW-RR 2000, 874; → § 44 Rn. 17 ff.). 10

Zweiter Teil. Pflichten bei der Berufsausübung

Erster Abschnitt. Allgemeine Berufs- und Grundpflichten

§ 2 Verschwiegenheit

(1) [1]Der Rechtsanwalt ist zur Verschwiegenheit verpflichtet und berechtigt. [2]Dies gilt auch nach Beendigung des Mandats.

(2) Ein Verstoß gegen die Pflicht zur Verschwiegenheit (§ 43a Abs. 2 Bundesrechtsanwaltsordnung) liegt nicht vor, soweit Gesetz und Recht eine Ausnahme fordern oder zulassen.

(3) Ein Verstoß ist nicht gegeben, soweit das Verhalten des Rechtsanwalts

a) mit Einwilligung erfolgt oder
b) zur Wahrnehmung berechtigter Interessen erforderlich ist, z. B. zur Durchsetzung oder Abwehr von Ansprüchen aus dem Mandatsverhältnis oder zur Verteidigung in eigener Sache, oder
c) im Rahmen der Arbeitsabläufe der Kanzlei einschließlich der Inanspruchnahme von Leistungen Dritter erfolgt und objektiv einer üblichen, von der Allgemeinheit gebilligten Verhaltensweise im sozialen Leben entspricht (Sozialadäquanz).

(4) Der Rechtsanwalt hat seine Mitarbeiter zur Verschwiegenheit schriftlich zu verpflichten und anzuhalten, auch soweit sie nicht im Mandat, sondern in sonstiger Weise für ihn tätig sind.

(5) [1]Abs. 4 gilt auch hinsichtlich sonstiger Personen, deren Dienste der Rechtsanwalt in Anspruch nimmt und

a) denen er verschwiegenheitsgeschützte Tatsachen zur Kenntnis gibt oder
b) die sich gelegentlich ihrer Leistungserbringung Kenntnis von verschwiegenheitsgeschützten Tatsachen verschaffen können.

[2]Nimmt der Rechtsanwalt die Dienste von Unternehmen in Anspruch, hat er diesen Unternehmen aufzuerlegen, ihre Mitarbeiter zur Verschwiegenheit über die Tatsachen gemäß Satz 1 zu verpflichten. [3]Die Pflichten nach Satz 1 und 2 gelten nicht, soweit die dienstleistenden Personen oder Unternehmen kraft Gesetzes zur Geheimhaltung verpflichtet sind oder sich aus dem Inhalt der Dienstleistung eine solche Pflicht offenkundig ergibt.

(6) Der Rechtsanwalt darf Personen und Unternehmen zur Mitarbeit im Mandat oder zu sonstigen Dienstleistungen nicht hinzuziehen, wenn ihm Umstände bekannt sind, aus denen sich konkrete Zweifel an der mit Blick auf die Verschwiegenheitspflicht erforderlichen Zuverlässigkeit ergeben und nach Überprüfung verbleiben.

(7) Die Bestimmungen des Datenschutzrechts zum Schutz personenbezogener Daten bleiben unberührt.

Schrifttum: *Gasteyer,* Die 5. Satzungsversammlung reformiert den § 2 BORA, BRAK-Mitt. 2015, 84; *Siegmund,* Ein Schritt in die richtige Richtung – Zur Ermöglichung von Outsourcing in der BORA, BRAK-Mitt. 2015, 9.

1 § 2 enthält eine Konkretisierung der in § 43a Abs. 2 BRAO bestimmten Verschwiegenheitspflicht. Diese Konkretisierung wurde bereits bei der Kommentierung zu § 43a Abs. 2 BRAO berücksichtigt (näher → BRAO § 43a Rn. 12–30).

2 Zu eventuellen Ausnahmen von der Verschwiegenheitspflicht gemäß § 138 StGB, §§ 807, 840 ZPO und § 44 BRAO → Rn. 26 ff.; → BRAO § 56 Rn. 26 ff.

3 In der 7. Sitzung der 5. Satzungsversammlung am 10./11.11.2014 wurde die am 1.7.2015 in Kraft getretene **Neufassung** des § 2 beschlossen (BRAK-Mitt. 2015, 83).

4 Damit beabsichtigt die Satzungsversammlung, die Formulierung zum Umfang und Inhalt der Verschwiegenheitsverpflichtung im Hinblick auf die Anforderungen an eine moderne Kanzlei-

organisation (zB Non-Legal-Outsourcing) zu aktualisieren und der gesellschaftlichen Praxis anzupassen. Der anwaltliche Verschwiegenheitsschutz an sich sollte aber nicht verändert werden; insbesondere keine Befugnisnorm iSd § 203 StGB geschaffen werden. Die Änderung beabsichtigt lediglich die Systematik und Vollständigkeit der Vorschrift zu verbessern und in Anlehnung an Art. 20 GG festzuhalten, dass neben dem Gesetz auch das „Recht" Ausnahmen von der Verschwiegenheit vorsehen kann. Ausführlich zur Begründung: Satzungsversammlung Mat. 40/2014; Satzungsversammlung Prot. 7/5, 4 ff.

§ 3 Widerstreitende Interessen, Versagung der Berufstätigkeit

(1) [1]**Der Rechtsanwalt darf nicht tätig werden, wenn er eine andere Partei in derselben Rechtssache im widerstreitenden Interesse bereits beraten oder vertreten hat oder mit dieser Rechtssache in sonstiger Weise im Sinne der §§ 45, 46 Bundesrechtsanwaltsordnung beruflich befasst war.** [2]**Der Rechtsanwalt darf in einem laufenden Mandat auch keine Vermögenswerte von dem Mandanten und/oder dem Anspruchsgegner zum Zweck der treuhänderischen Verwaltung oder Verwahrung für beide Parteien entgegennehmen.**

(2) [1]**Das Verbot des Abs. 1 gilt auch für alle mit ihm in derselben Berufsausübungs- oder Bürogemeinschaft gleich welcher Rechts- oder Organisationsform verbundenen Rechtsanwälte.** [2]**Satz 1 gilt nicht, wenn sich im Einzelfall die betroffenen Mandanten in den widerstreitenden Mandaten nach umfassender Information mit der Vertretung ausdrücklich einverstanden erklärt haben und Belange der Rechtspflege nicht entgegenstehen.** [3]**Information und Einverständniserklärung sollen in Textform erfolgen.**

(3) **Die Absätze 1 und 2 gelten auch für den Fall, dass der Rechtsanwalt von einer Berufsausübungs- oder Bürogemeinschaft zu einer anderen Berufsausübungs- oder Bürogemeinschaft wechselt.**

(4) **Wer erkennt, dass er entgegen den Absätzen 1 bis 3 tätig ist, hat unverzüglich seinen Mandanten davon zu unterrichten und alle Mandate in derselben Rechtssache zu beenden.**

(5) **Die vorstehenden Regelungen lassen die Verpflichtung zur Verschwiegenheit unberührt.**

Neueres Schrifttum: *Deckenbrock,* Interessenkonflikte bei Wirtschaftsprüfern und Rechtsanwälten unter dem besonderen Aspekt der beruflichen Verschwiegenheitspflicht, BB 2002, 2453; *ders.,* Tätigkeitsverbote des Anwalts: Rechtsfolgen beim Verstoß, AnwBl. 2010, 221; *Erb,* Tendenz zur Entkriminalisierung: Parteiverrat und anwaltliche Beratung bei „einverständlichen" Ehescheidungen, NJW 2003, 730; *ders.,* Auch der Sozietätswechsler steht unter dem Schutz von Art. 12 GG!, AnwBl. 2012, 594; *Hartung,* Ist die Vertretung widerstreitender Interessen künftig erlaubt?, NJW 2006, 2721; *ders.,* Widerstreitende Interessen in Kindesunterhaltssachen, AnwBl. 2011, 679; *Henssler,* Das Verbot der Vertretung widerstreitender Interessen, NJW 2001, 1521; *ders.,* Verpflichtungen zur Mandatsniederlegung nach einem Sozietätswechsel, ZAP, Fach 23, 643; *Kilian,* Interessenkonflikte beim Sozietätswechsel, BB 2003, 2189; *ders.,* Die Vertretung widerstreitender Interessen in Sozietäten, AnwBl. 2012, 597; *Kleine-Cosack,* Sozietätserstreckung des Verbots der Interessenkollision, AnwBl. 2006, 13; *ders.,* Verfassungswidrige Interessenwiderstreitregelung, AnwBl. 2003, 539; *ders.,* Berufsfreiheit beim Kanzleiwechsel, AnwBl. 2005, 95; *ders.,* Parteiverrat bei Mehrfachvertretung, AnwBl. 2005, 338; *Krenzler,* Vom Untergang des Anwaltsstandes – Zugleich eine Berufspolitische Bewertung des Beschlusses des BVerfG vom 3.7.2003, BRAK-Mitt. 2003, 249; *Kuhn/Doppler,* Zu den Schutzgütern des § 3 BORA in der Praxis, BRAK-Mitt. 2011, 225; *Maier-Reimer,* Widerstreitende Interessen und Anwaltssozietät, NJW 2006, 3601; *Müller,* Sozietätswechsel und das Verbot der Vertretung widerstreitender Interessen, AnwBl. 2001, 491; *Offermann-Burckart,* Die Interessenkollision – Anwaltschaft im Wandel?, AnwBl. 2005, 312; *dies.,* Interessenkollision – Was jeder Anwalt wissen sollte, AnwBl. 2008, 446; *Papier,* Das anwaltliche Berufsrecht im Lichte der Rechtsprechung des Bundesverfassungsgerichts, BRAK-Mitt. 2005, 50; *Purrucker,* Der fremde § 3 Abs. 2 S. 2 BORA – Versuch einer Annäherung –, BRAK-Mitt. 2007, 150; *Römermann,* Doppelnützige Treuhand: Früher verboten, jetzt richtig unzulässig; *Saenger/Riße,* Offene Fragen zur Sozietätserstreckung beim Interessenwiderstreit, MDR 2006, 1385; *Sahan,* Anwälte einer Sozietät als Vertreter widerstreitender Interessen, AnwBl. 2008, 698; *Schons,* Das Verbot der doppelten Treuhandtätigkeit – eine Klarstellung, BRAK-Mitt. 2014, 250; *Schramm,* Das Verbot der Vertretung widerstreitender Interessen, Schriftenreihe des Instituts für Anwaltsrecht an der Universität zu Köln, Bd. 64, 2004; *Szalai,* Verbot der doppelten Treuhand – wirklich alles unzulässig?, AnwBl. 2015, 37.

Übersicht

I. Grund der Neuregelung

1 Mit Beschluss vom 3.7.2003 entschied das BVerfG, dass § 3 Abs. 2 vom 29.11.1996 (BRAK-Mitt. 1996, 241) mit Art. 12 Abs. 1 GG unvereinbar und nichtig ist. Gleichzeitig stellte es fest, dies gelte auch für inhaltsgleiche Fassungen dieser Vorschrift in späteren Bekanntmachungen. Zur Begründung führte das BVerfG unter anderem aus, der Eingriff in die Berufsausübungsfreiheit in Gestalt der Verpflichtung zur Beendigung eines Mandates dürfe nur durch Gesetz oder aufgrund eines Gesetzes erfolgen, das den Anforderungen von Art. 12 Abs. 1 GG genüge. An einer ausdrücklichen gesetzlichen Normierung der Pflicht zur Mandatsbeendigung für Sozietäten fehle es. § 43a Abs. 4 BRAO beziehe sich auf den Einzelanwalt, der in derselben Sache nicht Parteien mit gegenläufigem Interesse vertreten darf.

2 Das Fehlen einer ausdrücklichen Regelung bedeute allerdings nicht notwendig, dass eine die Berufsausübung einschränkende Verfügung und eine sie bestätigende Gerichtsentscheidung den Anforderungen des Art. 12 Abs. 1 S. 2 GG widersprechen. Wohl aber tue dies die im Zeitpunkt der Entscheidung geltende Regelung des § 3 Abs. 2, da sie die Nachteile im Falle des Sozietätswechsels für die den wechselnden Rechtsanwalt aufnehmende Berufsgemeinschaft nicht auf das zum Schutz von Gemeinwohlinteressen erforderliche Maß beschränke. § 3 Abs. 2 erschwere daher einen Sozietätswechsel unverhältnismäßig. § 43a Abs. 4 BRAO gebiete auch im Rahmen des § 3 eine dem Einzelfall gerecht werdende Abwägung aller Belange unter besonderer Berücksichtigung der konkreten Mandanteninteressen (BVerfGE 108, 150 = NJW 2003, 2520 = MDR 2003, 1081 = BRAK-Mitt. 2003, 231 = AnwBl. 2003, 521).

3 Diese Entscheidung des BVerfG war für die Satzungsversammlung Anlass zur Beratung einer Neufassung des § 3 insgesamt (zum Beratungsgang vgl. Hartung/*Hartung* § 3 Rn. 25–36). Mit Beschluss vom 7.11.2005, ausgefertigt am 17.11.2005, wurde von der Satzungsversammlung die Neufassung beschlossen, mit der die vom BVerfG für den Sozietätswechsel entwickelten Grundsätze auch auf die Fälle widerstreitender Mandate innerhalb einer Berufsgemeinschaft übertragen wurden. Durch Bescheid vom 10.3.2006 erklärte die Bundesjustizministerin, sie habe keine Bedenken gegen die Rechtmäßigkeit der Neuregelung (§ 191e BRAO). Die Neufassung des § 3 ist damit am 1.7.2006 in Kraft getreten (BRAK-Mitt. 2006, 79, 80). Sie beruht auf der Satzungskompetenz aus § 59b Abs. 2 Nr. 1e BRAO.

4 Mit Beschluss vom 5.5.2014, ausgefertigt am 13.5.2014, wurde von der Satzungsversammlung Abs. 1 um einen S. 2 ergänzt, der klarstellt, dass die beidseitige Treuhandtätigkeit unter dem Gesichtspunkt der widerstreitenden Interessen verboten ist. Durch Bescheid vom 6.8.2014 erklärte das Bundesministerium der Justiz und für Verbraucherschutz, dass keine Bedenken gegen die Rechtmäßigkeit der Satzungsbeschlüsse bestehen (§ 191e BRAO). Die Neufassung des § 3 Abs. 1 ist damit am 1.1.2015 in Kraft getreten (BRAK-Mitt. 2015, 252); sie beruht auf der Satzungskompetenz aus § 59b Abs. 2 Nr. 1 lit. e BRAO.

II. Tätigkeitsverbot (Abs. 1)

1. Allgemeines. § 3 knüpft weiterhin an § 43a Abs. 4 BRAO an und konkretisiert die darin geregelte anwaltliche Grundpflicht, dass der Rechtsanwalt keine widerstreitenden Interessen vertreten darf. § 3 Abs. 1 richtet sich an den einzelnen Rechtsanwalt, der, wenn er in seiner Person die in Abs. 1 angeführten Voraussetzungen erfüllt (→ BRAO § 43a Rn. 54 ff.), nicht tätig werden darf. § 3 Abs. 1 präzisiert die Grundpflicht aus § 43a Abs. 4 BRAO dahin, dass auch die bloße Beratung als Element der Vertretung in derselben Rechtssache im widerstreitenden Interesse ein Tätigkeitsverbot auslöst. § 3 Abs. 1 verbietet die gleichzeitige oder zeitlich aufeinanderfolgende kollidierende Beratung oder Vertretung in derselben Rechtssache (Satzungsversammlung BRAK-Mitt. 2006, 212, 213). 5

2. Ermöglichung einer Einzelfallabwägung. Der in der alten Fassung des § 3 enthaltene Zusatz hinsichtlich der vorhergehenden Tätigkeit, dass es gleich sei, „in welcher Funktion" er diese ausgeübt habe (vgl. 6. Aufl. § 3 Rn. 2; BRAO § 43a Rn. 55, 56) wurde in der Neufassung gestrichen, „weil ein derart rigider Ausschluss von späterer anwaltlicher Tätigkeit ohne Einzelfallabwägung nach der Entscheidung des BVerfG zu § 3 Abs. 2 aF nicht mehr gehalten werden könne" (Hartung/*Hartung* § 3 Rn. 43; BVerfGE 108, 150 = NJW 2003, 2520). Die frühere Regelung eliminierte von vornherein jede Einzelfallabwägung und schloss jeden auch noch so kleinen Interessenkonflikt etwa durch eine über einige Jahre zurückliegende Gutachtensäußerung eines Referendars ein, wenn dieser später einmal als Rechtsanwalt auf der Gegenseite stand. 6

Ein derart strikter Ausschluss der Einzelfallabwägung ist nicht mehr vertretbar (BGH BRAK-Mitt. 2012, 224). Aber frühere Beratungstätigkeit durch Referendare oder Rechtsassessoren zB in Rechtsabteilungen hindert auch nach der Neufassung des § 3 Abs. 1 diese in ihrer neuen Rolle als Rechtsanwalt, konträren Rechtsrat zu erteilen oder konträre Rechtsberatung bzw. konträre Rechtsvertretung zu betreiben. Der mit der Erstellung der Klage beauftragte Referendar kann also nicht nach erfolgter Anwaltszulassung den Beklagten vertreten. Dies folgt aus dem Verweis auf die Befassungstatbestände des § 45 Abs. 1 Nr. 4 BRAO, der sich nicht auf die Ausnahmerechtsfolge (Nichtgeltung des Tätigkeitsverbots bei Beendigung der außeranwaltlichen Tätigkeit) erstreckt. Lediglich länger zurückliegende Gelegenheitstätigkeiten lösen kein Tätigkeitsverbot mehr aus (Satzungsversammlung BRAK-Mitt. 2006, 212, 213). Zum Umfang des Tätigkeitsverbots im Übrigen → BRAO § 43a Rn. 54 ff. 7

3. Doppelte Treuhand. Die beidseitige Treuhandtätigkeit ist als Wahrnehmung widerstreitender Interessen verboten (→ BRAO § 43a Rn. 70). Nachdem dies in der Praxis bei der Mandatsbearbeitung vielfach nicht bewusst ist und damit verbundene Haftungsgefahren in den üblichen Vermögenshaftpflichtverträgen auch nicht versichert sind, war die Klarstellung im Berufsrecht erforderlich. 8

III. Erstreckung des Verbots auf die Rechtsanwälte einer Berufsausübungs- oder Bürogemeinschaft (Abs. 2)

1. Verfassungsmäßigkeit. Die in § 3 Abs. 2 geregelte Erstreckung des Tätigkeitsverbots aus § 3 Abs. 1 auf die mit dem von dem Tätigkeitsverbot aus Abs. 1 persönlich betroffenen Rechtsanwalt beruflich verbundenen Rechtsanwälte war und ist der Hauptstreitpunkt zu § 3 alter und neuer Fassung. Während das BVerfG die nicht auf den Einzelfall abstellende alte Fassung des § 3 aus diesem Grund und nicht etwa mangels Satzungskompetenz für verfassungswidrig erklärt hat (BVerfGE 108, 150 = NJW 2003, 2520), hat es die Neuregelung, die die Möglichkeit der Einzelfallabwägung eröffnet, als verfassungsgemäß angesehen. Ein Rechtssatz des Inhalts, dass das Verbot der Vertretung widerstreitender Interessen auch für die mit einem Rechtsanwalt in einer Sozietät verbundenen Kollegen gilt, wenn die Mandanten mit der weiteren Tätigkeit des Sozius nicht einverstanden sind, ergebe sich bereits durch Gesetzesauslegung aus § 43a Abs. 4 BRAO und sei mit Art. 12 Abs. 1 GG vereinbar. Der mit einer solchen Regelung verbundene Eingriff in die Freiheit der Berufsausübung sei durch hinreichende Gründe des Gemeinwohls gerechtfertigt. Wenn die Mandanten mit einer solchen Tätigkeit nicht einverstanden sind oder wenn – trotz erteiltem Einverständnis – Belange der Rechtspflege entgegenstehen, sei von dem Rechtsanwalt stets eine Mandatsbeendigung zu verlangen. Der Verhältnismäßigkeit einer Erstreckung des Verbots der Vertretung widerstreitender Interessen auf die Sozien stehe auch die Recht- 9 sprechung des BVerfG zu § 146 StPO (BVerfGE 43, 79; 45, 272; → BRAO § 43a Rn. 77) nicht entgegen (BVerfG NJW 2006, 2469 = BRAK-Mitt. 2006, 170 = AnwBl. 2006, 580; kritisch *Scharmer* BRAK-Mitt. 2006, 150).

10 Da § 43a Abs. 4 BRAO eine Erstreckung des Verbots der Wahrnehmung widerstreitender Interessen auf die mit dem Rechtsanwalt in einer Sozietät pp. beruflich verbundenen Kollegen nicht generell ausschließt, soweit dabei unter Beachtung der Freiheit der Berufsausübung der Gesichtspunkt der Verhältnismäßigkeit beachtet wird (BVerfGE 108, 150 = NJW 2003, 2520; BVerfG NJW 2006, 2469) und nach § 59b Abs. 2 Nr. 1e BRAO die Satzungsversammlung die Satzungskompetenz für die nähere Regelung des Verbots der Vertretung widerstreitender Interessen hat, hat sie sowohl die Satzungskompetenz für die Regelung der näheren Einzelheiten einer Erstreckung des Verbotes als auch für die diesem Verbot innewohnenden Ausnahmen nach Abs. 2 S. 2 und 3 (**aA** Hartung/*Hartung* § 3 Rn. 107 ff.).

11 **2. Grundsätzliche Erstreckung nach § 3 Abs. 2 Satz 1. a) Erstreckungsgegenstand.** Erstreckungsgegenstand des Abs. 2 S. 1 sind die Verbote des § 3 Abs. 1. In erster Linie ist danach das aus § 43a Abs. 4 BRAO resultierende Verbot der Vertretung widerstreitender Interessen erfasst. Aber auch die Tätigkeitsverbote aus §§ 45, 46 BRAO können für alle mit dem von den Verboten des Abs. 1 unmittelbar persönlich betroffenen Rechtsanwalt in derselben Berufsausübungs- oder Bürogemeinschaft verbundenen Rechtsanwälte gelten (*Kleine-Cosack* AnwBl. 2006, 13; zu den Einzelheiten → BRAO § 43a Rn. 56 ff.; → BRAO § 45 Rn. 38 ff.; → BRAO § 46 Rn. 28).

12 **b) Adressaten.** Nach der Neuregelung des § 3 Abs. 2 S. 1 kann sich das Verbot des Abs. 1 **nur auf andere Rechtsanwälte** erstrecken und **nicht wie bisher auch auf „Angehörige eines anderen Berufes** im Sinne des § 59a BRAO". Damit folgte die Satzungsversammlung der Rechtsprechung des BGH zum Verbot der Sternsozietät unter Einbeziehung der nichtanwaltlichen Mitglieder, das von der Satzungskompetenz nicht gedeckt war, weil die Satzung nicht in das Berufsrecht anderer Berufe eingreifen darf (BGH NJW 1999, 2970 = AnwBl. 1999, 553 mit Anm. *Römermann;* Hartung/*Hartung* § 3 Rn. 95).

13 **c) Voraussetzungen.** Weitere Voraussetzung der Erstreckung ist, dass der Rechtsanwalt mit dem von dem Verbot des Abs. 1 unmittelbar und persönlich betroffenen Rechtsanwalt **„in derselben Berufsausübungs- oder Bürogemeinschaft gleich welcher Rechts- oder Organisationsform verbunden"** ist. Unter Berufsausübungsgemeinschaft ist zunächst die **Sozietät in all ihren Erscheinungsformen** zu verstehen, wie zB auch als überörtliche, internationale, interprofessionelle pp. (→ BRAO § 59a Rn. 8 ff.). Auch **Schein- oder Außensozietäten** fallen darunter. Unerheblich ist, ob der Mandant die Sozietät mandatiert oder ausdrücklich nur ein Einzelmandat an ein Sozietätsmitglied erteilt hat (*Kleine-Cosack* AnwBl. 2006, 13, 15; Hartung/*Hartung* § 3 Rn. 98; BGH NStZ 1994, 490). Auch die **Anwalts-GmbH** (§§ 59c ff. BRAO), **Partnerschaftsgesellschaft** (→ Teil I Nr. 5), **Anwalts-AG** (→ BRAO Vor § 59c Rn. 8 ff.), **Anwalts-KGaA** (→ BRAO Vor § 59c Rn. 16) sowie **verfestigte Kooperation** (→ BRAO § 59a Rn. 92 ff.; → § 8 Rn. 15 ff.) sind Berufsausübungsgemeinschaften iSd § 3 Abs. 2 (Hartung/*Hartung* § 3 Rn. 100). Ebenso unterfallen die in einer **Bürogemeinschaft** (→ BRAO § 59a Rn. 79 ff.) verbundenen Rechtsanwälte der Erstreckungsregel des § 3 Abs. 2 S. 1, da nicht auszuschließen ist, dass jeder Bürogemeinschafter jederzeit Kenntnis von den Mandatsvorgängen der anderen Bürogemeinschafter erlangen kann, andererseits § 3 auch Schutz vor Verletzung der Verschwiegenheitspflicht gewährleisten soll (§ 3 Abs. 5; Satzungsversammlung BRAK-Mitt. 2006, 212, 214). Aus diesem Grund fällt auch die Zusammenarbeit in einer **EWIV** (→ BRAO § 59a Rn. 86 ff.) darunter (→ BRAO § 45 Rn. 38; BT-Drs. 12/4993, 30 zu § 45 Abs. 3 BRAO; **aA** Hartung/*Hartung* § 3 Rn. 102).

14 **3. Entfallen der Erstreckung nach § 3 Abs. 2 S. 2 und S. 3. a) Ausnahmeregelung.** Die Regelung des § 3 Abs. 2 S. 2 und 3 ist **verfassungsgemäßer** (→ Rn. 4, 5) Ausfluss des Grundsatzes der Verhältnismäßigkeit und ermöglicht im Einzelfall ein Absehen von der in Abs. 2 S. 1 vorgesehenen grundsätzlichen Erstreckung des Tätigkeitsverbotes nach Abs. 1 auf die mit dem von dem Verbot betroffenen Rechtsanwalt in einer Gemeinschaft (→ Rn. 8) verbundenen Rechtsanwälte mit der Folge, dass die Vertretung mehrerer Mandanten mit widerstreitenden Interessen innerhalb einer Gemeinschaft zulässig ist. Dazu werden in Abs. 2 S. 2 und 3 Abwägungskriterien aufgestellt und das Verfahren bei der diesbezüglichen Entscheidung geregelt. Eine

Ausnahme für Anwälte, die persönlich unmittelbar, also nicht erst über Abs. 2 S. 1 von dem Verbot des Abs. 1 betroffen sind, gibt es nicht. Derselbe Rechtsanwalt darf ausnahmslos niemals widerstreitende Interessen vertreten.

b) Voraussetzungen. Wäre nach § 3 Abs. 2 S. 1 an sich eine Erstreckung gegeben, gilt dies nicht, „wenn sich im Einzelfall die betroffenen Mandanten in den widerstreitenden Mandaten nach umfassender Information mit der Vertretung ausdrücklich einverstanden erklärt haben und Belange der Rechtspflege nicht entgegenstehen". Der Schutz anwaltlicher Unabhängigkeit und der Erhalt des konkreten Vertrauensverhältnisses zum Mandanten können als Gemeinwohlgründe für eine Erstreckung nicht angeführt werden, wenn die von der Vertretung widerstreitender Mandate durch verschiedene Rechtsanwälte innerhalb einer Berufsgemeinschaft betroffenen Mandanten das Vertrauensverhältnis zu ihren jeweiligen Anwälten nicht als gestört ansehen und mit einer Fortführung der eigenen ebenso wie der gegnerischen Mandate einverstanden sind. 15

Kann sich durch die Wahrnehmung widerstreitender Mandate durch verschiedene Anwälte derselben Berufsgemeinschaft bei generalisierender Betrachtung eine Gefahr für die Verschwiegenheit und die gradlinige Interessenvertretung ergeben, kommt die Einschätzung, ob eine Rechtsbeeinträchtigung konkret droht, in erster Line den Mandanten zu, die deshalb wahrheitsgemäß und umfassend zu informieren sind. Daneben liegt es in der verantwortlichen Einschätzung der betroffenen Rechtsanwälte, ob die Konfliktsituation eine Mandatsniederlegung gebietet. Ein verantwortlicher Umgang mit einer derartigen Situation kann von einem Rechtsanwalt erwartet werden (BVerfGE 108, 150 = NJW 2003, 2520). Der **Nichteintritt der Erstreckung** nach § 3 Abs. 2 S. 1 ist damit **abhängig** von dem **Einverständnis der betroffenen Mandanten** und davon, dass **Belange der Rechtspflege nicht entgegenstehen.** 16

aa) Einverständnis. Das Einverständnis der Mandanten ist abhängig von einer **umfassenden Information** der betroffenen Mandanten. Betroffen sind all die Mandanten, die in derselben Rechtssache von verschiedenen Anwälten der Berufsausübungs- bzw. Bürogemeinschaft beraten und oder vertreten werden. Informiert werden müssen sie über den Umstand, dass jeweils ein anderer Rechtsanwalt aus der Berufsausübung- bzw. Bürogemeinschaft die mehreren Mandanten in verschiedenen sich widerstreitenden Mandaten vertritt. Das beinhaltet jeweils auch eine Belehrung über die Umstände, die zu der Wahrnehmung widerstreitender Mandate geführt haben, wie zB Unkenntnis von der früheren Mandatierung eines Partners oder Verkennung des Sachzusammenhangs. Auch über die Gründe, aus denen sich die widerstreitenden Interessen ergeben können, ist zu belehren. „Die Mandanten müssen wahrheitsgemäß und so vollständig über die Interessenkollisionslage aufgeklärt werden, dass sie die daraus resultierenden Folgen und Gefahren einschätzen können. 17

Dabei ist nach Abs. 5 zu beachten, dass die Verschwiegenheitspflicht auch bei dieser umfassenden Information gilt. Könnte die erforderliche umfassende Aufklärung über die Konfliktsituation nur durch die Preisgabe geheimhaltungsbedürftiger Informationen erfolgen, muss sie unterbleiben mit der Folge, dass dann eine Beratung oder Vertretung in den widerstreitenden Mandaten durch Angehörige derselben Berufsausübungsgemeinschaft nicht möglich ist. Im Regelfall dürfte die erforderliche umfassende Aufklärung jedoch mit dem Aufzeigen abstrakter Gefahren möglich sein, ohne dass der jeweils anderen Seite geheimhaltungsbedürftige Informationen preisgegeben werden müssten. Bei einer einverständlichen Scheidung durch zwei Anwälte derselben Berufsausübungsgemeinschaft etwa dürfte der Hinweis ausreichen, dass von einer einverständlichen Scheidung nur auf der Basis der vorliegenden Informationen durch die Mandanten ausgegangen werden könne, aber etwa unterhaltsrelevantes einseitig verschwiegenes Einkommen oder Vermögen jederzeit aus der einverständlichen Scheidung eine streitige Scheidung machen könne" (Satzungsversammlung BRAK-Mitt. 2006, 212, 214). 18

bb) Zeitpunkt. Die Information und das Einverständnis müssen grundsätzlich vor der eventuell gegensätzlichen Vertretung erfolgen. Es ist aber, wenn sie den beteiligten Anwälten nicht von vornherein bewusst ist, ausreichend, wenn sie im Laufe der Mandatsbearbeitung unverzüglich nach Bekanntwerden und auf jeden Fall noch vor Abschluss der Bearbeitung erfolgen (*Kleine-Cosack* AnwBl. 2006, 13, 16). 19

cc) Form. Information und Einverständniserklärung sollen in Textform erfolgen, wobei das Einverständnis „ausdrücklich" nicht etwa nur konkludent erfolgen muss. Während es von dem Erfordernis der ausdrücklichen Einverständniserklärung keine Ausnahme gibt, ist die Textform 20 für Information und Einverständnis nicht zwingend vorgeschrieben. Sie sollen nur in dieser Form erfolgen. Von dem ursprünglich vorgesehenem Erfordernis der Schriftform wurde bewusst abgesehen. Um auch Einverständniserklärungen zB per E-Mail zu ermöglichen, wurde vielmehr auf die Textform entsprechend § 126b BGB abgestellt. Aber für die Wirksamkeit der Information und des Einverständnisses ist das Beachten der Textform nicht erforderlich. Beide können auch mündlich erfolgen. Nur trägt in diesen Fällen der Rechtsanwalt das volle Beweislastrisiko (*Kleine-Cosack* AnwBl. 2006, 13, 16; Hartung/*Hartung* § 3 Rn. 154). Die Satzungsversammlung hat davon abgesehen, zwingend Information und Einverständniserklärung in Textform zu fordern, damit reine Formverstöße bei materiell bedenkenfreier Beratung oder Vertretung keine Sanktionen auslösen (Satzungsversammlung BRAK-Mitt. 2006, 212, 214).

21 **dd) Entgegenstehende Belange der Rechtspflege.** Trotz ausdrücklichen Einverständnisses der betroffenen Mandanten mit der kanzleiinternen Vertretung widerstreitender Interessen ist diese Vertretung aber gleichwohl unzulässig, wenn dem Belange der Rechtspflege entgegenstehen. Verträgt sich eine solche Vertretung im Einzelfall nicht mit den Belangen der Rechtspflege, ist sie immer ausgeschlossen. Damit werden neben den Belangen der unmittelbar Betroffenen auch die der Allgemeinheit gleichwertig berücksichtigt. Abs. 2 S. 2 enthält „nicht nur den übereinstimmenden Willen der betroffenen Mandanten als subjektive Komponente, sondern darüber hinaus in den Belangen der Rechtspflege ein objektives Korrektiv. Belange der Rechtspflege, die die unabhängige, verschwiegene und geradlinige Wahrnehmung der Mandanteninteressen durch den Rechtsanwalt voraussetzen, können nicht nur im gerichtlichen Verfahren, sondern auch im außergerichtlichen Bereich einer Wahrnehmung widerstreitender Interessen durch unterschiedliche Rechtsanwälte derselben Berufsausübungsgemeinschaft entgegenstehen, auch wenn sie dort in der Regel grundsätzlich ein geringeres Gewicht haben werden" (Satzungsversammlung BRAK-Mitt. 2006, 212, 214).

22 Wenn die betroffenen Mandanten das Vertrauensverhältnis zu ihren jeweiligen Rechtsanwälten nicht als gestört ansehen und mit einer Fortführung der eigenen ebenso wie der gegnerischen Mandate einverstanden sind, können zwar der Schutz der anwaltlichen Unabhängigkeit und der Erhalt des konkreten Vertrauensverhältnisses zum Mandanten nicht als Gemeinwohlgründe angeführt werden, die eine solche Mandatsfortführung verbieten. Aber § 43a Abs. 4 BRAO und auch § 3 dienen nicht nur dem Schutz des individuellen Vertrauensverhältnisses zwischen Anwalt und Mandant und der Wahrung der Unabhängigkeit des Rechtsanwalts, sondern darüber hinaus dem Gemeinwohl in Gestalt der Rechtspflege, die auf eine Geradlinigkeit der anwaltlichen Berufsausübung angewiesen ist (vgl. BT-Drs. 12/4993, 27), also darauf, dass ein Anwalt nur einer Seite dient. Alle diese Belange treten nebeneinander und bedingen einander.

23 Die Wahrnehmung anwaltlicher Aufgaben setzt den unabhängigen, verschwiegenen und nur den Interessen des eigenen Mandanten verpflichteten Rechtsanwalt voraus. Diese Eigenschaften stehen nicht zur Disposition des Mandanten, sie können nicht durch deren Einverständnis abbedungen werden. Der Rechtsverkehr muss sich darauf verlassen können, dass der Pflichtenkanon des § 43a BRAO befolgt wird, damit die angestrebte Chancen- und Waffengleichheit der Bürger untereinander und gegenüber dem Staat gewährt wird und die Rechtspflege funktionsfähig bleibt (BVerfGE 108, 150 = NJW 2003, 2520).

24 Das bedeutet indessen nicht, dass die Definition, was den Interessen der Mandanten und damit zugleich der Rechtspflege dient, abstrakt vorgenommen werden darf. Vielmehr muss neben der Beachtung der Mandanteneinschätzung auch von den betroffenen Rechtsanwälten unter Beachtung ihrer unabhängigen Stellung eine gesetzesgeleitete verantwortliche Einschätzung erwartet werden, ob die Konfliktsituation oder doch jedenfalls das Ziel der Vermeidung zukünftiger Störungen des Vertrauensverhältnisses eine Mandatsniederlegung gebietet. Ein verantwortlicher Umgang mit einer solchen Situation kann von einem Rechtsanwalt ebenso erwartet werden wie von einem Richter bei der Offenlegung von Gründen zur Selbstablehnung (BVerfGE 108, 150 = NJW 2003, 2520).

25 „Fallgruppen und konkrete Beurteilungsmaßstäbe zu § 3 Abs. 2 S. 2 werden sich erst im Laufe der Zeit herausbilden lassen. Dabei wird es Wechselwirkungen zwischen der Art des Interessenkonfliktes (zB total oder partiell, aktuell oder potenziell), dem Grad der Gefährdung anwaltlicher Grundpflichten (zB der Wahrung der Verschwiegenheit), der Schutzbedürftigkeit der Mandanten (das Einverständnis eines großen Unternehmens mit eigener Rechtsabteilung trägt weiter als das einer Privatperson ohne einschlägige Vorbildung oder Erfahrung) und andere

relevanter Parameter geben“ (Satzungsversammlung BRAK-Mitt. 2006, 212, 214). In diesem Zusammenhang ist zu berücksichtigen, dass die Fallgestaltungen, auf die sich die Verbotsnormen des § 43a Abs. 4 BRAO und des § 3 Abs. 1 beziehen, in tatsächlicher Hinsicht sehr vielseitig sein können. Je nach Fallgestaltung können sich daraus mehr oder weniger konkrete Gefahren für die Interessen der Mandanten und der Allgemeinheit ergeben (vgl. *Zuck* NJW 1999, 263; *Henssler* NJW 2001, 1521; *Müller* AnwBl. 2001, 491; *Schlosser* NJW 2002, 1376). So kann die Arbeitsteilung in der Kanzlei, in der die widerstreitenden Mandate bearbeitet werden, durch räumliche Trennung (bei überörtlichen Sozietäten und bei Bürogemeinschaften), durch organisatorische Vorkehrungen *(chinese walls),* durch Ausgestaltung des Vertragsverhältnisses mit den bearbeitenden Anwälten (Sozius, Angestellter oder freier Mitarbeiter), durch die schiere Größe oder die fachliche Abschottung der verschiedenen Bereiche einer Kanzlei (beispielsweise Baurecht, Familienrecht, Patentrecht) gewährleisten, dass die Verschwiegenheitspflicht schon deshalb nicht gefährdet ist, weil es für den sachbearbeitenden Anwalt nichts zu verschweigen gibt, da er in die Vorgänge des widerstreitenden Mandates keinen Einblick hat und sichergestellt ist, dass er diesen nicht erlangen kann (BVerfGE 108, 150 = NJW 2003, 2520 für Fälle des Sozietätswechsels).

Belange der Rechtspflege werden „in der Regel nicht entgegenstehen, wenn widerstreitende 26 Beratungsmandate von räumlich verschiedenen Büros derselben Berufsausübungsgemeinschaft geführt werden und überzeugende faktische Vorkehrungen zur Wahrung der Vertraulichkeit *(chinese walls)* getroffen worden sind, sei es aus freien Stücken, sei es, weil die Mandanten davon ihre Zustimmungserklärungen abhängig gemacht haben“. Ist andererseits „innerhalb einer Berufsausübungsgemeinschaft am gleichen Ort die Gefahr groß, dass der Berater oder Vertreter des Gegners gewollt oder ungewollt geheimhaltungsbedürftige Informationen des Gegners erlangt, etwa beim abendlichen Blick in die Faxeingänge, könnte dies allein schon trotz vorliegender Einverständniserklärungen der Beratung oder Vertretung entgegenstehen“ (Satzungsversammlung BRAK-Mitt. 2006, 212, 2159).

Die gesetzliche Pflicht zur Verschwiegenheit und das Vertrauen der Mandanten in die Ver- 27 schwiegenheit des einzelnen Anwalts kommen erst zur Geltung, wenn der Rechtsanwalt tatsächlich über geheimhaltungsbedürftige Informationen verfügt. Diese können dem Rechtsanwalt die innere Unabhängigkeit nehmen oder den Mandanten verunsichern und deshalb zur Beendigung des Mandats durch Auftragnehmer oder Auftraggeber führen. Ist aber aufgrund der Besonderheiten des Einzelfalls aus der Sicht der umfassend informierten Mandanten sowie der beteiligten Anwälte nicht zu befürchten, dass die Verschwiegenheit der Anwälte und deren Unabhängigkeit beeinträchtigt werden könnten, wird eine Vertretung widerstreitender Mandate durch verschiedene Anwälte einer Sozietät pp. zulässig sein. Denn im Interesse der Rechtspflege sowie eindeutiger und geradliniger Rechtsbesorgung **verlangt auch § 43a Abs. 4 BRAO lediglich, dass im konkreten Fall die Vertretung widerstreitender Interessen vermieden wird** (BVerfGE 108, 150 = NJW 2003, 2520). So können sich schon aus den unterschiedlichen Formen der Zusammenschlüsse, auf die sich § 3 Abs. 2 bezieht, auch unterschiedliche Gefährdungen ergeben. Sie stellen nicht alle in gleichem Maße die unabhängige Tätigkeit durch einen Gemeinschafter bei interessengegensätzlicher Befassung in Frage (*Kleine-Cosack* AnwBl. 2006, 13, 16). Auch weitere, zum Teil schon angeführte Umstände (→ Rn. 19 ff.) können die Gefahren für eine eindeutige und geradlinige Rechtsbesorgung minimieren. Dann besteht im Interesse der Rechtspflege nur ausnahmsweise Anlass zum Eingreifen, wenn hierfür sonstige Indizien sprechen, die den Mandanten verborgen geblieben oder von ihnen unzutreffend eingeschätzt worden sind (BVerfGE 108, 150 = NJW 2003, 2520).

Die Satzungsversammlung hat in ihrer Begründung zur Änderung des § 3 auf die **Besonder-** 28 **heiten des jeweiligen Einzelfalles** abgestellt und wegen der Gefahren für die Geheimhaltung bei der Wahrnehmung widerstreitender Mandate innerhalb einer Berufsausübungsgemeinschaft am selben Ort ausgeführt: „Ein widerstreitendes Beratungsmandat kann dann also mit Blick auf die Belange der Rechtspflege zwischen den Büros derselben Berufsausübungsgemeinschaft in Hamburg und München geführt werden, nicht aber innerhalb der Münchner oder Hamburger Kanzlei. Bei Prozessmandaten wird den Belangen der Rechtspflege – Anwälte aus derselben Berufsausübungsgemeinschaft treten vor Gericht gegeneinander auf – tendenziell größeres Gewicht zukommen als bei widerstreitenden Beratungsmandaten. Der „schmutzige Scheidungskrieg“ oder die Verteidigung zu Lasten des anderen Beschuldigten werden im Regelfall nach wie vor innerhalb eines Büros nicht zulässig sein. Bricht die ursprünglich gleichgerichtete Verteidigungsstrategie mit parallelen Interessen auf und verteidigt sich der eine Beschuldigte zu Lasten des anderen Beschuldigten, stehen Belange der Rechtspflege der Fortführung beider Mandate entgegen. Hiervon zu unterscheiden ist der Fall, dass ein Belastungsgefälle bereits bei Übernahme beider Mandate bestand. Hat sich etwa der eine Beschuldigte ohne anwaltlichen Beistand bei der Polizei zu einer den anderen belastenden Aussage entschlossen und nimmt der so Belastete dies hin, stehen Belange der Rechtspflege einer Vertretung innerhalb eines Büros nicht entgegen; es fehlt insoweit an widerstreitenden Interessen. Belange der Rechtspflege sind bei der Vertretung mehrerer Bieter in einem Verkaufsverfahren (sog. *limited auctions*) durch unterschiedliche Teams (mit *chinese walls*) einer Berufsausübungsgemeinschaft jedenfalls dann nicht tangiert, wenn die Teams räumlich getrennt arbeiten, wobei neben der Aufklärungspflicht gegenüber den Mandanten hier insbesondere auf die Beachtung der Verschwiegenheitspflicht gemäß Abs. 5 hinzuweisen ist" (Satzungsversammlung BRAK-Mitt. 2006, 212, 215).

IV. Sozietätswechsel (Abs. 3)

29 Nach § 3 Abs. 3 gelten die Abs. 1 und 2 auch für den Fall, dass der Rechtsanwalt von einer Berufsausübungs- oder Bürogemeinschaft zu einer anderen wechselt. Mit der Verweisung auf § 3 Abs. 2 kommt die Neufassung der Forderung des BVerfG nach, den Sozietätswechsel nicht zu erschweren, wenn hinreichend gesichert ist, dass Pflichtverletzungen in dessen Folge nicht zu besorgen sind. Das BVerfG hat dazu ausgeführt, dass wenn Rechtsanwälte oder Anwaltssozietäten nach einem Sozietätswechsel zur Beendigung eines Mandats verpflichtet werden, obwohl diese zuvor selbst die widerstreitenden Interessen auf der Gegenseite nicht vertreten haben und sie auch nicht zu vertreten beabsichtigen, hierin eine unverhältnismäßige Einschränkung ihrer Berufsausübung (BVerfGE 108, 150 = NJW 2003, 2520) liege. Die Beachtung der Forderung des BVerfG wird durch die nach Abs. 3 auch im Falle eines Gemeinschaftswechsels geltende Entscheidungsbefugnis der betroffenen Mandanten und die Abgleichung mit den Belangen der Rechtspflege (Abs. 2 S. 2) sichergestellt. Die Verweisung auf die Abs. 1 und 2 ermöglicht eine erforderliche Differenzierung nach eventuell bestehenden Gefährdungen der anwaltlichen Unabhängigkeit und des Vertrauensverhältnisses, insbesondere auch danach, ob der die Gemeinschaft wechselnde Rechtsanwalt ein widerstreitendes Mandat selbst bearbeitet hat, es eventuell in die aufnehmende Berufsgemeinschaft einbringt, oder ob er das Mandat nicht bearbeitet hat und er nur als Sozietätsmitglied durch das Mandat mitberechtigt und verpflichtet wurde (→ BRAO § 59a Rn. 15, 30, 31).

30 Dies setzt im Falle des Sozietätswechsels zunächst eine Bestandsaufnahme voraus: Will ein Rechtsanwalt von einer Anwaltskanzlei in eine andere wechseln, haben die abgebende und die aufnehmende Kanzlei unverzüglich alle Mandate festzustellen, in denen sie Mandanten im widerstreitenden Interesse vertreten, es sei denn, es kommt eindeutig nicht in Betracht, dass der Rechtsanwalt in diesen Mandaten vertreten (§ 43a Abs. 4 BRAO) oder insoweit geheimhaltungsbedürftige Informationen erlangt hat. Der wechselnde Rechtsanwalt hat sich gegenüber der abgebenden und der aufnehmenden Anwaltskanzlei vor Eintritt in die aufnehmende Kanzlei umfassend schriftlich darüber zu erklären, ob und inwieweit er in widerstreitenden Mandaten vertreten oder geheimhaltungsbedürftige Informationen erlangt hat (Satzungsversammlung BRAK-Mitt. 2006, 212, 216). Diese Bestandsaufnahme ermöglicht den beteiligten Kanzleien sodann die umfassende Information der betroffenen Mandanten (→ Rn. 15).

31 **1. Verweisung auf Abs. 1.** Die Verweisung auf § 3 Abs. 1 beinhaltet zunächst etwas Selbstverständliches und bedeutet, der wechselnde Rechtsanwalt ist wie bisher an die ihn persönlich und unmittelbar treffenden §§ 43a Abs. 4, 45, 46 BRAO gebunden. Eine Befreiungsmöglichkeit wie für nur übertragene Tätigkeitsverbote (§ 3 Abs. 2 S. 1 und 2) gibt es insoweit nicht. Die Erstreckung des Tätigkeitsverbotes, die den wechselnden Rechtsanwalt in der Zeit seiner Zugehörigkeit zu der bisherigen Gemeinschaft traf (§ 3 Abs. 2 S. 1), gilt für ihn in der aufnehmenden Gemeinschaft weiter (Hartung/*Hartung* § 3 Rn. 128). Das heißt zB er darf in der aufnehmenden Gemeinschaft nicht an der Vertretung eines Mieters mitwirken, wenn er zuvor in der abgebenden Gemeinschaft dessen Vermieter in derselben Angelegenheit beraten oder vertreten hat.

32 **2. Verweisung auf Abs. 2. a) Grundsatz des Abs. 2 S. 1.** Mit dem Wechsel in eine andere Berufsausübungs- bzw. Bürogemeinschaft gelten nach § 3 Abs. 2 S. 1, Abs. 3 die für den Wechsler und die ihn aufnehmenden Rechtsanwälte geltenden Tätigkeitsverbote des Abs. 1 wechselseitig. Das heißt, berät oder vertritt die abgebende Kanzlei den Gegner eines Mandanten

der aufnehmenden Kanzlei, dann „infiziert" der Kanzleiwechsler die aufnehmende Kanzlei über § 3 Abs. 2 S. 1 iVm § 3 Abs. 3 mit dem insoweit schon für ihn geltendem Tätigkeitsverbot. Das bedeutet, dass die aufnehmende Kanzlei mit der Aufnahme des Kollegen aus der bzgl. dieses Mandates gegnerischen Kanzlei ihr Mandat grundsätzlich gemäß § 3 Abs. 4 zu beenden hat (Satzungsversammlung BRAK-Mitt. 2006, 212, 215; Hartung/*Hartung* § 3 Rn. 129; **aA** BayAGH BRAK-Mitt. 2012, 176).

Zwar unterliegt der Kanzleiwechsler weiterhin der Verschwiegenheitspflicht und darf auch in der aufnehmenden Kanzlei keine geheimhaltungsbedürftigen Informationen aus widerstreitenden Mandaten der abgebenden Kanzlei preisgeben; es gilt insoweit die Vermutung berufsrechtlich korrekten Verhaltens. Der Mandant der abgebenden Kanzlei wird jedoch typischerweise argwöhnen, dass der Kanzleiwechsler geheimhaltungsbedürftige Informationen in die aufnehmende Anwaltskanzlei seines Gegners transportiert, zumal die Informationsflüsse innerhalb der Kanzlei des Gegners für ihn intransparent sind, so dass er eine Verschlechterung seiner Rechtsposition stets auf den unzulässigen Transfer geheimhaltungsbedürftiger Informationen aus seinem Mandat zurückführen wird. Diese Erschütterung in das Vertrauen der Anwaltschaft als Institution rechtfertigt es, grundsätzlich ein Tätigkeitsverbot der aufnehmenden Kanzlei vorzusehen, wenn widerstreitende Interessen zwischen abgebender und aufnehmender Kanzlei vertreten werden und ein Kanzleiwechsel eines Berufsträgers zwischen diesen Kanzleien stattfindet. Das Tätigkeitsverbot trifft dabei die aufnehmende Kanzlei, denn nur so kann der Transport geheimhaltungsbedürftiger Informationen zum Gegner aus der Sicht des Mandanten der abgebenden Kanzlei verhindert werden. Die aufnehmende Kanzlei muss deshalb grundsätzlich abwägen, ob ihr das Mandat oder der neue zu ihr wechselnde Berufsträger wichtiger sind. Ein Tätigkeitsverbot auf Seiten der abgebenden Kanzlei ist nicht gerechtfertigt, weil deren Mandant keine Möglichkeit hat, durch einen Anwaltswechsel das Abwandern geheimhaltungsbedürftiger Informationen zu verhindern und auch nicht zu befürchten ist, dass aus dem Mandat der aufnehmenden Gemeinschaft geheimhaltungsbedürftige Informationen in das Mandat der abgebenden Gemeinschaft gelangen könnten. Ist der Kanzleiwechsel erfolgt, sind aus der Sicht des Mandanten der abgebenden Kanzlei die Gefährdungen durch etwaigen unzulässigen Informationstransfer unwiderruflich eingetreten (Satzungsversammlung BRAK-Mitt. 2006, 212, 215; Hartung/*Hartung* § 3 Rn. 129 ff.). 33

Die dargestellte Verpflichtung nach § 3 Abs. 1, 2 S. 1, 3 und 4 zur Mandatsbeendigung durch die aufnehmende Berufsgemeinschaft knüpft sowohl an den Kanzleiwechsler an, der in dem die Interessenkollision auslösenden Mandat in der abgebenden Kanzlei selbst beraten oder vertreten hat, als auch an den nach Abs. 2 S. 1 bloß mitverpflichteten Kanzleiwechsler, der das Mandat in der abgebenden Kanzlei nicht bearbeitet hat. Auch er kann aus dem Mandat geheimhaltungsbedürftige Informationen erlangt haben, die er aus der Sicht des Mandanten der abgebenden Kanzlei nunmehr in die Kanzlei des Gegners mitnimmt. Dies kann etwa der Fall sein bei Urlaubsvertretung, Befassung mit Teilaspekten des Mandats oder auch bei zufälliger Kenntniserlangung beim Mittagsgespräch. Auslöser eines Tätigkeitsverbotes kann andererseits aber stets nur die konkrete nahe liegende Möglichkeit der Erlangung geheimhaltungsbedürftiger Informationen sein. Wird das die Interessenkollision auslösende Mandat beispielsweise zwischen zwei großen überörtlichen Sozietäten und dort in den Büros in Hamburg (Sozietät I) und München (Sozietät II) geführt, so steht dem Kanzleiwechsel eines Berufsträgers aus dem Berliner Büro der Sozietät II in das Hamburger Büro der Sozietät I § 3 Abs. 3 nichts entgegen (Satzungsversammlung BRAK-Mitt. 2006, 212, 215). 34

b) Ausschluss der Erstreckung auf die aufnehmende Kanzlei. Wie nach Abs. 2 S. 2 und 3 für innergemeinschaftliche Kollisionsfälle vorgesehen, soll auch im Falle des Kanzleiwechsels das Verbot aus § 3 Abs. 1, Abs. 2 S. 1 für die aufnehmende Kanzlei nicht gelten, wenn die Voraussetzungen des § 3 Abs. 2 S. 2 und 3 erfüllt sind (§ 3 Abs. 3). Das heißt, auch im Falle des Kanzleiwechsels besteht entsprechend der Entscheidung des BVerfG zu § 3 Abs. 2 aF die Möglichkeit, gemäß § 3 Abs. 2 S. 2 nF nach umfassender Information und Aufklärung die ausdrückliche Zustimmung der Mandanten zum Kanzleiwechsel und zur Fortführung des nunmehr widerstreitenden Mandates durch die aufnehmende Kanzlei herbeizuführen. Stehen auch Belange der Rechtspflege nicht entgegen, kann die den Wechsler aufnehmende Kanzlei ihr widerstreitendes Mandat fortführen, wobei der zu ihr wechselnde Anwalt sich selbst aber jeder Betätigung in dem Mandat der aufnehmenden Kanzlei enthalten muss (§ 43a Abs. 4 BRAO, § 3 Abs. 1, Abs. 2 S. 1). 35

36 *Hartung* lehnt diese Möglichkeit ab, weil der Satzungsversammlung insoweit die Satzungskompetenz gefehlt habe (Hartung/*Hartung* § 3 Rn. 107 ff., 128 ff.). Da es sich bei der Regelung des § 3 Abs. 3 iVm § 3 Abs. 2 S. 2 und 3 aber nicht um die Erweiterung der sich schon aus § 43a Abs. 4 BRAO ergebenden Sozietätserstreckung (BVerfG NJW 2006, 2469) handelt, sondern nur um den Umfang von deren Grenzen, handelt es sich bei den angeführten Vorschriften des § 3 Abs. 2 und 3 nur um eine **nähere Regelung** des Verbotes der Vertretung widerstreitender Interessen iSv § 59b Abs. 2 Nr. 1e BRAO. An der Satzungskompetenz zur Regelung entsprechend § 3 Abs. 3 iVm Abs. 2 kann daher kein Zweifel bestehen. So hat das BVerfG auch ohne jegliche Einschränkung in seiner Entscheidung zur Sozietätserstreckung sich auf § 3 nF berufen (BVerfG NJW 2006, 2469). Auch im Falle eines Kanzleiwechsels wird durch die Regelung des § 3 Abs. 2 S. 2 und 3, Abs. 3 eine unverhältnismäßige Einschränkung der Berufsausübung der beteiligten Rechtsanwälte vermieden.

37 **aa) Einverständnis.** Erforderlich ist regelmäßig aber nur die Zustimmung des Mandanten (→ Rn. 13 ff.) der abgebenden Kanzlei, weil er den Kanzleiwechsel nicht verhindern kann und nur er befürchten muss, dass seine geheimhaltungsbedürftigen Informationen zum Gegner gelangen könnten. Nur der Mandant der abgebenden Kanzlei ist daher **„betroffener Mandant"** iSv Abs. 2 S. 2. Der Mandant der aufnehmenden Kanzlei hat keinen legitimen Grund, den Wechsel eines früheren Anwalts der Gegenseite in „seine" Kanzlei zu verhindern. Sollten gleichwohl vereinzelte Fallkonstellationen auftauchen, bei denen der Mandant der aufnehmenden Kanzlei sich dagegen wehren möchte, dass der frühere Anwalt des Gegners nunmehr verpflichtet ist, sich für ihn einzusetzen, so kann der Mandant der aufnehmenden Kanzlei jederzeit das Mandat kündigen und eine andere Berufssausübungsgemeinschaft beauftragen (Satzungsversammlung BRAK-Mitt. 2006, 212, 215).

38 Hat der die Berufsgemeinschaft wechselnde Rechtsanwalt das widerstreitende Mandat in der abgebenden Gemeinschaft selbst bearbeitet und bringt er es sogar in die aufnehmende Gemeinschaft ein (vgl. § 32 Abs. 2 mit der regelmäßigen Folge aus § 3 Abs. 2 S. 1), dann müssen aber, damit dies nach Abs. 2 S. 2 nicht gilt, die Mandanten beider Mandate nach umfassender Belehrung sich mit der weiteren Vertretung ausdrücklich einverstanden erklären.

39 **bb) Entgegenstehende Belange der Rechtspflege.** Ob dann eine weitere Vertretung in beiden Mandaten durch Rechtsanwälte nunmehr derselben Berufsausübungsgemeinschaft für zulässig angesehen werden kann, setzt eine besondere sorgfältige Prüfung der Belange der Rechtspflege voraus (→ Rn. 19 ff.). Im Interesse der Mandanten und einer ordnungsgemäßen und von Zweideutigkeiten freien Rechtspflege setzt eine weitere Vertretung beider Mandate nunmehr durch Anwälte derselben Gemeinschaft voraus, dass im konkreten Fall von vornherein die Vertretung widerstreitender Interessen und die Verletzung der Verschwiegenheitspflicht vermieden werden. Ist in der aufnehmenden Kanzlei von dem Zeitpunkt der Aufnahme an durch organisatorische Maßnahmen und innere Weisungen sichergestellt, dass der aufgenommene Rechtsanwalt mit dem in der aufnehmenden Gemeinschaft bearbeiteten widerstreitenden Mandat nicht befasst wird und die Aufnehmenden von ihm keine Informationen aus dessen Mandat erlangen, dann wird bei ausdrücklichem Einverständnis der betroffenen Mandanten eine Weiterbearbeitung des widerstreitenden Mandates der aufnehmenden Gemeinschaft durch die übrigen Anwälte der Kanzlei zulässig sein. Belange der Rechtspflege werden dann regelmäßig nicht entgegenstehen. Mangels Anlass zur Befürchtung eines Informationsflusses aus dem Mandat der abgebenden Gemeinschaft ist eine Beeinträchtigung einer geradlinigen Rechtsbesorgung nicht zu befürchten, zumal bei einem Rechtsanwalt davon auszugehen ist, dass er auch bei einem Sozietätswechsel seine berufs- wie strafrechtlich abgesicherte Pflicht zur Verschwiegenheit beachten wird (BVerfGE 108, 150 = NJW 2003, 2520). Wenn schon bei einer widerstreitenden Mandatierung verschiedener Anwälte derselben Berufsausübungs- oder Bürogemeinschaft unter den Voraussetzungen des § 3b Abs. 2 S. 2 und 3 eine Fortführung dieser Mandate möglich ist (→ Rn. 9 ff.), dann muss dies unter eben diesen Voraussetzungen auch möglich sein, wenn im Zeitpunkt der Mandatierung verschiedener Gemeinschaften der Widerspruch für die beteiligten Rechtsanwälte noch nicht begründet war, dieser vielmehr erst im Zeitpunkt des Wechsels der Berufsausübungs- bzw. Bürogemeinschaft auftritt. Wird in einer solchen Situation von vornherein ausreichend mit dem Instrumentarium aus § 3 Abs. 2 S. 2 und 3 einer Wahrnehmung widerstreitender Interessen entgegengewirkt, wäre auch in diesem Fall der Zwang zur Beendigung der Mandate eine unverhältnismäßige Erschwerung des Wechsels einer Berufsgemeinschaft

und damit der Berufsausübung. Auch in diesem Fall gilt daher: Im Interesse der Rechtspflege sowie eindeutiger und geradliniger Rechtsbesorgung verlangen § 43a Abs. 4 BRAO und § 3 Abs. 1, Abs. 2 S. 1 lediglich, dass im konkreten Fall die Vertretung widerstreitender Interessen vermieden wird.

Soweit die vom Kanzleiwechsel unterrichteten und betroffenen Mandanten einen solchen Widerstreit nicht befürchten und Vertrauen in die getroffenen Vorkehrungen sowie die Verschwiegenheit ihrer Anwälte zeigen, besteht auch in diesem Fall im Interesse der Rechtspflege nur Anlass zum Eingreifen, wenn im Einzelfall sonstige Indizien vorliegen, die den Mandanten verborgen geblieben oder von ihnen unzutreffend eingeschätzt worden sind. Nach der vorrangigen Entscheidung der Mandanten liegt es in der verantwortlichen Einschätzung der beteiligten Rechtsanwälte, ob die Konfliktsituation eine Mandatsniederlegung gebietet (BVerfGE 108, 150 = NJW 2003, 2520 zu § 3 Abs. 2 aF). Im Übrigen gelten für alle Fälle des Sozietätswechsels die allgemeinen Anmerkungen hinsichtlich der Belange der Rechtspflege (→ Rn. 19). 40

V. Rechtsfolgen eines Verstoßes (Abs. 4)

Abs. 4 bestimmt die Pflicht zur Niederlegung aller Mandate, in denen eine Interessenkollisionslage aufgetreten ist und nicht durch Mandantenzustimmung (§ 3 Abs. 2 S. 2) behoben werden konnte. Die Pflicht zur Niederlegung aller an der Interessenkollisionslage beteiligten Mandate ist beim Einzelanwalt, der widerstreitende Interessen vertritt, unmittelbar Folge des Tätigkeitsverbots. Bei der Erstreckung des Tätigkeitsverbotes aus Abs. 1 auf Berufsausübungsgemeinschaften in Abs. 2 folgt sie aus der Erstreckung, wodurch das Tätigkeitsverbot jeden Berufsträger in der Berufsausübungsgemeinschaft trifft, wenn er mit den die Interessenkollision begründenden Mandaten befasst ist. 41

Im Falle des **Kanzleiwechsels** gilt die Pflicht zur Niederlegung aller an der Interessenkollision beteiligten Mandate **nur für die aufnehmende Kanzlei,** weil nur sie bei Aufnahme des Kanzleiwechslers und Fortführung der Mandate widerstreitende Interessen wahrnehmen würde (Satzungsversammlung BRAK-Mitt. 2006, 212, 216). Auch nur bei ihr besteht die Gefahr, dass Kenntnisse aus dem einen Mandat in das andere fließen könnten. 42

Unverzüglich, dh ohne schuldhaftes Zögern (§ 121 BGB) sind die betroffenen Mandanten zu unterrichten und alle Mandate in derselben Rechtssache zu beenden, wenn erkannt wird, dass entgegen den Abs. 1–3 in der Berufsgemeinschaft widerstreitende Mandate geführt werden. Ein schuldhafter Verstoß gegen die Verbote ist nicht erforderlich. Führt ein Rechtsanwalt nach der Erkenntnis die Mandate weiter, wird aus seinem bis dahin eventuell schuldlosen Verhalten ein schuldhafter Verstoß gegen die Grundpflicht des § 43a Abs. 4 BRAO, § 3 Abs. 1. Nicht zulässig ist es, das zeitlich zuerst erteilte Mandat mit der Begründung fortzuführen, seine Annahme sei zulässig gewesen, weil das Tätigkeitsverbot erst durch die Annahme des zweiten Mandates entstanden sei (Hartung/*Hartung* § 3 Rn. 171). 43

VI. Verschwiegenheit (Abs. 5)

Nach § 3 Abs. 5 sollen die Regelungen des § 3 Abs. 1–4 die Verpflichtung zur Verschwiegenheit (→ BRAO § 43a Rn. 12–30) unberührt lassen. Das ist keine überflüssige Wiederholung der in § 43a Abs. 2 BRAO gesetzlich geregelten anwaltlichen Verschwiegenheitspflicht, die zudem strafrechtlich in § 203 Abs. 1 Nr. 3, Abs. 3, 4 und 5 StGB abgesichert ist und für die daher keine nennenswerte Satzungskompetenz zur „näheren" Regelung (§ 59b Abs. 2 Nr. 1c BRAO) bestehe (so *Kleine-Cosack* AnwBl. 2006, 13, 14; Hartung/*Hartung* § 3 Rn. 167). Vielmehr verdeutlicht Abs. 5 die besondere Bedeutung der Verpflichtung zur Verschwiegenheit gerade im Zusammenhang mit der Bewältigung von Kollisionssituationen; Abs. 5 bedeutet, dass **nicht nur im Mandat,** dh ggf. bei der Wahrnehmung der widerstreitenden Interessen (Abs. 2 S. 2), „sondern auch **schon zuvor bei der Prüfung und der Lösung von Interessenkollisionslagen die Verschwiegenheitspflicht einzuhalten** ist. Das betrifft in erster Linie **die umfassende Aufklärung** nach Abs. 2 S. 2. Lässt sich im Einzelfall die Aufklärung ohne Verstoß gegen die Verschwiegenheitspflicht nicht durchführen und erteilt der Mandant insoweit auch keine begrenzte Entbindung von der Verschwiegenheitsverpflichtung, so kann die umfassende Aufklärung nicht durchgeführt werden mit der Folge, dass die Mandantenzustimmung nicht eingeholt werden kann und die an der Interessenkollision beteiligten Mandate nicht übernommen bzw. fortgeführt werden können. Bei für Mandanten wirtschaftlich bedeutsamen Verfahren kommt es 44 vor, dass die das Mandat nach außen hin führende Kanzlei auf Wunsch des Mandanten heimlich von einer weiteren Kanzlei in ihrer Tätigkeit überprüft wird („Mandat hinter dem Mandat" oder „Spiegelmandat"). Diese Kontrolle der „Hauptkanzlei" durch eine „Überprüfungskanzlei" möchte der Mandant meist nicht der „Hauptkanzlei" offenbaren. Bei einer solchen Fallkonstellation ist der Wechsel eines Berufsträgers aus der Kanzlei des Gegners des Mandanten in die „Überprüfungskanzlei" nicht möglich, weil die abgebende Kanzlei nicht darüber informiert werden kann, dass der Gegner der abgebenden Kanzlei heimlich von der aufnehmenden Kanzlei laufend über die Korrektheit der Tätigkeit der „Hauptkanzlei" beraten wird. Die abgebende Kanzlei hat damit keine Möglichkeit, ihren Mandanten darüber zu informieren, dass der ausscheidende Berufsträger zu einer Kanzlei wechselt, die auf der Gegenseite tätig ist. Der ausscheidende Berufsträger darf deshalb nicht in die zweite Anwaltskanzlei des Gegners, die „Überprüfungskanzlei" wechseln, es sei denn, der Mandant der Überprüfungskanzlei" entbindet diese von der Verschwiegenheitspflicht, so dass sie ihre Tätigkeit für den Gegner der abgebenden Kanzlei offenbaren darf.

45 Der umgekehrte Fall des Kanzleiwechsels eines Berufsträgers aus der „Überprüfungskanzlei" in die Anwaltskanzlei des Gegners des Mandanten ist dagegen unproblematisch, weil die abgebende „Überprüfungskanzlei" ihren Mandanten darüber informieren muss, dass ein Berufsträger zur Kanzlei des Gegners zu wechseln beabsichtigt und der Mandant folglich diesem Wechsel widersprechen kann mit der Folge, dass die aufnehmende Kanzlei das Mandat niederlegen muss (Satzungsversammlung BRAK-Mitt. 2006, 212, 216).

§ 4 Fremdgelder und andere Vermögenswerte

(1) **Zur Verwaltung von Fremdgeldern hat der Rechtsanwalt in Erfüllung der Pflichten aus § 43a Abs. 5 Bundesrechtsanwaltsordnung Anderkonten zu führen.**

(2) [1] **Fremdgelder und sonstige Vermögenswerte, insbesondere Wertpapiere und andere geldwerte Urkunden, sind unverzüglich an den Berechtigten weiterzuleiten.** [2] **Solange dies nicht möglich ist, sind Fremdgelder auf Anderkonten zu verwalten; dies sind in der Regel Einzelanderkonten.** [3] **Auf einem Sammelanderkonto dürfen Beträge über 15 000,00 Euro für einen einzelnen Mandanten nicht länger als einen Monat verwaltet werden.** [4] **Sonstige Vermögenswerte sind gesondert zu verwahren.** [5] **Die vorstehenden Bestimmungen gelten nicht, solange etwas anderes in Textform vereinbart ist.** [6] **Über Fremdgelder ist unverzüglich, spätestens mit Beendigung des Mandats, abzurechnen.**

(3) **Eigene Forderungen dürfen nicht mit Geldern verrechnet werden, die zweckgebunden zur Auszahlung an andere als den Mandanten bestimmt sind.**

Schrifttum: *Lange,* Treuhandkonten in Zwangsvollstreckung und Insolvenz, NJW 2007, 2513.

1 Die Vorschrift ist eine **Konkretisierung** der in § 43a Abs. 5 BRAO normierten **Grundpflicht** des Rechtsanwalts **zum sorgfältigen Umgang mit fremden Vermögenswerten.** Die jetzige Fassung ist am 1.7.2009 in Kraft getreten (BRAK-Mitt. 2009, 65; Beschlüsse der 2. Sitzung der 4. Satzungsversammlung der BRAK am 14.11.2008 in Berlin). Die Ermächtigung der Satzungsversammlung zur Schaffung des § 4 BORA beruht auf § 59b Abs. 2 Nr. 1 lit. f BRAO.

2 **Fremdgeld** ist Geld, das der Anwalt nicht auf Dauer behalten darf, weil es ihm materiellrechtlich nicht zusteht. Erhält der Anwalt als Treuhänder oder Verwalter in eben dieser Funktion Geld, so handelt es sich ebenfalls um Fremdgeld. Selbst beim Vorliegen einer Abtretung zur Einziehung bleibt das Geld für den Anwalt Fremdgeld; auf die formale Rechtsstellung des Anwalts als Gläubiger der Geldforderung kommt es nicht an.

3 Weder § 4 BORA noch § 43a Abs. 5 BRAO definieren den Begriff des **Anderkontos.** Es ist, bankrechtlich gesehen, ein **offenes Treuhandkonto** für bestimmte Berufsgruppen, deren Berufsrecht einen pflichtgemäßen Umgang mit zu treuen Händen überlassenen Vermögensgegenständen vorschreibt (BGHZ 109, 47 (51) = NJW 1990, 45). Für die Führung von Anderkonten gelten bei Banken und Sparkassen Bedingungen für Anwaltskonten und Anwaltsdepots von Rechtsanwälten und Gesellschaften von Rechtsanwälten.

4 Neben § 4 sind die Vorschriften des Gesetzes über das Aufspüren von Gewinnen aus schweren Straftaten (Geldwäschegesetz – GwG) vom 13.8.2008 (BGBl. I S. 1690) idF vom 15.7.2014

(BGBl. I S. 934) zu beachten, auch wenn die darin getroffenen Regelungen nicht mit dem durch die BRAO und BORA verfolgten Schutzgedanken übereinstimmen (vgl. Hartung/Römermann/*Nerlich* § 4 Rn. 40; Geldwäschebekämpfungsgesetz (GwG): Interne Sicherungsmaßnahmen – Anordnung der Bundesrechtsanwaltskammer nach § 9 Abs. 4 S. 2 GwG, BRAK-Mitt. 2009, 21).

§ 5 Kanzlei und Zweigstelle

Der Rechtsanwalt ist verpflichtet, die für seine Berufsausübung erforderlichen sachlichen, personellen und organisatorischen Voraussetzungen in Kanzlei und Zweigstelle vorzuhalten.

Auf Grund der Ermächtigung aus § 59b Abs. 2 Nr. 1g BRAO wird mit § 5 eine Konkretisierung der in § 27 Abs. 1 BRAO aufgestellten anwaltlichen Grundpflicht zur Unterhaltung von Kanzlei und ggf. einer Zweigstelle hinsichtlich deren **Mindestanforderungen** vorgenommen. Die 4. Satzungsversammlung hatte in ihrer Sitzung am 15.6.2009 beschlossen, dass die für eine Kanzlei bislang in § 5 aufgestellten Anforderungen, auch für eine Zweigstelle gelten müssten und erweiterte insoweit § 5. Diese Änderung hob das Bundesjustizministerium nach § 191e BRAO durch Bescheid vom 30.9.2009 mit der Begründung auf, die Satzungsänderung sei von der Regelungskompetenz der Satzungsversammlung (dazu § 59b BRAO) nicht gedeckt. Hiergegen klagte die BRAK erfolgreich beim BGH. Dieser hob den Bescheid des Bundesjustizministeriums seinerseits am 13.9.2010 auf (BGH AnwBl. 2010, 873 = BRAK-Mitt. 2010, 267 = NJW 2010, 3787). Der **BGH** stellte klar, dass § 59b Abs. 2 Nr. 1 lit. g BRAO auch zur Regelung von Anforderungen an die Einrichtung und den Betrieb einer Zweigstelle ermächtigt. Das Gesetz lege nämlich nicht des Näheren fest welche Anforderungen der Geschäftsbetrieb des Rechtsanwalts erfüllen muss, damit er seine Kanzleipflicht erfüllt. Insoweit besteht ein Bedarf an näheren Regelungen. Diese gerade auch in der Form einer Satzung zu treffen, ermögliche § 59b Abs. 2 Nr. 1 lit. g BRAO. „Zweigstelle" und „Kanzlei" seien vom Wortsinn her keine Gegensätze. Mit dem Begriff der „Zweigstelle" korrespondiere nach allgemeinem Sprachgebrauch der – im Gesetz nicht verwandte – Begriff der „Hauptstelle". Bei der Zweigstelle und der Hauptstelle handele es sich jeweils um Niederlassungen der „Kanzlei", die sich danach unterscheiden, in welcher der Rechtsanwalt seine berufliche Tätigkeit ihrem Schwerpunkt nach entfalte. Eine Zweigstelle ist nämlich nicht nur ein Ort, an dem der Rechtsanwalt ohne Kontakt nach außen ähnlich wie in einer Gerichtsbibliothek seiner anwaltlichen Tätigkeit nachgehe, die örtlich an seiner Hauptkanzlei konzentriert bleibt. Damit ist der Sache nach die Zweigstelle ebenso die Kanzlei des Rechtsanwaltes wie seine (Haupt-)Kanzlei (BGH NJW 2010, 3787). § 5 regelt mithin ab 1.1.2011 auch Zweigstellen. Auch zur Zeit des Zweigstellenverbot in § 28 Abs. 1 S. 1 BRAO aF wurde begrifflich als Zweigstelle „eine Kanzlei angesehen, die neben einer bereits bestehenden Kanzlei eingerichtet oder unterhalten wird" (vgl. 7. Aufl. BRAO § 27 Rn. 31c) cc), 4. Abs.). Zum **Begriff der Zweigstelle** im Einzelnen → BRAO § 27 Rn. 26 ff. 1

Zur Entstehungsgeschichte dieser Norm vgl. Hartung/*Hartung* § 5 Rn. 46 ff. 2

Die **Konkretisierung** durch § 5 verpflichtet den Rechtsanwalt berufsrechtlich, die für seine Berufsausübung erforderlichen sachlichen, personellen und organisatorischen Mittel zu schaffen und aufrechtzuerhalten, ohne jedoch diese sowieso von der Rechtsprechung festgelegten Mindestanforderungen an eine Kanzlei im Einzelnen näher zu konkretisieren. Letztlich wäre die Situation für den einzelnen Rechtsanwalt wegen der Vorgaben durch die Rechtsprechung und der grundsätzlichen Verpflichtung eine Kanzlei unterhalten zu müssen, nicht anders, hätte die Satzungsversammlung von ihrer Satzungskompetenz hier keinen Gebrauch gemacht. Die Bedeutung dieser Norm war daher – bis zur Ergänzung um die Zweigstelle – nicht besonders hoch. Erstmals ist jetzt festgeschrieben, dass gewisse **Mindestanforderungen** auch **für** die Einrichtung von **Zweigstellen** gegeben sein müssen. Damit dürfte für den Rechtsverkehr und die Rechtssuchenden Klarheit geschaffen sein und sich ausschließlich für den Briefkopf „interessante" Briefkasten-Zweigstellen erledigen. 3

Die **sachlichen Voraussetzungen** wurden weitestgehend bereits bei der Kommentierung zu § 27 BRAO behandelt (→ BRAO § 27 Rn. 5 ff.). 4

Die Anbringung eines **Kanzleischildes** gehört weiterhin zu den Mindestanforderungen einer Kanzleieinrichtung (→ BRAO § 27 Rn. 7; BGH BRAK-Mitt. 2005, 84; AGH NRW 5 vom 16.5.2003 – 1 ZU 90/02; zweifelnd SächsAGH BRAK-Mitt. 2005, 31; AnwG München BRAK-Mitt. 2007, 269; **aA** AnwG Hamm AnwBl. 2000, 316; Hartung/*Hartung* § 5 Rn. 16, mit unzutreffendem Hinweis auf die Verwaltungspraxis der RAK München. Auch der Vorstand der RAK München hält nach wie vor ein auf die Existenz der Kanzlei hinweisendes Praxisschild für erforderlich; dies wurde unter Hinweis auf die Kommentierung Hartungs in einem Rundschreiben vom 8.3.2005 noch einmal klargestellt). Die Pflicht, den Ort der Kanzlei nach außen hin unmissverständlich kenntlich zu machen, ist als hinreichender Gemeinwohlgrund vom BVerfG anerkannt (NJW 1986, 1801). Auch heute ist das Kanzlei-/Praxisschild oder zumindest ein **eindeutiger Praxishinweis** ggf. in Form eines Klingel-/Briefkastenschildes – bei Syndikusanwälten unter Umständen ein Namensschild – mit der Berufsbezeichnung Rechtsanwalt noch der deutlichste Hinweis für das rechtsuchende Publikum auf das Anbieten anwaltlicher Dienstleistungen und ermöglicht dem Rechtsverkehr die notwendigen **Zustellungen** an einen Rechtsanwalt.

6 Im Übrigen bestimmen sich **Art und Umfang** der vorzuhaltenden „sachlichen, personellen und organisatorischen Voraussetzungen" nach den **besonderen Umständen der einzelnen Kanzlei.** Der Rechtsanwalt bestimmt grundsätzlich selbst, welche sachlichen, personellen und organisatorischen Mittel für seine individuelle Art der Berufsausübung erforderlich sind (ebenso Hartung/*Hartung* § 5 Rn. 61). Er muss nur sicherstellen, dass er die von ihm gewählte Art und Weise und das Maß seiner Berufsausübung auch beanstandungsfrei, mit seiner Kanzlei bewältigen kann. Begnügt er sich mit einer geringfügigen anwaltlichen Tätigkeit, vielleicht eingeschränkt auf die Beratung weniger Mandanten, benötigt er keinen großen personellen Unterbau, kommt vielleicht sogar **ohne Büropersonal** aus und kann die anfallenden Schreibarbeiten selbst erledigen. Handelt es sich um eine berufliche Tätigkeit für viele, wechselnde Mandanten, wird entsprechendes Büropersonal erforderlich sein. Erst wenn die individuelle – organisatorische – Führung der Anwaltskanzlei gravierende Mängel erkennen lässt, die auf sachliche, personelle oder organisatorische Fehlentscheidungen oder Unterlassungen des Rechtsanwalts zurückzuführen sind, liegt ein Verstoß gegen § 5 vor (ebenso Hartung/*Hartung* § 5 Rn. 63: sehr restriktive Anwendung).

7 Eine Zweigstelle setzt keinen sogenannten „Mindest-Kanzleibetrieb" voraus, solange **organisatorisch sichergestellt** ist, dass Zustellungen bewirkt werden können und telefonische Erreichbarkeit zu den (gewöhnlichen, → BRAO § 27 Rn. 25, 5, 5a) Geschäftszeiten gewährleistet ist (→ BRAO § 27 Rn. 27). Die telefonische Erreichbarkeit ist mit der heutigen Kommunikationstechnologie, wie beispielsweise der Anrufweiterschaltung oder Mobiltelefonen und Internet, auch ohne körperliche Präsenz in der Zweigstelle problemlos zu gewährleisten. Nur das verlangt der BGH: der Rechtsanwalt muss sicherstellen, dass er von Mandanten, aber auch Gerichten und Behörden, am Ort der Zweigstelle angesprochen werden kann, also persönlich erreichbar ist (vgl. BGH NJW 2010, 3787 Rn. 33 = AnwBl. 2010, 873).

8 Bei der **Beschäftigung von Nichtanwälten** in seiner Kanzlei muss der Rechtsanwalt durch geeignete organisatorische Maßnahmen sicherstellen, dass anwaltliche Aufgaben und die Kontrolle über die Kanzlei bei ihm verbleiben. Bei Einschaltung eines Nichtanwalts – auch eines Familienangehörigen – verhält der Rechtsanwalt sich pflichtwidrig, wenn er diesem die selbstständige und eigenverantwortliche Bearbeitung der Mandate überlässt, er eingehende Schriftstücke nicht regelmäßig zur Kenntnis bekommt, sondern nur, wenn der Beschäftigte sie ihm aus eigenem Entschluss vorlegt. Ebenso ist es pflichtwidrig, wenn er organisatorisch nicht sicherstellt, dass er gesicherten Zugriff auf die Akten der Kanzlei hat und ausgehende Schriftstücke kontrollieren kann. Wenn ein Rechtsanwalt auf diese Weise seine Berufsausübung fast vollständig und unkontrolliert einem anderen, der kein zugelassener Rechtsanwalt ist, überlässt, handelt er seinen Pflichten aus § 5 zuwider. Dies gilt insbesondere auch, wenn er die **Kanzleiführung einem früheren Rechtsanwalt überlässt,** dessen Zulassung widerrufen wurde oder der aus der Anwaltschaft ausgeschlossen wurde (vgl. BayAGH Urteil vom 5.7.2001 – BayAGH II – 5/01).

9 Die Frage „ob" und ggf. „wie" die **Kenntlichmachung einer Zweigstelle** zu erfolgen hat, wird in Rechtsprechung und Literatur sehr differenziert beurteilt (→ § 27 Rn. 28 ff.). *Prütting* hat seine in der 3. Aufl. noch vertretene Ansicht aufgegeben (Henssler/Prütting/*Prütting* 3. Aufl. § 27 Rn. 24) und gibt in der 4. Aufl. nur noch die Entscheidung des BGH vom 16.5.2012 wieder. *Siegmund* (Gaier/Wolf/Göcken § 27 Rn. 88) ist der hier bereits in der 8. Aufl. vertretenen Auffassung, dass § 27 Abs. 2 BRAO nicht die Verpflichtung abgeleitet werden kann, auf

eine Zweigstelle hinzuweisen, wenn diese auf dem Briefbogen nicht erwähnt wird; nur bei Erwähnung bedürfe es einer Klarstellung. Hierbei gibt er fälschlich an, dass dieser Kommentar eine andere Meinung vertreten habe (Gaier/Wolf/Göcken/*Siegmund* § 27 Rn. 88 Fn. 4). Wie sich aus 8. Aufl. BRAO § 27 Rn. 29, 29a ergibt, ist dies unrichtig.

Nach dem **LG Erfurt** (BRAK-Mitt. 2010, 226) dürfe keinesfalls der unzutreffende Eindruck erzeugt werden, dass ein Rechtsanwalt am Standort einer Zweigstelle eine Hauptkanzlei unterhält; er müsse klar erkennbar machen, wo er seine Hauptniederlassung unterhält und mit welcher Anschrift nur auf eine Zweigstelle hingewiesen wird. Das **OLG Jena** als Berufungsinstanz (BRAK-Mitt. 2011, 156) urteilte, das ein Rechtsanwalt auf seinem Briefbogen die Kanzleianschrift angeben müsse, die er bei seiner Zulassung als Kanzleisitz mitgeteilt habe. Es sei aber nicht irreführend, wenn eine Zweigstelle als solche nicht gekennzeichnet würde, solange zumindest auf der Rückseite des Briefbogens angegeben werde, dass der Anwalt noch an anderen Standorten tätig ist. Damit ging das OLG auf die hier im Kommentar vertretene Auffassung (8. Aufl. BRAO § 27 Rn. 28) ein: um Klarheit im Rechtsverkehr zu schaffen, ist die Kenntlichmachung der Zweigstelle nach außen zu verlangen. 10

Aktuell hat der für **wettbewerbsrechtliche Sachen zuständige** I. Zivilsenat des **BGH** entschieden, ein Rechtsanwalt sei nicht nach § 10 Abs. 1 BORA verpflichtet, auf den für seine anwaltliche Tätigkeit verwendeten Briefbögen sämtliche Standorte seiner Niederlassungen zu nennen. Gemäß § 10 Abs. 1 S. 1 BORA in der seit dem 1.3.2011 geltenden Fassung habe der Rechtsanwalt auf Briefbögen seine „Kanzleianschrift (§ 31 BRAO) anzugeben", wobei dieser Begriff die Anschrift der Kanzlei iSv § 27 Abs. 1 BRAO oder auch die Anschrift einer Zweigstelle meinen soll. Werden mehrere Kanzleien, eine oder mehrere Zweigstellen unterhalten, so sei gemäß § 10 Abs. 1 S. 2 BORA für jeden auf den Briefbögen Genannten seine Kanzleianschrift anzugeben. Aus § 10 Abs. 1 BORA ergebe sich keine Verpflichtung zur Angabe des Kanzleistandorts, sondern nur eine Verpflichtung zur Angabe der Kanzleianschrift. Wegen des Fehlens eines Hinweises auf andere Standorte der Kanzlei könne ein Rechtsanwalt nicht wegen Verstoßes gegen § 10 Abs. 1 BORA auf Unterlassung in Anspruch genommen werden. Weder aus § 10 Abs. 1 S. 2 BORA, noch § 5a Abs. 2 UWG oder § 37a Abs. 1 HGB ergebe sich zudem eine Verpflichtung für einen Rechtsanwalt, der eine Kanzlei und eine oder mehrere Zweigstellen unterhält, auf den für seine anwaltliche Tätigkeit in den verschiedenen Niederlassungen verwendeten Briefbögen mehr als eine Anschrift zu nennen, er sei auch nicht verpflichtet, durch Verwendung der Begriffe „Kanzlei" und „Zweigstelle" kenntlich zu machen, wo er seine Kanzlei iSv § 27 Abs. 1 BRAO und wo er Zweigstellen unterhalte. Ein Rechtsanwalt müsse auf den Briefbögen nach § 10 Abs. 1 S. 1 BORA „seine Kanzleianschrift" und damit nur eine Anschrift angeben. Entsprechendes gelte für eine Sozietät von Rechtsanwälten, die mehrere Kanzleien oder eine oder mehrere Zweigstellen unterhalten. Für jeden Rechtsanwalt einer solchen Sozietät, der auf den Briefbögen genannt wird, müsse auf den Briefbögen nach § 10 Abs. 1 S. 2 BORA „seine Kanzleianschrift" und damit nur eine Anschrift angeben werden (BGH BRAK-Mitt. 2012, 275 = NJW 2013, 314). 11

Dem I. Zivilsenat des BGH ist nicht zu folgen. Er übergeht zum einen den damaligen (die Norm wurde erneut zum 1.11.2013 gerade in diesem Punkt geändert, Beschluss der Satzungsversammlung vom 15.4.2013, → Rn. 13; → § 10 Rn. 1 ff.) Wortlaut des § 10 Abs. 1 S. 2 BORA: „... seine Kanzleianschrift (§ 31 BRAO) anzugeben". Da der Gesetzgeber in § 31 Abs. 3 BRAO im Singular von der Kanzleianschrift spricht und zudem davon unterscheidend explizit die „Anschrift von Zweigstellen" im Anwaltsverzeichnis eintragungspflichtig macht, kann § 10 Abs. 1 BORA nur die (eine) Kanzleianschrift nach § 27 BRAO meinen (ebenso *Deckenbrock* AnwBl. 2013, 8; *Remmertz/Siegmund* BRAK-Mitt. 2013, 16), also die Kanzlei, die der Rechtsanwalt als für ihn maßgeblich ansieht und wonach sich seine Kammerzugehörigkeit richtet. Der Standort einer Zweigstelle ist insoweit gerade nicht maßgeblich, wie sich aus § 60 Abs. 1 S. 2 BRAO ergibt. Die Entscheidung des OLG Jena (BRAK-Mitt. 2011, 156), die der BGH aufhob, hat zutreffend durch den Verweis auf § 31 BRAO in § 10 Abs. 1 S. 2 BORA eine Definition der „Kanzleianschrift" gesehen (so auch *Remmertz/Siegmund* BRAK-Mitt. 2013, 16). Dies erkennt zunächst auch der BGH (BGH NJW 2013, 314 Rn. 55), setzt sich aber dennoch über die gesetzgeberische und auch vom Satzungsgeber gewollte Differenzierung hinweg, indem er Kanzlei und Zweigstelle aufgrund einer Fehlinterpretation des § 10 einfach gleichsetzt (BGH NJW 2013, 314 Rn. 56). Die Argumentation des Anwaltssenats des BGH bei Bestätigung des jetzigen § 5 (BGH AnwBl. 2010, 873 = BRAK-Mitt. 2010, 267 = NJW 2010, 3787), Kanzlei 12 und Zweigstelle müssten die gleiche Qualität aufweisen, übertrug der I. Zivilsenat 1:1 auf § 10, obgleich § 10 einen gänzlich anderen Normzweck hat, nämlich denjenigen des § 31 BRAO, auf den er abstellt und der zwischen Zulassungsanschrift und Zweigstellenanschrift differenziert. Der Gesetzgeber unterscheidet bewusst zwischen beiden Begrifflichkeiten, wie die §§ 31 Abs. 3 und 27 Abs. 2 BRAO belegen. Der Satzungsgeber, dies folgt aus dem Protokoll der 4. Sitzung (6./7.11.2009) der 4. Satzungsversammlung (S. 41 ff.), hat bei Fassung des § 10 mit dem gewählten Begriff „Kanzleianschrift" nicht die Zweigstellen-, sondern die Zulassungsanschrift erfassen wollen, weil Zweck dieser Angabe sei, dem Rechtssuchenden mit dem Briefkopf des Rechtsanwalts klar erkennen zu geben, welche Rechtsanwaltskammer die Aufsicht über den Rechtsanwalt führe (hierauf weist zu Recht auch *Deckenbrock* AnwBl. 2013, 8 hin; ebenso *Remmertz/Siegmund* BRAK-Mitt. 2013, 16).

13 Der Satzungsgeber hat auf diese Entscheidung des I. Zivilsenates des BGH reagiert und am 15.4.2013 **mit Wirkung zum 1.11.2013** den § 10 Abs. 1 wiederum **neu gefasst.** Dessen S. 2 lautet nun „Kanzleianschrift ist die im Rechtsanwaltsverzeichnis als solche eingetragene Anschrift (§§ 31 Abs. 3 Satz 1 1. Halbsatz, 27 Abs. 1 Bundesrechtsanwaltsordnung)." Durch die Änderung des § 10 Abs. 1 wird klargestellt, dass auf Briefbögen stets die Anschrift der (Haupt-)Kanzlei anzugeben ist, also die Anschrift unter der der Rechtsanwalt zur Anwaltschaft zugelassen ist und die seine Zugehörigkeit zu der für ihn zuständigen Rechtsanwaltskammer bestimmt (Protokoll der 4. Sitzung der 5. Satzungsversammlung am 15.4.2013, S. 8). Dies gilt somit auch für den Briefbogen von Zweigstellen/Zweigniederlassungen, jedoch muss der Rechtsanwalt – wie bisher – auf seinen Briefbögen nicht die Anschriften seiner Zweigstellen angeben. Dadurch soll sichergestellt werden, dass der rechtssuchende Bürger in die Lage versetzt wird, mittels der Kanzleiadresse schnell die berufsaufsichtsführende Rechtanwaltskammer des Rechtsanwalts ermitteln zu können. Damit hat die Satzungsversammlung schnell auf die Entscheidung des I. Zivilsenats des BGH reagiert und verhindert, dass aus dieser Entscheidung Briefkopfirritationen entstehen konnten, außerdem das ursprüngliche Satzungsmotiv, dem Mandanten wieder eine eindeutige und schnelle Zuordnung eines Rechtsanwalts zu einer Rechtanwaltskammer zu garantieren, wiederhergestellt. Ungeachtet des Bestehens des Rechtsanwaltsregisters nach § 31 BRAO, das bis heute in der Bevölkerung (überraschend aber auch bei Behörden und in Justizkreisen) noch nicht umfassend präsent ist, gibt es dafür nach wie vor ein praktisches Bedürfnis, da viele Bürger – insbesondere ältere Menschen – keinen Internetzugang haben (Protokoll der 4. Sitzung der 5. Satzungsversammlung am 15.4.2013, S. 8).

Zweiter Abschnitt. Besondere Berufspflichten im Zusammenhang mit der Werbung

§ 6 Werbung

(1) **Der Rechtsanwalt darf über seine Dienstleistung und seine Person informieren, soweit die Angaben sachlich unterrichten und berufsbezogen sind.**

(2) [1]**Die Angabe von Erfolgs- und Umsatzzahlen ist unzulässig, wenn sie irreführend ist.** [2]**Hinweise auf Mandate und Mandanten sind nur zulässig, soweit der Mandant ausdrücklich eingewilligt hat.**

(3) **Der Rechtsanwalt darf nicht daran mitwirken, dass Dritte für ihn Werbung betreiben, die ihm selbst verboten ist.**

Neueres Schrifttum: *Axmann/Degen,* Kanzlei-Homepages und elektronische Mandatsbearbeitung – Anwaltsstrategien zur Minimierung rechtlicher Risiken, NJW 2006, 1457; *von der Decken,* Melde- und Abgabepflicht zur Künstlersozialversicherung?, AnwBl. 2009, 496; *Giesen,* Präzisierung zum Verbot der Angabe von Erfolgs- und Umsatzzahlen – § 6 Abs. 2 Satz 1 BORA, BRAK-Mitt. 2015, 86; *Gostomzyk,* Anwaltsmarketing mit Rechtsmitteln: Eine gute Idee?, AnwBl. 2009, 496; *Hagemeister,* Schweigepflicht und Anwaltswerbung, AnwBl. 2007, 248; *Hartung,* Werbung um einen Auftrag im Einzelfall – Ein weiterhin ungelöstes Problem?, MDR 2003, 485; *Hommerich,* Anwaltliche Werbung: Die Sicht des Mandanten, AnwBl. 2009, 218; *Kallenbach,* Anwaltswerbung mit Nettopreisen ist erlaubt, AnwBl. 2010, 279; *Kleine-Cosack,* Zusammenbruch der Stufenleiter, AnwBl. 2005, 275; *Quaas/Sieben,* Der Rechtsanwalt als „Spezialist", zugleich eine krit. Anm. zu BVerfG, Beschluss vom 28.7.2004 – 1 BvR 159/04 –, BRAK-Mitt. 2004, 198; *Wilde,* Prüfsiegel für den Anwalt – was macht den guten Anwalt aus und wie darf er es dem Markt mitteilen?, AnwBl. 2009, 184.

Übersicht

I. Weitere Liberalisierung des Werberechts

1 Auf dem langen Weg vom weitgehenden Werbeverbot nach den Grundsätzen des anwaltlichen Standesrechts (vgl. dort §§ 2, 69–78) hat nach mehrfachen Machtworten des BVerfG (vgl. nur BVerfGE 76, 171; 76, 197; 85, 248; 94, 372), Gesetzesänderungen (vgl. Einfügung der §§ 43b, 59b, 191a ff. BRAO durch Gesetz vom 2.9.1994, BGBl. I S. 2278) und Einfügung sowie nachfolgende Änderungen der §§ 6 ff. sich der Grundsatz der anwaltlichen Werbefreiheit weitgehend durchgesetzt (vgl. § 43b BRAO). Zuletzt hat das BVerfG mit seiner „Spezialistenentscheidung“ festgestellt, dass §§ 6 Abs. 2, 7 Abs. 1 aF das Werbe- und Informationsrecht des Rechtsanwalts, das sich aus Art. 12 Abs. 1 GG ergibt (BVerfG NJW 2004, 3765 = BRAK-Mitt. 2005, 22 = AnwBl. 2005, 68; NJW 2003, 2816 = MDR 2003, 1263 = BRAK-Mitt. 2003, 275 = AnwBl. 2003, 584), in unzulässiger Weise zu stark einschränken. Nach ihrem Wortlaut waren diese Regelungen zu restriktiv gefasst. Rechtsanwälte können bei der Werbung mit speziellen Qualifikationen – wie auch bei anderen Werbemaßnahmen (BVerfG NJW 1996, 3067; NJW 2004, 3765) – nicht auf die von §§ 6 Abs. 2, 7 Abs. 1 aF vorgeschriebenen Medien sowie die darin vorgesehenen Begriffe für besondere Qualifikationen beschränkt werden. Diese Beschränkungen waren weder zur Erreichung der damit verfolgten Gemeinwohlzwecke erforderlich noch wahrten sie den Grundsatz der Verhältnismäßigkeit (BVerfG NJW 2004, 2656 = BRAK-Mitt. 2004, 231 = AnwBl. 2004, 586 = BB 2004, 2265).

2 Die Satzungsversammlung hat daraufhin am 21.2.2005 § 6 Abs. 2 neu gefasst. Der bisherige § 6 Abs. 3 wurde gestrichen und der bisherige § 6 Abs. 4 wurde § 6 Abs. 3. Nachdem das BMJV diese Änderungen nach deren Ausfertigung am 23./24.2.2005 mit Bescheid vom 26.5.2005 gebilligt hat, wurde der Beschluss in den BRAK-Mitt. 2005, 183, 184 veröffentlicht. Er ist am 1.11.2005 in Kraft getreten. In der 4. Sitzung der 4. Satzungsversammlung am 6./7.11.2009 wurde § 6 Abs. 2 S. 2 entschlackt, soweit bisher nur in Praxisbroschüren, Rundschreiben und anderen vergleichbaren Informationsmitteln Hinweise auf Mandate und Mandanten zulässig waren (BRAK-Mitt. 2010, 69). Die jetzige Fassung mit der Ergänzung in Abs. 2 S. 1 (→ Rn. 36a) ist seit 1.7.2015 in Kraft (BRAK-Mitt. 2015, 83).

II. Grundsatz der Werbefreiheit

3 Auf der Grundlage des § 59b Abs. 2 Nr. 3 BRAO konkretisiert § 6 das in § 43b BRAO gesetzlich verankerte, sich aus der Berufsausübungsfreiheit des Art. 12 GG und der Meinungsfreiheit des Art. 5 GG ergebende **Werberecht** des Rechtsanwalts (→ BRAO § 43b Rn. 6). Den Rechtsanwälten muss für interessengerechte und sachangemessene Information, die keinen Irrtum erregt, im rechtlichen und geschäftlichen Verkehr Raum bleiben (BVerfG NJW 2001, 2620 = AnwBl. 2001, 509 = BRAK-Mitt. 2001, 225). Zu der durch Art. 12 Abs. 1 GG gewähr-

leisteten Freiheit der anwaltlichen Berufsausübung gehört nicht nur die berufliche Praxis, „sondern jede Tätigkeit, die mit der Berufsausübung zusammenhängt und dieser dient. In den Bereich berufsbezogener Tätigkeit fällt auch die berufliche Außendarstellung der Grundrechtsberechtigten einschließlich der Werbung für die Inanspruchnahme ihrer Dienste" (BVerfG NJW 2000, 3195 = BRAK-Mitt. 2000, 137; NJW 1997, 2510; BVerfGE 85, 248; 94, 372; BGH NJW 2003, 346; → BRAO § 43b Rn. 6 ff.). So erlaubt § 6 Abs. 1 dem Anwalt alle Informationen über seine Dienstleistungen und seine Person, soweit die Angaben sachlich unterrichten und berufsbezogen sind. Diese Regelung ist von Verfassungs wegen nicht zu beanstanden; sie entspricht der Rechtsprechung des BVerfG zur Reichweite des Art. 12 Abs. 1 GG (BVerfG NJW 2004, 2656; BRAK-Mitt. 2008, 69).

4 Da somit die Berufsfreiheit und kommerzielle Meinungsfreiheit des Anwalts nach Art. 5 und 12 GG auch das Recht beinhalten, für die Inanspruchnahme seiner Dienste zu werben, bedarf immer nur die Einschränkung, die Reglementierung der anwaltlichen Werbung als Teil der anwaltlichen Berufsausübung einer Rechtfertigung, nicht aber bedarf eine anwaltliche Werbemaßnahme, die keiner Reglementierung zuwiderläuft, einer Rechtfertigung (BGH NJW 2001, 2087 = BRAK-Mitt. 2001, 189; Hartung/*v. Lewinski* Vor § 6 Rn. 44 ff.), vielmehr findet sich diese schon in Art. 5 und 12 GG.

5 Eingriffe in die Freiheit der Berufsausübung und damit auch in die Werbung für die berufliche Inanspruchnahme des Anwalts bedürfen nach Art. 12 Abs. 1 S. 2 GG einer gesetzlichen Grundlage, die den Anforderungen der Verfassung an grundrechtsbeschränkende Gesetze genügt (BVerfG NJW 1997, 2510; BGH NJW 2001, 2087). Eine solche gesetzliche Grundlage ist in §§ 43b, 59b Abs. 2 Nr. 3 BRAO iVm §§ 6 ff. zu sehen. § 43b BRAO und dessen teilweise nähere Ausgestaltung in den §§ 6 ff. sind eine Konkretisierung des sich schon aus §§ 1, 2, 43 BRAO ergebenden Verbots der gezielten Werbung und der irreführenden Werbung (BVerfGE 76, 196 = NJW 1988, 194). Mit der Stellung eines Rechtsanwalts ist im Interesse des rechtsuchenden Bürgers eine Werbung nicht vereinbar, die ein reklamehaftes Anpreisen in den Vordergrund stellt und mit der eigentlichen Leistung des Anwalts und dem unabdingbaren Vertrauensverhältnis im Rahmen eines Mandates nichts mehr zu tun hat (vgl. BVerfGE 76, 196; 82, 18). Verboten werden kann daher neben solchen Werbemethoden, die Ausdruck eines rein geschäftsmäßigen, ausschließlich am Gewinn orientierten Verhaltens sind, insbesondere diejenige Werbung, die Gefahr läuft, den Rechtsuchenden in die Irre zu führen (BVerfG NJW 2004, 2656; 2001, 2620). Verboten sind insbesondere auch aufdringliche Werbemethoden (BVerfG NJW 2000, 3195). Dieses Verbot dient dem Zweck, die Unabhängigkeit des Rechtsanwalts als Organ der Rechtspflege zu sichern. Als flankierende Maßnahme dient es der Sicherung der ordnungsmäßigen Berufsausübung. Dadurch erhält das Verbot berufswidriger Werbung in § 43b BRAO iVm §§ 6 ff. seine Rechtfertigung (BVerfG NJW 1997, 2510; BVerfGE 76, 196 = NJW 1988, 194).

6 Bei der Auslegung und Anwendung der § 43b BRAO, §§ 6 ff. ist dieser die Regelungen rechtfertigende Sinn und Zweck im Auge zu behalten, so dass nur eine berufswidrige Werbung unzulässig ist (BVerfG NJW 2004, 2656). Nur soweit sich aus diesen Regelungen eine verfassungskonforme Einschränkung der Werbemöglichkeiten ergibt, ist anwaltliche Werbung verboten; ansonsten gilt gemäß Art. 5, 12 GG Werbefreiheit für den Rechtsanwalt. Dabei ist zu berücksichtigen, dass die Beurteilung, welche Werbeformen als üblich, angemessen oder als übertrieben bewertet werden, zeitbedingten Veränderungen unterliegt; dem Wandel – auch außerhalb der freien Berufe – ist Rechnung zu tragen, weil sich hierdurch Wahrnehmungsfähigkeit und Wahrnehmungsbereitschaft der Öffentlichkeit ändern (BVerfGE 94, 372 – Werbeaufdruck auf Trainingsanzügen). Allein aus dem Umstand, dass eine Berufsgruppe ihre Werbung anders als bisher üblich gestaltet, kann nicht gefolgert werden, dass dies unzulässige Werbung ist. So ist **Sponsoring** nicht von vornherein unangemessen und übertrieben (BVerfG AnwBl. 2000, 449; → BRAO § 43b Rn. 23). Die Bewertung, ob eine Werbemaßnahme wie zB Sponsoring Gemeinwohlbelange gefährdet, erfordert im Einzelfall eine wertende Betrachtung unter Berücksichtigung des Anlasses, des Mittels, des Zwecks und der Begleitumstände des Sponsorings. Maßgeblich für die Beurteilung des Werbeverhaltens ist der Standpunkt der angesprochenen Verkehrskreise, nicht die möglicherweise besonders strenge Auffassung des jeweiligen Berufsstandes (BGH NJW 1999, 2444; BVerfG NJW 2000, 3195 = BRAK-Mitt. 2000, 137 = AnwBl. 2000, 449).

III. Begriff der Werbung

Die aus § 43b BRAO, §§ 6ff. sich ergebenden Einschränkungen der anwaltlichen Werbung bedingen eine Begriffsbestimmung der Werbung (→ BRAO § 43b Rn. 2). Denn erst dann, wenn ein anwaltliches Verhalten als Werbung zu bewerten ist, ist es an den Einschränkungen aus § 43b BRAO, §§ 6ff. zu messen, erst dann hat sich die Prüfung anzuschließen, ob es sich um eine berufsrechtlich nicht erlaubte Werbung handelt. 7

Werbung wird vom BVerfG, der anwaltsgerichtlichen Rechtsprechung und weitgehend auch von der Literatur dahingehend definiert, sie sei ein Verhalten, das planmäßig darauf angelegt ist, andere dafür zu gewinnen, die Leistungen desjenigen, für den geworben wird, in Anspruch zu nehmen (BVerfG NJW 1992, 45; BGH NJW 2003, 346; 1992, 45; OLG Düsseldorf BRAK-Mitt. 2000, 46; Henssler/Prütting/*Prütting* BRAO § 43b Rn. 14; *Kleine-Cosack* BRAO Vor § 43b Rn. 4). Ob in diesem Sinn eine planmäßige Anwendung beeinflussender Mittel zum Gewinn von Mandanten vorliegt, ist nach objektiven Kriterien zu ermitteln. Es kommt nicht darauf an, wie der Handelnde sein Verhalten aufgefasst wissen möchte. Maßgebend ist in erster Linie die Verkehrsanschauung, welchen Eindruck das Publikum aus dem Verhalten gewinnt (BVerfGE 76, 196 = NJW 1988, 194; BGH NJW 1992, 45; *Kleine-Cosack* BRAO Vor § 43b Rn. 4). 8

Nach der Verkehrsanschauung handelt es sich um Werbung nicht nur dann, wenn sich jemand mit positiven Bewertungen der eigenen Fähigkeiten und Leistungen an das Publikum wendet. Bei der gebotenen Gesamtbetrachtung aller Umstände können vielmehr auch sonstige Gründe das Urteil rechtfertigen, das betreffende Verhalten sei darauf angelegt, andere für die Inanspruchnahme der Leistungen zu gewinnen. Es genügt allerdings nicht, dass ein Verhalten lediglich die Wirkung hat, dass der Leistungserbringer und seine Leistungen beim Publikum weiter bekannt werden und sich dies für ihn umsatzfördernd auswirkt. Entscheidend ist vielmehr, ob das Verhalten nach der Verkehrsanschauung **darauf angelegt** ist, diese Wirkung zu erreichen. Die Umsatzförderung muss nicht der einzige Zweck des zu beurteilenden Verhaltens sein, es mag auch auf andere Gründe mit zurückzuführen sein (→ BRAO § 43b Rn. 2ff.; Henssler/Prütting/*Prütting* BRAO § 43b Rn. 14). 9

Demgemäß unterscheidet das BVerfG und ihm folgend die anwaltsgerichtliche Rechtsprechung sowie große Teile der Literatur bei der anwaltlichen Außendarstellung zwischen bloß **„werbewirksamem Verhalten"** und – gezielter – **Werbung** im engeren Sinn (BVerfG NJW 2000, 3195; 1997, 2510; BVerfGE 85, 248; Henssler/Prütting/*Prütting* BRAO § 43b Rn. 14; *Kleine-Cosack* BRAO Vor § 43b Rn. 4). Das **bloß werbewirksame Verhalten,** wie zB übliche Eintragungen in Telefon- und Faxverzeichnissen, Teilnahme an Fernsehdiskussionen unter Angabe der Berufsbezeichnung **wird daher von den Reglementierungen der §§ 43b BRAO, 6ff. nicht erfasst** (Henssler/Prütting/*Prütting* BRAO § 43b Rn. 14). 10

Soweit auf einen weiten Begriff der anwaltlichen Werbung abgestellt wird (Hartung/*v. Lewinski* § 6 Rn. 16ff.), kann dies auf sich beruhen, zumal nach beiden Auffassungen die Ergebnisse in der Regel gleich sind. So ist zB die farbliche oder graphische Gestaltung des anwaltlichen Briefbogens nach Auffassung von *Römermann* überhaupt keine Werbung, weil dies keinerlei „Botschaft" beinhalte (*Hartung/Römermann* Berufsrechts- und Werbe-ABC, Stichwort „Briefbögen") und nach der hM handelt es sich um eine zulässige nur werbewirksame Maßnahme (BVerfG NJW 1997, 2510; Henssler/Prütting/*Prütting* BRAO § 43b Rn. 31; **aA** BGH NJW 1996, 2733). Oder nach hM sind das übliche Praxisschild, die Führung akademischer Titel, die Stellenanzeige (**aA** OLG Dresden AnwBl. 2001, 175 = MDR 2000, 978 mit Anm. *Kilian*), die Bekanntgabe der Urlaubsabwesenheit und der Rückkehr in der örtlichen Presse keine Werbung, da diese Maßnahmen vom Publikum nach der Verkehrsanschauung nicht als Werbung betrachtet werden; sie haben allenfalls werbewirksame Folgen und sind daher gestattet (Henssler/Prütting/*Prütting* BRAO § 43b Rn. 14); nach *Römermann* handelt es sich dabei zwar um Werbung, aber derartige Formen der Werbung sind nach § 43b BRAO, § 6 Abs. 1 zulässig, da die darin enthaltenen Informationen zutreffend, berufsbezogen und sachlich sind (*Hartung/Römermann* Berufsrechts- und Werbe-ABC, Stichwort „Praxisschild"). 11

IV. Umfang der Werbebeschränkung nach § 43b BRAO iVm § 6

1. Werbeträger. Weder § 43b BRAO noch §§ 6ff. beinhalten eine Beschränkung der Werbeträger und Werbeformen (→ BRAO § 43b Rn. 11). Das BVerfG hat bereits mehrfach entschieden, dass ein zur Selbstdarstellung gewähltes Medium für sich betrachtet nicht die Unzuläs- 12 sigkeit der Werbung begründen kann (vgl. BVerfGE 94, 372; BVerfG NJW 2002, 1331; 2003, 3470). Auch aus europäischen Maßstäben im freiberuflichen Werberecht ergibt sich nichts anderes. Weder der EuGH noch der EGMR legen insoweit restriktivere Maßstäbe fest (BVerfG NJW 2004, 2656). Grundsätzlich darf der Rechtsanwalt die zulässigen berufsbezogenen Informationen über **alle relevanten Werbeträger** wie **Zeitschriften,** egal ob Fachzeitschrift oder nicht – auch in einem redaktionellen Beitrag für eine Tageszeitung (OLG Oldenburg MDR 2001, 1381; vgl. auch AG Schwerte MDR 2002, 119) –, auf der **Bande** um eine Sportstätte (AnwG Hamm NJW-RR 2002, 1065), **Postwurfsendung** (BGH NJW-RR 1998, 1282), **Internet** (BVerfG NJW 2001, 3324 = BRAK-Mitt. 2001, 295; → Rn. 28 ff.), über **Rundfunk, Fernsehen** und **Plakate pp.** erteilen (*Bardenz* MDR 2001, 247). Eine die Wahl des Mediums betreffende Einschränkung (so zB OLG Frankfurt DB 1999, 1448 für eine drehbare Werbesäule) lässt sich insoweit aus § 43b BRAO nicht ableiten (BGH NJW-RR 1998, 1282; NJW 1997, 1522 = BRAK-Mitt. 1997, 172). Der Rechtsanwalt muss nur stets dabei darauf achten, dass es sich um eine sachliche und berufsbezogene Information handelt und er das Verbot der Werbung um Erteilung eines Auftrags im Einzelfall nicht verletzt (*Bardenz* MDR 2001, 247 mit einer Übersicht möglicher Werbemittel).

13 **2. Information über Person und Dienstleistung.** § 43b BRAO und § 6 Abs. 1 gestatten dem Rechtsanwalt nur **berufsbezogene** Informationen über seine Person und sein Dienstleistungsangebot weiterzugeben. Insoweit wird somit sein allgemeines Werberecht eingeschränkt (→ Rn. 1–6; → BRAO § 43b Rn. 9 ff.). Als Werbung in diesem Sinne sind zB anzusehen Hinweise auf die Berechtigung zum Führen einer Fachanwaltsbezeichnung (→ BRAO § 43b Rn. 13; → BRAO § 43c Rn. 29 ff.; §§ 1 ff. FAO), Hinweise auf Zertifizierung der Kanzlei nach DIN ISO 9001 (LG Detmold MDR 2000, 674 mit Anm. *Stückemann* AnwBl. 2001, 111), Hinweise auf bestehende zulässige Formen gemeinsamer Berufsausübung (vgl. § 59a BRAO; § 8; BGH NJW 2003, 346 zum Verbot diesbezüglich irreführender Angaben in der Briefbogenleiste), Hinweise auf Sprachkenntnisse (*v. Falkenhausen* AnwBl. 1994, 513), auf sonstige Qualifikationen zB als Architekt (BVerfGE 82, 18 = NJW 1990, 2122; → § 10 Rn. 5), aber auch Hinweise auf gleichzeitig ausgeübte weitere Berufe, deren gleichzeitige Ausübung nicht gegen §§ 7 Nr. 8, 14 Abs. 2 Nr. 9 verstößt, wie zB der Hinweis, dass der Rechtsanwalt auch den Beruf als Diplom-Ingenieur oder Zahnarzt ausübt. Gestattet sind auch Hinweise auf im In- und Ausland erworbene akademische Titel (→ BRAO § 12 Rn. 20; → § 10 Rn. 5) und Teilbereiche einschließlich Qualifizierungszusätze (vgl. § 7 auch zu Spezialisten- und Zertifizierungsangaben). Alle diese Angaben sind, da berufsbezogen, gestattet; nicht gestattet sind Werbeaussagen nicht berufsbezogener Art, selbst wenn sie wahr sind. So ist die Werbemitteilung, der Rechtsanwalt sei mit der bekannten Schönheitskönigin oder Spitzensportlerin X verheiratet, nach § 6 Abs. 1 nicht gestattet, da nicht berufsbezogen (**aA** Hartung/*v. Lewinski* § 6 Rn. 34 ff.).

14 Auf **früher** nicht nur ganz vorübergehend **ausgeübte Berufe und Tätigkeiten** darf der Rechtsanwalt hinweisen, wenn die dort erworbenen Kenntnisse und Erfahrungen für die anwaltliche Berufsausübung von Bedeutung sein können, also beruflichen Bezug iSd § 43b BRAO, § 6 Abs. 1 aufweisen. So wird der als Strafverteidiger tätige Rechtsanwalt auf seine frühere Tätigkeit als Kriminalbeamter, Staatsanwalt oder Richter hinweisen dürfen. Dem Rechtsanwalt ist es grundsätzlich gestattet, von ihm ausgefüllte Ämter in der Öffentlichkeit und damit auch auf dem Briefbogen zu führen. Ein Rechtsanwalt, der vor der Zulassung als Beamter tätig war, darf seine frühere Amtsbezeichnung mit dem Ruhestandszusatz in der Öffentlichkeit führen (AnwG Hamm BRAK-Mitt. 1999, 275). Die früher vertretene gegenteilige Auffassung der Mehrheit der Rechtsanwaltskammern und eines Teiles der Literatur, dies sei unzulässig, weil im Publikum der Eindruck entstehen könne, ein solcher Rechtsanwalt verfüge noch über nützliche Beziehungen zu seinen früheren Kollegen und könne dies für seine Mandanten nutzbar machen, ist überholt und rechtfertigt ein Verbot solcher wahrheitsgemäßer Angaben nicht (Hartung/*v. Lewinski* § 6 Rn. 55). Durch § 45 BRAO ist ausreichender Schutz der Rechtsuchenden und des ehemaligen Arbeitgebers in diesen Fällen gewährleistet. Schutz vor lästiger Konkurrenz sollen § 43b BRAO und § 6 nicht gewährleisten.

15 **3. Pflicht zur sachlichen Werbung.** Alle diese Angaben müssen selbstverständlich wahrheitsgemäß erfolgen. Irreführende oder unwahre Angaben sind nicht sachlich und einem Organ der Rechtspflege (§ 1 BRAO), das in besonderem Maße dem Recht und damit der Wahrheit verpflichtet ist, stets verboten. Zudem ergibt sich die Unzulässigkeit irreführender und unwahrer

Werbemaßnahmen aus den §§ 3, 5 UWG (Hartung/*v. Lewinski* § 6 Rn. 21 ff.; *Kleine-Cosack* AnwBl. 2005, 275; → BRAO § 43b Rn. 14 ff.).

Das Gebot zur Sachlichkeit bedeutet nicht, dass ein sachlicher Anlass für die Werbemaßnahme bestehen müsse. Die nach § 43b BRAO, §§ 6 ff. zulässigen Werbemaßnahmen sind jederzeit und **ohne besonderen Anlass** zulässig (BGH NJW 1997, 2522). Nur wenn ein Rechtsanwalt wirbt, dann muss er dies in Form und Inhalt sachlich durch Unterrichtung über seine Person und seine Dienstleistungen tun. Damit soll nur sachliche und berufsbezogene Werbung zulässig sein. Aus der Art des verwendeten **Werbeträgers** kann grundsätzlich nicht auf Unsachlichkeit und die Unzulässigkeit einer Werbemaßnahme geschlossen werden (→ Rn. 12; → BRAO § 43b Rn. 20). Die **Form der Werbung** ist unsachlich, wenn sie unter Verwendung suggestiver Methoden wie in der gewerblichen Wirtschaft üblich erfolgt. Inhaltlich muss die Werbung berufsbezogen sein und sachlich über die Person des Werbenden und/oder seine Tätigkeit informieren. Das bedeutet letztlich, der Rechtsanwalt soll nur nüchtern über seine Tätigkeit bzw. Entwicklungen des Rechts informieren. 16

Das Gebot der Sachlichkeit schließt die Werbung mit bloßen Wertungen und Selbstanpreisungen, die nicht auf objektiven Tatsachen beruhen und nicht objektiv nachvollzogen werden können, aus. Insoweit handelt es sich um unsachliche, verbotene irreführende Werbung (Hartung/*v. Lewinski* § 6 Rn. 22; Henssler/Prütting/*Prütting* BRAO § 43b Rn. 11 f.). Wohl aber darf der Rechtsanwalt über seine **spezielle Qualifikation** zutreffende Angaben machen, sofern diese in sachlicher Form erfolgen und die Angaben nicht irreführend sind. Ein Verbot solcher Selbstdarstellungen lässt sich von Verfassungs wegen nicht rechtfertigen (BVerfG NJW 2004, 2656; näher → § 7 Rn. 7 ff.). Ist in einer Werbung für eine Rechtsanwaltskanzlei die Angabe über eine „optimale Vertretung" eingebettet in eine Reihe von Sachangaben, kann nach dem Kontext der gesamten Werbeaussage ein Verstoß gegen das Sachlichkeitsgebot nach § 43b BRAO, § 6 UWG zu verneinen sein (BGH AnwBl. 2005, 505). Auch wenn die Grenzen zu einem marktschreierischen Werbungsstil überschritten sind, kann eine anwaltliche Werbung gemäß § 43b BRAO als der Form nach unsachlich beanstandet werden. Die Grenzen zulässiger Anwaltswerbung sind überschritten, wenn die Werbung (hier: bedruckte Kaffeetassen) darauf abzielt, gerade durch ihre reißerische und/oder sexualisierende Ausgestaltung die Aufmerksamkeit des Betrachters zu erregen, mit der Folge, dass ein etwa vorhandener Informationswert in den Hintergrund gerückt wird oder gar nicht mehr erkennbar ist (BGH AnwBl. 2015, 91). Eine Spitzenstellungswerbung wie zB die Verwendung der Bezeichnung „Bodenseekanzlei" ist wettbewerbswidrig (OLG Stuttgart BRAK-Mitt. 2006, 188 = AnwBl. 2006, 489); anders stellt „Kanzlei-Niedersachsen" keine wettbewerbswidrige Werbung mit Alleinstellungs- oder Spitzenstellungsbehauptung dar (OLG Celle, AnwBl. 2012, 554). Zur unzulässigen Werbung mit der Bezeichnung „ Hamburg, Berlin, München, Karlsruhe, Leipzig (…) Rechtsanwälte vertreten Ihren Fall": LG Hamburg BRAK-Mitt. 2014, 320. Vor dem Hintergrund unerlässlicher Zubilligung nicht ganz enger Gestaltungsfreiheit und einer notwendig klaren, nicht von Geschmacksfragen abhängigen Abgrenzung ist bei der Annahme der Form nach unzulässiger – nämlich eindeutig reklamehafter und damit unsachlicher – Werbung eher Zurückhaltung angezeigt (vgl. BVerfG – Kammer – NJW 1997, 2510). Mit der zweifarbigen Gestaltung der in einer Postwurfsendung abgedruckten Werbeanzeige ist die Grenze zu der Form nach unerlaubter Werbung eindeutig noch nicht überschritten (BGH BRAK-Mitt. 1998, 98). Dies dürfte auch nicht der Fall sein bei der Verwendung eines Stierkopf-Logos (→ BRAO § 43b Rn. 46; **aA** OLG Düsseldorf BRAK-Mitt. 2000, 46) oder bei einem inhaltlich nicht zu beanstandenden redaktionellen Beitrag für eine Tageszeitung mit der Überschrift „Wenn der Steuerfahnder 3 × klingelt" (**aA** OLG Oldenburg MDR 2001, 1382). Angaben wie der „beste, der erfolgreichste, erfahrenste, renommierteste Strafverteidiger aus X" oder ähnliche Anpreisungen sind nicht überprüfbar, irreführend, unsachlich und damit verboten (zu zulässigen Qualifizierungshinweisen vgl. § 7). Damit ist dem Rechtsanwalt aber nicht verwehrt, auf besonders öffentlichkeitswirksame und erfolgreiche Verteidigungen pp. hinzuweisen. Das darf er in den Grenzen des § 6 Abs. 2 durchaus tun (→ Rn. 36). 17

4. Direktwerbung. Verboten ist nach § 43b BRAO, ohne dass dieses Verbot in der Berufsordnung wiederholt wurde, auch die sog. Direktwerbung im konkreten Einzelfall (→ BRAO § 43b Rn. 31 ff.). Das heißt, die Werbung darf nicht auf die Erteilung eines Mandates in einem Einzelfall, in dem der potentielle Mandant erkennbar schon Beratungs- oder Vertretungsbedarf hat, gerichtet sein. Aus diesem Verbot ergeben sich in der Praxis häufig Konfliktpunkte. Das Verbot 18 ist nicht zu verwechseln mit dem direkten Ansprechen potentieller Mandanten allgemein, was erlaubt ist. Geht es nicht um einen konkreten Auftrag in einem konkreten Einzelfall, darf der Rechtsanwalt potentielle Mandanten ansprechen und für sich werben. Er darf also ohne weiteres in Praxisbroschüren (→ Rn. 20), aber auch in Rundschreiben an Mandanten oder auch an ein breiteres Publikum, mit dem der Rechtsanwalt noch nicht in Mandatsbeziehungen steht oder stand, sein Dienstleistungsangebot unterbreiten (Henssler/Prütting/*Prütting* BRAO § 43b Rn. 41; OLG Stuttgart NJW 1997, 2529 = MDR 1997, 988 = AnwBl. 1997, 497). Er darf auch auf **Informationsveranstaltungen** seine eigene anwaltliche Tätigkeit und allgemeine rechtliche Themen darstellen und dazu Personen einladen, zu denen kein mandantschaftliches Verhältnis besteht oder bestanden hat. Dabei darf er auch einen kostenlosen Mittagsimbiss reichen (BGH NJW 2001, 2087 = MDR 2001, 898 = AnwBl. 2001, 567 = DB 2001, 2043; noch anders BGHZ 115, 105 = MDR 1991, 994). Dass durch die Informationen bei den Adressaten ein konkreter Beratungs- und Handlungsbedarf geweckt wird, ist unschädlich (BGH NJW 2001, 2886).

19 So ist es nunmehr auch gestattet, wenn Anwälte, die einen privaten **Notdienst für Strafverteidiger** gegründet haben, ihre Dienste unter Angabe von Telefonnummer pp. in der örtlichen Presse bekanntgeben und ihr entsprechendes Dienstleistungsangebot näher darstellen. Sie können sich auch an einem **Anwaltssuchservice** beteiligen (→ BRAO § 43b Rn. 32; BVerfG NJW 1992, 1613 = MDR 1992, 338 = BRAK-Mitt. 1992, 61 = AnwBl. 1992, 182). In der Teilnahme an einem solchen Notdienst bzw. am Anwaltsuchservice und der Werbung für diese liegt keine gezielte Werbung iSd unaufgeforderten direkten Herantretens an potentielle Mandanten im Einzelfall, da die Initiative zur Kontaktaufnahme im Falle konkreten Beratungs- oder Vertretungsbedarfs von dem Rechtsuchenden ausgeht. Von daher beantwortet sich auch die Frage, ob ein Rechtsanwalt Handzettel und Visitenkarten mit sachlichen Informationen über sich und sein Dienstleistungsangebot bei Dritten, zB bei Polizeidienststellen hinterlegen darf, wo sie zB vorläufig Festgenommenen zugänglich gemacht werden. Auch dies ist grundsätzlich zulässig, weil auch dann die Entscheidung, ob es tatsächlich zu einem Kontakt zwischen dem Rechtsanwalt und dem Rechtsuchenden kommt, wenn dieser der Hilfe eines Rechtsanwalts bedarf, allein von dem Rechtsuchenden getroffen wird (*Hartung/Römermann,* Berufsrechts- und Werbe-ABC Stichworte Anwaltssuchservice und Visitenkarte). Nur aufgrund von Besonderheiten des Einzelfalles können solche Werbemaßnahmen als unerlaubte Werbung qualifiziert werden, zB wenn der Rechtsanwalt durch finanzielle Zuwendungen sicherstellt, dass vorzugsweise seine Visitenkarten pp. Interessenten ausgehändigt werden.

V. Praxisbroschüren und Rundschreiben

20 Die frühere Regelung des § 6 Abs. 2 aF, dass „andere als die nach § 7 erlaubten Hinweise sowie Erläuterungen der Interessen – und Tätigkeitsschwerpunkte“ nur in Praxisbroschüren, Rundschreiben und anderen vergleichbaren Informationsmitteln gegeben werden durften, war von Verfassungs wegen nicht haltbar. Nach verfassungskonformer Auslegung der Berufsordnung sind Rechtsanwälte bei der Werbung mit speziellen Qualifikationen nicht auf die von den §§ 6 Abs. 2 und 7 Abs. 1 aF vorgeschriebenen Medien sowie die darin vorgesehenen Begriffe für besondere Qualifikationen beschränkt (BVerfG NJW 2004, 2656). Mit dem Wegfall des § 6 Abs. 2 aF wird aber die Zulässigkeit von Praxisbroschüren pp. nicht etwa beschränkt, sondern diese sind zulässig, für sie gelten grundsätzlich aber die allgemeinen werberechtlichen Schranken des § 43b BRAO. Eine Übersicht möglicher Werbemittel, vgl. bei *Bardenz* MDR 2001, 247. Mit Praxisbroschüren und Rundschreiben haben Rechtsanwälte die Möglichkeit, ihre Tätigkeit auch umfassender, differenzierter und ins Einzelne gehend darzustellen (LG Nürnberg-Fürth AnwBl. 2001, 364). Zudem kann der Rechtsanwalt die Dienstleistung seiner Kanzlei näher konkretisieren (BVerfG NJW 2001, 2620 = AnwBl. 2001, 509 = BRAK-Mitt. 2001, 225; NJW 2001, 1926 = MDR 2001, 776 = BRAK-Mitt. 2001, 185 = AnwBl. 2001, 510; → § 7 Rn. 32 ff.). In Praxisbroschüren pp. können Rechtsanwälte das gesamte Tätigkeitsspektrum ihrer Kanzlei darstellen. Praxisbroschüren, Rundschreiben pp. darf der Rechtsanwalt nicht nur an Mandanten, sondern auch an potentielle Mandanten versenden. Die Versendung solcher Informationsschriften an einen größeren Empfängerkreis ist nicht auf die Erlangung von Aufträgen in einem Einzelfall gerichtet (Henssler/Prütting/*Prütting* BRAO § 43b Rn. 41; Hartung/*v. Lewinski* § 6 Rn. 72; *Kleine-Cosack,* Das Werberecht der rechts- und steuerberatenden Berufe, 2. Aufl. 2004, Rn. 475 ff.; OLG München BB 2000, 1003).

In **Praxisbroschüren** kann über das Leistungsangebot der Praxis unterrichtet werden. Es können darin alle berufsrechtlich relevanten Angaben gemacht werden (*Kleine-Cosack* Werberecht Rn. 479; EG Hamm BRAK-Mitt. 1993, 226 = Stbg 1994, 116). Die Darstellung in diesen Broschüren darf selbstverständlich positiv sein. Die Angaben, die dort gemacht werden, müssen jedoch objektiv wahr sein. Fotografien und Bilder dürfen in den Praxisbroschüren aufgenommen werden. Auf Veröffentlichungen des Anwalts oder der Mitglieder der Sozietät darf hingewiesen werden. Angaben über die Person des Anwalts sind zulässig, soweit sie von Bedeutung für die Entscheidung des Mandanten sein können, ein Mandat an den entsprechenden Anwalt zu vergeben. Examensergebnisse und zusätzliche Ausbildungen können ebenso wie der Lebenslauf der Sozien und festangestellten juristischen Mitarbeiter angegeben werden. 21

Der Rechtsanwalt darf durch **Rundschreiben** Mandanten und Nichtmandanten über sein Leistungsangebot unterrichten (BGH NJW 2001, 2886 = BB 2001, 1815 = BGHR 2001, 714 mit Anm. *Römermann* = BRAK-Mitt. 2001, 229 = AnwBl. 2001, 628; EGH Schleswig NJW 1993, 1340 = EWiR 1993, 41 = Stbg 1993, 395; **aA** BVerfG NJW 1992, 1614 = BRAK-Mitt. 1992, 111; ebenso für Zulässigkeit *Braun* BerlAnwBl. 1995, 116; RAK Hamburg Kammerreport 5/94, 5; *Zuck* EWiR 1993, 39; *Kornblum* StVj 1991, 271; *Ostermann* EWiR 1985, 609). Rundschreiben sind allgemein formulierte, weitgehend gleichlautende Schreiben an Mandanten oder ein breiteres Publikum. Sie können beispielsweise Informationen über die Kanzlei oder über rechtliche Entwicklungen und Entscheidungen enthalten. Der Rechtsanwalt kann Rundschreiben selbst formulieren oder von Verlagen und Berufsverbänden vertriebene Informationsdienste verwenden, die er mit seinem Stempel versieht (*Kleine-Cosack* Werberecht Rn. 509). In diesem Rundschreiben kann er auf neu auftauchende Probleme, neue Rechtsprechung, neue Gesetzesvorhaben hinweisen. Adressat derartiger Rundschreiben können ständige Mandanten, ehemalige Mandanten, aber auch Dritte, mit denen er in keiner Mandatsbeziehung steht oder gestanden hat, sein (BGH NJW 2001, 2886 = BB 2001, 1815 = BGHR 2001, 714 mit Anm. *Römermann* = BRAK-Mitt. 2001, 229 = AnwBl. 2001, 628; OLG Stuttgart NJW 1997, 2529 = AnwBl. 1997, 497 = BRAK-Mitt. 1997, 188; so wohl auch RAK Hamburg Kammerreport 5/94, 4; **aA** OLG Düsseldorf NJW-RR 1999, 136; OLG Brandenburg AnwBl. 1998, 157 = MDR 1998, 310 = WRP 1998, 215; LG Schwerin BRAK-Mitt. 1998, 50; OLG Karlsruhe AnwBl. 1992, 492; BVerfG NJW 1992, 1614 = BRAK-Mitt. 1992, 111; differenzierend LG Freiburg BRAK-Mitt. 1991, 233; *Koch,* Berufsordnung, Ausgewählte Fragen. Info RAK Celle 1/97, 4). Dass im Einzelfall ein konkreter Handlungs- oder Beratungsbedarf beim Adressaten erst aufgrund der in der Anwaltswerbung enthaltenen Angaben zu einer konkreten Fallgestaltung bewusst gemacht wird, ist im Hinblick auf den Gesetzeszweck der §§ 43, 43b BRAO irrelevant (BGH NJW 2001, 2886). Ein Rundschreiben ist auch zulässig für die Herbeiführung eines sog. **gebündelten Mandats.** Gelangt ein Rechtsanwalt in pflichtgemäßer Ausübung seines Berufs zu der Auffassung, dass die vertretbaren Interessen seines Mandanten nur zu wahren sind, wenn er ihn mit anderen Betroffenen zusammenführt und die so gebündelten Interessen gemeinsam vertritt, so muss er auch die zu der gebotenen einheitlichen Interessenwahrung unbedingt notwendigen Voraussetzungen schaffen dürfen (BGHSt 28, 183 = MDR 1979, 418 = EGE XIV 199; vgl. auch OLG Naumburg NJW 2003, 3566; → BRAO § 43b Rn. 31). Die Grenzen der Zulässigkeit sind aber dann überschritten, wenn mit dem Rundschreiben die unbedingte Notwendigkeit der anwaltlichen Beratung in den Raum gestellt wird (AnwG München BRAK-Mitt. 2008, 225 mit Anm. *Remmertz;* KG BRAK-Mitt. 2010, 274). Die vom Gesetzgeber verwandte Formulierung „Erteilung eines Auftrages im Einzelfall" ist, als auf ein konkretes Mandat bezogen, wörtlich zu nehmen und nicht mit der vom BGH und dem BVerfG nach der früheren Rechtslage gewählten Formulierung des „Unaufgeforderten Herantretens an potentielle Mandanten" gleichzusetzen. Wenn man in einer Zeitungsanzeige jede Woche darauf hinweisen darf, dass man über eine bestimmte Qualifikation verfügt, sich somit an eine unbestimmte Zahl von Menschen richten kann, dann kann auch ein Minus dessen getan werden, nämlich nur die Personen anzusprechen, die in einem Bezirk einen Wohnsitz haben. So ist es möglich, dass ein Anwalt in dem Bezirk, in dem er seine Kanzlei eröffnet, auf die Eröffnung durch Rundschreiben an alle Mitbewohner dieses Bezirkes hinweist. 22

Beschränkt sich das Rundschreiben nicht auf allgemeine iSd § 43b BRAO zulässige Informationswerbung, sondern enthält es auch völlig übertriebene, marktschreierische oder irreführende Werbung oder ist es auf die Erteilung eines Auftrags im Einzelfall gerichtet (→ BRAO § 43b Rn. 31 ff.), dann ist dies berufsrechtwidrige Werbung (OLG Dresden NJW 1999, 144 = BRAK-Mitt. 1998, 239; OLG Koblenz MDR 1999, 1166; OLG Düsseldorf MDR 1999, 258). 23

24 Andere den Praxisbroschüren und/oder den Rundschreiben **vergleichbare Informationsmittel** sind ebenfalls zulässig. Im Hinblick auf die Meinungs- und Berufsfreiheit gemäß Art. 5 und 12 GG (→ BRAO § 43b Rn. 6) ist der Begriff weit auszulegen. Dazu können zB Handzettel, Postwurfsendungen, E-Mails, Plakate, Kolumnen in Zeitschriften uÄ gehören. Auch die Website (Homepage) fällt unter die vergleichbaren Informationsmittel (AG Stuttgart AnwBl. 2002, 657; *Berger* NJW 2001, 1530; *Hartung/Römermann* Berufsrechts- und Werbe-ABC, Stichwort Homepage), ebenso Stellenanzeigen in Zeitungen, in denen die Praxistätigkeit und die Angehörigen der Praxis in sachlicher Weise dargestellt werden (**aA** LG Nürnberg AnwBl. 2001, 364).

VI. Verzeichnisse

25 **1. Anwaltsverzeichnisse.** Die Eintragung in Anwaltsverzeichnissen ist zulässig (OLG Hamm BRAK-Mitt. 1992, 112; LG Köln BRAK-Mitt. 1991, 231). Eingetragen werden können all die Angaben, die werberechtlich zulässig sind (§ 43b BRAO, §§ 6–10). Die Eintragung kann auf nationaler und internationaler Ebene erfolgen. Sie darf auch entgeltlich sein. Zulässig ist auch die Aufnahme in Auswahlverzeichnisse. Die Aufnahme in Fachanwaltsverzeichnisse ist zulässig, sofern der betroffene Rechtsanwalt befugt ist, die Fachanwaltsbezeichnung zu führen (§ 43c Abs. 1 BRAO). Dies gilt auch für Verzeichnisse, die nach Tätigkeiten oder Interessen gegliedert sind. Die freie Anwaltswahl wird dadurch nicht tangiert. Sichergestellt sein muss lediglich, dass die Verzeichnisse jedermann zugänglich sind.

26 **2. Telefonbuch.** Eintragungen im Telefonbuch (BGH NJW 1987, 3270 = MDR 1988, 73 = BRAK-Mitt. 1987, 212; gegen Fettdruck EGH München AnwBl. 1978, 375; zur Haftung bei fehlerhafter Eintragung AG Oldenburg MDR 1985, 55 = AnwBl. 1985, 55) sind ebenso zulässig wie im Branchentelefonbuch (BGH NJW 1994, 2035 = AnwBl. 1993, 635 = BRAK-Mitt. 1994, 51; *v. Falkenhausen* AnwBl. 1994, 513). Alle Angaben, die auf Kanzleischildern und Briefbogen zulässig sind, können auch, wenn dies der Übung in diesen Verzeichnissen entspricht, in diese Verzeichnisse aufgenommen werden. Die Eintragung im Telefonbuch kann sowohl unter der Kurzbezeichnung als auch unter jedem einzelnen Namen eines Sozius erfolgen. Zulässig ist es auch, die Kanzlei, wenn die Kurzbezeichnung so gestaltet ist, unter dem Begriff „Anwalt" oder „Rechtsanwalt" einzutragen (BGH NJW 1994, 2035). Kein Verstoß gegen das berufsrechtliche Werbeverbot liegt vor, wenn im Branchentelefonbucheintrag eine **Sozietät teilweise unter ihrer Fachanwaltsbezeichnung, teilweise unter Rechtsanwalt** mit einem bestimmten Tätigkeitsbereich aufgeführt ist (BGH NJW 1994, 2035). Fallen Wohnort und Kanzleisitz auseinander, so rechtfertigt dies unter dem Gesichtspunkt, dass der Anwalt dann besser für die Rechtsuchenden erreichbar ist, auch eine **Eintragung im Fernsprechverzeichnis am Wohnort** (BGHSt 35, 1 = NJW 1987, 3270 = MDR 1988, 73 = BRAK-Mitt. 1987, 212).

VII. Internet

Schrifttum: *Bettinger,* Zur Vereinbarkeit der Benutzung einer Kennung im Internet mit § 8 Abs. 2 MarkenG und §§ 1, 3 UWG, CR 1997, 273; *von der Decken,* Melde- und Abgabepflicht zur Künstlersozialversicherung?, AnwBl. 2009, 496; *Ebbing,* Virtuelle Rechtsberatung und das anwaltliche Werbeverbot, NJW-CoR 1996, 242; *Edenhofer,* Internet für Anwaltskanzleien, CR 1997, 120; *Ernst,* Internet-Suchmaschinen und Wettbewerbsrecht, NJW-CoR 1997, 493; *ders.,* Rechtliche Fragen bei der Verwendung von Hyperlinks im Internet, NJW-CoR 1997, 224; *Flechsig,* Virtuelle Anwaltswerbung im Internet, ZUM 1997, 98; *Gostomzyk,* Anwaltsmarketing mit Rechtsmitteln: Eine gute Idee?, AnwBl. 2009, 496; *Härting,* Anwaltliche Werbung im Internet, AnwBl. 2000, 343; *Hitzfeld,* Das Internet für Juristen, AnwBl. 1997, 272; *Hoeren,* Cybermanners und Wettbewerbsrecht, WRP 1997, 993; *ders.,* Rechtliche Möglichkeiten gegen Domain-Grabbing, WuB V F § 14 MarkenG 1.97; *Hoß,* Berufs- und wettbewerbsrechtliche Grenzen der Anwaltswerbung im Internet, AnwBl. 2002, 377; *Kilian,* Die Adresse im Internet, DZWiR 1997, 381; *Kloos,* Zum Schutz von Domain-Namen, CR 1997, 543; *Koch,* Werbung mit dem Preis und in den Medien, AnwBl. 1997, 421; *Michalski,* Schutzrechtsfähigkeit des Internet-Domain Name, DZWiR 1997, 165; *Omsels,* Die Kennzeichenrechte im Internet, GRUR 1997, 328; *Scheuerl,* Anwaltswerbung im Internet, NJW 1997, 1291; *Schmittmann,* Werbung von Angehörigen der rechts- und steuerberatenden Berufe im Internet, MDR 1997, 601; *Schopen/Gumpp/Schopen,* Präsenz einer deutschen Anwaltskanzlei im Internet – (K)ein Verstoß gegen § 43b BRAO?, NJW-CoR 1996, 112; *Stratmann,* Internet-Domain Names oder der Schutz von Namen, Firmenbezeichnungen und Marken gegen die Benutzung durch Dritte als Internet-Adresse, BB 1997, 689; *Ubber,* Rechtsschutz bei Mißbrauch von Internet-Domains, WRP 1997, 497; *Völker,* Domain-Namen im Internet, WRP 1997, 652; *Wagner/Lerch,* Mandatsgeheimnis im Internet?, NJW-CoR 1996, 380; *Westerwelle,* Werbemöglichkeiten für Anwälte im Internet, WiB 1997, 297; *Willmer,* Offene Fragen der rechtlichen Einordnung von Internet-Domains, CR 1997, 562.

1. Zulässigkeit. Grundsätzlich kann ein Rechtsanwalt sein Angebot auch im Internet darstellen. Auch insoweit greift die durch Art. 5 und 12 Abs. 1 GG gewährleistete Werbefreiheit des Rechtsanwalts (BVerfG NJW 2001, 3324 = BRAK-Mitt. 2001, 295). Allerdings ist das Internet kein einheitliches Medium, so dass es keinen einheitlichen Maßstab gibt (dazu Hartung/*v. Lewinski* § 6 Rn. 73). Die Wahl des Mediums Internet rechtfertigt es nicht, die Grenzen erlaubter Außendarstellung von freiberuflich Tätigen enger zu ziehen (BVerfG BRAK-Mitt. 2008, 66). Der Anwalt kann im Internet sich nicht nur werbend darstellen, sondern, soweit die Verschwiegenheit gewahrt ist, auch die Kommunikation mit dem Mandanten oder Dritten über Internet führen. Da aufgrund der technischen Abläufe die Verschwiegenheit nicht gewährleistet werden kann, muss der Anwalt entweder seine Daten verschlüsseln oder durch Einholung der Zustimmung des Mandanten der Gefährdung von Mandatsgeheimnissen begegnen. Die **CCBE-Leitlinien zur Elektronischen Kommunikation und das Internet** sind abgedruckt in BRAK-Mitt. 2001, 22. 27

2. Internetadresse. Jeder einzelne Rechner muss im Internet erreichbar sein; er wird identifiziert über eine eindeutige Adresse (Zahlen oder Buchstaben). Wenn die Adresse in Buchstaben ausgeführt wird, spricht man von „DNS“ (Domain Name Server). Es ist nicht möglich, zwei gleiche Domain zu vergeben. Im World Wide Web („www“), dem gebräuchlichsten Teil des Internet, wird mit sog. Level-Domains gearbeitet. Die einzelnen Levels sind durch einen Punkt voneinander getrennt. Die Zählung beginnt immer rechts. Bei der Domain „brak.de“ ist „de“ der Top-Level und „brak“ der First-Level. Im Top-Level erfolgt durchweg die Bereichszuordnung, also bei „brak.de“ mit „de“ geographisch zu Deutschland. Die Adresse „brak.de“ belegt für ganz Deutschland diese Adresse. Ebenso wie bei allen anderen Werbemaßnahmen findet die Werbung im Internet ihre Grenzen in § 43b BRAO und §§ 3, 5 UWG (BGH MDR 1997, 792). 28

Streitig ist, ob bei Mehrfachnutzung einer Domain die auftretenden Probleme namens- oder markenrechtlich angegangen werden können und ob wettbewerbsrechtlich wegen sog. **Behinderungswettbewerb** nach § 4 UWG der DNS-Benutzer auf Unterlassung in Anspruch genommen werden kann (OLG Frankfurt BB 1997, 545; LG Düsseldorf WM 1997, 1444; LG Frankfurt BB 1997, 1120; LG Köln GRUR 1997, 377; LG Mannheim BB 1996, 2484). Für die Nutzung einer sog. **Vanity-Nummer,** die mit den berufsbezeichnenden bzw. tätigkeitsbeschreibenden Begriffen „Rechtsanwalt“, „Anwaltskanzlei“ oder „Rechtsanwaltskanzlei“ belegt ist, hat der BGH entschieden, dass dies nicht gegen § 43b BRAO, § 6 verstößt (BGH AnwBl. 2002, 603; → BRAO § 43b Rn. 36). Im Hinblick darauf erscheint die **nachfolgend aufgeführte Rechtsprechung überholt:** Danach stellt die **Internet-Domain** „www.anwalt-hannover.de“ eine irreführende Werbung iSd § 3 UWG dar (OLG Celle NJW 2001, 2100), ebenso die Verwendung der Domainadresse „www.rechtsanwaelte.de“ (LG München NJW 2001, 2100). Durch den Domain-Namen **„rechtsanwaelte dachau.de“** werde unzulässig der Eindruck erweckt, einen Zugang zu allen oder den meisten Anwälten in Dachau zu gewähren (OLG München NJW 2002, 2113); zulässig soll dagegen die Bezeichnung **„anwalt-muelheim.de“** sein (LG Duisburg NJW 2002, 2114). Das Angebot eines Rechtsanwalts, der im Internet unter der Homepage „rechtsratgeber.de“ rechtsberatende Leistungen anbietet, unterfällt dem Teledienstgesetz (LG Hamburg NJW-RR 2001, 1075). Keinen Wettbewerbsverstoß stellt es dar, wenn eine Anwaltskanzlei die Internetadresse „recht-freundlich.de“ verwendet (LG Hannover NJW-RR 2001, 917 bestätigt durch OLG Celle NJW 2001, 3133 = AnwBl. 2002, 110). Einige Anwälte haben Domains belegt, die Rechtsgebiete beinhalten, wie zB „scheidungsrecht“, „arbeitsrecht“, „wirtschaftsrecht“, „familienrecht“. Eine derartige Handlung soll wettbewerbswidrig sein, weil der Eindruck erweckt werde, als wenn der Anwalt, der diese Domain benutzt, allein auf diesem Gebiet in Deutschland tätig sei. Zum anderen werde der Eindruck eines Interessen- oder Tätigkeitsschwerpunktes erweckt, wobei die Voraussetzungen des § 7 nicht eingehalten werden. Allgemein zur Nutzung einer Domain und der Anwendung des Wettbewerbsrechts s. Hartung/*v. Lewinski* § 6 Rn. 77. Die Empfehlung lediglich einer einzelnen Kanzlei als **„Online-Anwalt“** durch einen Online-Provider stellt eine irreführende Angabe iSv § 3 UWG dar, da eine Vielzahl von deutschen Anwälten über die neuen elektronischen Kommunikationsmedien erreichbar ist; die BRAO sowie das RVG lassen es zudem nicht zu, die **Vermittlung eines Mandats** mit der Zahlung eines Entgelts zu verknüpfen (LG München BRAK-Mitt. 1997, 95 = CR 1996, 736 = AfP 1997, 482). Grundsätzlich findet auf Internet-Adressen die in dem für Deutschland bestimmten Netz gebraucht werden, **deutsches Wettbewerbsrecht** Anwendung (*Kuner* CR 1996, 453; *Kotthoff* CR 1997, 676). 29

30 **3. Internetauktionen.** Die Versteigerung von Rechtsrat über ein Internetauktionshaus (hier: ebay) ist zulässig. Die Werbung über eine solche Darstellungsform belästigt regelmäßig nicht und drängt sich keiner breiten Öffentlichkeit unvorbereitet auf. Auch liegt keine auf Erteilung eines Auftrags im Einzelfall gerichtete Werbung vor, weil die Werbung schon mangels Kenntnis vom potentiellen Mandanten und dessen Beratungsbedarf nicht auf die Erteilung eines konkreten Mandats gerichtet ist (BVerfG BRAK-Mitt. 2008, 66).

VIII. Preiswerbung

31 Grundsätzlich ist die **Preiswerbung heute als zulässig anzusehen** (*Büttner,* FS Vieregge, 1995, 116; *Michalski/Römermann* AnwBl. 1996, 241; *Koch* AnwBl. 1996, 264; *ders.* AnwBl. 1997, 421; *v. Falkenhausen* AnwBl. 1996, 486; *Kilian* JurBüro 1994, 641). Zwar hat sich die Satzungsversammlung mit dieser Problematik ausweislich ihrer Protokolle nicht ausdrücklich beschäftigt, jedoch hat sich der Gesetzgeber bei Verabschiedung des Gesetzes zur Neuordnung des anwaltlichen Berufsrechtes (BGBl. 1994 I S. 2278) dazu ausdrücklich in den Materialien geäußert. „Das Interesse potentieller Mandanten geht dahin zu erfahren, wie sie für ihr Rechtsproblem einen Spezialisten finden und was dieser kostet." (BT-Drs. 12/4993, 28). Die Information über die zu erwartende Gebührenhöhe ist iSd § 6 Abs. 1 eine sachliche Information über die Kosten, die durch die berufliche Inanspruchnahme des Rechtsanwalts entstehen werden.

32 Da im **außergerichtlichen Bereich** eine Bindung an die Gebühren des RVG aufgrund § 4 Abs. 2 RVG entfallen ist, folgt daraus, dass eine Werbung mit dem Preis möglich ist. Wie der Preis für eine außergerichtliche Beratung gestaltet wird, ist heute keine Selbstverständlichkeit iSd UWG mehr. Es kann deshalb mit der Angabe eines Stundenhonorars für die außergerichtliche Beratung und Vertretung ebenso geworben werden wie mit einem Pauschalhonorar. Die Schranke der Angemessenheit in § 4 Abs. 2 RVG hindert derartige Werbung nicht. Nach dieser Vorschrift muss die Vergütungsvereinbarung „in angemessenem Verhältnis zu Leistung, Verantwortung und Haftungsrisiko des Rechtsanwalts stehen" (BGH AnwBl. 2008, 880; Angebot zu kostenlosen telefonischen Auskünften: AnwG München BRAK-Mitt. 2010, 214).

33 Diese Werbemöglichkeiten bestehen allerdings nicht unbeschränkt. Im **gerichtlichen Verfahren** dürfen die Gebühren des RVG nicht unterschritten werden (§ 49b Abs. 1 BRAO; § 4 Abs. 1, 2 RVG). Die Angabe, dass eine **Terminsvertretung beim AG Berlin-Charlottenburg** für einen Pauschalbertrag in Höhe von 20 DM, mit Beweisaufnahme 40 DM, erfolgt, verstößt deshalb gegen § 49b BRAO; die langjährige Übung in Berlin heilt diesen Verstoß nicht. Auch nicht der Hinweis, dass jederzeit ein selbständiger Anwalt als Freier Mitarbeiter für einen anderen Anwalt beschäftigt werden kann. Auch das **„Düsseldorfer Kartell"** verstößt gegen § 49b BRAO. Nach diesem Kartell verpflichten sich Anwälte kollegialiter untereinander, kostenlos für andere Kollegen Termine wahrzunehmen. Die Kollegialität ist keine Rechtfertigung für einen Verstoß gegen § 49b BRAO (vgl. auch *Schneider* MDR 2000, 437).

34 Geworben werden kann allerdings mit dem Hinweis, dass man in einem bestimmten Verhältnis bereit sei, als Prozessanwalt mit dem **Korrespondenzanwalt** die Gebühren zu teilen; dies folgt aus § 22. Wenn es dort heißt, dass „in der Regel" eine hälftige Gebührenteilung angezeigt ist, dann muss es Ausnahmen geben; diese Ausnahmen müssen vereinbart werden können; dem Anwalt muss es möglich sein, bei einem anderen Anwalt nicht nur nachzufragen, sondern auch anzubieten, zu welchen Konditionen er bereit ist, als Prozessanwalt für einen anderen Anwalt bei einem Gericht aufzutreten. Die Korrespondenzanwaltsgebühr ist eine Verfahrensgebühr (*Hartmann,* Kostengesetze, 44. Aufl. 2014, RVG VV 3400 Rn. 15, 19; *Kaiser* AnwBl. 1997, 619; **aA** *Brieske,* Die anwaltliche Honorarvereinbarung, 91; *Praefcke* AnwBl. 1998, 149; *Netzband* AnwBl. 1998, 148; *Flögel* AnwBl. 1998, 148 sowie ohne Begründung LG Halle BRAK-Mitt. 1998, 99; § 49b BRAO); daraus folgt, dass das Gebührenunterbietungsverbot des § 49b BRAO zu beachten ist.

35 Wenn es der Anwaltschaft jedoch erlaubt ist, mit dem Preis im außergerichtlichen Bereich zu werben, dann muss sie sich auch wie jeder andere Wettbewerber an die gesetzlichen Regeln halten. Zu diesen Regeln gehört unter anderem auch die **PAngV;** § 5 PAngV sieht vor, dass ein Preisverzeichnis aufzustellen ist; der Verstoß stellt eine Ordnungswidrigkeit nach § 10 Abs. 2 Nr. 2 PAngV dar. Auch wird im Schrifttum (noch) davon ausgegangen, dass die Anwendung der Ausnahmevorschrift von § 9 Abs. 1 Nr. 3 PAngV für Anwälte gilt und keine Pflicht zur Angabe von Endpreisen inklusive Mehrwertsteuer besteht (*Kallenbach* AnwBl. 2010, 279).

IX. Ausschluss der Angabe von Erfolgs- und Umsatzzahlen, Hinweise auf Mandate und Mandanten (Abs. 2)

Zur Vermeidung irreführender Werbung wird mit § 6 Abs. 2 S. 1 für alle Formen der Werbung die Angabe von Erfolgs- und Umsatzzahlen für unzulässig erklärt, da diese nichts über die Qualität anwaltlicher Leistung aussagen können (aber → BRAO § 43b Rn. 17). Der Erfolg eines Anwalts lasse sich nicht in Ziffern ausdrücken, da dieser nicht in einem generell bestimmbaren Ergebnis bestehe (LG Nürnberg-Fürth NJW 2004, 689 = BRAK-Mitt. 2004, 142 mit Anm. *Kopp;* aufgehoben durch OLG Nürnberg NJW 2004, 2167 = AnwBl. 2004, 526 = BB 2004, 1526 = OLGR 2004, 342). Mit dem Verbot soll eine Irreführung der Rechtsuchenden vermieden werden. Mit **Erfolgszahlen** sind die absoluten oder Prozentzahlen der gewonnenen Prozesse, zufriedener und neu gewonnener Mandanten und Ähnliches gemeint. Auch **Umsatzzahlen** sollen bei Rechtsuchenden den grundsätzlich falschen Eindruck hervorrufen, die betroffene Kanzlei sei besonders erfolgreich und qualifiziert. Daher sollen die auf die eigene Kanzlei bezogenen Äußerungen eines Rechtsanwalts in einer Pressemitteilung, diese „erzielt Rekordwachstum", „Umsatz steigt im Jahr 2001 um 37,2 % auf 138,1 Mio. Euro" und „hat im Geschäftsjahr 2001 ein hervorragendes Wachstum erzielt", gegen § 3 UWG, § 6 Abs. 2 verstoßen (LG Nürnberg-Fürth NJW 2004, 689). Da das Verbot des Abs. 2 S. 1 im Hinblick auf Art. 12 GG eng auszulegen ist, darf der Rechtsanwalt in Fällen, in denen keine Irreführung zu befürchten ist, Angaben machen (BGH AnwBl. 2008, 880; Hartung/*v. Lewinski* § 6 Rn. 190), auch allgemeine Angaben zu den **Chancen bestimmter Verfahren.** Einem Rechtsanwalt, der sich vor allem mit der Vertretung von Studenten in Hochschulzulassungssachen befasst, ist es nicht verboten, dem Redakteur einer Studentenzeitung zu erläutern, dass von seinen Mandanten, denen er ein Zulassungsverfahren angeraten habe, fast alle einen Studienplatz erhalten hätten (OLG Frankfurt MDR 2000, 299 = GRUR 2000, 1098). Eine Irreführung der Rechtsuchenden ist dadurch nicht zu befürchten. 36

In der 7. Sitzung der 5. Satzungsversammlung am 10./11.11.2014 wurde deshalb beschlossen § 6 Abs. 2 S. 1 wie folgt zu fassen: „Die Angabe von Erfolgs- und Umsatzzahlen ist unzulässig, **wenn sie irreführend ist.**" Dieser Beschluss wurde vom BMJV geprüft und ist am 1.7.2015 in Kraft getreten (BRAK-Mitt. 2015, 83). Zur Begründung s. Satzungsversammlung Mat. 52/2014; Satzungsversammlung Prot. 7/5, 38 ff. 36a

Da anwaltliche Kapitalgesellschaften nach § 325 Abs. 1 HGB einer **Publizitätspflicht** hinsichtlich ihres Jahresabschlusses pp. unterliegen und § 6 Abs. 2 sie nicht von dieser gesetzlichen Pflicht befreit, erscheint es wenig sinnvoll, diesen Gesellschaften zu verwehren in ihrem Informationsmitteln auf die entsprechende Veröffentlichung im Bundesanzeiger hinzuweisen. Andererseits verlangt dann aber der Gleichbehandlungsgrundsatz des Art. 3 GG, Sozietäten, Partnerschaften und Einzelanwälten die Veröffentlichung derselben Daten zu gestatten. § 6 Abs. 2 S. 1 ist daher verfassungskonform dahingehend auszulegen, dass solche Zahlen, die bei Kapitalgesellschaften nach § 325 HGB der Publizitätspflicht unterliegen, allgemein von dem Bekanntgabeverbot des § 6 Abs. 2 ausgenommen sind (Hartung/*v. Lewinski* § 6 Rn. 191; → BRAO § 43b Rn. 17). Noch weiter geht das OLG Nürnberg (NJW 2004, 2167), wonach § 6 Abs. 3 aF, jetzt § 6 Abs. 2, zumindest insoweit wegen Verstoßes gegen Art. 12 GG **nichtig** sei, als er die Werbung mit Umsatzzahlen verbietet. Das Werben von Rechtsanwälten mit Umsatzzahlen sei weder irreführend iSv § 5 UWG noch unlauter iSv § 3 UWG. Ein Verbot durch § 6 verstoße nicht nur gegen die nach Art. 12 GG geschützte Berufsfreiheit, sondern auch gegen den Gleichheitsgrundsatz des Art. 12 GG (OLG Nürnberg NJW 2004, 2167). 37

Wenn Mandanten ihre Einwilligung zur Veröffentlichung des Vertretungsverhältnisses gegeben haben, kann von einem Rechtsanwalt auf ständige, aber auch besonders bekannte Mandanten und ihm wichtige Mandate hingewiesen werden (§ 6 Abs. 2 S. 2); bislang war dies nur in Rundschreiben und Praxisbroschüren und anderen vergleichbaren Informationsmitteln oder auf Anfrage erlaubt (§ 6 Abs. 2 S. 2 aF). Grundsätzlich nicht (mehr) unzulässig ist es, Namen von Unternehmen oder Personen anzugeben, **gegen** die ein Mandant dem werbenden Rechtsanwalt ein Mandat erteilt hat. Dies stellt zumindest dann keinen Eingriff in das allgemeine Persönlichkeitsrecht des angeführten Gegners dar, wenn der Gegnerliste nur zu entnehmen ist, gegen welche Personen und Unternehmen Mandate erteilt wurden; soweit keine Aussage über den (erfolgreichen) Ausgang getroffen oder gar den Gegnern Unlauterkeit unterstellt wird (BVerfG BRAK-Mitt. 2008, 69 mwN; anders noch KG BRAK-Mitt. 2006, 40; allgemein, auch zu den 38

Voraussetzungen der Einwilligung, *Hagemeister* AnwBl. 2007, 748 mwN). Dies gilt, weil die Berufsfreiheit des Rechtsanwalts durch Art. 12 Abs. 1 GG selbständig geschützt wird, ohne dass es des Rückgriffs auf Art. 5 GG bedarf; nur für den Meinungsbildungsprozess wertvolle Werbemaßnahmen unterliegen dem Schutz des Art. 12 Abs. 1 GG (BVerfG BRAK-Mitt. 2008, 69).

X. Werbung durch Dritte (Abs. 3)

39 Soweit der Rechtsanwalt selbst für sich werben darf, darf er auch Dritte für sich werben lassen. Er darf aber nicht daran mitwirken, dass Dritte für ihn Werbung treiben, die ihm selbst verboten ist. So ist es zB weiterhin verboten, U-Häftlinge oder Strafgefangene gezielt dahingehend einzusetzen, dass sie Mithäftlinge veranlassen, diesen Rechtsanwalt als Verteidiger zu wählen, da auch dem Rechtsanwalt selbst dieses gezielte Ansprechen im Einzelfall verboten wäre. Ebenso darf er nicht zB durch die Erteilung entsprechender Informationen, Interviews und Aushändigung von Unterlagen eine unzulässige Werbung in Zeitschriften, vgl. zB die „Focus"-Serie „die 500 besten Anwälte" (BGH NJW 1997, 2681 = ZIP 1997, 1672 = BRAK-Mitt. 1997, 267) unterstützen. Für eine Werbung Dritter, die er weder veranlasst oder sonst unterstützt hat, ist der Rechtsanwalt nicht verantwortlich. Auch ist er nicht verpflichtet, gegen eine solche Werbung vorzugehen, um sie abzustellen.

§ 7 Benennung von Teilbereichen der Berufstätigkeit

(1) [1] **Unabhängig von Fachanwaltsbezeichnungen darf Teilbereiche der Berufstätigkeit nur benennen, wer seinen Angaben entsprechende Kenntnisse nachweisen kann, die in der Ausbildung, durch Berufstätigkeit, Veröffentlichungen oder in sonstiger Weise erworben wurden.** [2] **Wer qualifizierende Zusätze verwendet, muss zusätzlich über entsprechende theoretische Kenntnisse verfügen und auf dem benannten Gebiet in erheblichem Umfang tätig gewesen sein.**

(2) **Benennungen nach Absatz 1 sind unzulässig, soweit sie die Gefahr einer Verwechslung mit Fachanwaltschaften begründen oder sonst irreführend sind.**

(3) **Die vorstehenden Regelungen gelten bei gemeinschaftlicher Berufsausübung und bei anderer beruflicher Zusammenarbeit entsprechend.**

Schrifttum: *Faßbender,* Von Fachanwälten und selbsternannten „Spezialisten", NJW 2006, 1463; *Hartung,* Die unendliche Geschichte des § 7 BerufsO, Mitt. RAK Düsseldorf 2005, 137; *Hellwig,* Überlegungen zu anwaltlichen Spezialistenbezeichnungen, AnwBl. 2003, 613; *Huff,* Werbung mit DEKRA-Zertifikat in bisheriger Form unzulässig, BRAK-Mitt. 2009, 165; *Kleine-Cosack,* Zusammenbruch der Stufenleiter – Verabschiedung von Tätigkeits- und Interessenschwerpunkt, AnwBl. 2005, 275; *Offermann-Burckart,* Zu den Risiken und Nebenwirkungen des neuen § 7 BORA, BRAK-Mitt. 2006, 154; *dies.,* Von Fachanwälten und Spezialisten – Überlegungen zur Entscheidung des BGH zum „Spezialisten für Familienrecht", BRAK-Mitt. 2015, 62; *Quaas/Sieben,* Der Rechtsanwalt als „Spezialist" – zugleich eine Anmerkung zu BVerfG, Beschluss vom 28.7.2004 – 1 BvR 159/04 –, BRAK-Mitt. 2004, 198; *Wilde,* Prüfsiegel für den Anwalt – was macht den guten Anwalt aus und wie darf er es dem Markt mitteilen?, AnwBl. 2009, 184; *Wüstenberg,* Der Interessenschwerpunkt und die Sprache der Rechtsanwälte, AnwBl. 2004, 432.

Übersicht

I. Grund der Neuregelung

1 Zu der durch Art. 12 Abs. 1 GG gewährleisteten Freiheit der anwaltlichen Berufsausübung gehört nicht nur die berufliche Praxis selbst, sondern jede Tätigkeit, die mit der Berufsausübung zusammenhängt und dieser dient. In den Bereich der berufsbezogenen Tätigkeiten fällt auch die berufliche Außendarstellung einschließlich der Werbung für die Inanspruchnahme ihrer Dienste (BVerfG NJW 2004, 3765 = BRAK-Mitt. 2005, 22 = AnwBl. 2005, 68; BVerfG MDR 2000, 358). Zu den durch Art. 12 Abs. 1 GG geschützten berufsbezogenen Handlungen gehört in der beruflichen Außendarstellung der Grundrechtsträger der Hinweis auf erworbene Kenntnisse und Fähigkeiten, die einerseits in rechtmäßig erlangten Titeln ihren Niederschlag gefunden haben können, andererseits aber auch in anderer Weise dokumentiert sein können (BVerfG NJW 2003, 2816 = MDR 2003, 1263 = BRAK-Mitt. 2003, 275 = AnwBl. 2003, 584). Diese **Werbefreiheit** kann nur durch oder auf Grund eines Gesetzes gemäß Art. 12 Abs. 1 S. 2 GG beschränkt werden. Mit seiner „Spezialistenentscheidung" vom 28.7.2004 hat das BVerfG festgestellt, dass § 7 Abs. 1 aF und § 6 Abs. 2 aF dieses Werbe- und Informationsrecht des Rechtsanwalts in unzulässiger Weise zu stark einschränken. Nach ihrem Wortlaut waren diese Regelungen (vgl. 6. Aufl. §§ 6, 7) zu restriktiv gefasst. Rechtsanwälte können bei der Werbung mit speziellen Qualifikationen nicht auf die von §§ 6 Abs. 2, 7 Abs. 1 aF vorgeschriebenen Medien (§ 6 Abs. 2 aF) sowie die darin vorgesehenen Begriffe für besondere Qualifikationen (§ 7 Abs. 1 aF; Interessen- und/oder Tätigkeitsschwerpunkte, Fachanwaltsbezeichnung) beschränkt werden. Diese Beschränkungen waren weder zur Erreichung der damit verfolgten Gemeinwohlzwecke erforderlich noch wahrten sie den Grundsatz der Verhältnismäßigkeit (BVerfG NJW 2004, 2656 = BRAK-Mitt. 2004, 231 = AnwBl. 2004, 586 = BB 2004, 2265).

2 Am 21.2.2005 hat daraufhin die Satzungsversammlung unter anderem eine grundlegende Neufassung des § 7 beschlossen. Dessen Abs. 1, 2 und 4 entsprachen den nunmehr geltenden § 7 Abs. 1–3. In dem damals beschlossenen § 7 Abs. 3 war eine Fortbildungs- und Nachweispflicht für den Fall der Benennung von Teilbereichen der Berufstätigkeit vorgesehen. Dieser § 7 Abs. 3 wurde aber vom BMJV mit Bescheid vom 26.5.2005 aufgrund § 191e BRAO aufgehoben, weil der Satzungsversammlung hierfür die erforderliche gesetzliche Ermächtigungsgrundlage fehle (BMJV BRAK-Mitt. 2005, 184). Der Präsident der BRAK hat daraufhin als Vorsitzender der Satzungsversammlung (§ 191d Abs. 1 BRAO) deren Mitgliedern mitgeteilt, er habe im Hinblick auf die Teilaufhebung des beschlossenen § 7 nicht die Absicht, die nicht beanstandeten Teile des § 7 zu verkünden (AnwBl. 2005, 567). Die Satzungsversammlung hat in ihrer Sitzung vom 7.11.2005 aber beschlossen, dass § 7 ohne den aufgehobenen Abs. 3 im Übrigen in Kraft treten soll mit der Maßgabe, dass § 7 Abs. 4 der Beschlussfassung vom 21.2.2005 zu § 7 Abs. 3 wird. Dieser Beschluss wurde am 17.11.2005 ausgefertigt und in BRAK-Mitt. 2005, 273 verkündet. Eine dem neuen Abs. 3 entsprechende Erstreckungsregelung auf Berufsausübungsgemeinschaften war bereits mit Beschluss der Satzungsversammlung vom 7.11.2002 zur alten Fassung des § 7 erfolgt (BRAK-Mitt. 2003, 67).

2a Wegen der zwischenzeitlich erfolgen Änderung von § 9 wurde in der 7. Sitzung der 4. Satzungsversammlung am 1.4.2011 beschlossen, § 7 Abs. 3 wie folgt zu ändern: „Die vorstehenden Regelungen gelten bei gemeinschaftlicher Berufsausübung und bei anderer beruflicher Zusammenarbeit entsprechend". Der am 11./14.4.2011 ausgefertigte Beschluss wurde in BRAK-Mitt. 2011, 194 verkündet und die Änderung trat am 1.11.2011 in Kraft.

II. Ermächtigungsgrundlage

3 Die Ermächtigung der Satzungsversammlung zu der Regelung des § 7 findet sich in § 59b Abs. 2 Nr. 3 BRAO (BVerfG NJW 2001, 2641 = BRAK-Mitt. 2001, 227 = AnwBl. 2001, 510; BVerfG NJW 2001, 1926 = BRAK-Mitt. 2001, 185 = AnwBl. 2001, 510 zu § 7 aF). Danach ist der Satzungsgeber „im Rahmen der Vorschriften" der BRAO und des Grundgesetzes befugt, die „besonderen Berufspflichten im Zusammenhang mit der Werbung" näher zu regeln. Da die Benennung von „Teilbereichen der Berufstätigkeit" und die Verwendung „qualifizierender Zusätze" gemessen an Art. 5, 12 GG und § 43b BRAO eine grundsätzlich erlaubte Werbemaßnahme ist (→ BRAO § 43b Rn. 2 ff.), darf der Satzungsgeber folglich auch insoweit das Nähere regeln (zur Benennung von Tätigkeitsschwerpunkten BGH BRAK-Mitt. 2001, 43; Henssler/Prütting/*Prütting* BRAO § 43b Rn. 20; *Eylmann* AnwBl. 1999, 557). Die in § 59b Abs. 2 Nr. 3

BRAO neben der Werbung besonders angesprochenen „Angaben über selbst benannte Interessenschwerpunkte“ benennen nur einen Unterfall anwaltlicher Werbung. Durch diese Benennung eines Teilbereichs der Werbung eines Rechtsanwalts wird dem Satzungsgeber zwar insoweit ausdrücklich und beispielhaft eine Regelungsbefugnis eingeräumt, nicht aber zugleich seine allgemein auf Werbung bezogene und damit umfassende Gestaltungsmöglichkeit eingeschränkt. § 59b Abs. 2 Nr. 3 BRAO weist dem Satzungsgeber vielmehr die uneingeschränkte Regelungsbefugnis zur Konkretisierung der Berufspflichten des Rechtsanwalts bei der Werbung zu (BGH MDR 2001, 479 = AnwBl. 2001, 239 = BRAK-Mitt. 2001, 41).

4 Die durch die werberechtlichen Regelungen geschützten Rechtsgüter und insoweit vom Normgeber verfolgten Ziele rechtfertigen es nicht, Angaben und Zusätze, die eine ausgeübte Tätigkeit näher charakterisieren sollen, ohne Rücksicht auf ihren Sinn und Zweck oder ihren Informationswert für Dritte zu verbieten. Sofern zutreffende Angaben über die spezielle Qualifikation des Anwalts in sachlicher Form erfolgen und die Angaben nicht irreführend sind, lässt sich ein Verbot dieser Selbstdarstellung von Verfassungs wegen nicht rechtfertigen. Auch die Wahl eines bestimmten Mediums rechtfertigt es regelmäßig nicht, die Grenzen erlaubter Außendarstellung von Rechtsanwälten enger zu ziehen (BVerfG NJW 2004, 2656).

III. Normadressaten

5 § 7 wendet sich zunächst nur an den **einzelnen Rechtsanwalt** und regelt dessen individuelle Benennungsmöglichkeiten hinsichtlich Tätigkeitsgebieten und Qualifizierungen. Nach § 7 Abs. 3 aF galten die Bestimmungen des § 7 auch für **Berufsausübungsgemeinschaften** nach § 9 aF (→ § 9 Rn. 2, 3) entsprechend (→ Rn. 32 ff.). Nunmehr ist in § 9 nur noch geregelt: „Eine Kurzbezeichnung muss einheitlich geführt werden.“ Die in § 9 S. 1 aF getroffene Festlegung, dass von einer gemeinschaftlichen Berufsausübung in einer Sozietät, Partnerschaftsgesellschaft oder in sonstiger Weise (Anstellungsverhältnis, freie Mitarbeit) mit sozietätsfähigen Personen iSd § 59a BRAO auszugehen ist, ist in Wegfall geraten. Bei Beschlussfassung über § 9 nF wurde von der Satzungsversammlung die Querverweisung des § 7 Abs. 3 übersehen. Eine Öffnung des § 7 über die Abgrenzung der gemeinschaftlichen Verbindungen zur Berufsausübung hinaus wurde in der 7. Sitzung der 4. Satzungsversammlung am 1.4.2011 erörtert und eine Neufassung beschlossen, welche die Abs. 1 und 2 auf gemeinschaftliche Berufsausübung und andere berufliche Zusammenarbeit gelten lässt. Unter der Geltung des § 7 aF vor Anfügung von dessen Abs. 3 nF (→ Rn. 2) bestand zwar Einvernehmen, dass § 7 wie auch § 9 aF nicht die Angabe kanzleibezogener Tätigkeitsschwerpunkte, von **Kanzleibezeichnungen** regele. Da die Berufsordnung die Angabe kanzleibezogener Tätigkeitsschwerpunkte nicht regele, sei eine solche Kennzeichnung aber nur an § 43b BRAO zu messen und grundsätzlich zulässig (BGH NJW 2001, 1573 = MDR 2001, 657 mit Anm. *Kilian* = BRAK-Mitt. 2001, 139 = AnwBl. 2001, 296; → BRAO § 43b Rn. 1 ff.).

6 Nach § 7 Abs. 3 aF dürften auch Berufsausübungsgemeinschaften iSd § 9 aF für die Inanspruchnahme ihrer Dienste mit Schwerpunktsangaben und Qualifizierungszusätzen werben. Damit ergänzen sich für Berufsausübungsgemeinschaften die §§ 7 und 9 durch ihre unterschiedlichen Angabemöglichkeiten. Während § 9 auch die Werbung der Berufsausübungsgemeinschaft mittels Kurzbezeichnung, der einprägsamen Kennzeichnung der Art des beruflichen Zusammenschlusses, der „Firma“ der Gemeinschaft regelt, bestimmt § 7 die Werbung der Gemeinschaft durch Angaben zu ihrer fachlichen Ausrichtung, ihren Schwerpunkten und ihrer Qualifizierung (→ § 9 Rn. 2). Aus der grundsätzlichen Werbefreiheit auch für die anwaltliche Berufstätigkeit (Art. 5, 12 GG; → BRAO § 43b Rn. 2 ff.), aus der in § 6 Abs. 1 niedergelegten Informationsbefugnis der Rechtsanwälte über berufliche Dienstleistungen, aus ihrer Koalitionsfreiheit und aus der Benennungsmöglichkeit gemäß § 7 Abs. 2 ergibt sich, dass einer in einer Kanzlei zusammengeschlossenen Anwaltsgemeinschaft als wirtschaftlichen Einheit neben den individuellen Benennungsmöglichkeiten ihrer Mitglieder auch eine Gesamtdarstellung ihres Leistungsangebots möglich ist. Die Dienstleistungen, welche die in einer Anwaltskanzlei zusammengeschlossenen Anwälte im Rahmen ihrer zulässig geführten Fachanwaltsbezeichnungen und ihrer Tätigkeit auf Teilbereichen der Berufstätigkeit gemeinsam tatsächlich vorrangig erbringen, dürfen zur Kennzeichnung des Dienstleistungsumfangs und -profils der Kanzlei auch bezeichnet werden. Auch welche Schwerpunkte eine Anwaltskanzlei nach fachanwaltschaftlicher Spezialisierung von Mitgliedern tatsächlich setzt, darf als Information über die Dienstleistung benannt werden. Das gilt in

besonderem Maße, wenn mehr als ein Kanzleimitglied für die genannten Aufgaben zur Verfügung steht und damit ein die Kanzlei charakterisierender Arbeitsschwerpunkt näher konkretisiert wird (BVerfG NJW 2001, 2620 = BRAK-Mitt. 2001, 225 = AnwBl. 2001, 509; OLG Nürnberg NJW 2001, 2481). So kann eine Kanzlei, in der Fachanwälte für Steuerrecht und solche mit dem Tätigkeitsschwerpunkt Steuerrecht zusammengeschlossen sind, ihre Dienstleistungen mit „Lohn- und Gehaltsabrechnungen, laufende Finanzbuchhaltung, Jahresabschlüsse, Steuererklärungen, Finanzgerichtsverfahren“ in Anzeigen pp. näher konkretisieren.

Aufgrund der Neufassung des § 7 Abs. 3 gelten die Ausführungen unter → Rn. 6 entsprechend auch für die Formen „anderer beruflicher Zusammenarbeit“ wie zB einer ARGE oder Kooperation. In Ansehung des § 8 S. 2, der zwingend für die berufliche Zusammenarbeit unterhalb der „gemeinschaftlichen Berufsausübung“ Beachtung finden muss, ist aber gewährleistet, dass § 7 Abs. 3 nF dazu missbraucht werden kann zB nur im Rahmen einer (einfachen) Kooperation zwischen Kanzleien, wie sie häufig Verwendung findet, Qualifikation für beide oder alle kooperierenden Kanzleien nach außen in Anspruch zu nehmen, da dies den Eindruck einer gemeinschaftlichen Berufsausübung erwecken würde, also unwahr wäre. Wegen § 8 S. 2 wird es also nur im besonderen Einzelfall möglich sein, § 7 Abs. 1 auch auf „andere Formen der beruflichen Zusammenarbeit“ anzuwenden (→ § 8 Rn. 18). **6a**

IV. Terminologische Freiheit

Nach § 7 Abs. 1 darf ein Rechtsanwalt „unabhängig von Fachanwaltsbezeichnungen … Teilbereiche der Berufstätigkeit … benennen“. Auch darf er „qualifizierende Zusätze“ verwenden. Die Neufassung des § 7 gab damit die früher verbindliche Verwendung der Begriffe „Interessenschwerpunkt“ und „Tätigkeitsschwerpunkt“ für die Werbung des Rechtsanwalts mit Teilbereichen der Berufstätigkeit auf. Sie stellt es dem Rechtsanwalt frei, auf Teilbereiche seiner Berufstätigkeit und auf die den entsprechenden Angaben zu Grunde liegende Qualifizierung (zB durch Lehrgänge, Aufbaustudiengänge, langjährige Fachpraxis) hinzuweisen, ohne dass die Berufsordnung insoweit eine zahlenmäßige oder terminologische Beschränkung vorgibt. Damit sollte der Tatsache Rechnung getragen werden, dass **7**

- sich die „Stufenleiter“ Interessenschwerpunkt – Tätigkeitsschwerpunkt – Fachanwalt im Rechtsverkehr nicht durchgesetzt hat;
- die durch die Rechtsprechung (zuletzt noch BVerfG NJW 2004, 2656 = BB 2004, 2265 = BRAK-Mitt. 2004, 231 = AnwBl. 2004, 586) eingetretene Unsicherheit zum Geltungsbereich des § 7 aF beseitigt wurde;
- dem Monitum des BVerfG auf Berücksichtigung der Rechtsprechung des Straßburger Gerichtshofs für Menscherechte zum Werberecht der freien Berufe durch eine weitgehende Liberalisierung des Werberechts der Rechtsanwälte Rechnung zu tragen war (vgl. BVerfG BRAK-Mitt. 2003, 18 = AnwBl. 2003, 304; Begründung der Satzungsversammlung, BRAK-Mitt. 2006, 212).

Ohne terminologische Beschränkung können Rechtsanwälte weiterhin mit abgestuften Benennungsmöglichkeiten für ihre Dienstleistungen wie folgt werben: **8**

a) in der unteren Stufe dürfen Teilbereiche der Berufstätigkeit ohne qualifizierende Zusätze angegeben werben, dh der Rechtsanwalt macht Angaben zu Rechtsgebieten, auf denen er überwiegend oder zumindest verstärkt tätig ist (→ Rn. 11–16);
b) in der mittleren Stufe benennt er Teilbereiche der Berufstätigkeit mit qualifizierenden Zusätzen (→ Rn. 20 ff.);
c) auf der höchsten Stufe benennt er Fachanwaltsbezeichnungen (§ 43c BRAO, FAO; *Offermann-Burckart* BRAK-Mitt. 2006, 154) oder stellt sich darüber sogar als „Spezialist für …“ dar (→ Rn. 28, 31).

Von Verfassungs wegen sind Rechtsanwälte auch in ihrer beruflichen Zusammenarbeit iSd § 7 Abs. 3 nF bei der Werbung mit speziellen Qualifikationen durch Benennung von Teilbereichen ihrer Berufstätigkeit und der Verwendung qualifizierender Zusätze nicht auf bestimmte Medien und bestimmte Begriffe für Qualifikationen beschränkt, wie die §§ 6 Abs. 2, 7 Abs. 1 aF es noch zu Unrecht vorsahen (BVerfG NJW 2004, 2656). Selbst qualifizierende Zusätze wie **„Spezialist“** und **„Experte“** können unter den Voraussetzungen des Abs. 1 S. 2 und dem Ausschluss der Irreführung (Abs. 2) zulässig sein (*Kleine-Cosack* AnwBl. 2005, 275). **9**

10 Die Regelung, dass der Rechtsanwalt **„unabhängig von Fachanwaltsbezeichnungen"** Teilbereiche benennen darf, bedeutet entsprechend der zwingenden Vorgabe des § 3 BRAO nicht nur, er kann seine Berufstätigkeit auch auf Teilbereiche erstrecken, für die eine Fachanwaltsbezeichnung verliehen werden kann, sondern er kann auch seinen Arbeitsschwerpunkt in einem solche Rechtsgebiet wählen und dies bekanntgeben, selbst wenn er kein Fachanwalt für dieses Rechtsgebiet ist. Durch die Einführung der Fachanwaltsbezeichnungen für bestimmte Rechtsgebiete ist kein Vor- oder Alleinrecht der Fachanwälte zur Betätigung auf diesen Rechtsgebieten und zur Werbung für ihre entsprechende Tätigkeit gegeben (Hartung/*v. Lewinski* § 7 Rn. 73). So ist einem Rechtsanwalt die Bezeichnung „Insolvenzverwalter" auf dem Briefbogen seiner Kanzlei jedenfalls dann gestattet, wenn er ohne erhebliche zeitliche Lücken ständig von Insolvenzgerichten als Insolvenzverwalter bestellt wird. Da die Insolvenzverwaltertätigkeit nicht deckungsgleich mit der Tätigkeit eines Fachanwalts für Insolvenzrecht ist, ist auch keine Gefahr einer Irreführung gegeben (AnwG Freiburg BRAK-Mitt. 2006, 92).

V. Benennung von Teilbereichen der Berufstätigkeit

11 **1. Begriff.** Der Begriff des Teilbereichs der Berufstätigkeit ist nicht ausdrücklich definiert (vgl. BVerfG NJW 2001, 3324 = BRAK-Mitt. 2001, 295 = AnwBl. 2002, 60; NJW 2001, 2620; 2001, 2641 = BRAK-Mitt. 2001, 227 = AnwBl. 2001, 510). Indem aber auf einen Teilbereich der ganzen anwaltlichen Berufstätigkeit und nicht nur eines Rechtsgebietes abgestellt wird, können diese Teilbereiche einmal aus größeren oder kleineren „Teilbereichen" bestehen, sie können auch rechtsgebietsübergreifend sein, da der Rechtsanwalt „in allen Rechtsangelegenheiten" tätig sein kann (§ 3 BRAO). Hinsichtlich der Größe der Teilbereiche enthalten weder die BRAO noch die BORA irgendwelche Vorgaben. Demnach können **ganze in sich geschlossene Rechtsgebiete** wie Zivilrecht, Strafrecht oder Verwaltungsrecht als Teilbereiche ebenso genannt werden wie **Teile dieser Rechtsgebiete** wie zB Familienrecht, Namensrecht, Erbrecht, öffentliches Baurecht oder Jugendstrafrecht. **Rechtsgebietsübergreifende Teilbereiche** können zB an einen bestimmten Lebensvorgang anknüpfen, den der Rechtsanwalt hinsichtlich aller daraus resultierender Rechtsfragen abzuwickeln anbietet. Er kann zB damit werben, nach einem Verkehrsunfall den sich daraus ergebenden versicherungs-, straf- und zivilrechtlichen Beratungs- und Vertretungsbedarf zu erfüllen.

12 Entscheidend ist immer, dass die Benennung einen **brauchbaren Informationswert für die Rechtsuchenden** hat, ihnen einen bestimmten Teil der anwaltlichen Berufstätigkeit (§ 3 BRAO) konkret erkennbar macht. Aus der Benennung ergibt sich für den Adressaten ein brauchbarer Informationswert nur dann, wenn sie einen bestimmten Teilbereich der anwaltlichen Berufstätigkeit hinreichend konkret hervortreten lässt. Der Leser muss jedenfalls laienhaft nachvollziehen können, womit sich der betreffende Rechtsanwalt vorwiegend befasst. Einer Einzelaussage, die keine Beziehung zu einem hinreichend abgrenzbaren Tätigkeitsbereich herstellt wie zB die diffuse Benennung „das Recht um die Geschäftsidee" (AnwG Hamburg MDR 1998, 1506), fehlt jeder sinnvolle Inhalt. Ohne eine greifbare Information über den Tätigkeitsbereich des Rechtsanwalts überschreitet die Angabe die von § 43b BRAO gezogene Grenze zu einer reklamehaften Anpreisung oder einer irreführenden Werbung. Bei Benennung einer besonderen fachübergreifenden Aufgabe, die auf vielen Rechtsgebieten ausgeübt wird, muss diese so deutlich bezeichnet werden, dass der Kreis der Adressaten daraus einen inhaltlich hinreichend abgrenzbaren Tätigkeitsbereich zu erkennen vermag. Die Angabe **„Forderungseinzug"** genügt diesen Anforderungen. Der Begriff, den früher auch Art. 1 § 1 Abs. 1 Nr. 5 RBerG (nun § 2 Abs. 2 RDG) verwendet, meint die gerichtliche und außergerichtliche Geltendmachung von Forderungen gegen säumige Schuldner einschließlich der Durchsetzung solcher Ansprüche im Wege der Zwangsvollstreckung (BGH BRAK-Mitt. 1997, 203 = NJW 1997, 2682 = MDR 1997, 1075).

13 Die Rechtsprechung zum Begriff „Teilbereich der Berufstätigkeit" ist inzwischen sehr umfangreich. Beispielhaft sind folgende Fälle aufzuführen: Für ausreichend wurden folgende Bezeichnungen angesehen: „Baurecht, Umweltrecht, Immissionsschutzrecht, Abfallrecht und Wasserrecht" (BGH NJW-RR 1994, 1480), „Baurecht, Architektenrecht, EDV-Recht sind meine Tätigkeitsgebiete" (OLG Hamm AnwBl. 1996, 470). „Transport- und Versicherungsvertragsrecht" (BVerfG NJW 1995, 712), „Arztrecht" (BVerfG BRAK-Mitt. 1995, 81). „Juristisches Vertragsmanagement, Juristisches Forderungsmanagement" (OLG Düsseldorf MDR 2000, 607 mit Anm. *Römermann*): „Kernkompetenzen: Wirtschaftsprüfung, Steuerberatung, Rechtsbera-

tung" (OLG Nürnberg NJW 2004, 2167 = BB 2004, 1526 = AnwBl. 2004, 526 = OLGR 2004, 342). Die Angabe eines einschlägigen Tätigkeitsschwerpunktes führt nicht zur Begründung eines Einzelmandats (OLG Hamm BRAK-Mitt. 2006, 218 mit Anm. *Grams*).

14 **2. Nachweismöglichkeit.** Unabhängig von Fachanwaltsbezeichnungen darf ein Rechtsanwalt Teilbereiche der Berufstätigkeit nur benennen, wenn er seinen Angaben entsprechende, dh diese rechtfertigende Kenntnisse nachweisen kann. Im Zusammenhang mit Fachanwaltsbezeichnungen darf der Rechtsanwalt zur näheren Erläuterung seines tatsächlichen Tätigkeitsgebietes innerhalb des Fachgebietes auch Teilbereiche davon benennen, ohne dabei den Anforderungen des § 7 Abs. 1 S. 1 Hs. 2 zu unterliegen. Welche Schwerpunkte ein Rechtsanwalt nach fachanwaltlicher Spezialisierung innerhalb seines Fachgebietes tatsächlich setzt, darf als Information über seine Dienstleistung iSd § 43b BRAO, § 6 Abs. 1 benannt werden (BVerfG NJW 2001, 2620). Da der Fachanwalt zum Erwerb der Berechtigung zum Führen der Fachanwaltsbezeichnung schon theoretische Kenntnisse und praktische Erfahrungen im Fachgebiet in einem förmlichen Verfahren nachweisen musste (§§ 2 ff. FAO), ist kein Raum mehr für einen nachträglichen Nachweis entsprechend § 7 Abs. 1 S. 1 für Teilbereiche seines Fachgebiets.

15 Aber Nicht-Fachanwälte, die Teilbereiche der Berufstätigkeit angeben, und Fachanwälte, die Teilbereiche außerhalb ihres Fachgebiets benennen, müssen, um diese aufgrund Selbsteinschätzung ausgewählten Teilbereiche anführen zu dürfen, in der Lage sein, ihren Angaben entsprechende, diese rechtfertigende Kenntnisse nachzuweisen, die sie in der Ausbildung, durch Berufstätigkeit, Veröffentlichungen oder in sonstiger Weise erworben haben. „Mit Satz 1 Hs. 2 soll im Interesse des Verbraucherschutzes sichergestellt werden, dass die in der Werbung herausgestellten Angaben zutreffen. Letztere sind daher nur zulässig, wenn sie durch Kenntnisse gerechtfertigt werden, die der werbende Anwalt auf dem betreffenden Teilrechtsgebiet erworben hat. Die Art des Erwerbs solcher Kenntnisse wird nicht vorgegeben, sie müssen aber nachweisbar vorhanden sein. Die Rechtsanwaltskammern können im Rahmen der ihnen obliegenden Berufsaufsicht entsprechende Darlegungen und Nachweise verlangen" (Begründung der Satzungsversammlung BRAK-Mitt. 2006, 212).

16 Da für die Benennung von Teilbereichen der Berufstätigkeit anders als für qualifizierende Zusätze (§ 7 Abs. 1 S. 2) nicht schon eine praktische Tätigkeit „in erheblichem Umfang" verlangt wird, können auch Berufsanfänger, die zB aufgrund ihrer Ausbildung pp. über entsprechende Kenntnisse verfügen, Teilbereiche benennen.

17 **„Entsprechend"** sind die nachweisbaren Kenntnisse, wenn sie sich auf den benannten Teilbereich der Berufstätigkeit beziehen, dessen Benennung rechtfertigen und jedenfalls so umfassend sind, um Mandate auf diesem Gebiet bearbeiten zu können. Je differenzierter und spezialisierter der benannte Teilbereich ist, um so differenziertere und spezialisiertere Kenntnisse sind nachzuweisen. „Besondere Kenntnisse" iSd §§ 2, 8–14n FAO können bzgl. der Benennung von Teilbereichen nicht verlangt werden. Der Teilbereiche benennende Rechtsanwalt muss nicht umfangreiche Detailkenntnisse auf dem Teilgebiet haben. Es reicht aus, dass er die tragenden Grundsätze und die systembildenden Funktionen des Teilbereichs kennt und dadurch in der Lage ist, einen Vorgang aus diesem Bereich geistig voll zu durchdringen und juristisch in Auseinandersetzung mit der diesbezüglichen Rechtsprechung und Literatur aufzuarbeiten (vgl. *Kleine-Cosack* FAO § 7 Rn. 2).

18 Tatsächlich ist der Nachweis der entsprechenden Kenntnisse im Teilbereich **aber nur zu erbringen, wenn die zuständige Rechtanwaltskammer,** die die Erfüllung der ihren Mitgliedern obliegenden Pflichten zu überwachen hat (§ 73 Abs. 2 Nr. 4 BRAO), einen solchen **Nachweis im Einzelfall verlangen würde.** Hier liegt aber in der Praxis das Problem. Wie schon hinsichtlich der früheren Interessen- und Tätigkeitsschwerpunkte (§ 7 aF) eine Kontrolle der dazu erforderlichen Qualifikation tatsächlich nur ganz ausnahmsweise mal erfolgte (vgl. Henssler/Prütting/*Eylmann,* 2. Aufl. 2004, § 7 Rn. 11), wird wohl auch hinsichtlich § 7 Abs. 1 nF eine Kontrolle seitens der Kammern kaum einmal erfolgen und angesichts deren Arbeitsbelastung auch nicht erfolgen können. Praktisch wird die Benennung nach § 7 Abs. 1 S. 1 auf eine unkontrollierte Selbsteinschätzung des Rechtsanwalts hinauslaufen.

19 Nur wenn die ungerechtfertigte Benennung sich in konkreten Fehlleistungen des Rechtsanwalts manifestiert, die als Mandatsverletzung erscheinen, kann das Schadensersatzansprüche des Mandanten auslösen (→ BRAO § 43a Rn. 38; → BRAO § 44 Rn. 11). Dies wird in der Praxis wohl die eigentliche Nachweisprüfung – allerdings durch die Zivilgerichte – sein. Wenn im

Einzelfall doch einmal eine Kontrolle durch die Rechtanwaltskammer durchgeführt werden sollte, wird es dem betroffenen Rechtsanwalt ein leichtes sein, die „entsprechenden Kenntnisse nachzuweisen". Auch wenn man nicht so weit gehen will wie *Kleine-Cosack,* der ausgeführt: „Der Anwalt braucht … nur sagen, er habe einige Aufsätze oder Bücher gelesen. Durch eine „Lüge" sind Bedenken seitens der Kammer oder Gerichte leicht auszuräumen" (*Kleine-Cosack* AnwBl. 2005, 275, 277), so ist doch nicht zu verkennen, dass nach der bestehenden Regelung die Anforderungen an die Nachweispflicht gegenüber der Kammer recht gering sind. So hoch wie in § 4 FAO sind sie keinesfalls. Aber immerhin wird es nicht ausreichen, dass der Rechtsanwalt allgemein auf Ausbildung, Berufstätigkeit und Veröffentlichungen verweist, sondern er muss konkret „nachweisen", dh belegen, welche Ausbildung und Berufstätigkeit er im Teilbereich hatte und welche Veröffentlichen er wann und wo wozu vorgenommen hat. Auch wenn er „in sonstiger Weise" die erforderlichen Kenntnisse erworben haben will, hat er dies nachzuweisen, also zu belegen. Das kann zB geschehen durch den Nachweis einer Lehr- oder Prüfungstätigkeit, die den entsprechenden Teilbereich umfasst. Auch der Nachweis einer nichtanwaltlichen früheren Berufstätigkeit auf dem Teilbereich ist ausreichend. Zum Nachweis seiner Angaben stehen dem Rechtsanwalt alle objektiv geeigneten Beweismittel und Erkenntnisquellen zur Verfügung.

VI. Qualifizierende Zusätze

20 **1. Begriff.** Auch der Begriff des „qualifizierenden Zusatzes" ist nicht näher definiert. Es handelt sich dabei um „in der Werbung herausgestellte Rechtsgebiet", die der Werbende „mit wertenden Hinweisen auf seine persönliche Qualifikation versieht" (Satzungsversammlung BRAK-Mitt. 2006, 212). Deren nunmehrige Zulassung ist Folge der „Spezialistenentscheidung" des BVerfG, wonach zutreffende und nicht irreführende Angaben über die spezielle Qualifikation des Anwalts in sachlicher Form zulässig sind. Der Rechtsanwalt ist dabei weder auf bestimmte Medien noch auf einzelne Begriffe für besondere Qualifikationen beschränkt (BVerfG NJW 2004, 2656). Damit ist dem Rechtsanwalt wie anderen Berufsgruppen auch eine sachlich und nicht irreführende Qualitätswerbung möglich, gegen die vorher immer wieder Bedenken geltend gemacht wurden (vgl. BGH NJW 2001, 2087; 6. Aufl. BRAO § 43b Rn. 22, 23 ff.; § 6 Rn. 13 ff.).

21 Der Phantasie der Anwälte bei der Wahl des Qualifikationszusatzes sind außer durch § 43b BRAO, §§ 6 Abs. 1, 7 Abs. 2 grundsätzlich keine Grenzen gesetzt. Bestimmte Begriffe oder gar eine Stufenleiter von Qualifikationszusätzen sind nicht vorgegeben. Sowohl Zusätze wie **„Experte für …", „Spezialist für …" oder „routinierter Sachwalter für …"** als auch der Hinweis auf „langjährige erfolgreiche Tätigkeit auf dem Gebiet des …" und eine Zertifizierung der Kanzlei nach DIN ISO 9000–9004 (LG Detmold MDR 2000, 675 mit Anm. *Stückemann; ders.* AnwBl. 2001, 111; *Hartung/Römermann* ABC – ISO 9000) sind zulässig. Entsprechend dem Regelungszweck des § 7, die Benennung von Teilbereichen zu regeln, müssen die Qualifizierungszusätze sich auf den benannten Teilbereiche beziehen (zB Spezialist für Namensrecht; Experte für öffentliches Baurecht).

22 Durch die Zulassung detaillierter Angaben zur Spezialisierung soll dem Verbraucher das Auffinden eins geeigneten Rechtsanwalts und damit der Zugang zum Recht erleichtert werden. Durch den Verzicht auf terminologische Vorgaben sowie eine zahlenmäßige Beschränkung wird ein größtmöglicher Freiraum des Anwalts für die Gestaltung seiner Werbung eröffnet (Satzungsversammlung BRAK-Mitt. 2006, 212).

23 **2. Nachweise.** Da die qualifizierenden Zusätze den Rechtsanwalt entsprechend dem gewählten Qualifizierungszusatz als besonders geeignet und befähigt im Teilbereich darzustellen sollen, muss der Rechtsanwalt auch über entsprechende, seine Angaben rechtfertigende besondere theoretische Kenntnisse verfügen und auf dem benannten Gebiet bereits in erheblichem Umfang tätig gewesen sein. Was der im Einzelfall gewählte Zusatz verspricht, muss durch theoretische Kenntnisse und praktische Erfahrung gerechtfertigt sein, andernfalls betreibt der Rechtsanwalt irreführende Werbung. Je mehr Kompetenz der Rechtsanwalt durch den gewählten Zusatz in Anspruch nimmt, um so höher sind die Anforderungen an die nachzuweisenden theoretischen Kenntnisse und den Umfang der bisherigen Tätigkeit auf dem Gebiet. Je intensiver der Rechtsanwalt Teilbereiche seiner Berufstätigkeit werbend herausstellt, desto fundierter müssen seine Kenntnisse und praktischen Erfahrungen sein (Satzungsversammlung BRAK-Mitt. 2006, 212). Die Werbung mit dem Begriff „Experten-Kanzlei" ist dann nicht zu beanstanden, wenn der

Rechtsanwalt über weitreichende berufliche Erfahrungen auf dem beworbenen Gebiet verfügt (KG BRAK-Mitt. 2012, 91).

Soweit der qualifizierende Zusätze verwendende Rechtsanwalt auf dem benannten Gebiet „in erheblichem Umfang" tätig gewesen sein muss, bezieht sich dies wohl auf die zeitliche als auch die zahlenmäßige Komponente der Fallbearbeitung. Er muss somit über einen nicht unerheblichen Zeitraum in einer gewichtigen Zahl von Fällen auf dem Teilgebiet tätig gewesen sein. D. h. er muss über längere Zeit auf dem Teilgebiet entweder eine Vielzahl von Fällen oder auch wenige aber anspruchsvolle Umfangverfahren verarbeitet haben. „Auf eine nähere Definition des „erheblichen Umfangs" wurde verzichtet, da nur im Einzelfall von den Rechtsanwaltskammern oder den damit befassten Gerichten beurteilt werden kann, ob der durch die Art der Werbung beeinflusste Erwartungshorizont der beteiligten Verkehrskreise durch die praktische Erfahrung des Werbenden erfüllt wird" (Satzungsversammlung BRAK-Mitt. 2006, 212). 24

Die geforderte praktische Erfahrung muss nicht zwingend aus anwaltlicher Tätigkeit resultieren, sondern kann auch in anderweitiger Berufstätigkeit auf dem betreffenden Gebiet erworben worden sein (Satzungsversammlung BRAK-Mitt. 2006, 212). Zwar wird in der Regel anwaltliche Tätigkeit die praktische Erfahrung vermitteln. Aber auch eine andere berufliche Tätigkeit in nicht unerheblichem Umfang zB als Syndikusanwalt oder in einem anderen Beruf zB als Richter oder Beamter kann die nach § 7 Abs. 1 S. 2 erforderliche praktische Erfahrung vermitteln. 25

Auch die Voraussetzungen zur Führung der qualifizierenden Zusätze nach § 7 Abs. 1 S. 2 sind nur auf Verlangen der zuständigen Rechtanwaltskammer nachzuweisen. Sie müssen aber stets nachweisbar vorhanden sein. 26

3. Einzelfälle. Die theoretischen Kenntnisse eines sich als „**routinierter Bearbeiter** von …" bezeichnenden Rechtsanwalts auf dem von ihm bezeichneten Teilbereich müssten jedenfalls so umfangreich sein, dass sie eine zügige und sachgerechte Bearbeitung auch nicht ganz einfacher Fälle aus dem Teilbereich garantieren. Ein solcher Anwalt muss die Systematik des Teilbereichs voll durchdrungen haben, die entsprechenden Gesetze und die maßgeblichen von Rechtsprechung und Lehre dazu entwickelten Grundsätze kennen. 27

Ein Rechtsanwalt, der für sich in Anspruch nimmt, er sei „**Spezialist** für …" muss entsprechend der besonders hohen Qualifikation, deren er sich berühmt, nachweisen können, dass er bevorzugt, wenn nicht gar ausschließlich den benannten Teilbereich bearbeitet und er in dem eng beschränkten Bereich des von ihm angeführten Teilbereichs über besondere Kenntnisse verfügt, die erheblich das Maß dessen übersteigen, über das üblicherweise die sonst mehr oder weniger oft auf diesem Gebiet tätigen Rechtsanwälte verfügen. Er garantiert umfassende Erfahrungen sowohl rechtstheoretischer wie praktischer Art und auch die Feinheiten und Besonderheiten des materiellen Rechts im Teilgebiet zu kennen und zu wissen, wie dies prozessual durchgesetzt werden kann" (BVerfG NJW 2004, 231, BGH BRAK-Mitt. 2015, 99). 28

VII. Unzulässigkeit bei Gefahr der Irreführung (Abs. 2)

§ 7 Abs. 2 ist Ausfluss des § 43b BRAO, wonach dem Rechtsanwalt nur eine sachliche Werbung erlaubt ist. Eine irreführende Werbung ist aber stets unsachlich (→ BRAO § 43b Rn. 29 ff.). Daher sind Benennungen nach Abs. 1 unzulässig, soweit sie die Gefahr einer Verwechslung mit Fachanwaltschaften begründen oder sonst irreführend sind. § 7 Abs. 2 „soll generell irreführende Angaben und insbesondere irreführende Annäherungen an den Begriff des Fachanwalts in der Anwaltswerbung verhindern. Der Verbraucher soll verlässlich zwischen den auf eigener Einschätzung des Anwalts beruhenden Angaben des § 7 Abs. 1 und der von den Kammern nach § 43c BRAO iVm den Bestimmungen der FAO geprüften Fachanwaltsbezeichnungen unterscheiden können. Bei der Vielgestaltigkeit möglicher Angaben erwies sich eine kasuistische Regelung als unzweckmäßig. Deshalb wurde bewusst eine allgemeine Formulierung gewählt, deren Ausfüllung durch typischerweise eine Täuschungsgefahr hervorrufende Fallgestaltungen der Spruchpraxis der Kammervorstände und der Rechtsprechung überlassen bleibt" (Satzungsversammlung BRAK-Mitt. 2006, 212, 213). 29

Die Gefahr der **Verwechslung mit einer Fachanwaltsbezeichnung** kann bestehen, wenn für den benannten Teilbereich eine Fachanwaltsbezeichnung verliehen werden kann (BVerfG NJW 2004, 2656; §§ 1, 8–14n FAO), der Rechtsanwalt weitgehend das gesamte Fachgebiet benennt und dabei auch noch eine Benennung wählt, die Anklang an die Bezeichnung „Fachanwalt" nimmt wie zB „Fachmann für …" oder „Fachfrau für …". Benennt der Rechtsanwalt 30 nur einen eng begrenzten Teil eines Fachgebietes als Teilbereich, zB „Umweltrecht", obwohl das Fachgebiet „Verwaltungsrecht" wesentlich umfangreicher ist (§ 8 FAO) und verwendet er keinen an die Bezeichnung „Fachanwalt" anklingenden Begriff, dann besteht keine Verwechslungsgefahr. Je mehr von einem Fachgebietsbereich als Teilbereich benannt wird und je geringer die Unterscheidbarkeit des Qualifizierungszusatzes von einer Fachanwaltsbezeichnung ist, um so größer wird im Einzelfall die Verwechslungsgefahr sein. Eine Verwechslungsgefahr wurde von der Rechtsprechung zB bei der Bezeichnung „Spezialist für Erbrecht" (LG München BRAK-Mitt. 2010, 100); „Rechtsanwalt für Bau- und Architektenrecht" (OLG Bamberg BRAK-Mitt. 2009, 244); „Rechtsanwälte für Arbeitsrecht (AGH SchlH BRAK-Mitt. 2009, 133) und „Fachanwalt für Markenrecht" (LG Frankfurt a. M. BRAK-Mitt. 2010, 103) gesehen. Zur Zulässigkeit der Bezeichnung zu „Spezialist für Familienrecht" BGH BRAK-Mitt. 2015, 99 = WRP 2015, 340 mit Anm. *Huff*.

31 Eine **Irreführung** käme auch dann in Betracht, wenn der Teilbereiche und Zusätze benennende Rechtsanwalt die von ihm damit in Anspruch genommene Qualifizierung nicht erfüllt. Dies käme zB in Betracht, wenn der sich als **„Spezialist"** bezeichnende Rechtsanwalt tatsächlich im allgemeinen Wortsinn kein Spezialist wäre, er sich auf dem angegebenen Gebiet nicht spezialisiert hat, in dem Teilbereich nicht bevorzugt, wenn nicht gar ausschließlich arbeitet und keine umfassenden Erfahrungen rechtstheoretischer und praktischer Art hat (BVerfG NJW 2004, 231; EGMR BRAK-Mitt. 2008, 166 – „Verkehrsrechtsspezialist"; OLG Karlsruhe NJW 2009, 3663 – „Spezialist für Zahnarztrecht"; OLG Stuttgart BRAK-Mitt. 2008, 141 = AnwBl. 2008, 195 – „Spezialist für Mietrecht"; LG Offenburg BRAK-Mitt. 2007, 182 – „Erbrechtszentrale … Spezialisiert auf Schenken und Vererben …"; AGH NRW BRAK-Mitt. 2014, 318 – „Spezialist für Erbrecht und Erbschaftssteuer"; anders bei KG AnwBl. 2012, 367 = BRAK-Mitt. 2012, 91 – „Experten-Kanzlei Scheidung"; → Rn. 28). Unter einem Spezialisten versteht der Rechtsuchende einen Rechtsanwalt, der noch wesentlich stärker auf ein Fachgebiet konzentriert ist als derjenige, der Interessen- und Tätigkeitsschwerpunkte angibt oder der eine Fachanwaltsqualifikation innehat (LG Kiel BRAK-Mitt. 2006, 238). Er muss das Spezialgebiet „schwerpunktmäßig" bearbeiten (LG Berlin AnwBl. 2011, 145). Andererseits darf aber auch keine überhöhte Erwartungshaltung an die einschlägigen Kenntnisse des Rechtsanwalts geknüpft werden. Das Werbeverhalten des Rechtsanwalts ist vom Standpunkt der angesprochenen Verkehrskreise zu beurteilen (BVerfG NJW 2004, 2656; BGH NJW 1999, 2444). Zur unzulässigen Bezeichnung „Spezialist" durch einen Rechtsbeistand vgl. LG Köln BRAK-Mitt. 2010, 104.

31a Nicht zulässig ist es, sich als **„Prädikatsanwalt"** zu bezeichnen (OLG Nürnberg BRAK-Mitt. 2009, 245 nur Ls.). Damit verbindet das rechtsuchende Publikum, dem inzwischen die Bezeichnung „Fachanwalt" geläufig ist, etwas qualitativ noch über dem Fachanwalt stehendes. Der Verbraucher geht bei der Vorstellung von einem „Prädikatsanwalt" nicht allein von einem Rechtsanwalt aus, der sein Examen mit dem (zumindest in Bayern gebräuchlichen) „kleinen" Prädikat erworben hat, sondern stellt sich vielmehr einen Berufsträger vor, der zu einer kleinen Gruppe Spitzenjuristen zählt. Die Bezeichnung als „Prädikatsanwalt" stellt dabei eine irreführende Werbung nach § 5 UWG dar, die auch ohne Rückgriff auf § 7 Abs. 2 S. 1 zu untersagen wäre (Gaier/Wolf/Göcken/*Huff* § 43b BRAO/§ 7 Rn. 21).

31b Ebenso wenig ist die Führung der Bezeichnung **„Zertifizierter Testamentsvollstrecker (AGT)"** zulässig, wenn nicht hinreichende theoretische und praktische Kenntnisse vorliegen bzw. nicht nachweisbar sind. Dies muss zum Zeitpunkt der Verleihung gegeben sein. Da praktische Erfahrungen nicht vermittelt oder geprüft werden, ist die Bezeichnung zu beanstanden (BGH AnwBl. 2012, 93; → § 43b Rn. 29; AGH NRW BRAK-Mitt. 2014, 318; NdsAGH BRAK-Mitt. 2009, 135 nicht rkr).

31c Unter denselben Vorgaben ist auch die Führung des sog. **„DEKRA-Zertifikats"** unzulässig. Dies wurde nach Teilnahme an einem Lehrgang und einem bestandenen Test verliehen. Ein entsprechendes Logo sollte dann auf dem Briefpapier geführt werden dürfen. Diese Werbung wurde untersagt, weil mit einem Zertifikat nur dann geworben werden darf, wenn tatsächlich besondere und praktische Erfahrungen vorliegen. Das rechtsuchende Publikum geht dabei davon, dass nicht nur theoretische sondern auch praktische Kenntnisse vorliegen, die vom Lehrgangsanbieter jedoch nicht überprüft worden sind (LG Köln BRAK-Mitt. 2009, 91; *Huff* BRAK-Mitt. 2009, 165).

31d Dagegen ist die Bezeichnung **„Vorsorgeanwalt" oder „VorsorgeAnwalt"** im Einzelfall zulässig (AGH NRW AnwBl. 2013, 232).

VIII. Berufsausübungsgemeinschaften (Abs. 3 Alt. 1)

1. Grundsatz. Nach § 7 Abs. 3 aF galten die zuvor dargestellten Regelungen der Abs. 1 und 2 auch für Berufsausübungsgemeinschaften nach § 9 aF entsprechend. Nunmehr wurde dies mit § 7 Abs. 3 nF auch auf „andere Formen der beruflichen Zusammenarbeit" erstreckt (→ Rn. 5, 6, 6a auch zu § 9 nF). „Auch Berufsausübungsgemeinschaften als solche sollen die Möglichkeit erhalten, Rechtsgebiete, auf denen ihre Mitglieder entsprechende Kenntnisse (und praktische Erfahrungen) besitzen, werbend herauszustellen. Mit dieser Bestimmung wird klargestellt, dass sich § 7 nicht nur an den einzelnen Rechtsanwalt richtet, sondern auch für Werbeangaben entsprechend heranzuziehen ist, mit denen Berufsausübungsgemeinschaften als solche für ihre Praxis werben. 32

Konkrete Vorgaben für die Werbung einer Berufsausübungsgemeinschaft macht Abs. 3 nicht. Die Regelung lässt also offen, wie viele Mitglieder einer Berufsausübungsgemeinschaft die entsprechenden Kenntnisse (und praktische Erfahrungen) nach Abs. 1 haben müssen oder wie hoch beispielsweise das Mandatsaufkommen einer Berufsausübungsgemeinschaft sein muss, um zulässigerweise mit Angaben nach Abs. 1 zu werden. Eine kasuistische Regelung schien angesichts der Vielzahl möglicher Gestaltungen und der extrem unterschiedlichen Mitgliederzahlen von Berufsausübungsgemeinschaften als nicht tunlich. 33

Wirbt aber eine Berufsausübungsgemeinschaft als solche mit Angaben nach Abs. 1, dann sind die entsprechenden Kenntnisse (und praktischen Erfahrungen) von denjenigen Mitgliedern der Berufsausübungsgemeinschaft notfalls darzulegen und nachzuweisen, die diese Kenntnisse (und praktischen Erfahrungen) für sich in Anspruch nehmen" (Satzungsversammlung BRAK-Mitt. 2006, 212, 213). 34

2. Berufsausübungsgemeinschaften nach § 9 aF. Aufgrund der früheren Verweisung auf § 9 aF galten die Vorschriften des § 7 Abs. 1 und 2 entsprechend, wenn die Berufsausübung gemeinschaftlich in Sozietäten aller Formen (→ § BRAO 59a Rn. 1–44; → § 8 Rn. 4; → § 9 Rn. 2), Partnerschaftsgesellschaften (§§ 1 ff. PartGG) oder in sonstiger Weise (Angestelltenverhältnis, freie Mitarbeit (→ BRAO § 2 Rn. 18 ff.; → § 9 Rn. 2) mit sozietätsfähigen Personen (→ BRAO § 59a Rn. 46–61) ausgeübt wird (→ § 9 Rn. 2, 3). 35

Damit wurde auf den ersten Blick die berufliche Zusammenarbeit in anderen Rechtsformen wie zB in einer GmbH (§§ 59c ff. BRAO), einer AG pp. (→ BRAO Vor § 59c Rn. 8 ff.) nicht erfasst. Da aber § 9 aF rechtliche Regelungen für Sozietäten vorsah und § 33 Abs. 1 deren sinngemäße Geltung für alle anderen Rechtsformen der beruflichen Zusammenarbeit bestimmt und damit den Anwendungsbereich des § 9 insoweit erweiterte, erfasste auch die Erstreckungsregelung des § 7 Abs. 3 aF den gesamten Anwendungsbereich des § 9. Damit galten die Regelungen des § 7 Abs. 1 und 2 entsprechend auch für die in § 9 nicht ausdrücklich erwähnten Berufsausübungsgemeinschaften, soweit sich aus deren Regelungen keine Abweichungen ergeben. Mit der Neufassung des § 7 Abs. 3 und des § 9 sind nunmehr jegliche Zweifel an einer Erstreckung ausgeräumt. 36

3. Anzahl der qualifizierten Mitglieder einer Berufsausübungsgemeinschaft. Das für die Mandanten wesentliche Dienstleistungsprofil einer Personenmehrheit beruht auf den Kenntnissen und Fähigkeiten jedes einzelnen Kanzleimitglieds und setzt sich aus den Arbeitsschwerpunkten dieser Personen zusammen, die sich zur gemeinsamen Berufsausübung verbunden haben (BVerfG NJW 2001, 2620; → Rn. 6). Je kleiner eine Berufsgemeinschaft ist, um so eher wird schon ein Sozius allein, der qualifizierende Zusätze zu einem oder mehrere Teilbereiche zu führen berechtigt ist, das Dienstleistungsprofil der Gemeinschaft prägen und diese zu entsprechenden Werbeaussagen bzgl. der Gemeinschaft berechtigten. Stehen in einer – auch größeren – Kanzlei mehr als ein Kanzleimitglied für die von der Gemeinschaft benannten Teilbereiche zur Verfügung, wird damit ein die Kanzlei charakterisierender Arbeitsschwerpunkt ausreichend konkretisiert (BVerfG NJW 2001, 2620). 37

Bei qualifizierenden Zusätzen müssen nicht nur der oder die Gemeinschafter, die der Berufsausübungsgemeinschaft die Berechtigung zur Verwendung qualifizierender Zusätze vermitteln, „auf dem benannten Gebiet in erheblichem Umfang tätig gewesen sein" (→ Rn. 24). Vielmehr muss auch die Berufsausübungsgemeinschaft darin bereits in erheblichem Umfang tätig gewesen sein. Es reicht also nicht aus, dass die zur Führung der qualifizierenden Zusätze persönlich berechtigten Gemeinschafter vor ihrem Eintritt in die Berufsausübungsgemeinschaft die praktischen Tätigkeiten geleistet haben, in der Berufsausübungsgemeinschaft aber noch keine oder nur wenige Mandate entsprechender Art bearbeitet wurden. 38

39 **4. Irreführungsverbot.** Auch Berufsausübungsgemeinschaften, die als solche Teilbereiche und qualifizierende Zusätze zur Kennzeichnung des Dienstleistungsumfangs und -profils der Kanzlei benennen (→ Rn. 6), haben dabei das Irreführungsverbot des Abs. 2 zu beachten. Eine Irreführung würde bestehen, wenn die „Firmenbezeichnung" das nicht halten kann, was sie verspricht. Dies wäre zB dann der Fall, wenn eine Kanzlei einen Schwerpunkt angibt, obwohl von den Anwälten der Gemeinschaft der entsprechende Bereich gar nicht bedient wird bzw. bedient werden kann (*Kleine-Cosack* AnwBl. 2005, 275). Die Werbung einer Rechtsanwaltsgesellschaft mit der Behauptung: „Wir haben Spezialisten für jedes Rechtsgebiet" ist irreführend, wenn sich der Gesellschafterstamm überwiegend aus Rechtsanwälten zusammensetzt, die aufgrund Erfahrung und Lebensalter nicht das Anforderungsprofil des „Spezialisten" erfüllen können (LG Dortmund NJW-RR 2006, 345 = BRAK-Mitt. 2006, 44; → Rn. 20 ff.).

40 Auch kann der Briefkopf „Anwalts- und Steuerkanzlei" einer Anwaltssozietät, der ein Fachanwalt für Steuerrecht aber kein Steuerberater angehört, insofern irreführend sein, als er bei einem nicht unerheblichen Teil der angesprochenen Verkehrskreise den unzutreffenden Eindruck erwecken könnte, es handele sich um eine Anwaltskanzlei, in der auch Steuerberater tätig sind. Diese Eignung zur Irreführung (Abs. 2) kann jedoch dadurch beseitigt werden, dass am rechten Rand des Briefkopfes die Kanzleimitglieder und ihre berufliche Qualifikation aufgeführt sind (BGH NJW 2001, 3193 = MDR 2002, 239 = BRAK-Mitt. 2001, 298 = AnwBl. 2001, 686). Zur Bezeichnung einer Rechtsanwaltskanzlei als „Steuerbüro": BGH BRAK-Mitt. 2013, 132.

41 Eine Partnerschaft aus Rechtsanwälten kann mit deren Namen und dem Zusatz „Rechtsanwälte und Steuerberatung" nicht in das Partnerschaftsregister eingetragen werden. Der Zusatz „und Steuerberatung" ist nach § 7 Abs. 2 unzulässig, weil danach ein Rechtsanwalt und nach § 7 Abs. 3 auch eine Berufsausübungsgemeinschaft unabhängig von Fachanwaltsbezeichnungen Teilbereiche der Berufstätigkeit nicht benennen darf, soweit damit die Gefahr einer Verwechslung mit Fachanwaltschaften oder eine sonstige Irreführung begründet wird. Die Bezeichnung „und Steuerberatung" werde aus der Sicht eines in Steuersachen Ratsuchenden mit der Berufsausübung eines Steuerberaters gleichgesetzt (BVerfG NJW 2006, 1499 = DB 2005, 2118 = BRAK-Mitt. 2006, 172 mit abl. Anm. *Huff;* vgl. auch OLG Rostock BRAK-Mitt. 2006, 146). Ein Anwaltsnotar ist nicht befugt, auf dem Briefbogen der von ihm und anderen Rechtsanwälten betriebenen Kanzlei die Kopfzeile „Notariat und Anwaltskanzlei" anzubringen (BGH BGHR 2007, 184).

IX. „Andere berufliche Zusammenarbeit" (Abs. 3 Alt. 2)

42 Mit der Neufassung des Abs. 3 aufgrund der Änderung des § 9 wurde ausdrücklich die Anwendbarkeit der Abs. 1 und 2 neben Berufsausübungsgemeinschaften (Abs. 3 Alt. 1) auch auf Formen „anderer beruflicher Zusammenarbeit" (→ § 8 Rn. 6, 9) erstreckt (Abs. 3 Alt. 2). Hierunter fallen insbesondere die Arbeitsgemeinschaften mehrerer Kanzleien für ein Einzelprojekt (ARGE), Kooperationen (→ § 8 Rn. 16) oder auch die EWIV (→ § 33 Rn. 2). Die Ausführungen für die Berufsausübungsgemeinschaften können entsprechend herangezogen werden (→ Rn. 5, 6, 6a, 32 ff.). Zusätzlich muss aber § 8 S. 2 Beachtung finden, wonach in der Verbindung der Benennung von Teilbereichen der Berufstätigkeit (§ 7) und der Kundgabe „anderer beruflicher Zusammenarbeit" nicht der Eindruck einer gemeinschaftlichen Berufsausübung erweckt werden darf (→ § 8 Rn. 18).

§ 7a Mediator

Der Rechtsanwalt, der sich als Mediator bezeichnet, hat die Voraussetzungen nach § 5 Abs. 1 Mediationsgesetz im Hinblick auf Aus- und Fortbildung, theoretische Kenntnisse und praktische Erfahrungen zu erfüllen.

Schrifttum: *Duve,* Brauchen wir ein Recht der Mediation?, AnwBl. 2004, 1; *Eckardt/Dendorfer,* Der Mediator zwischen Vertraulichkeit und Zeugnispflicht – Schutz durch Prozessvertrag, MDR 2001, 786; *Egermann,* Medi(t)ation?, AnwBl. 2003, 271; *Falke,* Der Anwalt als umfassender Konfliktmanager, AnwBl. 2004, 16; *Goll,* Wieviel Freizeit benötigt, wie viel Zwang verträgt die Mediation?, AnwBl. 2003, 274; *Haft/v. Schlieffen,* Handbuch Mediation, 2002; *Hagedorn,* Mediation in Familiensachen, AnwBl. 2002, 286; *Henssler,* Meditation und Rechtsberatung, NJW 2003, 241; *Hohmann,* Grenzen der Mediation im Umgangsstreit, AnwBl. 2001, 606; *Hommerich,* Marketing für Mediation, AnwBl. 2001, 258; *Horn,* Anwaltliche Werbung mit dem Titel 'Mediator', NJW 2007, 1413; *Lüer,* Online-Mediation – ein neuer Weg zur Beilegung von Konflikten, AnwBl. 2001, 601; *Monßen,* Die gerichtsnahe Mediation, AnwBl. 2004, 7; *Nickl,* Außergerichtliche Streitbeilegung nach § 15a EGZPO durch Mediation, AnwBl. 2004, 12; *Plassmann,* Mediationsgesetz: Keine Bevorzugung der Gerichtsmediation, AnwBl. 2011, 123; *ders.,* Bekenntnis zur Justiz: Abschied von der Gerichtsmediation, AnwBl. 2012, 151; *Ponschab,* Der Anwalt als professioneller

Konfliktlöser, AnwBl. 2001, 591; *Ponschab/Dendorfer,* Mediation im Unternehmen, AnwBl. 2000, 650; *Prütting,* Das neue Mediationsgesetz: Konsensuale Streitbeilegung mit Überraschungen, AnwBl. 2012, 204; *ders.*, Das Mediationsgesetz ist in Kraft getreten, AnwBl. 2012, 796; *Scherpe,* Gebühren bei außergerichtlicher Streitbeilegung, AnwBl. 2004, 14; *Spindler,* Gerichtsnahe Mediation in Niedersachsen, AnwBl. 2007, 655; *Therstappen,* Mediationsgesetz: Kein Freibrief für Anwälte beim Vergleichsabschluss, AnwBl. 2013, 288.

§ 7a wurde durch Beschluss der Satzungsversammlung vom 25./26.4.2002 in die BORA **1** eingefügt. Er regelt die Voraussetzungen anwaltlicher Werbung durch die Selbstbezeichnung als Mediator und folgt dabei den Anforderungen der Rechtsprechung dafür (BGH NJW 2002, 2948; zur Satzungskompetenz: Hartung/*v. Lewinski* § 7a Rn. 15). § 18 regelte bereits schon vorher, dass der Rechtsanwalt auch bei seiner Tätigkeit als Mediator den Regeln des Berufsrechts unterliegt. Teile der Literatur halten die Vorschrift wegen eines Verstoßes gegen das Bestimmtheitsgebot (Art. 20 GG) für verfassungswidrig (Gaier/Wolf/Göcken/*Huff* § 43b BRAO/§ 7a Rn. 2 mwN; **aA** Hartung/*Scharmer* § 18 Rn. 55) bzw. wegen § 5 UWG für schlicht überflüssig (*Kleine-Cosack* § 7a Rn. 1 f.; Henssler/Prütting/*Prütting* § 7a Rn. 2 ff., 8). § 7a wurde wegen des seit 26.7.2012 in Kraft getretenen MediationsG durch Beschluss der Satzungsversammlung vom 13.11.2012 neugefasst. Die Änderung ist nach Prüfung durch das BMJV mit Bescheid vom 21.12.2012 seit 1.5.2013 in Kraft (BRAK-Mitt. 2013, 34)

Der **Inhalt des Begriffes Mediation** wird weder in § 7a noch in § 18 definiert. Das Interesse **2** der an der Mediation Beteiligten ist nicht entgegengesetzt iSd § 43a Abs. 4 BRAO, § 3, sondern gleichgerichtet, nämlich auf das Ziel der Formulierung einer gemeinsam erarbeiteten, einvernehmlichen Regelung. Jedoch ist eine spätere anwaltliche Tätigkeit in Sachen, die Gegenstand der Mediation waren, in jeder Hinsicht für den Mediator verboten (§ 43a Abs. 4 BRAO, § 3; § 3 Abs. 2, 3 MediationsG; OLG Karlsruhe NJW 2001, 3197; *Schlosser* NJW 2002, 1376).

Zwar gehört das Schlichten und Vermitteln zum klassischen anwaltlichen Aufgabenbereich, so **3** dass jeder Rechtsanwalt mediativ tätig sein darf (→ § 18 Rn. 1). Er darf aber werbend sich als Mediator nur bezeichnen, wenn er die Voraussetzungen nach § 5 Abs. 1 MediationsG im Hinblick auf Aus- und Fortbildung, theoretische Kenntnisse und praktische Erfahrungen erfüllt. Das heißt wie bei § 7 Abs. 1 (→ § 7 Rn. 13, 20) muss er nicht vorher gegenüber der Rechtanwaltskammer den **Nachweis** erbringen. Er muss nur jederzeit dazu in der Lage sein, wenn die Rechtanwaltskammer, weil zB Zweifel daran aufgetreten sind, den Nachweis nachträglich verlangt. Kommt er diesem Verlangen nicht nach, kann die Rechtanwaltskammer dieses Fehlverhalten des Rechtsanwalts rügen und von ihm das Unterlassen der weiteren Bezeichnung als Mediator verlangen. Dieses Verlangen kann sie notfalls auch zivilgerichtlich durchsetzen (→ BRAO § 73 Rn. 16). Den Nachweis für eine geeignete Ausbildung kann er durch Zeugnisse, Bescheinigungen über die Teilnahme an Ausbildungs- und Fortbildungsveranstaltungen und andere geeignete schriftliche Unterlagen erbringen.

Welche Kenntnisse und Fähigkeiten der Mediator aufgrund welcher **Ausbildung** ggf. nach- **4** weisen können muss, ist in der BORA seit der Neufassung mit dem Verweis auf § 5 Abs. 1 MediationsG geregelt und der Rückgriff auf die „Empfehlungen der BRAK-Arbeitsgruppe Mediation" (BRAK-Mitt. 1999, 25; BRAK-Mitt. 2006, 186) nicht mehr erforderlich.

§ 8 Kundgabe gemeinschaftlicher Berufsausübung und anderer beruflicher Zusammenarbeit

[1] Auf eine Verbindung zur gemeinschaftlichen Berufsausübung darf nur hingewiesen werden, wenn sie in Sozietät oder in sonstiger Weise mit den in § 59a Bundesrechtsanwaltsordnung genannten Berufsträgern erfolgt. [2] Die Kundgabe jeder anderen Form der beruflichen Zusammenarbeit ist zulässig, sofern nicht der Eindruck einer gemeinschaftlichen Berufsausübung erweckt wird.

Übersicht

I. Allgemeines

1 § 8 wurde in der 5. Sitzung der 4. Satzungsversammlung in Überschrift und Satzungstext neu gefasst und ist seit 1.3.2011 in Kraft (BRAK-Mitt. 2010, 253); eine redaktionelle Änderung erfolgte mit Beschluss der Satzungsversammlung am 15.4.2013. Die Befassung der Satzungsversammlung mit der Vorschrift des § 8 erfolgte in erster Linie zur Wahrung europarechtlicher Belange und zur Durchführung des sog. Normenscreening; die Diskussionen gaben Anlass § 8 in der bisherigen Fassung hinsichtlich Formulierung und Inhalt zu überdenken – der zuständige Ausschuss 2 „Allgemeine Berufs- und Grundpflichten und Werbung" der Satzungsversammlung beriet sogar darüber, die Vorschrift gänzlich zu streichen.

2 **§ 8 aF** lautete wie folgt:

§ 8 Kundgabe beruflicher Zusammenarbeit

[1] *Auf eine berufliche Zusammenarbeit darf nur hingewiesen werden, wenn sie in einer Sozietät, in sonstiger Weise (Anstellungsverhältnis, freie Mitarbeit) mit sozietätsfähigen Personen im Sinne des § 59a Bundesrechtsanwaltsordnung oder in einer auf Dauer angelegten und durch tatsächliche Ausübung verfestigten Kooperation erfolgt.* [2] *Zulässig ist auch der Hinweis auf die Mitgliedschaft in einer Europäischen Wirtschaftlichen Interessenvereinigung.*

3 Bezüglich dieser alten Fassung wurde, um eine systematische Übereinstimmung zwischen Überschrift und Text zu erreichen, vormals mit Beschlüssen der Satzungsversammlung vom 25./26.4.2002 eine Neufassung des § 8 S. 1 aF vorgenommen, ohne dass es dadurch zu einer sachlichen Änderung kam.

4 § 8 grenzt verbotene Hinweise auf gemeinschaftliche Berufsausübung ab von erlaubten. Die erlaubten Formen der gemeinschaftlichen Berufsausübung, auf die nach außen hingewiesen werden darf, werden enumerativ („nur") aufgeführt. Dabei ist aber damit keine Beschränkung der zulässigen Gesellschaftsformen anwaltlicher Zusammenarbeit verbunden. Als unzulässig ist nach § 8 nur anzusehen die Kundgabe jeder anderen Form der beruflichen Zusammenarbeit mit welcher der Eindruck einer gemeinschaftlichen Berufsausübung erweckt wird. Hinsichtlich der Angestellten und freien Mitarbeiter ist die Kundgabe nur unzulässig, wenn es sich bei diesen nicht um nach § 59a BRAO sozietätsfähige Personen handelt (AGH NRW NJW-RR 2002, 1494; NdsAGH BRAK-Mitt. 2006, 175; AGH RhPf BRAK-Mitt. 2015, 148).

II. Berufsrechtliche Sinnhaftigkeit

5 Zu Recht wurde § 8 nicht ersatzlos gestrichen. Die BORA insgesamt hat nach Auffassung der Satzungsversammlung eine Leitfadenfunktion und § 8 ist wegen § 113 BRAO auch sinnvoll; es scheint vorzugswürdig, bestimmte anwaltliche Rechte und Pflichten, die sich ggf. auch aus dem UWG ergeben würden, im anwaltlichen Berufsrecht unmittelbar zu regeln, damit die sich aus der Selbstverwaltung resultierende Berufsaufsicht des Kammervorstands oder die sachnähere Anwaltsgerichtsbarkeit mit Pflichtverletzungen befasst werden kann (vgl. Satzungsversammlung Prot. 5/4, 32 ff.) und es dadurch auch vermieden wird, wettbewerbsrechtliche Verfahren zu provozieren.

III. Neuregelung

6 Bereits mit der Überschrift ist nun nach dem Willen der Satzungsversammlung klargestellt, dass zwischen gemeinschaftlicher Berufsausübung einerseits und anderer beruflicher Zusammenarbeit andererseits unterschieden wird. Der Begriff „gemeinschaftliche Berufsausübung" ist § 59a Abs. 1 S. 1 BRAO entnommen und bedeutet ausschließlich die berufliche Verbindung in einer Berufsausübungsgesellschaft gleich welcher Rechtsform mit sozietätsfähigen Personen iSv § 59a BRAO (also sowohl die Tätigkeit als Gesellschafter in einer Berufsausübungsgesellschaft gleich welcher Rechtsform als auch die berufliche Arbeit in einer solchen Gesellschaft als freier Mitarbeiter oder angestellter Rechtsanwalt). Unter den Begriff „andere berufliche Zusammenarbeit" sind die Bürogemeinschaft mit sozietätsfähigen Personen ebenso wie jede andere Form der beruflichen Zusammenarbeit mit nicht sozietätsfähigen Personen zu fassen (Satzungsversammlung Prot. 5/4, 33).

7 **§ 8 Satz 1** überträgt das Gebot von Firmenwahrheit und Firmenklarheit in das Berufsrecht und erlaubt eine Kundgabe gemeinschaftlicher Berufsausübung nur dann, wenn sie in Berufsaus-

übungsgemeinschaften mit sozietätsfähigen Personen iSv § 59a BRAO erfolgt, weil nur mit ihnen eine gemeinschaftliche Berufsausübung zulässig ist (Satzungsversammlung Prot. 5/4, 33).

§ 8 Satz 2 ermöglicht die Kundgabe jeder anderen Form der beruflichen Zusammenarbeit, 8
sofern nicht der Eindruck einer gemeinschaftlichen Berufsausübung erweckt wird; er setzt eine zulässige andere Form der beruflichen Zusammenarbeit voraus und regelt nicht die Frage, ob eine solche zulässig ist oder nicht. Jede erlaubte Form der Zusammenarbeit darf kundgetan werden. Schutzzweck ist es, eine Irreführung des rechtsuchenden Publikums zwecks Transparenz und Vertrauen in die anwaltliche Tätigkeit zu vermeiden (Satzungsversammlung Prot. 5/4, 33).

Es wurde bewusst darauf verzichtet, auf einzelne Zusammenarbeitsformen (zB die EWIV) im 9
Normtext hinzuweisen, weil die Formen zulässiger beruflicher Zusammenarbeit derartig vielgestaltig sind, dass eine nicht abschließende enumerative Aufzählung als Einschränkung der Kundgabemöglichkeit verstanden werden würde (Satzungsversammlung Prot. 5/4, 34).

Soweit die 4. Satzungsversammlung in ihrer 5. Sitzung darüber diskutiert hat, einen zusätzlichen 10
S. 3 einzufügen, der den Kundgebenden verpflichten sollte, die Art der beruflichen Zusammenarbeit anzugeben, wurde zu Recht davon Abstand genommen unter anderem mit dem zutreffenden Argument, dass es nicht Aufgabe der Berufsordnung sei, für eine Klarstellung der Haftungsverhältnisse in einer Berufsausübungsgesellschaft zu sorgen (Satzungsversammlung Prot. 5/4, 34).

IV. Hinweise auf Sozietäten und Zusammenarbeit mit sozietätsfähigen Personen

Hingewiesen werden darf auf eine **Sozietät** – auch eine **überörtliche Sozietät** – (→ BRAO 11
§ 59a Rn. 14) und auf eine gemeinschaftliche Berufsausübung in sonstiger Weise wie Anstellungsverhältnis oder freie Mitarbeit (→ BRAO § 2 Rn. 18 ff.). Vorausgesetzt ist dabei immer, die Sozietät und sonstige Zusammenarbeit besteht mit sozietätsfähigen Personen iSd § 59a BRAO (→ BRAO § 59a Rn. 46 ff.), wobei das BVerfG nunmehr klargestellt hat, dass auch eine Sozietät zwischen Anwaltsnotaren und Wirtschaftsprüfern zulässig ist (BVerfG NJW 1998, 2269 = AnwBl. 1998, 405). Die Angabe eines wissenschaftlichen Mitarbeiters auf einem Kanzleibriefbogen verstößt gegen § 8, wenn es sich bei diesem nicht um einen zugelassenen Rechtsanwalt handelt und er auch den übrigen in § 59a BRAO aufgeführten Berufsgruppen nicht angehört (NdsAGH BRAK-Mitt. 2003, 37). Solange einer Sozietät kein Zulassungsnachweis hinsichtlich eines anwaltlichen Mitarbeiters vorliegt, darf sie diesen nicht mit der selbständigen Bearbeitung eines Verfahrens betrauen (BGH NJW 2001, 1580) und nicht nach außen als Mitglied der Sozietät ausweisen. Somit darf hingewiesen werden auf echte Formen der Sozietät (→ BRAO § 59a Rn. 8 ff.). Da nach § 33 Abs. 1 die Vorschriften der BORA für Sozietäten sinngemäß auch für alle anderen Rechtsformen der anwaltlichen Zusammenarbeit gelten, ist § 8 auch auf eine Anwalts-GmbH insoweit anzuwenden, als nach § 33 Abs. 2 die anwaltlichen Mitglieder der GmbH die Einhaltung des § 8 gewährleisten müssen (→ § 33 Rn. 1; AGH NRW NJW-RR 2002, 1494).

Zulässig sind auch Hinweise auf sog. **Scheinsozietäten,** in denen, ohne dass im Innenverhältnis 12
eine echte Sozietät vereinbart wurde und ohne Klarstellung der internen Vertragsbeziehungen Rechtsanwälte oder sonstige nach § 59a BRAO sozietätsfähige Personen, die als Angestellte, freie Mitarbeiter oder Bürogemeinschafter (→ BRAO § 59a Rn. 46 ff.) mit der Kanzlei verbunden sind, nach außen als gleichberechtigte Sozien in Erscheinung treten (BGH BRAK-Mitt. 2012, 232; BGH BRAK-Mitt. 2014, 156). Da die Scheinsozien wie Sozien haften (BGHZ 70, 247 = NJW 1978, 996; BGH NJW 1986, 1490; MDR 1996, 966; OLG Frankfurt NJW-RR 2001, 1004; OLG München DB 2001, 809; → BRAO § 52 Rn. 14 ff.; → BRAO § 59a Rn. 29 ff.), ist die im Innenverhältnis von der Sozietät abweichende Vertragsgestaltung für die Mandanten ohne Belang (Hartung/*v. Lewinski* § 8 Rn. 17; *Kamps/Alvermann* NJW 2001, 2121; BGH NJW 2001, 165). Die Aufführung eines nicht-sozietätsfähigen Diplom-Ökonomen auf einem anwaltlichen Briefbogen ist jedenfalls dann unzulässig, wenn nicht zusätzlich auf eine bestehende Kooperation (→ Rn. 6 ff.) hingewiesen wird (NdsAGH NJW-RR 2006, 927 = BRAK-Mitt. 2006, 175). Die Verwendung der Bezeichnung „internationale Sozietät von Rechtsanwälten und Attorneys at law" auf dem Briefbogen einer aus sechs Rechtsanwälten bestehenden Kanzlei ist als irreführend zu beanstanden, wenn der Sozietät mit den ausländischen Rechtsberatern nur einer dieser Rechtsanwälte angehört (BGH NJW 1996, 2308 = MDR 1996, 966 = AnwBl. 1996, 471 = JZ 1997, 149), nicht aber die Verwendung des Zusatzes „Associates" in der Kurzbezeichnung (BGH NJW 2005, 1770 = BRAK-Mitt. 2005, 186 = AnwBl. 2006, 137; anders, für eine mit einer Unternehmens- sowie mit einer

Steuerberatungsgesellschaft kooperierenden Einzelkanzlei, wenn alleiniger Gesellschafter sowohl der Unternehmens- als auch der Steuerberatungsgesellschaft der in der Einzelkanzlei tätige Rechtsanwalt ist und keine dauerhafte Zusammenarbeit mit anderen Berufsträgern vorliegt, BGH AnwBl. 2009, 451 und OLG Karlsruhe BRAK-Mitt. 2012, 180). Die in der Mitte des Briefkopfs einer Sozietät von Rechtsanwälten platzierte Kanzleibezeichnung (→ BRAO § 43b Rn. 38 ff.; → § 7 Rn. 7) „Anwalts- und Steuerkanzlei" ist – isoliert betrachtet – grundsätzlich geeignet, bei einem nicht unerheblichen Teil der angesprochenen Verkehrskreise den unzutreffenden Eindruck zu erwecken, es handele sich um eine Kanzlei, in der neben Rechtsanwälten auch Steuerberater tätig sind. Diese Eignung zur Irreführung kann jedoch dadurch beseitigt werden, dass am rechten Rand des Briefbogens die Kanzleimitglieder und ihre berufliche Qualifikation (hier: eines Fachanwalts für Steuerrecht) aufgelistet sind (BGH NJW 2001, 3193 = BRAK-Mitt. 2001, 298 = AnwBl. 2001, 686; vgl. auch OLG Dresden NJW 1996, 202 = BRAK-Mitt. 1995, 174, nur Ls. = WRP 1995, 328). Zur umsatzsteuerlichen Behandlung von Außensozietäten vgl. OFD Hannover AnwBl. 1999, 283 und *Kamps/Alvermann* NJW 2001, 2121. Die entgeltliche Aufnahme eines Sozius in eine Einzelpraxis ist nicht als steuerbegünstigte Veräußerung zu beurteilen (BFH NJW 2000, 900).

13 Hinweise auf die rechtliche Form des Zusammenschlusses, zB als **Gesellschaft bürgerlichen Rechts** – „GbR" – oder ähnliches sind zulässig. Aber eine Sozietät darf in ihre Namensbezeichnung nicht die Zusätze „Gesellschaft bürgerlichen Rechts mit beschränkter Haftung" oder „GbRmbH" aufnehmen (BGH NJW 1992, 3037 = MDR 1992, 1086 = JZ 1993, 153 = BRAK-Mitt. 1993, 61 = AnwBl. 1993, 37; BayObLG AnwBl. 1999, 482 = NJW 1999, 297 = BRAK-Mitt. 1999, 99). Der Zusatz „und Partner" nach § 11 S. 1 PartGG für neu gegründete Sozietäten ist seit dem 1.7.1997 nicht mehr zulässig, er ist nunmehr für **Partnerschaften** nach dem PartGG reserviert (AGH-Nordrhein-Westfalen BRAK-Mitt. 2012, 182). Die vor dem 1.7.1995 gegründeten Sozietäten mit Partnerzusatz müssen seit dem 1.7.1997 einen Rechtsformzusatz in ihren Namen aufnehmen. Die Partnerschaftsgesellschaft ist durch den nach § 2 Abs. 1 PartGG vorgeschriebenen Zusatz „und Partner" bzw. „Partnerschaft" erkennbar zu machen.

14 Für die **Anwalts-GmbH** gilt die Regelung des § 59k BRAO vgl. die dortigen Anmerkungen. Ergänzend ist über § 33 Abs. 1 auch § 8 anwendbar (AGH NRW NJW-RR 2002, 1494).

V. Hinweise auf Kooperationen

15 Auch der Hinweis auf Kooperationen ist möglich, selbst auf solche mit Angehörigen nichtsozietätsfähiger Berufe. Der Hinweis auf eine Kooperation ist nicht ausschließlich auf eine Kooperation mit sozietätsfähigen Personen beschränkt. Hinreichende Gründe des Gemeinwohls, die ein Verbot rechtfertigen könnten, auf Kooperationen mit Angehörigen nicht sozietätsfähiger Berufe hinzuweisen, bestehen nicht. Eine Zusammenarbeit mit Angehörigen nichtsozietätsfähiger Berufe, etwa eines im Arzthaftungsrecht tätigen Rechtsanwalts mit einem Mediziner oder eines im Baurecht tätigen Rechtsanwalts mit einem Bausachverständigen erscheint sinnvoll und dient den Interessen der Rechtssuchenden an einer sachgerechten und qualifizierten Beratung in entsprechenden Rechtsangelegenheiten (BGH BRAK-Mitt. 2005, 235; AGH NRW BRAK-Mitt. 2005, 198; NdsAGH BRAK-Mitt. 2006, 175; AGH RhPf BRAK-Mitt. 2015, 148). Voraussetzung ist aber nicht mehr, dass die Kooperation auf Dauer angelegt und durch tatsächliche Übung verfestigt ist (→ Rn. 18; Hartung/*v. Lewinski* § 8 Rn. 22).

16 Der Begriff der Kooperation ist gesetzlich nicht definiert. Darunter ist jede Form von Zusammenarbeit zu verstehen, die nicht in Form der Sozietät (→ BRAO § 59a Rn. 1 ff.), Bürogemeinschaft (→ BRAO § 59a Rn. 79) oder EWIV (→ BRAO § 59a Rn. 86 ff.) erfolgt, die weniger in gesellschafts- oder arbeitsrechtliche, als primär in schuld- und vertragsrechtliche Kategorien eingeordnet werden kann.

17 Auch eine bloße Bürogemeinschaft fällt als bloße Betriebsgemeinschaft ohne gemeinschaftliche Berufsausübung unter den Begriff der Kooperation, auf die hingewiesen werden darf (→ BRAO § 59a Rn. 84; Hartung/*v. Lewinski* § 8 Rn. 21).

18 Voraussetzung für die Zulässigkeit des Hinweises auf eine Kooperation ist **nicht** mehr, dass diese **auf Dauer angelegt** sein muss, dh es muss von den Partnern nicht beabsichtigt sein, sie auf längere Zeit fortzuführen. Einmalige oder nur gelegentliche Kooperation reicht aus. Durch den Wegfall der Normierung in § 8 S. 1 aF, dass nur eine „auf Dauer angelegte und durch tatsächliche Ausübung verfestigte" Kooperation hingewiesen werden darf, sind einschränkende Kriterien für die Bekanntgabe von Kooperationen in Wegfall geraten. Obwohl nun auf jede Kooperation

hingewiesen werden darf, muss dieser Hinweis wahr sein (noch zu § 8 aF BGH AnwBl. 2009, 451); er darf nicht den irreführenden Eindruck erwecken, dass eine dauerhafte und verfestigte Kooperation vorliegt, welche die Willensbildung potentieller Mandanten bei der Anwaltswahl veranlasst eine generelle Kompetenz anzunehmen, obwohl diese für ihren Fall nicht zum tragen kommt. Allein die Schwierigkeit, ohne die Gefahr einer Irrtumserregung eine nur punktuelle und/oder kurzfristige Kooperation nach außen bekannt zu machen, dürfte dafür sorgen, dass wohl ausnahmslos auch zukünftig nur auf dauerhafte und verfestigte Kooperationen hingewiesen wird; die Überprüfungsmöglichkeit der Werbeaussagen insoweit durch die Rechtanwaltskammer ist darüber hinaus gering. Es muss aber jedenfalls hinzukommen, dass diese Kooperation – zumindest für ein gemeinsames Projekt – **durch tatsächliche Ausübung verfestigt** ist. Allerdings darf auf eine Kooperation gleichwohl von ihrem Beginn an hingewiesen werden, wenn sie zu diesem Zeitpunkt auf eine Verfestigung durch tatsächliche Ausübung angelegt ist (BGH AnwBl. 2005, 651). Aufgrund alleiniger Qualifikation von Kooperationspartnern als Steuerberater und Patentanwalt darf die Sozietät im Briefkopf nicht die Bezeichnung „Rechtsanwälte, Steuerberater und Patentanwalt" führen (BGH NJW 2003, 346). Auf anwaltlichen Briefbögen können ausländische Kooperationspartner angegeben werden, wenn diese über Fragen des ausländischen Rechts ständig zu Rate gezogen werden (BGH NJW 1993, 1331 = MDR 1993, 479 = JZ 1993, 522 = AnwBl. 1994, 300).

Auch auf eine EWIV kann hingewiesen werden. Jedoch kann die konkrete Ausgestaltung eines 19
EWIV-Hinweises wettbewerbswidrig sein, wenn aus den Angaben zu den einzelnen EWIV-Mitgliedern nicht einmal zu entnehmen ist, in welcher Gemeinde der Anwalt seinen Sitz hat und vor welchen Gerichten er auftreten darf (OLG Hamm NJW 1993, 1339 = Stbg 1993, 394 = EuZW 1994, 64). § 8 S. 2 aF gestattete noch ausdrücklich den Hinweis auf die Mitgliedschaft in einer **Europäischen Wirtschaftlichen Interessenvereinigung** (vgl. Hartung/*v. Lewinski* § 8 Rn. 21).

Soweit nach § 8 Hinweise zulässig sind, sind diese auch nicht nach §§ 3, 5 UWG wettbewerbs- 20
widrig (OLG München NJW-RR 2001, 1358 = DB 2001, 809; → BRAO § 43b Rn. 10). Die in § 8 S. 2 enthaltene Erlaubnis wurde nicht durch § 9 Abs. 3 aF ausgeschlossen, selbst wenn ein entsprechend gewählter Zusatz nicht die berufliche Zusammenarbeit im Innenverhältnis, sondern eine Kooperation mit anderen rechtlich selbständigen anwaltlichen Zusammenschlüssen betrifft (BGH BRAK-Mitt. 2002, 92 = AnwBl. 2002, 242).

§ 9 Kurzbezeichnungen

Eine Kurzbezeichnung muss einheitlich geführt werden.

Schrifttum: *Heintze,* Gemeinsame Markenbildung für selbständige Rechtsanwaltskanzleien – die Urteile zu CMS Hasche Sigle und Legitas, BRAK-Mitt. 2004, 260; *Kopp,* Anwaltsfranchising – Berufsausübungsform zwischen Sozietät und Kooperation, BRAK-Mitt. 2004, 154; *Pluskat,* Die Firma der Anwalts-AG, AnwBl. 2004, 22; *Zastrow,* Der anwaltliche Briefbogen, BRAK-Mitt. 2009, 55.

Übersicht

I. Änderungen der Norm, Norm zur Regelung des Marktverhaltens

§ 9 wurde in den letzten Jahren mehrfach geändert, dh es wurden Teile der ursprünglichen 1
Norm gestrichen. Am 7.11.2002 hat die Satzungsversammlung die Vorschrift des § 9 Abs. 3 aF aufgehoben. Gleichzeitig wurde der frühere Abs. 2 neu gefasst. Das BMJV hat aber mit Bescheid vom 21.2.2003 die Neuregelung des § 9 Abs. 2 aufgehoben, soweit dieser ein Verbot der Führung von Sachbezeichnungszusätzen enthielt (BRAK-Mitt. 2003, 67, 68). Mit Beschlüssen

der Satzungsversammlung vom 26.4.2004 wurden die Abs. 2 und 3 von § 9 aufgehoben und diese vom BMJV mit Bescheid vom 3.6.2004 gebilligt. Die Änderungen sind am 1.11.2004 in Kraft getreten (BRAK-Mitt. 2004, 177). § 9 bestand nur noch aus dessen ehemaligen Abs. 1. Dessen S. 1 wurde mit Beschluss der Satzungsversammlung vom 25./26.4.2002 ohne sachliche Änderung sprachlich neu gefasst (BRAK-Mitt. 2002, 219). Am 25./26.6.2010 wurde die Regelung komplett neu gefasst und ist in der jetzigen Fassung seit 1.3.2011 in Kraft (BRAK-Mitt. 2010, 253). Wie §§ 8, 10 ist § 9, durch den ebenso die Regelung des § 43b BRAO ausgestaltet wird, eine gesetzliche Vorschrift iSv § 4 Nr. 11 UWG, die dazu bestimmt ist, im Interesse der Marktteilnehmer das Marktverhalten zu regeln (OLG Stuttgart BRAK-Mitt. 2005, 286).

II. Kurzbezeichnungen

2 **1. Sinn und Zweck.** § 9 regelt auf der Grundlage der Ermächtigung in § 59b Abs. 2 Nr. 3 und 8 BRAO Fragen der anwaltlichen Werbung durch Kundgabe mittels einer Kurzbezeichnung. Diese soll bei einer gemeinsamen Berufsausübung nur das Merkmal des Zusammenschlusses, nicht aber die Spezialisierung dieses Zusammenschlusses kennzeichnen (AGH BW MDR 2000, 178). Für Spezialisierungs- und Qualifizierungshinweise gelten die Bestimmungen der § 43b BRAO, § 7 (→ § 7 Rn. 7 ff.). Sinn und Zweck der nun kurz und knapp gefassten Regelung in § 9 ist es sicherzustellen, dass jeder im Rechtsverkehr ohne Schwierigkeiten erkennen kann, mit wem er es zu tun hat, wer Rechtsberatung anbietet oder als Vertreter gegnerischer rechtlicher Interessen auftritt; Schutzzweck der Vorschrift ist das Verbot der Irreführung des rechtsuchenden Publikums. Deshalb müssen bei der Wahl einer Kurzbezeichnung in der Regel die Namen eines oder mehrerer Anwälte den Aussagekern der Firma darstellen. Die Öffentlichkeit hat ein berechtigtes Interesse an einer eindeutigen Außendarstellung einer Kanzlei oder Rechtsanwaltsgemeinschaft (BGH AnwBl. 2004, 446 = BRAK-Mitt. 2004, 135; NJW 2002, 608 = BRAK-Mitt. 2002, 92 mit Anm. *Mävers* = AnwBl. 2002, 242). Zur reinen „Sachfirma" → § 9 Rn. 13. Das Recht einer Sozietät, eine Kurzbezeichnung zu führen, kann nach § 59k Abs. 1 S. 2 BRAO bei deren Fortführung durch eine Rechtsanwaltsgesellschaft m. b. H. fortwirken, indem diese Kurzbezeichnung dann in die Firma der Rechtsanwaltsgesellschaft aufgenommen werden kann (→ BRAO § 59k Rn. 3, 6).

3 **2. Kreis der Führungsberechtigten.** Mit der bis zum 1.3.2011 geltenden – einschränkenden – Regelung durften Anwälte, die sich mit nach § 59a BRAO sozietätsfähigen Personen zu einer beruflichen Zusammenarbeit in einer **Sozietät** (→ BRAO § 59a Rn. 14), einer **Partnerschaftsgesellschaft** (bei der § 2 PartGG hinsichtlich des Namens zu beachten ist) oder in **sonstiger Weise (Anstellungsverhältnis, freie Mitarbeit)** zusammengeschlossen hatten, eine Kurzbezeichnung führen.

3a Dabei sind unter **beruflicher Zusammenarbeit „in sonstiger Weise"**, wie sich aus der Definition im Klammerzusatz des § 9 S. 1 aF ergab, ausschließlich Anstellungsverhältnisse (→ BRAO § 2 Rn. 18 ff.) und freie Mitarbeit (→ BRAO § 2 Rn. 34 ff.) von sozietätsfähigen Personen (§ 59a BRAO) zu verstehen gewesen. Sonstige Formen beruflicher Zusammenarbeit wie allgemeine Kooperationen (→ § 8 Rn. 6 ff.; → BRAO § 59a Rn. 92), Bürogemeinschaften (→ BRAO § 59a Rn. 79 ff.), Rechtsanwaltsgesellschaften (§§ 59c ff. BRAO; BGH NJW 2004, 1099 = BRAK-Mitt. 2004, 91 = AnwBl. 2004, 447; BayObLG NJW 2000, 1647), Anwalts-AG (→ BRAO Vor § 59c Rn. 8 ff.) und Zusammenschlüsse in einer EWIV (→ BRAO § 59a Rn. 86 ff.) unterfielen nach dem Wortlaut nicht dem § 9 aF. Insoweit beinhaltete § 9 aF eine Sonderregelung gegenüber § 33 Abs. 1. Aus der Hinweisberechtigung nach § 8 S. 2 aF war allerdings das Recht zur Aufführung der EWIV in der Kurzbezeichnung zu entnehmen (BGH NJW 2002, 608 = BRAK-Mitt. 2002, 92 = AnwBl. 2002, 242). Diese Beschränkungen sind nun ersatzlos weggefallen, so dass künftig auch Einzelanwälte, Bürogemeinschaften und andere Formen der beruflichen Zusammenarbeit mit sozietätsfähigen oder auch nicht-sozietätsfähigen Personen eine Kurzbezeichnung führen können. Obwohl bei Einzelanwälten das Bedürfnis nach einer Kurzbezeichnung gering sein dürfte, sah die Satzungsversammlung keinen Schutzzweck, der das Verbot einer Kurzbezeichnung für Einzelanwälte rechtfertigen hätte können. Die berufsrechtliche Regelung ist dabei unabhängig von der eventuellen Haftungssituation durch den Außenauftritt unter einer Kurzbezeichnung zu sehen; insoweit fehlt es ebenso am Schutzzweck für ein Verbot, weil die Vermeidung von Haftungsrisiken der Berufsträger selbst nicht Aufgabe der Berufsordnung ist (Satzungsversammlung Prot. 5/4, 35).

3. Kurzbezeichnung. Kurzbezeichnung ist eine andere, kürzere Firmierung als die vor allem früher übliche bloße Aneinanderreihung der Namen der in der Kanzlei tätigen Rechtsanwälte (Hartung/*v. Lewinski* § 9 Rn. 13 ff.), um so eine kurze einprägsame und werbewirksame Kanzleibezeichnung zu erhalten. Eine Definition der Kurzbezeichnung findet sich in der BORA nach wie vor bewusst nicht (Satzungsversammlung Prot. 5/4 S. 35); Regelungsgehalt der Vorschrift ist lediglich das einheitliche Führen einer Kurzbezeichnung um Transparenz für den Mandanten zu gewährleisten. Diese Kurzbezeichnung kann in verschiedenen Formen erfolgen, ohne dass aus § 9 oder sonstigem Recht sich eine Beschränkung auf bestimmte Formen ergibt. Grundsätzlich sind Rechtsanwälte bei der Wahl einer Kurzbezeichnung frei, soweit diese sachlich, insbesondere nicht irreführend ist (§ 43b BRAO, § 5 UWG) und nicht eine ausdrückliche gesetzliche Regelung entgegensteht. Eine **überörtliche Sozietät** musste bereits nach S. 2 aF in all ihren Kanzleiorten eine einheitliche Kurzbezeichnung führen (OLG Hamm NJW 1994, 868 = BRAK-Mitt. 1994, 183). 4

Der Briefkopf „Anwalts und Steuerkanzlei" einer Anwaltssozietät, der ein Fachanwalt für Steuerrecht angehört, könnte insofern irreführend sein, als er bei einem nicht unerheblichen Teil der angesprochenen Verkehrskreise den unzutreffenden Eindruck erwecken könnte, es handele sich um eine Anwaltskanzlei, in der auch Steuerberater tätig sind. Diese Eignung zur Irreführung kann jedoch dadurch beseitigt werden, dass am rechten Rand des Briefkopfes die Kanzleimitglieder und ihre berufliche Qualifikation (hier Fachanwalt für Steuerrecht) aufgelistet sind (BGH NJW 2001, 3193 = MDR 2002, 239 = BRAK-Mitt. 2001, 298 = AnwBl. 2002, 686; NJW 2007, 2334). Eine auf einem Briefbogen blickfangmäßig herausgestellte Kurzbezeichnung einer überörtlichen Sozietät von Rechtsanwälten, Wirtschaftsprüfern und Steuerberatern ist wettbewerbsrechtlich nicht zu beanstanden, wenn klar und unmissverständlich angegeben ist, über welche berufliche Qualifikation das einzelne Sozietätsmitglied verfügt und wo der Sitz der jeweiligen Kanzleien sich befindet (BGH NJW 1994, 2288 = MDR 1994, 944 = AnwBl. 1994, 415 = BRAK-Mitt. 1994, 245). 5

Die Verwendung des Begriffs „Fachanwälte" als Zusatz zu der Kurzbezeichnung einer überörtlichen Anwaltssozietät auf einem Praxisschild oder auf dem Briefkopf setzt voraus, dass eine dem Plural rechtfertigende Zahl von Sozietätsmitgliedern Fachanwälte sind. Nicht erforderlich ist es, dass an jedem Standort, an dem der Zusatz verwendet wird, ein oder mehrere Fachanwälte tätig sind (BGH BRAK-Mitt. 2007, 177 = AnwBl. 2007, 624). 5a

a) Personenfirma. Die Personenfirma, die aus dem Aneinanderreihen der Namen der in der Kanzlei tätigen Rechtsanwälte pp. gebildet wird, ist die wohl älteste und unproblematischste Form der anwaltlichen Kurzbezeichnung. Neben den zur Zeit in der Sozietät pp. tätigen Sozien, Partnern, Angestellten und freien Mitarbeitern dürfen auch die Namen früherer Sozien pp. aufgeführt werden. Der Umstand, dass Abs. 2 aF, der dies bis zum Jahr 2004 ausdrücklich gestattete, gestrichen wurde, bedeutet nicht, dass diese Möglichkeit entfallen ist. Vielmehr konnte Abs. 2 gestrichen werden, da er eine Selbstverständlichkeit beinhaltete. 6

Scheidet ein Sozius bzw. ein sozietätsfähiger Angestellter bzw. freier Mitarbeiter aus, dürfen deren Namen, sofern sie bereits vorher schon in der Kurzbezeichnung der Kanzlei geführt wurden, weiter darin – ohne zeitliche Begrenzung – geführt werden. Dies kann zB bei Tod eines Sozius, Änderung des Gesellschafterbestandes (Ausscheiden aus der Sozietät) oder Praxisverkauf (→ BRAO § 27 Rn. 35 ff.) der Fall sein (BGH NJW 1997, 3238). Eine Vereinbarung, mit der ein namensgebender Seniorpartner seinen Sozien gestattet, seinen Namen in der Kanzleibezeichnung auch nach seinem Ausscheiden weiterzuführen, verstößt nicht gegen ein gesetzliches Verbot, auch wenn es in der Folge zu Verwechslungen kommt, weil der Seniorpartner nach seinem Ausscheiden entgegen der ursprünglichen Absicht seine anwaltliche Tätigkeit in eigener Praxis fortsetzt. Einer Irreführungsgefahr kann dadurch begegnet werden, dass in der Namensleiste auf das Ausscheiden des Namensgebers und auf den Umstand hingewiesen wird, dass dieser inzwischen in einer anderen Kanzlei tätig sei (BGH AnwBl. 2002, 598 = BRAK-Mitt. 2002, 192, nur Ls. = DB 2002, 1099). Voraussetzung ist stets, dass die Sozietät pp. als solche – wenn auch in anderer personeller Zusammensetzung fortbesteht. Wird eine Anwaltssozietät durch Kündigung des Gesellschaftsvertrages aufgelöst und bilden sich zwei neue Gesellschaften, dann kann keine dieser neuen Sozietäten den Namen eines früheren Kanzleiinhabers, der noch in der Kurzbezeichnung der aufgelösten Gesellschaft geführt wurde, auf Briefbögen, Praxisschildern oder in anderer Form im Rechtverkehr führen 7

(OLG Hamm NJW-RR 1998, 1073 = NZG 1998, 591 mit Anm. *Römermann;* → § 10 Rn. 10 und OLG Stuttgart BRAK-Mitt. 2005, 286; OLG München OLGR 2000, 73). Der Ausgeschiedene bzw. sein Erbe muss als Träger des Namensrechts (§ 12 BGB) mit der weiteren Verwendung des Namens in der Kurzbezeichnung einverstanden sein (OLG Hamburg BRAK-Mitt. 2003, 40; → BRAO § 17 Rn. 8). Eine einmal erteilte Einwilligung bezieht sich grundsätzlich nur auf eine unveränderte Namensfortführung (BayObLG NZG 1998, 148 mit Anm. *Römermann* 121; *ders.* NZG 1998, 591). Die Einwilligung des Ausgeschiedenen erstreckt sich bei der Umwandlung der Sozietät in eine Partnerschaft in der Regel auch auf die Fortführung der Sozietätsbezeichnung als Name der Partnerschaft (BGH DB 2002, 1099; BayObLG AnwBl. 1998, 159). §§ 9 Abs. 2 aF und 10 Abs. 4 aF gingen von einer Kontinuität der bisherigen Anwaltspraxis aus.

8 Bei der Wahl der Kurzbezeichnung muss darauf geachtet werden, dass sie sich ausreichend von prioritätsälteren Bezeichnungen anderer Kanzleien am Ort unterscheidet. Dabei kennzeichnet der am Anfang stehende Name eines Partners die Kanzlei, so dass der Fortfall zum Verlust einer ursprünglichen Priorität führt (OLG Braunschweig NJW-RR 1998, 1004 = AnwBl. 1998, 161).

9 **b) Gemischte Firma.** Die gemischte Firma enthält neben dem bloßen Familiennamen auch **Sachbestandteile.** Die ältesten Formen solcher Firmen sind zB dann gegeben, wenn ein oder zwei der zur beruflichen Zusammenarbeit verbundenen Anwälte pp. mit einem Zusatz firmieren, der auf weitere Mitarbeiter hinweist, ohne deren Namen zu nennen (vgl. aber § 10) und die Form der Zusammenarbeit umschreibt. Zu denken ist zB an Kurzbezeichnungen wie „Dr. Klug & Kollegen", „Dr. Klug & Kollegen, Rechtsanwaltsgesellschaft m. b. H." oder Dr. Klug & Partner" (BGH BRAK-Mitt. 2007, 268). Die Verwendung der Zusätze **„Partnerschaft"** oder **„und Partner"** ist durch § 11 PartGG den echten Partnerschaften nach dem PartGG (→ Teil I Nr. 5) reserviert. Die im Zeitpunkt des Inkrafttretens des PartGG schon bestandenen Sozietäten, die entsprechende Zusätze in ihrem Namen führten, müssen seit dem 1.7.1997 der Bezeichnung „Partnerschaft" oder „und Partner" einen Hinweis auf die andere Rechtsform wie zB „GbR" hinzufügen. § 9 befasst sich nur mit Kurzbezeichnungen einer beruflichen Zusammenarbeitsgemeinschaft (BGH BRAK-Mitt. 2014, 156).

10 Der Zusatz soll die gemeinsame Berufsausübung, also nur das Merkmal des Zusammenschlusses zur beruflichen Zusammenarbeit kennzeichnen. Eine Kennzeichnung der **Tätigkeitsausrichtung** dieses Zusammenschlusses – die Kanzleibezeichnung (→ BRAO § 43b Rn. 38 ff.) – ist damit nicht erfasst, so dass zB die Bezeichnung „Kanzlei für Arbeitsrecht und allgemeines Zivilrecht" zulässig ist (BGH NJW 2001, 1573 = MDR 2001, 657 mit Anm. *Kilian* = AnwBl. 2001, 296 = BRAK-Mitt. 2001, 139; AGH BW MDR 2000, 178 mit Anm. *Römermann*).

11 Auch zur **zusätzlichen Verwendung einer Sach- oder Fantasiebezeichnung** enthält § 9 keine diese ausschließende Regelung. Zwar konnte dem ursprünglichen § 9 aF entnommen werden, dass die Verwendung von Namen in der Kurzbezeichnung geboten ist. Das legte es nahe, dass nach dem Wortlaut die Verwendung allein einer Sach- oder Phantasiebezeichnung als Kurzbezeichnung nicht gestattet war. Ein Verbot der Verwendung einer Phantasiebezeichnung als Teil der Kurzbezeichnung bei beruflicher Zusammenarbeit war und ist im Hinblick auf den Sinn und Zweck des § 9 (→ Rn. 2) diesem aber nicht zu entnehmen.

12 Der Schutz der Rechtsuchenden vor Irreführungen fordert ein Verbot von Sachbezeichnungs**zusätzen** nicht (vgl. auch BMJV BRAK-Mitt. 2003, 68), so dass eine aus Rechtsanwälten und Steuerberatern bestehende Partnerschaft sich – entsprechend ihrer Eintragung in das Partnerschaftsregister – als „artax Steuerberater – Rechtsanwälte Partnerschaft A. B. L. S." bezeichnen darf (BGH NJW 2004, 1651 = MDR 2004, 1208 = BRAK-Mitt. 2004, 135 = AnwBl. 2004, 446 = DB 2004, 1094; damit bestätigt: OLG Karlsruhe NJW 2001, 1584). Auch die Sachbezeichnung **„Telekanzlei"** als Zusatz zu den Namen der Anwälte ist zulässig. Bei einer Telekanzlei handelt es sich unter Beachtung der Voraussetzungen des § 27 BRAO um eine Kanzlei, die die anwaltliche Tätigkeit zulässigerweise in erster Linie über Telekommunikation abwickelt. Auch wenn diese Bezeichnung möglicherweise für einen Teil der Empfänger der Briefbögen nicht sofort verständlich erscheint, ist dies nicht irreführend und führt auch nicht zu einem berufswidrigen Werbeeffekt. Vielmehr liegt in diesem Zusatz eine interessengerechte, sachangemessene und erlaubte Information (AnwG Hamburg BRAK-Mitt. 2000, 203). Im Hinblick auf § 12 Abs. 3 BRAO, §§ 1, 5, 26 EuRAG ist die Führung der

Berufsbezeichnung **„Advocat"** dann irreführend, wenn kein französischer Anwalt zur Sozietät gehört und auch sonst kein Mitglied der Sozietät die Berechtigung zur Führung dieser Berufsbezeichnung erworben hat (BayAGH Urteil vom 21.7.1998 – AGH II – 9/98; OLG Karlsruhe NJW 1990, 3093 = BRAK-Mitt. 1990, 179). Der Zusatz **„Associates"** in der Kurzbezeichnung begründet dann nicht die Gefahr einer Irreführung, wenn zum einen ein internationaler Bezug der Kanzlei bereits dadurch hergestellt ist, dass zumindest ein Kanzleimitglied gleichzeitig auch im Ausland als Rechtsanwalt zugelassen ist und dort eine Kanzlei unterhält und zum anderen der Tätigkeitsschwerpunkt aller Sozien im internationalen Steuer- und Gesellschafts- und Wirtschaftsrecht liegt (BGH BRAK-Mitt. 2005, 186 = AnwBl. 2006, 137). Der Zusatz „& Associates" für eine mit einer Unternehmens- und Steuerberatungsgesellschaft kooperierenden Einzelkanzlei ist jedoch irreführend, wenn alleiniger Gesellschafter sowohl der Unternehmens- als auch der Steuerberatungsgesellschaft der in der Einzelkanzlei tätige Rechtsanwalt ist und keine dauerhafte Kooperation mit anderen Berufsträgern vorliegt (BGH AnwBl. 2009, 451). Gehört ein Anwaltsnotar zur Sozietät, darf diese die Bezeichnung **„Rechtsanwalts- und Notarkanzlei"** führen, wenn im Briefkopf zugleich deutlich herausgestellt wird, wer Anwaltsnotar und wer nur Rechtsanwalt ist (BGH NJW 1999, 428). Ein Anwaltsnotar ist aber nicht berechtigt, in seiner Internetadresse die Bezeichnung „Notariat" zu führen (BGH AnwBl. 2006, 138 = BRAK-Mitt. 2005, 242). Soweit Anwaltsnotaren in überörtlichen Sozietäten durch § 29 Abs. 3 S. 1 BNotO untersagt wird, die Amtsbezeichnung als Notar auf Geschäftspapieren anzugeben; die nicht von der Geschäftsstelle des Notars aus versandt werden, ist die Regelung mit Art. 12 Abs. 1 GG unvereinbar (BVerfGE 112, 255 = BRAK-Mitt. 2005, 116 = AnwBl. 2005, 427).

c) Reine Sachfirma. Die Zulässigkeit einer reinen Sachfirma, die also keinen Personennamen 13
mehr in dem Kanzleinamen führt, war sehr umstritten. Der BGH hat § 9 aF entnommen, „dass die Verwendung von Namen in der Kurzbezeichnung geboten ist. Das legt es nahe, dass nach dem Wortlaut der Berufsordnung die Verwendung allein einer Sach- oder Phantasiebezeichnung nicht gestattet ist" (BGH NJW 2004, 1651). Nach der Streichung des auf den Personennamen abstellenden Abs. 2 aF kann § 9 nicht mehr entnommen werden, dass die Verwendung von Namen unabdingbar sein soll. Dem Interesse der Rechtsuchenden zu erfahren, mit welchen Personen sie es zu tun haben, wird schon ausreichend durch § 10 Rechnung getragen, wonach auf Briefbögen auch bei Verwendung einer Kurzbezeichnung sämtliche Gesellschafter namentlich aufgeführt werden müssen. § 9 regelt mit der Kurzbezeichnung nur die „Firmenbezeichnung" einer Anwaltsgemeinschaft, um im Rechtsverkehr eine schnelle und sichere Erkennbarkeit und Unterscheidbarkeit dieser Sozietät pp. zu gewährleisten. Für eine Beschränkung der anwaltlichen Berufsausübung durch ein Verbot der reinen Sachfirma für eine Anwaltsgemeinschaft sind danach keine hinreichenden Gründe des gemeinen Wohls ersichtlich. Der Schutz der Rechtsuchenden vor Irreführungen erfordert ein Verbot solcher Sachfirmen nicht. Folgerichtig hat auch das BayObLG für eine Anwalts-AG die Bezeichnung „Pro-Videntia Rechtsanwalts-AG" zugelassen, wenn es auch unter Nichtberücksichtigung des § 33 Abs. 1 von einer Nichtanwendbarkeit des § 9 auf eine Rechtsanwalts-AG ausging (BayObLG NJW 2000, 1647 = MDR 2000, 733 mit Anm. *Römermann* = BRAK-Mitt. 2000, 207 = AnwBl. 2000, 368). Das LG Hannover hat die Kurzbezeichnung „Novatax GbR" für eine Sozietät aus Rechtsanwälten und Steuerberatern gebilligt (LG Hannover INF 2001, 191).

4. Mehrere Kanzleien. Werden mehrere Kanzleien unterhalten, zB durch überörtliche oder 14
intraurbane Sozietäten, oder als Zweigstellen einer Anwaltsgesellschaft (§ 59i Abs. 2 BRAO), dann muss die Kurzbezeichnung, wie sich schon aus § 5 UWG ergibt, in allen Kanzleien **einheitlich** geführt werden, um Irreführungen des rechtsuchenden Publikums zu vermeiden (vgl. OLG Hamm NJW 1994, 868). Der spezielle Regelungsgehalt des § 59k BRAO steht einer analogen Anwendung der Bestimmung auf den Bereich der sonstigen Zusammenschlüsse von Rechtsanwälten entgegen (BGH AnwBl. 2004, 446 = BRAK-Mitt. 2004, 135, damit bestätigt: OLG Karlsruhe NJW 2001, 1584).

Bei der Konstellation einer Sternsozietät wird die Kurzbezeichnung derjenigen Kanzlei zu 15
führen sein, für welche die jeweilige Tätigkeit ausgeübt wird, obwohl sich die Satzungsversammlung gegen einen S. 2 der Vorschrift entschlossen hat (Satzungsversammlung Prot. 5/4 S. 38).

§ 10 Briefbögen

(1) [1]**Der Rechtsanwalt hat auf Briefbögen seine Kanzleianschrift anzugeben.** [2]**Kanzleianschrift ist die im Rechtsanwaltsverzeichnis als solche eingetragene Anschrift (§ 31 Abs. 3 Satz 1 1. Halbsatz, § 27 Abs. 1 Bundesrechtsanwaltsordnung).** [3]**Werden mehrere Kanzleien, eine oder mehrere Zweigstellen unterhalten, so ist für jeden auf den Briefbögen Genannten seine Kanzleianschrift anzugeben.**

(2) [1]**Auf Briefbögen müssen auch bei Verwendung einer Kurzbezeichnung die Namen sämtlicher Gesellschafter mit mindestens einem ausgeschriebenen Vornamen aufgeführt werden.** [2]**Gleiches gilt für Namen anderer Personen, die in einer Kurzbezeichnung gemäß § 9 enthalten sind.** [3]**Es muss mindestens eine der Kurzbezeichnung entsprechende Zahl von Gesellschaftern, Angestellten oder freien Mitarbeitern auf den Briefbögen namentlich aufgeführt werden.**

(3) **Bei beruflicher Zusammenarbeit mit Angehörigen anderer Berufe sind die jeweiligen Berufsbezeichnungen anzugeben.**

(4) **Ausgeschiedene Kanzleiinhaber, Gesellschafter, Angestellte oder freie Mitarbeiter können auf den Briefbögen nur weitergeführt werden, wenn ihr Ausscheiden kenntlich gemacht wird.**

Schrifttum: *Deckenbrock,* Die endgültige Gleichstellung von Kanzlei und Zweigstelle?, AnwBl. 2013, 8; *Remmertz/Siegmund,* Die Angabe der Kanzleianschrift auf Zweigstellen-Briefbögen, BRAK-Mitt. 2013, 16; *Zastrow,* Der anwaltliche Briefbogen, BRAK-Mitt. 2009, 35.

I. Sonderregelung für Briefbögen

1 § 10 beinhaltet eine Sonderregelung hinsichtlich der Werbung durch Gestaltung der Briefbögen der Kanzlei (→ BRAO § 43b Rn. 41) und findet dazu in § 59b Abs. 2 Nr. 1e, 3, 4, 5a und 8 BRAO seine Ermächtigungsgrundlage (BGH NJW 2002, 1419 = MDR 2002, 667 = BGHR 2002, 438 mit Anm. *Johnigk* = BRAK-Mitt. 2002, 136 = AnwBl. 2002, 363, bestätigt durch BVerfG NJW 2002, 2163 = BRAK-Mitt. 2002, 182 mit Anm. *Huff;* AGH NRW BRAK-Mitt. 2001, 92). Abs. 1 und 4 aF wurden 2005 redaktionell geändert (BRAK-Mitt. 2005, 184); die bisherige Fassung wurde von der Satzungsversammlung am 6./7.11.2009 beschlossen und war seit 1.7.2010 in Kraft (BRAK-Mitt. 2010, 67). Als spezielle Vorschrift galt § 10 aF nur für Berufsausübungsgemeinschaften und konnte nicht auf Einzelpraxen angewandt werden (AnwG Hamm Beschluss vom 24.7.2003 – AR 15/02; VI/1289/02). § 10 Abs. 1 gilt nun auch für Einzelanwälte und regelt zudem im Zusammenhang mit der Errichtung von Zweigstellen aufgetretene Fragen. Mit der Aufhebung des Zweigstellenverbots musste § 10 an die Möglichkeit angepasst werden, dass Kanzleien zukünftig Zweigstellen unterhalten können. Zur Schaffung von Transparenz und wahrheitsgemäßen Informationen bis hin zur Klarstellung für den Rechtsverkehr, insbesondere der Information über die Zulassungsadresse eines Rechtsanwalts, bedurfte es der Änderung des § 10 aF wie vorgenommen. § 10 Abs. 1 wurde mit Beschluss der Satzungsversammlung am 15.4.2013 als Reaktion auf die Entscheidung des BGH vom 16.5.2012 (BGH NJW 2013, 314 = BRAK-Mitt. 2012, 275) um einen neuen S. 2 ergänzt, der seit 1.11.2013 in Kraft ist (BRAK-Mitt. 2013, 173; → Rn. 1a). Das Gebot, schon auf dem Briefbogen die Zusammensetzung einer Sozietät offenzulegen, dient der Kontrolle, ob widerstreitende Interessen vertreten werden, und hat deshalb präventive Bedeutung. Zudem hat die Gestaltung des Briefbogens als Maßnahme der Außendarstellung werbenden Charakter und unterfällt damit § 59b Abs. 2 Nr. 3 BRAO. Das Gebot, schon im Briefkopf die Zusammensetzung einer Sozietät offenzulegen, dient ferner iSd § 59b Abs. 2 Nr. 4 BRAO der Überprüfung, ob die Tätigkeitsverbote gemäß §§ 45, 46 Abs. 2 BRAO beachtet werden. Zudem wird dem Mandanten iSd § 59b Abs. 2 Nr. 5a BRAO Klarheit über den Vertragspartner verschafft und klärt die Außendarstellung der Zusammenarbeitenden iSd § 59b Abs. 2 Nr. 8 BRAO (BGH NJW 2002, 1419). § 10 Abs. 2 S. 1 und 3 steht auch materiell mit der Verfassung im Einklang. Die Vorschrift dient gewichtigen Belangen des Gemeinwohls, nämlich der Sicherung der Unabhängigkeit und haftungsrechtlichen Mitverantwortung der einzelnen Rechtsanwälte der Sozietät und dient dem Informationsinteresse der Rechtsuchenden. Sie ist auch in hohem Maße geeignet, diese Gemeinwohlinteressen zu wahren (BVerfG NJW 2002, 2163; BGH NJW 2002, 1419; BRAK-Mitt. 2007, 268; BVerfG BRAK-Mitt. 2009, 126 = AnwBl. 2009, 449). Als Sonderregelung für die Briefbögen der Kanzlei kann die Regelung nicht analog zB auf

die Gestaltung von Kanzleistempel, Praxisschilder pp. angewendet werden (Hartung/*v. Lewinski* § 10 Rn. 12; **aA** zu E-Mails Henssler/Prütting/*Henssler* § 10 Rn. 3). Wie die §§ 8, 9 ist § 10 eine Vorschrift iSv § 4 Nr. 11 UWG, die dazu bestimmt ist, im Interesse der Marktteilnehmer das Marktverhalten zu regeln (OLG Stuttgart BRAK-Mitt. 2005, 286).

II. Kanzleianschrift (Abs. 1)

Die Neufassung des § 10 im Jahr 2010 brachte es mit sich, dass § 10 Abs. 3 aF unter Erweiterung auf Zweigstellen nunmehr in Abs. 2 als S. 2 vorgezogen wurde und in S. 1 explizit geregelt ist, dass der Rechtsanwalt auf seinen Briefbogen seine Kanzleianschrift anzugeben hat. § 10 Abs. 1 regelt damit ausschließlich die Pflichten zur Angabe der Kanzleianschrift auf Briefbogen, sowohl für Einzelanwälte, Sozietäten pp., überörtlichen Zusammenschlüssen und Kanzleien mit Zweigstellen. Unter Kanzleianschrift ist dabei die vollständige Adresse iSd § 31 Abs. 3 BRAO zu verstehen. Nicht gemeint ist damit die ebenfalls in § 31 Abs. 3 BRAO gesondert erwähnte Anschrift von Zweigstellen. Daraus ergibt sich, dass auf dem Briefbogen der Hauptkanzlei (§ 27 Abs. 1 iVm § 31 BRAO) die Zulassungsanschrift, die auch für die Kammerzugehörigkeit und damit die berufsaufsichtliche Zuordnung ausschlaggebend ist, angeführt werden muss, nicht aber zwangsläufig die Verpflichtung besteht auf die Unterhaltung einer Zweigstelle und deren Anschrift hinzuweisen. Soweit aber unter der Anschrift der Zweigstelle korrespondiert wird oder gar eigene Briefbogen für die Zweigstelle Verwendung finden, ist es zur Vermeidung einer Irreführung (§ 5 Abs. 2 Nr. 3 UWG) und auch zur Klarstellung der Kammerzugehörigkeit, ebenso zum Ausschluss von Verwechslungen bei Namensgleichheit, notwendig, die Kanzleianschrift gesondert anzugeben (→ BRAO § 27 Rn. 29; so OLG Jena BRAK-Mitt. 2011, 156, aufgehoben durch BGH NJW 2013, 314 = BRAK-Mitt. 2012, 275). Der Zivilsenat des BGH hat dagegen in einem Einzelfall entschieden, dass die Angabe einer Zweigstelle genügt; der Begriff „Kanzleianschrift" iSv § 10 Abs. 1 S. 1 aF umfasse nicht nur die Anschrift der Kanzlei iSv § 27 Abs. 1 BRAO, sondern auch die Anschrift von Zweigstellen. Die Satzungsversammlung hat deshalb mit der Einfügung eines neuen S. 2 in Abs. 1 eine Rechtsgrundlage geschaffen und in § 10 Abs. 1 klarstellend definiert, dass der Rechtsanwalt die (Haupt-)Kanzlei, unter der er bei der zuständigen Rechtsanwaltskammer zugelassen ist (§ 27 BRAO), anzugeben hat. Aus den vorstehenden Gründen der Transparenz und des Gemeinwohls gilt Entsprechendes nach dem Wegfall des Verbots der Sternsozietät bei jeder Tätigkeit eines Rechtsanwalts in einer oder mehreren Sozietäten gesondert. 1a

Bei überörtlichen Zusammenschlüssen, gleich in welcher Rechtsform, zB bei überörtlichen Sozietäten, aber auch intraurbanen Sozietäten, Zweigniederlassungen einer Rechtsanwaltsgesellschaft (→ BRAO § 59i Rn. 1 ff.) usw. sah bereits § 10 Abs. 3 aF vor, dass für jeden auf den Briefbögen der Sozietät pp. Genannten (Abs. 2) jeweils seine Kanzleianschrift, dh die Postanschrift seiner Kanzlei, anzugeben ist. Soweit früher durch die Gestaltung der Briefbögen nicht der Eindruck erweckt werden durfte, dass ein Rechtsanwalt mehrere Kanzleien an verschiedenen Orten oder innerhalb eines Ortes unterhalte (EGH München BRAK-Mitt. 1992, 224) und Rechtsanwälte Briefbögen, auf denen unter ihren Namen mehrere Kanzleianschriften aufgeführt sind, auch dann nicht verwenden durften, wenn in einer die Eintragung in das Partnerschaftsregister betreffenden klein geschriebenen Fußleiste bestimmte Rechtsanwälte den einzelnen Kanzleien zugeordnet waren (BayAGH MDR 2002, 1280) ist dies nach Fortfall des Zweigstellenverbotes (§ 28 BRAO) bereits erledigt gewesen. 1b

III. Angabe der Namen sämtlicher Gesellschafter und „anderer Personen" (Abs. 2)

Auch bei Verwendung einer Kurzbezeichnung (§ 9) müssen im Falle einer Sozietät, Partnerschaft oder GmbH (vgl. § 59k BRAO) stets die Namen aller Gesellschafter auf den Briefbögen der Kanzlei erscheinen. Gemeint sind damit die bei einem deutschen Gericht zugelassenen Sozien (BVerfG NJW 2002, 2163; BGH NJW 2002, 1419). Dies gilt auch für ausländische Rechtsanwälte (§ 1 EuRAG; § 206 BRAO), sofern sie den Rechtsanwaltsberuf ständig in der Bundesrepublik ausüben wollen (AGH NRW BRAK-Mitt. 2001, 92). Das Aufführen der Namen aller Gesellschafter „auf den Briefbögen" kann in der Weise geschehen, dass die Namen aller Gesellschafter in der Randleiste oder auf der Rückseite des Kopfbogens, notfalls unter Verwendung eines weiteren Bogens, aufgeführt werden (BGH NJW 2002, 1419). Für die Sozietät in Form einer BGB-Gesellschaft, für die es kein Register gibt (vgl. § 31 BRAO), ist der Briefbogen 2 die eigentliche Informationsquelle über die Sozietätsmitglieder; bei der Partnerschaftsgesellschaft und der GmbH stehen zusätzlich das Partnerschaftsregister (§§ 4, 5 PartGG) und das Handelsregister dazu zur Verfügung (Hartung/*v. Lewinski* § 10 Rn. 27). § 10 Abs. 2 S. 1 steht nicht im Widerspruch zu § 10 Abs. 2 S. 3. Mit Abs. 2 S. 3 soll verhindert werden, dass die Anzahl der in der Kurzbezeichnung aufgeführten Personen größer ist als die Zahl der nach § 10 Abs. 2 S. 1 anzugebenden Gesellschafter, nicht aber von dem in S. 1 enthaltenen Gebot dispensiert werden (BGH NJW 2002, 1419 zum wortgleichen § 10 Abs. 1 aF; LG Arnsberg BRAK-Mitt. 2011, 102; LG Arnsberg BRAK-Mitt. 2011, 256). Da eine Kurzbezeichnung von zwei in einer Kanzlei tätigen Rechtsanwälten, der der Zusatz „... & Coll." folgt, den Anschein erweckt, als sei außer diesen beiden Rechtsanwälten noch mehr als nur ein weiterer Rechtsanwalt in der Kanzlei tätig, ist diese unzulässig, wenn dies nicht der Fall ist (NdsAGH BRAK-Mitt. 2003, 239). Die Verwendung des Zusatzes „... und Kollegen" ist daher nur zulässig, wenn auf dem Briefbogen über die in der Kurzbezeichnung genannten Sozien hinaus mindestens zwei weitere Gesellschafter, Angestellte oder freie Mitarbeiter namentlich aufgeführt werden (BVerfG BRAK-Mitt. 2009, 126; BGH BRAK-Mitt. 2007, 268; AGH NRW BRAK-Mitt. 2006, 176; LG Bielefeld BRAK-Mitt. 2012, 284; OLG Karlsruhe BRAK-Mitt. 2012, 180). Die Verwendung des Begriffs „Fachanwälte" als Zusatz zu einer Kurzbezeichnung einer überörtlichen Sozietät auf einem Praxisschild oder auf dem Briefkopf setzt voraus, dass eine dem Plural rechtfertigende Zahl von Sozietätsmitgliedern Fachanwälte sind. Nicht erforderlich ist es, dass an jedem Standort, an dem der Zusatz verwendet wird, ein oder mehrere Fachanwälte tätig sind (BGH BRAK-Mitt. 2007, 177 = AnwBl. 2007, 624 mit Anm.).

3 **Gesellschafter** sind iSd § 10 Abs. 2 nur die für die Gesellschaft aktuell tätigen Partner, nicht die früheren Gesellschafter (§ 9 Abs. 2 aF) und nicht die angestellten Rechtsanwälte und freien Mitarbeiter, letztere sind **„andere Personen"**. Die Namen „anderer Personen" **müssen** nur dann aufgeführt werden, **soweit sie in einer Kurzbezeichnung** geführt werden. Sind sie darin nicht enthalten, **können** sie aber aufgeführt werden.

4 Damit wird diesen angestellten Rechtsanwälten und freien Mitarbeitern die Möglichkeit eröffnet, ihrer Kanzleipflicht iSd § 27 BRAO in vollem Umfang nachzukommen (→ BRAO § 27 Rn. 23). Von allen nach § 10 Abs. 2 Aufzuführenden ist mindestens jeweils ein ausgeschriebener **Vorname** aufzuführen, um von vornherein Verwechslungsmöglichkeiten auszuschalten.

5 Daneben können **auch sonstige Zusätze** geführt werden wie akademische Grade, auch ausländische, soweit diese nach den deutschen gesetzlichen Bestimmungen geführt werden dürfen (vgl. *Fischer* StGB § 132a Rn. 8, 12).

6 Auch sonstige rechtsförmlich erworbene fachliche Qualifikationen wie „Architekt" (BVerfGE 82, 18 = NJW 1990, 2122, „Diplomingenieur" (BGHSt 34, 85 = NJW 1986, 3150; BGH BRAK-Mitt. 1987, 157) uÄ dürfen angeführt werden.

IV. Angehörige anderer Berufe (Abs. 3)

7 Bei einer beruflichen Zusammenarbeit mit Angehörigen anderer Berufe sind deren jeweilige Berufsbezeichnungen anzugeben. Dabei ist § 8 zu beachten, dh nur soweit nach § 8 die Kundgabe einer beruflichen Zusammenarbeit zulässigerweise erfolgt, müssen dann die jeweiligen Berufsbezeichnungen angegeben werden. § 10 Abs. 3 setzt die Zulässigkeit der beruflichen Zusammenarbeit und deren Kundgabe voraus, begründet sie nicht selbst. Da nach § 8 eine berufliche Zusammenarbeit in einer Sozietät pp. nur mit Angehörigen **sozietätsfähiger Berufe** zulässig ist, können über § 10 Abs. 3 auch nur die Berufsbezeichnungen sozietätsfähiger Berufe angegeben werden. Damit ist die Angabe „Diplom-Verwaltungswirt" als alleinige Berufsbezeichnung eines Mitarbeiters unzulässig (AGH NRW NJW-RR 2002, 1494). Nur soweit nach § 8 zulässigerweise auf eine **Kooperation** auch mit nicht sozietätsfähigen Personen hingewiesen werden darf (→ § 8 Rn. 6 ff.), darf auch nach § 10 Abs. 3 die Bezeichnung des nicht sozietätsfähigen Berufes angegeben werden. Damit soll für die Rechtsuchenden klargestellt werden, wer von den Angeführten kein Rechtsanwalt ist. Es ist daher nicht zu beanstanden, dass ein Anwaltsnotar, der mit einem Rechtsanwalt soziiert ist, auf seinen geschäftlichen Briefbögen die Bezeichnung „Rechtsanwalts- und Notarkanzlei" führt, wenn im Briefkopf zugleich deutlich herausgestellt wird, wer Rechtsanwalt und Notar und wer nur Rechtsanwalt ist (BGH NJW 1999, 428 = BRAK-Mitt. 1999, 99 = BB 1999, 179). Irreführende Bezeichnungen sind zu vermeiden und unzulässig (BGH NJW 2003, 346).

V. Ausgeschiedene Kanzleimitglieder (Abs. 4)

Nachdem die Namen Ausgeschiedener in der Kurzbezeichnung ohne Kenntlichmachung des Ausscheidens weitergeführt werden können (→ § 9 Rn. 7), bestimmt § 10 Abs. 4, dass deren Namen auf dem Briefbogen iSd Abs. 2 nur weitergeführt werden dürfen, wenn ihr Ausscheiden kenntlich gemacht wird, zB mit einem Kreuz neben dem Namen oder durch einen Zusatz wie „(bis 1989)". Es besteht aber keine Pflicht den Ausgeschiedenen, obwohl er in der Kurzbezeichnung weitergeführt wird, unter den Namen sämtlicher Gesellschafter und anderer Personen, die in einer Kurzbezeichnung enthalten sind, aufzuführen. 8

Es besteht nur das Recht dazu, dann aber mit Kenntlichmachung des Ausscheidens (aber → BRAO § 43b Rn. 44). Voraussetzung für die Fortführung eines Rechtsanwalts auf dem anwaltlichen Briefbogen ist, dass er in dieser Kanzlei in einer der in § 10 Abs. 4 genannten Funktion tätig gewesen ist, da nur dann ein „Ausscheiden" im Sinne der Bestimmung vorliegen kann und dass sein Ausscheiden im Briefkopf kenntlich gemacht wird. § 10 Abs. 4 gibt dem Rechtsanwalt kein Recht, Namen früherer Kanzleiinhaber auf dem Briefbogen weiter zu führen, wenn die ehemalige Kanzlei in Wirklichkeit nicht mehr besteht, sondern es sich um eine neu gegründete Rechtsanwaltskanzlei handelt. Anderenfalls kann eine nicht unerhebliche Zahl von Rechtssuchenden dazu verleitet werden, im Vertrauen auf eine tatsächlich nicht bestehende Tradition der Kanzlei gerade diese aufzusuchen und mit Mandaten zu betreuen (OLG Stuttgart BRAK-Mitt. 2005, 286; NdsAGH BRAK-Mitt. 2007, 33; LG Arnsberg BRAK-Mitt. 2011, 256). Gehörte ein ehemaliger Rechtsanwalt im Zeitpunkt der Namensfortführung schon mehr als acht Monate nicht mehr der Rechtsanwaltschaft an, handelt es sich bei den früheren Räumen der ehemaligen Kanzlei nicht mehr um eine fortbestehende Kanzlei. Eine Rechtsanwaltskanzlei kann iSd § 10 dort lediglich neu gegründet werden (NdsAGH BRAK-Mitt. 2007, 33). Die Fortführung des Namens eines Rechtsanwalts, der als Minister an der Ausübung seines Berufes gehindert ist, auf dem Briefbogen der von den Sozien fortgeführten Kanzlei mit dem Zusatz „Rechte aus der Zulassung ruhen" ist nicht zu beanstanden (BGH NJW 1997, 3238 = MDR 1998, 186 = WRP 1997, 1075; LG Aschaffenburg Urteil vom 16.12.1993 – 1 HKO 165/93). Wird auf dem Briefbogen einer Rechtsanwalts- oder Patentanwaltskanzlei in der Namensleiste der Name eines ausgeschiedenen, aber noch anderweitig tätigen Anwalts aufgeführt, liegt darin eine irreführende Werbung, wenn nicht gleichzeitig kenntlich gemacht wird, dass der Ausgeschiedene auch weiterhin als Anwalt tätig ist (BGH NJW 1997, 3236 = MDR 1998, 67 = ZIP 1997, 1763). 9

Dritter Abschnitt. Besondere Berufspflichten bei der Annahme, Wahrnehmung und Beendigung des Mandats

§ 11 Unterrichtung des Mandanten

(1) [1]**Der Rechtsanwalt ist verpflichtet, das Mandat in angemessener Zeit zu bearbeiten und den Mandanten über alle für den Fortgang der Sache wesentlichen Vorgänge und Maßnahmen unverzüglich zu unterrichten.** [2]**Dem Mandanten ist insbesondere von allen wesentlichen erhaltenen oder versandten Schriftstücken Kenntnis zu geben.**

(2) **Anfragen des Mandanten sind unverzüglich zu beantworten.**

Schrifttum: Antrag des Ausschusses 2 zur 7. Sitzung der 5. Satzungsversammlung; *Dahns,* Berufspflichten bei Wahrnehmung eines Mandats, NJW Spezial 2015, 318; *Fiebig,* Weiteres aus der Satzungsversammlung, BRAK-Mag. 2014, 5; *Giesen,* Überfällige Ergänzung des § 11 BORA, BRAK-Mitt. 2015, 87; *Lührig,* 5. Satzungsversammlung schafft Berufspflicht zur Mandatsarbeit, AnwBl. 2014, M 372.

I. Neufassung des Abs. 1 S. 1 nach Beschluss der 5. Satzungsversammlung vom 10./11.11.2014

1. Entstehungsgeschichte. In der 7. Sitzung der 5. Satzungsversammlung am 10./11.11.2014 wurde § 11 Abs. 1 S. 1 neu gefasst. Die Regelung ist am 1.7.2015 in Kraft getreten. Ermächtigungsgrundlage ist § 59b Abs. 2 Nr. 5 Buchst. a BRAO, der die Satzungsversammlung zur näheren Regelung der besonderen Berufspflichten im Zusammenhang mit der Annahme, Wahr- 1 nehmung und Beendigung eines Auftrags und damit zur nähren Regelung eines Teilbereichs der gewissenhaften Berufsausübung gemäß § 43 S. 1 BRAO ermächtigt.

2 **2. Änderung des Abs. 1 S. 1.** Bisher enthält § 11 nur eine Berufspflicht zur unverzüglichen Unterrichtung des Mandanten und zur unverzüglichen Beantwortung von Mandantenanfragen. Wer alle Anfragen des Mandanten unverzüglich beantwortet, gleichwohl aber untätig bleibt, begeht keine Berufspflichtverletzung. Wer den Mandanten unverzüglich darüber unterrichtet, was er zu tun gedenkt, die Ankündigung aber nicht realisiert, begeht ebenfalls keine Berufspflichtverletzung, da die bloße Untätigkeit jedenfalls nach § 11 keine Berufspflichtverletzung darstellt. Diese Differenzierung ist nicht verständlich, erst recht nicht für einen rechtsunkundigen Mandanten. Die Untätigkeit des Rechtsanwalts hat für den Mandanten regelmäßig weitaus gravierendere Nachteile als der Verstoß gegen die Pflicht zur unverzüglichen Unterrichtung des Mandanten, weil dieser Verstoß durch nachträgliche Unterrichtung geheilt werden kann, wohingegen die Untätigkeit dem Mandanten irreparable (Vermögens-) Schäden zufügen kann. Die Neufassung beseitigt diese Differenzierung durch Aufnahme der nicht angemessenen Untätigkeit als Berufspflichtverletzung. Untätigkeit führt zwar oft auch zu zivilrechtlichen Schadensersatzansprüchen. Das macht eine berufsrechtliche Sanktionierung aber nicht entbehrlich. Untätigkeit erschütterst das Vertrauen in die Integrität der Anwaltschaft auch dann, wenn kein Schaden eintritt. Die berufsrechtliche Sanktionierung zivilrechtlicher Pflichtverstöße ist der Berufsordnung nicht fremd, zB §§ 4, 23, 26 BORA. Auch der bisher geltende § 11 ist die berufsrechtliche Konkretisierung der Auskunfts- und Rechenschaftspflicht nach § 666 BGB (vgl. Satzungsversammlung Mat. 53/2014 Antragsbegründung; Satzungsversammlung Prot. 7/5, 42 ff.).

3 **3. Zeitmoment.** Mit der Formulierung „in angemessener Zeit" wird sichergestellt, dass Besonderheiten der anwaltlichen Tätigkeit Rechnung getragen wird und Untätigkeit im Interesse des Mandanten nicht sanktioniert werden kann. Die Berufsordnung darf keinen Aktionismus zu Lasten des Mandanten fordern. Die ursprüngliche Formulierung „das Mandat unverzüglich zu bearbeiten" wurde verworfen. Diese an § 121 BGB angelehnte Formulierung würde nicht hinreichend sicher ausschließen, dass eine im Interesse des Mandanten liegende Untätigkeit des Rechtsanwalts als schuldhafte Verzögerung angesehen werden könnte (Antragsbegründung des Ausschusses 2 zur 7. Sitzung der 5. Satzungsversammlung). Die Formulierung „in angemessener Zeit" ist ein unbestimmter Rechtsbegriff. Die künftige Rechtsprechung wird zeigen, wie die Formulierung ausgefüllt wird.

4 **4. Regelungsumfang.** Die Änderung erfasst nur das angenommene Mandat. Das ist selbstverständlich, weil ein Mandat nur dann besteht, wenn das Angebot auf Abschluss eines Mandatsvertrages auch angenommen wurde. Ein nicht angenommenes Mandat ist kein Mandat, sondern ein Fall des § 44 BRAO. Die Pflicht zur unverzüglichen Ablehnung eines Mandatsauftrags, die in § 44 BRAO geregelt ist, muss jedoch nicht erneut in eine Norm der Berufsordnung übernommen werden, weil sie bereits in § 44 BRAO normiert ist (vgl. Satzungsversammlung Mat. 53/2014, Antragsbegründung).

II. Unterrichtungspflicht (Abs. 1)

5 Die in § 11 enthaltenen Pflichten ergeben sich aus dem Auftragsverhältnis zwischen Mandant und Rechtsanwalt (§§ 666, 675 BGB; → § 44 BRAO Rn. 14 ff., 26 ff.). § 11 transformiert die danach bestehenden zivilrechtlichen Pflichten des Rechtsanwalts aus dem Geschäftsbesorgungsvertrag in das sanktionsbewehrte Berufsrecht. Die Unterrichtungspflicht des Rechtsanwalts ist eine Vorleistungspflicht; insoweit kann er kein Zurückbehaltungsrecht wegen eines eigenen Gegenanspruchs geltend machen (Palandt/*Sprau* BGB § 666 Rn. 1). Der Rechtsanwalt muss aufgrund der Regelung in Bezug auf die Bearbeitung der Sache Kontakt zum Mandanten halten (Henssler/Prütting/*Prütting* § 11 Rn. 3). Damit der Auftraggeber seinen Einfluss auf das Mandat sachgerecht ausüben kann, muss er über den jeweiligen Stand des Verfahrens informiert sein oder sich informieren können. Insoweit ist § 11 eine Mandantenschutzklausel (Gaier/Wolf/Göcken/*Zuck* § 11 Rn. 3). Die Unterrichtung hat unaufgefordert und **unverzüglich,** dh ohne schuldhaftes Zögern (§ 121 BGB), zu erfolgen.

6 Ausfluss der umfassenden **Auskunfts- und Rechenschaftspflicht** des Rechtsanwalts gegenüber seinem Mandanten nach § 666 BGB (→ § 44 BRAO Rn. 26) ist auch die in Abs. 1 S. 2

enthaltene Verpflichtung, dem Mandanten von allen **wesentlichen** erhaltenen (zB von Gerichten, Behörden, Anwalt der Gegenseite pp.) oder von ihm selbst in der Mandatssache versandten **Schriftstücken** Kenntnis zu geben. Schon im eigenen Interesse sollte der Rechtsanwalt den Begriff „wesentlich" nach eigenem pflichtgemäßen Ermessen weit auslegen und dem Mandanten alle in Betracht kommenden Schriftstücke übermitteln. Üblicherweise geschieht das, indem der Rechtsanwalt die mitgesandten Kopien erhaltener Schriftsätze pp. und Kopien eigener Schreiben dem Mandanten übersendet; hat er keine Kopien erhalten, hat er selbst eine Ablichtung herzustellen und dem Mandanten zuzuleiten (**aA** Henssler/Prütting/*Prütting* § 11 Rn. 7, ausreichend sei hier eine umfassende Information über den Inhalt, die auch fernmündlich erfolgen kann).

Aus dem besonderen Vertrauensverhältnis zwischen Rechtsanwalt und Mandant folgt, dass eine **Rechtsschutzversicherung** Auskunftsansprüche ihres Versicherten gegenüber einem Rechtsanwalt nur dann geltend machen kann, wenn der Versicherte seinen Anwalt zuvor von dessen Schweigepflicht entbunden hat (AG Frankfurt a. M. BRAK-Mitt. 2013, 130; AnwG Frankfurt BRAK-Mitt. 2012, 86). Schon aus dem Wortlaut von § 11 ergebe sich unmissverständlich, dass diese lediglich gegenüber Mandanten gilt. § 11 habe ausschließlich die Funktion, die Rechtsposition des Mandanten gegenüber dem Rechtsanwalt zu stärken und ist daher eine reine Mandantenschutzvorschrift, die mangels vertraglicher Beziehungen zwischen Rechtsschutzversicherer und Rechtsanwalt keine Anwendung findet (*Dahns* BRAK-Mitt. 2012, 100; *Borgmann/Jungk/Schwaiger* S. 78 ff.). Zum fehlenden Auskunftsanspruch des Rechtsschutzversicherers → § 44 Rn. 29; Gaier/Wolf/Göcken/*Zuck* BRAO § 43/§ 11 Rn. 7 Fn. 9; Hartung/*Scharmer* § 11 Rn. 9; **aA** *Schulz* NJW 2010, 1729. 7

III. Beantwortungspflicht (Abs. 2)

Auch die Pflicht, **Anfragen des Mandanten** unverzüglich (→ Rn. 5) zu beantworten, ergibt sich bereits aus dem Mandatsverhältnis (§ 666 BGB). Dabei ist es gleichgültig, ob die Anfrage (fern-) mündlich oder schriftlich gestellt wurde. Die Praxis zeigt, dass ein Großteil der Mandantenbeschwerden sich gegen fehlende oder unzureichende Auskunftserteilung durch den eigenen Rechtsanwalt richtet. Diese Vorwürfe sind daher oft Gegenstand von Rüge- und anwaltsgerichtlichen Verfahren. § 11 soll diesem Missstand entgegenwirken. Auch das Nichttätig werden eines Rechtsanwalts kann als berufsrechtlicher Verstoß nach § 11 geahndet werden (AnwG Köln Urteil vom 14.5.2014 – 10 EV 140/13, Kammer-Forum 3/2014, 109). Damit der Rechtsanwalt seine Pflicht nach § 11 Abs. 2 erfüllen kann, muss er seine Kanzlei so organisieren, dass der Mandant den Rechtsanwalt in zumutbarer Zeit erreichen kann (Henssler/Prütting/*Prütting* § 11 Rn. 10). Neben dem Unterrichtungsrecht kann der Mandant nach § 810 BGB gegen den Rechtsanwalt ein Einsichtsrecht in dessen Handakten haben. Das Einsichtsrecht ist ein zivilrechtlicher Anspruch und kann nicht nach § 11 Abs. 2 geahndet werden. 8

§ 12 Umgehung des Gegenanwalts

(1) **Der Rechtsanwalt darf nicht ohne Einwilligung des Rechtsanwalts eines anderen Beteiligten mit diesem unmittelbar Verbindung aufnehmen oder verhandeln.**

(2) **[1] Dieses Verbot gilt nicht bei Gefahr im Verzuge. [2] Der Rechtsanwalt des anderen Beteiligten ist unverzüglich zu unterrichten; von schriftlichen Mitteilungen ist ihm eine Abschrift unverzüglich zu übersenden.**

Schrifttum: *Dahns,* Anwaltliches Berufsrecht für anwaltliche Insolvenzverwalter, NJW Spezial 2014, 254; *Hartung,* Das anwaltliche Umgehungsverbot, AnwBl. 2007, 64; *Nasse,* Die Geltung des berufsrechtlichen Umgehungsverbotes für den in eigener Sache und als Partei kraft Amtes tätigen Rechtsanwalt, BRAK-Mitt. 2007, 14; *Steike,* Das anwaltliche Umgehungsverbot bei Vertretung in eigener Sache, NJW 2007, 1411; *Thümmel,* Die Umgehung des Gegenanwalts und die Vertretung in eigener Sachen, NJW 2011, 1850.

Übersicht

I. Schutzzweck

1 Das Umgehungsverbot ist mit Art. 12 Abs. 1 GG vereinbar (BVerfG NJW 2001, 3325; 2009, 829 = BRAK-Mitt. 2009, 73 mit Anm. *Kirchberg*). Es dient auch nach den Ausführungen des BVerfG dem Schutz des gegnerischen Mandanten vor Überrumpelung, jedoch nicht dem Schutz der anwaltlichen Kollegialität; daher gilt es aber nicht ohne Weiteres, wenn in der mündlichen Verhandlung vor Gericht die gegnerische Partei, deren Anwalt nicht anwesend ist, über einen Vergleich verhandelt. In dieser Lage habe das Gericht darauf zu achten, dass ein unerfahrener und ungewandter Beteiligter nicht benachteiligt werde (BVerfG NJW 2001, 3325; 2009, 829 = BRAK-Mitt. 2009, 73 mit Anm. *Kirchberg*).

2 Das aufgrund der Ermächtigung in § 59b Abs. 2 Nr. 8 BRAO zur Regelung der „Pflichten bei beruflicher Zusammenarbeit" in § 12 konkretisierte Umgehungsverbot ist zum Schutz des Gemeinwohlinteresses an einer **Funktionsfähigkeit der Rechtspflege** und an einem **fairen Verfahren** erforderlich und dient neben dem Schutz des gegnerischen Anwalts vor Eingriffen in sein Mandatsverhältnis (insoweit verneineint von OLG Köln BRAK-Mitt. 2003, 194), insbesondere auch dem Schutz des gegnerischen Mandanten (BGH NJW 2003, 3692 = MDR 2004, 117 mit Anm. *Kilian* = BRAK-Mitt. 2004, 42 = AnwBl. 2004, 126; AnwG Karlsruhe BRAK-Mitt. 2004, 181; AGH NRW BRAK-Mitt. 2011, 156). Dieser soll davor geschützt werden, dass er vom Gegenanwalt überraschend persönlich angesprochen und in Unkenntnis der bestehenden Rechtslage ohne rechtliche Beratung durch seinen Anwalt zur Abgabe irgendwelcher ihn möglicherweise benachteiligender Erklärungen veranlasst wird. Auch als Schutz vor Überrumpelung und als **Grundnorm des fair play** handelt es sich um eine für die Funktionsfähigkeit einer geordneten Rechtspflege unerlässliche Regelung (BVerfG NJW 2001, 3325; BGH NJW 2003, 3692; AnwG Hamm BRAK-Mitt. 2001, 195; Hartung/Römermann/*Hartung* § 12 Rn. 2; *Feuerich* AnwBl. 1988, 588). In diesem Zusammenhang kommt es nicht darauf an, ob die Gegenseite geschäftserfahren ist. Auch einer geschäftserfahrenen Gegenparteien soll Gelegenheit gegeben werden, Rechtsfragen, mögliche Auskünfte, Forderungen der Gegenseite etc. mit dem von ihnen beauftragten Rechtsanwalt vorher zu erörtern und zu beraten (AGH NRW Urteil vom 1.10.2010, BRAK-Mitt. 2011, 156). In der Umgehung liegt eine Missachtung des Willens der Gegenpartei zur Wahrnehmung ihres Rechts, sich anwaltlich vertreten zu lassen (vgl. § 3 Abs. 3 BRAO). Bei Rechtshängigkeit der Sache kommt eine Erschwerung des Prozessbetriebs hinzu (*Jähnke* NJW 1988, 1888, 1893).

II. Grundsätzliches Umgehungsverbot (Abs. 1)

3 § 12 Abs. 1 wendet sich nicht gegen den Inhalt des abgeschlossenen Rechtsgeschäfts sondern gegen die Umstände seines Abschlusses (BGH MDR 2004, 420). Abs. 1 will sicherstellen, dass der Gegenanwalt grundsätzlich nicht umgangen werden darf (vgl. auch die dazu klarere Formulierung in § 19 der „Düsseldorfer Regeln" AnwBl. 1988, 522), es sei denn, dieser selbst habe dazu vorher sein Einverständnis (§ 183 BGB) erklärt.

4 Unter **„Rechtsanwalt eines anderen Beteiligten"** ist der für den Gegner tätige Rechtsanwalt aber auch dessen Sozien, dessen angestellte Anwälte und freie Mitarbeiter zu verstehen. Ist eine Sozietät auf der Gegenseite tätig, liegt aber allein in dem Umstand, dass der Rechtsanwalt nicht den sachbearbeitenden Sozius auf der anderen Seite anspricht, sondern einen von dessen Sozien, keine Umgehung des Gegenanwalts. Zur Umgehung des Rechtsanwalts durch den nichtanwaltlichen Gegner (BGH BRAK-Mitt. 2011, 256, nur Ls.).

5 Ob der **in eigener Sache tätige Rechtsanwalt** an § 12 gebunden ist, ist umstritten. Wie nach § 2 Abs. 3 sogar die Grundpflicht zur anwaltlichen Verschwiegenheit (§ 43a Abs. 2 BRAO) bei der Durchsetzung oder Abwehr von Ansprüchen aus dem Mandatsverhältnis nicht gilt, so ist der Rechtsanwalt bzgl. des Umgehungsverbotes in eigenen Rechtsangelegenheiten nicht schlechter gestellt als jede andere Partei. Ebenso wie es dieser erlaubt ist, mit ihrem Gegner unmittelbar in Verbindung zu treten und zu verhandeln, steht dieses Recht in eigener Sache auch dem Rechtsanwalt zu (*Hartung* AnwBl. 2007, 64). Beauftragt der Mandant einen anderen Rechtsanwalt mit der Klärung der offenstehenden Honorarfragen, dann darf der Rechtsanwalt gleichwohl mit seinem früheren Mandanten über seine Gebührenforderung verhandeln (**aA** *Lingenberg/Hummel/Zuck/Eich* § 24 Rn. 13; *Steike* NJW 2007, 1411). Anders wird zu entscheiden sein, wenn der Rechtsanwalt auch für die Tätigkeit in eigener Sache sein anwaltliches Geschäftspapier

und nicht sein privates Briefpapier benutzt oder sonst zu erkennen gibt, dass er auch in der eigenen Sache „anwaltlich“ tätig sein will.

Entsprechend wird es zu behandeln sein, wenn er als **Partei kraft Amtes** tätig wird. Auch dann wird darauf abzustellen sein, ob er als Rechtsanwalt oder als Partei auftritt (*Nasse* BRAK-Mitt. 2007, 14). Nach wie vor umstritten, ist die Frage, ob ein Rechtsanwalt im Rahmen einer Tätigkeit als **Insolvenzverwalter** dem anwaltlichen Berufsrecht unterliegt. Der Bayerische AGH hat diese Frage in einem konkreten Einzelfall in Bezug auf das Umgehungsverbot des § 12 bejaht (BayAGH BeckRS 2014, 07509; *Dahns* NJW Spezial 2014, 254). In diesem Fall hatte der Berufsträger sein Tätigwerden als Insolvenzverwalter gegenüber dem Mandanten gerade nicht von seiner Kerntätigkeit als Anwalt getrennt, sondern sich im Gegenteil sogar explizit auf diese berufliche Kompetenz berufen (**aA** Gaier/Wolf/Göcken/*Zuck* § 12 Rn. 8). Der BGH hat mit Beschluss vom 29.12.2014 (AnwZ (BrfG) 24/14) die Berufung des Klägers zugelassen. 6

Das Umgehungsverbot betrifft nur die Rechtssache, mit der beide Rechtsanwälte auf verschiedenen Seiten befasst sind. Sind zwei Rechtsanwälte in einer Mietsache einerseits für den Vermieter und der andere für den Mieter tätig, gilt insoweit das Verbot des § 12 Abs. 1. Das hindert den Anwalt des Mieters aber nicht, Ansprüche seines Mandanten aus einem Verkehrsunfall gegen den Vermieter gegenüber diesem unmittelbar anzusprechen, wenn dieser sich insoweit nicht anwaltlich vertreten lässt. § 12 Abs. 1 betrifft nur den Fall einer anwaltlichen Vertretung der Parteien in derselben Angelegenheit (Hartung/Römermann/*Hartung* § 12 Rn. 9). Der Nachfolger im Mandat, **bei Anwaltswechsel,** ist kein Gegenanwalt iSd § 12, so dass der bisher beauftragte Anwalt mit seinem früheren Mandanten unmittelbar noch über die Gründe der Mandatsbeendigung und offene Honorarfragen sprechen darf (*Lingenberg/Hummel/Zuck/Eich* § 24 Rn. 12). 7

Eine Umgehung des Gegenanwalts liegt in jeder **unmittelbaren Kontaktaufnahme** des Anwalts mit der Gegenpartei. Das gilt nicht nur dann, wenn die Initiative dazu von dem Anwalt ausgeht, sondern auch dann, wenn die gegnerische Partei sich unter Ausschaltung ihres eigenen Anwalts unmittelbar an den Gegenanwalt wendet und mit ihm über die Sache sprechen oder verhandeln will. Lässt der gegnerische Anwalt sich auf solche Gespräche ein, verstößt er gegen § 12 Abs. 1, wenn er sich nicht vergewissert, dass die gegnerische Partei das Mandatsverhältnis zum eigenen Anwalt gelöst hat (LAG Köln BeckRS 2014, 71648; AnwG Karlsruhe BRAK-Mitt. 2004, 181; Hartung/Römermann/*Hartung* § 12 Rn. 10). Ein Verstoß gegen das Umgehungsverbot ist auch gegeben, wenn ein Rechtsanwalt mit einem anwaltlich vertretenen gegnerischen Mandanten ein spontanes Gespräch führt, in welchem erst im Verlaufe auch ein noch anhängiger Gerichtsprozess angesprochen wird. Der Rechtsanwalt ist dann verpflichtet, in dem Augenblick, in dem ein laufender Rechtsstreit vom gegnerischen Mandanten angesprochen wird, sich sofort einer weiteren Teilnahme an diesem Gespräch zu enthalten (AnwG Karlsruhe BRAK-Mitt. 2006, 39). Auch dann, wenn ein Rechtsanwalt bei einem Anschreiben des Gegenanwalts kein Ergebnis oder sogar ein „Mauern“ erwartet, darf er sich nicht unmittelbar an die Gegenpartei wenden (AGH NRW BRAK 2011, 156). Das Umgehungsverbot gilt nicht in der mündlichen Verhandlung (BVerfG AnwBl. 2009, 223). 8

„Einwilligung“ ist iSv § 183 BGB zu verstehen. Gegen das Umgehungsverbot wird deshalb – für den Regelfall des Abs. 1 – nur dann nicht verstoßen, wenn die Einwilligung vor der Kontaktaufnahme erklärt worden ist (Gaier/Wolf/Göcken/*Zuck* BORA § 12 Rn. 20; → Rn. 13). 9

Das Verbot der Umgehung des Gegenanwalts kann nicht nur vorsätzlich, sondern auch **fahrlässig** verletzt werden (AnwG Köln AnwBl. 2009, 134; SächsAGH AnwBl. 2015, 525). 10

§ 12 gilt ausschließlich für Rechtsanwälte. Eine Verpflichtung der Partei, eine unmittelbare Kontaktaufnahme zum anwaltlich vertretenen Gegner zu unterlassen, ergibt sich weder aus § 12 noch aus § 172 ZPO (BGH BRAK-Mitt. 2011, 156). 11

III. Ausnahme bei Gefahr im Verzug (Abs. 2)

Bei Gefahr im Verzug darf der Rechtsanwalt entgegen Abs. 1 unmittelbar mit der Gegenseite in Verbindung treten. Gefahr im Verzug zu Lasten der eigenen Partei ist nur dann anzunehmen, wenn ihr bei Beachtung des Umgehungsverbots wesentliche wirtschaftliche oder rechtliche Nachteile entstehen würden, die für sie unzumutbar wären (Hartung/Römermann/*Hartung* § 12 Rn. 14; Gaier/Wolf/Göcken/*Zuck* § 12 Rn. 22). Das gilt zB auch, wenn einseitige Willens- 12 erklärungen oder fristgebundene Erklärungen abzugeben sind und nicht feststeht, ob der gegnerische Anwalt dazu befugt ist, diese entgegenzunehmen, so dass zu befürchten ist, der gegnerische Anwalt werde die Erklärung zurückweisen (§ 180 BGB; Hartung/Römermann/*Hartung* § 12 Rn. 15). Abs. 2 enthält – vom Fall der Einwilligung abgesehen – eine abschließende Ausnahmeregelung zu Abs. 1. Bei einer Ausnahme ist die enge Auslegung systematisch geboten. Gefahr im Verzug besteht aber nicht schon dann, wenn der gegnerische Rechtsanwalt – vorübergehend – nicht erreichbar ist. Selbst wenn ein Gegenanwalt durch Ausübung seines Mandats Rechtsvorschriften oder vertragliche Verpflichtungen verletzt, darf der Anwalt in diesem Fall nicht zur Selbsthilfe greifen und für sich das Umgehungsverbot außer Kraft setzen. Nur Gerichte und Behörden – nicht auch Anwälte – haben ein Zurückweisungsrecht, wenn Anwälte gegen Rechtsnormen verstoßen (AnwG Karlsruhe BRAK-Mitt. 2004, 181).

13 War der Rechtsanwalt nach Abs. 2 S. 1 ausnahmsweise berechtigt, mit der Gegenseite unmittelbar Kontakt aufzunehmen, muss er dann den gegnerischen Anwalt darüber unverzüglich, dh ohne schuldhaftes Zögern (§ 121 Abs. 1 BGB) **unterrichten** und ihm von schriftlichen Mitteilungen an seinen Mandanten **Abschriften** bzw. Kopien übersenden (Abs. 2 S. 2).

14 Hat der Rechtsanwalt mit **Einwilligung** des gegnerischen Anwalts mit dessen Mandant unmittelbar Kontakt aufgenommen, was regelmäßig zulässig ist, dann ist § 12 Abs. 2 S. 2 entsprechend anzuwenden (so Hartung/Römermann/*Hartung* § 12 Rn. 22; **aA** Henssler/Prütting/*Henssler* § 12 Rn. 8).

IV. Rechtsfolgen

15 Ein Verstoß gegen § 12 kann iVm §§ 43, 74, 113 ff. BRAO je nach Schwere des Verstoßes zu einer **Rüge** oder zu **anwaltsgerichtlichen Maßnahmen** führen; es genügt grundsätzlich schuldhaftes Verhalten (AnwG Köln AnwBl. 2010, 134; **aA** Hartung/Römermann/*Hartung* § 12 Rn. 23, der für die Bejahung eines Verstoßes eine vorsätzliche Verletzung voraussetzt).

16 **Auf die Wirksamkeit** von Rechtsgeschäften, Willenserklärungen oder Rechtshandlungen, die im Rahmen eines nach § 12 pflichtwidrigen Kontakts zustande kommen, hat der Verstoß **keine Auswirkungen.** Ein Verstoß gegen das in § 12 Abs. 1 bestimmte Verbot führt weder zur Nichtigkeit eines verbotswidrig zu Stande gekommenen Vertrages nach § 134 BGB noch ohne weitere Umstände zu seiner Nichtigkeit nach § 138 Abs. 1 BGB (BGH NJW 2003, 3692 = MDR 2004, 117 mit Anm. *Kilian* = AnwBl. 2004, 126; → § 1 Rn. 6). Im Einzelfall kann es jedoch der Partei, deren Anwalt gegen § 12 verstoßen hat, nach § 242 BGB verwehrt sein, sich auf ein solches Rechtsgeschäft zu berufen, sofern es nur aufgrund einer Überrumpelungssituation zustande gekommen ist (Henssler/Prütting/*Henssler* § 12 Rn. 10).

17 Die § 12 missachtende unmittelbare Kontaktaufnahme mit dem anwaltlich vertretenen Gegner löst **keinen wettbewerbsrechtlichen Unterlassungsanspruch** aus. § 12 ist als wettbewerbsrechtlich neutrale Norm anzusehen, die grundsätzlich keinen Schutz vor anwaltlicher Konkurrenz bietet. Dass sie als wertbezogene Norm anzusehen ist (BVerfG NJW 2001, 3325), besagt nicht, dass sie auch Schutz vor anwaltlicher Konkurrenz bieten soll (→ § BRAO 43b Rn. 7; → § 1 Rn. 7). Ein Verstoß gegen das Umgehungsverbot begründet auch keinen unmittelbaren Eingriff in die Berufsausübung, sondern führt allenfalls zu einer mittelbaren Beeinträchtigung. Eine solche wird nicht vom Schutzzweck des § 823 Abs. 1 BGB erfasst (OLG Nürnberg BRAK-Mitt. 2004, 288 = AnwBl. 2004, 656; OLG Köln NJW-RR 2003, 783 = BRAK-Mitt. 2003, 194).

§ 13 *[aufgehoben]*

1 Der frühere § 13 war, wie das BVerfG gemäß § 31 Abs. 2 BVerfGG mit Gesetzeskraft festgestellt hat, mit Art. 12 Abs. 1 GG unvereinbar und damit **nichtig** (BVerfGE 101, 312 = NJW 2000, 347 = MDR 2000, 175 mit Anm. *Zuck* BRAK-Mitt. 2000, 36 = AnwBl. 2000, 122). Der Tenor des Urteils wurde nach § 31 Abs. 2 BVerfGG am 24.1.2000 im BGBl. I S. 54 veröffentlicht. Das BVerfG hat festgestellt, die Vorschrift überschreite die der Satzungsversammlung gezogenen Grenzen für satzungsmäßige Regelungen mit Außenwirkung auch für Nicht-Berufs-

angehörige (→ BRAO § 59b Rn. 2, 3, 17), weil sich der Ermächtigungsnorm des § 59b BRAO nicht entnehmen lässt, dass die Handlungsspielräume der Prozessparteien nach §§ 330 ff. ZPO durch Satzungsrecht der Anwaltschaft eingeengt werden dürfen. Insoweit verstößt die Regelung gegen den Vorbehalt des Gesetzes. Sie missachtet zugleich den Vorrang, der den zivilprozessualen Regelungen des Versäumnisverfahrens zukommt, indem § 13 das in der ZPO ausgeformte Versäumnisverfahren für die Fälle anwaltlicher Vertretung auch der Gegenseite ändert. In der BRAO – insbesondere in § 59b BRAO – fehlen Hinweise dafür, dass das autonom gesetzte Berufsrecht ein Abweichen von den jeweiligen Prozessordnungen, hier der §§ 330 ff. ZPO erlauben könnte, wenn die Parteien durch Rechtsanwälte vertreten sind. Diese Mängel des § 13 lassen sich auch nicht durch eine verfassungskonforme Auslegung des § 13 vermeiden (BVerfGE 101, 312 = NJW 2000, 347).

Die Nichtigkeit der Norm des § 13 führt auch nicht zu einer Regelungslücke. Für die mit der 2 Norm beabsichtigte Sicherung eines Mindestmaßes an kollegialer Rücksichtnahme unter Rechtsanwälten (Hartung/Römermann/*Nerlich,* 4. Aufl. 2008, InsO § 13 Rn. 1–5 zur geschichtlichen Entwicklung der Norm) bleibt weiter Raum. Das BVerfG (BVerfGE 101, 312 = NJW 2000, 347) führt dazu aus: „Schon der Mandatsvertrag verpflichtet den Anwalt, das Versäumnisurteil nur dann zu erwirken, wenn es im konkreten Fall tatsächlich den Interessen seines Mandanten entspricht. Dies ergibt sich bereits aus § 1 Abs. 3. Kein Rechtsanwalt ist durch die Zivilprozessordnung gezwungen, ein Versäumnisurteil zu beantragen; insoweit bleibt auch Raum für kollegiale Rücksichtnahme".

Ausdrücklich wurde die Regelung nun durch Beschluss der 4. Satzungsversammlung in 3 Berlin vom 25./26.6.2010 mit Wirkung ab 1.3.2011 (BRAK-Mitt. 2010, 253) **aufgehoben.**

Der Gesetztestext lautete: 4

§ 13 *Versäumnisurteil*

Der Rechtsanwalt darf bei anwaltlicher Vertretung der Gegenseite ein Versäumnisurteil nur erwirken, wenn er dies zuvor dem Gegenanwalt angekündigt hat; wenn es die Interessen des Mandanten erfordern, darf er den Antrag ohne Ankündigung stellen.

§ 14 Zustellungen

[1] Der Rechtsanwalt hat ordnungsgemäße Zustellungen entgegenzunehmen und das Empfangsbekenntnis mit dem Datum versehen unverzüglich zu erteilen. [2] Wenn der Rechtsanwalt bei einer nicht ordnungsgemäßen Zustellung die Mitwirkung verweigert, muss er dies dem Absender unverzüglich mitteilen.

Schrifttum: *Borgmann,* Zustellungen, Bekanntgaben und zugehörige anwaltliche Dokumentationspflichten, AnwBl. 1992, 266; *ders.,* Der Anwalt und seine Büroorganisation, AnwBl. 1996, 464; *ders.,* Zustellungen gegen Empfangsbekenntnis, BRAK-Mitt. 1998, 270; *Buranski,* Elektronischer Rechtsverkehr: Das Ende des Empfangsbekenntnisses?, AnwBl. 2013, 96; *Dahns,* Pflicht zur Rücksendung des Empfangsbekenntnisses, NJW-Spezial 2014, 127; *ders,* Empfangsbekenntnis ohne Beweiskraft, NJW-Spezial 2014, 286; *ders,* Verweigerung der Mitwirkung bei Zustellung von Anwalt zu Anwalt, NJW Spezial 2014, 414; *Mohr,* Rücksendeverpflichtungen nicht frankierter Empfangsbekenntnisse, BRAK-Mitt. 1995, 185; *Reinelt,* Anwaltliches Empfangsbekenntnis, ZAP 2014, 1097; *Strauß,* Nicht frankierte Empfangsbekenntnisse – Ein Nachtrag, BRAK-Mitt. 1995, 185; *Steiner,* Zur Verpflichtung des Anwaltes an der Zustellung von Anwalt zu Anwalt, BRAK-Mitt. 2014, 294; *Weyland,* Rücksendeverpflichtung nicht frankierter Empfangsbekenntnisse auswärtiger Gerichte, BRAK-Mitt. 1994, 207.

I. Berufsrechtliche Pflicht zur Mitwirkung

Die auf der Ermächtigung in § 59b Abs. 2 Nr. 6b BRAO beruhende Vorschrift fasst die 1 früheren Regelungen der §§ 12 und 27 der Grundsätze des anwaltlichen Standesrechts (→ BRAO § 43 Rn. 1–3) ohne inhaltliche Änderungen zusammen. Sowohl in Fällen der Zustellung von Rechtsanwalt zu Rechtsanwalt (§ 195 ZPO; → Rn. 2) als auch in Fällen der Zustellungen von Amts wegen (§§ 166 ff., 174 ZPO; § 5 Abs. 2 VwZG; § 56 Abs. 2 VwGO; §§ 46, 50 ArbGG; AGH NRW BRAK-Mitt. 2005, 199) hat der Rechtsanwalt eine Pflicht zur Entgegennahme ordnungsgemäßer Zustellungen. Die **Ordnungsmäßigkeit der Zustellung** (Definition in § 166 ZPO) bestimmt sich nach den jeweiligen Verfahrensordnungen. Die Zustellung ist wirksam erfolgt, wenn der Rechtsanwalt das zuzustellende Schriftstück/Dokument mit dem Willen entgegengenommen hat, es als zugestellt anzunehmen. Auschlaggebend ist danach nicht der Zugang des Dokuments in der Kanzlei des Rechtsanwalts, sondern die von dessen Willen getragene Annahme, das Dokument als zugestellt zu behandeln (Hartung/*Scharmer* § 14 Rn. 12).

2 Das Empfangsbekenntnis – 1879 eingeführt – wird auch im **elektronischen Rechtsverkehr** nicht überflüssig. Ab 2016 erhalten alle Rechtsanwälte ein elektronisches Postfach. Nicht akzeptabel war das Vorhaben des Gesetzgebers, die Zustellung gegen Empfangsbekenntnis durch eine automatisierte elektronische Zustellung zu ersetzen. Die gerichtsseitige Zustellung von Dokumenten ist als fristauslösendes Ereignis von besonderer Bedeutung und birgt erhebliche Haftungsrisiken für den Rechtsanwalt (*Filges* BRAK-Mitt. 2013, 1). Diesem Anliegen hat der Gesetzgeber schließlich in § 174 Abs. 4 ZPO Rechnung getragen. Ab 1.1.2018 gilt die Neuregelung in § 174 ZPO mit der Zustellung gegen Empfangsbekenntnis oder automatisierter Eingangsbestätigung für Rechtsanwälte.

3 Bisher war es einhellige Auffassung, dass § 14 auch in Fällen der Zustellung von **Anwalt zu Anwalt** Anwendung findet, da dieser Zustellungsweg auch der Zustellung von Amts wegen gleich steht (*Hartung/Scharmer* § 14 Rn. 11; *Reinelt* ZAP 2014, 1097). Ein Rechtsanwalt ist verpflichtet, ein Empfangsbekenntnis, das ihm von einem anderen Rechtsanwalt im Wege der Zustellung von Anwalt zu Anwalt zulässigerweise per Telefax übermittelt worden ist, unverzüglich zurückzusenden (AnwG Köln, Beschl. v. 21.1.2014, BRAK 2014, 82). Das AnwG Düsseldorf hat dagegen (NJW Spezial 2014, 414; BRAK-Mitt. 2014, 204) entschieden, dass § 14 auf Zustellungen von Anwalt zu Anwalt keine Anwendung finden soll. Die Mitwirkung an solchen Zustellungen in Kenntnis des anderslautenden Willens des Mandanten sei vielmehr strafbarer Parteiverrat (BRAK-Mitt. 2014, 204; *Böttcher* Berliner AnwBl. 2014, 241). Auf Berufung hin wurde das Urteil des AnwG Düsseldorf am 7.11.2014 durch den AGH NRW (BRAK-Mitt. 2015, 94) bestätigt. Da Revision zugelassen wurde, ist das Urteil bei Erstellung des Manuskripts noch nicht rechtskräftig. Die Rechtsprechung des AnwG Düsseldorf ist umstritten. Die in § 14 geregelte Mitwirkungspflicht bei ordnungsgemäßen Zustellungen umfasst auch die Zustellung von Anwalt zu Anwalt umfasst (*Vorstand* Berliner AnwBl. 2014, 275; *Steiner* BRAK-Mitt. 2014, 294; NJW 2015, 890 mit Anm. *Lauda*).

4 Zum **Nachweis der Zustellung** reicht das mit Datum und Unterschrift versehene schriftliche Empfangsbekenntnis des Rechtsanwalts. Zur Beweisfunktion des Empfangsbekenntnisses vgl. BVerfG NJW 2001, 1563; BGH NJW 2006, 1206 = AnwBl. 2006, 358. Das schriftliche oder künftig elektronische Empfangsbekenntnis des Rechtsanwalts oder seines zur Entgegennahme eines zuzustellenden Dokumentes bevollmächtigten Vertreters dient dem Nachweis der Zustellung.

4a Die **Form** des Empfangsbekenntnisses, insbesondere die Beifügung eines vorgefertigten Empfangsbekenntnisses schreibt das Gesetz bislang nicht vor. Der Empfang kann auch in einem Schriftsatz, in welchem auf das übermittelte Dokument Bezug genommen wird, bestätigt werden. Wird das Empfangsbekenntnis als elektronisches Dokument erteilt, soll es mit einer qualifizierten elektronischen Signatur nach dem Signaturgesetz versehen werden (§ 174 Abs. 4 ZPO). Für die **Wirksamkeit** der Zustellung ist entscheidend, dass der Adressat schriftlich bestätigt, das empfangene Schriftstück/Dokument zu einem bestimmten Zeitpunkt mit dem Willen entgegengenommen zu haben, es als zugestellt gelten zu lassen (amtliche Begründung zu § 174 ZPO nF, BT-Drs. 14/4554, 18).

5 Allein das **Fehlen einer Datumsangabe** auf einem unterschriebenen und an das die Zustellung veranlassende Gericht zurückgesandten Empfangsbekenntnis ist nicht geeignet, Zweifel an der Empfangsbereitschaft des Zustellungsadressaten aufkommen zulassen. Da es im Übrigen auch ohne Datumsangabe des Adressaten regelmäßig möglich ist, das Datum der Zustellung anhand des Eingangsstempels bei Gericht zu ermitteln bzw. zu konkretisieren, besteht kein hinreichender Grund mehr, allein wegen eines solchen Mangels der Urkunde die Wirksamkeit der Zustellung zu verneinen (BGH BRAK-Mitt. 2005, 240). Die **Unterzeichnung** darf nur durch den Rechtsanwalt, den amtlichen Vertreter (→ BRAO § 53 Rn. 42 ff.), einen nach § 30 BRAO bestellten Zustellungsbevollmächtigten (→ BRAO § 30 Rn. 16) oder seinen Abwickler (→ BRAO § 55 Rn. 17 ff.) erfolgen.

6 Der empfangende Rechtsanwalt kann sich dabei durch einen Rechtsanwalt, zB einem Sozius **vertreten** lassen, nicht aber durch einen sonstigen Bevollmächtigten (BGH NJW 1982, 1650 = MDR 1982, 917). Wenn der Rechtsanwalt nach dem Verfahrensrecht auch nicht zur Mitwirkung an diesen Formen der vereinfachten Zustellung verpflichtet ist, ist er es aber nach § 14 berufsrechtlich unter den dort genannten Voraussetzungen. Zur Geltung des § 14 auch für Kammerrechtsbeistände → BRAO § 209 Rn. 16; → § 34 Rn. 4.

II. Pflicht zur Mitwirkung nur an ordnungsgemäßen Zustellungen

Berufsrechtlich muss der Rechtsanwalt nur an **ordnungsgemäßen Zustellungen** nach §§ 174, 195 ZPO, § 5 Abs. 2 VwZG mitwirken, dh an solchen, die den jeweiligen verfahrensrechtlichen Vorschriften entsprechen. Ob dazu auch die Beifügung eines **frankierten Empfangsbekenntnisses** gehört (Hartung/*Scharmer* § 14 Rn. 26; *Strauß* BRAK-Mitt. 1995, 185; *Mohr* BRAK-Mitt. 1995, 185; *Schneider* ZAP 1996, 802), ist umstritten. *Scharmer* weist aber aufgrund des 2002 eingefügten § 174 Abs. 4 ZPO mit Recht darauf hin, dass der Gesetzgeber dabei davon ausgegangen sei, der Adressat habe die Kosten der Rücksendung zu tragen. § 174 ZPO enthält diesbezüglich keine Beschränkung bzw. Differenzierung. Dies hat auch eine Reihe von Rechtsanwaltskammern veranlasst, die Rücksendung nicht frankierter Empfangsbekenntnisse zu verlangen (Hartung/*Scharmer* § 14 Rn. 26; *Kleine-Cosack* § 14 Rn. 3). Der Kanzleizweck, das Zustellungen, Mitteilungen und sonstige Nachrichten an einen Rechtsanwalt gerichtet werden können, setzt eine **taugliche Zustellanschrift** voraus. Eine Zustellmöglichkeit ist dann nicht gewährleistet, wenn ein Rechtsanwalt kein Kanzlei- oder Namensschild und auch keinen Briefkasten unterhält (AGH Bln BRAK-Mitt. 2014, 31). 7

Will der Rechtsanwalt bei einer in nicht ordnungsgemäßen Zustellung seine **Mitwirkung verweigern,** darf er nicht einfach untätig bleiben. Er darf dann zwar seine Mitwirkung (Unterzeichnung und Rücksendung des Empfangsbekenntnisses) verweigern, muss das aber dem Absender **unverzüglich** (§ 121 Abs. 1 BGB) mitteilen, damit dieser eine andere Form der Zustellung wählen kann. Es ist fehlerhaft, wenn ein Anwalt eine wiederholte Aufforderung des Gerichts, den Empfang des Urteils auf einem beigefügten Empfangsbekenntnis zu bestätigen, durch Unterzeichnung und Rücksendung des Empfangsbekenntnisses befolgt, statt mitzuteilen, dass er bereits ein unterzeichnetes Empfangsbekenntnisses zurückgesandt hat (BGH BRAK-Mitt. 2004, 161). 8

§ 15 Mandatswechsel

(1) **Der Rechtsanwalt, der das einem anderen Rechtsanwalt übertragene Mandat übernimmt, hat sicherzustellen, dass der früher tätige Rechtsanwalt von der Mandatsübernahme unverzüglich benachrichtigt wird.**

(2) **Der Rechtsanwalt, der neben einem anderen Rechtsanwalt ein Mandat übernimmt, hat diesen unverzüglich über die Mandatsmitübernahme zu unterrichten.**

(3) **Abs. 1 und 2 gelten nicht, wenn der Rechtsanwalt nur beratend tätig wird.**

I. Regelungsgegenstand

Die auf der Ermächtigung in § 59b Abs. 2 Nr. 5a BRAO beruhende Satzungsvorschrift regelt neben dem eigentlichen Mandatswechsel (Abs. 1) die zusätzliche Beauftragung eines weiteren Anwalts (Abs. 2) und die Fälle eines zusätzlichen Beratungsmandates (Abs. 3). 1

II. Beauftragung eines „neuen" Rechtsanwalts (Abs. 1)

Da der Mandant grundsätzlich jederzeit den Mandatsvertrag (→ BRAO § 44 Rn. 14 ff.) mit einem Rechtsanwalt kündigen kann (§ 627 BGB; → BRAO § 44 Rn. 39), wird es immer wieder vorkommen, dass nach dem ursprünglich beauftragten ein anderer Rechtsanwalt **an dessen Stelle** mit der weiteren Mandatsbearbeitung beauftragt wird. § 15 Abs. 1 erlegt in diesen Fällen dem neu beauftragten Rechtsanwalt gegenüber dem früher beauftragten Anwalt bestimmte Pflichten auf. Zwar darf er das Mandat annehmen, bevor der Mandant das frühere Mandat gekündigt hat, er muss aber sicherstellen, dass dieser **unverzüglich,** dh ohne schuldhaftes Zögern (§ 121 Abs. 1 BGB) über die Mandatsübernahme und die Kündigung seines Mandatsverhältnisses **unterrichtet** wird, braucht dies aber nicht notwendigerweise selbst zu tun. Der neue Anwalt muss lediglich die Benachrichtigung sicherstellen. Abs. 1 schreibt aber nicht vor, wer die Benachrichtigung vornehmen muss. 2

Ob der Auftraggeber das Mandatsverhältnis zu seinem früheren Anwalt (rechtswirksam) beendet hat, darum muss sich der neue Anwalt – berufsrechtlich – nicht kümmern. Das ist ausschließlich Sache des Mandanten (Gaier/Wolf/Göcken/*Zuck* § 15 Rn. 7). Die Übernahme des Mandates ist weder davon abhängig, dass der Mandant dem zuerst beauftragten Rechtsanwalt bereits 3 gekündigt, dessen Kostennote ausgeglichen hat, noch davon dass der früher Beauftragte mit der Beendigung einverstanden ist (Hartung/*Scharmer* § 15 Rn. 15 ff.). Es soll sichergestellt werden, dass der bislang in einem Mandat tätige Rechtsanwalt vor einer Überrumpelung und einer unnötigen, da von dem Mandanten nicht mehr gewünschten, Mehrarbeit geschützt wird. Gleichzeitig soll damit aber auch der Mandant geschützt werden, indem sichergestellt wird, dass das bisherige Mandat gekündigt wird und er so vor doppelten, sich unter Umständen widersprechenden Prozesshandlungen seiner Anwälte und vor entsprechenden Kostennoten des neuen und seines bisherigen nicht gekündigten Rechtsanwalts gesichert ist (Hartung/*Scharmer* § 15 Rn. 19).

4 Beauftragt der Mandant den zweiten Rechtsanwalt unter **Vorlage der Handakten** des bisher beauftragten Rechtsanwalts, kann dieser regelmäßig davon ausgehen, dass das erste Mandat ordnungsgemäß beendet wurde, da der erste Anwalt offenbar keinen Grund hatte von einem eventuellen Zurückbehaltungsrecht (§ 50 Abs. 3 BRAO) Gebrauch zu machen (**aA** Henssler/Prütting/*Prütting* § 15 Rn. 5) Im Übrigen muss der neu übernehmende Rechtsanwalt selbst sicherstellen, dass der früher tätige Rechtsanwalt von seiner Mandatsübernahme unverzüglich Kenntnis erhält. Dies wird regelmäßig – verbunden mit der Bitte um Überlassung der Handakten (aber → BRAO § 50 Rn. 24) – per Brief, Telefax, Mail oder auch (fern-)mündlich geschehen können (Hartung/*Scharmer* § 15 Rn. 13).

III. Beauftragung eines weiteren Rechtsanwalts (Abs. 2)

5 Will ein Mandant **neben** seinem bisherigen Rechtsanwalt einen weiteren Rechtsanwalt mit der Wahrnehmung seiner Interessen beauftragen, was grundsätzlich zulässig ist (vgl. aber § 137 Abs. 1 S. 2 StPO), so hat dieser **persönlich** den bisher schon beauftragten Anwalt darüber **unverzüglich** (§ 121 Abs. 1 BGB) **zu unterrichten.** Da diese nunmehr gemeinsam Beauftragten zusammenarbeiten müssen, ist die persönliche Unterrichtung sachgerecht. Zwar ist die Übernahme des weiteren Mandates nicht von der Zustimmung des in der Sache bereits tätigen Rechtsanwalts abhängig, ist er aber mit der weiteren Mandatierung nicht einverstanden, kann er das Mandat kündigen oder den Mandanten vor die Wahl zwischen den beiden von ihm beauftragten Rechtsanwälten stellen. Im Ergebnis müssen somit beide Rechtsanwälte mit der gemeinsamen Vertretung einverstanden sein (Hartung/*Scharmer* § 15 Rn. 22–26). Scheitert die Zusammenarbeit zwischen den Anwälten, so fragt sich, welcher der beiden das Mandat niederlegen muss. Berufsrechtliche Regelungen gibt es dafür nicht. Die Entscheidung muss zivilrechtlich dem Auftraggeber überlassen bleiben (Gaier/Wolf/Göcken/*Zuck* § 15 Rn. 11).

IV. Zusätzliches Beratungsmandat (Abs. 3)

6 Ein Rechtsanwalt, der nur beratend tätig werden soll, sei es neben (Abs. 2) oder statt (Abs. 1) eines anderen Rechtsanwalts, unterliegt nach Abs. 3 keinerlei Unterrichtungspflichten gegenüber dem anderen Kollegen.

§ 16 Prozesskostenhilfe und Beratungshilfe

(1) **Der Rechtsanwalt ist verpflichtet, bei begründetem Anlass auf die Möglichkeiten von Beratungs- und Prozesskostenhilfe hinzuweisen.**

(2) **Der Rechtsanwalt darf nach Bewilligung von Prozesskostenhilfe oder bei Inanspruchnahme von Beratungshilfe von seinem Mandanten oder Dritten Zahlungen oder Leistungen nur annehmen, die freiwillig und in Kenntnis der Tatsache gegeben werden, dass der Mandant oder der Dritte zu einer solchen Leistung nicht verpflichtet ist.**

Schrifttum: *Buschbell,* Anwalt und Prozessfinanzierung, AnwBl. 2004, 435; *ders.,* Prozessfinanzierung als Instrument der Anspruchsverfolgung, AnwBl. 2006, 825; *Enders,* Beratungshilfe und Vergütungsvereinbarung, JurBüro 2014, 225 (Teil I) und JurBüro 2014, 281 (Teil II); *Frechen/Kochheim,* Fremdfinanzierung von Prozessen gegen Erfolgsbeteiligung, NJW 2004, 1213; *Kilian,* Gedanken zur Kostenrechtsmodernisierung II: Prozesskosten- und Beratungshilfe, AnwBl. 2014, 46; *Lissner,* Die neue Honorar- und Vergütungsvereinbarung in der Beratungshilfe, AG/Spezial 2014, 1; *Mayer,* Vergütungsvereinbarung: Neues bei Beratungshilfe, pro bono und Erfolgshonorar, AnwBl. 2013, 311; *Nickel,* PKH – Das neue Prozesskostenhilferecht, MDR 2013, 890; *Reckin,* Wann der Staat jetzt noch Rechtsrat finanziert – was Anwälte wissen sollten, AnwBl. 2013, 889; *Seltmann/Dahns,* Pro Bono-Tätigkeit, NJW-Spezial 2012, 702; *Siebert/Nagata,* Prozessfinanzierung – Etabliertes Institut auf dem Rechtsmarkt?, BRAK-Mitt. 2007, 49; *Wilde,* Prozessfinanzierer – Das Risikogeschäft kommt in Schwung, BRAK Magazin 2/2002, 4; *Zuck,* Praktische Hinweise zur Beratungshilfe, NJW 2012, 2170.

I. Hinweispflicht (Abs. 1)

§ 16 ergänzt aufgrund der Ermächtigung in § 59b Abs. 2 Nr. 5a BRAO die Vorschriften der §§ 48, 49a BRAO (vgl. dort Anm.). Aus der sich aus dem Anwaltsdienstvertrag ergebenden Pflicht des Rechtsanwalts zur allgemeinen, umfassenden und möglichst erschöpfenden Beratung und Belehrung (→ BRAO § 44 Rn. 17) folgt, dass er den Mandanten über die Voraussetzungen der Beratungs- und Prozesskostenhilfe bei **begründetem Anlass** auch ungefragt aufklären muss. Dies wird immer dann gegeben sein, wenn für den Rechtsanwalt aus den Umständen erkennbar wird, sein Mandant könne zu dem anspruchsberechtigten Personenkreis gehören (Hartung/*Hartung* § 16 Rn. 12). Nachforschung oder gar Kontrollpflichten hat der Rechtsanwalt jedoch nicht. § 16 transformiert diese allgemeine zivilrechtliche Verpflichtung in das sanktionsbewehrte Berufsrecht (zu der Verpflichtung im Übrigen → BRAO § 48 Rn. 1; → BRAO § 49a Rn. 9 ff.). § 16 erwähnt nur die Möglichkeit der PKH/Beratungshilfe, jedoch nicht den Hinweis auf die Möglichkeit der **Prozesskostenfinanzierung.** Eine Pflicht aus § 16 erfolgt nicht; diese ergibt sich aber aus den anwaltlichen Pflichten zur gewissenhaften Berufsausübung (Gaier/Wolf/Göcken/*Zuck* § 16 Rn. 10). 1

II. Forderungsverbot (Abs. 2)

Sofern eine Finanzierungshilfe bewilligt ist, besteht grundsätzlich das Verbot für den Rechtsanwalt, Leistungen des Mandanten oder Dritten anzunehmen (Henssler/Prütting/*Henssler* § 16 Rn. 6). Das Gebot des Abs. 2 nach Bewilligung von Prozesskostenhilfe oder bei Inanspruchnahme von Beratungshilfe nur **freiwillige Leistungen** anzunehmen, bedeutet, dass der Rechtsanwalt solche Leistungen nicht fordern darf (→ BRAO § 48 Rn. 13; → BRAO § 49a Rn. 16). Dies gilt auch nur dann, wenn der Leistende die fehlende Rechtspflicht dazu kennt. Freiwillig bedeutet in diesem Zusammenhang, dass der Rechtsanwalt nicht den Eindruck erweckt haben darf, dass er die Rechtssache nur gegen eine „Sonderleistung" optimal fördern werde. Die Freiwilligkeit entfällt daher nicht nur, wenn der Rechtsanwalt eine Leistung direkt gefordert hat, sondern auch, wenn der Mandant oder ein Dritter aus dem Verhalten des Rechtsanwalts darauf schließen durfte, dass dieser eine Leistung erwartet (Henssler/Prütting/*Henssler* § 16 Rn. 7). Die Pflichten des Rechtsanwalts aus § 58 Abs. 2 RVG bei Erhalt von Zahlungen oder Leistungen seines Mandanten oder Dritter bleiben unberührt. 2

Durch das am 1.1.2014 in Kraft getretene **Gesetz zur Änderung des Prozesskostenhilfe- und Beratungshilferechts** (BT-Drs. 17/1172 und 17/13538) sollen nach dem Willen des Gesetzgebers für den Rechtsanwalt Anreize geschaffen werden. Diese sollen darin bestehen, nach früherer Rechtslage ausgeschlossene Vergütungsvereinbarungen zu treffen oder gar ein Mandat auf Erfolgshonorarbasis anbieten zu können (*Lissner* AG-Spezial 2014, 1). Entsprechende Regelungen wurden nun in den Bestimmungen § 8 Abs. 2 BerHG, §§ 3a, 4, 4a RVG aufgenommen. Ebenfalls durch das Gesetz zur Änderung des Prozesskostenhilfe- und Beratungshilferechts kann der Rechtsanwalt, wenn die Voraussetzungen für die Bewilligung von Beratungshilfe vorliegen, ganz auf eine Vergütung verzichten. Es besteht für den Rechtsanwalt nunmehr nach § 4 Abs. 1 S. 3 und 4 RVG die Möglichkeit, eine Beratung „pro bono", also umsonst, wahrzunehmen (*Lissner* AG-Spezial 2014, 1). 3

§ 16a Ablehnung der Beratungshilfe

(1) **(aufgehoben)**

(2) **Der Rechtsanwalt ist nicht verpflichtet, einen Beratungshilfeantrag zu stellen.**

(3) [1]**Der Rechtsanwalt kann die Beratungshilfe im Einzelfall aus wichtigem Grund ablehnen oder beenden.** [2]**Ein wichtiger Grund kann in der Person des Rechtsanwaltes selbst oder in der Person oder dem Verhalten des Mandanten liegen.** [3]**Ein wichtiger Grund kann auch darin liegen, dass die Beratungshilfebewilligung nicht den Voraussetzungen des Beratungshilfegesetzes entspricht.** [4]**Ein wichtiger Grund liegt insbesondere vor, wenn**

a) **der Rechtsanwalt durch eine Erkrankung oder durch berufliche Überlastung an der Beratung/Vertretung gehindert ist;**
b) **(aufgehoben)**
c) **der beratungshilfeberechtigte Mandant seine für die Mandatsbearbeitung erforderliche Mitarbeit verweigert;**

d) das Vertrauensverhältnis zwischen Anwalt und Mandant aus Gründen, die im Verhalten oder in der Person des Mandanten liegen, schwerwiegend gestört ist;
e) sich herausstellt, dass die Einkommens- und/oder Vermögensverhältnisse des Mandanten die Bewilligung von Beratungshilfe nicht rechtfertigen;
f) (aufgehoben)
g) (aufgehoben)

Übersicht

I. Regelungsgegenstand

1 § 16a wurde durch Beschluss der 2. Sitzung der 4. Satzungsversammlung vom 14.11.2008 eingefügt (BRAK-Mitt. 2009, 64). Die Ermächtigungsgrundlage für § 16a, der in Zusammenhang mit § 49a Abs. 1 zu verstehen ist, findet sich in § 59b Abs. 2 Nr. 5a. Die Regelung sieht vor, dass der Rechtsanwalt nicht verpflichtet ist einen Beratungshilfeantrag zu stellen und die Beratungshilfe im Einzelfall aus wichtigem Grund abgelehnt werden kann. Die Regelung verfolgt das Ziel, mit Hilfe eines Regelungskatalogs zu konkretisieren, wann ein wichtiger Grund vorliegt, um die Beratungshilfe im Einzelfall abzulehnen oder beenden zu können (Gaier/Wolf/Göcken/*Zuck* § 16a Rn. 6).

II. Entstehungsgeschichte

2 § 16a als berufsrechtliche Regelung zum Verhalten von Rechtsanwälten bei der Bewilligung von Beratungshilfe wurde mit folgendem Text in der 4. Satzungsversammlung vom 14.11.2008 beschlossen (BRAK-Mitt. 2009, 64):

(1) Der Rechtsanwalt ist nicht verpflichtet, vor Vorlage eines Berechtigungsscheines und Zahlung der Beratungshilfegebühr nach Nr. 2500 VV RVG die Beratungshilfeleistung zu erbringen.

(2) Der Rechtsanwalt ist nicht verpflichtet, einen Beratungshilfeantrag zu stellen.

(3) Der Rechtsanwalt kann die Beratungshilfe im Einzelfall aus wichtigem Grund ablehnen oder beenden. Ein wichtiger Grund kann in der Person des Rechtsanwaltes selbst oder in der Person oder dem Verhalten des Mandanten liegen. Ein wichtiger Grund kann auch darin liegen, dass die Beratungshilfebewilligung nicht den Voraussetzungen des Beratungshilfegesetzes entspricht. Ein wichtiger Grund liegt insbesondere vor, wenn

a) der Rechtsanwalt durch eine Erkrankung oder durch berufliche Überlastung an der Beratung/Vertretung gehindert ist oder es ihm auf dem Rechtsgebiet, auf dem Beratungshilfe gewünscht wird, an hinreichenden Rechtskenntnissen oder an Erfahrung fehlt;
b) der beratungshilfeberechtigte Mandant seine Eigenleistung nach einmaliger Mahnung nicht erbringt;
c) der beratungshilfeberechtigte Mandant seine für die Mandatsbearbeitung erforderliche Mitarbeit verweigert;
d) das Vertrauensverhältnis zwischen Anwalt und Mandant aus Gründen, die im Verhalten oder in der Person des Mandanten liegen, schwerwiegend gestört ist;
e) sich herausstellt, dass die Einkommens- und/oder Vermögensverhältnisse des Mandanten die Bewilligung von Beratungshilfe nicht rechtfertigen;
f) Beratungshilfe in einem Beratungshilfeschein für eine nicht konkret bezeichnete Angelegenheit bewilligt wurde;
g) Beratungshilfe in einem Beratungshilfeschein für mehrere Angelegenheiten bewilligt wurde.

3 Damit sollte die in der Praxis entstandene Unsicherheit, wann ein in § 49a Abs. 1 S. 2 BRAO zur Voraussetzung gemachter wichtiger Grund für die Ablehnung von Beratungshilfe vorliegt, beseitigt und mit Hilfe eines Regelungskatalogs konkretisiert werden, wann die Beratungshilfe im Einzelfall abgelehnt oder beendet werden darf (*Dahns* BRAK-Magazin 6/2008, 9).

4 Das BMJV hat mit Bescheid vom 12.3.2009 Teile des § 16a wie folgt **aufgehoben** (BRAK-Mitt. 2009, 64):

- § 16a Abs. 1;
- in § 16a Abs. 3 S. 4 lit. a die Wörter „oder es ihm auf dem Rechtsgebiet, auf dem Beratungshilfe gewünscht wird, an hinreichenden Rechtskenntnissen oder an Erfahrung fehlt;
- § 16a Abs. 3 S. 4 lit. b;
- § 16a Abs. 3 S. 4 lit. f;
- § 16a Abs. 3 S. 4 lit. g.

Zur **Begründung** wurde ausgeführt (BRAK-Mitt. 2009, 64):

Zu Nr. 1: § 16a Abs. 1 BORA-E regelt zwei Sachverhalte, die beide nicht mit höherrangigem Recht vereinbar sind. 5

a) Die Regelung in § 16a Abs. 1 Alt. 1 BORA-E, nach der der Rechtsanwalt nicht verpflichtet sein soll, vor Vorlage eines Berechtigungsscheins die Beratungshilfeleistung zu erbringen, verstößt gegen § 49a Abs. 1 BRAO iVm § 4 Abs. 2 S. 4 BerHG aF (neu in § 4 Abs. 6 BerHG). Nach § 49a Abs. 1 BRAO ist der Rechtsanwalt verpflichtet, die in dem Beratungshilfegesetz vorgesehene Beratungshilfe zu übernehmen. Das Beratungshilfegesetz eröffnet dem Rechtsuchenden die Möglichkeit, sich wegen Beratungshilfe unmittelbar an einen Rechtsanwalt zu wenden und den Beratungshilfeantrag nachträglich zu stellen, § 4 Abs. 2 S. 4 BerHG aF (nun § 4 Abs. 6 BerHG). Der Rechtsanwalt ist daher verpflichtet, in diesen Fällen die Beratungshilfe schon vor Vorlage eines Berechtigungsscheins zu erbringen. Die beschlossene Satzungsregelung, die den Rechtsanwalt abweichend hiervon von der Verpflichtung freistellen möchte, die Beratungshilfe zu erbringen, widerspricht den gesetzlichen Regelungen. 6

b) Die Regelung in § 16a Abs. 1 Alt. 2 BORA-E, nach der der Rechtsanwalt nicht verpflichtet sein soll, Beratungshilfe vor Zahlung der Beratungshilfegebühr zu erbringen, verstößt gegen § 49a Abs. 1 BRAO. Wenn sich ein bedürftiger Rechtsuchender wegen Beratungshilfe an einen Rechtsanwalt wendet, ist dieser gemäß § 49a Abs. 1 S. 1 BRAO verpflichtet, die Beratungshilfe zu gewähren, also das Beratungshilfemandat anzunehmen. Der Rechtsanwalt ist in diesen Fällen vorleistungspflichtig (§ 614 BGB). Er hat zwar nach § 9 RVG das Recht, für die Beratungshilfegebühr einen Vorschuss zu verlangen. Weigert sich der Rechtsuchende, einen geforderten Vorschuss zu zahlen, berechtigt dies den Anwalt, anders als in der beanstandeten Satzungsregelung vorgesehen, jedoch nicht in jedem Fall zur Ablehnung von Beratungshilfe. Es muss vielmehr im Einzelfall abgewogen werden, ob Gründe vorliegen, die zur Ablehnung von Beratungshilfe berechtigen. Beratungshilfe darf nur im Einzelfall aus wichtigem Grund abgelehnt werden (§ 49a Abs. 1 S. 2 BRAO). Ein wichtiger Grund liegt vor, wenn dem Rechtsanwalt unter Berücksichtigung aller Umstände des Einzelfalls und unter Abwägung der beiderseitigen Interessen die Gewährung von Beratungshilfe nicht zugemutet werden kann (vgl. § 314 Abs. 1 BGB). Zum Beispiel kann der Rechtsanwalt bei völlig mittellosen Rechtsuchenden oder bei eilbedürftigen Angelegenheiten verpflichtet sein, Beratungshilfe zu leisten, auch wenn der Rechtsuchende die Beratungshilfegebühr nicht zahlt. 7

Zu Nr. 2: Die Regelung in § 16a Abs. 3 S. 4 **lit. a** Alt. 3 BORA-E, nach der der Anwalt berechtigt sein soll, Beratungshilfe wegen nicht hinreichender Rechtskenntnisse oder fehlender Erfahrung abzulehnen, verstößt gegen § 49a Abs. 1 BRAO. Beratungshilfe kann wegen fehlender hinreichender Rechtskenntnisse oder Erfahrung nicht stets, sondern nur im Einzelfall abgelehnt werden, wenn dies einen wichtigen Grund darstellt. Es gibt Fälle, in denen trotz nicht hinreichender Rechtskenntnisse oder fehlender Erfahrung Beratungshilfe geleistet werden muss. Dies ist beispielsweise der Fall, wenn eine Einarbeitung in die Thematik in zumutbarer Weise möglich oder die fehlende Erfahrung für die Bearbeitung des Falls nicht hinderlich ist. 8

Zu Nr. 3: Die Regelung in § 16a Abs. 3 S. 4 **lit. b** BORA-E verstößt gegen § 49a Abs. 1 BRAO. Die ausbleibende Zahlung der Beratungshilfegebühr trotz Mahnung führt nicht in jedem Fall dazu, dass der Rechtsanwalt die Beratungshilfeleistung ablehnen darf. Eine Ablehnung der Beratungshilfe ist nur im Einzelfall aus wichtigem Grund möglich (§ 49a Abs. 1 S. 2 BRAO). Auf die Begründung zu Nr. 1b wird verwiesen. 9

Zu Nr. 4: Die Regelung in § 16a Abs. 3 S. 4 **lit. f** BORA-E verstößt gegen § 49a Abs. 1 BRAO. Ein wichtiger Grund zur Ablehnung von Beratungshilfe liegt nicht vor, wenn eine Angelegenheit im Beratungshilfeschein nicht konkret bezeichnet worden ist. Über den Antrag auf Beratungshilfe entscheidet das Amtsgericht (§ 4 Abs. 1 S. 1 BerHG). Es ist Aufgabe des Gerichts, die Angelegenheiten im Berechtigungsschein zu bezeichnen, für die Beratungshilfe gewährt wird (§ 6 Abs. 1 BerHG). Das Beratungshilfegesetz sieht eine Überprüfung durch den Rechtsanwalt insofern nicht vor. Er ist an die Entscheidung des Gerichts gebunden. Nachteile für den Rechtsanwalt bei der Kostenfestsetzung, die ihn möglicherweise berechtigen könnten, Beratungshilfe aus wichtigem Grund abzulehnen, weil eine Angelegenheit nicht konkret im Berechtigungsschein bezeichnet wird, ergeben sich hieraus nicht. Denn der Berechtigungsschein legt nicht fest, wie viele Angelegenheiten im gebührenrechtlichen Sinne vorliegen. Die Entscheidung über die Frage, ob der Anwalt Beratungshilfegebühren für eine oder mehrere Angelegenheiten erhält, wird unabhängig von der Angabe der Angelegenheit im Berechtigungsschein im Kostenfestsetzungsverfahren getroffen. 10

11 **Zu Nr. 5:** Die Regelung in § 16a Abs. 3 S. 4 **lit. g** BORA-E verstößt gegen § 49a Abs. 1 BRAO. Es liegt kein wichtiger Grund iSd § 49a Abs. 1 BRAO vor. Die Aufnahme mehrerer Angelegenheiten in einen Berechtigungsschein zieht keine nachteiligen gebührenrechtlichen Folgen nach sich. Der Berechtigungsschein legt nicht bindend fest, wie viele Angelegenheiten im gebührenrechtlichen Sinne vorliegen. Auf die Begründung zu Nr. 4 wird verwiesen.

12 Die zunächst nicht verkündeten Beschlüsse zu § 16a (BRAK-Mitt. 2009, 64) wurden schließlich ohne die beanstandeten Teile veröffentlicht und § 16a ist am 1.9.2009 in Kraft getreten (BRAK-Mitt. 2009, 120).

III. Keine Verpflichtung (Abs. 2)

13 **Abs. 2** konkretisiert § 49a Abs. 1 S. 1 und stellt klar, dass der Rechtsanwalt nicht verpflichtet ist, einen Antrag nach § 4 BerHG beim Amtsgericht zu stellen. § 49a erhebt nur die Übernahme des Beratungshilfemandats zur Berufspflicht. Die Beantragung der Beratungshilfe jedoch ist Sache des Rechtsuchenden. Nur der Rechtsuchende kennt seine Vermögensverhältnisse. Der Anwalt kann den Mandanten für die Antragstellung auch auf die Geschäftsstelle des Gerichts verweisen. Nach § 4 Abs. 2 BerHG kann der Antrag auch mündlich gestellt werden. Die berufsrechtlich fehlende Verpflichtung zur Stellung eines Beratungshilfeantrags schließt es andererseits nicht aus, dass der Anwalt dennoch für den Mandanten die Antragstätigkeit übernimmt. Gebühren kann er dafür nicht geltend machen (§ 8 BerHG). Relevant wird § 16a Abs. 2 in Fällen, in denen der Rechtsanwalt an der Beratungshilfeberechtigung des Rechtsuchenden zweifelt und berechtigterweise eine Beratung ohne Berechtigungsschein ablehnt (Henssler/Prütting/*Henssler* § 16a Rn. 4).

IV. Wichtiger Grund (Abs. 3)

14 **Abs. 3** konkretisiert – jedoch mit einem nicht abschließenden Katalog („insbesondere") – die Generalklausel des § 49a Abs. 1 S. 2 BRAO um personenunabhängige Fallgestaltungen, die neben den allgemeinen Ablehnungsgründen (Interessenkollision und Versagungsgründe nach §§ 45–47 BRAO) einschlägig sein können. § 49a Abs. 1 S. 1 BRAO begründet einen Kontrahierungszwang für den Rechtsanwalt, der die Beratungshilfe aufgrund Gesetzes übernehmen muss (→ BRAO § 49a Rn. 8). Der Rechtsanwalt kann jedoch die Beratungshilfe im Einzelfall aus wichtigen Grund ablehnen (§ 49a Abs. 1 S. 2 BRAO). Wer die Befugnis hat, einen Auftrag abzulehnen, hat auch die Befugnis ihn zu beenden, wenn ein wichtiger Grund vorliegt. § 16a Abs. 3 dient dazu, den Begriff des **wichtigen Grundes** zu konkretisieren (Henssler/Prütting/*Henssler* § 16a Rn. 5).

15 Ob ein wichtiger Grund vorliegt, ergibt sich insbesondere aus den **vier Fallgruppen.** Wegen des „Insbesondere"-Zusatzes ist Abs. 3 S. 4 nicht abschließend zu verstehen. lit. a regelt wichtige Gründe in der Person des Rechtsanwalts, wenn er durch Erkrankung oder durch berufliche Überlastung an der Beratung oder Vertretung gehindert ist. Im Falle der Erkrankung reicht die Berufung hierauf aus. Die Ablehnung wegen beruflicher Überlastung ist problematischer, weil sie eine starke subjektive Komponente enthält. Wann er überlastet ist, kann nur der Rechtsanwalt selbst entscheiden (Henssler/Prütting/*Henssler* § 16a Rn. 6). Als weitere wichtige Gründe in der Person oder dem Verhalten des Mandanten kommen seine fehlende Mitarbeit (lit. c) oder eine schwerwiegende Störung des Vertrauensverhältnisses in Betracht (lit. d).

16 Nach lit. e kann der Rechtsanwalt die Beratungshilfe ablehnen oder beenden, wen sich herausstellt, dass die Einkommens- und/oder Vermögensverhältnisse des Mandanten die Bewilligung von Beratungshilfe nicht rechtfertigen. Im Falle eines späteren **Wegfalls der Bedürftigkeit** war es dem Rechtsanwalt aufgrund seiner Schweigepflicht bislang verboten, das Amtsgericht darüber in Kenntnis zu setzen (Hartung/*Scharmer* § 16a Rn. 51). Der zum 1.1.2014 in Kraft getretene § 6a Abs. 2 BerHG sieht allerdings ein der Schweigepflicht vorgehendes Recht des Rechtsanwalts auf Aufhebung der Beratungshilfe für den Fall vor, dass der Rechtsuchende nachträglich aufgrund der anwaltlichen Hilfeleistung die persönlichen und wirtschaftlichen Voraussetzungen für die Beratungshilfe nicht mehr erfüllt (Henssler/Prütting/*Henssler* § 16a Rn. 9). Ist der Rechtsuchende aufgrund des – auf die Leistung des Rechtsanwalts zurückgehenden – Vermögenszuwaches nicht mehr bedürftig, hat der Anwalt künftig die Möglichkeit, die üblichen Gebühren zu verlangen (BT-Drs. 17/11472, 41).

§ 17 Zurückbehaltung von Handakten

[1]Wer die Herausgabe der Handakten (§ 50 Abs. 3 und 4 Bundesrechtsanwaltsordnung) verweigert, kann einem berechtigten Interesse des Mandanten auf Herausgabe dadurch Rechnung tragen, dass er ihm Kopien überlässt, es sei denn, das berechtigte Interesse richtet sich gerade auf die Herausgabe der Originale. [2]In diesem Fall darf der Rechtsanwalt anbieten, die Originale an einen von dem Mandanten zu beauftragenden Rechtsanwalt zu treuen Händen herauszugeben, wenn damit dem berechtigten Interesse des Mandanten Rechnung getragen wird.

1 Die aufgrund der Ermächtigung in § 59b Abs. 2 Nr. 5d BRAO in die Berufsordnung aufgenommene Bestimmung soll eine **Konkretisierung zu § 50 Abs. 3 und 4 BRAO** vornehmen. Mit der Regelung soll das berechtigte Interesse des Mandanten in Fällen eines zulässig von dem Rechtsanwalt ausgeübten Zurückbehaltungsrechts an den Handakten (→ BRAO § 50 Rn. 21 ff.) berücksichtigt werden. Bei der Herausgabe der Handakte durch den Rechtsanwalt an den Mandanten handelt es sich (auch) um eine berufsrechtliche, sanktionierbare Pflicht (BGH AnwBl. 2015, 178; NdsAGH BRAK-Mitt. 2014, 31; 2015, 179; **aA** AnwG Frankfurt BRAK-Mitt. 2010, 223).

2 Nach § 50 Abs. 3 S. 2 BRAO darf der Rechtsanwalt sein Zurückbehaltungsrecht nicht geltend machen, „soweit die Vorenthaltung der Handakten oder einzelner Schriftstücke nach den Umständen unangemessen wäre". Um diesen Ausschluss des Zurückbehaltungsrechts zu vermeiden, soll nach § 17 S. 1 bereits im Vorfeld eines Ausschlusses dem berechtigten Interesse des Mandanten auf Herausgabe durch Übergabesurrogate Rechnung getragen werden. Darüber hinaus bezweckt die Regelung des Satzes 2 die Berücksichtigung des Interesses des Mandanten in Bezug auf die Herausgabe einer Originalurkunde, wenn dieser ohne Vorlage des Originals unwiederbringliche Rechtsverluste erleiden würde. Die Treuhandlösung des S. 2 vermeidet solche unwiderbringlichen Rechtsverluste, ohne dem Rechtsanwalt sein berechtigtes Zurückbehaltungsrecht zu nehmen (Begründung des Ausschusses 3 der Satzungsversammlung nach Hartung/Römermann/*Nerlich,* 4. Aufl. 2008, § 17 Rn. 12, 13; dort auch Kritik an der Legitimation der Satzungsversammlung für die konkretisierende Regelung).

§ 18 Vermittelnde, schlichtende oder mediative Tätigkeit

Wird der Rechtsanwalt als Vermittler, Schlichter oder Mediator tätig, so unterliegt er den Regeln des Berufsrechts.

Schrifttum: *Binkamp/Spillner,* Mediation – Wann soll der Anwalt dazu raten?, BRAK-Mitt. 2007, 147; *Busse,* Die obligatorische Streitschlichtung – eine Herausforderung an die Anwaltschaft, AnwBl. 1997, 522; *Duve-Portermann,* Nicht-anwaltliche Mediation – Rechtsberatung oder Wirtschaftstätigkeit?, ZKM 2001, 2298; *Eckardt/Dendorfer,* Der Mediator zwischen Vertraulichkeit und Zeugnispflicht – Schutz durch Prozessvertrag, MDR 2001, 786; *Fest,* Mediation – Ein Allheilmittel?, AnwBl. 2008, 613; *Greger,* Mediation im Gerichtsverfahren, AnwBl. 2008, 570; *Hagedorn,* Mediation in Familiensachen, AnwBl. 2002, 286; *Henssler/Kilian,* Die interprofessionelle Zusammenarbeit bei der Mediation, ZKM 2002, 55; *Henssler/Koch,* Mediation in der Anwaltspraxis, 2004; *Hohmann,* Grenzen der Mediation im Umgangsstreit, AnwBl. 2001, 606; *Hommerich,* Marketing für Mediation, AnwBl. 2001, 258; *Lüer,* Online-Mediation – ein neuer Weg zur Beilegung von Konflikten, AnwBl. 2001, 601; *Meyer,* Die strafrechtliche Verantwortung von Juristen im Mediationsverfahren, AnwBl. 2000, 80; *Ponschab,* Der Anwalt als professioneller Konfliktlöser, AnwBl. 2001, 591; *Ponschab/Avvento,* „Erfolgs"honorar für den Anwaltsmediator, AnwBl. 2006, 125.

1 Die Vorschrift stellt klar, dass der Rechtsanwalt auch bei vermittelnder, schlichtender oder mediativer Tätigkeit iSv § 3 Abs. 1 BRAO tätig wird, es sich also bei dieser Tätigkeit um spezifisch anwaltliche Tätigkeit handelt. Die Ermächtigung der Satzungsversammlung zur Regelung des Mediationsmandats ergibt sich aus § 59b Abs. 2 Nr. 5 lit. a BRAO.

2 Der Begriff **Mediation** kommt aus dem Lateinischen und **bedeutet Vermittlung.** Die Mediation ist eine **außergerichtliche Form** der Lösung von Konflikten. Kennzeichnend ist, dass die Beteiligten **eigenverantwortlich** versuchen, eigene Lösungen zu finden. Hierbei werden sie von einem unabhängigen Dritten, nämlich dem Mediator, unterstützt. Dieser hat **keine Entscheidungsbefugnis.** Der Mediator verfügt über die Fähigkeit zur **strukturierten Verhandlungsführung.** Er leitet die Parteien an, eine Regelung des Problems zu finden, von der alle Beteiligten profitieren. Hierbei werden die Interessen der Beteiligten berücksichtigt. Zuvor werden Blockadesituationen aufgebrochen und eine gegenseitige Kommunikation wird wieder ermöglicht.

3 Da die Mediation anwaltliche Tätigkeit ist, ist der Rechtsanwalt auch bei dieser und im Zusammenhang mit dieser an die Regeln des Berufsrechts gebunden. Dies ist Gegenstand der

Regelung des § 18. Ob und wann der Rechtsanwalt sich werbend für seine Tätigkeit **als „Mediator" bezeichnen darf, bestimmt sich nach dem 2002 eingefügten § 7a.** Gemäß § 18 gilt für ihn auch in diesem Zusammenhang die **Pflicht zur Verschwiegenheit** (§ 43a Abs. 2 BRAO; *Ewig* BRAK-Mitt. 1996, 147) und das **Verbot der Wahrnehmung widerstreitender** Interessen (→ BRAO § 43a Rn. 65; *Ewig* BRAK-Mitt. 1996, 147; Hartung/Römermann/*Scharmer,* 4. Aufl. 2008, § 18 Rn. 28; *Henssler* AnwBl. 1997, 129).

4 Zu den Begrifflichkeiten der Mediation bzw. deren **Charakteristika:**

- **Freiwilligkeit:** Die Parteien entschließen sich aus freiem Willen zur Teilnahme.
- **Vertraulichkeit:** Die Parteien und die Mediatoren verpflichten sich zur Vertraulichkeit.
- **Informiertheit:** Entscheidungen sollen auf der Basis aller notwendigen Informationen getroffen werden.
- **Eigenverantwortlichkeit:** Die Parteien bestimmen selbst die Lösung.
- **Unabhängigkeit/Allparteilichkeit des Mediators:** Der Mediator unterstützt alle Parteien bei der Suche nach allseits zufriedenstellenden Lösungen.
- **Ergebnisoffenheit:** Mediationsverfahren sind offen für flexible und kreative Lösungen.

5 Zwar ist es dem Rechtsanwalt nicht verwehrt, Parteien mit unterschiedlichen Ausgangsinteressen zu beraten, wenn die Beratung als solche im übergeordneten Interesse beider mit dem Ziel einer Einigung gewährt wird, so dass die Beratung im Ergebnis nicht im entgegengesetzten Interesse der jeweils anderen Partei erfolgt. Aber **nach Abschluss** oder Abbruch der Mediation darf er **weder die eine noch die andere Partei** in dieser Sache (weiter) **vertreten** (OLG Karlsruhe NJW 2001, 3197; *Schlosser* NJW 2002, 1376; *Ewig* BRAK-Mitt. 1996, 147; Hartung/Römermann/*Scharmer* § 18 Rn. 50).

6 Die Übernahme einer **Mediation trotz anwaltlicher Vorbefassung** für einen der Beteiligten ist im allseitigen Einverständnis **grundsätzlich zulässig.** Ebenso die gleichzeitige anwaltliche Tätigkeit für einen der Beteiligten in einer anderen, nicht von der Mediation erfassten Sache. Jedoch muss der Rechtsanwalt sich dabei größte Zurückhaltung auferlegen, um nicht das für seine Mediation erforderliche Vertrauen der Beteiligten in seine Neutralität zu verlieren (Hartung/Römermann/*Scharmer* § 18 Rn. 28 ff., 37 ff.; *Ewig* BRAK-Mitt. 1996, 147).

7 Nachdem die Berechtigung zum **Führen der Bezeichnung „Mediator" in § 7a geregelt** wurde, darf die Bezeichnung **nur noch unter den dort genannten Voraussetzungen** verwendet werden. Die Frage der Berechtigung dazu kann nicht mehr wie vor Inkrafttreten des § 7a nur nach § 43b BRAO, § 6 geprüft werden (vgl. 5. Aufl. § 18 Rn. 4; AGH NRW MDR 2000, 611 = BRAK-Mitt. 2000, 196). Ein Mediator, der nicht gleichzeitig einem der in § 59a Abs. 1 S. 1 BRAO genannten Berufe angehört, kann nicht Mitglied einer Rechtsanwaltssozietät sein (NdsAGH NJW-RR 2003, 129 = BRAK-Mitt. 2002, 282).

8 Wird der Rechtsanwalt als Mediator tätig, bestimmt sich seine **Gebühr nach § 34 Abs. 1 RVG.** Danach soll der Rechtsanwalt auf eine **Gebührenvereinbarung** hinwirken. Dies entspricht nicht nur dem Deregulierungstrend, sondern ist im Hinblick auf den bei Übernahme des Mandats oft nicht überschaubaren Zeitaufwand wirtschaftlich sinnvoll. Der Vollständigkeit halber: Dem Prozessbevollmächtigten in einem **gerichtlichen Mediationsverfahren** erwächst neben der 1,3-Verfahrensgebühr gemäß § 2 Abs. 2, 13 RVG iVm VV 3100 RVG (Vergütungsverzeichnis zum RVG) schon für die bloße Teilnahme an der gerichtlichen Mediationsverhandlung eine 1,2-Terminsgebühr gemäß §§ 2 Abs. 2, 13 RVG iVm VV 3104 RVG. Im Falle einer erfolgreichen Mediation entsteht zusätzlich eine 1,0-Einigungsgebühr nach §§ 2 Abs. 2, 13 RVG iVm VV 1000 und VV 1003 RVG.

Vierter Abschnitt. Besondere Berufspflichten gegenüber Gerichten und Behörden

§ 19 Akteneinsicht

(1) [1] **Wer Originalunterlagen von Gerichten und Behörden zur Einsichtnahme erhält, darf sie nur an Mitarbeiter aushändigen.** [2] **Dies gilt auch für das Überlassen der Akte im Ganzen innerhalb der Kanzlei.** [3] **Die Unterlagen sind sorgfältig zu verwahren und unverzüglich zurückzugeben.** [4] **Bei deren Ablichtung oder sonstiger Vervielfältigung ist sicherzustellen, dass Unbefugte keine Kenntnis erhalten.**

(2) [1] **Ablichtungen und Vervielfältigungen dürfen Mandanten überlassen werden.** [2] **Soweit jedoch gesetzliche Bestimmungen oder eine zulässigerweise ergangene Anordnung der die Akten aushändigenden Stelle das Akteneinsichtsrecht beschränken, hat der Rechtsanwalt dies auch bei der Vermittlung des Akteninhalts an Mandanten oder andere Personen zu beachten.**

Schrifttum: *Donath/Mehle,* Akteneinsichtsrecht und Unterrichtung des Mandanten durch den Verteidiger, VZW 2009, 1399.

I. Zweck der Regelung

§ 19 wurde auf der Grundlage der Ermächtigung in § 59b Abs. 2 Nr. 6a BRAO in die Berufsordnung aufgenommen. § 19 regelt nicht ob und wann ein Rechtsanwalt von Gerichten und Behörden Akteneinsicht erhält; dies ist in den jeweiligen Verfahrensvorschriften geregelt, vgl. zB § 147 StPO, § 117b BRAO, § 299 ZPO, § 78 FGO, § 100 VwGO, § 13 FamFG und § 29 VwVfG. § 19 soll vielmehr eine ordnungsgemäße Handhabung der Akteneinsicht durch den Rechtsanwalt sichern und gewährleisten, dass er das in ihn gesetzte Vertrauen auch rechtfertigt. Der Rechtsanwalt genießt als Organ der Rechtspflege (§ 1 BRAO) das Vertrauen, mit der Kenntnis des Akteninhalts keinen Missbrauch zu treiben und die Integrität der Akten zu gewährleisten; dies gilt entsprechend auch für Kammerrechtsbeistände nach § 209 BRAO (BVerfG AnwBl. 1998, 410). Demgegenüber wird bei Einsichtnahme durch den Beschuldigten oder Betroffenen die Gefahr einer Beseitigung der Akten oder von Aktenteilen oder eine Manipulation des Akteninhalts sowie ein Missbrauch der Kenntnis des Akteninhalts für möglich gehalten (Hartung/*Scharmer* § 19 Rn. 28). Aus diesen Gründen wird in den Verfahrensregelungen selbst bei Rechtsanwälten, wenn sie selbst Betroffener sind, entweder ein völliger Ausschluss der Akteneinsicht durch den Rechtsanwalt vorgesehen (vgl. zB Meyer-Goßner/Schmitt/*Schmitt* StPO § 147 Rn. 3) oder aber das Akteneinsichtsrecht wird in der Art des Gewährens deutlich eingeschränkt (→ BRAO § 117b Rn. 12 ff.; → PAO § 101 Rn. 1). 1

II. Satzungsregelung

1. Originalunterlagen. Originalunterlagen darf der Rechtsanwalt ausschließlich an bei ihm beschäftigte Mitarbeiter aushändigen. So soll sichergestellt werden, dass nur ebenfalls der Verschwiegenheitspflicht unterliegende Personen (§ 2 Abs. 4, Abs. 5) Kenntnis vom Akteninhalt erhalten und dass die Akten nicht durch Weiterleitung an Dritte außer Kontrolle geraten. Die Regelung gilt **ausnahmslos.** 2

Auch und insbesondere dem Mandanten dürfen die Originalakten nicht – sei es in oder außerhalb der Kanzlei – überlassen werden. Soweit es im Einzelfall unumgänglich ist, den Mandanten oder einem von ihm Beauftragten in Originalunterlagen Einsicht nehmen zu lassen, Maßnahmen nach Abs. 2 also nicht ausreichen, hat dies **ausnahmslos in Anwesenheit des Rechtsanwalts und unter seiner Kontrolle und Aufsicht** zu geschehen (Hartung/*Scharmer* § 19 Rn. 32); er darf das auch keinem nichtanwaltlichen Mitarbeiter überlassen. 3

Abs. 1 S. 3 regelt die selbstverständliche Pflicht des Rechtsanwalts zu sorgfältigem Umgang und Verwahrung der ihm überlassenen Originalunterlagen, damit sie stets vor Manipulationen geschützt sind. Die ausdrückliche Pflicht, die Unterlagen unverzüglich, dh ohne schuldhaftes Zögern nach Einsichtnahme und ggf. Fertigung der erforderlichen Ablichtungen zurückzugeben, soll sicherstellen, dass ein Rechtsanwalt nicht in berufspflichtwidriger Weise versucht, das Verfahren zu verzögern und gar die Rückgabe der Akten bis zum Eintritt der Verjährung hinauszuzögern (Hartung/*Scharmer* § 19 Rn. 33). 4

Eine schuldhaft verspätete Rücksendung ist pflichtwidrig (§ 43 BRAO). Da die Hin- und Rücksendung der Akten zusammen als eine Sendung gelten, darf der Rechtsanwalt die Aktenversendungspauschale gemäß KV 9003 GKG nicht um die Portokosten für die Rücksendung mindern (OLG Hamm NJW 2006, 306; 2006, 1076; **aA** OLG Koblenz NJW 2006, 1072). Entsprechendes gilt für die Aktenversendungspauschale nach § 107 Abs. 5 OWiG (AG Cloppenburg NJW 2006, 309). Bezahlt der Rechtsanwalt die Aktenversendungspauschale, so handelt es sich dabei um keinen umsatzsteuerfreien durchlaufenden Posten, der nach § 10 Abs. 1 UStG nicht zum Entgelt gehören würde (BGH AnwBl. 2011, 583; zuvor AG Dessau AnwBl. 2007, 239 mit Anm. *Henke* AnwBl. 2007, 224; **aA** zB *Schons* AnwBl. 2007, 369; *ders.* AGS 2007, 109; *ders.* RVGreport 2007, 402). Abs. 1 S. 4 geht von dem **Recht** des Rechtsanwalts, **Ablichtungen** von den erhaltenen Originalunterlagen **zu fertigen** (Abs. 2; BGHSt 18, 369 = NJW 1963, 1462) aus, 5 ohne dabei einen Unterschied zwischen Gerichts- und Behördenakten zu machen, verpflichtet den Rechtsanwalt aber dabei sicherzustellen, dass Unbefugte keine Kenntnis erlangen (§ 2). Bei unter Geheimschutz stehenden Akten kann das Gericht das Recht des Verteidigers, sich Ablichtungen oder Auszüge zu fertigen oder fertigen zu lassen, beschränken oder ausschließen (BGHSt 18, 369 = NJW 1963, 1462; vgl. Abs. 2 S. 2; vgl. § 174 Abs. 3 GVG, § 353d Nr. 2 StGB).

6 **2. Ablichtungen.** Ablichtungen und sonstige Vervielfältigungen von den dem Rechtsanwalt überlassenen Unterlagen (Abs. 1) darf der Rechtsanwalt seinem Mandanten überlassen. Dies umfasst auch das Recht, vom Mandanten oder zur Verständigung mit dem Mandaten herangezogenen weiteren Personen, zB Dolmetschern, die Unterlagen zu überlassen. Der Verteidiger ist grundsätzlich berechtigt und unter Umständen sogar verpflichtet, seinem Mandanten zu Verteidigungszwecken mitzuteilen, was er aus den Akten erfahren hat (BGHSt 29, 99 = NJW 1980, 64 mit Anm. *Kuckuck* NJW 1980, 298).

7 In dem Umfang, in dem er dem Beschuldigten aus dem Inhalt der Akten Mitteilungen machen darf, ist er berechtigt, ihm Aktenauszüge, Abschriften sowie Ablichtungen auszuhändigen (BGHSt 29, 99 = NJW 1980, 64). Soweit jedoch gesetzliche Bestimmungen oder eine zulässigerweise ergangene Anordnung der die Akten aushändigenden Stelle das Akteneinsichtsrecht beschränken (zB → Rn. 5), hat der Rechtsanwalt dies auch bei der Vermittlung des Akteninhalts an den Mandanten oder an andere Personen zu beachten. Unter Geheimschutz stehende Schriftstücke, die der Verteidiger im Wortlaut benötigt, um eine sachgerechte Verteidigung zu führen, sind dem Verteidiger von Amts wegen in Ablichtung zur Verfügung zu stellen. Dem Verteidiger darf vom Gericht nicht verboten werden, den Inhalt dieser Schriftstücke mit dem Beschuldigten, mit Mitverteidigern und Sachverständigen zu erörtern (BGHSt 18, 369 = NJW 1980, 64).

§ 20 Berufstracht

[1]Der Rechtsanwalt trägt vor Gericht als Berufstracht die Robe, soweit das üblich ist. [2]Eine Berufspflicht zum Erscheinen in Robe besteht beim Amtsgericht in Zivilsachen nicht.

1 Die Pflicht zum Tragen einer Robe wurde erstmals von dem Preußen-König Friederich Wilhelm im Jahre 1713 verfügt:

> *„Damit auch die Advokaten und Procuratores durch eine modeste und ihnen wohlanständige Kleidung distinguiert werden mögen, so sollen die Advocaten wie ehemahlen und annoch in vielen judiciis so in als außer Teutsch-Land gebräuchlich schwarz gekleidet mit einem Mantel bis auf die Knie die Procuratores aber gleichfalls schwarz gekleidet jedoch ohne Mantel mit einem Rabat oder Überschlag so auf die Brust gehet einher gehen. Sollte aber ein Advocat oder Procurator sich dessen weigern und in oder außer Gericht in anderer Kleidung erscheinen, so soll der General Fiscal sein Amt beobachten und dahin agiren, dass er in die Karre geschlossen werde."*

1a Nach Aufhebung der Standesrichtlinien durch das BVerfG im Jahre 1987 wurde über die Geltung einer Berufspflicht zum Tragen einer Robe heftig gestritten. Die aufgrund der Ermächtigung in § 59b Abs. 2 Nr. 6 lit. c BRAO von der Satzungsversammlung erlassene Regelung soll die seit Jahrzehnten in Rechtsprechung und Anwaltschaft um die Frage des Robentragens ausgetragene kontroverse Diskussion versachlichen und beenden.

2 Mit der Einräumung der Satzungskompetenz gemäß § 59b Abs. 2 Nr. 6 lit. c BRAO hat der Bundesgesetzgeber von seiner Gesetzgebungskompetenz iSv Art. 74 Abs. 1 Nr. 1 GG Gebrauch gemacht und die Robenfrage aus dem Regelungskomplex „GVG und gerichtliches Verfahren" (BVerfGE 28, 21 = NJW 1970, 851) herausgelöst und im Regelungskomplex „Recht der Anwaltschaft" verankert. Damit gehen nunmehr Festlegungen der Berufsordnung über das Tragen der Robe eventuellen landesrechtlichen Regelungen vor (*Eylmann* AnwBl. 1996, 190; Hartung/Römermann/*Scharmer* § 20 Rn. 35).

3 § 20 geht im **Grundsatz** von einer **Pflicht** des Rechtsanwalts aus, vor Gericht als Berufstracht die **Robe zu tragen.** Dabei wird entsprechend der ständigen Übung davon ausgegangen, dass es sich dabei um eine schwarze Robe (Woll- bzw. Baumwollmantel mit Seidenbesatz zum Hals und Knopfleiste) ohne jede Zusätze, insbesondere solche werbender Art, handelt (Hartung/Römermann/*Scharmer* § 20 Rn. 42). S. 1 Hs. 2 und S. 2 beschränken diese generelle Pflicht.

Völlig entfallen ist die Pflicht – nicht aber das Recht – zum Erscheinen in Robe **vor dem Amtsgericht in Zivilsachen.** Diese sich im Rahmen der gesetzlichen Ermächtigung (§ 59b Abs. 2 Nr. 6 lit. c BRAO) bewegende **Satzungsregelung bindet auch die staatlichen Gerichte.** Entgegen der Satzungsregelung kann daher nicht mit sitzungspolizeilichen Mitteln (§ 176 GVG) das Tragen einer Robe beim Amtsgericht in Zivilsachen erzwungen werden. Ein entsprechender Versuch ist rechtswidrig und kann den Tatbestand der Rechtsbeugung erfüllen (Staatsanwaltschaft bei dem OLG Frankfurt Bescheid vom 5.1.2007 – 3 Zs 2745/06 = LG Mannheim NJW 2009, 1094). In **Strafsachen** muss der Rechtsanwalt – unbeschadet des S. 1 Hs. 2 – auch vor dem Amtsgericht weiter **in Robe auftreten.** Eventuelle **landesrechtliche Bestimmungen** hinsichtlich einer Robentragungspflicht der Rechtsanwälte vor dem Amtsgericht auch in Zivilsachen sind **mangels einer diesbezüglichen Regelungskompetenz der Länder obsolet** (*Eylmann* AnwBl. 1996, 190; Hartung/Römermann/*Scharmer* § 20 Rn. 48). 4

Für die **übrigen Gerichte** und für die Amtsgerichte, soweit dort in nicht-zivilrechtlichen Verfahren die Pflicht zum Robentragen grundsätzlich besteht, beschränkt S. 1 Hs. 2 die Pflicht zum Robentragen auf diejenigen Fälle, **in denen dies üblich ist.** Generell ist dort das Tragen der Robe in den Hauptverhandlungen und mündlichen Verhandlungen üblich, nicht aber bei besonderen Verfahrensgestaltungen und Verfahrensabschnitten. So ist das Tragen der Robe zB nicht sinnvoll bei der Vernehmung von Kindern, da sich dies dabei eher hemmend auswirkt (Hartung/Römermann/*Scharmer* § 20 Rn. 46). Ein Ausschluss des Rechtsanwalts von der mündlichen Verhandlung beim Arbeitsgericht wegen des Nichttragens einer Robe ist jedenfalls unzulässig (LAG Niedersachsen BRAK-Mitt. 2008, 282). 5

Fünfter Abschnitt. Besondere Berufspflichten bei Vereinbarung und Abrechnung von Gebühren

§ 21 Honorarvereinbarung

Das Verbot, geringere als die gesetzlichen Gebühren zu fordern oder zu vereinbaren, gilt auch im Verhältnis zu Dritten, die es anstelle des Mandanten oder neben diesem übernehmen, die Gebühren zu bezahlen, oder die sich gegenüber dem Mandanten verpflichten, diesen von anfallenden Gebühren freizustellen.

§ 49b Abs. 1 BRAO enthält ein generelles Verbot, geringere Gebühren und Auslagen zu vereinbaren oder zu fordern, als es das RVG vorsieht. Dieses Verbot wird durch § 21 dahingehend konkretisiert, dass das Gebührenunterschreitungsverbot des § 49b Abs. 1 nicht nur für den Anwalt im Verhältnis mit seinem Mandanten gilt, sondern auch im Verhältnis mit Dritten, also zB **Rechtsschutzversicherern.** 1

Nach § 59b Abs. 2 Nr. 7 ist der Satzungsgeber berechtigt, § 49b zu konkretisieren. Er hat sich jedoch mit § 21 darauf beschränkt festzustellen, dass das Gebührenunterschreitungsverbot auch dann gilt, wenn eine entsprechende „Gebührenunterschreitungsvereinbarung" mit einem Dritten getroffen wird. § 21 hat also im Grunde genommen nur **klarstellende Hinweisfunktion** (ebenso Hartung/Römermann/*Nerlich* § 21 Rn. 68). 2

Mit dem Inkrafttreten des RVG am 1.7.2004 hat § 21 an Bedeutung gewonnen. Damals begannen die Rechtsschutzversicherer nämlich, der Anwaltschaft unterschiedliche **Rationalisierungsabkommen** anzubieten. Diese sehen in der Regel Unterschreitungen der gesetzlichen Gebühren vor. Als Anreiz wird dem Anwalt angeboten, ihn in seinem Amtsgerichtsbezirk ausschließlich oder mit wenigen anderen Kollegen als Vertragsanwalt zu empfehlen. Wer sich als Rechtsanwalt hierauf einlässt, handelt **berufsrechtswidrig,** weil er gegen § 21 verstößt. 3

Sinn und Zweck des Gebührenunterschreitungsverbots ist die **Verhinderung eines Preiswettbewerbs** unter Rechtsanwälten. Im übrigen wollte der Gesetzgeber bei Schaffung des § 49b BRAO erreichen, dass sog. Großmandanten durch ihre besondere Beziehung zum Rechtsanwalt **keine Rabatte bei den Anwaltshonoraren** erhalten können (BT-Drs. 12/4993, 31). Mit § 21 hat die Satzungsversammlung die vorstehenden Intentionen unmissverständlich verdeutlicht. Im Übrigen wird mit § 21 ein **Umgehungsverbot** ausgesprochen (ebenso Hartung/Römermann/*Nerlich* § 21 Rn. 67). 4

§ 22 Gebühren- und Honorarteilung

Als eine angemessene Honorierung im Sinne des § 49b Abs. 3 Satz 2 und 3 Bundesrechtsanwaltsordnung ist in der Regel eine hälftige Teilung aller anfallenden gesetzlichen Gebühren ohne Rücksicht auf deren Erstattungsfähigkeit anzusehen.

1 § 22 enthält eine Konkretisierung von § 49b Abs. 3 S. 2 und 3 BRAO. Die Ermächtigung der Satzungsversammlung hierzu ergibt sich aus § 59b Abs. 2 Nr. 7 BRAO.

2 Sinn und Zweck des § 22 ist – in Fällen der zulässigen Gebührenteilung nach § 49b Abs. 3 S. 2 und 3 BRAO – eine **Hilfestellung für eine** der Verantwortlichkeit und dem Haftungsrisiko entsprechende **angemessene Gebührenteilung.** Wird in diesen Fällen eine hälftige Teilung vorgenommen, ist der Vorwurf einer unangemessenen und damit sanktionierbaren Gebührenteilung ausgeschlossen (ebenso Hartung/Römermann/*Nerlich* § 22 Rn. 58).

3 Ein weiterer Zweck des § 22 liegt in der Klarstellung, dass die hälftige Gebührenteilung ohne Rücksicht auf die Erstattungsfähigkeit etwaiger Gebühren erfolgen soll. Durch diese weitere Konkretisierung im Hs. 2 des § 22 wollte die Satzungsversammlung die sich auch aus der uneinheitlichen Rechtsprechung zur Erstattungsfähigkeit der **Verkehrsanwaltsgebühr** ergebende Unsicherheit beseitigen (→ BRAO § 49b Rn. 76 ff. mwN; ebenso Hartung/Römermann/*Nerlich* § 22 Rn. 61). Im Übrigen ist die **Nichtberücksichtigung der Verkehrsanwaltsgebühr** (VV 3400 RVG) in der Gebührenteilungsabrede zwischen Verkehrs- und Prozessanwalt berufsrechtlich **unzulässig,** weil sie gegen das Verbot aus § 49b Abs. 1 BRAO, in gerichtlich anhängigen Sachen geringere als die gesetzlichen Gebühren zu vereinbaren, verstößt (AnwG Tübingen BRAK-Mitt. 1999, 96; *Engels* AnwBl. 1999, 603).

§ 23 Abrechnungsverhalten

Spätestens mit Beendigung des Mandats hat der Rechtsanwalt gegenüber dem Mandanten und/oder Gebührenschuldner über Honorarvorschüsse unverzüglich abzurechnen und ein von ihm errechnetes Guthaben auszuzahlen.

1 Aufgrund der Ermächtigung in § 59b Abs. 2 Nr. 7 BRAO hat die Satzungsversammlung mit § 23 eine **Regelung zur Mandatsabrechnung** geschaffen. Durch Beschluss der Satzungsversammlung vom 6.12.2013 ist ein Rechtsanwalt jetzt auch verpflichtet, ein durch die Abrechnung festgestelltes **Guthaben unverzüglich auszuzahlen.** Vorausgegangen war eine Entscheidung des AGH NRW, wonach § 23 aF keine Guthabenauszahlungsverpflichtung enthielt (BRAK-Mitt. 2013, 41). In der viel beachteten Entscheidung vom 7.9.2012 hatte der AGH NRW festgestellt, dass sich der Rechtsanwalt, der zwar abgerechnet, das von ihm errechnete Guthaben aber nicht ausgezahlt hatte, nicht gegen § 23 verstoßen hat, weil sich der Wortlaut eben nur auf die Abrechnung bezog (AGH NRW NJW-RR 2013, 624).

2 Inhaltlich knüpft § 23 an folgende Vorschriften an: **§ 8 RVG** – Fälligkeit, Hemmung der Verjährung; **§ 9 RVG** – Vorschuss; **§ 10 RVG** – Berechnung. Ferner enthält § 23 eine Konkretisierung von **§ 43a Abs. 5 BRAO.** Verstöße gegen die vorgenannten Vorschriften sind sanktionierbare **Berufsrechtsverletzungen** (§ 43, 113 Abs. 1 BRAO).

3 Bezüglich der **Beendigung des Mandats** ist § 8 RVG zu berücksichtigten:

§ 8 RVG Fälligkeit, Hemmung der Verjährung

(1) [1] Die Vergütung wird fällig, wenn der Auftrag erledigt oder die Angelegenheit beendet ist. [2] Ist der Rechtsanwalt in einem gerichtlichen Verfahren tätig, wird die Vergütung auch fällig, wenn eine Kostenentscheidung ergangen oder der Rechtszug beendet ist oder wenn das Verfahren länger als drei Monate ruht.

(2) [1] Die Verjährung der Vergütung für eine Tätigkeit in einem gerichtlichen Verfahren wird gehemmt, solange das Verfahren anhängig ist. [2] Die Hemmung endet mit der rechtskräftigen Entscheidung oder anderweitigen Beendigung des Verfahrens. [3] Ruht das Verfahren, endet die Hemmung drei Monate nach Eintritt der Fälligkeit. [4] Die Hemmung beginnt erneut, wenn das Verfahren weiter betrieben wird.

4 Unverzüglich ist iSv § 121 BGB zu verstehen. Das bedeutet, dass die Abrechnung **ohne schuldhaftes Zögern** zu erfolgen hat. Soweit Hartung/Römermann/*Nerlich* § 23 Rn. 41 ff. die Auffassung vertritt, bei der Frage der Unverzüglichkeit sei auch die Größe der Kanzlei bzw. die Größe des Verwaltungsapparates von Bedeutung, ist Widerspruch geboten. Es macht nämlich keinen Unterschied, ob ein Einzelanwalt oder eine große Sozietät eine Abrechnung zu erstellen

hat. Das einzelne Mandat wird nämlich von einem einzelnen Anwalt und/oder einer ihm zuarbeitenden Fachkraft verantwortlich bearbeitet. Selbst wenn Mandatsabrechnungen im Einzelfall einem Vier-Augen-Prinzip unterworfen sein sollten, darf dies nicht dazu führen, dass die Abrechnung länger als zwei Wochen dauert.

Sechster Abschnitt. Besondere Berufspflichten gegenüber der Rechtsanwaltskammer, deren Mitgliedern und gegenüber Mitarbeitern

§ 24 Pflichten gegenüber der Rechtsanwaltskammer

(1) **Der Rechtsanwalt hat dem Vorstand der Rechtsanwaltskammer unaufgefordert und unverzüglich anzuzeigen:**

1. die Änderung des Namens,
2. Begründung und Wechsel der Anschrift von Kanzlei, Zweigstelle und Wohnung,
3. die jeweiligen Telekommunikationsmittel der Kanzlei und Zweigstelle nebst Nummern,
4. die Eingehung oder Auflösung einer Sozietät, Partnerschaftsgesellschaft oder sonstigen Verbindung zur gemeinschaftlichen Berufsausübung,
5. die Eingehung und Beendigung von Beschäftigungsverhältnissen mit Rechtsanwälten.

(2) **Zur Erfüllung der Auskunftspflichten aus § 56 Bundesrechtsanwaltsordnung sind dem Vorstand der Rechtsanwaltskammer Auskünfte vollständig zu erteilen und auf Verlangen Urkunden vorzulegen.**

Übersicht

I. Anzeigepflichten (Abs. 1)

Gemäß der Ermächtigung in § 59b Abs. 2 Nr. 8 BRAO konkretisiert § 24 die in **§ 56 BRAO** 1 festgeschriebenen Pflichten des Rechtsanwalts gegenüber der Rechtanwaltskammer, der er angehört (zu den Pflichten aus § 56 BRAO → BRAO § 56 Rn. 1 ff.), um dieser die Erfüllung ihrer Aufgaben zu erleichtern. Abs. 1 **ergänzt den Katalog** der nach § 56 Abs. 3 BRAO dem Kammervorstand **unaufgefordert** und **unverzüglich** (§ 121 BGB) zu machenden Anzeigen um die in Nr. 1–5 aufgeführten Anzeige- und Vorlagepflichten.

Damit der Kammervorstand die ihm insbesondere gemäß § 73 BRAO hinsichtlich seiner 2 Mitglieder obliegenden **Aufgaben** wahrnehmen kann (→ BRAO § 73 Rn. 1 ff.), bedarf er der Kenntnis der jeweils aktuellen Daten zu den unter den Nr. 1–4 aufgeführten Umstände. Zu den Aufgaben gehören die Führung der Personalakten (§§ 58, 205a BRAO), die Führung des elektronischen Verzeichnisses nach § 31 BRAO sowie die Aufsicht nach § 73 Abs. 2 Nr. 4 BRAO.

Nr. 1 erfasst die Mitteilungspflicht über die **Änderung des Namens.** Dies gilt auch für 3 **akademische Grade;** sie sind kein Namensbestandteil, sondern Namenszusätze (Gaier/Wolf/Göcken/*Siegmund* § 31 Rn. 58). Die Rechtanwaltskammer hat weder eine Aufnahme- noch eine Prüfungspflicht hinsichtlich der Führungsberechtigung des akademischen Grades. Sofern ein akademischer Grad durch einen Rechtsanwalt geführt wird, ist die entsprechende Berechtigung hierzu auf Anforderung der Rechtanwaltskammer nachzuweisen. Die unzulässige Führung wäre ein Verstoß gegen Wettbewerbsrecht und damit gegen Berufsrecht (Gaier/Wolf/Göcken/*Siegmund* § 31 Rn. 58).

Bei **ausländischen akademischen Titeln** ist die jeweilige Anerkennung zur Führung durch 4 die Bundesländer Voraussetzung; es ist aber auch die Art und Weise, in welcher der Titel zu führen ist, nachzuweisen. Zu ausländischen Doktorgraden s. auch Gaier/Wolf/Göcken/*Zuck* § 24 Rn. 7.

5 Im Falle der **Eheschließung** ist es nicht zu beanstanden, wenn im Berufsleben der bisher genutzte (Geburts-)Name als **„Berufsname"** (in Anlehnung an den „Künstlernamen") weitergeführt wird, soweit dies der Rechtanwaltskammer schriftlich angezeigt wird. Berühmtheit oder ein besonderer „Ruf" in den beteiligten Verkehrskreisen werden nicht vorausgesetzt. Dies gilt jedenfalls, solange gesetzliche Bestimmungen, wie etwa nach § 2 PartGG (hier ist der richtige und vollständige Name zu führen), dem nicht entgegenstehen (ebenso Hartung/*Scharmer* § 24 Rn. 11; OLG Karlsruhe NJW 1999, 2284 = AnwBl. 1999, 409 zur Aufnahme des als Begleitnamen bestimmten Geburtsnamens eines Partners in den Gesellschaftsnamen).

6 **Nr. 2** erfasst nicht nur die **Anschrift der Kanzlei** (→ BRAO § 27 Rn. 5), sondern auch die der **Wohnanschrift** des Rechtsanwalts. Nach § 27 Abs. 1 BRAO muss der Rechtsanwalt im Bezirk der Rechtanwaltskammer, deren Mitglied er ist, eine Kanzlei einrichten und unterhalten, anderenfalls die Zulassung zur Rechtsanwaltschaft gemäß § 14 Abs. 3 Nr. 4 BRAO widerrufen werden kann (vgl. Anm. zu § 14 Abs. 3 BRAO). Die Anzeige der aktuellen Kanzleianschrift ist auch erforderlich, damit die Rechtanwaltskammer ihren Pflichten auf aktuelle Führung des elektronischen Rechtsanwaltsverzeichnisses (§ 31 BRAO) nachkommen kann. Die Regelung widerspricht nicht dem Grundrecht auf informationelle Selbstbestimmung (AGH Baden-Württemberg Urteil vom 12.5.2012 – AGH 26/2011 (I)).

7 Durch Beschluss der 3. Sitzung der 4. Satzungsversammlung vom 15.6.2009 ist in S. 1 Nr. 2 und 3 die **Zweigstelle** (§ 27 Abs. 2 BRAO) ergänzt worden (in Kraft seit 1.3.2010).

8 Obwohl die Wahl des **Wohnsitzes** seit 1994 berufsrechtlich nicht mehr reglementiert ist, soll durch die Mitteilungspflicht gewährleistet werden, dass der Rechtsanwalt, der unter seiner Kanzleianschrift nicht mehr erreichbar ist, die Kanzlei vielleicht sogar aufgegeben hat (vgl. § 14 Abs. 3 Nr. 4 BRAO), gleichwohl über seine Wohnanschrift für die Rechtanwaltskammer, insbesondere für **Zustellungen,** wie beispielsweise eines Widerrufs wegen Aufgabe der Kanzlei, erreichbar ist. Die Wohnanschrift unterliegt der Verschwiegenheit des Vorstands nach § 76 BRAO; eine Bekanntgabe an Dritte ist insoweit unzulässig. Die Verschwiegenheit gilt auch gegenüber anderen Anwälten, die versuchen über ihre Rechtanwaltskammer die Wohnanschrift bzw. Aufenthalt eines Mitglieds, zur Durchsetzung von etwaigen Ansprüchen, zu erfahren.

9 **Nr. 3** erfasst die Anzeigepflichten hinsichtlich der jeweiligen **Telekommunikationsmittel** nebst Nummern. Dies soll sicherstellen, dass die Rechtanwaltskammer und auch Mandanten den Rechtsanwalt bei Bedarf schnellstmöglich erreichen können, zumal heute zunehmend die Erreichbarkeit eines Rechtsanwalts über Telefon, Fax oder E-Mail an Bedeutung gewinnt. Wenn kein Festnetzanschluss besteht, genügt auch die Bekanntgabe einer Telefonnummer eines mobilen Gerätes. Nach § 31 Abs. 3 BRAO sind die Telekommunikationsdaten in das elektronische Verzeichnis einzutragen, die der Rechtsanwalt mitgeteilt hat. Auch etwaige Änderungen der Daten sind anzuzeigen (Gaier/Wolf/Göcken/*Zuck* § 24 Rn. 12).

10 **Nr. 4** erfasst die Angaben über **berufliche Zusammenarbeit.** Dies ist schon deshalb erforderlich, damit die Kammer insoweit die Beachtung der Vorschriften aus § 59a (berufliche Zusammenarbeit), §§ 59c ff. (Rechtsanwaltsgesellschaften), § 45 BRAO (Interessenkollision), § 30 (Zusammenarbeit mit Angehörigen anderer Berufe) und § 3 (widerstreitende Interessen) überwachen kann, wozu sie nach § 73 Abs. 2 Nr. 4 BRAO verpflichtet ist. Aus diesem Grund sind der Rechtanwaltskammer die wahren Daten mitzuteilen, dh z. B ob es sich um eine echte oder eine Scheinsozietät handelt (→ BRAO § 59a Rn. 9 ff.; BGHSt 46, 154 = NJW 2001, 165). Gaier/Wolf/Göcken/*Zuck* zählt in § 24 Rn. 18 auch die Bürogemeinschaft zu den Fallgruppen einer gemeinschaftlichen Berufsausübung.

11 **Nr. 5** konkretisiert die sich schon aus § 56 Abs. 3 Nr. 1 BRAO ergebende Anzeigepflicht hinsichtlich Beschäftigungsverhältnissen dahingehend, dass auch das Eingehen oder die Beendigung eines **Beschäftigungsverhältnisses mit Rechtsanwälten** (auch mit einer Rechtsanwaltsgesellschaft) der Kammer anzuzeigen ist. Dabei ist es gleichgültig, ob die Beschäftigung als angestellter Rechtsanwalt oder als freier Mitarbeiter erfolgt (Henssler/Prütting/*Hartung* § 24 Rn. 6). Damit wird die Kammer in die Lage versetzt, ggf. die Einhaltung der Berufspflicht des Rechtsanwalts aus § 26 zu überprüfen.

II. Auskunfts- und Vorlagepflicht (Abs. 2)

12 § 24 Abs. 2 betrifft die in § 56 BRAO geregelten Auskunfts- und Vorlagepflichten (→ BRAO § 56 Rn. 17 ff.). Die **Auskunftspflicht** verdeutlicht, dass – soweit der Rechtsanwalt nach § 56

BRAO zur Auskunftserteilung verpflichtet ist (→ BRAO § 56 Rn. 25 ff.) – die Auskunft **vollständig und wahrheitsgemäß** sein muss (→ BRAO § 56 Rn. 18, 19). Im Rahmen eines Beschwerdeverfahrens vor dem BayAGH (Urteil vom 3.11.2009 – BayAGH II-12/09) wurde entschieden, dass auch die **Nichtbeantwortung** von Kammeranfragen einen Verstoß gegen § 56 BRAO iVm § 24 Abs. 2 darstellt.

13 Abs. 2 **erweitert die Vorlagepflicht** über § 56 Abs. 1 S. 1, Abs. 3 S. 2 BRAO hinaus insoweit, als nicht nur Handakten und Unterlagen vorzulegen sind, sondern auch andere für die Aufsichts- oder Beschwerdesache (→ BRAO § 56 Rn. 5–8) relevante Urkunden. Auf Verlangen des Vorstands sind ihm **Urkunden** vorzulegen (→ BRAO § 56 Rn. 20 ff.). Mit Urkunden sind solche nach § 32 BRAO iVm § 26 Abs. 1 Nr. 3 VwVfG gemeint. Dass § 24 Abs. 2 von Urkunden spricht, während § 56 Abs. 3 BRAO von **Unterlagen** spricht ist nach Meinung von Zuck rechtlich bedeutungslos (Gaier/Wolf/Göcken/*Zuck* § 24 Rn. 23). Die der Satzungsversammlung erteilten Ermächtigung zur Konkretisierung des § 56 BRAO berechtigt sie nicht, den Rechtsanwalt zu verpflichten, außerhalb von Aufsichts- und Beschwerdesachen und außerhalb von Beschäftigungsverhältnissen Auskünfte zu erteilen oder Urkunden vorzulegen (Henssler/Prütting/*Hartung* § 24 Rn. 9).

§ 25 Beanstandungen gegenüber Kollegen

Will ein Rechtsanwalt einen anderen Rechtsanwalt darauf hinweisen, dass er gegen Berufspflichten verstoße, so darf dies nur vertraulich geschehen, es sei denn, dass die Interessen des Mandanten oder eigene Interessen eine Reaktion in anderer Weise erfordern.

1 § 25 dient (wie 5.9. CCBE) neben dem **Schutz der Kollegialität** und der **Versachlichung eventueller Auseinandersetzungen im anwaltlichen Binnenraum** insbesondere dem **Vertrauensschutz der Mandanten.** Durch den offenen Hinweis auf – eventuelle – Berufspflichtverletzungen kann der Kritisierende nicht nur das Vertrauen des Mandanten des Kritisierten in diesen untergraben, sondern auch das Vertrauen des eigenen Mandanten verlieren. Der Rechtsanwalt, der sich einem anderen Rechtsanwalt gegenüber unkollegial verhält, höhlt das Vertrauen in die Anwaltschaft allgemein aus. Indem er zeigt, wie leicht ein Rechtsanwalt in unkollegialer Weise angegriffen werden kann, unterminiert er auch seine eigene Position gegenüber dem eigenen Mandanten (Hartung/Römermann/*Scharmer* § 25 Rn. 14).

2 Die grundsätzlich zu wahrende Vertraulichkeit bei Beanstandungen gegenüber Kollegen ist immer dann gewahrt, wenn der Hinweis durch ein geschlossenes Schreiben erfolgt, das als **„persönlich/vertraulich"** gekennzeichnet ist, oder wenn die Beanstandung in einem **persönlichen Gespräch** unter vier Augen oder **telefonisch** erhoben wird. Ein Versand **per Telefax** wahrt nicht die Vertraulichkeit iSv § 25, da Faxe offen ankommen und von Mitarbeitern entgegengenommen werden. Ein **elektronischer Versand** ist zulässig, wenn eine **persönliche** E-Mail-Adresse bekannt ist und gewählt wird (so auch Hartung/Römermann/*Scharmer* § 25 Rn. 21).

3 § 25 ist als **Mussvorschrift** ausgestaltet. Verlangen aber im Einzelfall die Interessen des Mandanten eine Reaktion in anderer Weise – die selbstverständlich auch den Grundsatz der Sachlichkeit (§ 43a Abs. 3 BRAO) beachten muss – dann darf der Rechtsanwalt die offene Reaktionsform wählen. Der Rechtsanwalt muss zuvor eine Interessenabwägung vornehmen zwischen dem Interesse an der Wahrung der Kollegialität und dem Interesse seines Mandanten. Diese Pflichtenkonkurrenz muss er nach bestem Wissen und Gewissen stets in Würdigung aller ihm bekannten Umstände lösen (Hartung/Römermann/*Scharmer* § 25 Rn. 22 ff.). Fehler des Kollegen darf der Rechtsanwalt nicht zum Nachteil seines Mandanten decken. Er darf und muss ggf. aus Pflichtverletzungen eines Kollegen erwachsene Ansprüche seines Mandanten auch gegen den Kollegen gerichtlich und außergerichtlich geltend machen. Aber auch in Wahrnehmung eigener Interessen kann der Rechtsanwalt nach sorgfältiger Interessenabwägung eine andere Form wählen, um auf Pflichtenverstöße des Kollegen hinzuweisen. Als angemessen wird man dabei die Form ansehen dürfen, in der der Kollege seine Pflichtverletzung begangen hat. Hat zB ein Rechtsanwalt einen anderen in einem Schriftsatz an das Gericht diffamiert, wird dieser ebenfalls schriftsätzlich auf diese Diffamierung antworten dürfen, sofern er die Grundsätze der Sachlichkeit dabei beachtet (→ BRAO § 43a Rn. 31 ff.).

§ 26 Beschäftigung von Rechtsanwälten und anderen Mitarbeitern

(1) [1] **Rechtsanwälte dürfen nur zu angemessenen Bedingungen beschäftigt werden.** [2] **Angemessen sind Bedingungen, die**

a) **eine unter Berücksichtigung der Kenntnisse und Erfahrungen des Beschäftigten und des Haftungsrisikos des beschäftigenden Rechtsanwalts sachgerechte Mandatsbearbeitung ermöglichen,**
b) **eine der Qualifikation, den Leistungen und dem Umfang der Tätigkeit des Beschäftigten und den Vorteilen des beschäftigenden Rechtsanwalts aus dieser Tätigkeit entsprechende Vergütung gewährleisten,**
c) **dem beschäftigten Rechtsanwalt auf Verlangen angemessene Zeit zur Fortbildung einräumen und**
d) **bei der Vereinbarung von Wettbewerbsverboten eine angemessene Ausgleichszahlung vorsehen.**

(2) **Der Rechtsanwalt darf andere Mitarbeiter und Auszubildende nicht zu unangemessenen Bedingungen beschäftigen.**

1 Die Ermächtigung der Satzungsversammlung zur Festschreibung angemessener Vertragsbedingungen für Mitarbeiter und Auszubildende des Rechtsanwalts in der BORA ergibt sich aus § 59b Abs. 2 Nr. 8 BRAO. Die Sazungsversammlung hat mit § 26 für die Beschäftigung von Rechtsanwälten vier grundlegende Rahmenbedingungen geschaffen. Diese werden in der Literatur als vage bezeichnet (Hartung/Römermann/*Nerlich* § 26 Rn. 147). Diese Charakterisierung ist jedoch unzutreffend, da die Rahmenbedingungen als prägnant einzustufen sind. Als angemessen werden folgende Bedingungen definiert:

2 **a) Möglichkeit zur sachgerechten Mandatsbearbeitung.** Welche Beschäftigungsbedingungen dem Satzungsgeber im Einzelnen vor Augen standen, lässt sich weder der Norm noch dem Satzungsversammlung Prot. entnehmen. Dem Wortlaut ist allerdings zu entnehmen, dass der Berufsträger nicht ständig zu bloßen Hilfsarbeiten bzw. Zuträgerdiensten beschäftigt werden darf (so auch Hartung/Römermann/*Nerlich* § 26 Rn. 158).

3 **b) Vergütung.** Die Höhe der Vergütung hängt von etlichen Faktoren ab. Zu berücksichtigen sind Qualifikation, Leistung und Umfang der Tätigkeit des Beschäftigten. Zu berücksichtigen ist aber auch der Vorteil des beschäftigenden Rechtsanwalts. Es gibt keinen Mindestlohn für angestellte Rechtsanwälte. Der AGH NRW hat einen Niedriglohn für Berufsanfänger in Höhe von 1.000 Euro als sittenwidrig eingestuft (AGH NJW 2008, 668; vgl. auch BGH NJW 2010, 1972). In kleinen Kanzleien wird Berufsanfängern ein Jahresgehalt von rund 30.000 Euro gezahlt. Bei größeren Kanzleien sind Jahresgehälter zwischen 45.000 Euro und rund 65.000 Euro realistisch. Lediglich in großen internationalen Kanzleien werden Einstiegsgehälter von knapp 100.000 Euro p. a. gezahlt.

4 **c) Fortbildung.** Die Vorschrift realisiert die Fortbildungsverpflichtung gemäß § 43a Abs. 6 BRAO. Somit ist der beschäftigte Rechtsanwalt nicht verpflichtet, seiner Fortbildungsverpflichtung während der Freizeit nachzukommen. Dies bedeutet allerdings nicht, dass er die Kosten der Fortbildung grundsätzlich von dem beschäftigenden Rechtsanwalt erstattet bekäme; dies ist vielmehr eine Frage des konkreten Arbeitsvertrages. Im übrigen ist es selbstverständlich möglich, dass dienstliche Belange einer bereits in Aussicht genommenen und gebuchten Fortbildungsveranstaltung entgegenstehen. In derartigen Fällen geht das Weisungsrecht des Arbeitgebers vor (so wohl auch Hartung/Römermann/*Nerlich* § 26 Rn. 172).

5 **d) Angemessene Ausgleichszahlung bei Wettbewerbsverbot.** Ein Ausgleichsanspruch richtet sich nach den §§ 74 ff. HGB. Folglich ist eine berufsrechtliche Überprüfung der im konkreten Einzelfall vereinbarten Ausgleichszahlung nur dann berufsrechtlich überprüfbar, wenn überhaupt ein Ausgleichsanspruch gegeben ist. Ob ein Ausgleichsanspruch unangemessen ist, ist der Vorschrift des § 26 nicht zu entnehmen. Als sicher kann lediglich gelten, dass eine nach § 138 BGB eingestufte Ausgleichszahlung einen Berufsrechtsverstoß darstellt (so auch Hartung/Römermann/*Nerlich* § 26 Rn. 178).

6 Die Vorschrift des §§ 26 Abs. 1 gilt nicht nur für angestellte Rechtsanwälte, sondern auch für **freie anwaltliche Mitarbeiter** (so auch Gaier/Wolf/Göcken/*Wolf* § 26 Rn. 1, 6).

§ 26 Abs. 2 bestimmt, dass auch andere Mitarbeiter (als Rechtsanwälte) und Auszubildende nicht zu unangemessenen Bedingungen beschäftigt werden dürfen. Dies ist zu begrüßen, da die die Verpflichtung der Vereinbarung angemessener Beschäftigungsbedingungen ein sinnvoller Schritt ist, die Beschäftigungsverhältnisse innerhalb einer Kanzlei der rechtlichen Grauzone zu entziehen (Hartung/Römermann/*Nerlich* § 26 Rn. 141). Der DAV hat für **nicht-juristische Mitarbeiter** ein **Merkblatt** für Rechtsanwalts- und RENO-Fachangestellte entwickelt, das als Orientierungshilfe für Rechtsanwälte bezeichnet wird. Das aktuelle Merkblatt ist nachfolgend abgedruckt: 7

Rechtsanwalts- und RENO-Fachangestellten-Merkblatt 2012/2013
Eine Orientierungshilfe für Rechtsanwältinnen und Rechtsanwälte

Stand: Mai 2012

In Auswertung vorliegender Umfrageergebnisse hat der Vorstand des Deutschen Anwaltvereins beschlossen, die folgenden Orientierungshilfen den Rechtsanwältinnen und Rechtsanwälten zur Verfügung zu stellen.

1. Arbeitsvertrag

Nach dem Nachweisgesetz (Gesetz über den Nachweis der für ein Arbeitsverhältnis geltenden wesentlichen Bedingungen) ist mindestens schriftlich niederzulegen:

- Name und Anschrift der Vertragsparteien
- der Zeitpunkt des Beginns des Arbeitsverhältnisses
- bei befristeten Arbeitsverhältnissen: die vorhersehbare Dauer
- die Bezeichnung oder allgemeine Beschreibung der vom Arbeitnehmer zu leistenden Tätigkeit
- die Zusammensetzung und die Höhe des Arbeitsentgelts einschließlich der Zuschläge, der Zulagen, Prämien und Sonderzahlungen sowie anderer Bestandteile des Arbeitsentgelts und deren Fälligkeit
- die vereinbarte Arbeitszeit
- die Dauer des jährlichen Erholungsurlaubs
- die Fristen für die Kündigung des Arbeitsverhältnisses
- ein in allgemeiner Form gehaltener Hinweis auf die Tarifverträge und Betriebs- oder Dienstvereinbarungen, die auf das Arbeitsverhältnis anzuwenden sind.

Hinweis: Das Muster eines Arbeitsvertrages ist des DAV finden Sie veröffentlicht auf der Homepage unter: *www.anwaltverein.de/praxis/reno/merkblaetter.*

2. Arbeitszeit

Nach den vorliegenden Umfrageergebnissen liegt die Arbeitszeit in Anwaltskanzleien für RENO-Fachangstellte bei 38 bis 40 Stunden. Für Überstunden sollte eine Vergütung oder jedenfalls Freizeitausgleich vorgesehen sein. Eine flexible Arbeitszeitregelung entspricht den Bedürfnissen der meisten Anwaltskanzleien.

3. Vergütung

Nach den Umfrageergebnissen sind für ausgebildete Rechtsanwalts- bzw. RENO-Fachangestellte folgende Vergütung üblich:

– Berufsanfänger	1.300-1.600 Euro
– 2.–4. Berufsjahr	1.400-1.800 Euro
– ab 5. Berufsjahr	ab 1.700 Euro
– fachfremdes Anwaltspersonal mit vergleichbarer Leistung und Qualifikation: wie Fachangestellte	
– Rechtsfachwirte/Bürovorsteher/Sekretariatsleiter/Abteilungsleiter/Office- oder Büro-Manager, je nach Alter, Erfahrung und Qualifikation:	ab 2.200 Euro

In Ballungsgebieten bzw. strukturschwachen Gebieten weichen die Vergütungen nach den Umfrageergebnissen häufig von den genannten Beträgen ab.

Hinweis: Die Deutsche Vereinigung der Rechtsanwalts- und Notariatsangestellten hat 2011 eine Umfrage zu Gehältern und Urlaub ihrer Mitglieder durchgeführt. Die Ergebnisse finden Sie im Internet unter *www.renobundesverband.de.*

4. Sonderzahlungen

Vielfach werden Sonderzahlungen geleistet, entweder als Weihnachtsgeld oder als Urlaubsgeld oder verteilt auf diese beiden Zahlungsanlässe, wobei zum Teil eine Staffelung nach Dauer der Kanzleizugehörigkeit vorgesehen ist.

Gelegentlich werden Sonderzahlungen auch gewährt in Form von Direktversicherungsbeiträgen.

5. Hort- und Kindergartenzuschuss

Ein – lohnsteuerfreier – Zuschuss zur Unterbringung und Betreuung von **nicht** schulpflichtigen Kindern von Arbeitnehmerinnen in Kindergärten oder vergleichbaren Einrichtungen wird gelegentlich gewährt. Es muss sich dabei um Leistungen des Arbeitgebers handeln, die **zusätzlich** zu dem ohnehin geschuldeten Arbeitsentgelt erbracht werden. Soweit Leistungen auch den Schulunterricht des Kindes ermöglichen, sind diese allerdings steuerpflichtig.

6. VWL

Ein Arbeitgeberzuschuss zu vermögenswirksamen Leistungen ist nach Umfrageergebnissen weitgehend üblich.

Hinweis: Einige Anwaltvereine im Einzugsbereich von Verkehrsverbünden bieten ihren Mitgliedern die Möglichkeit, für alle Mitarbeiter stark vergünstigte „Firmentickets" (persönliche Monatsnetzkarten) des jeweiligen Verkehrsunternehmens zu beziehen.

7. Urlaub

Der gesetzliche Mindesturlaub beträgt 24 Werktage (= 4 Wochen). Werktag ist auch der Samstag.

8. Fortbildung

Der RENO-Ausschuss des Deutschen Anwaltvereins hat zusammen mit der Deutschen Anwaltakademie eine Fortbildungskonzeption für RENO-Fachangestellte entwickelt. Der Flyer „Mitarbeiter-Seminare" kann bei der Deutschen Anwaltakademie (Littenstraße 11, 10179 Berlin, daa@anwaltakademie.de) angefordert oder im Internet unter www.anwaltakademie.de unter dem Stichwort „Veranstaltungen > Mitarbeiterveranstaltungen" eingesehen werden.

Hinweis: Die Kosten beruflicher Fortbildung (Seminarbeiträge, Fahrtkosten, evtl. Übernachtung) werden häufig vom Arbeitgeber übernommen. Zur **Absicherung der Zukunftsinvestition „Fortbildung"** besteht die Möglichkeit, eine Rückzahlungsklausel arbeitsvertraglich zu vereinbaren. Bei einer Kündigung durch die Mitarbeiterin, den Mitarbeiter innerhalb einer bestimmten Frist nach der Fortbildungsveranstaltung ist dann ein Teil der Ausbildungskosten zu erstatten.

Inzwischen bieten fast alle Rechtsanwaltskammern Kurse zur Fortbildung zum Geprüften Rechtsfachwirt/Geprüfte Rechtsfachwirtin an (siehe Verordnung vom 23.8.2001, BGBl. I S. 2250). Einen anerkannten Fernstudienkurs zum Rechtsfachwirt/-in sowie zum Bürovorsteher/-in im Notarfach führt die technische Fachhochschule Berlin (Luxemburger Str. 10, 13353 Berlin, Tel.: 030/45042231, E-Mail: fsisek@tfh-berlin.de, Internet: www.tfh-berlin.de) durch.

Hinweis: Informationen über die Kurse erteilt die örtliche Rechtsanwaltskammer.

9. Fördermöglichkeiten

Die Fort- und Weiterbildung kann durch verschiedene Stellen gefördert werden:

– Agentur für Arbeit: www.arbeitsagentur.de
– Europäischer Sozialfonds (ESF 2007–2013): www.esf.de/portal/generator/8/startseite.html
– Stiftung Begabtenförderungswerk berufliche Bildung: www.begabtenfoerderung.de.

§ 27 Beteiligung Dritter

[1] Am wirtschaftlichen Ergebnis anwaltlicher Tätigkeit dürfen Dritte, die mit dem Rechtsanwalt nicht zur gemeinschaftlichen Berufsausübung verbunden sind, nicht beteiligt sein. [2] Das gilt nicht für Mitarbeitervergütungen, Versorgungsbezüge, Vergütungen für die Übernahme der Kanzlei und Leistungen, die im Zuge einer Auseinandersetzung oder Abwicklung der beruflichen Zusammenarbeit erbracht werden.

1 § 27 bezweckt nach seiner Entstehungsgeschichte im Wesentlichen die **Verhinderung sogenannter Gewinn-Pools,** die von Anwälten mit Angehörigen anderer Berufe außerhalb von zulässigen Sozietäten und sonstigen beruflichen Zusammenschlüssen (→ § 33 Rn. 1) gebildet werden könnten. Damit **ergänzt § 27 die Regelungen über Zusammenschlüsse zur gemeinschaftlichen Berufsausübung** (§ 59a BRAO) und stellt klar, dass **anderweitige Formen des Zusammenschlusses,** die nicht in einer nach außen hin sichtbaren gemeinsamen Berufsausübung bestehen, **unzulässig** sind, soweit dies in der Konsequenz zu einer irgendwie gearteten Gewinnbeteiligung führt (ebenso Hartung/Römermann/*Römermann* § 27 Rn. 14, 15).

2 Durch die Vorschrift des § 27 soll die **Unabhängigkeit des Rechtsanwalts** (§§ 1, 3 Abs. 1 BRAO) auch in wirtschaftlicher Hinsicht gesichert werden (vgl. auch § 59e Abs. 4 BRAO). Die in S. 2 genannten Aufwendungen, die im weiteren Sinn Kosten der Kanzleiführung sind, fallen nicht unter das Verbot des Satzes 1.

3 § 27 steht einer Abrede nicht entgegen, wonach sich die **Vergütung** eines Rechtsanwalts, der als freier Mitarbeiter die auftraggebende Rechtsanwaltsgesellschaft beim Aufbau eines bundesweiten Filialnetzes von Anwaltskanzleien unterstützen soll, **am Umsatz** der von ihm geworbenen Partner orientiert (BGH NJW 2007, 2856 = BRAK-Mitt. 2007, 228 = AnwBl. 2007, 722). Eine **umsatzorientierte Miete** für Kanzleiräume ist indes für Rechtsanwälte unzulässig.

4 Zu **Praxisübernahmeverträgen** → BRAO § 27 Rn. 34 ff.

5 In der Literatur wird die Norm teilweise für verfassungswidrig gehalten, weil angeblich keine ausreichende Ermächtigungsgrundlage gegeben ist (Hartung/Römermann/*Römermann* § 27 Rn. 17; so wohl auch *Kleine-Cosack* § 27). Die Ermächtigungsgrundlage der Satzungsversammlung ergibt sich jedoch aus § 59b Abs. 2 Nr. 1b (Wahrung der Unabhängigkeit).

§ 28 Ausbildungsverhältnisse

Der Rechtsanwalt hat zu gewährleisten, dass die Tätigkeit eines Auszubildenden in der Kanzlei auf die Erreichung des Ausbildungsziels ausgerichtet ist.

1 Die blasse Vorschrift des § 28 bestimmt in Übereinstimmung mit § 14 Abs. 1 Nr. 1 BBiG eine **globale und umfassende Verpflichtung** des Rechtsanwalts zur Förderung des Ausbildungserfolges (Hartung/Römermann/*Scharmer* § 28 Rn. 9 ff.). Das beinhaltet insbesondere, dass er nicht nur vertraglich, sondern auch berufsrechtlich gehalten ist, sämtliche Vorschriften des BBiG und der ReNoPat-Ausbildungsverordnung, einer Ausbildungsordnung iSd BBiG, einzuhalten und zu befolgen.

2 Die Rechtsanwaltskammern können als nach dem BBiG zuständige Stelle für die Ausbildung der Rechtsanwaltsfachangestellten diese Tätigkeit des Rechtsanwalts überwachen (→ BRAO § 89

Rn. 29). Bei Fehlen der persönlichen oder fachlichen Eignung kann dem Rechtsanwalt nach § 33 BBiG die weitere Ausbildung untersagt werden.

Siebter Abschnitt. Besondere Berufspflichten im grenzüberschreitenden Rechtsverkehr

§ 29 *[aufgehoben]*

1 § 29 wurde mit Beschluss der 4. Sitzung der 5. Satzungsversammlung **am 15.4.2013 aufgehoben.** Die Satzungsversammlung hat die grenzüberschreitende Tätigkeit deutscher Anwälte neu geregelt. An Stelle des gestrichenen § 29 treten zwei neue Vorschriften, die die zwischenanwaltliche Korrespondenz im grenzüberschreitenden Rechtsverkehr (§ 29a) und die Einschaltung eines ausländischen Rechtsanwalts (§ 29b) betreffen. Die neuen Regelungen sind am 1.11.2013 in Kraft getreten.

2 Über die Zukunft des bisherigen § 29 wurde bereits seit einigen Jahren heftig diskutiert. Sollte die Norm, die für die grenzüberschreitende Tätigkeit immer noch auf die seit 2006 nicht mehr geltenden CCBE-Regelungen von 1998, dem genannten Code of Conduct, verweist aktualisiert oder gleich ganz abgeschafft werden? Hans-Jürgen Hellwig, früherer Präsident des CCBE brachte es in der Sitzung am 15.4.2013 deutlich auf den Punkt: Die Vorschrift habe im Verlauf der Jahre seine Daseinsberechtigung verloren. Als sie seinerseits geschaffen wurde, sei die Satzungsversammlung vom europäischen Gedanken beseelt gewesen. Mittlerweile sei aber die europäische und nationale Rechtsentwicklung fortgeschritten. In den vergangenen Jahren habe es einen Deregulierungs- und Liberalisierungsschub gegeben, mit dem Ergebnis, dass der CCBE Code of Conduct teilweise strenger sei, als es das deutsche und europäische Recht überhaupt erlaube. Darüber hinaus wies Hellwig auch auf die **Probleme der einschlägigen Satzungskompetenz** hin (*Fiebig* BRAK-Magazin 3/2013, 7). Nach § 59b Abs. 2 Nr. 9 BRAO hat die Satzungsversammlung aber nur die Befugnis zur Regelung der besonderen Berufspflichten im grenzüberschreitenden Rechtsverkehr. Diese Kompetenzüberschreitung hat die Satzungsversammlung durch Aufhebung des § 29 korrigiert (*Hellwig* AnwBl. 2011, 713; *ders.* AnwBl. 2014, 819).

3 Eine ausführliche Kommentierung mit Literaturnachweisen zu der bisherigen Regelung des § 29 aF findet sich in der 8. Aufl. In Henssler/Prütting/*Offermann-Burckart* § 29 aF Rn. 1 ff. ist die Argumentation und Entscheidungsfindung der 5. Satzungsversammlung dargestellt, die zur Aufhebung der Regelung führte.

4 Der frühere Text lautete:

> ***§ 29 Berufsordnung und CCBE-Berufsregeln***
>
> *(1) [1] Bei grenzüberschreitender Tätigkeit im Sinne von Nr. 1.5 der Berufsregeln der Rechtsanwälte der Europäischen Gemeinschaft (CCBE) in der Fassung vom 28. November 1998 (Anlage zu dieser Berufsordnung) gelten anstelle dieser Berufsordnung jene Berufsregeln, soweit nicht europäisches Gemeinschaftsrecht oder deutsches Verfassungs-, Gesetzes- oder Verordnungsrecht Vorrang haben. [2] Sind die Berufsregeln der Rechtsanwälte der Europäischen Gemeinschaft (CCBE) anzuwenden, dann hat der Rechtsanwalt den ausländischen Rechtsanwalt unverzüglich auf den Vorrang des europäischen Gemeinschaftsrechts und des deutschen Verfassungs-, Gesetzes- oder Verordnungsrechts hinzuweisen; dies kommt insbesondere bei der Anwendung von Nr. 5.3 jener Berufsregeln in Betracht.*
>
> *(2) Sonstige grenzüberschreitende anwaltliche Tätigkeit unterliegt dieser Berufsordnung.*

§ 29a Zwischenanwaltliche Korrespondenz im grenzüberschreitenden Rechtsverkehr

Der Rechtsanwalt ist verpflichtet, nach Rücksprache mit seinem Mandanten die Anfrage eines ausländischen Rechtsanwalts zu beantworten, ob er „vertraulich" gegenüber seinem Mandanten oder „ohne Präjudiz" (d.h. ohne spätere Verwendung gegen den ausländischen Rechtsanwalt oder dessen Mandanten) Informationen austauschen oder Gespräche führen kann.

Schrifttum: *Dahns,* Neues aus der Satzungsversammlung, NJW-Spezial, 2013, 318; *Fiebig,* Abschied vom Code of Conduct, BRAK-Magazin 3/2013, 7; *Grunewald,* Die Entwicklung des anwaltlichen Berufsrecht im Jahr 2013, NJW 2013, 3620; *Hellwig,* Berufsrechtliche Fragen bei grenzüberschreitender Tätigkeit und Kooperation in Europa, BRAK-Mitt. 2009, 50; *ders.,* CCBE Code of Conduct: Aufgabe für die neue Satzungsversammlung, AnwBl. 2011, 713; *ders.,* Die Kompetenz der Satzungsversammlung – eine Erwiderung, AnwBl. 2014, 819; *Henssler/Kilian,* Die Berufsregeln der Rechtsanwälte der Europäischen Union (CCBE-Regeln) in der Rechtsprechung deutscher Gerichte, BRAK-Mitt. 2011, 178.

I. Regelungskompetenz

1 Mit Beschluss der 4. Sitzung der 5. Satzungsversammlung am 15.4.2013 wurde § 29 aufgehoben und §§ 29a (Korrespondenz im grenzüberschreitenden Rechtsverkehr) sowie § 29b (Einschaltung eines ausländischen Rechtsanwalts) neu eingefügt. Die Ermächtigung ergibt sich aus § 59b Abs. 2 Nr. 9 BRAO. § 29a geht zurück auf Nr. 5.3.2 CCBE-Regeln. Mit Wegfall des § 29 ist der bisherige Pauschalverweis auf die CCBE-Regelungen weggefallen (vgl. 8. Aufl. § 29 BRAO aF Rn. 2).

II. Regelungsinhalt

2 Wie Nr. 5.3.2 CCBE-Regeln behandelt § 29a zwei unterschiedliche Varianten der Vertraulichkeit der Anwaltskorrespondenz. In beiden Fällen der Korrespondenz mit dem ausländischen Kollegen geht es der Sache nach um den Schutz von **vertraulichen Vergleichsgesprächen.** Um sicherzustelle, dass Informationen, die man der Gegenseite im Rahmen von Vergleichsgesprächen zur Verfügung gestellt hat, von dieser später nicht im Prozess benutzt werden, sind verschiedene Wege denkbar (vgl. Gaier/Wolf/Göcken/*Wolf* § 29a Rn. 1). Dabei verpflichtet § 29a den deutschen Rechtsanwalt nur, die Anfrage eines ausländischen Kollegen wahrheitsgemäß zu beantworten. Im Zweifel wird diese Antwort negativ ausfallen, weil deutsche Mandanten an die im romanischen Rechtskreis praktizierte Gepflogenheit des vertraulichen Umgangs von Rechtsanwälten untereinander nicht gewöhnt sind. Wenn ein ausländischer Rechtsanwalt erstmals und ohne Rückfrage ein Dokument „vertraulich" oder „ohne Präjudiz" übermittelt, ist das Kind bereits in den Brunnen gefallen (Henssler/Prütting/*Offermann-Burckart* Vor § 29). Nach deutschem Recht ist der Rechtsanwalt als Auftragnehmer gegenüber seinem Mandanten verpflichtet, ihm umfassend Auskunft zu erteilen und in seinem Interesse zu handeln (§ 666 BGB).

3 Die CCBE-Regelung, der die Formulierung zu § 29a entnommen wurde, gab zum Begriff **„Präjudiz"** keine Erläuterung. Die Satzungsversammlung ist jedoch der Ansicht, dass hierzu eine kurze Erklärung notwendig ist. Der Begriff bedeutet, dass die Information, die ohne Präjudiz gegeben worden ist, vom Empfänger gegenüber dem ausländischen Anwalt, der sie gesendet hat, selbst oder gegenüber dessen Mandanten beispielsweise in Verhandlung nicht verwendet werden darf (*Dahns* NJW-Spezial 2013, 318). Nach Ansicht von *Grunewald* (NJW 2013, 3620) ist diese Norm nicht wirklich klar, da man nicht weiß, was diese Verpflichtung zur Beantwortung einer Frage in der Praxis bewirken soll. Verstößt ein Rechtsanwalt wirklich gegen Berufsrecht, wenn er mit „Kein Kommentar" antwortet?

§ 29b Einschaltung eines ausländischen Rechtsanwalts

Wer als Rechtsanwalt einen ausländischen Rechtsanwalt einschaltet, muss diesen bei der Einschaltung informieren, wenn er eine sich aus der Einschaltung ergebende eigene Verbindlichkeit oder Haftung für das Honorar, die Kosten und die Auslagen des ausländischen Rechtsanwalts nicht übernehmen will.

Schrifttum: *Dahns,* Neues aus der Satzungsversammlung, NJW-Spezial, 2013, 318; *Fiebig,* Abschied vom Code of Conduct, BRAK Magazin 3/2013, 7; *Grunewald,* Die Entwicklung des anwaltlichen Berufsrecht im Jahr 2013, NJW 2013, 3620; *Henssler/Kilian,* Die Berufsregeln der Rechtsanwälte der Europäischen Union (CCBE-Regeln) in der Rechtsprechung deutscher Gerichte, BRAK-Mitt. 2011, 178; *Hellwig,* Berufsrechtliche Fragen bei grenzüberschreitender Tätigkeit und Kooperation in Europa, BRAK-Mitt. 2009, 50; *ders.,* CCBE Code of Conduct: Aufgabe für die neue Satzungsversammlung, AnwBl. 2011, 713; *ders.,* Die Kompetenz der Satzungsversammlung – eine Erwiderung, AnwBl. 2014, 819.

I. Regelungskompetenz

1 Mit Beschluss der 4. Sitzung der 5. Satzungsversammlung am 15.4.2013 wurde § 29 aufgehoben und §§ 29a (Korrespondenz im grenzüberschreitenden Rechtsverkehr) sowie § 29b

(Einschaltung eines ausländischen Rechtsanwalts) neu eingefügt. Die Ermächtigung ergibt sich aus § 59b Abs. 2 Nr. 9 BRAO. § 29b geht zurück auf Nr. 5.7 CCBE-Regeln. Mit Wegfall des § 29 ist der bisherige Pauschalverweis auf die CCBE-Regelungen weggefallen (vgl. 8. Aufl. BRAO § 29 aF Rn. 2).

II. Regelungsinhalt

Nr. 5.7 CCBE hat die Honorarzahlungsverpflichtung im Fall der Einschaltung eines ausländischen Rechtsanwalts zum Gegenstand. Danach muss der Rechtsanwalt, der einen ausländischen Rechtsanwalt einschaltet, diesen informieren, wenn er für ein Honorar nicht haften will. Der Begriff des **Einschaltens** erfasst, wohl auch formlose Kontakte und eine solche Information muss im Regelfall ausdrücklich erfolgen, da es gerade darum geht, Fehlvorstellungen der Gegenseite zu begegnen (*Grunewald* NJW 2013, 3620). 2

Die **Informationspflicht** nach § 29b ist aber nur eine berufsrechtliche Pflicht. Dies ergibt sich aus der Satzungsermächtigung nach § 59b BRAO. Ob der deutsche Rechtsanwalt für die Gebührenforderung des ausländischen Kollegen haftet, ergibt sich somit nicht aus berufsrechtlichen Bestimmungen (weder aus solchen der deutschen Berufsordnung noch aus den CCBE-Regeln), sondern aus dem Gesetz (Henssler/Prütting/*Offermann-Burckart* Vor § 29; **aA** AnwG Hamburg mit Beschluss vom 30.4.2009, BRAK-Mitt. 2009, 242). Die Satzungsversammlung hat nunmehr, zumindest vom Wortlaut her, mit § 29b eine rein berufsrechtliche Informationspflicht geschaffen. Der eingeschaltete ausländische Kollege ist darüber zu informieren, dass sich sein Honoraranspruch nur gegen den Mandanten richtet, wenn der deutsche Rechtsanwalt selbst die Haftung für den Honoraranspruch nicht übernehmen will (Gaier/Wolf/Göcken/*Wolf* § 29b Rn. 1). 3

Achter Abschnitt. Besondere Berufspflichten bei beruflicher Zusammenarbeit

§ 30 Berufliche Zusammenarbeit mit Angehörigen anderer Berufe

[1]Ein Rechtsanwalt darf sich mit Angehörigen anderer nach § 59a Abs. 1 Bundesrechtsanwaltsordnung sozietätsfähiger Berufe nur dann zu einer gemeinschaftlichen Berufsausübung in einer Sozietät, in sonstiger Weise oder in einer Bürogemeinschaft verbinden, wenn diese bei ihrer Tätigkeit auch das anwaltliche Berufsrecht beachten. [2]Dasselbe gilt für die Verbindung mit Angehörigen anderer nach § 59 Abs. 2 Bundesrechtsanwaltsordnung sozietätsfähiger Berufe, sofern sie in der Bundesrepublik Deutschland tätig werden.

Zusammen mit § 33 bezweckt die Vorschrift, dass das **anwaltliche Berufsrecht von allen Berufsträgern beachtet wird, mit denen der Rechtsanwalt beruflich zusammenarbeitet,** also auch von denen, die nicht als Rechtsanwalt tätig sind. Die Vorschrift ist nötig, weil die BRAO in § 59a zwar die Zusammenarbeit mit bestimmten Berufsgruppen für zulässig erklärt, allerdings keine Regelung für die Harmonisierung der unterschiedlichen Berufsrechte trifft. 1

Vereinzelt wird die Vorschrift **für verfassungswidrig gehalten.** Zur Begründung wird angeführt, § 59b BRAO enthalte keine Ermächtigungsgrundlage für eine Regelung, die indirekt Angehörige anderer Berufe betreffe; so Hartung/Römermann/*Römermann* § 30 Rn. 4; Henssler/Prütting/*Henssler* § 30 Rn. 4; Gaier/Wolf/Göcken/*Bormann* § 30 Rn. 10. Die **Bedenken sind gerechtfertigt,** da mit den Vorschriften der §§ 30 und 33 Abs. 2 faktisch berufsfremde Dritte zum Adressaten der Vorschriften des anwaltlichen Berufsrecht gemacht werden. Die BORA ist Satzungsrecht und Satzungsrecht gilt immer nur für die Mitglieder der jeweiligen Selbstverwaltungskörperschaft (so auch Gaier/Wolf/Göcken/*Bormann* § 30 Rn. 10 mwN). 2

Da die BRAO keine Regelungen bezüglich des anzuwendenden Berufsrechts bei der Zusammenarbeit von Rechtsanwälten mit Angehörigen anderer Berufe enthält, haben die §§ 30, 33 Abs. 2 erhebliche Bedeutung. Sie verpflichten den Rechtsanwalt, berufsfremde Sozien zur Beachtung des anwaltlichen Berufsrechts anzuhalten. Bei dauernder Nichtbeachtung des anwaltlichen Berufsrechts durch die berufsfremden Sozien ist der Rechtsanwalt verpflichtet, die Zusammenarbeit zu beenden; so auch Gaier/Wolf/Göcken/*Bormann* § 30 Rn. 5. 3

4 Wie die „Beachtung" zu erfolgen hat, ist in § 30 nicht definiert. Dass aber das fremde Berufsrecht bei einer interprofessionellen Zusammenarbeit nicht durch das anwaltliche Berufsrecht ersetzt werden soll und kann, liegt auf der Hand. Demzufolge kann § 30 nur bezwecken, dass sich ein Rechtsanwalt auch in einer interprofessionellen Sozietät entsprechend den Vorgaben des anwaltlichen Berufsrechts verhält. Und wenn der berufsfremde Sozius etwas tut oder unterlässt, das (gleichzeitig) die Berufsausübung des Rechtsanwalts oder dessen berufsrechtliche Stellung betrifft, muss dies dem anwaltlichen Berufsrecht entsprechen (so auch Gaier/Wolf/Göcken/*Bormann* § 30 Rn. 7). Soweit die Berufsausübung des nicht-rechtsanwaltlichen Partners keine Bezüge zum beruflichen Pflichtenkreis des Rechtsanwalts aufweist, ist § 30 nicht einschlägig. Von daher kommen nur Handlungen im Betracht, die sich sozietätsweit auswirken wie bspw. Kanzlei-Werbung, Briefpapier und Aufnahme weiterer Berufsträger; so auch Hartung/Römermann/*Römermann* § 30 Rn. 12; Gaier/Wolf/Göcken/*Bormann* § 30 Rn. 7.

5 § 30 richtet sich nach seinem Wortlaut **nicht nur auf alle Berufsausübungsgemeinschaften,** sondern auch auf **Bürogemeinschaften** von im Inland zugelassenen Rechtsanwälten mit im Inland tätigen ausländischen Rechtsanwälten bzw. mit im Inland tätigen Angehörigen sozietätsfähiger Berufe gemäß § 59a Abs. 1 und 2 Nr. 2 BRAO. In Zusammenhang mit § 33 werden neben den klassischen **Sozietäten** auch **Partnerschaftsgesellschaften,** anwaltliche **Kapitalgesellschaften** sowie **sonstige Kooperationen** mit gemeinschaftlicher Berufsausübung wie Anstellungsverhältnisse und freie Mitarbeiterverhältnisse erfasst. Bloße Kooperationen, die weder als Berufsausübungsgemeinschaften noch als Bürogemeinschaften zu qualifizieren sind, sind von § 30 nicht gemeint (so auch Gaier/Wolf/Göcken/*Bormann* § 30 Rn. 6).

6 Soweit nach § 59a Abs. 2 BRAO eine Zusammenarbeit mit Angehörigen rechtsberatender Berufe im Ausland zulässig ist, erstreckt § 30 S. 2 die Pflicht zur Beachtung des anwaltlichen Berufsrechts auf diese, dh der deutsche Partner darf nur mit solchen ausländischen Berufsangehörigen iSd § 59a Abs. 2 eine berufliche Zusammenarbeit aufnehmen, die bereit sind, das deutsche Berufsrecht zu beachten.

7 Da die in § 59a Abs. 2 Nr. 1 BRAO aufgeführten Angehörigen ausländischer Rechtsanwaltsberufe schon nach § 6 Abs. 1 EuRAG, § 207 Abs. 2 BRAO iVm § 34 selbst unmittelbar zur Beachtung des deutschen anwaltlichen Berufsrechts verpflichtet sind, hat § 30 S. 2 nur für die in § 59a Abs. 2 Nr. 2 BRAO angeführten ausländischen Berufsangehörigen Bedeutung. Da nach ausländischem Recht für die in § 59a Abs. 2 Nr. 2 BRAO genannten Berufe aber multiprofessionelle Zusammenschlüsse weitgehend verboten sind, ist eine multiprofessionelle transnationale Berufsausübungsgesellschaft praktisch nicht denkbar (Henssler/Prütting/*Henssler* § 30 Rn. 8).

8 Im Übrigen muss durch § 30 S. 2 nur sichergestellt werden, dass der in Deutschland mit einem deutschen Rechtsanwalt zur beruflichen Zusammenarbeit verbundene Berufsangehörige iSd § 59a Abs. 2 BRAO selbst das deutsche Berufsrecht beachtet. Von seinen Partnern im Ausland kann das nach § 30 S. 2 nicht verlangt werden. Allerdings muss ein deutscher Rechtsanwalt bei beruflicher Zusammenarbeit – auch in einer internationalen – Gesellschaft nach § 33 Abs. 4 gewährleisten, dass die Regeln dieser Berufsordnung auch von der Organisation bei Tätigkeiten in Deutschland eingehalten werden.

§ 31 *[aufgehoben]*

1 § 31 beruhte auf der Regelung des § 59a BRAO aF. Aufgrund der Gesetzesänderung vom 12.12.2007 (BGBl. I S. 2840, 2848), durch welche das sich bisher aus § 59a BRAO aF ergebende Verbot der Sternsozietät entfallen ist, konnte die dazu in Widerspruch stehende Satzungsregelung des § 31 nicht weiter aufrechterhalten. Durch Beschluss der 4. Satzungsversammlung in Berlin vom 18.1.2008 wurde § 31 deshalb mit Wirkung ab 1.7.2008 (BRAK-Mitt. 2008, 65) **aufgehoben.**

2 Der **frühere Gesetzestext** lautete:

§ 31 Sternsozietät

[1] Ein Rechtsanwalt darf sich mit anderen Rechtsanwälten nur dann zu einer Sozietät, zur gemeinschaftlichen Berufsausübung in sonstiger Weise oder in einer Bürogemeinschaft verbinden, wenn diese nicht daneben einer weiteren Sozietät, Verbindung zur gemeinschaftlichen Berufsausübung in sonstiger Weise oder Bürogemeinschaft angehören. [2] Dasselbe gilt für die Verbindung mit Angehörigen anderer nach § 59a Abs. 3 Bundesrechtsanwaltsordnung sozietätsfähiger Berufe, sofern sie in der Bundesrepublik Deutschland tätig werden.

§ 32 Beendigung einer gemeinschaftlichen Berufsausübung

(1) [1] **Bei Auflösung einer Sozietät haben die Sozien mangels anderer vertraglicher Regelung jeden Mandanten darüber zu befragen, wer künftig seine laufenden Sachen bearbeiten soll.** [2] **Wenn sich die bisherigen Sozien über die Art der Befragung nicht einigen, hat die Befragung in einem gemeinsamen Rundschreiben zu erfolgen.** [3] **Kommt eine Verständigung der bisherigen Sozien über ein solches Rundschreiben nicht zustande, darf jeder der bisherigen Sozien einseitig die Entscheidung der Mandanten einholen.** [4] **Der ausscheidende Sozius darf am bisherigen Kanzleisitz und auf der Internetseite der Sozietät einen Hinweis auf seinen Umzug für ein Jahr anbringen.** [5] **Der verbleibende Sozius hat während dieser Zeit auf Anfrage die neue Kanzleiadresse, Telefon- und Faxnummern des ausgeschiedenen Sozius bekannt zu geben.**

(2) [1] **Für den Fall des Ausscheidens eines Sozius aus der Sozietät gilt Abs. 1 hinsichtlich derjenigen Auftraggeber, mit deren laufenden Sachen der ausscheidende Sozius zum Zeitpunkt seines Ausscheidens befasst oder für die er vor seinem Ausscheiden regelmäßig tätig war.** [2] **Sein Recht, das Ausscheiden aus der Sozietät allen Mandanten bekannt zu geben, bleibt unberührt.**

(3) **Absätze 1 und 2 gelten entsprechend für die Beendigung einer beruflichen Zusammenarbeit in sonstiger Weise, wenn diese nach außen als Sozietät hervorgetreten ist.**

Schrifttum: *Heller,* Die Beendigung freiberuflicher Sozietätsverhältnisse, 2000, Diss. Köln; *Offermann-Burckart,* Die Scheinsozietät – das (un)bekannte Wesen, AnwBl. 2010, 743; *Römermann,* Auflösung einer Steuerberater-Sozietät, INF 1999, 244; *ders.,* Rosenkrieg vermeiden – Checkliste zur Sozietätstrennung, Anwalt Das Magazin 1–2/2002, 10; *ders.,* Auflösung und Abspaltung bei Anwaltssozietäten, NJW 2007, 2209.

I. Allgemeine Regelungen

§ 32 versucht die Konflikte, die häufig im Zusammenhang mit der Beendigung der beruflichen Zusammenarbeit – egal in welcher Form diese betrieben wurde (§ 32 Abs. 3, § 33) – entstehen, zu lösen; dabei handelt es sich jedoch um rein berufsrechtliche Regelungen, die mit zivilrechtlichen Gegebenheiten in Widerspruch stehen können (dazu Hartung/Römermann/*Römermann* § 32 Rn. 55). Abs. 1 S. 4 stellt zunächst für alle Fälle des Ausscheidens klar, dass der am bisherigen Kanzleiort verbleibende Sozius oder sonstige Partner (Abs. 3, § 33) das **Hinweisschild des Ausscheidenden** auf seine neue Kanzlei mit neuer Adresse, Telefon- und Faxnummer sowie den Namen seiner neuen Sozietät **für die Dauer eines Jahres** dulden muss (LG Limburg NJW-RR 2002, 1211). Der verbleibende Partner muss während dieser Zeit auf Anfragen von Rechtsuchenden nach dem Ausgeschiedenen ihnen dessen neue Kanzleiadresse, Telefon- und Faxnummer mitteilen. Die Rechte und Pflichten aus § 32 Abs. 1 S. 4 und 5 beginnen mit dem ersten Tag des Ausscheidens, denn in der Beendigungsphase vor dem Ausscheiden ist der ausscheidende Rechtsanwalt noch über die alte Kanzleiadresse erreichbar, so dass kein Anlass besteht, schon zuvor die neue Kanzleiadresse mitzuteilen (ArbG Schwerin AnwBl. 2002, 56). Die eine Anwaltskanzlei übernehmenden Rechtsanwälte (→ BRAO § 27 Rn. 12 ff.) sind zur Duldung des Umzugshinweises einer aus der übernommenen Kanzlei ausscheidenden Anwältin verpflichtet, auch wenn sie mit dieser selbst weder unmittelbare vertragliche Absprachen getroffen haben noch in einer Rechtsanwaltsgemeinschaft zusammengeschlossen waren (OLG Koblenz MDR 2000, 1401). Zur Systematik des Abs. 1 S. 4 und 5 vgl. Hartung/Römermann/*Römermann* § 32 Rn. 10. Zum Schicksal von Mandatsverträgen bei Auflösung einer Anwaltssozietät vgl. OLG Hamm AnwBl. 2011, 584. 1

II. Auflösung einer Sozietät (Abs. 1)

Für die Fälle der Auflösung einer Sozietät bzw. einer sonstigen beruflichen Zusammenarbeit (§ 33) bestimmt Abs. 1 – sozusagen als Ausfluss des Grundsatzes der freien Anwaltswahl (§ 3 Abs. 3 BRAO) –, dass die auseinandergehenden Geschäftspartner im Zweifelsfall ihre Mandanten zu befragen haben, wer künftig ihre laufenden Mandate bearbeiten soll. § 32 Abs. 1 sieht dazu eine Regelung vor, wie zu verfahren ist, wenn sich die bisherigen Partner nicht über die Art der 2

Mandantenbefragung einigen können (zu Absprachen der Gesellschaft bzw. mit Mandanten vgl. Henssler/Prütting/*Henssler* § 32 Rn. 9). Letztlich darf dann jeder der bisherigen Partner einseitig die Entscheidung der Mandanten einholen.

3 Gibt die Befragung der Mandanten kein Ergebnis, weil diese zB nicht antworten, wird das jeweilige Mandat durch die zu diesem Zweck fortbestehende Abwicklungsgesellschaft weitergeführt (Henssler/Prütting/*Henssler* § 32 Rn. 7). Das Ausscheiden einzelner Vertragspartner aus einem Mandatsverhältnis mit sämtlichen Sozien wäre nur mit Zustimmung des Mandanten möglich. Im Innenverhältnis bleibt es dann grundsätzlich bei der bisherigen sozietätsinternen Aufteilung (Henssler/Prütting/*Henssler* § 32 Rn. 34 ff.).

III. Ausscheiden eines Sozius aus einer fortbestehenden Sozietät (Abs. 2)

4 Bleibt die Sozietät oder sonstige Organisation (Abs. 3, § 33) bestehen, scheidet aber einer der bisherigen Partner aus, dann gilt nach Abs. 2 S. 1 die Regelung des Abs. 1 hinsichtlich derjenigen Auftraggeber, mit deren laufenden Sachen der ausscheidende Partner zum Zeitpunkt des Ausscheidens befasst oder für die er vor seinem Ausscheiden regelmäßig tätig war. Insoweit besteht ein Befragungsrecht.

5 Daneben bleibt sein Recht bestehen, sein **Ausscheiden allen Mandanten** der Sozietät, nicht nur denen, deren Mandate er bearbeitete (Abs. 2 S. 2), **bekanntzugeben** (Bekanntgaberecht). Nur so kann der Ausscheidende auch eine weitere eventuelle Haftung nach Rechtsscheingrundsätzen vermeiden. Da der Zweck dieser Regelung auf die Haftungsbegrenzung ausgerichtet ist, kann die Ausübung dieses Rechtes nicht von dem Zeitpunkt des Ausscheidens des Rechtsanwalts abhängig gemacht werden; dieses Recht kann bereits in der Phase der Beendigung, typischerweise während des Laufs einer Kündigungsfrist ausgeübt werden. Soweit der Rechtsanwalt über den Zweck der Haftungsbegrenzung hinaus nicht nur sein Ausscheiden mitteilen will, sondern auch seine zukünftige Erreichbarkeit, gilt wieder die zeitliche Beschränkung auf die Zeit ab dem tatsächlichen Ausscheiden (ArbG Schwerin AnwBl. 2002, 56).

IV. Außensozietät (Abs. 3)

6 Nach Abs. 3 aF galt die Regelung des Abs. 2 auch in Fällen einer sog. Außensozietät/Scheinsozietät. Zur Vermeidung seiner weiteren Haftung durfte auch ein Rechtsanwalt, der im Innenverhältnis nicht Sozius war, sein Ausscheiden aus der Sozietät allen Mandanten bekanntgeben, wenn die berufliche Zusammenarbeit nach außen zum Ausdruck gekommen ist (vgl. LG Düsseldorf NJW-RR 1998, 1002 = BRAK-Mitt. 1999, 238). Unklar war in diesem Zusammenhang, ob es sich dabei um eine sog. „Kettenverweisung" handelte (dafür *Dahns* BRAK-Magazin 2010, 11, 12; dagegen *Offermann-Burckart* AnwBl. 2010, 747 mwN) oder lediglich die entsprechende Anwendung des Abs. 2 vorgesehen war.

7 Die 4. Satzungsversammlung hat in ihrer 5. Sitzung am 25./26.6.2010 die Änderung des Abs. 3 beschlossen, die am 1.3.2011 in Kraft getreten ist (BRAK-Mitt. 2010, 253). Abs. 3 verweist nun eindeutig auf die Abs. 1 und 2 für Schein- bzw. Außensozien, die künftig bei Auflösung der Gesellschaft berechtigt sein können, sämtliche Mandanten dahingehend zu befragen, wer weiterhin tätig werden soll.

8 Auf sonstige Mitarbeiter – insbesondere angestellte Rechtsanwälte oder freie Mitarbeiter – ist die Regelung des § 32 nicht anwendbar. Anderes gilt natürlich beim Vorliegen der Merkmale einer Außensozietät bzw. Scheinsozietät, für die ja gerade Abs. 3 einschlägig ist.

§ 33 Geltung der Berufsordnung bei beruflicher Zusammenarbeit

(1) **Soweit Vorschriften dieser Berufsordnung Rechte und Pflichten des Rechtsanwalts im Hinblick auf die Sozietät als Form der gemeinschaftlichen Berufsausübung vorsehen, gelten sie sinngemäß für alle anderen Rechtsformen der gemeinschaftlichen Berufsausübung.**

(2) **Bei beruflicher Zusammenarbeit gleich in welcher Form hat jeder Rechtsanwalt zu gewährleisten, dass die Regeln dieser Berufsordnung auch von der Organisation eingehalten werden.**

I. Anwendungsbereich bzw. Adressaten (Abs. 1)

§ 33 Abs. 1 erstreckt den Anwendungsbereich der für eine Sozietät (§ 59a BRAO) geltenden Vorschriften der BORA auf **alle anderen Berufsausübungsgemeinschaften,** unabhängig von der Rechtsform (AGH NRW NJW-RR 2002, 1494 zur Anwendung des § 8 auf eine Anwalts-GmbH). Dadurch vermeidet die BORA theoretische Auseinandersetzungen um einen allgemeingültigen Sozietätsbegriff und Regelungslücken. **Nicht erfasst** sind **Bürogemeinschaften;** so auch Gaier/Wolf/Göcken/*Bormann* § 33 Rn. 8. 1

Andere Rechtsformen der beruflichen Zusammenarbeit im Sinne der Erstreckungsregel des § 33 sind, wie sich aus der Wortwahl und der Stellung des § 33 im Achten Abschnitt über die Berufspflichten bei beruflicher Zusammenarbeit ergibt, all diejenigen Formen der beruflichen Zusammenarbeit, in denen keine arbeitsrechtliche Beziehung zwischen den Beteiligten besteht (vgl. die Sonderregelung in § 26), sondern die gesellschaftsrechtlich (§§ 705 ff. BGB) oder spezialgesetzlich (vgl. zB §§ 59c ff. BRAO; PartGG; EWIV) geregelt sind (Hartung/Römermann/*Römermann* § 33 Rn. 20 ff.; **aA** Henssler/Prütting/*Henssler* § 33 Rn. 6, der nur Berufsausübungsgesellschaften durch § 33 erfasst sieht). Erfasst werden von § 33 Abs. 1 neben der Partnerschaft, der Anwalts-GmbH, der Anwalts-AG auch die EWIV und Arbeitsgemeinschaften für Einzelprojekte (ARGE). 2

II. Anwendung auch auf die Organisation (Abs. 2)

Adressat der sich aus § 33 ergebenden Verpflichtungen sind die in den Zusammenschlüssen tätigen Rechtsanwälte. Abs. 2 verpflichtet den Rechtsanwalt aber zu gewährleisten, dass die Regeln der Berufsordnung auch von der Organisation als solcher eingehalten werden. Kann der Rechtsanwalt dies nicht gewährleisten, darf er sich nicht (weiter) an der Organisation beteiligen. Die in einer Anwalts-GmbH verbundenen Rechtsanwälte, für die die BORA unmittelbar gilt, müssen gemäß § 33 Abs. 2 dafür sorgen, dass die Regeln der BORA auch von (der GmbH und) sämtlichen für sie tätigen Mitarbeiter unabhängig von der Anwaltszulassung eingehalten werden (AGH NRW NJW-RR 2002, 1494; → BRAO § 59m Rn. 6). Damit haben auch die GmbH und die in ihr tätigen **nichtanwaltlichen Gesellschafter, Geschäftsführer, Prokuristen und Handlungsbevollmächtigten** (§§ 59e, 59f BRAO) die **Regeln der BORA zu beachten.** Auch für sie gelten **mittelbar** (für eine unmittelbare Geltung Henssler/Prütting/*Henssler* § 33 Rn. 9) § 3 Abs. 2 (Tätigkeitsverbot bei widerstreitendem Interesse), § 8 S. 1 (Kundgabe beruflicher Zusammenarbeit), § 9 (Kurzbezeichnung), § 24 Abs. 1 Nr. 4 (Anzeigepflichten gegenüber der Rechtsanwaltskammer), § 30 S. 1 (Zusammenarbeit mit Angehörigen anderer Berufe) und § 32 (Beendigung einer beruflichen Zusammenarbeit; vgl. LG Düsseldorf NJW-RR 1998, 1002 = BRAK-Mitt. 1999, 238). Das gilt auch für die anwaltlichen Mitglieder einer Partnerschaft (BayAGH BRAK-Mitt. 2002, 283) und einer Rechtsanwalts-AG (→ BRAO § 59a Rn. 9; OLG Nürnberg OLGR 2003, 180). 3

Neunter Abschnitt. Anwendungsbereich

§ 34 Weitere Mitglieder der Rechtsanwaltskammer, ausländische Rechtsanwälte

(1) **Für europäische Rechtsanwälte im Sinne der §§ 1 ff. EuRAG gelten hinsichtlich ihrer Tätigkeit in der Bundesrepublik Deutschland die §§ 1 bis 33 sowie die Anlagen entsprechend.**

(2) **Für europäische Rechtsanwälte, die nach den §§ 25 ff. EuRAG vorübergehend in der Bundesrepublik Deutschland tätig werden, gelten die Vorschriften der §§ 1 bis 33 nach Maßgabe des § 27 EuRAG entsprechend.**

(3) **Für Rechtsanwälte aus anderen Staaten, die Mitglieder einer Rechtsanwaltskammer im Sinne der §§ 206, 207 Bundesrechtsanwaltsordnung sind, gelten hinsichtlich ihrer Tätigkeit in der Bundesrepublik Deutschland die §§ 1 bis 33 sowie die Anlagen entsprechend.**

(4) **Für Mitglieder einer Rechtsanwaltskammer nach § 209 Bundesrechtsanwaltsordnung gelten die §§ 2 bis 19, 21 bis 33 sowie die Anlagen entsprechend.**

Schrifttum: *Hellwig,* Berufsrechtliche Fragen bei grenzüberschreitender Tätigkeit und Kooperation in Europa, BRAK-Mitt. 2009, 50.

I. Regelungskompetenz

1 § 34 wurde bereits von dem Redaktionsausschuss der 1. Satzungsversammlung formuliert und in der 5. Sitzung der 1. Satzungsversammlung im Rahmen der Abstimmung über die gesamte Berufsordnung angenommen. § 34 Abs. 1–3 wurden gemäß Beschluss der Satzungsversammlung vom 15./16.2.2001 neu gefasst und dem EuRAG sowie der Neuregelung der §§ 206, 207 BRAO angepasst. § 34 Abs. 4 wurde gemäß Beschluss der 5. Satzungsversammlung vom 13.11.2012 (BRAK-Mitt. 2013, 34) angepasst.

II. Regelungsgegenstand

2 § 34 regelt die Anwendbarkeit der Berufsordnung auf europäische Rechtsanwälte iSd §§ 1 ff., 25 ff. EuRAG (Abs. 1 und 2), auf Rechtsanwälte aus anderen Staaten nach §§ 206, 207 BRAO (Abs. 3) und auf Kammerrechtsbeistände nach § 209 BRAO (Abs. 4).

3 Für **europäische Rechtsanwälte** iSd §§ 1 ff. EuRAG gelten hinsichtlich ihrer dauernden Tätigkeit in Deutschland **(§ 34 Abs. 1)** jeweils die §§ 1–33 entsprechend. Voraussetzung ist, dass der europäische Rechtsanwalt Mitglied der zuständigen Kammer ist (§§ 2 ff. EuRAG). Der niedergelassene europäische Anwalt ist dem deutschen Rechtsanwälten in seinen Rechten und Pflichten weitgehend gleichgestellt (Hartung/*Lörcher* § 34 Rn. 8).

4 **§ 34 Abs. 2** bezieht sich auf die **dienstleistenden europäischen Rechtsanwälte** nach §§ 25 ff. EuRAG. Es gelten die §§ 1–33 hinsichtlich ihrer Tätigkeit in Deutschland entsprechend; dabei sind bei nur vorübergehender Tätigkeit eines europäischen Rechtsanwalts die Einschränkungen nach § 27 EuRAG zu beachten. Bei der Tätigkeit vor Gerichten oder Behörden gelten gemäß § 27 Abs. 1 EuRAG für den dienstleistenden europäischen Rechtsanwalt die deutschen Berufsregeln nicht, soweit sie die Zugehörigkeit zu einer Anwaltskammer oder die Kanzlei betreffen. Für beratende Tätigkeit erfolgt in § 27 Abs. 2 EuRAG eine noch weitergehende Einschränkung. Es gelten dabei nur diejenigen Berufsregeln, die nicht untrennbar mit einer Niederlassung in Deutschland verbunden sind und die aufgrund ihrer allgemeinen Bedeutung auch von einem nur vorübergehend in Deutschland tätigen europäischen Rechtsanwalt beachtet werden können. Zudem finden diese Berufsregeln nur insoweit Anwendung, als das Verlangen ihrer Einhaltung gerechtfertigt ist, um eine ordnungsgemäße Ausübung der Tätigkeiten des Rechtsanwalts sowie die Wahrung des Ansehens und Vertrauens zu gewährleisten, das die Stellung des Rechtsanwalts erfordert (Henssler/Prütting/*Lörcher* § 34 Rn. 7).

5 Nach **§ 34 Abs. 3** werden für **Anwälte aus anderen Staaten (WHO-Staaten), die Mitglieder einer Rechtanwaltskammer nach §§ 206, 207 BRAO sind,** ausdrücklich die §§ 1–33 für entsprechend anwendbar erklärt (→ BRAO § 206 Rn. 4–9). Die Beachtung der BORA durch diese Anwälte unterliegt der Berufsaufsicht der Rechtanwaltskammer und der Anwaltsgerichtsbarkeit (→ BRAO § 207 Rn. 10, 11).

6 Nach **§ 34 Abs. 4** haben **Kammerrechtsbeistände (§ 209 BRAO)** die im Einzelnen aufgeführten Vorschriften der BORA zu beachten. Nur § 20, der lediglich Rechtsanwälte betrifft, ist nicht entsprechend anwendbar. Die bisherige Ausnahme von § 14 wurde mit Beschluss der 5. Satzungsversammlung vom 13.11.2012 aufgehoben.

Dritter Teil. Schlussbestimmungen

§ 35 In-Kraft-Treten und Ausfertigung

(1) **Diese Berufsordnung tritt drei Monate nach Übermittlung an das Bundesministerium der Justiz in Kraft, soweit nicht das Bundesministerium der Justiz die Satzung oder Teile derselben aufhebt, frühestens jedoch mit dem ersten Tag des dritten Monats, der auf die Veröffentlichung in den BRAK-Mitteilungen folgt.**

(2) **Der Zeitpunkt des In-Kraft-Tretens ist in den BRAK-Mitteilungen bekannt zu machen.**

(3) **Die Berufsordnung ist durch den Vorsitzenden und den Schriftführer der Satzungsversammlung auszufertigen.**

Übersicht

I. Entstehungsgeschichte

1 Die Berufsordnung und die Fachanwaltsordnung wurden nach Ausfertigung durch den Präsidenten der Bundesrechtsanwaltskammer als Vorsitzenden der Satzungsversammlung und dem Schriftführer der Satzungsversammlung in den BRAK-Mitt. vom 18.12.1996, 241–252, mit folgender Mitteilung veröffentlicht:

„Am 29.11.1996 hat die Satzungsversammlung gemäß § 191d Abs. 3 S. 1 BRAO mit 78 Stimmen bei 3 Gegenstimmen und 4 Enthaltungen die Berufsordnung und die Fachanwaltsordnung beschlossen. Sie werden nachstehend veröffentlicht. Ausfertigungen der Berufsordnung und der Fachanwaltsordnung sind am 10.12.1996 dem BMJV übermittelt worden. Die Berufsordnung und die Fachanwaltsordnung werden demzufolge am 11.3.1997 in Kraft treten, soweit nicht das BMJV die Satzungen oder Teile derselben bis zum 10.3.1997 aufhebt (§ 191e BRAO und § 191d Abs. 5 BRAO)."

2 Mit Bescheid des BMJV vom 7.3.1997 wurden § 21 Abs. 2 BORA und § 15 FAO als rechtswidrig **aufgehoben.** Der Vorsitzende und der Schriftführer veröffentlichten daraufhin den Aufhebungsbescheid des BMJV in den BRAK-Mitt. vom 5.5.1997 und verbanden dies mit folgender Mitteilung:

„Inkrafttreten
Der Aufhebungsbescheid wurde im Bundesanzeiger vom 8.3.1997 bekannt gemacht. Berufsordnung (BRAK-Mitt. 1996, 241) und Fachanwaltsordnung (BRAK-Mitt. 1996, 249) sind mit Ausnahme der aufgehobenen Bestimmungen (§ 21 Abs. 2 BO, § 15 FAO) am 11.3.1997 in Kraft getreten."

sowie einer Berichtigung zu § 35 BORA, §§ 16, 26 FAO (BRAK-Mitt. 1997, 81).

3 Die Regelungen der BORA und FAO gelten damit seit **11.3.1997** und sind in der Folgezeit wiederholt **geändert und ergänzt** worden. Die jeweiligen Tagesordnungen und Beschlüsse der Satzungsversammlung sowie das Inkrafttreten der Beschlüsse finden sich lückenlos dokumentiert auf der Homepage der BRAK unter www.brak.de.

II. Gesetzliche Regelung des Inkrafttretens

4 § 35 BORA und § 26 FAO knüpfen mit der Regelung des Inkrafttretens von BORA und FAO an § 191d Abs. 5 und § 191e BRAO an. Nach § 191d Abs. 5 BRAO treten „die von der Satzungsversammlung gefassten Beschlüsse … mit dem ersten Tag des dritten Monats in Kraft, der auf die Veröffentlichung in den für Verlautbarungen der Bundesrechtsanwaltskammer be-

stimmten Presseorganen folgt“ (vgl. § 42 BRAK-Satzung, → BRAO § 175 Rn. 10). Demgegenüber bestimmt § 191e BRAO, dass „die Satzung … drei Monate nach Übermittlung an das BMJV in Kraft“ tritt, „soweit nicht das BMJV die Satzung oder Teile derselben aufhebt.“ Diese zunächst widersprüchlich erscheinenden Regelungen erklären sich aus deren Entstehungsgeschichte (vgl. im Einzelnen Henssler/Prütting/*Hartung* BRAO § 191d Rn. 22) und beziehen sich zudem auf unterschiedliche Regelungsobjekte (→ Rn. 10 ff.).

4a Jedenfalls ist der BRAO, da die §§ 191d und 191e BRAO bezugslos nebeneinander stehen, eine vom Gesetzgeber gewollte zeitliche Reihenfolge von Veröffentlichung nach § 191d Abs. 5 BRAO und Übermittlung an das BMJV mit der danach nach § 191e BRAO laufenden Dreimonatsfrist nicht zu entnehmen (BGH NJW 1999, 2678 = BRAK-Mitt. 1999, 233 mit Anm. *Kilian* BRAK-Mitt. 1999, 247, gebilligt durch BVerfG NJW 2000, 347 = BRAK-Mitt. 2000, 36 = AnwBl. 2000, 122 = BGBl. 2000 I S. 54; BRAK-Mitt. 2001, 41; AnwG Koblenz NJW 1998, 2751 = BRAK-Mitt. 1998, 202 = MDR 1998, 1058).

5 Ein solcher Zwang, die in § 191e BRAO und § 191d Abs. 5 BRAO vorgesehenen Fristen nacheinander in Lauf zu setzen, indem zunächst die Satzung an das BMJV übermittelt wird und erst nach Ablauf der Dreimonatsfrist des § 191e BRAO dann die Veröffentlichung nach § 191d Abs. 5 BRAO erfolgt, besteht nicht (vgl. AnwG Düsseldorf NJW 1998, 2296; *Römermann* NJW 1998, 2249; Henssler/Prütting/*Hartung* BRAO § 191d Rn. 22). § 35 Abs. 1 und § 26 Abs. 1 FAO gehen mit Recht davon aus, dass beide Fristen nebeneinander laufen und bei unterschiedlichem Beginn der spätere Endzeitpunkt maßgebend ist (BGH NJW 1999, 2678).

III. Zwang zur Ausfertigung von BORA und FAO und deren Folgen

6 **1. Ausfertigung als Teil des Rechtsetzungsverfahrens.** Wenn auch in der BRAO eine **Ausfertigung** der Satzung nicht vorgesehen ist, knüpfen die Bestimmungen der **§ 35 Abs. 3** BORA und § 26 Abs. 3 FAO jedoch an die nach ständiger Rechtsprechung und der hM in der Literatur bestehende Notwendigkeit der Ausfertigung solcher Satzungen an. Diese Notwendigkeit ergibt sich aus dem Gebot der Rechtssicherheit, das wiederum Teil des Rechtsstaatsprinzips nach Art. 20 Abs. 3 GG ist. Bei der BORA und der FAO gilt dies nicht zuletzt auch schon deswegen, weil Verstöße der Berufsangehörigen gegen deren Normen Eingriffe in ihre Grundrechte in Form von Sanktionen (§§ 43, 74, 113, 114 BRAO) nach sich ziehen können. Das Fehlen einer ordnungsgemäßen Ausfertigung hat regelmäßig die Nichtigkeit der Norm zur Folge, wobei die aufsichtrechtliche Genehmigung oder Bestätigung – soweit erforderlich – der Ausfertigung notwendig voraus zu gehen hat (BGH DtZ 1995, 51; VGH Kassel NJW 1994, 812; AnwG Düsseldorf NJW 1998, 229; *Starke* NVwZ 1995, 1186; *Römermann* NJW 1998, 2249; Henssler/Prütting/*Hartung* BRAO § 191d Rn. 22).

7 Die Ausfertigung als Teil des Rechtsetzungsverfahrens auch von satzungsrechtlichen Normen wie BORA und FAO soll insbesondere zwei Ziele sicherstellen. Zum einen soll von dem dafür zuständigen Organ die Originalurkunde der erlassenen Rechtsnorm geschaffen werden. Zum anderen wird durch die Ausfertigung in einem Formalakt bezeugt, dass der Inhalt dieser Originalurkunde mit dem Rechtsetzungsbeschluss übereinstimmt und die für die Rechtswirksamkeit maßgeblichen formellen Anforderungen eingehalten worden sind (BGH DtZ 1995, 51; VGH Kassel NJW 1994, 812; *Ziegler* DVBl. 1987, 280; *Römermann* NJW 1998, 2249).

8 *Römermann* und *Hartung* weisen zwar in Übereinstimmung mit der nunmehr wohl herrschenden Rechtsprechung mit Recht darauf hin (*Römermann* NJW 1998, 2249; Henssler/Prütting/*Hartung* BRAO § 191d Rn. 22), dass in den Fällen, in denen Satzungen der aufsichtsrechtlichen Genehmigung oder Bestätigung bedürfen, diese notwendigerweise der Ausfertigung vorauszugehen haben, da diese dann zu dem mit der Ausfertigung zu bezeugenden Rechtsetzungsverfahren gehören (vgl. BGH DtZ 1995, 51; *Starke* NVwZ 1995, 1186, jeweils mwN; zweifelnd BGH NJW 1999, 2678). Nicht zuzustimmen ist aber ihrer nicht näher begründeten Annahme, das in § 191e BRAO geregelte Prüfungsverfahren regele eine solche aufsichtsrechtliche Genehmigung bzw. öffentlich-rechtliche Bestätigung als Voraussetzung für die Wirksamkeit der von der Satzungsversammlung beschlossenen Regelung mit der Folge, dass das Verfahren nach § 191e BRAO in Gänze der Ausfertigung habe vorausgehen müssen (AnwG Koblenz NJW 1998, 2751 = BRAK-Mitt. 1998, 202; **aA** *Römermann* NJW 1998, 2249; Henssler/Prütting/*Hartung* BRAO § 191d Rn. 22; AnwG Düsseldorf NJW 1998, 2296 = MDR 1998, 1059 mit Anm. *Hartung*).

2. Kein Genehmigungsvorbehalt in § 191e BRAO. Das in § 191e BRAO vorgesehene Prüfungsverfahren durch das BMJV gehört aber allenfalls hinsichtlich der Ingangsetzung des Verfahrens und der dafür vorgesehenen Frist durch Übermittlung der Satzung an das BMJV zum Rechtsetzungsverfahren, dessen Beachtung durch die Ausfertigung zu bezeugen ist, nicht aber auch hinsichtlich des weiteren Verlaufs und des Ergebnisses der Prüfung. 9

Für die von der Satzungsversammlung beschlossene Satzung (BORA und FAO) besteht nach § 191e BRAO **keine Genehmigungs-, sondern nur eine Anzeigepflicht** gegenüber dem BMJV. So wurde auch in der amtlichen Begründung zu § 191e BRAO die „Prüfung" nach § 191e BRAO nicht als Genehmigungsvorbehalt verstanden, sondern nur als formalisierte fristgebundene Rechtsaufsicht, in deren Rahmen das BMJV keinerlei Zweckmäßigkeitserwägungen anstellen, sondern die Satzung am Maßstab des gesamten höherrangigen Rechts prüfen kann (*Kleine-Cosack* BRAO § 191e Rn. 1). „Das im Rahmen der Satzungsautonomie gesetzte Recht muss mit höherrangigem Recht, vor allem mit dem Grundgesetz, voll in Übereinstimmung stehen. Für die Beachtung dieser Schranke der Satzungskompetenz kommt der Staatsaufsicht eine wichtige Funktion zu, die sie nicht im Wege der Veranlassung lediglich einer gerichtlichen Nachprüfung delegieren kann. … Dem Gebot der staatlichen Aufsicht über die Satzungsgebung von Selbstverwaltungseinheiten der freien Berufe" wird „dadurch Rechnung getragen, dass die Aufsichtsbehörde die Möglichkeit erhält, die Satzung oder einzelne Bestimmungen aufzuheben, dieses aber – im Interesse der unverzichtbaren Rechtssicherheit – nur innerhalb einer vom Gesetzgeber vorgegebenen Frist geschehen kann" (Bericht des Rechtsausschusses, BT-Drs. 12/7656, 51). 10

Für eine Genehmigung oder Bestätigung der Satzung durch das BMJV ist somit nach § 191e BRAO kein Raum, was zudem auch der Umstand erhellt, dass § 191e BRAO keinerlei Erklärung des BMJV verlangt. Allein an den Ablauf der durch Übermittlung der Satzung in Lauf gesetzten Dreimonatsfrist knüpft sich nach § 191e BRAO die Folge, dass die Satzung in Kraft treten kann, einer Erklärung des BMJV dazu bedarf es nicht (BGH NJW 1999, 2678). Das BMJV kann nur innerhalb der Dreimonatsfrist aufgrund seiner Rechtsaufsichtbefugnis die Satzung oder Teile derselben aufheben; genehmigen oder bestätigen kann und braucht es die Satzung nicht. 11

Damit stellt sich das Verfahren nach § 191e BRAO als bloße Regelung zur Wahrnehmung der Rechtsaufsicht in Fällen anwaltlicher Berufssatzungen dar. Während ansonsten nach der BRAO die Ausübung der Rechtsaufsicht nicht an Fristen gebunden ist und die ihr unterliegenden Wahlen und Beschlüsse auch zuvor als wirksam angesehen werden (→ BRAO § 62 Rn. 6 ff.; → BRAO § 176 Rn. 4 ff.; → BRAO § 112f Rn. 31; 7. Aufl. BRAO § 91 Rn. 4; BRAO § 191 Rn. 2), sieht § 191e BRAO ein anderes Verfahren vor. Im Hinblick auf die große Bedeutung der Satzung für die Rechtsanwaltschaft und aus Gründen der Rechtsklarheit und Rechtssicherheit muss von vornherein Klarheit über den Bestand der Satzung geschaffen werden. Deshalb wurde dem BMJV eine Dreimonatsfrist für die Durchführung der Rechtsaufsicht vor Inkrafttreten der Satzung eingeräumt, ein Genehmigungsvorbehalt wurde dem BMJV damit nicht zugestanden. 12

3. Rechtsaufsicht kein Teil des Rechtsetzungsverfahrens. Zu dem Rechtsetzungsverfahren, das durch Ausfertigung zu bestätigen ist, gehört damit das Prüfungsverfahren nach § 191e BRAO nicht. Das BMJV wirkt in keiner Weise an der Rechtsetzung mit, das ist allein der Satzungsversammlung vorbehalten. Das BMJV überprüft lediglich das allein von der Satzungsversammlung gesetzte Recht, die Satzung, auf deren Rechtmäßigkeit, dh es kann erst tätig werden, wenn das Rechtsetzungsverfahren abgeschlossen ist (AnwG Koblenz BRAK-Mitt. 1998, 202). Anders als bei Genehmigung oder Bestätigungsvorbehalt, bei denen die entsprechenden Erklärungen der Aufsichtbehörde Wirksamkeitsvoraussetzung für die Rechtsetzung sind, tritt die Satzung auch und gerade ohne jede Erklärung des BMJV nach § 191e BRAO in Kraft (BGH NJW 1999, 2678) und die Aufhebungserklärungen nach § 191e BRAO sind nur Maßnahmen der Rechtsaufsicht, die nicht zum Rechtsetzungsverfahren gehört. 13

Im Rahmen des Rechtsetzungsverfahrens, das ausschließlich durch die Satzungsversammlung und deren Organe erfolgt, obliegt allerdings deren Vorsitzenden als Abschluss des Rechtsetzungsverfahrens die Übermittlung der Satzung an das BMJV (§ 191e BRAO). Durch diese Übermittlung wird dann der Lauf der Dreimonatsfrist des § 191e BRAO für die Durchführung der Rechtsaufsicht kraft Gesetzes ausgelöst. Die Übermittlung der von der Satzungsversammlung beschlossenen Satzung an das BMJV ist eine wichtige Verfahrensvorschrift für das Wirksamwer- 14 den der Satzung, die noch von dem Vorsitzenden des Rechtsetzungsorgans zu veranlassen ist und ist daher zu dem Rechtsetzungsverfahren zu rechnen, so dass auch diese Übermittlung an das BMJV von der Ausfertigung bezeugt werden muss. Die Rechtsfolge des § 191e BRAO – Inkrafttreten drei Monate nach Übermittlung an das BMJV – wird schon dadurch ausgelöst, dass das BMJV die dort normierte Frist verstreichen lässt (BGH NJW 1999, 2678; ausdrücklich gebilligt durch BVerfGE 101, 312 = NJW 2000, 347 = MDR 2000, 175 = BRAK-Mitt. 2000, 36 = AnwBl. 2000, 122).

15 **4. Bekanntmachung des Inkrafttretens.** § 35 Abs. 2 schreibt vor, dass der Zeitpunkt des Inkrafttretens der Regelungen der BORA in den BRAK-Mitteilungen bekannt zu machen ist. Dies fällt in den Zuständigkeitsbereich des Präsidenten der BRAK in seiner Eigenschaft als Vorsitzender der Satzungsversammlung gemäß § 191d Abs. 1 BRAO. Die Feststellung des Inkrafttretens ist rein deklaratorisch und dient der Rechtssicherheit.

3. Berufsregeln der Rechtsanwälte der Europäischen Union (CCBE)

in der Fassung vom 20. August 2007

Inhaltsübersicht

1. VORSPRUCH

1.1. Der Rechtsanwalt in der Gesellschaft

In einer auf die Achtung des Rechtes gegründeten Gesellschaft hat der Rechtsanwalt eine besonders wichtige Funktion. Seine Aufgabe beschränkt sich nicht auf die gewissenhafte Ausführung eines Auftrages im Rahmen des Gesetzes. Der Rechtsanwalt hat dafür Sorge zu tragen, dass sowohl der Rechtsstaat als auch die Interessen des Rechtsuchenden, dessen Rechte und Freiheiten er vertritt, gewahrt werden. Der Rechtsanwalt ist verpflichtet, nicht nur für die Sache seines Mandanten einzutreten, sondern auch der Berater seines Mandanten zu sein. Die Achtung der mit dem Rechtsanwaltsberuf verbundenen Funktion ist eine unabdingbare Voraussetzung für einen Rechtsstaat und eine demokratische Gesellschaft.

Bei der Ausführung seines Auftrages unterliegt der Rechtsanwalt daher zahlreichen gesetzlichen und berufsrechtlichen Pflichten, (die zum Teil zueinander in Widerspruch zu stehen scheinen), gegenüber:

- dem Mandanten.
- Gerichten und Behörden, denen gegenüber der Rechtsanwalt seinem Mandanten beisteht und ihn vertritt,
- seinem Berufsstand im Allgemeinen und jedem Kollegen im Besonderen,
- der Gesellschaft, für die ein freier, unabhängiger und durch sich selbst auferlegte Regeln integerer Berufsstand ein wesentliches Mittel zur Verteidigung der Rechte des Einzelnen gegenüber dem Staat und gegenüber Interessengruppen ist.

1.2. Gegenstand des Berufsrechtes

1.2.1. Die freiwillige Unterwerfung unter die Berufsregeln all jener, auf die diese Anwendung finden, dient dem Zweck, die ordnungsgemäße Wahrnehmung seiner für die Gemeinschaft unerlässlichen Aufgaben durch den Rechtsanwalt sicherzustellen. Beachtet der Rechtsanwalt die Berufsregeln nicht, kann dies schließlich zu Disziplinarmaßnahmen führen.

1.2.2. Jede Anwaltschaft hat eigene auf ihrer besonderen Tradition beruhende Regeln. Diese entsprechen der Organisation des Berufsstandes und dem anwaltlichen Tätigkeitsbereich, dem Verfahren vor den Gerichten und Behörden sowie den Gesetzen des betreffenden Mitgliedstaates. Es ist weder möglich noch wünschenswert, sie aus diesem Zusammenhang herauszureißen oder Regeln zu verallgemeinern, die dafür nicht geeignet sind. Die einzelnen Berufsregeln jeder Anwaltschaft beruhen jedoch auf den gleichen Grundwerten und sind ganz überwiegend Ausdruck einer gemeinsamen Grundüberzeugung.

1.3. Ziel und Zweck der Europäischen Berufsregeln

1.3.1. Durch die Entwicklung der Europäischen Union und des Europäischen Wirtschaftsraumes und die im Rahmen des Europäischen Wirtschaftsraumes immer stärker werdende grenzüberschreitende Tätigkeit des Rechtsanwaltes ist es im Interesse der Rechtsuchenden notwendig geworden, für diese grenzüberschreitende Tätigkeit einheitliche, auf jeden Rechtsanwalt des Europäischen Wirtschaftsraumes anwendbare Regeln festzulegen, unabhängig davon, welcher Anwaltschaft der Rechtsanwalt angehört. Die Aufstellung solcher Berufsregeln hat insbesondere zum Ziel, die sich aus der konkurrierenden Anwendung mehrerer Berufsrechte – die insbesondere in den Artikeln 4 und 7.2 der Richtlinie Nr. 77/249/EWG sowie in den Artikeln 6 und 7 der Richtlinie Nr. 98/5/EG vorgesehen ist – ergebenden Schwierigkeiten zu verringern.

1.3.2. Die im CCBE zusammengeschlossenen, den anwaltlichen Berufsstand repräsentierenden Organisationen sprechen den Wunsch aus, dass die nachstehenden Berufsregeln

- bereits jetzt als Ausdruck der Übereinkunft aller Anwaltschaften der Europäischen Union und des Europäischen Wirtschaftsraumes anerkannt werden,
- in kürzester Zeit durch nationales und/oder EWR – Recht für die grenzüberschreitende Tätigkeit des Rechtsanwaltes in der Europäischen Union und dem Europäischen Wirtschaftsraum verbindlich erklärt werden,
- bei jeder Reform des nationalen Berufsrechtes im Hinblick auf dessen allmähliche Harmonisierung berücksichtigt werden.

Sie verbinden damit weiter den Wunsch, dass die nationalen Berufsregeln soweit wie möglich in einer Weise ausgelegt und angewendet werden, die mit den Europäischen Berufsregeln in Einklang steht.

Wenn die Europäischen Berufsregeln hinsichtlich der grenzüberschreitenden anwaltlichen Tätigkeit verbindlich geworden sind, untersteht der Rechtsanwalt weiter den

Berufsregeln der Anwaltschaft, der er angehört, soweit diese zu den Europäischen Berufsregeln nicht in Widerspruch stehen.

1.4. Persönlicher Anwendungsbereich

Die nachstehenden Berufsregeln sind auf alle Rechtsanwälte im Sinne der Richtlinie Nr. 77/249/EWG und der Richtlinie Nr. 98/5/EG sowie auf die Rechtsanwälte in den CCBE-Mitgliedsländern mit Beobachterstatus anwendbar.

1.5. Sachlicher Anwendungsbereich

Unbeschadet des Zieles einer allmählichen Vereinheitlichung des innerstaatlich geltenden Berufsrechtes sind die nachstehenden Berufsregeln auf die grenzüberschreitende Tätigkeit des Rechtsanwaltes innerhalb der Europäischen Union und des Europäischen Wirtschaftsraumes anwendbar. Als grenzüberschreitende Tätigkeit gilt:

a) jede Tätigkeit gegenüber Rechtsanwälten anderer Mitgliedstaaten anlässlich anwaltlicher Berufsausübung,
b) die berufliche Tätigkeit eines Rechtsanwaltes in einem anderen Mitgliedstaat, gleichgültig ob er dort anwesend ist oder nicht.

1.6. Definitionen

Für die nachstehenden Berufsregeln haben folgende Ausdrücke folgende Bedeutung:

„Mitgliedstaat" bezeichnet einen Mitgliedstaat der EU oder jeden anderen Staat, dessen Anwaltschaft unter Artikel 1.4 fällt.

„Herkunftsstaat" bezeichnet den Mitgliedstaat, in dem der Rechtsanwalt das Recht zur Führung seines Berufstitels erworben hat.

„Aufnahmestaat" bezeichnet den Mitgliedstaat, in dem der Rechtsanwalt eine grenzüberschreitende Tätigkeit verrichtet.

„Zuständige Stelle" bezeichnet die berufsspezifischen Organisationen oder Behörden der Mitgliedstaaten, die für die Erlassung von Berufsregeln und Disziplinaraufsicht zuständig sind.

„Richtlinie Nr. 77/249/EWG" bezeichnet die Richtlinie 77/249/EWG des Rates vom 22. März 1977 zur Erleichterung der tatsächlichen Ausübung des freien Dienstleistungsverkehrs der Rechtsanwälte.

„Richtlinie Nr. 98/5/EG" bezeichnet die Richtlinie 98/5/EG des Europäischen Parlaments und des Rates vom 16. Februar 1998 zur Erleichterung der ständigen Ausübung des Rechtsanwaltsberufs in einem anderen Mitgliedstaat als dem, in dem die Qualifikation erworben wurde.

2. ALLGEMEINE GRUNDSÄTZE

2.1. Unabhängigkeit

2.1.1. Die Vielfältigkeit der dem Rechtsanwalt obliegenden Pflichten setzt seine Unabhängigkeit von sachfremden Einflüssen voraus; dies gilt insbesondere für die eigenen Interessen des Rechtsanwaltes und die Einflussnahme Dritter. Diese Unabhängigkeit ist für das Vertrauen in die Justiz ebenso wichtig wie die Unparteilichkeit des Richters. Der Rechtsanwalt hat daher Beeinträchtigungen seiner Unabhängigkeit zu vermeiden und darf nicht aus Gefälligkeit gegenüber seinem Mandanten, dem Richter oder einem Dritten das Berufsrecht außer acht lassen.

2.1.2. Die Wahrung der Unabhängigkeit ist für die außergerichtliche Tätigkeit ebenso wichtig wie für die Tätigkeit vor Gericht. Der anwaltliche Rat verliert für den Mandanten an Wert, wenn er aus Gefälligkeit, aus persönlichem Interesse oder unter dem Druck dritter Personen erteilt wird.

2.2. Vertrauen und Würde

Das Vertrauensverhältnis setzt voraus, dass keine Zweifel über die Ehrenhaftigkeit, die Unbescholtenheit und die Rechtschaffenheit des Rechtsanwaltes bestehen. Diese traditionellen Werte des Anwaltsstandes sind für den Rechtsanwalt gleichzeitig Berufspflichten.

2.3. Berufsgeheimnis

2.3.1. Es gehört zum Wesen der Berufstätigkeit des Rechtsanwaltes, dass sein Mandant ihm Geheimnisse anvertraut und er sonstige vertrauliche Mitteilungen erhält. Ist die Vertraulichkeit nicht gewährleistet, kann kein Vertrauen entstehen. Aus diesem Grund ist das Berufsgeheimnis gleichzeitig ein Grundrecht und eine Grundpflicht des Rechtsanwaltes von besonderer Bedeutung.

Die Pflicht des Rechtsanwaltes zur Wahrung des Berufsgeheimnisses dient dem Interesse der Rechtspflege ebenso wie dem Interesse des Mandanten. Daher verdient sie besonderen Schutz durch den Staat.

2.3.2. Der Rechtsanwalt hat die Vertraulichkeit aller Informationen zu wahren, die ihm im Rahmen seiner beruflichen Tätigkeit bekannt werden.

2.3.3. Die Pflicht zur Wahrung des Berufsgeheimnisses ist zeitlich unbegrenzt.

2.3.4. Der Rechtsanwalt achtet auf die Wahrung der Vertraulichkeit durch seine Mitarbeiter und alle Personen, die bei seiner beruflichen Tätigkeit mitwirken.

2.4. Achtung des Berufsrechtes anderer Anwaltschaften

Bei grenzüberschreitender Tätigkeit, kann der Rechtsanwalt verpflichtet sein, das Berufsrecht eines Aufnahmestaates zu beachten. Der Rechtsanwalt hat die Pflicht, sich über die bei Ausübung einer bestimmten Tätigkeit anwendbaren berufsrechtlichen Regeln zu informieren.

Die Mitgliedsorganisationen des CCBE sind verpflichtet, ihre Berufsregeln im Sekretariat des CCBE zu hinterlegen, so dass jeder Rechtsanwalt die Möglichkeit hat, eine Kopie der geltenden Berufsregeln bei dem Sekretariat anzufordern.

2.5. Unvereinbare Tätigkeiten

2.5.1. Damit die erforderliche Unabhängigkeit des Rechtsanwaltes und seine Pflicht zur Mitwirkung bei der Rechtspflege nicht beeinträchtigt werden, kann dem Rechtsanwalt die Ausübung bestimmter Berufe und Tätigkeiten verboten werden.

2.5.2. Bei der Vertretung oder Verteidigung eines Mandanten vor den Gerichten oder Behörden eines Aufnahmestaates beachtet der Rechtsanwalt die für Rechtsanwälte dieses Staates geltenden Regeln über die Unvereinbarkeit des Berufes des Rechtsanwaltes mit anderen Berufen oder Tätigkeiten.

2.5.3. Beabsichtigt der in einem Aufnahmestaat niedergelassene Rechtsanwalt, dort unmittelbar eine kaufmännische oder sonstige vom Beruf des Rechtsanwaltes verschiedene Tätigkeit auszuüben, so ist er dabei auch verpflichtet, die für die Rechtsanwälte dieses Staates geltenden Regeln über die Unvereinbarkeit des Berufes des Rechtsanwalts mit anderen Berufen oder Tätigkeiten zu beachten.

2.6. Persönliche Werbung

2.6.1. Der Rechtsanwalt darf die Öffentlichkeit über seine Dienste informieren unter der Voraussetzung, dass die Information korrekt und nicht irreführend ist und die Verschwiegenheitspflicht und andere Grundwerte der Anwaltschaft gewahrt bleiben.

2.6.2. Persönliche Werbung des Rechtsanwalts über jegliche Art von Medien wie Presse, Radio, Fernsehen, durch elektronische kommerzielle Kommunikation oder auf andere Weise ist insoweit gestattet, als dies den in 2.6.1. gestellten Anforderungen entspricht.

2.7. Interesse der Mandanten

Vorbehaltlich der strikten Einhaltung der gesetzlichen und berufsrechtlichen Vorschriften ist der Rechtsanwalt verpflichtet, seinen Mandanten immer in solcher Weise zu vertreten und/oder zu verteidigen, dass das Mandanteninteresse dem Interesse des Rechtsanwaltes oder der Kollegen vorgeht.

2.8. Begrenzung der Haftung des Rechtsanwaltes gegenüber seinem Mandanten

In dem von dem Recht des Herkunftsstaates und des Aufnahmestaates zulässigen Umfang und in Übereinstimmung mit den berufsrechtlichen Bestimmungen, denen er unterliegt, kann der Rechtsanwalt seine Haftung gegenüber seinem Mandanten begrenzen.

3. DAS VERHALTEN GEGENÜBER DEN MANDANTEN

3.1. Beginn und Ende des Mandats

3.1.1. Der Rechtsanwalt darf nur im Auftrag seines Mandanten tätig werden. Der Rechtsanwalt darf jedoch auch in einer Angelegenheit tätig werden, wenn er von einem anderen den Mandanten vertretenden Rechtsanwalt beauftragt oder der Fall ihm durch eine sachlich zuständige Stelle übertragen wird.

Der Rechtsanwalt sollte sich bemühen, die Identität, Zuständigkeit und Befugnis der ihn beauftragenden Person oder Stelle festzustellen, wenn die spezifischen Umstände zeigen, dass Identität, Zuständigkeit und Befugnis unklar sind.

3.1.2. Der Rechtsanwalt berät und vertritt seinen Mandanten unverzüglich, gewissenhaft und sorgfältig. Er ist für die Ausführung des ihm erteilten Mandats persönlich verantwortlich und unterrichtet seinen Mandanten vom Fortgang der ihm übertragenen Angelegenheit.

3.1.3. Der Rechtsanwalt hat ein Mandat abzulehnen, wenn er weiß oder wissen muss, dass es ihm an den erforderlichen Kenntnissen fehlt, es sei denn, er arbeitet mit einem Rechtsanwalt zusammen, der diese Kenntnisse besitzt.

Der Rechtsanwalt darf ein Mandat nur annehmen, wenn er die Sache im Hinblick auf seine sonstigen Verpflichtungen unverzüglich bearbeiten kann.

3.1.4. Der Rechtsanwalt darf sein Recht zur Mandatsniederlegung nur derart ausüben, dass der Mandant in der Lage ist, ohne Schaden den Beistand eines anderen Kollegen in Anspruch zu nehmen.

3.2. Interessenkonflikt

3.2.1. Der Rechtsanwalt darf mehr als einen Mandanten in der gleichen Sache nicht beraten, vertreten oder verteidigen, wenn ein Interessenkonflikt zwischen den Mandanten oder die ernsthafte Gefahr eines solchen Konfliktes besteht.

3.2.2. Der Rechtsanwalt muss das Mandat gegenüber zwei oder allen betroffenen Mandanten niederlegen, wenn es zu einem Interessenkonflikt zwischen diesen Mandanten kommt, wenn die Gefahr der Verletzung der Berufsverschwiegenheit besteht oder die Unabhängigkeit des Rechtsanwaltes beeinträchtigt zu werden droht.

3.2.3. Der Rechtsanwalt darf ein neues Mandat dann nicht übernehmen, wenn die Gefahr der Verletzung der Verschwiegenheitspflicht bezüglich der von einem früheren Mandanten anvertrauten Information besteht oder die Kenntnis der Angelegenheit eines früheren Mandanten dem neuen Mandanten zu einem ungerechtfertigten Vorteil gereichen würde.

3.2.4. Üben Rechtsanwälte ihren Beruf gemeinsam aus, so sind die Bestimmungen der Artikel 3.2.1. bis 3.2.3. auf die Sozietät und alle ihre Mitglieder anzuwenden.

3.3. Quota-litis-Vereinbarung

3.3.1. Der Rechtsanwalt darf hinsichtlich seines Honorars keine quota-litis-Vereinbarung abschließen.

3.3.2. Quota-litis-Vereinbarung im Sinne dieser Bestimmung ist ein vor Abschluss der Rechtssache geschlossener Vertrag, der das an den Rechtsanwalt zu zahlende Honorar ausschließlich von dem Ergebnis abhängig macht und in dem sich der Mandant verpflichtet, dem Anwalt einen Teil des Ergebnisses zu zahlen.

3.3.3. Eine quota-litis-Vereinbarung liegt dann nicht vor, wenn die Vereinbarung die Berechnung des Honorars aufgrund des Streitwertes vorsieht und einem amtlichen oder von der für den Rechtsanwalt zuständigen Stelle genehmigten Tarif entspricht.

3.4. Honorarabrechnung

Der Rechtsanwalt hat seinem Mandanten die Grundlagen seiner gesamten Honorarforderungen offen zu legen; der Betrag des Honorars muss angemessen sein, den gesetzlichen Vorschriften und den Berufsregeln entsprechen, denen der Rechtsanwalt unterworfen ist.

3.5. Vorschuss auf Honorar und Kosten

Verlangt der Rechtsanwalt einen Vorschuss auf seine Kosten und/oder sein Honorar, darf dieser nicht über einen unter Berücksichtigung der voraussichtlichen Höhe des Honorars und der Kosten angemessenen Betrag hinausgehen. Wird der Vorschuss nicht gezahlt, kann der Rechtsanwalt das Mandat niederlegen oder ablehnen, unbeschadet der Vorschrift des Artikels 3.1.4.

3.6. Honorarteilung mit anderen Personen als Anwälten

3.6.1. Vorbehaltlich der nachstehenden Regel ist es dem Rechtsanwalt verboten, sein Honorar mit einer Person zu teilen, die nicht selbst Rechtsanwalt ist, es sei denn, die gemeinschaftliche Berufsausübung ist vom Gesetz und nach den Berufsregeln, denen der Rechtsanwalt unterworfen ist, gestattet.

3.6.2. Artikel 3.6.1. gilt nicht für Zahlungen oder Leistungen eines Anwaltes an die Erben eines verstorbenen Kollegen oder an einen früheren Rechtsanwalt als Vergütung für die Übernahme einer Praxis.

3.7. Prozess- und Beratungskostenhilfe

3.7.1. Der Rechtsanwalt sollte immer danach trachten, den Streitfall des Mandanten so kostengünstig wie möglich zu lösen und sollte den Mandanten zum geeigneten Zeitpunkt dahingehend beraten, ob es wünschenswert ist, eine Streitbeilegung zu versuchen oder auf ein alternatives Streitbeilegungsverfahren zu verweisen.

3.7.2. Hat der Mandant Anspruch auf Prozess- oder Beratungskostenhilfe, so hat der Rechtsanwalt ihn darauf hinzuweisen.

3.8. Mandantengelder

3.8.1. Werden dem Rechtsanwalt zu irgendeinem Zeitpunkt Gelder anvertraut, die für seine Mandanten oder Dritte bestimmt sind (nachstehend „Mandantengelder"), müssen diese Gelder immer auf ein Konto (nachstehend „Anderkonto") bei einem Kreditinstitut oder einer ähnlichen Einrichtung, die öffentlicher Aufsicht unterliegt, eingezahlt werden. Ein Anderkonto muss getrennt von allen anderen Konten des Rechtsanwaltes geführt werden. Alle von einem Rechtsanwalt empfangenen Mandantengelder sind auf ein solches Konto einzuzahlen, es sei denn, der Eigentümer dieser Gelder hat eine andere Verwendung genehmigt.

3.8.2. Der Rechtsanwalt hat über alle die Mandantengelder betreffenden Vorgänge vollständig und genau Buch zu führen, wobei Mandantengelder von sonstigen Guthaben des Rechtsanwaltes zu trennen sind. Die Buchführung muss über einen den nationalen Vorschriften entsprechenden Zeitraum aufbewahrt werden.

3.8.3. Anderkonten dürfen nicht belastet werden, es sei denn, es liegt ein Ausnahmefall vor, wo dies gemäß den nationalen Vorschriften ausdrücklich erlaubt ist, oder es handelt sich um Bankgebühren, auf die der Rechtsanwalt keinen Einfluss hat. Ein Anderkonto darf in keinem Fall als Garantie oder als Sicherheit verwendet werden. Zwischen einem Anderkonto und einem weiteren Bankkonto sind weder Ausgleichszahlungen, noch ist eine Zusammenlegung gestattet und ebenso wenig dürfen Mandantengelder von einem Anderkonto zur Zahlung von Bankschulden des Rechtsanwaltes verwendet werden.

3.8.4. Mandantengelder sind an die Eigentümer dieser Gelder schnellstmöglich oder gemäß den Bedingungen zu überweisen, die mit ihnen vereinbart wurden.

3.8.5. Der Rechtsanwalt kann keine Gelder von einem Anderkonto als Honorarzahlung oder Kostenersatz auf sein eigenes Konto transferieren, ohne den Mandanten davon schriftlich zu informieren.

3.8.6. Die zuständigen Stellen der Mitgliedstaaten sind berechtigt, alle Unterlagen bezüglich Mandantengelder unter Wahrung der Berufsverschwiegenheit einzusehen und zu überprüfen.

3.9. Berufshaftpflichtversicherung

3.9.1. Der Rechtsanwalt muss gegen Berufshaftpflicht in einer Weise versichert sein, die nach Art und Umfang den durch rechtsanwaltliche Tätigkeit entstehenden Risiken angemessen ist.

3.9.2. Ist dies nicht möglich, hat der Rechtsanwalt den Mandanten über die Situation sowie über die Folgen zu informieren.

4. DAS VERHALTEN GEGENÜBER DEN GERICHTEN

4.1. Auf die Prozesstätigkeit anwendbares Berufsrecht

Der vor einem Gericht eines Mitgliedstaates auftretende oder an einem vor einem solchen Gericht anhängigen Verfahren beteiligte Rechtsanwalt hat die vor diesem Gericht geltenden Berufsregeln zu beachten.

4.2. Wahrung der Chancengleichheit im Prozess

Der Rechtsanwalt hat jederzeit auf eine faire Verfahrensführung zu achten.

4.3. Achtung des Gerichtes

Im Rahmen der dem Richteramt gebührenden Achtung und Höflichkeit hat der Rechtsanwalt die Interessen seines Mandanten gewissenhaft und furchtlos, ungeachtet eigener Interessen und/oder ihm oder anderen Personen entstehenden Folgen zu vertreten.

4.4. Mitteilung falscher oder irreführender Tatsachen

Der Rechtsanwalt darf dem Gericht niemals vorsätzlich unwahre oder irreführende Angaben machen.

4.5. Anwendung auf Schiedsrichter und Personen mit ähnlichen Aufgaben

Die Vorschriften über das Verhältnis des Rechtsanwaltes zum Richter gelten auch für sein Verhältnis zu Schiedsrichtern oder sonstigen Personen, die dauernd oder auch nur gelegentlich richterliche oder quasi- richterliche Funktionen ausüben.

5. DAS VERHALTEN GEGENÜBER DEN KOLLEGEN

5.1. Kollegialität

5.1.1. Im Interesse des Mandanten und zur Vermeidung unnötiger Streitigkeiten und anderen Verhaltens, das das Ansehen des Berufsstandes schädigen könnte, setzt Kollegialität ein Vertrauensverhältnis und Bereitschaft zur Zusammenarbeit zwischen Rechtsanwälten voraus. Kollegialität darf jedoch unter keinen Umständen dazu führen, die Interessen der Anwälte denen des Mandanten entgegenzustellen.

5.1.2. Jeder Rechtsanwalt hat Rechtsanwälte eines anderen Mitgliedstaates als Kollegen anzuerkennen und ihnen gegenüber fair und höflich aufzutreten.

5.2. Zusammenarbeit von Anwälten aus verschiedenen Mitgliedstaaten

5.2.1. Der Rechtsanwalt, an den sich ein Kollege aus einem anderen Mitgliedstaat wendet, ist verpflichtet, in einer Sache nicht tätig zu werden, wenn er nicht hinreichend qualifiziert ist; er hat in diesem Fall seinem Kollegen dabei behilflich zu sein, einen Rechtsanwalt zu finden, der in der Lage ist, die erwartete Leistung zu erbringen.

5.2.2. Arbeiten Rechtsanwälte aus verschiedenen Mitgliedstaaten zusammen, haben beide die sich möglicherweise aus den verschiedenen Rechtssystemen, Berufsorganisationen, Zuständigkeiten und Berufspflichten ergebenden Unterschiede zu berücksichtigen.

5.3. Korrespondenz unter Rechtsanwälten

5.3.1. Der Rechtsanwalt, der an einen Kollegen aus einem anderen Mitgliedstaat Mitteilungen senden möchte, die nach dem Willen des Absenders vertraulich oder „ohne Präjudiz" sein sollen, muss diesen seinen Willen vor Absendung der ersten dieser Mitteilungen klar zum Ausdruck bringen.

5.3.2. Ist der zukünftige Empfänger der Mitteilungen nicht in der Lage, diese als vertraulich oder „ohne Präjudiz" im vorstehenden Sinne zu behandeln, so hat er den Absender unverzüglich entsprechend zu unterrichten.

5.4. Vermittlungshonorar

5.4.1. Es ist dem Rechtsanwalt untersagt, von einem anderen Rechtsanwalt oder einem sonstigen Dritten für die Namhaftmachung oder Empfehlung des Rechtsanwaltes an einen Mandanten ein Honorar, eine Provision oder jede andere Gegenleistung zu verlangen oder anzunehmen.

5.4.2. Der Rechtsanwalt darf niemand für die Vermittlung eines Mandanten ein Honorar, eine Provision oder eine sonstige Gegenleistung gewähren.

5.5. Umgehung des Gegenanwaltes

Es ist dem Rechtsanwalt untersagt, sich bezüglich einer bestimmten Sache mit einer Person in Verbindung zu setzen, von der er weiß, dass sie einen Rechtsanwalt mit ihrer Vertretung beauftragt oder seinen Beistand in Anspruch genommen hat, es sei denn, dieser Rechtsanwalt hat zugestimmt und er hält ihn unterrichtet.

5.6.

(gestrichen per Beschluss der CCBE-Vollversammlung am 6. Dezember 2002 in Dublin)

5.7. Haftung für Honorarforderungen unter Kollegen

Im beruflichen Verkehr zwischen Rechtsanwälten verschiedener Mitgliedstaaten ist der Rechtsanwalt, der sich nicht darauf beschränkt, seinem Mandanten einen ausländischen Kollegen zu benennen oder das Mandat zu vermitteln, sondern eine Angelegenheit einem ausländischen Kollegen überträgt oder diesen um Rat bittet, persönlich dann zur Zahlung des Honorars, der Kosten und der Auslagen des ausländischen Kollegen verpflichtet, selbst wenn Zahlung von dem Mandanten nicht erlangt werden kann. Die betreffenden Rechtsanwälte können jedoch zu Beginn ihrer Zusammenarbeit anderweitige Vereinbarungen treffen. Der beauftragende Rechtsanwalt kann ferner zu jeder Zeit seine persönliche Verpflichtung auf das Honorar und die Kosten und Auslagen beschränken, die bis zu dem Zeitpunkt angefallen sind, in welchem er seinem ausländischen Kollegen mitteilt, dass er nicht mehr haften werde.

5.8. Fortbildung

Rechtsanwälte müssen ihre beruflichen Kenntnisse und Fähigkeiten aufrechterhalten und ausbauen unter Berücksichtigung der europäischen Dimension ihres Berufes.

5.9. Streitschlichtung zwischen Kollegen aus verschiedenen Mitgliedstaaten

5.9.1. Ist ein Rechtsanwalt der Auffassung, dass ein Kollege aus einem anderen Mitgliedstaat gegen das Berufsrecht verstoßen hat, hat er diesen darauf hinzuweisen.

5.9.2. Kommt es zwischen Rechtsanwälten aus verschiedenen Mitgliedstaaten zum Streit in Fragen der Berufsausübung, haben sie sich zunächst um eine gütliche Regelung zu bemühen.

5.9.3. Der Rechtsanwalt, der beabsichtigt, gegen einen Kollegen aus einem anderen Mitgliedstaat wegen Angelegenheiten, auf die Artikel 5.9.1. oder 5.9.2. Bezug nehmen, ein Verfahren einzuleiten, hat davon zuvor seine und seines Kollegen Berufsorganisationen zu benachrichtigen, damit diese sich um eine gütliche Regelung bemühen können.

Schrifttum: *Fiebig,* Abschied vom Code of Conduct?, BRAK-Magazin 3/2013, 7; *de Gryse,* Die Geschichte der CCBE, AnwBl. 1988, 631; *Haas,* Anwaltliche Gerichtsbarkeit in Europa, BRAK-Mitt. 1997, 45; *Hellwig,* Berufsrechtliche Fragen bei grenzüberschreitender Tätigkeit und Kooperation in Europa, BRAK-Mitt. 2009, 50; *ders.*, CCBE Code of Conduct: Aufgabe für die neue Satzungsversammlung, AnwBl. 2011, 713; *ders.*, Die Kompetenz der Satzungsversammlung, AnwBl. 2014, 819; *Henssler,* Anwaltliche Berufspflichten bei grenzüberschreitender Tätigkeit, NJW 2009, 1556; *Henssler/Kilian,* Die Berufsregeln der Rechtsanwälte der Europäischen Union (CCBE-Regeln) in der Rechtsprechung deutscher Geschichte, BRAK-Mitt. 2011, 178; *Kespohl/Willemer,* Standesregeln der Rechtsanwälte der Europäischen Gemeinschaft, EuZW 1990, 88; *Lührig,* Grenzüberschreitender Rechtsverkehr neu geregelt, AnwBl. 2013, M 158; *Merle,* Freizügigkeit für Rechtsanwälte in der Europäischen Union, Diss. 1994; *de Ricci,* Die europäische Anwaltschaft existiert, AnwBl. 1988, 630; *Schmalz,* Europäisches Standesrecht, BRAK-Mitt. 1989, 165; *Thys,* Was ist die CCBE?, AnwBl. 1988, 631; *Weil,* Standesregeln in der Europäischen Gemeinschaft – Warum?, AnwBl. 1988, 632; *ders.,* Erläuterungen zu den Standesregeln der Rechtsanwälte der EG, BRAK-Mitt. 1989, Heft 3, Beiheft.

I. Rat der Anwaltschaft – CCBE

1 Der **Rat der Anwaltschaft der Europäischen Wirtschaftsgemeinschaft** – CCBE – entstand 1960 aus einem Ausschuss der internationalen Anwaltsorganisation „Union Internationale des Avocats“ (UIA) und wurde 1987 umbenannt in „Counseil des Barreaux de la Communauté Européenne“. Beibehalten wurde die Abkürzung CCBE. Mitglieder des CCBE sind die nationalen Delegationen, deren Zusammenstzung durch die Anwaltsorganisationen der Mitgliedstaaten bestimmt wird (vgl. die Mitglieder und Beobachterstaaten unter www.ccbe.eu). Der CCBE

befasst sich als rein freiwilliger Zusammenschluss der nationalen Anwaltsorganisationen in Plenarversammlungen, ständigen Komitees, Arbeitsgruppen, dem Präsidium und dem Sekretariat mit allen Fragen des Anwaltsberufs in den Mitgliedsländern und fungiert als Bindeglied der nationalen anwaltlichen Organisationen wie IBA, UIA und AIJa. Der CCBE versteht seine primäre Aufgabe darin, die Meinungsbildung in den Mitgliedsländern zu harmonisieren und zu koordinieren, um ein gemeinschaftliches Auftreten der Rechtsanwaltschaft Europas auf europäischer Ebene sicherzustellen. Als freiwilliger Zusammenschluss ist der CCBE privatrechtlich organisiert mit Sitz in Brüssel. Der CCBE sieht sich als Dachorganisation der nationalen Anwaltschaften. (zur Entstehungsgeschichte vgl. *Henssler/Kilian* BRAK-Mitt. 2011, 178; Henssler/Prütting/*Offermann-Burckart* CCBE Einl. Rn. 1 ff.). Regelmäßig informiert der CCBE über seine Arbeit. Der aktuelle Newsletter ist im Internet auf der Seite des CCBE – www.ccbe.eu – abrufbar.

II. Berufsregeln der Europäischen Rechtsanwälte – Code of Conduct

2 Erstmals hat die CCBE-Vollversammlung am 28.11.1988 die Standesregeln der Rechtsanwälte der Europäischen Gemeinschaft verabschiedet (CCBE- Code of Conduct, BRAK-Mitt. 1989, Beiheft) und wurden durch Beschluss der CCBE-Vollversammlung vom 6.12.2002 und vom 19.5.2006 geändert. Den Änderungen der CCBE-Regeln, die förmlich auf einer außerordentlichen Vollversammlung am 20.8.2007 verabschiedet wurden, wird in den vorliegenden Berufsregeln ebenfalls Rechnung getragen. Aus Sicht des CCBE war es sinnvoll, einheitliche Berufsregeln für die grenzüberschreitende Berufsausübung aufzustellen.

III. Rechtscharakter

3 Die CCBE-Regeln (genannt auch CCBE – Code of Conduct, -Statuten, – Berufskodex, – Standesregeln) sind „lediglich" Verbandsrecht einer Anwaltsorganisation. In einer Präambel zu den CCBE-Regeln äußert der CCBE den Wunsch, dass die CCBE-Regeln „in kürzester Zeit durch nationales und/oder EWR-Recht für die grenzüberschreitende Tätigkeit des Rechtsanwalts in der Europäischen Union und dem Europäischen Wirtschaftsraum verbindlich erklärt werden und sie bei jeder Reform des nationalen Berufsrecht im Hinblick auf dessen allmähliche Harmonisierung berücksichtigt werden". Wirkung können die CCBE-Regeln daher erst dann entfalten, wenn sie in nationales Berufsrecht umgesetzt sind (*Henssler/Kilian* BRAK-Mitt. 2011, 178).

IV. Beschluss der Satzungsversammlung vom 15.4.2013

4 Die Übernahme der CCBE-Regeln in das deutsche Berufsrecht erfolgte durch § 29 BORA aF. Dieser verwies statisch auf die Fassung der CCBE-Regeln vom 28.11.1998, die somit für deutsche Rechtsanwälte maßgeblich waren (vgl. 8. Aufl. BORA § 29 aF Rn. 1 ff.). Die 5. Satzungsversammlung hat in ihrer 4. Sitzung am 15.4.2013 beschlossen, § 29 BORA aufzuheben und durch §§ 29a, 29b BORA zu ersetzen. Über die Zukunft des § 29 BORA war bereits seit einigen Jahren heftig diskutiert worden. Sollte die Norm, die für die grenzüberschreitende Tätigkeit auf die CCBE-Regeln verwies, aktualisiert oder gleich ganz abgeschafft werden? *Hellwig,* früherer Präsident des CCBE, brachte es in der Sitzung deutlich auf den Punkt: Die Vorschrift habe im Verlauf der Jahre ihre Daseinsberechtigung verloren (*Fiebig* BRAK-Magazin 3/2013, 7; Protokoll der Satzungsversammlung vom 15.4.2013, 17 ff.). Die Satzungsversammlung ist der Argumentation von *Hellwig* gefolgt und hat die Aufhebung des § 29 BORA nach ausführlicher Diskussion beschlossen. In einem deklararatorischen Beschluss wurde in der Sitzung am 15.4.2013 klargestellt, dass die im CCBE Code of Conduct behandelten Themengebiete bereits durch das nationale Berufsrecht abgedeckt sind (vgl. Protokoll der 4. Sitzung der 5. Satzungsversammlung vom 15.4.2013, 24).

V. Beachtung der CCBE-Regeln

5 Mit der Aufhebung des § 29 BORA sind die CCBE-Regeln **nicht mehr Gegenstand des deutschen Berufsrechts.** Vielmehr findet nunmehr aus deutscher Sicht nur die BORA Anwendung. In Einzelfällen können **zusätzlich** die CCBE-Regeln zu beachten sein. Dies kann der Fall sein, wenn ein ausländischer Rechtsanwalt mit Bezug auf Deutschland Rechtsdienstleistungen iSv Nr. 1.5 CCBE-Regeln erbringt und in dem ausländischen Staat die CCBE Regeln gelten

(Gaier/Wolf/Göcken/*Eichele* BORA § 29 Rn. 3). Zu beachten ist, dass die CCBE-Regeln weder verbindliches Einheitsrecht noch transnationales Recht darstellen, sondern reines Verbandsrecht sind. In grenzüberschreitenden Sachverhalten können die CCBE-Regeln bei Geltung deutschen Sachrechts Zivilrechtsverhältnisse nicht abweichend vom BGB gestalten, etwa indem einzelne CCBE-Regeln als Anspruchgrundlage oder gesetzliches Aufrechnungsverbot behandelt werden (vgl. *Henssler/Kilian* BRAK-Mitt. 2011, 178).

VI. CCBE-Regeln in der deutschen Rechtsprechung

Der CCBE hat in seinen Publikationen festgestellt, dass die CCBE-Regeln seit ihrer Verabschiedung im Jahr 1988 in zunehmenden Maße als Rechtsquelle herangezogen werden – nicht nur bei grenzüberschreitenden Betätigungen von Rechtsanwälten, sondern auch bei reinen Inlandssachverhalten. Deutsche Gerichte ziehen die CCBE-Regeln meist heran, ohne zu problematisieren, welche Rechtsnormqualität und damit Verbindlichkeit diese Vorschriften im deutschen Recht haben. Eine Zusammenstellung der Rechtsprechung zu den CCBE-Regeln findet sich bei *Henssler/Kilian* BRAK-Mitt. 2011, 178. 6

VII. Erläutender Kommentar zu den CCBE-Berufsregeln

Die Erläuterungen wurden auf Anfrage des Ständigen Ausschusses des CCBE von der CCBE-Arbeitsgruppe „Deontologie" zusammengestellt, die die erste Version der Berufsregeln verfasst hat. Ziel des Kommentars ist es, darzustellen, wie die einzelnen Regeln zustande gekommen sind, für welche Probleme sie eine Lösung anbieten sollen, insbesondere im grenzüberschreitenden Rechtsverkehr und den nationalen zuständigen Stellen in den Mitgliedstaaten bei der Anwendung der Berufsregeln zu helfen. Der Kommentar soll im Hinblick auf die Auslegung der Berufsregeln nicht verbindlich sein. Der Kommentar wurde am 28.10.1988 angenommen und auf der CCBE-Vollversammlung am 19.5.2006 aktualisiert. Den Änderungen der CCBE-Statuten, die förmlich auf einer außerordentlichen Vollversammlung am 20.8.2007 verabschiedet wurden, wird im Kommentar ebenfalls Rechnung getragen. Die Liste der in Art. 1.4 des Kommentars angegebenen Berufe ist Änderungen vorbehalten. Die englische und französische Fassung der Berufsregeln sind Originalfassungen. Für Übersetzungen in andere Gemeinschaftssprachen ist die jeweilige nationale Delegation verantwortlich. Der Wortlaut der Erläuterungen findet sich unter www.ccbe.eu und dort unter CCBE, Code of Conduct. 7

4. Fachanwaltsordnung (FAO)

vom 29. November 1996 (BRAK-Mitt. 1996, 241),

zuletzt geändert durch Beschluss vom 10./11.11.2014 (BRAK-Mitt. 2015, 83) und Beschluss vom 26./27.3.2015

Änderungen der FAO

lfd. Nr.	Paragraph	Art der Änderung	geändert durch Beschlüsse der	ausgefertigt am	Bescheid des BMJ vom	veröffentlicht in BRAK-Mitt	Inkrafttreten
1	4, 5, 6	geändert	1. Satzungsversammlung vom 5./6.11.1998 in Berlin	1.12.1998	25.2.1999, eingegangen bei der BRAK am 1.3.1999	1999, 121	1.9.1999
2	1, 4, 5, 6, 14, 16, 23	geändert	1. Satzungsversammlung vom 21./22.3.1999 in Köln	25./26.3.1999	20.5.1999, eingegangen am 21.5.1999	1999, 121, 122	1.9.1999
3	1, 3, 4, 5, 6, 7, 9, 10, 15, 16, 24	geändert	2. Satzungsversammlung vom 25./26.4.2002 in Berlin	27./29.5.2002	30.8.2002, eingegangen am 2.9.2002	2002, 219, 220	1.1.2003
4	5, 12	geändert	2. Satzungsversammlung vom 7.11.2002 in Berlin	13./15.11.2002	21.2.2003, eingegangen am 24.2.2003	2003, 67, 68	1.7.2003
5	1, 5, 6, 12, 14a	geändert eingefügt	2. Satzungsversammlung vom 20.3.2003 in Berlin	28./31.3.2003	9.5.2003, eingegangen am 12.5.2003	2003, 125, 126	1.9.2003
6	1, 5, 14b, 14c, 14d, 14e, 14 f., 14g	geändert eingefügt	3. Satzungsversammlung vom 22./23.11.2004 in Berlin	29.11.2004 17.12.2004	25.2.2005, eingegangen am 28.2.2005	2005, 77, 78	1.7.2005
7	1, 5, 6 14h, 14i	geändert eingefügt	3. Satzungsversammlung vom 7.11.2005 in Berlin	17.11.2005	10.3.2006, eingegangen am 13.3.2006	2006, 79,80	1.7.2006
8	1, 4, 5, 6, 8, 16 4a, 14j, 14k	geändert eingefügt	3. Satzungsversammlung am 3.4.2006 in Berlin	12./13.4.2006	4.7.2006, eingegangen am 5.7.2006	2006, 168, 169	1.11.2006
9	1, 5 14l	geändert eingefügt	3. Satzungsversammlung am 11.6.2007 in Berlin	2007	6.8.2007, eingegangen am 7.8.2007	2007, 214	1.1.2008
10	1, 5, 6 14m	geändert eingefügt	4. Satzungsversammlung am 14.11.2008 in Berlin	6./15.12.2008	12.3.2009, eingegangen am 13.3.2009	2009, 65	1.7.2009
11	5, 9, 10, 11, 12, 14, 15, 16 4	geändert	4. Satzungsversammlung am 15.6.2009 in Berlin	25./29.6.2009	30.9.2009, eingegangen am 6.10.2009	2009, 279	1.3.2010 1.1.2011
12	5, 10, 14, 14h, 14i, 14j, 14l, 20	geändert	4. Satzungsversammlung am 6.12.2010 in Berlin	9./14.12.2010	31.1.2011, eingegangen am 2.2.2011	2011, 73	1.7.2011
13	5, 15, 16, 14n,	geändert eingefügt	5. Satzungsversammlung am 6./7.12.2013 in Berlin	11./13.12.2013	21.3.2014, eingegangen am 23.12.2013	2014, 145	1.9.2014 § 15 Abs. 3, 4 und 5 S. 2 zum 1.1.2015
14	1,	geändert	5. Satzungsversammlung am 5.5.2014 in Berlin	15.5.2014	6.8.2014, eingegangen am 11.8.2014	2014, 252	1.1.2015

lfd. Nr.	Paragraph	Art der Änderung	geändert durch Beschlüsse der	ausgefertigt am	Bescheid des BMJ vom	veröffentlicht in BRAK-Mitt	Inkrafttreten
15	2, 5, 14h	geändert	5. Satzungsversammlung am 10./11.11.2014 in Berlin	26./27.11.2014	4.3.2015, eingegangen am 9.3.2015	2015, 83	1.7.2015
16	1, 5, 6, 14o	geändert eingefügt	5. Satzungsversammlung am 26./27.3.2015 in Berlin	27.3.2015	22.6.2015	2015, 179	1.11.2015

Schrifttum: *Bürkle,* Fachanwaltsbezeichnung für Syndikusanwälte und Grundrecht der Berufsfreiheit, ZRP 2003, 49; *Dahns,* Die aktuellen Änderungen der Fachanwaltsordnung, NJW-Spezial 2006, 237; *Eichele/Happe,* Verstoßen die BORA und die FAO gegen das europäische Kartellrecht?, NJW 2003, 1214; *Fassbender,* Von Fachanwälten und selbsternannten „Spezialisten" – Ein Beitrag zu den zulässigen Grenzen werblicher Äußerungen von Rechtsanwälten, NJW 2006, 1463; *Feckler,* Auswahlkriterien bei der Einführung neuer Fachanwaltschaften, BRAK-Mitt. 2001, 2; *Groppler,* Der neue § 15 FAO, BRAK-Mitt. 2014, 147; *Härting,* Marketinginstrument Fachanwalt?, AnwBl. 2005, 615; *Hellwig,* Spezialisierungsbezeichnungen und insbesondere Fachanwaltsbezeichnungen aus der Sicht des europäischen Gemeinschaftsrechts, BRAK-Mitt. 2004, 48; *ders.,* Überlegung zu anwaltlichen Spezialistenbezeichnungen, AnwBl. 2003, 613; *Jährig,* Fachanwaltschaften – Entstehung, Entwicklung und aktuelle Fragen, Schriftenreihe des Instituts für Anwaltsrecht an der Universität zu Köln, Bd. 51, 2002 (zitiert: Fachanwaltschaften); *Kirchberg,* 15 Jahre Fachanwaltschaften – Eine kritische Rechtsprechungsbilanz, NJW 2002, 1386; *ders.,* Die Neuerungen der Fachanwaltsordnung im Kontext der Rechtsprechung, NJW 2003, 1833; *ders.,* Unter welchen rechtlichen Voraussetzungen können neue, qualitätsgeprüfte Fachanwaltsbezeichnungen geschaffen werden?, BRAK-Mitt. 2004, 64; *Kitz-Trautmann,* Ist die Vielzahl neuer Fachanwaltschaften im Interesse der Allgemeinanwälte?, BRAK-Mitt. 2004, 60; *Kleine-Cosack,* Aktuelle Probleme der Fachanwaltsverleihung, AnwBl. 2005, 593; *Klose,* die Gewichtung von Fällen nach § 5 FAO, BRAK-Mitt. 2008, 150; *Möller,* Fortbildungspflicht des (Fach-)Anwalts, NJW 2014, 2753; *Nöhre/Aust-Dodenhoff,* Vor- und Nachteile von Fachanwaltschaften aus richterlicher Sicht, BRAK-Mitt. 2004, 66; *Offermann-Burckart,* Aktuelle zum Thema Fachanwaltschaft BRAK-Mitt. 2014, 114; *dies.,* Fachanwalt werden und bleiben, 3. Aufl. 2012; *dies.,* Liegt die Einführung neuer Fachanwaltschaften im Interesse der Rechtsuchenden und der Anwaltschaft selbst, BRAK-Mitt. 2004, 61; *Posegga,* Der Syndikusanwalt und die Voraussetzungen für den Erwerb einer Fachanwaltsbezeichnung, MDR 2003, 609; *Quaas,* Das Fachgespräch in der Fachanwaltsordnung, BRAK-Mitt. 2003, 250; *ders.,* Das von der Satzungsversammlung beschlossene Konzept zur Einführung neuer Fachanwaltschaften, BRAK-Mitt. 2004, 57; *ders.,* Recht der Fachanwaltschaften: Aktueller Stand und Perspektiven – Teil 1, BRAK-Mitt. 2006, 265, und Teil 2, BRAK-Mitt. 2007, 8; *Riße,* Online-Seminar als Fortbildungsveranstaltung im Sinne des Paragraphen 15 FAO, AnwBl. 2007, 112; *Scharmer,* Fachanwaltschaften für alles, BRAK-Mitt. 2004, 54; *Schneider,* Der Fachanwalt für Versicherungsrecht – Schimmelreiter der Fachanwaltschaften?, BRAK-Mitt. 2003, 50; *Schroth,* Die Anforderung aus § 3 FAO an die anwaltliche Tätigkeit und das Problem der Einzelfallgerechtigkeit, BRAK-Mitt. 2005, 255; *Seldeneck,* Konzept für weitere Fachanwaltschaften am Beispiel des Fachanwalts für Immobilien- und Mietrecht, AnwBl. 2001, 16; *Stobbe,* Geburtsfehler der Fachanwaltschaften, AnwBl. 2007, 187; *Urban,* Die Fachanwaltsausschüsse; Bedeutung, Aufgabe und Tätigkeit, FS zum 125jährigen Bestehen der Rechtsanwaltskammer Hamm, 2004, 249.

Die Rechtsanwältinnen und Rechtsanwälte in der Bundesrepublik Deutschland sowie die weiteren Mitglieder der Rechtsanwaltskammern geben sich durch die Versammlung ihrer frei gewählten Vertreterinnen und Vertreter folgende Fachanwaltsordnung, in der der Begriff Rechtsanwalt neutral als Berufsbezeichnung verwendet ist:

Erster Teil. Fachanwaltschaft

Erster Abschnitt. Fachgebiete

§ 1 Zugelassene Fachanwaltsbezeichnungen

[1] Fachanwaltsbezeichnungen können gemäß § 43c Abs. 1 Satz 2 Bundesrechtsanwaltsordnung für das Verwaltungsrecht, das Steuerrecht, das Arbeitsrecht und das Sozialrecht verliehen werden. [2] Weitere Fachanwaltsbezeichnungen können für das Familienrecht, das Strafrecht, das Insolvenzrecht, das Versicherungsrecht, das Medizinrecht, das Miet- und Wohnungseigentumsrecht, das Verkehrsrecht, das Bau- und Architektenrecht, das Erbrecht, das Transport- und Speditionsrecht, den gewerblichen Rechtsschutz, das Handels- und Gesellschaftsrecht, das Urheber- und Medienrecht, das Informationstechnologierecht, das Bank- und Kapitalmarktrecht, das Agrarrecht, das Internationale Wirtschaftsrecht, sowie das Vergaberecht verliehen werden.

I. Norminhalt

1 Zuständige Rechtanwaltskammer iSv § 43c Abs. 1 S. 1 BRAO ist die Rechtanwaltskammer, der der antragstellende Rechtsanwalt angehört. Soweit der Rechtsanwalt nach der Antragstellung einen Zulassungswechsel in einen anderen Kammerbezirk betreibt, geht die Zuständigkeit auf die andere Rechtanwaltskammer über, sobald der Zulassungswechsel vollzogen ist. In der Praxis leitet die Rechtanwaltskammer, der der Rechtsanwalt bisher angehört hat, die Antragsunterlagen zur Verleihung der Fachanwaltsbezeichnung auf die weitere Rechtanwaltskammer über.

1a Die Befugnis zur Führung einer Fachanwaltsbezeichnung ist gemäß § 43c Abs. 1 S. 3 BRAO für höchstens zwei Rechtsgebiete begrenzt. Unabhängig von dem Nachweis der besonderen theoretischen Kenntnisse und praktischen Erfahrungen ist es deshalb der Rechtanwaltskammer verboten, einem Rechtsanwalt drei und mehr Fachanwaltstitel zu verleihen. Die Begrenzung der Führung einer Fachanwaltsbezeichnung für höchstens zwei Rechtsgebiete ist nach Auffassung des BGH verfassungsgemäß (BGH NJW 2005, 1711).

1b § 1 bestimmt die Rechtsgebiete, in denen Fachanwaltsbezeichnungen verliehen werden. Ferner wird durch die Bezugnahme auf § 43c Abs. 1 BRAO klargestellt, dass die Fachanwaltsbezeichnung einer ausdrücklichen Verleihung durch den Vorstand der RAK bedarf (vgl. § 43c Abs. 1 BRAO). § 43c BRAO enthält die grundlegenden Bestimmungen zu den Voraussetzungen der Verleihung der Befugnis zum Führen von Fachanwaltsbezeichnungen und für das Verfahren zur Prüfung dieser Voraussetzung. In § 43c Abs. 4 BRAO sind die wesentlichen Bestimmungen zur Rücknahme und zum Widerruf einer erteilten Befugnis normiert. Anders als die Hinweise auf Teilbereiche der Berufstätigkeit (§ 7 BORA) ist die eigenmächtige Führung der Bezeichnung „Fachanwalt" aufgrund Selbsteinschätzung als irreführende Werbung iSv § 43b BRAO iVm § 5 UWG unzulässig (BVerfG BRAK-Mitt. 1993, 230). Im Falle eines Verstoßes kann deshalb der Kammervorstand den betroffenen Rechtsanwalt einerseits im Wege des Wettbewerbsrechts auf Unterlassung in Anspruch nehmen. Andererseits stellt das Verhalten des Rechtsanwalts ein Verstoß gegen Berufsrecht dar, so dass der Kammervorstand die Einleitung des anwaltsgerichtlichen Verfahrens gemäß § 113 BRAO veranlassen kann.

2 Das für die Fachanwaltschaften maßgebliche Recht in § 43c BRAO wird ergänzt und in die Praxis umgesetzt durch die nach § 59b Abs. 2 Nr. 2 BRAO beschlossene und am 11.3.1997 in Kraft getretene Fachanwaltsordnung einschließlich deren nachfolgender Regelung (→ § 26 Rn. 2 und das Änderungsverzeichnis vor § 1). Dabei beinhaltet § 43c BRAO in Erfüllung der vom BVerfG aufgestellten Anforderung für die Verbindlichkeit statusbildender Normen (BVerfGE 76, 171) die Grundzüge der Voraussetzungen und des Verfahrens der Verleihung sowie von Rücknahme und Widerruf der Fachanwaltsbezeichnungen (*Jährig* Fachanwaltschaften, 2002, 80; → BRAO § 43c Rn. 27). Zur Geschichte der FAO und zur Bedeutung der Fachanwaltschaften → BRAO § 43c

Rn. 1 ff.; *Jährig* Fachanwaltschaften, 2002, 29 ff.; Hartung/*Scharmer* Einf. Rn. 1–59). § 16 beinhaltet die erforderlichen Übergangsregelungen. Die Regelung der Fachanwaltschaften ist mit der Verfassung, insbesondere der Berufsausübungsfreiheit (Art. 12 Abs. 1 GG), der Meinungsfreiheit (Art. 5 Abs. 1 S. 1 GG), dem Schutz des Eigentums (Art. 14 Abs. 1 S. 1 GG) und dem Gleichheitssatz (Art. 3 Abs. 1 GG) vereinbar (*Jährig* Fachanwaltschaften, 2002, 59 ff.). Die Erlaubnis zum Führen von Fachanwaltsbezeichnungen lässt das dem Rechtsanwalt nach § 3 Abs. 1 BRAO eröffnete Tätigkeitsfeld unberührt. Weder ist der Fachanwalt auf die Tätigkeit in seinem Spezialgebiet beschränkt, noch ist es Nicht-Fachanwälten verwehrt, sich auf diesem Gebiet ebenfalls zu betätigen (vgl. § 7 BORA; BGH NJW 1990, 1719; *Jährig* Fachanwaltschaften, 2002, 81). Bei Änderung der tatsächlichen Gegebenheiten, der gegenwärtigen Marktverhältnisse eines zur Wahrung der Rechtmäßigkeit einzelner Bestimmungen der Fachanwaltsordnung erforderlich sein, diese anzupassen (BMJV Bescheid vom 25.2.2005, BRAK-Mitt. 2005, 78).

Den Vorschriften der FAO kommt keine drittschützende Funktion gegenüber Rechtsanwälten 3
zu, die ihrerseits von den Begünstigungen der FAO Gebrauch machen können (AGH NRW AnwBl. 1998, 158). Die Fachanwaltsbezeichnung ist keine im Partnerschaftsregister eintragungsfähige Tatsache (OLG Bremen AnwBl. 1998, 158). Jeder Rechtsanwalt, der den gesetzlich vorgeschriebenen Nachweis besonderer Kenntnisse und Erfahrungen in einem Rechtsgebiet erbringt (§ 43c Abs. 1 S. 1 BRAO), hat einen Anspruch darauf, dass ihm die Erlaubnis erteilt wird, die Fachanwaltsbezeichnung zu führen. Einen Ermessens- oder Beurteilungsspielraum hat die Kammer nicht (BGH NJW 1997, 1307 = BRAK-Mitt. 1997, 128 = AnwBl. 1997, 223; NJW 1999, 2677 = MDR 1999, 1227 = BRAK-Mitt. 1999, 271; *Zimmerling/Brehm* AnwBl. 1998, 119).

II. Persönlicher Anwendungsbereich

Aus § 43c Abs. 1 BRAO iVm § 3 ergibt sich, dass nur einem **„Rechtsanwalt“** der über 4
eine dreijährige Zulassung und Tätigkeit innerhalb der letzten drei Jahre vor der Antragstellung verfügt, die Befugnis verliehen werden kann, eine Fachanwaltsbezeichnung zu führen. Mit Rechtsanwalt gemeint ist dabei derjenige, der auf der Grundlage der Voraussetzungen nach § 4 BRAO zur Rechtsanwaltschaft zugelassen wurde oder der diesem gesetzlich gleichgestellt ist. Damit ist auch **niedergelassenen europäischen Rechtsanwälten** (§§ 2 ff. EuRAG) der Erwerb der Befugnis zum Führen einer Fachanwaltsbezeichnung möglich (→ EuRAG § 6 Rn. 3; *Franz* BB 2000, 989). Die Befugnis zum Führen einer Fachanwaltsbezeichnung ist untrennbar mit der Zulassung zur Rechtsanwaltschaft verbunden, sodass in dem Widerruf der Zulassung zur Rechtsanwaltschaft zugleich unausgesprochen auch der Widerruf der Gestattung des Führens der Fachanwaltsbezeichnung liegt (BGH BRAK-Mitt. 2012, 242; AGH NRW BRAK-Mitt. 2011, 293). Umstritten ist jedoch, ob die niedergelassenen europäischen Rechtsanwälte auch die Bezeichnung „Fachanwalt“ führen dürfen. Diese Problematik dürfte eher theoretischer Natur sein. Wer die Voraussetzungen für die Verleihung eines Fachanwaltstitels gemäß § 3 erfüllt und als Rechtsanwalt aus dem europäischen Ausland nach nur kurzer Zeit in Deutschland Fallnachweise in der Breite und Zusammensetzung iSd §§ 8 ff. erbracht hat, erfüllt auch die Voraussetzungen für eine Zulassung gemäß § 11 EuRAG und ist damit berechtigt, den Titel „Rechtsanwalt“ zu führen. **Kammerrechtsbeistände** können mangels Anwaltseigenschaft zwar keine Fachanwaltsbezeichnung führen. Sie können aber nach § 209 Abs. 1 S. 4 BRAO **Fachgebietsbezeichnungen** bezüglich Rechtsgebieten führen, in denen Anwälten das Führen von Fachanwaltsbezeichnungen gestattet werden kann (→ BRAO § 43c Rn. 31). Nach **§§ 206, 207 BRAO** können den **in Deutschland niedergelassenen Anwälten aus anderen Staaten** die Befugnis zur Führung von Fachanwaltsbezeichnungen nicht verliehen werden, da sie nur zur Rechtsbesorgung auf den Gebieten des Rechts des Herkunftsstaates und des Völkerrechts in Deutschland berechtigt sind. Die Vorschriften des Fachanwaltsrechts beziehen sich demgegenüber auf bestimmte Fachgebiete des deutschen Rechts (→ BRAO § 43c Rn. 30; BMJV BRAK-Mitt. 1997, 81).

III. Erweiterung der Rechtsgebiete

Aufgrund der Ermächtigung in § 59b Abs. 2 lit. a BRAO wurde von der Satzungsversamm- 5
lung in § 1 S. 2 neben den gesetzlich entsprechend den Gebieten der Fachgerichtsbarkeiten

geregelten vier Fachanwaltschaften (§ 43c Abs. 1 S. 2 BRAO) der **Kreis der Fachanwaltsbezeichnungen** zunächst um die Fachgebiete Familienrecht, Strafrecht und Insolvenzrecht **erweitert.** Aufgrund der Ermächtigung in § 59b BRAO können von der Satzungsversammlung noch weitere Rechtsgebiete, in denen Fachanwaltsbezeichnungen verliehen werden können, bestimmt werden. Mit Beschluss vom 20.3.2002 wurde so die Einführung der Fachanwaltschaft für Versicherungsrecht beschlossen. Mit Beschluss vom 22./23.11.2004 wurde die Einführung der in §§ 1, 14b–14g aufgeführten weiteren Fachanwaltsbezeichnungen bestimmt. Zu der Rechtmäßigkeitsprüfung der Einführung der Fachanwaltsbezeichnungen **„Transport- und Speditionsrecht"** hat das BMJV in seinem Prüfungsbescheid vom 25.2.2005 (BRAK-Mitt. 2005, 78) folgendes ausgeführt: „Bei der Prüfung der Rechtmäßigkeit des Beschlusses eine Fachanwaltsbezeichnung für das Transport- und Speditionsrecht einzuführen, bin ich von dem Verständnis ausgegangen, dass der Oberbegriff „Recht des Transports", der in dem Katalog der nachzuweisenden besonderen Kenntnisse verwendet wird, auch das dort nicht gesondert erwähnte **Speditions- und Lagerrecht** umfasst, auch wenn der Katalog sich insoweit zu den Fachanwaltsbezeichnungen selbst (Transport- und Speditionsrecht) in Widerspruch setzt und deshalb zu Missverständnissen Anlass geben könnte". Mit weiterem Beschluss vom 7.11.2005 hat die Satzungsversammlung die in §§ 1, 14h, 14i aufgeführten weiteren Fachanwaltsbezeichnungen für **gewerblichen Rechtsschutz und Handels- und Gesellschaftsrecht** beschlossen. In der Sitzung am 3.4.2006 hat die Satzungsversammlung zusätzlich die Einführung der Fachanwaltschaften für **Urheber- und Medienrecht** in § 14j und für **Informationstechnologie** in § 14k beschlossen, ferner in der Sitzung am 11.6.2007 die Einführung der Fachanwaltschaft für **Bank- und Kapitalmarktrecht** in § 14l. In der Sitzung der Satzungsversammlung am 14.11.2008 wurde die 20. Fachanwaltschaft beschlossen, die Fachanwaltschaft für Agrarrecht. In der Sitzung am 5.5.2014 hat die Satzungsversammlung die Fachanwaltschaft für Internationales Wirtschaftsrecht und in der Sitzung vom 16.3.2015 die Fachanwaltschaft für Vergaberecht beschlossen. Diese Änderung tritt am 1.11.2015 in Kraft.

6 Nach wie vor wurde für die **Einführung einer weiteren Fachanwaltschaft** der von der Satzungsversammlung der auf den Vorschlägen von *Quaas* (BRAK-Mitt. 2000, 211 und zuletzt BRAK-Mitt. 2004, 57) basierende und von der 2. Satzungsversammlung beschlossene **Kriterienkatalog** zugrunde gelegt, anhand dessen festgestellt werden soll, ob ein Rechtsgebiet zur Fachanwaltsbezeichnung geeignet ist oder nicht:

(1) Ist das Fachgebiet nach seinem Aufgabenspektrum hinreichend breit, vielfältig und als eigenständiges Rechtsgebiet von anderen Rechtsgebieten, insbesondere den bestehenden Fachanwaltschaften, abgrenzbar?
(2) Erfasst das Fachgebiet eine hinreichende breite Nachfrage potentieller Mandanten?
(3) Dient die Anerkennung des Fachgebiets der Erhaltung oder Ausweitung anwaltlicher Tätigkeitsfelder im Wettbewerb mit Dritten?
(4) Erfordert das Fachgebiet aufgrund des rechtlichen Schwierigkeitsgrades und wegen der Komplexität der Lebenssachverhalte, etwa aufgrund interdisziplinärer Bearbeitungsnotwendigkeiten oder sonstiger „Querschnittsbereiche", für eine sachgerechte Bearbeitung und Vertretung der Mandanten den geprüften Spezialisten (Satzungsversammlung Prot. vom 25./26.4.2004, 61, 65).

IV. Fachanwalts-Statistik

7 Zur von der Bundesrechtsanwaltskammer erstellten Statistik mit der Gesamtzahl der Fachanwälte in Deutschland → § 2 Rn. 3.

Zweiter Abschnitt. Voraussetzungen für die Verleihung

§ 2 Besondere Kenntnisse und Erfahrungen

(1) **Für die Verleihung einer Fachanwaltsbezeichnung hat der Antragsteller nach Maßgabe der folgenden Bestimmungen besondere theoretische Kenntnisse und besondere praktische Erfahrungen nachzuweisen.**

(2) **Besondere theoretische Kenntnisse und besondere praktische Erfahrungen liegen vor, wenn diese auf dem Fachgebiet erheblich das Maß dessen übersteigen, das üblicherweise durch die berufliche Ausbildung und praktische Erfahrung im Beruf vermittelt wird.**

(3) **Die besonderen theoretischen Kenntnisse müssen die verfassungs-, europa- und menschenrechtlichen Bezüge des Fachgebiets erfassen.**

I. Grundsätze

§ 2 Abs. 1 und die Überschrift wurden mit Beschluss der 2. Satzungsversammlung am 25./ 1
26.4.2002 neu gefasst. § 2 Abs. 3 ist von der Satzungsversammlung in der 7. Sitzung am 10./11.11.2014 in Berlin um die" menschenrechtlichen Bezüge des Fachgebiets" ergänzt worden. Der Nachweis besonderer theoretischer Kenntnisse und besonderer Erfahrungen, die kumulativ vorliegen müssen (BayAGH BRAK-Mitt. 1996, 205), hat nach der erfolgten Klarstellung nach Maßgabe der folgenden Bestimmungen der FAO zu erfolgen. Die Verleihung der Fachanwaltsbezeichnungen (§ 1) setzt voraus, dass der schon mindestens drei Jahre tätige (§ 3) Rechtsanwalt in dem betreffenden Rechtsgebiet **besondere theoretische Kenntnisse und praktische Erfahrungen** erworben (§§ 4, 5) und nachgewiesen (§§ 6–13) hat. Damit soll sichergestellt werden, dass bei den Fachanwälten tatsächlich besondere Fachkompetenz vorhanden ist (BVerfG BRAK-Mitt. 1998, 145). Der Erwerb der besonderen theoretischen Kenntnisse erfolgt regelmäßig durch die Teilnahme an einem entsprechenden Lehrgang (§ 4) und der Erwerb der praktischen Erfahrung regelmäßig durch selbständig als Rechtsanwalt bearbeitete Fälle im jeweiligen Fachgebiet (§ 5).

II. Begriff der besonderen Erfahrungen und Kenntnisse

Die Begriffe „theoretische Kenntnisse“ und „praktische Erfahrungen“ werden weder in der 2
FAO noch in § 43c BRAO definiert. Sie werden dort vielmehr als bekannt vorausgesetzt. § 43c Abs. 1 BRAO und vor allem § 2 verlangen aber, dass diese Kenntnisse und Erfahrungen „besonders“ sein müssen.

1. Theoretische Kenntnisse. Zu den erforderlichen theoretischen Kenntnissen gehören 3
zunächst einmal die Rechtskenntnisse auf dem jeweiligen Fachgebiet. Aber erforderlich sind auch die für die Beherrschung dieser Fachgebiete wesentlichen Kenntnisse auf **Nachbargebieten,** wie zB das Bilanzrecht für das Fachgebiet Steuerrecht (vgl. § 9 Nr. 1). Auch **Hilfswissenschaften** wie zB die Kriminologie für das Fachgebiet Strafrecht (§ 13 Nr. 1) oder die Betriebswirtschaftslehre für das Fachgebiet Insolvenzrecht (§ 14 Nr. 3 lit. c) gehören zu den Gebieten, auf denen theoretische Kenntnisse erforderlich sind. Insgesamt muss der Antragsteller damit auf allen in den §§ 8–14m für sein angestrebtes Fachgebiet aufgeführten Bereichen theoretische Kenntnisse haben. Ergänzend verlangt § 2 Abs. 3 für alle Fachgebiete, dass die besonderen theoretischen Kenntnisse auch die **verfassungs- und europarechtlichen Bezüge** des Fachgebiets umfassen. Damit wird der verstärkten und weiter steigenden Bedeutung dieser Rechtsgebiete Rechnung getragen. So muss zB ein Fachanwalt für Strafrecht das Recht des Art. 103 GG ebenso wie die für das Strafrecht relevanten Teile der Europäischen Menschenrechtskonvention beherrschen. Über die im Fachgebiet hinaus gehenden Kenntnisse der verfassungs- und europarechtlichen Bezüge werden von § 2 Abs. 3 aber nicht verlangt (Hartung/*Scharmer* § 2 Rn. 26).

Fachanwälte zum 1.1.2015

RAK	Rechtsanwälte		davon Fachanwälte für																	
			SteuerR		VerwR		StrafR		FamR		ArbR		SozR		InsR		VersR		MedR	
	insg.	w	ins-g.	w	ins-g.	w	ins-g.	W	ins-g.	w	ins-g.	w	ins-g.	w	ins-g.	w	ins-g.	w	ins-g.	w
BGH	39	7	1	0	0	0	0	0	0	0	1	0	0	0	0	0	0	0	1	0
Bamberg	2646	792	78	10	17	2	48	3	239	124	160	42	26	9	36	7	27	4	16	5
Berlin	12759	4191	232	38	120	25	185	53	306	199	508	138	104	46	33	9	67	14	81	30
Brandenburg	2315	817	43	6	24	2	55	11	129	75	157	52	33	18	16	3	16	0	11	4
Braunschweig	1606	522	51	8	21	4	45	5	118	61	86	19	12	5	18	1	10	1	17	6
Bremen	1845	549	73	8	24	3	45	7	93	56	122	21	23	9	33	4	14	3	17	0
Celle	5710	1749	195	21	66	11	106	20	481	273	422	74	72	31	61	7	42	3	48	20
Düsseldorf	11557	3660	329	44	58	3	178	37	488	230	584	143	66	15	80	10	54	8	59	16
Frankfurt	1728	5947	570	97	93	12	193	53	590	340	870	252	73	29	93	18	64	12	81	36
Freiburg	3369	1048	137	19	38	3	51	10	258	117	186	40	30	8	28	7	19	2	23	5
Hamburg	9209	2919	228	35	47	4	98	25	242	144	375	83	40	9	71	16	45	10	47	17
Hamm	13531	3952	517	67	192	30	309	50	10-89	563	10-78	193	216	70	107	14	112	10	127	41
Karlsruhe	4526	1425	164	22	28	2	73	19	218	136	242	59	28	13	49	8	22	3	35	10
Kassel	1720	515	42	9	20	4	37	5	153	69	123	17	27	11	32	5	21	2	19	7
Koblenz	3302	994	144	27	39	2	74	13	281	128	213	39	39	13	59	12	28	6	35	13
Köln	12206	3970	340	54	91	11	209	46	494	257	595	131	91	24	53	9	97	17	88	21
Meckl.-Vorp.	1586	509	32	2	32	6	41	6	104	53	113	29	34	15	29	5	16	1	15	4
München	19307	6569	625	115	126	18	262	42	806	472	829	245	64	25	113	19	67	20	116	47
Nürnberg	4434	1502	144	30	47	8	80	8	337	184	264	68	33	16	43	6	55	7	32	8
Oldenburg	2628	737	113	15	44	6	59	10	285	158	260	37	43	19	45	5	42	4	27	4
Saarbrücken	1414	436	47	5	9	2	26	3	108	62	69	15	16	8	24	5	14	1	13	2
Sachsen	4702	1669	87	11	55	9	93	18	243	160	307	105	61	29	66	11	20	3	28	9
Sachsen-Anh.	1788	622	31	6	21	3	52	7	118	73	127	33	38	18	11	2	9	2	7	2
Schleswig	3736	1011	88	19	64	6	62	7	335	160	224	34	49	17	42	10	20	2	27	6
Stuttgart	6957	2074	146	28	80	13	113	15	412	227	394	86	56	24	64	5	43	5	43	14
Thüringen	2037	685	40	5	21	3	49	7	126	70	153	30	21	15	16	2	12	1	15	5
Tübingen	2031	577	66	9	24	2	27	2	171	81	137	23	23	12	23	4	15	3	10	3
Zweibrücken	1433	424	52	7	15	2	26	3	149	71	102	20	17	6	16	3	16	4	14	5
Bundesgebiet	155679	49872	46-15	717	14-16	196	25-96	485	83-73	45-43	87-01	20-28	13-46	514	12-61	207	967	148	10-52	340
Vorjahr	153251	48393	44-63	672	13-72	192	24-14	435	80-98	43-43	83-68	19-04	12-52	460	11-47	180	883	124	916	289
Veränderung in %	1,58	3,06	3,41	6,70	3,21	2,08	7,54	11,49	3,40	4,61	3,98	6,51	7,51	11,74	9,94	15,00	9,51	19,35	14,-85	17,-65

Fachanwälte zum 1.1.2015

Miet- und Eigen-tumsR		VerkR		Bau- und ArchR		Erbrecht		Transport- und SpedR		gewerbli-cher Rechts-schutz		Handels- und Gesell-schaftsR		Urheber- und Me-dienR		Informa-tionstech-nologieR		Bank- und Kapital-marktsR		Agrarrecht		Internatio-nales Wirt-schaftsrecht	
insg.	w	insg.	w	insg.	w	insg.	w	insg.	w	insg.	w	insg.	w	insg.	w	insg.	w	insg.	w	insg.	w	Insg	w
0	0	0	0	1	0	0	0	0	0	0	0	1	0	0	0	0	0	0	0	0	0		
42	10	65	2	47	10	33	8	0	0	2	1	24	5	0	0	2	0	14	2	0	0		
257	68	119	19	159	27	50	11	4	1	65	7	42	9	33	8	17	3	43	14	2	0		
35	17	58	15	35	6	18	9	2	1	2	0	4	0	0	0	1	0	1	0	2	0		
42	11	50	3	23	2	25	4	0	0	6	0	11	0	1	0	3	1	6	2	1	0		
24	7	27	4	23	3	11	2	10	2	16	3	22	4	5	2	4	0	12	3	0	0		
117	26	138	12	97	10	51	9	0	0	11	2	44	2	1	0	11	3	13	1	18	2		
159	34	148	18	117	15	63	12	20	3	64	16	45	5	7	1	19	1	34	10	4	1		
163	44	160	22	155	24	92	21	10	0	53	8	75	13	13	2	22	2	50	10	2	0		
68	10	68	6	62	7	49	11	2	0	9	2	31	4	0	0	1	0	23	3	2	0		
103	30	54	7	68	6	29	13	31	5	71	16	67	8	18	5	21	1	22	5	1	0		
230	43	378	40	190	15	159	28	5	1	41	6	88	4	7	2	24	3	31	6	8	1		
85	14	52	11	70	6	50	16	3	0	18	3	40	3	1	0	12	1	30	2	0	0		
29	6	51	4	33	0	20	4	2	0	1	0	10	1	2	1	1	0	8	3	0	0		
56	6	98	10	60	9	43	11	3	0	10	3	23	3	2	0	8	2	8	2	0	0		
177	34	151	19	125	14	70	16	21	4	67	19	42	7	11	1	20	1	36	8	4	1		
18	3	49	7	43	1	10	2	0	0	1	0	7	0	2	1	1	0	0	0	3	0		
236	83	254	50	237	33	138	37	16	4	138	47	108	16	32	7	28	6	68	15	7	1		
91	31	112	18	91	15	50	21	5	2	17	3	43	4	3	0	5	0	18	5	1	0		
42	12	90	13	58	6	39	1	4	1	9	1	21	2	1	0	6	0	4	1	10	0		
18	4	36	6	26	7	15	3	3	1	3	1	7	2	0	0	3	2	9	1	1	0		
93	33	134	22	119	15	14	4	1	0	8	1	39	7	4	0	4	1	19	2	2	0		
42	13	61	10	33	3	14	8	0	0	1	0	7	1	2	0	0	0	2	0	3	0		
81	18	90	5	59	1	43	7	2	1	7	1	13	1	1	0	5	0	5	1	8	0		
118	34	117	10	113	13	64	15	3	1	25	2	40	3	6	1	13	1	36	7	1	0		
30	11	68	11	41	4	5	3	1	0	3	0	17	1	1	0	3	0	6	0	1	0		
50	14	60	8	58	3	27	4	2	0	3	2	15	1	1	1	4	1	13	1	2	0		
35	9	56	8	20	1	23	4	0	0	1	0	5	0	0	0	6	1	4	0	0	0		
24-41	625	27-44	360	21-63	256	12-05	284	150	27	652	144	891	106	154	32	244	30	515	104	83	6		
21-81	536	24-20	307	20-13	230	10-76	237	134	24	543	117	734	81	121	27	190	24	372	66	48	4		
11,-92	16,-60	13,-39	17,-26	7,45	11,-30	11,-99	19,-83	11,-94	12,-50	20,-07	23,-08	21,-39	30,-86	27,-27	18,-52	28,-42	25,-00	38,-44	57,-58	72,-92	50,-00		

Entwicklung der Fachanwaltschaften seit 1960

Jahr	Steuerrecht	Verwaltungsrecht	Strafrecht	Familienrecht	Arbeitsrecht	Sozialrecht	Insolvenzrecht	Versicherungsrecht	Medizinrecht	Miet- und Wohnungseigentumsrecht	Verkehrsrecht	Bau- und Architektenrecht	Erbrecht	Transport- und Speditionsrecht	gewerblicher Rechtsschutz	Handels- und Gesellschaftsrecht	Urheber- und Medienrecht	Informationstechnologierecht	Bank- und Kapitalmarktsrecht	Agrarrecht	Internationales Wirtschaftsrecht	insgesamt	zum Vorjahr
1960	836	75																				911	
1970	1296	52																				1348	47,97
1980	1609	32																				1641	21,74
1989	2097	259			692	145																3193	94,58
1990	2145	307			911	190																3553	11,27
1991	2137	316			952	196																3601	1,35
1993	2170	355			1060	250																3835	6,50
1994	2260	413			1340	294																4307	12,31
1995	2350	464			1557	319																4690	8,89
1996	2415	520			1749	349																5033	7,31
1997	2507	579			2110	384																5580	10,87
1998	2674	643	194	1160	2487	409																7567	35,61
1999	2769	706	438	2238	2843	432																9426	24,57
2000	2792	785	702	2997	3315	459	30															11080	17,55
2001	2939	866	912	3789	3827	542	141															13016	17,47
2002	3151	966	1129	4502	4414	612	268															15042	15,57
2003	3391	1044	1326	5126	5000	673	373															16933	12,57
2004	3570	1111	1456	5648	5446	733	446	14														18424	8,81
2005	3688	1145	1585	5943	5948	787	561	222														19879	7,90
2006	3901	1178	1730	6353	6457	845	631	395	125	276	396	360	173	21								22841	14,90
2007	4042	1244	1865	6935	7047	930	755	588	401	1007	1156	1192	540	60	67	104	9	11				27953	22,38
2008	4313	1299	2096	7474	7669	1065	931	726	628	1540	1762	1610	793	98	255	372	41	71	4			32747	17,15
2009	4431	1329	2276	7749	8038	1155	1060	818	777	1887	2104	1845	942	120	411	539	85	135	218			35919	9,69
2010	4463	1372	2414	8098	8368	1252	1147	883	916	2181	2420	2013	1076	134	543	734	121	190	372	48		38745	7,87
2011	4615	1416	2596	8373	8701	1346	1261	967	1052	2441	2744	2163	1205	150	652	891	154	244	515	83		41569	7,29
2012	4728	1456	2755	8716	9101	1453	1367	1052	1182	2726	2981	2310	1320	156	773	1033	193	290	642	106		44340	6,67
2013	4795	1473	2931	8967	9425	1567	1446	1122	1310	2950	3210	2421	1444	166	855	1211	226	354	732	118		46723	5,37
2014	4864	1501	3087	9181	9713	1658	1525	1211	1412	3126	3410	2560	1548	178	959	1339	254	402	820	130		48878	4,61
2015	4923	1524	3215	9367	10010	1746	1580	1272	1506	3284	3591	2678	1629	186	1019	1483	292	480	900	135	20	50840	4,01

2. Praktische Erfahrungen. Mit praktischer Erfahrung ist in der FAO das **Erfahrungswissen** und **-können** gemeint, das durch die Fallbearbeitung in der anwaltlichen Praxis (§§ 3, 5) vorzugsweise für das Fachgebiet einschlägiger Fälle erworben wurde und bei dem die theoretischen Kenntnisse praktisch umgesetzt und erweitert werden. Theoretische Kenntnisse und praktische Erfahrungen stehen so in einem Wirkungszusammenhang und bilden zusammen das **Fachwissen,** über das der Fachanwalt verfügen muss. 4

3. Besondere Kenntnisse und Erfahrungen. Um eine Fachanwaltsbezeichnung verliehen zu bekommen, muss der Antragsteller **besondere** theoretische Kenntnisse und **besondere** praktische Erfahrungen nachweisen. Beide Anforderungen sind gleichberechtigt und müssen gleichermaßen erfüllt werden. Nach Abs. 2 hat ein Rechtsanwalt besondere theoretische Kenntnisse und besondere praktische Erfahrungen, wenn diese auf dem Fachgebiet erheblich das Maß dessen übersteigen, das üblicherweise durch die berufliche Ausbildung und praktische Erfahrung im Beruf vermittelt wird. Es reichen nicht die üblicherweise durch die berufsbezogene Ausbildung im Vorbereitungsdienst (→ BRAO § 4 Rn. 4 ff.) vermittelten Rechtskenntnisse und die durch die anwaltliche Fallbearbeitung gemeinhin erworbenen praktischen Fähigkeiten aus. Vielmehr muss der Antragsteller durch Fortbildungsmaßnahmen iSd § 4 und besondere Fallbearbeitung iSd § 5 weit überdurchschnittliche Kenntnisse und Erfahrungen erworben haben. 5

4. Nachweis der besonderen Kenntnisse und Erfahrungen. An die Erbringung des Nachweises der besonderen Kenntnisse und Erfahrungen auf dem betreffenden Fachgebiet ist ein strenger Maßstab anzulegen. Die Berechtigung und die Glaubwürdigkeit eines Fachhinweises sind nur gewährleistet, wenn Kenntnisse und Erfahrungen auf dem Fachgebiet überdurchschnittlich sind; sie müssen den Bewerber aus dem Kreis von Kollegen mit durchschnittlichem Kenntnisstand auf dem betreffenden Fachgebiet herausheben. Um dies zu gewährleisten muss der Antragsteller eine dreijährige Zulassung und Tätigkeit gemäß § 3 vorweisen, seine theoretischen Kenntnisse nach § 4 vertieft und seine besonderen praktischen Erfahrungen nach § 5 erworben haben. Dabei kann der Nachweis der praktischen Erfahrungen, dem der Satzungsgeber – wie sich aus der erheblichen Anzahl der im Regelfall darzulegenden Fälle ergibt (§§ 5, 6) – großes Gewicht beigelegt hat, nicht durch den Nachweis besonderer Kenntnisse ersetzt werden (und!). Dies gilt entsprechend auch umgekehrt für den Ersatz des Nachweises theoretischer Kenntnisse durch den Nachweis vermehrter praktischer Erfahrungen. Erst beides zusammen rechtfertigt das durch die Führung der Fachanwaltsbezeichnung in Anspruch genommene Vertrauen (BGH BRAK-Mitt. 1995, 75; 128; 215; BayAGH BRAK-Mitt. 1996, 205; *Jährig* Fachanwaltschaften, 2002, 98 ff.). Der Nachweis besonderer praktischer Erfahrungen soll gewährleisten, dass der mit der Fachanwaltsbezeichnung werbende Rechtsanwalt entsprechend der Erwartung des rechtsuchenden Publikums auch praktische anwaltliche Erfahrungen auf dem betreffenden Gebiet hat (BayAGH BRAK-Mitt. 1996, 205). 6

Im Falle der Verneinung der besonderen Kenntnisse und Erfahrungen müssen der Fachausschuss und insbesondere der Vorstand dies zureichend begründen. Es muss klar werden, welche Anforderungen gestellt werden, ob der zugrunde liegende Sachverhalt zutreffend ermittelt wurde, allgemeingültige Bewertungsmaßstäbe beachtet und keine sachfremden Gesichtspunkte berücksichtigt wurden (BVerfG NJW RR 1998, 1001 = MDR 1998, 499 = BRAK-Mitt. 1998, 145 = AnwBl. 1998, 277). Zur Anfechtung einer ablehnenden Entscheidung → § 24 Rn. 25 ff. 7

Nach Auffassung der Satzungsversammlung besteht eine erhebliche Relevanz von Instrumenten des internationalen Menschenrechtsschutzes außerhalb des Bereichs des europäischen Gemeinschaftsrechts und der europäischen Menschenrechtskonvention, die Anlass für die Anpassung der Bestimmung des Abs. 3 geben. Die Instrumentarien des Menschenrechtsschutzes haben durch die jeweiligen Ratifikationsgesetze Eingang in die deutsche Rechtsordnung befunden. Sie begründen mitunter unmittelbar Rechte einzelner und sind Maßstab für die Bestimmung von Inhalt und Reichweite der Grundrechte. Deshalb ist es nach Auffassung der Satzungsversammlung unerlässlich, dass gerade Fachanwälte die in ihrem jeweiligen Fachgebiet einschlägigen Instrumentarien kennen und diese wie auch die Spruchpraxis der jeweiligen Kontrollorgane im Rahmen der Mandatsbearbeitung im Sinne der Rechtsuchenden berücksichtigen. Ergänzend hat die Satzungsversammlung redaktionell klargestellt, dass die besonderen theoretischen Kenntnisse die verfassungs-, europa- und menschenrechtlichen Bezüge des Fachgebiets nicht „umfassen“, sondern „erfassen“ müssen. 8

§ 3 Anforderungen an die anwaltliche Tätigkeit

Voraussetzung für die Verleihung einer Fachanwaltsbezeichnung ist eine dreijährige Zulassung und Tätigkeit innerhalb der letzten sechs Jahre vor Antragstellung.

I. Zweck der Regelung

1 Neben den Anforderungen an Kenntnisse und Erfahrungen nach § 2 verlangt § 3 eine dreijährige Berufserfahrung als Rechtsanwalt als selbstständige Voraussetzung für die Verleihung einer Fachanwaltsbezeichnung (Hartung/*Scharmer* § 3 Rn. 9). Von dieser Vorschrift gibt es keine Ausnahme (AGH NRW AnwBl. 2000, 53). Den nach §§ 4 ff. BRAO zugelassenen Rechtsanwälten gleichgestellt sind die in Deutschland niedergelassenen **europäischen Rechtsanwälte,** da für diese gemäß § 6 Abs. 1 EuRAG die Regelungen des § 43c BRAO iVm § 59b BRAO entsprechend gelten. **Angehörige eines Mitgliedstaates der Welthandelsorganisation,** deren Gleichwertigkeit des Berufes durch Rechtsverordnung festgestellt und damit gemäß § 206 Abs. 1 EuRAG in einer RAK aufgenommen worden sind, können den Erwerb bzw. den Nachweis der besonderen praktischen Erfahrungen wegen der eingeschränkten Rechtsbesorgung auf dem Gebiet des Rechts des Herkunftsstaates und des Völkerrechts nicht nachweisen (Hartung/*Scharmer* § 3 Rn. 13). Auf **Kammerrechtsbeistände** iSv § 209 BRAO finden die Regelungen der Fachanwaltsordnung entsprechende Anwendung mit der Maßgabe, dass verkammerten Rechtsbeiständen gestattet werden kann, bestimmte Fachgebietsbezeichnungen zu führen (BGH NJW 2002, 2946 = BB 2002, 1778). Zu den Einzelheiten → § 1 Rn. 4. Die verfassungsmäßige (BGH NJW 2005, 1934) Voraussetzungen aus § 3 gilt **auch für frühere Richter, Beamte oder sonstige Träger juristischer Berufe.** Soweit der EGH Celle zu § 7 Abs. 2 RAFachBezG für langjährige Richter eine Ausnahme von der Zulassungszeit als Rechtsanwalt anerkannt hat (EGH Celle BRAK-Mitt. 1993, 49), hat dem der EGH München widersprochen (BRAK-Mitt. 1993, 223). Der BGH wiederum hat sich nicht festgelegt, verlangt aber, dass jedenfalls „in der Regel" die Einhaltung der Dreijahresfrist zu verlangen sei (BGH NJW 1999, 2678; *Kleine-Cosack* AnwBl. 2005, 593). Die Zulassung und Tätigkeit als **Syndikusanwalt** allein reicht zur Erfüllung der Anforderung aus § 3 nicht aus, wenn auch bei Fallnachweis nach § 5 die persönliche und weisungsungebundene Fallbearbeitung als Syndikus zu berücksichtigen ist (→ § 5 Rn. 13 ff.). § 3 erfordert als Voraussetzung für die Verleihung der Fachanwaltsbezeichnung nicht nur die Zulassung zur Rechtsanwaltschaft, sondern auch eine mindestens dreijährige praktische Ausübung der Tätigkeit als zugelassener Rechtsanwalt. Die Syndikustätigkeit vermittelt typischerweise keine Erfahrung in der Organisation des Berufsalltags eines niedergelassenen Rechtsanwalts (zB Einrichtung eines funktionierenden Kanzleibetriebs, kostenrechtliche Abwicklung der Mandate). Ein Syndikusanwalt, dem die Fachanwaltsbezeichnung verliehen würde, ohne dass er zumindest nebenberuflich auch als Rechtsanwalt im Fachgebiet tätig ist, würde in mancher Hinsicht einem Berufsanfänger gleichstehen, wenn er mit der Fachanwaltsbezeichnung erstmals um Mandate werben würde. Das widerspräche § 3 und der berechtigten Erwartung des rechtsuchenden Publikums an einen Fachanwalt, die dahin geht, dass der Fachanwalt auch über eine besondere Erfahrung in der anwaltlichen Berufspraxis verfügt (BGH NJW 2003, 883 = MDR 2003, 659 = BRAK-Mitt. 2003, 80 = AnwBl. 2003, 223; BGH NJW 2007, 599 = AnwBl. 2007, 233; ablehnend *Kleine-Cosack* AnwBl. 2005, 593). Ergänzend zur Anwaltszulassung und Tätigkeit als Syndikusanwalt verlangt § 3 auch noch eine – nebenberufliche – Tätigkeit als freier Anwalt (BGH NJW 2007, 599 = AnwBl. 2007, 233).

2 Die Bestimmung des § 3 hält sich im Rahmen der dem Satzungsgeber durch § 59b Abs. 2 Nr. 2 lit. b BRAO erteilten Ermächtigung (BGH NJW 1999, 2678 = MDR 1999, 1159 = BRAK-Mitt. 1999, 233 = AnwBl. 1999, 1159); denn sie ist geeignet, das mit jener Regelung verfolgte Ziel zu verwirklichen. Die Fachanwaltsbezeichnung stellt den einzelnen Rechtsanwalt aus dem betreffenden Sachgebiet dem rechtsuchenden Publikum gegenüber als besonders kundig und erfahren heraus. Schon im Hinblick darauf dürfen die angesprochenen Verkehrskreise davon ausgehen, dass ein solcher Anwalt, was die Kenntnisse und Fertigkeiten in den allgemeinen Bereichen seiner Tätigkeit angeht, nicht hinter dem üblichen beruflichen Standard zurückbleibt. Insbesondere die notwendigen Fähigkeiten zu eigenverantwortlichem Handeln, Beratung und Streitverhütung, Interessenvertretung und Prozesstaktik sowie reibungsloser Organisation der Kanzlei werden in wesentlichem Umfang durch berufliche Praxis erworben. § 3 dient insoweit, vergleichbar den

Vorschriften über die Wartefrist vor einer Zulassung beim OLG (§§ 20 Abs. 1 Nr. 2, 226 Abs. 2 BRAO), der Sicherung eines qualifizierten beruflichen Standards (BGH NJW 2000, 1645 = MDR 2000, 671 mit Anm. *Hartung* = BRAK-Mitt. 2000, 143 = AnwBl. 2000, 628). Der von § 3 geforderte Zeitraum ist im Hinblick auf den von der Bestimmung verfolgten Zweck angemessen und belastet den einzelnen Anwalt auch deshalb nicht unzumutbar, weil er im Regelfall erst dann auch die praktischen Erfahrungen erworben hat, die er gemäß § 5 zur Verleihung der Fachanwaltsbezeichnung benötigt (BGH NJW 1999, 2678 = BRAK-Mitt. 1999, 233).

II. Dreijährige Zulassung und Tätigkeit innerhalb der letzten sechs Jahre

Die bisherige Regelung des § 3, wonach die Zulassung und Tätigkeit „unmittelbar vor Antragstellung" drei Jahre angedauert haben musste (vgl. 5. Aufl. § 3 Rn. 2), konnte insbesondere im Hinblick auf etwaige Unterbrechungen in der Tätigkeit (zB durch Krankheit, Schwangerschaft pp.) zu Ungerechtigkeiten führen. Durch Beschluss der 2. Satzungsversammlung am 25./26.4.2002 wurde § 3 daher neu gefasst. Die Vorschrift bringt mit ihrer neuen Fassung die gewünschten Erleichterungen. Voraussetzung für die Verleihung einer Fachanwaltsbezeichnung ist nunmehr nicht mehr eine unmittelbar vor Antragstellung mindestens dreijährige ununterbrochene Zulassung und Tätigkeit als Rechtsanwalt, sondern es reicht „eine **dreijährige Zulassung und Tätigkeit innerhalb der letzten sechs Jahre** vor Antragstellung". Damit haben auch Rechtsanwältinnen und Rechtsanwälte, die – zB wegen einer Baby-Pause oder eines Auslandsaufenthalts – den Anwaltsberuf vorübergehend nicht ausüben, die Möglichkeit, zeitnah eine Fachanwaltsbezeichnung zu erlangen. Die dreijährige Zulassung innerhalb der letzten sechs Jahre vor der Antragstellung muss nicht ohne Unterbrechung angedauert haben. Es ist zB auch zulässig, dass der Antragsteller innerhalb der sechs Jahre vor der Antragstellung zunächst ein Jahr als Anwalt zugelassen und tätig war, dann drei Jahre aus der Anwaltschaft ausgeschieden war und nach Neuzulassung weitere zwei Jahre als Rechtsanwalt tätig war. Ebenso sind die Anforderungen an die anwaltliche Tätigkeit nach § 3 erfüllt, wenn ein Rechtsanwalt zwar in den letzten sechs Jahren ununterbrochen als Rechtsanwalt zugelassen war aber – wenn auch mit Unterbrechungen – insgesamt davon drei Jahre tatsächlich als Rechtsanwalt gearbeitet hat. Die Regelung des § 5 über das Erfordernis der selbständigen Bearbeitung einer bestimmten Anzahl von Fällen „innerhalb der letzten drei Jahre vor der Antragstellung" wird aber dazu führen, dass unmittelbar vor der Antragstellung längere Zeit anwaltlich gearbeitet worden sein muss. Dass ein gerade als Rechtsanwalt zugelassener pensionierter Richter vor seiner mehr als sechs Jahre andauernden richterlichen Tätigkeit schon einmal drei Jahre als Rechtsanwalt zugelassen war, reicht nicht aus. Auch eine herausgehobene langjährige Stellung in der Verwaltung kann der durch Unabhängigkeit und Eigenverantwortlichkeit geprägten Ausübung des Anwaltsberufs nicht gleichgesetzt werden. Eine solche frühere Berufstätigkeit ist nicht in gleicher Weise wie die anwaltliche Praxis geeignet, die Fertigkeiten und Erfahrungen zu vermitteln, die der Mandant von dem rechtlichen Berater seines Vertrauens über die Rechtskenntnisse hinaus für eine sachgemäße Wahrnehmung seiner Interessen erwarten darf. 3

An Umfang und Art der anwaltlichen Tätigkeit werden über das Vorliegen der nach § 5 erforderlichen Fallzahlen keine besonderen Anforderungen gestellt; die Tätigkeit muss nicht nur freiberuflich (§ 2 BRAO) und unabhängig (§ 1 BRAO) mit persönlicher Einstandspflicht ausgeübt werden. Ob der Anwalt **selbständig oder in einem Anstellungsverhältnis** tätig wird, ist unerheblich. Ist der Antrag verfrüht vor Erreichen der dreijährigen Zulassung und Tätigkeit gestellt, braucht die RAK in eine Prüfung, ob der Bewerber die besonderen Kenntnisse und praktischen Erfahrungen auf dem jeweiligen Rechtsgebiet besitzt, nicht einzutreten. Sie kann das Gesuch schon im Hinblick auf § 3 abschlägig bescheiden (BGH NJW 2000, 2588 = BRAK-Mitt. 2000, 257 = AnwBl. 2000, 689; NJW 1999, 2678; AGH NRW AnwBl. 2000, 53). Erfüllt der Rechtsanwalt die Voraussetzungen einer dreijährigen Zulassung und Berufstätigkeit erst nach Antragstellung, darf die RAK von diesem Zeitpunkt an das Gesuch nicht mehr allein wegen eines Verstoßes gegen § 3 ablehnen; sie kann es jedoch verfahrensmäßig so behandeln, als wäre es erst zu einem Zeitpunkt eingereicht worden, zu dem der Bewerber bereits drei Jahre als Rechtsanwalt gearbeitet hatte (BGH NJW 2000, 2588). Das kann bedeuten, wenn der Kammer eine so große Zahl von Gesuchen vorliegt, dass sie diese nicht sogleich, sondern nur nacheinander bearbeiten kann, dass der verfrühte Antrag erst nach den zwischenzeitlich rechtzeitig gestellten Anträgen bearbeitet wird (*Deppert* BRAK-Mitt. 2001, 57). 4

§ 4 Erwerb der besonderen theoretischen Kenntnisse

(1) [1]**Der Erwerb besonderer theoretischer Kenntnisse setzt in der Regel voraus, dass der Antragsteller an einem auf die Fachanwaltsbezeichnung vorbereitenden anwaltsspezifischen Lehrgang teilgenommen hat, der alle relevanten Bereiche des Fachgebiets umfasst.** [2]**Die Gesamtdauer des Lehrgangs muss, Leistungskontrollen nicht eingerechnet, mindestens 120 Zeitstunden betragen.** [3]**Im Fachgebiet Steuerrecht kommen für Buchhaltung und Bilanzwesen 40 Zeitstunden hinzu.** [4]**Im Fachgebiet Insolvenzrecht kommen für betriebswirtschaftliche Grundlagen 60 Zeitstunden hinzu.**

(2) [1]**Wird der Antrag auf Verleihung der Fachanwaltschaft nicht in dem Kalenderjahr gestellt, in dem der Lehrgang begonnen hat, ist ab diesem Jahr Fortbildung in Art und Umfang von § 15 FAO nachzuweisen.** [2]**Lehrgangszeiten sind anzurechnen.**

(3) [1]**Außerhalb eines Lehrgangs erworbene besondere theoretische Kenntnisse müssen dem im jeweiligen Fachlehrgang zu vermittelnden Wissen entsprechen.** [2]**§ 4 Abs. 2 gilt entsprechend.**

Übersicht

I. Lehrgangsteilnahme

1 Abs. 1 S. 1 wurde durch Beschluss der 2. Satzungsversammlung am 25./26.4.2002 sprachlich neu gefasst. Eine sachliche Änderung ist damit nicht verbunden. § 4 übernimmt die Regelung des § 8 des Gesetzes über Fachanwaltsbezeichnungen nach der BRAO vom 27.2.1992 (BGBl. I S. 369) und präzisiert die Anforderungen nach § 2 Abs. 1 hinsichtlich der besonderen theoretischen Kenntnisse. In der Regel muss der Rechtsanwalt, der eine Fachanwaltsbezeichnung führen will, die hierfür erforderlichen besonderen theoretischen Kenntnisse (§§ 2, 8–14l) durch die Teilnahme an einem **anwaltsspezifischen Lehrgang** nachweisen, der auf den Erwerb der jeweiligen Fachanwaltsbezeichnung vorbereitet. Unter Lehrgang ist eine Unterrichtsveranstaltung zu verstehen, die grundsätzlich in Anwesenheit der Teilnehmer (Präsenzlehrgang) von qualifizierten Dozenten abgehalten wird. Er muss **anwaltsspezifisch,** dh an der anwaltlichen Tätigkeit im Fachgebiet ausgerichtet sein und dazu alle im jeweiligen Fachgebiet erforderlichen Kenntnisse (§§ 8–14l) vermitteln. Dies schließt alle relevanten Bereiche des Fachgebietes ein, einschließlich der Möglichkeiten der interessengebundenen anwaltlichen Anwendung der besonderen Rechtskenntnisse im Fachgebiet, der Möglichkeiten und Grenzen der Vertretung und Rechtsgestaltung im Fachgebiet sowie die anwaltstypischen Haftungsrisiken aus Mandatsbearbeitungen im Fachgebiet. Die Teilnahme an **Lehrgängen einer Fachhochschule** oder die **Ausbildung an einer Hochschule,** die sich vorrangig an Studenten richtet, reicht deshalb zum Erwerb der besonderen theoretischen Kenntnisse nicht aus. Das gilt ebenso für Lehrgänge, die von Berufsverbänden angeboten werden (vgl. Hartung/*Scharmer* § 4 Rn. 15). Indem der Lehrgang „alle relevanten Bereiche des Fachgebietes" umfassen muss, soll sichergestellt werden, dass der Rechtsanwalt in diesem Fachgebiet über theoretische Kenntnisse von hohem Niveau mit einer großen Bandbreite verfügt (Hartung/*Scharmer* § 4 Rn. 15 ff.).

2 Die **relevanten Bereiche des Fachgebietes,** die im Rahmen eines anwaltsspezifischen Lehrgangs erarbeitet werden müssen, ergeben sich aus den §§ 8–14m (Berliner Erfahrungsaustausch 2001, Nr. II, 1, BRAK-Mitt. 2002, 26). In der Praxis werden seit der Ausweitung der Fachanwaltsgebiete immer häufiger Anfragen an die zuständigen Rechtsanwaltskammern gerichtet, ob Teile eines Lehrganges für ein Fachgebiet zum Nachweis der theoretischen Kenntnisse in einem anderen Gebiet anerkannt werden können. Dabei ergeben sich insbesondere im Bereich des Familien- und Erbrechts, im Gebiet des Steuerrechts und des Handels- und Gesellschaftsrechts und beim Versicherungsrecht und Verkehrsrecht Überschneidungen. Das haben auch Lehrgangsanbieter erkannt, die ihre Unterrichtseinheiten in exakt gleicher Form für beide Lehrgänge des jeweiligen Fachgebietes anbieten. Grundlegende Bedenken gegen die Anerkennung bestehen jedenfalls dann nicht, wenn die jeweiligen Bereiche der Fachgebiete vollständig und umfassend abgedeckt sind und inhaltlich übereinstimmen (Berliner Empfehlungen 2006, II. 2., BRAK-Mitt. 2006, 274).

Die **zeitlichen Anforderungen** an den Lehrgang (Abs. 1 S. 2 und 3) sollen sicherstellen, dass der Rechtsanwalt diese Kenntnisse auch erwerben kann. Zu der Grunddauer der theoretischen Ausbildung von 120 Zeitstunden – zuzüglich der Zeit für die Leistungskontrollen – treten im Steuer- und Insolvenzrecht 40 bzw. 60 Zeitstunden hinzu. Im Fachgebiet Steuerrecht sollen in der Zeit besondere theoretische Kenntnisse in der Buchhaltung und im Bilanzwesen erworben werden. Im Fachgebiet Insolvenzrecht sind die betriebswirtschaftlichen Grundlagen Gegenstand der Zusatzausbildung. Sie dient der Erlangung besonderer Kenntnisse auf den Gebieten Buchführung, Bilanzierung und Bilanzanalyse, Rechnungslegung in der Insolvenz, betriebswirtschaftliche Fragen des Insolvenzplans (Sanierung), der übertragenden Sanierung und der Liquidation (*Hamacher* AnwBl. 1999, 274; § 14 Nr. 3). 3

Es sind aber auch **Fernlehrgänge** zulässig, die eine entsprechende anwaltsspezifische Wissensvermittlung garantieren. Die gegenüber einem Präsenzlehrgang fehlende Anwesenheitskontrolle wird durch die zwingend erforderliche Bearbeitung von Einsendeaufgaben kompensiert. So wird gewährleistet, dass die Lehrstoffe von den Teilnehmern intensiv durchgearbeitet werden. Fernlehrgänge können nach dem Berliner Empfehlungen 2009 (BRAK-Mitt. 2010, 20) nur dann anerkannt werden, wenn aus den Zeugnissen gemäß § 6 Abs. 2 ersichtlich ist, dass das Zeitvolumen 120 Stunden entspricht und der Umrechnungsschlüssel aus den Unterlagen nachvollziehbar ersichtlich ist. An der Pflicht, den Lehrgang durch schriftliche Leistungskontrollen mit Präsenzpflicht (§ 4a) abzuschließen, ändert sich nichts 4

Inzwischen werden auch **Online-Lehrgänge** angeboten, die ebenfalls zulässig sind, soweit sie eine entsprechende anwaltsspezifische Wissensvermittlung sicherstellen. Mittels Fernsicherungsmaßnahmen wie beispielsweise elektronischem Fingerabdruck wird gewährleistet, dass der Lehrstoff innerhalb der zeitlichen Anforderung von den Teilnehmern höchstpersönlich durchgearbeitet wird (**aA** AGH SchlH NJW-RR 2005, 1295). 5

Schließlich bieten Rechtsanwaltsgesellschaften zum Erwerb der besonderen theoretischen Kenntnisse ihren Kanzleiangehörigen eigene Lehrgänge an. Diese **Inhouse-Seminare** werden teilweise von externen Referenten aber auch von Rechtsanwälten aus der eigenen Kanzlei durchgeführt und sind ebenfalls zulässig, soweit die entsprechende anwaltsspezifische Wissensvermittlung erfolgt (Berliner Erfahrungsaustausch 2006, II. 1., BRAK-Mitt. 2006, 274). 6

Es obliegt den Vorprüfungsausschüssen (§§ 17 ff.) zu überprüfen, ob die Lehrgänge die besonderen theoretischen Kenntnisse vermitteln. Für eine allgemeine Zertifizierung fehlt in der FAO die Rechtsgrundlage (Berliner Erfahrungsaustausch 2001, II. 4., BRAK-Mitt. 2002, 27). 7

II. Aktualitätsanforderung

Abs. 2 wurde durch Beschluss der 4. Satzungsversammlung am 15.6.2009 neu gefasst und ist am 1.1.2011 in Kraft getreten. Nach § 4 Abs. 2 aF musste eine Fortbildung erst ab dem Kalenderjahr, das auf die Lehrgangsbeendigung folgte, nachgewiesen werden. Mit der Neufassung des § 4 Abs. 2 wird damit die streitige Frage, wann die **Fortbildungspflicht beginnt,** geklärt. Der Wortlaut des § 4 Abs. 2 stellte auf die Lehrgangsbeendigung ab. Unklar war jedoch, ob das Ende des Lehrgangs die Absolvierung der 120 Zeitstunden oder die Anfertigung der Abschlussklausur ist. Nach den Berliner Empfehlungen (Berliner Erfahrungsaustausch 2009, II. 4., BRAK-Mitt. 2010, 20) endete der Lehrgang mit der Anfertigung des letzten bestandenen Klausur. Das entspricht auch dem Sinn und Zweck des § 4 Abs. 2, mit dem die Aktualität des umfassend theoretischen Wissens des Rechtsanwaltes sichergestellt werden soll. Deshalb kann es auch nur auf die Abschlussklausur und nicht etwa auf die Absolvierung der 120 Zeitstunden ankommen. Durch die Neufassung des § 4 Abs. 2 ist jetzt eine Klarstellung erreicht, weil zu Recht auf den Lehrgangsbeginn abgestellt wird, wobei Lehrgangszeiten anzurechnen sind. 8

Regelmäßig wird die Fortbildung durch Teilnahme an Fortbildungskursen im Umfang des § 15 nachgewiesen. Fortbildungskurse sind aber nicht mit Lehrgängen iSd Abs. 1 gleichzusetzen, insbesondere sind keine schriftlichen Leistungsnachweise erforderlich. Vielmehr ist damit eine das Wissen aktivierende und aktualisierende Fortbildungsveranstaltung zu verstehen. Diese muss den Umfang des § 15 – mindestens fünfzehn Zeitstunden – haben. § 4 Abs. 2 ist eine „Ist-Vorschrift". Problematisch ist daher, ob eine Nachholung einer im Jahr versäumten Fortbildung im Folgejahr möglich ist. Eine Auslegung als „Muss-Vorschrift" ohne Ausnahmen im Einzelfall verstößt gegen Art. 12 GG. Deshalb ist eine am Zweck des § 4 Abs. 2 orientierte, verfassungskonforme Auslegung der Vorschrift erforderlich (so auch AGH Hess vom 14.7.2014 – 1 AGH 4/ 8a

14) das gilt insbesondere, wenn besondere persönliche Umstände den Antragsteller gehindert haben, seiner Fortbildungsverpflichtung nachzukommen.

8b § 15 setzt aber auch voraus, dass bei Fortbildungsveranstaltungen, die nicht in Präsenzform durchgeführt werden, die Möglichkeit der **Interaktion des Referenten** mit den Teilnehmern sowie der Teilnehmer untereinander während der Dauer der Fortbildungsveranstaltung sichergestellt sein muss. Fachanwaltslehrgänge, die ausschließlich als Fernlehrgänge absolviert werden, erfüllen streng genommen die Voraussetzungen des § 15 nicht, weil es an der erforderlichen Interaktion fehlt. Dennoch sind diese Lehrgangszeiten als Fortbildung anzuerkennen, weil die Satzungsversammlung damit lediglich eine Klarstellung erreichen wollte. Solange der Lehrgang besucht wird, gilt diese Aus- bzw. Weiterbildung zugleich als Fortbildung.

9 Im Einzelfall kann eine anderweitige Fortbildung als durch Fortbildungskurse ausreichend sein, zB durch entsprechende Lehrtätigkeit oder durch Publikation wissenschaftlicher Werke auf dem Fachgebiet. Zum erleichternden Nachweis der besonderen theoretischen Kenntnisse in einer Übergangszeit → § 16 Rn. 1 ff.

III. Erwerb der Kenntnisse ohne Lehrgang

10 § 4 Abs. 3 gestattet den **Nachweis des Erwerbs der besonderen theoretischen Kenntnisse auch in anderer Art und Weise** als durch eine Lehrgangsteilnahme. Dies kann zB durch den Nachweis einer Lehr- oder Prüfungstätigkeit im entsprechenden Fachgebiet erfolgen oder dadurch, dass der Bewerber für den Fachanwalt für Steuerrecht den Nachweis des Bestehens der Steuerberaterprüfung erbringt (→ § 9 Rn. 2). Nur müssen die dazu und dabei erworbenen Kenntnisse dem in einem Fachlehrgang zu vermittelnden Wissen entsprechen, dh „alle relevanten Bereiche des Fachgebietes" umfassen (BGH NJW 2000, 3648; AGH NRW Beschluss vom 29.9.2006, 1 ZU 63/06). Es sind **alle geeigneten Beweismittel und Erkenntnisquellen** zu berücksichtigen. So wurden weit überdurchschnittliche praktische Erfahrungen verbunden mit laufendem Besuch von Fortbildungsveranstaltungen, von schriftstellerischer Tätigkeit und Führung einer eigenen Rechtsprechungskartei als ausreichend angesehen (NdsAGH AnwBl. 1999, 562). Anerkannt wurden auch die Dissertation, obwohl sie bei Antragstellung circa 30 Jahre alt war, Rechtsgutachten und Auszüge aus Schriftsätzen .

11 Auch durch den erfolgreichen Abschluss der Laufbahnprüfung für den gehobenen Dienst in der Steuerverwaltung erbringt der Rechtsanwalt in der Regel den Nachweis besonderer Kenntnisse im Steuerrecht, wenn er in der Zwischenzeit seinen Kenntnisstand durch geeignete Maßnahmen gesichert und fortentwickelt hat (BGH NJW 1999, 2677 zu § 8 RAFachBezG). Entsprechendes gilt für den Diplom-Finanzwirt (FH) oder gleichwertige Abschlüsse (Berliner Erfahrungsaustausch 2001, II. 3., BRAK-Mitt. 2002, 27).

12 Der Rechtsanwalt kann den Nachweis besonderer theoretischer Kenntnisse in Ausnahmefällen auch durch **Stellungnahmen von amtlichen Vertretern der Justiz** führen, die in Wahrnehmung ihrer amtlichen Tätigkeit ihm bei seiner beruflichen Tätigkeit über einen längeren Zeitraum hinweg häufiger begegnet sind; diese müssen belegen, dass die Kenntnisse sich auf alle Fachbereiche erstrecken, für die der Anwalt den Nachweis zu führen hat (BGH MDR 2000, 1340 = BRAK-Mitt. 2000, 256 = NJW 2000, 3648 = AnwBl. 2001, 115; NJW 2001, 1945; BayAGH BRAK-Mitt. 2003, 85; AGH SchlH BRAK-Mitt. 2003, 87; BRAK-Mitt. 2004, 179). Inhaltliche Voraussetzung für die Eignung der Beurteilung durch Justizbedienstete ist, dass die Beurteilung nicht nur ein persönliches Urteil des Verfassers über die Kenntnisse des Anwaltes abgeben, sondern dass sie in Verbindung mit anderen bekannten Umständen den Mitgliedern der Fachgebietsausschüsse und des Vorstandes der RAK die Möglichkeit verschaffen, sich eine eigene Überzeugung über das Vorhandensein der besonderen Kenntnisse des Antragstellers zu bilden (AGH SchlH BRAK-Mitt. 2004, 179; abl. *Kleine-Cosack* AnwBl. 2005, 593). Ein verallgemeinerungsfähiges Anforderungsprofil bezüglich der Ersatznachweise verbietet sich; die Voraussetzungen sind im Einzelfall zu prüfen. Es bedarf jedenfalls aussagekräftiger Stellungnahmen, die hinreichend erkennen lassen, dass sich die besonderen theoretischen Kenntnisse des Rechtsanwaltes auf alle nachzuweisenden besonderen Kenntnisse (§§ 8 ff.) erstrecken (BayAGH BRAK-Mitt. 2003, 84). Maßstab sind die Kenntnisse, die im jeweiligen Fachlehrgang oder Teillehrgang vermittelt werden. Gegebenenfalls ersetzen außerhalb eines Lehrgangs erworbene besondere theoretische Kenntnisse auch nur den entsprechenden Teillehrgang (Berliner Erfahrungsaustausch 2001, II., 3., BRAK-Mitt. 2002, 27). Nach dem Willen des Satzungsgebers sollte mit § 4 Abs. 3 keine Regelung geschaffen werden, die es erfahrenen und langjährig tätigen

Rechtsanwälten erlauben würde, ohne Nachweis des Erwerbs besonderer theoretischer Kenntnisse die Fachanwaltsbezeichnung zu erwerben (keine „Alte-Hasen-Regelung"). Die Nachweise müssen daher grundsätzlich dem Aktualitätserfordernis des § 4 Abs. 2 genügen und zudem deutlich machen, dass die theoretischen Kenntnisse erheblich das Maß dessen übersteigen, das üblicherweise durch die berufliche Ausbildung und die praktischen Erfahrungen im Beruf vermittelt werden (BayAGH BRAK-Mitt. 2003, 85). Deshalb hat die Entscheidung darüber, ob ein Antragsteller den Erwerb theoretischer Kenntnisse anders als durch den Besuch eines Lehrgangs nachgewiesen hat, immer auf den Einzelfall bezogen erfolgen. So reicht es für sich genommen allein nicht aus, wenn der Antragsteller als Dozent im Rahmen der universitären Ausbildung oder Prüfer im 1. oder 2. juristischen Staatsexamen oder als ehrenamtlicher Richter tätig ist. Maßgebend ist allein, ob er **alle relevanten Bereiche des Fachgebietes** abgedeckt hat (AGH NRW BRAK-Mitt. 2007, 78).

§ 4 Abs. 2 bezieht sich aufgrund seines eindeutigen Wortlauts und seiner Platzierung nur auf 13
die Situation, dass ein Antrag nicht alsbald im Anschluss an einen Fachanwaltslehrgang gestellt wird. Auf die Situation des Nachweises besonderer theoretischer Kenntnisse, die **außerhalb eines Lehrgangs** iSv § 4 Abs. 3 erworben wurden, ist diese **Fortbildungsverpflichtung** nicht zu erstrecken. Das führt zu einer ungerechtfertigten Besserstellung von Antragstellern, die außerhalb eines Lehrgangs erworbene Kenntnisse nachweisen. Deshalb hat die Satzungsversammlung am 15.6.2009 die Einführung eines S. 2 in § 4 Abs. 3 beschlossen, der die entsprechende Geltung von Abs. 2 vorschreibt. Abgestellt wird auch hier auf den „Beginn" des Erwerbs der besonderen theoretischen Kenntnisse, wobei der Antragsteller es letztlich selbst in der Hand hat, durch die Auswahl der vorgelegten Nachweise den Beginn zu bestimmen. Wer außerhalb eines Lehrgangs erworbene theoretische Kenntnisse durch Publikationen (Fachaufsätze, Dissertationen, usw) nachweist, bestimmt als **„Beginn" den Zeitpunkt der ersten Veröffentlichung.**

IV. Gerichtliche Kontrolle

Die Beurteilung, ob die vom Bewerber vorgelegten Unterlagen die geforderten besonderen 14
theoretischen Kenntnisse nachweisen, ist einer uneingeschränkten gerichtlichen Kontrolle zugänglich (BGH MDR 2000, 1340; NJW 1999, 2677; BayAGH BRAK-Mitt. 2003, 85). Dies gilt auch für Nachweise durch Stellungnahmen amtlicher Vertreter der Justiz (→ Rn. 3 BayAGH BRAK-Mitt. 2003, 85).

§ 4a Schriftliche Leistungskontrollen

(1) **Der Antragsteller muss sich mindestens drei schriftlichen Leistungskontrollen (Aufsichtsarbeiten) aus verschiedenen Bereichen des Lehrgangs erfolgreich unterzogen haben.**

(2) [1]**Eine Leistungskontrolle muss mindestens eine Zeitstunde ausfüllen und darf fünf Zeitstunden nicht überschreiten.** [2]**Die Gesamtdauer der bestandenen Leistungskontrollen darf fünfzehn Zeitstunden nicht unterschreiten.**

§ 4a wurde durch Beschluss der 3. Satzungsversammlung in der 6. Sitzung am 3.4.2006 neu in 1
die Fachanwaltsordnung eingefügt. Die Regelung entspricht inhaltlich dem § 6 Abs. 2c aF und erfolgte **ausschließlich aus redaktionellen Gründen** (Hartung/*Scharmer* § 4a Rn. 1). Der Antragsteller muss danach drei Leistungskontrollen in Form schriftlicher **Aufsichtsarbeiten** absolvieren. Die Aufsichtsarbeiten müssen mindestens eine und dürfen höchsten fünf Zeitstunden umfassen und müssen in ihrer Gesamtdauer mindestens 15 Zeitstunden betragen. Der Antragsteller muss also mindestens **drei erfolgreiche Klausuren** von je fünf Zeitstunden oder fünfzehn Klausuren von je einer Stunde Dauer erfolgreich abschließen. Mischformen wie zB zwei fünfstündige und fünf einstündige Klausuren sind zulässig (Hartung/*Scharmer* § 4a Rn. 12). Alle Klausuren im Bereich der fünfzehn Zeitstunden müssen als erfolgreich, dh als bestanden bewertet sein. Dass der Antragsteller daneben mehrere andere Klausuren nicht erfolgreich bearbeitet hat, wird nicht bewertet und kontrolliert. Eine Benotung ist nicht erforderlich.

Die Klausuren müssen sich auf verschiedene Bereiche des Lehrgangs beziehen aber nicht alle 2
Bereiche abdecken. Durch die Erweiterung der Fachgebiete ist in der Praxis umstritten, ob auch Teile eines Lehrgangs und die entsprechenden Klausuren für ein Fachgebiet zum Nachweis der theoretischen Kenntnisse in einem anderen Gebiet herangezogen werden können. Diese inhaltlichen Überschneidungen ergeben sich insbesondere im Bereich des Versicherungs- und Ver-

kehrsrechts sowie im Strafrecht und Verkehrsrecht und auch beim Familienrecht und Erbrecht. In dem Berliner Erfahrungsaustausch 2006 ist dazu die Auffassung vertreten worden, dass bei inhaltlicher Übereinstimmungen Blöcke und Klausuren aus einem Fachanwaltslehrgang für ein Rechtsgebiet auf ein Lehrgang für ein anderes Rechtsgebiet angerechnet werden könne (vgl. Berliner Empfehlung 2006, II. 2., BRAK-Mitt. 2006, 274). Zu beachten ist dabei aber, dass die Klausuren das Fachgebiet in einer bestimmten Breite abdecken müssen (vgl. § 4a Abs. 1). Die Anerkennung eines schon im Rahmen eines anderen Lehrgangs absolvierten Blocks führt damit nicht zwangsläufig zum Erlass der entsprechenden Klausur in einem anderen Lehrgang.

3 Hilfsmittel wie Kommentare sind bei der Fertigung der Klausuren nicht verboten. Diese sollen einheitlich vergeben, auf der Klausur vermerkt und deren Verwendung bei der Benotung berücksichtigt werden. Die Anfertigung der Klausur unter einer Prüfungsziffer ist statthaft. Es bleibt dem Klausurensteller überlassen, ob er offen oder anonymisiert schreiben lässt. Korrektoren sollten darauf achten, nicht Klausuren von Ihnen bekannten Teilnehmern zu korrigieren. § 23 sollte entsprechend angewendet werden. Klausuraufgaben dürfen nicht mehrfach gestellt werden (II. 12., Fachanwaltschaften: Berliner Erfahrungsaustausch 2001, BRAK-Mitt. 2002, 28).

§ 5 Erwerb der besonderen praktischen Erfahrungen

(1) **Der Erwerb besonderer praktischer Erfahrungen setzt voraus, dass der Antragsteller innerhalb der letzten drei Jahre vor der Antragstellung im Fachgebiet als Rechtsanwalt persönlich und weisungsfrei bearbeitet hat:**

a) Verwaltungsrecht: 80 Fälle, davon mindestens 30 gerichtliche Verfahren. Mindestens 60 Fälle müssen sich auf drei verschiedene Bereiche des besonderen Verwaltungsrechts beziehen, dabei auf jeden dieser drei Bereiche mindestens 5 Fälle. Von den drei Bereichen muss einer zu den in § 8 Nr. 2 aufgeführten Bereichen gehören.

b) Steuerrecht: 50 Fälle aus allen in § 9 genannten Bereichen. Dabei müssen mit jeweils mindestens 5 Fällen alle in § 9 Nr. 3 genannten Steuerarten erfasst sein. Mindestens 10 Fälle müssen rechtsförmliche Verfahren (Einspruchs- oder Klageverfahren) sein.

c) Arbeitsrecht: 100 Fälle aus allen der in § 10 Nrn. 1a) bis e) und 2a) und b) bestimmten Gebiete, davon mindestens 5 Fälle aus dem Bereich des § 10 Nr. 2 und mindestens die Hälfte gerichts- oder rechtsförmliche Verfahren. Als Fälle des kollektiven Arbeitsrechts gelten auch solche des Individualarbeitsrechts, in denen kollektives Arbeitsrecht eine nicht unerhebliche Rolle spielt. Beschlussverfahren sind nicht erforderlich.

d) Sozialrecht: 60 Fälle aus mindestens drei der in § 11 Nr. 2 bestimmten Gebiete, davon mindestens 20 gerichtliche Verfahren.

e) Familienrecht: 120 Fälle. Mindestens 60 der Fälle müssen gerichtliche Verfahren sein; dabei zählen gewillkürte Verbundverfahren sowie Verfahren des notwendigen Verbundes mit einstweiligen Anordnungen doppelt.

f) Strafrecht: 60 Fälle, dabei 40 Hauptverhandlungstage vor dem Schöffengericht oder einem übergeordneten Gericht.

g) Insolvenzrecht:

1. Mindestens 5 eröffnete Verfahren aus dem ersten bis sechsten Teil der InsO als Insolvenzverwalter; in zwei Verfahren muss der Schuldner bei Eröffnung mehr als fünf Arbeitnehmer beschäftigen;

2. 60 Fälle aus mindestens sieben der in § 14 Nr. 1 und 2 bestimmten Gebiete.

3. Die in Nr. 1 bezeichneten Verfahren können wie folgt ersetzt werden:

a) Jedes Verfahren mit mehr als fünf Arbeitnehmern durch drei Verfahren als Sachwalter nach § 270 InsO, als vorläufiger Insolvenzverwalter oder als Vertreter des Schuldners in der Verbraucherinsolvenz bis zum Abschluss des Gerichtsverfahrens.

b) Jedes andere Verfahren durch zwei der in Buchstabe a) genannten Verfahren.

4. Außerdem sind für jedes zu ersetzende Verfahren weitere acht Fälle aus den in § 14 Nr. 1 und 2 bestimmten Gebieten nachzuweisen.

Verwalter in Konkurs-, Gesamtvollstreckungs- und Vergleichsverfahren stehen dem Insolvenzverwalter gleich.

h) Versicherungsrecht: 80 Fälle, davon mindestens 10 gerichtliche Verfahren. Die Fälle müssen sich auf mindestens drei verschiedene Bereiche des § 14a beziehen, dabei auf jeden dieser drei Bereiche mindestens 5 Fälle.

i) Medizinrecht: 60 Fälle, davon mindestens 15 rechtsförmliche Verfahren (davon mindestens 12 gerichtliche Verfahren). Die Fälle müssen sich auf mindestens 3 verschiedene Bereiche des § 14b Nr. 1 bis 8 beziehen, dabei auf jeden dieser drei Bereiche mindestens 3 Fälle.

j) Miet- und Wohnungseigentumsrecht: 120 Fälle, davon mindestens 60 gerichtliche Verfahren. Mindestens 60 Fälle müssen sich auf die in § 14c Nr. 1 bis 3 bestimmten Bereiche beziehen, dabei auf jeden dieser drei Bereiche mindestens 5 Fälle.

k) Verkehrsrecht: 160 Fälle, davon mindestens 60 gerichtliche Verfahren. Die Fälle müssen sich auf mindestens drei verschiedene Bereiche des § 14d Nr. 1 bis 4 beziehen, dabei auf jeden dieser drei Bereiche mindestens 5 Fälle.

l) Bau- und Architektenrecht: 80 Fälle, davon mindestens 40 gerichtliche Verfahren (davon mindestens 6 selbstständige Beweisverfahren). Mindestens jeweils 5 Fälle müssen sich auf die Bereiche des § 14e Nr. 1 und 2 beziehen.

m) Erbrecht: 80 Fälle, davon mindestens 20 rechtsförmliche Verfahren (davon höchstens 15 Verfahren der freiwilligen Gerichtsbarkeit).

n) Transport- und Speditionsrecht: 80 Fälle, davon mindestens 20 gerichtliche Verfahren oder Schiedsverfahren. Die Fälle müssen sich auf den in § 14g Nr. 1 bestimmten Bereich und mindestens zwei weitere Bereiche der Nr. 2 bis 8 beziehen, dabei auf jeden dieser drei Bereiche mindestens 3 Fälle.

o) Gewerblicher Rechtsschutz: 80 Fälle aus mindestens drei verschiedenen Bereichen des § 14h Nr. 1 bis 5, dabei aus jedem dieser drei Bereiche jeweils mindestens 5 Fälle. Höchstens fünf Fälle dürfen Schutzrechtsanmeldungen sein, wobei eine Sammelanmeldung als eine Anmeldung zählt. Mindestens 30 Fälle müssen rechtsförmliche, davon mindestens 15 gerichtliche Verfahren sein.

p) Handels- und Gesellschaftsrecht: 80 Fälle aus mindestens drei verschiedenen Gebieten der Bereiche des § 14i Nr. 1 und 2, davon mindestens 40 Fälle, die gerichtliche Streitverfahren, Schieds- oder Mediationsverfahren und/oder die Gestaltung von Gesellschaftsverträgen oder die Gründung oder Umwandlung von Gesellschaften zum Gegenstand haben. Von diesen 40 Fällen müssen mindestens 10 Fälle gerichtliche Streitverfahren oder Schieds- oder Mediationsverfahren und mindestens 10 Fälle die Gestaltung von Gesellschaftsverträgen oder die Gründung oder Umwandlung von Gesellschaften zum Gegenstand haben.

q) Urheber- und Medienrecht: 80 Fälle aus allen Bereichen des § 14j Nr. 1 bis 6. Von diesen Fällen müssen sich mindestens je 5 auf die in § 14j Nr. 1 bis 3 genannten Bereiche beziehen. Mindestens 20 Fälle müssen gerichtliche Verfahren sein.

r) Informationstechnologierecht (IT-Recht): 50 Fälle aus den in § 14k genannten Bereichen. Die Fälle müssen sich auf die Bereiche des § 14k Nr. 1 und 2 sowie auf einen weiteren Bereich des § 14k beziehen, dabei auf jeden dieser drei Bereiche mindestens 3 Fälle. Mindestens 10 Fälle müssen rechtsförmliche Verfahren (zB. Gerichtsverfahren, Verwaltungsverfahren, Schlichtungs- oder Schiedsverfahren) sein. Ebensolche Verfahren vor internationalen Stellen werden angerechnet.

s) Bank- und Kapitalmarktrecht: 60 Fälle, davon mindestens 30 rechtsförmliche Verfahren. Die Fälle müssen sich auf mindestens drei verschiedene Bereiche des § 14l Nr. 1 bis 9 beziehen, dabei auf jeden dieser drei Bereiche jeweils 5 Fälle.

t) Agrarrecht: 80 Fälle. Von diesen Fällen müssen sich mindestens jeweils 10 Fälle auf die in § 14m Nr. 1 und 2 benannten Bereiche beziehen. Mindestens 20 Fälle müssen rechtsförmliche Verfahren (Gerichtsverfahren, außergerichtliche Rechtsbehelfsverfahren, Schlichtungs- oder Schiedsverfahren) sein.

u) Internationales Wirtschaftsrecht: 50 Fälle aus den in § 14n genannten Bereichen, davon mindestens 5 rechtsförmliche Verfahren vor deutschen oder ausländischen (einschließlich EU) Gerichten und Behörden. Die Fälle müssen sich auf mindestens 3 verschiedene Bereiche des § 14n beziehen, dabei mindestens 15 Fälle aus den Bereichen des § 14n Nr. 3, 4 oder 5.

v) ***Vergaberecht: 40 Fälle aus den Bereichen des § 14o, davon mindestens 5 gerichtliche Verfahren oder Nachprüfungsverfahren.***

(2) **Als Fälle im Sinne von Abs. 1 gelten auch solche, die der Rechtsanwalt als Anwaltsnotar bearbeitet hat, sofern sie auch von einem Rechtsanwalt, der nicht Notar ist, hätten bearbeitet werden können.**

(3) [1] **Der Zeitraum des § 5 Abs. 1 verlängert sich**

a) um Zeiten eines Beschäftigungsverbotes nach den Mutterschutzvorschriften;
b) um Zeiten der Inanspruchnahme von Elternzeit;
c) um Zeiten, in denen der Antragsteller wegen besonderer Härte in seiner anwaltlichen Tätigkeit eingeschränkt war. Härtefälle sind auf Antrag und bei entsprechendem Nachweis zu berücksichtigen.

[2] **Eine Verlängerung ist auf 36 Monate beschränkt.**

(4) **Bedeutung, Umfang und Schwierigkeit einzelner Fälle können zu einer höheren oder niedrigeren Gewichtung führen.**

Übersicht

I. Formalisierung der Anforderungen, Rechtsschutz

1 Mit Beschluss der 4. Satzungsversammlung am 15.6.2009 wurde ein neuer Abs. 3 eingeführt. Die Satzungsversammlung trug damit den verfassungsrechtlichen Bedenken aus Art. 6 Abs. 4 GG Rechnung, weil durch Mutterschutz bzw. Elternzeit eine faktische Verkürzung des Dreijahreszeitraum zu einer Schlechterstellung von Müttern und Eltern führt (so auch AGH NRW BRAK-Mitt. 2009, 86). § 5 S. 1 wurde mit Beschluss der 4. Satzungsversammlung am 15.6.2009 § 5 Abs. 1 und aus § 5 S. 2 wurde § 5 Abs. 2. Durch Beschluss der 2. Satzungsversammlung am 25./26.4.2002 wurde die Regelung des Abs. 1 durch die Streichung der Formulierung „in der Regel" leicht verschärft. Ferner wurde mit Beschluss vom 7.11.2002, in Kraft getreten am 1.7.2003 (BRAK-Mitt. 2003, 67, 69), das Wort „selbstständig" gestrichen und durch die Worte „persönlich und weisungsfrei" ersetzt. Damit sollte die zuvor strittige Frage, ob eine Fallbear-

beitung als Syndikus ausreicht oder nicht (vgl. 6. Aufl. § 5 Rn. 5) geklärt werden. Mit Beschluss vom 20.3.2003 wurden unter lit. h die Anforderung für den Erwerb praktischer Erfahrungen auf dem Gebiet des Versicherungsrechts festgeschrieben (BRAK-Mitt. 2003, 125). Mit Beschluss vom 22./23.11.2004 wurde unter lit. i bis n die Anforderung festgeschrieben, die für den Nachweis besonderer praktischer Erfahrungen für die weiteren mit demselben Beschluss eingeführten Fachanwaltsbezeichnungen (§§ 14b–14g) erforderlich sind (BRAK-Mitt. 2005, 77). Durch Beschuss vom 7.11.2005 wurden mit lit. o und p die Voraussetzungen für die erforderlichen praktischen Erfahrungen auf den Gebieten des gewerblichen Rechtsschutzes und des Handels- und Gesellschaftsrechts aufgestellt (BRAK-Mitt. 2006, 79). Durch weiteren Beschluss der Satzungsversammlung vom 3.4.2006 wurden unter lit. q und r die Anforderung für den Erwerb praktischer Erfahrungen auf dem Gebiet des Urheber- und Medienrechts sowie des Informationstechnologierechts (IT-Recht) definiert (BRAK-Mitt. 2006, 168). Es wurde ferner mit Beschluss vom 3.4.2006 aus Gründen der Rechtsklarheit Mindestquoren für die nachzuweisenden Fälle bezüglich der Teilrechtsgebiete eingeführt (→ Rn. 30 ff.). Des Weiteren ist ebenfalls unter dem Gesichtspunkt der Klarstellung eine Regelung im Hinblick auf die Anwaltsnotare im letzten Satz zu § 5 erfolgt. Mit Beschluss vom 11.6.2007 wurden in lit. s die Anforderungen der erforderlichen Erfahrungen auf dem Gebiet des Bank- und Kapitalmarktrechts definiert (BRAK-Mitt. 2007, 214). Mit Beschluss der Satzungsversammlung vom 14.11.2008 erfolgte die Einfügung der Anforderungen auf dem Gebiet des Agrarrechts unter lit. t (BRAK-Mitt. 2009, 65). Schließlich wurde mit Beschluss vom 6./7.12.2013 unter lit. u die Anforderung für den Erwerb der praktischen Erfahrungen auf dem Gebiet des internationalen Wirtschaftsrechts festgeschrieben.

Die Bestimmungen der FAO haben die Feststellung der von dem Bewerber nachzuweisenden Kenntnisse und Erfahrungen in hohem Maße **formalisiert.** Im Vordergrund steht nicht eine individuell ausgerichtete Ermittlung des Wissens und der praktischen Fähigkeiten der einzelnen Bewerber, wie sie für eine Staatsprüfung kennzeichnend ist. Der Rechtsanwalt hat vielmehr die besonderen theoretischen Kenntnisse durch die Bescheinigung über die Teilnahme an einem anwaltsspezifischen Lehrgang nach § 2 und die praktischen Erfahrungen durch die persönliche und weisungsfreie **anwaltliche** Bearbeitung einer bestimmten Anzahl von Fällen aus mehreren Bereichen des betreffenden Rechtsgebietes nachzuweisen (BGH NJW 2000, 1645 = MDR 2000, 671 mit Anm. *Hartung* = BRAK-Mitt. 2000, 143 = AnwBl. 2000, 628; NJW 2001, 3110; NJW 1997, 1307 = BRAK-Mitt. 1997, 128 = AnwBl. 1997, 223). 2

Eine individuell ausgerichtete Prüfung im Rahmen eines Fachgespräches (§ 7) findet nur ergänzend statt, um die bei der Prüfung der Nachweise nach § 6 festgestellten Defizite auszugleichen (BGH AnwBl. 2006, 413, 415 = BRAK-Mitt. 2006, 131). § 5 dient dem Schutz des rechtsuchenden Publikums. Neben den Anforderungen an die theoretischen Kenntnisse sollen die besonderen praktischen Erfahrungen sicherstellen, dass Fachanwälte tatsächlich eine besondere Fachkompetenz besitzen (AGH Hess NJW 2000, 1659 = MDR 2000, 238 mit Anm. *Kilian* = AnwBl. 1999, 700). 3

II. Fallbearbeitung innerhalb der letzten drei Jahre

1. Fall. Der Begriff Fall ist sehr umstritten (*Kleine-Cosack* AnwBl. 2005, 593; *Praefke* BRAK-Mitt. 1999, 158; *Schäder* BRAK-Mitt. 1999, 211). Als „Fall“ iSd § 5 soll ein selbständiger Auftrag zu verstehen sein. Jeder Tatbestand ist als eigener „Fall“ zu behandeln, für den der Rechtsanwalt einen neuen Auftrag benötigt und den er gesondert abrechnen kann (so *Hartung/Holl,* 2. Aufl. 2001, § 5 Rn. 37; *Pausenberger* AnwBl. 1994, 13). Für die Rechtsprechung ist „Fall“ die juristische Aufarbeitung eines einheitlichen in sich geschlossenen Lebenssachverhaltes, der sich von anderen Lebenssachverhalten dadurch unterscheidet, dass die zu beurteilenden Tatsachen und die Beteiligten verschieden sind und der mit bestimmten Rechtsfolgen verknüpft wird (BGH AnwBl. 2006, 413; NJW 2004, 2748; *Jährig* Fachanwaltschaften, 2002, 117 ff.; *Praefcke* BRAK-Mitt. 1999, 158). Er ist der Gegenstand einer juristischen Untersuchung. Er unterscheidet sich von einem anderen durch die zu beurteilenden Tatsachen bzw. die Beteiligten (Beteiligter, Kläger, Angeklagter etc). Maßgebendes Entscheidungskriterium ist daher nicht die Frage, wie viel einzelne Tätigkeiten sich aus dem einheitlichen Lebenssachverhalt ergeben, auch nicht, in wie vielen Instanzen dieser einheitliche Lebenssachverhalt zur Überprüfung des Gerichts gestellt ist, sondern einzig und allein, **ob ein in sich geschlossener, von anderen Sachverhalten** 4

deutlich unterscheidbarer Lebenssachverhalt vorliegt, der dem Anwalt unterbreitet wird und den er nach allen Seiten hin und unter Ausnutzung aller prozessualen Möglichkeiten für den Mandanten zu prüfen und zu bearbeiten hat (BGH BeckRS 2015, 05871 = AnwBl. 2015, 523). Dies kann vorbehaltlich einer anderen Gewichtung auch für Serienfälle gelten. Insbesondere sind Fälle im öffentlichen Dienstrecht, Erschließungsbeitragsrecht sowie Abwassergebührenrecht wegen des gleichen Kernsachverhaltes nicht selten als selbständige Fälle anzusehen, weil der betroffene Rechtsanwalt bei ihnen im Einzelfall auch stets individuell prüfen muss, wer insoweit beschwert ist, was das Ziel eines Rechtsbehelfs oder Klageverfahren sein kann oder muss, welche Fristen zu beachten sind und welche Besonderheiten bzw. Abweichung vom Kernsachverhalt ggf. im Detail berücksichtigt werden müssen (AGH RhPf BRAK-Mitt. 2012, 246). Die besondere Abrechenbarkeit kann nicht das entscheidende Abgrenzungskriterium sein (AGH RhPf – 2 AGH 7/96 – und Beschluss des BayAGH vom 3.12.1997 – AGH I 18/97, zitiert nach *Praefke* BRAK-Mitt. 1999, 158). So kann das verwaltungsrechtlich vorgeschriebene Vorverfahren gemäß §§ 68 ff. VwGO gegenüber dem Hauptsacheverfahren nicht als eigener Fall bewertet werden. Auch ist es nicht gerechtfertigt, eine fehlerhaft zugestellte Ordnungsverfügung deshalb als weiteren Fall zu zählen, weil sie mehrfach erneut zugestellt wurde (AGH NRW BRAK-Mitt. 2001, 143). Stellen Rechtsmittelverfahren besondere und neue Anforderungen gegenüber der bisherigen Tätigkeit im Fall, so kann dies nach § 5 Abs. 4 durch Gewichtung berücksichtigt werden. Eine Sache, die der Rechtsanwalt sowohl gerichtlich als auch außergerichtlich bearbeitet hat, zählt nur einfach, selbst bei mehreren Instanzen (BGH BRAK-Mitt. 2013, 270; AnwBl. 1999, 563; NdsAGH BRAK-Mitt. 2002, 142). Eine höhere Gewichtung des Ausgangsfalls aufgrund einer Tätigkeit in der zweiten Instanz ist aber möglich (BGH BeckRS 2015, 05871 = AnwBl. 2015, 523). Dazu muss der Antragsteller darlegen, dass sich die Verhandlungen in der zweiten Instanz auf andere rechtliche Fragen konzentriert haben oder prozessuale Umstände darlegen, wonach in der zweiten Instanz die Sache besonders schwierig oder umfangreich scheinen lasse (BGH AnwBl. 2010, 798). Die mündliche oder telefonische Beratung rechnet als Fall. Ihr Inhalt muss hinreichend dokumentiert sein (→ BRAO § 50 Rn. 1). Es kann berücksichtigt werden, ob die mündliche oder telefonische Beratung abgerechnet worden ist (Berliner Erfahrungsaustausch 2001, II, 6; BRAK-Mitt. 2002, 27). Im Hinblick auf die weitgehende Formalisierung des Nachweisverfahrens hat die Qualität der Mandatsbearbeitung durch den Antragsteller für die Wertung als Fall keine Bedeutung (BGH NJW 2003, 741 = MDR 2003, 300 = BRAK-Mitt. 2003, 25).

5 **2. Dreijahreszeitraum.** Von besonderen praktischen Erfahrungen kann nur dann die Rede sein, wenn die Zahl der jährlich bearbeiteten Fälle diejenigen der von einem Rechtsanwalt mit einer Allgemeinpraxis üblicherweise auf diesem Gebiet übernommenen Mandate nennenswert übersteigt. Daher ist auch von Bedeutung, innerhalb welchem Zeitraum der Anwalt die Regelzahl der Fälle bearbeitet hat. Die in diesem Rahmen gebotene Abwägung des Ausschusses vollzieht sich in der Anwendung unbestimmter Rechtsbegriffe und unterliegt in rechtlicher und in tatsächlicher Hinsicht der richterlichen Nachprüfung (BGH NJW 1997, 1307; vgl. auch NdsAGH BRAK-Mitt. 1995, 168; *Zimmerling/Brehm* AnwBl. 1998, 119). Die Fälle muss der Rechtsanwalt in den letzten **drei Jahren vor Antragstellung** (§§ 4 Abs. 2, 22) **„persönlich und weisungsfrei"** bearbeitet haben, dh er muss sie eigenverantwortlich als weisungsfreier unabhängiger Anwalt bearbeitet haben (BGH NJW 2000, 1645 = MDR 2000, 671 mit Anm. *Hartung* = BRAK-Mitt. 2000, 143 = AnwBl. 2000, 628; NJW 2001, 3110). § 5 setzt voraus, dass die für die einzelnen Fachgebiete verlangten Verfahren in den letzten drei Jahren vor der Antragstellung zu bearbeiten sind. Nur dadurch wird sichergestellt, dass der Bewerber um eine Fachanwaltsbezeichnung nicht nur irgendwann eine bestimmte absolute Zahl von Fällen in seinem Fachgebiet bearbeitet hat, sondern dass er aktuell und in nennenswertem Umfang auf diesem Gebiet tätig ist (AGH Hmb BRAK-Mitt. 2004, 181).

6 Das Erfordernis, dass die nachzuweisenden besonderen praktischen Erfahrungen innerhalb der letzten drei Jahre vor der Antragstellung gesammelt sein müssen, ist mit höherrangigem Recht vereinbar und ermöglicht eine eindeutige Überprüfung der Voraussetzungen. Mit drei Jahren ist die Beurteilungszeit relativ lang bemessen; damit ist entsprechend den Absichten der Satzungsversammlung (Protokoll der 1. Sitzung vom 7.–9.9.1999, S. 26) die Zulassungsschranke leichter überwindbar als bei einem kürzeren Zeitraum (BGH NJW 2005, 1943 = AnwBl. 2005, 501 = BGHR 2005, 1018 = BRAK-Mitt. 2005, 187). Das Ziel des Erfordernisses, dass der Zeitraum vor der Antragstellung liegen muss, ist es sicherzustellen, dass der Rechtsanwalt sich auch mit

seinen praktischen Erfahrungen auf der Höhe der Zeit befindet. Dazu genügt es, dass auch nur ein Teil der Fallbearbeitung innerhalb des Dreijahreszeitraumes erfolgt ist. Es kann wegen der Formalisierung des Nachweises praktischer Erfahrungen (→ § 5 Rn. 2) nicht darauf ankommen, ob die wesentliche Fallbearbeitung innerhalb des Dreijahreszeitraumes liegt. Zwar sind bei der Feststellung des erforderlichen Quorums nur solche Fälle zu berücksichtigen, bei denen ein Schwerpunkt der Bearbeitung im jeweiligen Fachgebiet liegt. Dafür genügt aber, wenn eine Frage aus dem jeweiligen Fachgebiet erheblich ist oder erheblich werden kann (BGH AnwBl. 2006, 413).

Da es unerheblich ist, ob ein Schwerpunkt der Bearbeitung innerhalb des Dreijahreszeitraumes liegt, ist es auch nicht erforderlich, dass alle vorgelegten Fälle innerhalb des Dreijahreszeitraumes abgeschlossen sind (ThürAGH BRAK-Mitt. 2003, 137). Es reicht, wenn der Rechtsanwalt in dem maßgeblichen Zeitraum den Fall inhaltlich bearbeitet hat (BGH AnwBl. 2006, 413). Ist ein Teil der Fälle erst nach Antragstellung abschließend bearbeitet worden, liegt zwar der Normalfall des § 5 nicht vor. Ausschuss und RAK müssen aber prüfen, ob der Nachweis nicht gleichwohl geführt ist. Es besteht ein Ermessensspielraum dahingehend, dass auch Fälle berücksichtigt werden können, die erst nach der Antragstellung aber vor der Entscheidung über den Antrag nachgewiesen wurden (AGH RhPf BRAK-Mitt. 2001, 46). Dabei ist eine zeitliche Zäsur in dem Zeitpunkt der abschließenden Behandlung des Antrages im Fachausschuss geboten. Nach diesem Zeitpunkt „nachgelieferte Fälle" müssen aus der Prüfung ohnehin ausscheiden, weil auf andere Weise ein ordnungsgemäßes Verwaltungsverfahren nicht durchführbar ist (AGH NRW BRAK-Mitt. 2001, 143). Zugunsten des Antragstellers wird in Fällen des Nachschiebens von Fällen der **Zeitpunkt der letzten Nachmeldung als Antragstellung** gewertet. Dabei muss aus Gleichheitsgründen gegenüber anderen Antragstellern sichergestellt werden, dass keine Verlängerung der Dreijahresfrist zur Verfügung gestellt wird, da sonst das Fallquorum tatsächlich gesenkt wird. Deswegen müssen jene Fälle unberücksichtigt bleiben, die dann – bezogen auf den Zeitpunkt des Eingangs der letzten Nachmeldung – älter als drei Jahre sind (Berliner Erfahrungsaustausch 2001, BRAK-Mitt. 2002, 28; *Kleine-Cosack* AnwBl. 2005, 593), es sei denn, sie sind auch in diesem Dreijahreszeitraum (weiter) rechtlich bearbeitet worden. 7

Die Möglichkeit der **Verlängerung des Dreijahreszeitraums** für den Nachweis der besonderen praktischen Erfahrungen war hinsichtlich der beiden ersten Alternativen – lit. a und b – aus verfassungsrechtlichen Gründen geboten. Bei lit. a war nicht auf eine tatsächliche Inanspruchnahme der Mutterschutzzeiten abzustellen, da selbstständige Rechtsanwältinnen aus beruflichen Gründen daran gehindert sein können, den Schutz in Anspruch zu nehmen. Bei lit. b war hingegen aus Gründen der Gleichbehandlung auf die tatsächliche Inanspruchnahme abzustellen. In beiden Fällen ist die Verlängerung des Dreijahreszeitraums bei entsprechendem Nachweis zu gewähren. Aus Gründen der Chancengleichheit sah sich die Satzungsversammlung veranlasst, bei Antragstellern, die für sich eine besondere Härte in Anspruch nehmen können, ebenfalls eine Verlängerung des Dreijahreszeitraums zu ermöglichen. Als Fälle besonderer Härte gelten dabei etwa die Erbringung von Pflegeleistungen für nahe Angehörige oder längerfristigen schweren Erkrankungen (BGH BRAK-Mitt. 2012, 28). Eine Verlängerung kommt jedoch nur auf Antrag des Antragstellers und bei entsprechendem Nachweis in Betracht. Die **Verlängerungsmöglichkeit ist aber auf 36 Monate** insgesamt beschränkt, so dass der Zeitraum maximal sechs Jahre betragen kann. Fälle, die ausschließlich in Zeiten einer Verlängerung bearbeitet werden, sind beim Nachweis der besonderen praktischen Erfahrungen mitzuzählen. 8

3. Persönliche und weisungsfreie Bearbeitung. Persönliche und weisungsfreie Bearbeitung als Rechtsanwalt umfasst die gesamte Palette der Tätigkeit eines Rechtsanwalts nach § 3 BRAO und ist im Sinne einer anwaltlichen Unabhängigkeit auszulegen. Sie umfasst die Freiheit von fachlichen Weisungen für Mandatsbearbeitung durch Vorgesetzte oder durch Seniorsozien (AGH Hess NJW 2000, 1659 = MDR 2000, 238). Der Bewerber muss den von ihm benannten Fall – unbeschadet seiner Eingliederung in eine Sozietät, Partnerschaft, Rechtsanwaltsgesellschaft oÄ bzw. seiner Anstellung als Rechtsanwalt bei einem anderen Rechtsanwalt einer Sozietät pp. – als der maßgebliche, für den Gang des Verfahrens verantwortliche Sachbearbeiter persönlich bearbeitet haben und nicht nur Dritte bearbeitet haben lassen. Entscheidend ist seine eigenständige, weisungsfreie, fachliche und unabhängige und selbstständige Bearbeitung (BGH NJW 2006, 1516 = AnwBl. 2006, 354 = BRAK-Mitt. 2006, 134). Ein Indiz dafür ist die Unterzeichnung der erarbeiteten Schriftsätze (*Kleine-Cosack* AnwBl. 2005, 593). Dass aus kanzleiinternen 9

Gründen Schriftsätze jedoch von einem anderen Rechtsanwalt, zB dem Seniorsozius, unterschrieben wurden, spricht nicht zwingend gegen die selbständige Bearbeitung. Der Bewerber kann seine Selbständigkeit in der Bearbeitung dann zB durch sein Diktatzeichen im Kopf der Schriftsätze oder durch die Erklärung seines Seniorsozius nachweisen. Ein nur gelegentliches Tätigwerden Dritter in den von dem Bewerber benannten Fällen – wie zB Terminsvertretungen oder das Unterzeichnen von Schriftsätzen – führt nicht zum Wegfall der persönlichen Bearbeitung; maßgebend sind aber immer die Umstände des Einzelfalles (*Kleine-Cosack* AnwBl. 2005, 593). An anwaltlicher Tätigkeit besteht dann grundsätzlich kein Grund zu zweifeln, wenn der zugelassener Rechtsanwalt, der in einem Anstellungsverhältnis zu einem Rechtsanwalt steht oder für einen solchen freier Mitarbeiter tätig wird, Mandate bearbeitet, indem er Schriftsätze verfasst und Gerichtstermine wahrnimmt. Anlass zu Zweifeln an einer Weisungsfreiheit würde nur dann bestehen, wenn ihm keinerlei eigener Entscheidungsspielraum zustünde (BGH BRAK-Mitt. 2012, 80). Hat der Rechtsanwalt aufgrund zeitlich befristeter Honorarverträge für eine staatliche Behörde **nach Weisung eines Beamten** bestimmte Akten bearbeitet und Entwürfe für von der Behörde zu erlassende Bescheide gefertigt, so entspricht eine solche Tätigkeit in der Regel nicht den für den Erwerb besonderer praktischer Erfahrungen geltenden Anforderungen an eine selbständige Fallbearbeitung als Rechtsanwalt (BGH MDR 1999, 1162 = NVwZ 1999, 1256 = BRAK-Mitt. 1999, 230 zu § 9 RAFachBezG; vgl. auch § 16). Auch die **Eigenvertretungen** des Antragstellers im jeweiligen Fachgebiet erfolgen als Rechtsanwalt und werden persönlich und weisungsfrei bearbeitet. Auch dabei wird der Rechtsanwalt in anwaltlicher Funktion tätig. Andernfalls wäre nicht zu erklären, warum einem Rechtsanwalt, der seinen Prozess selber führt, gemäß § 91 Abs. 2 S. 3 ZPO die Gebühren zu erstatten sind, die er als Gebühren eines bevollmächtigten Rechtsanwalt erstattet verlangen könnte (BGH AnwBl. 2006, 413).

10 Unbeschadet einer von Teilen der Literatur und einigen Gerichten vertretenen Auffassung, wonach Fälle, die ein **Syndikusanwalt** selbständig im Rahmen seines Dienstverhältnisses bearbeitet hat, als praktische Erfahrungen iSd § 5 anrechenbar seien (AGH Hess NJW 2000, 1659 = MDR 2000, 238; AGH Brem BRAK-Mitt. 2002, 144 = AnwBl. 2002, 298), hat der BGH in der Vergangenheit konsequent die Auffassung vertreten, dass diese im Rahmen des § 5 nicht berücksichtigt werden können, weil nach § 46 BRAO die Tätigkeit des Syndikusanwalts in seinem abhängigen Beschäftigungsverhältnis als nicht anwaltlich anzusehen sei (BGHZ 141, 69 = NJW 1999, 1715 = MDR 1999, 640 = BRAK-Mitt. 1999, 149 = AnwBl. 1999, 554 = DB 1999, 1446; BGH NJW 2000, 1645; NJW 2001, 3110; AGH NRW BRAK-Mitt. 2002, 190; AGH Hmb BRAK-Mitt. 2002, 283) und auch der Satzungsgeber habe in § 5 keine abweichende Definition anwaltlicher Tätigkeit zugrunde gelegt. Der Umstand, dass § 46 BRAO auch Syndikusanwälte als Rechtsanwälte bezeichnet, bedeute nicht, dass auch deren Tätigkeiten, die sie im Rahmen ihrer Dienstverhältnisse für ihre Dienstherren erbringen, anwaltliche Tätigkeiten seien (so aber AGH Hess NJW 2000, 1659 = MDR 2000, 238). Das in den §§ 1–3 BRAO normierte Berufsbild des Rechtsanwalts, wie es sich auch in der Allgemeinheit von ihm als unabhängigem Organ der Rechtspflege gebildet hat, sei mit der Tätigkeit unvereinbar, wenn der Syndikus als Anwalt auftritt. Bei der Tätigkeit, die der Syndikus für seinen Dienstherrn leistet, seien dann, wenn er persönlich mit der Materie des Einzelfalls befasst war, die den Grundsatz der freien Advokatur kennzeichnenden typischen Wesensmerkmale der freien Berufsausübung, die das Bild des Rechtsanwalts bestimmen, als nicht gegeben anzusehen. Die vom BVerfG anerkannten Gemeinschaftsgüter (vgl. BVerfG NJW 1993, 317), die – gerade dem Mandanten gegenüber – die Stellung des Rechtsanwalts als unabhängiges Rechtspflegeorgan sichern und damit der Funktionsfähigkeit der Rechtspflege dienen, stünden einer Bewertung der Tätigkeit des Syndikusanwalts als anwaltliche und einer entsprechenden Änderung des § 46 BRAO entgegen (BGH NJW 2001, 3130 = MDR 2001, 1195 mit Anm. *Römermann* = BRAK-Mitt. 2001, 297 = AnwBl. 2002, 242 = BB 2001, 2083; BGH NJW 2000, 1645). Fälle, die ein Syndikusanwalt im Rahmen seines Dienstverhältnisses bearbeitet hat, seien daher nicht im Bereich des § 5 anrechenbar. Nur eine eigenverantwortliche und weisungsungebundene Bearbeitung sei zum Nachweis der Befähigung nach § 5 geeignet (BGH NJW 2000, 1645; 2001, 3130; AGH NRW BRAK-Mitt. 2002, 94; *Kilian* MDR 2000, 123; **aA** AGH Brem AnwBl. 2002, 298 = BRAK-Mitt. 2002, 146).

11 Es darf aber nicht verkannt werden, dass der Anwalt auch aus seiner Syndikustätigkeit häufig umfangreiche Kenntnisse und praktische Erfahrungen auf seinem Fachgebiet erworben hat, die auch in die Bearbeitung der in der freien anwaltlichen Tätigkeit anfallenden Mandate einfließen werden. Demgemäß hat der BGH in letzter Zeit – wenn auch zögerlich – mehr und mehr auch Syndikustätigkeit bei der Fallbearbeitung zur Erfüllung der Voraussetzungen des § 5 zugelassen. Dazu hat der BGH zunächst darauf hingewiesen, nach § 5 sei der Erwerb praktischer Erfahrungen nachgewiesen, wenn der Bewerber die erforderliche Anzahl von Fällen selbstständig **als Rechtsanwalt** bearbeitet hat. Aber § 5 letzter Satz zeige, dass den Kammern ein Maßstab für die Verleihung der Fachanwaltsbezeichnung an die Hand gegeben werden sollte, der einer rein schematischen Beurteilung entgegensteht und ihnen die Möglichkeit gibt, den besonderen Umständen des Einzelfalls Rechnung zu tragen. Auch bei der Anwendung des § 5 bedürfe es daher einer Bewertung und Gewichtung der von dem Bewerber angegebenen Mandate (BGH NJW 1997, 1307 zu § 9 RAFachBezG). Belege der Bewerber die Bearbeitung einer erheblichen Zahl nicht unbedeutender Mandate im Rahmen selbständiger anwaltlicher Tätigkeit, könne ihre Bewertung und Gewichtung bei Berücksichtigung der weiteren praktischen Erfahrungen, die der Bewerber als Syndikusanwalt auf dem betreffenden Fachgebiet gesammelt hat, zu dem Ergebnis führen, dass der Nachweis nach § 5 als erbracht anzusehen ist (BGH NJW 2001, 3130), obwohl die vorgesehene Mindestzahl unterschritten wurde. Dies gelte entsprechend für Rechtsanwälte, die in Wirtschaftsprüfungs- oder Steuerberatungsgesellschaften tätig sind.

Der BGH hat diese Rechtsprechung mit seiner Entscheidung vom 13.1.2003 (BGH NJW 12
2003, 883) konkretisiert und fortgeführt: Danach sind bei der Prüfung des für die Verleihung der Fachanwaltsbezeichnung zB für das Arbeitsrecht erforderlichen Nachweise besonderer praktischer Erfahrungen im Arbeitsrecht neben den in freier anwaltlicher Tätigkeit bearbeiteten Fälle auch solche Fälle zu berücksichtigen, in denen der Rechtsanwalt als Syndikus eines Arbeitgeber- oder Unternehmerverbandes die arbeitsrechtliche Beratung und Prozessvertretung (§ 11 ArbGG) von Mitgliedern des Verbandes weisungsunabhängig durchgeführt hat. **Eigenverantwortliche und weisungsunabhängige Fallbearbeitung im Rahmen der Syndikustätigkeit kann somit im Rahmen des § 5 mit berücksichtigt werden.** Zunächst verlangt der BGH aber weiterhin den Nachweis von Fällen aus freier anwaltlicher Tätigkeit **und lässt den Nachweis nur von Fällen aus einer Tätigkeit als Syndikus nicht genügen.** „Sie reichen für den Nachweis besonderer praktischer Erfahrungen allein nicht aus. Vielmehr bedarf es daneben auch der Bearbeitung einer erheblichen Anzahl nicht unbedeutender Mandate im Rahmen selbstständiger anwaltlicher Tätigkeit … und einer abschließenden Bewertung und Gewichtung der vom Antragsteller vorgelegten Fälle aus beiden beruflichen Bereichen … Der Rechtsanwalt, der mit einer Fachanwaltsbezeichnung wirbt, nimmt damit nicht nur ein besonderes Fachwissen (§ 4) für sich in Anspruch, das in mannigfachen juristischen Berufen auch außerhalb einer Tätigkeit als Rechtsanwalt erworben werden kann, sondern auch eine umfassende, spezifisch anwaltliche Berufserfahrung im Fachgebiet (§ 5). Diese kann der Rechtsanwalt aber nicht ohne weiteres durch eine ausschließliche Syndikustätigkeit, die seine Zulassung zur Rechtsanwaltschaft nicht einmal erfordern würde, erwerben, sondern nur dann, wenn er – zumindest nebenberuflich – als niedergelassener Rechtsanwalt zugelassen und auch tätig ist. Deshalb erfordert § 3 als Vorraussetzung für die Verleihung der Fachanwaltsbezeichnung nicht nur die Zulassung zur Rechtsanwaltschaft, sondern auch eine mindestens dreijährige praktische Ausübung der Tätigkeit als zugelassener Rechtsanwalt. Die Syndikustätigkeit vermittelt typischerweise keine Erfahrung in der Organisation des Berufsalltags eines niedergelassenen Rechtsanwalts (zB Einrichtung eines funktionierenden Kanzleibetriebes, kostenrechtliche Abwicklung der Mandate). Ein Syndikusanwalt, dem die Fachanwaltsbezeichnung verliehen würde, ohne dass er zumindest nebenberuflich auch als Rechtsanwalt im Fachgebiet tätig war, würde in mancher Hinsicht einem Berufsanfänger gleichstehen, wenn er mit der Fachanwaltsbezeichnung erstmals selbst um Mandate werben würde. Das widerspräche § 3 und der berechtigten Erwartung des rechtsuchenden Publikums an einen Fachanwalt, die dahin geht, dass der Fachanwalt auch über besondere Erfahrungen in der anwaltlichen Berufspraxis verfügt (BGH NJW 2003, 883). Diese Auffassung hat der Senat des BGH nochmals ausdrücklich bestätigt in der Entscheidung vom 25.10.2006 (NJW 2007, 599 = AnwBl. 2007, 233). Die fachliche Unabhängigkeit des Syndikusanwalts bei der Fallbearbeitung wird nicht dadurch in Frage gestellt, dass der Syndikusanwalt in der Auswahl der von ihm bearbeiteten Rechtsangelegenheiten nicht frei, sondern verpflichtet war, die Mitglieder eines Verbandes zu beraten. Darin liegt nur eine die fachliche Unabhängigkeit hinsichtlich der Rechtsberatung nicht beeinträchtigende, übliche arbeitsvertragliche Bindung, der ein in einer Anwaltskanzlei im Angestelltenverhältnis tätiger Rechtsanwalt in ähnlicher Weise unterliegt (BGH NJW 2003, 883). Wie hoch der Anteil der Fälle aus selbstständiger anwaltlicher Tätigkeit

im Verhältnis zu den aus seiner Tätigkeit als Syndikusanwalt sein muss, kann nicht schematisch festgestellt werden. Es kommt auf den Einzelfall an. Insbesondere, wenn die Syndikustätigkeit weitgehend weisungsungebunden ist und die in freier anwaltlicher Tätigkeit bearbeiteten Mandate ein substanzielles Gewicht haben, kann der Nachweis der praktischen Erfahrungen auch bei deutlich geringeren Fallzahlen aus der freien anwaltlichen Tätigkeit als geführt angesehen werden (BGH NJW 2003, 883; NdsAGH BRAK-Mitt. 2005, 236; AGH NRW AnwBl. 2005, 649). So hat der AGH NRW für die Fachanwaltsbezeichnung auf dem Gebiet des Steuerrechts neben 46 Fällen aus Syndikustätigkeit vier Fälle aus freier Anwaltstätigkeit für ausreichend angesehen (AGH NRW AnwBl. 2005, 649). Der BGH hat die Bearbeitung nur eines Falles außerhalb der Tätigkeit als Angestellter als nicht ausreichend angesehen (BGH NJW 2007, 599 = AnwBl. 2007, 233).

13 Mit seiner Entscheidung vom 6.3.2006 (BGH NJW 2006, 1516) hat der BGH für den Nachweis besonderer praktischer Erfahrungen im Steuerrecht es erstmalig für ausreichend angesehen, wenn der Rechtsanwalt die Fälle **ausschließlich als Angestellter einer Steuerberatungsgesellschaft** bearbeitet hat. Die persönliche und weisungsfreie Bearbeitung von Mandaten scheitere dann nicht an den Vertretungsverboten des § 46 BRAO. § 46 Abs. 1 BRAO greife bei einem angestellten Rechtsanwalt, der unabhängig und weisungsfrei Mandate bearbeitet, die sein Arbeitgeber oder Dienstherr übernommen hat, nicht ein. Auftraggeber ist derjenige, dessen Interessen vor Gericht vertreten werden sollen. Das ist aber nicht der Arbeitgeber oder Dienstherr des angestellten Rechtsanwalts, sondern der Mandant, der den Arbeitgeber oder Dienstherrn des Rechtsanwalts mit der Wahrnehmung seiner Interessen beauftragt hat. Dieser hat auf Grund des Mandats kein Direktionsrecht gegenüber dem angestellten Rechtsanwalt der Gesellschaft. Auch ein Vertretungsverbot nach § 46 Abs. 2 BRAO liegt nicht vor. Bei der gebotenen verfassungskonformen einschränkenden Auslegung des § 46 Abs. 2 BRAO ist unter einem „ständigen Dienst- oder sonstigen Beschäftigungsverhältnis" nur eine solche Vertragsbeziehung zu verstehen, bei der die Gefahr einer Interessenkollision entstehen kann (BVerfG NJW 2002, 503). Es muss zu besorgen sein, dass die Weisungs- und Richtlinienkompetenz des Arbeitgebers in die Tätigkeit des Rechtsanwalts hineinwirkt. Ohne eine solche Einwirkung fehlt es an einer Rechtfertigung für die in § 46 BRAO bestimmten Einschränkungen der Berufsfreiheit. Ist daher durch den Anstellungsvertrag die Unabhängigkeit und Selbstständigkeit des angestellten Rechtsanwalts bei der Bearbeitung der von seinem Arbeitgeber übernommenen Mandate sichergestellt, steht § 46 Abs. 2 BRAO der Annahme einer persönlichen und weisungsfreien Bearbeitung iSd § 5 S. 1 nicht entgegen (BGH NJW 2006, 1516). Soweit der BGH ursprünglich neben der Fallbearbeitung als Verbandssyndikus auch die Bearbeitung einer erheblichen Anzahl nicht unbedeutender Mandate im Rahmen selbstständiger anwaltlicher Tätigkeit und die abschließende Bewertung und Gewichtung der vom Antragsteller vorgelegten Fälle aus beiden beruflichen Bereichen verlangte (so BGH NJW 2003, 883; 2001, 3130; → § 5 Rn. 16), hat er dieses Erfordernis nunmehr modifiziert. Eines solchen zusätzlichen Nachweises praktischer Erfahrungen außerhalb des Anstellungsverhältnisses bedarf es jedenfalls bei einem angestellten Rechtsanwalt nicht, der mit der fachlich unabhängigen und selbständigen Betreuung von Mandaten seines Arbeitgebers oder Dienstherrn betraut ist. Nur wenn die praktischen Erfahrungen im Einzelfall dadurch bestimmt sind, dass der Syndikus die an ihn herangetragenen praktischen Fällen jeweils aus der Sicht seines Arbeitgebers oder Dienstherrn betrachten muss, so dass seine praktischen Erfahrungen nicht wie bei einem freien Anwalt von dem mehr oder weniger häufigen Wechsel der Perspektiven bestimmt werden, muss der Syndikus auch den zusätzlichen Nachweis praktischer Erfahrungen außerhalb seiner Aufgaben als Syndikus führen (BGH NJW 2007, 599 = AnwBl. 2007, 233). Ein solches Bedürfnis besteht aber bei einem angestellten Rechtsanwalt, der für seinen Arbeitgeber oder Dienstherrn unabhängig und weisungsfrei Mandate betreut, nicht. Seine Tätigkeit und die hierbei erreichbaren praktischen Erfahrungen unterscheiden sich inhaltlich nicht von denen eines selbstständigen Rechtsanwalts. Beide haben die Mandate unabhängig und weisungsfrei zu bearbeiten. Wie der selbstständige Rechtsanwalt hat auch der angestellte Rechtsanwalt hierfür nicht die Perspektive seines Arbeitgebers, sondern, was den Anwaltsberuf prägt, die Perspektive des jeweiligen Mandanten einzunehmen. Dieses Erfordernis hat der BGH dann nochmals in seiner Entscheidung vom 4.11.2009 (AnwBl. 2010, 64) erneut modifiziert. In dieser Entscheidung hat er Fallbearbeitung eines Syndikusanwalts nur dann als berücksichtigungsfähig im Rahmen der praktischen Erfahrungen angesehen, die er als Syndikusanwalt erbracht hat,wenn sie den Vorgaben der Norm entsprechen und im erheblichen Umfang der selbständigen anwaltlichen Tätigkeit entsprechen. Wann das der Fall ist, entzieht sich einer allgemeinen Festlegung.

Der Senat hat unter Berücksichtigung der früheren, offeneren Auslegung der Norm eine solche Wertung als möglich angesehen, wenn eine erhebliche Anzahl nicht unbedeutender Mandate im Rahmen selbstständiger anwaltlicher Tätigkeit erbracht wurden (vgl. BGH NJW 2001, 3131). Bei einem Anteil von 22% der in eigener Praxis bearbeiteten Fälle hält der Senat das nicht für ausgeschlossen. Diese Auslegung des Senats der praktischen Erfahrungen in § 5 ist unbefriedigend und in der Praxis nicht zu vermitteln. Deshalb hat die Rechtsanwaltskammer Köln zu recht am 6.9.2014 die Auffassung vertreten, dass es allein auf die Tätigkeit des sogenannten Syndikusanwalt ankommt. In Fällen, in denen ein Verbandsjurist für den Arbeitgeber nicht originär tätig wird, sondern Mitglieder des Arbeitgebers (zB Arbeitgeberverband, Marburger Bund, usw) vertritt, ist nicht zu differenzieren zwischen den praktischen Fällen, die im Rahmen der angestellten Tätigkeit ausgeübt werden und denen, die in eigener Praxis bearbeitet wurden. Diese Fälle sind gleichermaßen im Rahmen der praktischen Erfahrung anzurechnen.

Auch in technischer Hinsicht bestehen keine für den Erwerb der Befugnisse zur Führung einer Fachanwaltsbezeichnung maßgeblichen Unterschiede. Der angestellte Rechtsanwalt muss ebenso wie ein selbstständiger Rechtsanwalt Mandantengespräche führen und sein Büro so organisieren, dass Fristen überwacht und eingehalten werden. Er muss zudem in der Lage sein, über seine Tätigkeit nach den Vergütungsregelungen für Rechtsanwälte bzw. für Steuerberater abzurechnen (BGH NJW 2006, 1516). 14

III. Fallzahlen und Gewichtung

1. Fallzahlen. Der Nachweis der besonderen praktischen Erfahrungen ist erbracht bei Nachweis der persönlichen und weisungsfreien anwaltlichen Bearbeitung einer bestimmten, je nach Fachgebiet variierenden Anzahl von Fällen aus dem jeweiligen Fachgebiet mit jeweils unterschiedlichem Anteil gerichtlicher Verfahren in den letzten drei Jahren. Ob die für die einzelnen Fachgebiete erforderlichen Mindestzahlen (§ 5 Abs. 1 lit. a bis t) vorliegen, ergibt sich aus den nach einer eventuell erfolgten Gewichtung (§ 5 Abs. 4) festgestellten Fallzahlen. Soweit **gerichtliche Verfahren** nachgewiesen werden sollen, müssen diese nicht notwendigerweise von den entsprechenden Fachgerichten geführt worden sein. Tätigkeitsbereiche eines Fachanwalts ist nicht identisch mit dem Zuständigkeitsbereich der jeweiligen Fachgerichte. So können sozialgerichtliche Fragen vor dem Verwaltungsgericht verhandelt werden oder arbeitsrechtliche vor dem Landgericht. Eine der ersten typischen Aufgaben des Fachanwalts bei Übernahme eines „neuen Falles" ist es gerade, den richtigen Rechtsweg zu erkennen und zu beschreiten (*Pausenberger* AnwBl. 1994, 13). Ob ein Fall, der nicht schon originär einem Fachgebiet zugeordnet werden kann, zum Nachweis praktischer Erfahrungen im Fachgebiet gewertet werden kann, hängt davon ab, ob bei der Beantwortung Fragen aus dem Fachgebiet für die argumentative Auseinandersetzung tatsächlich eine Rolle spielen. Nicht ausreichend ist es, wenn Fragen aus dem Rechtsgebiet eine Rolle spielen können, tatsächlich aber nicht relevant sind (BGH BeckRS 2015, 05871 = AnwBl. 2015, 523). Der Nachweis der besonderen praktischen Erfahrungen, dem der Satzungsgeber, wie sich aus der erheblichen Anzahl der im Regelfall nachzuweisenden Fälle ergibt, großes Gewicht beigelegt hat, kann nicht durch den Nachweis besonderer theoretischer Kenntnisse ersetzt werden. Erst beides zusammen – besondere theoretische Kenntnisse und besondere praktische Erfahrungen (§ 2 Abs. 1) – rechtfertigen dass durch die Führung der Fachanwaltsbezeichnungen in Anspruch genommene besondere Vertrauen (BGH NJW 1997, 1307; *Kleine-Cosack* BRAO § 43c Rn. 13). 15

Aufgrund der Änderung des § 5 Abs. 1 vom 25./26.4.2002 (BRAK-Mitt. 2002, 219, 220) wurde das bisherige Regelerfordernis zur Bearbeitung einer bestimmten Anzahl von Fällen in eine Mussvorschrift umgewandelt. Dh der Antragsteller muss mindestens die in § 5 genannte Anzahl von Fällen in dem Fachgebiet bearbeitet haben. Die Qualität der Bearbeitung ist für die Wertung eines Falles unbeachtlich. Die mangelnde Qualität der Mandatsbearbeitung berechtigt nicht, den Fall bei der Zählung nicht zu berücksichtigen. Dies ergibt sich aus der weitgehenden Formalisierung des Nachweisverfahrens (BGH NJW 2003, 741 = MDR 2003, 300 = BRAK-Mitt. 2003, 25). 16

Die einmal erfolgte Bestimmung der Fallzahlen und deren Beurteilung als rechtmäßig kann keine andauernde Geltung beanspruchen. Die Rechtmäßigkeitsprüfung (§ 191e BRAO) erfolgt jeweils auf der Grundlage der im Zeitpunkt der Prüfung bestehenden Marktverhältnisse. Änderungen der tatsächlichen Gegebenheiten können unter Umständen dazu führen, dass Änderun- 17 gen der Fachanwaltsordnung erforderlich sind, damit ihre Vorschriften auch künftig als rechtmäßig beurteilt werden können. Die Anforderungen der Fachanwaltsordnung sollten auf der Grundlage der jeweiligen Marktverhältnisse immer so sein, dass auch künftig alle Anwälte einschließlich der Berufsanfänger eine faire Chance haben, Fachanwalt zu werden. Dabei muss besonders bedacht werden, dass durch die Festlegung von gerichtlichen Fallzahlen unter Umständen das Interesse an einer außergerichtlichen Streitbeilegung beeinträchtigt werden könnte (BMJV Bescheid vom 25.2.2005, BRAK-Mitt. 2005, 78).

18 **2. Gewichtung.** Nach dem letzten Satz des § 5 darf der Ausschuss die in § 5 unter lit. a bis t genannten Fallzahlen aber nicht schematisch handhaben. Der Ausschuss hat die **Bedeutung der Fälle** zu gewichten und zu berücksichtigen, was bei einzelnen Bewerbern dazu führen kann, dass wegen besonders **umfangreicher und schwieriger Mandate** schon eine geringere Zahl genügt und bei vielen gleich gelagerten, einfachen Verfahren die Regelzahl überschritten sein muss (vgl. BT-Drs. 12/1710, 8 zu § 9 RAFachBezG; BGH BRAK-Mitt. 2014, 84; NJW 2001, 3130; 1997, 1307; BRAK-Mitt. 1997, 255 = MDR 1998, 866 mit Anm. *Hartung;* ThürAGH BRAK-Mitt. 2005, 134). Darüber hinaus kann der mangelnde Nachweis praktischer Erfahrungen in einem Teilbereich des Fachgebietes ausgeglichen werden. Das trifft für den Erwerb aller Fachanwaltsbezeichnungen in gleicher Weise zu (vgl. BGH BRAK-Mitt. 1997, 255 = MDR 1998, 866 mit Anm. *Hartung;* BRAK-Mitt. 1996, 125; Bochumer Empfehlungen 1993, BRAK-Mitt. 1993, 83, 84). Im Licht der Grundrechte ist bei der Bewertung der von dem Bewerber vorgelegten Nachweise für den Erwerb der besonderen praktischen Erfahrungen ein um so großzügigerer Maßstab anzulegen, je schwieriger es ist, solche praktischen Erfahrungen zu sammeln (BayAGH BRAK-Mitt. 2003, 32).

19 § 5 Abs. 4 bezieht sich nur auf die Zahl der Fälle, die innerhalb des **Dreijahreszeitraums** bearbeitet wurden. Abweichungen von diesem Zeitraum ermöglicht er nicht. Dabei wird nicht vorausgesetzt, dass die wesentliche Fallbearbeitung innerhalb des Zeitraums liegt. Es reicht aus, wenn der Rechtsanwalt in dem maßgeblichen Zeitraum den Fall inhaltlich bearbeitet hat (BGH BRAK-Mitt. 2014, 83, 84). Eine Mindergewichtung lässt sich deshalb regelmäßig nicht mit der Erwägung rechtfertigen, dass der Fall schwerpunktmäßig bereits vor dem Beginn des Dreijahreszeitraums bearbeitet wurde (vgl. BGH AnwBl. 2006, 413).

20 **a) Gewichtung in beide Richtungen.** § 5 Abs. 4 lässt eine Gewichtung der nachgewiesenen Fälle (§ 6 Abs. 3) in beide Richtungen zu, dh entweder zu Ungunsten des Antragstellers, so dass er zahlenmäßig mehr Fälle nachweisen muss, oder zu seinen Gunsten mit der Folge, dass schon weniger aber bedeutsamere, umfangreichere und schwierigere Fälle die Mindestzahl der verlangten Fälle (§ 5 Abs. 1 lit. a bis t erfüllen. Das bedeutet anders ausgedrückt, nicht jeder nachgewiesene Fall ist zwingend mit dem Faktor 1 zu bewerten. Vielmehr kommt zu Gunsten des Antragsstellers auch ein Faktor über 1, zB 1,5, oder zu seinem Nachteil unter 1 zB 0,75 in Betracht (ThürAGH BRAK-Mitt. 2005, 134; AGH Brem BRAK-Mitt. 2004, 85). Der BGH war früher für § 9 Abs. 1 S. 2 RaFachBezG unter Hinweis auf die Gesetzesmaterialien davon ausgegangen, dass eine Gewichtung zu Ungunsten des Antragstellers zulässig ist (BGH NJW 1997, 1307 = BRAK-Mitt. 1997, 128 = AnwBl. 1997, 223). Inzwischen hat die Satzungsversammlung durch die Neufassung des § 5 Abs. 4 klargestellt, dass sowohl eine höhere als auch einen niedrigeren Gewichtung einzelner Fälle möglich ist. Mit seiner Entscheidung vom 20.4.2009 (NJW-Spezial 2009, 431) hat der BGH klargestellt, dass eine im Wesentlichen gleich gelagerte Problematik auch eine erhebliche Mindergewichtung einzelner Fälle rechtfertigen kann. Der BGH ist in dieser Entscheidung davon ausgegangen, dass im Einzelfall auch eine Mindergewichtung mit einem Faktor 0,2 gerechtfertigt sein kann. Ob der Faktor im Einzelfall auch geringer sein kann (beispielsweise Faktor 0,1), wies der BGH in dieser Entscheidung ausdrücklich offen.

21 Die von der Literatur gegen die unterschiedliche Gewichtung geltend gemachten verfassungsrechtlichen Bedenken (NdsAGH BRAK-Mitt. 2011, 292; *Praefcke/Schäder* BRAK-Mitt. 1999, 158, 211; so noch *Hartung/Holl,* 2. Aufl. 2001, § 5 Rn. 85 ff.; *Jährig* Fachanwaltschaften, 2002, 131 ff.) überzeugen indes nicht. Denn bereits der Wortlaut des § 5 Abs. 4 lässt die Gewichtung in beide Richtungen zu, da er andernfalls nicht eine „andere", sondern nur eine „stärkere" Gewichtung zuließe (ThürAGH BRAK-Mitt. 2005, 134, 136). Zudem enthält § 24 Abs. 4 S. 1 ausdrücklich eine Verfahrensregelung für den Fall einer Gewichtung zu Ungunsten des Antragsstellers. Zwar ist zuzugeben, dass die Regelung des § 5 eine die Berufsausübung

einschränkende Bedeutung hat. Diese Beschränkung wird aber durch vernünftige Erwägungen des Gemeinwohls gerechtfertigt und ist insbesondere nicht übermäßig und zudem zumutbar (BGH BRAK-Mitt. 2013, 135). Um sicherzustellen, dass nur ein Rechtsanwalt, der besondere theoretische und praktische Erfahrungen im Fachgebiet belegen kann (§ 43c BRAO; §§ 2 ff.), zur Fachanwaltschaft zugelassen wird, ist hinsichtlich der besonderen praktischen Erfahrung der Nachweis der praktischen Arbeit in einer bestimmten Anzahl von Fällen innerhalb der letzten drei Jahre unerlässlich. Nur ist Fall nicht gleich Fall. Eine Vielzahl gleich gelagerter, einfacher Fälle wird weniger praktische Erfahrungen vermitteln als eine geringere Anzahl unterschiedlich gelagerter und in sich schwieriger Mandate. Ein einmaliger, besonders schwieriger Fall wird andererseits mehr praktische Erfahrung vermitteln, als ein Durchschnittsfall. Um hier einen sachgerechten Ausgleich zu schaffen, ist eine Gewichtung erforderlich. Nur so ist der erforderliche Nachweis besonderer praktischer Erfahrungen zum Schutz der Rechtsuchenden vor unqualifizierten Mitbewerbern und im Interesse einer funktionierenden Rechtspflege gewährleistet (ThürAGH BRAK-Mitt. 2005, 134). Auch das Argument, dass der Antragsteller nicht absehen könne, wie die Gewichtung erfolgt und damit nicht absehen könne, ob er zumindest rechnerisch die Fallzahlen vorlegen könne, greift nicht. Diese Annahme ist nur richtig, wenn eine beliebige Bewertung des Falles erfolgen dürfte und erfolgte. Bei sachgerechter Bewertung der Fälle im Einzelfall und im Hinblick auf die uneingeschränkte Überprüfbarkeit der Entscheidung (BGH AnwBl. 2006, 413) überzeugt das Argument nicht (ThürAGH BRAK-Mitt. 2005, 134, 136).

Demgemäß bestehen auch keine Bedenken gegen eine **stärkere Gewichtung** der Fälle zu Gunsten des Antragstellers (ThürAGH BRAK-Mitt. 2005, 134, 136). Das hat der BGH in seiner Entscheidung vom 12.7.2010 (AnwBl. 2010, 798) ausdrücklich bestätigt. Auch die Teilnehmer des 6. Erfahrungsaustausches zu den Fachanwaltschaften beschäftigten sich am 9. und 10.10.2006 mit der Frage der Gewichtung der Fälle. Dabei wurde es abgelehnt, Fallgruppen zu bilden für die Gewichtung oder gar einen Kriterienkatalog aufzustellen. Vielmehr wurde beschlossen, dass die Gewichtung der Fälle weder nach Fallgruppen allgemein vorgegeben noch generell begrenzt werden (Berliner Empfehlung 2006, Nr. II. 6. BRAK-Mitt. 2006, 274). Einigkeit bestand auf dem Berliner Erfahrungsaustausch im Jahre 2009 unter den Teilnehmern, dass **Mahnverfahren als gerichtliche Verfahren** von geringerer Bedeutung, geringerem Umfang und geringerer Schwierigkeit zu werten sind. Deshalb ist eine Abgewichtung gerechtfertigt, sofern der Antragsteller nicht Gegenteiliges darlegt (Berliner Empfehlungen 2009, Nr. II 6. BRAK-Mitt. 2010, 20). Gleichwohl kann dem Verfahren, das letztlich in einem Mahnverfahren mündete, als außergerichtliches Verfahren eine höhere Bedeutung und damit auch eine höhere Gewichtung zukommen 22

b) Kriterien für eine abweichende Gewichtung. Die Kriterien für eine abweichende Gewichtung sind Bedeutung, Umfang und Schwierigkeit der einzelnen Fälle, nicht aber der Umfang und die Schwierigkeiten der im maßgeblichen Beurteilungszeitraum erfolgten Bearbeitung (BGH AnwBl. 2006, 413). Wie für die Wertung als Fall hat auch für dessen Gewichtung die Qualität der Mandatsbearbeitung durch den Bewerber keine Bedeutung (BGH NJW 2003, 741 = MDR 2003, 300). Nicht die Art und Weise der Sachbearbeitung, sondern Bedeutung, Umfang und Schwierigkeit des Falles sollen nach § 5 S. 2 für dessen Gewichtung von Bedeutung sein. Das führt dazu, dass – von den nachgewiesenen Einzelfällen ausgehend – der Ausschuss zunächst alle diese Fälle mit dem Ausgangsfaktor „1“ zu bewerten und zu prüfen hat, ob so die Mindestzahl des § 5 S. 1 lit. a erreicht ist oder nicht. Sodann ist zu prüfen, ob aufgrund der Angaben in der Fallliste (§ 5 Abs. 3) in einzelnen Fällen deren Bedeutung, Umfang und Schwierigkeit eine höhere Gewichtung rechtfertigen können oder ob andererseits eine Herabgewichtung erfolgen muss. 23

Ist danach weder eine Auf- noch eine Herabgewichtung einzelner Fälle gerechtfertigt, ist die mit dem Ausgangsfaktor „1“ ermittelte Fallzahl für das Erreichen der Mindestzahlen nach Abs. 1 maßgeblich. Ist so die jeweilige Mindestfallzahl erreicht, ist der Erwerb der besonderen praktischen Erfahrungen nachgewiesen. Wird die Mindestzahl nicht erreicht, ist der Nachweis gescheitert. 24

Erfolgt in Einzelfällen eine Herauf- bzw. Herabsetzung des Ausgangsfaktors, ist unter dessen Berücksichtigung die Gesamtzahl der Fälle zu ermitteln. Die danach errechnete Fallzahl ist dann für das Erreichen der Mindestfallzahlen nach § 5 S. 1 lit. a bis t maßgeblich (ThürAGH BRAK-Mitt. 2005, 135). 25

26 Der Ausschuss muss bei abweichender Gewichtung – insbesondere bei einer Herabgewichtung – **den Antragsteller darüber unterrichten,** ihm dazu eine **nachvollziehbare, gerichtlich überprüfbare Begründung** geben und ihm ggf. Gelegenheit geben, Fälle nachzumelden (§ 24 Abs. 4). Er muss dazu seine **Beurteilungskriterien** für die Fallgewichtung **offen legen.** Die lediglich floskelhafte Darlegung, die Prüfung der vom Antragsteller aufgelisteten Fälle (§ 6 Abs. 3) mit Erklärungen und teilweisen Arbeitsproben hätten ergeben, dass diese Fälle in weitaus überwiegender Zahl einfacher Art sind, die bei einer Gesamtbewertung keinesfalls mindestens durchschnittlicher Bedeutung entsprächen, lässt nicht erkennen, in welcher Weise die RAK welche Fälle konkret berücksichtigt hat (BayAGH BRAK-Mitt. 2004, 85). Eine rein schematische Herabgewichtung bestimmter Lebenssachverhalte, zB von Verkehrsordnungswidrigkeiten mit einer Bußgeldandrohung von unter 40 Euro oder mit der Begründung, es handele sich um eine Steuererklärung für denselben Mandanten, ist nicht zulässig. § 5 Abs. 4 erlaubt nicht, eine bestimmte Tätigkeit – losgelöst vom einzelnen Fall – anders zu gewichten. Eine Mindergewichtung lässt sich regelmäßig nicht mit der Erwägung rechtfertigen, dass der im Dreijahreszeitraum bearbeitete konkrete Fall bereits zuvor schwerpunktmäßig bearbeitet wurde (BGH AnwBl. 2006, 413). Zwar werden zB Ordnungswidrigkeitsverfahren mit geringen Bußgeldandrohungen in der Regel nach Bedeutung, Umfang und Schwierigkeit von anderen Bußgeld- und Strafverfahren nach unten abweichen und dann eine Herabgewichtung gerechtfertigt sein. Gleichwohl kann im Einzelfall dies aufgrund individueller Besonderheiten anders sein. Daher muss Fall für Fall aufgrund der individuellen Angaben des Antragstellers in den Falllisten (§ 6 Abs. 3) Bedeutung, Umfang und Schwierigkeit der Einzelfälle beurteilt werden. Nur wenn der Antragsteller es verabsäumt hat, für die Einzelfälle darin besondere Angaben zu machen, kann aufgrund seiner bloßen Angabe eines Verkehrsordnungswidrigkeitenverfahrens mit einer Bußgeldandrohung von unter 40 Euro davon ausgegangen werden, dass es sich um einen minder bedeutsamen Fall handelt, was bei Verfahren solcher Art in der Regel der Fall ist.

27 Bei der Gewichtung solcher minder bedeutsamer, nicht schwieriger und nicht umfangreicher Verfahren kann eine **Herabsetzung bis auf einen Faktor von „0.1" zulässig sein,** so dass erst zehn solcher „Fälle" einen Fall iSv § 5 Abs. 1 lit. a bis t ergeben. Zwar sollten solche starken Herabstufungen grundsätzlich vermieden werden, da sie nicht nur zu einer starken Erhöhung der erforderlichen Zahl von Einzelfällen führen, sondern auch noch die Gefahr einer in der Summe aufgesplitteten Fallzahl (zB 37,4 Fälle) begründen wird. In der Regel kommt daher eine Herabstufung bis zu einem Faktor von nur 0,5 in Betracht. Soweit aber die Auffassung vertreten wird, eine Unterschreitung des Faktors 0,5 sei niemals gerechtfertigt (ThürAGH BRAK-Mitt. 2005, 134, 137; AGH Brem BRAK-Mitt. 2004, 85), kann dem nicht gefolgt werden. Es gibt Fälle, die nach ihrem Umfang und ihrer Schwierigkeit allenfalls 1/10 der Bedeutung eines durchschnittlichen Falles haben, und es ist immer noch besser, diese mit einem geringeren Faktor als überhaupt nicht zu berücksichtigen (*Offermann-Burckart* in Kilian/vom Stein, Praxishandbuch für Anwaltskanzlei und Notariat, § 16 Rn. 144 ff.).

28 In der Praxis heftig umstritten ist die Frage, ob zum Nachweis der besonderen und praktischen Erfahrungen auch die Fälle ausreichend sind, die der Antragsteller in seiner Funktion als **Anwaltsnotar** bearbeitet hat. Insbesondere im Erbrecht und Gesellschaftsrecht wurde in den Kammervorständen lebhaft über die Anerkennung dieser Fälle diskutiert. Die 3. Satzungsversammlung hat mit Beschlussfassung vom 3.4.2006 diese Unsicherheiten beseitigt und in § 5 einen neuen S. 2 (jetzt Abs. 2) aufgenommen, der klarstellt, dass die Fälle, die der Rechtsanwalt als Anwaltsnotar bearbeitet hat, sofern sie auch von einem Rechtsanwalt, der nicht Notar ist, hätten bearbeitet werden können, als Fälle iSv § 5 Abs. 1 gelten. Die Satzungsversammlung hat damit klargestellt, dass nur Fälle der originären anwaltlichen Tätigkeit erfasst werden. Notarielle Beurkundungen und Beglaubigungen fallen nicht darunter.

29 **3. Fallzahlen für die einzelnen Fachgebiete.** In der Praxis der Kammervorstände wird eine Vielzahl von Fragen im Zusammenhang mit den Fällen kontrovers diskutiert. Zum einen geht es um die Frage, ob die Fallzahlen für die einzelnen Fachgebiete richtig festgesetzt sind und zum anderen werden Fallquoren hinsichtlich der einzelnen in § 5 Abs. 1 lit. a bis t aufgeführten Teilrechtsgebiete verlangt. Schwierigkeiten für die tägliche Praxis ergeben sich nicht zuletzt aus der Differenzierung zwischen gerichtlichen und rechtsförmlichen Verfahren. Die Satzungsversammlung hat mit ihren Beschlüssen vom 3.4.2006 versucht, die Rechtsunsicherheit zu beseitigen und hat für eine Vielzahl der Fachgebiete Fallquoren beschlossen. So ist nunmehr klargestellt, dass

auch der Fachanwalt für Miet- und Wohnungseigentumsrecht praktische Erfahrungen von mindestens fünf Fällen im Wohnungseigentumsrecht nachzuweisen hat. Der Fachanwalt für Bau- und Architektenrecht hat praktische Erfahrungen durch die Bearbeitung von mindestens fünf Fällen aus dem Recht des Architekten und der Ingenieure nachzuweisen. Die Diskussionen in den Vorprüfungsausschüssen und Kammervorständen, dass die jeweiligen zu bearbeitenden Fälle zu gleichen Teilen den Teilrechtsgebieten zugeordnet werden müssen oder dass es nach § 5 Abs. 1 lit. a ausreichend ist, wenn der Antragsteller beispielsweise 58 Fälle aus einem Bereich und jeweils nur einen Fall aus zwei weiteren Bereichen des besonderen Verwaltungsrechts nachgewiesen hat (vgl. AGH NRW NZBau 2006, 229) dürfte damit ihre Erledigung gefunden haben. Etwaige Bedenken zur Verfassungsmäßigkeit des Fallquorums hat der BGH mit seiner Entscheidung vom 16.12.2013 (BRAK-Mitt. 2014, 83) den Boden entzogen. Keine Lösung hat es jedoch hinsichtlich der Unterscheidung zwischen gerichtlichen und rechtsförmlichen Verfahren gegeben. Die Lösung, gerichtliche Verfahren iSv „Prozesse" und rechtsförmliche Verfahren als nicht gerichtsanhängige Rechtsstreitigkeiten, die an bestimmte gesetzliche festgelegte Formvorschriften gebunden sind, zu definieren erscheint im Ergebnis nicht zielführend (so aber *Offermann-Burckart* 2. Aufl. Rn. 353), denn es gibt eine Vielzahl von gerichtlichen Verfahren, die keine Prozesse im engeren Sinne darstellen, z.B Betreuungsverfahren, Zwangsversteigerungsverfahren, Zwangsverwaltungsverfahren. Es handelt sich dabei um rechtsförmliche Verfahren, die gerichtsanhängig sind aber keine Prozesse im engeren Sinne beinhalten. Die Teilnehmer des 6. Erfahrungsaustausches haben daher zu Recht gegenüber der Satzungsversammlung angemahnt, „für die Fachgebiete, für die § 5 Abs. 1 den Nachweis rechtsförmlicher Verfahren fordert, nach der Möglichkeit einer jeweiligen „Legaldefinition" entsprechend der in § 5 Abs. 1 lit. b zu suchen." (Erfahrungsaustausch 2006, Nr. III. 5. BRAK-Mitt. 2006, 275).

In der Sitzung am 15.6.2009 hat die Satzungsversammlung eine grundlegende redaktionelle Klarstellung in der Fachanwaltsordnung vorgenommen. So hat sie beschlossen, in der Fachanwaltsordnung durchgängig terminologisch zwischen „Bereichen" und „Gebieten" unterscheiden. „Gebiete" sollen dabei die Untergliederungen der „Bereiche" sein. Darüber hinaus hat die Satzungsversammlung in der Sitzung einige inhaltliche Klarstellungen vorgenommen. Im Einzelnen wird dazu auf die jeweiligen Fachanwaltschaften verwiesen. 30

a) Verwaltungsrecht. Der Antragsteller muss in den letzten drei Jahren insgesamt 80 Fälle selbstständig bearbeitet haben, davon mindestens 30 gerichtliche Verfahren. Von den 80 Fällen müssen sich mindestens 60 auf drei verschiedene Bereiche des besonderen Verwaltungsrechts beziehen. Dabei müssen auf jeden dieser drei Bereiche mindestens fünf Fälle entfallen. Von den drei Bereichen muss einer zu den in § 8 Abs. 2 aufgeführten Bereichen gehören. Diese Fallzahlen in drei verschieden Bereichen des besonderen Verwaltungsrechts sollen für diese Bereiche die besonderen praktischen Erfahrungen nachweisen. Dabei kann aus dem Umstand, dass § 5 lit. a S. 2 die Verteilung der 60 Fälle auf drei Bereiche des besonderen Verwaltungsrechts ziffernmäßig festlegt, geschlossen werden, dass es vertiefte Erfahrungen in allen Teilbereichen bedarf. Eine gleichmäßige Verteilung von jeweils 20 Fällen pro Bereich kann jedoch nicht mehr nach der Klarstellung des Wortlautes in § 5 lit. a S. 2 verlangt werden. Aufgrund der zu → § 5 Rn. 4 dargestellten Falldefinition werden Rechtsmittel- und Eilverfahren nicht mehr als gesonderte Fälle angesehen (Berliner Erfahrungsaustausch 2001, II. 6.3.2. BRAK-Mitt. 2002, 27). Auch „Serienfälle" – wie sie insbesondere im Erschließungsbeitragsrecht auftreten – sind als selbständige Fälle anzusehen, da der Rechtsanwalt hier im Einzelnen auch stets anhand der maßgeblichen Umlagekriterien zu prüfen hat, ob die Belastung des jeweiligen Grundstücks bzw. Eigentümers richtig erfolgt ist (NdsAGH BRAK-Mitt. 2002, 142). Nicht zum Verwaltungsrecht zählt das Strafvollzugsrecht. Ausweislich der Regelung in § 13 Nr. 3 FAO weist die FAO das Strafvollzugsrecht dem Strafrecht zu (BGH BRAK-Mitt. 2014, 84). 31

b) Steuerrecht. Die verlangten **50 Fälle** müssen nicht mehr „mehreren" Bereiche des Steuerrechts betreffen, sondern **alle Bereiche** des § 9. Es reicht auch nicht mehr aus, dass jeweils mindestens **fünf Fälle mindestens drei der in § 9 Nr. 3 aufgeführten Steuerarten** erfassen. Mit der Neufassung hat die Satzungsversammlung am 15.6.2009 beschlossen, dass jeweils **mindestens fünf Fälle alle** der in § 9 Nr. 3 aufgeführten Steuerarten erfassen. Mit den verlangten mindestens **zehn rechtsförmlichen Verfahren** sind sowohl Klage- als auch Einspruchsverfahren gemeint. Um als Fall gewertet zu werden, reicht es aus, dass **ein und** nicht **der** Schwerpunkt der Bearbeitung im Bereich des Steuerrechts liegt. Dazu genügt es aber, dass eine Frage aus dem 32

Steuerrecht erheblich ist oder wenigstens erheblich sein kann (BGH AnwBl. 2006, 413). Steuererklärungen eines Jahres aus einem Bereich des § 9 Nr. 3 für einen Mandanten gelten als einen Fall (Berliner Erfahrungsaustausch 2001, II. 6.3.5., BRAK-Mitt. 2002, 28). Diese Auffassung ist von dem Berliner Erfahrungsaustausch 2006 ausdrücklich bestätigt worden (Berliner Erfahrungsaustausch 2006, II. 4., BRAK-Mitt. 2006, 275). Eine Mindergewichtung ist nicht allein schon deshalb gerechtfertigt, weil der Rechtsanwalt in der Folge weitere Steuererklärungen für denselben Mandanten bearbeitet. Auch die Beratung eines Mandanten über die Höhe der steuerfreien Abfindung stellt einen Teil aus dem Fachbereich Steuerrecht dar, der bei der Feststellung des Quorums zu berücksichtigen ist (BGH AnwBl. 2006, 413).

33 Für den Nachweis besonderer praktischer Erfahrungen im Steuerrecht genügt es, wenn der Rechtsanwalt die Fälle ausschließlich als **Angestellter einer Steuerberatungsgesellschaft** bearbeitet hat. Die Annahme einer persönlichen und weisungsfreien Bearbeitung von Mandanten steht dabei nicht entgegen, dass der Antragsteller nur steuerberatend tätig wurde. Ein Rechtsanwalt, der bei einer Steuerberatungsgesellschaft angestellt ist, darf in dieser Eigenschaft geschäftsmäßig nur Hilfeleistung in Steuersachen, nicht auch andere Rechtsberatung erbringen (*Schwedhelm/Kamps* AnwBl. 1998, 245). Das ändert aber nichts daran, dass die Bearbeitung von steuerrechtlichen Fällen nicht nur Hilfeleistung in Steuersachen, sondern auch eine Fallbearbeitung als Rechtsanwalt iSv § 5 Hs. 2 darstellt. Die Bearbeitung steuerrechtlicher Fälle ist ein Ausschnitt der dem Rechtsanwalt erlaubten Berufstätigkeit (BVerfGE 80, 269), auf den sich Rechtsanwälte spezialisieren dürfen. Eine solche Spezialisierung steht der Verleihung der Befugnis zum Führen einer Fachanwaltsbezeichnung für Steuerrecht nicht entgegen. Diese Fachanwaltsbezeichnung soll im Gegenteil gerade eine solche Spezialisierung nach außen hin deutlich machen. Da die in Steuerberatungsgesellschaften als Angestellte persönlich und weisungsfrei Mandate bearbeitenden Rechtsanwälte iSv § 5 Hs. 1 den in Sozietät zusammengeschlossen und dort angestellten Rechtsanwälten gleichstehen, fehlt der im Rahmen der Berliner Erfahrungsaustausch 2001 von Vertretern aller Fachausschüsse der Rechtsanwaltskammern (für § 5 aF) abgegebenen Empfehlung, für Rechtsanwälte, die in Steuerberatungsgesellschaften tätig sind, die für Syndikusanwälte geltenden Grundsätze anzuwenden (BRAK-Mitt. 2002, 26, 27), eine inhaltliche Grundlage (BGH NJW 2006, 1514).

34 **c) Arbeitsrecht.** Die Satzungsversammlung hat in der Sitzung am 15.6.2009 beschlossen, dass die Aufzählung der einzelnen Gebiete des Individual- und kollektiven Arbeitsrechts, die bis dahin in einem Klammerzusatz enthalten waren, neu nach Buchstaben zu gliedern. Inhaltlich ist damit eine Änderung jedoch nicht verbunden. § 5 Abs. 1 lit. c verlangt aber nunmehr **100 Fälle aus allen** der in § 10 Nr. **1 lit. a bis e** und **2 lit. a und b** bestimmten **Gebieten,** wobei mindestens **50 Fälle gerichts- oder rechtsförmliche Verfahren** sein müssen. Insoweit hat die Satzungsversammlung für eine Klarstellung gesorgt. Die Praxis der Fachausschüsse der Rechtsanwaltskammern war bis zur Neufassung nicht einheitlich, ob sich die Fälle aus allen Gebieten des Individualarbeitsrechts ergeben müssen. Verfassungsrechtliche Bedenken hinsichtlich des Erfordernisses unter Bearbeitung von mindestens 50 gerichts- oder rechtsformlichen Verfahren bestehen nicht, weil zu den praktischen Erfahrungen im Fachgebiet auch die erforderlichen prozessualen Kenntnisse und Fähigkeiten gehören (BGH BRAK-Mitt. 2014, 158 = NJW-RR 2014, 752). Klargestellt hat die Satzungsversammlung ferner durch die Neufassung, dass Fälle aus dem Bereich des **Arbeitskampf- und Mitbestimmungsrechts** zum Nachweis der praktischen Erfahrungen nicht erforderlich sind. Für den Nachweis der besonderen praktischen Erfahrungen auf dem Gebiet des **kollektiven Arbeitsrechts** können auch Fälle aus dem Individualarbeitsrecht berücksichtigt werden, sofern eine Frage aus dem kollektiven Arbeitsrecht erheblich werden kann und einen wesentlichen Anteil an der argumentativen Auseinandersetzung hat; es hindert die Berücksichtigung nicht, dass das kollektive Arbeitsrecht lediglich Anspruchs- oder Regelungsgrundlage für individuelle Ansprüche oder Maßnahmen ist (BGH NJW 2001, 976 = MDR 2001, 359 = BRAK-Mitt. 2001, 87; AGH BW BRAK-Mitt. 2003, 179; zum Ausgleich fehlender Fallzahlen aus dem kollektiven Arbeitsrecht vgl. auch BGH NJW 1997, 1307 = BRAK-Mitt. 1997, 128 = AnwBl. 1997, 223). Durch solche anderen fachgebietsbezogenen Tätigkeiten wird die erforderliche Anwaltserfahrung im kollektiven Arbeitsrecht ersetzt. Beschlussverfahren sind nicht erforderlich (BayAGH BRAK-Mitt. 2014, 86). Damit wird der Schwierigkeit Rechnung getragen, die für viele Anwälte – insbesondere im ländlichen Raum – besteht, an kollektivrechtliche Mandate zu gelangen (BVerfG NJW-RR 1998, 101 = MDR

1998, 499 = BRAK-Mitt. 1998, 145 = AnwBl. 1998, 277). Wann das kollektive Arbeitsrecht in einem individualarbeitsrechtlichen Fall eine „nicht unerhebliche Rolle spielt", hängt von den Umständen des jeweiligen Einzelfalls ab. Nicht ausreichend sind dafür Fälle, in denen individualrechtliche Ansprüche allein auf der Grundlage einer tarifvertraglichen Norm geltend gemacht werden (BayAGH BRAK-Mitt. 2014, 86). Um eine Rechtsfrage aus dem Tarifrecht kann es sich aber handeln, wenn die Anwendbarkeit des Tarifvertrages, die Fortgeltung einer tariflichen Bestimmung in einem Arbeitsverhältnis nach § 613a Abs. 2 BGB oder die Wirksamkeit einer tariflichen Ausschlussfrist im Streit sind (BayAGH BRAK-Mitt. 2014, 86) Um den Prüfungsausschuss in die Lage zu versetzen festzustellen, ob in einem Fall des Individualarbeitsrechts diese Bedeutung für den Nachweis besonderer praktischer Erfahrungen auf dem Gebiet des kollektiven Arbeitsrechts zuerkannt werden kann, bedarf es, nach dem das Fachanwaltsverfahren beherrschenden „Beibringungsgrundsatz" (→ § 24 Rn. 3, 10 ff.) entsprechender Darlegungen seitens des Antragstellers, aus denen insbesondere auch deutlich werden muss, dass es im konkreten Fall um mehr als die „schlichte" bzw. unproblematische Subsumtion eines Sachverhalts unter eine kollektivarbeitsrechtliche Regelung ging. Diese erweiterte Darlegungsobliegenheit ist das verfahrensmäßige Korrelat des erleichterten Qualifikationsnachweises des § 5 Abs. 1 lit. c S. 2 (AGH BW BRAK-Mitt. 2003, 179).

Nicht ausreichend für die Annahme einer „nicht unerheblichen Rolle" des kollektiven Ar- 35 beitsrechts ist es, dass in einem Kündigungsschutzverfahren routinemäßig das Erfordernis der **Anhörung des Betriebsrates** geprüft wird. Liegt dagegen der Schwerpunkt des Verfahrens bei der Frage, ob die Betriebsratsanhörung ordnungsgemäß war, ist der erforderliche kollektivrechtliche Bezug gegeben. Ebenso ist es, wenn die **Anwendbarkeit eines bestimmten Tarifvertrages** für das Verfahren umstritten und von besonderer Bedeutung ist, so zB insbesondere, wenn der Tarifvertrag über eine Bezugnahmeklausel anwendbar ist. Auch kann der Streit über die Auslegung einer einzelnen Tarifvertragsklausel, etwa einer in der Praxis wichtigen Verfallsklausel, eine erhebliche Rolle spielen (Henssler/Prütting/*Offermann-Burckart* § 5 Rn. 100).

Mit der Neufassung des § 5 Abs. 1 lit. c ist inzwischen geklärt, dass mindestens **fünf Fälle aus** 36 **dem kollektiven Arbeitsrecht** entstammen müssen. Daraus ergibt sich, dass sogar alle nachgewiesenen Fälle solche des Individualarbeitsrechts sein dürfen, sofern bei fünf Fällen das kollektive Arbeitsrecht eine „nicht unerhebliche Rolle spielt". Wollte man für den Nachweis nur solche Fälle berücksichtigen, bei denen die kollektivarbeitsrechtlichen Fragen im Mittelpunkt stehen, würde dies der von der Satzungsversammlung verfolgten Tendenz zuwider laufen (BGH NJW 2001, 976).

Ist nicht von vornherein ausgeschlossen, dass es einem Antragsteller zumindest nachträglich 37 gelingen könnte, Fälle des Individualarbeitsrechts in seiner Fallliste zu benennen, in denen kollektives Arbeitsrecht eine nicht unerhebliche Rolle iSv § 5 Abs. 1c S. 2 spielte, erscheint es nahe liegend, die RAK für verpflichtet zu halten, dem Rechtsanwalt gemäß § 24 Abs. 4 S. 2 eine dahingehende Auflage zu erteilen (AGH BW BRAK-Mitt. 2005, 237).

Sozialrechtliche Fälle zählen nur dann als arbeitsrechtliche Fälle, wenn die Bearbeitung im 38 Rahmen arbeitsrechtlicher Feststellungen stattfindet. Die gerichtliche Zuständigkeit des Sozialgerichts kann nicht den Ausschlag geben. In Massenverfahren muss die Entscheidung individuell durch die Unterscheidung zwischen Fallzahl und Fallgewichtung getroffen werden (II., 6.3.4. Fachanwaltschaften: Berliner Erfahrungsaustausch 2001, BRAK-Mitt. 2002, 27, 28).

d) Sozialrecht. Die erforderlichen **60 Fälle** müssen mindestens drei der in § 11 Nr. 2 39 bestimmten Gebiete abdecken, wobei mindestens 20 Fälle gerichtliche Verfahren sein müssen. Auch im Bereich des Sozialrechts hat die Satzungsversammlung in der Sitzung am 15.6.2009 durch die Ersetzung des Wortes „Bereiche" durch „Gebiete" klargestellt, dass jeweils die Teilgebiete des besonderen Sozialrechts in Bezug genommen werden. Entsprechend der neueren Fachanwaltschaften, die in § 5 bei den Verteilungsvorgaben auf die Teilbereiche des Rechtsgebiets jeweils Fallzahlen verwenden, wurde der Bruch „ein Drittel" durch die Zahl 20 ersetzt. Eine inhaltliche Änderung ist damit nicht verbunden.

e) Familienrecht. Auch im Bereich Familienrecht hat die Satzungsversammlung am 40 15.6.2009 beschlossen, dem Begriff" die Hälfte" durch die Zahl 60 zu ersetzen. Es handelt sich dabei lediglich um eine redaktionelle Änderung. Da die Fachausschüsse der Rechtsanwaltskammern in der Bundesrepublik die Definition des „Falles" im Familienrecht sehr unterschiedlich handhaben, haben die Vertreter aller Fachausschüsse aus den Rechtsanwaltskammern auf ihrem

Berliner Erfahrungsaustausch 2001 im Interesse einer Gleichbehandlung aller Antragsteller folgende Vereinheitlichungen empfohlen: Als **einheitlicher Lebensvorgang** im Familienrecht sind jeweils Vorgänge aus folgenden Bereichen zu betrachten:

41 – das Scheidungsverfahren einschließlich notwendiger Verbundsachen;

42 – Unterhalt (minderjähriger Kinder und Ehegatten);

43 – Vermögensauseinandersetzung einschließlich Güterrecht und Schuldenregelungen;

44 – Haushaltsgegenstände und Ehewohnung;

45 – die die Kinder betreffenden Sachen wie elterliche Sorge und Umgang.

45a Außergerichtliche Beratungen aus diesen Bereichen zählen nur als ein Fall (BRAK-Mitt. 2002, 27). Gewillkürte Verbundverfahren sowie Verfahren des notwendigen Verbundes mit einstweiligen Anordnungen zählen doppelt. Problematisch sind jedoch Scheidungsverfahren, die sich nach ausländischem Recht richten. Der Versorgungsausgleich erfolgt in diesen Fällen oftmals nicht kraft Gesetzes. Bei Durchführung des Versorgungsausgleichs im Rahmen des Scheidungsverfahrens liegt damit ein gewillkürtes Verbundverfahren vor, das doppelt zu zählen ist.

46 **f) Strafrecht.** Jedes Straf- bzw. Ordnungswidrigkeitenverfahren zählt als ein Fall, egal durch wie viel gerichtliche Instanzen das Verfahren bis zur Rechtskraft läuft oder ob es bereits im Ermittlungsverfahren eingestellt wird. **Wiederaufnahmeverfahren** (§§ 359 ff. StPO), sowie Vertretungen in **Strafvollstreckungsverfahren** und **Gnadensachen** zählen als selbständiger Fall. Das Erfordernis der 40 Hauptverhandlungstage soll sicherstellen, dass ein Rechtsanwalt nicht allein mit einer Vielzahl von Verkehrsstrafsachen, Bagatellsachen und Ordnungswidrigkeitsverfahren Fachanwalt für Strafrecht werden kann. Nicht erforderlich ist, dass die 40 Verhandlungstage 40 verschiedenen Strafverfahren entstammen. Ausreichend ist auch, wenn der Antragsteller nur wenige Großverfahren dokumentiert, die sich insgesamt über 40 Verhandlungstage erstrecken (Hartung/*Scharmer* § 5 Rn. 131).

47 Auch die Vertretung der **Nebenklage** an einer entsprechenden Anzahl von Verhandlungstagen ist ausreichend. Zwar können nach § 5 S. 2 bei der Gewichtung nicht nur die Fallzahlen, sondern auch die Teilnahme an Hauptverhandlungen Bedeutung, Umfang und Schwierigkeiten einzelner Fälle Berücksichtigung finden. Diese Vorschrift bietet jedoch keine Handhabe, eine bestimmte Art der Teilnahme, zB als Nebenklagevertreter, losgelöst vom einzelnen Fall anders zu gewichten (BGH MDR 2005, 430 = BRAK-Mitt. 2005, 85). Hauptverhandlungstage vor dem Schöffengericht oder einem übergeordneten Gericht sind wegen ihrer herausgehobenen Erwähnung in § 5 Abs. 1 lit. f regelmäßig einer Herabgewichtung nicht zugänglich. Sie können aber besonderen Anlass bieten, eine stärkere Gewichtung zu prüfen (ThürAGH BRAK-Mitt. 2005, 134, 137). Auch das Auftreten eines Rechtsanwalts als „Zweitverteidiger" in einem Hauptverhandlungstermin dient als Nachweis für die von § 5 Abs. 1 lit. f insgesamt geforderten 40 Hauptverhandlungstage (ThürAGH BRAK-Mitt. 2012, 185).

48 **g) Insolvenzrecht.** Für den Regelerwerb besonderer praktischer Erfahrungen im Fachgebiet Insolvenzrecht ist nach § 5 Abs. 1 lit. g Nr. 1 erforderlich, dass der Antragsteller in mindestens fünf eröffneten Verfahren aus dem ersten bis sechsten Teil der Insolvenzordnung **als Insolvenzverwalter** tätig war; in zwei dieser Verfahren muss der Schuldner zudem bei Eröffnung mehr als fünf Arbeitnehmer beschäftigt haben. Dh der Antragsteller muss persönlich zum Insolvenzverwalter bzw. Verwalter im Konkurs-, Gesamtvollstreckungs- oder Vergleichsverwalter (§ 5 Abs. 1 lit. g Nr. 4 S. 2) bestellt worden sein. Die zwar eigenverantwortliche anwaltliche Tätigkeit für einen anderen zum Insolvenzverwalter pp. bestellten Anwalt zB für den Senior einer Sozietät, der der Antragsteller angehört, reicht nicht aus (ThürAGH BRAK-Mitt. 2006, 143). Da es in der Praxis aber schwierig ist, in den „closed shop" der Insolvenzverwalter einzudringen, sehen § 5 Abs. 1 lit. g Nr. 3 und 4 eine Ersetzungsmöglichkeit der Fallbearbeitung als Insolvenzverwalter pp. vor.

49 Neben den angeführten Tätigkeiten als Insolvenzverwalter bzw. deren Ersetzung muss der Antragsteller nach § 5 Abs. 1 lit. g Nr. 2 noch mindestens 60 Fälle aus mindestens sieben der in § 14 Nr. 1 und 2 bestimmten Gebieten „persönlich und weisungsfrei" bearbeitet haben. Das kann auch für einen anderen Anwalt, zB den Senior geschehen sein, wenn es denn persönlich und weisungsfrei geschehen ist.

50 Jedes vorläufige und jedes eröffnete Insolvenzverfahren kann eine Mehrzahl von Fällen des § 5 Abs. 1 lit. g Nr. 2 beinhalten. Bei der Berechnung der Fälle gemäß § 5 Abs. 1 lit. g Nr. 2 zählen

Gutachten, vorläufiges Insolvenzverfahren und eröffnetes Insolvenzverfahren jeweils als eigene Fälle. Jedes zum Nachweis der Voraussetzungen des § 5 Abs. 1 lit. g Nr. 1 angeführte Verfahren ist nicht mehr zum Nachweis eines Falles gemäß Nr. 2 geeignet, jedoch können Einzelbereiche aus diesen Verfahren zum weiteren Nachweis eines Falles verwendet werden. Durch das Ausschöpfen der Ersetzungsmöglichkeiten des § 5 Abs. 1 lit. g Nr. 3, 4 kann die Fachanwaltsbezeichnung auch dann verliehen werden, wenn der Antragsteller in keinem Insolvenzverfahren als Verwalter bestellt wurde (II. 6.3.2, Fachanwaltschaften: Berliner Erfahrungsaustausch 2001, BRAK-Mitt. 2002, 27). Mit Beschluss vom 15.6.2009 hat die Satzungsversammlung eine redaktionelle Änderung in § 5 Abs. 1 lit. g Nr. 2 und 4 beschlossen. Der Begriff" Bereiche" wurde durch den Begriff „Gebieten" ersetzt.

Problematisch ist in diesem Zusammenhang die Tätigkeit, die ein Angestellter für den eigent- 51
lichen Insolvenzverwalter übernommen hat. Gegen die Anerkennung des **„Verwalters hinter dem Verwalter"** sprechen der eindeutige Wortlaut und der hierdurch zum Ausdruck gekommene Wille der Satzungsversammlung (*Offermann-Burckart* Rn. 611). Auch der AGH NRW hat in seiner Entscheidung vom 25.9.2000 (Az. 1 ZU 49/00) diese Auffassung vertreten und wurde mit dieser Auffassung durch den BGH in der Entscheidung vom 16.4.2007 (NJW 2007, 2125) bestätigt. Dieser Auffassung hat sich auch der AGH Hess (BRAK-Mitt. 2010, 83) angeschlossen.

h) Versicherungsrecht. Der Antragsteller hat die Bearbeitung von **80 Fällen,** davon mindes- 52
tens zehn gerichtliche Fälle nachzuweisen. Die Fälle müssen sich auf mindestens drei verschiedene Bereiche des § 14a beziehen, wobei auf jeden dieser drei Bereiche mindestens fünf Fälle entfallen müssen. Auch für das Fachgebiet Versicherungsrecht wird unter den Rechtsanwaltskammern die Problematik, ob Verkehrsunfallmandate anzurechnen sind, unterschiedlich diskutiert. Soweit der Schwerpunkt der Bearbeitung im Versicherungsrecht liegt (zB Direktanspruch gegen den Haftpflichtversicherer), werden Fragen aus dem Versicherungsrecht erheblich, was als versicherungsrechtlicher Fall anzuerkennen ist. Geht es lediglich um die Geltendmachung von Schadensersatzansprüchen, handelt es sich um einen Schwerpunkt im Haftungsrecht aber nicht im Versicherungsrecht (vgl. BGH BRAK-Mitt. 2006, 131, 133 = BGHR 2006, 819, 820). Es muss vielmehr eine spezifische versicherungsrechtliche Implikation und damit ein entsprechender Bearbeitungsschwerpunkt gegeben sein (vgl. AGH BW NJW 2009, 858). Soweit es im Rahmen der Unfallregulierung um die Inanspruchnahme der Kaskoversicherung geht oder im Rahmen eines Arzthaftpflichtprozesses die Einstandspflicht des Haftpflichtversicherers in Frage steht, ist davon auszugehen, dass ein Bearbeitungsschwerpunkt im Versicherungsrecht vorliegt. Solche Fälle sind regelmäßig als Fälle iSv § 5 Abs. 1 lit. h zu werten.

i) Medizinrecht. Vom Antragsteller werden als Nachweis der besonderen praktischen Erfah- 53
rungen gemäß § 5 Abs. 1 lit. i die Bearbeitung von **60 Fällen,** davon mindestens 15 rechtsförmliche Verfahren, verlangt. Von diesen **15 rechtsförmlichen Verfahren** müssen wiederum zwölf gerichtliche Verfahren sein. Die Fälle insgesamt müssen sich dabei auf mindestens **drei verschiedene Bereiche des § 14 lit. b Nr. 1–8** beziehen. Auch für das Medizinrecht wurde von der 3. Satzungsversammlung in der Sitzung am 3.4.2006 ein Fallquorum festgelegt. Danach hat der Antragsteller aus den jeweils drei verschiedenen Bereichen des § 14 lit. b Nr. 1–8 **je drei praktische Fälle** nachzuweisen. Mit diesem Fallquorum hat die Satzungsversammlung erreichen wollen, dass im Interesse des rechtsuchenden Publikums nur derjenige Fachanwalt für Medizinrecht werden kann, der eine erhebliche Breite besonderer Erkenntnisse im Fachgebiet nachgewiesen hat. Die Führung der Fachanwaltsbezeichnung kann somit demjenigen Anwalt nicht gestattet werden, der nur in eng angegrenzten Gebieten des Medizinrechts über besondere Kenntnisse und praktische Erfahrungen verfügt. Soweit sich bei einem auf das Medizinrecht spezialisierten Rechtsanwalt Überschneidungen zum Sozialrecht ergeben, kommt es hinsichtlich der Anerkennung dieser Tätigkeiten für den Erwerb der besonderen praktischen Erfahrungen entscheidend darauf an, wo der Schwerpunkt liegt und ob die medizinischen Sachverhalte eine Rolle spielen. Die Vergütung der Pflegedienst hat keine sozialrechtliche Komponente und ist ebenso wie die Vergütung der Heilberufe und der Krankenhäuser dem Medizinrecht zuzuordnen (NdsAGH BRAK-Mitt. 2013, 89). § 5 Abs. 1 lit. i differenziert zwischen rechtsförmlichen und gerichtlichen Verfahren. Rechtsförmliche Verfahren sind dabei die Verfahren, die zB vor den Schlichtungsstellen der Ärztekammern geführt werden in Haftungsangelegenheiten oder Widerspruchsverfahren in sozialrechtlichen Angelegenheiten. Unter rechtsförmliche Verfahren fallen auch solche, die im Wege der Berufsaufsicht geführt werden.

54 **j) Miet- und Wohnungseigentumsrecht.** Zum Nachweis des Erwerbs der besonderen praktischen Erfahrungen im Fachgebiet Miet- und Wohnungseigentumsrecht hat der Antragsteller **120 Fälle** nachzuweisen. Von diesen 120 Fällen müssen mindestens **60 gerichtliche Verfahren** darstellen. Insgesamt müssen sich **60 Fälle auf die in § 14 lit. c Nr. 1–3 bestimmten Bereiche** beziehen. Das bedeutet für die Antragsteller, dass sie mindestens 60 Fälle aus dem Bereich des Rechts der Wohnungsraummietverhältnisse, dem Recht der Gewerberaummietverhältnisse und Pachtrecht und dem Recht des Wohnungseigentumsrechts nachzuweisen haben. Die ursprüngliche Formulierung in § 5 Abs. 1 lit. j, wonach die 60 Fälle sich mindestens auf die in § 14 lit. c Nr. 1 und 3 bestimmten Bereiche beziehen mussten, wurde von der Satzungsversammlung mit Beschluss vom 3.4.2006 geändert. Nach der nunmehr geltenden Fassung haben sich mindestens 60 Fälle auf die in § 14 lit. c Nr. 1–3 bestimmten Bereiche zu beziehen. In der Sitzung vom 3.4.2006 hat die Satzungsversammlung eine weitere Änderung vorgenommen und ein Quorum eingeführt. Danach hat der Antragsteller die Bearbeitung von mindestens **fünf Fällen aus den in § 14 lit. c Nr. 1–3** bezeichneten Bereichen nachzuweisen. Nach dem ausdrücklichen Wortlaut der Regelung in § 5 Abs. 1 lit. j können **rechtsförmliche Verfahren** zum Nachweis der besonderen praktischen Erfahrungen in gerichtlichen Angelegenheiten **nicht** herangezogen werden.

55 **k) Verkehrsrecht.** Zum Nachweis praktischer Erfahrungen im Fachgebiet ist nach § 5 Abs. 1 lit. k die Bearbeitung von **160 Fällen,** davon mindestens **60 gerichtliche Verfahren,** nachzuweisen. Die Fälle müssen sich dabei auf mindestens drei verschiedene Bereiche des § 14 Nr. 1–4 erstrecken. Das Versicherungsrecht unterfällt dabei nicht in seiner gesamten Bandbreite dem Fachanwalt für Verkehrsrecht. Die Konkretisierung in § 14d Nr. 2 deutet vielmehr auf eine Beziehung zum Kraftfahrzeug bzw. zum Versicherungszweig, der typischerweise bei schweren Verkehrsunfällen betroffen ist (AGH NRW BRAK-Mitt- 2014, 87). Erforderlich sind damit praktische Erfahrungen im Bereich des Verkehrszivilrechts, insbesondere Verkehrshaftungsrecht und Verkehrsvertragsrecht, im Versicherungsrecht, insbesondere Recht der Kraftfahrtversicherung, der Kaskoversicherung sowie Grundzüge der Personenversicherung, im Verkehrsstrafrecht und Ordnungswidrigkeitenrecht und im Recht der Fahrerlaubnis. Auch für das Verkehrsrecht hat die Satzungsversammlung in der Sitzung am 3.4.2006 ein Fallquorum festgelegt, so dass der Antragsteller in **drei der in § 14d Nr. 1–4 aufgeführten Rechtsgebiete die Bearbeitung von jeweils fünf Fällen** nachzuweisen hat. Erforderlich sind außerdem 60 gerichtliche Verfahren. **Rechtsförmliche Verfahren** (zB Widerspruchsverfahren) reichen **nicht** aus. Eine Verteilung der gerichtlichen Verfahren auf die Teilbereiche des § 14d Nr. 1 bis kann dabei nicht verlangt werden. § 5 Abs. 1 lit. k sieht eine entsprechende Vorgabe für die Verteilung der gerichtlichen Verfahren nicht vor.

56 **l) Bau- und Architektenrecht.** Im Fachgebiet werden von den Antragstellern der Nachweis der Bearbeitung von **80 Fällen** verlangt, von denen mindestens **40 gerichtliche Verfahren** und davon mindestens **sechs selbstständige Beweisverfahren** sein müssen. Mindestens jeweils fünf Fälle müssen sich auf die Bereiche der § 14e Nr. 1 und 2 beziehen. Das bedeutet, dass mindestens fünf gerichtliche oder fünf außergerichtliche Fälle aus dem Recht der Architekten und Ingenieure einerseits und aus dem Bauvertragsrecht andererseits nachgewiesen werden müssen. Dieses Fallquorum geht ebenfalls auf eine Beschlussfassung der Satzungsversammlung am 3.4.2006 zurück. Vereinzelt wird von Vorprüfungsausschüssen die Auffassung vertreten, dass durch das Fallquorum mindestens fünf **gerichtliche** und fünf **außergerichtliche** Fälle aus dem Recht der Architekten und Ingenieure und fünf **gerichtliche** und fünf **außergerichtliche** aus dem Bauvertragsrecht nachgewiesen werden müssen. Diese Auffassung findet im Wortlaut des § 5 Abs. 1 lit. l keine Grundlage. Problematisch ist im Baurecht die Definition des Falles. Maßgeblich ist dabei der einheitliche Lebenssachverhalt, in dem eine qualifizierte juristische Tätigkeit im Bau- und Architektenrecht und den weiteren Bereichen des § 14e entfaltet worden ist. Fertigkeiten in der Verfahrens- und Prozessführung müssen das Fachgebiet betreffen. Es reicht nicht aus, Beweisverfahren aus jedwedem Rechtsgebiet nachzuweisen. Dabei genügt allerdings, wenn die zugrundeliegende Konstellation einen hinreichenden Bezug zum Fachgebiet darstellt. Erforderlich ist hierfür, dass Fragen aus dem Rechtsgebiet erheblich sind oder werden können (BGH NZBau 2014, 497 = BRAK-Mitt. 2014, 214).

m) Erbrecht. Der Antragsteller hat im Fachgebiet die Bearbeitung von **80 Fällen** nachzuweisen, wovon mindestens 20 rechtsförmliche Verfahren, von denen wiederum höchstens 15 Verfahren der freiwilligen Gerichtsbarkeit zuzuordnen sein dürfen. Die Fälle müssen sich nach Beschluss der Satzungsversammlung vom 15.6.2009 auf **alle** in § 14f Nr. 1–5 bestimmten Bereiche beziehen, wobei durch das von der Satzungsversammlung am 3.4.2006 festgelegte Fallquorum **jeweils fünf Fälle aus drei Bereichen der in § 14f Nr. 1–5** aufgeführten Rechtsgebiete beziehen muss. Diese Änderung hielt die Satzungsversammlung deshalb für erforderlich, weil das Erbrecht wie auch der Steuer – und Arbeitsrecht zu den Fachanwaltsbereichen gehört, in denen sich nach dem allgemeinen Verständnis der Fachausschüsse die Fälle aus allen Teilbereichen bzw. Gebieten des Fachgebiets ergeben müssen. Mit dieser Änderung wollte die Satzungsversammlung unterschiedliche Handhabungen in den einzelnen Kammerbezirken vermeiden. Zum Nachweis praktischer Erfahrungen hat der Antragsteller die Bearbeitung von Fällen aus dem materiellen Erbrecht unter Einschluss erbrechtlicher Bezüge zum Familien-, Gesellschafts-, Stiftungs- und Sozialrecht, dem internationalen Privatrecht im Erbrecht, der vorweggenommenen Erbfolge, Vertrags- und Testamentsgestaltung, der Testamentsvollstreckung, Nachlassverwaltung, Nachlassinsolvenz und Nachlasspflegschaft sowie steuerrechtliche Bezüge nachzuweisen. Es sind damit sämtliche in § 14f Nr. 1–5 aufgeführten Teilgebiete abzudecken. Zusätzlich ist erforderlich, dass in drei der fünf Bereiche jeweils fünf Fälle bearbeitet wurden. Problematisiert wurde in einigen Vorprüfungsausschüssen der Rechtsanwaltskammern die Frage, ob Tätigkeiten, die der Antragsteller im Rahmen einer Testamentsvollstreckung oder Nachlasspflegschaft erbracht hat, als Fälle iSv § 5 Abs. 1 lit. m gewertet werden können. Da in § 14f Nr. 4 die Testamentsvollstreckung ausdrücklich benannt ist, werden die Bearbeitung dieser Angelegenheiten als Fall iSv § 5 Abs. 1 lit. m zu werten sein, wenn der Antragsteller nachweist, dass Gegenstand, Art und Umfang der Tätigkeit erbrechtliche Bezüge beinhaltet haben. Nach dem Wortlaut hat der Antragsteller mindestens **20 rechtsförmliche Verfahren** nachzuweisen. Das sind nicht nur streitige Verfahren, sondern auch Widerspruchsverfahren gegen Erbschaftsteuerbescheide, Bescheide der Sozialversicherungsträger usw (so auch Hartung/*Scharmer* § 5 Rn. 193) sowie Verfahren der **freiwilligen Gerichtsbarkeit** auf Erteilung eines Erbscheins (Berliner Empfehlungen 2009 BRAK-Mitt. 2010, 20) oder zur Einrichtung einer Nachlassverwaltung (so auch Hartung/*Scharmer* § 5 Rn. 194). Ursprünglich sei die Regelung in lit. m) vor, dass von den 20 rechtsförmliche Verfahren höchstens zehn Verfahren der freiwilligen Gerichtsbarkeit zuzuordnen sein durften. Die Zahl der Verfahren der freiwilligen Gerichtsbarkeit wurde von der Satzungsversammlung in der Sitzung am 10./11.11.2014 auf 15 hochgesetzt, weil zahlreiche Antragsteller mit dem Erreichen einer Mindestzahl von 20 rechtsförmlichen Verfahren Probleme haben. Deshalb hielt es die Satzungsversammlung für sachgerecht, eine gewisse Erleichterung für die Antragsteller dadurch zu schaffen und die Zahl der Verfahren der freiwilligen Gerichtsbarkeit auf 15 zu erhöhen. 57

n) Transport- und Speditionsrecht. Vom Antragsteller wird die Bearbeitung von **80 Fällen** erwartet, wobei davon mindestens **20 gerichtliche Verfahren oder Schiedsverfahren** sein müssen. Die Fälle müssen sich auf den im § 14g Nr. 1 bestimmten Bereich und auf mindestens zwei weitere Bereiche der Nr. 2–7 beziehen. Aufgrund des von der Satzungsversammlung am 3.4.2006 beschlossenen Fallquorums hat der Antragsteller die Bearbeitung von **drei Fällen** aus dem Rechtsgebiet des **§ 14g Nr. 1** und **jeweils drei Fällen** aus zwei der in **§ 14g Nr. 2–8** aufgeführten Bereiche nachzuweisen. § 5 Abs. 1 lit. n verlangt außerdem die Bearbeitung von mindestens **20 gerichtlichen** Verfahren. Die Bearbeitung von **rechtsförmlichen Verfahren** reicht insoweit **nicht** aus. Erforderlich ist vielmehr ein Schiedsverfahren und/oder ein gerichtliches Verfahren. 58

o) Gewerblicher Rechtsschutz. Der Antragsteller hat **80 Fälle** aus mindestens drei verschiedenen Bereichen des § 14h Nr. 1–5 nachzuweisen. Höchstens fünf Fälle dürfen Schutzrechtsanmeldungen sein, wobei eine Sammelanmeldung als **eine Anmeldung** zählt. Mindestens **30 Fälle** müssen **rechtsförmliche,** davon mindestens **15 gerichtliche Verfahren** sein. Ein Fallquorum hatte die Satzungsversammlung in der Sitzung am 3.4.2006 nicht beschlossen, weil sich bei Einführung des Fallquorums im Juni 2005 diese Regelung des § 5 Abs. lit. o im Genehmigungsverfahren befand. In der Sitzung am 15.6.2009 hat die Satzungsversammlung die Thematik aufgegriffen und ein entsprechendes Fallquorum beschlossen. Von den förmlichen Verfahren müssen mindestens 15 gerichtliche Verfahren sein, die sich nicht auf ein bestimmtes Rechtsgebiet des § 14h beziehen müssen. Rechtsförmliche Verfahren sind Widersprüche gegen die Eintragung 59 einer Marke, die Erinnerung gegen amtliche Verwendungen und die Eintragung eines Schutzrechts aber auch das Anmeldeverfahren für ein Patent (vgl. *Offermann-Burckart* Rn. 695). Weder das Anraten zu einer Abschlusserklärung nach ergangener einstweiliger Verfügung noch die Hinterlegung einer Schutzschrift gegen befürchteten einstweiligen Rechtschutzes des Gegners können als gerichtliche Verfahren anerkannt werden. Sogenannte Filesharing-Fälle sind Urheberrechtsangelegenheiten und können auch dann, wenn der Auskunftsanspruch nach § 101 Abs. 2, 9 UrhG gegenständlich ist, nicht in Angelegenheiten des gewerblichen Rechtsschutzes transformiert werden (AGH NRW BRAK-Mitt. 2013, 183).

60 **p) Handels- und Gesellschaftsrecht.** Vom Antragsteller wird der Nachweis der Bearbeitung von **80 Fällen** aus mindestens drei verschiedenen Gebieten der Bereiche des § 14i Nr. 1 und 2 erwartet. Die von der Satzungsversammlung am 15.6.2009 beschlossene Änderung in der Benennung von „Gebieten und Bereichen" war aus rein redaktioneller Hinsicht veranlasst. Es sollte klargestellt werden, aus welchen Gebieten der bisher benannten Bereiche des Fachgebiets die Fälle bearbeitet werden müssen. Nach der **bisherigen Fassung** mussten die Antragsteller **20 rechtsförmliche Verfahren** sowie **20 Fälle** nachweisen, die die **Gestaltung von Gesellschaftsverträgen** oder die Gründung oder die Umwandlung von Gesellschaften zum Gegenstand hatten. Von den rechtsförmlichen Verfahren mussten fünf Fälle einen wesentlichen handelsrechtlichen und fünf Fälle einen wesentlichen gesellschaftsrechtlichen Bezug aufweisen. Diese Differenzierung hat sich in der Praxis als nicht sachgerecht herausgestellt. Antragsteller, die im Handels- und Gesellschaftsrecht tätig sind, können entweder Streitfälle in ausreichender Anzahl nachweisen, ihnen fehlen aber Fälle, die Gestaltung vom Gesellschaftsverträgen oder die Gründung oder Umwandlung von Gesellschaften zum Gegenstand haben. Andere Antragsteller fehlt es an der nötigen Anzahl von streitigen Auseinandersetzungen, weil sie in erster Linie rechtsgestaltend tätig sind. Deshalb hat die Satzungsversammlung am 6.12.2010 beschlossen, das Quorum von je 20 Fällen zu 40 Fällen zusammenzuziehen, die gerichtliche Streitverfahren, Schieds- oder Mediationsverfahren und/oder die Gestaltung von Gesellschaftsverträgen oder die Gründung oder Umwandlung von Gesellschaften zum Gegenstand haben. Ein Fall hat nicht schon dann die Gründung einer Gesellschaft zum Gegenstand, wenn lediglich geprüft werden muss, ob die Gesellschaft früher einmal wirksam gegründet worden ist. Erforderlich ist vielmehr, dass Gegenstand der Tätigkeit gerade die Gründung und Umwandlung der Gesellschaft geprüft wird (AGH Bln BRAK-Mitt. 2014, 87). Die Antragsteller müssen nunmehr nur noch mindestens **zehn Fälle streitige Verfahren und zehn Fälle der Gestaltung oder Umwandlung oder Gründung von Gesellschaften** nachweisen. Mit dieser Änderung hat die Satzungsversammlung eine wesentliche Erleichterung der Zugangsvoraussetzungen zum Fachanwalt beschlossen.

61 **q) Urheber- und Medienrecht.** Der Antragsteller hat die Bearbeitung von **80 Fällen** aus **allen** Bereichen des § 14j Nr. 1–6 nachzuweisen. Von den bearbeiteten Fällen müssen sich mindestens **fünf auf die in § 14j Nr. 1–3 genannten Bereiche** beziehen. Mindestens 20 bearbeitete Fälle müssen gerichtliche Verfahren sein. Der Antragsteller hat damit besondere praktische Erfahrungen in dem Bereich Urheberrecht, Verlagsrecht, Recht der öffentlichen Wort- und Bildberichterstattung, Rundfunkrecht, wettbewerbsrechtliche und werberechtliche Bezüge des Urheber- und Medienrechts sowie Grundzüge der Mediendienste, Teledienste und Telekommunikationsrechte nachzuweisen. Für den Bereich des Urheberrechts, des Verlagsrechts und des Rechts der öffentlichen Wort- und Bildberichterstattung hat der Antragsteller mindestens fünf bearbeitete Fälle darzulegen. Ferner muss der Antragsteller **20 gerichtliche Verfahren** nachweisen. Rechtsförmliche Verfahren sind insoweit nicht ausreichend. Die Änderung mit Beschluss der Satzungsversammlung vom 15.6.2009, womit die Formulierung „den Bereichen" in „alle Bereichen" geändert wurde, diente ausschließlich der Klarheit, weil im Urheber- und Medienrecht eine ausdrückliche Eingrenzung auf nur einige Teilbereiche des Fachgebiets nicht vorgesehen ist.

62 **r) Informationstechnologie (IT-Recht).** Der Antragsteller hat **50 Fälle** aus **allen** in § 14k genannten Bereichen nachzuweisen. Die Änderung von der Formulierung „den in § 14k" in „allen in § 14k" erfolgte mit Beschluss der Satzungsversammlung vom 15.6.2009 und diente in erster Linie der Klarstellung. Ferner wollte die Satzungsversammlung damit Begrenzung der Fälle auf bestimmte Teilbereiche des Fachgebiets verhindern, weil eine solche Eingrenzung im Recht der Informationstechnologie gerade nicht vorgesehen ist. Die Fälle müssen sich dabei auf die

Bereiche des § 14k Nr. 1 und 2 mit jeweils mindestens drei bearbeiteten Fällen sowie auf einen weiteren Bereich des § 14k beziehen, in dem ebenfalls mindestens drei Fälle bearbeitet worden sein müssen. Der Antragsteller hat ferner **zehn förmliche Verfahren** nachzuweisen, wobei Verfahren vor internationalen Stellen angerechnet werden. Erforderlich ist damit der Nachweis besonderer praktischer Erfahrungen im Bereich des Vertragsrechts, der Informationstechnologien, des Rechts des elektronischen Rechtsverkehrs sowie in mindestens einem weiteren der in § 14k aufgeführten Rechtsgebiete. Diese Fachanwaltschaft, die am 1.11.2006 in Kraft getreten ist, sieht bereits für den Nachweis praktischer Erfahrungen in den Teilrechtsgebieten ein Fallquorum vor. Zu den **rechtsförmlichen Verfahren** zählen Gerichtsverfahren, Verwaltungsverfahren, aber ebenso auch Schlichtungs- und Schiedsverfahren.

s) Bank- und Kapitalmarktrecht. Zum Nachweis der praktischen Erfahrungen hat der Antragsteller die Bearbeitung von **60 Fällen** aus **mindestens drei verschiedenen Bereichen** der in § 14l Nr. 1–9 genannten Bereichen nachzuweisen. Aus jedem dieser drei Bereiche ist die Bearbeitung von **mindestens fünf Fällen** nachzuweisen. Die Fälle müssen sich auf die in § 14l Nr. 1–9 bestimmten Bereiche beziehen, dabei aus **drei Bereichen** mindestens **jeweils fünf Fälle.** Die Satzungsversammlung hat mit Beschluss vom 15.6.2009 diese Regelung neu gefasst. Es bestand Einigkeit in der Satzungsversammlung, dass ein Fallnachweis aus allen Teilrechtsgebieten des Fachgebiets nicht verlangt werden kann, weil es sich um eine unzumutbare Hürde handeln würde. Als ausreichend wurde vielmehr angesehen, wenn jeweils nur einige Teilbereiche oder Gebiete von Teilbereichen des Fachgebiets mit Fällen belegt werden. Zudem hat der Antragsteller mindestens 30 rechtsförmliche Verfahren nachzuweisen. Die Fachanwaltsordnung enthält keine für alle Fachanwaltsbereiche geltende einheitliche Legaldefinition für den Begriff des rechtsförmlichen Verfahrens. Für den Bereich des Bank- und Kapitalmarktrechts ist deshalb erforderlich, dass es sich hierbei um ein Verfahren handelt, das einen Bezug zu diesem Fachanwaltsgebiet hat. Ein solcher Bezug liegt dann vor, wenn sich das Verfahren auf eines der in § 14 lit. l Nr. 1–9 FAO bestimmten Bereiche des Bank-und Kapitalmarktrecht bezieht. Dafür genügt es, wenn eine Frage aus diesem Fachgebiet erheblich ist oder erheblich werden kann (BayAGH BRAK-Mitt. 2012, 185). Zu den **rechtsförmlichen Verfahren** zählen unter anderem die Verfahren der Bankenaufsicht durch die Deutsche Bundesbank und der Bundesanstalt für Finanzdienstleistungsaufsicht (BaFin). 63

t) Agrarrecht. Zum Nachweis der praktischen Erfahrungen hat der Antragsteller die Bearbeitung von 80 Fällen aus den in § 14m genannten Bereichen nachzuweisen, davon mindestens jeweils zehn Fälle aus dem agrarspezifischen Zivil- und dem agrarspezifischen Verwaltungsrecht. 20 Fälle müssen rechtsförmliche Verfahren sein. Auch für das Agrarrecht hat die Satzungsversammlung in der Sitzung am 6.10.2008 zum Nachweis der praktischen Erfahrungen in den Teilrechtsgebieten ein Fallquorum beschlossen, welches sich auf die gesamten 80 Fälle bezieht. Zu den rechtsförmlichen Verfahren zählen Gerichtsverfahren, außergerichtliche Rechtsbehelfsverfahren, aber auch ebenso Schlichtungs- und Schiedsverfahren. Das Widerspruchsverfahren wird von den genannten außergerichtlichen Rechtsbehelfsverfahren umfasst. 64

u) Internationales Wirtschaftsrecht. Der Fachanwalt für Internationales Wirtschaftsrecht wurde von der Satzungsversammlung mit Wirkung zum 1.9.2014 eingeführt. Die Satzungsversammlung hielt die Einführung dieses weiteren Fachanwalt für erforderlich, damit Rechtsanwältinnen und Rechtsanwälten die Möglichkeit haben, sich ihr Profil auf dem Gebiet der internationalen Rechtsberatung zu schärfen, um sich gegen immer zahlreichere Wettbewerber zu behaupten. Die zunehmende Internationalisierung der deutschen Unternehmen, nachdrücklich auch aus dem KMU-Bereich, macht eine entsprechende fachliche Ausrichtung auch innerhalb der Anwaltschaft erforderlich. Das Fachgebiet „Internationales Wirtschaftsrecht" grenzt sich durch den geforderten Auslandsbezug hinreichend zu den bestehenden Fachanwaltschaften, insbesondere dem Fachanwalt für Handels – und Gesellschaftsrecht, ab. Als Nachweis der praktischen Erfahrungen wird vom Antragsteller die Bearbeitung von **50 Fällen** verlangt. Bei der Anzahl der Fälle, die zum Nachweis der praktischen Erfahrung notwendig sind, hat sich die Satzungsversammlung an der Untergrenze der bei anderen Fachanwaltschaften geforderten Zahlen orientiert. Die Fälle insgesamt sind aus **mindestens drei verschiedenen Bereichen** der in § 14n Nr. 1–8 genannten Bereiche nachzuweisen. Auch für das internationale Wirtschaftsrecht wurde von der 5. Satzungsversammlung in der Sitzung am 6./7.12.2013 ein Fallquorum fest- 65 gelegt. Danach müssen sich mindestens 15 Fälle auf die in § 14n Nr. 3, 4 oder 5 bestimmten Bereiche beziehen. Der Antragsteller hat ferner **mindestens fünf rechtsförmliche Verfahren** nachzuweisen, wobei sowohl Verfahren vor deutschen als auch vor ausländischen Gerichten und Behörden angerechnet werden. Das Quorum der Anzahl rechtsförmlicher Verfahren ergibt sich aus der Komplexität von Fällen mit internationalem Bezug. Zu den **rechtsförmlichen Verfahren** zählen Gerichtsverfahren, Verwaltungsverfahren, außergerichtliche Rechtsbehelfsverfahren, aber ebenso auch Schlichtungs- und Schiedsverfahren.

66 **v) Vergaberecht.** Lit. v wurde von der Satzungsversammlung in der Sitzung am 16.3.2015 angefügt. Diese Änderung tritt am 1.11.2015 in Kraft.

§ 6 Nachweise durch Unterlagen

(1) **Zur Prüfung der Voraussetzungen nach § 4 sind Zeugnisse, Bescheinigungen oder andere geeignete Unterlagen vorzulegen.**

(2) **Soweit besondere theoretische Kenntnisse durch eine erfolgreiche Lehrgangsteilnahme (§§ 4 Abs. 1, 4a) dargelegt werden sollen, hat der Antragsteller Zeugnisse des Lehrgangsveranstalters vorzulegen, die zusammen folgende Nachweise umfassen müssen:**

a) dass die Voraussetzungen der §§ 4 Abs. 1 und 4a erfüllt sind,
b) dass, wann und von wem im Lehrgang alle das Fachgebiet in § 2 Abs. 3, §§ 8 bis 14m [Neufassung: *§ 14o*] betreffende Bereiche unterrichtet worden sind,
c) die Aufsichtsarbeiten und ihre Bewertungen.

(3) [1] **Zur Prüfung der Voraussetzungen nach § 5 sind Falllisten vorzulegen, die regelmäßig folgende Angaben enthalten müssen: Aktenzeichen, Gegenstand, Zeitraum, Art und Umfang der Tätigkeit, Stand des Verfahrens.** [2] **Ferner sind auf Verlangen des Fachausschusses anonymisierte Arbeitsproben vorzulegen.**

I. Beibringungspflicht des Bewerbers

1 § 6 Abs. 1 und 3 S. 1 wurden durch Beschluss der 2. Satzungsversammlung in ihrer 4. Sitzung am 25./26.4.2002 sprachlich neu gefasst (BRAK-Mitt. 2002, 219, 220). Die Nachweise zu §§ 4 und 5 wurden damit klarer voneinander abgegrenzt. Mit der Neufassung des § 4a durch Beschluss der Satzungsversammlung am 3.4.2006 hat die Satzungsversammlung klargestellt, dass sich die Regelung in § 6 ausschließlich zu den Unterlagen verhalte, die vorgelegt werden müssen. Mit der Einführung des **§ 4a** ist eine **ausschließlich redaktionelle Änderung** vorgenommen worden (Hartung/*Scharmer* § 4a Rn. 1). § 6 stellt für den Antragsteller klar, welche Nachweise und Unterlagen er für die Überprüfung seines Antrags (→ § 5 Rn. 1; → § 7 Rn. 1, 2). bei der Antragstellung (§ 22) vorzulegen hat. Als Zeitpunkt der Antragstellung (§ 22) gilt erst der, zu dem die erforderlichen Unterlagen vollständig vorliegen (→ § 22 Rn. 2). Erachtet der Ausschuss eine Ergänzung der Unterlagen für erforderlich, kann er nach Maßgabe des Abs. 3 S. 2 die Vorlage anonymisierter Arbeitsproben verlangen und darüber hinaus nach § 24 Abs. 4 dem Bewerber eine ergänzende Antragsbegründung aufgeben und ihm zur Erfüllung dieser Auflagen angemessene Ausschlussfristen stellen. Der Ausschuss kann dann weiter nach § 24 Abs. 4 S. 2 verfahren.

II. Nachweis der besonderen theoretischen Kenntnisse

2 Die Abs. 1 und 2 regeln in welcher Weise der Antragsteller den Nachweis des Erwerbs der nach § 4 erforderlichen besonderen theoretischen Kenntnisse zu erbringen hat. Abs. 3 betrifft den Nachweis der besonderen praktischen Erfahrungen gemäß § 5.

3 **1. Nachweis durch schriftliche Unterlagen.** Nach Abs. 1 ist der Nachweis der besonderen theoretischen Kenntnisse – vorbehaltlich eines späteren Fachgesprächs (§ 7) – zunächst ausschließlich durch die Einreichung schriftlicher Unterlagen zu erbringen. Neben den besonders angeführten Zeugnissen und Bescheinigungen kommen alle sonstigen Unterlagen, dh Schriftstücke in Betracht, die zum Nachweis des Erwerbs der besonderen theoretischen Kenntnisse

geeignet sind. Der Antragsteller kann seine besonderen theoretischen Kenntnisse auch auf andere Weise als durch Zeugnisse über die Lehrgangsteilnahme nachweisen (vgl. Abs. 1 und Abs. 2 „soweit"). Dazu kann er alle Unterlagen vorlegen, aus denen sich ergibt, dass er auf sonstige Weise die besonderen theoretischen Kenntnisse iSv § 4 Abs. 3 erworben hat. Bei allen Schriftstücken ist besonders darauf zu achten, ob und in welchem Umfang sie bezogen auf die einzelnen Voraussetzungen des § 4 aussagekräftig und inhaltlich nachvollziehbar sind. Das gilt im besonderen Maße auch für Bescheinigungen von Personen, mit denen der Antragsteller beruflich – in welcher Form auch immer – zusammen gearbeitet oder sonst zu tun hat, zB frühere oder aktuelle Arbeitgeber, Kollegen, Richter pp. (Berliner Erfahrungsaustausch 2001, II. 10. BRAK-Mitt. 2002, 28).

Als geeignete Unterlagen wurden angesehen: regelmäßig geführte **Karteien** über Schrifttum und Rechtsprechung zum Familienrecht iVm eigenen **Veröffentlichungen in Fachzeitschriften** (NdsAGH AnwBl. 1999, 562), **Schriftsätze, Dissertationen, Rechtsgutachten, Revisionsbegründungen, Aktenauszüge, Bescheinigungen von Richtern oder Staatsanwälten, Nachweise über den Besuch von Fortbildungsveranstaltungen oder eigener Lehrtätigkeit** (Henssler/Prütting/*Offermann-Burckart* § 6 Rn. 8). 4

2. Nachweis der erfolgreichen Lehrgangsteilnahme. Besonders geregelt ist in Abs. 2 der Nachweis der besonderen theoretischen Kenntnisse durch die Teilnahme an einem auf die Fachanwaltsbezeichnung vorbereiteten anwaltsspezifischen Lehrgang, wie § 4 es als Regelerwerb dieser Kenntnisse vorsieht. Das Zeugnis über die erfolgreiche (vgl. BGH NJW 1995, 1424) Lehrgangsteilnahme (§ 4) zum Nachweis der besonderen theoretischen Kenntnisse muss alle in Abs. 2 aufgeführten Anforderungen erfüllen, wobei die darin angeführten Aufsichtsarbeiten und Bewertungen beizufügen sind. Aus dem Zeugnis muss sich auch ergeben, dass die europarechtlichen und verfassungsrechtlichen Bezüge des Fachgebiets (§ 2 Abs. 3) gelehrt wurden und es muss auch die Personen nennen, die den Unterricht erteilt haben (§ 6 Abs. 2 lit. b; BGH BRAK-Mitt. 1997, 255 = MDR 1998, 866). 5

Durch die Erweiterung der Fachgebiete ist in der Praxis umstritten, ob auch Teile eines Lehrgangs für ein Fachgebiet zum Nachweis der theoretischen Kenntnisse in einem anderen Gebiet herangezogen werden können. Diese inhaltlichen Überschneidungen ergeben sich insbesondere im Bereich des Versicherungs- und Verkehrsrechts sowie im Strafrecht und Verkehrsrecht und auch beim Familienrecht und Erbrecht. In dem Berliner Erfahrungsaustausch 2006 ist dazu die Auffassung vertreten worden, dass bei inhaltlicher Übereinstimmungen Blöcke und Klausuren aus einem Fachanwaltslehrgang für ein Rechtsgebiet auf ein Lehrgang für ein anderes Rechtsgebiet angerechnet werden könne (vgl. Berliner Empfehlung 2006, II. 2., BRAK-Mitt. 2006, 274). Zu beachten ist dabei aber, dass die Klausuren das Fachgebiet in einer bestimmten Breite abdecken müssen (vgl. § 4a Abs. 1). Die Anerkennung eines schon im Rahmen eines anderen Lehrgangs absolvierten Blocks führt damit nicht zwangsläufig zum Erlass der entsprechenden Klausur in einem anderen Lehrgang. 6

In Literatur und Rechtsprechung ist es sehr umstritten, ob im Rahmen der Vorschrift des § 43c Abs. 2 BRAO, § 6 Abs. 2 dem Fachausschuss und dem Vorstand der RAK hinsichtlich der **Klausuren und Arbeitsproben** nicht nur eine formale, sondern auch eine **inhaltliche Überprüfungskompetenz** zugewiesen ist oder nicht. Einerseits wird vertreten, jeder Fachausschuss könne die Geeignetheit einer Klausur und Richtigkeit einer Korrektur im Hinblick auf §§ 4 Abs. 1, 6 Abs. 2 überprüfen (Berliner Erfahrungsaustausch 2001, II. 11., BRAK-Mitt. 2002, 28). Die Änderung des § 7, die das Fachgespräch zur Regel macht (→ § 7 Rn. 1, 2), wäre sinnlos, bliebe der Fachausschuss auf ein formales Prüfungsrecht beschränkt. Der Fachausschuss dürfe die in den Klausuren des Antragstellers gefundenen Fehler zum Anlass nehmen, weitere Überprüfungen durch Arbeitsproben vorzunehmen, selbst wenn das Ergebnis mit noch bestanden gewertet worden ist. Enthalten die Arbeitsproben eines Antragstellers erhebliche Fehler und verweigert dieser die Durchführung eines Fachgesprächs, müsse einer RAK die Zurückweisung des Antrags möglich sein (vgl. AGH NRW BRAK-Mitt. 2002, 38; 8. Aufl. § 6 Rn. 5). In der neueren Rechtsprechung wird demgegenüber die Auffassung vertreten, dass der RAK bzw. ihrem Fachausschuss stehe **kein materielles Prüfungsrecht** hinsichtlich des Inhalts der gefertigten Aufsichtsarbeiten und ihrer Bewertungen zu. Ein derartiges Prüfungsrecht hinsichtlich der fachlichen Qualität der vorgelegten Klausuren lasse sich weder aus § 43c Abs. 2 BRAO noch den Bestimmungen der selbst entnehmen (BGH NJW 2003, 741 = MDR 2003, 300 = BRAK-Mitt. 7

2003, 25; AGH Hess BRAK-Mitt. 2005, 239). Der BGH hat seine Rechtsauffassung nochmals in seiner Entscheidung vom 21.7.2008 (AnwBl. 2008, 711) bestätigt. Dieser begrenzte Funktionsbereich des Fachausschusses beruht letztlich darauf, dass § 43c Abs. 1 und 2 BRAO – die Rechtsgrundlage für die Regelung der FAO – nicht auf eine individuelle Ermittlung des Wissens und der Fähigkeiten des einzelnen Bewerbers im Fachgebiet durch eine umfassende schriftliche und/oder mündliche Prüfung des Rechtsanwalts ausgerichtet ist, sondern die Kompetenz des Fachausschusses auf eine Prüfung der von dem Rechtsanwalt vorzulegenden Nachweise in formeller Hinsicht beschränkt ist (BGH BRAK-Mitt. 2005, 123 = AnwBl. 2005, 499 zu § 7; AGH BW BRAK-Mitt. 2005, 237).

III. Nachweis besonderer praktischer Erfahrungen durch Falllisten

8 Zum Nachweis der besonderen praktischen Erfahrungen (§ 5) sind Falllisten mit den nach § 5 erforderlichen Fällen und den nach Abs. 3 vorgesehenen inhaltlichen Anforderungen vorzulegen. Zur praktischen Erarbeitung und Gestaltung der Falllisten haben die Vorprüfungsausschüsse der jeweiligen Rechtsanwaltskammer Musterlisten veröffentlicht.

9 Die aufgelisteten Fälle sind möglichst genau zu dokumentieren. Der Gegenstand der Angelegenheit sollte so aussagekräftig, wie in wenigen Worten machbar, dargestellt werden. Nach dem Sinn der Regelung muss die Liste nachvollziehbar sein, um der RAK die Prüfung zu ermöglichen, ob die aufgenommenen Fälle dem angegebenen Fachgebiet entstammen, ein zusammenhängender Lebenssachverhalt nicht unzulässig mehrfach erfasst ist, ob die Anzahl der erforderlichen gerichtlichen Fälle erreicht wird und ob die Frist von drei Jahren eingehalten ist.

10 Über diese bloße **Plausibilitätsprüfung** hinaus können die Angaben in der Liste anhand von **Arbeitsproben** – wie zB Klageschriften, Klageerwiderungen pp. –, die auf Verlangen vorzulegen sind, jedenfalls stichprobenartig nachgeprüft werden. Letzteres setzt voraus, dass die Angaben in der Liste so detailliert sind, dass die Feststellung der Identität des zu prüfenden Falles mit der Arbeitsprobe möglich ist. Dazu ist **nicht** erforderlich, dass der Antragsteller bei den jeweiligen Fällen den **Namen** der beratenden oder vertretenden Parteien oder Gegenparteien angibt. § 6 Abs. 3 sieht das nicht vor. Dass sich die in § 6 Abs. 3 S. 2 vorgesehene Befugnis der RAK, Arbeitsproben anzufordern, ausdrücklich nur auf solche in anonymisierter Form bezieht, spricht sogar dagegen. Insbesondere kann nicht die Vorlage vollständiger Akten verlangt werden (AGH RhPf BRAK-Mitt. 2005, 133). Auch die Vorlage der Handakten kann aus Gründen der Verschwiegenheitsverpflichtung und des Datenschutzes nicht verlangt werden. Die Funktion der Liste, in erster Linie eine Plausibilitätsliste zu ermöglichen, erfordert die Namensangabe nicht. Zwar könnte anhand der angegebenen Parteinamen ohne weiteres festgestellt werden, ob in der Fallliste identische oder zusammenhängende Sachverhalte mehrfach erfasst sind. Dies lässt sich jedoch auch anders erreichen, so durch Angaben der Nummer des Prozessregisters, sofern dieses geführt wird, durch Abkürzung der Parteinamen, etwa unter Hinzufügung einer Ortsbezeichnung, ferner durch eine eingehendere Darstellung des Sachverhalts mit Angaben, die eine Identifizierung und Unterscheidung der jeweiligen Fälle ermöglichen. Auch eine präzise Angabe der Daten der Mandatsaufnahme und ihrer Beendigung sowie des Standes des Verfahrens wird regelmäßig die Feststellung erleichtern, ob ein einheitlicher Lebenssachverhalt nur einmal als ein Fall in der Liste aufgenommen worden ist. Als Arbeitsprobe genügt auch die Einreichung in elektronischer Form. Der Vorprüfungsausschuss kann nicht verlangen, dass ihm Arbeitsproben in Papierform eingereicht werden, weil es den Antragstellern nach § 50 Abs. 5 BRAO gestattet ist, Handakten in elektronischer Form zu führen. Soweit ein Mitglied des Vorprüfungsausschusses aus technischen Gründen nicht in der Lage ist, die Arbeitsproben zu bewerten, ist es Aufgabe der zuständigen Rechtsanwaltskammer im Vorprüfungsausschuss die Arbeitsproben in Papierform zu übermitteln. Das Gleiche gilt, soweit ein Vorprüfungsausschuss Arbeitsproben in elektronischer Form aus Gründen des Virenschutzes abgelehnt (AGH NRW BRAK-Mitt. 2011, 204). Im Übrigen kann eine Fallliste nicht allein deshalb zurückgewiesen werden, weil eine erkennbare chronologische Reihenfolge oder eine andere sachlich gebotene Ordnung der Fälle nicht feststellbar ist. Voraussetzung ist lediglich, dass die Überprüfung der Liste mit einem zumutbaren Arbeitsaufwand überhaupt möglich ist. In verbleibenden Zweifelsfällen ist die anwaltliche Versicherung des Antragstellers kein ausreichender Gegenbeweis, dies liefe dem Zweck des in der Fachanwaltsordnung vorgesehenen Überprüfungsverfahrens zuwider (BGH MDR 2004, 1207 = BRAK-Mitt. 2004, 234 = NJW 2004, 2738; AGH BW BRAK-Mitt. 2004, 274; *Kleine-Cosack* AnwBl. 2005, 593, 598).

§ 7 Fachgespräch

(1) [1] **Zum Nachweis der besonderen theoretischen Kenntnisse oder der praktischen Erfahrungen führt der Ausschuss ein Fachgespräch.** [2] **Er kann jedoch davon absehen, wenn er seine Stellungnahme gegenüber dem Vorstand hinsichtlich der besonderen theoretischen Kenntnisse oder der besonderen praktischen Erfahrungen nach dem Gesamteindruck der vorgelegten Zeugnisse und schriftlichen Unterlagen auch ohne ein Fachgespräch abgeben kann.**

(2) [1] **Bei der Ladung zum Fachgespräch sind Hinweise auf die Bereiche zu geben, die Gegenstand des Fachgespräches sein werden.** [2] **Die Fragen sollen sich an in diesen Bereichen in der Praxis überwiegend vorkommenden Fällen ausrichten.** [3] **Die auf den einzelnen Antragsteller entfallende Befragungszeit soll nicht weniger als 45 und nicht mehr als 60 Minuten betragen.** [4] **Über das Fachgespräch ist ein Inhaltsprotokoll zu führen.**

Schrifttum: *Brieske,* Quo vadis Fachanwalt?, AnwBl. 2005, 568; *Hülsmann,* Verwertungsverbot bei einem zu Unrecht angeordneten Fachgespräch, AnwBl. 2000, 192; *Kleine-Cosack,* Aktuelle Probleme der Fachanwaltsverleihung, AnwBl. 2005, 593, 599; *Quaas/Sieben,* Das Fachgespräch in der Fachanwaltsordnung, BRAK-Mitt. 2003, 250.

Übersicht

I. Grundsätze der korrespondierenden Änderungen der §§ 7, 24

Damit Fachausschüsse und Kammervorstände künftig nicht vor dem Problem stehen, dass die Rechtsprechung das Führen des in § 7 aF ursprünglich nur für Zweifelsfälle vorgesehenen Fachgesprächs (vgl. 5. Aufl. § 7 Rn. 2; BGH BRAK-Mitt. 2001, 146; BRAK-Mitt. 1994, 241; BRAK-Mitt. 1997, 128) nur noch unter engen Voraussetzungen für zulässig erachten, so dessen Führung mehr und mehr zurückdrängen und damit den am Verleihungsverfahren Beteiligten eine wesentliche Erkenntnisquelle für ihre Entscheidung verschließen, wurden mit Beschlüssen der 2. Satzungsversammlung in derer 4. Sitzung am 25./26.4.2002 die §§ 7 und 24 Abs. 2, 4 und 5 neu gefasst, § 24 Abs. 6 wurde gestrichen. Nach § 7 Abs. 1 S. 1 nF ist nunmehr für alle Antragsteller das **Fachgespräch obligatorisch** (Kammer Forum RAK Köln 2/2002 S. 154; AGH SchlH BRAK-Mitt. 2004, 179). 1

Allerdings beinhalten die §§ 7 Abs. 1 S. 2, 24 Abs. 2 nF **Regeln über das Absehen** von einem solchen Fachgespräch **im Einzelfall.** Das bisherige Regel-Ausnahme-Verhältnis wird damit in der Systematik umgekehrt. Da aber in der Praxis der Fachausschuss in der Regel schon nach dem Gesamteindruck der vorgelegten Zeugnisse und schriftlichen Unterlagen (§ 6), notfalls nach deren Ergänzung gemäß § 24 Abs. 4, zur Abgabe einer Stellungnahme in der Lage sein wird, und demgemäß der **Prüfungsstoff des Fachgesprächs** auch beschränkt ist auf die Bereiche, in denen der Nachweis der in §§ 4 und 5 geforderten theoretischen Kenntnisse und praktischen Erfahrungen noch nicht geführt ist (BGH BRAK-Mitt. 2005, 132 mit Anm. *Offermann-Burckart* = AnwBl. 2005, 499 = BGHR 2005, 1018), wird es in der Praxis wohl nicht vermehrt zu Fachgesprächen kommen, bleiben diese die Ausnahme (*Kleine-Cosack* AnwBl. 2005, 593, 599). Mit der Neuregelung wurde gleichzeitig die Bedeutung des Nachweises durch Unterlagen (§ 6) verstärkt. Einen Anspruch des Antragstellers auf ein Fachgespräch, wenn der Ausschuss Fälle zuungunsten des Antragstellers gewichtet hat, wie ihn bislang § 7 Abs. 1 S. 2 vorsah (vgl. 5. Aufl. § 7 Rn. 1), gibt es künftig nicht mehr. Dafür hat der Antragsteller künftig in solchen Fällen das Recht, insoweit Fälle nachzumelden, wozu ihm der Ausschuss Gelegenheit geben muss (§ 24 Abs. 4 S. 1 nF). 2

II. Entscheidung über Ladung zum Fachgespräch

Ob es tatsächlich zu dem nach § 7 Abs. 1 S. 1 grundsätzlich obligatorischen Fachgespräch kommt, hängt davon ab, ob der Ausschuss nach seiner Überzeugung seine Stellungnahme gegenüber dem Kammervorstand hinsichtlich der besonderen theoretischen Kenntnisse oder der be- 3 sonderen praktischen Erfahrungen nach dem Gesamteindruck der vorgelegten Zeugnisse und schriftlichen Unterlagen (§§ 6, 24 Abs. 4) auch ohne ein Fachgespräch abgeben kann oder nicht (§ 7 Abs. 1 S. 2). Dabei ist der Fachausschuss an die Stellungnahme seines Berichterstatters nach § 24 Abs. 2 nicht gebunden (vgl. bei § 24 Abs. 2 auch Regelung der Ausschussinternen Behandlung der Stellungnahme des Berichterstatters). Wenn und soweit der Nachweis besonderer theoretischer Kenntnisse und praktischer Erfahrungen im Fachgebiet durch die den Anforderungen nach §§ 4–6 entsprechenden Unterlagen bereits erbracht ist, steht dem Fachausschuss nicht das Recht u, die fachliche Qualifikation eines Bewerbers in den durch die formalisierten Nachweise bereits hinreichend abgedeckten Bereichen in einem Fachgespräch nochmals zu überprüfen (BGH BRAK-Mitt. 2005, 123 = AnwBl. 2005, 499; NJW 2003, 741 = MDR 2003, 300 = BRAK-Mitt. 2003, 25, 27; AnwBl. 2005, 413).

4 Hat der Ausschuss Fälle (§ 5) **zuungunsten des Antragstellers gewichtet** (§ 5 Abs. 4) und käme er daher zu dem Ergebnis, dass der Erwerb besonderer praktischer Erfahrungen nicht ausreichend nachgewiesen ist, muss er vor Abgabe seiner Stellungnahme gegenüber dem Vorstand der RAK dem Antragsteller Gelegenheit geben, Fälle nachzumelden (§ 24 Abs. 4 S. 1 nF). Auch kann er, falls nach Auffassung des Ausschusses der Antragsteller zB seine besonderen theoretischen Kenntnisse (§§ 4, 8–14) nicht ausreichend nachgewiesen hat (§ 6), ihm nach § 24 Abs. 4 S. 2 zur ergänzenden Antragsbegründung Auflagen erteilen. Insoweit handelt der Ausschuss nach pflichtgemäßem Ermessen.

5 Kommt der Ausschuss nach dem **Gesamteindruck** der vorgelegten Zeugnisse und schriftlichen Unterlagen ggf. nach deren Ergänzung gemäß § 24 Abs. 4 bzw. § 6 Abs. 3 letzter Satz zu dem Ergebnis, dass er auch **ohne Fachgespräch** das Vorliegen der erforderlichen besonderen theoretischen Kenntnisse und der besonderen praktischen Erfahrungen beurteilen und seine **Stellungnahme** gegenüber dem Vorstand der RAK abgeben kann, dann erstattet er **zur gebotenen Beschleunigung des Verfahrens** (→ § 24 Rn. 2) ohne vorheriges Fachgespräch diese Stellungnahme. Über die Entscheidung, von einem Fachgespräch abzusehen, braucht der Ausschuss den Antragsteller nicht zu unterrichten, da es sich nur um eine interne Vorbereitungsentscheidung im Entscheidungsprozess der Kammer handelt (BGH BRAK-Mitt. 2005, 123 = AnwBl. 2005, 499).

6 Sonst **lädt** der Ausschuss regelmäßig nach § 7 Abs. 1 Abs. 2, § 24 Abs. 5 den Antragsteller **zum Fachgespräch.** Das wird er immer dann tun, wenn die vorgelegten Unterlagen (§ 6) trotz ihrer Mangelhaftigkeit im Einzelnen doch soviel an Nachweiskraft beinhalten, dass zu erwarten, jedenfalls nicht ausgeschlossen ist, der Antragsteller könne durch Beantwortung diesbezüglicher Fragen (§ 7 Abs. 2 S. 1) im Fachgespräch die für den Ausschuss hinsichtlich der Nachweiskraft der vorgelegten Unterlagen bestehende Zweifel und Unklarheiten beheben und klar stellen.

7 Sind die von dem Antragsteller vorgelegten Unterlagen jedoch so lückenhaft und aussageschwach, dass **diese** auch durch ergänzende Angaben des Antragstellers dazu im Fachgespräch **keine ausreichende Beurteilungsgrundlage** für den Fachausschuss **sein können,** sondern der Ausschuss seine Entschließung vielmehr im Wesentlichen auf das Ergebnis einer mündlichen Prüfung des Antragstellers stützen müsste, dann kann und wird der Ausschuss ebenfalls gemäß § 7 Abs. 1 S. 2 von der Führung eines Fachgesprächs **absehen** und sogleich seine – negative – Stellungnahme gegenüber dem Vorstand der RAK abgeben. Eine förmliche mündliche Prüfung zum Fachgebiet, auf die der Fachausschuss dann seine Stellungnahme im Wesentlichen stützt, ist dem Fachausschuss verwehrt (→ § 7 Rn. 10), da nach § 43c Abs. 2 BRAO die von dem Rechtsanwalt „vorzulegenden Nachweise" die entscheidende Beurteilungsgrundlage bilden.(BGH BRAK-Mitt. 2014, 83). Das Fachgespräch tritt nicht als eigenständige Prüfung der fachlichen Qualifikation eines Bewerbers neben die in der FAO geforderten Nachweise, sondern hat Bedeutung nur als ergänzende Beurteilungsgrundlage für die Fälle, in den schriftlichen Unterlagen nicht ausreichen, der Nachweis im Rahmen eine Fachgespräch aber noch aussichtsreich erscheint. Auch bei Defiziten im Nachweis theoretischer Kenntnisse im Anwendungsbereich des § 4 Abs. 3 FAO ist die Durchführung eines Fachgesprächs im Grundsatz zulässig (BGH BRAK-Mitt. 2012, 243).

III. Durchführung und Inhalt des Fachgespräches

8 Wird das Fachgespräch durchgeführt, dann bestimmen sich Ladung, Durchführung und Gegenstand des Gesprächs nach §§ 7 Abs. 2, 24 Abs. 5, 7, 8, 9. Das Fachgespräch ist – wie auch bisher – Bestandteil des Nachweisverfahrens, es **ergänzt** den Nachweis durch Unterlagen (§§ 6,

24 Abs. 4), wenn nicht nach § 7 Abs. 1 S. 2 der Ausschuss von ihm absieht. Es handelt sich daher nicht um ein Prüfungsgespräch, sondern nur um eine **inhaltliche Nachweisprüfung.** Das Fachgespräch ist grundsätzlich nicht öffentlich. § 24 Abs. 6 S. 2 gewährleistet eine beschränkte Öffentlichkeit dadurch, dass die Mitglieder des Vorstandes und stellvertretenden Ausschussmitglieder sowohl am Fachgespräch als auch an der Beratung teilnehmen dürfen. Eine Verpflichtung, einen „anwaltlichen Vertreter" am Fachgespräch zum Zwecke der Protokollierung von Fragen und Antworten teilnehmen zu lassen, besteht für die Rechtsanwaltskammer nicht (AGH RhPf BRAK-Mitt. 2011, 88).

Das Fachgespräch tritt damit nicht als eigenständige, auf den gesamten Umfang des Fach- 9
gebietes bezogene Prüfung der fachlichen Qualifikation des Bewerbers durch den Fachausschuss neben die in § 6 geforderten Nachweise, sondern hat Bedeutung nur als ergänzende Beurteilungsgrundlage für die Fälle, in denen die Voraussetzungen nach §§ 4–6 nicht bereits durch schriftliche Unterlagen nachgewiesen sind, der Nachweis besonderer theoretischer Kenntnisse und praktischer Erfahrungen im Rahmen eines Fachgesprächs aber noch aussichtsreich erscheint (BGH BRAK-Mitt. 2005, 123 = AnwBl. 2005, 499; NJW 2003, 741 = MDR 2003, 300). Nur soweit der Nachweis der besonderen theoretischen Kenntnisse und/oder praktischen Erfahrungen durch Unterlagen nicht oder nicht voll gelungen ist, kann der Ausschuss durch das Fachgespräch eine diesbezügliche Klärung herbeizuführen suchen. Die nach § 7 Abs. 2 S. 1 anzugebenden Bereiche, die Gegenstand des Fachgespräches sein werden, werden also Bereiche sein, in denen der Ausschuss bezogen auf die schon vorliegenden Nachweise einen Klärungsbedarf sieht. Dem Ausschuss wird mit dem Fachgespräch lediglich die Möglichkeit an die Hand gegeben, die nach §§ 6, 24 Abs. 4 durch Unterlagen bereits eventuell unvollständig oder unklar – erbrachten Nachweise inhaltlich zu überprüfen und zu ergänzen. Der Fachausschuss ist nicht berechtigt, in der Ladung zum Fachgespräch „den gesamten Bereich des Fachgebiets als Gegenstands des Fachgesprächs anzukündigen und das anschließende Fachgespräch auf eine umfassende Prüfung zu erstrecken (BGH BRAK-Mitt. 2005, 123 = AnwBl. 2005, 499). Der bloße Hinweis in einer Ladung auf „kollektives Arbeitsrecht" (§ 10 Nr. 2) ist nicht konkret genug, um den Anforderungen des § 7 Abs. 2 zu genügen, wenn dieser Hinweis nicht erkennen lässt, ob die praktischen Erfahrungen oder theoretischen Kenntnisse auf diesem Gebiet behandelt werden sollen. Der Grundsatz rechtlichen Gehörs (→ BRAO § 109 Rn. 6) gebietet zudem, dass dem Rechtsanwalt mit der Ladung entweder die Gründe bekannt gemacht werden, die Veranlassung waren, vom Fachgespräch nicht abzusehen – beispielsweise durch Übersendung eines Votums mindestens in Auszügen – oder wenigstens in der Ladung die von § 7 Abs. 2 S. 1 geforderten Hinweise so konkret zu gestalten, dass eine sinnvolle Vorbereitung des Fachgesprächs für den Rechtsanwalt möglich ist (AGH BW BRAK-Mitt. 2006, 36).

Ein förmliches **Prüfungsgespräch** zum gesamten Umfang des Fachgebiets ist dem Ausschuss 10
mangels gesetzlicher Ermächtigungsgrundlage verschlossen. Nach § 43c Abs. 2 BRAO prüft der „Ausschuss der Kammer **die von dem Rechtsanwalt vorzulegenden Nachweise** über den Erwerb der besonderen Kenntnisse und Erfahrungen". Der Gesetzgeber hat damit den Fachausschüssen der Rechtsanwaltskammern keine selbständige Prüfungskompetenz hinsichtlich der Kenntnisse und Fähigkeiten des Antragstellers auf dem Fachgebiet zugeschrieben, sondern sie **auf die Überprüfung formalisierter Nachweise beschränkt** (BGH BRAK-Mitt. 2005, 123 = AnwBl. 2005, 499; *Holl* BRAK-Magazin 3/2002, 6). Nur soweit diese Nachweise (§ 6) im Einzelfall dem Ausschuss aufgrund ihres Gesamteindrucks zur Abgabe einer Stellungnahme nicht ausreichen, kann der Ausschuss diese Mängel der vorliegenden Unterlagen durch ein Fachgespräch zu beheben suchen. Das Fachgespräch darf **nicht als Prüfungsgespräch anstelle der Unterlagen (§ 6)** die wesentliche oder gar alleinige Grundlage für die Stellungnahme sein, sondern nur die vorgelegten Nachweise ergänzen. Inhaltlich sind an den Rechtsanwalt nur Fragen zu den nach § 7 Abs. 2 S. 1 angegebenen Bereichen aus dem Fachgebiet zu stellen, für das er die Verleihung der Fachanwaltsbezeichnung beantragt hat. Die Fragen dürfen sich sowohl auf die theoretischen Kenntnisse als auch auf die praktischen Erfahrungen bzgl. der nach § 7 Abs. 2 S. 1 bezeichneten Bereiche beziehen (vgl. BGH NJW 1997, 1307; BayAGH BRAK-Mitt. 1996, 35).

Fehlt es in der Ladung an einem begrenzenden Hinweis nach § 7 Abs. 2 S. 1 und auch im 11
Fachgespräch selbst an einer entsprechenden Stoffbegrenzung, dann sind sowohl die Ladung zum Fachgespräch als auch dessen Durchführung rechtswidrig und das rechtswidrig durchgeführte Fachgespräch darf nicht zum Nachteil des Bewerbers verwertet werden (BGH BRAK-Mitt. 2005, 123 = AnwBl. 2005, 499).

12 Nach § 7 Abs. 2 S. 4 ist über das Fachgespräch ein **Inhaltsprotokoll** – kein Wortprotokoll – zu führen, damit der letztlich entscheidende Kammervorstand (§ 43c Abs. 2 BRAO), der an das Votum des Ausschusses nicht gebunden ist, eine ausreichende Entscheidungsgrundlage hat. Der Begriff des „Inhaltsprotokolls" ist gesetzlich nicht definiert. Er ist daher durch Auslegung zu ermitteln, wobei maßgebend auf den Zweck der Niederschrift abzustellen ist. Das Protokoll hat die Aufgabe, den tatsächlichen Verlauf des Fachgesprächs zu dokumentieren. Damit soll eine Überprüfung ermöglicht werden, ob die Stellungnahme des Ausschusses gegenüber dem Vorstand der RAK (§ 24 Abs. 10 S. 1) und die – darin nicht gebundene – Entscheidung des Vorstandes der RAK über die Verleihung der Fachanwaltsbezeichnung hinsichtlich des Ergebnisses der Fachgespräche auf zutreffenden tatsächlichen Grundlagen beruhen. Aus der Beweisfunktion des Inhaltsprotokolls ist aber nicht die Forderung abzuleiten, das Inhaltsprotokoll müsse so ausgestattet sein, dass es dem Vorstand der RAK allein anhand des Inhaltsprotokolls – und damit unabhängig von der abschließenden Stellungnahme des Fachausschusses (§ 24 Abs. 10 S. 1) – möglich sei, das Fachgespräch Schritt für Schritt nachzuvollziehen und anhand der protokollierten Fragen und Antworten im Einzelnen zu überprüfen, ob der Fachausschuss die Antworten des Bewerbers mit Recht als richtig, falsch oder vertretbar bewertet hat (BGH BRAK-Mitt. 2005, 123 = AnwBl. 2005, 499; **aA** AGH RhPf BRAK-Mitt. 2004, 131). Eine so weitgehende Dokumentation des tatsächlichen Verlaufs einer mündlichen Prüfung ist bei berufsbezogenen Prüfungen aus verfassungsrechtlichen Gründen nicht geboten und hinsichtlich des Fachgesprächs auch nicht deshalb zu fordern, weil § 7 Abs. 2 S. 4 ein Inhaltsprotokoll ausdrücklich verlangt. Die Anforderungen, die an das Inhaltsprotokoll zu stellen sind, werden dadurch beschränkt, dass die Protokollierung des Fachgesprächs im Interesse eines ungestörten Prüfungsablaufs nur in begrenztem Umfang möglich und sachgerecht ist.

13 Nach der ständigen und vom BVerfG bestätigten Rechtsprechung des BVerwG verlangen weder das Grundrecht der Berufsfreiheit (Art. 12 Abs. 1 GG) noch die Rechtsschutzgarantie des Art. 19 Abs. 4 GG bei berufsbezogenen Prüfungen eine umfassende Protokollierung der Fragen und Antworten in der mündlichen Prüfung (BVerwG DVBl. 1994, 641; BVerfG NVwZ 1997, 263). Was nach der Rechtsprechung des BVerwG für Prüfungen gilt, die den Zugang zu einem Beruf regeln und damit die Berufswahlfreiheit einschränken, hat erst recht für die Bestimmung der FAO über das Fachgespräch zu gelten, die lediglich die anwaltliche Berufsausübung regeln und einschränken. Auch im Fachgespräch ist eine Protokollierung des mündlichen Prüfungsgeschehens nur in beschränktem Umfang möglich und sachgerecht (BGH BRAK-Mitt. 2005, 123, 125 = AnwBl. 2005, 499).

IV. Rechtsschutz

14 Die Entscheidung des Ausschusses gemäß § 7 Abs. 1 S. 2 von der Führung eines Fachgesprächs **abzusehen** (→ § 7 Rn. 5, 7) ist für den Antragsteller **nicht** nach § 112a BRAO **anfechtbar,** da es sich dabei nur um eine kammerinterne Vorbereitungshandlung für die Entscheidung des Kammervorstandes (§ 43c Abs. 2 BRAO) handelt. Der Antragsteller wird davon regelmäßig auch keine Kenntnis erlangen.

15 Anders verhält es sich mit der **Ladung zum Fachgespräch** (§ 7 Abs. 1 S. 1, Abs. 2, § 24 Abs. 5). In dem Zusammenhang muss dem Rechtsanwalt mitgeteilt werden, warum der Fachausschuss den Nachweis praktischer Erfahrungen nicht als geführt ansieht (BVerfG NJW-RR 1998, 1001 = MDR 1998, 499 = BRAK-Mitt. 1998, 145 = AnwBl. 1998, 277; BGH BRAK-Mitt. 2005, 123 = AnwBl. 2005, 499). Die Entscheidung des Ausschusses, den Rechtsanwalt zum Fachgespräch zu laden, ist **gerichtlich überprüfbar** (BGH BRAK-Mitt. 2005, 123 = AnwBl. 2005, 499; NJW 1997, 1307 = BRAK-Mitt. 1997, 128 = AnwBl. 1997, 223; NJW 1999, 2677 = MDR 1999, 1227 = BRAK-Mitt. 1999, 271; *Zimmerling/Brehm* AnwBl. 1998, 119; vgl. auch BVerfG NJW-RR 1998, 1001 = BRAK-Mitt. 1998, 145, jeweils zu § 7 aF). In der Literatur ist umstritten, ob die Ladung zu einem Fachgespräch isoliert mit der Anfechtungsklage angegriffen werden kann (bejahend BayAGH BRAK-Mitt. 1996, 205 zu § 7 aF; Henssler/Prütting/*Hartung* § 7 Rn. 17; **aA** Hartung/*Scharmer* § 7 Rn. 81 mwN). Zwar wird mit der Ladung zum Fachgespräch – anders als nach der bisherigen Regelung (→ § 7 Rn. 2; 5. Aufl. § 7 Rn. 5, § 24 Rn. 14) – nunmehr nur die grundsätzlich obligatorische Regelvorschrift des § 7 Abs. 1 S. 1 für die Vorbereitung der Stellungnahme des Ausschusses umgesetzt. Gleichwohl ist nicht zu verkennen, dass im Hinblick auf § 7 Abs. 1 S. 2 der Ausschuss mit der Ladung zu

erkennen gibt, dass er der Auffassung ist, er könne seine Stellungnahme nach dem Gesamteindruck der vorgelegten Unterlagen nicht erstatten. Die Ladung zum „Regelfachgespräch" nach § 7 Abs. 1 S. 1 beinhaltet weiterhin die **Mitteilung,** die von dem Antragsteller vorgelegten **Unterlagen reichten als Nachweis der besonderen theoretischen Kenntnisse und praktischen Erfahrungen nicht aus.** Dennoch findet seit dem 1.9.2009 nach § 32 BRAO das Verwaltungsverfahrensgesetz für das Verwaltungsverfahren nach der BRAO und nach § 112c Abs. 1 BRAO die VwGO für das Verfahren vo der dem AGH Anwendung. Die Ladung zum Fachgespräch ist mangels abweichender Regelung in der FAO als reine vorbereitende Verfahrenshandlung zu qualifizieren, die nicht isoliert anfechtbar ist (vgl. NdsAGH BRAK-Mitt. 2014, 214).

§ 8 Nachzuweisende besondere Kenntnisse im Verwaltungsrecht

Für das Fachgebiet Verwaltungsrecht sind nachzuweisen

(1) **besondere Kenntnisse in den Bereichen:**

a) **allgemeines Verwaltungsrecht,**
b) **Verfahrensrecht,**
c) **Recht der öffentlich-rechtlichen Ersatzleistung.**

(2) **Besondere Kenntnisse in zwei Bereichen des besonderen Verwaltungsrechts, von denen einer aus folgenden Gebieten gewählt sein muss:**

a) **öffentliches Baurecht,**
b) **Abgabenrecht, so weit die Zuständigkeit der Verwaltungsgerichte gegeben ist,**
c) **Wirtschaftsverwaltungsrecht (Gewerberecht, Handwerksrecht, Wirtschaftsförderungsrecht, Gaststättenrecht, Berg- und Energierecht),**
d) **Umweltrecht (Immissionsschutzrecht, Abfallrecht, Wasserrecht, Natur- und Landschaftsschutzrecht),**
e) **öffentliches Dienstrecht.**

I. Pflichtbereiche (Nr. 1)

§ 8 verlangt von dem Bewerber für die Fachanwaltsbezeichnung auf dem Gebiet des Verwaltungsrechts den Nachweis besonderer Kenntnisse in den Pflichtbereichen des Abs. 1 und in 2 Wahlpflichtbereichen gemäß Abs. 2. § 8 Nr. 1 sieht vor, dass der Bewerber für das Fachgebiet Verwaltungsrecht besondere Kenntnisse im allgemeinen Verwaltungsrecht, im Verfahrensrecht und im Recht der öffentlich-rechtlichen Ersatzleistung nachweisen muss. 1

Zu dem **allgemeinen Verwaltungsrecht** gehören die für alle Gebiete des besonderen Verwaltungsrechts – von geringfügigen Modifikationen abgesehen – gleichermaßen gültigen Rechtsnormen, die als Ganzes nicht kodifiziert sind (*Achterberg,* Allgemeines Verwaltungsrecht, 2. Aufl. 1986, § 1 Rn. 54). Dazu gehören insbesondere das Recht der Verwaltung im System der Gesamtrechtsordnung, die Arten öffentlicher Verwaltung, das Verhältnis des allgemeinen Verwaltungsrechts zum Verwaltungsverfahrensrecht und zum Verwaltungsprozessrecht, die Grundsätze rechtsstaatlichen Verwaltungshandelns, insbesondere der Grundsatz der Gesetzmäßigkeit der Verwaltung, aber auch die Rechtsquellen des Verwaltungsrechts, die Handlungsformen öffentlicher Verwaltung, Freiheit und Bindung des Verwaltungshandelns, die Lehre vom Verwaltungsakt und die damit zusammenhängenden Themenbereiche wie Begriffsmerkmale, Funktion, Nebenbestimmungen, Bestimmtheit, Form, Begründung und Bekanntgabe, Wirksamkeit, Fehlerhaftigkeit und Aufhebung durch Rücknahme bzw. Widerruf. Auch das Handeln der Verwaltung durch öffentlich-rechtliche Verträge gehört hierher (Hartung/*Scharmer* § 8 Rn. 5). 2

Das **Verfahrensrecht** nach Nr. 1b umfasst das unmittelbare Verwaltungsverfahren und allgemeine Verfahrensgrundsätze. Es erfasst auch das Verwaltungsprozessrecht und Fragen des vorläufigen Rechtsschutzes (Hartung/*Scharmer* § 8 Rn. 7). 3

Das **Recht der öffentlich-rechtlichen Ersatzleistung** umfasst das frühere Staatshaftungsrecht unter anderem mit seinen Themenschwerpunkten Amtshaftung, Haftung in öffentlich-rechtlichen Schuldverhältnissen, Folgenbeseitigungsanspruch, Enteignung, enteignungsgleicher Eingriff (Hartung/*Scharmer* § 8 Rn. 8; *Sellner* AnwBl. 1994, 3). 4

II. Wahlpflichtbereiche (Nr. 2)

5 Neben dem Nachweis in allen Pflichtbereichen der Nr. 1 muss der Bewerber besondere Kenntnisse in zwei Bereichen des besonderen Verwaltungsrechts nachweisen. Dabei muss ein Bereich aus dem in Nr. 2 genannten Bereichen stammen. Der Bewerber kann aber auch beide Bereiche aus den unter Nr. 2 aufgeführten auswählen, das „muss" bedeutet nur, dass mindestens einer der genannten Bereiche im Katalog Nr. 2 aufgeführt sein muss (Hartung/*Scharmer* § 8 Rn. 9). Als zweiter Wahlpflichtbereich der nicht in Nr. 2 genannten Bereiche, der neben einem der in Nr. 2 genannten gewählt werden kann, kommen alle Rechtsgebiete in Betracht, die im aufgehobenen früheren § 3 Nr. 2 des Fachanwaltsbezeichnungsgesetzes vom 27.2.1992 (BGBl. I S. 369) aufgeführt waren, zB das Kommunalrecht, das Straßenverkehrsrecht, das Polizei- und Ordnungsrecht usw.

§ 9 Nachzuweisende besondere Kenntnisse im Steuerrecht

Für das Fachgebiet Steuerrecht sind besondere Kenntnisse nachzuweisen in den Bereichen:

1. Buchführung und Bilanzwesen einschließlich des Rechts der Buchführung und des Jahresabschlusses,
2. Allgemeines Abgabenrecht einschließlich Bewertungs- und Verfahrensrecht,
3. Besonderes Steuer- und Abgabenrecht in den Gebieten:
   a) Einkommen-, Körperschaft- und Gewerbesteuer,
   b) Umsatzsteuer- und Grunderwerbsteuerrecht,
   c) Erbschaft- und Schenkungssteuerrecht,
4. Steuerstrafrecht sowie Grundzüge des Verbrauchsteuer- und internationalen Steuerrechts einschließlich des Zollrechts.

1 § 9 verlangt, dass der Bewerber um die Berechtigung zur Führung der Fachanwaltsbezeichnung für das Fachgebiet Steuerrecht besondere Kenntnisse **in allen vier** genannten **Gebieten** aufweisen muss. Dem Bereich „Buchführung und Bilanzwesen" (Nr. 1) wird dabei schon dadurch besondere Bedeutung zugemessen, dass der Lehrgang zum Erwerb der besonderen theoretischen Kenntnisse (§ 4) im Fachgebiet Steuerrecht neben den üblichen 120 Zeitstunden weitere 40 Zeitstunden für Buchhaltung und Bilanzwesen umfassen muss (§ 4 Abs. 1 S. 3).

2 In Nr. 4 hat die Satzungsversammlung in der Sitzung am 15.6.2009 eine Klarstellung vorgenommen. Der Terminus „Außensteuerrecht" führte zu in der Vergangenheit bei den Vorprüfungsausschüssen der Rechtsanwaltskammern Unklarheiten bezüglich der Gebiete, die hier gemeint sind. Deshalb hat die Satzungsversammlung beschlossen, den Begriff „Außensteuerrecht" durch „Internationales Steuerrecht" ersetzen. Der von dem Ausschuss eins der Satzungsversammlung vorgeschlagene erläuternde Zusatz, was darunter zu fassen ist, hat die Satzungsversammlung nicht mit in den Verordnungstext aufgenommen.

3 Die Satzungsversammlung hat ferner in der Sitzung am 15.6.2009 klargestellt, dass die Antragsteller hinsichtlich des Steuerstrafrechts nicht nur Grundzüge, sondern besondere Kenntnisse nachzuweisen haben. Insoweit hat die Satzungsversammlung eine Verschärfung der Voraussetzungen beschlossen, weil ursprünglich auch hinsichtlich des Steuerstrafrechts lediglich **Kenntnisse von den Grundzügen** des Steuerstrafrechts ausreichten. Das gilt nunmehr nur noch bezüglich des Verbrauchssteuer- und internationalen Steuerrechts einschließlich des Zollrechts.

4 Auch ein Rechtsanwalt, der zugleich **Steuerberater** ist, darf die Bezeichnung „Fachanwalt für Steuerrecht" erwerben und führen (OLG Schleswig AnwBl. 1991, 214 = BRAK-Mitt. 1991, 173, Ls.). Aber auch er muss wie jeder andere Bewerber nach §§ 5, 6 praktische Erfahrungen nachweisen (vgl. Bochumer Empfehlungen 1993, BRAK-Mitt. 1993, 83, 85, III 2.c). Von einem Nachweis theoretischer Kenntnisse durch eine Lehrgangsteilnahme (§§ 4, 6 Abs. 2) kann regelmäßig abgesehen werden, da diese Kenntnisse nach Ablegung der – ungleich schwereren – Steuerberaterprüfung als nachgewiesen gelten können (Hartung/*Scharmer* § 9 Rn. 14) und eine solche Lehrgangsteilnahme nur „in der Regel" zum Erwerb der besonderen theoretischen Kenntnisse erforderlich ist (§ 4 Abs. 1). Auch durch den erfolgreichen Abschluss der Laufbahnprüfung für den gehobenen Dienst in der Steuerverwaltung erbringt der Rechtsanwalt in der Regel den

Nachweis besonderer Kenntnisse im Steuerrecht, wenn er in der Zwischenzeit seinen Kenntnisstand durch geeignete Maßnahmen gesichert und fortentwickelt hat (BGH NJW 1999, 2677 = MDR 1999, 1227 = BRAK-Mitt. 1999, 271 zu §§ 8, 10 RAFachBezG).

§ 10 Nachzuweisende besondere Kenntnisse im Arbeitsrecht

Für das Fachgebiet Arbeitsrecht sind besondere Kenntnisse nachzuweisen in den Bereichen:

1. Individualarbeitsrecht
  a) Abschluss, Inhalt und Änderung des Arbeits- und Berufsausbildungsvertrages,
  b) Beendigung des Arbeits- und Berufsausbildungsverhältnisses einschließlich Kündigungsschutz,
  c) Grundzüge der betrieblichen Altersversorgung,
  d) Schutz besonderer Personengruppen, insbesondere der Schwangeren und Mütter, der Schwerbehinderten und Jugendlichen,
  e) Grundzüge des Arbeitsförderungs- und des Sozialversicherungsrechts,

2. Kollektives Arbeitsrecht
  a) Tarifvertragsrecht,
  b) Personalvertretungs- und Betriebsverfassungsrecht,
  c) Grundzüge des Arbeitskampf- und Mitbestimmungsrechts,

3. Verfahrensrecht.

§ 10 verlangt von dem Bewerber um die Berechtigung zur Führung der Fachanwaltsbezeichnung für das Fachgebiet Arbeitsrecht den Nachweis besonderer Kenntnisse **in allen drei** genannten Bereichen, nämlich 1.) im Individualarbeitsrecht, 2.) im kollektiven Arbeitsrecht und 3.) im Verfahrensrecht. Die ursprünglichen in Nr. 1 und Nr. 2 vorgesehenen umfangreichen Klammerzusätze hat die Satzungsversammlung in der Sitzung am 15.6.2009 aufgegeben und durch Einführung einer Untergliederung klarer gefasst. Eine inhaltliche Änderung ist mit dieser Neufassung nicht verbunden. Nach wie vor belegt das in Nr. 1 angeführte Individualarbeitsrecht, dass dieses Gebiet den weitaus wichtigsten Teilbereich des Arbeitsrechts darstellt. Mit Beschluss vom 6.12.2010 hat die Satzungsversammlung eine redaktionelle Klarstellung in **Nr. 1** vorgenommen. Weil der Inhalt des Arbeit- und Berufsausbildungsvertrages systematisch zum Abschluss des Vertrages gehört, wurde der Begriff „Inhalt" in Nr. 1 lit. a eingefügt und entsprechend in Nr. 1 lit. b gestrichen. Der Bewerber muss aber auch in den weniger umfangreichen aber gleichwertigen Teilbereichen zu Nr. 2 und 3 besondere Kenntnisse nachweisen. 1

Nr. 1 verlangt zum **Individualarbeitsrecht** besondere Kenntnisse zum **Recht des Arbeitsvertrages,** zu dessen Abschluss, Inhalt und Änderung. Damit sind die Regeln des Einstellungsgespräches, Fragen der Diskriminierung einzelner Arbeitnehmer, die Befristung von Arbeitsverhältnissen mit deren Zulässigkeit und Voraussetzungen, die Arbeitspflicht und Nebenpflichten des Arbeitnehmers, die Nicht- und Schlechtleistung, die Entgeltfortzahlungspflicht des Arbeitgebers und dessen Nebenpflichten, Entgeltfortzahlung, Urlaub, Gleichbehandlung und Gleichberechtigung, Teilzeitarbeitsverhältnisse, Leiharbeit und Betriebsübergang mit erfasst (Hartung/*Scharmer* § 10 Rn. 7). 2

Zur **Beendigung des Arbeitsverhältnisses** einschließlich des Kündigungsschutzes gehören der Tod eines der Vertragspartner, der Aufhebungsvertrag, die Befristung des Arbeitsverhältnisses, die ordentliche und die außerordentliche Kündigung, die Änderungskündigung und der besondere Kündigungsschutz (zB für Schwangere und Mütter, Schwerbehinderte, Wehrpflichtige, Zivildienstleistende, für betriebsverfassungsrechtliche bzw. personalvertretungsrechtliche Amtsinhaber und Erziehungsurlaubsberechtigte) sowie die Anzeigepflicht von Entlassungen und Kündigungsfristen (Hartung/*Scharmer* § 10 Rn. 10). 3

Das **Berufsbildungsrecht** nach dem Berufsbildungsgesetz umfasst die Begründung eines Ausbildungsverhältnisses, dessen Inhalt und Beendigung. Die Pflichten des Auszubildenden und des Ausbildenden, das Prüfungswesen, der Übergang des Ausbildungsverhältnisses in ein Arbeitsverhältnis und Fragen des Fortbildungsverhältnisses gehören ebenfalls dazu. 4

Zu den nachzuweisenden besonderen Kenntnissen in den Grundzügen der **betrieblichen Altersversorgung** gehören Fragen des persönlichen Anwendungsbereichs, die Durchführungs- 5 wege, einvernehmliche, einseitiger oder kollektivrechtliche Änderungen, der Insolvenzschutz, Auswirkung eines Betriebsübergangs, die Thematik betrieblicher Altersversorgung und Versorgungsausgleich sowie die Beendigung des Ruhestandsverhältnisses.

6 Neben den in Nr. 1 schon erwähnten Personengruppen, die **verstärkten arbeitsrechtlichen Schutz** genießen wie Schwangere, Schwerbehinderte pp., gehören auch Erziehungsurlaubsberechtigte, Wehrdienstleistende und in Heimarbeit Beschäftigte dazu, deren Schutzrechte der Bewerber kennen muss.

7 Nachzuweisen sind auch besondere Kenntnisse zu den Grundzügen des **Arbeitsförderungsrechts.** Dazu gehören Insolvenzgeld, Kurzarbeitergeld, Arbeitslosengeld, Arbeitslosengeld II sowie Sonderfragen der Erstattungspflicht, Ruhen des Anspruchs auf Leistungen, Verhängung von Sperrzeiten sowie die steuer- und sozialversicherungsrechtliche Behandlung von Abfindungen. Hinsichtlich der zu verlangenden Kenntnisse zu den Grundzügen des Sozialversicherungsrechts kann auf § 11 verwiesen werden (→ § 11 Rn. 1 ff.).

8 Nach **Nr. 2** hat der Bewerber im **kollektiven Arbeitsrecht** besondere Kenntnisse im Tarifvertragsrecht, im Personalvertretungs- und Betriebsverfassungsrecht sowie in den Grundzügen des Arbeitskampf- und Mitbestimmungsrechts nachzuweisen. Das Tarifvertragsrecht schließt auch ein das Recht der Koalitionen (Art. 9 Abs. 3 GG), Koalitionsfreiheit für Arbeitnehmer- und Arbeitgebervereinigungen sowie deren Binnenrecht. Der Begriff des Tarifvertrages und dessen Parteien, schuldrechtlicher und normativer Teil gehören zu den erforderlichen Kenntnissen wie auch die Tarifbindung, die Allgemeinverbindlichkeitserklärung, Geltungsbereich und Wirkung des Tarifvertrages auf das individuelle Arbeitsrecht.

9 Das **Personalvertretungs- und Betriebsverfassungsrecht** beinhaltet die Grundlagen der Mitbestimmung, die Grundbegriffe des Betriebsverfassungsgesetzes, die Organe der Betriebsverfassung, Beteiligung des Betriebsrates an den Entscheidungen des Arbeitgebers, die erzwingbaren Mitbestimmungsrechte in sozialen Angelegenheiten, die Mitbestimmung in personellen und in wirtschaftlichen Angelegenheiten sowie die entsprechenden Regelungsinhalte des Personalvertretungsrechts.

10 Zu den Grundzügen des **Arbeitskampf- und Mitbestimmungsrechts** zählen die Grundlagen des Arbeitskampfrechts, rechtmäßiger und rechtswidriger Arbeitskampf, Streik, Aussperrung, Boykott und Schlichtung.

11 Nach **Nr. 3** müssen die Bewerber auch im **Verfahrensrecht** besondere Kenntnisse nachweisen. Dazu gehören insbesondere das Urteilsverfahren (Zuständigkeiten, Verfahrensgrundsätze, Güteverfahren, Rechtsmittel, Änderungs- und Bestandsschutz, das Beschlussverfahren, Beteiligte, Antrag, Verfahren, Entscheidung und Rechtsmittel) und Streitigkeiten aus der Berufsausbildung. Den praktisch wichtigsten Teilbereich des Verfahrensrechts bildet die Kündigungsschutzklage nach dem Kündigungsschutzgesetz einschließlich ihrer möglichen betriebsverfassungsrechtlichen Einwirkungen (*Offermann-Burckart* Rn. 119; Hartung/*Scharmer* § 10 Rn. 17).

§ 11 Nachzuweisende besondere Kenntnisse im Sozialrecht

Für das Fachgebiet Sozialrecht sind besondere Kenntnisse nachzuweisen in den Bereichen:

1. allgemeines Sozialrecht einschließlich Verfahrensrecht,
2. besonderes Sozialrecht
  a) Arbeitsförderungs- und Sozialversicherungsrecht (Krankenversicherung, Unfallversicherung, Rentenversicherung, Pflegeversicherung),
  b) Recht der sozialen Entschädigung bei Gesundheitsschäden,
  c) Recht des Familienlastenausgleichs,
  d) Recht der Eingliederung Behinderter,
  e) Sozialhilferecht,
  f) Ausbildungsförderungsrecht.

1 Für das Fachgebiet Sozialrecht muss der Bewerber besondere Kenntnisse sowohl im allgemeinen Sozialrecht (SGB I und SGB IV) einschließlich Verfahrensrecht (Nr. 1) (SGB X und SGG) als auch im besonderen Sozialrecht (Nr. 2) nachweisen. Nr. 2 legt die zu kennenden Teilbereiche des besonderen Sozialrechts abschließend fest. Im Gegensatz zu dem früher geltenden Klammer-

zusatz hat die Satzungsversammlung in der Sitzung am 15.6.2009 beschlossen, eine Aufzählung der Teilbereiche mit Buchstaben vorzunehmen. Es handelt sich um eine reine redaktionelle Änderung. Zu diesen Teilbereichen gehören das **Arbeitsförderungsrecht** mit den Regelungen zu Arbeitslosengeld, Arbeitslosengeld II, berufliche Rehabilitation, Winterbauförderung, Maßnahmen zur Arbeitsbeschaffung und Insolvenzgeld; das **Sozialversicherungsrecht** mit dem Recht der gesetzliche Krankenversicherung, Unfallversicherungsrecht, Rentenversicherungsrecht sowie mit dem Recht der **Pflegeversicherung.** Zum besonderen Sozialrecht zählt ferner das Recht des Familienlastenausgleichs (SGB VIII) mit den Regelungen des Bundeserziehungsgeldgesetzes und des Kindergeldgesetzes sowie das Recht der Eingliederung Behinderter und das Sozialhilferecht, zu dem es neben den sozialstaatlichen Grundlagen auch das materielle Sozialhilferecht einschließlich der Anspruchsgrundlagen, Hilfe zum Lebensunterhalt zu zählen ist. Schließlich umfasst das besondere Sozialrecht auch das Ausbildungsförderungsrecht mit dem Recht zur Förderung der beruflichen Bildung und der Förderung der Arbeitsaufnahme (vgl. Hartung/*Scharmer* § 11 Rn. 8 ff.).

§ 12 Nachzuweisende besondere Kenntnisse im Familienrecht

Für das Fachgebiet Familienrecht sind nachzuweisen besondere Kenntnisse in den Bereichen:

1. **materielles Ehe-, Familien- und Kindschaftsrecht unter Einschluss familienrechtlicher Bezüge zum Erb-, Gesellschafts-, Sozial-, Schuld-, Steuer- und Vollstreckungsrecht und zum öffentlichen Recht, der nichtehelichen Lebensgemeinschaft und der eingetragenen Lebenspartnerschaft,**
2. **familienrechtliches Verfahrens- und Kostenrecht,**
3. **Internationales Privatrecht im Familienrecht,**
4. **Theorie und Praxis familienrechtlicher Mandatsbearbeitung und Vertragsgestaltung.**

§ 12 Nr. 1 wurde mit den Beschlüssen vom 7.11.2002 und 20.3.2003 (BRAK-Mitt. 2003, 67; 1
BRAK-Mitt. 2003, 125) erweitert. § 12 bestimmt, in welchen Bereichen der Bewerber für den Fachanwalt auf dem Gebiet des Familienrechts besondere Kenntnisse nachweisen muss (§ 2 Abs. 1, § 4). Es werden besondere Kenntnisse in dem in **Nr. 1 bezeichneten materiellen Familienrecht** im weitesten Sinne verlangt. Dazu gehört nicht nur der gesamte Regelungsumfang des Vierten Buches des BGB (§§ 1297–1921) mit Eherecht, Verwandtschaft, Vormundschaft, Rechtlicher Betreuung und Pflegschaft, die nichteheliche Lebensgemeinschaft mit deren Teilregelungen in verschiedenen Gesetzen und durch höchstrichterliche Entscheidungen (vgl. Palandt/*Brudermüller* BGB Einl. vor § 1297 Rn. 10 ff.) sowie die Lebenspartnerschaft nach dem Gesetz zur Beendigung der Diskriminierung gleichgeschlechtlicher Gemeinschaften: Lebenspartnerschaften vom 16.2.2001 (BGBl. I S. 266). Vielmehr gehört zu dem materiellen Recht auch all das, das sich aus den genannten Gebieten an Bezügen zum Erb-, Gesellschafts- und Sozial- und Steuerrecht ergibt, dh wie sich die verschiedenen familienrechtlichen Konstellationen in den genannten Rechten auswirken. So muss der Antragsteller zB darlegen können, wie sich eine Eheschließung bzw. -scheidung erbrechtlich auf Kinder und sonstige Verwandte auswirkt. Mit Beschluss vom 15.6.2009 hat die Satzungsversammlung eine weitere Änderung der Nr. 1 vorgenommen und beschlossen, dass sich die besonderen Kenntnisse im Familienrecht auch auf dem Bereich Schuld- und Vollstreckungsrecht erstrecken müssen, da das Vollstreckungsrecht für die sehr häufig streitigen Unterhaltsforderungen, Zugewinnausgleichsverfahren sowie die Probleme des Aufenthaltsbestimmungs- und Sorgerechts eine besondere Rolle spielt. Lediglich aus redaktionellen Gründen ist in § 12 Nr. 1 das Gebiet des rechts der Lebenspartnerschaft ergänzt worden. Hiermit wollte die Satzungsversammlung klarstellen, dass die „eingetragene Lebenspartnerschaft" gemeint ist.

Nr. 2 verlangt besondere Kenntnisse im **familienrechtlichen Verfahrens- und Kosten-** 2
recht. Dies beinhaltet neben den allgemeinen verfahrensrechtlichen Regeln insbesondere das Verbundverfahren. Aber auch die prozessualen Besonderheiten des Unterhaltsprozesses bezüglich Darlegungs- und Beweislast, Auskunfts- und Leistungsklage, Rückforderung überzahlten Unterhalts und vorläufigen Rechtsschutz müssen bekannt sein. Die familienrechtlichen Fragen des Kostenrechts erfassen die isolierten Familiensachen, Verbundverfahren und den vorläufigen

Rechtsschutz sowie die außergerichtliche Tätigkeit. Besonders bedeutsam sind die Fragen der Prozesskostenhilfe.

3 **Nr. 3** verlangt besondere Kenntnisse des **Internationalen Privatrechts im Familienrecht.** Damit werden insbesondere besondere Kenntnisse zu Kapitel 2, 3. Abschnitt des Einführungsgesetzes zum BGB verlangt, in dessen Art. 13–24 EGBGB die Regelung des internationalen Familienrechts enthalten ist (vgl. Palandt/*Thorn* EGBGB Art. 13–24; EuEheVO, EuUnthVO). Ehen mit oder unter Ausländern werfen Probleme des Internationalen Privatrechts auf. Der Bewerber muss daher die Rechtsquellen und die grundlegenden Begriffe des internationalen Privatrechts, internationale Zuständigkeit und Anerkennung ausländischer Entscheidungen in allen Familienrechtssachen wie zB Ehescheidungen, Eheauflösungen, Legitimation, Adoption, Vormundschaft, Pflegschaft pp. beherrschen. Auch über die Inlandsvollstreckung ausländischer Unterhaltstitel muss er besondere Kenntnisse haben (Hartung/*Scharmer* § 12 Rn. 11).

4 Aus **Nr. 4** ist insbesondere die familienrechtliche Mandatsbearbeitung und Mandatsgestaltung, wie zB Unterhaltsverträge, Eheverträge, Scheidungsfolgenvereinbarungen wichtig.

§ 13 Nachzuweisende besondere Kenntnisse im Strafrecht

Für das Fachgebiet Strafrecht sind besondere Kenntnisse nachzuweisen in den Bereichen:

1. **Methodik und Recht der Strafverteidigung und Grundzüge der maßgeblichen Hilfswissenschaften,**
2. **materielles Strafrecht einschließlich Jugend-, Betäubungsmittel-, Verkehrs-, Wirtschafts- und Steuerstrafrecht;**
3. **Strafverfahrensrecht einschließlich Jugendstraf- und Ordnungswidrigkeitenverfahren sowie Strafvollstreckungs- und Strafvollzugsrecht.**

Schrifttum: *Gatzweiler,* Vom Selbstverständnis der Strafverteidigung, AnwBl. 2005, 663.

1 Der Bewerber um die Berechtigung zur Führung der Fachanwaltsbezeichnung für das Fachgebiet Strafrecht muss **auf allen drei** in § 13 genannten Teilbereichen besondere Kenntnisse nachweisen. Während die Bereiche materielles Strafrecht und Strafverfahrensrecht einschließlich ihrer Nebengebiete (Nr. 2 und 3) klar umrissen sind, fehlt es hinsichtlich Methodik und Recht der Strafverteidigung pp. (Nr. 1) an einer klaren Abgrenzung, zumal es auch dabei teilweise um Kenntnisse aus den Bereichen zu Nr. 2 und 3 geht, allerdings eingeengt auf den Bereich der Strafverteidigung und der Methodik ihrer Anwendung dabei.

2 **Nr. 1** betrifft daher neben besonderen Kenntnissen von Methodik und Recht des in Nr. 2 und 3 angeführten Rechts, soweit dieses speziell für die Strafverteidigung relevant ist, auch sonstige Kenntnisse aus anderen Rechtsgebieten und Hilfswissenschaften, soweit diese für eine Strafverteidigung maßgeblich sind.

3 Während **Nr. 2** und **Nr. 3** das Straf- und Strafverfahrensrecht in ihrem ganzen Umfang erfassen, also auch deren Gebiete, die für den Strafverteidiger weniger bedeutsam sind, wohl aber für einen Rechtsanwalt, der zB als Vertreter des Verletzten sich am Verfahren beteiligt (§§ 374–406h StPO), der für eine Privatperson Auskünfte und Akteneinsicht begehrt (§ 475 StPO) oder der zB einen Geschädigten hinsichtlich Strafanzeige und Strafantrag (§ 158 StPO) berät und vertritt, beschränken sich die zu Nr. 1 verlangten besonderen Kenntnisse aus dem Straf- und Strafverfahrensrecht vorrangig auf die Bestimmungen, die Aufgaben und Rechtsstellung des Verteidigers, seine Rechte und Pflichten regeln. Damit sind insbesondere alle Fragen im Zusammenhang mit den §§ 137–149 StPO aber auch mit §§ 258, 261 StGB (vgl. zB BVerfGE 110, 226 = NJW 2004, 1305 = JZ 2004, 670 mit Anm. *Wohlers* = BRAK-Mitt. 2004, 126 = AnwBl. 2004, 309) erfasst. Da die Rechte und Pflichten eines Strafverteidigers bei seinen Verteidigungshandlungen auch von sonstigen Regeln, vorrangig der Strafprozessordnung bestimmt werden, spielen auch diese beim „Recht der Strafverteidigung" eine Rolle. So muss der Strafverteidiger, will er einen Beweisantrag stellen, die Regeln der §§ 244 ff. StPO beachten. Daher dürfen auch solche Fragen zum Beweisrecht, zum Haftrecht, zur Beschlagnahme pp. im Zusammenhang mit Fragen der diesbezüglichen Verteidigerhandlung gestellt werden.

4 Aber zu „Methodik und Recht der Strafverteidigung" gehören neben solchen Kenntnissen aus in Nr. 2 und 3 erfassten Rechtsgebieten auch solche aus anderen Rechtsgebieten und den für die

Strafverteidigung maßgeblichen Hilfswissenschaften. So sind bei der Übernahme und Führung der Strafverteidigung nicht nur die §§ 137 ff. StPO zu beachten, sondern auch zivilrechtliche Bestimmungen (§§ 675, 611 BGB). Auch hier sind die aus dem Anwaltsvertrag sich ergebenden Beratungs- und Belehrungspflichten relevant. So kann zB der Verteidiger, um dessen Schadensersatzpflichten zu vermeiden, gehalten sein, den Mandanten bzw. dessen Geldgeber im Falle der Bereitstellung von Kautionszahlungen bei Außervollzugsetzung eines Haftbefehls zu belehren, dass es zur Vermeidung von Pfändungen des Rückzahlungsanspruchs durch Gläubiger des Mandanten sinnvoll sein kann, den Rückzahlungsanspruch an den Geldgeber abzutreten (BGH MDR 2005, 58 = BRAK-Mitt. 2004, 261 mit Anm. *Chab*). Auch taktische Fragen des Agierens im Ermittlungs-, Zwischen- und Hauptverfahren spielen eine Rolle. Welche Rechte und Pflichten haben der Beschuldigte und der Verteidiger in den einzelnen Phasen und wie geht man sinnvollerweise damit um?

Maßgebliche Hilfswissenschaften im Rahmen der Strafverteidigung, deren Grundzüge der 5
Bewerber kennen muss, sind insbesondere die Psychologie, Soziologie, Medizin und Kriminalistik.

Zu den Bereichen des **materiellen Strafrechts nach Nr. 1** gehört zunächst das Kerngesetz 6
des Strafrechts, das Strafgesetzbuch mit seinem Allgemeinen und Besonderen Teil, aber auch das Völkerstrafgesetzbuch vom 26.6.2002 (BGBl. I S. 2254). Ferner gehören dazu die materiellen Strafbestimmungen aus dem Jugend-, Betäubungsmittel-, Verkehrs-, Wirtschafts- und Steuerstrafrecht.

Das **Strafverfahrensrecht nach Nr. 3** umfasst neben den Regeln der StPO auch das interlo- 7
kale und internationale Strafverfahrensrecht (vgl. *Meyer-Goßner* StPO Einl. Rn. 204 ff., 208 ff.) sowie die Verfahrensregeln zum Jugendstrafverfahren, das Ordnungswidrigkeitenverfahren sowie das Strafvollstreckungs- und Strafvollzugsrecht.

§ 14 Nachzuweisende besondere Kenntnisse im Insolvenzrecht

Für das Fachgebiet Insolvenzrecht sind besondere Kenntnisse nachzuweisen in den Bereichen:

1. Materielles Insolvenzrecht:
- **a) Insolvenzgründe und Wirkungen des Insolvenzantrags,**
- **b) Wirkungen der Verfahrenseröffnung,**
- **c) Das Amt des vorläufigen Insolvenzverwalters oder des Insolvenzverwalters,**
- **d) Sicherung und Verwaltung der Masse,**
- **e) Aussonderung, Absonderung und Aufrechnung im Insolvenzverfahren,**
- **f) Abwicklung der Vertragsverhältnisse,**
- **g) Insolvenzgläubiger,**
- **h) Insolvenzanfechtung,**
- **i) Arbeits- und Sozialrecht in der Insolvenz,**
- **j) Steuerrecht in der Insolvenz,**
- **k) Gesellschaftsrecht in der Insolvenz,**
- **l) Insolvenzstrafrecht,**
- **m) Grundzüge des internationalen Insolvenzrechts,**

2. Insolvenzverfahrensrecht:
- **a) Insolvenzeröffnungsverfahren,**
- **b) Regelverfahren,**
- **c) Planverfahren,**
- **d) Verbraucherinsolvenz,**
- **e) Restschuldbefreiungsverfahren**
- **f) Sonderinsolvenzen**

3. Betriebswirtschaftliche Grundlagen:
- **a) Buchführung, Bilanzierung und Bilanzanalyse**
- **b) Rechnungslegung in der Insolvenz**
- **c) Betriebswirtschaftliche Fragen des Insolvenzplans, der Sanierung, der übertragenden Sanierung und der Liquidation.**

1 Die Struktur der mit Beschlüssen vom 21./22.3.1999 neu eingefügten Fachanwaltsbezeichnung für Insolvenzrecht (→ § 26 Rn. 2) ist der der schon bestehenden Fachanwaltsbezeichnungen nachgebildet. § 14 verlangt von dem Bewerber um die Berechtigung zur Führung der Fachanwaltsbezeichnung für das Fachgebiet Insolvenzrecht den Nachweis besonderer Kenntnisse in allen drei genannten und näher aufgefächerten Bereichen, nämlich im materiellen Insolvenzrecht, im Insolvenzverfahrensrecht und bzgl. der betriebswirtschaftlichen Grundlagen. Zu den Marktchancen eines Fachanwalts für Insolvenzrecht vgl. *Arens* AnwBl. 2000, 91). Im Bereich des Insolvenzrechts hat der Antragsteller besondere Kenntnisse nachzuweisen sowohl im materiellen Insolvenzrecht, im Insolvenzverfahrensrecht aber auch im Bereich der betriebswirtschaftlichen Grundlagen.

2 In **Nr. 1** ist eine Vielzahl von Rechtsbereichen aufgeführt, die zum materiellen Insolvenzrecht zu zählen sind. Der Antragsteller hat deshalb neben den Wirkungen der Verfahrenseröffnung auch Kenntnisse hinsichtlich der Aufgaben und Rechtsstellung eines vorläufigen Insolvenzverwalters und eines Insolvenzverwalters nachzuweisen. Zum materiellen Insolvenzrecht gehört ferner die vorläufige und auch endgültige Sicherung und Verwaltung der Masse, die Rechtsstellung von aus- und absonderungsberechtigten Gläubigern. Besondere Bedeutung im Rahmen des materiellen Insolvenzrechts haben ferner die Fragen der Abwicklung der Vertragsverhältnisse sowie die Auswirkungen des Insolvenzverfahrens auf Zwangsvollstreckung, Versteigerung und Zwangsverwaltung. Ferner erfasst das materielle Insolvenzrecht auch gesellschaftsrechtliche und steuerrechtliche Aspekte bis hin zur Gründung von Auffanggesellschaften. Eine besondere Bedeutung spielt dabei die arbeitsrechtliche und sozialrechtliche Stellung der Arbeitnehmer, die durch das Insolvenzeröffnungsverfahren und das anschließenden Insolvenzverfahrens in ihrer Rechtsposition besonders betroffen sind. Zentraler Aspekt des materiellen Insolvenzrechts ist ferner die Problematik der Aufrechnung im Insolvenzverfahren sowie die speziellen Insolvenzanfechtungsgründe (§§ 129 ff. InsO).

3 Die Bedeutung des Verbraucherinsolvenzverfahrens hat in der Praxis ständig an Bedeutung gewonnen. Neben der Problematik der Insolvenzverschleppung und der verspäteten Insolvenzanmeldung spielt insbesondere auch das Insolvenzstrafrecht eine maßgebliche Rolle.

4 Das **Insolvenzverfahrensrecht** in Nr. 2 umfasst das Insolvenzeröffnungsverfahren einschließlich des Insolvenzverfahrens. Ferner gehört in den Bereich des Insolvenzverfahrensrechts auch das Verbraucherinsolvenzverfahren. Hierzu zählen insbesondere die Problematik der Restschuldbefreiungsverfahren sowie die Rechte und Aufgaben von Gläubigern in der Gläubigerversammlung und dem Gläubigerausschuss.

5 Zu **betriebswirtschaftliche Grundlagen** in Nr. 3 gehören auch betriebswirtschaftliche Kenntnisse im Bereich der Buchführung, Bilanzierung und Bilanzanalyse einschließlich der Buchung von Geschäftsvorfällen sowie Gewinnermittlung. Ferner beinhaltet das die Kenntnisse und Fragen des Anlage- und Umlaufsvermögens des Eigenkapitals und der Rechnungslegung. Neben den steuerrechtlichen und gesellschaftlichen Grundlagen werden hiervon auch betriebswirtschaftliche Fragen des Insolvenzplans, der Sanierung und Liquidation erfasst. Dazu zählt auch die frühzeitige Krisenerkennung sowie die Erstellung von Entwicklungs- und Restrukturierungskonzepten einschließlich der Sanierung und des Insolvenzplans (Hartung/*Scharmer* § 14 Rn. 11. Die Satzungsversammlung hat in der Sitzung am 6.12.2010 die Regelung des § 14 Nr. 3 lit. c aus Gründen der Klarstellung neu gefasst. Nach der bisherigen Fassung war nicht ganz eindeutig, ob sich ein Insolvenzplan immer mit dem Thema „Sanierung" befassen musste. Tatsächlich kann in einem Insolvenzplan jegliche „abweichende Regelung" bei der Abwicklung eines Insolvenzverfahrens getroffen werden. Daher ist es sinnvoll und richtig, dass das Bemühen um eine Sanierung des Unternehmens neben der Tätigkeit im Rahmen der Abwicklung eines Insolvenzplans aber auch der übertragenden Sanierung und der Liquidation aufgeführt wird.

§ 14a Nachzuweisende besondere Kenntnisse im Versicherungsrecht

Für das Fachgebiet Versicherungsrecht sind besondere Kenntnisse nachzuweisen in den Bereichen:

1. **Allgemeines Versicherungsvertragsrecht und Besonderheiten der Prozessführung,**
2. **Recht der Versicherungsaufsicht,**
3. **Grundzüge des internationalen Versicherungsrechts,**

4. **Transport- und Speditionsversicherungsrecht,**
5. **Sachversicherungsrecht (insbesondere das Recht der Fahrzeug-, Gebäude-, Hausrat-, Reisegepäck-, Feuer-, Einbruchdiebstahl- und Bauwesenversicherung),**
6. **Recht der privaten Personenversicherung (insbesondere das Recht der Lebens-, Kranken-, Reiserücktritts-, Unfall- und Berufsunfähigkeitsversicherung),**
7. **Haftpflichtversicherungsrecht (insbesondere das Recht der Pflichtversicherung, privaten Haftpflicht-, betrieblichen Haftpflicht-, Haftpflichtversicherung der freien Berufe, Umwelt- und Produkthaftpflicht, Bauwesenversicherung),**
8. **Rechtsschutzversicherungsrecht,**
9. **Grundzüge des Vertrauensschaden- und Kreditversicherungsrechts.**

Schrifttum: *van Bühren,* Fachanwalt für Versicherungsrecht, AnwBl. 2000, 232; *Kirchberg,* Die Neuerungen der Fachanwaltsordnung im Kontext der Rechtsprechung, NJW 2003, 1833; *Schneider,* Fachanwalt für Versicherungsrecht – Schimmelreiter der Fachanwaltschaften, BRAK-Mitt. 2003, 50.

I. Zeit und Grund der Zulassung des Fachanwaltes für Versicherungsrecht

§ 14a wurde aufgrund Beschlusses der Satzungsversammlung vom 20.3.2003 in die FAO 1 eingefügt. Gleichzeitig wurden § 1 S. 2, § 5 und § 6 Abs. 2b entsprechend ergänzt (BRAK-Mitt. 2003, 125). Mit Einräumung der Möglichkeit des Führens der Fachanwaltsbezeichnung für Versicherungsrecht wird einerseits der herausragenden wirtschaftlichen Bedeutung der Versicherungswirtschaft und andererseits dem Umstand Rechnung getragen, dass dieses Tätigkeitsfeld der Rechtsanwaltschaft erschlossen werden soll, was am ehesten durch besondere Qualifikation geschehen kann, die den Fachanwalt für Versicherungsrecht von den anderen Mitbewerbern auf diesem Gebiet heraushebt (*van Bühren* AnwBl. 2000, 232).

II. Nachzuweisende besondere Kenntnisse

Der Bewerber hat besondere Kenntnisse (→ § 2 Rn. 5, 6) in allen genannten neun Bereichen 2 des Versicherungsrechts nachzuweisen. Zu den nach **Nr. 1** verlangten besonderen Kenntnissen im Allgemeinen Versicherungsvertragsrecht gehören die Vorschriften der §§ 1–73 VVG nF (§§ 1–48 VVG aF), die für sämtliche Versicherungszweige gelten, aber auch die für alle Schadensversicherungen geltenden §§ 49–80 VVG. Besonderheiten der Prozessführung sind vor allem zu beachtende sog. Führungsklauseln nach § 15 VVG nF (§ 12 VVG aF) und Klagefristen sowie besondere Zuständigkeitsregeln. Unter den nach **Nr. 2** nachzuweisenden Kenntnissen im **Recht der Versicherungsaufsicht** ist nur das Recht der Aufsicht nach deutschem Recht zu verstehen. Mit den **„Grundzügen des internationalen Versicherungsrechts"** in **Nr. 3** ist der Bereich des internationalen Privatrechts gemeint, soweit es entsprechend der Rom I–VO Art. 7 EGVVG aF) iVm dem Europäischen Internationalen Versicherungsvertragsrecht gilt (vgl. *Prölss/Martin* VVG, 29. Aufl. 2015, Art. 1 ff. Rom I–VO). Die Kenntnis der entsprechenden europarechtlichen Bezüge wird bereits nach § 2 Abs. 3 verlangt (Henssler/Prütting/*Offermann-Burckart* § 14a Rn. 11). Hervorzuheben sind die Zuständigkeitsregeln für Versicherungssachen in Art. 10 ff. VO (EU) Nr. 1215/2012 (früher Art. 7 ff. VO (EG) Nr. 44/2001). Zur **„Transportversicherung"** iSd **Nr. 4** gehört auch die Seeversicherung. Die Aufzählung einzelner Versicherungsarten in den **Nr. 5, 6 und 7** ist nicht abschließend („insbesondere"). Damit sind auch nicht ausdrücklich erwähnte Versicherungen in der jeweiligen Sparte erfasst (Henssler/Prütting/*Offermann-Burckart* § 14a Rn. 12). Das Recht der privaten Personenversicherung in Nr. 6 findet für den Bereich des Sozialrechts seine Entsprechung in § 11 Nr. 2.

§ 14b Nachzuweisende besondere Kenntnisse im Medizinrecht

Für das Fachgebiet Medizinrecht sind besondere Kenntnisse nachzuweisen in den Bereichen:

1. **Recht der medizinischen Behandlung, insbesondere**
   a) **zivilrechtlicher Haftung,**
   b) **strafrechtliche Haftung,**
2. **Recht der privaten und gesetzlichen Krankenversicherung, insbesondere Vertragsarzt- und Vertragszahnarztrecht, sowie Grundzüge der Pflegeversicherung,**

3. Berufsrecht der Heilberufe, insbesondere
a) ärztliches Berufsrecht,
b) Grundzüge des Berufsrechts sonstiger Heilberufe,
4. Vertrags- und Gesellschaftsrecht der Heilberufe, einschließlich Vertragsgestaltung,
5. Vergütungsrecht der Heilberufe,
6. Krankenhausrecht einschließlich Bedarfsplanung, Finanzierung und Chefarztvertragsrecht,
7. Grundzüge des Arzneimittel- und Medizinprodukterechts,
8. Grundzüge des Apothekenrechts,
9. Besonderheiten des Verfahrens- und Prozessrechts.

I. Zeit und Grund der Zulassung des Fachanwalts für Medizinrecht

1 § 14b ist am 1.7.2005 in Kraft getreten und wurde von der Satzungsversammlung in der Sitzung am 22./23.11.2004 beschlossen. Dieser Beschluss erfolgte erst, nachdem sich die gewählte 3. Satzungsversammlung generell für die Erweiterung der Fachanwaltsbezeichnungen ausgesprochen hat. Versuche der 2. Satzungsversammlung im Juni 2000, Februar 2001 und April 2002 zur Einführung der Fachanwaltschaft Medizinrecht wurden jeweils mit großer Mehrheit abgelehnt (vgl. Hartung/*Scharmer* § 14b Rn. 1).

II. Nachzuweisende besondere Kenntnisse

2 Der Bewerber hat besondere Kenntnisse (→ § 2 Rn. 5, 6) in allen genannten neun Bereichen des Medizinrechts nachzuweisen. Unter den in Nr. 1 nachzuweisenden besonderen Kenntnisse im Recht der medizinischen Behandlung wird nicht nur die Haftung aufgrund ärztlicher Behandlungsfehler, sondern auch die Behandlung durch nicht ärztliche Beteiligte erfasst. Hierzu gehören insbesondere die Behandlung durch **Heilpraktiker, Physiotherapeuten und Hebammen** (so auch Hartung/*Scharmer* § 14b Rn. 4). Unter den Bereich der strafrechtlichen Haftung iSv § 14b Nr. 1 lit. b wird die strafrechtliche Verantwortung nicht nur von Ärzten, sondern auch generell von **Trägern medizinischer Dienstleistung** erfasst. Neben der Belehrung von Patienten über die Einwilligung in medizinische Eingriffe und der damit verbundenen Körperverletzungstatbeständen gehört hierzu auch der Bereich der Abrechnungen und des Abrechnungsbetruges (so auch Hartung/*Scharmer* § 14b Rn. 5).

3 Der Bereich der privaten und gesetzlichen Krankenversicherung beinhaltet Überschneidungen zum Fachgebiet des Sozialrechts (§ 11). Die gesetzliche Krankenversicherung ist im SGB V geregelt. Für das Fachgebiet Medizinrecht geht es dabei in erster Linie um die Leistungen der gesetzlichen Krankenversicherung, insbesondere die Leistungsbeschränkungen. Erfasst von § 14b Nr. 2 werden aber auch die Grundzüge der Pflegeversicherung sowie das Vertragsarzt- und Vertragszahnarztrecht. Damit werden in diesem Fachbereich auch das Disziplinarrecht der kassenärztlichen Vereinigungen sowie die Berufsordnung der Ärztekammern erfasst.

4 Unter das in § 14b Nr. 3 erfasste Berufsrecht der Heilberufe ist neben dem Berufsrecht der Ärzte, Zahnärzte, Physiotherapeuten und Hebammen auch das Berufsrecht der Heilpraktiker zu verstehen. Erfasst von diesem Regelungskreis werden aber auch die entsprechenden Sorgfalts- und Meldepflichten nach Infektionsschutzgesetz, Transplantationsgesetz usw.

5 Von dem **Vertrags- und Gesellschaftsrecht der Heilberufe** in § 14b Nr. 4 werden die Organisationsformen (Praxisgemeinschaftsverträge, Praxisübernahmeverträge usw) erfasst. Vom Antragsteller werden auch Kenntnisse des Gesellschaftsrechts des BGB sowie des Partnerschaftsgesellschaftsgesetzes erwartet.

6 Das **Vergütungsrecht der Heilberufe** erfasst nicht nur die Gebührenordnung für Ärzte und Zahnärzte, sondern auch Kenntnisse im Bereich des Abrechnungsrechts mit kassenärztlichen Vereinigungen.

7 Das **Krankenhausrecht** einschließlich Bedarfsplanung, Finanzierung und Chefarztvertragsrecht betrifft einerseits die arbeitsrechtlichen Verhältnisse der Chefärzte, aber auch in welchem Umfang Ärzte berechtigt sind, ärztliche Dienstleistung im Krankenhaus zu erbringen und zu liquidieren. Neben dem Chefarztrecht wird hiervon auch das Verhältnis der Krankenhäuser zu den Trägern erfasst. Hierunter fallen auch die Budgetverhandlungen der gesetzlichen Krankenkassen.

Das Recht der **Grundzüge des Arzneimittel- und Medizinprodukterechts** betrifft die Regelungen des Arzneimittelgesetzes und deren Haftung bei fehlerhafter Herstellung, aber auch die Kenntnisse im Zusammenhang mit der Zulassung von Arzneimitteln. In der Praxis betroffen ist aber auch die Zulassung von neuen Arznei- und Heilmitteln. 8

Neben dem Apothekengesetz werden von dem **Apothekenrecht** auch Kenntnisse über die Zulassung weiterer Apotheken verlangt. Maßgebend in diesem Zusammenhang ist sicherlich auch die Zulässigkeit von sog. „Internetapotheken". 9

Im Bereich des **Verfahrens- und Prozessrecht** werden Kenntnisse verlangt im Bereich der sozialgerichtlichen Verfahrensvorschriften. Dazu gehört neben dem Bereich der Schlichtung vor den Ärztekammern und Zahnärztekammern auch der Bereich der besonderen berufsgerichtlichen Verfahrensordnungen. 10

§ 14c Nachzuweisende besondere Kenntnisse im Miet- und Wohnungseigentumsrecht

Für das Fachgebiet Miet- und Wohnungseigentumsrecht sind besondere Kenntnisse nachzuweisen in den Bereichen:

1. Recht der Wohnraummietverhältnisse,
2. Recht der Gewerberaummietverhältnisse und Pachtrecht,
3. Wohnungseigentumsrecht,
4. Maklerrecht, Nachbarrecht und Grundzüge des Immobilienrechts,
5. Miet- und wohnungseigentumsrechtliche Bezüge zum öffentlichen Recht, einschließlich Steuerrecht,
6. Miet- und wohnungseigentumsrechtliche Besonderheiten des Verfahrens- und Vollstreckungsrechts.

§ 14e, der durch Beschluss der Satzungsversammlung vom 22./23.11.2004 in die Fachanwaltsordnung eingefügt wurde (BRAK-Mitt. 2005, 77, 78), verlangt von dem Bewerber um die Berichtigung zum Führen der Fachanwaltsbezeichnung für Miet- und Wohnungseigentumsrecht besondere Kenntnisse in folgenden sechs Bereichen: 1

Nach **Nr. 1** muss er besondere Kenntnisse im **Recht der Wohnraummietverhältnisse** (§§ 535–548 iVm den Besonderheiten aus §§ 549–577a BGB) haben. Dazu gehören auch der Untermietvertrag (§§ 540, 553 BGB), der Mietvorvertrag, Vormietrecht, Mietoptionsvertrag, Doppelvermietung, die Erweiterungsvermietung und Besonderheiten wie der Werkwohnungsmietvertrag (§§ 576, 576a, 576b BGB) oder der Zeitmietvertrag (§ 575 BGB). 2

Nr. 2 verlangt entsprechende Kenntnisse im **Recht der Gewerbemietverhältnisse,** dh neben Kenntnis der allgemeinen mietrechtlichen Vorschriften (§§ 535–548 BGB) auch die Kenntnis mietrechtlicher Besonderheiten für die Anmietung von Gewerberaum (§ 578 BGB iVm §§ 550, 552 Abs. 1, 554 Abs. 1–4, 562–562d, 566–567b, 569 Abs. 1, Abs. 2; 570 BGB). 3

Nach **Nr. 1** und **Nr. 2** müssen auch besondere Kenntnisse über Mischmietverhältnisse vorliegen, dh über solche Mietverhältnisse, die auf einem einheitlichen Mietvertrag beruhen, sich aber auf verbundene Wohn- und Geschäftsräume erstrecken (vgl. Palandt/*Weidenkaff* BGB Einf. vor § 535 Rn. 100). 4

Nr. 3 verlangt besondere Kenntnisse im **Wohnungseigentumsrecht,** das im Wohnungseigentumsgesetz geregelt ist. Das Wohnungseigentum ist anders als die beschränkte persönliche Dienstbarkeit des Wohnungsrechts (§ 1093 BGB) veräußerlich und vererbbar. 5

Nach **Nr. 4** muss der Bewerber besondere Kenntnisse im **Maklerrecht** haben und zwar speziell für Maklertätigkeiten zur Wohnungs- und Gewerberaumvermittlung. Neben besonderen Kenntnissen zu §§ 652–655 BGB werden besondere Kenntnisse über die Bestimmungen des Gesetzes zur Regelung der Wohnungsvermittlung (WoVermittG vom 4.11.1971, BGBl. I S. 1745) und über die auf der Grundlage von § 34c GewO erlassenen Makler- und Bauträgerverordnung (MaBV) verlangt. 6

Weiter muss der Bewerber besondere Kenntnisse im **Nachbarrecht** haben. Dazu gehören neben den bundesrechtlichen Regelungen der §§ 906 ff., 1004 BGB und den nachbarrechtlichen Gemeinschaftsverhältnissen als Ausprägung des Grundsatzes von Treu und Glauben (vgl. Palandt/*Bassenge* BGB § 903 Rn. 12, 13), insbesondere die nach Art. 124 EGBGB neben dem BGB 7 unberührt bleibenden Nachbargesetze der Bundesländer (vgl. Zusammenstellung bei Palandt/*Bassenge* EGBGB Art. 124 Rn. 2) und die daraus sich ergebenden Duldungs-, Unterlassungs- und Schadensersatzansprüche. Auch das Nachbarerbbaurecht nach dem ErbbauRG gehört dazu.

8 Besondere Kenntnisse muss der Bewerber zudem zu den **Grundzügen des Immobilienrechts** nachweisen. Damit sind sowohl die privatrechtlichen als auch die öffentlich-rechtlichen Vorschriften des Immobilienrechts erfasst. Insbesondere muss er danach Kenntnisse zum Immobiliarverkehrsrecht, zum Immobiliarkreditrecht und zur Immobiliarversicherung haben, aber auch zum Grund- und Grunderwerbsteuerrecht, zum Baurecht und zum Enteignungsrecht (Art. 14 Abs. 3 GG).

9 **Nr. 5** verlangt besondere Kenntnisse der miet- und wohnungseigentumsrechtlichen **Bezüge zum öffentlichen Recht, einschließlich des Steuerrechts.** Vor allem aus sozialpolitischen Gründen wird in das Mietrecht durch entsprechende Vorschriften zum Schutz der Mieter eingegriffen. Diese Vorschriften müssen dem Bewerber bekannt sein. Vorrangig ist dabei der Bereich der öffentlich geförderten Wohnungen betroffen, zB mit dem Verbot der Zweckentfremdung (§ 27 Wohnraumförderungsgesetz; § 7 Wohnungsbindungsgesetz; in Ballungsgebieten greifen zudem landesrechtliche Verordnungen), der Mietpreisbindung nach dem Wohnungsbindungsgesetz und der Mietpreisberechnung nach der Neubaumietenverordnung. Die steuerrechtlichen Folgen eines Mietverhältnisses für Mieter und Vermieter werden ebenfalls erfasst, zB welche steuerrechtlichen Folgen haben Mietzahlungen, Mietminderung, Mietausfall, Aufwendungen für das Mietobjekt durch Mieter oder Vermieter für diese?

10 Die wohnungseigentumsrechtlichen Bezüge zum BauGB (Erschließungsbeiträge, Genehmigungserfordernisse) und den Steuergesetzen (Grundsteuer, Grunderwerbsteuer) sind von dem Bewerber ebenso zu kennen wie die diversen öffentlichen Förderungsmaßnahmen.

11 Nach **Nr. 6** sind besondere Kenntnisse über die **miet- und wohnungseigentumsrechtlichen Besonderheiten des Verfahrens- und Vollstreckungsrechts** nachzuweisen. Der Antragsteller muss für Mietsachen eine Reihe prozessrechtlicher Besonderheiten kennen und beachten, zB hinsichtlich der Zuständigkeiten (§ 29a ZPO, § 23 GVG), des Streitwertes (§§ 3, 8 ZPO), zur Entscheidung zur Fortsetzung des Mietverhältnisses (§ 308a ZPO), zum Abschluss einer Schiedsvereinbarung (§ 1030 Abs. 2 ZPO), zur vorläufigen Vollstreckbarkeit ohne Sicherheit (§ 708 Nr. 7 ZPO) und zum Pfändungsschutz (§ 851b ZPO).

12 Die wohnungseigentumsrechtlichen Besonderheiten des Verfahrens- und Vollstreckungsrechts ergeben sich vorrangig aus dem III. Teil. Verfahrensvorschriften des WEG (§§ 43 ff. WEG). Es gelten ergänzend (seit Inkrafttreten der WEG-Novelle am 1.7.2007; davor: FGG) die Vorschriften der ZPO (vgl. zB § 864 Abs. 2 ZPO).

§ 14d Nachzuweisende besondere Kenntnisse im Verkehrsrecht

Für das Fachgebiet Verkehrsrecht sind besondere Kenntnisse nachzuweisen in den Bereichen:

1. **Verkehrszivilrecht, insbesondere das Verkehrshaftungsrecht und das Verkehrsvertragsrecht,**
2. **Versicherungsrecht, insbesondere das Recht der Kraftfahrtversicherung, der Kaskoversicherung sowie Grundzüge der Personenversicherungen,**
3. **Verkehrsstraf- und Ordnungswidrigkeitenrecht,**
4. **Recht der Fahrerlaubnis,**
5. **Besonderheiten der Verfahrens- und Prozessführung.**

1 § 14d, der durch Beschluss der Satzungsversammlung vom 22./23.11.2004 in die Fachanwaltsordnung eingefügt wurde (BRAK-Mitt. 2005, 77, 78) verlangt von dem Antragsteller um die Berechtigung zum Führen der Fachanwaltsbezeichnung für Verkehrsrecht besondere Kenntnisse in folgenden fünf Bereichen:

2 Nach **Nr. 1** muss der Antragsteller besondere Kenntnisse im **Verkehrszivilrecht, insbesondere im Verkehrshaftungsrecht und im Verkehrsvertragsrecht** nachweisen. Dazu gehören die Bereiche der Unfallregulierung einschließlich der Beratungspflichten im Zusammenhang mit Schadensminderungspflicht, Verkehrsunfällen mit Auslandsberührungen sowie Verjährung von Schadensersatzansprüchen und Ausschlussfristen (§ 15 StVG). Erfasst werden aber von dieser

Regelung auch die Bereiche des Verkehrsvertragsrechts, insbesondere das Recht des Autokaufs, der Kfz-Instandsetzung und Wartung. Neben den speziellen Kenntnissen im Kaufvertragsrecht (§§ 433 ff. BGB) und Werkvertragsrecht (§§ 631 ff. BGB) werden vom Antragsteller auch Kenntnisse im Kfz-Leasingrecht und das Fahrzeugmietrecht erwartet.

Nach **Nr. 2** muss der Antragsteller besondere Kenntnisse im **Versicherungsrecht,** insbesondere das **Recht der Kfz-Versicherung, der Kaskoversicherung sowie Grundzüge der Personenversicherung** haben. Neben den allgemeinen Kenntnissen zur Haftpflicht- und Kaskoversicherung erfordert das spezielle Kenntnisse im Zusammenhang mit der Gefahrerhöhung (§§ 19 ff. VVG nF; §§ 16 ff. VVG aF) auch Kenntnisse zur Obliegenheiten vor und nach dem Versicherungsfall (§§ 2, 7 AKB) sowie spezielle Kenntnisse zur Kaskoversicherung nebst Leistungsfreiheit gemäß § 81 VVG nF (§ 61 VVG aF) oder Forderungsübergang und Regress (§ 86 VVG nF; § 67 VVG aF). Erwartet werden ferner Kenntnisse zu den Grundzügen der **Personenversicherung.** Davon erfasst werden speziell die für den Straßenverkehrsbereich bestehende Insassen- und Unfallversicherung sowie die Unfallversicherungen allgemein. 3

Im Bereich des **Verkehrsstraf- und Ordnungswidrigkeitenrechts** werden besondere Kenntnisse zu den einzelnen Straftatbeständen (§§ 229, 222, 316, 323a, 315b, 315c, 142, 240 StGB) erwartet sowie spezielle Kenntnisse zu Nebenstrafen (§ 44 StGB, § 69f StGB, § 111a StPO). Im Bereich der **Ordnungswidrigkeiten** hat der Antragsteller besondere Kenntnisse im Bereich der Bußgeldverfahren einschließlich Fahrverbot (§ 25 StVG) sowie Eintragungen im Verkehrszentralregister (§§ 28 ff. StVG) nachzuweisen. Ferner erfasst werden von **Nr. 3** die Straftatbestände im Zusammenhang mit Unfallmanipulationen. 4

In **Nr. 4** wird das **Recht der Fahrerlaubnis** ausdrücklich benannt. Dazu gehört einerseits das verwaltungsrechtliche Verfahren zum Erwerb der Fahrerlaubnis einschließlich der internationalen und insbesondere europarechtlichen Bezüge des Fahrerlaubnisrechts. Gleichzeitig wird mit dieser Regelung aber auch der verwaltungsbehördlichen Wiedererteilung einer entzogenen Fahrerlaubnis erfasst, einschließlich des Nachweises der Eignung durch Beibringung eines Gutachtens einer amtlich anerkannten Begutachtungsstelle für Fahreignung (§ 11 Abs. 2 S. 1 FeV). 5

In **Nr. 5** werden von dem Antragsteller noch die **Besonderheiten der Verfahrens- und Prozessführung** verlangt. Darunter fallen neben den Grundkenntnissen des verwaltungsgerichtlichen Verfahrens sowie den gebührenrechtlichen Fragen nebst Gebührenabkommen und Empfehlungen auch Kenntnisse zum Gerichtsstand (§ 8 AKB, Klagefrist) und zur Verjährung (§ 3 Nr. 3 PflVG). 6

§ 14e Nachzuweisende besondere Kenntnisse im Bau- und Architektenrecht

Für das Fachgebiet Bau- und Architektenrecht sind besondere Kenntnisse nachzuweisen in den Bereichen:

1. **Bauvertragsrecht,**
2. **Recht der Architekten und Ingenieure,**
3. **Recht der öffentlichen Vergabe von Bauaufträgen,**
4. **Grundzüge des öffentlichen Baurechts,**
5. **Besonderheiten der Verfahrens- und Prozessführung.**

§ 14e wurde ebenfalls von der Satzungsversammlung am 22./23.11.2004 in die FAO eingeführt und ist zum 1.7.2005 in Kraft getreten (BRAK-Mitt. 2005, 77,78). 1

Unter **Nr. 1** fällt einerseits der Bauvertrag zwischen den Parteien nach Werkvertragsrecht des BGB (§§ 631 ff. BGB) sowie nach VOB (VOB Teile A, B, C), aber auch der **Architekten- und Ingenieurvertrag,** den die Parteien mit Architekten und Ingenieuren schließen. Dazu gehören die Grundsätze der Abrechnung und Zahlungsmodalitäten sowie die Rechtsfolgen, die sich aus einer Baubehinderung oder Verzögerung ergeben können. Erfasst werden von dem Bauvertragsrecht auch die Regelungen zu Bauträgerverträgen über den Erwerb einer neu errichteten Immobilie, einschließlich der maßgeblichen AGB-Klauseln (§§ 305 ff. BGB). 2

Nr. 2 verlangt vom Antragsteller besondere Kenntnisse vom Recht der Architekten und Ingenieuren. Hierzu gehören einerseits Kenntnisse des **Haftungsrechts** aber auch hinsichtlich des Berufsrechts sowie die rechtliche Einordnung von Projektsteuerungsverträgen als Dienst- oder Werkvertrag. Ferner werden besondere Kenntnisse im Bereich der Vergütung von Architekten und Ingenieurleistungen nach HOAI mit ihrer Festsetzung von Mindest- und Höchstbeträgen erwartet. 3

4 Das in **Nr. 3** geregelte Recht der öffentlichen Vergabe von Bauaufträgen erfasst neben den Besonderheiten der öffentlichen Auftragsvergabe auch die **Quellen und die Regelungsgegenstände des Vergaberechts** einschließlich der Vergabearten. Vom Antragsteller werden besondere Erkenntnisse in Zusammenhang mit der öffentlichen Ausschreibung, der beschränkten Ausschreibung, der freien Vergabe sowie des Wettbewerbs verlangt. Erwartet werden vom Antragsteller ferner besondere Kenntnisse der vergabeverfahrensrechtlichen Regelungen (§§ 97 ff. GWB) sowie der Vergabeverfahrensordnung, des Nachprüfungsverfahrens sowie der Informationsverpflichtung aus § 13 Vergabeverordnung.

5 Unter **Nr. 4** werden von den Antragstellern besondere Kenntnisse im Bereich des Bauplanungsrechts sowie im Städtebauförderungsgesetz und in der Baunutzungsordnung erwartet. Von Bedeutung können in diesem Zusammenhang ferner auch die bauordnungsrechtlichen Vorschriften, (baurechtliche Satzung, Denkmal-, Natur- und Landschaftsschutz) sein.

6 Nach **Nr. 5** hat der Antragsteller auch besondere Kenntnisse im Zusammenhang mit der Verfahrens- und Prozessführung nachzuweisen. Darunter fällt neben den Besonderheiten der Zuständigkeiten im Rahmen eines selbstständigen Beweisverfahrens sowie der einstweiligen Verfügung auch der Rechtsschutz gegen Vergabeverstöße der öffentlichen Auftraggeber. Maßgeblich ist in diesem Zusammenhang einerseits das Nachprüfungsverfahren vor der Vergabekammer (§§ 107 ff. GWG) einschließlich des Beschwerdeverfahrens sowie Schadensersatzansprüche einzelner Bieter im Verfahren. Im Bereich des öffentlichen Baurechts ist in diesem Zusammenhang auch der einstweilige Rechtsschutz hinsichtlich von Bedeutung.

§ 14f Nachzuweisende besondere Kenntnisse im Erbrecht

Für das Fachgebiet Erbrecht sind besondere Kenntnisse nachzuweisen in den Bereichen:

1. **Materielles Erbrecht unter Einschluss erbrechtlicher Bezüge zum Schuld-, Familien-, Gesellschafts-, Stiftungs- und Sozialrecht,**
2. **Internationales Privatrecht im Erbrecht,**
3. **vorweggenommene Erbfolge, Vertrags- und Testamentsgestaltung,**
4. **Testamentsvollstreckung, Nachlassverwaltung, Nachlassinsolvenz und Nachlasspflegschaft,**
5. **steuerrechtliche Bezüge zum Erbrecht,**
6. **Besonderheiten der Verfahrens- und Prozessführung.**

1 Auch § 14f wurde mit Beschluss der Satzungsversammlung vom 22./23.11.2004 in die Fachanwaltsordnung eingeführt (BRAK-Mitt. 2005, 77, 78). Die Regelung verlangt vom Bewerber besondere Kenntnisse in allen sechs angeführten Bereichen im Fachgebiet des Erbrechts.

2 Nach **Nr. 1** muss der Bewerber besondere Kenntnisse nachweisen im **materiellen Erbrecht,** das vorrangig im fünften Buch des BGB (§§ 1922 ff. BGB) geregelt ist, wobei aber in den nachfolgenden Ziffern Teile des fünften Buches noch Gegenstand gesonderter Kenntnisanforderungen sind.

3 Der Bewerber muss daher insbesondere die erbrechtlichen Grundsätze hinsichtlich der Erbfolge (Privaterbfolge durch Familienerbrecht als gesetzliches Erbrecht, §§ 1923 ff. BGB) oder gewillkürte Erbfolge aufgrund Testierfreiheit (§§ 1937 ff. BGB, BVerfG NJW 1999, 1853) durch Gesamtrechtsnachfolge (§ 1922 BGB) umfassend kennen. Ebenso sind besondere Kenntnisse erforderlich zur rechtlichen Stellung des Erben (§§ 1942–2063 BGB), zum Testamentsrecht (§§ 2064–2273 BGB; zB Erbeinsetzung, Einsetzung eines Nacherben, Vermächtnis, Auflage, Erbwürdigkeit und Erbschein).

4 Kenntnisse der **verfassungsrechtlichen Garantien des Erbrechts** (Art. 14 Abs. 1 S. 1 GG; § 2 Abs. 2; BVerfGE 67, 329) werden ebenso verlangt wie die **erbrechtliche Bezüge zum Familienrecht** (vgl. zB §§ 1371, 1924–1934 BGB), **zum Gesellschaftsrecht** (vgl. §§ 727 BGB; 2227, 139 HGB; Palandt/*Weidlich* BGB § 1922 Rn. 14–25), **zum Stiftungsrecht** (vgl. §§ 83, 84, 2044 Abs. 2 S. 3, 2101 Abs. 2, 2106 Abs. 2, 2109 Abs. 2, 2163 Abs. 2 BGB) und **zum Sozialrecht** (zB Pflicht der Erben zum Ersatz der innerhalb von zehn Jahren vor dem Erbfall an den Erblasser geleisteten Sozialhilfe – BVerwG NJW 1988, 2551). Mit Beschluss vom 15.6.2009 wurde von der Satzungsversammlung ähnlich wie im Familienrecht die Bezüge zum **Schuldrecht** ausdrücklich in Nr. 1 aufgenommen.

Nr. 2 verlangt besondere Kenntnisse des **Internationalen Privatrechts im Erbrecht.** Damit sind besondere Kenntnisse zu Kapitel 2, Vierter Abschnitt – Erbrecht des Einführungsgesetzes zum BGB verlangt, in dessen Art. 25 und 26 das internationale Erbrecht geregelt ist sowie besondere Kenntnise der europäischen Erbrechtsverordnung 2015. 5

Nr. 3 setzt besondere Kenntnisse zur **vorweggenommenen Erbfolge** voraus. Solche als „Übergabeverträge" oder ähnlich bezeichnete Rechtsgeschäfte unter Lebenden, die selbst nicht dem Erbrecht unterliegen (vgl. BGHZ 113, 310), sind nicht typisiert und je nach Zweck und Interessenlage vielfältig gestaltbar. Gesetzlich sind sie zB in der Höfeordnung und in § 593a BGB erwähnt. Der Bewerber muss besondere Kenntnisse über die Vertrags- und Testamentsgestaltung entsprechend den jeweiligen Interessenlagen der Beteiligten, über die Voraussetzungen nach dem ehelichen Güterrecht (§ 1365 BGB) und über die Folgen nach dem Erbrecht (vgl. §§ 2050, 2287, 2325 BGB) sowie nach dem Steuerrecht (§§ 13 Abs. 1 Nr. 10, 13a, 22 ErbStG) haben (zu den Einzelheiten vgl. Palandt/*Weidlich* BGB Einl. vor § 1922 Rn. 7, 8). 6

Nr. 4 verlangt besondere Kenntnisse über die **Testamentsvollstreckung** (§§ 2197–2228), die **Nachlassverwaltung, Nachlassinsolvenz** und die **Nachlasspflegschaft** (vgl. §§ 1960, 1961, 1975–1982, 2012 BGB). 7

Aber auch über die **steuerrechtlichen Bezüge zum Erbrecht** muss der Bewerber nach **Nr. 5** besondere Kenntnisse nachweisen. Damit sind die Regelungen des Erbschaftsteuergesetzes gemeint. Auch über die Folgen eines Erbfalles nach den allgemeinen Steuergesetzen und den Eintritt des Erben des Steuerpflichtigen in dessen Rechtsstellung (vgl. Palandt/*Weidlich* BGB § 1922 Rn. 39) sind entsprechende Kenntnisse erforderlich. 8

Letztendlich sind nach **Nr. 6** besondere Kenntnisse zu den **Besonderheiten der Verfahrens- und Prozessführung** nachzuweisen. Das bezieht sich zB auf den besonderen Gerichtsstand bei Erbfolge (§§ 27, 28 ZPO), Urteil unter Vorbehalt erbrechtlicher Beschränkung (§ 305 ZPO), fehlende Prozessführungsbefugnis vor Annahme der Erbschaft (§ 1958 BGB) Führung von Aktivprozessen oder deren Aufnahme durch den vorläufigen Erben als Annahme der Erbschaft (§§ 1943, 1958 BGB), Besonderheiten im Zwangsvollstreckungsverfahren (§§ 778–786, § 747, § 727 ZPO). 9

§ 14g Nachzuweisende besondere Kenntnisse im Transport- und Speditionsrecht

Für das Fachgebiet Transport- und Speditionsrecht sind besondere Kenntnisse nachzuweisen in den Bereichen:

1. **Recht des nationalen und grenzüberschreitenden Straßentransports einschließlich des Rechts der allgemeinen Geschäftsbedingungen und der Transportversicherungsbedingungen,**
2. **Recht des nationalen und grenzüberschreitenden Transports zu Wasser, auf der Schiene und in der Luft,**
3. **Recht des multimodalen Transports,**
4. **Recht des Gefahrguttransports, einschließlich diesbezüglicher Straf- und Bußgeldvorschriften,**
5. **Transportversicherungsrecht,**
6. **Lagerrecht,**
7. **Internationales Privatrecht,**
8. **Zollrecht und Zollabwicklung im grenzüberschreitenden Verkehr sowie Verkehrssteuern,**
9. **Besonderheiten der Prozessführung und Schiedsgerichtsbarkeit.**

§ 14g wurde ebenfalls mit Beschluss der Satzungsversammlung vom 22./23.11.2004 in die Fachanwaltsordnung eingefügt (BRAK-Mitt. 2005, 77, 78). Von dem Antragsteller werden besondere Kenntnisse in allen neun angeführten Bereichen verlangt. Mit Beschluss vom 15.6.2009 hat die Satzungsversammlung dem Begriff „Speditionsversicherungsrecht „durch das Wort „Transportversicherungsrecht „ersetzt. Terminologisch wurde damit klargestellt, dass es ein „Speditionsversicherungsrecht" nicht mehr gibt. Ferner wurde der bereits Katalog in § 14g um den wichtigen Bereich des Lagerrechts ergänzt. Hierauf hatte bereits das Bundesministerium der Justiz bei der Nichtbeanstandung der Vorschrift im Bescheid vom 25.2.2005 hingewiesen. 1

2 Nach **Nr. 1** muss der Bewerber besondere Kenntnisse nachweisen im **Recht des nationalen und grenzüberschreitenden Straßentransports.** Erwartet werden vom Antragsteller Kenntnisse des nationalen Straßentransportrechts und die Vorschriften des Handelsgesetzbuchs (vgl. §§ 407–475 HGB) sowie der Gefahrgutverordnung nebst Durchführungsbestimmungen. Im grenzüberschreitenden Straßentransport gilt das Übereinkommen über den Beförderungsvertrag im internationalen Straßengüterverkehr (CMR). Erwartet werden vom Antragsteller neben den Kenntnissen der allgemeinen deutschen Spediteurbedingungen auch die Vertragsbedingungen für den Güterkraftverkehr- und Logistikunternehmer (VBGL) sowie die Verordnung über den internationalen Kraftverkehr, einschließlich des Bundesfernstraßengesetzes und des Autobahnbenutzungsgebührengesetzes für schwere Nutzfahrzeuge.

3 Nach **Nr. 2** werden vom Antragsteller besondere Kenntnisse des Rechts des nationalen und grenzüberschreitenden Transports zu Wasser, der Schiene und der Luft erfasst. Hierunter fallen die besonderen Vorschriften der Binnenschifffahrt (§§ 407 ff. HGB), einschließlich des Bundeswasserstraßengesetzes sowie das Recht des nationalen Seetransports. Für den Bereich des nationalen Schienentransports ergeben sich Regelungen aus dem HGB und im grenzüberschreitenden Schienentransport aus den einheitlichen Rechtsvorschriften für den Vertrag über die internationale Eisenbahnbeförderung vom Gütern (CIM). Für den nationalen Transport im Luftverkehr gilt das Handelsgesetzbuch, während im nationalen Bereich das Warschauer Abkommen und das Montrealer Übereinkommen gelten (Hartung/*Scharmer* § 14g Rn. 10).

4 In **Nr. 3** wird der Transport im Sinne einer sog. multimodalen Beförderung geregelt (§§ 452–452d HGB). Der Begriff „multimodaler Vertrag" ist der UN-Konvention über den internationalen multimodalen Gütertransport vom 24.5.1980 entnommen und bezeichnet die **Beförderung mit verschiedenartigen Beförderungsmitteln.** In der Praxis von Bedeutung ist dabei, dass gerade bei multimodalen Beförderungen zu einem sehr hohen Prozentsatz der Ort der Schadensentstehung im Nachhinein nur noch schwer oder überhaupt nicht aufgeklärt werden kann, was mit den ständig wachsenden Containerbeförderungen zusammenhängt. Dazu hat der BGH in einer Grundsatzentscheidung (NJW 1988, 640 = VersR 1987, 1212 = TranspR 1987, 447) Haftungsregeln aufgestellt, wonach sich die Schadensabwicklung nach dem Recht der unimodalen Teilstrecke richtet, wenn der Ort der Schadensentstehung bekannt ist. Wenn der Schadensort hingegen nicht feststellbar ist, haftet der Frachtführer nach allgemeinen Beweislastregeln. Sowohl besondere Kenntnisse der Grundsatzentscheidungen des BGH zu den Haftungsregelungen als die Besonderheiten der multimodalen Beförderung werden vom Antragsteller erwartet.

5 In **Nr. 4** hat der Antragsteller Kenntnisse im Bereich des Rechts des Gefahrguttransports, einschließlich diesbezüglicher Straf- und Bußgeldvorschriften nachzuweisen. Maßgeblich ist das Gesetz über die Beförderung gefährlicher Güter vom 6.8.1998 einschließlich der darin enthaltenen Regelungen über Ordnungswidrigkeiten.

6 In **Nr. 5** werden sämtliche Versicherungen der Frachtführer und Spediteure im Hinblick auf deren Haftung als Spediteur oder Frachtführer erfasst. Inhaltlich entspricht dieser Teilbereich des Transport- und Speditionsrechts dem Gegenstand des § 14g Nr. 1 (so auch Hartung/*Scharmer* § 14h Rn. 13).

7 In Nr. 6 wird nunmehr das Lagerrecht ausdrücklich aufgeführt. Es handelt sich dabei um das in den §§ 467 ff. HGB ausdrücklich geregelte Lagergeschäft. Dazu gehört neben der Haftung auch die Problematik der Rechte und Pflichten des Einlagerers und des Lagerscheins.

8 In **Nr. 7** wird der Bereich des internationalen Privatrechts im Speditions- und Transportrecht erfasst. Maßgeblich sind hier die Regeln des internationalen Privatrechts, welches Recht Anwendung findet (Art. 3 ff. Rom I-VO, früher Art. 27, 28 EGBGB).

9 In **Nr. 8** werden vom Antragsteller Kenntnisse im Bereich des Zollrechts und der Zollabwicklung verlangt. Maßgebend sind insoweit die Regelungen des Zollrechts der EU, insbesondere der Zollkodex nebst Durchführungsverordnung. Von der Zollabwicklung im grenzüberschreitenden Verkehr werden neben den üblichen Ausfuhrdokumenten (Ausfuhranmeldung, Warenverkehrsbescheinigung, Rückwarenregelung) auch das internationale Zollpapierscheinheft, das sog. Carnet A. T. A. erfasst, das im Regelfall vorübergehende Verbringungen von Berufsausrüstung, Messegut und Warenmustern im Ausland erleichtert. Hinsichtlich **Verkehrssteuern** werden sämtliche im Bereich des Güter- und Leistungsaustauschs entstehenden Steuern erfasst. Dazu gehören neben den Beförderungssteuern, der Umsatzsteuer auch die Straßengüterverkehrssteuern.

10 In **Nr. 9** werden vom Antragsteller Kenntnisse im Bereich der Prozessführung und Schiedsgerichtsbarkeit erwartet. Dieser Teilbereich steht in unmittelbarem Zusammenhang mit Nr. 7.

§ 14h Nachzuweisende besondere Kenntnisse im gewerblichen Rechtsschutz

Für das Fachgebiet gewerblicher Rechtsschutz sind besondere Kenntnisse nachzuweisen in den Bereichen:

1. **Patent-, Gebrauchsmuster- und Sortenschutzrecht, einschließlich des Arbeitnehmererfindungsrechts, des Rechts der europäischen Patente und des europäischen Sortenschutzrechts,**
2. **Designrecht, einschließlich des Rechts der europäischen Geschmacksmuster**
3. **Recht der Marken und sonstigen Kennzeichen, einschließlich des Rechts der europäischen Marken,**
4. **Recht gegen den unlauteren Wettbewerb**
5. **Urheberrechtliche Bezüge des gewerblichen Rechtsschutzes,**
6. **Verfahrensrecht und Besonderheiten des Prozessrechts.**

§ 14h, der mit Beschluss der Satzungsversammlung vom 7.11.2005 in die FAO eingefügt wurde (BRAK-Mitt. 2006, 79), verlangt vom Bewerber um die Berechtigung zum Führen der Fachanwaltsbezeichnung für gewerblichen Rechtsschutz besondere Kenntnisse in allen sechs aufgeführten Bereichen. Nr. 1–4 wurde mit Beschluss der Satzungsversammlung am 6.12.2010 neu gefasst. Mit der Neufassung wollte die Satzungsversammlung Klarstellung vornehmen und Ungerechtigkeiten beseitigen. Obwohl das europäische und nationale Patentrecht gleichgestellt ist, tauchte es bislang in unterschiedlichen Ziffern auf. So war bislang unter Nr. 4 das Recht der europäischen Patente, Marken-, Geschmacksmuster- und Sortenschutzrecht erwähnt, während unter Nr. 1 im Wesentlichen dasselbe stand. Das hat die Satzungsversammlung nunmehr klargestellt. Nr. 2 wurde mit Beschluss der Satzungsversammlung am 10./11.11.2014 aus sprachlichen Gründen novelliert, weil das am 1.1.2014 in Kraft getretene Designgesetz das bisherige Geschmacksmustergesetz ersetzt hat. Eine Änderung des europäischen Geschmacksmusters wurde dabei ausdrücklich ausgenommen, weil auf der Ebene der EU weiterhin das Gemeinschaftsgeschmacksmusterrecht gilt. 1

Nach **Nr. 1** muss der Bewerber insbesondere Kenntnisse nachweisen im Patent-, Gebrauchsmuster- und Sortenschutzrecht. Maßgebliche gesetzliche Vorschriften finden sich dazu im Patentgesetz, Gebrauchsmustergesetz sowie im Sortenschutzgesetz. Der Antragsteller muss daher insbesondere besondere Kenntnisse hinsichtlich der Erteilung eines **Patents** haben und abgrenzen können, welche Erfindungen nicht patentfähig sind und welche Erfindungen von der Patenterteilung ausgeschlossen sind. Das gilt ebenfalls für den Bereich der **Gebrauchsmuster.** Das **Gebrauchsmusterrecht** umfasst alle technischen Erfindungen mit Ausnahme von Verfahren. Es handelt sich um ein reines Registrierrecht, dh eine Prüfung auf neue oder erfinderische Tätigkeit wie beim Patent findet nicht statt. So kann für die unsichere Phase von der Anmeldung eines Patentes bis zur Erteilung ein Gebrauchsmusterschutz erlangt werden. Ferner werden vom Antragsteller Kenntnisse im Bereich des **Sortenschutzrechts** erwartet, der für Pflanzensorten gewährt wird, die neu, unterscheidbar, homogen und beständig sind. Erwartet werden grundlegende Kenntnisse hinsichtlich des Anmeldeverfahrens beim Bundessortenamt und der Rechtsgrundlagen nach dem Sortenschutzgesetz. Neu wurde in Nr. 1 mit Beschluss vom 6.12.2010 das Arbeitnehmererfindungsrecht eingestellt, weil dieses beim gewerblichen Rechtsschutz eine nicht unbedeutende Rolle spielt. Deshalb war es auch sachgerecht, das Arbeitnehmererfindungsrecht in den bisherigen Fächerkanon auch aufzunehmen. 2

Nach **Nr. 2** hat der Antragsteller ferner Kenntnisse im Bereich des **Designgesetzes,** einschließlich des Rechts der **Europäischen Geschmacksmuster** nachzuweisen. Vom Antragsteller werden detaillierte Kenntnisse hinsichtlich des Designgesetzes erwartet. Hierbei geht es um Muster und Modelle, die auf das ästhetische Empfinden wirken. Die Palette der Möglichkeiten reicht dabei von Gegenständen des täglichen Bedarfs über das Äußere von Maschinen und Fahrzeugen bis zu Flächenmustern von Stoffen, Tapeten oder typografischen Schriftzeichen. Beim Europäischen Geschmacksmusterrecht geht es im Wesentlichen um den einheitlichen Schutz eines Geschmacksmusters in sämtlichen Ländern der europäischen Union. Erforderlich ist hierfür ein einziges Eintragungsverfahren beim Harmonisierungsamt für den Binnenmarkt in Alicante. Eine materielle Prüfung oder eine Prüfung auf identische oder ähnliche Geschmacksmuster findet jedoch dort nicht statt. Entgegenstehende Rechte müssen in einem Nichtigkeitsverfahren geltend gemacht werden. Auch hier werden vom Antragsteller besondere Kenntnisse hinsichtlich des Verfahrens und der Grundlagen erwartet. 3

4 Unter **Nr. 3** werden vom Antragsteller Kenntnisse im Bereich des Rechts der **Marken und sonstigen Kennzeichen,** einschließlich des **Rechts der europäischen Marken** erwartet. Maßgebende rechtliche Grundlage ist das Markengesetz, welches dem Besitzer einer Marke **einen effektiven Schutz gegen Missbrauch** der eigenen Kennzeichnung bietet. Nicht jede Marke ist nach dem Markengesetz schützenswert. Dem Antragsteller sollte bekannt sein, dass eine Marke die notwendige Unterscheidungskraft besitzen muss, nicht beschreibend, nicht freihaltebedürftig und nicht irreführend sein darf. Marken müssen darüber hinaus grafisch darstellbar sein. Dabei sind zugelassen Hörzeichen, Farbgestaltung, Farbkombinationen und dreidimensionale Zeichen. Die Mehrzahl der Marken sind aber Wort, Bild oder Kombinationen von beiden. Im Bereich des Markenrechts fallen auch sonstige Kennzeichen. **Internationaler Markenschutz** erfolgt durch eine internationale Registrierung nach dem sog. Madrider System (Madrider Abkommen über die internationale Registrierung von Marken – MMA – und das zu diesem Abkommen gehörende Protokoll – PMMA). Auch hier werden vom Antragsteller besondere Kenntnisse hinsichtlich des Verfahrens und der Grundlagen erwartet. Dabei wird die nationale Marke in ein internationales Register eingetragen, das von der Weltorganisation für geistiges Eigentum (World Intellectual Property Organization WIPO) in Genf geführt wird. Durch diese internationale Registrierung wird dem Anmelder derselbe Schutz gewährt, wie bei der Anmeldung der Marke im nationalen Bereich.

5 In **Nr. 4** werden vom Antragsteller Kenntnisse im Bereich des unlauteren Wettbewerbs erwartet. Maßgeblich ist dabei das Gesetz gegen den **unlauteren Wettbewerb** (UWG) sowie eine Vielzahl von anderen gesetzlichen Verboten, bei deren Verletzung zugleich ein Verstoß gegen das Wettbewerbsrecht vorliegt.

6 Unter **Nr. 5** werden die urheberrechtlichen Bezüge des gewerblichen Rechtsschutzes erfasst. Urheberrecht ist das eigentumsähnliche Recht des Werkschöpfers an seinem individuellem geistigem Werk, zB Werke der Literatur, Kunst, Wissenschaft, welches bereits mit der Werkschöpfung entsteht. Geschützt werden sowohl Form und Ausdruck, nicht aber Ideen und Grundsätze. Besondere Bedeutung hat das **Urheberrecht** im Bereich der Computerprogramme, weil der Schutz des Urheberrechts für alle Ausdrucksformen einer Software gilt. Nicht geschützt sind hingegen Ideen oder Grundsätze, die dem Computerprogramm zugrunde liegen.

7 In **Nr. 6** wird auf besondere Kenntnisse im Bereich des Verfahrensrechts und der Besonderheiten des Prozessrechts abgestellt. Kennzeichnend für den Rechtsschutz im Bereich des gewerblichen Rechtsschutzes ist das Recht der einstweiligen Verfügung. Daneben werden von dem Antragsteller besondere Kenntnisse im Bereich der Einigungsstellen für Wettbewerbsstreitigkeiten erwartet.

§ 14i Nachzuweisende besondere Kenntnisse im Handels- und Gesellschaftsrecht

Für das Fachgebiet Handels- und Gesellschaftsrecht sind besondere Kenntnisse nachzuweisen in den Bereichen:

1. Materielles Handelsrecht
   a) Recht des Handelsstandes (§§ 1–104 HGB),
   b) Recht der Handelsgeschäfte (§§ 343–406 HGB),
   c) internationales Kaufrecht, insbesondere UN-Kaufrecht.

2. Materielles Gesellschaftsrecht, insbesondere
   a) das Recht der Personengesellschaften,
   b) das Recht der Kapitalgesellschaften,
   c) internationales Gesellschaftsrecht, insbesondere Grundzüge des europäischen Gesellschaftsrechts sowie der europäischen Aktiengesellschaft,
   d) Konzernrecht, insbesondere das Recht der verbundenen Unternehmen,
   e) Umwandlungsrecht,
   f) Grundzüge des Bilanz- und Steuerrechts,
   g) Grundzüge des Dienstvertrags- und Mitbestimmungsrechts,

3. Bezüge des Handels- und Gesellschaftsrechts zum Arbeitsrecht, Kartellrecht, Handwerks- und Gewerberecht, Erb- und Familienrecht, Insolvenz- und Strafrecht sowie Bezüge des Rechts der Aktiengesellschaften zum Wertpapiererwerbs- und Übernahmerecht,

4. Besonderheiten der Verfahrens- und Prozessführung.

§ 14i, der mit Beschluss der Satzungsversammlung vom 7.11.2005 in die Fachanwaltsordnung eingefügt wurde, ist am 1.7.2006 in Kraft getreten (vgl. BRAK-Mitt. 2006, 79). Neben dem materiellen Handels- und Gesellschaftsrecht werden vom Antragsteller im Wesentlichen die Handels- und gesellschaftsrechtlichen **Bezüge** zum **Arbeitsrecht, Handwerks- und Gewerberecht und Insolvenz- und Strafrecht** erwartet. Schließlich hat der Antragsteller besondere Kenntnisse nachzuweisen im Bereich der Verfahrens- und Prozessführung. Mit Beschluss der Satzungsversammlung vom 15.6.2009 wurde der Aufbau den anderen Fachgebieten angepasst. Eine Untergliederung des Bereichs wurde in Buchstaben vorgenommen, wobei jedoch eine inhaltliche Änderung damit nicht verbunden ist. 1

Nach **Nr. 1** hat der Antragsteller besondere Kenntnisse im **materiellen Handelsrecht** als eines der Schwerpunkte des Fachgebiets nachzuweisen. Vom Antragsteller werden fundierte Kenntnisse in sämtlichen Bereichen des Handelsgeschäfts, einschließlich des Import- und Exportgeschäfts sowie die besonderen Mechanismen und Besonderheiten des Handelskaufs erwartet. Das umfasst einerseits den „Allgemeinen Teil" des Handels- und Unternehmensrechts (§§ 1–104 HGB) einschließlich des Rechts der Handelsvertreter (§§ 84 ff. HGB) aber auch die Handelsgeschäfte (§§ 343–406 HGB). Dazu zählt auch das **internationale Kaufrecht,** insbesondere das **UN-Kaufrecht** (Convention on Contracts for the International Sale of Goods – CISG) vom 11.4.1980, als materielles Kaufrecht für internationale Handelskaufverträge. Ziel dieser Regelung ist es, für den internationalen Handel einheitliche Regelungen zu schaffen und damit rechtliche Hindernisse im zwischenstaatlichen Wirtschaftsverkehr zu beseitigen. Dieses im Rahmen des Handelsrechtausschusses der Vereinten Nationen (Uncitral) in Wien ausgearbeitete UN-Kaufrecht hat weltweite Anerkennung gefunden und ist auch auf Kaufverträge, Werklieferungsverträge und gemischte Verträge anzuwenden, bei denen das Kaufelement überwiegt. Subsidiäre Bedeutung hat im Bereich des Internationalen Kaufrechts das Internationale Privatrecht (IPR), das nur für Fragen dann Anwendung findet, wenn das CISG keine Regelung enthält (Art. 3 Rom I-VO, Art. 3 EGBGB). Nicht erfasst wird von Nr. 1 das Frachtgeschäft iSv §§ 407 ff. HGB. Das hat die Satzungsversammlung mit der Neufassung der Nr. 1 klargestellt, wonach das materielle Handelsrecht lediglich die Gebiete unter lit. a bis c erfasst. Diese Aufzählung ist abschließend. 2

Nach **Nr. 2** werden vom Antragsteller fundierte materielle Kenntnisse des Gesellschaftsrechts verlangt. Neben dem materiellen Handelsrecht ist das materielle Gesellschaftsrecht der zweite Schwerpunkt im Fachgebiet und umfasst neben den Personen- und Kapitalgesellschaften internationale Gesellschaften und Konzerne. Hinsichtlich der **Personengesellschaften** ist auf die Regelungen im Handelsgesetzbuch (§§ 105–236 HGB), im Bürgerlichen Gesetzbuch (§§ 705–758 BGB) sowie im Partnerschaftsgesellschaftsgesetz und Genossenschaftsgesetz abzustellen. Erforderlich sind hier für die Antragsteller fundierte Kenntnisse, die erheblich das Maß dessen übersteigen, das üblicherweise durch die berufliche Ausbildung und praktische Erfahrung im Beruf vermittelt wird (§ 2 Abs. 2). Hinsichtlich der Kapitalgesellschaften werden vom Antragsteller besondere Kenntnisse im **GmbHG, AktG und im Bereich des Wertpapierhandels** erwartet. Im Bereich des internationalen Gesellschaftsrechts hat der Antragsteller neben den Grundzügen zur Niederlassungsfreiheit von Gesellschaften in der EU (Art. 2 ff. AEUV; ex-Art. 43, 48 EG-Vertrag) besondere Kenntnisse des **internationalen Privatrechts** nachzuweisen. Mangels gesetzlicher Regelung ist das internationale Gesellschaftsrecht ganz wesentlich geprägt von den Entscheidungen des EuGH. Die in diesem Zusammenhang maßgeblich ergangenen Entscheidungen des EuGH zu der Frage, welches Unionsrecht Anwendung findet, und ob dieses mit dem Recht des Sitzes verknüpft wird (EuGH NJW 1989, 2186 – Daily-Mail; NJW 1999, 2027 – Centros; NJW 2002, 3614 – Überseering). Zum Rechtsgebiet des Konzernrechts (§§ 15 ff. AktG) werden vom Antragsteller die besonderen theoretischen Kenntnisse beim Vertragskonzernrecht und die dazu ergangene Rechtsprechung erwartet. Das gilt ebenfalls für das Rechtsgebiet des **Umwandlungsrechts** und der Grundzüge des **Bilanz- und Steuerrechts.** Der Antragsteller hat in diesen Rechtsgebieten Grundzüge des Umwandlungsgesetzes, des Einkommensteuergesetzes, des Körperschaftsteuergesetzes sowie aller Problemkreise im Bereich der Unternehmensnachfolge nachzuweisen. Hinsichtlich der in Nr. 2 lit. g ausdrücklich bezeichneten Grundzüge des **Dienstvertrags- und Mitbestimmungsrechts** hat der Antragsteller die Grundsätze der Unternehmensmitbestimmung und des Dienstvertragsrechts von Vorständen von Aktiengesellschaften und Geschäftsführern von Gesellschaften mit beschränkter Haftung nachzuweisen. 3

4 Die in **Nr. 3** aufgeführten Bezüge zu den einzelnen Regelungen im Arbeitsrecht, Kartellrecht, Handwerks- und Gewerberecht, Erb- und Familienrecht, Insolvenz- und Strafrecht wurde mit Beschluss vom 6.12.2010 um das Recht der Aktiengesellschaften zum Wertpapiererwerb- und Übernahmerecht ergänzt. Die Satzungsversammlung hat dazu die Auffassung vertreten, dass jeder Rechtsanwalt, der im Aktienrecht berät, auch Grundkenntnisse im Rechtsgebiet des Wertpapiererwerbs- und Übernahmegesetzes haben solle. Das Aktienrecht gehört als Teil des Rechts der Kapitalgesellschaften neben dem GmbH-Recht und dem Recht der Personengesellschaften zum absoluten Kernbereich des Gesellschaftsrechts. Eine verantwortliche Beratung ohne Kenntnisse des Wertpapiererwerbs- und Übernahmerechts ist im Aktienrecht nicht möglich, weil jede börsennotierte Aktiengesellschaft dem Anwendungsbereich des Wertpapiererwerbs- und Übernahmerechts unterfällt.

5 In **Nr. 4** wird auf die besonderen Kenntnisse im Bereich der Verfahrens- und Prozessführung abgestellt. Hierzu gehört neben den besonderen Kenntnissen hinsichtlich der Zuständigkeiten auch die Regelung des einstweiligen Rechtsschutzes sowie der Anfechtung und Nichtigkeitsgründe nach dem Aktiengesetz.

§ 14j Nachzuweisende besondere Kenntnisse im Urheber- und Medienrecht

Für das Fachgebiet Urheber- und Medienrecht sind besondere Kenntnisse nachzuweisen in den Bereichen:

1. **Urheberrecht einschließlich des Rechts der Wahrnehmungsgesellschaften, Leistungsschutzrechte, Urhebervertragsrecht, internationale Urheberrechtsabkommen,**
2. **Verlagsrecht einschließlich Musikverlagsrecht, Musikvertragsrecht,**
3. **Recht der öffentlichen Wort- und Bildberichterstattung,**
4. **Rundfunkrecht,**
5. **wettbewerbsrechtliche und werberechtliche Bezüge des Urheber- und Medienrechts, Titelschutz,**
6. **Grundzüge des Mediendienste-, Teledienste- und Telekommunikationsrechts, des Rechts der Unterhaltungs- und Kulturveranstaltung sowie des Rechts der deutschen und europäischen Kulturförderung,**
7. **Verfahrensrecht und Besonderheiten des Prozessrechts.**

1 § 14j ist mit Beschluss der Satzungsversammlung vom 3.4.2006 in die Fachanwaltsordnung eingefügt worden und am 1.11.2006 in Kraft getreten (BRAK-Mitt. 2006, 168). Um die Berechtigung zum Führen der Fachanwaltsbezeichnung für Urheber- und Medienrecht werden von dem Antragsteller Nachweise besonderer Kenntnisse in allen sieben aufgeführten Bereichen verlangt.

2 Nach **Nr. 1** muss der Antragsteller besondere Kenntnisse nachweisen im **Urheberrecht,** einschließlich des Urhebervertragsrechts und des Rechts der Wahrnehmungsgesellschaften. Maßgebliche gesetzliche Grundlage ist dem Urhebergesetz zu entnehmen. Vom Antragsteller werden vertiefte Kenntnisse im Bereich der Schutzrechte und des Schutzobjektes als auch des Inhalts des Urheberrechts, einschließlich der Urheberpersönlichkeitsrechte und Verwertungsrechte erwartet. Im Teilrechtsgebiet **Urhebervertragsrecht** werden vom Antragsteller Kenntnisse hinsichtlich der Rahmenbedingungen (Schutzdauer, Übertragbarkeit und Vererblichkeit) als auch hinsichtlich der Verwertung von Nutzungsrechten erwartet. Schließlich fällt in den Bereich des Urhebervertragsrechts auch die Regelung über die Vergütungen, der erlaubnisfreien Nutzung und der weiteren Beteiligung. Die Rechte der Wahrnehmungsgesellschaften sind geregelt im Wahrnehmungsgesetz. Nach § 1 Wahrnehmungsgesetz bedürfen solche Gesellschaften der Erlaubnis durch das Patentamt. Die Rechtsaufsicht obliegt dem Bundespatentamt (§ 18 Wahrnehmungsgesetz). Wahrnehmungsgesellschaften sind vor allem, die GEMA (Gesellschaft für musikalische Aufführungs- und mechanische Vervielfältigungsrechte) für Musikverlage, Textdichter und Komponisten, VG Wort für Autoren und Übersetzer, Journalisten sowie Verleger als auch Bühnenverleger, VG Bild-Kunst für Urheber von Werken der bildenden Kunst, GVL (Gesellschaft zur Verwertung von Leistungsschutzrechten) für ausübende Künstler und Schallplattenproduzenten. Für Filme bestehen mehrere Wahrnehmungsgesellschaften (GÜFA – Gesellschaft für die Übernahme von Filmaufführungsrechten mit Sitz in Düsseldorf, die VGF in Wiesbaden und die VFF in Mün-

chen). Für die Beteiligung der Rechtsinhaber von Herstellern von Kopiergeräten (Kassetten, Videorekordern, Fax, Kopierer etc) ist die ZPÜ zuständig. Von den Antragstellern werden einerseits ein Überblick über die gesetzlichen Grundlagen der Wahrnehmungsgesellschaften sowie deren Prinzipien erwartet. Darüber hinaus haben die Antragsteller besondere Kenntnisse hinsichtlich der Verhältnisse zwischen Berechtigten und Verwertungsgesellschaften (Berechtigungsvertrag, Tätigkeitsbereich der Verwertungsgesellschaft, Verteilungsplan sowie Mitgliedschaftsrechte) nachzuweisen. Das gilt ebenfalls hinsichtlich des Verhältnisses der Nutzer zur Verwertungsgesellschaft (vertragliche Grundlage für Nutzungsformen, Tarife für neue Nutzungsformen, Nutzungsanmeldungen usw). Schließlich werden von den Antragstellern vertiefte Kenntnisse im Bereich des **internationalen Urheberrechtsabkommen** erwartet. Hierunter fällt das Territorialitätsprinzip als auch die maßgeblichen Staatsverträge.

Nach **Nr. 2** werden von dem Antragsteller besondere Kenntnisse hinsichtlich des **Verlagsrechts,** einschließlich des Musikverlagsrechts erwartet. Maßgebliche Rechtsgrundlage ist hierzu das Gesetz über das Verlagsrecht. Von den Antragstellern werden hierzu vertiefte Kenntnisse im Bereich der Verlagsart (Publikumsverlag, Fach- und Wissenschaftsverlag, Kinder- und Jugendbuchverlag, Bühnenverlag, Presseverlag, Hörbuchverlag) verlangt. Zu diesem Teilrechtsgebiet gehören ferner neben dem **Titelschutzrecht** auch die wirtschaftlichen und rechtlichen Strukturen des **Buchhandels.** Der Antragsteller hat ferner vertiefte Kenntnisse der Grundlagen des **Künstlersozialversicherungsrechts** insbesondere der Abgabepflicht der Verlage nachzuweisen. Mit Beschluss der Satzungsversammlung vom 6.12.2010 wurde Nr. 2 um das „Musikvertragsrecht" ergänzt. Diese Ergänzung diente lediglich der Klarstellung. Zwar wird das Musikvertragsrecht bereits durch das in Nr. 1 aufgeführte Urhebervertragsrechts erfasst. Das Gebiet des Musikvertragsrechts geht aber über das Urhebervertragsrecht hinaus, so dass es sinnvoll war, eine Verknüpfung des Musikvertragsrechts mit dem Musikverlagsrecht vorzunehmen und eine entsprechende Ergänzung in Nr. 2 vorzunehmen. 3

Mit **Nr. 3** wird das Recht der öffentlichen **Wort- und Bildberichterstattung** erfasst. Maßgeblich im Bereich der Wortberichterstattung sind die Abgrenzung von Tatsachenbehauptungen und Meinungsäußerungen sowie die Verletzung des Persönlichkeitsrechts und die Beeinträchtigung von Rechten Dritter. Der Bereich der Bildberichterstattung erstreckt sich auf die Problematik des Rechts am eigenen Bild sowie der Bildnisschutz und seine Schranken. Neben vertieften Kenntnissen zu dieser Problematik werden vom Antragsteller auch besondere Kenntnisse hinsichtlich des zivilrechtlichen Unterlassungsanspruchs der Berichtigung sowie Gegendarstellung einerseits und andererseits auch die strafrechtlichen Folgen von Bildnisverletzungen erwartet. 4

Unter **Nr. 4** fällt der gesamte Bereich des **Rundfunkrechts, einschließlich der Unterscheidung zwischen öffentlich-rechtlichem Rundfunk und privates Rundfunkrecht.** Der Antragsteller hat vertiefte Kenntnisse nachzuweisen im Bereich der Rundfunkstaatsverträge, des Telemediengesetzes und des Telekommunikationsgesetzes. Im Bereich des internationalen Rechts werden von den Antragstellern besondere Kenntnisse hinsichtlich der Fernsehrichtlinie sowie des europäischen Übereinkommens über das grenzüberschreitende Fernsehen erwartet. Maßgebliche Rolle im Bereich des Rundfunkrechts sind die Rundfunkurteile des BVerfG. Zum Bereich des Rundfunkrechts gehört auch die Rolle der **Landesmedienanstalten.** 5

Vom Antragsteller werden grundlegende Kenntnisse im Bereich des Funktionsauftrags und der Struktur und Organisation des öffentlichen Rundfunksrechts und der Finanzierungsgrundlagen erwartet. Zum Teilrechtsgebiet **privates Rundfunkrecht** gehört neben der Organisation und Finanzierung auch die Programmveranstaltung und -gestaltung (Rechte an Sportveranstaltungen, Kurzberichterstattungen) sowie der Vertrieb von Rundfunkprogrammen, Digitalisierung der Übertragungswege sowie die Haftung von Rundfunkveranstaltern, Mediendiensteanbietern und Telediensteanbietern. 6

Unter **Nr. 5** werden die **wettbewerbsrechtlichen Bezüge** und der **Titelschutz** erfasst. Hierzu gehört neben den Grundzügen des Wettbewerbsrecht auch das Wettbewerbsverhalten zwischen Medien und Unternehmern, Werbeaussagen und Werbekonzepten sowie die Verantwortlichkeit für Werbung Dritter in den Medien. Schließlich hat der Antragsteller auch besondere Kenntnisse nachzuweisen hinsichtlich der Verletzung fremder Rechte und deren Folgen. Im Bereich des **Titelschutzes** werden von den Antragstellern besondere Kenntnisse im Bereich der Entstehung des Schutzes sowie Schutzumfang und Schutzdauer erwartet. 7

8 Unter **Nr. 6** fallen die Grundzüge des Rechts der **Tele- und Mediendienste.** Hierzu gehören die Grundzüge des Rechts der Unterhaltungs- und Kulturveranstaltung sowie des Rechts der deutschen und europäischen Kulturförderung. Neben den rechtlichen Rahmenbedingungen der Kulturförderung werden hiervon auch die rechtlichen Rahmenbedingungen und Kulturveranstaltungen erfasst (Versammlungsstättenrecht, Steuerrecht, Künstlersozialversicherung, Rechteverwertung). Schließlich zählen zu diesem Teilrechtsgebiet auch die öffentlichen/öffentlich finanzierten Kultureinrichtungen durch das Haushaltsrecht der öffentlichen Hand sowie Projektförderungen.

9 Von **Nr. 6** werden auch die Grundzüge der Telekommunikation erfasst. Vom Antragsteller werden vertiefte Kenntnisse der maßgeblichen Rechtsgrundlagen nach dem Telekommunikationsgesetz mit dem Regelungsbereichen der Frequenz – und Rundfunkregulierung (Frequenzplanung, Frequenzzuteilung, Abgrenzung zum Rundfunk) sowie dem Verbraucherschutz bis hin zur Regulierung von Endnutzerentgelten (§ 39 TKG) erwartet.

10 Schließlich werden vom Antragsteller nach **Nr. 7** besondere Kenntnisse hinsichtlich des **Verfahrensrechts** und der Besonderheiten des **Prozessrechts** erwartet. Dazu gehört einerseits die gerichtliche Durchsetzung des Unterlassungsanspruchs durch vorgerichtliche Abmahnung oder durch Unterlassung im Verfahren der einstweiligen Verfügung. Hier werden vom Antragsteller besondere Kenntnisse der Besonderheiten der maßgeblichen Gerichtsstandorte und des einstweiligen Verfügungsverfahrens erwartet. Unter **Nr. 7** fällt auch die Durchsetzung von **Schadensersatz** und **Geldentschädigungen** sowie die prozessualen Besonderheiten im Äußerungsrecht. Neben den besonderen Kenntnissen zur prozessualen Durchsetzbarkeit von Gegendarstellungsansprüchen hat der Antragsteller vertiefte Kenntnisse im Bereich der Beweislastregeln im Äußerungsrecht (Unterlassungsanspruch, Berichtigungs- und Widerrufsanspruch, Schadensersatz) nachzuweisen.

§ 14k Nachzuweisende besondere Kenntnisse im Informationstechnologierecht

Für das Fachgebiet Informationstechnologierecht sind besondere Kenntnisse nachzuweisen in den Bereichen:

1. Vertragsrecht der Informationstechnologien, einschließlich der Gestaltung individueller Verträge und AGB,
2. Recht des elektronischen Geschäftsverkehrs, einschließlich der Gestaltung von Provider-Verträgen und Nutzungsbedingungen (online-/mobil business),
3. Grundzüge des Immaterialgüterrechts im Bereich der Informationstechnologien, Bezüge zum Kennzeichenrecht, insbesondere Domainrecht,
4. Recht des Datenschutzes und der Sicherheit der Informationstechnologien einschließlich Verschlüsselung und Signaturen sowie deren berufsspezifischer Besonderheiten,
5. das Recht der Kommunikationsnetze und -dienste, insbesondere das Recht der Telekommunikation und deren Dienste,
6. öffentliche Vergabe von Leistungen der Informationstechnologien (einschließlich e-Government) mit Bezügen zum europäischen und deutschen Kartellrecht,
7. internationale Bezüge einschließlich internationales Privatrecht,
8. Besonderheiten des Strafrechts im Bereich der Informationstechnologien,
9. Besonderheiten der Verfahrens- und Prozessführung.

1 § 14k, der mit Beschluss der Satzungsversammlung vom 3.4.2006 in die FAO eingefügt wurde (BRAK-Mitt. 2006, 168) verlangt von dem Bewerber um die Berechtigung zum Führen der Fachanwaltsbezeichnung für Informationstechnologierecht den Nachweis besonderer Kenntnisse in allen neun aufgeführten Bereichen.

2 **Nr. 1** erfasst das **Vertragsrecht der Informationstechnologien.** Hierbei handelt es sich um einen Kernbereich des Informationstechnologierechts, das im Alltag eines IT-Unternehmers eine wichtige Rolle spielt. Das Recht der Informationstechnologie umfasst dabei neben der Querschnittsmaterie des sog. **Internetrechts** mit all seinen Erscheinungsformen insbesondere auch das komplette Gebiet der **EDV- und Softwarevertragsrechte.** Problematisch ist in diesem Zusammenhang die Einbeziehung allgemeiner Geschäftsbedingungen, wobei zwischen sog. Ver-

braucherverträgen und Verträgen unter Kaufleuten zu differenzieren ist. Eine besondere Bedeutung erlangt insbesondere auch die Frage eines Vertragsschlusses im Zusammenhang mit Online-Aktionen und deren rechtliche Verbindlichkeit. Neben dieser Problematik werden von den Antragstellern vertiefte Kenntnisse zur Haftung von sog. Internetauktionshäusern bei irrtümlicher Einstellung der Auktion oder bei Verletzung von Markenrechten erwartet. Unter dem Begriff Vertragsrecht der Informationstechnologie fällt auch der komplexe Bereich des Hardware- und Softwarevertragsrechts einschließlich der Übertragung von Softwarelizenzen und umfangreichen Wartungspaketen (sog. Service Level Agreement) sowie die Softwaregestaltung mit den projektspezifischen Besonderheiten wie beispielsweise der Festigung einzelner Leistungsphasen und Milestones einer umfassenden Leistungsbeschreibung oder klaren Abnahmeregelung.

Durch **Nr. 2** wird der gesamte Bereich des elektronischen Rechtsverkehrs erfasst. Dazu zählt 3 in erster Linie die Möglichkeit, Klagen und andere prozessuale Erklärungen in elektronischer Weise bei Gericht einzureichen aber auch, gerichtliche Entscheidungen und formlose Nachrichten elektronisch an Verfahrensbeteiligte weiterzuleiten. Der elektronische Geschäftsverkehr erstreckt auch die interne elektronische Sachbehandlung (Workflow) sowie die elektronische Aktenführung bis hin zur elektronischen Archivierung. Schließlich werden vom Antragsteller vertiefte Kenntnisse sowohl hinsichtlich des elektronischen Rechtsverkehrs als auch der Rechtsnatur von sog. Provider-Verträgen erwartet.

Im Bereich des **Immaterialgüterrechts** der Informationstechnologie in **Nr. 3** werden ins- 4 besondere das Domainrecht und das Kennzeichenrecht erfasst. Rechtlich geht es dabei um die Problematik, ob Ansprüche aus Marken- oder Namensrechten auf Freigabe von Domains bestehen und ob Unterlassungsansprüche hergeleitet werden können.

Besondere Bedeutung hat nach **Nr. 4** auch der Datenschutz im Bereich der Informations- 5 technologien im Hinblick auf die elektronische Signatur. Neben dem Datenschutzgesetz ergeben sich rechtliche Grundlagen aus dem Signaturgesetz. Von den Antragstellern werden neben intensiven Kenntnissen der unterschiedlichen Signaturen vertiefte Kenntnisse im Bereich des Zugriffschutzes, Protokollierungs- und Verschlüsselungsfunktionen erwartet.

Das Recht der **Kommunikationsnetze** und **-dienste** in **Nr. 5** findet seine rechtlichen 6 Grundlagen im Telemediengesetz (TMG). Erfasst werden von diesem Bereich neben der **Individualkommunikation** (zB Telebanking, Datenaustausch) auch der Bereich der **Datendienste** (zB Verkehrs-, Wetter-, Umwelt- und Börsendaten) sowie die Nutzung von **Telespielen** und des Internet.

Die in **Nr. 6** aufgeführte **öffentliche Vergabe von Leistungen der Informationstechnolo-** 7 **gien** erfasst das Regieren und Verwalten von Informations- und Kommunikationstechnologien über elektronische Medien. Im weitesten Sinne wird darunter die Vereinfachung und Durchführung von Prozessen zu Informationen, Kommunikation innerhalb und zwischen staatlichen Institutionen sowie zwischen Institutionen und Bürgern bzw. Unternehmen durch den Einsatz von Informations- und Kommunikationstechnologien verstanden. Die Interaktionsebenen unterscheiden sich in Information, Kommunikation, Transaktion und Integration. Rechtlich bestehen strenge Anforderungen hinsichtlich der Formvorschriften und des Datenschutzes. Besondere Bedeutung hat der Teilbereich des sog. **E-Government,** der Zugang zu Behörden und öffentlichen Einrichtungen. Dabei geht es im Wesentlichen einerseits um technische Aspekte aber auch um die Bereitstellung entsprechender Softwarelösungen, damit sowohl die Datensicherheit als auch die Möglichkeit der Archivierungen und Nachverfolgung von Vorgängen gewährleistet ist.

Durch die in Nr. 7 ausdrücklich erwähnten internationalen Bezüge wird klargestellt, dass die 8 Antragsteller auch vertiefte Kenntnisse in diesem Bereich nachzuweisen hat. Gerade im Internet kommen Nutzer mit den unterschiedlichsten Rechtsordnungen in Verbindung, weil der Vertragspartner Ausländer ist oder der Service Provider seinen Server in den USA unterhält oder nach der Veröffentlichung eines Bildes auf der eigenen Website sich der englische Fotograf meldet und die Verletzung von Urheberrechten geltend macht.

Hinsichtlich der Besonderheiten des in **Nr. 8** genannten **Strafrechts im Bereich der Infor-** 9 **mationstechnologie** wird einerseits das Verbreiten verbotener Inhalte im Internet, aber auch von sog. Dialerprogrammen sowie Virenprogrammen erfasst. Daneben werden von den Antragstellern vertiefte Kenntnisse im Bereich der Haftung von Access Providern, Caching Providern, Hosting Providern und Forumbetreibern erwartet (§§ 7–10 TMG).

Schließlich werden von den Antragstellern nach **Nr. 9** vertiefte Kenntnisse in der **Verfahrens-** 10 **und Prozessführung** erwartet.

§ 14l Nachzuweisende besondere Kenntnisse im Bank- und Kapitalmarktrecht

Für das Fachgebiet Bank- und Kapitalmarktrecht sind besondere Kenntnisse nachzuweisen in den Bereichen:

1. Geschäftsverbindung zwischen Bank und Kunden, insbesondere
  a) Allgemeine Geschäftsbedingungen,
  b) Bankvertragsrecht,
  c) das Konto und dessen Sonderformen,
2. Kreditvertragsrecht und Kreditsicherung einschließlich Auslandsgeschäft,
3. Zahlungsverkehr, insbesondere
  a) Überweisungs-, Lastschrift-, Wechsel- und Scheckverkehr,
  b) EC-Karte und Electronic-/Internet-Banking,
  c) Kreditkartengeschäft,
4. sonstige Bankgeschäfte – insbesondere im Sinne von § 1 Abs. 1 Satz 2 KWG – z. B. Pfandbriefgeschäft, Finanzkommissionsgeschäft, Depotgeschäft, Garantiegeschäft, Emissionsgeschäft, Konsortialgeschäft einschließlich Auslandsgeschäft,
5. Kapitalmarkt- und Kapitalanlagerecht, insbesondere Wertpapierhandel, Investmentgeschäft, alternative Anlageformen, Vermögensverwaltung, Vermögensverwahrung,
6. Factoring/Leasing,
7. Geldwäsche, Datenschutz, Bankentgelte,
8. Recht der Bankenaufsicht, Bankenrecht der europäischen Gemeinschaft und Kartellrecht,
9. Steuerliche Bezüge zum Bank- und Kapitalmarktrecht,
10. Besonderheiten des Verfahrens- und Prozessrechts.

1 § 14l wurde mit Beschluss der Satzungsversammlung vom 11.6.2007 in die FAO eingefügt (BRAK-Mitt. 2007, 214). Die Vorschrift verlangt von dem Bewerber, den Nachweis besonderer Kenntnisse in allen zehn Bereichen.

2 Es werden von dem Antragsteller vertiefte Kenntnisse in den in **Nr. 1** aufgeführten **Geschäftsverbindungen zwischen Bank und Kunden** im weitesten Sinne verlangt. Dazu gehört nicht nur der gesamte Regelungsumfang zu den AGB, insbesondere zu den Grundlagen für die Kundenbeziehungen, sondern auch der Bereich der Kontoführung einschließlich der Einzugsaufträge und Einlösung von Lastschriften und Kundenschecks sowie der Verfügungsberechtigung nach dem Tod des Kunden und die Regelung zugunsten der Einlagensicherung. Von dem Antragsteller werden ferner Kenntnisse zum **allgemeinen Bankvertragsrecht** erwartet. Neben den ersten drei Büchern des BGB als Schwerpunkt haben die Antragsteller vertiefte Kenntnisse zu den bankrechtlichen Spezialgesetzen (Börsengesetz, Wertpapierhandelsgesetz, Kreditwesengesetz usw) darzulegen.

3 Ferner muss der Antragsteller nach **Nr. 2** seine vertieften Kenntnisse im **Kreditvertragsrecht** und der **Kreditsicherung** einschließlich des Auslandsgeschäfts nachweisen. Darunter fallen einerseits die rechtlichen Aspekte des Darlehensvertrages (§§ 488 ff. BGB), aber auch die spezifischen Besonderheiten der Firmenkredite, insbesondere Diskontgeschäfte, Avalkredite, Akzeptkredite sowie Factoring und Finanzierungsleasing. Im Bereich der Kreditsicherung werden vom Antragsteller neben den allgemeinen Kenntnissen der rechtlichen Risiken einer Sicherheitsbestellung einschließlich der Problematik der Übersicherung der Bank auch vertiefte Kenntnisse im Bereich der Bürgschaft, Grundpfandrechte, Sicherungsübereignung, Sicherungszessionen, Sicherheitspoolverträge sowie nicht bankmäßige Kreditsicherungsinstrumente verlangt.

4 **Nr. 3** stellt auf die besonderen Kenntnisse zum **Zahlungsverkehr,** insbesondere zum bargeldlosen Zahlungsverkehr ab. Erwartet werden vom Antragsteller neben der rechtlichen Einordnung des Zahlungsvorgangs auch grundlegende Kenntnisse zu den Rechtsbeziehungen zwischen dem überweisenden Kunden und seiner Bank sowie den mitwirkenden Kreditinstituten. Ferner hat der Antragsteller grundlegende Kenntnisse zum **Lastschriftverfahren,** Scheckinkasso und zum kontobezogenen **Online-Banking** nachzuweisen. Hierunter fällt neben den kartengesteuerten Zahlungssystemen auch das bargeldlose Zahlen an automatisierten Kassen des **Electronic Cash-Systems.** Erwartet werden vom Antragsteller ferner Kenntnisse im Bereich des Kreditkartengeschäfts, des Reiseschecks sowie des elektronischen Netzgeldes *(cyber coins).*

Nr. 4 wurde mit Beschluss der Satzungsversammlung vom 6.12.2010 neu gefasst. Durch die Änderung hat die Satzungsversammlung klargestellt, dass neben dem Bankgeschäft iSd § 1 Abs. 1 KWG auch das Kapital- und das Kapitalanlagerecht von § 14l erfasst wird. Damit dürfte der bisherige Streitpunkt beigelegt sein, ob nur dann Bankgeschäfte als Fälle anerkannt werden können, wenn eine Bank beteiligt ist. Mit der Neufassung hat die Satzungsversammlung verdeutlicht, dass von Nr. 4 auch Bankgeschäfte erfasst werden, an denen zwar Kapitalanleger, nicht aber Banken beteiligt sind. Verlangt werden vom Antragsteller grundlegende Kenntnisse zum **Depotgeschäft, Investmentgeschäft, Konsortial-/Emissionsgeschäft** einschließlich Auslandsgeschäft. Darunter fällt die Wertpapierleihe ebenso wie das Recht der Termingeschäfte. Von dem Antragsteller werden ferner grundlegende Kenntnisse bezüglich des Gesetzes über Kapitalanlagegesellschaften sowie des Depotgeschäftes, einschließlich der Depotsonderformen (Sperrdepot, Depot zugunsten Dritter auf den Todesfall, Verpfändung durch den Depotkunden) erwartet. Erfasst werden hiervon das Insiderrecht und das Verbot des Insiderhandelns, aber auch das Verbot der Kurs- und Marktpreismanipulation. Unter dem Begriff **Auslandsgeschäft** fallen der grenzüberschreitende bargeldlose Zahlungsverkehr, die Dokumentenakkreditive sowie das Auslandskreditgeschäft. Hier werden von den Antragstellern neben den Grundlagen auch grundlegende Kenntnisse zu den Rechtsverhältnissen der Beteiligten erwartet. 5

Nr. 5 wurde mit Beschluss der Satzungsversammlung vom 6.12.2010 neu gefasst. Durch die Änderung hat die Satzungsversammlung der Änderung des KWG Rechnung getragen, weil durch den Wegfall von § 1 Abs. 1 Nr. 6 KWG klargestellt worden ist, dass das Investmentgeschäft nicht mehr zu den Bankgeschäft gehört. Das Investmentgeschäft wird deshalb in den Bereich des Kapital- und Kapitalanlagenrechts eingeordnet. Erfasst werden daneben auch die Vermögensverwaltung und Vermögenswahrung. Die Vermögensverwaltung (englisch: asset management), auch Wertschöpfungsmanagement genannt, gehört zu den zentralen Finanzdienstleistungen. Im Mittelpunkt steht die Verwaltung bedeutender privater und institutioneller in- und ausländischer Vermögen verschiedener Anlageklassen (Aktien, Renten, Immobilien), wobei von dem Antragsteller grundlegende Kenntnisse hierzu erwartet werden. Mit der Neufassung hat die Satzungsversammlung ebenfalls klargestellt, dass auch der Bereich des neuen Wertpapiererwerbs- und Übernahmegesetzes erfasst wird. Da sich hierbei nicht um Wertpapierhandel, sondern um Kapitalmarktrecht handelt, wurde durch die Einführung des Begriffs „Kapitalmarktrecht" in Nr. 5 auch das Wertpapiererwerbs- und Übernahmegesetz erfasst. 6

Unter **Nr. 6** werden vom Antragsteller vertiefte Kenntnisse im Bereich des **Factoring/ Leasing** erwartet. Neben der Rechtsnatur des Factoring-Geschäfts und des Finanzierungsleasings hat der Antragsteller vertiefte Kenntnisse im Finanzierungsleasing, Operating-Leasing und Sale-and-Lease-Back-Verträgen nachzuweisen. Das umfasst auch den Bereich der Refinanzierung des Leasinggeschäfts einschließlich der insolvenzrechtlichen Wirksamkeit der Vorausabtretung von Leasingraten. 7

Nr. 7 betrifft den Bereich der **Geldwäsche, Datenschutz und Bankentgelte.** Das umfasst die Verhaltens- und Schutzpflichten aus der Geschäftsverbindung, worunter das Bankgeheimnis, die Bankauskunft und die Mitwirkungspflichten des Bankkunden fallen. Ferner werden davon die Haftung der Bank sowie die Kosten der Bankdienstleistung erfasst. Von dem Antragsteller werden hierzu fundierte Kenntnisse im Bereich der Maßgeblichkeit der aktuellen Preisangaben im Privatkundengeschäft erwartet sowie der Rechtsprechung des BGH zu unzulässigen Entgeltklauseln. 8

Nr. 8 verlangt vom Antragsteller grundlegende Kenntnisse im Bereich des Rechts der **Bankenaufsicht, des Bankenrechts der EU und des Kartellrechts.** Unter dem Begriff der **Bankenaufsicht** wird die Tätigkeit der Bundesanstalt für Finanzdienstleistungsaufsicht (BaFin) in Zusammenarbeit mit der Deutschen Bundesbank erfasst. Hierzu gehört auch die grenzüberschreitende Aufsichtstätigkeit im europäischen Binnenmarkt einschließlich der Kooperation der Bankenaufsichtsbehörden. Schließlich umfasst das Recht der Bankenaufsicht auch die institutsbezogene Aufsicht mit den besonderen Maßnahmen zur Abwendung von Gefahren zugunsten der Kunden und etwaiger Insolvenzen. Das **Bankenrecht der EU** betrifft die Rechtstellung und organisatorische Struktur der Europäischen Zentralbank. Vom Antragsteller werden nicht nur vertiefte Kenntnisse im Bereich der gemeinschaftlichen Regelung und nationalen Bestimmungen erwartet, sondern auch zur Rechtstellung, Unabhängigkeit und normativen Rechtssetzungsbefugnis der Europäischen Zentralbank. 9

Unter **Nr. 9** hat der Antragsteller **steuerliche Bezüge** zum Bank- und Kapitalmarktrecht nachzuweisen. 10

11 Schließlich werden unter **Nr. 10** vom Antragsteller vertiefte Kenntnisse hinsichtlich der Besonderheiten des **Verfahrens- und Prozessrechts** erwartet. Neben den besonderen Kenntnissen der Strafrechts- und Bußgeldvorschriften des Kapitalmarktrechts hat der Antragsteller auch grundlegende Kenntnisse zur Prospekthaftung nachzuweisen. Der Antragsteller hat ferner vertiefte Kenntnisse zu den Bußgeldvorschriften sowie die Besonderheiten des verwaltungsgerichtlichen Rechtsschutzes hinsichtlich der Bankenaufsicht darzulegen.

§ 14m Nachzuweisende besondere Kenntnisse im Agrarrecht

Für das Fachgebiet Agrarrecht sind besondere Kenntnisse nachzuweisen in den Bereichen:

1. agrarspezifisches Zivilrecht
- **a) agrarspezifische Fragen des besonderen Schuldrechts (z. B. Landpachtrecht),**
- **b) Produkthaftungsrecht i. V. m. Grundzügen des Lebensmittelrechts,**
- **c) Jagd- und Jagdpachtrecht,**
- **d) Besonderheiten des Erb- und Familienrechts,**
- **e) Besonderheiten der Vertragsgestaltung und besondere Vertragstypen (z. B. landwirtschaftliche Kooperationen, Maschinengemeinschaften, Absatz- und Einkaufsverträge inkl. AGB, Gesellschaften, Bewirtschaftungsverträge, Erwerb landwirtschaftlicher Betriebe),**
- **f) Besonderheiten des Arbeitsrechts.**

2. agrarspezifisches Verwaltungsrecht
- **a) Recht der Genehmigungsverfahren (z. B. BImSchG, BauGB, Anlagen zur Verarbeitung nachwachsender Rohstoffe und agrarrechtliche Besonderheiten erneuerbarer Energien),**
- **b) Grundzüge des Umweltrechts,**
- **c) Natur- und Pflanzenschutzrecht,**
- **d) Düngemittel- und Saatgutverkehrsrecht, Sortenschutzrecht,**
- **e) Tierschutz-, -zucht und -seuchenrecht,**
- **f) Flurbereinigung und Flurneuordnungsverfahren,**
- **g) Grundstücksverkehrs- und Landpachtverkehrsrecht,**
- **h) Weinrecht, Forstrecht, Jagd- und Fischereirecht,**
- **i) landwirtschaftliches Steuerrecht,**
- **j) Besonderheiten des Sozialversicherungsrechts,**
- **k) Staatsbeihilfenrecht, Agrarbeihilfenrecht, Cross-Compliance-Verpflichtungen.**

3. agrarspezifisches Ordnungswidrigkeiten- und Strafrecht,

4. agrarspezifisches EU-Recht einschließlich seiner Umsetzung in nationales Recht
- **a) EG-Vertrag (Landwirtschaft, Umwelt),**
- **b) EG-Wettbewerbsrecht, Kartellrecht,**
- **c) EU-Verordnungen, Richtlinien,**

5. agrarspezifisches Verfahrensrecht
- **a) Landwirtschaftsverfahrensrecht,**
- **b) Grundzüge der EU-Gerichtsbarkeit.**

1 § 14m ist am 1.7.2009 in Kraft getreten und wurde von der Satzungsversammlung in der Sitzung am 14.11.2008 beschlossen (BRAK-Mitt. 2009, 64). Um die Berechtigung zum Führen der Fachanwaltsbezeichnung für Agrarrecht werden von dem Antragsteller Nachweise besonderer Kenntnisse in allen fünf aufgeführten Bereichen verlangt.

2 Nach **Nr. 1** muss der Antragsteller besondere Kenntnisse im agrarspezifischen Kaufrecht nachweisen. Davon umfasst sind unter anderem die Besonderheiten des grenzüberschreitenden Handelns mit landwirtschaftlichen Erzeugnissen jeglicher Art sowie die Besonderheiten des Mängelgewährleistungsrechts im Bereich des Tierhandels. Von dem Antragsteller wird ein Überblick über die gesetzlichen Grundlagen des Produkthaftungsrechts, des Lebensmittelrechts sowie des Jagd- und Jagdpachtrechts erwartet. Darüber hinaus hat der Antragsteller neben dem Erb- und Familienrecht vertiefte Kenntnisse im Bereich des Anerbenrechts und der Höfeordnung, dem damit einhergehenden Verfahrensrecht, wie zB dem Zuweisungsverfahren, sowie dem Land-

pachtrecht nachzuweisen. Ebenfalls werden fundierte Kenntnisse im Bereich der agrarspezifischen Vertragsgestaltung sowie hinsichtlich besonderer Vertragstypen vorausgesetzt. In den Tätigkeitsbereich des Antragstellers fällt unter anderem die Überprüfung von Zulieferverträgen. Auch im Hinblick auf die Begründung von landwirtschaftlichen Kooperationen werden fundierte Kenntnisse im Bereich des Genossenschaftsrechts erwartet, welches die in lit. e genannten Gesellschaften ausgestaltet.

Nach **Nr. 2** werden vom Antragsteller insbesondere Kenntnisse im Bereich des Besonderen Verwaltungsrechts erwartet. Maßgebliche Rechtsgrundlagen im Zusammenhang mit erneuerbaren Energien, wie zB die Nutzung von Windkraftanlagen, sind im Rahmen von Genehmigungsverfahren das Bundesimmissionsschutzgesetz und das Baugesetzbuch. In den in lit. b bis h aufgeführten Rechtsgebieten, welche die jeweiligen Tätigkeitsbereiche der Landwirte betreffen, sind vertiefte Kenntnisse nachzuweisen. Hierzu gehören unter anderem die Rechtsmaterien, wie das Umwelt-, Natur- und Pflanzenschutzrecht, Düngemittel- und Saatgutverkehrsrecht, insbesondere das Sortenschutzrecht, Tierschutz-, -zucht- und –seuchenrecht, Flurbereinigung und Flurneuordnungsverfahren, Grundstücksverkehrs- und Landpachtverkehrsrecht, Weinrecht, Forstrecht sowie Jagd- und Fischereirecht, die auch die Produktionsabläufe von tierischen und pflanzlichen Erzeugnissen tangieren. Auch im Bereich des landwirtschaftlichen Steuerrechts muss der Bewerber über grundlegende Kenntnisse, wie zB die Versteuerung von Pachtanteilen, verfügen. Daneben sind auch Kenntnisse zu den Besonderheiten des Sozialversicherungsrechts nachzuweisen. Unabdingbar sind vertiefte Kenntnisse im Staats- und EU-Beihilfeverfahren. Hierzu gehören auch Kenntnisse im Bereich von Cross-Compliance-Verpflichtungen, zumal dieser Tätigkeitsbereich schätzungsweise 40% des täglichen Arbeitsaufwandes eines Landwirtes ausmacht. 3

In **Nr. 3** hat der Antragsteller Im Bereich der Ordnungswidrigkeiten besondere Kenntnisse im Bereich der Bußgeldverfahren nachzuweisen. Ferner werden vom Antragsteller unter anderem Kenntnisse im Bereich der Straftatbestände im Zusammenhang mit §§ 324, 330 StGB erwartet. 4

In **Nr. 4** wird der Bereich des internationalen Agrarrechts erfasst. Es bedurfte neben Nr. 5 einer deutlichen Hervorhebung, zumal das Agrarrecht wie kaum ein anderes Rechtsgebiet eine besondere EU-rechtliche Prägung erfährt. Vom Antragsteller werden besondere Kenntnisse im agrarspezifischen EU-Recht einschließlich seiner Umsetzung in nationales Recht erwartet. Hierunter fällt zB die Auslegung von EU-Verträgen (Landwirtschaft, Umwelt), EU-Wettbewerbs- und Kartellrecht sowie die Anwendung von EU-Verordnungen und Richtlinien. 5

In **Nr. 5** wird auf die besonderen Kenntnisse im Bereich der Verfahrens- und Prozessführung abgestellt. Hierzu gehören einerseits vertiefte Kenntnissen im Landwirtschaftsverfahrensrecht. Daneben hat der Antragsteller grundlegende Kenntnisse im Bereich des agrarspezifischen EU-Recht darzulegen. Dieser Teilbereich steht in Zusammenhang mit Nr. 4. 6

§ 14n Nachzuweisende besondere Kenntnisse im Internationalen Wirtschaftsrecht

Für das Fachgebiet Internationales Wirtschaftsrecht sind besondere Kenntnisse nachzuweisen in den Bereichen:

1. Kollisionsrecht (IPR) der vertraglichen und außervertraglichen Schuldverhältnisse,
2. Internationales Zivilprozess- und Schiedsverfahrensrecht,
3. Internationales vereinheitlichtes Handelsrecht,
4. Internationales vereinheitlichtes Gesellschaftsrecht,
5. Europäisches Beihilfen- und Wettbewerbsrecht,
6. Grundzüge der Regelungen zur Korruptions-, Betrugs- und Geldwäschebekämpfung im internationalen Rechtsverkehr,
7. Grundzüge im internationalen Steuerrecht,
8. Grundzüge der Rechtsvergleichung.

§ 14n ist am 1.9.2014 in Kraft getreten und wurde von der Satzungsversammlung in der Sitzung am 6.12.2013 beschlossen. Für die Berechtigung zum Führen der Fachanwaltsbezeichnung für Internationales Wirtschaftsrecht werden von dem Antragsteller Nachweise besonderer Kenntnisse in allen acht aufgeführten Bereichen verlangt. Mit den besonderen Kenntnissen, die im Bereich des Kollisionsrechts der vertraglichen und außervertraglichen Schuldverhältnisse ver- 1 langt werden, wird ebenso ein Spezialgebiet berührt wie mit den besonderen Kenntnissen im Bereich des internationalen Schiedsverfahrensrecht.

2 In **Nr. 1** werden besondere Kenntnisse des internationalen vereinheitlichten Handelsrechts verlangt. Damit werden auch besondere Kenntnisse des internationalen Kaufrechts, insbesondere des UN-Kaufrechts (CISG), aber auch besondere Kenntnisse über die Gestaltung internationaler Lieferverträge, einschließlich internationaler Lieferklauseln (incoterms) sowie der Außenhandelsfinanzierung und Forderungsbesicherung erwartet.

3 In **Nr. 2** wird auf besondere Kenntnisse des Internationalen Zivilprozess- und Schiedsverfahrensrecht abgestellt. Im Bereich des internationalen Zivilverfahrensrechts werden von dem Antragsteller besondere Kenntnisse der Europa- und völkerrechtlichen Rahmenbedingungen, der internationalen Entscheidungszuständigkeiten sowie der Anerkennung und Vollstreckung ausländischer Entscheidungen verlangt. Dazu gehören auch die besonderen Kenntnisse nationaler Zivilverfahren.

4 In **Nr. 3** wird auf das internationale vereinheitlichte Handelsrecht abgestellt. Von dem Antragsteller werden besondere Kenntnisse im Kollisionsrecht der vertraglichen Schuldverhältnisse (Rom I-VO), im Kollisionsrecht der außervertraglichen Schuldverhältnisse (Rom II-VO) sowie der Grundzüge des besonderen internationalen Sachen- und Kreditsicherungsrechts erwartet.

5 Nach **Nr. 4** werden von dem Antragsteller besondere Kenntnisse des internationalen vereinheitlichten Gesellschaftsrechts erwartet. Dieses Rechtsgebiet umfasst die internationale Betätigung der Gesellschaft und das Gesellschafterstatut, die Sitzverlegung von Gesellschaften vom und ins Ausland und die Umwandlung von Gesellschaften im internationalen Rechtsverkehr.

6 Mit **Nr. 5** werden von dem Antragsteller besondere Kenntnisse des europäischen Beihilfe- und Wettbewerbsrecht erwartet. Neben dem internationalen Marketing- und Vertriebsrecht hat der Antragsteller besondere Kenntnisse des nationalen, europäischen und internationalen Markenrechts einschließlich der Markenpiraterie nachzuweisen. Erfasst werden von Nr. 5 auch die Bereiche der internationalen Werbung einschließlich des internationalen Kartellrechts und Vertriebs.

7 Mit **Nr. 6** hat der Antragsteller besondere Kenntnisse im Bereich der Korruptionsprävention und Korruptionsbekämpfung nachzuweisen. Dazu gehören auch besondere Kenntnisse über internationale und supranationale Organisationen zu Korruptionsbekämpfung.

§ 14o Nachzuweisende besondere Kenntnisse im Vergaberecht

Für das Fachgebiet Vergaberecht sind besondere Kenntnisse nachzuweisen in den Bereichen:

1. ***Europäische und deutsche Vorschriften zur öffentlichen Auftragsvergabe, insbesondere***
   a) ***EU-Vergaberichtlinien einschließlich der jeweiligen Rechtsmittelrichtlinien,***
   b) ***Gesetz gegen Wettbewerbsbeschränkungen (GWB),***
   c) ***Vergabeverordnung (VgV),***
   d) ***Grundzüge der Vergabegesetze der einzelnen Bundesländer und (soweit vorhanden) des Bundes,***
2. ***Besonderheiten der einzelnen Vergabeverfahren bei der:***
   a) ***Vergabe von Bauleistungen nach der VOB/A,***
   b) ***Vergabe von Leistungen nach der VOL/A,***
   c) ***Vergabe von freiberuflichen Dienstleistungen nach der VOF,***
   d) ***Vergabe von Aufträgen im Bereich Verkehr, Trinkwasserversorgung und Energieversorgung nach der SektVO,***
   e) ***Vergabe von Aufträgen im Bereich Verteidigung und Sicherheit nach der VSVgV,***
3. ***Besonderheiten der Verfahrens- und Prozessführung:***
   a) ***Primärrechtsschutz durch Nachprüfungs- und Beschwerdeverfahren,***
   b) ***Grundzüge der vergaberechtlichen Verfahren vor dem EuGH,***
   c) ***sonstiger Rechtsschutz vor Zivilgerichten und Verwaltungsgerichten im Zusammenhang mit Vergabeverfahren,***
4. ***Vergaberechtliche Aspekte des Beihilferechts,***
5. ***Grundzüge des öffentlichen Preisrechts.***

1 Die Einfügung des § 14o wurde von der Satzungsversammlung in der Sitzung vom 16.3.2015 beschlossen. Diese Änderung tritt zum 1.11.2015 in Kraft.

§ 15 Fortbildung

(1) [1]**Wer eine Fachanwaltsbezeichnung führt, muss kalenderjährlich auf diesem Gebiet wissenschaftlich publizieren oder an fachspezifischen der Aus- oder Fortbildung dienenden Veranstaltungen hörend oder dozierend teilnehmen.** [2]**Die hörende Teilnahme setzt eine anwaltsorientierte oder interdisziplinäre Veranstaltung voraus.**

(2) **Bei Fortbildungsveranstaltungen, die nicht in Präsenzform durchgeführt werden, müssen die Möglichkeit der Interaktion des Referenten mit den Teilnehmern sowie der Teilnehmer untereinander während der Dauer der Fortbildungsveranstaltung sichergestellt sein und der Nachweis der durchgängigen Teilnahme erbracht werden.**

(3) **Die Gesamtdauer der Fortbildung darf je Fachgebiet 15 Zeitstunden nicht unterschreiten.**

(4) **Bis zu fünf Zeitstunden können im Wege des Selbststudiums absolviert werden, sofern eine Lernerfolgskontrolle erfolgt.**

(5) [1]**Die Erfüllung der Fortbildungspflicht ist der Rechtsanwaltskammer durch Bescheinigungen oder andere geeignete Unterlagen unaufgefordert nachzuweisen.** [2]**Fortbildung im Sinne des Absatzes 4 ist durch Bescheinigungen und Lernerfolgskontrollen nachzuweisen.**

Übersicht

I. Verfassungsmäßigkeit und Zweck der Regelung

§ 15 ist verfassungsrechtlich nicht zu beanstanden, § 43c Abs. 4 S. 2 BRAO setzt die Befugnis zur Regelung der Fortbildungspflicht des Fachanwalts voraus, die sich aus § 59b Abs. 2 Nr. 2 BRAO herleiten lässt (BVerfG MDR 2002, 299 mit abl. Anm. *Hartung;* AGH SchlH NJW 2006, 1218 = BRAK-Mitt. 2006, 34). § 15 konkretisiert für Fachanwälte die in § 43a Abs. 6 BRAO für Rechtsanwälte allgemein vorgesehene Grundpflicht zur Fortbildung (→ BRAO § 43a Rn. 96 ff.), deren Konkretisierung für Fachanwälte durch die Berufsordnung in § 43c Abs. 4 S. 2 BRAO iVm § 59b Abs. 2 Nr. 2 BRAO ausdrücklich vorgesehen wurde. 1

Allerdings ist der Widerruf der Erlaubnis zum Führen einer Fachanwaltsbezeichnung (§ 43c Abs. 4 S. 2 BRAO, § 25) wegen eines einmaligen Verstoßes gegen § 15 verfassungsrechtlich bedenklich, wenn die RAK solche Umstände des Einzelfalles außer Acht lässt, die, ähnlich wie der formalisierte Fortbildungsnachweis nach § 15, eine Qualitätssicherung gewährleisten (BGH NJW 2001, 1945 = MDR 2001, 1079 = BRAK-Mitt. 2001, 187 = AnwBl. 2001, 518; → § 15 Rn. 6). § 15 dient der **Qualitätssicherung** und steht damit im Zusammenhang mit § 43c Abs. 1 S. 3 BRAO. Die erforderliche Qualitätssicherung kann nämlich nicht allein durch die in § 15 vorgesehene fünfzehnstündige Fortbildungsveranstaltung im Jahr, bzw. eine wissenschaftliche Publikation, erreicht werden. Sie setzt vielmehr eine verstärkte Tätigkeit auf dem Fachgebiet und den damit verbundenen Erfahrungsgewinn voraus. Eine solche intensive Betätigung erscheint aber angesichts des Umfangs und der Komplexität des modernen Rechts nur im begrenzten Umfang möglich. Letztlich folgt schon aus der Natur der Spezialisierung, dass sie nur für einige Tätigkeitsfelder zu leisten ist, die zudem bei den jeweiligen Fachanwaltschaften weit bemessen sind. Mit der Beschränkung der Fachanwaltsbezeichnung auf drei Fachgebiete wird bezweckt, dass der Rechtsanwalt auf diesen Gebieten vertieft tätig wird und damit die Qualitätsvorstellungen der Öffentlichkeit erfüllt (BGH NJW 2005, 1943 = BRAK-Mitt. 2005, 189). 2

II. Pflicht aller Fachanwälte

3 Die Fortbildungs- und Nachweispflicht des § 15 gilt uneingeschränkt für sämtliche Fachanwälte ohne Möglichkeit einer vollständigen Befreiung und unabhängig von persönlicher Leistung, Eignung, Verdiensten, Zeitpunkt der Erteilung der Erlaubnis oder Alter. Die Fortbildungs- und Nachweispflicht gilt daher auch für Fachanwälte, die seit 1951 berechtigt sind, die Bezeichnung „Fachanwalt für Steuerrecht" zu führen, oder denen sonst eine Erlaubnis vor Inkrafttreten des Gesetzes vom 29.1.1991 (BGBl. I S. 150) erteilt worden ist (BGH MDR 2001, 358 = NJW 2001, 1571 = BRAK-Mitt. 2001, 83 = AnwBl. 2001, 174; AGH NRW MDR 2000, 299 mit Anm. *Hartung;* BRAK-Mitt. 2003, 135; BayAGH NJW 2002, 2041; → BRAO § 98 Rn. 36; → BRAO § 210 Rn. 2). Die Pflicht gilt auch, wenn der Fachanwalt seine anwaltliche Tätigkeit nur in sehr geringem Umfang ausübt, da Zweck der Fortbildungspflicht die Sicherstellung eines einheitlichen Qualitätsstandards für alle Fachanwälte ist (AGH Hess BRAK-Mitt. 2005, 239).

3a Mit Beschluss der 2. Satzungsversammlung in deren Sitzung am 25./26.4.2002 wurde bestimmt, dass der Fachanwalt seine Fortbildung nicht mehr ausschließlich durch die Teilnahme an einer Fortbildungsveranstaltung (→ Rn. 3) nachweisen muss, sondern er den erforderlichen jährlichen **Fortbildungsnachweis** auch **durch** eine oder mehrere **wissenschaftliche Publikationen** auf seinem Fachgebiet erbringen kann. Mit Beschluss vom 15.6.2009 hat die Satzungsversammlung § 15 Abs. 1 S. 1 neu gefasst und bestimmt, dass die Fortbildung **kalenderjährlich** im Fachgebiet nachzuweisen ist. Ist das Jahr verstrichen, kann der Fachanwalt seine Fortbildungspflicht nicht mehr erfüllen. Eine Nachholung im nächsten Jahr ist nicht möglich (BGH BRAK-Mitt. 2014, 212). Er hat die Wahl welche Nachweisart er wählt. Aus der Gleichstellung mit dem bisher allein möglichen Fortbildungsnachweis durch Teilnahme an einer mindestens fünfzehnstündigen Fortbildungsveranstaltung ergibt sich, dass die Publikationen, die als Fortbildungsnachweis anerkannt werden sollen, wissenschaftlichen Ansprüchen genügen müssen. Sie müssen zudem auf dem Gebiet erfolgen, für das der Rechtsanwalt die Fachanwaltsbezeichnung führt. An eine wissenschaftliche Publikation sind dabei bestimmte Mindestanforderungen zu stellen. Eine solche Arbeit muss formalen und inhaltlichen Kriterien genügen, um zur Veröffentlichung akzeptiert zu werden. Wissenschaftliche Publikationen können danach auch als Artikel in Fachzeitschriften erscheinen, die als – im Vergleich etwa zu Büchern – weniger umfangreiche Beiträge, die oft neue Resultate für ein Fachpublikum präsentieren. Wissenschaft ist danach alles, was nach Inhalt und Form als ernsthafter planmäßiger Versuch zur Ermittlung der Wahrheit anzusehen ist, wobei dazu auch die Weitergabe des Ermittelten in Form der Lehre gehört, da der Begriff der Wissenschaft den Oberbegriff für die Begriffe von Forschung und Lehre bildet. Lehrfreiheit ist zusammengefasst die freie Wahl von Gegenstand, Form, Methode, Inhalt, Zeit und ggf. auch Ort (vgl. AGH SchlH NJW 2006, 1218). Mit der Anerkennung wissenschaftlicher Publikationen als Fortbildungsnachweis soll der Nachweis der Fortbildung erleichtert, nicht aber die Qualität der erforderlichen Fortbildung gemindert werden. **Leserbriefe, Urteils- und Buchbesprechungen** uÄ in allgemeinen Tages- und Wochenzeitungen sowie Illustrierten können daher grundsätzlich nicht akzeptiert werden. Es muss sich schon mindestens um Aufsätze in Fachzeitschriften, Monographien und Vergleichbares handeln. Die anwaltsgerichtliche Rechtsprechung lässt auch kurze Beiträge zu obergerichtlichen und höchstrichterlichen Entscheidungen in einer Berater-Fachzeitschrift genügen. Wissenschaftliche Tätigkeit ist danach bereits die Wiedergabe des Inhalts eines Urteils in einer gestrafften Form mit der Herausstellung des Problems und einer anschließenden Analyse mit Zustimmung oder Ablehnung, dem Vergleich mit anderen Entscheidungen sowie der Herausarbeitung der zu ziehenden Konsequenzen für die Praxis (AGH SchlH NJW 2006, 1218 = BRAK-Mitt. 2006, 34). Für den **kalenderjährlichen Nachweis** wird bei Publikationen in der Literatur (Henssler/Prütting/*Offermann-Burckart* § 15 Rn. 37; Hartung/*Scharmer* § 15 Rn. 50) regelmäßig auf das **Publikationsjahr** abgestellt und nicht darauf, wann der Fachanwalt die Publikation verfasst hat (so auch 8. Aufl. § 15 Rn. 3a). Das ist sachlich nicht gerechtfertigt, weil die Erstellung des Manuskripts die eigentliche Fortbildung beinhaltet. Richtigerweise ist deshalb entgegen der bisherigen Auffassungen in der Literatur für den kalenderjährlichen Nachweis auf den Zeitraum der **Erstellung der Publikation** abzustellen, weil sich der Autor dann wissenschaftlich mit der Thematik auseinandersetzt. Im Zeitpunkt der Veröffentlichung ist die wissenschaftliche Befassung mit der Thematik bereits abgeschlossen, zumal der Autor auf den Zeitpunkt der Veröffentlichung durch den Verlag keinen Einfluss hat. Das gilt besonders bei Erstellung von umfangreichen Veröffentlichungen wie der Kommentierung von gesetzlichen Regelungen, deren Erstellung sich über einen längeren Zeitraum hinziehen kann. Hier kann es auch im Einzelfall gerechtfertigt sein, die Arbeit an der Kommentierung für mehrere Jahr als Nachweis der Fortbildung anzuerkennen (so auch ansatzweise Henssler/Prütting/*Offerman-Burckart* § 15 Rn. 37).

III. Umfang der Verpflichtung

1. Art der Fortbildung. Wählt der Fachanwalt den **Nachweis durch Fortbildungsveranstaltungen,** dann muss er nachweisen, dass er jährlich mindestens fünfzehn Zeitstunden an einer Fortbildungsveranstaltung für sein Fachgebiet hörend oder dozierend teilgenommen hat. Die Stundenanzahl hat die Satzungsversammlung mit Beschluss vom 6./7.12.2013 klarstellend erhöht und in § 15 Abs. 3 geregelt, dass die Gesamtdauer der Fortbildung je Fachgebiet **fünfzehn Zeitstunden** nicht unterschreiten darf. Diese Erhöhung der Fortbildungsverpflichtung resultiert aus dem unverzichtbaren Erhalt der Qualifizierung von Fachanwälten und deren fachlicher Abgrenzung von Allgemeinanwälten. 4

Aus dem Begriff „Fortbildungsveranstaltung" folgt, dass es sich um eine Veranstaltung handeln muss, die nicht nur das Basiswissen erneut vermittelt oder wiederholt, sondern dem Aufbau, der Vertiefung und der Aktualisierung bereits vorhandener Kenntnisse dient (*Jährig* Fachanwaltschaften, 2002, 137). Mit Beschluss der Satzungsversammlung in deren Sitzung am 6./7.12.2013 wurde § 15 Abs. 1 S. 1 und 2 neu gefasst und bestimmt, dass der Fachanwalt seine Fortbildung nicht mehr nur durch Teilnahme an anwaltlichen Fortbildungsveranstaltungen, sondern schon durch Teilnahme an fachspezifischen der Aus- oder Fortbildung dienenden Veranstaltungen nachweisen kann. Voraussetzung der hörenden Teilnahme ist aber nach wie vor, dass die Fortbildungsveranstaltung anwaltlichen Bezug hat oder interdisziplinär ist. Diese Neuregelung dient der Erweiterung anzuerkennender Veranstaltungen, zu denen nun auch anerkennungsfähige Fortbildungen für interdisziplinäre Veranstaltungen sowie für Vorträge für nichtanwaltliche Zuhörer zählen. Denn auch die Vorbereitung auf eine dozierende Tätigkeit vor nichtanwaltlichem Publikum hat einen erheblichen Fortbildungseffekt. 4a

Sowohl nach dem Wortlaut als nach dem Sinn und Zweck der Regelung des § 15 können als Fortbildungsveranstaltungen ausschließlich von einem Veranstalter örtlich organisierte Tagungen, an denen eine Vielzahl von Rechtsanwälte zum Zwecke der beruflichen Fortbildung teilnimmt, anerkannt werden. Nur die gemeinschaftliche Teilnahme bewirkt, dass eine Kommunikation nicht nur zwischen den Dozenten und den Teilnehmern, sondern auch zwischen den Teilnehmern untereinander stattfindet. Die mit Beschluss vom 15.6.2009 in dem alten § 15 Abs. 1 S. 2 aufgenommene Problematik hat die Satzungsversammlung mit Beschluss vom 6./7.12.2013 in § 15 Abs. 2 übernommen, dass bei Fortbildungsveranstaltungen, die nicht in Präsenzform durchgeführt werden, die Möglichkeit der Interaktion des Referenten mit den Teilnehmern sowie der Teilnehmer untereinander während der Dauer der Fortbildungsveranstaltung sichergestellt sein muss. Deshalb können zukünftig **Onlineseminare** nur dann als Fortbildung anerkannt werden, wenn die entsprechende Interaktion gewährleistet ist. Den Nachweis der durchgängigen Teilnahme ist heute durch die technischen Einrichtungen (zB Finger-Print-Maus) ohne weiteres möglich. Auch durch die elektronische Anmeldung ist der Teilnehmer einer solchen Online-Veranstaltung jederzeit kontrollierbar. **Vortrags- oder Dozententätigkeit** gilt nur dann und insoweit als Fortbildung, wenn diese den Qualitätsstandard einer üblichen Fortbildungsveranstaltung iSd § 15 erreicht. Dies ist nachzuweisen. Die **Vorbereitungszeiten** sind nicht auf die mindestens fünfzehnstündige Fortbildungszeit anzurechnen. Tätigkeiten im Vorprüfungsausschuss, in sonstigen Prüfungen (zB juristischen Staatsprüfungen) gelten genauso wenig als Fortbildungsveranstaltung wie die regelmäßige Durchsicht der Fachliteratur oder die Bearbeitung eines umfangreichen Falles (II. 15. Fachanwaltschaften: Berliner Erfahrungsaustausch 2001, BRAK-Mitt. 2002, 28, 29). 4b

Mit Beschluss der Satzungsversammlung in deren Sitzung am 6./7.12.2013 wurde § 15 Abs. 4 aufgenommen und bestimmt, dass bis zu fünf Stunden der Fortbildungsverpflichtung von fünfzehn Stunden im Selbststudium absolviert werden können, sofern daran anschließend Lernerfolgskontrollen erfolgen. Die Möglichkeit des Selbststudiums hat die Satzungsversammlung aufgrund der Erhöhung der Fortbildungszeit auf fünfzehn Zeitstunden zur Erleichterung der 5

Fortbildungsverpflichtung als zulässig angesehen. Hinsichtlich der Lernerfolgskontrollen hat die Satzungsversammlung insbesondere die sogenannten Online-Zertifikate im Blick gehabt. Bei dieser Art von Fortbildung erhält der Rechtsanwalt regelmäßig per E-Mail Fortbildung-Newsletter, die er durcharbeite muss. Quartalsweise werden ihm anschließend Fragen zu den Entscheidungen und Aufsätzen, die in diesem Newsletter behandelt worden sind gestellt. Diese Fragen sind von dem Rechtsanwalt zu beantworten, um ein entsprechendes Zertifikat zu erhalten.

6 In der Vergangenheit wurde wiederholt darüber diskutiert, ob durch die Teilnahme an einer fachgebietsübergreifenden Fortbildungsmaßnahme die Fortbildungsverpflichtung für mehrere Fachgebiete erfüllt werden kann. Diese fachgebietsübergreifenden Fortbildungsmaßnahmen finden sich im Erb- und Familienrecht sowie im Gesellschafts- und Steuerrecht oder Verkehrs- und Versicherungsrecht. Auch das hat die Satzungsversammlung mit Beschluss vom 15.6.2009 klargestellt und in § 15 Abs. 2 geregelt, dass die Gesamtdauer der Fortbildung **je Fachgebiet fünfzehn Zeitstunden** nicht unterschreiten darf. Die Fachanwälte haben damit in jedem Fachgebiet, in dem die Erlaubnis zum Führen einer Fachanwaltsbezeichnung verliehen worden ist, Fortbildung kalenderjährlich in Höhe von fünfzehn Stunden nachzuweisen.

7 **2. Nachweispflicht.** Die frühere Regelung in § 15 Abs. 3 wurde durch Beschluss der Satzungsversammlung vom 6./7.12.2013 in § 15 Abs. 5 übernommen und durch die Bestimmung erweitert, dass Fortbildungen iSd § 15 Abs. 4 durch Bescheinigungen und Lernerfolgskontrollen nachzuweisen sind. Die erweiterte Nachweispflicht nimmt somit Bezug auf die Erweiterung der Möglichkeit des Selbststudiums.

7a Der Fachanwalt muss **kalenderjährlich** von sich aus, dh **unaufgefordert** seine entsprechende Teilnahme an Fortbildungsveranstaltungen bzw. seine wissenschaftlichen Publikationen der RAK, der er angehört, nachweisen (§ 15 Abs. 5). Die vorgelegten Nachweise müssen so aussagekräftig sein, dass sie den Kammervorstand in die Lage versetzen, ohne Einholung weiter Informationen festzustellen, ob der vorlegende Fachanwalt seiner Fortbildungspflicht genügt hat. Die Vorlage eines auf eine Veranstaltung, die als Fortbildungsveranstaltung iSd § 15 anerkannt werden soll, hinweisenden Informationsblattes zum Nachweis der Teilnahme genügt auch dann nicht, wenn der Anwalt zusätzlich durch Eigenerklärung versichert, dass er daran teilgenommen habe (BGH BRAK-Mitt. 2001, 188).

IV. Widerrufsmöglichkeit bei Verstoß gegen die Fortbildungspflicht

7b Erfüllt der Fachanwalt diese Verpflichtung zur Fortbildung und deren Nachweisung nicht, **kann** die RAK gemäß § 43c Abs. 4 S. 2 BRAO die Erlaubnis zum Führen der Fachanwaltsbezeichnung mit Wirkung für die Zukunft widerrufen (→ BRAO § 43a Rn. 98; → BRAO § 43c Rn. 36, 37; → § 25 Rn. 2; BGH NJW 2001, 1573), dh sie entscheidet nach pflichtgemäßen Ermessen. Daher kann sie wegen der Verletzung der Fortbildungspflicht zunächst nur eine Rüge erteilen und erst, wenn diese erfolglos bleibt, die Erlaubnis widerrufen. An die tatsächlichen Feststellungen und/oder die rechtliche Beurteilung im Rügeverfahren sind die Beteiligten nicht gebunden. Weder der betroffene Rechtsanwalt noch die RAK sind im Verwaltungs- oder Widerrufsverfahren gehindert, zu demselben Sachverhalt eine vom Rügeverfahren abweichende oder dem Rügebescheid widersprechende Rechtsauffassung zu vertreten (AGH Hmb BRAK-Mitt. 2006, 38). Die RAK macht aber von ihrem Ermessen einen fehlerhaften Gebrauch, wenn sie den Widerruf der Fachanwaltserlaubnis lediglich darauf stützt, dass der Rechtsanwalt den Fortbildungsnachweis mit den in § 15 bestimmten Inhalten nicht vorgelegt hat. Die Vorschrift des § 43c Abs. 4 S. 2 BRAO, die einer Rechtsanwaltskammer das Recht einräumt, die Gestattung der Führung einer Fachanwaltsbezeichnung zu widerrufen, stellt auf die unterlassene Fortbildung und nicht auf den unterbliebenen Nachweis ab. Der Verstoß gegen die aus § 15 Abs. 3 FAO folgende Pflicht, die Erfüllung der Fortbildungsverpflichtung der Rechtsanwaltskammer unaufgefordert nachzuweisen, rechtfertigt für sich genommen nicht einen Widerruf nach § 43c Abs. 4 S. 2 BRAO (BGH BRAK-Mitt. 2013, 181). Vielmehr sind solche Umstände des Einzelfalls zu berücksichtigen, die, ähnlich wie dieser formalisierte Fortbildungsnachweis, eine Qualitätssicherung gewährleistet (BGH NJW 2001, 1945 = MDR 2001, 1079 = BRAK-Mitt. 2001, 187 = AnwBl. 2001, 518 = StVO 2001, 630; → BRAO § 43c Rn. 36). Denn bei der Entscheidung über den Widerruf der Erlaubnis müssen bei der Ermessensausübung alle Umstände des Einzelfalls berücksichtigt werden, die für die Frage wesentlich sind, ob der Betroffene den für die Fachanwaltschaft vorausgesetzten Leistungsstandard nicht mehr erfüllt

(BGH BRAK-Mitt. 2001, 188; vgl. auch *Kellner* NJW 2002, 1372). Auch eine schuldlose Nichterfüllung der Fortbildungsverpflichtung, dh aus Gründen, die der Rechtsanwalt nicht zu vertreten hat, rechtfertigt danach einen Widerruf nicht. Auch eine einmalige Verletzung der Fortbildungspflicht rechtfertigt nicht schon den Widerruf. Das gilt vor allem, wenn der Fachanwalt im Folgejahr verstärkt Fortbildungen nachweist (BGH BRAK-Mitt. 2014, 212).

Schon die ausdrückliche Versagung der Anerkennung der von dem Rechtsanwalt nachgewie- 8
senen Fortbildungsmaßnahmen durch die Kammer als ausreichend beeinträchtigt die Rechte des Rechtsanwalts. Dies ist eine der Entscheidung nach § 43c Abs. 4 S. 2 BRAO vorangehende Entscheidung der Kammer, die Bedeutung für einen späteren möglichen Widerruf hat. Damit geht sie über eine präventive Auskunft der Kammer weit hinaus und ist wie der Widerruf selbst nach § 112a BRAO anfechtbar (AGH SchlH NJW 2006, 1218 = BRAK-Mitt. 2006, 34).

§ 16 Übergangsregelung

(1) [1] **Anträge sind nach dem zum Zeitpunkt der Antragstellung geltenden Recht zu entscheiden, wenn dies für den Antragsteller günstiger ist.** [2] **Die Fortbildungsregelung des § 4 Abs. 2 in der Fassung vom 3.4.2006 gilt ab 1.1.2007.** [3] **Die Fortbildungsregelungen des § 4 Abs. 2 in der Fassung vom 15.6.2009 und des § 4 Abs. 3 Satz 2 gelten ab dem 1. 1. des auf das Inkrafttreten folgenden Kalenderjahres.**

(2) **Erfüllen ein Fachanwaltslehrgang oder Leistungskontrollen, die vor In-Kraft-Treten der Fachanwaltsordnung oder der Einführung neuer Fachanwaltsbezeichnungen absolviert worden sind, die Voraussetzungen dieser Fachanwaltsordnung nicht, kann der Nachweis der besonderen theoretischen Kenntnisse durch die erfolgreiche Teilnahme an einem Ergänzungslehrgang mit vergleichbaren Leistungskontrollen oder durch nachträglich geleistete Aufsichtsarbeiten zu den durch Leistungskontrollen nicht belegten Gebieten geführt werden.**

(3) **Die Neufassung von § 15 Abs. 3, Abs. 4 und Abs. 5 Satz 2 in der Fassung vom 6.12.2013 wird am 1. 1. des auf das Inkrafttreten folgenden Jahres wirksam.**

Zu der Entwicklungsgeschichte dieser Vorschrift vgl. Hartung/*Scharmer* § 16 Rn. 1 ff. **Abs. 1** 1
aF, der eine Übergangsregelung für vor Inkrafttreten der FAO am 11.3.1997 gestellte Anträge beinhaltet (vgl. 5. Aufl. § 16 Rn. 1) und durch Zeitablauf überholt ist, wurde durch Beschluss der 2. Satzungsversammlung am 25./26.4.2002 dahingehend geändert, dass generell Anträge nach dem zum Zeitpunkt der Antragstellung geltenden Recht zu entscheiden sind, wenn dies für den Antragsteller günstiger ist. Das ist zB dann der Fall, wenn nach altem Recht weniger Fälle (§ 5) nachgewiesen werden müssen. Diese Regelung ist zwingend (BGH BRAK-Mitt. 1998, 153; BRAK-Mitt. 1999, 230 = MDR 1999, 1162 zu § 16 Abs. 1 aF). Ist das alte Recht für den Antragsteller nicht günstiger, gilt das Recht im Zeitpunkt der Entscheidung.

Durch Beschluss der Satzungsversammlung vom 3.4.2006 ist eine deutliche Verschärfung der 2
Fortbildungspflicht für angehende Fachanwälte beschlossen worden. Während nach der alten Regelung erst vier Jahre nach Beginn des Fachanwaltslehrgangs Fortbildung betrieben werden musste, schreibt die Neuregelung Fortbildung ab dem Kalenderjahr vor, dass auf die auf das Lehrgangsende folgt. Diese Regelung galt mit Stichtag 1.1.2007. Die Satzungsversammlung hat es jedoch versäumt zu regeln, wie die Fälle zu behandeln sind, in denen die Antragsteller den Lehrgang beliebig lange vor dem 1.1.2007 begonnen und bis dahin keine Fortbildung betrieben haben. Diese Problematik dürfte sich inzwischen durch Zeitablauf erledigt haben.

Mit Beschluss der Satzungsversammlung vom 15.6.2009 wurde die Regelung des § 16 Abs. 1 3
S. 2 neu gefasst und durch eine weitere Regelung mit S. 3 ergänzt. Die Satzungsversammlung hat damit festgelegt, dass die Fortbildungsregelung des § 4 Abs. 2 in der Fassung vom 3.4.2006 ab dem 1.1.2007 gilt und die Regelung des § 4 Abs. 2 in der Fassung vom 15.6.2009 und die des § 4 Abs. 3 S. 2 ab dem 1.1. des auf das Inkrafttreten folgenden Kalenderjahres Geltung erlangen. Das ist der 1.1.2011. Die Satzungsversammlung hat damit eine Regelung geschaffen, die auch zukünftig zu einer Rechtssicherheit führen dürfte. Lehrgangskandidaten, deren Lehrgang bereits vor dem 31.12.2010 endete, waren auch nach der alten Regelung des § 4 Abs. 2 verpflichtet, Fortbildung ab dem Kalenderjahr, das auf das Lehrgangsende folgte, nachzuweisen. Lehrgangsteilnehmer, die ab dem 1.1.2011 den Lehrgang begonnen haben, müssen von Anbeginn an

Fortbildung betreiben, wobei die Lehrgangszeiten angerechnet werden. Durch die Neuregelung des § 4 Abs. 3 S. 2 hat die Satzungsversammlung die bisherige Lücke gefüllt, weil es an einer Fortbildungsregelung für Kandidaten fehlte, die ihre besonderen theoretischen Kenntnisse außerhalb eines Lehrgangs erworben haben.

4 **Abs. 2** ermöglicht Fachanwaltskandidaten, die bereits vor Inkrafttreten der Fachanwaltsordnung oder der Einführung neuer Fachanwaltsbezeichnungen, Fachanwaltslehrgänge oder Leistungskontrollen absolviert haben (vgl. §§ 7, 8 RAFachBezG), die aber nicht die Voraussetzungen der §§ 4 und 6 erfüllen, einen erleichterten Nachweis. Sie können den Nachweis der besonderen theoretischen Kenntnisse in der nach § 16 Abs. 2 vorgesehenen vereinfachten Weise erbringen. Die Zeugnisse des Veranstalters des Ergänzungslehrgangs (§ 6 Abs. 2) muss hinsichtlich der Leistungskontrollen den Anforderungen des § 4a Abs. 2 genügen.

5 Durch die **Einführung des neuen Abs. 3** wollte die Satzungsversammlung klarstellen, dass die erweiterte Fortbildungsverpflichtung erst zu **Beginn des neuen Kalenderjahres 2015** Geltung erlangt. Mit dieser Regelung hat die Satzungsversammlung Rechtsklarheit geschaffen, damit die in der Vergangenheit immer wieder aufgetretenen Zweifelsfragen, ob sich eine Änderung der Fortbildungsverpflichtung auf das laufende Kalenderjahr bereits auswirkt, vermieden werden.

Zweiter Teil. Verfahrensordnung

§ 17 Zusammensetzung der Ausschüsse

(1) **Der Vorstand der Rechtsanwaltskammer bildet für jedes Fachgebiet mindestens einen Ausschuss und bestellt dessen Mitglieder sowie die stellvertretenden Mitglieder.**

(2) **Bilden mehrere Rechtsanwaltskammern gemeinsame Ausschüsse, so soll jede Rechtsanwaltskammer in jedem Ausschuss mit mindestens einem Mitglied vertreten sein.**

(3) **Jeder Ausschuss besteht aus mindestens drei Mitgliedern und höchstens drei stellvertretenden Mitgliedern.**

(4) **Der Ausschuss wählt aus seinen Mitgliedern den Vorsitzenden, einen stellvertretenden Vorsitzenden und einen Schriftführer.**

(5) **Der Vorsitzende des Ausschusses stellt den Vertretungsfall fest.**

(6) **Der Ausschuss gibt sich eine Geschäftsordnung, die insbesondere das Verfahren zur Bestellung von Berichterstattern und das Abstimmungsverfahren regelt.**

I. Bildung von Ausschüssen

1 § 17 regelt die Bildung der Fachgebietsausschüsse und der Bestellung ihrer Mitglieder durch den Vorstand der RAK bzw. die Vorstände der beteiligten Rechtsanwaltskammern bei der Bildung gemeinsamer Ausschüsse (vgl. § 17 Abs. 2, § 18 lit. a bis d; → BRAO § 43c Rn. 34). Zwar spricht § 43c Abs. 3 BRAO nur von der Bildung eines Ausschusses für jedes Fachgebiet. Gleichwohl ist bei Bedarf die Bildung mehrerer Ausschüsse für dasselbe Fachgebiet statthaft, wenn bei deren Bildung die Vorschriften der §§ 17 ff. beachtet werden und sich keine negativen Konsequenzen für einen Antragsteller ergeben können (Hartung/*Scharmer* § 17 Rn. 6). Eine gleichmäßige Behandlung der in verschiedenen Ausschüssen lediglich vorgeprüften Anträge wird letztlich dadurch sichergestellt, dass die eigentlichen Entscheidungen durch den Kammervorstand ergehen (§ 43c Abs. 2 BRAO). Bilden nach § 43c Abs. 3 S. 4 BRAO mehrere Kammern gemeinsame Ausschüsse, soll nach § 17 Abs. 2 jede der beteiligten Kammern mit mindestens einem Mitglied vertreten sein. Die näheren Einzelheiten sind in § 18 geregelt.

II. Zusammensetzung und Zahl der Ausschüsse

2 Nach § 43c Abs. 3 S. 2 BRAO, an den § 17 Abs. 3 anknüpft, gehören jedem Ausschuss mindestens drei Rechtsanwälte an, die auch Mitglieder mehrer Ausschüsse sein können. Je nach Arbeitsbelastung der einzelnen Ausschüsse können auch mehr als drei Mitglieder bestellt werden, um so die Anträge in dem Ausschuss auf mehrere Berichterstatter (§ 24 Abs. 2) aufteilen zu können. Da einzelne Ausschüsse erfahrungsgemäß mit vielen Anträgen befasst sind und daher häufig tagen, werden nicht immer alle Mitglieder anwesend sein können. Es ist daher ratsam, auch stellvertretende Mitglieder zu bestellen, was § 17 Abs. 3 ausdrücklich vorsieht.

3 Zur Ermöglichung einer raschen Verbescheidung der Fachanwaltsanträge muss eine RAK insbesondere die notwendigen organisatorischen Voraussetzungen, die eine rasche Bearbeitung gewährleisten, schaffen, um den ihr übertragenen Aufgaben in der gesetzlichen Art und Weise nachkommen zu können. Eine RAK hat für den Fall der Erkrankung von Mitgliedern des Prüfungsausschusses geeignete Vertretungsregelungen zu schaffen und hat für den Fall, dass Anträge nicht innerhalb zumutbarer Zeit **beschieden werden können, durch geeignete Maßnahmen** – ggf. auch durch **Bildung eines weiteren Prüfungsausschusses** – die organisatorischen Voraussetzungen dafür zu schaffen, dass die Anträge zeitnah beschieden werden können (AGH BW BRAK-Mitt. 2003, 134). Vertretungsfälle festzustellen liegt in der Kompetenz des Vorsitzenden (Abs. 5).

III. Ausschussmitglieder

4 Nach § 43c Abs. 3 S. 1 BRAO iVm § 17 Abs. 1 erfolgt die Bestellung der Ausschussmitglieder durch den Vorstand der RAK. Hinsichtlich der Person eines zum Mitglied bzw. stellvertretenden Mitglied eines Ausschusses zu bestellenden Rechtsanwalts gelten die Bestimmungen des § 19. Danach sind insbesondere auch die Regeln für die Wahl zum Mitglied des Vorstandes (§§ 65–68 Abs. 1 BRAO) entsprechend anzuwenden; dh insbesondere auch, dass die Voraussetzungen der Wählbarkeit nach § 65 BRAO gegeben sein müssen.

5 Bei der Auswahl der Ausschussmitglieder sind die Rechtsanwaltskammern angesichts der Bedeutung des Anerkennungsverfahrens gehalten, unter Berücksichtigung der objektiven Wertentscheidung des Art. 12 Abs. 1 GG in der Verfahrensgestaltung auf die Gefahr einer Konkurrenzsituation zwischen Prüfer und Geprüftem Rücksicht zu nehmen. Werden die Prüfungsausschüsse von Fachanwälten gebildet, die in räumlicher Nähe zum Bewerber praktizieren, lässt sich die Besorgnis nicht völlig ausschließen, dass aus prüfungsfremden Motiven besonders hohe Anforderungen gestellt werden. Dem kann jedoch unter anderem dadurch Rechnung getragen werden, dass auf hinreichende Entfernung zwischen dem Kanzleisitz des Prüfers und des Prüflings geachtet wird, so dass eine signifikante Überschneidung des Einzugsbereiches nicht zu fürchten ist. Allein die Zugehörigkeit zur Fachanwaltschaft im selben Gerichtsbezirk birgt bei ausreichender räumlicher Ausdehnung des Gerichtsbezirks keine beachtliche Gefahr der Voreingenommenheit der Prüfer (BVerfG BRAK-Mitt. 1998, 145, 146; NJW-RR 1998, 1001 = MDR 1998, 499 = BRAK-Mitt. 1998, 145 = AnwBl. 1998, 277). Im Übrigen vgl. die Mitwirkungsverbote nach § 23.

IV. Autonome Binnenregelungen

6 § 17 Abs. 4–6 regelt die autonomen Befugnisse des Ausschusses zur Wahl seines Vorsitzenden, einen stellvertretenden Vorsitzenden und des Schriftführers. Vertretungsfälle festzustellen, liegt stets in der alleinigen Kompetenz des Vorsitzenden bzw. seines Vertreters. Er bestimmt, ob Anlass besteht, ein stellvertretendes Ausschussmitglied mit der Wahrnehmung der Aufgaben eines verhinderten Ausschussmitgliedes zu beauftragen. Regelmäßig sieht zudem die Geschäftsordnung vor, dass der Vorsitzende dem zuständigen Berichterstatter (§ 24 Abs. 2) für die Vorbereitung der Entscheidung zu den einzelnen Anträgen bestimmt. Dabei hat er auf die Konkurrenzsituation zwischen Berichterstatter und Antragsteller (→ Rn. 5) Rücksicht zu nehmen.

§ 18 Gemeinsame Ausschüsse

[1] Wollen mehrere Rechtsanwaltskammern gemeinsame Ausschüsse bilden, so ist hierüber eine schriftliche, von den Präsidenten der Kammern zu unterzeichnende Vereinbarung zu treffen. [2] Die Vereinbarung ist nach Maßgabe der Geschäftsordnung der jeweiligen Rechtsanwaltskammer zu veröffentlichen. [3] In der Vereinbarung ist mindestens zu regeln:

a) Die Fachgebiete, für die gemeinsame Ausschüsse gebildet werden.
b) Die Zahl der Mitglieder der Ausschüsse sowie deren Stellvertreter.
c) Die Zuständigkeit für die Bestimmung der Mitglieder, deren Stellvertreter und des Vorsitzenden.
d) Anstelle der gemeinsamen Bestellung der Ausschussmitglieder und der Vorsitzenden kann die Vereinbarung auch einer der vertragsschließenden Kammern die Zuständigkeit für die Bestellung der Mitglieder und des Vorsitzenden in alleiniger Verantwortung zuweisen.
e) Die Bezeichnung derjenigen Kammer, deren Geschäftsstelle die Geschäftsführung des Ausschusses übernimmt.
f) Bestimmungen über die Entschädigung der Ausschussmitglieder, soweit eine von § 103 Abs. 4 Bundesrechtsanwaltsordnung abweichende Regelung vorgesehen wird.
g) Bestimmungen über das Recht, die Vereinbarung zu kündigen.

1 § 18 regelt die Möglichkeit der Bildung gemeinsamer Ausschüsse durch mehrere Rechtsanwaltskammern und den Mindestregelungsgegenstand der dazu zu treffenden Vereinbarung.

Gemeinsame Ausschüsse müssen nicht zu allen zulässigen Fachgebieten (§ 1) beschlossen werden. Neben gemeinsamen Ausschüssen zB für das Familien- und Strafrecht können die Kammern für die anderen Fachgebiete dann eigene Ausschüsse bilden.

2 Auch für die gemeinsamen Ausschüsse gelten die Bestimmungen des § 17 Abs. 1–6. § 18 lit. b ermöglicht nicht etwa eine Unterschreitung der nach § 43c Abs. 3 BRAO, § 17 Abs. 3 vorgeschriebenen Mindestzahl, sondern nur deren Bestätigung oder Erhöhung. Lit.c ändert nichts an der Bestellung der Mitglieder pp. durch den nach der Vereinbarung zuständigen Vorstand der beteiligten Rechtsanwaltskammern und an der Wahl der Ausschlussvorsitzenden pp. durch die Mitglieder des Ausschusses (§ 17 Abs. 1 und 4 FAO, § 43c Abs. 3 BRAO).

3 Die Bildung gemeinsamer Ausschüsse hat neben allgemeinen „Synergieeffekten" sowie einer Bündelung des Sachverstandes den besonderen Vorteil, dass die Besorgnis der Antragsteller, ihre Anträge würden ausschließlich von Konkurrenten, die in ihrer Nähe praktizieren, begutachtet (→ § 17 Rn. 5) gedämpft werden kann (*Offermann-Burckart* Rn. 901). Problematisch ist hingegen bei gemeinsamen Ausschüssen, dass sich aufgrund größerer räumlicher Entfernungen der Ausschussmitglieder organisatorische Schwierigkeiten ergeben können (*Offermann-Burckart* Rn. 901).

4 Die mit einer anderen RAK gebildete gemeinsamen Ausschüsse können getrennt werden durch Kündigung oder Aufhebung der entsprechenden Vereinbarung. Die bisherigen Mitglieder einer jeden RAK verbleiben im dem Ausschuss für die Dauer ihrer Bestellung (*Offermann-Burckart* Rn. 920).

§ 19 Bestellung der Ausschussmitglieder

(1) **Die §§ 65 bis 68 Abs. 1 Bundesrechtsanwaltsordnung gelten entsprechend.**

(2) **Zum Mitglied oder stellvertretenden Mitglied eines Ausschusses soll in der Regel nur bestellt werden, wer berechtigt ist, die Fachanwaltsbezeichnung für das jeweilige Fachgebiet zu führen.**

(3) **Scheidet ein Mitglied oder stellvertretendes Mitglied vorzeitig aus, erfolgt eine Neubestellung für die restliche Dauer der Amtszeit des Ausgeschiedenen.**

1 Hinsichtlich Bestellungsmöglichkeit, Ausschluss davon, Ablehnungsrecht und Bestellungsperiode gelten die §§ 65–68 Abs. 1 BRAO entsprechend; auf deren Kommentierung wird Bezug genommen.

2 Grundsätzlich sollen nur Fachanwälte für das jeweilige Fachgebiet zu Mitgliedern eines Ausschusses bestellt werden. Bei der erstmaligen Bestellung der Mitglieder der Fachausschüsse für Familienrecht und Strafrecht (§ 1 S. 2) oder wenn sonst nicht genügend Fachanwälte verfügbar sind, können auch Nicht-Fachanwälte bestellt werden. Bei der Besetzung des Fachausschusses sollten auch die regional-räumlichen Unterschiede des jeweiligen Kammerbezirks berücksichtigt werden (→ § 17 Rn. 5). Dies gilt auch für die Bestellung der stellvertretenden Mitglieder (Fachanwaltschaften: II. 17. Berliner Erfahrungsaustausch 2001, BRAK-Mitt. 2002, 29).

3 Abs. 3 ist § 69 Abs. 3 BRAO nachgebildet (→ BRAO § 69 Rn. 3–5). Für die restliche Dauer der Amtszeit des Ausgeschiedenen muss eine Neubestellung erfolgen, damit stets die Mindestmitgliederzahl nach § 17 Abs. 3 gegeben ist oder – auch bei höherer Mitgliederzahl – die Arbeitsbelastung der verbliebenen Ausschussmitglieder sich nicht über Gebühr erhöht (Hartung/*Scharmer* § 19 Rn. 24).

§ 20 Vorzeitiges Ausscheiden aus dem Ausschuss

Ein Mitglied scheidet aus dem Ausschuss aus, wenn

1. **das Mitglied nicht mehr Mitglied der Kammer ist;**
2. **gegen das Mitglied ein Berufs- oder Vertretungsverbot (§§ 150, 161a BRAO) verhängt worden ist;**
3. **das Mitglied seine Wählbarkeit aus den in den §§ 66 Nr. 2 und 3 BRAO angegebenen Gründen verloren hat;**
4. **das Mitglied das Amt niederlegt;**
5. **das Mitglied vom Vorstand der Kammer, für die es bestellt ist, abberufen wird.**

1 Auch schon vor Beendigung der regulär vierjährigen Bestellungsperiode (§ 19 Abs. 1 iVm § 68 Abs. 1 BRAO) scheidet ein Ausschussmitglied aus dem Ausschuss aus, wenn es nicht mehr Mitglied der Kammer ist (vgl. § 69 Abs. 1 Nr. 1 BRAO), oder es aus den in § 66 Nr. 1–3 BRAO angeführten Gründen seine Wählbarkeit in den Kammervorstand verloren hat.

2 Diese Regelung wurde mit Beschluss der Satzungsversammlung vom 6.12.2010 neu gefasst, weil der ursprüngliche Verweis auf „§ 66 Nr. 1 und 4 BRAO" wegen der Aufhebung des § 66 Nr. 1 BRAO mit Wirkung zum 1.1.1999 fehlerhaft war. Darüber hinaus ist der Verweis überflüssig, da nach § 19 Abs. 1 die Regelung des § 66 BRAO sowieso insgesamt entsprechend gilt (Hartung/*Scharmer* § 20 Rn. 8). Überflüssig ist ebenfalls auch die von der Satzungsversammlung in der Sitzung am 6.12.2010 in Nr. 2 beschlossene Verweisung auf ein Berufs- oder Vertretungsverbot, da auch insoweit nach § 19 Abs. 1 die Regelung des § 66 BRAO entsprechend gilt. Ferner scheidet ein Mitglied aus, wenn es sein Amt niederlegt (→ § 69 Rn. 2 entsprechend), bzw. wenn es vom Vorstand der Kammer, für die es bestellt ist (lit. c und d), abberufen wird. Um nicht die Unabhängigkeit der Ausschussmitglieder zu gefährden, darf eine solche Abberufung nur aus wichtigem Grund erfolgen.

§ 21 Entschädigung

Mitglieder und stellvertretende Mitglieder des Ausschusses können von ihrer Rechtsanwaltskammer eine Aufwandsentschädigung erhalten.

1 Entgegen dem Wortlaut „können" haben die Ausschussmitglieder nach § 43c Abs. 3 S. 3 iVm § 75 S. 2 BRAO einen Rechtsanspruch darauf, von ihrer Kammer eine Aufwandsentschädigung zu erhalten. Diese wird zur Höhe von der Kammerversammlung bestimmt, die sich dabei an § 103 Abs. 4 BRAO orientieren wird (→ BRAO § 43c Rn. 34; Hartung/*Scharmer* § 21 Rn. 12). Die zu zahlende Entschädigung wird als kalkulatorische Größe bei der Bemessung der Verwaltungsgebühr nach § 24 Abs. 11 iVm § 89 Abs. 2 Nr. 2 berücksichtigt.

§ 22 Antragstellung

(1) **Der Antrag, die Führung einer Fachanwaltsbezeichnung zu gestatten, ist bei der Rechtsanwaltskammer einzureichen, der der Antragsteller angehört.**

(2) **Dem Antrag sind die nach § 6 erforderlichen Unterlagen beizufügen.**

(3) **Die Rechtsanwaltskammer hat dem Antragsteller auf Antrag die Zusammensetzung des Ausschusses sowie deren Änderung schriftlich mitzuteilen.**

1 Der Antrag auf Gestattung der Führung einer Fachanwaltsbezeichnung ist mit den nach § 6 erforderlichen Unterlagen (zu deren nachträglicher Ergänzung vgl. § 24 Abs. 4) schriftlich bei der RAK einzureichen, welcher der Antragsteller im Zeitpunkt der Antragstellung angehört. Dies gilt auch, wenn für gemeinsame Ausschüsse (§ 17 Abs. 2, 18) entsprechend § 18 lit. e eine Kammergeschäftsstelle die Geschäftsführung für die gemeinsamen Ausschüsse übernommen hat. Hier wird zunächst nur der Antrag auf Erteilung einer Fachanwaltsbezeichnung ohne Beifügung der erforderlichen Unterlagen gestellt und angekündigt, dass die Unterlagen noch nachgereicht werden, dann gilt – insbesondere im Hinblick auf den Dreijahres-Zeitraum § 5 Abs. 1 – der Antrag erst als in dem Zeitpunkt gestellt, zu dem die Unterlagen vollständig vorliegen (*Kleine-Cosack* AnwBl. 2005, 593, 599; → § 24 Rn. 2). § 43c Abs. 1 S. 1 BRAO bestimmt, dass die RAK, welcher der Antragsteller angehört für die Verleihung der Fachanwaltsbezeichnung zuständig ist. Grund für diese Regelung ist, dass nur diejenige Kammer, deren Mitglied der Antragsteller ist, über die Personalakte verfügt (§ 58 BRAO) und damit feststellen kann, ob der Antragsteller, wie von § 3 gefordert, innerhalb der letzten sechs Jahre mindestens drei Jahre zur Anwaltschaft zugelassen und anwaltlich tätig gewesen ist. Der Zweck dieser Zuständigkeitsregelung ist aber nach Abschluss des Verwaltungsverfahrens erfüllt. Eine eigenständige materielle Bedeutung haben die Zuständigkeitsvorschriften nicht, insbesondere haben sie keinen Bezug zu den sachlichen Voraussetzungen für die Verleihung der Fachanwaltsbezeichnung (BVerfG AnwBl. 2002, 427).

Zur Schriftform → BRAO § 37 Rn. 1 ff. Die RAK hat dem Antragsteller auf dessen Antrag die Zusammensetzung des Ausschusses (§§ 17, 18) mitzuteilen. Bei der Besetzung hat die Kammer auf die eventuelle Konkurrenzsituation Rücksicht zu nehmen (§ 23; → § 17 Rn. 2; BVerfG BRAK-Mitt. 1998, 145). 2

§ 23 Mitwirkungsverbote

(1) [1]**Für die Ausschließung und die Ablehnung eines Ausschussmitglieds durch den Antragsteller gelten die §§ 41 Nr. 2 und 3, 42 Abs. 1 und 2 Zivilprozessordnung entsprechend.** [2]**Ein Ausschussmitglied ist darüber hinaus von der Mitwirkung ausgeschlossen, wenn es mit dem Antragsteller in Sozietät oder zur gemeinschaftlichen Berufsausübung in sonstiger Weise oder zu einer Bürogemeinschaft verbunden ist oder in den letzten fünf Jahren vor Antragstellung war.** [3]**Ausgeschlossen ist auch, wer an Bewertungen nach § 6 Abs. 2 Buchstabe c beteiligt war.**

(2) **Ein Ablehnungsgesuch ist innerhalb zwei Wochen nach Zugang der Mitteilung über die Zusammensetzung des Ausschusses geltend zu machen; im weiteren Verfahren unverzüglich nach Kenntnis des Ablehnungsgrundes.**

(3) [1]**Der Vorstand der Rechtsanwaltskammer oder die zuständige Abteilung entscheidet über das Ablehnungsgesuch sowie die Berechtigung einer Selbstablehnung nach Anhörung des Ausschussmitgliedes und des Antragstellers.** [2]**Die Entscheidung ist unanfechtbar.**

I. Ausschließungs- und Ablehnungsgründe

Hinsichtlich der Ausschließung und der Ablehnung eines Ausschussmitglieds durch den Antragsteller gelten die §§ 41 Nr. 2 und 3, 42 Abs. 1 und 2 ZPO entsprechend. Danach ist ein Ausschussmitglied von der Mitwirkung im Verfahren (§ 24) ausgeschlossen, wenn der Antragsteller sein Ehegatte ist, auch wenn die Ehe nicht mehr besteht (§ 41 Nr. 2 ZPO), auch wenn es mit dem Antragsteller in gerader Linie verwandt oder verschwägert, in der Seitenlinie bis zum dritten Grad verwandt oder bis zum zweiten Grad verschwägert ist oder war (§ 41 Nr. 3 ZPO). Verwandtschaft und Schwägerschaft beurteilen sich nach den §§ 1589, 1590 BGB. Nach § 42 Abs. 1 ZPO kann ein Ausschussmitglied sowohl in den Fällen, in denen es nach § 41 Nr. 2 und Nr. 3 ZPO und § 23 Abs. 1 S. 2 und 3 ausgeschlossen ist, als auch wegen Besorgnis der Befangenheit abgelehnt werden. Wegen Besorgnis der Befangenheit findet die Ablehnung statt, wenn ein Grund vorliegt, der geeignet ist, Misstrauen gegen die Unparteilichkeit eines Ausschussmitgliedes zu rechtfertigen (§ 42 Abs. 2 ZPO). Allein die Zugehörigkeit eines Ausschussmitglieds zur Fachanwaltschaft in demselben Gerichtsbezirk, in dem der Antragsteller als Fachanwalt tätig werden will, ergibt keinen Ausschließungs- oder Ablehnungsgrund (BVerfG NJW-RR 1998, 1001 = MDR 1998, 499 = AnwBl. 1998, 277 = BRAK-Mitt. 1998, 145, 146). Wohl aber kann sich aus der räumlichen Nähe der Kanzleien von Prüfer und Geprüftem und der sich daraus ergebenden Konkurrenzsituation unter Umständen die Besorgnis der Befangenheit (§ 23 Abs. 1 iVm § 42 Abs. 2 ZPO) ergeben. 1

Abs. 1 S. 2 und 3 begründen ferner das Mitwirkungsverbot der beruflichen Zusammenarbeit zwischen Antragsteller und Ausschussmitglied und bestimmen die Ausschließung des Ausschussmitglieds, das bereits an der Beurteilung von Aufsichtsarbeiten des Antragstellers nach § 6 Abs. 2 lit. c beteiligt war. 2

Unter „Sozietät" ist auch eine bloße Außen- oder Scheinsozietät (→ BRAO § 59a Rn. 6) zu verstehen. Eine Verbindung „zur gemeinschaftlichen Berufsausübung in sonstiger Weise oder zu einer Bürogemeinschaft" ist im Hinblick auf den Sinn der Vorschrift, einen Einfluss persönlicher Verbundenheit auf die Entscheidung des Ausschussmitglieds auszuschließen, weit zu verstehen. Insbesondere fallen auch Anstellungsverhältnisse, freie Mitarbeiterschaft, Verbindung in einer Partnerschaftsgesellschaft, Anwaltsgesellschaft, Anwalts-AG und sonstige verfestigte Kooperationen (→ BORA § 8 Rn. 6 ff.) darunter. Dabei wird das Mitwirkungsverbot ausgedehnt auf die Fälle, dass die berufliche Verbindung in den letzten fünf Jahren vor Antragstellung bestanden hat (Hartung/*Scharmer* § 23 Rn. 9). 3

II. Verfahren

4 **1. Ablehnungsgesuch und Selbstablehnung.** Ob das betroffene Ausschussmitglied von der Mitwirkung an der Vorprüfung (§ 43c Abs. 2 BRAO, § 24) ausgeschlossen ist, entscheidet der Vorstand der RAK oder dessen zuständige Abteilung (§ 77 BRAO) aufgrund eines Ablehnungsgesuches des Antragstellers oder einer Selbstablehnung des Ausschussmitglieds (§ 23 Abs. 3). Auch im Falle eines gemeinsamen Ausschusses (§ 18) entscheidet der Vorstand der RAK, der der Antragsteller angehört.

5 Das Ablehnungsgesuch muss der Antragsteller nach Abs. 2 innerhalb von zwei Wochen nach Zugang der Mitteilung nach § 22 Abs. 3 über die Zusammensetzung des Ausschusses geltend machen. Wird dem Antragsteller die Zusammensetzung zunächst nicht bekannt oder erfährt er sonst erst später von eventuellen Mitwirkungsverboten, muss er das Ablehnungsgesuch unverzüglich, dh ohne schuldhaftes Zögern (§ 121 BGB) nach Kenntnis des Ablehnungsgrundes anbringen. Verzichtet der Antragsteller in Kenntnis der maßgeblichen Umstände auf ein Ablehnungsgesuch, stellt dies eine rügelose Einlassung dar. Von Amts wegen braucht der Kammervorstand eine entsprechende Prüfung nicht einzuleiten (Hartung/*Scharmer* § 23 Rn. 19).

6 Für die Selbstablehnung eines Ausschussmitglieds gilt die zeitliche Schranke des Abs. 2 nicht.

7 **2. Entscheidung.** Bis zur Entscheidung über das Ablehnungsgesuch bzw. die Selbstablehnung darf das Ausschussmitglied in dem Verfahren nicht weiter tätig sein. Erst wenn der Vorstand der RAK bzw. dessen zuständige Abteilung über das Ablehnungsgesuch oder die Berechtigung der Selbstablehnung entschieden hat, ist klar, ob das Ausschussmitglied weiter tätig werden kann, oder ob der Vorsitzende den Vertretungsfall feststellt oder einen Vertreter bestimmt (§ 17 Abs. 5). Die Entscheidung des Kammervorstands bzw. seiner Abteilung ergeht nach vorheriger Anhörung des Ausschussmitglieds und des Antragstellers.

8 **3. Unanfechtbarkeit.** Die Entscheidung ist nach § 23 Abs. 3 S. 2 unanfechtbar. Allerdings kann der Antragsteller im Rahmen seiner Klage gegen die Zurückweisung seines Fachanwaltsantrags (§ 112c BRAO iVm § 42 Abs. 1 VwGO) die Besetzungsrüge vorbringen. Kommt der Anwaltsgerichtshof daraufhin zu der Feststellung, dass die Besetzung zu beanstanden sei und diese sich zum Nachteil des Antragstellers auf die Entscheidung ausgewirkt haben kann, dann kann er die Angelegenheit zur nochmaligen Prüfung und Entscheidung an den Kammervorstand zurückverweisen (BVerfG NJW-RR 1998, 1001).

§ 24 Weiteres Verfahren

(1) **Der Vorsitzende prüft die Vollständigkeit der ihm von der Rechtsanwaltskammer zugegangenen Antragsunterlagen.**

(2) **[1] Im schriftlichen Verfahren gibt der Berichterstatter nach formeller und inhaltlicher Prüfung der Nachweise eine begründete Stellungnahme darüber ab, ob der Antragsteller die besonderen theoretischen Kenntnisse und praktischen Erfahrungen nachgewiesen hat, ob ein Fachgespräch entbehrlich ist oder ob er weitere Nachweise für erforderlich hält. [2] Die Stellungnahme des Berichterstatters ist den anderen Ausschussmitgliedern und anschließend dem Vorsitzenden jeweils zur Abgabe einer schriftlichen Stellungnahme zuzuleiten; Abs. 4 gilt entsprechend.**

(3) **Bei mündlicher Beratung ist ein Inhaltsprotokoll zu führen, das die Voten der Ausschussmitglieder und deren wesentliche Begründung wiedergibt.**

(4) **[1] Gewichtet der Ausschuss Fälle zu Ungunsten des Antragstellers, hat er dem Antragsteller Gelegenheit zu geben, Fälle nachzumelden. [2] Im Übrigen kann er dem Antragsteller zur ergänzenden Antragsbegründung Auflagen erteilen. [3] Meldet der Antragsteller innerhalb einer angemessenen Ausschlussfrist keine Fälle nach oder erfüllt er die Auflagen nicht, kann der Ausschuss seine Stellungnahme nach Aktenlage abgeben. [4] Auf diese Rechtsfolge ist der Antragsteller bei der Fristsetzung hinzuweisen.**

(5) **Der Vorsitzende lädt den Antragsteller unter Beachtung des § 7 Abs. 2 mit einer Frist von mindestens einem Monat zum Fachgespräch.**

(6) **[1]Das Fachgespräch ist nicht öffentlich. [2]Mitglieder des Vorstandes der Rechtsanwaltskammer und stellvertretende Ausschussmitglieder können am Fachgespräch und der Beratung als Zuhörer teilnehmen.**

(7) **Versäumt der Antragsteller zwei Termine für das Fachgespräch, zu dem ordnungsgemäß geladen ist, ohne ausreichende Entschuldigung, entscheidet der Ausschuss nach Lage der Akten.**

(8) **[1]Der Ausschuss beschließt über seine abschließende Stellungnahme mit der Mehrheit seiner Stimmen. [2]Bei Stimmengleichheit entscheidet die Stimme des Vorsitzenden.**

(9) **[1]Der Vorsitzende gibt die abschließende Stellungnahme des Ausschusses dem Vorstand der für den Antragsteller zuständigen Rechtsanwaltskammer schriftlich bekannt. [2]Auf Aufforderung des Vorstandes hat der Vorsitzende oder sein Stellvertreter die Stellungnahme mündlich zu erläutern.**

(10) **Für das Verfahren wird eine Verwaltungsgebühr (§ 89 Abs. 2 Nr. 2 Bundesrechtsanwaltsordnung) erhoben.**

Übersicht

I. § 24 als zentrale Verfahrensvorschrift

1 § 24 ist die zentrale Verfahrensvorschrift für die Arbeit des Ausschusses. § 24 regelt das Ausschussinterne Verfahren und dessen abschließende Stellungnahme gegenüber dem Vorstand der RAK. Der Ausschuss orientiert sich bei seinem Verfahren einerseits am Interesse des Antragstellers an einer möglichst raschen abschließenden Stellungnahme des Ausschusses (Abs. 8 und 9), die überhaupt erst eine Entscheidung des Kammervorstandes ermöglicht (§ 43c Abs. 2 BRAO; → § 24 Rn. 23), andererseits orientiert er sich am Umfang und Schwierigkeit der Angelegenheit und dem Interesse an einer ausreichend vorbereiteten sachgerechten Entscheidung und richtet sein Vorgehen entsprechend aus.

2 Da für die RAK nach einem Antrag auf Gestattung der Führung einer Fachanwaltsbezeichnung (zum Zeitpunkt der Antragstellung → § 22 Rn. 1) die Zeitgrenze des § 112c BRAO iVm § 75 VwGO gilt, hat auch der Ausschuss als Teil der Kammer (§ 43c Abs. 2 und 3 BRAO) sie zu beachten, da der Vorstand der RAK erst entscheiden kann, wenn der Ausschuss mit seiner Stellungnahme ihm die Entscheidungsgrundlage beschafft und aufbereitet hat (→ § 17 Rn. 1). Sachlich gebotene Zwischenbescheide wie die Ladung zum Fachgespräch (§§ 7, 24 Abs. 5), die Mitteilung über die Gelegenheit Fälle nachzumelden (Abs. 4 S. 1) oder eine Auflagenerteilung nach Abs. 4 S. 2 stellen eine – zunächst – ausreichende Bescheidung dar (für Ladung zum Fachgespräch: BayAGH BRAK-Mitt. 1996, 205).

II. Verfahrensgang

3 Der Vorstand der RAK, bei dem der Antrag, die Führung einer Fachanwaltsbezeichnung zu gestatten, nebst Unterlagen einzureichen ist (§ 22), reicht den Antrag nebst Unterlagen an den zuständigen Fachausschuss zu Händen dessen Vorsitzenden (§ 17 Abs. 4) weiter (Abs. 1). Der Vorsitzende prüft die Vollständigkeit der ihm von der RAK zugegangenen Antragsunterlagen. Er kann im Falle unvollständiger Unterlagen von dem Antragsteller deren Ergänzung verlangen.

Jedoch hat diese Aufforderung nicht die Bedeutung und Wirkung einer Auflagenerteilung durch den Ausschuss nach Abs. 4 insgesamt (→ Rn. 11).

4 Nach dieser Vorprüfung leitet der Vorsitzende den Antrag nebst Unterlagen an den **Berichterstatter** (§ 17 Abs. 6) weiter. Das weitere Verfahren bestimmt sich unter Berücksichtigung der Geschäftsordnung des Ausschusses (§ 17 Abs. 6) nach § 24 Abs. 2 ff. Die Verfahrensregeln für den Ausschuss (Abs. 2, 4 und 5) wurden im Zusammenhang mit der Einführung eines grundsätzlich obligatorischen Fachgesprächs mit der Möglichkeit, dass der Fachausschuss im Einzelfall davon absehen kann (→ § 7 Rn. 1, 2), mit Beschlüssen der 2. Satzungsversammlung in ihrer 4. Sitzung am 25./26.4.2002 grundlegend umgestaltet. Abs. 6 wurde aufgehoben. Die bisherigen Abs. 7–11 wurden die Abs. 6–10 (BRAK-Mitt. 2002, 220).

5 **1. Schriftliches Verfahren.** Ob der Ausschuss im schriftlichen Verfahren (Abs. 2) oder im mündlichen Verfahren (Abs. 3) entscheidet, beschließt der Ausschuss. Er kann dies entweder generell in der Geschäftsordnung (§ 17 Abs. 6) oder im Einzelfall bestimmen. Wird das schriftliche Verfahren gewählt, richtet sich dieses nach Abs. 2.

6 Der **Berichterstatter** muss zunächst die vom Antragsteller eingereichten Nachweise (§ 6) in formeller und inhaltlicher Hinsicht prüfen, ob es sich um geeignete Unterlagen iSd § 6 handelt und ob bzw. inwieweit sie die erforderlichen Nachweise erbringen, oder ob weitere Nachweise erforderlich sind. Sodann gibt er eine begründete schriftliche Stellungnahme darüber ab, ob der Antragsteller die besonderen theoretischen Kenntnisse (§§ 2, 4, 8–14) und praktischen Erfahrungen (§§ 2, 5) nachgewiesen (§ 6) hat, ob ein Fachgespräch entbehrlich ist (§ 7 Abs. 1 S. 2; → § 7 Rn. 2–6) oder ob er weitere Nachweise für erforderlich erachtet (§ 24 Abs. 4; → § 24 Rn. 10 ff.). Seine **schriftliche Stellungnahme,** dh seinen Vorschlag mit diesbezüglicher Begründung leitet der Berichterstatter zunächst den anderen Ausschussmitgliedern und anschließend mit deren Stellungnahmen dem Vorsitzenden zu. Alle Ausschussmitglieder einschließlich des Vorsitzenden müssen ihr Votum schriftlich niederlegen. Die Sammlung der Voten erbringt ausreichend Beweis wie im Falle der mündlichen Beratung das Inhaltsprotokoll (Abs. 3).

7 Kommen alle Ausschussmitglieder zu dem Ergebnis, dass die erforderlichen besonderen theoretischen Kenntnisse und besonderen praktischen Erfahrungen nach dem Gesamteindruck der vorgelegten Unterlagen (§ 6) nachgewiesen sind und daher von einem Fachgespräch abgesehen werden kann (§ 7 Abs. 1), dann braucht eine mündliche Beratung nicht stattzufinden. Der Vorsitzende kann dann das positive Ergebnis unmittelbar der für den Antragsteller zuständigen RAK (§ 18) schriftlich bekannt geben (Abs. 9; → Rn. 21; → § 7 Rn. 3, 5, 13).

8 Geben die Ausschussmitglieder keine übereinstimmenden Voten ab oder halten sie die bisher vorgelegten Nachweise nicht für ausreichend, müssen sie im Rahmen einer mündlichen Beratung das weitere Vorgehen beschließen, ob sie dem Antragsteller zur ergänzenden Antragsbegründung Auflagen erteilen (Abs. 4 S. 2), oder ob es zum grundsätzlich obligatorischen Fachgespräch (§ 7 Abs. 1 S. 1; → § 7 Rn. 2) kommt. Halten sie den Nachweis der besonderen praktischen Erfahrungen infolge einer anderen Gewichtung der Fälle (§ 5 letzter Satz) zu Ungunsten des Antragstellers für nicht erbracht, muss der Ausschuss nach Abs. 4 S. 1 dem Antragsteller zunächst Gelegenheit geben, Fälle nachzumelden. Bei einer Verfahrensweise nach Abs. 4 S. 1 und 2 bestimmt sich das weitere Verfahren nach § 24 Abs. 4 S. 3 (→ Rn. 14 ff.).

9 **2. Mündliches Verfahren (Abs. 3).** Erfolgt die Beratung der Ausschussmitglieder im mündlichen Verfahren, treffen sich die Mitglieder zu einer Sitzung des Ausschusses. Terminsbestimmung, Ladung, Ort und sonstige Vorbereitung dazu bestimmen sich nach der Geschäftsordnung des Ausschusses (§ 17 Abs. 6). Der Vorsitzende veranlasst das insoweit Erforderliche. In der mündlichen Beratung gibt der Berichterstatter wie im schriftlichen Verfahren sein Votum ab (→ Rn. 6). Dies geschieht mündlich, da über die Beratung durch ein **Inhaltsprotokoll** ausreichend Beweis für die einzelnen Stellungnahmen aller Ausschussmitglieder erbracht wird. Inhaltsprotokoll (Abs. 3) und Voten (Abs. 2) können in Fällen einer gerichtlichen Auseinandersetzung bei Verweigerung der Verleihung der Befugnis zum Führen einer Fachanwaltsbezeichnung wichtige Beweismittel vor dem AGH (§ 223 BRAO) sein. Die Entscheidungsmöglichkeiten des Ausschusses im mündlichen Verfahren sind dieselben wie im schriftlichen Verfahren (→ Rn. 7, 8).

10 **3. Ergänzende Nachweise (Abs. 4).** Reichen dem Ausschuss die vom Antragsteller beigebrachten Nachweise nicht aus, dann ist für das weitere Verfahren zunächst entscheidend, worin diese Mängel gesehen werden:

Kommt der Ausschuss zu der Auffassung, der Erwerb der besonderen praktischen Erfahrungen (§ 5) sei nicht ausreichend nachgewiesen, weil infolge **anderer Gewichtung** der vom Antragsteller nachgewiesenen Bearbeitungsfälle **zu seinen Ungunsten** (§ 5 letzter Satz) die erforderliche Fallzahl (§ 5) nicht erreicht sei, dann ist zunächst zwingend das Verfahren nach Abs. 4 S. 1, 3, 4 durchzuführen. Der Ausschuss muss dem Antragsteller Gelegenheit geben, **Fälle nachzumelden.** Dabei muss er dem Antragsteller eine angemessene Ausschlussfrist zum Nachmelden geeigneter Fälle setzen und ihn darauf hinweisen, dass, wenn er innerhalb der Ausschlussfrist keine Fälle nachmeldet, der Ausschuss seine Stellungnahme gegenüber dem Kammervorstand (Abs. 9; § 43c Abs. 2 BRAO) nach Aktenlage abgeben kann, also ohne das sonst obligatorische Fachgespräch (§ 7 Abs. 1 S. 1). 11

Erachtet der Ausschuss die Begründung des Antrages, insbesondere die erforderlichen Nachweise aus **anderen Gründen** als den in Abs. 4 S. 1 genannten für nicht ausreichend, dann kann der Ausschuss – nicht sein Vorsitzender allein – dem Antragsteller zur ergänzenden Antragsbegründung Auflagen erteilen. Die Auflagenerteilung muss konkret angeben, welche Nachbesserungen bzgl. der Nachweise von dem Antragsteller verlangt werden. Auch hier setzt der Ausschuss dem Antragsteller zur Erfüllung der Auflagen eine angemessene Ausschlussfrist und belehrt ihn über die Rechtsfolge (§ 24 Abs. 4 S. 3 und 4). 12

Sofern die vom Ausschuss angenommenen Mängel der Nachweise nicht nur auf einer abweichenden Gewichtung von Fällen zu Ungunsten des Antragstellers (§ 24 Abs. 4 S. 1) beruhen, sondern auch auf sonstigen Begründungsmängeln, dann können Maßnahmen nach Abs. 4 S. 1 und S. 2 auch zusammen erfolgen. 13

Meldet der Antragsteller innerhalb der ihm gesetzten Ausschlussfrist **keine Fälle nach** (Abs. 4 S. 1) oder **erfüllt er die Auflagen (Abs. 4 S. 2) nicht,** dann kann der Ausschuss wenn er den Antragsteller bei der Fristsetzung darauf hingewiesen hat, seine Stellungnahme gegenüber dem Vorstand der RAK **nach Aktenlage** abgeben. Dies wird in der Regel eine negative Stellungnahme sein, da der Ausschuss in den Fällen des § 24 Abs. 4 S. 1 und 2 von der Ergänzungsbedürftigkeit des Antrages ausgegangen ist. Der Ausschuss ist in diesen Fällen nicht etwa gemäß § 7 Abs. 1 S. 1 gehalten ein Fachgespräch mit dem Antragsteller zu führen. § 24 Abs. 4, der gleichzeitig mit § 7 Abs. 1 neu gefasst wurde (→ § 7 Rn. 1), ist **lex specialis gegenüber § 7 Abs. 1 S. 1.** Sowohl das Fachgespräch als auch das Einräumen der Gelegenheit zum Nachmelden von Fällen bzw. der Erfüllung von Auflagen dienen der Komplettierung der erforderlichen Nachweise. Wenn der Antragsteller die ihm nach § 24 Abs. 4 eingeräumten Möglichkeiten zum Ausgleich der Mängel nicht wahrnimmt, ist es sachgerecht, dass § 24 Abs. 4 S. 3 und 4 ohne weiteren Versuch des Ausgleiches der Mängel über ein Fachgespräch dem Ausschuss vielmehr eine sofortige Entscheidung nach Aktenlage ermöglichen. 14

Meldet der Antragsteller innerhalb der gesetzten Frist Fälle nach, hält der Ausschuss diese aber – eventuell wieder aufgrund anderer Gewichtung (§ 5 Abs. 4) – immer noch nicht für ausreichend, darf der Ausschuss seine Stellungnahme gegenüber dem Kammervorstand nicht nach Aktenlage abgeben. Er muss ihm entweder nochmals Gelegenheit zur (weiteren) Nachmeldung geben oder ein Fachgespräch anberaumen. § 24 Abs. 4 S. 3 setzt voraus, dass der Antragsteller überhaupt keine Fälle nachmeldet. Erfüllt der Antragsteller die ihm gemachten Auflagen (Abs. 4 S. 2) nur unvollständig, verhält es sich entsprechend. 15

Kann der Ausschuss gemäß dem zuvor Gesagten nach Aktenlage entscheiden, dann wird er das auch regelmäßig tun. Er muss es aber nicht. Vielmehr kann er, wenn besondere Umstände des Einzelfalls ihm dazu Veranlassung geben, nach pflichtgemäßem Ermessen zusätzlich durch ein Fachgespräch versuchen zu klären, ob die erforderlichen Nachweise erbracht sind. 16

4. Ladung zum Fachgespräch (Abs. 5). Muss der Ausschuss nach § 7 Abs. 1 S. 1 mit dem Antragsteller ein Fachgespräch führen, weil er nach § 7 Abs. 1 S. 2 nicht davon abgesehen hat (→ § 7 Rn. 3–6), oder weil er nicht nach § 24 Abs. 4 S. 3 nach Aktenlage seine Stellungnahme abgegeben hat (→ § 24 Rn. 14), dann lädt der Vorsitzende den Antragsteller unter Beachtung des § 7 Abs. 2 (→ § 7 Rn. 7, 8) mit einer Frist von mindestens einem Monat zum Fachgespräch. Die Monatsfrist dient dem Schutz des Antragstellers, damit er ausreichend Zeit zur Vorbereitung auf das Fachgespräch hat. 17

5. Durchführung des Fachgesprächs (Abs. 6; § 7 Abs. 2). Das Fachgespräch ist nach Abs. 6 S. 1 **nicht öffentlich.** Nur Mitglieder des Kammervorstandes, dessen Entscheidung der Ausschuss ja vorbereiten soll, und die stellvertretenden Ausschussmitglieder können am Fach- 18 gespräch und der Beratung als Zuhörer teilnehmen (§ 24 Abs. 6 S. 2). Der Antragsteller kann sich bei dem Fachgespräch **nicht** eines **anwaltlichen Beistandes** bedienen, da es sich um ein prüfungsähnliches Verfahren handelt (vgl. § 3 BRAO), bei dem seine persönlichen Kenntnisse und praktischen Erfahrungen in den Bereichen die Gegenstand des Fachgesprächs sind (§ 7 Abs. 2 S. 1), im Gespräch erörtert werden sollen. Für die Stellungnahme des Ausschusses kommt es gerade auf die höchstpersönliche Äußerungen des Antragstellers an (vgl. auch § 2 Abs. 3 Nr. 2 VwVfG des Bundes und die entsprechenden Bestimmungen der Verwaltungsverfahrensgesetze der Länder). Für die Durchführung des Fachgesprächs gelten im Übrigen § 7 Abs. 2 (→ § 7 Rn. 7, 8) und die jeweiligen Geschäftsordnungen (§ 17 Abs. 6). Der Prüfungsstoff des Fachgesprächs ist beschränkt auf die Bereiche, in denen der Nachweis der in §§ 4 und 5 geforderten theoretischen Kenntnisse und praktischen Erfahrungen noch nicht geführt ist; auf diese Bereiche ist in der Ladung des Fachgesprächs hinzuweisen (§ 7 Abs. 2 S. 1; BGH BRAK-Mitt. 2005, 123 mit Anm. *Offermann-Burckart* = AnwBl. 2005, 499).

19 **6. Zweimalige Säumnis (Abs. 7).** Hat der Antragsteller trotz ordnungsgemäßer Ladung (§ 24 Abs. 5 iVm § 7 Abs. 2 S. 1) zwei Termine ohne ausreichende Entschuldigung, zB wegen Krankheit, versäumt, dann entscheidet der Ausschuss nach Lage der Akten. Anders als in Fällen des § 24 Abs. 4 S. 3 und 4 (→ Rn. 11, 12) bedarf es dazu keines besonderen vorherigen Hinweises. Den Antragsteller trifft die Obliegenheit, eine ausreichende Entschuldigung mitzuteilen. Aber letztlich entscheidend ist nicht, ob der Antragsteller sich entschuldigt hat, sondern **dass er ausreichend entschuldigt ist.** Sind dem Ausschuss auf anderem Weg als über eine Entschuldigung des Antragstellers ausreichende Entschuldigungsgründe bekannt, zB dass dieser erkrankt oder schwer verunfallt ist, dann darf der Ausschuss nicht nach Lage der Akten entscheiden. Hat der Ausschuss in Unkenntnis eines bestehenden ausreichenden Entschuldigungsgrundes nach Lage der Akten entschieden, dann kann der Antragsteller **Wiedereinsetzung in den vorigen Stand** beantragen, wenn er ausreichend glaubhaft macht, dass er ohne sein Verschulden verhindert war, den Termin einzuhalten und dies dem Ausschuss vorher mitzuteilen (§ 112c BRAO iVm § 60 VwGO).

20 **7. Beschlussfassung des Ausschusses (Abs. 8, 9).** Kann der Ausschuss allein aufgrund der vorgelegten Unterlagen, ggf. nach deren Ergänzung gemäß § 24 Abs. 4 S. 1 und 2 (→ § 24 Rn. 10–16), nach Durchführung eines Fachgesprächs (→ § 7 Rn. 2 ff.; → § 24 Rn. 18) bzw. in den Fällen des § 24 Abs. 4 S. 2 und 3, Abs. 8 (→ § 24 Rn. 17, 18, 19) nach Aktenlage entscheiden, dann beschließt der Ausschuss über seine abschließende Stellungnahme mit der Mehrheit seiner Stimmen. Bei Stimmengleichheit entscheidet die Stimme des Vorsitzenden. Für die Zwischenentscheidungen, die Auflagenerteilung und das Einräumen der Gelegenheit zum Nachmelden von Fällen (§ 24 Abs. 4) kann in der Geschäftsordnung des Ausschusses (§ 17 Abs. 6) eine andere Mehrheit vorgesehen werden.

21 Hat der Ausschuss seine abschließende Stellungnahme beschlossen, dann gibt der Vorsitzende diese abschließende Stellungnahme des Ausschusses dem Vorstand der für den Antragsteller zuständigen RAK (§ 18!) schriftlich bekannt. Damit der Vorstand der RAK feststellen kann, ob eine ausreichende Prüfung für seine Entscheidung nach § 43c Abs. 1 S. 1, Abs. 2 BRAO vom Fachausschuss vorgenommen wurde, ist die Stellungnahme des Ausschusses schriftlich zu begründen und kann der Vorstand verlangen, dass der Vorsitzende bzw. sein Stellvertreter die Stellungnahme mündlich erläutert.

22 Keinesfalls kann der Ausschuss selbst einen Bescheid nach § 43c Abs. 2 BRAO über den Antrag des Rechtsanwalts auf Erteilung der Erlaubnis erteilen. Entgegen der vom AGH BW vertretenen Auffassung kann der Fachgebietsausschuss nicht als gemäß § 77 BRAO gebildete und zur Beschlussfassung ermächtigte Abteilung des Vorstandes angesehen werden (AGH BW Beschluss vom 18.5.1996 – AGH 2/96, zitiert nach *Kleine-Cosack* BRAO § 43c Rn. 24). Die Fachgebietsausschüsse sind keine Abteilungen des Kammervorstandes iSd § 77 BRAO sondern selbständige Prüfungsausschüsse. Zudem werden die Ausschussmitglieder (§ 19) nur in Ausnahmefällen Mitglieder des Kammervorstandes sein; nur solche können aber Mitglieder der nach § 77 gebildeten Abteilungen des Vorstandes sein (→ § 77 Rn. 1).

23 **8. Entscheidung des Vorstandes.** Der Vorstand der RAK ist bei seiner nachfolgenden Entscheidung über die Verleihung der Befugnis zum Führen der beantragten Fachanwaltsbezeichnung (§ 43c BRAO) an das Votum des Ausschusses nicht gebunden (BGH BRAK-Mitt. 2005,

123 = AnwBl. 2005, 499; NJW 2000, 3648 = MDR 2000, 1340 = BRAK-Mitt. 2000, 256 = AnwBl. 2001, 115; AGH RhPf BRAK-Mitt. 2004, 131). Bei Abweichungen muss der Vorstand sich aber mit dem Votum des Ausschusses eingehend auseinandersetzen. Vor der abschließenden Entscheidung des Vorstandes der RAK (§ 43c Abs. 2 BRAO) muss dem Antragsteller keine Gelegenheit gegeben werden, zu einer negativen Beurteilung des Fachgesprächs durch den Fachausschuss Stellung zu nehmen (BGH BRAK-Mitt. 2005, 123 = AnwBl. 2005, 499; **aA** AGH RhPf BRAK-Mitt. 2004, 131). Dies gilt allgemein für die abschließende Empfehlung des Fachausschusses (§ 24 Abs. 9; im Übrigen → BRAO § 43c Rn. 35). Hat der Antragsteller vor abschließender Entscheidung des Vorstandes bereits den Wechsel seiner Zulassung in einem anderen Kammerbezirk beantragt, kann der Kammervorstand, bei dem der Antrag ursprünglich eingereicht worden ist, den Antrag abschließen entscheiden, soweit dies unter Wahrung der Interessen der Beteiligten der einfachen und zweckmäßigen Durchführung des Verfahrens dient und der nunmehr zuständige Kammervorstand zustimmt (§ 3 Abs. 3 VwVfG). Die Entscheidung über die Fortführung ist eine eigene Ermessensentscheidung des Kammervorstandes. Vor allem, wenn ein Verfahren schon weit fortgeschritten ist, ist in der Regel die Fortführung und der Abschluss durch den bisher befassten Vorstand zweckmäßig und durch Gründe der Verfahrensökonomie geboten (§ 10 S. 2 VwVfG).

9. Verwaltungsgebühr. Für das Verfahren des Ausschusses und der Kammer wird nach § 24 Abs. 10 eine Verwaltungsgebühr (§ 89 Abs. 2 Nr. 2 BRAO) erhoben. Die Gebührenhöhe hat sich am Äquivalenzprinzip zu orientieren, soll also den Nutzen des Kammermitglieds aus der Tätigkeit des Ausschusses ebenso berücksichtigen wie den Aufwand der Kammer für die Durchführung des Verfahrens. Dabei ist auch die nach § 21 zu zahlende Aufwandsentschädigung für die Ausschussmitglieder zu berücksichtigen (Hartung/*Scharmer* § 24 Rn. 52). 24

III. Anfechtbarkeit

Die ablehnende Entscheidung des Kammervorstandes nach § 43c Abs. 2 BRAO ist nach 25 § 112c BRAO iVm § 42 Abs. 1 VwGO anfechtbar (vgl. § 43c BRAO; BGH BRAK-Mitt. 1998, 41). Die Entscheidung des AGH kann, falls der AGH sie zulässt (§ 112e S. 1 BRAO), mit Berufung zum BGH angefochten werden (§ 112a Abs. 2 Nr. 1 BRAO). Die Nichtzulassung der Berufung ist mit dem Rechtsmittel der Nichtzulassungsbeschwerde anfechtbar (§ 112e S. 2 iVm § 132 VwGO). Die Entscheidung des Kammervorstandes unterliegt, da rechtlich in vollem Umfang gebunden, der uneingeschränkten richterlichen Überprüfung (→ BRAO § 43c Rn. 35; → § 1 Rn. 2; BGH NJW 1997, 1307 = BRAK-Mitt. 1997, 128 = AnwBl. 1997, 223; BRAK-Mitt. 1997, 255; NJW 1999, 2677 = MDR 1999, 1227 = BRAK-Mitt. 1999, 227; *Zimmerling/Brehm* AnwBl. 1998, 119).

Hinsichtlich der Anfechtung der Entscheidung, von der Durchführung eines Fachgespräches 26 abzusehen (§ 7 Abs. 1 S. 2) und der Ladung zum Fachgespräch (§ 7 Abs. 1 S. 1, Abs. 2, § 24 Abs. 5), gilt das zu § 7 Rn. 15 Gesagte. Ein rechtswidrig durchgeführtes Fachgespräch (§ 7) darf nicht zum Nachteil des Bewerbers verwertet werden. Sowohl wenn die Voraussetzung für die Anordnung des Fachgespräches nicht vorlagen, als auch wenn die Ladung zum Fachgespräch wegen Überschreitung des Prüfungsstoffes rechtswidrig ist (→ § 7 Rn. 10, 11), führt das zu einem Verwertungsverbot und begründet die Anfechtbarkeit der Entscheidung des Kammervorstands (BGH BRAK-Mitt. 2005, 123 = AnwBl. 2005, 499). Die Zwischenentscheidungen nach § 24 Abs. 4 sind als reine Vorbereitungsentscheidungen ohne eigene Bindungswirkung für den Ausschuss nicht selbstständig anfechtbar.

Kommt es während des **gerichtlichen** Verfahrens zu einem Zulassungswechsel, verfolgt der 27 Antragsteller aber seinen Antrag auf Gestattung des Führens einer Fachanwaltsbezeichnung fort, darf das Gericht diesen Antrag im Hinblick darauf, dass der Antragsteller nicht mehr Mitglied der Antragsgegnerin (RAK) ist, nicht wegen Erledigung der Hauptsache für unzulässig erklären. Das Verfahrensgrundrecht des Art. 19 Abs. 4 GG garantiert nicht nur den Zugang zu den Gerichten, sondern leistet auch Gewähr für die tatsächliche Wirksamkeit des Rechtsschutzes (BVerfGE 35, 382). Daraus folgt grundsätzlich die Pflicht der Gerichte, die angefochtenen Verwaltungsakte in rechtlicher und tatsächlicher Hinsicht vollständig nachzuprüfen (BVerfGE 84, 34; BVerfG AnwBl. 2002, 427). Da das Verfahrensgrundrecht des Art. 19 Abs. 4 GG eine Sachentscheidung, wenn möglich, garantiert, der Zweck der Zuständigkeitsregelung in § 43c Abs. 1 S. 1 BRAO und § 22 Abs. 1 nach Abschluss des Verwaltungsverfahrens erfüllt ist (→ § 2 Rn. 1), muss in Fällen des

Zulassungswechsels während des gerichtlichen Verfahrens trotz Fehlens einer diesbezüglichen gesetzlichen Regelung von der gerichtlichen Zuständigkeit angerufenen Anwaltsgerichtshofs ausgegangen werden. Es liegt nahe, den zivil- und verwaltungsprozessualen Grundsatz heranzuziehen, dass nach Rechtshängigkeit die gerichtliche Zuständigkeit durch eine Veränderung der sie begründenden Umstände nicht berührt wird (§ 261 Abs. 3 Nr. 2 ZPO; § 83 VwGO iVm § 17 Abs. 1 S. 1 GVG; BVerfG NJW 2002, 2022 = BRAK-Mitt. 2002, 185 = AnwBl. 2002, 427).

28 Wird nach Ablehnung ein inhaltlich im Wesentlichen identischer Antrag gestellt, so ist dieser zu behandeln. Die Erkenntnisse aus den bisherigen Antragsverfahren sind weiter zu verwenden. Wurde zB ein Antragsteller im Fachgespräch negativ beurteilt, so kann dieses Ergebnis, soweit eine zwischenzeitliche wesentliche Änderung nicht eingetreten ist, zur Bewertung im neuen Antragsverfahren herangezogen werden (Berliner Erfahrungsaustausch 2001, Nr. II. 8.). Trägt der Antragsteller in seinem neuerlichen Antrag noch nicht einmal veränderte Umstände vor, ist sein Antrag unzulässig und kann als unzulässig zurückgewiesen werden.

§ 25 Rücknahme und Widerruf

(1) **Zuständig für die Rücknahme und den Widerruf der Erlaubnis ist der Vorstand der Rechtsanwaltskammer, welcher der Rechtsanwalt im Zeitpunkt dieser Entscheidung angehört.**

(2) **Die Rücknahme und der Widerruf sind nur innerhalb eines Jahres seit Kenntnis des Vorstandes der Rechtsanwaltskammer von den sie rechtfertigenden Tatsachen zulässig.**

(3) [1] **Vor der Entscheidung ist der Rechtsanwalt zu hören.** [2] **Der Bescheid ist mit Gründen zu versehen.** [3] **Er ist dem Rechtsanwalt zuzustellen.**

I. Anknüpfung an die Regelung des § 43c Abs. 4 BRAO

1 § 25 ist die Verfahrensvorschrift zu § 43c Abs. 4 BRAO (→ BRAO § 43a Rn. 98; → BRAO § 43c Rn. 36, 37). Eine **Rücknahme** kommt danach in Betracht, „wenn Tatsachen nachträglich bekannt werden, bei deren Kenntnis die Erlaubnis hätte versagt werden müssen". Dies ist der Fall, wenn nachträglich Täuschungen oder Manipulationen bei der Fachanwaltsprüfung bekannt werden, dass zB falsche Fallzahlen (§ 5) angegeben, erschlichene oder gefälschte Zeugnisse (§ 6) vorgelegt wurden oder sonst im Verfahren manipuliert wurde, zB unlauter auf Ausschussmitglieder (§ 17) eingewirkt wurde. Daneben kommt eine Rücknahme bei Vorliegen der Voraussetzung des entsprechend anwendbaren § 48 VwVfG und nach den allgemeinen Grundsätzen des Verwaltungsrechts in Betracht, wenn der Verwaltungsakt der Erteilung der Erlaubnis rechtswidrig war (BGH MDR 2004, 1207 = BRAK-Mitt. 2004, 234; → BRAO § 43c Rn. 43).

2 Der **Widerruf** kann nach § 43c Abs. 4 S. 2 BRAO erfolgen, wenn der Fachanwalt die in der Berufsordnung vorgesehene Fortbildung (§ 15) unterlassen hat. Dies gilt auch, wenn die Erlaubnis vor dem 29.1.1991 erteilt worden ist (BGH NJW 2001, 1571 = BRAK-Mitt. 2001, 83 = AnwBl. 2001, 174 = MDR 2001, 358; → BRAO § 43c Rn. 36; → BRAO § 210 Rn. 2; → § 1 Rn. 6; → § 15 Rn. 1). Das „kann" in § 43c Abs. 4 BRAO ist nicht als „muss" zu verstehen, der Vorstand entscheidet nach pflichtgemäßem Ermessen (BGH NJW 2001, 1945; → BRAO § 43c Rn. 36; → BRAO § 43a Rn. 98; **aA** AGH NRW MDR 2000, 299 mit Anm. *Hartung;* Henssler/Prütting/*Hartung* § 25 Rn. 3). Auch kann die zeitweilige schuldlose Unmöglichkeit der Teilnahme an Fortbildungsveranstaltungen, zB wegen Krankheit, nicht zum Widerruf führen (BGH NJW 2001, 1945). Weiterer Widerrufsgrund ist über § 43c Abs. 4 S. 2 BRAO hinaus ein Vertretungsverbot (§§ 114 Abs. 1 Nr. 4, 150 ff. BRAO) gerade auf dem Fachgebiet des Rechtsanwalts (Henssler/Prütting/*Offermann-Burckart* BRAO § 43c Rn. 39a), da die Fachanwaltsbezeichnung nicht etwas bezeugen darf, was rechtlich unzulässig ist (**aA** Hartung/*Scharmer* § 25 Rn. 9 ff.).

II. Verfahren

3 Zuständig für die Entscheidung über Rücknahme oder Widerruf ist der Vorstand der RAK, welcher der Rechtsanwalt im Zeitpunkt der Entscheidung angehört, egal ob die Erlaubnis ihm

durch eine andere Kammer verliehen wurde. Entsprechend §§ 48, 49 VwVfG wird im Interesse der Rechtssicherheit und Rechtsklarheit Rücknahme und Widerruf „nur innerhalb eines Jahres seit Kenntnis des Vorstandes der RAK von den sie rechtfertigenden Tatsachen" für zulässig erklärt. Das bedeutet aber nicht, dass die RAK schon bei einmaliger Versäumung des Nachweises der gebotenen Fortbildung (§ 15) die Erlaubnis widerrufen muss. Sie entscheidet nach pflichtgemäßem Ermessen (→ BRAO § 43c Rn. 36; → § 15 Rn. 5). Die RAK kann indes verhindern, dass das Unterbleiben des Widerrufs nach der ersten Zuwiderhandlung gegen die Fortbildungs- und Nachweispflicht bereits als Verzicht auf das Widerrufsrecht gedeutet wird, indem sie den Rechtsanwalt deswegen verwarnt und sich für den (ersten, zweiten, dritten …) Wiederholungsfall den Widerruf vorbehält (BGH NJW 2001, 1945 = MDR 2001, 1079 = BRAK-Mitt. 2001, 187 = AnwBl. 2001, 518). Hat der Vorstand der RAK solche Kenntnis erlangt und wird der Rechtsanwalt nunmehr Mitglied einer anderen Kammer, rechnet die Jahresfrist ab Kenntnis des Vorstandes der Kammer, der der Rechtsanwalt früher angehörte. Die entsprechenden Kenntnisse können nach § 36 Abs. 3 BRAO an die aufnehmende Kammer weitergegeben werden. Nach Ablauf der Jahresfrist sind Rücknahme und Widerruf unzulässig, jedoch bleibt dann das Rügerecht nach § 74 BRAO (Hartung/*Scharmer* § 25 Rn. 18), wobei aber die zeitliche Begrenzung aus § 74 Abs. 2 S. 1 zu beachten ist.

Nach Abs. 3 S. 1 und 2 muss dem Rechtsanwalt vor der Entscheidung rechtliches Gehör 4
gewährt werden und ist der Bescheid mit Gründen zu versehen, damit der Rechtsanwalt Kenntnis von den Gründen erhält und sich entscheiden kann, ob er den Bescheid anfechten will. Zudem sind die Gründe Grundlage einer eventuellen Entscheidung des AGH, bei dem nach § 112c BRAO iVm § 42 Abs. 1 VwGO die Entscheidung des Kammervorstandes angefochten werden kann (BGH NJW 2001, 1945).

Dritter Teil. Schlussbestimmungen

§ 26 In-Kraft-Treten und Ausfertigung

(1) **Diese Fachanwaltsordnung tritt drei Monate nach Übermittlung an das Bundesministerium der Justiz in Kraft, soweit nicht das Bundesministerium der Justiz die Satzung oder Teile derselben aufhebt, frühestens jedoch mit dem ersten Tag des dritten Monats, der auf die Veröffentlichung in den BRAK-Mitteilungen folgt.**

(2) **Der Zeitpunkt des In-Kraft-Tretens ist in den BRAK-Mitteilungen bekannt zu machen.**

(3) **Die Fachanwaltsordnung ist durch den Vorsitzenden und den Schriftführer der Satzungsversammlung auszufertigen.**

1 Die FAO ist am 29.11.1996 zusammen mit der Berufsordnung (vgl. § 35 BORA) von der Satzungsversammlung beschlossen worden. Sie wurde nach Ausfertigung durch den Präsidenten der BRAK als Vorsitzenden der Satzungsversammlung (§ 191d Abs. 1 BRAO) und den Schriftführer der Satzungsversammlung am 10.12.1996 dem BMJV übermittelt und in den BRAK-Mitt. vom 18.12.1996 S. 241–252 veröffentlicht (vgl. dazu Berichtigung in BRAK-Mitt. 1997, 81). Mit Bescheid des BMJV vom 7.3.1997 wurde § 15 aF (Anwendungsbereich) als rechtswidrig aufgehoben (BRAK-Mitt. 1997, 81; Anm. zu § 15). Die FAO ist damit mit Ausnahme des aufgehobenen § 15 aF (Anwendungsbereich) **am 11.3.1997 in Kraft getreten** (§ 191d Abs. 5 BRAO; § 26 Abs. 1; BGH NJW 1999, 2678 = BRAK-Mitt. 1999, 233 = AnwBl. 2000, 202 mit Anm. *Hülsmann* AnwBl. 2000, 192; ausdrücklich gebilligt durch BVerfG NJW 2000, 347; BGH MDR 1998, 866 = BRAK-Mitt. 1997, 255; BRAK-Mitt. 1998, 153; AnwG Koblenz BRAK-Mitt. 1998, 202; *Kleine-Cosack* BRAO § 59b Rn. 1, BRAO § 191e Rn. 2 ff.; *ders.* NJW 1997, 1257; **aA** *Hartung/Holl,* 2. Aufl. 2001, § 35 Rn. 5 ff. iVm Anm. zu § 26; AnwG Düsseldorf Beschluss vom 18.5.1998 – I A 703/97). Vorsitzender und Schriftführer der Satzungsversammlung haben den Zeitpunkt des Inkrafttretens der FAO, den 11.3.1997, gemäß § 26 Abs. 2 in den BRAK-Mitt. 1997, 81 bekannt gemacht.

2 Die späteren Änderungen der FAO sind aufgelistet in dem Änderungsverzeichnis vor § 1.

5. Gesetz über Partnerschaftsgesellschaften Angehöriger Freier Berufe (Partnerschaftsgesellschaftsgesetz – PartGG)

vom 25. Juli 1994 (BGBl. I S. 1744),

zuletzt geändert durch Gesetz vom 15. Juli 2013 (BGBl. I S. 2386)

Änderungen

Paragraf	Art der Änderung	geändert durch	Datum	Fundstelle BGBl.
2, 7, 9	geändert	Handelsrechtsreformgesetz (HRefG)	22.6.1998	I S. 1474, 1480
1, 8	geändert	Gesetz zur Änderung des Umwandlungsgesetzes, des Partnerschaftsgesellschaftsgesetzes und anderer Gesetze	22.7.1998	I S. 1878, 1881
7	geändert	Zweites Gesetz zur Änderung der Finanzgerichtsordnung und anderer Gesetze (2. FGOÄndG)	19.12.2000	I S. 1757, 1759
4, 5, 7, 11	geändert	Gesetz über elektronische Register und Justizkosten für Telekommunikation (ERJuKoG)	10.12.2001	I S. 3422, 3423
5, 11	geändert	Gesetz über elektronische Handelsregister und Genossenschaftsregister sowie das Unternehmensregister (EHUG)	10.11.2006	I S. 2553, 2585
5	geändert	Gesetz zur Modernisierung des GmbH-Rechts und zur Bekämpfung von Missbräuchen (MoMiG)	1.11.2008	I S. 2026
7, 8	geändert	Gesetz zur Einführung einer Partnerschaftsgesellschaft mit beschränkter Berufshaftung zur Änderung des Berufsrechts der Rechtsanwälte, Patentanwälte, Steuerberater und Wirtschaftsprüfer	15.7.2013	I S. 2386

Schrifttum: *Henssler,* Partnerschaftsgesellschaftsgesetz, 2. Aufl. 2008; *ders.* Die PartGmbB – großer Wurf oder (zu) kleine Lösung, AnwBl. 2014, 96; *Offermann-Burckart,* Anwaltliches Gesellschaftsrecht – Das kleine Einmaleins der PartG, AnwBl. 2014, 194; *Offermann-Burckart,* Anwaltliches Gesellschaftsrecht – Das große Einmaleins der PartG, AnwBl. 2014, 366; *Offermann-Burckart,* Anwaltliches Gesellschaftsrecht – Die Partnerschaftsgesellschaft mbB, Anwaltsblatt 2014, 474; *Ulmer/Schäfer,* PartGG, in MüKoBGB, 6. Aufl. 2013 (auch erhältlich als identische Sonderausgabe); *Wehrheim,* Die Partnerschaftsgesellschaft, 4. Aufl. 2007.

§ 1 Voraussetzungen der Partnerschaft

(1) **1 Die Partnerschaft ist eine Gesellschaft, in der sich Angehörige Freier Berufe zur Ausübung ihrer Berufe zusammenschließen. 2 Sie übt kein Handelsgewerbe aus. 3 Angehörige einer Partnerschaft können nur natürliche Personen sein.**

(2) **1 Die Freien Berufe haben im allgemeinen auf der Grundlage besonderer beruflicher Qualifikation oder schöpferischer Begabung die persönliche, eigenverantwortliche und fachlich unabhängige Erbringung von Dienstleistungen höherer Art im Interesse der Auftraggeber und der Allgemeinheit zum Inhalt. 2 Ausübung eines Freien Berufs im Sinne dieses Gesetzes ist die selbständige Berufstätigkeit der Ärzte, Zahnärzte, Tierärzte, Heilpraktiker, Krankengymnasten, Hebammen, Heilmasseure, Diplom-Psychologen, Mitglieder der Rechtsanwaltskammern, Patentanwälte, Wirtschaftsprüfer, Steuerberater, beratenden Volks- und Betriebswirte, vereidigten Buchprüfer (vereidigte Buchrevisoren), Steuerbevollmächtigten, Ingenieure, Architekten, Handelschemiker, Lotsen, hauptberuflichen Sachverständigen, Journalisten, Bildberichterstatter, Dolmetscher, Übersetzer und ähnlicher Berufe sowie der Wissenschaftler, Künstler, Schriftsteller, Lehrer und Erzieher.**

(3) **Die Berufsausübung in der Partnerschaft kann in Vorschriften über einzelne Berufe ausgeschlossen oder von weiteren Voraussetzungen abhängig gemacht werden.**

(4) **Auf die Partnerschaft finden, soweit in diesem Gesetz nichts anderes bestimmt ist, die Vorschriften des Bürgerlichen Gesetzbuchs über die Gesellschaft Anwendung.**

Übersicht

I. Einführung

1 **1. Zielsetzung.** Mit dem Gesetz über Partnerschaftsgesellschaften Angehöriger Freier Berufe (PartGG) wurde den **Angehörigen Freier Berufe** eine besondere, auf ihre **Bedürfnisse zugeschnittene Gesellschaftsform** zur gemeinsamen Berufsausübung zur Verfügung gestellt. Es trägt dem Umstand Rechnung, dass die gemeinsame Berufsausübung für die Freien Berufe immer mehr an Bedeutung gewinnt; die **zunehmende Notwendigkeit der Spezialisierung** in Verbindung mit der **steigenden Nachfrage nach Leistungen verschiedener Professionen** „aus einer Hand", der **erhöhte Konkurrenzdruck im Binnenmarkt** und der **vermehrte Kapitalbedarf** erzwingen verstärkt eine **kooperative Leistungserbringung.** Gleichzeitig bieten die bislang bestehenden Gesellschaftsformen nur ein unvollkommenes Instrumentarium, um diesen Anforderungen gerecht zu werden. Der bisher vor allem in Anspruch genommenen Gesellschaft bürgerlichen Rechts mangelte es an einer hinreichend festen Struktur, an eigener Rechtsfähigkeit und an einer klaren, auch den Bedürfnissen nach Risikobegrenzung Rechnung tragenden Haftungsverfassung. Zur Rechts- und Parteifähigkeit einer Sozietät nach jetziger Rechtslage → BRAO § 59a Rn. 5 ff. Die Leistungserbringung innerhalb einer Kapitalgesellschaft wird dem Wesen freier, auf ein persönliches Vertrauensverhältnis zwischen Auftraggeber und Leistungserbringer aufbauenden Berufsausübung nur mit Einschränkungen gerecht; außerdem bieten Kapitalgesellschaften neben Vorteilen (grundsätzlich umfassende Haftungsbeschränkung) auch Nachteile, wobei neben der Gewerbesteuerpflicht vor allem die mit der Rechnungs- und Publizitätspflicht verbundenen Belastungen zu nennen sind.

2 Die Partnerschaftsgesellschaft will die **Lücke zwischen der BGB-Gesellschaft und den Kapitalgesellschaften schließen,** indem sie als Personengesellschaft einerseits dem Charakter freiberuflicher Berufsausübung gerecht wird und sie sich andererseits auf Grund einer verfestigten Struktur, ihrer Rechtsfähigkeit, ihrer Registerpflichtigkeit und ihrer Haftungsverfassung nebst nach neuem Recht möglicher Haftungsbegrenzung auch als Unternehmensträgerin für größere, auch interprofessionelle, überregionale und internationale Zusammenschlüsse eignet (Das Deutsche Bundesrecht, 851. Lieferung, PartGG Einf. 2.; amtliche Begründung, BT-Drs. 12/6152, 7; zur Entstehungsgeschichte des Gesetzes vgl. BT-Drs. 12/6152, 7, 8; Henssler/Prütting/*Henssler* Einl. II vor § 1).

3 Mit der Partnerschaft soll den Freien Berufen lediglich ein Angebot gemacht werden. Keineswegs ist eine Festlegung auf diese Rechtsform beabsichtigt. Insbesondere soll es den einzelnen Berufsrechten überlassen bleiben, jeweils für ihre Angehörigen zu entscheiden, ob und wie sich diese die Partnerschaft zunutze machen können. Auch die **Regelungskompetenz der einzelnen Berufsrechte** und deren damit begründete Modifikationsmöglichkeiten sind **Gründe** dafür, **warum das PartGG auf umfangreiche Detailregelungen verzichtet.** Im Übrigen ist und kann es nicht Aufgabe des PartGG sein, im Sinne eines „Super-Berufsrechts" Aussagen zu allen gegenwärtigen und zukünftigen Besonderheiten der Rechte der einzelnen Berufe zu treffen.

4 Neben der Partnerschaft sollen auch die **Kapitalgesellschaften** grundsätzlich zur Verfügung stehen. Diese können insbesondere dann als Organisationsform vorzugswürdig sein, wenn großer Investitionsbedarf besteht und ggf. die Möglichkeiten der Kapitalgesellschaft zur Eigenkapitalbeschaffung genutzt werden sollen. Auch hier obliegt es den jeweiligen Berufsrechten zu entscheiden, unter welchen, näher zu bezeichnenden Voraussetzungen sie ihren Angehörigen den Zugang zu diesen Gesellschaftsformen eröffnen bzw. versagen wollen. Zudem ist auch die **Aufspaltung** in eine Kapitalgesellschaft (als **Besitzgesellschaft**) und eine Partnerschaft (als **Berufsausübungsgesellschaft**) denkbar (BT-Drs. 12/6152, 8).

2. Grundkonzeption des Gesetzes. Mit dem PartGG wurde eine **„Schwesterfigur" zur OHG** normiert, wobei sich der Regelungsinhalt auf die wichtigsten partnerschaftsspezifischen Strukturprinzipien beschränkt. Damit wird die Partnerschaft nicht etwa zur OHG. Vielmehr werden lediglich deren bewährte Strukturelemente für die organisierte Zusammenarbeit der Angehörigen Freier Berufe nutzbar gemacht, wobei die einschlägige Rechtsprechung zur OHG und die Erfahrungen der Praxis helfen können, die neue Gesellschaftsform der Partnerschaft frühzeitig zu stabilisieren (BT-Drs. 12/6152, 8). 5

Neben **Verweisungen** auf das anzuwendende **OHG-Recht** beinhaltet das Gesetz Sonderregelungen, mit denen dieses Recht an die Bedürfnisse einer Freiberuflergesellschaft angepasst wird. Da die Partnerschaft eine Gesellschaft und nicht etwa ein Verein ist, kommt ergänzend das **Gesellschaftsrecht des BGB** zur Anwendung (Abs. 4). Dem Wunsch des Bundesrates entsprechend wurde die subsidiäre Geltung der Vorschriften des BGB über die GbR in Abs. 4 klargestellt (Beschlussempfehlung des BT-Rechtsausschusses, BT-Drs. 12/7642, 12). Insgesamt ergeben sich daraus folgende **Wesensmerkmale** der Partnerschaft: Sie ist eine **rechtsfähige Personengesellschaft,** die über die in § 124 Abs. 1 HGB genannten „Einzelrechtsfähigkeiten" verfügt und damit weitestgehend der juristischen Person angenähert ist. Die Partnerschaft ist – wie eine OHG – registerfähig und -pflichtig. Sie ist in das bei den Amtsgerichten geführte „Partnerschaftsregister" einzutragen. Auch das **Haftungskonzept** entspricht im Ausgangspunkt dem der OHG, indem der Grundsatz der gesamtschuldnerischen Haftung aller Partner für die Verbindlichkeiten der Gesellschaft übernommen wird. Jedoch ist bei der Haftung wegen fehlerhafter Berufsausübung eine gesetzliche Haftungsbeschränkung auf den handelnden Partner eingeführt worden. Weil dieses Haftungskonzept nicht ausreichend erschien, wurde zwischenzeitlich die Möglichkeit geschaffen, die Berufshaftung zu beschränken (§ 8 Abs. 4 PartG). 6

Partner können nur **Angehörige eines Freien Berufs** sein, und zwar nur natürliche Personen. Gesellschaftszweck ist die gemeinsame Berufsausübung. Wer als Freiberufler iSd PartGG gilt, bestimmt § 1 Abs. 2 PartGG in Anlehnung an die Auflistung in § 18 Abs. 1 Nr. 1 S. 2 EStG. 6a

- Das Berufsrecht kann die Berufsausübung in der Partnerschaft für einzelne Berufe ausschließen oder von weiteren Voraussetzungen abhängig machen (§ 1 Abs. 3). Für Anwälte ist hier § 59a BRAO zu beachten.
- Die Partnerschaft ist rechtsfähig, damit auch namensrechtsfähig und tritt im Rechtsverkehr unter einem eigenen exklusiven Namen auf; das kaufmännische Firmenrecht ist in weiten Bereichen entsprechend anwendbar (§ 2; BFH BRAK-Mitt. 1999, 152).
- Das Innenrecht der Gesellschaft bestimmt sich vorrangig nach dem Gesellschaftsvertrag; lückenfüllend findet – mit wenigen Ausnahmen und Modifikationen – das Innenrecht der OHG entsprechende Anwendung (§§ 2 Abs. 2, 3).
- Es gelten die Grundsätze der Selbstorganschaft und der Einzelvertretung.
- Steuerlich unterliegt die Partnerschaft weder der Gewerbe- noch der Körperschaftsteuer. Jedoch können Einkünfte einer Partnerschaft nach § 15 Abs. 3 EStG dann als Einkünfte aus Gewerbebetrieb zu behandeln sein, wenn ein Partner neben seiner freiberuflichen Berufsausübung auch gewerblich tätig ist, zB treuhänderisch im Rahmen eines Bauherrenmodells tätig wird. Zur Steuersituation bei Partnerschaftsgesellschaften vgl. weiter *Haas* BRAK-Mitt. 2001, 221, 222.
- Die Partnerschaft ist weder buchführungs- noch publizitäts- noch prüfpflichtig iSd §§ 264 ff. HGB (Das Deutsche Bundesrecht, 851. Lieferung, PartGG Einf. 4; Bundesregierung, BT-Drs. 12/6152, 9 ff.).

II. Gesellschafter, Partnerschaft von Freiberuflern (Abs. 1)

1. Partnerschaftsfähigkeit. Nach Abs. 1 S. 1 können sich in der Partnerschaft **nur Angehörige Freier Berufe** (→ Rn. 11 ff.) zur Ausübung ihrer Berufe zusammenschließen. **Voraussetzung für die Mitgliedschaft** ist also die **aktive Ausübung** des Berufs in der Partnerschaft. Die Partnerschaft ist deshalb nicht als anonyme Kapitalgesellschaft ausgestaltet. Das PartGG geht vom Grundsatz der Selbstorganschaft und der Einzelvertretung aus. Die Zugehörigkeit zur Partnerschaft ist auf einem Freien Beruf angehörende natürliche Personen beschränkt. **Nicht nur juristische Personen, sondern auch Personengesellschaften** sind von der Beteiligung **ausgeschlossen** (Henssler/Prütting/*Henssler* § 1 Rn. 10). Dies entspricht am ehesten dem Leitbild 7 der auf ein persönliches Vertrauensverhältnis zum Auftraggeber ausgerichteten freiberuflichen Berufsausübung (BT-Drs. 12/6152, 9). **Bloße Kapitalanlagen und stille Beteiligungen** sollen **nicht möglich** sein; entsprechendes gilt – nach allgemeinen Rechtsgrundsätzen – für Umgehungsgeschäfte, etwa wenn ein Angehöriger eines Freien Berufs lediglich als Strohmann seine Beteiligung für einen Dritten hält. Der Partner soll seinen Beruf in eigener Verantwortung ausüben und für sein Handeln auch grundsätzlich persönlich haften (Bundesregierung, BT-Drs. 12/6152, 7, 9). Das heißt, erforderlich ist, dass die Partner gerade ihre freiberufliche Tätigkeit in der Partnerschaft ausüben. **Rechtsanwälte** können sich daher **nicht zur ausschließlichen Ausübung** ihrer Tätigkeit als **Insolvenzverwalter oder Testamentsvollstrecker in einer Partnerschaft** zusammenschließen (Henssler/Prütting/*Henssler* § 1 Rn. 14).

8 Aber auch bloße **Organisationsgesellschaften** wie zB **Bürogemeinschaften** (→ BRAO § 59a Rn. 79 ff.), deren Zweck sich in der gemeinsamen Benutzung von Praxisräumen, Einrichtungsgegenständen und Personal erschöpft, können **nicht als Partnerschaft,** sondern nur in den Rechtsformen der GbR betrieben werden. Aber auch im Rahmen einer Partnerschaft darf die Zusammenarbeit auf eine bestimmte Gruppe von Klienten beschränkt und jeder Partner eigene Auftraggeber allein betreuen. Im Hinblick auf § 3 Abs. 2 Nr. 3 ist aber eine ausdrückliche Regelung im Gesellschaftsvertrag erforderlich (Henssler/Prütting/*Henssler* § 1 Rn. 13). Auch darf ein Rechtsanwalt mit einer in der Rechtsform der Partnerschaftsgesellschaft geführten Rechtsanwalts- oder Steuerberatungsgesellschaft eine Bürogemeinschaft bilden. Eine derartige Bürogemeinschaft ist jedoch dann unzulässig, wenn der Rechtsanwalt zugleich Mitglied dieser Gesellschaft ist (BGH NJW 2003, 3548 = DB 2004, 1095 = AnwBl. 2004, 124; → BRAO § 59a Rn. 86).

9 **2. Veräußerung, Einstellung der Mitarbeit.** Nicht nur bei der Gründung der Partnerschaft soll durch die Pflicht zur Anmeldung (§ 4) unter Angabe der in § 3 Abs. 2 vorgeschriebenen Vertragsinhalte sichergestellt werden, dass sich nur Angehörige Freier Berufe an der Partnerschaft beteiligen, die in der Partnerschaft ihren Beruf ausüben. Die Beteiligung an einer Partnerschaft darf **nicht an Dritte veräußert** werden, die nicht partnerschaftsfähig iSd § 1 Abs. 1 sind.

9a Stellt ein Partner seine aktive Mitarbeit ein, so kann er unter Umständen gemäß § 9 Abs. 1 iVm §§ 140, 133 HGB durch gerichtliche Entscheidung oder bei dementsprechender Gestaltung des Partnerschaftsvertrages auch durch Beschluss ausgeschlossen werden, da die **Beendigung der aktiven Mitarbeit** einen „wichtigen Grund" iSd § 133 Abs. 1 HGB darstellt (→ § 9 Rn. 14 ff.). Eine flexible Handhabung in Fällen, in denen ein Partner sich aus gesundheitlichen oder Altersgründen aus der aktiven Mitarbeit zurückzieht, ist danach möglich. Sofern für den betreffenden Freien Beruf eine Berufszulassung vorgesehen ist, ist diese gemäß § 4 Abs. 2 Voraussetzung für die Eintragung der Partnerschaft. **Verliert ein Partner die Zulassung,** so **scheidet er** gemäß § 9 Abs. 3 **kraft Gesetzes aus.** Für Angehörige Freier Berufe, die keine Berufszulassung kennen, gilt dies nicht. Nehmen diese statt ihrer freiberuflichen eine **gewerbliche Tätigkeit** auf, bleiben sie zunächst Partner. Unabhängig von einem vertragsgemäßen Ausschluss oder Austritt des betreffenden Partners ist aber das Registergericht gemäß §§ 380, 395 FamFG von Amts wegen zur entsprechenden Berichtigung der Eintragung im Partnerschaftsregister befugt. Es wird den Namen dieses Partners löschen (Henssler/Prütting/*Henssler* § 1 Rn. 19).

10 Abs. 1 S. 2 stellt klar, dass die Partnerschaft **keine Handelsgesellschaft** ist. Die Partnerschaft unterliegt **nicht** kraft ihrer Rechtsform der **Gewerbesteuer** (Bundesregierung, BT-Drs. 12/6152, 9) wohl aber wenn sie entgegen § 1 Abs. 1 S. 1 eine nach § 15 EStG als gewerblich eingestufte Tätigkeit ausübt (Henssler/Prütting/*Henssler* § 1 Rn. 25).

III. Freier Beruf (Abs. 2)

11 **1. Offene Definition.** Während in der ursprünglichen Fassung des Abs. 2 auf eine positive rechtliche Definition des Begriffs Freier Beruf verzichtet wurde, da es sich um eine soziologische Wortschöpfung handelt, bezüglich derer eine justiziable Begriffsfassung auf unüberwindbare Schwierigkeiten stößt und daher nur ein Katalog der Professionen aufgestellt wurde, deren selbständige Ausübung als freiberufliche Tätigkeit gilt (Bundesregierung, BT-Drs. 12/6152, 9, 10; jetzt Abs. 2 S. 2), wurde mit Gesetz vom 22.7.1998 (BGBl. I S. 1878, 1881) in Abs. 2 S. 1 eine **offene Definition des Freien Berufs** eingeführt. Damit wird der Freie Beruf in seiner Bedeutung betont. Die **Grenzen zur gewerblichen Tätigkeit** sollen sich auch künftig nicht verwischen. Die Definition ist damit zugleich Maßstab und Appell an den Freien Beruf in seiner

Besonderheit und seiner gemeinschaftswichtigen Verpflichtung. Rechtstechnisch wurde mit Rücksicht auf die außerordentliche Vielfalt des Freien Berufs eine offene Definition gewählt, eine Typusbeschreibung. Es wird dabei allgemein der Freie Beruf als solcher umschrieben und nicht auf den einzelnen Berufsangehörigen abgestellt, um den ständischen Charakter der Umschreibung stärker herauszustellen. Das entscheidende Charakteristikum der Freiberuflichkeit ist die **Zugehörigkeit zu bestimmten Tätigkeitsgruppen,** die nach der **Verkehrsanschauung als freiberuflich verstanden** werden. Das BVerfG hat insoweit von **„Diensten höherer Art"** gesprochen (BVerfGE 17, 232, 239 = NJW 1964, 1067). Der Begriff der Dienstleistung ist hier **weit zu verstehen** und soll nicht auf den Dienstvertrag iSd §§ 611 ff. BGB beschränkt sein. Durch die Worte „im allgemeinen" soll zum Ausdruck gebracht werden, dass nur ein **Typus** umschrieben werden soll. Für den konkreten persönlichen Anwendungsbereich des PartGG bleibt es bei dem bisherigen Katalog in S. 2, der eng an die steuerliche Regelung angelehnt ist (Bericht des BT-Rechtsausschusses, BT-Drs. 13/10955, 12, 13).

2. Katalog der Freien Berufe. Der frühere Katalog des Abs. 2 S. 2 aF lehnte sich an die 12
Formulierung des § 18 Abs. 1 Nr. 1 S. 2 EStG an, ohne mit ihr völlig übereinzustimmen. Die **einkommensteuerliche Abgrenzung** zwischen freiberuflicher und gewerblicher Tätigkeit wird durch die Eintragung einer Partnerschaft in das Partnerschaftsregister **nicht präjudiziert.** Dies gilt bereits auf Grund der zusätzlichen Voraussetzungen des § 18 EStG und der im Vergleich zu den geringen registerrechtlichen Prüfungspflichten weitaus intensiveren steuerlichen Überprüfung, die zudem in jährlichem Abstand wiederholt wird. Es kann also in Grenzfällen durchaus vorkommen, dass die Einkünfte einer Partnerschaft steuerlich als Einkünfte aus Gewerbebetrieb behandelt werden. Gleichwohl kann die ergangene Rechtsprechung zur wissenschaftlichen, künstlerischen, schriftstellerischen, unterrichtenden und erzieherischen Tätigkeit, zu den sog. Katalogberufen und zu den „ähnlichen Berufen" des § 18 EStG auch für das Partnerschaftsgesellschaftsgesetz bei der Abgrenzung im Einzelfall herangezogen werden. Nach Lage des Falls können auch **Sachverständige** als freiberuflich Tätige iSd Gesetzes in Betracht kommen. Dies kann der Fall sein, wenn die Sachverständigentätigkeit selbständig und hauptberuflich ausgeübt wird und sie den allgemeinen Anforderungen an eine freiberufliche Tätigkeit entspricht (höherwertig, höhere Ausbildung etc).

Der **Kreis der partnerschaftsfähigen Freien Berufe** kann **weit gezogen** werden. Für die 13
monoprofessionelle Zusammenarbeit von Angehörigen eines Freien Berufs bietet sich die Rechtsform auch für **nichtverkammerte Freie Berufe** (wie zB **Unternehmensberater**) und solche Freien Berufe an, die über kein eigenes Berufsrecht verfügen. Auch für den **interprofessionellen Zusammenschluss** kann der Kreis weit gesteckt werden, da es in Abs. 3 den einzelnen Berufsrechten überlassen bleibt zu entscheiden, ob ihre Angehörigen an der neuen Organisationsform partizipieren dürfen und mit welchen Angehörigen anderer Freier Berufe sie sich dabei zusammenschließen können. Berufsgruppen, für die die Partnerschaft bereits nach geltendem Recht nicht in Betracht kommt, wurden **nicht** in den früheren Katalog aufgenommen. So schließen die berufsrechtlichen Regelungen für die **Notare,** die ein öffentliches Amt ausüben, eine Teilnahme an der Partnerschaft aus. Diese Rechtslage bleibt durch das PartGG unberührt. Für **Anwaltsnotare** gilt, dass sie **in ihrer Funktion als Rechtsanwalt partnerschaftsfähig** sind und Mitglied einer Partnerschaft sein können, **in ihrer Funktion als Notar jedoch nicht** (OLG Stuttgart BRAK-Mitt. 2006, 144; → BRAO § 59a Rn. 48; *Henssler* 2. Aufl. § 1 Rn. 70; MüKoBGB/*Ulmer/Schäfer* PartGG § 1 Rn. 79, 83; zur rechtlichen Konstruktion einer Einbeziehung der Notartätigkeit in die Rechtsanwaltstätigkeit *Ahlers,* FS Rowedder, 1994, 1, 16). Dies hat Auswirkungen auf den Namen der Gesellschaft, in dem der betroffene Partner nur als Rechtsanwalt geführt werden kann, nicht zugleich als Notar. Es erscheint aber **möglich,** dass ein **Hinweis auf den weiter ausgeübten Beruf des Partners außerhalb der Partnerschaft auf dem Briefkopf der Partnerschaft geführt wird** (Bundesregierung, BT-Drs. 12/6152, 10, 11). Soll der Anwaltsnotar auch mit seinem Beruf als Notar in die Partnerschaft einbezogen sein, kann die Verbindung nicht als Partnerschaft in das Partnerschaftsregister eingetragen werden (OLG Stuttgart BRAK-Mitt. 2006, 144 = MDR 2006, 718). Die Rechtsansicht, dass eine von Anwaltsnotaren mit den Rechtsanwälten ihrer Partnerschaft vereinbarte Regelung, wonach die Gebühren aus ihrer Notartätigkeit – pauschal unmittelbar und in vollem Umfang – der Partnerschaft zufließt, damit also auch den mit ihnen verbundenen Rechtsanwälten und somit gegen das Gebührenteilungsverbot des § 17 Abs. 1 S. 4 BNotO verstößt (so vormals OLG Celle

NJW 2007, 2929 = AnwBl. 2007, 728 mit abl. Anm. *Maas* AnwBl. 2007, 702), muss als überholt angesehen werden. Prüfungsmaßstab für eine solche Regelung ist § 9 Abs. 3 BNotO. Somit ist die **pauschale Abführung der Gebühren an die Sozietät zulässig,** solange der **Notar am Gewinn** mit einem den konkreten Umständen des Einzelfalls **angemessenem Anteil partizipiert** und seine **wirtschaftliche Unabhängigkeit nicht gefährdet** ist (jetzt OLG Celle AnwBl. 2010, 220). Alle den Rechtsanwälten nach § 59a Abs. 1 BRAO erlaubten Zusammenschlüsse mit Angehörigen anderer Berufe sind ihnen auch im Rahmen der Partnerschaft nach § 1 Abs. 2 möglich (Henssler/Prütting/*Henssler* § 1 Rn. 30).

IV. Berufsrechtsvorbehalt (Abs. 3)

14 Abs. 3 enthält einen **allgemeinen Berufsrechtsvorbehalt.** In Vorschriften über einzelne Berufe kann die Berufsausübung in der Partnerschaft ausgeschlossen oder von weiteren – nicht aber von geringeren – Voraussetzungen abhängig gemacht werden. Sofern hinsichtlich einer Berufsausübung iSd Abs. 2 eine berufsrechtliche Regelung besteht oder geschaffen wird, kann also dort im Rahmen der verfassungsrechtlichen Grenzen zB bestimmt werden, ob überhaupt ein **(monoprofessioneller)** Zusammenschluss möglich ist oder ob die gemeinsame Berufsausübung von einer berufsrechtlichen Zulassung abhängt (vgl. zB §§ 27 ff. WPO). Bestimmt werden kann zB auch, dass die Berufsausübung in Zweigniederlassungen nur unter bestimmten Voraussetzungen zulässig ist oder welchen (zusätzlichen) Anforderungen die Namensangabe auf Praxisschildern unterliegt (→ § 2 Rn. 1 ff.). Normiert werden kann schließlich auch, mit welchen Angehörigen anderer Freier Berufe der Zusammenschluss in der Partnerschaft zulässig ist. Ein **interprofessioneller Zusammenschluss** ist berufsrechtlich möglich, wenn die beabsichtigte Kombination nach den Berufsrechten aller Beteiligten zulässig ist (Kompatibilität). Eine solche berufsspezifische **Regelung der Sozietätsfähigkeit** findet sich für Rechtsanwälte in **§ 59a BRAO.** „Vorschriften über einzelne Berufe“ im Sinne dieses Gesetzes sind alle diejenigen Rechtsvorschriften (Gesetze, Verordnungen und sonstiges materielles Recht, wie zB Satzungen), die Regelungen über den Berufszugang und die Berufsausübung enthalten. Die Wirksamkeit dieser Vorschriften bestimmt sich insbesondere im Hinblick auf die hinreichende Erlasskompetenz nach den allgemeinen, durch die Rechtsprechung des **BVerfG** (vgl. insbesondere Entscheidungen vom 14.7.1987, BVerfGE 76, 171 = NJW 1988, 191; BVerfGE 76, 196 = NJW 1988, 194; → BRAO § 43 Rn. 1 ff.) konkretisierten Grundsätzen. Demnach hat der (formelle) **Gesetzgeber** die **wesentlichen Berufspflichten zu regeln,** worunter Berufszugangsregeln und vergleichbar einschneidende und für den Berufsausübenden existentiell bedeutsame – also „statusbildende“ – Bestimmungen fallen. **Ergänzende Reglementierungen,** die sich lediglich auf die Art und Weise der Berufsausübung beziehen, **können** hingegen auch etwa dem **Satzungsgeber überlassen** bleiben. So regelt zB § 59a BRAO die Zusammenschlussfähigkeit mit anderen Berufsgruppen, während gemäß § 59b BRAO der Satzungsgeber zum Erlass konkretisierender Vorschriften ermächtigt wird, zB betreffend die allgemeinen Berufs- und Grundpflichten und die besonderen Berufspflichten im Zusammenhang mit dem Führen der Fachanwaltsbezeichnung. An diesen verfassungsrechtlichen Vorgaben kann und will § 1 nichts ändern, insbesondere enthält Abs. 3 – im Hinblick auf die Erlasszuständigkeiten zwischen formellem Gesetzgeber und Satzungs- und Kammerrecht – keine über die genannten Grundsätze hinausgehenden Ermächtigungen zugunsten des Satzungs- und Kammerrechts.

15 Abs. 3 dient auch im Hinblick auf die **Gesetzgebungszuständigkeiten** von Bund und Ländern vorrangig der Klarstellung. Soweit es sich um Berufsrecht des Bundes handelt, ist der Bund für den Erlass reglementierender Vorschriften zuständig, soweit es sich um Landesrecht handelt, die Länder.

16 Treffen unterschiedliche berufsrechtliche Regelungen aufeinander, so gilt nur die nach allen Regelungen zulässige Lösung (gemeinsamer Nenner) oder – wo dies möglich ist – die für den jeweils betreffenden Angehörigen eines Freien Berufs maßgebliche Regelung (so zB im Hinblick auf den Berufsrechtsvorbehalt in § 8 Abs. 3 (Bundesregierung, BT-Drs. 12/6152, 10, 11).

17 Für die Anwaltschaft hat der Berufsrechtsvorbehalt des Abs. 3 insbesondere Bedeutung für die Zulässigkeit **interprofessioneller Partnerschaften** (§ 59a BRAO, § 52a PAO, § 56 StBerG, § 44b Abs. 1 WPO). Rechtsanwälten ist danach die Zusammenarbeit – auch in einer Partnerschaft – nur mit den Angehörigen sozietätsfähiger Berufe (→ BRAO § 59a Rn. 45 ff.) erlaubt (Henssler/Prütting/*Henssler* § 1 Rn. 31). Die Eintragung einer Partnerschaftsgesellschaft von Rechtsanwälten und Wirtschaftsprüfern, die nicht die Voraussetzungen für die Anerkennung

einer Wirtschaftsprüfungsgesellschaft nach §§ 27 ff. WPO aufweist, ist zulässig (BVerfG NJW 1998, 2269 = MDR 1998, 864; LG München NJW 1998, 1156 = BRAK-Mitt. 1998, 156; *Henssler* 2. Aufl. § 1 Rn. 293, 294; **aA** AG Mannheim BRAK-Mitt. 1997, 93).

Wie eine Sozietät gemäß § 59a Abs. 2 BRAO **mehrere Kanzleien** unterhalten darf, wenn am jeweiligen Kanzleiort ein Gesellschafter verantwortlich tätig ist, für den die Kanzlei den Mittelpunkt seiner Berufstätigkeit bildet, so kann auch eine Partnerschaft unter diesen Voraussetzungen als **„überörtliche Partnerschaft" mehrere gleichberechtigte Niederlassungen** unterhalten. Aus registerrechtlichen Gründen ist **eine** der Niederlassungen **als Sitz der Partnerschaft anzumelden** (Henssler/Prütting/*Henssler* § 1 Rn. 36). 18

§ 2 Name der Partnerschaft

(1) [1]Der Name der Partnerschaft muß den Namen mindestens eines Partners, den Zusatz „und Partner" oder „Partnerschaft" sowie die Berufsbezeichnungen aller in der Partnerschaft vertretenen Berufe enthalten. [2]Die Beifügung von Vornamen ist nicht erforderlich. [3]Die Namen anderer Personen als der Partner dürfen nicht in den Namen der Partnerschaft aufgenommen werden.

(2) § 18 Abs. 2, §§ 21, 22 Abs. 1, §§ 23, 24, 30, 31 Abs. 2, §§ 32 und 37 des Handelsgesetzbuchs sind entsprechend anzuwenden; § 24 Abs. 2 des Handelsgesetzbuchs gilt auch bei Umwandlung einer Gesellschaft bürgerlichen Rechts in eine Partnerschaft.

Übersicht

I. Name der Partnerschaft

1 Als nichtgewerblicher freiberuflicher Zusammenschluss trägt die Partnerschaft statt einer Firma (§ 17 HGB) einen „Namen". Der Sache nach gilt nach Abs. 2 gleichwohl das **Firmenrecht des HGB,** dessen Vorschriften weitgehend für anwendbar erklärt werden (Henssler/Prütting/*Henssler* § 2 Rn. 1; *Nothoff* NZG 1998, 123). Der im Partnerschaftsregister einzutragende Name (§§ 3 Abs. 2 Nr. 1, 5 Abs. 1) der Partnerschaft setzt sich aus **drei Elementen** zusammen: Den **Namen** eines oder mehrerer Partner, dem **Zusatz** „und Partner" oder „Partnerschaft" sowie den Bezeichnungen aller in der Partnerschaft vertretenen **Berufe.** Das Berufsrecht kann zusätzliche Anforderungen aufstellen (Bundesregierung, BT-Drs. 12/6152, 11). Nach § 9 BORA darf auch eine Partnerschaftsgesellschaft eine **Kurzbezeichnung** führen.

2 **1. Name mindestens eines Partners.** Der Name der Partnerschaft muss den Namen mindestens eines Partners enthalten. Als Name eines oder mehrerer Partner gilt zunächst der jeweilige **Familienname.** Die Beifügung von Vornamen ist nicht notwendig, aber zulässig. Das Hinzufügen auch des Vornamens kann sich dann als sinnvoll erweisen, wenn auf diese Art und Weise die Unterscheidbarkeit von einer bereits am selben Ort bestehenden Partnerschaft ermöglicht wird (§ 2 Abs. 2 iVm § 30 HGB; OLG Braunschweig NJW-RR 1998, 1004 = BRAK-Mitt. 1997, 266 = AnwBl. 1998, 161). Die Namen anderer Personen als der Partner dürfen in den Namen einer Partnerschaft nicht aufgenommen werden (§ 2 Abs. 2 iVm § 18 Abs. 2 HGB). Wohl aber dürfen freie Mitarbeiter und Angestellte als Scheinpartner in den Briefbögen nach §§ 9, 10 BORA aufgeführt werden, allerdings mit deren Haftungsrisiko nach Rechtsschein-

grundsätzen (Henssler/Prütting/*Henssler* § 2 Rn. 15; → § 8 Rn. 7). Die Berufsrechte können darüber hinaus **zusätzliche Anforderungen** an den Namen aufstellen (BT-Drs. 12/6152, 25; → § 8 Rn. 14 ff.). Eine derartige zusätzliche Anforderung stellt nicht die Verpflichtung nach § 10 BORA dar, „mindestens einen ausgeschriebenen Vornamen“ auf den Briefbögen aufführen zu müssen. Diese Verpflichtung gilt nicht für die Kurzbezeichnung, also den Namen der Partnerschaft, sondern lediglich für die Verpflichtung, in der Rand- oder Fußleiste oder auf der Rückseite des Briefbogens die **Vornamen** aller Partner aufnehmen zu müssen.

2a Familienname kann auch ein gewähltes **Pseudonym** sein, also der Künstlername des Gesellschafters, wenn sich nachweisen lässt, dass der Anwalt in seinem bisherigen Berufsleben unter seinem Künstlernamen bekannt geworden ist (OLG Frankfurt BRAK-Mitt. 2003, 92 = AnwBl. 2003, 109; *Henssler* 2. Aufl. § 2 Rn. 7; *Castan,* Die Partnerschaftsgesellschaft, 65; *Meilicke* § 2 Rn. 2a, wenn der Künstlername im Pass oder im Personalausweis als solcher eingetragen ist). Als Name der Partnerschaft kann aber neben dem Namen des einen Partners nicht allein der als Begleitname bestimmte Geburtsname (§ 1355 Abs. 4 S. 1 BGB) eines weiteren Partners aufgenommen werden, selbst wenn ihn die Sozien in dieser Weise über Jahre als BGB-Gesellschaft so verwendet haben (OLG Karlsruhe NZG 1999, 716 = MDR 1999, 1165 = AnwBl. 1999, 409). Die **Verwendung des Namenszusatzes** „artax“ zur Bezeichnung einer partnerschaftlich organisierten Rechtsanwalts- und **Steuerberaterkanzlei verstößt weder gegen Berufs- noch Wettbewerbsrecht,** wenn der Name der Partnerschaft im Übrigen durch den Namen eines Partners gekennzeichnet wird. Der Vorschrift des § 9 BORA ist kein Verbot der Verwendung einer **Fantasiebezeichnung** als Teil einer Kurzbezeichnung bei gemeinschaftlicher Berufsausübung im Sinne dieser Vorschrift zu entnehmen und der spezielle Regelungsgehalt des § 59k BRAO steht einer analogen Anwendung der Bestimmung auf den Bereich der sonstigen Zusammenschlüsse von Rechtsanwälten entgegen. § 2 enthält für Sach- oder Fantasiebezeichnungen keine Regelung und die Begründung des Gesetzes (BT-Drs. 12/6152, 12) geht von der grundsätzlichen Zulässigkeit entsprechender Zusätze aus (BGH NJW 2004, 1651 = MDR 2004, 1208 = BRAK-Mitt. 2004, 135 = AnwBl. 2004, 446 = DB 2004, 1094; damit bestätigt OLG Karlsruhe NJW 2001, 1584; **aA** LG Waldshut-Tiengen BRAK-Mitt. 2000, 260).

3 **2. Zusatz „und Partner“ oder „Partnerschaft“.** Der **Zusatz „und Partner“** oder **„Partnerschaft“** ist für die Partnerschaftsgesellschaft reserviert und **muss geführt werden** (§ 11; LG Nürnberg-Fürth AnwBl. 2001, 364). Der Zusatz gewährleistet die Klarheit und Unterscheidbarkeit verschiedener Formen der Zusammenarbeit (OLG Schleswig NZG 2003, 168). Zulässig ist es auch, die feminine Form zu verwenden (*Bösert/Braun/Jochem* 119; *Castan,* Die Partnerschaftsgesellschaft, 66). Anstelle der Verknüpfung „und“ können auch die **Zeichen** „&“ oder „+“ verwendet werden (*Seibert,* Die Partnerschaft, 49; *Bösert/Braun/Jochem* 119; Michalski/*Römermann* 3. Aufl. § 2 Rn. 11). Unzulässig ist die Verwendung der kaufmännischen Zusätze „Co.“ oder „Cie“ (*Meilicke* § 2 Rn. 4; *Castan,* Die Partnerschaftsgesellschaft, 66). Die **Zusätze** „und Partner“ oder „Partnerschaft“ dürfen **nicht abgekürzt** werden, da der Rechtsverkehr eine derartige Abkürzung nicht kennt und das Gesetz keine Abkürzung der Bezeichnung zulässt (**aA** *Castan,* Die Partnerschaftsgesellschaft, 66). Die Verwendung des Namenszusatzes „und Partner“ setzt zumindest einen weiteren Partner voraus, der namentlich nicht erwähnt ist (*Henssler* 2. Aufl. § 2 Rn. 9; *Seibert,* Die Partnerschaft, 49; *Meilicke* § 2 Rn. 4); wenn die Partnerschaft die Namen sämtlicher Partner trägt, so bleibt nur der Zusatz „Partnerschaft“.

4 Allen Gesellschaften mit einer anderen Rechtsform als der Partnerschaft, die **nach** dem Inkrafttreten des PartGG gegründet oder unbenannt werden, ist die Bezeichnung „und Partner“ verwehrt; dies gilt auch für die Zusätze „+ Partner“ oder „& Partner“ (BGHZ 135, 257 = NJW 1997, 1854 = BRAK-Mitt. 1997, 179 = MDR 1997, 860 = ZIP 1997, 1109 = AnwBl. 1997, 498; BayObLG BRAK-Mitt. 1997, 223 = NJW 1996, 3016 = MDR 1996, 1251; *Henssler* 2. Aufl. § 2 Rn. 12; *Castan,* Die Partnerschaftsgesellschaft, 68; *Bösert/Braun/Jochem* 129; **aA** OLG Frankfurt NJW 1996, 2237 = ZIP 1996, 1082 = MDR 1996, 920). Ein grundrechtswidriger Eingriff in den eingerichteten oder ausgeübten Gewerbebetrieb ist mangels Erheblichkeit des Eingriffs nicht anzunehmen (*Castan,* Partnerschaftsgesellschaftsgesetz, 68). In **§ 11** ist eine **Übergangsregelung für bestehende Gesellschaften** vorgesehen, die, ohne Partnerschaft nach dem PartGG zu sein, in ihrem Namen die Bezeichnung „Partnerschaft“ oder „und Partner“ führen. Ab dem 1.7.1997 sind diese Gesellschaften verpflichtet, an ihren Namen einen Zusatz aufzunehmen, der auf die abweichende Rechtsform hinweist (§ 11).

3. Berufsbezeichnungen. Im Namen der Partnerschaft sind schließlich **alle** in der Partnerschaft **vertretenen Berufe** (§ 2 Abs. 1) anzugeben. Damit soll insbesondere eine hinreichende Aufklärung des Publikums über die tatsächliche Bandbreite der in der Partnerschaft angebotenen freiberuflichen Leistungen gewährleistet werden (§ 2 Abs. 2 iVm § 18 Abs. 2 HGB; Bundesregierung, BT-Drs. 12/6152, 11). Um eine Fehlinformation des Publikums durch irreführende Zusätze zu vermeiden, ist es deshalb sachgerecht, dass nur eine **zahlenmäßige richtige Angabe** zugelassen wird; ist nur **ein** Rechtsanwalt Partner, so kann nur der **Singular** aufgeführt werden, selbst dann, wenn er sich mit mehreren Steuerberatern und Wirtschaftsprüfern zusammengeschlossen hat und auf Grund dieser Tatsache im Namen der Partnerschaft der Plural für die Berufsbezeichnungen geführt wird. Die Bedeutung des Begriffs „in der Partnerschaft vertretene Berufe" ist jedoch nicht eindeutig. Es könnten einerseits alle in der Partnerschaft **ausgeübten** Berufe gemeint sein, andererseits alle **vertretenen** Berufe. Um eine Irreführung des Publikum zu vermeiden, dürfen nur diejenigen Berufe angegeben werden, die auch tatsächlich in der Partnerschaft **ausgeübt** werden (*Castan,* Die Partnerschaftsgesellschaft, 67; *Henssler* 2. Aufl. § 2 Rn. 14). Daraus folgt dann, dass die Berufsbezeichnung des Notars im Namen der Partnerschaft, da sie in der Partnerschaft nicht ausgeübt wird, nicht erscheinen darf (*Henssler* 2. Aufl. § 2 Rn. 14; BT-Drs. 12/6152, 10; OLG Bremen MDR 1997, 1172 = OLGR 1997, 322). Wenn auch Rechtsanwälte befugt sind, geschäftsmäßig Hilfe in Steuersachen zu leisten (§ 3 BRAO; § 3 Nr. 1 und 2 StBerG), dürfen die in einer Partnerschaftsgesellschaft zusammengeschlossenen Rechtsanwälte nicht mit der Bezeichnung „Rechtsanwälte und Steuerberatung" in das Partnerschaftsregister eingetragen werden. So würde der unzutreffende Eindruck hervorgerufen, es handele sich bei der Partnerschaft um einen Zusammenschluss von Rechtsanwälten und Steuerberatern, die in besonderer Weise von Berufs wegen für die Steuerberatung qualifiziert seien (BVerfG NJW 2006, 1499 = BRAK-Mitt. 2006, 172 mit abl. Anm. *Huff* = DB 2006, 2118). Der Name einer nur aus Rechtsanwälten bestehenden Partnerschaftsgesellschaft darf nicht nach einer Aufzählung von Namen den Zusatz „Rechtsanwälte und Steuerberater" enthalten (OLG Rostock MDR 2006, 779). 5

Auch wenn grundsätzlich die Berufsbezeichnung des Notars im Namen der Partnerschaft nicht erscheinen darf, ist es einer Partnerschaft, der **auch Notare** angehören, gestattet, auf ihre Tätigkeit als Notar in der **Randleiste** der Briefbögen hinzuweisen (BT-Drs. 12/6152, 10; *Henssler* 2. Aufl. § 2 Rn. 14; OLG Bremen AnwBl. 1998, 158). 6

II. Entsprechende Anwendung von Regeln für die Handelsfirma (Abs. 2)

Abs. 2 erklärt auf die Partnerschaft übertragbare Grundsätze des Firmenrechts für entsprechend anwendbar, namentlich die geeigneten Bestimmungen des Handelsgesetzbuches über die **Firmenwahrheit,** die **Firmenbeständigkeit** und über die **Firmenausschließlichkeit.** Außerdem wird auf § 31 Abs. 2 und § 32 HGB verwiesen, womit das Erlöschen des Namens der Partnerschaft notfalls und die Eröffnung des Insolvenzverfahrens über das Vermögen der Partnerschaft generell von Amts wegen ins Partnerschaftsregister einzutragen ist (Bundesregierung, BT-Drs. 12/6152, 11). 7

1. Namenswahrheit. Auch die Führung des Namens der Partnerschaft unterliegt dem allgemeinen Grundsatz der **Firmenwahrheit,** insbesondere darf der Name nicht über den Umfang der Partnerschaft und die beteiligten Partner täuschen. Ersterem dient die Angabe aller in der Partnerschaft ausgeübten Berufe, letzterem die „wahrheitsgemäße" Angabe der tatsächlich in der Gesellschaft aktiven Partner, wobei diesem Umstand auf Grund der auf persönliche Leistungserbringung ausgerichteten Tätigkeit der Partnerschaft besonderes Gewicht zukommt (Abs. 2 iVm § 18 Abs. 2 HGB; Bundesregierung, BT-Drs. 12/6152, 11). Zusätzliche Angaben sind nur im Rahmen des § 18 Abs. 2 HGB (Namenswahrheit) zulässig. Auch **Sach- und Fantasiebegriffe** dürfen hinzugefügt werden, **wenn sie nicht irreführend** oder aus anderen Gründen unzulässig sind (OLG Karlsruhe NJW 2001, 1584 mit Anm. *Seibert;* Henssler/Prütting/*Henssler* § 2 Rn. 5; *Römermann* MDR 2000, 734). Auch die nachfolgend dargestellten Durchbrechungen des Prinzips der Namenswahrheit stehen unter dem Vorbehalt, dass Täuschungen des Publikums zu vermeiden sind. Namensteile, die durch die genannten Geschäftsvorgänge **irreführend** geworden sind, sind zu **streichen** bzw. durch nicht irreführende Angaben zu ersetzen. Dies gilt beim Partnerschaftsnamen insbesondere für die Angabe der Berufsbezeichnungen. Wird bei einer interprofessionellen Partnerschaft durch den Austausch der Unternehmensinhaber oder das Aus- 8 scheiden eines Partners eine angegebene Berufsbezeichnung unrichtig, dh wird der angegebene Beruf zukünftig nicht mehr von einem aktiven Partner in der Partnerschaft ausgeübt, so ist dieser zu streichen. Gleiches wird regelmäßig für den Namen des Partners gelten, der bisher für den ausgeübten Beruf stand; auch dessen Fortführung entsprechend Abs. 2, § 24 HGB steht grundsätzlich unter dem Vorbehalt, dass der von der genannten Person ausgeübte Beruf auch zukünftig in der Partnerschaft vertreten ist. **Neu in der Partnerschaft ausgeübte Berufe** sind in den Namen **aufzunehmen** (Bundesregierung, BT-Drs. 12/6152, 12). Die Namenswahrheit hat in diesen Fällen Vorrang vor der Namenskontinuität (Henssler/Prütting/*Henssler* § 2 Rn. 9). Auch nach der Änderung des **§ 18 Abs. 2 HGB** durch das HRefG, der gemäß § 2 Abs. 2 auf den Namen der Partnerschaft entsprechende Anwendung findet, ist die Bezeichnung **„Institut"** für die Partnerschaft mehrerer Ärzte, die sich zur Ausübung des ärztlichen Berufs zusammengeschlossen haben, wegen des irreführenden Eindrucks, es handele sich um eine öffentliche oder unter öffentlicher Aufsicht stehende wissenschaftliche Einrichtung, unzulässig. Die Gefahr der Irreführung ist auch bei einer Partnerschaft von Rechtsanwälten gegeben, wenn diese den Namen **„Rechtsanwälte und Steuerberatung"** führt. Diese Bezeichnung ist geeignet, bei den um steuerrechtliche Beratung nachsuchenden Verkehrskreisen den Eindruck hervorzurufen, es handele sich bei der Partnerschaft um einen Zusammenschluss von Anwälten und Steuerberatern, die in besonderer Weise von Berufs wegen für die Steuerberatung qualifiziert sind (OLG Rostock BRAK-Mitt. 2006, 146 = NJW-RR 2006, 784; BVerfG NJW 2006, 1499 = BRAK-Mitt. 2006, 172 mit abl. Anm. *Huff* = DB 2006, 2118). Ein **regionaler Namenszusatz** ist irreführend, wenn er über den Bereich, auf den sich die ausgeübte Tätigkeit bezieht, hinaus geht (OLG Frankfurt DB 2001, 1664).

9 **2. Änderungen.** Auch beim Partnerschaftsnamen kollidieren Interessen der Namenswahrheit mit denen der Namensbeständigkeit. Um den Partnern zu ermöglichen, den im Partnerschaftsnamen enthaltenen ideellen und materiellen Wert auch dann zu erhalten, wenn sich bestimmte Geschäftsvorgänge ereignen, die an sich eine Änderung des bestehenden Namens erforderlich machen würden, werden die §§ 21, 22 Abs. 1 und 24 HGB für entsprechend anwendbar erklärt (Bundesregierung, BT-Drs. 12/6152, 11). Durch die Verweisung auf § 24 HGB werden **Änderungen im Gesellschafterbestand** berücksichtigt.

10 **a) Fortführung des Namens ausgeschiedener Partner.** Von erheblicher praktischer Bedeutung ist zunächst die Frage der **Fortführung des Namens ausgeschiedener Partner** (vgl. *Römermann* NZG 1998, 121). So verwenden Sozietäten von Freiberuflern ihren Namen zunehmend schon jetzt wie eine Firma, der sich jedenfalls nicht ändert, wenn ein Mitglied der Sozietät aus Altersgründen oder durch Tod ausscheidet. Dies gilt zB für Steuerberater und Wirtschaftsprüfer, seit einigen Jahren auch für große, insbesondere überörtliche Anwaltssozietäten. Der Verkehr hat sich an diese Übung bereits gewöhnt und ist darauf eingestellt, dass der im Sozietätsnamen enthaltene Familienname eines Sozius nicht darauf hindeutet, dass dieser auch heute noch seine Dienste anbietet. Dieser Wandel in der Verkehrsauffassung ist dadurch beschleunigt worden, dass ausländische Sozietäten schon seit jeher mit einer festen „Firma" im Verkehr auftreten. Dies alles rechtfertigt es, die **Weiterführung eines Namens eines ausgeschiedenen Partners** entsprechend § 24 Abs. 2 HGB grundsätzlich **zeitlich unbeschränkt zuzulassen.** Erforderlich ist aber, dass der betreffende Partner in die Fortführung seines Namens ausdrücklich **eingewilligt** hat. Er kann dies schon bei Gründung der Partnerschaft verbindlich tun. Hat er es nicht getan, können im Todesfalle auch die Erben einwilligen. Dass die Fortführungsbefugnis dann nicht gilt, wenn ein Strohmann nur für kurze Zeit in die Partnerschaft aufgenommen worden ist mit dem Ziel, seinen Namen missbräuchlich als Wettbewerbsvorteil einzusetzen, bedarf keiner ausdrücklichen Regelung im Gesetz (Bundesregierung, BT-Drs. 12/6152, 12). Hat das Mitglied einer in der Rechtsform der BGB-Gesellschaft geführten Anwaltssozietät im Gesellschaftsvertrag in die Weiterführung seines Familiennamens in der Sozietätsbezeichnung für den Fall seines Ausscheidens ohne Einschränkung eingewilligt, erstreckt sich die Einwilligung bei Umwandlung der Sozietät in eine Partnerschaft in der Regel auch auf die Fortführung der Sozietätsbezeichnung als Name der Partnerschaft (BayObLG AnwBl. 1998, 159). Einer Irreführungsgefahr kann dadurch begegnet werden, dass in der Namensleiste auf das Ausscheiden des Namensgebers und auf den Umstand hingewiesen wird, dass dieser inzwischen in einer anderen Kanzlei tätig sei (BGH NJW 2002, 2093 = BRAK-Mitt. 2002, 192 = AnwBl. 2002, 598 = DB 2002, 1099 in Ergänzung zu BGH NJW 1997, 3236).

Wird eine freiberufliche **Gesellschaft bürgerlichen Rechts** als Partnerschaft nach diesem Gesetz fortgeführt und war ein freiberuflich tätiges Mitglied der bürgerlich-rechtlichen Gesellschaft, dessen Name in der Bezeichnung der Gesellschaft enthalten war, schon vor dem Rechtsformwechsel ausgeschieden, so soll nach **Abs. 2 Hs. 2** die Fortführungsbefugnis entsprechend § 24 Abs. 2 HGB grundsätzlich auch für seinen Namen gelten. Damit soll es auch den bislang in der Rechtsform der BGB-Gesellschaft zusammengeschlossenen Freiberuflern ermöglicht werden, den in der Bezeichnung dieser Gesellschaft enthaltenen Wert auf die Partnerschaft zu übertragen; die Umwandlung solcher Gesellschaften in Partnerschaften soll namensrechtlich nicht unnötig erschwert werden. Einer gesetzlichen Regelung dieses Fortführungsfalls bedarf es, da § 24 HGB in seinem eigentlichen Anwendungsbereich nicht für Gesellschaften bürgerlichen Rechts gilt und folglich in seiner entsprechenden Anwendung nicht für freiberufliche Gesellschaften bürgerlichen Rechts gelten würde (Bundesregierung, BT-Drs. 12/6152, 12). 11

b) Eintritt eines Partners. Die entsprechende Anwendbarkeit von § 24 HGB erfasst neben dem Ausscheiden auch den **Eintritt eines Partners,** allerdings wird dieser Fortführungsbefugnis kaum praktische Bedeutung zukommen, da bereits Abs. 1 nicht die Angabe aller Partnernamen erfordert. Generell nicht einschlägig ist § 24 HGB bei einer Umwandlung einer Einzelpraxis in eine Partnerschaft und dem umgekehrten Fall, da es keine namensrechtsfähigen Einzelpraxen von Freiberuflern entsprechend den §§ 17 ff. HGB gibt; dies soll durch das PartGG nicht geändert werden (Bundesregierung, BT-Drs. 12/6152, 12). 12

3. Erwerb der Praxis. Berufsrechtlich ist es zulässig, dass die Praxis einer Partnerschaft vollständig auf neue Eigentümer übergeht (§ 2 Abs. 2 iVm § 22 Abs. 1 HGB; → BRAO § 27 Rn. 12 ff.; Henssler/Prütting/*Henssler* § 2 Rn. 9). Im Interesse der **Namenskontinuität** soll es der Partnerschaft auch dann gestattet sein, ihren ursprünglichen Namen fortzuführen. Auch bei einer solchen, auf Dauer ausgerichteten Unternehmensveräußerung soll ausnahmsweise eine Namensfortführung und damit die Erhaltung der im eingeführten Namen enthaltenen Werte gestattet werden (Abs. 2 iVm § 22 Abs. 1 HGB). § 22 Abs. 1 HGB kommt aber nicht beim Erwerb einer Einzelpraxis durch eine Partnerschaft zur Anwendung, da der einzelne Freiberufler nicht namensrechtsfähig iSd § 2 ist (Henssler/Prütting/*Henssler* § 2 Rn. 9). 13

Nicht entsprechend anwendbar soll hingegen § 22 Abs. 2 HGB sein, wonach auch bei Übernahme eines Handelsgeschäfts auf Grund eines bloßen **Nießbrauchs,** eines **Pachtvertrages** oder eines ähnlichen Rechtsverhältnisses die Firmenfortführung möglich ist. Es wurde bereits darauf hingewiesen, dass bei der Partnerschaft der „wahrheitsgemäßen" Angabe der tatsächlich in der Gesellschaft aktiven Partner erhöhte Bedeutung zukommt. Daher scheint es gerechtfertigt, zwar die vollständige Rechtsübertragung auf einen neuen „Unternehmensträger" (= Eigentumsübertragung) namensrechtlich zu erleichtern, nicht aber auch die lediglich schuldrechtliche oder dingliche Überlassung zur Nutzung, die in der Regel zeitlich befristet ist. Ein Bedürfnis, die bloße Nutzungsüberlassung von Partnerschaften auch namensrechtlich zu fördern, ist nicht ersichtlich (Bundesregierung, BT-Drs. 12/6152, 12). 14

Der **Name einer Partnerschaft darf** nach Abs. 2 iVm § 23 HGB **nicht ohne die dazugehörige Praxis veräußert** werden. Dieses Verbot dient dem Schutz des Publikums vor Täuschungen. Ein Auseinanderfallen von Kennzeichnung und Unternehmen soll auch bei der Partnerschaft vermieden werden, indem sog. **Leerübertragungen des Gesellschaftsnamens** für **unzulässig** erklärt werden (Bundesregierung, BT-Drs. 12/6152, 12; Henssler/Prütting/*Henssler* § 2 Rn. 9). 15

4. Fortführung bei Namensänderung. Im Interesse der Namenskontinuität ist es der Partnerschaft nach Abs. 2 iVm § 21 HGB gestattet, ihren **Namen auch dann fortzuführen,** wenn sich ohne Änderung der Person der im Partnerschaftsnamen enthaltene **Name eines Partners,** dh des namensgebenden Partners, **ändert** (Bundesregierung, BT-Drs. 12/6152, 12). Lediglich die Eintragung der Namen der Partner (§ 3 Abs. 2 Nr. 2) im Partnerschaftsregister muss geändert werden (§ 4 Abs. 1 S. 3; Henssler/Prütting/*Henssler* § 2 Rn. 8). 16

5. Korrektur durch das Registergericht. Einem unzulässigen Firmengebrauch kann das Registergericht (→ § 4 Rn. 2 ff.) gemäß § 2 Abs. 2 iVm § 37 HGB FamFG begegnen. Ein weitergehender Namensschutz gemäß § 12 BGB und § 16 UWG bleibt davon unberührt (Henssler/Prütting/*Henssler* § 2 Rn. 7). 17

III. Berufsrechtliche Sonderregelungen

18 Zusätzlich zu dem Korrektiv der Namenswahrheit (§ 2 Rn. 8) kann auch das Berufsrecht regulierend eingreifen. Soweit in dem einen oder anderen Berufszweig eine strengere Handhabung der Fortführungsbefugnis angebracht erscheint, ist es auch hier den jeweils betroffenen Berufsrechten freigestellt, eine abweichende Regelung einzuführen, insbesondere die Fortführung ganz zu **untersagen** oder – etwa im Hinblick auf die Namensfortführung ausgeschiedener Partner – nur für eine bestimmte **Frist** zuzulassen (Bundesregierung, BT-Drs. 12/6152, 12). Soweit die Regeln des PartGG strenger sind als die berufsrechtlichen Bestimmungen, gelten die Regeln des PartGG (→ § 1 Abs. 3; → § 1 Rn. 14 ff.). Da auch das Berufsrecht der Wirtschaftsprüfer nicht entgegensteht, ist die Eintragung einer Partnerschaftsgesellschaft von Rechtsanwälten und Wirtschaftsprüfern, die nicht die Voraussetzung für die Anerkennung einer Wirtschaftsprüfungsgesellschaft nach §§ 27 ff. WPO aufweist, zulässig (BVerfG NJW 1998, 2269 = MDR 1998, 864; LG München NJW 1998, 1156 = BRAK-Mitt. 1998, 156, nur Ls.; **aA** AG Mannheim BRAK-Mitt. 1997, 93 mit Anm. *Seibert*). Für Partnerschaften unter Beteiligung von Rechtsanwälten gelten daher insbesondere auch die §§ 9 und 10 BORA hinsichtlich der Führung von Kurzbezeichnungen der Partnerschaft.

§ 3 Partnerschaftsvertrag

(1) **Der Partnerschaftsvertrag bedarf der Schriftform.**

(2) **Der Partnerschaftsvertrag muß enthalten**

1. **den Namen und den Sitz der Partnerschaft;**
2. **den Namen und den Vornamen sowie den in der Partnerschaft ausgeübten Beruf und den Wohnort jedes Partners;**
3. **den Gegenstand der Partnerschaft.**

I. Partnerschaftsvertrag

1 Der Partnerschaftsvertrag muss als Gesellschaftsvertrag die **Voraussetzungen des § 705 BGB** erfüllen (§ 1 Abs. 4), dh es müssen sich mindestens zwei Partner gegenseitig iSd § 705 BGB zur Erreichung eines gemeinsamen Zweckes, der gemeinsamen Berufsausübung verpflichten. Dabei müssen sie die Einschränkungen des § 1 Abs. 1 beachten (Henssler/Prütting/*Henssler* § 3 Rn. 1). Eine lediglich passive Beteiligung ist nicht gestattet.

II. Schriftform

2 Abs. 1 schreibt für den Partnerschaftsvertrag die **Schriftform** vor. Damit soll für die vertragliche Basis des partnerschaftlichen Zusammenschlusses eine hinreichend sichere Beweisgrundlage geschaffen werden. Eine **notarielle Beurkundung** des Partnerschaftsvertrages ist dagegen **nicht erforderlich,** weil der Partnerschaftsvertrag bei der Anmeldung der Partnerschaft zur Eintragung in das Partnerschaftsregister nicht beigefügt werden muss. Deshalb unterliegt der Partnerschaftsvertrag auch nicht der Prüfung durch das Registergericht. Er hat also lediglich für das Verhältnis der Partner untereinander und nicht für das Außenverhältnis der Partnerschaft gegenüber Dritten Bedeutung. Dass mangels Vorlagepflicht im Einzelfall auch bei Nichteinhaltung der Schriftform formnichtige (§ 125 S. 1 BGB) Partnerschaften zur Eintragung gelangen können, entspricht der Rechtslage bei den Personenhandelsgesellschaften und rechtfertigt für sich allein keine andere Beurteilung. Die Fehlerhaftigkeit kann dann nur durch Auflösungsklage eines Partners und nur für die Zukunft geltend gemacht werden (§ 9 Abs. 1 iVm § 133 Abs. 1 HGB).

3 Für alle **späteren Änderungen** des Partnerschaftsvertrages gilt selbstverständlich ebenfalls das **Schriftformerfordernis** des Abs. 1, ohne dass dies einer ausdrücklichen gesetzlichen Regelung bedürfte. Ebenso selbstverständlich ist, dass Vorschriften für einzelne Berufe unberührt bleiben, in denen im Zusammenhang mit völlig anderen Regelungsmaterien zusätzliche Formerfordernisse aufgestellt werden. Nach § 1 Abs. 3 können die Berufsordnungen der Partner weitere Formerfordernisse aufstellen (Bundesregierung, BT-Drs. 12/6152, 13; Henssler/Prütting/*Henssler* § 3 Rn. 2).

III. Mindestinhalt des Partnerschaftsvertrages

Abs. 2 regelt den gesetzlich vorgeschriebenen Mindestinhalt des Partnerschaftsvertrages. Damit soll erreicht werden, dass sich die Partner zu Beginn der Partnerschaft auf die wichtigsten Grundlagen für ihre Zusammenarbeit einigen (Bundesregierung, BT-Drs. 12/6152, 13). 4

Neben dem **Namen** (§ 2) ist nach Nr. 1 auch der **Sitz** der Partnerschaft (§ 3 Rn. 7) im Partnerschaftsvertrag zu regeln. Nach Nr. 2 muss außer dem **Namen, Vornamen und Wohnort** auch der in der Partnerschaft ausgeübte **Beruf jedes Partners** in den Vertrag aufgenommen werden. Falls ein Partner mehrere Freie Berufe ausübt, wird damit ermöglicht, nicht die Ausübung aller Berufe in die Partnerschaft einzubeziehen. 5

Nach Nr. 3 soll der Partnerschaftsvertrag auch den **Gegenstand** der Partnerschaft bestimmen. Damit soll sichergestellt werden, dass die Berufszweige, in denen die Partner tätig werden wollen, klar und eindeutig festgelegt werden; gleichzeitig wird nochmals verdeutlicht, dass Gegenstand der Partnerschaft allein die gemeinsame Ausübung freiberuflicher Tätigkeit sein kann (Bundesregierung, BT-Drs. 12/6152, 13). Nach § 5 Abs. 1 sind die Mindestinhalte des Partnerschaftsvertrages in das Partnerschaftsregister **einzutragen.** Insbesondere durch die konkrete und klare Vereinbarung des Gegenstandes der Partnerschaft können sich die Partner im Innenverhältnis und in geringerem Umfang auch im Außenverhältnis dagegen schützen, dass das Betätigungsfeld der Partnerschaft durch Geschäftsführungsmaßnahmen anderer Partner auf Gebiete ausgedehnt wird, die ihren ursprünglichen Vorstellungen nicht entsprechen (Henssler/Prütting/*Henssler* § 3 Rn. 6). 6

IV. Sitz der Partnerschaft

Der nach § 5 Abs. 1 iVm § 3 Nr. 2 im Partnerschaftsregister (§ 5 Abs. 2) einzutragende Sitz der Partnerschaft ist in Anlehnung an die hM zum Recht der OHG der **Ort ihrer Geschäftsführung** (Henssler/Prütting/*Henssler* § 3 Rn. 7; Baumbach/*Hopt* HGB § 106 Rn. 8). Vom Sitz der Partnerschaft hängen wichtige Zuständigkeiten ab, untern anderem die des Registergerichts (§ 4 Abs. 1 iVm § 106 Abs. 1 HGB) und ihr allgemeiner Gerichtsstand (§ 17 Abs. 1 ZPO). Am Sitz der Partnerschaft muss hinsichtlich ihres Namens das Erfordernis der **Unterscheidbarkeit von allen anderen Partnerschaften an demselben Ort** nach § 30 HGB beachtet werden (§ 2 Abs. 2). Eine **Verlegung des Sitzes** im Inland ist gemäß § 5 Abs. 2 iVm § 13h HGB beim Partnerschaftsregister anzumelden. Eine Verlegung des Sitzes ins Ausland hat die Auflösung der Partnerschaft zur Folge (Henssler/Prütting/*Henssler* § 3 Rn. 7). 7

§ 4 Anmeldung der Partnerschaft

(1) [1] **Auf die Anmeldung der Partnerschaft in das Partnerschaftsregister sind § 106 Abs. 1 und § 108 des Handelsgesetzbuchs entsprechend anzuwenden.** [2] **Die Anmeldung hat die in § 3 Abs. 2 vorgeschriebenen Angaben, das Geburtsdatum jedes Partners und die Vertretungsmacht der Partner zu enthalten.** [3] **Änderungen dieser Angaben sind gleichfalls zur Eintragung in das Partnerschaftsregister anzumelden.**

(2) [1] **In der Anmeldung ist die Zugehörigkeit jedes Partners zu dem Freien Beruf, den er in der Partnerschaft ausübt, anzugeben.** [2] **Das Registergericht legt bei der Eintragung die Angaben der Partner zugrunde, es sei denn, ihm ist deren Unrichtigkeit bekannt.**

(3) **Der Anmeldung einer Partnerschaft mit beschränkter Berufshaftung nach § 8 Absatz 4 muss eine Versicherungsbescheinigung gemäß § 113 Absatz 2 des Gesetzes über den Versicherungsvertrag beigefügt sein.**

I. Sinn und Zweck der Anmeldepflicht

Nach Abs. 1 S. 1 iVm § 106 Abs. 1 und § 108 HGB soll die Partnerschaft zur Eintragung in ein Partnerschaftsregister bei dem Gericht, in dessen Bezirk sie ihren Sitz hat, angemeldet werden. Es wird also für die Partnerschaft ein **besonderes Register,** das Partnerschaftsregister, eingerichtet. Die Partnerschaft ist zwar **keine juristische Person,** kann aber unter ihrem Namen **Rechte erwerben und Verbindlichkeiten eingehen.** Die Betätigung der in der Partnerschaft 1 zusammengeschlossenen Partner ist nach außen auf eine Vielzahl von Personen (Mandanten, Patienten usw) ausgerichtet. Für diese, aber auch für andere Geschäftspartner (Lieferanten, Kreditgeber) ist es nützlich, wenn sie sich über die grundlegenden Rechtsverhältnisse der Partnerschaft informieren können, insbesondere bevor sie die Dienstleistungen der in der Partnerschaft verbundenen Partner in Anspruch nehmen (Bundesregierung, BT-Drs. 12/6152, 13).

II. Partnerschaftsregister

2 **1. Einrichtung und Führung.** Die Einrichtung und Führung des Partnerschaftsregisters erfolgt bei den Amtsgerichten. Die näheren Regelungen zur Einrichtung und Führung des Registers sind – entsprechend der Handelsregisterverfügung (HRV) vom 12.8.1937 (RMBl. 515, DJ 1251) – in der **Partnerschaftsregisterverordnung (PRV)** vom 19.6.1995 (BGBl. I S. 808) – getroffen worden (siehe **Anhang** zu diesem Gesetz). Die Bundesländer haben die gerichtliche Zuständigkeit auf Grund landesrechtlicher Konzentrationsverordnungen in der Regel auf ein **Amtsgericht** oder einige wenige Gerichte konzentriert (§ 376 Abs. 2 FamFG).

3 Im Einzelnen werden Partnerschaftsregister bei folgenden Amtsgerichten mit folgenden **Zuständigkeitsbereichen** geführt: **Baden-Württemberg:** Das Partnerschaftsregister wird bei dem zur Führung des Handelsregisters zuständigen Gericht geführt (Verordnung des Justizministeriums zur Änderung von Verordnungen über gerichtliche Zuständigkeiten vom 15.12.1994, GBl. BW S. 670). **Bayern:** Die Führung des Partnerschaftsregisters ist den Amtsgerichten übertragen, die für die Führung des Handelsregisters zuständig sind. Zuständig für das Handelsregister ist das AG am Sitz des übergeordneten LG für alle AG des betreffenden LG-Bezirks; dies gilt für das AG München auch hinsichtlich des AG des LG-Bezirks München II. In Abweichung von diesem Grundsatz sind zuständig im LG-Bezirk Ingolstadt für die AG-Bezirke Neuburg a. d. Donau und Pfaffenhofen a. d. Ilm das AG Neuburg a. d. Donau, im LG-Bezirk Landshut für die AG-Bezirke Erding und Freising das AG München, im LG-Bezirk Nürnberg-Fürth für die AG-Bezirke Erlangen, Fürth und Neustadt a. d. Aisch das AG Fürth und im LG-Bezirk Regensburg für den AG-Bezirk Straubing das AG Straubing (Verordnung zur Änderung der gerichtlichen Zuständigkeitsverordnung Justiz vom 6.7.1995, BayGVBl. S. 343). **Berlin:** Die Führung des Partnerschaftsregisters ist dem AG Charlottenburg übertragen worden (4. Verordnung zur Änderung der 1. Verordnung über die Konzentration amtsgerichtlicher Zuständigkeiten vom 20.6.1995, GVBl. S. 376). **Brandenburg:** Die Führung des Partnerschaftsregisters ist bei den AGen am Sitz der LGe für den jeweiligen LG-Bezirk konzentriert (Gerichtszuständigkeitsverordnung vom 3.11.1993, GVBl. II S. 689, geändert durch Verordnung vom 14.1.1994, GVBl. II S. 40 und durch Verordnung vom 5.4.1995, GVBl. II S. 370). **Bremen:** in Bremen ist die Führung des Partnerschaftsregisters für die Bezirke der AGe Bremen und Bremen-Blumenthal beim AG Bremen konzentriert; daneben gibt es im Land Bremen ein Partnerschaftsregister beim AG Bremerhaven (Verordnung über die Führung des Partnerschaftsregisters in den Bezirken der Amtsgerichte Bremen und Bremen-Blumenthal vom 20.6.1995, Brem. GVBl. S. 329). **Hamburg:** Das Partnerschaftsregister ist für die Bezirke aller hamburgischen AG bei dem AG Hamburg konzentriert (3. Verordnung zur Änderung der Verordnung über die Zuständigkeiten des AG Hamburg in Zivil- und Handelssachen sowie für die Erledigung inländischer Rechtshilfesachen vom 4.7.1995, Hmb. GVBl. S. 154). **Mecklenburg-Vorpommern:** Die Amtsgerichte am Sitz der Landgerichte sind für den jeweiligen LG-Bezirk für Partnerschaftsregister zuständig (Verordnung über die Konzentration von Zuständigkeiten der Gerichte vom 28.3.1994, GVOBl. M-V S. 514, iVm der 2. Verordnung zur Änderung der Konzentrationsverordnung vom 7.4.1995, GVOBl. M-V S. 226). **Nordrhein-Westfalen:** Die Führung des Partnerschaftsregisters für alle AG-Bezirke in Nordrhein-Westfalen wurde dem AG Essen übertragen (Verordnung über die Führung des Partnerschaftsregisters vom 20.6.1995, GVNW S. 576). **Rheinland-Pfalz:** Die Führung des Partnerschaftsregisters für den Bezirk des OLG Koblenz wurde dem AG Koblenz, für den Bezirk OLG Zweibrücken dem AG Zweibrücken zugewiesen (Landesverordnung über die gerichtliche Zuständigkeit in Zivilsachen und Angelegenheiten der freiwilligen Gerichtsbarkeit vom 22.11.1985, GVBl. Rheinland-Pfalz S. 267 iVm der 8. Landesverordnung über die gerichtliche Zuständigkeit in Zivilsachen und Angelegenheiten der freiwilligen Gerichtsbarkeit vom 28.6.1995, GVBl. Rheinland-Pfalz S. 192). **Sachsen:** Zuständig zur Führung der Partnerschaftsregister sind für die AG-Bezirke Annaberg, Aue, Auerbach, Chemnitz, Freiberg, Haimischen, Hohenstein-Ernstthal, Marienberg, Plauen, Stollberg, Zwickau das **AG Chemnitz,** für

die AG-Bezirke Bautzen, Dieppoldiswalde, Dresden, Görlitz, Hoyerswerda, Kamenz, Löbau, Meißen, Pirna, Riesa, Weißwasser, Zittau das **AG Dresden,** für die AG-Bezirke Bornau, Dübel, Eilenburg, Grimma, Leipzig, Oschatz, Torgau das **AG Leipzig** (Verordnung des sächsischen Staatsministeriums der Justiz über gerichtliche Zuständigkeiten vom 14.7.1994, Sächs. GVBl. S. 1313, iVm der Verordnung des sächsischen Staatsministeriums der Justiz zur Änderung der gerichtlichen Zuständigkeitsverordnung vom 8.3.1995, SächsGVBl. S. 105). **Sachsen-Anhalt:** Den Amtsgerichten, in deren Bezirk das LG seinen Sitz hat, ist für den Bezirk dieses LG die Führung des Partnerschaftsregisters zugewiesen worden (Verordnung über die Zuständigkeiten der AG und LG in Zivilsachen vom 1.9.1992, GVBl. LSA S. 664, iVm der 2. Verordnung zur Änderung der Verordnung über die Zuständigkeiten der AG und LG in Zivilsachen vom 23.6.1995, GVBl. LSA S. 186). **Saarland:** Für alle AG des Saarlandes ist das AG Saarbrücken zuständig (Verordnung über die Zuständigkeit in Partnerschaftsregistersachen vom 3.7.1995, ABl. Saarland S. 611). **Thüringen:** Die Führung des Partnerschaftsregisters ist dem AG am Sitz des Landgerichts für den jeweiligen LG-Bezirk übertragen (Verordnung über gerichtliche Zuständigkeiten in der ordentlichen Gerichtsbarkeit vom 12.8.1993, GVBl. Thüringen S. 563, iVm der 2. Verordnung zur Änderung der Thüringer Verordnung über gerichtliche Zuständigkeiten in der ordentlichen Gerichtsbarkeit vom 29.11.1994, GVBl. Thüringen S. 1231).

In den **übrigen Ländern** ist eine **Konzentration nicht erfolgt.** 3a

2. Registerpublizität. Nach § 5 Abs. 2 iVm § 15 HGB führt die Anmeldungspflicht zur 4
Publizität des Partnerschaftsregisters wie die des Handelsregisters und genießt dieses wie das Handelsregister **öffentlichen Glauben** (→ § 5 Rn. 9).

III. Anmeldung der Partnerschaft

1. Meldepflichtige. Die Pflicht zur Anmeldung trifft gemäß § 4 Abs. 1 iVm § 108 HGB 5
grundsätzlich **sämtliche Partner gemeinsam.** Da die Anmeldung nicht höchstpersönlich bewirkt werden muss, können andere Partner oder auch Dritte dazu bevollmächtigt werden. Die **Vollmacht** dazu bedarf der **öffentlich beglaubigten Form** (§ 5 Abs. 2 iVm § 12 Abs. 2 S. 1 HGB). Mit Gesetz vom 10.11.2006 (BGBl. I S. 2553) wurde das Erfordernis der Zeichnung der Namensunterschrift zur Aufbewahrung bei dem Gericht gemäß § 108 Abs. 2 HGB aF gestrichen.

2. Inhalt der Anmeldung. a) Mindestinhalt des Partnerschaftsvertrages. Der Inhalt der 6
Anmeldung (Abs. 1 S. 2) ist auf die genannten Bedürfnisse des Rechtsverkehrs (→ Rn. 1) die die Registerpublizität erfüllen soll, ausgerichtet. Deshalb hat die Anmeldung alle Angaben, die zum **gesetzlich vorgeschriebenen** Mindestinhalt des Partnerschaftsvertrages gehören, zu enthalten. Obwohl dazu die Vorlage des Partnerschaftsvertrages sinnvoll ist, muss dieser bei der Anmeldung aber **nicht vorgelegt** werden; es reicht, die Angaben zu § 3 Abs. 2 zu machen (Henssler/Prütting/*Henssler* § 4 Rn. 7) zuzüglich Geburtsdatum jedes Partners und seiner Vertretungsmacht (→ § 7 Rn. 6 ff.).

Das Gesetz entscheidet sich für eine **konstitutive Wirkung der Registereintragung** (näher 7
→ § 7 Rn. 1). Einer Anmeldung des Beginns der Partnerschaft bedarf es daher nicht. Nach Satz 3 sind **Änderungen** der in S. 2 genannten Angaben ebenfalls zur Eintragung in das Partnerschaftsregister anzumelden, damit dieses immer dem aktuellen Stand entspricht. Eine solche anmeldepflichtige Angabe ist – wie sich auch aus § 9 Abs. 1 iVm § 143 Abs. 2 HGB ergibt – auch das Ausscheiden eines Partners. Gemäß § 7 Abs. 3 iVm § 125 Abs. 1 und 4 HGB ist auch jede Abweichung von der gesetzlich vorgegebenen Alleinvertretungsbefugnis aller Partner anmeldepflichtig (Bundesregierung, BT-Drs. 12/6152, 13). Rechtsnachfolger eines Partners haben die Rechtsnachfolge, soweit tunlich, durch öffentliche Urkunden dem Registergericht nachzuweisen (§ 5 Abs. 2 iVm § 12 Abs. 2 S. 2 HGB). Zur Anmeldungspflicht bei Erlöschen des Namens der Partnerschaft vgl. § 2 Abs. 2 iVm § 31 Abs. 2 HGB, bei Auflösung der Partnerschaft vgl. § 9 Abs. 1 iVm § 143 Abs. 1 HGB und bei Verlegung des Sitzes der Partnerschaft vgl. § 5 Abs. 2 iVm § 13h HGB.

b) Zugehörigkeit zu einem Freien Beruf. In der Anmeldung ist nach Abs. 2 S. 1 die 8
Zugehörigkeit jedes Partners zu dem Freien Beruf, den er in der Partnerschaft ausübt, anzugeben. Dadurch soll sichergestellt werden, dass sich nur Angehörige Freier Berufe zu einer Partnerschaft zusammenschließen (Bundesregierung, BT-Drs. 12/6152, 13). Nach § 4 Abs. 2 S. 2 legt das

Registergericht insoweit die Angaben der Partner zugrunde; es ist nicht der volle Nachweis erforderlich, vielmehr reicht die **schlichte Erklärung** (BT-Rechtsauschuss, BT-Drs. 12/7642, 12).

9 Dass das Registergericht bei der Eintragung regelmäßig die Angaben über die Zugehörigkeit zu einem Freien Beruf als zutreffend zugrunde legen kann, erleichtert den Gerichten die Arbeit ganz erheblich. Eine signifikante Zahl unrichtiger Eintragungen ist dadurch nicht zu befürchten, weil die Registergerichte gemäß § 380 FamFG von den Organen des Berufsstandes unterstützt werden und etwaige Korrekturen veranlassen können. § 4 Abs. 2 nimmt dem Registergericht nicht jede Prüfungsmöglichkeit, sondern erleichtert durch **Einschränkung des Amtsermittlungsgrundsatzes** die **Prüfungspflicht.** Das Registergericht muss nämlich immer prüfen, ob der angegebene Beruf zu den Freien Berufen iSd § 1 gehört. Weiter prüft das Gericht, ob die dazu gemachten Angaben plausibel und schlüssig sind. Bei bloßen Zweifeln an der Richtigkeit der Angaben braucht das Registergericht keine eigenen Ermittlungen anzustellen, sondern kann davon ausgehen, dass das Erfordernis der Freiberuflichkeit gewahrt ist. Nur bei positiver Kenntnis der Unrichtigkeit muss das Gericht die Eintragung ablehnen. Die **Einhaltung der einzelnen Berufsrechte prüft das Registergericht nicht nach.** Das obliegt den einzelnen berufsständischen Organisationen (Henssler/Prütting/*Henssler* § 4 Rn. 14, 15). Soweit § 3 Abs. 1 S. 2 und Abs. 2 PRV weitergehende Anforderungen stellen, sind diese von der Ermächtigungsgrundlage nicht gedeckt und nur als Arbeitshilfe für das Registergericht zu verstehen (LG München DNotZ 2001, 814). Nach der Gesetzesbegründung kann die Vorlage von Nachweisen unterbleiben, wenn an der Ausübung freien Berufs durch den betreffenden Partner keine vernünftigen Zweifel bestehen (Begr. RegE zur PRV, BR-Drs. 213/95, 14 f.). Dies trifft regelmäßig auf die im Gerichtsbezirk zugelassenen Rechtsanwälte zu (OLG Hamm vom 25.9.2013 – I-27 W 61/13 nv).

§ 5 Inhalt der Eintragung; anzuwendende Vorschriften

(1) **Die Eintragung hat die in § 3 Abs. 2 genannten Angaben, das Geburtsdatum jedes Partners und die Vertretungsmacht der Partner zu enthalten.**

(2) **Auf das Partnerschaftsregister und die registerrechtliche Behandlung von Zweigniederlassungen sind die §§ 8, 8a, 9, 10 bis 12, 13, 13d, 13h und 14 bis 16 des Handelsgesetzbuchs über das Handelsregister entsprechend anzuwenden; eine Pflicht zur Anmeldung einer inländischen Geschäftsanschrift besteht nicht.**

I. Inhalt der Eintragung im Partnerschaftsregister

1 Abs. 1 regelt den Inhalt der Eintragung in das Partnerschaftsregister. Es soll den Bedürfnissen der Personen, die die Dienstleistungen der Partnerschaft in Anspruch nehmen oder sonst mit ihr in geschäftlichen Kontakt treten, Rechnung getragen werden. Deshalb sind in das Partnerschaftsregister die **wichtigsten Angaben** über die Partnerschaft und die einzelnen Partner einzutragen. Der **Inhalt der Eintragung entspricht** – wie der Inhalt der Anmeldung – dem **Mindestinhalt des Partnerschaftsvertrages** (§ 3 Abs. 2; Bundesregierung, BT-Drs. 12/6152, 14). Darüber hinaus sind alle anderen nach gesetzlichen Vorschriften **anmeldungspflichtigen Tatsachen** (→ § 4 Rn. 6–9; → § 7 Rn. 8) einzutragen.

2 Zur Vermeidung von Irreführung desjenigen, der Einsicht nimmt (§ 9 Abs. 1 HGB iVm § 5 Abs. 2), dürfen **nur** die **eintragungsfähigen Tatsachen eingetragen** werden. Die Eintragung nichteintragungsfähiger Tatsachen ist vom Registergericht abzulehnen. Die **Notarbezeichnung** und die **Fachanwaltsbezeichnung** sind **keine im Partnerschaftsregister eintragungsfähigen Tatsachen** (OLG Bremen AnwBl. 1998, 158 = MDR 1997, 1172; *Henssler* 2. Aufl. § 2 Rn. 14). Dem steht aber nicht entgegen, dass es einer Partnerschaft, der auch Anwaltsnotare angehören, gestattet ist, auf deren Notartätigkeit in der Randleiste hinweisen (Bundesregierung, BT-Drs. 12/6152, 10).

II. Verweisung auf Vorschriften für das Handelsregister (Abs. 2)

3 **1. Grund der Verweisung.** Abs. 2 erklärt die Bestimmungen des HGB betreffend das Handelsregister und die registerrechtlichen Behandlung von Zweigniederlassungen und Sitzverlegungen für entsprechend anwendbar. Die **Funktionen,** die das Partnerschaftsregister erfüllen soll, entsprechen denen des Handelsregisters. Für die Führung des Registers, die Informations-

rechte Dritter, die Bekanntmachung der Eintragungen, die Art und Weise der Anmeldungen, das Verfahren bei der Errichtung von Zweigniederlassungen und Sitzverlegungen, die Erzwingung von Anmeldungen, Zeichnung von Unterschriften oder Einreichung von Schriftstücken sowie die Publizität des Registers wird daher für das Partnerschaftsregister auf die §§ 8, 8a, 9, 10–12, 13, 13d, 13h und 14 HGB über das Handelsregister verwiesen (Bundesregierung, BT-Drs. 12/6152, 14). Einzelheiten der Einrichtung und Führung des Partnerschaftsregisters regelt die auf Grund §§ 374, 376 Abs. 2 FamFG erlassene **Partnerschaftsregisterverordnung** (→ PartGG Anh.).

2. Umfang der registergerichtlichen Prüfung. Aus der Verweisung iVm der allgemeinen Bindung des Richters an Recht und Gesetz (Art. 20 Abs. 2 GG) ergibt sich die **Pflicht und** damit auch das **Recht des Registergerichts,** die **Anmeldung** (§ 3 PRV) **in formeller und materieller Hinsicht zu prüfen.** Das Registergericht hat wie bei den Personenhandelsgesellschaften sowohl zu prüfen, ob die förmlichen Voraussetzungen für eine Eintragung erfüllt sind als auch – bei begründeten Bedenken –, ob die angegebenen Tatsachen zutreffen und sie die begehrte Eintragung rechtfertigen (BT-Drs. 12/6152, 14). **Einschränkungen** bestehen nach § 4 Abs. 2 S. 2 nur hinsichtlich der Zugehörigkeit zu einem Freien Beruf. Diese kann das Registergericht bei der Eintragung regelmäßig als zutreffend zugrunde legen (→ § 4 Rn. 8, 9; Henssler/Prütting/*Henssler* § 5 Rn. 4). 4

Da das Partnerschaftsgesellschaftsgesetz keine sonstigen besonderen Voraussetzungen für die Errichtung der Partnerschaft aufstellt, unterliegt diese auch keiner **weiteren gerichtlichen Kontrolle.** Insbesondere obliegt es dem Registergericht nicht, von Amts wegen die Einhaltung berufsrechtlicher Reglementierungen zu überprüfen. Dies ist vielmehr vorrangig Aufgabe der berufsständischen Organe, deren Beteiligung nach § 380 FamFG möglich ist. 5

Zur **Entscheidung über Beschwerden** im Zusammenhang mit der Führung des Partnerschaftsregisters ist eine Zivilkammer des Landgerichts berufen. Hat stattdessen die Kammer für Handelssachen entschieden, so liegt darin ein unbedingter Rechtsbeschwerdegrund, der zur Aufhebung der angefochtenen Entscheidung und zur Zurückverweisung führt (OLG Frankfurt DB 2001, 195 = NJW-RR 2001, 538). 5a

3. Zweigniederlassungen. Aus der Verweisung auf die §§ 13, 13c und 13d HGB folgt, dass auch eine Partnerschaft grundsätzlich **Zweigniederlassungen errichten kann.** Auf Grund des – in § 1 Abs. 3 ausdrücklich normierten – allgemeinen Berufsrechtsvorbehalts ist es dem **Berufsrecht unbenommen,** die Berufsausübung in der Partnerschaft über **Zweigniederlassungen zu verbieten, einzuschränken oder von einer berufsrechtlichen Zulassung abhängig zu machen.** Dies wird von Berufsstand zu Berufsstand unterschiedlich zu handhaben sein. So fordert zB § 47 Abs. 2 WPO die Leitung durch einen dort ansässigen Wirtschaftsprüfer (vgl. auch § 34 Abs. 2 StBerG); dem Rechtsanwalt ist nicht mehr die Einrichtung von „Zweigstellen" verboten, § 28 BRAO wurde aufgehoben, ebenso § 59a Abs. 2 BRAO aF. Die anwaltlichen Partner haben nach § 33 Abs. 2 BORA zu gewährleisten, dass die diesbezüglichen anwaltsrechtlichen Berufsregeln von der Partnerschaftsgesellschaft eingehalten werden (BayAGH BRAK-Mitt. 2002, 283 zu § 28 BRAO, § 10 Abs. 3 BORA). Grenzüberschreitende Zweigniederlassungen in anderen EU-Staaten sind Anwälten nach § 29a BRAO auch ohne diese Einschränkung gestattet (Henssler/Prütting/*Henssler* § 5 Rn. 6). 6

§ 3 Abs. 2 Nr. 1 fordert bei mehreren Niederlassungen aber eine **Festlegung,** welche der mehreren Niederlassungen (Kanzleien) die **Haupt**niederlassung, der **Sitz der Partnerschaft** ist. Dem Nebeneinander von Gesellschafts- und Berufsrecht entspricht es, dass die Partnerschaft – ebenso wie die OHG – gesellschaftsrechtlich grundsätzlich **nur einen Hauptsitz** und daneben Zweigniederlassungen haben kann, nicht aber mehrere Hauptniederlassungen. Geht das Berufsrecht (→ BRAO § 27 Rn. 24 ff.) von mehreren gleichberechtigten „Niederlassungen" etwa in Form von Kanzleien aus, so ist dennoch eine davon aus Gründen der registerrechtlichen Rechtssicherheit als Hauptniederlassung anzumelden, ohne dass sich dadurch etwas an der berufsrechtlichen Bewertung der Kanzleien ändert (Bundesregierung, BT-Drs. 12/6152, 14; → § 3 Rn. 18). 7

Registerrechtlich ist die Errichtung einer Zweigniederlassung oder bestehender Zweigniederlassungen entsprechend den §§ 13, 13c und 13d HGB zu behandeln. Da es durchaus partnerschaftsähnliche Zusammenschlussformen im **Ausland** gibt (zB in Frankreich die „société civile professionnelle") und es zukünftig solche geben kann, ist auch § 13d HGB entsprechend anwendbar; damit gelten die unter anderem für ausländische (Personen-)Handelsgesellschaften 8 geltenden Erfordernisse für ausländische partnerschaftsähnliche Zusammenschlussformen, die in Deutschland eine Zweigniederlassung errichten wollen, entsprechend. Die berufsrechtlichen Voraussetzungen grenzüberschreitender freiberuflicher Tätigkeit bleiben freilich unberührt (Bundesregierung, BT-Drs. 12/6152, 14).

9 **4. Publizität des Partnerschaftsregisters.** Das Partnerschaftsregister genießt nach § 5 Abs. 2 iVm § 15 HGB **öffentlichen Glauben** wie das Handelsregister, ähnlich – nicht gleich – dem des Grundbuchs, aber **ohne Vermutung der Richtigkeit der Eintragungen.** Das Registergericht prüft zwar die Anmeldungen, aber nicht so umfassend (→ § 4 Rn. 6 ff.), dass eine rechtliche Vermutung der Richtigkeit der Eintragungen begründet wird (Baumbach/*Hopt,* 36. Aufl. 2014, HGB § 9 Rn. 14, HGB § 15 Rn. 1). § 5 Abs. 2 iVm § 15 HGB dienen der Sicherheit und Leichtigkeit des Rechtsverkehrs (→ § 4 Rn. 1) durch eine dreifach gestaffelte Publizitätswirkung des Partnerschaftsregisters. § 5 Abs. 2 iVm § 15 HGB insgesamt regeln die Wirkung von Registerinhalt und -bekanntmachung für und gegen Dritte. Dritte müssen grundsätzlich richtig eingetragene und bekanntgemachte eintragungsfähige Tatsachen gegen sich gelten lassen (§ 15 Abs. 2 HGB), andererseits brauchen sie mit Tatsachen, die trotz Eintragungspflicht (→ § 4 Rn. 6 ff.) nicht eingetragen und bekanntgemacht worden sind, nicht zu rechnen (§ 15 Abs. 1 HGB) und können sich ausnahmsweise sogar voll auf die Richtigkeit einer Eintragung und Bekanntmachung verlassen, es sei denn, dass sie die Unrichtigkeit kannten (Baumbach/*Hopt,* 36. Aufl. 2014, HGB § 15 Rn. 2 mit weiteren Einzelheiten).

§ 6 Rechtsverhältnis der Partner untereinander

(1) **Die Partner erbringen ihre beruflichen Leistungen unter Beachtung des für sie geltenden Berufsrechts.**

(2) **Einzelne Partner können im Partnerschaftsvertrag nur von der Führung der sonstigen Geschäfte ausgeschlossen werden.**

(3) [1]**Im übrigen richtet sich das Rechtsverhältnis der Partner untereinander nach dem Partnerschaftsvertrag.** [2]**Soweit der Partnerschaftsvertrag keine Bestimmungen enthält, sind die §§ 110 bis 116 Abs. 2, §§ 117 bis 119 des Handelsgesetzbuchs entsprechend anzuwenden.**

I. Vorrang des Berufsrechts

1 § 6 normiert das Rechtsverhältnis der Partner untereinander, indem er weitgehend das diesbezügliche **Regelungskonzept der OHG übernimmt.** Demnach bestimmt sich das Innenverhältnis **vorrangig nach dem Partnerschaftsvertrag.** Nur soweit dieser keine Bestimmungen enthält, sind **subsidiär** die **OHG-Bestimmungen,** die nicht im Widerspruch zum spezifischen Charakter der Partnerschaft stehen, nämlich die §§ 110–116 Abs. 2 und die §§ 117–119 HGB, entsprechend anwendbar (Abs. 3). Die Abs. 1 und 2 enthalten Sonderregeln, die der freiberuflichen Berufsausübung als Hauptbestandteil der Geschäftsführung jedes Partners Rechnung tragen.

2 **Abs. 1** bestimmt dabei eindeutig, dass der Zusammenschluss in einer Partnerschaft die einzelnen Partner nicht davon entbindet, bei der Berufsausübung ihr jeweiliges Berufsrecht zu beachten (BGHZ 70, 158, 167 = NJW 1978, 589; OLG München NJW 1993, 800). Der Zusammenschluss zu einer rechtsfähigen Gesamthandsgemeinschaft ändert daran nichts (Bundesregierung, BT-Drs. 12/6152, 14, 15). Insbesondere sind die **Pflichten zur Wahrung der Unabhängigkeit, zur Vermeidung von Interessenkollisionen und zur Verschwiegenheit** auch **in der Partnerschaft zu beachten** (§§ 43a Abs. 1, 2 und 4, 45 BRAO, § 43 Abs. 1 WPO, § 57 Abs. 1 StBerG).

3 **Weisungen** der Partner sind diesbezüglich **nicht erlaubt und unbeachtlich.** Die Pflicht zur **Vermeidung von Interessenkollisionen** verpflichtet, Mandate abzulehnen, bei denen auch nur für einen der Partner aus einem früheren Tätigwerden eine Interessenkollision besteht. Dies ist vor jeder Mandatsannahme sorgfältig zu prüfen. Die **Verschwiegenheitspflicht** gilt auch unter den Partnern, soweit nicht der Auftraggeber wenigstens stillschweigend eine Entbindung von der Schweigepflicht erteilt hat, was bei Beauftragung einer Partnerschaft (vgl. § 7 Abs. 4) innerhalb der berufsrechtlichen Schranken grundsätzlich anzunehmen ist. Liegt keine Entbindung

vor, folgt aus dem Berufsrechtsvorbehalt der §§ 1 Abs. 3, 6 Abs. 1, dass auch das gesellschaftsrechtliche Auskunftsrecht aus § 6 Abs. 3 S. 2 iVm § 118 HGB und aus § 1 Abs. 4 iVm §§ 713, 666 BGB zurückstehen muss (Henssler/Prütting/*Henssler* § 6 Rn. 3).

II. Geschäftsführung der Partnerschaft

Abs. 2 betrifft die Befugnis zur Geschäftsführung. Vorbehaltlich partnerschaftsvertraglicher Abweichungen ist **grundsätzlich jeder Partner allein** zur Führung sämtlicher gewöhnlicher Geschäfte berechtigt (Abs. 3 iVm § 114 Abs. 1 und § 116 Abs. 1 HGB). Die nach § 114 Abs. 2 HGB eröffnete **Möglichkeit,** im Gesellschaftsvertrag **einzelne Gesellschafter von der Geschäftsführung auszuschließen,** wird für die Partnerschaft **dahin gehend eingeschränkt, dass dies nur hinsichtlich der sonstigen (gewöhnlichen) Geschäfte** – wie zB des Erwerbs von Grundbesitz, des Abschlusses von Miet- oder Arbeitsverträgen – **möglich ist.** Dem **Prinzip der Selbstorganschaft** wird damit verstärkte Bedeutung zugemessen. Ein partnerschaftsvertraglicher Ausschluss einzelner Partner vom Hauptinhalt ihrer Geschäftsführung, nämlich ihrer freien Berufsausübung als Rechtsanwalt, Patentanwalt etc. stünde zum einen im Widerspruch zur grundsätzlichen Selbständigkeit und Eigenverantwortlichkeit des Freiberuflers und zum anderen zum Grundsatz der aktiven Mitarbeit aller Partner; ein vollständiger Ausschluss von der Geschäftsführung würde im Ergebnis die Möglichkeit einer bloßen Kapitalbeteiligung eröffnen (BT-Drs. 12/6152, 15). 4

Besondere Umstände können es im **Einzelfall** dennoch rechtfertigen, einem Partner die **Geschäftsführungsbefugnis** auch im Hinblick auf seine Berufsausübung zu **entziehen,** insbesondere wenn anders ein drohender Schaden von der Partnerschaft nicht abzuwenden ist. Für diese Ausnahmefälle bleibt es daher bei der Möglichkeit, entsprechend § 117 HGB auf Antrag aller übrigen Gesellschafter die Befugnis zur Geschäftsführung durch gerichtliche Entscheidung zu entziehen; ein **dauerhafter Ausschluss** von der berufsausübenden Geschäftsführungstätigkeit wird aber nur im Wege der **Ausschließung** des Partners möglich sein (BT-Drs. 12/6152, 15). 5

Die Formulierung von Abs. 2 macht auch deutlich, dass zwar im Partnerschaftsvertrag **einzelne,** aber nicht sämtliche Partner **von der sonstigen Geschäftsführung ausgeschlossen** werden können. Auch insoweit gilt also der Grundsatz der Selbstorganschaft, als die Führung der sonstigen Geschäfte nicht ausschließlich einem Dritten übertragen werden darf (BT-Drs. 12/6152, 15). 6

Jeder Partner kann grundsätzlich seine Geschäftsführung hinsichtlich der „sonstigen Geschäfte" niederlegen, wenn er einen **wichtigen Grund** hat (§ 1 Abs. 4 iVm § 712 Abs. 2 BGB). Ansonsten bleibt ihm die Möglichkeit des Ausscheidens aus der Partnerschaft (Henssler/Prütting/*Henssler* § 6 Rn. 15). 7

III. Subsidiäre Geltung von Regeln des HGB

Abs. 3 folgt für das übrige Rechtsverhältnis der Partner untereinander dem Grundsatz der **Vertragsfreiheit** und lässt den Partnern insoweit bei der Ausgestaltung ihres Innenverhältnisses freie Hand. Soweit die Partner keine eigene Regelung treffen, gelten für den **Ersatz von Aufwendungen,** die **Verzinsungspflicht** bei nicht rechtzeitiger Beitragszahlung, das **Wettbewerbsverbot,** die **Geschäftsführung** (vorbehaltlich der Sonderregelung in Abs. 2), die **Kontrollrechte** der Partner und die **Beschlussfassung** die für die OHG geltenden **Vorschriften der §§ 110–116 Abs. 2 und der §§ 117–119 HGB** entsprechend. Daraus ergibt sich unter anderem, dass es vorbehaltlich eines Dispenses auch dem Partner **grundsätzlich untersagt** ist, durch eine **gleichartige Berufsausübung außerhalb der Partnerschaft** oder die Beteiligung an einer anderen Freiberufler-Gesellschaft mit gleichartigem Gegenstand **in Konkurrenz zur Partnerschaft zu treten** (§§ 112, 113 HGB analog). 8

Das über eine entsprechende Anwendbarkeit des § 118 HGB gewährte **Kontroll- und Einsichtsrecht** der Partner beschränkt sich auf die **wirtschaftlichen Verhältnisse** der Partnerschaft, so dass etwa die ärztliche Schweigepflicht oder der Schutz persönlicher Patientendaten dadurch nicht berührt werden. 9

Von der Verweisung sind – an und für sich überraschend – die §§ 120–122 HGB ausgenommen worden. Es besteht, so die Regierungsbegründung, kein dringendes Bedürfnis für eine Gewinnverteilungsvorschrift, da die Partner aktiv mitarbeiten und die Einnahmen der Gesellschaft im Wesentlichen als „Geschäftsführergehälter" auszahlen werden. Letzteres ist falsch, denn ein Gesellschafter bzw. Partner bezieht nur im Ausnahmefall ein (zusätzliches) Geschäftsführergehalt, sondern nimmt gewinnorientierte Entnahmen vor (so wohl auch MüKoBGB/*Ulmer/* 10

Schäfer § 6 Rn. 44). Zutreffend ist allerdings der weitere in der Regierungsbegründung gegen die Verweisung angeführte Grund, dass § 120 Abs. 1 HGB die Erstellung einer Bilanz voraussetzt, die von der Partnerschaft nicht erstellt werden muss, weil die Gewinnermittlung wegen des fehlenden Handelsgewerbes auch ohne handelsrechtliche Buchführung und Bilanzierung im Wege der Einnahmenüberschussrechnung nach § 4 Abs. 3 EStG erfolgen kann (BT-Drs. 12/6152, 15; MüKoBGB/*Ulmer/Schäfer* § 7 Rn. 44). Die Nichtverweisung auf die §§ 120–122 HGB führt gemäß § 1 Abs. 4 dazu, dass für die Gewinnverteilung in der GbR die §§ 721, 722 BGB eingreifen.

11 Alsbald nach Feststellung des im abgelaufenen Geschäftsjahr erzielten Überschusses kann jeder Partner die Auszahlung des auf ihn entfallenden Gewinnanteils verlangen, und zwar auch dann, wenn er periodisch Vorab-Gewinnentnahmen erhalten hat. Etwas anderes kann per Partnerschaftsvertrag vereinbart werden (so auch MüKoBGB/*Ulmer/Schäfer* § 7 Rn. 47).

§ 7 Wirksamkeit im Verhältnis zu Dritten; rechtliche Selbständigkeit; Vertretung

(1) **Die Partnerschaft wird im Verhältnis zu Dritten mit ihrer Eintragung in das Partnerschaftsregister wirksam.**

(2) **§ 124 des Handelsgesetzbuchs ist entsprechend anzuwenden.**

(3) **Auf die Vertretung der Partnerschaft sind die Vorschriften des § 125 Abs. 1 und 2 sowie der §§ 126 und 127 des Handelsgesetzbuchs entsprechend anzuwenden.**

(4) [1] **Die Partnerschaft kann als Prozess- oder Verfahrensbevollmächtigte beauftragt werden.** [2] **Sie handelt durch ihre Partner und Vertreter, in deren Person die für die Erbringung rechtsbesorgender Leistungen gesetzlich vorgeschriebenen Voraussetzungen im Einzelfalle vorliegen müssen, und ist in gleichem Umfang wie diese postulationsfähig.** [3] **Verteidiger im Sinne der §§ 137 ff. der Strafprozessordnung ist nur die für die Partnerschaft handelnde Person.**

(5) **Für die Angaben auf Geschäftsbriefen der Partnerschaft ist § 125a Abs. 1 Satz 1, Abs. 2 des Handelsgesetzbuchs mit der Maßgabe entsprechend anzuwenden, dass bei einer Partnerschaft mit beschränkter Berufshaftung auch der von dieser gewählte Namenszusatz im Sinne des § 8 Absatz 4 Satz 3 anzugeben ist.**

Übersicht

I. Wirksamkeit im Verhältnis zu Dritten (Abs. 1)

1 Hinsichtlich der Wirksamkeit der Partnerschaft gegenüber Dritten folgt § 7 Abs. 1 der für die OHG geltenden Regelung des § 123 Abs. 1 HGB. Da die **Partnerschaft** wie die OHG in ein öffentliches Register einzutragen ist, soll sie nach außen **erst und allein mit ihrer Eintragung wirksam** werden. Das PartGG entscheidet sich insoweit für eine **konstitutive Wirkung der Eintragung.** Von einer Verweisung auf § 123 Abs. 2 HGB wird abgesehen. Zwar wäre es auch hier zumindest nicht schädlich, wenn die verselbständigte Gesamthand als Zuordnungsobjekt schon vor der Eintragung zur Verfügung stünde – die Eintragung wurde aber als Entstehungsvoraussetzung ausgestaltet, da ansonsten andere Zusammenschlüsse von Angehörigen Freier Berufe in der Rechtsform der Gesellschaft bürgerlichen Rechts unter Umständen „automatisch" dem PartGG unterfielen, was nicht gewollt ist. Ein Formenzwang, wie er bei der OHG besteht, wurde also nicht begründet. Der Eintragung als zwingender Entstehungsvoraussetzung bedarf es bei der Partnerschaft vor allem deshalb, weil es bei ihr – anders als bei den bisherigen Personengesellschaften – kein inhaltliches Abgrenzungskriterium zur Gesellschaft bürgerlichen Rechts gibt (Bundesregierung, BT-Drs. 12/6152, 15, 16; Henssler/Prütting/*Henssler* § 7 Rn. 1).

Ein **Geschäftsbeginn vor Eintragung** der Partnerschaft wird in der Regel die **persönliche unbeschränkte Haftung der Partner** als BGB-Gesellschafter begründen (*Schmidt* NJW 1995, 1); Sonderregeln bezüglich einer „Handelndenhaftung" im Gründungsstadium, wie sie zB § 11 Abs. 2 GmbHG enthält, bedarf es nicht. 2

Von der Eintragung als Entstehungsvoraussetzung zu unterscheiden ist die Frage der **Wirkung der erfolgten Eintragung, wenn** sich danach herausstellt, dass die **Gesellschaft überhaupt nicht der Ausübung freiberuflicher Tätigkeit dient.** Wegen Fehlens einer wesentlichen Eintragungsvoraussetzung ist die Gesellschaft von Amts wegen oder auf Antrag eines berufsständischen Organs gemäß **§ 395 FamFG** zu löschen (MüKoBGB/*Ulmer/Schäfer* § 7 Rn. 9). Derjenige, der auf die unrichtige Eintragung und Bekanntmachung der Partnerschaft vertraut hat, kann die Gesellschafter als Veranlasser nach § 5 Abs. 2 iVm § 15 Abs. 3 HGB in Anspruch nehmen. 3

II. Rechtsnatur der Partnerschaft (Abs. 2)

Im **Außenverhältnis** gelten, abgesehen von den Haftungsregelungen (vgl. § 8) die zentralen **Bestimmungen des OHG-Rechts entsprechend.** Abs. 2 regelt mittels Verweis auf § 124 HGB die Rechtsnatur der Partnerschaft. Die Partnerschaft ist als **Gesamthandsgemeinschaft** zwar keine juristische Person (und unterliegt deshalb auch nicht der Körperschaftsteuer), sie ist dieser aber weitgehend angenähert. Nach Abs. 1 soll die Partnerschaft **voll rechts-, grundbuch- und parteifähig** (§ 50 ZPO, § 124 Abs. 1 HGB) sein. Die Partnerschaft ist daher als Rechtssubjekt und **Träger des Partnerschaftsvermögens** anzusehen (→ § 1 Rn. 1 ff.). Über die entsprechende Anwendung von § 124 Abs. 2 HGB kann auch in das Partnerschaftsvermögen vollstreckt werden. Dazu ist ein gegen die Partnerschaft als solcher und nicht nur gegen die einzelnen Partner geachteter Schuldtitel erforderlich. Sie ist damit der **juristischen Person weitgehend angenähert** (BT-Drs. 12/6152, 8, 16; BFH BRAK-Mitt. 1999, 152). 4

III. Vertretung der Partnerschaft (Abs. 3)

Abs. 3 erklärt das **Vertretungsrecht der OHG,** soweit es nicht im Widerspruch zu den Besonderheiten der Partnerschaft steht, wie dies im Hinblick auf § 125 Abs. 3, § 125a HGB der Fall ist, für **entsprechend anwendbar.** Damit gilt auch für die Partnerschaft der Grundsatz, dass **jeder Partner befugt** ist, die Partnerschaft **in allen Angelegenheiten allein zu vertreten** (Abs. 3 iVm § 125 Abs. 1, § 126 HGB). Dies soll insbesondere für die Ausübung der Berufstätigkeit der Partner gelten, die sich im Verhältnis zu Dritten als Vertretung der Partnerschaft darstellt. Der **Umfang der Vertretungsmacht** ist entsprechend § 126 Abs. 1 und 2 HGB **unbeschränkt und grundsätzlich unbeschränkbar** (MüKoBGB/*Ulmer/Schäfer* § 7 Rn. 15; OLG Hamm vom 25.9.2013 – I-27 W 61/13 nv zur Nicht-Eintragungsfähigkeit der Gesamtvertretung). 5

Im **Partnerschaftsvertrag** soll für alle oder mehrere Partner **Gesamtvertretungsmacht** vorgesehen werden können; einzelne Partner sollen auch von der Vertretung der Partnerschaft ausgeschlossen werden können (Abs. 3 iVm § 125 Abs. 1 und 2 HGB). Auch wenn nach dem Grundsatz der Selbstorganschaft (→ § 6 Rn. 1 ff.) dem Leitbild der Partnerschaft die Alleinvertretungsmacht aller Partner am ehesten entspricht, so kann es den Partnern im Einzelfall auch sinnvoll erscheinen, zwar zur Erfüllung der im Namen der Partnerschaft abgeschlossenen Verträge alle Partner zu ermächtigen, nicht aber zu deren Abschluss. Soweit eine derartige Beschränkung im Widerspruch zu den Prinzipien des Rechts einzelner Berufe steht, wäre es Aufgabe dieses Berufsrechts, darauf zu reagieren. Möglich sein soll auch eine Entziehung der Vertretungsmacht aus wichtigem Grund durch gerichtliche Entscheidung (Abs. 3 iVm § 127 HGB). Die Vertretungsmacht soll sich auf alle gerichtlichen und außergerichtlichen Geschäfte und Rechtshandlungen erstrecken und im Interesse des Gläubigerschutzes gegenüber Dritten nicht gegenständlich beschränkt werden können (Abs. 3 iVm § 126 HGB; BT-Drs. 12/6152, 16). 6

Soweit eine **Abweichung vom gesetzlichen Regelfall der Alleinvertretungsbefugnis** vereinbart ist, ist dies **anmeldepflichtig** (§ 125 Abs. 1 HGB), mit der Folge, dass ein Dritter gemäß § 15 Abs. 2 HGB keinen Vertrauensschutz genießt (Henssler/Prütting/*Henssler* § 7 Rn. 5). Eine Partnerschaft kann **keine Prokuristen** bestellen, so dass diese auch nicht im Partnerschaftsregister eingetragen werden können. Damit scheidet auch eine gemischte Gesamtvertretung durch einen Partner und einen Prokuristen aus (OLG München MDR 2006, 120; Michalski/*Römermann* 3. Aufl. § 7 Rn. 19). 7

IV. Vertretung vor Gerichten und Behörden durch die Partnerschaft (Abs. 4)

8 Abs. 4 wurde durch Gesetz vom 19.12.2000 (BGBl. I S. 1757, 1759) eingefügt. Er soll die Zweifel hinsichtlich der Vertretungsbefugnis von Partnerschaftsgesellschaften vor Gerichten (vgl. zB BFH BRAK-Mitt. 1999, 152) beseitigen. Die Partnerschaftsgesellschaft ist eine **rechtsfähige Personengesellschaft.** Sie steht auch und gerade den rechts- und steuerberatenden Berufen zur Verfügung und wird von diesen auch rege in Anspruch genommen. Da die Partnerschaft nach ihrer Konzeption nicht nur ein Instrument der Berufsausübung der in ihr vertretenen Personen ist, sondern im Falle rechtsberatender Zusammenschlüsse selbst durch ihre Partner rechtsbesorgend tätig wird, ist es konsequent, der **Partnerschaft als solcher** die **Fähigkeit** zuzuerkennen, **rechtsprozessuale Handlungen in allen Verfahrensordnungen wirksam vornehmen zu können.** Die Partnerschaft soll dadurch nicht privilegiert sein. Die beruflichen Befugnisse werden durch die Anordnung der **Postulationsfähigkeit** auch keineswegs erweitert. Dementsprechend kann die Partnerschaft auch **nur durch solche Partner** und Vertreter **prozessual wirksam handeln, die selbst berechtigt sind,** vor dem jeweiligen Gericht **als Bevollmächtigte aufzutreten.** Die Verleihung der Postulationsfähigkeit besagt auch nichts über die Befugnis der Partnerschaft zur Rechtsberatung. Die Partnerschaft, an der mindestens ein Rechtsanwalt als Partner beteiligt ist, darf nach dem Rechtsdienstleistungsgesetz Rechtsberatung betreiben, wenn diese durch den anwaltlichen Partner oder angestellten Anwalt ausgeübt wird (§ 1 Abs. 2 RDG). Im Übrigen sind die berufsrechtlichen Bestimmungen zur interprofessionellen Zusammenarbeit zu beachten.

9 Die Vorschrift des Abs. 4 ist weitgehend wortgleich mit **§ 59l BRAO** (Postulationsfähigkeit der Rechtsanwaltsgesellschaft). Auf die Kommentierung zu dieser Vorschrift kann ergänzend verwiesen werden. Während dort allerdings angeordnet wird, dass die Anwalts-GmbH die Rechte eines Anwalts (und damit auch die Postulationsfähigkeit) hat, wird in Abs. 4 die **Postulationsfähigkeit ausdrücklich bestimmt.** Die Regelung im Partnerschaftsgesellschaftsgesetz geht als spezielle Regelung allgemeinen Regelungen in den Verfahrensordnungen vor (BT-Drs. 14/4061, 12). Wie nach § 591 S. 3 BRAO (→ BRAO § 59l Rn. 4 ff.) kann Verteidiger iSv §§ 137 ff. StPO nur der für die Partnerschaft handelnde einzelne Rechtsanwalt sein (Abs. 4 S. 3). Die vom BFH in BRAK-Mitt. 1999, 152 vertretene Auffassung, Partnerschaftsgesellschaften seien vor dem BFH nicht vertretungsbefugt, ist im Einblick auf den neueingefügten Abs. 4 nicht mehr haltbar. In Konsequenz der Regelung des Abs. 4 hat die **Partnerschaftsgesellschaft** einen **eigenen Gebührenanspruch;** nach § 1 Abs. 1 S. 3 RVG bemisst sich die Vergütung (Gebühren und Auslagen) für anwaltliche Tätigkeiten der Partnerschaftsgesellschaft nach dem RVG.

V. Angaben auf Geschäftsbriefen (Abs. 5)

10 Mit der in Abs. 5, ursprünglich Abs. 4 (vgl. Art. 11 des Gesetzes vom 22.6.1998, BGBl. I S. 1474, 1480, und Art. 2 des Gesetzes vom 19.12.2000, BGBl. I S. 1757, 1759), vorgesehenen Verweisung auf § 125a Abs. 1 S. 1, Abs. 2 HGB wird erreicht, dass die dort für die OHG vorgesehene **Pflicht zur Angabe von Rechtsform, Sitz, Registergericht und Registernummer auf den Geschäftsbriefen** auch für die Partnerschaft gilt. Zwar ist die Namensbildung bei der Partnerschaft nicht so weit frei gegeben, wie dies für die Personenhandelsgesellschaften geschehen ist. Aber auch bei der Partnerschaft können die Namen ausgeschiedener oder verstorbener Partner im Namen der Partnerschaft fortgeführt werden, wie auch die Namen ausgeschiedener oder verstorbener Partner aus einer BGB-Sozietät in den Namen der Partnerschaft mit hinübergenommen werden können (→ § 2 Rn. 10, 11). Deshalb kann der Rechtsverkehr nicht in allen Fällen aus dem Namen der Partnerschaft die hinter ihr stehenden und ggf. persönlich für die Verpflichtungen der Partnerschaft haftenden natürlichen Personen erkennen. Für Partnerschaften, an denen Rechtsanwälte beteiligt sind, gelten aber ergänzend die §§ 9, 10, 30, 33 BORA; nach **§ 10 BORA** sind demnach **alle Partner auf Briefbögen anzugeben.**

11 Durch das am 19.7.2013 in Kraft getretene Gesetz zur Einführung einer **Partnerschaftsgesellschaft mit beschränkter Berufshaftung** und zur Änderung des Berufsrechts der Rechtsanwälte, Patentanwälte, Steuerberater und Wirtschaftsprüfer vom 15.7.2013 (BGBl. I S. 2386) ist keine völlig neue Rechtsform, sondern **nur eine Variante der Partnerschaft** mit teilweise **modifiziertem Haftungsregieme** und **besonderem Namen** geschaffen worden. Verankert ist die PartGmbB prinzipiell nur in dem neu geschaffenen § 8 Abs. 4, in dem die Möglichkeit der

Haftungsbeschränkung und die für das Wirksamwerden dieser Beschränkung erforderlichen Voraussetzungen bzgl. Name und Berufshaftpflichtversicherung geregelt werden. § 7 Abs. 5 stellt klar, dass bei einer Partnerschaft mit beschränkter Berufshaftung auch der von dieser gewählten **Namenszusatz** iSd § 8 Abs. 4 S. 3 **auf Geschäftsbriefen anzugeben** ist. Die Partnerschaftsgesellschaft muss sich an ihrem Außenauftritt messen lassen; ist der Außenauftritt so gestaltet, dass man nicht erkennen kann, dass es sich um eine Partnerschaftsgesellschaft mit beschränkter Berufshaftung handelt, geht dies nach Rechtsscheingrundsätzen zu Lasten der Gesellschaft (vgl. hierzu BT-Drs. 17/10487, 14 f.; *Offermann-Burckart* AnwBl. 2014, 477).

Ferner kann durch die Angabe des Partnerschaftsregisters und der Registernummer eine 12 deutliche **Unterscheidung** und damit Abhebung der Partnerschaft von freiberuflichen Sozietäten in der Rechtsform der Gesellschaft bürgerlichen Rechts erzielt werden (Bundesregierung, BT-Drs. 13/8444, 81).

VI. Umwandlung

Eine Partnerschaft kann nicht nur durch Neugründung entstehen, sondern auch durch Um- 13 wandlung. Dass sich die Partnerschaft in das bestehende System der Personengesellschaften auf der Grundlage der Gesellschaft bürgerlichen Rechts und in weitgehender Anlehnung an das Recht der OHG eingliedert, kommt auch darin zum Ausdruck, dass – wie zwischen den bereits bestehenden Personengesellschaften – auch zwischen der Partnerschaft und den anderen Personengesellschaften ein **identitätswahrender Rechtsformenwechsel möglich** ist, der weder eine Vermögensübertragung auf die „neue" Gesellschaft erforderlich macht (BGH NJW 1967, 821) noch die Liquidation der „alten" Gesellschaft (BT-Drs. 12/6152, 9). Das gemeinschaftliche Vermögen der BGB-Gesellschafter wird mit Wirksamwerden der Umwandlung, der Eintragung der Partnerschaft, zum Gesellschaftsvermögen der Partnerschaft. Bei Grundstücken ist nach der Rechtsprechung zu den bisherigen Personengesellschaften **nicht einmal eine Grundbuchberichtigung** nach § 894 BGB **erforderlich,** da das Grundbuch durch den Rechtsformwechsel nicht unrichtig wird; vielmehr handele es sich bei der Eintragung der mit Rechtsfähigkeit iSd § 124 HGB ausgestatteten Gesellschaft als Eigentümerin nur um eine Richtigstellung tatsächlicher Angaben (BayObLGZ 1951, 426, 430; LG Darmstadt DNotZ 1960, 388; Das Deutsche Bundesrecht, 851. Lieferung, § 7 PartGG Annex).

Mit Gesetz vom 22.7.1998 (BGBl. I S. 1878) wurde das **Umwandlungsgesetz** auch **für die** 14 **Partnerschaft** für **anwendbar** erklärt. Die Partnerschaft hat nun ihrerseits dieselben Umwandlungsmöglichkeiten wie die übrigen Personengesellschaften, wobei aber immer zu berücksichtigen ist, dass die Partnerschaft nur natürlichen Personen offensteht, die sich zur Ausübung eines Freien Berufs zusammengeschlossen haben (§ 1). Dies muss auch bei Umwandlungen beachtet werden. Im Wege der Verschmelzung können Partnerschaften ihr Vermögen auf andere Partnerschaften, auf Personengesellschaften, auf Kapitalgesellschaften sowie auf eingetragene Genossenschaften übertragen (§§ 45a ff. UmwG), und zwar jeweils durch Aufnahme als auch durch Neugründung. In den genannten Fallgruppen kann die Partnerschaft umgekehrt auch übernehmender oder neuer Rechtsträger sein. Über die Generalverweisung in § 125 UmwG werden die entsprechenden Möglichkeiten auch für die Spaltung eingeräumt. Nach §§ 191, 225a UmwG kann die Partnerschaft auf Grund eines Umwandlungsbeschlusses (§§ 217, 218, 225c UmwG) auch die Rechtsform einer Kapitalgesellschaft oder einer eingetragenen Genossenschaft erlangen, wenn deren Anteilseigner bzw. Genossen Freiberufler sind. Umgekehrt können Kapitalgesellschaften, deren Anteilseigner Freiberufler sind, in die Partnerschaft wechseln (Das Deutsche Bundesrecht, 851. Lieferung, PartGG § 7 Annex).

§ 8 Haftung für Verbindlichkeiten der Partnerschaft

(1) [1] **Für Verbindlichkeiten der Partnerschaft haften den Gläubigern neben dem Vermögen der Partnerschaft die Partner als Gesamtschuldner.** [2] **Die §§ 129 und 130 des Handelsgesetzbuchs sind entsprechend anzuwenden.**

(2) **Waren nur einzelne Partner mit der Bearbeitung eines Auftrags befaßt, so haften nur sie gemäß Absatz 1 für berufliche Fehler neben der Partnerschaft; ausgenommen sind Bearbeitungsbeiträge von untergeordneter Bedeutung.**

(3) **Durch Gesetz kann für einzelne Berufe eine Beschränkung der Haftung für Ansprüche aus Schäden wegen fehlerhafter Berufsausübung auf einen bestimmten Höchstbetrag zugelassen werden, wenn zugleich eine Pflicht zum Abschluß einer Berufshaftpflichtversicherung der Partner oder der Partnerschaft begründet wird.**

(4) [1] **Für Verbindlichkeiten der Partnerschaft aus Schäden wegen fehlerhafter Berufsausübung haftet den Gläubigern nur das Gesellschaftsvermögen, wenn die Partnerschaft eine zu diesem Zweck durch Gesetz vorgegebene Berufshaftpflichtversicherung unterhält.** [2] **Für die Berufshaftpflichtversicherung gelten § 113 Absatz 3 und die §§ 114 bis 124 des Versicherungsvertragsgesetzes entsprechend.** [3] **Der Name der Partnerschaft muss den Zusatz „mit beschränkter Berufshaftung" oder die Abkürzung „mbB" oder eine andere allgemein verständliche Abkürzung dieser Bezeichnung enthalten; anstelle der Namenszusätze nach § 2 Absatz 1 Satz 1 kann der Name der Partnerschaft mit beschränkter Berufshaftung den Zusatz „Part" oder „PartG" enthalten.**

Übersicht

I. Regelungsgegenstand

1 Die **Partnerschaft** ist selbst **rechtsfähig** (§ 7 Abs. 2 iVm § 124 HGB; → § 7 Rn. 3), grundbuchfähig, parteifähig, insolvenzfähig (§ 11 Abs. 2 Nr. 1 InsO) und deliktsfähig. Sie **kann selbst vertraglich und deliktisch für Handlungen ihrer Partner haften.** Daran anknüpfend regelt § 8 die **zusätzliche Haftung der Partner** für die Verbindlichkeiten der Partnerschaft in Anlehnung an die §§ 128–130 HGB unter Einfügung der Haftungsbeschränkung auf einzelne Partner (Abs. 2) und auf einen bestimmten Höchstbetrag (Abs. 3), die den Besonderheiten der gemeinsamen Ausübung freiberuflicher Tätigkeiten Rechnung trägt (Bundesregierung, BT-Drs. 12/6152, 17). Durch das am 19.7.2013 in Kraft getretene Gesetz zur Einführung einer Partnerschaftsgesellschaft mit beschränkter Berufshaftung und zur Änderung des Berufsrechts der Rechtsanwälte, Patentanwälte, Steuerberater und Wirtschaftsprüfer vom 15.7.2013 ist die **„deutsche Antwort auf die LLP"** gegeben worden" (*Henssler* AnwBl. 2014, 96). Die Partnerschaftsgesellschaft mit beschränkter Berufshaftung ist keine neue Rechtsform, sondern nur eine **Variante** der Partnerschaft **mit teilweise modifiziertem Haftungsregieme und besonderem Namen.** Nach Ansicht des Gesetzgebers ist die Partnerschaft bisheriger Beschaffenheit mit ihrem herkömmlichen Namen und ohne Haftungszusatz gegenüber der PartGmbB nach außen als solche klar erkennbar (BT-Drs. 17/10487, 15). Nach § 8 Abs. 4 S. 1 haftet den Gläubigern für Verbindlichkeiten der Partnerschaft aus Schäden wegen fehlerhafter Berufsausübung nur das Gesellschaftsvermögen. Nach der Gesetzesbegründung erfolgt die Haftungsbeschränkung also durch Gesetz, und zwar durch das PartGG selbst, nicht durch die Berufsrechte (*Offermann-Burckart* AnwBl. 2014, 478). Im Dezember 2014 betrug die Zahl der registrierten PartGmbBs knapp **1650.** Davon sind **740** mit rechtsanwaltlicher Beteiligung verzeichnet. Somit nutzen ungefähr **10.000** Rechtsanwälte die neue Rechtsform (DAV-Depesche 49/14 vom 11.12.2014).

II. Haftung der Partnerschaft

1. Vertragliche Haftung der Partnerschaft. Die **Partnerschaft haftet** nach § 7 Abs. 2 iVm § 124 HGB **mit ihrem gesamthänderisch gebundenen Vermögen** für alle **schuldhaften vertraglichen Pflichtverletzungen** ihrer Partner oder angestellter Personen. Der Partnerschaft wird wie einer OHG das vertragliche Fehlverhalten ihrer Gesellschafter über § 31 BGB analog zugerechnet (Henssler/Prütting/*Henssler* § 8 Rn. 7; Baumbach/*Hopt,* 36. Aufl. 2014, HGB § 124 Rn. 25 für die OHG). Die Gesellschafter der Partnerschaft (→ § 6 Rn. 4 ff.) sind „verfassungsmäßig berufene Vertreter" der Partnerschaftsgesellschaft iSd § 31 BGB (Baumbach/*Hopt,* 36. Aufl. 2014, HGB § 124 Rn. 26 für die OHG-Gesellschafter). Fremdorganschaft ist unzulässig (Henssler/Prütting/*Henssler* § 8 Rn. 7). 2

Für die **Zurechnung** des Fehlverhaltens **angestellter Personen** der Partnerschaft bei der Erbringung der Dienstleistung gilt neben § 8 Abs. 1 die allgemeine Vorschrift des § 278 BGB (BT-Drs. 12/6152, 17). Der Partnerschaft kann entgegen § 278 S. 2 BGB nicht im Voraus die Haftung für ein vorsätzliches Fehlverhalten der für sie Handelnden erlassen werden, selbst wenn man mit der amtlichen Begründung (BT-Drs. 12/6152, 17) § 278 BGB auch für die Zurechnung des Fehlverhaltens hinzugezogener Partner bei der Erbringung von Dienstleistungen der Partnerschaft anwenden will. Eine Eigenhaftung der verselbständigten Organisation „Partnerschaftsgesellschaft" für vorsätzliches Verhalten ihrer Gesellschafter darf sachgerechter Weise nicht ausgeschlossen werden (Henssler/Prütting/*Henssler* § 8 Rn. 8). 3

2. Deliktische Haftung. Auch für **deliktische Handlungen der Partner haftet** die **Partnerschaftsgesellschaft** über § 31 BGB analog (*Grams* AnwBl. 2001, 294; Henssler/Prütting/*Henssler* § 8 Rn. 9). Da in einer Partnerschaft von nach § 59a in BRAO sozietätsfähigen Freiberuflern regelmäßig das deliktische Verhalten eines Partners nicht zu Körper- und Gesundheitsschäden führt (§ 823 Abs. 1 BGB), wird die Anwendbarkeit des § 31 BGB im Bereich der deliktischen Haftung in der Regel nur bei **Vermögensschäden** wie zB bei Untreue eines Rechtsanwalts von Bedeutung sein. Auch insoweit kommt ein Haftungsausschluss der Partnerschaft für ein vorsätzliches Verhalten eines Partners nicht in Betracht, da § 31 BGB eine § 278 BGB entsprechende Regelung nicht kennt (Henssler/Prütting/*Henssler* § 8 Rn. 11). Für die Haftung der Partnerschaft bei deliktischem Fehlverhalten Angestellter gilt § 831 BGB. 4

III. Persönliche Haftung der Partner

1. Grundsatz der persönlichen Haftung. § 8 Abs. 1 legt als **Grundsatz** fest, dass für Verbindlichkeiten der Partnerschaft (§ 8 Rn. 2 ff.) neben dem Vermögen der Partnerschaft **sämtliche Partner mit ihrem Privatvermögen als Gesamtschuldner haften** (Bundesregierung, BT-Drs. 12/6152, 17; OLG Braunschweig AnwBl. 1998, 161). § 8 Abs. 1 gilt für **alle Verbindlichkeiten** der Partnerschaft, gleich aus welchem Rechtsgrund (→ § 8 Rn. 2 ff.), zB aus Vertrag, ungerechtfertigter Bereicherung, Delikt, Gefährdungshaftung oder öffentlichen Recht, etwa Steuerschulden (Baumbach/*Hopt* 36. Aufl. 2014, HGB § 128 Rn. 2 für die OHG; *Boin* 147). 5

Alle Partner haften, die **zur Zeit der Entstehung der Verbindlichkeit** der Partnerschaft angehören. Dies gilt auch nach ihrem späteren **Ausscheiden** (*Bösert/Braun/Jochem* 157; BGHZ 48, 205; 50, 237 für die OHG). Auch später in die Partnerschaft Eintretende treten in die Haftung ein (Abs. 1 iVm § 130 HGB; *Grams* AnwBl. 2001, 294; *ders.* BRAK-Mitt. 2003, 123; *Jawansky* DB 2001, 2281). Der **neu eintretende Partner** kann sich aber regelmäßig auf § 8 Abs. 2 berufen. Dies gilt jedoch nicht, wenn er sich mit einem Auftrag befasst, der bereits von einem anderen Partner fehlerhaft bearbeitet wurde; selbst wenn der Fehler vor seinem Eintritt passierte und für ihn nicht mehr korrigierbar ist (BGH BRAK-Mitt. 2010, 70 = AnwBl. 2010, 216). Für nach dem Eintritt in die Sachbearbeitung begangene Verstöße haftet er (selbstverständlich) mit (*Jungk* AnwBl. 2005, 283). Bereits ausgeschiedene Partner werden durch eine später entstehende Haftung aber nicht mehr berührt (s. aber § 15 Abs. 1 HGB, → § 5 Rn. 9). Nach **Auflösung der Partnerschaft** verjähren die Ansprüche **gegen alle Partner** (§ 159 HGB, vgl. § 10 Abs. 2) grundsätzlich **innerhalb von fünf Jahren,** während beim **Ausscheiden eines Partners nur für diesen** die **Haftung fünf Jahre nach seinem Ausscheiden** endet (§ 160 HGB, § 10 Abs. 2; *Jawansky* DB 2001, 2281). 6

6a **Während des Bestehens** der Partnerschaftsgesellschaft dauert die Haftung der Partner unverändert fort. Die Haftung der Partner ist zu derjenigen der Partnerschaft akzessorisch (Henssler/Prütting/*Henssler* § 8 Rn. 15). Die Partner haben die **Verjährungseinrede** nur so wie die Partnerschaftsgesellschaft (§ 8 Abs. 1 iVm § 129 HGB), also zB nicht, wenn die Partnerschaft auf sie verzichtete, oder wenn die Verjährung durch Klage gegen die unterbrochen wurde (Baumbach/*Hopt,* 36. Aufl. 2014, HGB § 128 HGB Rn. 4). **Hemmung der Verjährung** gegenüber der Partnerschaft **wirkt auch gegenüber** den **persönlich haftenden Partnern** (*Grams* BRAK-Mitt. 2003, 123). Neben den Einwendungen der Partnerschaft stehen ihm aber auch seine persönlichen Einwendungen zu wie zB persönliche Stundung. Für die Inanspruchnahme eines Partners ist gemäß § 129 Abs. 4 HGB ein gegen ihn persönlich gerichteter Titel erforderlich.

7 **2. Rechtsscheinhaftung.** Auch derjenige, der im Rechtsverkehr als Partner auftritt, ohne Partner zu sein, zB der sog. **Scheinsozius** einer Anwaltsgesellschaft (→ BORA § 8 Rn. 3), **haftet persönlich wie ein Partner.** Der erweckte Anschein kollidiert zwar mit der fehlenden Eintragung im Partnerschaftsregister (§ 5 Abs. 1 iVm § 3 Abs. 2 Nr. 2). Dem Scheinpartner ist aber im Hinblick auf sein Auftreten im Rechtsverkehr wie ein Partner es verwehrt, sich auf seine fehlende Eintragung im Partnerschaftsregister zu berufen (Henssler/Prütting/*Henssler* § 8 Rn. 17; Baumbach/*Hopt,* 36. Aufl. 2014, HGB § 128 Rn. 5 für den Scheingesellschafter einer OHG; BGHZ 17, 13). Die **Rechtsscheinhaftung des Scheinpartners greift auch im Bereich der Haftungskonzentration des § 8 Abs. 2** (→ § 8 Rn. 8 ff.). Wurde das Mandat durch einen „Scheinpartner" bearbeitet, haftet im Außenverhältnis nur dieser mit seinem Privatvermögen neben dem Vermögen der Partnerschaft (§ 8 Abs. 2). Im Innenverhältnis kommt es auf die jeweiligen vertraglichen Gegebenheiten an. Danach kann der „Scheinpartner" gegen die Partnerschaft und die „echten" Partner einen Freistellungs- oder Rückgriffsanspruch haben (*Grams* AnwBl. 2001, 294, 295; OLG München BB 2001, 592 = NJW-RR 2001, 1358 = DB 2001, 809 = OLGR 2001, 257; **aA** *Jawansky* DB 2001, 2281).

8 **3. Haftung bei Neugründung.** Schließen mehrere ihre Berufstätigkeit überhaupt erst aufnehmende Partner sich zu einer Partnerschaftsgesellschaft zusammen oder kommen einzelne Partner zwar aus anderen Zusammenschlüssen, ohne von dort Mandate mitzubringen, stellt sich die Problematik einer Haftungsübernahme nicht. Anders ist es, wenn einzelne Partner ihre Einzelkanzlei in die Partnerschaft einbringen, oder wenn die Partnerschaft durch Umwandlung einer BGB-Gesellschaft entsteht. Ob es dann zu einer **Haftung der Partnerschaft analog § 28 HGB** kommt, ist umstritten. Naheliegend ist die entsprechende Anwendung des § 28 HGB bei Umwandlung einer im Wesentlichen personengleichen BGB-Gesellschaft in eine Partnerschaftsgesellschaft (*Jungk* AnwBl. 2005, 283). Im Anschluss an die Entscheidung des BGH vom 22.1.2004 zur Nicht-Anwendung des § 28 HGB auf Rechtsanwaltssozietäten für die im Betrieb des bisherigen Einzelanwalts begründeten Verbindlichkeiten (BGH NJW 2004, 836 = BRAK-Mitt. 2004, 73 = AnwBl. 2004, 376 = JZ 2004, 681 = ZIP 2004, 458) dürfte aber die Haftungsübernahme der Partnerschaft von Verbindlichkeiten eines einzelnen Partners aus seiner bisherigen Einzeltätigkeit ausscheiden (*Jungk* AnwBl. 2005, 283). Diese Entscheidung bekräftigte der BGH mit Beschluss vom 23.11.2009, in dem er feststellte, dass eine Rechtsanwalts-Partnerschaftsgesellschaft, der Rechtsanwälte beitreten, die zuvor mit anderen Rechtsanwälten eine Sozietät in der Rechtsform der BGB-Gesellschaft betrieben haben, nur durch erklärten Schuldbeitritt haftet, nicht jedoch durch entsprechende Anwendung des § 28 HGB für die bisher die Sozietät verpflichtenden Versorgungsansprüche eines aus der Sozietät ausgeschiedenen Altpartners (BGH NJW 2010, 3720).

IV. Haftungsbeschränkungen für die Partner

9 Das rigorose **Haftungskonzept des § 8 Abs. 1** wird durch die Abs. 2, 3 (und 4) zur Begrenzung des Kreises der Mithaftenden und der Höhe der Haftungssumme eingeschränkt. Die Abs. 2 und 3 betreffen nicht die Haftung der Partnerschaftsgesellschaft, sondern regeln Haftungsbeschränkungen für Schadensersatzansprüche aus fehlerhafter Berufsausübung nur für die Partner. Diese profitieren andererseits aber von Beschränkungen der Haftung der Partnerschaft. Die einzelnen Partner können darüber hinaus für sich selbst mit dem Vertragspartner auch eine **individuelle Haftungsbegrenzung** vereinbaren, soweit dies nach den allgemeinen Regeln (vgl. zB §§ 138, 242, 276 Abs. 2 BGB) und insbesondere nach dem jeweiligen Berufsrecht zulässig ist. So müssen Rechtsanwälte und Patentanwälte insbesondere § 51a BRAO bzw. § 45a PAO beachten.

1. Haftungsbeschränkung auf die Bearbeiter. Abs. 2 enthielt ursprünglich eine vertragliche Haftungskonzentrationsregelung (vgl. Bundesregierung, BT-Drs. 12/6152, 5, 17, 18; Henssler/Prütting/*Henssler* § 8 Rn. 20 ff.). Die komplizierte und jeweils im Einzelfall eine ausdrückliche vertragliche Vereinbarung erfordernde Regelung war indes unpraktikabel. Deshalb wurde mit Gesetz vom 22.7.1998 (BGBl. I S. 1878) im neuen Abs. 2 die Haftungsbegrenzung generell und unbürokratisch geregelt. **Die Beschränkung der Haftung für Berufsfehler,** dh für vertragliche als auch für deliktische Ansprüche, die der Partnerschaft über § 31 BGB zugerechnet werden (*Jungk* AnwBl. 2005, 283), auf den im Einzelfall für die Partnerschaft handelnden Partner braucht nicht mehr vertraglich mit dem Auftraggeber vereinbart zu werden, sondern sie **gilt** in der Partnerschaftsgesellschaft **immer und von Gesetzes wegen.** Die Haftung für Schadensersatzansprüche aus fehlerhafter Berufsausübung ist danach gesetzlich immer beschränkt auf das Vermögen der Partnerschaft und den oder die mit der Sachbearbeitung des Auftrages tatsächlich befassten Partner, also nicht zwingend nur auf den Partner, dem der haftungsbegründende Fehler unterlaufen ist (*Grams* BRAK-Mitt. 2003, 123; → § 8 Rn. 11). Alle **anderen Partner** sind damit **aus der persönlichen Haftung** insoweit **entlassen.** Die Regelung gilt auch für neueintretende Partner, so dass diese nicht für Altfälle mithaften (Das Deutsche Bundesrecht, 851. Lieferung, Erl. zu § 8). Ebenso gilt sie für den sog. „Scheinpartner" (§ 8 Rn. 7; *Grams* AnwBl. 2001, 294; *ders.* BRAK-Mitt. 2003, 123; OLG München BB 2001, 592). Wird ein Mandat intern von einem angestellten Anwalt oder freien Mitarbeiter (→ BRAO § 2 Rn. 18 ff.), der nicht als Scheinpartner nach außen in Erscheinung tritt, bearbeitet, soll nur der Partner persönlich haften, der den Mitarbeiter zu überwachen hatte (RegE, BT-Drs. 13/9821). Wird ein Mandat nicht oder nicht rechtzeitig bearbeitet, soll nach der Gesetzesbegründung der Partner persönlich haften, der nach der internen Zuständigkeitsregelung für die Bearbeitung zuständig gewesen wäre. Gleiches dürfte bei Schadensersatzansprüchen aus § 44 BRAO gelten. Da es sich in diesen Fällen um dem Mandanten unbekannte interne Zuständigkeitsregelungen handelt, die von ihm nur durch Geltendmachung eines **Auskunftsanspruchs** in Erfahrung gebracht werden können, hält ein Teil der Literatur dies für unzutreffend (Michalski/*Römermann,* 3. Aufl. 2005, § 8 Rn. 29). Jedenfalls dann, wenn der Auskunftsanspruch nicht erfüllt wird, bleibt es bei der persönlichen Haftung aller Partner (Abs. 1). Gleiches gilt, wenn tatsächlich keiner der Partner mit der Angelegenheit befasst war und auch keine Zuordnung durch eine interne Zuständigkeitsverteilung möglich ist (*Grams* BRAK-Mitt. 2003, 123). Ein Partner, der einen Auftrag nicht selbst bearbeitet und von dem sachbearbeitenden Partner nicht hinzugezogen wird, obwohl dies nach der internen Zuständigkeitsverteilung geboten gewesen wäre, ist als mit der Angelegenheit nicht befasst anzusehen (OLG Hamm BRAK-Mitt. 2010, 165). 10

Die gesetzliche Handelndenhaftung ist ein wichtiger Schritt zur Vereinfachung und zu mehr Rechtsklarheit gegenüber der früheren vertraglichen Handelndenhaftung. Eine **Pflichtversicherung der Partnerschaft neben der der einzelnen Partner** (vgl. zB § 51 BRAO, § 45 PAO) ist nach dem PartGG an diese Regelung **nicht zu koppeln,** da der oder die handelnden Partner unbeschränkt persönlich haften und insoweit kein Unterschied zur persönlichen Haftung des in Einzelpraxis tätigen Freiberuflers besteht. Im Gegenteil: Der Auftraggeber (Mandant, Patient etc) steht hier sogar besser, denn er hat als Haftungsmasse zusätzlich noch die Partnerschaft mit ihrem Vermögen (Bericht des BT-Rechtsausschusses, BT-Drs. 13/10955, 13). Die berufsrechtlichen Pflichtversicherungsregeln (vgl. zB § 51 BRAO) gelten jedoch fort. Auch bei der Partnerschaftsgesellschaft ist aber in versicherungsvertraglicher Hinsicht die Regelung des § 12 AVB zu beachten, wonach der Versicherungsfall eines Partners als Versicherungsfall aller Partner gilt (*Grams* BRAK-Mitt. 2003, 123; → BRAO § 51 Rn. 11). 11

a) Auftrag. Der Begriff des Auftrags ist nicht eng iSd § 662 BGB zu verstehen, sondern erfasst **jedes Vertragsverhältnis, das die Grundlage für die freiberufliche Tätigkeit bildet** (Henssler/Prütting/*Henssler* § 8 Rn. 31). Bei Rechtsanwälten ist ein Auftrag iSd Abs. 2 das **anwaltliche Mandat.** Die Haftungskonzentration des Abs. 2 bezüglich dieses Auftrags umfasst alle vertraglichen Schadensersatzansprüche (§§ 241 Abs. 2, 280 BGB) wie auch Ansprüche aus c. i. c. (§ 311 Abs. 2 BGB), aus Delikt und Ansprüche Dritter aus Mandaten mit Schutzwirkung zu deren Gunsten (*Grams* BRAK-Mitt. 2003, 123). Befassung bedeutet, dass der Partner den Auftrag selbst bearbeitet oder die Bearbeitung durch einen Dritten, zB einen Stationsreferendar, überwacht hat oder dies nach der internen Zuständigkeitsverteilung hätte tun müssen (*Seibert* BRAK-Mitt. 1998, 210). **Pflichtwidrige Untätigkeit befreit also nicht von** der gesetzlichen 12

Handelndenhaftung. Die Regelung setzt somit voraus, dass zumindest ein Partner mit dem Auftrag befasst war oder sich hätte befassen müssen, damit zumindest ein Partner die persönliche Verantwortung und Haftung für den Berufsfehler trägt. Haben mehrere Partner den Auftrag bearbeitet, haften sie gesamtschuldnerisch. **Ausgenommen** davon sind aber **Bearbeitungsbeiträge von untergeordneter Bedeutung,** sie gelten kraft Gesetzes nicht als Befassung mit der Sache. Von untergeordneter Bedeutung sind zB Urlaubsvertretungen ohne eigene inhaltliche Bearbeitung oder geringfügige Beiträge aus nur am Rande betroffene Berufsfelder (zB konsiliarische Beiziehung) und vertretungsweise vorgenommene Unterzeichnung von durch den Sachbearbeiter entworfene Schriftsätze. Ein Beitrag, der selbst den Berufsfehler „mitgesetzt" hat, ist nicht untergeordnet (*Grams* BRAK-Mitt. 2003, 123; *Jawansky* DB 2001, 2281). Aus Gründen des Erfordernisses der Klarheit für den Auftraggeber obliegt der Partnerschaftsgesellschaft die Darlegungs- und Beweislast, dass die Haftung beschränkt ist und wer intern mit dem Fall tatsächlich befasst war (*Seibert* BRAK-Mitt. 1998, 210).

13 **b) § 8a Abs. 2 PartGG und § 51a Abs. 2 BRAO.** Die engere Haftungskonzentrationsregelung des § 51a Abs. 2 BRAO steht der Anwendung des § 8 Abs. 2 trotz §§ 1 Abs. 3, 6 Abs. 1 auf die anwaltlichen Partner nicht entgegen. § 8 Abs. 2 geht der Haftungskonzentrationsregelung des § 51a Abs. 2 BRAO insoweit als speziellere Regelung vor (*Grams* AnwBl. 2001, 294; *ders.* BRAK-Mitt. 2003, 123), damit es in interprofessionellen Partnerschaften nicht zu unterschiedlichen Anforderungen an die Haftungsbeschränkung kommt. Die **Partnerschaft kann** danach einen **einzelnen verantwortlichen und persönlich haftenden Partner benennen.** Sie kann auch eine abstrakte Formulierung wählen und ohne namentliche Nennung eine bestimmte Gruppe von Partnern umschreiben – zB alle anwaltlichen Partner –, die für die konkrete berufliche Leistung verantwortlich sind und auf die die persönliche Haftung beschränkt sein soll. Für den Auftraggeber ist damit klar, an wen er sich im Schadensfalle persönlich halten kann. Im Übrigen wird durch diese Regelung eine individualvertragliche Haftungsbeschränkung – soweit dies nach den berufsrechtlichen Regelungen zulässig ist (vgl. zB § 51a BRAO, § 45a PAO) – nicht berührt (BT-Rechtsausschuss, BT-Drs. 12/7642, 12).

14 **c) Ausschluss der Handelndenhaftung. Nicht** von der Handelndenbeschränkung des Abs. 2 **erfasst sind Schadensersatzpflichten** der Partnerschaftsgesellschaft, die nicht aus der fehlerhaften Berufsausübung resultieren, sondern **aus den sonstigen Rechtsbeziehungen** der Partnerschaftsgesellschaft, wie zB aus dem Mietverhältnis bezüglich der Büroräume der Gesellschaft oder aus dem Bankdarlehen, das von der Partnerschaft nicht fristgemäß zurückgezahlt wird. Insoweit bleibt es bei der gesamtschuldnerischen Haftung aller Partner entsprechend Abs. 1 (Das Deutsche Bundesrecht, 851. Lieferung, Erl. zu § 8). Die Haftungskonzentration erfasst auch nicht Erfüllungsansprüche zB nach § 667 BGB und bietet daher keinen Schutz der anderen Partner vor Ansprüchen wegen Veruntreuung von Fremdgeldern durch einen Partner (*Grams* AnwBl. 2001, 295).

15 **2. Berufsrechtsvorbehalt für Höchstbeträge (Abs. 3). a) Berufsrechtsvorbehalt.** Nach Abs. 3 soll eine gesetzliche **Beschränkung der Haftung** für Ansprüche aus Schäden wegen fehlerhafter Berufsausübung **auf einen bestimmten Höchstbetrag** einer **Regelung in berufsrechtlichen Vorschriften vorbehalten** bleiben. Auch dieser Berufsrechtsvorbehalt hat in erster Linie klarstellenden Charakter, und soll im Übrigen im Hinblick auf die Rechte der einzelnen Berufe, die in Landesgesetzen enthalten sind, die diesbezügliche Regelungskompetenz des Landesgesetzgebers sicherstellen. Die Vorschrift beschränkt nicht bereits nach allgemeinen schuldrechtlichen Grundsätzen mögliche Haftungsbeschränkungsvereinbarungen.

16 Eine Regelung iSd Abs. 3 könnte **neben den vertraglichen auch deliktische Ansprüche** erfassen. Sie kann unter dem Gesichtspunkt vertretbar oder geboten sein, dass in einigen Freien Berufen sehr hohen Schadensersatzrisiken eine Beschränkung der Honorare durch das Gebührenrecht gegenübersteht. Ein solcher Haftungshöchstbetrag wird für die verschiedenen Freien Berufe unterschiedlich festzulegen sein, so dass eine einheitliche Regelung im Partnerschaftsgesellschaftsgesetz nicht angemessen wäre. Eine Regelung im PartGG, die für jeden Freien Beruf im Sinne dieses Gesetzes einen gesonderten Haftungshöchstbetrag festlegt, wäre sehr unübersichtlich und erscheint daher ebenfalls nicht sachgerecht. Zudem handelt es sich bei der Frage der Begrenzung der Haftung von Angehörigen Freier Berufe auf einen bestimmten Höchstbetrag nicht um ein spezielles Problem der Partnerschaft. Deshalb sollen die berufsrechtlichen Vorschriften eine solche Haftungsbegrenzung regeln, wenn sie für erforderlich erachtet wird. Be-

stimmungen zur summenmäßigen Haftungsbegrenzung enthalten zB § 51a BRAO, § 45a PAO, § 54a WPO und § 67a StBerG. Über die dort vorgesehenen Möglichkeiten zur vertraglichen Haftungsbeschränkung hinaus können die Rechte der einzelnen Berufe auch eine Haftungshöchstsumme von Gesetzes wegen festlegen; Abs. 3 enthält insoweit keine Einschränkung. Die **Möglichkeit zur Haftungsbeschränkung** soll nur dem **formellen Gesetzgeber** zustehen. Damit soll vor allem einer Rechtszersplitterung durch divergierendes Satzungs- und Kammerrecht entgegengewirkt werden.

Außerdem soll die Beschränkung der Haftung auf einen bestimmten Höchstbetrag nur zugelassen werden, wenn gleichzeitig eine Pflicht zum Abschluss einer **Berufshaftpflichtversicherung** eingeführt wird. Damit soll den Interessen des Gläubigerschutzes Rechnung getragen werden. Da auch diese Pflicht nur durch den formellen Gesetzgeber begründet werden kann, ist sichergestellt, dass es sich um eine Pflichtversicherung iSd §§ 158b ff. VVG handelt. Bereits gegenwärtig finden sich Regeln zur Haftsummenbeschränkung im formellen Recht (so zB § 51 BRAO, § 67 StBerG, § 54 Abs. 1 WPO). Dies gewährleistet, dass der Haftpflichtversicherer grundsätzlich unabhängig vom Vertragsverhältnis zum Versicherten dem Geschädigten gegenüber zur Leistung verpflichtet bleibt. 17

Die Pflicht zum Abschluss einer Berufshaftpflichtversicherung ist entweder den Partnern oder der Partnerschaft aufzuerlegen; eine Versicherungspflicht sowohl der Partnerschaft als auch aller Partner scheint zur hinreichenden Absicherung der Gläubiger nicht erforderlich (Bundesregierung, BT-Drs. 12/6152, 18). 18

b) Regelung nach BRAO, PAO und StBerG. Die in § 8 Abs. 3 geforderte berufsrechtliche Regelung durch Gesetz besteht zB für Rechtsanwälte in § 51a Abs. 1 BRAO, für Patentanwälte in § 45a Abs. 1 PAO und für Steuerberater in § 67a Abs. 1 StBerG. Insoweit vgl. Anm. zu § 51a BRAO, § 45a PAO und die Fachkommentare zum StBerG. 19

V. Haftungsbeschränkung für die Partnerschaft

Am 19.7.2013 ist das Gesetz zur Einführung einer Partnerschaftsgesellschaft mit beschränkter Berufshaftung und zur Änderung des Berufsrechts der Rechtsanwälte, Patentanwälte, Steuerberater und Wirtschaftsprüfer vom 13.6.2013 in Kraft getreten (BGBl. I S. 2386). Damit steht den Freien Berufen die **Partnerschaftsgesellschaft mit beschränkter Berufshaftung** für die berufliche Zusammenarbeit zur Verfügung. Es handelt sich um keine neue Rechtsform, sondern um eine **Rechtsformvariante** der Partnerschaftsgesellschaft. Anders als bei der Partnerschaftsgesellschaft bisheriger Prägung **haftet bei Schäden wegen fehlerhafter Berufsausübung nur das Gesellschaftsvermögen.** 20

Für die Praxis insbesondere der wirtschaftsberatenden Berufe galt das Haftungskonzept der Partnerschaft als nicht ausreichend. Dies führte dazu, dass in den letzten Jahren viele deutsche Sozietäten in die Rechtsform der LLP wechselten. Dies war durchaus verständlich, wenn man berücksichtigt, dass bei der LLP die Haftung grundsätzlich auf das Vermögen der Gesellschaft beschränkt ist – also das Haftungsregime einer Kapitalgesellschaft gilt – und das Unternehmen gleichwohl der günstigeren personengesellschaftlichen Besteuerung unterliegt. Durch die Einführung der Partnerschaftsgesellschaft mit beschränkter Berufshaftung kann der Trend zur LLP aufgehalten werden. Ende 2014 gab es bereits rund 1650 Partnerschaftsgesellschaften mit beschränkter Berufshaftung. Davon sind 740 mit rechtsanwaltlicher Beteiligung verzeichnet. Mehr als 10.000 Rechtsanwälte nutzen die neue Rechtsform. Neben Großkanzleien sind auch sog. Boutiquen sowie kleine und mittelständische Kanzleien vertreten (DAV-Depesche Nr. 49/14 vom 11.12.2014). 21

Die **Begrenzung der Haftung** für Verbindlichkeiten aus Schäden wegen fehlerhafter Berufsausübung ist von **zwei Bedingungen** abhängig. Zum einen muss die Partnerschaft als solche eine zu diesem Zweck **durch Gesetz vorgegebene Berufshaftpflichtversicherung unterhalten.** Zum anderen muss der **Namenszusatz „mit beschränkter Berufshaftung" geführt** werden, wobei Abkürzungen erlaubt sind. Bislang gibt es vier Berufsgruppen, für die die in § 8 Abs. 4 S. 1 geforderte Regelung bzgl. einer Berufshaftpflichtversicherung getroffen worden ist: Rechtsanwälte (§ 51a BRAO), Patentanwälte (§ 45a PatAO), Steuerberater (§ 67 StBerG) und Wirtschaftsprüfer (§ 54 WPO). Den sonstigen Freien Berufen ist die Beschränkung der Berufshaftung wegen Fehlens entsprechender Gesetze bezüglich der Haftungsbeschränkung verwehrt. 22

Die Haftungsbeschränkung bezieht sich auf Verbindlichkeiten der Partnerschaftsgesellschaft aus Schäden wegen fehlerhafter Berufsausübung. Von der Haftungsbeschränkung **nicht umfasst** sind 23

eigene Verbindlichkeiten der Partner; das sind bspw. solche, die die Partner im Rahmen der Mandatsbearbeitung im eigenen Namen neben ihrer beruflichen Tätigkeit in der Partnerschaft eingegangen sind oder die in Folge der Geltendmachung deliktischer Schadensersatzansprüche – auch wegen beruflicher Fehler im Rahmen der Mandatsbearbeitung für die Partnerschaft – gegen sie persönlich entstehen (BT-Drs. 17/10487, 14). Ferner sind von der Haftungsbeschränkung **nicht umfasst alle übrigen Verbindlichkeiten der Partnerschaftsgesellschaft.** In Betracht kommen Forderungen aus Arbeits-, Miet-, Leasing- oder anderen schuldrechtlichen Verträgen (BT-Drs. 17/10487, 14). Erforderlich für die Haftungsbeschränkung iSv § 8 Abs. 4 ist das Vorliegen einer Verbindlichkeit der Partnerschaft, also nicht nur eines einzelnen Partners. Wenn ein Partner mit einem bestimmten Mandanten – etwa wegen persönlicher Bekanntschaft – ein Einzelmandat abschließt oder wird ein Partner als Insolvenzverwalter, Testamentsvollstrecker etc tätig, fallen hieraus resultierende Verbindlichkeiten nicht unter die Haftungsbeschränkungsregelung. Der Gesellschaft zuzuordnen sind neben Verbindlichkeiten, die auf einem Vertrag der Gesellschaft mit Mandanten beruhen, auch Ansprüche aus deliktischen Handlungen der Partner, die in Ausführung einer „beruflichen" Verrichtung begangen wurden und der Gesellschaft analog § 31 BGB zugerechnet werden, bspw. Veruntreuung von Fremdgeld (*Offermann-Burckart* AnwBl. 2014, 474, 478 mwN). Deliktische Ansprüche, die sich gegen die handelnden Partner unmittelbar richten, sind nach dem Willen des Gesetzgebers nicht erfasst (BT-Drs. 17/10487, 14). Die Grenzziehung kann im Einzelfall sehr schwierig sein.

24 Bedingung für die Haftungsbeschränkung ist die Unterhaltung einer zu diesem Zweck durch Gesetz begründeten Berufshaftpflichtversicherung. Das Unterhalten einer Berufshaftpflichtversicherung ist so auszulegen, dass die **Versicherung in angemessener Höhe abgeschlossen** worden ist **und** im Zeitpunkt des schädigenden Ereignisses **auch noch besteht** (BT-Drs. 17/10487, 14). Bei der Anmeldung zum Partnerschaftsregister muss dem Registergericht gemäß § 4 Abs. 3 eine Versicherungsbescheinigung gemäß § 113 Abs. 2 VVG vorgelegt werden. Die Zuständigkeit des Registergerichts ergibt sich aus § 4 Abs. 1 iVm § 106 HGB analog.

25 Der Namenszusatz „mit beschränkter Berufshaftung" darf auch mit der Abkürzung „mbB" oder einer anderen allgemein verständlichen Abkürzung dieser Bezeichnung geführt werden. Im übrigen braucht die Partnerschaft neben dem Namen nicht den Begriff „Partnerschaft" zu führen, sondern darf den Zusatz „Part" oder „PartG" enthalten. Die haftungsbeschränkte Partnerschaft darf also als „PartG mbB" oder „Part mbB" auftreten (BT-Drs. 17/10487, 14). Nicht zulässig ist die Abkürzung „mbH". Sie ist zwar allgemein bekannt, wäre aber bei der Partnerschaftgesellschaft irreführend, da sie eine Weite der Haftungsbeschränkung suggerierte – nämlich hinsichtlich aller Verbindlichkeiten –, die über die tatsächliche Beschränkung hinaus ginge. Die Pflicht zu Angaben auf Geschäftsbriefen ergibt sich aus § 7 Abs. 5 iVm § 125a Abs. 1 S. 2 und Abs. 2 HGB. Sie erstreckt sich auch auf den die Haftungsbeschränkung hinweisenden Namenszusatz. Wird der auf die Haftungsbegrenzung hinweisende Namenszusatz im Zeitpunkt der Begründung des Mandatsverhältnisses nicht geführt, haften die handelnden Partner nach den Grundsätzen der Rechtsscheinhaftung gesamtschuldnerisch und persönlich neben dem Vermögen der Partnerschaft für berufliche Fehler. Dies gilt auch dann, wenn die PartGmbB solche richtiggehend im Partnerschaftsregister eingetragen ist (Gaier/Wolf/Göcken/*Keller* BRAO § 51a Rn. 24).

26 Auch bei der Partnerschaftsgesellschaft mit beschränkter Berufshaftung ist **im Partnerschaftsregister in der Rubrik „Rechtsform"** (Spalte 4, Buchst. A des Registers) **lediglich die Bezeichnung „Partnerschaft"** – ohne den Zusatz „mit beschränkter Berufshaftung" – **einzutragen** (OLG Nürnberg DNotZ 2014, 468). Zur Begründung wird angeführt, die PartGmbB sei lediglich eine Variante der Partnerschaftsgesellschaft. Die Beschränkung der Berufshaftung ergebe sich eindeutig aus dem im Namen der Partnerschaft enthaltenen Zusatz „mbB", der als Namensbestandteil ebenfalls im Partnerschaftsregister eingetragen sei. Die Entscheidung ist zutreffend. § 8 Abs. 4 fordert nämlich nur die Unterhaltung einer entsprechenden Berufshaftpflichtversicherung und den Namenszusatz „mbB". Dieser **um den Namenszusatz ergänzte** Partnerschaftsname ist **im Register einzutragen,** allerdings eben **nicht** in der Rubrik „Rechtsform".

27 Der **Insolvenzantragspflicht gemäß § 15a InsO unterliegt die PartGmbB nicht** (BT-Drs. 17/10487, 14). Das hat seinen Grund darin, dass es sich bei der PartGmbB nicht um eine „Gesellschaft ohne Rechtspersönlichkeit, bei der kein persönlich haftender Gesellschafter eine natürliche Person ist", handelt, denn die Partner haften für sonstige Verbindlichkeiten jenseits der Ansprüche aus Schäden wegen beruflicher Fehler unbegrenzt persönlich (so auch Gaier/Wolf/Göcken/*Keller* BRAO § 51a Rn. 26).

§ 9 Ausscheiden eines Partners; Auflösung der Partnerschaft

(1) **Auf das Ausscheiden eines Partners und die Auflösung der Partnerschaft sind, soweit im folgenden nichts anderes bestimmt ist, die §§ 131 bis 144 des Handelsgesetzbuchs entsprechend anzuwenden.**

(2) **(aufgehoben)**

(3) **Verliert ein Partner eine erforderliche Zulassung zu dem Freien Beruf, den er in der Partnerschaft ausübt, so scheidet er mit deren Verlust aus der Partnerschaft aus.**

(4) [1] **Die Beteiligung an einer Partnerschaft ist nicht vererblich.** [2] **Der Partnerschaftsvertrag kann jedoch bestimmen, daß sie an Dritte vererblich ist, die Partner im Sinne des § 1 Abs. 1 und 2 sein können.** [3] **§ 139 des Handelsgesetzbuchs ist nur insoweit anzuwenden, als der Erbe der Beteiligung befugt ist, seinen Austritt aus der Partnerschaft zu erklären.**

Übersicht

I. Grundsätzliche Anwendbarkeit des Rechts der OHG

1 Das Gesetz folgt auch hinsichtlich des Ausscheidens eines Partners und der Auflösung der Partnerschaft dem Prinzip, dass – soweit dies mit den Spezifika einer Gesellschaftsform für Freiberufler vereinbar ist – das bewährte Recht der OHG für entsprechend anwendbar erklärt wird (Abs. 1). **Modifikationen** gegenüber den Bestimmungen **der §§ 131–144 HGB** werden **nur insoweit** vorgenommen, **als sie der Verfestigung der Struktur der Partnerschaft dienen** (Abs. 4 S. 1), durch das spezifische Erfordernis bedingt sind, dass nur freiberuflich Tätige iSd § 1 Abs. 1 und 2 Partner sein können (Abs. 3 und 4 S. 2) und schließlich soweit das HGB-Recht auf die Einräumung einer Kommanditistenstellung Bezug nimmt, da letzteres im Rahmen der Partnerschaft nicht möglich ist (Abs. 4 S. 3). Ein darüber hinausgehender Anpassungsbedarf soll – wie bereits im Recht der Personenhandelsgesellschaften gängige Praxis – der Vertragsgestaltung überlassen bleiben (Bundesregierung, BT-Drs. 12/6152, 18, 19).

2 Ein **Ausscheiden eines Partners** liegt nur vor, wenn der betreffende Partner aus der fortbestehenden Partnerschaft ausscheidet und zwischen den verbleibenden Partnern und ihm eine **Auseinandersetzung** stattfindet (→ Rn. 13). **Bei Auflösung** der Partnerschaftsgesellschaft (→ Rn. 14 ff.) wandelt sich die Partnerschaft von einer werbenden Gesellschaft in eine **Abwicklungsgesellschaft** um (→ Rn. 21).

II. Ausscheiden eines Partners

3 Auf Grund der Verweisung von **§ 9 Abs. 1** auf die §§ 131–144 HGB (§§ 136–138 und 141, 142 HGB sind aufgehoben) wird der Grundsatz „Fortbestand der Gesellschaft vor Auflösung bei gesellschafterbezogenen Gründen" auch in das PartGG übertragen. **§ 9 Abs. 2,** sachlich übereinstimmend mit § 131 Abs. 2 HGB – jetzt Abs. 3 – der mit Gesetz vom 22.6.1998 (BGBl. I S. 1474, 1476) in das HGB eingefügt wurde, konnte daher mit Art. 11 desselben Gesetzes aufgehoben werden (Bundesregierung, BT-Drs. 13/8444, 81). Es gilt grundsätzlich die Regel **„Fortführung der Partnerschaft und Ausscheiden des Partners"** bei Veränderungen statt der früheren umgekehrten Regel nach dem HGB „Auflösung der Gesellschaft durch Austritt eines Gesellschafters" (Baumbach/*Hopt,* 36. Aufl. 2014, HGB § 131 Rn. 1). In einer Partnerschaft steht nicht die persönliche Verbundenheit der Partner im Vordergrund, sondern der gemeinsame Zweck der Berufsausübung. Durch das Ausscheiden eines Partners wird das „persönliche Band" zwischen den verbleibenden Partnern nicht in der Weise aufgelöst, dass diesen eine Fortsetzung der Partnerschaft nicht zugemutet werden kann (Henssler/Prütting/*Henssler* § 9 Rn. 2).

4 **1. Gründe für das Ausscheiden.** Auf Grund der Verweisung in § 9 Abs. 1 auf § 131 HGB führen nach § 131 Abs. 3 HGB folgende Gründe – vorausgesetzt es bestehen keine abweichenden vertraglichen Regelungen – zum Ausscheiden eines Partners:

5 **a) Tod des Partners.** Der Partner scheidet **mit seinem Tod** aus der Gesellschaft aus (§ 131 Abs. 3 Nr. 1 HGB). Dem steht die Todeserklärung gleich. Die Mitgliedschaft ist nicht ohne weiteres vererblich. Sie bestimmt sich nach Abs. 4 (→ § 9 Rn. 22 f.). Die Partnerschaft wird unter den verbleibenden Partnern fortgesetzt. Eine Zweipersonenpartnerschaft erlischt, wenn einer der Partner stirbt und der andere ihn allein beerbt, falls nicht auf Grund Vereinbarung beider Partner mit einem partnerschaftsfähigen (§ 1) Dritten dieser an die Stelle des Verstorbenen tritt (Baumbach/*Hopt,* 36. Aufl. 2014, HGB § 131 Rn. 19).

6 **b) Eröffnung des Insolvenzverfahrens.** Die **Eröffnung** des Insolvenzverfahrens über das Vermögen eines Partners führt mangels abweichender Bestimmung im Partnerschaftsgesellschaftsvertrag zum Ausscheiden des insolventen Partners (§ 131 Abs. 3 Nr. 2 HGB). **§ 146 Abs. 3 HGB,** wonach der Insolvenzverwalter an die Stelle des insolventen Gesellschafters tritt, ist **nicht entsprechend anwendbar,** selbst wenn der Insolvenzverwalter in seiner Person die Voraussetzungen des § 1 erfüllt. Der Insolvenzverwalter kann lediglich den Abfindungsanspruch für die Gläubiger des ausgeschiedenen Partners geltend machen (Henssler/Prütting/*Henssler* § 9 Rn. 5).

7 **c) Kündigung des Partners.** Wenn im Gesellschaftsvertrag nichts anderes vorgesehen ist, kann **jeder** Partner nach § 131 Abs. 3 Nr. 3 HGB **seine Partnerschaftsbeteiligung kündigen.** Er hat dies, vorbehaltlich einer abweichenden vertraglichen Regelung, unter Beachtung der Kündigungsfrist von sechs Monaten des § 132 HGB zum Ende des Geschäftsjahres zu tun. Ein fristloses Austrittsrecht aus wichtigem Grund besteht nicht; jedoch kann ein Partner auch eine gerichtliche Auflösung der Partnerschaftsgesellschaft aus wichtigem Grund nach § 133 HGB betreiben. Die Kündigungserklärung (§ 132 HGB) muss gegenüber den übrigen Partnern, nicht gegenüber der Partnerschaft erfolgen, aber auch insoweit kann der Partnerschaftsgesellschaftsvertrag abweichende Bestimmungen enthalten.

8 **d) Kündigung der Privatgläubiger eines Partners.** Da nach § 7 Abs. 2 iVm § 124 Abs. 2 HGB nur Gläubiger der Partnerschaftsgesellschaft, nicht aber Privatgläubiger eines Partners in das Vermögen der Partnerschaft vollstrecken können (→ § 7 Rn. 5), gestattet § 9 Abs. 1 iVm § 131 Abs. 3 Nr. 4 HGB unter den näheren Voraussetzungen des § 135 HGB dem **Privatgläubiger** die **Kündigung der Partnerschaftsbeteiligung** seines Schuldners, um so auf dessen Auseinandersetzungsguthaben (§ 717 S. 2 BGB) zugreifen zu können. Der Bestand der Partnerschaft wird durch diese Kündigung durch den Privatgläubiger nicht berührt. Der Partner scheidet mit der Kündigung seines Gläubigers aus der Partnerschaft aus.

9 **e) Vertragliche Vereinbarung weiterer Ausscheidungsgründe.** Nach § 9 Abs. 1 iVm § 131 Abs. 3 Nr. 5 HGB können die Partner **im Partnerschaftsgesellschaftsvertrag** über die nach § 9 Abs. 1 iVm § 131 Abs. 3 Nr. 1–4 HGB (→ § 9 Rn. 3 ff.) und § 9 Abs. 3 (→ § 9 Rn. 11) vorgesehenen Fälle hinaus **weitere Gründe zum Ausscheiden eines Partners** vorsehen. Dabei

sind die von der Rechtsprechung für die Personenhandelsgesellschaften konkretisierten Grenzen der Vertragsfreiheit entsprechend anzuwenden (Bundesregierung, BT-Drs. 12/6152, 19; vgl. Baumbach/*Hopt,* 36. Aufl. 2014, HGB § 131 Rn. 25, HGB § 140 Rn. 30 ff.). So kann der Partnerschaftsgesellschaftsvertrag vorsehen, dass an die Stelle der Ausschlussklage (§ 9 Abs. 1 iVm § 140 HGB) ein Partner **aus wichtigem Grund** durch Beschluss der Partner aus der Partnerschaft ausgeschlossen werden kann. Dabei kann der Partnerschaftsvertrag die Sachverhalte, in denen ein wichtiger Grund zu sehen ist, näher beschreiben, darf aber die Voraussetzungen des „wichtigen Grundes" iSd §§ 133, 140 HGB (vgl. Baumbach/*Hopt,* 36. Aufl. 2014, HGB § 133 Rn. 5 ff., HGB § 140 Rn. 5 ff.) dadurch nicht aushöhlen. So ist eine vertragliche Ausschlussklausel, die es den übrigen Partnern ermöglichen würde, einen oder mehrere Partner bei Vorliegen eines „sachlichen Grundes" auszuschließen, unwirksam gemäß § 138 BGB (LG Halle BeckRS 2006, 11019). Als partnerschaftsspezifischer **Ausschlussgrund** kann zB die **Aufgabe der aktiven Mitarbeit aus Altersgründen** oder **ständiger Krankheit** geregelt werden. Entsprechendes gilt hinsichtlich möglicher Auflösungsgründe (→ § 9 Rn. 14 ff.; BT-Drs. 12/6152, 19).

f) Ausschlussklage (§ 140 Abs. 1 HGB). Jeder Partner kann nach Abs. 1 iVm § 140 Abs. 1 HGB **durch gerichtliche Entscheidung** aus der Partnerschaft ausgeschlossen werden. Dies setzt voraus, dass in der Person des betroffenen Partners ein Umstand eingetreten ist, der für die übrigen Partner einen **Auflösungsgrund nach § 133 HGB** bildet. Den Partnern wird so die Möglichkeit eröffnet, trotz Vorliegens eines Auflösungsgrundes die Partnerschaft mit den übrigen Partnern fortzusetzen. Bleibt nach der Ausschließung auf Grund Ausschlussklage nur ein Partner über (§ 140 Abs. 1 S. 2 HGB), wird die Partnerschaft aufgelöst. Die Ausschließungsklage muss von allen übrigen Mitgesellschaftern als notwendige Streitgenossen (§ 62 ZPO; BGHZ 30, 197; 68, 84 = NJW 1977, 1013) erhoben werden. Die **Ausschließung** erfolgt **durch Gestaltungsurteil.** Das Ausschließungsrecht kann im Gesellschaftsvertrag erschwert oder sogar ganz beseitigt werden. Es bleibt dann nur die Auflösung (Henssler/Prütting/*Henssler* § 9 Rn. 20; BGHZ 51, 204 = NJW 1969, 793). 10

g) Beschluss der Partner. Nach § 9 Abs. 1 iVm § 131 Abs. 3 Nr. 6 HGB kann ein Partner durch Beschluss der Partner ausscheiden. Damit ist nicht gemeint, dass die Partner einen der Partner ohne dessen Zustimmung bzw. bei entsprechender Vertragsklausel nach freiem Ermessen ausschließen könnten. Ein solcher Gesellschafterbeschluss setzt mangels anderer Vereinbarung grundsätzlich Einstimmigkeit voraus (§ 6 Abs. 3 iVm § 119 HGB). Ein **Ausschluss gegen den Willen des Partners** ist **nur durch Ausschlussklage** nach § 9 Abs. 1 iVm §§ 140, 133 HGB bei wichtigem Grund in der Person des Partners oder bei entsprechender konkreter Ausschlussklausel im Partnerschaftsvertrag (→ Rn. 15) **möglich** (Baumbach/*Hopt,* 36. Aufl. 2014, HGB § 131 Rn. 26). Eine im Gesellschaftsvertrag nicht vorgesehene Ausschlusskündigung eines Partners ist als Austrittskündigung der übrigen Partner aufzufassen. Ein mit dem Austritt der übrigen Partner entstehendes Übernahmerecht kann der verbleibende Partner nur einheitlich ausüben (OLG Braunschweig MDR 1999, 1352). 11

h) Verlust der Berufszulassung. Abs. 3 regelt einen **partnerschaftsspezifischen Sonderfall des Ausscheidens** eines Partners kraft Gesetzes. Da die Partnerschaft nach § 1 Abs. 1 ein Zusammenschluss von Angehörigen Freier Berufe zur **Ausübung** ihrer Berufe ist, muss ein Partner nach Abs. 3 aus der Partnerschaft ausscheiden, wenn er die **Zulassung** zu dem Freien Beruf, den er in der Partnerschaft ausgeübt hat, **verliert.** Damit ist der **endgültige** Verlust der Berufszulassung gemeint, nicht nur eine vorübergehende Aufhebung oder ein Ruhen der Berufszulassung (wie zB bei Übertragung eines öffentlichen Amtes, das die gleichzeitige Berufsausübung ausschließt – § 47 BRAO, § 42 PAO – oder im Falle der §§ 6, 13 Bundesärzteordnung). Der Verlust der Berufszulassung muss **unanfechtbar festgestellt** sein. Verliert ein Partner auf Grund Vermögensverfalls schon vor der förmlichen Eröffnung des Insolvenzverfahrens seine Berufszulassung (vgl. § 14 Abs. 2 Nr. 7 BRAO), so greift bereits der Ausscheidensgrund nach Abs. 3 ein und nicht erst der nach Abs. 1 iVm § 131 Abs. 3 Nr. 2 HGB. Angehörige Freier Berufe, für die es keine Berufszulassung gibt, scheiden nicht kraft Gesetzes aus. Sie können gemäß Abs. 1 iVm § 140 HGB durch gerichtliche Entscheidung oder bei einer dementsprechenden Regelung im Partnerschaftsvertrag durch Beschluss ausgeschlossen werden. Unterbleibt ein Ausschluss und geht die betreffende Person nicht-freiberuflichen Tätigkeiten „unter dem Mantel" der freiberuflichen Partnerschaft nach, so kann dies eine wettbewerbsrechtlich relevante Handlung darstellen. 12

Für die **Abfindung** eines wegen Verlustes der Berufszulassung ausgeschiedenen Partners gelten die allgemeinen Rechtsgrundsätze einschließlich der Möglichkeiten, im Partnerschaftsvertrag davon abweichende Regelungen zu treffen (Bundesregierung, BT-Drs. 12/6152, 20).

13 **2. Rechtsfolgen des Ausscheidens.** Nach § 1 Abs. 4 bestimmen sich mangels abweichender Bestimmungen im PartGG die **Rechtsfolgen des Ausscheidens** eines Partners **nach BGB-Gesellschaftsrecht** (§§ 736–740 BGB). Tritt nicht gleichzeitig ein neuer Partner ein, der die bisherige Beteiligung des Ausscheidenden durch Rechtsgeschäft oder kraft Erbfolge erlangt, regelt sich die Auseinandersetzung der von den übrigen Partnern fortgesetzten Partnerschaft mit dem Ausgeschiedenen nach **§§ 738–740 BGB,** es sei denn im Partnerschaftsvertrag ist eine abweichende Regelung enthalten. Nach § 738 Abs. 1 BGB **wächst** demnach der **Anteil des ausscheidenden Partners den verbleibenden Partnern zu** (Baumbach/*Hopt,* 36. Aufl. 2014, HGB § 131 Rn. 39 f. Diese sind verpflichtet, dem Ausscheidenden die Gegenstände, die dieser der Gesellschaft zur Benutzung überlassen hat, zurückzugeben, ihn von den gemeinschaftlichen Schulden zu befreien und ihm dasjenige zu zahlen, was er bei der Auseinandersetzung erhalten würde, wenn die Partnerschaft zur Zeit seines Ausscheidens aufgelöst worden wäre. Die Berechnung des **Abfindungsguthabens** bestimmt sich ebenso wie die Zulässigkeit und Wirksamkeit von Abfindungsklauseln entsprechend den im übrigen Personengesellschaftsrecht entwickelten Grundsätzen (Bundesregierung, BT-Drs. 12/6152, 20; vgl. BGH NJW 1985, 192; BGHZ 116, 369; Baumbach/*Hopt,* 36. Aufl. 2014, HGB § 131 Rn. 48 ff.). Nach § 9 Abs. 1 iVm § 143 Abs. 2 HGB ist das Ausscheiden eines Partners zum Partnerschaftsregister **anmeldepflichtig** (→ § 4 Rn. 7).

III. Auflösung der Partnerschaft

14 **1. Auflösungsgründe.** Entsprechend dem Grundsatz „Fortbestand der Partnerschaft vor Auflösung" bei partnerbezogenen Gründen soll die **Auflösung der Partnerschaft** die **Ausnahme** sein, vielmehr soll bei solchen Gründen der die Ursache der „Störung" der Partnerschaft setzende Partner ausscheiden (→ § 9 Rn. 3 ff.). Von daher gibt es nur wenige eng umgrenzte Auflösungsgründe:

15 **a) Gerichtliche Entscheidung.** Die Partnerschaft wird nach § 9 Abs. 1 iVm §§ 131 Abs. 1 Nr. 4, 133 HGB **durch gerichtliche Entscheidung** aufgelöst. Jeder Partner kann bei Vorliegen eines **wichtigen Grundes** entsprechend § 133 HGB die Auflösung der Partnerschaft durch das Gericht beantragen. Ein Ausschluss dieses Rechts ist nach § 133 Abs. 3 unzulässig; wohl aber kann vertraglich die Auflösung erleichtert werden, indem bestimmte Ereignisse oder Verhaltensweisen stets als wichtiger Grund bezeichnet werden. Zwecks Erhalt der Partnerschaft kann der Partnerschaftsvertrag aber auch bestimmte Verhaltensweisen oder Ereignisse als wichtigen Grund ausschließen, sofern damit das Kündigungsrecht des Partners (§ 131 Abs. 3 Nr. 3 HGB) nicht unzulässig beschränkt (vgl. Baumbach/*Hopt,* 36. Aufl. 2014, HGB § 133 Rn. 18, 19) wird, zB er andere Abhilfen vorsieht. Statt der Auflösungsklage nach § 133 HGB kann der Partnerschaftsgesellschaftsvertrag so die normale Kündigung aus wichtigem Grund mit Ausscheiden (→ § 9 Rn. 7, 9) zulassen. Ganz allgemein gilt bezüglich der Befugnis zur Auflösungsklage entsprechend § 133 HGB das **Prinzip des Vorrangs von Abhilfemaßnahmen,** die den Fortbestand der Gesellschaft sichern (vgl. BGHZ 80, 346). Dies heißt insbesondere, dass **in der Regel keine Auflösung** zu erfolgen hat, wenn eine Ausschließung des Auflösungsklägers gerechtfertigt ist (→ § 9 Rn. 10) oder dessen Austritt für ihn zumutbar ist. Auf Grund der **angestrebten Strukturverfestigung** kommt diesen Grundsätzen im Rahmen der Partnerschaft besondere Bedeutung zu (Bundesregierung, BT-Drs. 12/6152, 19).

16 Ein **wichtiger Grund** zur Auflösung liegt demnach vor, wenn das Zusammenwirken der Gesellschafter zur Erreichung des Partnerschaftszweckes dergestalt beeinträchtigt ist, dass dem Kläger die **Fortführung der Partnerschaft nicht mehr zumutbar** ist. Dabei ist die Gesamtheit der Umstände zu würdigen, die Interessen der Beteiligten umfassend gegeneinander abzuwägen. Insbesondere das Florieren einer Partnerschaft fällt gegen deren Auflösung ins Gewicht, schließt sie aber nicht aus. Eine gerade gegründete Partnerschaft ist eher auflösbar als eine ältere, in die die Partner einen Großteil ihres Berufslebens eingebracht haben. Die unrentable oder kränkelnde Partnerschaft wird in der Regel eher auflösbar sein als eine erfolgreiche, bei der erhebliche wirtschaftliche Werte und der in ihr verkörperte Goodwill bei einer Auflösung

zerschlagen werden müsste. Gerade wenn solche Gründe gegen eine Auflösung sprechen, ist eingehend zu prüfen, ob nicht eine Ausschließung des Auflösungsklägers gerechtfertigt ist (→ § 9 Rn. 10) oder dessen Austritt (→ § 9 Rn. 7) für ihn zumutbar ist (Baumbach/*Hopt,* 36. Aufl. 2014, HGB § 133 Rn. 5; Henssler/Prütting/*Henssler* § 9 Rn. 37).

b) Zeitablauf. Nach § 9 Abs. 1 iVm § 131 Abs. 1 Nr. 1 HGB wird die Partnerschaft aufgelöst durch den **Ablauf der Zeit,** für welche sie eingegangen ist. Da die Partnerschaft auf gemeinschaftliche Berufsausübung, dh regelmäßig auf Dauer ausgerichtet ist, wird es sich um eine seltene Ausnahme handeln (Henssler/Prütting/*Henssler* Rn. 32). 17

c) Beschluss der Partner. Nach § 9 Abs. 1 iVm § 131 Abs. 1 Nr. 2 HGB können die Partner jederzeit die Auflösung der Partnerschaft beschließen. Diese ist wie jede Vertragsänderung in der Regel **einstimmig zu beschließen** (§ 6 Abs. 3 iVm § 119 Abs. 1 HGB). Jedoch kann auch insoweit im Partnerschaftsvertrag das Mehrheitsprinzip festgelegt werden (§ 6 Abs. 3 iVm § 119 Abs. 2 HGB). Soweit im Partnerschaftsvertrag nichts anderes bestimmt ist, ist der **Beschluss formfrei** (Henssler/Prütting/*Henssler* § 9 Rn. 33). Ganz ausnahmsweise kann Zustimmungspflicht zum Auflösungsbeschluss bestehen, zB aus dem Gesichtspunkt der Treuepflicht bei dauerhaft unrentabler Partnerschaft. Ein mehrheitlicher Auflösungsbeschluss kann aber auch gegen die Treuepflicht der Partner verstoßen (Baumbach/*Hopt,* 36. Aufl. 2014, HGB § 131 Rn. 12 iVm HGB § 109 Rn. 23 ff.). 18

d) Eröffnung des Insolvenzverfahrens über das Vermögen der Partnerschaftsgesellschaft. Nach § 9 Abs. 1 iVm § 131 Abs. 1 Nr. 3 HGB wird die Partnerschaftsgesellschaft **durch Eröffnung des Insolvenzverfahrens über ihr Vermögen aufgelöst** (§ 11 Abs. 2 Nr. 1 InsO). Der Auflösungsgrund ist **zwingend,** da nach der Eröffnung des Insolvenzverfahrens das Vermögen der Partnerschaft in erster Linie zur Befriedigung der Partnerschaftsgläubiger verwendet werden muss. Verbleibt nach Beendigung des Insolvenzverfahrens ein Überschuss, kann sich eine Abwicklung anschließen (BGHZ 93, 164 = NJW 1985, 1468; Henssler/Prütting/*Henssler* § 9 Rn. 34). Nicht zwingend ist die Auflösung schon bei Antragstellung auf Eröffnung des Insolvenzverfahrens (§ 13 InsO), Anordnung von Sicherungsmaßnahmen und Bestellung eines vorläufigen Insolvenzverwalters (§§ 21, 22 InsO; Baumbach/*Hopt,* 36. Aufl. 2014, HGB § 131 Rn. 13). Es steht den Partnern aber frei, die Auflösung durch den Partnerschaftsvertrag auch für diese Fälle vorzusehen (Bundesregierung, BT-Drs. 12/6152, 19 zur Ablehnung des Antrages auf Eröffnung des Konkursverfahrens über das Vermögen der Partnerschaft mangels Masse). Nach §§ 2 Abs. 2, 9 Abs. 1 iVm §§ 32, 143 Abs. 1 S. 2 und 3 HGB erfolgt die **Eintragung der Eröffnung des Insolvenzverfahrens** über das Vermögen der Partnerschaftsgesellschaft **im Partnerschaftsregister** (§§ 4, 5) **von Amts wegen.** Wird das Insolvenzverfahren nach Auflösung der Partnerschaft auf Antrag des Schuldners eingestellt (§§ 212, 213 InsO) oder nach Bestätigung eines Insolvenzplans, der den Fortbestand der Partnerschaft vorsieht, aufgehoben, dann können die Partner nach § 9 Abs. 1 iVm § 144 Abs. 1 HGB die Fortsetzung der Partnerschaft beschließen. Die **Fortsetzung ist zur Eintragung** in das Partnerschaftsregister **anzumelden** (§ 144 Abs. 2 HGB; Henssler/Prütting/*Henssler* § 9 Rn. 36). Ein **Insolvenzverfahren** über das Vermögen **der Partnerschaftsgesellschaft unterbricht** einen Prozess **nicht für das Vermögen der Partner** (§ 240 ZPO); dies gilt auch umgekehrt. 19

e) Vereinbarung im Partnerschaftsvertrag. Neben den gesetzlichen Auflösungsgründen können die Partner im Partnerschaftsvertrag **weitere Auflösungsgründe** für andere Fälle verbindlich vorsehen (→ § 9 Rn. 9). 20

2. Rechtsfolgen der Auflösung. Die **Auflösung** der Partnerschaftsgesellschaft bedeutet in der Regel nicht die Beendigung der Partnerschaft, sondern eine bloße **Zweckänderung von einer werbenden in eine abwickelnde Tätigkeit.** An die Auflösung schließt sich die Liquidation unter den Partnern nach § 10 an. Die Partnerschaft ist erst beendet, wenn ihr gesamtes Vermögen verteilt ist (Henssler/Prütting/*Henssler* § 9 Rn. 40). 21

IV. Erbfall (Abs. 4)

Abs. 4 regelt die **Vererbung von Beteiligungen** an einer Partnerschaft. S. 1 ist eine Konsequenz daraus, dass nach Abs. 1 iVm § 131 Abs. 3 Nr. 1 HGB der Tod eines Partners nicht zur Auflösung der Gesellschaft führt. Denn damit gilt zunächst, dass der Erbe der Beteiligung – wie 22 etwa beim Tode eines Kommanditisten – kraft Erbfolge Mitglied der werbenden Gesellschaft würde. Da es aber dem besonderen Vertrauensverhältnis, in dem die Partner innerhalb der Partnerschaft stehen, widersprechen würde, wenn die verbleibenden Partner ohne Einfluss darauf wären, wer als Nachfolger eines verstorbenen Partners in die Partnerschaft eintritt, ist durch die Normierung der Beteiligung als „unvererblich" der auch im Personengesellschaftsrecht ansonsten geltende Grundsatz wiederherzustellen. Danach kann eine **Beteiligung nur dadurch „vererblich"** gestellt werden, dass der **Gesellschaftsvertrag dies anordnet** (§ 139 HGB).

23 S. 2 enthält eine Einschränkung der Möglichkeit, die Beteiligung an einer Partnerschaft mittels Partnerschaftsvertrages „vererblich" zu stellen, deren Legitimation sich aus dem Wesen der Partnerschaft als Gesellschaftsform ausschließlich für freiberuflich tätige Personen ergibt. Mit S. 2 soll sichergestellt werden, dass die Beteiligung an einer Partnerschaft **nur an solche Personen vererbt** werden kann, die **taugliche Partner** iSd PartGG (§ 1 Abs. 1 und 2) sind, dh die – wie dies für Gründungsmitglieder erforderlich ist – mit ihrem Einrücken in die Partnerschaft in dieser eine freiberufliche Tätigkeit ausüben, ohne dass sie denselben Freien Beruf ausüben müssen wie der Erblasser. Die Eignung als Partner ist partnerschaftsvertraglich also als Voraussetzung für die Nachfolge auszugestalten. Weitere Voraussetzungen stellt das Gesetz nicht auf, so dass es auch insoweit Aufgabe des Rechts der einzelnen Berufe ist, den Eintritt – aus Sicht des Berufsrechts – „unerwünschter" Freiberufler zu untersagen (vgl. zB § 59a BRAO, § 52a PAO). Im Übrigen kann natürlich auch der Partnerschaftsvertrag strengere Anforderungen an die Person des Erben als Nachfolger des verstorbenen Partners stellen. So kann etwa vorgesehen werden, dass die Vererbung nur an einen Angehörigen eines Freien Berufs möglich ist, der bereits in der Partnerschaft vertreten ist. Vereinbaren die Partner – unter Beachtung von S. 2 – im Partnerschaftsvertrag eine sog. **qualifizierte Nachfolgeklausel,** nach der gesellschaftsrechtlich nur einer von mehreren Miterben die Nachfolge des verstorbenen Partners antreten kann, so gelten wiederum die zum Personengesellschaftsrecht entwickelten Rechtsgrundsätze entsprechend. Danach erwirbt der partnerschaftsvertraglich allein zugelassene Miterbe die Beteiligung des verstorbenen Partners unmittelbar im ganzen im Wege der Vollnachfolge und nicht nur in Höhe seiner Erbquote. Diese behält die volle ihr nach Erbrecht zukommende Bedeutung für die Ansprüche der Miterben untereinander – einschließlich des Gesellschafter-Erben – auf Wertausgleich (so BGHZ 68, 225, 237 f.) für die Personenhandelsgesellschaften (Bundesregierung, BT-Drs. 12/6152, 21). Wird ein Erbe entsprechend den Bestimmungen des Partnerschaftsvertrages **Nachfolger des Erblassers** in der Partnerschaft, kann er **ohne Einhaltung einer Kündigungsfrist seinen Austritt** aus der Partnerschaft erklären (§ 139 Abs. 2 HGB). Nach § 139 Abs. 5 HGB kann dieses **Austrittsrecht des Erben** im Partnerschaftsvertrag weder erschwert noch ausgeschlossen werden. **Abfindungsansprüche** der nicht nachfolgenden Miterben nach Gesellschaftsrecht entstehen gegen die Partnerschaft **nicht.** Erbrechtlich ist dagegen der Zuvielempfang des allein nachfolgenden Erben gegenüber den Miterben gemäß den Erbquoten auszugleichen (Baumbach/*Hopt,* 36. Aufl. 2014, HGB § 139 Rn. 17, 18).

24 Wird die Partnerschaft **ohne den Erben** (die Erben) fortgeführt, so gilt wiederum § 738 BGB entsprechend: Der **Anteil** des verstorbenen Partners **wächst den übrigen Gesellschaftern** zu; der Auseinandersetzungsanspruch fällt in den Nachlass. Möglichkeiten und Grenzen partnerschaftsvertraglicher Abweichungen bestimmen sich nach den zum (bisherigen) Personengesellschaftsrecht entwickelten Grundsätzen (vgl. ua BGHZ 22, 186, 194 = NJW 1957, 180; BGH BeckRS 1971, 31081173 = MittBayNot 1972, 27, nur Ls.; Bundesregierung, BT-Drs. 12/6152, 21; zu den Einzelheiten vgl. auch Baumbach/*Hopt,* 36. Aufl. 2014, HGB § 131 Rn. 58 ff.).

V. Anteilsübertragung

25 Bezüglich der Anteilsübertragung kann das **Gesetz** auf eine **ausdrückliche Normierung verzichten,** da auch hier die zum Personengesellschaftsrecht von der Rechtsprechung entwickelten Grundsätze (vgl. Baumbach/*Hopt,* 36. Aufl. 2014, HGB § 105 Rn. 69 ff.) entsprechend angewandt werden können. Demnach ist eine **Anteilsübertragung grundsätzlich möglich.** Zur Wahrung der Interessen der übrigen Partner setzt diese jedoch voraus, dass sie **im Partnerschaftsvertrag zugelassen** ist oder dass **alle übrigen Partner** der Übertragung **zustimmen** (vgl. nur BGHZ 13, 179, 185 f.; 24, 106, 114 = NJW 1957, 1026). Allerdings ergibt sich wiederum eine partnerschaftsspezifische Besonderheit. Ähnlich wie beim partnerschaftsvertraglich eröffneten Eintritt des Erben als neuer Partner ist auch bei der Anteilsübertragung zu beachten,

dass diese nicht zu einer Umgehung der Erfordernisse des § 1 Abs. 1 und 2 führen darf. **Zulässig** ist also **nur eine Anteilsübertragung an eine Person, die** – weil innerhalb der Partnerschaft freiberuflich tätig – **auch Gründungspartner sein könnte.** Da dies bereits § 1 Abs. 1 und 2 iVm dem Rechtsgrundsatz des § 134 BGB entnommen werden kann, wird auf eine (nochmalige) ausdrückliche, Normierung verzichtet. Zur Aufgabe der Berufsrechte gilt das zur erbrechtlichen Nachfolge Gesagte entsprechend (Bundesregierung, BT-Drs. 12/6152, 21).

§ 10 Liquidation der Partnerschaft; Nachhaftung

(1) **Für die Liquidation der Partnerschaft sind die Vorschriften über die Liquidation der offenen Handelsgesellschaft entsprechend anwendbar.**

(2) **Nach der Auflösung der Partnerschaft oder nach dem Ausscheiden des Partners bestimmt sich die Haftung der Partner aus Verbindlichkeiten der Partnerschaft nach den §§ 159, 160 des Handelsgesetzbuchs.**

Übersicht

I. Regelungsgegenstand

Die Vorschrift behandelt die Liquidation der Partnerschaft und die Frage der weiteren Haftung der Partner für Verbindlichkeiten der Partnerschaft nach deren Ausscheiden bzw. nach Auflösung der Partnerschaft. In beiden Fällen wird wiederum auf das weitgehend bewährte Recht der OHG verwiesen (Bundesregierung, BT-Drs. 12/6152, 21). 1

II. Liquidation der Partnerschaft

Abs. 1 ordnet die **entsprechende Geltung der §§ 145–158 HGB** an. Dies bedeutet, dass nach der Auflösung der Partnerschaft die **Liquidation** stattfindet (→ § 9 Rn. 14 ff.), sofern nicht eine andere Art der Auseinandersetzung von den Partnern vereinbart worden ist (BGH Beschluss vom 11.5.2009 – II ZR 210/09 nv), oder über das Vermögen der Gesellschaft das Insolvenzverfahren eröffnet ist. 2

1. Liquidatoren. Die Liquidation erfolgt grundsätzlich durch **sämtliche Partner** als Liquidatoren; partnerschaftsvertraglich oder durch Beschluss der Partner **kann** sie jedoch **einzelnen Partnern oder anderen Personen übertragen** werden (Abs. 1 iVm § 146 HGB). Aus wichtigem Grund kann die Ernennung und Abberufung von Liquidatoren auch durch das Gericht erfolgen (Abs. 1 iVm § 146 Abs. 2 und § 147 HGB). 3

§ 145 Abs. 2, § 146 Abs. 2 S. 2 und Abs. 3 und § 148 Abs. 1 Satz 3 HGB basieren auf der Annahme, dass die Kündigung des Gläubigers eines Gesellschafters, die Eröffnung des Insolvenzverfahrens über das Vermögen eines Gesellschafters sowie der Tod eines Gesellschafters zur Auflösung der Gesellschaft führen. Sie kommen für die Partnerschaft nur dann zur Anwendung, wenn partnerschaftsvertraglich ausnahmsweise entgegen § 9 Abs. 1 iVm § 131 Abs. 3 HGB (→ § 9 Rn. 8) bestimmt ist, dass die genannten Umstände keine Ausscheidens-, sondern Auflösungsgründe sind (BT-Drs. 12/6152, 22). 4

Das Gesetz (Abs. 1 iVm § 146 HGB) enthält keine ausdrückliche Bestimmung darüber, welche Personen außer den Partnern zu Liquidatoren gekoren oder bestellt werden können. Da aber insbesondere die Beendigung der laufenden Geschäfte (Abs. 1 iVm § 149 S. 1 HGB) in Form freiberuflicher Leistungserbringung nur durch Personen erfolgen kann, die die dafür erforderliche Zulassung und Qualifikation innehaben, kommen als **Liquidatoren** – neben den Partnern – vorrangig solche Personen in Betracht, die ebenfalls einen **Freien Beruf ausüben,** den einer der Partner innerhalb der Partnerschaft ausgeübt hat. Im Falle der Bestellung von Liquidatoren wird 5 das Gericht diesem Umstand Rechnung tragen; bei gekorenen Liquidatoren wirkt bereits das Interesse der Partner an einer möglichst effektiven Umsetzung des Vermögens in Geld als Korrektiv. Darüber hinaus kann das Berufsrecht Vorkehrungen treffen. So ist zB nach § 59h Abs. 6 BRAO, § 52h Abs. 6 PAO, § 54 Abs. 3 StBerG nach Erlöschen der Zulassung als Rechtsanwalts-, Patentanwalts- oder Steuerberatungsgesellschaft die Bestellung von Abwicklern vorgesehen, wenn die ordnungsgemäße Abwicklung der beruflichen Dienstleistungen durch die Gesellschafter nicht sichergestellt ist (zB → BRAO § 59h Rn. 31–33). Die Anmeldung und Eintragung der Liquidatoren und ihrer Vertretungsmacht bestimmt sich entsprechend § 148 HGB (Bundesregierung, BT-Drs. 12/6152, 22), dh sie ist grundsätzlich durch sämtliche Partner vorzunehmen und im Falle der gerichtlichen Bestellung (§ 146 Abs. 2 HGB) von Amts wegen.

6 **2. Stellung und Aufgaben der Liquidatoren.** Die Befugnis zur Beendigung der laufenden Geschäfte (Abs. 1 iVm § 149 S. 1 HGB) kann, soweit dies die Liquidation erfordert, auch die Aufnahme neuer Tätigkeiten erfassen, namentlich wenn dies zur Erhaltung des Werts des Gesellschaftsvermögens notwendig oder wirtschaftlich sinnvoll ist (vgl. BGH MDR 1959, 369 = BB 1959, 249 = WM 1959, 323).

7 § 150 HGB sieht **Gesamtvertretungsmacht** der Liquidatoren vor. Für die Partnerschaft kann es **sinnvoll** sein, statt dessen **Einzelvertretungsmacht** (etwa in dem Umfang, in dem sie bei der werbenden Partnerschaft bestand) zu vereinbaren, damit weiterhin die Partner ihren Beruf auch im Abwicklungsstadium einzeln mit „Außenwirkung" ausüben können. Die Befugnis zur Einzelgeschäftsführung besteht ohnehin fort (Abs. 1 iVm § 156 HGB iVm § 6), ist aber eintragungspflichtig (§ 148 Abs. 1 HGB). Eine Beschränkung der Vertretungsbefugnis der Liquidatoren ist Dritten gegenüber nicht zulässig (Abs. 1 iVm § 151 HGB).

8 Die Verweisung erfasst auch § 154 HGB mit seiner Pflicht zur Aufstellung von **Liquidationsbilanzen.** Die Partnerschaft unterliegt nicht der in §§ 238, 242 HGB vorgeschriebenen Pflicht zur Jahresrechnungslegung. Dies gilt auch für die aufgelöste Partnerschaft. Unabhängig davon sind jedoch Liquidationsbilanzen iSv Vermögensbilanz und Schlussbilanz aufzustellen (Bundesregierung, BT-Drs. 12/6152, 22).

9 **3. Rechtsfolgen der Liquidation.** Entsprechend § 155 Abs. 1 HGB ist das nach Berichtigung der Verbindlichkeiten **verbleibende Vermögen** der Partnerschaft von den Liquidatoren **nach dem Verhältnis der Beteiligungen unter die Partner zu verteilen.** Abweichende Vereinbarungen durch den **Partnerschaftsvertrag** bleiben jedoch vorbehalten, so dass die Partner auf die Bedürfnisse ihrer Partnerschaft zugeschnittene Regelungen treffen können. Für den Fall, dass unter den Partnern Streit über die Verteilung des Vermögens entsteht, gilt § 155 Abs. 3 HGB entsprechend, dh die Liquidatoren müssen die Verteilung bis zur Entscheidung des Streites aussetzen.

10 Die nur „entsprechende" Anwendbarkeit des HGB-Rechts bedeutet im Hinblick auf § 156 HGB, der hinsichtlich des Rechtsverhältnisses der Gesellschafter untereinander und der Gesellschaft zu Dritten auf die (ergänzende) Geltung des Zweiten und Dritten Titels des Zweiten Buchs des Handelsgesetzbuches verweist, dass für die Partnerschaft die §§ 109 ff. HGB und §§ 123 ff. HGB nur insoweit gelten, als auf sie in den §§ 6–8 verwiesen wird und sie nicht von den dortigen partnerschaftsspezifischen Sonderregelungen verdrängt werden (→ § 6 Rn. 1, 8–10; → § 7 Rn. 1, 5 ff.; → § 8 Rn. 1 ff.). Hinsichtlich der Anmeldung und der Eintragung des Erlöschens des Namens der Partnerschaft im **Partnerschaftsregister** wird der Verweis auf § 157 Abs. 1 HGB durch den in § 2 Abs. 2 enthaltenen Verweis auf § 31 Abs. 2 S. 2 HGB ergänzt, wonach das Gericht das Erlöschen notfalls von Amts wegen einzutragen hat (→ § 2 Rn. 7).

11 Vereinbaren die Partner eine andere Art der Auseinandersetzung, so finden, solange noch ungeteiltes Partnerschaftsvermögen vorhanden ist, im Verhältnis zu Dritten die für die Liquidation geltenden Vorschriften entsprechende Anwendung (Abs. 1 iVm § 158 HGB; Bundesregierung, BT-Drs. 12/6152, 22).

III. Nachhaftung

12 Durch die Verweisung auf die §§ 159 und 160 HGB wird ausdrücklich klargestellt, dass jeder Partner nach seinem Ausscheiden aus der Partnerschaft oder nach der Auflösung der Partnerschaft für die Verbindlichkeiten der Partnerschaft nach Maßgabe des § 8 Abs. 1 und 2 weiterhin haftet. Die Ansprüche gegen den einzelnen Partner aus Verbindlichkeiten der Partnerschaft **verjähren**

grundsätzlich in fünf Jahren nach dem Ausscheiden des Partners oder der Auflösung der Partnerschaft, sofern nicht der Anspruch gegen die Partnerschaft einer kürzeren Verjährung unterliegt. Für die Nachhaftung der Partner soll also das bei der OHG geltende Nachhaftungsrecht einschließlich der dazu ergangenen Rechtsprechung Anwendung finden. Da sich durch das Ausscheiden eines Gesellschafters nichts am Inhalt seiner Haftung ändert, wirken **Haftungsbeschränkungen** (→ § 8 Rn. 8 ff.) zu seinen Gunsten selbstverständlich fort; Gründe für seinen nachträglichen „Entzug" dieses Privilegs bestehen nicht (Bundesregierung, BT-Drs. 12/6152, 22, 23). Die Haftung des ausgeschiedenen Partners für vor seinem Ausscheiden begründete Schulden ist gemäß der Ausschlussfrist des § 160 HGB zeitlich begrenzt auf Verbindlichkeiten, die innerhalb von fünf Jahren fällig und innerhalb dieser Frist gegen ihn gerichtlich geltend gemacht werden oder die er schriftlich anerkannt hat (Henssler/Prütting/*Henssler* § 10 Rn. 13; *Grams* BRAK-Mitt. 2003, 123; *Jungk* AnwBl. 2005, 283).

§ 11 Übergangsvorschriften

(1) [1]**Den Zusatz „Partnerschaft" oder „und Partner" dürfen nur Partnerschaften nach diesem Gesetz führen.** [2]**Gesellschaften, die eine solche Bezeichnung bei Inkrafttreten dieses Gesetzes in ihrem Namen führen, ohne Partnerschaft im Sinne dieses Gesetzes zu sein, dürfen diese Bezeichnung noch bis zum Ablauf von zwei Jahren nach Inkrafttreten dieses Gesetzes weiterverwenden.** [3]**Nach Ablauf dieser Frist dürfen sie eine solche Bezeichnung nur noch weiterführen, wenn sie in ihrem Namen der Bezeichnung „Partnerschaft" oder „und Partner" einen Hinweis auf die andere Rechtsform hinzufügen.**

(2) [1]**Die Anmeldung und Eintragung einer dem gesetzlichen Regelfall entsprechenden Vertretungsmacht der Partner und der Abwickler muss erst erfolgen, wenn eine vom gesetzlichen Regelfall abweichende Bestimmung des Partnerschaftsvertrages über die Vertretungsmacht angemeldet und eingetragen wird oder wenn erstmals die Abwickler zur Eintragung angemeldet und eingetragen werden.** [2]**Das Registergericht kann die Eintragung einer dem gesetzlichen Regelfall entsprechenden Vertretungsmacht auch von Amts wegen vornehmen.** [3]**Die Anmeldung und Eintragung des Geburtsdatums bereits eingetragener Partner muss erst bei einer Anmeldung und Eintragung bezüglich eines der Partner erfolgen.**

(3) [1]**Die Landesregierungen können durch Rechtsverordnung bestimmen, dass Anmeldungen und alle oder einzelne Dokumente bis zum 31. Dezember 2009 auch in Papierform zum Partnerschaftsregister eingereicht werden können.** [2]**Soweit eine Rechtsverordnung nach Satz 1 erlassen wird, gelten die Vorschriften über die Anmeldung und die Einreichung von Dokumenten zum Partnerschaftsregister in ihrer bis zum Inkrafttreten des Gesetzes über elektronische Handelsregister und Genossenschaftsregister sowie das Unternehmensregister vom 10. November 2006 (BGBl. I S. 2553) am 1. Januar 2007 geltenden Fassung.** [3]**Die Landesregierungen können durch Rechtsverordnung die Ermächtigung nach Satz 1 auf die Landesjustizverwaltungen übertragen.**

I. Exklusivität der Rechtsformzusätze

Die Übergangsvorschrift des **Abs. 1** soll für gesellschaftsrechtliche Zusammenschlüsse, die vor Inkrafttreten des PartGG am 1.7.1995 die Bezeichnungen „Partnerschaft" oder „und Partner" verwendet haben, Verwechselungsgefahren begegnen. Für ab 1.7.1995 gegründete Gesellschaften sind die genannten Bezeichnungen – egal in welcher Schreibweise – reserviert. Vor dem 1.7.1995 bestehende Gesellschaften, die diese Bezeichnungen führten, sollen Bestandsschutz genießen. Allerdings müssen diese Gesellschaften ab 1.7.1997 einen eindeutigen Hinweis auf die andere Gesellschaftsform, in der sie sich formiert haben, führen. Eine Gesellschaft bürgerlichen Rechts, die bis zum 1.7.1995 die genannten Bezeichnungen verwendet hat, muss also ab 1.7.1997 den Zusatz „Gesellschaft bürgerlichen Rechts" oder „GbR" führen (Bundesregierung, BT-Drs. 12/6152, 23; AGH NRW BRAK-Mitt. 2000, 260). 1

2 Wird der Zusatz „und Partner" versehentlich **zu Unrecht** ins Handelsregister **eingetragen,** kommt eine entsprechende Anwendung der Übergangsregelung in § 11 Abs. 1 S. 3 nicht in Betracht (OLG Schleswig DB 2000, 717). Der Bezeichnungsschutz für Altgesellschaften zur Weiterführung des Zusatzes „und Partner" gilt auch für den Formwechsel von einer OHG in eine GmbH (OLG Frankfurt DB 1999, 733; vgl. aber OLG Stuttgart NJW-RR 2000, 1129). Die Verweisungen in §§ 18 Abs. 3 S. 3, 200 Abs. 4 S. 3 UmwG auf § 11 stellen sicher, dass der Schutz der Bezeichnung „Partnerschaft" auch bei Verschmelzung oder Formwechsel unter Beteiligung einer Partnerschaft gilt (Henssler/Prütting/*Henssler* § 11 Rn. 4). Allen Gesellschaften mit einer anderen Rechtsform als der Partnerschaft, die nach dem 1.7.1995 gegründet oder umbenannt werden, ist die Bezeichnung „und Partner" verwehrt. Dies gilt auch für die Zusätze „+ Partner" oder „& Partner" (BGH AnwBl. 1997, 498; BayObLG BRAK-Mitt. 1997, 223). Die Regelung des § 11 gilt auch für Kapitalgesellschaften (BGHZ 135, 257 = NJW 1997, 1854).

II. Übergangsvorschrift für Anmeldung und Eintragung

3 **Abs. 2** wurde mit Gesetz vom 10.12.2001 (BGBl. I S. 3422, 3424) angefügt. § 11 Abs. 2 S. 1 sieht eine Übergangsvorschrift für die Anmeldung und Eintragung einer dem gesetzlichen Normalfall entsprechenden Vortretungsmacht (→ § 7 Rn. 6 ff.) entsprechend der Übergangsvorschrift des EGHGB vor. Auch hier muss die Anmeldung und Eintragung einer dem gesetzlichen Regelfall entsprechenden Vertretungsmacht der Partner und der Abwickler erst erfolgen, wenn eine vom gesetzlichen Regelfall abweichende Bestimmung des Partnerschaftsvertrages über die Vertretungsmacht angemeldet und eingetragen wird oder wenn erstmals die Abwickler zur Eintragung angemeldet und eingetragen werden. Damit wird verhindert, dass bei Partnerschaften, bei denen keine vom gesetzlichen Normalfall (§ 7 Abs. 3 und 4) abweichenden Bestimmungen zur Vertretungsmacht eingetragen sind, die gesetzliche Vertretungsmacht nachträglich angemeldet und eingetragen werden muss. Vielmehr kann die Anmeldung einer vom gesetzlichen Normalfall abweichenden Bestimmung des Partnerschaftsvertrages über die Vertretungsmacht abgewartet werden.

4 Zugleich wird den Registergerichten auch die Möglichkeit eröffnet, die Eintragung – ohne Antrag – **von Amts wegen** vorzunehmen. Dies kann insbesondere dann sinnvoll sein, wenn das Register auf elektronische Führung umgestellt ist und die Eintragung der gesetzlichen Vertretungsregelung bei allen eingetragenen Gesellschaften softwareseitig sehr unaufwendig vollzogen werden kann.

5 § 11 Abs. 2 S. 2 sieht als weitere Übergangsvorschrift vor, dass die Anmeldung und Eintragung des Geburtsdatums der Partner (§§ 4 Abs. 1, 5 Abs. 1) erst bei der Anmeldung und Eintragung der Partner erfolgen muss (BT-Drs. 14/6855, 20, 21).

Verordnung über die Einrichtung und Führung des Partnerschaftsregisters (Partnerschaftsregisterverordnung – PRV)

vom 16. Juni 1995 (BGBl. I S. 808),

zuletzt geändert durch Gesetz vom 10. November 2006 (BGBl. I S. 2553, 2574)

Änderungen

Paragraph	Art der Änderung	Geändert durch	Datum	Fundstelle BGBl.
5	geändert	Handelsrechtsreformgesetz (HRefG)	22.6.1998	I S. 1474, 1482
3, 5	geändert	Gesetz zur Änderung des Umwandlungsgesetzes, des Partnerschaftsgesellschaftsgesetzes und anderer Gesetze	27.7.1998	I S. 1878, 1881
5	geändert	Verordnung zur Anpassung registerrechtlicher Vorschriften an die Insolvenzordnung	8.12.2000	I S. 3580, 3581
1, 5, 9 Anlagen 1, 2	geändert	Verordnung zur Erleichterung der Registerautomation	11.12.2001	I S. 3688, 3695
2, 5, 7 Anlagen 1, 4, 9	geändert aufgehoben	Gesetz über elektronische Handelsregister und Genossenschaftsregister sowie das Unternehmensregister (EHUG)	10.11.2006	I S. 2553, 2574

Auf Grund des § 160b Abs. 1 Satz 2 in Verbindung mit § 125 Abs. 3 und 4 des Gesetzes über die Angelegenheiten der freiwilligen Gerichtsbarkeit in der im Bundesgesetzblatt Teil III, Gliederungsnummer 315-1, veröffentlichten bereinigten Fassung, von denen § 125 Abs. 3 neugefasst und § 125 Abs. 4 eingefügt worden ist durch Artikel 6 des Gesetzes vom 20. Dezember 1993 (BGBl. I S. 2182) und § 160b eingefügt worden ist durch Artikel 2 des Gesetzes vom 25. Juli 1994 (BGBl. I S. 1744), geändert durch Artikel 5 Abs. 3 des Gesetzes vom 6. Juni 1995 (BGBl. I S. 778), verordnet das Bundesministerium der Justiz:

§ 1 Anwendbares Recht

(1) Die Einrichtung und Führung des Partnerschaftsregisters bestimmen sich nach den Vorschriften der Handelsregisterverordnung, soweit nicht nachfolgend etwas anderes vorgeschrieben ist.

(2) Dabei steht die Partnerschaft einer offenen Handelsgesellschaft gleich; an die Stelle der persönlich haftenden Gesellschafter treten die Partner, an die Stelle der Firma der offenen Handelsgesellschaft tritt der Name der Partnerschaft.

§ 2 Einteilung und Gestaltung des Registers

(1) [1] Jede Partnerschaft ist unter einer fortlaufenden Nummer (Registerblatt) in das Register einzutragen. [2] Das Register wird nach dem beigegebenen Muster in Anlage 1 geführt.

(2) Bei der Führung des Registers sind die beigegebenen Muster (Anlagen 1 bis 3) zu verwenden.

§ 3 Anmeldung

(1) [1] In der Anmeldung der Partnerschaft zur Eintragung in das Register ist die Zugehörigkeit jedes Partners zu dem Freien Beruf, den er in der Partnerschaft ausübt, anzugeben. [2] Bedarf die Berufsausübung der staatlichen Zulassung oder einer staatlichen Prüfung, so sollen die Urkunde über die Zulassung oder das Zeugnis über die Befähigung zu diesem Beruf in Urschrift, Ausfertigung oder öffentlich beglaubigter Abschrift vorgelegt werden. [3] Besteht für die angestrebte Tätigkeit keine anerkannte Ausbildung oder ist zweifelhaft, ob die angestrebte Tätigkeit als freiberuflich im Sinne des § 1 Abs. 2 des Partnerschaftsgesellschaftsgesetzes einzustufen ist, können die anmeldenden Partner die Ausübung freiberuflicher Tätigkeit auf sonstige Weise, notfalls auch durch schlichte Erklärung, darlegen. [4] Das Gericht legt in diesem Fall bei der Eintragung die Angaben der Partner zugrunde, es sei denn, ihm ist deren Unrichtigkeit bekannt (§ 4 Abs. 2 Satz 2 des Partnerschaftsgesellschaftsgesetzes).

(2) [1] Die anmeldenden Partner sollen eine Erklärung darüber abgeben, daß Vorschriften über einzelne Berufe (§ 1 Abs. 3 des Partnerschaftsgesellschaftsgesetzes), insbesondere solche über die Zusammenarbeit von Angehörigen verschiedener Freier Berufe, einer Eintragung nicht entgegenstehen. [2] Absatz 1 Satz 4 gilt entsprechend.

(3) Bedarf die Partnerschaft auf Grund von Vorschriften über einzelne Berufe (§ 1 Abs. 3 des Partnerschaftsgesellschaftsgesetzes) der staatlichen Zulassung, so tritt an die Stelle der in den Absätzen 1 und 2 genannten Nachweise die Bestätigung der zuständigen Behörde, daß eine solche Zulassung erfolgen kann.

(4) Die Absätze 1 bis 3 gelten bei Anmeldung des Eintrittes eines Partners in eine bestehende Partnerschaft oder der Umwandlung in oder auf eine Partnerschaft entsprechend.

§ 4 Stellungnahme der Berufskammer

[1] Bestehen für in der Partnerschaft ausgeübte Berufe Berufskammern, so soll das Gericht diesen in zweifelhaften Fällen vor Eintragung Gelegenheit zur Stellungnahme geben. [2] Die anmeldenden Partner sollen dem Gericht mit der Anmeldung mitteilen, ob und welche Berufskammern für die in der Partnerschaft ausgeübten Berufe bestehen. [3] Dabei sollen auch die Anschriften der Berufskammern mitgeteilt werden. [4] Weicht das Gericht von einer Stellungnahme ab, so hat es seine Entscheidung der Berufskammer, die die Stellungnahme abgegeben hat, unter Angabe der Gründe mitzuteilen.

§ 5 Inhalt der Eintragungen

(1) In Spalte 1 ist die laufende Nummer der die Partnerschaft betreffenden Eintragungen anzugeben.

(2) [1] In Spalte 2 sind unter Buchstabe a der Name, unter Buchstabe b der Sitz und die Errichtung oder Aufhebung von Zweigniederlassungen, und zwar unter Angabe des Ortes einschließlich der Postleitzahl und, falls dem Namen der Partnerschaft für eine Zweigniederlassung ein Zusatz beigefügt ist, unter Angabe dieses Zusatzes und unter Buchstabe c der Gegenstand der Partnerschaft und die sich jeweils darauf beziehenden Änderungen anzugeben. [2] Zum Namen der Partnerschaft gehören auch die Berufsbezeichnungen aller in der Partnerschaft vertretenen Berufe (§ 2 Abs. 1 des Partnerschaftsgesellschaftsgesetzes). [3] Dies gilt auch für Partnerschaften, an denen Steuerberater, Steuerbevollmächtigte, Wirtschaftsprüfer oder vereidigte Buchprüfer beteiligt sind, es sei denn, die Partnerschaft soll als Steuerberatungs-, Wirtschaftsprüfungs- oder Buchprüfungsgesellschaft anerkannt werden (§ 53 des Steuerberatungsgesetzes, §§ 31, 130 Abs. 2 der Wirtschaftsprüferordnung).

(3) [1] In Spalte 3 ist unter Buchstabe a die allgemeine Regelung zur Vertretung der Partnerschaft durch die Partner und die Liquidatoren einzutragen. [2] In Spalte 3 unter Buchstabe b sind die Partner und die als solche bezeichneten Liquidatoren mit Familiennamen, Vornamen, Geburtsdatum, dem in der Partnerschaft ausgeübten Beruf und Wohnort einzutragen. [3] Ferner ist in Spalte 3 unter Buchstabe b jede Änderung in den Personen der Partner oder Liquidatoren einzutragen. [4] Weicht die Vertretungsbefugnis der in Spalte 3 unter Buchstabe b einzutragenden Personen im Einzelfall von den Angaben in Spalte 3 unter Buchstabe a ab, so ist diese besondere Vertretungsbefugnis bei den jeweiligen Personen zu vermerken.

(4) [1] In Spalte 4 ist unter Buchstabe a die Rechtsform einzutragen. [2] In Spalte 4 unter Buchstabe b sind einzutragen:

1. die Auflösung, Fortsetzung und die Nichtigkeit der Partnerschaft; das Erlöschen des Namens der Partnerschaft sowie Löschungen von Amts wegen;
2. Eintragungen nach dem Umwandlungsgesetz;
3. die Eröffnung, Einstellung und Aufhebung des Insolvenzverfahrens sowie die Aufhebung des Eröffnungsbeschlusses; die Bestellung eines vorläufigen Insolvenzverwalters unter den Voraussetzungen des § 32 Abs. 1 Satz 2 Nr. 2 des Handelsgesetzbuchs sowie die Aufhebung einer derartigen Sicherungsmaßnahme; die Anordnung der Eigenverwaltung durch den Schuldner und deren Aufhebung sowie die Anordnung der Zustimmungsbedürftigkeit bestimmter Rechtsgeschäfte des Schuldners nach § 277 der Insolvenzordnung; die Überwachung der Erfüllung eines Insolvenzplans und die Aufhebung der Überwachung

und die sich jeweils darauf beziehenden Änderungen.

(5) In Spalte 5 erfolgt unter a die Angabe des Tages der Eintragung, unter b sonstige Bemerkungen.

(6) Enthält eine Eintragung die Nennung eines in ein öffentliches Unternehmensregister eingetragenen Rechtsträgers, so sind Art und Ort des Registers und die Registernummer dieses Rechtsträgers mit zu vermerken.

§ 6 Mitteilungen an Berufskammern

Besteht für einen in der Partnerschaft ausgeübten Beruf eine Berufskammer, so sind dieser sämtliche Eintragungen mitzuteilen.

§ 7 Bekanntmachungen

Die Bekanntmachungen erfolgen in dem für das Handelsregister bestimmten Veröffentlichungssystem (§ 10 des Handelsgesetzbuchs).

§ 8 Namenslöschung wegen Nichtausübung freiberuflicher Tätigkeit

Wird der Name einer Partnerschaft gelöscht, weil unter diesem keine freiberufliche Tätigkeit ausgeübt wird, so kann auf Antrag der Gesellschafter in der Bekanntmachung der Grund der Löschung erwähnt werden.

§ 9 *(aufgehoben)*

§ 10 Inkrafttreten

Diese Verordnung tritt am 1. Juli 1995 in Kraft.

Anlage 1
(zu § 2 Abs. 1 und 2)

Partnerschaftsregister des Amtsgerichts				**Nummer der Partnerschaft: PR**
Nummer der Eintragung	a) Name b) Sitz, Zweigniederlassungen c) Gegenstand	a) Allgemeine Vertretungsregelung b) Partner, Vertretungsberechtigte und besondere Vertretungsbefugnis	a) Rechtform b) Sonstige Rechtsverhältnisse	a) Tag der Eintragung b) Bemerkungen
1	2	3	4	5
1	a) Müller und Partner, Rechtsanwälte und Steuerberater b) München c) Ausübung rechtsanwaltlicher und steuerberatender Tätigkeit	a) Jeder Partner ist zur Vertretung der Partnerschaft berechtigt. b) Müller, Peter, Rechtsanwalt, Starnberg, geb. 1. Januar 1966; Schmidt, Christian, Steuerberater, München geb. 12. Mai 1967; Dr. Mittler, Gabriele, Rechtsanwältin, Dachau, geb. 25. April 1968	a) Partnerschaft	a) 28. Juli 2001 Röcken
2		b) Jung, Ute, Rechtsanwältin, Augsburg, geb. 15. Oktober 1965. Ute Jung ist als Partnerin in die Partnerschaft eingetreten.[1] Ute Jung ist nur gemeinsam mit Peter Müller oder Christian Schmidt vertretungsberechtigt.[2]		a) 10. Oktober 2001 Schirmer
3		b) Jung, Ute, ist nun einzelvertretungsberechtigt.		a) 1. Januar 2002 Schirmer
4	b) In Augsburg ist eine Zweigniederlassung (Amtsgericht Augsburg, PR 345) errichtet			a) 5. Februar 2002 Schirmer
5	a) Müller, Schmidt und Partner, Rechtsanwälte und Steuerberater		b) Der Name der Partnerschaft ist geändert[3]	a) 18. Oktober 2002 Schirmer
6		a) Die Liquidatoren sind nur gemeinsam zur Vertretung der Partnerschaft berechtigt. b) Liquidatoren: Schmidt, Christian, Steuerberater, München geb. 12. Mai 1967; Jung, Ute, Rechtsanwältin, Augsburg, geb. 15. Oktober 1965	b) Die Partnerschaft ist aufgelöst.[4]	a) 10. Januar 2003 M. Schmidt
7			b) Der Name der Partnerschaft ist erloschen.	a) 30. April 2003 Scholz

[1] **[Amtl. Anm.:]** Als nicht in den aktuellen Ausdruck aufzunehmen kenntlich gemacht gemäß § 1 der Partnerschaftsregisterverordnung i. V. m. § 16a der Handelsregisterverordnung.
[2] **[Amtl. Anm.:]** Als nicht in den aktuellen Ausdruck aufzunehmen kenntlich gemacht gemäß § 1 der Partnerschaftsregisterverordnung i. V. m. § 16a der Handelsregisterverordnung.
[3] **[Amtl. Anm.:]** Als nicht in den aktuellen Ausdruck aufzunehmen kenntlich gemacht gemäß § 1 der Partnerschaftsregisterverordnung i. V. m. § 16a der Handelsregisterverordnung.
[4] Die Durchkreuzung oder die auf sonstige Weise erfolgte Kenntlichmachung des Registerblattes als gegenstandslos ist hier weggelassen.

Anlage 2
(zu § 2 Abs. 2)

Partnerschaftsregister des Amtsgerichts **Nummer der Partnerschaft: PR**

Wiedergabe des aktuellen Registerinhalts

1. Anzahl der bisherigen Eintragungen:
2. a) Name
   b) Sitz, Zweigniederlassungen:
   c) Gegenstand:
3. a) Allgemeine Vertretungsregelung
   b) Partner, Vertretungsberechtigte und besondere Vertretungsbefugnis:
4. a) Rechtsform:
   b) Sonstige Rechtsverhältnisse:
5. Tag der letzten Eintragung:

Anmerkung: Die beiden Kopfzeilen müssen beim Abruf der Registerdaten auf dem Bildschirm stets sichtbar sein.

Anlage 3
(zu § 2 Abs. 2)

Amtsgericht Partnerschaftsregister Stand:
Detailanzeige aus dem Namensverzeichnis

Registernummer:
Der vollständige Namen der Partnerschaft lautet:
Geschäftsadresse (ohne Gewähr):
Straße/Hausnummer:
Postfach:
PLZ/Ort:

Anlage 4
(zu § 7)

Muster für Bekanntmachungen

Amtsgericht München – Registergericht –, Aktenzeichen: PR 1292

Die in ( ) gesetzten Angaben der Geschäftsanschrift und des Unternehmensgegenstandes erfolgen ohne Gewähr:

Neueintragungen

27.6.2004

PR 1292 Müller und Partner, Rechtsanwälte und Steuerberater, München (Junkerstr. 7, 80117 München). Partnerschaft. Gegenstand: Ausübung rechtsanwaltlicher und steuerberatender Tätigkeit. Jeweils zwei Partner vertreten gemeinsam. Partner: Müller, Peter, Rechtsanwalt, Starnberg, *18.5.1966; Schmidt, Christian, Steuerberater, München, *13.1.1966.

Bekannt gemacht am: 30.6.2004

6. Verordnung über Informationspflichten für Dienstleistungserbringer (Dienstleistungs-Informationspflichten-Verordnung – DL-InfoV)[1]

vom 12. März 2010 (BGBl. I S. 267)

Auf Grund des § 6c in Verbindung mit § 146 Absatz 2 Nummer 1 der Gewerbeordnung, die durch Artikel 1 des Gesetzes vom 17. Juli 2009 (BGBl. I S. 2091) eingefügt worden sind, verordnet die Bundesregierung:

§ 1 Anwendungsbereich

(1) **Diese Verordnung gilt für Personen, die Dienstleistungen erbringen, die in den Anwendungsbereich des Artikels 2 der Richtlinie 2006/123/EG des Europäischen Parlaments und des Rates vom 12. Dezember 2006 über Dienstleistungen im Binnenmarkt (ABl. L 376 vom 27.12.2006, S. 36) fallen.**

(2) **Die Verordnung findet auch Anwendung, wenn im Inland niedergelassene Dienstleistungserbringer unter Inanspruchnahme der Dienstleistungsfreiheit in einem anderen Mitgliedstaat der Europäischen Union oder einem anderen Vertragsstaat des Abkommens über den Europäischen Wirtschaftsraum tätig werden.**

(3) **Die Verordnung findet keine Anwendung, wenn in einem anderen Mitgliedstaat der Europäischen Union oder einem anderen Vertragsstaat des Abkommens über den Europäischen Wirtschaftsraum niedergelassene Dienstleistungserbringer unter Inanspruchnahme der Dienstleistungsfreiheit im Inland tätig werden.**

(4) [1]**Die nach dieser Verordnung zur Verfügung zu stellenden Informationen sind in deutscher Sprache zu erbringen.** [2]**Das gilt nicht für Informationen nach Absatz 2.**

§ 2 Stets zur Verfügung zu stellende Informationen

(1) **Unbeschadet weiter gehender Anforderungen aus anderen Rechtsvorschriften muss ein Dienstleistungserbringer einem Dienstleistungsempfänger vor Abschluss eines schriftlichen Vertrages oder, sofern kein schriftlicher Vertrag geschlossen wird, vor Erbringung der Dienstleistung folgende Informationen in klarer und verständlicher Form zur Verfügung stellen:**

1. **seinen Familien- und Vornamen, bei rechtsfähigen Personengesellschaften und juristischen Personen die Firma unter Angabe der Rechtsform,**
2. **die Anschrift seiner Niederlassung oder, sofern keine Niederlassung besteht, eine ladungsfähige Anschrift sowie weitere Angaben, die es dem Dienstleistungsempfänger ermöglichen, schnell und unmittelbar mit ihm in Kontakt zu treten, insbesondere eine Telefonnummer und eine E-Mail-Adresse oder Faxnummer,**
3. **falls er in ein solches eingetragen ist, das Handelsregister, Vereinsregister, Partnerschaftsregister oder Genossenschaftsregister unter Angabe des Registergerichts und der Registernummer,**
4. **bei erlaubnispflichtigen Tätigkeiten Name und Anschrift der zuständigen Behörde oder der einheitlichen Stelle,**
5. **falls er eine Umsatzsteuer-Identifikationsnummer nach § 27a des Umsatzsteuergesetzes besitzt, die Nummer,**
6. **falls die Dienstleistung in Ausübung eines reglementierten Berufs im Sinne von Artikel 3 Absatz 1 Buchstabe a der Richtlinie 2005/36/EG des Europäischen Parlaments und des Rates vom 7. September 2005 über die Anerkennung von Berufsqualifikationen (ABl. L 255 vom 30.9.2005, S. 22) erbracht wird, die gesetzliche**

[1] [Amtl. Anm.:] Diese Verordnung dient der Umsetzung der Richtlinie 2006/123/EG des Europäischen Parlaments und des Rates vom 12. Dezember 2006 über Dienstleistungen im Binnenmarkt (ABl. L 376 vom 27.12.2006, S. 36).

Berufsbezeichnung, den Staat, in dem sie verliehen wurde und, falls er einer Kammer, einem Berufsverband oder einer ähnlichen Einrichtung angehört, deren oder dessen Namen,

7. die von ihm gegebenenfalls verwendeten allgemeinen Geschäftsbedingungen,
8. von ihm gegebenenfalls verwendete Vertragsklauseln über das auf den Vertrag anwendbare Recht oder über den Gerichtsstand,
9. gegebenenfalls bestehende Garantien, die über die gesetzlichen Gewährleistungsrechte hinausgehen,
10. die wesentlichen Merkmale der Dienstleistung, soweit sich diese nicht bereits aus dem Zusammenhang ergeben,
11. falls eine Berufshaftpflichtversicherung besteht, Angaben zu dieser, insbesondere den Namen und die Anschrift des Versicherers und den räumlichen Geltungsbereich.

(2) Der Dienstleistungserbringer hat die in Absatz 1 genannten Informationen wahlweise

1. dem Dienstleistungsempfänger von sich aus mitzuteilen,
2. am Ort der Leistungserbringung oder des Vertragsschlusses so vorzuhalten, dass sie dem Dienstleistungsempfänger leicht zugänglich sind,
3. dem Dienstleistungsempfänger über eine von ihm angegebene Adresse elektronisch leicht zugänglich zu machen oder
4. in alle von ihm dem Dienstleistungsempfänger zur Verfügung gestellten ausführlichen Informationsunterlagen über die angebotene Dienstleistung aufzunehmen.

§ 3 Auf Anfrage zur Verfügung zu stellende Informationen

(1) Unbeschadet weiter gehender Anforderungen aus anderen Rechtsvorschriften muss der Dienstleistungserbringer dem Dienstleistungsempfänger auf Anfrage folgende Informationen vor Abschluss eines schriftlichen Vertrages oder, sofern kein schriftlicher Vertrag geschlossen wird, vor Erbringung der Dienstleistung in klarer und verständlicher Form zur Verfügung stellen:

1. falls die Dienstleistung in Ausübung eines reglementierten Berufs im Sinne von Artikel 3 Absatz 1 Buchstabe a der Richtlinie 2005/36/EG des Europäischen Parlaments und des Rates vom 7. September 2005 über die Anerkennung von Berufsqualifikationen (ABl. L 255 vom 30.9.2005, S. 22) erbracht wird, eine Verweisung auf die berufsrechtlichen Regelungen und dazu, wie diese zugänglich sind,
2. Angaben zu den vom Dienstleistungserbringer ausgeübten multidisziplinären Tätigkeiten und den mit anderen Personen bestehenden beruflichen Gemeinschaften, die in direkter Verbindung zu der Dienstleistung stehen und, soweit erforderlich, zu den Maßnahmen, die er ergriffen hat, um Interessenkonflikte zu vermeiden,
3. die Verhaltenskodizes, denen er sich unterworfen hat, die Adresse, unter der diese elektronisch abgerufen werden können, und die Sprachen, in der diese vorliegen, und
4. falls er sich einem Verhaltenskodex unterworfen hat oder einer Vereinigung angehört, der oder die ein außergerichtliches Streitschlichtungsverfahren vorsieht, Angaben zu diesem, insbesondere zum Zugang zum Verfahren und zu näheren Informationen über seine Voraussetzungen.

(2) Der Dienstleistungserbringer stellt sicher, dass die in Absatz 1 Nummer 2, 3 und 4 genannten Informationen in allen ausführlichen Informationsunterlagen über die Dienstleistung enthalten sind.

§ 4 Erforderliche Preisangaben

(1) Der Dienstleistungserbringer muss dem Dienstleistungsempfänger vor Abschluss eines schriftlichen Vertrages oder, sofern kein schriftlicher Vertrag geschlossen wird,

vor Erbringung der Dienstleistung, folgende Informationen in klarer und verständlicher Form zur Verfügung stellen:

1. **sofern er den Preis für die Dienstleistung im Vorhinein festgelegt hat, diesen Preis in der in § 2 Absatz 2 festgelegten Form,**
2. **sofern er den Preis der Dienstleistung nicht im Vorhinein festgelegt hat, auf Anfrage den Preis der Dienstleistung oder, wenn kein genauer Preis angegeben werden kann, entweder die näheren Einzelheiten der Berechnung, anhand derer der Dienstleistungsempfänger die Höhe des Preises leicht errechnen kann, oder einen Kostenvoranschlag.**

(2) **Absatz 1 findet keine Anwendung auf Dienstleistungsempfänger, die Letztverbraucher sind im Sinne der Preisangabenverordnung in der Fassung der Bekanntmachung vom 18. Oktober 2002 (BGBl. I S. 4197), die zuletzt durch Artikel 6 des Gesetzes vom 29. Juli 2009 (BGBl. I S. 2355) geändert worden ist, in der jeweils geltenden Fassung.**

§ 5 Verbot diskriminierender Bestimmungen

[1]Der Dienstleistungserbringer darf keine Bedingungen für den Zugang zu einer Dienstleistung bekannt machen, die auf der Staatsangehörigkeit oder dem Wohnsitz des Dienstleistungsempfängers beruhende diskriminierende Bestimmungen enthalten. [2]Dies gilt nicht für Unterschiede bei den Zugangsbedingungen, die unmittelbar durch objektive Kriterien gerechtfertigt sind.

§ 6 Ordnungswidrigkeiten

Ordnungswidrig im Sinne des § 146 Absatz 2 Nummer 1 der Gewerbeordnung handelt, wer vorsätzlich oder fahrlässig

1. **entgegen § 2 Absatz 1, § 3 Absatz 1 oder § 4 Absatz 1 eine Information nicht, nicht richtig, nicht vollständig, nicht in der vorgeschriebenen Weise oder nicht rechtzeitig zur Verfügung stellt,**
2. **entgegen § 3 Absatz 2 nicht sicherstellt, dass eine dort genannte Information in jeder ausführlichen Informationsunterlage enthalten ist, oder**
3. **entgegen § 5 Satz 1 Bedingungen bekannt macht.**

§ 7 Inkrafttreten

Diese Verordnung tritt zwei Monate nach der Verkündung [verkündet am 17.3.2010] in Kraft.

Schrifttum: *BRAK,* Informationen für Rechtsanwälte zur Handhabung der DL-InfoV, www.brak.de/Berufsrecht/DL-InfoV; *Bräuer,* DL-InfoV – Der Anwalt muss informieren, AnwBl. 2010, 523; *Dahns,* Hinweispflichten nach der Dl-InfoV, NJW-Spezial 2013, 511; *Große-Wilde/Fleuth,* Reform der Verbraucherrechte – Erweiterung der Informationspflichten für Rechtsanwälte, MDR 2014, 1425; *Haug,* Informationspflichten bei Sozial Media-Präsenzen von Rechtsanwälten, NJW 2015, 661; *Schons,* Europas neuester Streich: Informationspflichten für Anwälte, AnwBl. 2010, 419; *ders.,* Alternative: Keine – Anwaltskammer wird für DL-InfoV Bußgeldbehörde, AnwBl. 2010, 787; *Wüstenberg,* Rechtsanwälte und Dienstleistungsinformationspflichten, BRAK-Mitt. 2014, 64.

I. Regelungsinhalt

Die am 17.5.2010 in Kraft getretene Dienstleistungs-Informationspflichten-Verordnung (DL- 1
InfoV) dient, auf Grundlage der Verordnungsermächtigung in § 6c GewO, der Umsetzung der Dienstleistungsrichtlinie (RL 2006/123/EG) vom 12.12.2006 in der Europäischen Union (ABl. L 376 vom 27.12.2006, S. 36). Diese Verordnung regelt Inhalt, Umfang und Art der Informationen, die ein Dienstleistungserbringer einem Dienstleistungsempfänger allgemein oder auf Anforderung zur Verfügung stellen muss. Auch auf die anwaltliche Tätigkeit findet die DL-InfoV Anwendung. Soweit Rechtsanwälte bzw. Anwaltskanzleien über eine Internetpräsenz verfügen, ergeben sich zahlreiche in der DL-InfoV geregelte Informationspflichten bereits aus geltendem Recht, insbesondere auf § 5 Telemediengesetz (TMG). Die BRAK hat in Zusammenarbeit mit

den regionalen RAKs eine Handreichung und ein Merkblatt erarbeitet, welche den Rechtsanwälten Hilfestellung bei der Erfüllung der Informationspflichten nach der DL-InfoV geben soll (vgl. Internetseite der BRAK/Berufsrecht/DL-InfoV).

II. DL-InfoV und anwaltliche Selbstverwaltung

2 Die Rechtsanwaltskammern haben über die BRAK bereits im Verfahren der Verordnungsgebung deutlich zum Ausdruck gebracht, dass die Verordnung bestehende berufsrechtliche Regelungen konterkariert und systemwidrig in das Recht der anwaltlichen Selbstverwaltung eingreift. Besonders deutlich wird dies im Hinblick auf die Pflicht zur Auskunft über die Berufshaftpflichtversicherung. § 51 Abs. 6 BRAO regelt unter Berücksichtigung des Rechts auf informationelle Selbstbestimmung differenziert unter welchen Voraussetzungen die RAK Dritten Angaben zur Berufshaftpflichtversicherung ihrer Mitglieder erteilt. Die Differenziertheit dieser bundesgesetzlichen Norm wird durch § 2 DL-InfoV nunmehr unterlaufen. Abgesehen davon, dass die Regelung anwaltlicher Pflichten durch bzw. aufgrund der Gewerbeordnung in Widerspruch zu § 3 Abs. 2 BRAO steht, wonach der Rechtsanwalt gerade kein Gewerbe ausübt, dürfte die Regelung durch Rechtsverordnung darüber hinaus auch nicht mit der Normenhierarchie in Einklang stehen.

III. Verstöße gegen die DL-InfoV

3 Werden Informationen vom Rechtsanwalt nicht, nicht richtig, nicht vollständig, nicht in der vorgeschriebenen Weise oder nicht rechtzeitig dem Mandanten zur Verfügung gestellt oder in den ausführlichen Informationsunterlagen gemäß § 3 Abs. 2 DL-InfoV nicht die bzw. alle erforderlichen Informationen erwähnt, kann dies gemäß § 6 als Ordnungswidrigkeit mit einer Geldbuße bis zu 1000 Euro geahndet werden (§ 6 DL-InfoV iVm §§ 6c, 146 Abs. 2 Nr. 1, Abs. 3 GewO). In der Sitzung der 7. Berufsrechtsreferentenkonferenz am 20.5.2011 in Dortmund wurde die Konkurrenzsituation zwischen OWi-Verfahren und berufsrechtlichen Verfahren im Hinblick auf die Prüfung eines möglichen Verstoßes gegen die DL-InfoV erörtert. Nachdem die RAK gemäß § 73b BRAO in diesen Fällen auch **OWi-Behörde** ist, ist nach einheitlicher Auffassung in entsprechender Anwendung von § 118 BRAO die Durchführung eines OWi-Verfahrens vorrangig. Im Nachgang hierzu ist zu prüfen, ob ein weiteres berufsrechtliches Verfahren einzuleiten ist (*Doppler* BRAK-Mitt. 2011, 227).

IV. Zuständige Verwaltungsbehörde nach § 6 DL-InfoV

4 Die Rechtsanwaltskammer ist iSd § 36 Abs. 1 Nr. 1 OWiG Verwaltungsbehörde für Ordnungswidrigkeiten nach § 6 DL-InfoV, die durch ihre Mitglieder begangen werden (vgl. § 73b BRAO; → BRAO § 73b Rn. 1 ff.).

V. Informationspflichten und Berufshaftpflichtversicherung (§ 2 Abs. 1 Nr. 11 DL-InfoV)

5 Macht ein Rechtsanwalt im Impressum seines Internetauftritts Angaben zur **Berufshaftpflichtversicherung,** genügt er seiner Informationspflicht nach § 2 Abs. 1 Nr. 11 nur, wenn er Name, Anschrift und den räumlichen Geltungsbereich der Berufshaftpflichtversicherung mitteilt. Im Zweifel müssen alle Regelungen des Versicherungsvertrages mitgeteilt werden, die den räumlichen Geltungsbereich einschränken (OLG Hamm NJW-RR 2013, 1054).

6 Das **LG Dortmund** stellte mit Urteil vom 26.3.2013 (NJW-RR 2013, 1381) klar, dass § 2 Abs. 1 Nr. 11 DL-InfoV den Dienstleistungserbringer grundsätzlich dazu verpflichtet, vor Abschluss eines schriftlichen Vertrages oder zumindest vor Erbringung der Dienstleistung Angaben zu seiner Berufshaftpflichtversicherung zu machen. Diese Angaben müssen aber nicht zwingend auf dem Internetportal erfolgen. Vielmehr hat der Dienstleistungserbringer vier alternative und gleichwertige Möglichkeiten zur Erfüllung seiner Pflicht aus § 2 Abs. 1 DL-InfoV. Der Rechtsanwalt kann grundsätzlich für jede einzelne Informationspflicht und für jede neue Mandatsanbahnung einzeln wählen, auf welchem Weg er seinen potenziellen Mandanten die Informationen zur Verfügung stellen möchte. Entgegen der Ansicht des OLG Hamm hat das LG Dortmund ausgeführt, dass ein Verstoß gegen § 2 Abs. 1 Nr. 11 DL-InfoV eine wettbewerbsrechtliche Bagatelle darstelle, da es an einer spürbaren Beeinträchtigung nach § 3 Abs. 1 UWG fehle.

Nach dem Urteil des **BGH** vom 22.10.2012 (NJW 2013, 234 = BRAK-Mitt. 2013, 39) hat ein Mandant einen Auskunftsanspruch gegenüber der Rechtsanwaltskammer auf Mitteilung der Berufshaftpflichtversicherung seines Rechtsanwalts nicht nur dann, wenn der Rechtsanwalt insolvent oder auf der Flucht ist und dem Mandanten insoweit ein Direktanspruch gegen den Versicherer zusteht. Eine solche Begrenzung des Auskunftsanspruchs kann weder aus dem Wortlaut des § 51 Abs. 6 S. 2 BRAO noch aus der Entstehungsgeschichte abgeleitet werden. In den Urteilsgründen bezieht sich der BGH wiederum auf § 2 Abs. 1 Nr. 11 DL-InfoV. 7

Teil II. Recht für Anwälte aus dem Gebiet der Europäischen Union und der anderen Vertragsstaaten des Abkommens über den Europäischen Wirtschaftsraum

Vorbemerkung

Schrifttum: *Henssler,* Die grenzüberschreitende Tätigkeit von Rechtsanwaltsgesellschaften in der Rechtsform der Kapitalgesellschaft innerhalb der EU, NJW 2009, 950; *Hellwig,* Anwaltliches Berufsrecht, und Europa, AnwBl. 2011, 77; *ders.*, Berufsrechtliche Fragen bei grenzüberschreitender Tätigkeit und Kooperation in Europa, BRAK-Mitt. 2009, 50; *ders.*, Europa – Schicksal oder Chance für die Anwaltschaft?, AnwBl. 2007, 576; *Kilger,* Deregulierung statt Freiheit?, AnwBl. 2008, 217; *Kühling/Müller,* Die Europäische Dienstleitungsrichtlinie: Deregulierungsschub für das Berufsrecht der Rechtsanwälte oder viel Lärm um nichts?, BRAK-Mitt. 2008, 5.

Die allgemeine Dienstleistungsrichtlinie (RL 2006/123/EG) vom 12.12.2006 (ABl. EG Nr. L 376 S. 36) wurde für Anwälte umgesetzt durch Art. 1, 2, 4 Gesetz zur Umsetzung der Dienstleistungsrichtlinie in der Justiz und zur Änderung weiterer Vorschriften vom 22.12.2010 (BGBl. I S. 2248). Vgl. dazu §§ 32, 73b BRAO, §§ 13, 16 RDG und §§ 30, 69a PAO. 1

Für das europäische Anwaltsrecht sind vorrangig die Art. 49 ff., 56 ff. AEUV (ex-Art. 43 ff., 49 ff. EGV) mit ihrer Garantie der Niederlassungs- und Dienstleistungsfreiheit sowie die dazu ergangenen nachfolgenden Richtlinien bedeutsam (→ EuRAG § 1 Rn. 1 ff.). 2

7. Gesetz über die Tätigkeit europäischer Rechtsanwälte in Deutschland (EuRAG)

vom 9. März 2000 (BGBl. I S. 182, berichtigt S. 1349),

zuletzt geändert durch Verordnung vom 31. August 2015 (BGBl. I S. 1474)

Schrifttum: *Dahns,* Eingeschränkte Postulationsfähigkeit des europäischen Rechtsanwalts, NJW-Spezial 2013, 447; *Franz,* Neues Niederlassungsrecht für europäische Rechtsanwälte, BB 2000, 989; *Franz,* Die Anwaltsrichtlinie: Vom europäischen Anwalt zum deutschen Rechtsanwalt, AnwBl. 2012, 138; *Gröger,* Zugangswege zum deutschen Rechtsberatungsmarkt für EG-Staatsangehörige, Nomos Verlag 2007; *Hamacher,* Europäischer Syndikusanwalt – Der BGH irrt, AnwBl. 2011, 519; *Hellwig,* Berufsrechtliche Fragen bei grenzüberschreitender Tätigkeit und Kooperation in Europa, BRAK-Mitt. 2009, 50; *ders,* Deutsches Berufsrecht als Bollwerk gegen englische ABS?, AnwBl. 2012, 876; *Henssler,* Das Berufsbild des europäischen Rechtsanwalts – Harmonisierung durch Deregulierung?, AnwBl. 2004, 458; *ders.,* Der europäische Rechtsanwalt – Möglichkeiten der Niederlassung als integrierter Rechtsanwalt in Europa, AnwBl. 1996, 353; *ders.,* Voraussetzungen einer Tätigkeit als Rechtsanwalt für EG-Staatsangehörige, EWiR 1997, 233; *ders.,* Der lange Weg zur EU-Niederlassungsrichtlinie für die Anwaltschaft, ZEuP 1999, 689; *ders.,* Satzungsrecht der verkammerten Berufe und europäisches Kartellverbot, JZ 2002, 983; *ders.,* Die grenzüberschreitende Tätigkeit von Rechtsanwaltsgesellschaften in der Rechtsform der Kapitalgesellschaften innerhalb der EU, NJW 2009, 950; *ders.,* Anwaltliche Berufspflichten bei grenzüberschreitender Tätigkeit, NJW 2009, 1556; *Jungk,* Globalisierung und Haftung: Risiken beim grenzüberschreitenden Mandat, AnwBl. 2012, 1000; *Klein/Ott/Zerdick,* Tätigkeit europäischer Rechtsanwälte in Deutschland, 2002; *Klein,* EU-Anwälte ab sofort gleichberechtigt auf deutschem Markt, AnwBl. 2000, 190; *Kleine-Cosack,* Rechtsanwaltskammern und Anwaltsgerichtsbarkeit diskriminieren europäische Anwälte, AnwBl. 2011, 467; *Knöfel,* Anwalts-Kollisionsrecht, AnwBl. 2003, 3; *Kröber,* Vertrauensvolle Zusammenarbeit der Anwaltschaften – ein Baustein für die rechtsstaatlichen Ordnungen in Osteuropa, BRAK-Mitt. 2008, 245; *Lach,* Die Möglichkeiten der Niederlassung europäischer Rechtsanwälte in Deutschland, NJW 2000, 1609; *Lindenau/Prossliner,* Europa und Anwaltsversorgungswerke, AnwBl. 2003, 384; *Lörcher,* EG-Niederlassungsrichtlinie für Rechtsanwälte endlich verabschiedet, BRAK-Mitt. 1998, 9; *ders.,* Anwaltliches Berufsrecht und europäisches Wettbewerbsrecht, NJW 2002, 1092; *ders.,* Anwaltliches Berufsrecht und Deregulierung, BRAK-Mitt. 2008, 2; *Mankowski,* Der internationale Anwendungsbereich des Rechtsberatungsgesetzes, AnwBl. 2001, 73; *Mankowski/Knöfel,* Störkraft Herkunftslandprinzip, AnwBl. 2004, 704; *Sassenbach/Stöhr,* Die Niederlassung ausländischer Rechtsanwälte in Deutschland, BRAK-Mitt. 2007, 155; *Schaub,* Die Richtlinie über Dienstleistungen im Binnenmarkt – Ein Plus für die Deutsche Anwaltschaft, AnwBl. 2004, 263; *Schwörer,* Anwaltstitel aus dem EU-Ausland, AnwBl. 2014, M 302; *Séché,* Die Vereinbarkeit freiberuflicher Regulierungen mit dem EGV, Deutscher Anwaltsverlag, 2008; *Waschkau,* EU-Dienstleistungsrichtlinie und Berufsanerkennungsrichtlinie, Deutscher Anwaltsverlag 2008; *Weckerling,* Gemeinsame Projekte der deutschen Anwaltschaft mit der Deutschen Stiftung für internationale rechtliche Zusammenarbeit e. V., BRAK-Mitt. 2008, 249; *Weil,* Schon wieder: englische ABS, BRAK 2013, 54; *ders.,* Noch einmal: englische ABS, BRAK 2014, 292; *Zimmermann* Anforderungen an die Berufshaftpflichtversicherung einer LLP, BRAK-Mitt. 2014, 230.

Teil 1. Allgemeine Vorschriften

§ 1 Persönlicher Anwendungsbereich

Dieses Gesetz regelt für natürliche Personen, die berechtigt sind, als Rechtsanwalt unter einer der in der Anlage zu dieser Vorschrift genannten Berufsbezeichnungen selbständig tätig zu sein (europäische Rechtsanwälte), die Berufsausübung und die Zulassung zur Rechtsanwaltschaft in Deutschland.

Übersicht

I. Zusammenfassung der Umsetzungen von Richtlinien der EU auf dem Gebiet des Berufsrechts der Rechtsanwälte

1 Die Umsetzung der verschiedenen EU-Richtlinien betreffend die Tätigkeit europäischer Rechtsanwälte in Deutschland war bis zum Jahr 2000 verstreut in verschiedenen Vorschriften geregelt. Das **Rechtsanwaltsdienstleistungsgesetz** setzte die RL 77/249/EWG des Rates der Europäischen Gemeinschaften vom 22.3.1977 zur Erleichterung der tatsächlichen Ausübung des

freien Dienstleistungsverkehrs der Rechtsanwälte (→ Teil II Nr. 12) um; das **Gesetz über die Eignungsprüfung** war die Umsetzung der Diplomanerkennungsrichtlinie (RL 89/48 EWG) vom 21.12.1988 (→ Teil II Nr. 11). Unter welchen Voraussetzungen sich Staatsangehörige der Mitgliedstaaten der EU und der anderen Vertragsstaaten des Abkommens über den Europäischen Wirtschaftsraum in der Bundesrepublik als Rechtsanwalt niederlassen können, war bisher in § 206 Abs. 1 BRAO aF geregelt (vgl. 4. Aufl. § 206 Rn. 1–8).

Niederlassungsrichtlinie: Mit der **RL 98/5/EG** des Europäischen Parlaments und des Rates 2
vom 16.2.1998 zur Erleichterung der ständigen Ausübung des Rechtsanwaltsberufs in einem anderen Mitgliedstaat als dem, in dem die Qualifikation erworben wurde (→ Teil II Nr. 9), wurden die Niederlassungsmöglichkeiten für Rechtsanwälte in einem Europa ohne Binnengrenzen grundlegend liberalisiert. Rechtsanwälte, die Angehörige der Mitgliedstaaten sind, können aufgrund dieser Richtlinie als Selbständige oder als abhängig Beschäftigte ihren Rechtsanwaltsberuf in einem anderen Mitgliedstaat ausüben als dem, in dem sie ihre berufliche Qualifikation erworben haben (vgl. *Hoffmann/Neundörfer* AnwBl. 1999, 680). Diese Richtlinie musste bis zum 14.3.2000 in nationales Recht transformiert werden. Die gesetzliche Umsetzung erfolgte mit dem EuRAG vom 9.3.2000 (BGBl. I S. 182). Diese Umsetzung bot Gelegenheit, die bisher verstreut geregelten Vorschriften über Rechtsanwälte aus anderen Mitgliedstaaten in einem einheitlichen Regelungswerk zusammenzufassen. Mit Rücksicht auf die wachsende Bedeutung eines freien Personen- und Dienstleistungsverkehrs in einem einheitlichen europäischen Binnenmarkt erschien eine Regelung der unterschiedlichen Teilbereiche in einer Reihe von Einzelgesetzen nicht mehr sachgerecht. In das EuRAG wurden deshalb die Inhalte des Gesetzes über die Eignungsprüfung für die die Zulassung zur Rechtsanwaltschaft vom 6.7.1990 (BGBl. I S. 1349) und die Inhalte des Rechtsanwaltsdienstleistungsgesetzes vom 16.8.1980 (BGBl. I S. 1453) einbezogen (*Klein* AnwBl. 2000, 190). RADG und Eignungsprüfungsgesetz (vgl. 4. Aufl. Teil II Nr. 5 und 7) wurden durch Art. 10 Abs. 2 des EuRAG vom 9.3.2000 (BGBl. I S. 192) aufgehoben. Auch wurde § 206 Abs. 1 BRAO aF gestrichen, da diese Vorschrift durch die wesentlich liberaleren Möglichkeiten, die nach der Niederlassungsrichtlinie zu gewähren sind und durch das EuRAG auch gewährt werden, überholt ist (BR-Drs. 567/99, 38, 39).

Das EuRAG setzt insgesamt folgende Richtlinien um: In §§ 1, 2–15, 36–42 wird die **RL 98/5/EG** des Europäischen Parlaments und des Rates vom 16.2.1998 zur Erleichterung der ständigen Ausübung des Rechtsanwaltsberufs in einem anderen Mitgliedstaat als dem, in dem die Qualifikation erworben wurde (→ Teil II Nr. 9) umgesetzt. Die **RL 2005/36/EG** vom 7.9.2005 (→ Teil II Nr. 10) berührt nach ihrem Erwägungsgrund 42 nicht die Anwendung der RL 98/5/EG vom 16.2.1998. Die §§ 1, 16–24, 36, 40 sind die Umsetzung der **RL 89/48/EWG** des Rates der Europäischen Gemeinschaften vom 21.12.1988 über eine allgemeine Regelung zur Anerkennung der Hochschuldiplome, die eine mindestens dreijährige Berufsausbildung abschließen, künftig Richtlinie über die Anerkennung von Berufsqualifikationen (→ Teil II Nr. 10). Mit §§ 1, 25–35, 40, 42 erfolgt die Umsetzung der **RL 77/249/EWG** des Rates vom 22.3.1977 zur Erleichterung der tatsächlichen Ausübung des freien Dienstleistungsverkehrs der Rechtsanwälte (→ Teil II Nr. 12; vgl. BR-Drs. 567/99, 1). 3

Berufsqualifikationsrichtlinie: Durch die RL 2001/19/EG des Europäischen Parlaments 4
und des Rates vom 14.5.2001 wurde unter anderem die RL 89/48/EWG geändert, wobei die Rechtsprechung des EuGH insbesondere zu Art. 49 AEUV (ex-Art. 43 EG-Vertrag) berücksichtigt wurde, dass der Aufnahmestaat prüfen muss, ob neben den im Diplom des Herkunftslands bescheinigten auch in praktischer Erfahrung erworbene Kenntnisse und Fähigkeiten geeignet sind, wesentliche Unterschiede in Bezug auf die im Aufnahmemitgliedstaat vorgeschriebenen Kenntnisse und Fähigkeiten zu kompensieren (EuGH BRAK-Mitt. 1991, 170). Dies wurde auch in der neuen **Berufsqualifikationsrichtlinie** (→ Teil II Nr. 10) berücksichtigt. Die Umsetzung der RL 2001/19/EG in deutsches Recht erfolgte mit Gesetz vom 26.10.2003 (BGBl. I S. 2074) insbesondere durch Änderungen der §§ 16, 17.

Die RL 2005/36/EG (→ Teil II Nr. 6b) als auch die Niederlassungsrichtlinie (RL 98/5/EG) 5
für Rechtsanwälte (→ Teil II Nr. 9) gelten nur für Diplome (Berufsqualifikationen), die in einem Mitgliedstaat ausgestellt wurden. Fälle, in denen die Berufsqualifikation in einem Drittstaat erworben wurde, werden nicht erfasst. Das EuRAG hat somit die Niederlassungsrichtlinie für Rechtsanwälte jedenfalls insoweit, als es Berufsbewerber mit Drittstaatendiplomen angeht, vollständig umgesetzt. Auch die durch Art. 49 AEUV (ex-Art. 43 EG-Vertrag) garantierte Niederlassungsfreiheit verpflichtet keinen der Mitgliedstaaten, einen Bürger des eigenen oder eines

anderen Mitgliedstaates, der nur einen berufsqualifizierenden Abschluss eines Drittstaates aufzuweisen hat, ohne weiters – insbesondere ohne Prüfung der Qualifikation – zu einem qualifizierten Beruf zuzulassen (BGH AnwBl. 2004, 54 = BRAK-Mitt. 2004, 37).

6 Durch Gesetz vom 26.3.2007 (BGBl. I S. 358, 364) wurden die bisher nach dem aufgehobenen § 41 Abs. 2 auf die Rechtsanwaltskammern delegierbaren **Aufgaben** und Befugnisse **den Kammern** originär zugewiesen. Damit wurden die im Bereich der BRAO vorgenommenen Zuweisungen an die Rechtsanwaltskammern für den Bereich des EuRAG nachvollzogen. Soweit in den Bestimmungen der Teile 2, 3 und 6 des Gesetzes eine Zuständigkeit der Landesjustizverwaltung vorgesehen ist, wurde die Zuständigkeit der RAK statuiert. Im Übrigen wurden die Bestimmungen an geänderte Vorschriften der BRAO angepasst (BT-Drs. 16/513, 18, 19).

II. Persönlicher Anwendungsbereich

7 **1. Allgemeines.** Das EuRAG regelt in Übereinstimmung mit den Vorgaben der RL 98/5/EG die **Voraussetzungen** und das **Verfahren,** unter denen sich Rechtsanwälte aus anderen Mitgliedstaaten in Deutschland niederlassen und die Eingliederung in die deutsche Anwaltschaft erlangen können; es regelt den persönlichen Anwendungsbereich des EuRAG. Nach der Diplomanerkennungsrichtlinie (RL 89/48 EWG) bzw. nunmehr der RL 2005/36/EG über die Anerkennung von Berufsqualifikationen (→ Teil II Nr. 10) wird die Anerkennung der ausländischen Befähigung entweder von der Ablegung eines Anpassungslehrgangs oder vom Bestehen einer Eignungsprüfung abhängig gemacht (vgl. 4. Aufl. Teil II Nr. 6 und 7). Die RL 98/5/EG sieht solche Hürden nicht mehr vor und eröffnet im Wesentlichen zwei Möglichkeiten:

8 Der Rechtsanwalt kann – ohne Ablegung einer zusätzlichen Prüfung und ohne Ableistung von Anpassungslehrgängen – in einem anderen Mitgliedstaat als dem, in dem die Qualifikation erworben wurde, unter der Berufsbezeichnung des Herkunftsstaates ausgeübt werden (§§ 2–10). Voraussetzung ist, dass der Bewerber bei der zuständigen Stelle des Herkunftsstaates als Rechtsanwalt eingetragen ist. Die unter ihrer ursprünglichen Berufsbezeichnung tätigen Rechtsanwälte haben bei der Berufsausübung grundsätzlich die gleichen Rechte und Pflichten, wie die Rechtsanwälte des Aufnahmestaates. Ihnen sind Möglichkeiten zur gemeinsamen Berufsausübung, sowohl untereinander, als auch mit Rechtsanwälten des Aufnahmestaates zur Verfügung zu stellen. Art. 1 Abs. 3 RL 98/5/EG stellt klar, dass sie sowohl für selbständige, als auch für abhängig beschäftigte Rechtsanwälte gilt. Art. 8 stellt hinsichtlich der Zulässigkeit einer Berufsausübung im abhängigen Beschäftigungsverhältnis im Aufnahmestaat auf das dort geltende Recht ab. Die Aufnahme einer entsprechenden ausdrücklichen Klarstellung in das Umsetzungsgesetz war entbehrlich, weil der unter seiner ursprünglichen Berufsbezeichnung tätige Rechtsanwalt gemäß Art. 6 RL 98/5/EG den Berufs- und Standesregeln des Aufnahmestaates zu unterwerfen ist. Möglichkeiten und Grenzen abhängiger Beschäftigung für den unter ursprünglicher Berufsbezeichnung tätigen Rechtsanwalt ergeben sich aus den nach den Vorschriften des § 6 anwendbaren berufsrechtlichen Vorschriften der BRAO (BR-Drs. 567/99, 41).

9 Nach dreijähriger Berufsausübung unter der ursprünglichen Berufsbezeichnung im Aufnahmestaat kann die vollständige Integration in den Berufsstand des Aufnahmestaats erlangt werden (§§ 11–15). Insbesondere kann nach der Eingliederung in den Berufsstand des Aufnahmestaates die dort gebräuchliche Berufsbezeichnung des Rechtsanwalts geführt werden (BR-Drs. 567/99, 38, 39).

10 **2. Gesetzliche Regelung des persönlichen Anwendungsbereichs.** § 1 bestimmt in Anknüpfung an Art. 1 Abs. 2 RL 98/5/EG den persönlichen Anwendungsbereich, den Kreis der Personen, auf die das Gesetz anwendbar ist und definiert zugleich den Begriff **„europäischer Rechtsanwalt".** Die Definition des persönlichen Anwendungsbereichs durch § 1 gilt für alle Umsetzungsregelungen dieses Gesetzes (→ § 1 Rn. 3). Aus der Anlage zu § 1 wird ersichtlich, welche europäischen Berufsbezeichnungen der deutschen Bezeichnung „Rechtsanwalt" entsprechen. Insoweit wird die RL 98/5/EG umgesetzt. Der Begriff europäischer Rechtsanwalt ist nur aus Gründen der sprachlichen Vereinfachung in das EuRAG aufgenommen worden. Seine Verwendung als Berufsbezeichnung oder zu Werbezwecken könnte beim Recht suchenden Publikum den Eindruck erwecken, es handele sich um eine besondere Qualifikation oder um eine Art Fachanwaltsbezeichnung. Damit darf die Bezeichnung als Berufsbezeichnung und in der Werbung nicht verwendet werden darf (→ § 5 Rn. 6; Gaier/Wolf/Göcken/*Eichele* § 1 Rn. 6).

Die angeführten und mit dem EuRAG umgesetzten Richtlinien regeln für **europäische Rechtsanwälte** (§ 1) die Berufsausübung und die Zulassung zur Rechtsanwaltschaft in Deutschland. Es schadet aber nicht, dass der Rechtsanwalt zugleich oder gar ausschließlich die deutsche Staatsangehörigkeit besitzt. Ein deutscher Staatsangehöriger, der sich zB als französischer „avocat" qualifiziert hat, kann sich unter den Voraussetzungen des EuRAG im Inland niederlassen. Fehlt die Staatsangehörigkeit eines Mitgliedstaates, kommen lediglich § 206 Abs. 1 und 2 BRAO in Betracht (*Franz* BB 2000, 989). Ebenso wenig schadet es, dass der Staatsangehörige eines Mitgliedstaates zugleich Angehöriger eines Drittstaates ist (EuGH EWS 1994, 395 = RIW 1995, 71). 11

Der persönliche Anwendungsbereich des EuRAG wurde aufgrund des Freizügigkeitsabkommens mit der **Schweiz** vom 21.6.1999 (BGBl. II 2001 S. 810), das am 1.6.2002 in Kraft getreten ist (BGBl. II S. 1692), durch Gesetz vom 26.10.2003 (BGBl. I S. 2074) auch auf die schweizerischen Rechtsanwälte erweitert. Ihnen stehen dieselben Möglichkeiten einer Tätigkeit in Deutschland zur Verfügung, wie bislang schon Staatsangehörigen aus Mitgliedstaaten der EU und anderen Vertragsstaaten des EWR. Damit haben sie die Wahl zwischen Berufsausübung als niedergelassener europäischer Rechtsanwalt (§§ 2–10), der Eingliederung (§§ 11–15), der Eignungsprüfung (§§ 16–24) oder der vorübergehenden Dienstleistung (§§ 25–35). 12

Von einer Einschränkung des Anwendungsbereichs in Bezug auf Personen, die in Deutschland die Erste oder Zweite Juristische Staatsprüfung endgültig nicht bestanden haben, wurde bewusst abgesehen, denn eine solche Beschränkung lassen die durch das EuRAG umgesetzten Richtlinien (→ § 1 Rn. 3) und des Freizügigkeitsabkommens mit der Schweiz nicht zu. Unionsbürger, die auf Grund einer Berufsqualifikation in einem Mitgliedstaat oder der Schweiz als Rechtsanwalt unter die von den Richtlinien aufgestellten Tatbestände fallen, kommen in den Genuss der jeweils vorgesehenen Niederlassungs-, Anerkennung- oder Dienstleistungserleichterungen. Das gilt auch dann, wenn sie die entsprechende Qualifikation in einem anderen Mitgliedstaat oder der Schweiz verfehlt haben (*Franz* BB 2000, 989; *Lach* NJW 2000, 1609; BR-Drs. 567/99, 55). 13

§ 1 verlangt als weitere Voraussetzung für die Anwendbarkeit des EuRAG die **Berechtigung, als Rechtsanwalt unter einer der in der Anlage zu § 1 genannten Berufsbezeichnungen selbständig tätig zu sein.** Damit wird zum einen das selbstverständliche Erfordernis der beruflichen Qualifikation als Rechtsanwalt im Herkunftsstaat aufgenommen (zur Anwaltsausbildung in Europa vgl. *Schlosser* NJW 1999, 3003). Zum anderen wird mit dem Merkmal „selbständig" der Tatsache Rechnung getragen, dass nach den Ausbildungsordnungen mancher Mitgliedstaaten die Erlangung der Berufsqualifikation als Rechtsanwalt nicht sofort zur selbständigen Ausübung des Rechtsanwaltsberufes berechtigt; eine solche vollwertige Berechtigung zur Berufsausübung wird nach der RL 98/5/EG aber vorausgesetzt. Rechtsanwälte im abhängigen Beschäftigungsverhältnis (vgl. § 2 BRAO; § 26 BORA), die von der Niederlassungsrichtlinie (Art. 1 Abs. 1 und 3 RL 98/5/EG) ausdrücklich erfasst werden, sind damit nicht ausgenommen, denn es kommt lediglich auf die Berechtigung zur selbständigen Berufsausübung an (BR-Drs. 567/99, 55; → Rn. 5; *Lach* NJW 2000, 1609; Henssler/Prütting/*Lörcher* § 1 Rn. 13, 14). Ist ein ausländischer Anwalt aus einem Mitglieds- oder Vertragsstaat (→ Rn. 8) in seinem Herkunftsstaat überhaupt nicht (mehr) befugt als Anwalt tätig zu sein, ist für ihn der Anwendungsbereich des § 1 nicht eröffnet, selbst wenn er in seinem Herkunftsstaat Mitglied der RAK ist. So wird in Spanien zwischen „Abogado ejercientes" und „Abogado sin ejercicio" (ausübende und nichtausübende Rechtsanwälte) unterschieden. Gemäß Art. 9 Nr. 3 des Estatuto y Codigos de la Abogacia, Real Decreto 658/2001 de 22 de Junio (ECA) dürfen nicht ausübende Anwälte die Bezeichnung „Abogado sin ejercicio" führen, wenn sie vor der Beendigung ihrer Anwaltstätigkeit wenigstens zwanzig Jahre die Tätigkeit als Rechtsanwalt ausgeübt haben (vgl. auch § 17 BRAO), sie bleiben Mitglieder der Kammer. Rechtsanwälte, die weniger als 20 Jahre anwaltlich tätig waren, dürfen zwar Mitglieder der Kammer bleiben, aber sich nicht „Abogado sin ejercicio" nennen (Art. 9 Nr. 4 ECA). Mangels Tätigkeitsberechtigung als Anwalt in Spanien unterfallen beide Gruppen nicht-ausübender Mitglieder spanischer Anwaltskammern nicht § 1. 14

Aus der **Anlage zu § 1** geht hervor, welche europäischen Berufsbezeichnungen der deutschen Bezeichnung „Rechtsanwalt" entsprechen. Insoweit wird die Begriffsbestimmung des Art. 1 Abs. 2 der RL 98/5/EG umgesetzt; zugleich werden die Staaten des Europäischen Wirtschaftsraums – Island, Liechtenstein und Norwegen – sowie der Schweiz mit aufgeführt. Die Anlage zu § 1 ersetzt die Aufzählungen, die bisher in § 1 RADG und in der Anlage zu § 1 Eignungsprüfungsgesetz enthalten waren (BR-Drs. 567/99, 55; vgl. 4. Aufl. § 1 RADG, § 1 Eignungsprüfungsgesetz, Anlage S. 1194). Sie wurde mit Gesetz vom 26.10.2003 (BGBl. I S. 2074, 2075) neu gefasst und ist 15 bezüglich der Änderungen 2004 in Kraft getreten (Art. 12 Abs. 2 Gesetz vom 26.10.2003 iVm der Bekanntgabe über das Inkrafttreten der Bestimmungen des Vertrages vom 16.4.2003 über den Beitritt der Länder Tschechien, Estland, Zypern, Lettland, Litauen, Ungarn, Malta, Polen, Slowenien und der Slowakischen Republik zur EU). Die Anlage wurde um Rumänien ergänzt durch Art. 4 Nr. 2 des Gesetzes vom 7.12.2006 (BGBl. I S. 2814) und um Kroatien ergänzt durch Gesetz vom 17.6.2013 (BGBl. I S. 1555).

16 **Anlage zu § 1**

Rechtsanwaltsberufe in Mitgliedstaaten der Europäischen Union, anderen Vertragsstaaten des Abkommens über den Europäischen Wirtschaftsraum und der Schweiz

– in Belgien:	Avocat/Advocaat/Rechtsanwalt
– in Bulgarien:	АДВОКЭТ (Advokat)
– in Dänemark:	Advokat
– in Estland:	Vandeadvokaat
– in Finnland:	Asianajaja/Advokat
– in Frankreich:	Avocat
– in Griechenland:	Δικηγōρος (Dikigoros)
– in Großbritannien:	Advocate/Barrister/Solicitor
– in Irland:	Barrister/Solicitor
– in Island:	Lögmaur
– in Italien:	Avvocato[1] in Kroatien: Odvejetnik
– in Kroatien:	Odvjetnik
– in Lettland:	Zvērināts advokāts
– in Liechtenstein:	Rechtsanwalt
– in Litauen:	Advokatas
– in Luxemburg:	Avocat
– in Malta:	Avukat/Prokuratur Legali
– in den Niederlanden:	Advocaat
– in Norwegen:	Advokat
– in Österreich:	Rechtsanwalt
– in Polen:	Adwokat/Radca prawny
– in Portugal:	Advogado
– in Rumänien:	Avocat
– in Schweden:	Advokat
– in der Schweiz:	Advokat, Rechtsanwalt, Anwalt, Fürsprecher, Fürsprech/ Avocat/Avvocato
– in der Slowakei:	Advokát/Komerčný právnik
– in Slowenien:	Odvetnik/Odvetnika
– in Spanien:	Abogado/Advocat/Avogado/Abokatu
– in der Tschechischen Republik:	Advokát
– in Ungarn:	Ügyvéd
– in Zypern:	Δικηγōρος (Dikigoros)

Teil 2. Berufsausübung als niedergelassener europäischer Rechtsanwalt

Abschnitt 1. Allgemeine Voraussetzungen

§ 2 Niederlassung

(1) **Wer als europäischer Rechtsanwalt auf Antrag in die für den Ort seiner Niederlassung zuständige Rechtsanwaltskammer aufgenommen wurde, ist berechtigt, in Deutschland unter der Berufsbezeichnung des Herkunftsstaates die Tätigkeit eines Rechtsanwalts gemäß §§ 1 bis 3 der Bundesrechtsanwaltsordnung auszuüben (niedergelassener europäischer Rechtsanwalt).**

[1] Die Südtiroler Anwälte dürfen jedoch unter der Berufsbezeichnung Rechtsanwalt praktizieren. Sollte ein Südtiroler Anwalt nur unter der Bezeichnung Rechtsanwalt in Südtirol eingetragen sein, wäre er vom Anwendungsbereich des § 2 ausgeschlossen. Die Ungenauigkeit resultiert aus Art. 1 Abs. lit a der Richtlinie 98/5/EG, auch hier fehlt bei Italien die Bezeichnung „Rechtsanwalt" (*Lach* NJW 2000, 1609; *Henssler/Prütting/Lörcher* § 1 Rn. 7).

(2) **Die Aufnahme in die Rechtsanwaltskammer setzt voraus, dass der Antragsteller bei der zuständigen Stelle des Herkunftsstaates als europäischer Rechtsanwalt eingetragen ist.**

I. § 2 als zentrale Umsetzungsregelung

1 § 2 setzt Art. 2 S. 1 **RL 98/5/EG** um. Art. 2 RL 98/5/EG benennt die zentralen Inhalte der RL 98/5/EG, nämlich das Recht auf Ausübung einer Anwaltstätigkeit unter der ursprünglichen Berufsbezeichnung und die Möglichkeit einer Eingliederung in den Berufsstand des Aufnahmestaates (Art. 10 RL 98/5/EG; §§ 11 ff.). Nach Art. 2 RL 98/5/EG hat jeder Rechtsanwalt das Recht, die in Art. 5 RL 98/5/EG näher umschriebenen Anwaltstätigkeiten auf Dauer in jedem anderen Mitgliedstaat unter seiner ursprünglichen Berufsbezeichnung (Heimattitel) auszuüben. § 2 Abs. 1 führt für Personen, die von dieser Niederlassungsmöglichkeit Gebrauch machen, den Begriff „niedergelassener europäischer Rechtsanwalt" ein (vgl. aber § 5 Abs. 2). Niederlassung bedeutet dabei die stabile und kontinuierliche Ausübung der anwaltlichen Berufstätigkeit in einem anderen Mitgliedstaat (EuGH Slg. 1995, 4165). Im Gegensatz dazu steht die bloße Dienstleistung, bei der der Leistungserbringer nur vorübergehend in einem anderen Mitgliedstaat tätig wird. Zugleich wird mit § 2 Abs. 1 die Vorschrift des Art. 3 Abs. 1 RL 98/5/EG aufgegriffen, der für die anwaltliche Berufsausübung in einem anderen Mitgliedstaat eine Eintragungspflicht im Aufnahmestaat voraussetzt (BR-Drs. 567/99, 42, 55, 56).

II. § 2 Abs. 1 als Nachfolgeregelung des § 206 Abs. 1 BRAO aF

2 § 2 Abs. 1 ersetzt die Vorschrift des bisherigen § 206 Abs. 1 BRAO aF (vgl. 4. Aufl. § 206 Rn. 3–8). Mit dem Gesetz über die Tätigkeit europäischer Rechtsanwälte in Deutschland (EuRAG) vom 9.3.2000 (BGBl. I S. 182) wurde diese Richtlinie 98/5/EG umgesetzt und die Niederlassungsmöglichkeiten europäischer Rechtsanwälte darin umfassend geregelt Damit konnte die Vorschrift des bisherigen § 206 Abs. 1 BRAO aF entfallen, sie wurde durch das EuRAG ersetzt. Entsprechend den Vorgaben der RL 98/5/EG werden die unter ihrem Heimattitel tätigen europäischen Rechtsanwälte hinsichtlich ihrer beruflichen Befugnisse einem inländischen Rechtsanwalt grundsätzlich gleichgestellt und finden auf sie die §§ 1–3 BRAO Anwendung. Eines **Einvernehmensanwalts,** wie ihn § 28 für den dienstleistenden europäischen Rechtsanwalt vorsieht, bedarf es nicht (Gaier/Wolf/Göcken/*Eichele* § 2 Rn. 6).

3 Durch die in § 2 Abs. 1 aufgenommene **Bezugnahme auf §§ 1–3 BRAO** wird klargestellt, dass diese bisher in § 206 Abs. 1 BRAO aF vorgesehenen Beschränkungen der Rechtsbesorgungsbefugnis wegfallen (*Klein* AnwBl. 2000, 191). Der unter seiner ursprünglichen Berufsbezeichnung tätige europäische Rechtsanwalt ist wie der nach der BRAO zugelassene Rechtsanwalt ein Organ der Rechtspflege. Er übt einen freien Beruf aus und ist kein Gewerbetreibender. Er darf, wenn er nach den Vorschriften von Teil 2 des EuRAG niedergelassen ist, entsprechend den Vorgaben der RL 98/5/EG dieselben Tätigkeiten ausüben wie ein Rechtsanwalt, der nach den Vorschriften der BRAO zur Rechtsanwaltschaft zugelassen ist. Er darf in allen Rechtsangelegenheiten beraten und vertreten (*Lach* NJW 2000, 1609; Henssler/Prütting/*Lörcher* § 2 Rn. 2 ff.). Er ist gemäß § 3 Nr. 2 StBerG wie der Rechtsanwalt zur unbeschränkten Hilfeleistung in Steuersachen befugt. Er kann in allen Fällen tätig werden, in denen nach den Gesetzen das Handeln oder Auftreten eines Rechtsanwalts vorgeschrieben ist, und es finden alle Vorschriften der Verfahrensordnungen und sonstiger Gesetze auf ihn Anwendung, die in ihrem Tatbestand an die Eigenschaft als Rechtsanwalt anknüpfen. Beschränkungen bei der Vertretungsbefugnis bestehen nur, soweit diese auch für deutsche Rechtsanwälte gelten. Auch § 3 Abs. 5 PAO gilt für sie. Ausgeschlossen sind niedergelassene europäische Rechtsanwälte mangels Verweisung auf den Achten Teil der BRAO (§ 6 Abs. 1) von einer Vertretung vor dem BGH (*Franz* BB 2000, 989). Diese Regelung ist nach Art. 5 Abs. 3 letzter Satz der Niederlassungsrichtlinie 98/5/EG europarechtlich zulässig. Im Hinblick auf das Analogieverbot im Bereich des Strafrechts wird in § 42 die Anwendung der betreffenden Vorschriften des Strafgesetzbuchs ausdrücklich angeordnet (BR-Drs. 567/99, 57). Kammermitglieder nach § 206 Abs. 1 BRAO aF unterliegen jetzt den §§ 2 ff. (*Franz* BB 2000, 989), dh ihre alte Eintragung nach § 206 Abs. 1 BRAO aF wird durch eine solche nach § 2

ersetzt, sie erhalten also eine Urkunde nach § 12 BRAO, sind nach § 12a BRAO zu vereidigen und in das Rechtsanwaltsverzeichnis (§ 31 BRAO) einzutragen.

III. Eintragung im Herkunftsstaat

4 Gemäß **§ 2 Abs. 2** setzt die Aufnahme in die RAK lediglich voraus, dass der Antragsteller bei der zuständigen Stelle des Herkunftsstaates als europäischer Rechtsanwalt – also unter einer der in der Anlage zu Art. § 1 des Entwurfs aufgeführten Berufsbezeichnungen – eingetragen ist (vgl. §§ 3, 4). **„Herkunftsstaat"** bezeichnet dabei nicht den Heimatstaat, sondern den Staat, in dem die betreffende Person als Rechtsanwalt zugelassen ist, und in dem sie in der Regel auch ihre berufliche Qualifikation erworben hat (Art. 1 Abs. 2 lit. b RL 98/5/EG; BR-Drs. 567/99, 57). Ohne Aufnahme in die RAK ist eine Niederlassung im Sinne des EuRAG nicht möglich, selbst wenn der europäische Rechtsanwalt bereits seit längerem im deutschen Recht tätig ist. Das Privileg der Niederlassung kann rückwirkend nicht in Anspruch nehmen, wer – wegen Scheu vor Zulassungsverfahren oder Kammerbeitrag (§§ 206, 207 BRAO aF, §§ 2 ff.) – zunächst darauf verzichtet hat (*Lach* MDR 21/2000 R1).

5 § 2 Abs. 2 beruht auf Art. 3 Abs. 2 RL 98/5/EG. Danach ist die Eintragung des Rechtsanwalts im Aufnahmestaat ohne zusätzliche Voraussetzungen – wie etwa Vorlage von Nachweisen im Hinblick auf Art und Ort der Ausbildung – allein anhand einer **Bescheinigung** über die Eintragung bei der zuständigen Stelle des Herkunftsstaates vorzunehmen. Weitergehende Erfordernisse, insbesondere die Aufstellung materieller Anforderungen im Hinblick auf die berufliche Qualifikationen, sind nach der RL 98/5/EG nicht vorgesehen und waren deshalb auch nicht in das Umsetzungsgesetz aufzunehmen (BR-Drs. 567/99, 57). Mit Urteil vom 17.7.2014 hat der EuGH in einer Vorlagefrage des CNF (Consiglio Nazionale Forense, Nationaler Rat der Rechtsanwaltskammern Italiens) entschieden, dass es für die Eintragung als Rechtsanwalt unter der Berufsbezeichnung des Herkunftsstaats in einem anderen EU-Mitgliedstaat nach Art. 3 RL 98/5/EG nicht darauf ankommt, wie lange die Zulassung bereits besteht oder ob der Antragsteller bereits als Rechtsanwalt tätig wurde. Die Vorlage einer Bescheinigung über die Eintragung als Rechtsanwalt bei der zuständigen Stelle des Herkunftsgegenüber der des Aufnahmemitgliedstaats sei die einzige Voraussetzung, um sich unter der in dem anderen Mitgliedstaat erworbenen Berufsbezeichnung eintragen zu lassen (BRAK-Mitt. 2014, 253 mit Anm. *Pohl,* Mitglied im BRAK-Ausschuss Europa und BRAO = NJW 2014, 2849 mit Anm. *Lörcher*).

6 Die Eintragung kann auch **nicht** von einer vorherigen Überprüfung der **Beherrschung der Sprachen** des Aufnahmestaates abhängig gemacht werden (EuGH NJW 2006, 3701; 2006, 3697 = BRAK-Mitt. 2006, 276 mit Anm. *Eichele* vgl. Art. 3 RL 98/5 EG, aber auch Art. 53 RL 2005/36/EG). Nur der im Herkunftsstaat nach den dortigen Rechtsvorschriften zugelassene Rechtsanwalt, der dies auch durch eine entsprechende Bescheinigung (§ 3 Abs. 2 Nr. 2) nachweist, kann in die für den Ort seiner Niederlassung (§§ 2, 4 Abs. 1 EuRAG, § 27 BRAO) zuständige RAK aufgenommen werden. Das Niederlassungsrecht ist im Entstehen (§§ 2 Abs. 2, 3 Abs. 2 Nr. 2) und Fortbestehen (§§ 4 Abs. 2, 6 Abs. 2, 4) abhängig von der Zulassung des europäischen Rechtsanwalts in seinem Herkunftsland. Die bloße Berechtigung, zum Beruf im Herkunftsstaat zugelassen zu werden, genügt nicht (*Franz* BB 2000, 989; Henssler/Prütting/*Lörcher* § 2 Rn. 9). Wie die fehlende Befähigung zum Richteramt (§ 4 BRAO) sich als zusätzlicher Versagungsgrund auswirkt, führt auch das Fehlen der Berechtigung, im Herkunftsland als Rechtsanwalt tätig zu sein, dazu, dass entweder von vornherein der Antragsteller nicht in die RAK aufgenommen werden darf oder, wenn seine Berechtigung erst nachträglich entfällt, dass die Aufnahme in die RAK entsprechend § 14 Abs. 1 BRAO zu widerrufen ist (vgl. § 4 Abs. 2). Ein im Vereinigten Königreich ansässiger, dort jedoch weder als Barrister noch als Solicitor noch als Advocate zugelassener, deutscher Staatsbürger, der die zweite juristische Staatsprüfung nicht abgelegt hat, aber auf Grund einer amerikanischen Rechtsanwaltsausbildung im Staate New York als Attorney-at-Law zugelassen ist, kann im Inland weder als deutscher Rechtsanwalt zur Rechtsanwaltschaft zugelassen werden, noch hat er die Rechte eines niedergelassenen europäischen Rechtsanwalts. Unberührt bleiben die Rechte aus § 206 Abs. 1 BRAO (BGH AnwBl. 2004, 53 = BRAK-Mitt. 2004, 37).

§ 3 Antrag

(1) **Über den Antrag auf Aufnahme in die Rechtsanwaltskammer entscheidet die Rechtsanwaltskammer.**

(2) [1]**Dem Antrag ist eine Bescheinigung der im Herkunftsstaat zuständigen Stelle über die Zugehörigkeit des europäischen Rechtsanwalts zu diesem Beruf beizufügen.** [2]**Die Rechtsanwaltskammer kann verlangen, dass diese Bescheinigung zum Zeitpunkt ihrer Vorlage nicht älter als drei Monate ist.**

I. Umsetzung von Art. 3 RL 98/5/EG

1 Art. 3 Abs. 1 RL 98/5/EG stellt eine Eintragungspflicht auf für Rechtsanwälte, die den Beruf unter ihrer ursprünglichen Berufsbezeichnung in einem anderen Mitgliedstaat ausüben möchten als dem, in dem die Berufsqualifikation erworben wurde. Art. 3 Abs. 2 regelt Einzelheiten zu den Voraussetzungen für die Eintragung (Bescheinigung über die Eintragung bei der zuständigen Stelle des Herkunftsstaates; Alter der Bescheinigung) sowie eine Informationspflicht der inländischen Eintragungsstelle gegenüber der zuständigen Stelle des Herkunftsstaates. § 3 regelt Einzelheiten zu der in Art. 3 RL 98/5/EG vorgesehenen Eintragungspflicht (BR-Drs. 567/99, 42, 57).

II. Zuständige Stelle (Abs. 1)

2 Als „zuständige Stelle" im Sinne von Art. 3 Abs. 1 RL 98/5/EG wird in § 3 Abs. 1 die RAK bestimmt. Dies entspricht der in § 6 Abs. 2 aF, jetzt § 33 Abs. 1 BRAO vorgesehenen Zuständigkeit der RAK zur Entscheidung über Anträge auf Zulassung zur Rechtsanwaltschaft nach den Vorschriften des Zweiten Teils der BRAO.

III. Antragsunterlagen

3 § 3 Abs. 2 regelt Einzelheiten zu den Eintragungsvoraussetzungen. Die Vorlage eines Nachweises über die Staatsangehörigkeit ist nach der Neuregelung des Abs. 2 vom 1.4.2012 durch Gesetz vom 6.12.2011 (BGBl. I S. 2515) nicht mehr vorgesehen.

4 § 3 Abs. 2 setzt Art. 3 Abs. 2 S. 1 und 2 RL 98/5/EG um. Dort ist als Voraussetzung für die Eintragung vorgesehen, dass der Antragsteller eine Bescheinigung über seine Eintragung bei der zuständigen Stelle des Herkunftsstaates, dh über seine Berufszugehörigkeit zur dortigen Anwaltschaft, vorzuweisen hat (Art. 3 Abs. 2 S. 1 RL 98/5/EG). Die eintragende Stelle kann gemäß Art. 3 Abs. 2 S. 2 verlangen, dass diese Bescheinigung im Zeitpunkt der Vorlage nicht älter als drei Monate ist. Aus § 8 Abs. 1 ergibt sich die weitere Pflicht des Antragstellers Angaben zu dem beruflichen Zusammenschluss zu machen, dem er angehört.

5 In der Praxis wird der von dem Rat der Europäischen Anwaltschaften (CCBE) beschlossene Leitfaden zur Zulassung eines europäischen Rechtsanwalts berücksichtigt. Dieser ist unverbindlich und sieht ein einheitliches Antragsformular, die Zugehörigkeitsbescheinigung der RAK des Antragstellers in seinem Herkunftsstaat und die Vorlage einer Bescheinigung über eine bestehende Berufshaftpflichtversicherung vor. In der Bescheinigung der Kammer der Rechtsanwalts im Herkunftsstaat müssen Angaben über alle Disziplinarverfahren, die gegen den antragstellenden Rechtsanwalt im Herkunftsstaat eingeleitet wurden, so dass die aufnehmende Kammer nach § 4 in Kenntnis aller maßgeblichen Umstände sachgerecht entscheiden kann (Henssler/Prütting/*Lörcher* § 3 Rn. 6).

IV. Aufhebung des Abs. 3

6 Bisher regelten § 3 Abs. 3 und § 7 Abs. 1 S. 3, dass Anträge auf Aufnahme in eine RAK und von der antragstellende Person stammende Unterlagen in deutscher Sprache einzureichen und beglaubigte Übersetzungen von fremdsprachigen Unterlagen vorzulegen sind. Auf diese Bestimmungen konnte verzichtet werden und sie wurden mit Gesetz vom 30.7.2009 (BGBl. I S. 2449) aufgehoben.

7 § 4 Abs. 1 verweist über § 32 BRAO auf das VwVfG, das die Amtssprache und die Behandlung fremdsprachiger Urkunden regelt (§ 23 VwVfG). Für die BRAO und das EuRAG gilt

damit eine einheitliche Rechtslage. Auf die Vorlage fremdsprachiger Urkunden durch ausländische Anwälte (§ 207 BRAO) wendete die Rechtsprechung § 23 VwVfG bereits vor der Neuregelung durch § 32 BRAO entsprechend an (BGH NJW-RR 2001, 850). Den europäischen Rechtsanwälten bringt die Anwendbarkeit des VwVfG insoweit Erleichterung, als nicht immer beglaubigte Übersetzungen vorgelegt werden müssen und die RAK auch einmal ganz auf eine Übersetzung verzichten kann (BT-Drs. 16/11385, 85; Henssler/Prütting/*Lörcher* § 3 Rn. 5, aber unter Berufung auf § 3 Abs. 3 aF), weil zB die Sachbearbeiter der RAK selbst genügend Kenntnis der benutzten Fremdsprache haben, oder die RAK die Übersetzung selbst beschafft (zu den Einzelheiten vgl. Stelkens/Bonk/Sachs/*Schmitz* VwVfG § 23 Rn. 49 ff.). Die Aufnahme in die RAK kann nicht von einer vorherigen Überprüfung der Beherrschung der deutschen Sprache abhängig gemacht werden (EuGH NJW 2006, 3697 = BRAK-Mitt. 2006, 276 mit Anm. *Eichele;* vgl. auch EuGH NJW 2006, 3701 = BRAK-Mitt. 2006, 278).

§ 4 Verfahren

(1) **Für die Entscheidung über den Antrag sowie über die Rücknahme und den Widerruf der Aufnahme in die Rechtsanwaltskammer gilt sinngemäß der Zweite Teil der Bundesrechtsanwaltsordnung mit Ausnahme der §§ 4, 5, 6 Abs. 1 und § 12 Abs. 4.**

(2) [1]**Die Aufnahme in die Rechtsanwaltskammer ist auch dann zu widerrufen, wenn die Berechtigung zur Berufsausübung im Herkunftsstaat dauernd entzogen wird.** [2]**Wird die Berechtigung zur Berufsausübung im Herkunftsstaat vorläufig oder zeitweilig entzogen, so kann die Aufnahme in die Rechtsanwaltskammer widerrufen werden.**

(3) **Die Rechtsanwaltskammer setzt die zuständige Stelle des Herkunftsstaates von der Aufnahme in die Rechtsanwaltskammer sowie von der Rücknahme und dem Widerruf der Aufnahme in Kenntnis, um dieser die Ausübung der Berufsaufsicht zu ermöglichen.**

Übersicht

I. Entsprechende Anwendung der Bestimmungen der BRAO

1 Die Vorschrift wird in der Begründung der Bundesregierung umfänglich erläutert: Die Vorschrift regelt Einzelheiten zum Verfahren betreffend die Entscheidung über den Antrag sowie über die Rücknahme und den Widerruf der Aufnahme in die RAK. Sie erklärt insoweit die Vorschriften des Zweiten Teils der BRAO, mit Ausnahme der §§ 4 und 5, § 6 Abs. 1, § 12 Abs. 4 BRAO für entsprechend anwendbar. Auch hier gilt grundsätzliche eine Gleichbehandlung mit dem deutschen Rechtsanwalt. Eine ähnliche, jedoch weniger umfassende Verweisungsnorm war bisher in der Vorschrift des § 207 Abs. 2 BRAO enthalten.

2 Durch die Verweisung in **§ 4 Abs. 1** wird sichergestellt, dass die Vorschriften der §§ 7–17 BRAO über Erteilung, Versagung, Erlöschen, Rücknahme und Widerruf der Zulassung zur Rechtsanwaltschaft, die für inländische Rechtsanwälte gelten, auch für europäische Rechtsanwälte gelten, die sich unter ihrer ursprünglichen Berufsbezeichnung niederlassen wollen. Damit sind auch die in § 7 und in § 14 der BRAO einzeln aufgeführten Versagungs- und Widerrufsgründe anwendbar (BR-Drs. 567/99, 58). Dabei ist fraglich, ob bei der Überprüfung als Maßstab nur das Verhalten des niedergelassenen europäischen Rechtsanwalts in Deutschland oder auch sein Verhalten im Heimatstaat heranzuziehen ist. Grundsätzlich dürfte das Verhalten im Herkunftsstaat außerhalb der deutschen Berufsaufsicht liegen, so dass beispielsweise bei der Bekämpfung der freiheitlich demokratischen Grundordnung im Herkunftsstaat (vgl. § 7 Nr. 6 BRAO) nur die dortige Berufsaufsicht zuständig wäre. Nur wenn er im Herkunftsstaat dauernd ausgeschlossen wird, ist gemäß § 4 Abs. 2 S. 1 auch die Zulassung in Deutschland zu widerrufen (→ Rn. 12 ff.). Aus dem Gegenschluss folgt, dass in allen übrigen Fällen des Fehlverhaltens im Heimatstaat die Zulassung in Deutschland nicht widerrufen werden darf. Sollte somit der Anwalt im Herkunfts-

staat die Fähigkeit zur Bekleidung öffentlicher Ämter infolge strafrechtlicher Verurteilung verlieren, ohne von der Rechtsanwaltschaft des Herkunftsstaates ausgeschlossen zu sein, ist die Zulassung in Deutschland trotzdem nicht widerrufbar (*Lach* NJW 2000, 1609). Zur weiteren Widerrufsmöglichkeit bei Fehlen einer Berufshaftpflichtversicherung und diesbezüglicher Mitteilungen vgl. § 7.

Entsprechend anwendbar ist insbesondere auch § 12 Abs. 1, 2 und 3 BRAO. § 12 Abs. 2, 3 3 BRAO stellt somit auch für niedergelassene europäische Rechtsanwälte sicher, dass die berufliche Tätigkeit erst aufgenommen werden kann wenn eine Berufshaftpflichtversicherung nach § 51 BRAO oder ein gleichwertiger Versicherungsschutz nach § 7 nachgewiesen ist.

Von der Verweisung auszunehmen waren die §§ 4 und 5 BRAO, weil diese Vorschriften sich 4 ihrem Sinn nach nur auf Antragsteller beziehen, die über die nach der BRAO vorgesehenen Zugangsvoraussetzungen zum Rechtsanwaltsberuf verfügen.

Die Vorschrift des § 6 Abs. 1 BRAO war von der Verweisung auszunehmen, weil das 5 Antragserfordernis in § 3 eigenständig geregelt ist. Entsprechend anwendbar ist hingegen der § 6 Abs. 2 BRAO. Über den Antrag auf Aufnahme entscheidet die RAK, in deren Bezirk sich der Bewerber beruflich niederlassen will. Nunmehr ergibt sich die Zuständigkeit der RAK aus dem entsprechend anwendbaren § 33 Abs. 1 BRAO.

Auf die Vorschrift des § 12 Abs. 4 BRAO wird nicht verwiesen, weil dort bestimmt ist, dass 6 der Bewerber nach seiner Zulassung zur Rechtsanwaltschaft berechtigt ist, die Berufsbezeichnung „Rechtsanwalt" zu führen. Diese Regelung ist für niedergelassene europäische Rechtsanwälte nicht anwendbar, weil sie gemäß § 5 weiterhin ihre ursprüngliche Berufsbezeichnung zu verwenden haben.

Durch die Verweisung in § 4 Abs. 1 werden auch der Zweite, Dritte und Vierte Abschnitt des 7 Zweiten Teils der BRAO anwendbar. Im Einzelnen handelt es sich um die Vorschriften betreffend Kanzlei und Rechtsanwaltsverzeichnis (§§ 27–31 BRAO) und um allgemeine Vorschriften für das Verwaltungsverfahren (§§ 32–36 BRAO).

Die Vorschriften des Zweiten Abschnitts des Zweiten Teils der BRAO (Kanzlei und Rechts- 8 anwaltsverzeichnis (§§ 27–31b) wurden für anwendbar erklärt, weil der unter seiner ursprünglichen Berufsbezeichnung tätige Rechtsanwalt gemäß Art. 5 RL 98/5/EG das gleiche Tätigkeitsfeld bearbeitet, wie der unter der Berufsbezeichnung des Aufnahmestaates niedergelassene Rechtsanwalt. Dies umfasst auch die Befugnis zur Vertretung und Verteidigung vor Gericht. Der unter seiner ursprünglichen Berufsbezeichnung tätige Rechtsanwalt war deshalb auch im Hinblick auf Residenzpflicht einem unter den Voraussetzungen des § 4 BRAO zugelassenen Rechtsanwalt gleichzustellen (BR-Drs. 567/99, 58 ff.). Für Kanzleipflicht und Vereidigung gelten daher die Vorschriften der BRAO (*Franz* BB 2000, 989).

Die mit der Verweisung in § 4 Abs. 1 für anwendbar erklärten allgemeinen Vorschriften für das 9 Verwaltungsverfahren der §§ 32–36 BRAO stellen sicher, dass das Eintragungsverfahren nach den gleichen Verfahrensgrundsätzen abläuft, wie das Verfahren der Zulassung zur Rechtsanwaltschaft nach der BRAO. Außerdem wird durch diese Verweisung den Belangen des Datenschutzes Rechnung getragen, soweit personenbezogene Informationen innerhalb der Bundesrepublik übermittelt werden (BR-Drs. 567/99, 58 ff.). Über den in Bezug genommenen § 32 BRAO gilt nunmehr im Verfahren nach § 4 das VwVfG (→ § 3 Rn. 5, 6 und Anm. zu § 32 BRAO). Die Mitteilungspflichten bestimmen sich nunmehr nach § 34a.

Der **gerichtliche Rechtsschutz** ist in verwaltungsrechtlichen Anwaltssachen einheitlich durch 10 § 35 entsprechend §§ 112a ff. BRAO geregelt. Diese Regelung entspricht auch den Vorgaben der RL 98/5 EG (→ Teil II Nr. 9), da nach dieser deutschen Regelung eine Überprüfung der Verwaltungsakte der RAK durch den AGH und BGH als unabhängige staatliche Gerichte vorgesehen ist (vgl. Anm. zu Art. 9 RL 98/5 EG; → EuRAG § 35 Rn. 1 ff.; §§ 100 ff., 112a ff. BRAO).

Durch die vorstehend dargestellten Verweisungen wird Art. 9 RL 95/5/EG Rechnung getra- 11 gen. Nach dieser Bestimmung muss gegenüber Entscheidungen über die Verweigerung der Eintragung nach Art. 3 RL 98/5/EG oder über die Rücknahme der Eintragung ein gerichtliches Rechtsmittel nach dem innerstaatlichen Recht zur Verfügung stehen. Die nach § 35 iVm §§ 112a ff. BRAO eingeräumten Rechtsschutzmöglichkeiten gehen über diese Anforderungen der RL 98/5/EG hinaus. Indem Rechtsstreitigkeiten über die Zulassung als Rechtsanwalt und über die Aufnahme in die RAK in Deutschland den Anwaltsgerichten zugewiesen sind, werden weder die Niederlassungsfreiheit noch der Dienstleistungsverkehr beeinträchtigt (BGH BRAK-Mitt. 2004, 35).

II. Widerrufsgrund des Verlustes der Berufsausübungsberechtigung im Herkunftsstaat

12 **§ 4 Abs. 2** regelt den Widerruf der Aufnahme. Das Niederlassungsrecht ist im Entstehen (§ 2 Abs. 2, § 3 Abs. 2) und im Fortbestehen (§ 4 Abs. 2, § 6 Abs. 2 und 4) abhängig von der Berechtigung des europäischen Rechtsanwalts, in seinem Herkunftsstaat als Rechtsanwalt tätig zu sein (Erwägungsgrund 12, Art. 1 RL 98/5/EG; → § 2 Rn. 5; → § 1 Rn. 9). § 4 Abs. 2 zieht für den Fall des Wegfalls der Berufsausübungsberechtigung im Herkunftsstaat die entsprechenden Konsequenzen. In der Begründung zu § 4 Abs. 2 heißt es dazu:

13 „§ 4 Abs. 2 bestimmt als weiteren Grund für den Widerruf der Aufnahme in die RAK den Verlust der Berechtigung zur Ausübung einer beruflichen Tätigkeit unter einer der in der Anlage zu § 1 genannten Berufsbezeichnungen." Durch diese Vorschrift wird Art. 7 Abs. 5 RL 98/5/EG umgesetzt.

14 Nach Art. 7 Abs. 5 RL 98/5/EG zieht die zeitweilige oder endgültige Rücknahme der Genehmigung zur Berufsausübung seitens der zuständigen Stelle des Herkunftsstaates für den betreffenden Rechtsanwalt „automatisch" das einstweilige oder endgültige Verbot nach sich, seine Anwaltstätigkeit im Aufnahmestaat unter seiner ursprünglichen Berufsbezeichnung auszuüben (vgl. Hess. AGH BRAK-Mitt. 2007, 77), sie ist jedoch keine Vorbedingung für die Entscheidung der zuständigen Stelle des Aufnahmestaates. Ein entsprechendes Tätigkeitsverbot enthält § 6 Abs. 4.

15 Davon zu unterscheiden und in der Vorschrift des § 4 Abs. 2 geregelt ist die Frage, welche Auswirkungen der Verlust der beruflichen Zulassung im Herkunftsstaat auf die berufliche Stellung in Deutschland hat. Aus Gründen der Rechtssicherheit kann der Eintritt diesbezüglicher Rechtsfolgen nicht „automatisch" davon abhängen, ob und inwieweit im Herkunftsstaat ein zeitweiliger oder endgültiger Verlust der Genehmigung zur Berufsausübung eingetreten ist. Deshalb waren für diese Fälle zusätzliche Widerrufsgründe zu schaffen.

16 Nach § 4 Abs. 2 S. 1 ist der Widerruf der Aufnahme in die RAK als zwingende Folge vorgesehen, wenn im Heimatstaat die Berechtigung zur Berufsausübung dauernd entzogen worden ist. Im Fall des vorläufigen oder zeitweiligen Entzugs der Berufsausübungsberechtigung im Herkunftsstaat hat die RAK nach § 4 Abs. 2 S. 2 eine Ermessensentscheidung zu treffen, ob auch die Aufnahme in die deutsche RAK zu widerrufen ist. Durch diese abgestufte Regelung soll ermöglicht werden, dass die RAK auf einen zeitweiligen oder vorläufigen Verlust der Berufsausübungsberechtigung im Ausland, der in der BRAO keine Entsprechung hat, flexibel reagieren kann.

17 Die Anwendbarkeit von § 16 BRAO aF stellte sicher, dass keine Ungewissheit über den beruflichen Status in Deutschland eintreten kann (BR-Drs. 567/99, 61, 62). Nachdem § 16 BRAO durch Gesetz vom 30.7.2009 (BGBl. I S. 2449) aufgehoben wurde, erfassen die neu eingefügten §§ 32–36 BRAO dessen Regelungsinhalt. Die neuen §§ 32–36 BRAO werden ebenfalls von der Verweisung des § 4 Abs. 1 erfasst.

III. Mitteilungspflichten

18 **§ 4 Abs. 3** setzt Art. 3 Abs. 2 S. 3 RL 98/5/EG um, indem hinsichtlich der Aufnahme in die RAK eine Mitteilungspflicht der RAK gegenüber der zuständigen Stelle des Herkunftsstaates angeordnet wird. Die Anordnung einer Mitteilungspflicht hinsichtlich Rücknahme und Widerruf der Aufnahme in die RAK folgt, indem sie den actus contrarius betrifft, ebenfalls aus Art. 3 Abs. 2 S. 3 RL 98/5/EG, und lässt sich zudem auf Art. 13 RL 98/5/EG stützen (BT-Drs. 14/2269, 25). Der zuständigen Stelle des Herkunftsstaates soll mit diesen Mitteilungen die Ausübung der Berufsaufsicht ermöglicht werden (vgl. auch § 37). Die Mitteilungspflicht gilt auch für die nicht ausdrücklich genannten übrigen Fälle des Erlöschens der Zulassung im Sinne des § 13 BRAO (*Franz* BB 2000, 989).

Abschnitt 2. Berufliche Rechte und Pflichten

§ 5 Berufsbezeichnung

(1) [1]**Der niedergelassene europäische Rechtsanwalt hat die Berufsbezeichnung zu verwenden, die er im Herkunftsstaat nach dem dort geltenden Recht zu führen berechtigt ist.** [2]**Wer danach berechtigt ist, die Berufsbezeichnung „Rechtsanwalt" zu führen, hat zusätzlich die Berufsorganisation anzugeben, der er im Herkunftsstaat angehört.**

(2) [1]Der niedergelassene europäische Rechtsanwalt ist berechtigt, im beruflichen Verkehr zugleich die Bezeichnung „Mitglied der Rechtsanwaltskammer" zu verwenden. [2]Die Bezeichnung „europäischer Rechtsanwalt" darf als Berufsbezeichnung und in der Werbung nicht verwendet werden.

(3) Mit dem Widerruf der Aufnahme in die Rechtsanwaltskammer (§ 4) darf der niedergelassene europäische Rechtsanwalt die Berufsbezeichnung, die er im Herkunftsstaat nach dem dort geltenden Recht zu führen berechtigt ist, in Deutschland nicht mehr verwenden.

I. Führung der Berufsbezeichnung des Herkunftsstaates

§ 5 Abs. 1 setzt Art. 4 RL 98/5/EG um, der die Führung der ursprünglichen Berufsbezeichnung seines Herkunftsstaates im Aufnahmestaat regelt. Der niedergelassene europäische Rechtsanwalt (§ 2 Abs. 1) hat bei seiner beruflichen Tätigkeit in Deutschland dieselbe Berufsbezeichnung zu führen, die er in seinem Herkunftsland zu führen berechtigt ist (→ § 2 Rn. 2 ff.). Damit soll für die Rechtsuchenden klar sein, dass es sich um einen Rechtsanwalt handelt, der eine Ausbildung im Ausland durchlaufen hat und seine Berechtigung zur anwaltlichen Tätigkeit in Deutschland aus seiner beruflichen Stellung im Ausland herleitet. Er darf auf keinen Fall seinen Heimattitel der besseren Verständlichkeit halber durch die Bezeichnung „Rechtsanwalt" ersetzen (Henssler/Prütting/*Lörcher* § 5 Rn. 1 ff.). 1

Die RL 98/5/EG sieht nicht vor, dem unter der ursprünglichen Berufsbezeichnung tätigen Rechtsanwalt die Angabe des Herkunftsstaates aufzuerlegen. Unter Berücksichtigung der Grundsätze des § 43b BRAO ist es aber zulässig, zu der Berufsbezeichnung des Herkunftsstaates zusätzlich den Herkunftsstaat anzugeben oder eine Übersetzung der ausländischen Berufsbezeichnung (zB „Advocaat – niederländischer Rechtsanwalt), denn solche Beifügungen dienen der sachlichen Unterrichtung des Publikums (BR-Drs. 567/99, 62, 63). 2

§ 5 Abs. 1 S. 2 (Art. 4 Abs. 1 RL 98/5/EG) sieht vor, dass die Bezeichnung verständlich und so formuliert sein muss, „dass keine Verwechslung mit der Berufsbezeichnung des Aufnahmestaats möglich ist". Unter den Voraussetzungen von Art. 4 Abs. 2 RL 98/5/EG können daher dem unter seiner ursprünglichen Berufsbezeichnung tätigen europäischen Rechtsanwalt (§ 1) bestimmte zusätzliche Angaben auferlegt werden, um eine Verwechslung mit der Berufsbezeichnung des Aufnahmestaates auszuschließen (Art. 4 Abs. 1 Hs. 2 RL 98/5/EG). Verwechslungen können insbesondere auftreten, wenn die Berufsbezeichnungen im Herkunfts- und Aufnahmestaat gleich sind. In der Bundesrepublik betrifft dies Rechtsanwälte aus Österreich, aus Liechtenstein und – teilweise – aus Belgien und Norditalien, die ebenfalls unter der Berufsbezeichnung „Rechtsanwalt" im Herkunftsstaat tätig sind. Verlangt werden kann in solchen Fällen nach Art. 4 Abs. 2 RL 98/5/EG zusätzlich die Angabe der **Berufsorganisation,** der der Rechtsanwalt im Herkunftsstaat angehört, oder des Gerichts bei dem er nach den Vorschriften des Herkunftsstaates zugelassen ist. Im Interesse der Verbraucher wurde von der Möglichkeit, den unter der österreichischen, liechtensteinischen, belgischen oder italienischen Berufsbezeichnung „Rechtsanwalt" tätigen europäischen Anwälten die Angabe der Berufsorganisation im Herkunftsstaat aufzuerlegen, in § 5 Abs. 1 S. 2 Gebrauch gemacht. Ohne diesen Zusatz wäre für den Rechtsuchenden nicht erkennbar, dass es sich um keinen deutschen Rechtsanwalt handelt. Die Angabepflicht wurde auf das Kriterium der Berufsorganisation beschränkt, um eine einheitliche Handhabung zu gewährleisten, und weil es sich dabei um das aussagekräftigere Kriterium handeln dürfte (BR-Drs. 567/99, 62, 63). Ein österreichischer Rechtsanwalt aus dem Kammerbezirk Wien muss daher unter der Berufsbezeichnung „Rechtsanwalt – Mitglied der RAK Wien" in Deutschland auftreten (*Lach* NJW 2000, 1609). 3

Die Regelung des § 5 Abs. 1 gilt nach § 26 Abs. 1 entsprechend für den dienstleistenden europäischen Rechtsanwalt (§ 25 Abs. 1). 4

II. Zusätze zur Berufsbezeichnung des Herkunftsstaates

Nach **§ 5 Abs. 2 S. 1** ist der niedergelassene europäische Rechtsanwalt berechtigt, aber nicht verpflichtet, im beruflichen Verkehr zugleich die Bezeichnung „Mitglied der RAK" zu verwenden. 5

6 Mit **§ 5 Abs. 2 S. 2,** der über § 26 Abs. 1 auch entsprechend für den dienstleistenden europäischen Rechtsanwalt (§ 25 Abs. 1) gilt, soll verhindert werden, dass die Bezeichnung „europäischer Rechtsanwalt" (§ 1) als Berufsbezeichnung oder zu Werbezwecken verwendet wird. Der Begriff „europäischer Rechtsanwalt" ist nur aus Gründen der sprachlichen Vereinfachung in das EuRAG aufgenommen worden. Seine Verwendung als Berufsbezeichnung oder zu Werbezwecken könnte beim rechtsuchenden Publikum den unzutreffenden Eindruck hervorrufen, es handle sich um eine besondere Qualifikation oder um ein Art Fachanwaltsbezeichnung. Die Zulässigkeit sonstiger Zusätze (→ § 5 Rn. 3) ist nach § 43b BRAO zu beurteilen (BR-Drs. 567/99, 63; → Rn. 2). Zum Hinweis auf berufliche Zusammenschlüsse im Herkunftsstaat → § 8 Rn. 7, 8.

III. Erlöschen der Befugnis zur Führung der Berufsbezeichnung

7 Bei **§ 5 Abs. 3** handelt es sich um die Parallelvorschrift zu § 17 BRAO (BR-Drs. 567/99, 63). Das Recht, die Berufsbezeichnung des Herkunftsstaates in der Bundesrepublik zu verwenden, erlischt mit dem endgültigen Ausscheiden aus der RAK nach § 4 und kann dann im Hinblick auf § 25 Abs. 2 auch nicht über § 26 begründet werden.

§ 6 Berufliche Stellung

(1) **Für die Rechtsstellung nach Aufnahme in die Rechtsanwaltskammer gelten die Vorschriften des Dritten, Vierten, Sechsten, Siebenten, Neunten bis Elften und Dreizehnten Teils der Bundesrechtsanwaltsordnung.**

(2) **Der niedergelassene europäische Rechtsanwalt hat der Rechtsanwaltskammer eine Bescheinigung der im Herkunftsstaat zuständigen Stelle über seine Zugehörigkeit zu dem Beruf jährlich neu vorzulegen.**

(3) [1] **Vertretungsverbote nach § 114 Abs. 1 Nr. 4 sowie nach den §§ 150 und 161a der Bundesrechtsanwaltsordnung sind für das Bundesgebiet auszusprechen.** [2] **An die Stelle der Ausschließung aus der Rechtsanwaltschaft nach § 114 Abs. 1 Nr. 5 der Bundesrechtsanwaltsordnung tritt das Verbot, in Deutschland fremde Rechtsangelegenheiten zu besorgen; mit der Rechtskraft dieser Entscheidung verliert der Verurteilte die Mitgliedschaft in der Rechtsanwaltskammer.**

(4) **Der niedergelassene europäische Rechtsanwalt hat seine Berufsausübung in Deutschland einzustellen, wenn ihm seitens der zuständigen Stelle des Herkunftsstaates die Berechtigung zur Ausübung seiner beruflichen Tätigkeit vorläufig, zeitweilig oder dauernd entzogen worden ist.**

Übersicht

I. Definition der beruflichen Stellung durch Verweisung auf die BRAO (Abs. 1)

1 **1. Allgemeines.** § 6 Abs. 1 erklärt nach Aufnahme des Antragstellers in die RAK die Vorschriften des Dritten, Vierten, Sechsten, Siebten, Neunten, Zehnten, Elften und Dreizehnten Teils der BRAO für anwendbar. Mit dieser Verweisung werden Vorgaben aus Art. 6, Art. 7 Abs. 1, Art. 8, Art. 9 und Art. 11 RL 98/5/EG umgesetzt (BR-Drs. 567/99, 63) und die weitgehende Gleichstellung des niedergelassenen europäischen Rechtsanwalts mit dem deutschen Rechtsanwalt manifestiert (Gaier/Wolf/Göcken/*Eichele* § 6 Rn. 1).

2. Anwendung der §§ 43–59m BRAO. Der nach **§ 6 Abs. 1** anwendbare Dritte Teil der BRAO enthält Vorschriften über die Rechte und Pflichten des Rechtsanwalts und über die berufliche Zusammenarbeit der Rechtsanwälte. Die Verweisung auf den Dritten Teil der BRAO folgt den Anforderungen von Art. 6 Abs. 1 RL 98/5/EG, wonach der unter seiner ursprünglichen Berufsbezeichnung tätige Rechtsanwalt hinsichtlich aller Tätigkeiten, die er im Aufnahmestaat ausübt, den gleichen Berufs- und Standesregeln unterliegt, wie die unter der Berufsbezeichnung des Aufnahmestaates tätigen Rechtsanwälte. So gelten für ihn die Pflicht zur Übernahme der Prozessvertretung unter den Voraussetzungen des § 48 Abs. 1 BRAO und die Vergütungsregeln des § 49b BRAO, so dass er nur in den Grenzen eine erfolgsabhängige Vergütung vereinbaren darf, wie deutsche Rechtsanwälte (§ 49b BRAO; BVerfG AnwBl. 2007, 297 mit Anm. *Hamacher* = BB 2007, 617 mit Anm. *Römermann*). Seine Vergütung (Gebühren und Auslagen) für anwaltliche Tätigkeiten bestimmt sich gemäß § 1 Abs. 1 RVG nach dem RVG. Selbst wenn man den niedergelassenen europäischen Rechtsanwalt nicht unter einen weiten Rechtsanwaltsbegriff in § 1 Abs. 1 S. 1 RVG subsumieren will, steht er doch jedenfalls nach § 1 Abs. 1 S. 3 RVG als „anderes Mitglied einer RAK" einem Rechtsanwalt im Sinne des RVG gleich (Hartung/Römermann/*Römermann* § 1 Rn. 89). Zur **Berufshaftpflichtversicherung** → § 7. Gleichzeitig wird in Übereinstimmung mit Art. 8 RL 98/5/EG eine Berufsausübung im abhängigen Beschäftigungsverhältnis in gleichem Umfang ermöglicht, wie sie den nach den Vorschriften der BRAO zugelassenen Rechtsanwälten erlaubt ist (§§ 43a, Abs. 1, 46, 47 BRAO). Außerdem sind aufgrund der Verweisung auf den Dritten Teil die Vorschriften des § 59a (**berufliche Zusammenarbeit** in Sozietäten) und der §§ 59c–59m BRAO, die eine berufliche Zusammenarbeit in Rechtsanwaltsgesellschaften regeln, anwendbar. 2

Insoweit wird den Vorgaben aus Art. 11 Nr. 1 S. 1, Nr. 2 und Nr. 3 RL 98/5/EG Rechnung getragen (BR-Drs. 567/99, 64). Entsprechend Art. 6 RL 98/5/EG und § 34 BORA gelten für die niedergelassenen europäischen Rechtsanwälte hinsichtlich ihrer Tätigkeit in der Bundesrepublik die §§ 1–33 BORA sowie die „Standesregeln der Rechtsanwälte der Europäischen Gemeinschaft". Zur gewissenhaften Berufsausübung, zu der auch die niedergelassenen europäischen Rechtsanwälte verpflichtet sind (§ 6 Abs. 1 iVm § 43 BRAO), gehört auch die Verpflichtung, sich über das für sie verbindliche deutsche Berufsrecht zu informieren (§ 6 Abs. 1 iVm § 43a Abs. 6 BRAO). **Haftungsrechtlich** sind sie deutschen Rechtsanwälten gleichgestellt. Sie haften gleichermaßen aus Übernahmeverschulden, wenn sie ein Mandat übernehmen, dem sie nicht gewachsen sind. Nach dreijähriger Tätigkeit als niedergelassener europäischer Rechtsanwalt können sie zur **Fachanwaltschaft** zugelassen werden. Die Tätigkeit im Herkunftsstaat ist bei den Fristen des § 3 FAO nicht zu berücksichtigen (*Franz* BB 2000, 989). 3

3. Anwendung der §§ 60–89, 175–191f BRAO. Durch die Verweisung auf den Vierten Teil der BRAO sind – wie bisher gemäß § 207 Abs. 2 S. 1 BRAO – die Vorschriften der §§ 60–89 BRAO über die Rechtsanwaltskammern anwendbar. Umgesetzt werden damit die Vorgaben aus Art. 6 Abs. 2 RL 98/5/EG, der eine angemessene Vertretung der unter ihrer ursprünglichen Berufsbezeichnung tätigen Rechtsanwälte in der Berufsorganisationen des Aufnahmestaates verlangt. Zu gewährleisten ist mindestens das **aktive Wahlrecht** bei der Wahl der Organe der Berufsorganisation (Art. 6 Abs. 2 S. 2 RL 98/5/EG). Durch die Anwendbarkeit des Vierten und Neunten Teils der BRAO ist den unter ihrer ursprünglichen Berufsbezeichnung tätigen Rechtsanwälten über diese Anforderungen hinaus auch das **passive Wahlrecht** eingeräumt (BR-Drs. 567/99, 64; *Lach* MDR 21/2000 R1; *Lach* NJW 2000, 1609). Da die Fristen der §§ 65 Nr. 2, 191b Abs. 3 BRAO Berufserfahrung in Deutschland sicherstellen sollen, ist für die Fünfjahresfrist nur die Zeit der Zulassung als niedergelassener europäischer Rechtsanwalt in Deutschland maßgeblich (*Franz* BB 2000, 989). 4

Da nach § 6 Abs. 1 der Neunte Teil der BRAO auf die unter ihrer ursprünglichen Berufsbezeichnung tätigen Rechtsanwälte anwendbar ist, bestehen Einschränkungen des passiven Wahlrechts nicht (BR-Drs. 567/99, 64, 65). Der mit Gesetz vom 30.7.2009 (BGBl. I S. 2449) neu eingefügte Dritte Abschnitt des Neunten Teils (§ 191f BRAO, Schlichtung) wird von der Verweisung in § 6 Abs. 1 ebenfalls erfasst (zu den Einzelheiten vgl. Anm. zu § 191f BRAO entsprechend). Die **Regeln über das Rügeverfahren** (§§ 74, 74a BRAO) gelten ebenfalls, wobei der Kammervorstand und das Anwaltsgericht § 9 entsprechend anzuwenden haben (Art. 7 RL 98/5/EG). 5

6 **4. Anwendung der §§ 113–161a BRAO.** Die kraft Verweisung gemäß § 6 Abs. 1 für anwendbar erklärten Vorschriften des Sechsten Teils der BRAO betreffen die anwaltsgerichtliche Ahndung von Pflichtverletzungen. Dass der unter seiner ursprünglichen Berufsbezeichnung tätige Rechtsanwalt einer im Aufnahmestaat bestehenden Anwaltsgerichtsbarkeit unterliegt, ergibt sich ausdrücklich aus Art. 7 Abs. 1 RL 98/5/EG. Aus derselben Vorschrift ergibt sich, dass die Vorschriften des Siebenten Teils der BRAO über das anwaltsgerichtliche Verfahren Anwendung finden können, wie es § 6 Abs. 1 vorsieht. Eine Verweisung auf die Vorschriften des Sechsten und Siebenten Teils war bereits bisher in § 207 Abs. 2 S. 1 BRAO geregelt (BR-Drs. 567/99, 65). Bei den entsprechend anwendbaren §§ 114 Abs. 1 Nr. 4 und 5, 150, 161a BRAO ist § 6 Abs. 3 zu beachten (→ § 6 Rn. 12). § 135 Abs. 2 BRAO wird ergänzt durch § 9 Abs. 4 S. 2 (→ § 9 Rn. 8; → BRAO § 135 Rn. 2).

7 **5. Anwendung der §§ 192–205a, 208–215 BRAO.** Die Regeln über die Kosten in Anwaltssachen (Zehnter Teil, §§ 192–199 BRAO), über die Vollstreckung der anwaltsgerichtlichen Maßnahmen und der Kosten und über die Tilgung (Elfter Teil, §§ 204–205a BRAO) sowie die Übergangs- und Schlussvorschriften (Dreizehnter Teil, §§ 208–215 BRAO) gelten für die niedergelassenen Europäischen Rechtsanwälte ebenfalls. Auf den niedergelassenen europäischen Rechtsanwalt ist nach § 1 Abs. 1 S. 3 RVG das RVG anwendbar (*Hartung/Römermann/Schons* RVG § 1 Rn. 89).

II. Ausschluss von richterlicher Tätigkeit in der Anwaltsgerichtsbarkeit und von der Rechtsanwaltschaft beim BGH

8 § 6 Abs. 1 nimmt den Fünften Teil der BRAO, der Vorschriften über das Anwaltsgericht, den Anwaltsgerichtshof und den BGH in Anwaltssachen enthält, von der Verweisung aus. Dies hat zur Folge, dass die unter ihrer ursprünglichen Berufsbezeichnung niedergelassenen Rechtsanwälte von der Wahrnehmung **richterlicher Aufgaben in der Anwaltsgerichtsbarkeit ausgenommen** sind (→ BRAO § 94 Rn. 2).

9 Nicht verwiesen wird in § 6 Abs. 1 auf den Achten Teil der BRAO, der die Vorschriften über die **Rechtsanwaltschaft bei dem BGH** enthält. Damit ist den unter ihrer ursprünglichen Berufsbezeichnung tätigen Rechtsanwälten der Weg verschlossen, Rechtsanwalt bei dem BGH zu werden. Eine solche Sonderregelung für den Zugang zu den höchsten Gerichten lässt Art. 5 Abs. 3 S. 2 RL 98/5/EG ausdrücklich zu. Von dieser Möglichkeit Gebrauch zu machen, erscheint zur Sicherstellung der Funktionsfähigkeit der Rechtspflege in diesem Bereich als notwendig. Das geltende Zulassungsverfahren soll gewährleisten, dass auch ohne zusätzliche Zulassungsprüfung den erhöhten sachlichen und persönlichen Anforderungen an eine Tätigkeit bei dem BGH Rechnung getragen wird (§ 167 Abs. 1 BRAO). Aus diesem Grund kann gemäß § 166 Abs. 3 BRAO in die Vorschlagslisten nur aufgenommen werden, wer das fünfunddreißigste Lebensjahr vollendet hat und den Beruf des Rechtsanwalts seit mindestens fünf Jahren ohne Unterbrechung ausübt. Seinem Normzweck nach meint § 166 Abs. 3 BRAO eine fünfjährige Berufsausübung als unter den Voraussetzungen des § 4 BRAO zugelassener Rechtsanwalt, weil nur in diesem Fall von hinreichenden Erfahrungen im deutschen Sach- und Prozessrecht ausgegangen werden kann.

10 Ausgenommen sind außerdem die Vorschriften des 12. Teils, der Anwälte aus anderen Staaten als den Mitgliedstaaten der EU oder den Vertragsstaaten des Abkommens über den europäischen Wirtschaftsraum betrifft (BR-Drs. 567/99, 65, 66).

III. Jährlicher Nachweis der Berufszugehörigkeit im Herkunftsstaat

11 **§ 6 Abs. 2** entspricht § 207 Abs. 1 S. 2 BRAO (→ BRAO § 207 Rn. 2). Im Hinblick auf die Koppelung der Niederlassungsberechtigung an die Berufszugehörigkeit im Herkunftsland (vgl. Erwägungsgrund 12, Art. 1 Abs. 2 RL 98/5/EG; → § 1 Rn. 9; → § 2 Rn. 5; → § 4 Rn. 12 ff.) muss die RAK stets darauf achten, ob diese Niederlassungsvoraussetzung noch besteht. Mit der Pflicht des niedergelassenen europäischen Rechtsanwalts (§ 2 Abs. 1), der RAK jährlich eine neue Bescheinigung über seine Berufszugehörigkeit im Herkunftsstaat vorzulegen, soll der Verwaltung die erforderliche Überprüfung erleichtert werden. Die schuldhafte Verletzung der jährlichen Vorlagepflicht kann anwaltsgerichtlich geahndet werden (§ 6 Abs. 1 und 4 iVm §§ 43, 113 BRAO). Der fehlende Nachweis ist für die RAK zudem Anlass, von sich aus zu überprüfen,

ob die erforderliche Berufszugehörigkeit im Herkunftsstaat weiter besteht, damit sie im Falle der Entziehung der Berechtigung zur Berufsausübung im Herkunftsstaat die nach § 4 Abs. 2 vorgesehenen Maßnahmen ergreifen kann (→ § 4 Rn. 12 ff., § 37; Erwägungsgrund 12 S. 2, Art. 13 RL 98/5/EG). Allein auf die Nichtvorlage der Bescheinigung kann eine Widerrufsentscheidung nicht gestützt werden (vgl. auch AGH Hess BRAK-Mitt. 2007, 77).

IV. Beschränkung anwaltsgerichtlicher Maßnahmen auf das Gebiet der Bundesrepublik

§ 6 Abs. 3 ist § 207 Abs. 2 S. 2 und 3 BRAO nachgebildet (→ BRAO § 207 Rn. 11). Die 12
Vorschrift trägt dem Umstand Rechnung, dass Verbote, die gegen den unter seiner ursprünglichen Berufsbezeichnung tätigen Rechtsanwalt ausgesprochen werden und seine Berufstätigkeit in Deutschland betreffen, sich nur auf das Staatsgebiet der Bundesrepublik beziehen können (BR-Drs. 567/99, 66). Andererseits erfolgt die anwaltsgerichtliche Ahndung in Deutschland unabhängig von etwaigen berufsrechtlichen Maßnahmen im Herkunftsstaat (*Franz* BB 2000, 989).

V. Tätigkeitsverbot aufgrund einer Entscheidung im Herkunftsstaat

§ 6 Abs. 4 schafft für den unter seiner ursprünglichen Berufsbezeichnung niedergelassenen 13
Rechtsanwalt ein Tätigkeitsverbot, wie es bereits in Art. 7 Abs. 5 RL 98/5/EG bestimmt ist. Dieses Tätigkeitsverbot wird damit zu einer inländischen Regelung des anwaltlichen Berufsrechts, deren Beachtung zu den im Inland geltenden Berufspflichten des unter seiner ursprünglichen Berufsbezeichnung tätigen Rechtsanwalts gehört. Missachtet er das Tätigkeitsverbot, so kann er mit Sanktionen nach den Vorschriften der BRAO belegt werden (→ § 6 Rn. 11; BR-Drs. 567/99, 66 = BT-Drs. 14/2269, 27).

§ 7 Berufshaftpflichtversicherung

(1) [1]**Von der Verpflichtung, eine Berufshaftpflichtversicherung nach § 51 der Bundesrechtsanwaltsordnung zu unterhalten, ist der niedergelassene europäische Rechtsanwalt befreit, wenn er der Rechtsanwaltskammer eine nach den Vorschriften des Herkunftsstaates geschlossene Versicherung oder Garantie nachweist, die hinsichtlich der Bedingungen und des Deckungsumfangs einer Versicherung gemäß § 51 der Bundesrechtsanwaltsordnung gleichwertig ist.** [2]**Bei fehlender Gleichwertigkeit ist durch eine Zusatzversicherung oder ergänzende Garantie ein Schutz zu schaffen, der den Anforderungen des § 51 der Bundesrechtsanwaltsordnung gleichkommt.**

(2) [1]**Der niedergelassene europäische Rechtsanwalt hat im Fall des Absatzes 1 der Rechtsanwaltskammer jährlich eine Bescheinigung des Versicherers vorzulegen, aus der sich die Versicherungsbedingungen und der Deckungsumfang ergeben.** [2]**Darüber hinaus hat er die Beendigung oder Kündigung des Versicherungsvertrages sowie jede Änderung des Versicherungsvertrages, die den nach § 51 der Bundesrechtsanwaltsordnung vorgeschriebenen Versicherungsschutz beeinträchtigt, der Rechtsanwaltskammer unverzüglich mitzuteilen.** [3]**Kommt er den Pflichten gemäß Satz 1 oder Satz 2 nicht nach, so kann die Aufnahme in die Rechtsanwaltskammer widerrufen werden.** [4]**§ 14 Abs. 2 Nr. 9 der Bundesrechtsanwaltsordnung bleibt unberührt.**

(3) **Die Absätze 1 und 2 gelten für Rechtsanwälte, die nach Teil 3 oder nach Teil 4 in Verbindung mit § 4 der Bundesrechtsanwaltsordnung zugelassen sind, entsprechend.**

I. Eng umgrenzte Befreiungsmöglichkeit von der Pflicht des § 51 BRAO

Gemäß Art. 6 Abs. 3 S. 1 RL 98/5/EG kann dem unter seiner ursprünglichen Berufsbezeich- 1
nung tätigen Rechtsanwalt auferlegt werden, nach den Regeln des Aufnahmestaates eine Berufshaftpflichtversicherung abzuschließen oder einer Berufsgarantiekasse beizutreten. Die Pflicht zum Abschluss einer Berufshaftpflichtversicherung ergibt sich für inländische Rechtsanwälte aus § 51 BRAO. Diese Vorschrift des Dritten Teils der BRAO gilt gemäß § 6 Abs. 1 auch für den unter seiner ursprünglichen Berufsbezeichnung tätigen Rechtsanwalt.

2 Gemäß Art. 6 Abs. 3 S. 2 RL 98/5/EG hat der Aufnahmestaat jedoch bestimmte Abweichungen im Hinblick auf die Ausgestaltung der Absicherung gegen Berufshaftpflichtrisiken zuzulassen. Ausreichend ist danach eine nach den Vorschriften des Herkunftsstaat geschlossene Versicherung oder Garantie, wenn – erforderlichenfalls unter Bereitstellung einer ergänzenden Versicherung oder Garantie – ein den Anforderungen des Aufnahmestaates gleichwertiger Schutz nachgewiesen wird. Diesen Maßgaben wird durch § 7 Rechnung getragen, indem § 7 Abs. 1 und 2 die Voraussetzungen regelt, unter denen ein unter der Berufsbezeichnung des Herkunftsstaates niedergelassener europäischer Rechtsanwalt von der Verpflichtung nach § 51 BRAO, eine Berufshaftpflichtversicherung zu unterhalten, befreit und eine bestehende ausländische Versicherung anzuerkennen ist.

3 **§ 7 Abs. 1** greift dabei die Vorgaben nach Art. 6 Abs. 3 S. 2 RL 98/5/EG auf (BR-Drs. 567/99, 67), indem er dem niedergelassenen europäischen Rechtsanwalt gestattet, durch Nachweis einer **gleichwertigen,** nach den Vorschriften seines Herkunftsstaates geschlossenen Versicherung oder Garantie seiner Versicherungspflicht zu genügen. Gleichwertigkeit erfordert materiell äquivalente Versicherungsmodalitäten (*Franz* BB 2000, 989). Bei fehlender Gleichwertigkeit ist durch eine **Zusatzversicherung** oder ergänzende Garantie durch in- oder ausländische Institute ein Schutz zu schaffen, der den Anforderungen des § 51 BRAO gleichkommt. § 7 Abs. 1 S. 3 wurde durch Gesetz vom 30.7.2009 (BGBl. I S. 2449) aufgehoben. Hinsichtlich der Behandlung der zum Nachweis vorgelegten fremdsprachigen Urkunden gelten nunmehr über § 4 Abs. 1, § 32 BRAO die Regeln des VwVfG (→ § 4 Rn. 5, 6).

II. Mitteilungspflichten, Widerruf der Aufnahme in die Rechtsanwaltskammer

4 **§ 7 Abs. 2** dient im Interesse des Verbraucherschutzes der Sicherstellung gleichwertiger Versicherungsmodalitäten. Die nach § 51 Abs. 6 und 7 BRAO vorgesehenen Mitteilungspflichten des Versicherungsunternehmens gegenüber der RAK waren, um diese Gleichwertigkeit zu erreichen, dem niedergelassenen europäischen Rechtsanwalt aufzuerlegen: Sein ausländischer Versicherer unterliegt nicht der deutschen Versicherungsaufsicht; Mitteilungspflichten wären ihm gegenüber nicht durchsetzbar.

5 Um den Verpflichtungen des Rechtsanwalts nach § 7 Abs. 2 S. 1 und 2 Nachdruck zu verleihen, ist nach S. 3 die Möglichkeit des Widerrufs der Aufnahme in die RAK im Fall eines Verstoßes vorgesehen. Im Hinblick darauf, dass auch in § 14 Abs. 2 Nr. 9 BRAO die Rücknahme der Zulassung zur Rechtsanwaltschaft vorgesehen ist, wenn der Rechtsanwalt die vorgeschriebene Haftpflichtversicherung nicht unterhält, erscheint diese Regelung angemessen. § 7 Abs. 2 S. 4 stellt klar, dass § 14 Abs. 2 Nr. 9 BRAO anwendbar ist, wenn die Berufshaftpflichtversicherung nicht oder nicht mehr unterhalten wird (BR-Drs. 567/99, 67).

III. Ausdehnung der Anerkennungsmöglichkeit gleichwertiger Bescheinigungen

6 **§ 7 Abs. 3** wurde durch Gesetz vom 26.10.2003 (BGBl. I S. 2074) angefügt und setzt die in Art. 1 Abs. 4 lit. b RL 2001/19/EWG enthaltene Pflicht der EU-Mitgliedstaaten um, Bescheinigungen über den Abschluss einer Berufshaftpflichtversicherung auch dann als gleichwertig anzuerkennen, wenn der betreffende europäische Rechtsanwalt nach bestandener Eignungsprüfung (Teil 4 EuRAG) in Deutschland als voll in den Berufsstand integrierter Rechtsanwalt zur Rechtsanwaltschaft zugelassen wird. Das Gleiche muss auch für die Eingliederung (Teil 3 EuRAG) gelten. Die Gleichstellung aller Sachverhalte, die von den Regelungen des EuRAG erfasst werden, ist nicht zuletzt vor dem Hintergrund der Gleichbehandlung europäischer Rechtsanwälte geboten und zweckmäßig. Die Ergänzung von § 7 durch Abs. 3 macht die Parallelität der Sachverhalte deutlich. Es kann letztlich keinen Unterschied machen, welchen Weg ein Anwalt beschreitet, um in Deutschland den Beruf des Rechtsanwalts auszuüben (BT-Drs. 15/1072, 12).

§ 8 Sozietät im Herkunftsstaat

(1) [1]**Gehört der niedergelassene europäische Rechtsanwalt im Herkunftsstaat einem Zusammenschluss zur gemeinschaftlichen Berufsausübung an, so hat er dies der Rechtsanwaltskammer mitzuteilen.** [2]**Er hat die Bezeichnung des Zusammenschlusses und die Rechtsform anzugeben.** [3]**Die Rechtsanwaltskammer kann ihm auferlegen, weitere zweckdienliche Auskünfte über den betreffenden Zusammenschluss zu geben.**

(2) [1]Die persönliche Haftung des niedergelassenen europäischen Rechtsanwalts für Ansprüche des Auftraggebers auf Ersatz eines schuldhaft verursachten Schadens wird durch die Rechtsform eines Zusammenschlusses, dem er im Herkunftsstaat angehört, nur ausgeschlossen oder beschränkt, soweit eine Berufshaftpflichtversicherung oder Garantie besteht, die den Voraussetzungen des § 59j der Bundesrechtsanwaltsordnung entspricht. [2]§ 7 gilt entsprechend.

(3) [1]Der niedergelassene europäische Rechtsanwalt kann im Rechtsverkehr die Bezeichnung eines Zusammenschlusses zur gemeinschaftlichen Berufsausübung angeben, dem er im Herkunftsstaat angehört. [2]Er hat in diesem Fall auch die Rechtsform des Zusammenschlusses im Herkunftsstaat anzugeben.

I. Mitteilungspflicht bezüglich Zusammenschlüsse im Herkunftsstaat

Für niedergelassene europäische Rechtsanwälte, die in ihrem Herkunftsstaat einem Zusammenschluss zur gemeinschaftlichen Berufsausübung angehören, beinhaltet § 8 spezielle Regelungen, insbesondere auch für das Auftreten dieses Zusammenschlusses in Deutschland. **§ 8 Abs. 1** setzt dazu Art. 11 Nr. 4 RL 98/5/EG um. Dort ist eine Auskunftspflicht des unter seiner ursprünglichen Berufsbezeichnung tätigen Rechtsanwalts gegenüber der zuständigen Stelle des Aufnahmestaates in Bezug auf eine eventuelle Sozietätszugehörigkeit im Herkunftsstaat bestimmt (AGH NRW BRAK-Mitt. 2000, 260). Der europäische Rechtsanwalt muss die Bezeichnung und die Rechtsform des ausländischen Zusammenschlusses mitteilen. Diese Auskunftspflicht gewährleistet, dass die Präsenz ausländischer Zusammenschlüsse in der Bundesrepublik beobachtet werden kann und durchschaubar bleibt (BR-Drs. 567/99, 68). In Deutschland stehen den niedergelassenen europäischen Rechtsanwälten im Übrigen dieselben Möglichkeiten beruflicher Zusammenarbeit offen wie den nach der BRAO zugelassenen Rechtsanwälten (→ § 6 Rn. 2, 3). Das heißt, sie können sich in Deutschland auch interprofessionellen Sozietäten pp. anschließen, selbst wenn das nach dem Berufsrecht ihres Herkunftsstaates ausgeschlossen ist (vgl. EuGH BRAK-Mitt. 2002, 79 = AnwBl. 2002, 234 mit Anm. *Weil* BRAK-Mitt. 2002, 50). Der BRAK-Ausschuss „Internationale Sozietäten" hat zur Anerkennung ausländischer Rechtsanwaltsgesellschaften und zu deren Behandlung Empfehlungen an die Rechtsanwaltskammer gegeben (abgedruckt in BRAK-Mitt. 2005, 182; 2008, 117; 2009, 22). **1**

II. Sicherung der Ansprüche des Auftraggebers

§ 8 Abs. 2 bestimmt, dass die persönliche Haftung des unter seiner ursprünglichen Berufsbezeichnung tätigen Rechtsanwalts für Ersatzansprüche des Auftraggebers (→ § 7 Rn. 3) durch die Rechtsform eines Zusammenschlusses, dem er im Herkunftsstaat angehört, nur ausgeschlossen oder beschränkt werden kann, soweit eine den Voraussetzungen des § 59j BRAO entsprechende Berufshaftpflichtversicherung besteht. **2**

§ 8 Abs. 2 stützt sich zum einen auf Art. 11 Nr. 1 S. 2 RL 98/5/EG. Dort ist bestimmt, dass auf Sozietäten des Herkunftsstaates die Vorschriften des Aufnahmestaates Anwendung finden, soweit die nach dem Recht des Herkunftsstaates anzuwendenden Regeln mit grundlegenden Regeln des Aufnahmestaates unvereinbar sind und die Anwendung der Vorschriften des Aufnahmestaates im allgemeinen Interesse zum Schutz der Mandanten und Dritter gerechtfertigt ist. Unvereinbarkeit von Vorschriften des Herkunftsstaates mit grundlegenden Regeln des deutschen Rechts liegt vor, wenn die Wahl einer bestimmten im Ausland zugelassenen Rechtsform einen Ausschluss oder eine Begrenzung der persönlichen Haftung des ihr zugehörenden Rechtsanwalts bewirkt, ohne zugleich den Belangen ersatzanspruchsberechtigter Mandanten Rechnung zu tragen. Diese wären bei Ausschluss oder Begrenzung der persönlichen Haftung des unter seiner ursprünglichen Berufsbezeichnung tätigen Rechtsanwalts darauf verwiesen, ihre Ansprüche auf Schadensersatz wegen Schlechterfüllung des Mandats mit ungewisser Erfolgsaussicht gegen die Sozietät im Herkunftsstaat geltend zu machen. **3**

Ein Ausschluss der persönlichen Haftung des Rechtsanwalts durch die Wahl der Gesellschaftsform ist zwar auch nach deutschem Recht möglich. Der Zweite Abschnitt des Dritten Teils der BRAO regelt die Zulässigkeit von Rechtsanwaltsgesellschaften in der Form der Gesellschaft mit beschränkter Haftung. Wesentliche Voraussetzung für die gesetzliche Zulassung der Rechtsanwalts-GmbH ist aber die in § 59j BRAO geregelte Versicherungspflicht der Rechtsanwalts- **4**

GmbH. Sie ist gegenüber der Versicherungspflicht des persönlich haftenden Rechtsanwalts (§ 51 BRAO) wesentlich erweitert und soll sicherstellen, dass Mandanten der Rechtsanwalts-GmbH mit ihren Ansprüchen auf Schadensersatz nicht infolge der Haftungsbeschränkung ausfallen.

5 Die Vorschrift des § 51j BRAO auf ausländische Zusammenschlüsse, deren Rechtsform zu einer Haftungsbeschränkung oder einem Ausschluss der persönlichen Haftung des Rechtsanwalts führt, entsprechend anzuwenden, ist im allgemeinen Interesse zum Schutz der Mandanten und Dritter gerechtfertigt, wie Art. 11 Nr. 1 S. 2 letzter Hs. RL 98/5/EG voraussetzt. Die Zulassung ausländischer Zusammenschlüsse mit beschränkter Haftung zur anwaltlichen Berufsausübung in der Bundesrepublik darf nicht zu einer Einschränkung der Sicherheiten des rechtsuchenden Publikums führen.

6 Zugleich stützt sich § 8 Abs. 2 auf Art. 6 Abs. 3 S. 1 RL 98/5/EG. Nach dieser Bestimmung kann dem unter seiner ursprünglichen Berufsbezeichnung tätigen Rechtsanwalt auferlegt werden, dass er – vorbehaltlich der Einschränkungen nach Art. 6 Abs. 3 S. 2 und 3 – nach den Regeln des Herkunftsstaates eine Berufshaftpflichtversicherung abschließt. Ist der unter seiner ursprünglichen Berufsbezeichnung tätige Rechtsanwalt aufgrund seiner Zugehörigkeit zu einem Zusammenschluss im Herkunftsstaat von der persönlichen Haftung befreit, so trifft die Pflicht zum Abschluss einer Berufshaftpflichtversicherung oder zur Ergreifung gleichwertiger Vorkehrungen den Zusammenschluss (BR-Drs. 567/99, 68).

III. Hinweis auf Zusammenschluss im Herkunftsstaat

7 Gemäß Art. 12 S. 1 RL 98/5/EG kann der unter seiner ursprünglichen Berufsbezeichnung tätige Rechtsanwalt bei seiner Berufsausübung auf die Zugehörigkeit zu einem Zusammenschluss im Herkunftsstaat hinweisen. Zur Klarstellung wird dies in § 8 Abs. 3 S. 1 wiederholt.

8 Von der in Art. 12 S. 2 RL 98/5/EG vorgesehenen Möglichkeit, den unter ihrer ursprünglichen Berufsbezeichnung tätigen Rechtsanwälten die Angabe der Rechtsform des Zusammenschlusses, dem sie im Herkunftsstaat angehören, aufzuerlegen, wurde in § 8 Abs. 3 S. 2 im Interesse des rechtsuchenden Publikums Gebrauch gemacht (BR-Drs. 567/9 S. 69; AGH NRW BRAK-Mitt. 2000, 260).

Abschnitt 3. Anwaltsgerichtliches Verfahren, Zustellungen

§ 9 Mitteilungspflichten, rechtliches Gehör

(1) [1] **Für Zwecke der Prüfung, ob berufsrechtliche Maßnahmen zu ergreifen sind, teilt die ermittelnde Staatsanwaltschaft nach Abschluss der Ermittlungen und vor Einreichung der Anschuldigungsschrift bei dem Anwaltsgericht der zuständigen Stelle des Herkunftsstaates die ermittelten Tatsachen mit, soweit dies aus ihrer Sicht zur Durchführung solcher Maßnahmen erforderlich ist.** [2] **Die Mitteilung wird durch unmittelbare Übersendung einer Abschrift der Anschuldigungsschrift an die zuständige Stelle des Herkunftsstaates bewirkt.**

(2) [1] **Für Zwecke der Prüfung, ob berufsrechtliche Maßnahmen zu ergreifen sind, sind in anwaltsgerichtlichen Verfahren der zuständigen Stelle des Herkunftsstaates mitzuteilen:**

1. **die Entscheidung über die Eröffnung des Hauptverfahrens,**
2. **die Urteile,**
3. **die Verhängung vorläufiger anwaltsgerichtlicher Maßnahmen, deren Außerkrafttreten und deren Aufhebung,**
4. **die Verteidigungsschriften,**
5. **die Berufungsschriften,**
6. **die Revisionsschriften,**
7. **die Beschwerdeschriften.**

[2] **Mitteilungspflichtig ist das Gericht, das die mitzuteilende Entscheidung gefällt hat oder bei dem der mitzuteilende Schriftsatz eingereicht worden ist.** [3] **Die Mitteilung wird durch unmittelbare Übersendung einer Abschrift der mitzuteilenden Entscheidung an die zuständige Stelle des Herkunftsstaates bewirkt.**

(3) [1] **Sind personenbezogene Daten, die nach Absatz 1 oder Absatz 2 übermittelt werden dürfen, mit weiteren personenbezogenen Daten des Betroffenen oder eines Dritten so verbunden, dass sie nicht oder nur mit unvertretbarem Aufwand getrennt werden können, ist auch die Übermittlung dieser Daten zulässig, soweit nicht berechtigte Interessen des Betroffenen oder des Dritten an deren Geheimhaltung offensichtlich überwiegen.** [2] **Eine Verwendung dieser Daten ist unzulässig.** [3] **Der Empfänger ist darauf hinzuweisen, dass eine Verwendung der Daten des Dritten unzulässig ist und die Daten des Betroffenen nur zu dem Zweck verwendet werden dürfen, der in den Absätzen 1 und 2 genannt ist.**

(4) [1] **In anwaltsgerichtlichen Verfahren hat das Gericht der zuständigen Stelle des Herkunftsstaates Gelegenheit zur Äußerung zu geben.** [2] **Zu nichtöffentlichen Verhandlungen ist Vertretern der zuständigen Stelle des Herkunftsstaates der Zutritt gestattet.**

I. Regelungsgegenstand

Die Vorschrift regelt in Umsetzung von Art. 7 Abs. 2 und 3 RL vom 16.2.1998 98/5/EG in Abs. 1–3 Mitteilungspflichten für den Fall, dass gegen den unter seiner ursprünglichen Berufsbezeichnung tätigen Rechtsanwalt ein anwaltsgerichtliches Verfahren eingeleitet wird. Die Mitteilungen können **in deutscher Sprache** erfolgen. Weder die Niederlassungsrichtlinie noch das EuRAG enthalten diesbezüglich von §§ 184 ff. GVG iVm § 116 S. 2 BRAO, § 6 Abs. 1 abweichende Regelungen. Abs. 4 regelt das Recht der zuständigen Stelle des Herkunftsstaates auf rechtliches Gehör im anwaltsgerichtlichen Verfahren (BR-Drs. 567/99, 70). Die berufsrechtliche Ahndung in Deutschland erfolgt grundsätzlich unabhängig von etwaigen berufsrechtlichen Maßnahmen des Herkunftsstaates. Jedoch sind im Rahmen der §§ 115b, 118b BRAO auch die ausländischen Berufsgerichtsverfahren zu berücksichtigen. Die wechselseitigen Informationspflichten sichern eine sachgerechte Handhabung (*Franz* BB 2000, 989). 1

II. Mitteilungen durch die Staatsanwaltschaft nach Abschluss der Ermittlungen (Abs. 1)

In Umsetzung des Art. 7 Abs. 1 RL 98/5/EG erklärt § 6 Abs. 1 ausdrücklich die Regeln der BRAO über das anwaltsgerichtliche Verfahren auch auf den niedergelassenen europäischen Rechtsanwalt für anwendbar (→ § 6 Rn. 6). Nach Art. 7 Abs. 2 RL 98/5/EG setzt die zuständige Stelle des Aufnahmestaates vor Einleitung eines Disziplinarverfahrens, dh des anwaltsgerichtlichen Verfahrens (§ 121 BRAO), gegen den unter seiner ursprünglichen Berufsbezeichnung tätigen Rechtsanwalt unverzüglich die zuständige Stelle des Herkunftsstaats unter Angabe aller zweckdienlichen Einzelheiten davon in Kenntnis. 2

§ 9 Abs. 1 bestimmt in Umsetzung von Art. 7 Abs. 2 RL 98/5/EG eine – eingeschränkte – Mitteilungspflicht der Staatsanwaltschaft unmittelbar im Zusammenhang mit der Einreichung einer Anschuldigungsschrift gegen den niedergelassenen europäischen Rechtsanwalt. Mitzuteilen sind diejenigen Tatsachen, die der zuständigen Stelle des Herkunftsstaates aus Sicht der ermittelnden deutschen Staatsanwaltschaft bekannt sein müssen, um dort berufsrechtliche Maßnahmen zu veranlassen; die Mitteilung erfolgt durch Übersendung einer Abschrift der Anschuldigungsschrift (BR-Drs. 567/99, 70). Abschrift in diesem Sinn ist auch eine Ablichtung. 3

Anders als die Gerichte, die im anwaltsgerichtlichen Verfahren (§§ 121 ff. BRAO) nach Abs. 2 ausnahmslos die dort vorgesehenen Mitteilungen vornehmen müssen, braucht die Staatsanwaltschaft (§ 120 BRAO) nach Abs. 1 im Vorfeld des anwaltsgerichtlichen Verfahrens Mitteilungen nur vorzunehmen, „soweit dies aus ihrer Sicht … erforderlich ist" für Zwecke der Prüfung durch die zuständige Stelle des Herkunftsstaates, ob dort berufsrechtliche Maßnahmen zu ergreifen sind. Dies wird regelmäßig nur dann der Fall sein, wenn die nachfolgenden obligatorischen Mitteilungen nach Abs. 2 aus der Sicht der Staatsanwaltschaft für diese Zwecke nicht ausreichen, weil sie zB zu spät erfolgen könnten, um dringend erforderliche berufsrechtliche Maßnahmen im Herkunftsland sicherzustellen. Das wird grundsätzlich nur bei hinreichenden Verdacht auf schwerste Pflichtverletzungen der Fall sein, die neben den im anwaltsgerichtlichen Verfahren zu erwartenden Maßnahmen auch im Herkunftsstaat zeitgleich (vorläufige) berufsrechtliche Maßnahmen dringend erforderlich machen. 4

5 § 9 Abs. 1 wurde durch Gesetz vom 30.7.2009 (BGBl. I S. 2449) geändert. Damit wird klargestellt, dass zur Erfüllung der Mitteilungspflicht der Staatsanwaltschaft die Übersendung der Anschuldigungsschrift ausreicht. Eine darüber hinausgehende Berichtspflicht, die dem Wortlaut des früheren § 9 Abs. 1 entnommen werden konnte (vgl. *Franz* BB 2000, 989; 7. Aufl. § 8 Rn. 5), soll in Übereinstimmung mit der Mitteilungspflicht der Gerichte in § 9 Abs. 2 S. 3 aus Gründen der Verfahrensvereinfachung aber nicht bestehen (BT-Drs. 16/11385, 85).

III. Mitteilungen während des anwaltsgerichtlichen Verfahrens (Abs. 2)

6 Gemäß § 9 Abs. 2 haben die Anwaltsgerichte bestimmte Entscheidungen und Schriftsätze, die in Abs. 2 abschließend aufgeführt sind, der zuständigen Stelle des Herkunftsstaates mitzuteilen. Die Vorschrift beruht auf Art. 7 Abs. 3 S. 1 RL 98/5/EG, der eine enge Zusammenarbeit der zuständigen Stellen von Aufnahmestaat und Herkunftsstaat vorsieht. Sie ist dem bisherigen § 9 Abs. 1 und 3 RADG nachgebildet (vgl. nunmehr § 33 Abs. 2; BR-Drs. 567/99, 70).

7 Das jeweils zuständige **Instanzgericht** (§§ 92 ff., 119 BRAO; §§ 100 ff., 142, 143 BRAO; §§ 106 ff., 145 BRAO) bewirkt die Mitteilung durch die Übersendung einer Abschrift der mitzuteilenden Entscheidung an die zuständige Stelle des Herkunftsstaats (vgl. auch Rn. 3). Gerichtsentscheidungen (Abs. 2 Nr. 1–3) sollten mit Ausfertigungsvermerk übersandt werden. Es können aber wie auch von den Schriften des Abs. 2 Nr. 4–7 Ablichtungen, Abdrucke oder Durchschriften übersandt werden. Die Kosten der Mitteilungen sind Verfahrenskosten.

IV. Die Übermittlung weiterer personenbezogener Daten

8 Die Vorschrift des **§ 9 Abs. 3** regelt in Anlehnung an § 18 Justizmitteilungsgesetz die Übermittlung weiterer personenbezogener Daten des Betroffenen oder Dritter, die mit gemäß Abs. 1 oder Abs. 2 mitzuteilenden Daten untrennbar verbunden sind (BR-Drs. 567/99, 70; vgl. auch § 36 BRAO). Deren Übermittlung ist ebenfalls zulässig, soweit nicht berechtigte Interessen des Betroffenen oder des Dritten an deren Geheimhaltung offensichtlich überwiegen (vgl. § 36 BRAO). Eine Verwendung dieser Zusatzdaten ist unzulässig. Der Empfänger ist darauf hinzuweisen, dass eine Verwendung der Daten des Dritten absolut unzulässig ist und die Daten des niedergelassenen europäischen Rechtsanwalts nur zu dem Zweck verwendet werden dürfen, der in Abs. 1 und Abs. 2 (→ Rn. 2–5) genannt ist.

V. Rechtliches Gehör für zuständige Stelle des Herkunftsstaates

9 Der in **§ 9 Abs. 4 S. 1** geregelte Anspruch der zuständigen Stelle des Herkunftsstaates auf rechtliches Gehör in anwaltsgerichtlichen Verfahren (§§ 119 ff. BRAO) gegen den unter seiner ursprünglichen Berufsbezeichnung tätigen Rechtsanwalt beruht auf Art. 7 Abs. 3 S. 2 RL 98/5/EG, geht aber über die dort bestimmten Anforderungen (rechtliches Gehör lediglich im Rechtsmittelverfahren) hinaus. Auf eine Regelung, in welchem Zeitpunkt des Verfahrens das rechtliche Gehör zu gewähren ist, wurde verzichtet, um eine flexible Handhabung zu ermöglichen (BR-Drs. 567/99, 70, 71). Das Gericht bestimmt den Zeitpunkt nach pflichtgemäßem Ermessen, regelmäßig wird es die Gelegenheit im Zusammenhang mit den Mitteilungen nach Abs. 2, insbesondere dessen Nr. 3 ff. geben. Der zuständigen Stelle des Herkunftsstaates ist es jedoch unbenommen, auch von sich aus sich jederzeit an das Gericht mit Stellungnahmen zu wenden, die das Gericht auch in seine Erwägungen einzubeziehen hat.

10 **§ 9 Abs. 4 S. 2** ergänzt in Umsetzung von Art. 7 Abs. 3 S. 2 RL 98/5/EG die Regelung des § 135 Abs. 2 BRAO (→ BRAO § 135 Rn. 2). Auf Verlangen des Vertreters der zuständigen Stelle des Herkunftsstaates, dem nach Abs. 4 S. 2 der Zutritt gestattet ist, ist ihm auch in der Verhandlung die Gelegenheit zur Äußerung (Abs. 4 S. 1) zu geben.

§ 10 Zustellungen

Kann in anwaltsgerichtlichen Verfahren und in Verfahren nach den §§ 56, 57, 74, 74a der Bundesrechtsanwaltsordnung gegen einen niedergelassenen europäischen Rechtsanwalt eine Zustellung nicht in der vorgeschriebenen Weise in Deutschland bewirkt werden und erscheint die Befolgung der Vorschriften für Zustellungen im Ausland

unausführbar oder voraussichtlich erfolglos, so gilt die Zustellung als erfolgt, wenn eine Abschrift des zuzustellenden Schriftstücks der zuständigen Stelle des Herkunftsstaates übersandt wird und seit der Aufgabe zur Post vier Wochen verstrichen sind.

§ 10 regelt Erleichterungen für die Bewirkung von Zustellungen in Verfahren der Anwalts- 1
gerichtsbarkeit und in Verfahren nach §§ 56, 57, 74 und 74a BRAO. Es gilt § 33 Abs. 2 (BR-Drs. 567/99, 71).

Grundsätzlich sind im anwaltsgerichtlichen Verfahren (§§ 116–161a BRAO) und in den 2
Aufsichts- und Beschwerdesachen (§§ 56, 57 BRAO sowie den Rügeverfahren (§§ 74, 74a BRAO) die Zustellungsvorschriften der ZPO (§§ 57 Abs. 2, 112c, 116 BRAO iVm § 56 Abs. 2 VwGO, § 37 StPO, §§ 166 ff. ZPO) anzuwenden.

Kann die Zustellung in der danach vorgesehenen Weise nicht ausgeführt werden und erscheint 3
die Befolgung der Vorschriften für Zustellungen im Ausland unausführbar oder voraussichtlich erfolglos, dann gilt ein vereinfachtes Verfahren.

Danach können in den genannten Verfahren Zustellungen an niedergelassene europäische 4
Rechtsanwälte außerhalb Deutschlands unter eingeschränkten, § 40 StPO entsprechenden Voraussetzungen durch Übersendung des zuzustellenden Schriftstücks an die zuständige Stelle des Herkunftsstaates bewirkt werden. Die Zustellung gilt dann als erfolgt, wenn seit der Aufgabe zur Post vier Wochen verstrichen sind (Henssler/Prütting/*Lörcher* § 10).

Teil 3. Eingliederung

Abschnitt 1. Zulassung zur Rechtsanwaltschaft nach dreijähriger Tätigkeit

§ 11 Voraussetzungen

(1) [1] **Wer eine mindestens dreijährige effektive und regelmäßige Tätigkeit als niedergelassener europäischer Rechtsanwalt in Deutschland auf dem Gebiet des deutschen Rechts, einschließlich des Gemeinschaftsrechts, gemäß § 12 nachweist, wird nach den Vorschriften der §§ 6 bis 36 der Bundesrechtsanwaltsordnung zur Rechtanwaltschaft zugelassen.** [2] **Effektive und regelmäßige Tätigkeit ist die tatsächliche Ausübung des Berufs ohne Unterbrechung; Unterbrechungen auf Grund von Ereignissen des täglichen Lebens bleiben außer Betracht.**

(2) [1] **Unterbrechungen bis zu einer Dauer von drei Wochen sind in der Regel Unterbrechungen auf Grund von Ereignissen des täglichen Lebens.** [2] **Bei längeren Unterbrechungen sind die Umstände des Einzelfalls maßgeblich.** [3] **Bei der Beurteilung berücksichtigt die Rechtsanwaltskammer den Grund, die Dauer und die Häufigkeit der Unterbrechung.**

(3) [1] **Hat eine Unterbrechung stattgefunden, die nicht auf Grund von Ereignissen des täglichen Lebens eingetreten ist, so wird die bis dahin ausgeübte Tätigkeit nach Absatz 1 Satz 1 berücksichtigt, wenn insgesamt eine mindestens dreijährige Tätigkeit nachgewiesen wird und die Unterbrechung einer Beurteilung der Tätigkeit als effektiv und regelmäßig nicht entgegensteht.** [2] **Die Dauer einer solchen Unterbrechung wird bei der Berechnung des Dreijahreszeitraums nicht berücksichtigt.**

Übersicht

I. Grundvoraussetzungen für einen Zulassungsanspruch nach Tätigkeit als niedergelassener europäischer Rechtsanwalt (Abs. 1)

1 Die Vorschrift regelt die Eingliederung von europäischen Rechtsanwälten, die nach den Bestimmungen von Teil 2 (§§ 2–10) unter ihrer ursprünglichen Berufsbezeichnung als niedergelassene europäische Rechtsanwälte in Deutschland tätig waren, in die Rechtsanwaltschaft der Bundesrepublik Deutschland. Sie setzt Art. 2 S. 2, Art. 10 Abs. 1 RL 98/5/EG um. Gemäß Art. 2 Abs. 2 iVm Art. 10 Abs. 1 RL 98/5/EG wird der unter seiner ursprünglichen Berufsbezeichnung tätige Rechtsanwalt bei Nachweis einer mindestens dreijährigen effektiven und regelmäßigen Tätigkeit im Aufnahmestaat im Recht dieses Mitgliedstaates einschließlich des Unionsrechts für den dortigen Zugang zum Rechtsanwaltsberuf von den in Art. 4 Abs. 1 lit. b RL 89/48/EWG vorgesehenen Voraussetzungen freigestellt. Gemäß Art. 11 ff. RL 2005/36/EG kann von einem Antragsteller, der die Anerkennung seines Diploms erlangen will, die Erfüllung zusätzlicher Voraussetzungen verlangt werden; insbesondere die Absolvierung eines Anpassungslehrgangs oder die Ablegung einer Eignungsprüfung. Die Bundesrepublik hat bei der Umsetzung der RL 89/48/EWG von der Möglichkeit Gebrauch gemacht, vom Antragsteller die Ablegung einer Eignungsprüfung zu verlangen (Gesetz über die Eignungsprüfung für die Zulassung zur Rechtsanwaltschaft vom 6.7.1990, BGBl. I S. 1349; aufgehoben gemäß Art. 10 Abs. 2 Nr. 2 Gesetz vom 9.3.2000, → § 1 Rn. 2; § 16 Rn. 1). Im Unterschied hierzu genügt nach Art. 10 Abs. 1 grundsätzlich eine mindestens dreijährige effektive und regelmäßige Tätigkeit im Aufnahmestaat, die sich auf das dortige Recht einschließlich des Unionsrechts bezogen haben muss, für die Eingliederung in die Rechtsanwaltschaft des Aufnahmestaates (BR-Drs. 567/99, 48, 71).

2 § 11 Abs. 1 statuiert in enger Anlehnung an den Richtlinientext die Grundvoraussetzungen für einen Zulassungsanspruch. Liegen sie vor, muss eine Zulassung erfolgen, sofern nicht sonstige Zulassungshindernisse (§ 7 BRAO) vorliegen (*Klein* AnwBl. 2000, 190). Art. 10 Abs. 1 RL 98/5/EG verlangt insoweit eine mindestens dreijährige effektive und regelmäßige Tätigkeit als Rechtsanwalt im Aufnahmestaat unter der ursprünglichen Berufsbezeichnung auf den Gebieten des dortigen Rechts, einschließlich des Unionsrechts. Weil somit eine dreijährige Tätigkeit als niedergelassener europäischer Rechtsanwalt nach den Vorschriften von Teil 2 vorausgesetzt wird, ist eine sonstige Anwaltstätigkeit in Deutschland – etwa gemäß § 206 Abs. 1 BRAO (der bis zum 14.3.2000 gültigen Fassung; vgl. 4. Aufl. § 206 Rn. 1–10) oder in Form vorübergehender Dienstleistungen nach dem RADG oder jetzt nach §§ 25 ff. – nicht ausreichend, um die Voraussetzungen der Eingliederung zu erfüllen (BR-Drs. 567/99, 71 = BT-Drs. 14/2269, 29). Zur Frage, ob die RAK vor der Aufnahme eine **Sprachprüfung** verlangen darf, legte der EuGH im Verfahren Wilson die Richtlinie 98/5/EG dahingehend aus, dass eine weitere Kontrolle nicht vorgesehen ist (EuGH BRAK-Mitt. 2006, 276 mit Anm. *Eichele*). Eine Überprüfung der Deutschkenntnisse kann auch hier nicht verlangt werden (→ § 3 Rn. 3 aE).

3 Mit Rücksicht darauf, dass ein nach Art. 10 RL 98/5/EG eingegliederter Rechtsanwalt von einem Rechtsanwalt, der nach den Vorschriften des Aufnahmestaates ausgebildet und qualifiziert ist, für das rechtsuchende Publikum nicht zu unterscheiden ist, verbindet die Richtlinie in Art. 10 Abs. 1 mit dem Begriff der **„effektiven und regelmäßigen Tätigkeit"** näher umschriebene Anforderungen. Insbesondere muss der Beruf mindestens drei Jahre tatsächlich und ohne Unterbrechungen als niedergelassener europäischer Rechtsanwalt im Aufnahmestaat ausgeübt worden sein. Dies soll gewährleisten, dass der Rechtsanwalt sich die erforderlichen Kenntnisse und Fähigkeiten im Recht des Aufnahmestaates und dessen Anwendung durch praktische Tätigkeit als niedergelassener europäischer Rechtsanwalt im Aufnahmestaat zugeeignet hat. Bei Feststellung der dreijährigen Tätigkeit bleiben Unterbrechungen aufgrund von Ereignissen des täglichen Lebens außer Betracht (Art. 10 Abs. 1 S. 2 RL 98/5/EG). § 11 Abs. 1 nimmt diese Voraussetzungen auf. Weitergehende Anforderungen an Art, Intensität oder Güte der Tätigkeit wurden nicht festgelegt. Die Möglichkeiten der konkreten Ausgestaltung anwaltlicher Berufsausübung sind so vielgestaltig, dass eine abstrakt-generelle Aufstellung bestimmter Mindestanforderungen dieser Vielgestaltigkeit nicht gerecht werden könnte. Effektiv ist die Tätigkeit, wenn sie tatsächlich ausgeübt wird, regelmäßig, wenn sie ohne größere zeitliche Unterbrechungen erfolgt (*Lach* NJW 2000, 1609).

II. Effektive Tätigkeit

4 Der Nachweis der Eignung durch eine praktische Tätigkeit soll die Qualifikationsanforderungen der Eignungsprüfung (§§ 16 ff.) ersetzen (*Franz* BB 2000, 989). Dementsprechend muss diese praktische Tätigkeit das anwaltliche Berufsbild prägen und „effektiv" sein, so dass eine Tätigkeit lediglich im Unionsrecht nicht ausreicht. Die effektive, tatsächliche Tätigkeit setzt voraus, dass der niedergelassene europäische Rechtsanwalt in Deutschland aktiv am Berufsleben durch beratende und vertretende Tätigkeit teilnimmt, um dadurch die erforderlichen beruflichen Kenntnisse und Fähigkeiten zu erwerben, die für die Ausübung des Berufs als Rechtsanwalt in Deutschland erforderlich sind (BayAGH BRAK-Mitt. 2010, 138). Dabei ist auf die Tätigkeiten abzustellen, die das anwaltliche Berufsbild prägen. Dies schließt nicht zwingend die forensische Tätigkeit ein, da es eine bedeutende Zahl von Rechtsanwälten gibt, die einem rein beratenden Geschäft nachgehen. Die Gesetzesformulierung lässt offen, ob der Betroffene auf mehreren Rechtsgebieten tätig geworden sein muss. Dies bedeutet, dass jegliche Betätigung im deutschen Recht – auch wenn sie lediglich auf einem eng umgrenzten Rechtsgebiet erfolgt – für eine effektive Tätigkeit ausreicht. Da das Unionsrecht nach Abs. 1 S. 1 zum deutschen Recht zählt und weitgehend auf die nationalen Rechtsordnungen zurückgreift, reicht auch eine alleinige Tätigkeit im Unionsrecht aus (*Lach* NJW 2000, 1609, 1612; **aA** *Franz* BB 2000, 989). Eine effektive Tätigkeit kann grundsätzlich auch bei einer Teilzeitbeschäftigung – beispielsweise einer Tätigkeit an einer Universität an zwei Wochentagen – vorliegen. Darüber hinaus kann nicht verlangt werden, dass der Anwalt selbständig in dem Sinne tätig geworden ist, dass er alle Angelegenheiten vollständig allein bearbeitet hat. Insbesondere zu Beginn der Tätigkeit ist eine Beratung und Unterstützung durch deutsche Kollegen möglich (NdsAGH BRAK-Mitt. 2006, 225).

5 Die Tätigkeit als **Syndikusanwalt** ist keine Tätigkeit, die das anwaltliche Berufsbild prägt und daher keine Tätigkeit als niedergelassener europäischer Rechtsanwalt im Sinne von § 11 Abs. 1 S. 1 EuRAG iVm § 2 Abs. 1 EuRAG (BGH AnwBl. 2011, 494 mit abl. Anm. *Kleine-Cosack* AnwBl. 2011, 467). Diese Tätigkeit ist nicht als anwaltliche Tätigkeit zu klassifizieren, da § 46 BRAO mit dem prozessualen Vertretungsverbot in Abs. 1 und den Tätigkeitsverboten in Abs. 2 und 3 eine Konkretisierung des auch für den Syndikusanwalt geltenden Gebots enthält, seine berufliche Unabhängigkeit (§§ 1, 2 Abs. 1) zu wahren. Auch aus der RL 98/5/EG ergibt sich nicht, dass es für die Integration eines europäischen Rechtsanwalts in die deutsche Rechtsanwaltschaft genügt, wenn eine mindestens dreijährige effektive und regelmäßige Tätigkeit im deutschen Recht im Rahmen eines Anstellungsverhältnisses bei einem nichtanwaltlichen Arbeitgeber erfolgt ist (BayAGH BRAK-Mitt. 2010, 138). Die neben der Syndikustätigkeit ausgeübte Tätigkeit als selbständiger Rechtsanwalt genügt in quantitativer Hinsicht nicht den Anforderungen an eine effektive und regelmäßige Tätigkeit auf dem Gebiet des deutschen Rechts, wenn sie sich im Wesentlichen auf die Regelung eigener Angelegenheiten beschränkt und nur vereinzelt sonstige Mandate mit ganz geringem zeitlichem Umfang umfasst (BGH NJW 2011, 1517 = AnwBl. 2011, 494).

III. Regelmäßige Tätigkeit

6 Der Begriff „regelmäßig" findet eine umfangreiche Beschreibung in § 11 Abs. 2 und 3. Im Gegensatz zu dem Merkmal „effektiv" lässt diese Definition der zuständigen Stelle weniger Spielraum. Gefordert ist die tatsächliche Ausübung des Berufs. Dabei ist zu beachten, dass durch diese Tätigkeit der Nachweis erbracht werden soll, dass der Anwalt die Qualifikation besitzt, die es rechtfertigt, ihn im Aufnahmestaat voll den Berufsstand der Anwälte aufzunehmen. In der amtlichen Begründung des Regierungsentwurfs wurde dazu ausgeführt, dass weiter gehende Anforderungen an Art, Intensität und Güte der Tätigkeiten nicht festgelegt wurden, weil die anwaltliche Tätigkeit so vielseitig sei, dass dem eine abstrakt-generelle Aufstellung von Mindestanforderungen nicht gerecht werde (BR-Drs. 567/99, 72). Gerade wegen des Fehlens jeglicher Überprüfung der Kenntnisse und Fähigkeiten des Bewerbers muss die tatsächliche Tätigkeit ein Mindestmaß an Rechtskenntnissen und anwaltlicher Erfahrung gewährleisten (NdsAGH BRAK-Mitt. 2006, 225; Henssler/Prütting/*Lörcher* § 11 Rn. 13). Grundsätzlich sind Unterbrechungen bis zu drei Wochen, die durch Urlaub oder Krankheit entstehen können, unschädlich und zählen für den Ablauf der Drei-Jahres-Frist mit. Bei einer längeren Unterbrechung sind die Umstände des Einzelfalls maßgebend, so dass auch eine Krankheit von vier Wochen im Einzelfall unschädlich sein kann (*Lach* NJW 2000, 1609, 1612).

7 **1. Unterbrechungen aufgrund von Ereignissen des täglichen Lebens.** § 11 Abs. 2 enthält Erläuterungen zu dem in Art. 10 Abs. 1 RL 98/5/EG und in § 11 Abs. 1 verwendeten Begriff der „Unterbrechung" der Tätigkeit. Insbesondere zu der Frage, in welchen Fällen eine für die dreijährige Dauer der Tätigkeit unschädliche „Unterbrechung aufgrund von Ereignissen des täglichen Lebens" vorliegt (Art. 10 Abs. 1 S. 2 letzter Hs. RL 98/5/EG; § 11 Abs. 1 S. 2 letzter Hs.), erschienen nähere Aufschlüsse veranlasst.

8 In § 11 Abs. 2 S. 1 wird im Interesse der Verfahrensvereinfachung eine Auslegungsregel aufgestellt, wonach Unterbrechungen bis zu einer Dauer von drei Wochen in der Regel als Unterbrechungen aufgrund von Ereignissen des täglichen Lebens anzusehen sind und somit bei der Berechnung des dreijährigen Zeitraums nach Abs. 1 nicht mindernd ins Gewicht fallen. Diese Auslegungsregel greift nicht ein, wenn Umstände vorliegen, die gegen eine solche Auslegung sprechen; etwa bei einer ungewöhnlichen Häufung von Unterbrechungen bis zu einer Dauer von drei Wochen. In diesem Fall ist anhand der in § 11 Abs. 2 S. 3 aufgestellten Kriterien abzuwägen, ob die Unterbrechung als solche „aufgrund von Ereignissen des täglichen Lebens" anzusehen ist.

9 Bei längeren Unterbrechungen, auf die § 11 Abs. 2 S. 1 nicht anwendbar ist, ist nach § 11 Abs. 2 S. 2 und 3 anhand der Umstände des Einzelfalls zu beurteilen, ob es sich um eine Unterbrechung aufgrund von Umständen des täglichen Lebens handelt. Maßgeblich ist, ob die Unterbrechung nach Grund, Dauer und Häufigkeit für den betroffenen Berufskreis der Rechtsanwälte als normal anzusehen ist. Denkbare Anwendungsfälle sind ein längerer Urlaub innerhalb eines Kalenderjahres oder die Inanspruchnahme von Mutterschutz (BR-Drs. 567/99, 73).

10 **2. Unterbrechungen nicht aufgrund von Ereignissen des täglichen Lebens.** Auf Unterbrechungen, die nach den in § 11 Abs. 2 aufgestellten Maßstäben nicht auf Ereignisse des täglichen Lebens zurückzuführen sind, findet § 11 Abs. 1 S. 2 Hs. 2 keine Anwendung. Ob diese Zeiten bei der Berechnung des dreijährigen Tätigkeitszeitraums berücksichtigt werden können, oder ob die auf die Unterbrechung entfallende Zeit dementsprechend den Zeitraum bis zur Eingliederung verlängert, bestimmt sich nach Abs. 2 S. 3 und Abs. 3. Danach ist eine differenzierende Beurteilung der Unterbrechungen, die nicht auf Grund von Ereignissen des täglichen Lebens eingetreten sind, möglich. Diese Unterbrechungen sollen nur dann bei der Berechnung berücksichtigt werden, wenn sie dem Ziel einer dreijährigen effektiven und regelmäßigen Tätigkeit (→ Rn. 3) nicht entgegenstehen. Damit sollen Einzelfallentscheidungen ermöglicht werden, die zwischen Fällen differenzieren, in denen eine Berücksichtigung erfolgt (zB Erziehungsurlaub) oder nicht (BT-Drs. 14/2269, 36, 37). Entscheidend ist immer, ob der niedergelassene europäische Rechtsanwalt trotz der Unterbrechung sich die erforderlichen Kenntnisse und Fähigkeiten (→ Rn. 3) aneignen konnte oder nicht.

11 Ein „Verfall" des Tätigkeitszeitraums, der bis zum Eintritt einer zu berücksichtigenden Unterbrechung erreicht wurde, tritt nicht ein. Art. 10 Abs. 1 RL 98/5/EG setzt zwar eine mindestens dreijährige effektive und regelmäßige Tätigkeit voraus; aus der Vorschrift lässt sich jedoch nicht ableiten, dass diese dreijährige Tätigkeit zeitlich unmittelbar zusammenhängend stattgefunden haben muss. Allerdings kann unter Umständen bei einer Tätigkeit, die für einen sehr langen Zeitraum unterbrochen wurde oder die durch mehrfache längere Pausen geprägt ist, die erforderliche Effektivität fehlen. Das Gleiche kann auch gelten, wenn eine zusammenhängende dreijährige Tätigkeit zahlreiche kurze Unterbrechungen aufweist. Auch insoweit handelt es sich aber um Fragen, deren Beurteilung mit Rücksicht auf die Vielfalt der in Betracht kommenden Gestaltungen von Fall zu Fall der Praxis zu überlassen ist (BR-Drs. 567/99, 73; *Franz* BB 2000, 989). Dies gilt auch, wenn ein europäischer Rechtsanwalt in zeitlichem Wechsel zB jeweils eine Woche mal in seinem Herkunftsland und mal in Deutschland in seinem jeweiligen Büro arbeitet, zumal er auch von seinem Büro im Herkunftsland aus bei der Beratung von in beiden Ländern agierender Firmen auf dem Gebiet deutschen Rechts einschließlich des Unionsrechts tätig sein kann (vgl. *Lach* NJW 2000, 1609; *Klein/Ott/Zerdick,* Tätigkeit europäischer Rechtsanwälte in Deutschland, 38 f.).

IV. Gleichstellung mit deutschen Rechtsanwälten

12 Die Zulassung gemäß § 11 bewirkt im Ergebnis eine Gleichstellung mit Rechtsanwälten, die aufgrund des Erwerbs der Befähigung zum Richteramt nach dem Deutschen Richtergesetz, bzw. im Wege erfolgreicher Ablegung der Eignungsprüfung nach dem Gesetz über die Eignungs-

prüfung oder jetzt nach §§ 16 ff. zur Rechtsanwaltschaft zugelassen sind. Insbesondere wird im Fall des § 11 – anders als bei der Tätigkeit unter der ursprünglichen Berufsbezeichnung als niedergelassener europäischer Rechtsanwalt nach Teil 2 EuRAG – gemäß § 12 Abs. 3 BRAO – die Befugnis begründet, die Berufsbezeichnung „Rechtsanwalt" zu führen (BR-Drs. 567/99, 73, 74). Daneben kann er auch die Berufsbezeichnung seines Herkunftsstaates führen (Art. 10 Abs. 6 RL 98/5 EG). Als deutscher Rechtsanwalt unterliegt der integrierte europäische Rechtsanwalt in vollem Umfang dem deutschen Berufsrecht. Da er in der Regel auch weiterhin der Anwaltschaft in seinem Herkunftsland angehören wird, kann es zu Kollisionen der Berufspflichten kommen. **Kollisionsregeln** fehlen, sie sind aber erforderlich. Zwischenzeitlich empfiehlt es sich, das strengere Recht zu befolgen (Henssler/Prütting/*Lörcher* § 11 Rn. 15; *Hellwig* BRAK-Mitt. 2002, 52).

V. Verfahren

Für die weiteren Voraussetzungen und für das Verfahren der Zulassung verweist § 11 Abs. 1 auf die Vorschriften der §§ 6–36 BRAO. Damit wird gewährleistet, dass – mit Ausnahme der Befähigung zum Richteramt nach dem Deutschen Richtergesetz, bzw. der erfolgreichen Ablegung der Eignungsprüfung nach dem Gesetz über die Eignungsprüfung für die Zulassung zur Rechtsanwaltschaft (bisheriger § 4 BRAO bzw. nunmehr nach §§ 16 ff. dieses Gesetzes) – die weiteren Zulassungsvoraussetzungen nach den Vorschriften des Zweiten Teils der BRAO vorliegen müssen. Insbesondere finden die §§ 7–17 BRAO über Erteilung, Versagung, Erlöschen, Rücknahme und Widerruf der Zulassung zur Rechtsanwaltschaft Anwendung. 13

Durch die Verweisung auf die Vorschriften der §§ 6–36 BRAO in Abs. 1 ist die Entscheidung über den Antrag auf Zulassung der RAK zugewiesen. Mit Gesetz vom 30.7.2009 (BGBl. I S. 2449) wurde die Verweisung an die Aufhebung der §§ 37–42 BRAO angepasst. Stattdessen verweist nunmehr § 35 für das gerichtliche Vorgehen auf den neuen Vierten Abschnitt des Fünften Teils der BRAO (BT-Drs. 16/11385, 85). Hinsichtlich Mitteilungspflichten gilt § 34a (→ § 4 Rn. 9). 14

§ 12 Nachweis der Tätigkeit

(1) [1]**Der Antragsteller hat die Anzahl und die Art der von ihm im deutschen Recht bearbeiteten Rechtssachen sowie die Dauer seiner Tätigkeit nachzuweisen.** [2]**Er erteilt der Rechtsanwaltskammer alle Auskünfte und übermittelt ihr alle Unterlagen, die für den Nachweis geeignet sind.** [3]**Die Rechtsanwaltskammer kann den Antragsteller auffordern, seine Angaben und Unterlagen mündlich oder schriftlich zu erläutern.**

(2) [1]**Zum Nachweis der im deutschen Recht bearbeiteten Rechtssachen sind Falllisten vorzulegen, die regelmäßig folgende Angaben enthalten müssen: Aktenzeichen, Gegenstand, Zeitraum, Art und Umfang der Tätigkeit, Sachstand.** [2]**Ferner sind auf Verlangen der Rechtsanwaltskammer anonymisierte Arbeitsproben vorzulegen.**

I. Nachweis von Anzahl und Art der bearbeiteten Rechtssachen und Dauer der Tätigkeit

§ 12 regelt Einzelheiten zum Nachweis der „effektiven und regelmäßigen Tätigkeit im Recht des Aufnahmestaats" Deutschland (→ § 11 Rn. 4, 5) und setzt damit die Bestimmungen des Art. 10 Abs. 1 lit. a und b S. 1 RL 98/5/EG um. 1

Auf die Ausführung näherer Einzelheiten zum Umfang des Nachweises – etwa Nennung konkreter Zahlen oder Vorgabe bestimmter Kategorien der vom Antragsteller zu bearbeitenden Rechtssachen – wurde verzichtet. Die Gestaltungsmöglichkeiten der anwaltlichen Berufsausübung sind zu vielfältig, um anhand gesetzlich vorgegebener Richtwerte abstrakt bestimmen zu können, unter welchen Voraussetzungen von einer effektiven und regelmäßigen Tätigkeit im deutschen Recht auszugehen ist (BR-Drs. 567/99, 74). Aber wegen des Fehlens jeglicher Überprüfung der Kenntnisse und Fähigkeiten des Bewerbers muss die tatsächliche Tätigkeit ein Mindestmaß an Rechtskenntnissen und anwaltlicher Erfahrung gewährleisten. Dafür ist eine gewisse Anzahl an bearbeiteten Fällen erforderlich. Dies folgt schon daraus, dass der Antragsteller Anzahl und Art der von ihm bearbeiteten Sachen darlegen muss. Wie hoch diese Zahl sein muss, kann nicht abstrakt 2 festgelegt werden, sondern hängt auch vom Umfang der jeweiligen Angelegenheit ab sowie vom Anteil des Antragstellers an der Bearbeitung (NdsAGH BRAK-Mitt. 2006, 225).

3 Die RAK kann unter Berücksichtigung der Besonderheiten des Einzelfalles ergänzende Angaben und Unterlagen sowie Erläuterungen verlangen, um so entscheiden zu können, ob sie die Voraussetzungen einer dreijährigen effektiven und regelmäßigen Tätigkeit in deutschem Recht (→ § 11 Rn. 3 ff.) für gegeben erachtet oder nicht. Die Entscheidung ist gerichtlich voll nachprüfbar (§ 11 Abs. 1 iVm §§ 8 ff., 37 ff. BRAO). Die RAK muss beachten, dass die Erläuterungen der gemachten Angaben und der Unterlagen nur deren Überprüfung dienen. Es sollen nicht die Kenntnisse und Fähigkeiten des Antragstellers geprüft werden. Das in deutscher Sprache (§ 4 Abs. 1 iVm § 32 BRAO, § 23 VwVfG) zu führende Gespräch ist daher nicht wie das nach § 15 als Prüfungsgespräch zu verstehen (Henssler/Prütting/*Lörcher* § 12 Rn. 2). Eine Überprüfung der vollständigen Beherrschung der deutschen Sprache findet nicht statt (EuGH NJW 2006, 3697 = BRAK-Mitt. 2006, 276 mit Anm. *Eichele*).

4 Seit der BRAO-Novelle 2009 müssen europäische Rechtsanwälte nicht mehr grundsätzlich beglaubigte Übersetzungen vorlegen. Zur Behandlung fremdsprachiger Unterlagen gelten nunmehr die Regeln des VwVfG (→ § 3 Rn. 5, 6).

II. Art und Weise des Nachweises

5 In Abs. 2 ist geregelt, auf welche Weise der Nachweis der im deutschen Recht bearbeiteten Rechtssachen zu erfolgen hat. Eine solche an § 6 Abs. 3 Fachanwaltsordnung (→ FAO § 6 Rn. 3) angelehnte Regelung erschien zweckmäßig, um datenschutzrechtlichen Anforderungen sowie Bedenken im Hinblick auf die anwaltliche Schweigepflicht Rechnung zu tragen (BR-Drs. 567/99, 74).

Abschnitt 2. Zulassung bei kürzerer Tätigkeit im deutschen Recht

§ 13 Voraussetzungen

(1) **Wer mindestens drei Jahre effektiv und regelmäßig als niedergelassener europäischer Rechtsanwalt in Deutschland tätig war, sich dabei im deutschen Recht jedoch nur für kürzere Zeit betätigt hat, wird nach den Vorschriften der §§ 6 bis 36 der Bundesrechtsanwaltsordnung zur Rechtsanwaltschaft zugelassen, wenn er seine Fähigkeit, die Tätigkeit weiter auszuüben, gemäß §§ 14 und 15 nachweist.**

(2) [1] **Bei ihrer Entscheidung berücksichtigt die Rechtsanwaltskammer Art und Umfang der beruflichen Tätigkeit sowie sämtliche Kenntnisse und Berufserfahrungen im deutschen Recht, ferner die Teilnahme an Kursen und Seminaren über das deutsche Recht einschließlich des Berufsrechts der Rechtsanwälte.** [2] **§ 11 Abs. 1 Satz 2, Abs. 2, 3 gilt entsprechend.**

I. Zulassungsvoraussetzungen bei kürzerer Tätigkeit im deutschen Recht

1 Die Vorschrift setzt Art. 10 Abs. 3 RL 98/5/EG um. Nach dieser Bestimmung kann unter bestimmten Voraussetzungen eine Eingliederung in die Rechtsanwaltschaft des Aufnahmestaates auch dann erfolgen, wenn der unter seiner ursprünglichen Berufsbezeichnung zwar drei Jahre in Deutschland niedergelassene und effektiv und regelmäßig tätige Rechtsanwalt im deutschen Recht aber nur während eines kürzeren Zeitraums tätig war, im Übrigen jedoch die Voraussetzungen nach Art. 10 Abs. 1 RL 98/5/EG erfüllt. Die Vorschriften der §§ 6–36 BRAO sind auch in diesem Fall anzuwenden, auf die Ausführungen zu § 11 Abs. 1 kann insoweit verwiesen werden (→ § 11 Rn. 4). Zur Anpassung der Verweisung auf §§ 6–36 BRAO durch Gesetz vom 30.7.2009 (BGBl. I S. 2449) → § 11 Rn. 13. Hinsichtlich der Mitteilungen gelten MiZi und MiStra (vgl. § 36 BRAO; → § 4 Rn. 9).

2 § 13 Abs. 1 bestimmt in enger Anlehnung an den Richtlinientext die Zulassungsvoraussetzungen im Falle kürzerer als dreijähriger Tätigkeit im deutschen Recht (§ 11 Abs. 1 S. 1). Eine dreijährige effektive und regelmäßige Tätigkeit als niedergelassener Rechtsanwalt in Deutschland muss, wie in Art. 10 Abs. 3 RL 98/5/EG vorgesehen, auch in diesem Fall stattgefunden haben (→ § 11 Rn. 3 ff.). Jedoch braucht im Unterschied zu den Voraussetzungen nach § 11 eine

Tätigkeit im deutschen Recht nur für einen kürzeren Zeitraum als drei Jahren nachgewiesen zu werden. Statt dessen hat der Antragsteller seine Fähigkeit, die Tätigkeit weiter auszuüben, gemäß §§ 14 und 15 nachzuweisen (§ 13 Abs. 1 letzter Hs.; BR-Drs. 567/99, 75). Er muss nachweisen, dass er Kenntnisse des deutschen Rechts auf andere Weise in ausreichendem Umfang erworben hat.

II. Entscheidungskriterien

§ 13 Abs. 2 beruht auf Art. 10 Abs. 3 lit. a RL 98/5/EG und benennt in enger Anlehnung daran Kriterien für die Entscheidung der Zulassungsstelle nach Abs. 1. Aus dem Erwägungsgrund 14 RL 98/5/EG (→ Teil II Nr. 9) ergibt sich für die Zulassung bei kürzerer Tätigkeit in deutschem Recht, dass auch dann entscheidend ist, ob der europäische Rechtsanwalt die erforderliche Eignung erworben hat, um sich voll in den Anwaltsstand des Aufnahmestaates – Deutschlands – zu integrieren. Bei der Entscheidung darüber sind neben der kürzeren praktischen Berufserfahrung im Recht des Aufnahmestaates auch alle sonstigen Kenntnisse in diesem Recht zu berücksichtigen, gleich wie er sie erlangt hat. Die zuständige Stelle kann dies in einem Gespräch (vgl. § 15) überprüfen. Zum Ausgleich dafür, dass der Antragsteller über eine geringere anwaltliche Berufserfahrung im Recht des Aufnahmestaates verfügt, muss er nachweisen, dass er die erforderlichen Kenntnisse im Recht des Aufnahmestaates auf andere Weise erworben hat (*Franz* BB 2000, 989). Nach Art. 10 Abs. 3 lit. a RL 98/5/EG und dem folgend § 13 berücksichtigt die zuständige Stelle die **effektive und regelmäßige Tätigkeit** während der dreijährigen Tätigkeit sowie **sämtliche Kenntnisse und Berufserfahrungen** im Recht des Aufnahmestaats (Deutschland), ferner die Teilnahme an Kursen und Seminaren über das Recht des Aufnahmestaats einschließlich des Berufs- und Standesrechts. Wann, wie und wo die geforderten Kenntnisse und Berufserfahrungen im deutschen Recht erlangt worden sind, ist grundsätzlich ohne Belang. Zu berücksichtigen sind zB juristische Tätigkeiten in Unternehmen, Hochschulen oder Wissenschaft, aber auch grenzüberschreitende Dienstleistungen nennenswerten Umfangs (*Franz* BB 2000, 989). 3

Weitergehende Anforderungen, insbesondere an die **Dauer der Tätigkeit** im deutschen Recht, wurden auch hier nicht festgelegt. In der Regel wird aber davon auszugehen sein, dass für eine Eingliederung gemäß § 13 die Dauer der Tätigkeit auf dem Gebiet des deutschen Rechts die Zeitspanne von etwa achtzehn Monaten nicht unterschreiten sollte. Auch die Zulassung gemäß § 13 führt zu einer vollständigen Gleichstellung mit Rechtsanwälten, die nach den Vorschriften des deutschen Ausbildungs- und Berufsrechts qualifiziert und zugelassen sind. Insbesondere wird auch in diesem Fall gemäß § 12 Abs. 3 BRAO die Befugnis begründet, die Berufsbezeichnung „Rechtsanwalt" zu führen, mit der Folge, dass auch ein gemäß § 13 zugelassener Rechtsanwalt von einem Rechtsanwalt mit inländischer Qualifikation für das rechtsuchende Publikum nicht zu unterscheiden ist. Deshalb soll bei Antragstellern, die gemäß § 13 zur Rechtsanwaltschaft zugelassen werden wollen, ein gewisses Mindestmaß an praktischer Erfahrung im deutschen Recht gewährleistet sein. Dieses wird bei einer Tätigkeit im deutschen Recht von weniger als achtzehn Monaten in der Regel nicht gegeben sein. § 13 Abs. 2 S. 2 verweist im Übrigen auf die Regelungen des § 11, die den Begriff der effektiven und regelmäßigen Tätigkeit erläutern (→ § 11 Rn. 3 ff.; BR-Drs. 567/99, 75, 76). 4

§ 14 Nachweise

[1]Der Antragsteller hat die Nachweise gemäß § 12 zu erbringen. [2]Darüber hinaus hat er der Rechtsanwaltskammer alle Auskünfte zu erteilen und alle Unterlagen zu übermitteln, die als Nachweis für seine Kenntnisse und Berufserfahrungen im deutschen Recht geeignet sind.

Die Vorschrift setzt Art. 10 Abs. 3 lit. a (→ § 13 Rn. 3) und lit. b S. 1 RL 98/5/EG um. Art. 10 Abs. 3 lit. b S. 1 RL 98/5/EG verpflichtet den Rechtsanwalt, der trotz kürzerer Tätigkeit im Recht des Aufnahmestaats (hier Deutschland) nach dreijähriger Tätigkeit als niedergelassener europäischer Rechtsanwalt zur Rechtsanwaltschaft des Aufnahmestaats zugelassen werden will, der zuständigen Stelle des Aufnahmestaats alle zweckdienlichen Informationen und 1

Unterlagen bzgl. seiner Tätigkeit im Recht des Aufnahmestaats vorzulegen, insbesondere über die von ihm bearbeiteten Rechtssachen aus diesem Recht.

2 § 14 S. 1 verweist dazu auf § 12. Der Antragsteller hat deshalb zunächst die dort geregelten Nachweise betreffend Art und Dauer seiner Tätigkeit zu erbringen. Gemäß § 14 S. 2 sind außerdem Nachweise zu erbringen, aus denen sich darüber hinaus vorhandene Kenntnisse und Berufserfahrungen im deutschen Recht im Sinne des § 13 ergeben (Art. 10 Abs. 3 lit. a RL 98/5/EG; BR-Drs. 567/99, 76). Diese können gegenüber der Zulassungsstelle auf jede geeignete Weise nachgewiesen werden (*Franz* BB 2000, 989).

3 Nachdem § 3 Abs. 3 durch die BRAO-Novelle vom 30.7.2009 (BGBl. I S. 2449) aufgehoben worden ist (→ § 3 Rn. 5, 6), konnte als Folgeänderung gleichzeitig die Verweisung auf § 3 Abs. 3 in § 14 S. 3 aufgehoben werden. Seit der BRAO-Novelle 2009 müssen europäische Rechtsanwälte nicht mehr grundsätzlich beglaubigte Übersetzungen vorlegen. Zur Behandlung fremdsprachiger Unterlagen pp. gelten nunmehr die Regeln des VwVfG (→ § 3 Rn. 5, 6; § 32 BRAO).

§ 15 Gespräch

[1]Die Rechtsanwaltskammer überprüft in einem Gespräch, ob der Antragsteller effektiv und regelmäßig als niedergelassener europäischer Rechtsanwalt in Deutschland auf dem Gebiet des deutschen Rechts tätig war und ob er imstande ist, diese Tätigkeit weiter auszuüben. [2]Die Gegenstände des Gesprächs sind der nachgewiesenen beruflichen Praxis des Antragstellers und seinen sonstigen Erfahrungen im deutschen Recht zu entnehmen.

I. Umsetzung von Art. 10 Abs. 3 lit. b S. 2 RL 98/5/EG

1 Die Vorschrift setzt Art. 10 Abs. 3 lit. b S. 2 RL 98/5/EG um. Nach dieser Bestimmung wird in einem Gespräch mit der zuständigen Stelle des Aufnahmestaates überprüft, ob der Antragsteller seine Tätigkeit im Aufnahmestaat effektiv und regelmäßig ausgeübt hat und ob er imstande ist, diese Tätigkeit weiterhin auszuüben. § 15 S. 1 lehnt sich eng an den Richtlinientext an (BR-Drs. 567/99, 76). Das Gespräch ist anders als nach § 12 nicht fakultativ, sondern **zwingend** vorgeschrieben.

II. Zweck und Inhalt des Gesprächs

2 Zweck des Gesprächs nach § 15 ist nicht, die beruflichen Fähigkeiten des Antragstellers umfassend zu überprüfen. Art. 10 Abs. 3 lit. b RL 98/5/EG bezeichnet die Gesprächsgegenstände klar und schließt damit eine Erweiterung des Gesprächs auf die Prüfung von Rechtskenntnissen im eigentlichen Sinn aus. Vielmehr soll mit dem Gespräch eine Gelegenheit gegeben werden, Zweifel an dem Umfang, den Inhalten und den Umständen der bisherigen Tätigkeit im Aufnahmestaat auszuräumen. Außerdem soll überprüft werden können, ob der Antragsteller imstande ist, die **bisher von ihm ausgeübte Anwaltstätigkeit** fortzuführen. Im Hinblick auf diese Zwecke des Gesprächs bestimmt § 15 S. 2, dass seine Gegenstände der beruflichen Praxis des antragstellenden Rechtsanwalts zu entnehmen sind. Das heißt, es ist zunächst festzustellen, auf welchen Gebieten des deutschen Rechts der Rechtsanwalt als niedergelassener europäischer Rechtsanwalt effektiv und regelmäßig tätig war und sonstige Erfahrungen gesammelt hat und ob er imstande ist, auf diesem Gebiet weiter als Rechtsanwalt in Deutschland tätig zu sein ohne Gefährdung der Mandantschaft. Wenn zB ein Antragsteller berufliche Praxis und sonstige Erfahrungen (vgl. § 13 Abs. 2) vornehmlich auf dem Gebiet des Strafrechts nachgewiesen hat, dürfen ihm keine Fragen zB zum deutschen Verwaltungsrecht und Staatsrecht gestellt werden.

3 Auf die Regelung näherer Einzelheiten wurde verzichtet. Dass das Gespräch in deutscher Sprache zu führen ist und dass die auf Seiten der RAK beteiligten Personen ihrer beruflichen Qualifikation nach zur Gesprächsführung geeignet sein müssen, ergibt sich bereits aus allgemeinen Grundsätzen (BR-Drs. 567/99, 76, 77; → § 12 Rn. 3).

Teil 4. Eignungsprüfung

§ 16 Eignungsprüfung

(1) **Eine natürliche Person, die eine Berufsausbildung abgeschlossen hat, die zum unmittelbaren Zugang zum Beruf eines europäischen Rechtsanwalts (§ 1) berechtigt, kann eine Eignungsprüfung ablegen, um zur Rechtsanwaltschaft zugelassen zu werden.**

(2) **Eine Berufsausbildung, die nicht überwiegend in Mitgliedstaaten der Europäischen Union oder anderen Vertragsstaaten des Abkommens über den Europäischen Wirtschaftsraum oder der Schweiz stattgefunden hat, berechtigt zur Ablegung der Eignungsprüfung nur, wenn der Bewerber den Beruf eines europäischen Rechtsanwalts tatsächlich und rechtmäßig mindestens drei Jahre ausgeübt hat und dies von demjenigen der genannten Staaten bescheinigt wird, der die Ausbildung anerkannt hat.**

Schrifttum: *Dörig,* Der Zugang zur Anwaltschaft nach der EG-Diplomanerkennungsrichtlinie, EuZW 1991, 243; *Everling,* Niederlassungsrecht und Dienstleistungsfreiheit der Rechtsanwälte in der Europäischen Gemeinschaft, EuR 1989, 338; *Feuerich,* Die Umsetzung der Diplomanerkennungsrichtlinie durch das Eignungsprüfungsgesetz für die Zulassung zur Rechtsanwaltschaft, NJW 1991, 1144; *Franz,* Neues Niederlassungsrecht für europäische Rechtsanwälte, BB 2000, 989; *Görlitz,* Gemeinschaftsrechtliche Diplomanerkennungspflichten und Zugang zum deutschen Vorbereitungsdienst, EuR 2000, 836; *Hackl,* Eignungsprüfung für die Zulassung zur Rechtsanwaltschaft – Verstoß gegen EG-Recht? –, AnwBl. 1993, 312; *Henssler,* Der europäische Rechtsanwalt – Möglichkeiten der Niederlassung als integrierter Rechtsanwalt in Europa, AnwBl. 1996, 353; *Klein,* EU-Anwälte ab sofort gleichberechtigt auf deutschem Markt, AnwBl. 2000, 190; *Knöfel,* Anwalts-Kollisionsrecht, AnwBl. 2003, 3; *Lach,* Die Möglichkeiten der Niederlassung europäischer Rechtsanwälte in Deutschland, NJW 2000, 1609; *Lang,* Zur Eignungsprüfung von EG-Anwälten, BRAK-Mitt. 1990, 13; *Lechner,* Sechs Jahre Eignungsprüfung für die Zulassung zur Rechtsanwaltschaft, JZ 1997, 83; *Mankowski,* Der internationale Anwendungsbereich des Rechtsberatungsgesetzes, AnwBl. 2001, 73; *Oberheim,* Die Eignungsprüfung für EU-Rechtsanwälte, NJW 1994, 1846; *Stiff,* Der spanische Rechtsanwalt/abogado: Die Anerkennungs- und Eignungsprüfung in Madrid, AnwBl. 2000, 246; *Wasmeier,* Aktuelle Fragen im Zusammenhang mit der Anerkennung von Berufsabschlüssen, EuZW 1999, 745; *Weil,* Die Eignungsprüfung für EG-Anwälte, BRAK-Mitt. 1991, 15.

I. Rezeption des bisherigen Eignungsprüfungsgesetzes

1 Teil 4 des EuRAG enthält im Wesentlichen die Vorschriften des früheren Gesetzes über die Eignungsprüfung für die Zulassung zur Rechtsanwaltschaft vom 6.7.1990 (BGBl. I S. 1349; vgl. 4. Aufl. S. 1374–1394). Nach Art. 10 Abs. 2 Nr. 2 des Gesetzes vom 9.3.2000 (BGBl. I S. 182) sind mit dem Inkrafttreten des EuRAG am 14.3.2000 gleichzeitig das RADG und das Eignungsprüfungsgesetz außer Kraft getreten (vgl. auch § 1 Rn. 2). Die Einzelheiten der Eignungsprüfung sind weiterhin in der Verordnung über die Eignungsprüfung für die Zulassung zur Rechtsanwaltschaft (zur RAEigPrV → Teil II Nr. 8) geregelt. Der im Eignungsprüfungsgesetz verwendete Begriff „Mitgliedstaaten der Europäischen Gemeinschaften" (vgl. § 1 Abs. 1 Eignungsprüfungsgesetz) wurde in §§ 16 ff. durch die aufgrund des in Maastricht geschlossenen Vertrags vom 7.2.1992 (BGBl. II S. 1251) eingeführte Bezeichnung „Mitgliedstaaten der Europäischen Union" ersetzt. Soweit im Eignungsprüfungsgesetz auf die Anlage zu § 1 des Eignungsprüfungsgesetzes verwiesen wurde (4. Aufl. S. 1394), gilt auch im Bereich des Teiles 4 EuRAG statt dessen die Anlage zu § 1 (BR-Drs. 567/99, 77; → § 1 Rn. 11).

II. Regelung des § 16

2 **1. Zugangsvoraussetzungen.** Durch Änderung des bisherigen Abs. 1 und Neufassung von Abs. 2 wurde die Vorschrift kürzer und verständlicher formuliert (BR-Drs. 567/99, 78). Wie bisher § 1 EigPrüfG aF enthält **§ 16 Abs. 1** die Entscheidung für die Eignungsprüfung als Voraussetzung für die Zulassung zur Rechtsanwaltschaft ohne vorherige Berufstätigkeit in Deutschland zur Umsetzung der RL 2005/36/EG über die Anerkennung von Berufsqualifikationen (→ Teil II Nr. 9). Die von der bisherigen Diplomanerkennungsrichtlinie alternativ angebotene Möglichkeit eines Anpassungslehrganges wurde wie schon bisher durch das Eignungsprüfungsgesetz nicht aufgegriffen (zur Begründung vgl. 4. Aufl. Vorbem. zum Eignungsprüfungsgesetz S. 1377 f.). Die gegenüber § 1 EigPrG geänderte Formulierung „kann eine Eignungsprüfung ablegen, um zur Rechtsanwaltschaft zugelassen zu werden" trägt dem Umstand Rechnung, dass

die Ablegung der Eignungsprüfung nach Umsetzung der Niederlassungsrichtlinie für den betroffenen Personenkreis nicht mehr die einzige Möglichkeit darstellt, um in Deutschland zur Rechtsanwaltschaft zugelassen zu werden (BR-Drs. 567/99, 78; vgl. §§ 11 ff.).

3 **Abs. 1** regelt die **Zugangsvoraussetzungen** zur Eignungsprüfung. Erste Voraussetzung ist seit 2011 die Berechtigung für alle natürlichen Personen, die über die geforderte europäische Berufsqualifikation verfügen (vgl. BT-Drs. 17/6260, 58). Aufgehoben wurde die Voraussetzung der **Staatsangehörigkeit eines Mitgliedstaates** der EU oder eines anderen Vertragsstaates des Abkommens über den Europäischen Wirtschaftsraum oder Schweiz. Ein Staatsangehöriger der USA kann sich heute auf § 16 berufen, wenn er die übrigen Voraussetzungen erfüllt (Gaier/Wolf/Göcken/*Eichele* § 16 Rn. 3). Auch ein deutscher Staatsangehöriger der eine Anwaltsausbildung in einem anderen Mitgliedstaat der EU absolviert hat, ist antragsberechtigt (BVerwG NJW 1996, 2945; 2000, 553). Ein Kammerrechtsbeistand kann nicht zur Eignungsprüfung zugelassen werden (Gaier/Wolf/Göcken/*Eichele* § 16 Rn. 3; BVerwG NJW 1999, 3138).

4 Zweite Voraussetzung ist eine **abgeschlossene Berufsausbildung,** die **unmittelbar** dazu berechtigt, einen in der Anlage zu § 1 aufgeführten Beruf (→ § 1 Rn. 11) selbständig auszuüben (BR-Drs. 567/99, 78). Die RL 2005/36/EG die mit §§ 16 ff. umgesetzt wird (→ § 1 Rn. 1 ff.), setzt eine abgeschlossene Berufsausbildung in einem anderen Vertragsstaat voraus, die dem Antragsteller den unmittelbaren Zugang zum Rechtsanwaltsberuf in einem Mitgliedstaat der EU ermöglicht (BVerwG NJW 2000, 753 = DVBl. 2000, 127 = AnwBl. 2000, 256; BVerwG NJW 1996, 2945 = AnwBl. 1999, 695; VGH Mannheim NJW 1999, 3138 = AnwBl. 1999, 694; VGH Mannheim AnwBl. 2000, 370 jeweils zu § 1 Eignungsprüfungsgesetz). Das heißt, der Bewerber muss in dem Mitglieds- bzw. Vertragsstaat alle Voraussetzungen erfüllt haben, die ihm dort den unmittelbaren Zugang zur selbständigen und eigenverantwortlichen Ausübung (→ § 1 Rn. 9) eines Berufes eröffnen, der in den Vertragsstaaten dem deutschen Rechtsanwaltsberuf entspricht, wie es in der Anlage zu § 1 geregelt ist. Entsprechendes gilt aufgrund der Gesetzesänderung vom 26.10.2003 (BGBl. I S. 2074) auch für Rechtsanwälte aus der Schweiz (→ § 1 Rn. 8 ff.). Damit wurde dem Freizügigkeitsabkommen mit der Schweiz Rechnung getragen. Ein österreichischer Staatsangehöriger, der zwar das juristische Hochschulstudium erfolgreich abgeschlossen hat, aber weder den Vorbereitungsdienst durchlaufen noch die Rechtsanwaltsprüfung abgelegt hat, wie es § 1 des österreichischen Rechtsanwaltsordnungsgesetzes verlangt, erfüllt diese Voraussetzungen nicht, da er in Österreich noch keine **unmittelbare** Zugangsmöglichkeit zum Beruf des Rechtsanwalts hat (BVerwG NJW 2000, 753 = DVBl. 2000, 127, damit bestätigt: VGH Mannheim NJW 1999, 3138 zu § 1 Eignungsprüfungsgesetz). Eine Berufsausbildung zum Rechtsanwalt in einem Drittstaat, die in einem EU-Mitgliedstaat anerkannt wurde, ist keine Berufsausbildung, die zum unmittelbaren Zugang zum Beruf eines europäischen Rechtsanwalts berechtigt, und steht dieser auch nicht gleich. Ein Bewerber mit einer solchen Berufsausbildung kann nur unter den Voraussetzungen des § 16 Abs. 2 zur Eignungsprüfung zugelassen werden (VG Stuttgart BRAK-Mitt. 2005, 143), dh er muss den Beruf eines europäischen Rechtsanwalts zunächst drei Jahre im Sinne des Abs. 2 ausgeübt haben (VGH Mannheim NJW 2005, 3656). Auch ein sog. „Kammerrechtsbeistand", der zudem berechtigt ist, die Bezeichnung „Württembergischer Notariatsassessor" zu führen, kann nicht zur Eignungsprüfung zugelassen werden (VGH Mannheim NJW-RR 2000, 439). Die RL 2005/36/EG bzw. §§ 16 ff. begründen keinen Anspruch auf Zulassung zum juristischen Vorbereitungsdienst in Deutschland (→ BRAO § 4 Rn. 5 ff.) unter Anerkennung des in einem Mitgliedstaat oder der Schweiz erlangten juristischen Universitätsabschlusses, da beide einen abgeschlossene Berufsausbildung voraussetzen (BVerwG NJW 1996, 2945 = JZ 1997, 464; zweifelnd Henssler/Prütting/*Lörcher* § 16 Rn. 9; AGH Sachsen-Anhalt BRAK-Mitt. 2006, 285). Der Zugang zum Beruf des Rechtsanwalts richtet sich nicht nach der RL 2005/36/EG über die Anerkennung von Berufsqualifikationen (→ Teil II Nr. 10), sondern nach den besonderen Richtlinien über den freien Dienstleistungsverkehr der Rechtsanwälte und die ständige Ausübung des Rechtsanwaltsberufs in anderen Mitgliedstaaten (BGH MDR 2009, 776 = BRAK-Mitt. 2009, 128 = AnwBl. 2009, 778).

5 **2. Diplome; Ausbildung außerhalb der Vertragsstaaten.** Auf die früher in § 1 Abs. 2 S. 1 EigPrG enthaltene Begriffsbestimmung der Diplome, die den Zugang zur Eignungsprüfung eröffneten (vgl. 4. Aufl. EigPrG § 1 Rn. 2), wurde im EuRAG verzichtet. Eine sachliche Änderung ergibt sich daraus nicht, weil für den Zugang zum Rechtsanwaltsberuf in allen Mitgliedstaaten die Voraussetzungen einer Berufsqualifikation iSd RL 2005/36/EG vorliegen müs-

sen. Für den Nachweis einer überwiegenden Berufsausbildung in der EU reicht die Vorlage der Urkunde über die Zulassung als englischer Solicitor nicht aus. Auch ein Universitätsstudium in der Bundesrepublik Deutschland ist hierfür nur dann zu berücksichtigen, wenn die im Ausland erworbene Berufszugangsqualifikation als Rechtsanwalt wesentlich auf diesem Studium beruht (AGH Sachsen-Anhalt BRAK-Mitt. 2006, 285).

§ 16 Abs. 2 enthält nur noch eine Regelung für den Fall, dass die Berufsausbildung nicht 6 überwiegend in den Mitgliedstaaten der EU, den anderen Vertragsstaaten des Abkommens über den Europäischen Wirtschaftsraum oder der Schweiz stattgefunden hat (bisher § 1 Abs. 2 S. 2 EigPrG) und bestimmt, unter welchen Voraussetzungen eine Ausbildung zum Rechtsanwalt in einem **außereuropäischen Drittstaat** zur Ablegung der Eignungsprüfung in Deutschland berechtigt. Daher genügt jetzt auch die dreijährige Ausübung des Berufs unter einer der in der neu gefassten Anlage zu § 1 genannten schweizerischen Berufsbezeichnung, wenn dies von einer in der Schweiz zuständigen Stelle bescheinigt wird (BT-Drs. 15/1072, 12, 13; § 3 Abs. 2 Nr. 3 RAEigPrV; BGH AnwBl. 2004, 53, 55). Damit wird Art. 1a der bisherigen Diplomanerkennungsrichtlinie umgesetzt, der ausdrücklich den Fall erfasst, dass im Drittland aufgrund der überwiegend nicht in der EU erworbenen Ausbildung ein Diplom, ein Prüfungszeugnis oder ein sonstiger Befähigungsnachweis erworben wurde und dieser Nachweis von einem Mitgliedstaat für den Berufszugang anerkannt wurde. Der unter diesen Voraussetzungen anerkannte Nachweis gilt nur, wenn der Inhaber eine **dreijährige Berufserfahrung** hat, die von dem Mitgliedstaat bescheinigt wird, der die Ausbildung eines Drittlandes als Berufszugangsvoraussetzung anerkannt hat. § 16 Abs. 2 bestimmt demgemäß, die in einem Drittland erworbene Ausbildung berechtigt zur Ablegung der Eignungsprüfung nur, wenn der Bewerber aufgrund dieser Ausbildung von einem Mitglieds- bzw. Vertragsstaat nach deren Regeln als europäischer Rechtsanwalt (→ § 1 Rn. 7 ff.) zugelassen worden ist und tatsächlich dann dort den Beruf als europäischer Rechtsanwalt rechtmäßig mindestens drei Jahre ausgeübt hat. Dies muss von dem Mitglieds- bzw. Vertragsstaat, der die Ausbildung im Drittstaat anerkannt hat, auch bescheinigt werden (VGH Mannheim NJW 2005, 3656 = BRAK-Mitt. 2006, 45 mit Anm. *Eichele;* vgl. Art. 13, 14, 51 RL 2005/36/EG). Selbst wenn Art. 43 Abs. 2 EG unmittelbar Inhabern von Drittstaatendiplomen weitergehende Ansprüche verschaffen könnte, müssten diese individuellen Qualifikationen der Befähigung zum Richteramt iSd § 4 BRAO gleich geachtet werden können. Dies wurde für ein Postgraduiertenstudium an einer US-amerikanischen Universität und anschließender Zulassung als Attorney-at-Law im Staate New York verneint (BGH AnwBl. 2004, 53 = BRAK-Mitt. 2004, 37).

§ 17 Zweck der Eignungsprüfung

[1] Die Eignungsprüfung ist eine staatliche Prüfung, die ausschließlich die beruflichen Kenntnisse des Antragstellers betrifft und mit der seine Fähigkeit, den Beruf eines Rechtsanwalts in der Bundesrepublik Deutschland auszuüben, beurteilt werden soll. [2] Die Eignungsprüfung muss dem Umstand Rechnung tragen, dass der Antragsteller in einem Mitgliedstaat der Europäischen Union oder einem anderen Vertragsstaat des Abkommens über den Europäischen Wirtschaftsraum oder der Schweiz über eine berufliche Qualifikation zur Ausübung eines Rechtsanwaltsberufes verfügt. [3] Sie entfällt ganz oder teilweise, wenn der Antragsteller während seiner Berufserfahrung Kenntnisse erworben hat, die für die Berufsausübung in Deutschland erforderlich sind.

I. Zweck der Eignungsprüfung

Der Zweck der Eignungsprüfung wird näher bestimmt, um dem Verordnungsgeber (§ 20 1 Abs. 2) und der Prüfungspraxis eine Auslegungshilfe zu geben. **S. 1** stellt den Leitgedanken heraus: Die Eignungsprüfung dient der Beurteilung, ob der Antragsteller – ohne vorherige Niederlassung nach §§ 2 ff. – in der Lage ist, den Beruf des Rechtsanwalts in der Bundesrepublik Deutschland auszuüben. Er muss als „Organ der Rechtspflege" (§ 1 BRAO) die Pflichten wahrnehmen können, die ihm gegenüber seinem Mandanten, dem gegnerischen Anwalt und dem Gericht obliegen.

2 Die Eignungsprüfung betrifft ausschließlich die beruflichen Kenntnisse des Antragstellers. Sie unterscheidet sich deshalb nicht unwesentlich von den juristischen Staatsprüfungen (§ 4 BRAO Rn. 8). Anders als die zweite juristische Staatsprüfung ist die Eignungsprüfung nicht darauf zugeschnitten, auch die Fähigkeit festzustellen, andere juristische Berufe als den des Rechtsanwalts ausüben zu können. S. 2 stellt klar, dass durch die Eignungsprüfung nur festgestellt werden soll, ob der Antragsteller die für eine anwaltliche Tätigkeit in der Bundesrepublik Deutschland nötigen Kenntnisse besitzt.

3 Die Zweckbestimmung der Eignungsprüfung darf nicht in dem Sinne missverstanden werden, dass alles, was für die anwaltliche Tätigkeit von Bedeutung ist, geprüft werden darf. Dafür kommt nur in Betracht, was im Vergleich der Ausbildungen im In- und Ausland „nicht abgedeckt ist". Soweit Rechtsgebiete nicht Gegenstand der deutschen Juristenausbildung sind, dürfen sie nicht geprüft werden, auch wenn sie für die Ausübung des Rechtsanwaltsberufs sehr bedeutsam sind (amtliche Begründung, BT-Drs. 11/6154, 16 und BT-Drs. 15/1072, 13). Anforderungen wie im zweiten juristischen Staatsexamen dürfen nicht gestellt werden (*Zuck* JZ 1991, 1132).

II. Keine Prüfung der bereits durch berufliche Qualifikation und/oder Berufserfahrung erworbenen Kenntnisse

4 Die Eignungsprüfung muss dem Umstand Rechnung tragen, dass der Antragsteller in seinem Heimat- oder Herkunftsmitgliedstaat, zu denen infolge des Freizügigkeitsabkommens mit der Schweiz (→ § 1 Rn. 8) nunmehr auch diese gehört, über eine berufliche Qualifikation verfügt oder über Kenntnisse durch Berufserfahrung (Art. 1 Abs. 3 RL 2001/19/EG). Die Eignungsprüfung darf kein verkapptes Mittel sein, dem Antragsteller strengere Anforderungen aufzuerlegen als erforderlich (Protokollerklärung Nr. 15). Mit dem Zweck der Eignungsprüfung wäre es nicht vereinbar, die Antragsteller den gleichen Prüfungen zu unterwerfen, die für den Erwerb der Berufsbefähigung auf Grund innerstaatlicher Ausbildung erforderlich sind. Im Fall der Rechtsanwälte ist darüber hinaus zu berücksichtigen, dass allein eine Eignung für anwaltliche Tätigkeit festgestellt werden soll, nicht aber die Eignung für alle juristischen Berufe, wie sie mit der Befähigung zum Richteramt nach § 5 DRiG vermittelt wird. Die Prüfung betrifft ausschließlich die beruflichen Kenntnisse des Antragstellers.

5 **1. Begrenzung durch berufliche Qualifikation.** Prüfungsgegenstand ist die Materie, die durch die Ausbildung des Antragstellers in seinem Heimatstaat noch nicht abgedeckt ist. Dies entspricht der Forderung des § 17 Abs. 2. Gegenstand der Eignungsprüfung dürfen nur Sachgebiete sein, die auf Grund eines Vergleichs zwischen der in der Bundesrepublik Deutschland verlangten Ausbildung und der bisherigen Ausbildung des Antragstellers von dem Diplom, das der Antragsteller vorlegt, nicht abgedeckt sind. Aus den nicht abgedeckten Sachgebieten sind für die Eignungsprüfung Sachgebiete auszuwählen, deren Kenntnis eine wesentliche Voraussetzung für die Ausübung des betreffenden Berufs im Aufnahmestaat ist.

6 Soweit Teilbereiche einzelner Rechtsgebiete harmonisiert oder durch internationale Übereinkommen weitgehend vereinheitlicht sind, dürfen sie allerdings nicht in die Eignungsprüfung einbezogen werden.

7 **2. Begrenzung durch Berufserfahrung. S. 3** wurde durch Gesetz vom 26.10.2003 (BGBl. I S. 2074) angefügt. Damit wurde Art. 1 Abs. 3 RL 2001/19/EG (→ § 1 Rn. 3) umgesetzt, wonach der Mitgliedstaat im Unterschied zum bisher geltenden Recht nun immer zu prüfen hat, „ob die vom Antragsteller während seiner Berufsausübung erworbenen Kenntnisse die wesentlichen Unterschiede, auf die in Untersatz 1 Bezug genommen wird, ganz oder teilweise abdecken" (Art. 1 Abs. 3 RL 2001/19/EG). Jetzt sollen auch solche Inhalte nicht mehr geprüft werden, die sich der Antragsteller im Rahmen seiner Berufsausübung angeeignet hat. Wenn der Antragsteller die in Deutschland erforderlichen Kenntnisse des deutschen Rechts bei der Ausübung seines Berufs bereits erworben hat, darf sich die Eignungsprüfung hierauf nicht mehr erstrecken. Dies stellt der neue S. 3 klar. Sinnvoll ist dies besonders in dem Fall, in dem sich ein bereits in Deutschland niedergelassener europäischer Rechtsanwalt entschließt, vor Ablauf der für die Eingliederung nach Teil 3 EuRAG erforderlichen Frist von drei Jahren eine Eignungsprüfung zu absolvieren, um schneller als voll in den Berufsstand integrierter Rechtsanwalt zur Rechtsanwaltschaft zugelassen zu werden. Selbstverständlich kann die Berufserfahrung auch außerhalb Deutschlands erworben werden, da Art. 1 Abs. 3 RL 2001/19/EG nicht danach

differenziert, wo der Beruf ausgeübt wurde. Hier ist zB an den Fall zu denken, dass ein für eine deutsche Kanzlei in seinem Herkunfts- oder einem dritten Staat tätiger europäischer Rechtsanwalt durch seine Tätigkeit Kenntnisse im deutschen Recht erwirbt (BT-Drs. 15/1072, 13). Korrespondierend mit dem neuen § 17 S. 3 wurde § 5 der Verordnung über die Eignungsprüfung für die Zulassung zur Rechtsanwaltschaft geändert (vgl. dort Anm.). Die Voraussetzungen für den Erlass von Prüfungsleistungen sind in § 5 RAEigPrV geregelt (→ Teil II Nr. 8).

Weder der Erwerb der ersten juristischen Staatsprüfung noch das Durchlaufen der Stationen 8
des Referendariats rechtfertigen eine Freistellung von der nach § 17 vorgesehenen Eignungsprüfung, da dadurch keine Kenntnisse während der Berufsausbildung iSd § 3 erworben sind. Der Erlass der Eignungsprüfung hinsichtlich einzelner Prüfungsgebiete ist nicht möglich. Nach § 5 S. 1 RAEigPrV können lediglich Prüfungsleistungen, dh einzelne Aufsichtsarbeiten bzw. die mündliche Prüfung nach § 21 EuRAG, § 7 RAEigPrV erlassen werden. Dies gilt auch bezüglich des Prüfungsgebiets „Recht für das berufliche Verhalten der Rechtsanwälte" (OVG Nordrhein-Westfalen BRAK-Mitt. 2013, 284).

§ 18 Prüfungsamt

(1) **Die Eignungsprüfung wird von dem Prüfungsamt durchgeführt, das für die zweite juristische Staatsprüfung zuständig ist.**

(2) [1]**Mehrere Länder können durch Vereinbarung ein gemeinsames Prüfungsamt bilden.** [2]**Die Zuständigkeit eines Prüfungsamts kann durch Vereinbarung auf die Eignungsprüfung von Antragstellern aus einzelnen Herkunftsstaaten beschränkt werden.**

(3) [1]**Die Prüfung wird von einer Kommission mit mindestens drei Prüfern abgenommen.** [2]**Bei Stimmengleichheit entscheidet die Stimme des Vorsitzenden.** [3]**Das Landesrecht kann vorsehen, dass die schriftlichen Leistungen statt von der Kommission auch von zwei Prüfern bewertet werden, die der Kommission nicht angehören müssen.** [4]**Können die beiden Prüfer sich nicht einigen, ob eine Aufsichtsarbeit den Anforderungen genügt, so entscheidet ein dritter Prüfer, der vom Prüfungsamt bestimmt wird.**

(4) **Die Prüfer sind in Ausübung ihres Amtes unabhängig.**

Die Abnahme der Eignungsprüfungen ist entsprechend der Regel des Art. 30 GG Sache der 1
Länder. Es besteht kein Anlass, eine Bundeszuständigkeit zu begründen. Auch durch Prüfungen auf Landesebene kann die Einheitlichkeit der Prüfungsanforderungen und der Leistungsbewertung gewährleistet werden, wie dies für juristische Prüfungen bundesrechtlich vorgeschrieben (§ 5d Abs. 1 S. 2 DRiG) und anerkannte Praxis ist.

Nach **Abs. 1** wird die Eignungsprüfung vor einer staatlichen Stelle, dem für die zweite 2
juristische Staatsprüfung zuständigen Prüfungsamt, abgelegt. Wegen der weitreichenden Bedeutung der Prüfung für den Berufszugang soll die Eignungsprüfung einer staatlichen Stelle übertragen werden.

Die Bestimmung des für die zweite juristische Prüfung zuständigen Prüfungsamts empfiehlt 3
sich schon deshalb, weil damit bestehende zentrale Einrichtungen der Länder genutzt werden können. Sie verfügen über die erforderliche juristische und prüfungspraktische Qualifikation. Sie sind wie keine anderen Stellen geeignet, die Einheitlichkeit der Prüfungspraxis zu sichern. Kraft ihrer reichen Erfahrung ist bei den juristischen Staatsprüfungen seit langem die Einheitlichkeit der Prüfungsanforderungen und der Leistungsbewertung über die Landesgrenzen hinweg gewährleistet. Diese Prüfungsämter werden die Unterschiede beachten, die zwischen der Eignungsprüfung und der zweiten juristischen Prüfung bestehen (zweifelnd *Hackl* AnwBl. 1993, 312; *Lang* BRAK-Mitt. 1990, 13).

Nach **Abs. 2** können mehrere – auch alle – Länder durch Vereinbarung ein gemeinsames 4
Prüfungsamt bei einem Landesjustizprüfungsamt bilden. Durch die Vereinbarung kann eine umfassende Zuständigkeit für alle Eignungsprüfungen, die von den vertragsschließenden Ländern abzunehmen sind, begründet werden. Daneben besteht die Möglichkeit, die Zuständigkeit des Prüfungsamtes auch auf Prüfungen von Antragstellern aus einzelnen Herkunftsmitgliedstaaten zu beschränken. Damit können auch mehrere, auf bestimmte Mitgliedstaaten der EU spezialisierte Prüfungsämter geschaffen werden. Von der Möglichkeit, ein gemeinsames Prüfungsamt zu bilden, haben die Länder unterschiedlich Gebrauch gemacht (vgl. dazu Vereinbarung der Länder

Berlin, Brandenburg, Bremen, Hamburg, Mecklenburg-Vorpommern, Niedersachsen, Sachsen, Sachsen-Anhalt und Schleswig-Holstein in Berlin in NJW 1996, 1045, und zum gemeinsamen Prüfungsamt der Länder Hessen, Nordrhein-Westfalen, Rheinland-Pfalz, das Saarland und Thüringen in Düsseldorf vgl. *Oberheim* NJW 1994, 1846; *Henssler* AnwBl. 1996, 353). Bayern und Baden-Württemberg prüfen selbständig (Henssler/Prütting/*Lörcher* § 18 Rn. 4). Der Antragsteller hat die Wahl, bei welchem Prüfungsamt er seine Zulassung zur Eignungsprüfung beantragt (§ 3 RAEigPrV).

5 **Abs. 3** regelt in Anknüpfung an die übliche Prüfungspraxis, wer innerhalb des Prüfungsamts die Leistungen bewertet. Danach ist sowohl ein reines Kommissionsverfahren möglich, bei dem schriftliche und mündliche Leistungen von einer Prüfungskommission abgenommen werden, als auch – wenn durch Landesgesetz vorgesehen – ein Verfahren, bei dem die schriftlichen Arbeiten von zwei Prüfern korrigiert werden, die nicht der Kommission der mündlichen Prüfung angehören müssen (Henssler/Prütting/*Lörcher* § 18 Rn. 5). Ein Prüfer, der die schriftlichen Leistungen eines Antragstellers bewertet hat, kann auch dessen mündliche Prüfung abnehmen.

6 Die Prüfer sind in Ausübung ihres Amtes unabhängig **(Abs. 4).** Die Unabhängigkeit der Prüfer gilt sowohl für die Auswahl des Prüfungsstoffes im Rahmen der gesetzlichen Bestimmungen als auch für die Bewertung der Prüfungsleistungen.

7 Die erforderliche Kontrolle der Prüferentscheidungen ist durch den verwaltungsgerichtlichen Rechtsschutz gewährleistet und durch das Verfahren nach § 23 (BT-Drs. 11/6154, 17). Die Einzelheiten hinsichtlich der Durchführung des Prüfungsverfahrens regelt die RAEigPrV (→ Teil II Nr. 8).

§ 19 Zulassung zur Prüfung

(1) **Über die Zulassung zur Prüfung entscheidet das Prüfungsamt.**

(2) **Die Zulassung zur Prüfung wird versagt, wenn der Antragsteller die gesetzlichen Voraussetzungen nicht erfüllt oder die durch Rechtsverordnung zu bestimmenden Unterlagen oder Erklärungen nicht vorlegt oder nicht abgibt.**

1 **Abs. 1** bestimmt das Prüfungsamt als Stelle, die über die Zulassung entscheidet. Im Falle einer entsprechenden Vereinbarung ist das gemeinsame Prüfungsamt die für die Zulassung zuständige Stelle.

2 Liegen die Voraussetzungen des Art. 3 RL 2005/36/EG vor, besteht grundsätzlich ein Anspruch auf Zulassung. Der Antragsteller muss jedoch die **Unterlagen** vorlegen, aus denen hervorgeht, dass er die Voraussetzungen erfüllt. Dazu gehören beispielsweise die Berufsqualifikation, also ggf. auch mehrere Zeugnisse, und der Nachweis, dass der Antragsteller Staatsangehöriger eines Mitgliedstaates ist. Weiterhin muss der Antragsteller die für die Eignungsprüfung erforderlichen Erklärungen abgeben, zB die Wahlfächer bestimmen und das Fach der zweiten Aufsichtsarbeit angeben. Die Einzelheiten sind in § 3 RAEigPrV geregelt.

3 Nach **Abs. 2** wird die Zulassung zur Eignungsprüfung versagt, wenn die erforderlichen Unterlagen und Erklärungen (§ 3 RAEigPrV; vgl. dort Anm.) nicht beigebracht werden. Auf Anregung des Bundesrates wurde in Abs. 2 bestimmt, dass die Zulassung zur Prüfung auch versagt wird, „wenn der Antragsteller die gesetzlichen Voraussetzungen nicht erfüllt“. Damit wird der unzutreffenden Annahme entgegengewirkt, „dass die Zulassung nur versagt wird, wenn Unterlagen nicht vorgelegt oder Erklärungen nicht abgegeben werden. Die Zulassung muss jedoch auch dann abgelehnt werden, wenn der Antragsteller zB nicht unter den in § 1 genannten Personenkreis fällt, sich in einem noch nicht abgeschlossenen Prüfungsverfahren vor einem anderen Prüfungsamt befindet, die Prüfung in drei Versuchen nicht bestanden hat oder eine erforderliche Zustimmung zu einem Wechsel des Prüfungsamtes nicht vorliegt“ (Stellungnahme des Bundesrates, BT-Drs. 11/6154, 24). Die Zulassung zur Eignungsprüfung darf nicht aus dem Grund versagt werden, dass der Antragsteller das erste oder zweite Staatsexamen endgültig nicht bestanden hat. Für die Übernahme der hinsichtlich inländischer Prüfungen bestehenden Sperrwirkung auf die Anerkennung einer ausländischen Ausbildung fehlt die Rechtsgrundlage (Henssler/Prütting/*Lörcher* § 19 Rn. 3; vgl. auch OVG Münster NJW 1995, 1632; → § 1 Rn. 10). Zu den Voraussetzungen einer Zulassung zur Eignungsprüfung vgl. auch EuGH NJW 2011, 823.

§ 20 Prüfungsfächer

(1) [1]**Prüfungsfächer sind das Pflichtfach Zivilrecht, zwei Wahlfächer und das Recht für das berufliche Verhalten der Rechtsanwälte.** [2]**Der Antragsteller bestimmt je ein Wahlfach aus den beiden Wahlfachgruppen**

1. Öffentliches Recht oder Strafrecht,
2. Handelsrecht, Arbeitsrecht, durch das Pflichtfach nicht abgedeckte weitere Bereiche des Zivilrechts, Öffentliches Recht oder Strafrecht.

[3]**Der Antragsteller darf nicht dasselbe Wahlfach in beiden Wahlfachgruppen bestimmen.**

(2) **Prüfungsinhalte sind durch Rechtsverordnung näher zu bestimmende Bereiche des Pflichtfaches und der beiden Wahlfächer sowie das dazugehörige Verfahrensrecht einschließlich der Grundlagen im Gerichtsverfassungsrecht und die Grundzüge des Zwangsvollstreckungsrechts und des Insolvenzrechts.**

Aus Gründen der Gleichbehandlung und der Rechtssicherheit wird der Gegenstand der Eignungsprüfung durch Auflistung der Prüfungsfächer näher bestimmt. § 20 sieht deshalb eine weitgehende, rechtssatzmäßige Regelung der Prüfungsfächer vor. Einzelheiten werden allerdings dem Verordnungsgeber überlassen, um den Prüfungsgegenstand der künftigen Entwicklung, etwa der Ausweitung von Unionsrecht, rasch anpassen zu können. 1

Zur Auswahl der Prüfungsfächer enthält **§ 20 Abs. 1** wesentliche Vorgaben und legt den Gegenstand der Prüfung fest. 2

Der Prüfungsgegenstand wird in § 20 iVm § 6 RAEigPrV geregelt. Daraus ergibt sich, dass folgende Sachgebiete geprüft werden: 3

1. Zivilrecht – Pflichtfach
   Allgemeiner Teil des BGB
   Schuldrecht einschließlich besonderer Ausprägungen außerhalb des BGB
   Sachenrecht einschließlich besonderer Ausprägungen außerhalb des BGB
   Zivilrecht – Wahlfach
   Grundzüge des Familienrechts
   Grundzüge des Erbrechts
2. Handelsrecht – Wahlfach
   Grundzüge des Handelsrechts
   Grundzüge des Gesellschaftsrechts
   Grundzüge des Wertpapierrechts (ohne Wechsel- und Scheckrecht)
3. Arbeitsrecht – Wahlfach
   Grundzüge des Individualarbeitsrechts und des kollektiven Arbeitsrechts das dazugehörende Prozessrecht
4. Öffentliches Recht – Wahlfach
   Grundrechte
   Allgemeines Verwaltungsrecht
   Allgemeines Verwaltungsverfahrensrecht
   Grundzüge des Sicherheits- und Ordnungsrechts
   Grundzüge des Baurechts
   Verwaltungsprozessrecht
   Grundlagen im Gerichtverfassungsrecht
5. Strafrecht – Wahlfach
   Allgemeine Lehren des Strafrechts
   Besonderer Teil des StGB
   Strafprozessrecht
   Grundlagen im Gerichtsverfassungsrecht
6. Anwaltliches Berufsrecht

Bestandteil der vorstehenden Rechtsgebiete ist auch das zu ihnen jeweils gehörende Verfahrensrecht einschließlich der Grundlagen im Gerichtsverfassungsrecht; zu den Rechtsgebieten 1. bis 3. gehören zusätzlich die Grundzüge des Zwangsvollstreckungs- und des Insolvenzrechts. Der einzelne Antragsteller kann über eine Ausbildung verfügen, die sonst „nicht abgedeckte" Sachgebiete der deutschen Ausbildung umfasst. Falls er dies durch seine Berufsqualifikation nachweist, kann für diesen Antragsteller eine Prüfungsleistung durch das Prüfungsamt erlassen werden. Die Voraussetzungen sind durch Rechtsverordnung näher zu klären (vgl. § 5 RAEigPrV). 4

5 **Abs. 1** bestimmt, dass die Eignungsprüfung sich jeweils auf vier Gebiete erstreckt: ein Pflichtfach, zwei Wahlfächer und das Recht für das berufliche Verhalten der Rechtsanwälte. Als Pflichtfach ist vorgesehen das Zivilrecht. Es ist in seinem Kernbereich für die anwaltliche Tätigkeit in jeder Ausprägung unverzichtbar. Bei dem ersten Wahlfach hat der Antragsteller die Wahl zwischen dem Öffentlichen Recht und dem Strafrecht. Für die Zwecke der Eignungsprüfung ist es ausreichend, dass der Antragsteller Kenntnisse in dem einen oder anderen Fach nachweist, je nach seinen Vorkenntnissen oder seiner angestrebten Tätigkeit. In dem zweiten Wahlfach soll in noch stärkerem Maße auf besondere Kenntnisse und Interessen des Antragstellers Rücksicht genommen werden. Allerdings ist auch insoweit die Wahlmöglichkeit beschränkt. Auch die Liste der zweiten Wahlfachgruppe ist ausgerichtet an Hauptbereichen anwaltlicher Tätigkeit. **S. 3** regelt, dass das Öffentliche Recht oder das Strafrecht nicht als erstes und zweites Wahlfach bestimmt werden darf.

6 **Abs. 2** sieht vor, dass durch Rechtsverordnung die Prüfungsinhalte im Pflichtfach und in den Wahlfächern näher zu bestimmen sind (vgl. § 6 RAEigPrV). Durch die gesetzliche Regelung ist vorgeschrieben, dass das dem materiellen Recht zugehörige Verfahrensrecht einschließlich der Grundlagen im Gerichtsverfassungsrecht sowie die Grundzüge des Zwangsvollstreckungs- und Insolvenzrechts geprüft werden. Das Wahlfach Zivilrecht ist durch § 6 Abs. 2 Nr. 3 RAEigPrV auf Bereiche eingegrenzt, die von dem Pflichtfach Zivilrecht nicht abgedeckt sind (vgl. auch *Weil* BRAK-Mitt. 1991, 16).

7 § 5 RAEigPrV regelt die Möglichkeit des **Erlasses einzelner Prüfungsleistungen,** wenn der Antragsteller nachweist, dass er in einem Prüfungsgebiet die für die Ausübung des Rechtsanwaltsberufs in Deutschland erforderlichen Rechtskenntnisse im deutschen Recht erworben hat (→ RAEigPrV § 5 Rn. 1 ff.; BGH NJW 1997, 867; OVG Nordrhein-Westfalen BRAK-Mitt. 2013, 284).

§ 21 Prüfungsleistungen

(1) [1]**Die Prüfung besteht aus einem schriftlichen und einem mündlichen Teil.** [2]**Sie wird in deutscher Sprache abgelegt.**

(2) [1]**Die schriftliche Prüfung umfasst zwei Aufsichtsarbeiten.** [2]**Eine Aufsichtsarbeit bezieht sich auf das Pflichtfach, die andere auf das vom Antragsteller bestimmte Wahlfach.**

(3) **Der Antragsteller wird zur mündlichen Prüfung nur zugelassen, wenn mindestens eine Aufsichtsarbeit den Anforderungen genügt; andernfalls gilt die Prüfung als nicht bestanden.**

(4) [1]**Die mündliche Prüfung besteht aus einem Kurzvortrag und einem Prüfungsgespräch.** [2]**Sie hat zum Gegenstand das Recht für das berufliche Verhalten der Rechtsanwälte, das Wahlfach, in dem der Antragsteller keine Aufsichtsarbeit geschrieben hat, und, falls eine Aufsichtsarbeit den Anforderungen nicht genügt, zusätzlich das Fach dieser Arbeit.**

1 Die Regelung über Art und Zahl der Prüfungsleistungen berücksichtigt den besonderen Zweck (§ 17) der Eignungsprüfung. Nur anwaltsbezogene Leistungen dürfen verlangt werden. Nach **Abs. 1** werden, wie im juristischen Staatsexamen, **schriftliche wie mündliche Leistungen** verlangt. Eine Beschränkung nur auf mündliche oder nur auf schriftliche Leistungen wäre nicht hinreichend aussagekräftig. Zum Erlass von Prüfungsleistungen → § 20 Rn. 7. Der Rechtsanwalt in der Bundesrepublik Deutschland muss eine anwaltstypische Qualifikation sowohl mündlich – etwa bei Verhandlungen und beim Plädoyer – wie schriftlich – bei Gutachten und Schriftsätzen – aufweisen. Eine stärkere Ausrichtung auf die eine oder die andere Tätigkeit wie im Fall des englischen barristers ist dem deutschen Recht fremd.

2 **Abs. 1 S. 2** stellt klar, dass das Prüfungsverfahren **in deutscher Sprache** durchgeführt wird und Prüfungsleistungen in deutscher Sprache zu erbringen sind. Bei Verabschiedung der Richtlinie haben Rat und Kommission durch die Protokollerklärung Nr. 3 ausdrücklich festgestellt, dass der Antragsteller die Sprachkenntnisse besitzen muss, die für die Ausübung seines Berufs im Aufnahmestaat erforderlich sind. Vgl. auch Art. 53 RL 2005/36/EG (→ § 12 Rn. 3).

3 Nach **Abs. 2 S. 1** sind zwei Aufsichtsarbeiten zu unterschiedlichen Prüfungsfächern für die schriftliche Prüfung ausreichend, aber auch erforderlich. Der Bedeutung des Zivilrechts für die Rechtsberatung entsprechend bezieht sich eine Aufsichtsarbeit auf das Pflichtfach Zivilrecht.

Hingegen kann der Antragsteller entscheiden, welches der beiden Wahlfächer die zweite Aufsichtsarbeit zum Gegenstand haben soll. Das bei der Wahl nicht berücksichtigte Fach ist Gegenstand der mündlichen Prüfung (Abs. 4 S. 2).

Die Regelung in **Abs. 3** schließt den Antragsteller, dessen beide Aufsichtsarbeiten den Anforderungen nicht genügen, von der mündlichen Prüfung aus. Ein solches Ergebnis im schriftlichen Teil der Prüfung zeigt bereits, dass der Antragsteller nicht über die erforderlichen Kenntnisse verfügt, so dass die Eignungsprüfung als nicht bestanden gewertet wird. 4

Die mündliche Prüfung nach **Abs. 4** besteht aus einem Kurzvortrag und einem Prüfungsgespräch. Der Kurzvortrag erfolgt etwa in Form eines Plädoyers oder eines Beratungsgesprächs. Das weitere Prüfungsgespräch soll Aufschluss darüber geben, ob der Antragsteller über die erforderlichen Kenntnisse in dem nicht durch die Aufsichtsarbeit abgedeckten Wahlfach und im Recht für das berufliche Verhalten der Rechtsanwälte verfügt. Ist die Aufsichtsarbeit in einem Fach misslungen, so erhält der Antragsteller in der mündlichen Prüfung Gelegenheit, auch in diesem Fach hinreichende Kenntnisse nachzuweisen (BT-Drs. 11/6154, 18, 19). 5

§ 22 Prüfungsentscheidung

Die Prüfungskommission entscheidet auf Grund des Gesamteindrucks der Leistungen in der schriftlichen und mündlichen Prüfung mit Stimmenmehrheit, ob der Antragsteller über die nach § 17 erforderlichen Kenntnisse verfügt.

Dem Zweck der Prüfung entsprechend werden weder für Einzelleistungen noch für das Gesamtergebnis Noten erteilt. Die Prüfungskommission stellt unter Berücksichtigung der schriftlichen und der mündlichen Leistungen, also aufgrund des **Gesamteindrucks,** entsprechend dem Zweck der Eignungsprüfung (§ 17) fest, ob der Antragsteller über die Kenntnisse verfügt, die erforderlich sind, um den Beruf eines Rechtsanwalts in der Bundesrepublik Deutschland auszuüben. 1

Die Prüfungskommission trifft die Entscheidung, unmittelbar im Anschluss an die mündliche Prüfung, mit Mehrheit der Stimmen. Bei Stimmengleichheit entscheidet die Stimme des Vorsitzenden (§ 18 Abs. 3 S. 2). Der schriftliche und der mündliche Teil der Prüfung sind jeder für sich von Gewicht. Allein aufgrund der schriftlichen Leistungen ist ein Bestehen der Eignungsprüfung nicht möglich (amtliche Begründung, BT-Drs. 11/6154, 19). 2

Die Folgen der Versäumung von Prüfungsterminen und der Nichtabgabe von Aufsichtsarbeiten bestimmen sich nach § 9 RAEigPrV. 3

§ 23 Einwendungen

(1) **Der Antragsteller kann schriftlich Einwendungen gegen die Bewertung seiner Prüfungsleistungen erheben.**

(2) [1]**Ist der Antragsteller zur mündlichen Prüfung zugelassen, so muss er die Einwendungen gegen die Bewertung der schriftlichen Aufsichtsarbeiten spätestens binnen eines Monats nach Bekanntgabe der Prüfungsentscheidung, die Einwendungen gegen die Bewertung der mündlichen Prüfung unverzüglich nach Bekanntgabe der Prüfungsentscheidung beim Prüfungsamt (§ 18) geltend machen.** [2]**Die Einwendungen gegen die Bewertung der schriftlichen Aufsichtsarbeiten sind spätestens binnen zwei Monaten nach Bekanntgabe der Prüfungsentscheidung, die Einwendungen gegen die Bewertung der mündlichen Prüfung sind spätestens binnen eines Monats nach Bekanntgabe der Prüfungsentscheidung im Einzelnen und nachvollziehbar zu begründen.**

(3) **Ist der Antragsteller nicht zur mündlichen Prüfung zugelassen, so muss er die Einwendungen gegen die Bewertung der schriftlichen Aufsichtsarbeiten spätestens binnen eines Monats nach Bekanntgabe der Prüfungsentscheidung beim Prüfungsamt geltend machen und binnen zwei Monaten nach deren Bekanntgabe im Einzelnen und nachvollziehbar schriftlich begründen.**

(4) [1]**Entsprechen die Einwendungen nicht den Absätzen 1 bis 3, so werden sie vom Prüfungsamt zurückgewiesen.** [2]**Im Übrigen werden die Einwendungen den jeweiligen Prüfern zur Überprüfung ihrer Bewertung zugeleitet.**

I. Normzweck

1 § 23 regelt eine Art **Widerspruchsverfahren** gegen die Bewertung der Prüfungsleistungen des Antragstellers. Damit enthält das EuRAG nunmehr einen Rechtsbehelf gegen die Entscheidung der Prüfungskommission (Gaier/Wolf/Göcken/*Eichele* § 23 Rn. 1).

II. Recht des Prüflings auf effektiven Schutz

2 Die Vorschrift berücksichtigt die Rechtsprechung des BVerwG zum Rechtsschutz gegen die Bewertung berufsbezogener Prüfungen (BVerwGE 92, 132 = NVwZ 1993, 682; BVerwGE 91, 262 = NVwZ 1993, 677; BR-Drs. 567/99, 79).

3 Das BVerwG hat darin entschieden, aus Art. 12 Abs. 1 GG folge

„bei berufsbezogenen Prüfungen ein Anspruch des Prüflings auf effektiven Schutz seines Grundrechts der Berufsfreiheit durch eine entsprechende Gestaltung des Prüfungsverfahrens; danach muß er das Recht haben, substantiierte Einwände gegen die Bewertungen seiner Prüfungsleistungen bei der Prüfungsbehörde rechtzeitig und wirkungsvoll vorzubringen und derart ein „Überdenken" dieser Bewertungen unter maßgeblicher Beteiligung der ursprünglichen Prüfer zu erreichen (im Anschluß an BVerfGE 84, 34).

Die gerichtliche (Rechtmäßigkeits-)Kontrolle von Prüfungsentscheidungen ist begrenzt, weil der Bewertungsvorgang von zahlreichen Unwägbarkeiten bestimmt ist und den beteiligten Prüfern bei prüfungsspezifischen Wertungen ein Entscheidungsspielraum verbleibt; insoweit stellt der Anspruch des Prüflings gegenüber der Prüfungsbehörde auf „Überdenken" der Prüfungsentscheidung einen unerläßlichen Ausgleich für die nur eingeschränkt mögliche Kontrolle von Prüfungsentscheidungen durch die Verwaltungsgerichte dar.

Den Zweck eines möglichst rechtzeitigen und wirkungsvollen Schutzes des Prüflings in seinem Grundrecht der Berufsfreiheit kann das Verfahren des „Überdenkens" der Prüfungsentscheidung am ehesten dann erfüllen, wenn es möglichst zeitnah zur Prüfung vor einem verwaltungsgerichtlichen Verfahren stattfindet. Hierfür bietet sich – falls nicht sogar die Möglichkeit geschaffen wird, substantiierte Einwände gegen die Bewertungen von Prüfungsleistungen noch vor Erlaß der förmlichen Prüfungsentscheidung vorzubringen – das in §§ 68ff. VwGO grundsätzlich vorgesehene Widerspruchsverfahren an, das sich dann aber auf eine Kontrolle auch der prüfungsspezifischen Wertungen unter maßgeblicher Beteiligung der ursprünglichen Prüfer erstrecken muß. Aber auch ein anderweitiges verwaltungsinternes Kontrollverfahren ist denkbar und zulässig, wenn es gleichermaßen die verfassungsrechtlichen Anforderungen erfüllt.

Es ist dem Gesetzgeber vorbehalten, das Prüfungsverfahren so zu gestalten, daß es den Anforderungen aus Art. 12 Abs. 1 GG genügt; dazu gehört ein rechtzeitiges und wirkungsvolles „Überdenken" der Prüfungsentscheidung, insbesondere der prüfungsspezifischen Wertungen, aufgrund von substantiierten Einwänden des Prüflings." (BVerwGE 92, 132 = aaO).

4 Auch im Rahmen der Eignungsprüfung nach Teil 4 des EuRAG wurde demgemäß mit § 23 das Recht eingeräumt, substantiierte Einwände gegen die Bewertungen seiner Prüfungsleistungen bei der Prüfungsbehörde vorzubringen und ein „Überdenken" der Bewertungen durch die ursprünglichen Prüfer zu erreichen (BR-Drs. 567/99, 79).

5 Der Verfahrensgang dieses „Widerspruchsverfahrens" wird im Einzelnen in § 23 geregelt. Einwendungen gegen die Bewertung von Prüfungsleistungen können nach Abs. 1 nur schriftlich eingereicht werden. Dabei sind je nach Gegenstand des Einwands die Fristen nach Abs. 2 und 3 zu beachten. Abs. 4 bestimmt, dass die Einwendungen schon aus Formgründen zurückzuweisen sind, wenn sie nicht den Anforderungen aus den Abs. 1–3 entsprechen. Entsprechen sie diesen Formvorschriften, werden die Einwendungen vom Prüfungsamt den jeweiligen Prüfern zur Überprüfung ihrer Bewertung zugeleitet.

§ 24 Wiederholung der Prüfung

Die Prüfung kann wiederholt werden.

1 Die Eignungsprüfung soll wiederholt werden können. Dadurch erhält der Antragsteller Gelegenheit, Kenntnislücken im deutschen Recht zu schließen. § 24 enthält selbst keine Einschränkungen. Die näheren Einzelheiten der Wiederholungsprüfung und die Zahl der Wiederholungsmöglichkeiten sind in § 12 RAEigPrV geregelt. Zur Wiederholung bei Täuschungsversuchen vgl. § 10 RAEigPrV.

Teil 5. Vorübergehende Dienstleistung

§ 25 Vorübergehende Tätigkeit

(1) Ein europäischer Rechtsanwalt darf, sofern er Dienstleistungen im Sinne des Artikels 50 des Vertrags zur Gründung der Europäischen Gemeinschaft erbringt, vorübergehend in Deutschland die Tätigkeiten eines Rechtsanwalts nach den folgenden Vorschriften ausüben (dienstleistender europäischer Rechtsanwalt).

(2) [1] Absatz 1 gilt nicht für europäische Rechtsanwälte, die den Beruf des Rechtsanwalts nicht ausüben dürfen, weil

1. sie aus einem der Gründe nach § 7 Nr. 1, 2, 4 bis 6 der Bundesrechtsanwaltsordnung in nicht mehr anfechtbarer Weise zur Rechtsanwaltschaft nicht zugelassen sind oder ihre Zulassung aus einem dieser Gründe nach § 14 Abs. 1 der Bundesrechtsanwaltsordnung in nicht mehr anfechtbarer Weise zurückgenommen worden ist, solange der Grund für die Nichtzulassung oder die Rücknahme der Zulassung besteht,

2. ihre Zulassung nach § 14 Abs. 2 Nr. 1 und 2 der Bundesrechtsanwaltsordnung in nicht mehr anfechtbarer Weise widerrufen worden ist,

3. gegen sie die Maßnahme der Ausschließung aus der Rechtsanwaltschaft nach § 114 Abs. 1 Nr. 5 der Bundesrechtsanwaltsordnung rechtskräftig verhängt worden ist.

[2] Ist einem europäischen Rechtsanwalt nach § 70 des Strafgesetzbuches, § 132a der Strafprozessordnung oder § 150 der Bundesrechtsanwaltsordnung die Ausübung des Rechtsanwaltsberufs verboten, so ist Absatz 1 für die Dauer des Verbots nicht anzuwenden. [3] Ist gegen eine Person nach § 114 Abs. 1 Nr. 4, §§ 150 oder 161a der Bundesrechtsanwaltsordnung ein Vertretungsverbot verhängt worden, so ist Absatz 1 in dem Umfang nicht anzuwenden, in dem das Vertretungsverbot besteht.

Schrifttum: *Clausnitzer,* Niederlassungs- und Dienstleistungsfreiheit der Anwälte in der Europäischen Gemeinschaft, BRAK-Mitt. 1989, 59; *Deckert,* Rechtsanwälte im europäischen Binnenmarkt, DZWiR 1997, 142; *Henssler,* Anwaltliche Berufspflichten bei grenzüberschreitender Tätigkeit, NJW 2009, 1556; *Kespoh-Willemer,* EG-Dienstleistungsrichtlinie für Rechtsanwälte, AnwBl. 1991, 147; *Kilian,* Freizügigkeit der Anwälte in der EU, JA 2000, 429; *ders.*, Vorübergehende grenzüberschreitende Rechtsdienstleistungen, Hinweise zur Neuregelung im RDG, AnwBl. 2008, 394; *Klein,* Die drei Anwaltsrichtlinien der Europäischen Union und der CCBE Code of Conduct, MittBl. DAV Internationaler Rechtsverkehr 2000, 47; *Rabe,* Internationales Anwaltsrecht – Dienstleistungs- und Niederlassungsfreiheit der Rechtsanwälte in der EG, AnwBl. 1992, 146; *Raiser,* Die Haftung des deutschen Rechtsanwalts bei grenzüberschreitender Tätigkeit, AnwBl. 1991, 487.

I. Weitgehende Übernahme des RADG

Teil 5 EuRAG enthält im Wesentlichen die Vorschriften des früheren Gesetzes zur Durchführung der Richtlinie des Rates der Europäischen Gemeinschaften vom 22.3.1977 zur Erleichterung der tatsächlichen Ausübung des freien Dienstleistungsverkehrs der Rechtsanwälte (Rechtsanwaltsdienstleistungsgesetz – RADG) vom 16.8.1980 (BGBl. I S. 1453; vgl. 4. Aufl. RADG S. 1350–1363). 1

Die im RADG vielfach verwendete Bezugnahme auf „die in § 1 bezeichneten Personen" (vgl. zB §§ 3, 4 RADG) konnte dabei nicht beibehalten werden, denn die in § 1 RADG enthaltene Aufzählung der Berufsangehörigen, die zur vorübergehenden Dienstleistung berechtigt sind, ist nunmehr in der Anlage zu § 1 (→ § 1 Rn. 7 ff.) enthalten. Stattdessen wird in § 25 Abs. 1 der Begriff des **„dienstleistenden europäischen Rechtsanwalts"** eingeführt. Der im RADG verwendete Begriff „Herkunftsstaat" wurde durch den Begriff „Staat der Niederlassung" ersetzt. 2

Der Begriff „Herkunftsstaat" wird bereits in Teil 2 und Teil 3 verwendet und bezeichnet dort den Staat, in dem die Befähigung zur Ausübung des Rechtsanwaltsberufs erlangt wurde (→ § 2 Rn. 4). Mit „Herkunftsstaat" im Sinne des RADG ist aber der Staat der aktuellen Niederlassung gemeint, der mit dem Staat, in dem die Befähigung zur Ausübung des Rechtsanwaltsberufs erworben wurde, nicht identisch sein muss (BR-Drs. 567/99, 80). 3

II. Berechtigte Personen

Die Vorschrift des § 25 entspricht im Wesentlichen dem bisherigen § 1 RADG. Das Erfordernis der Staatsangehörigkeit eines Mitgliedstaates der EU oder eines anderen Vertragsstaates des 4

Abkommens über den Europäischen Wirtschaftsraum wird darin nicht extra aufgeführt, weil es durch die Verwendung des in § 1 definierten Begriffs des **„europäischen Rechtsanwalts“** (→ § 1 Rn. 7 ff.) vorausgesetzt wird (BR-Drs. 567/99, 81). Nur europäische Rechtsanwälte im Sinne des § 1, die ihren Beruf unter einer der in der **Anlage zu § 1** genannten Berufsbezeichnung auszuüben berechtigt sind, sind auch zur vorübergehenden Dienstleistung nach §§ 25 ff. berechtigt. Zu vorübergehende grenzüberschreitende Rechtsdienstleistungen durch nicht anwaltliche Rechtsdienstleister vgl. § 15 RDG und *Kilian* AnwBl. 2008, 394. Durch Gesetz vom 30.7.2009 (BGBl. I S. 2449) wurde Abs. 2 geändert und Zitierfehler beseitigt, die bei der Übertragung des § 1 Abs. 2 RADG (BT-Drs. 8/3181, 3 und 13) in das EuRAG (BT-Drs. 14/2269, 10 und 32) entstanden waren. Der von § 1 Abs. 2 lit. a RADG in Bezug genommene § 14 Abs. 1 Nr. 1 (Stand 1977) entspricht dem heutigen § 14 Abs. 1 BRAO, der von § 1 Abs. 2 lit. b RADG zitierte § 14 Abs. 1 Nr. 2 und 3 BRAO (Stand 1977) dem heutigen § 14 Abs. 2 Nr. 1 und 2 BRAO. Zudem wurde die Vorschrift dem Sprachgebrauch des § 14 BRAO angepasst (BT-Drs. 16/11385, 85).

III. Vorübergehende Tätigkeit

5 In **Abs. 1** wird zudem die „vorübergehende“ Dienstleistung unter der Berufsbezeichnung des Herkunftsstaates (§§ 26 Abs. 1, 5 Abs. 1; → § 25 Rn. 4) von der dauernden Tätigkeit unter ursprünglicher Berufsbezeichnung gemäß Teil 2 dieses Gesetzes (§§ 2 ff.) abgegrenzt, indem in § 25 vorausgesetzt wird, dass im Fall der vorübergehenden Dienstleistung keine Niederlassung (vgl. § 2) in Deutschland gegeben ist (BR-Drs. 567/99, 81). Bei einer vorübergehenden Tätigkeit besteht eine eingeschränkte Postulationsfähigkeit (§ 28). Gemäß § 25 Abs. 1 darf ein europäischer Rechtsanwalt, worunter nach § 1 iVm der Anlage zu dieser Vorschrift auch der rumänische Avocat fällt, vorübergehend in Deutschland die Tätigkeit eines Rechtsanwalts nach den §§ 25 ff. ausüben, sofern er Dienstleistungen iSd Art. 57 AEUV (früher Art. 50 EG) erbringt (BVerfG NJW 2014, 619).

6 Der **vorübergehende Charakter der Dienstleistung** ist „unter Berücksichtigung ihrer Dauer, ihrer Häufigkeit, ihrer regelmäßigen Wiederkehr und ihrer Kontinuität zu beurteilen“ (EuGH NJW 1996, 579 = MDR 1996, 744 = AnwBl. 1996, 103). Dabei kann die Abgrenzung bei regelmäßiger Tätigkeit, auch wenn diese jeweils nur kurz ist, schwierig sein. Der EuGH hat dazu ausgeführt, die Mitgliedstaaten haben das Recht zu verhindern, „dass der Erbringer einer Leistung, dessen Tätigkeit ganz oder vorwiegend auf das Gebiet“ eines anderen „Staates ausgerichtet ist, sich die durch Art. 59 (heute Art. 57 AEUV) garantierte Freiheit zunutze macht, um sich den Berufsregeln zu entziehen, die auf ihn Anwendung fänden, wenn er im Gebiet dieses Staates ansässig wäre“ (EuGH NJW 1975, 1095). Von einer vorübergehenden Dienstleistung kann daher nur dann ausgegangen werden, wenn sich der Tätigkeitsschwerpunkt des Leistungserbringers in einem anderen Vertrags- oder Mitgliedstaat befindet. Ein Angehöriger eines Vertrags- oder Mitgliedstaats, der in stabiler und kontinuierlicher Weise eine Berufstätigkeit in einem anderen Vertrags- oder Mitgliedstaat ausübt, in dem er sich von seinem Berufsdomizil aus unter anderem an die Angehörigen dieses Staates wendet, fällt unter die Vorschriften des Kapitels über das Niederlassungsrecht und nicht unter die des Kapitels über die Dienstleistungen (EuGH NJW 1996, 579).

7 Wenn auch die vorübergehende Unterhaltung von Büroraum und Personal in Deutschland im Rahmen der Dienstleistungserbringung grundsätzlich möglich ist (EuGH NJW 1996, 579), so steht doch die kontinuierliche Tätigkeit mit Niederlassung in Deutschland einer Tätigkeit nach §§ 25 ff. entgegen. Soweit es sich jedoch um eine stabile und kontinuierliche Berufstätigkeit handelt, die ein Rechtsanwalt in dem Aufnahmemitgliedstaat von einem festen Berufsdomizil aus ausübt, handelt es sich nicht mehr um eine vorübergehende Dienstleistung. Der Sachverhalt fällt vielmehr unter die Vorschriften des Niederlassungsrechts (EuGH NJW 1996, 579 – Gebhard). Für die Tätigkeit als niedergelassener europäischer Rechtsanwalt in Deutschland sehen §§ 2 ff. die Aufnahme in die Rechtsanwaltskammer vor. Eine Berufung auf §§ 25 ff. ist in solchen Fällen ausgeschlossen (BVerfG NJW 2014, 619).

IV. Tätigkeitsverbote

8 **Abs. 2** schließt in den dort genannten Fällen eine anwaltliche Tätigkeit, auch wenn sie nur vorübergehend ist, in Deutschland aus. Das Tätigkeitsverbot ist dabei auf den jeweiligen zeitlichen und gegenständlichen Umfang beschränkt, in dem die Betätigung des Rechtsanwalts nach den in

Abs. 2 genannten Vorschriften ausgeschlossen oder eingeschränkt worden ist (amtliche Begründung, BT-Drs. 8/3183, 13). Abs. 2 soll so verhindern, dass unter Berufung auf das EuRAG in Deutschland europäische Rechtsanwälte praktizieren, denen hier nach der BRAO, den StGB bzw. der StPO eine anwaltliche Tätigkeit versagt ist (Henssler/Prütting/*Kilian* § 25 Rn. 5).

§ 26 Berufsbezeichnung, Nachweis der Rechtsanwaltseigenschaft

(1) **Für die Führung der Berufsbezeichnung ist § 5 Abs. 1 und 2 Satz 2 entsprechend anzuwenden.**

(2) [1]**Der dienstleistende europäische Rechtsanwalt hat der nach § 32 Abs. 4 zuständigen Rechtsanwaltskammer, dem Gericht oder der Behörde, vor der er auftritt, auf Verlangen nachzuweisen, dass er berechtigt ist, den Beruf im Herkunftsstaat auszuüben.** [2]**Wird dieses Verlangen gestellt, darf er die Tätigkeiten nach diesem Teil des Gesetzes erst ausüben, wenn der Nachweis erbracht ist.**

I. Führung der Berufsbezeichnung

§ 26 Abs. 1 regelt die Verpflichtung zur Führung der Berufsbezeichnung. Dabei wird im 1
Interesse einer einheitlichen Handhabung auf die für niedergelassene europäische Rechtsanwälte (§ 2) geltenden Regelung des § 5 Abs. 1, Abs. 2 S. 2 verwiesen (BR-Drs. 567/99, 81). Der europäische Rechtsanwalt hat auch bei vorübergehender Tätigkeit die Berufsbezeichnung zu führen, die er in seinem Heimatstaat nach dem dort geltenden Recht zu führen berechtigt ist. Insoweit kann daher auf → § 5 Rn. 1–4, 6 Bezug genommen werden.

II. Nachweis

§ 26 Abs. 2 entspricht dem früheren § 2 Abs. 2 RADG (vgl. 4. Aufl. RADG § 2 Rn. 2, 3). 2
Gegenüber der zuständigen RAK (§ 32), dem Gericht oder der Behörde, vor der der dienstleistende europäische Rechtsanwalt auftritt, muss er auf Verlangen seine Berechtigung nach § 1 nachweisen. Der Rechtsanwalt kann zu diesem Zweck eine Bescheinigung der zuständigen Behörde seines Herkunftsstaates (§ 36) vorlegen, oder sich durch den einheitlichen Berufsausweis für Rechtsanwälte des CCBE ausweisen. In Deutschland wird dieser von den Rechtsanwaltskammern ausgestellt (*Kesphol-Willemer* AnwBl. 1991, 147, 149). Entsprechend einer Forderung des EuGH darf dieser Ausweis nicht älter als ein Jahr sein (vgl. auch § 3 Abs. 2 Nr. 2 S. 2). Solange nach Verlangen des Nachweises dieser nicht erbracht ist, dürfen anwaltliche Dienstleistungen nach §§ 25 ff. nicht vorgenommen werden. Personen, die gleichwohl als Verfahrensbevollmächtigte oder Verteidiger auftreten wollen, werden zurückgewiesen (BT-Drs. 8/3181, 13; Henssler/Prütting/*Kilian* § 26 Rn. 2).

§ 27 Rechte und Pflichten

(1) [1]**Der dienstleistende europäische Rechtsanwalt hat im Zusammenhang mit der Vertretung oder Verteidigung eines Mandanten im Bereich der Rechtspflege oder vor Behörden die Stellung eines Rechtsanwalts, insbesondere dessen Rechte und Pflichten, soweit diese nicht die Zugehörigkeit zu einer Rechtsanwaltskammer sowie die Kanzlei betreffen.** [2]**Beschränkungen der Vertretungsbefugnis, die sich aus dem Erfordernis der Zulassung bei dem Bundesgerichtshof ergeben, bleiben unberührt.**

(2) [1]**Bei der Ausübung sonstiger Tätigkeiten sind die für einen Rechtsanwalt geltenden Regeln einzuhalten; hierbei sind insbesondere die beruflichen Pflichten zu befolgen, die sich aus den §§ 43, 43a, 43b und 45 der Bundesrechtanwaltsordnung ergeben.** [2]**Diese Regeln gelten nur insoweit, als sie nicht mit der Niederlassung in Deutschland untrennbar verbunden sind, sie wegen ihrer allgemeinen Bedeutung beachtet werden können und das Verlangen, sie einzuhalten, gerechtfertigt ist, um eine ordnungsgemäße Ausübung der Tätigkeiten des Rechtsanwalts sowie die Wahrung des Ansehens und des Vertrauens zu gewährleisten, welche die Stellung des Rechtsanwalts erfordert.**

Schrifttum: *Henssler,* Anwaltliche Berufspflichten bei grenzüberschreitender Tätigkeit, NJW 2009, 1556.

I. Gleichstellung vor Gerichten und Behörden (Abs. 1)

1 § 27 entspricht dem bisherigen § 3 RADG. In Erfüllung des Art. 4 Abs. 1 und 2 RL 77/249/EWG sichert Abs. 1 die grundsätzliche Gleichstellung des dienstleistenden europäischen Rechtsanwalts (§ 25 Abs. 1) mit den nach der BRAO zugelassenen Rechtsanwälten für die Vertretung oder Verteidigung eines Mandanten im Bereich der Rechtspflege oder vor Behörden. Vorbehaltlich der sich aus den §§ 28–31 ergebenden Sonderregelungen sind daher alle deutschen Vorschriften, die sich auf die Ausübung anwaltlicher Tätigkeiten vor deutschen Gerichten und Behörden beziehen, auch auf den dienstleistenden europäischen Rechtsanwalt (§ 25 Abs. 1) anzuwenden (Henssler/Prütting/*Kilian* § 27 Rn. 2).

2 Der dienstleistende europäische Rechtsanwalt (§ 25 Abs. 1) hat nach Art. 4 Abs. 2 RL 77/249/EWG bei der Dienstleistungserbringung vor Gerichten und Behörden die für deutsche Rechtsanwälte geltenden Berufsregeln neben den ihm in seinem Herkunftsstaat obliegenden Verpflichtungen einzuhalten (vgl. § 34 Abs. 2 BORA). Im Falle unterschiedlicher und sich gar widersprechender Regelungen tritt das Berufsrecht des Herkunftsstaates hinter den Regelungen in Deutschland zurück (Henssler/Prütting/*Kilian* § 27 Rn. 3 ff.; vgl. aber auch *Henssler* NJW 2009, 1556, 1557). Im Übrigen sollen solche Schwierigkeiten durch die weitgehend in nationales Recht übernommenen einheitlichen Berufsregeln der CCBE vermieden werden.

3 Die Regelung des § 27 Abs. 1 trägt im Übrigen dem Urteil des EuGH vom 25.2.1988 Rechnung. Hiernach dürfen dem Dienstleistungserbringer wegen seiner besonderen Lage, die ihn von dem im Aufnahmestaat zur dauernden dortigen Berufsausübung niedergelassenen Rechtsanwalt unterscheidet, nicht Beschränkungen der Vertretungsbefugnis entgegengehalten werden, die sich für den inländischen Anwalt aus der Zulassung bei einem bestimmten Gericht (§ 78 ZPO aF) ergaben. Eine Ausnahme lässt der EuGH für die Vertretung durch spezialisierte Rechtsanwälte mit besonderer Erfahrung, die nur auf Grund eines Auswahlverfahrens bei dem Gericht zugelassen werden, zu. Von dieser Möglichkeit wird für die Vertretung vor dem BGH Gebrauch gemacht.

4 Durch Gesetz vom 30.7.2009 (BGBl. I S. 2449) wurde § 27 Abs. 1 S. 2 der neuen Rechtslage angepasst. Nach dem Wegfall der Gerichtszulassung bedurfte es der bisher in § 27 Abs. 1 S. 2 enthaltenen Sonderregelung für Dienstleistende europäische Rechtsanwälte nicht mehr. Die nach wie vor bestehende Beschränkung der Vertretungsbefugnis vor dem BGH ergibt sich aus § 78 ZPO. Abs. 1 S. 2 hat deshalb nur klarstellende Funktion (BT-Drs. 16/11385, 86).

5 § 27 regelt nicht, ob der Dienstleistungserbringer den **Vorschriften des RVG** unterfällt. Sofern es an einer Rechtswahl durch die Parteien fehlt, gilt nach Art. 4 Rom I-VO (früher Art. 28 EGBGB) grundsätzlich das Recht des Praxisortes (OLG Düsseldorf MDR 1959, 671; LG Köln AnwBl. 1982, 532; *Zuck* NJW 1987, 3033). Dient die anwaltliche Dienstleistung nicht der beruflichen oder gewerblichen Tätigkeit des Mandanten, findet nach Art. 5 Rom I-VO (früher Art. 29 EGBGB) das Recht des Aufenthaltsstaates des Mandanten Anwendung, sofern der Anwaltsvertrag dort zustande kam und dort zumindest teilweise zu erfüllen ist. Soweit man in diesem Fall den dienstleistenden europäischen Rechtsanwalt nicht bereits unter den weiten Rechtsanwaltsbegriff iSd § 1 Abs. 1 S. 1 RVG subsumieren will, muss man aber jedenfalls wegen der Gleichwertigkeit der anwaltlichen Leistungen eine entsprechende Anwendung der RVG-Vorschriften als Vergütung iSd § 612 BGB annehmen (Hartung/Römermann/*Römermann* RVG § 1 Rn. 89).

II. Regelung des Abs. 2

6 Abs. 2 stellt die Umsetzung des Art. 4 Abs. 4 RL 77/249/EWG für andere, nicht unter Abs. 1 fallende Tätigkeiten dar. Bei Dienstleistungen in Deutschland, die nicht in der Vertretung oder Verteidigung im Bereich der Rechtspflege oder vor Behörden bestehen, muss der Dienstleistungserbringer nur diejenigen Berufsausübungsregelungen beachten, die nach allgemeiner Anschauung für die Ausübung des Anwaltsberufs von grundlegender Bedeutung sind und als solche von einem Dienstleistungserbringer erkannt und befolgt werden können (Henssler/Prütting/*Kilian* § 27 Rn. 7). Dies gilt insbesondere für die Verpflichtungen aus §§ 43a, 43b und 45 BRAO, aber auch für die Berufsregeln der Rechtsanwälte der EU (§ 34 Abs. 2 BORA). Bei der Bearbeitung grenzüberschreitender Sachverhalte finden die CCBE-Regeln Anwendung, die in Deutschland über § 29 BORA gültig sind (Gaier/Wolf/Göcken/*Eichele* § 27 Rn. 4).

Zum Ausschluss der Niederlassung in Deutschland und gleichzeitigen Ausübung der in §§ 27 ff. genannten Tätigkeiten ohne Erfüllung der Voraussetzungen des § 4 BRAO vgl. BGH NJW 1997, 867 = AnwBl. 1997, 225 = BRAK-Mitt. 1997, 87 zur gleichzeitigen Tätigkeit nach §§ 3, 4 RADG. 7

§ 28 Vertretung und Verteidigung im Bereich der Rechtspflege

(1) **Der dienstleistende europäische Rechtsanwalt darf in gerichtlichen Verfahren sowie in behördlichen Verfahren wegen Straftaten, Ordnungswidrigkeiten, Dienstvergehen oder Berufspflichtverletzungen, in denen der Mandant nicht selbst den Rechtsstreit führen oder sich verteidigen kann, als Vertreter oder Verteidiger eines Mandanten nur im Einvernehmen mit einem Rechtsanwalt (Einvernehmensanwalt) handeln.**

(2) [1]**Der Einvernehmensanwalt muss zur Vertretung oder Verteidigung bei dem Gericht oder der Behörde befugt sein.** [2]**Ihm obliegt es, gegenüber dem dienstleistenden europäischen Rechtsanwalt darauf hinzuwirken, dass dieser bei der Vertretung oder Verteidigung die Erfordernisse einer geordneten Rechtspflege beachtet.**

(3) **Zwischen dem Einvernehmensanwalt und dem Mandanten kommt kein Vertragsverhältnis zustande, wenn die Beteiligten nichts anderes bestimmt haben.**

Schrifttum: *Dahns,* Eingeschränkte Postulationsfähigkeit des europäischen Rechtsanwalts, NJW-Spezial 2013, 447; *Hellwig,* Berufsrechtliche Fragen bei grenzüberschreitender Tätigkeit und Kooperation in Europa, BRAK-Mitt. 2009, 50.

I. Erfordernis eines Einvernehmensanwalts

1. Einschränkung des Erfordernisses. § 28 Abs. 1–3 entsprechen dem bisherigen § 4 Abs. 1 RADG. Zur besseren Übersichtlichkeit wurde die Vorschrift in drei Absätze gegliedert. Der Rechtsanwalt, mit dessen Einvernehmen zu handeln ist, erhielt in Abs. 1 die Kurzbezeichnung **„Einvernehmensanwalt"**, um ihn von dem vorübergehend unter ursprünglicher Berufsbezeichnung tätigen Rechtsanwalt zu unterscheiden (BR-Drs. 567/99, 82). § 28 knüpft an die in Art. 5.2 RL vom 22.3.1977 eingeräumte Möglichkeit an, dienstleistenden Anwälten die Bedingung aufzuerlegen, „dass sie im Einvernehmen mit einem bei dem angerufenen Gericht zugelassenen Rechtsanwalt, der ggf. diesem Gericht gegenüber die Verantwortung trägt, … handeln". Der neu gefasste § 28 Abs. 1 erweitert im Einklang mit dem Urteil des EuGH vom 25.2.1988 (NJW 1988, 887 = BRAK-Mitt. 1988, 152 = AnwBl. 1988, 236 = JZ 1988, 506 = DVBl. 1989, 30) den Bereich, in welchem der Dienstleistungserbringer, ohne ein Einvernehmen mit einem deutschen Rechtsanwalt herstellen zu müssen, für seinen Mandanten handeln kann. Mit diesem Urteil stellte der EuGH klar, dass eine Verpflichtung zum einvernehmlichen Handeln nur insoweit mit Art. 57 AEUV (früher Art. 49 und 50 EG) vereinbar ist, als in dem fraglichen Verfahren Anwaltszwang besteht. Zugleich werden in dem Bereich, in welchem weiterhin das Einvernehmen erforderlich sein soll, Erleichterungen für den Dienstleistungserbringer geschaffen: 1

Abs. 1 ermöglicht den dienstleistenden europäischen Rechtsanwälten (§ 25 Abs. 1) ihre Mandanten alleinverantwortlich in solchen gerichtlichen und behördlichen Verfahren als Bevollmächtigte oder Verteidiger zu vertreten, in denen die Mandanten ihre Angelegenheiten auch selbst vertreten könnten. In Verfahren, in denen eine Vertretung oder Verteidigung, sei es durch Rechtsanwälte, sei es durch andere qualifizierte Personen, insbesondere durch Rechtslehrer an deutschen Hochschulen, gesetzlich vorgeschrieben ist (zB nach § 78 ZPO oder nach § 140 Abs. 1 StPO), bleibt es bei dem bisherigen Rechtszustand, dh der Dienstleistungserbringer darf nur im Einvernehmen mit einem Rechtsanwalt tätig werden, der selbst zu einer Vertretung vor dem betreffenden Gericht befugt wäre (BT-Drs. 8/3181, 13). Als dienstleistender europäischer Rechtsanwalt darf er in gerichtlichen Verfahren mit Anwalts- und Vertretungszwang als Vertreter seines Mandanten nur im **Einvernehmen** mit einem zugelassenen Rechtsanwalt (Einvernehmensanwalt) handeln. Dieses Einvernehmen ist bei der ersten Handlung gegenüber dem Gericht schriftlich nachzuweisen (§ 29; BAG NJW 2013, 1620; BRAK 2013, 166). Das BSG entschied über eine unzulässige Nichtzulassungsbeschwerde mangels Postulationsfähigkeit mit Beschluss vom 27.1.2011 (BSG BeckRS 2011, 69302). 2

3 **2. Stellung des Dienstleisters.** Die Befugnisse des ausländischen Rechtsanwalts als Dienstleistungserbringer gehen freilich über die des sich selbst vertretenden oder verteidigenden Mandanten hinaus. Der ausländische Rechtsanwalt kann seinen Mandanten vor einem deutschen Gericht alleine – ohne Beratung durch einen deutschen Rechtsanwalt – nur dann sachgerecht vertreten oder verteidigen, wenn er der deutschen Sprache hinreichend mächtig und mit der deutschen Rechtsordnung, insbesondere dem Verfahrensrecht, in hinreichendem Maße vertraut ist. Anderenfalls wäre er nicht in der Lage, seine Pflichten als Anwalt so zu erfüllen, wie es sein Berufs- und Standesrecht – insoweit übereinstimmend in allen Mitgliedstaaten – von ihm verlangt; an dieses bleibt er auch bei einer Dienstleistung in der Bundesrepublik Deutschland gebunden. Wegen dieser fortbestehenden Bindungen an die Pflichten des heimischen Berufs- und Standesrechts, aber auch wegen der zivilrechtlichen Haftung für fehlerhaftes berufliches Verhalten, wird der Dienstleistungserbringer sorgfältig prüfen müssen, ob er in der mündlichen Verhandlung allein oder mit Unterstützung eines deutschen Rechtsanwalts auftritt und zwar auch in Verfahren, in welchen er nur im Einvernehmen mit einem Rechtsanwalt handeln darf (BT-Drs. 8/3181, 13).

4 **3. Stellung des Einvernehmensanwalt.** Zugleich werden in **Abs. 2** die gesetzlichen Obliegenheiten des Einvernehmensanwalts umschrieben. Er muss zur Vertretung oder Verteidigung bei dem Gericht oder der Behörde befugt sein, vor dem der dienstleistende europäische Rechtsanwalt auftreten will. Er ist verpflichtet, auf den Dienstleistungserbringer hinzuwirken, dass dieser die Erfordernisse einer geordneten Rechtspflege bei der Vertretung oder Verteidigung innerhalb einer ihm fremden Rechtsordnung beachtet. Der Einvernehmensanwalt hat daher zB im Zivilprozess den Dienstleistenden über die Formalien der Klageerhebung, einzuzahlende Kostenvorschüsse, den Lauf, Berechnung und Bedeutung von Fristen sowie die Anforderungen an Antragstellung, Sachvortrag und Beweisantritt zu informieren (*Raiser* NJW 1991, 2094 = AnwBl. 1991, 487; Henssler/Prütting/*Kilian* § 28 Rn. 7). Seine Aufgabe ist es jedoch nicht, als ein weiterer Prozessbevollmächtigter oder Verteidiger neben dem Dienstleistungserbringer die Interessen des Mandanten wahrzunehmen. Es ist auch nicht seine Pflicht, den Dienstleistungserbringer dahin zu überwachen, dass dieser seinen vertraglichen Pflichten gegenüber dem Mandanten genügt. Nach dem Urteil des EuGH fällt nämlich ein Mangel an Kenntnissen des fremden Rechts allein in die Verantwortung des Dienstleistungserbringers (EuGH NJW 1988, 887, 888). Demgegenüber ist es im Interesse der heimischen Rechtspflege seine Aufgabe, sicherzustellen, dass die Dienstleistung in einer geordneten Weise erbracht wird (vgl. Art. 5 zweiter Anstrich RL 77/249/EWG).

5 Die Erleichterungen für den Dienstleistungserbringer bringen zwangsläufig höhere Anforderungen für den Einvernehmensanwalt mit sich, denn er erhält nicht mehr wie bisher im voraus Kenntnis von jeder Verfahrenshandlung. Er muss daher um seiner Verantwortung gerecht werden zu können, noch mehr als bisher bei der Erteilung des Einvernehmens die Rechtssache in all ihren denkbaren Entwicklungsmöglichkeiten durchdenken und mit dem Dienstleistungserbringer beraten. Es wird sich dabei empfehlen, abzusprechen, wie eine ausreichende Unterrichtung über den weiteren Verlauf der Angelegenheit sichergestellt werden kann. Denn nur wenn er über den Gang des Verfahrens unterrichtet ist, kann der Rechtsanwalt, falls erforderlich, weitere Ratschläge geben oder sein Einvernehmen widerrufen (§ 29 Abs. 2). Der Gesetzgeber sollte in diese interne Abstimmung zwischen dem Dienstleistungserbringer und dem deutschen Rechtsanwalt nicht ohne zwingende Gründe eingreifen (BT-Drs. 11/4973, 8). Die Verwendung eines Vollmachtformulars, das französische Anwälte einbezieht und die vom deutschen Gesetzgeber aufgrund von Art. 5 RL 77/249/EWG ausländischen Anwälten bzgl. ihrer Vertretungsbefugnis auferlegten Beschränkungen nicht erkennen lässt, verstößt gegen § 5 UWG (OLG Karlsruhe NJW 1990, 3093 = BRAK-Mitt. 1990, 179).

6 In **Abs. 3** wird klargestellt, dass ein Vertragsverhältnis zwischen dem Einvernehmensanwalt und dem Mandanten, das Grundlage für weitergehende Pflichten im Hinblick auf die Wahrnehmung der Interessen des Mandanten sein kann, eine Vereinbarung unter den Beteiligten voraussetzt. Ohne eine solche gesonderte Vereinbarung kommt zwischen dem Einvernehmensanwalt und dem Mandanten kein Vertragsverhältnis zustande. Mangels einer anderweitigen Vereinbarung ist der Einvernehmensanwalt lediglich Erfüllungsgehilfe des Dienstleistenden, der ihn im eigenen Namen beauftragt und vergütet. Für schuldhafte Verstöße gegen seine Informations- und Belehrungspflichten haftet er nur gegenüber dem ausländischen Dienstleister (*Raiser* NJW

1991, 2094 = AnwBl. 1991, 487; Henssler/Prütting/*Kilian* § 28 Rn. 9). Für mangelhafte Kenntnisse des deutschen Rechts ist gegenüber dem Mandanten nur der europäische Rechtsanwalt verantwortlich.

4. Gebühren. Die Gebühren des Einvernehmensanwalts bemessen sich nach dem Gebührenrecht des Aufnahmestaates Deutschland, dh VV 2300 zu § 2 Abs. 2 RVG und sind neben den Gebühren des dienstleistenden Prozessbevollmächtigten erstattungsfähig. Die zu erstattenden Gebühren des Dienstleisters sind auf die Höhe der Kosten begrenzt, die bei Vertretung durch einen in Deutschland niedergelassenen Anwalt angefallen wären (EuGH NJW 2004, 833 = BRAK-Mitt. 2004, 28 mit Anm. *Struve*). 7

II. Unmittelbare Anwendung des § 90 ZPO

Der bisherige Abs. 4, der eine Verweisung auf den – aufgehobenen – § 52 Abs. 2 BRAO enthielt, wurde durch Art. 19 Nr. 9 Gesetz vom 12.12.2007 (BGBl. I S. 2840, 2859) aufgehoben. Es handelt sich um eine Folgeänderung zur Aufhebung des § 52 BRAO. Die Befugnisse des europäischen Rechtsanwalts als Beistand ergeben sich künftig unmittelbar aus § 90 ZPO (BT-Drs. 16/6634, 60, 61). 8

§ 29 Nachweis des Einvernehmens, Widerruf

(1) **Das Einvernehmen ist bei der ersten Handlung gegenüber dem Gericht oder der Behörde schriftlich nachzuweisen.**

(2) [1]**Ein Widerruf des Einvernehmens ist schriftlich gegenüber dem Gericht oder der Behörde zu erklären.** [2]**Er hat Wirkung nur für die Zukunft.**

(3) **Handlungen, für die der Nachweis des Einvernehmens zum Zeitpunkt ihrer Vornahme nicht vorliegt, sind unwirksam.**

Abs. 1 verlangt den schriftlichen Nachweis des Einvernehmens nur bei der ersten, nicht bei jeder einzelnen Handlung des Dienstleistungserbringers. Der Einvernehmensanwalt ist nicht für die eigentliche Prozessführung verantwortlich und muss deshalb auch nicht bei jeder Verfahrenshandlung präsent sein (EuGH NJW 1988, 887; Gaier/Wolf/Göcken/*Eichele* § 29 Rn. 1). Dem dienstleistenden europäischen Rechtsanwalt fehlt ohne Nachweis des Einvernehmens nach § 29 Abs. 1 mit einem zugelassenen Rechtsanwalt die Postulationsfähigkeit. Für den Nachweis reicht es aus, dass die Berufungsschrift zusätzlich auch von dem zugelassenen Rechtsanwalt unterschrieben ist. Ein gesondertes Schreiben ist nicht erforderlich (BAG NJW 2013, 1620 = BRAK 2013, 166). 1

Da ein einmal erklärtes Einvernehmen fortwirkt, muss, auch um den Rechtsanwalt, der das Einvernehmen erklärt hat, zu schützen, eine Regelung des Widerrufs in das Gesetz aufgenommen werden. Das Gesetz sieht in **Abs. 2** vor, dass der Widerruf schriftlich gegenüber dem mit dem Verfahren befassten Gericht oder der Behörde zu erklären ist und er Wirkung nur für die Zukunft hat. Eine andere Lösung würde den Erfordernissen der Rechtssicherheit und der Eindeutigkeit der Verfahrenslage einerseits und der Verantwortung des Einvernehmensanwalts andererseits nicht gerecht. 2

Alle Handlungen des Dienstleistungserbringers sind in den Fällen des § 28 unwirksam, solange der Nachweis des Einvernehmens nicht erbracht ist. So soll verhindert werden, dass in Verfahren mit Anwaltszwang nach § 78 ZPO und § 140 StPO der erforderliche Schutz des Mandanten vor fehlerhafter Rechtsanwendung umgangen wird. Daher ist auch keine Heilung bereits vorgenommener Prozesshandlungen des dienstleistenden europäischen Rechtsanwalts möglich. Formvorschriften hinsichtlich des Nachweises bestehen nicht (Gaier/Wolf/Göcken/*Eichele* § 29 Rn. 3). 3

§ 30 Besonderheiten bei Verteidigung

(1) [1]**Der dienstleistende europäische Rechtsanwalt darf einen Mandanten, dem in einem Strafverfahren die Freiheit auf Grund gerichtlicher oder behördlicher Anordnung entzogen ist, nur in Begleitung eines Einvernehmensanwalts nach § 28 Abs. 1**

besuchen und mit dem Mandanten nur über einen solchen schriftlich verkehren. [2] **Mit dem Einvernehmensanwalt ist das Einvernehmen über die Ausübung des Besuchs- und Schriftverkehrs herzustellen.**

(2) **Das Gericht oder die Behörde kann den Besuch ohne Begleitung oder den unmittelbaren schriftlichen Verkehr gestatten, wenn eine Gefährdung der Sicherheit nicht zu besorgen ist.**

(3) **Die §§ 138a bis 138d, 146, 146a und 148 der Strafprozessordnung sowie §§ 26, 27 Abs. 3, § 29 Abs. 1 und § 31 Abs. 4 des Strafvollzugsgesetzes sind auf den Einvernehmensanwalt entsprechend anzuwenden.**

1 § 30 entspricht im Wesentlichen dem bisherigen § 4 Abs. 2 RADG. Die Vorschrift wurde zur besseren Übersichtlichkeit in drei Absätze gegliedert (BR-Drs. 567/99, 82).

2 In **Abs. 1** wird in Einklang mit dem Urteil des EuGH vom 25.2.1988 (NJW 1988, 887) für den Verkehr des dienstleistenden europäischen Rechtsanwalts (§ 25 Abs. 1) mit seinem in einem Strafverfahren festgenommenen, in Haft befindlichen oder untergebrachten Mandanten bestimmt, dass in allen Fällen mit einem Rechtsanwalt das Einvernehmen bezüglich des Verkehrs herzustellen ist, dieser Einvernehmensanwalt (§ 28 Abs. 1) bei dem Besuch des Mandanten anwesend sein muss und die Korrespondenz mit dem Mandanten über ihn zu führen ist. Das Gericht oder die Behörde kann nach Abs. 2 den Kontakt des Dienstleistungserbringers ohne Einschaltung des Einvernehmensanwalts gestatten, wenn eine Gefährdung der Sicherheit nicht zu erwarten ist. Wann eine Gefährdung der Sicherheit nicht zu besorgen ist, muss einzelfallanhängig vom Gericht oder der Behörde entschieden werden (Gaier/Wolf/Göcken/*Eichele* § 30 Rn. 2).

3 Da die Stellung des Rechtsanwalts, der, ohne selbst Verteidiger zu sein, als Einvernehmensanwalt tätig wird, derjenigen eines Verteidigers stark angenähert ist, ist es geboten, durch **Abs. 3** einerseits die Eingriffsmöglichkeiten nach §§ 138a–138d und §§ 146, 146a StPO gegen ihn zu eröffnen, andererseits die Anwendung des § 148 StPO auf ihn klarzustellen.

4 Zur Gewährleistung eines umfassenden Schutzes des Schriftwechsels zwischen dem Strafgefangenen und dem sog. dienstleistenden europäischen Rechtsanwalt (vgl. § 25 Abs. 1) ist ein Verweis in **Abs. 3** auf die Bestimmungen der § 29 Abs. 1, § 31 Abs. 4 StVollzG erforderlich. Nach den Vorschriften der § 29 Abs. 1 S. 1, § 31 Abs. 4 StVollzG darf der Schriftwechsel des in Strafhaft befindlichen Gefangenen mit seinem Verteidiger nicht überwacht werden. Schreiben dürfen nicht angehalten werden. Diese Entscheidung des Gesetzgebers muss auch für den sog. Einvernehmensanwalt als „Rechtsgarant" gelten. Es liefe der Zielsetzung des Gesetzes zuwider, einerseits die freie Wahl des Verteidigers zugunsten des Beschuldigten zu erweitern, andererseits durch die Einbindung des Einvernehmensanwaltes die Rechtsgarantien des Gefangenen auf ungestörte Kommunikation mit seinem Verteidiger durch Überwachung des Schriftwechsels zu verkürzen (BT-Drs. 14/2269, 36).

5 Mit der Verweisung auf §§ 26, 27 Abs. 3 StVollzG, die den Besuchsverkehr betreffen, sollen dem Einvernehmensanwalt im Besuchsverkehr die gleichen Privilegierungen wie bei schriftlichen Kontakten eingeräumt werden, denn es gibt keinen Grund, ihn bei Besuchskontakten anders zu behandeln als bei Briefkontakten (BT-Drs. 14/2269, 37).

6 § 30 gilt nicht für Anwälte, die nicht aus den in § 1 genannten Staaten kommen und § 148 Abs. 1 StPO sichert nur die ungehinderte Ausübung der Verteidigung in einem in Deutschland anhängigem Strafverfahren. Art. 6 Abs. 3c EMRK kann zwar entnommen werden (vgl. Schweizer Bundesgericht in StV 1995, 646), dass grundsätzlich auch im Ausland das Recht auf Besprechung mit dem Verteidiger bezüglich Angelegenheiten des Strafverfahrens im Heimatland (soweit Unterzeichnerstaat der EMRK) gewährleistet sein muss, so dass grundsätzlich auch ein türkischer Rechtsanwalt seinen Mandanten im Zusammenhang mit einem in der Türkei gegen ihn geführten Strafverfahren in der deutschen Haftanstalt besuchen kann. Jedoch besteht das Recht des Beschuldigten auf Wahrung seiner diesbezüglichen Interessen nicht unbeschränkt. Es unterliegt vielmehr denjenigen Einschränkungen, welche sich aus dem unabdingbaren Bedürfnis der Sicherung des deutschen Strafverfahrens und seiner Beteiligten ergeben und die daher gemäß § 119 Abs. 3 StPO in zulässiger Weise angeordnet werden können (OLG Köln Beschluss vom 22.5.2001 – 2 Ws 212/01).

§ 31 Zustellungen in behördlichen und gerichtlichen Verfahren

(1) [1]Der dienstleistende europäische Rechtsanwalt hat einen Zustellungsbevollmächtigten, der im Inland wohnt oder dort einen Geschäftsraum hat zu benennen, sobald er in Verfahren vor Gerichten oder Behörden tätig wird. [2]Die Benennung erfolgt gegenüber der Behörde oder dem Gericht. [3]Zustellungen, die für den dienstleistenden europäischen Rechtsanwalt bestimmt sind, sind an den Zustellungsbevollmächtigten zu bewirken. [4]An ihn kann auch von Anwalt zu Anwalt (§§ 174 und 195 der Zivilprozessordnung) zugestellt werden.

(2) Ist ein Zustellungsbevollmächtigter nicht benannt, so gilt in den in § 28 Abs. 1 aufgeführten Verfahren der Einvernehmensanwalt als Zustellungsbevollmächtigter; kann nicht an einen Zustellungsbevollmächtigten im Geltungsbereich dieses Gesetzes zugestellt werden, so kann die Zustellung durch Aufgabe zur Post bewirkt werden (§ 184 der Zivilprozessordnung).

§ 31 regelt, dass eine verzögerungsfreie Zustellung gewährleistet sein muss. Deshalb ist der dienstleistende europäische Rechtsanwalt angehalten, im Verfahren vor Gerichten und Behörden einen **Zustellungsbevollmächtigten** zu benennen (Gaier/Wolf/Göcken/*Eichele* § 31 Rn. 1). § 31 wurde durch Gesetz vom 30.7.2009 (BGBl. I S. 2449) geändert. Zustellungen an dienstleistende europäische Rechtsanwälte erfolgen wie Zustellungen an Rechtsanwälte, die nach der BRAO von der Kanzleipflicht befreit sind (§§ 29, 30 BRAO), über einen von dem Anwalt zu benennenden Zustellungsbevollmächtigten. Da sachliche Unterschiede zwischen beiden Fallgruppen nicht bestehen, wurde § 31 an die Regelung in § 30 BRAO angeglichen (vgl. dort. Anm.). Für die europäischen Rechtsanwälte bringt dies die Erleichterung, dass der Zustellungsbevollmächtigte nicht notwendig Rechtsanwalt sein muss (BT-Drs. 16/11385, 86). Um verzögerungsfreie Zustellungen zu gewährleisten, ist der dienstleistende europäische Rechtsanwalt gehalten, im Verfahren vor Gerichten und Behörden diesen einen Zustellungsbevollmächtigten zu benennen (Gaier/Wolf/Göcken/*Eichele* § 31 Rn. 1, 2). Das Erfordernis ist europarechtskonform (EuGH NJW 1975, 1095). 1

Der Zustellungsbevollmächtigte ist zu benennen, sobald der dienstleistende europäische Rechtsanwalt in Verfahren vor Gerichten oder Behörden tätig wird. Einer Benennung gegenüber der zuständigen RAK (§ 32) bedarf es nicht (BT-Drs. 8/3181, 14 zum RADG). 2

Kommt der dienstleistende europäische Rechtsanwalt seiner Verpflichtung zur Benennung eines Zustellungsbevollmächtigten nicht nach, gilt in den in § 28 aufgeführten Verfahren der Einvernehmensanwalt als Zustellungsbevollmächtigter (Abs. 2 S. 1). Kann nicht an einen in Deutschland niedergelassenen Rechtsanwalt zugestellt werden, weil kein Zustellungsbevollmächtigter benannt wurde und auch kein Einvernehmensanwalt (§ 28) existiert, erfolgen die Zustellungen an die Partei. 3

§ 32 Aufsicht, zuständige Rechtsanwaltskammer

(1) Dienstleistende europäische Rechtsanwälte werden durch die zuständigen Rechtsanwaltskammern beaufsichtigt. Dem Vorstand der Rechtsanwaltskammer obliegt es insbesondere,

1. **in Fragen der Berufspflichten eines Rechtsanwalts zu beraten und zu belehren;**
2. **die Erfüllung der beruflichen Pflichten zu überwachen und das Recht der Rüge zu handhaben;**
3. **die zuständige Stelle des Staates der Niederlassung über Entscheidungen zu unterrichten, die hinsichtlich eines dienstleistenden europäischen Rechtsanwalts getroffen worden sind;**
4. **die erforderlichen Auskünfte beruflicher Art über dienstleistende europäische Rechtsanwälte einzuholen;**
5. **auf Antrag bei Streitigkeiten zwischen dienstleistenden europäischen Rechtsanwälten und inländischen Rechtsanwälten zu vermitteln.**

(2) Der Vorstand kann die in Absatz 1 Nr. 1, 3 bis 5 bezeichneten Aufgaben einzelnen Mitgliedern des Vorstands übertragen.

(3) Die §§ 56, 57, 74, 74a und 77 der Bundesrechtsanwaltsordnung gelten entsprechend.

(4) [1]Die Zuständigkeit der Rechtsanwaltskammer für die Aufsicht nach Absatz 1 richtet sich nach dem Staat der Niederlassung des dienstleistenden europäischen Rechtsanwalts. [2]Die Aufsicht wird ausgeübt für dienstleistende europäische Rechtsanwälte aus

1. **Belgien und den Niederlanden durch die Rechtsanwaltskammer Düsseldorf in Düsseldorf,**
2. **Frankreich und Luxemburg durch die Rechtsanwaltskammer Koblenz in Koblenz,**
3. **dem Vereinigten Königreich, Irland, Finnland und Schweden durch die Hanseatische Rechtsanwaltskammer in Hamburg,**
4. **Italien und Österreich durch die Rechtsanwaltskammer für den Oberlandesgerichtsbezirk München in München,**
5. **Dänemark, Norwegen und Island durch die Schleswig-Holsteinische Rechtsanwaltskammer in Schleswig,**
6. **Liechtenstein und der Schweiz durch die Rechtsanwaltskammer in Freiburg,**
7. **Griechenland und der Republik Zypern durch die Rechtsanwaltskammer in Celle,**
8. **Spanien und Estland durch die Rechtsanwaltskammer Stuttgart in Stuttgart,**
9. **Portugal durch die Rechtsanwaltskammer Oldenburg in Oldenburg,**
10. **der Tschechischen Republik und der Slowakei durch die Rechtsanwaltskammer Sachsen in Dresden,**
11. **Polen durch die Rechtsanwaltskammer des Landes Brandenburg in Brandenburg an der Havel,**
12. **Lettland und Litauen durch die Rechtsanwaltskammer Mecklenburg-Vorpommern in Schwerin,**
13. **Ungarn durch die Rechtsanwaltskammer Nürnberg in Nürnberg,**
14. **Malta durch die Rechtsanwaltskammer des Landes Sachsen-Anhalt in Magdeburg,**
15. **Slowenien durch die Rechtsanwaltskammer Thüringen in Erfurt,**
16. **Bulgarien durch die Rechtsanwaltskammer Berlin in Berlin,**
17. **Rumänien durch die Rechtsanwaltskammer Frankfurt am Main in Frankfurt am Main,**
18. **Kroatien durch die Rechtsanwaltskammer Tübingen in Tübingen.**

1 § 32 entspricht dem früheren § 6 RADG. § 32 Abs. 1–3 unterwerfen den Dienstleistungserbringer der Aufsicht der RAK und enthalten die dafür notwendigen Regelungen.

2 So obliegt es dem Kammervorstand nach **Abs. 1 Nr. 1** auch, den Dienstleistungserbringer in Fragen der Berufspflichten zu beraten und zu belehren. Nach **Abs. 1 Nr. 2** hat er die Erfüllung dieser Pflichten zu überwachen und das Recht der Rüge zu handhaben.

3 Nach **Abs. 1 Nr. 3** unterrichtet der Vorstand der RAK die zuständige Stelle des Staates der Niederlassung nicht nur über eigene Entscheidungen der Kammer und des Anwaltsgerichts sondern auch über sonstige berufsrechtsrelevante Entscheidungen sonstiger Gerichte und Verwaltungsbehörden hinsichtlich des Dienstleistungserbringers. Damit die RAK ihre in § 32 Abs. 1 aufgeführten Aufgaben erfüllen kann, sind in der MiStra entsprechende Mitteilungspflichten vorgesehen. Die bislang fehlende Rechtsgrundlage für Mitteilungen nach MiZi (vgl. 7. Aufl. § 32 Rn. 1) ergibt sich nunmehr aus § 34a.

4 Nach **Abs. 1 Nr. 4** hat der Kammervorstand die erforderlichen Auskünfte beruflicher Art über den dienstleistenden europäischen Rechtsanwalt einzuholen. Dies setzt Art. 7 Abs. 2 S. 1 RL 77/249/EWG um und stellt sicher, dass die zuständige deutsche RAK (Abs. 4) über etwaige berufsrechtliche Verfahren bzw. deren Verurteilungen des dienstleistenden europäischen Rechtsanwalts informiert ist (Gaier/Wolf/Göcken/*Eichele* § 32 Rn. 5).

Abs. 1 Nr. 5 entspricht § 73 Nr. 2 BRAO (→ BRAO § 73 Rn. 39 ff.). Auch hier wird der Kammervorstand nicht von Amts wegen tätig, sondern nur auf Antrag. 5

Nach **Abs. 2** kann der Kammervorstand die dort genannten Aufgaben einzelnen seiner Mitglieder zur selbständigen Erledigung übertragen. 6

Abs. 4 bestimmt die jeweils zuständige RAK nach Herkunftsland des Dienstleistungserbringers für die Aufsicht nach Abs. 1 unabhängig von dem Ort der Dienstleistungserbringung. Da das Freizügigkeitsabkommen mit der Schweiz jetzt auch dort zur Berufsausübung berechtigten europäischen Rechtsanwälten die Dienstleistung in Deutschland gestattet (→ § 1 Rn. 8), wurde mit Gesetz vom 26.10.2003 (BGBl. I S. 2074) die Aufsicht über schweizerische Rechtsanwälte der RAK Freiburg übertragen. Mit demselben Gesetz wurde die Aufsicht über dienstleistende europäische Rechtsanwälte aus Tschechien, Estland, Zypern, Lettland, Litauen, Ungarn, Malta, Polen, Slowenien und der Slowakischen Republik verschiedenen Rechtsanwaltskammern übertragen. Hinsichtlich der Rechtsanwälte aus Bulgarien und Rumänien (Nr. 16 und 17) erfolgte die Übertragung durch Art. 4 Gesetz zur Anpassung von Rechtsvorschriften des Bundes infolge des Beitritts der Republik Bulgarien und Rumänien zur EU vom 7.12.2006 (BGBl. I S. 2814). Hinsichtlich der Rechtsanwälte aus Kroatien (Nr. 18) erfolgte die Übertragung durch Gesetz vom 17.6.2013 (BGBl. I S. 1555). 7

§ 33 Anwaltsgerichtsbarkeit, Zustellungen

(1) [1]**Der dienstleistende europäische Rechtsanwalt untersteht hinsichtlich der Erfüllung seiner Berufspflichten der Anwaltsgerichtsbarkeit.** [2]**Die örtliche Zuständigkeit des Anwaltsgerichts bestimmt sich nach dem Sitz der Rechtsanwaltskammer, welche die Aufsicht nach § 32 ausübt.**

(2) **§ 10 gilt entsprechend.**

§ 33 Abs. 1 entspricht dem bisherigen § 7 RADG. Abs. 2 ersetzt den bisherigen § 9 RADG, indem auf die Vorschrift des § 10 verwiesen wird (BR-Drs. 567/99, 83). Die bisher in Abs. 2 enthaltene Verweisung auf § 9 war entbehrlich, weil die Mitteilungspflichten nunmehr in § 34a zusammenfassend geregelt sind. Die aus Art. 7 Abs. 2 S. 2 und 3 RL 77/249/EWG sich ergebenden Mitteilungspflichten gegenüber den zuständigen Stellen des Herkunftsstaates erfolgen nunmehr entsprechend § 34a. § 33 bestimmt, dass der dienstleistende europäische Rechtsanwalt der deutschen Anwaltsgerichtsbarkeit untersteht, was die Erfüllung seiner Berufspflichten angeht. 1

In Übereinstimmung mit Art. 7 Abs. 2 RL 77/249/EWG unterwerfen die §§ 33, 34 den dienstleistenden europäischen Rechtsanwalt (§ 25 Abs. 1) der deutschen Anwaltsgerichtsbarkeit sowie dem Verfahrensrecht des anwaltsgerichtlichen Verfahrens. Die örtliche Zuständigkeit des Anwaltsgerichts und damit auch der Staatsanwaltschaft (§§ 119, 120 BRAO) bestimmt sich nach dem Sitz der aufsichtsführenden RAK (§ 32 Abs. 4). 2

Mit der Anordnung der entsprechenden Anwendung des § 10 sieht das Gesetz für das Aufsichts-, Rüge- und anwaltsgerichtliche Verfahren gegen dienstleistende europäische Rechtsanwälte – als Sonderregelung gegenüber § 134 S. 2 BRAO – vor, Zustellungen an sie außerhalb Deutschlands unter eingeschränkten, § 40 StPO entsprechenden Voraussetzungen durch Übersendung des zuzustellenden Schriftstücks an die zuständige Stelle des Herkunftsstaates zu bewirken. 3

§ 34 Anwaltsgerichtliche Ahndung von Pflichtverletzungen, vorläufige anwaltsgerichtliche Maßnahmen

Für die anwaltsgerichtliche Ahndung von Pflichtverletzungen und die Verhängung vorläufiger anwaltsgerichtlicher Maßnahmen gelten für den dienstleistenden europäischen Rechtsanwalt die Vorschriften des Sechsten und des Siebenten Teils der Bundesrechtsanwaltsordnung mit folgenden Maßgaben:

1. das Verbot nach § 114 Abs. 1 Nr. 4 sowie die vorläufigen Maßnahmen nach § 150 Abs. 1 und § 161a dürfen nur für das Bundesgebiet ausgesprochen werden;

2. an die Stelle der Ausschließung aus der Rechtsanwaltschaft tritt in § 114 Abs. 1 Nr. 5, § 114a Abs. 3 Satz 1, § 148 Abs. 1 Satz 1, § 149 Abs. 1 Satz 1, § 150 Abs. 1, § 153 Satz 1, § 156 Abs. 1 und § 158 Nr. 1 das Verbot, in Deutschland Dienstleistungen zu erbringen;

3. die Mitteilung nach § 160 Abs. 1 Satz 1, § 161a Abs. 2 ist an alle Rechtsanwaltskammern zu richten;

4. § 161 ist nicht anzuwenden.

1 § 34 entspricht dem bisherigen § 8 RADG. Entsprechend Art. 7 Abs. 2 S. 1 RL 77/249/EWG unterwirft § 34 den dienstleistenden europäischen Rechtsanwalt dem Verfahrensrecht des anwaltsgerichtlichen Verfahrens (§§ 113–161a BRAO) mit einigen Maßgaben. Die anwaltsgerichtlichen Maßnahmen des § 114 Abs. 1 Nr. 1–3 und des Abs. 2 BRAO können gegen dienstleistende europäische Rechtsanwälte wie gegen einen nach der BRAO zugelassenen Rechtsanwalt verhängt werden. Die Maßnahmen nach § 114 Abs. 1 Nr. 4 und 5 BRAO können nach Maßgabe der Nr. 1 und Nr. 2 nur für das Bundesgebiet ausgesprochen werden. Entsprechendes gilt für die vorläufigen Maßnahmen nach §§ 150 ff. Da eine Ausschließung aus der Rechtsanwaltschaft mangels Zulassung in Deutschland nicht in Betracht kommt, tritt an deren Stelle das Verbot, in Deutschland Dienstleistungen zu erbringen.

2 Die Mitteilung über die Verhängung eines Berufs- oder Vertretungsverbotes für das Bundesgebiet (§ 160 Abs. 1 S. 1, § 161a Abs. 2 BRAO) ist an alle Rechtsanwaltskammern zu richten, da der dienstleistende europäische Rechtsanwalt im Bereich verschiedener Rechtsanwaltskammern tätig sein kann (Henssler/Prütting/*Kilian* § 34 Anm.). Eine Mitteilung an die Gerichte nach § 160 Abs. 2 BRAO entfällt (Maßgabe Nr. 4). Ebenso scheidet danach eine Vertreterbestellung nach § 161 BRAO aus, da im Hinblick auf die nur vorübergehende hiesige Tätigkeit im Einzelfall (§ 25) dafür kein Bedürfnis besteht.

§ 34a Mitteilungspflichten

(1) [1]**Gerichte und Behörden übermitteln personenbezogene Daten, die zur Einleitung eines Rügeverfahrens oder eines anwaltsgerichtlichen Verfahrens aus der Sicht der übermittelnden Stelle erforderlich sind, den für die Einleitung dieser Verfahren zuständigen Stellen, soweit hierdurch schutzwürdige Interessen des Betroffenen nicht beeinträchtigt werden oder das öffentliche Interesse das Geheimhaltungsinteresse des Betroffenen überwiegt.** [2]**§ 36 Abs. 2 Satz 2 der Bundesrechtsanwaltsordnung gilt entsprechend.**

(2) **Für Mitteilungen an die zuständigen Stellen des Herkunftsstaates gilt § 9 entsprechend.**

1 § 34a wurde durch die BRAO-Novelle vom 30.7.2009 (BGBl. I S. 2449) eingefügt. **Abs. 1** regelt die inländischen Mitteilungspflichten im Zusammenhang mit berufsrechtlichen Maßnahmen umfassend. Anders als bisher wird damit auch eine Ermächtigungsgrundlage für Mitteilungen in Zivilsachen geschaffen (BT-Drs. 16/11385, 86). Indem Abs. 1 S. 2 den § 36 Abs. 2 S. 2 BRAO für entsprechend anwendbar erklärt, gelten die dortigen Regeln für das Unterbleiben der Mitteilungen entsprechend (→ BRAO § 36 Rn. 1 ff.).

2 **Abs. 2** verweist für Mitteilungen an den Herkunftssaat auf § 9 und ersetzt damit den bisherigen § 33 Abs. 2 (BT-Drs. 16/1138, 86; → § 33 Rn. 1).

Teil 6. Rechtsweg in verwaltungsrechtlichen Anwaltssachen und allgemeine Vorschriften für das Verwaltungsverfahren

§ 35 Rechtsweg in verwaltungsrechtlichen Anwaltssachen

Für öffentlich-rechtliche Streitigkeiten nach den Teilen 2, 3, 5 und 6 dieses Gesetzes oder nach einer in Bezug auf diese Teile erlassenen Rechtsverordnung, soweit sie nicht anwaltsgerichtlicher Art sind oder einem anderen Gericht ausdrücklich zugewiesen sind, gelten die Bestimmungen der Bundesrechtsanwaltsordnung für verwaltungsrechtliche Anwaltssachen entsprechend.

§ 35 wurde durch Gesetz vom 30.7.2009 (BGBl. I S. 2449) neu gefasst. Gleichzeitig wurde als Folgeänderung dazu die Überschrift des Sechsten Teils geändert und vor § 35 eingefügt (BT-Drs. 16/11385, 86, 87). 1

Die Neufassung des § 35 verweist für den gerichtlichen Rechtsschutz gegen Verwaltungsentscheidungen auf den neuen Vierten Abschnitt des Fünften Teils der BRAO (§§ 112a–112f BRAO). Die verwaltungsrechtlichen Anwaltssachen sind in §§ 112a ff. BRAO geregelt. § 112a BRAO bestimmt den Rechtsweg und die sachliche Zuständigkeit. Damit ergibt sich für den ersten Rechtszug die Zuständigkeit des **Anwaltsgerichtshofs.** 2

Der Rechtsweg zu den **Verwaltungsgerichten** für Streitigkeiten über die Eignungsprüfung (Teil 4 des EuRAG, §§ 16–24) soll erhalten bleiben, um ein einheitliches Vorgehen gegen Entscheidungen der Prüfungsämter, die für die zweite juristische Staatsprüfung zuständig sind, beizubehalten (BT-Drs. 16/11385, 87). 3

§ 36 Bescheinigungen des Heimat- oder Herkunftsstaates

Soweit für Entscheidungen nach Teil 1, Teil 2 oder Teil 3 dieses Gesetzes

1. **Bescheinigungen oder Urkunden darüber, dass keine schwerwiegenden beruflichen Verfehlungen, Straftaten oder sonstige Umstände bekannt sind, die die Eignung des Antragstellers für den Beruf des Rechtsanwalts in Frage stellen,**
2. **Bescheinigungen oder Urkunden darüber, dass sich der Bewerber nicht im Konkurs befindet,**
3. **Bescheinigungen über die körperliche oder geistige Gesundheit,**
4. **Führungszeugnisse**

vorgelegt oder angefordert werden, genügt eine Bescheinigung oder Urkunde des Heimat- oder Herkunftsstaates, die den Anforderungen des Artikels 6 der Richtlinie 89/48/EWG des Rates der Europäischen Gemeinschaften vom 21. Dezember 1988 über eine allgemeine Regelung zur Anerkennung der Hochschuldiplome, die eine mindestens dreijährige Berufsausbildung abschließen (ABl. EG Nr. L 19, S. 16), genügt.

Die Vorschrift wurde unter Teil 6 des Gesetzes über die allgemeinen Verfahrensvorschriften aufgenommen, weil sie auch für Verfahren nach Teil 1, Teil 2 und Teil 3 EuRAG anzuwenden ist (BR-Drs. 567/99, 83). § 36 regelt die Vorlage bestimmter Bescheinigungen und Urkunden durch europäische Rechtsanwälte. Die Vorschrift setzt Art. 6 RL 89/48/EWG (→ Teil II Nr. 11) um. Danach genügt in bestimmten Fällen die Vorlage von Bescheinigungen des Heimat- oder Herkunftsmitgliedstaates. Die mit Gesetz vom 30.7.2009 (BGBl. I S. 2449) erfolgte sprachliche Neufassung des § 36 macht dies deutlicher als die bisherige redaktionell ungenaue Fassung (BT-Drs. 16/11385, 87). Über den Wortlaut der Vorschrift hinaus gilt § 36 auch für den 4. Teil (Eignungsprüfung), der seinerseits die Hochschuldiplomanerkennungsrichtlinie (RL 89/48/EWG) umsetzt (Gaier/Wolf/Göcken/*Eichele* § 36 Rn. 2). 1

Soweit für Entscheidungen nach den Teilen 1, 2 oder 3 des EuRAG Nachweise der im Gesetz genannten Art aus dem Heimat- oder Herkunftsstaat benötigt werden, schreibt die RL 89/48EWG in Art. 6 RL 89/48/EWG Erleichterungen zugunsten des Antragstellers vor; vgl. nunmehr Art. 50, 62, Anlage VII RL 2005/36/EG. Im Einklang mit dieser Vorschrift wird in 2

§ 36 im Einzelnen festgelegt, in welchen Fällen eine Bescheinigung oder Urkunde des Heimat- oder Herkunftsstaates ausreicht (BT-Drs. 11/6154, 22).

3 Der Nachweis einer **Berufshaftpflichtversicherung** ist nicht in § 36 geregelt, obwohl er in Art 6 Abs. 6 RL 89/48/EWG genannt ist. Für den niedergelassenen europäischen Rechtsanwalt gilt § 7 EuRAG. Nach richtlinienkonformer Auslegung muss auch hier gelten, dass eine Anerkennung der ausländischen Berufshaftpflichtversicherung erfolgt, wenn die Deckungsbestimmungen und der Umfang den in den in Deutschland geltenden Vorschriften genügt (Gaier/Wolf/Göcken/*Eichele* § 36 Rn. 4).

§ 37 Zusammenarbeit mit den zuständigen Stellen in anderen Staaten

Die Rechtsanwaltskammer leistet Amtshilfe, wenn die zuständige Stelle des Herkunftsstaates hierum ersucht unter Berufung auf die Richtlinie 98/5/EG des Europäischen Parlaments und des Rates vom 16. Februar 1998 zur Erleichterung der ständigen Ausübung des Rechtsanwaltsberufs in einem anderen Mitgliedstaat als dem, in dem die Qualifikation erworben wurde (ABl. EG 1989 Nr. L 77 S. 36).

1 § 37 beruht auf Art. 13 S. 1 RL 98/5/EG (BR-Drs. 567/99, 83; vgl. nunmehr Art. 56 RL 2005/36/EG). Danach müssen die zuständigen Stellen des Aufnahmestaates (Deutschland) und die zuständigen Stellen des Herkunftsstaates eng zusammenarbeiten und einander Amtshilfe leisten, um die Anwendung der Richtlinie zu erleichtern und zu vermeiden, dass die Bestimmungen der Richtlinie ggf. zwecks Umgehung der im Aufnahmestaat geltenden Regeln missbräuchlich angewendet werden. Die Amtshilfe bezieht sich regelmäßig auf Statusfragen des europäischen Rechtsanwalts.

2 Bei dem Ersuchen um Amtshilfe muss sich die zuständige Stelle des Herkunftsstaates ausdrücklich auf die RL 98/5/EG berufen. Für Deutschland bedeutet dies, dass die Rechtsanwaltskammer Amtshilfe leistet, wenn sich die zuständige Stelle des Herkunftsstaates ausdrücklich auf die RL 98/5/EG beruft.

3 Die RAK beachtet bei ihrer Tätigkeit im Rahmen des § 37 die Regelung des § 5 VwVfG (Voraussetzungen und Grenzen der Amtshilfe).

§ 38 Übermittlung personenbezogener Informationen über in Deutschland zugelassene Rechtsanwälte

(1) **Wird die Zulassung eines Rechtsanwalts, der in einem anderen Mitgliedstaat der Europäischen Union oder Vertragsstaat des Abkommens über den Europäischen Wirtschaftsraum oder der Schweiz unter seiner ursprünglichen Berufsbezeichnung niedergelassen ist, gemäß § 14 der Bundesrechtsanwaltsordnung zurückgenommen oder widerrufen, so teilt die Rechtsanwaltskammer dies der zuständigen Stelle des Aufnahmestaates für Zwecke der Prüfung berufsrechtlicher Maßnahmen mit.**

(2) **Die Vorschriften des § 9 sind entsprechend anzuwenden auf Rechtsanwälte, die in Deutschland zugelassen und in anderen Mitgliedstaaten der Europäischen Union oder in Vertragsstaaten des Abkommens über den Europäischen Wirtschaftsraum oder der Schweiz unter ihrer ursprünglichen Berufsbezeichnung niedergelassen sind.**

I. Übermittlung der Entscheidungen nach § 14 BRAO bzgl. in Deutschland zugelassener Rechtsanwälte an zuständige Stellen in EU/EWR-Staaten

1 **§ 38 Abs. 1** beruht auf Art. 13 iVm Art. 7 Abs. 5 RL 98/5/EG (BR-Drs. 567/99, 84). Nach Art. 7 Abs. 5 RL 98/5/EG zieht die zeitweilige oder endgültige Rücknahme der Genehmigung zur Berufsausübung seitens der zuständigen Stelle des Herkunftsstaates für den betreffenden Rechtsanwalt automatisch das einstweilige oder endgültige Verbot nach sich, seine Anwaltstätigkeit im Aufnahmestaat unter seiner ursprünglichen Berufsbezeichnung auszuüben. Das heißt, das Niederlassungsrecht und das Dienstleistungsrecht sind im Entstehen und Fortbestehen abhängig von der Berechtigung des Anwalts nach dem Recht des Herkunftsstaats dort als Anwalt tätig zu sein. Die Entscheidung der zuständigen Stelle des Herkunftsstaats bezüglich der zeitweiligen oder

endgültigen Rücknahme der Berufsausübungsgenehmigung ist jedoch keine Voraussetzung für die diesbezügliche Entscheidung der zuständigen Stelle des Aufnahmestaats (Art. 7 Abs. 5 RL 98/5/EG).

Damit die zuständigen Stellen im Herkunfts- und Aufnahmestaat die erforderlichen Kenntnisse bzgl. der Rechtsstellung des europäischen Rechtsanwalts im jeweils anderen Staat haben, sieht Art. 13 RL 98/5/EG deren Zusammenarbeit und Informationsaustausch vor. In Umsetzung dieser Zusammenarbeitsverpflichtung verpflichtet § 38 Abs. 1 die bezüglich **in Deutschland zugelassener Rechtsanwälte** (europäische Rechtsanwälte aus Deutschland), die aufgrund der RL 98/5/EG in einem anderen Mitgliedstaat der EU oder Vertragsstaat des Abkommens über den Europäischen Wirtschaftsraum unter ihrer deutschen Berufsbezeichnung „Rechtsanwalt" niedergelassen sind, die zuständigen Stellen des Aufnahmestaats über eine Rücknahme oder den Widerruf der Zulassung als Rechtsanwalt in Deutschland nach § 14 BRAO zu unterrichten. So wird die zuständige Stelle im Aufnahmestaat in die Lage versetzt zu prüfen, ob im Aufnahmestaat nach den dort gültigen Regeln berufsrechtliche Maßnahmen gegen den europäischen Rechtsanwalt aus Deutschland zu ergreifen sind und ob der Anwalt sich an sein Ausübungsverbot aus Art. 7 Abs. 5 RL 98/5/EG hält. 2

II. Mitteilungspflichten über anwaltsgerichtliche Verfahren

§ 38 Abs. 2 setzt Art. 7 Abs. 2 Unterabsatz 2 RL 98/5/EG um. Die Vorschrift betrifft den Fall, dass gegen einen in Deutschland zugelassenen Rechtsanwalt, der in einem anderen EU/EWR-Staat oder der Schweiz unter seiner deutschen Berufsbezeichnung als Rechtsanwalt tätig ist, in Deutschland ein anwaltsgerichtliches Verfahren eingeleitet wird. In diesem Fall trifft die Staatsanwaltschaft (§ 120 BRAO) eine Mitteilungspflicht, die der in § 9 geregelten Mitteilungspflicht entspricht. Durch die Verweisung auf § 9 Abs. 3 wird den Belangen des Datenschutzes Rechnung getragen (→ § 9 Rn. 6). 3

Soweit personenbezogene Informationen innerhalb der Bundesrepublik übermittelt werden, gilt aufgrund der Verweisung in § 4 Abs. 1, § 11 Abs. 1 und § 13 Abs. 1 die Vorschrift des § 36 Abs. 3 BRAO (BR-Drs. 567/99, 52, 84). 4

§ 38a Statistik

[1]Über Verfahren nach Teil 4 dieses Gesetzes wird eine Bundesstatistik durchgeführt. [2]§ 17 des Berufsqualifikationsfeststellungsgesetzes mit Ausnahme von Absatz 2 Nummer 4 ist anzuwenden.

Die Regelung über die Statistik wurde durch Art. 9 Nr. 5 des Gesetzes zur Verbesserung der Feststellung und Anerkennung im Ausland erworbener Berufsqualifikationen vom 6.12.2011 mit Wirkung vom 1.4.2012 neu eingefügt (BGBl. I S. 2515, 2523). § 38a bezieht sich auf § 17 Berufsqualifikationsfeststellungsgesetz (BQFG). Ziel dieser Gesetze ist es, die wirtschaftliche Einbindung von Fachkräften mit Auslandsqualifikationen maßgeblich zu verbessern und die Integration von im Land lebenden Migrantinnen und Migranten in den deutschen Arbeitsmarkt zu fördern. 1

Gemäß Art. 60 RL 2005/36/EG über die Anerkennung von Berufsqualifikationen sind der Kommission Berichte über die Anwendung der Anerkennungsregelungen vorzulegen. Diese Berichte müssen auch eine statistische Aufstellung der getroffenen Entscheidungen enthalten. Diese Statistikpflicht wird bisher im Wege der Verwaltungszusammenarbeit erfüllt. Künftig sollen die Meldungen in die Bundesstatistik nach § 17 BQFG einbezogen werden. Die neue Regelung des § 38a EuRAG bestimmt daher, dass die Statistikregelungen des BQFG auch für die Verwaltungsverfahren der Eignungsprüfung für die Zulassung zur Rechtsanwaltschaft anzuwenden sind (vgl. Begründung zu Art. 1 zu § 17 BQFG). Das bedeutet, dass die für die Durchführung der Eignungsprüfung zuständigen (gemeinsamen) Prüfungsämter (§ 18 EuRAG) künftig die Erhebungsmerkmale gemäß § 17 BQFG elektronisch an die statistischen Ämter der Länder zu übermitteln haben (BR-Drs. 211/11, 149 f.). 2

Teil 4 des EuRAG regelt das Verfahren über die Eignungsprüfung. Bundesweit statistisch erfasst werden sollen somit die einzelnen Anträge in den dort geregelten Prüfungsverfahren. In § 38a S. 1 wird die Bundesstatistik gesetzlich angeordnet. In S. 2 wird bezüglich der Zweckbestimmung 3 und weiteren Ausgestaltung der Statistik auf § 17 BQFG verwiesen. Von der Verweisung in § 38a ist § 17 Abs. 2 Nr. 4 BQFG ausgenommen, weil diese Regelung Meldepflichten betreffend die Dienstleistungsfreiheit nach Art. 7 RL 2005/36/EG umfasst, die für den Rechtsanwaltsberuf nicht bestehen (BR-Drs. 211/11, 149 f.).

§ 39 Gebühren und Auslagen

Auf die Erhebung und Beitreibung von Gebühren und Auslagen für Amtshandlungen nach diesem Gesetz sind die Vorschriften der Bundesrechtsanwaltsordnung entsprechend anzuwenden.

1 Die Regelung über die Erhebung und Beitreibung von Gebühren und Auslagen im Verwaltungsverfahren wurden mit Gesetz vom 30.7.2009 (BGBl. I S. 2449) neu gefasst. Sie wurde an die ebenfalls neu gefasste Parallelregelung in § 192 BRAO angepasst. Zu den Einzelheiten → BRAO § 192 Rn. 1 ff.

2 Auch für Amtshandlungen nach dem EuRAG sollen die Rechtsanwaltskammern nunmehr neben Verwaltungsgebühren Auslagen erheben und beitreiben können (BT-Drs. 16/11385, 87), dh die Kammerversammlung bestimmt nach § 89 Abs. 2 BRAO in ihrer Kostensatzung insoweit, welche Auslagen und Gebühren zu erheben sind. Dabei ist § 4 VwKostG zu beachten.

Teil 7. Ermächtigungen, Übertragung von Befugnissen

§ 40 Ermächtigungen

(1) **Das Bundesministerium der Justiz und für Verbraucherschutz wird ermächtigt, durch Rechtsverordnung, die nicht der Zustimmung des Bundesrates bedarf, die Anlage zu § 1 anzupassen, wenn sich der Kreis oder die Bezeichnungen der aufgeführten Berufe oder der Kreis der Mitgliedstaaten der Europäischen Union oder der Vertragsstaaten des Abkommens über den Europäischen Wirtschaftsraum ändern.**

(2) **Das Bundesministerium der Justiz wird ermächtigt, durch Rechtsverordnung mit Zustimmung des Bundesrates die Einzelheiten der Eignungsprüfung zu regeln, insbesondere**

1. die Bereiche des Pflichtfaches und der Wahlfächer,
2. die Zulassung zur Prüfung,
3. das Prüfungsverfahren,
4. die Prüfungsleistungen,
5. die Folgen eines ordnungswidrigen Verhaltens,
6. den Erlass von Prüfungsleistungen,
7. die Wiederholung der Prüfung und die Zahl der Wiederholungsmöglichkeiten,
8. die Erhebung einer Gebühr.

I. Allgemeines

1 Die Vorschrift entlastet das Gesetz von Regelungen, die Einzelheiten betreffen oder lediglich der rechtlich gebotenen Anpassung dienen und deshalb durch Rechtsverordnung getroffen werden können. Ermächtigt wird das BMJV, dessen Ressort allein berührt ist, Verordnungen zu erlassen.

II. Rechtsverordnung ohne Zustimmung des Bundesrates

2 Die Ermächtigung nach **Abs. 1** ermöglicht die Anpassung in zwei Fällen: Änderungen des Kreises oder der Bezeichnung der Berufe, die dem Rechtsanwaltsberuf in den Mitgliedstaaten der EU und der anderen Vertragsstaaten entsprechen und Änderung des Kreises der Mitgliedstaaten der EU und der anderen Vertragsstaaten. Eine Zustimmung des Bundesrates ist für diese Anpassungen nicht erforderlich. Da das ermächtigende Gesetz selbst der Zustimmung des Bundesrates unterliegt, kann die Zustimmung des Bundesrates ausgeschlossen werden.

III. Rechtsverordnung mit Zustimmung des Bundesrates

In **Abs. 2** wird der Verordnungsgeber ermächtigt, die notwendigen Einzelregelungen für die Eignungsprüfung zu treffen. Da die Eignungsprüfung von den Landesjustizprüfungsämtern oder von einem oder mehreren Prüfungsämtern der Länder abgenommen wird, ist es sachgerecht, den Erlass und die Änderung der Verordnung an die Zustimmung des Bundesrates zu binden (amtliche Begründung, BT-Drs. 11/6154, 19). Von der Ermächtigung des § 10 hat der Verordnungsgeber durch den Erlass der RAEigPrV (→ Teil II Nr. 8) Gebrauch gemacht. 3

§ 41 Übertragung von Befugnissen

(1) [1]**Die Landesregierungen werden ermächtigt, die Aufgaben und Befugnisse, die den Landesjustizverwaltungen nach diesem Gesetz zustehen, durch Rechtsverordnung auf nachgeordnete Behörden zu übertragen.** [2]**Die Landesregierungen können diese Ermächtigung durch Rechtsverordnung auf die Landesjustizverwaltungen übertragen.**

(2) [1]**Die Landesregierungen werden ermächtigt, durch Rechtsverordnung die Durchführung der Eignungsprüfung nach Teil 4 dieses Gesetzes ganz oder teilweise auf die Rechtsanwaltskammern zu übertragen.** [2]**Die Landesregierungen können diese Ermächtigung durch Rechtsverordnung auf die Landesjustizverwaltungen übertragen.** [3]**In diesem Fall gilt § 73 Abs. 1 Satz 2 und Abs. 3 der Bundesrechtsanwaltsordnung entsprechend.**

Durch Gesetz vom 26.3.2007 (BGBl. I S. 358, 365) wurden die bisherigen Abs. 2 und 3, die Delegation von Aufgaben und Befugnissen auf die Rechtsanwaltskammern vorsahen, wegen der nunmehr originären Zuständigkeit der RAK aufgehoben. Gleichzeitig wurde der bisherige Abs. 4 zu Abs. 2. 1

Durch Gesetz vom 30.7.2009 (BGBl. I S. 2449) wurde Abs. 1 neu gefasst und die Delegationsermächtigung an die Vorgaben des Art. 80 GG angepasst. Dies entspricht der Regelung in § 33 Abs. 2 BRAO nF (BT-Drs. 16/11385, 87) vgl. Anm. zu § 33 Abs. 2 BRAO entsprechend (→ BRAO § 33 Rn. 3 ff.). 2

Abs. 2 wurde durch Gesetz vom 26.10.2003 (BGBl. I S. 2074) – ursprünglich als Abs. 4 – angefügt. Die in § 17 S. 3 EuRAG und § 5 RAEigPrV vorgesehene Berücksichtigung der Berufserfahrung des Antragstellers bei der Entscheidung über den Erlass von Prüfungsleistungen der Eignungsprüfung, macht es erforderlich, auf der Grundlage der vom Antragsteller vorgelegten Falllisten über die von ihm bislang bearbeiteten Mandate iSv § 12 (vgl. § 5 S. 2 RAEigPrV) eine umfassende Bewertung der bisherigen anwaltlichen Berufspraxis des Antragstellers und seiner hierdurch erworbenen Berufserfahrung vorzunehmen. 3

Anders als eine Bewertung der Inhalte einer vom Antragsteller abgeschlossenen juristischen Ausbildung wäre aber eine Bewertung der **beruflichen Praxis** des Antragstellers anhand der von ihm bearbeiteten Mandate von den Landesjustizprüfungsämtern weder von der vorhandenen Fachkompetenz noch von den vorhandenen personellen Ressourcen her sachgerecht zu bewältigen. Die Rechtsanwaltskammern sind dagegen, da ihnen nach § 11 Abs. 2 die Durchführung des Eingliederungsverfahrens nach Teil 3 des EuRAG übertragen ist, mit dem in den §§ 12 ff. vorgesehenen „Nachweisverfahren" bereits vertraut und haben infolgedessen Erfahrung darin, auf der Grundlage der vom Antragsteller nachgewiesenen beruflichen Erfahrung Feststellungen über seine Fähigkeit zur Ausübung des Anwaltsberufs zu treffen. 4

Es war daher geboten, dass auch die nach § 17 S. 3 EuRAG und § 5 RAEigPrV erforderliche Bewertung der Berufserfahrung des Antragstellers zur Entscheidung darüber, welche der Prüfungsleistungen der Eignungsprüfer für ihn wegen dieser Erfahrung entfallen müssen, den Rechtsanwaltskammern übertragen werden kann. Da diese Entscheidung allerdings ihrerseits neben der Kompetenz zur Bewertung anwaltlicher Berufserfahrung zugleich auch Erfahrung bezüglich Umfang und Niveau dieser – zu erlassenden – Prüfungsleistungen voraussetzt, musste darüber hinaus die Möglichkeit vorgesehen werden, die Eignungsprüfung auch insgesamt auf die Rechtsanwaltskammern delegieren zu können. 5

Auch im Hinblick auf die gebotene Abstimmung der Anforderungen für den Zugang von europäischen Rechtsanwälten zur Anwaltschaft in Deutschland in den beiden möglichen Varian- 6 ten der Eingliederung (§§ 11 ff.) und Eignungsprüfung (§§ 16 ff.) erschien es naheliegend, die Durchführung beider Verfahren in eine Hand zu legen, zumal ansonsten auch divergierende Entscheidungen von Rechtsanwaltskammern und Landesjustizprüfungsämtern in vergleichbar gelagerten Fällen der Bewertung von Berufserfahrung drohen (Bundesrat, BT-Drs. 15/1072, 17).

7 **Abs. 2 S. 3,** der durch Gesetz vom 26.3.2007 neu gefasst wurde, ermöglicht eine Übertragung der Vorstandsaufgaben im Bereich des EuRAG auf einzelne Mitglieder des Vorstandes (§ 73 Abs. 3 BRAO).

Teil 8. Übergangs- und Schlussbestimmungen

§ 42 Anwendung von Vorschriften des Strafgesetzbuches

(1) **Für die Anwendung der Vorschriften des Strafgesetzbuches über die Straflosigkeit der Nichtanzeige geplanter Straftaten (§ 139 Abs. 3 Satz 2), Verletzung von Privatgeheimnissen (§ 203 Abs. 1 Nr. 3, Abs. 3 bis 5, §§ 204, 205), Gebührenüberhebung (§ 352) und Parteiverrat (§ 356) stehen europäische Rechtsanwälte den Rechtsanwälten und Anwälten gleich.**

(2) **Zum Schutz der in der Anlage zu § 1 genannten Berufsbezeichnungen ist die Vorschrift des § 132a Abs. 1 Nr. 2, Abs. 2 des Strafgesetzbuches über den Schutz der Berufsbezeichnung Rechtsanwalt entsprechend anzuwenden.**

1 § 42 entspricht der früher im Zweiten Abschnitt des Rechtsanwaltsdienstleistungsgesetz enthaltenen Regelung über die Anwendung von Vorschriften des Strafgesetzbuchs. Sie wurde unter Teil 8 EuRAG (Schlussvorschriften) aufgenommen, weil sie auch für die nach den Vorschriften von Teil 2 EuRAG unter Heimattitel tätigen Rechtsanwälte zu gelten hat. Diese sind zwar inländischen Rechtsanwälten nach § 2 Abs. 1, § 6 Abs. 1 gleichgestellt. Dennoch wurde im Hinblick auf das in Art. 103 Abs. 2 GG verfassungsrechtlich verankerte Analogieverbot im Bereich des Strafrechts die Anwendbarkeit der betreffenden Vorschriften ausdrücklich angeordnet (→ BRAO § 207 Rn. 10). Dabei handelt es sich um die §§ 139 Abs. 3 S. 2 StGB (Straflosigkeit der Nichtanzeige geplanter Straftaten), 203 Abs. 1 Nr. 3 StGB (Verletzung von Privatgeheimnissen), 352 StGB (Gebührenüberhebung), 356 StGB (Parteiverrat) und über Abs. 2 auch § 132a Abs. 1 Nr. 2 StGB (Missbrauch der Berufsbezeichnung).

2 Die im früheren Zweiten Abschnitt des RADG in Nr. 2 enthaltene Verweisung auf Abs. 4 des § 132a StGB wurde gestrichen, weil diese Vorschrift sich nur auf § 132a Abs. 1 Nr. 4 bezieht, der von der Verweisung ebenfalls nicht erfasst ist (BR-Drs. 567/99, 85).

§ 43 Übergangsregelungen

(1) [1]**Die vor dem 1. September 2009 eingeleiteten Verwaltungsverfahren werden in der Lage, in der sie sich an diesem Tag befinden, nach diesem Gesetz in der ab diesem Tag geltenden Fassung fortgeführt, soweit nichts anderes bestimmt ist.** [2]**Maßnahmen, die auf Grund des bis zum 31. August 2009 geltenden Rechts getroffen worden sind, bleiben rechtswirksam**

(2) **Die Zulässigkeit von Rechtsbehelfen gegen Entscheidungen, die vor dem 1. September 2009 ergangen sind, bestimmt sich ebenso wie das weitere Verfahren nach dem bis zu diesem Tag geltenden Recht.**

(3) **Die vor dem 1. September 2009 anhängigen gerichtlichen Verfahren in verwaltungsrechtlichen Anwaltssachen nach diesem Gesetz werden nach den bis zu diesem Tag geltenden Bestimmungen fortgeführt.**

1 Die Übergangsregelungen des mit Gesetz vom 30.7.2009 (BGBl. I S. 2449) neu eingefügten § 43 entsprechen denen des mit demselben Gesetz eingefügten § 215 BRAO und denen des mit Gesetz vom 14.8.2009 (BGBl. I S. 2827) eingefügten § 161 PAO. Auf die Erläuterung zu § 215 BRAO wird Bezug genommen.

8. Verordnung über die Eignungsprüfung für die Zulassung zur Rechtsanwaltschaft (RAEigPrV)

vom 18. Dezember 1990 (BGBl. I S. 2881),

zuletzt geändert durch Gesetz vom 6.12.2011 (BGBl. I S. 2515)

Schrifttum: vor → EuRAG § 16.

Auf Grund des § 10 Nr. 2 des Gesetzes über die Eignungsprüfung für die Zulassung zur Rechtsanwaltschaft vom 6. Juli 1990 (BGBl. 1 S. 1349), der nunmehr § 40 Abs. 2 EuRAG entspricht (§ 40 Rn. 3), verordnete der Bundesminister der Justiz:

§ 1 Prüfungsamt

Für das Prüfungsamt, seine Organe und deren Zuständigkeiten gelten die Vorschriften über das für die zweite juristische Staatsprüfung zuständige Prüfungsamt des Landes, in dem das Prüfungsamt oder ein gemeinsames Prüfungsamt eingerichtet ist, entsprechend, soweit diese Verordnung nichts anderes bestimmt.

I. Allgemeines

Mit der Verordnung wurde von der Ermächtigung des § 10 Nr. 2 Gesetz über die Eignungsprüfung für die Zulassung zur Rechtsanwaltschaft, die jetzt in § 40 Abs. 2 EuRAG geregelt ist, Gebrauch gemacht, die Einzelheiten der Eignungsprüfung für die Zulassung zur Rechtsanwaltschaft zu regeln. Damit wird die RL 2005/36/EG (→ Teil II Nr. 10) über die Anerkennung von Berufsqualifikationen (im Folgenden: Richtlinie) für den Beruf des Rechtsanwalts abschließend in Rechtsvorschriften umgesetzt (vgl. früher RL 89/48/EWG vom 21.12.1988 über eine allgemeine Regelung zur Anerkennung der Hochschuldiplome, die eine mindestens dreijährige Berufsausbildung abschließen). Die Verordnung ermöglicht für die Zulassung zur Rechtsanwaltschaft die Abnahme der Eignungsprüfungen durch Prüfungsämter der Länder. 1

Wesentlich ist vor allem die nähere Bestimmung der materiellrechtlichen Regelungen des EuRAG. Hinsichtlich der verwaltungsorganisatorischen und der verfahrensrechtlichen Fragen kann weitgehend auf das im Landesrecht ausgebildete und bewährte Recht der juristischen Staatsprüfungen zurückgegriffen werden. Sollten zwischen den Ländern eine oder mehrere Vereinbarungen über ein gemeinsames Prüfungsamt oder über die Zuständigkeitsverteilung nach Herkunftsmitgliedstaaten zustande kommen (§ 18 Abs. 2 EuRAG), so würde dies den Inhalt der Verordnung unberührt lassen (amtliche Begründung, BR-Drs. 712/90). 2

Durch die in Art. 4 des Gesetzes vom 9.3.2000 (BGBl. I S. 182, 191; → § 1 Rn. 2, 3) enthaltene „Entsteinerungsklausel" wird sichergestellt, dass die in Art. 3 des genannten Gesetzes mit Gesetzesrang enthaltenen redaktionellen Anpassungen zu § 3 Abs. 1 und Abs. 2 Nr. 2 und 4 (→ § 3 Rn. 1, 5, 7) künftig wieder im Verordnungswege geändert werden können (BR-Drs. 567/99, 87). 3

II. Prüfungsamt

Nach § 18 Abs. 1 EuRAG ist das Prüfungsamt für die Eignungsprüfung in jedem Lande das für die zweite juristische Staatsprüfung zuständige Prüfungsamt. Da die neue Aufgabe vorhandenen Einrichtungen übertragen wird, ist es nicht erforderlich, den Ländern für das Prüfungsamt, seine Organe und deren Zuständigkeiten bundesrechtliche Regelungen vorzugeben, soweit es nicht für die Zwecke der Eignungsprüfung unabdingbar ist. Es gelten deshalb die für das jeweilige Prüfungsamt bei Inkrafttreten der Verordnung bestehenden Regelungen, vorbehaltlich einer anderen Bestimmung in den folgenden Vorschriften der Verordnung. Eine Verweisung auf die jeweils geltende Fassung des Landesrechts („gleitende" oder „dynamische" Verweisung) wird wegen verfassungsrechtlicher Zweifelsfragen, die mit einer solchen Konstruktion verbunden sind, vermieden (amtliche Begründung, BR-Drs. 712/90, 3). Die Eignungsprüfung ist gebührenfrei. Zur Möglichkeit der Zuständigkeitsübertragung auf die Rechtsanwaltskammern vgl. § 41 Abs. 2 EuRAG; § 13a. 4

§ 2 Prüfer

(1) [1] Prüfer sind der Präsident des für die zweite juristische Staatsprüfung zuständigen Prüfungsamts, seine Vertreter und die hauptamtlichen Prüfer sowie die zu Prüfern berufenen Rechtsanwälte. [2] Im übrigen kann zum Prüfer berufen werden, wer die Voraussetzungen eines Prüfers für die zweite juristische Staatsprüfung erfüllt.

(2) [1] Für das Verfahren der Berufung, die Amtsdauer und die einstweilige Heranziehung von Prüfern gelten die Vorschriften für die Prüfer der zweiten juristischen Staatsprüfung des Landes entsprechend, in dem das Prüfungsamt oder ein gemeinsames Prüfungsamt eingerichtet ist. [2] Bei Errichtung eines gemeinsamen Prüfungsamts können Prüfer der beteiligten Länder berufen werden.

I. Kreis der Prüfer

1 **Abs. 1 S. 1** bestimmt als Prüfer kraft Verordnung den Präsidenten des für die zweite juristische Staatsprüfung zuständigen Prüfungsamts, seine Vertreter und die – soweit vorhanden – hauptamtlichen Prüfer und die zu Prüfern berufenen Rechtsanwälte dieses Prüfungsamts. Die Besetzung der für eine Eignungsprüfung zu bildenden Prüfungskommission regelt sich nach § 18 Abs. 3 EuRAG. **S. 2** regelt die Prüferbefähigung für die nicht unter S. 1 fallenden Prüfer: Der Prüfer muss die Voraussetzungen erfüllen, die in dem für das Prüfungsamt zuständigen Land für die Prüfer vorgesehen sind, die die zweite juristische Staatsprüfung abnehmen. Das ist in aller Regel die Befähigung zum Richteramt (amtliche Begründung, BR-Drs. 712/90, 1).

II. Verfahren der Berufung, Amtsdauer

2 **Abs. 2** regelt das Verfahren der Berufung, die Amtsdauer und die einstweilige Heranziehung von Prüfern durch die Verweisung auf das Landesrecht in der bei Inkrafttreten der Verordnung geltenden Fassung. Vorschriften über die einstweilige Heranziehung von Prüfern sind insbesondere erforderlich, wenn Prüfer zunächst erprobt oder bei unvorhergesehenen Ausfällen vorübergehend ohne förmliche Bestellung eingesetzt werden sollen (amtliche Begründung, BR-Drs. 712/90, 1). **Abs. 2 S. 2** ermöglicht im Falle eines gemeinsamen Prüfungsamtes die Berufung von Prüfern aus den beteiligten Ländern, um so die Bildung gemeinsamer Prüfungsämter zu erleichtern.

§ 3 Zulassung zur Eignungsprüfung

(1) Der Antragsteller kann bei jedem nach § 18 Abs. 1 und 2 des Gesetzes über die Tätigkeit europäischer Rechtsanwälte in Deutschland zuständigen Prüfungsamt im Geltungsbereich dieser Verordnung die Zulassung zur Eignungsprüfung beantragen.

(2) Dem Antrag sind beizufügen:

1. **ein eigenhändig geschriebener Lebenslauf,**
2. **ein Nachweis der Berechtigung zum unmittelbaren Zugang zum Beruf des europäischen Rechtsanwalts (§ 16 Abs. 1, § 1 des Gesetzes über die Tätigkeit europäischer Rechtsanwälte in Deutschland),**
3. **ein Nachweis, dass der Antragsteller mehr als die Hälfte der Mindestausbildungszeit in Mitgliedstaaten der Europäischen Union oder in anderen Vertragsstaaten des Abkommens über den Europäischen Wirtschaftsraum oder der Schweiz abgeleistet hat, oder eine Bescheinigung über eine mindestens dreijährige Berufsausübung in einem dieser Staaten,**
4. **(aufgehoben)**
5. **die Bestimmung je eines Wahlfaches aus den beiden Wahlfachgruppen und des Faches für die zweite Aufsichtsarbeit,**
6. **die Versicherung, daß der Antragsteller die Zulassung zur Eignungsprüfung bei keinem anderen Prüfungsamt beantragt hat,**
7. **eine Erklärung darüber, ob und bei welchen Prüfungsämtern sich der Antragsteller ohne Erfolg Eignungsprüfungen unterzogen hat.**

(3) Der Antrag und die beizufügenden Unterlagen, soweit sie vom Antragsteller stammen, sind in deutscher Sprache einzureichen; sonstige Unterlagen sind mit einer beglaubigten Übersetzung vorzulegen.

I. Änderung des § 3

§ 3 wurde durch Art. 3 des Gesetzes vom 9.3.2000 (BGBl. I S. 182, 191) redaktionell, durch Gesetz vom 26.10.2003 (BGBl. I S. 2074, 2076) sachlich geändert. § 3 Abs. 2 Nr. 4 wurde aufgehoben durch Gesetz vom 6.12.2011 (BGBl. I S. 2515). Aufgrund Art. 11 des Gesetzes vom 26.10.2003 können diese Änderungen gleichwohl künftig wieder durch Verordnung geändert werden. 1

II. Örtliche Zuständigkeit

Die Zulassung zur Eignungsprüfung ist im Gesetz nur im Grundsatz (§ 19 EuRAG) geregelt. Über die Zulassung zur Eignungsprüfung für die Ausübung des Anwaltsberufs in Österreich entschied der EuGH mit Urteil vom 22.12.2010 (BRAK-Mitt. 2011, 78). **§ 3 Abs. 1** bestimmt die örtliche Zuständigkeit für die Zulassung im Sinne einer Wahlfreiheit des Antragstellers. Eine Aufteilung je nach Wohnsitz wäre eine unnötige Komplikation. Eine Aufteilung der Zuständigkeiten zwischen den Ländern je nach Herkunftsstaat könnte sich empfehlen. Sie könnte eingeführt werden durch eine Vereinbarung zwischen den Ländern (§ 18 Abs. 2 EuRAG). Dem greift die Verordnung nicht vor. Keiner ausdrücklichen Regelung bedarf, dass das Prüfungsamt, das über den Zulassungsantrag entscheidet, auch für diesen Antragsteller die Eignungsprüfung durchführt (amtliche Begründung, BR-Drs. 712/90, 11, 12). Entsprechendes gilt im Falle der Übertragung auf die Rechtsanwaltskammern (§ 13a) für die Durchführung der Prüfung durch diese Kammer. 2

III. Zulassungsantrag

Nach **Abs. 2** sind dem Antrag Unterlagen beizufügen. Der Zulassungsantrag ist danach **schriftlich** zu stellen. Der Antrag ist in deutscher Sprache zu stellen **(Abs. 3).** Die abschließende Aufzählung der dem Antrag beizufügenden Unterlagen beschränkt sich auf das für die Bewertung des Zulassungsantrages Unabdingbare: 3

Ein **Lebenslauf (Nr. 1)** soll vor allem über den beruflichen Werdegang des Antragstellers Auskunft geben, aber auch, soweit dies für die Prüfungsentscheidung (§ 22 EuRAG) von Belang sein kann, über die persönlichen Verhältnisse. Der Lebenslauf ist, wie üblich, in eigenhändig geschriebener Form vorzulegen. 4

Die Nachweise der **Berechtigung zum unmittelbaren Zugang zum Beruf des europäischen Rechtsanwalts** (→ § 16 Rn. 1 ff.), sind nach **Nr. 2** im Original sowie mit einer beglaubigten Übersetzung (Abs. 3 letzter Hs.) vorzulegen. Unter den Begriff des „Diploms“ im Sinne der Richtlinie (→ § 16 Rn. 4) fallen nicht nur Zeugnisse über den erfolgreichen Hochschulabschluss, sondern auch sonstige Zeugnisse, die im Herkunftsstaat für die Zulassung zur Anwaltschaft erforderlich sind, also etwa eine Bescheinigung über eine „mit Unterstützung eines qualifizierten Berufsangehörigen erworbene Berufspraxis“ (vgl. auch Art. 3 Abs. 1c RL 2005/36/EG; früher Art. 4 Abs. 1 lit. a zweiter Anstrich RL 89/48/EWG). 5

Nr. 3 betrifft den **Nachweis über die überwiegend in der EU** oder in anderen Vertragsstaaten des Abkommens über den **Europäischen Wirtschaftsraum** (eingefügt durch Gesetz vom 27.4.1993, BGBl. I S. 512, 530; die Änderung ist eine Folge der Änderung des Gesetzes über die Eignungsprüfung durch Art. 37 Gesetz vom 27.4.1993), **erworbene Ausbildung** oder, falls diese Voraussetzung nicht erfüllt werden kann, die Bescheinigung über eine mindestens dreijährige Berufsausübung in einem Mitgliedstaat (→ § 16 Rn. 5). § 3 Abs. 2 Nr. 3 wurde durch Gesetz vom 26.10.2003 (BGBl. I S. 2074, 2076) um die **Schweiz** als zulässiger Ausbildungsstaat erweitert. Aufgrund des Freizügigkeitsabkommens mit der Schweiz vom 21.6.1999 (BGBl. 2001 II S. 810; in Kraft getreten am 1.6.2002, BGBl. II S. 1692) genügt nunmehr auch der Nachweis, dass ein Antragsteller mehr als die Hälfte der Mindestausbildungszeit in der Schweiz abgeleistet oder dort eine mindestens dreijährige Berufserfahrung erworben hat. Der Antragsteller kann wegen des Freizügigkeitsabkommens mit der Schweiz nunmehr auch die schweizerische Staatsangehörigkeit besitzen. Die gleichzeitig vorgenommene Ergänzung durch den Zusatz „der Europäischen Union“ dient in Anlehnung an § 3 Abs. 2 Nr. 4 nur der Klarstellung, um welche Mitgliedstaaten es sich handelt; diese Änderung ist lediglich redaktioneller Natur (BT-Drs. 15/1972, 13). 6

Nr. 4 wurde durch Gesetz vom 6.12.2011 (BGBl. I S. 2515) aufgehoben. Die Staatsangehörigkeit eines Mitgliedstaates der EU oder eines anderen Vertragsstaates des Abkommens über den Europäischen Wirtschaftsraum oder der Schweiz muss nicht mehr nachgewiesen werden. Weil 7 künftig der Zugang zur Eignungsprüfung unabhängig von der Staatsangehörigkeit bestehen soll (Art. 9 Nr. 4 zu § 16 EuRAG), kann der bisher geforderte Nachweis der Staatsangehörigkeit entfallen (BT-Drs. 17/6260).

8 In dem Zulassungsgesuch hat der Antragsteller je ein **Wahlfach** aus den beiden Wahlfachgruppen und von diesen das Fach für die zweite Aufsichtsarbeit zu bestimmen **(Nr. 5).** Es genügt nicht allein, je ein Wahlfach aus den beiden Wahlfachgruppen anzugeben, da es für die zweite Aufsichtsarbeit dem Antragsteller überlassen ist zu entscheiden, welche der beiden Wahlfächer er für die zweite Aufsichtsarbeit wählt (§ 21 Abs. 2 S. 2 EuRAG). Das andere Wahlfach ist dann zwingend Gegenstand der mündlichen Prüfung (§ 21 Abs. 4 S. 2 EuRAG). Die Angaben zu den Wahlfächern sind für das Prüfungsamt verbindlich. Das Prüfungsamt gestaltet dementsprechend das Prüfungsverfahren. Die Angaben zu den Wahlfächern können deshalb nach Zulassung nicht mehr geändert werden.

9 Der Antragsteller kann sich zwar grundsätzlich bei jedem Prüfungsamt bzw. bei jeder RAK (§ 13a) im Geltungsbereich der Verordnung melden (Abs. 1). Er darf sich aber nur bei einem Prüfungsamt oder einer RAK melden, da er nur Anspruch auf ein Prüfungsverfahren (ggf. mit Wiederholung) hat. Dem Antrag ist deshalb beizufügen die **Versicherung,** dass der Antragsteller die Zulassung zur Eignungsprüfung bei keinem anderen Prüfungsamt oder einer (anderen) RAK beantragt hat **(Nr. 6).**

10 Aus entsprechenden Gründen ist eine Erklärung darüber zu verlangen, ob und bei welchen Prüfungsämtern oder Rechtsanwaltskammern (§ 13a) sich der Antragsteller ohne Erfolg Eignungsprüfungen unterzogen hat **(Nr. 7).** Gegebenenfalls werden die entsprechenden Vorgänge des anderen oder mehrerer anderer Prüfungsämter oder Rechtsanwaltskammern (§ 13a) beigezogen.

11 Das Prüfungsverfahren ist nicht nur hinsichtlich der Prüfungsleistungen (§ 21 Abs. 1 S. 2 EuRAG) ein Verfahren in **deutscher Sprache** (Verwaltungsverfahrensgesetze der Länder entsprechend § 2 Abs. 3 Nr. 2 iVm § 23 Abs. 1 VwVfG). Dementsprechend sind der Antrag und die beizufügenden Unterlagen, soweit sie vom Antragsteller stammen, in deutscher Sprache abzufassen. Sonstigen Unterlagen, also etwa den Diplomen, ist jeweils eine beglaubigte Übersetzung beizufügen (Abs. 3; amtliche Begründung, BR-Drs. 712/90, 11, 12).

§ 4 Rücktritt von der Prüfung

Der Antragsteller kann nach der Zulassung nur aus wichtigem Grund von der Prüfung zurücktreten. Liegt kein wichtiger Grund vor, so gilt die Prüfung als nicht bestanden.

1 Der Rücktritt von der Prüfung wird in der im Prüfungsrecht üblichen Weise geregelt. Der Antragsteller kann nach der Zulassung nur aus wichtigem Grund von der Prüfung zurücktreten (S. 1), dabei allein von der gesamten Prüfung, nicht hingegen von einzelnen Prüfungsleistungen. Auf die Versäumnis von Prüfungsterminen und die Nichtabgabe von Aufsichtsarbeiten sind die Vorschriften des § 9 anwendbar. Liegt kein wichtiger Grund vor, so gilt die Prüfung als nicht bestanden (S. 2). Eine folgende Eignungsprüfung ist eine Wiederholungsprüfung, die im Falle des Nichtbestehens dann nur noch einmal wiederholt werden darf (§ 12 Abs. 1).

2 Die Zuständigkeit innerhalb des Prüfungsamts für die Entscheidung über das Vorliegen eines wichtigen Grundes regelt sich nach § 1 iVm dem Landesrecht (amtliche Begründung, BR-Drs. 712/90, 14).

§ 5 Erlass von Prüfungsleistungen

[1]Das Prüfungsamt erlässt dem Antragsteller auf Antrag ganz oder teilweise Prüfungsleistungen, wenn er nachweist, dass er in seiner bisherigen Ausbildung oder durch anschließende Berufsausübung in einem Prüfungsgebiet die für die Ausübung des Rechtsanwaltsberufs in Deutschland erforderlichen materiellrechtlichen und verfahrensrechtlichen Kenntnisse im deutschen Recht erworben hat. [2]Ausbildungsinhalte sind durch ein Prüfungszeugnis, Berufserfahrung ist entsprechend § 12 des Gesetzes über die Tätigkeit europäischer Rechtsanwälte in Deutschland nachzuweisen.

§ 5 wurde durch Gesetz vom 26.10.2003 (BGBl. I S. 2974, 2976) neu gefasst. Die Norm betrifft den Erlass von Prüfungsleistungen. Die Änderungen korrespondieren mit dem neuen § 17 S. 3 EuRAG (→ EuRAG § 17 Rn. 1 ff.) und berücksichtigt, dass ein Antragsteller in seiner bisherigen Ausbildung und Berufsausübung bereits Kenntnisse erworben hat, die ihn zur Ausübung des Anwaltsberufs in Deutschland befähigen, so dass sie nicht mehr Gegenstand der Eignungsprüfung sein dürfen. Bei ausreichendem Nachweis von **Berufserfahrung,** die Kenntnisse im deutschen Recht vermittelt hat, sind ansonsten vorgeschriebene Prüfungsleistungen ganz oder teilweise zu erlassen. Es ist nicht ausgeschlossen, dass die Eignungsprüfung ganz entfallen muss. Nach § 5 S. 1 ist nur ein Erlass von Prüfungsleistungen – dh der Aufsichtsarbeiten bzw. der mündlichen Prüfung nach § 21 EuRAG, § 7 RAEigPrV – möglich, nicht aber ein Erlass von Prüfungsgebieten (oder gar Untergebieten der Prüfungsgebiete) nach § 6 RAEigprüfV (OVG Münster NJW 2013, 3530). 1

Für den **Nachweis der Berufserfahrung** bietet sich eine Verweisung auf die im EuRAG für die Eingliederung von europäischen Rechtsanwälten vorgesehene Vorlage von Falllisten an, weil dieses Verfahren der Praxis bereits bekannt ist und sich bewährt hat (BT-Drs. 15/1072, 13; → § 12 Rn. 4). 2

Die Entscheidungskompetenz über den Erlass – auch den vollständigen – liegt ausschließlich beim Prüfungsamt und nicht bei der RAK (vgl. aber § 13a). Der Erlass sämtlicher Prüfungsleistungen ist europarechtlich nicht allein deshalb geboten, weil der europäische Rechtsanwalt das erste juristische Staatsexamen in der Bundesrepublik Deutschland abgelegt hat (AGH Sachsen-Anhalt BRAK-Mitt. 2006, 285). 3

Für den Erlass wegen Erwerbs der erforderlichen Kenntnisse im Rahmen der bisherigen Ausbildung muss ein **Dokument** mit besonderer Aussagekraft vorgelegt werden, aus dem hervorgeht, dass die erforderlichen Kenntnisse vorhanden sind. Deshalb ist nur ein Prüfungszeugnis geeignet, nicht etwa eine Bescheinigung über die erfolgreiche Teilnahme an Lehrveranstaltungen. Auch nicht jedes Prüfungszeugnis über Kenntnisse im deutschen Recht ist ausreichend. Das Prüfungsamt muss im Einzelfall entscheiden, ob das Prüfungszeugnis einen Erlass rechtfertigt (amtliche Begründung, BR-Drs. 712/90, 15). Dabei kommt ihm bei seiner Entscheidung über das Freistellungsgesuch weder ein Beurteilungs- noch ein Ermessensspielraum zu (VG Düsseldorf NJW 1997, 339 = AnwBl. 1996, 469). 4

§ 6 Prüfungsgebiete

(1) **Die Eignungsprüfung erstreckt sich im Pflichtfach Zivilrecht auf**

1. den Allgemeinen Teil des Bürgerlichen Gesetzbuchs,
2. das Schuldrecht und das Sachenrecht jeweils einschließlich besonderer Ausprägungen außerhalb des Bürgerlichen Gesetzbuchs,
3. das dazugehörende Verfahrensrecht einschließlich der Grundlagen im Gerichtsverfassungsrecht und der Grundzüge des Zwangsvollstreckungs- und Insolvenzrechts.

(2) **Die Eignungsprüfung erstreckt sich in dem Wahlfach**

1. Öffentliches Recht auf
   a) die Grundrechte,
   b) das allgemeine Verwaltungsrecht und das allgemeine Verwaltungsverfahrensrecht,
   c) die Grundzüge des Baurechts und des Rechts der öffentlichen Sicherheit und Ordnung,
   d) das Verwaltungsprozeßrecht einschließlich der Grundlagen im Gerichtsverfassungsrecht,
2. Strafrecht auf
   a) die allgemeinen Lehren des Strafrechts,
   b) den Besonderen Teil des Strafgesetzbuchs,
   c) das Strafprozeßrecht einschließlich der Grundlagen im Gerichtsverfassungsrecht,
3. Zivilrecht auf
   a) die Grundzüge des Familienrechts und des Erbrechts,
   b) das dazugehörende Verfahrensrecht einschließlich der Grundlagen im Gerichtsverfassungsrecht,

4. **Handelsrecht auf**
   a) **die Grundzüge des Handelsrechts und des Gesellschaftsrechts,**
   b) **die Grundzüge des Wertpapierrechts ohne das Wechsel- und Scheckrecht,**
   c) **das dazugehörende Verfahrensrecht einschließlich der Grundlagen im Gerichtsverfassungsrecht,**
5. **Arbeitsrecht auf**
   a) **die Grundzüge des Individualarbeitsrechts und des kollektiven Arbeitsrechts,**
   b) **das dazugehörende Prozeßrecht einschließlich der Grundlagen im Gerichtsverfassungsrecht.**

I. Zivilrecht als Pflichtfach

1 Die Verordnung bestimmt als Prüfungsgebiete die Rechtsgebiete, die im Rahmen der Prüfungsfächer nach § 20 EuRAG zu prüfen sind und präzisiert sie. Es handelt sich um eine Auswahl, die sich an den Vorgaben der Richtlinie und des § 20 EuRAG ausrichtet (vgl. Kommentierung zu § 20 EuRAG). Das Pflichtfach **Zivilrecht** (Abs. 1) ist dementsprechend im Wesentlichen beschränkt auf die Kerngebiete des Bürgerlichen Gesetzbuchs und auf das dazu gehörende Verfahrensrecht. Die „besonderen Ausprägungen außerhalb des Bürgerlichen Gesetzbuchs" sind Gesetze von besonderer Bedeutung für die Tätigkeit des Rechtsanwalts, die auch Gegenstand der juristischen Staatsprüfungen sind, wie etwa das inzwischen aufgehobene (→ BRAO § 51a Rn. 2) Gesetz zur Regelung des Rechts der Allgemeinen Geschäftsbedingungen. Neben dem Verfahrensrecht (vor allem: Zivilprozessrecht) einschließlich der Grundlagen im Gerichtsverfassungsrecht sind auch die Grundzüge des Zwangsvollstreckungs- und Insolvenzrechts Teil des Pflichtfachs Zivilrecht (amtliche Begründung, BR-Drs. 712/90, 14).

II. Wahlfächer

2 **1. Öffentliches Recht.** Das Wahlfach **Öffentliches Recht** (Abs. 2 Nr. 1) umfasst aus dem Verfassungsrecht die Grundrechte. Der Bereich des Staatsorganisationsrechts ist wegen der verhältnismäßig geringen Bedeutung in der anwaltlichen Praxis nicht einbezogen. Unabdingbar sind dagegen das allgemeine Verwaltungsrecht und das allgemeine Verwaltungsverfahrensrecht. Aus der Fülle des besonderen Verwaltungsrechts ist es für den Prüfungszweck ausreichend, aber auch erforderlich, zwei Rechtsgebiete auszuwählen. Geeignet sind solche Rechtsgebiete, deren Normen Vorbild sind für andere Gebiete des besonderen Verwaltungsrechts, und die für die anwaltliche Praxis von Belang sind. Diese Voraussetzungen erfüllt, wie auch die Prüfungspraxis bei den juristischen Staatsprüfungen zeigt, das Recht der öffentlichen Sicherheit und Ordnung. Aber auch das Baurecht in seiner praktischen Bedeutung und in der Verbindung von Planungs- und Ordnungsrecht ermöglicht dem Antragsteller, seine Kenntnisse und sein Verständnis für das deutsche öffentliche Recht nachzuweisen. Für das Recht der öffentlichen Sicherheit und Ordnung wie für das Baurecht genügt es, die Grundzüge zu prüfen. So zählen Regelungen, in denen die Landesrechte wesentlich voneinander abweichen oder die technische Einzelheiten betreffen, nicht dazu.

3 Das auf das öffentliche Recht bezogene gerichtliche Verfahrensrecht ist einschließlich der Grundlagen im Gerichtsverfassungsrecht schon nach dem Gesetz Teil des Wahlfachs Öffentliches Recht (§ 5 Abs. 2). Für die Zwecke der Eignungsprüfung genügt es, die Verfahrensordnung der allgemeinen Verwaltungsgerichtsbarkeit, die Verwaltungsprozessordnung, zu prüfen. Nicht zum Wahlfach Öffentliches Recht gehören das Völkerrecht und das Europarecht, da bei diesen Gebieten davon ausgegangen wird, dass sie durch die Ausbildung in jedem Mitgliedstaat abgedeckt sind (amtliche Begründung, BR-Drs. 712/90, 4).

4 **2. Strafrecht.** Das Strafrecht (Abs. 2 Nr. 2) ist im Vergleich zum öffentlichen Recht ein verhältnismäßig eng zugeschnittener Rechtsbereich. Eine Prüfung in diesem Wahlfach ist nur sinnvoll, wenn Gegenstand die allgemeinen Lehren des Strafrechts und der Besondere Teil des Strafgesetzbuches neben dem Strafprozessrecht (einschließlich der Grundlagen im Gerichtsverfassungsrecht) sein können. Nicht geprüft werden darf – wie auch grundsätzlich in den juristischen Staatsprüfungen und trotz der Bedeutung für die Praxis – das Nebenstrafrecht (amtliche Begründung, BR-Drs. 712/90, 15).

3. Zivilrecht. Das Wahlfach Zivilrecht (Abs. 2 Nr. 3) umfasst mit den Grundzügen des Familienrechts und des Erbrechts für die anwaltliche Tätigkeit wichtige, vom Pflichtfach nicht abgedeckte Gebiete (amtliche Begründung, BR-Drs. 712/90, 16). 5

4. Handelsrecht. Beim Wahlfach Handelsrecht (Abs. 2 Nr. 4) liegt das Schwergewicht auf den Grundzügen des Handelsrechts und des Gesellschaftsrechts. Die Grundzüge des Wertpapierrechts sind zwar auch Teil des Wahlfachs, jedoch ohne das Wechsel- und Scheckrecht, da diese Gebiete des Wertpapierrechts durch internationale Übereinkommen harmonisiert sind, so dass die Kenntnis beim Antragsteller unterstellt wird (amtliche Begründung, BR-Drs. 712/90, 16). 6

5. Arbeitsrecht. Das Wahlfach Arbeitsrecht (Abs. 2 Nr. 5) umfasst im materiellen Recht die Grundzüge des Individualarbeitsrechts und des kollektiven Arbeitsrechts. Das Sozialrecht soll nicht geprüft werden. Wie bei anderen Rechtsgebieten, die erhebliche Bedeutung für die anwaltliche Praxis haben, muss davon abgesehen werden, weil das Sozialrecht in den meisten Ländern selbst bei den Kandidaten der juristischen Staatsprüfungen nicht als Pflichtfach geprüft wird. Der Zuschnitt aller Wahlfächer ist so gewählt, dass sie in ihrer Wahlfachgruppe nach Umfang und Schwierigkeitsgrad vergleichbar sind (amtliche Begründung, BR-Drs. 712/90, 17). 7

§ 7 Prüfungsleistungen

(1) [1]**Die Aufsichtsarbeiten haben Aufgaben aus der beruflichen Praxis eines Rechtsanwalts zum Gegenstand.** [2]**Die Bearbeitungszeit für eine Aufsichtsarbeit beträgt fünf Stunden.**

(2) [1]**Die Gegenstände des Kurzvortrags und des Prüfungsgesprächs sind der beruflichen Praxis eines Rechtsanwalts zu entnehmen.** [2]**Die Vorbereitungszeit für den Kurzvortrag beträgt zwei Stunden.** [3]**Für jeden Prüfungsteilnehmer beträgt die Dauer des Prüfungsgesprächs etwa fünfundvierzig, die Dauer des Kurzvortrags etwa fünfzehn Minuten.**

I. Aufsichtsarbeiten

Nach § 7 Abs. 1 S. 1 muss der Gegenstand der schriftlichen Leistungen auf die **berufliche Praxis eines Rechtsanwalts** bezogen sein. Es können deshalb keine Urteilsentwürfe oder Entwürfe von Anklageschriften verlangt werden In der Regel wird ein bestimmender Schriftsatz in einem gerichtlichen Verfahren oder in einem Verwaltungsverfahren oder ein Gutachten der Beratungspraxis auch unter Einschluss von Vertragsentwürfen in Betracht kommen. Aufgaben, bei denen vor allem wissenschaftliche Streitfragen zu behandeln sind, sind nur geeignet, wenn der Meinungsstreit auch für die anwaltliche Berufspraxis von wesentlicher Bedeutung ist. 1

Die **Bearbeitungszeit** für eine Aufsichtsarbeit beträgt fünf Stunden (S. 2). Der Antragsteller hat in einem solchen Zeitraum genügend Gelegenheit, seine Kenntnisse unter Beweis zu stellen. Bei der Auswahl der Aufgabe ist die begrenzte Bearbeitungszeit zu berücksichtigen. Mit dem Zweck der Prüfung wäre es nicht zu vereinbaren, eine minder schwere Aufgabe deshalb zu wählen, weil der Antragsteller aus einem anderen Rechtskreis stammt (amtliche Begründung, BR-Drs. 712/90, 18). 2

II. Mündliche Prüfung

1. Kurzvortrag. Abs. 2 bestimmt einen Rahmen für die mündliche Prüfung. Die mündliche Prüfung beginnt mit einem in freier Rede zu haltenden Kurzvortrag, dessen Gegenstand der beruflichen Praxis eines Rechtsanwalts zu entnehmen ist (S. 1). Mit dem Kurzvortrag soll der Antragsteller zeigen, dass er in der Lage ist, einen Sachverhalt und die rechtlichen Überlegungen zu seiner Lösung auf dem maßgeblichen Prüfungsgebiet frei und verständlich darzustellen und einen praktisch brauchbaren Vorschlag zu unterbreiten. Der freie Vortrag schließt nicht aus, dass der Antragsteller einen Stichwortzettel als Gedankenstütze verwendet, soweit nicht Texte abgelesen werden. Die Vorbereitungszeit von zwei Stunden (S. 2) steht in einem angemessenen Verhältnis zur Dauer des Kurzvortrages: Auf ihn sollen etwa 15 Minuten entfallen (S. 3). Das Thema des Kurzvortrages muss so zugeschnitten sein, dass es in 15 Minuten angemessen behandelt werden kann. Die Prüfungskommission bestimmt, welche Reihenfolge und welche Pausen zwischen den Kurzvorträgen einzuhalten sind. Da die Vorbereitungszeit nicht überschrit- 3 ten werden darf, die Dauer des Vortrages aber nicht genau 15 Minuten zu betragen braucht, müssen die Abstände zwischen den Kurzvorträgen Raum für eine geringe Überschreitung der 15 Minuten lassen (amtliche Begründung, BR-Drs. 712/90, 19).

4 **2. Prüfungsgespräch.** Das Prüfungsgespräch hat eine Gesamtdauer je nach Zahl der Antragsteller eines Prüfungstermins: Pro Antragsteller sind jeweils 45 Minuten vorzusehen (S. 3). Die Prüfungskommission bestimmt, wie ihre Mitglieder und die Antragsteller an dem Prüfungsgespräch beteiligt werden. Die Antragsteller sollen möglichst in gleichem Maße zu Wort kommen, wobei eine genaue zeitliche Gleichheit nicht erforderlich ist und kaum einzuhalten wäre. Der Gegenstand des Prüfungsgesprächs ist im Wesentlichen durch das Gesetz bestimmt (§ 21 Abs. 4 EuRAG). Es sind auch hierbei nur Aufgaben der beruflichen Praxis eines Rechtsanwalts zulässig (S. 1). Das Recht für das berufliche Verhalten der Rechtsanwälte ist Prüfungsgegenstand für alle Prüfungsteilnehmer. Im Übrigen kommt es für eine Prüfung darauf an, welches Wahlfach der einzelne Prüfungsteilnehmer für die mündliche Prüfung bestimmt hat und ob eine Aufsichtsarbeit den Anforderungen nicht genügt hat. Bei einem Termin mit mehreren Teilnehmern werden deshalb häufig Teile des Prüfungsgesprächs nur einzelne betreffen (amtliche Begründung, BR-Drs. 712/90, 19).

§ 8 Prüfungskommission

(1) [1] **Vorsitzender der Prüfungskommission ist der Präsident des für die zweite juristische Staatsprüfung zuständigen Prüfungsamts oder ein von ihm bestimmter Prüfer.** [2] **Zwei Mitglieder der Prüfungskommission sollen Rechtsanwälte sein.**

(2) [1] **Aufsichtsarbeiten werden von jedem Prüfer selbständig bewertet.** [2] **Der Prüfer hat als Ergebnis festzustellen, ob die Aufsichtsarbeit den Anforderungen genügt.** [3] **Die von einem Prüfer abgegebene Bewertung wird mit der Aufsichtsarbeit den anderen Prüfern zugeleitet.**

(3) **Die Mitglieder der Prüfungskommission müssen während der mündlichen Prüfung ständig anwesend sein.**

1 **Abs. 1** legt Einzelheiten zur Zusammensetzung der Prüfungskommission fest, die die gesetzliche Regelung (§ 18 Abs. 3 EuRAG) ergänzen. Vorsitzender kraft Verordnung ist der Präsident des für die zweite juristische Staatsprüfung zuständigen Prüfungsamts oder ein von ihm bestimmter Prüfer (S. 1). Alle Mitglieder der Prüfungskommission müssen Prüfer im Sinne des § 2 sein. Nach S. 2 sollen zwei Mitglieder der Prüfungskommission Rechtsanwälte sein. Von der damit vorgeschriebenen Regel darf nur aus besonderen Gründen abgewichen werden. Zu denken ist an den Fall, dass die RAK nicht genügend Rechtsanwälte benennt, die an dem Prüfungsverfahren teilnehmen können, also zur Prüfung im Einzelfall bereit und in der Lage sind (amtliche Begründung, BR-Drs. 712/90, 20).

2 Die Aufsichtsarbeiten bewertet jeder Prüfer selbständig **(Abs. 2 S. 1).** Die Bewertung einer Aufsichtsarbeit obliegt demnach dem Prüfer allein. Er darf keinen anderen Prüfer oder Dritte hinzuziehen. Jeder Prüfer nimmt im Ergebnis dazu Stellung, ob die Aufsichtsarbeit den Anforderungen genügt (S. 2). Eine Benotung findet nicht statt. Die Bewertungen sind im Kreis der Prüfer offenzulegen: Das Gutachten eines Prüfers ist den nachfolgenden Prüfern bei Zuleitung der Aufsichtsarbeit bekanntzugeben (S. 3; amtliche Begründung, BR-Drs. 712/90, 20).

3 Die Prüfungskommission muss sich einen Gesamteindruck verschaffen (§ 22 EuRAG). Die Mitglieder der Prüfungskommission müssen deshalb während der mündlichen Prüfung ständig anwesend sein (Abs. 3; amtliche Begründung, BR-Drs. 712/90, 20).

§ 9 Versäumnis von Prüfungsterminen und Nichtabgabe von Aufsichtsarbeiten

(1) **Folgt der Antragsteller ohne ausreichende Entschuldigung einer Ladung zur Anfertigung einer Aufsichtsarbeit nicht oder gibt er eine Arbeit nicht oder nicht fristgemäß ab, ist die Prüfungsleistung als mißlungen zu bewerten.**

(2) **Erscheint der Antragsteller ohne ausreichende Entschuldigung nicht oder nicht rechtzeitig zu dem Termin für die mündliche Prüfung oder nimmt er den Termin nicht bis zum Ende wahr, gilt die Prüfung als nicht bestanden.**

I. Sinn der Regelung

1 An die unentschuldigte Versäumnis eines Prüfungstermins und die unentschuldigte Nichtabgabe von Aufsichtsarbeiten müssen Rechtsnachteile geknüpft werden. Andernfalls hätte es der Antragsteller in der Hand, durch beliebiges Abwarten oder Wiederholen sich ihm günstig erscheinende Verhältnisse zu verschaffen. Die für die Eignungsprüfung vorgesehene Regelung hat ihr Vorbild in landesrechtlichen Regelungen für die juristischen Staatsprüfungen (amtliche Begründung, BR-Drs. 712/90, 20).

II. Nichtabgabe von Aufsichtsarbeiten

2 Abs. 1 betrifft die **schriftliche Einzelprüfung.** Die Prüfung gilt insgesamt als misslungen, wenn der Antragsteller ohne ausreichende Entschuldigung eine Arbeit nicht oder nicht fristgemäß abgibt oder nicht zum Termin erscheint (amtliche Begründung, BR-Drs. 712/90, 20). Unter „Prüfung", die als misslungen zu bewerten ist, ist die abverlangte einzelne Prüfungsleistung, die Aufsichtsarbeit gemeint. Das Misslingen der einzelnen Prüfungsleistung bedeutet noch nicht ein Misslingen der Prüfung insgesamt.

III. Versäumnis von Prüfungsterminen

3 Abs. 2 betrifft die mündliche Prüfung. Wenn der Antragsteller ohne ausreichende Entschuldigung nicht oder zu spät zu dem Termin der mündlichen Prüfung erscheint oder vorzeitig die Prüfung verlässt, dann gilt die **Eignungsprüfung insgesamt** als nicht bestanden. Eine mildere Rechtsfolge kommt im Hinblick auf den mit der Vorbereitung einer mündlichen Prüfung verbundenen Aufwand und wegen der Gefahr von Manipulationen (Warten auf eine genehme Prüfungskommission) nicht in Betracht (amtliche Begründung, BR-Drs. 712/90, 21).

IV. Entschuldigung

4 Gründe für eine ausreichende Entschuldigung können mannigfacher Art sein. Die Verordnung bestimmt den Begriff der ausreichenden Entschuldigung nicht näher. Dies kann der Prüfungspraxis überlassen werden, die sich an dem Vorbild der Praxis bei den juristischen Staatsprüfungen orientieren kann (amtliche Begründung, BR-Drs. 712/90, 21).

§ 10 Ordnungswidriges Verhalten

(1) **Über die Folgen eines ordnungswidrigen Verhaltens des Antragstellers, namentlich eines Täuschungsversuchs, entscheidet das Prüfungsamt.**

(2) [1]**Versucht der Antragsteller, das Ergebnis einer Aufsichtsarbeit durch Täuschung zu beeinflussen, ist die Arbeit als mißlungen zu bewerten.** [2]**In schweren Fällen wird die Prüfung für nicht bestanden erklärt.**

(3) [1]**Versucht der Antragsteller, das Ergebnis einer mündlichen Prüfung durch Täuschung zu beeinflussen, ist die mündliche Prüfung zu wiederholen.** [2]**In schweren Fällen wird die Prüfung für nicht bestanden erklärt.**

(4) **Die Prüfung kann nur innerhalb einer Frist von fünf Jahren seit dem Tag der mündlichen Prüfung für nicht bestanden erklärt werden.**

I. Zuständigkeit

1 Auch die Regelungen über das ordnungswidrige Verhalten knüpfen an das allgemeine Prüfungsrecht an. Zuständig für die Entscheidung über die Folgen eines ordnungswidrigen Verhaltens ist nach **Abs. 1** das Prüfungsamt. Nach dem entsprechend anwendbaren Landesrecht (§ 1) entscheidet sich, wer für das Prüfungsamt handelt, wieweit etwa die Prüfungskommission eingreifen kann, wenn sich ein ordnungswidriges Verhalten in der schriftlichen Prüfung erst während der mündlichen Prüfung herausstellt oder es zu dem ordnungswidrigen Verhalten in der mündlichen Prüfung kommt. Die Prüfungskommission kann jedenfalls, was keiner besonderen Regelung bedarf, die Prüfung aussetzen, bis das Prüfungsamt entschieden hat (amtliche Begründung, BR-Drs. 712/90, 21).

II. Entscheidungsgrundsätze

2 Grundsätzlich entscheidet das Prüfungsamt nach **pflichtgemäßem Ermessen** über die Folgen eines ordnungswidrigen Verhaltens. In **Abs. 2** wird eine differenzierte Regelung für den in Prüfungen mit schriftlichen Arbeiten häufigsten Fall getroffen: Wird bei einer **Aufsichtsarbeit** versucht, durch Täuschung ein besseres Ergebnis zu eigenem oder fremdem Vorteil zu erzielen, so ist die Arbeit als misslungen zu bewerten. Eine Täuschung liegt auch vor, wenn ein besseres Ergebnis durch unzulässige Hilfsmittel oder durch Einflussnahme auf Dritte, etwa Prüfer oder Bedienstete des Prüfungsamt, angestrebt wird. In schweren Fällen wird die Prüfung für nicht bestanden erklärt (S. 2). Wird die Prüfung für nicht bestanden erklärt, so bleibt dem Antragsteller die Möglichkeit einer Wiederholungsprüfung, soweit es sich nicht um die zweite Wiederholungsprüfung handelt (§ 12). Für den Fall eines Täuschungsversuchs in der **mündlichen Prüfung** bestimmt Abs. 3, dass die mündliche Prüfung zu wiederholen ist. In schweren Fällen wird die Prüfung insgesamt für nicht bestanden erklärt (amtliche Begründung, BR-Drs. 712/90, 22). Da nach § 9 Abs. 2 schon bei unentschuldigter Versäumung des mündlichen Termins die Prüfung insgesamt als nicht bestanden gilt, wird allenfalls bei geringfügigen Täuschungsversuchen eine Wiederholung der Prüfung gerechtfertigt sein.

III. Fristen

3 Im Interesse der Rechtssicherheit kann die Prüfung wegen ordnungswidrigen Verhaltens nur innerhalb einer Frist von fünf Jahren seit dem Tage der mündlichen Prüfung für nicht bestanden erklärt werden (**Abs. 4;** amtliche Begründung, BR-Drs. 712/90, 22).

§ 11 Entscheidung über das Ergebnis der Eignungsprüfung

(1) **Im Anschluß an die mündliche Prüfung berät die Prüfungskommission über das Ergebnis der Prüfung und stellt auf Grund des Gesamteindrucks der in der schriftlichen und mündlichen Prüfung erbrachten Leistungen mit Mehrheit fest, ob der Antragsteller die für die Ausübung des Berufs eines Rechtsanwalts in der Bundesrepublik Deutschland erforderlichen Kenntnisse hat.**

(2) [1]**Im Anschluß an die Beratung ist die Entscheidung der Prüfungskommission über das Ergebnis der Prüfung bekanntzugeben.** [2]**Das Prüfungsamt erteilt hierüber eine schriftliche Bestätigung.**

1 **Abs. 1** schreibt in enger Anlehnung an § 22 EuRAG vor, dass die Prüfungskommission im Anschluss an die mündliche Prüfung berät und das Prüfungsergebnis feststellt. Das Gesetz sieht vor, dass die Prüfungskommission mit Stimmenmehrheit entscheidet. Mangels anderer Regelung hat jedes Mitglied der Prüfungskommission gleiches Stimmrecht (amtliche Begründung, BR-Drs. 712/90, 22).

2 Maßgeblich für die Prüfungsentscheidung ist der **Gesamteindruck** der in der schriftlichen und mündlichen Prüfung erbrachten Leistungen. Die Bewertung der Aufsichtsarbeiten durch zwei (ggf. drei) der Prüfungskommission nicht angehörende Prüfer – falls aufgrund des Vorbehalts in § 18 Abs. 3 S. 3 EuRAG im Landesrecht vorgesehen – wird die Prüfungskommission nicht unberücksichtigt lassen. Sie ist aber an das Ergebnis jener Bewertung für die Feststellung des „Gesamteindrucks“ nicht gebunden (kritisch zu dieser Regelung Henssler/Prütting/*Lörcher* § 11 Rn. 4ff.). Auch gemäß § 5 vorgelegte Prüfungszeugnisse tragen zum Gesamteindruck der Prüfungskommission bei (amtliche Begründung, BR-Drs. 712/90, 22).

3 **Abs. 2** regelt die Bekanntgabe der Entscheidung der Prüfungskommission: Das Ergebnis ist im Anschluss an die Beratung mündlich bekanntzugeben. Dies ist sodann schriftlich zu bestätigen (amtliche Begründung, BR-Drs. 712/90, 22).

§ 12 Wiederholung der Eignungsprüfung

(1) **Hat der Antragsteller die Eignungsprüfung nicht bestanden, so darf er sie zweimal wiederholen.**

(2) **Die Prüfungskommission kann bestimmen, daß die Eignungsprüfung nicht vor Ablauf einer Frist, die nicht mehr als ein Jahr betragen darf, wiederholt werden kann.**

Abs. 1 beschränkt die Zahl der Wiederholungsmöglichkeiten auf zwei. Dies ist im Verhältnis zu **Abs. 1** den juristischen Staatsprüfungen eine großzügige Regelung, da dort eine zweite Wiederholung entweder ausgeschlossen (so in den meisten Fällen für die erste Prüfung) oder nur unter besonderen Voraussetzungen zugelassen wird. Nach drei gescheiterten Versuchen ist die Wahrscheinlichkeit, dass ein weiterer Versuch erfolgreich sein würde, so gering, dass damit das Prüfungsamt nicht belastet werden soll (amtliche Begründung, BR-Drs. 712/90, 23). 1

Im Einklang mit dem Recht der juristischen Staatsprüfungen kann die Prüfungskommission nach **Abs. 2** bestimmen, dass der Antragsteller die Eignungsprüfung nicht vor Ablauf einer Frist wiederholen kann. Einer aussichtslosen neuen Prüfung etwa unmittelbar nach der gescheiterten wird damit vorgebeugt. Andererseits soll der Antragsteller möglichst weitgehend selbst entscheiden, zu welchem Zeitpunkt er glaubt, die Wiederholungsprüfung bestehen zu können. Die Frist darf deshalb nicht mehr als ein Jahr betragen (amtliche Begründung, BR-Drs. 712/90, 24). 2

§ 13 Entsprechende Anwendung landesrechtlicher Vorschriften

Für die Auswahl der Aufsichtsarbeiten und des Kurzvortrags, die Bestimmung von Zeit und Ort der Prüfung, die Verwendung von Kennziffern, die Zulassung von Hilfsmitteln, die Höchstzahl der Teilnehmer einer mündlichen Prüfung, die Prüfungsaufsicht und ihre Befugnisse, die Gewährung von Prüfungserleichterungen für Behinderte, die Geltendmachung und den Nachweis eines Rücktritts- und Entschuldigungsgrundes, die Geltendmachung und die Folgen von Beeinträchtigungen des Prüfungsverfahrens, die Niederschriften über das Prüfungsverfahren und die Einsicht in Prüfungsakten gelten die Vorschriften für die zweite juristische Staatsprüfung des Landes entsprechend, in dem das Prüfungsamt oder ein gemeinsames Prüfungsamt eingerichtet ist.

Bei den in der Vorschrift aufgezählten prüfungsrechtlichen Gegenständen fehlt ein Bedürfnis für eine besondere bundesrechtliche Regelung. Die insoweit geltenden landesrechtlichen Regelungen für die zweite juristische Staatsprüfung eignen sich auch für die Eignungsprüfung. Es wird deshalb auf diese Landesvorschriften verwiesen, und zwar auf die beim Inkrafttreten der Verordnung geltende Fassung (amtliche Begründung, BR-Drs. 712/90, 24). 1

§ 13a Übertragung auf die Rechtsanwaltskammern

Wird die Durchführung der Eignungsprüfung durch Rechtsverordnung auf die Rechtsanwaltskammern übertragen, ist diese Verordnung mit der Maßgabe anzuwenden, dass an die Stelle des Prüfungsamtes und dessen Präsidenten die Rechtsanwaltskammer und deren Präsident tritt.

§ 13a wurde durch Art. 2 Nr. 3 Gesetz vom 26.10.2003 (BGBl. I S. 2014, 2076) eingefügt. Da den Ländern durch eine entsprechende Ergänzung des § 41 EuRAG die Möglichkeit eröffnet wurde, durch Rechtsverordnung die Durchführung der Eignungsprüfung auf die Rechtsanwaltskammern zu übertragen, war eine Regelung erforderlich, dass im Falle der Delegation bei der Anwendung der Verordnung über die Ermessensprüfung für die Zulassung zur Rechtsanwaltschaft an die Stelle des Prüfungsamtes und dessen Präsidenten die RAK und deren Präsident tritt (BT-Drs. 15/1072, 17). 1

§ 14 Inkrafttreten

Diese Verordnung tritt am 1. Januar 1991 in Kraft.

9. Richtlinie 98/5/EG des Europäischen Parlaments und des Rates vom 16. Februar 1998 zur Erleichterung der ständigen Ausübung des Rechtsanwaltsberufs in einem anderen Mitgliedstaat als dem, in dem die Qualifikation erworben wurde (Niederlassungsrichtlinie für Rechtsanwälte)

(ABl. Nr. L 77 S. 36),

zuletzt geändert durch Richtlinie 2013/25/EU vom 13. Mai 2013
(ABl. Nr. L 158 S. 368, 375)

DAS EUROPÄISCHE PARLAMENT UND DER RAT DER EUROPÄISCHEN UNION –

gestützt auf den Vertrag zur Gründung der Europäischen Gemeinschaft, insbesondere auf Artikel 49 und Artikel 57 Absatz 1 und Absatz 2 Sätze 1 und 3,

auf Vorschlag der Kommission,[1]

nach Stellungnahme des Wirtschafts- und Sozialausschusses,[2]

gemäß dem Verfahren des Artikels 189b des Vertrags,[3]

in Erwägung nachstehender Gründe:

(1) Nach Artikel 7a des Vertrags umfaßt der Binnenmarkt einen Raum ohne Binnengrenzen. Nach Artikel 3 Buchstabe c) des Vertrags ist die Beseitigung der Hindernisse für den freien Personen- und Dienstleistungsverkehr zwischen den Mitgliedstaaten eines der Ziele der Gemeinschaft. Für die Angehörigen der Mitgliedstaaten bedeutet die Beseitigung dieser Hindernisse insbesondere, daß sie als Selbständige oder als abhängig Beschäftigte die Möglichkeit haben, einen Beruf in einem anderen Mitgliedstaat als dem auszuüben, in dem sie ihre berufliche Qualifikation erworben haben.

(2) Ein in einem Mitgliedstaat voll qualifizierter Rechtsanwalt kann aufgrund der Richtlinie 89/48/EWG des Rates vom 21. Dezember 1988 über eine allgemeine Regelung zur Anerkennung der Hochschuldiplome, die eine mindestens dreijährige Berufsausbildung abschließen,[4] bereits die Anerkennung seines Diploms beantragen, um sich in einem anderen Mitgliedstaat zwecks Ausübung des Rechtsanwaltsberufs unter der Berufsbezeichnung dieses Mitgliedstaats niederzulassen. Zweck der genannten Richtlinie ist die Integration des Rechtsanwalts in den Berufsstand des Aufnahmestaats. Sie zielt weder darauf ab, daß die dort geltenden Berufs- und Standesregeln geändert werden, noch daß der betreffende Anwalt ihrer Anwendung entzogen wird.

(3) Während sich einige Rechtsanwälte insbesondere durch erfolgreiche Ablegung der in der Richtlinie 89/48/EWG vorgesehenen Eignungsprüfung rasch in den Berufsstand des Aufnahmestaats integrieren können, sollten andere vollständig qualifizierte Rechtsanwälte diese Integration nach einem bestimmten Zeitraum der Berufsausübung im Aufnahmestaat unter ihrer ursprünglichen Berufsbezeichnung erreichen oder aber ihre Tätigkeit unter der ursprünglichen Berufsbezeichnung fortsetzen können.

(4) Dieser Zeitraum soll dem Rechtsanwalt die Eingliederung in den Berufsstand im Aufnahmestaat ermöglichen, wenn nachgeprüft wurde, daß er Berufserfahrung in diesem Mitgliedstaat erworben hat.

(5) Ein Tätigwerden auf Gemeinschaftsebene ist nicht nur gerechtfertigt, weil damit den Rechtsanwälten neben der allgemeinen Anerkennungsregelung eine leichtere Möglichkeit der Eingliederung in den Berufsstand des Aufnahmestaats geboten wird, sondern auch weil dadurch, daß ihnen ermöglicht wird, ihren Beruf ständig unter ihrer ursprünglichen Berufsbezeichnung in einem Aufnahmestaat auszuüben, gleichzeitig den Erfordernissen der Recht-

---

[1] ABl. C 128 vom 24.5.1995, S. 6, und ABl. C 355 vom 25.11.1996, S. 19.

[2] ABl. C 256 vom 2.10.1995, S. 14.

[3] Stellungnahme des Europäischen Parlaments vom 19. Juni 1996 (ABl. C 198 vom 8.7.1996, S. 85), gemeinsamer Standpunkt des Rates vom 24. Juli 1997 (ABl. C 297 vom 29.9.1997, S. 6) und Beschluss des Europäischen Parlaments vom 19. November 1997. Beschluss des Rates vom 15. Dezember 1997.

[4] ABl. L 19 vom 24.1.1989, S. 16.

suchenden entsprochen wird, die aufgrund des zunehmenden Geschäftsverkehrs insbesondere im Zuge der Verwirklichung des Binnenmarktes einer Beratung bei grenzübergreifenden Transaktionen bedürfen, bei denen das internationale Recht, das Gemeinschaftsrecht und nationale Rechtsordnungen häufig miteinander verschränkt sind.

(6) Ein Tätigwerden auf Gemeinschaftsebene ist auch deswegen gerechtfertigt, weil bisher erst einige Mitgliedstaaten gestatten, daß Rechtsanwälte aus anderen Mitgliedstaaten unter ihrer ursprünglichen Berufsbezeichnung eine Anwaltstätigkeit in anderer Form denn als Dienstleistung in ihrem Gebiet ausüben. In den Mitgliedstaaten, in denen diese Möglichkeit gegeben ist, gelten sehr unterschiedliche Modalitäten, beispielsweise was das Tätigkeitsfeld und die Pflicht zur Eintragung bei den zuständigen Stellen betrifft. Solche unterschiedlichen Situationen führen zu Ungleichheiten und Wettbewerbsverzerrungen im Verhältnis zwischen den Rechtsanwälten der Mitgliedstaaten und bilden ein Hindernis für die Freizügigkeit. Nur durch eine Richtlinie zur Regelung der Bedingungen, unter denen Rechtsanwälte, die unter ihrer ursprünglichen Berufsbezeichnung tätig sind, ihren Beruf in anderer Form denn als Dienstleistung ausüben dürfen, können diese Probleme gelöst und in allen Mitgliedstaaten den Rechtsanwälten und Rechtsuchenden die gleichen Möglichkeiten geboten werden.

(7) Diese Richtlinie sieht entsprechend ihrer Zielsetzung davon ab, rein innerstaatliche Situationen zu regeln, und berührt die nationalen Berufsregeln nur insoweit, als dies notwendig ist, damit sie ihren Zweck tatsächlich erreichen kann. Insbesondere berührt diese Richtlinie nicht die nationalen Regelungen für den Zugang zum Rechtsanwaltsberuf und für die Ausübung dieses Berufs unter der Berufsbezeichnung des Aufnahmestaats.

(8) Für die unter diese Richtlinie fallenden Rechtsanwälte ist eine Pflicht zur Eintragung bei der zuständigen Stelle des Aufnahmestaats vorzusehen, damit sich diese Stelle vergewissern kann, daß die Rechtsanwälte die Berufs- und Standesregeln des Aufnahmestaats beachten. Die Wirkung dieser Eintragung bezüglich der Gerichtsbezirke und der Stufen und Arten der Gerichtsbarkeit, für die die Rechtsanwälte zugelassen sind, richtet sich nach dem für die Rechtsanwälte des Aufnahmestaats geltenden Recht.

(9) Die Rechtsanwälte, die nicht in den Berufsstand des Aufnahmestaats integriert sind, sind gehalten, ihre Anwalttätigkeit in diesem Mitgliedstaat unter ihrer ursprünglichen Berufsbezeichnung auszuüben, damit die Information der Verbraucher gesichert ist und eine Unterscheidung von den Rechtsanwälten des Aufnahmestaats, die unter der Berufsbezeichnung dieses Mitgliedstaats tätig sind, ermöglicht wird.

(10) Den unter diese Richtlinie fallenden Rechtsanwälten ist zu gestatten, Rechtsberatung insbesondere im Recht des Herkunftsstaats, im Gemeinschaftsrecht, im internationalen Recht und im Recht des Aufnahmestaats zu erteilen. Diese Möglichkeit war für die Dienstleistung bereits mit der Richtlinie 77/249/EWG des Rates vom 22. März 1977 zur Erleichterung der tatsächlichen Ausübung des freien Dienstleistungsverkehrs der Rechtsanwälte[5] eröffnet worden. Wie in der Richtlinie 77/249/EWG ist indessen die Möglichkeit vorzusehen, bestimmte grundstücks- und erbschaftsrechtliche Handlungen aus dem Tätigkeitsbereich der Rechtsanwälte, die im Vereinigten Königreich und in Irland unter ihrer ursprünglichen Berufsbezeichnung tätig sind, auszuschließen. Die vorliegende Richtlinie berührt nicht die Vorschriften, mit denen in jedem Mitgliedstaat bestimmte Tätigkeiten anderen Berufen als dem des Rechtsanwalts vorbehalten sind. Auch ist aus der Richtlinie 77/249/EWG die Bestimmung zu übernehmen, wonach der Aufnahmestaat verlangen kann, daß der unter seiner ursprünglichen Berufsbezeichnung tätige Rechtsanwalt für die Vertretung und Verteidigung von Mandanten vor Gericht im Einvernehmen mit einem einheimischen Rechtsanwalt handelt. Die Verpflichtung zum einvernehmlichen Handeln gilt entsprechend der diesbezüglichen Auslegung durch den Gerichtshof der Europäischen Gemeinschaften, insbesondere in dessen Urteil vom 25. Februar 1988 in der Rechtssache 427/85 (Kommission gegen Deutschland).[6]

(11) Um das ordnungsgemäße Funktionieren der Rechtspflege sicherzustellen, muß den Mitgliedstaaten die Möglichkeit belassen werden, den Zugang zu den höchsten Gerichten im Rahmen besonderer Vorschriften spezialisierten Rechtsanwälten vorzubehalten, ohne da-

[5] ABl. L 78 vom 26.3.1977, S. 17. Richtlinie zuletzt geändert durch die Beitrittsakte von 1994.
[6] EuGH Slg. 1988, 1123.

durch die Integration der Rechtsanwälte der Mitgliedstaaten zu behindern, die die geforderten Voraussetzungen hierfür erfüllen.

(12) Der im Aufnahmestaat unter seiner ursprünglichen Berufsbezeichnung eingetragene Rechtsanwalt muß bei der zuständigen Stelle des Herkunftsstaats eingetragen bleiben, um seinen Status als Rechtsanwalt zu behalten und diese Richtlinie in Anspruch nehmen zu können. Aus diesem Grund ist eine enge Zusammenarbeit zwischen den zuständigen Stellen, insbesondere bei etwaigen Disziplinarverfahren, unerläßlich.

(13) Die unter diese Richtlinie fallenden Rechtsanwälte können unabhängig davon, ob sie im Herkunftsstaat als abhängig Beschäftigte oder als Selbständige tätig sind, im Aufnahmestaat als abhängig Beschäftigte praktizieren, sofern der betreffende Aufnahmestaat den eigenen Rechtsanwälten diese Möglichkeit bietet.

(14) Wenn diese Richtlinie es den Rechtsanwälten gestattet, in einem anderen Mitgliedstaat unter der ursprünglichen Berufsbezeichnung tätig zu sein, soll ihnen dadurch auch erleichtert werden, die Berufsbezeichnung des Aufnahmestaats zu erlangen. Aufgrund der Artikel 48 und 52 des Vertrags in der Auslegung durch den Gerichtshof ist der Aufnahmestaat stets verpflichtet, in seinem Gebiet erworbene Berufserfahrung zu berücksichtigen. Nach dreijähriger effektiver und regelmäßiger Tätigkeit im Aufnahmestaat im Recht dieses Mitgliedstaats, einschließlich des Gemeinschaftsrechts, darf angenommen werden, daß der betreffende Rechtsanwalt die erforderliche Eignung erworben hat, um sich voll in den Berufsstand des Aufnahmestaats zu integrieren. Am Ende dieses Zeitraums muß der Rechtsanwalt, sofern er – vorbehaltlich einer Überprüfung – den Nachweis der beruflichen Befähigung im Aufnahmestaat erbringen kann, die Befugnis zur Führung der Berufsbezeichnung dieses Mitgliedstaats erhalten können. War der betreffende Rechtsanwalt während der mindestens dreijährigen effektiven und regelmäßigen Tätigkeit nur während eines kürzeren Zeitraums im Recht des Aufnahmestaats tätig, so hat die Stelle alle seine sonstigen Kenntnisse in diesem Recht zu berücksichtigen; sie kann diese in einem Gespräch überprüfen. Wird der Nachweis der Erfüllung dieser Voraussetzungen nicht erbracht, so muß die Entscheidung der zuständigen Stelle des Aufnahmestaats, die Zuerkennung der Berufsbezeichnung dieses Mitgliedstaats nach den mit diesen Voraussetzungen verbundenen erleichterten Modalitäten zu verweigern, begründet werden; gegen diese Entscheidung kann ein gerichtliches Rechtsmittel nach dem innerstaatlichen Recht eingelegt werden.

(15) Die Wirtschafts- und Berufsentwicklung in der Gemeinschaft zeigt, daß die Möglichkeit der gemeinsamen Ausübung des Rechtsanwaltsberufs – auch in Form eines Zusammenschlusses – eine Realität wird. Es muß vermieden werden, daß die Ausübung des Rechtsanwaltberufs in einer Gruppe im Herkunftsstaat als Vorwand benutzt wird, um die Niederlassung der zu dieser Gruppe gehörenden Rechtsanwälte im Aufnahmestaat zu verhindern oder zu erschweren. Die Mitgliedstaaten müssen indessen geeignete Maßnahmen treffen können, um das legitime Ziel der Wahrung der Unabhängigkeit des Berufsstands zu erreichen. In allen Mitgliedstaaten, die die gemeinsame Berufsausübung erlauben, sind bestimmte Garantien vorzusehen –

HABEN FOLGENDE RICHTLINIE ERLASSEN:

Art. 1 Gegenstand, Anwendungsbereich und Begriffsbestimmungen. (1) Diese Richtlinie soll die ständige Ausübung des Rechtsanwaltsberufs als Selbständiger oder abhängig Beschäftigter in einem anderen Mitgliedstaat als dem, in dem die Berufsqualifikation erworben wurde, erleichtern.

(2) Für die Zwecke dieser Richtlinie bezeichnet

a) „Rechtsanwalt“ jede Person, die Angehörige eines Mitgliedstaats ist und ihre beruflichen Tätigkeiten unter einer der folgenden Berufsbezeichnungen auszuüben berechtigt ist:

Belgien:	Avocat/Advocaat/Rechtsanwalt
Bulgarien :	Адвокат
Tschechische Republik:	Advokát
Dänemark:	Advokat
Deutschland:	Rechtsanwalt
Estland:	Vandeadvokaat

Griechenland:	Δικηγόρος
Spanien:	Abogado/Advocat/Avogado/Abokatu
Frankreich:	Avocat
Kroatien:	Odvjetnik/Odvjetnica
Irland:	Barrister/Solicitor
Italien:	Avvocato
Zypern:	Δικηγόρος
Lettland:	Zvērināts advokāts
Litauen:	Advokatas
Luxemburg:	Avocat
Ungarn:	Ügyvéd
Malta:	Avukat/Prokuratur Legali
Niederlande:	Advocaat
Österreich:	Rechtsanwalt
Polen:	Adwokat/Radca prawny
Portugal:	Advogado
Rumänien:	Avocat
Slowenien:	Odvetnik/Odvetnica
Slowakei:	Advokát/Komerčný právnik
Finnland:	Asianajaja/Advokat
Schweden:	Advokat
Vereinigtes Königreich:	Advocate/Barrister/Solicitor;

b) „Herkunftsstaat" den Mitgliedstaat, in dem der Rechtsanwalt vor Ausübung der Anwaltstätigkeit in einem anderen Mitgliedstaat das Recht erworben hat, eine der unter Buchstabe a) genannten Berufsbezeichnungen zu führen;

c) „Aufnahmestaat" den Mitgliedstaat, in dem der Rechtsanwalt seinen Beruf gemäß den Bestimmungen dieser Richtlinie ausübt;

d) „ursprüngliche Berufsbezeichnung" die Berufsbezeichnung des Mitgliedstaats, in dem der Rechtsanwalt vor Ausübung der Anwaltstätigkeit im Aufnahmestaat das Recht erworben hat, diese Bezeichnung zu führen;

e) „Gruppe" jeden nach dem Recht eines Mitgliedstaats errichteten Zusammenschluß mit oder ohne Rechtspersönlichkeit, in dem Rechtsanwälte ihre Berufstätigkeit gemeinsam und unter einem gemeinsamen Namen ausüben;

f) „jeweilige Berufsbezeichnung" oder „jeweiliger Beruf" jede Berufsbezeichnung oder jeden Beruf, die in den Aufgabenbereich der zuständigen Stelle fallen, bei der sich der Rechtsanwalt gemäß Artikel 3 hat eintragen lassen, und „zuständige Stelle" diese Stelle.

(3) Diese Richtlinie gilt sowohl für selbständige als auch für abhängig beschäftigte Rechtsanwälte, die im Herkunftsstaat und vorbehaltlich des Artikels 8 im Aufnahmestaat eine Rechtsanwaltstätigkeit ausüben.

(4) Die Ausübung des Rechtsanwaltsberufs im Sinne dieser Richtlinie berührt nicht die Erbringung von Dienstleistungen, die unter die Richtlinie 77/249/EWG fallen.

Art. 2 Recht auf Berufsausübung unter der ursprünglichen Berufsbezeichnung. Jeder Rechtsanwalt hat das Recht, die in Artikel 5 genannten Anwaltstätigkeiten auf Dauer in jedem anderen Mitgliedstaat unter seiner ursprünglichen Berufsbezeichnung auszuüben.

Die Eingliederung in den Berufsstand des Aufnahmestaats wird in Artikel 10 geregelt.

Art. 3 Eintragung bei der zuständigen Stelle. (1) Jeder Rechtsanwalt, der seinen Beruf in einem anderen Mitgliedstaat ausüben möchte als dem, in dem er seine Berufsqualifikation erworben hat, hat sich bei der zuständigen Stelle dieses Mitgliedstaats eintragen zu lassen.

(2) Die zuständige Stelle des Aufnahmestaats nimmt die Eintragung des Rechtsanwalts anhand einer Bescheinigung über dessen Eintragung bei der zuständigen Stelle des Herkunftsstaats vor. Sie kann verlangen, daß diese von der zuständigen Stelle des Herkunftsstaats erteilte Bescheinigung im Zeitpunkt ihrer Vorlage nicht älter als drei Monate ist. Sie setzt die zuständige Stelle des Herkunftsstaats von der Eintragung in Kenntnis.

(3) Für die Anwendung von Absatz 1:

– im Vereinigten Königreich und in Irland trägt sich der Rechtsanwalt, der unter einer anderen Berufsbezeichnung als denjenigen des Vereinigten Königreichs oder Irlands tätig ist, entweder bei der für den Beruf des „barrister" oder „advocate" zuständigen Stelle oder bei der für den Beruf des „solicitor" zuständigen Stelle ein;
– im Vereinigten Königreich ist die für einen irischen „barrister" zuständige Stelle die Stelle für den Beruf des „barrister" oder „advocate" und die für einen irischen „solicitor" zuständige Stelle die Stelle für den Beruf des „solicitor";
– in Irland ist die für einen „barrister" oder einen „advocate" aus dem Vereinigten Königreich zuständige Stelle die Stelle für den Beruf des „barrister" und die für einen „solicitor" aus dem Vereinigten Königreich zuständige Stelle die Stelle für den Beruf des „solicitor".

(4) Veröffentlicht die zuständige Stelle des Aufnahmestaats die Namen der bei ihr eingetragenen Rechtsanwälte, so veröffentlicht sie auch die Namen der gemäß dieser Richtlinie eingetragenen Rechtsanwälte.

1 **Anmerkung:** Die Eintragung bei der zuständigen Stelle eines anderen Mitgliedstaates darf nicht von einer vorherigen Überprüfung der Beherrschung der Sprachen des Aufnahmestaates abhängig gemacht werden (EuGH NJW 2006, 3697 = BRAK-Mitt. 2006, 276 mit Anm. *Eichele;* NJW 2006, 3701).

2 Mit Urteil vom 17.7.2014 in der Rechtssache „Torresi" hat der EuGH in einer Vorlagefrage des CNF (Consiglio Nazionale Forense, Nationaler Rat der Rechtsanwaltskammern Italiens) entschieden, dass es für die Eintragung als Rechtsanwalt unter der Berufsbezeichnung des Herkunftsstaates in einem anderen EU-Mitgliedstaat nach Art. 3 RL 98/5/EG nicht darauf ankommt, wie lange die Zulassung bereits besteht oder ob der Antragsteller bereits als Rechtsanwalt tätig wurde. Die Vorlage einer Bescheinigung über die Eintragung als Rechtsanwalt bei der zuständigen Stelle des Herkunfts- gegenüber der des Aufnahmemitgliedstaates sei die einzige Voraussetzung, um sich unter der in dem anderen Mitgliedstaat erworbenen Berufsbezeichnung eintragen zu lassen (EuGH BRAK-Mitt. 2014, 253 mit Anm. *Pohl,* Mitglied im BRAK-Ausschuss Europa und BRAO = NJW 2014, 2849 mit Anm. *Lörcher*).

Art. 4 Ausübung der Anwaltstätigkeit unter der ursprünglichen Berufsbezeichnung. (1) Der im Aufnahmestaat unter seiner ursprünglichen Berufsbezeichnung tätige Rechtsanwalt hat diese Berufsbezeichnung in der Amtssprache oder in einer der Amtssprachen des Herkunftsstaats zu führen; die Bezeichnung muß verständlich und so formuliert sein, daß keine Verwechslung mit der Berufsbezeichnung des Aufnahmestaats möglich ist.

(2) Für die Anwendung von Absatz 1 kann der Aufnahmestaat verlangen, daß der unter seiner ursprünglichen Berufsbezeichnung tätige Rechtsanwalt zusätzlich die Berufsorganisation, der er im Herkunftsstaat angehört, oder das Gericht angibt, bei dem er nach den Vorschriften des Herkunftsstaats zugelassen ist. Der Aufnahmestaat kann auch verlangen, daß der unter seiner ursprünglichen Berufsbezeichnung tätige Rechtsanwalt die Eintragung bei der zuständigen Stelle dieses Mitgliedstaats angibt.

Anmerkung: Zur Führung der Berufsbezeichnung des Aufnahmemitgliedstaates s. EuGH NJW 2011, 1273 = BRAK-Mitt. 2011, 78.

Art. 5 Tätigkeitsfeld. (1) Vorbehaltlich der Absätze 2 und 3 übt der unter seiner ursprünglichen Berufsbezeichnung tätige Rechtsanwalt die gleichen beruflichen Tätigkeiten wie der unter der jeweiligen Berufsbezeichnung des Aufnahmestaats niedergelassene Rechtsanwalt aus und kann insbesondere Rechtsberatung im Recht seines Herkunftsstaats, im Gemeinschaftsrecht, im internationalen Recht und im Recht des Aufnahmestaats erteilen. Er hat in jedem Fall die vor den nationalen Gerichten geltenden Verfahrensvorschriften einzuhalten.

(2) Mitgliedstaaten, die in ihrem Gebiet einer bestimmten Gruppe von Rechtsanwälten die Abfassung von Urkunden gestatten, mit denen das Recht auf Verwaltung des Vermögens verstorbener Personen verliehen oder Rechte an Grundstücken begründet oder übertragen werden und die in anderen Mitgliedstaaten anderen Berufen als dem des Rechtsanwalts vorbehalten sind,

können den unter seiner ursprünglichen Berufsbezeichnung tätigen Rechtsanwalt aus einem dieser anderen Mitgliedstaaten von diesen Tätigkeiten ausschließen.

(3) Für die Ausübung der Tätigkeiten, die mit der Vertretung und der Verteidigung von Mandanten vor Gerichten verbunden sind, kann der Aufnahmestaat, soweit er diese Tätigkeiten den unter der Berufsbezeichnung des Aufnahmestaats tätigen Rechtsanwälten vorbehält, den unter ihrer ursprünglichen Berufsbezeichnung tätigen Rechtsanwälten als Bedingung auferlegen, daß sie im Einvernehmen mit einem bei dem angerufenen Gericht zugelassenen Rechtsanwalt, der ggf. diesem Gericht gegenüber die Verantwortung trägt, oder mit einem bei diesem Gericht tätigen „avoué" handeln.

Um das ordnungsgemäße Funktionieren der Rechtspflege sicherzustellen, können die Mitgliedstaaten jedoch besondere Regeln für den Zugang zu den höchsten Gerichten vorsehen und zum Beispiel nur spezialisierte Rechtsanwälte zulassen.

Art. 6 Berufs- und Standesregeln. (1) Der unter seiner ursprünglichen Berufsbezeichnung tätige Rechtsanwalt unterliegt neben den im Herkunftsstaat geltenden Berufs- und Standesregeln hinsichtlich aller Tätigkeiten, die er im Aufnahmestaat ausübt, den gleichen Berufs- und Standesregeln wie die Rechtsanwälte, die unter der jeweiligen Berufsbezeichnung des Aufnahmestaats praktizieren.

(2) Für die unter ihrer ursprünglichen Berufsbezeichnung tätigen Rechtsanwälte ist eine angemessene Vertretung in den Berufsorganisationen des Aufnahmestaats sicherzustellen. Diese Vertretung umfaßt mindestens das aktive Wahlrecht bei der Wahl der Organe dieser Berufsorganisationen.

(3) Der Aufnahmestaat kann dem unter seiner ursprünglichen Berufsbezeichnung tätigen Rechtsanwalt zur Auflage machen, nach den Regeln, die er für die in seinem Gebiet ausgeübten Berufstätigkeiten festlegt, entweder eine Berufshaftpflichtversicherung abzuschließen oder einer Berufsgarantiekasse beizutreten. Der unter seiner ursprünglichen Berufsbezeichnung tätige Rechtsanwalt ist von dieser Verpflichtung jedoch befreit, wenn er eine nach den Regeln des Herkunftsstaats geschlossene Versicherung oder Garantie nachweist, die hinsichtlich der Modalitäten und des Deckungsumfangs gleichwertig ist. Bei nur partieller Gleichwertigkeit kann die zuständige Stelle des Aufnahmestaats den Abschluß einer Zusatzversicherung oder einer ergänzenden Garantie zur Abdeckung der Teile verlangen, die nicht durch die nach den Regeln des Herkunftsstaats geschlossene Versicherung oder Garantie abgedeckt sind.

Anmerkung: Wie die Dienstleistungsrichtlinie (zur RL 77/249/EWG → Teil II Nr. 12) harmonisiert auch die Niederlassungsrichtlinie nicht die Berufsrechte und Berufspflichten, wenn ein Anwalt nach ihnen vorübergehend oder niedergelassen grenzüberschreitend tätig ist. Nach beiden Richtlinien können die Berufsrechte von Herkunfts- und Zielland nebeneinander zur Anwendung kommen. Das gilt auch für das Disziplinarrecht (Art. 4, 7 RL 77/249/EWG, Art. 6, 7 RL 98/5/EG; *Hellwig* BRAK-Mitt. 2009, 50).

Art. 7 Disziplinarverfahren. (1) Verletzt der unter seiner ursprünglichen Berufsbezeichnung tätige Rechtsanwalt die im Aufnahmestaat geltenden Verpflichtungen, so sind die in diesem Mitgliedstaat geltenden Bestimmungen über Verfahren, Ahndung und Rechtsmittel anwendbar.

(2) Vor Einleitung eines Disziplinarverfahrens gegen den unter seiner ursprünglichen Berufsbezeichnung tätigen Rechtsanwalt setzt die zuständige Stelle des Aufnahmestaats unverzüglich die zuständige Stelle des Herkunftsstaats unter Angabe aller zweckdienlichen Einzelheiten davon in Kenntnis.

Unterabsatz 1 gilt entsprechend, wenn die zuständige Stelle des Herkunftsstaats ein Disziplinarverfahren einleitet; diese setzt die zuständige Stelle des oder der Aufnahmestaaten davon in Kenntnis.

(3) Unbeschadet ihrer Entscheidungsbefugnis arbeitet die zuständige Stelle des Aufnahmestaats während der gesamten Dauer des Disziplinarverfahrens mit der zuständigen Stelle des Herkunftsstaats zusammen. Insbesondere trifft der Aufnahmestaat die notwendigen Vorkehrungen, damit sich die zuständige Stelle des Herkunftsstaats vor den Rechtsmittelinstanzen Gehör verschaffen kann.

(4) Die zuständige Stelle des Herkunftsstaats entscheidet nach den eigenen Rechts- und Verfahrensregeln über die Folgen der von der zuständigen Stelle des Aufnahmestaats gegen den unter seiner ursprünglichen Berufsbezeichnung tätigen Rechtsanwalt getroffenen Entscheidung.

(5) Die zeitweilige oder endgültige Rücknahme der Genehmigung zur Berufsausübung seitens der zuständigen Stelle des Herkunftsstaats zieht für den betreffenden Rechtsanwalt automatisch das einstweilige oder endgültige Verbot nach sich, seine Anwaltstätigkeit im Aufnahmestaat unter seiner ursprünglichen Berufsbezeichnung auszuüben; sie ist jedoch keine Vorbedingung für die Entscheidung der zuständigen Stelle des Aufnahmestaats.

Art. 8 Berufsausübung im abhängigen Beschäftigungsverhältnis. Der im Aufnahmestaat unter seiner ursprünglichen Berufsbezeichnung eingetragene Rechtsanwalt kann als abhängig Beschäftigter eines anderen Rechtsanwalts, eines Zusammenschlusses von Anwälten oder einer Anwaltssozietät oder eines öffentlichen oder privaten Unternehmens tätig sein, wenn der Aufnahmestaat dies für die unter der Berufsbezeichnung dieses Mitgliedstaats eingetragenen Rechtsanwälte gestattet.

Anmerkung: Die Betätigung als Syndikus kann, auch bei einem niedergelassenen europäischen Anwalt, nicht als anwaltliche Berufsausübung angesehen werden (BGH Beschluss vom 7.2.2011 – AnwZ (B) 20/11 nv).

Art. 9 Begründung und Rechtsmittel. Entscheidungen über die Verweigerung der Eintragung nach Artikel 3 oder über die Rücknahme dieser Eintragung sowie Entscheidungen zur Verhängung von Disziplinarstrafen müssen begründet werden.

Gegen diese Entscheidungen kann ein gerichtliches Rechtsmittel nach dem innerstaatlichen Recht eingelegt werden.

Anmerkung: Art. 9 ist dahin auszulegen, dass er einem Rechtsbehelfsverfahren entgegensteht, in dessen Rahmen die Entscheidung über die Verweigerung der in Art. 3 erwähnten Eintragung erstinstanzlich vor einem Organ, das ausschließlich aus Rechtsanwälten besteht, die unter der Berufsbezeichnung des Aufnahmestaates tätig sind, und zweitinstanzlich vor einem Organ angefochten werden muss, das mehrheitlich aus solchen Anwälten besteht, während die Kassationsbeschwerde zum höchsten Gericht dieses Mitgliedstaates lediglich eine rechtliche Überprüfung, nicht aber eine Überprüfung der Tatsachenfeststellungen ermöglicht (EuGH NJW 2006, 3697 = BRAK-Mitt. 2006, 276 mit Anm. *Eichele*). Da nach deutschem Recht die Überprüfung durch die mit unabhängigen Richtern besetzten Anwaltsgerichtshöfe und den Anwaltssenat des BGH erfolgt, wird die deutsche Regelung in § 4 EuRAG iVm §§ 37 ff. BRAO von der vorgenannten Entscheidung das EuGH nicht berührt (*Eichele* BRAK-Mitt. 2006, 276).

Art. 10 Gleichstellung mit den Rechtsanwälten des Aufnahmestaats. (1) Der Rechtsanwalt, der unter seiner ursprünglichen Berufsbezeichnung tätig ist und eine mindestens dreijährige effektive und regelmäßige Tätigkeit im Aufnahmestaat im Recht dieses Mitgliedstaats, einschließlich des Gemeinschaftsrechts, nachweist, wird für den Zugang zum Rechtsanwaltsberuf im Aufnahmestaat von den in Artikel 4 Absatz 1 Buchstabe b) der Richtlinie 89/48/EWG vorgesehenen Voraussetzungen freigestellt. Unter „effektiver und regelmäßiger Tätigkeit" ist die tatsächliche Ausübung des Berufs ohne Unterbrechung zu verstehen; Unterbrechungen aufgrund von Ereignissen des täglichen Lebens bleiben außer Betracht.

Den Nachweis einer mindestens dreijährigen effektiven und regelmäßigen Tätigkeit im Recht des Aufnahmestaats hat der betreffende Rechtsanwalt bei der zuständigen Stelle dieses Mitgliedstaats zu erbringen. Hierzu

a) legt er der zuständigen Stelle des Aufnahmemitgliedstaats alle zweckdienlichen Informationen und Dokumente, insbesondere über die Zahl und die Art der von ihm bearbeiteten Rechtssachen, vor;
b) kann die zuständige Stelle des Aufnahmestaats überprüfen, ob die Tätigkeit effektiv und regelmäßig ausgeübt wurde, und den Rechtsanwalt erforderlichenfalls auffordern, in mündlicher oder schriftlicher Form zusätzliche klärende oder präzisierende Angaben zu den unter Buchstabe a) genannten Informationen und Dokumenten zu machen.

Die Entscheidung der zuständigen Stelle des Aufnahmestaats, die Freistellung nicht zu gewähren, wenn der Nachweis nicht erbracht wurde, daß die in Unterabsatz 1 genannten Anforderungen erfüllt sind, muß begründet werden; gegen diese Entscheidung kann ein gerichtliches Rechtsmittel nach dem innerstaatlichen Recht eingelegt werden.

(2) Der in einem Aufnahmestaat unter seiner ursprünglichen Berufsbezeichnung tätige Rechtsanwalt kann jederzeit die Anerkennung seines Diploms nach der Richtlinie 89/48/EWG beantragen, um zum Rechtsanwaltsberuf im Aufnahmestaat zugelassen zu werden und ihn unter der entsprechenden Berufsbezeichnung dieses Mitgliedstaats auszuüben.

(3) Der unter seiner ursprünglichen Berufsbezeichnung tätige Rechtsanwalt, der den Nachweis einer mindestens dreijährigen effektiven und regelmäßigen Tätigkeit im Aufnahmestaat erbringt, im Recht des Aufnahmestaats jedoch nur während eines kürzeren Zeitraums tätig war, kann bei der zuständigen Stelle dieses Mitgliedstaats die Zulassung zum Rechtsanwaltsberuf im Aufnahmestaat und das Recht erlangen, diesen unter der entsprechenden Berufsbezeichnung dieses Mitgliedstaats auszuüben, ohne daß die Voraussetzungen der Richtlinie 89/48/EWG Artikel 4 Absatz 1 Buchstabe b) auf ihn Anwendung finden. Dafür gilt folgendes:

a) Die zuständige Stelle des Aufnahmestaats berücksichtigt die effektive und regelmäßige Tätigkeit während des genannten Zeitraums sowie sämtliche Kenntnisse und Berufserfahrungen im Recht des Aufnahmestaats, ferner die Teilnahme an Kursen und Seminaren über das Recht des Aufnahmestaats einschließlich des Berufs- und Standesrechts.
b) Der Rechtsanwalt legt der zuständigen Stelle des Aufnahmestaats alle zweckdienlichen Informationen und Unterlagen, insbesondere über die von ihm bearbeiteten Rechtssachen vor. Ob er seine Tätigkeit im Aufnahmestaat effektiv und regelmäßig ausgeübt hat und ob er imstande ist, diese Tätigkeit weiterhin auszuüben, wird in einem Gespräch mit der zuständigen Stelle des Aufnahmestaats überprüft.

Die Entscheidung der zuständigen Stelle des Aufnahmestaats, die Genehmigung nicht zu erteilen, wenn der Nachweis nicht erbracht wurde, daß die in Unterabsatz 1 genannten Anforderungen erfüllt sind, muß begründet werden; gegen diese Entscheidung kann ein gerichtliches Rechtsmittel nach dem innerstaatlichen Recht eingelegt werden.

(4) Die zuständige Stelle des Aufnahmestaats kann durch begründete Entscheidung, gegen die ein gerichtliches Rechtsmittel nach dem innerstaatlichen Recht eingelegt werden kann, einem Rechtsanwalt die Inanspruchnahme der Bestimmungen dieses Artikels verweigern, wenn sie den Eindruck hat, daß sonst insbesondere aufgrund von Disziplinarverfahren, Beschwerden oder Zwischenfällen die öffentliche Ordnung beeinträchtigt würde.

(5) Die mit der Prüfung des Antrags befaßten Vertreter der zuständigen Stelle gewährleisten die Vertraulichkeit der erlangten Informationen.

(6) Der Rechtsanwalt, der im Aufnahmestaat gemäß den Absätzen 1, 2 und 3 zum Rechtsanwaltsberuf zugelassen wird, ist berechtigt, neben der Berufsbezeichnung, die dem Rechtsanwaltsberuf im Aufnahmestaat entspricht, auch die ursprüngliche Berufsbezeichnung in der Amtssprache oder einer der Amtssprachen des Herkunftsstaats zu führen.

Anmerkung: Aus der Niederlassungsfreiheit kann sich zugunsten desjenigen, der in einem Mitgliedstaat einen Hochschulabschluss erworben hat, unter bestimmten Bedingungen ein Anspruch auf Zugang zur Weiterqualifikation ergeben (vgl. EuGH Slg. 2003, I-13467 = EuZW 2004, 61 – Morgenbesser). Demjenigen, der in einem Mitgliedstaat einen der ersten juristischen Staatsprüfung vergleichbaren Abschluss erworben hat, eröffnet diese Freiheit aber auch nach der genannten Entscheidung keinen unmittelbaren Zugang zum Rechtsanwaltsberuf (BGH NJW 2009, 1822 = BRAK-Mitt. 2009, 128 = BGHR 2009, 708).

Art. 11 Gemeinsame Ausübung des Rechtsanwaltberufs. Sofern die gemeinsame Berufsausübung für Rechtsanwälte, die unter der jeweiligen Berufsbezeichnung tätig sind, im Aufnahmestaat gestattet ist, gelten die folgenden Bestimmungen für Rechtsanwälte, die unter dieser Berufsbezeichnung tätig bleiben wollen oder sich bei der zuständigen Stelle eintragen lassen:

1. Ein oder mehrere in einem Aufnahmestaat unter ihrer ursprünglichen Berufsbezeichnung tätige Rechtsanwälte, die Mitglied ein und derselben Gruppe im Herkunftsstaat sind, können ihre beruflichen Tätigkeiten im Rahmen einer Zweigstelle oder Niederlassung ihrer Gruppe

im Aufnahmestaat ausüben. Sind die für diese Gruppe im Herkunftsstaat geltenden grundlegenden Regeln jedoch mit den grundlegenden Regeln nach den Rechts- und Verwaltungsvorschriften des Aufnahmestaats unvereinbar, so finden letztere Vorschriften Anwendung, soweit ihre Beachtung im allgemeinen Interesse zum Schutz der Mandanten und Dritter gerechtfertigt ist.

2. Jeder Mitgliedstaat bietet zwei oder mehr Rechtsanwälten, die ein und derselben Gruppe angehören oder aus ein und demselben Herkunftsstaat kommen und unter ihrer ursprünglichen Berufsbezeichnung in seinem Gebiet tätig sind, die Möglichkeit des Zugangs zu einer Form der gemeinsamen Berufsausübung. Stellt der Aufnahmestaat seinen Rechtsanwälten verschiedene Formen der gemeinsamen Berufsausübung zur Verfügung, so müssen diese auch den in Satz 1 genannten Rechtsanwälten zugänglich sein. Die Modalitäten, nach denen diese Rechtsanwälte ihre Tätigkeiten im Aufnahmestaat gemeinsam ausüben, richten sich nach den Rechts- und Verwaltungsvorschriften dieses Mitgliedstaats.

3. Der Aufnahmestaat trifft die erforderlichen Maßnahmen, um auch eine gemeinsame Berufsausübung
   a) mehrerer unter ihrer ursprünglichen Berufsbezeichnung tätigen Rechtsanwälte aus verschiedenen Mitgliedstaaten,
   b) eines oder mehrerer Rechtsanwälte im Sinne von Buchstabe a) und eines oder mehrerer Rechtsanwälte des Aufnahmestaats

   zu gestatten.

   Die Modalitäten, nach denen diese Rechtsanwälte ihre Tätigkeiten im Aufnahmestaat gemeinsam ausüben, richten sich nach den Rechts- und Verwaltungsvorschriften dieses Mitgliedstaats.

4. Der Rechtsanwalt, der unter seiner ursprünglichen Berufsbezeichnung tätig sein möchte, setzt die zuständige Stelle des Aufnahmestaats davon in Kenntnis, daß er Mitglied einer Gruppe in seinem Herkunftsstaat ist, und erteilt alle zweckdienlichen Auskünfte über diese Gruppe.

5. Abweichend von den Nummern 1 bis 4 kann der Aufnahmestaat in jenem Ausmaß, in dem er Rechtsanwälten, die unter ihrer jeweiligen Berufsbezeichnung tätig sind, die Ausübung des Rechtsanwaltsberufs in einer Gruppe untersagt, der standesfremde Personen angehören, einem unter seiner ursprünglichen Berufsbezeichnung eingetragenen Rechtsanwalt das Recht verweigern, sich im Aufnahmestaat als Mitglied seiner Gruppe zu betätigen. Eine Gruppe gilt als Gruppe, der standesfremde Personen angehören, wenn Personen, die nicht die Qualifikation eines Rechtsanwalts gemäß Art. 1 Abs. 2 besitzen,
   – ganz oder teilweise das Kapital dieser Gruppe halten oder
   – die Bezeichnung, unter der die Gruppe tätig ist, benutzen oder
   – de facto oder de jure die Entscheidungsbefugnis darin ausüben.

   Sind die für eine solche Gruppe von Rechtsanwälten im Herkunftsstaat geltenden grundlegenden Regeln entweder mit denen des Aufnahmestaats oder mit Unterabsatz 1 unvereinbar, so kann der Aufnahmestaat ohne die Einschränkungen nach Nummer 1 die Eröffnung einer Zweigstelle oder Niederlassung auf seinem Hoheitsgebiet ablehnen.

1 **Anmerkung: Art. 11** bezweckt die Förderung der vergesellschafteten Berufsausübung im europäischen Binnenmarkt, ein Regelungsanliegen, das bei der richtlinienkonformen Interpretation der nationalen Transformationsvorschriften zu berücksichtigen ist (*Henssler* NJW 2009, 950, 951).

2 **Art. 11 Nr. 1** stellt klar, dass Rechtsanwälte, die in ihrem Herkunftsstaat assoziiert sind, ihre Berufstätigkeit unter ihrer heimischen Berufsbezeichnung im Aufnahmestaat in einer Niederlassung oder Zweigstelle ihrer Heimatgesellschaft ausüben dürfen. Dabei ist hinsichtlich der Organisationsform nicht das Recht des Aufnahmestaates maßgeblich, sondern des Herkunftsstaates. Der Aufnahmestaat kann nicht verlangen, dass der migrierende Rechtsanwalt sich einer im Aufnahmestaat geregelten Organisationsform bedient. Sind die Organisationsregeln des Herkunftsstaates aber mit den grundlegenden Vorschriften des Aufnahmestaates unvereinbar, kann dieser die Beachtung seiner Regeln verlangen, soweit ihre Beachtung im allgemeinen Interesse zum Schutz der Mandanten und Dritter gerechtfertigt ist (*Henssler* NJW 2009, 950, 951).

3 Nach **Art. 11 Nr. 2** sind alle Mitgliedstaaten verpflichtet, den grenzüberschreitend auf ihrem Gebiet tätigen Rechtsanwälten, die entweder derselben Gesellschaft angehören oder aus ein und demselben Herkunftsstaat kommen, eine Organisationsform zur Ausübung des Anwaltsberufs unter der Bezeichnung ihres Herkunftslandes zur Verfügung zu stellen. Die Organisationsformen

für heimische Rechtsanwälte müssen auch den migrierenden Rechtsanwälten zur Verfügung stehen. Nach **Nr. 3** müssen alle Mitgliedstaaten zudem eine gemeinsame Berufsausübung von einheimischen und ausländischen Rechtsanwälten ermöglichen.

Nach **Art. 11 Nr. 4** muss der Rechtsanwalt, der im Aufnahmestaat unter seiner ursprünglichen Berufsbezeichnung tätig sein möchte, die zuständige Stelle des Aufnahmestaates davon in Kenntnis setzen, dass er in seinem Heimatstaat Mitglied einer Sozietät pp. ist, und erteilt diesbezüglich alle zweckdienlichen Auskünfte. 4

Nach **Art. 11 Abs. 5** kann der Aufnahmestaat abweichend von den Nr. 1–4 die Ausübung des Anwaltsberufs in einer „Gruppe" (Sozietät pp.) untersagen, wenn einer Sozietät pp. aus dem Ausland standesfremde Personen angehören. Die Regel besagt, dass Deutschland als Ausnahme von der allgemeinen Niederlassungsfreiheit die Tätigkeit **englischer Solicitors** auf seinem Territorium untersagen darf, wenn diese für eine Firma tätig sind, deren Kapital von Nichtanwälten gehalten wird und die Eröffnung einer Zweigstelle eines solchen Unternehmens verbieten darf, wenn eine solche Struktur mit den grundlegenden Regeln des deutschen Berufsrechts unvereinbar ist (*Weil* BRAK-Mitt. 2013, 54). Richtig ist, dass es im EuRAG keine Vorschrift gibt, die ausdrücklich auf Art. 11 Abs. 5 Bezug nimmt. Das Gesetz bedient sich aber eines Globalverweises auf die für die Berufsausübung deutscher Rechtsanwälte geltenden Vorschriften, insbesondere den dritten Teil der BRAO mit der Überschrift „Die Rechte und Pflichten des Rechtsanwalts und die berufliche Zusammenarbeit der Rechtsanwälte (*Weil* BRAK-Mitt. 2013, 54; *Kilian* NJW 2014, 1766). 5

Mit Urteil des BGH vom 16.5.2013 (NJW 2013, 2674 = BRAK-Mitt. 2013, 187 zur **Sozietätsfähigkeit von Ärzten und Apothekern**) wird erläutert, dass auch die RL 98/5/EG in Art. 11 Abs. 5 Bestimmungen über die Zulässigkeit multidisziplinärer Ausübung der anwaltlichen Dienstleistungstätigkeit enthält. Das Verhältnis dieser Vorschrift zu Art. 25 RL 77/249/EWG ist für den sektoralen Bereich der Rechtsanwälte nicht geklärt (vgl. *Kopp* GPR 2008, 54, 61, die aus Art. 3 Abs. 1 RL 77/249/EWG insofern einen Vorrang von Art. 11 Abs. 5 RL 98/5/EG ableitet). Jedenfalls aber findet die richtlinienkonforme Auslegung einer staatlichen Vorschrift ihre Grenzen an dem nach innerstaatlicher Rechtstradition methodisch Erlaubten (BVerfG BeckRS 2011, 55541 Rn. 47 = ZIP 2012, 911) und darf nicht als Grundlage für eine Auslegung des nationalen Rechts contra legem dienen (EuGH Slg. 2009, I-6653 Rn. 61 = BeckRS 2009, 70805 – Mono Car Styling; BeckRS 2011, 55541 Rn. 47 = ZIP 2012, 911). Nach deutschem Recht ist eine Auslegung gegen den Wortlaut und gegen den erklärten Willen des Gesetzgebers grundsätzlich nicht zulässig (BVerfG BeckRS 2011, 55541 Rn. 56 = ZIP 2012, 911; NJW 2010, 3422 Rn. 64 = ZIP 2010, 1711; NJW 2007, 2977 Rn. 121; vgl. Grabitz/Hilf/Nettesheim/*Nettesheim,* Das Recht der Europäischen Union, 48. ErgLfg. AEUV Art. 288 Rn. 134). 6

Die Europäische Kommission hat die **Studie von Panteia** und der Maastricht Universität „Evaluation of the Legal Framework for the Free Movement of Lawyers" am 7.5.2013 veröffentlicht. Die Studie stellt ua die aktuellen Änderungen des anwaltlichen Berufsrechts in einigen Mitgliedstaaten dar, nach denen eine Beteiligung von Fremdkapital an Kanzleien zulässig ist. Da eine Einflussnahme der Nicht-Anwälte, die Anteile an einer Kanzlei halten, nicht auszuschließen sei und da eine effektive Aufsicht über solche Kanzleien fraglich erscheine, müsse es den nationalen Anwaltschaften überlassen bleiben, sich für oder gegen ein solches System zu entscheiden. Es wird jedoch angedacht, eine Verhältnismäßigkeitsprüfung im Zulassungsverfahren solcher Kanzleien zwingend vorzuschreiben (*Lörcher* BRAK (Brüssel)-Nr. 202/2013). 7

Da das deutsche Berufsrecht für **rechtsfähige Anwaltsgesellschaften** nur für die Rechtsanwalts-GmbH eine Zulassungsregelung kennt (§§ 59c ff. BRAO), dürfen ausländische Anwaltsgesellschaften in Deutschland ohne Zulassungsverfahren Zweigniederlassungen gründen oder ihren Verwaltungssitz nach Deutschland verlegen. Wollen ausländische Rechtsanwalts-Kapitalgesellschaften vor deutschen Gerichten postulationsfähig sein, können sie sich aber freiwillig einem Zulassungsverfahren entsprechend §§ 59c ff. BRAO unterziehen. Ohne Zulassung dürfen sie in Deutschland außerforensisch tätig werden, soweit die rechtsbesorgende Tätigkeit durch Personen erfolgt, die hier zur Rechtsberatung befugt sind (vgl. näher *Henssler* NJW 2009, 950, 951). 8

Art. 12 Bezeichnung der Gruppe. Unabhängig von den Einzelheiten der Ausübung ihrer Tätigkeit können die im Aufnahmestaat unter ihrer ursprünglichen Berufsbezeichnung tätigen Rechtsanwälte die Bezeichnung der Gruppe angeben, der sie im Herkunftsstaat angehören.

Der Aufnahmestaat kann verlangen, daß neben der Bezeichnung der Gruppe nach Unterabsatz 1 auch deren Rechtsform im Herkunftsstaat und/oder die Namen der im Aufnahmestaat tätigen Mitglieder der Gruppe angegeben werden.

Art. 13 Zusammenarbeit zwischen den zuständigen Stellen des Aufnahme- und des Herkunftsstaats und Vertraulichkeit. Die zuständige Stelle des Aufnahmestaats und die zuständige Stelle des Herkunftsstaats arbeiten eng zusammen und leisten einander Amtshilfe, um die Anwendung dieser Richtlinie zu erleichtern und zu vermeiden, daß die Bestimmungen dieser Richtlinie gegebenenfalls zwecks Umgehung der im Aufnahmestaat geltenden Regeln mißbräuchlich angewendet werden.

Sie gewährleisten die Vertraulichkeit der Informationen, die sie austauschen.

Art. 14 Benennung der zuständigen Stellen. Die Mitgliedstaaten benennen spätestens am 14. März 2000 die zuständigen Stellen, die befugt sind, die in dieser Richtlinie genannten Anträge entgegenzunehmen und die in dieser Richtlinie vorgesehenen Entscheidungen zu treffen. Sie setzen die übrigen Mitgliedstaaten und die Kommission davon in Kenntnis.

Art. 15 Bericht der Kommission. Spätestens zehn Jahre nach Inkrafttreten dieser Richtlinie erstattet die Kommission dem Europäischen Parlament und dem Rat über den Stand der Anwendung dieser Richtlinie Bericht.

Nach Durchführung der erforderlichen Anhörungen legt sie bei dieser Gelegenheit ihre Schlußfolgerungen sowie Vorschläge für etwaige Änderungen an dem geltenden System vor.

Art. 16 Umsetzung. (1) Die Mitgliedstaaten erlassen die erforderlichen Rechts- und Verwaltungsvorschriften, um dieser Richtlinie spätestens am 14. März 2000 nachzukommen. Sie setzen die Kommission unverzüglich davon in Kenntnis.

Wenn die Mitgliedstaaten derartige Vorschriften erlassen, nehmen sie in den Vorschriften selbst oder durch einen Hinweis bei der amtlichen Veröffentlichung auf diese Richtlinie Bezug. Die Mitgliedstaaten regeln die Einzelheiten dieser Bezugnahme.

(2) Die Mitgliedstaaten teilen der Kommission den Wortlaut der wichtigsten innerstaatlichen Rechtsvorschriften mit, die sie auf dem unter diese Richtlinie fallenden Gebiet erlassen.

Art. 17. Diese Richtlinie tritt am Tag ihrer Veröffentlichung im *Amtsblatt der Europäischen Gemeinschaften* in Kraft.

Art. 18 Adressaten. Diese Richtlinie ist an die Mitgliedstaaten gerichtet.

Schrifttum: *Hellwig,* Berufsrechtliche Fragen bei grenzüberschreitender Tätigkeit und Kooperation in Europa, BRAK-Mitt. 2009, 50; *Kilian,* Alternative Business Structures ante portas?, NJW 2014, 1766; *Weil,* Schon wieder: englische ABS, BRAK 2013, 54.

1 **Anmerkung:** Die RL 98/5/EG wurde entsprechend Art. 16 mit den §§ 1, 2–15, 36–42 EuRAG (vgl. dort) in deutsches Recht umgesetzt. Sie stellt keinen Verstoß gegen das Diskriminierungsverbot und das Einstimmigkeitserfordernis gemäß Art. 53 AEUV (früher Art. 47 EG-Vertrag, zuvor Art. 57 Abs. 2 S. 2 EG-Vertrag) dar und ist daher nicht nichtig (EuGH DB 2000, 2320). Zur Umsetzung der Niederlassungsrichtlinie in Griechenland vgl. *Jordan* BRAK-Mitt. 2001, 26. Zur Lage der ausländischen Anwälte in Brüssel nach der Umsetzung der Niederlassungsrichtlinie in Belgien *Bierwagen* BRAK-Mitt. 2002, 157 und zur Niederlassung und Dienstleistung europäischer Rechtsanwälte in Österreich vgl. *Lach* BRAK-Mitt. 2000, 186, im Vereinigten Königreich *Söder* BRAK-Mitt. 2000, 242.

2 Die Eintragung entsprechend Art. 3 bei der zuständigen nationalen Stelle darf nicht von einer vorherigen Sprachprüfung abhängig gemacht werden (EuGH NJW 2006, 3701; 2006, 3697).

3 Die RL 2005/36/EG vom 7.9.2005 über die Anerkennung von Berufsqualifikationen (→ Teil II Nr. 10) berührt nicht die Anwendung der RL 98/5/EG zur Erleichterung der ständigen Ausübung des Rechtsanwaltsberufs in einem anderen Mitgliedstaat als dem, in dem die Qualifikation erworben wurde. Die Anerkennung der Berufsqualifikation von Anwälten zum Zwecke der umgehenden Niederlassung unter der Berufsbezeichnung des Aufnahmemitgliedstaates sollte von dieser Richtlinie abgedeckt werden (Erwägungsgrund Nr. 42 der Richtlinie 2005/36/EG).

Aus der Niederlassungsfreiheit kann sich zugunsten desjenigen, der in einem Mitgliedstaat einen Hochschulabschluss erworben hat, unter bestimmten Bedingungen ein Anspruch auf Zugang zur Weiterqualifikation ergeben (vgl. EuGH Slg. I-13 467 = EuZW 2004, 61 – Morgenbesser). Demjenigen, der in einem Mitgliedstaat einen der ersten juristischen Staatsprüfung vergleichbaren Abschluss erworben hat, eröffnet diese Freiheit aber auch nach der genannten Entscheidung keinen unmittelbaren Zugang zum Anwaltsberuf (BGH MDR 2009, 776 = BRAK-Mitt. 2009, 128 = BGHR 2009, 708). 4

10. Richtlinie 2005/36/EG des Europäischen Parlaments und des Rates vom 7. September 2005 über die Anerkennung von Berufsqualifikationen (RL 2005/36/EG)

(ABl. Nr. L 255 S. 22, ber. ABl. Nr. L 271 S. 18, ABl. 2008 Nr. L 93 S. 28, ABl. 2009 Nr. L 33 S. 49, ABl. 2014 Nr. L 305 S. 115),

zuletzt geändert durch Richtlinie 2013/55/EU vom 20. November 2013 (ABl. Nr. L 354 S. 132)

DAS EUROPÄISCHE PARLAMENT UND DER RAT DER EUROPÄISCHEN UNION –

gestützt auf den Vertrag zur Gründung der Europäischen Gemeinschaft, insbesondere auf Artikel 40, Artikel 47 Absatz 1, Artikel 47 Absatz 2 Sätze 1 und 3 und Artikel 55,

auf Vorschlag der Kommission,[1]

nach Stellungnahme des Europäischen Wirtschafts- und Sozialausschusses,[2]

gemäß dem Verfahren des Artikels 251 des Vertrags,[3]

in Erwägung nachstehender Gründe:

(1) Nach Artikel 3 Absatz 1 Buchstabe c des Vertrages ist die Beseitigung der Hindernisse für den freien Personen- und Dienstleistungsverkehr zwischen den Mitgliedstaaten eines der Ziele der Gemeinschaft. Dies bedeutet für die Staatsangehörigen der Mitgliedstaaten insbesondere die Möglichkeit, als Selbstständige oder abhängig Beschäftigte einen Beruf in einem anderen Mitgliedstaat als dem auszuüben, in dem sie ihre Berufsqualifikationen erworben haben. Ferner sieht Artikel 47 Absatz 1 des Vertrags vor, dass Richtlinien für die gegenseitige Anerkennung der Diplome, Prüfungszeugnisse und sonstigen Befähigungsnachweise erlassen werden.

(2) Nach der Tagung des Europäischen Rates in Lissabon vom 23. und 24. März 2000 hat die Kommission eine Mitteilung „Eine Binnenmarktstrategie für den Dienstleistungssektor“ vorgelegt, die insbesondere darauf abzielt, die Erbringung von Dienstleistungen innerhalb der Gemeinschaft ebenso einfach zu machen wie innerhalb eines Mitgliedstaats. Nach Annahme der Mitteilung „Neue europäische Arbeitsmärkte – offen und zugänglich für alle“ durch die Kommission hat der Europäische Rat auf seiner Tagung vom 23. und 24. März 2001 in Stockholm die Kommission beauftragt, für die Frühjahrstagung des Europäischen Rates im Jahr 2002 spezifische Vorschläge für ein einheitlicheres, transparenteres und flexibleres System der Anerkennung von beruflichen Qualifikationen zu unterbreiten.

(3) Diese Richtlinie gibt Personen, die ihre Berufsqualifikationen in einem Mitgliedstaat erworben haben, Garantien hinsichtlich des Zugangs zu demselben Beruf und seiner Ausübung in einem anderen Mitgliedstaat unter denselben Voraussetzungen wie Inländern; sie schließt jedoch nicht aus, dass der Migrant nicht diskriminierende Ausübungsvoraussetzungen, die dieser Mitgliedstaat vorschreibt, erfüllen muss, soweit diese objektiv gerechtfertigt und verhältnismäßig sind.

(4) Es ist angezeigt, zur Erleichterung des freien Dienstleistungsverkehrs besondere Vorschriften zu erlassen, durch die die Möglichkeiten zur Ausübung beruflicher Tätigkeiten unter der im Herkunftsmitgliedstaat erworbenen Berufsbezeichnung erweitert werden. Für Dienstleistungen der Informationsgesellschaft, die im Fernabsatz erbracht werden, gilt neben dieser Richtlinie noch die Richtlinie 2000/31/EG des Europäischen Parlaments und des Rates vom 8. Juni 2000 über bestimmte rechtliche Aspekte der Dienste

[1] ABl. C 181 E vom 30.7.2002, S. 183.
[2] ABl. C 61 vom 14.3.2003, S. 67.
[3] Stellungnahme des Europäischen Parlaments vom 11. Februar 2004 (ABl. C 97 E vom 22.4.2004, S. 230), Gemeinsamer Standpunkt des Rates vom 21. Dezember 2004 (ABl. C 58 E vom 8.3.2005, S. 1) und Standpunkt des Rates vom 21. Dezember 2004 (Abl. C 58 E vom 8.3.2005, S. 1) und Standpunkt des Europäischen Parlaments vom 11. Mai 2005 (noch nicht im Amtsblatt veröffentlicht). Beschluss des Rates vom 6. Juni 2005.

der Informationsgesellschaft, insbesondere des elektronischen Geschäftsverkehrs, im Binnenmarkt.[4]

(5) Da für die zeitweilige und gelegentliche grenzüberschreitende Erbringung von Dienstleistungen einerseits und für die Niederlassung andererseits jeweils unterschiedliche Regelungen gelten, sollten für den Fall, dass sich der Dienstleister in den Aufnahmemitgliedstaat begibt, die Kriterien für die Unterscheidung zwischen diesen beiden Konzepten genauer bestimmt werden.

(6) Im Rahmen der Erleichterung der Erbringung von Dienstleistungen ist der öffentlichen Gesundheit und Sicherheit sowie dem Verbraucherschutz unbedingt Rechnung zu tragen. Daher sollten spezifische Bestimmungen für reglementierte Berufe vorgesehen werden, die die öffentliche Gesundheit oder Sicherheit berühren und deren Angehörige vorübergehend oder gelegentlich grenzüberschreitende Dienstleistungen erbringen.

(7) Die Aufnahmemitgliedstaaten können erforderlichenfalls im Einklang mit dem Gemeinschaftsrecht Meldevorschriften erlassen. Diese Vorschriften sollten nicht zu einer unverhältnismäßig hohen Belastung der Dienstleister führen und die Ausübung des freien Dienstleistungsverkehrs nicht behindern oder weniger attraktiv machen. Die Notwendigkeit derartiger Vorschriften sollte regelmäßig unter Berücksichtigung der Fortschritte, die bei der Schaffung eines Gemeinschaftsrahmens für eine behördliche Zusammenarbeit zwischen den Mitgliedstaaten erzielt worden sind, überprüft werden.

(8) Für den Dienstleister sollten Disziplinarvorschriften des Aufnahmemitgliedstaats gelten, die unmittelbar und konkret mit den Berufsqualifikationen verbunden sind, wie die Definition des Berufes, der Umfang der zu einem Beruf gehörenden oder diesem vorbehaltenen Tätigkeiten, das Führen von Titeln und schwerwiegende berufliche Fehler in unmittelbarem und spezifischem Zusammenhang mit dem Schutz und der Sicherheit der Verbraucher.

(9) Die Grundsätze und Garantien für die Niederlassungsfreiheit, die in den verschiedenen derzeit geltenden Anerkennungsregelungen enthalten sind, sollen aufrechterhalten werden, wobei aber die Vorschriften dieser Anerkennungsregeln im Lichte der Erfahrungen verbessert werden sollten. Außerdem sind die einschlägigen Richtlinien mehrfach geändert worden, und es sollte daher durch eine Vereinheitlichung der geltenden Grundsätze eine Neuordnung und Straffung ihrer Bestimmungen vorgenommen werden. Es ist daher erforderlich, folgende Richtlinien aufzuheben und in einem einzigen neuen Text zusammenzufassen: die Richtlinien 89/48/EWG[5] und 92/51/EWG[6] des Rates sowie die Richtlinie 1999/42/EG des Europäischen Parlaments und des Rates über die allgemeine Regelung zur Anerkennung beruflicher Befähigungsnachweise[7] sowie die Richtlinien 77/452/EWG,[8] 77/453/EWG,[9] 78/686/EWG,[10] 78/687/EWG,[11] 78/1026/EWG,[12] 78/1027/EWG,[13] 80/154/EWG,[14] 80/155/EWG,[15] 85/384/EWG,[16] 85/432/EWG,[17] 85/433/EWG[18] und 93/16/EWG[19] des Rates, die die Tätigkeiten der Krankenschwester und des Krankenpflegers, die für die allgemeine Pflege verantwortlich sind, des Zahnarztes, des Tierarztes, der Hebamme, des Architekten, des Apothekers bzw. des Arztes betreffen.

---

[4] ABl. L 178 vom 17.7.2000, S. 1.

[5] ABl. L 19 vom 24.1.1989, S. 16. Geändert durch die Richtlinie 2001/19/EG des Europäischen Parlaments und des Rates (ABl. L 206 vom 31.7.2001, S. 1).

[6] ABl. L 209 vom 24.7.1992, S. 25. Zuletzt geändert durch die Entscheidung 2004/108/EG (ABl. L 32 vom 5.2.2004, S. 15).

[7] ABl. L 201 vom 31.7.1999, S. 77.

[8] ABl. L 176 vom 15.7.1977, S. 1. Zuletzt geändert durch die Beitrittsakte von 2003.

[9] ABl. L 176 vom 15.7.1977, S. 8. Zuletzt geändert durch die Richtlinie 2001/19/EG.

[10] ABl. L 233 vom 24.8.1978, S. 1. Zuletzt geändert durch die Beitrittsakte von 2003.

[11] ABl. L 233 vom 24.8.1978, S. 10. Zuletzt geändert durch die Beitrittsakte von 2003.

[12] ABl. L 362 vom 23.12.1978, S. 1. Zuletzt geändert durch die Richtlinie 2001/19/EG.

[13] ABl. L 362 vom 23.12.1978, S. 7. Zuletzt geändert durch die Richtlinie 2001/19/EG.

[14] ABl. L 33 vom 11.2.1980, S. 1. Zuletzt geändert durch die Beitrittsakte von 2003.

[15] ABl. L 33 vom 11.2.1980, S. 8. Zuletzt geändert durch die Richtlinie 2001/19/EG.

[16] ABl. L 223 vom 21.8.1985, S. 15. Zuletzt geändert durch die Beitrittsakte von 2003.

[17] ABl. L 253 vom 24.9.1985, S. 34. Geändert durch die Richtlinie 2001/19/EG.

[18] ABl. L 253 vom 24.9.1985, S. 37. Zuletzt geändert durch die Beitrittsakte von 2003.

[19] ABl. L 165 vom 7.7.1993, S. 1. Zuletzt geändert durch die Verordnung (EG) Nr. 1882/2003 des Europäischen Parlaments und des Rates (ABl. L 284 vom 31.10.2003, S. 1).

(10) Diese Richtlinie hindert die Mitgliedstaaten nicht daran, gemäß ihren Rechtsvorschriften Berufsqualifikationen anzuerkennen, die außerhalb des Gebiets der Europäischen Union von einem Staatsangehörigen eines Drittstaats erworben wurden. In jedem Fall sollte die Anerkennung unter Beachtung der Mindestanforderungen an die Ausbildung für bestimmte Berufe erfolgen.

(11) Für die Berufe, die unter die allgemeine Regelung zur Anerkennung von Ausbildungsnachweisen – nachstehend „allgemeine Regelung" genannt – fallen, sollten die Mitgliedstaaten die Möglichkeit behalten, das Mindestniveau der notwendigen Qualifikation festzulegen, um die Qualität der in ihrem Hoheitsgebiet erbrachten Leistungen zu sichern. Nach den Artikeln 10, 39 und 43 des Vertrags sollten sie einem Angehörigen eines Mitgliedstaates jedoch nicht vorschreiben, dass er Qualifikationen, die sie in der Regel durch schlichte Bezugnahme auf die in ihrem innerstaatlichen Bildungssystem ausgestellten Diplome bestimmen, erwirbt, wenn die betreffende Person diese Qualifikationen bereits ganz oder teilweise in einem anderen Mitgliedstaat erworben hat. Deshalb sollte vorgesehen werden, dass jeder Aufnahmemitgliedstaat, in dem ein Beruf reglementiert ist, die in einem anderen Mitgliedstaat erworbenen Qualifikationen berücksichtigen und dabei beurteilen muss, ob sie den von ihm geforderten Qualifikationen entsprechen. Dieses allgemeine System zur Anerkennung steht jedoch dem nicht entgegen, dass ein Mitgliedstaat jeder Person, die einen Beruf in diesem Mitgliedstaat ausübt, spezifische Erfordernisse vorschreibt, die durch die Anwendung der durch das allgemeine Interesse gerechtfertigten Berufsregeln begründet sind. Diese betreffen insbesondere die Regeln hinsichtlich der Organisation des Berufs, die beruflichen Standards, einschließlich der standesrechtlichen Regeln, die Vorschriften für die Kontrolle und die Haftung. Schließlich zielt diese Richtlinie nicht auf einen Eingriff in das berechtigte Interesse der Mitgliedstaaten ab, zu verhindern, dass einige ihrer Staatsangehörigen sich in missbräuchlicher Weise der Anwendung des nationalen Rechts im Bereich der Berufe entziehen.

(12) Diese Richtlinie regelt die Anerkennung von in anderen Mitgliedstaaten erworbenen Berufsqualifikationen durch die Mitgliedstaaten. Sie gilt jedoch nicht für die Anerkennung von aufgrund dieser Richtlinie gefassten Anerkennungsbeschlüssen anderer Mitgliedstaaten durch die Mitgliedstaaten. Eine Person, deren Berufsqualifikationen aufgrund dieser Richtlinie anerkannt worden sind, kann sich somit nicht auf diese Anerkennung berufen, um in ihrem Herkunftsmitgliedstaat Rechte in Anspruch zu nehmen, die sich nicht aus der in diesem Mitgliedstaat erworbenen Berufsqualifikation ableiten, es sei denn, sie weist nach, dass sie zusätzliche Berufsqualifikationen im Aufnahmemitgliedstaat erworben hat.

(13) Um den Anerkennungsmechanismus aufgrund der allgemeinen Regelung festzulegen, müssen die einzelstaatlichen Systeme der allgemeinen und beruflichen Bildung in Niveaus unterteilt werden. Diese Niveaus, die nur zum Zweck der Anwendung der allgemeinen Regelung festgelegt werden, haben keine Auswirkungen auf die einzelstaatlichen Strukturen der allgemeinen und beruflichen Bildung oder auf die Zuständigkeit der Mitgliedstaaten auf diesem Gebiet.

(14) Der durch die Richtlinien 89/48/EWG und 92/51/EWG eingeführte Anerkennungsmechanismus ändert sich nicht. Folglich sollte der Inhaber eines Zeugnisses, das den erfolgreichen Abschluss einer postsekundären Ausbildung von mindestens einem Jahr bescheinigt, Zugang zu einem reglementierten Beruf in einem Mitgliedstaat erhalten, in dem dieser Zugang von der Vorlage eines Zeugnisses über den erfolgreichen Abschluss einer Hochschul- oder Universitätsausbildung von vier Jahren abhängt, unabhängig von dem Niveau, zu dem der im Aufnahmemitgliedstaat verlangte Ausbildungsabschluss gehört. Umgekehrt sollte der Zugang zu einem reglementierten Beruf, soweit er vom erfolgreichen Abschluss einer Hochschul- oder Universitätsausbildung von mehr als vier Jahren abhängt, nur den Inhabern eines Zeugnisses über den erfolgreichen Abschluss einer Hochschul- oder Universitätsausbildung von mindestens drei Jahren gewährt werden.

(15) Da die Mindestanforderungen an die Ausbildung für die Aufnahme und Ausübung der unter die allgemeine Regelung fallenden Berufe nicht harmonisiert sind, sollte der Aufnahmemitgliedstaat die Möglichkeit haben, eine Ausgleichsmaßnahme vorzuschrei-

ben. Diese Maßnahme sollte dem Grundsatz der Verhältnismäßigkeit entsprechen und insbesondere die Berufserfahrung des Antragstellers berücksichtigen. Die Erfahrung zeigt, dass die Möglichkeit, dem Migranten nach seiner Wahl einen Eignungstest oder einen Anpassungslehrgang vorzuschreiben, hinreichende Garantien hinsichtlich seines Qualifikationsniveaus bietet, so dass jede Abweichung von dieser Wahlmöglichkeit in jedem Einzelfall durch einen zwingenden Grund des Allgemeininteresses gerechtfertigt sein müsste.

(16) Um die Freizügigkeit von Berufstätigen zu fördern und gleichzeitig ein angemessenes Qualifikationsniveau zu gewährleisten, sollten verschiedene Berufsverbände und -organisationen oder die Mitgliedstaaten auf europäischer Ebene gemeinsame Plattformen vorschlagen können. Unter bestimmten Voraussetzungen und unter Beachtung der Zuständigkeit der Mitgliedstaaten für die Festlegung der für die Ausübung der Berufe in ihrem Hoheitsgebiet erforderlichen beruflichen Qualifikationen sowie für den Inhalt und die Organisation ihrer Systeme für die allgemeine und berufliche Bildung und unter Beachtung des Gemeinschaftsrechts, insbesondere des gemeinschaftlichen Wettbewerbsrechts, sollte diese Richtlinie diesen Initiativen Rechnung tragen, während sie gleichzeitig einen stärkeren Automatismus der Anerkennung im Rahmen der allgemeinen Regelung fördert. Die Berufsverbände, die gemeinsame Plattformen vorlegen können, sollten auf einzelstaatlicher und europäischer Ebene repräsentativ sein. Eine gemeinsame Plattform besteht in einer Reihe von Kriterien, mit denen wesentliche Unterschiede, die zwischen den Ausbildungsanforderungen in mindestens zwei Dritteln der Mitgliedstaaten, einschließlich all jener Mitgliedstaaten, in denen der Beruf reglementiert ist, festgestellt wurden, möglichst umfassend ausgeglichen werden können. Zu den Kriterien könnten beispielsweise Anforderungen wie eine Zusatzausbildung, ein Anpassungslehrgang in der Praxis unter Aufsicht, eine Eignungsprüfung, ein vorgeschriebenes Minimum an Berufserfahrung oder eine Kombination solcher Anforderungen gehören.

(17) Damit alle Sachverhalte berücksichtigt werden, die bisher keiner Regelung zur Anerkennung von Berufsqualifikationen unterliegen, sollte die allgemeine Regelung auf die Fälle ausgedehnt werden, die nicht durch eine Einzelregelung abgedeckt werden, entweder weil der Beruf unter keine der Regelungen fällt oder weil der Beruf zwar unter eine bestimmte Regelung fällt, der Antragsteller aus besonderen und außergewöhnlichen Gründen die Voraussetzungen für die Inanspruchnahme dieser Regelung jedoch nicht erfüllt.

(18) Es ist geboten, die Vorschriften zu vereinfachen, die in den Mitgliedstaaten, in denen die betreffenden Berufe reglementiert sind, die Aufnahme bestimmter Tätigkeiten in Industrie, Handel und Handwerk ermöglichen, sofern die entsprechenden Tätigkeiten in einem Mitgliedstaat während eines angemessenen, nicht zu weit zurückliegenden Zeitraums ausgeübt worden sind; gleichzeitig gilt es aber, an einem System der automatischen Anerkennung auf der Grundlage der Berufserfahrung für diese Tätigkeiten festzuhalten.

(19–28) weggelassen

(29) Wenn die nationale oder europäische Berufsorganisation bzw. der nationale oder europäische Berufsverband eines reglementierten Berufs ein begründetes Ersuchen um eine Sonderregelung für die Anerkennung der Berufsqualifikationen im Hinblick auf die Koordinierung der Mindestanforderungen an die Ausbildung vorlegt, prüft die Kommission die Möglichkeit, einen Vorschlag zur Änderung dieser Richtlinie zu verabschieden.

(30) Um die Wirksamkeit des Systems der Anerkennung von Berufsqualifikationen zu gewährleisten, sollten einheitliche Formalitäten und Verfahrensregeln für seine Anwendung sowie bestimmte Modalitäten für die Ausübung der Berufe festgelegt werden.

(31) Da die Zusammenarbeit zwischen den Mitgliedstaaten sowie zwischen den Mitgliedstaaten und der Kommission die Anwendung dieser Richtlinie und die Beachtung der sich daraus ergebenden Verpflichtungen sicher erleichtert, ist es angezeigt, die Einrichtungen dafür festzulegen.

(32) Mit der Einführung von Berufsausweisen auf europäischer Ebene durch Berufsverbände und -organisationen kann sich die Mobilität von Berufsangehörigen erhöhen, insbesondere durch Beschleunigung des Austauschs von Informationen zwischen dem Aufnah-

memitgliedstaat und dem Herkunftsmitgliedstaat. Diese Berufsausweise sollen es ermöglichen, den beruflichen Werdegang von Berufsangehörigen zu verfolgen, die sich in verschiedenen Mitgliedstaaten niederlassen. Die Ausweise könnten unter voller Einhaltung der Datenschutzvorschriften Informationen über die beruflichen Qualifikationen des Berufsangehörigen (Universität bzw. Bildungseinrichtungen, Qualifikationen, Berufserfahrungen), seine Niederlassung und die gegen ihn verhängten berufsbezogenen Sanktionen sowie Einzelangaben der zuständigen Behörde umfassen.

(33) Die Einrichtung eines Systems von Kontaktstellen, die die Bürger der Mitgliedstaaten informieren und unterstützen sollen, wird die Transparenz der Anerkennungsregelung gewährleisten. Die Kontaktstellen liefern den Bürgern die von ihnen angeforderten Informationen und übermitteln der Kommission alle Angaben und Anschriften, die für das Anerkennungsverfahren von Nutzen sein können. Durch die Benennung einer einzigen Kontaktstelle durch jeden Mitgliedstaat im Rahmen des Netzes bleibt die Zuständigkeitsverteilung auf nationaler Ebene unberührt. Insbesondere steht dies dem nicht entgegen, dass auf nationaler Ebene mehrere Stellen benannt werden, wobei der im Rahmen dieses Netzes benannten Kontaktstelle die Aufgabe zukommt, die anderen Stellen zu koordinieren und den Bürger erforderlichenfalls im Einzelnen über die für ihn zuständige Stelle zu informieren.

(34) Die Verwaltung der unterschiedlichen Anerkennungssysteme, die in den Einzelrichtlinien und in der allgemeinen Regelung festgelegt sind, hat sich als schwerfällig und komplex erwiesen. Es ist daher angezeigt, die Verwaltung dieser Richtlinie und ihre Aktualisierung zwecks Anpassung an den wissenschaftlichen und technischen Fortschritt zu vereinfachen, insbesondere, wenn die Mindestanforderungen an die Ausbildungen zur automatischen Anerkennung der Ausbildungsnachweise koordiniert werden. Zu diesem Zweck sollte ein gemeinsamer Ausschuss für die Anerkennung der Berufsqualifikationen eingesetzt und gleichzeitig eine angemessene Einbindung der Vertreter der Berufsorganisationen, auch auf europäischer Ebene, sichergestellt werden.

(35) Die zur Durchführung dieser Richtlinie erforderlichen Maßnahmen sollten gemäß dem Beschluss 1999/468/EG des Rates vom 28. Juni 1999 zur Festlegung der Modalitäten für die Ausübung der der Kommission übertragenen Durchführungsbefugnisse[20] erlassen werden.

(36) Ein regelmäßig vorgelegter Bericht der Mitgliedstaaten mit statistischen Daten über die Anwendung dieser Richtlinie wird Aufschluss über die Wirkung des Systems zur Anerkennung von Berufsqualifikationen geben.

(37) Für den Fall, dass die Anwendung einer Bestimmung dieser Richtlinie einem Mitgliedstaat erhebliche Schwierigkeiten bereitet, sollte ein geeignetes Verfahren für die Annahme befristeter Maßnahmen vorgesehen werden.

(38) Die Bestimmungen dieser Richtlinie berühren nicht die Zuständigkeit der Mitgliedstaaten für die Gestaltung ihres nationalen Sozialversicherungssystems und die Festlegung der Tätigkeiten, die im Rahmen dieses Systems ausgeübt werden müssen.

(39) Angesichts der raschen Weiterentwicklung von Wissenschaft und Technik ist das lebenslange Lernen in einer Vielzahl von Berufen äußerst wichtig. Vor diesem Hintergrund ist es Aufgabe der Mitgliedstaaten, die Regelungen einer angemessenen Fortbildung im Einzelnen festzulegen, die die Berufsangehörigen auf dem neuesten Stand von Wissenschaft und Technik hält.

(40) Da die Ziele dieser Richtlinie, nämlich die Straffung, Vereinfachung und Verbesserung der Vorschriften für die Anerkennung beruflicher Qualifikationen, auf Ebene der Mitgliedstaaten nicht ausreichend erreicht werden können und daher besser auf Gemeinschaftsebene zu erreichen sind, kann die Gemeinschaft im Einklang mit dem in Artikel 5 des Vertrags niedergelegten Subsidiaritätsprinzip tätig werden. Entsprechend dem in demselben Artikel genannten Verhältnismäßigkeitsprinzip geht diese Richtlinie nicht über das für die Erreichung dieser Ziele erforderliche Maß hinaus.

(41) Diese Richtlinie berührt nicht die Anwendung des Artikels 39 Absatz 4 und des Artikels 45 des Vertrags, insbesondere auf Notare.

---

[20] ABl. L 184 vom 17.7.1999, S. 23.

(42) In Bezug auf das Niederlassungsrecht und die Erbringung von Dienstleistungen gilt diese Richtlinie unbeschadet anderer spezifischer Rechtsvorschriften über die Anerkennung von Berufsqualifikationen, wie zum Beispiel der bestehenden Vorschriften in den Bereichen Verkehr, Versicherungsvermittler und gesetzlich zugelassene Abschlussprüfer. Diese Richtlinie berührt nicht die Anwendung der Richtlinie 77/249/EWG des Rates vom 22. März 1977 zur Erleichterung der tatsächlichen Ausübung des freien Dienstleistungsverkehrs der Rechtsanwälte[21] oder der Richtlinie 98/5/EG des Europäischen Parlaments und des Rates vom 16. Februar 1998 zur Erleichterung der ständigen Ausübung des Rechtsanwaltsberufs in einem anderen Mitgliedstaat als dem, in dem die Qualifikation erworben wurde.[22] Die Anerkennung der Berufsqualifikationen von Anwälten zum Zwecke der umgehenden Niederlassung unter der Berufsbezeichnung des Aufnahmemitgliedstaats sollte von dieser Richtlinie abgedeckt werden.

(43) Diese Richtlinie betrifft auch freie Berufe soweit sie reglementiert sind, die gemäß den Bestimmungen dieser Richtlinie auf der Grundlage einschlägiger Berufsqualifikationen persönlich, in verantwortungsbewusster Weise und fachlich unabhängig von Personen ausgeübt werden, die für ihre Kunden und die Allgemeinheit geistige und planerische Dienstleistungen erbringen. Die Ausübung der Berufe unterliegt möglicherweise in den Mitgliedstaaten in Übereinstimmung mit dem Vertrag spezifischen gesetzlichen Beschränkungen nach Maßgabe des innerstaatlichen Rechts und des in diesem Rahmen von der jeweiligen Berufsvertretung autonom gesetzten Rechts, das die Professionalität, die Dienstleistungsqualität und die Vertraulichkeit der Beziehungen zu den Kunden gewährleistet und fortentwickelt.

(44) Diese Richtlinie lässt die Maßnahmen unberührt, die erforderlich sind, um ein hohes Gesundheits- und Verbraucherschutzniveau sicherzustellen –

HABEN FOLGENDE RICHTLINIE ERLASSEN:

Titel I. Allgemeine Bestimmungen

Art. 1 Gegenstand

(1) Diese Richtlinie legt die Vorschriften fest, nach denen ein Mitgliedstaat, der den Zugang zu einem reglementierten Beruf oder dessen Ausübung in seinem Hoheitsgebiet an den Besitz bestimmter Berufsqualifikationen knüpft (im Folgenden „Aufnahmemitgliedstaat" genannt), für den Zugang zu diesem Beruf und dessen Ausübung die in einem oder mehreren anderen Mitgliedstaaten (im Folgenden „Herkunftsmitgliedstaat" genannt) erworbenen Berufsqualifikationen anerkennt, die ihren Inhaber berechtigen, dort denselben Beruf auszuüben.

(2) Mit dieser Richtlinie werden auch Regeln über den partiellen Zugang zu einem reglementierten Beruf sowie die Anerkennung von in einem anderen Mitgliedstaat absolvierten Berufspraktika festgelegt.

Art. 2 Anwendungsbereich

(1) Diese Richtlinie gilt für alle Staatsangehörigen eines Mitgliedstaats, die als Selbstständige oder abhängig Beschäftigte, einschließlich der Angehörigen der freien Berufe, einen reglementierten Beruf in einem anderen Mitgliedstaat als dem, in dem sie ihre Berufsqualifikationen erworben haben, ausüben wollen.

Diese Richtlinie gilt auch für alle Staatsangehörigen eines Mitgliedstaats, die ein Berufspraktikum außerhalb ihres Herkunftsmitgliedstaats abgeleistet haben.

(2) [1]Jeder Mitgliedstaat kann in seinem Hoheitsgebiet nach Maßgabe seiner Vorschriften den Staatsangehörigen der Mitgliedstaaten, die eine Berufsqualifikation vorweisen können, die nicht in einem Mitgliedstaat erworben wurde, die Ausübung eines reglementierten Berufs im Sinne von Artikel 3 Absatz 1 Buchstabe a gestatten. [2]Für die Berufe in Titel III Kapitel III erfolgt diese erste Anerkennung unter Beachtung der dort genannten Mindestanforderungen an die Ausbildung.

---

[21] ABl. L 78 vom 26.3.1977, S. 17. Zuletzt geändert durch die Beitrittsakte von 2003.

[22] ABl. L 77 vom 14.3.1998, S. 36. Geändert durch die Beitrittsakte von 2003.

(3) Wurden für einen bestimmten reglementierten Beruf in einem gesonderten gemeinschaftlichen Rechtsakt andere spezielle Regelungen unmittelbar für die Anerkennung von Berufsqualifikationen festgelegt, so finden die entsprechenden Bestimmungen dieser Richtlinie keine Anwendung.

(4) Diese Richtlinie gilt nicht für durch einen Hoheitsakt bestellte Notare.

Art. 3 Begriffsbestimmungen

(1) Für die Zwecke dieser Richtlinie gelten folgende Begriffsbestimmungen:

a) „reglementierter Beruf" ist eine berufliche Tätigkeit oder eine Gruppe beruflicher Tätigkeiten, bei der die Aufnahme oder Ausübung oder eine der Arten der Ausübung direkt oder indirekt durch Rechts- und Verwaltungsvorschriften an den Besitz bestimmter Berufsqualifikationen gebunden ist; eine Art der Ausübung ist insbesondere die Führung einer Berufsbezeichnung, die durch Rechts- oder Verwaltungsvorschriften auf Personen beschränkt ist, die über eine bestimmte Berufsqualifikation verfügen. Trifft Satz 1 dieser Begriffsbestimmung nicht zu, so wird ein unter Absatz 2 fallender Beruf als reglementierter Beruf behandelt;

b) „Berufsqualifikationen" sind die Qualifikationen, die durch einen Ausbildungsnachweis, einen Befähigungsnachweis nach Artikel 11 Buchstabe a Ziffer i und/oder Berufserfahrung nachgewiesen werden;

c) „Ausbildungsnachweise" sind Diplome, Prüfungszeugnisse und sonstige Befähigungsnachweise, die von einer Behörde eines Mitgliedstaats, die entsprechend dessen Rechts- und Verwaltungsvorschriften benannt wurde, für den Abschluss einer überwiegend in der Gemeinschaft absolvierten Berufsausbildung ausgestellt werden. Findet Satz 1 keine Anwendung, so sind Ausbildungsnachweise im Sinne des Absatzes 3 den hier genannten Ausbildungsnachweisen gleichgestellt;

d) „zuständige Behörde": jede von den Mitgliedstaaten mit der besonderen Befugnis ausgestattete Behörde oder Stelle, Ausbildungsnachweise und andere Dokumente oder Informationen auszustellen bzw. entgegenzunehmen sowie Anträge zu erhalten und Beschlüsse zu fassen, auf die in der vorliegenden Richtlinie abgezielt wird;

e) „reglementierte Ausbildung" ist eine Ausbildung, die speziell auf die Ausübung eines bestimmten Berufes ausgerichtet ist und aus einem abgeschlossenen Ausbildungsgang oder mehreren abgeschlossenen Ausbildungsgängen besteht, der gegebenenfalls durch eine Berufsausbildung, durch ein Berufspraktikum oder durch Berufspraxis ergänzt wird;

Der Aufbau und das Niveau der Berufsausbildung, des Berufspraktikums oder der Berufspraxis müssen in den Rechts- und Verwaltungsvorschriften des jeweiligen Mitgliedstaats festgelegt sein oder von einer zu diesem Zweck bestimmten Behörde kontrolliert oder genehmigt werden;

f) „Berufserfahrung": ist die tatsächliche und rechtmäßige Ausübung des betreffenden Berufs als Vollzeitbeschäftigung oder als entsprechende Teilzeitbeschäftigung in einem Mitgliedstaat;

g) „Anpassungslehrgang" ist die Ausübung eines reglementierten Berufs, die in dem Aufnahmemitgliedstaat unter der Verantwortung eines qualifizierten Berufsangehörigen erfolgt und gegebenenfalls mit einer Zusatzausbildung einhergeht. Der Lehrgang ist Gegenstand einer Bewertung. Die Einzelheiten des Anpassungslehrgangs und seiner Bewertung sowie die Rechtsstellung des beaufsichtigten zugewanderten Lehrgangsteilnehmers werden von der zuständigen Behörde des Aufnahmemitgliedstaats festgelegt.

Die Rechtsstellung des Lehrgangsteilnehmers im Aufnahmemitgliedstaat, insbesondere im Bereich des Aufenthaltsrechts sowie der Verpflichtungen, sozialen Rechte und Leistungen, Vergütungen und Bezüge wird von den zuständigen Behörden des betreffenden Mitgliedstaats gemäß dem geltenden Gemeinschaftsrecht festgelegt;

h) „Eignungsprüfung": ist eine die beruflichen Kenntnisse, Fähigkeiten und Kompetenzen des Antragstellers betreffende und von den zuständigen Behörden des Aufnahmemitgliedstaats durchgeführte oder anerkannte Prüfung, mit der die Fähigkeit des Antragstellers, in diesem Mitgliedstaat einen reglementierten Beruf auszuüben, beurteilt werden soll.

Um die Durchführung dieser Prüfung zu ermöglichen, erstellen die zuständigen Behörden ein Verzeichnis der Sachgebiete, die aufgrund eines Vergleichs zwischen der im Aufnahmemitgliedstaat verlangten Ausbildung und der bisherigen Ausbildung des Antragstellers von dem Diplom oder den sonstigen Ausbildungsnachweisen, über die der Antragsteller verfügt, nicht abgedeckt werden.

Bei der Eignungsprüfung muss dem Umstand Rechnung getragen werden, dass der Antragsteller in seinem Herkunftsmitgliedstaat oder dem Mitgliedstaat, aus dem der Antragsteller kommt, über eine berufliche Qualifikation verfügt. Die Eignungsprüfung erstreckt sich auf Sachgebiete, die aus dem Verzeichnis ausgewählt werden und deren Kenntnis eine wesentliche Voraussetzung für die Ausübung des Berufs im Aufnahmemitgliedstaat ist. Diese Prüfung kann sich auch auf die Kenntnis der sich auf die betreffenden Tätigkeiten im Aufnahmemitgliedstaat beziehenden berufsständischen Regeln erstrecken.

Die Einzelheiten der Durchführung der Eignungsprüfung und die Rechtsstellung des Antragstellers in dem Aufnahmemitgliedstaat, in dem er sich auf die Eignungsprüfung vorzubereiten wünscht, werden von den zuständigen Behörden dieses Mitgliedstaats festgelegt.

i) „Betriebsleiter" ist eine Person, die in einem Unternehmen des entsprechenden Berufszweigs
   i) die Position des Leiters des Unternehmens oder einer Zweigniederlassung innehat oder
   ii) Stellvertreter eines Inhabers oder Leiters eines Unternehmens ist, sofern mit dieser Position eine Verantwortung verbunden ist, die der des vertretenen Inhabers oder Leiters vergleichbar ist, oder
   iii) in leitender Stellung mit kaufmännischen und/oder technischen Aufgaben und mit der Verantwortung für eine oder mehrere Abteilungen des Unternehmens tätig ist.

j) Berufspraktikum": ist unbeschadet des Artikels 46 Absatz 4 ein Zeitraum der Berufstätigkeit unter Aufsicht, vorausgesetzt, es stellt eine Bedingung für den Zugang zu einem reglementierten Beruf dar; es kann entweder während oder nach dem Abschluss einer Ausbildung stattfinden, die zu einem Diplom führt;

k) „Europäischer Berufsausweis": ist eine elektronische Bescheinigung entweder zum Nachweis, dass der Berufsangehörige sämtliche notwendigen Voraussetzungen für die vorübergehende und gelegentliche Erbringung von Dienstleistungen in einem Aufnahmemitgliedstaat erfüllt oder zum Nachweis der Anerkennung von Berufsqualifikationen für die Niederlassung in einem Aufnahmemitgliedstaat;

l) „lebenslanges Lernen": umfasst jegliche Aktivitäten der allgemeinen Bildung, beruflichen Bildung, nichtformalen Bildung und des informellen Lernens während des gesamten Lebens, aus denen sich eine Verbesserung von Kenntnissen, Fähigkeiten und Kompetenzen ergibt und zu denen auch Berufsethik gehören kann;

m) „zwingende Gründe des Allgemeininteresses": sind Gründe, die als solche in der Rechtsprechung des Gerichtshofs der Europäischen Union anerkannt sind;

n) „Europäisches System zur Übertragung von Studienleistungen oder ECTS-Punkte": ist das Punktesystem für Hochschulausbildung, das im Europäischen Hochschulraum verwendet wird.

(2) Einem reglementierten Beruf gleichgestellt ist ein Beruf, der von Mitgliedern von Verbänden oder Organisationen im Sinne des Anhangs I ausgeübt wird.

[1] Die in Unterabsatz 1 genannten Verbände oder Organisationen verfolgen insbesondere das Ziel der Wahrung und Förderung eines hohen Niveaus in dem betreffenden Beruf. [2] Zur Erreichung dieses Ziels werden sie von einem Mitgliedstaat in besonderer Form anerkannt; sie stellen ihren Mitgliedern einen Ausbildungsnachweis aus, gewähren, dass ihre Mitglieder die von ihnen vorgeschriebenen berufsständischen Regeln beachten und verleihen ihnen das Recht, einen Titel zu führen, eine bestimmte Kurzbezeichnung zu verwenden oder einen diesem Ausbildungsnachweis entsprechenden Status in Anspruch zu nehmen.

[1] Die Mitgliedstaaten unterrichten die Kommission über jede Anerkennung eines Verbandes oder einer Organisation im Sinne des Unterabsatzes 1. [2] Die Kommission prüft, ob dieser Verband oder diese Organisation die Bedingungen nach Unterabsatz 2 erfüllt. [3] Um die ordnungspolitischen Entwicklungen in den Mitgliedstaaten gebührend zu berücksichtigen, wird der Kommission die Befugnis übertragen, gemäß Artikel 57c in Bezug auf die Aktualisierung des Anhangs I delegierte Rechtsakte zu erlassen, wenn die Bedingungen nach Unterabsatz 2 erfüllt sind.

Sind die Bedingungen nach Unterabsatz 2 nicht erfüllt, so erlässt die Kommission einen Durchführungsrechtsakt zur Ablehnung der beantragten Aktualisierung des Anhangs I.

(3) Einem Ausbildungsnachweis gleichgestellt ist jeder in einem Drittland ausgestellte Ausbildungsnachweis, sofern sein Inhaber in dem betreffenden Beruf drei Jahre Berufserfahrung im Hoheitsgebiet des Mitgliedstaats, der diesen Ausbildungsnachweis nach Artikel 2 Absatz 2 anerkannt hat, besitzt und dieser Mitgliedstaat diese Berufserfahrung bescheinigt.

Art. 4 Wirkungen der Anerkennung

(1) Die Anerkennung der Berufsqualifikationen durch den Aufnahmemitgliedstaat ermöglicht es den begünstigten Personen, in diesem Mitgliedstaat denselben Beruf wie den, für den sie in ihrem Herkunftsmitgliedstaat qualifiziert sind, aufzunehmen und unter denselben Voraussetzungen wie Inländer auszuüben.

(2) Für die Zwecke dieser Richtlinie ist der Beruf, den der Antragsteller im Aufnahmemitgliedstaat ausüben möchte, derselbe wie derjenige, für den er in seinem Herkunftsmitgliedstaat qualifiziert ist, wenn die Tätigkeiten, die er umfasst, vergleichbar sind.

(3) Abweichend von Absatz 1 wird partieller Zugang zu einem Beruf im Aufnahmemitgliedstaat unter den in Artikel 4f genannten Bedingungen gewährt.

Art. 4a Europäischer Berufsausweis

(1) Die Mitgliedstaaten stellen Inhabern einer Berufsqualifikation auf Antrag einen Europäischen Berufsausweis aus, sofern die Kommission die in Absatz 7 vorgesehenen entsprechenden Durchführungsrechtsakte erlassen hat.

(2) Wurde ein Europäischer Berufsausweis für einen bestimmten Beruf mittels entsprechender, nach Absatz 7 erlassener Durchführungsrechtsakte eingeführt, so kann der Inhaber einer betreffenden Berufsqualifikation entscheiden, einen solchen Ausweis zu beantragen oder sich der Verfahren nach den Titeln II und III zu bedienen.

(3) Die Mitgliedstaaten sorgen dafür, dass der Inhaber eines Europäischen Berufsausweises alle Rechte aus den Artikeln 4b bis 4e wahrnehmen kann.

(4) [1]Sofern der Inhaber einer Berufsqualifikation Dienstleistungen im Rahmen von Titel II erbringen will, die nicht von Artikel 7 Absatz 4 erfasst werden, stellt die zuständige Behörde des Herkunftsmitgliedstaats den Europäischen Berufsausweis gemäß den Artikeln 4b und 4c aus. [2]Der Europäische Berufsausweis stellt gegebenenfalls die Meldung nach Artikel 7 dar.

(5) [1]Beabsichtigt der Inhaber einer Berufsqualifikation, sich im Rahmen von Titel III Kapitel I bis IIIa in einem anderen Mitgliedstaat niederzulassen oder dort Dienstleistungen im Rahmen von Artikel 7 Absatz 4 zu erbringen, so muss die zuständige Behörde des Herkunftsmitgliedstaats alle vorbereitenden Schritte hinsichtlich der eigenen Datei des Antragstellers abschließen, die innerhalb des Binnenmarkt-Informationssystems (im Folgenden „IMI") entsprechend der Regelung der Artikel 4b und 4d erstellt wird (im Folgenden „IMI-Datei"). [2]Die zuständige Behörde des Aufnahmemitgliedstaats stellt den Europäischen Berufsausweis gemäß den Artikeln 4b und 4d aus.

Für die Zwecke der Niederlassung begründet die Ausstellung eines Europäischen Berufsausweises kein automatisches Recht zur Ausübung eines bestimmten Berufs, wenn es im Aufnahmemitgliedstaat bereits vor Einführung des Europäischen Berufsausweises für diesen Beruf Registrierungsanforderungen oder andere Kontrollverfahren gibt.

(6) [1]Die Mitgliedstaaten benennen die für die Handhabung der IMI-Dateien und die Ausstellung des Europäischen Berufsausweises zuständigen Behörden. [2]Diese Behörden gewährleisten eine unparteiische, objektive und zeitnahe Bearbeitung der Anträge auf Europäische Berufsausweise. [3]Die in Artikel 57b genannten Beratungszentren können ebenfalls als zuständige Behörde fungieren. [4]Die Mitgliedstaaten gewährleisten, dass die zuständigen Behörden und Beratungszentren die Bürger, einschließlich möglicher Antragsteller, über die Funktion und den zusätzlichen Nutzen eines Europäischen Berufsausweises bei den Berufen, für die er verfügbar ist, informieren.

(7) [1]Die Kommission erlässt im Wege von Durchführungsrechtsakten die Maßnahmen, die notwendig sind, um für die einheitliche Anwendung der Vorschriften über den Europäischen Berufsausweis auf diejenigen Berufe zu sorgen, die die Bedingungen nach Unterabsatz 2 dieses Absatzes erfüllen, einschließlich Maßnahmen bezüglich des Formats des Europäischen Berufsausweises, der Bearbeitung schriftlicher Anträge, der Übersetzungen, die der Antragsteller zur Unterstützung einer Beantragung eines Europäischen Berufsausweises vorlegen muss, der Einzelheiten der Dokumente, die nach Artikel 7 Absatz 2 oder Anhang VII für die Einreichung eines vollständigen Antrags erforderlich sind, und der Verfahren für die Leistung und Bearbeitung von Zahlungen für den Europäischen Berufsausweis, und berücksichtigt dabei die Besonderheiten des

jeweiligen Berufs. [2]Die Kommission legt zudem im Wege von Durchführungsrechtsakten fest, wie, wann und bei welchen Dokumenten die zuständigen Behörden beglaubigte Kopien gemäß Artikel 4b Absatz 3 Unterabsatz 2, Artikel 4d Absatz 2 und Artikel 4d Absatz 3 im Zusammenhang mit dem jeweiligen Beruf verlangen dürfen.

Für die Einführung eines Europäischen Berufsausweises für einen bestimmten Beruf durch den Erlass entsprechender Durchführungsrechtsakte nach Unterabsatz 1 müssen alle folgenden Bedingungen erfüllt sein:

a) Es gibt eine signifikante Mobilität oder ein Potenzial für eine signifikante Mobilität in dem Beruf.
b) Die betroffenen Interessenträger haben ein ausreichendes Interesse geäußert.
c) Der Beruf oder die allgemeine und berufliche Bildung, die auf die Ausübung des Berufs ausgerichtet ist, ist in einer signifikanten Anzahl von Mitgliedstaaten reglementiert.

Diese Durchführungsrechtsakte werden gemäß dem in Artikel 58 Absatz 2 genannten Prüfverfahren erlassen.

(8) Eventuelle den Antragstellern in Verbindung mit den Verwaltungsverfahren zur Ausstellung eines Europäischen Berufsausweises entstehende Gebühren müssen vertretbar und verhältnismäßig sein und den dem Herkunfts- und Aufnahmemitgliedstaat entstandenen Kosten entsprechen; sie dürfen keinen Hinderungsgrund für die Beantragung eines Europäischen Berufsausweises darstellen.

Art. 4b Beantragung eines Europäischen Berufsausweises und Erstellung einer IMI-Datei

(1) [1]Der Herkunftsmitgliedstaat ermöglicht es dem Inhaber einer Berufsqualifikation, einen Europäischen Berufsausweis über ein durch die Kommission zur Verfügung gestelltes Online-Instrument zu beantragen, durch das eine eigene IMI-Datei für diesen Antragsteller erstellt wird. [2]Lässt der Herkunftsmitgliedstaat auch schriftliche Anträge zu, so trifft er die notwendigen Vorkehrungen für die Erstellung der IMI-Datei, für alle Informationen, die dem Antragsteller zu übermitteln sind, und für die Ausstellung des Europäischen Berufsausweises.

(2) Den Anträgen sind die in den nach Artikel 4a Absatz 7 erlassenen Durchführungsrechtsakten vorgeschriebenen Dokumente beizufügen.

(3) Binnen einer Woche nach Eingang des Antrags bestätigt die zuständige Behörde des Aufnahmemitgliedstaates dem Antragsteller den Empfang der Unterlagen und teilt ihm gegebenenfalls mit, welche Unterlagen fehlen.

[1]Gegebenenfalls stellt die zuständige Behörde des Herkunftsmitgliedstaats alle unterstützenden Bescheinigungen, die nach dieser Richtlinie erforderlich sind, aus. [2]Die zuständige Behörde des Herkunftsmitgliedstaats überprüft, ob der Antragsteller im Herkunftsmitgliedstaat rechtmäßig niedergelassen ist und ob alle notwendigen Dokumente, die im Herkunftsmitgliedstaat ausgestellt wurden, gültig und echt sind. [3]Im Fall hinreichend begründeter Zweifel konsultiert die zuständige Behörde des Herkunftsmitgliedstaats die einschlägige Stelle, und sie kann vom Antragsteller beglaubigte Kopien der Dokumente verlangen. [4]Stellt derselbe Antragsteller mehrere Anträge nacheinander, so dürfen die zuständigen Behörden der Herkunfts- und der Aufnahmemitgliedstaaten nicht die Wiedereinreichung von Dokumenten verlangen, die bereits in der IMI-Datei enthalten und nach wie vor gültig sind.

(4) [1]Die Kommission kann im Wege von Durchführungsrechtsakten die technischen Spezifikationen und Maßnahmen, die zur Gewährleistung der Integrität, Vertraulichkeit und Richtigkeit der Angaben im Europäischen Berufsausweis und in der IMI-Datei erforderlich sind, sowie die Bedingungen und Verfahren für die Ausstellung eines Europäischen Berufsausweises festlegen; dazu gehört die Möglichkeit, dass der Inhaber den Ausweis herunterlädt oder aktualisierte Fassungen für die IMI-Datei einreicht. [2]Diese Durchführungsrechtsakte werden nach dem Prüfverfahren gemäß Artikel 58 Absatz 2 erlassen.

Art. 4c Europäischer Berufsausweis für die vorübergehende und gelegentliche Erbringung von Dienstleistungen, die nicht unter Artikel 7 Absatz 4 fallen

(1) [1]Die zuständige Behörde des Herkunftmitgliedstaats prüft den Antrag und die Dokumente in der IMI-Datei und stellt den Europäischen Berufsausweis für die vorübergehende und gele-

gentliche Erbringung von Dienstleistungen, die nicht unter Artikel 7 Absatz 4 fallen, binnen drei Wochen aus. 2 Diese Frist beginnt mit dem Eingang der fehlenden Dokumente, die in Artikel 4b Absatz 3 Unterabsatz 1 genannt werden, oder, wenn keine weiteren Dokumente verlangt wurden, nach Ablauf des in jenem Unterabsatz genannten Zeitraums von einer Woche. 3 Daraufhin übermittelt sie den Europäischen Berufsausweis unverzüglich der zuständigen Behörde jedes Aufnahmemitgliedstaats und informiert den Antragsteller darüber. 4 Der Aufnahmemitgliedstaat darf während der folgenden 18 Monate keine weitere Meldung nach Artikel 7 verlangen.

(2) Gegen die Entscheidung der zuständigen Behörde des Herkunftsmitgliedstaats oder das Nichtvorliegen einer Entscheidung innerhalb des in Absatz 1 genannten Zeitraums von drei Wochen müssen Rechtsbehelfe nach innerstaatlichem Recht eingelegt werden können.

(3) 1 Will der Inhaber eines Europäischen Berufsausweises Dienstleistungen in anderen als den ursprünglich in dem Antrag gemäß Absatz 1 genannten Mitgliedstaaten erbringen, so kann dieser Inhaber eine solche Erweiterung beantragen. 2 Will der Inhaber Dienstleistungen über den in Absatz 1 erwähnten Zeitraum von 18 Monaten hinaus erbringen, so informiert dieser Inhaber die zuständige Behörde darüber. 3 In beiden Fällen muss der Inhaber Informationen zu wesentlichen Änderungen der in der IMI-Datei gespeicherten Sachlage liefern, die von der zuständigen Behörde des Herkunftsmitgliedstaats im Einklang mit den nach Artikel 4 Absatz 7 zu erlassenden Durchführungsrechtsakten verlangt werden können. 4 Die zuständige Behörde des Herkunftsmitgliedstaats übermittelt den betroffenen Aufnahmemitgliedstaaten den aktualisierten Europäischen Berufsausweis.

(4) Der Europäische Berufsausweis ist im gesamten Hoheitsgebiet aller betroffenen Aufnahmemitgliedstaaten so lange gültig, wie sein Inhaber das Recht behält, auf der Grundlage der in der IMI-Datei enthaltenen Dokumente und Informationen tätig zu sein.

Art. 4d Europäischer Berufsausweis für die Niederlassung und die vorübergehende und gelegentliche Erbringung von Dienstleistungen gemäß Artikel 7 Absatz 4

(1) 1 Die zuständige Behörde des Herkunftsmitgliedstaats prüft binnen eines Monats die Echtheit und Gültigkeit der in der IMI-Datei hinterlegten Dokumente zum Zweck der Ausstellung des Europäischen Berufsausweises für die Niederlassung oder für die vorübergehende und gelegentliche Erbringung von Dienstleistungen gemäß Artikel 7 Absatz 4. 2 Diese Frist beginnt mit dem Eingang der fehlenden Dokumente, die in Artikel 4b Absatz 3 Unterabsatz 1 genannt werden, oder, wenn keine weiteren Dokumente verlangt wurden, nach Ablauf des in jenem Unterabsatz genannten Zeitraums von einer Woche. 3 Sie übermittelt den Antrag dann unverzüglich der zuständigen Behörde des Aufnahmemitgliedstaats. 4 Der Herkunftsmitgliedstaat unterrichtet den Antragsteller über den Verfahrensstand zur gleichen Zeit, zu der er den Antrag dem Aufnahmemitgliedstaat übermittelt.

(2) 1 In den in den Artikeln 16, 21, 49a und 49b genannten Fällen entscheidet ein Aufnahmemitgliedstaat, ob er einen Europäischen Berufsausweis nach Absatz 1 binnen einem Monat nach Eingang des vom Herkunftmitgliedstaat übermittelten Antrags ausstellt. 2 Bei hinreichend begründeten Zweifeln kann der Aufnahmemitgliedstaat vom Herkunftsmitgliedstaat weitere Informationen oder die Beifügung einer beglaubigten Kopie eines Dokuments durch den Herkunftsmitgliedstaat anfordern, die dieser spätestens zwei Wochen nach Einreichung des Ersuchens zur Verfügung stellen muss. 3 Die Frist von einem Monat ist vorbehaltlich des Absatzes 5 Unterabsatz 2 anwendbar, ungeachtet eines solchen Ersuchens.

(3) 1 In den in Artikel 7 Absatz 4 und Artikel 14 genannten Fällen entscheidet ein Aufnahmemitgliedstaat, ob er einen Europäischen Berufsausweis ausstellt oder dem Inhaber einer Berufsqualifikation binnen zwei Monaten nach Eingang des vom Herkunftsmitgliedstaat übermittelten Antrags Ausgleichsmaßnahmen auferlegt. 2 Bei hinreichend begründeten Zweifeln kann der Aufnahmemitgliedstaat vom Herkunftsmitgliedstaat weitere Informationen oder die Beifügung einer beglaubigten Kopie eines Dokuments durch den Herkunftsmitgliedstaat anfordern, die dieser spätestens zwei Wochen nach dem Ersuchen zur Verfügung stellen muss. 3 Die Frist von zwei Monaten ist vorbehaltlich des Absatzes 5 Unterabsatz 2 anwendbar, ungeachtet eines solchen Ersuchens.

(4) 1 Falls der Aufnahmemitgliedstaat nicht die notwendigen Informationen erhält, die er gemäß dieser Richtlinie für eine Entscheidung über die Ausstellung des Europäischen Berufs-

ausweises entweder von dem Herkunftsmitgliedstaat oder dem Antragsteller verlangen kann, darf er die Ausstellung des Ausweises verweigern. [2]Eine solche Verweigerung wird ordnungsgemäß begründet.

(5) Trifft der Aufnahmemitgliedstaat eine Entscheidung nicht binnen der in den Absätzen 2 und 3 dieses Artikels festgelegten Fristen oder führt er keinen Eignungstest gemäß Artikel 7 Absatz 4 durch, so gilt der Europäische Berufsausweis als ausgestellt, und er wird automatisch über das IMI dem Inhaber einer Berufsqualifikation übermittelt.

[1]Der Aufnahmemitgliedstaat hat die Möglichkeit, die Fristen nach den Absätzen 2 und 3 für die automatische Ausstellung des Europäischen Berufsausweises um zwei Wochen zu verlängern. [2]Er erläutert die Gründe für eine solche Verlängerung und unterrichtet den Antragsteller entsprechend. [3]Eine solche Verlängerung kann einmal und nur dann wiederholt werden, wenn dies unbedingt notwendig ist, insbesondere aus Gründen im Zusammenhang mit der öffentlichen Gesundheit oder der Sicherheit der Dienstleistungsempfänger.

(6) Die vom Herkunftsmitgliedstaat gemäß Absatz 1 ergriffenen Maßnahmen ersetzen jeden Antrag auf Anerkennung von Berufsqualifikationen im Rahmen des einzelstaatlichen Rechts des Aufnahmemitgliedstaats.

(7) Gegen die vom Herkunfts- und vom Aufnahmemitgliedstaat nach den Absätzen 1 bis 5 getroffenen Entscheidungen oder das Fehlen einer Entscheidung durch den Herkunftsmitgliedstaat müssen Rechtsbehelfe nach dem innerstaatlichen Recht des betreffenden Mitgliedstaats eingelegt werden können.

Art. 4e Datenverarbeitung und Zugang zu Daten bezüglich des Europäischen Berufsausweises

(1) [1]Unbeschadet der Unschuldsvermutung aktualisieren die zuständigen Behörden der Herkunfts- und Aufnahmemitgliedstaaten rechtzeitig die entsprechende IMI-Datei mit Angaben über das Vorliegen disziplinarischer oder strafrechtlicher Sanktionen, die sich auf eine Untersagung oder Beschränkung beziehen und die sich auf die Ausübung von Tätigkeiten durch den Inhaber eines Europäischen Berufsausweises nach dieser Richtlinie auswirken. [2]Dabei halten sie die Vorschriften zum Schutz personenbezogener Daten ein, die in der Richtlinie 95/46/EG des Europäischen Parlaments und des Rates vom 24. Oktober 1995 zum Schutz natürlicher Personen bei der Verarbeitung personenbezogener Daten und zum freien Datenverkehr[23] und der Richtlinie 2002/58/EG des Europäischen Parlaments und des Rates vom 12. Juli 2002 über die Verarbeitung personenbezogener Daten und den Schutz der Privatsphäre in der elektronischen Kommunikation (Datenschutzrichtlinie für elektronische Kommunikation)[24] festgelegt sind. [3]Zu diesen Aktualisierungen gehört auch das Löschen von Informationen, die nicht mehr benötigt werden. [4]Der Inhaber des Europäischen Berufsausweises und die zuständigen Behörden, die Zugang zu der entsprechenden IMI-Datei haben, werden unverzüglich über etwaige Aktualisierungen informiert. [5]Durch diese Pflicht werden die Pflichten der Mitgliedstaaten zu Vorwarnungen gemäß Artikel 56a nicht berührt.

(2) [1]Die Aktualisierungen der Informationen nach Absatz 1 beschränken sich inhaltlich auf folgende Angaben:

a) die Identität des Berufsangehörigen,
b) den betroffenen Beruf,
c) Informationen über die nationale Behörde oder das nationale Gericht, die/das die Entscheidung über die Beschränkung oder die Untersagung getroffen hat,
d) den Umfang der Beschränkung oder Untersagung und
e) den Zeitraum, für den die Beschränkung oder Untersagung gilt.

(3) [1]Der Zugang zu den Informationen in der IMI-Datei wird gemäß der Richtlinie 95/46/EG auf die zuständigen Behörden der Herkunfts- und Aufnahmemitgliedstaaten beschränkt. [2]Die zuständigen Behörden unterrichten den Inhaber des Europäischen Berufsausweises über den Inhalt der IMI-Datei, wenn der Inhaber dies beantragt.

---

[23] **[Amtl. Anm.:]** ABl. L 281 vom 23.11.1995, S. 31.
[24] **[Amtl. Anm.:]** ABl. L 201 vom 31.7.2002, S. 37.

(4) [1] Die in den Europäischen Berufsausweis aufgenommenen Angaben beschränken sich auf die Daten, die zur Überprüfung des Rechts des Inhabers auf die Ausübung des Berufs, für den der Ausweis ausgestellt wurde, erforderlich sind, nämlich Vorname, Nachname, Geburtstag und -ort, Beruf, förmliche Qualifikationen des Inhabers, und die anwendbare Regelung, beteiligte zuständige Behörden, Ausweisnummer, Sicherheitsmerkmale, Bezug auf ein gültiges Identitätsdokument. [2] Informationen über die durch den Inhaber des Europäischen Berufsausweises erworbene Berufserfahrung oder bestandene Ausgleichsmaßnahmen werden in die IMI-Datei aufgenommen.

(5) [1] Die in der IMI-Datei enthaltenen personenbezogenen Daten können so lange verarbeitet werden, wie es für die Zwecke des Anerkennungsverfahrens als solchem und als Nachweis der Anerkennung oder der Übermittlung der nach Artikel 7 erforderlichen Meldung notwendig ist. [2] Die Mitgliedstaaten gewährleisten, dass der Inhaber eines Europäischen Berufsausweises jederzeit berechtigt ist, die Berichtigung unrichtiger oder unvollständiger Daten oder die Löschung und Sperrung der entsprechenden IMI-Datei zu verlangen, ohne dass diesem Inhaber hierdurch Kosten entstehen. [3] Der Inhaber wird über dieses Recht zum Zeitpunkt der Ausstellung des Ausweises informiert und alle zwei Jahre danach daran erinnert. [4] Wurde der ursprüngliche Antrag auf einen Europäischen Berufsausweis online eingereicht, wird die Erinnerung automatisch über das IMI übermittelt.

Steht der Antrag auf Löschung einer IMI-Datei im Zusammenhang mit einem Europäischen Berufsausweis für die Zwecke der Niederlassung oder der vorübergehenden und gelegentlichen Erbringung von Dienstleistungen gemäß Artikel 7 Absatz 4, so erteilen die zuständigen Behörden des betroffenen Aufnahmemitgliedstaats dem Inhaber einer Berufsqualifikation einen Nachweis zur Bescheinigung der Anerkennung seiner Berufsqualifikationen.

(6) [1] Bezüglich der Verarbeitung personenbezogener Daten im Europäischen Berufsausweis und allen IMI-Dateien gelten die jeweils zuständigen Behörden der Mitgliedstaaten als für die Verarbeitung Verantwortliche im Sinne von Artikel 2 Buchstabe d der Richtlinie 95/46/EG. [2] Bezüglich ihrer Aufgaben gemäß den Absätzen 1 bis 4 dieses Artikels und die damit verbundene Verarbeitung personenbezogener Daten gilt die Kommission als für die Verarbeitung Verantwortlicher im Sinne von Artikel 2 Buchstabe d der Verordnung (EG) Nr. 45/2001 des Europäischen Parlaments und des Rates vom 18. Dezember 2000 zum Schutz natürlicher Personen bei der Verarbeitung personenbezogener Daten durch die Organe und Einrichtungen der Gemeinschaft und zum freien Datenverkehr.[25]

(7) Unbeschadet des Absatzes 3 bestimmen die Aufnahmemitgliedstaaten, dass Arbeitgeber, Kunden, Behörden, Patienten und andere Interessengruppen die Echtheit und Gültigkeit eines ihnen vom Inhaber vorgelegten Europäischen Berufsausweises prüfen können.

[1] Die Kommission legt im Wege von Durchführungsrechtsakten die Bedingungen für den Zugang zur IMI-Datei, die technischen Mittel und die Verfahren für die in Unterabsatz 1 genannte Prüfung fest. [2] Diese Durchführungsrechtsakte werden nach dem Prüfverfahren gemäß Artikel 58 Absatz 2 erlassen.

Art. 4f Partieller Zugang

(1) Die zuständige Behörde des Aufnahmemitgliedstaats gewährt auf Einzelfallbasis partiellen Zugang zu einer Berufstätigkeit im Hoheitsgebiet dieses Staates nur, wenn alle folgenden Bedingungen erfüllt sind:

a) der Berufsangehörige ist ohne Einschränkung qualifiziert, im Herkunftsmitgliedstaat die berufliche Tätigkeit auszuüben, für die im Aufnahmemitgliedstaat ein partieller Zugang begehrt wird;
b) die Unterschiede zwischen der rechtmäßig ausgeübten Berufstätigkeit im Herkunftsmitgliedstaat und dem reglementierten Beruf im Aufnahmemitgliedstaat sind so groß, dass die Anwendung von Ausgleichsmaßnahmen der Anforderung an den Antragsteller gleichkäme, das vollständige Ausbildungsprogramm im Aufnahmemitgliedstaat zu durchlaufen, um Zugang zum ganzen reglementierten Beruf im Aufnahmemitgliedstaat zu erlangen;
c) die Berufstätigkeit lässt sich objektiv von anderen im Aufnahmemitgliedstaat unter den reglementierten Beruf fallenden Tätigkeiten trennen.

[25] **[Amtl. Anm.:]** ABl. L 8 vom 12.1.2001, S. 1.

Für die Zwecke von Buchstabe c berücksichtigt die zuständige Behörde des Aufnahmemitgliedstaats, ob die berufliche Tätigkeit im Herkunftsmitgliedstaat eigenständig ausgeübt werden kann.

(2) Der partielle Zugang kann verweigert werden, wenn diese Verweigerung durch zwingende Gründe des Allgemeininteresses gerechtfertigt und geeignet ist, die Erreichung des verfolgten Ziels zu gewährleisten und nicht über das hinaus geht, was zur Erreichung dieses Ziels erforderlich ist.

(3) Anträge für die Zwecke der Niederlassung in einem Aufnahmemitgliedstaat werden gemäß Titel III Kapitel I und IV geprüft.

(4) Anträge für die Zwecke der vorübergehenden und gelegentlichen Erbringung von Dienstleistungen im Aufnahmemitgliedstaat im Zusammenhang mit Berufstätigkeiten, die die öffentliche Gesundheit und Sicherheit berühren, werden gemäß Titel II geprüft.

(5) [1] Abweichend von Artikel 7 Absatz 4 Unterabsatz 6 und Artikel 52 Absatz 1 wird die Berufstätigkeit unter der Berufsbezeichnung des Herkunftsmitgliedstaats ausgeübt, sobald partieller Zugang gewährt worden ist. [2] Der Aufnahmemitgliedstaat kann vorschreiben, dass die Berufsbezeichnung in den Sprachen des Aufnahmemitgliedstaats benutzt wird. Berufsangehörige, denen partieller Zugang gewährt wurde, müssen den Empfängern der Dienstleistung eindeutig den Umfang ihrer beruflichen Tätigkeiten angeben.

(6) Dieser Artikel gilt nicht für Berufsangehörige, für die die automatische Anerkennung ihrer Berufsqualifikationen nach Titel III Kapitel II, III und IIIa gilt.

Titel II. Dienstleistungsfreiheit

Art. 5 Grundsatz der Dienstleistungsfreiheit

(1) Unbeschadet spezifischer Vorschriften des Gemeinschaftsrechts sowie der Artikel 6 und 7 dieser Richtlinie können die Mitgliedstaaten die Dienstleistungsfreiheit nicht aufgrund der Berufsqualifikationen einschränken,

a) wenn der Dienstleister zur Ausübung desselben Berufs rechtmäßig in einem Mitgliedstaat niedergelassen ist (nachstehend „Niederlassungsmitgliedstaat" genannt) und

b) für den Fall, dass sich der Dienstleister in einen anderen Mitgliedstaat begibt, wenn er diesen Beruf in einem oder mehreren Mitgliedstaaten mindestens ein Jahr während der vorhergehenden zehn Jahre ausgeübt hat, sofern der Beruf im Niederlassungsmitgliedstaat nicht reglementiert ist. Die Bedingung, dass der Dienstleister den Beruf ein Jahr ausgeübt haben muss, gilt nicht, wenn der Beruf oder die Ausbildung zu diesem Beruf reglementiert ist.

(2) Die Bestimmungen dieses Titels gelten nur für den Fall, dass sich der Dienstleister zur vorübergehenden und gelegentlichen Ausübung des Berufs nach Absatz 1 in den Aufnahmemitgliedstaat begibt.

Der vorübergehende und gelegentliche Charakter der Erbringung von Dienstleistungen wird im Einzelfall beurteilt, insbesondere anhand der Dauer, der Häufigkeit, der regelmäßigen Wiederkehr und der Kontinuität der Dienstleistung.

(3) Begibt sich der Dienstleister in einen anderen Mitgliedstaat, so unterliegt er im Aufnahmemitgliedstaat den berufsständischen, gesetzlichen oder verwaltungsrechtlichen Berufsregeln, die dort in unmittelbarem Zusammenhang mit den Berufsqualifikationen für Personen gelten, die denselben Beruf wie er ausüben, und den dort geltenden Disziplinarbestimmungen; zu diesen Bestimmungen gehören etwa Regelungen für die Definition des Berufs, das Führen von Titeln und schwerwiegende berufliche Fehler in unmittelbarem und speziellem Zusammenhang mit dem Schutz und der Sicherheit der Verbraucher.

Art. 6 Befreiungen

Gemäß Artikel 5 Absatz 1 befreit der Aufnahmemitgliedstaat den Dienstleister, der in einem anderen Mitgliedstaat niedergelassen ist, insbesondere von den folgenden Erfordernissen, die er an die in seinem Hoheitsgebiet niedergelassenen Berufsangehörigen stellt:

a) Zulassung, Eintragung oder Mitgliedschaft bei einer Berufsorganisation. Um die Anwendung der in ihrem Hoheitsgebiet geltenden Disziplinarbestimmungen gemäß Artikel 5 Absatz 3 zu erleichtern, können die Mitgliedstaaten entweder eine automatische vorübergehende Eintragung oder eine Pro-Forma-Mitgliedschaft bei einer solchen Berufsorganisation vorsehen, sofern diese Eintragung oder Mitgliedschaft die Erbringung der Dienstleistungen in keiner Weise verzögert oder erschwert und für den Dienstleister keine zusätzlichen Kosten verursacht. Die zuständige Behörde übermittelt der betreffenden Berufsorganisation eine Kopie der Meldung und gegebenenfalls der erneuerten Meldung nach Artikel 7 Absatz 1, der im Falle der in Artikel 7 Absatz 4 genannten Berufe, die die öffentliche Gesundheit und Sicherheit berühren, oder im Falle von Berufen, die unter die automatische Anerkennung nach Artikel III Kapitel III fallen, eine Kopie der in Artikel 7 Absatz 2 genannten Dokumente beizufügen ist; für die Zwecke der Befreiung gilt dies als automatische vorübergehende Eintragung oder Pro-Forma-Mitgliedschaft.

b) Mitgliedschaft bei einer Körperschaft des öffentlichen Rechts im Bereich der sozialen Sicherheit zur Abrechnung mit einem Versicherer für Tätigkeiten zugunsten von Sozialversicherten.

Der Dienstleister unterrichtet jedoch zuvor oder in dringenden Fällen nachträglich die in Absatz 1 Buchstabe b bezeichnete Körperschaft von der Erbringung seiner Dienstleistungen.

Art. 7 Vorherige Meldung bei Ortswechsel des Dienstleisters

(1) [1] Die Mitgliedstaaten können verlangen, dass der Dienstleister in dem Fall, dass er zur Erbringung von Dienstleistungen erstmals von einem Mitgliedstaat in einen anderen wechselt, den zuständigen Behörden im Aufnahmemitgliedstaat vorher schriftlich Meldung erstattet und sie dabei über Einzelheiten zu einem Versicherungsschutz oder einer anderen Art des individuellen oder kollektiven Schutzes in Bezug auf die Berufshaftpflicht informiert. [2] Diese Meldung ist einmal jährlich zu erneuern, wenn der Dienstleister beabsichtigt, während des betreffenden Jahres vorübergehend oder gelegentlich Dienstleistungen in dem Mitgliedstaat zu erbringen. [3] Der Dienstleister kann die Meldung in beliebiger Form vornehmen.

(2) Darüber hinaus können die Mitgliedstaaten fordern, dass, wenn Dienstleistungen erstmals erbracht werden oder sich eine wesentliche Änderung gegenüber der in den Dokumenten bescheinigten Situation ergibt, der Meldung folgende Dokumente beigefügt sein müssen:

a) ein Nachweis über die Staatsangehörigkeit des Dienstleisters;
b) eine Bescheinigung darüber, dass der Dienstleister in einem Mitgliedstaat rechtmäßig zur Ausübung der betreffenden Tätigkeiten niedergelassen ist und dass ihm die Ausübung dieser Tätigkeiten zum Zeitpunkt der Vorlage der Bescheinigung nicht, auch nicht vorübergehend, untersagt ist;
c) ein Berufsqualifikationsnachweis;
d) in den in Artikel 5 Absatz 1 Buchstabe b genannten Fällen ein Nachweis in beliebiger Form darüber, dass der Dienstleister die betreffende Tätigkeit mindestens ein Jahr während der vorhergehenden zehn Jahre ausgeübt hat;
e) im Fall von Berufen im Sicherheitssektor, Berufen im Gesundheitswesen und Berufen im Bereich der Erziehung Minderjähriger, einschließlich Kinderbetreuungseinrichtungen und frühkindliche Erziehung, eine Bescheinigung, zur Bestätigung, dass die Ausübung des Berufs weder vorübergehend noch endgültig untersagt wurde und keine Vorstrafen vorliegen, soweit der Mitgliedstaat diesen Nachweis von den eigenen Staatsangehörigen verlangt;
f) für Berufe, die die Patientensicherheit berühren, eine Erklärung über die Sprachkenntnisse des Antragstellers, die für die Ausübung des Berufs im Herkunftsmitgliedstaat notwendig sind;
g) für Berufe, die die Tätigkeiten nach Artikel 16 umfassen und die vom Mitgliedstaat gemäß Artikel 59 Absatz 2 mitgeteilt wurden, eine Bescheinigung über die Art und Dauer der Tätigkeit, die von der zuständigen Behörde oder Stelle des Mitgliedstaats ausgestellt wird, in dem der Dienstleister niedergelassen ist.

(2a) [1] Die Vorlage einer erforderlichen Meldung durch einen Dienstleister gemäß Absatz 1 berechtigt diesen Dienstleister zum Zugang zu der Dienstleistungstätigkeit oder zur Ausübung dieser Tätigkeit im gesamten Hoheitsgebiet des betreffenden Mitgliedstaats. [2] Ein Mitgliedstaat kann die zusätzlichen, in Absatz 2 aufgeführten Informationen bezüglich der Berufsqualifikationen des Dienstleisters vorschreiben, wenn

a) der Beruf in Teilen des Hoheitsgebiets dieses Mitgliedstaats unterschiedlich reglementiert ist,
b) eine solche Reglementierung auch für alle Staatsangehörigen des Mitgliedstaats gilt,

c) die Unterschiede bei dieser Reglementierung aus zwingenden Gründen des Allgemeininteresses im Zusammenhang mit der öffentlichen Gesundheit oder Sicherheit der Empfänger der Dienstleistung gerechtfertigt sind und
d) der Mitgliedstaat diese Informationen nicht auf andere Weise erlangen kann.

(3) [1]Die Dienstleistung wird unter der Berufsbezeichnung des Niederlassungsmitgliedstaats erbracht, sofern in diesem Mitgliedstaat für die betreffende Tätigkeit eine solche Berufsbezeichnung existiert. [2]Die Berufsbezeichnung wird in der Amtssprache oder einer der Amtssprachen des Niederlassungsmitgliedstaats geführt, und zwar so, dass keine Verwechslung mit der Berufsbezeichnung des Aufnahmemitgliedstaats möglich ist. [3]Falls die genannte Berufsbezeichnung im Niederlassungsmitgliedstaat nicht existiert, gibt der Dienstleister seinen Ausbildungsnachweis in der Amtssprache oder einer der Amtssprachen dieses Mitgliedstaats an. [4]In den im Titel III Kapitel III genannten Fällen wird die Dienstleistung ausnahmsweise unter der Berufsbezeichnung des Aufnahmemitgliedstaats erbracht.

(4) [1]Im Fall reglementierter Berufe, die die öffentliche Gesundheit oder Sicherheit berühren und die nicht unter die automatische Anerkennung gemäß Titel III Kapitel II, III oder IIIa fallen, kann die zuständige Behörde im Aufnahmemitgliedstaat bei der erstmaligen Erbringung einer Dienstleistung die Berufsqualifikationen des Dienstleisters vor dieser erstmaligen Erbringung nachprüfen. [2]Eine solche Nachprüfung ist nur möglich, wenn ihr Zweck darin besteht, eine schwerwiegende Beeinträchtigung der Gesundheit oder Sicherheit des Dienstleistungsempfängers aufgrund einer mangelnden Berufsqualifikation des Dienstleisters zu verhindern, und sofern die Nachprüfung nicht über das für diesen Zweck erforderliche Maß hinausgeht.

Die zuständige Behörde unterrichtet den Dienstleister spätestens einen Monat nach Eingang der in den Absätzen 1 und 2 genannten Meldung und Begleitdokumente über ihre Entscheidung

a) die Erbringung der Dienstleistungen zuzulassen, ohne seine Berufsqualifikationen nachzuprüfen,
b) nach der Nachprüfung seiner Berufsqualifikationen
   i) von dem Dienstleister zu verlangen, sich einem Eignungstest zu unterziehen, oder
   ii) die Erbringung der Dienstleistungen zuzulassen.

[1]Sollten Schwierigkeiten auftreten, die zu einer Verzögerung der Entscheidung nach Unterabsatz 2 führen könnten, so unterrichtet die zuständige Behörde den Dienstleister innerhalb derselben Frist über die Gründe für diese Verzögerung. [2]Die Schwierigkeiten werden binnen eines Monats nach dieser Mitteilung behoben und die Entscheidung ergeht binnen zwei Monaten nach Behebung der Schwierigkeiten.

[1]Besteht ein wesentlicher Unterschied zwischen der beruflichen Qualifikation des Dienstleisters und der im Aufnahmemitgliedstaat geforderten Ausbildung und ist er so groß, dass dies der öffentlichen Gesundheit oder Sicherheit abträglich ist und durch Berufserfahrung oder durch Kenntnisse, Fähigkeiten und Kompetenzen des Dienstleisters, die durch lebenslanges Lernen erworben und hierfür förmlich von einer einschlägigen Stelle als gültig anerkannt wurden, nicht ausgeglichen werden kann, so muss der Aufnahmemitgliedstaat diesem Dienstleister die Möglichkeit geben, durch eine in Unterabsatz 2 Buchstabe b genannte Eignungsprüfung nachzuweisen, dass er die fehlenden Kenntnisse, Fähigkeiten oder Kompetenzen erworben hat. [2]Der Aufnahmemitgliedstaat trifft auf dieser Grundlage eine Entscheidung, ob er die Erbringung dieser Dienstleistungen erlaubt. [3]In jedem Fall muss die Erbringung der Dienstleistung innerhalb des Monats erfolgen können, der auf die nach Unterabsatz 2 getroffene Entscheidung folgt.

Bleibt eine Reaktion der zuständigen Behörde binnen der in den Unterabsätzen 2 und 3 festgesetzten Fristen aus, so darf die Dienstleistung erbracht werden.

In den Fällen, in denen die Berufsqualifikationen gemäß diesem Absatz nachgeprüft worden sind, erfolgt die Erbringung der Dienstleistung unter der Berufsbezeichnung des Aufnahmemitgliedstaats.

Art. 8 Verwaltungszusammenarbeit

(1) [1]Die zuständigen Behörden des Aufnahmemitgliedstaats können bei berechtigten Zweifeln von den zuständigen Behörden des Niederlassungsmitgliedstaats alle Informationen über die Rechtmäßigkeit der Niederlassung und die gute Führung des Dienstleisters anfordern sowie Informationen darüber, dass keine berufsbezogenen disziplinarischen oder strafrechtlichen Sanktionen vor-

liegen. [2] Entscheiden die zuständigen Behörden des Aufnahmemitgliedstaats, die Berufsqualifikationen des Dienstleisters zu kontrollieren, so können sie bei den zuständigen Behörden des Niederlassungsmitgliedstaats Informationen über die Ausbildungsgänge des Dienstleisters anfordern, soweit dies für die Beurteilung der Frage, ob wesentliche Unterschiede vorliegen, die der öffentlichen Gesundheit oder Sicherheit wahrscheinlich abträglich sind, erforderlich ist. [3] Die zuständigen Behörden des Niederlassungsmitgliedstaats übermitteln diese Informationen gemäß Artikel 56. [4] Im Fall von Berufen, die in dem Herkunftsmitgliedstaat nicht reglementiert sind, können auch die in Artikel 57b genannten Beratungszentren diese Informationen zur Verfügung stellen.

(2) [1] Die zuständigen Behörden sorgen für den Austausch aller Informationen, die im Falle von Beschwerden eines Dienstleistungsempfängers gegen einen Dienstleister für ein ordnungsgemäßes Beschwerdeverfahren erforderlich sind. [2] Der Dienstleistungsempfänger wird über das Ergebnis der Beschwerde unterrichtet.

Art. 9 Unterrichtung der Dienstleistungsempfänger

Wird die Dienstleistung unter der Berufsbezeichnung des Niederlassungsmitgliedstaats oder auf der Grundlage des Ausbildungsnachweises des Dienstleisters erbracht, so können die zuständigen Behörden des Aufnahmemitgliedstaats verlangen, dass der Dienstleister zusätzlich zur Erfüllung der sonstigen Informationsanforderungen nach dem Gemeinschaftsrecht dem Dienstleistungsempfänger jeder oder alle der folgenden Informationen liefert:

a) falls der Dienstleister in ein Handelsregister oder ein ähnliches öffentliches Register eingetragen ist, das Register, in das er eingetragen ist, und die Nummer der Eintragung oder gleichwertige, der Identifikation dienende Angaben aus diesem Register;
b) falls die Tätigkeit im Niederlassungsmitgliedstaat zulassungspflichtig ist, den Namen und die Anschrift der zuständigen Aufsichtsbehörde;
c) die Berufskammern oder vergleichbare Organisationen, denen der Dienstleister angehört;
d) die Berufsbezeichnung oder, falls eine solche Berufsbezeichnung nicht existiert, den Ausbildungsnachweis des Dienstleisters und den Mitgliedstaat, in dem die Berufsbezeichnung verliehen bzw. der Ausbildungsnachweis ausgestellt wurde;
e) falls der Dienstleister eine mehrwertsteuerpflichtige Tätigkeit ausübt, die Umsatzsteueridentifikationsnummer nach Artikel 22 Absatz 1 der Richtlinie 77/388/EWG des Rates vom 17. Mai 1977 zur Harmonisierung der Rechtsvorschriften der Mitgliedstaaten über die Umsatzsteuern – Gemeinsames Mehrwertsteuersystem: einheitliche steuerpflichtige Bemessungsgrundlage;[26]
f) Einzelheiten zu einem Versicherungsschutz oder einer anderen Art des individuellen oder kollektiven Schutzes in Bezug auf die Berufshaftpflicht.

Titel III. Niederlassungsfreiheit

Kapitel I. Allgemeine Regelung für die Anerkennung von Ausbildungsnachweisen

Art. 10 Anwendungsbereich

Dieses Kapitel gilt für alle Berufe, die nicht unter Kapitel II und III dieses Titels fallen, sowie für die folgenden Fälle, in denen der Antragsteller aus besonderen und außergewöhnlichen Gründen die in diesen Kapiteln genannten Voraussetzungen nicht erfüllt:

a) für die in Anhang IV aufgeführten Tätigkeiten, wenn der Migrant die Anforderungen der Artikel 17, 18 und 19 nicht erfüllt,
b) für Ärzte mit Grundausbildung, Fachärzte, Krankenschwestern und Krankenpfleger für allgemeine Pflege, Zahnärzte, Fachzahnärzte, Tierärzte, Hebammen, Apotheker und Architekten, wenn der Migrant die Anforderungen der tatsächlichen und rechtmäßigen Berufspraxis gemäß den Artikeln 23, 27, 33, 37, 39, 43 und 49 nicht erfüllt,
c) für Architekten, wenn der Migrant über einen Ausbildungsnachweis verfügt, der nicht in Anhang V Nummer 5.7. aufgeführt ist,
d) unbeschadet des Artikels 21 Absatz 1 und der Artikel 23 und 27 für Ärzte, Krankenschwestern und Krankenpfleger, Zahnärzte, Tierärzte, Hebammen, Apotheker und Architekten, die über

[26] **[Amtl. Anm.:]** ABl. L 145 vom 13.6.1977, S. 1. Zuletzt geändert durch die Richtlinie 2004/66/EG (ABl. L 168 vom 1.5.2004, S. 35).

einen Ausbildungsnachweis für eine Spezialisierung verfügen, der nach der Ausbildung zum Erwerb einer der in Anhang V Nummern 5.1.1., 5.2.2., 5.3.2., 5.4.2., 5.5.2., 5.6.2. und 5.7.1 aufgeführten Bezeichnungen erworben worden sein muss, und zwar ausschließlich zum Zwecke der Anerkennung der betreffenden Spezialisierung,

e) für Krankenschwestern und Krankenpfleger für allgemeine Pflege und für spezialisierte Krankenschwestern und Krankenpfleger, die über einen Ausbildungsnachweis für eine Spezialisierung verfügen, der nach der Ausbildung zum Erwerb einer der in Anhang V Nummer 5.2.2. aufgeführten Bezeichnungen erworben wurde, wenn der Migrant die Anerkennung in einem anderen Mitgliedstaat beantragt, in dem die betreffenden beruflichen Tätigkeiten von spezialisierten Krankenschwestern und Krankenpflegern, die keine Ausbildung für die allgemeine Pflege absolviert haben, ausgeübt werden,

f) für spezialisierte Krankenschwestern und Krankenpfleger, die keine Ausbildung für die allgemeine Pflege absolviert haben, wenn der Migrant die Anerkennung in einem anderen Mitgliedstaat beantragt, in dem die betreffenden beruflichen Tätigkeiten von Krankenschwestern und Krankenpflegern für allgemeine Pflege, von spezialisierten Krankenschwestern und Krankenpflegern, die keine Ausbildung für die allgemeine Pflege absolviert haben, oder von spezialisierten Krankenschwestern und Krankenpflegern, die über einen Ausbildungsnachweis für eine Spezialisierung verfügen, der nach der Ausbildung zum Erwerb einer der in Anhang V Nummer 5.2.2. aufgeführten Bezeichnungen erworben wurde, ausgeübt werden,

g) für Migranten, die die Anforderungen nach Artikel 3 Absatz 3 erfüllen.

Art. 11 Qualifikationsniveaus

Für die Zwecke des Artikels 13 und des Artikels 14 Absatz 6 werden die Berufsqualifikationen den nachstehenden Niveaus wie folgt zugeordnet:

a) Befähigungsnachweis, den eine zuständige Behörde des Herkunftsmitgliedstaats, die entsprechend dessen Rechts- und Verwaltungsvorschriften benannt wurde, ausstellt
   i) entweder aufgrund einer Ausbildung, für die kein Zeugnis oder Diplom im Sinne der Buchstaben b, c, d oder e erteilt wird, oder einer spezifischen Prüfung ohne vorhergehende Ausbildung oder aufgrund der Ausübung des Berufs als Vollzeitbeschäftigung in einem Mitgliedstaat während drei aufeinander folgender Jahre oder als Teilzeitbeschäftigung während eines entsprechenden Zeitraums in den letzten zehn Jahren;
   ii) oder aufgrund einer allgemeinen Schulbildung von Primär- oder Sekundarniveau, wodurch dem Inhaber des Befähigungsnachweises bescheinigt wird, dass er Allgemeinkenntnisse besitzt.

b) Zeugnis, das nach Abschluss einer Ausbildung auf Sekundarniveau erteilt wird,
   i) entweder einer allgemein bildenden Sekundarausbildung, die durch eine Fach- oder Berufsausbildung, die keine Fach- oder Berufsausbildung im Sinne des von Buchstabe c ist, und/oder durch ein neben dem Ausbildungsgang erforderliches Berufspraktikum oder eine solche Berufspraxis ergänzt wird;
   ii) oder einer technischen oder berufsbildenden Sekundarausbildung, die gegebenenfalls durch eine Fach- oder Berufsausbildung gemäß Ziffer i und/oder durch ein neben dem Ausbildungsgang erforderliches Berufspraktikum oder eine solche Berufspraxis ergänzt wird.

c) Diplom, das erteilt wird nach Abschluss
   i) einer postsekundären Ausbildung von mindestens einem Jahr oder einer Teilzeitausbildung von entsprechender Dauer, die keine postsekundäre Ausbildung im Sinne der Buchstaben d und e ist und für die im Allgemeinen eine der Zugangsbedingungen der Abschluss einer zum Universitäts- oder Hochschulstudium berechtigenden Sekundarausbildung oder eine abgeschlossene entsprechende Schulbildung der Sekundarstufe II ist, sowie der Berufsausbildung, die gegebenenfalls neben der postsekundären Ausbildung gefordert wird;
   ii) eines reglementierten Ausbildungsgangs oder – im Fall eines reglementierten Berufs – einer dem Ausbildungsniveau gemäß Ziffer i entsprechenden besonders strukturierten Berufsausbildung, durch die Kompetenzen vermittelt werden, die über das hinausgehen, was durch das Qualifikationsniveau nach Buchstabe b vermittelt wird, wenn diese Ausbildung eine vergleichbare Berufsbefähigung vermittelt und auf eine vergleichbare berufliche Funktion und Verantwortung vorbereitet, sofern dem Diplom eine Bescheinigung des Herkunftsmitgliedstaats beigefügt ist.

d) Diplom, mit dem nachgewiesen wird, dass der Inhaber eine postsekundäre Ausbildung von mindestens drei und höchstens vier Jahren oder eine Teilzeitausbildung von entsprechender Dauer, die zusätzlich in der entsprechenden Anzahl von ECTS-Punkten ausgedrückt werden kann, an einer Universität oder einer anderen Hochschule oder einer anderen Ausbildungseinrichtung mit gleichwertigem Ausbildungsniveau erfolgreich abgeschlossen sowie gegebenenfalls die Berufsausbildung, die neben dem Studium gefordert wird, erfolgreich abgeschlossen hat.

e) Diplom, mit dem nachgewiesen wird, dass der Inhaber einen postsekundären Ausbildungsgang von mindestens vier Jahren oder eine Teilzeitausbildung von entsprechender Dauer, die zusätzlich in der entsprechenden Anzahl an ECTS-Punkten ausgedrückt werden kann, an einer Universität oder einer anderen Hochschule oder in einer anderen Ausbildungseinrichtung mit gleichwertigem Ausbildungsniveau erfolgreich abgeschlossen sowie gegebenenfalls die Berufsausbildung, die neben dem Studium gefordert wird, erfolgreich abgeschlossen hat.

Art. 12 Gleichgestellte Ausbildungsgänge

Jeder Ausbildungsnachweis oder jede Gesamtheit von Ausbildungsnachweisen, die von einer zuständigen Behörde in einem Mitgliedstaat ausgestellt wurden, sofern sie den erfolgreichen Abschluss einer in der Union auf Voll- oder Teilzeitbasis im Rahmen formaler oder nichtformaler Ausbildungsprogramme erworbenen Ausbildung bescheinigen und von diesem Mitgliedstaat als gleichwertig anerkannt werden und in Bezug auf die Aufnahme oder Ausübung eines Berufs dieselben Rechte verleihen oder auf die Ausübung dieses Berufs vorbereiten, sind Ausbildungsnachweisen nach Artikel 11 gleichgestellt, auch in Bezug auf das entsprechende Niveau.

[1] Unter den Voraussetzungen des Absatzes 1 sind solchen Ausbildungsnachweisen Berufsqualifikationen gleichgestellt, die zwar nicht den Erfordernissen der Rechts- oder Verwaltungsvorschriften des Herkunftsmitgliedstaats für die Aufnahme oder Ausübung eines Berufs entsprechen, ihrem Inhaber jedoch erworbene Rechte gemäß diesen Vorschriften verleihen. [2] Dies gilt insbesondere, wenn der Herkunftsmitgliedstaat das Niveau der Ausbildung, die für die Zulassung zu einem Beruf oder für dessen Ausübung erforderlich ist, hebt und wenn eine Person, die zuvor eine Ausbildung durchlaufen hat, die nicht den Erfordernissen der neuen Qualifikation entspricht, aufgrund nationaler Rechts- oder Verwaltungsvorschriften erworbene Rechte besitzt; in einem solchen Fall stuft der Aufnahmemitgliedstaat zur Anwendung von Artikel 13 diese zuvor durchlaufene Ausbildung als dem Niveau der neuen Ausbildung entsprechend ein.

Art. 13 Anerkennungsbedingungen

(1) Setzt die Aufnahme oder Ausübung eines reglementierten Berufs in einem Aufnahmemitgliedstaat den Besitz bestimmter Berufsqualifikationen voraus, so gestattet die zuständige Behörde dieses Mitgliedstaats den Antragstellern die Aufnahme oder Ausübung dieses Berufs unter denselben Voraussetzungen wie Inländern, wenn sie den Befähigungs- oder Ausbildungsnachweis nach Artikel 11 besitzen, der in einem anderen Mitgliedstaat erforderlich ist, um in dessen Hoheitsgebiet die Erlaubnis zur Aufnahme und Ausübung dieses Berufs zu erhalten.

Befähigungs- oder Ausbildungsnachweise werden in einem Mitgliedstaat von einer nach dessen Rechts- und Verwaltungsvorschriften benannten zuständigen Behörde ausgestellt.

(2) Aufnahme und Ausübung eines Berufs, wie in Absatz 1 beschrieben, müssen auch den Antragstellern gestattet werden, die den betreffenden Beruf ein Jahr lang in Vollzeit oder während einer entsprechenden Gesamtdauer in Teilzeit in den vorangegangenen zehn Jahren in einem anderen Mitgliedstaat, in dem dieser Beruf nicht reglementiert ist, ausgeübt haben und die im Besitz eines oder mehrerer in einem anderen Mitgliedstaat, in dem dieser Beruf nicht reglementiert ist, ausgestellten Befähigungs- oder Ausbildungsnachweise sind.

Die Befähigungs- oder Ausbildungsnachweise müssen

a) in einem Mitgliedstaat von einer entsprechend dessen Rechts- und Verwaltungsvorschriften benannten zuständigen Behörde ausgestellt worden sein;
b) bescheinigen, dass der Inhaber auf die Ausübung des betreffenden Berufs vorbereitet wurde.

Die in Unterabsatz 1 genannte einjährige Berufserfahrung darf allerdings nicht verlangt werden, wenn durch den Ausbildungsnachweis, über die der Antragsteller verfügt, ein reglementierter Ausbildungsgang belegt wird.

(3) Der Aufnahmemitgliedstaat erkennt das vom Herkunftsmitgliedstaat gemäß Artikel 11 bescheinigte Ausbildungsniveau und die Bescheinigung an, durch die der Herkunftsmitgliedstaat bestätigt, dass die in Artikel 11 Buchstabe c Ziffer ii genannte Ausbildung dem in Artikel 11 Buchstabe c Ziffer i vorgesehenen Niveau gleichwertig ist.

(4) Abweichend von den Absätzen 1 und 2 dieses Artikels und von Artikel 14 kann die zuständige Behörde des Aufnahmemitgliedstaats den Inhabern eines Befähigungs- oder Ausbildungsnachweises, der unter Artikel 11 Buchstabe a eingestuft ist, die Aufnahme oder Ausübung eines Berufs verweigern, wenn die zur Ausübung des Berufes im Hoheitsgebiet des Aufnahmemitgliedstaats erforderliche nationale Berufsqualifikation unter Artikel 11 Buchstabe e eingestuft ist.

Art. 14 Ausgleichsmaßnahmen

(1) Artikel 13 hindert den Aufnahmemitgliedstaat nicht daran, in einem der nachstehenden Fälle vom Antragsteller zu verlangen, dass er einen höchstens dreijährigen Anpassungslehrgang absolviert oder eine Eignungsprüfung ablegt,

a) wenn die bisherige Ausbildung des Antragstellers sich hinsichtlich der beruflichen Tätigkeit auf Fächer bezieht, die sich wesentlich von denen unterscheiden, die durch den Ausbildungsnachweis im Aufnahmemitgliedstaat abgedeckt werden,

b) wenn der reglementierte Beruf im Aufnahmemitgliedstaat eine oder mehrere reglementierte berufliche Tätigkeiten umfasst, die im Herkunftsmitgliedstaat des Antragstellers nicht Bestandteil des entsprechenden reglementierten Berufs sind, und wenn sich die im Aufnahmemitgliedstaat geforderte Ausbildung auf Fächer bezieht, die sich wesentlich von denen unterscheiden, die von dem Befähigungs- oder Ausbildungsnachweis des Antragstellers abgedeckt werden.

(2) Wenn der Aufnahmemitgliedstaat von der Möglichkeit nach Absatz 1 Gebrauch macht, muss er dem Antragsteller die Wahl zwischen dem Anpassungslehrgang und der Eignungsprüfung lassen.

Wenn ein Mitgliedstaat es für erforderlich hält, für einen bestimmten Beruf vom Grundsatz der Wahlmöglichkeit des Antragstellers nach Unterabsatz 1 zwischen Anpassungslehrgang und Eignungsprüfung abzuweichen, unterrichtet er vorab die anderen Mitgliedstaaten und die Kommission davon und begründet diese Abweichung in angemessener Weise.

[1] Gelangt die Kommission zu der Ansicht, dass die in Unterabsatz 2 bezeichnete Abweichung nicht angemessen ist oder nicht dem Unionsrecht entspricht, erlässt sie binnen drei Monaten nach Erhalt aller nötigen Informationen einen Durchführungsrechtsakt, um den betreffenden Mitgliedstaat aufzufordern, von der geplanten Maßnahme Abstand zu nehmen. [2] Wenn die Kommission innerhalb dieser Frist nicht tätig wird, darf der Mitgliedstaat von der Wahlfreiheit abweichen.

(3) Abweichend vom Grundsatz der freien Wahl des Antragstellers nach Absatz 2 kann der Aufnahmemitgliedstaat bei Berufen, deren Ausübung eine genaue Kenntnis des einzelstaatlichen Rechts erfordert und bei denen Beratung und/oder Beistand in Bezug auf das einzelstaatliche Recht ein wesentlicher und beständiger Teil der Berufsausübung ist, entweder einen Anpassungslehrgang oder eine Eignungsprüfung vorschreiben.

[1] Dies gilt auch für die Fälle nach Artikel 10 Buchstaben b und c, für die Fälle nach Artikel 10 Buchstabe d – betreffend Ärzte und Zahnärzte –, für die Fälle nach Artikel 10 Buchstabe f – wenn der Migrant die Anerkennung in einem anderen Mitgliedstaat beantragt, in dem die betreffenden beruflichen Tätigkeiten von Krankenschwestern und Krankenpflegern für allgemeine Pflege oder von spezialisierten Krankenschwestern und Krankenpflegern, die über einen Ausbildungsnachweis für eine Spezialisierung verfügen, der nach der Ausbildung zur Erlangung einer der in Anhang V Nummer 5.2.2. aufgeführten Berufsbezeichnungen erworben wurde, ausgeübt werden – sowie für die Fälle nach Artikel 10 Buchstabe g.

In den Fällen nach Artikel 10 Buchstabe a kann der Aufnahmemitgliedstaat einen Anpassungslehrgang oder eine Eignungsprüfung verlangen, wenn Tätigkeiten als Selbstständiger oder als Betriebsleiter ausgeübt werden sollen, die die Kenntnis und die Anwendung der geltenden spezifischen innerstaatlichen Vorschriften erfordern, soweit die zuständige Behörde des Aufnahmemitgliedstaats für die eigenen Staatsangehörigen die Kenntnis und die Anwendung dieser innerstaatlichen Vorschriften für den Zugang zu den Tätigkeiten vorschreibt.

Abweichend von dem Grundsatz, dass der Antragsteller die Wahlmöglichkeit nach Absatz 2 hat, kann der Aufnahmemitgliedstaat entweder einen Anpassungslehrgang oder einen Eignungstest vorschreiben, wenn

a) der Inhaber einer Berufsqualifikation gemäß Artikel 11 Buchstabe a die Anerkennung seiner Berufsqualifikation beantragt und die erforderliche nationale Berufsqualifikation unter Artikel 11 Buchstabe c eingestuft ist, oder
b) der Inhaber einer Berufsqualifikation gemäß Artikel 11 Buchstabe b die Anerkennung seiner Berufsqualifikationen beantragt und die erforderliche nationale Berufsqualifikation unter Artikel 11 Buchstabe d oder e eingestuft ist.

Beantragt ein Inhaber einer Berufsqualifikation gemäß Artikel 11 Buchstabe a die Anerkennung seiner Berufsqualifikationen und ist die erforderliche Berufsqualifikation unter Artikel 11 Buchstabe d eingestuft, so kann der Aufnahmemitgliedstaat sowohl einen Anpassungslehrgang als auch eine Eignungsprüfung vorschreiben.

(4) Für die Zwecke der Absätze 1 und 5 sind unter „Fächer, die sich wesentlich unterscheiden" jene Fächer zu verstehen, bei denen Kenntnis, Fähigkeiten und Kompetenzen eine wesentliche Voraussetzung für die Ausübung des Berufs sind und bei denen die bisherige Ausbildung des Migranten wesentliche Abweichungen hinsichtlich des Inhalts gegenüber der im Aufnahmemitgliedstaat geforderten Ausbildung aufweist.

(5) [1]Bei der Anwendung des Absatzes 1 ist nach dem Grundsatz der Verhältnismäßigkeit zu verfahren. [2]Insbesondere muss der Aufnahmemitgliedstaat, wenn er beabsichtigt, dem Antragsteller einen Anpassungslehrgang oder eine Eignungsprüfung aufzuerlegen, zunächst prüfen, ob die vom Antragsteller im Rahmen seiner Berufspraxis oder durch lebenslanges Lernen in einem Mitgliedstaat oder einem Drittland erworbenen Kenntnisse, Fähigkeiten und Kompetenzen, die hierfür von einer einschlägigen Stelle formell als gültig anerkannt wurden, den wesentlichen Unterschied in Bezug auf die Fächer im Sinne des Absatzes 4 ganz oder teilweise ausgleichen können.

(6) [1]Der Beschluss zur Auferlegung eines Anpassungslehrgangs oder einer Eignungsprüfung muss hinreichend begründet sein. [2]Insbesondere sind dem Antragsteller folgende Informationen mitzuteilen:

a) das Niveau der im Aufnahmemitgliedstaat verlangten Berufsqualifikation und das Niveau der vom Antragsteller vorgelegten Berufsqualifikation gemäß der Klassifizierung in Artikel 11; und
b) die wesentlichen in Absatz 4 genannten Unterschiede und die Gründe, aus denen diese Unterschiede nicht durch Kenntnisse, Fähigkeiten und Kompetenzen, die durch lebenslanges Lernen erworben und hierfür von einer einschlägigen Stelle formell als gültig anerkannt wurden, ausgeglichen werden können.

(7) Die Mitgliedstaaten stellen sicher, dass der Antragsteller die Möglichkeit hat, die Eignungsprüfung nach Absatz 1 spätestens sechs Monate nach der ursprünglichen Entscheidung, dem Antragsteller eine Eignungsprüfung aufzuerlegen, abzulegen.

Art. 15 *[aufgehoben]*

Kapitel II, III, IIIa

(vom Abdruck der Kapitel II – Anerkennung der Berufserfahrung – und III – Anerkennung auf der Grundlage der Koordinierung der Mindestanforderungen an die Ausbildung – sowie IIIa – Automatische Anerkennung auf der Grundlage gemeinsamer Ausbildungsplätze – wurde abgesehen)

Kapitel IV. Gemeinsame Bestimmungen für die Niederlassung

Art. 50 Unterlagen und Formalitäten

(1) Wenn die zuständigen Behörden des Aufnahmemitgliedstaates in Anwendung der Bestimmungen dieses Titels über einen Antrag auf Zulassung zu einem reglementierten Beruf befinden, können sie die in Anhang VII aufgeführten Unterlagen und Bescheinigungen verlangen.

Die in Anhang VII Nummer 1 Buchstaben d, e und f genannten Bescheinigungen dürfen bei ihrer Vorlage nicht älter als drei Monate sein.

Die Mitgliedstaaten, Stellen und sonstigen juristischen Personen sorgen für die Vertraulichkeit der übermittelten Angaben.

(2) Hat der Aufnahmemitgliedstaat berechtigte Zweifel, so kann er von den zuständigen Behörden eines Mitgliedstaats eine Bestätigung der Authentizität der in jenem Mitgliedstaat ausgestellten Bescheinigungen und Ausbildungsnachweise sowie gegebenenfalls eine Bestätigung darüber verlangen, dass der Antragsteller für die in Kapitel III genannten Berufe die Mindestanforderungen der Ausbildung erfüllt, die in den Artikeln 24, 25, 28, 31, 34, 35, 38, 40, 44 und 46 verlangt werden.

(3) Beziehen sich Ausbildungsnachweise nach Artikel 3 Absatz 1 Buchstabe c, die von der zuständigen Behörde eines Mitgliedstaats ausgestellt wurden, auf eine Ausbildung, die ganz oder teilweise in einer rechtmäßig im Hoheitsgebiet eines anderen Mitgliedstaats niedergelassenen Einrichtung absolviert wurde, so kann der Aufnahmemitgliedstaat bei berechtigten Zweifeln bei der zuständigen Stelle des Ausstellungsmitgliedstaats überprüfen,

a) ob der Ausbildungsgang in der betreffenden Einrichtung von der Ausbildungseinrichtung des Ausstellungsmitgliedstaats offiziell bescheinigt worden ist;
b) ob der ausgestellte Ausbildungsnachweis dem entspricht, der verliehen worden wäre, wenn der Ausbildungsgang vollständig im Ausstellungsmitgliedstaat absolviert worden wäre, und
c) ob mit dem Ausbildungsnachweis im Hoheitsgebiet des Ausstellungsmitgliedstaats dieselben beruflichen Rechte verliehen werden.

(3a) Hat der Aufnahmemitgliedstaat berechtigte Zweifel, so kann er von den zuständigen Behörden eines Mitgliedstaats eine Bestätigung der Tatsache verlangen, dass die Ausübung dieses Berufes durch den Antragsteller nicht aufgrund eines schwerwiegenden standeswidrigen Verhaltens oder einer Verurteilung wegen strafbarer Handlungen ausgesetzt oder untersagt wurde.

(3b) Der Informationsaustausch, der aufgrund dieses Artikels zwischen den zuständigen Behörden der einzelnen Mitgliedstaaten stattfindet, erfolgt über das IMI.

(4) Verlangt ein Aufnahmemitgliedstaat von seinen Staatsangehörigen für die Aufnahme oder Ausübung eines reglementierten Berufes eine Eidesleistung oder eine feierliche Erklärung, so sorgt er dafür, dass die Angehörigen der anderen Mitgliedstaaten, die die Formel dieses Eides oder dieser feierlichen Erklärung nicht benutzen können, auf eine geeignete, gleichwertige Formel zurückgreifen können.

Art. 51 Verfahren für die Anerkennung der Berufsqualifikationen

(1) Die zuständige Behörde des Aufnahmemitgliedstaates bestätigt dem Antragsteller binnen eines Monats den Empfang der Unterlagen und teilt ihm gegebenenfalls mit, welche Unterlagen fehlen.

(2) [1] Das Verfahren für die Prüfung eines Antrags auf Zulassung zu einem reglementierten Beruf muss innerhalb kürzester Frist abgeschlossen werden, spätestens jedoch drei Monate nach Einreichung der vollständigen Unterlagen der betreffenden Person; die Entscheidung muss von der zuständigen Behörde des Aufnahmemitgliedstaates ordnungsgemäß begründet werden. [2] Diese Frist kann jedoch in Fällen, die unter die Kapitel I und II dieses Titels fallen, um einen Monat verlängert werden.

(3) Gegen diese Entscheidung bzw. gegen eine nicht fristgerecht getroffene Entscheidung müssen Rechtsbehelfe nach innerstaatlichem Recht eingelegt werden können.

Art. 52 Führen der Berufsbezeichnung

(1) Ist in einem Aufnahmemitgliedstaat das Führen der Berufsbezeichnung im Zusammenhang mit einer der betreffenden beruflichen Tätigkeiten reglementiert, so führen die Angehörigen der übrigen Mitgliedstaaten, die nach Titel III einen reglementierten Beruf ausüben dürfen, die entsprechende Berufsbezeichnung des Aufnahmemitgliedstaats und verwenden deren etwaige Abkürzung.

(2) Wenn ein Beruf im Aufnahmemitgliedstaat durch einen Verband oder eine Organisation im Sinne des Artikels 3 Absatz 2 reglementiert ist, dürfen die Staatsangehörigen der Mitgliedstaaten die von diesem Verband oder dieser Organisation zuerkannte Berufsbezeichnung oder deren

Abkürzung nur führen, wenn sie nachweisen, dass sie Mitglied des betreffenden Verbandes oder der betreffenden Organisation sind.

Wenn der Verband oder die Organisation die Mitgliedschaft von bestimmten Qualifikationen abhängig macht, sind bei Angehörigen anderer Mitgliedstaaten, die über die Berufsqualifikationen verfügen, die Vorschriften dieser Richtlinie zu beachten.

(3) Ein Mitgliedstaat darf die Führung der Berufsbezeichnung nicht den Inhabern einer Berufsqualifikation vorbehalten, wenn er der Kommission und den übrigen Mitgliedstaaten nicht nach Artikel 3 Absatz 2 den Verband oder die Organisation gemeldet hat.

Titel IV. Modalitäten der Berufsausübung

Art. 53 Sprachkenntnisse

(1) Berufsangehörige, deren Berufsqualifikation anerkannt wird, müssen über die Sprachkenntnisse verfügen, die für die Ausübung ihrer Berufstätigkeit im Aufnahmemitgliedstaat erforderlich sind.

(2) Ein Mitgliedstaat stellt sicher, dass Überprüfungen, die von der zuständigen Behörde oder unter ihrer Aufsicht zur Überprüfung der Einhaltung der Verpflichtung nach Absatz 1 vorgenommen werden, auf die Kenntnis einer Amtssprache des Aufnahmemitgliedstaats oder einer Verwaltungssprache des Aufnahmemitgliedstaats, sofern diese Verwaltungssprache auch Amtssprache der Union ist, beschränkt sind.

(3) [1]Die gemäß Absatz 2 durchgeführten Überprüfungen können vorgeschrieben werden, wenn der auszuübende Beruf Auswirkungen auf die Patientensicherheit hat. [2]Die Überprüfungen können im Fall anderer Berufe vorgeschrieben werden, wenn erhebliche und konkrete Zweifel daran bestehen, dass der Berufsangehörige hinsichtlich der beruflichen Tätigkeit, die der Berufsangehörige auszuüben beabsichtigt, über ausreichende Sprachkenntnisse verfügt.

Die Überprüfungen dürfen erst nach der Ausstellung eines Europäischen Berufsausweises gemäß Artikel 4d bzw. nach der Anerkennung einer Berufsqualifikation vorgenommen werden.

(4) [1]Überprüfungen der Sprachkenntnisse müssen in angemessenem Verhältnis zur auszuübenden Tätigkeit stehen. [2]Der betroffene Berufsangehörige kann gegen diese Überprüfungen Rechtsbehelfe nach nationalem Recht einlegen.

Art. 54 Führen von Ausbildungsbezeichnungen

[1]Unbeschadet der Artikel 7 und 52 trägt der Aufnahmemitgliedstaat dafür Sorge, dass die betreffenden Personen zum Führen von Ausbildungsbezeichnungen ihres Herkunftsmitgliedstaats und gegebenenfalls der entsprechenden Abkürzung in der Sprache des Herkunftsmitgliedstaats berechtigt sind. [2]Der Aufnahmemitgliedstaat kann vorschreiben, dass neben dieser Bezeichnung Name und Ort der Lehranstalt oder des Prüfungsausschusses aufgeführt werden, die bzw. der diese Ausbildungsbezeichnung verliehen hat. [3]Kann die Ausbildungsbezeichnung des Herkunftsmitgliedstaats im Aufnahmemitgliedstaat mit einer Bezeichnung verwechselt werden, die in Letzterem eine zusätzliche Ausbildung voraussetzt, die die betreffende Person aber nicht erworben hat, so kann der Aufnahmemitgliedstaat vorschreiben, dass die betreffende Person ihre im Herkunftsmitgliedstaat gültige Ausbildungsbezeichnung in einer vom Aufnahmemitgliedstaat festgelegten Form verwendet.

Art. 55 Kassenzulassung

Unbeschadet des Artikels 5 Absatz 1 und des Artikels 6 Absatz 1 Buchstabe b gilt Folgendes: Mitgliedstaaten, die den Personen, die ihre Berufsqualifikationen in ihrem Hoheitsgebiet erworben haben, nur dann eine Kassenzulassung erteilen, wenn sie einen Vorbereitungslehrgang absolviert und/oder Berufserfahrung erworben haben, befreien die Personen, die ihre Berufsqualifikationen als Arzt bzw. Zahnarzt in einem anderen Mitgliedstaat erworben haben, von dieser Pflicht.

Art. 55a Anerkennung eines Berufspraktikums

(1) [1]Wenn der Abschluss eines Berufspraktikums Voraussetzung für den Zugang zu einem reglementierten Beruf ist, erkennt die zuständige Behörde des Herkunftsmitgliedstaats bei der Prüfung

von Anträgen auf Genehmigung der Ausübung des reglementierten Berufs in einem anderen Mitgliedstaat absolvierte Berufspraktika an, sofern sie den veröffentlichten Leitlinien nach Absatz 2 entsprechen, und berücksichtigt in einem Drittland absolvierte Berufspraktika. [2] Die Mitgliedstaaten können jedoch in nationalen Rechtsvorschriften die Dauer des Teils des Berufspraktikums, der im Ausland absolviert werden kann, auf einen angemessenen Zeitraum begrenzen.

(2) [1] Die Anerkennung des Berufspraktikums ersetzt nicht die Erfüllung geltender Anforderungen bezüglich des Bestehens einer Prüfung, die den Zugang zu dem jeweiligen Beruf ermöglicht. [2] Die zuständigen Behörden veröffentlichen Leitlinien zur Organisation und Anerkennung von in einem anderen Mitgliedstaat oder einem Drittland absolvierten Berufspraktika und insbesondere zu den Aufgaben der Person, die das Berufspraktikum überwacht.

Titel V. Verwaltungszusammenarbeit und Durchführungsbefugnis gegenüber den Bürgern

Art. 56 Zuständige Behörden

(1) [1] Die zuständigen Behörden der Aufnahme- und Herkunftsmitgliedstaaten arbeiten eng zusammen und leisten sich Amtshilfe, um die Anwendung dieser Richtlinie zu erleichtern. [2] Sie stellen die Vertraulichkeit der ausgetauschten Informationen sicher.

(2) [1] Die zuständigen Behörden im Herkunfts- und im Aufnahmemitgliedstaat unterrichten sich gegenseitig über das Vorliegen disziplinarischer oder strafrechtlicher Sanktionen oder über sonstige schwerwiegende, genau bestimmte Sachverhalte, die sich auf die Ausübung der in dieser Richtlinie erfassten Tätigkeiten auswirken könnten. [2] Dabei sind die Rechtsvorschriften über den Schutz personenbezogener Daten im Sinn der Richtlinien 95/46/EG und 2002/58/EG einzuhalten.

Der Herkunftsmitgliedstaat prüft die Richtigkeit der Sachverhalte; seine Behörden befinden über Art und Umfang der durchzuführenden Prüfungen und unterrichten den Aufnahmemitgliedstaat über die Konsequenzen, die sie aus den übermittelten Auskünften ziehen.

(2a) Für die Zwecke der Absätze 1 und 2 nutzen die zuständigen Behörden das IMI.

(3) Jeder Mitgliedstaat benennt bis 20. Oktober 2007 die Behörden und Stellen, die für die Ausstellung oder Entgegennahme der in dieser Richtlinie genannten Ausbildungsnachweise und sonstigen Unterlagen oder Informationen zuständig sind; ferner benennt er die Behörden und Stellen, die die Anträge annehmen und die Entscheidungen treffen können, die im Zusammenhang mit dieser Richtlinie stehen, und unterrichtet unverzüglich die anderen Mitgliedstaaten und die Kommission hiervon.

(4) Jeder Mitgliedstaat benennt einen Koordinator für die Tätigkeiten der in Absatz 1 genannten zuständigen Behörden und setzt die anderen Mitgliedstaaten und die Kommission davon in Kenntnis.

Die Koordinatoren haben folgende Aufgaben:

a) die Förderung der einheitlichen Anwendung dieser Richtlinie;
b) Sammlung aller Informationen, die für die Anwendung dieser Richtlinie nützlich sind, insbesondere aller Informationen über die Bedingungen für den Zugang zu reglementierten Berufen in den Mitgliedstaaten;
c) Prüfung von Vorschlägen für gemeinsame Ausbildungsrahmen und gemeinsame Ausbildungsprüfungen;
d) Austausch von Informationen und bewährten Verfahren im Hinblick auf die Optimierung der ständigen beruflichen Weiterbildung in den Mitgliedstaaten;
e) Austausch von Informationen und bewährten Verfahren zur Anwendung von Ausgleichsmaßnahmen nach Artikel 14.

Zur Erfüllung ihrer Aufgabe nach Buchstabe b dieses Absatzes können die Koordinatoren die Hilfe der in Artikel 57b genannten Kontaktstellen in Anspruch nehmen.

Art. 56a Vorwarnmechanismus

(1) Die zuständigen Behörden eines Mitgliedstaats unterrichten die zuständigen Behörden aller anderen Mitgliedstaaten über einen Berufsangehörigen, dem von nationalen Behörden oder Gerichten die Ausübung folgender beruflicher Tätigkeiten im Hoheitsgebiet dieses Mitgliedstaats

ganz oder teilweise – auch vorübergehend – untersagt worden ist oder diesbezügliche Beschränkungen auferlegt worden sind:

a) Arzt und Arzt für Allgemeinmedizin als Inhaber eines in Anhang V Nummern 5.1.1 und 5.1.4 aufgeführten Ausbildungsnachweises;
b) Facharzt, der eine in Anhang V Nummer 5.1.3 aufgeführten Bezeichnung führt;
c) Krankenschwester/Krankenpfleger, die/der für die allgemeine Pflege verantwortlich ist, als Inhaber eines in Anhang V Nummer 5.2.2 aufgeführten Ausbildungsnachweises;
d) Zahnarzt als Inhaber eines in Anhang V Nummer 5.3.2 aufgeführten Ausbildungsnachweises;
e) Fachzahnarzt als Inhaber eines in Anhang V Nummer 5.3.3 aufgeführten Ausbildungsnachweises;
f) Tierarzt als Inhaber eines in Anhang V Nummer 5.4.2. aufgeführten Ausbildungsnachweises;
g) Hebamme als Inhaber eines in Anhang V Nummer 5.5.2 aufgeführten Ausbildungsnachweises;
h) Apotheker als Inhaber eines in Anhang V Nummer 5.6.2 aufgeführten Ausbildungsnachweises;
i) Inhaber von in Anhang VII Nummer 2 genannten Bescheinigungen, die bescheinigen, dass der Inhaber eine Ausbildung abgeschlossen hat, die den in den Artikeln 24, 25, 31, 34, 35, 38, 40 oder 44 aufgeführten Mindestanforderungen jeweils entspricht, jedoch vor den in Anhang V Nummer 5.1.3, 5.1.4, 5.2.2, 5.3.2, 5.3.3, 5.4.2, 5.5.2 bzw. 5.6.2 genannten Stichtagen für die Qualifikationen begonnen wurde;
j) Inhaber von Bescheinigungen über die erworbenen Rechte nach den Artikeln 23, 27, 29, 33, 33a, 37, 43 und 43a;
k) sonstige Berufsangehörige, die Tätigkeiten ausüben, die Auswirkungen auf die Patientensicherheit haben, sofern diese Berufsangehörigen einen in dem jeweiligen Mitgliedstaat reglementierten Beruf ausüben;
l) Berufsangehörige, die Tätigkeiten im Bereich der Erziehung Minderjähriger, einschließlich Kinderbetreuungseinrichtungen und frühkindliche Erziehung, ausüben, sofern diese Berufsangehörigen einen in dem jeweiligen Mitgliedstaat reglementierten Beruf ausüben.

(2) [1] Die zuständigen Behörden übermitteln die in Absatz 1 genannten Angaben mittels einer Warnung über das IMI spätestens drei Tage nach Erlass der Entscheidung über die vollständige oder teilweise Beschränkung oder Untersagung der Ausübung der beruflichen Tätigkeit durch den betreffenden Berufsangehörigen. [2] Die Angaben beschränken sich auf Folgendes:

a) Identität des Berufsangehörigen;
b) betroffener Beruf;
c) Angaben über die einzelstaatliche Behörde oder das einzelstaatliche Gericht, die/das die Entscheidung über die Beschränkung oder Untersagung getroffen hat;
d) Umfang der Beschränkung oder Untersagung;
e) Zeitraum, in dem die Beschränkung oder Untersagung gilt.

(3) Die zuständigen Behörden eines betroffenen Mitgliedstaats unterrichten die zuständigen Behörden aller übrigen Mitgliedstaaten spätestens drei Tage nach Annahme der Gerichtsentscheidung mittels einer Warnung über das IMI von der Identität von Berufsangehörigen, die die Anerkennung einer Qualifikation gemäß dieser Richtlinie beantragt haben und bei denen später gerichtlich festgestellt wurde, dass sie dabei gefälschte Berufsqualifikationsnachweise verwendet haben.

(4) [1] Die Verarbeitung personenbezogener Daten für die Zwecke des Informationsaustauschs nach den Absätzen 1 und 3 erfolgt im Einklang mit den Richtlinien 95/46/EG und 2002/58/EG. [2] Die Verarbeitung personenbezogener Daten durch die Kommission erfolgt im Einklang mit der Verordnung (EG) Nr. 45/2001.

(5) [1] Die zuständigen Behörden aller Mitgliedstaaten sind unverzüglich zu unterrichten, wenn die Geltungsdauer einer Untersagung oder Beschränkung nach Absatz 1 abgelaufen ist. [2] Hierzu ist die zuständige Behörde des Mitgliedstaats, der die Informationen nach Absatz 1 übermittelt, auch zu verpflichten, das Datum des Ablaufs der Geltungsdauer und spätere Änderungen dieses Datums anzugeben.

(6) Die Mitgliedstaaten sehen vor, dass Berufsangehörige, bezüglich derer Warnungen an andere Mitgliedstaaten übermittelt werden, gleichzeitig mit der Warnung schriftlich von der Entscheidung über die Warnung unterrichtet werden, nach nationalem Recht Rechtsbehelfe gegen die Entscheidung einlegen oder die Berichtigung dieser Entscheidung verlangen können

und Zugang zu Abhilfemaßnahmen im Fall von Schäden haben, die durch zu Unrecht an andere Mitgliedstaaten übermittelte Warnungen entstanden sind; in diesen Fällen wird die Entscheidung über die Warnung durch den Hinweis ergänzt, dass der Berufsangehörige Rechtsmittel gegen die Entscheidung eingelegt hat.

(7) [1]Daten bezüglich Warnungen dürfen nur so lange im IMI bleiben, wie sie gültig sind. [2]Warnungen sind binnen drei Tagen ab dem Datum der Annahme der Entscheidung über ihren Widerruf oder ab dem Zeitpunkt des Ablaufs der Geltungsdauer der Untersagung oder Beschränkung nach Absatz 1 zu löschen.

(8) [1]Die Kommission erlässt Durchführungsrechtsakte für die Anwendung des Vorwarnmechanismus. [2]Diese Durchführungsrechtsakte enthalten Bestimmungen über die Behörden, die berechtigt sind, Warnungen zu übermitteln oder entgegenzunehmen und über Widerruf und Aufhebung von Warnungen und über Maßnahmen zur Gewährleistung der Sicherheit bei der Datenverarbeitung. [3]Die Durchführungsrechtsakte werden nach dem Prüfverfahren gemäß Artikel 58 Absatz 2 erlassen.

Art. 57 Zentraler Online-Zugang zu Informationen

(1) Die Mitgliedstaaten tragen dafür Sorge, dass folgende Informationen über die einheitlichen Ansprechpartner nach Artikel 6 der Richtlinie 2006/123/EG des Europäischen Parlaments und des Rates vom 12. Dezember 2006 über Dienstleistungen im Binnenmarkt[27] online zugänglich sind und regelmäßig aktualisiert werden:

a) ein Verzeichnis aller in dem Mitgliedstaat reglementierten Berufe im Sinn von Artikel 3 Absatz 1 Buchstabe a sowie die Kontaktdaten der für die einzelnen reglementierten Berufe zuständigen Behörden und der Beratungszentren nach Artikel 57b;
b) ein Verzeichnis aller Berufe, für die ein Europäischer Berufsausweis verfügbar ist, der Funktionsweise des Ausweises – einschließlich aller für die Berufsangehörigen anfallenden Gebühren – und der für seine Ausstellung zuständigen Behörden;
c) ein Verzeichnis aller Berufe, auf die nach den nationalen Rechts- und Verwaltungsvorschriften des Mitgliedstaats Artikel 7 Absatz 4 Anwendung findet;
d) ein Verzeichnis der reglementierten Ausbildungsgänge und der besonders strukturierten Ausbildungsgänge nach Artikel 11 Buchstabe c Ziffer ii;
e) die in den Artikeln 7, 50, 51 und 53 aufgeführten Anforderungen und Verfahren für die in den Mitgliedstaaten reglementierten Berufe, einschließlich aller damit verbundenen von den Bürgern zu entrichtenden Gebühren und aller von den Bürgern bei den zuständigen Behörden vorzulegenden Unterlagen;
f) Angaben über das Einlegen von Rechtsbehelfen gemäß den nationalen Rechts- und Verwaltungsvorschriften gegen aufgrund dieser Richtlinie erlassene Entscheidungen der zuständigen Behörden.

(2) Die Mitgliedstaaten stellen sicher, dass die Informationen nach Absatz 1 in für die Nutzer klarer und umfassender Weise erteilt werden, aus der Ferne und elektronisch leicht zugänglich sind und dem neuesten Stand entsprechen.

(3) Die Mitgliedstaaten stellen sicher, dass an die einheitlichen Ansprechpartner gerichtete Informationsersuchen so rasch wie möglich beantwortet werden.

(4) [1]Die Mitgliedstaaten und die Kommission ergreifen begleitende Maßnahmen, um den einheitlichen Ansprechpartnern nahe zu legen, die Informationen nach Absatz 1 auch in anderen Amtssprachen der Union bereitzustellen. [2]Die Rechtsvorschriften der Mitgliedstaaten über die Verwendung von Sprachen bleiben davon unberührt.

(5) Die Mitgliedstaaten arbeiten für die Zwecke der Umsetzung der Absätze 1, 2 und 4 miteinander und mit der Kommission zusammen.

Art. 57a Elektronische Verfahren

(1) [1]Die Mitgliedstaaten stellen sicher, dass alle Verfahren und Formalitäten, die die unter diese Richtlinie fallenden Angelegenheiten betreffen, leicht aus der Ferne und elektronisch über den

[27] **[Amtl. Anm.:]** ABl. L 376 vom 27.12.2006, S. 36.

jeweiligen einheitlichen Ansprechpartner oder die jeweiligen zuständigen Behörden abgewickelt werden können. [2]Dies hindert die zuständigen Behörden der Mitgliedstaaten nicht daran, später im Fall begründeter Zweifel und soweit unbedingt geboten, beglaubigte Kopien zu verlangen.

(2) Absatz 1 findet keine Anwendung auf die Durchführung eines Anpassungslehrgangs oder einer Eignungsprüfung.

(3) Wenn es gerechtfertigt ist, dass die Mitgliedstaaten zur Abwicklung der Verfahren nach Absatz 1 dieses Artikels um die Verwendung fortgeschrittener elektronischer Signaturen im Sinne der Definition in Artikel 2 Nummer 2 der Richtlinie 1999/93/EG des Europäischen Parlaments und des Rates über gemeinschaftliche Rahmenbedingungen für elektronische Signaturen[28] bitten, akzeptieren die Mitgliedstaaten elektronische Signaturen, die mit der Entscheidung 2009/767/EG der Kommission vom 16. Oktober 2009 über Maßnahmen zur Erleichterung der Nutzung elektronischer Verfahren über „einheitliche Ansprechpartner" gemäß der Richtlinie 2006/123/EG des Europäischen Parlaments und des Rates über Dienstleistungen im Binnenmarkt[29] konform sind, und sorgen für die technischen Mittel zur Verarbeitung von Dokumenten mit fortgeschrittenen elektronischen Signaturen in Formaten, die in dem Beschluss 2011/130/EU der Kommission vom 25. Februar 2011 über Mindestanforderungen für die grenzüberschreitende Verarbeitung von Dokumenten, die gemäß der Richtlinie 2006/123/EG des Europäischen Parlaments und des Rates über Dienstleistungen im Binnenmarkt von zuständigen Behörden elektronisch signiert worden sind,[30] festgelegt sind.

(4) [1]Alle Verfahren werden in Einklang mit Artikel 8 der Richtlinie 2006/123/EG, der einheitliche Ansprechpartner betrifft, durchgeführt. [2]Die Verfahrensfristen nach Artikel 7 Absatz 4 und Artikel 51 dieser Richtlinie laufen ab dem Zeitpunkt, in dem ein Bürger seinen Antrag oder ein fehlendes Dokument bei einem einheitlichen Ansprechpartner oder unmittelbar bei der jeweiligen zuständigen Behörde einreicht. [3]Eine Aufforderung zur Vorlage beglaubigter Kopien im Sinn von Absatz 1 dieses Artikels gilt nicht als Aufforderung zur Vorlage fehlender Dokumente.

Art. 57b Beratungszentren

(1) Jeder Mitgliedstaat benennt bis spätestens 18. Januar 2016 ein Beratungszentrum, das den Auftrag hat, die Bürger und die Beratungszentren der anderen Mitgliedstaaten hinsichtlich der Anerkennung von Berufsqualifikationen gemäß dieser Richtlinie zu beraten, einschließlich der Information über die nationalen Rechtsvorschriften für die Aufnahme und Ausübung einer Berufstätigkeit, des Sozialrechts, sowie über etwaige Standesregeln und berufsethische Regeln.

(2) Die Beratungszentren in den Aufnahmemitgliedstaaten unterstützen die Bürger bei der Wahrnehmung der Rechte aus dieser Richtlinie, bei Bedarf unter Einschaltung des Beratungszentrums im Herkunftsmitgliedstaat sowie der zuständigen Behörden und des einheitlichen Ansprechpartners im Aufnahmemitgliedstaat.

(3) Alle zuständigen Behörden im Herkunfts- oder im Aufnahmemitgliedstaat sind aufgefordert, mit dem Beratungszentrum im Aufnahmemitgliedstaat und, soweit zweckmäßig, im Herkunftsmitgliedstaat uneingeschränkt zusammenzuarbeiten und diesen Beratungszentren auf Antrag und unter Einhaltung der Datenschutzvorschriften entsprechend den Richtlinien 95/46/EG und 2002/58/EG alle relevanten Informationen über Einzelfälle bereitzustellen.

(4) Auf Ersuchen der Kommission unterrichten die Beratungszentren binnen zwei Monaten nach Eingang dieses Ersuchens die Kommission über die Ergebnisse der Untersuchungen, mit denen sie befasst sind.

Art. 57c Ausübung der Befugnisübertragung

(1) Die Befugnis zum Erlass delegierter Rechtsakte wird der Kommission unter den in diesem Artikel festgelegten Bedingungen übertragen.

(2) [1]Die Befugnis zum Erlass delegierter Rechtsakte nach Artikel 3 Absatz 2 Unterabsatz 3, Artikel 20, Artikel 21 Absatz 6 Unterabsatz 2, Artikel 21a Absatz 4, Artikel 25 Absatz 5, Arti-

[28] **[Amtl. Anm.:]** ABl. L 13 vom 19.1.2000, S. 12.
[29] **[Amtl. Anm.:]** ABl. L 274 vom 20.10.2009, S. 36.
[30] **[Amtl. Anm.:]** ABl. L 53 vom 26.2.2011, S. 66.

kel 26 Absatz 2, Artikel 31 Absatz 2 Unterabsatz 2, Artikel 34 Absatz 2 Unterabsatz 2, Artikel 35 Absätze 4 und 5, Artikel 38 Absatz 1 Unterabsatz 2, Artikel 40 Absatz 1 Unterabsatz 3, Artikel 44 Absatz 2 Unterabsatz 2, Artikel 49a Absatz 4 und Artikel 49b Absatz 4 wird der Kommission für einen Zeitraum von fünf Jahren ab dem 17. Januar 2014 übertragen. [2]Die Kommission erstellt spätestens neun Monate vor Ablauf des Zeitraums von fünf Jahren einen Bericht über die Befugnisübertragung. [3]Die Befugnisübertragung verlängert sich stillschweigend um Zeiträume gleicher Länge, es sei denn, das Europäische Parlament oder der Rat widersprechen einer solchen Verlängerung spätestens drei Monate vor Ablauf des jeweiligen Zeitraums.

(3) [1]Die Befugnisübertragung nach Artikel 3 Absatz 2 Unterabsatz 3, Artikel 20, Artikel 21 Absatz 6 Unterabsatz 2, Artikel 21a Absatz 4, Artikel 25 Absatz 5, Artikel 26 Absatz 2, Artikel 31 Absatz 2 Unterabsatz 2, Artikel 34 Absatz 2 Unterabsatz 2, Artikel 35 Absätze 4 und 5, Artikel 38 Absatz 1 Unterabsatz 2, Artikel 40 Absatz 1 Unterabsatz 3, Artikel 44 Absatz 2 Unterabsatz 2, Artikel 49a Absatz 4 und Artikel 49b Absatz 4 kann vom Europäischen Parlament oder vom Rat jederzeit widerrufen werden. [2]Der Beschluss über den Widerruf beendet die Übertragung der in diesem Beschluss genannten Befugnis. [3]Er wird am Tag nach seiner Veröffentlichung im *Amtsblatt der Europäischen Union* oder zu einem im Beschluss angegebenen späteren Zeitpunkt wirksam. [4]Die Gültigkeit von delegierten Rechtsakten, die bereits in Kraft sind, wird von dem Beschluss über den Widerruf nicht berührt.

(4) Sobald die Kommission einen delegierten Rechtsakt erlässt, teilt sie ihn gleichzeitig dem Europäischen Parlament und dem Rat mit.

(5) [1]Ein delegierter Rechtsakt, der gemäß Artikel 3 Absatz 2 Unterabsatz 3, Artikel 20, Artikel 21 Absatz 6 Unterabsatz 2, Artikel 21a Absatz 4, Artikel 25 Absatz 5, Artikel 26 Absatz 2, Artikel 31 Absatz 2 Unterabsatz 2, Artikel 34 Absatz 2 Unterabsatz 2, Artikel 35 Absätze 4 und 5, Artikel 38 Absatz 1 Unterabsatz 2, Artikel 40 Absatz 1 Unterabsatz 3, Artikel 44 Absatz 2 Unterabsatz 2, Artikel 49a Absatz 4 und Artikel 49b Absatz 4 erlassen wurde, tritt nur in Kraft, wenn weder das Europäische Parlament noch der Rat innerhalb von zwei Monaten nach Übermittlung dieses Rechtsakts an das Europäische Parlament und den Rat Einwände erhoben haben oder wenn vor Ablauf dieser Frist das Europäische Parlament und der Rat beide der Kommission mitgeteilt haben, dass sie keine Einwände erheben werden. [2]Auf Initiative des Europäischen Parlaments oder des Rates wird diese Frist um zwei Monate verlängert.

Art. 58 Ausschussverfahren

(1) [1]Die Kommission wird von einem Ausschuss für die Anerkennung von Berufsqualifikationen unterstützt. [2]Dabei handelt es sich um einen Ausschuss im Sinne der Verordnung (EU) Nr. 182/2011.

(2) Wird auf diesen Absatz Bezug genommen, so gilt Artikel 5 der Verordnung (EU) Nr. 182/ 2011.

Art. 59 Transparenz

(1) [1]Die Mitgliedstaaten übermitteln der Kommission bis zum 18. Januar 2016 ein Verzeichnis der derzeit reglementierten Berufe mit Angabe der Tätigkeiten, die durch die einzelnen Berufe abgedeckt werden, sowie ein Verzeichnis der in ihrem Hoheitsgebiet reglementierten Ausbildungsgänge und der besonders strukturierten Berufsausbildungen im Sinne von Artikel 11 Buchstabe c Ziffer ii. [2]Auch jede Änderung dieser Verzeichnisse wird der Kommission unverzüglich mitgeteilt. [3]Die Kommission richtet eine öffentlich verfügbare Datenbank der reglementierten Berufe, einschließlich einer allgemeinen Beschreibung der Tätigkeiten, die durch die einzelnen Berufe abgedeckt werden, ein und unterhält sie.

(2) [1]Die Mitgliedstaaten übermitteln der Kommission bis zum 18. Januar 2016 das Verzeichnis der Berufe, bei denen eine Nachprüfung der Qualifikationen gemäß Artikel 7 Absatz 4 erforderlich ist. [2]Die Mitgliedstaaten rechtfertigen gegenüber der Kommission gesondert die Aufnahme jedes einzelnen Berufs in dieses Verzeichnis.

(3) Die Mitgliedstaaten prüfen, ob nach ihrer Rechtsordnung geltende Anforderungen zur Beschränkung der Aufnahme oder Ausübung eines Berufs durch die Inhaber einer bestimmten Berufsqualifikation, einschließlich des Führens der Berufsbezeichnung und der im Rahmen dieser

Berufsbezeichnung erlaubten beruflichen Tätigkeiten, die in diesem Artikel als „Anforderungen" bezeichnet werden, mit folgenden Grundsätzen vereinbar sind:

a) Die Anforderungen dürfen weder eine direkte noch eine indirekte Diskriminierung aufgrund der Staatsangehörigkeit oder des Wohnsitzes darstellen;
b) die Anforderungen müssen durch übergeordnete Gründe des Allgemeininteresses gerechtfertigt sein;
c) die Anforderungen müssen zur Verwirklichung des mit ihnen verfolgten Ziels geeignet sein und dürfen nicht über das hinausgehen, was zur Erreichung dieses Ziels erforderlich ist.

(4) Absatz 1 gilt auch für Berufe, die in einem Mitgliedstaat durch einen Verband oder eine Organisation im Sinne des Artikels 3 Absatz 2 reglementiert sind, sowie für alle Anforderungen in Verbindung mit der Mitgliedschaft dieser Verbände oder Organisationen.

(5) [1]Bis zum 18. Januar 2016 geben die Mitgliedstaaten der Kommission bekannt, welche Anforderungen sie aufrechterhalten wollen und aus welchen Gründen die Anforderungen ihrer Ansicht nach mit Absatz 3 konform sind. [2]Zudem machen die Mitgliedstaaten binnen sechs Monaten nach ihrer Annahme Angaben dazu, welche Anforderungen sie zu einem späteren Zeitpunkt eingeführt haben und aus welchen Gründen die Anforderungen ihrer Ansicht nach mit Absatz 3 konform sind.

(6) Bis zum 18. Januar 2016 und danach alle zwei Jahre erstatten die Mitgliedstaaten der Kommission außerdem Bericht über die Anforderungen, die aufgehoben oder gelockert wurden.

(7) [1]Die Kommission leitet die in Absatz 6 genannten Berichte an die anderen Mitgliedstaaten weiter, die binnen sechs Monaten ihre Anmerkungen dazu vorlegen. [2]Innerhalb desselben Zeitraums konsultiert die Kommission interessierte Parteien einschließlich der Angehörigen der betreffenden Berufe.

(8) Die Kommission erstellt auf der Grundlage der von den Mitgliedstaaten vorgelegten Angaben einen zusammenfassenden Bericht für die durch den Beschluss 2007/172/EG der Kommission vom 19. März 2007 zur Einsetzung einer Koordinatorengruppe auf dem Gebiet der Anerkennung der Berufsqualifikationen eingesetzte Koordinatorengruppe, die dazu Stellung nehmen kann.[31]

(9) Unter Berücksichtigung der in den Absätzen 7 und 8 genannten Stellungnahme legt die Kommission dem Europäischen Parlament und dem Rat bis zum 18. Januar 2017 einen zusammenfassenden Bericht vor; diesem fügt sie ggf. Vorschläge für ergänzende Initiativen bei.

Titel VI. Sonstige Bestimmungen

Art. 60 Berichte

(1) [1]Ab 20. Oktober 2007 legen die Mitgliedstaaten der Kommission alle zwei Jahre einen Bericht über die Anwendung des eingeführten Systems vor. [2]Neben den allgemeinen Ausführungen enthält dieser Bericht eine statistische Aufstellung der getroffenen Entscheidungen sowie eine Beschreibung der Hauptprobleme, die sich aus der Anwendung dieser Richtlinie ergeben.

Ab dem 18. Januar 2016 umfasst die statistische Aufstellung der getroffenen Entscheidungen nach Unterabsatz 1 ausführliche Angaben über die Anzahl und die Art der aufgrund dieser Richtlinie getroffenen Entscheidungen, einschließlich der Art von Entscheidungen, die die zuständigen Behörden gemäß Artikel 4f über partiellen Zugang treffen, und eine Darlegung der wichtigsten Probleme, die sich aus der Anwendung dieser Richtlinie ergeben.

(2) Bis zum 18. Januar 2019 und danach alle fünf Jahre veröffentlicht die Kommission einen Bericht über die Durchführung dieser Richtlinie.

In dem ersten Bericht ist ein besonderer Schwerpunkt auf die durch diese Richtlinie eingeführten neuen Elemente zu legen, und es sind folgende Themen besonders zu behandeln:

a) Funktion des Europäischen Berufsausweises,
b) Aktualisierung der Kenntnisse, Fähigkeiten und Kompetenzen bei den unter Titel III Kapitel III fallenden Berufen, einschließlich der Liste der Kompetenzen gemäß Artikel 31 Absatz 7,
c) Funktion der gemeinsamen Ausbildungsrahmen und der gemeinsamen Ausbildungsprüfungen,

[31] **[Amtl. Anm.:]** ABl. L 79 vom 20.3.2007, S. 38.

d) Ergebnisse des in den rumänischen Rechts- und Verwaltungsvorschriften festgelegten speziellen Aufstiegsfortbildungsprogramms für die Inhaber der Ausbildungsnachweise nach Artikel 33a und die Inhaber der Ausbildungsnachweise der postsekundären Stufe, damit geprüft werden kann, ob die aktuellen Bestimmungen über das System der erworbenen Rechte, das auf die rumänischen Ausbildungsnachweise von für die allgemeine Pflege verantwortlichen Krankenschwestern/Krankenpflegern Anwendung findet, geändert werden müssen.

Die Mitgliedstaaten stellen sämtliche Informationen zur Verfügung, die zur Ausarbeitung dieses Berichts notwendig sind.

Art. 61 Ausnahmebestimmung

Falls ein Mitgliedstaat bei der Anwendung einer Bestimmung dieser Richtlinie in bestimmten Bereichen auf erhebliche Schwierigkeiten stößt, untersucht die Kommission diese Schwierigkeiten gemeinsam mit diesem Mitgliedstaat.

Bei Bedarf erlässt die Kommission einen Durchführungsrechtsakt, um dem betreffenden Mitgliedstaat zu erlauben, vorübergehend von der Anwendung der betreffenden Vorschrift abzusehen.

Art. 62 Aufhebung

[1] Die Richtlinien 77/452/EWG, 77/453/EWG, 78/686/EWG, 78/687/EWG, 78/1026/EWG, 78/1027/EWG, 80/154/EWG, 80/155/EWG, 85/384/EWG, 85/432/EWG, 85/433/EWG, 89/48/EWG, 92/51/EWG, 93/16/EWG und 1999/42/EG werden mit Wirkung vom 20. Oktober 2007 aufgehoben. [2] Bezugnahmen auf die aufgehobenen Richtlinien sind als Bezugnahmen auf diese Richtlinie zu verstehen und erfolgen unbeschadet der auf der Grundlage dieser Richtlinien verabschiedeten Rechtsakte.

Art. 63 Umsetzung

[1] Die Mitgliedstaaten setzen die Rechts- und Verwaltungsvorschriften in Kraft, die erforderlich sind, um dieser Richtlinie bis spätestens bis 20. Oktober 2007 nachzukommen. [2] Sie unterrichten die Kommission unverzüglich darüber.

[1] Wenn die Mitgliedstaaten diese Vorschriften erlassen, nehmen sie in diesen Vorschriften selbst oder durch einen Hinweis bei der amtlichen Veröffentlichung auf diese Richtlinie Bezug. [2] Die Mitgliedstaaten regeln die Einzelheiten der Bezugnahme.

Art. 64 Inkrafttreten

Diese Richtlinie tritt am zwanzigsten Tag nach ihrer Veröffentlichung[32] im *Amtsblatt der Europäischen Union* in Kraft.

Art. 65 Adressaten

Diese Richtlinie ist an die Mitgliedstaaten gerichtet.

Anhang VII. Unterlagen und Bescheinigungen, die gemäß Artikel 50 Absatz 1 verlangt werden können

1. Unterlagen

a) Staatsangehörigkeitsnachweis der betreffenden Person.

b) Kopie der Befähigungsnachweise oder des Ausbildungsnachweises, der zur Aufnahme des entsprechenden Berufes berechtigt, sowie gegebenenfalls eine Bescheinigung über die von der betreffenden Person erworbene Berufserfahrung.
Ferner können die zuständigen Behörden des Aufnahmemitgliedstaates den Antragsteller auffordern, Informationen zu seiner Ausbildung vorzulegen, soweit dies erforderlich ist, um festzustellen, ob diese möglicherweise von der im betreffenden Staat geforderten Ausbildung gemäß Artikel 14 erheblich abweicht. Ist der Antragsteller nicht in der Lage, diese Informationen vorzulegen, so wenden sich die zuständigen Behörden des Aufnahmestaats an die Kontaktstelle, die zuständige Behörde oder an eine andere einschlägige Stelle des Herkunftsmitgliedstaates.

---

[32] Veröffentlicht am 30.9.2005.

c) In den in Artikel 16 genannten Fällen eine Bescheinigung über die Art und die Dauer der Tätigkeit, die von der zuständigen Behörde oder Einrichtung des Herkunftsmitgliedstaates oder des Mitgliedstaates, aus dem die Person mit der fremden Staatsangehörigkeit kommt, ausgestellt wird.

d) Die Behörde des Aufnahmemitgliedstaates, die die Aufnahme eines reglementierten Berufs von der Vorlage eines Zuverlässigkeitsnachweises oder einer Bescheinigung über die Konkursfreiheit abhängig macht oder die die Ausübung dieses Berufes im Falle eines schwerwiegenden standeswidrigen Verhaltens oder einer Verurteilung wegen strafbarer Handlungen aussetzt oder untersagt, erkennt bei Angehörigen der Mitgliedstaaten, die diesen Beruf im Hoheitsgebiet des Aufnahmemitgliedstaates ausüben wollen, als hinreichenden Nachweis Unterlagen an, die von den zuständigen Behörden des Herkunftsmitgliedstaats ausgestellt wurden und die belegen, dass die Erfordernisse erfüllt werden. Die Behörden des Herkunftsmitgliedstaats müssen die geforderten Unterlagen binnen zwei Monaten übermitteln.
Werden im Herkunftsmitgliedstaat die vorgenannten Unterlagen nicht ausgestellt, können sie durch eine eidesstattliche Erklärung oder – in den Staaten, in denen es keine eidesstattliche Erklärung gibt – durch eine feierliche Erklärung ersetzt werden, die die betreffende Person vor einer zuständigen Justiz- oder Verwaltungsbehörde oder gegebenenfalls vor einem Notar oder einer entsprechend bevollmächtigten Berufsorganisation des Herkunftsmitgliedstaats, die eine diese eidesstattlichen oder feierlichen Erklärungen bestätigende Bescheinigung ausstellt, abgegeben hat.

e) Verlangt der Aufnahmemitgliedstaat von seinen Staatsangehörigen für die Aufnahme eines reglementierten Berufs einen Nachweis über die körperliche und geistige Gesundheit des Antragstellers, so erkennt dieser Mitgliedstaat den im Herkunftsmitgliedstaat geforderten diesbezüglichen Nachweis als hinreichend an. Wird im Herkunftsmitgliedstaat kein derartiger Nachweis verlangt, erkennt der Aufnahmemitgliedstaat eine von einer zuständigen Behörde dieses Staates ausgestellte Bescheinigung an. In diesem Fall müssen die zuständigen Behörden des Herkunftsmitgliedstaates die geforderte Bescheinigung binnen zwei Monaten übermitteln.

f) Verlangt der Aufnahmemitgliedstaat von seinen Staatsangehörigen für die Aufnahme eines reglementierten Berufes
   - einen Nachweis über die finanzielle Leistungsfähigkeit des Antragstellers,
   - einen Nachweis darüber, dass der Antragsteller gegen die finanziellen Risiken seiner beruflichen Haftpflicht versichert ist, und zwar gemäß den im Aufnahmemitgliedstaat geltenden Rechts- und Verwaltungsvorschriften über die Einzelheiten und den Umfang einer solchen Garantie,

   erkennt dieser Mitgliedstaat als hinreichenden Nachweis eine diesbezügliche Bescheinigung an, die von einer Bank oder einer Versicherung in einem anderen Mitgliedstaat ausgestellt wurde.

g) Eine Bescheinigung darüber, dass die Ausübung des Berufs nicht vorübergehend oder endgültig untersagt wurde und dass keine Vorstrafen vorliegen, sofern der Mitgliedstaat dies von seinen eigenen Staatsangehörigen verlangt.

2. Bescheinigungen

Um die Anwendung von Titel III Kapitel III dieser Richtlinie zu erleichtern, können die Mitgliedstaaten verlangen, dass die Antragsteller, die die geforderten Ausbildungsvoraussetzungen erfüllen, zusammen mit ihren Ausbildungsnachweisen eine Bescheinigung der zuständigen Behörden des Herkunftsmitgliedstaats vorlegen, aus der hervorgeht, dass diese Nachweise den in der Richtlinie verlangten Nachweisen entsprechen.

Schrifttum: *Hellwig,* Berufsrechtliche Fragen bei grenzüberschreitender Tätigkeit und Kooperation in Europa, BRAK-Mitt. 2009, 50; Hartung/*Lörcher* BORA Vor § 34 Rn. 61 ff.

1 **Anmerkung:** Die Umsetzung der RL 2005/36/EG vom 7.9.2005 in nationales Recht musste bis zum 20.10.2007 erfolgen. Da die Grundsätze und Garantien der mit Wirkung vom 20.10.2007 aufgehobenen Hochschuldiplomanerkennungsrichtlinie (zur RL 89/48/EWG → Teil II Nr. 11) aber aufrechterhalten bleiben und lediglich „im Lichte der Erfahrungen verbessert werden sollten" (Erwägungsgrund 9 der RL 2005/36/EG), bedeutete dies im Bereich des EuRAG keine gravierenden Änderungen.

Im Amtsblatt der Europäischen Union vom 28.12.2013 wurde die RL 2013/55/EU des Europäischen Parlaments und des Rates vom 20.11.2013 zur Änderung der RL 2005/36/EG veröffentlicht, die am 17.1.2014 in Kraft getreten ist. Mit der neuen Richtlinie wird der Europäische Berufsausweis (Art. 4a) sowie der partielle Berufszugang (Art. 4f) geschaffen. Des Weiteren sieht die neue Richtlinie einen Warnmechanismus vor. Die Mitgliedstaaten sollen über diesen Mechanismus zeitnah über Entscheidungen informieren, mit denen Berufsangehörigen die Berufstätigkeit vorübergehend oder endgültig untersagt wurde. Darüber hinaus sind die Mitgliedstaaten aufgerufen, gemeinsame Ausbildungsplätze anhand eines Ausbildungsrahmens zu entwickeln. 2

Die Anwendung der Dienstleistungsrichtlinie für Rechtsanwälte (zur RL 77/249/EWG → Teil II Nr. 12) und der Niederlassungsrichtlinie für Rechtsanwälte (zur RL 98/5/EG → Teil II Nr. 9) wird durch die RL 2005/36/EG nicht berührt (Erwägungsgrund 42 der RL 2005/36/EG). 3

Der Zugang zum Beruf des Rechtsanwalts richtet sich nicht nach der RL 2005/36 EG vom 7.9.2005 über die Anerkennung von Berufsqualifikationen, sondern nach den besonderen Richtlinien über den freien Dienstleistungsverkehr der Rechtsanwälte und die ständige Ausübung des Rechtsanwaltsberufs in anderen Mitgliedstaaten (Erwägungsgrund 6 und 7 der RL 2005/36/EG; BGH BRAK-Mitt. 2009, 128 = MDR 2009, 776). 4

Der EuGH hat mit Urteil vom 12.9.2013 über die Anwendbarkeit berufsrechtlicher Regeln im freien Dienstleistungsverkehr entschieden (EuGH BeckRS 2013, 81708). Danach fallen Fragen zur Anwendbarkeit standesrechtlicher Regeln des Aufnahmemitgliedstaates, insbesondere der Regeln über Honorare und Werbung, nicht in den sachlichen Anwendungsbereich der RL 2005/36/EG. Es bleibt Sache der nationalen Gerichte, zu prüfen, ob diese Regeln eine Beschränkung iSv Art. 56 AEUV darstellen und – wenn ja – ob mit ihnen ein im Allgemeininteresse liegendes Ziel verfolgt wird, ob sie geeignet sind, dessen Erreichung zu gewährleisten, und ob sie nicht über das hinausgehen, was zur Erreichung des verfolgten Ziels erforderlich ist. 5

Prüfungsgebiete (oder gar „Untergebiete“ der Prüfungsgebiete) nach § 6 RAEigPrV können bei der Zulassung zur Eignungsprüfung nicht erlassen werden. Dies galt auch bezüglich des Prüfungsgebietes „Recht für das berufliche Verhalten der Rechtsanwälte“. Zwar wird in der Literatur kritisiert, dass die Regelung des § 20 Abs. 1 S. 1, § 21 Abs. 4 S. 2 EuRAG bezüglich des „Rechts für das berufliche Verhalten der Rechtsanwälte“ zu einer Diskriminierung des ausländischen Anwalts führe, da der deutsche Anwalt für seine Zulassung keine Kenntnisse des Rechts für das berufliche Verhalten der Rechtsanwälte nachweisen müsse, weshalb diese Regelung mit dem Grundgedanken der RL 89/48/EWG bzw. der RL 2005/36/EG vom 7.9.2005 über die Anerkennung von Berufsqualifikationen unvereinbar sei. Indes ist auch für eine gemeinschaftsrechtliche Beurteilung unmaßgeblich, ob eine Regelung mit dem Grundgedanken einer Richtlinie vereinbar ist oder nicht. Maßgeblich bleibt allein die konkrete Richtlinie. Wenn diese Ausnahmeregeln normiert sind, mögen diese auch mit den Grundgedanken der Richtlinie unvereinbar sein, hat es mit diesen Ausnahmeregeln sein Bewenden (OVG Nordrhein-Westfalen BRAK-Mitt. 2013, 284). 6

11. Richtlinie 89/48/EWG des Rates vom 21. Dezember 1988 über eine allgemeine Regelung zur Anerkennung der Hochschuldiplome, die eine mindestens dreijährige Berufsausbildung abschließen (RL 89/48/EWG)

(ABl. Nr. L 19 S. 16)

1 **Anmerkung:** Die Hochschuldiplomanerkennungsrichtlinie (RL 89/48/EWG) vom 21.21.1988 wurde durch Art. 62 RL 2005/36/EG vom 7.9.2005 (→ Teil II Nr. 10) mit Wirkung vom 20.10.2007 aufgehoben und zusammen mit anderen Richtlinien in der neuen Richtlinie über die Anerkennung von Berufsqualifikationen zusammengefasst (Erwägungsgrund Nr. 9 der RL 2005/36/EG). Vom Abdruck wird abgesehen (zum Text vgl. 6. Aufl. Teil II Nr. 6 S. 1308 ff.).

2 Zur Bedeutung der Richtlinie für die Zulassung zur Eignungsprüfung für den Beruf des Rechtsanwalts vgl. EuGH NJW 2011, 833.

12. Richtlinie 77/249/EWG des Rates vom 22. März 1977 zur Erleichterung der tatsächlichen Ausübung des freien Dienstleistungsverkehrs der Rechtsanwälte (RL 77/249/EWG)

(ABl. Nr. L 78 S. 17),

zuletzt geändert durch Richtlinie 2013/25/EU vom 13. Mai 2013
(ABl. Nr. L 158 S. 368, 375)

Der Rat der Europäischen Gemeinschaften –

gestützt auf den Vertrag zur Gründung der Europäischen Wirtschaftsgemeinschaft, insbesondere auf die Artikel 57 und 66,

auf Vorschlag der Kommission,

nach Stellungnahme des Europäischen Parlaments,[1]

nach Stellungnahme des Wirtschafts- und Sozialausschusses,[2]

in Erwägung nachstehender Gründe:

Nach dem Vertrag ist jegliche Beschränkung des freien Dienstleistungsverkehrs, die sich auf die Staatsangehörigkeit oder auf das Erfordernis eines Wohnsitzes gründet, seit Ablauf der Übergangszeit untersagt.

Diese Richtlinie betrifft nur die Maßnahmen zur Erleichterung der tatsächlichen Ausübung der Rechtsanwalttätigkeiten im freien Dienstleistungsverkehr. Eingehendere Maßnahmen werden erforderlich sein, um die tatsächliche Ausübung der Niederlassungsfreiheit zu erleichtern.

Die tatsächliche Ausübung der Rechtsanwaltstätigkeiten im freien Dienstleistungsverkehr setzt voraus, daß der Aufnahmestaat die Personen, die diesen Beruf in den einzelnen Mitgliedstaaten ausüben, als Rechtsanwälte anerkennt.

Da die vorliegende Richtlinie nur den Dienstleistungsverkehr betrifft und Vorschriften über die gegenseitige Anerkennung der Diplome noch nicht erlassen worden sind, hat der von der Richtlinie Begünstigte die Berufsbezeichnung des Mitgliedstaats zu verwenden, in dem er niedergelassen ist und der im folgenden als „Herkunftsstaat" bezeichnet wird –

hat folgende Richtlinie erlassen:

Art. 1. (1) Diese Richtlinie gilt innerhalb der darin festgelegten Grenzen und unter den darin vorgesehenen Bedingungen für die in Form der Dienstleistung ausgeübten Tätigkeiten der Rechtsanwälte.

Unbeschadet der Bestimmungen dieser Richtlinie können die Mitgliedstaaten die Abfassung förmlicher Urkunden, mit denen das Recht auf Verwaltung des Vermögens verstorbener Personen verliehen oder mit denen ein Recht an Grundstücken geschaffen oder übertragen wird, bestimmten Gruppen von Rechtsanwälten vorbehalten.

(2) Unter „Rechtsanwalt" ist jede Person zu verstehen, die ihre beruflichen Tätigkeiten unter einer der folgenden Bezeichnungen auszuüben berechtigt ist:

Belgien:	Avocat/Advocaat
Dänemark:	Advokat
Deutschland:	Rechtsanwalt
Frankreich:	Avocat
Kroatien:	Odvjetnik/Odvjetnica
Irland:	Barrister
	Solicitor
Italien:	Avvocato
Luxemburg:	Avocat-avoué
Niederlande:	Advocaat

[1] ABl. Nr. C 103 vom 5.10.1972, S. 19 und ABl. Nr. C 53 vom 8.3.1976, S. 33.
[2] ABl. Nr. C 36 vom 28.3.1970, S. 37 und ABl. Nr. C 50 vom 4.3.1976, S. 17.

Vereinigtes Königreich:	Advocate Barrister Solicitor
Griechenland:	δικηγόρος
Spanien:	Abogado
Portugal:	Advogado
Österreich:	Rechtsanwalt
Finnland:	Asianajaja/Advokat
Schweden:	Advokat
Tschechische Republik:	Advokát
Estland:	Vandeadvokaat
Zypern:	Δικηγόρος
Lettland:	Zvērināts advokāts
Litauen:	Advokatas
Ungarn:	Ügyvéd
Malta:	Avukat/Prokuratur Legali
Polen:	Adwokat/Radca prawny
Slowenien:	Odvetnik/Odvetnica
Slowakei:	Advokát/Komerčný právnik
Bulgarien:	Адвокат
Rumänien:	Avocat.

Art. 2. Jeder Mitgliedstaat erkennt für die Ausübung der in Artikel 1 Absatz 1 genannten Tätigkeiten alle unter Artikel 1 Absatz 2 fallenden Personen als Rechtsanwalt an.

Art. 3. Jede unter Artikel 1 fallende Person verwendet die in der Sprache oder in einer der Sprachen des Herkunftsstaats gültige Berufsbezeichnung unter Angabe der Berufsorganisation, deren Zuständigkeit sie unterliegt, oder des Gerichtes, bei dem sie nach Vorschriften dieses Staates zugelassen ist.

Art. 4. (1) Die mit der Vertretung oder der Verteidigung eines Mandanten im Bereich der Rechtspflege oder vor Behörden zusammenhängenden Tätigkeiten des Rechtsanwalts werden im jeweiligen Aufnahmestaat unter den für die in diesem Staat niedergelassenen Rechtsanwälte vorgesehenen Bedingungen ausgeübt, wobei jedoch das Erfordernis eines Wohnsitzes sowie das der Zugehörigkeit zu einer Berufsorganisation in diesem Staat ausgeschlossen sind.

(2) Bei der Ausübung dieser Tätigkeit hält der Rechtsanwalt die Standesregeln des Aufnahmestaats neben den ihm im Herkunftsstaat obliegenden Verpflichtungen ein.

(3) [1] Bei der Ausübung dieser Tätigkeiten im Vereinigten Königreich sind unter den „Standesregeln des Aufnahmestaats" die Standesregeln der „solicitors" zu verstehen, wenn die gesamten Tätigkeiten nicht den „barristers" oder den „advocates" vorbehalten sind. [2] Andernfalls finden die Standesregeln der letztgenannten Berufsstände Anwendung. „Barristers" aus Irland unterliegen jedoch immer den Standesregeln der „barristers" oder „advocates" im Vereinigten Königreich.

[1] Bei der Ausübung dieser Tätigkeiten in Irland sind unter den „Standesregeln des Aufnahmestaats", soweit sie die mündliche Vertretung eines Falles vor Gericht regeln, die Standesregeln der „barristers" zu verstehen. [2] In allen anderen Fällen finden die Standesregeln der „solicitors" Anwendung. [3] „Barristers" und „advocates" aus dem Vereinigten Königreich unterliegen jedoch immer den Standesregeln der „barristers" in Irland.

(4) [1] Für die Ausübung anderer als der in Abs. 1 genannten Tätigkeiten bleibt der Rechtsanwalt den im Herkunftsstaat geltenden Bedingungen und Standesregeln unterworfen; daneben hält er die im Aufnahmestaat geltenden Regeln über die Ausübung des Berufes, gleich welchen Ursprungs, insbesondere in Bezug auf die Unvereinbarkeit zwischen den Tätigkeiten des Rechtsanwalts und anderen Tätigkeiten in diesem Staat, das Berufsgeheimnis, die Beziehungen zu Kollegen, das Verbot des Beistands für Parteien mit gegensätzlichen Interessen durch denselben Rechtsanwalt und die Werbung ein. [2] Diese Regeln sind nur anwendbar, wenn sie von einem Rechtsanwalt beachtet werden können, der nicht in dem Aufnahmestaat niedergelassen ist, und

nur insoweit, als ihre Einhaltung in diesem Staat objektiv gerechtfertigt ist, um eine ordnungsgemäße Ausübung der Tätigkeiten des Rechtsanwalts sowie die Beachtung der Würde des Berufes und der Unvereinbarkeiten zu gewährleisten.

Art. 5. Für die Ausübung der Tätigkeiten, die mit der Vertretung und der Verteidigung von Mandanten im Bereich der Rechtspflege verbunden sind, kann ein Mitgliedstaat den unter Artikel 1 fallenden Rechtsanwälten als Bedingung auferlegen,
- daß sie nach den örtlichen Regeln oder Gepflogenheiten beim Präsidenten des Gerichtes und gegebenenfalls beim zuständigen Vorsitzenden der Anwaltskammer des Aufnahmestaats eingeführt sind;
- daß sie im Einvernehmen entweder mit einem bei dem angerufenen Gericht zugelassenen Rechtsanwalt, der gegebenenfalls diesem Gericht gegenüber die Verantwortung trägt, oder mit einem bei diesem Gericht tätigen „avoué" oder „procuratore" handeln.

Art. 6. Jeder Mitgliedstaat kann die im Gehaltsverhältnis stehenden Rechtsanwälte, die durch einen Arbeitsvertrag an ein staatliches oder privates Unternehmen gebunden sind, von der Ausübung der Tätigkeiten der Vertretung und Verteidigung im Bereich der Rechtspflege für dieses Unternehmen insoweit ausschließen als die in diesem Staat ansässigen Rechtsanwälte diese Tätigkeiten nicht ausüben dürfen.

Art. 7. (1) Die zuständige Stelle des Aufnahmestaats kann von dem Dienstleistungserbringer verlangen, daß er seine Eigenschaft als Rechtsanwalt nachweist.

(2) [1] Bei Verletzung der im Aufnahmestaat geltenden Verpflichtungen im Sinne des Artikels 4 entscheidet die zuständige Stelle des Aufnahmestaats nach den eigenen Rechts- und Verfahrensregeln über die rechtlichen Folgen dieses Verhaltens; sie kann zu diesem Zweck Auskünfte beruflicher Art über den Dienstleistungserbringer einholen. [2] Sie unterrichtet die zuständige Stelle des Herkunftsstaats von jeder Entscheidung, die sie getroffen hat. [3] Diese Unterrichtung berührt nicht die Pflicht zur Geheimhaltung der Auskünfte.

Art. 8. (1) Die Mitgliedstaaten treffen die erforderlichen Maßnahmen, um dieser Richtlinie binnen zwei Jahren nach ihrer Bekanntgabe nachzukommen und setzen die Kommission unverzüglich davon in Kenntnis.

(2) Die Mitgliedstaaten teilen der Kommission den Wortlaut der wichtigsten innerstaatlichen Rechtsvorschriften mit, die sie auf dem unter diese Richtlinie fallenden Gebiet erlassen.

Art. 9. Diese Richtlinie ist an die Mitgliedstaaten gerichtet.

Schrifttum: *Kilian,* Alternative Business Structures ante portas? Nichtanwaltliche Gesellschafter im Rechtsdienstleistungsmarkt, NJW 2014, 1766.

Anmerkung: Die RL 77/249/EWG wurde in der Bundesrepublik zunächst durch das Rechtsanwaltsdienstleistungsgesetz (RADG) vom 16.8.1980 (BGBl. I S. 1453) umgesetzt (vgl. 4. Aufl. S. 1350–1363). Nachdem das RADG durch Art. 10 Abs. 2 Nr. 1 Gesetz vom 9.3.2000 (BGBl. I S. 182) mit Wirkung vom 14.3.2000 außer Kraft gesetzt worden ist, erfolgt die Umsetzung der RL 77/249/EWG nunmehr durch §§ 1, 25–35, 40, 42 EuRAG (→ EuRAG § 1 Rn. 1–3, §§ 25 ff. EuRAG). Durch die RL 2005/36/EG über die Anerkennung von Berufsqualifikationen vom 7.9.2005 (ABl. EG Nr. L 255 S. 22), mit der unter weitgehender Übernahme ihres Regelungsgegenstandes die Hochschuldiplomomanerkennungsrichtlinie (RL 89/48/EWG) vom 21.12.1988 (vgl. 6. Aufl. Teil II Nr. 6) zum 20.10.2007 aufgehoben wurde (Art. 62 RL 2005/36/EG), wird nicht die Anwendung der RL 77/249/EWG des Rates vom 22.3.1977 zur Erleichterung der tatsächlichen Ausübung des freien Dienstleistungsverkehrs der Rechtsanwälte berührt (Erwägungsgrund 42 der RL 2005/36/EG). Der Grundsatz der Dienstleistungsfreiheit wird in Titel II der Richtlinie vielmehr weiter konkretisiert. 1

Die Dienstleistungsrichtlinie harmonisiert nicht die Berufsrechte und Berufspflichten der Rechtsanwälte im freien Dienstleistungsverkehr. Nach Art. 4 Abs. 1 und 2 RL 77/249/EWG kommen vielmehr die Berufsrechte von Herkunftsland und Aufnahmestaat nebeneinander zur Anwendung. Zum Ziel der Harmonisierung der Berufsrechte und der Berufspflichten bei grenzüberschreitender Tätigkeit vgl. Anm. zu den CCBE-Regeln (→ Teil I Nr. 3). 2

3 Der Zugang zum Beruf des Rechtsanwalts richtet sich nicht nach der RL 2005/36/EG über die Anerkennung von Berufsqualifikationen (Nr. 6b), sondern nach den besonderen Richtlinien über den freien Dienstleistungsverkehr der Rechtsanwälte und die ständige Ausübung des Rechtsanwaltsberufs in anderen Mitgliedstaaten (BGH MDR 2009, 776 = BRAK-Mitt. 2009, 128 = BGH-Report 2009, 708).

4 Der Angehörige zweier Mitgliedstaaten, der in einem dieser Staaten als Rechtsanwalt zugelassen ist, kann sich im Hoheitsgebiet des anderen Staates auf die Bestimmungen der RL 77/249/EWG zur Erleichterung der tatsächlichen Ausübung des freien Dienstleistungsverkehrs für Rechtsanwälte berufen, wenn die in der Richtlinie aufgestellten Anwendungsvoraussetzungen erfüllt sind. Die RL 77/249/EWG ist in dem Sinne auszulegen, dass sich ein Rechtsanwalt, der in einem Mitgliedstaat niedergelassen ist, nicht auf ihre Bestimmungen berufen kann, um im Hoheitsgebiet eines anderen Mitgliedstaats seine Tätigkeit als Dienstleistungserbringer auszuüben, wenn ihm der Zugang zum Rechtanwaltsberuf im letztgenannten Mitgliedstaat wegen mangelnder Würde, Ehrenhaftigkeit und Lauterkeit verwehrt worden ist. Art. 59 AEUV (früher Art. 52 EWG-Vertrag) ist in dem Sinne auszulegen, dass ein Mitgliedstaat, nach dessen Rechtsvorschriften die Rechtsanwälte zur Rechtsanwaltschaft zugelassen sein müssen, dieses Erfordernis auch gegenüber Rechtsanwälten aus anderen Mitgliedstaaten vorsehen darf, die das vom AEUV garantierte Niederlassungsrecht in Anspruch nehmen, um sich als Rechtsanwalt im Hoheitsgebiet des erstgenannten Mitgliedstaats niederzulassen (EuGH NJW 1989, 658 = AnwBl. 1989, 33). Ein Rechtsanwalt, der in einem EU-Staat, bei dem es sich nicht um den Staat handelt, in dem er niedergelassen ist, in eigener Sache prozessiert, kann sich auf die Dienstleistungsfreiheit und die RL 77/249/EWG berufen, wenn er in seiner beruflichen Funktion als Rechtsanwalt tätig wird und wenn es die nationale Rechtsverordnung des Aufnahmestaats Rechtsanwälten erlaubt, in eigener Sache als Rechtsanwalt tätig zu werden (EFTA NJW 2014, 987).

Teil III. Patentanwaltsordnung

13. Patentanwaltsordnung (PAO)

vom 7. September 1966 (BGBl. I S. 557),

zuletzt geändert durch Verordnung vom 31. August 2015 (BGBl. I S. 1474)

Änderungen

Lfd.-Nr.	Paragraph	Art der Änderung	Geändert durch	Datum	Fundstelle BGBl.
1	4 102, 183	geändert geändert	Sortenschutzgesetz Einführungsgesetz zum Gesetz über Ordnungswidrigkeiten	20.5.1968 24.5.1968	I S. 429 I S. 503
2	12, 14, 23, 38, 46, 48, 50, 60, 70, 88, 92, 95–97, 99, 101–103, 106–108, 110–116, 118–123, 125, 128, 130, 131, 133, 135, 136, 138, 140, 141, 144, 148–151, 170, 172 70a, 102a, 102b, 103a, 105a, 144a, 150a 162	geändert eingefügt aufgehoben	Gesetz zur Änderung der Bundesrechtsanwaltsordnung und der Patentanwaltsordnung	13.1.1969	I S. 25
3	17, 60, 97, 99, 103a	geändert	Einführungsgesetz zum Strafgesetzbuch	2.3.1974	I S. 469
4	60, 63, 70, 103, 106, 108, 115, 118, 124, 130–132, 140, 141, 149 105a, 109–114	geändert aufgehoben	Erstes Gesetz zur Reform des Strafverfahrensrechts	9.12.1974	I S. 3393
5	87, 91	geändert	Gesetz zur Ergänzung des Ersten Gesetzes zur Reform des Strafverfahrensrechts	20.12.1974	I S. 3686
6	145, 146	geändert	Gesetz zur Änderung des Gerichtskostengesetzes, des Gesetzes über Kosten der Gerichtsvollzieher, der Bundesgebührenordnung für Rechtsanwälte und anderer Vorschriften	20.8.1975	I S. 2189
7	96	geändert	Gesetz zur Änderung der Wirtschaftsprüferordnung und anderer Gesetze	20.8.1975	I S. 2258
8	173, 174, 175	geändert	Gesetz über internationale Patentübereinkommen	21.6.1976	II S. 649
9	4	geändert	Sortenschutzgesetz	11.12.1985	I S. 2170
10	43, 155, 165, 178	geändert	Gesetz zur Änderung des Gebrauchsmustergesetzes	15.8.1986	I S. 1446
11	3, 4, 43, 155, 165, 178	geändert	Halbleiterschutzgesetz	22.10.1987	I S. 2294
12	3, 4, 12, 14, 16, 21, 22, 23, 24, 31, 36, 38, 42, 46, 48–50, 60, 66, 67, 70a, 76, 89, 96, 100, 102, 123, 131–133,	geändert eingefügt aufgehoben	Gesetz zur Änderung des Berufsrechts der Rechtsanwälte und der Patentanwälte	13.12.1989	I S. 2135

Lfd.-Nr.	Paragraph	Art der Änderung	Geändert durch	Datum	Fundstelle BGBl.
	136, 143, 144a, 150, 159, 172, 184 15a, 22a, 32a 160, 161, 167–170				
13	5, 10, 11, 13, 87, 184	geändert	Gesetz zur Umsetzung der Richtlinie des Rates vom 21. Dezember 1988 über eine allgemeine Regelung zur Anerkennung der Hochschuldiplome, die eine mindestens dreijährige Berufsausbildung abschließen, für die Berufe des Rechtsanwalts und des Patentanwalts	6.7.1990	I S. 1349
14	190	gegenstandslos	Sechstes Überleitungsgesetz	25.9.1990	I S. 2106
15	90	geändert	Rechtspflege-Vereinfachungsgesetz	17.12.1990	I S. 1421
16	164	geändert	Gesetz zur Aufhebung des Heimkehrergesetzes und zur Änderung anderer Vorschriften	20.12.1991	I S. 2317
17	3, Maßgabe Anlage I Kap. III Sachgebiet A Abschnitt III Nr. 11 Buchstabe b	geändert	Gesetz zur Änderung des Patentgesetzes und anderer Gesetze	23.3.1993	I S. 366
18	5, 9, 12–14, 16, 19, 21–23, 26, 27, 29, 32a, 36, Überschrift Dritter Teil, 41, 43, 44, 46, 48, 49, 56, 60, 63, 69, 70, 70a, 74, 82, 91, 93, 95, 96, 98–100, 102–104, 106–108, 117, 120, 122, 123, 125, 130, 132, 138, 142, 144, 144a, 148–150, 150a, Neunter Teil, Zehnter Teil (neu), 155, 159, 175 181, 39a, 39b, 41a, 43a, 45, 45a, 52a, 52b, 82a, 154a, 154b, 45 (alt) wird 45b (neu) Zehnter Teil (alt) wird Elfter Teil (neu)	geändert eingefügt	Gesetz zur Neuordnung des Berufsrechts der Rechtsanwälte und der Patentanwälte	2.9.1994	I S. 2278
19	4, 21, 46, 48, 60, 63	geändert	Einführungsgesetz zur Insolvenzordnung	5.10.1994	I S. 2911, 2939, geänd. 1988 I S. 3836, 3837
20	3, 4, 43, 155, 165, 178	geändert	Markenrechtsreformgesetz	25.10.1994	I S. 3082, 3120
21	43	geändert	Zweites Gesetz zur Änderung des Patentgesetzes und anderer Gesetze	16.7.1998	I S. 1827, 1834
22	131	geändert	Drittes Gesetz zur Änderung des Rechtspflegergesetzes und anderer Gesetze	6.8.1998	I S. 2030, 2034

Lfd.-Nr.	Paragraph	Art der Änderung	Geändert durch	Datum	Fundstelle BGBl.
23	7, 8, 11, 12 19, 25, 41, 46, 48, 52, 52a, 69, 82, 87, 89, 91, 145, 146, 154a, 172, 176, 189 160, 173, 190	geändert eingefügt aufgehoben	Erstes Gesetz zur Änderung der Patentanwaltsordnung	26.8.1998	I S. 2582
24	32a, 45, 53, 70, 70a, 100, 145 Überschrift vor 39 und nach 52b, 52c–52m, 97a	geändert eingefügt	Gesetz zur Änderung der Bundesrechtsanwaltsordnung, der Patentanwaltsordnung und anderer Gesetze	31.8.1998	I S. 2600, 2603
25	14, 21, 23, 154b	geändert	Gesetz zur Änderung des Einführungsgesetzes zur Insolvenzordnung und anderer Gesetze	19.12.1998	I S. 3836, 3837
26	14, 15a, 21, 23, 154b, 163	geändert	Gesetz zur Umsetzung von Richtlinien der Europäischen Gemeinschaft auf dem Gebiet des Berufsrechts der Rechtsanwälte	9.3.2000	I S. 182, 191
27	137	geändert	Gesetz zur Beendigung der Diskriminierung gleichgeschlechtlicher Gemeinschaften: Lebenspartnerschaften	9.3.2000	I S. 266, 280
28	165	geändert	Gesetz zur Reform des Verfahrens bei Zustellungen im gerichtlichen Verfahren	25.6.2001	I S. 1206, 1213
29	12, 45, 50, 52j, 70, 96, 145, 146	geändert	Gesetz zur Einführung des Euro in Rechtspflegegesetzen pp.	13.12.2001	I S. 3574, 3577
30	155, 178	geändert	Gesetz zur Bereinigung von Kostenregelungen auf dem Gebiet des geistigen Eigentums	13.12.2001	I S. 3656, 3676
31	14, 21, 22a, 23, 61, 89, 181, 182	geändert	Gesetz zur Gleichstellung behinderter Menschen und zur Änderung anderer Gesetze	27.4.2002	I S. 1467, 1476
32	45	angefügt	Gesetz zur Änderung des Gesetzes über die Tätigkeit europäischer Rechtsanwälte in Deutschland und weiterer berufsrechtlicher Vorschriften für Rechts- und Patentanwälte, Steuerberater und Wirtschaftsprüfer	26.10.2003	I S. 2074, 2076
33	3, 4, 43, 155, 165, 178	geändert	Geschmacksmusterreformgesetz	12.3.2004	I S. 390, 412
34	88	geändert	Kostenrechtsmodernisierungsgesetz	5.5.2004	I S. 718, 842
35	45b 52m	aufgehoben geändert	Gesetz zur Anpassung von Verjährungsvorschriften an das Gesetz zur Modernisierung des Schuldrechts	9.12.2004	I S. 3214, 3217
36	87, 91	geändert	Gesetz zur Vereinfachung und Vereinheitlichung der Verfahrensvorschriften zur Wahl und Berufung ehrenamtlicher Richter	21.12.2004	I S. 3599, 3601
37	185	geändert	Gesetz zur Novellierung des Verwaltungszustellungsrechts	12.8.2005	I S. 2354, 2357
38	52k	geändert	Erstes Gesetz über die Bereinigung von Bundesrecht im Zuständigkeitsbereich des Bundesministeriums der Justiz	19.4.2006	I S. 866, 886
39	9	geändert	Gesetz vom 17.12.2006	17.12.2006	I S. 3171, 3174
40	144, 148, 151 Anlage zu § 148	geändert angefügt	Gesetz vom 22.12.2006	22.12.2006	I S. 3416, 3429
41	28 32a, 45	aufgehoben geändert	Gesetz zur Stärkung der Selbstverwaltung der Rechtsanwaltschaft	26.3.2007	I S. 358, 366
42	45	geändert	Gesetz zur Reform des Versicherungsvertragsrechts	23.11.2007	I S. 2631, 2670

Lfd.-Nr.	Paragraph	Art der Änderung	Geändert durch	Datum	Fundstelle BGBl.
43	4, 43a, 52a, 52e, 52 f., 52h, 156 186	geändert aufgehoben	Gesetz zur Neuregelung des Rechtsberatungsrechts	13.12.2007	I S. 2840, 2849
44	43a Abs. 1 43b eingefügt 52e geändert	aufgehoben	Gesetz zur Neuregelung des Verbots der Vereinbarung von Erfolgshonoraren	12.6.2008	I S. 1000, 1001
45	14, 21	geändert	Gesetz zur Reform der Sachaufklärung in der Zwangsvollstreckung	29.7.2009	I S. 2258, 2270
46	101	geändert	Art. 6 des Gesetzes zur Änderung des Untersuchungshaftrechts	29.7.2009	I S. 2274
47	3, Überschrift vor § 13; 18, 19, 20, 21, 22, 23, 24, 26, 27, 28, 29, 30, 31, 32, 33, 34, 42, 45, 46, 48, 49, 52g, 52h, 52i, 52k, 52m, 59, 69, 74, 77, 82, 87, 89, 90, 91, 93, 97, 123, 130, 142	geändert	Gesetz zur Modernisierung von Verfahren im patentanwaltlichen Berufsrecht	14.8.2009	I S. 2827
	143, 145, 150, 154b, 157, 158, 159, 160, 161, Anlage zu § 146 S. 1 und § 148 S. 1, Anlage				
	15, 15a, 16, 23 25, 47, 83, 84, 144 Abs. 1 S. 2, 152, 153, 154	aufgehoben			
	94a, 94b, 94c, 94d, 94e, 146, 147,	angefügt			
48	30	geändert	Gesetz zur Umsetzung der Dienstleistungsrichtlinie in der Justiz und zur Änderung weiterer Vorschriften	22.12.2010	I S. 2248
	69a	eingefügt			
49	94f 98 98 Abs. 2	eingefügt umnummeriert Überschrift eingefügt	Gesetz über den Rechtsschutz bei überlangen Gerichtsverfahren und strafrechtlichen Ermittlungsverfahren	24.11.2011	I S. 2302
50	5 Abs. 1 S. 2 154a	eingefügt geändert	Gesetz zur Verbesserung der Feststellung und Anerkennung im Ausland erworbener Berufsqualifikationen	6.12.2011	I S. 2515
51	100 Abs. 2	geändert	Gesetz zur Stärkung der Rechte von Opfern sexuellen Missbrauchs	26.6.2013	I S. 1805
52	45a 45a 45b	eingefügt umnummeriert	Gesetz zur Einführung einer Partnerschaftsgesellschaft mit beschränkter Berufshaftung und zur Änderung des Berufsrechts der	15.7.2013	I S. 2386

Lfd.-Nr.	Paragraph	Art der Änderung	Geändert durch	Datum	Fundstelle BGBl.
	Abs. 1 S. 2 52j Abs. 1 52m Abs. 2	eingefügt geändert geändert	Rechtsanwälte, Patentanwälte, Steuerberater und Wirtschaftsprüfer		
53	145	geändert	Gesetz zur Strukturreform des Gebührenrechts des Bundes	7.8.2013	I S. 3154
54	3, 4, 43, 155	geändert	Gesetz zur Modernisierung des Geschmacksmustergesetzes sowie zur Änderung über die Regelung über die Bekanntmachung zum Ausstellungsschutz	10.10.2013	I S. 3799
55	52e Abs. 2, 52f Abs. 1	teilweise nichtig	BVerfG Beschluss vom 14.1.2014 – 1 BvR 2998/11, 1 BvR 236/12	14.1.2014	I S. 111
56	12, 29, 45, 45a, 52j, 56, 69, 74, 82a, 91, 94a, 120	geändert	10. Zuständigkeitsanpassungsverordnnug	31.8.2015	I S. 1474

Einleitung

1 Nach Gründung des Deutschen Kaiserreichs im Jahr 1871 wurde bereits im Jahr 1877 mit dem Reichspatentgesetz das erste einheitliche deutsche Patentgesetz erlassen sowie das Reichspatentamt in Berlin als erste deutsche Patentbehörde gegründet. Schon vor Schaffung des Reichspatentamtes gab es in den deutschen Bundesstaaten vorgebildete Personen, die sich als sogenannte Patentanwälte oder Patentagenten mit der Erwirkung und Verwertung von Patenten berufsmäßig befassten. Um die Regelung dieser „Patentanwälte" kümmerte sich der Gesetzgeber zunächst in keiner Weise. Sie unterlagen der Reichsgewerbeordnung. Besondere Nachweise über technische oder rechtliche Befähigungen oder der Zuverlässigkeit waren nicht erforderlich (*Klauer* S. 5). Somit war es unzureichend vorgebildeten und sachlich und moralisch unzuverlässigen Personen möglich, als „Patentagenten" oder „Patentanwälte" die Unerfahrenheit der Erfinder in Angelegenheiten des Patentschutzes zu missbrauchen und in unredlicher Weise auszunutzen (amtliche Begründung zum Patentanwaltsgesetz 1900, Bl f.PMZ, 5 ff.)

2 Das **Gesetz betreffend die Patentanwälte vom 21.5.1900** (RGBl. S. 233) behob diese Missstände weitgehend. Eine Liste der Patentanwälte wurde eingeführt, in der nur Personen eingetragen wurden, die nach einer technischen Hochschulausbildung eine Rechtsprüfung abgelegt hatten. Das Gesetz lehnte sich eng an die Reichsrechtsanwaltsordnung an. Die Patentanwälte wurden aber zunächst noch als Gewerbetreibende angesehen. Erst auf Grund mehrerer höchstrichterlicher Entscheidungen (OVG Bl f.PMZ 1903, 214; LGPr II Bl f.PMZ 1908, 159) wurde der Berufstand der Patentanwälte den freien Berufen zugerechnet.

3 Eine weitgehende Angleichung an die Rechtsanwälte erfolgte mit dem **Patentanwaltsgesetz von 28.9.1933** (RGBl. S. 669). Damit waren neben den Rechtsanwälten nur noch Patentanwälte zur Beratung auf dem Gebiet des gewerblichen Rechtsschutzes zugelassen. An den Voraussetzungen, die das Gesetz von 1900 für die Eintragung in die Liste der Patentanwälte aufgestellt hatte, wurde im Wesentlichen festgehalten, insbesondere an der Forderung einer akademischen Ausbildung. Mit diesem Gesetz, das am 1.1.1934 in Kraft trat, wurde die Patentanwaltskammer errichtet und ihr die staatliche Aufsicht über die Patentanwälte übertragen. Das Reichspatentamt entschied über die Zulassung zur Patentanwaltschaft und die Eintragung in die Liste der Patentanwälte, die es auch führte.

4 Mit der **Patentanwaltsordnung vom 7.9.1966** (BGBl. I S. 557) wurden die Unterschiede zur Bundesrechtsanwaltsordnung beseitigt. Die Stellung des Patentanwalts als Organ der Rechtspflege wurde festgeschrieben ebenso wie die Freiberuflichkeit des Patentanwalts. Damit trat die Patentanwaltschaft – allerdings wie bisher eingeschränkt auf das Gebiet des gewerblichen Rechtsschutzes – gleichberechtigt neben die Rechtsanwaltschaft.

5 Durch das **Erste Gesetz zur Änderung der Patentanwaltsordnung vom 26.8.1998** (BGBl. I S. 2582) wurde die Ausbildung auf dem Gebiet des gewerblichen Rechtsschutzes durch

Konzentration intensiviert und zeitlich verkürzt. Ein ergänzendes Studium des allgemeinen Rechts wurde obligatorisch.

Das Berufsrecht der Patentanwälte wurde mit dem **Gesetz zur Modernisierung von Verfahren im patentanwaltlichen Berufsrecht vom 14.8.2009** (BGBl. I S. 2827) entscheidend verändert. Der Gleichlauf von rechtsanwaltlichem und patentanwaltlichem Berufsrecht wurde auch im Bereich des Verfahrensrechts hergestellt (BT-Drs. 16/12061, 1, 24). Der Patentanwaltskammer wurden damit wesentliche Aufgaben im Bereich der Zulassung und Aufsicht übertragen, die früher dem Präsidenten des Patentamtes oblagen. Ferner wurden im Gleichklang mit den Änderungen zur BRAO für das außergerichtliche wie für das gerichtliche Verfahren in verwaltungsrechtlichen Patentanwaltssachen in weitem Umfang Verweisungen auf die Bestimmungen von VwVfG und VwGO vorgenommen (vgl. §§ 30, 94b PAO). Auch bei den darauf folgenden Gesetzesänderungen wurde der Gleichlauf von rechtsanwaltlichem und patentanwaltlichem Berufsrecht weitgehend gewahrt. 6

Da das Berufsbild der Patentanwälte im starkem Maße demjenigen des Rechtsanwalts entspricht (§ 1 PAO Rn. 1–6) kann bei der Kommentierung der Patentanwaltsordnung immer wieder die Kommentierung der Bundesrechtsanwaltsordnung herangezogen werden. 7

Erster Teil. Der Patentanwalt

§ 1 Stellung des Patentanwalts in der Rechtspflege *(§ 1 BOPA)*

Der Patentanwalt ist in dem ihm durch dieses Gesetz zugewiesenen Aufgabenbereich ein unabhängiges Organ der Rechtspflege.

Schrifttum: *Bayer,* Der Patentanwalt – Stellung und Funktion im Rechtssystem, Schriftenreihe zum gewerblichen Rechtsschutz, Bd. 120, 2002; *Fitzner,* Der Patentanwalt – Beruf und Beratung im Gewerblichen Rechtsschutz, 3. Aufl. 2011; *Kelbel,* Kommentar zur PAO, 1974; *Mayen,* Die Freiheit der Advokatur im Spiegel des Verfassungsrechts, AnwBl. 2011, 405; *Röwenkamp,* Die Zulassung von Frauen zur Anwaltschaft, AnwBl. 2011, 414.

I. Allgemeines Berufsbild des Patentanwalts

Das **Berufsbild** des Patentanwalts entspricht in starkem Maße demjenigen **des Rechtsanwalts.** Seine Tätigkeit ist, wie die des Rechtsanwalts, **Dienst am Recht** und erschöpft sich nicht in der Wahrnehmung der Interessen des Auftraggebers. Der Patentanwalt tritt dabei wie der Rechtsanwalt an die Seite der Gerichte und Behörden. 1

Der Patentanwalt ist jedoch kein Fachanwalt iSv § 43c BRAO. Für die Stellung eines Anwalts iSd BRAO fehlt es ihm nach seinem Ausbildungsgang an der Befähigung zum Richteramt oder einer sonstigen Befähigung nach § 4 BRAO. Er ist auch nicht ein Rechtsanwalt mit beschränkten Befugnissen, der für ein bestimmtes Rechtsgebiet zugelassen ist. Vielmehr übt er einen **Beruf eigener Art** aus. Kennzeichnend für ihn ist die Verbindung von technischen oder naturwissenschaftlichen Kenntnissen, die er durch das Studium erworben hat (§ 6), mit juristischen Kenntnissen, die er durch das Studium der Rechtswissenschaften oder ein besonderen Studium im allgemeinen Recht sowie durch die Ausbildung in der Praxis erlangt hat (§ 7). Diese Verbindung gibt ihm auf den in § 3 Abs. 2 und 3 näher bezeichneten Gebieten die besondere Befähigung, als allgemein sachkundiger und zugleich rechtskundiger Berater und Vertreter tätig zu sein. Dabei ist es seine Aufgabe, technische Kenntnisse und Rechtskenntnisse zugleich anzuwenden, um technische Sachverhalte für die rechtliche Beurteilung aufzubereiten und bei der Lösung von Rechtsfragen, die sich aus diesen Sachverhalten ergeben, mitzuwirken (BT-Drs. 5/276, 46). 2

II. Unabhängiges Organ der Rechtspflege

Der Patentanwalt ist ein unabhängiges Organ der Rechtspflege. Zur Wahrnehmung seiner beruflichen Aufgaben, wie sie in § 3 Abs. 2 und 3 umschrieben sind, muss der Patentanwalt eine technische Befähigung (§ 6) erwerben und eine Prüfung über die erforderlichen Rechtskenntnisse (§ 8) bestehen. Der Prüfung über die erforderlichen Rechtskenntnisse muss eine Ausbildung auf dem Gebiet des gewerblichen Rechtsschutzes vorausgehen (§ 5 Abs. 3; BT-Drs. 13/10764, 6). 3

4 Als **„unabhängiges Organ der Rechtspflege“** unterliegt die patentanwaltliche Berufsausübung der freien und unreglementierten Selbstbestimmung des einzelnen Patentanwalts (BVerfG NJW 1988, 191 = BRAK-Mitt. 1988, 54 = AnwBl. 1987, 598) für die Rechtsanwälte). Der Patentanwalt übt einen „freien Beruf“ (§ 2 Abs. 1) aus. Seine Tätigkeit unterliegt deshalb weder einer staatlichen Kontrolle (BVerfGE 34, 293; 63, 266 = NJW 1983, 1535) noch ist er durch beamtenähnliche Treuepflichten gebunden. Eingriffe in die berufliche Tätigkeit des Patentanwalts können nach Art. 12 Abs. 1 GG nur durch ein Gesetz oder aufgrund eines Gesetzes erfolgen. Dabei können auch Bestimmungen der PAO und der Prozessgesetze eine ausreichende Eingriffsgrundlage sein (BVerfGE 34, 293; 63, 266 = NJW 1983, 1535). Nach § 53 Abs. 1 Nr. 3 StPO ist der Patentanwalt zur Verweigerung des Zeugnisses über das berechtigt, was ihm in dieser Eigenschaft anvertraut worden oder bekannt geworden ist. Nach Maßgabe des § 97 StPO unterliegen auch schriftliche Mitteilungen zwischen dem Beschuldigten und dem Patentanwalt nicht der Beschlagnahme. Andererseits unterliegt seine Verpflichtung zur Wahrung von Privatgeheimnissen, die ihm als Patentanwalt anvertraut worden sind, dem strafrechtlichen Schutz nach § 203 Abs. 1 Nr. 3 StGB.

5 Der Patentanwalt unterliegt nach § 176 GVG auch der Sitzungspolizei des Vorsitzenden (BVerfGE 50, 234 = NJW 1979, 1400). Für ihn gilt jedoch nur § 176 GVG. Aus seiner Stellung als unabhängiges Organ der Rechtspflege ergibt sich, dass die §§ 177, 178 GVG gegen ihn nicht angewendet werden können. Aber auch durch die Anwendung des § 176 GVG darf der Patentanwalt nicht in seiner Rechtspflegefunktion beeinträchtigt werden (*Meyer-Goßner* GVG § 176 Rn. 10). Schränkt eine Maßnahme der Sitzungspolizei nach § 176 GVG prozessuale Rechte des Patentanwalts unzulässig ein, stellt es kein unprofessionelles Verhalten dar, wenn der Patentanwalt sich durch deren Nichtbeachtung dagegen wehrt (BVerfG NJW 1996, 3268 = AnwBl. 1996, 538).

6 Die Stellung als unabhängiges Organ der Rechtspflege beinhaltet für den Patentanwalt die **Pflicht, seine berufliche und persönliche Unabhängigkeit in rechtlicher und tatsächlicher Hinsicht nach allen Seiten zu wahren** (§ 1 Abs. 2 S. 1 BOPA; BGHSt 22, 157 = BGHZ 50, 226 = NJW 1968, 2204). Neben der Wahrung der **Staatsunabhängigkeit** (BVerfG NJW 1975, 1641 = MDR 1975, 816; NJW 1983, 1535 = AnwBl. 1983, 449; *Pfeiffer* BRAK-Mitt. 1987, 102) ist insbesondere die Wahrung der **Parteiunabhängigkeit** und eng damit verbunden der **wirtschaftlichen und finanziellen Unabhängigkeit** geboten (*Pfeiffer* BRAK-Mitt. 1987, 102; BVerfG NJW 1991, 555 = BRAK-Mitt. 1991, 56), zumal er sonst nicht mehr Mandate mit der notwendigen Sachlichkeit und Unabhängigkeit übernehmen oder ablehnen (§ 40) kann, die er als unabhängiger Berater und Vertreter (§ 3 Abs. 1) aufweisen muss (BGHZ 68, 59 = NJW 1977, 807; BGHZ 36, 71 zu § 1 BRAO). Die Unabhängigkeit, also die erforderliche Freiheit gegenüber seinem Auftraggeber und dessen Belangen kann gefährdet sein, wenn er sein Interesse an einer angemessenen Entlohnung mit dem Interesse der Partei an einem ihr günstigen Ausgang der Sache dadurch verquickt, dass er seine Vergütung ganz oder teilweise von der erfolgreichen Durchführung des Auftrages abhängig macht (BGH AnwBl. 1987, 489; § 43a Abs. 1; § 1 Abs. 1 BOPA). Allerdings müssen Ausnahmen für den Fall zugelassen sein, dass der Patentanwalt mit der Vereinbarung einer erfolgsbasierten Vergütung besonderen Umständen in der Person des Auftraggebers Rechnung trägt, die diesen sonst davon abhielten, seine Rechte zu verfolgen (BVerfG NJW 2007, 979 = MDR 2007, 621 = BRAK-Mitt. 2007, 63 = AnwBl. 2007, 297 mit Anm. *Hamacher* = BB 2007, 617 mit Anm. *Römermann;* → § 43b Rn. 1 ff.). Der Patentanwalt muss ferner Beeinträchtigungen seiner Unabhängigkeit vermeiden, die dadurch entstehen können, dass er sich in Situationen begibt, in denen Interessenkonflikte entstehen können, indem er zB sich übermäßig an einen Mandanten bindet oder er seine wirtschaftlichen Interessen zu eng mit denen von Mandanten verknüpft (§ 39a Abs. 1; §§ 1 Abs. 2, 3 BOPA). Deshalb ist dem Patentanwalt die berufsmäßige **Patentverwertung** untersagt. Dies gilt sowohl für die unmittelbare als auch die mittelbare Teilnahme an der Verwertung der in § 3 Abs. 3 aufgeführter Rechte Dritter (§ 1 Abs. 2 BOPA; BR-Drs. 508, 45; BGH GRUR 1981, 147 = MDR 1981, 41).

7 Im Hinblick auf das Erfordernis der Wahrung der Unabhängigkeit wurde die gleichzeitige Ausübung bestimmter anderer Tätigkeiten für unvereinbar erklärt und das Grundrecht der freien Berufswahl und -ausübung entsprechend, eingeschränkt (vgl. § 14 Nr. 8, 10, § 21 Nr. 5, 9, §§ 41, 41a). Zur Entwicklung des Berufs der Patentanwälte vgl. *Kelbel* § 1 Rn. 1–9 und BT-Drs. 5/276, 38 ff.

§ 2 Beruf des Patentanwalts *(§ 1 BOPA)*

(1) **Der Patentanwalt übt einen freien Beruf aus.**

(2) **Seine Tätigkeit ist kein Gewerbe.**

Schrifttum: *Henssler,* Die internationale Entwicklung und die Situation der Anwaltschaft als Freier Beruf, AnwBl. 2009, 1; *Hösel,* Die Marktordnungen Freier Berufe, 2010; *Kämmerer,* Die Zukunft der Freien Berufe zwischen Deregulierung und Neuordnung, 2010; *Kilian,* Die Zukunft der freien Berufe – ein kritischer Blick auf die Anwaltschaft, AnwBl. 2010, 554; *Kleine-Cosack,* Sonderstatus der Freiberufler auf dem Prüfstand, AnwBl. 2010, 537; *Mann,* Was bleibt heute vom Freien Beruf?, AnwBl. 2010, 551.

§ 2 kennzeichnet die allgemeine berufliche Stellung des Patentanwalts entsprechend der bisherigen Rechtsentwicklung. Sie entspricht § 2 BRAO. Der Patentanwalt übt einen freien Beruf aus, der staatliche Kontrolle und Bevormundung prinzipiell ausschließt (BVerfG NJW 1988, 191 = BRAK-Mitt. 1988, 54; NJW 1983, 1535 = AnwBl. 1983, 449; zu § 2 BRAO; *Maier,* Die Insolvenz des Rechtsanwalts, Dissertation Freiburg 2007, S. 9). Die Tätigkeit als Patentanwalt ist die Ausübung eines Freien Berufs iSd § 1 Abs. 2 PartGG (→ PartGG § 1 Rn. 11 ff.). Sie unterliegt der freien und unreglementierten Selbstbestimmung des einzelnen (BVerfG NJW 1996, 3267 = BRAK-Mitt. 1996, 212). 1

Charakteristisch für den Patentanwalt als Freiberufler ist die **Erbringung ideeller** (BVerfGE 10, 354 = NJW 1960, 427; BVerfGE 46, 240 = NJW 1978, 365) **persönlicher Leistungen** und der Ergebnisse persönlicher Leistungen (BVerfGE 46, 240 = NJW 1978, 365), die ein **besonderes Vertrauensverhältnis** der Vertragspartner und insbesondere das Vertrauen in die **persönliche und fachliche Qualifikation** des Patentanwalts voraussetzen und die **berufliche wirtschaftliche Selbständigkeit und Unabhängigkeit** (BVerfGE 16, 286; 63, 266 = NJW 1983, 1535; § 1 BOPA). 2

Das Erfordernis der Erbringung persönlicher Leistungen schließt es nicht aus, dass der Patentanwalt sich zur Erbringung dieser Leistungen des Einsatzes moderner EDV- und Kommunikationstechnik mit Hilfe von Hilfspersonen bedient, sofern er für das Ergebnis der Gesamtleistung die persönliche Verantwortung übernimmt. Zulässige Hilfsleistungen können unter dieser Voraussetzung auch in der Einholung wissenschaftlicher Gutachten Externer liegen, die der Patentanwalt berücksichtigt. 3

Der Ausschluss der Tätigkeit des Patentanwalts von gewerblicher Tätigkeit bedeutet nicht, dass der Patentanwalt bei seiner Tätigkeit nicht auch den **materiellen Gewinn** im Auge haben darf. Aber sein Streben nach Gewinn hat zurückzutreten hinter dem Bestreben, als „Organ der Rechtspflege" (§ 1) richtig zu handeln sowie seinen Mandanten richtig und angemessen zu beraten und zu vertreten (§ 3 Abs. 2 und 3). Zu den steuerrechtlichen Folgen → BRAO § 2 Rn. 10 ff. und BFH BRAK-Mitt. 2009, 32. Aus dem Umstand, dass der Patentanwalt kein Gewerbe ausübt, ergibt sich auch die **Werbebeschränkung** (§ 39b; § 7 BOPA) und die enge **Reglementierung des Erfolgshonorars** (§ 43b). Aus diesem Grund unterliegen seine Einkünfte aus patentanwaltlicher Tätigkeit nicht der **Gewerbesteuer** (BVerfG WM 2008, 1164 = NJW-Spezial 2008, 415 = BRAK-Mitt. 2008, 169 = AnwBl. 2008, 539). 4

§ 3 Recht zur Beratung und Vertretung *(§ 1 BOPA)*

(1) **Der Patentanwalt ist nach Maßgabe dieses Gesetzes unabhängiger Berater und Vertreter.**

(2) **Der Patentanwalt hat die berufliche Aufgabe,**

1. **in Angelegenheiten der Erlangung, Aufrechterhaltung, Verteidigung und Anfechtung eines Patents, eines ergänzenden Schutzzertifikats, eines Gebrauchsmusters, eines eingetragenen Designs, des Schutzes einer Topographie, einer Marke oder eines anderen nach dem Markengesetz geschützten Kennzeichens (gewerbliche Schutzrechte) oder eines Sortenschutzrechts andere zu beraten und Dritten gegenüber zu vertreten;**
2. **in Angelegenheiten, die zum Geschäftskreis des Patentamts und des Patentgerichts gehören, andere vor dem Patentamt und dem Patentgericht zu vertreten;**

3. in Verfahren wegen Erklärung der Nichtigkeit oder Zurücknahme des Patents oder ergänzenden Schutzzertifikats, oder wegen Erteilung einer Zwangslizenz andere vor dem Bundesgerichtshof zu vertreten;

4. in Angelegenheiten des Sortenschutzes andere vor dem Bundessortenamt zu vertreten.

(3) **Der Patentanwalt ist ferner befugt,**

1. in Angelegenheiten, für die eine Frage von Bedeutung ist, die ein gewerbliches Schutzrecht, ein Datenverarbeitungsprogramm, eine nicht geschützte Erfindung oder eine sonstige die Technik bereichernde Leistung, ein Sortenschutzrecht oder eine nicht geschützte, den Pflanzenbau bereichernde Leistung auf dem Gebiet der Pflanzenzüchtung betrifft oder für die eine mit einer solchen Frage zusammenhängende Rechtsfrage von Bedeutung ist, andere zu beraten und Dritten gegenüber zu vertreten, auch wenn die Voraussetzungen des Absatzes 2 Nr. 1 nicht vorliegen;

2. bei der Verlängerung der Schutzfrist eines eingetragenen Designs andere vor den Amtsgerichten zu vertreten;

3. in den in Nummer 1 bezeichneten Angelegenheiten andere vor Schiedsgerichten und vor anderen als den in Absatz 2 bezeichneten Verwaltungsbehörden zu vertreten.

(4) **Jedermann hat das Recht, sich von einem Patentanwalt seiner Wahl nach Maßgabe der gesetzlichen Vorschriften beraten und vertreten zu lassen.**

(5) **Das Recht der Rechtsanwälte zur Beratung und Vertretung in allen Rechtsangelegenheiten (§ 3 der Bundesrechtsanwaltsordnung) bleibt unberührt.**

Übersicht

I. Eng umgrenzter Wirkungskreis

1 § 1 Abs. 2 RDG und § 3 Abs. 2 PAO beinhalten einen gesetzlichen Vorbehalt, der die Rechtsberatung auf dem Gebiet des Patentwesens grundsätzlich Rechtsanwälten und Patentanwälten zuweist (BVerfG NJW 1998, 3481 = Mitt 1998, 136 = GRUR1998, 556). Die Regelungen der PAO über die Zulässigkeit der Erbringung von Rechtsdienstleistungen durch Patentanwälte gehen nach § 1 Abs. 2 RDG den Regelungen des RDG vor. § 3 bezeichnet die Angelegenheiten, in denen der Patentanwalt beratend und vertretend tätig sein darf, und umreißt damit dessen **beruflichen Wirkungskreis.** Dieser umfasst anders als der des Rechtsanwalts nicht alle Rechtsangelegenheiten (§ 3 Abs. 1 BRAO), sondern nur die in §§ 3, 4, 100 näher bezeichneten. Nach § 4 Nr. 2 StBerG sind Patentanwälte zur geschäftsmäßigen Hilfeleistung in **Steuersachen** „in Rahmen ihrer Befugnisse nach der PAO“ befugt, dh der Patentanwalt darf seine Mandanten nur insoweit steuerlich beraten und vor den Finanzbehörden vertreten, als die Aufgabenbeschreibung in § 3 PAO reicht. Nach § 1 Abs. 2 RDG wird die Berufstätigkeit des Patentanwalts innerhalb der Befugnisse der PAO vom RDG nicht berührt. Diese Freistellung der Patentanwälte von einer Registrierung nach §§ 10 ff. RDG reicht damit nicht über die in der PAO, insbesondere in § 3 genannten Materien hinaus. Sie können nicht die Rechtsberatung und Rechtsbesorgung auf anderen Gebieten in ihre „Berufstätigkeit“ aufnehmen (OLG Karlsruhe GRUR 1978, 608 = AnwBl. 1978, 477). Besorgt der Patentanwalt fremde Rechtsangelegenheiten außerhalb des in der PAO abgegrenzten Kompetenzbereichs, übt er keine erlaubnisfreie Berufstätigkeit nach § 1 Abs. 2 RDG aus; vielmehr liegt der Ordnungswidrigkeitstatbestand des § 20 RDG vor, sofern die Tätigkeit nicht nach anderen Vorschriften des RDG wie zB § 2 Abs. 3 Nr. 1 RDG (Gutachten, Schiedsrichter) gestattet ist. § 5 Abs. 1 RDG greift nicht, da im

Zusammenhang mit der Haupttätigkeit gesetzliche Rechtsdienstleistungspflichten bestehen (BT-Drs. 16/6634, 51). Die Frage, ob eine Nebentätigkeit iSd § 5 Abs. 1 RDG vorliegt, ist danach zu beurteilen, ob der Schwerpunkt der Haupttätigkeit auf nichtrechtlichem Gebiet liegt (OLG Bremen BeckRS 2011, 24840). Der Verstoß führt zur Nichtigkeit des Geschäftsbesorgungsvertrages (BGH NJW 1962, 2010; 1988, 561). Im gerichtlichen Verfahren ist er wegen der Überschreitung seiner Befugnisse nach § 79 Abs. 3 ZPO zurückzuweisen.

Aufgrund des § 1 Nr. 4 ReNoPatAusb-FachEigV vom 21.7.2005 (BGBl. I S. 2196) besitzt ein zugelassener Patentanwalt die für die fachliche Eignung erforderlichen Fertigkeiten, Kenntnisse und Fähigkeiten für den Ausbildungsberuf des Patentanwaltsfachangestellten. Bei der Berufsaubildung ist die ReNoPatAusbV (BGBl. 1987 I S. 2392, neugefasst BGBl. 2014 I S. 1490 mit Wirkung vom 1.8.2014) zu beachten. Regelmäßig wird der Patentanwalt für seinen Mandanten aufgrund eines **Geschäftsbesorgungsvertrages (§ 675 BGB) in der Regel mit Dienstvertragscharakter,** insbesondere bei Dauerberatung, tätig (zB bei Herbeiführung von Markenschutz: BGHZ 52, 359; bei Erlangung, Überwachung und Verteidigung von Patentschutz: BGH NJW-RR 2000, 791; NJW 2013, 2440 = GRUR 2013, 756 = Mitt 2013, 371). Seltener wird bei Abschluss eines Dauerberatungsvertrages ein Dienstvertrag (§§ 611 ff. BGB) bzw. bei bloßer Gutachtenerstattung oder Auskunft in einer Einzelfrage ein Werkvertrag (§ 631 BGB) in Betracht kommen (Palandt/*Weidlich* BGB Vor § 611 Rn. 20 iVm § 675 Rn. 23). Bei Formularverträgen zwischen dem Patentanwalt und einem Verbraucher sind die Bestimmungen über den Verbrauchervertrag (§§ 312 ff. BGB) anwendbar (vgl. EuGH NJW 2015, 1289 = GRUR 2015, 391). 2

II. Unabhängigkeit in den Grenzen der PAO

Abs. 1 hebt in Anlehnung an § 3 BRAO allgemein hervor, dass der Patentanwalt **bei der Ausübung seiner Beratungs- und Vertretungstätigkeit unabhängig** sein soll, und zwar nicht nur, wie es in § 1 bereits zum Ausdruck kommt, im Verhältnis zur Staatsgewalt, sondern – soweit es sich um die Einhaltung seiner beruflichen Pflichten handelt – auch seinem **privaten Auftraggeber** gegenüber (BT-Drs. 5/276, 46; § 1 BOPA). Der Patentanwalt ist **verpflichtet, seine berufliche und persönliche Unabhängigkeit nach allen Seiten zu wahren** (BGHSt 22, 157 = BGHZ 50, 226 = NJW 1968, 2204; BGHZ 68, 59). Im Hinblick auf das Erfordernis der Wahrung der Unabhängigkeit wurde die gleichzeitige Ausübung bestimmter anderer Tätigkeiten für unvereinbar erklärt und das Grundrecht der freien Berufswahl und -ausübung eingeschränkt (vgl. §§ 14 Nr. 8 und 10, 21 Abs. 2 Nr. 5 und 9, 41, 41a, 42). Im Rahmen des ihm erteilten Auftrags treffen den Patentanwalt grundsätzlich die gleichen Aufklärungs- und Beratungspflichten, wie sie für einen Rechtsanwalt gelten (BGH GRUR 2000, 396 = BRAK-Mitt. 2000, 126; → BRAO § 44 Rn. 17 ff.). 3

III. Umfang des Beratungs- und Vertretungsrechts

Die **Abs. 2 und 3** umschreiben im Einzelnen den Umfang des Beratungs- und Vertretungsrechts des Patentanwalts. Dabei wird in Abs. 2 der Bereich zusammengefasst, der sich unmittelbar aus dem überkommenen Berufsbild des Patentanwalts ergibt. Abs. 3 gestattet die Beratungs- und Vertretungstätigkeit darüber hinaus in einigen weiteren Fällen, die zwar nicht zu dem engeren Aufgabenbereich des Patentanwalts gehören, diesem jedoch nahe verwandt sind. Die Patentanwälte haben auf diesen Gebieten einen Besitzstand erworben, der ihnen durch das Gesetz gesichert werden soll (BT-Drs. 5/276, 47). Nur vor den in § 3 ausdrücklich genannten Gerichten und soweit diese auf den dort genannten Rechtsgebieten entscheiden, hat der Patentanwalt ein uneingeschränktes Vertretungsrecht. Im Übrigen hat er vor allen Gerichten in Rechtsstreitigkeiten der in § 4 Abs. 1 und 2 genannten Art ein Mitwirkungsrecht. Insoweit ist im Anwaltsprozess (§ 78 ZPO) das Vertretungsrecht des Patentanwalts ausgeschlossen. Nimmt er im Parteiprozess (§ 79 ZPO) die Mitwirkungsrechte aus § 4 wahr und tritt er dabei in Beisein der Partei auf, werden ihm die Rechte eines Beistands (§ 90 ZPO) zuzubilligen sein (*Kelbel* §§ 3, 4 Rn. 26–32). Nach § 4 Abs. 3 darf der Patentanwalt als vollwertiger Prozessbevollmächtigter auftreten, soweit für das Verfahren kein Vertretungszwang besteht. Diese Vertretungsbefugnis ist durch die Verweisung auf § 4 Abs. 1 und 2 auf die dort aufgeführten Rechtsstreitigkeiten eng begrenzt (BT-Drs. 16/6634, 55). Im Rahmen des ihm erteilten Auftrags treffen den Patentanwalt grundsätzlich die gleichen Aufklärungs- und Beratungspflichten, wie sie für einen Rechtsanwalt gelten (BGH Mitt 2000, 307 = GRUR 2000, 396 = BRAK-Mitt. 2000, 126). 4

5 **1. Klassische Patentanwaltstätigkeit nach Abs. 2. Abs. 2 Nr. 1** betrifft das zum Wesen der beruflichen Tätigkeit des Patentanwalts gehörende Recht, Angelegenheiten der Erlangung, Aufrechterhaltung, Verteidigung und Anfechtung eines gewerblichen Schutzrechtes (Patent, ergänzendes Schutzzertifikat, Gebrauchsmuster, eingetragenes Design, Topographie von Halbleitererzeugnissen, Marke oder sonst nach dem Markengesetz geschützten Kennzeichens) oder eines Sortenschutzrechtes seinen Auftraggeber zu beraten und anderen (gleichberechtigten) natürlichen oder juristischen Personen gegenüber zu vertreten (BT-Drs. 5/276, 47), nicht auch gegenüber Behörden und Gerichten (aber → Rn. 8, 10). Die **Beratung** ist mündliche oder schriftliche Rechtsberatung des Mandanten und die **Vertretung** umfasst die Wahrnehmung der Interessen des Auftraggebers gegenüber Dritten, dh dem Gegner oder Verhandlungspartner des Auftragsgebers. Beide sind Gegenstand einer entgeltlichen Geschäftsbesorgung iSd § 675 BGB (BGHZ 52, 359; BGH NJW-RR 2000, 791). Steht die Behörde dem Mandanten des Patentanwalts gleichberechtigt gegenüber (zB bei Abschluss von Lizenzverträgen oder bei Rechtsstreitigkeiten aus solchen Verträgen), dann liegt Vertretung gegenüber Dritten iSv § 3 Abs. 2 Nr. 1 oder Abs. 3 Nr. 1 vor (vgl. näher *Kelbel* §§ 3, 4 Rn. 16 ff.). Hinsichtlich der „Aufrechterhaltung" eines Patents hat das BVerfG allerdings die bloße Überwachung von Fristen anhand verlässlicher Unterlagen zur Zahlung der Aufrechterhaltungsgebühren (§§ 17–19 PatG) nicht den Patentanwälten vorbehalten. Die Überwachung der Fälligkeit und der Einzahlung von Patentgebühren könne auch durch entsprechende Servicebüros erfolgen, die nicht mit Patentanwälten besetzt sind (BVerfG NJW 1998, 3481 = BRAK-Mitt. 1998, 146 = Mitt 1998, 136).

6 **Abs. 2 Nr. 2** regelt als weitere typische Tätigkeit des Patentanwalts sein **Auftreten vor** dem **Patentamt** und dem **Patentgericht** (BT-Drs. 5/276, 47). Er hat in Angelegenheiten, die zum Geschäftskreis des Patentamts (§§ 26 ff. PatG; §§ 32 ff. MarkenG; §§ 4 ff. GebrMG; §§ 11 ff. §§ 11 ff. DesignG; §§ 3 ff. HalblSchG) und des Patentgerichts (§§ 65 ff., 73 ff., 97 PatG; §§ 66 ff., 81 MarkenG; §§ 18 ff. GebrMG; § 23 DesignG; §§ 34; 36 SortSchG; § 4 Abs. 4 HalblSchG iVm § 18 GebrMG) gehören, ein volles Vertretungsrecht. Er kann vor dem Patentgericht schriftlich und mündlich vortragen und alle Prozesshandlungen vornehmen. Dies gilt auch für die Inlandsvertretung Auswärtiger (§ 25 PatG, § 58 DesignG, § 28 GebrMG, § 11 Abs. 2 HalblSchG, § 96 MarkenG; aber → § 155 Rn. 6). Ein Patentanwaltsbewerber darf in der mündlichen Verhandlung vor dem BPatG nicht als Parteivertreter in Untervollmacht auftreten (BPatG Mitt 2006, 141 = BeckRS 2005, 141). Gemäß der Anordnung des Bundespräsidenten über die Amtstracht bei dem Bundespatentgericht (abgedruckt bei *Reinhard* S. 159) darf der Patentanwalt als Bevollmächtigter der Partei eine Amtstracht tragen, die aus einer **Amtsrobe mit stahlblauen Besatz** aus stumpfer Seide besteht. Gemäß § 13 Abs. 4 BOPA ist der Patentanwalt verpflichtet, die Robe zu tragen, soweit das üblich ist. Zur Kostenerstattung bei Doppelvertretung von Patentanwalt und Rechtsanwalt im Patentnichtigkeitsverfahren vor dem Patentgericht s. BGH Mitt 2013, 145 = GRUR 2013, 427.

7 Nach § 2 Abs. 2 Nr. 3 VwVfG gilt das VwVfG nicht für die Verfahren vor dem Deutschen Patent- und Markenamt und den bei diesem errichteten Schiedsstellen. Das Verfahren in Patentsachen ist in §§ 26 ff. PatG und in dazu ergangenen Durchführungsverordnungen geregelt. Für das Verfahren für die beim Patentamt eingerichtet Schiedsstellen gilt das Gesetz vom 9.9.1965 (BGBl. I S. 1249) und die dazu ergangene VO vom 18.12.1965 (BGBl. I S. 2106; Kopp/*Ramsauer* VwVfG § 2 Rn. 27).

8 **Abs. 2 Nr. 3** bezieht sich auf das dem Patentanwalt durch §§ 113, 122 Abs. 4 PatG gewährte Recht, in den dort genannten Verfahren andere vor dem BGH zu vertreten. § 78 Abs. 4 ZPO gilt entsprechend (BGH MDR 1987, 668). Bei Vertretung einer Partei durch einen Patentanwalt muss es sich um einen nach der Patentanwaltsordnung zugelassenen Patentanwalt handeln. Die Eintragung als „IP Attorney" beim Nationalen Amt für Geistiges Eigentum der Republik Malta berechtigt nicht dazu, Parteien vor dem BGH als Patentanwalt zu vertreten (BGH GRUR 2014, 508). Für einen Patentanwalt, der mit der Vertretung einer Partei in einem ein Patentnichtigkeitsverfahren betreffenden Berufungsverfahren vor dem BGH betraut ist, gelten im Hinblick auf die Wahrung von im Berufungsverfahren zu beachtenden Fristen die gleichen Regeln wie für einen Rechtsanwalt (BGH GRUR 2001, 411 = NJW-RR 2001, 1502).

9 **Abs. 2 Nr. 4** gibt dem Patentanwalt in Angelegenheiten des Sortenschutzes das Vertretungsrecht vor dem Bundessortenamt (vgl. §§ 21 ff. Sortenschutzgesetz). Durch das Vertretungsrecht des Patentanwalts auch auf diesem Gebiet soll vermieden werden, dass der Tätigkeitsbereich des Patentanwalts insoweit eingeschränkt wird (BT-Drs. 5/276, 47).

2. Erweiterung des Beratungs- und Vertretungsrechts durch Abs. 3. Abs. 3 Nr. 1 erstreckt das in Abs. 2 Nr. 1 geregelte Recht des Patentanwalts, seinen Auftraggeber zu beraten und gegenüber anderen natürlichen oder juristischen Personen zu vertreten (→ Rn. 5), auf alle Angelegenheiten, die mit dem in Abs. 2 umschriebenen engeren beruflichen Aufgabenbereich des Patentanwalts in einem in der Regel nicht trennbaren rechtlichen oder tatsächlichen Zusammenhang stehen. Dabei ist insbesondere das Recht des Patentanwalts berücksichtigt worden, seinen Auftraggeber in den Fällen des sogenannten „know-how" zu beraten und gegenüber Dritten zu vertreten. Die Notwendigkeit einer solchen Beratung und Vertretung kann sich aber auch in anderen Fällen ergeben, zB wenn für bürgerlich-rechtliche, wettbewerbsrechtliche oder kartellrechtliche Sachverhalte ein gewerbliches Schutzrecht oder eines der in Abs. 3 Nr. 1 aufgezählten verwandten Rechte oder Rechtsgüter als solches von Bedeutung ist. **10**

Nach § 3 Abs. 3 Nr. 1 aF hatten Patentanwälte bisher ein außergerichtliches Beratungs- und Vertretungsrecht in den in Nr. 1 aufgezählten Angelegenheiten und für die mit einer solchen Frage „unmittelbar" zusammenhängenden Rechtsfragen. Der unbestimmte Begriff „unmittelbar" führte bisher außergerichtlich zu der Unsicherheit, inwieweit der Patentanwalt beratungs- und vertretungsbefugt ist. Deshalb wurde das Wort „unmittelbar" durch Gesetz vom 14.8.2009 (BGBl. I S. 2827) gestrichen. Durch den unverändert erforderlichen inhaltlichen Zusammenhang erhält der Patentanwalt keine seine Kompetenz übersteigende Beratungsbefugnis. Die Änderung steht damit im Einklang mit § 5 RDG, der für allgemeine außergerichtliche Rechtsdienstleistungen ebenfalls keinen unmittelbaren Zusammenhang mit der eigentlichen Haupttätigkeit voraussetzt (BT-Drs. 16/12061, 32; aber → § 4 Rn. 5). **11**

Abs. 3 Nr. 1 umfasst jedoch **nicht das Vertretungsrecht** des Patentanwalts in den sich aus dieser Beratungs- und Vertretungstätigkeit entwickelnden **Verfahren vor Gerichten und vor** anderen als in Abs. 2 bezeichneten **Verwaltungsbehörden.** Dieses Vertretungsrecht vor Behörden und vor Schiedsgerichten ergibt sich aus Abs. 3 Nr. 3. Vor Gerichten hat der Patentanwalt – abgesehen von den eng umgrenzten Fällen in Abs. 2 Nr. 3 und Abs. 3 Nr. 2 – kein volles Vertretungsrecht. § 4 Abs. 1 und 2 sieht insoweit nur vor, dass dem Patentanwalt auf Antrag seiner Partei das Wort zu gestatten ist; anderes jedoch in gerichtlichen Verfahren ohne Anwaltszwang (→ § 4 Rn. 6). **12**

Abs. 3 Nr. 2 ist obsolet. Er berücksichtigte die Tatsache, dass vor Verabschiedung der PAO im Jahre 1966 die Anmeldung und die Verlängerung der Schutzfristen von Geschmacksmustern bei den **Amtsgerichten** zur Praxis vieler Patentanwälte gehörten und schrieb dies fort. Die Vorschrift hatte Bedeutung hinsichtlich der vor dem 1.7.1988 erfolgten Anmeldungen (*Nirk/Kurtze,* Komm. zum GeschmMG, 1989, § 8 Rn. 1), deren damals fünfzehnjährige Schutzdauer zwischenzeitlich aber sämtlich beendet ist. Seit dem 1.7.1988 ist das Patentamt zuständig und gilt § 3 Abs. 2 Nr. 2 (→ Rn. 6). **13**

Abs. 3 Nr. 3 ergänzt die Regelung in Abs. 3 Nr. 1, indem er in den dort genannten Fällen dem Patentanwalt ein **Vertretungsrecht vor Schiedsgerichten und vor Verwaltungsbehörden,** wie zB den Kartellbehörden gewährt. Auch dieses Vertretungsrecht zählt zum Besitzstand der Patentanwälte (BT-Drs. 5/276, 47; *Kelbel* §§ 3, 4 Rn. 48, 49). **14**

IV. Beratungs- und Vertretungsrecht des Bürgers

Abs. 4 gewährt nach dem Vorbild von § 3 Abs. 3 BRAO jedermann das Recht, sich durch einen Patentanwalt beraten und vertreten zu lassen, soweit dessen Befugnisse reichen (BT-Drs. 5/276, 47). Nur „nach Maßgabe der gesetzlichen Vorschriften" hat der Bürger das Recht sich vertreten zu lassen. Dem Wahlrecht gehen **abweichende gesetzliche Bestimmungen vor.** Abs. 4 setzt die Befugnis des Bürgers oder der Firma pp., sich im Rahmen des Rechtsverhältnisses, in dem die Vertretung stattfinden soll, vertreten zu lassen, notwendig voraus, begründet sie jedoch nicht selbst, sondern verweist hierfür auf das jeweils maßgebliche Recht (→ BRAO § 3 Rn. 21 ff.). **15**

V. Beratungs- und Vertretungsrecht der Rechtsanwälte, Doppelzulassung

Abs. 5 stellt klar, dass das Recht der Rechtsanwälte zur Beratung und Vertretung in allen Rechtsangelegenheiten (§ 3 BRAO) durch die Vorschriften über den Wirkungskreis der Patentanwälte nicht berührt wird (BT-Drs. 5/276, 47; → BRAO § 3 Rn. 1 ff.; → EuRAG § 2 Rn. 3). **16**

Die auf besonderen fachlichen Fähigkeiten begründete berufliche Stellung des Patentanwalts als unabhängiges Organ der Rechtspflege nach § 1 PAO mit entsprechenden Rechten und **17**

Pflichten (§§ 3, 4, 39 ff. PAO) besteht selbständig neben derjenigen eines Rechtsanwalts und wird – im Fall der Vereinigung beider Berufsbilder in einer Person – durch diese auch nicht verdrängt. Auf die Abgrenzbarkeit der einzelnen Handlungen des Rechtsanwalts und Patentanwalts nach ihrer Zugehörigkeit zu seinem einen oder anderen Funktionsbereich kommt es dabei nicht an. Ein Rechtsanwalt, der zugleich als Patentanwalt zugelassen ist, kann in einer Materie, die auch zum beruflichen Wirkungskreis des Patentanwalts gehört, in beiden Funktionen gleichzeitig beauftragt werden. Ihm können dann neben den Rechtsanwaltsgebühren auch die gesondert entstandenen Patentanwaltsgebühren zustehen (zu § 140 Abs. 3 MarkenG BGH Mitt 2003, 573 = GRUR 2003, 639 = BRAK-Mitt. 2003, 191).

18 Zur Zulässigkeit der Patentüberwachung durch Dienstleistungserbringer aus anderen EU-Staaten vgl. EuGH NJW 1991, 2693 = Mitt 1992, 56 = BRAK-Mitt. 1991, 239.

VI. Vertretungsrecht vor dem Europäischen Patentamt und vor dem Harmonisierungsamt für den Binnenmarkt

19 Der Beruf des Patentanwalts und des zugelassenen Vertreters vor dem EPA sind zwei unterschiedliche Berufe mit unterschiedlicher Ausbildung, Prüfung, Zulassung und Standesorganisation. Beide Berufe werden nebeneinander ausgeübt. Gemäß Art. 134 Abs. 1 des Europäischen Patentübereinkommens (EPÜ) vom 5.10.1973 (BGBl. 1976 II S. 826) in der Fassung der Akte zur Revision des EPÜ vom 29.11.2000 (BGBl. 2008 II S. 179) kann die Vertretung natürlicher und juristischer Personen vor dem Europäischen Patentamt durch zugelassene Vertreter wahrgenommen werden, die in einer beim Europäischen Patentamt zu führenden Liste eingetragen sind. Die Eintragungsvoraussetzungen regelt Art. 134 Abs. 2 EPÜ; gemäß lit.c gehört dazu unter anderem die bestandene Europäische Eignungsprüfung entsprechend den Vorschriften über die Europäische Eignungsprüfung vom 10.12.2008 (Beilage zum ABl. EPA 12/2011). Die Vertretungsmodalitäten finden sich in Regel 151–156 der Ausführungsordnung über die Erteilung europäischer Patente (AO-EPÜ; ABl. EPA 2012, 442). Personen, die in die Liste der beim Europäischen Patentamt zugelassenen Vertreter eingetragen sind, können die Kurzbezeichnung **„zugelassener Vertreter vor dem EPA"**, **„European patent attorney"**, **„mandataire en brevets européens"** (Art 5 der Vorschriften über die Errichtung eines Instituts der beim Europäischen Patentamt zugelassenen Vertreter, Beilage zu ABl. EPA 1/2013) führen. Die Bezeichnung von zugelassenen Vertretern vor dem Europäischen Patentamt als „Europäischer Patentanwalt" ist irreführend, da die Bezeichnung allenfalls Patentanwälte aus Mitgliedsstaaten der Europäischen Union umschreibt (→ § 154a Rn. 10).

20 Die Vertretung vor dem Harmonisierungsamt für den Binnenmarkt (Marken, Muster und Modelle), vgl. Art. 2 Gemeinschaftsmarkenverordnung vom 20.12.1993, zuletzt geändert am 18.12.2006, ABl. EU L 386 S. 14 (GMV), bestimmt sich nach Art. 89 GMV für Verfahren betreffend Gemeinschaftsmarken und Art. 78 der Gemeinschaftsgeschmacksmusterverordnung vom 12.12.2001, zuletzt geändert am 18.12.2006, ABl. EU L 386 S. 14 (GGV) für Verfahren betreffend Gemeinschaftsgeschmacksmuster. Der Vertreter muss in die Liste der zugelassenen Vertreter eingetragen sein (Art. 89 Abs. 1 lit. b GMV und Art. 78 Abs. 1 lit. c GGV). Voraussetzung hierfür sind in Art. 89 Abs. 2 GMV sowie Art. 78 Abs. 4 GGV geregelt. Eine Eignungsprüfung vor dem Harmonisierungsamt ist nicht vorgesehen, erforderlich ist die Befugnis, natürliche und juristische Personen auf dem Gebiet des Markenwesens (Art. 89 Abs. 2 lit. c GMV), bzw. in Geschmacksmustersachen (Art. 78 Abs. 4 lit.c GGV) vor der Zentralbehörde für den gewerblichen Rechtsschutze eines Mitgliedstaates zu vertreten. Eine zentrale Standesorganisation besteht nicht. Berufsverstöße sind national von den dort zuständigen Organisationen zu ahnden. Die in die Liste nach GMV und GGV eingetragenen Patentanwälte verwenden in aller Regel die Bezeichnung **„European Trade Mark Attorney" oder „European Trademark and Design Attorney"** (Empfehlung des Verwaltungsrats vom 18.11.2002, HABM-ABl. 2003, 558).

21 Gemäß Art. 134 Abs. 8 EPÜ, Art. 89 Abs. 1 lit. a GMV und Art. 78 Abs. 1 lit. a GGV kann die Vertretung wie von einem zugelassenen Vertreter auch von jeden Rechtsanwalt, der in einem Vertragsstaat zugelassen ist und seinen Geschäftssitz in diesem Staat hat, in dem Umfang wahrgenommen werden, in dem er in diesem Staat die Vertretung auf dem Gebiet des gewerblichen Rechtsschutzes ausüben kann. Er darf sich aber nicht „zugelassener Vertreter vor dem EPA" oder „European Patent and Trademark Attorney" nennen, wenn er nicht in die Listen eingetragen ist (OLG Düsseldorf Mitt 2008, 365 = GRUR-RR 2009, 74).

§ 4 Auftreten vor den Gerichten *(§ 13 BOPA)*

(1) **In Rechtsstreitigkeiten, in denen ein Anspruch aus einem der im Patentgesetz, im Gebrauchsmustergesetz, im Halbleiterschutzgesetz, im Markengesetz, im Gesetz über Arbeitnehmererfindungen, Designgesetz oder im Sortenschutzgesetz geregelten Rechtsverhältnisse geltend gemacht wird, sowie in Rechtsbeschwerdeverfahren gegen Beschlüsse der Beschwerdesenate des Patentgerichts ist auf Antrag einer Partei ihrem Patentanwalt das Wort zu gestatten.**

(2) **Das gleiche gilt in sonstigen Rechtsstreitigkeiten, soweit für die Entscheidung eine Frage von Bedeutung ist, die ein gewerbliches Schutzrecht, ein eingetragenes Design, ein Datenverarbeitungsprogramm, eine nicht geschützte Erfindung oder eine sonstige die Technik bereichernde Leistung, ein Sortenschutzrecht oder eine nicht geschützte, den Pflanzenbau bereichernde Leistung auf dem Gebiet der Pflanzenzüchtung betrifft, oder soweit für die Entscheidung eine mit einer solchen Frage unmittelbar zusammenhängende Rechtsfrage von Bedeutung ist.**

(3) **Soweit eine Vertretung durch Rechtsanwälte nicht geboten ist, ist der Patentanwalt in den Fällen der Absätze 1 und 2 als Bevollmächtigter vertretungsbefugt.**

I. Auftrittsrecht vor den Gerichten

1 § 4 soll in **Ergänzung des Beratungs- und Vertretungsrechts nach § 3** gewährleisten, dass dem Patentanwalt in den dort genannten Rechtsstreitigkeiten auf dem Gebiet des gewerblichen Rechtsschutzes, also in den Streitsachen nach § 143 PatG, § 27 GebrMG, § 11 HalblSchG, § 140 MarkenG, § 39 ArbnErfG, § 52 DesignG und § 38 SortenSchG **das Wort zu gestatten** ist. Zur Amtstracht des Patentanwalts → § 3 Rn. 6.

2 Nach **Abs. 1** ist dem Patentanwalt auf Antrag seiner Partei das Wort in Rechtsstreitigkeiten zu gestatten, in denen ein Anspruch, nicht auch eine Einwendung des Beklagten (*Kelbel* §§ 3, 4 Rn. 51), aus einem der in den dort genannten Gesetzen geregelten Rechtsverhältnissen geltend gemacht wird: Dies gilt auch in Anwaltsprozessen nach § 78 Abs. 1 ZPO (Baumbach/Lauterbach/Albers/*Hartmann* ZPO § 137 Rn. 41). Nicht erforderlich ist, dass der Anspruch ausdrücklich und unmittelbar aus einem der in Abs. 1 genannten Gesetze hergeleitet wird. Es genügt, wenn ein auf ein anderes Gesetz gestützter Anspruch auch aus einem der in § 4 Abs. 1 genannten Spezialgesetze sich ergeben kann (*Kelbel* §§ 3, 4 Rn. 51). Die Mitwirkung des Patentanwalts wird nicht durch die Erklärung des Klägers ausgeschlossen, er wolle seine Klage vorerst nicht auf einen Anspruch aus einem Rechtsverhältnis der in § 4 Abs. 1 genannten Gesetze stützen (*Kelbel* §§ 3, 4 Rn. 51; vgl. LG Baden-Baden GRUR 1961, 32). Unerheblich ist, ob der Anspruch schlüssig ist; wird eine Klage aber offensichtlich willkürlich auf ein Gesetz nach § 4 Abs. 1 gestützt, um die Mitwirkung des Patentanwalts zu erreichen, entfällt dieses Mitwirkungsrecht. Der Patentanwalt kann aber an einer auf ein Gesetz nach § 4 Abs. 1 gestützte Klage oder Widerklage mitwirken, um dem Gericht darzulegen, dass kein Fall des § 4 Abs. 1 gegeben ist (*Kelbel* §§ 3, 4 Rn. 52 ff. mit Einzelbeispielen).

3 Ferner ist dem Patentanwalt **auf Antrag das Wort zu gestatten** in Rechtsbeschwerdeverfahren gegen Beschlüsse der Beschwerdesenate des Patentgerichts (vgl. § 102 Abs. 5 PatG; §§ 83 ff. MarkenG; § 18 Abs. 2 GebrMG iVm § 102 Abs. 5 PatG; § 23 Abs. 3 DesignG iVm § 102 Abs. 5 PatG). Der Beteiligte hat sich im Rechtsbeschwerdeverfahren durch einen beim BGH zugelassenen Rechtsanwalt vertreten zu lassen (vgl. zB § 102 Abs. 5 PatG, § 85 Abs. 5 MarkenG). Ist im patent- oder gebrauchsmusterrechtlichen Rechtsbeschwerdeverfahren das Rechtsmittel zurückgenommen worden, bevor der Rechtsmittelgegner einen beim BGH zugelassenen Anwalt mit seiner Vertretung beauftragt hat, kann der Antrag, dem Rechtsmittelführer die Kosten des Verfahrens aufzuerlegen, auch durch einen in der Rechtsbeschwerdeinstanz nicht postulationsfähigen Patentanwalt gestellt werden (BGH BB 1995, 1160). Zum Zeugnisverweigerungsrecht des Patentanwalts über das, was ihm in dieser Eigenschaft anvertraut worden oder bekanntgeworden ist, vgl. § 53 Abs. 1 Nr. 3 StPO, § 383 Abs. 1 Nr. 6 ZPO und zum Beschlagnahmeverbot beim Patentanwalt vgl. § 97 StPO.

II. Eingeschränktes Auftrittsrecht

4 Nach **Abs. 2** soll dem Patentanwalt auch in sonstigen Rechtsstreitigkeiten das Wort zu gestatten sein, **soweit** es sich um Fälle handelt, in denen der Patentanwalt nach § 3 Abs. 3 Nr. 1 seine Partei beraten und Dritten gegenüber vertreten darf. Der Umfang des Beratungs- und Vertretungsrechts des Patentanwalts muss sich mit dem Umfang seiner Befugnis nach § 4 decken (BT-Drs. 5/276, 47). Diese Mitwirkung ist aber gegenüber der nach Abs. 1 insoweit eingeschränkt, als sie sich nicht auf den gesamten Rechtszug bezieht. Das Mitwirkungsrecht beschränkt sich vielmehr auf Fragen zu den in Abs. 2 genannten Materien, die für die Entscheidung von Bedeutung sind. Hier sind auch Fragen zu Einwendungen aus den in § 4 Abs. 1 genannten Spezialgesetzen erfasst (*Kelbel* §§ 3, 4 Rn. 58 ff. mit weiteren Einzelheiten).

5 Das Rederecht der Patentanwälte im gerichtlichen Verfahren – und in Verfahren ohne Vertretungszwang zugleich ihre Prozessvertretungsbefugnis – soll trotz der Streichung des Wortes „unmittelbar" in § 3 Abs. 3 Nr. 1 (→ § 3 Rn. 11) weiter davon abhängen, dass der Rechtsstreit mit den in § 4 Abs. 2 genannten Materien unmittelbar zusammenhängt. Dies erleichtert den Gerichten die Abgrenzung und vermeidet im Prozess Streitigkeiten über die Postulationsfähigkeit eines Patentanwalts. Die unterschiedliche Regelung in den §§ 3 und 4 entspricht damit den Wertungen des Gesetzes zur Reform des Rechtsberatungsrechts. Lockerungen im außergerichtlichen Bereich, wie sie durch § 5 RDG erfolgt sind, sollen danach nicht auf das Auftreten vor Gericht übertragen werden (BT-Drs. 16/12061, 23).

III. Vertretungsbefugnis der Patentanwälte in gerichtlichen Verfahren

6 **Abs. 3** regelt die Vertretungsbefugnis der Patentanwälte in gerichtlichen Verfahren **ohne Anwaltszwang** (§ 79 ZPO). Nach bisherigem Recht wurde Patentanwälten verbreitet die Befugnis zuerkannt, über die in den §§ 3 und 4 ausdrücklich geregelten Vertretungs- und Beistandsfälle hinaus in den dort aufgeführten Rechtsstreitigkeiten als vollwertige Prozessbevollmächtigte aufzutreten, soweit für das Verfahren kein Vertretungszwang besteht (*Kelbel* §§ 3, 4 Rn. 30 ff.). Dies betrifft vor allem zivilgerichtliche Verfahren, in denen Patentanwälte einstweilige Verfügungen im Bereich des gewerblichen Rechtsschutzes erwirken. Diese bisherige Praxis soll durch § 4 Abs. 3 ausdrücklich gesetzlich geregelt werden. Die Vertretungsbefugnis der Patentanwälte wird durch die Verweisung auf die Abs. 1 und 2 auf die dort aufgeführten Rechtsstreitigkeiten eng begrenzt. In diesen Bereichen gewährleistet die Vertretung durch Patentanwälte vor allem im Bereich des vorläufigen Rechtsschutzes eine schnelle, effektive, qualifizierte und kostengünstige Durchsetzung gewerblicher Schutzrechte (BT-Drs. 16/6634, 54). Ein Patentanwalt kann in diesen Fällen nicht zurückgewiesen werden (§ 79 Abs. 2 und 3 ZPO, § 97 Abs. 2 und 3 PatG).

7 Zur Erstattung der **Kosten des Patentanwalts** → § 43a Rn. 3 ff. Führt ein Patentanwalt Eigenrecherchen zwecks Beschaffung von für die rechtliche Beurteilung relevanten Mustern durch, so gehört der dadurch verursachte Aufwand zu den besonders zu erstattenden Kosten und ist nicht mit der Gebühr nach § 15 Abs. 5 GeschmMG abgegolten (OLG Hamm AnwBl. 2003, 186).

8 Zur Festsetzung der Kosten für die Tätigkeit eines italienischen *consulente in marchi* als Verkehrsanwalt in einem Markenverletzungsverfahren in entsprechender Anwendung des § 140 Abs. 3 MarkenG vgl. OLG Frankfurt WRP 2007, 1205. Zu den Patentanwaltskosten bei Klagehäufung vgl. OLG Stuttgart GRUR-RR 2009, 79).

9 Die **Vertretung vor dem künftigen Einheitlichen Patentgericht** richtet sich nach Art. 48 des Übereinkommens über ein Einheitliches Patentgericht (ABl. EU 2013 C 175 S. 1).

Zweiter Teil. Die Zulassung des Patentanwalts

Erster Abschnitt. Zulassung zur Patentanwaltschaft

1. Allgemeine Voraussetzungen

§ 5 Zugang zum Beruf des Patentanwalts

(1) [1]**Zur Patentanwaltschaft kann nur zugelassen werden, wer nach Absatz 2 die Befähigung für den Beruf des Patentanwalts erlangt oder die Eignungsprüfung nach dem Gesetz über die Eignungsprüfung für die Zulassung zur Patentanwaltschaft vom 6. Juli 1990 (BGBl. I S. 1349) bestanden hat.** [2]**Das Berufsqualifikationsfeststellungsgesetz ist nicht anzuwenden.**

(2) [1]**Die Befähigung für den Beruf des Patentanwalts hat erlangt, wer die technische Befähigung (§ 6) erworben und danach die Prüfung über die erforderlichen Rechtskenntnisse (§ 8) bestanden hat und mindestens ein halbes Jahr bei einem Patentanwalt tätig gewesen ist.** [2]**Die Ausbildung bei einem Patentanwalt (§ 7 Abs. 1) ist auf die Tätigkeit nach Satz 1 anzurechnen.**

(3) **Der Prüfung über die erforderlichen Rechtskenntnisse muß die Ausbildung auf dem Gebiet des gewerblichen Rechtsschutzes (§ 7) vorausgehen.**

1 § 5 regelt die **Zugangsvoraussetzungen** zum Beruf des Patentanwalts. Neben die **Befähigung für den Beruf des Patentanwalts,** die auf die durch die Ausbildung im Geltungsbereich der PAO nach Abs. 2 und 3 iVm §§ 6–12 erlangte Qualifikation beschränkt ist **(Befähigungszulassung),** tritt **gleichwertig** die **Befähigung nach Maßgabe des Einigungsvertrags, § 157** (→ § 157 Rn. 1 ff.) und die nach der Richtlinie des Rates vom 21.12.1988 über eine allgemeine Regelung zur Anerkennung von Hochschuldiplomen für den Beruf des Patentanwalts anzuerkennende Ausbildung für einen Beruf auf dem Gebiet des gewerblichen Rechtsschutzes in einem anderen Mitgliedstaat der EU in Verbindung mit dem Bestehen der **Eignungsprüfung für die Zulassung zur Patentanwaltschaft** (vgl. Gesetz über die Eignungsprüfung für die Zulassung zur Patentanwaltschaft unter Nr. 12; BT-Drs. 11/6154, 23).

2 **Abs. 1 S. 2** ist eingefügt durch das Berufsqualifikationsfeststellunggesetz (BGBl. 2011 I S. 2515). Ausländische juristische Ausbildungen genügen grundsätzlich nicht, um die juristischen Kenntnisse im deutschen Recht zu vermitteln. Die vorgesehene Gleichwertigkeitsprüfung und prinzipielle Anerkennung ausländischer beruflicher Qualifikation passen nicht für die juristischen Berufe. So sind die Lehr- und Lerninhalte im Ausland erworbener juristischer Berufsqualifikationen nicht mit der Ausbildung auf dem Gebiet des gewerblichen Rechtsschutzes (§ 7 PAO) vergleichbar. Juristische Ausbildungen sind immer ganz überwiegenden auf das Rechtssystem des Landes ausgerichtet, in welchem die Ausbildung stattfindet. Eine Gleichwertigkeit der Ausbildung scheidet daher grundsätzlich aus (BT-Drs. 17/6260, 40, 59).

3 **Abs. 2** bestimmt die Voraussetzungen der Befähigungszulassung. Danach hat die Befähigung für den Beruf des Patentanwalts erlangt, wer die technische Befähigung durch den Abschluss eines naturwissenschaftlichen oder technischen Studiums im Inland und praktische technische Tätigkeit (§ 6) erworben und nach der Ausbildung auf dem Gebiet des gewerblichen Rechtsschutzes (§ 7) die Prüfung über die erforderlichen Rechtskenntnisse (§ 8) bestanden hat sowie mindestens ein halbes Jahr bei einem Patentanwalt tätig gewesen ist (BGH NJW-RR 2005, 427 = BGHR 2005, 476 = Mitt 2005, 140).

4 Für den **Ausbildungsweg** zur Erlangung der Befähigung für den Beruf des Patentanwalts ist in den Abs. 2 und 3 eine **zwingende Reihenfolge** vorgeschrieben. Die praktische Tätigkeit bei einem Patentanwalt ist Voraussetzung für die Befähigung. Das Erfordernis einer mindestens halbjährigen Tätigkeit „bei einem Patentanwalt" ist nur dann erfüllt, wenn der Antragsteller auf dem Gebiet des freiberuflichen Berufsfeldes eines Patentanwaltes in dessen freiberuflichen Patentanwaltskanzlei tätig geworden ist und nicht lediglich im Rahmen seines Beschäftigungsverhältnisses in einem Unternehmen bei einem dort ebenfalls angestellten Patentanwalt. Sinn des Abs. 2 insoweit ist, dass der künftige Patentanwalt durch die Tätigkeit bei einem Patentanwalt in die eigenverantwortliche freiberufliche Tätigkeit eingeführt wird. Das bedingt eine maßgebliche

Beschäftigung des Bewerbers an solchen Arbeitstagen, an denen in der Kanzlei ein „normaler" Bürobetrieb mit allen gewöhnlich vorkommenden Arbeiten stattfindet (BGH Mitt. 1999, 237 = AnwBl. 2000, 255; NJW-RR 1999, 1073).

§ 6 Technische Befähigung

(1) [1]**Die technische Befähigung hat erworben, wer im Geltungsbereich dieses Gesetzes sich als ordentlicher Studierender einer wissenschaftlichen Hochschule dem Studium naturwissenschaftlicher oder technischer Fächer gewidmet und dieses Studium durch eine staatliche oder akademische Prüfung mit Erfolg abgeschlossen hat.** [2]**Außerdem muß ein Jahr praktischer technischer Tätigkeit abgeleistet sein; der Präsident des Patentamts kann hiervon auf Antrag insoweit Befreiung erteilen, als der Bewerber nachweist, daß er die für den Beruf des Patentanwalts erforderliche praktische technische Erfahrung auf andere Weise erworben hat.**

(2) [1]**Die Voraussetzungen für den Erwerb der technischen Befähigung werden durch ein Studium an einer wissenschaftlichen Hochschule außerhalb des Geltungsbereichs dieses Gesetzes sowie durch eine dort abgelegte staatliche oder akademische Abschlußprüfung erfüllt, soweit diese im Geltungsbereich dieses Gesetzes anerkannt oder dem Studium und der Abschlußprüfung im Sinne des Absatzes 1 gleichwertig sind.** [2]**Über die Gleichwertigkeit entscheidet der Präsident des Patentamts im Benehmen mit der zuständigen obersten Landesbehörde des Landes, in dem das Patentamt seinen Sitz hat.**

I. Studium naturwissenschaftlicher oder technischer Fächer

1 Die technische Befähigung ist Voraussetzung für den Erwerb der Befähigung für den Beruf des Patentanwalts (§ 5 Abs. 2). Sie wird erworben durch ein mit Erfolg abgeschlossenes Studium naturwissenschaftlicher **oder** technischer Fächer. Die Wissenschaft ist in Einzelwissenschaften gegliedert. Die klassische Aufteilung differenziert zwischen Natur-, Geistes-, und Gesellschaftswissenschaften, Agrar-, Ingenieur-, Wirtschafts- und Rechtswissenschaften und Medizin. Nur das Studium der Technik (Ingenieurwissenschaft) und der Naturwissenschaften sind in § 6 erfasst. Da die Ergebnisse der naturwissenschaftlichen Forschung für die Entwicklung der modernen Technik immer wichtiger werden, soll auch ein Studium, das nur naturwissenschaftliche Fächer umfasst, wie zB ein landwirtschaftliches Studium (*Kelbel* § 6 Rn. 3), als ausreichende Grundlage für die berufliche Tätigkeit angesehen werden. Dabei wird davon ausgegangen, dass sich der Bewerber in diesen Fällen auch ohne besondere Ausbildungsvorschrift ein Mindestmaß an technischen Kenntnissen aneignet, insbesondere durch die Ableistung einer praktischen technischen Tätigkeit nach § 6 Abs. 1 S. 2 (BT-Drs. 5/276, 48). Ebenso ausreichend ist auch ein Informatikstudium. Dagegen ist das Studium der Medizin, da gesonderte Einzelwissenschaft, nicht ausreichend.

2 Der Begriff **„wissenschaftliche Hochschule"** iSd § 6 Abs. 1 S. 1 umfasst alle Universitäten und ihnen gleichgestellten Hochschulen wie technische und landwirtschaftliche Hochschulen oder Bergakademien. **Fachhochschulen sind keine wissenschaftlichen Hochschulen** iSd § 6 Abs. 1 S. 1 (BGH Mitt 2014, 194 = GRUR 2014, 510). Die Beschränkung auf Universitäten und ihnen gleichgestellte Hochschulen folgt aus der Entstehungsgeschichte und dem Sinn und Zweck der Zugangsbeschränkung. Diese soll eine hohe Qualität der Dienste des Patentanwalts insbesondere im Interesse der Rechtsuchenden gewährleisten, der hochwertigen Beratung der Rechtsuchenden sowie der Funktionsfähigkeit insbesondere des Patent- und des Markenwesens und der Rechtspflege auf dem Gebiet des gewerblichen Rechtsschutzes und damit überragend wichtigen Gemeinschaftsgütern dienen. Die Zulassungsbeschränkung auf Universitätsabsolventen ist als Eingriff in die Berufsfreiheit (Art. 12 GG) gerechtfertigt (BGH Mitt. 2014, 194 = GRUR 2014, 510).

3 Das Studium muss durch eine staatliche oder akademische **Prüfung mit Erfolg** abgeschlossen sein. Aus dem hohen Qualitätsanspruch folgt auch, dass unter „abgeschlossenem" Studium ein Diplom- oder Masterabschluss zu verstehen ist und nicht lediglich ein Bachelorabschluss, der in der Regel dem Vordiplom gleichzusetzen ist. Abschlussprüfungen für andere als naturwissen-

schaftliche oder technische Fächer zB juristische Staatsexamina reichen nicht aus, und zwar auch dann nicht, wenn der Bewerber auch ein nicht abgeschlossenes naturwissenschaftliches oder technisches Studium nachweist (*Kelbel* § 6 Rn. 4).

II. Praktische Technische Tätigkeit

Die Ableistung einer **einjährigen praktischen technischen Tätigkeit** ist zwingend vor- 4
geschrieben. Unter praktisch technischer Tätigkeit ist eine manuelle oder experimentelle Beschäftigung im technischen oder naturwissenschaftlichen Bereich zu verstehen, der aber nicht auf dem Studiengebiet liegen muss. In zeitlicher Hinsicht kann diese Tätigkeit vor oder nach dem Studium, aber auch während des Studiums ausgeübt werden. Eine während des Studiums ausgeübte Tätigkeit kann aber nur anerkannt werden, wenn sie zusätzlich zum Studium absolviert wird. Deshalb kann eine Diplom- oder Masterarbeit nicht als praktisch technische Tätigkeit anerkannt werden. Nur bei Nachweis, dass der Bewerber die für den Beruf des Patentanwalts erforderliche praktische technische Erfahrung auf andere Weise erworben hat, kann der Präsident des Patentamts hiervon auf Antrag **Befreiung** erteilen (vgl. § 2 Abs. 7 PatAnwAPO).

III. Auslandsstudium

Abs. 2 eröffnet die Möglichkeit, Studium und Abschlussprüfungen an **ausländischen Uni-** 5
versitäten und Hochschulen anzuerkennen. Diese Anerkennung kann nicht generell im Gesetz ausgesprochen werden; die Studienpläne der Hochschulen stimmen häufig nicht überein, und teilweise sind auch die Examensanforderungen sehr unterschiedlich. Daher kann nur für den Einzelfall entschieden werden, ob ein der deutschen Hochschulausbildung gleichwertiges Studium mit einem gleichwertigen Abschlussexamen vorliegt. Die Anwendung einheitlicher Grundsätze wird dadurch gewährleistet, dass über die Anerkennung der Präsident des Patentamts im Benehmen mit der zuständigen obersten Landesbehörde entscheiden soll. Bei dieser Entscheidung sind insbesondere die Diplomanerkennungsrichtlinien der EU (jetzt RL 2005/36/EG; → Teil II Nr. 10 mit Änderung durch RL 2013/55/EU) zu berücksichtigen (BT-Drs. 5/276, 48; vgl. § 2 Abs. 3 PatAnwAPO).

§ 7 Ausbildung auf dem Gebiet des gewerblichen Rechtsschutzes

(1) [1]**Der Bewerber muß nach dem Erwerb der technischen Befähigung mindestens 34 Monate lang im Inland auf dem Gebiet des gewerblichen Rechtsschutzes ausgebildet worden sein, und zwar wenigstens 26 Monate bei einem Patentanwalt oder bei einem Patentassessor (§ 11) in der Patentabteilung eines Unternehmens, zwei Monate beim Patentamt und sechs Monate beim Patentgericht.** [2]**Eine Ausbildung bei einem Gericht für Patentstreitsachen ist bis zu zwei Monaten auf die Ausbildung bei einem Patentanwalt oder Patentassessor anzurechnen.**

(2) [1]**Der Präsident des Patentamts kann auf Antrag eine praktische Ausbildung auf dem Gebiet des gewerblichen Rechtsschutzes, die im Ausland durchgeführt wird, bis zu sechs Monaten auf die nach Absatz 1 vorgeschriebene Ausbildung bei einem Patentanwalt oder einem Patentassessor anrechnen.** [2]**Der Antrag ist vor Beginn der Ausbildung im Ausland zu stellen.**

(3) [1]**Der Bewerber muß die Ausbildung bei einem Patentanwalt oder Patentassessor durch ein Studium im allgemeinen Recht an einer Universität ergänzen.** [2]**Das Studium soll sich auf diejenigen Rechtsgebiete erstrecken, die ein Patentanwalt oder Patentassessor neben dem Gebiet des gewerblichen Rechtsschutzes kennen muß; es muß Kenntnisse der Grundzüge auf den Gebieten Vertragsrecht, Arbeitsvertragsrecht, Wirtschaftsrecht, gerichtliches Verfahrensrecht, Verfassungsrecht, allgemeines Verwaltungsrecht und Europarecht vermitteln.** [3]**Das Studium ist mit einer Prüfung abzuschließen.**

(4) [1]**Der Abschluß eines Studiums der Rechtswissenschaften oder eines besonderen Studiums im allgemeinen Recht (Absatz 3) wird mit vier Monaten auf die Ausbildung bei einem Patentanwalt oder Patentassessor angerechnet.** [2]**Dies gilt nicht für ein Studium, das neben der Ausbildung bei einem Patentanwalt oder Patentassessor durchgeführt werden kann.**

(5) [1]**Ein besonderer Studiengang im allgemeinen Recht, der für die Ausbildung von Bewerbern für den Beruf des Patentanwalts oder Patentassessors eingerichtet ist, erfüllt die Voraussetzungen des Absatzes 3 nur, wenn der Präsident des Patentamts dies festgestellt hat.** [2]**Er holt vor seiner Entscheidung die Stellungnahme des Vorstandes der Patentanwaltskammer ein.** [3]**Die Entscheidung ist im „Blatt für Patent-, Muster- und Zeichenwesen" bekanntzugeben.**

Schrifttum: *Rau,* Verbesserung der Kandidatenausbildung – Maßnahmen der Patentanwaltskammer, Mitt 1994, 57; *Eisenhardt/Stoffels,* Das Fernstudium „Recht für Patentanwältinnen und Patentanwälte" an der FernUniversität Hagen, Mitt 2000, 149; *Dreiss,* Das Studium des allgemeinen Rechts als Teil der Patentanwaltsausbildung, Mitt 2002, 477.

Übersicht

I. Allgemeines

1 § 7 regelt die Grundlagen für die Ausbildung auf dem Gebiet des gewerblichen Rechtsschutzes. Die Einzelheiten des Ausbildungsganges sind in §§ 7 ff. der Ausbildungs- und Prüfungsordnung nach § 12 (PatAnwAPO), die unter Nr. 13 abgedruckt ist, geregelt. Die praktische Rechtsausbildung folgt zeitlich „nach dem Erwerb der technischen Befähigung" nach § 6 und kann nicht durch andere Tätigkeiten ersetzt werden.

II. Dauer der Ausbildungsabschnitte (Abs. 1)

2 Abs. 1 enthält Regelungen zur Dauer der jeweiligen Ausbildungsabschnitte. Die **Gesamtausbildung** ist auf **mindestens 34 Monate** festgesetzt, die im Inland erfolgen muss (zur Ausbildung im Ausland → Rn. 5). Ziel der Ausbildung auf dem Gebiet des gewerblichen Rechtsschutzes gemäß § 7 ist es, dem Bewerber auf der Grundlage seiner technischen Befähigung umfassende Kenntnisse auf dem Gebiet des gewerblichen Rechtsschutzes und die erforderlichen allgemeinen Rechtskenntnisse zu vermitteln und ihn mit der praktischen Arbeit vertraut zu machen, die einem Patentanwalt oder Patentassessor obliegt. Zur Erreichung dieses Ziels ist in § 7 die Dauer der jeweiligen Ausbildungsabschnitte vorgegeben, und zwar **wenigstens 26 Monate bei einem Patentanwalt oder bei einem Patentassessor** (§ 11) in der Patentabteilung eines Unternehmens, **zwei Monate beim Patentamt** und **sechs Monate beim Patentgericht.** Der Gesetzgeber zielte bei der Bestimmung der Dauer der verschiedenen Ausbildungsabschnitte auf die Straffung und Intensivierung der Ausbildung ab (vgl. BT-Drs. 13/10764, 7). Die Tätigkeiten sind in **Vollzeit** zu leisten ist. Nur die intensive Fallbefassung beim Ausbildungspatentanwalt vermag die nach der PatAnwAPO erforderlichen Kenntnisse und die Vertrautheit mit derr praktischen Arbeit eines Patentanwalts zu vermitteln. Damit ist die Annahme unvereinbar, die angestrebte intensive Ausbildung bei einem Patentanwalt könne auch mit wesentlich geringerem Zeitaufwand erreicht werden. Eine gleichzeitige Ausbildung als Rechtsreferendar, auch wenn er den Schwerpunkt seiner Ausbildung in den gewerblichen Rechtsschutz legen möchte, und Patentanwaltskandidat ist somit nicht möglich (BGH NJW-RR 2015, 382; vorgehend OLG München Mitt 2014, 197).

3 Die in § 7 aF vorgesehene Möglichkeit, eine **Ausbildung bei einem Rechtsanwalt** auf die Ausbildung bei einem Patentanwalt oder Patentassessor anzurechnen, ist **nicht mehr gegeben.** Selbst eine Ausbildung bei einem auf Streitsachen im gewerblichen Rechtsschutz spezialisierten Rechtsanwalt kann nicht die intensive Ausbildung im gewerblichen Rechtsschutz bei einem Patentanwalt ersetzen (BT-Drs. 13/10764, 7).

4 Die **Ausbildung beim Gericht für Patentstreitsachen** über die auf die Ausbildung beim Patentgericht anzurechnenden zwei Monate hinaus auszudehnen, ist nicht gegeben. Da diese (fakultative) Ausbildungsstation nur auf die Ausbildungszeit beim Patentanwalt/Patentassessor angerechnet werden kann, würde eine Ausbildungsstation beim ordentlichen Gericht von mehr

als zweimonatiger Dauer die Ausbildung beim Patentanwalt/Patentassessor zu sehr verkürzen Eine Ausbildung von mehr als zwei Monaten beim Gericht für Patentstreitsachen erscheint auch fachlich nicht geboten. Durch die Möglichkeit der Ausbildung am ordentlichen Gericht während der Ausbildungszeit beim Patentanwalt wird erreicht, dass die Bewerber in dieser Ausbildungsstation nicht konzentriert in den Kammern und Senaten in München, sondern verteilt bei allen Kammern und Senaten für Patentstreitsachen im gesamten Bundesgebiet tätig sind und die Ausbildung auf diese Weise intensiviert werden kann. Die Unterscheidung im Rahmen der Ausbildung auf dem Gebiet des gewerblichen Rechtsschutzes nach Berufsfeldern (Anwalt, Prüfer und Richter) und dementsprechend die Zuordnung der Bewerber zu bestimmten Ausbildungsstellen ist entscheidend, damit die Bewerber unter Anleitung entsprechend qualifizierter Ausbilder auf den verschiedenen Berufsfeldern praktische Erfahrung gewinnen (BGH Mitt 1999, 237 = GRUR 1999, 692 = NJW-RR 1999, 1073).

III. Ausbildung im Ausland (Abs. 2)

Abs. 2 regelt die Möglichkeit, einen Teil der Ausbildung im Ausland abzuleisten, was angesichts der internationalen Aufgaben des Patentanwalts zunehmend mehr Bedeutung erhält. Eine über sechs Monate hinausgehende internationale Tätigkeit kann allerdings auch in Zukunft nicht auf die Ausbildungszeit beim Patentanwalt angerechnet werden, weil diese Zeit sonst zu sehr verkürzt würde. Die Ausbildung im Ausland soll allerdings auf die Ausbildung bei einem Patentanwalt nur angerechnet werden können, wenn sie während der Ausbildungszeit bei dem Patentanwalt vorgenommen wird. Hiermit wird gewährleistet, dass der Auslandsaufenthalt konkret der praktischen Ausbildung als Patentanwalt dient. Die Vorschrift schließt nicht aus, dass die Ausbildungsstation im Ausland gleich zu Beginn der Ausbildung bei einem Patentanwalt vorgenommen wird. Um zu gewährleisten, dass Zweifelsfragen über die Anrechenbarkeit einer Ausbildungsstation im Ausland nicht entstehen, sieht S. 2 vor, dass der Antrag vor Beginn der Ausbildung im Ausland zu stellen ist. Es ist auch ohne ausdrückliche gesetzliche Regelung selbstverständlich, dass in dem Antrag Informationen über den Ausbildungsinhalt enthalten sein müssen, so dass der Präsident des Patentamts entscheiden kann, ob der Auslandsaufenthalt dem Ausbildungsziel dient und daher eine Anrechnung möglich ist. Die Anrechnung muss nicht notwendig im Verhältnis 1 : 1 erfolgen, sondern der Präsident kann auch eine im Ausland verbrachte Zeit nur teilweise anrechnen, wenn die Intensität der praktischen Ausbildung im Ausland nicht der Intensität einer Ausbildung im Inland entspricht. Der Bewerber kann durch rechtzeitige Antragsstellung gewährleisten, dass er insoweit keine Planungsunsicherheit bekommt (BT-Drs. 13/10764, 7, 8; vgl. § 18 PatAnwAPO). 5

IV. Ergänzendes Studium (Abs. 3)

Abs. 3 legt das verbindliche **ergänzende Studium „im allgemeinen Recht" an einer Universität** fest. Der Änderungsvorschlag, ein Studium an einer Fachhochschule ausreichen zu lassen, wurde im Gesetzgebungsverfahren mit Mehrheit abgelehnt (Bericht des BT-Rechtsausschusses, BT-Drs. 13/11171, 8). 6

Die Prüfung über „die erforderlichen Rechtskenntnisse" (§§ 5 Abs. 1, 8) kann sich nicht auf die engen Spezialgebiete des „gewerblichen Rechtsschutzes" beschränken, auch wenn § 7 eine Ausbildung nur „auf dem Gebiet des gewerblichen Rechtsschutzes" vorsieht. Die dem Gebiet des gewerblichen Rechtsschutzes zuzurechnenden Materien, wie etwa die Hauptgebiete Patentrecht und Markenrecht, sind in das Gesamtsystem des Bürgerlichen Rechts und Handelsrechts eingebettet. Sie können nur beherrscht werden, wenn auch mehr als nur allgemeine Grundkenntnisse etwa im bürgerlichen Recht und Handelsrecht vorhanden sind. Der Patentanwalt kann seine Aufgaben als Organ der Rechtspflege nur wahrnehmen, wenn ihm darüber hinaus auch das Gerichtsverfassungsrecht und das Verfahrensrecht, insbesondere in Angelegenheiten des gewerblichen Rechtsschutzes, vertraut sind. Darüber hinaus müssen Grundzüge des öffentlichen Rechts, des Europarechts und selbstverständlich des Berufsrechts geläufig sein. 7

Um den Bewerbern die Möglichkeit zu gegeben, parallel zu ihrer Ausbildung bei einem Patentanwalt oder bei einem Patentassessor im Wege des **Fernstudiums** in einem besonderen auf ihre Ausbildungsbedürfnisse zugeschnittenen Ausbildungsgang zu studieren und die erforderlichen und beim Patentanwalt/Patentassessor nicht in der gebotenen Intensität gelehrten Rechtsgebiete zu erlernen, hat die FernUniversität in Hagen in Zusammenarbeit mit der Patentanwalts- 8 kammer den Studiengang „Recht für Patentanwältinnen und Patentanwälte" eingerichtet. Das Studium erfüllt die Vorrausetzungen des Abs. 3 (→ Rn. 14).

9 Die Möglichkeit eines ergänzenden Studiums im allgemeinen Recht soll nicht nur an der Fernuniversität Hagen, sondern an jeder anderen deutschen Universität, auch Abenduniversität, bestehen, die einen besonderen auf die Ausbildung von Patentanwaltsbewerbern ausgerichteten Studiengang einrichtet. Um zu gewährleisten, dass die Studiengänge vergleichbar, sind und die erforderlichen ergänzenden Rechtskenntnisse auch tatsächlich vermittelt werden, ist der Mindestumfang des Studiums in Abs. 3 festgelegt. Zusätzlich ist in § 19b PatAnwAPO festgelegt, welche Rechtsgebiete das Studium im Einzelnen zu umfassen hat. Dies ermöglicht allen deutschen Universitäten, an ihren rechtswissenschaftlichen Fakultäten entsprechende Studiengänge einzurichten; vgl. aber Abs. 5 (→ Rn. 14).

10 § 7 macht deutlich, dass es sich bei diesem Studium um eine Ergänzung der Ausbildung im gewerblichen Rechtsschutz handeln muss, die bei dem Patentanwalt oder dem Patentassessor vorgenommen wird. Dies bedeutet einmal, dass die Ausbildung inhaltlich die Ausbildung im gewerblichen Rechtsschutz ergänzen soll, es sich hierbei also **nicht** um **ein komplettes Rechtsstudium** handeln kann. Die Formulierung des § 7 Abs. 3 S. 1 macht zudem deutlich, dass die Ausbildung im gewerblichen Rechtsschutz durch den Patentanwalt oder durch den Patentassessor im Mittelpunkt der Ausbildungsstation stehen muss und dass diese Ausbildung durch den Patentanwalt zu leisten ist; die universitäre Ausbildung ergänzt diese Ausbildung. Die Formulierung „im allgemeinen Recht" wird durch die Bezeichnung der Rechtsgebiete in S. 2 spezifiziert.

11 Der Mindestumfang der Gebiete, in denen die Ausbildung zu erfolgen hat, wird durch S. 2 Hs. 2 festgelegt. Weitere Einzelheiten werden durch § 19b PatAnwAPO geregelt. Der Mindestumfang umfasst jene Rechtsgebiete, mit denen der spätere Patentanwalt jedenfalls in den Grundzügen vertraut sein muss, um als unabhängiges Organ der Rechtspflege seinen in § 3 Abs. 2 spezifizierten beruflichen Aufgaben sachgerecht nachkommen zu können. So umfasst der Begriff „Vertragsrecht" etwa die Grundzüge des Allgemeinen Teils des Bürgerlichen Gesetzbuchs (BGB) und des Schuldrechts, der Begriff „Wirtschaftsrecht" erfasst das Handelsrecht ebenso wie das Gesellschaftsrecht und das Wettbewerbsrecht, und das „gerichtliche Verfahrensrecht" schließt das Gerichtsverfassungsrecht ebenso ein wie das Zivilprozessrecht. Nicht erfasst sind für die Arbeit eines Patentanwalts oder Patentassessors nicht relevante Rechtsgebiete wie etwa das Straf- und Strafprozessrecht, Familien- und Erbrecht, Steuerrecht oder Spezialgebiete des besonderen Verwaltungsrechts (BT-Drs. 13/10764, 8).

12 Die obligatorische Ablegung einer Prüfung (S. 3) ermöglicht, dass der erfolgreiche Abschluss des Studiums festgestellt wird. Das **Bestehen der Prüfung ist damit Voraussetzung für die Zulassung der Prüfung nach § 8,** denn nur bei bestandener Prüfung ist die vorgeschriebene Ausbildung nach § 7 nachgewiesen (§ 10 Abs. 2). Mindestanforderungen an die Prüfung, die von der Universität abgenommen wird, sind in § 19b PatAnwAPO geregelt. Es soll sich nicht um eine formelle Zwischenprüfung vor der Zulassung zur (Abschluss-) Prüfung nach § 8 handeln. Bei der insgesamt weniger als dreijährigen Ausbildung erscheint die Einschaltung einer Zwischenprüfung nach etwa zwei Dritteln der Ausbildungszeit wenig sinnvoll. Durch Verzicht auf die Festlegung eines Zeitpunkts, zu dem die Prüfung nach S. 1 abzulegen ist, erhält der Bewerber eine größere Flexibilität in der Gestaltung seiner Ausbildung; denn es obliegt ihm lediglich, bei der Meldung zur Prüfung nach § 8 das Zeugnis über die Prüfung gemäß § 7 Abs. 3 S. 3 vorzulegen (BT-Drs. 13/10764, 8; vgl. § 27 PatAnwAPO).

V. Anrechnung eines Jurastudiums (Abs. 4)

13 Abs. 4 stellt die Anrechenbarkeit der für das ergänzende Studium gemäß Abs. 3 aufgewandten Zeit auf die Ausbildung bei dem Patentanwalt fest. Ein Fern- oder Abendstudium kann voll neben der Ausbildung bei dem Patentanwalt oder dem Patentassessor durchgeführt werden; dem Bewerber entsteht hier kein zusätzlicher Zeitaufwand. Wenn jedoch das Studium nicht an einer Fern- oder Abenduniversität, sondern an einer Universität mit voller Präsenzpflicht oder wenn ein volles juristisches Studium an einer rechtswissenschaftlichen Fakultät durchgeführt wird, erfolgt eine **Anrechnung von vier Monaten auf die Ausbildung beim Patentanwalt.** Dies ist gerechtfertigt, weil die Ausbildung bei dem Patentanwalt in diesem Fall nicht durch gleichzeitige Teilnahme an dem Fern- oder Abendstudium belastet wird und damit intensiver sein kann. Der Anrechnungsumfang von vier Monaten entspricht in etwa der Zeit, die ein Bewerber,

der an einem Fern- oder Abendstudium teilnimmt, von seiner Ausbildungszeit bei einem Patentanwalt/Patentassessor für das Studium verwenden muss (BT-Drs. 13/10764, 8). Wird ein volles Studium an einer rechtswissenschaftlichen Fakultät durchgeführt, wird auch ein **Bachelorabschluss** mit vier Monaten auf die Ausbildung angerechnet. Zur Gleichwertigkeit von juristischen Ausbildungen im EU-Ausland vgl. EuGH *Pesla* NJW 2010, 137 = BRAK-Mitt. 2010, 75.

VI. Feststellung der Eignung des Studienganges (Abs. 5)

Um den Bewerbern Sicherheit darüber zu geben, ob von Universitäten angebotene Studien- 14
gänge den Voraussetzungen des Abs. 3 nach einem ergänzenden Studium im allgemeinen Recht entsprechen, sieht Abs. 5 vor, dass der Präsident des Patentamts die Eignung des Studienganges formell feststellt und diese Feststellung bekannt gibt. Vor seiner Entscheidung hat der Präsident die Stellungnahme des Vorstands der Patentanwaltskammer einzuholen. Da der Vorstand der Patentanwaltskammer nach § 69 Abs. 2 Nr. 8 die Pflicht hat, Studiengänge zur Ausbildung von Bewerbern im allgemeinen Recht mit Universitäten abzustimmen, wird sich auch für Universitäten praktisch die Notwendigkeit ergeben, vorgesehene Studiengänge mit dem Vorstand der Patentanwaltskammer und dem Präsidenten des Patentamts abzustimmen. Durch diese Regelung wird ein Höchstmaß an Einheitlichkeit und Rechtssicherheit für die Bewerber, das Patentamt und die Patentanwaltskammer erreicht. Es genügt damit zB nicht den Voraussetzungen des § 7 Abs. 3, wenn ein Bewerber dadurch die erforderlichen Rechtskenntnisse erwirbt, dass er an einer rechtswissenschaftlichen Universität die einschlägigen Vorlesungen belegt und ggf. auch an Übungen mit schriftlichen Aufsichtsarbeiten teilnimmt (BT-Drs. 13/10764, 8, 9). Die **Eignung des Studienganges „Recht für Patentanwältinnen und Patentanwälte" an der FernUniversität in Hagen** hat der Präsident des Patentamtes festgestellt (BlPMZ 1999 S. 49).

§ 8 Prüfung

[1]Die erforderlichen Rechtskenntnisse sind durch eine schriftliche und mündliche Prüfung vor der Prüfungskommission (§ 9) nachzuweisen. [2]Die Prüfung ist besonders auch darauf zu richten, ob der Bewerber die Fähigkeit zur praktischen Anwendung der Vorschriften des gewerblichen Rechtsschutzes einschließlich der zu ihrer Anwendung erforderlichen Kenntnisse des allgemeinen Rechts besitzt; sie soll sich auf alle Gebiete des gewerblichen Rechtsschutzes erstrecken, auf denen der Patentanwalt beraten und vertreten darf.

Die Rechtsausbildung (§ 7) wird durch eine **Rechtsprüfung** vor der Prüfungskommission 1
(§ 9 iVm § 26 PatAnwAPO) abgeschlossen. Die Einzelheiten sind in §§ 26 ff. der gemäß § 12 erlassenen Ausbildungs- und Prüfungsordnung (PatAnwAPO) geregelt.

Auch wenn bereits das ergänzende Studium gemäß § 7 Abs. 3 S. 3 mit einer Prüfung ab- 2
zuschließen ist, muss sich die (Abschluss-)Prüfung nach § 8 dennoch auf die gesamte rechtliche Befähigung des Bewerbers erstrecken (→ § 7 Rn. 7, 11). Die Formulierung stellt klar, dass die Beherrschung der Gebiete des gewerblichen Rechtsschutzes im Mittelpunkt der rechtlichen Befähigung des Bewerbers stehen soll (BT-Drs. 13/10764, 9).

§ 9 Prüfungskommission

[1]Die Prüfungskommission wird bei dem Patentamt gebildet. [2]Das Bundesamt für Justiz beruft in diese Kommission Mitglieder des Patentgerichts und des Patentamts sowie Patentanwälte und Patentassessoren. [3]Vor der Berufung der Patentanwälte ist der Vorstand der Patentanwaltskammer zu hören.

Die **Zusammensetzung der Prüfungskommission** im Einzelnen wird in § 26 der gemäß 1
§ 12 erlassenen Ausbildungs- und Prüfungsordnung (PatAnwAPO) geregelt. § 9 bestimmt lediglich, dass Mitglieder des Patentgerichts und des Patentamts sowie Patentanwälte und Patentassessoren in die Prüfungskommission zu berufen sind (BT-Drs. 5/276, 50). § 29 PatAnwAPO regelt in welcher **Besetzung** die Prüfungskommission die Prüfung abnimmt.

§ 10 Zulassung zur Prüfung

(1) **Über den Antrag auf Zulassung zur Prüfung entscheidet der Präsident des Patentamts.**

(2) **Der Antrag ist abzulehnen, wenn der Bewerber den Erwerb der technischen Befähigung (§ 6) oder die vorgeschriebene Ausbildung auf dem Gebiet des gewerblichen Rechtsschutzes (§ 7) nicht nachgewiesen hat.**

(3) [1]**Der ablehnende Bescheid ist mit Gründen zu versehen.** [2]**Er ist dem Bewerber zuzustellen.**

(4) **Gegen den ablehnenden Bescheid kann der Bewerber innerhalb eines Monats nach Zustellung bei dem Oberlandesgericht den Antrag auf gerichtliche Entscheidung stellen.**

(5) **Hat der Präsident des Patentamts einen Antrag auf Zulassung zur Prüfung ohne zureichenden Grund innerhalb von drei Monaten nicht beschieden, so kann der Bewerber den Antrag auf gerichtliche Entscheidung stellen.**

1 Obwohl für die Ausführung der PAO und der nach ihr erlassenen Rechtsverordnungen grundsätzlich die Patentanwaltskammer zuständig ist (§ 31) und dies insbesondere auch für das Zulassungsverfahren gilt (vgl. §§ 18 Abs. 1, 19 Abs. 1, 21 Abs. 2 Nr. 4, 26 Abs. 3, 29), bleiben von der Zuständigkeit der Patentanwaltskammer alle Prüfungsentscheidungen ausgenommen, die Patentanwaltsbewerber betreffen, also insbesondere die Entscheidung über die Zulassung zur Prüfung (§ 10) und die Durchführung des Prüfungsverfahrens (§§ 8, 12). Diese Berufszugangsentscheidungen sind in der **Zuständigkeit des Präsidenten des Patentamts,** zumal die Prüfung unabhängig von der Zulassung zur Patentanwaltschaft auch zu einer Tätigkeit im Angestelltenverhältnis als Patentassessor berechtigt (§ 11) und damit über den Bereich der Selbstverwaltungsangelegenheiten der Patentanwaltskammer (§§ 69, 82) hinausgeht (BT-Drs. 16/12061, 26).

2 Die Einzelheiten der Zulassung zur Prüfung sind in § 27 PatAnwAPO, geregelt. Zur Vereinfachung und Beschleunigung des Verfahrens wurde die Zulassungsentscheidung nicht der Prüfungskommission (§ 9), sondern dem Präsidenten des Patentamts übertragen. Die ablehnende Entscheidung des Präsidenten kann nach §§ 94a ff. angefochten werden.

§ 11 Patentassessor

(1) **Wer die Prüfung nach § 8 oder die Eignungsprüfung nach dem Gesetz über die Eignungsprüfung für die Zulassung zur Patentanwaltschaft bestanden hat, ist berechtigt, die Bezeichnung „Patentassessor" oder „Patentassessorin" zu führen.**

(2) **Über das Ergebnis der Prüfung erhält der Patentassessor eine Urkunde.**

1 Die Bezeichnung „Patentassessor" ist weder ein akademischer Titel noch eine Dienstbezeichnung. Es handelt sich lediglich um einen **Befähigungsnachweis,** der seinen Besitzer berechtigt entweder seine Zulassung zur Patentanwaltschaft nach §§ 13 ff. zu betreiben oder in einem Angestelltenverhältnis in der Patentabteilung eines Unternehmens tätig zu werden. Die Bezeichnung kann nicht verlustig gehen. Erst im Rahmen eines solchen Angestelltenverhältnisses darf der Patentassessor **Bewerber ausbilden** (vgl. § 7 Abs. 1; §§ 7 Abs. 1 Nr. 1, 10 PatAnwAPO) und die besonderen **Vertretungsbefugnisse** aus den §§ 155, 156 ausüben (*Kelbel* § 11 Rn. 1; BT-Drs. 5/276, 50).

2 Ebenfalls nur im Rahmen eines solchen Angestelltenverhältnisses kann der Patentassessor in die **Liste der zugelassenen Vertreter vor dem Harmonisierungsamt** eingetragen werden (vgl. Art. 89 Abs. 2 lit. c GMV, Art. 78 Abs. 4 lit. c GGV). Die Eintragung wird von Amts wegen gelöscht, wenn der Patentassessor nicht mehr im Angestelltenverhältnis ist (vgl. Regel 78 Abs. 2 lit. d GMDV, Art. 64 Abs. 2d GGDV).

3 Nachdem für den Erwerb, der beruflichen Qualifikation die Eignungsprüfung (→ § 5 Rn. 1) neben die Prüfung der Rechtskenntnisse nach § 8 getreten ist, ist auch derjenige, der die Eignungsprüfung bestanden hat, berechtigt, die Bezeichnung „Patentassessor" zu führen (BT-Drs. 11/6154, 23).

§ 12 Ausbildungs- und Prüfungsordnung

(1) **Das Bundesministerium der Justiz und für Verbraucherschutz wird ermächtigt, durch Rechtsverordnung mit Zustimmung des Bundesrates Vorschriften über die Einzelheiten der Ausbildung und Prüfungen (§§ 6 bis 11) zu erlassen, insbesondere über den Beginn und Gang der Ausbildung auf dem Gebiet des gewerblichen Rechtsschutzes, die Festlegung des fachlichen Inhalts des ergänzenden Studiums (§ 7 Abs. 3), die Rechte und Pflichten des Patentanwalts und des Patentassessors als Ausbilder, die Rechte und Pflichten des Bewerbers während der Ausbildung, die Zusammensetzung und den Geschäftsgang der Prüfungskommission, die Amtszeit der Mitglieder der Prüfungskommission, die dem Antrag auf Zulassung zur Prüfung beizufügenden Unterlagen, das Prüfungsverfahren, die Prüfungsgebiete, den Rücktritt und den Ausschluß von der Prüfung, das Prüfungsergebnis und die Wiederholung der Prüfung.**

(2) **Soweit die Rechtsverordnung Maßnahmen zur Sicherung des Unterhalts der Bewerber vorsieht, ist für ihren Erlaß das Einvernehmen mit dem Bundesministerium der Finanzen erforderlich.**

(3) **[1]Jeder Bewerber, der zur Prüfung zugelassen wird, hat an den Präsidenten des Patentamts eine Prüfungsgebühr von 260 Euro zu entrichten. [2]Das Bundesministerium der Justiz und für Verbraucherschutz wird ermächtigt, durch Rechtsverordnung Vorschriften über die Erhebung der Prüfungsgebühr und deren Stundung oder Erlaß zu erlassen.**

Über die Ausbildung und Prüfung enthält das Gesetz nur die grundlegenden Bestimmungen, damit es nicht mit Einzelheiten belastet wird. Da jedoch für die Praxis ins einzelne gehende Vorschriften nicht entbehrt werden können, wird das BMJV ermächtigt, durch Rechtsverordnung die Ausbildung und Prüfung sowie im Einvernehmen mit dem BMF die Sicherung des Unterhalts zu regeln. Dies ist mit der Ausbildungs- und Prüfungsordnung nach § 12 (Patentanwaltsausbildungs- und -prüfungsverordnung – PatAnwAPO, abgedruckt unter → Teil III Nr. 16), geschehen (vgl. BGH Mitt 1999, 73 = GRUR 1999, 417 zur Verfassungsmäßigkeit der Umwandlung der Unterhaltsbeihilfe in rückzahlbares Darlehen). 1

Im Hinblick auf die Einführung des Ergänzungsstudiums (→ § 7 Rn. 6 ff.) muss die Verordnungsermächtigung in § 12 die Ermächtigung beinhalten, Einzelheiten zu den Rechtsgebieten festzulegen, auf die sich das ergänzende Studium erstrecken muss und zu der vorgesehenen Abschlussprüfung nach § 7 Abs. 3 S. 3. 2

2. Die Zulassung zur Patentanwaltschaft und ihr Erlöschen

§ 13 Antrag auf Zulassung zur Patentanwaltschaft

(1) **Die Zulassung zur Patentanwaltschaft wird auf Antrag erteilt.**

(2) **Ein Antrag darf nur aus den in diesem Gesetz bezeichneten Gründen abgelehnt werden.**

§ 13 entspricht § 6 BRAO (vgl. Anm. dort entsprechend). Zuständig für die Zulassung zur Patentanwaltschaft ist die Patentanwaltskammer (§ 31). Der Zulassungsantrag darf nur aus den in der PAO bezeichneten Gründen abgelehnt werden. Diese Gründe sind in § 14 abschließend aufgeführt. Das Fehlen der Berufszulassungsvoraussetzung der mindestens halbjährlichen Tätigkeit bei einem freiberuflichen Patentanwalt nach § 5 Abs. 2 wirkt sich ebenfalls als Ablehnungsgrund aus (BGH Mitt 1999, 237 = GRUR 1999, 692 = AnwBl. 2000, 255; NJW-RR 1999, 1073). 1

Die Patentanwaltskammer ist durch die Rechtskraft einer gerichtlichen Entscheidung, mit der ein Widerrufs- oder Versagungsbescheid bestätigt worden ist, an dem Erlass eines Zweitbescheids gehindert, wenn eine wesentliche Änderung der Sachlage nicht dargelegt ist und – deshalb – die Voraussetzungen für ein Wiederaufgreifen des Verfahrens nach § 30 PAO iVm § 51 VwVfG nicht vorliegen. 2

3 Hat die Patentanwaltskammer das Verfahren aufgegriffen, obwohl die Voraussetzungen hierfür nicht gegeben waren, und – im wiederaufgegriffenen Verfahren – nach erneuter Prüfung das Anliegen des Antragstellers durch einen Zweitbescheid abschlägig beschieden, so steht auf dessen Rechtsmittel gegen diesen Zweitbescheid die Rechtskraft der gerichtlichen Entscheidung über den Erstbescheid einer erneuten Sachprüfung durch das Gericht entgegen (BGH MDR 2009, 115 = NJW-RR 2009, 138; vgl. auch BGH NJW 2009, 1822 = BRAK-Mitt. 2009, 128.

4 Für das Zulassungsverfahren erhebt die Patentanwaltskammer eine **Verwaltungsgebühr** nach § 145. Die Höhe ist in der „Verwaltungsgebührenordnung der Patentanwaltskammer" festgelegt und beträgt derzeit 300 Euro.

§ 14 Versagung der Zulassung zur Patentanwaltschaft

Die Zulassung zur Patentanwaltschaft ist zu versagen,

1. **wenn der Bewerber nach der Entscheidung des Bundesverfassungsgerichts ein Grundrecht verwirkt hat;**
2. **wenn der Bewerber infolge strafgerichtlicher Verurteilung die Fähigkeit zur Bekleidung öffentlicher Ämter nicht besitzt;**
3. **wenn der Bewerber durch rechtskräftiges Urteil aus der Patentanwaltschaft oder aus der Rechtsanwaltschaft ausgeschlossen ist und seit Rechtskraft des Urteils noch nicht acht Jahre verstrichen sind;**
4. **wenn gegen den Bewerber im Verfahren über die Richteranklage auf Entlassung oder im Disziplinarverfahren auf Entfernung aus dem Dienst in der Rechtspflege oder aus dem Dienst als Angehöriger des Patentamts rechtskräftig erkannt worden ist;**
5. **wenn der Bewerber sich eines Verhaltens schuldig gemacht hat, das ihn unwürdig erscheinen läßt, den Beruf eines Patentanwalts auszuüben;**
6. **wenn der Bewerber die freiheitliche demokratische Grundordnung in strafbarer Weise bekämpft;**
7. **wenn der Bewerber aus gesundheitlichen Gründen nicht nur vorübergehend unfähig ist, den Beruf eines Patentanwalts ordnungsgemäß auszuüben;**
8. **wenn der Bewerber eine Tätigkeit ausübt, die mit dem Beruf des Patentanwalts, insbesondere seiner Stellung als unabhängiges Organ der Rechtspflege nicht vereinbar ist oder das Vertrauen in seine Unabhängigkeit gefährden kann;**
9. **wenn der Bewerber sich im Vermögensverfall befindet; ein Vermögensverfall wird vermutet, wenn ein Insolvenzverfahren über das Vermögen des Bewerbers eröffnet oder der Bewerber in das vom Vollstreckungsgericht zu führende Verzeichnis (§ 26 Abs. 2 der Insolvenzordnung, § 882b der Zivilprozeßordnung) eingetragen ist;**
10. **wenn der Bewerber Richter, Beamter, Berufssoldat oder Soldat auf Zeit ist, es sei denn, daß er die ihm übertragenen Aufgaben ehrenamtlich wahrnimmt oder daß seine Rechte und Pflichten auf Grund der §§ 5, 6, 8 und 36 des Abgeordnetengesetzes oder entsprechender Rechtsvorschriften ruhen.**

Schrifttum: *Dahns,* Versagung der Zulassung zur Rechtsanwaltschaft, NJW-Spezial 2010, 190; *Maier,* Die Insolvenz des Rechtsanwalts- Zugleich ein Beitrag zur Insolvenz des Selbständigen, Nomos Universitätsschriften Recht, Band 527, 2008; *Reineke,* Lust oder Leid – Der Zweitberuf des Rechtsanwalts, NJW 2008, 2881.

1 Ein Patentanwalt, der den persönlichen Anforderungen des Berufs nicht genügt, gefährdet die Rechtspflege und die Interessen der Rechtsuchenden. Die Zulassung zur Patentanwaltschaft wird daher nicht nur von dem Nachweis der vorgeschriebenen Ausbildung, sondern auch davon abhängig gemacht, dass in der Person des Antragstellers keine Versagungsgründe vorliegen (BT-Drs. 5/276, 51).

2 Die Versagungsgründe des § 14 sind **ausschließlich** (BVerfGE 87, 287 = NJW 1993, 317; BGHZ 94, 364 = NJW 1985, 1842 zu § 7 BRAO). Eine **Bedürfnisprüfung ist unzulässig** (BVerfGE 63, 266 = NJW 1983, 1535).

3 Zur Versagung der Zulassung aus **verfahrensmäßigen** Gründen vgl. § 13. **Die Versagungsgründe der Nr. 1–10 entsprechen denen des § 7 Nr. 1–10 BRAO.** Das dazu Gesagte gilt entsprechend.

Der **strafrechtliche Amtsverlust** nach § 45 StGB führt zur **Versagung der Zulassung zur Patentanwaltschaft (§ 14 Nr. 2).** Es muss eine Verurteilung wegen eines Verbrechens (§ 12 Abs. 1 StGB) mit einer Freiheitsstrafe (§ 38 StGB) von mindestens einem Jahr vorliegen. Die Verurteilung zu einer Geldstrafe (§ 40 StGB) allein hat nicht den Verlust der Ämter gemäß § 45 StGB zur Folge. Bei Vorliegen eines Vergehens (§ 12 Abs. 2 StGB) kann das Gericht in bestimmten Fällen die Amtsfähigkeit gemäß § 45 Abs. 2 StGB aberkennen, auch wenn zur Freiheitsstrafe unter einem Jahr verurteilt wird. Das ist bei bestimmten Straftaten der Fall, die sich gegen den Staat und seine Einrichtungen wenden, zB auch wegen Steuerdelikten, § 375 Abs. 1 AO (LK-StGB/*Theune* StGB § 45 Rn. 36). 4

Bei schwerwiegenden Straftaten im Kernbereich der beruflichen Tätigkeit des Patentanwalts, wie insbesondere Untreue und Betrug zum Nachteil des Mandanten ist ein zeitlicher Abstand zwischen der die **Unwürdigkeit (§ 14 Nr. 5)** begründenden Straftat des Bewerbers und dessen Wiederzulassung zur Patentanwaltschaft von in der Regel 15–20 Jahren erforderlich (BGH BRAK-Mitt. 2013, 197 zu § 7 Nr. 5 BRAO). Dabei darf auch die bloße straffreie Führung nach einer Verurteilung nicht entscheidend zugunsten des Bewerbers berücksichtigt werden, wenn er noch unter dem Druck einer zur Bewährung ausgesetzten Freiheitsstrafe stand. Vielmehr muss das beanstandungsfreie Verhalten geraume Zeit nach Erlass der Freiheitsstrafe wegen Ablaufs der Bewährungsfrist fortgesetzt worden sein (BGH BRAK-Mitt. 2010, 270 zu § 7 Nr. 5 BRAO). Bewusst unwahre Angaben eines Bewerbers in seinem Zulassungsantrag sprechen für die Annahme seiner Unwürdigkeit iSv § 14 Nr. 5 (AGH Bln BRAK-Mitt. 2010, 78 zu § 7 Nr. 5 BRAO, vgl. dort auch zu den näheren Anforderungen). 5

Einem Bewerber, der das Recht – soweit es ihm nicht genehm ist – für sich nicht als verbindlich ansieht, kann der Zugang zur Patentanwaltschaft nicht eröffnet werden, weil ein solcher Bewerber nicht die Gewähr dafür bietet, dass er sich als Patentanwalt an Gesetz und Recht hält (BGH BeckRS 1991, 31176677; AnwBl. 2009, 63 zu § 7 Nr. 5 BRAO). 6

Die Neuregelung der **§ 14 Nr. 8** vom 2.9.1994 trägt der Rechtsprechung des BVerfG zu § 7 Nr. 8 BRAO (BVerfGE 87, 287 = NJW 1993, 317; vgl. auch BGH NJW 2008, 517 = MDR 2008, 174 und NJW-RR 2009, 1359 zur Unzulässigkeit einer Nebentätigkeit im Rechtsamt eine mittleren kreisangehörigen Stadt) Rechnung und anerkennt, dass das Grundrecht der Berufsfreiheit im Grundsatz dazu berechtigt, auch **mehrere Berufe** zu wählen und nebeneinander auszuüben (BVerfGE 21, 173 = NJW 1967, 1317; BVerfGE 87, 287 = NJW 1993, 317). Die Tätigkeit als Geschäftsführer eines privatrechtlich organisierten Städte- und Gemeindeverbandes ist mit dem Beruf des Patentanwalts vereinbar (BGH AnwBl. 2011, 497 zu § 7 Nr. 8 BRAO). Der Anwaltsnotar (§ 3 Abs. 2 BNotO) darf zugleich den Beruf des Patentanwalts ausüben (§ 8 Abs. 2 BNotO) und sich mit Patentanwälten zur gemeinsamen Berufsausübung verbinden oder mit ihnen gemeinsame Geschäftsräume haben (§ 9 Abs. 2 BNotO). Zur beruflichen Zusammenarbeit mit Rechtsanwälten vgl. § 52a. 7

Eine Angestelltentätigkeit für den Arbeitgeber überwiegend auf dem Gebiet des gewerblichen Rechtsschutzes ist nach §§ 14 Abs. 1 Nr. 8 und 21 Abs. 2 Nr. 9 zu beurteilen. Zur Trennung der Bereiche von Patentanwalts- und anderer Tätigkeit sehen §§ 41, 41a, 52a Abs. 1 S. 2, 52e Abs. 1 S. 3 Regelungen zur Versagung der patentanwaltlichen Tätigkeit vor, um mit weniger einschneidenden Mitteln als der Versagung der Zulassung der Gefahr von Interessenkollisionen zu begegnen (BT-Drs. 12/4993, 38). Eine Unvereinbarkeit mit dem Beruf des Patentanwalts ist nicht regelmäßig schon dann anzunehmen, wenn der Bewerber in seinem **Zweitberuf als Angestellter** eines dem anwaltlichen Berufsrecht nicht unterworfenen Arbeitgebers zur geschäftsmäßigen Rechtsbesorgung für Dritte verpflichtet ist. Es ist darauf abzustellen, ob die zweitberufliche Tätigkeit bei objektiver, vernünftiger Betrachtung von Seiten der Mandantschaft die Wahrscheinlichkeit von Pflichtenkollisionen nahelegt. Daher führt nicht jeder denkbare Kollisionsfall, dem nicht durch ein wirksames Tätigkeitsverbot nach §§ 41, 41a begegnet werden kann, zu der Annahme der Unvereinbarkeit (BGH BeckRS 1996, 31176813). 8

Ein Patentanwalt muss in eigener Verantwortung frei entscheiden können, welche Tätigkeit er wann ausüben will. Nicht zulässig darf es sein, wenn der Arbeitgeber überprüft, ob die Tätigkeit als Patentanwalt im Einzelfall erforderlich ist. Gestattet der Arbeitgeber eines angestellten Patentanwalts diesem, die Arbeitsstätte zur Wahrung patentanwaltlicher Termine zu verlassen, nur wenn die Tätigkeit als Patentanwalt „im Einzelfall zwingend erforderlich“ ist, dann verfügt der angestellte Patentanwalt nicht über den notwendigen Freiraum, seine Patentanwaltstätigkeit unabhängig (§ 1 PAO) zu gestalten, mit der Folge, dass die rechtliche Möglichkeit zur Ausübung des 9

Patentanwaltsberufs erheblich eingeschränkt ist (AGH RhPf BRAK-Mitt. 2008, 221 zu §§ 14 Abs. 2 Nr. 8, 56 Abs. 2 Nr. 1 BRAO). Der angestellte Bewerber muss **rechtlich und tatsächlich in der Lage sein, den Beruf des Patentanwalts in einem, wenn auch beschränktem Umfang und jedenfalls mehr als gelegentlich, auszuüben;** eine nur geringfügige Möglichkeit sich als Patentanwalt zu betätigen reicht nicht aus (BGH NJW 1978, 1578 = AnwBl. 1978, 273). Eine Bindung, die den Bewerber verpflichtet, den Beruf des Patentanwalts in einer bestimmten Weise auszuüben, steht der Zulassung entgegen. Es kann nur zugelassen werden, wer diejenigen Geschäfte, die in den Dienststunden zu erledigen sind, innerhalb dieser Stunden erledigen kann und darf. Dazu gehört vor allem die Wahrnehmung von Terminen, die Erledigung eiliger Schriftsätze, das Führen von Telefongesprächen und andere eilige, nicht aufschiebbare Tätigkeiten (BGH GRUR 1986, 601 = MDR 1986, 933).

10 Zum Vermögensverfall **(§ 14 Nr. 9)** → § 21 Rn. 5 ff.

11 Die **gleichzeitige Tätigkeit** einerseits **als Beamter (§ 14 Nr. 10),** der universitäre Prüfungen abnimmt und eine hoheitliche Tätigkeit in Erfüllung dienstlicher Pflichten gegenüber seinem Dienstherrn ausübt, und andererseits als Patentanwalt, der als unabhängiges Organ der Rechtspflege (§ 1) frei von staatlicher Einflussnahme tätig werden soll, kann den Eindruck erwecken, dass es dem Patentanwalt an der nötigen Unabhängigkeit mangelt. Insofern kommt es auch nicht darauf an, ob ein Interessenkonflikt in einem konkreten Einzelfall aufgrund der örtlichen und fachlichen patentanwaltlichen Orientierung wahrscheinlich ist und ob sich ein solcher Interessenkonflikt im konkreten Fall durch die mandatsbezogenen Tätigkeitsverbote der §§ 41, 41a entschärfen ließe (BVerfG BRAK-Mitt. 2009, 235 zu §§ 7 Nr. 10, 14 Abs. 2 Nr. 5, 47 BRAO; vgl. auch BGH AnwBl. 2010, 214 bei § 21 Rn. 1 und AGH RhPf BRAK-Mitt. 2010, 179). Sinn und Zweck der Regelung des § 14 Nr. 10 treffen in gleicher Weise auf Beamte der Europäischen Union wie deutsche Beamte zu (→ BRAO § 7 Rn. 11). Auch ein Bediensteter des Europäischen Patentamtes kann nicht gleichzeitig Patentanwalt sein. Dem steht jedenfalls § 14 Nr. 8 entgegen (vgl. Art. 8 EPÜ, Art. 14 Protokoll über Vorrechte und Immunitäten der Europäischen Patentorganisation).

§§ 15–16 *[aufgehoben]*

§ 17 Aussetzung des Zulassungsverfahrens

(1) **Die Entscheidung über den Antrag auf Zulassung zur Patentanwaltschaft kann ausgesetzt werden, wenn gegen den Bewerber wegen des Verdachts einer Straftat ein Ermittlungsverfahren oder ein strafgerichtliches Verfahren schwebt.**

(2) **Die Entscheidung über den Antrag ist auszusetzen, wenn gegen den Bewerber die öffentliche Klage wegen einer Straftat, welche die Unfähigkeit zur Bekleidung öffentlicher Ämter zur Folge haben kann, erhoben ist.**

(3) **Über den Antrag auf Zulassung zur Patentanwaltschaft ist jedoch zu entscheiden, wenn er bereits unbeschadet des Ergebnisses des Ermittlungsverfahrens oder des Ausganges des strafgerichtlichen Verfahrens abzulehnen ist.**

1 § 17 entspricht inhaltlich § 10 BRAO (näher → BRAO § 10 Rn. 1 ff.). Die Aussetzung (Abs. 2) ist mit einer unmittelbaren Rechtswirkung nach außen verbunden. Sie ist als Verwaltungsakt anzusehen, der nach § 94a ff. anfechtbar ist.

§ 18 Zulassung

(1) **Die Zulassung zur Patentanwaltschaft wird wirksam mit der Aushändigung einer von der Patentanwaltskammer ausgestellten Urkunde.**

(2) **Die Urkunde darf erst ausgehändigt werden, wenn der Bewerber vereidigt ist (§ 19) und den Abschluss der Berufshaftpflichtversicherung (§ 45) nachgewiesen oder eine vorläufige Deckungszusage vorgelegt hat.**

(3) **Mit der Zulassung wird der Bewerber Mitglied der Patentanwaltskammer.**

(4) **Nach der Zulassung darf die Tätigkeit unter der Berufsbezeichnung „Patentanwältin" oder „Patentanwalt" ausgeübt werden.**

Die Zulassung erfolgt durch die Patentanwaltskammer (§ 31), die Begründungs- und Zustellpflicht für Bescheide in Zulassungssachen folgt aus den §§ 32, 34, 94b iVm VwVfG. 1

Abs. 1 entspricht § 12 Abs. 1 BRAO. Die Zulassung zur Patentanwaltschaft erfolgt durch begünstigenden Verwaltungsakt der Patentanwaltskammer in Form der Aushändigung einer von ihr ausgestellten Urkunde. Es gelten die zu → BRAO § 12 Rn. 2 ff. gemachten Ausführungen entsprechend (→ § 29 Rn. 3). 2

Abs. 2 umfasst die Regelung über die Aushändigung der Urkunde, ergänzt um die Bestimmung, dass die **Zulassungsurkunde** erst nach der Vereidigung ausgehändigt werden darf. Die **Vereidigung** erfolgt nicht nach, sondern bereits **vor der Zulassung** zur Patentanwaltschaft. Dies entspricht den Regelungen, für die Leistung des Berufseides der Rechtsanwälte (§ 12 Abs. 2 BRAO) und der Wirtschaftsprüfer und Steuerberater (§ 17 Abs. 1 WPO, § 41 Abs. 2 StBerG). Die Vorverlagerung der Vereidigung führt zu einer Vereinfachung des Zulassungsverfahrens. Die Einzelheiten der Vereidigung sind in § 19 geregelt (BT-Drs. 16/12061, 24). Zu den Einzelheiten der Aushändigungsvoraussetzungen → BRAO § 12 Rn. 8 ff. entspr. 3

Die Regelung in **Abs. 3** entspricht § 12 Abs. 3 BRAO und bestimmt in Ergänzung des § 53 PAO den Zeitpunkt, mit dem der Bewerber Mitglied der Patentanwaltskammer wird (BT-Drs. 16/12061, 24). 4

Abs. 4 enthält über die Befugnis zur **Führung der Bezeichnung als „Patentanwältin" oder „Patentanwalt"** hinaus auch die Regelung, ab welchem **Zeitpunkt die Tätigkeit** als Patentanwalt aufgenommen werden darf. Abs. 4 entspricht der Parallelregelung in § 12 Abs. 4 BRAO (BT-Drs. 16/12061, 24). Zu den Einzelheiten der Regelung in Abs. 3 und 4 → BRAO § 12 Rn. 15 ff. entsprechend; → § 29 Rn. 1 ff. 5

Die **Berufsbezeichnung „Patentanwalt"** ist vor Missbrauch **strafrechtlich geschützt** (§ 132a Nr. 2 StGB). Die Bezeichnung ist auch **markenrechtlich geschützt,** da das Wort „Patentanwalt" als Kollektivmarke der Patentanwaltskammer unter der Nr. 30573827 beim DPMA für die Dienstleistung „Rechtsberatung nach Maßgabe der Patentanwaltsordnung" eingetragen ist (vgl. BPatG Mitt 2011, 245). 6

Die beim Europäischen Patentamt zugelassenen Vertreter haben die „Empfehlung über die Verwendung der Bezeichnungen der beim Europäischen Patentamt zugelassenen Vertreter" (ABl. EPA 1979, 452) zu beachten. Für die vor dem Harmonisierungsamt für den Binnenmarkt zugelassenen Vertreter gilt die „Empfehlung des Verwaltungsrats hinsichtlich der von den zugelassenen Vertretern, die in die vom Amt geführten Listen eingetragen sind, für ihre Geschäftsbeziehungen zu verwendenden Berufsbezeichnungen" vom 18.11.2002 (HABM-ABl. 2003, 558). Ein Rechtsanwalt ist nicht befugt, die Bezeichnung „European Patent and Trademark Attorney" und/oder „European Patent Attorney" zu verwenden, wenn er nicht in der Liste der zugelassenen „Europäischen Patentvertreter" vor dem EPA eingetragen ist (OLG Düsseldorf GRUR-RR 2009, 74). Auf die Ausführungen in → § 3 Rn. 19–21 wird Bezug genommen. 7

§ 19 Vereidigung

(1) **Der Bewerber hat folgenden Eid vor der Patentanwaltskammer zu leisten: „Ich schwöre bei Gott dem Allmächtigen und Allwissenden, die verfassungsmäßige Ordnung zu wahren und die Pflichten eines Patentanwalts gewissenhaft zu erfüllen, so wahr mir Gott helfe."**

(2) **Der Eid kann auch ohne religiöse Beteuerung geleistet werden.**

(3) **Gestattet ein Gesetz den Mitgliedern einer Religionsgemeinschaft, an Stelle des Eides eine andere Beteuerungsformel zu gebrauchen, so kann der Patentanwalt, der Mitglied einer solchen Religionsgemeinschaft ist, diese Beteuerungsformel sprechen.**

(4) **Wer aus Glaubens- oder Gewissensgründen keinen Eid leisten will, muss folgendes Gelöbnis leisten: „Ich gelobe, die verfassungsmäßige Ordnung zu wahren und die Pflichten eines Patentanwalts gewissenhaft zu erfüllen."**

(5) **Leistet eine Bewerberin den Eid nach Absatz 1 oder das Gelöbnis nach Absatz 4, so treten an die Stelle der Wörter „eines Patentanwalts" die Wörter „einer Patentanwältin".**

(6) [1]**Über die Vereidigung ist ein Protokoll aufzunehmen, das auch den Wortlaut des Eides oder des Gelöbnisses zu enthalten hat.** [2]**Das Protokoll ist von dem Patentanwalt und einem Mitglied des Vorstands der Patentanwaltskammer zu unterschreiben.** [3]**Es ist zu den Personalakten des Patentanwalts zu nehmen.**

1 **1. Zuständigkeit und Regelungsinhalt der Eidesleistung (Abs. 1).** Zuständig für die Abnahme des Eides ist nach Abs. 1 die Patentanwaltskammer (§ 31). Die Vereidigung nimmt der Vorstand der Patentanwaltskammer oder das von ihm mit dieser Aufgabe betraute einzelne Mitglied vor (§ 69 Abs. 1 S. 2, Abs. 4). Die in der Eidesformel des Abs. 1 vorgesehene Berücksichtigung der weiblichen Form der Berufsbezeichnung ergibt sich, wie in der Parallelregelung des § 12a BRAO, aus Abs. 5 (BT-Drs. 16/12061, 24). Die Förmlichkeit, wonach bei der Eidesleistung die rechte Hand zu heben ist, ist nicht notwendig, da sie auch für die Leistung anderer Berufs- und Amtseide nicht oder nicht mehr vorgesehen ist (vgl. § 12a BRAO, § 38 DRiG, § 13 BNotO, § 17 WiPrO; BT-Drs. 16/12061, 24).

2 **2. Eid ohne religiöse Beteuerung (Abs. 2).** Entsprechend dem § 12a Abs. 2 BRAO kann der Eid auch ohne religiöse Beteuerung geleistet werden.

3 **3. Beteuerung an Stelle des Eides (Abs. 3).** Abs. 3 entspricht § 12a Abs. 3 BRAO. Zu den Einzelheiten → BRAO § 12a Rn. 11 entspr.

4 **4. Gelöbnis (Abs. 4).** Mit Abs. 4 besteht die Möglichkeit anstelle des Eides ein Gelöbnis zu leisten, wenn der Bewerber angibt, aus Glaubensgründen (zB Mennoniten, Zeugen Jehovas) oder Gewissensgründen keinen Eid leisten zu wollen. Als Gelöbnis bezeichnet man eine formelle und strenge Art des Versprechens. Es ist eine dem Eid gleichstehende Beteuerung, die Pflichten eines Patentanwalts getreulich zu erfüllen. § 19 Abs. 4 entspricht der Regelung in § 12a BRAO (BT-Drs. 16/12061, 24). Zu den Einzelheiten → BRAO § 12a Rn. 12 entspr.

5 **5. Protokoll (Abs. 6).** Entsprechend § 12a Abs. 6 BRAO sieht Abs. 6 die Aufnahme eines Protokolls über die Vereidigung pp. (Abs. 1–6) vor (näher → BRAO § 12a Rn. 13 ff.).

§ 20 Erlöschen der Zulassung

Die Zulassung zur Patentanwaltschaft erlischt, wenn durch ein rechtskräftiges Urteil auf Ausschließung aus der Patentanwaltschaft erkannt ist oder wenn die Rücknahme oder der Widerruf der Zulassung bestandskräftig geworden ist.

1 § 20 entspricht § 13 BRAO. Ein **rechtskräftiges berufsgerichtliches Urteil,** das auf Ausschließung aus der Patentanwaltschaft lautet (§ 96 Abs. 1 Nr. 4), beendet **kraft Gesetzes** (§ 144 Abs. 1) die Zugehörigkeit zur Patentanwaltschaft. Mit der Rechtskraft des Urteils muss daher auch die Zulassung zur Patentanwaltschaft ohne weiteres erlöschen (BT-Drs. 5/276, 52).

2 Mit dem Begriff des Erlöschens wird die Wirkung aller Beendigungstatbestände bezeichnet. Deshalb sind in § 20 mit dem letzten Hs. auch **Rücknahme und Widerruf der Zulassung** als Tatbestände, die die Zulassung zur Patentanwaltschaft durch Verwaltungshandeln beenden, unter dem Begriff des Erlöschens zusammengefasst (BT-Drs. 16/12061, 24). Im Übrigen → BRAO § 13 Rn. 1 ff. entspr.

3 Mit dem Erlöschen verliert der Betroffenen die durch die Zulassung erlangten Befugnisse als Patentanwalt (§ 18 Abs. 3 und 4) und damit auch die Befugnis zur Führung der Bezeichnung als Patentanwalt (§ 24 Abs. 1). Er kann nicht mehr als Patentanwalt tätig sein, sondern nur noch als Patentassessor im ständigen Dienstverhältnis seinen Arbeitgeber auf dem Gebiet des gewerblichen Rechtsschutzes beraten und vertreten (§§ 155 ff.).

§ 21 Rücknahme und Widerruf der Zulassung

(1) [1]**Die Zulassung zur Patentanwaltschaft ist mit Wirkung für die Zukunft zurückzunehmen, wenn Tatsachen nachträglich bekannt werden, bei deren Kenntnis die Zulassung hätte versagt werden müssen.** [2]**Von der Rücknahme der Zulassung kann abgesehen werden, wenn die Gründe, aus denen die Zulassung hätte versagt werden müssen, nicht mehr bestehen.**

(2) **Die Zulassung zur Patentanwaltschaft ist zu widerrufen,**

1. **wenn der Patentanwalt nach der Entscheidung des Bundesverfassungsgerichts ein Grundrecht verwirkt hat;**
2. **wenn der Patentanwalt infolge strafgerichtlicher Verurteilung die Fähigkeit zur Bekleidung öffentlicher Ämter verloren hat;**
3. **wenn der Patentanwalt aus gesundheitlichen Gründen nicht nur vorübergehend unfähig ist, den Beruf eines Patentanwalts ordnungsgemäß auszuüben, es sei denn, dass sein Verbleiben in der Patentanwaltschaft die Rechtspflege nicht gefährdet;**
4. **wenn der Patentanwalt auf die Rechte aus der Zulassung zur Patentanwaltschaft der Patentanwaltskammer gegenüber schriftlich verzichtet hat;**
5. **wenn der Patentanwalt zum Richter oder Beamten auf Lebenszeit ernannt, in das Dienstverhältnis eines Berufssoldaten berufen oder nach § 6 des Abgeordnetengesetzes oder entsprechenden Rechtsvorschriften wieder in das frühere Dienstverhältnis als Richter oder Beamter auf Lebenszeit oder als Berufssoldat zurückgeführt wird und nicht auf die Rechte aus der Zulassung zur Patentanwaltschaft verzichtet;**
6. ***(aufgehoben)***
7. ***(aufgehoben)***
8. **wenn der Patentanwalt in Vermögensverfall geraten ist, es sei denn, daß dadurch die Interessen der Rechtsuchenden nicht gefährdet sind; ein Vermögensverfall wird vermutet, wenn ein Insolvenzverfahren über das Vermögen des Patentanwalts eröffnet oder der Patentanwalt in das vom Vollstreckungsgericht zu führende Verzeichnis (§ 26 Abs. 2 der Insolvenzordnung, § 882b der Zivilprozeßordnung) eingetragen ist;**
9. **wenn der Patentanwalt eine Tätigkeit ausübt, die mit seinem Beruf, insbesondere seiner Stellung als unabhängiges Organ der Rechtspflege nicht vereinbar ist oder das Vertrauen in seine Unabhängigkeit gefährden kann; dies gilt nicht, wenn der Widerruf für ihn eine unzumutbare Härte bedeuten würde;**
10. **wenn der Patentanwalt nicht die vorgeschriebene Berufshaftpflichtversicherung (§ 45) unterhält.**

(3) **Die Zulassung zur Patentanwaltschaft kann widerrufen werden, wenn der Patentanwalt**

1. **nicht binnen drei Monaten, nachdem die Pflicht hierzu entstanden ist, eine Kanzlei einrichtet (§ 26 Absatz 1);**
2. **nicht binnen drei Monaten eine ihm bei der Befreiung nach § 26 Absatz 3 oder § 27 Absatz 2 gemachte Auflage erfüllt;**
3. **nicht binnen drei Monaten, nachdem er von der Pflicht, eine Kanzlei zu unterhalten, befreit worden (§ 26 Absatz 3, § 27 Absatz 2) oder der bisherige Zustellungsbevollmächtigte weggefallen ist, einen Zustellungsbevollmächtigten bestellt oder**
4. **seine Kanzlei aufgibt, ohne dass er von der Pflicht des § 26 Absatz 1 befreit worden ist.**

(4) [1] **Ordnet die Patentanwaltskammer die sofortige Vollziehung der Verfügung an, sind § 137 Absatz 2, 4 und 5, § 138 Absatz 2 und § 143 entsprechend anzuwenden.** [2] **Im Fall des Absatzes 2 Nummer 10 ist die Anordnung in der Regel zu treffen.**

Schrifttum: *Bartosch-Koch,* Widerruf der Zulassung zur Rechtsanwaltschaft wegen Vermögensverfalls, AnwBl. 2008, 737; *Dahns,* Ein Blick auf wichtige berufsrechtliche Entscheidungen des Jahres 2010, BRAK-Mitt. 2010, 106; *Kleine-Cosack,* Widerruf der Zulassung: Vom Vermögensverfall zur Unzuverlässigkeit, AnwBl. 2011, 204; *Klose,* Der Widerruf der Anwaltszulassung in der Insolvenz des Rechtsanwalts, BRAK-Mitt. 2010, 6; *Maier,* Die Insolvenz des Rechtsanwalts, Zugleich ein Beitrag zur Insolvenz des Selbständigen, Nomos Universitätsschriften Recht, Band 527, 2008; *Quaas,* Erste Erfahrungen mit den neuen Verfahrensregelungen für verwaltungsrechtliche Anwaltssachen, DVBl. 2012, 1413; *Römermann,* Und doch: Licht am Ende des Tunnels! Wie insolvente Rechtsanwälte zu retten sind – und warum das kein Gnadenakt ist, AnwBl. 2010, 418.

Die Rücknahme (Abs. 1) ist vom Widerruf (Abs. 2) zu unterscheiden. Bei der **Rücknahme** 1
der Zulassung geht es um die **Aufhebung eines rechtswidrig erlassenen Verwaltungsaktes.** So ist die Zulassung zurückzunehmen, wenn Tatsachen nachträglich bekannt werden, bei deren Kenntnis die Zulassung hätte versagt werden müssen. Davon kann abgesehen werden, wenn die Gründe, aus denen hätte die Zulassung versagt werden müssen, wie zB der Vermögensverfall

(§ 14 Nr. 9), nicht mehr bestehen (Abs. 1 S. 2). Beim **Widerruf** geht es um die **Aufhebung eines rechtmäßig erlassenen Verwaltungsaktes.** Für die Beurteilung der Rechtmäßigkeit des Widerrufs einer Zulassung zur Patentanwaltschaft ist nach der mit Wirkung vom 1.9.2009 erfolgten Änderung des Verfahrensrecht allein auf den **Zeitpunkt** des Abschlusses des behördlichen Widerrufsverfahrens, also auf den Erlass des Widerspruchbescheids, abzustellen; die Beurteilung danach eingetretener Entwicklungen ist einem Wiederzulassungsverfahren vorbehalten (ständige Rechtsprechung, BGH NJW 2011, 3234 = BRAK-Mitt. 2011, 246 = AnwBl. 2011, 691; → § 94b Rn. 9). Rücknahme und Widerruf sind anfechtbare Verwaltungsakte, die die Patentanwaltskammer erlässt (§§ 30, 31). Sie wirken für die Zukunft (§ 21 Abs. 1 S. 1, § 49 Abs. 1 VwVfG).

2 § 21 **Abs. 1, Abs. 2 Nr. 1–5, 8, 9 und 10** entspricht § 14 Abs. 1, 3 und 2 Nr. 1–5, 7–10 BRAO. Insoweit gilt das dazu Gesagte entsprechend. Vgl. auch *Quaas* BRAK-Mitt. 2011, 46.

3 Der Widerruf nach **Abs. 2 Nr. 5** wegen Ernennung zum (Fach-) **Hochschulprofessor** unter Berufung in das Beamtenverhältnis auf Lebenszeit verstößt weder gegen die Eigentumsgarantie (Art. 14 GG, Art. 1 Nr. 1 EMRK) noch gegen die Berufsfreiheit (Art. 12 GG) und ist auch nicht deswegen zu beanstanden, weil für Steuerberater und Wirtschaftsprüfer andere Regelungen getroffen sind (BGH BRAK-Mitt. 2009, 240 = AnwBl. 2009, 719 = Mitt 2010, 42; BGH AnwBl. 2011, 67; vgl. auch AGH NRW Beschluss vom 24.11.2009 – 1 AGH 22/09). Er verstößt auch nicht gegen primäres oder sekundäres Recht der Europäischen Union (BGH BRAK-Mitt. 2012, 31 = AnwBl. 2012, 195 = Mitt 2012, 138). Unvereinbar ist auch die Tätigkeit als **Bediensteter des Europäischen Patentamts** (→ § 14 Rn. 11).

4 Mit dem Beruf des Patentanwalts ist der Hauptberuf als **Sachbearbeiter einer Anstalt des öff. Rechts** unvereinbar **(Abs. 2 Nr. 9),** wenn der Patentanwalt im Hauptberuf eine Präsenzpflicht von 38,5 Stunden pro Woche und in dieser Zeit nach Weisung seiner Vorgesetzten zu arbeiten hat. Der in einem anderen Beruf tätige Patentanwalt muss grundsätzlich – auch während der Dienststunden bei seinem Arbeitgeber – in der Lage sein, Gerichtstermine, eilige Schriftsätze, Telefongespräche und alle sonstigen nicht aufschiebbaren Tätigkeiten zu erledigen (BGH BRAK-Mitt. 2010, 29 = AnwBl. 2010, 214).

5 Auch bei dem Patentanwalt führt der **Vermögensverfall (Abs. 2 Nr. 8)** zwar regelmäßig, aber nicht zwangsläufig und ausnahmslos zum Widerruf der Zulassung. Die Vorschrift dient allein dem **Schutz des rechtsuchenden Publikums.** Die Zulassung ist daher auch dann zu entziehen, wenn der Patentanwalt **ohne Verschulden** in die ihn belastende Vermögenslage geraten ist (BGH BeckRS 2014, 17216). Schon nach dem Wortlaut des Abs. 2 Nr. 8 ist der Widerruf der Zulassung aber die Regel und die trotz des Vermögensverfalls nicht gegebene Gefährdung der Interessen der Rechtsuchenden die Ausnahme (BGH BRAK-Mitt. 2010, 129 = AnwBl. 2010, 442 = Mitt 2010, 494). Von einem Widerruf der Zulassung bei Vermögensverfall kann nur dann abgesehen werden, wenn im Zeitpunkt der Entscheidung (→ § 94b Rn. 9) eine sichere Prognose getroffen werden kann, dass sich im konkreten Einzelfall die typischen Gefahren, die mit dem Vermögensverfall eines Patentanwalts verbunden sind, nicht realisieren werden. Es entscheidet eine – nach strengen Maßstäben vorzunehmende – Gesamtwürdigung aller maßgeblichen Umstände. Die Feststellungslast trifft den Patentanwalt (BGH AnwBl. 2011, 222 zu § 14 Abs. 2 Nr. 7 BRAO). Die Zulassung ist wegen Vermögensverfall zu widerrufen, wenn nach Aufhebung des **Insolvenzverfahrens** der Patentanwalt in der Wohlverhaltensperiode bis zur Restschuldbefreiung neue Schulden angehäuft hat (BGH AnwBl. 2011, 222 zu § 14 Abs. 2 Nr. 7 BRAO; vgl. auch BGH bei *Quaas* BRAK-Mitt. 2011, 46). Wie die Parallelregelung des § 14 Abs. 2 Nr. 7 BRAO (vgl. *Bartosch-Koch* AnwBl. 2008, 737; *Quaas* BRAK-Mitt. 2010, 42) ist die Regelung verfassungsmäßig. Die Gesamtwürdigung der Person des Patentanwalts, der Umstände des eröffneten Insolvenzverfahrens und die Beschränkungen, denen sich der Patenanwalt und die ihn als angestellten Patentanwalt beschäftigende Sozietät unterworfen haben, kann ergeben, dass die Interessen der Rechtsuchenden nicht gefährdet sind (BGH NJW 2005, 511 AnwBl. 2009, 64; BRAK-Mitt. 2008, 272; → BRAO § 14 Rn. 58 ff.).

6 Die **gesetzliche Vermutung des Vorliegens des Vermögensverfalls** bei einer Eintragung im Schuldnerverzeichnis gilt auch im Fall nur einer einzigen Eintragung und auch dann, wenn die zugrunde liegende Forderung gering ist (BGH BeckRS 2014, 17216). Zur Widerlegung der Vermutung des Vermögensverfalls reicht es nicht aus, dass der betroffene Patentanwalt bzgl. einzelner bekannt gewordener Forderungen eine Schuldtilgung oder eine Stundungsvereinbarung nachweist. Dies gilt insbesondere dann, wenn Zahlungen weitgehend nicht vom Patent-

anwalt selbst, sondern von Dritten bewirkt worden sind. Vielmehr muss der Patentanwalt seine Einkommens- und Vermögensverhältnisse umfassend darlegen. Insbesondere muss er eine Aufstellung sämtlicher gegen ihn erhobener Forderungen vorlegen und im Einzelnen darlegen, ob und in welcher Höhe diese inzwischen erfüllt sind oder in welcher Weise er sie zu erfüllen gedenkt (BGH BRAK-Mitt. 2008, 221 = NJW-Spezial 2008, 702). Die pauschale Angabe des Forderungsbestands reicht insbesondere dann nicht aus, wenn Zweifel an der Vollständigkeit bestehen und Angaben zu den Betriebsausgaben sowie Angaben zum Vermögen und den Verbindlichkeiten, insbesondere Bankverbindlichkeiten, die aus ihnen resultierenden Belastungen und Angaben dazu, wie der Patentanwalt die laufenden Verbindlichkeiten zu bedienen gedenkt, fehlen (BGH Mitt 2007, 180). Die Verbindlichkeiten wertmäßig übersteigendes Immobilienvermögen führt nicht zwangsläufig dazu, dass die Vermutung des Vermögensverfalls widerlegt ist. Entscheidend kommt es auf die Liquidität entsprechender Vermögen an (BGH NJW-Spezial 2014, 255 = BRAK-Mitt. 2014, 164).

Mit einem Vermögensverfall eines Anwalts ist grundsätzlich eine **Gefährdung der Interessen der Rechtsuchenden** verbunden. Auch wenn die Regelung in Abs. 2 Nr. 8 nicht im Sinne eines Automatismus zu verstehen ist, kann die Gefährdung im vorrangigen Interesse der Rechtsuchenden nur in seltenen Ausnahmefällen verneint werden. Der Anwalt trägt die Feststellungslast (BGH BeckRS 2014, 19917). Von einem Widerruf der Zulassung eines in Vermögensverfall geratenen Patentanwalts kann nur dann abgesehen werden, wenn im Zeitpunkt der Entscheidung eine sichere Prognose getroffen werden kann, dass sich im konkreten Einzelfall die typischen Gefahren die mit dem Vermögensverfall eines Patentanwalts verbunden sind, nicht realisiert werden können. Entscheidend ist eine Gesamtwürdigung aller maßgeblichen Umstände, für die den Patentanwalt die Feststellungslast trifft (BGH BRAK-Mitt. 2010, 129 = AnwBl. 2010, 442). Der Antrag auf Restschuldbefreiung im Insolvenzverfahren ändert an dem Fortbestand einer Gefährdung der Rechtsuchenden nichts. Vielmehr kann in aller Regel erst dann davon ausgegangen werden, dass nicht nur der Vermögensverfall, sondern auch eine Gefährdung der Interessen der Rechtsuchenden nach dem Abschluss des Insolvenzverfahrens nicht mehr fortbesteht, wenn das Insolvenzverfahren zu einem Abschluss führt, bei dem mit einer Konsolidierung der Vermögensverhältnisse des Patentanwalts gerechnet werden kann. Das setzt die Ankündigung der Restschuldbefreiung durch Beschluss des Insolvenzgerichts oder die Annahme eines Schuldenbereinigungsplans durch die Gläubiger oder die Ersetzung von deren Zustimmung durch das Insolvenzgericht voraus (BGH NJW-Spezial 2010, 222 = BRAK-Mitt. 2010, 77). Die Darlegungs- und Beweislast, dass der Vermögensverfall beseitigt ist, trifft den Patentanwalt (BGH BRAK-Mitt. 2008, 73). 7

Die **Interessen der Rechtsuchenden** sind ausnahmsweise nicht gefährdet, wenn der Anwalt seine einzelanwaltliche Tätigkeit vollständig und nachhaltig aufgibt und seine Tätigkeit nur für eine Anwaltssozietät ausübt. Dies gilt nicht, wenn er am Standort einer überörtlichen Sozietät nur unter Aufsicht eines an dem Standort tätigen Sozietätsmitglieds tätig wird (BGH BRAK-Mitt. 2008, 272 = AnwBl. 2009, 64). Weist der Patentanwalt nach, dass er nunmehr als angestellter Anwalt in einer großen Sozietät arbeitet und im Rahmen seines Arbeitsvertrages Maßnahmen verabredet hat, die es verhindern sollen, dass er mit Mandantengeldern in Berührung kommt, ist in diesem Zusammenhang auch von Bedeutung, ob der Vertrag bisher nur bei Gericht vorgelegt oder aber im Zeitpunkt der Entscheidung schon über einen längeren Zeitraum beanstandungsfrei durchgeführt worden ist. Um die Prognose abzusichern, dass eine Gefährdung der Rechtsuchenden ausgeschlossen ist, ist insbesondere auch relevant, ob der Patentanwalt seine berufliche Tätigkeit bis dahin beanstandungsfrei ausgeübt und ob er selbst zielgerichtet, ernsthaft und planvoll die erforderlichen Schritte zur Stabilisierung seiner Vermögensverhältnisse unternommen hat (BGH BRAK-Mitt. 2010, 129 = AnwBl. 2010, 442). 8

Besteht die für den Patentanwalt erforderliche **Berufshaftpflichtversicherung** (§ 45) nicht mehr, ist die Zulassung zu widerrufen, **Abs. 2 Nr. 10** (vgl. Anm. zu § 14 Abs. 2 Nr. 9 BRAO). Die Zulassung zur Patentanwaltschaft darf ua erst erfolgen, wenn der Abschluss der Berufshaftpflichtversicherung nachgewiesen ist (§ 18 Abs. 2). Folgerichtig wird der Bestand der Zulassung von der Unterhaltung der Berufshaftpflichtversicherung abhängig gemacht. Ein Patentanwalt der seine Kanzlei ausschließlich im Ausland unterhält (§ 27 Abs. 1), verliert die Zulassung, wenn er der Verpflichtung eine Haftpflichtversicherung zu unterhalten nicht nachkommt (BGH NJW-Spezial 2010, 543 = BRAK-Mitt. 2010, 213). Zum Schutz der Rechtssuchenden ist die **sofortige Vollziehung der Widerrufsverfügung** in der Regel sofort zu treffen (§ 21 Abs. 4). 9

10 **Abs. 3** enthält die fakultativen Widerrufsgründe und entspricht dem § 14 Abs. 3 BRAO (näher → BRAO § 14 Rn. 83 ff.). Wie im rechtsanwaltlichen Berufsrecht soll auch in der PAO bei Verstößen, die im Zusammenhang mit der Kanzleipflicht stehen, ein Widerruf nur erfolgen, wenn dies nach einer Ermessensprüfung durch die Patentanwaltskammer verhältnismäßig ist. Ein Widerruf kommt danach nur in Betracht, wenn er zum Schutz besonders wichtiger Gemeinschaftsgüter zwingend erforderlich ist und mildere Mittel nicht zur Verfügung stehen (BVerfGE 72, 26, 32; BVerfG BRAK-Mitt. 2005, 277; jeweils zu § 14 Abs. 3 Nr. 4 BRAO). Die vier Widerrufsgründe des Abs. 3 stehen im Zusammenhang mit der Möglichkeit einer Befreiung von der Kanzleipflicht (§ 26 Abs. 3 oder § 27 Abs. 2). Ist ein Patentanwalt nicht nur vorübergehend weder für das rechtsuchende Publikum noch für Behörden oder Gericht persönlich, telefonisch oder postalisch erreichbar, kommt dies einer Aufgabe der Kanzlei iSv § 21 Abs. 3 Nr. 4 gleich (AGH Bln NJW-Spezial 2014, 158 = BRAK-Mitt. 2014, 31; BGH BRAK-Mitt. 2009, 240).

11 Wie § 14 Abs. 4 BRAO enthält **Abs. 4** Regelungen über die **Folgen der Anordnung der sofortigen Vollziehung** (→ BRAO § 14 Rn. 113 zu § 14 Abs. 4 BRAO entsprechend und Anm. zu §§ 137, 138, 143). Zum Schutz der Rechtsuchenden ist die Anordnung der sofortigen Vollziehung bei fehlender Haftpflichtversicherung (→ Rn. 9) in der Regel sofort zu treffen.

12 Die Patentanwaltskammer (§ 31) ist durch die Rechtskraft einer gerichtlichen Entscheidung, mit der ein Widerrufs- oder Versagungsbescheid bestätigt worden ist, an dem Erlass eines Zweitbescheides gehindert, wenn eine wesentliche Änderung der Sachlage nicht dargelegt ist und – deshalb – die Voraussetzungen für ein Wiederaufgreifen des Verfahrens in ergänzender Anwendung des § 51 VwVfG nicht vorliegen (§ 30; Bestätigung von BGH NJW 1988, 1792 = BRAK-Mitt, 494). Hat die Patentanwaltskammer das Verfahren aufgegriffen, obwohl die Voraussetzungen hierfür nicht gegeben waren, und – im wieder aufgegriffenen Verfahren – nach erneuter Prüfung das Anliegen des Antragstellers durch einen Zweitbescheid abschlägig beschieden, so steht auf dessen Rechtsmittel gegen diesen Bescheid die Rechtskraft der gerichtlichen Entscheidung über den Erstbescheid einer erneuten Sachprüfung durch die Gerichte entgegen (BGH NJW-RR 2009, 138 = BRAK-Mitt. 2008, 272 = AnwBl. 2009, 66 unter Aufgabe von BGH NJ 2002, 334).

13 Es stellt keinen Nichtigkeitsgrund dar, wenn ein Bescheid zum Widerruf der Zulassung durch ein intern unzuständiges Organ der Patentanwaltskammer erlassen und unterzeichnet wird (BGH AnwBl. 2009, 452).

14 Zu den Voraussetzungen einer Wiederzulassung nach Zulassungswiderruf vgl. BGH BRAK-Mitt. 2010, 214 = NJW-Spezial 2010, 607.

§ 22 Ärztliches Gutachten bei Versagung und Widerruf der Zulassung

(1) [1]**Wenn es zur Entscheidung über den Versagungsgrund des § 14 Nummer 7 oder den Widerrufsgrund des § 21 Absatz 2 Nummer 3 erforderlich ist, gibt die Patentanwaltskammer dem Betroffenen auf, innerhalb einer von ihr zu bestimmenden angemessenen Frist das Gutachten eines von ihr zu bestimmenden Arztes über seinen Gesundheitszustand vorzulegen.** [2]**Das Gutachten muss auf einer Untersuchung und, wenn dies ein Amtsarzt für notwendig hält, auch auf einer klinischen Beobachtung des Betroffenen beruhen.** [3]**Die Kosten des Gutachtens hat der Betroffene zu tragen.**

(2) [1]**Anordnungen nach Absatz 1 sind mit Gründen zu versehen und zuzustellen.** [2]**Gegen sie können die Rechtsbehelfe gegen belastende Verwaltungsakte geltend gemacht werden.** [3]**Sie haben keine aufschiebende Wirkung.**

(3) [1]**Wird das Gutachten ohne zureichenden Grund nicht innerhalb der von der Patentanwaltskammer gesetzten Frist vorgelegt, so wird vermutet, dass der Betroffene aus gesundheitlichen Gründen nicht nur vorübergehend unfähig ist, den Beruf eines Patentanwalts ordnungsgemäß auszuüben.** [2]**Der Betroffene ist auf die Folgen bei der Fristsetzung hinzuweisen.**

1 § 22 beinhaltet eine allgemeine Regelung über die Beibringung ärztlicher Gutachten, und ist § 15 BRAO nachgebildet. Auf das dort Gesagte wird verwiesen. Die Vorschrift mutet dem betroffenen Patentanwalt zu, sich ärztlich untersuchen zu lassen. Die darin liegende Beeinträchtigungen finden ihre Rechtfertigung im Schutz des Rechtsverkehrs vor Anwälten, die

ihrer Aufgabe aus gesundheitlichen Gründen auf Dauer nicht gewachsen sind (BGH BeckRS 2014, 08152). Voraussetzung für die Anordnung eines Gutachtens sind hinreichend konkrete Anhaltspunkte für eine körperliche oder geistige Unzulänglichkeit. Entscheidend ist hierbei, ob die körperlichen oder geistigen Mängel solcher Art und so erheblich sind, dass ein Patentanwalt deswegen zur ordnungsgemäßen Berufsausübung, insbesondere zur ordnungsgemäßen und sorgfältigen Wahrnehmung der Interessen der Rechtsuchenden dauerhaft außer Stande ist (AGH NRW BRAK-Mitt. 2010, 219 zu §§ 8, 16 Abs. 3a BRAO aF). Die Gutachtenanordnung muss erkennen lassen, mit welchen Fragen zum Gesundheitszustand sich der Gutachter befassen soll. Eine Präzisierung der gesundheitlichen Störung ist entbehrlich, wenn die Begutachtung an ein konkretes tatsächliches Geschehen anknüpfen soll, das sich selbst erklärt und die anstehenden Fragen auch ohne zusätzliche Verbalisierung klar zu Tage treten lässt (BGH BRAK-Mitt. 2011, 79).

Die Aufforderung zur Vorlage eines Gutachtens über den Gesundheitszustand eines Patent- 2 anwalts ist noch nicht gerechtfertigt, wenn der Patentanwalt abwegige persönliche Meinungen hat und sich diffamierend über Richter und die Justiz insgesamt äußert (AGH Rostock BRAK-Mitt. 2013, 246, nachgehend BGH BeckRS 2014, 08152). Anders liegt es aber dann, wenn Umstände vorliegen, die ernsthaft darauf hindeuten, der Anwalt könne von seiner Vorstellung in krankhafter Weise derart beherrscht sein, dass dies sich zugleich und in schwerwiegender Weise auf seine Fähigkeiten auswirkt, die Belange seiner Mandanten noch sachgerecht und mit gebotener Sorgfalt wahrzunehmen (BGH BeckRS 2010, 30047).

Nach **Abs. 2 S. 2** ist das Verlangen auf Beibringung eines Gutachtens selbständig anfechtbar. 3 Damit ist klargestellt, dass § 44a VwGO (vgl. § 94b), der die selbständige Anfechtbarkeit von Zwischenverfügungen ausschließt, keine Anwendung findet. Zugleich wird durch Abs. 2 S. 3 die aufschiebende Wirkung (§ 94b Abs. 4, §§ 80, 80b VwGO) in diesen Fällen ausgeschlossen, um zu verhindern, dass ein Rechtsstreit über die Anordnung den Widerruf der Zulassung über längere Zeit verzögert (BT-Drs. 16/12061, 25).

Abs. 3 sieht vor, dass bei **Nichtvorlage des Gutachtens** sowohl im Zulassungsverfahren 4 (§§ 13–19) als auch im Widerrufsverfahren (§§ 20 ff.) das Vorliegen des **Versagungs- oder Widerrufsgrundes zu vermuten** ist. Ist die Anordnung der Patentanwaltskammer ein Gutachten über seinen Gesundheitszustand vorzulegen, zu Recht erfolgt, weil hierfür hinreichende Anhaltspunkte gegeben waren, und ist der Patentanwalt dem ohne zureichendem Grund nicht innerhalb der gesetzten Frist nachgekommen, wird gesetzlich vermutet, dass er aus Gesundheitsgründen nicht nur vorübergehend unfähig ist, seinem Beruf nachzukommen (AGH NRW DStRE 2012, 910). Auf einen erneuten Zulassungsantrag hin ist zu prüfen, ob die Voraussetzungen für ein Wiederaufgreifen des Verfahrens gegeben sind (§ 30 iVm § 51 VwVfG; BT-Drs. 16/12061, 25).

Die in **Abs. 3 S. 2** eingeführte Pflicht, die Betroffenen über die Vermutungswirkung der 5 Nichtvorlage des ärztlichen Gutachtens zu belehren, dient deren Schutz und entspricht der Regelung in § 15 Abs. 3 BRAO.

§§ 22a, 23 *[aufgehoben]*

§ 24 Erlöschen der Befugnis zur Führung der Berufsbezeichnung

(1) [1] **Mit dem Erlöschen der Zulassung zur Patentanwaltschaft (§ 20) endet die Befugnis, die Berufsbezeichnung „Patentanwältin" oder „Patentanwalt" zu führen.** [2] **Die Bezeichnung darf auch nicht mit dem Zusatz, der auf die frühere Berechtigung hinweist, geführt werden.**

(2) **Die Patentanwaltskammer kann einem Patentanwalt, der wegen hohen Alters oder wegen körperlicher Leiden auf die Rechte aus der Zulassung zur Patentanwaltschaft verzichtet, die Erlaubnis erteilen, sich weiterhin Patentanwalt zu nennen.**

(3) **Die Patentanwaltskammer kann eine Erlaubnis, die sie nach Absatz 2 erteilt hat, widerrufen, wenn nachträglich Umstände eintreten, die bei einem Patentanwalt das Erlöschen der Zulassung zur Patentanwaltschaft nach sich ziehen würden.**

1 § 24 entspricht § 17 BRAO. Das dazu Gesagte gilt entsprechend. Wer unbefugt die Berufsbezeichnung „Patentanwalt“ oder „Patentanwältin“ weiterführt, kann nach § 132a Abs. 1 Nr. 2 StGB mit Freiheitsstrafe bis zu einem Jahr oder mit Geldstrafe bestraft werden. Da die Bezeichnung auch als Marke geschützt ist (→ § 18 Rn. 6), kann die unbefugte Weiterführung auch nach § 143 MarkenG mit Freiheitsstrafe bis zu drei Jahren oder mit Geldstrafe bestraft werden.

2 Bei Ausscheiden wegen hohen Alters **(Abs. 2)** kann als Altersgrenze etwa die Vollendung des 65. Lebensjahres, der regelmäßige Zeitpunkt von Richtern und Beamten in den Ruhestand, gelten. Aber auch ein Ausscheiden mit dem 60. Lebensjahr kann, ohne Vorliegen körperlicher Leiden, in besonderen Fällen, wenn glaubhaft dargelegt wird, dass die Berufstätigkeit dauerhaft beendet sein soll und wenn das bisherige Wirken als Patentanwalt besonders anerkannt werden soll, die Erteilung der Erlaubnis rechtfertigen.

3 Die Erlaubnis nach Abs. 2 ändert nichts an dem Umstand, dass der frühere Patentanwalt nicht mehr die Befugnisse eines Patentanwalts nach § 3 hat, er gehört auch nicht mehr der Patentanwaltskammer an (§ 53) und untersteht nicht mehr der Berufsgerichtsbarkeit (§§ 95 ff.; vgl. auch BSG NJW 2010, 3388 zu § 17 Abs. 2 BRAO). Die Versagung der Erlaubnis nach Abs. 2 und deren Widerruf nach Abs. 3 können nach §§ 94a ff. angefochten werden.

3. Kanzlei und Patentanwaltsverzeichnis

§ 25 *[aufgehoben]*

§ 26 Kanzlei *(§ 7 BOPA)*

(1) **Der Patentanwalt muss im Geltungsbereich dieses Gesetzes eine Kanzlei einrichten und unterhalten.**

(2) **Verlegt der Patentanwalt seine Kanzlei oder errichtet er eine Zweigstelle, hat er dies der Patentanwaltskammer unverzüglich anzuzeigen.**

(3) [1] **Im Interesse der Rechtspflege oder zur Vermeidung von Härten kann die Patentanwaltskammer einen Patentanwalt von der Pflicht des Absatzes 1 befreien.** [2] **Die Befreiung kann widerrufen werden, wenn es im Interesse der Rechtspflege erforderlich ist.**

Schrifttum: *Borggräfe/Rothe,* Bewertung von Anwaltskanzleien, Rechtslage nach neuem Erbschaftssteuerrecht, BRAK-Magazin 2010, 10; *Deckenbrock,* Die endgültige Gleichstellung von Kanzlei und Zweigstelle?, AnwBl. 2013, 8; *Jungk,* Büroorganisation und Einzelweisung, AnwBl. 2010, 713; *Prütting,* Der Kampf um die Zweigstelle – oder: Was ist eine Kanzlei?, AnwBl. 2011, 46.

Übersicht

I. Errichtung der Kanzlei (Abs. 1)

1 § 26 entspricht § 27 BRAO. Auf das dort Gesagte wird verwiesen. Die Kanzlei kann in ganz Deutschland errichtet werden, vgl. auch § 27. Kanzleianschrift ist die im Patentanwaltsverzeichnis (vgl. § 29) eingetragen Anschrift (§ 10 Abs. 1 BOPA).

2 Zu den **Mindestanforderungen** an eine Kanzlei gehören organisatorische Maßnahmen, um der Öffentlichkeit den Willen des Patentanwalts zu offenbaren, bestimmte Räume zu verwenden, um dem rechtsuchenden Publikum dort patentanwaltliche Dienste bereitzustellen. Ferner muss der Patentanwalt ein Praxisschild anbringen, einen Telefonanschluss unterhalten und zu angemessenen Zeiten dem rechtsuchenden Publikum in den Praxisräumen für patentanwaltliche Dienste zur Verfügung stehen (BGH BRAK-Mitt. 2009, 240 zu § 27 BRAO). Ob die Anbringung eines Kanzleischildes zu den zwingenden Mindestanforderungen einer Kanzleieinrichtung gehört, ist inzwischen umstritten. Die Anforderungen an die Kanzlei sind an der gesellschaftsrechtlichen und technischen Entwicklung zu messen. Angesichts der Entwicklung der elektronischen Kommunikationsmittel mit der Möglichkeit der Kommunikation über E-Mail und Internet ist die

Anbringung eines Kanzleischildes zur ordnungsgemäßen Einrichtung einer Kanzlei nicht mehr erforderlich (AnwG Hamm AnwBl. 2000, 213; AnwG München BRAK-Mitt. 2007, 269).

Nach Auffassung der Europäischen Kommission erscheint zweifelhaft, ob diese Regelung mit den Grundsätzen der Niederlassungs- und Dienstleistungsfreiheit (Art. 49, 56 AEUV, ex-Art. 43, 49 EG-Vertrag) vereinbar ist (vgl. AnwBl. 2000, 99), soweit sie den Niederlassungsbereich auf Deutschland beschränkt. Im Hinblick auf § 27 greifen diese Benken nicht (→ Rn. 12). 3

Die gesetzliche Regelung über die Kanzleipflicht (§§ 26, 27) stellt eine verfassungsrechtlich zulässige Regelung der Berufsausübung dar (BVerfGE 65, 116, 125 = NJW 1984, 556 = GRUR 1984, 102 zur Residenzpflicht der Patentanwälte; BVerfG BRAK-Mitt. 2005, 275 zu §§ 27, 28, 29 BRAO), zumal sie eine weitere Kanzlei im Ausland ausdrücklich zulässt (§ 27). Zur Bedeutung der Erfüllung der Kanzleipflicht → § 29 Rn. 3. 4

Für die beim Europäischen Patentamt zugelassenen Vertreter gilt nach Art. 134 Abs. 6 des Europäischen Patentübereinkommens (EPÜ) vom 5.10.1973 (BGBl. 1976 II S. 826) ein erweitertes Recht zur Begründung von Geschäftssitzen. Sie sind berechtigt, zur Ausübung ihrer Tätigkeit als zugelassene Vertreter einen Geschäftssitz in jedem Vertragsstaat zu begründen, in dem die Verfahren durchgeführt werden, die durch das EPÜ geschaffen worden sind, also in Deutschland und den Niederlanden. 5

Zu gemeinsamen Geschäftsräumen mit Anwaltsnotaren vgl. § 9 Abs. 2 BNotO und § 14 Rn. 7. Zur Zusammenarbeit mit Rechtsanwälten vgl. § 52a. Zur Irreführung durch ein außerhalb der Geschäftsstelle eines Notars an einer Rechtsanwalts- und Patentanwaltskanzlei angebrachtes Geschäftsschild, das auf das Notaramt eines Rechtsanwalts hinweist, vgl. BVerfG BRAK-Mitt. 2008, 270. 6

II. Zweigstellen

Nach dem Wortlaut des Abs. 2 kann der Patentanwalt grundsätzlich beliebig viele Zweigstellen errichten. Mit dem Begriff der „Zweigstelle" korrespondiert nach allgemeinem Sprachgebrauch der – im Gesetz freilich nicht verwandte – Begriff der „Hauptstelle". Bei der Zweigstelle und der Hauptstelle handelt es sich jeweils um Niederlassungen der Kanzlei, die sich dadurch unterscheiden, in welcher der Anwalt seine berufliche Tätigkeit ihrem Schwerpunkt nach entfaltet (BGH NJW 2010, 3787 = BRAK-Mitt. 2010, 267 = AnwBl. 2010, 873). Auch am Ort der Zweigstelle sind die für die Berufsausübung des Patentanwalts erforderlichen sachlichen, organisatorischen und personellen Voraussetzungen wie bei der Kanzlei vorzuhalten (§ 7 Abs. 2 BOPA). Die Zweigstelle ist damit der Sache nach ebenso Kanzlei des Patentanwalts wie seine (Haupt-)Kanzlei. Durch einfache Anzeige bei der Patentanwaltskammer kann der Patentanwalt bestimmen, welche Niederlassung jeweils die Hauptniederlassung ist, ohne dass dies an bestimmte sachliche Voraussetzung geknüpft wäre (BGH NJW 2010, 3787). Dies muss auch gelten, wenn die (Haupt)Kanzlei im Ausland eingerichtet ist und im Inland die Zweigstelle. Da gemäß § 29 Abs. 3 auch die Anschrift der Zweigstellen in das Patentanwaltsverzeichnis einzutragen sind, kann die Inlandszweigstelle Anlaufstelle für Gerichte und Behörden sein. 7

Die Zweigstelle ist, ebenso wie die Hauptstelle, nach außen kenntlich zu machen (§ 7 Abs. 1 BOPA). Auf den Briefbögen der Zweigstelle muss neben der Zweigstellenanschrift immer die Anschrift der Hauptniederlassung, mit der der Patentanwalt im Patentanwaltsverzeichnis (§ 29) geführt wird, angegeben sein (§ 20 BOPA). Die Entscheidung BGH NJW 2013, 314 = BRAK-Mitt. 2012, 275 ist durch § 20 BOPA, der am 1.3.2014 in Kraft getreten ist, überholt. 8

III. Anzeigepflicht (Abs. 2)

Die Anzeigepflicht bei Verlegung der Kanzlei oder Errichtung einer Zweigstelle gegenüber der Patentanwaltskammer ist Voraussetzung für die sachgerechte Führung des Verzeichnisses nach § 29 (BT-Drs. 16/12061, 25; vgl. auch § 27 Abs. 2 BRAO). Die Verletzung der Anzeigepflicht ist eine Berufspflichtverletzung (§ 15 BOPA) und kann entsprechend geahndet werden (§§ 70, 98 ff.). 9

IV. Befreiung von der Kanzleipflicht (Abs. 3)

Abs. 3 ermöglicht der Patentanwaltskammer Ausnahmen von der Kanzleipflicht zu gestatten. Er entspricht § 29 BRAO. Eine Befreiung von der Kanzleipflicht kann zur Vermeidung persönlicher Härten, etwa im Fall vorübergehender, jedoch längerfristiger Erkrankung, in Betracht 10 kommen. Da nunmehr bei jeder Befreiung von der Kanzleipflicht – also auch in den Fällen des Abs. 3 – ein Zustellungsbevollmächtigter zu bestellen ist (§ 28), sind Schwierigkeiten bei der Erreichbarkeit von Patentanwälten ohne Kanzlei nicht zu besorgen.

11 Die Befreiung von der Kanzleipflicht kommt nur im Interesse der Rechtspflege oder zur Vermeidung persönlicher Härten in Betracht. Daher kann aus der Regelung kein Anspruch auf Befreiung etwa für Patentanwälte in ständigen Dienstverhältnissen (§ 41a) abgeleitet werden. Auch insoweit bestehen keine Unterschiede zur Rechtsanwaltschaft (BT-Drs. 16/12061, 26; → BRAO § 2 Rn. 18 ff.; § 29 BRAO).

12 Eine Ausnahme von der (inländischen) Kanzleipflicht ist bei Kanzleien in anderen Staaten ausdrücklich anerkannt und damit der wichtigste Fall der Befreiung (§ 27).

13 Auch ein von der Pflicht des § 26 befreiter Patentanwalt ist zur Zahlung der Kammerbeiträge (vgl. §§ 76 Abs. 2, 77, 82 Abs. 2 Nr. 4) verpflichtet (NdsAGH BRAK-Mitt. 2006, 280 zu § 29a BRAO) und muss eine Berufshaftpflichtversicherung unterhalten (→ § 45 Rn. 3).

V. Keine Kanzlei nach Widerruf der Zulassung

14 Ist die Zulassung des Patentantwalts bestandskräftig widerrufen (§ 21) oder die sofortige Vollziehung der Widerrufsverfügung angeordnet, ist die Kanzlei des früheren Patentantwalts nicht mehr Kanzlei im Rechtssinn. Dies gilt auch dann, wenn der frühere Patentantwalt diese weiterhin nutzt, um seine Zulassungsangelegenheit oder andere persönliche Angelegenheiten zu betreiben. Eine Ersatzzustellung nach §§ 178, 180 ZPO kann in den bisherigen Kanzleiräumen nicht mehr wirksam vorgenommen werden (BGH AnwBl. 2011, 295 zur Kanzlei eines früheren Rechtsanwalts).

§ 27 Kanzleien in anderen Staaten

(1) **Den Vorschriften dieses Abschnitts steht nicht entgegen, daß der Patentanwalt auch in anderen Staaten Kanzleien einrichtet oder unterhält.**

(2) [1]**Die Patentanwaltskammer befreit einen Patentanwalt, der seine Kanzlei ausschließlich in anderen Staaten einrichtet, von der Pflicht des § 26, sofern nicht überwiegende Interessen der Rechtspflege entgegenstehen.** [2]**Die Befreiung kann widerrufen werden, wenn es im überwiegenden Interesse der Rechtspflege erforderlich ist.**

(3) **Der Patentanwalt hat die Anschrift seiner Kanzlei in einem anderen Staat sowie deren Änderung der Patentanwaltskammer mitzuteilen.**

I. Kanzlei im In- und Ausland (Abs. 1)

1 § 27 ermöglicht insgesamt die Eröffnung einer Kanzlei im Ausland. Er entspricht § 29a BRAO. Damit wird die internationale Zusammenarbeit, die für die Patentanwälte seit langem in besonderem Maße erforderlich ist, erleichtert und verbessert. Der Patentanwalt kann seine Kanzlei im Inland beibehalten und eine weitere Kanzlei im Ausland errichten. Dann ist lediglich die Anschrift der weiteren Kanzlei im Ausland der Patentanwaltskammer mitzuteilen, § 27 Abs. 3. Mitzuteilen ist auch, welche Kanzlei als Hauptsitz im Patentanwaltsverzeichnis geführt werden soll (→ § 26 Rn. 7). Der Patentanwalt kann aber auch ausschließlich im Ausland eine Kanzlei unterhalten (§ 27 Abs. 2).

II. Befreiung bei ausschließlicher Auslandskanzlei (Abs. 2)

2 Bei Patentanwälten, die ihre Kanzlei **ausschließlich** im Ausland errichtet haben, ist eine Ausnahme von der Kanzleipflicht – anders als in den Fällen des § 26 Abs. 3 – in der Regel zu erteilen. Etwas anderes gilt nur, wenn überwiegende Interessen der Rechtspflege ausnahmsweise eine inländische Kanzlei erfordern. Dies ist dann anzunehmen, wenn durch die Aufgabe von Kanzlei und Wohnsitz im Inland die Verfolgung einer schwerwiegenden Pflichtverletzung oder die Durchsetzung von Ansprüchen gegen den Patentanwalt erheblich behindert würden (BR-Drs. 371/88, 59; AGH Bln BRAK-Mitt. 2012, 273). Das Fehlen des Versicherungsschutzes des § 45 steht der Befreiung entgegen (OLG München Urteil vom 12.5.2011 – PatA-Z 1/11 nv).

3 S. 2 stellt klar, dass für den Widerruf einer bereits erteilten Befreiung in diesen Fällen derselbe Maßstab gilt (BT-Drs. 16/12061, 26). Gibt der Patentanwalt freiwillig seine Auslandskanzlei auf

und richtet er wieder in Deutschland seine Kanzlei ein, ist der VA, mit dem die Befreiung von der Kanzleipflicht ausgesprochen wurde, gegenstandslos, da die maßgeblichen Voraussetzungen für den Inhalt des VA entfallen (Kopp/*Ramsauer* VwVfG § 43 Rn. 41).

Ist der Patentanwalt gemäß Abs. 2 von der Kanzleipflicht im Inland befreit worden, muss er gemäß § 28 einen **Zustellungsbevollmächtigten** bestellen. Darüber hinaus muss er weiter über eine **Berufshaftpflichtversicherung** gemäß § 45 verfügen, weil er jederzeit das Recht zur Beratung und Vertretung in allen Rechtsangelegenheiten auf dem Gebiet des gewerblichen Rechtsschutzes auch im Inland hat (vgl. AGH Baden-Württemberg BRAK-Mitt. 2009, 85). 4

III. Mitteilungspflicht (Abs. 3)

Patentanwälte mit Kanzlei im Ausland sind verpflichtet ihren Kanzleisitz und dessen Änderungen der Kammer mitzuteilen. Dies ergibt sich bereits aus § 26 Abs. 2 und aus § 15 Abs. 1 BOPA. Eine Mitteilung des Wohnsitzes ist nicht erforderlich. Eine solche Pflicht ergibt sich auch nicht aus der BOPA. 5

§ 28 Zustellungsbevollmächtigter

(1) **Ist der Patentanwalt von der Pflicht befreit, eine Kanzlei zu unterhalten, so hat er der Patentanwaltskammer einen Zustellungsbevollmächtigten zu benennen, der im Inland wohnt oder dort einen Geschäftsraum hat.**

(2) **An den Zustellungsbevollmächtigten kann auch von Anwalt zu Anwalt (§§ 174, 195 der Zivilprozessordnung) wie an den Patentanwalt selbst zugestellt werden.**

(3) **[1] Ist ein Zustellungsbevollmächtigter entgegen Absatz 1 nicht bestellt, so kann die Zustellung durch Aufgabe zur Post bewirkt werden (§ 184 der Zivilprozessordnung). [2] Das Gleiche gilt, wenn eine Zustellung an den Zustellungsbevollmächtigten nicht ausführbar ist.**

Als Folge der Befreiung von der Kanzleipflicht (→ § 26 Rn. 10 ff.; → § 27 Rn. 4 ff.) ist, um die Erreichbarkeit für Gerichte und Behörden zu gewährleisten, mit § 28 eine allgemeine Regelung über Zustellungsbevollmächtigte eingeführt (vgl. § 30 BRAO). 1

Wer von der Kanzleipflicht befreit ist (§ 26 Abs. 3), hat nach **Abs. 1** eine zustellungsbevollmächtigte Person zu benennen, die im Inland wohnen oder dort einen Geschäftsraum haben muss. Mit der Verpflichtung zur Bestellung soll sichergestellt werden, dass auch an Patentanwälte, die von der Kanzleipflicht befreit sind, Zustellungen schnell und vereinfacht erfolgen können. Insbesondere sollen gemäß **Abs. 2** die Zustellungen von Anwalt zu Anwalt zugelassen sein (§§ 174, 195 ZPO). Ausnahmen sind nicht vorgesehen Die Pflicht des § 28 gilt auch in den Fällen des § 27 Abs. 2, wenn also die Kanzlei ausschließlich in einem anderen Staat eingerichtet ist (BGH BRAK-Mitt. 2014, 316 zu § 29a Abs. 2 BRAO). 2

Schlägt die Zustellung an Zustellungsbevollmächtigte fehl oder sind solche nicht bestellt, kann die Zustellung nach **Abs. 3** auch durch Aufgabe zur Post nach § 184 ZPO bewirkt werden. In diesem Fall gilt das Schriftstück zwei Wochen nach Aufgabe zur Post als zugestellt (§ 184 Abs. 2 ZPO; BT-Drs. 16/12061, 26). 3

Nach § 21 Abs. 3 Nr. 3 kann die Patentanwaltszulassung widerrufen werden, wenn der Patentanwalt nicht binnen drei Monate nach Wegfall eines Zustellungsbevollmächtigten einen neuen Zustellungsbevollmächtigten bestellt (BGH NJW-RR 2014, 377). Wegen der weiteren Einzelheiten ergänzend → BRAO § 30 Rn. 1 ff. 4

§ 29 Patentanwaltsverzeichnis

(1) **[1] Die Patentanwaltskammer führt ein elektronisches Verzeichnis der zugelassenen Patentanwälte. [2] Die Patentanwaltskammer trägt die datenschutzrechtliche Verantwortung für die von ihr in das Verzeichnis eingegebenen Daten, insbesondere für die Rechtmäßigkeit der Erhebung und die Richtigkeit der Daten. [3] Das Verzeichnis dient der Information der Behörden und Gerichte, der Rechtsuchenden sowie anderer am Rechtsverkehr Beteiligter. [4] Die Einsicht in das Verzeichnis steht jedem unentgeltlich zu.**

(2) **Die Eintragung in das Verzeichnis erfolgt, sobald die Urkunde über die Zulassung ausgehändigt ist.**

(3) [1]**In das Verzeichnis sind der Familienname, die Vornamen, der Zeitpunkt der Zulassung, die Kanzleianschrift und die Telekommunikationsdaten, die der Patentanwalt mitgeteilt hat, in den Fällen des § 26 Absatz 3 oder des § 27 Absatz 2 der Inhalt der Befreiung, die Anschrift von Zweigstellen sowie bestehende Berufs- und Vertretungsverbote einzutragen.** [2]**Ist bei einem Berufs- oder Vertretungsverbot ein Vertreter bestellt, so ist die Vertreterbestellung unter Angabe von Familiennamen und Vornamen des Vertreters einzutragen.**

(4) **Die Eintragung in das Verzeichnis wird gelöscht, sobald die Zulassung erloschen ist.**

(5) **Das Bundesministerium der Justiz und für Verbraucherschutz regelt die Einzelheiten der Führung des Verzeichnisses und der Einsichtnahme in das Verzeichnis durch Rechtsverordnung ohne Zustimmung des Bundesrates.**

1 Die Führung eines Patentanwaltsverzeichnisses entspricht weitgehend der entsprechenden Regelung in § 31 BRAO. Das Patentanwaltsverzeichnis lehnt sich an die frühere Regelung über die Führung einer Liste der Patentanwälte (§ 29 aF) an. An die Stelle der Liste ist ein durch die Patentanwaltskammer zu führendes elektronisches und öffentlich zugängliches (Abs. 1 S. 4) Patentanwaltsverzeichnis getreten. Das Verzeichnis ist als **Verzeichnis aller natürlichen Berufsträger** konzipiert. Es soll Auskunft gegeben werden, wer zur Patentanwaltschaft zugelassen ist und damit als Patentanwalt tätig sein darf. Es ist im Interesse des einfachen und sicheren Rechtsverkehrs unerlässlich, dass Gerichte, Behörden und Rechtsuchende auch weiterhin schnell, unbürokratisch und dem Stand der Technik entsprechend feststellen können, wer zur Patentanwaltschaft zugelassen ist. Es besteht eine Inkongruenz von Zulassung und Patentanwaltsverzeichnis. Zugelassene Patentanwaltsgesellschaften werden nicht aufgenommen (vgl. BT-Drs. 16/11385, 35). Da das elektronische Patentanwaltsverzeichnis der Transparenz des Rechtsdienstleistungsmarkts sowie den Interessen der Verbraucher dient, erfolgt die Einsicht in das Patentanwaltsverzeichnis deshalb, wie beim Rechtsanwaltsverzeichnis, gemäß Abs. 1 S. 4 unentgeltlich (BT-Drs. 16/12061, 26).

2 Der Patentanwaltskammer steht hinsichtlich der Frage, ob und in welcher Form die Kanzleianschrift eines Patentanwalts zu veröffentlichen ist, kein Ermessen zu. Vielmehr hat die Kammer ua die Kanzleianschrift einzutragen. Für ein wie immer geartetes Mitspracherecht des Patentanwalts ist ebenfalls kein Raum (BGH NJW-RR 2013, 253 = BRAK-Mitt. 2013, 38 = AnwBl. 2013, 69).

3 Entscheidend für den **Zeitpunkt der Eintragung** in das Verzeichnis ist nach **Abs. 2** die Aushändigung der Zulassungsurkunde (§ 18). Mit ihr wird die Zulassung zur Patentanwaltschaft wirksam (§ 18 Abs. 1). Die Urkunde wird nach § 18 Abs. 2 übergeben, sobald der Bewerber vereidigt und ein Berufshaftpflichtversicherungsschutz (§ 45) nachgewiesen ist. Ob der Patentanwalt zu diesem Zeitpunkt der Kanzleipflicht (§ 26) genügt, ist dagegen für die Wirkungen der Zulassung – und damit auch für die Eintragung in das Verzeichnis – unerheblich (BT-Drs. 16/12061, 26).

4 In **Abs. 3 S. 1** wird, um eine sichere Rechtsgrundlage für die Veröffentlichung der von den Patentanwälten mitgeteilten ergänzenden Telekommunikationsdaten wie beispielsweise Telefon- und Telefaxnummern oder E-Mail-Adressen zu haben, ausdrücklich klargestellt, dass diese Daten ebenso wie die übrigen dort genannten persönlichen Daten veröffentlicht werden, dies allerdings nur, soweit sie mitgeteilt wurden. Dies entspricht der Regelung in § 31 BRAO. Außerdem regelt die Vorschrift, dass nur bestehende, also **wirksame Berufsverbote** (§ 96 Abs. 1 Nr. 4 PAO, §§ 61 Nr. 6, 70 StGB) zu erfassen sind. Ist die Maßnahme auf Grund eines Rechtsbehelfs noch nicht bestandskräftig geworden, so darf sie grundsätzlich nicht veröffentlicht werden. Etwas anderes gilt nur, wenn ein **vorläufiges Berufs- oder Vertretungsverbot** sofortige Wirkung entfaltet (§§ 132 ff., § 137 Abs. 1 PAO, § 132a StPO; *Horn* BRAK-Mitt. 2007, 94, 96). Nicht mehr bestehende Berufs- und Vertretungsverbote dürfen aus dem Verzeichnis nicht ersichtlich sein (BT-Drs. 16/12061, 27; vgl. auch § 142). Da die Anordnung der sofortigen Vollziehung eines Widerrufs (§ 21 Abs. 4) die Wirkung eines vorläufigen Berufsverbotes hat (§ 21 Abs. 4 iVm §§ 137 Abs. 2, 4, 5, 138 Abs. 2), ist auch diese in das Patentanwaltsverzeichnis einzutragen.

Wird ein Berufs- oder Vertretungsverbot veröffentlicht, ist zur Unterrichtung des Rechtsverkehrs zugleich auch die Bestellung eines **Vertreters** (§ 143) einzutragen. Dabei genügt neben der Tatsache, dass ein Vertreter bestellt wurde, die Angabe von Familien- und Vornamen. Weitere Daten zur Person des Vertreters können dann dem Patentanwaltsverzeichnis oder dem Rechtsanwaltsverzeichnis (§ 31 BRAO), in das der Vertreter stets auch selbst eingetragen ist, entnommen werden (BT-Drs. 16/12061, 27). Anders wohl, wenn gemäß § 143 Abs. 2 iVm § 46 Abs. 4 S. 2 ein Patentassessor oder Bewerber zum Vertreter bestellt ist, damit dann für den Rechtsverkehr die Erreichbarkeit sichergestellt ist. 5

Die Aufnahme von **Zweigstellen** in das Patentanwaltsverzeichnis belegt, dass die Zweigstelle in der Sache für die Rechtsuchenden einerseits und Gerichte und Behörden andererseits im Wesentlichen die gleiche Bedeutung hat wie die Hauptkanzlei (BGH NJW 2010, 3789 = BRAK-Mitt. 2010, 267 = AnwBl. 2010, 873). 6

Die **Löschungsregelung** in **Abs. 4** erfasst alle Fälle des Erlöschens einer Zulassung (§ 20) und damit ohne weiteres auch den Tod des Patentanwalts, sodass dieser nicht gesondert genannt werden muss. Auch der rechtskräftige Ausschluss aus der Patentanwaltschaft (§ 96 Abs. 1 Nr. 4) ist ein Fall des Erlöschens und führt zur Löschung aus dem Verzeichnis (→ § 144 Rn. 2). 7

Einer gesonderten Regelung über die Wirksamkeit von Rechtshandlungen, die ein Patentanwalt noch vor der Löschung aus dem Verzeichnis vorgenommen hat, bedarf es nicht. Hier gelten – wie im Anwendungsbereich der BRAO (§ 31 BRAO) – die allgemeinen Regelungen (BT-Drs. 16/12061, 27). Im Interesse der Rechtssicherheit und des Vertrauensschutzes darf der Rechtsverkehr auf den Inhalt des Verzeichnisses vertrauen und sich darauf berufen. Im Übrigen → BRAO § 31 Rn. 1 ff. entsprechend. 8

Mitglieder nach § 154a sind ebenfalls in das Verzeichnis aufzunehmen, Die Anwendbarkeit des § 29 ist in § 154b Abs. 2 S. 1 nicht ausgenommen (vgl. BT-Drs. 16/12061, 36). 9

Zweiter Abschnitt. Verwaltungsverfahren

§ 30 Ergänzende Anwendung des Verwaltungsverfahrensgesetzes

(1) [1] **Für Verwaltungsverfahren nach diesem Gesetz oder nach einer auf Grund dieses Gesetzes erlassenen Rechtsverordnung gilt, soweit nichts anderes bestimmt ist, das Verwaltungsverfahrensgesetz.** [2] **Die Verwaltungsverfahren können über eine einheitliche Stelle nach den Vorschriften des Verwaltungsverfahrensgesetzes abgewickelt werden.**

(2) [1] **Über Anträge ist innerhalb einer Frist von drei Monaten zu entscheiden; § 42a Absatz 2 Satz 2 bis 4 des Verwaltungsverfahrensgesetzes gilt entsprechend.** [2] **In den Fällen des § 22 beginnt die Frist erst mit der Vorlage des ärztlichen Gutachtens.** [3] **§ 17 bleibt unberührt.**

§ 30 entspricht § 32 BRAO und verweist auf das VwVfG. Dieses regelt das Verfahren insbesondere beim Erlass von Verwaltungsakten differenziert und umfassend in einer Weise, die auch für die Verwaltungsakte nach der PAO sachgerecht ist. Die folgenden Bestimmungen der §§ 31–34 enthalten daher nur berufsrechtlich bedingte Abweichungen und Ergänzungen. Um die Anwendbarkeit des VwVfG auch in dem patentanwaltlichen Verwaltungsverfahren zu gewährleisten, wurde § 2 Abs. 3 Nr. 1 VwVfG gleichzeitig entsprechend geändert (BT-Drs. 16/12061, 27, 38). Wegen der näheren Einzelheiten wird auf die Kommentierung zu der sachgleichen Regelung in → BRAO § 32 Rn. 1 ff. verwiesen. 1

Hervorzuheben ist die uneingeschränkte Anwendbarkeit des § 51 VwVfG (VwVfG im Auszug abgedruckt → BRAO § 32 Anh.). Die Patentanwaltskammer ist durch die Rechtskraft einer gerichtlichen Entscheidung, mit der ein Widerrufs- oder Versagungsbescheid bestätigt worden ist, an dem Erlass eines **Zweitbescheid**s gehindert, wenn eine wesentliche Änderung der Sachlage nicht dargelegt worden ist und – deshalb – die Voraussetzungen für ein Wiederaufgreifen des Verfahrens in entspr. Anwendung des § 51 VwVfG nicht vorliegen. Hat die Patentanwaltskammer das Verfahren aufgegriffen, obwohl die Voraussetzungen hierfür nicht gegeben waren, und – im wiederaufgegriffenen Verfahren – nach erneuter Prüfung das Anliegen des Antragstellers durch einen Zweitbescheid abschlägig beschieden, so steht auf dessen Rechtsmittel gegen diesen Bescheid die Rechtskraft der gerichtlichen Entscheidung über den Erstbescheid einer 2 erneuten Sachprüfung durch das Gericht entgegen (BGH NJW-RR 2009, 138 = BRAK-Mitt. 2008, 272; NJW 2009, 1822 = BRAK-Mitt. 2009, 128; Kopp/*Ramsauer* VwVfG § 43 Rn. 32 ff.). Auch § 44 VwVfG zur Nichtigkeit eines Verwaltungsaktes ist anwendbar. Allerdings ist ein bloßer Mangel der internen Zuständigkeit innerhalb der für die Entscheidung sachlich zuständigen Patentanwaltskammer kein absoluter Nichtigkeitsgrund nach § 44 Abs. 2 VwVfG (BGH BRAK-Mitt. 2009, 184 zu § 14 Abs. 2 Nr. 4 BRAO). Ebenso anwendbar ist § 23 VwVfG zu Deutsch als Amtssprache. Auch im Anwendungsbereich der Dienstleistungsrichtlinie (RL 2006/123/EG) gilt grundsätzlich Deutsch als Verfahrenssprache (näher Kopp/*Ramsauer* VwVfG § 23 Rn. 4b ff.)

3 Durch die in § 30 Abs. 1 S. 2 geregelte Möglichkeit der Verfahrensabwicklung über eine einheitliche Stelle gelangen die §§ 71a ff. VwVfG zur Anwendung. Nach § 71a Abs. 2 VwVfG sind für die **einheitliche Stelle** geltenden verfahrensrechtlichen Regelungen unmittelbar auch auf das Verfahren vor einer zuständigen Behörde anzuwenden. Die Patentanwaltskammer und sonstige zur Durchführung von Verwaltungsverfahren nach der PAO berufenen Behörden haben daher die Pflichten aus §§ 71b Abs. 3, 4 und 6, 71c Abs. 2 und 71e VwVfG zu beachten.

4 **Abs. 2** dient der Umsetzung des Art. 13 RL 2006/123/EG (allgemeine Dienstleistungsrichtlinie vom 12.12.2006, ABl. EU Nr. L 376 S. 36). Danach sind alle Genehmigungsverfahren unverzüglich und in jedem Fall innerhalb einer vorab festgelegten und bekannt gemachten angemessenen Frist zu bearbeiten. In Übereinstimmung mit der allgemeinen Regelung in § 42a Abs. 2 VwVfG soll diese **Bearbeitungsfrist für die Verfahren nach der PAO drei Monate** betragen. Innerhalb dieser Frist können Anträge auf Zulassung zur Patentanwaltschaft (§§ 13 ff. PAO), aber auch die sonstigen im Zusammenhang mit der Ausübung der Patentanwaltstätigkeit stehenden Anträge von Patentanwälten in aller Regel abschließend bearbeitet werden. Aus Vereinheitlichungs- und Transparenzgründen sowie zur Vermeidung von Streitigkeiten darüber, wie weit der Begriff des Genehmigungsverfahrens in Art. 13 RL 2006/123/EG auszulegen ist, war es angezeigt, die **einheitliche Entscheidungsfrist** für alle Verwaltungsentscheidungen nach der PAO einzuführen (BR-Drs. 539/10, 15, 18).

5 Einer gesetzlichen Anordnung einer Genehmigungsfiktion iSd § 42a Abs. 1 VwVfG für Anträge auf Zulassung zur Patentanwaltschaft bedurfte es nicht. Zwar sieht Art. 13 Abs. 4 S. 1 RL 2006/123/EG im Regelfall den Eintritt einer Genehmigungsfiktion vor, wenn ein Antrag nicht binnen der festgelegten oder verlängerten Frist beantwortet wird. Eine Genehmigungsfiktion kann aber nach Art. 13 Abs. 4 S. 2 RL 2006/123/EG dann ausgeschlossen werden, wenn dies durch einen zwingenden Grund des Allgemeininteresses, einschließlich eines berechtigten Interesses Dritter gerechtfertigt ist. Diese Voraussetzungen liegen hier vor: Eine Person, der infolge einer Genehmigungsfiktion das Recht zur Beratung und Vertretung iSd § 3 PAO gestattet wird, obwohl nicht gewährleistet ist, dass sie die erforderliche berufliche Qualifikation und Zuverlässigkeit besitzt, stellt eine Gefährdung für die Rechtspflege, die Interessen der Rechtsuchenden und die Rechtsordnung insgesamt dar. Um sicherzustellen, dass die Patentanwaltstätigkeit nur dann ausgeübt werden darf, wenn die Voraussetzungen der PAO geprüft wurden, ist es deshalb **gerechtfertigt, von einer Genehmigungsfiktion abzusehen** (BR-Drs. 539/10, 15, 18).

6 Durch die Verweisung auf § 42a Abs. 2 S. 3 VwVfG wird gewährleistet, dass die zuständige Behörde in besonders gelagerten **Ausnahmefällen** die **Frist angemessen verlängern** kann. Eine solche Fristverlängerung ist dann gemäß § 42 Abs. 2 S. 4 VwVfG gesondert zu begründen und dem Antragsteller vor Ablauf der gesetzlichen Frist mitzuteilen. Von der für eine Fristverlängerung nach § 42a Abs. 2 S. 3 VwVfG erforderlichen „Schwierigkeit der Angelegenheit" ist dabei auch dann auszugehen, wenn zur Aufklärung oder Ergänzung des Sachverhalts eine weitere Mitwirkungshandlung des Antragstellers erforderlich wird. Die Frist kann in diesen Fällen um die für die Beibringung der erforderlichen Informationen oder Unterlagen erforderliche Zeit zuzüglich eines für die abschließende Prüfung und Entscheidungsfindung erforderlichen Zeitraums verlängert werden (BR-Drs. 539/10, 15, 18).

7 Bereits aus der Verweisung auf § 42a Abs. 2 S. 2 VwVfG ergibt sich, dass der Lauf der dreimonatigen Entscheidungsfrist erst beginnt, wenn sämtliche zur Entscheidung über den Antrag erforderlichen Unterlagen vorliegen. Klarstellend werden die Fälle der Einholung eines ärztlichen Gutachtens (§ 22) und eines schwebenden Ermittlungs- oder Strafverfahrens (§ 17) gesondert geregelt (BR-Drs. 539/10, 15, 18).

§ 31 Sachliche Zuständigkeit

Für die Ausführung dieses Gesetzes und der nach diesem Gesetz erlassenen Rechtsverordnungen ist die Patentanwaltskammer zuständig, soweit nichts anderes bestimmt ist.

Für die Ausführung der PAO und der auf ihrer Grundlage erlassenen Rechtsverordnungen liegt 1 die sachliche Zuständigkeit bei der Patentanwaltskammer. Etwas anderes gilt nur dann, wenn dies in der PAO ausdrücklich vorgesehen ist. Ausdrücklich angeordnet ist die sachliche Zuständigkeit des BMJV und der Landesjustizverwaltung etwa bei der Ernennung der patentanwaltlichen Mitglieder bzw. Beisitzer der Kammern bzw. Senate für Patentanwaltssachen (vgl. §§ 87, 89, 91) und die Aufsicht über die Patentanwaltskammer durch den Präsidenten des Patentamtes (§ 57). In Ausbildungs- und Prüfungsangelegenheiten, also insbesondere für die Entscheidung über die Zulassung zur Ausbildung (§ 12 PAO, § 3 PatAnwAPO sowie zur Prüfung (§ 10) und die Durchführung des Prüfungsverfahrens (vgl. §§ 8, 12) bleibt weiterhin der Präsident des Deutschen Patent- und Markenamts zuständig (BT-Drs. 16/12061, 27; → § 10 Rn. 1).

§ 32 Zustellung

Verwaltungsakte, durch die die Zulassung zur Patentanwaltschaft oder die Mitgliedschaft in der Patentanwaltskammer begründet oder versagt wird oder erlischt oder durch die eine Befreiung oder Erlaubnis versagt, zurückgenommen oder widerrufen wird, sind zuzustellen.

Die **Zustellungen im Verwaltungsverfahren** regelt § 32 systematisch und zusammengefasst. 1 § 32 entspricht § 34 BRAO. Danach sind nunmehr auf Grund ihrer besonderen Bedeutung alle Entscheidungen zuzustellen, die konstitutive Auswirkungen auf die Zulassung zur Patentanwaltschaft und die Mitgliedschaft in der Kammer haben sowie sonstige belastende Verwaltungsakte, die Erlaubnisse oder Befreiungen betreffen. Damit wird zugleich der Verwaltungsakt als Handlungsform vorgeschrieben, für den die allg. Vorschriften des Verwaltungsverfahrensgesetzes gelten (§§ 35 ff. VwVfG; BGH NJW-RR 2013, 303). Mit der Anordnung der Zustellung der Bescheide, die in der Bekanntgabe eines schriftlichen oder elektronischen Dokuments besteht, ergibt sich zugleich ein Schriftformerfordernis (§ 30 PAO iVm§ 37 VwVfG). Dieses wiederum zieht nach § 30 PAO iVm § 39 VwVfG eine Begründungspflicht nach sich.

Die **Zustellungen im Verwaltungsverfahren** sind in § 32 im Grundsatz geregelt. Sie 2 erfolgen über das Verwaltungsverfahrensgesetz (§ 41 Abs. 5 VwVfG) nach dem Verwaltungszustellungsgesetz. Für den Widerspruchsbescheid gilt § 73 Abs. 3 S. 2 VwGO, dh zugestellt wird ebenfalls nach den Vorschriften des VwZG (BT-Drs. 16/12061, 27). Danach erfolgt die Zustellung durch die Post mit **Zustellungsurkunde** (§ 3 VwZG), mittels **Einschreiben** (§ 4 VwZG) oder durch die Behörde gegen **Empfangsbekenntnis** (§ 5 VwZG). Der Patentanwalt ist verpflichtet, Empfangsbekenntnisse unverzüglich anwaltlich unterzeichnet zurückzugeben (§ 13 Abs. 3 BOPA). Eine Zustellung durch die Post mit Zustellungsurkunde ist auch dann wirksam, wenn die Zustellung durch Einlegen in den Briefkasten erfolgt, nachdem der Zusteller vergeblich versucht hat, die Zustellung durch Übergabe zu bewirken, § 180 ZPO (BGH BeckRS 2014, 16662). Für die **öffentliche Zustellung** (§ 10 VwZG) hat die Patentanwaltskammer eine gesonderte Stelle in ihrer Geschäftsstelle (→ § 53 Rn. 4) bestimmt.

Für **Zustellungen im gerichtlichen Verfahren in verwaltungsrechtlichen Patentanwaltssachen** verweisen § 94b Abs. 1 S. 1 iVm § 56 VwGO auf die Vorschriften der **ZPO.** 3 Im **berufsgerichtlichen Verfahren** (§§ 98 ff.) gelten über § 98 die Zustellungsbestimmungen der StPO und damit nach § 37 Abs. 1 StPO ebenfalls die Vorschriften der **ZPO entsprechend.**

§ 33 Bestellung eines Vertreters im Verwaltungsverfahren

Wird auf Ersuchen der Patentanwaltskammer für das Verwaltungsverfahren ein Vertreter bestellt, soll ein Patentanwalt oder ein Rechtsanwalt bestellt werden.

1 Die Bestellung eines Vertreters von Amts wegen kann in bestimmten Situationen angemessen sein, etwa in Verfahren des Widerrufs der Zulassung aus gesundheitlichen Gründen, aber auch, wenn die Zulassung zur Patentanwaltschaft aus anderen Gründen versagt werden soll. Über die Verweisung in § 30 finden die weiterreichenden Regelungen des VwVfG für die Bestellung eines Vertreters von Amts wegen (§ 16 VwVfG) Anwendung. § 33 regelt als berufsrechtliche Besonderheit, dass der Vertreter Patent- oder Rechtsanwalt sein soll (BT-Drs. 16/12061, 27). § 33 entspricht § 35 BRAO (→ BRAO § 35 Rn. 1 ff.).

§ 34 Ermittlung des Sachverhalts, personenbezogene Daten, Mitteilungspflichten

(1) **Die Patentanwaltskammer kann zur Ermittlung des Sachverhalts in Zulassungssachen eine unbeschränkte Auskunft nach § 41 Absatz 1 Nummer 11 des Bundeszentralregistergesetzes als Regelanfrage einholen.**

(2) [1] **Gerichte und Behörden übermitteln personenbezogene Daten, deren Kenntnis aus Sicht der übermittelnden Stelle für die Zulassung zur Patentanwaltschaft, die Entstehung oder das Erlöschen der Mitgliedschaft in der Patentanwaltskammer, die Rücknahme oder den Widerruf einer Erlaubnis oder Befreiung oder zur Einleitung eines Rügeverfahrens oder eines berufsgerichtlichen Verfahrens erforderlich ist, der Patentanwaltskammer oder der für die Entscheidung zuständigen Stelle.** [2] **Die Übermittlung unterbleibt, soweit**

1. **durch die Übermittlung schutzwürdige Interessen des Betroffenen beeinträchtigt würden und das Informationsinteresse der Patentanwaltskammer oder der für die Entscheidung zuständigen Stelle das Interesse des Betroffenen am Unterbleiben der Übermittlung nicht überwiegt oder**
2. **besondere gesetzliche Verwendungsregelungen entgegenstehen.**

[3] **Informationen über die Höhe rückständiger Steuerschulden können entgegen § 30 der Abgabenordnung zum Zwecke der Vorbereitung des Widerrufs der Zulassung wegen Vermögensverfalls übermittelt werden; die Patentanwaltskammer darf die Steuerdaten nur für den Zweck verwenden, für den sie ihr übermittelt worden sind.**

(3) [1] **Ist ein Patentanwalt Mitglied einer Berufskammer eines anderen freien Berufs im Geltungsbereich dieses Gesetzes, darf die Patentanwaltskammer personenbezogene Daten über den Patentanwalt an die zuständige Berufskammer übermitteln, soweit die Kenntnis der Information aus der Sicht der übermittelnden Stelle zur Erfüllung der Aufgaben der anderen Berufskammer im Zusammenhang mit der Zulassung zum Beruf oder der Einleitung eines Rügeverfahrens oder berufsgerichtlichen Verfahrens erforderlich ist.** [2] **Absatz 2 Satz 2 gilt entsprechend.**

1 Über die Verweisung in § 30 findet die Regelung zum **Untersuchungsgrundsatz** in § 24 Abs. 1 S. 1 VwVfG unmittelbar Anwendung. Die Vorschrift verpflichtet die Patentanwaltskammer zur Ermittlung des für ihre Entscheidung in Zulassungssachen maßgeblichen Sachverhalts von Amts wegen. Ebenso finden die Bestimmungen zu den Beweismitteln in § 26 Abs. 1 S. 1, Abs. 2 S. 1 VwVfG unmittelbare Anwendung.

2 **Abs. 1** ist § 36 Abs. 1 BRAO nachgebildet und enthält die erforderliche Grundlage für die Einholung einer Auskunft aus dem BZRG durch die Patentanwaltskammer. Die Kammer wurde zugleich durch Änderung des § 41 Abs. 1 Nr. 11 BZRG in den Kreis der Auskunftsberechtigten für die Entscheidung in Zulassungsverfahren aufgenommen (BT-Drs. 16/12061, 28, 38).

3 **Abs. 2** enthält die datenschutzrechtlichen Regelungen zur Übermittlung personenbezogener Daten und entspricht § 36 Abs. 2 BRAO. Die Mitteilungspflichten werden ergänzt durch die **„Anordnung über Mitteilungspflichten in Zivilsachen (MiZi)“**, 5. Abschnitt Nr. XXIII und der **„Anordnung über Mitteilungen in Strafsachen (MiStra)“** Nr. 23 bei Zivil- bzw. Strafsachen gegen Patentanwälte, Mitglieder der Patentanwaltskammer nach § 154a sowie Patentanwaltsgesellschaften nach § 52c.

4 **Abs. 3** stellt sicher, dass Informationen über Mitglieder der Patentanwaltskammer, die zugleich auch einer **anderen Berufskammer angehören** – insbesondere Rechtsanwälte – auch an diese Kammer weitergeleitet werden dürfen. Diese Regelung entspricht den Regelungen in § 36

Abs. 3 BRAO und § 36a Abs. 4 WiPrO (BT-Drs. 16/12061, 28). In einer gemäß Abs. 3 zulässigen Weitergabe von Daten liegt keine Verletzung der Verschwiegenheitspflicht (BGH BRAK-Mitt. 2014, 279 = NJW-Spezial 2014, 542 zu § 36 BRAO).

In wieweit Abs. 3 zur Weitergabe von Informationen über einen Patentanwalt, der auch 5 zugelassener Vertreter vor dem Europäischen Patentamt ist (European Patent Attorney, → § 3 Rn. 19) an das **Institut der zugelassenen Vertreter vor dem Europäischen Patentamt** ermächtigt, ist offen. Das Institut, die Berufskammer der zugelassenen Vertreter, hat im Geltungsbereich der Patentanwaltsordnung seinen Sitz und in jedem Vertragsstaat des EPÜ die weitestgehende Rechts- und Geschäftsfähigkeit, die juristische Personen nach dessen Rechtsvorschriften zuerkannt ist (Art. 2 der Vorschriften über die Errichtung eines Instituts der beim EPA zugelassenen Vertreter, abgedruckt bei *Reinhard* S. 251), es unterliegt aber nicht generell dem deutschen Recht (vgl. Art. 134a EPÜ und Vorschriften in Disziplinarangelegenheiten von zugelassenen Vertretern, abgedruckt bei *Reinhard* S. 221 und S. 257 ff.). Der European Patent Attorney übt zwar keinen freien Beruf iSd § 1 PartGG aus und ist nicht sozietätsfähig (→ § 52a Rn. 4). Seine Tätigkeit ähnelt jedoch dem des Patentanwalts, da er in freiberuflicher Tätigkeit ihm erteilte Rechtssachen ausführt. Er unterliegt § 18 Abs. 1 EStG, und ist nicht gewerbesteuerpflichtig. Angesichts der Tatsache, dass nahezu jeder Patentanwalt auch zugelassener Vertreter vor dem EPA ist, ist es zum Schutz der Rechtssuchenden und des öffentlichen Interesses unerlässlich Abs. 3 dahin zu verstehen, dass die Patentanwaltskammer Informationen über einen Patentanwalt unter Beachtung der Kriterien des Abs. 2 S. 2 an das Institut der zugelassenen Vertreter weiterleiten darf.

Abs. 3 sieht ein Informationsrecht der Patentanwaltskammer gegenüber **ausländischen Berufskammern,** nicht vor. Das ist unbefriedigend, wenn sich zB der Patentanwalt ins Ausland 6 absetzt, um sich der deutschen Justiz zu entziehen und dort beruflich tätig sein will, und bedarf der Schaffung einer entsprechenden Rechtsgrundlage. Zwar folgt aus dem Recht der informationellen Selbstbestimmung ein informationelles Trennungsprinzip. Eine Gesetzesänderung ist jedoch durch Gemeinwohlbelange gerechtfertigt, die die grundrechtlich geschützten Interessen des Patentanwalts überwiegen (vgl. BVerfGE 133, 277 = NJW 2013, 1499).

§§ 35–38 *[aufgehoben]*

Dritter Teil. Die Rechte und Pflichten des Patentanwalts und die berufliche Zusammenarbeit der Patentanwälte

Erster Abschnitt. Allgemeines

§ 39 Allgemeine Berufspflicht

[1]Der Patentanwalt hat seinen Beruf gewissenhaft auszuüben. [2]Er hat sich innerhalb und außerhalb des Berufs der Achtung und des Vertrauens, welche die Stellung des Patentanwalts erfordert, würdig zu erweisen.

§ 39, der § 43 BRAO voll entspricht (→ BRAO § 43 Rn. 1 ff.), ist als **Generalklausel** im 1 Zusammenhang mit § 95 zu sehen. Das heißt, soweit Berufspflichten in der PAO oder der Berufsordnung (§ 95 Abs. 1) geregelt sind, gehen diese vor. § 39 hat nur die Funktion als Transportnorm (vgl. Henssler/Prütting/*Prütting* BRAO § 43 Rn. 21 ff.), die dann eingreift, wenn berufsrechtliche Spezialregelungen fehlen. In diesen Fällen können Verstöße gegen nicht dem patentanwaltlichen Berufsrecht zugehörige **Rechtsnormen** zB aus dem Straf- und Zivilrecht und den Prozessgesetzen über § 39 in das patentanwaltliche Berufsrecht übertragen werden. So hat auch der Patentanwalt das Geldwäschegesetz bei seiner Berufsausübung zu beachten (§ 2 Abs. 1 Nr. 7 GwG; → BRAO § 43 Rn. 16) und Informationspflichten nach der DL-InfoV (§§ 6, 6c, 146 Abs. 2 Nr. 1 GewO) zu erfüllen (→ § 69a Rn. 1). Der Patentanwalt hat auch die für jedermann geltenden Gesetzesnormen zu beachten. Allein aus § 39 können sich Berufspflichten nicht konstituieren. Auf das zu § 43 BRAO Gesagte wird Bezug genommen.

§ 39a Grundpflichten des Patentanwalts *(§§ 1, 3, 4, 5, 6 BOPA)*

(1) **Der Patentanwalt darf keine Bindungen eingehen, die seine berufliche Unabhängigkeit gefährden.**

(2) [1]**Der Patentanwalt ist zur Verschwiegenheit verpflichtet.** [2]**Diese Pflicht bezieht sich auf alles, was ihm in Ausübung seines Berufes bekannt geworden ist.** [3]**Dies gilt nicht für Tatsachen, die offenkundig sind oder ihrer Bedeutung nach keiner Geheimhaltung bedürfen.**

(3) [1]**Der Patentanwalt darf sich bei seiner Berufsausübung nicht unsachlich verhalten.** [2]**Unsachlich ist insbesondere ein Verhalten, bei dem es sich um die bewußte Verbreitung von Unwahrheiten oder solche herabsetzenden Äußerungen handelt, zu denen andere Beteiligte oder der Verfahrensablauf keinen Anlaß gegeben haben.**

(4) **Der Patentanwalt darf keine widerstreitenden Interessen vertreten.**

(5) [1]**Der Patentanwalt ist bei der Behandlung der ihm anvertrauten Vermögenswerte zu der erforderlichen Sorgfalt verpflichtet.** [2]**Fremde Gelder sind unverzüglich an den Empfangsberechtigten weiterzuleiten oder auf ein Anderkonto einzuzahlen.**

(6) **Der Patentanwalt ist verpflichtet, sich fortzubilden.**

Schrifttum: *Brisch,* 10 Fragen zum Datenschutz in Kanzleien, Kammer-Forum RAK Köln 2009, 6; *Deckenbrock,* Strafrechtlicher Parteiverrat und berufsrechtliches Verbot der Vertretung widerstreitender Interessen, 2009; *ders.*, Tätigkeitsverbote des Anwalts: Rechtsfolgen beim Verstoß, AnwBl. 2010, 221; *ders.*, Interessenkollision und gemeinschaftliche Berufsausübung – was gilt?, AnwBl. 2009, 170; *Henssler/Deckenbrock,* Neue anwaltliche Betätigungsverbote bei Interessenkonflikten, NJW 2008, 1275; *Kahlert,* Treuhänderische Verwahrung von Geldern für beide Parteien als Vertreter widerstreitender Interessen, BRAK-Mitt. 2009, 264, Anm. zu AnwG Hamburg BRAK-Mitt. 2008, 278 = AnwBl. 2009, 143 mit Berichtigungshinweis AnwBl. 2009, 392; *Offermann-Burckart,* Interessen-Kollision – Jeder Fall ist anders, AnwBl. 2009, 729; *Passarge,* Zur Entbindung der Berufsgeheimnisträger von Zeugnisverweigerungsrechten durch juristische Personen, BB 2010, 591; *Quaas,* Verschwiegenheitspflicht und anwaltliche Selbstdarstellung, BRAK-Mitt. 2013, 258; *Redeker,* Datenschutz auch bei Anwälten – aber gegenüber Datenschutzkontrollinstanz gilt das Berufsgeheimnis, NJW 2009, 554; *Sahan,* Anwälte einer Sozietät als Vertreter widerstreitender Interessen, AnwBl. 2008, 698; *Schons,* Europas neuester Streich: Informationspflichten für Anwälte, AnwBl. 2010, 419; *Spielmann,* Das anwaltliche Berufsgeheimnis in der Rechtsprechung des EGMR, AnwBl. 2010, 373; *Stobbe,* Nun sag, wie hast du's mit der Fortbildung?, AnwBl. 2008, 654; *Wagner,* Datenschutz und Mandatsgeheimnis – der Umgang mit personenbezogenen Daten im Anwaltsmandat, BRAK-Mitt. 2011, 2; *Wolf/Hasenstab,* Der grenzüberschreitende Schutz des Anwaltsgeheimnisses in Europa, BRAK-Mitt. 2010, 150.

1 § 39a entspricht § 43a BRAO. Auf das dazu Gesagte wird Bezug genommen. Die **Pflicht zur Verschwiegenheit (Abs. 2)** wird in § 4 BOPA näher konkretisiert und ist über § 203 Abs. 1 Nr. 3 StGB strafrechtlich geschützt. In Betreff der Tatsachen, auf welche die **Verpflichtung zur Verschwiegenheit** sich bezieht (Abs. 2), ist der Patentanwalt zur Verweigerung des Zeugnisses berechtigt (§ 383 Abs. 1 Nr. 6 ZPO; vgl. auch §§ 53 Abs. 1 Nr. 3, 97 StPO).

2 Die **Verschwiegenheitspflicht** rechnet von jeher zu den anwaltlichen Grundpflichten; als unverzichtbare Bedingung der anwaltlichen Berufsausübung hat sie teil am Schutz des Art. 12 Abs. 1 S. 1 GG (BVerfG NJW 2010, 2937) und des § 203 Abs. 1 Nr. 3 StGB. An sie knüpfen an des Zeugnisverweigerungsrecht des Patentanwalts (§ 53 Abs. Nr. 3 StPO, § 383 ZPO, § 98 VwGO iVm § 383 ZPO) und die Beschlagnahmefreiheit nach § 97 Abs. 1 Nr. 3 StPO. Die Schweigepflicht schützt den Mandanten, nicht den Arbeitgeberanwalt. Die Pflicht dient nicht dazu, Fehler in der Mandatsbearbeitung, zu deren Offenlegung der Patentanwalt verpflichtet ist, zu verschweigen oder das Verschweigen derartiger Fehler zu fördern. Ein angestellter Patentanwalt verstößt daher nicht gegen die anwaltliche Pflicht zur Verschwiegenheit, wenn er einen Mandanten seines Arbeitgebers darauf hinweist, dass dieser einen Regressfall ausgelöst hat (AnwG Köln AnwBl. 2009, 792 = BRAK-Mitt. 2009, 290 zu § 43a Abs. 2 BRAO). Ein Patentanwalt ist dem Rechtsschutzversicherer seines Mandanten gegenüber nicht zur Auskunft verpflichtet, selbst wenn er die Deckungszusage eingeholt hat. Einem Auskunftsanspruch steht die dem Patentanwalt obliegende Verschwiegenheitspflicht im Verhältnis zu seinem Mandanten entgegen, solange er nicht von diesem von der Schweigepflicht entbunden worden ist. Soweit der Mandant den Patentanwalt mit der Einholung einer Deckungszusage beauftragt hat, vermag dies allein eine konkludente Entbindung vom der Schweigepflicht nicht zu begründen (AG Aachen BRAK-Mitt. 2010, 188 zu § 43a Abs. 2 BRAO). Aus der Kontrollpflicht der Datenschutzbehörde ergibt sich keine gesetzliche Befugnis oder gar Verpflichtung des Patentanwalts zur Weitergabe mandatsbezogener Informationen an den Datenschutzbeauftragten. Die anwaltliche Verschwiegenheits-

pflicht wird nicht durch § 24 Abs. 2 S. 1 Nr. 2 BDSG außer Kraft gesetzt (KG NJW 2011, 324 = BRAK-Mitt. 2010, 224 zu § 43a Abs. 2 BRAO mit Anm. *Winkler* BB 2/2011, VI, VII). Das Recht und die Verpflichtung zur anwaltlichen Verschwiegenheit werden durch die Pflicht aus § 44c Abs. 1 KWG zur Auskunftserteilung an die BaFin eingeschränkt. Ein Auskunftsverlangen der BaFin gegenüber einem Rechtsanwalt ist mit Art. 12 Abs. 1 GG unvereinbar und deshalb ermessensfehlerhaft, wenn ein Vorgehen gegen dessen Mandaten möglich und erfolgsversprechend ist (BVerwG NJW 2012, 1241 = BRAK-Mitt. 2012, 129). Im europäischen Kartellverfahren genießt der unternehmensinterne Schriftwechsel mit dem Syndikusanwalt keinen Vertraulichkeitsschutz (EuGH NJW 2010, 3557 = BRAK-Mitt. 2010, 259 = AnwBl. 2010, 796 mit abl. Anm. *Hamacher* AnwBl. 2011, 42). Der Patentanwalt hat seine Mitarbeiter und alle sonstigen Personen, die bei seiner Berufsausübung mitwirken, wie externe Übersetzer, Schreibkräfte, Zeichner oÄ, zur Verschwiegenheit ausdrücklich zu verpflichten und anzuhalten (§ 4 Abs. 4 BOPA).

Abs. 3 schränkt die Meinungsfreiheit iSd Art. 5 Abs. 2 GG ein. Zu den Grenzen des anwalt- 3
liche **Sachlichkeitsgebots** vgl. BVerfG NJW-RR 2010, 204; → BRAO § 43a Rn. 31 ff.

Grundlage des **Verbots der widerstreitenden Interessen (Abs. 4)** sind das Vertrauensver- 4
hältnis zum Mandanten, die Wahrung der Unabhängigkeit des Patentanwalts und die im Interesse der Rechtspflege gebotene Gradlinigkeit der patentanwaltlichen Berufsausübung (BT-Drs. 12/4993, 40). Ein Verstoß des Patentanwalts gegen das Verbot, widerstreitende Interessen zu vertreten, führt nicht zur Nichtigkeit der ihm erteilten Prozessvollmacht (BGH NJW-RR 2010, 67 = BRAK-Mitt. 2009, 189 = AnwBl. 2009, 649; OLG München NJW-RR 2010, 131; OLG Rostock AnwBl. 2008, 633 zu § 43a Abs. 4 BRAO mit Anm. *Hartung*). Wird eine Anwaltssozietät häufig von dem Gegner der Partei, die ihr ein neues Mandat anträgt, beauftragt, so muss sie auch dann auf diesen Umstand hinweisen, wenn ein tatsächlicher oder rechtlicher Zusammenhang mit den vom Gegner erteilten Aufträgen nicht besteht. Ist der Anwalt von Anfang an nicht bereit, den Mandanten auch gerichtlich gegenüber dem Gegner zu vertreten, so hat er dies ungefragt zu offenbaren. Steht fest, dass der Patentanwalt seine vertragliche Aufklärungspflicht über Mandatsbeziehungen seiner Sozietät zum Gegner der Partei oder über Grenzen seiner Vertretungsbereitschaft verletzt hat, so spricht der Beweis des ersten Anscheins dafür, dass das Mandat nicht erteilt worden wäre, wenn der Mandant das Auftragsverhältnis alsbald nach entsprechender Kenntnis beendet (BGH Mitt 2008, 184 = AnwBl. 2008, 297 = NJW 2008, 1307 mit Anm. *Henssler/Deckenbrock* NJW 2008, 1275). Ein Verstoß des Anwalts gegen die Pflicht zur Vermeidung von Interessenkollisionen führt nicht zum Verlust solcher Honoraransprüche, die schon vor der Pflichtverletzung entstanden sind, es sei denn die Beratungsleistungen sind für den Auftraggeber ohne Interesse (BGH NJW 2009, 3297 = AnwBl. 2009, 653 zu § 43a Abs. 4 BRAO). Dem Verbot der Vertretung widerstreitender Interessen steht nicht entgegen, dass der Patentanwalt mit dem Gegner seines Mandanten ein bloßes Auftrags- oder Treuhandverhältnis eingeht, da der Patentanwalt dem Dritten durch ein solches Vertragsverhältnis nicht zur umfassenden Rechtsberatung verpflichtet ist (BGH MDR 2007, 388 = NJW-RR 2007, 267; OLG Düsseldorf MDR 2010, 1087 zu § 43a Abs. 4 BRAO). Die Vertretung mehrerer Beklagter zur Abwehr von Ansprüchen, die gegen sie als Gesamtschuldner geltend gemacht werden, stellt keine Interessenkollision dar (OLG München BRAK-Mitt. 2010, 277).

Zu den Anwälten iSv **§ 356 StGB (Parteiverrat)** gehören auch die Patentanwälte (LK- 5
StGB/*Gillmeister* StGB § 356 Rn. 13). § 356 StGB sichert das Verbot der widerstreitenden Interessen strafrechtlich ab. Trotz des unterschiedlichen Wortlauts unterscheiden sich § 356 StGB und § 39a Abs. 3 nur im subjektiven Tatbestand. § 356 StGB verlangt vorsätzliches Handeln. Aus § 95 Abs. 1 iVm § 39a Abs. 3 folgt, dass jeder schuldhafte, also jeder vorsätzliche und auch nur fahrlässige Verstoß gegen das Verbot der widerstreitenden Interessen eine berufsrechtlich ahndbare Pflichtverletzung begründet (vgl. Henssler/Prütting/*Prütting* BRAO § 43a Rn. 211 ff.). Nur für das Berufsrecht gelten die aus § 5 BOPA folgenden Besonderheiten, die sich auch auf alle mit dem Patentanwalt in gemeinschaftlicher Berufsausübung erstrecken.

Die Sorgfaltspflicht des Patentanwalts beim Umgang mit **fremden Vermögenswerten** 6
(Abs. 5) resultiert aus dem vertraglichen Vertrauensverhältnis zu seinem Mandanten und der Erwartung in die uneingeschränkte Integrität des Patentanwalts in seiner Stellung als Organ der Rechtspflege (BT-Drs. 12/4993, 40). Dem Patentanwalt, der vom Mandanten auf die Herausgabe von Fremdgeld in Anspruch genommen wird (§§ 675, 667 BGB), ist die Aufrechnung mit Honoraransprüchen aus auftragsfremden Angelegenheiten nur dann gestattet, wenn ein solches

Vorgehen nicht gegen Treu und Glauben im Rechtsverkehr verstößt. Gegen den Anspruch des Mandanten auf Auszahlung von Fremdgeldern darf der Patentanwalt nur ausnahmsweise mit der Honorarforderung aus einem anderen Mandat aufrechnen, wenn diese zeitgleich fällig geworden ist (OLG Düsseldorf AnwBl. 2009, 66 = MDR 2009, 535). Zur auftragsrechtlichen Pflicht des Patentanwalts gegenüber Dritten zur zweckentsprechenden Mittelverwendung (Kaution) vgl. BGH NJW 2004, 3630; BRAK-Mitt. 2007, 16 mit Anm. *Chab* BRAK-Mitt. 2007, 34 = BGHR 2007, 136 = NJW-RR 2007, 267; BGHR 2009, 429.

7 Die in **Abs. 6** geregelte **Fortbildungspflicht** gehört als Qualitätssicherung patentanwaltlicher Leistung mit zu den Grundsätzen eines Berufsstandes, der sich als berufener Vertreter in allen Patentangelegenheiten versteht. Es ist erforderlich, präventiv dafür zu sorgen, dass sich der Patentanwalt selbst unter Aufsicht der Patentanwaltskammer um die Qualität seiner Leistung kümmert. Dafür kommt vor allem die Pflicht zur Fortbildung in Betracht (BT-Drs. 12/4993, 40). Die Fortbildungspflicht ist nicht strafbewährt, eine Satzungskompetenz in § 52b hierfür fehlt bislang noch (→ § 52b Rn. 4).

§ 39b Werbung *(§ 8 BOPA)*

Werbung ist dem Patentanwalt nur erlaubt, soweit sie über die berufliche Tätigkeit in Form und Inhalt sachlich unterrichtet und nicht auf die Erteilung eines Auftrags im Einzelfall gerichtet ist.

Schrifttum: *Axmann/Deister,* Anwaltswerbung in der Praxis, NJW 2009, 39; *Kallenbach,* Anwaltswerbung mit Nettopreisen ist erlaubt, AnwBl. 2010, 279; *Kleine-Cosack,* Freiberufsspezifische Wettbewerbsverbots vor dem Aus, NJW 2010, 1921; *Römermann,* Eine „moderne" Entscheidung des BGH zu Anwaltssozietäten und Werbung, AnwBl. 2012, 885; *Zastrow,* Der anwaltliche Briefbogen, BRAK-Mitt. 2009, 55.

1 § 39b entspricht § 43b BRAO (näher → BRAO § 43b Rn. 1 ff.). Insbesondere gilt auch für den Patentanwalt der **Grundsatz der Werbefreiheit.** Denn in den **Schutzbereich des Art. 12 Abs. 1 S. 1 GG** der die freie Berufsausübung schützt, fällt nicht nur die berufliche Praxis, sondern auch die berufliche Außendarstellung des Grundrechtsträgers einschließlich der Werbung für die Inanspruchnahme seiner Dienste (BVerfG NJW 1992, 2341 = GRUR 1992, 866; NJW 1997, 2510 = BRAK-Mitt. 1997, 262; NJW 2000, 1635 = BRAK-Mitt. 2000, 89; NJW 2004, 3765 = Mitt 2005, 137 = BRAK-Mitt. 2005, 22). Unter der Geltung des Sachlichkeitsgebots (§ 39a Abs. 3) dürfen nicht sämtliche Werbemethoden verwendet werden, die im Bereich der werbenden allgemeinen Wirtschaft (noch) hinzunehmen wären (vgl. BT-Drs. 12/4993, 28, 40; BGH NJW 2015, 72 = BRAK-Mitt. 2015, 45 = Mitt. 2015, 48). Das Verbot der Werbung mit **Erfolgszahlen** ist im Hinblick auf Art. 12 GG eng auszulegen und erfasst nur Fälle, in denen durch die Erfolgsangabe eine Irreführung (§ 8 Abs. 3b BOPA) zu befürchten ist (BGH NJW 2009, 534 = AnwBl. 2008, 880 zu § 43b BRAO). Ausdrücklich erlaubt § 8 Abs. 2 BOPA besondere Hinweise auf die eigene Berufstätigkeit betreffenden **Tätigkeitsschwerpunkte,** besondere Erfahrungen im beruflichen Umfeld und in einem förmlichen Verfahren erworbene Qualifikation (§ 8 Abs. 2 BOPA). Zur Werbung mit privat verliehenen Qualifikationen vgl. BVerfG NJW 2010, 3705 = AnwBl. 2010, 621 zu § 43 StBerG.

2 Art. 12 Abs. 1 S. 2 GG verlangt, dass Einschränkungen der Berufsfreiheit auf einer gesetzlichen Grundlage beruhen, die den Anforderungen der Verfassung an grundrechtsbeschränkende Gesetze genügt. Dies ist der Fall, wenn die eingreifende Norm mit formellem Verfassungsrecht vereinbar und insbesondere kompetenzgemäß erlassen worden ist, durch hinreichende Gründe des Gemeinwohls gerechtfertigt wird und dem **Grundsatz der Verhältnismäßigkeit** entspricht (BVerfGE 95, 193; BVerfG NJW 2004, 3765 = Mitt 2005, 137 = BRAK-Mitt. 2005, 22). § 39b ist eine ausreichende Grundlage zur Beschränkung des Werberechts der Patentanwälte. Zu den Folgerungen daraus vgl. das zu § 43b BRAO und § 6 BORA Gesagte entsprechend. Ferner ist die gemäß § 52b Abs. 2 Nr. 2 getroffene nähere Regelung in § 8 BOPA zu beachten.

3 § 39b stellt eine berufsrechtliche Regelung über kommerzielle Kommunikation iSv Art. 4 Nr. 12 der Richtlinie 2006/123/EG über Dienstleistungen im Binnenmarkt dar. Gemäß Art. 24 sind absolute Verbote der kommerziellen Kommunikation für reglementierte Berufe untersagt. Ein Werbeverbot kommt nur in Betracht, wenn sich ein Verbotsgrund im Einzelfall aus der Form, aus dem Inhalt oder aus den verwandten Mitteln ergibt. Allein der Umstand, dass ein **potentieller Mandant** in Kenntnis von dessen Beratungsbedarf angesprochen wird, genügt

diesen Anforderungen nicht. Ein Werbeverbot kann aber zum Schutz potentieller Mandanten vor einer Beeinträchtigung seiner Entscheidungsfreiheit durch Belästigung, Nötigung oder Überrumpelung gerechtfertigt sein. Auf Grund der erforderlichen Verhältnismäßigkeitsprüfung ist eine **Interessenabwägung im Einzelfall** vorzunehmen (BGH NJW 2014, 554 = GRUR 2014, 86 = BRAK-Mitt. 2014, 35). So ist nach § 8 Abs. 3 Buchst. a BOPA ein auf die Erteilung einzelner Mandate gerichtetes, unaufgefordertes sowie aufdringliches, gemeinwohlschädliches Herantreten an einen Nichtmandanten nicht zulässig.

§ 40 Mitteilung der Ablehnung eines Auftrags *(§ 10 BOPA)*

[1]Der Patentanwalt, der in seinem Beruf in Anspruch genommen wird und den Auftrag nicht annehmen will, muß die Ablehnung unverzüglich erklären. [2]Er hat den Schaden zu ersetzen, der aus einer schuldhaften Verzögerung dieser Erklärung entsteht.

Schrifttum: *Jungk,* Wege zur Beendigung des Mandats – und ihre Konsequenzen, AnwBl. 2011, 62.

§ 40 entspricht § 44 BRAO. Auf das dazu Gesagte und § 10 BOPA wird Bezug genommen. 1
Der Patentanwalt darf ein Mandat nur annehmen, wenn er oder ein mit ihm zusammenarbeitender Anwalt über die für die Ausübung des Mandats erforderlichen Sachkenntnisse verfügt oder sich verschaffen kann (§ 10 Nr. 1 BOPA), was besonders bei der Schnelligkeit des technischen Entwicklung und bei technischen Angelegenheiten, die nicht in sein Fachgebiet fallen, von Bedeutung sein kann. Wie bei Rechtsanwälten liegt der beruflichen Inanspruchnahme eines Patentanwaltes (§ 3) regelmäßig ein Geschäftsbesorgungsvertrag mit Dienstvertragscharakter zugrunde (BGH Mitt 2013, 371 = GRUR 2013, 756 = NJW 371, 2440; BGHZ 52, 359 bei Herbeiführung von Warenzeichenschutz; BGH NJW-RR 2000, 791 für Erlangung, Überwachung oder Verteidigung von Patentschutz). Im Rahmen des ihm erteilten Auftrags treffen den Patentanwalt grundsätzlich die gleichen Aufklärungs- und Beratungspflichten, wie sie für einen Rechtsanwalt gelten (BGH BRAK-Mitt. 2000, 126; → BRAO § 44 Rn. 26 ff.). Eine Pflicht des inländischen Patentanwalts, einen im Einvernehmen mit dem Mandanten eingeschalteten ausländischen Patentanwalt bei einer von diesem vorgenommenen Auslandsanmeldung und Betreuung das ausländischen Patents nicht nur formal, sondern auch inhaltlich zu überwachen, besteht nicht (LG München I GRURPrax 2011, 400 mit Anm. *Riegger*). Zur Bedeutung des Mandatsendes vgl. *Chab* BRAK-Mitt. 2008, 259 und § 10 Nr. 4 und 5, § 18 BOPA). Verstößt der Patentanwalt gegen das Verbot zur Unzeit zu kündigen (§ 10 Nr. 5 BORA), ist die Kündigung zwar regelmäßig wirksam, der Anwalt macht sich aber schadensersatzpflichtig und handelt rechtswidrig (BGH NJW 2013, 1591 = AnwBl. 2013, 229).

Zum Verhältnis des Patentanwalts zur Rechtsschutzversicherung des Mandanten → BRAO 2
§ 44 Rn. 29 ff.

§ 41 Versagung der Berufstätigkeit *(§§ 1, 8, 10 BOPA)*

(1) **Der Patentanwalt darf nicht tätig werden:**

1. **wenn er in derselben Rechtssache als Richter, Schiedsrichter oder als Angehöriger des öffentlichen Dienstes bereits tätig geworden ist;**
2. **wenn er außerhalb seiner Patentanwaltstätigkeit oder einer sonstigen Tätigkeit im Sinne des § 52a Abs. 1 Satz 1 mit derselben Angelegenheit bereits befaßt gewesen ist oder mit einer solchen, die einen vergleichbaren technischen oder naturwissenschaftlichen Gegenstand oder Sachverhalt betrifft, geschäftlich oder beruflich befaßt ist; dies gilt nicht, wenn die berufliche Tätigkeit beendet ist.**

(2) **Dem Patentanwalt ist es untersagt, in derselben Angelegenheit oder in einer solchen, die einen vergleichbaren technischen oder naturwissenschaftlichen Gegenstand oder Sachverhalt betrifft, mit der er bereits als Patentanwalt befaßt gewesen ist, außerhalb seiner Patentanwaltstätigkeit oder einer sonstigen Tätigkeit im Sinne des § 52a Abs. 1 Satz 1 geschäftlich oder beruflich tätig zu werden.**

(3) **Die Verbote der Absätze 1 und 2 gelten auch für die mit dem Patentanwalt in Sozietät oder in sonstiger Weise zur gemeinschaftlichen Berufsausübung verbundenen**

oder verbunden gewesenen Patentanwälte und Angehörigen anderer Berufe und auch insoweit einer von diesen im Sinne der Absätze 1 und 2 befaßt war.

Schrifttum: *Deckenbrock*, Tätigkeitsverbote bei nichtanwaltlicher Vorbefassung, AnwBl. 2009, 16; *Hartstang*, Die Inkompatibilitäten für Anwaltstätigkeiten, *ders.*, Anwaltsrecht, 1991, S. 202 ff.

1 § 41 entspricht § 45 Abs. 1 Nr. 1 und 4, Abs. 2 Nr. 2, Abs. 3 BRAO (näher → BRAO § 45 Rn. 1 ff.).

2 Ziel der gesetzlichen Regelung ist es, Interessenkonflikte zwischen den Pflichten des Patentanwalts gegenüber den Mandanten und den Pflichten, die sich aus anderen geschäftlichen oder beruflichen Tätigkeiten ergeben, zu vermeiden. Es soll verhindert werden, dass anlässlich der Beratung eines Mandanten gewonnenes Wissen im Zusammenhang mit einer anderen geschäftlichen oder beruflichen Tätigkeit verwendet wird oder umgekehrt. Die Versagung der Berufstätigkeit nicht nur in derselben Angelegenheit, sondern auch mit einer solchen, die einen vergleichbaren technischen oder naturwissenschaftlichen Gegenstand oder Sachverhalt betrifft, soll verhindern, dass das technische oder naturwissenschaftliche „Know-how" von einem Beruf in den anderen transportiert wird (Bericht des Rechtsausschusses, BT-Drs. 12/7656, 52).

3 Nach **Abs. 1 Nr. 1** unterliegt der Patentanwalt einem Vertretungsverbot, wenn er in „derselben Rechtssache" im Rahmen einer gerichtlichen Vertretung Ansprüche eines Mandanten geltend macht, aber auch als Angehöriger des öffentlichen Dienstes eine Aussagegenehmigung für einen Zeugen widerruft. Angehöriger des öffentlichen Dienstes iSv Abs. 1 Nr. 1 ist auch derjenige, der als Nichtbeamter und nicht dauerhaft im öffentlichen Dienst Angestellter im Rahmen der Befugnisse der Körperschaft öffentlichen Rechts, für die er auftritt, hoheitlich tätig wird (zB als Vorsitzender des „Zweckverbandes Kindergarten in …" nach dem Zweckverbandsgesetz des Landes Rheinland-Pfalz; BGH NJW-RR 2008, 795 zu § 45 Abs. 1 Nr. 1 BRAO). Ein Verstoß gegen Abs. 1 Nr. 1 führt zur Nichtigkeit des Patentanwaltsvertrages (BGH BRAK-Mitt. 2011, 38 = AnwBl. 2011, 65 zu § 45 Abs. 1 Nr. 1 BRAO).

4 In **Abs. 1 Nr. 2** wird es Patentanwälten, die ihr Anstellungsverhältnis im Unternehmen beendet haben, ermöglicht, nunmehr als Patentanwälte auch solche Angelegenheiten weiter zu bearbeiten, die sie früher im Angestelltenverhältnis für den Arbeitgeber bearbeitet haben. Da ein Patentanwalt nach Beendigung des Anstellungsverhältnisses nicht mehr wegen seiner früheren verschiedenartigen Funktionen als weisungsabhängiger Angestellter und als unabhängiger Anwalt in eine Konfliktsituation kommen kann, ist diese Regelung sachgerecht (vgl. auch OLG Frankfurt BRAK-Mitt. 2009, 190 = AnwBl. 2009, 452 zu § 45 BRAO). Hieraus ergibt sich, dass sie sich nur auf die erste Alternative der Nr. 2 bezieht (BT-Drs. 13/10764, 9). Im Übrigen sind die §§ 1, 8, 10 BOPA zu beachten.

5 Das sich aus **Abs. 2** ergebende Tätigkeitsverbot ist verfassungskonform. Es knüpft an die vorhergehende Tätigkeit als Patentanwalt an und ist als nachwirkende Berufspflicht als Patentanwalt zu verstehen (OLG Köln BRAK-Mitt. 2008, 86 = NJW-RR 2008, 933 zu § 45 Abs. 2 Nr. 2 BRAO). Zur Frage derselben Angelegenheit bei parallelen Abmahnungen vgl. BGH NJW 2011, 782 = AnwBl. 2011, 74.

§ 41a Patentanwälte in ständigen Dienstverhältnissen *(§§ 1, 10 BOPA)*

(1) **Der Patentanwalt darf für einen Auftraggeber, dem er auf Grund eines ständigen Dienst- oder ähnlichen Beschäftigungsverhältnisses seine Arbeitszeit und -kraft zur Verfügung stellen muß, vor Gerichten, Schiedsgerichten oder Behörden nicht in seiner Eigenschaft als Patentanwalt tätig werden.**

(2) **Der Patentanwalt darf nicht tätig werden:**

1. **wenn er als sonstiger Berater, der in einem ständigen Dienst- oder ähnlichen Beschäftigungsverhältnis eine Tätigkeit auf dem Gebiet des gewerblichen Rechtsschutzes ausübt, in derselben Angelegenheit bereits tätig geworden ist oder in einer solchen, die eine technische oder naturwissenschaftliche Verwertbarkeit für das Arbeitsgebiet ergibt, mit dem er als Berater in einem ständigen Dienst- oder Beschäftigungsverhältnis befaßt ist; es sei denn, es besteht ein gemeinsames Interesse oder die berufliche Tätigkeit ist beendet;**

2. als sonstiger Berater, der in einem ständigen Dienst- oder ähnlichen Beschäftigungsverhältnis eine Tätigkeit auf dem Gebiet des gewerblichen Rechtsschutzes ausübt, wenn er als Patentanwalt mit derselben Angelegenheit bereits befaßt gewesen ist oder mit einer solchen, die eine technische oder naturwissenschaftliche Verwertbarkeit für das Arbeitsgebiet eines Auftraggebers ergibt, für den er als Patentanwalt tätig ist; es sei denn, es besteht ein gemeinsames Interesse.

(3) **Die Verbote des Absatzes 2 gelten auch für die mit dem Patentanwalt in Sozietät oder in sonstiger Weise zur gemeinschaftlichen Berufsausübung verbundenen oder verbunden gewesenen Patentanwälte und Angehörige anderer Berufe und auch insoweit einer von diesen im Sinne der Absätze 1 und 2 befaßt ist.**

Schrifttum: *Bartosch-Koch,* Beschränkungen bei der Rechtsberatung durch Syndikusanwälte, AnwBl. 2010, 237; *Chab,* Wenn der Syndikusanwalt zum Sündenbock werden soll …, AnwBl. 2010, 359; *Dann,* Compliance-Untersuchungen im Unternehmen: Herausforderung für den Syndikus, AnwBl. 2009, 84; *Hamacher,* Der Syndikusanwalt ist kein Anwalt 2. Klasse, AnwBl. 2011, 42; *Hommerich,* Professionals in Organisations- oder: Vom Sinn des Syndikus, AnwBl. 2009, 406; *Jung,* Syndikusanwälte und die gesetzliche Rentenversicherung, AnwBl. 2011, 209; *Kollrus,* Verfassungskonforme Auslegung des Tätigkeitsverbots für Syndikusrechtsanwälte gemäß § 46 BRAO, BRAK-Mitt. 2013, 98; *Kury,* Die Rechtsanwälte im ständigen Dienstverhältnis, BRAK-Mitt. 2013, 2; *Lingemann,* Der Anstellungsvertrag des Rechtsanwalts, NJW 2009, 343, 483; *Mann,* Gleichstellung des Syndikusanwalts beim Vertraulichkeitsschutz, AnwBl. 2010, 87; *Prossliner,* Syndikusanwälte und die gesetzliche Rentenversicherung, AnwBl. 2009, 133; *Prütting,* Die Unabhängigkeit des Syndikusanwalts – Ein Blick auf die Rechtsprechung deutscher und europäischer Gerichte, AnwBl. 2009, 402; *ders.,* Die Folgen des BSG-Urteils. Berufsverbot für die deutschen Syndikusanwälte?, AnwBl. 2010, 788; *Sidhut/v. Saucken/Ruhmannseder,* Der Unternehmensanwalt im Strafrecht und die Lösung von Interessenkonflikten, NJW 2011, 881; *Singer,* Zur berufs- und sozialversicherungsrechtlichen Stellung der Syndikusrechtsanwälte, BRAK-Mitt. 2014, 282.

§ 41a entspricht weitgehend § 46 BRAO (näher → BRAO § 46 Rn. 1 ff.). Als Patentanwalt im ständigen Dienstverhältnis ist der Patentanwalt anzusehen, der in einem ständigen Dienst- oder ähnlichem Beschäftigungsverhältnis einem **nichtanwaltlichen Arbeitgeber** seine Arbeitszeit und Arbeitskraft zur Verfügung stellen muss. Ist der Patentanwalt oder auch Rechtsanwalt bei einem Patentanwalt angestellt, ist § 41a nicht einschlägig. Im Gegensatz zur Bezeichnung „Syndikusanwalt" für den Rechtsanwalt im ständigen Dienstverhältnis ist die Verwendung der Bezeichnung „Syndikuspatentanwalt" für den Patentanwalt im ständigen Dienstverhältnis bislang eher unüblich (s. aber § 41a Abs. 2 des RegE eines Gesetzes zu Neuordnung des Rechts der Syndikusanwälte vom 16.6.2015, BT-Drs. 18/5201, nachstehend abgedruckt). Zum Ausschluss des Schutzes der Vertraulichkeit der Kommunikation zwischen Patentanwalt und Mandant auf der Ebene der EG bei unternehmens- oder konzerninternem Schriftwechsel (vgl. EuGH NJW 2010, 3557 = BRAK-Mitt. 2010, 259 = AnwBl. 2010, 796 mit Anm. *Marx* AnwBl. 2010, Heft 11 S. VI). 1

Abs. 1 regelt das **Vertretungsverbot.** Nach Abs. 1 ist dem Patentanwalt die gerichtliche Interessenvertretung seines Geschäftsherrn verwehrt, wenn er in einem abhängigen Verhältnis zu ihm steht. Hierfür maßgebend ist die Gesamtbetrachtung der Geschäftsbeziehung. Damit kann auch ein Dauerberatervertrag ein Beschäftigungsverhältnis iSd Abs. 1 sein (AnwG Köln AnwBl. 2014, 960). Wenn der Patentanwalt den Hoheitsträger nur unabhängig berät und nicht organisatorisch eingegliedert ist, steht er nicht in einem „ständigen Dienst- oder ähnlichen Beschäftigungsverhältnis" iSd § 41a (OVG Lüneburg NJW 2009, 2759). 2

Abs. 2 beinhaltet **Tätigkeitsverbote.** Mit **Abs. 2 Nr. 1** wird klargestellt, dass der **Patentanwalt in einem ständigen Dienstverhältnis** einen Mandanten **als freiberuflicher Patentanwalt** nicht beraten darf, wenn sich aus dem ihm unterbreiteten Gegenstand oder Sachverhalt eine technische oder naturwissenschaftliche Verwertbarkeit für das Arbeitsgebiet (vgl. BGHZ 99, 221 = GRUR 1987, 348) ergibt, mit dem er als angestellter Patentanwalt für seinen Arbeitgeber befasst ist. Das gilt auch, wenn der Patentanwalt im ständigen Dienstverhältnis als freiberuflicher Patentanwalt Dritte vertreten will, die **konzernverbundene Unternehmens** oder Vertragsteile eines Unternehmensvertrags iSd § 155 Abs. 1 Nr. 1 sind, da die mit der Beratung und Vertretung verfolgten Ziele gleichgelagert sind, so dass Interessenkollisionen zu besorgen sind (→ § 155 Rn. 8), es sei denn, es besteht ein gemeinsames Interesse oder die berufliche Tätigkeit ist beendet. 3

Gleiches gilt nach **Abs. 2 Nr. 2** auch umgekehrt. Ebenso darf der Patentanwalt nicht in derselben Angelegenheit in beiden Eigenschaften tätig sein. In beiden Fällen wird mit der Formulierung „es sei denn, es besteht ein **gemeinsames Interesse**" zum Ausdruck gebracht, 4 dass das Tätigkeitsverbot dann nicht gilt, wenn sich die Interessen des Dienstherrn und des anwaltlich Vertretenen im konkreten Einzelfall decken (Beschlussempfehlung des Rechtsausschusses, BT-Drs. 12/7656, 52). Im Falle des **Abs. 2 Nr. 1** gilt das Tätigkeitsverbot für den Patentanwalt zudem dann nicht, wenn die zweitberufliche Tätigkeit bei Beginn der Patentanwaltstätigkeit bereits beendet war (vgl. OLG Frankfurt BRAK-Mitt, 2009, 190 = AnwBl. 2009, 452 zu § 46 Abs. 2 Nr. 1 BRAO mit Anm. *Horn* BRAK-Mitt. 2009, 155).

5 Ein Verstoß gegen § 41a führt zur Nichtigkeit des Anwaltsvertrags (→ § 41 Rn. 3). Trotz Wirksamkeit der von dem Patentanwalt vorgenommenen Prozesshandlungen erwächst dem obsiegenden Auftraggeber kein Kostenerstattungsanspruch gegen den Prozessgegner (OLG Koblenz MDR 2008, 115 zu § 46 BRAO).

6 Zur Befreiung des Patentanwalts im ständigen Dienstverhältnis von der **Rentenversicherung,** wenn in dem Bundesland des Arbeitgebers Pflichtmitgliedschaft in einem Versorgungswerks besteht vgl. LSG Darmstadt AnwBl. 2010, 214 mit Anm. *Esser;* BSG NJW 2013, 1901 mit Anm. *Horn* BRAK-Mitt. 2013, 102 für den Syndikusrechtsanwalt. **Aber nunmehr** gilt nach einer Entscheidung des **BSG** (NJW 2014, 2743 = AnwBl. 2014, 265 = BRAK-Mitt. 2014, 265 mit Anm. *Krenzel;* Verfassungsbeschwerde ist eingelegt), wonach derjenige, der als ständiger Rechtsberater in einem festen Dienst- oder Anstellungsverhältnis zu einem nichtanwaltlichen Arbeitgeber steht (Syndikus), in dieser Eigenschaft nicht als Rechtsanwalt tätig ist und somit in allen Zweigen der Sozialversicherung und insbesondere in der gesetzlichen Rentenversicherung zu den Zwangsversicherten gehört.

§ 41a *Angestellte Patentanwälte; Syndikuspatentanwälte*

(1) Patentanwälte dürfen ihren Beruf als Angestellte solcher Arbeitgeber ausüben, die als Patentanwälte, Rechtsanwälte oder als rechts- oder patentanwaltliche Berufsausübungsgesellschaften tätig sind.

(2) [1] Angestellte anderer als der in Absatz 1 genannten Personen oder Gesellschaften üben ihren Beruf als Patentanwälte aus, sofern sie im Rahmen ihres Anstellungsverhältnisses für ihren Arbeitgeber patentanwaltlich mit der Wahrnehmung von Aufgaben gemäß § 3 Absatz 2 und 3 dieses Gesetzes sowie § 4 des Steuerberatungsgesetzes betraut sind (Syndikuspatentanwälte). [2] Der Syndikuspatentanwalt bedarf zur Ausübung seiner Tätigkeit nach Satz 1 der Zulassung zur Patentanwaltschaft nach § 41b.

(3) Eine patentanwaltliche Tätigkeit im Sinne des Absatzes 2 Satz 1 liegt vor, wenn das Anstellungsverhältnis durch folgende fachlich unabhängig und eigenverantwortlich auszuübenden Tätigkeiten sowie durch folgende Merkmale geprägt ist:

1. ***die Prüfung von Rechtsfragen, einschließlich der Aufklärung des Sachverhalts, sowie das Erarbeiten und Bewerten von Lösungsmöglichkeiten,***
2. ***die Erteilung von Rechtsrat,***
3. ***die Ausrichtung der Tätigkeit auf die Gestaltung von Rechtsverhältnissen, insbesondere durch das selbständige Führen von Verhandlungen, oder auf die Verwirklichung von Rechten und***
4. ***die Vertretungsbefugnis nach außen.***

(4) [1] Eine fachlich unabhängige Tätigkeit im Sinne des Absatzes 3 übt nicht aus, wer sich an Weisungen zu halten hat, die eine eigenständige Analyse der Rechtslage und eine einzelfallorientierte Rechtsberatung ausschließen. [2] Die fachliche Unabhängigkeit der Berufsausübung des Syndikuspatentanwalts ist vertraglich und tatsächlich zu gewährleisten.

(5) [1] Die Befugnis des Syndikuspatentanwalts zur Beratung und Vertretung beschränkt sich auf die Rechtsangelegenheiten des Arbeitgebers. [2] Diese umfassen auch

1. ***Rechtsangelegenheiten innerhalb verbundener Unternehmen im Sinne des § 15 des Aktiengesetzes,***
2. ***erlaubte Rechtsdienstleistungen des Arbeitgebers gegenüber seinen Mitgliedern, sofern es sich bei dem Arbeitgeber um eine Vereinigung oder Gewerkschaft nach § 7 des Rechtsdienstleistungsgesetzes oder nach § 8 Absatz 1 Nummer 2 des Rechtsdienstleistungsgesetzes handelt, und***
3. ***erlaubte Rechtsdienstleistungen des Arbeitgebers gegenüber Dritten, sofern es sich bei dem Arbeitgeber um einen Angehörigen der in § 52a genannten sozietätsfähigen Berufe oder um eine Berufsausübungsgesellschaft solcher Berufe handelt.***

§ 41b *Zulassung als Syndikuspatentanwalt*

(1) [1] Die Zulassung zur Patentanwaltschaft als Syndikuspatentanwalt ist auf Antrag zu erteilen, wenn

1. die allgemeinen Zulassungsvoraussetzungen zum Beruf des Patentanwalts gemäß den §§ 5 bis 8 erfüllt sind,

2. kein Zulassungsversagungsgrund nach § 14 vorliegt und

3. die Tätigkeit den Anforderungen des § 41a Absatz 2 bis 5 entspricht.

[2] Die Zulassung nach Satz 1 kann für mehrere Anstellungsverhältnisse erteilt werden.

(2) [1] Über die Zulassung als Syndikuspatentanwalt entscheidet die Patentanwaltskammer nach Anhörung des Trägers der Rentenversicherung. [2] Die Entscheidung ist zu begründen und dem Antragsteller sowie dem Träger der Rentenversicherung zuzustellen. [3] Wie dem Antragsteller steht auch dem Träger der Rentenversicherung gegen die Entscheidung nach Satz 1 Rechtsschutz gemäß § 94a Absatz 1 und 2 zu. [4] Der Träger der Rentenversicherung ist bei seiner Entscheidung über die Befreiung von der Versicherungspflicht in der gesetzlichen Rentenversicherung nach § 6 Absatz 1 Satz 1 Nummer 1 und Absatz 3 des Sechsten Buches Sozialgesetzbuch an die bestandskräftige Entscheidung der Patentanwaltskammer nach Satz 1 gebunden.

(3) [1] Dem Antrag auf Zulassung ist eine Ausfertigung oder eine öffentlich beglaubigte Abschrift des Arbeitsvertrags oder der Arbeitsverträge beizufügen. [2] Die Patentanwaltskammer kann die Vorlage weiterer Nachweise verlangen.

(4) Das Zulassungsverfahren richtet sich nach den §§ 17 bis 19 mit der Maßgabe, dass

1. Syndikuspatentanwälte der Versicherungspflicht nach § 18 Absatz 2 in Verbindung mit § 45 genügen, wenn die sich aus dieser Tätigkeit ergebenden Haftpflichtgefahren für Vermögensschäden durch eine beim Arbeitgeber bestehende Haftpflichtversicherung abgedeckt sind und diese den Anforderungen des § 45 entspricht, und

2. die Tätigkeit abweichend von § 18 Absatz 4 unter der Berufsbezeichnung „Patentanwältin (Syndikuspatentanwältin)" oder „Patentanwalt (Syndikuspatentanwalt" auszuüben ist.

§ 41c *Erlöschen und Änderung der Zulassung als Syndikuspatentanwalt*

(1) Die Zulassung als Syndikuspatentanwalt erlischt nach Maßgabe des § 20.

(2) [1] Für die Rücknahme und den Widerruf der Zulassung als Syndikuspatentanwalt gelten die §§ 21 und 22. [2] Die Zulassung als Syndikuspatentanwalt ist ferner ganz oder teilweise zu widerrufen, soweit die arbeitsvertragliche Gestaltung eines Anstellungsverhältnisses oder die tatsächlich ausgeübte Tätigkeit nicht mehr den Anforderungen des § 41a Absatz 2 bis 5 entspricht. [3] § 41b Absatz 2 gilt entsprechend.

(3) Werden nach einer Zulassung nach § 41b weitere Anstellungsverhältnisse als Syndikuspatentanwalt aufgenommen oder tritt innerhalb bereits bestehender Anstellungsverhältnisse eine wesentliche Änderung der Tätigkeit ein, ist auf Antrag die Zulassung nach Maßgabe des § 41b unter den dort genannten Voraussetzungen auf die weiteren Anstellungsverhältnisse oder die geänderte Tätigkeit zu erstrecken.

(4) [1] Der Syndikuspatentanwalt hat der nach § 49 Absatz 3 zuständigen Stelle unbeschadet seiner Anzeige- und Vorlagepflichten nach § 49 Absatz 3 auch jede der folgenden tätigkeitsbezogenen Änderungen des Anstellungsverhältnisses unverzüglich anzuzeigen:

1. jede tätigkeitsbezogene Änderung des Arbeitsvertrags, dazu gehört auch die Aufnahme eines neuen Arbeitsverhältnisses,

2. jede wesentliche Änderung der Tätigkeit innerhalb des Anstellungsverhältnisses.

[2] Im Fall des Satzes 1 Nummer 1 ist der Anzeige eine Ausfertigung oder eine öffentlich beglaubigte Abschrift des geänderten Arbeitsvertrags beizufügen. § 50 gilt entsprechend.

§ 41d *Besondere Vorschriften für Syndikuspatentanwälte*

(1) Soweit gesetzlich nichts anderes bestimmt ist, gelten für Syndikuspatentanwälte die Vorschriften über Patentanwälte.

(2) [1] § 4 dieses Gesetzes gilt entsprechend mit der Maßgabe, dass Syndikuspatentanwälte nur für ihren Arbeitgeber auftreten. [2] In Straf- oder Bußgeldverfahren, die sich gegen den Arbeitgeber oder dessen Mitarbeiter richten, dürfen Syndikuspatentanwälte nicht als deren Verteidiger oder Vertreter tätig werden; dies gilt, wenn Gegenstand des Straf- oder Bußgeldverfahrens ein unternehmensbezogener Tatvorwurf ist, auch in Bezug auf eine Tätigkeit als Patentanwalt im Sinne des § 5 oder als Rechtsanwalt.

(3) Auf die Tätigkeit von Syndikuspatentanwälten finden die §§ 40 und 43 sowie im Verhältnis zum Arbeitgeber § 45b keine Anwendung.

(4) [1] § 26 findet auf Syndikuspatentanwälte mit der Maßgabe Anwendung, dass die regelmäßige Arbeitsstätte als Kanzlei gilt. [2] Ist der Syndikuspatentanwalt zugleich als Patentanwalt gemäß § 5 zugelassen oder ist er im Rahmen mehrerer Anstellungsverhältnisse als Syndikuspatentanwalt tätig, ist für jede Tätigkeit eine gesonderte Kanzlei zu errichten und zu unterhalten.

(5) [1] In die Verzeichnisse nach § 29 ist ergänzend zu den in § 29 Absatz 3 genannten Angaben aufzunehmen, dass die Zulassung zur Patentanwaltschaft als Syndikuspatentanwalt erfolgt ist. [2] Ist der Syndikuspatentanwalt zugleich als Patentanwalt gemäß § 5 zugelassen oder ist er im Rahmen mehrerer Anstellungsverhältnisse als Syndikuspatentanwalt tätig, hat eine gesonderte Eintragung für jede der Tätigkeiten zu erfolgen.

(6) Die Kosten und Auslagen für die Hinzuziehung eines Syndikuspatentanwalts sind durch das in dessen Anstellungsverhältnis gezahlte Gehalt abgegolten.

1 Der bisherige § 41a soll durch das Gesetz zur Neuordnung des Rechts der Syndikusanwälte vom 16.6.2015 künftig durch §§ 41a–41d ersetzt werden. Zur amtlichen Begründung vgl. BT-Drs. 18/5201 (→ BRAO § 46 Rn. 32). Der endgültige Wortlaut des künftigen Gesetzestexts stand bei Drucklegung noch nicht fest.

§ 42 Patentanwälte im öffentlichen Dienst (§ 1 BOPA)

(1) [1] Patentanwälte, die als Richter oder Beamte verwendet werden, ohne auf Lebenszeit ernannt zu sein, die in das Dienstverhältnis eines Soldaten auf Zeit berufen werden oder die vorübergehend als Angestellte im öffentlichen Dienst tätig sind, dürfen ihren Beruf als Patentanwalt nicht ausüben, es sei denn, daß sie die ihnen übertragenen Aufgaben ehrenamtlich wahrnehmen. [2] Die Patentanwaltskammer kann jedoch dem Patentanwalt auf seinen Antrag einen Vertreter bestellen oder ihm gestatten, seinen Beruf selbst auszuüben, wenn die Interessen der Rechtspflege dadurch nicht gefährdet werden.

(2) Bekleidet ein Patentanwalt ein öffentliches Amt, ohne in das Beamtenverhältnis berufen zu sein, und darf er nach den für das Amt maßgebenden Vorschriften den Beruf als Patentanwalt nicht selbst ausüben, so kann die Patentanwaltskammer ihm auf seinen Antrag einen Vertreter bestellen.

Schrifttum: *Hartung,* Rechtsanwälte als Hochschuldozenten – das muss nicht schlecht sein, AnwBl. 2012, 169.

1 § 42 entspricht § 47 BRAO (näher → BRAO § 47 Rn. 1 ff.). Sinn und Zweck der Regelung ist es, die Gefährdung der Unabhängigkeit der Patentanwaltschaft, insbesondere durch Interessenkollision zu verhindern. Daher soll eine Tätigkeit im öffentlichen Dienst nur unter besonderen Umständen mit dem Anwaltsberuf vereinbar sein. Insbesondere darf in den Augen der Öffentlichkeit die für einen Anwalt erforderliche Unabhängigkeit nicht beeinträchtigt erscheinen (vgl. BVerfG NJW 1993, 317 = BRAK-Mitt. 1993, 50). Zum Berufsausübungsverbot bei Tätigkeit als Juniorprofessor in einem Beamtenverhältnis auf Zeit, der hoheitliche Tätigkeit in Staatsprüfungen ausübt vgl. BVerfG NJW 2009, 3710 und AGH NRW BRAK-Mitt. 2009, 81 = AnwBl. 2009, 455. Abs. 1 S. 1 steht der ständigen Tätigkeit eines Patentanwalts für eine juristische Person des Öffentlichen Rechts nicht entgegen, wenn der Anwalt den Hoheitsträger nur unabhängig (§ 1) berät und nicht organisatorisch eingegliedert ist (OVG Lüneburg zu § 47 Abs. 1 BRAO für Justitiar eines Versorgungswerkes NJW 2009, 2759).

2 Hat ein Patentanwalt auf seine Zulassung verzichtet um als technischer Richter beim Bundespatentgericht tätig zu sein, ist ihm nach Beendigung seiner Richtertätigkeit die Ausübung einer beratenden Tätigkeit „im Hintergrund" in einer Patent- oder Rechtsanwaltskanzlei untersagt in

Fällen, die vor dem Gericht, dem der Richter angehörte, anhängig sind, anhängig waren oder anhängig werden können (VGH München BeckRS 2013, 55322). Besteht zwischen der dienstlichen Tätigkeit eines in den Ruhestand getreten Richters in den letzten fünf Jahren vor dem Ausscheiden und einem seinem beabsichtigten Tätigwerden als Patentanwalt ein nicht unerheblicher Zusammenhang, so ist die Beeinträchtigung dienstlicher Interessen zu besorgen (OVG Saarlouis BeckRS 2014, 48790).

§ 43 Pflicht zur Übernahme der Vertretung *(§ 11 BOPA)*

(1) **Der Patentanwalt muß**

1. **im Verfahren vor dem Patentamt, dem Patentgericht und dem Bundesgerichtshof die Vertretung eines Beteiligten übernehmen, wenn er ihm auf Grund des § 133 Abs. 1 des Patentgesetzes, des § 21 Abs. 2 des Gebrauchsmustergesetzes oder des § 24 des Designgesetzes oder des § 11 Abs. 2 des Halbleiterschutzgesetzes zur vorläufigen unentgeltlichen Wahrnehmung seiner Rechte beigeordnet ist;**
2. **in gerichtlichen Verfahren, die Rechtsstreitigkeiten nach § 4 Abs. 1 und 2 dieses Gesetzes zum Gegenstand haben, die Beratung der Partei und die Unterstützung ihres Rechtsanwalts übernehmen, wenn er der Partei auf Grund des § 1 des Gesetzes über die Beiordnung von Patentanwälten bei Prozeßkostenhilfe beigeordnet ist.**

(2) **Der Patentanwalt kann beantragen, die Beiordnung aufzuheben, wenn hierfür wichtige Gründe vorliegen.**

(3) [1]**Der Patentanwalt ist verpflichtet bei Einrichtungen der Patentanwaltskammer für die Beratung von Rechtsuchenden mit geringem Einkommen mitzuwirken.** [2]**Er kann die Mitwirkung im Einzelfall aus wichtigem Grund ablehnen.**

Schrifttum: *Dux,* Anwaltliche pro bono-Tätigkeit in Deutschland, AnwBl. 2011, 90; *Kilian,* pro bono – (k)ein Thema für Deutschland?, AnwBl. 2012, 45.

§ 43 Abs. 1 und 2 entsprechen § 48 BRAO, soweit in § 43 die Pflicht des Patentanwalts zur Übernahme einer Vertretung angesprochen ist. Das Gesetz über die Beiordnung von Patentanwälten bei **Prozesskostenhilfe** vom 7.9.1966 (BGBl. I S. 557, 585), zuletzt geändert durch Gesetz vom 10.10.2013 (BGBl. I S. 3799), ist unter Teil III Nr. 17 abgedruckt. Es regelt die Gebühren des Patentanwalts in den **Vertretungsfällen des § 4.** In Patent-, Gebrauchsmuster-, Design-, Topographieschutz- und Sortenschutzsachen, deren **Vertretung unter § 3 Abs. 1–3** fällt, werden im Falle der Bewilligung von **Verfahrenskostenhilfe** nach §§ 129 ff. PatG, § 21 Abs. 2 GebrMG, § 24 DesignG, § 11 Abs. 2 HalblSchG, § 36 SortenSchG dem beigeordneten Vertreter die Gebühren und Auslagen nach Maßgabe des Gesetzes über die Erstattung von Gebühren des beigeordneten Vertreters in Patent-, Gebrauchsmuster-, Design-, Topographieschutz- und Sortenschutzsachen vom 18.7.1953 (BGBl. I S. 654), zuletzt geändert durch Gesetz vom 10.10.2013 (BGBl. I S. 3799), VertrGebEntG abgedruckt unter Teil III Nr. 18, erstattet. Der Patentanwalt ist verpflichtet, bei begründetem Anlass auf die Möglichkeit von Verfahrens- oder Prozesskosten hinzuweisen (§ 11 Abs. 1 BOPA). Zur Beiordnung in Markenangelegenheiten → VertrGebErstG § 1 Rn. 2. 1

Zum Ausschluss einer Beiordnung, wenn der Patentanwalt seine Kanzlei in Bürogemeinschaft mit einem Anwalt betreibt, der die gegnerische Seite vertritt, vgl. OLG Hamburg BeckRS 2009, 24603. Ein bei einer Sozietät angestellter Patentanwalt, der ein Mandat akquiriert und dabei erkennen kann, dass das Mandat unter Inanspruchnahme von PKH geführt werden soll, hat auf den Gleichlauf von Anwaltsmandat und Anwaltsbeiordnung hinzuwirken (BGH NJW 2011, 229 = AnwBl. 2010, 716). Bei Übermittlung eines PKH-Antrags per Telefax muss ein Sendeprotokoll ausgedruckt und anhand dessen überprüft werden, ob alle Seiten des Originalschriftsatzes neben den erforderlichen Anlagen übermittelt wurden (BGH BRAK-Mitt. 2010, 212 mit Anm. *Chab*). 2

Zu einer funktionsfähigen Rechtspflege gehört es auch, dass Bürger mit geringem Einkommen die Möglichkeit haben, sich beraten zu lassen. Die Verpflichtung des Patentanwalts nach **Abs. 3,** bei den mehr als 50 **kostenlosen Erfinderberatungsstellen,** die die Patentanwaltskammer im ganzen Bundesgebiet eingerichtet hat, mitzuwirken, folgt daher aus seiner Funktion als Organ der Rechtspflege (BT-Drs. 12/4993, 41). Auch hier kann der Patentanwalt die Mitwirkung aus wichtigem Grund ablehnen. Vgl. auch BGH NJW 2011, 1595 = Mitt 2011, 205 = BRAK-Mitt. 2011, 156; → § 52a Rn. 12. 3

§ 43a Vergütung *(§ 14 BOPA)*

(1) [1]**Die Abgabe und Entgegennahme eines Teils der Honorare oder sonstiger Vorteile für die Vermittlung von Aufträgen, gleichviel ob im Verhältnis zu einem Patentanwalt oder Dritten gleich welcher Art, ist unzulässig.** [2]**Zulässig ist es jedoch, die mitwirkende Tätigkeit eines anderen Patentanwalts angemessen zu honorieren.** [3]**Die Honorierung der Leistungen hat der Verantwortlichkeit sowie dem Haftungsrisiko der beteiligten Patentanwälte und den sonstigen Umständen Rechnung zu tragen.** [4]**Die Vereinbarung einer solchen Honorierung darf nicht zur Voraussetzung einer Mandatserteilung gemacht werden.** [5]**Mehrere Patentanwälte dürfen einen Auftrag gemeinsam bearbeiten und die Honorare in einem den Leistungen der Verantwortlichkeit und dem Haftungsrisiko entsprechenden angemessenen Verhältnis untereinander teilen.**

(2) [1]**Die Abtretung von Vergütungsforderungen oder die Übertragung ihrer Einziehung an Patentanwälte, Rechtsanwälte oder anwaltliche Berufsausübungsgemeinschaften (§ 52a, § 59a der Bundesrechtsanwaltsordnung) ist zulässig.** [2]**Im Übrigen sind Abtretung oder Übertragung nur zulässig, wenn eine ausdrückliche, schriftliche Einwilligung des Mandanten vorliegt oder die Forderung rechtskräftig festgestellt ist.** [3]**Vor der Einwilligung ist der Mandant über die Informationspflicht des Patentanwalts gegenüber dem neuen Gläubiger oder Einziehungsermächtigten aufzuklären.** [4]**Der neue Gläubiger oder Einziehungsermächtigte ist in gleicher Weise zur Verschwiegenheit verpflichtet wie der beauftragte Patentanwalt.**

Schrifttum: *Burmeister/Uwer,* Neue Regeln für Anwälte bei der Geldwäschebekämpfung, AnwBl. 2008, 729; *Freudenberg,* Honorar statt Gebühr, Vergütungsvereinbarungen bei außergerichtlicher Beratung, BRAK-Magazin Heft 5/2008, 4; *Gaier,* Die Angemessenheit anwaltlicher Vergütung als Grundrechtsproblem, AnwBl. 2010, 73; *Heussen,* Wie geht der gute Anwalt beim Honorar mit dem Mandanten um?, AnwBl. 2009, 157; *Kilian,* Factoring von anwaltlichen Vergütungsforderungen an Nicht-Anwälte, AnwBl. 2012, 728; *Schulz,* Anwaltliche Berufspflichtverletzung durch den Abschluss sittenwidriger Vergütungsvereinbarungen?, BRAK-Mitt. 2010, 112.

1 § 43a Abs. 1 und 2 entsprechen § 49b Abs. 3 und 4 BRAO (→ BRAO § 49b Rn. 1 ff.).

I. Gebührenteilung (Abs. 1)

2 Für die Vermittlungsgebühr und die Entlohnung eines Verkehrsanwaltes gelten die zu § 49b Abs. 3 BRAO (→ BRAO § 49b Rn. 75 ff.) angeführten Grundsätze entsprechend.

3 Die Vergütung von Patentanwälten kann nicht nach § 11 RVG gegen den Auftraggeber festgesetzt werden, da der Patentanwalt kein Rechtsanwalt und die **Vergütung der Patentanwälte nicht gesetzlich geregelt** ist (OLG München Mitt 2001, 91; OLGR 2001, 243). Die Vergütung bestimmt sich in erster Linie nach der Vereinbarung mit dem Auftraggeber. Ist eine Vereinbarung zur Vergütung nicht getroffen, schuldet der Auftraggeber gemäß § 612 Abs. 2 BGB die übliche, dh angemessene Vergütung, wobei das Honorar zunächst vom Patentanwalt zu bestimmen ist (§ 316 BGB), die von ihm getroffene Bestimmung aber nur verbindlich ist, wenn sie der Billigkeit entspricht (§ 315 BGB) (vgl. OLG Düsseldorf BeckRS 2012, 04686). Die **Angemessenheit der Vergütung** eines Patentanwalts richtet sich nach der erbrachten Mühewaltung. Ein gewisses Maß hierfür ist der erbrachte Zeitaufwand. Dieser stellt ein Indiz für Schwierigkeitsgrad und Umfang der Angelegenheit dar. Zu berücksichtigen sind auch die Eilbedürftigkeit und Bedeutung, insbesondere die wirtschaftliche Bedeutung, der betreffenden Angelegenheit. Bei der Prüfung der Angemessenheit folgt das OLG Düsseldorf (Mitt 2013, 295 = GRUR-RR 2012, 181) der von der Patentanwaltskammer, aus kartellrechtlichen Gründen nur bis zum 1.10.1968, herausgegebenen „Gebührenordnung für Patentanwälte", wobei Teuerungszuschläge hinzuzurechnen sind. Für einen Beauftragungszeitpunkt nach dem 1.1.2009 beträgt der Zuschlag 400 %.

4 Das Bundespatentgericht ist dazu übergegangen in **Gebrauchsmusterlöschungsverfahren** (BPatG Mitt 2005, 375) und **Markensachen** (BPatG Mitt 2005, 375) einen Gegenstandwert zwecks Berechnung der Patentanwaltsvergütung nach der Gebührenvorschrift der Rechtsanwälte festzusetzen. Für das **patentrechtliche Nichtigkeitsverfahren** richtet sich die angemessene Vergütung nach dem RVG (BPatGE 28, 193). Im **Verletzungsprozess** sind nach § 143 Abs. 3 PatG, § 27 Abs. 3 GebrMG, § 140 Abs. 3 MarkenG sowie § 52 Abs. 4 DesignG die Kosten des Patentanwalts in Höhe der RVG-Gebühren zu erstatten (*Oldekop* GRURPrax 2012, 178). In §§ 2, 13 RVG, RVG-

VV 3510 werden die anwaltlichen Gebühren für die Tätigkeit des Rechtsanwalts vor dem Bundespatentgericht festgelegt. Eine Prüfung, ob die durch die Mitwirkung des Patentanwalts entstandene Gebühren notwendig iSd § 91 Abs. 1 S. 1 ZPO sind, findet nicht statt (BGH GRUR 2003, 639 = Mitt 2003, 579 = BRAK-Mitt. 2003, 191; OLG Köln GRUR-RR 2014, 22). Ein höheres Anwaltshonorar kann mit einer ausdrücklichen Vergütungsvereinbarung verlangt werden.

Die Zuziehung eines Rechtsanwalts neben einem Patentanwalt ist typischer Weise als zur zweckentsprechender Rechtsverfolgung notwendig iSd § 91 Abs. 1 S. 21 ZPO anzusehen, wenn zeitgleich mit dem Nichtigkeitsverfahren ein das Streitpatent betreffender Verletzungsrechtsstreit anhängig ist, an denen die betreffenden Parteien beteiligt sind (BGH Mitt 2013, 145 = GRUR 2013, 427). Hat eine Partei in einer Kennzeichenstreitsache einen als Rechtsanwalt und als Patentanwalt zugelassenen Vertreter in beiden Funktionen beauftragt, und hat dieser an dem Rechtsstreit mitgewirkt, wobei er sowohl als Rechtsanwalt als auch als Patentanwalt in der jeweiligen Funktion Organ der Rechtspflege ist, dann sind der Partei auch die entstandenen Patentanwaltsgebühren zu erstatten (BGH GRUR 2003, 639 = Mitt 2003, 579 = BRAK-Mitt. 2003, 191). 5

Vereinbarungen von **Stundenhonoraren** sind ebenfalls üblich. Welcher Stundensatz im Einzelfall angemessen ist, hängt von der Schwierigkeit, dem Umfang, der wirtschaftlichen Bedeutung der Sache aber auch von der Kostenstruktur der jeweiligen Anwaltskanzlei ab (OLG Düsseldorf Mitt 2013, 295 = GRUR-RR 2012, 181). Bei Rechtsanwälten liegen sie zwischen 110 und 500 Euro (*Kilian* NJW 2009, 1569). Die Vereinbarung eines Stundenhonorars in Höhe von 150 Euro ist regelmäßig nicht sittenwidrig (OLG Celle MDR 2010, 116 zum Honorar eines Rechtsanwalts). 6

Eine Honorarforderungen oder auch ein Vorschuss dürfen nicht dadurch beglichen werden, dass dem Patentanwalt rechtsgeschäftlich Rechte an gewerblichen Schutzrechten oder der Übertragung eingeräumt werden (§ 14 Abs. 3 BOPA). Der Patentanwalt muss eine Beeinträchtigung seiner Unabhängigkeit vermeiden, indem er seine wirtschaftlichen Interessen zu eng mit denen von Mandanten verknüpft. Hingegen unterliegen Honorarforderungen des Patentanwalts grundsätzlich der **Pfändung.** Die Einschränkung der Abtretung solcher Forderungen führt nicht zur Unübertragbarkeit iSd § 851 Abs. 1 ZPO (BFH Mitt 2006, 185 = BRAK-Mitt. 2005, 142 zu § 49b Abs. 4 BRAO). 7

Bei **Honorarklagen des Patentanwalts** handelt es sich **nicht notwendigerweise** schon deswegen um **eine Patentstreitsache,** weil der Gegenstand des zugrunde liegenden Auftrags sich auf eine Erfindung bezogen oder ein Patent oder Patentanmeldung betroffen hat. Dies ist vielmehr dann nicht der Fall, wenn zur Beurteilung der Frage, ob die Honorarforderung berechtigt ist, das Verständnis der Erfindung keine Rolle spielt, es fehlt dann die Rechtfertigung für die Einordnung als Patentstreitsache (BGH NJW 2013, 2440 = Mitt 2013, 371). Die ausschließliche Zuständigkeit der Patentstreitkammern ohne Rücksicht auf den Streitwert (§ 143 Abs. 1 PatG) ist in diesen Fällen nicht gegeben. 8

II. Abtretung von Gebührenforderungen (Abs. 2)

Abs. 2 regelt als Parallelvorschrift zu § 49b Abs. 4 BRAO die Abtretung von Gebührenforderungen durch Patentanwälte. Die Vorschrift dient dem Schutz der patentanwaltlichen Verschwiegenheitspflicht (§ 39a Abs. 2; BT-Drs. 16/3655 S. 82, 85). Wie für Rechtsanwälte soll es bei Wahrung dieses Schutzzwecks künftig auch für Patentanwälte leichter möglich sein, Vergütungsforderungen abzutreten oder sie zur Einziehung zu übertragen. Dabei soll die vorbehaltlose, also ohne Einwilligung statthafte Abtretung oder Übertragung nicht nur an Patentanwälte, sondern auch an Rechtsanwälte ermöglicht werden. Die übrigen Regelungen entsprechen denjenigen des § 49b Abs. 4 BRAO, auf die vollinhaltlich Bezug genommen werden kann (→ BRAO § 49b Rn. 24 ff.). Zu den Grenzen der Abtretung patentanwaltlicher Vergütungsansprüche vgl. BGH BRAK-Mitt. 2009, 28 zu § 49b Abs. 4 S. 2 BRAO. 9

Die Abtretung einer Gebührenforderung an einen Patent- oder Rechtsanwalt ist ohne Zustimmung des Mandanten wirksam (BGH NJW 2007, 1196 = AnwBl. 2007, 453; AG Bremen BRAK-Mitt. 2013, 88). Der Anspruch des Mandanten gegen seine Rechtsschutzversicherung auf Freistellung von anwaltlichen Gebührenforderungen geht nicht unter, wenn der Anwalt seinen Honoraranspruch an einen Dritten (hier: eine anwaltliche Verrechnungsstelle) abtritt (BGH AnwBl. 2010, 142). 10

§ 43b Erfolgshonorar

(1) [1]Vereinbarungen, durch die eine Vergütung oder ihre Höhe vom Ausgang der Sache oder vom Erfolg der anwaltlichen Tätigkeit abhängig gemacht wird oder nach denen der Patentanwalt einen Teil des erstrittenen Betrages als Honorar erhält (Erfolgshonorar), sind unzulässig, soweit nachfolgend nichts anderes bestimmt ist. [2]Vereinbarungen, durch die der Patentanwalt sich verpflichtet, Gerichtskosten, Verwaltungskosten oder Kosten anderer Beteiligter zu tragen, sind unzulässig.

(2) Ein Erfolgshonorar darf nur für den Einzelfall und nur dann vereinbart werden, wenn der Auftraggeber aufgrund seiner wirtschaftlichen Verhältnisse bei verständiger Betrachtung ohne die Vereinbarung eines Erfolgshonorars von der Rechtsverfolgung abgehalten würde.

(3) [1]Die Vereinbarung bedarf der Textform. [2]Sie muss als Vergütungsvereinbarung oder in vergleichbarer Weise bezeichnet werden, von anderen Vereinbarungen mit Ausnahme der Auftragserteilung deutlich abgesetzt sein und darf nicht in der Vollmacht enthalten sein. [3]Die Vereinbarung muss enthalten:

1. die erfolgsunabhängige Vergütung, zu der der Patentanwalt bereit wäre, den Auftrag zu übernehmen, sowie

2. die Angabe, welche Vergütung bei Eintritt welcher Bedingungen verdient sein soll.

(4) [1]In der Vereinbarung sind außerdem die wesentlichen Gründe anzugeben, die für die Bemessung des Erfolgshonorars bestimmend sind. [2]Ferner ist ein Hinweis aufzunehmen, dass die Vereinbarung keinen Einfluss auf die gegebenenfalls vom Auftraggeber zu zahlenden Gerichtskosten, Verwaltungskosten und die von ihm zu erstattenden Kosten anderer Beteiligter hat.

(5) [1]Aus einer Vergütungsvereinbarung, die nicht den Anforderungen der Absätze 2 und 3 entspricht, erhält der Patentanwalt keine höhere als eine nach den Vorschriften des bürgerlichen Rechts bemessene Vergütung. [2]Die Vorschriften des bürgerlichen Rechts über die ungerechtfertigte Bereicherung bleiben unberührt.

Schrifttum: *Eggert/Oberlander,* Das Meinungsbild der Anwaltschaft zum Erfolgshonorar, BRAK-Mitt. 2009, 4; *Hommerich/Kilian,* Ein Jahr Erfolgshonorare- Empirische Ergebnisse zu einer erzwungenen Reform, AnwBl. 2009, 541; *Kilian,* Die Verwendung von Erfolgshonorarvereinbarungen durch die Anwaltschaft, AnwBl. 2012, 148; *B. Meyer,* Ein Jahr Erfolgshonorar – viel Lärm um nichts, AnwBl. 2009, 531; *Winter,* Erfolgshonorare für Rechtsanwälte, Steinbeis-Edition, 2008.

Übersicht

I. Grundsätzliches Verbot des Erfolgshonorars (Abs. 1)

1 § 43b Abs. 1 entspricht § 49b Abs. 2 BRAO (→ BRAO § 49b Rn. 1 ff.). Während für die Rechtsanwälte die näheren Regelungen zur Vereinbarung von Erfolgshonoraren in den §§ 3a, 4, 4a und 4b RVG getroffen werden, enthalten für Patentanwälte, für deren Tätigkeit es keine gesetzliche Vergütung gibt (→ § 43a Rn. 3 und 4), die Abs. 2–5 dazu nähere Regeln, die weitgehend denen für Rechtsanwälte entsprechen.

2 Das BVerfG hat in seinem Beschluss vom 12.12.2006 für das Berufsrecht der Rechtsanwälte entschieden, dass das Verbot des Erfolgshonorars in § 49b BRAO aF (= § 43a Abs. 1 PAO aF) grundsätzlich verfassungsgemäß ist (BVerfG NJW 2007, 979 = Mitt 2007, 329 = BRAK-Mitt. 2007, 63 mit Anm. *Kirchberg* = AnwBl. 2007, 297 mit Anm. *Hamacher*). Es sei verfassungsrechtlich gerechtfertigt zur Sicherung der anwaltlichen Unabhängigkeit, zum Schutz der Rechtsuchenden vor überhöhten Vergütungen sowie zur Förderung der prozessualen Waffengleichheit. Zugleich hat das Bundesverfassungsgericht aber festgestellt, dass das Verbot, das nach dem Gesetz ohne jede Einschränkung gilt, deshalb mit der Berufsfreiheit (Art. 12 GG) nicht vereinbar ist,

weil es keine Ausnahme für den Fall zulässt, dass besondere Umstände in der Person des Mandanten oder der Mandantin vorliegen, die diesen bzw. diese ohne die Vereinbarung eines Erfolgshonorars davon abhalten, seine bzw. ihre Rechte zu verfolgen. Auch Rechtsuchende, die „vermögend" sind und deshalb keine Prozesskostenhilfe oder Beratungshilfe erhalten, könnten vor der Entscheidung stehen, ob sie das finanzielle Risiko eingehen wollen, das ein Prozess mit unsicherem Ausgang birgt. Verständige Erwägungen könnten dazu führen, auf Grund des finanziellen Risikos von der Verfolgung der Rechte abzusehen. Das Bundesverfassungsgericht erkennt für diesen Fall ein Bedürfnis an, durch Vereinbarung eines Erfolgshonorars das Risiko zumindest teilweise – nämlich hinsichtlich der Vergütung des eigenen Anwalts oder der eigenen Anwältin – auf diesen oder diese verlagern zu können.

Für das Berufsrecht der Rechtsanwälte, Patentanwälte, Steuerberater, Wirtschaftsprüfer, Rentenberater sowie registrierte Erlaubnisinhaber nach dem RDG gelten gleichlaufende Regelungen. Parallele Vorschriften für alle Angehörigen der rechtsberatenden Berufe sind sachgerecht, weil sie vergleichbare Tätigkeiten ausüben. An dem Verbot von Erfolgshonoraren wird zum Schutz der Unabhängigkeit der Patentanwälte pp. und zum Schutz der Rechtsuchenden grundsätzlich festgehalten. Es soll den Patentanwälten aber gestattet werden, für den Einzelfall mit ihren Mandanten eine erfolgsbasierte Vergütung zu vereinbaren, wenn damit besonderen Umständen der konkreten Angelegenheit Rechnung getragen wird, insbesondere dann, wenn die Auftrag gebende Person aufgrund ihrer wirtschaftlichen Verhältnisse ohne die Vereinbarung eines Erfolgshonorars von der Rechtsverfolgung abgehalten würde. Die Abs. 2–5 sehen im Fall der Vereinbarung eines Erfolgshonorars zum Schutze der Vertragspartner besondere Regelungen vor (BT-Drs. 16/8384, 8, 12). 3

Mit der Regelung in Abs. 1 wird das berufsrechtliche Verbot der Vereinbarung von Erfolgshonoraren grundsätzlich beibehalten. Voraussetzungen, unter denen im Einzelfall eine Vereinbarung von Erfolgshonoraren erlaubt ist, sind in Abs. 2 geregelt. Die **gesetzliche Definition für das Erfolgshonorar** findet sich in Abs. 1 S. 1. Streitanteilsvereinbarungen (sog. quota litis) sind unter denselben Voraussetzungen erlaubt wie sonstige erfolgsbasierte Vergütungen (sog. palmarium), OLG Düsseldorf NJOZ 2012, 1835). Eine Unterscheidung zwischen verschiedenen Formen von Erfolgshonoraren ist daher entbehrlich (BT-Drs. 16/8384, 9, 12). 4

Abs. 1 S. 2 schließt es aus, dass der Patentanwalt im Rahmen der Vereinbarung eines patentanwaltlichen Erfolgshonorars auch die Verpflichtung übernimmt, Gerichtskosten, Verwaltungskosten oder Kosten anderer Beteiligter zu tragen. Die Ausnahmeregelungen der Abs. 2 ff. greifen dazu nicht. Solche Kosten können Gegenstand eines Prozessfinanzierungsvertrages sein, nicht jedoch Teil einer patentanwaltlichen Honorarvereinbarung (BT-Drs. 16/8384, 9, 12). 5

II. Voraussetzungen für die Vereinbarung eines Erfolgshonorars (Abs. 2)

Abs. 2 entspricht § 4a Abs. 1 S. 1 RVG und bestimmt, wann von dem fortbestehenden Verbot der Vereinbarung von Erfolgshonoraren (Abs. 1) abgewichen werden darf. Ein Erfolgshonorar darf **nur für den Einzelfall,** für einzelne Rechtsangelegenheiten mit einzelnen Mandanten vereinbart werden. Auch mit einzelnen Mandanten dürfen nicht generell für all ihre Rechtsangelegenheiten Erfolgshonorare vereinbart werden. In jedem Einzelfall ist Voraussetzung, dass Mandant und Patentanwalt mit der Vereinbarung einer erfolgsbasierten Vergütung **besonderen Umständen der konkreten Angelegenheit** Rechnung tragen. Die Gründe, die die Vereinbarung des Erfolgshonorars rechtfertigen, müssen aus den Umständen der einzelnen konkreten Rechtsangelegenheit abgeleitet werden, für die Rechtsschutz begehrt wird. Die Tatsache, dass eine Angelegenheit auch Bedeutung für andere Verfahren haben kann, begründet für sich genommen keine besonderen Umstände der Rechtsangelegenheit. Die erforderliche Betrachtung der konkreten Angelegenheit steht einer schematischen Feststellung der Tatbestandsvoraussetzungen, insbesondere einer gleichförmigen Anknüpfung an den Streitwert entgegen. Der Tatbestand ist insgesamt als **begrenzter Ausnahmetatbestand** zu verstehen und belässt den beteiligten Patentanwälten und ihren Mandanten im Einzelfall hinreichend Spielraum, um unterschiedliche Lebenssachverhalte bei ihrer Entscheidung, ein Erfolgshonorar zu vereinbaren, berücksichtigen zu können (BT-Drs. 16/8384, 10, 12). 6

Nur wenn im Einzelfall der Mandant aufgrund der wirtschaftlichen Verhältnisse ohne Vereinbarung eines Erfolgshonorars von der Rechtsverfolgung abgehalten würde, darf ein solches vereinbart werden. Abs. 2 normiert damit den verfassungsrechtlich zur Sicherung des Zugangs zum 7

Recht gebotenen Ausnahmetatbestand unter Rückgriff auf die Hinweise des BVerfG (BVerfG NJW 2007, 979 = BRAK-Mitt. 2007, 63 = Mitt 2007, 329). Maßgebend ist nicht, ob eine durchschnittliche rechtsuchende Person in einer bestimmten Rechtsangelegenheit davon abgehalten würde, ihre Rechte zu verfolgen, wenn sie kein Erfolgshonorar vereinbaren könnte, sondern – begrenzt über den Maßstab einer verständigen Betrachtung – die einzelne rechtsuchende Person in ihrer individuellen Lebenssituation. Nach dem BVerfG (NJW 2007, 979) können auch Rechtsuchende, die „keine Prozesskostenhilfe oder Beratungshilfe beanspruchen können, vor der Entscheidung stehen, ob es ihnen die eigene wirtschaftliche Lage vernünftigerweise erlaubt, die finanziellen Risiken einzugehen, die angesichts des unsicheren Ausgangs der Angelegenheit mit der Inanspruchnahme qualifizierter" patentanwaltlicher Beratung und Vertretung (§ 3 PAO) verbunden sind. Nicht wenige Betroffene werden das Kostenrisiko auf Grund verständiger Erwägungen scheuen und daher von der Verfolgung ihrer Rechte absehen. „Für diese Rechtsuchenden ist das Bedürfnis anzuerkennen, eine erfolgsbasierte Vergütung zu vereinbaren" (BVerfG NJW 2007, 979). Der verfassungsrechtlich erforderliche Ausnahmetatbestand muss daher an die verständigen Erwägungen einzelner Betroffener anknüpfen. Er kann zum Beispiel erfüllt sein in Fällen, in denen um Vermögensrechte gestritten werden, die den einzigen oder wesentlichen Vermögensbestandteil einer rechtsuchenden Person ausmachen (BT-Drs. 16/8384, 11).

III. Form der Vereinbarung und unabdingbarer Inhalt (Abs. 3)

8 Für die Vereinbarung eines Erfolgshonorars (Abs. 1 und 2) ist die **Textform** (§ 126b BGB) erforderlich. Sie hat, wie die weiteren Anforderungen aus Abs. 3, eine Schutzfunktion vor allem für den Auftraggeber. Insbesondere beugt sie Beweisschwierigkeiten der Vertragspartner vor. Die Vereinbarung muss als **„Vergütungsvereinbarung"** bezeichnet werden; es kann aber auch eine andere vergleichbare Bezeichnung gewählt werden, etwa **„Honorarvereinbarung".** Die Vergütungsvereinbarung muss räumlich von sonstigen Vereinbarungen deutlich abgesetzt sein. Insbesondere darf sie **nicht in der Vollmacht** enthalten sein. Zulässig ist es aber, die Regelung über die Vergütungsvereinbarung gemeinsam mit der Auftragserteilung zu treffen. Eine Honorarvereinbarung ist nicht deshalb unwirksam, weil der Mandant darin bestätigt, eine Abschrift der Vereinbarung erhalten zu haben (BGH NJW 2009, 3297 = BRAK-Mitt. 2009, 189 = DB 2009, 1593).

9 Um der rechtsuchenden Person die Bedeutung der Vereinbarung einer erfolgsbasierten Vergütung klarzumachen, ihr insbesondere zu verdeutlichen, dass der Verzicht auf eine Vergütung oder deren Herabsetzung im Misserfolgsfall mit der Verpflichtung zur Zahlung eines – ggf. hohen – Zuschlags im Erfolgsfall verbunden ist, schreibt Abs. 3 Nr. 1 und 2 vor, dass in der Vereinbarung zum einen die Vergütung angegeben werden muss, für die der Patentanwalt das konkrete Mandat übernehmen würde, wenn kein Erfolgshonorar vereinbart worden wäre (Nr. 1). Da es für die Tätigkeit der Patentanwälte keine gesetzliche Vergütung gibt, ist das die Vergütung, die der Patentanwalt in einem solchen Fall üblicherweise durch Vereinbarung fordert (§ 612 Abs. 1 BGB; → § 43a Rn. 2 ff.). Zum anderen ist im Einzelnen festzuhalten, welche Vergütung bei Eintritt welcher Bedingung verdient sein soll (Nr. 2). Anwalts- und Mandantenseite sind danach gehalten, den Erfolg, an den die Zahlungsverpflichtung gebunden ist, genau zu bestimmen (BT-Drs. 16/8384, 11, 12).

IV. Wesentliche Gründe für die Bemessung des Erfolgshonorars (Abs. 4)

10 Patentanwälte verfügen aufgrund ihrer Sach- und Rechtskenntnisse regelmäßig über einen Informationsvorsprung gegenüber ihren Mandanten und Mandantinnen. Das Bundesverfassungsgericht hat auf die asymmetrische Informationsverteilung zwischen „Mandant und Patentanwalt" hinsichtlich der Erfolgsaussichten der Rechtssache sowie hinsichtlich des zu ihrer sachgerechten und möglichst erfolgreichen Betreuung erforderlichen Aufwandes und der sich aus dieser Situation ergebenden Gefahren auch für die wirtschaftlichen Interessen des Rechtsuchenden hingewiesen (BVerfG NJW 2007, 979 = Mitt 2007, 242). Um diesem Gefährdungspotential und eventuellen Beweisschwierigkeiten bei einem Streit über die Unangemessenheit der Vereinbarung über das Erfolgshonorar und dessen Höhe (§ 43b Abs. 3) entgegenzuwirken, werden die Vertragsparteien nach Abs. 4 S. 1 verpflichtet, die Grundlagen in den textförmlichen Vertrag aufzunehmen, auf denen die angenommene Einschätzung der Erfolgsaussichten beruht. **Darzustellen sind in der textförmlichen Vergütungsvereinbarung sowohl tatsächliche Umstände als auch rechtliche Erwägungen, die die Erfolgsprognose stützen.** Festgehalten werden muss

nur das, was im Zeitpunkt des Vertragsschlusses bekannt ist. Die Patentanwälte werden daher nicht mit besonderen Ermittlungspflichten oder Rechtsprüfungspflichten belastet. Ziel der Regelung ist es insbesondere, bewusst falschen Angaben beider Vertragsparteien vorzubeugen. Um übermäßige Anforderungen zu vermeiden, wird ausdrücklich vorgegeben, dass eine kurze Darstellung der wesentlichen Grundlagen genügt. Ausreichend könnten etwa ein Hinweis auf Beweisschwierigkeiten sein, die sich etwa aus erforderlichen Zeugenvernehmungen oder aus einem erforderlichen Sachverständigengutachten ergeben, oder ein Hinweis auf rechtliche Unklarheiten (BT-Drs. 16/8384, 11, 12).

Zur Vermeidung des Irrtums, dass ein Erfolgshonorar im Misserfolgsfall von sämtlichen **Rechtsverfolgungskosten** freistellt, ist die Auftrag gebende Person gemäß S. 2 zudem darauf hinzuweisen, dass im Falle des Unterliegens die Verpflichtung unberührt bleibt, Gerichtskosten und gegnerische Kosten zu tragen. Schuldhafte Verletzungen der Pflichten gemäß Abs. 4 können Schadensersatzverpflichtungen begründen (vgl. BGH NJW 2008, 371 = BRAK-Mitt. 2008, 359 = AnwBl. 2008, 9) zu § 49b Abs. 5 BRAO; BT-Drs. 16/8384, 11, 12). **11**

V Fehlerhafte Vergütungsvereinbarung (Abs. 5)

Gemäß Abs. 5 erhält der Patentanwalt aus einer Vergütungsvereinbarung zwischen Patentanwalt und Mandanten, die gegen die Formvorschriften des Abs. 2 und 3 verstößt, keine höhere als die nach den Vorschriften des BGB angemessene Vergütung (→ § 43a Rn. 2 ff.). Daraus folgt, dass eine Erfolgshonorarvereinbarung, die gegen Abs. 2 und 3 verstößt, nicht nichtig ist, sondern die vertraglich vereinbarte Vergütung – auch im Erfolgsfall – auf die nach den Vorschriften des BGB angemessene Vergütung beschränkt ist. Bis zu dieser Grenze kann aus der Honorarvereinbarung Erfüllung verlangt werden. Ist die nach den Vorschriften des BGB angemessene Vergütung höher als die vereinbarte, kann nur die vereinbarte Vergütung verlangt werden. Abs. 5 entfaltet demnach nicht nur Wirkung für den Fall, dass die vereinbarte Gebühr höher ist als die angemessene Vergütung, sondern auch dann, wenn sie niedriger ist (BGH NJW 2014, 2653 = Mitt 2014, 522 = BRAK-Mitt. 2014, 220 zu § 49b BRAO, §§ 3a, 4a, 4b RVG mit Anm. *Beck-Bever* BRAK-Mitt. 2014, 254). Im Übrigen gelten die allgemeinen zivilrechtlichen Regelungen. Bei einer gegen Abs. 2, Abs. 3 S. 2 verstoßenden Vereinbarung, nach der im Misserfolgsfall keinerlei Vergütung geschuldet sein soll *(no win, no fee)*, kann dies zum Beispiel dazu führen, dass der Patentanwalt im Falle des Misserfolgs keine Vergütung verlangen kann, weil ein solches Verlangen eine unzulässige Rechtsausübung (§ 242 BGB) wäre“ (BGHZ 18, 340 = NJW 1955, 1921; BT-Drs. 16/8384, 12). **12**

Stellt die in einer Honorarvereinbarung versprochene Vergütung ein unzulässiges Erfolgshonorar dar Abs. 1), so ist der Patentanwalt nach Bereicherungsgrundsätzen (§§ 812 ff. BGB) zu dessen Rückzahlung verpflichtet, soweit die nach den Vorschriften des bürgerlichen Rechts (§ 612 BGB) geschuldete Vergütung überschritten wird. Nur in diesem Umfang fehlt es an einem Rechtsgrund iSd § 812 Abs. 1 S. 1 BGB für die von dem Mandanten erbrachte Leistung (OLG Düsseldorf AnwBl. 2008, 211). Mit einem Ausschluss des Rückforderungsanspruchs wäre die Durchsetzung des Verbots nicht zu gewährleisten. Würde der Auftraggeber im Vertrauen auf die Wirksamkeit der Vereinbarung – eventuell als Vorschuss – ohne Vorbehalt zahlen, bliebe das Verbot für den Patentanwalt ohne Folgen, dh es könnten Erfolgshonorare vereinbart werden, auch wenn die Voraussetzungen des Abs. 2 nicht vorliegen, wenn die Zahlung als Vorschuss geleistet würde (BT-Drs. 16/8384, 12). **13**

§ 44 Handakten des Patentanwalts *(§§ 12, 18 Abs. 2–4 BOPA)*

(1) **Der Patentanwalt muß durch Anlegung von Handakten ein geordnetes Bild über die von ihm entfaltete Tätigkeit geben können.**

(2) [1]**Der Patentanwalt hat die Handakten auf die Dauer von fünf Jahren nach Beendigung des Auftrages aufzubewahren.** [2]**Diese Verpflichtung erlischt jedoch schon vor Beendigung dieses Zeitraumes, wenn der Patentanwalt den Auftraggeber aufgefordert hat, die Handakten in Empfang zu nehmen, und der Auftraggeber dieser Aufforderung binnen sechs Monaten, nachdem er sie erhalten hat, nicht nachgekommen ist.**

(3) [1]**Der Patentanwalt kann seinem Auftraggeber die Herausgabe der Handakten verweigern, bis er wegen seiner Honorare und Auslagen befriedigt ist.** [2]**Dies gilt nicht,**

soweit die Vorenthaltung der Handakten oder einzelner Schriftstücke nach den Umständen unangemessen wäre.

(4) **Handakten im Sinne der Absätze 2 und 3 dieser Bestimmung sind nur die Schriftstücke, die der Patentanwalt aus Anlaß seiner beruflichen Tätigkeit von dem Auftraggeber oder für ihn erhalten hat, nicht aber der Briefwechsel zwischen dem Patentanwalt und seinem Auftraggeber und die Schriftstücke, die dieser bereits in Urschrift oder Abschrift erhalten hat.**

(5) **Absatz 4 gilt entsprechend, soweit sich der Patentanwalt zum Führen von Handakten der elektronischen Datenverarbeitung bedient.**

Schrifttum: *Jungk*, Handakten des – Rechtsanwalts – analog und digital, AnwBl. 2014, 84.

1 § 44 entspricht § 50 BRAO (näher → BRAO § 50 Rn. 1 ff.). Auch für den Patentanwalt bestehen neben den Pflichten aus § 44 selbständig die gemäß § 9 Geldwäschegesetz zu beachtenden Aufzeichnungs- und Aufbewahrungspflichten (→ BRAO § 50 Rn. 8, 9).

2 Der Patentanwalt hat für jedes Mandat eine **Handakte** zu führen, die ein geordnetes Bild über die von ihm entfaltete Tätigkeit gibt. Bei einer bloßen Rat- oder Auskunftserteilung soll der Patentanwalt wenigsten eine Aktennotiz fertigen (§ 12 Abs. 1 BOPA). Bei der **elektronischen Aktenführung** sind Originale wie Patenturkunden unter anderem dem Mandanten zur Verwahrung anzubieten. Erst wenn der Mandant eine solche abgelehnt hat, kann das Papieroriginal vernichtet werden (§ 12 Abs. 3 BOPA).

3 Die **Herausgabe der Handakten** nach Beendigung des Mandats stellt für den Patentanwalt nicht nur eine zivilrechtliche Schuld (§§ 675, 667 BGB), sondern auch eine berufsrechtliche Pflicht dar, der Verletzung berufsgerichtliche Maßnahmen auslösen können. Dies ist zwar nicht ausdrücklich in § 44 geregelt, ist aber aus der Generalklausel des § 39 iVm §§ 675, 667 BGB und inzidenter auch aus der Vorschrift des § 44 zu entnehmen (BGH BeckRS 2014, 22636 = NJW-Spezial 2015, 30; BRAK-Mitt. 2015, 39 = AnwBl. 2015, 178 zu § 50 BRAO). Fordert der neue Vertreter die Handakten an, so hat der bisherige Vertreter die Handakten, ausgenommen die Korrespondenz mit dem Mandanten, nach eigener Wahl den neuen Vertreter zu treuen Händen zu überlassen oder ihm auf dessen Kosten (nach Maßgabe des GKG) – unter Versicherung der Vollständigkeit – Kopien zu überlassen (§ 19 Abs. 2 und 3 BOPA). Damit soll ein reibungsloser Vertreterwechsel sichergestellt werden. Der Patentanwalt ist nicht verpflichtet, dem Mandanten seine Handakten herauszugeben, um dem Mandanten den Beweis zu ermöglichen, dass ihm vom Anwalt eine bestimmte Beratung nicht erteilt worden sei. Die Nichtherausgabe führt daher nicht zu einer Beweislastumkehr zu Lasten des Anwalts (OLG Brandenburg BRAK-Mitt. 2010, 127).

§ 45 Berufshaftpflichtversicherung

(1) [1]**Der Patentanwalt ist verpflichtet, eine Berufshaftpflichtversicherung zur Deckung der sich aus seiner Berufstätigkeit ergebenden Haftpflichtgefahren für Vermögensschäden abzuschließen und die Versicherung während der Dauer seiner Zulassung aufrechtzuerhalten.** [2]**Die Versicherung muß bei einem im Inland zum Geschäftsbetrieb befugten Versicherungsunternehmen zu den nach Maßgabe des Versicherungsaufsichtsgesetzes eingereichten Allgemeinen Versicherungsbedingungen genommen werden und sich auch auf solche Vermögensschäden erstrecken, für die der Patentanwalt nach § 278 oder § 831 des Bürgerlichen Gesetzbuchs einzustehen hat.**

(2) **Der Versicherungsvertrag hat Versicherungsschutz für jede einzelne Pflichtverletzung zu gewähren, die gesetzliche Haftpflichtansprüche privatrechtlichen Inhalts gegen den Patentanwalt zur Folge haben könnte; dabei kann vereinbart werden, daß sämtliche Pflichtverletzungen bei Erledigung eines einheitlichen Auftrags, mögen diese auf dem Verhalten des Patentanwalts oder einer von ihm herangezogenen Hilfsperson beruhen, als ein Versicherungsfall gelten.**

(3) **Von der Versicherung kann die Haftung ausgeschlossen werden:**

1. **für Ersatzansprüche wegen wissentlicher Pflichtverletzung,**
2. **für Ersatzansprüche aus Tätigkeiten über in anderen Staaten eingerichtete oder unterhaltene Kanzleien oder Büros,**

3. für Ersatzansprüche aus Tätigkeiten in Zusammenhang mit der Beratung und Beschäftigung mit außereuropäischem Recht,
4. für Ersatzansprüche aus Tätigkeiten des Patentanwalts vor außereuropäischen Gerichten,
5. für Ersatzansprüche wegen Veruntreuung durch Personal, Angehörige oder Sozien des Patentanwalts.

(4) **[1]Die Mindestversicherungssumme beträgt 250 000 Euro für jeden Versicherungsfall. [2]Die Leistungen des Versicherers für alle innerhalb eines Versicherungsjahres verursachten Schäden können auf den vierfachen Betrag der Mindestversicherungssumme begrenzt werden.**

(5) **Die Vereinbarung eines Selbstbehalts bis zu 1 vom Hundert der Mindestversicherungssumme ist zulässig.**

(6) **[1]Im Versicherungsvertrag ist der Versicherer zu verpflichten, der Patentanwaltskammer den Beginn und die Beendigung oder Kündigung des Versicherungsvertrages sowie jede Änderung des Versicherungsvertrages, die den vorgeschriebenen Versicherungsschutz beeinträchtigt, unverzüglich mitzuteilen. [2]Die Patentanwaltskammer erteilt Dritten zur Geltendmachung von Schadensersatzansprüchen auf Antrag Auskunft über den Namen und die Adresse der Berufshaftpflichtversicherung des Patentanwalts sowie die Versicherungsnummer soweit der Patentanwalt kein überwiegendes schutzwürdiges Interesse an der Nichterteilung der Auskunft hat; dies gilt auch, wenn die Zulassung zur Patentanwaltschaft erloschen ist.**

(7) **Zuständige Stelle im Sinne des § 117 Abs. 2 des Versicherungsvertragsgesetzes ist die Patentanwaltskammer.**

(8) **Das Bundesministerium der Justiz und für Verbraucherschutz wird ermächtigt, durch Rechtsverordnung mit Zustimmung des Bundesrates nach Anhörung der Patentanwaltskammer die Mindestversicherungssumme anders festzusetzen, wenn dies erforderlich ist, um bei einer Änderung der wirtschaftlichen Verhältnisse einen hinreichenden Schutz der Geschädigten sicherzustellen.**

(9) **[1]Erfolgt die Zulassung zur Patentanwaltschaft auf Grund bestandener Eignungsprüfung nach dem Gesetz über die Eignungsprüfung für die Zulassung zur Patentanwaltschaft, gilt § 7 Abs. 1 und 2 des Gesetzes über die Tätigkeit europäischer Rechtsanwälte in Deutschland entsprechend. [2]Zuständige Stelle ist die Patentanwaltskammer. [3]§ 21 Abs. 2 Nr. 10 bleibt unberührt.**

Schrifttum: *Borgmann,* Die Rechtsprechung des BGH zum Anwaltshaftungsrecht bis April 2010, NJW 2010, 1924; *Bräuer,* DL-InfoV – Der Anwalt muss informieren, Die Mitteilungspflichten über den Versicherungsschutz, AnwBl. 2010, 523; *Chab,* Die Abwehrkomponente in der Berufshaftpflichtversicherung, AnwBl. 2011, 217; *ders.,* Der Vermögensschaden in der Haftpflichtversicherung, AnwBl. 2009, 789; *Diller,* AVB-RSW, Berufshaftpflichtversicherung der Rechtsanwälte, 2009; *ders.,* Kein Versicherungsschutz des Anwalts für „Reliance Letter"?, AnwBl. 2010, 52; *ders.,* Versicherungsbeiträge für angestellte Anwälte steuerpflichtiger Lohn?, AnwBl. 2010, 269; *ders.,* Fallstricke der Berufshaftpflichtversicherung für Anwälte, AnwBl. 2014, 2; *Fahrendorf/Mennemeyer/Terbille,* Die Haftung des Rechtsanwalts, 8. Aufl. 2009; *Gehrlein,* Anwalts- und Steuerberaterhaftung, 2010; *Huff,* Der Auskunftsanspruch des Mandanten nach § 51 Abs. 6 BRAO – Gibt es ihn wirklich nur in den Fällen des § 115 VVG? BRAK-Mitt. 2011, 56; *Sassenbach,* Sind Haftungsrecht und Berufsrecht (un)vereinbar?, AnwBl. 2009, 447; *Stobbe,* Lücken in der Berufshaftpflichtversicherung der Anwälte, AnwBl. 2010, 449.

§ 45 Abs. 1–8 entspricht § 51 BRAO (näher → BRAO § 51 Rn. 1 ff.). Die Vorschrift verpflichtet den in Deutschland zugelassenen Patentanwalt zum Abschluss einer Berufshaftpflichtversicherung mit bestimmten Maßgaben (→ BRAO § 51 Rn. 1 ff. entsprechend). Die Vorschrift dient dem Schutz des rechtsuchenden Publikums, welches darauf soll vertrauen können, dass eventuelle Schadensersatzansprüche gegen den Patentanwalt im Rahmen des vorgeschriebenen Versicherungsschutzes ohne weiteres durchsetzbar sind (BGH BRAK-Mitt. 2010, 213 = NJW-Spezial 2010, 543 zu § 51 BRAO). 1

Eine Regelung in den Allgemeinen Versicherungsbedingungen der Vermögensschaden-Haftpflichtversicherung für Rechtsanwälte und Patentanwälte ist insoweit auch wirksam, als ein angestellter Scheinsozius keinen Deckungsschutz gegen Schadensersatzansprüche von Mandanten wegen Veruntreuungen haben soll, die von echten Sozien begangen wurden (BGH NJW 2011, 3718 = BRAK-Mitt. 2011, 281; → § 52a Rn. 3). Die Verpflichtung eines Patentanwalts zur 2

Unterhaltung einer Berufshaftpflichtversicherung entfällt nicht deshalb, weil dieser seine Kanzlei im Ausland betreibt. Auch im Falle einer Befreiung von der Verpflichtung, eine Kanzlei in Deutschland zu unterhalten (§ 27 Abs. 2), besteht die Pflicht, eine Haftpflichtversicherung zu unterhalten, da nach wie vor die Berechtigung besteht, den Beruf in Deutschland auszuüben (BGH BRAK-Mitt. 2010, 213 = NJW-Spezial 2010, 543 zu § 51 BRAO).

3 Der Anspruch eines Dritten gemäß **Abs. 6 S. 2** von der Patentanwaltskammer zur Geltendmachung von Schadensersatzansprüchen Auskunft über den Namen und die Adresse der Berufshaftpflichtversicherung des Patentanwalts sowie die Versicherungsnummer erteilt zu bekommen, ist nicht nur auf die Fälle beschränkt, in denen dem Dritten nach § 115 Abs. 1 Nr. 2 und 3 VVG ein Direktanspruch zusteht, weil der Patentanwalt insolvent oder sein Aufenthaltsort unbekannt ist. Bei der Prüfung der **Auskunftspflicht der Patentanwaltskammer** ist auch zu berücksichtigen, dass § 2 Abs. 1 Nr. 11 DL-InfoV einem Dienstleistungserbringer aufgibt, dem Dienstleistungsempfänger vor Abschluss eines schriftlichen Vertrages oder – sofern kein schriftlicher Vertrag geschlossen wird – vor Erbringung der Dienstleistung Angaben zu seiner bestehenden Berufshaftpflichtversicherung in klarer und verständlicher Form zur Verfügung zu stellen. Dem Informationsinteresse wird damit gesetzlich der Vorrang vor dem Recht auf informationelle Selbstbestimmung und etwaige Geheimhaltungsinteressen eingeräumt (BGH NJW 2013, 234 = BRAK-Mitt. 2013, 39 zur Auskunftspflicht der Rechtsanwaltskammer gemäß § 51 Abs. 6 S. 2 BRAO).

4 Abs. 6 S. 2 letzter Hs. ermöglicht es der Patentanwaltskammer, Auskünfte über die Haftpflichtversicherung auch zu erteilen, wenn der Patentanwalt zwischenzeitlich aus der Patentanwaltskammer ausgeschieden ist. Dies ist insbesondere in Fällen des Vermögensverfalls relevant, wenn der Anwalt die Zulassung zurückgegeben hat oder ein Widerruf bestandskräftig geworden ist. Gerade in solchen Fällen kann ein erhebliches Interesse an der Auskunft über die Haftpflichtversicherung bestehen (BT-Drs. 16/12061, 41).

5 Die **Ablehnung der Datenweitergabe** nach Abs. 6 S. 2 stellt einen Verwaltungsakt der Patentanwaltskammer dar. Für dessen Anfechtung ist der Verwaltungsrechtsweg; gemäß §§ 94a ff.; § 40 Abs. 1 VwGO gegeben. Die Gerichte in Patentanwaltssachen (§§ 85–94) nehmen die Aufgaben der Rechtsprechung in verwaltungsgerichtlichen Angelegenheiten der Mitglieder der Patentanwaltskammer einschließlich der ausgeschiedenen (§§ 21 ff.) und abgewiesenen (§§ 14 ff.) wahr. Für Dritte ist der Rechtsweg zu den Gerichten in Patentanwaltssachen auch dann nicht eröffnet, wenn diese ihren Klageanspruch aus Vorschriften der PAO herleiten (AGH BW BRAK-Mitt. 2008, 75; AnwG Brandenburg AnwBl. 2010, 716 zu § 51 Abs. 6 BRAO; → § 94a Rn. 2).

6 Die Übernahme der Beiträge zur Berufshaftpflichtversicherung eines angestellten Patentanwalts durch den Arbeitgeber führt zu Arbeitslohn, weil der Patentanwalt zum Abschluss der Versicherung verpflichtet ist und deshalb ein überwiegend eigenbetriebliches Interesse des Arbeitgebers ausscheidet (BFH AnwBl. 2007, 790 = BRAK-Mitt. 2007, 230 mit Anm. *Otto* BRAK Magazin 5/2008, 10).

7 Ein Patentanwalt verwirklicht im Rahmen seiner Berufshaftpflichtversicherung den versicherungsvertraglichen Ausschlusstatbestand der wissentlichen Pflichtverletzung, wenn er gegen ein ihm als Prozessbevollmächtigtem seines Mandanten zugestelltes Versäumnisurteil keinen Einspruch einlegt und den Mandanten nicht über das Ergehen des Versäumnisurteils informiert (OLG Köln NJW-RR 2009, 994 = BRAK-Mitt. 2009, 72 mit Anm. *Grams* zu § 51 BRAO). Zum Deckungsschutz bei Haftung aus Treuhandverträgen vgl. OLG Düsseldorf BRAK-Mitt. 2009, 67). Die Schlechterfüllung eines Anwaltsvertrags, der nicht den Schutz der Rechtsgüter des § 253 Abs. 2 BGB zum Gegenstand hat, begründet in der Regel keinen Schmerzensgeldanspruch (BGH DB 2009, 1985). Die zivilrechtlichen Folgen der Schlechterfüllung eines Anwaltsvertrags fallen – ebenso wie die Haftung für Schäden aus unerlaubter Handlung – nicht in den Schutzbereich der Berufsfreiheit (BVerfG NJW 2009, 2945 mit Anm. *Römermann* NJW 2009, 2924).

8 **Abs. 9** setzt die in Art. 1 Abs. 4 lit. b RL 2002/19/EWG vorgesehene Verpflichtung der EU-Mitgliedstaaten um, Bescheinigungen über den Abschluss einer bestehenden **ausländischen Berufshaftpflichtversicherung** als gleichwertig anzuerkennen, wenn der betreffende Patentanwalt aus einem Staat der EU oder des EWR nach bestandener Eignungsprüfung zur Patentanwaltschaft zugelassen wird. Es bietet sich die Analogieverweisung auf die für europäische Rechtsanwälte geltende Regelung des § 7 EuRAG an, um die gleiche Behandlung vergleichbarer Sachverhalte zu gewährleisten (BT-Drs. 15/1072 S. 14).

9 Unterhält der Patentanwalt eine Berufshaftpflichtversicherung nicht mehr, führt dies zum Verlust der Zulassung als Patentanwalt (§ 21 Abs. 2 Nr. 10), regelmäßig mit Anordnung der

sofortigen Vollziehung (§ 21 Abs. 4). Wird die Patentanwaltskammer nicht tätig, kann dies unter Umständen zu Ansprüchen des Dritten gegen sie gemäß § 117 Abs. 2 VVG führen.

§ 45a Berufshaftpflichtversicherung einer Partnerschaftsgesellschaft mit beschränkter Berufshaftung

(1) [1] Die Berufshaftpflichtversicherung einer Partnerschaftsgesellschaft mit beschränkter Berufshaftung (§ 8 Absatz 4 des Partnerschaftsgesellschaftsgesetzes) muss die Haftpflichtgefahren für Vermögensschäden decken, die sich aus der Beratung und Vertretung in Rechtsangelegenheiten im Sinne des § 3 Absatz 2 und 3 ergeben. [2] § 45 Absatz 1 Satz 2, Absatz 2, 3 Nummer 2 bis 5 und Absatz 5 bis 7 ist entsprechend anzuwenden.

(2) [1] Die Mindestversicherungssumme beträgt 2 500 000 Euro für jeden Versicherungsfall. [2] Die Leistung des Versicherers für alle innerhalb eines Versicherungsjahres verursachten Schäden können auf den Betrag der Mindestversicherungssumme, vervielfacht mit der Zahl der Partner, begrenzt werden. [3] Die Jahreshöchstleistung für alle in einem Versicherungsjahr verursachten Schäden muss sich jedoch mindestens auf den vierfachen Betrag der Mindestversicherungssumme belaufen.

(3) Das Bundesministerium der Justiz und für Verbraucherschutz wird ermächtigt, durch Rechtsverordnung mit Zustimmung des Bundesrates nach Anhörung der Patentanwaltskammer die Mindestversicherungssumme anders festzusetzen, wenn dies erforderlich ist, um bei einer Änderung der wirtschaftlichen Verhältnisse einen hinreichenden Schutz der Geschädigten sicherzustellen.

Schrifttum: *Lieder/Hoffmann,* Rechtstatsachen zur PartGmbB und zur LLP, NZG 2014, 127; *Riechert,* Die Berufshaftpflichtversicherung der PartGmbB – Grundlagen, AnwBl. 2014, 266.

1 Durch Art. 3 des Gesetzes zur Einführung einer Partnerschaftsgesellschaft mit beschränkter Berufshaftung und zur Änderung des Berufsrechts der Rechtsanwälte, der Patentanwälte, Steuerberater und Wirtschaftsprüfer vom 18.7.2013 (BGBl. I S. 2386) wurde § 45a in die Patentanwaltsordnung eingefügt. Der bisherige § 45a wurde § 45b. Der neue § 45a regelt die Anforderungen, an die Berufshaftpflichtversicherung für Partnerschaften mit beschränkter Berufshaftung (§ 8 Abs. 4 PartGG, abgedruckt unter → Nr. 5), der Patentanwälte angehören. Danach ist die Haftung für Berufsfehler auf das Gesellschaftsvermögen beschränkt. § 45a entspricht § 51a BRAO. Auf das dazu Gesagte wird Bezug genommen.

2 Inhaltlich entspricht der neue § 45a weitgehend den Vorgaben für die Berufshaftpflichtversicherung von Patentanwaltsgesellschaften (Patentanwalts-GmbH) in § 52j Abs. 1–3. Die damit gegenüber der allgemeinen Regelung über die Berufshaftpflichtversicherung in § 45 von 250.000 Euro auf 2,5 Mio. Euro erhöhte Mindestversicherungssumme dient dem Schutz der Rechtsuchenden. Sie gleicht die fehlende persönliche Haftung aus (vgl. BVerfG NJW 2001 S. 1560; BT-Drs. 17/10487, 16, 15).

3 Nach der allgemeinen Regelung über die Berufshaftung können von der Versicherung gemäß § 45 Abs. 3 Nr. 1 Ersatzansprüche wegen **wissentlicher Pflichtverletzung** ausgeschlossen werden. Infolge der Beschränkung der Haftung bei der Partnerschaftsgesellschaft mbB wären geschädigte Personen dann mit ihren vertraglichen Schadensersatzansprüchen auf das Gesellschaftsvermögen und im Übrigen auf deliktische Ansprüche gegen handelnde Personen angewiesen. Dabei würde eine (rechtliche) Schutzlücke entstehen. Der Versicherungsschutz entfiele bereits dann, wenn ein wissentlicher Pflichtverstoß vorliegt; darauf, ob ein Schaden vom Vorsatz umfasst war, kommt es nicht an. Eine deliktische Haftung setzt demgemäß regelmäßig voraus, dass der Vorsatz nicht nur die Handlung, sondern auch den Schaden umfasst. Der Versicherungsschutz könnte also bei Nicht-Bestehen eines nicht auf das Gesellschaftsvermögen begrenzten Schadensersatzanspruchs in dieser besonderen Situation entfallen, ohne dass deliktische Ansprüche bestünden. Um diese Lücke zu schließen kann die **Versicherung Ersatzansprüche** gegen die Partnerschaftsgesellschaft mbB **wegen wissentlicher Pflichtverletzung nicht ausschließen.** Es gilt vielmehr die allgemeine Regelung des § 103 VVG, nach der der Haftpflichtversicherer erst dann von der Leistungspflicht befreit ist, wenn auch der Schaden vorsätzlich herbeigeführt worden ist (vgl. BT-Drs. 17/13944, 15).

4 Anders als bei der Patentanwalts-GmbH, bei der eine **fehlende oder unzureichende Berufshaftpflichtversicherung** zum Widerruf der Zulassung führt (§ 5h Abs. 3), führt ein Versicherungsmangel bei der Partnerschaftsgesellschaft mbB, die berufsrechtlich nicht zugelassen wird, sondern der Patentanwaltskammer lediglich anzuzeigen ist (vgl. § 15 BOPA), dazu, dass die Haftungsbeschränkung auf das Vermögen der Partnerschaftsgesellschaft automatisch entfällt und die persönliche Haftung der Partner gemäß § 8 Abs. 1, 2 PartGG eingreift. Auch ohne eine dem § 52j Abs. 4 entsprechende Haftungsregelung ist daher die persönliche Haftung der Verantwortlichen einer Partnerschaftsgesellschaft mbB im Falle einer fehlender oder unzureichender Berufshaftpflichtversicherung gewährleistet (vgl. BT-Drs. 17/10487, 16, 15).

§ 45b Vertragliche Begrenzung von Ersatzansprüchen

(1) [1] **Der Anspruch des Auftraggebers aus dem zwischen ihm und dem Patentanwalt bestehenden Vertragsverhältnis auf Ersatz eines fahrlässig verursachten Schadens kann beschränkt werden:**

1. **durch schriftliche Vereinbarung im Einzelfall bis zur Höhe der Mindestversicherungssumme;**
2. **durch vorformulierte Vertragsbedingungen für Fälle einfacher Fahrlässigkeit auf den vierfachen Betrag der Mindestversicherungssumme, wenn insoweit Versicherungsschutz besteht.**

[2] **Für Berufsausübungsgesellschaften gilt Satz 1 entsprechend.**

(2) [1] **Die Mitglieder einer Sozietät haften aus dem zwischen ihr und dem Auftraggeber bestehenden Vertragsverhältnis als Gesamtschuldner.** [2] **Die persönliche Haftung auf Schadensersatz kann auch durch vorformulierte Vertragsbedingungen beschränkt werden auf einzelne Mitglieder einer Sozietät, die das Mandat im Rahmen ihrer eigenen beruflichen Befugnisse bearbeiten und namentlich bezeichnet sind.** [3] **Die Zustimmungserklärung zu einer solchen Beschränkung darf keine anderen Erklärungen enthalten und muß vom Auftraggeber unterschrieben sein.**

Schrifttum: *Borgmann,* Die Rechtsprechung des BGH zum Anwaltshaftungsrecht bis April 2010, NJW 2010, 1924; *Blattner,* Formularvertragliche Vereinbarung im Anwaltsvertrag, AnwBl. 2012, 237; *ders.,* Risikomanagement durch Haftungsvereinbarung im Anwaltsvertrag, AnwBl. 2013, 300.

1 Mit Art. 3 des Gesetzes zur Einführung einer Partnerschaftsgesellschaft mit beschränkter Berufshaftung und zur Änderung des Berufsrecht der Rechtsanwälte, Patentanwälte, Steuerberater und Wirtschaftsprüfer vom 18.7.2013 (BGBl. I S. 2386) wurde ein neuer § 45a eingeführt, der die Anforderungen an die Berufshaftpflichtversicherung für Partnerschaftsgesellschaften mit beschränkter Berufshaftung regelt. In Folge des neuen § 45a wird der bisherige § 45a, der die vertragliche Begrenzung von Ersatzansprüchen regelt, der neue § 45b. § 45b entspricht § 51b BRAO. Es gilt das dazu Gesagte entsprechend.

2 Der neue S. 2 in Abs. 1, ebenfalls mit Art. 3 des Gesetzes zur Einführung einer Partnerschaftsgesellschaft mit beschränkter Berufshaftung (→ Rn. 1) bestimmt, dass die Möglichkeit, **Ersatzansprüche vertraglich zu begrenzen,** für alle Berufsausübungsgesellschaften gilt. Dabei umfasst der Begriff der Berufsausübungsgemeinschaft (vgl. § 43a Abs. 2, der auf § 52a, § 59a BRAO verweist), **alle Fälle der gemeinschaftlichen Berufsausübung.** Daher kann auch die Partnerschaftsgesellschaft mbB ihre Haftung nach Maßgabe des § 45b S. 1 vertraglich begrenzen. Die entsprechende Anwendung bedeutet, dass die „Mindestversicherungssumme", auf die Abs. 1 S. 1 verweist, in diesem Falle einer Partnerschaftsgesellschaft mbB 2,5 Mio. Euro beträgt. Eine Partnerschaftsgesellschaft mbB kann daher ihre Haftung durch eine Individualvereinbarung auf 2,5 Mio. Euro begrenzen und durch vorformulierte Vertragsbedingungen auf 10 Mio. Euro. Soweit Abs. 1 S. 2 auch Personengesellschaften mit persönlich haftenden Patentanwälten umfasst, die ihre Haftung bereits nach Abs. 1 S. 1 begrenzen können, hat die Regelung nur klarstellende Bedeutung (BT-Drs. 17/10487, 16, 15).

3 Es besteht keine Rechtsscheinhaftung des Mitglieds einer patentanwaltlichen Scheinsozietät für Forderungen, die nicht eine patentanwaltstypische Tätigkeit (§ 3) betreffen (BGH NJW 2008, 2330 mit Anm. *Liux* NJW 2008, 2309 = AnwBl. 2008, 635 mit Anm. *Hirtz* = Mitt 2008, 365). Dabei hat der BGH ausdrücklich offen gelassen, ob die angelegten rechtlichen Maßstäbe über

den Vertragsschluss einer interprofessionellen Sozietät nach Anerkennung der Rechtsfähigkeit der Gesellschaft bürgerlichen Rechts, die nunmehr selbst Partner eines Beratungsvertrags werden kann, aufrecht zu erhalten sind (BHG NJW 2009, 1597 = BRAK-Mitt. 2009, 123 = AnwBl. 2009, 461). Berufsfremde Mitglieder einer interprofessionellen Sozietät haften nicht rückwirkend für Vorgänge vor ihrem Eintritt in die Sozietät (BGH NJW-Spezial 2008, 674).

§ 46 Bestellung eines allgemeinen Vertreters *(§ 19 BOPA)*

(1) **Der Patentanwalt muß für seine Vertretung sorgen,**

1. wenn er länger als zwei Wochen daran gehindert ist, seinen Beruf auszuüben;

2. wenn er sich länger als zwei Wochen von seiner Kanzlei entfernen will.

(2) **1 Der Patentanwalt kann den Vertreter selbst bestellen, wenn die Vertretung von einem Patentanwalt oder Rechtsanwalt übernommen wird. 2 Ein Vertreter kann auch von vornherein für alle Verhinderungsfälle, die während eines Kalenderjahres eintreten können, bestellt werden. 3 In anderen Fällen kann ein Vertreter nur auf Antrag des Patentanwalts von der Patentanwaltskammer bestellt werden.**

(3) *(aufgehoben)*

(4) **1 Die Patentanwaltskammer soll die Vertretung einem Patentanwalt oder Rechtsanwalt übertragen. 2 Sie kann auch einen Patentassessor oder einen Bewerber, der seit mindestens achtzehn Monaten in der Ausbildung tätig ist, zum Vertreter bestellen. 3 § 14 gilt entsprechend.**

(5) **1 In den Fällen des Absatzes 1 kann die Patentanwaltskammer den Vertreter von Amts wegen bestellen, wenn der Patentanwalt es unterlassen hat, eine Maßnahme nach Absatz 2 Satz 1 zu treffen oder die Bestellung eines Vertreters nach Absatz 2 Satz 3 zu beantragen. 2 Der Vertreter soll jedoch erst bestellt werden, wenn der Patentanwalt vorher aufgefordert worden ist, den Vertreter selbst zu bestellen oder einen Antrag nach Absatz 2 Satz 3 einzureichen, und die ihm hierfür gesetzte Frist fruchtlos verstrichen ist. 3 Der Patentanwalt, der von Amts wegen als Vertreter bestellt wird, kann die Vertretung nur aus einem wichtigen Grund ablehnen.**

(6) **Der Patentanwalt hat die Bestellung des Vertreters in den Fällen des Absatzes 2 Satz 1 der Patentanwaltskammer anzuzeigen.**

(7) **Dem Vertreter stehen die patentanwaltlichen Befugnisse des Patentanwalts zu, den er vertritt.**

(8) **Die Bestellung kann widerrufen werden.**

(9) **1 Der Vertreter wird in eigener Verantwortung, jedoch im Interesse, für Rechnung und auf Kosten des Vertretenen tätig. 2 Die §§ 666, 667 und 670 des Bürgerlichen Gesetzbuchs gelten entsprechend.**

(10) **1 Der von Amts wegen bestellte Vertreter ist berechtigt, die Kanzleiräume zu betreten und die zur Kanzlei gehörenden Gegenstände einschließlich des der patentanwaltlichen Verwahrung unterliegenden Treugutes in Besitz zu nehmen, herauszuverlangen und hierüber zu verfügen. 2 An Weisungen des Vertretenen ist er nicht gebunden. 3 Der Vertretene darf die Tätigkeit des Vertreters nicht beeinträchtigen. 4 Er hat dem von Amts wegen bestellten Vertreter eine angemessene Vergütung zu zahlen, für die Sicherheit zu leisten ist, wenn die Umstände es erfordern. 5 Können sich die Beteiligten über die Höhe der Vergütung oder über die Sicherheit nicht einigen oder wird die geschuldete Sicherheit nicht geleistet, setzt der Vorstand der Patentanwaltskammer auf Antrag des Vertretenen oder des Vertreters die Vergütung fest. 6 Der Vertreter ist befugt, Vorschüsse auf die vereinbarte oder festgesetzte Vergütung zu entnehmen. 7 Für die festgesetzte Vergütung haftet die Patentanwaltskammer wie ein Bürge.**

Schrifttum: *Dahns,* Der Kanzleivertreter, NJW-Spezial 2013, 638; *Fischedick,* Besprechung und Arbeitsvorbereitung mit dem amtlich bestellten Vertreter und dem Abwickler, BRAK-Mitt. 2008, 207; *Haselbach/Tauchert,* Die Auswahl der Person eines Vertreters iSd § 53 oder eines Abwicklers nach § 55 BRAO durch die Rechtsanwaltskammer, BRAK-Mitt. 2008, 156; *Sassenbach,* Der Vertreter des Anwalts – Kennen Sie § 53 BRAO?, AnwBl. 2008, 872.

1 § 46 entspricht § 53 BRAO (näher → BRAO § 53 Rn. 1 ff.). Der Patentanwalt hat nach **Abs. 1** für seine Vertretung zu sorgen, wenn er länger als z we i Wochen an der Berufsausübung an der Berufsausübung gehindert ist oder von der Kanzlei entfernt ist, während die Frist für den Rechtsanwalt nach § 53 Abs. 1 BRAO nure i ne Woche beträgt. „Die längere Frist wird dem Patentanwalt gewährt, weil seine Tätigkeit nicht auf einen bestimmten Gerichtsbezirk beschränkt ist und die Vertretung von Ausländern häufiger längere Abwesenheiten vom Ort der Kanzlei erfordert" (BT-Drs. 4/2045, 55).

2 Nach **Abs. 2** kann der Patentanwalt, unabhängig von der Dauer der Verhinderung, den **Vertreter selbst bestellen.** In Übereinstimmung mit § 53 Abs. 2 S. 2 BRAO kann die Bestellung auch im Voraus für alle Verhinderungsfälle eines Kalenderjahres bestimmt werden (BT-Drs. 16/12061, 28). Der zum allgemeinen Vertreter bestellte Patentanwalt darf im Zusammenhang mit der Tätigkeit als allgemeiner Vertreter und für einen Zeitraum von zwei Jahren nach der Beendigung der allgemeinen Vertretung Mandanten des Vertretenen ohne dessen Zustimmung nicht veranlassen, ihm oder anderen Anwälten Mandate zu erteilen (§ 19 BOPA). Kommt der Patentanwalt der Pflicht zur Vertreterbestellung in den Fällen des Abs. 1 nicht nach, kann die Patentanwaltskammer unter den Voraussetzungen des **Abs. 5** den **Vertreter von Amts wegen** bestellen.

3 In **Ausnahmefällen** kann die Patentanwaltskammer gemäß **Abs. 4** auch einen **Patentassessor oder Patentanwaltsbewerber,** der seit mindestens 18 Monate in Ausbildung ist, zum Vertreter bestellen. Versagungsgründe nach § 14, die einer etwaigen Zulassung des Patentassessors entgegen stünden oder bereits jetzt beim Bewerber gegeben sind, dürfen nicht vorliegen. Die Bestellung eines Bewerbers als amtlicher Vertreter muss spätestens mit Beginn der Ausbildung beim Deutschen Patent- und Markenamts gemäß § 20 PatAnwAPO enden. Andernfalls würde der Bewerber sonst Gefahr laufen in einen Pflichtenwiderstreit zu geraten. Die erforderliche Genehmigung für die Nebentätigkeit durch den Präsidenten des Deutschen Patent-. und Markenamts würde nicht erteilt werden (§ 21c PatAnwAPO). Ist ein Patentassessor oder Bewerber zum allgemeinen Vertreter bestellt, stehen ihm, wie jedem bestellten allgemeinen Vertreter, gemäß **Abs. 7** die patentanwaltlichen Befugnisse des Patentanwalts zu, den er vertritt. Er kann als solcher vor dem BPatG auftreten (BPatG Mitt 2006, 141 = BeckRS 2005, 32633).

4 Den Vertreter trifft gegenüber den Mandanten des Vertretenen regelmäßig keine eigene Haftung, er ist grundsätzlich gesetzlicher Vertreter des beauftragten Patentanwalts und dessen Erfüllungsgehilfe iSd § 278 BGB (BGH NJW 1995, 2027 = AnwBl. 1995, 551; BRAK-Mitt. 2005, 137; *Sassenbach* AnwBl. 2008, 872, jeweils zu § 53 BRAO; → BRAO § 53 Rn. 51 ff.). Dieser Grundsatz gilt auch für die Bestellung eines Vertreters nach § 143 PAO, der hinsichtlich der Rechte und Pflichten des amtlich bestellten Vertreters auf § 46 Abs. 7–10 PAO verweist (BGH BRAK-Mitt. 2005, 137 zu § 161 BRAO).

5 Eine Eigenhaftung trifft den Vertreter nur ausnahmsweise und unter engen Voraussetzungen dann, wenn dieser als Sachwalter in besonderem Maß das persönliche Vertrauen des Mandanten für sich in Anspruch genommen hat (OLG Frankfurt NJW 1986, 3091). Das wird bei normaler Mandatsbearbeitung regelmäßig nicht der Fall sein (*Sassenbach* AnwBl. 2008, 872 zu § 53 BRAO).

6 Bei umfangreichen, länger andauernden Vertretungen ist die Zugrundelegung eines Stundensatzes kein geeigneter Ansatzpunkt für die Bemessung einer angemessenen Vergütung eines Vertreters. In diesen Fällen ist es angebracht, eine Gesamtvergütung für einen längeren Zeitraum festzusetzen (AGH MV BRAK-Mitt. 2011, 34 zu § 51 BRAO). Die Vorschrift des § 46 Abs. 10 S. 5 ist entsprechend auf den Fall anzuwenden, dass die mit dem vertretenen Patentanwalt vereinbarte **Vergütung** nicht gezahlt wird und auch nicht aus dem Gebührenaufkommen zu erlangen ist. Das gilt nicht, wenn der Ausfall des Vertreters darauf beruht, dass er verfügbare Sicherheiten nicht verlangt hat, die der Vertretene ihm gestellt hätte (BGH BRAK-Mitt. 2009, 26 zu § 53 BRAO). Vorschüsse auf die Vergütung nach § 46 Abs. 10 S. 4 PAO sind nicht im Festsetzungsverfahren nach § 46 Abs. 10 S. 5, sondern bei der Geltendmachung des Anspruchs gegenüber dem Vertretenen oder der **Bürgenhaftung** der Patentanwaltskammer zu berücksichtigen (BGH BRAK-Mitt. 2009, 26 = BGHR 2009, 206 zu § 53 BRAO unter Aufgabe von NJW-RR 1999, 797 = BRAK-Mitt. 1999, 37).

§ 47 *[aufgehoben]*

§ 48 Bestellung eines Abwicklers der Kanzlei

(1) [1] **Ist ein Patentanwalt gestorben, so kann die Patentanwaltskammer einen Patentanwalt oder einen Patentassessor zum Abwickler der Kanzlei bestellen.** [2] **§ 14 gilt entsprechend.** [3] **Der Abwickler ist in der Regel nicht länger als für die Dauer eines Jahres zu bestellen.** [4] **Auf Antrag des Abwicklers ist die Bestellung, höchstens jeweils um ein Jahr, zu verlängern, wenn er glaubhaft macht, daß schwebende Angelegenheiten noch nicht zu Ende geführt werden konnten.**

(2) [1] **Dem Abwickler obliegt es, die schwebenden Angelegenheiten abzuwickeln.** [2] **Er führt die laufenden Aufträge fort; innerhalb der ersten sechs Monate ist er auch berechtigt, neue Aufträge anzunehmen.** [3] **Ihm stehen die patentanwaltlichen Befugnisse zu, die der verstorbene Patentanwalt hatte.** [4] **Der Abwickler gilt für die schwebenden Angelegenheiten als von der Partei bevollmächtigt, sofern diese nicht für die Wahrnehmung ihrer Rechte in anderer Weise gesorgt hat.**

(3) [1] **§ 46 Abs. 5 Satz 3, Abs. 9 und 10 gilt entsprechend.** [2] **Der Abwickler ist berechtigt, jedoch außer im Rahmen eines Kostenfestsetzungsverfahrens nicht verpflichtet, Kostenforderungen des verstorbenen Patentanwalts im eigenen Namen für Rechnung der Erben geltend zu machen.**

(4) **Die Bestellung kann widerrufen werden.**

(5) **Ein Abwickler kann auch für die Kanzlei eines früheren Patentanwalts bestellt werden, dessen Zulassung zur Patentanwaltschaft erloschen ist.**

Schrifttum: *Dahns,* die Aufgabe des Kanzleiabwicklers, NJW-Spezial 2013, 190; *Franke/Böhme,* Die Kollision von Berufsrecht und Insolvenzrecht bei der Kanzleiabwicklung, AnwBl. 2004, 339; *Haselbach/Tauchert,* Die Auswahl eines Vertreters im Sinne des § 53 oder eines Abwicklers nach § 55 BRAO durch die Rechtsanwaltskammer, BRAK-Mitt. 2008, 156; *März,* Festsetzung der Abwicklervergütung und Bürgenhaftung der RAK, BRAK-Mitt. 2009, 162; *Schulze-Grönda/Tauchert,* Verhältnis zwischen Abwickler und Insolvenzverwalter, BRAK-Mitt. 2010, 115; *Schwärzer,* Ablauf einer Kanzleiabwicklung, BRAK-Mitt. 2008, 108; *ders.,* Anwaltsgesellschaften und Abwicklung, BRAK-Mitt. 2009, 259; *Tauchert,* Rechtsstellung, Befugnisse und Aufgaben des Abwicklers, BRAK-Mitt. 2009, 15; *Wierz,* Die finanzielle Seite der Abwicklung. Eine kritische Auseinandersetzung mit der bestehenden Gesetzeslage, BRAK-Mitt. 2009, 108; *Wierz/Overkamp,* Die rechtliche Stellung des Abwicklers und seine Gestaltungsmöglichkeit im Mandat, BRAK-Mitt. 2013, 206.

§ 48 entspricht § 55 BRAO (näher → BRAO § 55 Rn. 1 ff.). Nach Abs. 1 S. 2 bilden alle **1** Zulassungsversagungsgründe des § 14 ein Hindernis für die Bestellung (eines Patentassessors) als Abwickler (BT-Drs. 13/10764, 9). Auch wenn es im Falle einer zerstrittenen Sozietät, in der ein Sozius verstorben ist, zweckmäßig sein kann, nicht den überlebenden Sozius zum Abwickler zu bestellen, kann die Patentanwaltskammer hierzu aber nicht grundsätzlich verpflichtet werden (BayAGH BRAK-Mitt. 2010, 135 zu § 55 BRAO).

Der Abwickler ist nicht Rechtsbeistand des ausgeschiedenen Patentanwalts, dessen Interessen hat **2** er nicht wahrzunehmen. Selbst wenn in Ausnahmefällen auch beim Tod eines Patentanwalts einer Sozietät die Bestellung eines Abwicklers geboten ist, ist der verbleibende Sozius bei Unterlassung der Bestellung eines Abwicklers gleichwohl nicht in seinen eigenen Rechten verletzt (BayAGH BRAK-Mitt. 2010, 135 zu § 55 BRAO). Das durch die Bestellung zum Abwickler begründete öffentlich-rechtliche Verhältnis zwischen der Patentanwaltskammer und dem Abwickler (BGH NJW 2004, 52 = Mitt, 2004, 138; *Tauchert* BRAK-Mitt. 2009, 15, jeweils zu § 55 BRAO) kann den Abwickler sogar dazu verpflichten, gegen den ausgeschiedenen Patentanwalt vorzugehen und ihn unter Umständen anzuzeigen, wenn er anlässlich seiner Abwicklertätigkeit Veruntreuung oder andere strafrechtlich relevante Verhaltensweisen des Ausgeschiedenen aufdeckt (*Tauchert* BRAK-Mitt. 2009, 15). Die Bestellung eines Abwicklers dient der Sicherheit des Rechtsverkehrs (BayAGH BRAK-Mitt. 2010, 135). Dem Abwickler steht im Verfahren gegen den früheren Patentanwalt wegen berufsbezogener Straftaten (zB Veruntreuung von Mandantengeldern) kein Zeugnisverweigerungsrecht nach § 53 Abs. 1 StPO zu. Im Hinblick auf § 39a Abs. 4 PAO kann der Abwickler, selbst wenn er gleichzeitig Rechtsanwalt ist, den ausgeschiedenen Patentanwalt nicht in einem Strafverfahren verteidigen, das gegen diesen wegen Straftaten geführt wird, die er im Patentanwaltsberuf begangen haben soll (*Tauchert* BRAK-Mitt. 2009, 15).

Die **Aufgaben des Abwicklers** sind in **Abs. 2** näher umschrieben (→ BRAO § 55 **3** Rn. 21 ff.). Soweit Mandanten des ausgeschiedenen Patentanwalts nicht selbst für ihre Vertretung sorgen, gilt der Abwickler nach Abs. 2 S. 3 für die schwebenden Angelegenheiten als von der Partei bevollmächtigt. Lässt ein Mandant sich von dem Abwickler weiter vertreten, hat dieser vorrangig dessen Schutz und Interessen zu beachten. Dies verpflichtet den Abwickler auch zur Aussage in Verfahren wegen Ansprüche der Mandanten gegen den Ausgeschiedenen oder wegen eventueller Straftaten des Ausgeschiedenen bei seiner Mandatsbearbeitung. Der Abwickler hat zudem die Aufträge der Mandanten an den ausgeschiedenen Patentanwalt im Falle des Abs. 2 S. 4 wie eigene Mandate fortzuführen und alle Pflichten erfüllen, die sonst der ausgeschiedene Patentanwalt wahrnehmen müsste (*Tauchert* BRAK-Mitt. 2009, 15).

4 Im Übrigen wird der Abwickler nach Abs. 3 iVm § 46 Abs. 9 auf Kosten und für Rechnung des Ausgeschiedenen tätig; §§ 666, 667 und 670 BGB gelten entsprechend (→ BRAO § 55 Rn. 39 ff.). Das Verhältnis des Abwicklers zu dem Ausgeschiedenen ist rein zivilrechtlicher Natur. Im Falle der Insolvenz des Ausgeschiedenen gelten für das Verhältnis Abwickler-Insolvenzverwalter die zu → BRAO § 55 Rn. 47 ff. angeführten Grundsätze entsprechend; vgl. dazu OLG Köln AnwBl. 2010, 132; LG Aachen BRAK-Mitt. 2009, 143 Ist für einen insolventen ehemaligen Patentanwalt (Schuldner) sowohl ein Abwickler als auch ein Insolvenzverwalter bestellt, so stehen die auf dem Geschäftskonto des Schuldners eingehenden oder vom Abwickler eingezogenen Gebühren in der Zeit bis zum Ende der Abwicklung grundsätzlich dem Abwickler zu Der Abwickler hat hingegen keinen Anspruch gegen den Insolvenzverwalter auf Herausgabe auf dem Insolvenzanderkonto eingegangener Honorare und Fremdgelder (OLG Köln BRAK-Mitt. 2010, 37 = AnwBl. 2010, 133 zu § 55 BRAO). Zum Anspruch auf Festsetzung einer Amtsvertretungsvergütung vgl. BGH NJW 2009, 1003 = BRAK-Mitt. 2009, 26.

5 Dem Abwickler ist von dem früheren Patentanwalt bzw. dessen Erben eine „angemessene Vergütung" zu zahlen (§ 48 Abs. 3 iVm § 46 Abs. 10 S. 4). Wegen der Höhe der Vergütung → BRAO § 55 Rn. 51 ff. Kommt es wegen des gemäß § 48 Abs. 3 iVm § 46 Abs. 10 S. 5 von der Patentanwaltskammer festgesetzten Vergütungsanspruchs zum Streit zwischen dem früheren Patentanwalt und der Patentanwaltskammer, so richtet sich das Verfahren nach Maßgabe des § 94b nach der VwGO. § 94b Abs. 3 ist nicht anwendbar, dh der frühere Patentanwalt ist nicht postulationsfähig, § 67 Abs. 4 VwGO, § 94b Abs. 1 S. 2 (BayAGH BRAK-Mitt. 2012, 247).

§ 49 Besondere Pflichten gegenüber dem Vorstand der Patentanwaltskammer *(§ 15 BOPA)*

(1) [1]**In Aufsichts- und Beschwerdesachen hat der Patentanwalt dem Vorstand der Patentanwaltskammer oder einem beauftragten Mitglied des Vorstandes Auskunft zu geben, sowie auf Verlangen seine Handakten vorzulegen oder bei dem Vorstand oder dem beauftragten Mitglied zu erscheinen.** [2]**Das gilt nicht, wenn und soweit der Patentanwalt dadurch seine Verpflichtung zur Verschwiegenheit verletzen oder sich durch wahrheitsgemäße Beantwortung oder Vorlage seiner Handakten die Gefahr zuziehen würde, wegen einer Straftat, einer Ordnungswidrigkeit oder einer Berufspflichtverletzung verfolgt zu werden und er sich hierauf beruft.** [3]**Der Patentanwalt ist auf das Recht zur Auskunftsverweigerung hinzuweisen.**

(2) [1]**In Vermittlungsverfahren der Patentanwaltskammer hat der Patentanwalt auf Verlangen vor dem Vorstand der Patentanwaltskammer oder einem beauftragten Mitglied des Vorstandes zu erscheinen.** [2]**Das Erscheinen soll angeordnet werden, wenn der Vorstand oder das beauftragte Vorstandsmitglied nach Prüfung zu dem Ergebnis kommt, dass hierdurch eine Einigung gefördert werden kann.**

(3) [1]**Der Patentanwalt hat dem Vorstand der Patentanwaltskammer unverzüglich anzuzeigen,**

1. **daß er ein Beschäftigungsverhältnis eingeht oder daß eine wesentliche Änderung eines bestehenden Beschäftigungsverhältnisses eintritt,**
2. **daß er dauernd oder zeitweilig als Richter, Beamter, Berufssoldat oder Soldat auf Zeit verwendet wird,**
3. **daß er ein öffentliches Amt im Sinne des § 42 Abs. 2 bekleidet.**

[2]**Dem Vorstand der Patentanwaltskammer sind auf Verlangen die Unterlagen über ein Beschäftigungsverhältnis vorzulegen.**

Schrifttum: *Johnigk,* Rechtliche Anforderungen an Auskunftsverlangen nach § 56 Abs. 1 BRAO. BRAK-Mitt. 2008, 101.

I. Auskunfts- und Erscheinenspflicht (Abs. 1)

§ 49 entspricht § 56 BRAO (näher BRAO → § 56 Rn. 1 ff.). Bei der Aufforderung zur Auskunftserteilung handelt es sich um einen belastenden Verwaltungsakt, da der Patentanwalt gemäß Abs. 1 berufsrechtlich verpflichtet ist, Auskunft zu einem bestimmten Sachverhalt zu erteilen. Bei der Frage, ob die Patentanwaltskammer in Aufsichts- und Beschwerdesachen von ihren Mitgliedern eine Auskunft anfordert, ist ihr ein weites Ermessen einzuräumen. Es kann von ihr nicht verlangt werden, in jedem Einzelfall zunächst abschließend darüber zu beraten und zu beschließen, ob eine Beschwerde ggf. auch ohne die Einholung einer Auskunft des Patentanwalts abgewiesen werden könnte (AGH Bln NJW-Spezial 2009, 255 = BRAK-Mitt. 2009, 81 zu § 56 BRAO). 1

Die **Auskunftspflicht** entsteht nur auf Auskunftsverlangen der Patentanwaltskammer hin. Das Auskunftsverlangen muss soweit konkretisiert sein, dass der Patentanwalt von vorneherein weiß, durch welche Erklärung er es ausfüllen kann. Die Übersendung des Beschwerdeschreibens eines Anzeigeerstatters an den beschuldigten Patentanwalt genügt regelmäßig dann, wenn die Beschwerde den fraglichen Sachverhalt ausreichend deutlich erkennen lässt (AGH BW BRAK-Mitt. 2014, 80; enger AGH NRW BRAK-Mitt. 2012, 37, der ein hinreichend konkretisiertes Auskunftsbegehren durch präzise Fragestellung verlangt). 2

In ihrem Auskunftsersuchen (Abs. 1 S. 1) muss die Patentanwaltskammer einen Patentanwalt ausdrücklich auf das ihm zustehende **Auskunftsverweigerungsrecht** hinweisen. Bei einem Verstoß gegen die Hinweispflicht des Abs. 1 S. 3 kann die Untätigkeit des Patentanwalts nicht als Berufspflichtverletzung gewertet werden, da erst eine ordnungsgemäße Belehrung die Auskunftspflicht gegenüber dem Kammervorstand auslöst. Dies gilt unabhängig davon, ob der Patentanwalt sein Auskunftsverweigerungsrecht kannte (BGHSt 50, 230 = NJW-RR 2006, 137; AGH SchlH BRAK-Mitt. 2009, 135 zu § 56 BRAO). 3

II. Vermittlungsverfahren (Abs. 2)

Gemäß § 69 Abs. 2 Nr. 3 gehört es zu den Aufgaben des Vorstandes der Patentanwaltskammer, auf Antrag sowohl bei Streitigkeiten unter Kammermitgliedern als auch bei Streitigkeiten zwischen Patentanwalt und Mandant vermittelnd tätig zu werden. § 69 Abs. 5 sieht vor, dass ein Vermittlungsverfahren auf Antrag eingeleitet werden kann, ohne dass es der Zustimmung des Patentanwalts bedarf. 4

Geht die Patentanwaltskammer in einem Vermittlungsverfahren davon aus, dass ein Gespräch einer Einigung dienlich sein könnte, so ist der Patentanwalt und über die Verweisung in § 52m Abs. 2 auch die Patentanwaltsgesellschaft (§§ 52c ff.) berufsrechtlich verpflichtet, zu dem Gespräch zu erscheinen. Eine weitergehende Verpflichtung, sich zu dem Vermittlungsbegehren zu äußern, wurde nicht geschaffen, da eine Stellungnahme in der Sache nicht erzwungen werden kann. 5

Die **Anordnung des persönlichen Erscheinens** steht im gebundenen Ermessen der Patentanwaltskammer. Bei der Entscheidung ist zu berücksichtigen, dass die Anwesenheit der Beteiligten in vielen Fällen dazu geeignet ist, die außergerichtliche Konfliktbeilegung zu unterstützen. Nur in ungeeigneten Fällen kann daher von der Anordnung des persönlichen Erscheinens abgesehen werden. Die Anordnung des nach § 50 PAO zwangsgeldbewehrten Erscheinens setzt dabei auf Seiten der Patentanwaltskammer stets eine sorgfältige Abwägung und Prüfung des Sachverhalts einschließlich der vorliegenden Stellungnahmen voraus (BT-Drs. 16/12061, 29). 6

III. Anzeigepflicht (Abs. 3)

Der Patentanwalt muss von sich aus ohne Aufforderung und unverzüglich Angaben zum Tätigwerden gemäß Abs. 3 Nr. 1–3 machen. Darüber hinaus hat er ebenso unaufgefordert und unverzüglich die in § 15 BOPA aufgeführten Angaben vollständig anzuzeigen. Diese Angaben sind erforderlich, damit der Vorstand der Patentanwaltskammer seine Aufgaben, wie sie sich aus § 69 Abs. 2 Nr. 1 und 4, § 21 Abs. 2 Nr. 5 und 9 und § 29 Abs. 3 ergeben, erfüllen kann. Zeigt ein Patentanwalt die Aufnahme einer Nebentätigkeit erst mit einer Verspätung von mehreren Jahren bei der Kammer an, handelt es sich nicht um einen so erheblichen Berufsrechtsverstoß, dass die Einleitung eines berufsgerichtlichen Verfahrens erforderlich ist (AGH Bln BRAK-Mitt. 2014, 150 = NJW-Spezial 2014, 350 zu § 56 Abs. 3 BRAO). 7

§ 50 Zwangsgeld bei Verletzung der besonderen Pflichten

(1) [1]Um einen Patentanwalt zur Erfüllung seiner Pflichten nach § 49 anzuhalten, kann der Vorstand der Patentanwaltskammer gegen ihn, auch zu widerholten Malen, Zwangsgeld festsetzen. [2]Das einzelne Zwangsgeld darf eintausend Euro nicht übersteigen.

(2) [1]Das Zwangsgeld muß vorher durch den Vorstand oder den Präsidenten schriftlich angedroht werden. [2]Die Androhung und die Festsetzung des Zwangsgelds sind dem Patentanwalt zuzustellen.

(3) [1]Gegen die Androhung und gegen die Festsetzung des Zwangsgeldes kann der Patentanwalt innerhalb eines Monats nach der Zustellung die Entscheidung des Landgerichts (§ 85) beantragen. [2]Der Antrag ist bei dem Vorstand der Patentanwaltskammer schriftlich einzureichen. [3]Erachtet der Vorstand den Antrag für begründet, so hat er ihm abzuhelfen; anderenfalls ist der Antrag unverzüglich dem Landgericht vorzulegen. [4]Im übrigen sind die Vorschriften der Strafprozeßordnung über die Beschwerde sinngemäß anzuwenden. [5]Die Gegenerklärung (§ 308 Abs. 1 der Strafprozeßordnung) wird vom Vorstand der Patentanwaltskammer abgegeben. [6]Die Staatsanwaltschaft ist an dem Verfahren nicht beteiligt. [7]Der Beschluß des Landgerichts kann nicht angefochten werden.

(4) [1]Das Zwangsgeld fließt der Patentanwaltskammer zu. [2]Es wird auf Grund einer von dem Schatzmeister erteilten, mit der Bescheinigung der Vollstreckbarkeit versehenen, beglaubigten Abschrift des Festsetzungsbescheids nach den Vorschriften beigetrieben, die für die Vollstreckung von Urteilen in bürgerlichen Rechtsstreitigkeiten gelten.

1 § 50 entspricht § 57 BRAO (näher → BRAO § 57 Rn. 1 ff.).

§ 51 Einsicht in die Personalakten

(1) Der Patentanwalt hat das Recht, die über ihn geführten Personalakten einzusehen.

(2) Der Patentanwalt kann das Recht auf Einsicht in seine Personalakten nur persönlich oder durch einen bevollmächtigten Patentanwalt oder Rechtsanwalt ausüben.

(3) Bei der Einsichtnahme darf der Patentanwalt oder der von ihm bevollmächtigte Vertreter sich eine Aufzeichnung über den Inhalt der Akten oder Abschriften einzelner Schriftstücke fertigen.

1 § 51 entspricht § 58 BRAO (näher → BRAO § 58 Rn. 1 ff.).

§ 52 Ausbildung von Bewerbern für die Patentanwaltschaft *(§ 23 Abs. 1 BOPA)*

[1]Der Patentanwalt hat den Bewerber, der zur Ausbildung bei ihm beschäftigt ist, in den Aufgaben des Patentanwalts zu unterweisen, ihn anzuleiten, ihm Gelegenheit zu praktischen Arbeiten zu geben und ihm die für die Durchführung eines Studiums (§ 7 Abs. 4 Satz 2) erforderliche Zeit zu gewähren. [2]Er soll den Bewerber dabei unterstützen, eine Ausbildung bei einem Gericht für Patentstreitsachen durchzuführen.

I. Berufspflicht des Patentanwalts zur Ausbildung

1 Die PAO geht davon aus, dass der Patentanwalt als Organ der Rechtspflege (§ 1) im Rahmen seiner allgemeinen Berufspflicht (§ 39) an der Ausbildung des Nachwuchses mitzuwirken hat (vgl. § 7). § 52 regelt in Übereinstimmung mit § 59 Abs. 1 BRAO die Pflichten, die sich für den Patentanwalt ergeben, nachdem er den Bewerber zur Ausbildung angenommen hat (BT-Drs. 5/276, 57). Diese Pflichten werden durch §§ 12, 16 PatAnwAPO näher konkretisiert. Im Unterschied zur Ausbildung des Rechtsreferendars beim Rechtsanwalt während der der Referendar im staatlichen Vorbereitungsdienst bleibt, der in den meisten Bundesländern als öffentlich-rechtliches Ausbildungsverhältnis ausgestaltet ist (→ BRAO § 59 Rn. 4), schließt der Patentanwalt mit dem Bewerber einen **zivilrechtlichen Anstellungsvertrag mit Ausbildungscharakter.** Die Re-

geln des Berufsbildungsgesetzes (BBiG) gelten nicht. Während des auf den Ausbildungsabschnitt beim Patentanwalt folgenden Ausbildungsabschnitt beim DPMA und dem BPatG (§§ 20 ff. PatAnwAPO) steht der Patentanwaltsbewerber in einem öffentlich-rechtlichen Ausbildungsverhältnis, nicht in einem Beamtenverhältnis (BGH GRUR 1999, 417 = Mitt 1999, 73).

Der Patentanwalt und der Patentassessor dürfen die Ausbildung erst dann übernehmen, wenn 2
sie fünf Jahre lang als Patentanwalt oder Patentassessor tätig gewesen sind (§ 10 Abs. 1 PatAnwAPO), damit ausreichende Berufserfahrung in die Ausbildung einfließen kann. Mehr als zwei Bewerber soll der Patentanwalt oder Patentassessor nicht gleichzeitig ausbilden (§ 12 Abs. 2 PatAnwAPO). Ausbildende Patentassessoren unterliegen hinsichtlich der Ausübung der Ausbildungsbefugnis der Aufsicht des Präsidenten des DPMA (§§ 10 Abs. 2, 11 PatAnwAPO).

II. Inhalt und Umfang der Ausbildungspflicht

Die gewissenhafte Ausbildung des Bewerbers ist **Berufspflicht.** Der Inhalt der Ausbildung 3
ergibt sich aus § 16 PatAnwAPO. Zudem soll sich der Ausbilder orientieren an dem von der Patentanwaltskammer herausgegeben „Leitfaden für die Ausbildung von Patentanwaltsbewerbern“. Der Patentanwalt muss mit dem Bewerber die erbrachten Arbeiten erörtern und Hinweise für die sachgerechte Bearbeitung geben. Zur Ausbildungspflicht gehören auch die Anzeigepflichten nach § 14 PatAnwAPO und Beurteilungspflichten nach § 8 PatAnwAPO gegenüber dem Präsidenten des DPMA und der Patentanwaltskammer.

Gemäß § 52 besteht die Pflicht des Patentanwalts zur Zeitgewährung für ein **Studium des** 4
Allgemeinen Rechts (§ 7 Abs. 4 S. 2) und zur Unterstützung bei der Ausbildung bei einem **Gericht für Patentstreitsachen.** Dies soll dem Patentanwalt deutlich machen, dass eine eventuelle Teilnahme des Bewerbers an einem Fern- oder Abendstudium der Ausbildung bei dem Patentanwalt zugeordnet ist und ihm entsprechend hierfür Zeit für die Durchführung dieses Studiums gewährt werden muss (→ § 7 Rn. 6 ff.; → § 8 Rn. 2; → § 12 Rn. 2). Es erfolgt im Rahmen der Ausbildung bei dem Patentanwalt; der hierfür erforderliche Zeitaufwand ist nicht ausschließlich in der Freizeit des Bewerbers zu erbringen (BT-Drs. 13/10764, 9). Ebenso hat der Patentanwalt dem Bewerber die Teilnahme an den **Arbeitsgemeinschaften der Patentanwaltskammer** (§ 19 PatAnwAPO) zu ermöglichen.

Ein Patentanwaltsbewerber darf in der mündlichen Verhandlung vor dem Bundespatentgericht 5
nicht als Parteivertreter in Untervollmacht auftreten. Die Vertretungsbefugnis ist nicht aus der PAO herzuleiten. Auch § 157 ZPO findet auf Patentanwaltsbewerber keine Anwendung. Der Patentanwaltsbewerber kann aber als allgemeiner Vertreter nach § 46 Abs. 4 auftreten (BPatG Mitt 2006, 141; → § 46 Rn. 3).

§ 52a Berufliche Zusammenarbeit *(§ 21 BOPA)*

(1) [1]**Patentanwälte dürfen sich mit Mitgliedern der Patentanwaltskammer und einer Rechtsanwaltskammer, mit Steuerberatern, Steuerbevollmächtigten, Wirtschaftsprüfern und vereidigten Buchprüfern zur gemeinschaftlichen Berufsausübung im Rahmen der eigenen beruflichen Befugnisse verbinden.** [2]**Die Verbindung mit Rechtsanwälten, die zugleich Notar sind, richtet sich nach den Bestimmungen und Anforderungen des notariellen Berufsrechts.**

(2) **Eine gemeinschaftliche Berufsausübung ist Patentanwälten auch gestattet:**

1. **mit Angehörigen von Patentanwaltsberufen aus Mitgliedstaaten der Europäischen Union oder anderen Staaten, die nach § 154a berechtigt sind, sich im Geltungsbereich dieses Gesetzes niederzulassen und ihre Kanzlei im Ausland unterhalten,**
2. **mit Rechtsanwälten, Steuerberatern, Steuerbevollmächtigten, Wirtschaftsprüfern oder vereidigten Buchprüfern anderer Staaten, die einen in der Ausbildung und den Befugnissen den Berufen nach der Bundesrechtsanwaltsordnung, dem Steuerberatungsgesetz oder der Wirtschaftsprüferordnung entsprechenden Beruf ausüben und mit Rechtsanwälten, Steuerberatern, Steuerbevollmächtigten, Wirtschaftsprüfern oder vereidigten Buchprüfern im Geltungsbereich dieses Gesetzes ihren Beruf gemeinschaftlich ausüben dürfen.**

(3) **Für Bürogemeinschaften gelten die Absätze 1 und 2 entsprechend.**

Schrifttum: *Bernütz/Kreusch/Loll,* Infektion, Abfärbung, Vervielfältigung: Rechtsanwaltssozietäten und die Gefahr der Gewerblichkeit, BRAK-Mitt. 2009, 146; *Brandi/Holthausen,* Berufliche Zusammenarbeit, in: Praxishandbuch für Anwaltskanzlei und Notariat, 2005; *Deckenbrock,* Das allgemeine Berufsrecht der Berufsausübungsgemeinschaft, AnwBl. 2014, 118; *Eisenhardt,* Aktuelle Haftungsprobleme bei Anwaltsgesellschaften, Mitt 2010, 146; *Grunewald,* Befangenheit wegen Vorbefassung des Sozius?, NJW 2009, 1563; *Hartung/Wendenburg,* Die interprofessionelle Mediationskanzlei, NJW 2009, 1551; *Henssler/Streck,* Handbuch Sozietätsrecht, 2. Aufl. 2011; *Hirtz,* Gesellschafterwechsel in Anwaltsgesellschaften, AnwBl. 2011, 48; *Jahn,* Mitgefangen, mitgehangen! Partner haften auch für Altlasten, BRAK-Magazin 2010, 11; *Jungk,* Haftungsrechtliche Probleme in der interprofessionellen Sozietät, AnwBl. 2009, 865; *Knöfel,* Angestellte Rechtsanwälte als Handlungsgehilfen, AnwBl. 2008, 241; *Laschke,* Die Sternsozietät – Auswirkungen auf Haftung und Versicherung, AnwBl. 2009, 546; *Lingemann/Winkel,* Der Rechtsanwalt als freier Mitarbeiter, NJW 2010, 38; *Offermann-Burckart,* Gesellschaftsrecht – Die Grundlagen der Anwalts-GbR, AnwBl. 2013, 558, 697, 715, 788, 858; 2014, 13; *Otto,* Verknüpfungen einer Rechtsanwaltssozietät mit einer Steuerberatungs-GmbH aus steuerlicher Sicht, BRAK-Mitt. 2008, 154; *Pelzer,* Die Sozietät im Sinne der BRAO unter besonderer Berücksichtigung der Beteiligung von Berufsfremden, Deutscher Anwaltsverlag, Bonn, 2008; *Römermann,* Neues und immer noch offene Fragen zur Haftung in der gemischten Sozietät, NJW 2009, 1560; *Schnabl,* Postulationsfähigkeit von „LLP-Anwälten", AnwBl. 2010, 394; *Schwärzer,* Anwaltsgesellschaften und Abwicklung, BRAK-Mitt. 2009, 259; *Singer,* Die Zukunft des Fremdbesitzverbots für Anwaltssozietäten, AnwBl. 2010, 79; *Spatscheck/Talaska,* Strafrechtliche Gefahren des freien Mitarbeiters; Risiko Scheinselbständigkeit – am Ende trifft es nur den Arbeitgeberanwalt, AnwBl. 2010, 203; *Winkemann,* Realteilung von Freiberuflersozietäten – Steuerfalle Praxiswert, NJW 2009, 1308; *Wolff,* Die Auseinandersetzung von Freiberuflergesellschaften und ihre prozessuale Bewältigung, NJW 2009, 1302.

1 Die Regelung der Zusammenarbeit von Patentanwälten untereinander und mit Angehörigen anderer Berufe auf örtlicher, überörtlicher und internationaler Ebene folgt der des § 59a BRAO (BT-Drs. 12/4993, 41). Auf das zu § 59a BRAO gesagte wird verwiesen. Auch die Aufzählung der Verbindungsmöglichkeiten mit welchen anderen Berufen ist in § 52a abschließend (BGH NJW 2003, 3548 = AnwBl. 2004, 124 = Mitt 2004, 138 zu § 59a BRAO; aber BGH NJW 2013, 2674 = BRAK-Mitt. 2013, 187; der BGH hat das Verfahren nach Art. 100 Abs. 1 S. 1 GG ausgesetzt, es ist derzeit beim BVerfG wegen der Verfassungsmäßigkeit des § 59a Abs. 1 BRAO anhängig).

2 § 52a besagt grundsätzlich nichts darüber, in welcher Rechtsform und Intensität eine berufliche Zusammenarbeit möglich ist. Sie kann in Form einer bloßen Organisationsgesellschaft wie einer **Bürogemeinschaft** oder Kooperation erfolgen, bei der lediglich eine Verbesserung des äußeren Rahmens der Berufsausübung erstrebt wird, zB durch gemeinsame Kanzleiräume und gemeinsames Personal sowie Umlage der Kosten des Kanzleibetriebes, wobei aber die unternehmerische Selbständigkeit des einzelnen Patentanwalts erhalten bleibt. Bei einer **Kooperation** werden Mandate nicht gemeinschaftlich, sondern von jedem im Rahmen der Kooperation tätigen Berufsträger gesondert angenommen, der beruflichen Zusammenarbeit liegt nicht die Annahme gemeinschaftlicher Aufträge zugrunde, BGH NJW 2012, 3102 = Mitt 2012, 574 = BRAK-Mitt. 2012, 232). Eine einheitliche Kurzbezeichnung einer Bürogemeinschaft oder Kooperation ist nicht zulässig, es sei denn, hinreichend deutliche Hinweise lassen erkennen, dass sich die unter einer einheitlichen Kurzbezeichnung auftretenden Berufsträger nicht unter Aufgabe ihrer beruflichen und unternehmerischen Selbständigkeit zur gemeinschaftlichen Berufsausübung in einer haftungsrechtlichen Einheit verbunden haben (BGH BRAK-Mitt. 2014, 156 = GRUR 2014, 496 = AnwBl. 2014, 557).

3 Die berufliche Zusammenarbeit kann aber auch so eng sein, dass die Aufträge und Entgelte gemeinsam entgegengenommen werden und die Haftung gesamtschuldnerisch erfolgt wie zB in einer **Sozietät** (Henssler/Prütting/*Hartung* BRAO § 59a Rn. 20; *Deckenbrock* in Handbuch Sozietätsrecht S. 827 ff.; vgl. §§ 52c ff.; §§ 59a, 59c ff. BRAO). Die Vorschriften über gemeinsame Berufsausübung und die interprofessionelle Sozietät sind nicht zwingend verknüpft mit der Gesellschaft des bürgerlichen Rechts als Form der Zusammenarbeit. Zur Frage, in welcher Rechtsform die gemeinsame Berufsausübung zulässiger Weise möglich ist, treffen sie keine Aussage (BT-Drs. 12/4993, 23). Auch die Partnerschaft fällt darunter (BT-Drs. 16/3655, 83). Die berufliche Zusammenarbeit von Patentanwälten und mit Angehörigen der zur beruflichen Zusammenarbeit zugelassener Berufe erfolgt auch heute noch überwiegend in einer Sozietät. Dabei werden Sozietäten in Form der BGB-Gesellschaft geführt (§§ 705 ff. BGB), vermehrt auch in einer Partnerschaftsgesellschaft oder Partnerschaftsgesellschaft mit beschränkter Berufshaftung. Zur Unzulässigkeit einer Anwalts-GmbH & Co. KG. BGH NJW 2011, 572 = BRAK-Mitt. 2011, 470 = Mitt 2011, 572. Die Verwendung der Bezeichnung Sozietät durch einen Zusammenschluss von Patentanwälten, die keine Sozietät in der Form einer BGB-Gesellschaft bilden, ist keine Irreführung der Rechtssuchenden iSd § 39b, wenn die Beauftragung der zusammengeschlossenen Patentanwälte dem Rechtsverkehr im Wesentlichen die

gleichen Vorteile bieten wie die Mandatierung einer Sozietät (BGH NJW 2012, 3102 = BRAK-Mitt. 2012, 232 = Mitt 2012, 574 zu § 43b BRAO). Verwendet ein Einzelanwalt auf seinem Briefbogen einen Hinweis auf so genannte „Associates", wird das rechtsuchende Publikum davon ausgehen, dass dieser sich mit anderen Berufsträgern zu einer auf Dauer angelegten beruflichen Zusammenarbeit zusammengeschlossen hat (BGH BRAK-Mitt. 2009, 80 = AnwBl. 2009, 451).

In § 52a sind als sozietätsfähige Berufe die zugelassenen Vertreter vor dem Europäischen Patentamt, also die **European Patent Attorneys** (→ § 3 Rn. 19), nicht genannt. Schon wegen des fehlenden Zeugnisverweigerungsrechts und der fehlenden Beschlagnahmefreiheit für European Patent Attorneys besteht kein Gleichklang der beruflichen Rechte mit denen des Patentanwalts. Die Berufe sind im Hinblick auf die Ausbildung und die beruflichen Rechte und Pflichten nicht gleichwertig (LG München I Mitt 2007, 183). Zur Problematik einer Berufsverbindungsmöglichkeit mit Notaren vgl. Schippel/Bracker/*Görg* BNotO § 9 Rn. 9 ff., eine solche besteht nach § 9 Abs. 2 BNotO nur mit Anwaltsnotaren (§ 3 Abs. 2 BNotO). Eine Verbindung mit hauptberuflichen Notaren (§ 3 Abs. 1 BNotO) ist ausgeschlossen. Ein mit Angehörigen nicht sozietätsfähiger Berufe geschlossener Sozietätsvertrag ist (teil-)nichtig (OLG Frankfurt NJW-RR 1998, 204; *Hartung/Wendenburg* NJW 2009, 1551, 1553). 4

Wie den Rechtsanwälten ist es auch den Patentanwälten möglich ihren Beruf in mehreren Sozietäten auszuüben. Das Verbot der sog. **Sternsozietät** ist auf Grund der Gesetzesänderung in Abs. 1 vom 12.12.2007 (BGBl. I S. 2840, 2849) entfallen. Es soll der Verantwortung des einzelnen Patentanwalts obliegen, wie er seine Tätigkeit organisiert. Es ist nicht erforderlich ihm vorzuschreiben, in welcher Kanzlei er seinen Beruf in welchem Umfang ausübt (BT-Drs. 16/3655, 85, 83). Auf die Kommentierung zu § 59a BRAO kann Bezug genommen werden (→ BRAO § 59 Rn. 1 ff.). Die Pflichten bei beruflicher Zusammenarbeit wurden aufgrund § 52b Abs. 2 Nr. 7 in § 21 BOPA konkretisiert. 5

In dem Briefkopf einer Sozietät dürfen auch Anwälte aufgeführt werden, bei denen es sich nicht um Sozien sondern um Angestellte oder freie Mitarbeiter (**Scheinsozien,** → BRAO § 59a Rn. 12) handelt. Unter einer **Scheinsozietät** versteht man den Zusammenschluss mehrerer Patentanwälte mit sozietätsfähigen Berufen, die nach außen gemeinsam in Erscheinung treten, ohne dass ein Gesellschaftsvertrag besteht oder ohne dass in einem bestehenden Gesellschaftsvertrag sämtliche nach außen in Erscheinung tretenden Berufsträger einbezogen sind (BGH Mitt 2012, 138 = AnwBl. 2012, 13 = BRAK-Mitt. 2012, 24). Die Scheinsozien haften aber nach Rechtsscheingrundsätzen wie Sozien (OLG München NJW-RR 2001, 1358 = DB 2001, 809; OLGR 2001, 257 = BB 2001, 592). Allerdings greift keine Rechtsscheinhaftung des Mitglieds einer patentanwaltlichen Scheinsozietät für Forderungen, die nicht patentanwaltstypische (§ 3 PAO) Tätigkeit betreffen (BGH NJW 2008, 2330 mit Anm. *Lux* NJW 2008, 2309 = BRAK-Mitt. 2008, 160 = AnwBl. 2008, 635 = Mitt 2008, 365). Für das deliktische Handeln eines Scheinsozius haftet die Sozietät entsprechend § 31 BGB (BGH NJW 2007, 2490). Ein Scheinsozius haftet nicht in analoger Anwendung von § 130 HGB für solche Altverbindlichkeiten der Sozietät, die vor Setzung des Rechtsscheins einer Sozienstellung entstanden sind (OLG München BRAK-Mitt. 2009, 18 mit Anm. *Grams*). Ein ausgeschiedener (Schein-)Gesellschafter einer Anwaltssozietät haftet dem Mandanten nach § 736 Abs. 2 BGB, § 160 Abs. 1 S. 1 HGB nur dann auf Schadensersatz wegen anwaltlicher Pflichtverletzung, wenn die Pflichtverletzung vor seinem Ausscheiden begangen worden ist (LG Bonn BRAK-Mitt. 2010, 209 mit Anm. *A. Jungk;* vgl. auch BGH WM 2006, 187; MDR 2010, 1352). Zum Abschluss eines Anwaltsvertrages durch eine gemischte Sozietät vgl. BGH NJW 2011, 2301 = AnwBl. 2011, 220 = Mitt 2011, 99. Hat ein Mandant eine Sozietät mit einer Rechtsdienstleistung beauftragt, kommt ein im engen zeitlichen Abschluss daran erteiltes Folgemandat im Zweifel wiederum mit der Sozietät und nicht dem angesprochenen Sozius zustande (BGH NJW 2011, 2301 = AnwBl. 2011, 220; vgl. auch OLG Hamm NJW 2011, 1606). Eine Regelung in den Allgemeinen Versicherungsbedingungen der Vermögensschaden-Haftpflichtversicherung für Rechtsanwälte und Patentanwälte ist insoweit wirksam, als ein angestellter Scheinsozius keinen Deckungsschutz gegen Schadensersatzansprüche von Mandanten wegen Veruntreuungen haben soll, die von echten Sozien begangen wurden (BGH AnwBl. 2011, 783). Zur Haftung in der interprofessionellen Sozietät vgl. BGH BRAK-Mitt. 2009, 123 mit Anm. *Jungk* = AnwBl. 2009, 461 mit Anm. *Sassenbach* AnwBl. 2009, 447 = NJW-Spezial 2009, 382 mit Anm. *Dahns;* vgl. auch *Borgmann* NJW 2010, 1924. 6

7 Beteiligt sich eine so genannte Freiberufler-Kapitalgesellschaft mitunternehmerisch an einer Freiberufler-Personengesellschaft, so erzielt die Personengesellschaft insgesamt gewerbliche Einkünfte. Die Entscheidung des Gesetzgebers, die Tätigkeit jeder Kapitalgesellschaft als gewerblich zu qualifizieren, verstößt nicht gegen den Gleichheitssatz nach Art. 3 Abs. 1 GG (BFH BRAK-Mitt. 2008, 184). Zur Gewerbesteuerfreiheit der freien Berufe im Übrigen → § 2 Rn. 4.

8 **Nachvertragliche Wettbewerbseinschränkungen** für den Fall der Beendigung der Zusammenarbeit sind mit Rücksicht auf die grundgesetzlich geschützte Berufsausübungsfreiheit nur dann gerechtfertigt und nicht gemäß § 138 BGB sittenwidrig, wenn und soweit sie notwendig sind, um die Partner des ausgeschiedenen Gesellschafters vor einer illoyalen Verwertung der Erfolge der gemeinsamen Arbeit oder vor einem Missbrauch der Ausübung der Berufsfreiheit zu schützen; sie dürfen insbesondere nicht dazu eingesetzt werden, den früheren Mitgesellschafter als Wettbewerber auszuschalten. Ihre Wirksamkeit hängt davon ab, dass sie in räumlicher, gegenständlicher und zeitlicher (im der Regel maximal zwei Jahre) Hinsicht das notwendige Maß nicht überschreiten. Nur wenn eine Wettbewerbsklausel ausschließlich die zeitlichen Grenzen überschreitet, im Übrigen aber unbedenklich ist, kommt eine geltungserhaltende Reduktion in Betracht. Die Missachtung der gegenständlichen und räumlichen Grenzen dagegen hat die Nichtigkeit des Verbots zur Folge (BGH NJW 2005, 3061 = Mitt 2005, 572 = BRAK-Mitt. 2005, 280 zu § 59a BRAO; BGH NJW 2004, 66 = AnwBl. 2004, 186 = Mitt 2004, 92).

9 Zu unterscheiden sind sog. allgemeine Mandantenschutzklauseln auf der einen und Mandantenübernahmeklauseln auf der anderen Seite. Bei einer **allgemeinen Mandantenschutzklausel** ist es dem angestellten Patentanwalt untersagt, nach seinem Ausscheiden mit der Beratung ehemaliger Mandanten seines Arbeitgebers in Konkurrenz zu treten. Allgemeine Mandantenschutzklauseln haben daher die Wirkung eines nachvertraglichen Wettbewerbsverbots, so dass §§ 74 ff. HGB Anwendung finden kann. Sie sind nur wirksam, wenn sie mit der Pflicht des Arbeitgebers zur Zahlung einer Karrenzentschädigung nach § 74 Abs. 2 HGB verbunden sind und soweit die gesetzliche Höchstdauer von zwei Jahren nach § 74 Abs. 1 S. 3 HGB nicht überschritten wird. **Mandantenübernahmeklauseln** werden dagegen auch ohne Verpflichtung des Arbeitgebers zur Zahlung einer Karenzentschädigung grundsätzlich als zulässig und verbindlich angesehen, soweit sie dem Schutz eines berechtigten geschäftlichen Interesses dienen und das berufliche Fortkommen des Arbeitnehmers nicht unbillig erschweren. Eine Mandantenübernahmeklausel ohne Karrenzentschädigung, die eine Honorarabführung an den früheren Arbeitgeber auch bei nachfolgender Tätigkeit als angestellter Anwalt für die Dauer von zwei Jahren verlangt, stellt eine Umgehung iSv § 75d S. 2 HGB dar, wenn die Konditionen so gestaltet sind, dass sich die Bearbeitung der Mandate wirtschaftlich nicht lohnt. In diesem Fall handelt es sich um eine verdeckte Mandantenschutzklausel, die den Arbeitnehmer iSv § 74 Abs. 1 HGB in seiner beruflichen Tätigkeit beschränkt (BAG NJW 2014, 1198 = BRAK-Mitt. 2014, 216 = AnwBl. 2014, 559).

10 Das in §§ 60, 61 HGB für Handlungsgehilfen geregelte Wettbewerbsverbot gilt auch für den Bereich der freien Berufe, insbesondere der Anwaltschaft. Es findet auch auf den angestellten Patentanwalt, der in der freiberuflichen Kanzlei tätig ist, analoge Anwendung. Die Ansprüche des Arbeitgeberanwaltes bei einem Verstoß gegen das Wettbewerbsverbot verjähren entsprechend § 61 Abs. 2 HGB innerhalb von drei Monaten (BAG NJW 2008, 392 = AnwBl. 2008, 295 mit Bespr. *Knöfel* AnwBl. 2008, 241).

11 Eine gesellschaftsvertragliche **Fortsetzungsklausel,** nach der im Falle einer Kündigung eines Gesellschafters dieser ausscheidet und die Gesellschaft unter den verbleibenden Gesellschaftern fortgesetzt wird, findet mangels anderweitiger gesellschaftsvertraglicher Regelung auch dann Anwendung, wenn die Mehrheit der Gesellschafter die Mitgliedschaft kündigt. Eine gesellschaftsvertragliche Fortsetzungsklausel stellt für die ausscheidenden Gesellschafter keine unzulässige Kündigungsbeschränkung iSv § 723 Abs. 3 BGB dar, selbst wenn die im Gesellschaftsvertrag vereinbarte **Abfindungsregelung** zu Lasten der ausscheidenden Gesellschafter grob unbillig ist. Diese kann allerdings unwirksam sein. Werden die durch Kündigung ausscheidenden Gesellschafter durch eine im Gesellschaftsvertrag vereinbarte Abfindungsbeschränkung gegenüber der gesetzlichen Regelung unangemessen benachteiligt, ist einer solchen Abfindungsregelung als unzulässige Kündigungserschwerung die rechtliche Anerkennung zu versagen. An die Stelle der unwirksamen Abfindungsregelung treten die allgemeinen Regeln; danach steht bei einer Freiberuflersozietät den ausgeschiedenen Gesellschaftern das uneingeschränkte Recht zu, um die Mandanten der Sozietät zu werben; sie haben Anteil am Gesellschaftsvermögen und sind an den

schwebenden Geschäften beteiligt (BGH NJW 2008, 2987 = Mitt 2008, 423; vgl. auch § 21 Abs. 3 BOPA). Der Anteil des ausscheidenden Sozius am ideellen Wert einer Anwaltssozietät ist abgegolten, wenn die Parteien die Sachwerte der Sozietät auseinandergesetzt und die Mandanten verteilt haben und für den ausscheidenden Sozius die rechtlich nicht begrenzte Möglichkeit besteht, die bei der Kanzlei verbliebenen Mandanten abzuwerben (OLG München BeckRS 2014, 05810). Zur Auseinandersetzung einer Freiberuflersozietät nach Auflösung vgl. BGH BRAK-Mitt. 2010, 232 = AnwBl. 2011, 67.

Eine als Gesellschaft bürgerlichen Rechts geführte Anwaltssozietät ist eine parteifähige Vereini- 12
gung iSd Prozesskostenhilferechts. Die Durchsetzung von Gebührenforderungen rechtsberatender Berufe berührt aber keine allgemeinen Interessen iSd § 116 Abs. 1 Nr. 2 ZPO (BGH NJW 2011, 1595 = Mitt 2011, 156). Wird eine Anwaltskanzlei von mehreren Patentanwälten als GbR betrieben, so ist regelmäßig diese Gesellschaft und nicht jeder einzelne Gesellschafter Arbeitgeber der in der Kanzlei beschäftigten Arbeitnehmer (BAG NJW-Spezial 2009, 243 = BRAK-Mitt. 2009, 141; vgl. dort auch zu den Folgen der Auflösung einer von der GbR betriebenen Kanzlei).

§ 52b Satzungskompetenz

(1) **Das Nähere zu den beruflichen Rechten und Pflichten wird von der Versammlung der Kammer durch Satzung in einer Berufsordnung bestimmt.**

(2) **Die Berufsordnung kann im Rahmen der Vorschriften dieses Gesetzes näher regeln:**

1. die allgemeinen Berufspflichten und die Grundpflichten,
   a) Gewissenhaftigkeit,
   b) Wahrung der Unabhängigkeit,
   c) Verschwiegenheit,
   d) Sachlichkeit,
   e) Verbot der Vertretung widerstreitender Interessen,
   f) Umgang mit fremden Vermögenswerten,
   g) Kanzleipflicht;

2. die besonderen Berufspflichten im Zusammenhang mit der Werbung;

3. die besonderen Berufspflichten im Zusammenhang mit der Versagung der Berufstätigkeit;

4. die besonderen Berufspflichten
   a) im Zusammenhang mit der Annahme, Wahrnehmung und Beendigung eines Auftrags,
   b) gegenüber Rechtsuchenden im Rahmen von Beratungs- und Prozeßkostenhilfe,
   c) bei der Beratung von Rechtsuchenden mit geringem Einkommen,
   d) bei der Führung der Handakten;

5. die besonderen Berufspflichten gegenüber Gerichten und Behörden,
   a) Pflichten bei der Verwendung von zur Einsicht überlassenen Akten sowie der hieraus erlangten Kenntnisse,
   b) Pflichten bei Zustellungen,
   c) Tragen der Berufstracht;

6. die besonderen Berufspflichten bei der Vereinbarung und Abrechnung der Vergütung und bei deren Beitreibung;

7. die besonderen Berufspflichten gegenüber der Patentanwaltskammer in Fragen der Aufsicht, das berufliche Verhalten gegenüber anderen Mitgliedern der Patentanwaltskammer, die Pflichten bei beruflicher Zusammenarbeit sowie die Pflichten im Zusammenhang mit Ausbildung und Beschäftigung anderer Mitarbeiter;

8. die besonderen Berufspflichten im grenzüberschreitenden Rechtsverkehr.

Die Entscheidungen des BVerfG vom 14.7.1987 (NJW 1988, 191, 194 = BRAK-Mitt. 1988, 1
54, 58 = AnwBl. 1987, 598, 603), nach denen die Richtlinien des anwaltlichen Standesrechts durch Rechtsnormen ersetzt werden mussten, erforderten für die Berufe des Rechtsanwalts und des Patentanwalts eine Regelung der statusbildenden Normen in der BRAO und der PAO selbst,

verbunden mit der Schaffung einer **Satzungskompetenz** der berufsständischen Vertretung der Rechtsanwälte und der Patentanwälte (vgl. BT-Drs. 12/4993, 22, 41). Diese Satzungskompetenz findet sich in § 52b und § 59b BRAO.

2 Es kann auf die Kommentierung zu § 59b BRAO im Wesentlichen Bezug genommen werden (näher → BRAO § 59b Rn. 1 ff.). Als zuständiges Gremium für den Beschluss der Satzung ist anders als nach §§ 59b, 191a ff. BRAO die Versammlung der Kammer vorgesehen, da ihr alle Patentanwälte unmittelbar angehören (§ 82 Abs. 2 Nr. 1; BT-Drs. 12/4993, 41). Die Versammlung der Kammer hat mit der Berufsordnung vom 21.4.1997, neu gefasst mit Beschluss der Versammlung der Kammer vom 20.11.2013, von ihrer Befugnis Gebrauch gemacht (→ Teil III Nr. 14).

3 Diese Berufsordnung konkretisiert und ergänzt die gesetzlichen Grundentscheidungen insbesondere der §§ 39 ff. Solche Berufsausübungsregelungen in Gestalt von Satzungsrecht eines Berufsverbandes sind grundsätzlich zulässig (BVerfG NJW 1996, 3067 = GRUR 1996, 899 = AnwBl. 1996, 578; BVerfG NJW 2000, 347 = BRAK-Mitt. 2000, 36 = AnwBl. 2000, 122 mit Anm. *Zuck* = AnwBl. 2000, 122), soweit die Grenzen der Satzungskompetenz beachtet werden (→ BRAO § 59b Rn. 2 ff.).

4 Die Befugnis des Patentanwalts eine oder mehrere Zweigstellen einzurichten (→ § 26 Rn. 7 ff.) ist Teil der Kanzleipflicht, so dass die Satzungsbefugnis nach § 52b Abs. 2 Nr. 1g zur näheren Regelung der Kanzleipflicht die Befugnis beinhaltet zur Regelung der Ausstattung einer Zweigstelle durch die Berufsordnung (BGH NJW 2010, 3787 = BRAK-Mitt. 2010, 267 = AnwBl. 2010, 873 mit Anm. *Prütting* AnwBl. 2011, 46 zu § 59b Abs. 2 Nr. 1 lit. g BRAO). Die allgemeine Fortbildungspflicht des § 39a Abs. 6, nach der sich Patentanwälte lediglich generell fortbilden müssen, kann bislang nicht durch die Berufsordnung näher ausgestaltet werden, da die Ermächtigungsgrundlage in § 52b fehlt. Eine Gesetzesänderung ist in Vorbereitung.

5 Die Berufsordnung bedarf der Ausfertigung und der Veröffentlichung sowie der Bekanntgabe des Inkrafttretens in den „Mitteilungen der deutschen Patentanwälte" (§ 25 BOPA). Zum Prüfungsrecht der Berufsordnung durch das Bundesministerium der Justiz vor Inkrafttreten der Satzung → § 82a Rn. 2 ff.

Zweiter Abschnitt. Patentanwaltsgesellschaften

§ 52c Zulassung als Patentanwaltsgesellschaft; Beteiligung an beruflichen Zusammenschlüssen

(1) **Gesellschaften mit beschränkter Haftung, deren Unternehmensgegenstand die Beratung und Vertretung in Rechtsangelegenheiten im Sinne des § 3 Abs. 2 und 3 ist, können als Patentanwaltsgesellschaften zugelassen werden.**

(2) **Die Beteiligung von Patentanwaltsgesellschaften an Zusammenschlüssen zur gemeinschaftlichen Berufsausübung ist unzulässig.**

Schrifttum: *Axmann/Deister,* Die Unternehmergesellschaft – haftungsbeschränkt – geeignete Rechtsform für Anwälte?, NJW 2009, 2941; *Dahns,* Formen beruflicher Zusammenschlüsse von Anwälten, NJW-Spezial 2009, 286; *Henssler,* Die Postulationsfähigkeit ausländischer Anwaltsgesellschaften, NJW 2010, 3136; *ders.,* Die grenzüberschreitende Tätigkeit von Rechtsanwaltsgesellschaften in der Rechtsform der Kapitalgesellschaft innerhalb der EU, NJW 2009, 950; *Henssler/Streck,* Die Rechtsanwaltsgesellschaft mbH, in Handbuch Sozietätsrecht, 2011, S. 404 ff.; *Hirtz,* Gesellschafterwechsel in Anwaltsgesellschaften, AnwBl. 2011, 48; *Hommerich/Kilian,* Mehrfache Mitgliedschaft in Gesellschaften zur Berufsausübung, AnwBl. 2009, 785; *dies.,* Berufsausübung in der haftungsbeschränkten Unternehmergesellschaft, AnwBl. 2009, 861; *Korts,* Besteuerung der Anwalts-GmbH, AnwBl. 2010, 423; *von der Linden,* Die Zulassung von kapitalistisch strukturierten Anwaltsgesellschaften des europäischen Auslands am deutschen Rechtsberatungsmarkt, Deutscher Anwaltsverlag, 2008; *Melchior,* Die englische Limited in der Praxis- zwei Jahre nach dem MoMiG, AnwBl. 2011, 20; *Neufang Beißwenger,* GmbH & Co. KG eine neue Rechtsform für Freiberufler?, BB 2009, 932; *P. Ries,* MoMiG und die Folgen: Praktische Probleme bei der GmbH, AnwBl. 2011, 13; *Römermann,* Die Anwalts-Unternehmergesellschaft (haftungsbeschränkt), AnwBl. 2009, 131; *ders.,* Die Anwalts-GmbH & Co. KG, AnwBl. 2008, 609; *ders.,* Das Ende der Anwalts-KG vor dem BGH – Das letzte Wort?, AnwBl. 2011, 750*Schulze zur Wiesche,* Ansatz des Mandantenstamms bei einer Personengesellschaft, DB 2010, 1261; *Sommer/Treptow/Dietlmeier,* Haftung für Berufsfehler nach Umwandlung einer Freiberufler-GbR in eine Partnerschaft, NJW 2011, 1551; *Unkelbach-Tomczak,* Rechtsformwahl für Anwaltskanzleien aus berufsrechtlicher Sicht, AnwBl. 2010, 426; *Vorstand der RAK Köln,* Unternehmergesellschaft (haftungsbeschränkt) als Rechtsanwaltsgesellschaft zulässig, Kammerforum RAK Köln, 2009, 10; *Weinbeer,* Limited und kleine GmbH – Haftungsrechtliches Schlaraffenland oder haftungsbeschränkende Mogelpackung für Freiberufler?, AnwBl. 2008, 368.

1 Die Vorschriften zur Patentanwaltsgesellschaft folgen weitestgehend den für Rechtsanwaltsgesellschaften (§§ 59c ff. BRAO) geltenden Bestimmungen. Insoweit wird auf die Kommentie-

rung zu §§ 59c ff. BRAO Bezug genommen. Eine GmbH & Co. KG hat bereits deshalb keinen Anspruch auf Zulassung als Patentanwaltsgesellschaft, weil für die wirksame Gründung einer KG Voraussetzung ist, dass deren Zweck auf den Betrieb eines Handelsgewerbes unter gemeinsamer Firma gerichtet ist (BGH BRAK-Mitt. 2011, 242 = Mitt 2011, 572 = NJW 2011, 3036 zu §§ 59c ff. BRAO; aber BGH NJW 2015, 61 = AnwBl. 2014, 960) zur Zulässigkeit der Steuerberatungs-GmbH & Co. KG). Ist die Patentanwaltsgesellschaft mangels Eintragung im Handelsregister nach den gesellschaftsrechtlichen Vorschriften (vgl. § 11 Abs. 1 GmbHG) noch nicht als juristische Person entstanden, stehen ihr als Vorgesellschaft ungeachtet des Umfangs ihrer Rechtsfähigkeit gemäß Art. 19 Abs. 3 GG Grundrechte zu. Sie kann sich damit grundsätzlich auch auf die für juristische Personen geschützte Berufsfreiheit (Art. 12 Abs. 1 GG) berufen (BVerfG NJW 2014, 613 = Mitt 2014, 185 = BRAK-Mitt. 2014, 87).

Für Patentanwaltsgesellschaften ergibt sich die Besonderheit, dass nach § 52c Abs. 1 der **Unternehmensgegenstand** einer Patentanwaltsgesellschaft mbH. auf den Tätigkeitsbereich des Patentanwalts iSd § 3 Abs. 2 und 3 beschränkt ist. Ob die Umschreibung des Unternehmensgegenstandes einen über den Gesetzestext hinausgehenden Unternehmensgegenstand verbietet, da es sich bei § 52c Abs. 1 um eine abschließende Regelung handelt (vgl. *Zuck* AnwaltsGmbH § 59c BRAO, *Kempter/Kopp* BRAK-Mitt. 1998, 254 zu § 59c BRAO) oder ob im Rahmen der nach § 52a zulässigen interprofessionellen Zusammenarbeit der Unternehmensgegenstand auf das Tätigkeitsfeld der dort genannten sozietätsfähigen Berufe erstreckt werden kann (vgl. Gaier/Wolf/Göcken/*Bormann* BRAO § 59c Rn. 27; *Hartung/Römermann* BRAO § 59c Rn. 3; Henssler/Prütting/*Henssler* BRAO § 59c Rn. 7), hat der BGH (Mitt 2012, 192 = GRUR 2012, 807 = AnwBl. 2012, 463) dahingehend entschieden, dass § 52c weit auszulegen ist. Hierfür spricht nach Auffassung des BGH der systematische Zusammenhang mit § 52e Abs. 1 und die Auslegung des § 52c Abs. 1 im Lichte der in Art. 12 GG garantierten Berufsfreiheit. Es steht deshalb der Zulassung einer Patentanwaltsgesellschaft nicht entgegen, wenn sich der Unternehmensgegenstand über den in Abs. 1 aufgeführten hinaus daneben auch auf die als sozietätsfähig anerkannten Berufe erstreckt. Unabhängig von der Regelung des Unternehmensgegenstandes in der Satzung darf die Patentanwaltsgesellschaft nicht über den Tätigkeitsbereich eines Patentanwalts hinaus rechtsbesorgend tätig werden. Ob der Unternehmensgegenstand deshalb gegen den Grundsatz der Gegenstandswahrheit verstößt, ist nicht im Zulassungsverfahren von der Patentanwaltskammer, sondern vom Registergericht zu prüfen (BGH Mitt 2012, 192 = GRUR 2012, 807 = AnwBl. 2012, 463). 2

Innerhalb dieses **Tätigkeitsbereichs** sind Patentanwaltsgesellschaften wie Rechtsanwaltsgesellschaften selbst Erbringer rechtsbesorgender Dienstleistungen (§ 52l). Aus dem Aufgabenbereich der Patentanwaltsgesellschaft folgt, dass diese – anders als eine Rechtsanwaltsgesellschaft (→ BRAO § 59l Rn. 2 ff.) – **nicht zur Vertretung in einer Patentstreitsache** (§ 143 PatG) oder in einem **Löschungsverfahren** (§ 55 MarkenG) oder zur **Übernahme einer Verteidigung** befugt ist (§ 100 Abs. 1 S. 2). Eine Patentanwaltsgesellschaft, die allgemein und umfassend iSv § 3 Abs. 1 BRAO rechtsbesorgend tätig werden will, benötigt eine Zulassung als Rechtsanwaltsgesellschaft. Ohne diese doppelte Zulassung ist die Patentanwaltsgesellschaft als solche von der Beratung und Vertretung in Rechtsangelegenheiten, die nicht zu den Aufgaben des Patentanwalts gehören, ausgeschlossen. Mandate, die von der Zulassung zur Patentanwaltschaft nicht umfasst sind, dürfen allenfalls von den in der Gesellschaft tätigen Rechtsanwälten aufgrund einer an sie gerichtete persönliche Beauftragung übernommen werden (BVerfG NJW 2014, 613 = Mitt 2014, 185 = BRAK-Mitt. 2014, 87). 3

Aus der **Tätigkeitsbeschränkung** des Abs. 1 ergibt sich, dass neben Mitgliedern der Patentanwaltskammer (§ 53) nur solche Personen Gesellschafter sein können, die einen sozietätsfähigen Beruf ausüben (§ 52a) und deren Tätigkeitsbereich auch patentanwaltliche Aufgaben umfasst. Insbesondere Steuerberater, Steuerbevollmächtigte, Wirtschaftsprüfer und vereidigte Buchprüfer können daher nicht Gesellschafter einer Patentanwaltsgesellschaft sein (BR-Drs. 1002/97, 21). Zur Zulassung der in einer BGB-Gesellschaft verbundenen Patentanwälte als Gesellschafter einer Patentanwalts-GmbH vgl. BGH BRAK-Mitt. 2002, 37 = Mitt 2001, 468 = NJW-RR 2001, 1642; → § 52e Rn. 1 ff. Treten einer Patentanwalts- bzw. Rechtsanwaltspartnerschaftsgesellschaft (§ 1 PartGG) Anwälte bei, die zuvor mit anderen Anwälten eine Sozietät in der Rechtsform der Gesellschaft bürgerlichen Rechts (→ BRAO § 59a Rn. 8 ff.) betrieben haben, haftet die Partnerschaftsgesellschaft nur aufgrund eines erklärten Schuldbeitritts, nicht jedoch entsprechend § 28 Abs. 1 HGB für die bisher die Sozietät verpflichtenden Versorgungsansprüche eines aus der 4

Sozietät ausgeschiedenen Altpartners (BGH NJW 2010, 3720 = Mitt 2010, 591 = AnwBl. 2011, 68 mit Anm. *Hirtz* AnwBl. 2011, 48).

5 Zur Zulässigkeit einer Patentanwalts-AG bzw. KGaA → BRAO Vor § 59c Rn. 8, 16 ff.; zur Gewerbesteuerpflicht → BRAO § 59c Rn. 1; vgl. auch BFH BRAK-Mitt. 2008, 184. Eine englische freiberufliche LLP kann nicht als Patentanwaltsgesellschaft zugelassen werden. Sie soll wegen ihrer Ähnlichkeit mit der deutschen Partnerschaftsgesellschaft in das Partnerschaftsregister eingetragen werden (Empfehlungen des BRAK-Ausschusses Internationale Sozietäten zu §§ 59c ff. BRAO, BRAK-Mitt. 2009, 22).

§ 52d Zulassungsvoraussetzungen

Die Zulassung ist zu erteilen, wenn

1. die Gesellschaft den Erfordernissen der §§ 52c, 52e und 52f entspricht;

2. die Gesellschaft sich nicht in Vermögensverfall befindet;

3. der Abschluß der Berufshaftpflichtversicherung (§ 52j) nachgewiesen ist oder eine vorläufige Deckungszusage vorliegt.

1 § 52d entspricht § 59d BRAO (→ BRAO § 59d Rn. 1 ff.).

§ 52e Gesellschafter

(1) [1] **Gesellschafter einer Patentanwaltsgesellschaft können nur Mitglieder der Patentanwaltskammer, Rechtsanwälte, Angehörige der in § 52a Abs. 2 Nr. 1 genannten Berufe und Rechtsanwälte anderer Staaten im Sinne des § 52a Abs. 2 Nr. 2 sein.** [2] **Sie müssen in der Patentanwaltsgesellschaft beruflich tätig sein.** [3] **§ 52a Abs. 1 Satz 2 ist entsprechend anzuwenden.**

(2) [1] ***Die Mehrheit der Geschäftsanteile und der Stimmrechte muß Patentanwälten zustehen.**** [2] **Sofern Gesellschafter zur Ausübung eines in Absatz 1 genannten Berufs nicht berechtigt sind, haben sie kein Stimmrecht.**

(3) **Anteile an der Patentanwaltsgesellschaft dürfen nicht für Rechnung Dritter gehalten und Dritte nicht am Gewinn der Patentanwaltsgesellschaft beteiligt werden.**

(4) **Gesellschafter können zur Ausübung von Gesellschafterrechten nur stimmberechtigte Gesellschafter bevollmächtigen, die Angehörige desselben Berufs oder Patentanwälte sind.**

Schrifttum: *Glindemann,* Anwalts-GmbH und das Bundesverfassungsgericht. Ende der Diskriminierung?, AnwBl. 2014, 214; *Kleine-Cosack,* Verfassungswidrige Mehrheitserfordernisse der Rechtsanwalts-GmbH, AnwBl. 2014, 221.

1 § 52e folgt weitgehend § 59e BRAO (näher → BRAO § 59e Rn. 1 ff.). Der Kreis der Gesellschafter ist eingeschränkt auf Mitglieder der Patentanwaltskammer (§ 53), Rechtsanwälte, Angehörige der in § 52a Abs. 2 Nr. 1 genannten Berufe und Rechtsanwälte anderer Staaten iSd § 52a Abs. 2 Nr. 2. Für Anwaltsnotare (§ 3 Abs. 2 BNotO) wird durch die Verweisung des Abs. 1 S. 2 klargestellt, dass deren notarielle Amtsausübung (§ 1 BNotO) nicht Gegenstand der Patentanwalts-GmbH sein darf. Bei deren Beteiligung an der GmbH ist das notarielle Berufsrecht (§ 14 Abs. 5 BNotO) zu beachten (*Vaasen/Starke* DNotZ 1998, 661). Die Gesellschafter müssen in der Patentanwaltsgesellschaft beruflich tätig sein (→ § 52c Rn. 3, 4).

2 **Abs. 1** bestimmt, wer Gesellschafter einer Patentanwaltsgesellschaft sein kann. In der amtlichen Begründung zur entsprechenden Regelung für die Rechtsanwalts-GmbH in § 59e BRAO, heißt es, dass „die Geschäftsanteile den Gesellschaftern ungeteilt zustehen müssen und daher Berufsangehörige einer BGB-Gesellschaft in ihrer gesamthänderischen Verbundenheit nicht Gesellschafter sein können" (BT-Drs. 13/9820, 14, 20). Die Rechtsprechung hält gleichwohl eine Auslegung des § 52e dahin für möglich – und im Hinblick auf die verfassungsrechtlichen Anforderungen aus Art. 3 Abs. 1 GG und Art. 12 Abs. 1 GG auch für geboten –, dass sich Patentanwälte jedenfalls dann auch in gesamthänderischer Bindung als BGB-Gesellschafter an der

* § 52e Abs. 2 S. 1 ist nach Maßgabe der Entscheidungsformel mit Art. 12 Abs. 1 GG unvereinbar und nichtig gemäß BVerfG Beschluss vom 14.1.2014 – 1 BvR 2998/11, 1 BvR 236/12; BGBl. I S. 111.

Patentanwaltsgesellschaft mbH beteiligen können, wenn die Gesellschaft bürgerlichen Rechts ihrerseits so ausgestattet ist, dass den an eine Patentanwaltsgesellschaft gestellten berufsrechtlichen Anforderungen Genüge getan ist. Diese verfassungskonforme Auslegung ist nach Auffassung des BGH nicht durch die in der Begründung des Regierungsentwurfs (BT-Drs. 13/9820, 14, 20) niedergelegte Auffassung gehindert, da weder der Wortlaut des § 52e noch der systematische Zusammenhang der betreffenden Vorschriften oder der in ihnen objektiv zum Ausdruck gelangte Sinn und Zweck der gesetzlichen Regelung eine die Anforderung des Verfassungsrechts berücksichtigende Auslegung im Wege steht. Durch die Satzung der GmbH muss dazu sichergestellt sein, dass der Gesellschaft bürgerlichen Rechts, die auf das Halten von GmbH-Anteilen beschränkt ist, nur Personen angehören dürfen, die sämtliche berufsrechtlichen Anforderungen nach § 52e bzw. bei Rechtsanwaltsgesellschaften nach § 59e BRAO erfüllen (BGH NJW 2002, 68 = Mitt 2001, 468 = BRAK-Mitt. 2002, 37).

Abs. 2 sichert den maßgeblichen Einfluss von Patentanwälten auf die Geschicke von Patentanwaltsgesellschaften. Da die Anteilsverhältnisse nicht notwendig identisch mit den Stimmenverhältnissen sind, weil gesellschaftsvertraglich zB die Einräumung eines vom Kapitalanteil unabhängiges Stimmrecht möglich ist, müssen Anteile und Stimmrechte mehrheitlich solche Gesellschafter innehaben, die Patentanwälte sind (BT-Drs. 13/9820, 20, 14). **Abs. 2 S. 1 ist jedoch mit Art. 12 Abs. 1 GG unvereinbar und nichtig, soweit sie der Zulassung einer Berufsausübungsgesellschaft von Rechts- und Patentanwälten als Patentanwaltsgesellschaft entgegenstehen,** wenn nicht die Mehrheit der Geschäftsanteile und Stimmrechte den Patentanwälten überlassen sind (BVerfG NJW 2014, 613 = Mitt 2014, 185 = BRAK-Mitt. 2014, 87; diese Entscheidungsformel hat gemäß § 31 Abs. 2 BVerfGG Gesetzeskraft; BGBl. 2014 I S. 111). Mit der Regelung in Abs. 2 S. 1 sollen sowohl die berufliche Unabhängigkeit, als auch die beruflichen Qualifikationsanforderungen sowie maßgebliche Berufsrechte geschützt werden. Diese Zwecke sind legitim. Soweit sie aber die Zusammenarbeit von Patentanwälten und Rechtsanwälten in einer Patentanwaltsgesellschaft betreffen, kann die Bestimmung des Abs. 2 S. 1 den Anforderungen der Verhältnismäßigkeit jedenfalls deshalb nicht genügen, weil sie nicht erforderlich ist, um diese Zwecke zu erreichen. Die interprofessionelle Zusammenarbeit von Patentanwälten und Rechtsanwälten schafft keine spezifische Gefährdung, die hier weitere Eingriffe in die Berufsfreiheit rechtfertigen können (BVerfG NJW 2014, 613). Näher → BRAO § 59e Rn. 13 ff. zu § 59e Abs. 2 S. 1 BRAO. 3

§ 52f Geschäftsführung

(1) [1] *Die Patentanwaltsgesellschaft muß von Patentanwälten verantwortlich geführt werden.** [2] **Die Geschäftsführer müssen mehrheitlich Patentanwälte sein.**

(2) **Geschäftsführer kann nur sein, wer zur Ausübung eines in § 52e Abs. 1 Satz 1 genannten Berufs berechtigt ist.**

(3) **Auf Prokuristen und Handlungsbevollmächtige zum gesamten Geschäftsbetrieb sind Absatz 1 Satz 2 und Absatz 2 entsprechend anzuwenden.**

(4) [1] **Die Unabhängigkeit der Patentanwälte, die Geschäftsführer oder gemäß Absatz 3 bevollmächtigt sind, bei der Ausübung ihres Patentanwaltsberufs ist zu gewährleisten.** [2] **Einflußnahmen der Gesellschafter, namentlich durch Weisungen oder vertragliche Bindungen, sind unzulässig.**

Schrifttum: *Henssler/Streck,* Die Geschäftsführung der Rechtsanwaltsgesellschaft mbH, Handbuch Sozietätsrecht, 2. Aufl. 2011, S. 443; *Kopp/Henssler/Streck,* Die Geschäftsführung der Partnerschaft (§ 6 Abs. 2 PartGG), Handbuch Sozietätsrecht, 2. Aufl. 2011, S. 354.

§ 52f folgt § 59f BRAO (näher → BRAO § 59f Rn. 1 ff.). **Abs. 1 S. 1** verstößt gegen das Grundrecht aus Art. 12 Abs. 1 GG und ist nichtig, soweit er der Zulassung einer interprofessionellen Gesellschaft als Patentanwaltsgesellschaft und damit der Möglichkeit eigener Betätigung der Gesellschaft im Patentanwaltsberuf (§ 52l) entgegensteht, wenn nicht die verantwortliche Führung den Patentanwälten überlassen ist (BVerfG NJW 2014, 613 = Mitt 2014, 185 = BRAK-Mitt. 2014, 87; diese Entscheidungsformel hat gemäß § 31 Abs. 2 BVerfGG Gesetzeskraft; BGBl. 2014 I S. 111). Näher → § 52e Rn. 3. 1

* § 52f Abs. 1 S. 1 ist nach Maßgabe der Entscheidungsformel mit Art. 12 Abs. 1 GG unvereinbar und nichtig gemäß BVerfG Beschluss vom 14.1.2014 – 1 BvR 2998/11, 1 BvR 236/12, BGBl. I S. 111.

2 **Abs. 1 S. 2** ist im Gegensatz zu § 59f Abs. 1 S. 2 BRAO (→ BRAO § 59f Rn. 3a) vom BVerfG in seinem Beschluss (NJW 2014, 613) nicht für nichtig erklärt worden, da er nicht Gegenstand des konkreten Verfahrens war. Im Lichte der Ausführungen des BVerfG in dieser Entscheidung steht aber die Anforderung in S. 2, Geschäftsführer müssen mehrheitlich Patentanwälte sein, der Zulassung einer interprofessionellen Gesellschaft aus Patentanwälten und Rechtsanwälten ebenso entgegen wie die Anforderung in S. 1.

3 § 13 Abs. 2 GmbHG gilt auch für Patentanwaltsgesellschaften nach §§ 52c ff. PAO. Eine persönliche Haftung des Geschäftsführers der Patentanwalts-GmbH kommt dann in Betracht, wenn er in besonderem Maß persönliches Vertrauen in Anspruch nahm oder ein unmittelbar eigenes wirtschaftliches Interesse verfolgte (OLG Nürnberg NJW-RR 2009, 140 = AnwBl. 2008, 468 = BRAK-Mitt. 2008, 160 mit Anm. *Chab* zu §§ 59c ff. BRAO).

§ 52g Zulassungsverfahren

(1) **Dem Antrag auf Zulassung zur Patentanwaltsgesellschaft ist eine Ausfertigung oder eine öffentlich beglaubigte Abschrift des Gesellschaftsvertrags beizufügen.**

(2) [1]**Die Entscheidung über den Antrag auf Zulassung als Patentanwaltsgesellschaft kann ausgesetzt werden, wenn gegen einen Gesellschafter oder Vertretungsberechtigten im Sinne des § 52f ein auf Rücknahme oder Widerruf seiner Zulassung oder Bestellung gerichtetes Verfahren betrieben wird oder ein vorläufiges Berufs- oder Vertretungsverbot erlassen worden ist.** [2]**Über den Antrag auf Zulassung als Patentanwaltsgesellschaft ist jedoch zu entscheiden, wenn er bereits unbeschadet des Ergebnisses der in Satz 1 genannten Verfahren abzulehnen ist.**

(3) **Auf das Zulassungsverfahren ist § 18 Absatz 1 entsprechend anzuwenden.**

1 § 52g entspricht § 59g BRAO (näher → BRAO § 59g Rn. 1 ff.).

§ 52h Erlöschen der Zulassung

(1) **Die Zulassung erlischt durch Auflösung der Gesellschaft.**

(2) [1]**Die Zulassung ist für die Zukunft zurückzunehmen, wenn sich nach der Zulassung ergibt, daß sie hätte versagt werden müssen.** [2]**§ 21 Absatz 1 Satz 2 ist entsprechend anzuwenden.**

(3) [1]**Die Zulassung ist zu widerrufen, wenn die Patentanwaltsgesellschaft nicht mehr die Voraussetzungen der §§ 52c, 52e, 52f, 52i und 52j erfüllt, es sei denn, daß die Patentanwaltsgesellschaft innerhalb einer von der Patentanwaltskammer zu bestimmenden angemessenen Frist den dem Gesetz entsprechenden Zustand herbeiführt.** [2]**Bei Fortfall von in § 52e Abs. 1 und 2 genannten Voraussetzungen infolge eines Erbfalls muß die Frist mindestens ein Jahr betragen.** [3]**Die Frist beginnt mit dem Eintritt des Erbfalls.**

(4) **Die Zulassung ist ferner zu widerrufen, wenn**
1. **die Patentanwaltsgesellschaft auf die Rechte aus der Zulassung der Patentanwaltskammer gegenüber schriftlich verzichtet hat;**
2. **die Patentanwaltsgesellschaft in Vermögensverfall geraten ist, es sei denn, daß dadurch die Interessen der Rechtsuchenden nicht gefährdet sind.**

(5) **Bei Rücknahme und Widerruf der Zulassung ist § 21 Absatz 4 entsprechend anzuwenden.**

(6) [1]**Hat die Gesellschaft die Zulassung verloren, kann für sie ein Abwickler bestellt werden, wenn die zur gesetzlichen Vertretung bestellten Personen keine hinreichende Gewähr zur ordnungsgemäßen Abwicklung der schwebenden Angelegenheiten bieten.** [2]**§ 48 ist entsprechend anzuwenden.** [3]**Für die festgesetzte Vergütung des Abwicklers haften die Gesellschafter als Gesamtschuldner.** [4]**§ 46 Abs. 10 Satz 7 bleibt unberührt.**

Schrifttum: *Deckenbrock,* Beendigung der beruflichen Zusammenarbeit, Handbuch Sozietätsrecht, 2. Aufl. 2011 S. 910; *Schwärzer,* Anwaltsgesellschaften und Abwicklung, BRAK-Mitt. 2009, 259.

1 § 52h folgt § 59h BRAO (näher → BRAO § 59h Rn. 1 ff.).

§ 52i Kanzlei

[1]Die Patentanwaltsgesellschaft muß an ihrem Sitz eine Kanzlei unterhalten, in der verantwortlich zumindest ein geschäftsführender Patentanwalt tätig ist, für den die Kanzlei den Mittelpunkt seiner beruflichen Tätigkeit bildet. [2]Wird der Sitz der Gesellschaft verlegt, ist dies der Patentanwaltskammer unverzüglich anzuzeigen. [3]§ 27 bleibt unberührt.

Schrifttum: *Deckenbrock,* Kanzlei und Zweigstelle, NJW 2010, 3750; *ders.*, Kanzleipflicht, Handbuch Sozietätsrecht, 2. Aufl. S. 858.

§ 52i entspricht § 59i BRAO (näher → BRAO § 59i Rn. 1 ff.). 1

S. 2 regelt insbesondere den Fall, dass die Verlegung des Sitzes einer Patentanwaltsgesellschaft 2
nicht zu einer Kanzleiverlegung iSd § 26 Abs. 2 führt. Dies tritt ein, wenn die Gesellschaft am Zielort bereits eine Niederlassung und damit auch eine Kanzlei unterhielt Auch in diesem Fall muss die Verlegung – unter den gleichen Voraussetzungen wie in § 26 Abs. 2 (→ § 26 Rn. 9) – angezeigt werden.

§ 52j Berufshaftpflichtversicherung

(1) **Die Patentanwaltsgesellschaft ist verpflichtet, eine Berufshaftpflichtversicherung abzuschließen und die Versicherung während der Dauer ihrer Zulassung aufrechtzuerhalten; § 45 Abs. 1, 2, 3 Nummer 2 bis 5 und Abs. 5 bis 7 ist entsprechend anzuwenden.**

(2) **[1]Die Mindestversicherungssumme beträgt 2 500 000 Euro für jeden Versicherungsfall. [2]Die Leistungen des Versicherers für alle innerhalb eines Versicherungsjahres verursachten Schäden können auf den Betrag der Mindestversicherungssumme, vervielfacht mit der Zahl der Gesellschafter und der Geschäftsführer, die nicht Gesellschafter sind, begrenzt werden. [3]Die Jahreshöchstleistung für alle in einem Versicherungsjahr verursachten Schäden muß sich jedoch mindestens auf den vierfachen Betrag der Mindestversicherungssumme belaufen.**

(3) **Das Bundesministerium der Justiz und für Verbraucherschutz wird ermächtigt, durch Rechtsverordnung mit Zustimmung des Bundesrates nach Anhörung der Patentanwaltskammer die Mindestversicherungssumme anders festzusetzen, wenn dies erforderlich ist, um bei einer Änderung der wirtschaftlichen Verhältnisse einen hinreichenden Schutz der Geschädigten sicherzustellen.**

(4) **Wird die Berufshaftpflichtversicherung nicht oder nicht in dem vorgeschriebenen Umfang unterhalten, so haften neben der Gesellschaft die Gesellschafter und die Geschäftsführer persönlich in Höhe des fehlenden Versicherungsschutzes.**

§ 52j folgt § 59j BRAO (näher → BRAO § 59j Rn. 1 ff.). Die Änderung in Abs. 1 Hs. 2, die 1
Streichung der Verweisung auf § 45 Abs. 3 Nr. 1, erfolgte durch das Gesetz zur Einführung eine Partnerschaft mit beschränkter Berufshaftung und zur Änderung des Berufsrechts der Rechtsanwälte, Patentanwälte, Steuerberater und Wirtschaftsprüfer vom 15.7.2013 (BGBl. I S. 2386). Damit soll eine Schutzlücke (→ § 45a Rn. 3) geschlossen werden.

§ 52k Firma

(1) **Die Firma der Gesellschaft muss die Bezeichnung „Patentanwaltsgesellschaft" enthalten.**

(2) **[1]Andere als zugelassene Patentanwaltsgesellschaften dürfen die Bezeichnung Patentanwaltsgesellschaft nicht führen. [2]Berufliche Zusammenschlüsse, die die Bezeichnung „Patentanwaltsgesellschaft" bereits am 1. März 1999 in ihrem Namen geführt und einen Hinweis auf die Rechtsform hinzugefügt haben, dürfen eine solche Bezeichnung weiterführen.**

§ 52k entspricht § 59k BRAO. Das dazu Gesagte gilt entsprechend. Wie § 59k BRAO hat 1
§ 52k nicht lediglich eine registerrechtliche Bedeutung, sondern eine **wettbewerbsbezogene**

Schutzfunktion, so dass bei einem Verstoß gegen § 52k ein Anspruch aus § 3 UWG in Betracht kommt (BGH NJW 2004, 1099 = BRAK-Mitt. 2004, 91 = AnwBl. 2004, 447; → BRAO § 43b Rn. 10; → BRAO § 59k Rn. 10).

§ 52l Vertretung vor Gerichten und Behörden

[1] Die Patentanwaltsgesellschaft kann als Prozeß- oder Verfahrensbevollmächtigte beauftragt werden. [2] Sie hat dabei die Rechte und Pflichten eines Patentanwalts. [3] Sie handelt durch ihre Organe und Vertreter, in deren Person die für die Erbringung rechtsbesorgender Leistungen gesetzlich vorgeschriebenen Voraussetzungen im Einzelfall vorliegen müssen.

1 § 52l entspricht weitgehend § 59l BRAO (näher → BRAO § 59l Rn. 1 ff.). Die Patentanwaltsgesellschaft ist als juristische Person (§ 13 GmbHG) parteifähig (§ 50 ZPO). Sie kann klagen und verklagt werden.

2 In Fällen der Prozess- oder Verfahrensvertretung reicht eine Beauftragung der Patentanwaltsgesellschaft als solche aus, eine gesonderte Bevollmächtigung des auftretenden Patentanwalts bzw. Rechtsanwalts ist nicht erforderlich. Im Rahmen der Bewilligung von Prozesskostenhilfe kann der bedürftigen Partei nicht nur ein einzelner Patentanwalt sondern auch eine Patentanwaltsgesellschaft beigeordnet werden (BGH NJW 2009, 440 mit Anm. *Horn* = BRAK-Mitt. 2009, 90 = AnwBl. 2009, 87 zu § 59l BRAO). Durch S. 3 wird verdeutlicht, dass durch die Einschaltung der Gesellschaft keine Umgehung derjenigen Voraussetzungen erfolgen kann, die im Einzelfall für die Erbringung rechtsbesorgender Leistungen vorliegen müssen. Insbesondere kommt es für die Frage der Postulationsfähigkeit darauf an, ob deren Voraussetzungen in der für die Patentanwaltsgesellschaft auftretenden Person erfüllt sind (BT-Rechtsausschuss, BT-Drs. 13/11035 S. 33, 36).

3 § 4 gilt für Patentanwaltsgesellschaften entsprechend. Der Patentanwaltsgesellschaft steht somit wie dem Patentanwalt ein **eingeschränktes Auftrittsrecht in Gerichtsverfahren mit Anwaltszwang** zu (→ § 52c Rn. 3). Eine Patentanwaltsgesellschaft, die allgemein und umfassend iSv § 3 Abs. 1 BRAO rechtsbesorgend tätig werden will und uneingeschränkt vor Gericht auftreten will, benötigt auch die Zulassung als Rechtsanwaltsgesellschaft. Ohne diese Doppelzulassung ist die Patentanwaltsgesellschaft als solche von der Beratung und Vertretung in Rechtsangelegenheiten, die nicht zu den Aufgaben des Patentanwalts gehören, ausgeschlossen. Mandate, die von der Zulassung zur Patentanwaltschaft nicht umfasst sind, dürfen allenfalls von den in der Gesellschaft tätigen Rechtsanwälten aufgrund einer an sie gerichteten persönlichen Beauftragung übernommen werden (BVerfG NJW 2014, 613 = Mitt 2014, 185 = BRAK-Mitt. 2014, 87). Eine Verteidigung im berufsgerichtlichen Verfahren durch die Patentanwaltsgesellschaft ist ausgeschlossen (§ 100 Abs. 1 S. 2).

§ 52m Mitteilungspflichten; anwendbare Vorschriften; Verschwiegenheitspflicht

(1) **[1] Die Patentanwaltsgesellschaft hat jede Änderung des Gesellschaftsvertrags, der Gesellschafter oder in der Person der nach § 52f Vertretungsberechtigten sowie die Errichtung oder Auflösung von Zweigniederlassungen der Patentanwaltskammer unter Beifügung einer öffentlich beglaubigten Abschrift der jeweiligen Urkunde unverzüglich anzuzeigen. [2] Wird die Änderung im Handelsregister eingetragen, ist eine beglaubigte Abschrift der Eintragung nachzureichen.**

(2) **Für Patentanwaltsgesellschaften gelten sinngemäß die Vorschriften des Zweiten Abschnitts des Zweiten Teils, die §§ 39 bis 40, 43 bis 44, 45b Absatz 1 Satz 1, § 46 sowie die §§ 49 bis 52 und der Dritte Abschnitt des Fünften Teils.**

(3) **Die Gesellschafter sowie die Mitglieder der durch Gesetz oder Gesellschaftsvertrag vorgesehenen Aufsichtorgane der Patentanwaltsgesellschaft sind zur Verschwiegenheit verpflichtet.**

1 § 52m folgt § 59m BRAO (näher → BRAO § 59m Rn. 1 ff.).

2 Durch Gesetz zur Einführung einer Partnerschaftsgesellschaft mit beschränkter Berufshaftung und zur Änderung des Berufsrecht der Rechtsanwälte, Patentanwälte, Steuerberater und Wirt-

schaftsprüfer vom 18.7.2013 (BGBl. I S. 2386) wurde § 52m den Änderungen des § 45b redaktionell angepasst. Neu ist die Verweisung auf § 46, der die Bestellung eines allgemeinen Vertreters regelt. Auch bei zugelassenen Patentanwaltsgesellschaften kann die Situation eintreten, dass ein Vertreter bestellt werden muss, etwa wenn der einzige Geschäftsführer einer Ein-Personen-Patentanwaltsgesellschaft erkrankt. Dann muss insbesondere auch die Möglichkeit bestehen, dass die Patentanwaltskammer gemäß § 46 Abs. 5 eine Vertretung für eine führerlose Patentanwaltsgesellschaft bestellt, damit deren Mandate fortgeführt werden können (BT-Drs. 17/10487, 16).

Vierter Teil. Die Patentanwaltskammer

Schrifttum: *Gaier,* Der verfassungsrechtliche Rahmen für die Organisation der Anwaltschaft, BRAK-Mitt. 2012, 142; *Graf/Paschke/Stober,* Strategische Perspektiven des Kammerrechts, Hamburg, 2008; *Hellwig,* Die Selbstverwaltung durch Berufskammern in der europäischen Diskussion, AnwBl. 2007, 257; *Hövelberndt,* Die Kammern als Wettbewerber, 2008; *Kleine-Cosack,* Berufsständische Autonomie und Grundgesetz, 1985; *dies.,* Staatsabbau durch Selbstverwaltungsaufbau?, FS Gülzow, 1999, 255; *Kluth,* Jahrbuch des Kammer- und Berufsrechts 2007, 2008; *Krenzler,* Selbstverwaltung – Staatsverwaltung – Marktfreiheit, Eine Einführung zu den Thesen der deutschen Rechtsanwaltskammern zur anwaltlichen Selbstverwaltung (abgedruckt in BRAK-Mitt. 2008, 91), BRAK-Mitt. 2008, 90; *Rieger,* Kammern in der Insolvenz, 2009.

Erster Abschnitt. Allgemeines

§ 53 Zusammensetzung, Rechtsstellung und Sitz der Patentanwaltskammer

(1) [1]**Die Patentanwälte und die Patentanwaltsgesellschaften bilden eine Patentanwaltskammer.** [2]**Mitglieder der Patentanwaltskammer sind außerdem, soweit sie nicht Patentanwälte oder Berufsangehörige im Sinne des § 154a sind, die Geschäftsführer von Patentanwaltsgesellschaften.**

(2) [1]**Die Patentanwaltskammer ist eine bundesunmittelbare Körperschaft des öffentlichen Rechts.** [2]**Ihr Sitz wird durch die Satzung bestimmt.**

Obwohl der Beruf des Patentanwalts bereits seit dem Gesetz betreffend die Patentanwälte vom 1.5.1900 (RGBl. S. 233) einheitlich geregelt war, brachte dieses Gesetz noch keine berufsständische Organisation. Die Aufsicht über die berufliche Tätigkeit der Patentanwälte blieb Aufgabe des Staates, zuständig war das Kaiserliche Patentamt. Mit dem Patentanwaltsgesetz vom 29.9.1933 (RGBl. S. 669) wurde die staatliche Aufsicht nach dem Vorbild des Berufsrechts der Rechtsanwälte weitgehend der als Organ der Selbstverwaltung neu errichteten Patentanwaltskammer übertragen. Mit der Patentanwaltsordnung vom 7.9.1966 (BGBl. I S. 557) wurde das Berufsrecht der Patentanwälte in Anlehnung an das Berufsrecht der Rechtsanwälte einheitlich geregelt. Dabei berücksichtigt wurden auch die Vorschriften über die Standesorganisation. Abs. 1 knüpft an § 60 Abs. 1 BRAO an (näher → BRAO § 60 Rn. 1 ff.). **Abs. 1** sieht nur eine **einzige Kammer für das gesamte Bundesgebiet** vor. Wegen der verhältnismäßig geringen Zahl der Patentanwälte besteht bislang für die Bildung regionaler Kammern, wie bei den Rechtsanwälten, kein Bedürfnis. 1

Mitglieder der Kammer sind kraft Gesetzes alle zugelassenen Patentanwälte. Weitere Mitglieder sind die nach §§ 154a in die Patentanwaltskammer aufgenommenen Berufsangehörigen aus anderen Staaten sowie die Geschäftsführer von Patentanwaltsgesellschaften (§ 52f Abs. 2), soweit sie nicht bereits als zugelassene Patentanwälte Mitglieder der Patentanwaltskammer sind. Nach dem Stand vom 1.1.2015 hat die Patentanwaltskammer 3476 Mitglieder, davon 3444 Patentanwälte, 15 Patentanwaltsgesellschaften und 17 Mitglieder nach § 154a. Gegen die Zwangsmitgliedschaft bestehen nach der Rechtsprechung des BVerfG keine Bedenken (→ BRAO § 60 Rn. 9 ff.). Die Mitgliedschaft endet durch Erlöschen der Zulassung zur Patentanwaltschaft (§ 20) oder als Patentanwaltsgesellschaft (§ 52h) sowie durch Erlöschen der Mitgliedschaft in der Patentanwaltskammer (§ 154b Abs. 2 iVm § 20). Eine Regelung wie in § 60 Abs. 1 S. 4 BRAO erübrigt sich für die Patentanwälte. 2

Abs. 2 S. 1 nimmt § 62 Abs. 1 BRAO auf (näher → BRAO § 62 Rn. 1 ff.). Die Patentanwaltskammer ist eine **bundesunmittelbare Körperschaft.** Als bundesunmittelbar sind juristische Personen des öffentlichen Rechts anzusehen, wenn sie wegen ihrer Aufsichtsunterworfen- 3 heit dem Organisationsgefüge des Bundes zuzuordnen sind (BVerfGE 11, 105, 108 = NJW 1960, 1099; BeckOK GG/*Suerbaum* GG Art. 86 Rn. 20). Zur Staatsaufsicht durch das Deutsche Patent- und Markenamt vgl. § 57.

4 Die Festlegung des Sitzes durch die Satzung der Kammer (§ 56) entspricht der Autonomie der Kammer (*Kelbel* § 53 Rn. 2). Der **Sitz der Patentanwaltskammer** war bis Ende des 2. Weltkrieges Berlin, das auch Sitz des Reichspatentamtes war, danach vorübergehend Düsseldorf. Er ist seit 1972 **München,** dem Hauptsitz des Deutschen Patent- und Markenamtes.

§ 54 Aufgaben der Patentanwaltskammer

Die Patentanwaltskammer hat die Aufgabe, die Belange des Berufsstands zu wahren und zu fördern sowie die Einhaltung der Berufspflichten zu überwachen.

1 § 54 lehnt sich an § 73 Abs. 1 S. 2, Abs. 2 Nr. 4 BRAO an. § 54 als Grundsatz der Zuständigkeitsbestimmung bezeichnet zunächst allgemein die Aufgaben, die der Kammer zugewiesen sind. Die Aufgaben der Organe der Kammer sind in den §§ 69, 82 näher geregelt (BT-Drs. 5/276, 58). Der **Aufgabenbereich der Kammer** kann sich für die Körperschaft des öffentlichen Rechts (§ 53 Abs. 2) **nur aus dem Gesetz** und nicht aus der Satzung ergeben; die Satzung kann die gesetzliche Aufgabenzuweisung zwar konkretisieren aber nicht originär erweitern. Die Aufgabenzuweisung begründet keinen Anspruch eines jeden Mitglieds auf Auskunftserteilung über laufende Geschäfte (OLG München BeckRS 2012, 04182).

2 Aus der **Grundnorm des § 54** ergibt sich, dass die Aufgabenstellung der Kammer nicht nur auf die **ausdrücklich im Gesetz** näher definierten Aufgaben beschränkt ist. Der **Funktionsbereich der Kammer** erstreckt sich vielmehr **darüber hinaus auf alle Angelegenheiten, welche von allgemeiner nicht rein wirtschaftlicher Bedeutung für die Patentanwaltschaft sind** (BGHZ 66, 297 = NJW 1976, 1541). Dieser Begriff darf nicht zu eng verstanden werden. Der Patentanwaltskammer obliegen danach alle berufs- und standespolitischen Aufgaben und sie kann alle Belange der Patentanwaltschaft in ihren Aufgabenbereich einbeziehen, wozu auch – wenn auch mit Einschränkungen – die wirtschaftlichen Belange der Patentanwaltschaft – nicht des einzelnen Patentanwalts – gehören (BGH NJW 1980, 186 mit Anm. *Redeker* = GRUR 1979, 788 = AnwBl. 1979, 479; → BRAO § 73 Rn. 7 ff.).

3 Die Herausgabe einer **Fachzeitschrift** wie den „Mitteilungen der deutschen Patentanwälte" rechtfertigt sich bereits dadurch, dass es mit dieser Publikation den Patentanwälten ermöglicht wird, sich über Umstände zu informieren, die für deren Berufsausübung von Bedeutung sind (BGH NJW-RR 2013, 177 = Mitt 2013, 197). Der Beitritt zu **privatrechtlich organisierten Dachverbänden** ist zulässig, wenn die Mitgliedschaft innerhalb des der berufsständischen Kammer gesetzlich zugewiesenen Aufgabenbereichs liegt und wenn sie erforderlich und angemessen ist, um die zugewiesenen Aufgaben zu wahren und zu fördern. Die Mitgliedschaft der Patentanwaltskammer in der **FICPI** (Fédération International des Conseils en Propriété Industrielle) ist geeignet und erforderlich, damit die Patentanwaltskammer die ihr zugewiesene Aufgabe wahrnehmen kann, da die FICPI als internationaler Dachverband der Patentanwälte die Interessen aller Patentanwälte vertritt und die Tätigkeit der Patentanwälte in beachtlichem Umfang durch internationale Übereinkommen und internationale Zusammenarbeit geprägt ist (BGH NJW 1996, 1899 = Mitt 1996, 177 = BRAK-Mitt. 1996, 126). Die Mitgliedschaft im **BFB** (Bundesverband der Freien Berufe), dem einzigen Dachverband der freien Berufe in der Bundesrepublik, ist zulässig, da ein berechtigtes Interesse der Patentanwaltskammer besteht, die Belange ihrer Mitglieder in dem Verband zu vertreten. Sie ist nicht deshalb rechtswidrig, weil sich der Verband auch gegen gesetzgeberische Aktivitäten wendet, die sich konkret nur auf eine Berufsgruppe beziehen (BGH NJW 1996, 1899 = Mitt 1996, 177). Die Patentanwaltskammer ist nicht berechtigt, für die Erledigung von Verwaltungsaufgaben im Zuge der beruflichen Bildung privatrechtlich organisierte Anwaltsvereine heranzuziehen (BGH NJW-RR 2014, 943 = BRAK-Mitt. 2014, 166 zu § 73 Abs. 4 BRAO).

4 Die Patentanwaltskammer ist, wie auch die anderen Kammern freier Berufe, da sie nicht nur die berufliche Tätigkeit ihrer Mitglieder zu beaufsichtigen, sondern auch die beruflichen Interessen ihrer Mitglieder zu wahren und zu fördern hat, ein **Verband zur Förderung selbständiger beruflicher Interessen** iSd § 8 Abs. 3 Nr. 2 UWG und daher prozessführungsbefugt.

Mit der Einräumung des Rechts, ein **Verfahren nach dem Gesetz über den unlauteren Wettbewerb gegen Kammermitglieder** einzuleiten, wird die Befugnis der Kammer zur Überwachung der Erfüllung der ihren Mitgliedern obliegenden Pflichten (§ 69 Abs. 2 Nr. 4) konkretisiert. Dadurch wird die materielle Überwachungsbefugnis nicht ausgeweitet, wohl aber das Mittel einer Unterlassungsklage zur Durchsetzung der Berufspflichten eröffnet. Voraussetzung ist neben dem Vorliegen der Voraussetzungen des UWG eine Verletzung der berufsrechtlichen Regeln mit Wettbewerbsbezug. Die Notwendigkeit eines Bezugs zum Wettbewerbsrecht folgt aus der materiell-rechtlichen Schutzfunktion der Wettbewerbsvorschriften. Darüber hinaus muss das Vorgehen der Kammer im Zivilrechtsweg angemessen erscheinen und nicht unverhältnismäßig in die Berufsausübungsfreiheit der eigenen Kammermitglieder eingreifen (BVerfG NJW 2004, 3765 = Mitt 2005, 137 = BRAK-Mitt. 2005, 22; → BRAO § 73 Rn. 16). 5

§ 55 Organe

Organe der Patentanwaltskammer sind:

1. der Vorstand,
2. die Versammlung der Kammer.

Die Patentanwaltskammer kennt als Organe der Kammer den Vorstand (§§ 58–77) und die Versammlung der Kammer (§§ 78–82a). Für die Bildung eines Präsidiums nach dem Vorbild der RAK (§§ 78–84 BRAO) besteht wegen der verhältnismäßig geringen Zahl der Kammerangehörigen kein Bedürfnis (BT-Drs. 5/276, 58). 1

Die Vorstandsgeschäfte werden durch den Gesamtvorstand erledigt. Jedoch kann er nach § 68 Abs. 2 zur Entlastung des Gesamtvorstandes Geschäfte einer Abteilung des Vorstandes zur selbständigen Führung übertragen. Von dieser Befugnis hat der Vorstand der Patentanwaltskammer Gebrauch gemacht, da die umfangreichen Aufgaben nicht anders zu bewältigen sind, zumal die Vorstandsmitglieder im ganzen Bundesgebiet niedergelassen sind. Weitergehende Übertragungsbefugnis hat der Vorstand nicht. Den Ausschüsse der Patentanwaltskammer, deren Bildung nach § 28 der Satzung (§ 56) vorgesehen ist, sind keine Vorstandaufgaben übertragen, sie unterstützen den Vorstand in seiner Arbeit und arbeiten diesem zu. Eine Übertragung von Aufgaben im Zuge der beruflichen Bildung auf Vereine ist nicht zulässig (BGH NJW-RR 2014, 943 = BRAK-Mitt. 2014, 166). 2

§ 56 Satzung

[1] Die Organisation und Verwaltung der Patentanwaltskammer werden, soweit dieses Gesetz keine Vorschriften enthält, durch die Satzung geregelt. [2] Die Satzung und deren Änderungen bedürfen zu ihrer Wirksamkeit der Genehmigung des Bundesministeriums der Justiz und für Verbraucherschutz.

Für die Organisation und die Verwaltung der Patentanwaltskammer sowie für die Verteilung der Aufgaben auf ihre Organe kann das Gesetz eine Regelung nur in den Grundsätzen treffen. Die nähere Regelung wird deshalb der Satzung überlassen, die sich dabei im Rahmen der gesetzlichen Bestimmungen halten muss (BT-Drs. 5/276, 58). 1

Die Kompetenz der Kammer zur autonomen Regelung dieser Bereiche wird durch die Aufgaben der Kammer (→ § 54 Rn. 1 ff.) begrenzt (BVerfGE 33, 125 = NJW 1972, 1504). 2

Die Organisationssatzung und deren Änderungen werden durch die Versammlung der Kammer beschlossen (§ 82 Abs. 2 Nr. 1). Die Satzung bedarf der Ausfertigung durch den Präsidenten (VGH Kassel NJW 1994, 812 zur Berufsordnung für Ärzte; → BRAO § 64 Rn. 15) und der Genehmigung durch das BMJV. Das BMJV hat die Satzung und spätere Änderungen auf formelle und materielle Fehler zu überprüfen. Da es sich bei der Genehmigung um einen Teil der Staatsaufsicht handelt, übt das BMJV lediglich Rechtsaufsicht (§ 57) aus. Fragen der Zweckmäßigkeit sind daher nicht Gegenstand des Genehmigungsverfahrens. Die Satzung und deren Änderungen sind zu veröffentlichen. Die Satzung der Patentanwaltskammer ist abgedruckt bei *Reinhard* S. 133 ff. 3

4 Erteilt das BMJV die Genehmigung nicht, ist der **Klageweg** zum BGH eröffnet, der in erster und letzter Instanz entscheidet (§ 94a Abs. 3).

5 Auch die **Berufsordnung** wird durch Satzung bestimmt, § 52b. Dabei handelt sich um eine weitere Satzung, bei der dem BMJV keine Genehmigungsbefugnis, sondern ein Aufhebungsrecht innerhalb der gesetzlichen Frist zukommt (→ § 82a Rn. 1 ff.).

§ 57 Staatsaufsicht

[1]Der Präsident des Patentamts führt die Staatsaufsicht über die Patentanwaltskammer. [2]Die Aufsicht beschränkt sich darauf, daß Gesetz und Satzung beachtet, insbesondere die der Patentanwaltskammer übertragenen Aufgaben erfüllt werden.

1 § 57 entspricht § 62 Abs. 2 BRAO (näher → BRAO § 62 Rn. 5 ff.). Die Patentanwaltskammer als bundesunmittelbare Körperschaft des öffentlichen Rechts erfüllt öffentliche Aufgaben. Sie unterliegt damit der **Staatsaufsicht des Bundes.** Die Staatsaufsicht wird vom Präsidenten des Patentamts, das Deutsche Patent- und Markenamt ist eine selbstständige Bundesbehörde im Geschäftsbereich des BMJV (§ 26 Abs. 1 PatG), ausgeübt. Bereits im Patentanwaltsgesetz von 1933 war die Aufsichtsführung durch den Präsidenten des Patentamtes festgelegt. Dies wurde in der PAO beibehalten, auch nach Verlagerung der Zuständigkeit in Zulassungssachen (§§ 13 ff.) auf die Patentanwaltskammer. Die Zuständigkeit für die Ausbildung auf dem Gebiet des gewerblichen Rechtsschutzes (§§ 7 ff.) verblieb beim Patentamt. Nach wie führt der Präsident des Patentamt die Aufsicht über die Erlaubnisscheininhaber (§ 160 iVm § 180 PAO aF).

2 Die Aufsicht ist eine reine **Rechtsaufsicht** und **keine Fachaufsicht.** Klagen des Präsidenten des Patentamtes gegen Wahlen oder Beschlüsse der Patentanwaltskammer können nur erhoben werden, wenn sie ihrem Inhalt nach mit dem Gesetz oder der Satzung nicht vereinbar sind (§ 94e). In Ermessensentscheidungen darf die Staatsaufsicht nicht eingreifen. Auch kommt ihr kein Weisungs- oder Leitungsrecht zu (→ BRAO § 62 Rn. 7).

Zweiter Abschnitt. Die Organe der Patentanwaltskammer

1. Der Vorstand

§ 58 Zusammensetzung des Vorstands

(1) **[1]Der Vorstand der Patentanwaltskammer besteht aus sieben Mitgliedern. [2]Die Satzung kann eine höhere Zahl festsetzen.**

(2) **Die Mitglieder des Vorstands werden von der Versammlung der Kammer gewählt.**

(3) **Der Vorstand gibt sich eine Geschäftsordnung.**

1 § 58 folgt §§ 63 Abs. 2 und 3, 64 Abs. 1, 70 Abs. 3 BRAO. Insoweit gilt das dazu Gesagte entsprechend. Der Vorstand besteht aus **achtzehn Mitgliedern** (§ 4 Abs. 1 Satzung) mit gleichen Rechten und Pflichten. Hinzu kommen die besonderen Rechte und Pflichten von Präsident, § 73, Schriftführer, § 75, und Schatzmeister, § 76.

2 Da der Vorstand die gesamte Patentanwaltschaft repräsentiert, gehört es zu den Aufgaben der Versammlung der Kammer, den Vorstand zu wählen (§ 82 Abs. 2 Nr. 2). Die Mitglieder der Kammer können ihr **Wahlrecht persönlich** in der Kammerversammlung oder schriftlich in Form der **Briefwahl** ausüben (§§ 24 ff. Satzung). Da die Kammermitglieder im ganzen Bundesgebiet niedergelassen sind und dadurch die Teilnahme an den Kammerversammlungen erschwert ist, erhöht die seit dem Jahr 1974 bestehende Möglichkeit der Briefwahl die Beteiligung an der Wahl deutlich (→ § 81 Rn. 3).

3 Die **Geschäftsordnung (Abs. 3)** beschließt der Vorstand, nicht die Versammlung der Kammer. Die Regelung des internen Geschäftsverkehrs ist dem Vorstand selbst überlassen. Sie ist weder genehmigungsbedürftig noch veröffentlichungsbedürftig ist. Ein Anspruch eines Kammermitglieds auf Einsicht in die Geschäftsordnung des Vorstands besteht nicht.

§ 59 Voraussetzungen der Wählbarkeit

Zum Mitglied des Vorstands kann nur gewählt werden, wer

1. Mitglied der Patentanwaltskammer ist und
2. den Beruf eines Patentanwalts seit mindestens fünf Jahren ohne Unterbrechung ausübt.

§ 59 entspricht § 65 BRAO (näher → BRAO § 65 Rn. 1 ff.). Auch Personen, die nach § 154a in die Patentanwaltskammer aufgenommen sind, können in den Kammervorstand gewählt werden (→ § 154b Rn. 4). 1

§ 60 Ausschluß von der Wählbarkeit

Zum Mitglied des Vorstands kann nicht gewählt werden ein Patentanwalt,

1. gegen den ein berufsgerichtliches Verfahren eingeleitet oder ein Berufs- oder Vertretungsverbot verhängt ist;
2. gegen den die öffentliche Klage wegen einer Straftat, welche die Unfähigkeit zur Bekleidung öffentlicher Ämter zur Folge haben kann, erhoben ist;
3. gegen den in den letzten fünf Jahren ein Verweis oder eine Geldbuße verhängt oder in den letzten fünfzehn Jahren auf Ausschließung aus der Patentanwaltschaft oder aus der Rechtsanwaltschaft erkannt worden ist.

§ 60 folgt § 66 BRAO (näher → BRAO § 66 Rn. 1 ff.). 1

§ 61 Recht zur Ablehnung der Wahl

Die Wahl zum Mitglied des Vorstands kann ablehnen,

1. wer das fünfundsechzigste Lebensjahr vollendet hat;
2. wer in den letzten vier Jahren Mitglied des Vorstands gewesen ist;
3. wer aus gesundheitlichen Gründen nicht nur vorübergehend die Tätigkeit im Vorstand nicht ordnungsgemäß ausüben kann.

§ 61 entspricht § 67 BRAO (näher → BRAO § 67 Rn. 1 ff.). 1

§ 62 Wahlperiode

(1) [1] **Die Mitglieder des Vorstands werden auf vier Jahre gewählt.** [2] **Die Wiederwahl ist zulässig.**

(2) [1] **Alle zwei Jahre scheidet die Hälfte der Mitglieder aus, bei ungerader Zahl zum ersten Mal die größere Zahl.** [2] **Die zum ersten Mal ausscheidenden Mitglieder werden durch das Los bestimmt.**

(3) **Wird die Zahl der Mitglieder des Vorstands erhöht, so ist für die neu eintretenden Mitglieder, die mit dem Ablauf des zweiten Jahres ausscheiden, Absatz 2 Satz 2 entsprechend anzuwenden.**

(4) **Findet die Wahl, die auf Grund der Erhöhung der Zahl der Mitglieder des Vorstands erforderlich wird, gleichzeitig mit einer Neuwahl statt, so sind beide Wahlen getrennt vorzunehmen.**

§ 62 folgt § 68 BRAO (näher → BRAO § 68 Rn. 1 ff.). Die Mitglieder des Vorstands werden in einer ordentlichen Sitzung der Versammlung der Kammer gewählt (§ 82 Abs. 2 Nr. 1). Die Wahlperiode beginnt mit dem 1. Januar des folgenden Kalenderjahres (§ 22 Satzung). Mit dieser Regelung wird das Problem, dass die exakt vierjährige Amtszeit abläuft, bevor die Versammlung gewählt hat, vermieden. Die Wahl von Mitgliedern des Vorstandes der Kammer ist ungültig, wenn nicht nach Ablauf von zwei Jahren jeweils die Hälfte der Mitglieder des Vorstandes gewählt wird (AGH Hmb AnwBl. 2009, 649 = BRAK-Mitt. 2009, 185 zu § 68 Abs. 2 BRAO). 1

2 Ein anderer Turnus für Teilneuwahlen ist unzulässig. Eine Wahl ist nur bei einem Wahlfehler für ungültig zu erklären, der auf das Wahlergebnis von Einfluss ist oder konkret und nicht nur theoretisch von Einfluss sein kann. Das ist bei einem Verstoß gegen § 62 Abs. 2 S. 1 der Fall. Das Gericht darf trotz eines solchen Fehlers davon absehen, die Wahl für ungültig zu erklären, wenn das dem wahlprüfungsrechtlichen Grundsatz des geringstmöglichen Eingriffs entspricht oder wenn das Interesse des Bestandsschutz des im Vertrauen auf die Gesetzmäßigkeit der Wahl gewählten Vorstands den festzustellenden Wahlfehler überwiegt (BGH BRAK-Mitt. 2010, 169 = AnwBl. 2010, 528 zu § 68 Abs. 2 BRAO).

§ 63 Vorzeitiges Ausscheiden eines Vorstandsmitglieds

(1) **Ein Patentanwalt scheidet als Mitglied des Vorstands aus,**

1. **wenn er nicht mehr Mitglied der Patentanwaltskammer ist oder seine Wählbarkeit aus den in § 60 Nr. 3 angegebenen Gründen verliert;**
2. **wenn er sein Amt niederlegt.**

(2) [1] **Der Patentanwalt hat die Erklärung, daß er das Amt niederlege, dem Vorstand gegenüber schriftlich abzugeben.** [2] **Die Erklärung kann nicht widerrufen werden.**

(3) [1] **Scheidet ein Mitglied vorzeitig aus, so wird für den Rest seiner Amtszeit in der nächsten Versammlung der Kammer ein neues Mitglied gewählt.** [2] **Die Versammlung der Kammer kann von der Ersatzwahl absehen, wenn die Zahl der Mitglieder des Vorstands nicht unter sieben herabsinkt und wenn der Rest der Amtszeit des ausgeschiedenen Mitglieds nicht mehr als ein Jahr betragen hätte.**

(4) [1] **Ist gegen ein Mitglied des Vorstands eine öffentliche Klage im Sinne des § 60 Nr. 2 erhoben oder ein berufsgerichtliches Verfahren eingeleitet, so ruht seine Mitgliedschaft im Vorstand, bis das Verfahren erledigt ist.** [2] **Ist ein Berufs- oder Vertretungsverbot verhängt worden, so ruht die Mitgliedschaft für dessen Dauer.**

1 § 63 lehnt sich an § 69 BRAO an (näher → BRAO § 69 Rn. 1 ff.). Die Amtszeit des neugewählten Ersatzmitgliedes (Abs. 3) endet zu dem Zeitpunkt, zu dem die Amtszeit des ausgeschiedenen Vorstandsmitglied geendet hätte (→ BRAO § 69 Rn. 7). Fällt eine **Ersatzwahl** mit einer ordentlichen Wahl zusammen, erfolgen die Wahlen wegen der unterschiedlichen Amtszeiten in zwei gesonderten Wahlgängen (→ BRAO § 68 Rn. 10).

§ 64 Wahl des Präsidenten, des Schriftführers und des Schatzmeisters

(1) **Der Vorstand wählt aus seiner Mitte einen Präsidenten und einen Vizepräsidenten sowie einen Schriftführer und dessen Vertreter; er kann auch einen Schatzmeister und dessen Vertreter wählen.**

(2) [1] **Die Wahl findet alsbald nach jeder ordentlichen Wahl des Vorstands statt.** [2] **Scheidet ein Mitglied des Vorstands aus einem in Absatz 1 genannten Amt vorzeitig aus, so wird für den Rest seiner Amtszeit innerhalb von drei Monaten ein anderes Vorstandsmitglied in dieses Amt gewählt.**

1 § 64 knüpft an § 78 Abs. 2 und 4 BRAO an (→ BRAO § 78 Rn. 4 ff.). Die Wahl findet in der ersten Sitzung des neu gewählten Vorstands zu Beginn der Wahlperiode, somit alsbald im auf die Wahl folgenden Januar statt (→ § 62 Rn. 1). Die **Amtszeit beträgt zwei Jahre** (§ 4 Abs. 2 Satzung). Die anschließende **Wiederwahl** von **Präsidenten, Schriftführer** und **Schatzmeister** ist **nur zweimal zulässig** (§ 4 Abs. 3 Satzung). Die Höchstdauer im Amt beträgt somit sechs Jahre. Für die Vertreter gilt diese Amtszeitbegrenzung von sechs Jahren nicht. Ein **Präsidium** wie in § 78 Abs. 1 BRAO ist in der PAO **nicht vorgesehen** (→ § 55 Rn. 1). Vielmehr erledigen Präsident, Schriftführer und Schatzmeister ihre Aufgaben in eigener Verantwortung, §§ 73, 75 und 76. Der Präsident wird im Falle seiner Verhinderung durch ein Mitglied des Vorstandes in der Reihenfolge Vizepräsident, Schriftführer, Schatzmeister vertreten. Ist auch der Schatzmeister verhindert, erfolgt die Vertretung durch das älteste Vorstandsmitglied (§ 4 Abs. 4 Satzung). Daraus folgt, dass die Wahl des Präsidenten vom ältesten Vorstandsmitglied zu leiten ist.

2 Die Wahl eines Schatzmeisters und dessen Stellvertreters ist nicht zwingend vorgesehen, ergibt sich jedoch aus § 4 Abs. 2 Satzung.

§ 65 Sitzungen des Vorstands

(1) **Der Vorstand wird durch den Präsidenten einberufen.**

(2) **Der Präsident muß eine Sitzung anberaumen, wenn drei Mitglieder des Vorstands es schriftlich beantragen und hierbei den Gegenstand angeben, der behandelt werden soll.**

(3) **Das Nähere regelt die Geschäftsordnung des Vorstands.**

§ 65 entspricht § 70 BRAO (näher → BRAO § 70 Rn. 1 ff.). 1

§ 66 Beschlußfähigkeit des Vorstands

Der Vorstand ist beschlußfähig, wenn mindestens die Hälfte seiner Mitglieder anwesend ist oder sich an einer schriftlichen Abstimmung beteiligt.

§ 66 folgt § 71 BRAO (näher → BRAO § 71 Rn. 1 ff.). 1

§ 67 Beschlüsse des Vorstands

(1) **[1] Die Beschlüsse des Vorstands werden mit einfacher Stimmenmehrheit gefaßt. [2] Das gleiche gilt für die von dem Vorstand vorzunehmenden Wahlen. [3] Bei Stimmengleichheit gibt die Stimme des Vorsitzenden den Ausschlag, bei Wahlen entscheidet das Los.**

(2) **[1] Ein Mitglied darf in eigenen Angelegenheiten nicht mitstimmen. [2] Dies gilt jedoch nicht für Wahlen.**

(3) **Über Beschlüsse des Vorstands und über die Ergebnisse von Wahlen ist ein Protokoll aufzunehmen, das von dem Vorsitzenden und dem Schriftführer zu unterzeichnen ist.**

(4) **Beschlüsse des Vorstandes können in schriftlicher Abstimmung gefaßt werden, wenn kein Mitglied des Vorstandes widerspricht.**

§ 67 entspricht § 72 BRAO (näher → BRAO § 72 Rn. 1 ff.). Die Beschlüsse des Vorstands 1 sind den Mitgliedern der Kammer schriftlich mitzuteilen. Dies gilt nicht für Beschlüsse, deren Mitteilung nach Auffassung des Vorstands den Belangen des Berufsstandes (§ 54) zuwiderlaufen würde oder die lediglich verfahrensleitend sind. Dies gilt auch nicht, soweit eine solche Mitteilung den berechtigten Interessen einzelner Kammermitglieder oder Zulassungsbewerber zuwiderhandeln würde. Von einer Mitteilung kann nur auf Grund eines Beschlusses des Vorstands abgesehen werden. § 71 bleibt unberührt (§ 6 Satzung).

Die Möglichkeit der **schriftlichen Abstimmung,** wenn kein Mitglied des Vorstandes wider- 2 spricht, erleichtert die Beschlussfassung zu beschleunigen, da die Vorstandsmitglieder nur einige Male im Jahr zu einer Gesamtvorstandssitzung zusammentreffen. Das sog. „Umlaufverfahren“ findet dennoch nur ausnahmsweise und in dafür geeigneten Fällen statt.

§ 68 Abteilungen des Vorstands

(1) **[1] Der Vorstand kann mehrere Abteilungen bilden, wenn die Satzung es zuläßt. [2] Er überträgt den Abteilungen die Geschäfte, die sie selbständig führen.**

(2) **[1] Jede Abteilung muß aus mindestens drei Mitgliedern des Vorstands bestehen. [2] Die Mitglieder der Abteilung wählen aus ihren Reihen einen Abteilungsvorsitzenden, einen Abteilungsschriftführer und deren Stellvertreter.**

(3) **[1] Vor Beginn des Kalenderjahres setzt der Vorstand die Zahl der Abteilungen und ihre Mitglieder fest, überträgt den Abteilungen die Geschäfte und bestimmt die Mitglieder der einzelnen Abteilungen. [2] Jedes Mitglied des Vorstands kann mehreren Abteilungen angehören. [3] Die Anordnungen können im Laufe des Jahres nur geändert werden, wenn dies wegen Überlastung der Abteilung oder infolge Wechsels oder dauernder Verhinderung einzelner Mitglieder der Abteilung erforderlich wird.**

(4) **Der Vorstand kann die Abteilungen ermächtigen, ihre Sitzungen außerhalb des Sitzes der Kammer abzuhalten.**

(5) **Die Abteilungen haben innerhalb ihrer Zuständigkeit die Rechte und Pflichten des Vorstands.**

(6) **An Stelle der Abteilung entscheidet der Vorstand, wenn er es für angemessen hält oder wenn die Abteilung oder ihr Vorsitzender es beantragt.**

1 § 68 entspricht § 77 BRAO (näher → BRAO § 77 Rn. 1 ff.). Die Satzung sieht die Bildung von Abteilungen vor (§ 5 Abs. 1 Satzung). Von diesem Recht hat der Vorstand in seiner Geschäftsordnung Gebrauch gemacht und **fünf Abteilungen** gebildet. Die fünf Abteilungen haben die **Geschäftsbereiche Berufspflichten, Soziales, Honorare und Gebühren, allgemeine Berufsangelegenheiten** und **Gewerblicher Rechtsschutz.** Die Besetzung dieser fünf Abteilungen hat jährlich zu Beginn des Kalenderjahres zu erfolgen. Die Abteilungen sind durch die Geschäftsordnung des Vorstands ermächtigt, ihre Sitzungen außerhalb des Sitzes der Kammer (→ § 53 Rn. 4) abzuhalten.

2 Die **Abteilungen** treten für ihren Geschäftsbereich an die Stelle des Vorstands und führen **selbständig** die ihr zugewiesenen Vorstandsgeschäfte. Der **Gesamtvorstand entscheidet** nach **Abs. 6** an Stelle der Abteilung, wenn er dies für angemessen hält oder wenn die Abteilung oder ihr Vorsitzender dies beantragt. Die Geschäftsordnung des Vorstands räumt dieses Antragsrecht auch dem Präsidenten ein. Durch diesen Antrag wird der Gesamtvorstand zuständig, ohne dass es einen besonderen Beschluss aller Mitglieder des Vorstands bedarf (BT-Drs. 5/276, 58 unter Hinweis auf BT-Drs. 3/120, 89).

§ 69 Aufgaben des Vorstands

(1) [1]**Der Vorstand hat die ihm durch Gesetz und Satzung zugewiesenen Aufgaben zu erfüllen.** [2]**Ihm obliegen auch die der Patentanwaltskammer in diesem Gesetz zugewiesenen Aufgaben und Befugnisse.** [3]**Er hat die Belange des Berufsstands zu wahren und zu fördern.**

(2) **Dem Vorstand obliegt insbesondere**

1. **die Mitglieder der Kammer in Fragen der Berufspflichten zu beraten und zu belehren;**
2. **auf Antrag bei Streitigkeiten unter den Mitgliedern der Kammer zu vermitteln; dies umfasst die Befugnis, Schlichtungsvorschläge zu unterbreiten;**
3. **auf Antrag bei Streitigkeiten zwischen den Mitgliedern der Kammer und ihren Auftraggebern zu vermitteln; dies umfasst die Befugnis, Schlichtungsvorschläge zu unterbreiten;**
4. **die Erfüllung der den Mitgliedern der Kammer obliegenden Pflichten zu überwachen und das Recht der Rüge zu handhaben;**
5. **Patentanwälte für die Ernennung zu Mitgliedern der Kammer und des Senats für Patentanwaltssachen (§ 87) und für die Berufung zu Beisitzern (§ 91) vorzuschlagen;**
6. **der Versammlung der Kammer über die Verwaltung des Vermögens jährlich Rechnung zu legen;**
7. **Gutachten zu erstatten, die das Bundesministerium der Justiz und für Verbraucherschutz, ein Gericht oder eine Verwaltungsbehörde anfordert;**
8. **bei der Ausbildung der Bewerber für die Patentanwaltschaft mitzuwirken, Studiengänge zur Ausbildung von Bewerbern im allgemeinen Recht mit Universitäten abzustimmen und für die erforderliche Zahl von Ausbildungsplätzen bei den Patentanwälten Sorge zu tragen;**
9. **die patentanwaltlichen Mitglieder der Prüfungskommission (§ 9) vorzuschlagen.**

(3) [1]**In Beschwerdeverfahren setzt der Vorstand den Beschwerdeführer von seiner Entscheidung in Kenntnis.** [2]**Die Mitteilung erfolgt nach Abschluss des Verfahrens einschließlich des Einspruchsverfahrens und ist mit einer kurzen Darstellung der wesentlichen Gründe für die Entscheidung zu versehen.** [3]**§ 71 bleibt unberührt.** [4]**Die Mitteilung ist nicht anfechtbar.**

(4) **Der Vorstand kann die in Absatz 2 Nr. 1 bis 3 und Absatz 3 bezeichneten Aufgaben einzelnen Mitgliedern des Vorstands übertragen.**

(5) [1]**Beantragt bei Streitigkeiten zwischen einem Mitglied der Patentanwaltskammer und seinem Auftraggeber der Auftraggeber ein Vermittlungsverfahren, so wird dieses eingeleitet, ohne dass es der Zustimmung des Mitglieds bedarf.** [2]**Ein Schlichtungsvorschlag ist nur verbindlich, wenn er von beiden Seiten angenommen wird.**

Schrifttum: *Güldenzoph,* Existiert ein Akteneinsichtsrecht für den Beschwerdeführer in berufsaufsichtsrechtlichen Beschwerdeverfahren bei den Rechtsanwaltskammern?, BRAK-Mitt. 2011, 4; *Steike,* Das Vermittlungsverfahren des Kammervorstands, NJW 2011, 3335.

Übersicht

I. Allgemeines (Abs. 1)

1 § 69 entspricht § 73 Abs. 1, Abs. 2 Nr. 1–5, Nr. 7–10 und Abs. 3, 4 und 5 BRAO (näher → BRAO § 77 Rn. 1 ff.). Auch die Patentanwaltskammer ist grundsätzlich befugt, gegen Wettbewerbsverstöße ihrer Mitglieder mit den Mitteln des Gesetzes gegen den unlauteren Wettbewerb vorzugehen und solche Verstöße im Klageweg vor den Zivilgerichten zu verfolgen, da die Überwachung der Einhaltung berufsrechtlicher Pflichten zu deren Aufgabenbereich gehört (BVerfG NJW 2004, 3765 = BRAK-Mitt. 2005, 22 = Mitt 2005, 137 zu den Befugnissen der Steuerberaterkammer; → § 54 Rn. 5).

2 Der durch die §§ 69, 82 umrissene Aufgabenbereich der Patentanwaltskammer beschränkt sich nicht nur auf die dieser ausdrücklich zugewiesenen Aufgaben, sondern erstreckt sich auf alle Angelegenheiten, welche von allgemeiner – nicht nur rein wirtschaftlicher – Bedeutung für die Patentanwaltschaft sind. Die **Öffentlichkeitsarbeit** ist eine legitime Aufgabe der Patentanwaltskammer. Bei einer Werbung, die ohne Bezugnahme auf das Leistungsangebot einzelner Patentanwälte oder Kanzleien sachlich über die Patentanwaltschaft als solche, ihr Leistungsspektrum und ihre Kompetenzen gerade im Vergleich zu anderen Anbietern rechtsbezogener Dienstleistung informiert, handelt es sich um Öffentlichkeitsarbeit. Dieser Bereich der Öffentlichkeitsarbeit betrifft so unmittelbar die Stellung der Patentanwaltschaft als Teil der Rechtspflege (§ 1 PAO) und des Selbstverständnisses patentanwaltlicher Tätigkeit, dass sie von allgemeiner Bedeutung für die Patentanwaltschaft ist und somit als Teil des Aufgabenbereichs der Patentanwaltskammer angesehen werden muss (Hess. AGH BRAK-Mitt. 2008, 29 zu §§ 73, 89 BRAO). **Mitgliedschaften** in anderen Organisationen, Verbänden und Vereinen sind zulässig, soweit der Satzungszweck mit dem Aufgabenkreis der Patentanwaltskammer vereinbar ist. Zur Mitgliedschaft in FICPI und BfB → § 54 Rn. 3.

II. Aufgabenkatalog des Abs. 2

3 Aus **Abs. 2 Nr. 1** folgt nicht nur die Pflicht des Vorstandes zur **Beratung** und **Belehrung** über Fragen der Berufspflichten, vielmehr hat jedes Kammermitglied auch einen Anspruch auf die von ihm gewünschte Beratung. Beratung und Belehrung sind in aller Regel nicht geeignet, die Rechte des anfragenden Anwalts zu beeinträchtigen, wenn sie keine Bewertung eines zurückliegenden Vorgangs enthalten. Die Belehrung ist jedoch anfechtbar, wenn durch die Berücksichtigung der Auffassung des Kammervorstands dem anfragenden Anwalt erhebliche künftige Nachteile entstehen oder wenn mit dieser ein Handlungsverbot verbunden ist (→ BRAO § 73 Rn. 31 ff.). Teilt der Vorstand einem anfragenden Patentanwalt in einem Bescheid, der mit einer Rechtsmittelbelehrung versehen ist und förmlich zugestellt wurde mit, dass er eine beabsichtigte Werbemaßnahme wegen Unvereinbarkeit mit anwaltlichem Berufsrecht sowie Wettbewerbsrecht zu unterlassen habe, so hat sie den Bereich präventiver Hinweise ohne Regelungscharakter verlassen. Derartige Bescheide können geeignet sein, die Grundrechte des Anwalts zu beeinträchtigen, da sie eine Bewertung und einen Schuldvorwurf enthalten (BGH BeckRS 2014,

04687 = NJW 2015, 72 = BRAK-Mitt. 2015, 91 = Mitt 2015, 48). Erteilt der Vorstand einem Kammermitglied eine derartige missbilligende Belehrung, so stellt diese eine hoheitliche Maßnahme dar, die geeignet ist, den Patentanwalt in seinen Rechten zu beeinträchtigen; als solche ist sie anfechtbar (BGH NJW 2012, 3039 = BRAK-Mitt. 2012, 224).

4 Die **Vermittlung** bei Streitigkeiten von Berufsangehörigen untereinander oder mit ihren Mandanten **(Abs. 2 Nr. 2 und 3)** ist geeignet, einen wichtigen Beitrag zur Förderung der außergerichtlichen Konfliktbeilegung zu leisten. Die Patentanwaltskammer führt auch **Schlichtungsverfahren** durch, in denen in geeigneten Fällen Schlichtungsvorschläge unterbreitet werden. Nr. 2 und 3, letzter Hs., stellen klar, dass die Durchführung solcher Schlichtungsverfahren von der Aufgabe erfasst ist, bei Streitigkeiten zu vermitteln. Die Obliegenheiten nach Abs. 2 Nr. 2 und 3 schließen für die Patentanwaltskammer die Möglichkeit ein, eigene Schlichtungsordnungen zu erlassen (BT-Drs. 16/12061, 30). Die Befugnis, Schlichtungsvorschläge zu unterbreiten, bedingt keinen Übergang ins Schlichtungsverfahren. Schlichtungsvorschläge erlangen bei Mandantenstreitigkeiten nur Verbindlichkeit, wenn sie von beiden Seiten angenommen worden sind (Abs. 5; → Rn. 11 ff.). Die Einrichtung einer **Schlichtungsstelle** bei vermögensrechtlichen Streitigkeiten zwischen einem Patentanwalt und dessen Auftraggeber entsprechend der Schlichtungsstelle nach § 191f BRAO ist in der PAO wegen der geringen Zahl von jährlich anhängig werdenden Fällen nicht vorgesehen. Bei Honorarstreitigkeiten zwischen dem Patentanwalt und seinem Mandanten vermittelt der Kammervorstand. Dies nur, solange ein Rechtstreit noch nicht anhängig ist um nicht für den Fall, dass er im Rechtstreit als Gutachter tätig sein muss, in eine Konfliktsituation zu geraten.

5 Die **Berufsaufsicht** der Patentanwaltskammer **(Abs. 2 Nr. 4)** erstreckt sich grundsätzlich auch auf in Deutschland zugelassene Patentanwälte, die im Ausland tätig sind. Der Patentanwalt bleibt auch im **grenzüberschreitenden Rechtsverkehr** an das deutsche Berufsrecht gebunden. Bei Tätigkeiten im Ausland hat er sich auch an dort geltendes Berufsrecht zu halten (§ 24 BOPA). Ist davon auszugehen, dass die Verletzung einer Berufspflicht berufsrechtliche Reaktionen der ausländischen Berufsorganisation entsprechend denen der deutschen Patentanwaltskammer auslöst, bleibt jedoch kein Raum für die Zuständigkeit der deutschen Patentanwaltskammer (AnwG Hamburg BRAK-Mitt. 2010, 142 zu § 73 Abs. 2 Nr. 4 BRAO; hierzu auch *Henssler* NJW 2009, 1556).

6 In der PAO fehlen ausdrückliche Vorschriften, die regeln, ob und ggf. wie sich der von einem aufsichtsrechtlichen Verfahren betroffene Patentanwalt gegen einzelne während des Verfahrens getroffene (Ermittlungs-)Maßnahmen der Patentanwaltskammer wehren kann. In nicht beendeten Aufsichtsverfahren kommen die Regelungen des gerichtlichen Verfahrens in verwaltungsrechtlichen Patentanwaltssachen (§§ 94a ff.) und nicht die des berufsgerichtlichen Verfahrens (§§ 98 ff.) zur Anwendung (BGH NJW 2011, 2303 = BRAK-Mitt. 2011, 143 zu §§ 73 Abs. 2 Nr. 4, 74, 112a BRAO).

7 Anders als nach § 14 Abs. 2 RVG, wonach das Gericht bei einem Rechtsstreit, soweit die Höhe der Gebühr streitig ist, generell Gutachten der RAK nach § 73 Abs. 2 Nr. 8 BRAO einholen muss (→ BRAO § 73 Rn. 56 ff.) stehen der Patentanwaltskammer aber bei der nur im Einzelfall angeordneten **Erstattung von Gutachten (Abs. 2 Nr. 7)** zur Angemessenheit eines Patentanwaltshonorars im Gebührenrechtsstreit Gebühren zu. § 14 Abs. 2 RVG gilt nicht analog. Die Honorargutachten der Patentanwaltskammer sind vielmehr nach § 1 Abs. 2 JVEG zu behandeln (LG Düsseldorf Mitt 2001, 139).

8 **Abs. 2 Nr. 8** legt fest, dass es zu den Aufgaben der Patentanwaltskammer und ihres Vorstands gehört, mit den Hochschulen, die **Studiengänge zur Ausbildung** von Patentanwaltsbewerbern einrichten wollen (→ § 7 Rn. 8 ff.), diese Studiengänge abzustimmen und damit zu gewährleisten, dass sie in Übereinstimmung mit den Anforderungen des § 7 Abs. 3 und der nach § 12 zu erlassenden Verordnung stehen. Nur auf diese Weise kann gewährleistet werden, dass diese Studiengänge im Ergebnis auch nach § 7 Abs. 4 auf die Ausbildungszeit beim Patentanwalt angerechnet werden können. Zu den Aufgaben des Vorstands gehört es daher nicht nur, mit Hochschulen, die die Einrichtung eines solchen Studienganges planen, eine Abstimmung herbeizuführen, sondern der Vorstand ist auch verpflichtet, dafür Sorge zu tragen, dass eine ausreichende Kapazität von Studienplätzen für das ergänzende Studium nach § 7 Abs. 3 zur Verfügung steht. Gegebenenfalls müsste also der Vorstand der Patentanwaltskammer von sich aus die Initiative für die Einrichtung entsprechender Studiengänge ergreifen (BT-Drs. 13/10764, 10). Der Vorstand hat diese Initiative ergriffen und in **Zusammenarbeit mit der FernUniversität Hagen den Studiengang „Recht für Patentanwältinnen und Patentanwälte"** eingeführt. Er ist befugt hierfür erforderliche finanzielle Mittel

einzusetzen, die die Versammlung der Kammer gemäß § 82 Abs. 2 Nr. 3 (→ Rn. 3) bereitstellt (vgl. BGH NJW 2005, 1710 = BRAK-Mitt. 2005, 120 zu § 73 Abs. 2 Nr. 9 BRAO). Die Mitwirkung des Vorstands im Rahmen der Ausbildung der Bewerber erfolgt auch durch die Bildung von Arbeitsgemeinschaften (§ 19 PatAnwAPO) sowie durch die Mitwirkung bei der Besetzung der patentanwaltlichen Mitglieder der Prüfungskommission (**Abs. 2 Nr. 9,** § 9 S. 3).

III. Unterrichtung des Beschwerdeführers (Abs. 3)

Abs. 3 normiert die von der Patentanwaltskammer geübte Praxis, Beschwerdeführer über den Ausgang von Beschwerdeverfahren zu unterrichten. Um die Transparenz von Beschwerdeverfahren zu erhöhen, wird zugleich bestimmt, dass die Mitteilung knapp zu begründen ist. Dies gewinnt besondere Bedeutung, wenn das Verfahren eingestellt wird. Allerdings ist bei der Mitteilung insbesondere von tatsächlichen Umständen, die die beschwerdeführende Person nicht kennt, das **Verschwiegenheitsgebot** (§ 71) zu beachten. Dies wird durch die ausdrückliche Verweisung auf § 71 klargestellt. Ob die Patentanwaltskammer berechtigt ist, bereits im Vorfeld Stellungnahmen in einem Aufsichtsverfahren ohne die ausdrückliche Zustimmung des betroffenen Patentanwalts an die Beschwerdeführer weiterzuleiten, ist noch nicht höchstrichterlich entschieden (Berufungszulassungsbeschluss BGH BeckRS 2015, 04923). Nach S. 3 ist die **Unterrichtung** nicht anfechtbar (BT-Drs. 16/12061, 30). Im Hinblick auf das Verschwiegenheitsgebot scheidet auch ein Akteneinsichtsrecht für den Beschwerdeführer im Beschwerdeverfahren bei der Patentanwaltskammer aus (*Güldenzoph* BRAK-Mitt. 2011, 4 ff. zu § 73 Abs. 3 BRAO). 9

IV. Übertragung von Aufgaben (Abs. 4)

Die Übertragungsbefugnis in **Abs. 4** auf einzelne Mitglieder des Vorstands erstreckt sich auch auf die Mitteilungspflicht nach Abs. 3 (BT-Drs. 16/12061, 30). Die Patentanwaltskammer ist aber nicht berechtigt, für die Erledigung von Verwaltungsaufgaben im Zuge der beruflichen Bildung privatrechtlich organisierte Anwaltsverein heranzuziehen (BGH NJW-RR 2014, 943 = BRAK-Mitt. 2014, 166 = AnwBl. 2014, 560 zur Ausbildungspflichtenzuweisung an Rechtsanwaltskammer). 10

V. Vermittlungsverfahren auf Antrag des Auftraggebers (Abs. 5)

Die Stellung der Patentanwälte als Organe der Rechtspflege (§ 1) verpflichtet sie in besonderem Maße, auch in eigenen Angelegenheiten eine **außergerichtliche Streitbeilegung** zu fördern. Daher soll nach Abs. 5 die Durchführung eines beantragten Vermittlungsverfahrens – anders als bei Streitigkeiten zweier Kammermitglieder untereinander – nicht von dem Einverständnis des betroffenen Patentanwalts abhängen. Die vermittelnde Patentanwaltskammer hat so die Möglichkeit, einzelfallbezogen angemessen vorzugehen. Sieht sie ein Gespräch als sinnvoll an und bestimmt sie hierzu einen Termin, so hat der Patentanwalt zu erscheinen (§ 49 Abs. 1 S. 2; → § 49 Rn. 3 ff.). Anderenfalls kann ein Zwangsgeld verhängt werden (§ 49 Abs. 2 iVm § 50; BT-Drs. 16/12061, 30). 11

S. 2 regelt klarstellend, dass **Vorschläge der Patentanwaltskammer nur auf Grund der Zustimmung aller Beteiligter Verbindlichkeit erlangen** können. Da in den Fällen des Abs. 2 Nr. 3 die Einleitung eines Vermittlungsverfahrens auch ohne die Zustimmung des Patentanwalts erfolgen kann, war diese Klarstellung angezeigt, damit nicht der Eindruck entstehen kann, der Kammer stünden im Rahmen ihrer Vermittlungs- und Schlichtungszuständigkeit in diesen Fällen Streitentscheidungsbefugnisse zu. Auch eine „Kostenentscheidung" kann daher nur im Fall der einvernehmlichen Annahme des Kammervorschlags verbindlich werden (BT-Drs. 16/12061, 46). 12

Bei einem Vermittlungsantrag an die Patentanwaltskammer gelten die allgemeinen Vorschriften über die **Hemmung der Verjährung.** Anwendbar sind insbesondere § 203 BGB (schwebende Verhandlungen) und § 204 Abs. 1 Nr. 4 BGB (Rechtsverfolgung über eine Gütestelle). Da die Patentanwaltskammer eine branchengebundene Gütestelle ist, gilt bei einem Vermittlungsantrag eines Verbrauchers (§ 13 BGB) zudem § 15a Abs. 3 S. 2 EGZPO, mit der Folge, dass das erforderliche Einvernehmen der an der Vermittlung Beteiligten vermutet wird und damit die Verjährung bereits mit der Einreichung des Antrags bei der Patentanwaltskammer gehemmt wird, wenn der Antrag demnächst nach der Einreichung der Gegenseite bekannt gegeben wird (BT-Drs. 16/12061, 30). 13

§ 69a Verwaltungsbehörde

(1) **Die Patentanwaltskammer ist im Sinne des § 36 Absatz 1 Nummer 1 des Gesetzes über Ordnungswidrigkeiten Verwaltungsbehörde für Ordnungswidrigkeiten nach § 6 der Dienstleistungs-Informationspflichten-Verordnung, die durch ihre Mitglieder begangen werden.**

(2) **Die Geldbußen aus der Ahndung von Ordnungswidrigkeiten nach Absatz 1 fließen in die Kasse der Verwaltungsbehörde, die den Bußgeldbescheid erlassen hat.**

(3) [1] **Die nach Absatz 2 zuständige Kasse trägt abweichend von § 105 Absatz 2 des Gesetzes über Ordnungswidrigkeiten die notwendigen Auslagen.** [2] **Sie ist auch ersatzpflichtig im Sinne des § 110 Absatz 4 des Gesetzes über Ordnungswidrigkeiten.**

1 § 69a ist durch Art. 4 des Gesetzes zur Umsetzung der Dienstleistungsrichtlinie in der Justiz und zur Änderung weiterer Vorschriften vom 22.12.2010 (BGBl. I S. 2248) eingefügt. Die Vorschrift beruht auf der RL 2006/123/EG über die Dienstleistung im Binnenmarkt und der Dienstleistungs-Informationspflichten-Verordnung (DL-InfoV). § 69a entspricht § 73b BRAO (näher → BRAO § 73b Rn. 1 ff.). Berufsrechtlich ist die Patentanwaltskammer gemäß § 69 Abs. 2 Nr. 4 iVm § 39 für die Überwachung der Einhaltung der sich aus der DL-InfoV ergebenden, im unmittelbaren Zusammenhang mit der Berufsausübung stehenden Pflichten ihrer Mitglieder zuständig. Zugleich ist ihr mit § 69a die **Zuständigkeit für den Vollzug und die Ahndung von Ordnungswidrigkeiten nach § 6 DL-InfoV** übertragen und die Aufsichts- und Überwachungszuständigkeit insoweit nicht den Gewerbeämtern überlassen (BT-Drs. 17/3356, 16, 14).

2 Aus diesem Grund und vor dem Hintergrund der bestehenden Regelung für die Patentanwaltschaft, der bei dem Kammervorstand konzentrierten Aufsichtspflichten (§ 69 Abs. 2 Nr. 1 und 4) sowie des gesetzgeberischen Ziels, die Selbstverwaltung der verfassten Patentanwaltschaft zu stärken, wurde der Patentanwaltskammer die **Bußgeldzuständigkeit** bundesgesetzlich übertragen.

3 Die Regelung in den Abs. 2 und 3 trägt dem Umstand Rechnung, dass die Patentanwaltskammer für die Überwachung der Einhaltung der Pflichten aus der DL-InfoV einen entsprechenden personellen und finanziellen Aufwand hat. Ihr sollen daher auch die Einnahmen aus den verhängten Bußgeldern zustehen. Andererseits hat sie im Falle einer entsprechenden gerichtlichen Entscheidung auch die Auslagen und Ersatzansprüche der Betroffenen zu tragen (BT-Drs. 17/3356, 16, 14).

§ 70 Rügerecht des Vorstands

(1) [1] **Der Vorstand kann das Verhalten eines Patentanwalts, durch das dieser ihm obliegende Pflichten verletzt hat, rügen, wenn die Schuld des Patentanwalts gering ist und ein Antrag auf Einleitung eines berufsgerichtlichen Verfahrens nicht erforderlich erscheint.** [2] **§ 95 Abs. 2 und 3, § 102 Abs. 2 und 103a gelten entsprechend.**

(2) [1] **Der Vorstand darf eine Rüge nicht mehr erteilen, wenn das berufsgerichtliche Verfahren gegen den Patentanwalt eingeleitet ist oder wenn seit der Pflichtverletzung mehr als drei Jahre vergangen sind.** [2] **Eine Rüge darf nicht erteilt werden, während das Verfahren auf den Antrag des Patentanwalts nach § 108 anhängig ist.**

(3) **Bevor die Rüge erteilt wird, ist der Patentanwalt zu hören.**

(4) [1] **Der Bescheid des Vorstands, durch den das Verhalten des Patentanwalts gerügt wird, ist zu begründen.** [2] **Er ist dem Patentanwalt zuzustellen.** [3] **Eine Abschrift des Bescheids ist der Staatsanwaltschaft (§ 105) zu übersenden.**

(5) [1] **Gegen den Bescheid kann der Patentanwalt binnen eines Monats nach der Zustellung bei dem Vorstand Einspruch erheben.** [2] **Über den Einspruch entscheidet der Vorstand; Absatz 4 ist entsprechend anzuwenden.**

(6) **Die Absätze 1 bis 5 sind auf Personen, die nach § 53 Abs. 1 Satz 2 der Patentanwaltskammer angehören, entsprechend anzuwenden.**

Die Aufsicht über die Patentanwälte wird durch den Vorstand der Patentanwaltskammer im Rahmen der beruflichen Selbstverwaltung ausgeübt (§ 69 Abs. 2 Nr. 4) und umfasst dessen Rügerecht nach § 70. § 70 entspricht § 74 BRAO (näher → BRAO § 74 Rn. 1 ff.). 1

Das **Rügerecht** wird von der vom Vorstand der Patentanwaltskammer gebildeten Abteilung I → § 68 Rn. 1 ausgeübt. Ein Rügebescheid muss erkennen lassen, welche Mitglieder des Vorstands an der Entscheidung mitgewirkt haben. Demnach muss sowohl der Rügebescheid als auch der Einspruchsbescheid den **Namen der daran mitwirkenden Mitglieder der Abteilung** enthalten (AnwG Zweibrücken BRAK-Mitt. 2006, 285; AnwG Hamm Mitt 2001, 277 = MDR 2000, 55). Nur so wird für den Adressaten erkennbar, ob der Bescheid zB mit der erforderlichen Mehrheit getroffen wurde oder ein Befangenheitsgrund vorlag. Der Bescheid ist jedoch nicht von allen an der Entscheidung beteiligten Vorstandsmitgliedern zu unterzeichnen (BGH NJW 2012, 840 = BRAK-Mitt. 2012, 232 = Mitt 2012, 574). Nach der Geschäftsordnung des Vorstands der Patentanwaltskammer ist der Abteilungsvorsitzende oder sein Stellvertreter befugt, Bescheide der Abteilung alleine zu unterzeichnen. 2

Es ist verfahrensfehlerhaft, wenn die für die Behandlung von **Einsprüchen** gegen den Rügebescheid erweiterte Abteilung I des Vorstands der Patentanwaltskammer ausschließlich auf Grundlage eines nicht begründeten Entscheidungsvorschlags eines Berichterstatters beschließt, einen Einspruch (Abs. 5 S. 2) zurückzuweisen. Erforderlich ist vielmehr die Mitwirkung des Kollegiums an der Begründung der Einspruchsentscheidung bis zur Endfassung, mithin am genauen Text der Begründung. Auf Antrag auf Entscheidung des LG (§ 70a) ist die Einspruchsentscheidung des Kammervorstandes deshalb aufzuheben und das Verfahren an den Vorstand der Patentanwaltskammer zurückzuweisen. Gemäß § 70a Abs. 2 S. 2 sind die Vorschriften der StPO über die Beschwerde sinngemäß anzuwenden. Gemäß § 309 StPO kommt daher eine Zurückverweisung der Sache an das untere Gericht – hier entsprechend den Kammervorstand – in Betracht, da ein Verfahrensmangel vorliegt, den das Beschwerdegericht nicht beheben kann (AnwG Mecklenburg-Vorpommern BRAK-Mitt. 2009, 292 = AnwBl. 2010, 67). Zum Rechtsweg bei Vorgehen gegen einzelne während eines Beschwerdeverfahrens getroffene (Ermittlungs-)Maßnahmen der Patentanwaltskammer (vgl. BGH BRAK- NJW 2011, 2303 = Mitt 2011, 143; → § 69 Rn. 6). Der Beschwerdeführer hat im berufsaufsichtsrechtlichen Beschwerdeverfahren kein Akteneinsichtsrecht (BGH BRAK-Mitt. 2014, 279 = NJW-Spezial 2014, 542; → § 69 Rn. 9). 3

§ 70a Antrag auf Entscheidung des Landgerichts

(1) **Wird der Einspruch gegen den Rügebescheid durch den Vorstand der Patentanwaltskammer zurückgewiesen, so kann der Patentanwalt innerhalb eines Monats nach der Zustellung die Entscheidung des Landgerichts (§ 85) beantragen.**

(2) [1]**Der Antrag ist bei dem Landgericht schriftlich einzureichen.** [2]**Auf das Verfahren sind die Vorschriften der Strafprozeßordnung über die Beschwerde sinngemäß anzuwenden.** [3]**Die Gegenerklärung (§ 308 Abs. 1 der Strafprozeßordnung) wird von dem Vorstand der Patentanwaltskammer abgegeben.** [4]**Die Staatsanwaltschaft ist an dem Verfahren nicht beteiligt.** [5]**Eine mündliche Verhandlung findet statt, wenn sie der Patentanwalt beantragt oder das Landgericht für erforderlich hält.** [6]**Von Zeit und Ort der mündlichen Verhandlung sind der Vorstand der Patentanwaltskammer, der Patentanwalt und sein Verteidiger zu benachrichtigen.** [7]**Art und Umfang der Beweisaufnahme bestimmt das Gericht.** [8]**Er hat jedoch zur Erforschung der Wahrheit die Beweisaufnahme von Amts wegen auf alle Tatsachen und Beweismittel zu erstrecken, die für die Entscheidung von Bedeutung sind.**

(3) **§ 100 Abs. 1 ist entsprechend anzuwenden.**

(4) [1]**Der Rügebescheid kann nicht deshalb aufgehoben werden, weil der Vorstand der Patentanwaltskammer zu Unrecht angenommen hat, die Schuld des Patentanwalts sei gering und der Antrag auf Einleitung des berufsgerichtlichen Verfahrens nicht erforderlich.** [2]**Treten die Voraussetzungen, unter denen nach § 102 Abs. 2 ein berufsgerichtliches Verfahren nicht eingeleitet oder fortgesetzt werden darf oder nach § 103a von einer berufsgerichtlichen Ahndung abzusehen ist, erst ein, nachdem der Vorstand die Rüge erteilt hat, so hebt das Landgericht den Rügebescheid auf.** [3]**Der Beschluß ist mit Gründen zu versehen.** [4]**Er kann nicht angefochten werden.**

(5) [1]**Das Landgericht teilt unverzüglich der Staatsanwaltschaft bei dem Oberlandesgericht (§ 105) eine Abschrift des Antrags mit.** [2]**Der Staatsanwaltschaft ist auch eine Abschrift des Beschlusses mitzuteilen, mit dem über den Antrag entschieden wird.**

(6) [1]**Leitet die Staatsanwaltschaft wegen desselben Verhaltens, das der Vorstand der Patentanwaltskammer gerügt hat, ein berufsgerichtliches Verfahren gegen den Patentanwalt ein, bevor die Entscheidung über den Antrag nach Absatz 1 ergangen ist, so wird das Verfahren über den Antrag bis zum rechtskräftigen Abschluß des berufsgerichtlichen Verfahrens ausgesetzt.** [2]**In den Fällen des § 103 Abs. 2 stellt das Landgericht nach Beendigung der Aussetzung fest, daß die Rüge unwirksam ist.**

(7) **Die Absätze 1 bis 6 sind auf Personen, die nach § 53 Abs. 1 Satz 2 der Patentanwaltskammer angehören, entsprechend anzuwenden.**

1 § 70a entspricht § 74a BRAO (näher → BRAO § 74a Rn. 1 ff.; → § 70 Rn. 3). Zuständig für die Entscheidung ist die **Kammer für Patentanwaltssachen** in der Besetzung von einem Mitglied des Landgerichts und zwei Patentanwälten (§ 85), die erst- und letztinstanzlich entscheidet.

§ 71 Pflicht der Vorstandsmitglieder zur Verschwiegenheit

(1) [1]**Die Mitglieder des Vorstands haben – auch nach dem Ausscheiden aus dem Vorstand – über die Angelegenheiten, die ihnen bei ihrer Tätigkeit im Vorstand über Patentanwälte, Bewerber und andere Personen bekannt werden, Verschwiegenheit gegen jedermann zu bewahren.** [2]**Das gleiche gilt für Patentanwälte, die zur Mitarbeit herangezogen werden, und für Angestellte der Patentanwaltskammer.**

(2) **In gerichtlichen Verfahren und vor Behörden dürfen die in Absatz 1 bezeichneten Personen über solche Angelegenheiten, die ihnen bei ihrer Tätigkeit im Vorstand über Patentanwälte, Bewerber und andere Personen bekanntgeworden sind, ohne Genehmigung nicht aussagen oder Auskunft geben.**

(3) [1]**Die Genehmigung zur Aussage erteilt der Vorstand der Patentanwaltskammer nach pflichtmäßigem Ermessen.** [2]**Die Genehmigung soll nur versagt werden, wenn Rücksichten auf die Stellung oder die Aufgaben der Patentanwaltskammer oder berechtigte Belange der Personen, über welche die Tatsachen bekanntgeworden sind, es unabweisbar erfordern.** [3]**§ 28 Abs. 2 des Gesetzes über das Bundesverfassungsgericht bleibt unberührt.**

1 § 71 entspricht § 76 BRAO (näher → BRAO § 76 Rn. 1 ff.).

§ 72 Ehrenamtliche Tätigkeit des Vorstands

[1]**Die Mitglieder des Vorstands üben ihre Tätigkeit unentgeltlich aus.** [2]**Sie erhalten jedoch eine angemessene Entschädigung für den mit ihrer Tätigkeit verbundenen Aufwand sowie eine Reisekostenvergütung.**

Schrifttum: *Streck,* Anwaltliches Ehrenamt und Steuerrecht, AnwBl. 2010, 262.

1 § 72 entspricht § 75 BRAO (näher → BRAO § 75 Rn. 1 ff.). Die Vorstandmitglieder erhalten eine **angemessen Entschädigung für Aufwand und Reisekosten** gemäß der von der Versammlung der Kammer nach § 82 Abs. 2 Nr. 7 beschlossenen „Richtlinien für die Aufwandsentschädigung und Reisekostenvergütung der Mitglieder des Vorstandes, der Ausschussmitglieder und sonstiger Kollegen, die mit einem Amt durch die Kammerversammlung oder dem Vorstand betraut sind“. Eine **Entschädigung für Zeitversäumnis ist nicht vorgesehen,** auch nicht für den Präsidenten.

§ 73 Aufgaben des Präsidenten

(1) **Der Präsident vertritt die Kammer gerichtlich und außergerichtlich.**

(2) [1]**Der Präsident vermittelt den geschäftlichen Verkehr der Kammer.** [2]**Er führt die Beschlüsse des Vorstands und der Versammlung der Kammer aus.**

(3) **Der Präsident führt in den Sitzungen des Vorstands und in der Versammlung der Kammer den Vorsitz.**

(4) **Dem Präsidenten können durch die Satzung sowie durch die Geschäftsordnungen des Vorstands und der Versammlung der Kammer weitere Aufgaben übertragen werden.**

§ 73 folgt § 80 BRAO (näher → BRAO § 80 Rn. 1 ff.). Gemäß § 9 der Geschäftsordnung des Vorstands ist der Präsident befugt, unaufschiebbare Einzelfälle, die in den Aufgabenbereich des Vorstandes fallen, selbständig zu erledigen. 1

Wie in der BRAO ist auch in der PAO die Tätigkeit des **Geschäftsführers** weder umschrieben noch vorgesehen (→ BRAO § 80 Rn. 9 ff.). Geschäftsführer sind in der Satzung der Patentanwaltskammer geregelt. Gemäß § 30 Satzung hat der Vorstand nach öffentlicher Ausschreibung einen Hauptgeschäftsführer zu bestellen. Er kann daneben Geschäftsführer bestellen. Der Hauptgeschäftsführer führt die laufenden Geschäfte der Kammer unter der Dienstaufsicht des Vorstands und leitet die Geschäftsstelle. Die Versammlung der Kammer kann die Abberufung des Hauptgeschäftsführers verlangen. Die **Tätigkeit als Geschäftsführer für die Patetanwaltskammer ist mit dem Beruf des Rechtsanwalts vereinbar,** die gleichzeitige Ausübung beider Tätigkeiten beeinträchtigt die Unabhängigkeit als Rechtsanwalt und das Vertrauen der Rechtsuchenden in die Unabhängigkeit nicht. Auch ist der Geschäftsführer der Patentanwaltskammer nicht mit der Wahrnehmung hoheitlicher Aufgaben der Patentanwaltskammer betraut (vgl. BGH NJW-RR 2008, 1504 = BRAK-Mitt. 2008, 137 = Mitt 2008, 365; NJW 2012, 534 = BRAK-Mitt. 2012, 30 = AnwBl. 2012, 280). 2

§ 74 Berichte über die Tätigkeit der Kammer und über Wahlergebnisse

(1) **Der Präsident erstattet dem Bundesministerium der Justiz und für Verbraucherschutz und dem Präsidenten des Patentamts jährlich einen schriftlichen Bericht über die Tätigkeit der Kammer.**

(2) [1] **Der Präsident zeigt das Ergebnis der Wahlen zum Vorstand, zum Präsidenten und zum Vizepräsidenten, zum Schriftführer, zum Schatzmeister und zu deren Vertretern alsbald dem Bundesministerium der Justiz und für Verbraucherschutz und dem Präsidenten des Patentamts an.** [2] **Die Patentanwaltskammer macht das Ergebnis der Wahlen auf ihre Kosten im Bundesanzeiger und im Blatt für Patent-, Muster- und Zeichenwesen bekannt.**

§ 74 ist dem § 81 BRAO nachgebildet (näher → BRAO § 81 Rn. 1 ff.). 1

§ 75 Aufgaben des Schriftführers

[1] **Der Schriftführer führt das Protokoll über die Sitzungen des Vorstands und der Versammlung der Kammer.** [2] **Er führt den Schriftwechsel des Vorstands.** [3] **Der Präsident kann Abweichendes bestimmen.**

§ 75 entspricht § 82 BRAO (näher → BRAO § 82 Rn. 1 ff.). Die Vertretung liegt beim stellvertretenden Schriftführer (§ 64 Abs. 1). 1

§ 76 Aufgaben des Schatzmeisters

(1) [1] **Der Schatzmeister verwaltet das Vermögen der Kammer nach den Weisungen des Vorstands.** [2] **Er ist berechtigt, Zahlungen entgegenzunehmen.**

(2) **Der Schatzmeister überwacht den Eingang der Beiträge.**

(3) **Ist ein Schatzmeister nicht gewählt, so hat der Schriftführer die Rechte und Pflichten aus den Absätzen 1 und 2 sowie aus § 50 Abs. 4 und § 77 Abs. 1.**

§ 76 entspricht weitgehend § 83 BRAO (näher → BRAO § 83 Rn. 1 ff.). Die Vertretung liegt beim stellvertretenden Schatzmeister, § 64 Abs. 1. Die Wahl eines Schatzmeisters und dessen Stellvertreters ist in der PAO nicht zwingend vorgeschrieben (§ 64 Abs. 1), ergibt sich aber aus § 4 Abs. 2 Satzung. 1

2 Da der Vorstand der Kammerversammlung über die Verwaltung des Vermögens jährlich Rechnung legen muss (§§ 69 Abs. 2 Nr. 6, 82 Abs. 2 Nr. 8), muss er zuvor durch den Schatzmeister entsprechend unterrichtet werden.

§ 77 Einziehung rückständiger Beiträge

(1) **Rückständige Beiträge, Umlagen, Gebühren und Auslagen werden auf Grund der von dem Schatzmeister ausgestellten, mit der Bescheinigung der Vollstreckbarkeit versehenen Zahlungsaufforderung nach den Vorschriften beigetrieben, die für die Vollstreckung von Urteilen in bürgerlichen Rechtsstreitigkeiten gelten.**

(2) **Die Zwangsvollstreckung darf erst zwei Wochen nach Zustellung der vollstreckbaren Zahlungsaufforderung beginnen.**

(3) [1] **Auf Einwendungen, die den Anspruch selbst betreffen, ist die beschränkende Vorschrift des § 767 Abs. 2 der Zivilprozeßordnung nicht anzuwenden.** [2] **Für Klagen, durch die Einwendungen gegen den Anspruch selbst geltend gemacht werden, ist entsprechend dem Wert des Streitgegenstandes das Amtsgericht oder das Landgericht zuständig, bei dem der Schuldner im Inland seinen allgemeinen Gerichtsstand hat.**

1 § 77 entspricht § 84 BRAO (näher → BRAO § 84 Rn. 1 ff.). Abs. 1 erfasst auch Umlagen, Gebühren und Auslagen. Damit ist es der Patentanwaltskammer erlaubt, neben den Beiträgen alle übrigen ihr zustehenden Geldforderungen näher zu regeln und auf einheitlichem Wege beizutreiben (BT-Drs. 16/12061, 30; vgl. auch §§ 145 ff.). Die Einziehung rückständiger Beiträge ist spätestens vier Monate nach Fälligkeit zu betreiben (§ 31 Abs. 4 Satzung; s. auch BGH BeckRS 2014, 17599).

2. Die Versammlung der Kammer

§ 78 Einberufung der Versammlung der Kammer

(1) **Die Versammlung der Kammer wird durch den Präsidenten einberufen.**

(2) **Der Präsident muß die Versammlung der Kammer einberufen, wenn ein Zehntel der Mitglieder es schriftlich beantragt und hierbei den Gegenstand angibt, der in der Versammlung behandelt werden soll.**

(3) **Wenn die Satzung nichts anderes bestimmt, soll die Versammlung am Sitz der Kammer zusammentreten.**

1 § 78 entspricht § 85 BRAO (näher → BRAO § 85 Rn. 1 ff.). Innerhalb der ersten vier Monate eines Kalenderjahrs findet eine **ordentliche Sitzung** der Versammlung der Kammer statt, in der die Entlastung des Vorstands sowie über den Haushaltsplan (§ 82 Abs. 2 Nr. 8) zu beschließen ist (§ 9 Satzung). Gemäß § 9 Abs. 1 Satzung muss die Versammlung der Kammer im Geltungsbereich der PAO und soll abwechselnd an verschiedenen Orten zusammentreten. Dadurch soll die Teilnahme von nicht am Sitz der Kammer niedergelassenen Patentanwälten erleichtert und damit die Ausübung ihrer Mitgliedschaftsrechte ermöglicht werden. Eine **außerordentliche Sitzung** der Versammlung der Kammer nach Abs. 2 muss innerhalb von zwei Monaten nach Eingang des ordnungsgemäßen Antrages bei der Geschäftsstelle im Raum Frankfurt zusammentreten (§ 9 Abs. 4 Satzung).

§ 79 Einladung und Einberufungsfrist

(1) **Der Präsident beruft die Versammlung der Kammer schriftlich oder durch öffentliche Einladung in den Blättern ein, die durch die Satzung bestimmt sind.**

(2) [1] **Die Versammlung ist mindestens zwei Wochen vor dem Tage, an dem sie stattfinden soll, einzuberufen.** [2] **Der Tag, an dem die Einberufung abgesandt oder veröffentlicht ist, und der Tag des Zusammentretens der Versammlung sind hierbei nicht mitzurechnen.**

(3) **In dringenden Fällen kann der Präsident die Versammlung mit kürzerer Frist einberufen.**

§ 79 entspricht § 86 BRAO (näher → BRAO § 86 Rn. 1 ff.). § 10 Abs. 1 Satzung bestimmt als öffentliches Einladungsblatt die „Mitteilungen der deutschen Patentanwälte". Die Regel ist die schriftliche **Einladung** durch Aufgabe zur Post. Die Versammlung ist mindesten sechs Wochen vor dem Tag, an dem sie zusammentreten soll, anzukündigen. Soll in der Sitzung eine Vorstandwahl stattfinden, beträgt die **Ankündigungsfrist** zwei Monate (§ 10 Abs. 2 Satzung). 1

§ 80 Ankündigung der Tagesordnung

(1) **Bei der Einberufung der Versammlung der Kammer ist der Gegenstand, über den Beschluß gefaßt werden soll, anzugeben.**

(2) **Über Gegenstände, deren Verhandlung nicht ordnungsgemäß angekündigt ist, dürfen keine Beschlüsse gefaßt werden.**

§ 80 entspricht § 87 BRAO (näher → BRAO § 87 Rn. 1 ff.). § 80 Abs. 1 ist vergleichbar mit § 32 BGB. Danach bezwecken beide Vorschriften, Mitglieder vor Überraschungen zu schützen und ihnen ausreichend Gelegenheit zur Vorbereitung auf den Stoff der Versammlung zu geben. Zur Auslegung des § 80 ist daher auf die Rechtsprechung zu § 32 BGB zurückzugreifen (Hess. AGH BRAK-Mitt. 2007, 33 zu § 87 BRAO) Bei einem angegebenen Tagesordnungspunkt „Festsetzung des Kammerbeitrags und des Haushaltsplanes" ist nicht nur die Beitragshöhe, sondern auch die Bemessungsgrundlage zur Diskussion gestellt. Die Mitglieder der Patentanwaltskammer dürfen sich nicht darauf verlassen, dass die Bemessungsgrundlage unverändert bleiben würde (BGH Mitt 1973, 57 = MDR 1973, 46). 1

Der Präsident bestimmt die Tagesordnung in Abstimmung mit dem Vorstand (§ 7 Abs. 1 Satzung). Der Präsident hat einen Gegenstand auf die Tagesordnung zu setzen, wenn dies von der Versammlung der Kammer beschlossen oder von mindestens 25 Mitgliedern der Kammer beantragt worden ist (§ 7 Abs. 2 Satzung). Bei einem solchen Antrag steht dem Präsidenten **kein materielles Prüfungsrecht** zu. Er muss deshalb einen solchen **qualifizierten Antrag** (Mindestquorum) auch dann auf die Tagesordnung setzen, wenn er die Behandlung des Themas auf der Kammerversammlung – zB weil der Antrag einen Gegenstand betrifft, der seiner Meinung nach nicht in den Funktionsbereich der Kammer fällt – für unzulässig hält. Es ist dann die Aufgabe der Kammer, selbst darüber zu beschließen, ob und wie sie einen solchen Gegenstand behandeln will. Dem Präsidenten bleibt es hierbei unbenommen, bereits im Zuge der Übermittlung der Tagesordnung seine Bedenken gegen die Zulässigkeit des Antrags deutlich zu machen (BGH NJW-RR 2014, 750). 2

§ 81 Wahlen und Beschlüsse der Versammlung der Kammer

(1) **Die Voraussetzungen, unter denen die Versammlung der Kammer beschlußfähig ist, werden durch die Satzung geregelt.**

(2) **[1] Die Mitglieder können ihr Wahl- oder Stimmrecht nur persönlich ausüben. [2] Die Satzung kann bestimmen, daß die Mitglieder ihr Wahlrecht durch einen Bevollmächtigten oder schriftlich ausüben können.**

(3) **[1] Die Beschlüsse der Versammlung der Kammer werden mit einfacher Stimmenmehrheit gefaßt. [2] Das gleiche gilt für Wahlen. [3] Bei Stimmengleichheit gibt die Stimme des Vorsitzenden den Ausschlag, bei Wahlen entscheidet das Los.**

(4) **[1] Ein Mitglied darf in eigenen Angelegenheiten nicht mitstimmen. [2] Dies gilt jedoch nicht für Wahlen.**

(5) **Über die Beschlüsse der Versammlung der Kammer und über die Ergebnisse von Wahlen ist ein Protokoll aufzunehmen, das von dem Vorsitzenden und dem Schriftführer zu unterzeichnen ist.**

§ 81 entspricht weitgehend § 88 BRAO (näher → BRAO § 88 Rn. 1 ff.). Die Versammlung ist beschlussfähig, wenn mindestens 40 Mitglieder der Kammer im Versammlungsraum anwesend sind. Die **Beschlussfähigkeit** zur Änderung der Satzung, zur Änderung der Geschäftsordnung der Versammlung der Kammer sowie zum Beschließen und zur Änderung der 1

Berufsordnung ist bei Anwesenheit von mindestens 80 Mitglieder im Versammlungsraum gegeben (§ 12 Abs. 1 Satzung).

2 Die Sitzung findet unter **Ausschluss der Öffentlichkeit** statt (§ 11 Abs. 1 Satzung). Hauptgeschäftsführer und Geschäftsführer, die in aller Regel keine Patentanwälte und damit keine Kammermitglieder sind, nehmen an der Sitzung teil, sind aber nicht stimmberechtigt (§ 11 Abs. 2 Satzung).

3 Anders als nach § 88 Abs. 2 BRAO ist es nach Abs. 2 S. 2 möglich durch die Satzung zu bestimmen, dass die Mitglieder ihr **Wahlrecht,** nicht auch ihr Stimmrecht, durch einen Bevollmächtigten oder schriftlich ausüben können. Diese Regelung trägt dem Umstand Rechnung, dass bei der Patentanwaltskammer anders als bei den Rechtsanwaltskammern die Mitglieder in allen Teilen des Bundesgebietes ansässig sind und daher wegen großer Entfernung zum Versammlungsort häufig an der Kammerversammlung nicht teilnehmen können. Die Unmöglichkeit einer Teilnahme bedeutet für die weiter entfernt wohnenden Patentanwälte eine erhebliche Erschwerung für die Ausübung ihrer Mitgliedschaftsrechte. Ihnen soll daher die Teilnahme an Wahlen ermöglicht werden (BT-Drs. 5/276, 59). In der Satzung der Patentanwaltskammer wurde von dieser Möglichkeit Gebrauch gemacht, indem die **Briefwahl** zugelassen wurde (vgl. §§ 24, 25 Satzung; → § 58 Rn. 2).

4 Zur Anfechtung von Wahlen und Beschlüssen vgl. § 94e.

§ 82 Aufgaben der Versammlung der Kammer

(1) [1]**Die Versammlung der Kammer hat die ihr durch Gesetz zugewiesenen Aufgaben zu erfüllen.** [2]**Sie hat berufliche Angelegenheiten, die von allgemeiner Bedeutung für die Patentanwaltschaft sind, zu erörtern.**

(2) **Der Versammlung der Kammer obliegt insbesondere,**

1. **die Berufsordnung (§ 52b Abs. 1) und die Satzung zu beschließen;**
2. **den Vorstand zu wählen;**
3. **die Ausbildung der Bewerber und die berufliche Fortbildung der Patentanwälte zu fördern;**
4. **die Höhe und die Fälligkeit des Beitrags, der Umlagen, Gebühren und Auslagen zu bestimmen;**
5. **Unterstützungseinrichtungen für Patentanwälte und deren Hinterbliebene zu schaffen;**
6. **die Mittel zu bewilligen, die erforderlich sind, um den Aufwand für die gemeinschaftlichen Angelegenheiten zu bestreiten;**
7. **Richtlinien für die Aufwandsentschädigung und die Reisekostenvergütung der Mitglieder des Vorstands aufzustellen;**
8. **die Abrechnung des Vorstands über die Einnahmen und Ausgaben der Kammer sowie über die Verwaltung des Vermögens zu prüfen und über die Entlastung zu beschließen;**

(3) **Die Versammlung der Kammer gibt sich eine Geschäftsordnung.**

1 § 82 entspricht weitgehend § 89 BRAO (näher → BRAO § 89 Rn. 1 ff.).

2 Die Kammerversammlung beschließt auch die nach § 52b Abs. 1 in Form einer Satzung zu schaffende **Berufsordnung, Abs. 2 Nr. 1** (→ Teil III Nr. 14). Anders als nach der BRAO (vgl. §§ 191a–191e BRAO) konnte durch § 82 Abs. 2 Nr. 1 als zuständiges Gremium die Versammlung der Kammer vorgesehen werden, da ihr alle Patentanwälte unmittelbar angehören (BT-Drs. 12/4993, 41). Die von der Kammerversammlung beschlossene **Satzung** der Patentanwaltskammer und die Geschäftsordnung der Versammlung der Kammer sind abgedruckt bei *Reinhard,* Berufsrecht der Patentanwälte, 6. Aufl. 2010, 133, 143 ff.

3 Entsprechend der Aufgabe des Vorstands nach § 69 Abs. 2 Nr. 8 (→ § 69 Rn. 8) ist eine Aufgabe der Kammer in **Abs. 2 Nr. 3** zur **Ausbildung der Bewerber** festgeschrieben. Diese Aufgabe ist eine Konkretisierung der in § 54 sehr allgemein umschriebenen Aufgaben der Patentanwaltskammer. Sie unterstreicht die Verantwortung der Kammer für die Ausbildung der Bewerber und räumt der Kammer damit auch die **Befugnis ein, ggf. finanzielle Mittel** für die Ausbildung der Bewerber einzusetzen (BT-Drs. 13/10764, 10). Entsprechendes gilt hinsichtlich der **Fortbildung der Patentanwälte.** Von den Befugnissen hat die Patentanwaltskammer ins-

besondere durch die Zusammenarbeit mit der FernUniversität in Hagen für die Studiengänge „Recht für Patentanwältinnen und Patentanwälte" für die Ausbildung der Bewerber und den Studiengang „Europäischer gewerblicher Rechtsschutz" für die Patentanwälte Gebrauch gemacht aber auch durch für die Mitglieder kostenlose Fortbildungsseminare. Zur entsprechenden finanziellen Beteiligung von Rechtsanwaltskammern an der Juristenausbildung vgl. BGH NJW 2005, 1710 = BRAK-Mitt. 2005, 120).

Abs. 2 Nr. 4 erlaubt es der Patentanwaltskammer, neben den **Beiträgen** alle übrigen ihr 4
zustehenden **Geldforderungen** näher zu regeln und auf einheitlichem Wege beizutreiben (BT-Drs. 16/12061, 30; vgl. auch Anm. zu §§ 77, 145 ff.). Die Höhe des Beitrags unterliegt einer Ermessensentscheidung der Kammerversammlung. Diese ist nicht gerichtlich darauf überprüfbar, ob die Grenzen des Ermessens nicht überschritten worden sind und das Ermessen fehlerfrei ausgeübt wurde (AGH NRW NJW-RR 2014, 945). Die Mitglieder der Kammer sind verpflichtet, dem Schatzmeister auf Anforderung unverzüglich die Angaben zu machen, die gemäß dem Beschluss der Versammlung der Kammer der Berechnung der Kammerbeiträge zugrunde zu legen sind (§ 31 Abs. 1 Satzung). Bei der Bestimmung der Beitragshöhe kann die Kammer die regelmäßig höhere Leistungskraft einer Patentanwalts-GmbH berücksichtigen und für sie einen doppelten Beitrag festsetzen (OLG München Mitt 2002, 565 = BRAK-Mitt. 2002, 287; **aA** AGH NRW BRAK-Mitt. 2002, 284 für die RA-GmbH). Zur Ausgestaltung einer Beitragsordnung vgl. AGH Hess BRAK-Mitt. 2008, 272 zu § 89 Abs. 2 Nr. 2 BRAO. Die Billigkeitsregelung zur Stundung oder Erlass des Beitrags der Patentanwaltskammer kann von dem Kammermitglied verlangen, dass es nicht nur seine Einkünfte aus patentanwaltlicher Tätigkeit darlegt, sondern seine gesamte Vermögenssituation (AnwG Frankfurt a. M. NJW-RR 2009, 845).

Die Patentanwaltskammer hat gemäß **Abs. 2 Nr. 5** als Fürsorgeeinrichtung die **„Unterstüt-** 5
zungseinrichtung der Patentanwaltskammer" geschaffen um notleidende Patentanwälte und deren Hinterbliebene zu unterstützen. Im Hinblick auf § 21 Abs. 2 Nr. 8 sollen die notleidenden ehemaligen Patentanwälte und nur in besonderen Fällen die noch zugelassenen Patentanwälte Unterstützung erlangen. Die Einrichtung hat nahezu keine Bedeutung mehr wegen der staatlichen Sozialleistungen, auf die Unterstützungszahlungen der Patentanwaltskammer angerechnet werden müssen. Nur in akuten Notfällen oder in Grenzfällen kann die Unterstützungseinrichtung unbürokratisch und schnell weiterhelfen. Die Mittel, die die Kammerversammlung für ihre Fürsorgeeinrichtung bewilligt, haben nicht den Zweck zu Lasten aller Kammermitglieder den Staat zu entlasten.

Gemäß einem Beschluss der Versammlung der Kammer ein **Versorgungswerk** für Patent- 6
anwälte zu ermöglichen, sind auf Grund von Landesgesetzgebung bislang Patentanwälte mit Kanzleisitz in Bayern und Nordrheinwestfalen Pflichtmitglieder in der Bayerischen Rechtsanwalt- und Steuerberaterversorgung (VG München Urteil vom 13.2.2014 – M 12 K 13.4954 – nv). Ein Versorgungswerk ist jedoch keine Fürsorgeeinrichtung iSv Abs. 2 Nr. 5.

Bevor die Mittel gemäß **Art. 2 Nr. 6** bewilligt werden, ist es nach § 8 Satzung erforderlich 7
der Versammlung der Kammer für jedes Rechnungsjahr einen **Haushaltsplan** und zusammen damit einen schriftlichen Tätigkeitsbericht über das abgelaufene Geschäftsjahr vorzulegen. Die Sitzung der Versammlung der Kammer, in der der Haushaltsplan zu beschließen ist, hat innerhalb der ersten vier Monate des jeweiligen Kalenderjahres stattzufinden, § 9 Abs. 3 Satzung.

Die Versammlung der Kammer wählt für jedes Rechnungsjahr zwei **Kassenprüfer** sowie deren 8
Stellvertreter, die nicht Mitglied des Vorstands sein dürfen. Den Kassenprüfern obliegt es, die Abrechnung des Vorstands über die Einnahmen und Ausgaben der Kammer sowie über die Verwaltung des Vermögens gemäß **Abs. 2 Nr. 8** zu prüfen und den Mitgliedern der Kammer einen schriftlichen Bericht zu erstatten. Dieser **Prüfungsbericht** ist, ebenso wie der Haushaltsplan, spätestens mit der Tagesordnung der Sitzung, in der der Haushalt beschlossen wird (§ 9 Abs. 3 Satzung), zu übersenden (§ 15 Abs. 1 und 2 Satzung). Da die Patentanwaltskammer als Körperschaft des öffentlichen Rechts nicht willkürlich über ihre Mittel verfügen darf, führt eine **Entlastung des Vorstands** nicht zu einer materiellen Präklusion, sondern vermag allenfalls Haushaltsüberschreitungen zu genehmigen oder haushaltsrechtliche Mängel formeller Art zu beseitigen (BGH NJW 1989, 1151 = AnwBl. 1989, 288 zu § 89 BRAO). Die Entlastung des Vorstands ist eine Aufgabe, die der Versammlung der Kammer in ihrer Gesamtheit obliegt und dem einzelnen Mitglied deshalb kein subjektives Recht gewährt (AGH NRW NJW-RR 2014, 945).

9 Die **Geschäftsordnung** der Versammlung der Kammer, die die Modalitäten der Versammlung regelt, hat keinen Satzungscharakter iSd § 56. Sie wird von der Versammlung der Kammer gemäß **Abs. 3** beschlossen und ist nicht genehmigungsbedürftig. Sie bedarf der Ausfertigung, jedoch keiner Veröffentlichung. Sie ist abgedruckt bei *Reinhard* S. 143 ff.

§ 82a Prüfung von Beschlüssen der Versammlung der Kammer durch die Aufsichtsbehörde

Die Satzung tritt drei Monate nach Übermittlung an das Bundesministerium der Justiz in Kraft, soweit nicht das Bundesministerium der Justiz und für Verbraucherschutz die Satzung oder Teile derselben aufhebt.

1 § 82a entspricht § 191e BRAO. Das dazu Gesagte gilt entsprechend. § 82a betrifft die Satzung nach § 52b, also die **Berufsordnung,** und nicht die Satzung nach § 56. Mit der Satzung nach § 56 werden Organisation und Verwaltung der Kammer geregelt. Nur diese Regelungen sind durch das BMJV genehmigungsbedürftig (→ § 56 Rn. 3). Hingegen ist die Berufsordnung lediglich anzeigepflichtig. Dem BMJV steht aber innerhalb der gesetzlichen Frist ein Aufhebungsrecht zu (→ Rn. 4).

2 Die Berufsordnung und Änderungsbeschlüsse sind vom Präsidenten der Patentanwaltskammer auszufertigen (zur Ausfertigung → BRAO § 191d Rn. 9 iVm → BRAO § 89 Rn. 31) und in den „Mitteilungen der deutschen Patentanwälte“ zu veröffentlichen Das Datum des Inkrafttretens ist ebenfalls in den Mitteilungen bekannt zu geben (vgl. § 25 BOPA). Die Ausfertigung der von der Versammlung der Kammer am 20.11.2013 neu gefassten Berufsordnung erfolgte am 27.11.2013, die Satzung wurde dem BMJV am gleichen Tag übersandt und ist am 1.3.2014 in Kraft getreten. Sie wurde in den „Mitteilungen der deutschen Patentanwälte“ veröffentlicht (Mitt 2014, 53 ff.) und das Datum des Inkrafttretens wurde ebenfalls in den „Mitteilungen der deutschen Patentanwälte“ (Mitt 2014, 57) bekanntgegeben. Mit dem Inkrafttreten dieser Berufsordnung trat die Berufsordnung, beschlossen von der Versammlung der Kammer am 21.4.1997 (Mitt 1997, 243), zuletzt geändert durch Beschluss der Versammlung der Kammer vom 17.4.2008 (Mitt 2008, 321) außer Kraft, § 25 Abs. 3 BOPA.

3 Innerhalb der **Ausschlussfrist von drei Monaten,** die nicht verlängert werden kann, prüft die Rechtsaufsicht die Einhaltung des § 52b, die Ordnungsmäßigkeit des Verfahrens und die Übereinstimmung der Satzung mit höherrangigem Recht. § 82a bezweckt nicht die Einengung der Satzungsautonomie zu der auch die Festlegung des Inkrafttretens gehört. Deshalb kann die Versammlung der Kammer den **Zeitpunkt des Inkrafttretens, der nach der Dreimonatsfrist liegen muss,** selbst bestimmen. Fehlt eine Bestimmung über das Inkrafttreten, die eine materielle Vorgabe für die Berufsordnung ist, ordnet § 82a ersatzweise das Inkrafttreten an. und dient so der Rechtsklarheit und Rechtssicherheit (vgl. Art. 82 GG; BeckOK GG/*Pieper* GG Art. 82 Rn. 1 ff.). Eine § 191d Abs. 5 BRAO betreffend das Inkrafttreten von Beschlüssen der Satzungsversammlung entsprechende Regelung fehlt in der PAO.

4 Ein Satzungsbeschluss darf nur aufgehoben werden, wenn er gegen höherrangiges Recht verstößt (BGH AnwBl. 2010, 873, 875 zu § 191e BRAO). Zur Erhebung einer Anfechtungsklage (§ 94b PAO iVm § 42 VwGO) gegen einen Bescheid des BMJV, durch den ein Beschluss der Kammerversammlung zur Berufsordnung (§§ 52b, 82 Abs. 2 Nr. 1) aufgehoben wird, ist allein die Patentanwaltskammer, vertreten durch ihren Präsidenten (§ 73 Abs. 1) nicht die Kammerversammlung aktivlegitimiert (BGH AnwBl. 2010, 873 zu §§ 59b, 112c, 191e BRAO); gemäß §§ 94a Abs. 3, 82a Hs. 2 ist ausschließlich der BGH in erster und letzter Instanz zuständig. Klagen von Kammermitglieder gegen Beschlüsse der Versammlung der Kammer betreffenden die Berufsordnung sind nicht zulässig (→ § 94e Rn. 1).

Dritter Abschnitt *[aufgehoben]*

§§ 83, 84 *[aufgehoben]*

Fünfter Teil. Die Gerichte in Patentanwaltssachen und das gerichtliche Verfahren in verwaltungsrechtlichen Patentanwaltssachen

Erster Abschnitt. Das Landgericht und das Oberlandesgericht in Patentanwaltssachen

§ 85 Kammer für Patentanwaltssachen

(1) **Für Angelegenheiten, die in diesem Gesetz dem Landgericht zugewiesen sind, wird bei dem Landgericht, in dessen Bezirk das Patentamt seinen Sitz hat, eine Kammer für Patentanwaltssachen gebildet.**

(2) **Die Kammer für Patentanwaltssachen entscheidet in der Besetzung mit einem Mitglied des Landgerichts als Vorsitzendem und zwei Patentanwälten.**

I. Geschichtliche Entwicklung bis 1966

Das **Patentanwaltsgesetz von 28.9.1933** (RGBl. S. 669) enthielt keine umfassende Regelung des Verfahrens für die Überprüfung der Verwaltungsakte, die in Patentanwaltssachen ergehen. Nur bestimmte Verwaltungsakte des Präsidenten des Patentamts, wie zB die Versagung der Zulassung zur Patentanwaltschaft wegen unwürdigen Verhaltens unterlagen der Anfechtung im Wege der Beschwerde an das Ehrengericht. Im Übrigen galten für die Überprüfung von Verwaltungsakten die allgemeinen **Vorschriften der Verwaltungsgerichtsbarkeit.** Im ehrengerichtlichen Verfahren, das vom Präsidenten des Patentamts eingeleitet wurde, entschied in erster Instanz der **Vorstand der Patentanwaltskammer als Ehrengericht** in der Besetzung von fünf Mitgliedern. Gegen seine Entscheidung war die Berufung an den **Ehrengerichtshof beim Patentamt** gegeben, der aus drei Mitgliedern des Patentamts und vier Patentanwälten bestand. Eine weitere ehrengerichtliche Instanz war nicht vorgesehen. Nach den Grundsätzen des Urteils des BVerwG, wonach das Patentamt kein Gericht iSd GG ist, seine Entscheidungen sind Verwaltungsakte, die vor den Verwaltungsgerichten angefochten werde können (BVerwG NJW 1959, 1507 = BlPMZ 1959, 258), war diese Regelung nicht mehr zu rechtfertigen (vgl. BT-Drs. 5/276, 44). 1

Da eine den Vorschriften der §§ 92–112 BRAO entsprechende Bildung von Ehrengerichten für die Patentanwaltsordnung ausschied, weil die Patentanwälte nicht – wie die Rechtsanwälte – die Befähigung zum Richteramt haben und daher nicht im gleichen Umfang an die Stelle von Berufsrichtern treten können, entscheidet nunmehr in Anlehnung an die Wirtschaftsprüferordnung in erster Instanz als **Kammer für Patentanwaltssachen** eine Kammer des **Landgerichts** in dessen Bezirk das Patentamt seinen Sitz hat. Gegen die Entscheidung des Landgerichts kann die Berufung an das **Oberlandesgericht** eingelegt werden, bei dem ein **Senat für Patentanwaltssachen** entscheidet. Über die Revision entscheidet der beim **Bundesgerichtshof** eingerichtete **Senat für Patentanwaltssachen.** In allen Instanzen wirken Patentanwälte als ehrenamtliche Richter mit (BT-Drs. 5/276, 44). 2

II. Berufsgerichtsbarkeit durch ordentliche Gerichte

Nach §§ 85, 86 ist wie im Steuerberatungsgesetz (§§ 95, 96 StBerG), aber anders als nach der BRAO (§§ 92 ff. BRAO), die **Berufsgerichtsbarkeit ordentlichen Gerichten** anvertraut. Damit ist die Berufsgerichtsbarkeit der Patentanwälte in stärkerem Maß der allgemeinen Rechtskontrolle unterstellt, so dass auch nach außen hin der Eindruck einer berufspolitischen Einflussnahme auf das berufsgerichtliche Verfahren weitgehend vermieden wird (*Kuhls/Schäfer* StBerG § 95 Rn. 1). Andererseits bleibt das Element berufsständischer Praxis dadurch erhalten, dass ehrenamtliche Richter (§§ 87, 88, 99) aus dem Berufsstand an den berufsgerichtlichen Verfahren in jeder Lage des Verfahrens mitwirken (*Kuhls/Schäfer* StBerG § 95 Rn. 2). 3

Durch diese gerichtsverfassungsmäßige Organisation werden die Berufsgerichte nach der PAO nicht zu unzulässigen Sondergerichten (Art. 101 Abs. 1 GG), sie üben vielmehr eine **Gerichtsbarkeit für besondere Sachgebiete** iSd Art. 101 Abs. 2 GG aus. Demgemäß hat auch das Bundesverfassungsgericht die gerichtsorganisatorisch völlig selbständige Anwaltsgerichtsbarkeit, 4 deren erste Instanz im anwaltsgerichtlichen Verfahren zudem ausschließlich mit Berufsangehörigen ohne Mitwirkung von Berufsrichtern besetzt ist (§§ 92 ff., 119 BRAO), als verfassungsgemäß angesehen (BVerfG NJW 1969, 2192; NJW 1978, 1975 = AnwBl. 1978, 306; → BRAO § 92 Rn. 6 ff.).

III. Zuständigkeit und Besetzung

5 Die Vorschriften über die Kammer für Patentanwaltssachen ergänzen die Vorschriften des GVG und ändern sie teilweise ab. § 85 Abs. 1 begründet die **Zuständigkeit** der Kammer in denjenigen Angelegenheiten, die nach der PAO dem Landgericht zugewiesen sind. Die Kammer wird gemäß **Abs. 1** beim Landgericht München I gebildet, da das Deutsche Patent- und Markenamt seinen Sitz in München hat (§ 26 Abs. 1 S. 2 PatG). Mit der Vorschrift soll erreicht werden, dass nur ein einziges Gericht örtlich zuständig ist. Hierdurch wird der Zersplitterung der Rechtsprechung in den Angelegenheiten des auf Bundesebene organisierten (§ 53) und gegenüber vergleichbaren Berufsständen verhältnismäßig kleinen Berufsstands der Patentanwälte vorgebeugt (BT-Drs. 5/276, 59).

6 Auf die Gerichte in Patentanwaltssachen finden grundsätzlich die Vorschriften des GVG Anwendung, **Abs. 2** regelt aber eine von § 76 GVG abweichende **Besetzung** der Kammer für Patentanwaltssachen als Kollegialgericht. Diese den Besonderheiten der Materie entsprechende, sachgerechte Abweichung ist verfassungsrechtlich unbedenklich (BVerfGE 4, 387, 403). Die Vorschrift des § 76 GVG, wonach die Entscheidungen innerhalb und außerhalb der Hauptverhandlung in unterschiedlicher Besetzung der Kammer vorgenommen werden, gilt nicht. Auch im berufsgerichtlichen Verfahren entscheidet die Kammer für Patentanwaltssachen stets in der Besetzung mit einem Berufsrichter und zwei Patentanwälten. Egal ob es sich um Urteile und Beschlüsse in der Hauptverhandlung (§§ 119 ff.) oder um Beschlüsse außerhalb dieser handelt, stets gilt die Besetzung des Abs. 2. Eine Tätigkeit eines einzelnen Mitglieds der Kammer, die jedoch keine Sachentscheidung beinhalten kann, kommt nur im Rahmen des § 130 Abs. 2 S. 2 in Betracht. Im verwaltungsgerichtlichen Patentanwaltsverfahren (§§ 94a ff.) trifft die Entscheidung im vorbereitenden Verfahren der Vorsitzende Richter bzw. der Berichterstatter (§ 87a VwGO).

7 **Vorsitzender** der Kammer für Patentanwaltssachen muss ausnahmslos immer ein Mitglied des Landgerichts sein, dh ein Vorsitzender oder in Abweichung von § 21f Abs. 1 GVG ein Richter dieses Gerichts. Die patentanwaltlichen Mitglieder der Kammer (§ 87) können auch nicht vertretungsweise den Vorsitz übernehmen. Sie können auch nicht dem Präsidium des Landgerichts (§§ 21a ff. GVG) angehören, da sie als ehrenamtliche Richter (§ 88) zwar der Kammer angehören, aber nicht Mitglieder des Landgerichts sind (*Kelbel* §§ 85, 86 Rn. 3). Die Vertretung des Vorsitzenden kann nur übernehmen, wer als planmäßiger Richter Mitglied des Landgerichts ist (§§ 21f Abs. 2, 70 GVG; BGHSt 13, 262 = NJW 1960, 57; BGHSt 20, 61 = NJW 1965, 58).

8 Die **Reihenfolge der Teilnahme** der nach § 87 bestellten **patentanwaltlichen Mitglieder** an den Sitzungen wird von dem Vorsitzenden der Kammer nach § 94 bestimmt (→ § 94 Rn. 1 ff.; § 21g GVG; BGH EGE VII, 178). § 21e GVG ist nicht anwendbar. Die patentanwaltlichen Mitglieder der Kammer können sich nur gegenseitig vertreten. Soweit eine **Überbesetzung** der Kammer mit patentanwaltlichen Mitgliedern unvermeidbar, dh erforderlich ist, um eine geordnete Rechtsprechung zu gewährleisten, ist diese zulässig (vgl. auch BGH NJW 1979, 2256 = EGE XIV, 199 zu § 104 BRAO und BVerfG NJW 1965, 1219 = MDR 1965, 545).

§ 86 Senat für Patentanwaltssachen bei dem Oberlandesgericht

(1) **Für Angelegenheiten, die in diesem Gesetz dem Oberlandesgericht zugewiesen sind, wird bei dem Oberlandesgericht, zu dessen Bezirk das Landgericht (§ 85) gehört, ein Senat für Patentanwaltssachen gebildet.**

(2) **Der Senat für Patentanwaltssachen entscheidet in der Besetzung mit dem Vorsitzenden, zwei weiteren Mitgliedern des Oberlandesgerichts und zwei Patentanwälten.**

1 Die Regelung des § 86 über den Senat für Patentanwaltssachen bei dem OLG München entspricht der Regelung des § 85 über die Kammer für Patentanwaltssachen beim LG München (näher → § 85 Rn. 1 ff.). Im vorbereitenden Verfahren des patentanwaltlichen Verwaltungsver-

fahrens kann nach § 94b S. 1 PAO, § 87a VwGO der Vorsitzende bzw. der Berichterstatter alleine entscheiden.

Der Senat entscheidet in erster Instanz (§§ 94a ff.) über alle verwaltungsrechtlichen Streitigkeiten im patentanwaltlichen Berufsrecht, also in Zulassungssachen, sonstigen Verwaltungsakten und hoheitliches Verwaltungshandeln, das keinen Verwaltungsakt darstellt, aber geeignet ist, in die berufsrechtlich begründeten Rechte der Beteiligten einzugreifen oder sie einzuschränken (BT-Drs. 16/12061, 32). Erfasst ist zugleich die Zuständigkeit für die Überprüfung von Wahlen und Beschlüssen der Patentanwaltskammer (§ 94e) sowie als zweite Instanz im berufsgerichtlichen Verfahren über Berufungen und Beschwerden gegen Entscheidungen der Kammer für Patentanwaltssachen (§§ 124, 125, 139; BT-Drs. 5/276, 59). 2

Auch hier können die patentanwaltlichen Mitglieder des Senats sich nur gegenseitig vertreten. 3

§ 87 Patentanwaltliche Mitglieder

(1) [1]**Die Mitglieder der Kammer für Patentanwaltssachen und des Senats für Patentanwaltssachen bei dem Oberlandesgericht, die Patentanwälte sind, werden von der für den Sitz der Gerichte zuständigen Landesjustizverwaltung ernannt.** [2]**Sie werden den Vorschlagslisten entnommen, die der Vorstand der Patentanwaltskammer der Landesjustizverwaltung je gesondert für das Landgericht und das Oberlandesgericht einreicht.** [3]**Die Landesjustizverwaltung bestimmt, welche Zahl von patentanwaltlichen Mitgliedern erforderlich ist; sie hat vorher den Vorstand der Patentanwaltskammer zu hören.** [4]**Jede Vorschlagsliste muß mindestens die Hälfte mehr als die erforderliche Zahl von Patentanwälten enthalten.**

(2) **Die Landesjustizverwaltung kann die ihr nach Absatz 1 zustehenden Befugnisse auf eine nachgeordnete Behörde übertragen.**

(3) [1]**Zum patentanwaltlichen Mitglied kann nur ein Patentanwalt ernannt werden, der in den Vorstand der Patentanwaltskammer gewählt werden kann.** [2]**Die patentanwaltlichen Mitglieder dürfen nicht gleichzeitig**

1. dem Vorstand der Patentanwaltskammer angehören,
2. bei der Patentanwaltskammer im Haupt- oder Nebenberuf tätig sein oder
3. einem anderen Gericht der Patentanwaltsgerichtsbarkeit angehören.

(4) [1]**Die patentanwaltlichen Mitglieder werden für die Dauer von fünf Jahren ernannt.** [2]**Sie können nach Ablauf ihrer Amtszeit wiederernannt werden.** [3]**Scheidet ein patentanwaltliches Mitglied vorzeitig aus, so wird für den Rest seiner Amtszeit ein Nachfolger ernannt.**

(5) **§ 6 des Einführungsgesetzes zum Gerichtsverfassungsgesetz gilt entsprechend.**

I. Zuständigkeit

1. Grundsatz. Die Besetzung der besonderen Spruchkörper für Patentanwaltssachen beim LG und dem OLG München mit **Berufsrichtern** erfolgt nach § 21e GVG durch das Präsidium (*Kelbel* § 87 Rn. 1). Da es sich um Spruchkörper staatlicher Gerichte handelt, können die **mitwirkenden Patentanwälte** auch nur vom **Staat,** dh vom Freistaat Bayern (→ § 85 Rn. 5) ernannt werden. Dem Vorstand der Patentanwaltskammer kann lediglich das Recht gewährt werden Vorschlagslisten für die patentanwaltlichen Mitglieder einzureichen (BT-Drs. 5/276, 60). Die Entscheidung über die Ernennung der Mitglieder der Kammer für Patentanwaltssachen bei dem Landgericht trifft gemäß § 87 Abs. 1 grundsätzlich die Landesjustizverwaltung Bayern. 1

2. Übertragungsermächtigung. Um die Möglichkeit zu eröffnen, die ministerielle Ebene von untypischen Verwaltungsaufgaben zu entlasten ist in **Abs. 2** eine Ermächtigungsgrundlage geschaffen, die die Übertragung der Befugnisse der Landesjustizverwaltung auf eine nachgeordnete Behörde erlaubt. Die Regelung entspricht § 33 Abs. 2 BRAO (vgl. Anm. dort). Von der Befugnis hat die Landesjustizverwaltung Bayern bislang keinen Gebrauch gemacht. 2

II. Vorschlagsliste und Form der Ernennung

3 Die Vorschlagsliste muss mindestens die Hälfte mehr als die von der Landesjustizverwaltung Bayern bestimmte Zahl von Mitgliedern der Kammer bzw. des Senats enthalten, um der Landesjustizverwaltung die Möglichkeit einer Auswahl zu geben. Diese Bestimmung lässt keinen Zweifel, dass die Landesjustizverwaltung **nur solche Patentanwälte** zu Mitgliedern der Kammer bzw. der Senats **ernennen kann, die von der Patentanwaltskammer vorgeschlagen** worden sind (BVerfGE 26, 186 = NJW 1969, 2192 zu § 103 BRAO). Die **Landesjustizverwaltung** ist aber **an die Vorschlagsliste nicht gebunden.** Sie kann alle vorgeschlagenen Patentanwälte ablehnen und eine Ergänzung der Liste oder eine neue Liste anfordern (BGH EGE XI, 87, 89).

4 Die Einschränkung des Personenkreises auf Patentanwälte, die die **Voraussetzungen für die Wahl in den Vorstand der Patentanwaltskammer** erfüllen (§§ 59, 60), soll die Auswahl für das Richteramt geeigneter Patentanwälte erleichtern. Die Regelung, dass die patentanwaltlichen Mitglieder nicht zugleich dem Vorstand der Patentanwaltskammer angehören oder bei der Patentanwaltskammer tätig sein dürfen, entspricht dem **Grundsatz der Gewaltentrennung** (BT-Drs. 5/276, 60). § 22 Nr. 1 VwGO ist sinngemäß heranzuziehen (→ BRAO § 103 Rn. 9).

5 Die Ernennung durch die Landesjustizverwaltung Bayern richtet sich nach dem **DRiG iVm dem BayRiG.** Der ehrenamtliche Richter muss nach § 45 Abs. 2–4 DRiG einen Richtereid bzw. ein entsprechendes Gelöbnis leisten. Die Ernennung erfolgt jeweils für die Dauer von 5 Jahren; die **Wiederernennung** ist unbeschränkt zulässig. Die Altersgrenze bestimmt sich ebenfalls nach dem BayRiG. Scheidet ein patentanwaltliches Mitglied vorzeitig aus, so wird der Nachfolger nur für den Rest der Amtszeit des Ausgeschiedenen ernannt.

6 Der gemäß **Abs. 5** entsprechend anwendbare § 6 EGGVG beinhaltet allgemeine Übergangsvorschriften für Änderungen des Rechtes der ehrenamtlichen Richter. § 6 Abs. 1 EGGVG beinhaltet eine **Schutzfrist von zwölf Monaten für die Anwendung des neuen Rechts** und soll sicherstellen, dass ausreichend Zeit für die Vorbereitung und Durchführung der Ernennung nach neuem Recht bleibt. § 6 Abs. 2 EGGVG bestimmt, dass **neue Vorschriften über die Dauer der Amtsperioden nicht für die laufende Amtsperiode** anzuwenden sind, sondern erstmals auf die erste nach ihrem Inkrafttreten beginnende Amtsperiode.

§ 88 Rechtsstellung der patentanwaltlichen Mitglieder

(1) [1]**Die patentanwaltlichen Mitglieder sind ehrenamtliche Richter.** [2]**Sie haben in ihrer Eigenschaft als ehrenamtliche Richter während der Dauer ihres Amtes die Stellung eines Berufsrichters.** [3]**Sie erhalten eine Entschädigung nach dem Justizvergütungs- und -entschädigungsgesetz.**

(2) [1]**Die patentanwaltlichen Mitglieder haben über Angelegenheiten, die ihnen bei ihrer richterlichen Tätigkeit bekannt werden, Verschwiegenheit gegen jedermann zu bewahren.** [2]**§ 71 Abs. 2 und 3 ist entsprechend anzuwenden.** [3]**Die Genehmigung zur Aussage erteilt der Präsident des Gerichts, dem das patentanwaltliche Mitglied angehört.**

Schrifttum: *Streck/Finke,* Anwaltliches Ehrenamt und Steuerrecht, AnwBl. 2010, 262.

I. Rechtsstellung als ehrenamtliche Richter

1 Die patentanwaltlichen Mitglieder in der Kammer für Patentanwaltssachen (§ 85) und in dem Senat für Patentanwaltssachen (§ 86) sind **ehrenamtliche Richter iSd §§ 44, 45 DRiG.** § 88 regelt ergänzend zu § 45 DRiG ihre Rechtsstellung. Nach Abs. 1 haben Patentanwälte für die Zeit, für die sie zu anwaltlichen Mitgliedern ernannt sind (§ 87 Abs. 3), innerhalb und außerhalb der Sitzungen alle Rechte und Pflichten eines Berufsrichters (BT-Drs. 5/276, 60). Obwohl zwischen den patentanwaltlichen und berufsrichterlichen Mitgliedern der Kammer und des Senats strikt zu unterscheiden ist, sind die anwaltlichen Mitglieder bei ihrer richterlichen Tätigkeit **absolut gleichberechtigt und gleichwertig** (BVerfG EGE X, 209). Daraus folgt auch, dass sie an allen richterlichen Handlungen teilnehmen müssen. Wie hauptamtliche Richter unterliegen sie einer besonderen Pflicht zur Verfassungstreue (BVerfG NJW 2008, 2568).

Auch an Beschlussfassungen außerhalb der mündlichen Verhandlung oder der Hauptverhandlung sind sie beteiligt. Die Vorschriften der §§ 1–43 DRiG sind auf die patentanwaltlichen ehrenamtlichen Richter mit der Maßgabe anzuwenden, dass mit der Übernahme des Richteramts, da es sich dabei um eine ehrenamtliche Tätigkeit handelt, **keine Beschränkungen für die patentanwaltliche Berufstätigkeit** verbunden sind (§ 21 Abs. 2 Nr. 5, § 42). So gelten für sie nicht die Richterpflichten des § 41 DRiG, wonach die Erstattung von Rechtsgutachten und die entgeltliche Erteilung von Rechtsauskünften Richtern untersagt ist (*Schmidt-Räntsch* DRiG § 44 Rn. 7). 2

Der ehrenamtliche Richter ist im gleichen Maße wie ein Berufsrichter **unabhängig:** Art. 97 Abs. 1 GG garantiert auch dem ehrenamtlichen Richter in der patentanwaltlichen Berufsgerichtsbarkeit sachliche Unabhängigkeit (§ 45 Abs. 1 iVm § 25 DRiG, Art. 97 Abs. 1 GG). Die ehrenamtlichen Richter unterliegen bei der Rechtsfindung **keinen Weisungen** sie sind nur dem Gesetz verpflichtet und entscheiden nach **eigener richterlicher Überzeugung** (*Schmidt-Räntsch* DRiG § 25 Rn. 5 ff., § 45 Rn. 3). Nach § 26 Abs. 1 DRiG untersteht der ehrenamtliche Richter – bei voller Wahrung seiner Unabhängigkeit – in gleichem Maße der **Dienstaufsicht** wie die Richter der in Art. 95 Abs. 1 GG aufgeführten Gerichtszweige (BVerfGE 48, 300 = NJW 1978, 1795 = AnwBl. 1978, 306). 3

II. Pflicht zur Amtsverschwiegenheit

Durch Abs. 2 sollen die patentanwaltlichen Mitglieder ebenso wie die richterlichen Mitglieder der Kammer und des Senats (§§ 85, 86) zur **Amtsverschwiegenheit** verpflichtet werden. Dies ist erforderlich, weil das DRiG in § 45 Abs. 1 S. 2 und § 43 für ehrenamtliche Richter nur die besondere Pflicht zur Wahrung des **Beratungsgeheimnisses** regelt (BT-Drs. 5/276, 60). Die Verschwiegenheitspflicht ist umfassend und gilt gegenüber jedermann, also auch gegenüber dem Vorstand der Patentanwaltskammer (zu den Einzelheiten vgl. *Schmidt-Räntsch* DRiG § 43 Rn. 4, 5). 4

Die **Aussagegenehmigung** erteilt der Präsident des Gerichts, dem das patentanwaltliche Mitglied angehört. Die Aussagegenehmigung darf nur unter den Voraussetzungen des § 71 Abs. 3 S. 2 versagt werden. 5

Die patentanwaltlichen Mitglieder üben ihre richterliche Tätigkeit unentgeltlich aus, sie erhalten jedoch eine **Entschädigung** nach dem Justizvergütungs- und -entschädigungsgesetz (JVEG). Danach erhalten sie Fahrtkostenersatz, Aufwandsentschädigung, Ersatz für sonstige Aufwendungen, Entschädigung für Zeitversäumnis, für Nachteile bei der Haushaltsführung sowie Verdienstausfall (§ 15 Abs. 1 JVEG). Darüber hinaus können nach § 15 Abs. 3 JVEG die Kosten für **Einführungs- und Fortbildungsveranstaltungen** erstattet werden. Eine Entschädigung durch die Patentanwaltskammer erfolgt nicht. Zur steuerrechtlichen Behandlung der Aufwandsentschädigung vgl. *Streck* AnwBl. 2010, 262. 6

§ 89 Ende des Amtes des patentanwaltlichen Mitglieds

(1) [1]**Das Amt eines Mitglieds der Kammer für Patentanwaltssachen oder des Senats für Patentanwaltssachen endet, sobald die Mitgliedschaft in der Patentanwaltskammer endet oder nachträglich ein Umstand eintritt, der nach § 87 Absatz 3 Satz 2 der Ernennung entgegensteht, und das Mitglied jeweils zustimmt.** [2]**Das Mitglied und die Patentanwaltskammer haben Umstände nach Satz 1 der für die Ernennung zuständigen Behörde und dem jeweiligen Gericht unverzüglich mitzuteilen.** [3]**Die Beendigung des Amtes ist auf Antrag der für die Ernennung zuständigen Behörde gerichtlich festzustellen, wenn das betroffene Mitglied der Beendigung nicht zugestimmt hat.**

(2) **Ein Patentanwalt ist auf Antrag der für die Ernennung zuständigen Behörde seines Amts als patentanwaltliches Mitglied zu entheben,**

1. **wenn nachträglich bekannt wird, daß er nicht hätte zum patentanwaltlichen Mitglied ernannt werden dürfen;**
2. **wenn nachträglich ein Umstand eintritt, welcher der Ernennung zum patentanwaltlichen Mitglied entgegensteht;**
3. **wenn der Patentanwalt seine Amtspflicht als patentanwaltliches Mitglied grob verletzt.**

(3) [1] **Über die Anträge entscheidet ein Zivilsenat des Oberlandesgerichts, bei dem der Senat für Patentanwaltssachen besteht.** [2] **Bei der Entscheidung dürfen die Mitglieder des Senats für Patentanwaltssachen nicht mitwirken.** [3] **Vor der Entscheidung sind der Patentanwalt und der Vorstand der Patentanwaltskammer zu hören.** [4] **Die Entscheidung ist endgültig.**

(4) **Die für die Ernennung zuständige Behörde kann einen Patentanwalt auf seinen Antrag aus dem Amt als patentanwaltliches Mitglied entlassen, wenn er aus gesundheitlichen Gründen auf nicht absehbare Zeit gehindert oder es ihm aus gewichtigen persönlichen Gründen nicht zuzumuten ist, sein Amt weiter auszuüben.**

1 § 89 entspricht weitgehend § 95 BRAO. Zur Vermeidung des Amtsenthebungsverfahrens sieht **Abs. 1** eine **Amtsbeendigung kraft Gesetzes** vor. **Abs. 1 S. 2** stellt sicher, dass der Landesjustizverwaltung und dem Gericht, bei dem der Richter tätig ist, die Umstände, die das Erlöschen des Richteramtes begründen, unverzüglich bekannt werden. Dies ist durch eine Unterrichtung seitens des Mitglieds und der Patentanwaltskammer zu gewährleisten, die von den Beendigungsgründen als Betroffener bzw. als Personalakten führende Stelle (§ 51) Kenntnis erlangen. Die Regelung in **Abs. 1 S. 3** trägt dem Umstand Rechnung, dass nach der Rechtsprechung des BVerfG (BVerfGE 14, 56, 70; 26, 186, 198 f.; 27, 312, 322; 42, 206, 209; 87, 68, 85) das Amt eines ehrenamtlichen Richters gegen seinen Willen nur durch Urteil beendet werden kann, wie dies auch § 44 Abs. 2 DRiG vorsieht. Das Verfahren bei fehlender Zustimmung des Mitglieds sollte nicht als Fall der Amtsenthebung nach Abs. 2, sondern als eigenständiges Verfahren ausgestaltet werden. Für dessen Durchführung gelten die in Abs. 3 enthaltenen Regelungen über die Anhörungspflichten und die fehlende Anfechtbarkeit (BT-Drs. 16/12061, 31).

2 **Abs. 2** enthält ungeachtet der Regelung in Abs. 1 auch der Amtsenthebungsgrund der Nummer 2. Dies gilt insbesondere im Hinblick auf solche Umstände, die nicht ohne weiteres festgestellt werden können, sodass aus Gründen der Rechtsklarheit ein richterlicher Gestaltungsakt unerlässlich ist. Beispielsfälle sind hier die Verhängung eines Verweises oder einer Geldbuße im berufsgerichtlichen Verfahren oder die Erhebung der öffentlichen Klage wegen einer Straftat, welche die Unfähigkeit zur Bekleidung öffentlicher Ämter zur Folge haben kann (BT-Drs. 16/12061, 31),

3 In **Abs. 3** wird klargestellt, dass sich das in ihm geregelte Verfahren auf die Fälle der Abs. 1 und 2 bezieht. Vgl. im Übrigen die Anm. zu § 95 Abs. 2 BRAO entsprechend.

4 **Abs. 4** enthält neben dem gesundheitlichen Entlassungsgrund den Entlassungsgrund der Unzumutbarkeit aus „gewichtigen persönlichen Gründen". Dies betrifft den Fall, dass das Mitglied des Gerichts aus gewichtigen, in seiner Person liegenden Gründen selbst den Antrag stellt, aus dem Amt entlassen zu werden. Ein solcher Grund kann beispielsweise die Einleitung eines strafrechtlichen Ermittlungsverfahrens sein, das zwar nicht die Voraussetzungen für ein Amtsenthebungsverfahren erfüllt, aber ein weiteres Verbleiben des patentanwaltlichen Mitglieds in seinem Amt als dem Ansehen der Patentanwaltsgerichtsbarkeit abträglich erscheinen lässt. Auch sind Fälle denkbar, in denen zwar nicht das Mitglied des Gerichts für Patentanwaltssachen selbst, sondern ein naher Angehöriger so schwer erkrankt, dass dem Mitglied ein weiteres Verbleiben im Amt nicht zugemutet werden kann (BT-Drs. 16/12061, 48).

5 Für die **Ausschließung bzw. Ablehnung im Einzelfall für ein bestimmtes Verfahren** sind die §§ 41 ff. ZPO sinngemäß heranzuziehen (→ BRAO § 95 Rn. 46; → BRAO § 103 Rn. 15; → BRAO § 109 Rn. 14). Die Ablehnung eines ehrenamtlichen Beisitzers des Patentanwaltssenats wegen Besorgnis der Befangenheit findet statt, wenn ein Grund vorliegt, der geeignet ist, Misstrauen gegen die Unparteilichkeit des Richters zu rechtfertigen. Maßgeblich ist, ob aus der Sicht der ablehnenden Partei bei vernünftiger Würdigung aller Umstände Anlass gegeben ist, an der Unvoreingenommenheit und objektiver Einstellung des Richters zu zweifeln (BGH BeckRS 2012, 04163). Ein Ablehnungsgesuch wegen Besorgnis der Befangenheit ist rechtsmissbräuchlich und damit unzulässig, wenn nicht einzelne Richter, sondern das Gericht als solches oder ein ganzer Senat bzw. eine ganze Kammer abgelehnt wird. Dies gilt auch für die Ablehnung aller patentanwaltlichen Mitglieder der Kammer bzw. des Senates für Patentanwaltssachen (BGH BRAK-Mitt. 2008, 171 = NJW-Spezial 2008, 510 zu §§ 106, 107 BRAO). Zur Zulässigkeit einer Verfassungsbeschwerde gegen den Beschluss über die Ablehnung eines patentanwaltlichen Beisitzers vgl. BayVBl. 2014, 122.

Zweiter Abschnitt. Der Bundesgerichtshof in Patentanwaltssachen

§ 90 Senat für Patentanwaltssachen bei dem Bundesgerichtshof

(1) **Für Angelegenheiten, die in diesem Gesetz dem Bundesgerichtshof zugewiesen sind, wird bei dem Bundesgerichtshof ein Senat für Patentanwaltssachen gebildet.**

(2) [1]**Der Senat besteht aus dem Vorsitzenden sowie zwei weiteren Mitgliedern des Bundesgerichtshofs und zwei Patentanwälten als Beisitzern.** [2]**Den Vorsitz führt ein vom Präsidium des Bundesgerichtshofs bestimmter Vorsitzender Richter.**

(3) **Der Senat gilt, soweit auf das Verfahren die Vorschriften der Verwaltungsgerichtsordnung entsprechend anzuwenden sind, als Zivilsenat und, soweit für das Verfahren die Vorschriften der Strafprozeßordnung entsprechend gelten, als Strafsenat im Sinne des § 132 des Gerichtsverfassungsgesetzes.**

Die Vorschrift entspricht § 106 BRAO (→ BRAO § 106 Rn. 1 ff.). 1

Abs. 3 gewährleistet, dass auch nach der Umstellung des Verfahrens vom FGG auf die VwGO 2 (§ 94b) der Senat für Patentanwaltssachen beim BGH gerichtsverfassungsrechtlich als Zivilsenat und nicht etwa als Gericht der Verwaltungsgerichtsbarkeit entscheidet (BT-Drs. 16/12061, 32).

§ 91 Patentanwälte als Beisitzer

(1) [1]**Die Beisitzer aus den Reihen der Patentanwälte werden von dem Bundesministerium der Justiz und für Verbraucherschutz berufen.** [2]**Sie werden der Vorschlagsliste entnommen, die der Vorstand der Patentanwaltskammer dem Bundesministerium der Justiz und für Verbraucherschutz einreicht.** [3]**Das Bundesministerium der Justiz und für Verbraucherschutz bestimmt, welche Zahl von patentamtlichen Beisitzern erforderlich ist; es hat vorher den Vorstand der Patentanwaltskammer zu hören.** [4]**Die Vorschlagsliste soll mindestens die doppelte Zahl von Patentanwälten enthalten.**

(2) [1]**§ 87 Absatz 3 bis 5 ist entsprechend anzuwenden.** [2]**Die Übernahme des Beisitzeramts kann aus den in § 61 angeführten Gründen abgelehnt werden.**

§ 91 trifft für die **Beisitzer aus den Reihen der Patentanwälte** in dem Senat für Patent- 1 anwaltssachen bei dem BGH eine den Vorschriften für die patentanwaltlichen Mitglieder bei dem LG und dem OLG (§ 87) entsprechende Regelung. Sachlich entspricht er den §§ 107, 108 BRAO (BT-Drs. 5/276, 60).

Abweichend von § 87 werden sie vom **BMJV** berufen. Die patentanwaltlichen Beisitzer sind 2 keine Bundesrichter; es bedarf bei ihrer Berufung keiner Mitwirkung des Richterwahlausschusses nach Art. 95 Abs. 2 GG (BVerfGE 26, 186 = NJW 1969, 2192). Grundsätzlich besteht Annahmepflicht, jedoch kann die Übernahme des Beisitzeramts aus den in § 61 angeführten Gründen abgelehnt werden.

Zur Berufung der patentanwaltlichen Mitglieder im Übrigen → § 87 Rn. 3 ff. Um dem BMJV 3 eine größere Möglichkeit zur Auswahl zu geben, soll die Vorschlagsliste aber **mindestens die doppelte Zahl** von Patentanwälten enthalten.

§ 92 Rechtsstellung der Patentanwälte als Beisitzer

(1) [1]**Die Patentanwälte sind ehrenamtliche Richter.** [2]**Sie haben in der Sitzung, zu der sie als Beisitzer herangezogen werden, die Stellung eines Berufsrichters.**

(2) **§ 88 Abs. 1 Satz 3 und Abs. 2 gilt entsprechend.**

Abs. 1 regelt in Anlehnung an § 110 Abs. 2 BRAO die Rechtsstellung der Beisitzer anders als 1 die Rechtsstellung der patentanwaltlichen Mitglieder bei dem LG und dem OLG (§ 88 Abs. 1). Die Beisitzer im Senat für Patentanwaltssachen beim BGH haben ebenso wie die anwaltlichen Beisitzer im Senat für Anwaltssachen beim BGH (§§ 106 ff. BRAO) nur **eine den Schöffen vergleichbare Rechtsstellung,** indem ihre richterlichen Rechte und Pflichten **auf die Sitzungen beschränkt** werden, zu denen sie hinzugezogen werden (§ 94; BT-Drs. 5/276, 60, 61).

2 Sie sind nicht als Richter in den BGH eingegliedert. Sie sind vielmehr unter Aufrechterhaltung ihrer Rechte und Pflichten als Patentanwälte **ehrenamtliche Richter** (§ 44 DRiG) in dem besonders besetzten Fachsenat des BGH. Hinsichtlich ihrer Rechte und Pflichten während der Sitzungen besteht aber kein Unterschied zu den Pflichten der patenanwaltlichen Mitglieder in der Kammer des LG und im Senat beim OLG (§ 88).

3 Hinsichtlich der **Entschädigung** und der **Verschwiegenheitspflicht** gilt das zu → § 88 Rn. 6 Gesagte entsprechend.

§ 93 Beendigung des Amtes des Beisitzers

(1) **Für das Ende des Amtes des patentanwaltlichen Beisitzers gilt § 89 Absatz 1 entsprechend.**

(2) **Für die Amtsenthebung und die Entlassung aus dem Amt des Beisitzers ist § 89 Absatz 2 und 4 anzuwenden.**

(3) [1] **Über die Anträge entscheidet ein Zivilsenat des Bundesgerichtshofs.** [2] **Bei der Entscheidung dürfen die Mitglieder des Senats für Patentanwaltssachen nicht mitwirken.** [3] **Vor der Entscheidung sind der Patentanwalt und der Vorstand der Patentanwaltskammer zu hören.**

1 § 93 entspricht weitgehend § 109 BRAO (näher → BRAO § 109 Rn. 1 ff.).

2 Für die Ausschließung bzw. Ablehnung im Einzelfall für ein bestimmtes Verfahren → § 89 Rn. 5; → BRAO § 96 Rn. 44; → BRAO § 109 Rn. 14).

§ 94 Reihenfolge der Teilnahme an den Sitzungen

Die zu Beisitzern berufenen Patentanwälte sind zu den einzelnen Sitzungen in der Reihenfolge einer Liste heranzuziehen, die der Vorsitzende des Senats nach Anhörung der beiden ältesten der zu Beisitzern berufenen Patentanwälte vor Beginn des Geschäftsjahres aufstellt.

1 § 94 entspricht § 111 BRAO (näher → BRAO § 111 Rn. 1 ff.).

Dritter Abschnitt. Das gerichtliche Verfahren in verwaltungsrechtlichen Patentanwaltssachen

§ 94a Rechtsweg und sachliche Zuständigkeit

(1) **Das Oberlandesgericht entscheidet im ersten Rechtszug über alle öffentlich-rechtlichen Streitigkeiten nach diesem Gesetz, einer auf Grund dieses Gesetzes erlassenen Rechtsverordnung oder einer Satzung der Patentanwaltskammer, soweit nicht die Streitigkeiten berufsgerichtlicher Art oder einem anderen Gericht ausdrücklich zugewiesen sind (verwaltungsrechtliche Patentanwaltssachen).**

(2) **Der Bundesgerichtshof entscheidet über das Rechtsmittel**

1. **der Berufung gegen Urteile des Senats für Patentanwaltssachen bei dem Oberlandesgericht,**
2. **der Beschwerde nach § 17a Absatz 4 Satz 4 des Gerichtsverfassungsgesetzes.**

(3) **Der Bundesgerichtshof entscheidet in erster und letzter Instanz über Klagen gegen Entscheidungen, die das Bundesministerium der Justiz und für Verbraucherschutz getroffen hat oder für die es zuständig ist.**

Schrifttum: *Brockhausen,* Der Rechtsschutz in Verwaltungssachen vor den Berufsgerichten der Rechtsanwälte, Hamburg 2009; *Neuenfeld,* Das Verfahren der Anwaltsgerichtshöfe nach der Verwaltungsgerichtsordnung, AnwBl. 2009, 749; *Quaas,* Erste Erfahrungen mit den neuen Verfahrensregeln für die verwaltungsrechtlichen Anwaltssachen, DVBl. 2012, 1413; *ders.,* Rechtsprechung des Senats für Anwaltssachen des BGH im Jahr 2013, BRAK-Mitt. 2014, 2.

§ 94a stimmt weitgehend mit § 112a BRAO überein (näher → BRAO § 112a Rn. 1 ff.). 1
Abs. 1 eröffnet einheitlich für alle **verwaltungsrechtlichen Streitigkeiten** im patentanwaltlichen Berufsrecht den Zugang zur **Patentanwaltsgerichtsbarkeit.** Damit macht der Gesetzgeber von der Möglichkeit des § 40 Abs. 1 S. 1 VwGO Gebrauch, durch Bundesgesetz, die PAO, diese öffentlich-rechtlichen Streitigkeiten einem anderen Gericht als dem der Verwaltungsgerichtsbarkeit zuzuweisen. Dabei ist im Verhältnis zu § 40 VwGO § 94a die speziellere Regelung (VGH Baden-Württemberg BRAK-Mitt. 2014, 223 zu § 112a BRAO). Erfasst sind alle öffentlich-rechtlichen Streitigkeiten nach der PAO einschließlich der auf Grund der PAO erlassenen Berufsordnung (§§ 52b, 82 Abs. 2 Nr. 1), Satzung (§ 82 Abs. 2 Nr. 1), Ausbildungs- und Prüfungsordnung nach § 12 PAO und § 10 des Gesetzes über die Eignungsprüfung für die Zulassung zur Patentanwaltschaft, Abs. 1 gilt auch für den Rechtsschutz gegen hoheitliches Verwaltungshandeln, das keinen Verwaltungsakt darstellt, aber geeignet ist, in die berufsrechtlich begründeten Rechte der Beteiligten einzugreifen oder sie einzuschränken (BT-Drs. 16/12061, 32). Vgl. BGH NJW 2011, 2303 = BRAK-Mitt. 2011, 143; VGH Baden-Württemberg NJW-Spezial 2012, 670 = BRAK-Mitt. 2012, 252 zu § 112a BRAO.

Die Patentanwaltsgerichtsbarkeit erstreckt sich in personeller Hinsicht nur auf die Mitglieder 2
der Patentanwaltskammer (§ 53), Berufsbewerber und ehemalige Patentanwälte. **Für Dritte** ist der **Rechtsweg zur Patentanwaltsgerichtsbarkeit** auch dann **nicht eröffnet,** wenn diese ihren Klageanspruch aus Vorschriften der PAO herleiten, zB wenn Mandanten anwaltliches Fehlverhalten zu ihrem Nachteil geltend machen. Ein solcher Anspruch ist nicht berufsrechtlicher, sondern allgemein öffentlich-rechtlicher Natur (AGH BW NJW 2008, 1967 = BRAK-Mitt. 2008, 75). Bei Klagen eines Dritten gegen die Patentanwaltskammer wegen Nichtzulassung zum Studium an der FernUniversität in Hagen nach § 7 Abs. 3 PAO ist der Verwaltungsrechtsweg gegeben (BayVGH Beschluss vom 28.9.2009 – 7 ZB 09.1954 nv).

Die Klagebefugnis gegen Wahlen und Beschlüsse ergibt sich aus § 94e Abs. 2. Zur Vermeidung 3
von Rechtswegstreitigkeiten gilt § 17a GVG. Abs. 1 regelt auch die sachliche Zuständigkeit des OLG.

Abs. 2 schreibt fest, dass der **BGH** nach wie vor für **Rechtsmitte**l zuständig ist. Ebenfalls 4
unverändert übernommen wurde, dass der BGH als **zweite Tatsacheninstanz** entscheidet, sodass in Nr. 1 eine Zuständigkeit für Berufungen begründet wird. Nr. 2 spiegelt wieder, dass nach § 94b Abs. 1 S. 2 iVm § 146 VwGO Beschwerden an den BGH grundsätzlich nicht statthaft sind; denn nach der VwGO sind Beschwerden gegen Entscheidungen der Oberverwaltungsgerichte außer in gesetzlich bestimmten Ausnahmefällen nicht vorgesehen (BT-Drs. 16/12061, 32). Unter den Voraussetzungen des § 17a Abs. 4 S. 4 GVG ist aber eine Beschwerde über Entscheidungen über den Rechtsweg zulässig.

Nach **Abs. 3** besteht neben der Zuständigkeit für Rechtsmittel die erstinstanzliche und 5
abschließende Zuständigkeit des **BGH** für Streitigkeiten fort, die **Einzelfallentscheidungen des BMJV** zum Gegenstand haben (zB § 82a; BT-Drs. 16/12061, 32).

Daneben besteht die **Zuständigkeit des BGH für die Gewährung einstweiligen Rechts-** 6
schutzes sowohl als Berufungsgericht als auch als Gericht erster Instanz (§ 94b Abs. 1 iVm § 123 VwGO). Die gerichtliche Zuständigkeitsbestimmung nach § 53 VwGO obliegt ihm ebenfalls (BT-Drs. 16/12061, 32).

§ 94b Anwendung der Verwaltungsgerichtsordnung

(1) [1] **Soweit dieses Gesetz keine abweichenden Bestimmungen über das gerichtliche Verfahren enthält, gelten die Vorschriften der Verwaltungsgerichtsordnung entsprechend.** [2] **Das Oberlandesgericht steht einem Oberverwaltungsgericht gleich; § 94d bleibt unberührt.**

(2) [1] **Die Vorschriften der Verwaltungsgerichtsordnung über die Mitwirkung ehrenamtlicher Richter sowie die §§ 35, 36 und 47 der Verwaltungsgerichtsordnung sind nicht anzuwenden.** [2] **Die Fristen des § 116 Absatz 2 und des § 117 Absatz 4 der Verwaltungsgerichtsordnung betragen jeweils fünf Wochen.**

(3) **Patentanwälte und Patentassessoren können sich selbst vertreten.**

(4) **Die aufschiebende Wirkung der Anfechtungsklage endet abweichend von § 80b der Verwaltungsgerichtsordnung mit der Unanfechtbarkeit des Verwaltungsaktes.**

Übersicht

I. Entsprechende Anwendung der VwGO (Abs. 1)

1 § 94a Abs. 1, 2 und 4 entsprechen § 112c BRAO (näher → BRAO § 112c Rn. 1 ff.). **Abs. 1 S. 2** stellt klar, dass bei der Anwendung der Bestimmungen der VwGO das OLG grundsätzlich einem OVG entspricht. Bestimmungen, die nur für das Verfahren vor dem Verwaltungsgericht gelten wie die Übertragung auf den Einzelrichter nach § 6 VwGO oder die Klageerhebung durch Niederschrift des Urkundsbeamten der Geschäftsstelle nach § 81 Abs. 1 S. 2 VwGO, finden keine Anwendung. Die Beschwerde ist entsprechend § 152 VwGO ausgeschlossen. Die Gleichstellung mit einem OVG gilt nicht, soweit die PAO eine andere Zuordnung vorsieht, also insbesondere für die Vorschriften über das Berufungsverfahren in §§ 124 ff. VwGO (§ 94a Abs. 2 Nr. 1, 94d; BT-Drs. 16/12061, 32).

2 In den von der VwGO vorgesehenen Fällen ist ein **Vorverfahren vor Klageerhebung** durchzuführen (§§ 68 ff. VwGO). Das Widerspruchsverfahren ist in mehreren Bundesländern aus Verwaltungsvereinfachungsgründen abgeschafft. Dies gilt aber nur für die landeseigene Verwaltung und die juristischen Personen des öffentlichen Rechts, welche der Aufsicht des Landes unterliegen. **Verwaltungsakte der Patentanwaltskammer,** die bundesunmittelbare Körperschaft des öffentlichen Rechts ist (§ 53 Abs. 2), sind im **Widerspruchsverfahren** zu überprüfen. Die Patentanwaltskammer ist, da sie in einer Selbstverwaltungsangelegenheit tätig wird, nach § 73 Abs. 1 Nr. 3 VwGO selbst Widerspruchsbehörde. Der Widerspruch hat damit zwar keinen Devolutiveffekt (Kopp/*Schenke* VwGO Vor § 124 Rn. 1 ff.), ist aber dennoch sinnvoll, da die Patentanwaltskammer die Möglichkeit zur Selbstkontrolle erhält. Der Lauf einer Rechtsbehelfsfrist hängt davon ab, ob der angegriffene VA mit einer **Rechtsmittelbelehrung** versehen ist (§ 58 VwGO). Ist die Belehrung unterblieben oder unrichtig erteilt, bestimmt § 58 Abs. 2 VwGO eine Jahresfrist.

3 Es gelten die Klagearten der VwGO, so insbesondere die **Anfechtungs- und Verpflichtungsklage** (§§ 42, 113 VwGO) und die **Feststellungsklage** (§ 43 VwGO). Mit dem Verweis auf die VwGO ist auch ein **Verpflichtungsurteil** möglich (§§ 75, 113 Abs. 5 VwGO). § 75 VwGO eröffnet für Anfechtungs- und Verpflichtungsklagen abweichend von §§ 68, 74 VwGO den **unmittelbaren Klageweg,** ohne dass der Kläger den Bescheid über den Antrag oder das Ergebnis des Widerspruchsbescheids abwarten muss, wenn über den Antrag oder den Widerspruch ohne zureichenden Grund in angemessener Frist nicht entschieden worden ist (→ BRAO § 112c Rn. 57 ff.). Zusätzlich zu den aus § 75 VwGO folgenden Vorgaben ist die Regelung in § 30 Abs. 2 zu beachten, nach der über Anträge innerhalb von drei Monaten zu entscheiden ist (→ § 30 Rn. 4 ff.). Auf die **Fortsetzungsfeststellungsklage** ist § 113 Abs. 1 S. 4 VwGO anwendbar. Zu dem Inhalt einer Klageschrift sowie zu den Urteils- und Entscheidungsmöglichkeiten im Übrigen → §§ 82, 113 ff. VwGO.

4 Durch die Verweisung in § 94b auf die VwGO ist auch § 67 VwGO anwendbar. § 67 Abs. 4 VwGO sieht einen **Vertretungszwang** vor dem OVG und dem BVerwG vor; damit besteht auch in verwaltungsrechtlichen Patentanwaltssachen ein Vertretungszwang vor dem OLG und dem BGH. §§ 94b Abs. 1 S. 2, 94d iVm § 67 Abs. 4 VwGO begründet ua ein Selbstvertretungsrecht der Patentanwaltskammer durch ihre Geschäftsführer mit Befähigung zum Richteramt.

5 Um zu gewährleisten, dass Patentanwälte sich auch in ihren eigenen berufsrechtlichen Angelegenheiten im verwaltungsgerichtlichen Verfahren selbst vertreten können, wurde ihr **Selbstvertretungsrecht** in **Abs. 3** in einer eigenständigen, § 67 VwGO ergänzenden Regelung, die sich auch auf Patentassessoren erstreckt, ausdrücklich geregelt; → § 137 Rn. 1 ff.). Die Postulationsfähigkeit wird nicht dadurch beeinträchtigt, dass gegen den Patentanwalt ein vorläufiges Berufsverbot, § 132 Abs. 1, verhängt oder seine Zulassung sofort vollziehbar widerrufen worden ist, § 21 Abs. 4 (BGH BRAK-Mitt. 2012, 247 = NJW-RR 2012, 1336 zu §§ 155, 156 BRAO). Abs. 3 ist als **Ausnahmebestimmung eng auszulegen.** Er ist auf Patentanwaltsbewerber und Rechtsreferendare, die Ansprüche nach der PAO oder PatAnwAPO (→ Teil III Nr. 16) gelten machen wollen, nicht analog anwendbar (OLG München Vfg. vom 17.7.2013 – PatA–Z 2/12). Ebenso wenig ist er anwendbar auf Antragsteller betreffend die Aufnahme in die Patentanwaltskammer nach §§ 154a und 154b (OLG München Vfg. vom 12.9.2014 – PatA–Z 1/13).

6 Nach § 65 Abs. 1 VwGO kann das Gericht, solange das Verfahren noch nicht rechtskräftig abgeschlossen oder in höherer Instanz anhängig ist, von Amts wegen oder auf Antrag andere beiladen, wenn deren rechtliche Interessen durch die Entscheidung berührt werden. Dies trifft auf die Patentanwaltskammer zu bei einem Streit zwischen dem DPMA und einem angehenden Bewerber um die Berücksichtigung eines Fachhochschulstudiums bei der Festsetzung des Ausbildungsbeginns, da die Patentanwaltskammer nach § 13 verpflichtet ist, einen Bewerber, der die gesetzlichen Voraussetzungen erfüllt, auf Antrag als Patentanwalt zuzulassen, womit dieser nach § 53 Abs. 1 S. 1 Mitglied der Patentanwaltskammer wird. Die einfache **Beiladung der Patentanwaltskammer** ist angezeigt, weil die Streitfrage, ob eine Fachhochschule als wissenschaftliche Hochschule iSd § 6 Abs. 1 anzusehen ist, von grundlegender Bedeutung für die Bestimmung des Kreises der Berufszugangsberechtigten und damit der potentiellen Mitglieder der Patentanwaltskammer ist, so dass auch deren rechtliche Interessen betroffen sind (BGH Mitt 2014, 197). Die einfache Beiladung der Patentanwaltskammer nach § 65 Abs. 1 VwGO ist auch angezeigt bei dem Streit zwischen dem DPMA und dem angehenden Bewerber über die Frage, ob die Ausbildung zum Patentanwalt auch im Rahmen einer zeitlich beschränkten Nebentätigkeit erfolgen kann, da diese für die Qualifikation der Berufszugangsberechtigten und damit der potentiellen Mitglieder der Patentanwaltskammer von Bedeutung sein kann, so dass auch deren rechtliche Interessen betroffen sind (OLG München Mitt 2014, 198). Der Beigeladene kann innerhalb der Anträge eines Beteiligten selbständige Angriffs- und Verteidigungsmittel geltend machen und alle Verfahrenshandlungern wirksam vornehmen. Abweichende Sachanträge kann er nur stellen, wenn eine notwendige Beiladung vorliegt (§ 66 VwGO).

7 Es gilt der Grundsatz der **mündlichen Verhandlung,** sofern nicht die Beteiligten hierauf verzichten. Dies entspricht der Rechtslage nach § 101 Abs. 1 und 2 VwGO. In der VwGO sind weitere Ausnahmen vom Grundsatz der mündlichen Verhandlung sowohl im Verfahren im ersten Rechtszug (Gerichtsbescheid: § 84 VwGO) als auch im zweiten Rechtszug (§§ 125 Abs. 2, 130a VwGO) vorgesehen. In allen Streitigkeiten, auch in Zulassungssachen, kann statt durch Urteil (§ 107 VwGO) durch **Gerichtsbescheid** (§ 84 VwGO) entschieden werden. Das Gericht kann **unzulässige Rechtsmittel auch ohne mündliche Verhandlung verwerfen** (§ 125 Abs. 2, § 144 Abs. 1 VwGO). § 130a VwGO ermöglicht auch, dass über die Begründetheit einer Berufung durch Beschluss entschieden werden kann, wenn dies einstimmig erfolgt und keine mündliche Verhandlung notwendig ist.

8 Im gerichtlichen Verfahren in verwaltungsrechtlichen Patentanwaltssachen ist die **mündliche Verhandlung** wie in verwaltungsgerichtlichen Verfahren **öffentlich** (§ 55 VwGO, §§ 169–175 GVG). Der Schutz der Privatsphäre ist über § 173 VwGO iVm den § 171b (Schutz von Persönlichkeitsrechten), § 172 (Ausschließung der Öffentlichkeit) GVG gewährleistet. Weder die Stellung der Patentanwälte als Organe der Rechtspflege (§ 1) noch der Umstand, dass in einzelnen Verfahren Tatsachen zu erörtern sind, die der patentanwaltlichen Verschwiegenheit unterliegen, rechtfertigen – wie auch der Vergleich mit den beamtenrechtlichen Disziplinarstreitigkeiten und dem Strafprozess erweist – eine abweichende Regelung.

9 Maßgeblicher **Zeitpunkt für die Beurteilung der Sach- und Rechtslage** ist bei der Frage der Rechtmäßigkeit des Widerrufs der Zulassung zur Patentanwaltschaft nicht die letzte mündliche Verhandlung, sondern allein der Zeitpunkt des Abschlusses des Widerspruchsverfahrens, also der Erlass des Widerspruchsbescheids durch die Patentanwaltskammer; die Beurteilung danach eingetretener Entwicklungen ist einem Wiederzulassungsverfahren vorbehalten (BGH NJW 2011, 3234 = BRAK-Mitt. 2011, 246 = AnwBl. 2011, 691, → § 21 Rn. 1). Zur Frage eines Entfallens des Widerrufsgrundes zwischen Erlass und Zustellung der maßgeblichen Behördenentscheidung (AGH RhPf vom 27.6.2014 – 1 AGH 6/13 (2/8)).

10 Nach § 80 VwGO haben Widerspruch und Anfechtungsklage grundsätzlich **aufschiebende Wirkung.** Dies gilt nicht für die Anforderung von öffentlichen Abgaben und Kosten (§ 80 Abs. 2 S. 1 Nr. 1 VwGO). Diese Ausnahme ist für Streitigkeiten im Patentanwaltsrecht bedeutsam. weil sie die verwaltungsrechtlichen Geldforderungen der Patentanwaltskammer erfasst und so die kontinuierliche Finanzierung der Kammer sichert. Die aufschiebende Wirkung entfällt nach § 80 Abs. 2 Nr. 4 VwGO ferner, wenn die Patentanwaltskammer die sofortige Vollziehung besonders angeordnet hat. Wegen der besonderen Gefahren für den Rechtsverkehr wird bei Widerruf der Zulassung nach § 21 Abs. 2 Nr. 10 wegen Fehlens der Berufshaftpflichtversicherung die Anordnung der sofortigen Vollziehung regelmäßig erforderlich sein (→ § 21 Rn. 9). Da das OLG einem OVG entspricht (§ 94b Abs. 1 S. 2), ist gegen seine Beschlüsse in Verfahren des

einstweiligen Rechtsschutzes die Beschwerde nicht gegeben. Sie ist nur gegen entspr. Entscheidungen des Verwaltungsgerichts eröffnet (§ 146 VwGO).

11 Entsprechend den Regelungen der VwGO (§ 124 VwGO) ist gegen Urteile des OLG das **Rechtsmittel der Berufung zum BGH** statthaft, wenn sie vom OLG oder dem BGH zugelassen wird (vgl. § 94d). Eine (sofortige) Beschwerde gegen den Beschluss, mit dem das OLG dem Antragsteller Prozesskostenhilfe für das beabsichtigte Klageverfahren versagt hat, ist nicht statthaft, § 152 Ab. 1 VwGO (BGH BeckRS 2014, 19135).

12 Für die Beratungen und Abstimmungen gelten gemäß § 173 VwGO die §§ 192 ff. GVG, so dass **mit absoluter Mehrheit der Stimmen** zu entscheiden ist (§ 196 Abs. 1 GVG). Dies entspricht der Rechtslage in vergleichbaren Verfahren der BRAO (§ 112c BRAO) und anderer Berufsträger (zB Steuerberater: § 52 Abs. 1 der Finanzgerichtsordnung iVm § 192 GVG; BT-Drs. 16/12061, 32 ff.).

13 Für die **Gerichtskosten** (Gebühren und Auslagen) **gilt weitgehend** das auch für verwaltungsgerichtliche Streitigkeiten geltende **GKG** (§ 146 PAO mit Anlage zur PAO Gebührenverzeichnis Teil 2, abgedruckt nach § 148). Der **Streitwert** wird in § 147 geregelt.

II. Nicht anwendbare Vorschriften der VwGO (Abs. 2 und 4)

14 In Abs. 2 S. 2 werden die Bestimmungen der VwGO über den **Vertreter des öffentlichen Interesses** (§§ 35, 36 VwGO) und über das **Normenkontrollverfahren** (§ 47 VwGO) für unanwendbar erklärt. Durch die Anfechtbarkeit von Wahlen und Beschlüssen (§ 94e) kann die Rechtmäßigkeit oder Gültigkeit von Kammerentscheidungen in ausreichendem Maße kontrolliert werden.

15 Abs. 2 ordnet an, dass die patentanwaltlichen Mitglieder des Senats für Patentanwaltssachen des OLG (§§ 86 Abs. 2, 87, 88) und – die Beisitzer des BGH (§§ 90 Abs. 2, 91) **nicht den Sonderregelungen der VwGO für ehrenamtliche Verwaltungsrichter unterworfen** sind. Das bedeutet, dass sie auch an Beschlüssen außerhalb der mündlichen Verhandlung mitwirken und Urteile unterschreiben (vgl. anders: § 5 Abs. 3 S. 2, 117 Abs. 1 S. 4 VwGO), obwohl sie ehrenamtliche Richter sind (§ 88 Abs. 1 S. 1). Dies trägt ihrem besonderen Status als Organ der Rechtspflege (§ 1) Rechnung. Abs. 2 S. 2 trägt diesem Umstand Rechnung, indem die patentanwaltlichen Beisitzer das Urteil ebenfalls unterzeichnen müssen. Hierfür kann die in der VwGO vorgegebene Zwei-Wochen-Frist zu knapp sein. An ihre Stelle trat eine ausreichend lange Fünf-Wochen-Frist (BT-Drs. 16/12061, 33).

16 Abs. 4 erklärt § 80b VwGO (Ende der aufschiebenden Wirkung) für unanwendbar. Die aufschiebende Wirkung der Anfechtungsklage (§§ 42, 80 VwGO) endet damit erst, wenn die Entscheidung unanfechtbar geworden ist. Eine vorzeitige Beendigung ist nur bei Anordnung des Sofortvollzugs (§ 80 Abs. 2 VwGO) möglich (Gaier/Wolf/Göcken/*Schmidt-Räntsch* BRAO § 112c Rn. 202). Im Übrigen gelten die Anm. zu § 112c BRAO entsprechend (→ BRAO § 112c Rn. 1 ff.).

§ 94c Klagegegner und Vertretung

(1) **Die Klage ist gegen die Patentanwaltskammer oder Behörde zu richten,**

1. **die den Verwaltungsakt erlassen hat oder zu erlassen hätte; für hoheitliche Maßnahmen, die berufsrechtliche Rechte und Pflichten der Beteiligten beeinträchtigen oder verwirklichen, gilt dies sinngemäß;**
2. **deren Entschließung Gegenstand des Verfahrens ist.**

(2) **In Verfahren zwischen dem Präsidenten oder einem Mitglied des Vorstands und der Patentanwaltskammer wird die Patentanwaltskammer durch eines ihrer Mitglieder vertreten, das der Präsident des zuständigen Gerichts besonders bestellt.**

1 § 94c entspricht § 112d BRAO (näher → BRAO § 112d Rn. 1 ff.). **Abs. 1** regelt teilweise abweichend von dem nach § 78 Abs. 1 Nr. 1 VwGO geltenden Rechtsträgerprinzip, dass die Klagen gegen die Patentanwaltskammer, das DPMA, zB in Ausbildungsangelegenheiten nach der PatAnwAPO oder das BMJV, zB im Falle des § 82a, zu richten sind. Dies gilt auch, wenn Organe der Patentanwaltskammer handeln. Die in § 94c Abs. 1 Nr. 2 genannten Entschließungen

erfassen auch Wahlen und Beschlüsse (vgl. § 94e; BT-Drs. 16/12061, 51). Eine Klage gegen die vom Präsidenten der Kammer getroffene Entscheidung, den Antrag eines Kammermitglieds nicht auf die Tagesordnung zu setzen, ist mangels Passivlegitimation des Präsidenten nicht gegen diesen persönlich, sondern gegen die Kammer selbst zu richten (BGH BRAK-Mitt. 2014, 106 = NJW-RR 2014, 750 zu § 112d BRAO).

Abs. 2 ist eine besondere Regelung zur Vertretung der Patentanwaltskammer, da sie für alle Fälle einer drohenden Interessenkollision sinnvoll ist (BT-Drs. 16/12061, 51). Ist also der Präsident oder ein anderes Mitglied des Vorstandes der Antragsteller, muss zur Vermeidung der dann für alle Vorstandsmitglieder bestehenden Konfliktsituation der Präsident des zuständigen Gerichts ein Mitglied der Patentanwaltskammer zu deren Vertreter bestimmen. Dieses Mitglied der Patentanwaltskammer darf nicht dem Vorstand der Patentanwaltskammer angehören. 2

§ 94d Berufung

[1] Gegen Endurteile einschließlich der Teilurteile, Grundurteile und Zwischenurteile über die Zulässigkeit steht den Beteiligten die Berufung zu, wenn sie vom Oberlandesgericht oder vom Bundesgerichtshof zugelassen wird. [2] Für das Berufungsverfahren gilt der Zwölfte Abschnitt der Verwaltungsgerichtsordnung mit der Maßgabe, dass das Oberlandesgericht an die Stelle des Verwaltungsgerichts und der Bundesgerichtshof an die Stelle des Oberverwaltungsgerichts tritt.

§ 94d regelt die Berufung gegen die Entscheidungen des OLG und erklärt für das Berufungsverfahren den Zwölften Abschnitt der VwGO (§§ 124–130b) für anwendbar, wobei das OLG an die die Stelle des Verwaltungsgerichts und der BGH an die Stelle des OVG tritt. Auf die Kommentierung des entsprechenden § 112e BRAO wird verwiesen (näher → BRAO § 112e Rn. 1 ff.). 1

§ 94d bestimmt wie § 112e BRAO die Berufung nach § 124 VwGO zum statthaften Rechtsmittel. Damit soll – jedenfalls vorläufig – an zwei Tatsacheninstanzen festgehalten werden. Ein sachlicher Grund, abweichend vom Rechtsmittelsystem der VwGO die Berufung insgesamt oder für bestimmte Angelegenheiten unabhängig von ihrer Zulassung durch das Ausgangs- oder Berufungsgericht zuzulassen (vgl. § 124 VwGO), besteht nicht (BT-Drs. 16/12061, 33). Eine solche zulassungsfreie Berufung, die der VwGO unbekannt ist und zahlreiche Sonderregelungen in der PAO bedingen würde, widerspräche der mit dem Übergang zum verwaltungsrechtlichen Verfahren intendierten Angleichung der Verfahren und ließe sich weder insgesamt noch etwa beschränkt auf Streitigkeiten über die Zulassung zur Patentanwaltschaft und ihren Widerruf begründen. Die „besondere Bedeutung", die ein gerichtliches Verfahren über die Zulassung oder ihren Widerruf für die Betroffenen hat, unterscheidet sich in nichts von der besonderen, teilweise existenziellen Bedeutung zahlreicher anderer verwaltungsgerichtlicher Verfahren etwa im Beamtenrecht, Gewerberecht, im Ausländer- und Asylrecht und nunmehr auch bei den Rechtsanwälten (§ 112e BRAO; BT-Drs. 16/12061, 51, 52). Die **Beschränkung der Berufung durch das Erfordernis der besonderen Zulassung** (§§ 124, 124a VwGO) ist, da der Gleichheitsgrundsatz gewahrt ist, verfassungsrechtlich zulässig (BVerfGE 54, 292 = NJW 1981, 39). Die Einlegung der Berufung ohne vorherige Zulassung ist unzulässig, bei Wahrung der erforderlichen Förmlichkeiten kann sie aber in einen Zulassungsantrag umgedeutet werden. 2

Nach §§ 94b, 94d PAO iVm § 124 VwGO lässt das OLG, das insoweit dem VG entspricht (§ 94d S. 2), die Berufung in seinem Urteil zu, wenn die Gründe des § 124 Abs. 2 Nr. 3 (grundsätzliche Bedeutung der Rechtssache) oder der Nr. 4 VwGO (Abweichung von Entscheidungen des BGH pp.) vorliegen. Der BGH, der insoweit dem OVG entspricht (§ 94d S. 2), ist an die Zulassung gebunden. Zu einer Entscheidung über die Nichtzulassung ist das OLG nicht befugt (§ 124a Abs. 1 VwGO; *Neuenfeld* AnwBl. 2009, 749, 752). 3

Hat das OLG die Berufung zugelassen, ist diese innerhalb eines Monats nach Zustellung des vollständigen Urteils bei dem OLG einzulegen § 124a Abs. 2 VwGO). 4

Hat das OLG die Zulassung der Berufung nicht ausgesprochen, dann kann nach § 124a Abs. 4 VwGO die Zulassung der Berufung innerhalb eines Monats nach Zustellung des vollständigen Urteils beim OLG beantragt werden. Innerhalb von zwei Monaten nach Zustellung des vollständigen Urteils, § 124a Abs. 4 S. 4 VwGO, sind zudem die Gründe (§ 124 Abs. 2 VwGO) 5 darzulegen, aus denen die Berufung zuzulassen ist (BGH BeckRS 2010, 29063). Die Frist zur Begründung des Antrags auf Zulassung der Berufung ist nach §§ 57 Abs. 2, 125 Abs. 1 S. 1 VwGO, § 224 Abs. 2 ZPO einer Verlängerung nicht zugänglich (BGH BeckRS 2014, 22285). Die Stellung des Antrags hemmt nach § 124a Abs. 4 S. 6 VwGO die Rechtskraft des Urteils. Über den Zulassungsantrag entscheidet nach § 124a Abs. 5 VwGO der BGH durch Beschluss. Mit der Ablehnung des Antrags wird das Urteil rechtskräftig (§ 124a Abs. 5 S. 4 VwGO). Lässt der BGH die Berufung zu, wird das Antragsverfahren als Berufungsverfahren fortgesetzt, der Einlegung der Berufung bedarf es dann nicht mehr (§ 124a Abs. 5 VwGO), wohl aber einer Begründung derselben. Dies hat nach § 124a Abs. 6 VwGO dann innerhalb eines Monats nach Zustellung des Beschlusses des BGH über die Zulassung der Berufung zu erfolgen. Für das weitere Berufungsverfahren gelten die Vorschriften des Teils II der VwGO (§§ 54 ff. VwGO) entsprechend, soweit sich nicht aus den §§ 124–130b VwGO etwas anderes ergibt. § 84 VwGO (Entscheidung durch Gerichtsbescheid) ist nicht anzuwenden (§ 125 VwGO). Vgl. im Übrigen die Anm. zu § 112e BRAO entsprechend (→ BRAO § 112e Rn. 1 ff.).

6 Wird während eines laufenden Zulassungsberufungsverfahrens von beiden Parteien der Rechtsstreit in der **Hauptsache übereinstimmend für erledigt erklärt,** spricht der BGH gemäß § 94b Abs. 1 S. 1 PAO, § 173 S. 1 VwGO, § 269 Abs. 3 S. 1 ZPO zur Klarstellung aus, dass das angefochtene Urteil wirkungslos geworden ist (BGH BeckRS 2014, 11167). Erklären die Parteien im laufenden Berufungsverfahren übereinstimmend die Hauptsache für erledigt, ist gemäß § 94d S. 2 PAO, § 125 Abs. 1 S. 1, § 92 Abs. 3 S. 1 VwGO das Berufungsverfahren einzustellen und zur Klarstellung auszusprechen, dass das angefochtene Urteil unwirksam geworden ist (BGH BeckRS 2014, 12286).

§ 94e Klagen gegen Wahlen und Beschlüsse

(1) **Wahlen und Beschlüsse der Organe der Patentanwaltskammer mit Ausnahme von Beschlüssen nach § 82 Absatz 2 Nummer 1 können für ungültig oder nichtig erklärt werden, wenn sie unter Verletzung des Gesetzes oder der Satzung zustande gekommen oder wenn sie ihrem Inhalt nach mit dem Gesetz oder der Satzung nicht vereinbar sind.**

(2) [1] **Die Klage kann durch den Präsidenten des Patentamts oder ein Mitglied der Patentanwaltskammer erhoben werden.** [2] **Die Klage eines Mitglieds der Patentanwaltskammer gegen einen Beschluss ist nur zulässig, wenn es geltend macht, durch den Beschluss in seinen Rechten verletzt zu sein.**

(3) **Ein Mitglied der Kammer kann den Antrag nur innerhalb eines Monats nach der Wahl oder Beschlussfassung stellen.**

1 § 94e regelt das gerichtliche Vorgehen gegen Wahlen oder Beschlüsse der Kammer. Die Bestimmung entspricht § 112f BRAO. Gemäß **Abs. 1** können Beschlüsse nach § 82 Abs. 2 Nr. 1, also Beschlüsse, die die Berufsordnung (§ 52b) und die Satzung (§ 56) betreffen, nicht im Klageweg für ungültg oder nichtig erklärt werden. Die Satzung unterliegt der Genehmigungsbefugnis durch das BMJV (§ 56), bei der Berufsordnung steht dem BMJV ein Aufhebungsrecht zu (§ 82a). Für Streitigkeiten gegen eine Beanstandung nach § 82a ist der Rechtsweg nach § 94a Abs. 3 und zwar erst- und letztinstanzlich zum BGH (§ 94a Abs. 3 Nr. 1) gegeben (BT-Drs. 16/12061, 33). Für Streitigkeiten bei Nichtgenehmigung der Satzung nach § 56 ist ebenfalls der Rechtsweg nach § 94a Abs. 3 in erster und letzer Instanz zum BGH gegeben.

2 **Abs. 2** regelt die **Klagebefugnis.** Es fehlt an der Klagebefugnis, wenn die Verletzung von eigenen Rechten nicht ausreichend dargetan ist, wenn also unter Zugrundelegung des Klagevorbringens offensichtlich und eindeutig nach keiner Betrachtungsweise eine **Verletzung subjektiven Rechts** möglich erscheint (BGH BeckRS 2015, 06669 zu § 112f BRAO). Bei einem Beschluss über die **Festsetzung des Kammerbeitrags** ergeben sich unmittelbare Auswirkung auf die Leistungspflichten des Kammermitglieds gegenüber der Patentanwaltskammer, sodass eine Beeinträchtigung der subjektiven Rechte möglich erscheint, wenn die Höhe des festgesetzten Kammerbeitrags unrechtmäßig ist (BGH BeckRS 2015, 06669). Bei Klagen gegenWahlen ergibt sich das Klagerecht bereits aus der Kammermitgliedschaft. Einer darüber hinausgehenden Klagebefugnis bedarf es nicht (BGH BeckRS 2015, 06669).

Nach **Abs. 3** haben die Mitglieder der Kammer eine **Frist zur Klageerhebung** einzuhalten ist. Die Klagefrist für Anfechtung von Wahlen und Beschlüssen der Kammerversammlung beginnt mit dem Tag der Kammerversammlung. Nur so können Zweifel an der Wahl oder dem Beschluss innerhalb einer überschaubaren Zeit geklärt werden (BGH BRAK-Mitt. 2001, 40 = AnwBl. 2001, 242). Innerhalb des Monats sind auch sämtliche Anfechtungsgründe vorzubringen. Der Umstand, dass das Protokoll über die Kammerversammlung bei Fristablauf noch nicht zugegangen ist, schließt nicht aus und entbindet das klagende Kammermitglied nicht davon, sich rechtzeitig über alle in Betracht kommenden Anfechtungsgründe zu unterrichten (BGH Mitt 1973, 57 = MDR 1973, 46). Bei Beschlüssen und Wahlen des Vorstands beginnt die Frist mit dem Zeitpunkt der Bekanntgabe der Beschlüsse und Wahlergebnisse (§ 6 Satzung) an das Kammermitglied (→ BRAO § 112f Rn. 46). Die Klage ist für den Präsidenten des Patentamts nicht fristgebunden. 3

Das klagende Kammermitglied kann sich selbst vertreten (§ 94b Abs. 3). Die **besondere Vertretungsregelung** für Interessenkollisionen bei Beteiligung des Kammerpräsidenten oder eines Vorstandsmitglieds findet sich in § 94c Abs. 2 (BT-Drs. 16/12061, 33). Die Vorschriften über die **Beiladung** (§§ 94b iVm §§ 65, 66 VwGO) sind insbesondere im Fall der Anfechtung der Wahl von Mitgliedern des Vorstandes zu beachten. Die Beiladung des Gewählten ist im Wahlanfechtungsverfahren ein Fall der notwendigen Beiladung (BGH NJW-RR 2008, 1159 = BRAK-Mitt. 2008, 169 zu §§ 91, 223 BRAO). 4

§ 94f Rechtsschutz bei überlangen Gerichtsverfahren

[1] Auf den Rechtsschutz bei überlangen Gerichtsverfahren sind die Vorschriften des Siebzehnten Titels des Gerichtsverfassungsgesetzes anzuwenden. [2] Die Vorschrift dieses Gesetzes, die die Besetzung des Senats für Patentanwaltssachen bei dem Oberlandesgericht und bei dem Bundesgerichtshof regeln, sind nicht anzuwenden.

§ 94f wurde mit Art. 16 Gesetz über den Rechtsschutz bei überlangen Gerichtsverfahren und strafrechtlichen Ermittlungsverfahren vom 24.11.2011 (BGBl. I S. 2303) eingefügt, da die Regelung zum Rechtsschutz bei überlangen Gerichtsverfahren über eine Verwaltungsregelung (vgl. § 94b) hinaus gehen und verwaltungsrechtliche Anwaltssachen umfassen soll (BT-Drs. 17/3802, 30). § 94f entspricht § 112g BRAO (näher → BRAO § 112g Rn. 1 ff.). 1

Sechster Teil. Die berufsgerichtliche Ahndung von Pflichtverletzungen

§ 95 Ahndung einer Pflichtverletzung

(1) **Gegen einen Patentanwalt, der schuldhaft gegen Pflichten verstößt, die in diesem Gesetz oder in der Berufsordnung bestimmt sind, wird eine berufsgerichtliche Maßnahme verhängt.**

(2) **Ein außerhalb des Berufes liegendes Verhalten eines Patentanwalts, das eine rechtswidrige Tat oder eine mit Geldbuße bedrohte Handlung darstellt, ist eine berufsgerichtlich zu ahndende Pflichtverletzung, wenn es nach den Umständen des Einzelfalles in besonderem Maße geeignet ist, Achtung und Vertrauen der Rechtsuchenden in einer für die Ausübung der Patentanwaltstätigkeit bedeutsamen Weise zu beeinträchtigen.**

(3) **Eine berufsgerichtliche Maßnahme kann nicht verhängt werden, wenn der Patentanwalt zur Zeit der Tat der patentanwaltlichen Berufsgerichtsbarkeit nicht unterstand.**

§ 95 entspricht § 113 BRAO (näher → BRAO § 113 Rn. 1 ff.). 1

§ 96 Berufsgerichtliche Maßnahmen

(1) **Berufsgerichtliche Maßnahmen sind**

1. **Warnung,**
2. **Verweis,**
3. **Geldbuße bis zu fünfundzwanzigtausend Euro,**
4. **Ausschließung aus der Patentanwaltschaft.**

(2) **Die berufsgerichtlichen Maßnahmen des Verweises und der Geldbuße können nebeneinander verhängt werden.**

1 § 96 entspricht § 114 BRAO (näher → BRAO § 114 Rn. 1 ff.). Jedoch entfällt im Hinblick auf den eingeschränkten Tätigkeitsbereich der Patentanwälte (§§ 3, 4) ein dem § 114 Abs. 1 Nr. 4 BRAO entsprechendes zeitlich und gegenständlich beschränktes Vertretungs- und Beistandsverbot. Die weite Spanne zwischen Geldbuße und Ausschluss aus der Patentanwaltschaft ist so nicht überbrückt, wenn unter Berücksichtigung aller Umstände des Einzelfalles die Ausschließung aus dem Beruf als eine zu harte Reaktion erscheint, Verweis und Geldbuße aber nicht als ausreichend erscheinen (→ BRAO § 114 Rn. 21 ff.). Der Ausschluss aus der Patentanwaltschaft ist im Falle einer strafgerichtlichen Verurteilung wegen Untreue und Betrug der Regelfall. Dabei macht es grundsätzlich keinen Unterschied, ob der Täter Untreue und Betrug zum Nachteil der Mandanten oder zum Nachteil seiner Sozietätskollegen begeht (BGH wistra 2014, 237).

§ 97 Verjährung der Verfolgung einer Pflichtverletzung

(1) [1] **Die Verfolgung einer Pflichtverletzung, die nicht die Ausschließung aus der Patentanwaltschaft rechtfertigt, verjährt in fünf Jahren.** [2] **§ 78 Abs. 1, § 78a Satz 1 sowie die §§ 78b und 78c Abs. 1 bis 4 des Strafgesetzbuches gelten entsprechend.**

(2) **Ist vor Ablauf der Verjährungsfrist wegen desselben Sachverhalts ein Strafverfahren eingeleitet worden, ist der Ablauf der Verjährungsfrist für die Dauer des Strafverfahrens gehemmt.**

1 Die Verjährungsvorschrift des § 97 folgt § 115 BRAO (näher → BRAO § 115 Rn. 1 ff.).

2 **Abs. 2** trägt dem Umstand Rechnung, dass durch die lange Dauer von Strafverfahren, deren Ausgang für das berufsgerichtliche Verfahren von Bedeutung ist, regelmäßig die Gefahr der Verjährung hinsichtlich der Verfolgung der Pflichtverletzungen besteht (BT-Drs. 16/12061, 34; → BRAO § 115 Rn. 18a).

§ 97a Vorschriften für Geschäftsführer von Patentanwaltsgesellschaften

[1] **Die Vorschriften des Sechsten und Siebenten Teils sowie die §§ 148 bis 151 sind entsprechend anzuwenden auf Personen, die nach § 53 Abs. 1 Satz 2 der Patentanwaltskammer angehören.** [2] **An die Stelle der Ausschließung aus der Patentanwaltschaft tritt die Aberkennung der Eignung, eine Patentanwaltsgesellschaft zu vertreten und ihre Geschäfte zu führen.**

1 Durch § 97a werden die Vorschriften über die berufsgerichtliche Ahndung von Pflichtverletzungen und das berufsgerichtliche Verfahren nebst den §§ 148–151 auf Geschäftsführer von Patentanwaltsgesellschaften (§ 52f), soweit sie nicht bereits dem berufsgerichtlichen Verfahren nach der PAO unterliegen (§ 95 Abs. 3), erstreckt. Wegen der Einzelheiten kann auf § 115c BRAO, der § 97a entspricht, Bezug genommen werden (näher → BRAO § 115c Rn. 1 ff.).

Siebenter Teil. Das berufsgerichtliche Verfahren

Erster Abschnitt. Allgemeines

§ 98 Vorschriften für das Verfahren und den Rechtsschutz bei überlangen Gerichtsverfahren

(1) [1] Für das berufsgerichtliche Verfahren gelten die nachstehenden Vorschriften. [2] Ergänzend sind das Gerichtsverfassungsgesetz und die Strafprozeßordnung sinngemäß anzuwenden.

(2) [1] Auf den Rechtsschutz bei überlangen Gerichtsverfahren sind die Vorschriften des Siebzehnten Titels des Gerichtsverfassungsgesetzes anzuwenden. [2] Die Vorschriften dieses Gesetzes, die die Besetzung des Senats für Patentanwaltssachen bei dem Oberlandesgericht und bei dem Bundesgerichtshof regeln, sind nicht anzuwenden.

§ 98 folgt § 116 BRAO (näher → BRAO § 116 Rn. 1 ff.). Das Begnadigungsrecht (§ 452 StPO), so bei rechtskräftiger Ausschließung aus dem Beruf, steht dem Freistaat Bayern zu (vgl. auch BVerfGE 66, 337 = NJW 1984, 2341; BGH NJW 1991, 3034). Hinsichtlich der Vollstreckung, Tilgung und der Kosten des Verfahrens (§§ 449 ff. StPO) kann auf §§ 144, 144a, 148–151 Bezug genommen werden. 1

Auch die Durchsuchung einer Patentanwaltskanzlei (§§ 102 StPO ff.) bedarf einer ganz besonderen verfassungsrechtlichen Rechtfertigung im Einzelfall. Zur Begründung der Angemessenheit einer Durchsuchung reichen formelhafte Wendungen keinesfalls aus. Insbesondere muss geprüft werden, ob nach dem Stand der Ermittlungen die Verurteilung zu einer mehr als geringfügigen Sanktion in Betracht kommt (BVerfG NJW 2008, 1937; NJW-Spezial 2008, 446; BayVerfGH BayVBl. 2012, 482 = BRAK-Mitt. 2011, 214; näher → BRAO § 116 Rn. 19). 2

Das Zeugnisverweigerungsrecht des Patentanwalts als Berufsgeheimnisträger (§ 53 Abs. 1 Nr. 3 StPO) und seiner Berufshelfer (zB einer Fachangestellten) erstreckt sich schon auf die Frage, ob überhaupt ein Mandatsverhältnis mit jemanden besteht (BGH NJW 1985, 2203; 1992, 123 = AnwBl. 1991, 597 = BRAK-Mitt. 1991, 238; LG Dresden NJW-Spezial 2008, 62; → BRAO § 116 Rn. 17). 3

Zur Nichtanwendung des § 98 in Aufsichtsverfahren der Patentanwaltskammer → § 69 Rn. 6. 4

Die zweite Hälfte der Überschrift und **Abs. 2** sind durch Art. 16 Gesetz über den Rechtsschutz bei überlangen Gerichtsverfahren und strafrechtlichen Ermittlungsverfahren vom 24.11.2011 (BGBl. I S. 2303) eingefügt worden, da die Regelung auch im anwaltsgerichtlichen Verfahren Anwendung finden soll (BT-Drs. 17/3802, 30). 5

§ 99 Keine Verhaftung des Patentanwalts

[1] Der Patentanwalt darf zur Durchführung des berufsgerichtlichen Verfahrens weder vorläufig festgenommen noch verhaftet oder vorgeführt werden. [2] Er kann nicht zur Vorbereitung eines Gutachtens über seinen psychischen Zustand in ein psychiatrisches Krankenhaus gebracht werden.

§ 99 entspricht § 117 BRAO (näher → BRAO § 117 Rn. 1 ff.). 1

§ 100 Verteidigung

(1) [1] Zu den Verteidigern im berufsgerichtlichen Verfahren können außer den in § 138 Abs. 1 der Strafprozeßordnung genannten Personen auch Patentanwälte gewählt werden. [2] Patentanwaltsgesellschaften können nicht zu Verteidigern gewählt werden.

(2) § 140 Abs. 1 Nr. 1 bis 3, 6, 7 und 9 der Strafprozeßordnung ist im berufsgerichtlichen Verfahren nicht anzuwenden.

Übersicht

I. Kreis der möglichen Verteidiger

1 § 100 Abs. 1 S. 1 knüpft an § 138 Abs. 1 StPO an und erweitert ihn. Neben den in § 138 Abs. 1 StPO genannten **Rechtsanwälten,** sowie den **Rechtslehrern** an deutschen Hochschulen (vgl. dazu *Meyer-Goßner* StPO § 138 Rn. 4) können **auch Patentanwälte zu Verteidigern** gewählt werden.

2 Die Befugnis des Patentanwalts, die Verteidigung im berufsgerichtlichen Verfahren zu übernehmen ist **auf das Revisionsverfahren ausgedehnt,** um zu vermeiden, dass ein Patentanwalt, der einen Kollegen in den beiden ersten Instanzen verteidigt hat gezwungen ist, in der Revisionsinstanz seine Bestellung zum Verteidiger nach § 98 S. 2 iVm § 138 Abs. 2 StPO zu betreiben (BT-Drs. 11/3253, 30). Durch die Zulassung des Patentanwalts als Verteidiger werden die in §§ 3 und 4 geregelten Befugnisse des Patentanwalts erweitert mit der Folge, dass die Übernahme der Verteidigung nicht gegen das Rechtsdienstleistungsgesetz, § 1 Abs. 2 RDG, verstößt. Da § 138 Abs. 2 StPO in § 100 Abs. 1 nicht zitiert wird, können andere Personen iSd § 138 Abs. 2 StPO (vgl. *Meyer-Goßner* StPO § 138 Rn. 7 ff.) nicht zu Verteidigern bestellt werden, so auch nicht Mitglieder der Patentanwaltskammer nach § 154a oder Patentassessoren.

3 **Patentanwaltsgesellschaften** (§§ 52c ff.) können im berufsgerichtlichen Verfahren nicht zu Verteidigern gewählt werden (→ § 52l Rn. 3). Zur Verteidigung durch **europäische Rechtsanwälte** (§ 1 EuRAG) vgl. die Bestimmungen des EuRAG (insbesondere → EuRAG §§ 2 Rn. 3, 27, 28, 30).

II. Fälle der notwendigen Verteidigung

4 **1. Katalog des § 140 Abs. 1 StPO.** Im berufsgerichtlichen Verfahren gibt es **grundsätzlich keine notwendige Verteidigung,** wenn sich der betroffene Patentanwalt nicht eines Wahlverteidigers bedient. **Abs. 2** schließt die Anwendung des § 140 Abs. 1 Nr. 1–3 und der Nr. 6, 7 und 9 StPO ausdrücklich aus. Die notwendige Mitwirkung eines Verteidigers im berufsgerichtlichen Verfahren ist auch im Interesse des Beschuldigten grundsätzlich nicht erforderlich. Die von der StPO abweichenden Vorschriften der §§ 121 S. 2, 122 Abs. 2 geben dem beschuldigten Patentanwalt zusätzliche Möglichkeiten, die eigene Verteidigung vorzubereiten und in der Hauptverhandlung auf das Verfahren durch Anträge Einfluss zu nehmen. Die Beschuldigten im berufsgerichtlichen Verfahren sind überdies ausschließlich Personen, die in berufsrechtlichen Fragen des berufsgerichtlichen Verfahrens als hinreichend rechts- und sachkundig angesehen werden müssen, um ihnen die Verteidigung auch in eigener Sache überlassen zu können (BT-Drs. 5/276, 62). Mit Art. 6 Abs. 2 des Gesetzes zur Stärkung der Rechte von Opfern sexuellen Missbrauchs (StORMG) vom 26.6.2013 (BGBl. I S. 1805) wurde in Abs. 2 die Nichtanwendbarkeit des § 140 Abs. 1 StPO auf die Nr. 9 ausgedehnt. Der Tatbestand in § 140 Abs. 1 Nr. 9 StPO bezieht sich auf die Bestellung eines Rechtsanwalts als Beistand für Verletzte nach §§ 397a und 406g StPO. Eine Anwendung der Vorschrift im patentanwaltsgerichtlichen Verfahren nach § 98 kommt nicht in Betracht, nachdem diese Verfahrensordnung keine entsprechende Verletztenrechte kennt (BT-Drs. 17/6261, 21).

5 **Abs. 2** entspricht § 117a BRAO. Nach § 98 S. 2 iVm § 100 Abs. 2 sind lediglich **§ 140 Abs. 1 Nr. 5 und 8 StPO sinngemäß anzuwenden.** Damit ist nach § 98 S. 2 iVm § 100 Abs. 2 ein Fall notwendiger Verteidigung nur in folgenden Fällen gegeben:

6 Nach **§ 140 Abs. 1 Nr. 5 StPO,** wenn der Beschuldigte sich mindestens **drei Monate auf Grund richterlicher Anordnung oder mit richterlicher Genehmigung in einer Anstalt befunden** hat und nicht mindestens zwei Wochen vor Beginn der Hauptverhandlung entlassen wird. Die Freiheitsentziehung aufgrund richterlicher Entscheidung muss vor der Hauptverhandlung in der ersten, oder in der Berufungsverhandlung (Tatsacheninstanz) ununterbrochen drei Monate gedauert haben (OLG Hamburg MDR 1973, 336; **aA** OLG Bremen StV 1984, 13).

Nach **§ 140 Abs. 1 Nr. 8 StPO** besteht notwendige Verteidigung, wenn der **bisherige Verteidiger durch eine Entscheidung von der Mitwirkung in dem Verfahren ausgeschlossen** ist. Dabei ist gleichgültig, ob der bisherige Verteidiger ein Pflicht- oder Wahlverteidiger war und ob die Verteidigung sonst notwendig gewesen wäre. Ist nur einer von mehreren Wahlverteidigern ausgeschlossen worden, so gilt Nr. 8 nicht (*Meyer-Goßner* StPO § 140 Rn. 20). 7

Die Bestellung eines Verteidigers nach § 140 Abs. 1 Nr. 5 StPO (→ Rn. 5) kann nach § 140 Abs. 3 StPO iVm § 98 S. 2 **aufgehoben** werden, wenn der Beschuldigte mindestens zwei Wochen vor Beginn der Hauptverhandlung (§ 120) aus der Anstalt entlassen wird. Dieser nicht zwingende Widerruf ist in der Regel dann nicht angezeigt, zumal der Patentanwalt sich auf den Beistand eines Verteidigers eingerichtet hat und dann unter Umständen einen neuen Verteidiger wählt, der sich erst in das Vorverfahren einarbeiten muss. Das kann unter Umständen zu einer Aussetzung der Hauptverhandlung führen. 8

2. Generalklausel des § 140 Abs. 2 StPO. Im Übrigen gewährt **§ 140 Abs. 2 StPO,** der nach § 98 S. 2 entsprechend anzuwenden ist, dem beschuldigten Patentanwalt ggf. den erforderlichen Schutz. Nach dieser Vorschrift bestellt der Vorsitzende auf Antrag oder von Amts wegen einen Verteidiger, wenn wegen der **Schwere der Tat oder wegen der Schwierigkeit der Sach- oder Rechtslage** die Mitwirkung eines Verteidigers geboten erscheint oder wenn ersichtlich ist, dass sich der beschuldigte Patentanwalt nicht selbst verteidigen kann. Dem Antrag eines tauben oder stummen Beschuldigten ist zu entsprechen. 9

Die **Schwere der Tat** beurteilt sich nach der zu erwartenden Rechtsfolgenentscheidung (zu § 140 StPO BGHSt 6, 199; OLG Hamburg NStZ 1984, 281). Wenn eine Maßnahme nach § 96 Abs. 1 Nr. 4 zu erwarten ist, wird immer die Schwere der Tat die Bestellung eines Verteidigers erforderlich machen. 10

Eine **schwierige Sachlage** liegt vor bei schwieriger Beweislage, zB komplizierten Indizienbeweisen, schwer zu beurteilenden Zeugenaussagen, zB solche kindlicher oder geistig behinderter Zeugen. Eine Verteidigerbestellung von Amts wegen kann auch bei Schwerhörigkeit oder sonstigen gravierenden Behinderungen des Patentanwalts, durch die Verständigungsschwierigkeiten entstehen können, erforderlich sein (BVerfGE 64, 135 = NJW 1983, 2762). 11

Eine **schwierige Rechtslage** wird im berufsgerichtlichen Verfahren nur ausnahmsweise die Bestellung eines Verteidigers rechtfertigen. Der rechtskundige Angeschuldigte ist verpflichtet und grundsätzlich auch in der Lage, sein Berufsrecht einschließlich der Verfahrensvorschriften zu kennen und anzuwenden. 12

Die Fälle **fehlender Verteidigungsfähigkeit** werden äußerst selten sein. Sie berühren den Grenzbereich, innerhalb dessen es zweifelhaft ist, ob überhaupt das berufsgerichtliche Verfahren in Betracht kommt, oder vielmehr der Widerruf der Zulassung zu prüfen ist (§ 21 Abs. 2 Nr. 3). Die früher in § 140 Abs. 1 Nr. 4 StPO (blinde, taube oder stumme Beschuldigte, → Rn. 9) erfassten Fälle werden nunmehr über § 140 Abs. 2 StPO geregelt. Dem Antrag eines tauben oder stummen Beschuldigten ist danach zu entsprechen. 13

Durch die Bestellung nach § 98 S. 2 iVm § 140 Abs. 2 StPO (→ Rn. 9–12) wird für den Patentanwalt ein Recht auf Verteidigung begründet. Der Vorsitzende darf die Bestellung daher nicht allein deshalb zurücknehmen, weil er seine Ansicht über die Schwierigkeit der Sach- oder Rechtslage geändert hat. Nur bei einer wesentlichen Änderung der Umstände ist eine Zurücknahme der Bestellung zulässig (BGHSt 7, 69 = NJW 1955, 231; *Meyer-Goßner* StPO § 140 Rn. 34). Im Übrigen ist die Bestellung eines Pflichtverteidigers nach § 98 S. 2 iVm § 143 StPO **zurückzunehmen,** wenn ein **anderer Verteidiger** von dem Patentanwalt **gewählt** wird und dieser die Wahl annimmt. 14

3. Wiederaufnahmeverfahren, Bestellung. Im **Wiederaufnahmeverfahren** (§ 98 S. 2 Abs. 4 iVm §§ 359 ff. StPO) kommt eine Verteidigerbestellung nach §§ 364a, 364b StPO in Betracht. 15

Der **Vorsitzende** des Gerichts **bestellt** (§ 98 S. 2 iVm § 140 Abs. 2 StPO) **von Amts wegen oder auch auf Antrag** einen Verteidiger, nachdem er dem Patentanwalt unter Fristsetzung Gelegenheit zur Benennung eines Verteidigers gegeben hat. Wenn keine wichtigen Gründe entgegenstehen, bestimmt er den von dem Betroffenen Vorgeschlagenen. In der Regel geschieht dies, wenn der Patentanwalt nach § 98 S. 2 iVm § 201 StPO zur Erklärung über die Anschuldigungsschrift (§§ 106, 115) aufgefordert worden ist. Ergibt sich erst später, dass ein Verteidiger notwendig ist, so wird er dann sofort bestellt (§ 98 S. 2 iVm § 141 Abs. 2 StPO). Aber auch schon während des Vorverfahrens kann nach § 98 S. 2 iVm § 141 Abs. 3 StPO ein Verteidiger bestellt werden. 16

§ 101 Akteneinsicht des Patentanwalts

[1]Der Patentanwalt ist befugt, die Akten, die dem Gericht vorliegen oder diesem im Falle der Einreichung einer Anschuldigungsschrift vorzulegen wären, einzusehen sowie amtlich verwahrte Beweisstücke zu besichtigen. [2]§ 147 Abs. 2 Satz 1, Abs. 3, 5 und 6 der Strafprozeßordnung ist insoweit entsprechend anzuwenden.

1 § 101 folgt der Regelung des § 117b BRAO (näher → BRAO § 117b Rn. 1 ff.). Für das Akteneinsichtsrecht des Verteidigers des beschuldigten Patentanwalts gilt über § 98 PAO die Regelung des § 147 StPO uneingeschränkt.

§ 102 Verhältnis des berufsgerichtlichen Verfahrens zum Straf- oder Bußgeldverfahren

(1) **[1]Ist gegen einen Patentanwalt, der einer Verletzung seiner Pflichten beschuldigt wird, wegen desselben Verhaltens die öffentliche Klage im strafgerichtlichen Verfahren erhoben, so kann gegen ihn ein berufsgerichtliches Verfahren zwar eingeleitet, es muß aber bis zur Beendigung des strafgerichtlichen Verfahrens ausgesetzt werden. [2]Ebenso muß ein bereits eingeleitetes berufsgerichtliches Verfahren ausgesetzt werden, wenn während seines Laufes die öffentliche Klage im strafgerichtlichen Verfahren erhoben wird. [3]Das berufsgerichtliche Verfahren ist fortzusetzen, wenn die Sachaufklärung so gesichert erscheint, daß sich widersprechende Entscheidungen nicht zu erwarten sind, oder wenn im strafgerichtlichen Verfahren aus Gründen nicht verhandelt werden kann, die in der Person des Patentanwalts liegen.**

(2) **Wird der Patentanwalt im gerichtlichen Verfahren wegen einer Straftat oder einer Ordnungswidrigkeit freigesprochen, so kann wegen der Tatsachen, die Gegenstand der gerichtlichen Entscheidung waren, ein berufsgerichtliches Verfahren nur dann eingeleitet oder fortgesetzt werden, wenn diese Tatsachen, ohne den Tatbestand einer Strafvorschrift oder einer Bußgeldvorschrift zu erfüllen, eine Verletzung der Pflichten des Patentanwalts enthalten.**

(3) **[1]Für die Entscheidung im berufsgerichtlichen Verfahren sind die tatsächlichen Feststellungen des Urteils im Strafverfahren oder Bußgeldverfahren bindend, auf denen die Entscheidung des Gerichts beruht. [2]In dem berufsgerichtlichen Verfahren kann ein Gericht jedoch die nochmalige Prüfung solcher Feststellungen beschließen, deren Richtigkeit seine Mitglieder mit Stimmenmehrheit bezweifeln; dies ist in den Gründen der berufsgerichtlichen Entscheidung zum Ausdruck zu bringen.**

(4) **[1]Wird ein berufsgerichtliches Verfahren nach Absatz 1 Satz 3 fortgesetzt, ist die Wiederaufnahme des rechtskräftig abgeschlossenen berufsgerichtlichen Verfahrens auch zulässig, wenn die tatsächlichen Feststellungen, auf denen die Verurteilung oder der Freispruch im berufsgerichtlichen Verfahren beruht, den Feststellungen im strafgerichtlichen Verfahren widersprechen. [2]Den Antrag auf Wiederaufnahme des Verfahrens kann die Staatsanwaltschaft oder der Patentanwalt binnen eines Monats nach Rechtskraft des Urteils im strafgerichtlichen Verfahren stellen.**

1 § 102 entspricht § 118 BRAO. Das dazu Gesagte gilt entsprechend.

§ 102a Verhältnis des berufsgerichtlichen Verfahrens zu dem Verfahren anderer Berufsgerichtsbarkeiten

(1) **[1]Über eine Pflichtverletzung eines Patentanwalts, der zugleich der Disziplinar-, Ehren- oder Berufsgerichtsbarkeit eines anderen Berufs untersteht, wird im berufsgerichtlichen Verfahren für Patentanwälte entschieden, es sei denn, daß die Pflichtverletzung überwiegend mit der Ausübung des anderen Berufs in Zusammenhang steht. [2]Dies gilt nicht für die Ausschließung oder für die Entfernung aus dem anderen Beruf.**

(2) [1]**Beabsichtigt die Staatsanwaltschaft gegen einen solchen Patentanwalt das berufsgerichtliche Verfahren einzuleiten, so teilt sie dies der Staatsanwaltschaft oder Behörde mit, die für die Einleitung des Verfahrens gegen ihn als Angehörigen des anderen Berufs zuständig wäre.** [2]**Hat die für den anderen Beruf zuständige Staatsanwaltschaft oder Einleitungsbehörde die Absicht, gegen den Patentanwalt ein Verfahren einzuleiten, so unterrichtet sie die Staatsanwaltschaft, die für die Einleitung des berufsgerichtlichen Verfahrens gegen den Patentanwalt zuständig wäre (§ 105).**

(3) **Hat das Gericht einer Disziplinar-, Ehren- oder Berufsgerichtsbarkeit sich zuvor rechtskräftig für zuständig oder unzuständig erklärt, über die Pflichtverletzung eines Patentanwalts, der zugleich der Disziplinar-, Ehren- oder Berufsgerichtsbarkeit eines anderen Berufs untersteht, zu entscheiden, so sind die anderen Gerichte an diese Entscheidungen gebunden.**

(4) **Die Absätze 1 bis 3 sind auf Patentanwälte im öffentlichen Dienst, die ihren Beruf als Patentanwalt nicht ausüben dürfen (§ 42), nicht anzuwenden.**

(5) **§ 118a der Bundesrechtsanwaltsordnung und § 110 der Bundesnotarordnung bleiben unberührt.**

1 § 102a entspricht § 118a BRAO und den weiteren Kollisionsregeln in § 110 StBerG, §§ 83a, 130 WPO und § 110 BNotO, die jeweils an das Übergewicht der Pflichtverletzung nach den einzelnen Berufsordnungen anknüpfen. Auf das zu § 118a BRAO Gesagte kann weitgehend Bezug genommen werden. So wie nach § 118a BRAO die Berufsgerichtsbarkeit in Rechtsanwaltssachen Vorrang gegenüber anderen Berufsgerichtsbarkeiten eingeräumt ist und auch für Rechtsanwälte gilt, die zugleich Patentanwälte sind (Abs. 5), so hat die **patentanwaltliche Berufsgerichtsbarkeit** gegenüber anderen Disziplinargerichtsbarkeiten **Vorrang.** Praktische Bedeutung hat die Vorrangsregelung, wenn ein Patentanwalt in einer zweiten Tätigkeit, die er auf Grund seiner technischen oder naturwissenschaftlichen Hochschulausbildung auf naturwissenschaftlichen (zB als Mediziner, Apotheker) oder technischem (zB als Architekt) Gebiet ausüben kann, einer weiteren Disziplinargerichtsbarkeit unterworfen ist (BT-Drs. 5/2848, 35). Das muss auch gelten, wenn der Patentanwalt zugleich zugelassener Vertreter vor dem Europäischen Patentamt (European Patent Attorney, § 3 Rn. 19) ist, da er in dieser Eigenschaft der Disziplinargewalt der Disziplinarorgane des EPA (vgl. Vorschriften in Disziplinarangelegenheiten von zugelassenen Vertretern, abgedruckt bei *Reinhard* S. 257) unterworfen ist.

2 **Abs. 3** beinhaltet wie § 118a Abs. 3 BRAO nur ein **temporäres Verfahrenshindernis.** Die **Kollisionsnorm** will nur eine zeitgleiche Behandlung desselben Sachverhalts in unterschiedlichen berufsgerichtlichen Verfahren verhindern. Eine Sperrwirkung im Sinne einer materiellen Ne-bis-in-idem-Regelung dergestalt, dass der rechtskräftige Abschluss des Verfahrens nach einer Berufsordnung gegen den Angehörigen mehrerer Berufsordnungen die spätere Ahndung desselben Pflichtenverstoßes nach einer anderen Berufsordnung stets verhindern würde, ist § 102a Abs. 3 nicht zu entnehmen. Jedenfalls der **rechtskräftige Freispruch** nach einer Berufsordnung kann die Verfolgung nach einer anderen Berufsordnung – hier der PAO – nicht sperren. Dabei ist § 102 Abs. 2 entsprechend anzuwenden. So wie dort im Anschluss an einen strafgerichtlichen Freispruch noch Raum für die Ahndung des **disziplinarischen Überhangs** besteht, muss auch **im Verhältnis mehrerer Berufsordnungen** nach dem Freispruch in einer anderen Berufsordnung **Raum für den bereichsspezifischen Überhang nach der PAO** verbleiben (BGH NJW 2005, 1057 = BRAK-Mitt. 2005, 91).

3 Entsprechendes gilt auch nach **rechtskräftiger Verurteilung** in einem anderen berufsgerichtlichen Verfahren. Auch dann muss im Verhältnis der mehreren Berufsordnungen **Raum für die Verfolgung des bereichsspezifischen Überhangs nach der PAO** verbleiben. § 103a setzt gerade die Möglichkeit eines weiteren berufsgerichtlichen Verfahrens nach der PAO nach der Verurteilung in einem anderen berufsgerichtlichen Verfahren voraus, knüpft diese aber an bestimmte Voraussetzungen. In den Grenzen des § 103a kann das berufsgerichtliche Verfahren nach der PAO wegen des spezifisch PAO – rechtlichen **disziplinarischen Überhangs** durchgeführt werden, sobald das vorgreifliche Verfahren nach der anderen Berufsordnung abgeschlossen ist. Die Voraussetzungen für einen solchen Überhang iSv § 103a sind dann aber im Einzelnen darzulegen (BGH NJW 2005, 1057).

4 Durch **Abs. 5** wird der **Vorzug der Berufsgerichtsbarkeit nach der PAO zugunsten der Anwaltsgerichtsbarkeit und der notarrechtlichen Regelung durchbrochen.** Ist der **Patentanwalt gleichzeitig Rechtsanwalt,** dann ist nach § 118a Abs. 1 BRAO grundsätzlich die Anwaltsgerichtsbarkeit zuständig, es sei denn das Fehlverhalten hänge ausschließlich oder überwiegend mit der Tätigkeit als Patentanwalt zusammen. Bei **außerberuflichen Verfehlungen** (§ 95 Abs. 2 PAO; § 113 Abs. 2 BRAO) ist somit **immer im anwaltgerichtlichen Verfahren** zu entscheiden. Ist auch nur zweifelhaft, ob die Pflichtverletzung überwiegend mit der Ausübung des Anwaltsberufs oder des Berufs als Patentanwalt im Zusammenhang steht, oder stehen die Pflichtverletzungen gleichwertig nebeneinander, dann ist das Anwaltsgericht zuständig.

5 Da nach § 3 BRAO der Rechtsanwalt der „berufene unabhängige Berater und Vertreter in allen Rechtssachen" ist, ist regelmäßig patentanwaltliche Tätigkeit auch anwaltliche Tätigkeit. Der patentanwaltlichen Berufsgerichtsbarkeit werden daher nur wenige Pflichtverletzungen eines Patentanwalts, der gleichzeitig Rechtsanwalt ist, unterliegen, zB solche im Zusammenhang mit Gebührenforderungen aus patentanwaltlicher Tätigkeit (*Kelbel* § 102a Rn. 3). Nach Abschluss des anwaltsgerichtlichen Verfahrens wird im Hinblick auf § 103a nur ausnahmsweise wegen eines PAO-rechtlichen Überhangs noch ein berufsgerichtliches Verfahren nach PAO möglich sein (→ § 102a Rn. 2, 3).

§ 102b Aussetzung des berufsgerichtlichen Verfahrens

Das berufsgerichtliche Verfahren kann ausgesetzt werden, wenn in einem anderen gesetzlich geordneten Verfahren über eine Frage zu entscheiden ist, deren Beurteilung für die Entscheidung im berufsgerichtlichen Verfahren von wesentlicher Bedeutung ist.

1 § 102b entspricht § 118b BRAO (näher → BRAO § 118a Rn. 1 ff.). § 102b ist auch im Zusammenhang mit § 103a zu sehen. Ist für das Gericht oder die Staatsanwaltschaft noch nicht absehbar, ob eine in einem anderen Verfahren zu erwartende Strafe pp. eine berufsgerichtliche Maßnahme ausschließen wird (§ 103a), kann im Hinblick auf jenes Verfahren das berufsgerichtliche Verfahren nach § 102b ausgesetzt werden (BT-Drs. 5/2848, 29, 35).

§ 103 Rüge und berufsgerichtliche Maßnahme

(1) [1] **Der Einleitung eines berufsgerichtlichen Verfahrens gegen einen Patentanwalt steht es nicht entgegen, daß der Vorstand der Patentanwaltskammer ihm bereits wegen desselben Verhaltens eine Rüge erteilt hat (§ 70).** [2] **Hat das Landgericht den Rügebescheid aufgehoben (§ 70a), weil es eine schuldhafte Pflichtverletzung nicht festgestellt hat, so kann ein berufsgerichtliches Verfahren wegen desselben Verhalten nur auf Grund solcher Tatsachen und Beweismittel eingeleitet werden, die dem Gericht bei seiner Entscheidung nicht bekannt waren.**

(2) [1] **Die Rüge wird mit der Rechtskraft eines berufsgerichtlichen Urteils unwirksam, das wegen desselben Verhalten gegen den Patentanwalt ergeht und auf Freispruch oder eine berufsgerichtliche Maßnahme lautet.** [2] **Die Rüge wird auch unwirksam, wenn rechtskräftig die Eröffnung des Hauptverfahrens abgelehnt ist, weil eine schuldhafte Pflichtverletzung nicht festzustellen ist.**

1 § 103 folgt § 115a BRAO (näher → BRAO § 115a Rn. 1 ff.).

§ 103a Anderweitige Ahndung

[1] **Ist durch ein Gericht oder eine Behörde eine Strafe, eine Disziplinarmaßnahme, eine berufsgerichtliche Maßnahme oder eine Ordnungsmaßnahme verhängt worden, so ist von einer berufsgerichtlichen Ahndung desselben Verhaltens abzusehen, wenn nicht eine berufsgerichtliche Maßnahme zusätzlich erforderlich ist, um den Patentanwalt zur Erfüllung seiner Pflichten anzuhalten und das Ansehen der Patentanwaltschaft zu wahren.** [2] **Der Ausschließung steht eine anderweitig verhängte Strafe oder Maßnahme nicht entgegen.**

§ 103a entspricht weitgehend § 115b BRAO (näher → BRAO § 115b Rn. 1 ff.). Da § 96 Abs. 1 ein dem § 114 Abs. 1 Nr. 4 BRAO entsprechendes Vertretungs- und Beistandsverbot nicht vorsieht, knüpft § 103a S. 2 auch nicht an ein solches Verbot an. 1

§ 103a ist auch nach Fortfall des temporären Verfahrenshindernisses aufgrund eines berufsgerichtlichen Verfahrens nach einer anderen Berufsordnung anwendbar (→ § 102a Rn. 2, 3). 2

Strafen und Ordnungsmaßnahmen der **Disziplinarorgane des Europäischen Patentamts,** die nach den Vorschriften in Disziplinarangelegenheiten von zugelassenen Vertretern (abgedruckt bei *Reinhard* S. 257) gegen einen European Patent Attorney (→ § 3 Rn. 19), der zugleich Patentanwalt ist, ausgesprochen werden, erfüllen das Merkmal der anderweitigen Ahndung, da sie in einem rechtstaatlich geordneten Verfahren ergangen sind (vgl. Henssler/Prütting/*Dittmann* § 115b Rn. 7). 3

Zweiter Abschnitt. Das Verfahren im ersten Rechtszug

1. Allgemeine Vorschriften

§ 104 Zuständigkeit

Für das berufsgerichtliche Verfahren ist im ersten Rechtszug das Landgericht zuständig.

Die Vorschrift regelt die sachliche Zuständigkeit. Die örtliche Zuständigkeit bestimmt sich nach § 85 Abs. 1 (*Kelbel* § 104 Rn. 1; → § 85 Rn. 5). 1

§ 105 Mitwirkung der Staatsanwaltschaft

Die Aufgaben der Staatsanwaltschaft in dem Verfahren vor dem Landgericht werden von der Staatsanwaltschaft bei dem Oberlandesgericht wahrgenommen, bei dem der Senat für Patentanwaltssachen (§ 86) besteht.

Nach §§ 105, 126, 129 nimmt im berufsgerichtlichen Verfahren die Staatsanwaltschaft die Aufgaben der Anklagebehörde wahr. Diese Regelung entspricht der BRAO (§§ 120, 144, 147 BRAO), der Wirtschaftsprüferordnung (§§ 84, 106, 108 WPO) und dem Steuerberatungsgesetz (§§ 113, 128, 131 StBerG). Mit ihr soll erreicht werden, dass bei den Patentanwälten die Verletzung von Berufspflichten nach denselben Grundsätzen verfolgt wird wie bei ihnen verwandten freien Berufen. Außerdem soll die Staatsanwaltschaft dadurch, dass die Aufgaben der Anklagebehörde für berufsgerichtliche Verfahren gegen Angehörige einer Gruppe von freien Berufen bei ihr zusammengefasst werden, einen besseren Überblick über Berufsfragen der freien Berufe erhalten. 1

Ebenfalls im Interesse des besseren Überblicks werden wie in den gen. anderen Berufsordnungen die Aufgaben der Staatsanwaltschaft in der ersten und zweiten Instanz des berufsgerichtlichen Verfahrens allein in die Hand der Staatsanwaltschaft bei dem OLG gelegt. Verfassungspolitische Erwägungen rechtfertigen ebenfalls diese Regelung. Das Landgericht (§ 104) und das OLG (§§ 124, 125 Abs. 1 S. 2), die in erster und zweiter Instanz im berufsgerichtlichen Verfahren entscheiden, sind Gerichte eines Landes. Die Aufgabe, vor diesen Gerichten als Anklagebehörde tätig zu sein, wurde daher einer Behörde des Landes übertragen (BT-Drs. 5/276, 62/63). 2

Da das Patentamt im Bezirk des LG München seinen Sitz hat (→ § 85 Rn. 5), ist die Staatsanwaltschaft beim OLG München für die erste und zweite Instanz des berufsgerichtlichen Verfahrens zuständig (§§ 85 Abs. 1, 86 Abs. 1, 98 S. 2, 104, 105, 126 iVm § 143 Abs. 1 GVG). 3

2. Die Einleitung des Verfahrens

§ 106 Einleitung des berufsgerichtlichen Verfahrens

Das berufsgerichtliche Verfahren wird dadurch eingeleitet, daß die Staatsanwaltschaft bei dem Landgericht eine Anschuldigungsschrift einreicht.

§ 106 entspricht § 121 BRAO. Das dazu Gesagte gilt entsprechend (→ BRAO § 121 Rn. 1 ff.). 1

§ 107 Gerichtliche Entscheidung über die Einleitung des Verfahrens

(1) Gibt die Staatsanwaltschaft einem Antrag des Vorstands der Patentanwaltskammer, gegen einen Patentanwalt das berufsgerichtliche Verfahren einzuleiten, keine Folge oder verfügt sie die Einstellung des Verfahrens, so hat sie ihre Entschließung dem Vorstand der Patentanwaltskammer unter Angabe der Gründe mitzuteilen.

(2) [1]Der Vorstand der Patentanwaltskammer kann gegen den Bescheid der Staatsanwaltschaft innerhalb eines Monats nach der Bekanntmachung bei dem Oberlandesgericht die gerichtliche Entscheidung beantragen. [2]Der Antrag muß die Tatsachen, welche die Einleitung des berufsgerichtlichen Verfahrens begründen sollen, und die Beweismittel angeben.

(3) Auf das Verfahren vor dem Oberlandesgericht sind die §§ 173 bis 175 der Strafprozeßordnung entsprechend anzuwenden.

(4) § 172 der Strafprozeßordnung ist nicht anzuwenden.

1 § 107 entspricht § 122 Abs. 1, 2, 4 und 5 BRAO. Das dazu Gesagte gilt entsprechend (→ BRAO § 122 Rn. 1 ff.). Ein dem § 122 Abs. 3 BRAO entsprechendes Antragsrecht der Patentanwaltskammer ohne abschließende Entscheidung der Staatsanwaltschaft (→ BRAO § 122 Rn. 14 ff.) besteht nicht.

§ 108 Antrag des Patentanwalts auf Einleitung des berufsgerichtlichen Verfahrens

(1) [1]Der Patentanwalt kann bei der Staatsanwaltschaft beantragen, das berufsgerichtliche Verfahren gegen ihn einzuleiten, damit er sich von dem Verdacht einer Pflichtverletzung reinigen kann. [2]Wegen eines Verhaltens, wegen dessen Zwangsgeld angedroht oder festgesetzt worden ist (§ 50) oder das der Vorstand der Patentanwaltskammer gerügt hat (§ 70), kann der Patentanwalt den Antrag nicht stellen.

(2) [1]Gibt die Staatsanwaltschaft dem Antrag des Patentanwalts keine Folge oder verfügt sie die Einstellung des Verfahrens, so hat sie ihre Entschließung dem Patentanwalt unter Angabe der Gründe mitzuteilen. [2]Wird in den Gründen eine schuldhafte Pflichtverletzung festgestellt, das berufsgerichtliche Verfahren aber nicht eingeleitet, oder wird offengelassen, ob eine schuldhafte Pflichtverletzung vorliegt, kann der Patentanwalt bei dem Oberlandesgericht die gerichtliche Entscheidung beantragen. [3]Der Antrag ist binnen eines Monats nach der Bekanntmachung der Entschließung der Staatsanwaltschaft zu stellen.

(3) [1]Auf das Verfahren vor dem Oberlandesgericht ist § 173 Abs. 1 und 3 der Strafprozeßordnung entsprechend anzuwenden. [2]Das Oberlandesgericht entscheidet durch Beschluß, ob eine schuldhafte Pflichtverletzung des Patentanwalts festzustellen ist. [3]Der Beschluß ist mit Gründen zu versehen. [4]Erachtet das Oberlandesgericht den Patentanwalt einer berufsgerichtlich zu ahndenden Pflichtverletzung für hinreichend verdächtig, so beschließt es die Einleitung des berufsgerichtlichen Verfahrens. [5]Die Durchführung dieses Beschlusses obliegt der Staatsanwaltschaft.

(4) Erachtet das Oberlandesgericht eine schuldhafte Pflichtverletzung nicht für gegeben, so kann nur auf Grund neuer Tatsachen oder Beweismittel wegen desselben Verhaltens ein Antrag auf Einleitung des berufsgerichtlichen Verfahrens gestellt oder eine Rüge durch den Vorstand der Patentanwaltskammer erteilt werden.

1 § 108 folgt § 123 BRAO, das dazu Gesagte gilt entsprechend (→ BRAO § 123 Rn. 1 ff.).

§§ 109–114 *[aufgehoben]*

§ 115 Inhalt der Anschuldigungsschrift

[1]In der Anschuldigungsschrift (§ 106 dieses Gesetzes sowie § 207 Abs. 3 der Strafprozeßordnung) ist die dem Patentanwalt zur Last gelegte Pflichtverletzung unter Anführung der sie begründenden Tatsachen zu bezeichnen (Anschuldigungssatz). Ferner sind die Beweismittel anzugeben, wenn in der Hauptverhandlung Beweise erhoben werden sollen. [2]Die Anschuldigungsschrift enthält den Antrag, das Hauptverfahren vor der Kammer für Patentanwaltssachen zu eröffnen.

§ 115 entspricht § 130 BRAO. Das dazu Gesagte gilt entsprechend (→ BRAO § 130 Rn. 1 ff.). **1**

§ 116 Entscheidung über die Eröffnung des Hauptverfahrens

(1) **In dem Beschluß, durch den das Hauptverfahren eröffnet wird, läßt das Landgericht die Anschuldigung zur Hauptverhandlung zu.**

(2) **Der Beschluß, durch den das Hauptverfahren eröffnet worden ist, kann von dem Patentanwalt nicht angefochten werden.**

(3) **[1]Der Beschluß, durch den die Eröffnung des Hauptverfahrens abgelehnt wird, ist zu begründen. [2]Gegen den Beschluß steht der Staatsanwaltschaft die sofortige Beschwerde zu.**

§ 116 entspricht § 131 BRAO. Das dazu Gesagte gilt entsprechend (→ BRAO § 131 Rn. 1 ff.). **1**

§ 117 Rechtskraftwirkung eines ablehnenden Beschlusses

Ist die Eröffnung des Hauptverfahrens durch einen nicht mehr anfechtbaren Beschluß abgelehnt, so kann der Antrag auf Einleitung des berufsgerichtlichen Verfahrens wegen derselben Pflichtverletzung nur auf Grund neuer Tatsachen oder Beweismittel und nur innerhalb von fünf Jahren, seitdem der Beschluß rechtskräftig geworden ist, erneut gestellt werden.

§ 117 entspricht § 132 BRAO. Das dazu Gesagte gilt entsprechend (→ BRAO § 132 Rn. 1 ff.). **1**

§ 118 Zustellung des Eröffnungsbeschlusses

[1]Der Beschluß über die Eröffnung des Hauptverfahrens ist dem Patentanwalt spätestens mit der Ladung zuzustellen. [2]Entsprechendes gilt in den Fällen des § 207 Abs. 3 der Strafprozeßordnung für die nachgereichte Anschuldigungsschrift.

§ 118 entspricht § 133 BRAO. Das dazu Gesagte gilt entsprechend (→ BRAO § 133 Rn. 1 ff.). **1**

3. Die Hauptverhandlung

§ 119 Hauptverhandlung trotz Ausbleibens des Patentanwalts

[1]Die Hauptverhandlung kann gegen einen Patentanwalt, der nicht erschienen ist, durchgeführt werden, wenn er ordnungsmäßig geladen und in der Ladung darauf hingewiesen ist, daß in seiner Abwesenheit verhandelt werden kann. [2]Eine öffentliche Ladung ist nicht zulässig.

§ 119 folgt § 134 BRAO. Das dazu Gesagte gilt entsprechend (→ BRAO § 133 Rn. 1 ff.). **1**

§ 120 Nichtöffentliche Hauptverhandlung

(1) [1]**Die Hauptverhandlung ist nicht öffentlich.** [2]**Auf Antrag der Staatsanwaltschaft kann, auf Antrag des Patentanwalts muß die Öffentlichkeit hergestellt werden; in diesem Fall sind die Vorschriften des Gerichtsverfassungsgesetzes über die Öffentlichkeit anzuwenden.**

(2) [1]**Zu nichtöffentlichen Verhandlungen ist Vertretern des Bundesministeriums der Justiz und für Verbraucherschutz, dem Präsidenten des Patentamts oder seinem Beauftragten, den Beamten der Staatsanwaltschaft bei dem Oberlandesgericht, Vertretern des Vorstands der Patentanwaltskammer und den Patentanwälten der Zutritt gestattet.** [2]**Das Landgericht kann nach Anhörung der Beteiligten auch andere Personen als Zuhörer zulassen.**

1 § 120 entspricht § 135 BRAO (näher → BRAO § 135 Rn. 1 ff.). Das Recht zur Teilnahme haben auch die Mitglieder der Patentanwaltskammer nach § 154a, für die nach § 154b die Bestimmung des § 120 sinngemäß anwendbar ist.

§ 121 Beweisaufnahme durch einen ersuchten Richter

[1]**Das Landgericht kann ein Amtsgericht um die Vernehmung von Zeugen oder Sachverständigen ersuchen.** [2]**Der Zeuge oder Sachverständige ist jedoch auf Antrag der Staatsanwaltschaft oder des Patentanwalts in der Hauptverhandlung zu vernehmen, es sei denn, daß er voraussichtlich am Erscheinen in der Hauptverhandlung verhindert ist oder ihm das Erscheinen wegen großer Entfernung nicht zugemutet werden kann.**

1 § 121 folgt weitgehend § 137 BRAO (näher → BRAO § 137 Rn. 1 ff.). Abweichend von § 137 S. 1 BRAO ist die Beweisaufnahme durch einen beauftragten Richter nicht zugelassen. Als beauftragte Richter kämen nur die als Beisitzer mitwirkenden Patentanwälte in Betracht (BT-Drs. 5/276, 63). Diese können diese Aufgabe nicht übernehmen, weil ihnen die Befähigung zum Richteramt fehlt.

§ 122 Verlesen von Protokollen

(1) **Das Landgericht beschließt nach pflichtmäßigem Ermessen, ob die Aussage eines Zeugen oder eines Sachverständigen, der bereits in dem berufsgerichtlichen oder in einem anderen gesetzlich geordneten Verfahren vernommen worden ist, zu verlesen sei.**

(2) [1]**Bevor der Gerichtsbeschluß ergeht, kann der Staatsanwalt oder der Patentanwalt beantragen, den Zeugen oder Sachverständigen in der Hauptverhandlung zu vernehmen.** [2]**Einem solchen Antrag ist zu entsprechen, es sei denn, daß der Zeuge oder Sachverständige voraussichtlich am Erscheinen in der Hauptverhandlung verhindert ist oder ihm das Erscheinen wegen großer Entfernung nicht zugemutet werden kann.** [3]**Wird dem Antrag stattgegeben, so darf das Protokoll über die frühere Vernehmung nicht verlesen werden.**

(3) [1]**Ist ein Zeuge oder Sachverständiger durch einen ersuchten Richter vernommen worden (§ 121), so kann der Verlesung des Protokolls nicht widersprochen werden.** [2]**Der Staatsanwalt oder der Patentanwalt kann jedoch der Verlesung widersprechen, wenn ein Antrag gemäß § 121 Satz 2 abgelehnt worden ist und Gründe für eine Ablehnung des Antrags jetzt nicht mehr bestehen.**

1 § 122 folgt § 138 BRAO. Das dazu Gesagte gilt entsprechend (→ BRAO § 138 Rn. 1 ff.).

§ 123 Entscheidung

(1) **Die Hauptverhandlung schließt mit der auf die Beratung folgenden Verkündung des Urteils.**

(2) **Das Urteil lautet auf Freisprechung, Verurteilung oder Einstellung des Verfahrens.**

(3) **Das berufsgerichtliche Verfahren ist, abgesehen von dem Fall des § 260 Abs. 3 der Strafprozeßordnung, einzustellen,**

1. wenn die Zulassung zur Patentanwaltschaft erloschen ist (§ 20);

2. wenn nach § 103a von einer berufsgerichtlichen Ahndung abzusehen ist.

§ 123 entspricht § 139 BRAO. Das dazu Gesagte gilt entsprechend (→ BRAO § 139 Rn. 1 ff.). 1

Dritter Abschnitt. Die Rechtsmittel

§ 124 Beschwerde

Soweit Beschlüsse des Landgerichts und Verfügungen des Vorsitzenden mit der Beschwerde angefochten werden können, ist für die Verhandlung und Entscheidung über dieses Rechtsmittel das Oberlandesgericht zuständig.

§ 124 entspricht § 142 BRAO. Das dazu Gesagte gilt entsprechend (→ BRAO § 142 1 Rn. 1 ff.).

§ 125 Berufung

(1) [1] **Gegen das Urteil des Landgerichts ist die Berufung zulässig.** [2] **Über die Berufung entscheidet das Oberlandesgericht.**

(2) [1] **Die Berufung ist innerhalb einer Woche nach Verkündung des Urteils bei dem Landgericht schriftlich einzulegen.** [2] **Ist das Urteil nicht in Anwesenheit des Patentanwalts verkündet worden, so beginnt für ihn die Frist mit der Zustellung.**

(3) **Die Berufung kann nur schriftlich gerechtfertigt werden.**

(4) [1] **Auf das Verfahren sind im übrigen neben den Vorschriften der Strafprozeßordnung über die Berufung die §§ 119, 120, 122 und 123 dieses Gesetzes sinngemäß anzuwenden.** [2] **§ 121 gilt mit der Maßgabe, daß der Senat für Patentanwaltssachen bei dem Oberlandesgericht auch einen Beisitzer, der Berufsrichter ist, beauftragen kann, Zeugen und Sachverständige zu vernehmen.** [3] **Hat der Patentanwalt die Berufung eingelegt, so ist bei seiner Abwesenheit in der Hauptverhandlung § 329 Abs. 1 Satz 1 und 2 und Abs. 3 der Strafprozeßordnung entsprechend anzuwenden, falls der Patentanwalt ordnungsgemäß geladen und in der Ladung ausdrücklich auf die sich aus seiner Abwesenheit ergebende Rechtsfolge hingewiesen wurde; dies gilt nicht, wenn der Patentanwalt durch öffentliche Zustellung geladen worden ist.**

§ 125 folgt § 143 BRAO (näher → BRAO § 143 Rn. 1 ff.). 1

§ 126 Mitwirkung der Staatsanwaltschaft

Die Aufgaben der Staatsanwaltschaft in dem Verfahren vor dem Oberlandesgericht werden von der Staatsanwaltschaft bei diesem Gericht wahrgenommen.

In dem Verfahren vor dem OLG (§§ 86, 124 ff.) vertritt die Staatsanwaltschaft (§ 105) die 1 öffentlichen Interessen, die in diesem Verfahren zu wahren sind. Die Vorschrift folgt § 144 BRAO (näher → BRAO § 144 Rn. 1 ff.; vgl. auch § 105).

§ 127 Revision

(1) **Gegen das Urteil des Oberlandesgerichts ist die Revision an den Bundesgerichtshof zulässig,**

1. wenn das Urteil auf Ausschließung aus der Patentanwaltschaft lautet;

2. wenn das Oberlandesgericht entgegen einem Antrag der Staatsanwaltschaft nicht auf Ausschließung erkannt hat;
3. wenn das Oberlandesgericht sie in dem Urteil zugelassen hat.

(2) **Das Oberlandesgericht darf die Revision nur zulassen, wenn es über Rechtsfragen oder Fragen der patentanwaltlichen Berufspflichten entschieden hat, die von grundsätzlicher Bedeutung sind.**

(3) [1]**Die Nichtzulassung der Revision kann selbständig durch Beschwerde innerhalb eines Monats nach Zustellung des Urteils angefochten werden.** [2]**Die Beschwerde ist bei dem Oberlandesgericht einzulegen.** [3]**In der Beschwerdeschrift muß die grundsätzliche Rechtsfrage ausdrücklich bezeichnet werden.**

(4) **Die Beschwerde hemmt die Rechtskraft des Urteils.**

(5) [1]**Wird der Beschwerde nicht abgeholfen, so entscheidet der Bundesgerichtshof durch Beschluß.** [2]**Der Beschluß bedarf keiner Begründung, wenn die Beschwerde einstimmig verworfen oder zurückgewiesen wird.** [3]**Mit Ablehnung der Beschwerde durch den Bundesgerichtshof wird das Urteil rechtskräftig.** [4]**Wird der Beschwerde stattgegeben, so beginnt mit der Zustellung des Beschwerdebescheids die Revisionsfrist.**

1 § 127 folgt § 145 BRAO (→ BRAO § 145 Rn. 1 ff.). Das dazu Gesagte gilt entsprechend. Da es im berufsgerichtlichen Verfahren nach der PAO kein § 114 Abs. 1 Nr. 4 BRAO entsprechendes Vertretungs- und Beistandsverbot gibt (§ 96), entfällt die daran anknüpfende Zulässigkeit entsprechend § 145 Abs. 1 Nr. 1 und 2 BRAO.

2 Ein **Eingriff des Revisionsgerichts** ist in der Regel nur möglich, wenn die **Strafzumessungserwägungen in sich fehlerhaft sind,** das Tatgericht rechtlich anerkannte Strafzwecke außer Betracht lässt oder wenn sich die verhängte Maßnahme so weit von ihrer Bestimmung löst, gerechter Schuldausgleich zu sein und die Rechtsuchenden vor (weiteren) Gefahren zu schützen, dass sie nicht mehr innerhalb des Spielraums liegt, der dem Tatrichter eingeräumt ist. Eine exakte, ins Einzelne gehende Richtigkeitskontrolle ist ausgeschlossen. In Zweifelsfällen muss das Revisionsgericht die Bewertungen des Tatrichters hinnehmen (BGH wistra 2014, 237; vgl. BGH BRAK-Mitt. 2013, 128 = AnwBl. 2013, 232).

3 Eine **Sprungrevision** gegen Urteile des LG (§ 123) ist nicht statthaft, da der Rechtsmittelzug für das strikt dreistufige Verfahren in §§ 125, 127 abschließend geregelt ist und für eine sinngemäße Anwendung des § 335 StPO kein Raum ist (BGH BRAK-Mitt. 1999, 193 zu § 145 BRAO mit Anm. *Johnigk*).

§ 128 Einlegung der Revision und Verfahren

(1) [1]**Die Revision ist innerhalb einer Woche bei dem Oberlandesgericht schriftlich einzulegen.** [2]**Die Frist beginnt mit der Verkündung des Urteils.** [3]**Ist das Urteil nicht in Anwesenheit des Patentanwalts verkündet worden, so beginnt für diesen die Frist mit der Zustellung.**

(2) **Seitens des Patentanwalts können die Revisionsanträge und deren Begründung nur schriftlich angebracht werden.**

(3) [1]**Auf das Verfahren vor dem Bundesgerichtshof sind im übrigen neben den Vorschriften der Strafprozeßordnung über die Revision die §§ 120 und 123 Abs. 3 dieses Gesetzes sinngemäß anzuwenden.** [2]**In den Fällen des § 354 Abs. 2 der Strafprozeßordnung ist an den nach § 86 zuständigen Senat für Patentanwaltssachen zurückzuverweisen.**

1 § 128 entspricht weitgehend § 146 BRAO (näher → BRAO § 146 Rn. 1 ff.).

§ 129 Mitwirkung der Staatsanwaltschaft vor dem Bundesgerichtshof

Die Aufgaben der Staatsanwaltschaft in dem Verfahren vor dem Bundesgerichtshof werden von dem Generalbundesanwalt wahrgenommen.

1 Die Regelung entspricht § 147 BRAO (näher → BRAO § 147 Rn. 1 ff.).

Vierter Abschnitt. Die Sicherung von Beweisen

§ 130 Anordnung der Beweissicherung

(1) [1]Wird ein berufsgerichtliches Verfahren gegen den Patentanwalt eingestellt, weil seine Zulassung zur Patentanwaltschaft erloschen ist, so kann in der Entscheidung zugleich auf Antrag der Staatsanwaltschaft die Sicherung der Beweise angeordnet werden, wenn anzunehmen ist, daß auf Ausschließung aus der Patentanwaltschaft erkannt worden wäre. [2]Die Anordnung kann nicht angefochten werden.

(2) [1]Die Beweise werden von der Kammer für Patentanwaltssachen aufgenommen. [2]Die Kammer kann eines ihrer Mitglieder mit der Beweisaufnahme beauftragen.

§ 130 entspricht § 148 BRAO (näher → BRAO § 148 Rn. 1 ff.). 1

§ 131 Verfahren

(1) [1]Die Kammer für Patentanwaltssachen hat von Amts wegen alle Beweise zu erheben, die eine Entscheidung darüber begründen können, ob das eingestellte Verfahren zur Ausschließung aus der Patentanwaltschaft geführt hätte. [2]Den Umfang des Verfahrens bestimmt die Kammer für Patentanwaltssachen nach pflichtmäßigem Ermessen, ohne an Anträge gebunden zu sein; ihre Verfügungen können insoweit nicht angefochten werden.

(2) Zeugen sind, soweit nicht Ausnahmen vorgeschrieben oder zugelassen sind, eidlich zu vernehmen.

(3) [1]Die Staatsanwaltschaft und der frühere Patentanwalt sind an dem Verfahren zu beteiligen. [2]Ein Anspruch auf Benachrichtigung von den Terminen, die zum Zwecke der Beweissicherung anberaumt werden, steht dem früheren Patentanwalt nur zu, wenn er sich in einem Mitgliedstaat der Europäischen Union oder einem Vertragsstaat des Abkommens über den Europäischen Wirtschaftsraum aufhält und seine Anschrift dem Landgericht angezeigt hat.

§ 131 entspricht § 149 BRAO (näher → BRAO § 149 Rn. 1 ff.). Die Kosten der Beweissicherung sind Kosten des berufsgerichtlichen Verfahrens (§ 150 Abs. 1 S. 2). 1

Fünfter Abschnitt. Das Berufs- und Vertretungsverbot als vorläufige Maßnahme

§ 132 Voraussetzung des Verbots

(1) [1]Sind dringende Gründe für die Annahme vorhanden, daß gegen einen Patentanwalt auf Ausschließung aus der Patentanwaltschaft erkannt werden wird, kann gegen ihn durch Beschluß ein vorläufiges Berufs- oder Vertretungsverbot verhängt werden. [2]§ 102 Abs. 1 Satz 1 und 2 ist nicht anzuwenden.

(2) [1]Die Staatsanwaltschaft kann vor Einleitung des berufsgerichtlichen Verfahrens den Antrag auf Verhängung eines Berufs- oder Vertretungsverbots stellen. [2]In dem Antrag sind die Pflichtverletzung, die dem Patentanwalt zur Last gelegt wird, sowie die Beweismittel anzugeben.

(3) Für die Verhandlung und Entscheidung ist das Gericht zuständig, das über die Eröffnung des Hauptverfahrens gegen den Patentanwalt zu entscheiden hat oder vor dem das berufsgerichtliche Verfahren anhängig ist.

§ 132 folgt § 150 BRAO (näher → BRAO § 150 Rn. 1 ff.). Die Differenzierung zwischen Berufsverbot und Vertretungsverbot ist aus § 150 BRAO übernommen. Das **Berufsverbot** bedeutet das Verbot zur Erbringungen von Beratung und Vertretung auf dem Gebiet des gewerblichen Rechtschutz nach §§ 3 und 4 PAO. Das **Vertretungsverbot** umfasst die mündliche und schriftliche berufliche Betätigung mit Außenwirkung. Die zulässige Tätigkeit beschränkt sich 1 daher auf die Ratserteilung, das Geben von Auskünften und die Erstellung von Entwürfen, soweit keine Außenwirkung entfaltet wird (Henssler/Prütting/*Dittmann* § 155 Rn. 4). Damit kommt das Vertretungsverbot des Patentanwalts dem Berufsverbot gleich, da zum einen die PAO ein partielles Vertretungsverbot nach § 114 Abs. 1 Nr. 4 BRAO nicht kennt (→ § 96 Rn. 1), zum anderen die Art und Weise der Beratungs- und Vertretungstätigkeit von Patentanwalt und Rechtsanwalt unterschiedlich ist.

2 Eine **Dreimonatsfrist** für die Aufrechterhaltung des Berufs- oder Vertretungsverbot, solange das berufsgerichtliche Verfahren nicht eingeleitet (§ 106) ist und eine etwaige Fortdauer, wie in §§ 159a, 159b BRAO, ist in der PAO nicht vorgesehen. Dennoch ist für den Fall, dass die Einleitung des berufsgerichtlichen Verfahrens längere Zeit in Anspruch nimmt, die Aufrechterhaltung des vorläufigen Verbots unter Beachtung des Grundsatzes der Verhältnismäßigkeit zu prüfen, da die Verhältnismäßigkeit der getroffenen Maßnahme zu der Schwere des Eingriffs in den Beruf gewahrt werden muss.

§ 133 Mündliche Verhandlung

(1) **Der Beschluß, durch den ein Berufs- oder Vertretungsverbot verhängt wird, kann nur auf Grund mündlicher Verhandlung ergehen.**

(2) **Auf die Ladung und die mündliche Verhandlung sind die Vorschriften entsprechend anzuwenden, die für die Hauptverhandlung vor dem erkennenden Gericht maßgebend sind, soweit sich nicht aus den folgenden Vorschriften etwas anderes ergibt.**

(3) **[1] In der ersten Ladung ist die dem Patentanwalt zur Last gelegte Pflichtverletzung durch Anführung der sie begründenden Tatsachen zu bezeichnen; ferner sind die Beweismittel anzugeben. [2] Dies ist jedoch nicht erforderlich, wenn dem Patentanwalt die Anschuldigungsschrift bereits mitgeteilt worden ist.**

(4) **Den Umfang der Beweisaufnahme bestimmt das Gericht nach pflichtmäßigem Ermessen, ohne an Anträge der Staatsanwaltschaft oder des Patentanwalts gebunden zu sein.**

1 § 133 entspricht § 151 BRAO. Das dazu Gesagte gilt entsprechend (→ BRAO § 151 Rn. 1 ff.).

§ 134 Abstimmung über das Verbot

Zur Verhängung des Berufs- oder Vertretungsverbots ist eine Mehrheit von zwei Dritteln der Stimmen erforderlich.

1 § 134 folgt § 152 BRAO. Das dazu Gesagte gilt entsprechend (→ BRAO § 152 Rn. 1 ff.). Das Erfordernis der Zweidrittelmehrheit gilt auch in der Beschwerdeinstanz (§ 139).

§ 135 Verbot im Anschluß an die Hauptverhandlung

[1] Hat das Gericht auf Ausschließung aus der Patentanwaltschaft erkannt, so kann es im unmittelbaren Anschluß an die Hauptverhandlung über die Verhängung des Berufs- oder Vertretungsverbots verhandeln und entscheiden. [2] Dies gilt auch dann, wenn der Patentanwalt zu der Hauptverhandlung nicht erschienen ist.

1 § 135 entspricht § 153 BRAO. Das dazu Gesagte gilt entsprechend (→ BRAO § 153 Rn. 1 ff.).

§ 136 Zustellung des Beschlusses

[1] Der Beschluß ist mit Gründen zu versehen. [2] Er ist dem Patentanwalt zuzustellen. [3] War der Patentanwalt bei der Verkündung des Beschlusses nicht anwesend, ist ihm zusätzlich der Beschluß ohne Gründe unverzüglich nach der Verkündung zuzustellen.

1 § 136 folgt § 154 BRAO. Das dazu Gesagte gilt entsprechend (→ BRAO § 154 Rn. 1 ff.).

§ 137 Wirkungen des Verbots

(1) Der Beschluß wird mit der Verkündung wirksam.

(2) Der Patentanwalt, gegen den ein Berufsverbot verhängt ist, darf seinen Beruf nicht ausüben.

(3) Der Patentanwalt, gegen den ein Vertretungsverbot verhängt ist, darf nicht vor einem Gericht, vor dem Patentamt oder einer anderen Behörde oder vor einem Schiedsgericht in Person auftreten, Vollmachten oder Untervollmachten erteilen und mit Gerichten, Behörden, Schiedsgerichten, Rechtsanwälten, Patentanwälten oder anderen Vertretern in Rechtssachen schriftlich verkehren.

(4) Der Patentanwalt, gegen den ein Berufs- oder Vertretungsverbot verhängt ist, darf jedoch seine eigenen Angelegenheiten, die Angelegenheiten seines Ehegatten oder Lebenspartners und seiner minderjährigen Kinder wahrnehmen.

(5) [1] Die Wirksamkeit von Rechtshandlungen des Patentanwalts wird durch das Berufs- oder Vertretungsverbot nicht berührt. [2] Das gleiche gilt für Rechtshandlungen, die ihm gegenüber vorgenommen werden.

§ 137 entspricht § 155 BRAO. Das dazu Gesagte gilt entsprechend (→ BRAO § 155 Rn. 1 ff.; → § 132 Rn. 1). Zur Einschränkung des Abs. 4 → § 94b Rn. 5; → BRAO § 155 Rn. 8 ff. 1

§ 138 Zuwiderhandlungen gegen das Verbot

(1) Der Patentanwalt, der einem gegen ihn ergangenen Berufs- oder Vertretungsverbot wissentlich zuwiderhandelt, wird aus der Patentanwaltschaft ausgeschlossen, sofern nicht wegen besonderer Umstände eine mildere berufsgerichtliche Maßnahme ausreichend erscheint.

(2) Gerichte oder Behörden sollen einen Patentanwalt, der entgegen einem Berufs- oder Vertretungsverbot vor ihnen auftritt, zurückweisen.

§ 138 entspricht § 156 BRAO. Das dazu Gesagte gilt entsprechend (→ BRAO § 156 Rn. 1 ff.; 1
vgl. auch BGH BRAK-Mitt. 2010, 145 = AnwBl. 2010, 361 = Mitt 2010, 318). Die Zurückweisung gilt auch bei Auftritten, schriftlich oder persönlich, vor dem DPMA. Eine Differenzierung zwischen Patentamt und anderen Behörden, wie in § 137 Abs. 3, ist in Abs. 2 nicht mehr erfolgt.

§ 139 Beschwerde

(1) [1] Gegen den Beschluß, durch den das Landgericht oder das Oberlandesgericht ein Berufs- oder Vertretungsverbot verhängt, ist die sofortige Beschwerde zulässig. [2] Die Beschwerde hat keine aufschiebende Wirkung.

(2) Gegen den Beschluß, durch den das Landgericht oder das Oberlandesgericht es ablehnt, ein Berufs- oder Vertretungsverbot zu verhängen, steht der Staatsanwaltschaft die sofortige Beschwerde zu.

(3) [1] Über die sofortige Beschwerde entscheidet, sofern der angefochtene Beschluß von dem Landgericht erlassen ist, das Oberlandesgericht, und sofern er von dem Oberlandesgericht erlassen ist, der Bundesgerichtshof. [2] Für das Verfahren gelten neben den Vorschriften der Strafprozeßordnung über die Beschwerde § 133 Abs. 1, 2 und 4 sowie §§ 134 und 136 dieses Gesetzes entsprechend.

§ 139 folgt § 157 BRAO. Das dazu Gesagte gilt entsprechend (→ BRAO § 157 Rn. 1 ff.). Die 1
Entscheidung über die Beschwerde erfordert eine Zweidrittelmehrheit (→ § 134 Rn. 1).

§ 140 Außerkrafttreten des Verbots

Das Berufs- oder Vertretungsverbot tritt außer Kraft,

1. wenn ein nicht auf Ausschließung lautendes Urteil ergeht;

2. wenn die Eröffnung des Hauptverfahrens vor der Kammer für Patentanwaltssachen abgelehnt wird.

1 § 140 entspricht § 158 BRAO. Das dazu Gesagte gilt entsprechend (→ BRAO § 158 Rn. 1 ff.).

§ 141 Aufhebung des Verbots

(1) **Das Berufs- oder Vertretungsverbot wird aufgehoben, wenn sich ergibt, daß die Voraussetzungen für seine Verhängung nicht oder nicht mehr vorliegen.**

(2) **Über die Aufhebung entscheidet das nach § 132 Abs. 3 zuständige Gericht.**

(3) [1] **Beantragt der Patentanwalt, das Verbot aufzuheben, so kann eine erneute mündliche Verhandlung angeordnet werden.** [2] **Der Antrag kann nicht gestellt werden, solange über eine sofortige Beschwerde des Patentanwalts nach § 139 Abs. 1 noch nicht entschieden ist.** [3] **Gegen den Beschluß, durch den der Antrag abgelehnt wird, ist eine Beschwerde nicht zulässig.**

1 § 141 entspricht § 159 BRAO. Das dazu Gesagte gilt entsprechend (→ BRAO § 159 Rn. 1 ff.).

§ 142 Mitteilung des Verbots

(1) **Der Beschluß, durch den ein Berufs- oder Vertretungsverbot verhängt wird, ist alsbald der Patentanwaltskammer in beglaubigter Abschrift mitzuteilen.**

(2) **Tritt das Berufs- oder Vertretungsverbot außer Kraft oder wird es aufgehoben oder abgeändert, so ist Absatz 1 entsprechend anzuwenden.**

1 § 142 entspricht § 160 BRAO. Das dazu Gesagte gilt entsprechend (→ BRAO § 160 Rn. 1 ff.). Das Berufs- oder Vertretungsverbot ist in das **elektronische Patentanwaltsverzeichnis einzutragen** (§ 29 Abs. 3 S. 1) und informiert damit Behörden, Gerichte, die Rechtsuchenden sowie andere am Rechtsverkehr Beteiligte.

§ 143 Bestellung eines Vertreters

(1) [1] **Für den Patentanwalt, gegen den ein Berufs- oder Vertretungsverbot verhängt ist, wird im Fall des Bedürfnisses von der Patentanwaltskammer ein Vertreter bestellt.** [2] **Vor der Bestellung ist der Patentanwalt zu hören.** [3] **Der Patentanwalt kann einen geeigneten Vertreter vorschlagen.**

(2) **§ 46 Abs. 4, Abs. 5 Satz 3, Abs. 7 bis 10 ist entsprechend anzuwenden.**

1 § 143 folgt § 161 BRAO. Das dazu Gesagte gilt entsprechend (→ BRAO § 161 Rn. 1 ff.; → § 46 Rn. 3, 4). Die Vertreterbestellung ist unter Angabe von Familiennamen und Vornamen des Vertreters in das **elektronische Patentanwaltsverzeichnis einzutragen** (§ 29 Abs. 3 S. 2) zur Information von Behörden, Gerichten, den Rechtsuchenden sowie anderen am Rechtsverkehr Beteiligten. Zur Eintragung, wenn der Vertreter Patentassessor oder Bewerber ist, → § 29 Rn. 5.

Sechster Abschnitt. Die Vollstreckung der berufsgerichtlichen Maßnahmen und der Kosten. Die Tilgung

§ 144 Vollstreckung der berufsgerichtlichen Maßnahmen

(1) **Die Ausschließung aus der Patentanwaltschaft (§ 96 Abs. 1 Nr. 4) wird mit Rechtskraft des Urteils wirksam.**

(2) **Warnung und Verweis (§ 96 Abs. 1 Nr. 1 und 2) gelten mit der Rechtskraft des Urteils als vollstreckt.**

(3) [1]**Für die Vollstreckung der Geldbuße (§ 96 Abs. 1 Nr. 3) sind die Vorschriften über die Vollstreckung einer Geldstrafe entsprechend anzuwenden.** [2]**Die Vollstreckung wird nicht dadurch gehindert, daß der Patentanwalt nach rechtskräftigem Abschluß des Verfahrens aus der Patentanwaltschaft ausgeschieden ist.**

(4) **Werden zusammen mit einer Geldbuße die Kosten des Verfahrens beigetrieben, so gelten auch für die Kosten die Vorschriften über die Vollstreckung der Geldbuße.**

§ 144 Abs. 1 und 2 entsprechen § 204 Abs. 1 und 2 BRAO. Das dazu Gesagte gilt entsprechend (→ BRAO § 204 Rn. 1 ff.). 1

Der Ausschluss **(Abs. 1)** ist ein Fall des Erlöschens und führt gemäß § 29 Abs. 4 zur Löschung aus dem Verzeichnis (BT-Drs. 16/12061, 34). Für die Vollstreckung der Geldbuße **(Abs. 3)** gelten die §§ 459 ff. StPO iVm mit der Justizbeitreibungsordnung. 2

Abs. 4 dient der Vereinfachung der Beitreibung der Verfahrenskosten. Werden sie zusammen mit der Geldbuße beigetrieben, gilt Abs. 3. Müssen die Kosten des Verfahrens selbständig beigetrieben werden, so gelten hierfür die Vorschriften der Justizbeitreibungsordnung (BT-Drs. 5/276, 64). 3

§ 144a Tilgung

(1) [1]**Eintragungen in den über den Patentanwalt geführten Akten über eine Warnung sind nach fünf, über einen Verweis oder eine Geldbuße nach zehn Jahren zu tilgen.** [2]**Die über diese berufsgerichtlichen Maßnahmen entstandenen Vorgänge sind aus den über den Patentanwalt geführten Akten zu entfernen und zu vernichten.** [3]**Nach Ablauf der Frist dürfen diese Maßnahmen bei weiteren berufsgerichtlichen Maßnahmen nicht mehr berücksichtigt werden.**

(2) **Die Frist beginnt mit dem Tage, an dem die berufsgerichtliche Maßnahme unanfechtbar geworden ist.**

(3) **Die Frist endet nicht, solange gegen den Patentanwalt ein Strafverfahren, ein ehrengerichtliches oder berufsgerichtliches Verfahren oder ein Disziplinarverfahren schwebt, eine andere berufsgerichtliche Maßnahme berücksichtigt werden darf oder ein auf Geldbuße lautendes Urteil noch nicht vollstreckt ist.**

(4) **Nach Ablauf der Frist gilt der Patentanwalt als von berufsgerichtlichen Maßnahmen nicht betroffen.**

(5) [1]**Die Absätze 1 bis 4 gelten für Rügen des Vorstands der Patentanwaltskammer entsprechend.** [2]**Die Frist beträgt fünf Jahre.**

(6) [1]**Eintragungen über strafgerichtliche Verurteilungen oder über andere Entscheidungen in Verfahren wegen Straftaten, Ordnungswidrigkeiten oder der Verletzung von Berufspflichten, die nicht zu einer berufsgerichtlichen Maßnahme oder Rüge geführt haben, sowie über Belehrungen der Patentanwaltskammer sind auf Antrag des Patentanwalts nach fünf Jahren zu tilgen.** [2]**Absatz 1 Satz 2 sowie die Absätze 2 und 3 gelten entsprechend.**

§ 144a folgt § 205a BRAO. Das dazu Gesagte gilt entsprechend (→ BRAO § 205a Rn. 1 ff.). 1

Achter Teil. Die Kosten in Patentanwaltssachen

Erster Abschnitt. Die Kosten in Verwaltungsverfahren der Patentanwaltskammer

§ 145 Erhebung von Verwaltungsgebühren und Auslagen

[1]**Die Patentanwaltskammer kann für Amtshandlungen nach diesem Gesetz, insbesondere für die Bearbeitung von Anträgen auf Zulassung zur Patentanwaltschaft und**

auf Bestellung eines Vertreters, zur Deckung des Verwaltungsaufwands Gebühren nach festen Sätzen und Auslagen erheben. [2]Das Verwaltungskostengesetz in der bis zum 14. August 2013 geltenden Fassung findet mit der Maßgabe Anwendung, dass die allgemeinen Grundsätze für Kostenverordnungen (§§ 2 bis 7 des Verwaltungskostengesetzes in der bis zum 14. August 2013 geltenden Fassung) beim Erlass von Satzungen auf Grund des § 82 Absatz 2 Nummer 4 entsprechend gelten.

1 § 145 entspricht § 192 BRAO (näher → BRAO § 192 Rn. 1 ff.). Die Vorschrift ermächtigt die Patentanwaltskammer, Verwaltungsgebühren für die Zulassung zur Patentanwaltschaft und die sonstigen ihr zugewiesenen Amtshandlungen (§ 31) zu erheben. **Neben den Verwaltungsgebühren** steht der Patentanwaltskammer auch **der Ersatz ihrer** im Verwaltungsverfahren entstandenen **Auslagen** zu. Für welche Gebührentatbestände im Einzelnen Gebühren und Auslagen erhoben werden, steht im **Ermessen der Patentanwaltskammer** (vgl. § 82 Abs. 2 Nr. 4). Durch die ausdrückliche Nennung der zentralen Amtshandlungen im Zusammenhang mit der Zulassung zur Patentanwaltschaft und der Vertreterbestellung im Gesetz wird das Ermessen der Patentanwaltskammer aber hinsichtlich dieser Tatbestände gebunden (BT-Drs. 16/12061, 53), das heißt sie hat Verwaltungsgebühren und Auslagen dafür zu erheben.

2 Die einzelnen Gebührentatbestände sowie Fälligkeit und Höhe der Verwaltungsgebühren hat die Versammlung der Kammer zu bestimmen (§ 82 Abs. 2 Nr. 4). Sie hat dabei den Grundsatz der Gebührendeckung zu beachten, darf also keine über den entstandenen Verwaltungsaufwand hinausgehenden Gebühren vereinnahmen. Dies entspricht einer Vorgabe aus Art. 13 Abs. 2 S. 2 der Richtlinie des Europäischen Parlaments und des Rates vom 12.12.2006 über Dienstleistungen im Binnenmarkt (ABl. EU Nr. L 376 S. 36). Außerdem sind nur Gebühren nach festen Sätzen zulässig, also weder Wert- noch Rahmengebühren (vgl. § 4 VwKostG; BT-Drs. 16/12061, 34). Die Versammlung der Kammer hat am 22.4.2009 die **„Verwaltungsgebührenordnung der Patentanwaltskammer"** beschlossen, die am 1.9.2009 in Kraft trat.

3 Die **Anwendbarkeit des VwKostG** wird durch S. 2 klarstellend geregelt. Mit der Änderung in Art. 2 Abs. 69 Gesetz zur Strukturreform des Gebührenrechts des Bundes vom 7.8.2013 (BGBl. I S. 3154) wurde in § 145 S. 2 der bisherige Verweis auf das Verwaltungskostengesetz als starre Verweisung auf die im Zeitpunkt des Inkrafttretens des Bundesgebührengesetzes geltenden Fassung des Verwaltungskostengesetzes ausgestaltet (BT-Drs. 17/10422, 137). Nach § 1 Abs. 1 Nr. 1 VwKostG gilt das VwKostG für die Gebühren und Auslagen aller bundesunmittelbaren Körperschaften. Zu diesen Einrichtungen zählt die Patentanwaltskammer (§ 53 Abs. 2 PAO). Der Anwendung des VwKostG auf die Erhebung von Gebühren und Auslagen für die Verwaltungstätigkeit der Patentanwaltskammer steht auch nicht § 1 Abs. 3 VwKostG entgegen. Diese Vorschrift nennt die Träger unterschiedlicher staatlicher Selbstverwaltungsaufgaben, auf die das VwKostG nicht anzuwenden ist, namentlich die Behörden der Justizverwaltungen und der Gerichtsverwaltungen sowie des Patentamts. Die Patentanwaltskammer als Selbstverwaltungskörperschaft des öffentlichen Rechts (§ 53 Abs. 2) ist von dieser Ausnahme nicht erfasst.

4 Allerdings enthält das VwKostG keine gesonderten Regelungen über den Erlass kostenrechtlicher Regelungen durch Selbstverwaltungskörperschaften. Deshalb sieht S. 2 vor, dass die allgemeinen Grundsätze des 2. Abschnitts des VwKostG, die sich nur auf den Erlass von Kostenverordnungen beziehen, auch beim Erlass von Kostensatzungen der Patentanwaltskammer nach § 82 Abs. 2 Nr. 4 entsprechend anwendbar sind. Die Anwendbarkeit dieser Grundsätze macht zugleich Sonderregelungen in der PAO, etwa über die Zulässigkeit von Kostenermäßigungen und -befreiungen entbehrlich (BT-Drs. 16/12061, 34).

Zweiter Abschnitt. Die Kosten in gerichtlichen Verfahren in verwaltungsrechtlichen Patentanwaltssachen

§ 146 Gerichtskosten

[1]In verwaltungsrechtlichen Patentanwaltssachen werden Gebühren nach dem Gebührenverzeichnis der Anlage zu diesem Gesetz erhoben. [2]Im Übrigen sind die für

Kosten in Verfahren vor den Gerichten der Verwaltungsgerichtsbarkeit geltenden Vorschriften des Gerichtskostengesetzes entsprechend anzuwenden, soweit in diesem Abschnitt nichts anderes bestimmt ist.

Nach § 146 S. 1 werden die Gebühren für gerichtliche Verfahren in verwaltungsrechtlichen Patentanwaltssachen nunmehr nach einem dem Gebührenverzeichnis zur PAO neu angefügten Teil 2 erhoben (Anlage zu § 146 S. 1 und § 148 S. 1, abgedruckt nach § 148). § 146 entspricht § 193 BRAO (näher → BRAO § 193 Rn. 1 ff.). 1

S. 2 sieht im Übrigen die Anwendung des GKG vor. Aus der allgemeinen Regelung in § 10 GKG folgt, dass die Tätigkeit des Gerichts in verwaltungsrechtlichen Patentanwaltssachen nicht von der Zahlung eines Vorschusses abhängig gemacht werden kann. Auch für die Erhebung von Auslagen gelten die für verwaltungsgerichtliche Verfahren geltenden Vorschriften des GKG, insbesondere Teil 9 des Kostenverzeichnisses (BT-Drs. 16/12061, 35). 2

§ 147 Streitwert

(1) [1] **Der Streitwert bestimmt sich nach § 52 des Gerichtskostengesetzes.** [2] **Er wird von Amts wegen festgesetzt.**

(2) [1] **In Verfahren, die Klagen auf Zulassung zur Patentanwaltschaft oder deren Rücknahme oder Widerruf betreffen, ist ein Streitwert von 50 000 Euro anzunehmen.** [2] **Unter Berücksichtigung der Umstände des Einzelfalls, insbesondere des Umfangs und der Bedeutung der Sache sowie der Vermögens- und Einkommensverhältnisse des Klägers, kann das Gericht einen höheren oder einen niedrigeren Wert festsetzen.**

(3) **Die Festsetzung ist unanfechtbar; § 63 Absatz 3 des Gerichtskostengesetzes bleibt unberührt.**

I. Anwendung des § 52 GKG (Abs. 1)

Die Vorschrift des § 147 enthält Regelungen zum Streitwert in verwaltungsrechtlichen Patentanwaltssachen und entspricht § 194 BRAO (→ BRAO § 194 Rn. 1 ff.). Nach Abs. 1 S. 1 bestimmt sich der Streitwert grundsätzlich nach § 52 GKG, der allgemein für verwaltungsgerichtliche Verfahren gilt (BT-Drs. 16/12061, 35). Danach ist, soweit nichts anderes bestimmt ist, der Streitwert nach der sich aus dem Antrag des Klägers für ihn ergebenden Bedeutung der Sache nach Ermessen des Gerichts zu bestimmen. 1

II. Regelstreitwert (Abs. 2)

Abs. 2 sieht für Verfahren, die **Klagen auf Zulassung** zur Patentanwaltschaft oder deren Rücknahme oder Widerruf betreffen, einen Regelstreitwert vor. Dieser beträgt in Anlehnung an die Regelung in § 194 BRAO 50.000 Euro. Das Gericht kann jedoch unter Berücksichtigung der Umstände des Einzelfalls einen höherem oder niedrigeren Wert festsetzen (BT-Drs. 16/12061, 35). Vermögensverfall (§§ 14 Nr. 9, 21 Nr. 8) ist kein Umstand, der zur Festsetzung eines niedrigeren Werts als den Regelstreitwert von 50.000 Euro führt (vgl. ständige Rechtsprechung BGH). Der Gesetzgeber hat für diese Fälle keine generelle Ausnahmeregelung bestimmt. Kommt zur schwierigen finanziellen Situation noch eine schwierige gesundheitliche Situation hinzu, kann der Streitwert herabgesetzt werden (BGH BeckRS 2014, 17216). 2

Bei verwaltungsgerichtlichen Verfahren betreffend die **Aufnahme in die Patentanwaltskammer** nach §§ 154a und 154b bestimmt sich der Streitwert nach Abs. 2 mit 50.000 Euro, da gemäß § 154b Abs. 2 S. 1 der Achte Teil der PAO und damit § 146 Abs. 2 sinngemäß anzuwenden ist (OLG München Beschluss vom 21.10.2013 – PatA-Z 1/13). 3

III. Ausschluss der Streitwertbeschwerde, Änderung von Amts wegen (Abs. 3)

Nach Abs. 3 soll es wie im GKG keine Streitwertbeschwerde an den BGH geben (§ 68 Abs. 1 S. 4, § 66 Abs. 3 S. 3 GKG). Die Wertfestsetzung des OLG ist nicht anfechtbar, eine Änderung der Festsetzung von Amts wegen (§ 63 Abs. 3 GKG) ist aber möglich (BT-Drs. 16/12061, 35). 4

Eine Änderung der endgültigen Festsetzung des Streitwerts ist dann, wenn die Rechtslage es verlangt, nicht nur zulässig, sondern auch notwendig. Das Wort „kann" in § 63 Abs. 3 GKG stellt keinen Ermessensspielraum zu Verfügung, sondern regelt nur die Zuständigkeit. Die Änderung ist dann von Amts wegen oder auf Grund der Anregung eines Beteiligten zulässig und erforderlich. Ein förmlicher Antrag ist nicht erforderlich (*Hartmann,* Kostengesetze, 44. Aufl. 2014, GKG § 63 Rn. 39).

Dritter Abschnitt. Die Kosten in dem berufsgerichtlichen Verfahren und in dem Verfahren bei Anträgen auf Entscheidung des Landgerichts gegen die Androhung oder die Festsetzung des Zwangsgelds oder über die Rüge

§ 148 Gerichtskosten

[1]Im berufsgerichtlichen Verfahren, im Verfahren über den Antrag auf Entscheidung des Landgerichts über die Rüge (§ 70a Abs. 1) und im Verfahren über den Antrag auf Entscheidungen des Landgerichts gegen die Androhung oder die Festsetzung eines Zwangsgelds (§ 50 Abs. 3) werden Gebühren nach dem Gebührenverzeichnis der Anlage zu diesem Gesetz erhoben. [2]Im Übrigen sind die für Kosten in Strafsachen geltenden Vorschriften des Gerichtskostengesetzes entsprechend anzuwenden.

1 § 148 folgt § 195 BRAO. Das dazu Gesagte gilt entsprechend (→ BRAO § 195 Rn. 1 ff.). In diesem Verfahren sollen Gerichtsgebühren nach der Anlage zu § 146 S. 1 und § 148 S. 1 erhoben werden. Für Verfahren, die das Berufs- und Vertretungsverbot als vorläufige Maßnahme (§§ 132 ff.) betreffen, sieht das Gebührenverzeichnis mit Ausnahme der Gebühr für das Beschwerdeverfahren (GV 1220 und 1321) keine besonderen Gebühren vor. Die Tätigkeit des Gerichts wird in diesen Fällen durch die im gerichtlichen Hauptsacheverfahren anfallenden Gebühren abgegolten (BT-Drs. 16/3038, 57 und 33).

2 Das Gebührenverzeichnis zu § 148 folgt auch sonst weitgehend dem zu § 195 BRAO. Da § 96 PAO anders als § 114 Abs. 1 BRAO nicht die berufsgerichtliche Maßnahme eines zeitlich begrenzten Vertretungs- oder Berufsverbots vorsieht, enthält die Anlage zu § 148 keinen entsprechenden Gebührentatbestand. Anders als nach den Regelungen der BRAO entscheidet nach § 50 Abs. 3 auch in Verfahren über die Androhung oder die Festsetzung eines Zwangsgelds das Gericht, das auch im Verfahren über die Rüge (§ 70a Abs. 1) zuständig ist, also das Berufsgericht erster Instanz (Landgericht). Daher ist es nicht – wie in der BRAO – gerechtfertigt, für die beiden genannten Verfahren unterschiedliche Gebühren zu erheben (BT-Drs. 16/3038, 57).

3 Die Gebühren des gerichtlichen Verfahrens in verwaltungsrechtlichen Patentanwaltssachen orientieren sich an den Bestimmungen des GKG für Verfahren vor den Gerichten der Verwaltungsgerichtsbarkeit (BT-Drs. 16/12061, 36).

Anlage

zu § 146 Satz 1 und § 148 Satz 1

Gebührenverzeichnis

Gliederung

Teil 1. Berufsgerichtliches Verfahren

Nr.	Gebührentatbestand	Gebührenbetrag oder Satz der jeweiligen Gebühr 1110 und 1111
Vorbemerkung 1: (1) Im berufsgerichtlichen Verfahren bemessen sich die Gerichtsgebühren vorbehaltlich des Absatzes 2 für alle Rechtszüge nach der rechtskräftig verhängten Maßnahme. (2) Wird ein Rechtsmittel oder ein Antrag auf berufsgerichtliche Entscheidung nur teilweise verworfen oder zurückgewiesen, so hat das Gericht die Gebühr zu ermäßigen, soweit es unbillig wäre, den Patentanwalt damit zu belasten. (3) Im Verfahren nach Wiederaufnahme werden die gleichen Gebühren wie für das wiederaufgenommene Verfahren erhoben. Wird jedoch nach Anordnung der Wiederaufnahme des Verfahrens das frühere Urteil aufgehoben, gilt für die Gebührenerhebung jeder Rechtszug des neuen Verfahrens mit dem jeweiligen Rechtszug des früheren Verfahrens zusammen als ein Rechtszug. Gebühren werden auch für Rechtszüge erhoben, die nur im früheren Verfahren stattgefunden haben.		
Abschnitt 1 ***Verfahren vor dem Landgericht*** *Unterabschnitt 1* *Berufsgerichtliches Verfahren erster Instanz*		
Nr.	Gebührentatbestand	Gebührenbetrag oder Satz der jeweiligen Gebühr 1110 und 1111
1110	Verfahren mit dem Urteil bei Verhängung einer oder mehrerer Maßnahmen: 1. einer Warnung, 2. eines Verweises, 3. einer Geldbuße	240,00 EUR
1111	Verfahren mit dem Urteil bei Ausschließung aus der Patentanwaltschaft	480,00 EUR
Unterabschnitt 2 *Antrag auf gerichtliche Entscheidung über die Androhung oder die Festsetzung eines Zwangsgelds oder über die Rüge*		
1120	Verfahren über den Antrag auf gerichtliche Entscheidung über die Androhung oder die Festsetzung eines Zwangsgelds nach § 50 Abs. 3 der Patentanwaltsordnung: Der Antrag wird verworfen oder zurückgewiesen	160,00 EUR
1121	Verfahren über den Antrag auf gerichtliche Entscheidung über die Rüge nach § 70a Abs. 1 der Patentanwaltsordnung: Der Antrag wird verworfen oder zurückgewiesen	160,00 EUR
Abschnitt 2 ***Verfahren vor dem Oberlandesgericht*** *Unterabschnitt 1* *Berufung*		
1210	Berufungsverfahren mit Urteil	1,5

Nr.	Gebührentatbestand	Gebührenbetrag oder Satz der jeweiligen Gebühr 1110 und 1111
1211	Erledigung des Berufungsverfahrens ohne Urteil Die Gebühr entfällt bei Zurücknahme der Berufung vor Ablauf der Begründungsfrist.	0,5
	Unterabschnitt 2 *Beschwerde*	
1220	Verfahren über Beschwerden im berufsgerichtlichen Verfahren, die nicht nach anderen Vorschriften gebührenfrei sind: Die Beschwerde wird verworfen oder zurückgewiesen Von dem Patentanwalt wird eine Gebühr nur erhoben, wenn gegen ihn rechtskräftig eine berufsgerichtliche Maßnahme verhängt worden ist.	50,00 EUR
	Abschnitt 3 ***Verfahren vor dem Bundesgerichtshof*** *Unterabschnitt 1* *Revision*	
1310	Revisionsverfahren mit Urteil oder mit Beschluss nach § 128 Abs. 3 Satz 1 der Patentanwaltsordnung i.V.m. § 349 Abs. 2 oder Abs. 4 StPO	2,0
1311	Erledigung des Revisionsverfahrens ohne Urteil und ohne Beschluss nach § 128 Abs. 3 Satz 1 der Patentanwaltsordnung i.V.m. § 349 Abs. 2 oder Abs. 4 StPO Die Gebühr entfällt bei Zurücknahme der Revision vor Ablauf der Begründungsfrist.	1,0
	Unterabschnitt 2 *Beschwerde*	
1320	Verfahren über die Beschwerde gegen die Nichtzulassung der Revision: Die Beschwerde wird verworfen oder zurückgewiesen	1,0
1321	Verfahren über sonstige Beschwerden im berufsgerichtlichen Verfahren, die nicht nach anderen Vorschriften gebührenfrei sind: Die Beschwerde wird verworfen oder zurückgewiesen Von dem Patentanwalt wird eine Gebühr nur erhoben, wenn gegen ihn rechtskräftig eine berufsgerichtliche Maßnahme verhängt worden ist.	50,00 EUR
	Abschnitt 4 ***Rüge wegen Verletzung des Anspruchs auf rechtliches Gehör***	
1400	Verfahren über die Rüge wegen Verletzung des Anspruchs auf rechtliches Gehör: Die Rüge wird in vollem Umfang verworfen oder zurückgewiesen	50,00 EUR

Teil 2. Gerichtliche Verfahren in verwaltungsrechtlichen Patentanwaltssachen

Nr.	Gebührentatbestand	Gebührenbetrag oder Satz der Gebühr nach § 34 GKG
	Abschnitt 1 ***Erster Rechtszug*** *Unterabschnitt 1* *Oberlandesgericht*	
2110	Verfahren im Allgemeinen	4,0
2111	Beendigung des gesamten Verfahrens durch 1. Zurücknahme der Klage a) vor dem Schluss der mündlichen Verhandlung, b) wenn eine solche nicht stattfindet, vor Ablauf des Tages, an dem das Urteil, der Gerichtsbescheid oder der Beschluss in der Hauptsache der Geschäftsstelle übermittelt wird, c) im Fall des § 94b Abs. 1 Satz 1 PAO i.V.m. § 93a Abs. 2 VwGO vor Ablauf der Erklärungsfrist nach § 93a Abs. 2 Satz 1 VwGO, 2. Anerkenntnis- oder Verzichtsurteil, 3. gerichtlichen Vergleich oder 4. Erledigungserklärungen nach § 94b Abs. 1 Satz 1 PAO i.V.m. § 161 Abs. 2 VwGO, wenn keine Entscheidung über die Kosten ergeht oder die Entscheidung einer zuvor mitgeteilten Einigung der Beteiligten über die Kostentragung oder der Kostenübernahmeerklärung eines Beteiligten folgt, es sei denn, dass bereits ein anderes als eines der in Nummer 2 genannten Urteile, ein Gerichtsbescheid oder Beschluss in der Hauptsache vorausgegangen ist: Die Gebühr 2110 ermäßigt sich auf Die Gebühr ermäßigt sich auch, wenn mehrere Ermäßigungstatbestände erfüllt sind.	2,0
	Unterabschnitt 2 *Bundesgerichtshof*	
2120	Verfahren im Allgemeinen	5,0
2121	Beendigung des gesamten Verfahrens durch 1. Zurücknahme der Klage a) vor dem Schluss der mündlichen Verhandlung, b) wenn eine solche nicht stattfindet, vor Ablauf des Tages, an dem das Urteil oder der Gerichtsbescheid der Geschäftsstelle übermittelt wird, c) im Fall des § 94b Abs. 1 Satz 1 PAO i.V.m. § 93a Abs. 2 VwGO vor Ablauf der Erklärungsfrist nach § 93a Abs. 2 Satz 1 VwGO, 2. Anerkenntnis- oder Verzichtsurteil, 3. gerichtlichen Vergleich oder 4. Erledigungserklärungen nach § 94b Abs. 1 Satz 1 PAO i.V.m. § 161 Abs. 2 VwGO, wenn keine Entscheidung über die Kosten ergeht oder die Entscheidung einer zuvor mitgeteilten Einigung der Beteiligten über die Kostentragung oder der Kostenübernahmeerklärung eines Beteiligten folgt, es sei denn, dass bereits ein anderes als eines der in Nummer 2 genannten Urteile, ein Gerichtsbescheid oder Beschluss in der Hauptsache vorausgegangen ist: Die Gebühr 2110 ermäßigt sich auf Die Gebühr ermäßigt sich auch, wenn mehrere Ermäßigungstatbestände erfüllt sind.	3,0

Nr.	Gebührentatbestand	Gebührenbetrag oder Satz der Gebühr nach § 34 GKG
	Abschnitt 2 ***Zulassung und Durchführung der Berufung***	
2200	Verfahren über die Zulassung der Berufung: Soweit der Antrag abgelehnt wird	1,0
2201	Verfahren über die Zulassung der Berufung: Soweit der Antrag zurückgenommen oder das Verfahren durch anderweitige Erledigung beendet wird	0,5
	Die Gebühr entsteht nicht, soweit die Berufung zugelassen wird.	
2202	Verfahren im Allgemeinen	5,0
2203	Beendigung des gesamten Verfahrens durch Zurücknahme der Berufung oder der Klage, bevor die Schrift zur Begründung der Berufung bei Gericht eingegangen ist: Die Gebühr 2202 ermäßigt sich auf Erledigungserklärungen nach § 94b Abs. 1 Satz 1 PAO i.V.m. § 161 Abs. 2 VwGO stehen der Zurücknahme gleich, wenn keine Entscheidung über die Kosten ergeht oder die Entscheidung einer zuvor mitgeteilten Einigung der Beteiligten über die Kostentragung oder der Kostenübernahmeerklärung eines Beteiligten folgt.	1,0
2204	Beendigung des gesamten Verfahrens, wenn nicht Nummer 2203 erfüllt ist, durch 1. Zurücknahme der Berufung oder der Klage a) vor dem Schluss der mündlichen Verhandlung, b) wenn eine solche nicht stattfindet, vor Ablauf des Tages, an dem das Urteil oder der Beschluss in der Hauptsache der Geschäftsstelle übermittelt wird, oder c) im Fall des § 94b Abs. 1 Satz 1 PAO i.V.m. § 93a Abs. 2 VwGO vor Ablauf der Erklärungsfrist nach § 93a Abs. 2 Satz 1 VwGO, 2. Anerkenntnis- oder Verzichtsurteil, 3. gerichtlichen Vergleich oder 4. Erledigungserklärungen nach § 94b Abs. 1 Satz 1 PAO i.V.m. § 161 Abs. 2 VwGO, wenn keine Entscheidung über die Kosten ergeht oder die Entscheidung einer zuvor mitgeteilten Einigung der Beteiligten über die Kostentragung oder der Kostenübernahmeerklärung eines Beteiligten folgt, es sei denn, dass bereits ein anderes als eines der in Nummer 2 genannten Urteile oder ein Beschluss in der Hauptsache vorausgegangen ist: Die Gebühr 2202 ermäßigt sich auf	3,0
	Die Gebühr ermäßigt sich auch, wenn mehrere Ermäßigungstatbestände erfüllt sind.	
	Abschnitt 3 ***Vorläufiger Rechtsschutz***	
	Vorbemerkung 2.3: (1) Die Vorschriften dieses Abschnitts gelten für einstweilige Anordnungen und für Verfahren nach § 94b Abs. 1 Satz 1 PAO i.V.m. § 80 Abs. 5 und § 80a Abs. 3 VwGO. (2) Im Verfahren über den Antrag auf Erlass und im Verfahren über den Antrag auf Aufhebung einer einstweiligen Anordnung werden die Gebühren jeweils gesondert erhoben. Mehrere Verfahren nach § 94b Abs. 1 Satz 1 PAO i.V.m. § 80 Abs. 5 und 7 und § 80a Abs. 3 VwGO gelten innerhalb eines Rechtszugs als ein Verfahren.	

Nr.	Gebührentatbestand	Gebührenbetrag oder Satz der Gebühr nach § 34 GKG
	Unterabschnitt 1 *Oberlandesgericht*	
2310	Verfahren im Allgemeinen	2,0
2311	Beendigung des gesamten Verfahrens durch 1. Zurücknahme des Antrags a) vor dem Schluss der mündlichen Verhandlung oder, b) wenn eine solche nicht stattfindet, vor Ablauf des Tages, an dem der Beschluss der Geschäftsstelle übermittelt wird, 2. gerichtlichen Vergleich oder 3. Erledigungserklärungen nach § 94b Abs. 1 Satz 1 PAO i.V.m. § 161 Abs. 2 VwGO, wenn keine Entscheidung über die Kosten ergeht oder die Entscheidung einer zuvor mitgeteilten Einigung der Beteiligten über die Kostentragung oder der Kostenübernahmeerklärung eines Beteiligten folgt, es sei denn, dass bereits ein Beschluss über den Antrag vorausgegangen ist: Die Gebühr 2310 ermäßigt sich auf Die Gebühr ermäßigt sich auch, wenn mehrere Ermäßigungstatbestände erfüllt sind.	0,75
	Unterabschnitt 2 *Bundesgerichtshof als Rechtsmittelgericht in der Hauptsache*	
2320	Verfahren im Allgemeinen	1,5
2321	Beendigung des gesamten Verfahrens durch 1. Zurücknahme des Antrags a) vor dem Schluss der mündlichen Verhandlung oder, b) wenn eine solche nicht stattfindet, vor Ablauf des Tages, an dem der Beschluss der Geschäftsstelle übermittelt wird, 2. gerichtlichen Vergleich oder 3. Erledigungserklärungen nach § 94b Abs. 1 Satz 1 PAO iVm § 161 Abs. 2 VwGO, wenn keine Entscheidung über die Kosten ergeht oder die Entscheidung einer zuvor mitgeteilten Einigung der Beteiligten über die Kostentragung oder der Kostenübernahmeerklärung eines Beteiligten folgt, es sei denn, dass bereits ein Beschluss über den Antrag vorausgegangen ist: Die Gebühr 2320 ermäßigt sich auf Die Gebühr ermäßigt sich auch, wenn mehrere Ermäßigungstatbestände erfüllt sind.	0,5
	Unterabschnitt 3 *Bundesgerichtshof*	
	Vorbemerkung 2.3.3: Die Vorschriften dieses Unterabschnitts gelten, wenn der Bundesgerichtshof auch in der Hauptsache erstinstanzlich zuständig ist.	
2330	Verfahren im Allgemeinen	2,5
2331	Beendigung des gesamten Verfahrens durch 1. Zurücknahme des Antrags a) vor dem Schluss der mündlichen Verhandlung oder, b) wenn eine solche nicht stattfindet, vor Ablauf des Tages, an dem der Beschluss der Geschäftsstelle übermittelt wird, 2. gerichtlichen Vergleich oder 3. Erledigungserklärungen nach § 94b Abs. 1 Satz 1 PAO i.V.m. § 161 Abs. 2 VwGO, wenn keine Entscheidung über die Kosten ergeht oder die Entscheidung einer zuvor mitgeteilten Einigung	

Nr.	Gebührentatbestand	Gebührenbetrag oder Satz der Gebühr nach § 34 GKG
	der Beteiligten über die Kostentragung oder der Kostenübernahmeerklärung eines Beteiligten folgt, es sei denn, dass bereits ein Beschluss über den Antrag vorausgegangen ist: Die Gebühr 2330 ermäßigt sich auf Die Gebühr ermäßigt sich auch, wenn mehrere Ermäßigungstatbestände erfüllt sind.	1,0
	Abschnitt 4 ***Rüge wegen Verletzung des Anspruchs auf rechtliches Gehör***	
2400	Verfahren über die Rüge wegen Verletzung des Anspruchs auf rechtliches Gehör: Die Rüge wird in vollem Umfang verworfen oder zurückgewiesen	50,00 EUR

§ 149 Kosten bei Anträgen auf Einleitung des berufsgerichtlichen Verfahrens

(1) Einem Patentanwalt, der einen Antrag auf gerichtliche Entscheidung über die Entschließung der Staatsanwaltschaft (§ 108 Abs. 2) zurücknimmt, sind die durch dieses Verfahren entstandenen Kosten aufzuerlegen.

(2) Wird ein Antrag des Vorstands der Patentanwaltskammer auf gerichtliche Entscheidung in dem Fall des § 107 Abs. 2 verworfen, so sind die durch das Verfahren über den Antrag veranlaßten Kosten der Patentanwaltskammer aufzuerlegen.

1 § 149 entspricht § 196 BRAO. Das dazu Gesagte gilt entsprechend (→ BRAO § 196 Rn. 1 ff.).

§ 150 Kostenpflicht des Verurteilten

(1) [1] Dem Patentanwalt, der in dem berufsgerichtlichen Verfahren verurteilt wird, sind zugleich die in dem Verfahren entstandenen Kosten ganz oder teilweise aufzuerlegen. [2] Dasselbe gilt, wenn das berufsgerichtliche Verfahren wegen Erlöschens der Zulassung zur Patentanwaltschaft eingestellt wird und nach dem Ergebnis des bisherigen Verfahrens die Verhängung einer berufsgerichtlichen Maßnahme gerechtfertigt gewesen wäre; zu den Kosten des berufsgerichtlichen Verfahrens gehören in diesem Fall auch diejenigen, die in einem anschließenden Verfahren zum Zwecke der Beweissicherung (§§ 130, 131) entstehen. [3] Wird das Verfahren nach § 123 Abs. 3 Nr. 2 eingestellt, kann das Gericht dem Patentanwalt die in dem Verfahren entstandenen Kosten ganz oder teilweise auferlegen, wenn es dies für angemessen erachtet.

(2) [1] Dem Patentanwalt, der in dem berufsgerichtlichen Verfahren ein Rechtsmittel zurückgenommen oder ohne Erfolg eingelegt hat, sind zugleich die durch dieses Verfahren entstandenen Kosten aufzuerlegen. [2] Hatte das Rechtsmittel teilweise Erfolg, so kann dem Patentanwalt ein angemessener Teil dieser Kosten auferlegt werden.

(3) Für die Kosten, die durch einen Antrag auf Wiederaufnahme des durch ein rechtskräftiges Urteil abgeschlossenen Verfahrens verursacht worden sind, ist Absatz 2 entsprechend anzuwenden.

1 § 150 entspricht § 197 BRAO. Das dazu Gesagte gilt entsprechend (→ BRAO § 197 Rn. 1 ff.).

§ 150a Kostenpflicht in dem Verfahren bei Anträgen auf Entscheidung des Landgerichts gegen die Androhung oder die Festsetzung des Zwangsgelds oder über die Rüge

(1) [1] Wird der Antrag auf berufsgerichtliche Entscheidung gegen die Androhung oder die Festsetzung des Zwangsgelds oder über die Rüge als unbegründet zurückgewiesen,

so ist § 150 Abs. 1 Satz 1 entsprechend anzuwenden. [2]Stellt das Landgericht fest, daß die Rüge wegen der Verhängung einer berufsgerichtlichen Maßnahme unwirksam ist (§ 70a Abs. 5 Satz 2) oder hebt es den Rügebescheid gemäß § 70a Abs. 3 Satz 2 auf, so kann es dem Patentanwalt die in dem Verfahren entstandenen Kosten ganz oder teilweise auferlegen, wenn es dies für angemessen erachtet.

(2) **Nimmt der Patentanwalt den Antrag auf Entscheidung des Landgerichts zurück oder wird der Antrag als unzulässig verworfen, so gilt § 150 Abs. 2 Satz 1 entsprechend.**

(3) **[1]Wird die Androhung oder die Festsetzung des Zwangsgeldes aufgehoben, so sind die notwendigen Auslagen des Patentanwalts der Patentanwaltskammer aufzuerlegen. [2]Das gleiche gilt, wenn der Rügebescheid, den Fall des § 70a Abs. 3 Satz 2 ausgenommen, aufgehoben wird oder wenn die Unwirksamkeit der Rüge wegen eines Freispruchs des Patentanwalts im berufsgerichtlichen Verfahren oder aus den Gründen des § 103 Abs. 2 Satz 2 festgestellt wird (§ 70a Abs. 5 Satz 2).**

§ 150a folgt § 197a BRAO. Das dazu Gesagte gilt entsprechend (→ BRAO § 197a Rn. 1 ff.). 1

§ 151 Haftung der Patentanwaltskammer

Auslagen, die weder dem Patentanwalt noch einem Dritten auferlegt oder von dem Patentanwalt nicht eingezogen werden können, fallen der Patentanwaltskammer zur Last.

§ 151 regelt wie § 198 Abs. 1 BRAO nur eine **Ausfallhaftung der Patentanwaltskammer** 1 für die Auslagen, nicht aber eine Erstattungspflicht für die von der Staatskasse nach den gesetzlichen Vorschriften zu tragenden Kosten.

Die für alle Instanzen des berufsgerichtlichen Verfahrens geltende Regelung bestimmt, dass 2 Auslagen, die weder dem Patentanwalt (§ 150), der Staatskasse des Freistaates Bayern (§ 98 S. 2 iVm § 467 StPO) oder einem Dritten (zB Zeugen oder Verteidiger: § 98 S. 2 iVm §§ 51 Abs. 1, 145 Abs. 4 StPO) auferlegt oder von dem Patentanwalt nicht beigetrieben werden können, der Patentanwaltskammer zur Last fallen.

§§ 152–154 *[aufgehoben]*

Neunter Teil. Berufsangehörige aus anderen Staaten

§ 154a Niederlassung

Eine natürliche Person, die ihre berufliche Tätigkeit unter einer der in § 1 des Gesetzes über die Eignungsprüfung für die Zulassung zur Patentanwaltschaft genannten Berufsbezeichnungen ausübt, ist berechtigt, sich unter dieser Berufsbezeichnung zur Rechtsbesorgung auf dem Gebiet ausländischen und internationalen gewerblichen Rechtsschutzes im Geltungsbereich dieses Gesetzes niederzulassen, wenn sie auf Antrag in die Patentanwaltskammer aufgenommen ist.

I. Betroffener Personenkreis

Mit Art. 12 Gesetz zur Verbesserung der Feststellung und Anerkennung im Ausland erworbener 1 Berufsqualifikationen vom 6.12.2011 (BGBl. I S. 2515) ist das Staatsangehörigkeiten Erfordernis „Mitgliedstaaten der Europäischen Union und anderen Vertragsstaaten des Abkommens über den Europäischen Wirtschaftsraum" entfallen. Eine Differenzierung allein nach Staatsangehörigkeit ist nicht mehr sachgerecht. Dabei geht es nicht um die Anerkennung beruflicher Qualifikationen aus Staaten außerhalb der Europäischen Union, des Europäischen Wirtschaftsraum und der Schweiz, sondern lediglich darum, die bestehenden Anerkennungsregelungen unabhängig von der Staatsangehörigkeit auszugestalten. Somit soll der Kreis der (überhaupt) anerkennungsfähigen Berufsqualifikationen unverändert bleiben und lediglich der in Betracht kommende Kreis der Personen, die die Qualifikation erworben haben, erweitert werden (BT-Drs. 17/6260, 41). Nunmehr können auch **Staatsangehörige von Drittstaaten,** die über die geforderte europäische Berufsqualifikation verfügen, sich nach § 154a in Deutschland niederlassen (BT-Drs. 17/6260, 59).

2 Während § 27 den deutschen Patentanwälten die Möglichkeit eröffnet, in ausländischen Staaten weitere Kanzleien zu eröffnen und die Zulassung als deutscher Patentanwalt zu behalten, wird ausländischen Patentanwälten durch § 154a in Anlehnung an §§ 1, 2 EuRAG, die Möglichkeit eingeräumt, sich in der Bundesrepublik niederzulassen. Mit dem EuRAG wurde die „Richtlinie 98/5/EG vom 16.2.1998 zur Erleichterung der ständigen Ausübung des Rechtsanwaltsberufs in einem anderen Mitgliedstaat als dem, in dem die Qualifikation erworben wurde" umgesetzt. Diese Richtlinie ist auf die Ausübung des Patentanwaltsberufs nicht anwendbar.

3 § 154a ermöglicht Berufsangehörigen der Patentanwaltsberufe **aus den anderen Mitgliedstaaten der EU** die Niederlassung in der Bundesrepublik. Damit wird dem **Niederlassungsrecht nach Art. 49 AEUV** Rechnung getragen. Auch Berufsangehörigen der Patentanwaltsberufe **aus den Vertragsstaaten des Abkommens über den Europäischen Wirtschaftsraum** wurde mit einer Ergänzung des § 154a die Möglichkeit eröffnet, sich unter ihrer heimischen Berufsbezeichnung zur Rechtsbesorgung auf dem Gebiet des ausländischen und internationalen gewerblichen Rechtsschutzes in Deutschland niederzulassen (BT-Drs. 13/10764, 10).

4 **§ 154a regelt** die gesetzliche Voraussetzung für die **Aufnahme** in der Patentanwaltskammer für ausländische Berufsangehörige **abschließend.** Die Vorschrift ist einer ausdehnenden Anwendung nicht zugänglich. Die in der Anlage zu § 1 des Gesetzes über die Eignungsprüfung für die Zulassung zur Patentanwaltschaft (PAZEignPrG abgedruckt unter → Teil III Nr. 15) aufgeführten Berufe sind ausnahmslos Patentanwaltsberufe in europäischen Mitgliedstaaten. Dadurch soll einerseits der Niederlassungsfreiheit innerhalb der Europäischen Union und des Europäischen Wirtschaftsraums und andererseits dem Schutz des rechtsuchenden Publikums sowie den Erfordernissen einer geordneten funktionsfähigen Rechtspflege Rechnung getragen werden (BT-Drs. 12/4993, 42 zu §§ 154a, 154b PAO; BGH Mitt 2005, 140 = GRUR 2005, 313 = NJW-RR 2005, 427). Dass in der Anlage zu § 1 PAZEignPrG nicht alle Patentanwaltsberufe aus allen Mitgliedsstaaten der Europäischen Union und anderen Vertragsstaaten des Abkommens über den Europäischen Wirtschaftsraum aufgeführt worden sind, steht nicht im Widerspruch zur RL 2006/123/EG über die Dienstleistungen im Binnenmarkt (BGH Mitt 2014, 217 = GRUR 2014, 508 = BlPMZ. 2014, 217 zur Nichtzulassung eines „IP Attorney (Malta)).

5 Im Hinblick auf die abschließende Regelung des § 154a (→ Rn. 4) ist dieser auch nicht unter Berücksichtigung des Allgemeinen Übereinkommens über den internationalen Dienstleistungshandel (GATS-Übereinkommen) dahin auszulegen, dass Gleiches für die Rechtsbesorgung auf dem Gebiet des Patentwesens des Heimatstaates des jeweiligen Bewerbers und die Aufnahme in die Patentanwaltskammer in Deutschland zu gelten habe, sofern der jeweilige Bewerber seine Zulassung in einem Mitgliedstaat der WTO erlangt hat. Die Qualifikation als US-Patent-Anwalt berechtigt daher selbst dann nicht zur Aufnahme in die Patentanwaltskammer, wenn lediglich eine Tätigkeit von Deutschland aus vor dem US-Patent and Trademark Office beabsichtigt ist (BGH Mitt 2005, 140 = GRUR 2005, 313 = NJW-RR 2005, 427).

6 § 154a gilt auch für Staatsangehörige, die in diesen anderen Staaten ihre berufsqualifizierende Ausbildung erhalten haben, selbst wenn sie zuvor in Deutschland dabei gescheitert waren. Gemäß der Entscheidung des EUGH (NJW 2014, 2849 = BRAK-Mitt. 2014, 253 = Mitt 2014, 522) stellt es keine rechtsmißbräuchliche Praxis dar, wenn sich ein Angehöriger eines Mitgliedstaates, der einen Universitätsabschluss inne hat, in einen anderen Mitgliedstaat begibt, um dort die Qualifikation für den Rechtsanwaltsberuf zu erwerben, und danach unter der in dem anderen Mitgliedstaat erworbenen Berufsbezeichnung in das eigene Land zurückzukehren (aber → Rn. 8, 9).

II. Status und Tätigkeitsbereich

7 **Vom Status her** sind die ausländischen Patentanwälte ihren deutschen Kollegen **gleichgestellt,** da sie in die Patentanwaltskammer aufgenommen werden. Der ausländische Patentanwalt unterliegt dem inländischen Berufsrecht, was im Interesse einer geordneten funktionsfähigen Rechtspflege geboten ist (§ 154b Abs. 2). Tätig werden muss er aber unter ihrer **heimischen Berufsbezeichnung** (vgl. Anlage zu § 1 PAZEignPrG), damit dem rechtsuchenden Publikum deutlich wird, dass die Ausbildung und die Befugnisse sich nicht auf das deutsche Recht beziehen.

8 Im Gegensatz zu § 2 EuRAG, wonach der europäische Rechtsanwalt, der in die zuständige Rechtsanwaltskammer aufgenommen wurde, berechtigt ist unter der Berufsbezeichnung des

Herkunftstaates die Tätigkeit eines Rechtsanwalt gemäß §§ 1–3 BRAO auszuüben, ist der in die Patentanwaltskammer Aufgenommen nicht befugt die Tätigkeit eines Patentanwalts gemäß §§ 3 und 4 auszuüben. Die **Befugnis zur Rechtsbesorgung** beschränkt sich vielmehr auf das **ausländische und internationale Recht des gewerblichen Rechtsschutzes.** Verlässt der ausländische Patentanwalt den Rahmen dieser Befugnis und wird auf dem Gebiet des deutschen gewerblichen Rechtsschutzes geschäftsmäßig rechtsbesorgend tätig, dann ist dies nicht mehr durch § 1 Abs. 2 RDG gedeckt. Er handelt dann nicht nur pflichtwidrig (§§ 154a, 154b Abs. 2 iVm §§ 39, 95 Abs. 1), sondern auch ordnungswidrig § 20 RDG; vgl. auch BGH NJW 1997, 867 = BRAK-Mitt. 1997, 87 = AnwBl. 1997, 224). Auch eine Eintragung in das **Rechtsdienstleistungsregister** nach § 10 Abs. 1 Nr. 3 RDG iVm §§ 1, 2 Abs. 4 und 3 Abs. 2 RDV, die alternativ zu § 154a möglich ist, führt nur zur Befugnis der Beratung auf dem Gebiet des ausländischen gewerblichen Rechtsschutzes (BT-Drs. 16/3655, 65, 85).

Erst nach bestandener **Eignungsprüfung** nach § 5 PatEignPrG iVm §§ 44 ff. PatAnwAPO und 9
der dadurch möglichen und **erfolgten Zulassung zum Patentanwalt** (§ 5 Abs. 1) ist die **vollumfängliche Beratung und Vertretung** auf dem Gebiet des gewerblichen Rechtschutz nach §§ 3 und 4 zulässig (BGH Mitt 2014, 245 = GRUR 2014, 508). Die Mitgliedschaft in der Patentanwaltskammer nach § 154a geht dann in der Zulassung auf. Der von der Patentanwaltskammer erlassene VA betreffend die Aufnahme wird gegenstandslos (Kopp/*Ramsauer* VwVfG § 43 Rn. 41).

Den Begriff „europäischer Patentanwalt" vergleichbar dem „europäischen Rechtsanwalt" 10
kennt die PAO nicht. Mit der Legaldefinition in § 1 EuRAG wird jedoch keine Berufsbezeichnung begründet, was sich aus § 5 Abs. 2 EuRAG ergibt, der Begriff dient aber der Vereinfachung der Gesetzessprache (Henssler/Prütting/*Lörcher* EuRAG § 1 Rn. 11). In Anlehnung an das EuRAG kann unter dem **„europäischen Patentanwalt"** der nach § 154a in die Patentanwaltskammer Aufgenommene verstanden werden. Diese Bezeichnung ist nicht auf die zugelassenen Vertreter vor dem Europäischen Patentamt anzuwenden (→ § 3 Rn. 19). Die Bestimmungen des **Übereinkommens über die Erteilung europäischer Patente** vom 21.6.1976, BGBl. II S. 649, zuletzt geändert durch Gesetz vom 23.3.1993, BGBl. I S. 366, werden durch § 154a **nicht berührt** (BT-Drs. 12/4993, 42).

Eine Regelung der **vorübergehenden grenzüberschreitenden Dienstleistung** wie in 11
§§ 25 ff. EuRAG erfolgt, kennt die PAO nicht. Der vorübergehende Charakter der Dienstleistung ist unter der Berücksichtigung ihrer Dauer, ihrer Häufigkeit, ihrer regelmäßigen Wiederkehr und ihrer Kontinuität zu beurteilen (EuGH NJW 1996, 579 = BRAK-Mitt. 1996, 42 = AnwBl. 1996, 103). Die grenzüberschreitende Dienstleistung setzt voraus, dass keine Niederlassung in Deutschland gegeben ist. Die Dienstleistungsfreiheit für die patentanwaltliche Berufsträger der EU-Mitgliedstaaten oder eines anderen Vertragsstaates des Abkommens über den Europäischen Wirtschaftraum auf dem Gebiet des gewerblichen Rechtsschutzes erfolgt unmittelbar aus Art. 56 ff. AEUV. Sie findet ihre Grenze in § 25 Abs. 2 PatG. Vgl. auch BGH Mitt 2014, 245 = GRUR 2014, 508.

§ 154b Verfahren, berufliche Stellung *(§ 24 Abs. 3 BOPA)*

(1) **[1] Dem Antrag auf Aufnahme ist eine Bescheinigung der im Herkunftsstaat zuständigen Behörde über die Zugehörigkeit zu dem Beruf beizufügen. [2] Diese Bescheinigung ist der Patentanwaltskammer jährlich neu vorzulegen. [3] Kommt das Mitglied der Patentanwaltskammer dieser Pflicht nicht nach, ist die Aufnahme in die Patentanwaltskammer zu widerrufen.**

(2) **[1] Für die Entscheidung über den Antrag, die Rechtsstellung nach Aufnahme in die Patentanwaltskammer sowie die Rücknahme und den Widerruf der Aufnahme in die Patentanwaltskammer gelten sinngemäß der zweite Teil, mit Ausnahme der §§ 5 bis 13, 18, 19, der Dritte und Vierte Teil, der dritte Abschnitt des Fünften Teils, und der Sechste bis Achte Teil dieses Gesetzes. [2] Vertretungsverbote nach § 96 Abs. 1 Nr. 4 sowie § 132 sind für den Geltungsbereich dieses Gesetzes auszusprechen. [3] An die Stelle der Ausschließung aus der Patentanwaltschaft (§ 96 Abs. 1 Nr. 5) tritt der Verlust der Mitgliedschaft.**

(3) **[1] Der in die Patentanwaltskammer Aufgenommene hat bei der Führung seiner Berufsbezeichnung den Herkunftsstaat anzugeben. [2] Er ist berechtigt, im beruflichen Verkehr zugleich die Bezeichnung „Mitglied der Patentanwaltskammer" zu verwenden.**

I. Zugehörigkeit zu dem Beruf im Herkunftsstaat

1 § 154b regelt in Anlehnung an § 4 EuRAG, § 207 BRAO das **Verfahren** zur Aufnahme in die Patentanwaltskammer als Voraussetzung für die Niederlassung in der Bundesrepublik nach § 154a **und die berufliche Stellung** des ausländischen Patentanwalts.

2 Es wird vorausgesetzt, dass der Bewerber unter einer der in der Anlage zu § 1 PAZEignPrG (→ § 154a Rn. 4) genannten Berufsbezeichnungen seine berufliche Tätigkeit ausübt. Aus diesem Grunde muss der Antragsteller nach Abs. 1 S. 1 seinem Antrag auf Aufnahme in die Patentanwaltskammer eine Bescheinigung der im Herkunftsstaat zuständigen Behörde über die Zugehörigkeit zu dem Beruf beifügen. Diese Bescheinigung ist der Patentanwaltskammer jährlich neu vorzulegen, denn das Niederlassungsrecht nach §§ 154a, 154b ist nicht nur **im Entstehen,** sondern auch im **Fortbestehen abhängig von der Zugehörigkeit zum Beruf im Heimatland.** Legt das Mitglied der Patentanwaltskammer diese Bescheinigung nicht vor, ist die Aufnahme in die Patentanwaltskammer zu widerrufen. Damit soll verhindert werden, dass in Deutschland ausländische Patentanwälte tätig sind, die in ihrem Herkunftsland ihre Berechtigung zu entsprechenden Tätigkeiten verloren haben und die auch hier nicht die persönlichen Voraussetzungen für den Zugang zum Beruf des Patentanwalts erfüllen. Die Qualifikation als US-Patent Agent berechtigt selbst dann nicht zur Aufnahme in die Patentanwaltskammer, wenn lediglich eine Tätigkeit von Deutschland aus vor dem US-Patent and Trademark Office beabsichtigt ist (BGH Mitt 2005, 140 = GRUR 2005, 313; → § 154a Rn. 4, 5).

II. Sinngemäße Anwendung von Vorschriften der PAO

3 **Abs. 2** regelt, welche Vorschriften der PAO im Verfahren über den Antrag eines ausländischen Patentanwalts auf Aufnahme in die Patentanwaltskammer anwendbar sind. Für das **Verfahren der Aufnahme** des ausländischen Patentanwalts in die Patentanwaltskammer, seine **Rechtsstellung** nach der Aufnahme sowie die **Rücknahme und den Widerruf** gelten nach Abs. 2 die allgemeinen Bestimmungen. Es gelten also die Versagungsgründe des § 14 und die Rücknahme- und Widerrufsgründe des § 21 entsprechend. Da ausländische Patentanwälte nicht zur Eidesleistung (§ 19) verpflichtet sein sollen, wurde diese Vorschrift von der Anwendbarkeit ausgenommen (BT-Drs. 16/12061, 35).

4 Das Mitglied der Patentanwaltskammer untersteht der **Kammeraufsicht** (§§ 49, 50, 69 Abs. 2 Nr. 1 und 4, 70) und der **Berufsgerichtsbarkeit** (§§ 94a ff.). Da auch der Dritte Teil der PAO, §§ 39 ff., sinngemäße Anwendung findet, gelten für ihn auch die Berufspflichten wie für hiesige Patentanwälte; für seine Tätigkeit in Deutschland bedarf er einer Berufshaftpflichtversicherung (§ 45). Zur gewissenhaften Berufsausübung, zu der das Mitglied der Patentanwaltskammer nach § 39 verpflichtet ist, gehört auch die **Verpflichtung, sich** über das für sie verbindliche deutsche Berufsrecht **zu informieren** (§ 39a Abs. 6). Der Vierte Teil, §§ 53 ff., findet ebenso sinngemäß Anwendung. Das Mitglied der Kammer hat damit das Recht an der Kammerversammlung teilzunehmen und abzustimmen. Es steht ihm das aktive Wahlrecht zu und unter den Voraussetzungen des § 59 auch das passive Wahlrecht. Durch die Herausnahme des ersten und zweiten Abschnittes des Fünften Teils, §§ 85–94, können die Mitglieder nach § 154a keine richterlichen Aufgaben bei den Gerichten in Patentanwaltssachen wahrnehmen.

5 Abs. 2 Satz 2 ordnet als berufsgerichtliche Maßnahme den **Verlust der Kammermitgliedschaft** an. Da die Rechtsdienstleistungsbefugnis der ausländischen Berufsangehörigen an die Kammermitgliedschaft gebunden ist, bedarf es keiner gesonderten Anordnung über das Erlöschen der Befugnis zur Erbringung von Rechtsdienstleistungen. Ein Verstoß gegen die Kanzleipflicht kann über die Verweisung in Abs. 2 S. 1 auf § 23 Abs. 3 den **Widerruf der Aufnahme** in die Patentanwaltskammer nach sich ziehen (BT-Drs. 16/12061, 36). Zum **Selbstvertretungsrecht** in gerichtlichen Verfahren in verwaltungsrechtlichen Patentanwaltssachen → § 94b Rn. 5.

6 Auch die ausländischen Patentanwälte werden automatisch in das **elektronische Patentanwaltsverzeichnis** aufgenommen. Die Anwendbarkeit des § 29 ist in Abs. 2 S. 1 nicht ausgenommen (→ § 29 Rn. 8).

7 Um Verwechslungen zu vermeiden, muss gemäß **Abs. 3** das Mitglied der Patentanwaltskammer außer seiner **heimischen Berufsbezeichnung** auch seinen **Herkunftsstaat angeben.** Er ist berechtigt, aber nicht verpflichtete im beruflichen Verkehr zugleich die Bezeichnung „Mitglied der Patentanwaltskammer" zu verwenden.

Zehnter Teil. Beratungs- und Vertretungsbefugnis des Patentassessors in ständigem Dienstverhältnis

§ 155 Beratung und Vertretung von Dritten

(1) **Ein Patentassessor (§ 11), der im Geltungsbereich dieses Gesetzes eine Tätigkeit auf dem Gebiet des gewerblichen Rechtsschutzes auf Grund eines ständigen Dienstverhältnisses ausübt, kann im Rahmen dieses Dienstverhältnisses einen Dritten gemäß § 3 Abs. 2 und 3 beraten und vertreten, wenn**

1. **der Dritte und der Dienstherr des Patentassessors im Verhältnis zueinander Konzernunternehmen (§ 18 des Aktiengesetzes) oder Vertragsteile eines Unternehmensvertrags (§§ 291, 292 des Aktiengesetzes) sind;**
2. **der Dritte im Inland weder Wohnsitz noch Niederlassung hat und er dem Dienstherrn des Patentassessors vertraglich die Wahrnehmung seiner Interessen auf dem Gebiet des gewerblichen Rechtsschutzes übertragen hat.**

(2) **Der Patentassessor kann im Fall des Absatzes 1 Nr. 2 von dem Dritten als Vertreter oder Zustellungsbevollmächtigter im Sinne des § 25 des Patentgesetzes, des § 28 des Gebrauchsmustergesetzes, des § 11 Abs. 2 des Halbleiterschutzgesetzes, des § 58 des Designgesetzes und des § 96 des Markengesetzes bestellt werden.**

(3) **Absatz 1 Nr. 2 und Absatz 2 gelten nicht für Patentanwälte in ständigen Dienst- oder ähnlichen Beschäftigungsverhältnissen (§ 41a).**

I. Erweiterung der Befugnisse der Patentassessoren in ständigen Dienstverhältnissen (Abs. 1 und 2)

1. Allgemeines. Die Befugnisse **angestellter Patentsachbearbeiter** der Industrie, ihren 1
Dienstherrn auf dem Gebiet des gewerblichen Rechtsschutzes zu beraten und zu vertreten, ergeben sich aus dem Angestelltenverhältnis und richten sich nach § 5 RDG; (vgl. *Kelbel* §§ 155/156 Rn. 1 ff.). Der Titel **„Patentassessor"** (§ 11) verleiht seinem Träger allein keine Beratungs- und Vertretungsrechte. **Als Angestellter** hat der Patentassessor die gleichen Befugnisse wie jeder Patentsachbearbeiter. Die §§ 155, 156 erweitern die Befugnisse des Angestellten und die Befugnisse seines Dienstherrn nach § 5 RDG und knüpfen diese erweiterten Befugnisse an besondere Voraussetzungen, die Dienstherr und Patentassessor erfüllen müssen (*Kelbel* §§ 155/156 Rn. 13). Diese **Erweiterung der Befugnisse,** die von Beginn an in der PAO von 1966 (BGBl. I S. 557) aufgenommen waren, berücksichtigte, dass mit der PAO Personen, die überwiegend auf dem Gebiet des gewerblichen Rechtsschutz in einem Dienst- oder ähnlichen Beschäftigungsverhältnis tätig waren, nicht mehr als Patentanwälte zugelassen werden konnten. Dafür bestand ein anerkanntes Interesse der Wirtschaft. Mit der Erweiterung wurde aber kein neuer Berufsstand geschaffen, denn das Beratungsrecht der Patentassessoren beruht nicht wie bei den Patentanwälten auf Berufs- oder Standesrecht, sondern erwächst aus dem Dienstverhältnis und endet mit ihm (BT-Drs. 5/276, 42, 66). Die Erweiterung wurde auch nach Streichung der Unvereinbarkeitsregelung für Patentsachbearbeiter im Angestelltenverhältnis mit dem Beruf des Patentanwalts durch die Änderung der PAO vom 2.9.1994 (BGBl. I S. 2278) beibehalten.

Übt der Patentassessor eine **Tätigkeit iSd § 155 Abs. 1** aus, dann **erweitern sich seine** 2
Befugnisse über § 5 RDG hinaus zu der in §§ 155 Abs. 1 und 2, 156 vorgesehenen Beratung und Vertretung Dritter gemäß § 3 Abs. 2 und 3. Die Beratung und Vertretung von Konzernunternehmen/pp. und ausländischer Geschäftsfreunde nach Abs. 1 ist nur im Rahmen eines **ständigen Dienstverhältnisses** gestattet, in dem der Patentassessor eine Tätigkeit auf dem Gebiet des gewerblichen Rechtsschutzes ausübt. Die Beratung und Vertretung muss also Ausfluss seiner sonstigen Tätigkeit auf dem Gebiet des gewerblichen Rechtsschutzes sein, zu der er auf Grund seines Anstellungsvertrages verpflichtet ist (BT-Drs. 5/276, 66). Es muss sich um ein **festes Dienstverhältnis** handeln; dienstähnliche Beschäftigungsverhältnisse, wie zB sog. Mitarbeiterverträge, genügen nicht. **Gegenstand des Dienstverhältnisses** muss die Ausübung von Tätigkeiten sein, zu deren Ausübung auch ein Patentanwalt nach §§ 3, 4 befugt ist. Tätigkeiten, in der technischen Abteilung eines Unternehmens oder solche als kaufmännischer Leiter, Geschäftsführer oder Vorstandsmitglied verleihen dem Patentassessor keine Befugnisse aus §§ 155, 156 (*Kelbel* §§ 155/156

Rn. 15). Die Besorgung von eigenen Angelegenheiten des Dienstherrn auf dem Gebiet des gewerblichen Rechtsschutzes muss einen gewissen, nicht ganz unerheblichen Umfang haben. Ausschließlich oder überwiegend braucht er darauf aber für seinen Dienstherrn nicht tätig zu sein, auch muss er nicht auf allen Teilgebieten des gewerblichen Rechtsschutzes, die in §§ 3, 4 genannt sind, sich betätigen (*Kelbel* §§ 155/156 Rn. 16, 17). Die Befugnis zur Beratung und Drittvertretung iSd §§ 155, 156 knüpft immer an die **Rechtsbesorgung in eigenen Angelegenheiten des Dienstherrn auf dem Gebiet des gewerblichen Rechtsschutzes** an. Dieser muss ein **gewerbliches Unternehmen** sein, in dem eigene Angelegenheiten des gewerblichen Rechtsschutzes anfallen. Damit ist ausgeschlossen, dass ein Patentassessor als Angestellter eines Patentanwalts die Befugnisse aus §§ 155, 156 wahrnehmen kann (*Kelbel* §§ 155/156 Rn. 19).

3 **2. Beratung von Konzernunternehmen. Abs. 1 Nr. 1,** der die Beratung und Vertretung von Konzernunternehmen/pp, durch den angestellten Patentassessor zulässt, ermöglicht es Konzernen, unter der Leitung eines Patentassessors eine **zentrale Patentabteilung** für alle zum Konzern gehörigen Unternehmen zu unterhalten, sei es als Teil eines **Konzernunternehmens** (§ 18 AktG) oder als besonderes Konzernunternehmen (sog. ausgegliederte Patentabteilung) (BT-Drs. 5/276, 66) oder als Teil eines **Partners von Unternehmensverträgen** (§§ 291, 292 AktG). Zu den Begriffen des Konzernunternehmens und der Unternehmensverträge vgl. *Geßler,* Kommentar zum AktG, 2002, §§ 18, 291, 292 und die sonstige Literatur zum AktG. Das Vertretungsrecht nach § 155 Abs. 1 Nr. 1 bezieht sich aber nicht auf alle iSd § 15 AktG (vgl. dazu *Geßler,* Kommentar zum AktG, 2002, AktG § 15) verbundenen Unternehmen. Der Patentassessor darf vielmehr nur Konzernunternehmen (§ 18 AktG) und Vertragsteile eines Unternehmensvertrags nach §§ 291, 292 AktG vertreten (*Kelbel* §§ 155, 156 Rn. 23).

4 **3. Vertretung von Vertragspartnern aus dem Ausland.** Die Befugnis des Patentassessors zur **Vertretung von Vertragspartnern des Dienstherrn aus dem Ausland** ist, wenn die unter Rn. 2 angeführten Umstände vorliegen, unter den weiteren Voraussetzungen des **Abs. 1 Nr. 2** gegeben. Der Vertragspartner des Dienstherrn darf im Inland weder **Wohnsitz** (§§ 7–9, 11 BGB, § 5 AktG) noch **Niederlassung** (§§ 269 Abs. 2, 270 BGB, § 21 ZPO) haben. Eine nach deutschem Recht selbständige Handelsgesellschaft mit Sitz in der Bundesrepublik ist auch dann keine Niederlassung einer ausländischen Gesellschaft, wenn beide Gesellschaften demselben ausländischen Konzern angehören. Die in eine inländische Gesellschaft eingegliederte Patentabteilung eines ausländischen Unternehmens kann nicht als inländische Niederlassung dieses Unternehmens angesehen werden (*Kelbel* §§ 155/156 Rn. 32). Bei natürlichen Personen spielt die Staatsangehörigkeit keine Rolle, nur der fehlende Wohnsitz im Inland ist entscheidend. Juristische Personen, die nach dem für ihren Verwaltungssitz im Ausland geltenden Recht anerkannt sind, werden auch in der Bundesrepublik als solche anerkannt (*Kelbel* §§ 155/156 Rn. 33).

5 Weitere Voraussetzung für die Beratungs- und Vertretungsbefugnis des Patentassessors ist, dass sein Dienstherr mit dem Dritten aus dem Ausland einen **Vertrag** geschlossen hat, der dem Dienstherrn die **Wahrnehmung der Interessen des Dritten auf dem Gebiet des gewerblichen Rechtsschutzes** übertragen hat. Damit sind in erster Linie „patentrechtliche Gegenseitigkeitsverträge" gemeint (*Kelbel* §§ 155/156 Rn. 34). Bei der Rechtsbesorgung für Dritte im Ausland wird der Patentassessor in **Erfüllung seines Dienstvertrages** tätig; ein Rechtsbesorgungsvertrag zwischen dem Dritten und dem Patentassessor kommt regelmäßig nicht zustande. Der Patentassessor ist Erfüllungsgehilfe seines Dienstherrn (§ 278 BGB; *Kelbel* §§ 155/156 Rn. 35).

6 **4. Bestellung als Ausländervertreter.** Soweit nach den in **Abs. 2** angeführten Vorschriften die Vertretung von Personen, die im Inland weder Wohnsitz noch Niederlassung haben (→ Rn. 4), die Vertretung den Patent- und Rechtsanwälten vorbehalten ist, werden auch entsprechend Abs. 1 ständig angestellte **Patentassessoren als Ausländervertreter** zugelassen, weil diese durch Ablegen der Patentanwaltsprüfung oder der Eignungsprüfung (§ 11) die Befähigung zur ordnungsmäßigen Vertretung auf dem Gebiet des gewerblichen Rechtsschutzes nachgewiesen haben (BT-Drs. 5/276, 66). Die Vertretungsbefugnis ist aber **auf die Fälle nach Abs. 1 Nr. 2 beschränkt,** dh das ausländische Konzern- bzw. Vertragsunternehmen muss dem inländischen Dienstherrn des Patentassessors vertraglich die Wahrnehmung seiner Interessen auf dem Gebiet des gewerblichen Rechtsschutzes übertragen haben. Zu den Erfordernissen und dem Wirkungskreis eines Inlandsvertreters vgl. *Fitzner/Lutz/Bodewig,* 4. Aufl. 2012, PatG § 25 Rn. 16 ff.

Beim Auftreten vor Behörden und Gerichten für einen Dritten nach §§ 155, 156 muss der Patentassessor seine **Vertretungsbefugnis nachweisen.** Eine Vollmacht des Dritten genügt dazu nicht; der Nachweis muss sich auch darauf erstrecken, dass die Voraussetzungen des Abs. 1 erfüllt sind (*Kelbel* §§ 155/156 Rn. 39–41; *Benkard* § 25 Rn. 12, BPatG BeckRS 2011, 02137). 7

II. Patentanwälte in ständigen Dienstverhältnissen (Abs. 3)

Mit **Abs. 3** wird sichergestellt, dass der **Patentanwalt in einem ständigen Dienstverhältnis** 8 (§ 41a) in den Fällen des Abs. 1 Nr. 2 (→ Rn. 4, 5) und des Abs. 2 (→ Rn. 6) nicht die Beratungs- und Vertretungsbefugnis des Patentassessors in einem ständigen Dienstverhältnis hat (BT-Drs. 12/4993, 42). Er kann also nicht „Inlandsvertreter" sein. In den Fällen des Abs. 1 Nr. 1 (→ Rn. 3) hat der angestellte Patentanwalt (§ 41a) dieselben Befugnisse wie der angestellte Patentassessor. Da der vertretene „Dritte" und der „Dienstherr" des Patentassessors bzw. des Patentanwalts (§ 41a) in einem Verhältnis von Konzernunternehmen oder Vertragsteilen eines Unternehmensvertrages sein müssen, sind die mit der Beratung oder Vertretung verfolgten Ziele gleichgelagert, so dass Interessenkollisionen für den Patentanwalt nicht zu besorgen sind (Bericht des Rechtsausschusses des Bundestages, BT-Drs. 12/7656, 53).

§ 155 *Beratung und Vertrag von Dritten*

*(1) **unverändert***

*(2) **unverändert***

*(3) **Die Absätze 1 und 2 gelten nicht für Syndikuspatentanwälte (§ 41a Absatz 2).***

§ 155a *Tätigkeitsverbote bei weiterer Tätigkeit als Patentanwalt*

(1) Der Patentanwalt darf für einen Auftraggeber, dem er auf Grund eines ständigen Dienst- oder ähnlichen Beschäftigungsverhältnisses seine Arbeitszeit und -kraft als Patentassessor zur Verfügung stellen muss, vor Gerichten, Schiedsgerichten oder Behörden nicht in seiner Eigenschaft als Patentanwalt tätig werden.

(2) Der Patentanwalt darf nicht tätig werden

1. ***wenn er als Patentassessor, der in einem ständigen Dienst- oder ähnlichen Beschäftigungsverhältnis eine Tätigkeit auf dem Gebiet des gewerblichen Rechtsschutzes ausübt, in derselben Angelegenheit bereits tätig geworden ist oder in einer Angelegenheit, die eine technische oder naturwissenschaftliche Verwertbarkeit für das Arbeitsgebiet ergibt, mit dem er als Patentassessor befasst ist; es sei denn, es besteht ein gemeinsames Interesse oder die berufliche Tätigkeit ist beendet;***
1. ***als Patentassessor, der in einem ständigen Dienst- oder ähnlichen Beschäftigungsverhältnis eine Tätigkeit auf dem Gebiet des gewerblichen Rechtsschutzes ausübt, wenn er als Patentanwalt mit derselben Angelegenheit bereits befasst gewesen ist oder mit einer solchen, die eine technische oder naturwissenschaftliche Verwertbarkeit für das Arbeitsgebiet eines Auftraggebers ergibt, für den er als Patentanwalt tätig ist; es sei denn, es besteht ein gemeinsames Interesse.***

(3) Die Verbote des Absatzes 2 gelten auch für die mit dem Patentanwalt in Sozietät oder in sonstiger Weise zur gemeinschaftlichen Berufsausübung verbundenen oder verbunden gewesenen Patentanwälte und Angehörige anderer Berufe und auch insoweit einer von diesen im Sinne der Absätze 1 und 2 befasst ist.

§ 155 Abs. 3 soll durch das Gesetz zur Neuordnung des Rechts der Syndikusanwälte vom 1 16.6.2015 neu gefasst und § 155a eingefügt werden. Zur amtlichen Begründung vgl. BT-Drs. 18/5201 (→ BRAO § 46 Rn. 32). Der endgültige Wortlaut des künftigen Gesetzestexts stand bei Drucklegung noch nicht fest.

§ 156 Auftreten vor den Gerichten

Einem Patentassessor (§ 11), der im Geltungsbereich dieses Gesetzes eine Tätigkeit auf dem Gebiet des gewerblichen Rechtsschutzes auf Grund eines ständigen Dienstverhältnisses ausübt, ist in den in § 4 bezeichneten Rechtsstreitigkeiten seines Dienstherrn oder des in § 155 Abs. 1 Nr. 1 oder Nr. 2 genannten Dritten auf Antrag der Partei das Wort zu gestatten.

1 Ein entsprechend § 155 Abs. 1 angestellter Patentassessor (→ § 155 Rn. 2) hat vor Gerichten in den in § 156 genannten Verfahren ein **Anhörungsrecht** wie ein Patentanwalt. Dieses Recht darf er in den eigenen Angelegenheiten des Dienstherrn auf dem Gebiet des gewerblichen Rechtsschutzes sowie in den in § 155 genannten Angelegenheiten Dritter (→ § 155 Rn. 3 ff.) ausüben (*Kelbel* §§ 155/156 Rn. 38).

2 Beauftragt in einer Patentstreitsache eine Partei an Stelle des Patentanwalts einen gemäß §§ 155, 156 vertretungsbefugten Patentassessor, sind – jedenfalls gemäß § 91 Abs. 1 ZPO – dessen **Kosten** in Höhe der Gebühren nach § 13 RVG erstattungsfähig, soweit die Partei glaubhaft macht, dass der Patentassessor für sie im Zusammenhang mit dem Rechtsstreit tätig war und die Partei hierfür mit den Kosten in entsprechender Höhe belastet worden ist (BPatG Mitt 2014, 97 = GRURPrax 2013, 477).

Elfter Teil. Übergangs- und Schlußvorschriften

§ 157 Maßgaben nach dem Einigungsvertrag

(1) [1] **Patentanwälte und Patentassessoren, die am 3. Oktober 1990 in die beim Patentamt der Deutschen Demokratischen Republik geführten Listen der Patentanwälte oder der Patentassessoren nicht nur vorläufig eingetragen sind, stehen Personen gleich, die nach § 5 die Voraussetzungen für den Zugang zum Beruf des Patentanwalts durch Prüfung erlangt haben.** [2] **Die Patentanwälte, die in die beim Patentamt der Deutschen Demokratischen Republik geführte Liste eingetragen sind, sind zur Patentanwaltschaft zugelassen.**

(2) [1] **Wer am 3. Oktober 1990 die Ausbildungsvoraussetzungen nach § 2 Absatz 1 und 2 der Anordnung der Deutschen Demokratischen Republik über die Vertretung vor dem Patentamt vom 21. März 1990 (GBl. I Nummer 21 S. 208) erfüllte, kann auf Antrag als Patentanwalt zugelassen oder als Patentassessor anerkannt werden.** [2] **Über den Antrag entscheidet die Patentanwaltskammer nach den Bestimmungen der Patentanwaltsordnung.**

1 § 157 beinhaltet die im Einigungsvertrag enthaltenen Maßgaben zur Patentanwaltsordnung. Die in Anlage I Kapitel III Sachgebiet A Abschnitt III Nr. 11 lit. a und b Einigungsvertrag vom 31.8.1990 (BGBl. II S. 885, 932), in der durch Art. 7 Gesetz vom 23.3.1993 (BGBl. I S. 366) geänderten Fassung enthaltenen Maßgaben sind daher nicht mehr zu beachten (BT-Drs. 13/10764, 10). Der Sache nach gilt damit über § 157 der im Einigungsvertrag vorgesehene Bestandsschutz für die in der DDR erworbenen Rechtsstellungen als Patentanwalt oder Patentassessor und hinsichtlich der Erfüllung der Ausbildungsvoraussetzungen fort. Wer die Voraussetzungen des Abs. 2 erfüllt, kann nach wie vor die Zulassung zur Patentanwaltschaft beantragen. Die Patentanwaltskammer entscheidet auch über die Anerkennung als Patentassessor.

2 Wer die in § 157 Abs. 2 geforderten Voraussetzungen erfüllt, kann zur Patentanwaltschaft zugelassen werden (→ § 5 Rn. 4), wenn keine Versagungsgründe des § 14 entgegenstehen. Die halbjährige Tätigkeit nach § 5 Abs. 2 S. 1 Hs. 2 ist nicht nachzuweisen.

§ 158 Patentsachbearbeiter

(1) [1] **Abweichend von den Vorschriften des § 10 Absatz 2 über den Nachweis der technischen Befähigung und der Ausbildung auf dem Gebiet des gewerblichen Rechtsschutzes kann zur Prüfung zugelassen werden, wer, nachdem er im Inland**

1. **sich als ordentlicher Studierender an einer wissenschaftlichen Hochschule dem Studium naturwissenschaftlicher oder technischer Fächer gewidmet und dieses Studium durch eine staatliche oder akademische Prüfung mit Erfolg abgeschlossen hat oder**
2. **auf einer öffentlichen oder staatlich anerkannten privaten Ingenieurschule oder einer gleichwertigen technischen Lehranstalt eine nach deren Grundsätzen abgeschlossene technische Ausbildung erlangt hat,**

mindestens zehn Jahre auf Grund eines ständigen Dienst- oder ähnlichen Beschäftigungsverhältnisses für einen Auftraggeber hauptberuflich eine Beratungs- oder Vertretungstätigkeit auf dem Gebiet des gewerblichen Rechtsschutzes ausgeübt hat und im

Geltungsbereich dieses Gesetzes eine solche Tätigkeit, die nach Art oder Umfang bedeutend ist, noch ausübt; § 7 Absatz 3 bis 5 gilt entsprechend. [2] Für Bewerber, die die europäische Eignungsprüfung für die vor dem Europäischen Patentamt zugelassenen Vertreter bestanden haben, beträgt die Frist mindestens acht Jahre.

(2) **Zur Prüfung kann ferner zugelassen werden, wer sich als ordentlicher Studierender an einer wissenschaftlichen Hochschule dem Studium naturwissenschaftlicher oder technischer Fächer gewidmet, dieses Studium jedoch aus besonderen Gründen nicht abgeschlossen hat, sofern er mindestens fünfzehn Jahre die in Absatz 1 bezeichnete Tätigkeit ausgeübt hat; von dieser Tätigkeit müssen mindestens zehn Jahre vor dem Inkrafttreten dieses Gesetzes abgeleistet sein.**

(3) **Eine Tätigkeit als technisches Mitglied des Patentamts oder des Patentgerichts oder eine Tätigkeit auf Grund eines vom Präsidenten des Patentamts erteilten Erlaubnisscheins ist auf die in Absatz 1 bezeichnete Tätigkeit anzurechnen.**

(4) **[1] Das Studium sowie die Abschlussprüfung an einer wissenschaftlichen Hochschule im Ausland können in Ausnahmefällen als ausreichend anerkannt werden. [2] Über die Anerkennung entscheidet der Präsident des Patentamts im Benehmen mit der zuständigen obersten Landesbehörde des Landes, in dem das Patentamt seinen Sitz hat.**

(5) **Welche technischen Lehranstalten im Sinne des Absatzes 1 Satz 1 Nummer 2 als gleichwertig neben den öffentlichen oder staatlich anerkannten privaten Ingenieurschulen anzusehen sind, bestimmt der Präsident des Patentamts.**

(6) **Bewerber, die auf Grund der Absätze 1 und 2 zur Prüfung (§ 8) zugelassen worden sind und diese bestanden haben, erlangen die Befähigung für den Beruf des Patentanwalts.**

§ 158 betrifft den erleichterten Zugang zur Patentassessorenprüfung der Patentsachbearbeiter. 1
Der Ausdruck „Patentsachbearbeiter" ist nicht eindeutig. Er ist nirgends, insbesondere nicht gesetzlich, festgelegt und erläutert. Man kann darunter jeden verstehen, der ohne Patentanwalt oder Patentassessor zu sein, in einem Dienst- oder ähnlichen Beschäftigungsverhältnis Patentsachen bearbeitet. Das kann in einem **Angestelltenverhältnis in der Industrie** aber auch im **Beamtenverhältnis** sein (BGH MDR 1973, 494 zu § 172 aF = BlPMZ 1974, 207). Es werden auch die Patentsachbearbeiter erfasst, die **bei einem Patentanwalt** tätig sind (BT-Drs. 5/675, 6 zu §§ 171, 172 aF). Die Regelung soll die berufsrechtlichen Verhältnisse vereinfachen und unbillige Härten vermeiden (BT-Drs. 5/276, 69 zu §§ 171, 172 aF).

Patentsachbearbeiter mit einem technischen oder naturwissenschaftlichen Studium – das Studi- 2
um muss nicht die Anforderungen des § 6 Abs. 1 erfüllen (→ § 6 Rn. 2), so reicht der Abschluss an einer **Fachhochschule** aus – die in einem ständigen Dienst oder ähnlichen Beschäftigungsverhältnis **hauptberuflich** eine Beratungs- oder Vertretungstätigkeit auf dem Gebiet des gewerblichen Rechtsschutzes ausüben, wird der Zugang zur Prüfung der Rechtskenntnisse nach § 8 eröffnet. Voraussetzung ist, dass sich die Beschäftigungsdauer auf **mindestens zehn Jahre** beläuft und die **noch ausgeübte Tätigkeit** nach **Art und Umfang bedeutend** ist **(Abs. 1).** Diese zehnjährige Tätigkeit soll das Äquivalent für die dreijährige Ausbildung auf dem Gebiet des gewerblichen Rechtsschutzes sein, die der Bewerber sonst nach § 7 durchläuft. Ob eine **Auslandstätigkeit** angerechnet werden kann, bleibt dem Einzelfall vorbehalten.

Der zehnjährigen Einarbeitungszeit in die Praxis bedarf es aber nicht bei Patentsachbearbeitern, 3
die durch das **Bestehen der Eignungsprüfung** für die bei dem Europäischen Patentamt zugelassenen Vertreter ihre Fähigkeit bewiesen haben, patentrechtliche Probleme methodisch zu bearbeiten. Das europäische Patentrecht ist dem deutschen sehr ähnlich, auch im Verfahrensrecht bestehen Parallelen. Allerdings ist der deutsche Patentanwalt befugt (§ 3 Abs. 2), über das Patentrecht hinaus weitere Bereiche des gewerblichen Rechtsschutzes, die nicht Gegenstand der europäischen Patentprüfung sind, zu bearbeiten. In Abwägung dieser Umstände ist eine **Verkürzung** der Betätigungsdauer **auf acht Jahre** ist in diesen Fällen gerechtfertigt (Abs. 1 S. 2; BT-Drs. 11/3253, 31).

Auch für Patentsachbearbeiter, denen über § 158 ein erleichterter Zugang zur Prüfung der 4
Rechtskenntnisse gemäß § 8 eröffnet ist, ist das **ergänzende Studium im allgemeinen Recht** an einer Universität (§ 7 Abs. 3–5) in Abs. 1 Hs. 2 als Voraussetzung für die Zulassung zur Prüfung vorgeschrieben. Während der praktischen, häufig spezialisierten Tätigkeit der Patentsachbearbeiter

werden die erforderlichen allgemeinen Rechtskenntnisse, wie bei der Ausbildung beim Patentanwalt oder Patentassessor nicht in der gebotenen Intensität vermittelt (BT-Drs. 13/10764, 10).

5 Aus Billigkeitsgründen gewährt **Abs. 3** die Möglichkeit, auf die in Abs. 1 vorgeschriebene zehnjährige Tätigkeit als Patentsachbearbeiter eine frühere Tätigkeit als freiberuflicher Erlaubnisscheininhaber (→ § 160 Rn. 1) oder als **technisches Mitglied des Patentamts oder Patentgerichts** anzurechnen (BT-Drs. 5/276, 70). Anzurechnen ist eine **frühere Tätigkeit.** Daraus und aus dem Erfordernis des Abs. 1 Hs. 1, dass die Tätigkeit nach Abs. 1 noch ausgeübt werden muss, ergibt sich, dass der Antragsteller nicht mehr als technisches Mitglied des Patentamts oder Patentgerichts tätig sein darf, sondern in einem Dienst- oder ähnlichen Beschäftigungsverhältnis iSd Abs. 1 S. 1 stehen muss. Eine zehnjährige Amt- oder Gerichtszeit alleine reicht nicht aus. Nicht anrechenbar ist eine Tätigkeit beim EPA oder beim Harmonisierungsamt, zumal auch weite Bereiche des gewerblichen Rechtsschutzes, die Gegenstand der Prüfung nach § 8 sind, bei diesen Ämtern nicht vorkommen.

6 Für das Zulassungsverfahren gilt § 40 PatAnwAPO. Wer zur Patentanwaltsprüfung (§ 8) nach Abs. 1 oder 2 zugelassen wurde und die Prüfung bestanden hat, erlangt nach Abs. 6 dieselbe Befähigung für den Beruf des Patentanwalts wie derjenige, der die Prüfung nach konzentrierter Ausbildung (§ 7) bestanden hat.

§ 159 Befreiung von der Tätigkeit bei einem Patentanwalt

Auf Bewerber, die die Voraussetzungen des § 158 Absatz 1 oder 2 erfüllen, ist die Vorschrift des § 5 Absatz 2 über die Beschäftigung bei einem Patentanwalt nicht anzuwenden.

1 Zur Vermeidung von Härten soll denjenigen Bewerbern, die mindestens zehn bzw. acht Jahre hauptberuflich eine Beratungs- oder Vertretungstätigkeit auf dem Gebiet des gewerblichen Rechtsschutzes in einem ständigen Dienst- oder ähnlichen Beschäftigungsverhältnis ausgeübt haben (§ 158 Abs. 1), die mindestens halbjährige Tätigkeit nach § 5 Abs. 2 erlassen werden (BT-Drs. 16/12061, 36; vgl. auch BGH NJW-RR 1999, 1073 = MDR 1999, 962 = AnwBl. 2000, 255).

§ 160 Inhaber von Erlaubnisscheinen

Für Inhaber von Erlaubnisscheinen sind die §§ 177 bis 183 in der bis zum 31. August 2009 geltenden Fassung dieses Gesetzes weiter anzuwenden.

I. Vorübergehende Fortgeltung der aufgehobenen §§ 177–183 für Erlaubnisscheininhaber

1 Die Berufsgruppe der Erlaubnisscheininhaber wurde bereits im Jahre 1966 geschlossen (vgl. 7. Aufl. § 171 Rn. 3), so dass § 171 aF mittlerweile durch Zeitablauf bedeutungslos geworden ist und durch Gesetz vom 14.8.2009 (BGBl. I S. 2827) aufgehoben wurde. Für die noch patentanwaltlich tätigen Erlaubnisscheininhaber haben die §§ 177–183 aF noch eine gewisse Bedeutung. Es handelt sich aber um Vorschriften, die in wenigen Jahren keinen Anwendungsbereich mehr haben werden. Deshalb wurden sie zusammen mit § 171 aF aufgehoben. § 160, der mit Gesetz vom 14.8.2009 eingefügt wurde, ordnet aber ihre Fortgeltung für die noch tätigen Erlaubnisscheininhaber an (BT-Drs. 16/12061, 36; → § 157 Rn. 1).

2 Damit sind für die wenigen möglicherweise noch patentanwaltlich tätigen Erlaubnisscheininhaber noch folgende Bestimmungen anwendbar (die Kommentierung findet sich in der 8. Aufl. S. 1759 ff.):

II. §§ 177–183 aF

3 Der **Wortlaut** der §§ 177–183 aF:

§ 177 Fortgeltung und übergangsweise Erteilung von Erlaubnisscheinen

(1) Personen, die bei Inkrafttreten dieses Gesetzes einen nach den Vorschriften des Zweiten Überleitungsgesetzes aufrechterhaltenen oder neu erteilten Erlaubnisschein besitzen, dürfen auch nach Inkraft-

treten dieses Gesetzes die Vertretungstätigkeit vor dem Patentamt und dem Patentgericht und die Beratungstätigkeit im bisher zulässigen Umfang berufsmäßig für eigene Rechnung weiter ausüben.

(2) Anträge auf Erteilung eines Erlaubnisscheins, die vor Inkrafttreten dieses Gesetzes bei dem Präsidenten des Patentamts eingereicht worden sind, werden nach den bisherigen Vorschriften weiterbehandelt.

(3) Personen, denen aus politischen, rassischen oder religiösen Gründen der Erlaubnisschein entzogen worden ist oder die aus diesen Gründen auf den Erlaubnisschein verzichtet haben, wird auf Antrag ein neuer Erlaubnisschein nach den bisherigen Vorschriften erteilt.

(4) Absatz 1 gilt entsprechend für Personen, denen der Erlaubnisschein nach den Vorschriften der Absätze 2 und 3 erteilt ist.

§ 178 Vertretung von Ausländern durch Inhaber von Erlaubnisscheinen

(1) Personen, die auf Grund des § 58 des Patentanwaltsgesetzes einen Erlaubnisschein erhalten haben und deren Erlaubnisschein

1. *nach § 6 Abs. 1 und 3 des Zweiten Überleitungsgesetzes in Verbindung mit § 2 der Ersten Durchführungsverordnung zum Zweiten Überleitungsgesetz seine Wirkung behalten hat oder*
2. *nach § 6 Abs. 2 des Zweiten Überleitungsgesetzes oder nach § 177 Abs. 3 neu erteilt worden ist,*

können von einem Dritten, der im Inland weder Wohnsitz noch Niederlassung hat, zum Vertreter oder Zustellungsbevollmächtigten im Sinne des § 25 des Patentgesetzes, des § 28 des Gebrauchsmustergesetzes, des § 11 Abs. 2 des Halbleiterschutzgesetzes, des § 58 des Geschmacksmustergesetzes oder des § 96 des Markengesetzes bestellt werden, sofern ihnen auf Antrag diese Befugnis erteilt worden ist.

(2) [1] Der Antrag kann nur innerhalb von sechs Monaten nach Inkrafttreten dieses Gesetzes unter Vorlage des Erlaubnisscheins bei dem Präsidenten des Patentamts gestellt werden. [2] Dem Antrag ist stattzugeben, wenn die Voraussetzungen des Absatzes 1 vorliegen. [3] Die Erteilung der erweiterten Vertretungsbefugnis ist von dem Präsidenten des Patentamts auf dem Erlaubnisschein zu vermerken und zu veröffentlichen.

(3) Die Erteilung der erweiterten Vertretungsbefugnis erstreckt sich auf die Befugnisse nach § 58 des Geschmacksmustergesetzes und nach § 11 Abs. 2 des Halbleiterschutzgesetzes.

§ 179 Verbot der Werbung

Den Inhabern von Erlaubnisscheinen ist es untersagt, unaufgefordert Dritten ihre Dienste schriftlich oder mündlich oder in sonstigen Kundgebungen anzubieten.

§ 180 Aufsicht des Präsidenten des Patentamts

Der Präsident des Patentamts führt die Aufsicht über die Inhaber von Erlaubnisscheinen.

§ 181 Entziehung des Erlaubnisscheins

(1) Der Erlaubnisschein kann durch den Präsidenten des Patentamts entzogen werden,

1. *wenn zu der Zeit, als der Erlaubnisschein erteilt wurde, nicht bekannt war, daß Umstände vorlagen, aus denen er hätte versagt werden müssen;*
2. *wenn der Inhaber des Erlaubnisscheins seinen Wohnsitz im Geltungsbereich dieses Gesetzes aufgibt;*
3. *wenn Tatsachen vorliegen, welche die Unzuverlässigkeit des Inhabers des Erlaubnisscheins dartun, sofern die weitere Ausübung der Beratung und Vertretung auf dem Gebiet des gewerblichen Rechtsschutzes eine Gefährdung des Eigentums oder Vermögens anderer mit sich bringt und dieser Gefährdung nur durch den Entzug des Erlaubnisscheins begegnet werden kann;*
4. *wenn der Inhaber des Erlaubnisscheins aus gesundheitlichen Gründen dauernd unfähig ist, die Beratung und Vertretung auf dem Gebiet des gewerblichen Rechtsschutzes auszuüben.*

(2) [1] Vor der Entscheidung über die Entziehung des Erlaubnisscheins ist der Inhaber des Erlaubnisscheins zu hören. [2] Der Bescheid über die Entziehung des Erlaubnisscheins ist dem Inhaber zuzustellen.

(3) [1] Mit der Entziehung erlischt die Erlaubnis zur Beratung auf dem Gebiet des gewerblichen Rechtsschutzes und zur Vertretung vor dem Patentamt und dem Patentgericht. [2] Die Entziehung ist nach Eintritt der Unanfechtbarkeit zu veröffentlichen. [3] Der Inhaber des Erlaubnisscheins ist verpflichtet, den Erlaubnisschein dem Präsidenten des Patentamts zurückzugeben.

(4) Die Entziehung des Erlaubnisscheins nach Absatz 1 Nr. 2 kann aufgehoben werden, wenn der Inhaber des Erlaubnisscheins seinen Wohnsitz im Geltungsbereich dieses Gesetzes innerhalb von drei Jahren nach der Aufgabe wieder begründet.

(5) § 32a gilt entsprechend.

§ 182 Beratungstätigkeit auf dem Gebiet des gewerblichen Rechtsschutzes

(1) [1] Personen, denen nach § 7 des Zweiten Überleitungsgesetzes und nach § 3 der Ersten Durchführungsverordnung zum Zweiten Überleitungsgesetz in Verbindung mit § 60 des Patentanwaltsgesetzes die Beratung und Anfertigung von Schriftsätzen und Beschreibungen auf dem Gebiet des Patent-, Gebrauchsmuster- und Warenzeichenwesens gestattet ist, dürfen diese Tätigkeit weiter ausüben. [2] Entsprechendes gilt für Personen, denen nach § 43 Abs. 2 des Gesetzes über die Eingliederung des Saarlandes auf dem Gebiet des gewerblichen Rechtsschutzes vom 30. Juni 1959 (Bundesgesetzbl. I S. 388) die Beratungstätigkeit gestattet ist.

(2) Die in Absatz 1 bezeichnete Tätigkeit darf sich nur auf das Gebiet des deutschen gewerblichen Rechtsschutzes erstrecken und nur unter eigenem Namen ausgeübt werden.

(3) Den in Absatz 1 bezeichneten Personen ist es untersagt, unaufgefordert Dritten ihre Dienste schriftlich oder mündlich oder in sonstigen Kundgebungen anzubieten.

(4) [1] Einer in Absatz 1 bezeichneten Person kann die weitere Ausübung ihrer Tätigkeit untersagt werden,

1. *wenn sie ihren Wohnsitz im Geltungsbereich dieses Gesetzes aufgibt;*
2. *wenn Tatsachen vorliegen, welche ihre Unzuverlässigkeit dartun, sofern die weitere Ausübung ihrer Tätigkeit eine Gefährdung des Eigentums oder Vermögens anderer mit sich bringt und dieser Gefährdung nur durch das Untersagen der Tätigkeit begegnet werden kann;*
3. *wenn sie aus gesundheitlichen Gründen dauernd unfähig ist, die Tätigkeit gemäß Absatz 1 auszuüben.*

[2] § 181 Abs. 2 bis 4 gilt entsprechend.

§ 183 Ordnungswidrigkeit

(1) [1] Ordnungswidrig handelt, wer entgegen § 179 oder entgegen § 182 Abs. 3 seine Dienste anbietet. [2] Die Ordnungswidrigkeit kann mit Geldbuße geahndet werden.

(2) Verwaltungsbehörde im Sinne des § 36 Abs. 1 Nr. 1 des Gesetzes über Ordnungswidrigkeiten ist der Präsident des Patentamts.

§ 161 Übergangsregelungen

(1) [1] **Die vor dem 1. September 2009 eingeleiteten Verwaltungsverfahren in Patentanwaltssachen werden in der Lage, in der sie sich an diesem Tag befinden, nach diesem Gesetz in der ab diesem Tag geltenden Fassung fortgeführt, soweit nichts anderes bestimmt ist.** [2] **Maßnahmen, die auf Grund des bis zum 31. August 2009 geltenden Rechts getroffen worden sind, bleiben rechtswirksam.** [3] **Auf Verwaltungsverfahren in Patentanwaltssachen, die vor dem 1. September 2009 eingeleitet wurden, sind die bis zu diesem Tag geltenden kostenrechtlichen Regelungen weiter anzuwenden.**

(2) **Die Zulässigkeit von Rechtsbehelfen gegen Entscheidungen, die vor dem 1. September 2009 ergangen sind, bestimmt sich ebenso wie das weitere Verfahren nach dem bis zu diesem Tag geltenden Recht.**

(3) **Die vor dem 1. September 2009 anhängigen gerichtlichen Verfahren in verwaltungsrechtlichen Patentanwaltssachen werden nach den bis zu diesem Tag geltenden Bestimmungen einschließlich der kostenrechtlichen Regelungen fortgeführt.**

1 § 161 enthält Übergangsbestimmungen für Verwaltungs- und Gerichtsverfahren, die bei Inkrafttreten des Gesetzes vom 14.8.2009 (BGBl. I S. 2827) am 1.9.2009 noch nicht abgeschlossen waren. Diese Übergangsregelung entspricht der neuen Regelung in § 215 BRAO (BT-Drs. 16/12061, 57). Die Bestimmung ist durch Zeitablauf gegenstandslos geworden.

§§ 162–191 *[aufgehoben]*

14. Berufsordnung der Patentanwälte (BOPA)

neu gefasst durch Beschluss der Versammlung der Kammer am 20. November 2013

Vorbemerkung

Die Versammlung der Kammer hat am 21.4.1997, in Kraft getreten am 5.5.1997 (Mitt 1997, 243) die erste Berufsordnung beschlossen (→ PAO § 52b Rn. 1 ff.). Diese wurde neu gefasst mit Beschluss der Versammlung der Kammer vom 20.11.2013 und ist am 1.3.2014 in Kraft getreten. Sie ist in den Mitteilungen der deutschen Patentanwälte 2014, Heft 2, 53 ff. bekannt gemacht (→ PAO § 82a Rn. 2). 1

Neben der Berufsordnung der Patentanwälte haben die Patentanwälte die **„Standesregeln für die Berufsausübung der Fédértion Internationale des Conseils en Propriété Industrielle (FICPI)“**, genannt „Lugano Code“, abgedruckt bei *Reinhard* S. 130 ff., zu beachten, da alle zugelassenen Patentanwälte durch die Mitgliedschaft der Patentanwaltskammer in der FICPI Mitglieder der FICPI sind (→ PAO § 54 Rn. 3). 2

Die auch beim Europäischen Patentamt zugelassenen Vertreter haben bei ihrer Berufsausübung neben den Vorschriften in Disziplinarangelegenheiten von zugelassenen Vertretern, abgedruckt bei *Reinhard* S. 257 ff., die **„Richtlinien des Instituts der beim Europäischen Patentamt zugelassenen Vertreter für die Berufsausübung** (Standesregeln)“, abgedruckt bei *Reinhard* S. 266 ff. zu beachten. 3

Die beim **Harmonisierungsamt für den Binnenmarkt (Marken, Muster und Modelle)** in die gemäß Art. 89 GMV (*Reinhard* S. 295) und Art. 78 GGV (*Reinhard* S. 301) geführten Listen der zugelassenen Vertreter eingetragenen European Trademark and Design Attorneys unterliegen keinem gesonderten Berufsrecht. Für die European Trademark and Design Attorneys, die zugleich zugelassene Patentanwälte sind, gilt auch bei der Ausübung der Tätigkeit vor dem Harmonisierungsamt das Berufsrecht der Patentanwälte. 4

Der **persönliche Geltungsbereich** der BOPA erstreckt sich auf alle zugelassenen Patentanwälte sowie die Mitglieder der Patentanwaltskammer nach § 154a PAO (§ 154b Abs. 2 PAO; § 24 Abs. 4). Zur Nichtanwendung der BOPA auf zugelassene Patentanwaltsgesellschaften und deren Geschäftsführer → BORA § 1 Rn. 4; **aA** Henssler/Prütting/*Henssler* BORA Einl. Rn. 41); s. aber § 97a PAO für Geschäftsführer von Patentanwaltsgesellschaften. Der **räumliche Geltungsbereich** beschränkt sich nicht auf das Gebiet der Bundesrepublik, sondern gilt auch im grenzüberschreitenden Rechtsverkehr. Bei Tätigkeiten im Ausland haben sich die Mitglieder der Patentanwaltskammer auch an das dort geltende Berufsrecht zu halten (§ 24 Abs. 1 und 2). 5

Die Versammlung der Patentanwaltskammer hat gemäß § 52b der Patentanwaltsordnung am 20. November 2013 folgende Berufsordnung beschlossen:

Inhaltsübersicht:

§ 1 Unabhängigkeit des Patentanwalts

(1) **Der Patentanwalt übt seinen Beruf frei, selbstbestimmt und unreglementiert (unabhängig) aus, soweit Gesetz oder Berufsordnung ihn nicht besonders verpflichten.**

(2) **Die Unabhängigkeit des Patentanwalts ist gefährdet, wenn bei der Ausübung eines Mandats eigene wirtschaftliche Erwägungen den Ausschlag geben. Dies gilt insbesondere bei der unmittelbaren oder mittelbaren Teilnahme an der Verwertung der in § 3 Absatz 3 der Patentanwaltsordnung aufgeführten Rechte Dritter.**

(3) **Der Patentanwalt darf Weisungen des Mandanten, die mit seinen anwaltlichen Pflichten nicht vereinbar sind, nicht folgen.**

1 Die BOPA ist in vielen Punkten mit der BORA gleichgeschaltet. Dies beruht zum einen darauf, dass das Berufsbild des Patentanwalts in starkem Maße dem des Rechtsanwalts entspricht und somit die PAO eng an die BRAO angelehnt ist. Zum anderen hat die Versammlung der Patentanwaltskammer bei der Beratung und Beschlussfassung der BOPA auf Grund der vielen interprofessionellen beruflichen Zusammenarbeiten von Patentanwälten mit Rechtsanwälten (§ 52a Abs. 1 PAO), bei denen beide Berufsordnungen zu beachten sind (vgl. § 30 BORA), eine möglichst weitgehende Vereinheitlichung der beiden Berufsordnungen angestrebt.

2 **Abs. 1** entspricht § 1 Abs. 1 BORA (näher → BORA § 1 Rn. 8 ff.).

3 **Abs. 2** beinhaltet das **Patentverwertungsverbot** für Patentanwälte. Nach der Entstehungsgeschichte der PAO hat der Gesetzgeber die berufsmäßige gewerbliche Verwertung von Schutzrechten als mit dem Beruf eines Patentanwalts unvereinbar erachtet. Die strenge Trennung des Berufs des Patentanwalts von dem eines „Patentverwerters" ist geboten, weil der Patentanwalt unabhängiges Organ der Rechtspflege ist (§ 1 PAO), und kein Gewerbe ausübt (§ 2 Abs. 2 PAO). Dem würde das Gewinnstreben, das bei der berufsmäßigen Verwertung von Schutzrechten aus der Natur der Sache heraus im Vordergrund steht, widerstreiten (BGH GRUR 1981, 147 = MDR 1981, 419). Im Auftrag eines Mandanten geführte Verhandlungen über Erwerb und Vergabe von Lizenzen oder über Erwerb und Verkauf eines Schutzrechts stellen keine Verwertungsteilnahme iSd Abs. 2 dar.

4 **Abs. 3** greift regelnd in das **Spannungsverhältnis von Weisungsgebundenheit** bei Ausführung eines Mandats einerseits und **anwaltliche Pflichten** andererseits ein. In Abwägung der Interessen des Mandanten einerseits und der kollegialen Rücksichtnahem andererseits ist jedoch im Hinblick auf das Mandatsverhältnis diesem der Vorrang einzuräumen (§ 16 Abs. 1).

§ 2 Beteiligung Dritter

Am wirtschaftlichen Ergebnis patentanwaltlicher Tätigkeit dürfen Dritte, die mit dem Patentanwalt nicht zur gemeinschaftlichen Berufsausübung im Sinne von § 21 Absatz 1 verbunden sind, nicht beteiligt sein. Das gilt nicht für Mitarbeitervergütungen, Versorgungsbezüge, Vergütungen für die Übernahme der Kanzlei und Leistungen, die im Zuge einer Auseinandersetzung oder Abwicklung der beruflichen Zusammenarbeit erbracht werden.

1 § 2 entspricht § 27 BORA (näher → BORA § 27 Rn. 1 ff.).

§ 3 Aufgaben des Patentanwalts

(1) **Die Unabhängigkeit des Patentanwalts gewährleistet die Teilhabe des Bürgers am Recht. Seine Tätigkeit dient der Verwirklichung des Rechtsstaats.**

(2) **Als unabhängiger Berater und Vertreter auf dem Gebiet des gewerblichen Rechtsschutzes hat der Patentanwalt seine Mandanten vor Rechtsverlusten zu schützen sowie rechtsgestaltend, konfliktvermeidend und streitschlichtend zu begleiten.**

§ 3 entspricht § 1 Abs. 2 und 3 BORA (näher → BORA § 1 Rn. 9 ff.). 1

§ 4 Verschwiegenheit

(1) **Der Patentanwalt ist zur Verschwiegenheit berechtigt und verpflichtet.**

(2) **Das Recht und die Pflicht zur Verschwiegenheit beziehen sich auf alles, was ihm in Ausübung seines Berufes bekannt geworden ist, und bestehen nach Beendigung des Mandats fort.**

(3) **Die Pflicht zur Verschwiegenheit gilt nicht, soweit diese Berufsordnung oder andere Rechtsvorschriften Ausnahmen zulassen oder die Durchsetzung oder Abwehr von Ansprüchen aus dem Mandatsverhältnis oder die Verteidigung des Patentanwalts in eigener Sache die Offenbarung erfordern.**

(4) **Der Patentanwalt hat seine Mitarbeiter und alle sonstigen Personen, die bei seiner Berufsausübung mitwirken, zur Verschwiegenheit ausdrücklich zu verpflichten und anzuhalten.**

§ 4 enthält die Konkretisierung der in § 39a Abs. 2 PAO enthaltene Verschwiegenheitspflicht. 1
Er entspricht § 2 BORA. Das dort Gesagte gilt entsprechend (→ BORA § 2 Rn. 1 ff.). Im Übrigen → PAO § 39a Rn. 2.

Selbst die Frage, ob überhaupt ein Mandatsverhältnis vorliegt, unterliegt dem Berufsgeheimnis 2
(LG Dresden NJW 2007, 2789). Problematisch kann im Hinblick auf die Verschwiegenheitspflicht die zivilrechtliche Pflicht des Patentanwalts sein, dass er bei Mandatsannahme Umstände offenlegen muss, welche Zweifel an seiner Unabhängigkeit begründen können, zB häufige Mandatsbeziehungen zu dem Gegner (BGH NJW 2008, 1307 = Mitt 2008, 297 = BRAK-Mitt. 2008, 56). Allein die Tatsache, dass ein Mandant zur Auskunft gegenüber Dritten verpflichtet ist, entbindet seinen Anwalt nicht von seiner Verschwiegenheitspflicht. Nur wenn der Mandant ihn von seiner Schweigepflicht entbindet, ist er zur Auskunft berechtigt. Ausnahmen gelten bei geplanten schweren Straftaten iSv § 138 StGB und nach §§ 6, 11 GwG (BVerwG BRAK-Mitt. 2012, 129 = NJW 2012, 1241 = AnwBl. 2012, 655, das eine Auskunftspflicht gegenüber der BaFin bejaht bei Verdacht unerlaubter Bankgeschäfte oder Finanzdienstleistungen).

§ 5 Widerstreitende Interessen, Versagung der Berufstätigkeit

(1) **Der Patentanwalt darf nicht tätig werden, wenn er eine andere Partei in derselben Rechtssache im widerstreitenden Interesse bereits beraten oder vertreten hat oder mit dieser Rechtssache in sonstiger Weise im Sinne der §§ 41 und 41a der Patentanwaltsordnung beruflich befasst war.**

(2) **Das Verbot des Abs. 1 gilt auch für alle mit ihm in gemeinschaftlicher Berufsausübung im Sinne von § 21 Absatz 1 zusammenarbeitenden Patentanwälte. Satz 1 gilt nicht, wenn sich im Einzelfall die betroffenen Mandanten in den widerstreitenden Mandaten nach umfassender Information mit der Vertretung ausdrücklich einverstanden erklärt haben und Belange der Rechtspflege nicht entgegenstehen. Information und Einverständniserklärung sollen in Textform erfolgen.**

(3) **Die Absätze 1 und 2 gelten auch für den Fall, dass der Patentanwalt von einer gemeinschaftlichen Berufsausübung zu einer anderen wechselt.**

(4) **Wer erkennt, dass er entgegen den Absätzen 1 bis 3 tätig ist, hat unverzüglich seinen Mandanten davon zu unterrichten und alle Mandate in derselben Rechtssache zu beenden.**

(5) **Die vorstehenden Regelungen lassen die Verpflichtung zur Verschwiegenheit unberührt.**

(6) **Für Bürogemeinschaften gelten die Absätze 1 bis 5 entsprechend.**

1 § 5 ist eine Konkretisierung des in § 39a Abs. 4 PAO enthaltenen Verbots der Vertretung widerstreitender Interessen. Er entspricht § 3 BORA (näher → PAO § 39a Rn. 4; → BORA § 3 Rn. 5 ff.).

2 Ein Verstoß des Patentanwalts gegen das Verbot der Vertretung widerstreitender Interessen berührt nicht die Wirksamkeit der ihm erteilten Prozessvollmacht und der von ihm namens des Mandanten vorgenommenen Prozesshandlungen (BGH NJW-RR 2010, 67 = Mitt 2009, 423 = BRAK-Mitt. 2009, 189).

§ 6 Überlassene Unterlagen, Vermögenswerte und Fremdgelder

(1) **Überlassene Unterlagen wie Urkunden, Akten in Papier oder elektronischer Form, Muster und Modelle darf der Patentanwalt ohne Einwilligung des Verfügungsberechtigten Dritten nicht aushändigen.**

(2) **Sind dem Patentanwalt fremde Vermögenswerte als Treuhänder für mehrere Treugeber anvertraut, so muss der Patentanwalt beachten, dass er Pflichten gegenüber allen Treugebern hat. Zuwiderlaufende Sonderinteressen eines Treugebers dürfen dabei nicht berücksichtigt werden.**

(3) **Eigene Forderungen dürfen nicht mit Geldern verrechnet werden, die zweckgebunden zur Auszahlung an andere Mandanten bestimmt sind.**

(4) **Fremdgelder und sonstige Vermögenswerte sind unverzüglich an den Berechtigten weiterzuleiten oder auf ein Anderkonto einzuzahlen.**

1 Der Umgang mit fremden Vermögenswerten und Fremdgeldern ist Gegenstand des § 39a Abs. 5 PAO (→ § 39a PAO Rn. 5). § 6 ist vergleichbar mit § 4 BORA (näher → BORA § 4 Rn. 1 ff.).

§ 7 Kanzlei und Zweigstellen

(1) **Der Patentanwalt ist verpflichtet, seine Kanzlei und Zweigstellen als solche nach außen kenntlich zu machen.**

(2) **Der Patentanwalt ist verpflichtet, die für seine Berufsausübung erforderlichen sachlichen, organisatorischen und personellen Voraussetzungen in Kanzlei und Zweigstellen vorzuhalten.**

1 Der Begriff der Kanzlei ist in §§ 25, 27, 21 Abs. 3 und 52i PAO enthalten, ohne nähere Definition. Ebenso wenig ist der Begriff Zweigstelle in § 26 Abs. 2 PAO definiert. Abs. 1 verlangt eine Kenntlichmachung nach außen. Hierzu findet sich in § 20 näheres (→ § 20 Rn. 1 ff.). Abs. 2 entspricht § 5 BORA (näher → BORA § 5 Rn. 1 ff.).

§ 8 Werbung

(1) **Der Patentanwalt darf für seine berufliche Tätigkeit werben, soweit die Angaben sachlich unterrichten und berufsbezogen sind.**

(2) **Zulässig sind insbesondere Hinweise auf die die eigene Berufstätigkeit betreffenden Tätigkeitsschwerpunkte, besondere Erfahrungen im beruflichen Umfeld und in einem förmlichen Verfahren erworbene Qualifikationen. Hinweise auf Mandate und Mandanten sind nur zulässig, soweit der Mandant ausdrücklich eingewilligt hat.**

(3) **Nicht zulässig sind insbesondere**

a) ein auf die Erteilung einzelner Mandate gerichtetes, unaufgefordertes sowie aufdringliches, gemeinwohlschädliches Herantreten an einen potentiellen Mandanten;

b) Werbung, die gegen die Vorschriften des UWG verstößt, insbesondere irreführende Werbung.

(4) **Der Patentanwalt darf weder daran mitwirken noch dulden, dass Dritte für ihn Werbung betreiben, die ihm selbst untersagt ist.**

§ 8 konkretisiert § 39b PAO. Er ist eine Parallelregelung zu § 6 BORA (näher → PAO § 39a Rn. 1 ff.; → BORA § 6 Rn. 3 ff.). Der Begriff „Tätigkeitsschwerpunkt“ muss bei einem Hinweis nach Abs. 2 nicht verwendet werden. Er kann auch durch andere Angaben und Zusätze, die eine ausgeübte Tätigkeit näher charakterisieren, ersetzt werden, sofern die zutreffenden Angaben über spezielle Tätigkeiten in sachlicher Form erfolgen und die Angaben nicht irreführend sind (BVerfG NJW 2004, 2656 = BRAK-Mitt. 2004, 231 = Mitt 2005, 46). 1

§ 9 Mediator

Der Patentanwalt, der sich als Mediator bezeichnet, hat die Voraussetzungen nach § 5 Absatz 1 des Mediationsgesetzes im Hinblick auf Aus- und Fortbildung, theoretische Kenntnisse und praktische Erfahrungen zu erfüllen.

§ 9 entspricht § 7a BORA (näher → BORA § 7a Rn. 2 ff.). 1

§ 10 Annahme, Wahrnehmung und Beendigung eines Mandats

Der Patentanwalt ist, soweit es das Gesetz nicht verbietet (§§ 41, 41a und 42 der Patentanwaltsordnung) oder gebietet (§ 43 der Patentanwaltsordnung), in der Annahme oder Ablehnung eines Mandats nach Maßgabe der folgenden Bestimmungen frei:

1. **Der Patentanwalt darf ein Mandat nur annehmen, wenn er oder ein mit ihm zusammenarbeitender Anwalt über die für die Ausübung des Mandats erforderliche Sachkenntnis verfügt oder sich verschaffen kann.**
2. **Der Patentanwalt darf ein Mandat nur annehmen, wenn er es in angemessener Frist bearbeiten kann.**
3. **Der Mandant ist über alle für den Fortgang der Sache wesentlichen Vorgänge und Maßnahmen unverzüglich zu unterrichten. Ihm ist insbesondere von allen wesentlichen erhaltenen oder versandten Schriftstücken Kenntnis zu geben.**
4. **Der Patentanwalt darf ein Mandatsverhältnis beenden, insbesondere wenn das Vertrauensverhältnis zu seinem Mandanten nicht mehr gegeben ist.**
5. **Der Patentanwalt darf ein Mandatsverhältnis nicht zur Unzeit beenden, es sei denn, dass zwingende Gründe vorliegen.**

Nr. 1 fordert, dass der Patentanwalt bei der Wahrnehmung eines Mandats über die dafür **erforderliche Sachkenntnis** verfügt. Im Zuge der ständigen Entwicklung der Naturwissenschaft und Technik kann nicht verlangt werden, dass der Patentanwalt bereits bei der Annahme des Mandats über die erforderliche Sachkenntnis verfügt. Er muss aber sicherstellen, dass er sich rechtzeitig in den Sachverhalt so einarbeitet, dass er spätestens bei Durchführung des Mandats die erforderliche Sachkenntnis hat. 1

Nr. 2 gibt der Patentanwaltskammer die Möglichkeit gegen untätige Patentanwälte vorzugehen. Es ist berufswidrig, Aufträge anzunehmen, wenn damit zu rechnen ist, dass die Aufträge in absehbarer Zeit nicht erledigt werden können. 2

Nr. 3 regelt die **Unterrichtungspflicht** gegenüber dem Mandanten, die unverzüglich zu erfolgen hat. Amtsbescheide, Beschlüsse und dergleichen sowie wichtige Schreiben sind in Kopie zu übermitteln, im Übrigen reichen Berichte aus (näher → BORA § 11 Rn. 1 ff.). 3

Nr. 4 und 5 stellen klar, dass der Patentanwalt ein **Mandatsverhältnis** unter bestimmten Voraussetzungen **beenden** darf. Es wäre unzumutbar, ein Mandatsverhältnis fortzuführen, wenn ein Vertrauensverhältnis nicht mehr gegeben ist. Aber auch in diesem Fall darf in der Regel nicht zur Unzeit, also kurz vor Fristablauf oder Verhandlungstermin, die Vertretung niedergelegt werden. 4

§ 11 Verfahrens- und Prozesskostenhilfe

(1) **Der Patentanwalt ist verpflichtet, bei begründetem Anlass auf die Möglichkeit von Verfahrens- und Prozesskostenhilfe hinzuweisen.**

(2) **Der Patentanwalt darf im Zusammenhang mit einem Antrag auf Verfahrens- oder Prozesskostenhilfe oder nach seiner Beiordnung von seinem Mandanten Zahlungen oder Sachleistungen irgendwelcher Art weder fordern noch sich versprechen lassen. Ausgenommen von diesem Verbot sind das Honorar für das Antragsverfahren und die Auslagen, die der Patentanwalt auf ausdrücklichen Wunsch des Mandanten aufwendet, die ihm aber die Staatskasse nicht ersetzt.**

(3) **Wird Verfahrens- oder Prozesskostenhilfe im Laufe des Verfahrens bewilligt, so darf der Patentanwalt, solange er beigeordnet ist, seine weitere Tätigkeit nicht von der Begleichung der vor der Beiordnung entstandenen Honorare und Auslagen abhängig machen.**

1 § 11 ergänzt § 43 Abs. 1 und 2 PAO betreffend Verfahrenskostenhilfe (§§ 129 ff. PatG) und Prozesskostenhilfe (§§ 114 ff. ZPO). Die Anforderungen an den **„begründeten Anlass"**, der zu der Hinweispflicht führt, sind gering. Ein begründeter Anlass iSd der Vorschrift kann schon dann bestehen, wenn ein Mandant ohne nachvollziehbare Gründe die Durchsetzung oder die Verteidigung einer Rechtsposition nicht weiterverfolgen will, obwohl diese aussichtsreich ist (Henssler/Prütting/*Prütting* BORA § 16 Rn. 4; näher → BORA § 16 Rn. 1 ff.).

2 Im Rahmen der Bewilligung von PKH kann der bedürftigen Partei eine Patentanwaltssozietät beigeordnet werden. Eine Beschränkung der Beiordnungsmöglichkeit auf Patentanwälte als Einzelpersonen würde die Patentanwaltssozietät in ihrer von Art. 12 Abs. 1 GG geschützten Berufsausübung einschränken, ohne dass sich dafür heute noch tragfähige Gründe finden ließen (BGH BRAK-Mitt. 2009, 90 = NJW-Spezial 2009, 95 = AnwBl. 2009, 74 zur Rechtsanwaltssozietät).

§ 12 Führung von Handakten

(1) **Der Patentanwalt hat für jedes Mandat eine Handakte zu führen, die ein geordnetes Bild über die von ihm entfaltete Tätigkeit gibt. Bei einer bloßen Rat- oder Auskunftserteilung soll der Patentanwalt wenigstens eine Aktennotiz fertigen.**

(2) **Der Patentanwalt ist berechtigt, die Handakte als elektronische Akte zu führen, soweit nicht die Aufbewahrung einzelner Originale erforderlich ist. Sofern der Patentanwalt die Handakte sowohl als Papierakte als auch als elektronische Akte führt, muss er gewährleisten, dass die Akte insgesamt bereitgestellt werden kann.**

(3) **Der Patentanwalt ist ferner berechtigt, eine nicht-elektronische Handakte ganz oder teilweise durch Anfertigen elektronischer Kopien unter Vernichtung des Papieroriginals in eine elektronische Akte zu überführen, sofern nicht gesetzliche Aufbewahrungspflichten entgegenstehen. Dies gilt für einzelne Originale im Sinne von Absatz 2 Satz 1 nur dann, wenn diese dem Mandanten zuvor zur Verwahrung angeboten wurden und er eine solche abgelehnt hat.**

1 § 12 konkretisiert § 44 Abs. 1 und 5 PAO. Es liegt nicht nur im Interesse des Mandanten, sondern auch im eigenen Interesse des Patentanwalts, Beratungsvorgänge schriftlich festzuhalten, schon weil sich die Interessenlage bei Durchführung eines Mandats verändern kann. Dies gilt auch bei einer bloßen Rats- oder Auskunftserteilung und für die elektronische Akte. Wird die Handakte allein elektronisch geführt, muss sie ihrem Inhalt nach der herkömmlich geführten entsprechen. Sie darf keine geringere Überprüfungssicherheit bieten als ihr analoges Pendent (BGH NJW 2014, 3102 = Mitt 2014, 522 = AnwBl. 2014, 1058).

§ 13 Berufspflichten gegenüber Gerichten und Behörden

(1) **Gerichtliche und andere amtliche Akten sowie zu solchen Akten gehörende Unterlagen (Akten), die dem Patentanwalt zur Einsichtnahme überlassen werden, dürfen Dritten nicht ausgehändigt werden. Die Akten sind sorgfältig zu verwahren und unverzüglich zurückzugeben.**

(2) **Kopien der Akten dürfen Mandanten überlassen werden. Soweit jedoch gesetzliche Bestimmungen oder eine Anordnung der die Akten aushändigenden Stelle das Akteneinsichtsrecht beschränken, hat der Patentanwalt dies auch bei der Vermittlung des Akteninhalts an Mandanten oder andere Personen zu beachten.**

(3) **Der Patentanwalt ist verpflichtet, Empfangsbekenntnisse unverzüglich anwaltlich unterzeichnet zurückzugeben.**

(4) **Der Patentanwalt ist verpflichtet, vor Gericht als Berufstracht die Robe zu tragen, soweit das üblich ist.**

Abs. 1 und 2 entsprechen § 19 BORA. Auf das dort Gesagte wird verwiesen (→ BORA § 19 Rn. 1 ff.). 1

Abs. 4 entspricht § 20 S. 1 BORA (näher → BORA § 20 Rn. 3 ff.). § 176 GVG gibt dem Vorsitzenden zwar das Recht, das Nichttragen der Robe zu rügen und darauf hinzuwirken, dass eine solche angelegt wird, rechtfertigt es jedoch nicht, weitergehende Ordnungsmaßnahmen durchzuführen. Allein deswegen den Anwalt von der mündlichen Verhandlung auszuschließen, ist unzulässig (LAG Niedersachsen AnwBl. 2008, 883 zum Ausschluss eines Rechtsanwalts; teilweise **aA** LG Mannheim BRAK-Mitt. 2009, 92). 2

Zur Robe der Patentanwälte als Bevollmächtigte beim Bundespatentgericht vgl. Anordnung des Bundespräsidenten über die Amtstracht bei dem Bundespatentgericht vom 5.5.1961 und die Ausführungsbestimmungen des BMJV zur Anordnung des Bundespräsidenten über die Amtstracht bei dem Bundespatentgericht vom 24.8.1961, abgedruckt bei *Reinhard* S. 159, 161; → § 3 PAO Rn. 6. 3

Ein Prozessbevollmächtigter, der infolge Erkrankung an der Wahrnehmung eines Termins zur mündlichen Verhandlung gehindert ist, hat alle erforderlichen und zumutbaren Maßnahmen zu ergreifen, um das Gericht rechtzeitig von seiner Verhinderung zu unterrichten (BGH MDR 2009, 355 = Mitt 2009, 142; NJW 2006, 448 = MDR 2006, 829). 4

§ 14 Vereinbarung und Abrechnung von Honorar

(1) **Der Patentanwalt ist berechtigt, eine Honorarvereinbarung mit dem Mandanten zu treffen, Teilhonorare zu berechnen und Vorschüsse zu verlangen. Ein Teilhonorar oder Vorschuss darf nicht über einen unter Berücksichtigung der voraussichtlichen Höhe des Honorars und der Auslagen angemessenen Betrag hinausgehen. Wird das Teilhonorar oder der Vorschuss nicht gezahlt, kann der Patentanwalt das Mandat ablehnen oder das Mandatsverhältnis beenden; § 10 bleibt unberührt.**

(2) **Der Patentanwalt darf Gelder eines Mandanten oder für einen Mandanten nur bestimmungsgemäß verwenden.**

(3) **Die rechtsgeschäftliche Einräumung von Rechten an gewerblichen Schutzrechten oder deren Übertragung anstelle eines Vorschusses oder zur Begleichung einer Forderung ist unzulässig.**

(4) **Spätestens mit Beendigung des Mandats hat der Patentanwalt gegenüber dem Mandanten und/oder Gebührenschuldner über Honorarvorschüsse unverzüglich abzurechnen.**

Die Vergütung der Patentanwälte ist gesetzlich nicht geregelt. Ihre Vergütung richtet sich nach der darüber getroffenen Vereinbarung und bei Fehlen einer solchen Vereinbarung nach der üblichen Vergütung (→ PAO § 43a Rn. 2 ff.). Zur Vereinbarung eines Erfolgshonorars vgl. § 43b PAO. Zur Auskunfts- und Abrechnungspflicht gegenüber der Rechtsschutzversicherung vgl. *Schulz* NJW 2010, 1729. 1

Bei dem in **Abs. 3** normierten Verbot der rechtsgeschäftlichen Einräumung von Rechten an gewerblichen Schutzrechten oder deren Übertragung anstelle eines Vorschusses auf eine Honorar- oder Gebührenforderung handelt es sich um eine für den Beruf des Patentanwalts spezifische Regelung, die erforderlich ist um die Unabhängigkeit des Patentanwalts (§ 1 PAO) zu gewährleisten, den Beruf deutlich von der unzulässigen gewerblichen Patentverwertung (→ § 1 Rn. 3) abzugrenzen, wobei auch der Anschein einer gewerblichen Verwertung zu vermeiden ist und um 2 die Gefahr der Vertretung widerstreitender Interessen zwischen Mandant und Honorar- bzw. Gebührenschuldner und dem potentiellen Vertreter auszuschließen (→ PAO § 39a Rn. 4). Näher → PAO § 43a Rn. 6.

3 **Abs. 4** entspricht § 23 BORA (näher → BORA § 23 Rn. 1 ff.).

§ 15 Pflichten gegenüber der Patentanwaltskammer

(1) **Der Patentanwalt hat dem Vorstand der Patentanwaltskammer unaufgefordert und unverzüglich anzuzeigen:**

1. **die Änderung des Namens und der Privatanschrift,**
2. **Gründung und Aufgabe von Kanzlei und Zweigstellen sowie Änderungen von deren Namen und Anschriften,**
3. **die jeweiligen Kommunikationsmittel der Kanzlei und Zweigstellen,**
4. **die Eingehung, Veränderung oder Auflösung einer gemeinschaftlichen Berufsausübung im Sinne von § 21 Absatz 1,**
5. **die Eingehung und Beendigung eines ständigen Dienstverhältnisses (§ 49 Absatz 3 der Patentanwaltsordnung); mit der Anzeige über ein ständiges Dienstverhältnis ist eine Erklärung des Arbeitgebers vorzulegen, die den Betreffenden in tatsächlicher und rechtlicher Hinsicht die Ausübung des Patentanwaltsberufs gestattet.**

(2) **Zur Erfüllung der Auskunftspflicht aus § 49 der Patentanwaltsordnung sind dem Vorstand der Patentanwaltskammer Auskünfte vollständig zu erteilen und auf Verlangen Urkunden vorzulegen.**

1 § 15 entspricht § 24 BORA (näher → BORA § 24 Rn. 1 ff.). Er konkretisiert die in § 49 PAO festgeschriebenen Pflichten des Patentanwalts gegenüber der Patentanwaltskammer.

§ 16 Berufliches Verhalten gegenüber Anwälten

(1) **Der Patentanwalt verhält sich gegenüber anderen Patent- und Rechtsanwälten kollegial. Bei einem Widerstreit zwischen kollegialer Rücksichtnahme und den Interessen des Mandanten gebührt letzteren der Vorrang; § 1 Abs. 3 bleibt unberührt.**

(2) **Ist ein Patentanwalt der Auffassung, dass ein anderer Patentanwalt gegen Berufspflichten verstößt oder im Begriff ist, dagegen zu verstoßen, soll er sich mit ihm unmittelbar oder über einen Anwalt seiner Wahl in vertraulicher Weise zur Beseitigung oder Vermeidung des Verstoßes in Verbindung setzen und nur bei Erfolglosigkeit dem Vorstand der Patentanwaltskammer Mitteilung machen.**

(3) **Wenn ein Patentanwalt in einer beruflichen Angelegenheit gegen einen anderen Patentanwalt Zivilklage erheben oder eine ein Antragsdelikt betreffende Strafanzeige erstatten will, soll er zuvor den Vorstand der Patentanwaltskammer über den Sachverhalt unterrichten, damit dieser gegebenenfalls vermitteln kann.**

(4) **Bei Streitigkeiten unter Patentanwälten sollen die Beteiligten den Versuch einer gütlichen Einigung unternehmen und dabei gegebenenfalls Anwälte ihres Vertrauens hinzuziehen.**

1 Gegenstand ist das Gebot der kollegialen Rücksichtnahme gegenüber anderen Anwälten. Dabei ist in Abwägung der Interessen des Mandanten einerseits und der kollegialen Rücksichtnahme andererseits dem ersteren der Vorrang einzuräumen, wenn sich im Einzelfall ein Widerstreit ergeben sollte, **Abs. 1 S. 2.** Der den Interessen des Mandanten eingeräumte Vorrang rechtfertigt jedoch nicht einen Verstoß gegen Berufspflichten, was durch den Verweis auf § 1 Abs. 3 verdeutlicht wird.

2 Mit **Abs. 2** soll eine Klärung des Sachverhalts – über die Aufklärung hinaus – im Sinne eines „Aus-der-Welt-Schaffens" erreicht werden. Damit soll nicht nur die Kollegialität gefördert, sondern auch eine Entlastung der für Verstöße gegen Berufspflichten zuständigen Abteilung des Vorstands der Patentanwaltskammer erreicht werden.

§ 17 Umgehung des Gegenanwalts

(1) **Der Patentanwalt darf nicht ohne Einwilligung des Patent- oder Rechtsanwalts eines anderen Beteiligten mit diesem unmittelbar Verbindung aufnehmen oder verhandeln, wenn ihm bekannt ist oder sich aus den Umständen, insbesondere aus der Aktenlage, ergibt, dass der andere Beteiligte in dieser Angelegenheit durch einen Patent- oder Rechtsanwalt vertreten ist.**

(2) **Dieses Verbot gilt nicht bei Gefahr im Verzug. Der Patent- oder Rechtsanwalt des anderen Beteiligten ist in diesem Fall unverzüglich zu unterrichten; von schriftlichen Mitteilungen ist ihm unverzüglich eine Abschrift zu übersenden.**

Das Umgehungsverbot zielt nach Ausführung des BVerfG vorrangig auf den Schutz des gegnerischen Mandanten vor Überrumpelung (BVerfG BRAK-Mitt. 2009, 73 = AnwBl. 2009, 223, vgl. dazu Anm. *Dahns* NJW-Spezial 2009, 158; BayAGH BRAK-Mitt. 2014, 152). § 17 entspricht § 12 BORA. Auf das dort Gesagte wird verwiesen (→ BORA § 12 Rn. 1 ff.). 1

§ 18 Mandatswechsel

(1) **Der Patentanwalt, der das einem anderen Patent- oder Rechtsanwalt übertragene Mandat übernimmt, hat sicherzustellen, dass der früher tätige Anwalt von der Mandatsübernahme unverzüglich benachrichtigt wird. Der Patentanwalt, der neben einem anderen Patent- oder Rechtsanwalt ein Mandat übernimmt, hat diesen unverzüglich über die Mandatsübernahme zu unterrichten. Die Sätze 1 und 2 gelten nicht, wenn der Patentanwalt nur beratend tätig wird.**

(2) **Auf Anforderung seitens des neuen Vertreters hat der bisherige Vertreter die Handakte im Sinne des § 44 Absatz 1 der Patentanwaltsordnung, ausgenommen die Korrespondenz mit dem Mandanten, nach eigener Wahl dem neuen Vertreter zu treuen Händen zu überlassen oder ihm auf dessen Kosten nach Maßgabe des Gerichtskostengesetzes – unter Versicherung der Vollständigkeit – Kopien zur Verfügung zu stellen.**

(3) **Bei der Überlassung zu treuen Händen muss der neue Vertreter auf Verlangen des bisherigen Vertreters die überlassenen Teile der Handakten während der für den neuen Vertreter geltenden gesetzlichen Aufbewahrungsfrist an den bisherigen Vertreter herausgeben. § 44 Absatz 3 der Patentanwaltsordnung gilt entsprechend.**

(4) **Die Regelung der Absätze 2 und 3 gelten nicht für solche Teile der Handakte, die in einem öffentlichen, elektronisch zugänglichen amtlichen Register elektronisch abrufbar sind.**

Abs. 1 entspricht § 15 Abs. 1–3 BORA (näher → BORA § 15 Rn. 2 ff.). 1

Abs. 2–4 regeln die Herausgabe der Handakten bei Vertreterwechsel. Sie sind **Kollegialitätsregelungen** die ihre Ermächtigung in § 52b Abs. 2 Nr. 7 PAO haben. Wegen der langen Verfahrensdauer bei gewerblichen Schutzrechten und dadurch bedingten oft sehr umfangreichen Akteninhalten kommt dieser Frage eine besondere Bedeutung und Regelungsnotwendigkeit zu. Dem neuen Vertreter soll nicht zugemutet werden, sich alle Unterlagen neu zu beschaffen, was sehr zeit- aber auch kostenintensiv sein kann. Zur Herausgabe der Handakten an den Mandanten → § 44 PAO Rn. 3. 2

§ 19 Pflichten des allgemeinen Vertreters

Der gemäß § 46 der Patentanwaltsordnung zum allgemeinen Vertreter bestellte Patentanwalt darf im Zusammenhang mit der Tätigkeit als allgemeiner Vertreter und für einen Zeitraum von zwei Jahren nach deren Beendigung Mandanten des Vertretenen ohne dessen Zustimmung nicht veranlassen, ihm oder anderen Anwälten Mandate zu erteilen.

Es wird als eine zentrale Berufspflicht des Patentanwalts angesehen, auch nur den Anschein eines Missbrauchs der Vertretung durch Abwerben von Mandaten während oder nach Beendigung der Tätigkeit als allgemeiner Vertreter zu vermeiden. Dabei ist es ohne Unterschied, ob das abgeworbene Mandat dem Vertreter oder Dritten zufällt. 1

§ 20 Briefbögen und Internetauftritt

(1) **Auf Briefbögen müssen auch bei Verwendung einer Kurzbezeichnung die Namen sämtlicher Berufsträger der gemeinschaftlichen Berufsausübung im Sinne von § 21 Absatz 1 mit mindestens einem ausgeschriebenen Vornamen, beruflicher Qualifikation sowie Kanzleianschrift einschließlich Kommunikationsmittel aufgeführt werden. Kanzleianschrift ist die im Sinne von § 26 Absatz 1 der Patentanwaltsordnung im Patentanwaltsverzeichnis eingetragene Anschrift.**

(2) **Sind mehrere Anschriften angegeben, muss für jeden Berufsträger dessen Kanzleianschrift im Sinne von § 26 Absatz 1 der Patentanwaltsordnung als solche erkennbar sein.**

(3) **Der Internetauftritt muss mindestens die Angaben nach Absatz 1 enthalten. Die Berufsträger der gemeinschaftlichen Berufsausübung sind als solche zu kennzeichnen.**

(4) **Die Absätze 1 bis 3 gelten entsprechend für Einzelanwälte.**

1 Abs. 1 entspricht weitgehend § 10 Abs. 2 S. 1 BORA (näher → BORA § 10 Rn. 2). Der Umstand, dass Abs. 1 anders als § 10 Abs. 2 S. 2 BORA keine ausdrückliche Regelung dahingehend enthält, dass auf die gemeinsame Berufsausübung mit angestellten und freien Mitarbeitern hingewiesen werden darf, führt nicht dazu, dass dieser Hinweis unzulässig ist (OLG München Mitt 2002, 1358 = NJW-RR 2001, 1358).

§ 21 Gemeinschaftliche Berufsausübung

(1) **Eine Kurzbezeichnung muss bei gemeinschaftlicher Berufsausübung (berufliche Zusammenarbeit mit Berufsträgern im Sinne von § 52a Absatz 1 und 2 der Patentanwaltsordnung) einheitlich geführt werden.**

(2) **Ausgeschiedene Berufsträger einer gemeinschaftlichen Berufsausübung können mit ihrem Einverständnis auf Briefbögen und Internetauftritten nur weitergeführt werden, wenn ihr Ausscheiden kenntlich gemacht wird.**

(3) **Bei Auflösung einer gemeinschaftlichen Berufsausübung haben deren Berufsträger bei Fehlen anderer vertraglicher Regelung jeden Mandanten in einem gemeinsamen Rundschreiben zu befragen, wer künftig seine anhängigen Mandate bearbeiten soll. Kommt eine Verständigung der bisherigen Berufsträger über den Inhalt dieses Rundschreiben nicht zustande, darf jeder bisherige Berufsträger einseitig die Entscheidung des Mandanten einholen. Für den Fall des Ausscheidens eines Berufsträgers aus der gemeinschaftlichen Berufsausübung gelten die Sätze 1 und 2 sinngemäß, allerdings nur für die von diesem Berufsträger betreuten Mandanten.**

1 **Abs. 1** entspricht § 9 BORA. **Abs. 2** entspricht § 10 Abs. 4 BORA, **Abs. 3 S. 1** entspricht § 32 Abs. 1 BORA und **Abs. 3 S. 2** entspricht § 32 Abs. 2 BORA. Auf das dort Gesagte wird verwiesen.

2 Eine neu gegründete Kanzlei, die ihren Briefkopf nahezu in identischer Form gestaltet wie eine zuvor aufgelöste Sozietät, in der einer der Kanzleigründer Gesellschafter war, handelt irreführend, da beim rechtsuchenden Publikum, das die frühere Kanzlei kannte, der Eindruck einer Fortführung erweckt wird (OLG Hamm BRAK-Mitt. 2009, 297 = GRUR-RR 2009, 429 zu §§ 9, 10 Abs. 4 BORA aF).

§ 22 Beschäftigung von Patentanwälten, Rechtsanwälten und anderen Mitarbeitern

(1) **Patent- und Rechtsanwälte dürfen nur zu angemessenen Bedingungen beschäftigt werden. Angemessen sind Bedingungen, die**

a) eine unter Berücksichtigung der Kenntnisse und Erfahrungen des Beschäftigten und des Haftungsrisikos des beschäftigenden Patentanwalts sachgerechte Mandatsbearbeitung ermöglichen,

b) eine der Qualifikation, den Leistungen und dem Umfang der Tätigkeit des Beschäftigten und den Vorteilen des beschäftigenden Patentanwalts aus dieser Tätigkeit entsprechende Vergütung gewährleisten und

c) dem Beschäftigten auf Verlangen angemessene Zeit zur Fortbildung einräumen.

(2) **Der Patentanwalt darf andere Mitarbeiter und Auszubildende nicht zu unangemessenen Bedingungen beschäftigen.**

(3) **Der Patentanwalt hat sicherzustellen, dass bei ihm beschäftigte keine Handlungen vornehmen, die dem Patentanwalt verwehrt sind.**

Abs. 1 entspricht § 26 Abs. 1 lit. a bis c BORA, **Abs. 2** entspricht § 26 Abs. 2 BORA. Auf das dort Gesagte wird verwiesen (→ BORA § 26 Rn. 2 ff.). 1

Zum **Überstundenausgleich für angestellte Anwälte** hat das BAG (NJW 2012, 552 = BRAK-Mitt. 2012, 42 = AnwBl. 2011, 953) bestätigt, dass es einen allgemeinen Rechtsgrundsatz, dass jede Mehrarbeitszeit oder jede dienstliche Anwesenheit über die vereinbarte Arbeitszeit hinaus zu vergüten ist, gerade bei Diensten höherer Art nicht gibt. Die Vergütungserwartung ist deshalb stets anhand eines objektiven Maßstabs unter Berücksichtigung der Verkehrssitte, der Art, des Umfangs und der Dauer der Dienstleistung sowie die Stellung der Beteiligten zueinander festzustellen (vgl. auch *Knöfel* AnwBl. 2012, 153) 2

§ 23 Ausbildung

(1) **Der Patentanwalt hat die ihm durch § 52 der Patentanwaltsordnung sowie durch die zugehörigen Ausbildungsvorschriften auferlegten Pflichten bei der Ausbildung von Bewerbern gewissenhaft zu erfüllen.**

(2) **Der Patentanwalt ist verpflichtet, die Ausbildung zum Patentanwaltsfachangestellten ordnungsgemäß durchzuführen. Er hat dem Auszubildenden Gelegenheit zu geben, an der Zwischen- und der Abschlussprüfung sowie an den neben der Berufsschule von der Patentanwaltskammer organisierten Ausbildungsveranstaltungen teilzunehmen. Die damit verbundenen Kosten trägt der Patentanwalt.**

Die Pflichten bei der **Ausbildung von Patentanwaltsbewerbern** ergeben sich aus § 52 PAO (vgl. Anm. dort) und § 12 PatAnwAPO (→ Teil III Nr. 16), wonach der Patentanwalt die Ausbildungstätigkeit gewissenhaft auszuüben hat. Dem Patentanwaltsbewerber ist ausreichend Zeit zum Selbststudium und zum Studium im allgemeinen Recht (§ 19b PatAnwAPO) zu geben ebenso wie zum Besuch der Arbeitsgemeinschaften nach § 19 PatAnwAPO. Der Inhalt der Ausbildung findet sich in § 16 PatAnwAPO. Die Verpflichtung des ausbildenden Patentanwalts zur regelmäßigen Erstattung von Beurteilungen gegenüber dem DPMA aber auch gegenüber der Patentanwaltskammer findet sich in § 8 PatAnwAPO. 1

Die **Ausbildung von Patentanwaltsfachangestellten** richtet sich nach der ReNoPatAusbildungsverordnung, neugefasst mit Gesetz vom 1.8.2014, in Kraft zum 1.8.2015 (BGBl I 2014, 1490). Es gelten die Regeln des BBiG. Zuständige Stelle bei der Durchführung der Berufsausbildung im Rahmen des BBiG ist die Patentanwaltskammer (§ 71 Abs. 4 BBiG). 2

§ 24 Grenzüberschreitender Rechtsverkehr; Mitglieder gemäß § 154a der Patentanwaltsordnung

(1) **Der Patentanwalt bleibt auch im grenzüberschreitenden Rechtsverkehr grundsätzlich an das deutsche Berufsrecht gebunden.**

(2) **Bei Tätigkeiten im Ausland hat der Patentanwalt sich auch an dort geltende Berufsrecht zu halten.**

(3) **Der Patentanwalt, der einem ausländischen Kollegen ein Mandat erteilt oder von ihm einen Rat erbittet, ist zur Zahlung des Honorars und der Auslagen des ausländischen Kollegen verpflichtet, es sei denn, er hat vor der Erteilung des Mandats mit dem ausländischen Kollegen eine abweichende Vereinbarung getroffen. Der Patentanwalt darf jedoch zu jeder Zeit seine Verpflichtung auf das Honorar und die Auslagen**

des ausländischen Kollegen beschränken, die bis zu dem Zeitpunkt angefallen sind, zu dem er dem ausländischen Kollegen mitteilt, dass er für dessen Forderungen nicht mehr eintreten wird.

(4) **Für Berufsangehörige aus anderen Staaten, die Mitglieder der Patentanwaltskammer gemäß § 154a der Patentanwaltsordnung sind, gelten hinsichtlich ihrer Tätigkeit in der Bundesrepublik Deutschland die §§ 1 bis 24 entsprechend.**

1 Wird ein in Deutschland zugelassener Patentanwalt im Ausland tätig, unterliegt er grundsätzlich weiterhin den deutschen Berufsregeln. Der Begriff **„grenzüberschreitender Rechtsverkehr"** schließt zahlreiche Fallgestaltungen, **nicht nur mit EU-Mitgliedsstaaten,** ein. Patentanwälte haben bei ihrer beruflichen Tätigkeit auf dem Gebiet des gewerblichen Rechtsschutzes in aller Regel auch Auslandsberührung, wie durch Aufträge ausländischer Kollegen oder Mandanten zur Geschäftsbesorgung in Deutschland, durch Aufträge inländischer Mandanten zur unmittelbaren oder mittelbaren Geschäftsbesorgung im Ausland oder bei Tätigkeiten gegenüber ausländischen nationalen oder internationalen Institutionen und Behörden.

2 Die in **Abs. 3** festgeschriebene **Haftungsregel für das Honorar** des beauftragten ausländischen Kollegen entspricht gängiger Praxis. Es ist nicht vereinbar, die Bezahlung ausländischer Korrespondenzanwälte wegen Zahlungsverzögerung des Mandanten hinauszuschieben. Abs. 3 entspricht weitgehend Regel 9 der Standesregeln für die Berufsausübung der FICPI (abgedr. bei *Reinhard* S. 131). Eine Pflicht des inländischen Patentanwalts, einen im Einvernehmen mit dem Mandanten eingeschalteten ausländischen Patentanwalts bei der von diesem vorgenommenen Auslandsanmeldung und Betreuung des ausländischen Patents nicht nur formal, sondern darüber hinausgehend auch inhaltlich zu überwachen, besteht nicht. Es besteht in entspr. Anwendung des § 664 BGB auch keine Haftung nach § 278 BGB für Fehler des ausländischen Kollegen (LG München GRURPrax 2011, 400).

3 Die Geltung der BOPA auch für die Mitglieder der Patentanwaltskammer nach § 154a PAO ergibt sich bereits aus § 154b Abs. 2 S. 1 PAO (→ § 154b PAO Rn. 4).

§ 25 Ausfertigung, Veröffentlichung, Bekanntmachung und Außerkrafttreten

(1) **Diese Berufsordnung ist vom Präsidenten der Patentanwaltskammer auszufertigen; sie ist in den „Mitteilungen der deutschen Patentanwälte" zu veröffentlichen.**

(2) **Das Datum des Inkrafttretens nach § 82a der Patentanwaltsordnung ist in den „Mitteilungen der deutschen Patentanwälte" bekanntzugeben.**

(3) **Die Berufsordnung, beschlossen von der Versammlung der Kammer gemäß § 82 Absatz 2 Ziffer 1 der Patentanwaltsordnung am 21. April 1997 (Mitt. 1997, 243), zuletzt geändert durch Beschluss der Versammlung der Kammer vom 17. April 2008 (Mitt. 2008, 321) tritt am Tag des Inkrafttretens dieser Berufsordnung außer Kraft.**

15. Gesetz über die Eignungsprüfung für die Zulassung zur Patentanwaltschaft (PAZEignPrG)

vom 6. Juli 1990 (BGBl. I S. 1349),

zuletzt geändert durch Verordnung vom 31. August 2015 (BGBl. I S. 1474)

Änderungen

Paragraph	Art der Änderung	Geändert durch	Datum	Fundstelle BGBl.
12	gegenstandlos	Sechstes Überleitungsgesetz	25.9.1990	I S. 2106
Anlage	geändert	Dritte Verordnung zur Änderung der Ausbildungs- und Prüfungsordnung gemäß § 12 der Patentanwaltsordnung	14.12.1990	I S. 2824
1, 2, 10	geändert	EWR- Ausführungsgesetz	27.4.1993	I S. 512, 513
Anlage	geändert	Erste Verordnung zur Änderung der Anlage zu § 1 des Gesetzes über die Eignungsprüfung für die Zulassung zur Patentanwaltschaft	16.2.1994	I S. 305
5	geändert	Markenrechtsreformgesetz	25.10.1994	I S. 3082, 3121
9	geändert	Gesetz zur Einführung des Euro in Rechtspflegegesetzen und in Gesetzen des Straf- und Ordnungswidrigkeitenrechts, zur Änderung der Mahnvordruckverordnung sowie zur Änderung weiterer Gesetze	13.12.2001	I S. 3574, 3578
1–4, 6, 9, 10, Anlage	geändert	Gesetz zur Änderung des Gesetzes über die Tätigkeit europäischer Rechtsanwälte in Deutschland und weiterer berufsrechtlicher Vorschriften für Rechts- und Patentanwälte, Steuerberater und Wirtschaftsprüfer	26.10.2003	I S. 2074, 2076
Anlage	geändert	Zweite Verordnung zur Änderung der Anlage zu § 1 des Gesetzes über die Eignungsprüfung für die Zulassung zur Patentanwaltschaft	24.8.2005	I S. 2560
1 Abs. 1, 12	geändert	Gesetz zur Verbesserung und Anerkennung im Ausland erworbener Berufsqualifikationen	6.12.2011	I S. 2515
1, 2, Anlage	geändert	2. Kostenrechtsmodernisierungsgesetz	23.7.2013	I S. 2586
5 Abs. 2 Nr. 1	geändert	Gesetz zur Modernisierung des Geschmacksmustergesetzes sowie zur Änderung über die Regelung zum Ausstellungsschutzes	10.10.2013	I S. 3799
10	geändert	10. Zuständigkeitsanpassungsverordnung	31.8.2015	I S. 1474

§ 1 Eignungsprüfung

(1) **Eine natürliche Person, die ein Diplom erlangt hat, aus dem hervorgeht, daß der Inhaber über die beruflichen Voraussetzungen verfügt, die für den unmittelbaren Zugang zu einem der in der Anlage zu dieser Vorschrift aufgeführten Berufe erforderlich sind, hat vor der Zulassung zur Patentanwaltschaft eine Eignungsprüfung abzulegen.**

(2) [1]**Diplome im Sinne dieses Gesetzes sind Diplome, Prüfungszeugnisse oder sonstige Befähigungsnachweise im Sinne des Artikels 1 Buchstabe a der Richtlinie des Rates vom 21. Dezember 1988 über eine allgemeine Regelung zur Anerkennung der Hochschuldiplome, die eine mindestens dreijährige Berufsausbildung abschließen (89/48/EWG) – ABl. EG Nr. L 19 (1989) S. 16.** [2]**Ein Diplom auf Grund einer Ausbildung, die nicht überwiegend in den Mitgliedstaaten der Europäischen Union, anderen Ver-**

tragsstaaten des Abkommens über den Europäischen Wirtschaftsraum oder der Schweiz stattgefunden hat, berechtigt zur Ablegung der Eignungsprüfung, wenn der Inhaber einen in der Anlage zu dieser Vorschrift aufgeführten Beruf tatsächlich und rechtmäßig mindestens drei Jahre ausgeübt hat und dies von demjenigen der genannten Staaten bescheinigt wird, der das Diplom ausgestellt oder anerkannt hat.

1 Nach § 5 Abs. 1 S. 1 PAO kann zur Patentanwaltschaft nur zugelassen werden, wer nach Abs. 2 die Befähigung für den Beruf des Patentanwalts erlangt hat oder die Eignungsprüfung nach dem Gesetz über die Eignungsprüfung für die Zulassung zur Patentanwaltschaft bestanden hat. Zur Beratung und Vertretung nach §§ 3 und 4 PAO ist nur berechtigt, wer zur Patentanwaltschaft zugelassen ist, nicht schon derjenige, der die Zulassungsvoraussetzungen erfüllt.

2 Die in der Anlage zu § 1 aufgeführten Berufe sind ausnahmslos Patentanwaltsberufe in europäischen Mitgliedstaaten. Dadurch soll einerseits der Niederlassungsfreiheit innerhalb der Europäischen Union und des Europäischen Wirtschaftsraums und andererseits dem Schutz des rechtsuchenden Publikums sowie den Erfordernissen einer geordneten funktionsfähigen Rechtspflege Rechnung getragen werden (BR-Drs. 93/93 Nr. 29, zu §§ 154a, 154b PAO).

3 Die Richtlinie des Rates über eine allgemeine Anerkennung der Hochschuldiplome, die eine mindestens dreijährige Berufsausbildung abschließen **(RL 89/48/EWG),** wurde **durch Art. 62 RL 2005/36/EG** (Richtlinie über die Anerkennung von Berufsqualifikationen) **aufgehoben** und durch **diese ersetzt.** Bezugnahmen auf die aufgehobene Richtlinie sind als Bezugnahme auf die RL 2005/36/EG zu verstehen und erfolgen unbeschadet der auf der Grundlage dieser Richtlinie verabschiedeten Rechtsakte. Der durch die Hochschuldiplomanerkennungs-Richtlinie eingeführte Anerkennungsmechanismus ändert sich durch die Berufsanerkennungsrichtlinie nicht, da Art. 11d RL 2005/36/EG ein entsprechendes Qualifikationsniveau voraussetzt (RL 2005/36/EG, Erwägungsgrund 14 und Art. 11d). Das Erfordernis der **Eignungsprüfung ist unionskonform** (BGH GRUR 2014, 508 = GRURPrax 2014, 154).

4 Mit Gesetz zur Verbesserung der Feststellung und Anerkennung im Ausland erworbener Berufsqualifikationen vom 6.12.2011 (BGBl. I S. 2515) ist in Abs. 1 das **Staatsangehörigkeitserfordernis entfallen,** so dass nunmehr auch Staatsangehörige von Drittstaaten, die über die geforderte europäische Berufsqualifikation verfügen, eine Eignungsprüfung ablegen und bei Erfolg zur Patentanwaltschaft zugelassen werden können (BT-Drs. 17/6260, 59). Dabei geht es nicht um die Anerkennung von beruflichen Qualifikationen aus Staaten außerhalb der Europäischen Union, des Europäischen Wirtschaftsraums und der Schweiz, sondern darum, die bestehenden Anerkennungsregeln für europäische Qualifikationen unabhängig von der Staatsangehörigkeit auszugestalten. Somit bleibt der Kreis der anerkennungsfähigen Berufsqualifikationen unverändert, lediglich der in Betracht kommenden Kreis der Personen, die diese Qualifikation erworben haben, wird erweitert (BT-Drs. 17/6260, 41).

5 Eine darüber hinausgehende Befugnis zur Niederlassung in Deutschland sieht das deutsche Recht für Patentanwälte oder Angehörige ähnlicher Berufe aus anderen Staaten, die nicht Mitgliedstaaten der Europäischen Union oder des Europäischen Wirtschaftsraums sind, nicht vor. Eine dem § 206 Abs. 1 BRAO entsprechende Regelung kennt das Patentanwaltsrecht nicht. § 154a PAO regelt die gesetzlichen Voraussetzungen für die Aufnahme in die Patentanwaltskammer für ausländische Berufsangehörige abschließend. Die Vorschrift ist einer **ausdehnenden Anwendung nicht zugänglich** (BGH Mitt 2005, 140 = GRUR 2005, 313).

§ 2 Zweck der Eignungsprüfung

[1] Die Eignungsprüfung ist eine ausschließlich die beruflichen Kenntnisse des Antragstellers betreffende staatliche Prüfung, mit der seine Fähigkeit, den Beruf eines Patentanwalts in der Bundesrepublik Deutschland auszuüben, beurteilt werden soll. [2] Die Eignungsprüfung muss dem Umstand Rechnung tragen, dass der Antragsteller in einem Mitgliedstaat der Europäischen Union, in einem anderen Vertragsstaat des Abkommens über den Europäischen Wirtschaftsraum oder der Schweiz über eine berufliche Qualifikation für patentanwaltliche Tätigkeiten verfügt. [3] Sie entfällt ganz oder teilweise, wenn der Antragsteller während seiner Berufserfahrung Kenntnisse erworben hat, die für die Berufsausübung in Deutschland erforderlich sind.

S. 1 bestimmt den Zweck der Eignungsprüfung näher (vgl. auch § 17 EuRAG). S. 2 stellt klar, dass durch die Eignungsprüfung nur die nötigen Rechtskenntnisse für die Berufsausübung als Patentanwalt in Deutschland festgestellt werden sollen. Die Zweckbestimmung der Eignungsprüfung darf nicht in dem Sinne missverstanden werden, dass alles, was für die patentanwaltliche Tätigkeit von Bedeutung ist, Prüfungsinhalt sein kann. 1

Mit S. 3 wird Art. 1 Abs. 3 RL 2001/19/EG umgesetzt. Der Mitgliedstaat hat immer zu überprüfen, „ob die vom Antragsteller während seiner Berufsausübung erworbenen Kenntnisse die wesentlichen Unterschiede, auf die in Abs. 1 Bezug genommen wird, ganz oder teilweise abdecken" (Art. 1 Abs. 3 RL 2001/19/EG). Wenn der Antragsteller die in Deutschland erforderlichen Kenntnisse des deutschen Rechts bei der Ausübung seines Berufs bereits erworben hat, darf sich die Eignungsprüfung hierauf nicht mehr erstrecken (BT-Drs. 15/1072, 14; vgl. auch § 17 EuRAG). 2

§ 3 Zuständige Stelle für die Prüfung

Die Eignungsprüfung wird vor der für die Patentanwaltsprüfung zuständigen Kommission bei dem Deutschen Patent- und Markenamt abgelegt.

Die Einzelheiten der Eignungsprüfung, insbesondere die verwaltungsorganisatorischen und verfahrensrechtlichen Fragen sind in §§ 44 ff. PatAnwAPO (→ Teil III Nr. 16) geregelt. Die Zusammensetzung der Prüfungskommission ergibt sich aus § 44a PatAnwAPO. 1

§ 4 Zulassung zur Prüfung

(1) **Über die Zulassung zur Prüfung entscheidet der Präsident des Deutschen Patent- und Markenamts.**

(2) **Die Zulassung zur Prüfung wird versagt, wenn der Antragssteller die gesetzlichen Voraussetzungen nicht erfüllt oder die durch Rechtsverordnung näher zu bestimmenden Unterlagen oder Erklärungen nicht vorlegt oder nicht abgibt.**

(3) **[1] Der Bescheid, durch den die Zulassung zur Prüfung versagt wird, ist mit Gründen zu versehen. [2] Er ist dem Antragsteller zuzustellen.**

Wie bei der Patentassessorenprüfung liegt auch hier die Zuständigkeit beim Präsidenten des DPMA (vgl. § 27 PatAnwAPO). Zu den gesetzlichen Voraussetzungen gehört nach § 1 Abs. 1, dass der Antragsteller einen in der Anlage zu § 1 als Patentanwaltsberuf aufgeführten Beruf ausübt. Andernfalls sind die Zulassungsvoraussetzungen nicht erfüllt (BGH BeckRS 2014, 05525). 1

§ 5 Prüfungsfächer

(1) **Die Eignungsprüfung erstreckt sich auf zwei Pflichtfächer, ein Fach nach Wahl des Antragstellers (Wahlfach) und das Recht für das berufliche Verhalten der Patentanwälte.**

(2) **Pflichtfächer sind**

1. **das Verfahren zur Erlangung, Aufrechterhaltung, Verteidigung und Anfechtung eines Patents oder einer eingetragenen Marke vor den nach deutschem Recht zuständigen Behörden und Gerichten, das Gebrauchsmuster- und das Designrecht einschließlich des dazugehörigen Verfahrensrechts,**
2. **Bürgerliches Recht, Handelsrecht und Zivilprozeßrecht, soweit diese Rechtsgebiete für die Tätigkeit des Patentanwalts oder Patentassessors von Bedeutung sind.**

(3) **Wahlfächer sind**

1. **Wettbewerbsrecht einschließlich des Kartellrechts, soweit diese Rechtsgebiete für die Tätigkeit eines Patentanwalts oder Patentassessors von Bedeutung sind,**
2. **Recht der Arbeitnehmererfindungen.**

§ 6 Prüfungsleistungen

(1) [1]Die Prüfung besteht aus einem schriftlichen und einem mündlichen Teil. [2]Sie wird in deutscher Sprache abgelegt.

(2) [1]Die Prüfungskommission erlässt dem Antragsteller auf Antrag ganz oder teilweise Prüfungsleistungen, wenn er nachweist, dass er in seiner bisherigen Ausbildung oder durch anschließende Berufsausübung in einem Prüfungsgebiet die für die Ausübung des Patentanwaltsberufes in Deutschland erforderlichen materiellrechtlichen und verfahrensrechtlichen Kenntnisse im deutschen Recht erworben hat. [2]Ausbildungsinhalte sind durch ein Prüfungszeugnis nachzuweisen. [3]Zur Überprüfung der durch berufliche Tätigkeit erworbenen Kenntnisse sind Falllisten vorzulegen, die regelmäßig folgende Angaben enthalten müssen: Aktenzeichen, Gegenstand, Zeitraum, Art und Umfang der Tätigkeit, Sachstand. [4]Ferner sind auf Verlangen der Prüfungskommission anonymisierte Arbeitsproben vorzulegen.

(3) [1]Die schriftliche Prüfung umfaßt zwei Aufsichtsarbeiten. [2]Eine Aufsichtsarbeit hat das Pflichtfach nach § 5 Abs. 2 Nr. 1, die andere hat nach Wahl des Antragstellers das Pflichtfach nach § 5 Abs. 2 Nr. 2 oder das Wahlfach zum Gegenstand.

(4) Der Antragsteller wird zu der mündlichen Prüfung nur zugelassen, wenn mindestens eine Aufsichtsarbeit den Anforderungen genügt; andernfalls gilt die Prüfung als nicht bestanden.

(5) Die mündliche Prüfung hat zum Gegenstand das Recht für das berufliche Verhalten der Patentanwälte und das Pflichtfach nach § 5 Abs. 2 Nr. 2 oder, wenn der Antragsteller in diesem Fach eine Aufsichtsarbeit geschrieben hat, das Wahlfach; genügt eine Aufsichtsarbeit den Anforderungen nicht, so erstreckt sich die mündliche Prüfung auch auf das Fach dieser Arbeit.

1 **Abs. 2** regelt, unter welchen Voraussetzungen Prüfungsleistungen zu erlassen sind. Sie soll iSd Grundsatzes in Art. 1 Abs. 3 RL 2001/19/EG und in § 2 S. 2 festschreiben, wie in der Praxis Vorkenntnisse des Antragstellers konkret zu berücksichtigen sind. Der Antragsteller kann Kenntnisse des deutschen Rechts sowohl im Rahmen seiner Ausbildung als auch im Rahmen seiner Berufserfahrung erworben haben. Beide Fälle sollen gleich behandelt werden. Die Regelung entspricht § 5 RAEignPrV. Es war zweckmäßig, die Vorschrift an den für Rechtsanwälte geltenden Grundsätzen zu orientieren, weil die Sachverhalte vergleichbar sind. Ferner wird klargestellt, wie der Nachweis über die Kenntnisse zu erbringen ist. Für den Nachweis der Berufserfahrung bot sich die auch in § 12 EuRAG für die Eingliederung von europäischen Rechtsanwälten vorgesehene Vorlage von Falllisten an (BT-Drs. 15/1072, 14).

2 Der Gang der Eignungsprüfung, die aus zwei schriftlichen Aufsichtsarbeiten und der mündlichen Prüfung besteht, ergibt sich ergänzend aus § 44e PatAnwAPO.

§ 7 Prüfungsentscheidung

Die Prüfungskommission entscheidet auf Grund des Gesamteindrucks der in der schriftlichen und mündlichen Prüfung erbrachten Leistungen mit Stimmenmehrheit, ob der Antragsteller über die nach § 2 erforderlichen Kenntnisse verfügt.

1 Näheres regelt § 44f PatAnwAPO. Wer die Eignungsprüfung bestanden hat, ist berechtigt, die Bezeichnung „Patentassessor" oder „Patentassessorin" zu führen (§ 11 PAO).

§ 8 Wiederholung der Prüfung

Die Prüfung kann wiederholt werden.

1 Näheres regelt § 44g PatAnwAPO.

§ 9 Prüfungsgebühr

Der Antragsteller, der zur Eignungsprüfung zugelassen wird, hat an den Präsidenten des Deutschen Patent- und Markenamts eine Prüfungsgebühr von 250 Euro zu entrichten.

Näheres regelt § 44b PatAnwAPO. 1

§ 10 Ermächtigung

Der Bundesminister der Justiz und für Verbraucherschutz wird ermächtigt, durch Rechtsverordnung, die nicht der Zustimmung des Bundesrates bedarf,

1. die Anlage zu § 1 anzupassen, wenn sich der Kreis oder die Bezeichnungen der aufgeführten Berufe oder der Kreis der Mitgliedstaaten der Europäischen Union oder der anderen Vertragsstaaten des Abkommens über den Europäischen Wirtschaftsraum ändern,

2. die Einzelheiten der Eignungsprüfung zu regeln, insbesondere
   a) die Zulassung zur Prüfung,
   b) das Prüfungsverfahren,
   c) die Prüfungsleistungen,
   d) die Folgen eines ordnungswidrigen Verhaltens,
   e) den Erlaß von Prüfungsleistungen,
   f) die Wiederholung der Prüfung und die Zahl der Wiederholungsmöglichkeiten,
   g) die Prüfungsgebühr,

3. die Zulassung von Antragstellern, die die Voraussetzung des Artikels 3 Buchstabe b der Richtlinie erfüllen, zur Eignungsprüfung zu regeln.

Von der Ermächtigung hat das BMJV insoweit Gebrauch gemacht, als in §§ 44 ff. PatAnwAPO 1
(→ Teil III Nr. 16) die Einzelheiten der Eignungsprüfung für die Zulassung zur Patentanwaltschaft geregelt werden.

§ 11 Bescheinigungen des Heimat- oder Herkunftsmitgliedstaats

Soweit es für die Entscheidung über die Zulassung zur Patentanwaltschaft der Vorlage oder Anforderung von

1. Bescheinigungen oder Urkunden darüber, daß keine schwerwiegenden beruflichen Verfehlungen, Straftaten oder sonstige, die Eignung des Antragstellers für den Beruf des Patentanwalts in Frage stellenden Umstände bekannt sind,

2. Bescheinigungen oder Urkunden darüber, daß sich der Antragsteller nicht im Konkurs befindet,

3. Bescheinigungen über die körperliche oder geistige Gesundheit,

4. Führungszeugnissen

des Heimat- oder Herkunftsmitgliedstaats bedarf, genügt eine Bescheinigung oder Urkunde im Sinne des Artikels 6 der Richtlinie des Rates vom 21. Dezember 1988 (§ 1 Abs. 2 Satz 1).

§ 12 Statistik

[1]Über Verfahren nach diesem Gesetz wird eine Bundesstatistik durchgeführt. [2]§ 17 des Berufsqualifikationsfeststellungsgesetzes mit Ausnahme von Absatz 2 Nummer 4 ist anzuwenden.

Die Statistikregelung ist mit Art. 13 Gesetz zur Verbesserung der Feststellung und Anerken- 1
nung im Ausland erworbener Berufsqualifikationen vom 6.12.2011 (BGBl. I S. 2560) eingefügt worden. § 12 entspricht § 38a EuRAG. Gemäß Art. 60 der Richtlinie 2005/36/EG über die

Anerkennung von Berufsqualifikationen sind der Kommission Berichte über die Anwendung der Anerkennungsrichtlinie vorzulegen. Diese Berichte müssen auch eine statistische Aufstellung der getroffenen Entscheidungen enthalten. Das bedeutet, dass das DPMA (§ 3) die Erhebungsmerkmale gemäß § 17 BQFG elektronisch an das statistische Amt des Landes zu übermitteln hat. § 17 Abs. 2 Nummer 4 BQFG ist auszunehmen, weil diese Regelung Meldepflichten betreffend die Dienstleistungsfreiheit nach Art. 7 RL 2005736/EG umfasst, die für den Patentanwaltsberuf nicht bestehen (BT-Drs. 17/6260, 58, 59).

Anlage
(zu § 1), zuletzt geändert durch Gesetz vom 23.7.2013 (BGBl. I S. 2586).

Patentanwaltsberufe in Mitgliedstaaten der Europäischen Union und anderen Vertragsstaaten des Abkommens über den Europäischen Wirtschaftsraum und der Schweiz

– in Belgien:	Mandataire Agréé/Erkend Gemachtigde
– in Estland:	Patendivolinik
– in Finnland:	Patenttiasiamies
– in Frankreich:	Conseil en Propriété Industrielle
– in Italien:	Consulente in Proprietà industriale
– in Lettland:	Patentpilnvarotais
– in Liechtenstein:	Patentanwalt
– in Litauen:	Patentinis patikėtinis
– in Luxemburg:	Conseil en Propriété Industrielle
– in den Niederlanden:	Octrooigemachtigde
– in Österreich:	Patentanwalt
– in Polen:	rcecznik patentowy
– in Portugal:	Agente oficial da propriedade industrial
– in der Schweiz:	Patentanwalt/conseil en brevets/consulente in brevetti/patent attorney
– in der Slowakei:	patentový zástupca
– in Slowenien:	Patentni odvetnik/Zastopnik za modele in znamke
– in Spanien:	Agente de la Propiedad Industrial
– in der Tschechischen Republik:	patentový zástupce
– in Ungarn:	Szabadalmi Ügyvivő
– im Vereinigten Königreich:	Patent Agent/Patent Attorney

16. Ausbildungs- und Prüfungsordnung nach § 12 der Patentanwaltsordnung und Prüfungsordnung nach § 10 des Gesetzes über die Eignungsprüfung für die Zulassung zur Patentanwaltschaft (Patentanwaltsausbildungs- und -prüfungsverordnung – PatAnwAPO)

vom 8. Dezember 1977 (BGBl. I S. 2491),

zuletzt geändert durch Verordnung vom 31. August 2015 (BGBl. I S. 1474)

Erster Teil. Die Ausbildung auf dem Gebiet des gewerblichen Rechtsschutzes (§ 7 der Patentanwaltsordnung)

Erster Abschnitt. Zulassung zur Ausbildung

§ 1 Voraussetzung für die Zulassung zur Ausbildung. Zur Ausbildung auf dem Gebiet des gewerblichen Rechtsschutzes kann ein Bewerber nur zugelassen werden, wenn er die Voraussetzungen des § 6 der Patentanwaltsordnung erfüllt.

§ 2 Zulassungsgesuch. (1) Das Gesuch um Zulassung zur Ausbildung ist an den Präsidenten des Deutschen Patent- und Markenamts zu richten.

(2) Dem Gesuch sind beizufügen:

1. eine Geburtsurkunde,
2. ein Lebenslauf,
3. Bescheinigungen der wissenschaftlichen Hochschulen über die Vorlesungen, die der Bewerber belegt hat, und über die Übungen, an denen er teilgenommen hat,
4. Zeugnisse über die staatliche oder akademische Abschlußprüfung eines naturwissenschaftlichen oder technischen Studiums an einer wissenschaftlichen Hochschule und über eine etwaige Promotion,
5. eine Bescheinigung über eine mindestens einjährige praktische technische Tätigkeit,
6. ein Lichtbild aus neuester Zeit,
7. die Erklärung eines Patentanwalts darüber, daß er bereit sei, die Ausbildung des Bewerbers zu übernehmen.

(3) [1] Bewerber, die ein Studium an einer wissenschaftlichen Hochschule außerhalb des Geltungsbereichs der Patentanwaltsordnung abgeleistet oder dort eine staatliche oder akademische Abschlußprüfung abgelegt haben, müssen außerdem nachweisen, daß dieses Studium oder diese Abschlußprüfung im Geltungsbereich der Patentanwaltsordnung anerkannt ist. [2] Für Studien und Abschlußprüfungen, die vor dem 8. Mai 1945 an einer deutschen wissenschaftlichen Hochschule abgelegt worden sind, bedarf es des Nachweises nicht. [3] Falls der Nachweis nicht geführt werden kann, ist dem Gesuch ein an den Präsidenten des Deutschen Patent- und Markenamts gerichteter Antrag, über die Gleichwertigkeit des Studiums oder der Abschlußprüfung zu entscheiden, beizufügen.

(4) [1] An Stelle der Erklärung nach Absatz 2 Nr. 7 kann der Bewerber dem Gesuch um Zulassung zur Ausbildung die Erklärung eines Unternehmens beifügen, daß er in der Patentabteilung dieses Unternehmens unter Leitung eines Patentassessors ausgebildet wird. [2] Aus der Erklärung muß sich ergeben, daß der Bewerber während der Zeit der Ausbildung in der Patentabteilung des Unternehmens nicht zu Tätigkeiten herangezogen wird, die außerhalb dieser Ausbildung liegen.

(5) Bewerber, die ihre Ausbildung außerhalb des Geltungsbereichs der Patentanwaltsordnung (§ 7 Abs. 2 der Patentanwaltsordnung) beginnen wollen, haben an Stelle der Erklärung nach Absatz 2 Nr. 7 eine entsprechende Erklärung des Ausbilders vorzulegen.

(6) Falls eine der nach Absatz 2 Nr. 1 und 3 bis 5 erforderlichen Urkunden nicht vorgelegt werden kann, so ist der Nachweis ihres Inhalts auf andere Weise zu erbringen.

(7) Einem Antrag auf Befreiung von dem Erfordernis des praktischen technische Jahres nach § 6 Absatz 1 Satz 2 der Patentanwaltsordnung sind Nachweise dafür beizufügen, auf welche andere Weise der Bewerber die praktische technische Erfahrung erworben hat; einer Bescheinigung nach Absatz 2 Nr. 5 bedarf es in diesem Fall nicht.

§ 3 Entscheidung über die Zulassung. Über die Zulassung zur Ausbildung auf dem Gebiet des gewerblichen Rechtsschutzes entscheidet der Präsident des Deutschen Patent- und Markenamts durch schriftlichen Bescheid.

§ 4 Widerruf der Zulassung zur Ausbildung. (1) Der Präsident des Deutschen Patent- und Markenamts kann die Zulassung zur Ausbildung widerrufen, wenn ein wichtiger Grund vorliegt.

(2) Ein wichtiger Grund liegt insbesondere vor, wenn
1. sich nachträglich herausstellt, daß der Bewerber nicht hätte zur Ausbildung zugelassen werden dürfen,
2. nachträglich ein Umstand eintritt, der geeignet gewesen wäre, die Zulassung des Bewerbers zur Ausbildung abzulehnen,
3. der Bewerber das Ziel eines Ausbildungsabschnitts trotz Verlängerung (§ 7 Abs. 3) nicht erreicht oder
4. der Bewerber schuldhaft die ihm während seiner Ausbildung obliegenden Pflichten verletzt oder seine Ausbildung bewußt verzögert.

§ 5 Ausscheiden aus der Ausbildung. [1] Wird ein Bewerber, der auf eigenen Wunsch aus der Ausbildung ausgeschieden ist, zu einem späteren Zeitpunkt erneut zur Ausbildung zugelassen, so können die vor dem Ausscheiden abgeleisteten Ausbildungszeiten angerechnet werden, wenn der Bewerber nicht ausgeschieden ist, um einem Widerruf nach § 4 zu entgehen. [2] Die Anrechnung erfolgt nur, soweit das Ausbildungsziel gleichwohl erreicht werden kann. [3] Über die Anrechnung entscheidet der Präsident des Deutschen Patent- und Markenamts.

Zweiter Abschnitt. Die Ausbildung

1. Allgemeines

§ 6 Ziel der Ausbildung. (1) Ziel der Ausbildung ist es, dem Bewerber auf der Grundlage seiner technischen Befähigung umfassende Kenntnisse auf dem Gebiet des gewerblichen Rechtsschutzes und die erforderlichen allgemeinen Rechtskenntnisse zu vermitteln und ihn mit der praktischen Arbeit vertraut zu machen, die einem Patentanwalt oder Patentassessor obliegt.

(2) Das Ziel der Ausbildung, nicht die Nutzbarmachung seiner Arbeitskraft, bestimmt Maß und Art der dem Bewerber zu übertragenden Arbeiten.

§ 7 Ausbildungsgang. (1) Die Ausbildung ist in folgender Reihenfolge durchzuführen:
1. wenigstens zwei Jahre und zwei Monate bei einem Patentanwalt oder bei einem Patentassessor in der Patentabteilung eines Unternehmens,
2. zwei Monate beim Deutschen Patent- und Markenamt und
3. sechs Monate beim Patentgericht.

(2) [1] Der Präsident des Deutschen Patent- und Markenamts kann in begründeten Ausnahmefällen auf Antrag Abweichungen von der in Absatz 1 vorgeschriebenen Reihenfolge des Ausbildungsgangs genehmigen. [2] Das ergänzende Studium im allgemeinen Recht (§ 7 Abs. 3 der Patentanwaltsordnung) soll vor Beginn des Ausbildungsabschnitts nach Abs. 1 Nr. 2 abgeschlossen sein.

(3) Erreicht ein Bewerber das Ziel eines Ausbildungsabschnitts nicht, so kann der Präsident des Deutschen Patent- und Markenamts den Ausbildungsabschnitt einmal bis zur Dauer von sechs Monaten verlängern.

§ 8 Beurteilungen. (1) [1]Jeder Ausbilder hat sich in einer eingehenden Beurteilung über den Bewerber zu äußern. [2]Ein Ausbilder, bei dem ein Bewerber länger als ein Jahr tätig ist, hat nach Ablauf eines Jahres eine vorläufige Beurteilung zu erteilen.

(2) [1]In der Beurteilung ist anzugeben, zu welchen Tätigkeiten der Bewerber während der Ausbildung herangezogen worden ist. [2]In der Beurteilung hat sich der Ausbilder eingehend über die Eignung, die Fähigkeiten, die Kenntnisse, die praktischen Leistungen, den Stand der Ausbildung und die Führung des Bewerbers zu äußern. [3]Jede Beurteilung am Schluß eines Ausbildungsabschnitts oder -teilabschnitts muß erkennen lassen, ob der Bewerber das Ziel dieses Abschnitts oder Teilabschnitts erreicht hat. [4]Die Gesamtleistung des Bewerbers ist mit einer der in § 33 festgesetzten Noten zu bewerten. [5]Ein Ausbilder, bei dem der Bewerber nicht länger als zwei Monate tätig gewesen ist, sowie der Leiter einer Arbeitsgemeinschaft können sich in ihrer Beurteilung auf die Angabe der in Satz 1 genannten Tätigkeiten sowie auf eine Äußerung zur Führung des Bewerbers und zu seinen besonderen Leistungen beschränken.

(3) [1]Die Beurteilungen sind dem Präsidenten des Deutschen Patent- und Markenamts zuzuleiten. [2]Der Ausbilder hat dem Bewerber die Beurteilung zu eröffnen.

(4) Soweit die Ausbildung bei einem Patentanwalt erfolgt, ist die Patentanwaltskammer berechtigt, von dem Patentanwalt Berichte über den Stand der Ausbildung des Bewerbers und Abschriften der Beurteilungen zu verlangen.

§ 9 Anrechnung von Urlaub und Krankheit. (1) Ein dem Bewerber gewährter Erholungsurlaub wird bis zu 24 Arbeitstagen innerhalb des Ausbildungsjahres auf die in den Zeitraum dieses Jahres fallenden Ausbildungsabschnitte angerechnet.

(2) Krankheitszeiten werden nur auf das einzelne Ausbildungsjahr und nur insoweit angerechnet, als sie zusammen mit dem Erholungsurlaub während dieses Jahres einen Zeitraum von zwei Monaten nicht überschreiten.

(3) Dem Bewerber kann auf Antrag während eines Ausbildungsjahres Sonderurlaub bis zu einem Monat ohne Anrechnung auf die Ausbildungszeit gewährt werden.

2. Die Ausbildung bei einem Patentanwalt oder bei einem Patentassessor

§ 10 Persönliche Voraussetzungen der Ausbildungsbefugnis, Aufsicht über ausbildende Patentassessoren. (1) [1]Patentanwälte und Patentassessoren dürfen eine Ausbildung erst dann übernehmen, wenn sie fünf Jahre lang als Patentanwalt oder als Patentassessor auf dem Gebiet des gewerblichen Rechtsschutzes auf Grund eines ständigen Dienstverhältnisses (§ 155 Abs. 1 der Patentanwaltsordnung) tätig gewesen sind. [2]Der Präsident des Deutschen Patent- und Markenamts kann im Einzelfall eine Ausnahme zulassen, wenn das Ziel der Ausbildung nicht gefährdet ist.

(2) [1]Patentassessoren unterliegen hinsichtlich der Ausübung der Ausbildungsbefugnis der Aufsicht des Präsidenten des Deutschen Patent- und Markenamts. [2]Sie haben dem Präsidenten des Deutschen Patent- und Markenamts alle zur Ausübung der Aufsicht erforderlichen Auskünfte zu geben und auf Verlangen die über die Ausbildung geführten Unterlagen vorzulegen.

§ 11 Entziehung der Ausbildungsbefugnis. (1) Einem Patentassessor ist die Ausbildungsbefugnis zu entziehen, wenn

1. Gründe vorliegen, die nach § 21 Abs. 2 Nr. 1 bis 3 der Patentanwaltsordnung die Rücknahme einer Zulassung zur Patentanwaltschaft gerechtfertigt hätten;
2. der Patentassessor eine Tätigkeit ausübt, die mit den Rechten und Pflichten eines ordentlichen Ausbilders unvereinbar ist;
3. der Patentassessor seiner Verpflichtung aus § 10 Abs. 2 Satz 2 ohne wichtigen Grund nicht nachgekommen ist;
4. der Patentassessor seine Pflicht zur gewissenhaften Ausbildung grob vernachlässigt und eine zweimalige Ermahnung durch den Präsidenten des Deutschen Patent- und Markenamts erfolglos geblieben ist.

(2) [1]Vor der Entscheidung ist der Patentassessor zu hören. [2]Die Entscheidung über die Entziehung der Ausbildungsbefugnis ist zu begründen und dem Patentassessor zuzustellen.

§ 12 Pflichten des Ausbilders. (1) [1]Patentanwälte und Patentassessoren haben die Ausbildungstätigkeit gewissenhaft auszuüben. [2]Dem Bewerber ist ausreichend Zeit zum Selbststudium einzuräumen. [3]Führt der Bewerber das Studium im allgemeinen Recht an einer Universität (§ 19b) neben der Ausbildung bei einem Patentanwalt oder Patentassessor durch, ist ihm auch hierfür ausreichend Zeit zu geben.

(2) Mehr als zwei Bewerber soll ein Ausbilder nicht gleichzeitig ausbilden.

§ 13 Folgen des Verlustes der Ausbildungsbefugnis. [1]Die Ausbildung bei einem Patentanwalt, die ein Bewerber bis zur Rechtskraft der Zurücknahme der Zulassung des Patentanwalts nach den §§ 21, 22 der Patentanwaltsordnung oder bis zur Rechtskraft eines berufsgerichtlichen Urteils auf Ausschließung aus der Patentanwaltschaft geleistet hat, bleibt im Rahmen der Gesamtausbildung auch dann wirksam, wenn der Verlust der Zulassung auf Umständen beruht, die den Patentanwalt als ungeeignet für die Ausübung der Ausbildungsbefugnis erscheinen lassen. [2]Das gleiche gilt im Falle der Entziehung der Ausbildungsbefugnis eines Patentassessors.

§ 14 Beginn und Ende der Ausbildung. (1) [1]Der Ausbilder hat den Beginn der Ausbildung dem Präsidenten des Deutschen Patent- und Markenamts anzuzeigen. [2]Geht die Anzeige vor der Zulassung zur Ausbildung (§ 3) ein, so bestimmt der Präsident des Deutschen Patent- und Markenamts im Zulassungsbescheid den Zeitpunkt des Beginns der Ausbildung; jedoch darf der Zeitpunkt frühestens auf den Zeitpunkt des Zugangs der Anzeige festgelegt werden.

(2) Der Zeitpunkt des Beginns der Ausbildung ist für die Berechnung der in § 7 Abs. 1 der Patentanwaltsordnung vorgeschriebenen Ausbildungszeit maßgebend.

(3) Der Ausbilder hat das Ende der Ausbildung dem Präsidenten des Deutschen Patent- und Markenamts anzuzeigen.

§ 15 Wechsel des Ausbilders. (1) Der Bewerber darf seinen Ausbilder während des Ausbildungsabschnitts beim Patentanwalt oder Patentassessor wechseln.

(2) Die Ausbildung soll jedoch bei jedem Ausbilder nicht weniger als sechs Monate betragen.

§ 16 Inhalt der Ausbildung. (1) Die Ausbildung des Bewerbers bei einem Patentanwalt oder bei einem Patentassessor ist auf den Erwerb von Rechtskenntnissen und von praktischen Erfahrungen bei Anwendung der Rechtskenntnisse zu richten.

(2) [1]Dem Bewerber ist Gelegenheit zu geben, folgende Kenntnisse zu erwerben:

1. Umfassende Kenntnisse auf dem Gebiet des deutschen gewerblichen Rechtsschutzes, insbesondere des Patent-, Design-, Geschmacksmuster- und Markenrechts sowie des Rechts der Arbeitnehmererfindungen,
2. Kenntnisse des europäischen Gemeinschaftsrechts und des Inhalts zwischenstaatlicher Vereinbarungen auf dem Gebiet des gewerblichen Rechtsschutzes,
3. Kenntnisse der Grundzüge des ausländischen Patent-, Gebrauchsmuster- und Markenrechts,
4. Kenntnisse der Patentanwaltsordnung und der Berufsordnung der Patentanwälte und
5. ergänzend zu dem Universitätsstudium im allgemeinen Recht (§ 19b) Kenntnisse der Grundzüge des bürgerlichen Rechts, des Rechts der Arbeitsverhältnisse, des Handelsrechts, des Gesellschaftsrechts, des Wettbewerbsrechts einschließlich des Kartellrechts, des gerichtlichen Verfahrensrechts, des allgemeinen Verwaltungsrechts und des Verfassungsrechts sowie des europäischen Gemeinschaftsrechts, soweit diese für die Tätigkeit des Patentanwalts oder Patentassessors von Bedeutung sind.

[2]Das Schwergewicht ist auf, den Erwerb von Rechtskenntnissen im Bereich des gewerblichen Rechtsschutzes (Nummern 1 und 2) zu legen.

(3) Während der Ausbildung soll der Bewerber zur selbständigen Erledigung der im Büro des Patentanwalts oder Patentassessors auszuführenden Arbeiten sowie beim Verkehr mit den Auftraggebern herangezogen werden.

§ 17 *[aufgehoben]*

§ 18 Ausbildung außerhalb des Geltungsbereichs der Patentanwaltsordnung.

(1) [1]Der Bewerber hat den Beginn und das Ende einer Ausbildung auf dem Gebiet des gewerblichen Rechtsschutzes im Ausland (§ 7 Abs. 2 der Patentanwaltsordnung) dem Präsidenten des Deutschen Patent- und Markenamts anzuzeigen. [2]§ 14 Abs. 1 Satz 2 und Abs. 2 und § 15 gelten entsprechend.

(2) [1]Nach Beendigung der Ausbildung hat der Bewerber dem Präsidenten des Deutschen Patent- und Markenamts eine Beurteilung des ausländischen Ausbilders vorzulegen, aus der sich ergibt, ob er mit Erfolg ausgebildet worden ist. [2]Die Beurteilung soll den Erfordernissen des § 8 entsprechen.

§ 19 Arbeitsgemeinschaften. (1) [1]Die Patentanwaltskammer hat in Bezirken, in denen ständig eine ausreichende Zahl von Bewerbern bei einem Patentanwalt oder Patentassessor ausgebildet wird, Arbeitsgemeinschaften zu bilden. [2]Der Leiter einer Arbeitsgemeinschaft hat die Rechte und Pflichten eines Ausbilders.

(2) [1]Die Bewerber sind verpflichtet, während der Zeit der Ausbildung beim Patentanwalt oder Patentassessor an der für den Bezirk ihres Ausbildungsortes von der Patentanwaltskammer gebildeten Arbeitsgemeinschaft teilzunehmen. [2]Bewerber, die bei einem Gericht für Patentstreitsachen ausgebildet werden, haben an der Arbeitsgemeinschaft, die im Bezirk des Gerichts von der Patentanwaltskammer gebildet worden ist, teilzunehmen.

(3) [1]Die Patentanwaltskammer teilt den Bezirk, für den eine Arbeitsgemeinschaft gebildet worden ist, und die Anschrift des Leiters der Arbeitsgemeinschaft dem Präsidenten des Deutschen Patent- und Markenamts mit. [2]Dieser beruft die Bewerber zur Teilnahme an der Arbeitsgemeinschaft ein. [3]Der Präsident des Deutschen Patent- und Markenamts kann einen Bewerber von der Teilnahme befreien, wenn diesem das Erscheinen am Ort der Arbeitsgemeinschaft aus persönlichen Gründen oder wegen zu großer Entfernung vom Ort seiner Ausbildung nicht zugemutet werden kann.

(4) [1]Aufgabe der Arbeitsgemeinschaften ist es, die Kenntnisse der Bewerber in Rechtsfragen auf dem Gebiet des gewerblichen Rechtsschutzes durch Vorträge und praktische Übungen zu erweitern. [2]Dabei sollen auch Fragen behandelt werden, die bei der Berufsausübung eines Patentanwalts oder Patentassessors nicht regelmäßig wiederkehren.

§ 19a Ausbildung beim Gericht für Patentstreitsachen. [1]Der Präsident des Deutschen Patent- und Markenamts gestattet dem Bewerber die Ausbildung beim Gericht für Patentstreitsachen, wenn dieser nachweist, daß die nach Landesrecht zuständige Behörde die Übernahme der Ausbildung genehmigt hat. [2]Die Ausbildung beim Gericht für Patentstreitsachen soll frühestens nach einem Jahr der Ausbildung beim Patentanwalt oder Patentassessor beginnen.

2a. Die Ausbildung im allgemeinen Recht an einer Universität

§ 19b Ausbildung im allgemeinen Recht an einer Universität. (1) [1]Das Studium im allgemeinen Recht (§ 7 Abs. 3 der Patentanwaltsordnung) erfolgt durch die Teilnahme an einem besonderen Studiengang, der für die Ausbildung von Bewerbern für den Beruf des Patentanwalts oder Patentassessors an einer Universität eingerichtet ist. [2]Es wird durch ein rechtswissenschaftliches Studium mit dem Abschluß des ersten juristischen Staatsexamens ersetzt.

(2) [1]Der besondere Studiengang (Absatz 1 Satz 1) umfaßt mindestens folgende Rechtsgebiete:

Grundlagen des bürgerlichen Rechts,
Recht der Arbeitsverhältnisse,
Handelsrecht,
Gesellschaftsrecht,
Wettbewerbsrecht einschließlich Kartellrecht,
gerichtliches Verfahrensrecht,
allgemeines Verwaltungsrecht und Verfassungsrecht,
europäisches Gemeinschaftsrecht.

[2]Die Studieninhalte haben sich an den Anforderungen der Tätigkeit des Patentanwalts oder Patentassessors auszurichten.

(3) [1]Die Prüfung besteht aus zwei unter Aufsicht anzufertigenden schriftlichen Arbeiten und einer mündlichen Prüfung. [2]Die Aufsichtsarbeiten sollen Fragen aus unterschiedlichen Rechtsgebieten zum Gegenstand haben; die Bearbeitungsdauer muß jeweils mindestens zwei Stunden betragen.

3. Die Ausbildung beim Deutschen Patent- und Markenamt und Patentgericht

§ 20 Antrag auf Ausbildung beim Deutschen Patent- und Markenamt und Patentgericht. (1) Der Bewerber bedarf für die Ausbildung beim Deutschen Patent- und Markenamt und Patentgericht einer besonderen Zulassung.

(2) Der Antrag auf Ausbildung beim Deutschen Patent- und Markenamt und Patentgericht ist spätestens drei Monate vor dem Ende der Ausbildung beim Patentanwalt oder Patentassessor beim Präsidenten des Deutschen Patent- und Markenamts einzureichen.

(3) Dem Antrag sind beizufügen:

1. eine Erklärung des Ausbilders darüber, ob der Bewerber das Ziel der Ausbildung beim Patentanwalt oder Patentassessor voraussichtlich erreichen wird;
2. eine Erklärung des Bewerbers, auf welche Patentklassen sich seine bisherige Tätigkeit erstreckt hat.

(4) Dem Antrag ist zu entsprechen, wenn der Bewerber die Ausbildung beim Patentanwalt oder Patentassessor voraussichtlich mit Erfolg ableisten wird.

§ 20a Bearbeitung von Vorgängen. [1]Dem Bewerber können dienstliche Vorgänge insoweit zugänglich gemacht werden, als es im Interesse einer ordnungsgemäßen Ausbildung erforderlich ist. [2]Verschlußsachen dürfen dem Bewerber nur zur Kenntnis gebracht werden, soweit er nach der Verschlußsachenanweisung für die Bundesbehörden zum Zugang zu Verschlußsachen ermächtigt ist.

§ 21 Verschwiegenheitspflicht. [1]Die Bewerber haben über die ihnen bei ihrer Ausbildung beim Deutschen Patent- und Markenamt und Patentgericht bekanntgewordenen Angelegenheiten Verschwiegenheit zu bewahren. [2]Sie sind vor Beginn ihrer Ausbildung zur Verschwiegenheit besonders zu verpflichten.

§ 21a Fernbleiben von der Ausbildung. (1) [1]Der Bewerber darf dem Ausbildungsdienst nicht ohne Genehmigung seines Ausbilders fernbleiben. [2]Eine Dienstunfähigkeit infolge Krankheit hat er auf Verlangen des Ausbilders nachzuweisen.

(2) Jedes nicht genehmigte Fernbleiben vom Ausbildungsdienst und jedes entschuldigte Fernbleiben, das länger als drei Tage dauert, teilt der Ausbilder unverzüglich dem Präsidenten des Deutschen Patent- und Markenamts mit.

§ 21b Urlaub. (1) [1]Der Bewerber hat während der Ausbildung beim Deutschen Patent- und Markenamt und Patentgericht Anspruch auf 16 Arbeitstage Erholungsurlaub. [2]In den Zeitraum der Ausbildung beim Deutschen Patent- und Markenamt sollen nicht mehr als fünf Arbeitstage des Erholungsurlaubs gelegt werden. [3]Bei einer Verlängerung der Ausbildung oder bei einer weiteren Ausbildung nach § 39 Abs. 2 und 4 Satz 5 hat der Bewerber Anspruch auf zwei Arbeitstage Erholungsurlaub für jeden vollen Monat der weiteren Ausbildung.

(2) Die §§ 9 und 10 der Verordnung über den Erholungsurlaub der Bundesbeamten und Richter im Bundesdienst in der jeweils geltenden Fassung sind entsprechend anzuwenden.

(3) § 9 bleibt unberührt.

§ 21c Nebentätigkeit. (1) [1]Während der Ausbildung beim Deutschen Patent- und Markenamt und beim Patentgericht darf der Bewerber eine Nebentätigkeit auf dem Gebiet des gewerblichen Rechtsschutzes nur mit vorheriger Genehmigung des Präsidenten des Deutschen Patent- und Markenamts ausüben. [2]Nebentätigkeiten außerhalb des gewerblichen Rechtsschutzes hat der Bewerber dem Präsidenten des Deutschen Patent- und Markenamts anzuzeigen.

(2) [1]Absatz 1 gilt nicht für die in § 99 Abs. 1 Satz 2 und § 100 Abs. 1 des Bundesbeamtengesetzes genannten Nebentätigkeiten. [2]Eine solche Nebentätigkeit hat der Bewerber jedoch dem Präsidenten des Deutschen Patent- und Markenamts anzuzeigen, wenn sie auf dem Gebiet des gewerblichen Rechtsschutzes liegt.

(3) Der Präsident des Deutschen Patent- und Markenamts hat eine Nebentätigkeit zu untersagen, wenn zu befürchten ist, daß durch diese Tätigkeit

1. die Ausbildung des Bewerbers beeinträchtigt wird;
2. der Bewerber in einen Pflichtenwiderstreit gerät;
3. das Ansehen der ausbildenden Behörde oder des ausbildenden Gerichts oder das Vertrauen der Allgemeinheit in deren Unparteilichkeit oder Unbefangenheit beeinträchtigt wird.

§ 22 Ausbildung beim Deutschen Patent- und Markenamt. (1) Der Präsident des Deutschen Patent- und Markenamts stellt einen Plan für die Ausbildung beim Deutschen Patent- und Markenamt auf.

(2) Bei der Zuweisung zu einzelnen Ausbildungsstellen soll auf die naturwissenschaftliche oder technische Vorbildung des Bewerbers Rücksicht genommen werden.

(3) [1]Der Leiter jeder Ausbildungsstelle erteilt dem Bewerber eine Beurteilung nach § 8. [2]Aus diesen Beurteilungen bildet der Präsident des Deutschen Patent- und Markenamts eine zusammenfassende Beurteilung.

§ 23 Ausbildung beim Patentgericht. (1) [1]Nach Abschluß der Ausbildung beim Deutschen Patent- und Markenamt überweist der Präsident des Patentamts den Bewerber, sofern er das Ziel der Ausbildung beim Deutschen Patent- und Markenamt erreicht hat, zur Fortsetzung der Ausbildung an den Präsidenten des Patentgerichts. [2]Dieser weist den Bewerber den Ausbildungsstellen beim Patentgericht zu.

(2) Der Präsident des Patentgerichts stellt einen Plan für die Ausbildung beim Patentgericht auf.

(3) Für die Beurteilung des Bewerbers gilt § 22 Abs. 3 entsprechend.

§ 24 Arbeitsgemeinschaften. (1) [1]Beim Deutschen Patent- und Markenamt und beim Patentgericht werden Arbeitsgemeinschaften gebildet, an denen der Bewerber teilzunehmen hat. [2]Die Arbeitsgemeinschaften werden als Lehrgänge durchgeführt, deren Gestaltung der Präsident des Deutschen Patent- und Markenamts und der Präsident des Patentgerichts für die in ihrem Geschäftsbereich gebildeten Arbeitsgemeinschaften nach dem allgemeinen Ausbildungsstand der Bewerber bestimmen.

(2) Die Arbeitsgemeinschaften beim Deutschen Patent- und Markenamt und beim Patentgericht werden von rechtskundigen Mitgliedern des Patentamts oder des Patentgerichts geleitet.

(3) Die Leiter der Arbeitsgemeinschaften geben über die ihnen zugewiesenen Bewerber eine Beurteilung nach § 8 ab.

§ 25 *[aufgehoben]*

Zweiter Teil. Die Prüfung (§ 8 der Patentanwaltsordnung)

Erster Abschnitt. Allgemeines

§ 26 Prüfungskommission. (1) [1]Die Prüfungskommission setzt sich aus dem Vorsitzenden und seinen mindestens drei Stellvertretern, 20 Richtern des Patentgerichts und Mitgliedern des Deutschen Patent- und Markenamts (§ 26 Abs. 2 des Patentgesetzes) und 40 zur Ausbildung befugten Patentanwälten oder Patentassessoren zusammen. [2]Der Vorsitzende und die Stellvertreter müssen rechtskundige Mitglieder des Deutschen Patent- und Markenamts oder des Patentgerichts sein.

(2) [1]Das Bundesamt für Justiz beruft den Vorsitzenden, seine Stellvertreter und die übrigen Mitglieder der Prüfungskommission für die Dauer von drei Jahren. [2]Die wiederholte Berufung

eines Mitglieds ist zulässig. [3]Scheidet ein Mitglied vorzeitig aus, so wird für den Rest seiner Amtszeit ein Nachfolger berufen.

(3) [1]Die Mitglieder der Prüfungskommission sind bei den Entscheidungen über die Prüfungsleistungen unabhängig. [2]Sie haben über den Verlauf der Prüfung und der Beratungen Verschwiegenheit zu wahren. [3]Die Genehmigung zur Aussage in gerichtlichen Verfahren und vor Behörden erteilt der Präsident des Deutschen Patent- und Markenamts. [4]§ 28 Abs. 2 des Gesetzes über das Bundesverfassungsgericht bleibt unberührt.

(4) Die Aufsicht über die Mitglieder der Prüfungskommission führt der Vorsitzende der Prüfungskommission, der der Aufsicht des Präsidenten des Deutschen Patent- und Markenamts unterliegt.

§ 27 Zulassung zur Prüfung. (1) [1]Der Antrag auf Zulassung zur Prüfung ist an den Präsidenten des Deutschen Patent- und Markenamts zu richten. [2]Er kann frühestens zwei Monate vor Ablauf der Ausbildungszeit beim Patentgericht gestellt werden und ist über den Präsidenten des Patentgerichts zu leiten, der dazu Stellung nimmt, ob der Bewerber voraussichtlich das Ziel der Ausbildung beim Patentgericht erreichen wird.

(2) Hat der Bewerber bis zum Ablauf der Ausbildung einen Antrag auf Zulassung zur Prüfung oder einen Antrag auf Verlängerung des letzten Ausbildungsabschnitts nicht gestellt, so ist die Ausbildung durch den Präsidenten des Deutschen Patent- und Markenamts für beendet zu erklären.

(3) Sind die Voraussetzungen für die Zulassung zur Prüfung gemäß § 10 der Patentanwaltsordnung erfüllt, so läßt der Präsident des Deutschen Patent- und Markenamts den Bewerber zur Prüfung zu, teilt ihm eine Kennziffer zu, bestimmt die Termine für die Aufsichtsarbeiten (§ 34) und übergibt dem Vorsitzenden der Prüfungskommission die über den Bewerber geführten Unterlagen.

(4) [1]Der Zulassungsbescheid ist dem Prüfling mitzuteilen. [2]In dem Zulassungsbescheid sind die Termine für die Anfertigung der Aufsichtsarbeiten bekanntzugeben.

(5) Der Präsident des Deutschen Patent- und Markenamts kann die Zulassung zur Prüfung widerrufen, wenn sich nachträglich herausstellt, daß der Prüfling nicht zur Prüfung hätte zugelassen werden dürfen.

§ 28 Rücktritt von der Prüfung. [1]Der Prüfling kann jederzeit von der Prüfung zurücktreten. [2]Erfolgt der Rücktritt aus einem triftigen Grund, so gilt der Prüfungsantrag als nicht gestellt. Liegt ein triftiger Grund nicht vor, so gilt die Prüfung als nicht bestanden. Ob ein Grund als triftig anzusehen ist, entscheidet der Prüfungsausschuß.

§ 29 Prüfungsausschuß. (1) Die Prüfungskommission nimmt die Prüfung in der Besetzung von fünf Mitgliedern (Prüfungsausschuß) ab.

(2) Der Prüfungsausschuß besteht aus dem Vorsitzenden der Prüfungskommission oder einem seiner Stellvertreter als Vorsitzendem, einem weiteren Mitglied des Patentgerichts oder des Deutschen Patent- und Markenamts sowie aus zwei Patentanwälten und einem weiteren Patentanwalt oder Patentassessor.

(3) [1]Der Vorsitzende der Prüfungskommission bestimmt die Zusammensetzung des Prüfungsausschusses. [2]Werden für einen Prüfungstermin mehrere Prüfungsausschüsse gebildet, sind dieselben Aufsichtsarbeiten zu denselben Terminen anzufertigen. [3]Der Vorsitzende der Prüfungskommission bestimmt ferner die Termine für die mündliche Prüfung. [4]Er lädt die Prüflinge zur mündlichen Prüfung und teilt ihnen gleichzeitig die Mitglieder des Prüfungsausschusses mit.

§ 30 Prüfungsgebühr. (1) [1]Die Prüfungsgebühr (§ 12 Abs. 3 der Patentanwaltsordnung) ist innerhalb eines Monats nach Zugang des Zulassungsbescheids (§ 27 Abs. 4), spätestens jedoch eine Woche vor dem Beginn der Prüfung an das Deutsche Patent- und Markenamt zu zahlen. [2]Die Zahlung ist bis eine Woche vor Beginn der Prüfung nachzuweisen.

(2) Im Falle der Mittellosigkeit des Prüflings kann der Präsident des Deutschen Patent- und Markenamts die Prüfungsgebühr ganz oder teilweise stunden oder von der Erhebung der Gebühr ganz oder teilweise absehen.

(3) [1]Die Prüfungsgebühr wird bei Nichtbestehen der Prüfung nicht erstattet. [2]Tritt der Prüfling aus triftigem Grund von der Prüfung zurück, so kann ihm der Präsident des Deutschen

Patent- und Markenamts die Prüfungsgebühr ganz oder teilweise erstatten oder bei Wiederholung der Prüfung anrechnen.

(4) [1] Wird die Prüfungsgebühr nicht fristgemäß gezahlt oder ihre Zahlung nicht fristgemäß nachgewiesen, ist der Prüfling zum nächstmöglichen Prüfungstermin erneut zu laden. [2] Mit der Ladung beginnen die Fristen des Abs. 1 erneut zu laufen. [3] Werden diese Fristen wieder versäumt, so gilt der Prüfungsantrag als zurückgenommen. [4] Die Ausbildung ist für beendet zu erklären (§ 27 Abs. 2).

§ 31 Die Prüfung im allgemeinen. (1) Die Prüfung besteht aus zwei unter Aufsicht anzufertigenden schriftlichen Arbeiten und einer mündlichen Prüfung.

(2) Die Prüfung ist nicht öffentlich.

(3) [1] Der Präsident des Patentgerichts und der Präsident des Deutschen Patent- und Markenamts haben das Recht, persönlich oder durch ein beauftragtes Mitglied ihrer Behörde der Prüfung mit Ausnahme der Beratung (§ 35 Abs. 2, § 37) beizuwohnen. [2] Das gleiche gilt für den Präsidenten der Patentanwaltskammer oder ein von ihm beauftragtes Mitglied des Vorstands der Patentanwaltskammer sowie für die Mitglieder der Prüfungskommission, die nicht dem Prüfungsausschuß angehören.

(4) Der Präsident des Deutschen Patent- und Markenamts kann Bewerbern, die sich im letzten Ausbildungsabschnitt befinden oder den Antrag auf Zulassung zur Prüfung gestellt haben, auf Antrag gestatten, bei der mündlichen Prüfung zuzuhören.

§ 32 Entscheidungen über die Prüfungsleistungen. [1] Die Entscheidungen über die Prüfungsleistungen werden, soweit nichts anderes bestimmt ist, von dem Prüfungsausschuß getroffen. [2] Der Ausschuß entscheidet mit einfacher Stimmenmehrheit. [3] § 196 Abs. 2 des Gerichtsverfassungsgesetzes gilt entsprechend.

§ 33 Prüfungsnoten. (1) Für die Bewertung der einzelnen Prüfungsleistungen gelten folgende Notenbezeichnungen:

sehr gut (1)	=	eine besonders hervorragende Leistung,
gut (2)	=	eine erheblich über den durchschnittlichen Anforderungen liegende Leistung,
vollbefriedigend (3)	=	eine über den durchschnittlichen Anforderungen liegende Leistung,
befriedigend (4)	=	eine Leistung, die in jeder Hinsicht durchschnittlichen Anforderungen entspricht,
ausreichend (5)	=	eine Leistung, die durchschnittliche Anforderungen zwar nicht erreicht, im ganzen aber brauchbar ist,
mangelhaft (6)	=	eine an erheblichen Mängeln leidende, im ganzen nicht mehr brauchbare Leistung,
ungenügend (7)	=	eine völlig unbrauchbare Leistung.

(2) [1] Die Prüfungsleistungen sind gesondert von den einzelnen Prüfern mit einer Note nach Absatz 1 zu beurteilen. [2] Die mündliche Prüfung ist von jedem Prüfer zu beurteilen. [3] Die schriftliche Arbeit, die die Lösung einer wissenschaftlichen Aufgabe zum Gegenstand hat, wird von dem Vorsitzenden des Prüfungsausschusses, dem weiteren Mitglied des Patentgerichts oder des Deutschen Patent- und Markenamts und einem Patentanwalt oder Patentassessor bewertet, die schriftliche Arbeit, die die Lösung einer praktischen Aufgabe zum Gegenstand hat, wird von dem Vorsitzenden des Prüfungsausschusses, einem Patentanwalt und einem weiteren Patentanwalt oder Patentassessor bewertet.

Zweiter Abschnitt. Der Prüfungsgang

§ 34 Aufsichtsarbeiten. (1) [1] Die beiden unter Aufsicht anzufertigenden Arbeiten haben die Lösung einer wissenschaftlichen und einer praktischen Aufgabe auf dem Gebiet des gewerblichen Rechtsschutzes zum Gegenstand. [2] Der Vorsitzende der Prüfungskommission wählt die Arbeiten aus und bestimmt die Frist für deren Anfertigung, die einen Zeitraum von fünf Stunden je Arbeit in der Regel nicht überschreiten soll. [3]Er bezeichnet ferner die Hilfsmittel, die von den Prüflingen für die Anfertigung der Arbeiten benutzt werden dürfen und von ihnen zum Prüftermin mitzunehmen sind. [4]Der Vorsitzende kann Schreib- oder Sehbehinderten auf Antrag die Frist für die Anfertigung angemessen verlängern.

(2) Jede Aufsichtsarbeit ist an je einem Tag zu fertigen.

(3) [1]Die Aufsichtsperson, die vom Präsidenten des Deutschen Patent- und Markenamts für jede Aufsichtsarbeit besonders bestimmt wird, stellt die Anwesenheit der Prüflinge fest und händigt jedem erschienenen Prüfling die Prüfungsaufgabe aus. [2]Sie ist berechtigt die von den Prüflingen mitgebrachten Hilfsmittel zu überprüfen. [3]Die Aufsichtsperson fertigt eine Niederschrift an, in welcher die erschienenen Prüflinge, der Beginn und das Ende der Aufsichtsarbeit, das Verlassen des Prüfungsraumes durch den Prüfling sowie besondere Vorkommnisse während der Arbeit zu vermerken sind.

(4) [1]Die Aufsichtsarbeiten werden unter Kennziffern geschrieben. [2]Der Prüfling hat die Aufsichtsarbeiten spätestens bei Ablauf der Bearbeitungsfrist mit seiner Kennziffer versehen, und ohne auf ihn deutende besondere Kennzeichen an die Aufsichtsperson abzugeben. [3]Nach Abgabe sämtlicher Arbeiten verschließt diese die Arbeiten in einem Umschlag und versiegelt ihn.

(5) [1]Versucht ein Prüfling das Ergebnis einer schriftlichen Prüfungsarbeit durch Täuschung oder Benutzung nicht zugelassener Hilfsmittel zu eigenem oder fremdem Vorteil zu beeinflussen, so hat die Aufsichtsperson dies in der Niederschrift unter Angabe der Einzelheiten zu vermerken; die Niederschrift ist dem Vorsitzenden der Prüfungskommission unverzüglich vorzulegen. [2]Die Arbeit ist mit der Note ungenügend (7) zu bewerten. [3]In schweren Fällen ist der Prüfling von der Prüfung auszuschließen; er hat die Prüfung nicht bestanden. [4]Die Entscheidung hierüber trifft der Prüfungsausschuß.

(6) [1]Prüflinge, die einer Ladung zur Anfertigung einer Aufsichtsarbeit unentschuldigt nicht Folge leisten oder eine Arbeit nicht oder nicht fristgemäß abliefern, haben in einem neu zu bestimmenden Termin zwei andere Aufsichtsarbeiten anzufertigen. [2]Leistet der Prüfling auch in diesem Termin einer Ladung zur Anfertigung einer Aufsichtsarbeit unentschuldigt keine Folge oder liefert er eine Arbeit nicht oder nicht fristgemäß ab, so gilt die Prüfung als nicht bestanden. [3]Die Entscheidung trifft der Prüfungsausschuß.

§ 35 Bewertung der Aufsichtsarbeiten. (1) [1]Die Aufsichtsarbeiten werden von den Mitgliedern des Prüfungsausschusses nach Maßgabe des § 33 Abs. 2 Satz 3 unabhängig voneinander bewertet. [2]Die Bewertung ist für das weitere Verfahren bindend.

(2) Sind die einzelnen Aufsichtsarbeiten von den Mitgliedern des Prüfungsausschusses mit unterschiedlichen Noten bewertet worden, so wird aus diesen ein arithmetischer Mittelwert gebildet.

(3) [1]Der Prüfling ist von der Teilnahme an der mündlichen Prüfung ausgeschlossen, wenn der arithmetische Mittelwert für jede der beiden Aufsichtsarbeiten höher als 5,49 oder wenn die Summe der arithmetischen Mittelwerte beider Aufsichtsarbeiten höher als 12 ist. [2]In diesem Fall gilt die Prüfung als nicht bestanden. [3]Der Vorsitzende des Prüfungsausschusses teilt dies dem Prüfling mit.

(4) [1]Mitteilungen über die Person des Prüflings dürfen den Mitgliedern des Prüfungsausschusses erst nach der Bewertung der Aufsichtsarbeiten gemacht werden. [2]Kenntnisse über die Person des Prüflings, die ein Mitglied des Prüfungsausschusses vorher erlangt hat, stehen seiner Mitwirkung nicht entgegen.

(5) Der arithmetische Mittelwert jeder schriftlichen Arbeit wird dem Prüfling mit der Ladung zur mündlichen Prüfung mitgeteilt.

§ 36 Mündliche Prüfung. (1) [1]Zu einem Prüfungstermin sollen in der Regel nicht mehr als fünf Prüflinge geladen werden; in Ausnahmefällen ist die Ladung von sechs Prüflingen zulässig. [2]Vor der mündlichen Prüfung soll der Vorsitzende des Prüfungsausschusses mit jedem Prüfling Rücksprache nehmen, um schon vor der Prüfung ein Bild von der Persönlichkeit des Prüflings zu gewinnen.

(2) [1]Die mündliche Prüfung dauert je Prüfling im Durchschnitt eine Stunde. [2]Sie ist durch eine angemessene Pause zu unterbrechen.

(3) Die mündliche Prüfung soll sich auf folgende Rechtsgebiete erstrecken:

1. Bürgerliches Recht, Handelsrecht, Gesellschaftsrecht, Wettbewerbsrecht einschließlich des Kartellrechts und gerichtliches Verfahrensrecht, soweit diese Rechtsgebiete für die Tätigkeit eines Patentanwalts oder Patentassessors von Bedeutung sind;
2. Patentrecht, Gebrauchsmusterrecht und Recht der Arbeitnehmererfindungen;
3. Markenrecht;
4. Designrecht;
5. Sortenschutzrecht;
6. europäisches Gemeinschaftsrecht und zwischenstaatliche Vereinbarungen auf dem Gebiet des gewerblichen Rechtsschutzes; Grundzüge des ausländischen Patent-, Gebrauchsmuster- und Markenrechts;
7. Patentanwaltsordnung und Berufsordnung der Patentanwälte.

(4) [1] Wird die mündliche Prüfung ohne genügende Entschuldigung versäumt, so gilt die gesamte Prüfung als nicht bestanden. [2] Wird eine mündliche Prüfung wegen Erkrankung des Prüflings abgebrochen, so ist der Prüfling zu einem neuen Prüfungstermin zur mündlichen Prüfung zu laden.

(5) [1] Der Vorsitzende des Prüfungsausschusses leitet die mündliche Prüfung. [2] Er hat darauf zu achten, daß die Prüflinge in geeigneter Weise befragt werden, und beteiligt sich selbst an der Prüfung. [3] Ihm obliegt die Aufrechterhaltung der Ordnung.

(6) Versucht ein Prüfling das Ergebnis der mündlichen Prüfung durch Täuschung oder Benutzung nicht zugelassener Hilfsmittel zu eigenem oder fremdem Vorteil zu beeinflussen, gilt § 34 Abs. 5 Satz 2 bis 4 entsprechend.

§ 37 Schlußberatung. (1) Im Anschluß an die mündliche Prüfung setzt der Prüfungsausschuß die Ergebnisse der mündlichen Prüfungsleistungen fest und entscheidet über das Gesamtergebnis.

(2) Die Bewertung der schriftlichen Arbeiten, die Gegenstände und das Ergebnis der mündlichen Prüfung sowie das Gesamtergebnis der Prüfung sind in einer Niederschrift festzuhalten.

§ 38 Gesamtergebnis. (1) [1] Das Gesamtergebnis der Prüfung wird in der Weise ermittelt, daß die Note für jede Aufsichtsarbeit mit sechs und die Note für die mündliche Prüfung mit acht vervielfältigt wird und die Summe durch zwanzig geteilt wird. [2] Sind einzelne Prüfungsleistungen von den Mitgliedern des Prüfungsausschusses mit unterschiedlichen Noten bewertet worden, so wird aus diesen zunächst ein arithmetischer Mittelwert gebildet und der Ermittlung des Gesamtergebnisses zugrunde gelegt.

(2) Das Gesamtergebnis sowie die Mittelwerte für einzelne Prüfungsleistungen werden bis auf die zweite Dezimalstelle errechnet; die dritte Dezimalstelle wird nicht berücksichtigt.

(3) Der Prüfungsausschuß kann das Gesamtergebnis um bis zu 0,2 anheben, wenn der Prüfling in einer Prüfungsleistung in außergewöhnlichem Maße Verständnis, Kenntnisse oder Fähigkeiten gezeigt hat, die in dem nach den Absätzen 1 und 2 gebildeten Ergebnis nicht angemessen zum Ausdruck kommen.

(4) Die Prüfung ist für bestanden zu erklären als

sehr gut (1)	bei einem Zahlenwert des Gesamtergebnisses bis 1,49,
gut (2)	bei einem Zahlenwert des Gesamtergebnisses von 1,50 bis 2,49,
vollbefriedigend (3)	bei einem Zahlenwert des Gesamtergebnisses von 2,50 bis 3,49,
befriedigend (4)	bei einem Zahlenwert des Gesamtergebnisses von 3,50 bis 4,49,
ausreichend (5)	bei einem Zahlenwert des Gesamtergebnisses von 4,50 bis 5,49.

(5) Die Prüfung ist für nicht bestanden zu erklären, wenn der Zahlenwert des Gesamtergebnisses höher als 5,49 ist.

(6) Das Gesamtergebnis der Prüfung sowie die Einzelergebnisse der schriftlichen Arbeiten und der mündlichen Prüfung sind dem Prüfling im Anschluß an die Schlußberatung bekanntzugeben.

(7) [1] Wer die Prüfung bestanden hat, erhält über das Gesamtergebnis eine Urkunde (§ 11 Abs. 2 der Patentanwaltsordnung). [2] Ist das Gesamtergebnis mit der Note „ausreichend" bewertet worden, so ist in der Urkunde lediglich anzugeben, daß die Prüfung bestanden worden ist. [3] Prüfungsteilnehmer, die die Prüfung nicht bestanden haben, erhalten darüber einen mit Rechtsmittelbelehrung versehenen schriftlichen Bescheid.

§ 39 Wiederholung der Prüfung. (1) [1]Hat ein Prüfling die Prüfung nicht bestanden, so darf er sie einmal wiederholen. [2]Genügen nach dem einstimmigen Urteil des Prüfungsausschusses die schriftlichen Arbeiten, so kann die Wiederholung der Prüfung auf den mündlichen Teil unter der Bedingung beschränkt werden, daß der Antrag auf Zulassung zur wiederholten Prüfung innerhalb eines Jahres seit dem Tage der nicht bestandenen Prüfung gestellt wird.

(2) [1]Der Prüfungsausschuß bestimmt im Falle des erstmaligen Nichtbestehens der Prüfung nach Anhörung des Bewerbers Art und Dauer der weiteren Ausbildung. [2]Die weitere Ausbildung soll nicht weniger als sechs Monate und in der Regel nicht mehr als ein Jahr betragen.

(3) Der Prüfungsausschuß hat seine Entscheidung nach Absatz 1 Satz 2 und Absatz 2 bei der Verkündung des Gesamtergebnisses nach § 38 bekanntzugeben.

(4) [1]Prüflinge, die die Prüfung auch das zweite Mal nicht bestanden haben, können auf Antrag ausnahmsweise ein drittes Mal zur Prüfung zugelassen werden, wenn ihre bisherigen Leistungen vermuten lassen, daß sie bei erneuter Wiederholung die Prüfung bestehen werden. [2]Der Antrag ist spätestens drei Monate nach Bekanntgabe des Ergebnisses der ersten Wiederholungsprüfung oder nach der Mitteilung, daß die Wiederholungsprüfung als nicht bestanden gilt, beim Vorsitzenden der Prüfungskommission einzureichen. [3]Der Prüfungsausschuß, vor dem die zweite Prüfung abzulegen war, hat zu dem Antrag Stellung zu nehmen. [4]Über den Antrag entscheidet das Bundesamt für Justiz. [5]Vor der zweiten Wiederholung der Prüfung ist eine nochmalige weitere Ausbildung von wenigstens einem Jahr beim Deutschen Patent- und Markenamt und beim Patentgericht abzuleisten.

Dritter Abschnitt. Zulassung

§ 40 Erleichterte Zulassung zur Prüfung. (1) [1]In den Fällen einer erleichterten Zulassung zur Prüfung nach § 158 der Patentanwaltsordnung sind dem Antrag auf Zulassung zur Prüfung die in § 2 Abs. 2 Nr. 1 bis 4, 6 genannten Unterlagen beizufügen. [2]An Stelle der in § 2 Abs. 2 Nr. 3 und 4 genannten Unterlagen haben Bewerber, die eine technische Ausbildung an einer öffentlichen oder staatlich anerkannten privaten Ingenieurschule oder an einer gleichwertigen technischen Lehranstalt abgeschlossen haben, die entsprechenden Zeugnisse und Bescheinigungen dieser Schulen dem Antrag auf Zulassung zur Prüfung beizufügen. [3]Mit dem Antrag sind ferner Zeugnisse und sonstige Unterlagen über Dauer und Umfang der nach § 158 der Patentanwaltsordnung erforderlichen Beratungs- und Vertretungstätigkeit vorzulegen. [4]Im Falle des § 158 Abs. 2 müssen an Stelle der Vorlage der in § 2 Abs. 2 Nr. 4 genannten Zeugnisse Unterlagen vorgelegt werden, aus denen sich ergibt, aus welchen Gründen das Studium nicht abgeschlossen werden konnte.

(2) Mit dem Antrag auf erleichterte Zulassung zur Prüfung ist in den Fällen des § 158 Absatz 4 der Patentanwaltsordnung gleichzeitig zu beantragen, ein Studium oder eine Abschlußprüfung an einer wissenschaftlichen Hochschule im Ausland anzuerkennen.

(3) [1]§ 2 Abs. 6 gilt entsprechend. [2]An die Stelle der weiteren Ausbildung in § 39 Abs. 2 und Abs. 4 Satz 5 tritt eine Fortsetzung der praktischen Tätigkeit auf dem Gebiet des gewerblichen Rechtsschutzes.

§§ 41–43 *[aufgehoben]*

Dritter Teil. Die Sicherung des Unterhalts der Bewerber

§ 43a Unterhaltsbeihilfe. (1) [1]Zur Sicherung des Unterhalts wird dem Bewerber während der Ausbildung beim Deutschen Patent- und Markenamt und Patentgericht, bei einem Gericht für Patentstreitsachen und während der Prüfungszeit auf seinen Antrag eine Unterhaltsbeihilfe als Darlehen gewährt. [2]Dies gilt nicht für Bewerber, die nach § 158 der Patentanwaltsordnung zur Prüfung zugelassen sind.

(2) Ein Anspruch auf Zahlung einer Unterhaltsbeihilfe besteht nicht, soweit der Bewerber über die nach § 9 Abs. 1 anrechnungsfähige Urlaubszeit hinaus vom Ausbildungsdienst beurlaubt ist.

(3) Ein Anspruch auf Zahlung einer Unterhaltsbeihilfe besteht ferner nicht

1. für die Zeit, in der der Bewerber ohne Genehmigung schuldhaft dem Ausbildungsdienst fernbleibt;
2. für die Zeit, in der der Bewerber eine nach § 21c ungenehmigte oder vom Präsidenten des Deutschen Patent- und Markenamts untersagte Nebentätigkeit ausübt;
3. In den Fällen des § 30 Abs. 4 Satz 1, des § 34 Abs. 6 Satz 1 und des § 36 Abs. 4 Satz 1 vom Tage eines schuldhaften Fristversäumnisses bis zum Tage der erneuten Ladung zur Prüfung.

(4) Der Anspruch auf Zahlung der Unterhaltsbeihilfe ruht von dem Tage an, an dem der Bewerber wegen einer Erkrankung sechs Wochen lang ununterbrochen vom Ausbildungsdienst befreit war, bis zu dem Tage, an dem er seinen Ausbildungsdienst wieder aufnimmt.

Anmerkung: Die Umstellung der Unterhaltsbeihilfe von einem verlorenen Zuschuss auf Darlehen ist verfassungsgemäß (BGH GRUR 1999, 417 = Mitt 1999, 73 = NJW-RR 1999, 356).

§ 43b Entstehen und Erlöschen des Anspruchs auf Unterhaltsbeihilfe. (1) [1]Der Anspruch auf Zahlung einer Unterhaltsbeihilfe entsteht mit dem Tage, an dem der Bewerber seine Ausbildung bei der Ausbildungsstelle aufgenommen hat, der er auf Grund der Zulassung zur Ausbildung beim Deutschen Patent- und Markenamt und Patentgericht (§ 20 Abs. 1) zunächst zur Ausbildung zugewiesen worden ist. [2]Für Bewerber, denen der Präsident des Deutschen Patent- und Markenamts die Ausbildung beim Gericht für Patentstreitsachen nach § 25 gestattet hat, entsteht der Anspruch auf Zahlung einer Unterhaltsbeihilfe mit dem Tage der Aufnahme der Ausbildung beim Gericht für Patentstreitsachen, wenn diese Ausbildung im Anschluß an die Ausbildung beim Patentanwalt oder Patentassessor erfolgt.

(2) Der Anspruch auf Zahlung der Unterhaltsbeihilfe erlischt mit Ablauf des Tages,

1. an dem der Bewerber die Prüfung bestanden hat;
2. an dem der Widerruf der Zulassung, zur Ausbildung (§ 4) dem Bewerber oder der Widerruf der Zulassung zur Prüfung (§ 27 Abs. 5) dem Prüfling zugegangen ist;
3. an dem die Ausbildung nach der Erklärung des Präsidenten des Deutschen Patent- und Markenamts (§ 27 Abs. 2, § 30 Abs. 4) beendet ist;
4. an dem dem Prüfling der Ausschluß von der Prüfung (§ 34 Abs. 5 Satz 3 und 4) bekanntgegeben worden ist;
5. an dem der Bewerber die wiederholte Prüfung (§ 39 Abs. 1) nicht bestanden hat.

(3) Scheidet der Bewerber auf eigenen Wunsch aus der Ausbildung aus, so erlischt der Anspruch auf Zahlung der Unterhaltsbeihilfe.

(4) [1]Wird der Bewerber zur erneuten Wiederholung der Prüfung zugelassen (§ 39 Abs. 4), so hat er vom Tage der Zulassung an Anspruch auf Unterhaltsbeihilfe. [2]Der Anspruch erlischt spätestens mit dem Abschluß der erneuten Prüfung.

(5) Verzichtet der Bewerber oder Prüfling auf Zahlung der Unterhaltshilfe, so erlischt der Anspruch.

§ 43c Höhe der Unterhaltsbeihilfe. [1]Die Unterhaltsbeihilfe setzt sich zusammen aus 80 vom Hundert des Anwärtergrundbetrags für das Eingangsamt A 13 nach § 61 des Bundesbesoldungsgesetzes sowie des Familienzuschlages nach den §§ 39 bis 41 des Bundesbesoldungsgesetzes und einem pauschalierten Betrag, der für Angestellte, deren monatliches Einkommen dem Betrag der Unterhalsbeihilfe entspricht, als Arbeitgeberbeitrag für die gesetzliche Krankenversicherung gezahlt wird; die Höhe dieses pauschalierten Betrages wird errechnet nach dem Beitragsatz der Allgemeinen Ortskrankenkasse am Sitz des Deutschen Patent- und Markenamts. [2]Lebenspartner erhalten einen Familienzuschlag entsprechend den §§ 39 bis 41 des Bundesbesoldungsgesetzes.

§ 43d Zahlungsweise. [1]Die Unterhaltsbeihilfe wird monatlich im voraus gezahlt. [2]Besteht der Anspruch auf Unterhaltsbeihilfe nicht für einen vollen Kalendermonat, so wird nur der Teil der Unterhaltsbeihilfe gezahlt, der auf den Anspruchszeitraum entfällt.

§ 43e Anrechenbares Einkommen. (1) Zuwendungen, die der Bewerber von dem Patentanwalt oder Patentassessor erhält, bei dem er ausgebildet worden ist, und sonstiges Einkommen des Bewerbers und seines Ehegatten oder Lebenspartners werden auf die Unterhaltsbeihilfe angerechnet, soweit sie den Betrag von 70 vom Hundert des Anfangsgrundgehalts der Eingangsbesoldungsgruppe der Laufbahn des höheren Dienstes übersteigen.

(2) Für die Ermittlung der anzurechnenden Einkommen des Bewerbers und seines Ehegatten oder Lebenspartners gelten die §§ 21 und 22 des Bundesausbildungsförderungsgesetzes entsprechend.

§ 43f Vermögensanrechnung. (1) Vermögen des Bewerbers und seines Ehegatten oder Lebenspartners wird angerechnet.

(2) Für die Ermittlung des anrechenbaren Vermögens gelten § 26 Abs. 2 und die §§ 27 bis 30 des Bundesausbildungsförderungsgesetzes entsprechend.

§ 43g Änderung maßgeblicher Umstände. (1) [1] Ändert sich ein für die Leistung der Unterhaltsbeihilfe maßgeblicher Umstand, so wird die Unterhaltsbeihilfe vom Beginn des Monats an, in dem die Änderung eingetreten ist, angepaßt. [2] § 53 Satz 2 des Bundesausbildungsförderungsgesetzes ist entsprechend anzuwenden.

(2) Der Bewerber und sein Ehegatte oder Lebenspartner sind verpflichtet, über ihre Einkommens- und Vermögensverhältnisse Auskunft zu geben; § 60 des Ersten Buches Sozialgesetzbuch gilt entsprechend.

§ 43h Darlehensbedingungen. (1) [1] Das Darlehen ist mit 6 vom Hundert für das Jahr zu verzinsen. [2] Die Verzinsung beginnt im Zeitpunkt des Erlöschens des Anspruchs auf Zahlung der Unterhaltsbeihilfe.

(2) [1] Das Darlehen ist in gleichbleibenden monatlichen Raten von mindestens 200 Euro für jeweils drei Monate im voraus in einer Summe zurückzuzahlen. [2] Die erste Rate ist zwei Jahre nach der letzten Zahlung von Unterhaltsbeihilfe zu leisten.

(3) Die Rückzahlungen werden zunächst auf den geschuldeten Darlehensbetrag, sodann auf die Zinsen verrechnet.

(4) Das Darlehen kann ganz oder teilweise vorzeitig zurückgezahlt werden.

(5) Mit dem Tod des Darlehensnehmers erlischt die Darlehensschuld einschließlich der Zinsen, soweit die Rückzahlung noch nicht fällig ist.

(6) [1] Nach dem Erlöschen des Anspruchs auf Zahlung der Unterhaltsbeihilfe erhält der Bewerber einen Bescheid, in dem die Höhe der Darlehensschuld festgestellt wird. [2] Eine Überprüfung dieser Feststellung findet nach Eintritt der Unanfechtbarkeit des Bescheides nicht mehr statt.

(7) [1] Der Rückzahlungsbetrag ist mit 6 vom Hundert für das Jahr zu verzinsen, wenn der Darlehensnehmer den Zahlungstermin um mehr als 30 Tage überschritten hat; die Verzinsung beginnt am 31. Tage nach dem Zahlungstermin. [2] Aufwendungen für die Geltendmachung der Darlehensforderung sind hierdurch nicht abgegolten.

§ 43i Freistellung von der Rückzahlung des Darlehens. Für die Freistellung von der Rückzahlung des Darlehens ist § 18a des Bundesausbildungsförderungsgesetzes entsprechend anzuwenden.

§ 43j Verfügungen über die Unterhaltsbeihilfe. (1) Der Bewerber kann, wenn gesetzlich nichts anderes bestimmt ist, den Anspruch auf Unterhaltsbeihilfe nur insoweit abtreten oder verpfänden, als er der Pfändung unterliegt.

(2) [1] Der Präsident des Deutschen Patent- und Markenamts kann ein Aufrechnungs- oder Zurückhaltungsrecht gegenüber Ansprüchen auf Unterhaltsbeihilfe nur insoweit geltend machen, als sie pfändbar sind. [2] Diese Einschränkung gilt nicht, soweit gegen den Bewerber ein Anspruch auf Schadensersatz wegen vorsätzlicher unerlaubter Handlung besteht.

§ 43k Rückforderungen. (1) [1]Die Rückforderung zuviel gezahlter Unterhaltsbeihilfe regelt sich nach den Vorschriften des Bürgerlichen Gesetzbuches über die Herausgabe einer ungerechtfertigten Bereicherung. [2]Der Kenntnis des Mangels des rechtlichen Grundes der Zahlung steht es gleich, wenn der Mangel so offensichtlich war, daß der Bewerber ihn hätte erkennen müssen, oder wenn der Bewerber dem Präsidenten des Deutschen Patent- und Markenamts Tatsachen verschwiegen hat, die seinen Anspruch auf Unterhaltsbeihilfe ganz oder teilweise ausschließen. [3]Von der Rückforderung kann aus Billigkeitsgründen mit Zustimmung des Bundesministeriums der Justiz und für Verbraucherschutz ganz oder teilweise abgesehen werden.

(2) Die zurückgeforderten Beträge der Unterhaltsbeihilfe sind vom Tage ihrer ungerechtfertigten Auszahlung an mit 6 vom Hundert jährlich zu verzinsen.

§ 43l Zuständigkeit des Präsidenten des Deutschen Patent- und Markenamts. [1]Der Präsident des Deutschen Patent- und Markenamts ist zuständig für alle im Zusammenhang mit der Zahlung der Unterhaltsbeihilfe, der Rückforderung zuviel gezahlter Beträge und der Darlehensrückzahlung zu treffenden Entscheidungen. [2]Die Unterhaltsbeihilfe wird durch den Präsidenten des Deutschen Patent- und Markenamts ausgezahlt, er nimmt Zahlungen entgegen.

Vierter Teil. Prüfung nach § 1 des Gesetzes über die Eignungsprüfung für die Zulassung zur Patentanwaltschaft

§ 44 Zulassung zur Eignungsprüfung. (1) Der Antrag auf Zulassung zur Eignungsprüfung ist an den Präsidenten des Deutschen Patent- und Markenamts zu richten.

(2) Dem Antrag sind beizufügen:

1. ein eigenhändig geschriebener Lebenslauf,
2. die Diplome, Prüfungszeugnisse oder Befähigungsnachweise nach § 1 Abs. 2 des Gesetzes über die Eignungsprüfung für die Zulassung zur Patentanwaltschaft,
3. ein Nachweis, daß der Antragsteller mehr als die Hälfte der Mindestausbildungszeit in Mitgliedstaaten der Europäischen Union anderen Vertragsstaaten des Abkommens über den Europäischen Wirtschaftsraum oder der Schweiz abgeleistet hat oder eine Bescheinigung über eine mindestens dreijährige Berufsausübung in einem dieser Staaten,
4. *(aufgehoben)*
5. die Bestimmung des Wahlfachs und des Fachs für die zweite Aufsichtsarbeit,
6. eine Erklärung darüber, ob sich der Antragsteller ohne Erfolg Eignungsprüfungen unterzogen hat.

(3) Der Antrag und die ihm beizufügenden Unterlagen, soweit sie vom Antragsteller stammen, sind in deutscher Sprache einzureichen; sonstige Unterlagen sind mit einer beglaubigten Übersetzung vorzulegen.

(4) [1]§ 27 Abs. 3, Abs. 4 Satz 1, Abs. 5 gilt entsprechend. [2]Die Termine für die Anfertigung der Aufsichtsarbeiten sind dem Antragsteller spätestens einen Monat vorher mitzuteilen.

§ 44a Prüfungsausschuß. (1) Die Prüfungskommission nimmt die Eignungsprüfung in der Besetzung von drei Mitgliedern (Prüfungsausschuß) ab.

(2) [1]Der Prüfungsausschuß besteht aus dem Vorsitzenden der Prüfungskommission oder einem seiner Stellvertreter als Vorsitzendem, einem Patentanwalt und einem rechtskundigen Mitglied des Patentgerichts oder des Deutschen Patent- und Markenamts. [2]§ 29 Abs. 3 gilt entsprechend.

§ 44b Prüfungsgebühr. Für die Prüfungsgebühr (§ 9 des Gesetzes über die Eignungsprüfung für die Zulassung zur Patentanwaltschaft) gilt § 30 entsprechend.

§ 44c Nichtöffentlichkeit der Eignungsprüfung. (1) § 31 Abs. 2 und 3 gilt entsprechend.

(2) Der Präsident des Deutschen Patent- und Markenamts kann zur Eignungsprüfung zugelassenen Antragstellern auf Antrag gestatten, bei der mündlichen Prüfung zuzuhören.

§ 44d Rücktritt von der Eignungsprüfung. § 28 gilt entsprechend.

§ 44e Gang der Eignungsprüfung. (1) [1]Die Aufsichtsarbeiten haben die Lösung von Aufgaben aus der beruflichen Praxis eines Patentanwalts zum Gegenstand. [2]§ 34 Abs. 1 Satz 2 bis 4, Abs. 2 bis 6 gilt entsprechend. [3]Im Falle des § 34 Abs. 5 Satz 1 genügt die Aufsichtsarbeit den Anforderungen nicht.

(2) [1]Die mündliche Prüfung besteht aus einem auf die Lösung von Aufgaben aus der beruflichen Praxis eines Patentanwalts gerichteten Prüfungsgespräch. [2]§ 36 Abs. 1, 2, 4 bis 6 gilt entsprechend.

§ 44f Bewertung der Prüfungsleistungen. (1) Die Aufsichtsarbeiten und der mündliche Teil der Prüfung werden dahin bewertet, ob sie die für den Beruf des Patentanwalts in der Bundesrepublik Deutschland erforderlichen Kenntnisse ausweisen.

(2) [1]Jede Aufsichtsarbeit wird von den Mitgliedern des Prüfungsausschusses unabhängig voneinander bewertet. [2]Der Prüfungsausschuß entscheidet mit Stimmenmehrheit über die für das weitere Verfahren bindende Bewertung der Aufsichtsarbeiten. [3]Genügen beide Aufsichtsarbeiten den Anforderungen nicht, teilt der Vorsitzende des Prüfungsausschusses dem Antragsteller mit, daß die Prüfung als nicht bestanden gilt.

(3) Im Anschluß an die mündliche Prüfung bewertet der Prüfungsausschuß mit Stimmenmehrheit die mündliche Prüfung.

(4) § 37 Abs. 2, § 38 Abs. 6, Abs. 7 Satz 1, 3 gelten entsprechend.

§ 44g Wiederholung der Eignungsprüfung. [1]Hat der Antragsteller die Eignungsprüfung nicht bestanden, darf er sie zweimal wiederholen. [2]§ 39 Abs. 1 Satz 2 gilt entsprechend. [3]Der Prüfungsausschuß bestimmt den frühestmöglichen Zeitpunkt für die Wiederholung der Eignungsprüfung. [4]Die vom Prüfungsausschuß gesetzte Frist darf nicht mehr als ein Jahr betragen. [5]Der Prüfungsausschuß hat seine Entscheidung nach Satz 2 und Satz 3 im Anschluß an die mündliche Prüfung mitzuteilen. [6]Gilt die Prüfung nach § 6 Abs. 4 des Gesetzes über die Eignungsprüfung für die Zulassung zur Patentanwaltschaft als nicht bestanden, ist die Mitteilung nach Satz 3 mit dem nach § 44f Abs. 4 zu erteilenden Bescheid zu verbinden.

17. Gesetz über die Beiordnung von Patentanwälten bei Prozeßkostenhilfe (PatAnwBeioG)

vom 7. September 1966 (BGBl. I S. 557),

zuletzt geändert durch Gesetz vom 10. Oktober 2013 (BGBl. I S. 3799)

§ 1 [Beiordnung]

(1) **Wird in einem Rechtstreit, in dem ein Anspruch aus einem der im Patentgesetz, im Gebrauchsmustergesetz, im Halbleiterschutzgesetz, im Markengesetz, im Gesetz über Arbeitnehmererfindungen, im Designgesetz oder im Sortenschutzgesetz geregelten Rechtsverhältnisse geltend gemacht wird, einer Partei Prozeßkostenhilfe bewilligt, so kann ihr auf Antrag zu ihrer Beratung und zur Unterstützung des Rechtsanwalts ein Patentanwalt beigeordnet werden, wenn und soweit es zur sachgemäßen Rechtsverfolgung oder Rechtsverteidigung erforderlich erscheint.**

(2) **Das gleiche gilt für sonstige Rechtsstreitigkeiten, soweit für die Entscheidung eine Frage von Bedeutung ist, die ein Patent, ein Gebrauchsmuster, den Schutz einer Topographie, eine Marke oder ein sonstiges nach dem Markengesetz geschütztes Kennzeichen, ein eingetragenes Design, eine nicht geschützte Erfindung oder eine sonstige die Technik bereichernde Leistung, einen Sortenschutz oder eine nicht geschützte, den Pflanzenbau bereichernde Leistung auf dem Gebiet der Pflanzenzüchtung betrifft, oder soweit für die Entscheidung eine mit einer solchen Frage unmittelbar zusammenhängende Rechtsfrage von Bedeutung ist.**

(3) **Die Vorschriften des § 117 Abs. 1, des § 119 Abs. 1 Satz 1, des § 121 Abs. 2 und 3, des § 122 Abs. 1 Nr. 1 Buchstabe b und Nr. 3 und der §§ 124, 126 und 127 der Zivilprozeßordnung gelten entsprechend.**

Das Gesetz über die Beiordnung von Patentanwälten bei Prozesskostenhilfe betrifft das **Tätigwerden des beigeordneten Patentanwalts nach § 4 PAO,** also in Streitsachen vor den Zivilgerichten nach § 143 PatG, § 27 GebrMG, § 11 HalblSchG, § 140 MarkenG, § 39 ArbnErfG, § 52 DesignG und § 38 SortSchG. Die Erstattung von Gebühren bei Bewilligung der Verfahrenskostenhilfe nach dem Vertretergebühren-Erstattungsgesetz (→ Teil III Nr. 18) betrifft die Vertretungstätigkeit des beigeordneten Patentanwalts nach § 3 Abs. 1–3 PAO (→ § 43 PAO Rn. 1). 1

Die Pflicht zur Übernahme der Vertretung ist in § 43 PAO geregelt. Im Rahmen der Bewilligung von PKH kann der bedürftigen Partei auch eine Patentanwaltssozietät beigeordnet werden (BGH BRAK-Mitt. 2009, 90 = AnwBl. 2009, 74 zur Rechtsanwaltssozietät). 2

Gemäß Art. 3 Abs. 1 iVm Art. 20 Abs. 1 und 3 GG darf Bedürftigen die Rechtsverfolgung oder Rechtsverteidigung im Vergleich zu Bemittelten nicht unverhältnismäßig erschwert werden; das gilt auch für die Wahrnehmung und Verfolgung von Rechten im außergerichtlichen Bereich. Vergleichsmaßstab ist dabei ein solcher Bemittelter, der bei seiner Entscheidung auch die durch die Rechtsberatung entstehenden Kosten berücksichtigt und abwägt, inwieweit er selbst zur Wahrnehmung seine Rechte in der Lage ist (BVerfG NJW-Spezial 2011, 60 = AnwBl. 2011, 71 mit Anm. *Hinne*). 3

§ 2 [Erstattung der Gebühren und Auslagen]

Auf die Erstattung der Gebühren und Auslagen des beigeordneten Patentanwalts sind die Vorschriften des Rechtsanwaltsvergütungsgesetzes, die für die Vergütung bei Prozesskostenhilfe gelten, sinngemäß mit folgenden Maßgaben anzuwenden:

1. **Der Patentanwalt erhält eine Gebühr mit einem Gebührensatz von 1,0 und, wenn er eine mündliche Verhandlung oder einen Beweistermin wahrgenommen hat, eine Gebühr mit einem Gebührensatz von 2,0 nach § 49 des Rechtsanwaltsvergütungsgesetzes.**
2. **Reisekosten für die Wahrnehmung einer mündlichen Verhandlung oder eines Beweistermins werden nur ersetzt, wenn das Prozessgericht vor dem Termin die Teilnahme des Patentanwalts für geboten erklärt hat.**

18. Gesetz über die Erstattung von Gebühren des beigeordneten Vertreters in Patent-, Gebrauchsmuster-, Design-, Topographieschutz- und Sortenschutzsachen (VertrGebErstG)

vom 18. Juli 1953 (BGBl. I S. 718),

zuletzt geändert durch Gesetz vom 10. Oktober 2013 (BGBl. I S. 3799)

I. Allgemeines

§ 1

In Patent-, Gebrauchsmuster-, Design-, Topographieschutz- und Sortenschutzsachen werden im Falle der Bewilligung von Verfahrenskostenhilfe dem beigeordneten Vertreter die Gebühren und Auslagen nach Maßgabe dieses Gesetzes erstattet.

1 Die Erstattung von Gebühren bei Bewilligung der Verfahrenskostenhilfe nach diesem Gesetz betrifft die **Vertretungstätigkeit des Patentanwalts nach § 3 Abs. 1–3 PAO** (→ PAO § 43 Rn. 1). Das Gesetz über die Beiordnung von Patentanwälten bei Prozeßkostenhilfe betrifft den Tätigkeitsbereich des beigeordneten Patentanwalt nach § 4 PAO (→ Teil III Nr. 17; → PAO § 1 Rn. 1). Zur Pflicht zur Übernahme der Vertretung s. § 43 PAO.

2 In Verfahren vor dem **Deutschen Patent- und Markenamt** wird **in Markenangelegenheiten keine Verfahrenskostenhilfe** gewährt (vgl. BT-Drs. 14/6203 S. 41 und 43). Eine Beiordnung ist somit nicht möglich. Im Beschwerdeverfahren vor dem Bundespatentgericht und in Rechtsbeschwerdeverfahren vor dem BGH wird seit der Entscheidung des BGH (Mitt 2008, 517 = GRUR 2009, 88) Verfahrenskostenhilfe entsprechend den Vorschriften der §§ 114 ff. ZPO gewährt. Mit dem Gesetz zur Änderung des Prozesskostenhilfe- und Beratungshilferechts vom 31.8.2013 (BGBl. I S. 3533) ist mit Einfügung in § 66 Abs. 5, des § 82a und in § 88 Abs. 1 MarkenG im Rahmen der gerichtlichen **Auseinandersetzung vor dem Bundespatentgericht und dem BGH** die Möglichkeit der **Bewilligung von Verfahrenskostenhilfe** eröffnet (BR-Drs. 516/12, 74 ff.). Damit ist auch in Markensachen eine Beiordnung eines Patentanwalts nach § 133 PatG möglich. Die Gebührenerstattung des beigeordneten Patentanwalts in diesen Fällen ist nicht gesetzlich geregelt. In Frage kommen die entsprechende Anwendung des VertrGebErstG und die entsprechende Anwendung der Vorschriften des RVG, die für die Vergütung bei Prozesskostenhilfe gelten (vgl. § 8).

II. Verfahren vor dem Deutschen Patent- und Markenamt und dem Bundespatentgericht

§ 2

(1) **In Patentsachen beträgt der Gebührensatz 360 Euro.**

(2) **Dieser steht dem Vertreter als Verfahrensgebühr zu:**

1. **Für die Anmeldung eines Patents oder im Verfahren nach § 42 PatG zu $^{13}/_{10}$,**
2. **im Prüfungsverfahren zu $^{7}/_{10}$,**
3. **im Einspruchsverfahren zu $^{10}/_{10}$,**
4. **im Verfahren wegen Beschränkung des Patents zu $^{10}/_{10}$,**
5. **im Beschwerdeverfahren gegen eine Entscheidung über den Widerruf oder die Beschränkung des Patents zu $^{13}/_{10}$,**
6. **in anderen Beschwerdeverfahren zu $^{3}/_{10}$.**

§ 3

(1) **In Gebrauchsmustersachen beträgt der Gebührensatz 360 Euro.**

(2) **Dieser steht dem Vertreter als Verfahrensgebühr zu:**

1. **im Eintragungsverfahren zu $^{10}/_{10}$,**
2. **im Beschwerdeverfahren gegen die Versagung der Eintragung zu $^{13}/_{10}$,**

3. im Löschungsverfahren zu $^{15}/_{10}$,
4. im Beschwerdeverfahren gegen eine Entscheidung über Löschungsantrag zu $^{20}/_{10}$,
5. in anderen Beschwerdeverfahren zu $^{3}/_{10}$.

§ 3a

(1) In Topographieschutzsachen beträgt der Gebührensatz 360 Euro.

(2) Dieser steht dem Vertreter als Verfahrensgebühr zu:
1. im Eintragungsverfahren zu $^{10}/_{10}$,
2. im Beschwerdeverfahren gegen die Versagung der Eintragung zu $^{13}/_{10}$,
3. im Löschungsverfahren zu $^{15}/_{10}$,
4. im Beschwerdeverfahren gegen eine Entscheidung über den Löschungsantrag zu $^{20}/_{10}$,
5. in anderen Beschwerdeverfahren zu $^{3}/_{10}$.

§ 3b

(1) In Designsachen beträgt der Gebührensatz 360 Euro.

(2) Dieser steht dem Vertreter als Verfahrensgebühr zu:
1. im Eintragungsverfahren zu $^{10}/_{10}$,
2. im Beschwerdeverfahren gegen die Versagung der Eintragung zu $^{13}/_{10}$,
3. im Nichtigkeitsverfahren zu $^{15}/_{10}$,
4. im Beschwerdeverfahren gegen eine Entscheidung über den Antrag auf Feststellung oder Erklärung der Nichtigkeit zu $^{20}/_{10}$,
5. in anderen Beschwerdeverfahren zu $^{3}/_{10}$.

§ 3c

(1) In Sortenschutzsachen beträgt der Gebührensatz 360 Euro.

(2) Dieser steht dem Vertreter als Verfahrensgebühr zu:
im Beschwerdeverfahren zu $^{13}/_{10}$.

§ 4

Wenn sich die Beiordnung erledigt, ohne daß der Vertreter eine Anmeldung oder einen die Sache betreffenden Schriftsatz eingereicht hat, erhält er die Verfahrensgebühr für den Verfahrensabschnitt, in dem die Erledigung eingetreten ist, zur Hälfte.

§ 5

Der Vertreter, dessen Tätigkeit sich auf die Vertretung in einem nur zur Beweisaufnahme bestimmten Termin oder auf die Wahrnehmung eines anberaumten Termins zur Anhörung eines Beteiligten beschränkt, erhält die Verfahrensgebühr für den Verfahrensabschnitt, in dem die Wahrnehmung des Termins erfolgte, zur Hälfte.

§ 6

[1]Die in den §§ 2 bis 3b genannten Gebühren umfassen die gesamte Tätigkeit des Vertreters von der Beiordnung bis zur Beendigung des Rechtszuges. [2]Jede der Gebühren kann der Vertreter in jedem Rechtszug nur einmal beanspruchen.

§ 7

Auf die Erstattung der Gebühren und Auslagen des Vertreters sind im Übrigen die Vorschriften des Rechtsanwaltsvergütungsgesetzes, die für die Vergütung der Prozesskostenhilfe gelten, sinngemäß mit folgenden Maßgaben anzuwenden:

1. Im Prüfungsverfahren entsteht eine Verfahrensgebühr mit einem Gebührensatz von 0,5, im Übrigen mit einem Gebührensatz von 1,0;
2. im Verfahren vor dem Deutschen Patent- und Markenamt sind an Stelle der §§ 55 und 56 des Rechtsanwaltsvergütungsgesetzes der § 62 Abs. 2 Satz 2 und 4 des Patentgesetzes sowie § 104 Abs. 2 der Zivilprozessordnung entsprechend anzuwenden.

§ 8

[1] Im Verfahren wegen Erklärung der Nichtigkeit oder Zurücknahme des Patents oder wegen Erteilung einer Zwangslizenz sind die Vorschriften des Rechtsanwaltsvergütungsgesetzes, die für die Vergütung bei Prozesskostenhilfe gelten, entsprechend anzuwenden. [2] Das gleiche gilt für die Erstattung der Gebühren und Auslagen eines beigeordneten Patentanwalts oder Erlaubnisscheininhabers.

III. Verfahren vor dem Bundesgerichtshof

§ 9

In Verfahren vor dem Bundesgerichtshof werden dem beigeordneten Vertreter Gebühren und Auslagen in entsprechender Anwendung der Vorschriften des Rechtsanwaltsvergütungsgesetzes, die für die Vergütung bei Prozesskostenhilfe gelten, erstattet.

IV. Schlussbestimmungen

§ 10

Dieses Gesetz tritt am 1. August 1953 in Kraft.

Sachregister

Bearbeiter: Rechtsanwalt Christian Klie
Fett gedruckte Zahlen verweisen auf Paragrafen, mager gedruckte auf Randnummern.